Grundgesetz-Kommentar
Band III

Grundgesetz
Kommentar

3. Auflage

herausgegeben von
Horst Dreier

bearbeitet von

Hartmut Bauer · Frauke Brosius-Gersdorf
Horst Dreier · Georg Hermes · Werner Heun
Martin Morlok · Helmuth Schulze-Fielitz
Alexander Thiele · Joachim Wieland · Fabian Wittreck
Ferdinand Wollenschläger

Band III
Artikel 83–146

Mohr Siebeck 2018

Autoren

Prof. Dr. jur. Hartmut Bauer, Universität Potsdam
Prof. Dr. jur. Frauke Brosius-Gersdorf, Universität Hannover
Prof. Dr. jur. Horst Dreier, Universität Würzburg
Prof. Dr. jur. Georg Hermes, Universität Frankfurt a. M.
Prof. Dr. Dr. h.c. jur. Werner Heun, Universität Göttingen
Prof. Dr. jur. Martin Morlok, Universität Düsseldorf
Prof. Dr. jur. Helmuth Schulze-Fielitz, Universität Würzburg
PD Dr. jur. Alexander Thiele, Universität Göttingen
Prof. Dr. jur. Joachim Wieland, Deutsche Universität für Verwaltungswissenschaften Speyer
Prof. Dr. jur. Fabian Wittreck, Universität Münster
Prof. Dr. jur. Ferdinand Wollenschläger, Universität Augsburg

Zitiervorschlag

F. Brosius-Gersdorf, in: H. Dreier (Hrsg.), Grundgesetz-Kommentar, Bd. III, 3. Aufl. 2018, Art. 137 Rn. 10 ff.

ISBN 978-3-16-150495-2

Die deutsche Nationalbibliothek verzeichnet diese Publikation in der Deutschen Nationalbibliographie; detaillierte bibliographische Daten sind im Internet über *http://dnb.dnb.de* abrufbar.

Das Buch wurde von Gulde Druck in Tübingen aus der Rotation gesetzt und von der Druckerei C. H. Beck in Nördlingen gedruckt. Den Umschlag entwarf Uli Gleis in Tübingen.

In memoriam

Werner Heun
(1953–2017)

Vorwort

Entstehung und Fertigstellung des vorliegenden dritten Bandes der dritten Auflage dieses Kommentars zum Grundgesetz standen in mehrfacher Hinsicht unter besonderen Vorzeichen. In einer Phase, in der die vermeintlich letzten Manuskripte eintrafen und der Band seiner Druckreife näherrückte, sind durch den verfassungsändernden Gesetzgeber eine ganze Reihe von neuen Verfassungsbestimmungen eingeführt und bestehende verändert worden. Also war insofern ein neuer Angang vonnöten, der dadurch nicht eben erleichtert wurde, daß das mittlerweile 62. Änderungsgesetz zum Grundgesetz vom 13. Juli 2017 (BGBl. I S. 2347) an Konzeptionslosigkeit kaum zu überbieten ist und die Revisionen »Fremdkörper in das System des bundesstaatlichen Finanzausgleichs« (→ Art. 104b Rn. 5; s. auch ebd., Rn. 20) einbauen, systematisch völlig verfehlte Regelungen enthalten (→ Art. 107 Rn. 49), Unklarheiten produzieren (→ Art. 108 Rn. 22, 26; → Art. 109a Rn. 20, 24), schon in handwerklicher Sicht nicht überzeugen können (→ Vorb. zu Art. 104a–115 Rn. 15; → Art. 143g Rn. 8) und neuerlich Beispiele »verfehlter verfassungsrechtlicher Normierung tagespolitischer Verhandlungskompromisse und schlechter Normierungstechnik« bieten (→ Art. 125c Rn. 4). Allerdings ist man daran fast schon gewöhnt und hat im Grunde alle Hoffnungen aufgegeben, der verfassungsändernde Gesetzgeber könne sich noch einmal zu einem großen Wurf aufschwingen, wie es ihn in der mittlerweile fast 70jährigen Geschichte unserer Verfassung durchaus gegeben hat (→ Vorb. zu Art. 104a–115 Rn. 8).

Viel schwerer traf ein persönlicher Schlag. Einen dunklen Schatten auf die Produktionsendphase dieses Bandes warf der traurige Umstand, daß einer der wichtigsten Autoren des Kommentars, Werner Heun, schwer erkrankte, sich zwischenzeitlich erstaunlich gut erholte und die Arbeit an »seinen« Artikeln wieder aufnahm, um dann doch im Frühsommer des Jahres 2017 die Herausforderung nicht mehr annehmen zu können und der heimtückischen Krankheit schließlich im September 2017 zu erliegen. Werner Heun war nicht nur ein vielseitiger, stets außerordentlich gründlich arbeitender, sowohl in der Dogmatik wie auch der Philosophie und der Geschichte des (nicht nur deutschen) Rechts außergewöhnlich bewanderter und extrem sachkundiger Autor – er war auch der einzige, der im Rahmen unseres gemeinsamen Projekts sowohl den avisierten Zeitrahmen wie auch den vorgesehenen Umfang seiner Kommentierungen niemals überschritt. Der vorliegende Band ist seinem Andenken gewidmet.

Angesichts dieses schweren Verlustes bin ich umso glücklicher und dankbarer, daß mit Herrn Privatdozent Dr. Alexander Thiele, Schüler und Habilitand von Werner Heun, ein ebenso engagierter wie aufopferungsvoller Autor zur Verfügung stand, der die gerissene Lücke auch aufgrund der jahrelangen engen persönlichen und fachlichen Verbundenheit optimal füllen konnte. Bei den einschlägigen Artikeln ist jeweils kenntlich gemacht, welche noch zur Gänze von Werner Heun verantwortet wurden, welche in Ko-Autorschaft entstanden sind und welche Herr Thiele als Alleinautor verfaßt hat. Ihm danke ich an dieser Stelle noch einmal ausdrücklich und von Herzen. Und nicht minder dankbar bin ich natürlich allen anderen Autoren dieses Bandes, der die Geduld einiger auf eine harte Probe gestellt, andere wiederum mit neuesten Entwicklungen etwa im Bereich des heiß umstrittenen Art. 90 GG auf Trab gehalten hat.

Jeder, der an einem solchen Großprojekt schon einmal mitgewirkt oder es gar in verantwortlicher Funktion gestaltet hat, weiß, daß angesichts eines derartigen Umfangs ein Band nur dann das Licht der Welt erblicken kann, wenn der Herausgeber von seinen Mitarbeitern in langen Perioden stets verläßliche und dabei immer kompetente Unterstützung erfährt. Ich bin sehr froh darüber, daß ich auch bei diesem Durchgang auf entsprechende Hilfe bauen und auf einen Stab zuverlässiger und hochengagierter Mitarbeiter zurückgreifen konnte. Allen voran möchte ich Herrn Dr. David Kuch nennen, der seit langer Zeit schon meinem Lehrstuhl verbunden und mir stets eine wichtige Stütze gewesen ist; als weiteren wissenschaftlichen Mitarbeitern gebührt ebenso besonderer und tiefempfundener Dank Frau Annabelle Meier sowie Herrn Andreas Gesell. Sie haben – unterstützt von studentischen Hilfskräften – unzählige Stunden mit der Durchsicht und Ordnung der Manuskripte, der Korrektur der Fahnen, der Kontrolle der Umbrüche und schlußendlich der Sichtung der Revision zugebracht sowie die Register erstellt. Ohne ihre unermüdliche Mithilfe läge der dritte Band jetzt nicht vor.

Daran hatte im übrigen bereits großen Anteil Frau Daniela Taudt, die bis zu ihrem Wechsel zum Verlag Mohr Siebeck im Spätherbst 2016 als Mitarbeiterin des Lehrstuhls in hohem Umfang mit allen einschlägigen Aufgaben befaßt war und nun den weiteren Fortgang der Dinge gewissermaßen von der anderen Warte aus begleitet und befördert.

Wie schon bei den vergangenen Bänden, so lag auch in diesem Fall der nicht ganz einfache Herstellungsprozeß in den vertrauten Händen von Herrn Matthias Spitzner, dem ich an dieser Stelle einmal ausdrücklich für die langjährige exzellente Zusammenarbeit Dank sagen möchte. Er ist ein Wunder an leiser und unaufgeregter Effizienz, findet für alle auftretenden Probleme eine gute und rasche Lösung, sagt niemals »Das geht nicht« und schon gar nicht »Das haben wir noch nie so gemacht«. Die Kooperation mit ihm war stets die reine Freude – so auch bei diesem Band.

Das gilt natürlich nicht minder für Dr. Franz-Peter Gillig, der nicht nur die Idee zu diesem Grundgesetz-Kommentar hatte und den Herausgeber damit zu dessen nicht geringer Überraschung bei der Gießener Staatsrechtslehrertagung im Jahre 1991 konfrontierte, sondern der das Projekt gemeinsam mit Herausgeber und dem seinerzeit jungen Autorenteam erst aus der Taufe gehoben und sodann über all die Jahre stets ebenso wohlwollend wie konstruktiv begleitet, sein Gelingen nach Kräften gefördert und bei der dritten Auflage sogar den Herzenswunsch des Herausgebers nach Lesebändchen erfüllt hat. Ihm ist es im wesentlichen zu verdanken, wenn – so gewisse Hoffnungszeichen nicht trügen – die komplette dritte Auflage in absehbarer Zeit auch elektronisch zur Verfügung stehen wird. Nicht ohne eine gewisse Wehmut muß ich zur Kenntnis nehmen, daß Dr. Gillig sich in den wohlverdienten Ruhestand verabschiedet, was uns freilich nicht daran hindern wird, den Abschluß der dritten Auflage gemeinsam zu feiern.

Ohnehin markiert dieser Band eine Zäsur, da sich die noch verbliebenen Autoren der »Pioniergeneration« – also diejenigen, die schon an Band I der ersten Auflage mitgewirkt haben – nunmehr zurückziehen und Platz für ein verjüngtes Team schaffen werden.

Das bietet mir die willkommene Gelegenheit, den Mitstreitern der ersten Stunde meinen tief empfundenen Dank abzustatten. Wir haben zusammen ein Unternehmen begonnen, von dessen Größe wir anfangs kaum eine realistische Vorstellung hatten und das in den Folgejahren unsere eigene wissenschaftliche Agenda in einem Maße bestimmt hat, das uns selbst überrascht haben dürfte. Wir alle haben Neuland betreten, mußten uns und unseren modus vivendi erst einmal finden. Das wurde ein langer Weg nicht ohne Schwierigkeiten und Konflikte, die wir aber in gemeinsamer Anstrengung und mit dem Willen zum Gelingen des Gesamtprojekts wohl insgesamt einigermaßen anständig gemeistert haben, wenn man das als Mitakteur überhaupt halbwegs verläßlich beurteilen kann. Jedenfalls danke ich allen Mitstreitern für die vielen schönen, durchaus anstrengenden, aber gewiß auch lohnenden und ertragreichen Jahre gemeinsamer Arbeit. Für mich persönlich kann ich festhalten, daß mein wissenschaftliches Leben ohne diese Erfahrung deutlich ärmer gewesen wäre – und möglicherweise geht es nicht nur mir so.

Alle unsere guten Wünsche begleiten die Autorinnen und Autoren der vierten Auflage!

Würzburg, den 12. Dezember 2017 Horst Dreier

Inhaltsverzeichnis

VIIIa. Gemeinschaftsaufgaben

IX. Die Rechtsprechung

X. Das Finanzwesen

Xa. Verteidigungsfall

Abkürzungsverzeichnis

a. A., aA.	andere(r) Ansicht
a. a. O., aaO.	am angegebenen Ort
Abg.	Abgeordnete(r)
ABGB	Allgemeines bürgerliches Gesetzbuch für die gesammten deutschen Erbländer der österreichischen Monarchie, 1811
AbgG	Gesetz über die Rechtsverhältnisse der Mitglieder des Deutschen Bundestages (Abgeordnetengesetz)
ABl., ABlEU	Amtsblätter der Europäischen Gemeinschaften, der Europäischen Union
Abs.	Absatz
Achterberg, Parlamentsrecht	Norbert Achterberg, Parlamentsrecht, Tübingen 1984
Achterberg/Schulte, GG VI	Das Bonner Grundgesetz. Kommentar, begründet von Hermann von Mangoldt. Fortgeführt von Friedrich Klein. Bearbeitung der Art. 38–49 als Bd. VI der 3. Aufl. von Norbert Achterberg und Martin Schulte, München 1991
AcP	Archiv für die civilistische Praxis
AEG	Allgemeines Eisenbahngesetz
AEMR	Allgemeine Erklärung der Menschenrechte vom 10.12.1948
AEUV	Vertrag über die Arbeitsweise der Europäischen Union vom 9.5.2008
AfkKR	Zeitschrift Archiv für katholisches Kirchenrecht
ÄndG	Änderungsgesetz
a. F., aF.	alte Fassung
AFG	Arbeitsförderungsgesetz
AfK	Archiv für Kommunalwissenschaften
AfP	Archiv für Presserecht (seit 1995: Zeitschrift für Medien- und Kommunikationsrecht)
AfrCh	Afrikanische Charta der Menschenrechte und Rechte der Völker vom 21.10.1986 (Banjul Charta)
AG	Amtsgericht
AG	Aktiengesellschaft
AG	Die Aktiengesellschaft. Zeitschrift für das gesamte Aktienwesen, für deutsches, europäisches und internationales Unternehmens- und Kapitalmarktrecht
AGBG	Gesetz zur Regelung des Rechts der Allgemeinen Geschäftsbedingungen
AgrarR	Agrarrecht
AJIL	American Journal of International Law
AJP/APJ	Aktuelle juristische Praxis / Pratique juridique Actuelle
Akad.-Ausgabe	Immanuel Kant, Gesammelte Schriften, 29 Bde., Berlin 1900–1983 (Akademie-Ausgabe)
AKG	Allgemeines Kriegsfolgengesetz
AK-GG	Erhard Denninger/Wolfgang Hoffmann-Riem/Hans-Peter Schneider/Ekkehart Stein (Hrsg.), Kommentar zum Grundgesetz für die Bundesrepublik Deutschland (AK-GG), 3. Aufl., 3 Bde., Neuwied u. a. 2001 ff.; Stand: 2. Ergänzungslieferung August 2002
AK-StPO	Hans Achenbach u. a., Kommentar zur Strafprozeßordnung, 3 Bde., Neuwied 1988–1996
allg.	allgemein
ALR	Allgemeines Landrecht für die Preußischen Staaten, 1794
Alt.	Alternative
AMRK	Amerikanische Menschenrechtskonvention
Anm.	Anmerkung
AnO	Anordnung
Anschütz, WRV	Gerhard Anschütz, Die Verfassung des Deutschen Reiches vom 11. August 1919, 14. Aufl., Berlin 1933, Nachdruck Bad Homburg von der Höhe 1960

AnwBl.	Anwaltsblatt
AO	Abgabenordnung
AöR	Archiv des öffentlichen Rechts
AP	Arbeitsgerichtliche Praxis. Nachschlagewerk des Bundesarbeitsgerichts: Die Rechtsprechung des Bundesarbeitsgerichts und die arbeitsrechtlich bedeutsamen Entscheidungen anderer Gerichte mit erläuternden Anmerkungen
APF	Archiv für Post- und Fernmeldewesen (1949 bis 1991; ab 1992 APT)
APT	Archiv für Post und Telekommunikation (bis 1991 APF)
APuZ	Aus Politik und Zeitgeschichte. Beilage zur Wochenzeitschrift »Das Parlament«
ArbGG	Arbeitsgerichtsgesetz
ArbnErfG	Gesetz über Arbeitnehmererfindungen
ArbZG	Arbeitszeitgesetz
ArchsozArb	Archiv für Wissenschaft und Praxis der sozialen Arbeit
ARSP	Archiv für Rechts- und Sozialphilosophie (bis 1933: Archiv für Rechts- und Wirtschaftsphilosophie)
Art.	Artikel
AS	Amtliche Sammlung von Entscheidungen der Oberverwaltungsgerichte Rheinland-Pfalz und Saarland
ASG	Gesetz zur Sicherstellung von Arbeitsleistungen für Zwecke der Verteidigung einschließlich des Schutzes der Zivilbevölkerung (Arbeitssicherstellungsgesetz)
AStV	Ausschuß der Ständigen Vertreter
AsylbLG	Asylbewerberleistungsgesetz
AsylVfG	Asylverfahrensgesetz
AtG	Gesetz über die friedliche Verwendung der Kernenergie und den Schutz gegen ihre Gefahren (Atomgesetz)
AuA	Arbeit und Arbeitsrecht, Ausländer- und Asylrecht
AufenthG	Gesetz über den Aufenthalt, die Erwerbstätigkeit und die Integration von Ausländern im Bundesgebiet (Aufenthaltsgesetz)
Aufl.	Auflage
AuR	Arbeit und Recht
ausf.	ausführlich
AuslG	Gesetz über die Einreise und den Aufenthalt von Ausländern im Bundesgebiet (Ausländergesetz)
AVR	Archiv des Völkerrechts
AW-Prax	Außenwirtschaftliche Praxis
AWD	Außenwirtschaftsdienst des Betriebs-Beraters (seit 1974: RIW)
AWG	Außenwirtschaftsgesetz
AWV	Verordnung zur Durchführung des Außenwirtschaftsgesetzes (Außenwirtschaftsverordnung)
Az.	Aktenzeichen
Bad.	Baden, badisch
BadRegBl.	Gesetzes- und Verordnungsblatt für das Großherzogtum Baden (1869–1917)
Bad.-Württ., BW	Baden-Württemberg, baden-württembergisch
Badura, Staatsrecht	Peter Badura, Staatsrecht. Systematische Erläuterung des Grundgesetzes für die Bundesrepublik Deutschland, 6. Aufl., München 2015
BAFl.	Bundesamt für die Anerkennung ausländischer Flüchtlinge
BAföG	Bundesgesetz über individuelle Förderung der Ausbildung (Bundesausbildungsförderungsgesetz)
BAG	Bundesarbeitsgericht
BAGE	Entscheidungen des Bundesarbeitsgerichts
BAMF	Bundesamt für Migration und Flüchtlinge
BAnz.	Bundesanzeiger

BAPostG	Gesetz über die Errichtung einer Bundesanstalt für Post und Telekommunikation Deutsche Bundespost (Bundesanstalt Post-Gesetz)
BArbBl.	Bundesarbeitsblatt
Battis/Gusy, Staatsrecht	Ulrich Battis/Christoph Gusy, Einführung in das Staatsrecht, 5. Aufl., Berlin u.a. 2011
BauGB	Baugesetzbuch
Bay.	Bayern, bayerisch
BayAGGVG	Bayerisches Ausführungsgesetz zum Gerichtsverfassungsgesetz
BayBG	Bayerisches Beamtengesetz
BayDStH	Bayerischer Dienststrafhof
BayGLKrWG	Bayerisches Gesetz über die Wahl der Gemeinderäte, der Bürgermeister, der Kreistage und der Landräte (Gemeinde- und Landkreiswahlgesetz)
BayGVBl.	Bayerisches Gesetz- und Verordnungsblatt
BayKJHG	Bayerisches Kinder- und Jugendhilfegesetz
BayKommZG	Bayerisches Gesetz über die kommunale Zusammenarbeit
BayLT-GO	Geschäftsordnung des Bayerischen Landtages
BayObLG	Bayerisches Oberstes Landesgericht
BayObLGZ	Entscheidungen des Bayerischen Obersten Landesgerichts in Zivilsachen
BayRS	Bayerische Rechtssammlung
BayStGH	Bayerischer Staatsgerichtshof
BayVBl.	Bayerische Verwaltungsblätter. Zeitschrift für öffentliches Recht und öffentliche Verwaltung
BayVerfGH	Bayerischer Verfassungsgerichtshof
BayVerfGHE	Entscheidungen des Bayerischen Verfassungsgerichtshofs
BayVGH	Bayerischer Verwaltungsgerichtshof
BayVGHE	Entscheidungen des Bayerischen Verwaltungsgerichtshofs
BB	Betriebs-Berater
BBankG	Gesetz über die Deutsche Bundesbank
BBergG	Bundesberggesetz
BBG	Bundesbeamtengesetz
BbgVerfG	Verfassungsgericht des Landes Brandenburg
BBodSchG	Gesetz zum Schutz vor schädlichen Bodenveränderungen und zur Sanierung von Altlasten (Bundes-Bodenschutzgesetz)
Bd.	Band
Bd. I^1, II^1, III^1	Horst Dreier (Hrsg.), Grundgesetz-Kommentar, Bd. 1, Tübingen 1996; Bd. 2, Tübingen 1998; Bd. 3, Tübingen 2000
Bd. I^2, II^2, III^2	Horst Dreier (Hrsg.), Grundgesetz-Kommentar, 2. Aufl., Bd. 1, Tübingen 2004; Bd. 2, Tübingen 2006; Bd. 3, Tübingen 2008
Bde.	Bände
BDGV	Berichte der Deutschen Gesellschaft für Völkerrecht
BDG	Bundesdisziplinargesetz
BDH	Bundesdisziplinarhof
BDHE	Entscheidungen des Bundesdisziplinarhofs
BeamtStG	Beamtenstatusgesetz
Bearb.	Bearbeiter
BeckRS	Beck online Rechtsprechung
BefBezG	Gesetz über befriedete Bezirke für Verfassungsorgane des Bundes
Benda/Klein, Verfassungsprozeßrecht	Ernst Benda/Eckart Klein, Verfassungsprozeßrecht. Ein Lehr- und Handbuch, 2. Aufl., Heidelberg 2001
Benda/Klein/Klein, Verfassungsprozessrecht	Ernst Benda/Eckart Klein/Oliver Klein, Verfassungsprozessrecht. Ein Lehr- und Handbuch, 3. Aufl., Heidelberg 2012
BefrG	Gesetz zur Befreiung von Nationalsozialismus und Militarismus
Bem.	Bemerkung
BerichtHCh	Bericht über den Verfassungskonvent auf Herrenchiemsee vom 10. bis 23.8.1948. Herausgegeben vom Verfassungsausschuß der Ministerpräsidenten-Konferenz der westlichen Besatzungszonen, o.J. (1948) – auch abgedruckt in: Parl. Rat II, S. 504 ff.

Berka, Grundrechte	Walter Berka, Die Grundrechte. Grundfreiheiten und Menschenrechte in Österreich, Wien-New York 1999
Berl.	Berlin, Berliner
Beschl.	Beschluß
betr.	betrifft, betreffend
Betr. Justiz	Betrifft Justiz. Zeitschrift für Richterinnen und Richter, Staatsanwältinnen und Staatsanwälte
BetrVG	Betriebsverfassungsgesetz
BEVVG	Gesetz über die Eisenbahnverkehrsverwaltung des Bundes (Bundeseisenbahnverkehrsverwaltungsgesetz)
BEZNG	Gesetz zur Zusammenführung und Neugliederung der Bundeseisenbahnen (Bundeseisenbahnneugliederungsgesetz)
BfD	Bundesbeauftragter für den Datenschutz
BFH	Bundesfinanzhof
BFHE	Entscheidungen (bis 1963: und Gutachten) des Bundesfinanzhofs
BFH-NV	Sammlung amtlich nicht veröffentlichter Entscheidungen des Bundesfinanzhofs
BGB	Bürgerliches Gesetzbuch
BGBl.	Bundesgesetzblatt
BGE	Entscheidungen des Schweizerischen Bundesgerichts
BGG	Gesetz zur Gleichstellung behinderter Menschen (Behindertengleichstellungsgesetz)
BGH	Bundesgerichtshof
BGHSt	Entscheidungen des Bundesgerichtshofs in Strafsachen
BGHZ	Entscheidungen des Bundesgerichtshofs in Zivilsachen
BGSG	Gesetz über den Bundesgrenzschutz (Bundesgrenzschutzgesetz)
BGS NeuRG	Gesetz über die Neuregelung des Bundesgrenzschutzes
BHO	Bundeshaushaltsordnung
Bieber/Epiney/Haag, Europäische Union	Roland Bieber/Astrid Epiney/Marcel Haag, Die Europäische Union. Europarecht und Politik, 11. Aufl., Baden-Baden 2015
BImSchG	Gesetz zum Schutz vor schädlichen Umwelteinwirkungen durch Luftverunreinigungen, Geräusche, Erschütterungen und ähnliche Vorgänge (Bundes-Immissionsschutzgesetz)
BIP	Bruttoinlandsprodukt
BK	Wolfgang Kahl/Christian Waldhoff/Christian Walter (Hrsg.), Bonner Kommentar zum Grundgesetz, 21 Bde., Hamburg 1950–1988, Heidelberg 1989 ff.; Stand: 187. Lieferung November 2017
BKartA	Bundeskartellamt
BKK	Die Betriebskrankenkasse
Blaustein/Flanz, Constitutions	Albert P. Blaustein/Gisbert H. Flanz (Hrsg.), Constitutions of the countries of the world, 20 Bde., New York 1971 ff.
Bleckmann, Europarecht	Albert Bleckmann, Europarecht. Das Recht der Europäischen Union und der Europäischen Gemeinschaften, bearbeitet von Martin Coen, Rolf Eckhoff, Hanns Eiden u. a., 6. Aufl., Köln u. a. 1997
BLG	Bundesleistungsgesetz
BMBF	Bundesminister für Bildung und Forschung
BMF	Bundesminister der Finanzen
BMI	Bundesminister des Innern
BMJ	Bundesministerium der Justiz
BMinG	Gesetz über die Rechtsverhältnisse der Mitglieder der Bundesregierung (Bundesministergesetz)
BMPT	Bundesminister für Post und Telekommunikation
BNAG	Gesetz über die Bundesnetzagentur für Elektrizität, Gas, Telekommunikation, Post und Eisenbahnen (Bundesnetzagentur-Gesetz)
BNatSchG	Gesetz über Naturschutz und Landschaftspflege (Bundesnaturschutzgesetz)
BND	Bundesnachrichtendienst
BNDG	Gesetz über den Bundesnachrichtendienst

BNotO	Bundesnotarordnung
Boch. Komm.	Bochumer Kommentar zum Sozialgesetzbuch, Allgemeiner Teil, herausgegeben von Wilhelm Wertenbruch, Berlin 1979
v. Bogdandy/Bast, Verfassungsrecht	Armin von Bogdandy/Jürgen Bast (Hrsg.), Europäisches Verfassungsrecht. Theoretische und dogmatische Grundzüge, 2. Aufl., Berlin-Heidelberg 2009
BR	Bundesrat
Brandenb.	Brandenburg, brandenburgisch
Brem.	Bremen, bremisch
BremLMG	Bremisches Landesmediengesetz
BremStGH	Bremischer Staatsgerichtshof
BR-Drs.	Bundesratsdrucksache
BRAO	Bundesrechtsanwaltsordnung
BRH	Bundesrechnungshof
Brinkmann, GG	Karl Brinkmann (Hrsg.), Grundrechts-Kommentar zum Grundgesetz für die Bundesrepublik Deutschland vom 23. Mai 1949, Bonn 1967 ff., Stand: 2. Ergänzungslieferung April 1969
BRRG	Rahmengesetz zur Vereinheitlichung des Beamtenrechts (Beamtenrechtsrahmengesetz)
BSchO	Bundesschuldenordnung
BSeuchenG	Gesetz zur Verhütung und Bekämpfung übertragbarer Seuchen beim Menschen (Bundes-Seuchengesetz)
BSG	Bundessozialgericht
BSGE	Entscheidungen des Bundessozialgerichts
BSHG	Bundessozialhilfegesetz
BT	Bundestag
BT-Drs.	Bundestagsdrucksache
BtMG	Gesetz über den Verkehr mit Betäubungsmitteln (Betäubungsmittelgesetz)
BT-PlenProt.	Plenarprotokoll des Bundestages
BtPrax	Betreuungsrechtliche Praxis
Buchholz	Karl Buchholz (Hrsg.), Sammel- und Nachschlagewerk der Rechtsprechung des Bundesverwaltungsgerichts, Köln u.a. 1966 ff.
Bulletin	Bulletin des Presse- und Informationsamtes der Bundesregierung
BulletinEG	Bulletin der Europäischen Gemeinschaften (seit 1994: Bulletin der Europäischen Union)
Bumke/Voßkuhle, Verfassungsrecht	Christian Bumke/Andreas Voßkuhle, Casebook Verfassungsrecht, 7. Aufl., Tübingen 2015
BV	Bundesverfassung der Schweizerischen Eidgenossenschaft
BVerfG	Bundesverfassungsgericht
BVerfGE	Entscheidungen des Bundesverfassungsgerichts
BVerfGG	Gesetz über das Bundesverfassungsgericht (Bundesverfassungsgerichtsgesetz)
BVerfG (K)	Kammerentscheidung des Bundesverfassungsgerichts
BVerfGK	Verein der Richter am Bundesverfassungsgericht e.V. (Hrsg.), BVerfGK – Kammerentscheidungen des Bundesverfassungsgerichts. Eine Auswahl, 20 Bde., Heidelberg 2004–2014
BVerfSchG	Bundesverfassungsschutzgesetz
BVerwG	Bundesverwaltungsgericht
BVerwGE	Entscheidungen des Bundesverwaltungsgerichts
BVFG	Gesetz über die Angelegenheiten der Vertriebenen und Flüchtlinge (Bundesvertriebenengesetz)
B-VG	Bundesverfassungsgesetz der Republik Österreich (auch: Österr. Verf.)
B-VG-UU	Bundesverfassungsgesetz über den umfassenden Umweltschutz
BWahlG	Bundeswahlgesetz
BWahlO	Bundeswahlordnung
BWGZ	Baden-Württembergische Gemeindezeitung
BWNotZ	Zeitschrift für das Notariat in Baden-Württemberg

BWStGH	Staatsgerichtshof für das Land Baden-Württemberg
BYIL	The British Yearbook of International Law
Calliess/Ruffert, EUV/EGV	Christian Calliess/Matthias Ruffert (Hrsg.), EUV/EGV. Das Verfassungsrecht der Europäischen Union mit Europäischer Grundrechtecharta. Kommentar, 3. Aufl., München 2007
Calliess/Ruffert, EUV/AEUV	Christian Calliess/Matthias Ruffert (Hrsg.), EUV/AEUV. Das Verfassungsrecht der Europäischen Union mit Europäischer Grundrechtecharta. Kommentar, 5. Aufl., München 2016
v. Campenhausen, GG XIV	Das Bonner Grundgesetz. Kommentar, begründet von Hermann von Mangoldt. Fortgeführt von Friedrich Klein. Bearbeitung der Art. 136–146 als Bd. XIV der 3. Aufl. von Axel Freiherr von Campenhausen, München 1991
CDU	Christlich Demokratische Union Deutschlands
ChGrEU	Charta der Grundrechte der Europäischen Union vom 7. Dezember 2000 in der am 12. Dezember 2007 in Straßburg angepaßten Fassung (in Kraft getreten am 1. Dezember 2009)
CIC	Codex Iuris Civilis, Codex Iuris Canonici (1983)
CIPR	CIPReport, Zentrum für Gewerblichen Rechtsschutz
CMLRev.	Common Market Law Review
COCOM	Coordinating Committee for Multilateral Export Controls
ColJEL	Columbia Journal of European Law
COSAC	Conférence des Organes Spécialisés dans les Affaires Communautaires et Européennes des Parlements de l'Union Européenne
CR	Computer und Recht
CSU	Christlich-Soziale Union in Bayern
DAAD	Deutscher Akademischer Austauschdienst
DAJV	Deutsch-amerikanische Juristenvereinigung
DAR	Deutsches Autorecht
DB	Der Betrieb
DBGrG	Gesetz über die Gründung einer Deutschen Bahn Aktiengesellschaft (Deutsche Bahn Gründungsgesetz)
DDB	Der Deutsche Beamte
DDP	Deutsche Demokratische Partei
DDR	Deutsche Demokratische Republik
DDR-Verf.	Verfassung der DDR
Degenhart, Staatsrecht I	Christoph Degenhart, Staatsrecht I. Staatsorganisationsrecht, 33. Aufl., Heidelberg 2017
Denninger, Staatsrecht 1	Erhard Denninger, Staatsrecht. Einführung in die Grundprobleme des Verfassungsrechts der Bundesrepublik Deutschland, Bd. 1: Die Leitbilder: Leerformeln? Lügen? Legitimation?, Reinbek 1973
Denninger, Staatsrecht 2	Erhard Denninger, Staatsrecht. Einführung in die Grundprobleme des Verfassungsrechts der Bundesrepublik Deutschland, Bd. 2: Funktionen und Institutionen, Reinbek 1979
Dig.	Digesten
Diss.	Dissertation
DJT	Deutscher Juristentag
DJZ	Deutsche Juristenzeitung
DNotZ	Deutsche Notar-Zeitschrift
DNP	Hubert Cancik/Manfred Landfester/Brigitte Egger (Hrsg.), Der Neue Pauly, 16 Bde., Stuttgart 1996–2003
DNP-Suppl.	Hubert Cancik/Manfred Landfester/Helmuth Schneider (Hrsg.), Der Neue Pauly – Supplemente, bislang 11 Bde., Stuttgart 2004 ff.
DöD	Der öffentliche Dienst
Doehring, Staatsrecht	Karl Doehring, Das Staatsrecht der Bundesrepublik Deutschland unter besonderer Berücksichtigung der Rechtsvergleichung und des Völkerrechts. Ein Lehrbuch, 3. Aufl., Frankfurt/Main 1984

DÖV	Die Öffentliche Verwaltung. Zeitschrift für öffentliches Recht und Verwaltungswissenschaft
DP	Deutsche Partei
DR	Decisions and Reports. Amtliche Sammlung der Europäischen Kommission für Menschenrechte
Drews/Wacke/Vogel/ Martens, Gefahrenabwehr	Bill Drews/Gerhard Wacke, Gefahrenabwehr. Allgemeines Polizeirecht (Ordnungsrecht) des Bundes und der Länder, fortgeführt von Klaus Vogel und Wolfgang Martens, 9. Aufl., Köln u. a. 1986
DRiG	Deutsches Richtergesetz
Drittb.	Drittbearbeitung
DRiZ	Deutsche Richterzeitung
Drs.	Drucksache
DRV	Deutsche Rentenversicherung
DRZ	Deutsche Rechtszeitschrift
DSB	Datenschutz-Berater
DStZ	Deutsche Steuer-Zeitung
DStR	Deutsches Steuerrecht (Zeitschrift)
DStRE	Deutsches Steuerrecht (Zeitschrift) – Entscheidungsdienst
Dt. VerwGesch	Deutsche Verwaltungsgeschichte, herausgegeben von Kurt G. A. Jeserich, Hans Pohl, Georg-Christoph von Unruh, 6 Bde., Stuttgart 1983 ff. (Bd. I: 1983; Bd. II: 1983; Bd. III: 1984; Bd. IV: 1985; Bd. V: 1987; Bd. VI: 1988)
DtZ	Deutsch-Deutsche Rechtszeitschrift (seit 1998 vereint mit VIZ)
Dubliner Übereinkommen	Übereinkommen über die Bestimmung des zuständigen Staates für die Prüfung eines in einem Mitgliedstaat der Europäischen Gemeinschaften gestellten Asylantrags vom 15.6.1990, BGBl. 1994 II S. 792
DuD	Datenschutz und Datensicherung
DuR	Demokratie und Recht
DUZ	Deutsche Universitätszeitung
DVBl.	Deutsches Verwaltungsblatt
DVP	Deutsche Verwaltungspraxis
DVP	Deutsche Volkspartei
DVR	Datenverarbeitung und Recht
DWA	Beschluß und Akt zur Einführung allgemeiner unmittelbarer Wahlen der Abgeordneten des Europäischen Parlamentes (Direktwahlakt)
DZWiR	Deutsche Zeitschrift für Wirtschaftsrecht
E	Entscheidung
EA	Europa-Archiv (seit 1995: Internationale Politik)
EAG	Europäische Atomgemeinschaft
EAGV	Vertrag zur Gründung der Europäischen Atomgemeinschaft vom 25.3.1957, BGBl. 1957 II S. 1014
ebd.	ebenda
ECLR	European Constitutional Law Review
ECV	Internationales Übereinkommen über Zusammenarbeit zur Sicherung der Luftfahrt »EUROCONTROL« (Eurocontrol-Vertrag)
ed.	edition, editor
eds.	Editors
EEA	Einheitliche Europäische Akte vom 17.2.1986, BGBl. 1986 II S. 1102
EEAG	Gesetz zur Ratifikation der Einheitlichen Europäischen Akte
EFG	Entscheidungen der Finanzgerichte
EFTA	European Free Trade Association
EG	Europäische Gemeinschaft(en)
EGBGB	Einführungsgesetz zum Bürgerlichen Gesetzbuche
EGKS	Europäische Gemeinschaft für Kohle und Stahl
EGKSV	Vertrag zur Gründung der Europäischen Gemeinschaft für Kohle und Stahl vom 18.4.1951, BGBl. 1952 II S. 447
EGMR	Europäischer Gerichtshof für Menschenrechte

EGV	Vertrag zur Gründung der Europäischen Gemeinschaft vom 25.3.1957, BGBl. 1957 II S. 766
Ehlers, Europäische Grundrechte	Dirk Ehlers (Hrsg.), Europäische Grundrechte und Grundfreiheiten, 4. Aufl., Berlin 2015
Ehlers/Fehling/Pünder, Bes. Verwaltungsrecht I–III	Dirk Ehlers/Michael Fehling/Hermann Pünder (Hrsg.), Besonderes Verwaltungsrecht, 3 Bde., 3. Aufl., Heidelberg u. a. (Bd. I: Öffentliches Wirtschaftsrecht, 2012; Bd. II: Planungs-, Bau- und Straßenrecht, Umweltrecht, Gesundheitsrecht, Medien- und Informationsrecht, 2013; Bd. III: Kommunalrecht, Haushalts- und Abgabenrecht, Ordnungsrecht, Sozialrecht, Bildungsrecht, Recht des öffentlichen Dienstes, 2013)
EHRLR	European Human Rights Law Review
Einl.	Einleitung
EJIL	European Journal of International Law
EJML	European Journal of Migration and Law
EKC	Europäische Charta der Kommunalen Selbstverwaltung vom 15.10.1985, BGBl. 1987 II S. 66
EKD	Evangelische Kirche in Deutschland
EKMR	Europäische Kommission für Menschenrechte
EKVF	Europäisches Übereinkommen zur Verhütung von Folter und unmenschlicher oder erniedrigender Behandlung oder Strafe vom 26.11.1987, BGBl. 1989 II S. 946
ELJ	European Law Journal
ELR	The Edinburgh Law Review
ELRev.	European Law Review
EMRK	Konvention zum Schutz der Menschenrechte und der Grundfreiheiten vom 4.11.1950, BGBl. 1952 II S. 685, in Deutschland in Kraft seit dem 3.9.1953 (BGBl. 1954 II S. 14)
ENeuOG	Gesetz zur Neuordnung des Eisenbahnwesens
EnWG	Gesetz zur Förderung der Energiewirtschaft (Energiewirtschaftsgesetz)
EP	Europäisches Parlament
EPIL	Encyclopedia of Public International Law, herausgegeben von Rudolf Bernhardt, 12 Bde., Amsterdam u. a. 1981 ff.; konsolidierte Fassung ebd. 1992 ff. (Bd. I: 1992; Bd. II: 1995; Bd. III: 1997; Bd. IV: 2000; Bd. V: 2003)
Epping, Grundrechte	Volker Epping, Grundrechte. In Zusammenarbeit mit Sebastian Lenz und Philipp Leydecker, 7. Aufl., Berlin-Heidelberg 2017
Epping/Hillgruber, GG	Volker Epping/Christian Hillgruber (Hrsg.), Grundgesetz. Kommentar, 2. Aufl., München 2013; zugleich Beck'scher Online-Kommentar Grundgesetz (Stand: 34. Edition August 2017), München 2017
ErbR	Zeitschrift für die gesamte erbrechtliche Praxis
ErbStG	Erbschaftsteuergesetz
Erichsen, Staatsrecht	Hans-Uwe Erichsen, Staatsrecht und Verfassungsgerichtsbarkeit, 2 Bde., München, Bd. I: 3. Aufl. 1982; Bd. II: 2. Aufl. 1979
Erichsen/Ehlers, Allgemeines Verwaltungsrecht	Hans-Uwe Erichsen/Dirk Ehlers (Hrsg.), Allgemeines Verwaltungsrecht, 14. Aufl., Berlin-New York 2010
Ehlers/Pünder, Allgemeines Verwaltungsrecht	Dirk Ehlers/Hermann Pünder (Hrsg.), Allgemeines Verwaltungsrecht, 15. Aufl., Berlin-Boston 2016
ERP-VerwG	Gesetz über die Verwaltung des European Recovery Program-Sondervermögens
Erstb.	Erstbearbeitung
ESC	Europäische Sozialcharta
ESchG	Gesetz zum Schutz von Embryonen (Embryonenschutzgesetz)
Essener Gespräche	Essener Gespräche zum Thema Staat und Kirche, herausgegeben von Joseph Krautscheidt, bislang 48 Bde., Münster 1969 ff.
EStG	Einkommensteuergesetz
ESVGH	Entscheidungssammlung des Hessischen Verwaltungsgerichtshofs und des Verwaltungsgerichtshofs Baden-Württemberg mit Entscheidungen der Staatsgerichtshöfe beider Länder
ESZB	Europäisches System der Zentralbanken

ETS	European Treaty Series
EU	Europäische Union
EuAlÜbK	Europäisches Auslieferungsübereinkommen vom 13.9.1957
EuG	Gericht erster Instanz der Europäischen Gemeinschaften
EuGH	Gerichtshof der Europäischen Gemeinschaften
EuGHE	Entscheidungen des Gerichtshofs der Europäischen Gemeinschaften
EuGRZ	Europäische Grundrechte-Zeitschrift
EuR	Europarecht
Euratom	Europäische Atomgemeinschaft
EuroAS	Informationsdienst Europäisches Arbeits- und Sozialrecht
EUV	Vertrag über die Europäische Union (Maastricht-Vertrag) vom 7.2.1992, BGBl. II S. 1253
EuWG	Gesetz über die Wahl der Abgeordneten des Europäischen Parlaments aus der Bundesrepublik Deutschland
EUZBBG	Gesetz über die Zusammenarbeit von Bundesregierung und Deutschem Bundestag in Angelegenheiten der Europäischen Union
EUZBLG	Gesetz über die Zusammenarbeit von Bund und Ländern in Angelegenheiten der Europäischen Union
EuZW	Europäische Zeitschrift für Wirtschaftsrecht
e.V.	eingetragener Verein
EV	Einigungsvertrag zwischen der Bundesrepublik Deutschland und der Deutschen Demokratischen Republik vom 31.8.1990, BGBl. 1990 II S. 889
$EvStL^2$	Evangelisches Staatslexikon, herausgegeben von Hermann Kunst, Roman Herzog und Wilhelm Schneemelcher, 2. Aufl., Stuttgart-Berlin 1975
$EvStL^3$	Evangelisches Staatslexikon, begründet von Hermann Kunst und Siegfried Grundmann, herausgegeben von Roman Herzog, Hermann Kunst, Klaus Schlaich, Wilhelm Schneemelcher, 2 Bde., 3. Aufl., Stuttgart 1987
$EvStL^4$	Evangelisches Staatslexikon, herausgegeben von Werner Heun, Martin Honecker, Martin Morlok, Joachim Wieland, Neuausgabe, Stuttgart 2006
EWG	Europäische Wirtschaftsgemeinschaft
EWGV	Vertrag zur Gründung der Europäischen Wirtschaftsgemeinschaft vom 25.3.1957, BGBl. 1957 II S. 766
EWiR	Entscheidungen zum Wirtschaftsrecht. Kurzkommentare
EWS	Europäisches Währungssystem
EWS	Zeitschrift für Europäisches Wirtschafts- und Steuerrecht
EZAR	Entscheidungssammlung zum Ausländer- und Asylrecht
EZB	Europäische Zentralbank
f.	folgend(e)
FAG	Finanzausgleichsgesetz
FAG	Gesetz über Fernmeldeanlagen (Fernmeldeanlagengesetz)
FamFG	Gesetz über das Verfahren in Familiensachen und in den Angelegenheiten der freiwilligen Gerichtsbarkeit
FamRZ	Zeitschrift für das gesamte Familienrecht
Fangmann/Blank/ Hammer, GG	Helmut Fangmann/Michael Blank/Ulrich Hammer, Grundgesetz. Basiskommentar mit der aktuellen Verfassungsreform, 2. Aufl., Köln 1996
FAO	Food and Agriculture Organization of the United Nations
FAS	Frankfurter Allgemeine Sonntagszeitung
FAZ	Frankfurter Allgemeine Zeitung
FCE	Forum Constitutionis Europae
FDP	Freie Demokratische Partei
Festgabe BVerfG	Bundesverfassungsgericht und Grundgesetz. Festgabe aus Anlaß des 25jährigen Bestehens des Bundesverfassungsgerichts, herausgegeben von Christian Starck, 2 Bde., Tübingen 1976
FEVG	Gesetz über das gerichtliche Verfahren bei Freiheitsentziehungen
FF	Forum Familienrecht

ff.	folgende
FG	Festgabe
FG	Finanzgericht
FGG	Gesetz über die Angelegenheiten der freiwilligen Gerichtsbarkeit
F.I.D.E.	Fédération Internationale pour le Droit Européen
FinArch.	Finanzarchiv
FKPG	Gesetz zur Umsetzung des Föderalen Konsolidierungsprogramms
FlRG	Gesetz über das Flaggenrecht der Seeschiffe und die Flaggenführung der Binnenschiffe (Flaggenrechtsgesetz)
Fn.	Fußnote
FPÖ	Freiheitliche Partei Österreichs
FPR	Familie, Partnerschaft, Recht. Interdisziplinäres Fachjournal für die Praxis
FR	Finanz-Rundschau. Deutsches Steuerblatt
FR	Frankfurter Rundschau
Frenz, Europarecht I–VI	Walter Frenz, Handbuch Europarecht, Bde. I–VI, 2. Aufl., Berlin u.a. 2012 ff.
FRG	Fremdrentengesetz
Friauf/Höfling, GG	Karl Heinrich Friauf/Wolfram Höfling (Hrsg.), Berliner Kommentar zum Grundgesetz, 4 Bde., Berlin 2000 ff.; Stand: 53. Ergänzungslieferung September 2017
Frowein/Peukert, EMRK	Jochen Abr. Frowein/Wolfgang Peukert, Europäische Menschenrechtskonvention. EMRK-Kommentar, 3. Aufl., Kehl u.a. 2009 [der jeweilige Verfasser der Kommentierung ist kursiv gesetzt]
FS	Festschrift
FS 25 Jahre BayVerfGH	Verfassung und Verfassungsrechtsprechung. Festschrift zum 25-jährigen Bestehen des Bayerischen Verfassungsgerichtshofs, hrsgg. vom Bayerischen Verfassungsgerichtshof, München 1972
FS 50 Jahre BayVerfGH	Verfassung als Verantwortung und Verpflichtung. Festschrift zum 50-jährigen Bestehen des Bayerischen Verfassungsgerichtshofs, hrsgg. vom Bayerischen Verfassungsgerichtshof, München 1997
FS 50 Jahre BVerfG	Peter Badura/Horst Dreier (Hrsg.), Festschrift 50 Jahre Bundesverfassungsgericht, 2 Bde., Tübingen 2001
FÜV	Verordnung über die technische Umsetzung von Überwachungsmaßnahmen des Fernmeldeverkehrs in Fernmeldeanlagen, die für den öffentlichen Verkehr bestimmt sind (Fernmeldeverkehr-Überwachungs-Verordnung)
FuL	Forschung und Lehre
FuR	Familie und Recht
FuR	Film und Recht
FZR	Freiburger Zeitschrift für Rechtsprechung
fzs	freier Zusammenschluss von StudentInnenschaften [sic]
G 10	Gesetz zur Beschränkung des Brief-, Post- und Fernmeldegeheimnisses (Gesetz zu Art. 10 Grundgesetz)
G 131	Gesetz zur Regelung der Rechtsverhältnisse der unter Art. 131 des Grundgesetzes fallenden Personen
GA	Generalanwalt
GA	Goltdammer's Archiv für Strafrecht
Gallwas, Grundrechte	Hans-Ullrich Gallwas, Grundrechte, 2. Aufl., Neuwied u.a. 1995
GAOR	General Assembly Official Records (Dokumente der Generalversammlung der Vereinten Nationen)
GASP	Gemeinsame Außen- und Sicherheitspolitik
GATT	General Agreement on Tariffs and Trade (Allgemeines Zoll- und Handelsabkommen)
GBl.	Gesetzblatt, Gesetzblätter
GC	General Comment
GdS	GdS-Magazin, Gewerkschaft der Sozialversicherung

GedS	Gedächtnisschrift
GemA	Gemeinsamer Ausschuß
GemO, GO	Gemeindeordnung
GenTG	Gesetz zur Regelung der Gentechnik (Gentechnikgesetz)
Geschichtliche Grundbegriffe	Geschichtliche Grundbegriffe. Historisches Lexikon zur politisch-sozialen Sprache in Deutschland, herausgegeben von Otto Brunner, Werner Conze und Reinhart Koselleck, 8 Bde., Stuttgart 1974–1997
GewArch.	Gewerbearchiv
GewO	Gewerbeordnung
GFK	Abkommen über die Rechtsstellung der Flüchtlinge vom 28.7.1951 (Genfer Flüchtlingskonvention), BGBl. 1953 II S. 560
GG	Grundgesetz für die Bundesrepublik Deutschland vom 23.5.1949
GGO	Gemeinsame Geschäftsordnung der Bundesministerien
Giese, WRV	Friedrich Giese, Verfassung des Deutschen Reiches vom 11. August 1919, 8. Aufl., Berlin 1931
Giese/Schunck, GG	Grundgesetz für die Bundesrepublik Deutschland vom 23.5.1949, Kommentar. Erläutert von Friedrich Giese, neu bearbeitet von Egon Schunck, 9. Aufl., Frankfurt/Main 1976
GjS	Gesetz über die Verbreitung jugendgefährdender Schriften
GK	Große Kammer
GLJ	German Law Journal
GmbH	Gesellschaft mit beschränkter Haftung
GMBl.	Gemeinsames Ministerialblatt
GmS-OGB	Gemeinsamer Senat der obersten Gerichte des Bundes
GO	Geschäftsordnung
GOBR	Geschäftsordnung des Bundesrates
GOBReg	Geschäftsordnung der Bundesregierung
GOBT	Geschäftsordnung des Bundestages
GOEP	Geschäftsordnung des Europäischen Parlaments
GOGemA	Geschäftsordnung des Gemeinsamen Ausschusses
GOVermA	Geschäftsordnung des Vermittlungsausschusses
Grabenwarter/Pabel, EMRK	Christoph Grabenwarter/Katharina Pabel, Europäische Menschenrechtskonvention, 6. Aufl., München-Wien 2016
Grabitz/Hilf, EUV/EGV	Meinhard Hilf (Hrsg.), Das Recht der Europäischen Union: Vertrag über die Europäische Union, Vertrag zur Gründung der Europäischen Gemeinschaft. Begründet von Eberhard Grabitz, 4 Bde., München 1983 ff.; Stand: 40. Lieferung Oktober 2009
Grabitz/Hilf/Nettesheim, EUV/AEUV	Martin Nettesheim (Hrsg.), Das Recht der Europäischen Union: Vertrag über die Europäische Union, Vertrag über die Arbeitsweise der Europäischen Union. Begründet von Eberhard Grabitz, fortgeführt von Meinhard Hilf, 3 Bde., München 2010 ff.; Stand: 62. Ergänzungslieferung Juli 2015
GRC, GRCh	Charta der Grundrechte der Europäischen Union vom 7. Dezember 2000 in der am 12. Dezember 2007 in Straßburg angepaßten Fassung
Groeben/Thiesing/Ehlermann, EWGV	Hans von der Groeben/Jochen Thiesing/Claus-Dieter Ehlermann (Hrsg.), Kommentar zum EWG-Vertrag, 4 Bde., 4. Aufl., Baden-Baden 1991
Groeben/Thiesing/Ehlermann, EUV/EGV	Hans von der Groeben/Jochen Thiesing/Claus-Dieter Ehlermann (Hrsg.), Kommentar zum EU-/EG-Vertrag, 5 Bde., 5. Aufl., Baden- Baden 1997–99
Groeben/Schwarze, EUV/EGV	Hans von der Groeben/Jürgen Schwarze (Hrsg.), Vertrag über die Europäische Union und Vertrag zur Gründung der Europäischen Gemeinschaft, 4 Bde., 6. Aufl., Baden-Baden 2003–04
Groeben/Schwarze/Hatje, EUV/AEUV/GRC	Hans von der Groeben/Jürgen Schwarze/Armin Hatje (Hrsg.), Europäisches Unionsrecht. Kommentar, 4 Bde., 7. Aufl., Baden-Baden 2015
Grote/Marauhn, EMRK/GG[1]	Rainer Grote/Thilo Marauhn (Hrsg.), EMRK/GG. Konkordanzkommentar zum europäischen und deutschen Grundrechtsschutz (Gesamtredaktion: Konstantin Meljnik), Tübingen 2006

Dörr/Grote/Marauhn, EMRK/GG²	Oliver Dörr/Rainer Grote/Thilo Marauhn (Hrsg.), EMRK/GG. Konkordanzkommentar zum europäischen und deutschen Grundrechtsschutz (Gesamtredaktion: Stephanie Rupprecht und Judith Thorn), 2 Bde., 2. Aufl., Tübingen 2013
GrStG	Grundsteuergesetz
Die Grundrechte	Karl August Bettermann/Franz L. Neumann/Hans Carl Nipperdey/Ulrich Scheuner (Hrsg.), Die Grundrechte. Handbuch der Theorie und Praxis der Grundrechte, 7 Bde., Berlin 1958 ff. (Bd. I/1: 1966; Bd. I/2: 1967; Bd. II: 1954; Bd. III/1: 1958; Bd. III/2: 1959; Bd. IV/1: 1960; Bd. IV/2: 1962)
GRUR	Gewerblicher Rechtsschutz und Urheberrecht
GRURPrax	Gewerblicher Rechtsschutz und Urheberrecht. Praxis im Immaterialgüter- und Wettbewerbsrecht
GS	Gesetzes-Sammlung für die königlich preußischen Staaten
GüKG	Güterkraftverkehrsgesetz
GuG	Geschichte und Gesellschaft. Zeitschrift für historische Sozialwissenschaft
Gusy, Reichsverfassung	Christoph Gusy, Die Weimarer Reichsverfassung, Tübingen 1997
GVBl.	Gesetz- und Verordnungsblatt
GVK	Gemeinsame Verfassungskommission
GVwR¹	Grundlagen des Verwaltungsrechts, herausgegeben von Wolfgang Hoffmann-Riem/Eberhard Schmidt-Aßmann/Andreas Voßkuhle, München 2006 ff. (Bd. I: Methoden – Maßstäbe – Aufgaben – Organisation, 2006; Bd. II: Informationsordnung – Verwaltungsverfahren – Handlungsformen, 2008; Bd. III: Personal – Finanzen – Kontrolle – Sanktionen – Staatliche Einstandspflichten, 2009)
GVwR²	Grundlagen des Verwaltungsrechts, herausgegeben von Wolfgang Hoffmann-Riem/Eberhard Schmidt-Aßmann/Andreas Voßkuhle, 2. Aufl., München 2012, 2013. (Bd. I: Methoden – Maßstäbe – Aufgaben – Organisation, 2012; Bd. II: Informationsordnung – Verwaltungsverfahren – Handlungsformen, 2012; Bd. III: Personal – Finanzen – Kontrolle – Sanktionen – Staatliche Einstandspflichten, 2013)
GWB	Gesetz gegen Wettbewerbsbeschränkungen
GWU	Geschichte in Wissenschaft und Unterricht
GYIL	German Yearbook of International Law
Hailbronner, EUV	Kay Hailbronner u. a. (Hrsg.), Handkommentar zum Vertrag über die Europäische Union: EUV, EGV, 2 Bde., Köln-München 1991 ff.; Stand: 8. Ergänzungslieferung 2000
Hailbronner/Wilms, EU	Kay Hailbronner/Heinrich Wilms, Recht der Europäischen Union, Stuttgart 2010 ff., Stand: 20. Ergänzungslieferung Januar 2010
Halbs.	Halbsatz
Hamann/Lenz, GG	Andreas Hamann/Helmut Lenz, Das Grundgesetz für die Bundesrepublik Deutschland. Kommentar, 3. Aufl., Berlin 1970
Hamb.	Hamburg, hamburgisch
HambVerfG	Hamburgisches Verfassungsgericht
Haratsch/Koenig/Pechstein, Europarecht	Andreas Haratsch/Christian Koenig/Matthias Pechstein, Europarecht, 10. Aufl., Tübingen 2016
Harv. Law Rev.	Harvard Law Review
HausO	Hausordnung
HChE	Entwurf des Verfassungskonvents auf Herrenchiemsee, abgedruckt in: Parl. Rat II, S. 579 ff.
HdbDStR	Handbuch des Deutschen Staatsrechts, herausgegeben von Gerhard Anschütz und Richard Thoma, Bd. 1, Tübingen 1930; Bd. 2, Tübingen 1932
HdbEuGR	Handbuch der Europäischen Grundrechte, herausgegeben von Sebastian Heselhaus und Carsten Nowak, München u. a. 2006
HdbStKirchR¹	Handbuch des Staatskirchenrechts der Bundesrepublik Deutschland, 1. Aufl., herausgegeben von Ernst Friesenhahn und Ulrich Scheuner, Berlin (Bd. I: 1974; Bd. II: 1975)

HdbStKirchR[2]	Handbuch des Staatskirchenrechts der Bundesrepublik Deutschland, 2. Aufl., herausgegeben von Joseph Listl und Dietrich Pirson, Berlin (Bd. I: 1994; Bd. II: 1995)
HdbVerfR	Handbuch des Verfassungsrechts der Bundesrepublik Deutschland, herausgegeben von Ernst Benda, Werner Maihofer und Hans-Jochen Vogel unter Mitwirkung von Konrad Hesse und Wolfgang Heyde, 2. Aufl., Berlin – New York 1994
HDSW	Handwörterbuch der Sozialwissenschaften, herausgegeben von Erwin von Beckerath u. a., 13 Bde., Stuttgart u. a. 1956–1968
HdUR	Handwörterbuch des Umweltrechts, herausgegeben von Otto Kimminich, Heinrich Freiherr von Lersner, Peter-Christoph Storm, 2 Bde., 2. Aufl., Berlin 1994
HdWW	Handwörterbuch der Wirtschaftswissenschaft, herausgegeben von Willi Albers, 10 Bde., Stuttgart u. a. 1977–1983
Herdegen, Europarecht	Matthias Herdegen, Europarecht, 19. Aufl., München 2017
Hess.	Hessen, hessisch
Hesse, Verfassungsrecht	Konrad Hesse, Grundzüge des Verfassungsrechts der Bundesrepublik Deutschland, 20. Aufl., Heidelberg 1995
Hesselberger, GG	Dieter Hesselberger, Das Grundgesetz. Kommentar für die politische Bildung, 13. Aufl., Neuwied u. a. 2003
HessNatG	Hessisches Naturschutzgesetz
HessSOG	Hessisches Gesetz über die öffentliche Sicherheit und Ordnung
HessStGH	Hessischer Staatsgerichtshof
HessUG	Hessisches Universitätsgesetz
HessVGH	Hessischer Verwaltungsgerichtshof
HFR	Höchstrichterliche Finanzrechtsprechung
HGR	Handbuch der Grundrechte in Deutschland und Europa, herausgegeben von Detlef Merten und Hans-Jürgen Papier, Heidelberg 2004 ff. (Bd. I: 2004; Bd. II: 2006; Bd. III: 2009; Bd. IV: 2011; Bd. V: 2013; Bd. VI/1: 2010; Bd. VI/2: 2009; Bd. VII/1: 2009; Bd. VII/2: 2007; Bd. VIII: 2017; Bd. IX: 2016; Bd. X: 2017)
HGrG	Haushaltsgrundsätzegesetz
Hist.Wb.Philos.	Historisches Wörterbuch der Philosophie, herausgegeben von Joachim Ritter, (ab Bd. 4) Karlfried Gründer und Gottfried Gabriel (Bd. 12), 13 Bde., Basel 1971–2007 (Bd. 1: 1971; Bd. 2: 1972; Bd. 3: 1974; Bd. 4: 1976; Bd. 5: 1980; Bd. 6: 1984; Bd. 7: 1989; Bd. 8: 1992; Bd. 9: 1995; Bd. 10: 1998; Bd. 11: 2001, Bd. 12: 2004; Bd. 13: 2007)
HKWP	Handbuch der kommunalen Wissenschaft und Praxis, 2. Aufl., herausgegeben von Günter Püttner (Bd. 1 und 2 unter Mitarbeit von Michael Borchmann), Berlin u. a. 1981–85 (Bd. 1: 1981; Bd. 2: 1982; Bd. 3: 1983; Bd. 4: 1983; Bd. 5: 1984; Bd. 6: 1985)
HKWP[3]	Handbuch der kommunalen Wissenschaft und Praxis, 3. Aufl., herausgegeben von Thomas Mann und Günter Püttner (Bd. 1 unter Mitarbeit von Torsten Elvers), Berlin u. a. 2007 ff. (Bd. 1: 2007; Bd. 2: 2011)
HLKO	Ordnung der Gesetze und Gebräuche des Landkriegs (Haager Landkriegsordnung) vom 18.10.1907, RGBl. 1910 S. 107, in Deutschland in Kraft seit 26.1.1910, RGBl. II S. 375
h. M.	herrschende Meinung
Hömig/Wolff, GG	Dieter Hömig/Heinrich Amadeus Wolff (Hrsg.), Grundgesetz für die Bundesrepublik Deutschland. Handkommentar, mitbegründet von Karl-Heinz Seifert, 11. Aufl., Baden-Baden 2016
HÖV	Handbuch für die öffentliche Verwaltung. Einführung in ihre rechtlichen und praktischen Grundlagen, Neuwied-Darmstadt (Bd. I: Grundlagen, herausgegeben von Albert von Mutius, 1984; Bd. II: Besonderes Verwaltungsrecht, herausgegeben von Karl Heinrich Friauf, 1984; Bd. III: Privatrecht, herausgegeben von Harm Peter Westermann, 1982)
HptA	Hauptausschuß

HRG	Handwörterbuch zur Deutschen Rechtsgeschichte, herausgegeben von Adalbert Erler, Ekkehard Kaufmann und (ab Bd. 5) Dieter Werkmüller, 5 Bde., Berlin 1971–1998 (Bd. I: 1971; Bd. II: 1978; Bd. III: 1984; Bd. IV: 1990; Bd. V: 1998)
HRG²	Handwörterbuch zur Deutschen Rechtsgeschichte, herausgegeben von Albrecht Cordes/Heiner Lück/Dieter Werkmüller/Ruth Schmidt-Wiegand, 2. Aufl., Berlin 2008 ff. (Bd. I: 2008; Bd. II: 2012)
HRG	Hochschulrahmengesetz
HRK	Hochschulrektorenkonferenz
HRRS	Onlinezeitschrift für Höchstrichterliche Rechtsprechung zum Strafrecht
Hrsg.	Herausgeber
hrsgg.	herausgegeben
Hs.	Halbsatz
HStR	Handbuch des Staatsrechts der Bundesrepublik Deutschland, herausgegeben von Josef Isensee und Paul Kirchhof, 10 Bde., 1./2. Aufl., Heidelberg 1987–2001 (Bd. I: 1987/1995; Bd. II: 1987/1998; Bd. III: 1988/1996; Bd. IV: 1990/1999; Bd. V: 1992/2000; Bd. VI: 1989/2001; Bd. VII: 1992; Bd. VIII: 1995; Bd. IX: 1997; Bd. X: 2000)
HStR³	Handbuch des Staatsrechts der Bundesrepublik Deutschland, herausgegeben von Josef Isensee und Paul Kirchhof, 3. Aufl., Heidelberg 2003 ff. (Bd. I: 2003; Bd. II: 2004; Bd. III: 2005; Bd. IV: 2006; Bd. V: 2007; Bd. VI: 2008; Bd. VII: 2009; Bd. VIII: 2010; Bd. IX: 2011; Bd. X: 2012; Bd. XI: 2013; Bd. XII: 2014; Bd. XIII: 2015)
Huber, Dokumente	Ernst Rudolf Huber (Hrsg.), Dokumente zur deutschen Verfassungsgeschichte, 5 Bde., Stuttgart u. a. 1978 ff. (Bd. 1: 3. Aufl. 1978; Bd. 2: 3. Aufl. 1986; Bd. 3: 3. Aufl. 1990; Bd. 4: 3. Aufl. 1992; Bd. 5: 1997)
Huber, Verfassungsgeschichte	Ernst Rudolf Huber, Deutsche Verfassungsgeschichte seit 1789, 8 Bde., Stuttgart u. a. 1967 ff. (Bd. 1: 2. Aufl. 1967; Bd. 2: 3. Aufl. 1988; Bd. 3: 3. Aufl. 1988; Bd. 4: 2. Aufl. 1982; Bd. 5: 1978; Bd. 6: 1981; Bd. 7: 1984; Bd. 8: 1991)
Hufen, Grundrechte	Friedhelm Hufen, Staatsrecht II. Grundrechte, 6. Aufl., München 2017
HZ	Historische Zeitschrift
IAEA	International Atomic Energy Agency
ICAO	International Civil Aviation Organization
ICON	International Journal of Constitutional Law
i. d. F.	in der Fassung
i. E.	im Erscheinen
IFLA	Informationsdienst zum Lastenausgleich
IfSG	Gesetz zur Verhütung und Bekämpfung von Infektionskrankheiten beim Menschen (Infektionsschutzgesetz)
IGH	Internationaler Gerichtshof
IJRL	International Journal of Refugee Law
ILC	International Law Commission
ILM	International Legal Materials
ILO	International Labour Organization
InfAuslR	Informationsbrief Ausländerrecht
insb.	insbesondere
IntVG	Gesetz über die Wahrnehmung der Integrationsverantwortung des Bundestages und des Bundesrates in Angelegenheiten der Europäischen Union (Integrationsverantwortungsgesetz)
Int. Verkehrswesen	Internationales Verkehrswesen (bis 1967: Internationales Archiv für Verkehrswesen)
IPA	Innerparlamentarische Arbeitsgemeinschaft
IPbpR	Internationaler Pakt über bürgerliche und politische Rechte vom 19.12.1966, BGBl. 1973 II S. 1534, in der Bundesrepublik Deutschland in Kraft seit dem 23.3.1976 (Bekanntmachung vom 14.6.1976, BGBl. II S. 1068)

IPE	Handbuch Ius Publicum Europaeum, herausgegeben von Armin von Bogdandy/Peter M. Huber, Heidelberg 2007 ff. (Bd. I [herausgegeben von Armin von Bogdandy/Pedro Cruz Villalón/Peter M. Huber unter Mitwirkung von Diana Zacharias]: Grundlagen und Grundzüge staatlichen Verfassungsrechts, 2007; Bd. II [herausgegeben von Armin von Bogdandy/Pedro Cruz Villalón/Peter M. Huber unter Mitwirkung von Diana Zacharias]: Offene Staatlichkeit – Wissenschaft vom Verfassungsrecht, 2008; Bd. III [herausgegeben von Armin von Bogdandy/Sabino Cassese/Peter M. Huber unter Mitwirkung von Diana Zacharias]: Verwaltungsrecht in Europa: Grundlagen, 2010; Bd. IV [herausgegeben von Armin von Bogdandy/Sabino Cassese/Peter M. Huber unter Mitwirkung von Diana Zacharias]: Verwaltungsrecht in Europa: Wissenschaft, 2011; Bd. V [herausgegeben von Armin von Bogdandy/Sabino Cassese/Peter M. Huber]: Verwaltungsrecht in Europa: Grundzüge, 2014; Bd. VI [herausgegeben Armin von Bogdandy/Christoph Grabenwarter/Peter M. Huber unter Mitwirkung von Carlino Antpöhler/Johanna Dickschen/Nele Yang]: Verfassungsgerichtsbarkeit in Europa: Institutionen, 2016
IPO	Instrumentum Pacis Osnabrugense (1648)
J. Ipsen, Staatsrecht I	Jörn Ipsen, Staatsrecht I. Staatsorganisationsrecht, 29. Aufl., München 2017
J. Ipsen, Staatsrecht II	Jörn Ipsen, Staatsrecht II. Grundrechte, 20. Aufl., München 2017
Ipsen, Völkerrecht	Knut Ipsen, Völkerrecht, 6. Aufl., München 2014
IPwskR	Internationaler Pakt über die wirtschaftlichen, sozialen und kulturellen Rechte vom 19.12.1966, BGBl. 1973 II S. 1570; in der Bundesrepublik Deutschland in Kraft seit dem 3.1.1976 (Bekanntmachung vom 9.3.1976, BGBl. II S. 428)
IRG	Gesetz über die internationale Rechtshilfe in Strafsachen
ISR	Gesetz zur Einführung eines zusätzlichen Registers für Seeschiffe unter der Bundesflagge im internationalen Verkehr (Internationales Seeschifffahrtsregister)
IStGH	Internationaler Strafgerichtshof
IStGHG	Gesetz zur Ausführung des Römischen Statuts des Internationalen Strafgerichtshofs
IWF	Internationaler Währungsfonds
JA	Juristische Arbeitsblätter
Jarass, GRCh/ChGrEU	Hans D. Jarass, Charta der Grundrechte der Europäischen Union, 3. Aufl., München 2016
Jarass/Pieroth, GG	Hans D. Jarass/Bodo Pieroth, Grundgesetz für die Bundesrepublik Deutschland: Kommentar, 14. Aufl., München 2016 [der jeweilige Verfasser der Kommentierung ist kursiv gesetzt]
JBl.	Juristische Blätter
JbArbR	Jahrbuch des Arbeitsrechts
JbRSozRTh.	Jahrbuch für Rechtssoziologie und Rechtstheorie
Jellinek, Allg. Staatslehre	Georg Jellinek, Allgemeine Staatslehre, 3. Aufl., Berlin 1914
JICJ	Journal of International Criminal Justice
JIR	Jahrbuch für Internationales Recht (seit 1975: GYIL)
JITE	Journal of Institutional and Theoretical Economics (bis 1985: ZgStW)
JM	juris – die Monatszeitschrift
JöR	Jahrbuch des öffentlichen Rechts der Gegenwart
JR	Juristische Rundschau
JRS	Journal of Refugee Studies
jur.	juristisch
Jura	Juristische Ausbildung
jurisPR-BVerwG	juris PraxisReport Bundesverwaltungsgericht
JuS	Juristische Schulung
JW	Juristische Wochenschrift
JWG	Gesetz für Jugendwohlfahrt

JZ	Juristenzeitung
K&R	Kommunikation und Recht
Kap.	Kapitel
KatSG	Gesetz über die Erweiterung des Katastrophenschutzes (Katastrophenschutzgesetz)
KDVG	Gesetz über die Verweigerung des Kriegsdienstes mit der Waffe aus Gewissensgründen (Kriegsdienstverweigerungsgesetz)
KDVNG	Gesetz zur Neuordnung des Rechts der Kriegsdienstverweigerung und des Zivildienstes (Kriegsdienstverweigerungs-Neuordnungsgesetz)
KfbG	Gesetz zur Bereinigung von Kriegsfolgengesetzen (Kriegsfolgenbereinigungsgesetz)
KG	Kammergericht
KG	Kommanditgesellschaft
Kgl.	Königlich
KGZS	Kammergericht, Zivilsenat
Kingreen/Poscher, Grundrechte	Thorsten Kingreen/Ralf Poscher, Grundrechte. Staatsrecht II, begründet von Bodo Pieroth und Bernhard Schlink, 33. Aufl., Heidelberg 2017
KirchE	Entscheidungen in Kirchensachen seit 1946
KJHG	Gesetz zur Neuordnung des Kinder- und Jugendhilferechts (Kinder- und Jugendhilfegesetz)
Kloepfer, Verfassungsrecht I	Michael Kloepfer, Verfassungsrecht Bd. I. Grundlagen, Staatsorganisationsrecht, Bezüge zum Völker- und Europarecht, München 2011
Kloepfer, Verfassungsrecht II	Michael Kloepfer, Verfassungsrecht Bd. II. Grundrechte, München 2010
KMK	Kultusministerkonferenz
KO	Konkursordnung
KOM	Kommissionsdokumente
KommJur	Kommunaljurist. Rechtsberater für Gemeinden, Landkreise, Gemeindeverbände und kommunale Wirtschaftsunternehmen
KPD	Kommunistische Partei Deutschlands
KRABl.	Amtsblatt des Alliierten Kontrollrats in Deutschland
krit.	kritisch
KritJ	Kritische Justiz
KritV	Kritische Vierteljahresschrift für Gesetzgebung und Rechtswissenschaft
Kröger, Verfassungsgeschichte	Klaus Kröger, Einführung in die Verfassungsgeschichte der Bundesrepublik Deutschland. Vorgeschichte, Grundstrukturen und Entwicklungslinien des Grundgesetzes, München 1993
KrW-/AbfG	Gesetz zur Förderung der Kreislaufwirtschaft und Sicherung der umweltverträglichen Beseitigung von Abfällen (Kreislaufwirtschafts- und Abfallgesetz)
KStG	Kirchensteuergesetz
KStZ	Kommunale Steuer-Zeitschrift
KSZE	Konferenz über Sicherheit und Zusammenarbeit in Europa (seit 1995: OSZE)
KUG	Gesetz betreffend das Urheberrecht an Werken der bildenden Kunst und der Photographie (Kunsturhebergesetz)
KuR	Kirche und Recht
KV	Kantonsverfassung
KWahlG NW	Gesetz über die Kommunalwahlen im Lande Nordrhein-Westfalen
KWKG	Ausführungsgesetz zu Artikel 26 Abs. 2 des Grundgesetzes (Kriegswaffenkontrollgesetz)
LAG	Gesetz über den Lastenausgleich (Lastenausgleichsgesetz)
LdR	Ergänzbares Lexikon des Rechts, in 18 Gruppen herausgegeben von Robert Scheyhing, Werner Krawietz, Klaus F. Röhl u. a., Neuwied u. a. 1986 ff.; Stand: 148. Ergänzungslieferung September 2013

LEG	Verfassungsgesetz zur Bildung von Ländern in der Deutschen Demokratischen Republik (Ländereinführungsgesetz)
Leibholz/Rinck, GG	Gerhard Leibholz/Hans Justus Rinck/Dieter Hesselberger/Axel Burghart, Grundgesetz für die Bundesrepublik Deutschland, Kommentar an Hand der Rechtsprechung des Bundesverfassungsgerichts, 6. Aufl., Köln 1979 ff.; Stand: 74. Ergänzungslieferung August 2017
Leibholz/Rupprecht, BVerfGG	Gerhard Leibholz/Reinhard Rupprecht, Bundesverfassungsgerichtsgesetz. Rechtsprechungskommentar, Köln 1968 (Nachtrag Köln 1971)
LFZG	Lohnfortzahlungsgesetz
LG	Landgericht
LHO	Landeshaushaltsordnung
LKrO	Landkreisordnung
LKRZ	Zeitschrift für Landes- und Kommunalrecht Hessen/Rheinland-Pfalz/Saarland
LKV	Landes- und Kommunalverwaltung
LM	Fritz Lindenmaier/Philipp Möhring u. a. (Hrsg.), Nachschlagewerk des Bundesgerichtshofs. Leitsätze und Entscheidungen in Zivilsachen und Strafsachen mit erläuternden Anmerkungen, München 1951 ff.
LMBG	Lebensmittel- und Bedarfsgegenständegesetz
LNTS	League of Nations Treaty Series
Löwe-Rosenberg, StPO	Peter Rieß (Hrsg.), Löwe-Rosenberg. Die Strafprozeßordnung und das Gerichtsverfassungsgesetz, 8 Bde., 25. Aufl., Berlin/New York 1998–2005
Löwe-Rosenberg, StPO[26]	Volker Erb/Robert Esser/Ulrich Franke/Kirsten Graalmann-Scheerer/Hans Hilger/Alexander Ignor (Hrsg.), Löwe-Rosenberg. Die Strafprozeßordnung und das Gerichtsverfassungsgesetz, 13 Bde., 26. Aufl., Berlin 2006 ff.
LPartG, LPartDisBG	Gesetz zur Beendigung der Diskriminierung gleichgeschlechtlicher Gemeinschaften (Lebenspartnerschaftsgesetz)
LPR	(Hessische) Landesanstalt für privaten Rundfunk
LRG	Landesrundfunkgesetz
Ls.	Leitsatz
LSchlG	Gesetz über den Ladenschluß
LT-PlenProt.	Plenarprotokoll des Landtages
LuftSchG	Luftschutzgesetz
LuftVG	Luftverkehrsgesetz
m.	mit
M & K	Medien und Kommunikation
MAD	Militärischer Abschirmdienst
MAD-G	Gesetz über den Militärischen Abschirmdienst
v. Mangoldt/Klein, GG	Hermann von Mangoldt/Friedrich Klein, Das Bonner Grundgesetz, 2. Aufl., Berlin-Frankfurt/Main 1957 ff. (Bd. I: 1957; Bd. II: 1964; Bd. III: 1974)
v. Mangoldt/Klein, GG, 3. Aufl.	siehe unter *Achterberg/Schulte*, GG VI
v. Mangoldt/Klein/Starck, GG I, II, III	Kommentar zum Grundgesetz, begründet von Hermann von Mangoldt. Fortgeführt von Friedrich Klein, 6. Aufl. herausgegeben von Christian Starck, Bde. I–III, München 2010
Manssen, Grundrechte	Gerrit Manssen, Staatsrecht II. Grundrechte, 14. Aufl., München 2017
Manssen, Staatsrecht I	Gerrit Manssen, Staatsrecht I. Grundrechtsdogmatik, München 1995
MarkenG	Gesetz über den Schutz von Marken und sonstigen Kennzeichen (Markengesetz)
Maunz/Dürig, GG	Theodor Maunz/Günter Dürig (Hrsg.), Grundgesetz. Loseblatt-Kommentar, 7 Bde., München 1962 ff.; Stand: 81. Ergänzungslieferung September 2017
Maunz/Schmidt-Bleibtreu/Klein/Bethge, BVerfGG	Theodor Maunz/Bruno Schmidt-Bleibtreu/Franz Klein/Herbert Bethge, Bundesverfassungsgerichtsgesetz. Kommentar, 2 Bde., München 1964 ff.; Stand: 52. Ergänzungslieferung September 2016

Maunz/Zippelius, Staatsrecht	Theodor Maunz/Reinhold Zippelius, Deutsches Staatsrecht. Ein Studienbuch, 30. Aufl., München 1998
Maurer, Allg. Verwaltungsrecht	Hartmut Maurer, Allgemeines Verwaltungsrecht, 18. Aufl., München 2011
Maurer, Staatsrecht	Hartmut Maurer, Staatsrecht I. Grundlagen, Verfassungsorgane, Staatsfunktionen, 6. Aufl., München 2010
MDR	Monatsschrift für Deutsches Recht
MDStV	Staatsvertrag über Mediendienste (Mediendienste-Staatsvertrag)
Meckl.-Vorp., M-V	Mecklenburg-Vorpommern, mecklenburg-vorpommerisch
MediaP	Media-Perspektiven
MedR	Medizinrecht
MPEPIL	The Max Planck Encyclopedia of Public International Law, hrsgg. vom Max-Planck-Institut für Ausländisches Öffentliches Recht und Völkerrecht unter der Leitung von Rüdiger Wolfrum, 11. Bde, Oxford 2012 ff.
MEW	Karl Marx/Friedrich Engels, Werke, Berlin/Ost 1956 ff.
Meyer, Charta	Jürgen Meyer (Hrsg.), Charta der Grundrechte der Europäischen Union, 4. Aufl., Baden-Baden 2014
Meyer-Goßner, StPO	Lutz Meyer-Goßner/Bertram Schmitt, Strafprozessordnung. Gerichtsverfassungsgesetz, Nebengesetze und ergänzende Bestimmungen, 60. Aufl., München 2017
Meyer-Ladewig, EMRK	Jens Meyer-Ladewig, Europäische Menschenrechtskonvention. Handkommentar, 3. Aufl., Baden-Baden 2011
Michael/Morlok, Grundrechte	Lothar Michael/Martin Morlok, Grundrechte, 6. Aufl., Baden-Baden 2017
MiLoG	Gesetz zur Regelung eines allgemeinen Mindestlohns
MinBl.	Ministerialblatt
MIP	Mitteilungen des Instituts für Parteienrecht
MittBayNot	Mitteilungen des Bayerischen Notarvereins
MittHV	Mitteilungen des Hochschulverbandes
MittRhNotK	Mitteilungen der Rheinischen Notarkammer
MMR	Multimedia und Recht
Model/Müller, GG	Otto Model/Klaus Müller, Grundgesetz für die Bundesrepublik Deutschland, Taschenkommentar, 11. Aufl., Köln u. a. 1996
ModLRev.	Modern Law Review
Morlok/Michael, Staatsorganisationsrecht	Martin Morlok/Lothar Michael, Staatsorganisationsrecht, 3. Aufl., Baden-Baden 2016
Morlok/Schliesky/ Wiefelspütz	Martin Morlok/Utz Schliesky/Dieter Wiefelspütz (Hrsg.), Parlamentsrecht. Handbuch (unter Mitarbeit von Moritz Kalb), Baden-Baden 2016
MP	Media-Perspektiven
MPIfG	Max-Planck-Institut für Gesellschaftsforschung
MRM	MenschenRechtsMagazin
Ms.	Manuskript
MüKo-BGB	Münchener Kommentar zum Bürgerlichen Gesetzbuch, herausgegeben von Kurt Rebmann, Franz-Jürgen Säcker und Helmut Heinrichs, 11 Bde., 6. Aufl., München 2012–2015
v. Münch, Grundbegriffe I	Ingo von Münch, Grundbegriffe des Staatsrechts, Bd. I, Deutschlands Rechtslage, Grundrechtsordnung, Wirtschaftsverfassung, 4. Aufl., Stuttgart u. a. 1986
v. Münch, Staatsrecht I	Ingo von Münch, Staatsrecht Bd. 1. Einführung; Deutschland: Teilung und Vereinigung; Staatsform; Staatsorgane; Deutschland in der Europäischen Gemeinschaft, 6. Aufl., Stuttgart u. a. 2000
v. Münch, Staatsrecht II	Ingo von Münch, Staatsrecht Bd. 2. Staatsangehörigkeit; allgemeine Grundrechtslehren; die einzelnen Grundrechte; Wirtschaftsverfassung; internationaler Schutz der Menschenrechte; Europäische Union und Europäische Gemeinschaft, 5. Aufl., Stuttgart u. a. 2002
v. Münch/Kunig, GG I	Grundgesetz-Kommentar, herausgegeben von Philip Kunig (begründet von Ingo von Münch), Bd. 1, 6. Aufl., München 2012

v. Münch/Kunig, GG II	Grundgesetz-Kommentar, herausgegeben von Philip Kunig (begründet von Ingo von Münch), Bd. 2, 6. Aufl., München 2012
v. Münch/Mager, Staatsrecht I	Ingo von Münch/Ute Mager, Staatsrecht I. Staatsorganisationsrecht unter Berücksichtigung der europarechtlichen Bezüge, 8. Aufl., Stuttgart 2015
v. Münch/Mager, Staatsrecht II	Ingo von Münch/Ute Mager, Staatsrecht II. Grundrechte, 6. Aufl., Stuttgart 2014
m. w. N., mwN.	mit weiteren Nachweisen
NATO	North Atlantic Treaty Organization
Nachw.	Nachweise
NBER	National Bureau of Economic Research
nBV	Bundesverfassung der Schweizerischen Eidgenossenschaft i. d. F. des Bundesbeschlusses vom 18. Dezember 1998
ND	Neudruck
Nds.	Niedersachsen, niedersächsisch
NdsGefAbwG	Niedersächsisches Gefahrenabwehrgesetz
NdsStGH	Niedersächsischer Staatsgerichtshof
NdsVBl.	Niedersächsische Verwaltungsblätter. Zeitschrift für öffentliches Recht und öffentliche Verwaltung
n. F., nF.	neue Fassung
N.F.	Neue Folge
NGO	Non-governmental Organization(s) (Nicht-Regierungs-Organisation[en])
Nicolaysen, Europarecht I	Gert Nicolaysen, Europarecht I. Die europäische Integrationsverfassung, 2. Aufl., Baden-Baden 2002
Nicolaysen, Europarecht II	Gert Nicolaysen, Europarecht II. Das Wirtschaftsrecht im Binnenmarkt, Baden-Baden 1996
NJ	Neue Justiz
NJOZ	Neue juristische Online-Zeitschrift
NJW	Neue Juristische Wochenschrift
NJW-RR	Neue Juristische Wochenschrift – Rechtsprechungs-Report
NK	Neue Kriminalpolitik
NLT	Information Niedersächsischer Landkreistag
NordJIL	Nordic Journal of International Law
NordÖR	Zeitschrift für öffentliches Recht in Norddeutschland
Nr.	Nummer
NSDAP	Nationalsozialistische Deutsche Arbeiterpartei
NStZ	Neue Zeitschrift für Strafrecht
NStZ-RR	Neue Zeitschrift für Strafrecht – Rechtsprechungs-Report
NUCL	Nihon University Comparative Law
NuR	Natur und Recht
NYULRev.	New York University Law Review
NVwZ	Neue Zeitschrift für Verwaltungsrecht
NVwZ-RR	Neue Zeitschrift für Verwaltungsrecht – Rechtsprechungs-Report
Nw.	Nachweise
NW, NRW	Nordrhein-Westfalen, nordrhein-westfälisch
NWVBl.	Nordrhein-Westfälische Verwaltungsblätter. Zeitschrift für öffentliches Recht und öffentliche Verwaltung
NZA	Neue Zeitschrift für Arbeits- und Sozialrecht
NZA-RR	Neue Zeitschrift für Arbeits- und Sozialrecht – Rechtsprechungs-Report
NZBau	Neue Zeitschrift für Baurecht und Vergaberecht
NZS	Neue Zeitschrift für Sozialrecht
NZV	Neue Zeitschrift für Verkehrsrecht
NZWehrR	Neue Zeitschrift für Wehrrecht
NZZ	Neue Zürcher Zeitung
OBGNW	[Nordrhein-Westfälisches] Gesetz über Aufbau und Befugnisse der Ordnungsbehörden – Ordnungsbehördengesetz
ODIHR	Office for Democratic Institutions and Human Rights

OECD	Organization for Economic Cooperation and Development
OEEC	Organization for European Economic Cooperation
ÖGZ	Österreichische Gemeinde-Zeitung
ÖJZ	Österreichische Juristen-Zeitung
Österr. Verf.	Österreichische Verfassung (auch: B-VG)
ÖVD	Öffentliche Verwaltung und Datenverarbeitung
ÖVP	Österreichische Volkspartei
o.J.	ohne Jahr
OLG	Oberlandesgericht
o.O.	ohne Ort
Oppermann/Classen/ Nettesheim, Europarecht	Thomas Oppermann/Claus Dieter Classen/Martin Nettesheim, Europarecht. Ein Studienbuch, 7. Aufl., München 2016
OrdenG	Gesetz über Titel, Orden und Ehrenzeichen
OrgA	Parlamentarischer Rat, Ausschuß für Organisationsfragen
OSZE	Organisation für Sicherheit und Zusammenarbeit in Europa (bis 1995: KSZE)
OVG	Oberverwaltungsgericht
OVGE	Entscheidungen der Oberverwaltungsgerichte für das Land Nordrhein-Westfalen in Münster, sowie für die Länder Niedersachsen und Schleswig-Holstein in Lüneburg
Palandt, BGB	Otto Palandt, Bürgerliches Gesetzbuch, bearbeitet von Peter Bassenge u. a., 77. Aufl., München 2018
ParlBG	Gesetz über die parlamentarische Beteiligung bei der Entscheidung über den Einsatz bewaffneter Streitkräfte im Ausland (Parlamentsbeteiligungsgesetz)
Parl. Rat	Der Parlamentarische Rat 1948–1949. Akten und Protokolle, herausgegeben vom Deutschen Bundestag und vom Bundesarchiv, Boppard am Rhein 1975 ff. (Bd. 1: Vorgeschichte, bearbeitet von Johannes V. Wagner, 1975; Bd. 2: Der Verfassungskonvent auf Herrenchiemsee, bearbeitet von Peter Bucher, 1981; Bd. 3: Ausschuß für Zuständigkeitsabgrenzung, bearbeitet von Wolfram Werner, 1986; Bd. 4: Ausschuß für das Besatzungsstatut, bearbeitet von Wolfram Werner, 1989; Bd. 5: Ausschuß für Grundsatzfragen, bearbeitet von Eberhart Pikart und Wolfram Werner, 1993; Bd. 6: Ausschuß für Wahlrechtsfragen, bearbeitet von Harald Rosenbach, 1994; Bd. 7: Entwürfe zum Grundgesetz, bearbeitet von Michael Hollmann, 1995; Bd. 8: Die Beziehungen des Parlamentarischen Rates zu den Militärregierungen, bearbeitet von Michael F. Feldkamp, 1995; Bd. 9: Plenum, bearbeitet von Wolfram Werner, 1996; Bd. 10: Ältestenrat, Geschäftsordnungsausschuß und Überleitungsausschuß, bearbeitet von Michael F. Feldkamp, 1997; Bd. 11: Interfraktionelle Besprechungen, bearbeitet von Michael F. Feldkamp, 1997; Bd. 12: Ausschuß für Finanzfragen, bearbeitet von Michael F. Feldkamp, 1999; Bd. 13: Ausschuß für Organisation des Bundes, Ausschuß für Verfassungsgerichtshof und Rechtspflege, bearbeitet von Edgar Büttner/Michael Wettengel, 2002; Bd. 14: Hauptausschuß, bearbeitet von Michael F. Feldkamp, 2009)
ParteiG	Gesetz über die politischen Parteien (Parteiengesetz)
PartGG	Gesetz über Partnerschaftsgesellschaften Angehöriger Freier Berufe (Partnerschaftsgesellschaftsgesetz)
PersV	Die Personalvertretung
Pestalozza, GG VIII	Das Bonner Grundgesetz. Kommentar, begründet von Hermann von Mangoldt. Fortgeführt von Friedrich Klein. Bearbeitung der Art. 70–75 als Bd. VIII der 3. Aufl. von Christian Pestalozza, München 1996
Pestalozza, Verfassungsprozeßrecht	Christian Pestalozza, Verfassungsprozeßrecht. Die Verfassungsgerichtsbarkeit des Bundes und der Länder mit einem Anhang zum internationalen Rechtsschutz, 3. Aufl., München 1991

Pieroth/Schlink, Grundrechte	siehe unter *Kingreen/Poscher*, Grundrechte
PJZS	Polizeiliche und justizielle Zusammenarbeit in Strafsachen
PlenProt.	Plenarprotokoll
PostG	Postgesetz
PostPersRG	Gesetz zum Personalrecht der Beschäftigten der früheren Deutschen Bundespost (Postpersonalrechtsgesetz)
PostUmwG	Gesetz zur Umwandlung der Unternehmen der Deutschen Bundespost in die Rechtsform der Aktiengesellschaft (Postumwandlungsgesetz)
PostVwG	Gesetz über die Verwaltung der Deutschen Bundespost (Postverwaltungsgesetz)
Pmbl.	Präambel
PrALR	Allgemeines Landrecht für die Preußischen Staaten, 1794
Preuß. Verf.	Preußische Verfassung
PrGS	Preußische Gesetzessammlung
PrVbl.	Preußisches Verwaltungsblatt
PTNeuOG	Gesetz zur Neuordnung des Postwesens und der Telekommunikation (Postneuordnungsgesetz)
PUAG	Gesetz zur Regelung des Rechts der Untersuchungsausschüsse des Deutschen Bundestages (Untersuchungsausschussgesetz)
PVS	Politische Vierteljahresschrift
RA-BT	Rechtsausschuß des Deutschen Bundestages
RabelsZ	Rabels Zeitschrift für ausländisches und internationales Privatrecht
RBDI	Revue Belge de Droit International
RdA	Recht der Arbeit
RdJB	Recht der Jugend und des Bildungswesens
RdM	Recht der Medizin
RDV	Recht der Datenverarbeitung
REDP	Revue européenne de droit public
RegG	Gesetz zur Regionalisierung des öffentlichen Personennahverkehrs (Regionalisierungsgesetz)
Reich, GG	Andreas Reich, Magdeburger Kommentar zum Grundgesetz für die Bundesrepublik Deutschland, Bad Honnef 1998
Rep.	Reports of Judgements and Decisions
RevMC	Revue du Marché commun et de l'Union européenne
RFG	Rechts- und Finanzierungspraxis der Gemeinden
RFHE	Entscheidungen und Gutachten des Reichsfinanzhofs
Rg	Rechtsgeschichte. Zeitschrift des Max-Planck-Instituts für europäische Rechtsgeschichte
RGBl.	Reichsgesetzblatt
RGDIP	Revue Générale de Droit International Privé
RGG[3]	Die Religion in Geschichte und Gegenwart. Handwörterbuch für Theologie und Religionswissenschaft, herausgegeben von Kurt Galling u. a., 7 Bde., 3. Aufl., Tübingen 1957–65
RGG[4]	Die Religion in Geschichte und Gegenwart. Handwörterbuch für Theologie und Religionswissenschaft, herausgegeben von Hans Dieter Betz u. a., 9 Bde., 4. Aufl., Tübingen 1998–2007
RGSt	Entscheidungen des Reichsgerichts in Strafsachen
RGZ	Entscheidungen des Reichsgerichts in Zivilsachen
Rheinl.-Pf., Rh.-Pf., R-P	Rheinland-Pfalz, rheinland-pfälzisch
RHG	Gesetz über die innerdeutsche Rechts- und Amtshilfe in Strafsachen
RHO	Reichshaushaltsordnung
Rh.-Pf.VerfGHG	Rheinland-Pfälzisches Landesgesetz über den Verfassungsgerichtshof
RHS	Reichsdeputationshauptschluß
RiA	Recht im Amt. Zeitschrift für den öffentlichen Dienst
Richter/Schuppert/Bumke, Verfassungsrecht	siehe unter *Bumke/Voßkuhle*, Verfassungsrecht

Ritzel/Bücker/Schreiner	Heinrich G. Ritzel/Joseph Bücker/Hermann J. Schreiner, Handbuch für die parlamentarische Praxis mit Kommentar zur Geschäftsordnung des Deutschen Bundestages (GO-BT), Loseblatt, 2 Bde., Neuwied 1990ff.; Stand: 31. Ergänzungslieferung Dezember 2016
RIW	Recht der Internationalen Wirtschaft. Betriebs-Berater International
RiWG	Richterwahlgesetz
RJ	Rechtshistorisches Journal
RKEG	Gesetz über die religiöse Kindererziehung
Rl.	Richtlinie
Rn.	Randnummer(n), Randziffer(n)
RNPG	Gesetz zur Prüfung von Rechtsanwaltszulassungen, Notarbestellungen und Berufungen ehrenamtlicher Richter
ROW	Recht in Ost und West
RPfleger	Der deutsche Rechtspfleger
RPflG	Rechtspflegergesetz
RSQ	Refugee Survey Quarterly
RStV	Rundfunkstaatsvertrag
RTD eur.	Revue trimestrielle de droit européen
RTDH	Revue trimestrielle des droits de l'homme
RUDH	Revue universelle des droits de l'homme
RuF	Rundfunk und Fernsehen
RuP	Recht und Politik
RussVerfG	Verfassungsgericht der Russischen Föderation
RuStAG	Reichs- und Staatsangehörigkeitsgesetz
Rüthers/Fischer/Birk, Rechtstheorie	Bernd Rüthers/Christian Fischer/Axel Birk, Rechtstheorie mit Juristischer Methodenlehre, 9. Aufl., München 2016
RV, RVerf.	Reichsverfassung
RVBl.	Reichsverwaltungsblatt
RVO	Reichsversicherungsordnung
RW	Rechtswissenschaft. Zeitschrift für rechtswissenschaftliche Forschung
RzU	Rechtsprechung zum Urheberrecht
s.	siehe
S.	Seite
Saarl.	Saarland, saarländisch
SaarlVerfGH	Saarländischer Verfassungsgerichtshof
Sachs, GG	Michael Sachs (Hrsg.), Grundgesetz. Kommentar, 7. Aufl., München 2014
Sachs, Grundrechte	Michael Sachs, Verfassungsrecht II. Grundrechte, 3. Aufl., Berlin-New York 2017
Sachs.-Anh., S-A	Sachsen-Anhalt, sachsen-anhaltinisch
Sächs.	sächsisch
SächsVBl.	Sächsische Verwaltungsblätter. Zeitschrift für öffentliches Recht und öffentliche Verwaltung
SBZ	Sowjetische Besatzungszone
Schengen I	Übereinkommen zwischen den Regierungen der Staaten der Benelux-Wirtschaftsunion, der Bundesrepublik Deutschland und der Französischen Republik betreffend den schrittweisen Abbau der Kontrollen an den gemeinsamen Grenzen vom 14.6.1985, GMBl. 1986, 79
Schengen II	Übereinkommen vom 19.6.1990 zur Durchführung des Übereinkommens von Schengen vom 14. Juni 1995 zwischen den Regierungen der Staaten der Benelux-Wirtschaftsunion, der Bundesrepublik Deutschland und der Französischen Republik betreffend den schrittweisen Abbau der Kontrollen an den gemeinsamen Grenzen, BGBl. 1993 II S. 1013
Schl.-Holst., S-H	Schleswig-Holstein, schleswig-holsteinisch
Schlaich/Korioth, Bundesverfassungsgericht	Klaus Schlaich/Stefan Korioth, Das Bundesverfassungsgericht – Stellung, Verfahren, Entscheidungen, 10. Aufl., München 2015
Schmidt-Aßmann, Bes. Verwaltungsrecht	Eberhard Schmidt-Aßmann (Hrsg.), Besonderes Verwaltungsrecht, 13. Aufl., Berlin-New York 2005

Schmidt-Aßmann/Schoch, Bes. Verwaltungsrecht	Eberhard Schmidt-Aßmann/Friedrich Schoch (Hrsg.), Besonderes Verwaltungsrecht, 14. Aufl., Berlin-New York 2008
Schmidt-Bleibtreu/ Hofmann/Henneke, GG	Kommentar zum Grundgesetz, begründet von Bruno Schmidt-Bleibtreu und Franz Klein, herausgegeben von Hans Hofmann und Hans-Günter Henneke, 14. Aufl., Köln 2017
Schneider[/Kramer], GG-Dokumentation	Das Grundgesetz – Dokumentation seiner Entstehung, herausgegeben von Hans-Peter Schneider und (seit 2009) Jutta Kramer, Frankfurt/Main 1995 ff. (Bd. 9: Artikel 29 und 118, bearbeitet von Carmen Abel, 1995; Bd. 10: Artikel 30 bis 37, bearbeitet von Ulrich Bachmann/Jutta Kramer, 1996; Bd. 17: Artikel 70 bis 73, bearbeitet von Jutta Kremer [nach Vorarbeiten von Ulrich Bachmann], 2007; Bd. 18: Artikel 74 und 75, Teilband 1: Artikel 74 Nr. 1 bis Nr. 16, bearbeitet von Jutta Kremer [nach Vorarbeiten von Ulrich Bachmann], 2009; Bd. 18: Artikel 74 und 75, Teilband 2: Artikel 74 Nr. 17 bis Nr. 23 und Artikel 75, bearbeitet von Jutta Kremer [nach Vorarbeiten von Ulrich Bachmann], 2010; Bd. 21: Artikel 83 bis 85, bearbeitet von Jutta Kremer, 2013; Bd. 23, Teilband 1: vor Artikel 92, Artikel 92 und 93, bearbeitet von Rainer Schuckart, 1999; Bd. 23, Teilband 2: Artikel 94, 95 und 96, bearbeitet von Jutta Kramer [nach Vorarbeiten von Rainer Schuckart], 2003; Bd. 25: Artikel 105 bis 107, bearbeitet von Reinhard Lensch, 1997; Bd. 26: Artikel 108 bis 115, bearbeitet von Hans-Peter Schneider [nach Vorarbeiten von Reinhard Lensch], 2009)
Schneider/Zeh	Hans-Peter Schneider/Wolfgang Zeh (Hrsg.), Parlamentsrecht und Parlamentspraxis in der Bundesrepublik Deutschland. Ein Handbuch, Berlin-New York 1989
Schoch, Bes. Verwaltungsrecht	Friedrich Schoch (Hrsg.), Besonderes Verwaltungsrecht, 15. Aufl., Berlin-Boston 2013
Schoch/Schmidt-Aßmann/ Pietzner, VwGO	Friedrich Schoch/Eberhard Schmidt-Aßmann/Rainer Pietzner (Hrsg.), Verwaltungsgerichtsordnung. Kommentar, München 1996 ff.
Schoch/Schneider/ Bier, VwGO	Friedrich Schoch/Jens-Peter Schneider/Wolfgang Bier (Hrsg.), Verwaltungsgerichtsordnung. Kommentar, begründet von Friedrich Schoch/ Eberhard Schmidt-Aßmann/Rainer Pietzner, München 1996 ff.; Stand: 33. Ergänzungslieferung Juni 2017
Schreiber, BWahlG	Wolfgang Schreiber (Hrsg.), Kommentar zum Bundeswahlgesetz, 10. Aufl., Köln 2017
Schs-Ztg	Schiedsmannzeitung (ab 1993: Schiedsamtszeitung)
Schulze/Zuleeg/ Kadelbach, Europarecht	Reiner Schulze/Manfred Zuleeg/Stefan Kadelbacher (Hrsg.), Europarecht. Handbuch für die deutsche Rechtspraxis, 3. Aufl., Baden-Baden 2015
Schwabe, Staatsrecht	Jürgen Schwabe, Grundkurs Staatsrecht, 5. Aufl., Berlin u. a. 1995
Schwarze, EU	Jürgen Schwarze (Hrsg.), EU-Kommentar, 3. Aufl., Baden-Baden 2012
SchwbG	Gesetz zur Sicherung der Eingliederung Schwerbehinderter in Arbeit, Beruf und Gesellschaft (Schwerbehindertengesetz)
Schweitzer, Staatsrecht III	Michael Schweitzer, Staatsrecht III. Staatsrecht, Völkerrecht, Europarecht, 11. Aufl., Heidelberg 2016
Schweitzer/Hummer, Europarecht	Michael Schweitzer/Waldemar Hummer, Europarecht. Das Recht der Europäischen Union – Das Recht der Europäischen Gemeinschaften (EGKS, EG, EAG) – mit Schwerpunkt EG, 5. Aufl., Neuwied u. a. 1996
Schweitzer/Hummer/ Obwexer, Europarecht	Michael Schweitzer/Waldemar Hummer/Walter Obwexer, Europarecht. Das Recht der Europäischen Union, Wien 2007
SchwJZ	Schweizerische Juristenzeitung
scil.	scilicet (nämlich)
SDSRV	Schriftenreihe des Deutschen Sozialrechtsverbandes
SeemG	Seemannsgesetz
SeeUG	Gesetz über die Untersuchung von Seeunfällen (Seeunfalluntersuchungsgesetz)
Seifert, Grundgesetz	Jürgen Seifert, Das Grundgesetz und seine Veränderung, 4. Aufl., Neuwied-Darmstadt 1983 (1.–3. Aufl. unter dem Titel »Grundgesetz und Restauration«)

SGb	Die Sozialgerichtsbarkeit
SGB	Sozialgesetzbuch
Siekmann/Duttge, Grundrechte	Helmut Siekmann/Gunnar Duttge, Staatsrecht I. Grundrechte, 3. Aufl., Thüngersheim-Frankfurt/Main 2000
SJZ	Süddeutsche Juristenzeitung
Sodan, GG	Helge Sodan (Hrsg.), Grundgesetz. Beck'scher Kompakt-Kommentar, 3. Aufl., München 2015
Soergel, BGB	Hans Theodor Soergel u. a. (Hrsg.), Kommentar zum Bürgerlichen Gesetzbuch, 13. Aufl., Stuttgart 1999 ff.
SoldG	Gesetz über die Rechtsstellung der Soldaten (Soldatengesetz)
SozSich	Soziale Sicherheit. Zeitschrift für Arbeit und Soziales
SozVers	Die Sozialversicherung. Zeitschrift für alle Angelegenheiten der Kranken-, Renten- und Unfallversicherung
Sp.	Spalte
SPD	Sozialdemokratische Partei Deutschlands
SpStatG	Gesetz zur Klarstellung des Spätaussiedlerstatus (Spätaussiedlerstatusgesetz)
SpuRt	Sport und Recht
SRP	Sozialistische Reichspartei
SRÜ	Seerechtsübereinkommen der Vereinten Nationen vom 10.12.1982, BGBl. 1994 II S. 1799
Der Staat	Der Staat. Zeitschrift für Staatslehre und Verfassungsgeschichte, deutsches und europäisches Öffentliches Recht
StabG	Gesetz zur Förderung der Stabilität und des Wachstums der Wirtschaft
StAG	Staatsangehörigkeitsgesetz
StAngRegG	Gesetz zur Regelung von Fragen der Staatsangehörigkeit
StARG	Gesetz zur Reform des Staatsangehörigkeitsrechts
Starck, GG I	Das Bonner Grundgesetz. Kommentar, begründet von Hermann von Mangoldt. Fortgeführt von Friedrich Klein. Bearbeitung der Präambel und Art. 1–5 als Bd. I der 3. Aufl. von Christian Starck, München 1985
Staudinger, BGB	Julius v. Staudinger u. a. (Hrsg.), J. von Staudingers Kommentar zum Bürgerlichen Gesetzbuch mit Einführungsgesetz und Nebengesetzen, 14. Aufl., Berlin 1999 ff.
StAZ	Das Standesamt. Zeitschrift für Standesamtswesen, Familienrecht, Staatsangehörigkeitsrecht, Personenstandsrecht, internationales Privatrecht des In- und Auslandes
Stein/v. Buttlar/Kotzur, Völkerrecht	Torsten Stein/Christian v. Buttlar/Markus Kotzur, Völkerrecht, 14. Aufl., München 2017
Stein/Frank, Staatsrecht	Ekkehart Stein/Götz Frank, Staatsrecht, 21. Aufl., Tübingen 2010
Sten. Ber.	Stenographischer Bericht
Sten. Prot.	Stenographische Protokolle
Stern, Staatsrecht I	Klaus Stern, Das Staatsrecht der Bundesrepublik Deutschland, Bd. I: Grundbegriffe und Grundlagen des Staatsrechts, Strukturprinzipien der Verfassung, 2. Aufl., München 1984
Stern, Staatsrecht II	Klaus Stern, Das Staatsrecht der Bundesrepublik Deutschland, Bd. II: Staatsorgane, Staatsfunktionen, Finanz- und Haushaltsverfassung, Notstandsverfassung, München 1980
Stern, Staatsrecht III/1	Klaus Stern, Das Staatsrecht der Bundesrepublik Deutschland, Bd. III/1: Allgemeine Lehren der Grundrechte, 1. Halbband (unter Mitwirkung von Michael Sachs – der jeweilige Verfasser ist kursiv gesetzt), München 1988
Stern, Staatsrecht III/2	Klaus Stern, Das Staatsrecht der Bundesrepublik Deutschland, Bd. III/2: Allgemeine Lehren der Grundrechte, 2. Halbband (unter Mitwirkung von Michael Sachs – der jeweilige Verfasser ist kursiv gesetzt), München 1994
Stern, Staatsrecht IV/1	Klaus Stern, Das Staatsrecht der Bundesrepublik Deutschland, Bd. IV/1: Die einzelnen Grundrechte, 1. Halbband: Der Schutz und die freiheitliche Entfaltung des Individuums (in Verbindung mit Michael Sachs und

	Johannes Dietlein – der jeweilige Verfasser ist kursiv gesetzt), München 2006
Stern, Staatsrecht IV/2	Klaus Stern, Das Staatsrecht der Bundesrepublik Deutschland, Bd. IV/2: Die einzelnen Grundrechte, 2. Halbband: Freiheit der politischen Betätigung, Schule und Bildung, Kultur und Geistesleben, Religion, Kirchen und Kirchengemeinschaften, allgemeine und besondere Gleichheitssätze, Rechtsschutz und Staatshaftung, München 2011
Stern, Staatsrecht V	Klaus Stern, Das Staatsrecht der Bundesrepublik Deutschland, Bd. V: Die geschichtlichen Grundlagen des Deutschen Staatsrechts, München 1999
Stern/Becker, Grundrechte	Klaus Stern/Florian Becker (Hrsg.), Grundrechte-Kommentar. Die Grundrechte des Grundgesetzes mit ihren europäischen Bezügen, 2. Aufl., Köln 2015
SteuerStud	Steuer und Studium
StGB	Strafgesetzbuch
StGG	Staatsgrundgesetz vom 21. Dezember 1867 über die allgemeinen Rechte der Staatsbürger für die im Reichsrate vertretenen Königreiche und Länder
StGH	Staatsgerichtshof
StL^6	Staatslexikon. Recht-Wirtschaft-Gesellschaft, 11 Bde., herausgegeben von der Görres-Gesellschaft, 6. Aufl., Freiburg/Breisgau 1957–1970
StL^7	Staatslexikon. Recht-Wirtschaft-Gesellschaft, 7 Bde., herausgegeben von der Görres-Gesellschaft, 7. Aufl., Freiburg/Breisgau u. a. 1985 ff. (Bd. 1: 1985; Bd. 2: 1986; Bd. 3: 1987; Bd. 4: 1988; Bd. 5: 1989; Bd. 6: 1992; Bd. 7: 1993)
StraFo	Strafverteidiger-Forum
Streinz, Europarecht	Rudolf Streinz, Europarecht, 10. Aufl., Heidelberg 2016
Streinz, EUV/AEUV	Rudolf Streinz (Hrsg.), EUV/AEUV. Vertrag über die Europäische Union und Vertrag über die Arbeitsweise der Europäischen Union. Kommentar, 2. Aufl., München 2012
st. Rspr.	ständige Rechtsprechung
StrVG	Gesetz zum vorsorgenden Schutz der Bevölkerung gegen Strahlenbelastung (Strahlenschutzvorsorgegesetz)
StS	Strafsenat
StT	Der Städtetag
StUG	Gesetz über die Unterlagen des Staatssicherheitsdienstes der ehemaligen Deutschen Demokratischen Republik (Stasi-Unterlagen-Gesetz)
StuW	Steuer und Wirtschaft. Zeitschrift für die gesamte Steuerwissenschaft
StV	Strafverteidiger
StVj	Steuerliche Vierteljahresschrift
StVollzG	Gesetz über den Vollzug der Freiheitsstrafe und der freiheitsentziehenden Maßregeln der Besserung und Sicherung (Strafvollzugsgesetz)
StWStP	Staatswissenschaften und Staatspraxis. Rechts-, wirtschafts- und sozialwissenschaftliche Beiträge zum staatlichen Handeln
StZG	Gesetz zur Sicherstellung des Embryonenschutzes im Zusammenhang mit Einfuhr und Verwendung menschlicher embryonaler Stammzellen (Stammzellgesetz)
SubsidiaritätsP	Protokoll (Nr. 2) über die Anwendung der Grundsätze der Subsidiarität und der Verhältnismäßigkeit zum Vertrag von Lissabon (Abl. 2012 C 326/206)
SuP	Sozialrecht und Praxis
Suppl. 2007	Horst Dreier (Hrsg.), Grundgesetz-Kommentar, Bd. 2 (Art. 20–82), 2. Aufl., Supplementum, Tübingen 2007
Suppl. 2010	Horst Dreier (Hrsg.), Grundgesetz-Kommentar, 2. Aufl., Supplementum, Tübingen 2010
SVN	Satzung der Vereinten Nationen
TDG	Gesetz über die Nutzung von Telediensten (Teledienstegesetz)
Tettinger/Erbguth/Mann, Bes. Verwaltungsrecht	Peter J. Tettinger/Thomas Mann/Wilfried Erbguth, Besonderes Verwaltungsrecht, 11. Aufl., Heidelberg u. a. 2012

Tettinger/Stern, GRCh	Peter J. Tettinger/Klaus Stern (Hrsg.), Kölner Gemeinschaftskommentar zur Europäischen Grundrechte-Charta, München 2006
Thürer/Aubert/Müller, Verfassungsrecht	Daniel Thürer/Jean-François Aubert/Jörg Paul Müller (Hrsg.), Verfassungsrecht der Schweiz, Zürich 2001
Thür.	Thüringen, thüringer
ThürVerfGH	Thüringer Verfassungsgerichtshof
ThürVBl.	Thüringer Verwaltungsblätter. Zeitschrift für öffentliches Recht und öffentliche Verwaltung
TierSchG	Tierschutzgesetz
TierSeuchG	Tierseuchengesetz
TKG	Telekommunikationsgesetz
TKÜV	Verordnung über die technische und organisatorische Umsetzung von Maßnahmen zur Überwachung der Telekommunikation (Telekommunikations-Überwachungsverordnung)
TPG	Gesetz über die Spende, Entnahme und Übertragung von Organen (Transplantationsgesetz)
TRE	Theologische Realenzyklopädie, Hauptherausgeber Gerhard Müller, 38 Bde., Berlin-New York 1977 ff.
TuP	Theorie und Praxis der sozialen Arbeit
TVG	Tarifvertragsgesetz
Tz.	Teilziffer
Uabs.	Unterabsatz
UAG	Gesetz über die Einsetzung und das Verfahren von Untersuchungsausschüssen des Landtags
UBWV	Unterrichtsblätter für die Bundeswehrverwaltung. Zeitschrift für Ausbildung, Fortbildung und Verwaltungspraxis
UeB	Übergangsbestimmungen zur Bundesverfassung der Schweizerischen Eidgenossenschaft
UFITA	Archiv für Urheber-, Film-, Funk- und Theaterrecht
UKlaG	Gesetz über Unterlassungsklagen bei Verbraucherrechts- und anderen Verstößen (Unterlassungsklagengesetz)
Umbach/Clemens, GG	Dieter C. Umbach/Thomas Clemens (Hrsg.), Grundgesetz. Mitarbeiterkommentar und Handbuch, 2 Bde., Heidelberg 2002
Umbach/Clemens/ Dollinger, BVerfGG	Dieter C. Umbach/Thomas Clemens/Franz-Wilhelm Dollinger (Hrsg.), Bundesverfassungsgerichtsgesetz. Mitarbeiterkommentar und Handbuch, 2. Aufl., Heidelberg 2005
UmweltHG	Umwelthaftungsgesetz
UN	United Nations
UNAMR	UN-Ausschuß für Menschenrechte
UN-Folterkonvention	Übereinkommen gegen Folter und andere grausame, unmenschliche oder erniedrigende Behandlung oder Strafe vom 10.12.1984, BGBl. 1990 II S. 246
UNGA	United Nations General Assembly
UNHCR	United Nations High Commissioner for Refugees (UN-Hochkommissar für Flüchtlinge)
UNO	United Nations Organization
Unterabs.	Unterabsatz
u. ö.	und öfter
UPR	Umwelt- und Planungsrecht
UrhG	Gesetz über Urheberrecht und verwandte Schutzrechte
Urt.	Urteil
UStG	Umsatzsteuergesetz
UTR	Jahrbuch des Umwelt- und Technikrechts
UVPG	Gesetz über die Umweltverträglichkeitsprüfung
UWG	Gesetz gegen den unlauteren Wettbewerb
UZwGBW	Gesetz über die Anwendung unmittelbaren Zwanges und die Ausübung besonderer Befugnisse durch Soldaten der Bundeswehr und zivile Wachpersonen

VBlBW	Verwaltungsblätter für Baden-Württemberg. Zeitschrift für öffentliches Recht und öffentliche Verwaltung
VEF	Vereinigung der evangelischen Freikirchen
VE-Kuratorium	Verfassungsentwurf des Kuratoriums für einen demokratisch verfaßten Bund deutscher Länder vom 29.6.1991, abgedruckt in: Eine Verfassung für Deutschland. Manifest–Text–Plädoyers, herausgegeben von Bernd Guggenberger, Ulrich K. Preuß und Wolfgang Ullmann, München 1991
Verdross/Simma, Völkerrecht	Alfred Verdross/Bruno Simma, Universelles Völkerrecht – Theorie und Praxis, 3. Aufl., Berlin 1984
VereinsG	Gesetz zur Regelung des öffentlichen Vereinsrechts (Vereinsgesetz)
Verf.	Verfassung
VerfG	Verfassungsgericht
VerfGH	Verfassungsgerichtshof
Verh.DJT	Verhandlungen des Deutschen Juristentages
VersG	Gesetz über Versammlungen und Aufzüge (Versammlungsgesetz)
VersR	Versicherungsrecht
Die Verwaltung	Die Verwaltung. Zeitschrift für Verwaltungsrecht und Verwaltungswissenschaften (Untertitel bis 1995: Zeitschrift für Verwaltungswissenschaft)
VerwArch.	Verwaltungsarchiv. Zeitschrift für Verwaltungslehre, Verwaltungsrecht und Verwaltungspolitik
VerwRspr.	Verwaltungsrechtsprechung in Deutschland
VG	Verwaltungsgericht
VGH	Verwaltungsgerichtshof
vgl.	vergleiche
VIZ	Zeitschrift für Investitions- und Vermögensrecht
VjSchrStFR	Vierteljahresschrift für Steuer- und Finanzrecht
VjHZG	Vierteljahrshefte für Zeitgeschichte
VN	Vereinte Nationen
VO	Verordnung
Volkmann, Grundzüge	Uwe Volkmann, Grundzüge einer Verfassungslehre der Bundesrepublik Deutschland, Tübingen 2013
Volkmann, Staatsrecht II	Uwe Volkmann, Staatsrecht II. Grundrechte, 2. Aufl., München 2011
Vorb.	Vorbemerkungen (in diesem Kommentar: Bd. I, vor Art. 1 GG)
VR	Verwaltungsrundschau (bis 1977: Staats- und Kommunalverwaltung)
VRK	Wiener Übereinkommen über das Recht der Verträge vom 23.5.1969, BGBl. 1985 II S. 927
vs.	versus
VSSR	Vierteljahresschrift für Sozialrecht
VStGB	Völkerstrafgesetzbuch
VVDStRL	Veröffentlichungen der Vereinigung der Deutschen Staatsrechtslehrer
VVE	Vertrag über eine Verfassung für Europa
VW	Versicherungswirtschaft
VwGO	Verwaltungsgerichtsordnung
VwVfG	Verwaltungsverfahrensgesetz
VwVG	Verwaltungsvollstreckungsgesetz
WahlGBPräs	Gesetz über die Wahl des Bundespräsidenten durch die Bundesversammlung
WahlPG	Wahlprüfungsgesetz
WaStrG	Wasserstraßengesetz
WBeauftrG	Gesetz über den Wehrbeauftragten des Deutschen Bundestages
wbl	Wirtschaftsrechtliche Blätter
WBO	Wehrbeschwerdeordnung
WDO	Wehrdisziplinarordnung
WDR-Gesetz	Gesetz über den Westdeutschen Rundfunk Köln
WEU	Westeuropäische Union
WHG	Gesetz zur Ordnung des Wasserhaushalts (Wasserhaushaltsgesetz)

WHO	World Health Organization
Widi	Wirtschaftsdienst
Willoweit, Verfassungsgeschichte	Dietmar Willoweit, Deutsche Verfassungsgeschichte – Vom Frankenreich bis zur Wiedervereinigung Deutschlands, 7. Aufl., München 2013
WiR	Wirtschaftsrecht
WiRO	Wirtschaft und Recht in Osteuropa
WissR	Wissenschaftsrecht, Wissenschaftsverwaltung, Wissenschaftsförderung
WiSt	Wirtschaftswissenschaftliches Studium
Wistra	Zeitschrift für Wirtschafts- und Steuerstrafrecht
WiVerw.	Wirtschaft und Verwaltung (Beilage zu: Gewerbearchiv)
WM	Wertpapiermitteilungen. Zeitschrift für Wirtschafts- und Bankrecht
w.N.	weitere Nachweise
WoBindG	Gesetz zur Sicherung der Zweckbestimmung von Sozialwohnungen (Wohnungsbindungsgesetz)
WoEigG	Gesetz über das Wohnungseigentum und das Dauerwohnrecht
Wolff/Bachof/Stober/Kluth, Verwaltungsrecht I	Hans J. Wolff/Otto Bachof/Rolf Stober/Winfried Kluth, Verwaltungsrecht Bd. 1, 13. Aufl., München 2017
Wolff/Bachof/Stober/Kluth, Verwaltungsrecht II	Hans J. Wolff/Otto Bachof/Rolf Stober/Winfried Kluth, Verwaltungsrecht Bd. 2, 7. Aufl., München 2010
Wolff/Bachof/Stober, Verwaltungsrecht III	Hans J. Wolff/Otto Bachof/Rolf Stober, Verwaltungsrecht Bd. 3, 5. Aufl., München 2004
WPflG	Wehrpflichtgesetz
WRV	Verfassung des Deutschen Reiches vom 11.8.1919 (Weimarer Reichsverfassung)
WSI-Mitteilungen	Monatszeitschrift des Wirtschafts- und Sozialwissenschaftlichen Instituts in der Hans-Böckler-Stiftung
WÜD	Wiener Übereinkommen über diplomatische Beziehungen, BGBl. 1964 II S. 957
WÜK	Wiener Übereinkommen über konsularische Beziehungen, BGBl. 1969 II S. 1585
Württ.	Württemberg
WürttRegBl.	Württembergisches Regierungsblatt
WuW	Wirtschaft und Wettbewerb
WZG	Warenzeichengesetz
YEL	Yearbook of European Law
ZaöRV	Zeitschrift für ausländisches öffentliches Recht und Völkerrecht
ZAR	Zeitschrift für Ausländerrecht und Ausländerpolitik
ZBJI	Zusammenarbeit in den Bereichen Justiz und Inneres
ZBR	Zeitschrift für Beamtenrecht
ZDG	Gesetz über den Zivildienst der Kriegsdienstverweigerer (Zivildienstgesetz)
ZEE	Zeitschrift für Evangelische Ethik
ZESAR	Zeitschrift für Europäisches Sozial- und Arbeitsrecht
ZEuP	Zeitschrift für Europäisches Privatrecht
ZEuS	Zeitschrift für europarechtliche Studien
ZevKR	Zeitschrift für evangelisches Kirchenrecht
ZfA	Zeitschrift für Arbeitsrecht
ZfL	Zeitschrift für Lebensrecht
ZfP	Zeitschrift für Politik
ZfRSoz	Zeitschrift für Rechtssoziologie
ZfS	Zeitschrift für Soziologie
ZfSH	Zeitschrift für Sozialhilfe (ab 1983: ZfSH/SGB)
ZfSH/SGB	Zeitschrift für Sozialhilfe und Sozialgesetzbuch
ZfV	Zeitschrift für Verwaltung
ZfW	Zeitschrift für Wasserrecht
ZfZ	Zeitschrift für Zölle und Verbrauchsteuern

ZG	Zeitschrift für Gesetzgebung. Vierteljahresschrift für staatliche und kommunale Rechtsetzung
ZGB	Schweizerisches Zivilgesetzbuch
ZGR	Zeitschrift für Unternehmens- und Gesellschaftsrecht
ZgStW	Zeitschrift für die gesamte Staatswissenschaft (ab 1986: JITE)
ZHF	Zeitschrift für Historische Forschung
ZHR	Zeitschrift für das gesamte Handelsrecht und Wirtschaftsrecht
ZIP	Zeitschrift für Wirtschaftsrecht und Insolvenzpraxis
Zippelius/Würtenberger, Staatsrecht	Reinhold Zippelius/Thomas Würtenberger, Deutsches Staatsrecht, 32. Aufl., München 2008
ZIS	Zeitschrift für internationale Strafrechtsdogmatik
ZJJ	Zeitschrift für Jugendkriminalrecht und Jugendhilfe
ZJS	Zeitschrift für das juristische Studium
ZKF	Zeitschrift für Kommunalfinanzen
ZKJ	Zeitschrift für Kindschaftsrecht und Jugendhilfe
ZLA	Zeitschrift für den Lastenausgleich
ZLR	Zeitschrift für das gesamte Lebensmittelrecht
ZLW	Zeitschrift für Luft- und Weltraumrecht
ZMR	Zeitschrift für Miet- und Raumrecht
ZNER	Zeitschrift für Neues Energierecht
ZNotP	Zeitschrift für die Notarpraxis
ZNR	Zeitschrift für Neuere Rechtsgeschichte
ZögU	Zeitschrift für öffentliche und gemeinwirtschaftliche Unternehmen
ZöR	Zeitschrift für öffentliches Recht
ZOV	Zeitschrift für offene Vermögensfragen (seit 2011: Zeitschrift für offene Vermögensfragen, Rehabilitierungs- und sonstiges Wiedergutmachungsrecht)
ZP	Zusatzprotokoll
ZParl.	Zeitschrift für Parlamentsfragen
ZPO	Zivilprozeßordnung
ZPol	Zeitschrift für Politikwissenschaft
ZRG GA	Zeitschrift der Savigny-Stiftung für Rechtsgeschichte, Germanistische Abteilung
ZRG KA	Zeitschrift der Savigny-Stiftung für Rechtsgeschichte, Kanonistische Abteilung
ZRG RA	Zeitschrift der Savigny-Stiftung für Rechtsgeschichte, Romanistische Abteilung
ZRP	Zeitschrift für Rechtspolitik
ZRPh	Zeitschrift für Rechtsphilosophie
ZSchG	Zivilschutzgesetz
ZSE	Zeitschrift für Staats- und Europawissenschaften
ZSKG	Gesetz über das Zivilschutzkorps
ZSR	Zeitschrift für Schweizerisches Recht
ZStW	Zeitschrift für die gesamte Strafrechtswissenschaft
ZTR	Zeitschrift für Tarifrecht
ZUM	Zeitschrift für Urheber- und Medienrecht
ZUR	Zeitschrift für Umweltrecht
zust.	zustimmend
ZVglRWiss	Zeitschrift für vergleichende Rechtswissenschaft
ZVS-Vertrag	Staatsvertrag über die Vergabe von Studienplätzen
ZWE	Zeitschrift für Wohnungseigentum
Zwei-plus-Vier-Vertrag	Vertrag über die abschließende Regelung in bezug auf Deutschland vom 12.9.1990, BGBl. II S. 1318
Zweitb.	Zweitbearbeitung
ZZP	Zeitschrift für Zivilprozeß

Grundgesetz für die Bundesrepublik Deutschland

Vom 23. Mai 1949 (BGBl. S. 1; BGBl. III 100–1); zuletzt geändert durch Gesetz vom 13. Juli 2017 (BGBl. I S. 2347).

Änderungen des Grundgesetzes

lfd. Nr.	Verfassungsänderndes Gesetz	Datum	Fundstelle	Betroffene Artikel
1.	Strafrechtsänderungsgesetz	30. 08. 1951	BGBl. I S. 739	Art. 143 aufgehoben
2.	Gesetz zur Einfügung eines Artikels 120a in das Grundgesetz	14. 08. 1952	BGBl. I S. 445	Art. 120a eingefügt
3.	Gesetz zur Änderung des Artikels 107 des Grundgesetzes	20. 04. 1953	BGBl. I S. 130	Art. 107 S. 1 geändert
4.	Gesetz zur Ergänzung des Grundgesetzes	26. 03. 1954	BGBl. I S. 45	Art. 79 I 2, 142a eingefügt; Art. 73 Nr. 1 geändert
5.	Zweites Gesetz zur Änderung des Artikels 107 des Grundgesetzes	25. 12. 1954	BGBl. I S. 517	Art. 107 S. 1 geändert
6.	Gesetz zur Änderung und Ergänzung der Finanzverfassung (Finanzverfassungsgesetz)	23. 12. 1955	BGBl. I S. 817	Art. 106, 107 geändert
7.	Gesetz zur Ergänzung des Grundgesetzes	19. 03. 1956	BGBl. I S. 111	Art. 17a, 36 II, 45a, 45b, 59a, 65a, 87a, 87b, 96a, 143 eingefügt; Art. 1 III, 12, 49, 60 I, 96 III, 137 I geändert
8.	Gesetz zur Änderung und Ergänzung des Artikels 106 des Grundgesetzes	24. 12. 1956	BGBl. I S. 1077	Art. 106 geändert
9.	Gesetz zur Einfügung eines Artikels 135a in das Grundgesetz	22. 10. 1957	BGBl. I S. 1745	Art. 135a eingefügt
10.	Gesetz zur Ergänzung des Grundgesetzes	23. 12. 1959	BGBl. I S. 813	Art. 74 Nr. 11a, 87c eingefügt
11.	Gesetz zur Einfügung eines Artikels über die Luftverkehrsverwaltung in das Grundgesetz (11. Änderung des Grundgesetzes)	06. 02. 1961	BGBl. I S. 65	Art. 87d eingefügt
12.	Zwölftes Gesetz zur Änderung des Grundgesetzes	06. 03. 1961	BGBl. I S. 141	Art. 96a geändert; Art. 96 III aufgehoben
13.	Dreizehntes Gesetz zur Änderung des Grundgesetzes	16. 06. 1965	BGBl. I S. 513	Art. 74 Nr. 10a eingefügt; Art. 74 Nr. 10 geändert
14.	Vierzehntes Gesetz zur Änderung des Grundgesetzes	30. 07. 1965	BGBl. I S. 649	Art. 120 I geändert
15.	Fünfzehntes Gesetz zur Änderung des Grundgesetzes	08. 06. 1967	BGBl. I S. 581	Art. 109 II–IV eingefügt
16.	Sechzehntes Gesetz zur Änderung des Grundgesetzes	18. 06. 1968	BGBl. I S. 657	Art. 92, 95, 96a (dann Art. 96), 99, 100 III geändert; Art. 96 aufgehoben
17.	Siebzehntes Gesetz zur Ergänzung des Grundgesetzes	24. 06. 1968	BGBl. I S. 709	Art. 9 III 3, 12a, 19 IV 3, 20 IV, 35 II und III, Abschnitt IVa (Art. 53a), 80a, Abschnitt Xa (Art. 115a–115l) eingefügt; Art. 10, 11 II, 12 I 2, 73 Nr. 1, 87a, 91 geändert; Art. 12 II 2–4, 12 III, 59a, 65a II, 142a, 143 aufgehoben
18.	Achtzehntes Gesetz zur Änderung des Grundgesetzes (Artikel 76 und 77)	15. 11. 1968	BGBl. I S. 1177	Art. 76 II 3 eingefügt; Art. 76 II 2, 77 II 1, III geändert
19.	Neunzehntes Gesetz zur Änderung des Grundgesetzes	29. 01. 1969	BGBl. I S. 97	Art. 93 I Nr. 4a und 4b, 94 II 2 eingefügt

lfd. Nr.	Verfassungsänderndes Gesetz	Datum	Fundstelle	Betroffene Artikel
20.	Zwanzigstes Gesetz zur Änderung des Grundgesetzes	12. 05. 1969	BGBl. I S. 357	Art. 109 III, 110, 112, 113, 114, 115 geändert
21.	Einundzwanzigstes Gesetz zur Änderung des Grundgesetzes (Finanzreformgesetz)	12. 05. 1969	BGBl. I S. 359	Abschnitt VIIIa (Art. 91a, 91b), 104a, 105 IIa eingefügt; Art. 105 II, 106, 107, 108, 115c III, 115k III geändert
22.	Zweiundzwanzigstes Gesetz zur Änderung des Grundgesetzes	12. 05. 1969	BGBl. I S. 363	Art. 74 Nr. 19a, 75 I Nr. 1a, 75 II und III eingefügt; Art. 74 Nr. 13 und Nr. 22, 96 IV geändert
23.	Dreiundzwanzigstes Gesetz zur Änderung des Grundgesetzes	17. 07. 1969	BGBl. I S. 817	Art. 76 III 1 geändert
24.	Vierundzwanzigstes Gesetz zur Änderung des Grundgesetzes	28. 07. 1969	BGBl. I S. 985	Art. 120 I 2 geändert
25.	Fünfundzwanzigstes Gesetz zur Änderung des Grundgesetzes	19. 08. 1969	BGBl. I S. 1241	Art. 29 geändert
26.	Sechsundzwanzigstes Gesetz zur Änderung des Grundgesetzes (Artikel 96)	26. 08. 1969	BGBl. I S. 1357	Art. 96 V eingefügt
27.	Siebenundzwanzigstes Gesetz zur Änderung des Grundgesetzes	31. 07. 1970	BGBl. I S. 1161	Art. 38 II, 91a I Nr. 1 geändert
28.	Achtundzwanzigstes Gesetz zur Änderung des Grundgesetzes (Artikel 74a GG)	18. 03. 1971	BGBl. I S. 206	Art. 74a eingefügt; Art. 75 Nr. 1, 98 III 2 geändert; Art. 75 II und III aufgehoben
29.	Neunundzwanzigstes Gesetz zur Änderung des Grundgesetzes	18. 03. 1971	BGBl. I S. 207	Art. 74 Nr. 20 geändert
30.	Dreißigstes Gesetz zur Änderung des Grundgesetzes (Artikel 74 GG – Umweltschutz)	12. 04. 1972	BGBl. I S. 593	Art. 74 Nr. 24 eingefügt; Art. 74 Nr. 23 geändert
31.	Einunddreißigstes Gesetz zur Änderung des Grundgesetzes	28. 07. 1972	BGBl. I S. 305	Art. 74 Nr. 4a eingefügt; Art. 35 II, 73 Nr. 10, 87 I 2 geändert
32.	Zweiunddreißigstes Gesetz zur Änderung des Grundgesetzes (Artikel 45c)	15. 07. 1975	BGBl. I S. 1901	Art. 45c eingefügt
33.	Dreiunddreißigstes Gesetz zur Änderung des Grundgesetzes (Artikel 29 und 39)	23. 08. 1976	BGBl. I S. 2381	Art. 29, 39 I und II geändert; Art. 45, 45a I 2, 49 aufgehoben
34.	Vierunddreißigstes Gesetz zur Änderung des Grundgesetzes (Artikel 74 Nr. 4a)	23. 08. 1976	BGBl. I S. 2383	Art. 74 Nr. 4a geändert
35.	Fünfunddreißigstes Gesetz zur Änderung des Grundgesetzes (Artikel 21 Abs. 1)	21. 12. 1983	BGBl. I S. 1481	Art. 21 I 4 geändert
36.	Gesetz zu dem Vertrag vom 31. August 1990 zwischen der Bundesrepublik Deutschland und der Deutschen Demokratischen Republik über die Herstellung der Einheit Deutschlands – Einigungsvertragsgesetz – und der Vereinbarung vom 18. September 1990	23. 09. 1990	BGBl. II S. 885, 890	Art. 135a II, 143 eingefügt; Präambel, Art. 51 II, 146 geändert; Art. 23 aufgehoben
37.	Gesetz zur Änderung des Grundgesetzes	14. 07. 1992	BGBl. I S. 1254	Art. 87d I 2 eingefügt
38.	Gesetz zur Änderung des Grundgesetzes	21. 12. 1992	BGBl. I S. 2086	Art. 23, 24 I a, 28 I 3, 45, 52 III a, 88 S. 2 eingefügt; Art. 50, 115e II 2 geändert
39.	Gesetz zur Änderung des Grundgesetzes (Artikel 16 und 18)	28. 06. 1993	BGBl. I S. 1002	Art. 16a eingefügt; Art. 18 S. 1 geändert; Art. 16 II 2 aufgehoben
40.	Gesetz zur Änderung des Grundgesetzes	20. 12. 1993	BGBl. I S. 2089	Art. 73 Nr. 6a, 87e, 106a, 143a eingefügt; Art. 73 Nr. 6, 74 Nr. 23, 80 II, 87 I 1 geändert

lfd. Nr.	Verfassungsänderndes Gesetz	Datum	Fundstelle	Betroffene Artikel
41.	Gesetz zur Änderung des Grundgesetzes	30. 08. 1994	BGBl. I S. 2245	Art. 87f, 143b eingefügt; Art. 73 Nr. 7, 80 II, 87 I 1 geändert
42.	Gesetz zur Änderung des Grundgesetzes (Artikel 3, 20a, 28, 29, 72, 74, 75, 76, 77, 80, 87, 93, 118a und 125a)	27. 10. 1994	BGBl. I S. 3146	Art. 3 II 2 und III 2, 20a, 28 II 3, 29 VIII, 74 I Nr. 25 und 26 sowie 74 II, 75 I 1 Nr. 6, 75 I 2 sowie II und III, 77 II a, 80 III und IV, 87 II 2, 93 I Nr. 2a, 118a, 125a eingefügt; Art. 29 VII 1, 72, 74 I Nr. 18 und Nr. 24, 75 I 1 (Einleitungssatz, Nr. 2 und Nr. 5), 76 II und III geändert; Art. 74 I Nr. 5 und Nr. 8 aufgehoben
43.	Gesetz zur Änderung des Grundgesetzes	03. 11. 1995	BGBl. I S. 1492	Art. 106 III, IV 1 geändert
44.	Gesetz zur Änderung des Grundgesetzes (Artikel 28 und 106)	20. 10. 1997	BGBl. I S. 2470	Art. 106 Va eingefügt; Art. 28 II 3, 106 III 1 und VI 1–3, 6 geändert
45.	Gesetz zur Änderung des Grundgesetzes (Artikel 13)	26. 03. 1998	BGBl. I S. 610	Art. 13 III–VI eingefügt; Art. 13 III wird Art.13 VII
46.	Gesetz zur Änderung des Grundgesetzes (Artikel 39)	16. 07. 1998	BGBl. I S. 1822	Art. 39 I 1 und 3 geändert
47.	Gesetz zur Änderung des Grundgesetzes (Artikel 16)	29. 11. 2000	BGBl. I S. 1633	Art. 16 II 2 eingefügt
48.	Gesetz zur Änderung des Grundgesetzes (Artikel 12a)	19. 12. 2000	BGBl. I S. 1755	Art. 12a IV 2 geändert
49.	Gesetz zur Änderung des Grundgesetzes (Artikel 108)	26. 11. 2001	BGBl. I S. 3219	Art. 108 I 3 und II 3 geändert
50.	Gesetz zur Änderung des Grundgesetzes (Staatsziel Tierschutz)	26. 07. 2002	BGBl. I S. 2862	Art. 20a geändert
51.	Gesetz zur Änderung des Grundgesetzes (Artikel 96)	26. 07. 2002	BGBl. I S. 2863	Art. 96 V geändert
52.	Gesetz zur Änderung des Grundgesetzes (Artikel 22, 23, 33, 52, 72, 73, 74, 74a, 75, 84, 85, 87c, 91a, 91b, 93, 98, 104a, 104b, 105, 107, 109, 125a, 125b, 125c, 143c)	28. 08. 2006	BGBl. I S. 2034	Art. 22 I, 72 III, 73 I Nr. 5a, 9a, 12–14, II, 74 I Nr. 27–33, Art. 93 II, 104a VI, 104b, 105 IIa 2, 109 V, 125b, 125c sowie 143c eingefügt; Art. 23 VI 1, 33 V, 52 IIIa, 72 II, 73 I Nr. 3, 11, 74 I Nr. 1, 3, 7, 11, 17, 18, 19, 20, 22, 24, 26, Art. 74 II, 84 I, 85 I, 87c, 91a IV 1 und 2, 91b I–III, 98 III, 104a IV, 107 I 4 sowie 125a I–III geändert; Art. 74 I Nr. 4a, 10, 11a, Art. 74a, 75, 91a I Nr. 1, III und V sowie 104a III 3 aufgehoben; Art. 72 III wird Art. 72 IV, Art. 74 I Nr. 10a wird Nr. 10, Art. 91a I Nr. 2 und 3 werden Nr. 1 und 2, Art. 91a IV wird Art. 91a III, Art. 93 II wird Art. 93 III
53.	Gesetz zur Änderung des Grundgesetzes (Artikel 23, 45 und 93)	08. 10. 2008	BGBl. I S. 1926	Art. 23 Ia, 45 S. 3 eingefügt; Art. 93 I Nr. 2 geändert
54.	Gesetz zur Änderung des Grundgesetzes (Artikel 106, 106b, 107, 108)	19. 03. 2009	BGBl. I S. 606	Art. 106b eingefügt; Art. 106 I Nr. 3, 107 I 4 sowie 108 I 1 geändert; Art. 106 II Nr. 3 aufgehoben; Art. 106 II Nr. 4–6 werden Nr. 3–5
55.	Gesetz zur Änderung des Grundgesetzes (Artikel 45d)	17. 07. 2009	BGBl. I S. 1977	Art. 45d eingefügt
56.	Gesetz zur Änderung des Grundgesetzes (Artikel 87d)	29. 07. 2009	BGBl. I S. 2247	Art. 87d I geändert

lfd. Nr.	Verfassungsänderndes Gesetz	Datum	Fundstelle	Betroffene Artikel
57.	Gesetz zur Änderung des Grundgesetzes (Artikel 91c, 91d, 104b, 109, 109a, 115, 143d)	29. 07. 2009	BGBl. I S. 2248	Art. 91c, 91d, 104b I 2, 109 III, 109a, 143d eingefügt; Art. 109 II, V, 115 I, II geändert; Art. 109 IV aufgehoben; Art. 109 III wird Art. 109 IV
58.	Gesetz zur Änderung des Grundgesetzes (Art. 91e)	21.07. 2010	BGBl. I S. 944	Art. 91e eingefügt
59.	Gesetz zur Änderung des Grundgesetzes (Art. 93)	11.07. 2012	BGBl. I S. 1478	Art. 93 I Nr. 4c eingefügt
60.	Gesetz zur Änderung des Grundgesetzes (Art. 91b)	23.12.2014	BGBl. I S. 2438	Art. 91b I neu gefaßt
61.	Gesetz zur Änderung des Grundgesetzes (Art. 21)	13.07.2017	BGBl. I S. 2346	Art. 21 III und IV eingefügt; Art. 21 II 2 aufgehoben; Art. 21 III wird Art. 21 V
62.	Gesetz zur Änderung des Grundgesetzes (Art. 90, 91c, 104b, 104c, 107, 108, 109a, 114, 125c, 143d, 143e, 143f, 143g)	13.07.2017	BGBl. I S. 2347	Art. 90 II, 91c V, 104b II 2–4, 104c, 108 IV 3, IVa, 109a II, III, 114 II 2, 125c II 3 und 4, 143d IV, 143e, 143f, 143g eingefügt; Art. 90 I, 107 I 4, II, 114 II 1, 125c II 2 geändert; Art. 109a S. 2 aufgehoben; Art. 90 II wird Art. 90 III und geändert, Art. 90 III wird Art. 90 IV und geändert, Art. 109a wird Art. 109a I

VIII. Die Ausführung der Bundesgesetze und die Bundesverwaltung

Artikel 83 [Ausführung der Bundesgesetze durch die Länder]

Die Länder führen die Bundesgesetze als eigene Angelegenheit aus, soweit dieses Grundgesetz nichts anderes bestimmt oder zuläßt.

Literaturauswahl

Bauer, Hartmut: Die Bundestreue. Zugleich ein Beitrag zur Dogmatik des Bundesstaatsrechts und zur Rechtsverhältnislehre, 1992.

Becker, Bernd: Zur föderalen Konstruktion des Vollzugs (Verwaltung) in der Bundesrepublik Deutschland, in den Vereinigten Staaten von Amerika und in der Europäischen Gemeinschaft, in: JöR 39 (1990), S. 67–103.

Becker, Florian: Über die Pflicht des Landesgesetzgebers zur »ergänzenden Gesetzgebung«, in: Gedächtnisschrift für Joachim Burmeister, 2005, S. 17–35.

Biaggini, Giovanni: Theorie und Praxis des Verwaltungsrechts im Bundesstaat, 1996.

Blümel, Willi: Verwaltungszuständigkeit, in: HStR IV, § 101, S. 857–963.

Bothe, Michael: Die Kompetenzstruktur des modernen Bundesstaates in rechtsvergleichender Sicht, 1977.

Bullinger, Martin: Ungeschriebene Kompetenzen im Bundesstaat, in: AöR 96 (1971), S. 237–285.

Egger, Alexander: Bundesstaat und EU-Recht: Verfassungsrechtliche Probleme der Durchführung in Deutschland, in: Der Staat 38 (1999), S. 449–475.

Feuchte, Paul: Die rechtliche Ordnung der Verwaltung im Bundesstaat und ihre Entwicklung, in: Dt. VerwGesch V, 1987, S. 123–153.

Harms, Katharina: Kompetenzen des Bundes aus der »Natur der Sache«?, in: Der Staat 33 (1994), S. 409–428.

Heitsch, Christian: Die Ausführung der Bundesgesetze durch die Länder, 2001.

Kahl, Wolfgang: Europäisches und nationales Verwaltungsorganisationsrecht. Von der Konfrontation zur Kooperation, in: Die Verwaltung 29 (1996), S. 341–384.

Kirschenmann, Dieter: Zuständigkeiten und Kompetenzen im Bereich der Verwaltung nach dem 8. Abschnitt des Grundgesetzes, in: JuS 1977, S. 565–572.

Klein, Hans Hugo: Verwaltungskompetenzen von Bund und Ländern in der Rechtsprechung des Bundesverfassungsgerichts, in: Festgabe BVerfG, Bd. II, S. 277–299.

Koenig, Christian: Bedürfen die Bundesländer einer institutionalisierten Hilfestellung beim Verwaltungsvollzug von Europäischem Gemeinschaftsrecht?, in: DVBl. 1997, S. 581–588.

Kössinger, Winfried: Die Durchführung des Europäischen Gemeinschaftsrechts im Bundesstaat – Bund/Länder-Verhältnis und Europäisches Gemeinschaftsrecht, 1989.

Loeser, Roman: Theorie und Praxis der Mischverwaltung, 1976.

Oeter, Stefan: Integration und Subsidiarität im deutschen Bundesstaatsrecht, 1998.

Ronellenfitsch, Michael: Die Mischverwaltung im Bundesstaat, 1. Teil: Der Einwand der Mischverwaltung, 1975.

Schewerda, Martin: Die Verteilung der Verwaltungskompetenzen zwischen Bund und Ländern nach dem Grundgesetz, 2008.

Schoenenbroicher, Klaus: Bundesverwaltung unter Landesgewalt – Exekutive des Bundes als Adressat und als Vollzugsinstanz des Landesrechts, 1995.

Suerbaum, Joachim: Die Kompetenzverteilung beim Verwaltungsvollzug des Europäischen Gemeinschaftsrechts in Deutschland, 1998.

Trüe, Christiane: Auswirkungen der Bundesstaatlichkeit Deutschlands auf die Umsetzung von EG-Richtlinien und ihren Vollzug, in: EuR 1996, S. 179–198.

Leitentscheidungen des Bundesverfassungsgerichts

BVerfGE 11, 6 (14 ff.) – Dampfkessel; 12, 205 (243 ff.) – 1. Rundfunkentscheidung; 63, 1 (33 ff.) – Schornsteinfegerversorgung; 97, 198 (214 ff., Rn. 80 ff.) – Bundesgrenzschutz; 108, 169 (178 ff.,

Rn. 37 ff.; 181 ff., Rn. 46 ff.) – Telekommunikationsgesetz I; 119, 331 (352 ff., Rn. 113 ff.) – Hartz IV-Arbeitsgemeinschaften; 139, 321 (352 ff., Rn. 96 ff.) – Körperschaftsstatus der Zeugen Jehovas II.

Gliederung

Stichwörter

A. Herkunft, Entstehung, Entwicklung

1 Das in Art. 83 GG enthaltene Grundmodell der Verteilung der Verwaltungskompetenzen stellt sich als Konkretisierung von Art. 30 GG dar, der »zentralen Aufgaben- und Funktionsverteilungsnorm für das Bund-Länder-Verhältnis«[1] (→ Art. 30 Rn. 15). Die Regel, daß den Ländern die Ausführung der Bundesgesetze obliegt, kann als Ausprä-

---

[1] So *H. P. Bull*, in: AK-GG, vor Art. 83 (2001), Rn. 4.

gung des Gedankens föderalistischer[2] oder »**vertikaler**«[3] **Gewaltenteilung** in Deutschland auf eine verhältnismäßig lange verfassungsrechtliche Tradition zurückblicken[4] (→ Rn. 2 f.).

Die Reichsverfassung von 1871 wies in Art. 4 dem Reich als der Zentralgewalt zwar für wesentliche Bereiche die Gesetzgebungskompetenz zu, sah aber eine reichseigene Verwaltung nur für das Post- und Telegraphenwesen (Art. 48), die Kriegsmarine (Art. 53), das Konsulatswesen (Art. 56) und das Reichskriegswesen (Art. 57 ff.) vor[5]. Ansonsten waren die Reichsgesetze von den Gliedstaaten als eigene Angelegenheiten auszuführen. In dem Umstand, daß Regierung und Verwaltung Domäne der Gliedstaaten blieben, wurde das Essentielle der Eigenstaatlichkeit der Länder nach der RV gesehen[6]. Zwar stand diese Kompetenz unter dem Vorbehalt der Reichsaufsicht, und der Bundesrat hatte nach Art. 7 I Nr. 2 RV auch die Kompetenz, Verwaltungsvorschriften zur Gesetzesausführung durch die Bundesglieder zu erlassen. Allerdings änderte dies wenig daran, daß die (mit Ausnahme der Stadtrepubliken) monarchisch geprägten Exekutiven der Gliedstaaten gegenüber der Reichsgewalt weitgehend abgeschirmt blieben[7]. Denn die Koordinierungs- und Aufsichtskompetenzen lagen allein in der Hand des Bundesrates als dem Reichsorgan, das die Gliedstaatsregierungen repräsentierte (→ Art. 84 Rn. 1 f.). 2

Der wesentliche Unterschied der **WRV** zur RV 1871 wie auch zum Grundgesetz liegt darin, daß sie in Art. 14 die im Grundsatz beibehaltene **Kompetenz der Länder** zur Ausführung der Reichsgesetze unter einen **einfachen Gesetzesvorbehalt** stellte, der durch Rechtsverordnungen der Reichsregierung oder Notverordnungen des Reichspräsidenten ausgefüllt werden konnte[8] und auch im Falle eines Parlamentsgesetzes verfahrensrechtlich leicht zu realisieren war[9]. Die dadurch entstandene Kompetenz des Reichs zur Ausweitung der reichseigenen Verwaltung wurde aus mannigfaltigen Gründen extensiv genutzt[10]. Außerdem leitete die h. M. aus dem Gesetzesvorbehalt des Art. 14 WRV ab, daß die Eigenverantwortlichkeit der Länder bei der Ausführung der Reichsgesetze durch Verbindung von Landesbehörden und Reichsbe- 3

---

[2] Zur Ideengeschichte des Föderalismus: → Art. 30 Rn. 1 ff.

[3] Der Begriff wird u. a. verwendet von *Hesse*, Verfassungsrecht, Rn. 231.

[4] *S. Oeter*, Integration und Subsidiarität im deutschen Bundesstaatsrecht, 1998, S. 34 ff.

[5] Ausführlich zu den Hintergründen *C. Heitsch*, Die Ausführung der Bundesgesetze durch die Länder, 2001, S. 55 ff.; zum Sonderfall der Auftragsverwaltung: → Art. 85 Rn. 2.

[6] *P. Laband*, Das Staatsrecht des Deutschen Reiches, Bd. 1, 5. Aufl. 1911 (Nachdruck 1964), S. 102 ff., spricht von den Verwaltungskompetenzen der Länder als denjenigen, welche »den Selbstverwaltungskörpern zustehen und das Wesen der Selbstverwaltung ausmachen«. Befreit man diese Aussage von ihren terminologischen Bezügen zur kommunalen Selbstverwaltung, so bringt sie treffend zum Ausdruck, daß die Verwaltungskompetenzen der Länder nach der RV 1871 essentieller Bestandteil der Eigenstaatlichkeit der Länder waren. Ebenso *R. Mußgnug*, Die Ausführung der Reichsgesetze durch die Länder und die Reichsaufsicht, in: Dt. VerwGesch IV, S. 186 ff. (188); s. auch *H.-H. Trute*, in: v. Mangoldt/Klein/Starck, GG III, Art. 83 Rn. 2. Ausführlich zur Diskussion um die Frage, ob auch der Zentralgewalt Staatsgewalt zukam oder nur den Ländern, *M. Stolleis*, Geschichte des Öffentlichen Rechts in Deutschland, Zweiter Band 1800–1914, 1992, S. 365 ff.

[7] Dazu mit ausführlichen Nachweisen *Oeter*, Integration (Fn. 4), S. 29 ff.

[8] *L. Gebhard*, Die Verfassung des Deutschen Reiches, 1932, Art. 14 Anm. 14 c.

[9] Wenn nämlich der Reichsrat – nach der WRV das Repräsentationsorgan der Länder auf Reichsebene – Einspruch erhoben hatte, so konnte der Reichstag nach Art. 74 WRV diesen Einspruch in einer erneuten Abstimmung mit 2/3-Mehrheit schlicht zurückweisen.

[10] Im einzelnen hierzu *Mußgnug*, Ausführung (Fn. 6), S. 332 ff.

hörden zu einem einheitlichen Behördenaufbau[11] eingeschränkt werden durfte[12]. In dieser Zulässigkeit der **Mischverwaltung** von Zentralgewalt und Gliedstaaten liegt ein weiterer wichtiger Unterschied zur RV von 1871, aber auch zum GG[13] (→ Rn. 47 ff.).

4 Die Verteilung der Verwaltungskompetenzen in der Bundesrepublik stand von Anfang an unter der sog. Föderalismus-Auflage der Besatzungsmächte[14], die eine **Abkehr vom Zentralismus des Dritten Reiches** verbindlich vorgab. Eine nicht unerhebliche Rolle bei der Umsetzung dieser Auflage spielte der zeitliche Vorsprung der Länder vor dem Gesamtstaat[15]. Im **Entwurf von Herrenchiemsee** finden sich denn auch bereits die wesentlichen Grundgedanken, welche die spätere Verteilung der Verwaltungskompetenzen prägen: Das Auseinanderfallen von Gesetzgebungs- und Verwaltungskompetenz, die Grundregel der Ausführung der Bundesgesetze durch die Länder, das Fehlen eines der WRV vergleichbaren Vorbehalts anderweitiger einfachgesetzlicher Regelung (Art. 42 I HChE) sowie die besondere Rechtfertigungsbedürftigkeit von Auftrags- und bundeseigener Verwaltung als Ausnahmen vom Grundsatz der Ausführung der Bundesgesetze durch die Länder[16]. Diese Grundsätze wurden auch im **Parlamentarischen Rat** nicht angetastet[17]. Hier wurde lediglich in etwas konzeptionsloser Weise zuerst eine Überbetonung der Eigenständigkeit der Länder bei der Ausführung der Bundesgesetze gestrichen[18], um diese an anderer Stelle wieder deutlicher hervorzuheben[19]. Außerdem wurde die Kompetenz der Länder, die Behördenorganisation und das Verwaltungsverfahren zu regeln, nach längeren Diskussionen aus der allgemeinen Vor-

---

[11] Bewerkstelligt wurde dies durch mannigfaltige Formen von Mitwirkungsrechten der Reichsbehörden, die über bloße Rechtsaufsicht deutlich hinausgingen (so daß die Bezeichnung dieser Kooperationsformen als »Unmittelbare Reichsaufsicht« terminologisch irreführend ist, siehe hierzu *Mußgnug*, Ausführung [Fn. 6], S. 339). Ein gutes Beispiel liefert etwa das Arbeitsnachweisgesetz vom 22. Juli 1922 (RGBl. I S. 657): Nach § 26 I des Gesetzes führte das Reichsamt für Arbeitsvermittlung die Aufsicht über die fachliche Ausführung des Gesetzes im Einvernehmen mit den zuständigen obersten Landesbehörden. Nach § 27 III war es dem Reichsamt und außerdem dem Reichsarbeitsminister möglich, auch mit den unteren Landesbehörden direkt zu verkehren. Zahlreiche weitere Beispiele bei *F. Poetzsch*, JöR 13 (1925), 1 (42 f.).

[12] *Anschütz*, WRV, Art. 15 Anm. 4; *Gebhard*, Verfassung (Fn. 8), Art. 14 Anm. 5; a. A. nur *E. Forsthoff*, AöR 20 (1930), 61 ff.

[13] Zur im Vergleich zur RV 1871 deutlich größeren Bedeutung der Reichsaufsicht bis hin zur mehrmals aktivierten Reichsexekution: → Art. 84 Rn. 3 f.

[14] Maßgeblich insoweit sind die Londoner Sechsmächte-Empfehlung betreffend die Entwicklung der politischen und wirtschaftlichen Organisation vom 2.6.1948 sowie die Frankfurter Dokumente betreffend die Einberufung einer verfassunggebenden Nationalversammlung, die Änderung der innerdeutschen Landesgrenzen und die Leitsätze für ein Besatzungsstatut vom 1.7.1948, beide abgedruckt bei *I. v. Münch*, Dokumente des geteilten Deutschland, 1976, S. 82 ff. und 88 ff.

[15] *Bull* (Fn. 1), vor Art. 83 Rn. 24.

[16] Parl. Rat II, S. 504 ff.

[17] *H. v. Mangoldt*, Das Bonner Grundgesetz, 1953, Vorb. Art. 83 Anm. 1; s. auch die Gesamteinschätzung bei *Trute* (Fn. 6), Art. 83 Rn. 5.

[18] Art. 42 III HChE hatte vorgesehen, daß der Bund bei der Gewährung von Zuschüssen oder Vergünstigungen keine Bedingungen vorsehen dürfe, die die Befugnis der Länder zur Ausführung der Bundesgesetze ausschalten. Diese Vorschrift wurde im Zuständigkeitsausschuß gestrichen, nachdem der Abg. *v. Brentano* darauf hingewiesen hatte, daß eine solche Festlegung von Bedingungen auch ohne diese Bestimmung verfassungswidrig sei, Parl. Rat III, S. 256 f.

[19] Indem man die Formulierung einfügte, daß es sich bei der Ausführungskompetenz der Länder um deren »eigene« Angelegenheit handelt. Diese Einfügung geht auf eine Anregung des Allg. Redaktionsausschusses zurück, die dieser für die dritte Lesung des Hauptausschusses wiederholte (Parl. Rat VII, S. 202 ff. [260]) und die der Hauptausschuß in dieser Lesung berücksichtigte (Parl. Rat VII, S. 396 ff. [429]).

schrift des Art. 83 herausgenommen und in Art. 84 eingefügt[20]. Trotz dieser etwas unübersichtlichen und in Details wenig aussagekräftigen Entstehungsgeschichte ist dem Umstand, daß die Grundidee der Funktionenteilung zwischen Bund und Ländern – Legislative beim Bund, Verwaltung bei den Ländern – niemals in Frage gestellt wurde, immerhin zu entnehmen, daß der Gedanke von der Verwaltung als einer eigenständigen Macht auch dem Grundgesetzgeber vorschwebte. Weder die »Enquete-Kommission Verfassungsreform des Deutschen Bundestages« noch die »Gemeinsame Verfassungskommission von Bundestag und Bundesrat« sahen Anlaß, die Grundaussagen des Art. 83 GG zu modifizieren[21]. Auch die **Föderalismusreform 2006** hat Art. 83 GG unangetastet gelassen und das hier verankerte Prinzip durch eine Stärkung der Position der Länder in Art. 84 I GG (→ Art. 84 Rn. 9) bestätigt und gestärkt[22].

B. Internationale, supranationale und rechtsvergleichende Bezüge

I. Internationale und supranationale Bezüge

Der Verteilung der Verwaltungskompetenzen durch Art. 83ff. GG kommt für den 5
Vollzug des Unionsrechts und des **Völkerrechts** wachsende Bedeutung zu und umgekehrt werden die Modalitäten der Verwaltungskompetenzverteilung zwischen Bund und Ländern zunehmend beeinflusst durch das europäische und internationale Recht. Der Vollzug des Unionsrechts kann zwar durch Organe der Union selbst erfolgen (**direkter Vollzug**)[23]. Da aber auch hinsichtlich der Verwaltungstätigkeit der Union das Prinzip der begrenzten Einzelermächtigung gilt (→ Art. 30 Rn. 9)[24], wird das Unionsrecht bislang nur ausnahmsweise von den Behörden der Union selbst gegenüber dem Bürger angewendet. Neben den wichtigen Befugnissen der Kommission zur Einzelfallentscheidung im Rahmen der Beihilfeaufsicht und des Wettbewerbsschutzes gehört etwa auch die verwaltungsmäßige Durchführung von Förderprogrammen meist zum Bereich des direkten Vollzugs. In steigendem Umfang werden Verwaltungsfunktionen auch außerhalb der Kommission in »**Agenturen**« oder »**Ämtern**« der Union ausgeübt[25],

---

[20] Die Probleme der Kompetenz der Länder, Behörden einzurichten und das Verwaltungsverfahren zu regeln, waren auf der Basis des Art. 42 HChE lange Zeit im Zusammenhang mit der Grundregel des heutigen Art. 83 GG diskutiert worden (s. etwa die 14. Sitzung des Zuständigkeitsausschusses vom 10.11.1948, Parl. Rat III, S. 569ff.). Eine Trennung beider Regelungen wurde erst buchstäblich in letzter Minute vorgenommen, als der Fünferausschuß für die dritte Lesung im Hauptausschuß insoweit eine Umstellung vornahm (Parl. Rat VII, S. 339ff. [373]). Die Kompetenz der Länder, das verwaltungsgerichtliche Verfahren zu regeln, die Art. 42 I HChE auch noch im Zusammenhang mit der Kompetenz, Behörden einzurichten und die Verwaltungsorganisation zu regeln, den Ländern zugewiesen hatte, wurde gestrichen (→ Art. 84 Rn. 6).

[21] Vgl. BT-Drs. 7/5924, S. 144; BT-Drs. 12/2000, S. 40ff.; zu Reformvorschlägen vgl. etwa *P. Feuchte*, Die rechtliche Ordnung der Verwaltung im Bundesstaat und ihre Entwicklung, in: Dt. VerwGesch V, S. 123ff. (148ff.); vgl. auch die Bewertung von *A. Dittmann*, in: Sachs, GG, Art. 83 Rn. 23.

[22] So auch die Einschätzung von *Dittmann* (Fn. 21), Art. 83 Rn. 23, der allerdings zutreffend auch darauf hinweist, daß mit Einführung der Art. 91c, 91d und Art. 91e GG die länderfreundliche Tendenz zugunsten erweiterter Kooperationsmöglichkeiten von Bund und Ländern relativiert wurde.

[23] Zur Terminologie *J. Suerbaum*, Die Kompetenzverteilung beim Verwaltungsvollzug des Europäischen Gemeinschaftsrechts in Deutschland, 1998, S. 116ff.; *J. Gundel*, Verwaltung, in: Schulze/Zuleeg/Kadelbach, Europarecht, § 3 Rn. 91ff.

[24] *W. Kössinger*, Die Durchführung des Europäischen Gemeinschaftsrechts im Bundesstaat, 1989; *Suerbaum*, Kompetenzverteilung (Fn. 23), S. 95 m. w. N.; *E. Schmidt-Aßmann*, Verfassungsprinzipien für den Europäischen Verwaltungsverbund, in: GVwR^2 I, § 5 Rn. 20.

[25] Zum direkten Vollzug von Unionsrecht, zur wachsenden Rolle der Agenturen und zu den damit

worin manche eine Erosion der in Art. 83 ff. GG den Ländern vorbehaltenen exekutiven Dominanz erblicken wollen[26].

6 Der regelmäßige – indirekte – **Vollzug des Unionsrechts durch die Mitgliedstaaten**, der der Unionsrechtsordnung unter dem Aspekt der Verwaltungsrechtsverwirklichung einen bundesstaatsähnlichen Charakter verleiht[27], wird unterteilt in den mittelbaren und den unmittelbaren mitgliedstaatlichen Vollzug. Beim **mittelbaren Vollzug** bedarf es der Umsetzung des Unionsrechts in nationales Recht. Ob hierfür der Bund oder die Länder zuständig sind, richtet sich nach den im Grundgesetz enthaltenen allgemeinen Regeln für die Gesetzgebungskompetenzverteilung. Für den Vollzug dieses deutschen Ausführungsrechts gelten die Art. 30, 83 ff. GG unmittelbar[28].

7 Umstritten ist dagegen die Frage, nach welchen Regeln die Verbandskompetenz für den **unmittelbaren Vollzug** von Unionsrecht zu bestimmen ist, bei dem keine Ausführungsnorm des Mitgliedstaates mehr dazwischentritt. Ausdrücklich ist die Frage, welcher Träger hoheitlicher Gewalt für die Durchführung des Rechts supranationaler Institutionen zuständig ist, im Grundgesetz nicht geklärt. Ein wesentlicher Teil der in Art. 83 ff. GG geregelten Verwaltungskompetenzen gilt dem Wortlaut nach nur für die Ausführung von »Bundesgesetzen« und ist deshalb auf die unmittelbare Ausführung des Rechts der Europäischen Union nicht direkt anwendbar[29].

8 Denkbar wäre deshalb, von einer allgemeinen **Zuständigkeit der Länder gem. Art. 30 GG** auszugehen (→ Art. 30 Rn. 18). Im Ersten Rundfunkurteil legte das Bundesverfassungsgericht nämlich als »äußerste Grenze« der Verwaltungstätigkeit des Bundes die ihm zugewiesene Gesetzgebungskompetenz fest[30], weshalb die Ausführung von Landesgesetzen durch den Bund unzulässig ist[31]. Überträgt man diesen Grundsatz auf den Vollzug unmittelbar geltenden Unionsrechts, wäre auch hier von einer generellen Vollzugskompetenz der Länder gemäß Art. 30 GG auszugehen. Denn wenn unmittelbar wirksames Unionsrecht vorliegt, ist eine Regelung der Materie durch den Bund ausgeschlossen[32]. Damit würden dem Bund durch unionsrechtliche Regelungen auch etliche seiner Einflußmöglichkeiten auf den Verwaltungsvollzug entzogen: Bei Materien, bei denen nach den Art. 70 ff. GG innerstaatlich statt der unionsrechtlichen Norm eine bundesgesetzliche Regelung hätte erlassen werden können, verlöre der Bund seine Ingerenzmöglichkeiten nach Art. 84, 85 GG, weil solche bei der allgemeinen Zuständigkeit der Länder nach Art. 30 GG nicht vorgesehen sind. Im Grundgesetz vorgese-

---

verbundenen rechtlichen Fragen s. nur *Schmidt-Aßmann* (Fn. 24), § 5 Rn. 22 ff.; *Gundel*, Verwaltung (Fn. 23), § 3 Rn. 9 ff., 93 ff.; *C. Görisch*, Demokratische Verwaltung durch Unionsagenturen, 2009; *S. Augsberg*, Europäisches Verwaltungsorganisationsrecht und Vollzugsformen, in: J. P. Terhechte (Hrsg.), Verwaltungsrecht der Europäischen Union, 2011, § 6 Rn. 31 ff. Zu den Besonderheiten beim Vollzug des EAGV: → Art. 87c Rn. 4.

26 Repräsentativ *F. Kirchhof*, in: Maunz/Dürig, GG, Art. 83 (2009), Rn. 10 f.

27 *G. Biaggini*, Theorie und Praxis des Verwaltungsrechts im Bundesstaat, 1996, S. 2 m. w. N.

28 Sinngemäß *R. Streinz*, HStR³ X, § 218 Rn. 70; zu abweichenden Ansichten, die dem Bund aus Art. 23 I 2 GG eine allgemeine Zuständigkeit für die Durchführung des Gemeinschaftsrechts im Bereich der Rechtsetzung zuweisen wollen, vgl. die Nachweise bei *Suerbaum*, Kompetenzverteilung (Fn. 23), S. 214 ff.; *Kössinger*, Durchführung (Fn. 24), S. 44 ff.

29 *Kössinger*, Durchführung (Fn. 24), S. 39 f.; *M. Schewerda*, Die Verteilung der Verwaltungskompetenzen zwischen Bund und Ländern nach dem Grundgesetz, 2008, S. 105, weist zutreffend darauf hin, daß Bundesverwaltungskompetenznormen, die an Sachgebiete anknüpfen (z. B. Art. 90 II GG), auf den Vollzug von Unionsrecht unmittelbar anwendbar sind.

30 BVerfGE 12, 205 (229); ebenso E 15, 1 (16); 78, 374 (386).

31 BVerfGE 12, 205 (221); 21, 312 (325).

32 *Suerbaum*, Kompetenzverteilung (Fn. 23), S. 227.

hene eigene Verwaltungszuständigkeiten des Bundes gingen vollständig auf die Länder über[33].

Um dem Bund diese Ingerenzmöglichkeiten in weitem Umfange zu sichern, gehen **h.M. und Staatspraxis** einen anderen Weg: Die **Art. 83ff. GG** werden **entsprechend** angewendet, unmittelbar geltende Unionsrechtsnormen also auszuführenden »Bundesgesetzen« gleichgestellt[34]. Hier zeigt sich eine Parallele zur h.M. im Völkerrecht. Diese versteht Art. 59 II 2 GG (→ Art. 59 Rn. 48ff.) als Verweis auf die Art. 83ff. GG, so daß beim exekutiven Vollzug völkerrechtliche Verwaltungsabkommen ebenfalls Bundesrecht i.S.d. Art. 83ff. GG gleichgestellt werden. Auch diese Lösung führt jedoch zu einer partiellen Kompetenzverlagerung, allerdings von den Ländern zum Bund. Dem Bund werden damit nämlich die Ingerenzrechte der Art. 83ff. GG auch beim Vollzug von Materien eröffnet, für deren Regelung und Vollzug nach der grundgesetzlichen Kompetenzverteilung ausschließlich die Länder gem. Art. 30 GG zuständig wären[35]. 9

Überzeugender als die pauschale Gleichbehandlung von Bundesrecht und Unionsrecht ist deshalb eine **differenzierende Lösung**, die an die innerstaatliche Verteilung der Gesetzgebungs- und Verwaltungskompetenzen anknüpft. Danach sind die Art. 83ff. GG auf den unmittelbaren Vollzug des Unionsrechts nur dann analog anwendbar, wenn die unionsrechtliche Regelung nach der **Gesetzgebungskompetenzverteilung** in die **Zuständigkeit des Bundes** fallen würde[36]. Dagegen fehlt es an einer der Ausführung von Bundesgesetzen vergleichbaren Interessenlage und damit an einer Voraussetzung für die analoge Anwendung der Art. 83ff. GG, wenn die zu vollziehende Materie in die Gesetzgebungskompetenz der Länder fällt. Für den Vollzug einer solchen unionsrechtlichen Vorschrift bleiben die Länder nach Art. 30 GG zuständig, so daß Verwaltungskompetenzen des Bundes nach Art. 83ff. GG hier ausgeschlossen sind. Weiterreichende Ingerenzrechte des Bundes für den Vollzug des gesamten unmittelbar wirksamen Unionsrechts sind nicht erforderlich, da ausreichend andere unions- und verfassungsrechtliche Instrumentarien bis zur ultima ratio des Bundeszwangs nach Art. 37 GG zur Verfügung stehen, um einen effizienten Vollzug des Unionsrechts durch die Länder durchzusetzen[37]. Die Anknüpfung an die innerstaatliche Verteilung der Gesetzgebungskompetenzen ist auch deshalb vorzuziehen, weil dadurch die Zuständigkeiten für den mittelbaren (→ Rn. 6) und den unmittelbaren Vollzug des Unionsrechts nicht auseinanderfallen. Andere Lösungen führen dagegen zu divergieren- 10

---

[33] *Kössinger*, Durchführung (Fn. 24), S. 53; *Suerbaum*, Kompetenzverteilung (Fn. 23), S. 227.

[34] *Kirchhof* (Fn. 26), Art. 83 Rn. 67ff.; *R. Streinz*, HStR³ X, § 218 Rn. 71; *D. Ehlers*, Europäisches Recht und Verwaltungsrecht, in: Ehlers/Pünder, Allgemeines Verwaltungsrecht, § 5 Rn. 55; *A. Hatje*, Die gemeinschaftsrechtliche Steuerung der Wirtschaftsverwaltung, 1998, S. 51; vgl. auch die weiteren Nachweise zu dieser Ansicht bei *Suerbaum*, Kompetenzverteilung (Fn. 23), S. 233 mit Fn. 92; zur Praxis der Bundesgerichte vgl. nur BFHE 119, 439 (440); BVerwG NJW 1983, 1990ff.; BVerwG NVwZ 1984, 518ff.; BVerwG NVwZ 1997, 178ff.; BVerwGE 102, 119 (125); vgl. dazu *H.A. Petzold*, NVwZ 1999, 151ff.

[35] *Suerbaum*, Kompetenzverteilung (Fn. 23), S. 236.

[36] So *Suerbaum*, Kompetenzverteilung (Fn. 23), S. 237ff.; *Kössinger*, Durchführung (Fn. 24), S. 53; *S. Kadelbach*, Allgemeines Verwaltungsrecht unter europäischem Einfluß, 1999, S. 237; *Heitsch*, Ausführung (Fn. 5), S. 174ff.; *Trute* (Fn. 6), Art. 83 Rn. 66; *T. Groß*, in: Friauf/Höfling, GG, Art. 83 (2001), Rn. 18; gegen eine analoge Anwendung der Art. 83ff. GG auch *A. Egger*, Der Staat 38 (1999), 449 (472).

[37] *Suerbaum*, Kompetenzverteilung (Fn. 23), S. 238f.; *Kössinger*, Durchführung (Fn. 24), S. 54; dies übersehen diejenigen, die diese differenzierte Lösung für unvereinbar mit Unionsrecht halten, z.B. *S. Broß/K.-G. Mayer*, in: v. Münch/Kunig, GG II, Art. 83 Rn. 21.

den Zuständigkeiten, wodurch es zu wenig praktikablen Zuständigkeitswechseln im Vollzug ein und derselben Vorschrift kommen kann, da mit der Rechtsprechung des Gerichtshofs zur Direktwirkung von Richtlinien[38] ein Übergang von der einen zur anderen Vollzugsform denkbar ist[39].

11 Zu klären bleibt damit lediglich, wie die Zuständigkeit für den Vollzug von Unionsrecht zu bestimmen ist, wenn **innerstaatlich** ein Fall der **konkurrierenden Gesetzgebungszuständigkeit** vorläge. Zwar steht in diesen Fällen den Ländern die Gesetzgebungskompetenz zu, soweit der Bund von seiner Regelungskompetenz keinen Gebrauch gemacht hat. Dies kann jedoch nicht bedeuten, daß der Bund gezwungen wäre, trotz der vorliegenden unmittelbar wirkenden Unionsrechtsnorm selbst noch eine Regelung zu erlassen, um sich hinsichtlich des Verwaltungsvollzugs die Befugnisse aus Art. 83 ff. GG zu eröffnen. Auf unmittelbar wirkende Unionsrechtsnormen sind die Art. 83 ff. GG also auch dann anzuwenden, wenn im Fall einer mitgliedstaatlichen Regelung der Bund konkurrierend gesetzgebungsbefugt gewesen wäre[40].

12 Für den Vollzug des Unionsrechts durch die Mitgliedstaaten gilt grundsätzlich das **mitgliedstaatliche Verwaltungsorganisations- und -verfahrensrecht,** allerdings nur, soweit nicht unionsrechtliche Regelungen bestehen[41]. Auch für das Verwaltungsverfahrensrecht gilt also das Prinzip des Vorrangs des Unionsrechts[42]. Die nationalen Behörden haben neben ausdrücklich kodifizierten unionsrechtlichen Organisations- und Verfahrensvorschriften auch allgemeine unionsrechtliche Grundsätze des Verwaltungsverfahrens zu beachten, welche die Rechtsprechung herausgearbeitet hat. Eine wichtige Rolle spielen vor allem das **Effektivitätsgebot** und das **Verbot der Vollzugsdiskriminierung**[43]. Darüber hinaus werden die für den Vollzug des Unionsrecht zuständigen nationalen Behörden sekundärrechtlich zunehmend in eine informationelle, prozedurale und institutionelle Kooperation[44] eingebunden, die sowohl vertikal zwischen Instanzen der Union und mitgliedstaatlichen Verwaltungseinrichtungen als auch horizontal zwischen den Verwaltungen in den Mitgliedstaaten ausgestaltet sein kann. Es liegt auf der Hand, daß dieser **europäische** Regulierungs- oder **Verwaltungsverbund**[45] schon deshalb nicht ohne Auswirkungen auf die in Art. 83 GG als Regel formulierte Verteilung der Verwaltungskompetenzen zwischen Bund und Ländern

---

[38] Ständige Rechtsprechung seit EuGH v. 4.12.1974, 41/74, Rn. 9/10 ff. – *Van Duyn/Home Office.*

[39] *Suerbaum*, Kompetenzverteilung (Fn. 23), S. 240 f.

[40] *Suerbaum*, Kompetenzverteilung (Fn. 23), S. 242 f.; *Groß* (Fn. 36), Art. 83 Rn. 19; der allerdings eine Prüfung der Anforderungen des Art. 72 II GG für obsolet hält.

[41] EuGH v. 21.9.1983, C-205-215/82, Rn. 17 – *Deutsche Milchkontor/Deutschland*; ausführlich zur Vollzugsautonomie der Mitgliedstaaten *Kadelbach*, Verwaltungsrecht (Fn. 36), S. 110 ff.; Überblick über gemeinschaftsrechtliche Regelungen wichtiger Verfahrensfragen bei *E. Grabitz*, NJW 1989, 1776 (1779).

[42] *Kadelbach*, Verwaltungsrecht (Fn. 36), S. 162.

[43] Näheres zu den beim mitgliedstaatlichen Vollzug zu beachtenden europarechtlichen Schranken bei *Kadelbach*, Verwaltungsrecht (Fn. 36), S. 115 ff., 131 ff.; *Suerbaum*, Kompetenzverteilung (Fn. 23), S. 158 ff.; *E. Grabitz*, NJW 1989, 1776 (1781 f.); *G. Gornig/C. Trüe*, JZ 1993, 934 (936 ff.).

[44] Zu dieser Typisierung s. *Schmidt-Aßmann* (Fn. 24), § 5 Rn. 25.

[45] Aus der umfangreichen Lit. s. nur *E. Pache*, Verantwortung und Effizienz in der Mehrebenenverwaltung, VVDStRL 66 (2007), S. 106 ff.; *T. Groß*, Verantwortung und Effizienz in der Mehrebenenverwaltung, VVDStRL 66 (2007), S. 152 ff.; *G. Sydow*, Verwaltungskooperation in der Europäischen Union, 2004; *W. Weiß*, Der Europäische Verwaltungsverbund, 2010; *W. Kahl*, Der Staat 50 (2011), 353 ff. Nicht weiterführend und den europ. Verwaltungsverbund nur als Erosion nationaler Souveränität wahrnehmend *C. Iwand*, Föderale Kompetenzverschiebungen beim Vollzug von Gemeinschaftsrecht, 2008.

bleiben kann, weil das Unionsrecht im Zweifel nur einen nationalen »Ansprechpartner« akzeptiert.

II. Rechtsvergleichende Hinweise

Die Grundsatzfrage, wie die Verwaltungskompetenzen – auch und insbesondere im Verhältnis zur Verteilung der Gesetzgebungskompetenzen – zwischen Bund und Gliedstaaten zu verteilen sind, stellt sich in allen föderal organisierten Staaten. Dabei wirkt sich auch hier der Unterschied aus zwischen solchen föderalen Systemen, die dem Bund nur enumerativ Befugnisse zuweisen (»delegated powers«) und die übrigen »residual powers« bei den Gliedstaaten belassen[46], und solchen, welche die staatlichen Kompetenzen in der Regel beim Bund und nur durch ausdrückliche Regelungen bei den Einzelstaaten ansiedeln[47] (→ Art. 30 Rn. 12 ff.). Die Organisation des Vollzugs in **Österreich** ähnelt dem deutschen System. Zwar werden dem Bund enumerativ zahlreiche Vollzugskompetenzen verliehen[48], aber nur ein begrenzter Aufgabenkatalog wird tatsächlich von der unmittelbaren Bundesverwaltung vollzogen[49]. Die Länder führen die meisten Angelegenheiten der Bundesverwaltung in mittelbarer Verwaltung aus[50]. Insofern geht die österreichische Verfassung ebenso wie das deutsche Grundgesetz von einer grundsätzlichen Zuständigkeit der Länder zum Verwaltungsvollzug aus. In Österreich können nach Art. 97 II[51] der Bundesverfassung Bundesbehörden sogar beim Vollzug von Landesgesetzen mitwirken[52]. Zu den dem deutschen Vollzugsmodell ähnlichen Systemen gehört grundsätzlich auch das der EU, dort führen ebenfalls die Mitgliedstaaten die Gesetze der Union aus (→ Rn. 5 f.). 13

Im Unterschied zum deutschen Modell einer grundsätzlichen Zuständigkeit der Bundesländer für den Gesetzesvollzug gibt es auch das **duale (Trennungs-)Modell** des Vollzugs. Bund und Einzelstaaten vollziehen dort grundsätzlich ihre Gesetze als eigene Angelegenheit selbst. Von den in dieser Hinsicht dem deutschen Föderalismus vergleichbaren Verfassungssystemen enthält insbesondere die Verfassung der **USA** ein solches Vollzugssystem. Eine ausdrückliche Verteilung der Verwaltungskompetenzen findet sich in der amerikanischen Verfassung zwar nicht. Aus dem Wortlaut von Art. II sec. 1 (»The executive power shall be vested in a President of the United States«) kann eine Absage an den konföderalen Vollzug zugunsten eines direkten, dualen Voll- 14

---

46 Für die USA: *B. Becker*, JöR 39 (1990), 67 (78); *A. Falke*, Die föderale Struktur, in: W.P. Adams u.a. (Hrsg.), Die Vereinigten Staaten von Amerika, Bd. 1, 2. Aufl. 1992, S. 413 ff. (414). Allerdings werden von dieser Verteilung zugunsten des Bundes Ausnahmen gemacht (»implied powers«- und »interstate commerce«-Klausel). Für Österreich: *E. Wiederin*, IPE I, § 7 Rn. 85 f.; *H. Schambeck*, Landesbericht Österreich, in: F. Ossenbühl (Hrsg.), Föderalismus und Regionalismus in Europa, 1990, S. 55 ff. (71) unter Berufung auf Art. 15 I, 102 II B-VG.

47 *L.P. Suetens*, Landesbericht Belgien, in: Ossenbühl, Föderalismus (Fn. 46), S. 262 ff. (277), allerdings nur mit ausdrücklichem Bezug auf die Gesetzgebungskompetenzen, die Konsequenz für die Verwaltung folgt erst daraus, daß jedes Organ für den Vollzug der von ihm erlassenen Gesetze zuständig ist (dualer Föderalismus).

48 Art. 10 I Nr. 1–17 B-VG. Die übrigen Vollzugsaufgaben obliegen gem. Art. 11, 12 B-VG den Ländern.

49 Art. 102 II B-VG.

50 *E. Wiederin*, IPE I, § 7 Rn. 85 f.; *Schambeck*, Österreich (Fn. 46), S. 71.

51 Art. 97 II 1 B-VG: »Insoweit ein Landesgesetz bei der Vollziehung die Mitwirkung von Bundesorganen vorsieht, muß hierzu die Zustimmung der Bundesregierung eingeholt werden.«

52 *Schambeck*, Österreich (Fn. 46), S. 71 unter Berufung auf Art. 97 II B-VG.

zugs entnommen werden[53]. Dieselbe duale Struktur findet sich in **Südafrika** und **Belgien**[54]. Das duale Modell entspricht jedoch in den USA nicht mehr der Verfassungswirklichkeit[55]. Aufgrund der stetig zunehmenden Bedeutung von (Finanz-)Hilfen[56] des Bundes, die regelmäßig nur unter Bedingungen gewährt werden, hat sich in den USA der tatsächliche Einfluß des Bundes verstärkt und die Verfassungswirklichkeit vom Modell des dualen Vollzugs entfernt[57]. Diese Entwicklung setzte insbesondere mit dem sog. »new deal« ein, der mit der extensiven Auslegung der »commerce clause« und der »spending power« zu einer weitreichenden Bundeskompetenz insbesondere in der Wirtschafts- und Sozialpolitik führte[58]. Es sind Mischverwaltungsformen entstanden, und teilweise wurde der duale Vollzug durch vertragliche Regelungen modifiziert. Dieser Prozeß wird als Wandel vom »dual federalism« zum »cooperative federalism« interpretiert[59].

15 Ebenfalls von einem System des dualen Vollzugs war ursprünglich die Verteilung der Vollzugskompetenzen in der **Schweiz** geprägt[60]. Hier war der Bund aber mangels eigener Vollzugsorgane mit der Aufgabe des Gesetzesvollzugs überfordert[61]. Deshalb hatte er die Zunahme seiner Gesetzgebungskompetenzen durch die weitgehende Übertragung der Vollzugskompetenzen auf die Kantone kompensiert[62], ohne daß dafür verfassungsrechtlich eine zwingende Vorgabe existierte. Die am 1.1.2000 in Kraft getretene neue Bundesverfassung hat daraus in Art. 46 I die Konsequenz gezogen, daß im Regelfall die Kantone das Bundesrecht nach Maßgabe von Verfassung und Gesetz und unter Aufsicht des Bundes (Art. 49 II) umsetzen[63].

---

[53] *B. Becker*, JöR 39 (1990), 66 (80); *M. Bothe*, Die Kompetenzstruktur des modernen Bundesstaates in rechtsvergleichender Sicht, 1977, S. 224; *Falke*, Struktur (Fn. 46), S. 414; *J. Pietzcker*, HStR³ VI, § 134 Rn. 5.

[54] Für Südafrika: *U. Karpen*, JöR 44 (1996), 609 (619); für Belgien: *Suetens*, Belgien (Fn. 47), S. 277; für Kanada: *J. Pietzcker*, HStR³ VI, § 134 Rn. 5.

[55] *B. Becker*, JöR 39 (1990), 66 (80f.). Zu ähnlichen Tendenzen in der Schweiz: *K. Eichenberger*, Landesbericht Schweiz, in: Ossenbühl, Föderalismus (Fn. 46), S. 17ff. (32).

[56] In der Anfangsphase oft in Form von Landschenkungen (»land grants«), später Geld (»cash grants«), teilweise aber auch Dienstleistungshilfen der Bundesverwaltungen (»grants-in-service«); vgl. *B. Becker*, JöR 39 (1990), 66 (81f.).

[57] Diese Entwicklung wurde trotz unterbliebener Änderung der Verfassung vom Supreme Court akzeptiert: Wenn der Bund das Recht habe, Finanzmittel für bestimmte Zwecke auszugeben, dann müsse er auch das Recht haben, deren bestimmungsgemäße Verwendung zu kontrollieren; vgl. dazu die Nachweise bei *Bothe*, Kompetenzstruktur (Fn. 53), S. 146f.

[58] *Falke*, Struktur (Fn. 46), S. 416; später setzte dann eine gegenläufige Entwicklung zur Rückorientierung auf den Föderalismus (»new federalism«) ein, die sich allerdings nur begrenzt durchsetzte; vgl. ebd., S. 420f.

[59] *Falke*, Struktur (Fn. 46), S. 416.

[60] *Eichenberger*, Schweiz (Fn. 55), S. 32; *Bothe*, Kompetenzstruktur (Fn. 53) S. 230f.

[61] *Eichenberger*, Schweiz (Fn. 55), S. 32.

[62] *Eichenberger*, Schweiz (Fn. 55), S. 33; *Bothe*, Kompetenzstruktur (Fn. 53), S. 230f.; *Biaggini*, Theorie (Fn. 27), S. 6f. m. w. N.

[63] *G. Biaggini*, IPE I, § 10 Rn. 90.

C. Erläuterungen

I. Funktion und systematische Stellung der Art. 83ff. GG

1. Trennung von Gesetzgebungs- und Verwaltungskompetenzen

Art. 83 GG setzt ebenso wie der gesamte VIII. Abschnitt voraus, daß sich die Gesetzgebungs- und die Verwaltungszuständigkeiten im Bundesstaat des Grundgesetzes nach unterschiedlichen Regeln zwischen Bund und Ländern verteilen, und etabliert gleichzeitig für den Bund eine Inkongruenz zwischen seiner weitreichenden Gesetzgebungs- und seiner demgegenüber deutlich reduzierten Verwaltungszuständigkeit[64]. Art. 83 GG kann deshalb als das **Kernelement des deutschen (Vollzugs-)Föderalismus** bezeichnet werden[65]. Grundsätzlich gilt, daß die Gesetzgebungskompetenz des Bundes die äußerste Grenze für seine Verwaltungskompetenz darstellt[66]. Dieses Prinzip zeigt sich durchgängig in den Art. 86ff. GG, insbesondere aber in Art. 87 III GG. Die Grundsatzfrage, ob Bundesgesetze durch den Bund selbst oder durch die Länder ausgeführt werden, ist also nicht Gegenstand der Bundesgesetzgebungskompetenzen, sondern wird in Art. 83ff. GG durch die Verfassung selbst beantwortet. Allerdings enthalten diese Regelungen in Gestalt der Generalklausel des Art. 87 III GG (→ Art. 87 Rn. 65ff.) eine Öffnung der Bundesverwaltungskompetenzen für alle Materien, für die dem Bund die Gesetzgebungskompetenz zukommt. **16**

Fragt man nach dem Sinn und Zweck dieser Trennung im allgemeinen und der Konzentration der Vollzugskompetenz bei den Ländern im besonderen, so stößt man zunächst auf den Aspekt der **Verwaltungsökonomie.** Die Länder verfügen ohnehin über einen exekutiven Apparat zur Ausführung des Landesrechts[67], so daß es sich im Sinne rationeller Verwaltungsorganisation anbietet, von diesen ohnehin vorhandenen ortsnahen Behörden auch das Bundesrecht mitvollziehen zu lassen. Die Zurückhaltung der Verfassung gegenüber bundeseigener Verwaltung wird in diesem Zusammenhang mit dem Bestreben erklärt, parallele Verwaltung in Bund und Ländern nur begrenzt zuzulassen[68]. **17**

Über diesen schlichten Rationalisierungseffekt hinaus steht hinter der Trennung zwischen den weitreichenden Gesetzgebungskompetenzen des Bundes und der überwiegend bei den Ländern liegenden Kompetenz zur Ausführung der Bundesgesetze aber ein tieferliegendes zentrales Anliegen **bundesstaatlicher Funktionenverteilung**[69]. Es geht bei der durch Art. 83ff. GG garantierten Dominanz der Länder auf dem Gebiet der Verwaltung auch und vor allem um bundesstaatliche Machtbalance oder um vertikale Gewaltenteilung[70]. Dabei liegt Art. 83 GG wie auch dem VIII. Abschnitt insgesamt die Annahme zugrunde, daß der **Verwaltung eigene Handlungs- und Entschei-** **18**

---

[64] Zum Modell des »Vollzugsföderalismus« vgl. insbesondere *Oeter*, Integration (Fn. 4), S. 403ff.; zur daraus resultierenden politischen und rechtlichen Verflechtung *Heitsch*, Ausführung (Fn. 5), S. 144f.

[65] So etwa *Groß* (Fn. 36), Art. 83 Rn. 9.

[66] Wo dem Bund keine Gesetzgebungskompetenz eingeräumt ist, kann auch keine Verwaltungskompetenz bestehen: BVerfGE 12, 205 (229); 15, 1 (16); 78, 374 (386); 102, 167 (173f., Rn. 36); BVerwGE 87, 181 (184).

[67] *Ipsen*, Staatsrecht I, Rn. 611.

[68] So *Ipsen*, Staatsrecht I, Rn. 647.

[69] BVerfGE 108, 169 (181f., Rn. 47f.) spricht insoweit von einem »Element zusätzlicher funktionaler Gewaltenteilung«.

[70] Vgl. *Dittmann* (Fn. 21), Art. 83 Rn. 2; *J. Pietzcker*, HStR³ VI, § 134 Rn. 5; *Bull* (Fn. 1), Art. 83

dungsspielräume zur Verfügung stehen. Verschiebungen der Gewaltenteilung zu Lasten der Exekutive ziehen wegen Art. 83 ff. GG stets auch einen Machtverlust der Länder im Verhältnis zum Bund nach sich. Deshalb wird der durch Art. 83 ff. GG normierten Funktionenverteilung ihre Grundlage entzogen, wenn der Landesexekutive zwischen übertriebener bundesgesetzlicher Verrechtlichung und fortschreitend intensivierter verwaltungsgerichtlicher Kontrolle keine nennenswerten Gestaltungsspielräume mehr bleiben[71]. Sehen Bundesgesetzgeber und Verwaltungsgerichte ihre Aufgabe darin, eine »reibungslose und vollständige« Ausführung der Bundesgesetze durch »eine im wesentlichen einheitliche Verwaltungspraxis« sicherzustellen[72], kann den Landesverwaltungen »kein nennenswertes Eigengewicht« zukommen[73]. Deshalb ist die Grundfrage des Landesvollzuges von Bundesgesetzen nicht allein die Intensität des Bundeseinflusses[74] im Sinne der in Art. 84 und 85 GG normierten Ingerenzrechte, sondern auch die allgemeine Bestimmung des Verhältnisses zwischen exekutiven Gestaltungsspielräumen einerseits und normativer Steuerung einschließlich ihrer gerichtlichen Kontrolle andererseits.

2. Kompetenzaufteilung durch doppelte Regelzuständigkeit der Länder

19 Auf der Grundlage der Trennung zwischen Gesetzgebungs- und Verwaltungskompetenzen konkretisiert Art. 83 GG die »Zuständigkeitsvermutung«[75] des Art. 30 GG dahin, daß auch die Ausführung der Bundesgesetze grundsätzlich Sache der Länder ist[76]. Dabei läßt sich der Regelungsgehalt des Art. 83 GG als doppeltes Regel-Ausnahme-Verhältnis beschreiben, das nicht zur Disposition des Bundes und der Länder (→ Rn. 36) steht: Zum einen besitzt der **Bund nur die ihm ausdrücklich zugewiesenen Verwaltungskompetenzen**, während der unbenannte Rest (»Residual-Kompetenz«) bei den Ländern liegt[77]. Zum anderen statuiert Art. 83 GG – bezogen auf die Verwaltungstypen – die Regel, daß die Ausführung der Bundesgesetze durch die Länder in der **Verwaltungsform der landeseigenen Verwaltung** (als eigene Angelegenheit) erfolgt. Beide Regeln stehen unter dem Vorbehalt einer abweichenden verfassungsrechtlichen Norm, welche die Ausnahme entweder bestimmt oder zuläßt. Mit dieser Verteilung der Verwaltungskompetenzen zwischen Bund und Ländern enthalten der VIII. Abschnitt im Allgemeinen und Art. 83 GG im Besonderen nicht nur eine Ausformung des bundesstaatlichen Prinzips, die dem Schutz der Länder dient, sondern gewährleisten sie auch eine **klare Zuordnung von (Verwaltungs-)Verantwortung** als Voraussetzung rechtsstaatlicher Ordnung und demokratischer Kontrolle durch den Bundestag einerseits und die Volksvertretungen der Länder andererseits[78].

Rn. 5; *Feuchte*, Ordnung (Fn. 21), S. 124 f.; allg. zu den Legitimationstheorien des Bundesstaates vgl. nur *J. Isensee*, HStR³ VI, § 126 Rn. 328 ff.

[71] Darauf hat *Oeter*, Integration (Fn. 4), S. 403 ff., nachdrücklich und überzeugend aufmerksam gemacht; s. auch *Trute* (Fn. 6), Art. 83 Rn. 8; *Kirchhof* (Fn. 26), Art. 83 Rn. 10; kein Problem sieht hier *J. Suerbaum*, in: Epping/Hillgruber, GG (online, Stand: 1.12.2016), Art. 83 Rn. 14.

[72] So die Formulierungen in BVerfGE 11, 6 (17 f.).

[73] So die Kritik von *M. Bullinger*, DÖV 1970, 761 (766).

[74] *Ipsen*, Staatsrecht I, Rn. 612.

[75] *Stern*, Staatsrecht I, S. 683.

[76] BVerfGE 11, 6 (15) spricht auch mit Bezug auf Art. 83 GG von einer »Vermutung für die Landeszuständigkeit«.

[77] Jarass/*Pieroth*, GG, Art. 83 Rn. 1; *Bull* (Fn. 1), vor Art. 83 Rn. 5.

[78] Die bisherige Rechtsprechung dazu pointiert zusammenfassend BVerfGE 139, 194 (225 f., Rn. 108 f.); zu den Folgerungen für die sog. Mischverwaltung: → Rn. 47 ff.

3. Gesetzgebungskompetenzen für Verfahren und Organisation

Nach wie vor weitgehend ungeklärt ist das **Verhältnis** der im **VIII. Abschnitt** enthaltenen Normen, die eine Regelung des Verwaltungsverfahrens oder der Behördenorganisation durch Bundesgesetz erwähnen (Art. 84 I, 85 I, 86, 87 I 2 und III 1 GG), **zur allgemeinen Verteilung der Gesetzgebungskompetenzen** im VII. Abschnitt (→ Vorb. zu Art. 70–74 Rn. 57). Klärungsbedürftig ist hier, ob die genannten Vorschriften in Art. 83ff. GG den Bund konstitutiv zur gesetzlichen Regelung der dort erwähnten Verfahrens- und Organisationsfragen ermächtigen, oder ob sich die Gesetzgebungskompetenz des Bundes auch insoweit nach Art. 70ff. GG richtet und im VIII. Abschnitt lediglich – etwa im Hinblick auf die Zustimmungsbedürftigkeit – durch spezielle Regeln ergänzt oder modifiziert wird. Das Bundesverfassungsgericht hat diese Frage bislang offengelassen, indem es die jeweiligen Vorschriften des VII. und des VIII. Abschnitts unverbunden nebeneinanderstellte[79] und sich im übrigen auf die hier nicht weiterführende allgemeine Aussage beschränkte, daß nach der Systematik des Grundgesetzes die Gesetzgebungskompetenz des Bundes die äußerste Grenze für seine Verwaltungsbefugnisse bezeichnet[80]. Demgegenüber wird in der Literatur eine Lösung gesucht auf der Grundlage der Unterscheidung zwischen **materiellen Regelungen** einerseits und **verfahrens- und organisationsrechtlichen Regelungen** andererseits[81]. 20

Auf der Grundlage dieser Unterscheidung stützt eine Meinung die **Bundesgesetzgebungskompetenz** zur Regelung des Organisations- und Verfahrensrechts auf die **Art. 70ff. GG**[82]. Nach dieser Auffassung umfaßt die Kompetenz zur materiellen Sachregelung **kraft Annexes** auch die Kompetenz zur Regelung der Organisation und des Verfahrens beim Vollzug[83] (→ Vorb. zu Art. 70–74 Rn. 49). Teilweise wird auch auf die 21

---

[79] So heißt es in BVerfGE 97, 198 (214, Rn. 81), daß Art. 87 I 2 GG den Bund ermächtige, durch »Gesetz Bundesgrenzschutzbehörden einzurichten«, und zwei Sätze später wird darauf hingewiesen, daß sich für die Gesetzgebungskompetenz »eine Entsprechung in Art. 73 Nr. 5 GG« finde; offengelassen ist die Frage auch in BVerfGE 26, 338 (369, 383f.); 77, 288 (298); unklar E 22, 180 (211); zum Sonderfall des Art. 87 III GG vgl. E 14, 197 (213f.); 31, 113 (116f.). BVerfGE 108, 1 (13, Rn. 44) ordnet eine Verwaltungsgebühr, die allgemein als Materie des Verwaltungsverfahrens eingeordnet wird (→ Art. 84 Rn. 37), den allgemeinen Sachgesetzgebungskompetenzen der Art. 70ff. GG zu.

[80] BVerfGE 15, 1 (16); 78, 374 (386) sowie bereits E 12, 205 (229) mit Hinweis auf *H. Krüger*, Der Rundfunk im Verfassungsgefüge und in der Verwaltungsordnung von Bund und Ländern, 1960, S. 78, und *K. Zeidler*, DVBl. 1960, 573 (579f.).

[81] Repräsentativ *Broß/Mayer* (Fn. 37), Art. 84 Rn. 5; ausführlich zum Streitstand *T. Grapperhaus*, Die verfassungsrechtlichen Grundlagen der Verwaltungskompetenzen im Atomgesetz, 2002, S. 12ff.

[82] *Bull* (Fn. 1), Art. 83 Rn. 31; *D. Kirschenmann*, JuS 1977, 565 (572 mit Fn. 87); *v. Mangoldt/Klein*, GG, Vorbem. vor Art. 83 Anm. II.9.a)bb); *T. Maunz*, in: Maunz/Dürig, GG, Art. 73 (1994), Rn. 25f.; *K. Pathe*, DVBl. 1951, 681 (684); *H. Schäfer*, DÖV 1960, 641 (646); *H. v. Hausen*, DÖV 1960, 1 (5); *F. Klein*, AöR 88 (1963), 377 (406); *A. Köttgen*, DÖV 1952, 422 (422f.); *Stern*, Staatsrecht II, S. 798; *H.-J. Vogel*, Die bundesstaatliche Ordnung des Grundgesetzes, in: HdbVerfR, § 22 Rn. 88; *E. Franssen*, JZ 1974, 314 (317); *M. Lepa*, DVBl. 1974, 399 (404); *N. Achterberg*, DÖV 1966, 695 (700); *K.-A. Bettermann*, Das Verwaltungsverfahren, VVDStRL 17 (1959), S. 118ff. (158); wohl auch BVerwG DÖV 1982, 826ff.; in diesem Sinne muß auch BVerfGE 126, 77 (100ff., Rn. 134ff.) verstanden werden, weil die Entscheidung auf der Prämisse beruht, daß der Regelungsgehalt von Art. 85 I 1 GG sich auf die Begründung der Zustimmungsbedürftigkeit beschränkt; offengelassen in BVerwGE 69, 1 (2); unentschieden, allerdings für eine jedenfalls nur »akzessorische« Regelungskompetenz betr. Organisation und Verfahren, BVerwGE 150, 129 (134f., Rn. 12).

[83] So insbesondere *Vogel* (Fn. 82), § 22 Rn. 88; *E. Franssen*, JZ 1974, 314 (317); *M. Lepa*, DVBl. 1974, 399 (404); *N. Achterberg*, DÖV 1966, 695 (700); *Bettermann*, Verwaltungsverfahren (Fn. 82), S. 158.

Begründung mit Hilfe des Annex-Gedankens verzichtet[84]. Die Vorschriften des VIII. Abschnitts, die eine entsprechende Regelung durch Bundesgesetz erwähnen, haben danach im Hinblick auf die Begründung der Gesetzgebungskompetenz im Prinzip nur deklaratorischen Charakter. Allein die in Art. 84 I und 85 I GG normierte Zustimmungsbedürftigkeit für die dort genannten Bundesgesetze hat nach dieser Ansicht konstitutive Wirkung[85]. Die Konsequenz dieser Auffassung ist, daß im Bereich der ausschließlichen Bundesgesetzgebungskompetenz (Art. 73 GG) eine gesetzliche Regelung etwa des Verwaltungsverfahrens durch die Länder selbst dann ausgeschlossen ist, wenn der Bund das Verfahren nur lückenhaft oder überhaupt nicht geregelt hat[86]. Um diese Konsequenz zu vermeiden, sehen einige in Art. 84 I und 85 I GG eine über die Begründung der Zustimmungsbedürftigkeit hinausgehende modifizierende Spezialregelung zu den Art. 70ff. GG insoweit, als diese Vorschriften des VIII. Abschnitts eine Landesgesetzgebungszuständigkeit für die Organisation und das Verfahren auch dort begründen, wo die Kompetenz zur materiellen Sachregelung gem. Art. 73 GG ausschließlich dem Bund zusteht[87].

22 Dagegen sieht eine vor allem von Lerche begründete Auffassung[88] die in **Art. 83ff. GG** enthaltenen Ermächtigungen zu bundesgesetzlichen Regelungen als **konstitutive**[89] **Spezialvorschriften** im Verhältnis zu den allgemeinen Regelungen der Gesetzgebungskompetenzen des Bundes. Für die maßgeblich auf Triepel[90] zurückgehende »Annextheorie« fechte heute kein einleuchtender Grund mehr[91]. Aufgrund ihrer generellen Verwaltungskompetenz nach Art. 83 GG soll den Ländern auch die Kompetenz zur gesetzlichen Regelung von Verwaltungsverfahren und -organisation zukommen. Aus dieser Perspektive stellen Art. 84 I und 85 I GG eine den Bund begünstigende Ausnahme von der generellen Länderkompetenz dar. Für die Annahme einer Annexkompe-

---

[84] *D. Kirschenmann*, JuS 1977, 565 (572 mit Fn. 87); *Maunz* (Fn. 82), Art. 73 Rn. 25f.; *v. Mangoldt/Klein*, GG, Vorbem. vor Art. 83 Anm. II.9.a)bb); *Bull* (Fn. 1), Art. 83 Rn. 31; *A. Köttgen*, DÖV 1952, 422 (422).

[85] *A. Köttgen*, DÖV 1952, 422; *M. Lepa*, DVBl. 1974, 399 (404); *H. Schäfer*, DÖV 1960, 641 (646f.); *N. Achterberg*, DÖV 1966, 695 (700).

[86] *D. Haas*, AöR 80 (1955/56), 81 (87 mit Fn. 20).

[87] Diese Auffassung wird in zwei Varianten vertreten: Nach einer Interpretation wird die Länderzuständigkeit für das Verwaltungsverfahren und die Behördenorganisation insgesamt erst durch Art. 84 I GG begründet; so *N. Achterberg*, DÖV 1966, 695 (700, insb. Fn. 46); *H. v. Hausen*, DÖV 1960, 1 (5); nach weiter differenzierender Auffassung beschränkt sich die konstitutive Wirkung von Art. 84 I GG nur auf die Schaffung einer Landeszuständigkeit für die gesetzliche Regelung des Verfahrens zur Ausführung von Bundesrecht, das der ausschließlichen Gesetzgebungskompetenz des Bundes unterliegt, so *v. Mangoldt/Klein*, GG, Vorbem. vor Art. 83 Anm. II.9.a)bb); zum selben Ergebnis ohne Differenzierung kommt wohl *Bettermann*, Verwaltungsverfahren (Fn. 82), S. 159, 161.

[88] *P. Lerche*, in: Maunz/Dürig, GG, Art. 83 (2008), Rn. 30ff.; Jarass/*Pieroth*, GG, Art. 83 Rn. 2; *Trute* (Fn. 6), Art. 83 Rn. 13; *M. Antoni*, AöR 113 (1988), 329 (355f.); *G. Kuckuk*, DÖV 1978, 354 (355); auch nach *Dittmann* (Fn. 21), Art. 84 Rn. 5, ist z. B. Art. 84 I 2 GG eine »kompetenzbegründende Norm«, die jedoch nur »vor dem Hintergrund« (?) einer anderweitig begründeten Gesetzgebungskompetenz des Bundes in Anspruch genommen werden könne.

[89] Dies gilt nach *Lerche* (Fn. 88), Art. 83 Rn. 33, sowohl für die Gesetzgebungskompetenz für den Bereich der Bundesverwaltung (Art. 86, 87 I 2, 87 III 1 GG) als auch für die bundesgesetzliche Regelung von Verfahren und Organisation bei Vollzug der Bundesgesetze durch die Länder (Art. 84 I und 85 I GG); in diesem Sinne könnte auch BVerfGE 88, 203 (332) zu verstehen sein, wenn dort allgemein von der »Organisationsgewalt der Länder« die Rede ist, in die der Bund nur aufgrund ausdrücklicher verfassungsrechtlicher Ermächtigung (u. a. aus Art. 83, 84 I GG) eingreifen dürfe.

[90] *Lerche* (Fn. 88), Art. 83 Rn. 37.

[91] Ausführlich zur Kritik an der »Annextheorie« bei *K. Neuser*, Die Gesetzgebungskompetenz für das Verwaltungsverfahren, 1974, S. 110ff.; zusammenfassend *Lerche* (Fn. 88), Art. 83 Rn. 37.

tenz zu den materiellen Gesetzgebungskompetenzen bestehe kein Anlaß, soweit eine ausdrückliche Entscheidung des Grundgesetzes für eine Bundesgesetzgebungskompetenz gegeben sei[92]. Nur ausnahmsweise könne eine Bundesgesetzgebungskompetenz zur Regelung der Behördenorganisation des Bundes auch aus Art. 70ff. GG[93] oder aus der Natur der Sache[94] folgen.

Die Problematik beider Auffassungen liegt in der **Unterscheidung** zwischen **materieller Sachregelung** einerseits und Fragen der **Behördenorganisation und des Verwaltungsverfahrens** andererseits. Diese Unterscheidung läßt schon ein Blick auf die vermeintlich ausschließlich oder überwiegend materiell ausgerichteten Gesetzgebungskompetenzen als **fragwürdig** erscheinen. So gehören etwa zur Materie des Wahlrechts auch die Vorschriften, die »die Vorbereitung, Organisation, Durchführung und Überprüfung der Wahlen durch die staatlichen Organe regeln«[95]. Und ebensowenig wie sich die Bundesgesetzgebungskompetenzen zur »Einrichtung eines Bundeskriminalpolizeiamtes« (Art. 73 I Nr. 10 GG) ohne Regelung der Behördenorganisation wahrnehmen läßt, kann die »Erhebung und Verteilung von Gebühren für die Benutzung öffentlicher Straßen mit Fahrzeugen« (Art. 74 I Nr. 22 GG) ohne die Regelung des Erhebungs- und Verteilungsverfahrens erfolgen. Über solche Beispiele hinaus gehört es zu den kaum bestreitbaren Erkenntnissen der Verwaltungsrechtswissenschaft, daß zwischen »sachlich-inhaltlichem« Verwaltungsrecht und Verwaltungsverfahrensrecht ein enger Zusammenhang besteht, weil das materielle und das Verfahrensrecht aufeinander bezogene und miteinander harmonierende Antworten auf die Regelungsprobleme und Konflikte des jeweiligen Sachgebietes geben müssen[96]. Im Bereich des vollzugsbedürftigen Verwaltungsrechts ist das Verwaltungsverfahren der Verwirklichungsmodus in dem Sinne, daß jeder Fall der Rechtsverwirklichung und -konkretisierung ein Verfahren durchlaufen muß und dabei durch das »Medium« des Verfahrens und der Organisation geprägt und ausgeformt wird[97]. In die gleiche Richtung weisen Entwicklungsanstöße des Unionsrechts, dessen Vorgaben für das nationale 23

[92] *Lerche* (Fn. 88), Art. 83 Rn. 33, 37.

[93] Und zwar, wenn dort ausdrücklich Organisationsfragen thematisiert sind; allerdings sollen die Regeln des VIII. Abschnitts den Gesetzgebungskompetenzen mit ausdrücklich organisationsrechtlichem Inhalt auch »Grenzen« ziehen; vgl. *Lerche* (Fn. 88), Art. 83 Rn. 33, 36 mit ausführlichen Nachweisen.

[94] Daraus folgt dann, daß eine ungeschriebene Gesetzgebungskompetenz des Bundes zur Regelung der Behördenorganisation (des Bundes) immer dann anzunehmen ist, wenn im VIII. Abschnitt eine Bundesverwaltungsorganisation vorgesehen ist, ohne daß sich hier oder bei den materiellen Gesetzgebungszuständigkeiten eine ausdrückliche Bundesgesetzgebungskompetenz findet: *Lerche* (Fn. 88), Art. 83 Rn. 34. Dies gilt sowohl für die nach der Lehre vom Gesetzesvorbehalt (Organisationsvorbehalt) zwingend erforderlichen als auch für die »fakultativen« Organisationsregelungen, die die Bundesverwaltung betreffen. Die so umschriebene Bundeskompetenz aus »der Natur der Sache« sprenge nicht die Grenze des Unerläßlichen, weil es den Ländern verwehrt sei, Regelungen über die Bundesverwaltung zu treffen, und weil der zuständige Gesetzgeber frei sein müsse zu entscheiden, ob über den Bereich des Notwendigen hinaus auch weitere Sektoren (der Bundesverwaltung) gesetzgeberisch durchformt werden sollen oder nicht.

[95] BVerfGE 24, 300 (354).

[96] Für Genehmigungen insbesondere auf dem Gebiet des Umweltrechts *R. Wahl*, Neues Verfahrensrecht für Planfeststellung und Anlagengenehmigung – Vereinheitlichung des Genehmigungsverfahrens oder bereichsspezifische Sonderordnung?, in: W. Blümel/R. Pitschas (Hrsg.), Reform des Verwaltungsverfahrensrechts, 1994, S. 83ff. (86f.).

[97] So – ohne ausdrückliche Bezugnahme auf die Organisation – die zentrale These von *R. Wahl*, Verwaltungsverfahren zwischen Verwaltungseffizienz und Rechtsschutzauftrag, VVDStRL 41 (1983), S. 151ff. (153ff.); vgl. auch *W. Fiedler*, AöR 105 (1980), 79 (84ff.); *F. Hufen/T. Siegel*, Fehler

Verfahrensrecht mit der überkommenen deutschen Vorstellung von der dem materiellen Recht »dienenden Funktion« des Verfahrens kaum in Einklang zu bringen sind[98]. Ist das Verfahrensrecht in diesem Sinne konstitutiver Teil des Verwaltungsrechts[99], so muß dies für die Auslegung der Art. 70ff. GG zur Folge haben, daß die dort genannten Regelungsmaterien umfassend zu verstehen sind und nicht unterschieden werden kann zwischen materiellen Regelungen einerseits und Verfahrens- und Organisationsregelungen andererseits[100].

24 Die Verteilung der **Gesetzgebungszuständigkeiten** in Fragen der **Verwaltungsorganisation und des -verfahrens** beurteilt sich also grundsätzlich nach den allgemeinen verfassungsrechtlichen Regeln des **VII. Abschnitts** einschließlich der anerkannten Grundsätze über die ungeschriebenen Gesetzgebungszuständigkeiten des Bundes (→ Vorb. zu Art. 70–74 Rn. 45ff.). Diese Regeln werden allerdings durch spezielle Normen außerhalb des VII. Abschnitts ergänzt und modifiziert[101]. Zu diesen gehören auch die erwähnten (→ Rn. 20) Vorschriften des VIII. Abschnitts. Nicht Gegenstand der Bundesgesetzgebungskompetenz ist allerdings die in Art. 83ff. GG abschließend beantwortete Grundsatzfrage, ob Bundesgesetze durch den Bund selbst oder durch die Länder ausgeführt werden (→ Rn. 16).

II. Anwendungsbereich (»Bundesgesetze«)

1. Vollzugsfähiges Bundesrecht

25 Seinem klaren Wortlaut nach bezieht sich Art. 83 GG auf die Ausführung von Bundesgesetzen. Die Norm knüpft also an das Vorhandensein eines Bundesgesetzes an. Aus der Rechtsfolge (»Ausführung« durch die Länder) läßt sich darüber hinaus der Rückschluß ziehen, daß Art. 83 GG einen vollzugsfähigen Rechtssatz voraussetzt. Beschränkt sich dagegen ein Bundesgesetz darauf, eine von den Ländern zu erfüllende Staatsaufgabe ohne die für einen exekutiven Vollzug dieser Aufgabe erforderlichen Einzelregelungen zu umschreiben, so handelt es sich nicht um ein ausführungsfähiges Bundesgesetz[102]. Wie sich aus Art. 84 I GG ergibt, gehört zur »Vollzugsfähigkeit« des Bundesrechts allerdings nicht die Regelung der Behördenzuständigkeiten und des Verwaltungsverfahrens, weil insoweit die Länder ausdrücklich regelungsbefugt und im Einzelfall sogar regelungsverpflichtet (→ Rn. 34) sind. Der Anwendungsbereich von

im Verwaltungsverfahren, 5. Aufl. 2013, S. 37ff.; *E. Schmidt-Aßmann*, Das allgemeine Verwaltungsrecht als Ordnungsidee, 2. Aufl. 2006, S. 305ff.

[98] S. dazu nur die Analyse und die Nachw. bei *E. Schmidt-Aßmann*, GVwR² II, § 27 Rn. 64f., 71ff.

[99] *Wahl*, Verwaltungsverfahren (Fn. 97), S. 155.

[100] So auch *Groß* (Fn. 36), Art. 83 Rn. 12; aus der Rspr. anschaulich BVerwGE 150, 129 (139ff., Rn. 22ff.) am Beispiel der Verwaltungsgebühren; vgl. auch *D. Kirschenmann*, JuS 1977, 565 (572 mit Fn. 87); *Bull* (Fn. 1), Art. 83 Rn. 31; *A. Köttgen*, DÖV 1952, 422 (422); nicht überzeugend insoweit *Trute* (Fn. 6), Art. 83 Rn. 13, der sich überwiegend mit der alten »Annextheorie« auseinandersetzt.

[101] So auch BVerwGE 150, 129 (139, Rn. 21).

[102] *Groß* (Fn. 36), Art. 83 Rn. 16; BVerfGE 88, 203 (332f.) für den bundesgesetzlichen Auftrag zur Sicherstellung eines ausreichenden und flächendeckenden Angebotes ambulanter und stationärer Einrichtungen zur Vornahme von Schwangerschaftsabbrüchen mit der Konsequenz, daß dem Bundesgesetzgeber die Regelung der Behördenorganisation und des Verwaltungsverfahrens versperrt ist. Diese folgt allerdings entgegen der Ansicht des Bundesverfassungsgerichts nicht aus einem unzulässigen Eingriff in die »Organisationsgewalt« der Länder, sondern daraus, daß es ohne ausführungsfähige materielle Regelungen an der Gesetzgebungskompetenz des Bundes für die Behördenorganisation und das Verwaltungsverfahren fehlt (→ Rn. 20ff.).

Art. 83 GG ist in diesem Sinne auf **vollzugsfähige Rechtssätze des geschriebenen und ungeschriebenen**[103] **Bundesrechts** – einschließlich des vorkonstitutionellen und desjenigen Bundesrechts, das nach Maßgabe von Art. 125a bis 125c GG fortgilt – beschränkt[104]. Im Anwendungsbereich des **Art. 72 III GG** liegt solches vollzugsfähiges Bundesrecht dann nicht vor, wenn ein Bundesland von seinem **Abweichungsrecht** Gebrauch gemacht hat[105]. In diesem Fall kann der Bundesgesetzgeber das Abweichungsrecht auch nicht nach Art. 84 I 5 und 6 GG – bezogen auf das in dem jeweiligen Land anzuwendende Verwaltungsverfahren – sperren, weil es mangels vollzugsfähigen Bundesrechts in dem Bundesland bereits an der entscheidenden Voraussetzung für die Anwendbarkeit von Art. 84 GG fehlt (→ Art. 84 Rn. 51).

Auf die Intensität der Steuerung des Verwaltungsvollzuges kommt es dabei ebenso- **26** wenig an wie auf die »materiell-rechtliche« oder verfahrens- bzw. organisationsrechtliche Qualität der bundesrechtlichen Norm[106]. Sowohl die Verwaltung scheinbar strikt bindende (→ Rn. 20) Normen als auch lediglich zielorientierte Planungsnormen sind einer »Ausführung« im Sinne des Art. 83 GG fähig[107]. Entscheidend ist auf eine gesetzlich konkretisierte Handlungsbefugnis oder -pflicht abzustellen[108]. Ausgeschlossen werden dadurch nur solche Normen, die eindeutig **keiner durch das Gesetz gesteuerten Vollzugsmaßnahmen bedürfen** und in diesem Sinne nicht »ausgeführt«, sondern **nur »beachtet«** werden müssen, sowie die selten anzutreffenden Regelungen, die kein erkennbares Programm enthalten und deshalb nicht vollzugsfähig sind[109]. Da es lediglich auf die Vollzugsbedürftigkeit ankommt, ist auch unerheblich, ob das auszuführende Bundesgesetz unmittelbare Außenwirkung gegenüber dem Bürger entfaltet[110]. Auch die umstrittene Frage, ob zu den Bundesgesetzen im Sinne des Art. 83 GG auch **Normen des Grundgesetzes**[111] gehören, beantwortet sich nach dem Kriterium der Vollzugsfähigkeit[112] – und zwar regelmäßig mit negativem Ergebnis, weil im Grundgesetz solche Normen, die ohne gesetzliche Konkretisierung vollzogen werden könnten,

---

[103] Dagegen – auch mangels erkennbarer praktischer Relevanz – *Groß* (Fn. 36), Art. 83 Rn. 16.

[104] Vgl. *Dittmann* (Fn. 21), Art. 83 Rn. 19; *Broß/Mayer* (Fn. 37), Art. 83 Rn. 19; *Trute* (Fn. 6), Art. 83 Rn. 56; *Suerbaum* (Fn. 71), Art. 83 Rn. 15.

[105] *H.-G. Henneke*, in: Schmidt-Bleibtreu/Hofmann/Henneke, GG, Art. 84 Rn. 24; *C. Calliess/ D. Burchardt*, UTR 110 (2011), 7 (21) m. w. N.

[106] *Trute* (Fn. 6), Art. 83 Rn. 53.

[107] *Groß* (Fn. 36), Art. 83 Rn. 16.

[108] Zutreffend *Trute* (Fn. 6), Art. 83 Rn. 52 m. w. N.; *Groß* (Fn. 36), Art. 83 Rn. 21.

[109] Solche Normen enthält etwa das Strafrecht oder das GG selbst; zur Vollzugsfähigkeit der Pflicht zu bundesfreundlichem Verhalten (verneinend) BVerfGE 8, 122 (131) und (bejahend) *Lerche* (Fn. 88), Art. 84 Rn. 151. Ob solche Normen auch im traditionell als »Verwaltungsrecht« verstandenen Bereich tatsächlich existieren, erscheint mehr als fraglich; denknotwendig ausgeschlossen ist es allerdings nicht. Die Behauptung *Dittmanns* (Fn. 21), Art. 83 Rn. 21, die Entscheidungen BVerfGE 6, 309; 8, 122 (131); 11, 6 (15) beträfen solche Fälle, ist unzutreffend. Auch *Lerche* (Fn. 88), Art. 83 Rn. 56ff. benennt keine Beispiele.

[110] *Dittmann* (Fn. 21), Art. 83 Rn. 21; *Groß* (Fn. 36), Art. 83 Rn. 16; a. A. *Broß/Mayer* (Fn. 37), Art. 83 Rn. 19.

[111] Dafür BVerfGE 139, 321 (373, Rn. 3) – *Sondervotum Voßkuhle, Hermanns, Müller*, mit ausf. Nachw. des Streitstandes; BVerwGE 37, 344 (351f.), bezogen auf Art. 9 II GG; *Dittmann* (Fn. 21), Art. 83 Rn. 19; dagegen etwa *Bull* (Fn. 1), Art. 83 Rn. 26; *Groß* (Fn. 36), Art. 83 Rn. 16; offengelassen von der Senatsmehrheit in BVerfGE 139, 321 (354, Rn. 104) – allerdings mit der wenig überzeugenden Begründung, Art. 83 GG setze eine Kompetenzzuweisung an den Bund voraus, die im Bereich des Staatskirchenrechts fehle; dagegen zu Recht kritisch *C. Möllers*, JZ 2015, 1103 (1105).

[112] *T. Tschentscher*, Bundesaufsicht in der Bundesauftragsverwaltung, 1992, S. 108 m. w. N.

kaum zu finden sind[113]. Allerdings können ausnahmsweise einzelne Ansprüche verfassungsrechtlich in einer Art und Weise normiert und verfassungsgerichtlich konkretisiert sein, daß – abgesehen von Organisations- und Verfahrensregelungen, die nach dem System der Art. 83, 84 I GG ohnehin nicht Voraussetzung für die Vollzugsfähigkeit von Bundesrecht sind, weil sie in die Kompetenz der Länder fallen – gesetzliche Konkretisierungen oder gar Modifikationen weder erforderlich noch zulässig sind[114].

27 Beim Vollzug des Bundesrechts durch die Länder ist es wegen der Befugnis der Länder, auf dem Gebiet ihrer Verwaltungshoheit Zuständigkeitsregelungen zu treffen, denkbar, daß **Zuständigkeitskonflikte zwischen den Ländern** entstehen. Es können mehrere Länder nach Maßgabe ihrer jeweiligen Regelungen ihre Zuständigkeit begründet sehen (positiver Zuständigkeitskonflikt), und es kann vorkommen, daß kein Land seine Zuständigkeit begründet sieht (negativer Zuständigkeitskonflikt). In beiden Konstellationen droht (über sich widersprechende Entscheidungen in derselben Sache oder eine gänzlich ausbleibende Entscheidung) die **Vereitelung des Vollzugs von Bundesrecht**. Der Lösung solcher Konflikte dienen bundesrechtliche Sonderregelungen der Vollzugszuständigkeit. Erforderlich ist die Bestimmung eines Anknüpfungspunktes (Wohn- oder Geschäftssitz, belegene Sache, letzter Aufenthaltsort etc.), nach dem sich die Zuständigkeit eines von mehreren in Betracht kommenden Ländern beurteilt. Lassen sich derartige Anknüpfungspunkte nicht abstrakt durch Gesetz formulieren, besteht für ihre Bestimmung im Einzelfall eine Bundesverwaltungskompetenz kraft Natur der Sache (→ Rn. 44). Ebenfalls in diesen Zusammenhang gehört die Frage, ob Genehmigungen, Zulassungen oder sonstige **Vollzugsentscheidungen von Landesbehörden** auf der Grundlage von Bundesrecht nur auf dem Gebiet des jeweiligen Landes wirken oder **bundesweite Geltung** beanspruchen können[115]. Dabei geht es nicht nur um die **Gefahr widersprechender Entscheidungen in derselben Sache**, weil z. B. eine Behörde eines Landes über einen Fall bereits entschieden hat und später durch Hinzutreten weiterer Umstände die Zuständigkeit der Behörde eines weiteren Landes eröffnet ist[116]. Vielmehr stünde darüber hinaus das Modell des landeseigenen Vollzugs von Bundesrecht als solches in Frage, wenn die Beschränkung der Verwaltungshoheit der Länder auf ihr eigenes Staatsgebiet[117] dazu führen würde, daß bei

---

113 Ähnlich *Groß* (Fn. 36), Art. 83 Rn. 16; *Trute* (Fn. 6), Art. 83 Rn. 53.

114 Ob diese Voraussetzung im Hinblick auf den Anspruch von Religionsgemeinschaften auf Gewährung der Rechte einer Körperschaft des öffentlichen Rechts aus Art. 140 GG i. V. m. Art. 137 V 2 WRV zu bejahen sind, war ein Gegenstand des Dissenses zwischen Senatsmehrheit – BVerfGE 139, 321 (354 ff., Rn. 103 ff.) – und *Sondervotum Voßkuhle, Hermanns, Müller* (372 ff., Rn. 2 ff.) in der zweiten Entscheidung zum Körperschaftsstatus der Zeugen Jehovas; dazu *C. Möllers*, JZ 2015, 1103 (1105). Zur Erforderlichkeit einer gesetzlichen Konkretisierung dieses Anspruchs: → Art. 137 WRV Rn. 104, 140.

115 Siehe BVerfGE 139, 321 (352 ff., Rn. 96 ff.) und (374 ff., Rn. 6 ff.) – *Sondervotum Voßkuhle, Hermanns, Müller* zu der Frage, ob trotz der »Erstverleihung« des Körperschaftsstatus an eine Religionsgemeinschaft durch ein Land weitere »Zweitverleihungsverfahren« für alle anderen Bundesländer durchzuführen sind; aus der umfangreichen Lit. dazu s. etwa *S. Muckel*, NVwZ 2015, 1426 ff.; ausführliche Problemdarstellung bei *N. Huxdorff*, Rechtsfragen der Erst- und Zweitverleihung des öffentlich-rechtlichen Körperschaftsstatus an Religionsgemeinschaften, 2013, S. 269 ff.; allg. zur grenzüberschreitenden Wirkung von Verwaltungsakten *M. Winkler*, Verwaltungsträger im Kompetenzverbund, 2009, S. 98 ff.

116 Zum Problem des Wechsels der örtlichen Zuständigkeit vgl. etwa OVG Hamburg NVwZ-RR 1999, 633 ff.

117 S. dazu nur BVerfGE 139, 321 (353, Rn. 99); dazu, daß die Durchbrechung des Territorialprinzips unumgänglich ist, *Winkler*, Verwaltungsträger (Fn. 115), S. 98 f.

Ländergrenzen überschreitenden Sachverhalten im Extremfall 16 Vollzugsentscheidungen erforderlich wären. Die früher vertretene Auffassung, diese ungenau als Problem des »**überregionalen Verwaltungsakts**« bezeichnete Frage sei über die völlige Verdrängung der Länderzuständigkeit im Wege der Annahme einer Verwaltungskompetenz des Bundes kraft Natur der Sache zu lösen[118], wird heute zu Recht abgelehnt[119]. Eine solche Annahme führt nicht nur zur weitgehenden Aushöhlung der Konkretisierungskompetenz der Länder nach Art. 83 GG, sie ist auch unnötig, da der auf Bundesrecht beruhende Verwaltungsakt eines Landes trotz der auf das Gebiet des Landes beschränkten Verwaltungshoheit kraft seiner bundesrechtlich angeordneten Wirksamkeit Bindungs-, Tatbestands- oder sonstige Wirkungen für Behörden und Gerichte auch anderer Länder entfaltet. Eine solche **bundesweite Verbindlichkeit** ergibt sich auch ohne ausdrückliche Regelung aus dem **Sinn und Zweck des** jeweiligen **Bundesgesetzes**[120]**, ist aber in ihrer Reichweite jeweils durch Auslegung zu ermitteln**[121].

Auf den Vollzug unmittelbar anwendbarer Normen des **Unionsrechts** ist Art. 83 GG nur dann analog anwendbar, wenn für die jeweilige Materie dem Bund die Gesetzgebungskompetenz zukäme (→ Rn. 10). Wegen seiner Anknüpfung an vollzugsfähiges Bundesrecht (→ Rn. 25) gilt Art. 83 GG dagegen **nicht für die sog. gesetzesfreie Verwaltung**[122]. Insoweit bleibt es bei der Grundsatznorm des Art. 30 GG (→ Art. 30 Rn. 18, 25). Allerdings finden sich in den Art. 86 ff. GG über die Bundesverwaltung, die dem Bund Verwaltungskompetenzen für Sachgebiete und nicht nur für den Vollzug von Bundesgesetzen zuweisen, Bundeskompetenzen für »gesetzesfreie« Verwaltungsaufgaben, die im Sinne des Art. 30 GG eine andere Regelung treffen oder zulassen (→ Art. 86 Rn. 21 f.)[123]. 28

---

118 Z.B. vertreten von BVerwGE 4, 24 (28); *H.P. Ipsen*, DÖV 1956, 193 (198 f.).

119 Siehe hierzu *M.J. Seibert*, Die Bindungswirkung von Verwaltungsakten, 1988, S. 274 f. mit umfangreichen Nachweisen.

120 Im Ergebnis ist dies seit BVerfGE 11, 6 (19) unstreitig, wo es allerdings ungenau heißt, es liege im »Wesen des landeseigenen Vollzugs von Bundesgesetzen«, daß »der zum Vollzug eines Bundesgesetzes ergangene Verwaltungsakt eines Landes grundsätzlich im ganzen Bundesgebiet Geltung hat«; darauf Bezug nehmend auch BVerfGE 139, 321 (353, Rn. 100); unklar *Seibert*, Bindungswirkung (Fn. 119), S. 275, der meint, »die Rechtsordnung« sei Geltungsgrund der Verbindlichkeit von Verwaltungsakten; s. auch *Kirchhof* (Fn. 26), Art. 83 Rn. 53, der in diesem Zusammenhang eine »weitgehende materielle Einheitlichkeit des Rechts im gesamten Bundesgebiet« annimmt.

121 Ähnlich *Winkler*, Verwaltungsträger (Fn. 115), S. 102 f. Genauerer und differenzierter Beantwortung bedarf die Frage nach den Wirkungen eines allein auf Landesrecht beruhenden Verwaltungsaktes. Am Beispiel der bundesweit geltenden Pflicht, als Zeuge vor Untersuchungsausschüssen der Länder zu erscheinen und auszusagen – dazu BVerwGE 79, 339 (341 f.) – zeigt sich, daß die territoriale Begrenzung der Landesstaatsgewalt – zumindest hinsichtlich des Vollzugs landesrechtlich begründeter Pflichten – nach Maßgabe des bundesverfassungsrechtlich ausgeformten Bundesstaates anders als im Völkerrecht ausgestaltet ist. Zu pauschal für einen »einheitlichen Rechtsraum« allerdings *Kirchhof* (Fn. 26), Art. 83 Rn. 54.

122 Das wird – entgegen dem Mißverständnis von *Broß/Mayer* (Fn. 37), Art. 83 Rn. 5 – auch in BVerfGE 12, 205 (246 f.) nicht vertreten. Dort wird vielmehr nur daraus, daß die Art. 87 bis 90 GG auch die gesetzesfreie *Bundes*verwaltung regeln, der Rückschluß gezogen, daß auch Art. 30 GG für die gesetzesfreie Verwaltung gilt. S. auch *Dittmann* (Fn. 21), Art. 83 Rn. 19; *Kirchhof* (Fn. 26), Art. 83 Rn. 20; *Bull* (Fn. 1), Art. 83 Rn. 24. Die Befürchtung von *Broß/Mayer* (Fn. 37), Art. 83 Rn. 5, der Bund könne Art. 83 GG umgehen, indem er anstatt eines vollzugsfähigen Bundesgesetzes auf andere »Regelungsinstrumente« ausweiche, ist unberechtigt. Denn in diesem Fall gilt Art. 30 GG, sofern sich in Art. 87 ff. GG keine Bundesverwaltungskompetenz (für gesetzesfreie Aufgaben) findet.

123 Zur parallelen Konstellation im Rahmen der Auftragsverwaltung: → Art. 85 Rn. 16; s. auch die Übersicht zur Verteilung der Kompetenzen im Rahmen der gesetzesfreien Verwaltung bei *Schewerda*, Verteilung (Fn. 29), S. 19 ff.

2. Landesrecht

29 Weder in den Anwendungsbereich des Art. 83 GG noch des VIII. Abschnitts insgesamt[124] fällt die Ausführung von Landesrecht. Nach Art. 30 GG sind die Länder für den Vollzug ihrer Gesetze allein zuständig (→ Art. 30 Rn. 25). Es gibt nach der Kompetenzverteilung des Grundgesetzes keine Ausführung von Landesgesetzen durch den Bund. Die **Ausführung von Landesgesetzen durch Bundesbehörden** ist **schlechthin unzulässig**[125]. Allerdings existieren Formen der »Zuhilfenahme« bundesbehördlicher Einrichtungen für Zwecke der Landesverwaltung, welche die scheinbare Strenge dieser Aussage relativieren (→ Rn. 51).

30 Von dieser unzulässigen »Ausführung« von Landesgesetzen durch Bundesbehörden wird allgemein unterschieden das bloße »Beachten« des Landesrechts[126]. Nach dieser Unterscheidung dürfen **Bundesbehörden** Landesrecht nicht ausführen, **haben** aber entgegen einer früher vertretenen Auffassung[127] bei ihrer Verwaltungstätigkeit das einschlägige **Landesrecht zu beachten**[128]. Zutreffender Hintergrund dieser Unterscheidung ist die Vollzugs- und damit die Konkretisierungsbedürftigkeit des Landesrechts durch behördliche Maßnahmen, die auf den Einzelfall bezogen sind. Wenn ein Landesgesetz einer solchen behördlichen Konkretisierung nicht bedarf[129] oder wenn eine landesbehördliche Vollzugsmaßnahme bereits vorliegt, bedeutet die Beachtung des Landesrechts[130] durch die Organe des Bundes keinen Übergriff in die durch Art. 30 GG den Ländern vorbehaltene Exekutivgewalt. Sie ist im Gegenteil selbstverständliche Konsequenz daraus, daß die vollziehende Gewalt des Bundes gem. Art. 20 III GG an – ggf. durch die Landesverwaltung konkretisiertes – Gesetz und Recht gebunden ist. Wenn das Bundesverwaltungsgericht diese Bindung der Bundesbehörden an das Landesrecht unter den Vorbehalt stellt, daß »die im Einzelfall kollidierenden öffentlichen Interessen gegeneinander abzuwägen sind«, und diese Abwägung auch noch dazu führen kann, daß sich Landesgesetze »auf die hoheitliche Tätigkeit materiell nur in beschränktem Umfang oder überhaupt nicht auswirken«[131], so mißachtet es diese Verbindlichkeit des Landesrechts. Im Konfliktfall ist es vielmehr Sache des Bundesgesetzgebers, im Rahmen seiner Kompetenz die Frage zu beantworten, wie die landesrechtlich geschützten öffentlichen Interessen dann zu berücksichtigen sind, wenn sie

---

[124] Dies gilt auch, soweit nicht ausdrücklich von Bundesgesetzen die Rede ist (Art. 86 GG).

[125] Zu diesem Problemkomplex *W. Blümel*, HStR IV, § 101 Rn. 11 ff.; *Dittmann* (Fn. 21), Art. 83 Rn. 3; Jarass/*Pieroth*, GG, Art. 86 Rn. 4; *F. Ossenbühl*, Verwaltungsvorschriften und Grundgesetz, 1968, S. 380 f.; BVerfGE 12, 205 (221); 21, 312 (325 ff.). Zur abweichenden Rechtslage in Österreich: → Rn. 13.

[126] BVerfGE 6, 309 (329); 8, 122 (131); 12, 205 (221); 21, 312 (327); *W. Blümel*, HStR IV, § 101 Rn. 17 f.

[127] *J. Kölble*, DÖV 1962, 661 (663 ff.); *I. Ebsen*, Militärische Bodennutzung, 1988, S. 38; weitere Nachweise bei *K. Schoenenbroicher*, Bundesverwaltung unter Landesgewalt, 1995, S. 48 f.

[128] BVerfGE 21, 312 (327); *W. Brohm*, Landeshoheit und Bundesverwaltung, 1968, 29 ff.; BVerwGE 27, 253 (256); 29, 52 (56); 31, 263 (271); 44, 351 (357); 78, 321 (322 f.); ausführlich *Schoenenbroicher*, Bundesverwaltung (Fn. 127), S. 54 ff.

[129] z. B. deshalb, weil landesrechtlich keine behördliche Konkretisierung vorgesehen ist, sondern im Streitfall die Gerichte entscheiden; zum landesgesetzlich normierten medienrechtlichen Auskunftsanspruch auch gegen Bundesbehörden überzeugend *M. Cornils*, DÖV 2013, 657 (663 f.); *M. Sachs/C. Jasper*, NWVBl. 2013, 389 (396).

[130] Das Landesrecht kann seine Anforderungen auch für den Fall einschränken, daß es auf den Bund und seine Behörden Anwendung findet; vgl. etwa § 69 HessBauO vom 15.1.2011 (GVBl. I S. 46, ber. S. 180).

[131] BVerwGE 44, 351 (358) m. w. N.

in Konflikt mit den entgegenstehenden bundesgesetzlich verfolgten Interessen geraten[132].

III. Ausführung als eigene Angelegenheit

1. »Ausführung«

Unter der Ausführung von Bundesgesetzen ist die Wahrnehmung der **vollzugstypischen Konkretisierungsaufgabe**[133] zu verstehen. Nicht ausführungs- oder vollzugsfähig sind solche Normen, die keine konkrete Handlungsbefugnis oder -pflicht enthalten und deshalb nur zu »beachten« sind (→ Rn. 26). Art. 83 GG meint die Ausführung in »verwaltungsmäßiger« Weise[134]. Deshalb fällt die Rechtsprechung wie auch die Gerichtsorganisation aus dem Anwendungsbereich des Art. 83 GG heraus[135]. Auch der Erlaß förmlicher Gesetze gehört nicht hierher[136]. Wie sich am Beispiel staatlichen Informationshandelns (Warnungen) gezeigt hat, kann die Abgrenzung zwischen »verwaltungsmäßiger« Ausführung, die bei den Ländern liegt, und (staatsleitendem) **Regierungshandeln** durch die Bundesregierung Schwierigkeiten bereiten[137]. Diese sind allerdings zu lösen anhand der Frage, ob das Regierungshandeln durch vollzugsfähiges und -bedürftiges (→ Rn. 25 f.) Bundesrecht gesteuert wird und damit der Anwendungsbereich des Art. 83 GG eröffnet ist. Wo dies unter Verstoß gegen grundrechtliche, rechtsstaatliche oder demokratische Anforderungen nicht der Fall ist, bedeutet das Handeln der Bundesregierung oder einer anderen Stelle des Bundes ohne die erforderliche bundesgesetzliche Grundlage zugleich einen Verstoß gegen Art. 83 GG. Wo die Verfassung dagegen keine gesetzliche Steuerung des konkreten Regierungshandelns verlangt, ist die Lösung der bundesstaatlichen Kompetenzfrage außerhalb von Art. 83 GG in speziellen Vorschriften[138] oder in Art. 30 GG zu suchen (→ Art. 30 Rn. 18). 31

Im übrigen werden von der »Ausführung« sowohl die **abstrakt-generellen**[139] als auch alle **auf den Einzelfall bezogenen Maßnahmen** erfaßt, die zur Verwirklichung des bundesgesetzlich vorgegebenen Programms durch die Exekutive erforderlich oder ge- 32

---

132 Ausführlich dazu *Schoenenbroicher*, Bundesverwaltung (Fn. 127); das Problem stellt sich insbesondere bei bundesrechtlich geregelten Planfeststellungen, die auch gegenüber landesrechtlichen Genehmigungsvorbehalten Konzentrationswirkung entfalten; vgl. dazu mit ausführlichen Nachweisen *H. J. Bonk/W. Neumann*, in: P. Stelkens/H. J. Bonk (Hrsg.), Verwaltungsverfahrensgesetz, 6. Auflage 2001, § 75 Rn. 4; *W. Blümel*, HStR IV, § 101 Rn. 15.

133 Dazu knapp und eindrücklich *H. Meyer*, in: H. Meyer/H. Borgs (Hrsg.), Kommentar zum Verwaltungsverfahrensgesetz, 2. Aufl. 1982, § 40 Rn. 5 f.; vgl. auch *H. Maurer*, Der Verwaltungsvorbehalt, VVDStRL 43 (1985), S. 135 ff. (156 ff.); grundlegend für den sog. Beurteilungsspielraum *W. Schmidt*, Gesetzesvollziehung durch Rechtssetzung, 1969, S. 142 f.; aus neuerer Zeit *Schmidt-Aßmann*, Ordnungsidee (Fn. 97), S. 205 ff., 210 ff.

134 BVerfGE 11, 6 (15); *Bull* (Fn. 1), Art. 83 Rn. 31.

135 BVerfGE 14, 197 (219); 105, 313 (334, Rn. 54); Jarass/*Pieroth*, GG, Art. 83 Rn. 4; *Trute* (Fn. 6), Art. 83 Rn. 55.

136 *Bull* (Fn. 1), Art. 83 Rn. 31; Jarass/*Pieroth*, GG, Art. 83 Rn. 4.

137 S. etwa *C. Gusy*, NJW 2000, 977 (979 ff.); *Trute* (Fn. 6), Art. 83 Rn. 55.

138 Zum Atomkonsens und den informellen Verhandlungen zwischen Bundesregierung und Betreiberunternehmen im Rahmen der Auftragsverwaltung nach Art. 85 GG s. nur BVerfGE 104, 249 (265 ff., Rn. 73 ff.); *Trute* (Fn. 6), Art. 83 Rn. 55.

139 Soweit der Bund nicht von seiner Kompetenz aus Art. 84 II, 85 II 1 GG Gebrauch gemacht hat, sind die Länder im Rahmen der »Ausführung« also zum Erlaß von Verwaltungsvorschriften befugt; *Groß* (Fn. 36), Art. 83 Rn. 20.

eignet sind. Dazu zählen die Einrichtung der Behörden[140], das Verwaltungsverfahren und auch der Erlaß von Verwaltungsvorschriften einschließlich derjenigen, die die Einrichtung der Behörden und das Verwaltungsverfahren regeln[141]. Die umstrittene Frage, ob auch der Erlaß von **Rechtsverordnungen** eine »Ausführung« von Bundesgesetzen darstellt[142], erscheint angesichts der gem. der speziellen Regelung[143] in Art. 80 I GG zu treffenden gesetzlichen Entscheidung über die Zuständigkeit von geringer Bedeutung. Dagegen spricht, daß die Steuerungs- und Aufsichtsrechte des Bundes bei einer Verordnungsermächtigung der Landesregierungen nicht passen, was erst Recht für die verordnungsvertretenden Landesgesetze nach Art. 80 IV GG (→ Art. 80 Rn. 67) gilt. In welcher **Organisations- oder Handlungsform – öffentlich-rechtlich** oder **privatrechtlich** – die Verwaltung den Vollzug durchführt, ist unerheblich für die Anwendung von Art. 83 GG[144]. Auch auf die **Außenwirksamkeit** der Maßnahmen kommt es nicht an[145].

2. Eigene Angelegenheit

33 Mit der Formulierung, daß die Länder die Bundesgesetze »als eigene Angelegenheit« ausführen, bringt Art. 83 GG zum Ausdruck, daß die Länder ihre Vollzugsaufgabe **in eigener Verantwortung** erfüllen, dabei **keinen Weisungen des Bundes unterworfen** sind und lediglich einer durch Art. 84 GG **beschränkten Rechtsaufsicht des Bundes** unterstehen[146]. Die Länder führen das Bundesrecht also so aus, als sei es Landesrecht. Soweit nicht besondere bundesrechtliche Regelungen getroffen sind, folgt die Ausführung des Bundesrechts den für das Landesrecht geltenden landesverfassungsrechtlichen und landesgesetzlichen Regeln[147]. Die Länder führen die Bundesgesetze also mit eigenem Personal, eigenen Sachmitteln und eigener Organisation aus[148]. Den Ländern kommt insbesondere die Kompetenz zu, die für den Gesetzesvollzug erforderliche Einrichtung der Behörden und das Verwaltungsverfahren zu regeln (**Organisationsgewalt**)[149], soweit nicht ausnahmsweise ein Bundesgesetz mit Zustimmung des Bundesrates etwas anderes bestimmt (→ Art. 84 Rn. 61 ff.). Sie bestimmen darüber hinaus die **Auslegung** der bundesgesetzlichen Normen und füllen **Ermessens- und Beurteilungsspielräume** aus[150].

---

[140] Einschließlich der Entscheidung, ein Bundesgesetz durch Stellen der unmittelbaren Landesverwaltung oder durch Einrichtungen der mittelbaren Verwaltung (z. B. Körperschaft) ausführen zu lassen; dazu BVerwG NJW 2000, 1350 (1351).

[141] So Jarass/*Pieroth*, GG, Art. 83 Rn. 4.

[142] Dagegen: Jarass/*Pieroth*, GG, Art. 83 Rn. 4; *Trute* (Fn. 6), Art. 83 Rn. 55; *Bull* (Fn. 1), Art. 83 Rn. 31; *Groß* (Fn. 36), Art. 83 Rn. 20; dafür *W. Blümel*, HStR IV, § 101 Rn. 21; *Dittmann* (Fn. 21), Art. 83 Rn. 22; *Kirchhof* (Fn. 26), Art. 83 Rn. 132; *Heitsch*, Ausführung (Fn. 5), S. 156.

[143] *Lerche* (Fn. 88), Art. 83 Rn. 66.

[144] *Broß/Mayer* (Fn. 37), Art. 83 Rn. 5.

[145] *Trute* (Fn. 6), Art. 83 Rn. 53.

[146] Vgl. etwa *Degenhart*, Staatsrecht I, Rn. 515.

[147] Vgl. *Ipsen*, Staatsrecht I, Rn. 614.

[148] BVerfGE 119, 331 (364, Rn. 151; 367, Rn. 159).

[149] So *Dittmann* (Fn. 21), Art. 83 Rn. 6.

[150] *Groß* (Fn. 36), Art. 83 Rn. 22.

3. Pflichten bei Ausführung

Die **Länder** sind durch Art. 83 GG nicht nur berechtigt, sondern auch **verpflichtet, die Bundesgesetze auszuführen**[151]. Daraus folgt insbesondere ihre Verpflichtung, die Verwaltung in sachlicher und personeller Hinsicht den Anforderungen anzupassen, die sich für eine sachgerechte Erledigung des bundesgesetzlich begründeten Aufgabenbestandes ergeben[152]. Entgegen mißverständlichen Formulierungen des Bundesverfassungsgerichts[153] bezieht sich diese Pflicht nicht nur auf das »Ob« der Ausführung, sondern auch auf die Art und Weise. In beiderlei Hinsicht kommt es nämlich darauf an, welche Vorgaben sich dem bundesgesetzlichen Programm entnehmen lassen. Die Pflicht zu **loyaler Umsetzung** dieses Programms kann bedeuten, daß die Länder zum **Erlaß von Normen** verpflichtet sind, wenn solche für die Ausführung des Bundesgesetzes erforderlich sind[154]. Vergleichbare Anforderungen ergeben sich aus dem Unionsrecht, wenn dieses im Wege des indirekten unmittelbaren Vollzugs durch die Länder ausgeführt wird, die dann insbesondere das Effektivitätsgebot und das Verbot der Vollzugsdiskriminierung zu beachten haben (→ Rn. 12). Der Grundsatz eigenverantwortlicher Aufgabenwahrnehmung (→ Rn. 49) durch die Länder bedeutet in diesem Kontext auch, daß die Länder ihre Vollzugsaufgabe **nicht auf Private übertragen** dürfen[155]. 34

Mit Art. 83 GG und dem VIII. Abschnitt insgesamt nicht in Einklang zu bringen sind Überlegungen, die die Länder etwa aus dem Gedanken der Bundestreue[156] heraus zu einem **koordinierten Vollzug von Bundesgesetzen** verpflichten wollen[157]. Würde entsprechend der Rechtsprechung des Bundesverfassungsgerichts die Übertragung der verwaltungsmäßigen Ausführung von Bundesgesetzen auf die Länder nur dann zu »sinnvollen Ergebnissen« führen, wenn trotz getrennten Ländervollzugs eine »im wesentlichen einheitliche Verwaltungspraxis gewährleistet« ist[158], wäre Art. 83 GG und der VIII. Abschnitt insgesamt seiner Wirkung beraubt. Zwar ist es richtig, daß die einheitliche Geltung von Rechtsvorschriften im Bundesgebiet nicht »illusorisch gemacht«[159] werden darf. Als Instrument, um »erhebliche Verschiedenheiten«[160] von Land zu Land zu vermeiden, sieht die Verfassung in Art. 84 II GG allgemeine Verwal- 35

---

151 BVerfGE 37, 363 (385); 55, 274 (318); 75, 108 (150); 139, 321 (353, Rn. 100); *Trute* (Fn. 6), Art. 83 Rn. 75; *Groß* (Fn. 36), Art. 83 Rn. 24; *Suerbaum* (Fn. 71), Art. 83 Rn. 24.

152 BVerfGE 55, 274 (318); *Groß* (Fn. 36), Art. 83 Rn. 24; *Kirchhof* (Fn. 26), Art. 83 Rn. 12; zu den finanziellen Konsequenzen: → Art. 104a Rn. 10 ff., 35.

153 BVerfGE 37, 363 (385): »Aus Art. 83 GG ergibt sich, *daß* die Länder [...] verpflichtet sind, [...] tätig zu werden. Die *Art und Weise* aber [...] wird bestimmt durch die Vorschriften über das Verwaltungsverfahren« (Hv. i. O.).

154 *Groß* (Fn. 36), Art. 83 Rn. 24; *F. Becker*, Über die Pflicht des Landesgesetzgebers zur »ergänzenden Gesetzgebung«, in: GS Burmeister, 2005, S. 17 ff. (31).

155 Im Einzelnen wird der zulässige Umfang funktionaler Privatisierung durch die Länder von den bundesgesetzlichen Vorgaben abhängen. Jedenfalls ist ohne eine explizite bundesgesetzliche Erlaubnis die Reduktion auf ein Modell der Gewährleistungsverantwortung nicht zulässig; so aber offenbar *Trute* (Fn. 6), Art. 83 Rn. 76; *Broß/Mayer* (Fn. 37), Art. 83 Rn. 3.

156 Zur entgegengesetzten Pflicht des Bundes, die Gesetze »vollzugsorientiert« zu gestalten und die Länder hinreichend finanziell auszustatten, siehe *Dittmann* (Fn. 21), Art. 83 Rn. 9; *H. H. v. Arnim*, HStR³ VI, § 138 Rn. 12, 17 ff.

157 *H. Bauer*, Die Bundestreue, 1992, S. 349 ff.; *Dittmann* (Fn. 21), Art. 83 Rn. 1; wie hier *Trute* (Fn. 6), Art. 83 Rn. 75; *Groß* (Fn. 36), Art. 83 Rn. 24.

158 BVerfGE 11, 6 (18).

159 BVerfGE 11, 6 (18).

160 BVerfGE 11, 6 (18).

tungsvorschriften vor (→ Art. 84 Rn. 79 ff.). Eine darüber hinausgehende Einschränkung der exekutiven Eigenverantwortung der Länder ist weder erforderlich noch zulässig.

IV. Abweichende Regelungen (»soweit dieses Grundgesetz nichts anderes bestimmt oder zuläßt«)

36 Entsprechend dem doppelten Regelungsgehalt des Art. 83 GG (→ Rn. 19) hat auch der Vorbehalt einer abweichenden verfassungsrechtlichen Regelung eine zweifache Richtung: Soweit er sich auf die Zuständigkeit der Länder bezieht, wird er durch die Regelungen über die **bundeseigene Verwaltung** in Art. 86 ff. GG ausgefüllt. Hinsichtlich des Vollzugstyps der Ausführung »als eigene Angelegenheit« wird er ausgefüllt durch die Regelungen zur **Bundesauftragsverwaltung** und durch die **Ingerenzrechte des Bundes nach Art. 84 GG**, die die Eigenständigkeit der Länder einschränken[161]. Soweit der Anwendungsbereich von Art. 83 GG reicht (→ Rn. 25 ff.), handelt es sich bei dieser Norm in Verbindung mit den ausdrücklich etwas anderes bestimmenden oder zulassenden Grundgesetzbestimmungen um eine **abschließende Verteilung der Verwaltungskompetenzen** zwischen Bund und Ländern, die wie alle Kompetenznormen **nicht zu deren Disposition** steht[162].

1. Bundesverwaltung

a) Ausdrücklich geregelte Fälle der Bundesverwaltung

37 Unter den Normen, die abweichend von Art. 83 GG die Ausführung von Bundesgesetzen durch Bundesverwaltung regeln, lassen sich die Fälle **obligatorischer**[163] und **fakultativer**[164] Bundesverwaltung unterscheiden, wobei zu letzteren auch die Normen gehören, die eine **(Rück-)Übertragung auf die Länder** – sei es als eigene Angelegenheiten, sei es im Auftrag des Bundes – vorsehen[165].

38 Obwohl die Funktion der Normen über die Verwaltungskompetenzen des Bundes nicht darin liegt, die organisatorische Ausgestaltung der Bundesverwaltung in ihren Einzelheiten festzulegen[166], finden sich dort auch im Interesse des Schutzes der Exekutivkompetenz der Länder **nähere organisationsrechtliche Regelungen** zur genaueren Gestalt **der Bundesverwaltung**. So liegt insbesondere in dem Umstand, daß eine Bundesverwaltungsorganisation mit eigenem Verwaltungsunterbau nur ausnahmsweise zulässig ist (Art. 87 I 1, III 2, 87b I 1 GG), eine Sicherung der Landesexekutivgewalt.

b) Ungeschriebene Verwaltungskompetenzen

39 Obwohl dies der Funktion des Vorbehalts einer abweichenden ausdrücklichen Regelung in Art. 83 GG zuwiderläuft, sollen nach ganz überwiegender Auffassung dem Regelungsvorbehalt auch ungeschriebene Verwaltungszuständigkeiten des Bundes

---

[161] *Groß* (Fn. 36), Art. 83 Rn. 26.

[162] Dies betont mit Nachdruck BVerfGE 119, 331 (364 ff., Rn. 151 ff.); 139, 194 (226, Rn. 109); vgl. auch BVerfGE 4, 115 (139); 32, 145 (156); 41, 291 (311); 63, 1 (39); 97, 198 (227 f., Rn. 111); 108, 169 (182, Rn. 48).

[163] Art. 87 I 1, II 1, 87b I 1, 87d I 1, 87e I, 87f II 2, 89 II 1, 108 I 1 GG.

[164] Art. 87 I 2, III, 87b I 3, II 1 GG.

[165] Art. 87 II 2, 87d II, 87e I 2, 89 II 3, 4 GG.

[166] So BVerfGE 97, 198 (217, Rn. 86).

genügen, die sich – ähnlich den ungeschriebenen Gesetzgebungskompetenzen (→ Vorb. zu Art. 70–74 Rn. 45 ff.) – aus der »Natur der Sache« oder aus den Gedanken des Sachzusammenhangs und des Annexes ergeben[167]. Wegen des begrenzten Anwendungsbereichs von Art. 83 GG (→ Rn. 25 ff.) sind diese allerdings hier nur insoweit von Interesse, als es um den **Vollzug von Bundesgesetzen** geht[168].

Dabei erweisen sich die Vollzugskompetenzen des Bundes, die aus dem Gedanken des **Sachzusammenhanges** oder des **Annexes** mit ausdrücklich geregelten Kompetenzen abgeleitet werden[169], bei näherem Hinsehen als wenig problematisch. Sie sollen nämlich nur für Hilfstätigkeiten und untergeordnete Nebenzwecke bestehen, die einen Zusammenhang mit dem dem Bund ausdrücklich zugewiesenen Vollzug von Bundesgesetzen aufweisen[170]. 40

Umstrittener und schwieriger zu beurteilen sind die **Bundesvollzugskompetenzen kraft »Natur der Sache«**. Allgemeiner Konsens besteht hier nur darüber, daß allein die Zweckmäßigkeit eine Ausführung durch den Bund auch unter dem Aspekt der »Einheitlichkeit der Lebensverhältnisse« nicht zu rechtfertigen vermag[171]. 41

Anknüpfend an mißverständliche Formulierungen in einer frühen Entscheidung des Bundesverfassungsgerichts[172], nimmt eine in der Literatur verbreitete Auffassung zum Ausgangspunkt die Forderung, **Bundesgesetze** müßten **»reibungslos«, »vollständig« und »im wesentlichen einheitlich« vollzogen** werden. Wo dies durch Landesverwaltung nicht zu gewährleisten sei, müsse von einer ungeschriebenen Zuständigkeit des Bundes ausgegangen werden[173]. Allerdings werden solche Zuständigkeiten des Bundes nur unter der **dreifachen Einschränkung** anerkannt, daß die notwendige Einheitlichkeit nicht durch kooperatives Verhalten der Länder untereinander, nicht durch die Ingerenzrechte des Bundes nach Art. 84 III und 85 III GG und auch nicht durch eine Effektuierung des Gebotes bundesfreundlichen Verhaltens erreicht werden kann[174]. 42

Allerdings kann die Notwendigkeit der einheitlichen Ausführung der Bundesgesetze, die sich unterschiedslos aus dem Steuerungsanspruch jedes Bundesgesetzes ergibt, nicht zur Begründung von Bundesverwaltungskompetenzen kraft Natur der Sache herangezogen werden. Um das erforderliche Maß an **Vollzugseinheitlichkeit** sicherzustellen, sieht das Grundgesetz **andere Mittel** vor, nämlich vor allem die Verwaltungsvorschriften der Bundesregierung (→ Art. 84 Rn. 79 ff.). Bestätigt wird diese Auffassung durch deutlich zurückhaltendere Stellungnahmen der Rechtsprechung, die eine Bundesvollzugskompetenz kraft Natur der Sache nur in dem Ausnahmefall anerkennt, 43

---

167 *Broß/Mayer* (Fn. 37), Art. 83 Rn. 8; *Bull* (Fn. 1), Art. 83 Rn. 8.

168 Zu ungeschriebenen Bundesverwaltungskompetenzen im Bereich der »gesetzesfreien« Verwaltung: → Art. 86 Rn. 19 ff.

169 S. *Trute* (Fn. 6), Art. 83 Rn. 81 f.

170 Ausführlich dazu *M. Bullinger*, AöR 96 (1971), 237 (241 ff.); Jarass/*Pieroth*, GG, Art. 83 Rn. 6; bei der gesetzesakzessorischen Verwaltung dürfte der Bereich von nur auf diese Weise zu begründenden Verwaltungskompetenzen des Bundes äußerst begrenzt sein; ablehnend etwa BGH DÖV 1999, 517 (518 ff.). *Trute* (Fn. 6), Art. 83 Rn. 82, nennt etwa die Ressortforschung sowie das Informationshandeln der Verwaltung.

171 BVerfGE 11, 6 (18); 12, 205 (251); 22, 180 (217); 41, 291 (312); *Broß/Mayer* (Fn. 37), Art. 83 Rn. 8; *Bull* (Fn. 1), Art. 83 Rn. 12; *M. Bullinger*, AöR 96 (1971), 237 (268 ff.); nach *K. Harms*, Der Staat 33 (1994), 409 (418 f.) geht es bei der Begründung von Verwaltungskompetenzen des Bundes aus der »Natur der Sache« um die Harmonisierung von Bundesstaats- und Rechtsstaatsprinzip.

172 BVerfGE 11, 6 (17 f.).

173 So *Dittmann* (Fn. 21), Art. 83 Rn. 16.

174 So zusammenfassend *Dittmann* (Fn. 21), Art. 83 Rn. 17; ganz ähnlich *Trute* (Fn. 6), Art. 83 Rn. 80; Jarass/*Pieroth*, GG, Art. 83 Rn. 7.

daß der Zweck eines Bundesgesetzes durch Verwaltungshandeln der Länder überhaupt nicht erreicht werden kann[175] und andere sachgerechte Gestaltungsmöglichkeiten als der bundeseigene Vollzug nicht in Betracht kommen[176]. Schlußfolgerungen aus der Natur der Sache müßten »begriffsnotwendig« sein[177]. Diese restriktive Tendenz verdient Zustimmung[178].

44 Danach erscheinen **Vollzugskompetenzen des Bundes** allein dort **unausweichlich**, wo es **für eine Landeskompetenz an jeglichem Anknüpfungspunkt** fehlt. Dazu gehören im Bereich der gesetzesakzessorischen Verwaltung, zu der allein Art. 83 GG eine Aussage trifft, etwa die Linienbestimmung gemäß § 16 I FStrG, das Verbot einer überregionalen Vereinigung[179] oder die Entscheidungsbefugnis des Bundesministeriums für Umwelt, Naturschutz und Reaktorsicherheit bei der Elektrizitätsmengenübertragung von »neuen« auf »alte« Atomkraftwerke nach § 1 Ib AtG[180]. Auch für den Vollzug deutschen Rechts im Ausland kann es an dem erforderlichen Anknüpfungspunkt für die Zuständigkeit eines Landes fehlen[181]. Durch eine Verwaltungskompetenz des Bundes kraft Natur der Sache ist es auch gedeckt, wenn einer Bundesbehörde die Befugnis zugewiesen wird, einen Zuständigkeitskonflikt zwischen mehreren Ländern zu entscheiden[182].

45 Nach diesen Maßstäben besteht etwa für die Sachentscheidung über die **Einbürgerung eines Ausländers**, die keine relevante Beziehung zu irgendeinem Bundesland aufweist, keine Bundesverwaltungskompetenz kraft Natur der Sache[183]. Dieses Problem läßt sich – wie auch das Problem des negativen Zuständigkeitskonfliktes zwischen mehreren Ländern (→ Rn. 27, 44) – nämlich schon durch eine Bestimmung der Zuständigkeit eines Landes durch den zuständigen Bundesminister lösen. Für den **Personen- und Objektschutz durch das Bundeskriminalamt** (§§ 5, 21–25 BKAG) läßt sich eine Bundeskompetenz kraft Natur der Sache für den Personenschutz annehmen, soweit der Schutz bestimmter Personen wegen ihres häufigen Ortswechsels durch ein einziges Land nicht bewerkstelligt werden kann. Im gesetzesakzessorischen Bereich zu Recht abgelehnt wurde auch eine Verwaltungskompetenz kraft Natur der Sache des Bundes für **Typenzulassungen von technischen Geräten**[184].

2. Auftragsverwaltung

46 Soweit die Kompetenz zum Vollzug der Bundesgesetze nicht dem Bund zugewiesen ist, werden sie von den Ländern »als eigene Angelegenheit« ausgeführt. Als Alternative zu diesem Regeltypus wird durch das Grundgesetz ausnahmsweise die Ausführung »im Auftrage des Bundes« bestimmt oder zugelassen. Auch hier ist zwischen den

---

175 BVerfGE 41, 291 (312); ähnliche Formulierungen finden sich bereits in E 11, 6 (17f.); 22, 180 (216f.).
176 BVerfGE 12, 205 (251).
177 BVerfGE 22, 180 (217); *Degenhart*, Staatsrecht I, Rn. 526.
178 So auch *Groß* (Fn. 36), Art. 83 Rn. 28.
179 Vgl. zu diesen beiden Beispielen BVerwGE 62, 342 (345); 80, 299 (302f.).
180 *M. Böhm*, Festlegung der Strommengen, Übertragungsmöglichkeiten und Restlaufzeit, in: H.-J. Koch/A. Roßnagel (Hrsg.), 11. Deutsches Atomrechtssymposium, 2002, S. 43ff. (55f.).
181 *Kirchhof* (Fn. 26), Art. 83 Rn. 51.
182 Zustimmend *Suerbaum* (Fn. 71), Art. 83 Rn. 31.1.
183 A. A. Jarass/*Pieroth*, GG, Art. 83 Rn. 10.
184 Für Dampfkessel BVerfGE 11, 6 (17f.).

obligatorisch[185] und den lediglich **fakultativ**[186] vorgesehenen Fällen der Bundesauftragsverwaltung zu unterscheiden. Der Verwaltungstyp der Auftragsverwaltung bedeutet nach seiner Ausgestaltung in Art. 85 GG vor allem, daß die Länder der Bundesaufsicht, die sich auf Gesetzmäßigkeit und Zweckmäßigkeit des Vollzugs erstreckt, und insbesondere den Weisungen der zuständigen obersten Bundesbehörde unterstehen.

V. Zur Frage der Mischverwaltung

Aus Art. 83 GG selbst wie auch aus der Systematik des VIII. Abschnitts insgesamt wird von vielen das Gebot einer strikten Trennung der Verwaltungsbereiche von Bund und Ländern abgeleitet[187]. Weil das Bundesrecht entweder von Landesbehörden oder von Bundesbehörden ausgeführt werde und die verfassungsrechtliche Ausgestaltung der drei Verwaltungstypen abschließend sei[188], gelte das **Verbot der sog. Mischverwaltung**[189]. Dabei dient dieser Begriff entweder normativ als Sammelbezeichnung aller grundsätzlich unzulässigen Verbindungen zwischen Bund und Ländern auf dem Gebiet der Verwaltung[190] oder kennzeichnet deskriptiv diverse Formen der Zusammenarbeit[191], die jeweils genauerer verfassungsrechtlicher Prüfung bedürfen. 47

In beiden Fällen folgt eine Antwort auf die Frage nach der verfassungsrechtlichen Zulässigkeit von Formen der Zusammenarbeit nicht aus dem Begriff der »Mischverwaltung«. Dies zeigt sich zunächst daran, daß das **Grundgesetz** durchaus **Formen einer »Mischverwaltung«** im deskriptiven Sinne **kennt**[192]: So läßt sich etwa die Auftragsverwaltung mit ihrer starken Abhängigkeit der Länder vom Bund als eine Form der »Mischverwaltung« einstufen. Auch der in Art. 108 GG geregelte Behördenaufbau in der Finanzverwaltung sowie die Gemeinschaftsaufgaben nach Art. 91aff. GG gehören hierher. Für Ausnahmesituationen sieht das Grundgesetz ausdrücklich besondere Formen der Zusammenarbeit vor (→ Art. 35 Rn. 25ff.; → Art. 91 Rn. 5ff.). 48

Die keineswegs geradlinige Rechtsprechung des **Bundesverfassungsgerichts**[193] hat in einer Grundsatzentscheidung aus dem Jahr 1983 zutreffend klargestellt, daß der Be- 49

---

185 z.B. Art. 90 II, 104a III 2, 108 III GG.

186 z.B. Art. 87b II, 87c, 87d II, 89 II 3 GG.

187 *Vogel* (Fn. 82), § 22 Rn. 104; *Stern*, Staatsrecht II, S. 832; *Dittmann* (Fn. 21), Art. 83 Rn. 3; *F. Schnapp*, Jura 2008, 241 (242ff.); kritisch dagegen *M. Ronellenfitsch*, Die Mischverwaltung im Bundesstaat, 1975, S. 248ff.; *Trute* (Fn. 6), Art. 83 Rn. 27ff., der allerdings die diversen Formen der Mischverwaltung am Maßstab des Kompetenzerhaltungsgebotes, des Umgehungsverbotes, des Grundsatzes eigenverantwortlicher Kompetenzwahrnehmung und des Grundsatzes der Verantwortungsklarheit messen will (zusammenfassend Rn. 33), was im Ergebnis keinen wesentlichen Unterschied gegenüber dem »Verbot der Mischverwaltung« bedeuten dürfte; s. auch den Überblick über die Lit. bei *B. Küchenhoff*, Die verfassungsrechtlichen Grenzen der Mischverwaltung, 2010, S. 116ff.

188 *Vogel* (Fn. 82), § 22 Rn. 104; kritisch *Ronellenfitsch*, Mischverwaltung (Fn. 187), S. 252ff.

189 So insbesondere die letzte Leitentscheidung des Bundesverfassungsgerichts zur Frage der sog. Mischverwaltung: BVerfGE 119, 331 (363ff., Rn. 150ff.); vgl. auch *R. Loeser*, Theorie und Praxis der Mischverwaltung, 1976, S. 26ff. m. w. N. in Fn. 64; gegen ein allgemeines Verbot der Mischverwaltung *Ronellenfitsch*, Mischverwaltung (Fn. 187), S. 248ff.; *Bull* (Fn. 1), vor Art. 83 Rn. 40ff.; differenzierend *Küchenhoff*, Grenzen (Fn. 187), S. 112ff.

190 Vgl. *Ronellenfitsch*, Mischverwaltung (Fn. 187), S. 58.

191 Einen deskriptiven Begriff der Mischverwaltung vertreten etwa *Loeser*, Theorie (Fn. 189), S. 67; *Ronellenfitsch*, Mischverwaltung (Fn. 187), S. 58; dem folgend BVerfGE 63, 1 (38).

192 Vgl. nur *Ipsen*, Staatsrecht I, Rn. 670.

193 Die frühen Entscheidungen – BVerfGE 11, 105 (124); 32, 145 (156); 39, 96 (120); 41, 291 (311) – erwähnen nur knapp das grundgesetzliche Verbot einer »sogenannten« Mischverwaltung. Die Rspr.

griff der »Mischverwaltung« zwar zur klassifizierenden Kennzeichnung einer bestimmten Art verwaltungsorganisatorischer Erscheinungsformen dienen kann, daß sich daraus aber für die Frage der rechtlichen Zulässigkeit nichts ergibt[194]. Auszugehen sei vielmehr von den konkreten Normen der Art. 83 ff. GG, die die Verwaltungskompetenzen in abschließender und nicht abdingbarer Weise (→ Rn. 36) zwischen Bund und Ländern verteilen[195]. Ließ sich diese Entscheidung[196] noch interpretieren im Sinne einer grundsätzlichen Zulässigkeit der Mischverwaltung, solange ihr nicht zwingende verfassungsrechtliche Gründe entgegenstehen, so hat spätestens[197] die Entscheidung zu den Hartz IV-Arbeitsgemeinschaften[198] hier eine grundlegende Wende herbeigeführt[199]. Das Verbot der Mischverwaltung, das nur begrenzte Ausnahmen kennt, wird insbesondere mit einem rechtsstaatlich und demokratisch fundierten **Gebot klarer Kompetenzordnung** begründet[200]. Es führt zu dem Grundsatz, daß Verwaltungsträger die ihnen verfassungsrechtlich zugewiesenen Aufgaben »durch eigene Verwaltungseinrichtungen, also mit eigenem Personal, eigenen Sachmitteln und eigener Organisation«[201] wahrnehmen müssen (**Grundsatz eigenverantwortlicher Aufgabenwahrnehmung**). Außerdem gilt, daß »**Mitplanungs-, Mitverwaltungs- und Mitentscheidungsbefugnisse** gleich welcher Art im Aufgabenbereich der Länder, wenn die Verfassung dem Bund entsprechende Sachkompetenzen nicht übertragen hat, durch das Grundgesetz **ausgeschlossen** sind«[202]. Ausnahmen von diesem Grundsatz bedürfen der ausdrücklichen Zulassung durch das Grundgesetz.

50 Danach kann das geschlossene System der Verwaltungstypen vor allem nicht durch neue Verwaltungs- oder Kombinationsformen überspielt werden[203], die Elemente der Bundesverwaltung und der Landesverwaltung verbinden[204]. Zwar mag es aus Gründen der Verwaltungsökonomie verlockend erscheinen, zur Ausführung von Bundesgesetzen auf der unteren und mittleren Ebene **Landesbehörden** einzusetzen, diese

---

wird knapp nachgezeichnet von *P. Huber*, DÖV 2008, 844 (845 f.); *F. Schnapp*, Jura 2008, 241 (243 f.); vgl. auch die Analyse von *H. H. Klein*, Verwaltungskompetenzen von Bund und Ländern in der Rechtsprechung des Bundesverfassungsgerichts, in: Festgabe BVerfG, Bd. II, S. 278 ff. (286 ff.).

[194] BVerfGE 63, 1 (38); deutlich in diesem Sinne auch *M. Burgi*, Vom »Verbot der Mischverwaltung« zur Dogmatik der vertikalen Kooperation im Bundesstaat, in: FS Schnapp, 2008, S. 15 ff. (18).

[195] BVerfGE 63, 1 (38, 40); dagegen ist die in dieser Entscheidung getroffene Aussage, es gebe »keinen allgemeinen verfassungsrechtlichen Grundsatz, wonach Verwaltungsaufgaben ausschließlich vom Bund oder den Ländern wahrzunehmen sind, sofern nicht ausdrückliche verfassungsrechtliche Regelungen etwas anderes zulassen« (S. 39), eher mißverständlich; zur Diskussion um die Auslegung dieser widersprüchlichen Aussagen vgl. *Ipsen*, Staatsrecht I, Rn. 672; *J. Isensee*, HStR³ VI, § 126 Rn. 192 f.; *W. Blümel*, HStR IV, § 101 Rn. 121 ff.; *Broß/Mayer* (Fn. 37), Art. 83 Rn. 14 ff.

[196] Ähnlich auch noch BVerfGE 97, 198 (227, Rn. 111).

[197] Von einem grundgesetzlichen Ausschluss der sog. Mischverwaltung, soweit sie nicht ausdrücklich zugelassen ist, geht bereits BVerfGE 108, 169 (182, Rn. 48) aus.

[198] BVerfGE 119, 331 (363 ff., Rn. 150 ff.); ähnlich BVerfGE 139, 194 (226, Rn. 109).

[199] So auch die Interpretation von *P. Huber*, DÖV 2008, 844 (846); *F. Schnapp*, Jura 2008, 241 (244); von einer Kontinuität der Rechtsprechung zur Mischverwaltung geht dagegen aus *D. Trapp*, DÖV 2008, 277 (280 f.); ähnlich *Burgi*, »Verbot der Mischverwaltung« (Fn. 194), S. 19 f.

[200] Zusammenfassend und bekräftigend BVerfGE 139, 194 (226, Rn. 109).

[201] BVerfGE 119, 331 (367, Rn. 159); zum Grundsatz »eigenverantwortlicher Aufgabenwahrnehmung« vgl. auch bereits BVerfGE 63, 1 (41); *R. Grawert*, Verwaltungsabkommen zwischen Bund und Ländern in der Bundesrepublik Deutschland, 1967, S. 195.

[202] BVerfGE 119, 331 (365, Rn. 153), mit Verweis auf BVerfGE 32, 145 (156); 108, 169 (182, Rn. 48); ähnlich E 39, 96 (120); 41, 291 (311).

[203] BVerfGE 13, 271 (275 f.).

[204] *Lerche* (Fn. 88), Art. 83 Rn. 84 ff.

aber **einer obersten Bundesbehörde zu unterstellen** oder den Vollzug durch die Landesbehörden an eine **bundesbehördliche Zustimmung** zu binden. Derartige Formen der Mischverwaltung liegen aber jenseits der beiden verfassungsrechtlich vorgesehenen Typen der Ausführung von Bundesgesetzen durch die Länder und umgehen auf diese Weise die in Art. 84 und 85 GG normierten Einwirkungsrechte des Bundes[205]. Das Gebot klarer und in sich widerspruchsfreier Bestimmung der Verwaltungszuständigkeit führt insbesondere zu dem **Verbot von »Doppelzuständigkeiten«**, während durchgreifende Bedenken gegen **parallele Genehmigungsverfahren** einer Bundes- und einer Landesbehörde für ein Vorhaben nicht bestehen, wenn dabei die Zuständigkeits- und Verantwortungsbereiche gesondert bleiben[206].

Unter der sog. **Organleihe** wird im Bund-Länder-Verhältnis das organisationsrechtliche Phänomen verstanden, daß im Bereich der bundeseigenen Verwaltung eine Verwaltungseinrichtung eines Landes für den Bund oder umgekehrt im Bereich der landeseigenen Ausführung von Bundes- oder Landesgesetzen eine Verwaltungseinrichtung des Bundes für ein Land tätig wird[207]. Anders als bei der **Amtshilfe** wird bei der Organleihe ein anderer Verwaltungsträger nicht nur im Einzelfall und auf der Grundlage eines konkreten Ersuchens (→ Art. 35 Rn. 19) tätig, sondern ein ganzer Aufgabenbereich wird nach einer allgemeinen Regelung durch die »entliehene« Einrichtung übernommen[208]. Soweit die Organleihe vor dem Hintergrund der Notwendigkeit des **eigenverantwortlichen Verwaltungsvollzuges** nicht als verfassungsrechtlich unzulässig angesehen wird[209], ist sie jedenfalls rechtfertigungsbedürftig[210]. Durch ihre organisationsrechtliche Ausgestaltung ist sicherzustellen, daß Zurechnungs- und Verantwortungszusammenhänge nicht verwischt werden. Dies erfordert, daß das »ausgeliehene« Organ aus der Weisungshierarchie des »ausleihenden« Verwaltungsträgers gänzlich herausgelöst und in die Weisungshierarchie des »entleihenden« Verwaltungsträgers in einer Weise einbezogen wird, als wäre es ein Organ des »entleihenden« Verwaltungsträgers selbst. Dies bedeutet nicht nur, daß das »entliehene« Organ einem vollen fachaufsichtlichen Weisungsrecht unterliegen muß, sondern auch, daß dem »entleihenden« Verwaltungsträger volle Informationsrechte gegenüber dem »entliehenen« Organ zukommen müssen. Der Einfluß des »Entleihers« darf sich nicht auf ein 51

---

205 Ganz h.M., vgl. nur BVerfGE 11, 105 (124); *Broß/Mayer* (Fn. 37), Art. 83 Rn. 13; *Dittmann* (Fn. 21), Art. 83 Rn. 4; zu Einzelheiten: → Art. 84 Rn. 92; → Art. 85 Rn. 44; zum Zusammenwirken von Bund und Ländern im Bereich der Sozialversicherung (Koordinierung bundes- und landesunmittelbarer Träger der Sozialversicherung), die durch Art. 87 II GG in Kauf genommen sein soll, s. nur *A.-K. Besemann*, Aktuelle Entwicklungen im Organisationsrecht der gesetzlichen Krankenkassen, 2010, S. 48 ff., 329 ff. → Art. 87 Rn. 63.

206 Zur Klarheit und Widerspruchsfreiheit von Zuständigkeitsbestimmungen BVerfGE 108, 169 (182, Rn. 49). Zum Verbot von »Doppelzuständigkeiten« BVerfGE 104, 249 (266 f., Rn. 78); offengelassen wurde die Zulässigkeit paralleler Genehmigungsverfahren in BVerfG (K), DVBl. 2009, 642 (644) betr. bau- und atomrechtliches Verfahren für Zwischenlager.

207 Die praktische Bedeutung dieser Erscheinungsform der »Mischverwaltung« insbesondere in der Eisenbahnaufsicht – dazu etwa *U. Kramer*, VR 2003, 122 (123 ff.) – und bei der Regulierung der Energiewirtschaft – dazu *B. Holznagel/M.-S. Göge/P. Schumacher*, DVBl. 2006, 471 ff.; *C. Bauer/M. Seckelmann*, DÖV 2014, 951 (954 f., 957 f.) – ist nicht zu unterschätzen.

208 Dazu ausführlich BVerfGE 63, 1 (31 ff.). Schwierig einzuordnen ist insoweit die Tätigkeit der Bundespolizei zur Unterstützung der Bundesländer nach § 11 I BPolG, da sie nur auf besondere Anforderung zur Wahrnehmung punktuell bestimmter Aufgaben erfolgen darf, die Notfall- bzw. Eilfallcharakter aufweisen.

209 Mit beachtlichem Hinweis auf die bei der »entliehenen« Stelle liegende Personalhoheit *Groß* (Fn. 36), Art. 83 Rn. 32.

210 Siehe hierzu BVerfGE 63, 1 (37 ff.); *Bull*, (Fn. 1), vor Art. 83 Rn. 58.

Weisungsrecht beschränken, das dem in Art. 85 GG vorgesehenen vergleichbar ist, da ein solches Weisungsrecht – wie Art. 85 GG zeigt – nicht ausreicht, um die Verwaltungstätigkeit der »entliehenen« Einrichtung dem Weisungsberechtigten voll zuzurechnen (→ Art. 85 Rn. 17).

52 Nichts anderes kann im Grundsatz für die vielfältigen Formen der **Kooperation und Koordinierung zwischen Bund und Ländern**[211] gelten. Sie können verfassungsrechtlich auch dann problematisch sein, wenn sie sich auf rechtlich nicht verbindliche Empfehlungen, Informationsaustausch etc. beschränken[212]. Über die formale Letztentscheidungsbefugnis und -verantwortlichkeit, die der verfassungsrechtlichen Kompetenzverteilung entsprechen muß[213], hinaus kommt es auch hier darauf an, daß die Verantwortung in der Sache der verfassungsrechtlichen Kompetenzzuweisung entspricht[214].

53 Weil der VIII. Abschnitt im Allgemeinen und Art. 83 GG im Besonderen nur das Verhältnis zwischen Bund und Ländern betreffen, bleiben **Kooperationsformen der Länder untereinander** außerhalb der Reichweite dieser Verfassungsnormen. Entgegen einer in der Literatur[215] und auch in der Rechtsprechung[216] anzutreffenden Auffassung ist es nicht Aufgabe des Grundgesetzes, sondern der Landesverfassungen, innerhalb des durch Art. 28 I 1 GG gesetzten Rahmens die Art und Weise näher zu regeln, in der die zuständigen Landesorgane die bundesverfassungsrechtlich den einzelnen Ländern zugewiesenen Exekutivkompetenzen wahrzunehmen haben.

D. Verhältnis zu anderen GG-Bestimmungen

54 Art. 83 GG wird durch **Art. 84 GG** ergänzt. Die in Art. 83 GG in Bezug genommenen abweichenden Regelungen betreffen die Auftragsverwaltung (→ Rn. 46) und die bundeseigene gesetzesakzessorische Verwaltung (→ Rn. 37 f.). Art. 83 GG ist lex specialis zu **Art. 30**[217] und zu **Art. 70 ff. GG**[218] (→ Rn. 20 ff.) sowie »Parallelnorm« zu **Art. 70, 92 GG**[219]. Mit der Regelung der Aufgabenverteilung in den Art. 83 ff. GG korrespondiert die Regelung der Kostentragungspflicht in **Art. 104a I GG**[220].

[211] Ausführliche Nachweise bei *Bauer*, Bundestreue (Fn. 157), S. 349 ff.; *Trute* (Fn. 6), Art. 83 Rn. 36 ff.

[212] *Groß* (Fn. 36), Art. 83 Rn. 33; *Trute* (Fn. 6), Art. 83 Rn. 37.

[213] Ausführlich dazu *Lerche* (Fn. 88), Art. 83 Rn. 93 ff.

[214] *Trute* (Fn. 6), Art. 83 Rn. 34, 38; großzügig etwa im Hinblick auf die Nutzung gemeinsamer informationstechnischer Ressourcen durch Bund und Länder (»Cloud Computing«), die aber inzwischen durch Art. 91c GG verfassungsrechtlich zugelassen ist, *S. Schulz*, MMR 2010, 75 (77).

[215] Vgl. *Lerche* (Fn. 88), Art. 83 Rn. 116 ff.

[216] BVerwGE 50, 137 (148).

[217] → Art. 30 Rn. 33; *Broß/Mayer* (Fn. 37), Art. 83 Rn. 2; Jarass/*Pieroth*, GG, Art. 83 Rn. 1.

[218] Jarass/*Pieroth*, GG, Art. 83 Rn. 2.

[219] *Dittmann* (Fn. 21), Art. 83 Rn. 1.

[220] Dazu das Beispiel in BGH DÖV 1999, 517 (518), wo es um die Frage ging, ob Bund oder Land durch einen öffentlich-rechtlichen Erstattungsanspruch verpflichtet ist (Kosten für die Unterbringung von Asylsuchenden auf Flughäfen).

Artikel 84 [Länderverwaltung und Bundesaufsicht]

(1) [1]Führen die Länder die Bundesgesetze als eigene Angelegenheit aus, so regeln sie die Einrichtung der Behörden und das Verwaltungsverfahren. [2]Wenn Bundesgesetze etwas anderes bestimmen, können die Länder davon abweichende Regelungen treffen. [3]Hat ein Land eine abweichende Regelung nach Satz 2 getroffen, treten in diesem Land hierauf bezogene spätere bundesgesetzliche Regelungen der Einrichtung der Behörden und des Verwaltungsverfahrens frühestens sechs Monate nach ihrer Verkündung in Kraft, soweit nicht mit Zustimmung des Bundesrates anderes bestimmt ist. [4]Artikel 72 Abs. 3 Satz 3 gilt entsprechend. [5]In Ausnahmefällen kann der Bund wegen eines besonderen Bedürfnisses nach bundeseinheitlicher Regelung das Verwaltungsverfahren ohne Abweichungsmöglichkeit für die Länder regeln. [6]Diese Gesetze bedürfen der Zustimmung des Bundesrates. [7]Durch Bundesgesetz dürfen Gemeinden und Gemeindeverbänden Aufgaben nicht übertragen werden.

(2) Die Bundesregierung kann mit Zustimmung des Bundesrates allgemeine Verwaltungsvorschriften erlassen.

(3) [1]Die Bundesregierung übt die Aufsicht darüber aus, daß die Länder die Bundesgesetze dem geltenden Rechte gemäß ausführen. [2]Die Bundesregierung kann zu diesem Zwecke Beauftragte zu den obersten Landesbehörden entsenden, mit deren Zustimmung und, falls diese Zustimmung versagt wird, mit Zustimmung des Bundesrates auch zu den nachgeordneten Behörden.

(4) [1]Werden Mängel, die die Bundesregierung bei der Ausführung der Bundesgesetze in den Ländern festgestellt hat, nicht beseitigt, so beschließt auf Antrag der Bundesregierung oder des Landes der Bundesrat, ob das Land das Recht verletzt hat. [2]Gegen den Beschluß des Bundesrates kann das Bundesverfassungsgericht angerufen werden.

(5) [1]Der Bundesregierung kann durch Bundesgesetz, das der Zustimmung des Bundesrates bedarf, zur Ausführung von Bundesgesetzen die Befugnis verliehen werden, für besondere Fälle Einzelweisungen zu erteilen. [2]Sie sind, außer wenn die Bundesregierung den Fall für dringlich erachtet, an die obersten Landesbehörden zu richten.

Literaturauswahl

Beck, Lukas: Die Abweichungsgesetzgebung der Länder – aus staatsrechtlicher, rechtsvergleichender und dogmatischer Sicht, 2009.

Fritz, Gernot: Teilung von Bundesgesetzen. Die rechtliche Zulässigkeit der Aufspaltung von Gesetzentwürfen des Bundes in zustimmungsbedürftige und zustimmungsfreie Teile, 1982.

Gerstenberg, Katrin: Zu den Gesetzgebungs- und Verwaltungskompetenzen nach der Föderalismusreform, 2009.

Grünewald, Volker: Die Abweichungsgesetzgebung der Bundesländer – ein Fortschritt im föderalen Kompetenzgefüge des Grundgesetzes?, 2010.

Köttgen, Arnold: Das Verwaltungsverfahren als Gegenstand der Bundesgesetzgebung, in: DÖV 1952, S. 422–425.

Mammen, Lars: Der neue Typus der konkurrierenden Gesetzgebung mit Abweichungsrecht, in: DÖV 2007, S. 376–380.

Michael, Lothar: Der experimentelle Bundesstaat, in: JZ 2006, S. 884–890.

Ossenbühl, Fritz: Die Zustimmung des Bundesrates beim Erlaß von Bundesrecht, in: AöR 99 (1973/74), S. 369–436.

Rauber, Karl: Artikel 84 und das Ringen um die Verwaltungshoheit der Länder, in: Rainer Holtschneider/Walter Schön (Hrsg.), Die Reform des Bundesstaates, 2007, S. 36–50.

Röttgen, Norbert/Boehl, Jörg: Abweichung statt Zustimmung – Die Re-Adjustierung des Verhältnisses von Bundestag und Bundesrat durch die Änderung des Art. 84 GG, in: Rainer Holtschneider/Walter Schön (Hrsg.), Die Reform des Bundesstaates, 2007, S. 17–35.

Sachs, Michael: Das parlamentarische Regierungssystem und der Bundesrat – Entwicklungsstand und Reformbedarf, VVDStRL 58 (1999), S. 39–80.
Sauter, Alfred: Die Zustimmungsbedürftigkeit von Bundesgesetzen unter besonderer Berücksichtigung des Art. 84 Abs. 1 GG, in: Festschrift für Franz Klein, 1994, S. 561–575.
Trute, Hans-Heinrich: Verwaltungskompetenzen und Art. 33 Abs. 5, in: Christian Starck (Hrsg.), Föderalismusreform, 2007, Rn. 147–190, S. 73–94.
Vogel, Klaus: »Selbständige Bundesaufsicht« nach dem Grundgesetz, besonders bei der Anwendung europäischen Rechts, in: Festschrift für Klaus Stern, 1997, S. 821–829.

Siehe auch die Angaben zu Art. 83 GG.

Leitentscheidungen des Bundesverfassungsgerichts

BVerfGE 22, 180 (209ff.) – Jugendhilfe; 37, 363 (383ff.) – Bundesrat; 55, 274 (318ff.) – Berufsausbildungsabgabe; 105, 313 (331ff., Rn. 45ff.) – Lebenspartnerschaftsgesetz; 114, 196 (223ff., Rn. 158ff.) – Beitragssatzsicherungsgesetz.

Gliederung

Stichwörter

A. Herkunft, Entstehung, Entwicklung

I. Verfassungsgeschichtliche Aspekte

Die historische Entwicklung der föderalen Organisationsform (→ Art. 20 [Bundesstaat], Rn. 1ff.), war in Deutschland von Beginn an dadurch geprägt, daß den Gliedstaaten der Vollzug der meisten Reichsgesetze oblag (→ Art. 83 Rn. 1ff.). Die nähere verfassungsrechtliche Ausgestaltung dieses Prinzips hatte von Beginn an eine Reihe von Fragen zu beantworten, die für den »Vollzugsföderalismus« typisch sind: die Verteilung der Organisationsgewalt zwischen Zentralgewalt und Gliedstaaten, die Zuwei- 1 sung der Kompetenz zur Regelung des Verwaltungsverfahrens, die inhaltliche Steuerung der Anwendung der Gesetze der Zentralgewalt durch die Gliedstaaten und die Aufsicht der Zentralgewalt hierüber. Die **RV 1871** betonte in ihrer Lösung dieser Probleme, die heute Regelungsgegenstand des Art. 84 GG sind, eher die Stellung der Gliedstaaten: Kompetenzen des Reiches, Organisation und Verwaltungsverfahren der mit der Ausführung der Reichsgesetze betrauten Länder zu regeln, sah die RV ausdrücklich nicht vor. Allerdings wurde die Gesetzgebungskompetenz des Reiches in dem Sinne weit interpretiert, daß sie auch die Organisation und das Verfahren der mit der Ausführung befaßten Landesverwaltungen umfaßte[1]. Durch verfassungsändernde Gesetze konnten zwar eigene Verwaltungsbehörden des Reiches geschaffen werden[2]. Da ein solches Gesetz aber nach Art. 78 I 2 RV auf eine qualifizierte Mehrheit im Bundesrat angewiesen war, konnten die Länder die Schaffung solcher Gesetze verhindern, so daß hierin keine wesentliche Schwächung der Stellung der Länder gesehen werden kann. Nur das Institut des verfassungsändernden Gesetzes ermöglichte es auch, Weisungsbefugnisse und Einzelentscheidungsrechte etwa des Reichskanzlers einfachgesetzlich zu verankern[3].

2 Ansonsten war die inhaltliche Steuerung der Gesetzesanwendung durch die Länder nur über vom Bundesrat zu schaffende **Verwaltungsvorschriften** möglich. Da diese Verwaltungsvorschriften aber nach Art. 7 I Nr. 2 RV »allgemeiner« Art sein mußten und der Bundesrat das Organ der Länder auf Reichsebene war, kann auch in dieser Einflußnahme des Reichs keine wesentliche Schmälerung der Eigenständigkeit der Länder bei der Gesetzesausführung gesehen werden. Die **Reichsaufsicht** – gleich, ob sie gesetzesakzessorisch als reine Rechtsaufsicht[4] erfolgte oder ob sie als »selbständige« Reichsaufsicht auf den Gebieten der vom Reich nicht umgesetzten Gesetzgebungskompetenz ein volles fachliches Weisungsrecht begründete – war vor allem wegen ihrer den Einfluß der Gliedstaaten wahrenden verfahrensmäßigen Ausgestaltung kein Instrument, welches das Reich zur einseitigen Kompetenzausweitung befähigte[5]. Auch faktisch war die Bedeutung der genannten Ingerenzrechte des Zentralstaats auf die Gesetzesausführung durch die Gliedstaaten gering. Von ihnen wurde nur uneinheitlich und insgesamt eher selten Gebrauch gemacht[6].

3 Demgegenüber war die Stellung des Reiches nach der **WRV** deutlich stärker: Zwar wurden auch hier nach der Grundregel des Art. 14 WRV die Reichsgesetze durch die

---

[1] *R. Mußgnug*, Die Ausführung der Reichsgesetze durch die Länder und die Reichsaufsicht, in: Dt. VerwGesch III, S. 186ff. (190f.).

[2] Hierzu *H. Triepel*, Die Reichsaufsicht, 1917, S. 262; zu nennen sind hier etwa das Reichseisenbahnamt, das Reichsversicherungsamt, das Reichsaufsichtsamt für die Privatversicherung, das Reichspatentamt und die Reichsbank; zu den gesetzlichen Grundlagen dieser Behörden *Mußgnug*, Ausführung (Fn. 1), S. 187 m. Fn. 2ff.

[3] Zahlreiche Beispiele bei *Triepel*, Reichsaufsicht (Fn. 2), S. 624.

[4] *Triepel*, Reichsaufsicht (Fn. 2), S. 398ff.

[5] Nach Art. 17 S. 1 RV überwachte der Kaiser die Ausführung der Reichsgesetze durch die Länder. Stellte er hierbei Mängel fest, so hatte der Bundesrat über seine Mängelrüge und das zur Beseitigung der Mängel Erforderliche Beschluß zu fassen. Beachteten die Länder diesen Beschluß nicht, so kam dem Reich nach Art. 19 RV das im Unterschied zur WRV (→ Rn. 4) de facto nie aktivierte Recht der Reichsexekution zu. Da aber der Bundesrat als das Länderorgan auf Reichsebene notwendig in die Reichsaufsicht eingeschaltet war, konnte diese vom Reich nicht zu Lasten der Länder eingesetzt werden, weswegen sie im Ergebnis als föderalistisch fundierte Institution zu sehen ist – dazu im einzelnen *Mußgnug*, Ausführung (Fn. 1), S. 199ff.; kritisch dazu etwa *Triepel*, Reichsaufsicht (Fn. 2), S. 694.

[6] Siehe hierzu *Mußgnug*, Ausführung (Fn. 1), S. 190; s. auch die Einschätzung von *T. Groß*, in: Friauf/Höfling, GG, Art. 84 (2007), Rn. 3.

Landesbehörden ausgeführt. Jedoch stand diese Befugnis unter einem einfachen Gesetzesvorbehalt (→ Art. 83 Rn. 3). Dies ermöglichte es dem Reich, auf allen Gebieten sonst landeseigener Verwaltung Reichsbehörden zu schaffen. Auch wurde aus dem Gesetzesvorbehalt des Art. 14 WRV abgeleitet, daß das Reich bei Umsetzung einer Sachgesetzgebungskompetenz die Behördenorganisation des Landes und das Verwaltungsverfahren der Landesbehörden ohne Beteiligung des Reichsrates und damit der Länder regeln durfte[7]. Die übrigen Beschränkungen der Ausführungskompetenz, die schon die RV 1871 gekannt hatte (→ Rn. 2), führte die WRV im wesentlichen fort: Das Recht zum Erlaß allgemeiner Verwaltungsvorschriften stand zwar nunmehr formal der Reichsregierung zu. Der Einfluß der Länder blieb aber insoweit gewahrt, als diese Verwaltungsvorschriften, soweit sie sich auf von den Ländern auszuführende Gesetze bezogen, nach Art. 77 WRV der Zustimmung des Reichsrats bedurften.

Einen wesentlichen Bedeutungswandel, der den Einfluß des Reiches auf die Länder- 4
verwaltung merklich verstärkte, erfuhr in der Weimarer Zeit die Aufsicht über die Ausführung der Reichsgesetze durch die Länder. Die **Reichsaufsicht** blieb zwar materiell weiterhin reine Rechtsaufsicht[8], ihre verfahrensrechtliche Umsetzung bis hin zur Reichsexekution vollzog sich aber gem. Art. 15 WRV ohne jede Beteiligung der Länder. Diese konnten nach Art. 15 III 2 WRV vor dem Staatsgerichtshof Rechtsschutz suchen, wobei aber die Erhebung einer solchen Klage einer sofortigen Vollziehung der Aufsichtsmaßnahmen prinzipiell nicht entgegenstand[9]. Daß dieser rechtliche Bedeutungswandel sich auch faktisch auswirkte, zeigt sich darin, daß die **Reichsexekution** als Mittel zur Durchsetzung der Reichsaufsicht in der Weimarer Zeit mehrfach gegen die Länder aktiviert wurde. Der bekannteste Fall ist der sog. »Preußenschlag« des Jahres 1932[10].

II. Entstehung und Veränderung der Norm

Die ursprüngliche Formulierung des Art. 84 GG geht auf **Art. 42 und 114 HChE** zu- 5
rück, wo auf der Grundlage der Unterscheidung zwischen landeseigener Verwaltung und Verwaltung nach Weisung des Bundes[11] bereits die Befugnis der Länder zur Regelung der Behördenorganisation und des »allgemeinen Verwaltungsverfahrens«, die Notwendigkeit der Zustimmung des Bundesrates bei »Durchführungsverordnungen«, die Beschränkung des Bundes auf eine reine Rechtsaufsicht, die Entsendung von Beauftragten als Aufsichtsmittel sowie die Mängelrüge vorgesehen waren. Auf dieser Grundlage entstand in den Beratungen des Parlamentarischen Rates Diskussionsbedarf nur noch hinsichtlich einzelner Aspekte des Umfangs der **Ingerenzrechte des Bundes**. So bestand Einigkeit darüber, daß der Bund auf eine Gesetzmäßigkeitskontrolle beschränkt und von jeder Einmischung in Ermessensfragen ausgeschlossen sein sollte[12]. Aufsichtsrechte sollten im Sinne einer »abhängigen« Aufsicht nur dort in Be-

---

[7] *R. Mußgnug*, Die Ausführung der Reichsgesetze durch die Länder und die Reichsaufsicht, in: Dt. VerwGesch IV, S. 330 ff. (337); *H. P. Bull*, in: AK-GG, Art. 84 (2001), Rn. 2a mit Fn. 6, der darlegt, daß sich die dies bestreitende Gegenansicht von *P. Lerche*, in: Maunz/Dürig, GG, Art. 84 (1985), Rn. 11 mit Fn. 48 nicht auf *Anschütz*, WRV, Erl. 1 zu Art. 14 WRV bzw. Erl. 5 zu Art. 15 WRV stützen kann.

[8] *Mußgnug*, Ausführung (Fn. 7), S. 343.

[9] *Mußgnug*, Ausführung (Fn. 7), S. 346.

[10] Zu diesem und weiteren Beispielen siehe *Mußgnug*, Ausführung (Fn. 7), S. 346 ff.

[11] Art. 113 HChE.

[12] Fünfte Sitzung des Zuständigkeitsausschusses v. 29.9.1948, Parl. Rat III, S. 246; Abg. *Dr. Laforet* in der 35. Sitzung des Hauptausschusses v. 12.1.1949, Parl. Rat XIV/2, S. 1062 ff. (1071 f.).

tracht kommen, wo der Bund bereits von seinem Gesetzgebungsrecht Gebrauch gemacht hat[13]. Entgegen anfänglichen Vorschlägen wurde auch die Befugnis zu Einzelweisungen auf diese Fälle beschränkt[14].

6 Zu der umstrittenen Frage, ob sich die **Gesetzgebungskompetenz** zur Regelung der **Behördenorganisation und des Verwaltungsverfahrens** im Bereich der landeseigenen Verwaltung aus Art. 70ff. GG oder aus Art. 84 I GG ergibt (→ Art. 83 Rn. 20ff.), ist die Entstehungsgeschichte unergiebig[15]. Sie wird auch sowohl von denjenigen als Beleg herangezogen, die Art. 84 I GG als eine den Sachkompetenzen des Siebten Abschnittes akzessorische Regelung einordnen[16], als auch von denjenigen, die die Gesetzgebungszuständigkeit der Länder für die Verwaltungsorganisation in Art. 84 I GG begründet sehen[17]. Tatsächlich hat allerdings der Parlamentarische Rat der systematisch exakten Erfassung von Sachgesetzgebungskompetenzen einerseits und der im Zusammenhang mit der Verwaltungskompetenz stehenden Regelungsbefugnis für Behördenorganisation und Verwaltungsverfahren andererseits nur geringe Aufmerksamkeit geschenkt[18]. Dies zeigt sich etwa daran, daß die Kompetenz für die Regelung des verwaltungsgerichtlichen Verfahrens, die Art. 42 I HChE zusammen mit der Kompetenz zur Schaffung von Behörden und zur Regelung des Verwaltungsverfahrens den Ländern zugewiesen hatte, zwar zunächst in diesem Zusammenhang behandelt[19], dann aber zu einem sehr späten Zeitpunkt ohne Begründung aus der Entwurfsfassung gestrichen wurde[20].

7 In der **Staatspraxis bis 2006** hatte Art. 84 I GG a. F., der eine bundesgesetzliche Regelung der Behördenorganisation und des Verwaltungsverfahrens an die Zustimmung des Bundesrates knüpfte, zu einer erheblichen **Ausdehnung des Anteils zustimmungsbedürftiger Gesetze** geführt. Hintergrund dieser Entwicklung war auch die Rechtsprechung des Bundesverfassungsgerichts, die sich durch eine sehr weite Auslegung des Verfahrensbegriffs (→ Rn. 36ff.) auszeichnete, eine Lehre von der Zustimmungsbedürftigkeit »doppelgesichtiger Normen« entwickelte (→ Rn. 41ff.) und vor allem die sog. »Einheitsthese« vertrat, wonach nicht nur die einzelne Organisations- oder Verfahrensnorm, die die Zustimmungsbedürftigkeit auslöste, sondern das ganze Gesetz als gesetzgebungstechnische Einheit zustimmungsbedürftig war (→ Rn. 55, 69)[21].

---

13 Fünfte Sitzung des Zuständigkeitsausschusses v. 29.9.1948, Parl. Rat III, S. 265.

14 Nach dem ursprünglichen Vorschlag des Abg. *Dr. Strauß* in der 20. Sitzung des Zuständigkeitsausschusses v. 2.12.1948, Parl. Rat III, S. 736 sollte es für eine Einzelweisung schon ausreichen, daß der Bund auf einem Gebiet bloß das Recht zur Gesetzgebung hat. Die jetzige Fassung des Art. 84 V GG geht auf einen Änderungsvorschlag des Allgemeinen Redaktionsausschusses von Anfang Mai 1949 zurück (Parl. Rat VII, S. 518), der in vierter Lesung vom Hauptausschuß angenommen wurde (Parl. Rat VII, S. 554; vgl. auch 57. Sitzung des Hauptausschusses des Parlamentarischen Rates v. 5.5.1949, Parl. Rat XIV/2, S. 1780ff. [1808]).

15 So auch *K. Neuser*, Die Gesetzgebungskompetenzen für das Verwaltungsverfahren, 1974, S. 147.

16 *A. Köttgen*, DÖV 1952, 422 (422); *H. Schäfer*, DÖV 1960, 641 (646).

17 *D. Haas*, AöR 80 (1955/56), 81 (86f.).

18 *D. Haas*, AöR 80 (1955/56), 81 (86).

19 Siehe etwa den Antrag des Abg. *Dr. Laforet* in der 20. Sitzung des Zuständigkeitsausschusses v. 2.12.1948, Parl. Rat III, S. 717.

20 Nämlich auf Antrag des Abg. *Zinn* bei der vierten Lesung in der 57. Sitzung des Hauptausschusses v. 5.5.1949 (Parl. Rat XIV/2, S. 1803) entsprechend einer vom Allgemeinen Redaktionsausschuß nochmals abgeänderten Fassung (vgl. Parl. Rat VII, S. 518).

21 Daneben hatte sich auch die Zahl der Vorschriften im Grundgesetz deutlich erhöht, die außerhalb des Art. 84 I GG die Zustimmungspflicht für bestimmte Materien auslösen.

Art. 84 I GG a. F. hatte sich so zum maßgeblichen »Einfallstor«[22] für eine umfassende Mitwirkungsbefugnis des Bundesrates[23] an der Gesetzgebung des Bundes entwickelt[24] und ihm faktisch die Stellung einer zweiten, dem Bundestag nahezu gleichberechtigten Gesetzgebungskammer verschafft[25]. Diesem Zustand abzuhelfen, war eines der Hauptanliegen der **Föderalismusreform**, die – nach mehreren Anläufen – das Zustimmungsmodell des Art. 84 I GG a. F. im Jahre 2006 durch ein neues, zweischichtiges Modell ersetzte[26]: Danach steht den Ländern nun bei bundesgesetzlicher Regelung des Verwaltungsverfahrens und der Behördenorganisation die Möglichkeit abweichender Gesetzgebung offen (Art. 84 I 2–4 GG; → Rn. 48 ff.). Diese inhaltlich nicht konditionierte[27] **Abweichungsmöglichkeit der Länder** kann der Bund wiederum in Ausnahmefällen und mit Zustimmung des Bundesrates **sperren**, wobei er allerdings auf die Regelung von Verfahrensfragen beschränkt ist (Art. 84 I 5 u. 6 GG; näher dazu: → Rn. 62).

Das Anliegen, die Politikebenen der Länder und des Bundes zu entflechten[28] und 8
die Zahl der Zustimmungsgesetze zu reduzieren, scheint durch die konkret gewählte Ausgestaltung des Art. 84 I GG zumindest teilweise gelungen[29]. Eine Reihe von Anhaltspunkten spricht allerdings auch dafür, daß es lediglich zu einer Verlagerung der alten Probleme gekommen ist[30]. Zwar mag man die Vielfalt unterschiedlicher Vollzugsmodelle unter dem Aspekt des »Wettbewerbsföderalismus«[31] oder des »experimentellen Bundesstaats«[32] begrüßen. Allerdings ist fraglich, ob es tatsächlich dauer-

---

[22] *H. Schneider*, DVBl. 1953, 257 (257).

[23] Vgl. zu den grundsätzlichen Problemen der gewandelten Rolle des Bundesrates und zum Reformbedarf *R. Dolzer*, Das parlamentarische Regierungssystem und der Bundesrat – Entwicklungsstand und Reformbedarf, VVDStRL 58 (1999), S. 7 ff. (19 ff., 27 ff.).

[24] Der Anteil zustimmungsbedürftiger Gesetze wurde auf »über 60%« – so *J. Ipsen*, NJW 2006, 2801 (2802) mit Verweis auf BT-Drs. 16/813, S. 14 f. – taxiert. In der überwiegenden Zahl der Fälle löste Art. 84 I GG die Zustimmungspflicht aus; vgl. auch *U. Volkmann*, DÖV 1998, 613 (618 mit Fn. 43); *Dolzer*, Regierungssystem (Fn. 23), S. 15.

[25] *Dolzer*, Regierungssystem (Fn. 23), S. 19.

[26] Durch das 52. Gesetz zur Änderung des Grundgesetzes, BGBl. I S. 2034, in Kraft getreten am 1. September 2006. Allg. dazu s. etwa *U. Häde*, JZ 2006, 930 ff.; *J. Ipsen*, NJW 2006, 2801 ff.; zur Vorgeschichte *H.-G. Henneke*, DVBl. 2003, 845 ff.; ausführlich auch zu den politischen Hintergründen, den verschiedenen Vorschlägen und zum Beratungsverlauf hinsichtlich der Änderung des Art. 84 GG *N. Röttgen/H. Boehl*, Abweichung statt Zustimmung – Die Re-Adjustierung des Verhältnisses von Bundestag und Bundesrat durch die Änderung des Artikels 84 GG, in: R. Holtschneider/W. Schön (Hrsg.), Die Reform des Bundesstaates, 2007, S. 17 ff. (18 ff.); aus der Sicht der Länder *K. Rauber*, Artikel 84 und das Ringen um die Verwaltungshoheit der Länder, in: Holtschneider/Schön, Reform (ebd.), S. 36 ff.; eine materialreiche Übersicht liefert *K. Gerstenberg*, Zu den Gesetzgebungs- und Verwaltungskompetenzen nach der Föderalismusreform, 2009, S. 131 ff., speziell zu Art. 84 GG S. 275 ff.

[27] Jarass/*Pieroth*, GG, Art. 84 Rn. 15 ff.

[28] Zusammenfassend *Rauber*, Artikel 84 (Fn. 26), S. 36: »Entzerrung der Kompetenzen, klare Verantwortung von Bund und Ländern und geringeres gegenseitiges Blockadepotential von Bundestag und Bundesrat, kurzum: Gestaltungs- statt Beteiligungsföderalismus«.

[29] *F. Kirchhof*, in: Maunz/Dürig, GG, Art. 84 (2011), Rn. 26 nennt eine Reduktion der zustimmungsbedürftigen Bundesgesetze um 50% auf 25% (nach der zitierten Quelle – *H. Risse*, ZParl. 38 [2007], 707 [710] – allerdings von 66,7 % auf 25,2 %).

[30] Skeptisch ist auch *H.-H. Trute*, Verwaltungskompetenzen und Art. 33 Abs. 5, in: C. Starck (Hrsg.), Föderalismusreform, 2007, Rn. 147 ff. (153).

[31] Dazu genauer *Trute*, Verwaltungskompetenzen (Fn. 30), Rn. 154; zu den Gefahren eines »race to the bottom« s. auch *A. Benz*, VerwArch. 97 (2006), 318 (324 ff.); *L. Mammen*, DÖV 2007, 376 (379); optimistisch zu einem »innovationsfördernden Leistungswettbewerb« *W. Kahl*, NVwZ 2008, 710 (713).

[32] Dazu *L. Michael*, JZ 2006, 884 ff.

haft zu einer solchen Vielfalt kommt. Denn der Bund zeigt in der politischen Realität nicht zuletzt wegen der notwendigen Verwobenheit materieller und formeller Regelungen (→ Rn. 36 ff.; → Art. 83 Rn. 20 ff.) ein erhebliches Interesse an einer umfassenden bundesgesetzlichen Regelung einschließlich der Behördenorganisation und des Verwaltungsverfahrens. Fehlt es dann an einem Konsens zwischen Bund und allen Ländern, ist der einzige Ausweg für den Bund der **Wechsel in das Zustimmungsmodell** des Art. 84 I 5 und 6 GG (→ Rn. 61 ff.), das das bisherige Prinzip des Art. 84 I GG a. F. einschließlich seiner Probleme fortführt (→ Rn. 67 ff.).

9 Eigenständige Bedeutung im Rahmen der Änderungen, die Art. 84 GG durch die Föderalismusreform[33] erfahren hat, kommt dem in Art. 84 I 7 GG eingefügten und allgemein begrüßten[34] **Verbot des Bundesdurchgriffs auf die kommunale Ebene** zu. Hintergrund dieser Verfassungsergänzung war die vielfach kritisierte Praxis, durch Bundesgesetz mit Zustimmung des Bundesrates die Behördenorganisation in der Weise zu regeln, daß Vollzugsaufgaben direkt den Kreisen oder Gemeinden zugewiesen wurden[35]. Kritik zog diese Praxis vor allem deshalb auf sich, weil auf diese Weise durch »kollusives Zusammenwirken«[36] von Bund und im Bundesrat vertretenen Landesregierungen die Gemeinden mit ausgabenwirksamen Aufgaben finanziell belastet wurden, ohne daß Art. 104a GG oder die landesverfassungsrechtlichen Konnexitätsklauseln den Kommunen einen finanziellen Ausgleich garantierten[37]. Durch das ausdrückliche Durchgriffsverbot in Art. 84 I 7 GG kann der Bund (ausgabenwirksame) Aufgaben nur noch den Ländern zuweisen, die dann ihrerseits bei einer Zuweisung an die Kommunen an die landesverfassungsrechtlichen Mehrbelastungsausgleichspflichten gebunden sind.

B. Internationale, supranationale und rechtsvergleichende Bezüge

I. Inter- und supranationale Bezüge

1. Völkerrecht

10 Ein internationaler Bezug kommt Art. 84 GG insoweit zu, als sich nach dieser Norm der innerstaatliche **Vollzug völkerrechtlicher Verträge** richtet, wenn der Bund für deren Abschluß zuständig ist (→ Art. 32 Rn. 48 ff.), wenn die Zustimmung der Legislative in der Form eines Bundesgesetzes erfolgt (→ Art. 59 Rn. 27 ff., 35 ff.) und wenn die Verträge Regelungen enthalten, die vollzugsfähig und -bedürftig sind (→ Art. 83 Rn. 25 f.). Umstritten ist, ob die **Länder** im Rahmen ihrer Kompetenz zum Vollzug von Bundesrecht **Verwaltungsabkommen** mit auswärtigen Staaten abschließen können (→ Art. 32 Rn. 53). Gem. Art. 32 III GG ist diese Frage zu bejahen, soweit den Ländern beim Vollzug von Bundesgesetzen die Gesetzgebungskompetenz für die Verwaltungsorganisation und das Verfahren zusteht (→ Rn. 85; → Art. 83 Rn. 20 ff.). Es ist nämlich nicht ersichtlich, warum sich die Gesetzgebungszuständigkeit im Sinne dieser Norm

[33] S. die Hinweise zur Föderalismusreform: → Rn. 7 mit Fn. 26.

[34] S. etwa *E. Schmidt-Jortzig*, ZG 20 (2005), 16 (21); *Trute*, Verwaltungskompetenzen (Fn. 30), Rn. 174; einschränkend *G. Henneke*, DVBl. 2006, 867 (868).

[35] S. dazu mit vielfältigen Beispielen vor allem aus dem Bereich der Sozialleistungen etwa *F. Schoch*, Der Landkreis 2004, 367 ff.; *B. Remmert*, VerwArch. 94 (2003), 459 (460 f.).

[36] *F. Schoch*, Der Landkreis 2004, 367 (367).

[37] Dazu m. w. N. *B. Remmert*, VerwArch. 94 (2003), 459 (463 ff.).

nur auf materielle und nicht auf Organisations- und Verfahrensregelungen beziehen soll. Ihre »auswärtige Gewalt« nimmt die Bundesregierung durch den in Art. 32 III GG normierten Zustimmungsvorbehalt wahr (→ Art. 32 Rn. 57 f.).

2. Kompetenzverteilung beim Vollzug des Unionsrechts

Die Verantwortlichkeit des Bundes gegenüber der Europäischen Union beim **Vollzug des Unionsrechts** auch für solche Defizite, die in den Verantwortungsbereich der Länder fallen, wirft die Frage nach den Einflußmöglichkeiten des Bundes auf die Ausführung von Unionsrecht durch die Länder auf. Während nach h. M. beim unmittelbaren Vollzug des Unionsrechts dem Bund ohne weitere Differenzierungen die Instrumente des Art. 84 GG zur Verfügung stehen, weil das Unionsrecht als Bundesrecht behandelt wird (→ Art. 83 Rn. 9), stehen dem Bund nach der hier vertretenen Lösung (→ Art. 83 Rn. 10) die in Art. 84 III bis V GG vorgesehenen Steuerungs- und Aufsichtsmöglichkeiten nur dann zu, wenn er für die unionsrechtlich geregelte Materie nach der Gesetzgebungskompetenzverteilung des Grundgesetzes zuständig wäre[38]. Für den Fall, daß dem Verwaltungsvollzug eine Umsetzungsmaßnahme durch den Bundesgesetzgeber vorausgeht (→ Art. 83 Rn. 6), ist dies unbestritten. Sind hingegen beim mittelbaren Vollzug die Länder für die Umsetzungsgesetzgebung zuständig oder fiele die unionsrechtlich geregelte Materie beim unmittelbaren Vollzug eigentlich in die Gesetzgebungskompetenz der Länder (→ Art. 83 Rn. 10), sind die Art. 83 ff. GG weder direkt noch analog anwendbar. Die dort vorgesehenen Ingerenzrechte stehen dem Bund trotz seiner Verantwortung gegenüber der Union nicht zur Verfügung. Allerdings kann gemäß Art. 37 I GG die Bundesregierung mit Zustimmung des Bundesrates im Wege des Bundeszwangs die notwendigen Maßnahmen treffen, sofern ein Land die ihm nach dem Grundgesetz oder einem anderen Bundesgesetz obliegenden Pflichten nicht erfüllt. Der unionskonforme Verwaltungsvollzug durch die Länder wird allgemein als Bestandteil der Pflicht zur Bundestreue, also als Verfassungspflicht angesehen[39]. Daher kann der Bund die Mitwirkung der Länder am Unionsvollzug erforderlichenfalls auch im Wege der Ausübung des **Bundeszwang**s durchsetzen[40]. Daneben steht dem Bund auch die Möglichkeit offen, das Bundesverfassungsgericht im Wege des Bund-Länder-Streits nach Art. 93 I Nr. 3 GG anzurufen, wenn ein Land seiner verfassungsmäßigen Pflicht nicht nachkommt, das Unionsrecht ordnungsgemäß zu vollziehen[41]. 11

3. Vollzugssteuerung durch die Europäische Union

Da auch im **Verhältnis zwischen Europäischer Union und den Mitgliedstaaten** die Kompetenzen für Rechtsetzung und Vollzug in der Regel auseinanderfallen (→ Art. 83 Rn. 5), muß das Unionsrecht ebenfalls Mechanismen zur Steuerung des Vollzugs in 12

---

[38] So auch *Groß* (Fn. 6), Art. 84 Rn. 9.

[39] *K. Vogel*, »Selbständige Bundesaufsicht« nach dem Grundgesetz, besonders bei der Anwendung europäischen Rechts, in: FS Stern, 1997, S. 819 ff. (829); *J. Suerbaum*, Die Kompetenzverteilung beim Verwaltungsvollzug des Europäischen Gemeinschaftsrechts in Deutschland, 1998, S. 203; *R. Streinz*, HStR³ X, § 218 Rn. 59; *A. Weber*, Rechtsfragen der Durchführung des Gemeinschaftsrechts in der Bundesrepublik Deutschland, 1987, S. 31, 68.

[40] *W. Kössinger*, Die Durchführung des Europäischen Gemeinschaftsrechts im Bundesstaat, 1989, S. 154 f.; *Suerbaum*, Kompetenzverteilung (Fn. 39), S. 203 ff.; *Vogel*, Bundesaufsicht (Fn. 39), S. 829; *R. Streinz*, HStR³ X, § 218 Rn. 60; *Weber*, Rechtsfragen (Fn. 39), S. 68.

[41] *Suerbaum*, Kompetenzverteilung (Fn. 39), S. 205 f.; *Kössinger*, Durchführung (Fn. 40), S. 157 f.

den Mitgliedstaaten enthalten. Ob die Union hier neben der Beachtung der Rechtmäßigkeit des Vollzugs auch Zweckmäßigkeitsüberlegungen gegenüber den Mitgliedstaaten durchsetzen kann, hängt von den jeweiligen Ermächtigungsgrundlagen für die Lenkungs- und Kontrollmaßnahmen ab. In der Regel sind die Ingerenzrechte darauf beschränkt, die Rechtmäßigkeit des Verwaltungsvollzugs zu sichern[42].

13 Die Instrumente zur **präventiven Vollzugssteuerung** sind im Vergleich zu den Einflußmöglichkeiten des Bundes auf den Vollzug von Bundesrecht durch die Länder beschränkt[43]. Das Primärrecht der Union erwähnt als Handlungsformen neben den klassischen Akten der Rechtssetzung und der Rechtsanwendung (Verordnung, Richtlinie, Entscheidung) lediglich die Empfehlung und die Stellungnahme, denen jedoch ausdrücklich ein nicht verbindlicher Charakter zugewiesen wird[44]. Allerdings stellt Art. 291 AEUV mit dem Durchführungsrechtsakt ein Instrument der Vollzugssteuerung zur Verfügung, das – allerdings auf sekundärrechtlicher Grundlage – in begrenztem Umfang ein funktionales Äquivalent zu den in Art. 84 GG vorgesehenen Ingerenzen des Bundes darstellt[45]. Die Kommission stützt sich zur Lenkung des Vollzugs daher auch auf eigentlich unverbindliche Mitteilungen und Verlautbarungen, mit denen sie sich an die Verwaltungen der Mitgliedstaaten wendet. Über die lediglich appellative Steuerungswirkung solcher Empfehlungen hinaus können diese allerdings dann eine faktische – wenn auch prekäre – rechtliche Wirkung entfalten, wenn der Europäische Gerichtshof einen Interpretationsspielraum der Kommission anerkennt und ihre generellen Empfehlungen zur Grundlage seiner Rechtsprechung macht[46].

14 Die Möglichkeit der Union, **Einzelweisungen** zu erteilen, ist stark beschränkt. Nach dem Grundsatz der begrenzten Einzelermächtigung (→ Art. 30 Rn. 9; → Art. 83 Rn. 5) verfügt die Union nur dann über Verwaltungskompetenzen, wenn eine entsprechende primärrechtliche Grundlage dafür vorliegt. Jenseits der bislang begrenzten eigenen Verwaltungskompetenzen der Union (→ Art. 83 Rn. 5) besteht mangels primärrechtlicher Ermächtigung für Einzelweisungen kein Raum[47]. Im Zentrum der repressiven aufsichtsrechtlichen Einwirkungsmöglichkeiten der Union auf den nationalen Vollzug

---

42 In Einzelfällen kann das Unionsrecht jedoch auch die Möglichkeit einräumen, den nationalen Verwaltungen Vorgaben hinsichtlich der Zweckmäßigkeit zu machen; vgl. etwa zum Maßstab der Gemeinschaftsaufsicht über die mitgliedstaatlichen Verwaltungen *A. Klösters*, Kompetenzen der EG-Kommission im innerstaatlichen Vollzug von Gemeinschaftsrecht, 1994, S. 86; *G. Biaggini*, Theorie und Praxis des Verwaltungsrechts im Bundesstaat, 1996, S. 177; Übersicht bei *J. Gundel*, Verwaltung, in: Schulze/Zuleeg/Kadelbach, Europarecht, § 3 Rn. 119 ff.

43 Zusammenfassend dazu *Groß* (Fn. 6), Art. 84 Rn. 10.

44 Art. 288 AEUV.

45 Nachw. dazu bei *D. König*, Gesetzgebung, in: Schulze/Zuleeg/Kadelbach, Europarecht, § 2 Rn. 106 ff.

46 Näher hierzu *Biaggini*, Theorie (Fn. 42), S. 105 ff.; *A. Hatje*, Die gemeinschaftsrechtliche Steuerung der Wirtschaftsverwaltung, 1998, S. 158 ff.; *W. Kahl*, Die Verwaltung 29 (1996), 341 (361); *M. Zuleeg*, JöR 20 (1971), 1 (43) hält ausnahmsweise ein generelles Weisungsrecht aus dem »implied powers«-Gedanken heraus für begründbar, wenn der Verwaltungsvollzug andernfalls nicht möglich wäre; ähnlich *Klösters*, Kompetenzen (Fn. 42), S. 94 ff.; dezidiert dagegen *Suerbaum*, Kompetenzverteilung (Fn. 39), S. 190 ff.

47 *M. Zuleeg*, JöR 20 (1971), 1 (42 f.); *Kössinger*, Durchführung (Fn. 40), S. 146; *Klösters*, Kompetenzen (Fn. 42), S. 157 f.; *Weber*, Rechtsfragen (Fn. 39), S. 66 f.; *W. Kahl*, Die Verwaltung 29 (1996), 341 (360); *Suerbaum*, Kompetenzverteilung (Fn. 39), S. 190 m. w. N.; ebenso auch *Hatje*, Steuerung (Fn. 46), S. 161, der jedoch auf die funktionale Nähe von Kommissionsentscheidungen zu Weisungen hinweist; in EuGH, Urt. v. 9.8.1994, C-359/92, Rn. 37 – *BRD/Rat* hält der Gerichtshof allerdings eine Verlagerung von Entscheidungsbefugnissen von den Mitgliedstaaten auf die Kommission auf der Grundlage von Art. 114 AEUV (ex-Art. 95 EGV) für zulässig; dazu *H. Micklitz*, EuZW 1994, 631

steht das **Vertragsverletzungsverfahren** gemäß Art. 258 AEUV. Daneben ist praktisch vor allem die Aufsicht der Kommission über die Beachtung der Beihilfevorschriften nach Art. 108 AEUV von Bedeutung. Insgesamt deutet sich eine Zusammenführung unterschiedlicher aufsichtsrechtlicher Verfahren zu einem Institut der Unionsaufsicht an[48]. Tatsächlich steht bei der »Aufsichtspolitik« der Kommission bislang die Durchsetzung von Gesetzgebungsaufträgen aus Richtlinien und von vertragsunmittelbaren Pflichten im Mittelpunkt, während die Unionsaufsicht über den unmittelbaren und mittelbaren Verwaltungsvollzug des Unionsrechts noch keine große Rolle spielt[49]. Zulässiger Gegenstand der Unionsaufsicht kann jedoch entgegen der bisherigen Praxis jedes mitgliedstaatliche Verhalten sein[50], also auch der Vollzug des Unionsrechts durch die Verwaltungen der Mitgliedstaaten.

Vergleicht man die **Handlungsmöglichkeiten der Kommission im Vorverfahren**, welches dem Vertragsverletzungsverfahren vor dem EuGH vorausgeht, mit den Aufsichtsmöglichkeiten der Bundesregierung über den Landesvollzug nach Art. 84 III, IV GG, zeigen sich einige Parallelen: Jedem eigentlichen Aufsichtsverfahren geht eine Beobachtungsphase voraus, in der die Kommission auf der Grundlage von Art. 337 AEUV auch Auskünfte einholen und Nachforschungen anstellen kann[51]. Art. 337 AEUV grenzt den Adressatenkreis für das Auskunftsersuchen und für Nachforschungen nicht ein, so daß auch Behörden der Länder auskunftsverpflichtet sind[52]. Kommt die Kommission zu dem Ergebnis, daß ein Mitgliedstaat seine Vertragspflichten nicht eingehalten hat, richtet sie an diesen eine »Mängelrüge« in Form einer begründeten Stellungnahme, die jedoch keinen verbindlichen Rechtsakt darstellt[53]. Zuvor ist dem betroffenen Staat Gelegenheit zur Stellungnahme zu geben[54]. Während Art. 84 IV 1 GG an dieser Stelle für die Bundesaufsicht noch die förmliche Feststellung der Rechtsverletzung durch den Bundesrat vorsieht, bevor das Bundesverfassungsgericht angerufen wird, kann gem. Art. 258 II AEUV bei Nichtbeachtung der Rüge ohne weiteren Zwischenschritt ein Verfahren vor dem Europäischen Gerichtshof in Gang gesetzt werden. Das Verfahren gemäß Art. 258 AEUV richtet sich nur gegen die Mitgliedstaaten, nicht jedoch gegen staatliche Untergliederungen wie die Bundesländer. Eine Beanstandung der Kommission kann daher immer nur an die Bundesregierung gerichtet werden, auch wenn die Länder das Unionsrecht vollziehen[55]. 15

(631); *R. v. Borries*, Verwaltungskompetenzen der Europäischen Gemeinschaft, in: FS Everling, Bd. I, 1995, S. 127ff. (133f., 136f.).

48 Vgl. schon *M. Zuleeg*, JöR 20 (1971), 1 (52).

49 *Biaggini*, Theorie (Fn. 42), S. 175.

50 *M. Zuleeg*, JöR 20 (1971), 1 (52); neben Art. 337 AEUV und den darauf gestützten Rechtsakten können auch andere Bestimmungen des Primär- und Sekundärrechts die Kommission zur Einholung von Auskünften und zur Nachprüfung ermächtigen; vgl. die Beispiele bei *Suerbaum*, Kompetenzverteilung (Fn. 39), S. 189.

51 *M. Zuleeg*, JöR 20 (1971), 1 (53).

52 *Suerbaum*, Kompetenzverteilung (Fn. 39), S. 189; zur Bedeutung von Informationsbefugnissen für die Aufsicht der Union vgl. *J. Oebbecke*, Die europäische Integration und die Organisation der Verwaltung, in: FS Carl Heymanns Verlag, 1995, S. 607ff. (617).

53 *M. Zuleeg*, JöR 20 (1971), 1 (54).

54 Art. 258 I AEUV.

55 *Kössinger*, Durchführung (Fn. 40), S. 145f.

II. Rechtsvergleichende Hinweise

16 In den **USA** und der **Schweiz** sehen die Verfassungen wegen des grundsätzlich dual angelegten Vollzugssystems (→ Art. 83 Rn. 14 f.) nur selten die Ausführung von Bundesgesetzen durch die Bundesstaaten vor[56]. Die Ausnahmen beruhen entweder auf einfachgesetzlicher Regelung oder (lediglich) auf vertraglicher Abmachung[57]. Insofern ist ein Vergleich mit Art. 84 GG nicht möglich. In **Österreich** werden die meisten Bundesgesetze als Angelegenheiten hoheitlicher Bundesverwaltung von den Ländern in mittelbarer Verwaltung ausgeführt (→ Art. 83 Rn. 13)[58]. Art. 103 I B-VG[59] verleiht dem Bund ein Weisungsrecht gegenüber dem Landeshauptmann[60]. Dieser muß diese Weisungen innerhalb der Landesverwaltung durchsetzen. Unmittelbare Weisungen von Bundesorganen an die mit dem Vorgang befaßte Stelle der Landesregierung sind – wie sich aus Art. 103 III B-VG ergibt – nicht vorgesehen. Das Weisungsverfahren ist in Art. 20 I B-VG näher geregelt. Als weitere Maßnahme des Bundes kommt noch die Anklage des für die Vollziehung verantwortlichen Mitgliedes der Landesregierung beim Verfassungsgerichtshof in Betracht[61].

C. Erläuterungen

I. Funktion und Systematik

17 Art. 84 GG **ergänzt und konkretisiert die Norm des Art. 83 GG**, indem er auf der einen Seite die Befugnis der Länder hinsichtlich der Einrichtung der Behörden und des Verwaltungsverfahrens regelt (→ Rn. 21 ff.) und auf der anderen Seite bestimmt, welchen Einflüssen des Bundes die Länder bei der Ausführung der Bundesgesetze als eigene Angelegenheit ausgesetzt sind. Die Funktion des Art. 84 GG liegt also darin, die in Art. 83 GG im Grundsatz festgelegte Eigenständigkeit der Länder bei der Ausführung von Bundesgesetzen (→ Art. 83 Rn. 33) auf der einen Seite den Steuerungs- und Kontrollinstrumenten des Bundes auf der anderen Seite zuzuordnen[62]. Jenseits der Steuerungsmöglichkeiten, die dem Bund auf der Grundlage seiner Gesetzgebungskompetenzen aus Art. 70 ff. GG durch die Gestaltung des Inhalts der von den Ländern aus-

---

[56] *K. Eichenberger*, Landesbericht Schweiz, in: F. Ossenbühl (Hrsg.), Föderalismus und Regionalismus in Europa, 1990, S. 17 ff. (32 f.); Grundlage ist allerdings keine zwingende Vorgabe der Verfassung, sondern nur die politische Praxis.

[57] Ausführlich zur Schweiz *Biaggini*, Theorie (Fn. 42), S. 5 ff.

[58] Für den umfangreichen Katalog der in Art. 10 I B-VG genannten Angelegenheiten ist »Bundessache« die »Gesetzgebung und Vollziehung« und Art. 102 I 1 B-VG lautet: »Im Bereich der Länder üben die Vollziehung des Bundes, soweit nicht eigene Bundesbehörden bestehen (unmittelbare Bundesverwaltung), der Landeshauptmann und die ihm unterstellten Landesbehörden aus (mittelbare Bundesverwaltung).«; vgl. dazu *H. Schambeck*, Landesbericht Österreich, in: Ossenbühl, Föderalismus (Fn. 56), S. 71 ff. (88).

[59] »In den Angelegenheiten der mittelbaren Bundesverwaltung ist der Landeshauptmann an die Weisungen der Bundesregierung sowie der einzelnen Bundesminister gebunden (Art. 20) und verpflichtet, um die Durchführung solcher Weisungen zu bewirken, auch die ihm in seiner Eigenschaft als Organ des selbständigen Wirkungsbereiches des Landes zu Gebote stehenden Mittel anzuwenden.«

[60] *M. Holoubek*, IPE V, § 79 Rn. 48; *Schambeck*, Österreich (Fn. 58), S. 88.

[61] Art. 142 II lit. d B-VG, siehe dazu *Schambeck*, Österreich (Fn. 58), S. 88.

[62] In diesem Sinne »vermittelt« Art. 84 GG zwischen Gesetzgebungskompetenz des Bundes und Vollzugskompetenz der Länder; so BVerfGE 127, 165 (203, Rn. 107); ähnlich *Kirchhof* (Fn. 29), Art. 84 Rn. 2 f.

zuführenden Bundesgesetze zustehen, ergeben sich die weiteren Einflußmöglichkeiten des Bundes auf die Länder bei dem Vollzug dieser Gesetze ausschließlich aus Art. 84 GG[63]. **Art. 84 GG grenzt den Wirkungsbereich von Bund und Ländern** bei der Ausführung von Bundesgesetzen durch die Länder als eigene Angelegenheit **abschließend voneinander ab**[64]. Verfassungsrechtlich unzulässig sind deshalb Einflußmöglichkeiten des Bundes auf den Vollzug durch die Länder, die ohne Beachtung der in Art. 84 GG vorgesehenen Sicherungen in den Auswirkungen den hier vorgesehenen Ingerenzrechten des Bundes gleichkommen und sich insoweit als Umgehung von Art. 84 GG darstellen[65]. Nicht hierher gehören allerdings informelle, rechtlich nicht bindende und deshalb auf die freiwillige Unterstützung der Länder angewiesene Formen der Kooperation, weil die Kompetenzabgrenzung in Art. 84 GG nur den äußeren rechtlichen Rahmen für Konflikte absteckt.

Die zentrale positiv umschreibende Konkretisierung der Eigenständigkeit der Länder beim Vollzug von Bundesgesetzen als eigene Angelegenheiten enthält **Art. 84 I 1 GG.** Ihnen wird dort die zentrale Befugnis zugewiesen, die Einrichtung der Behörden und das Verwaltungsverfahren zu regeln (→ Rn. 24, 45 ff.). Hierin wird die verfassungsrechtliche Grundlage für die **Organisationsgewalt der Länder** im Rahmen des Vollzugstyps der Landeseigenverwaltung gesehen. 18

Alle übrigen Regelungen des Art. 84 GG betreffen die **Ingerenzrechte des Bundes,** aus deren **abschließender Aufzählung**[66] und Ausgestaltung sich der Umfang der verbleibenden Vollzugskompetenz der Länder ergibt. Sie lassen sich zunächst danach ordnen[67], ob der Bund auf eine reine **Rechtsaufsicht** beschränkt ist (Art. 84 III und IV GG) oder einen darüber hinausgehenden – an Zweckmäßigkeitsmaßstäben orientierten – Einfluß auf Organisations-, Verfahrens- und inhaltliche Fragen des Vollzugs nehmen kann[68]. Zu dieser letztgenannten Gruppe gehören zunächst die in Art. 84 I 2 bis 7 GG normierten Möglichkeiten **bundesgesetzlicher Regelung der Behördeneinrichtung und des Verwaltungsverfahrens** (→ Rn. 48 ff.). Sie machen es notwendig[69], trotz des unauflöslichen Zusammenhangs zwischen materiellem Recht einerseits und Organisations- und Verfahrensrecht andererseits (→ Art. 83 Rn. 23), diese Regelungsgegen- 19

---

[63] Die Spezialregelungen zur Kostentragung und zur Haftung in Art. 104a GG (→ Art. 104a Rn. 10 ff., 35 ff.) normieren keine Einflußrechte des Bundes.

[64] Vgl. BVerfGE 63, 1 (40); *S. Broß/K.-G. Mayer*, in: v. Münch/Kunig, GG II, Art. 84 Rn. 3; *Kirchhof* (Fn. 29), Art. 84 Rn. 31; *H.-J. Vogel*, Die bundesstaatliche Ordnung des Grundgesetzes, in: HdbVerfR, § 22 Rn. 87.

[65] Dies kann außer durch die in BVerfGE 39, 96 (109 f.) erwähnten Finanzhilfen (unter Auflagen, Bedingungen und Kontrollen) z. B. auch dadurch erfolgen, daß in besonderen Einzelfällen anstatt der regelmäßig zuständigen Landesbehörde eine Bundesbehörde für zuständig erklärt und so eine Mischform zwischen landeseigenem Vollzug und bundeseigener Verwaltung begründet wird; dazu BVerfGE 108, 169 (181, Rn. 44).

[66] Dazu, daß die in Art. 84 GG vorgesehenen Ingerenzbefugnisse nicht durch Einwirkungsmöglichkeiten einer Bundesbehörde (hier: Bundesversicherungsamt) auf Einrichtungen der Landesebene (hier: Landesschiedsämter) umgangen werden dürfen, s. Hess. Landessozialgericht, Urt. v. 29.9.2010 – L 4 KA 54/09 KL –, juris, Rn. 51.

[67] S. auch die klare Strukturierung bei *Groß* (Fn. 6), Art. 84 Rn. 15.

[68] Jarass/*Pieroth*, GG, Art. 84 Rn. 23 bezeichnet die Abs. 2 und 5 als »schwerpunktmäßig präventiv« wirkend, während die Abs. 3 und 4 »wesentlich repressiver Art« seien; allg. zu diesen unterschiedlichen Funktionen von Aufsicht *T. Groß*, DVBl. 2002, 793 (797).

[69] Ein weiterer Grund für die Notwendigkeit zur Abgrenzung ergibt sich daraus, daß den Ländern abweichend von Art. 71, 73 GG auch im Bereich der ausschließlichen Gesetzgebungskompetenz die Befugnis zur Regelung (auch durch Gesetz) von Organisation und Verfahren zusteht, soweit der Bund diese Fragen nicht selbst geregelt hat. → Rn. 24; → Art. 83 Rn. 20 ff.

stände genauer zu bestimmen[70] (→ Rn. 33ff.). Ergänzt[71] wird diese gesetzliche Steuerungsmöglichkeit des Bundes durch die Instrumente der **Verwaltungsvorschrift** nach Art. 84 II GG (→ Rn. 79ff.) und der **Einzelweisung** nach Art. 84 V GG (→ Rn. 90ff.).

20 Unsicherheit besteht allerdings darüber, welchem **Zweck** diese verschiedenen **Einflußmöglichkeiten des Bundes** dienen. Der Rechtsprechung des Bundesverfassungsgerichts zufolge sollen die in Art. 84 GG normierten Steuerungs- und Kontrollinstrumente des Bundes dazu dienen, einen »wirksamen«[72] und »ordnungsgemäßen«[73] Vollzug sowie eine »im wesentlichen einheitliche Verwaltungspraxis«[74] zu gewährleisten. Demgegenüber wird zutreffend darauf hingewiesen, daß weder die in Art. 84 I GG erwähnte bundesgesetzliche Steuerung des Vollzugs noch die ratio des Art. 84 GG insgesamt auf eine **Vereinheitlichung des Vollzugs** reduziert werden kann[75] (→ Art. 83 Rn. 18, 35). Jeder Versuch, dem Grundgesetz das Ziel einer möglichst einheitlichen Verwaltungspraxis zu entnehmen, gerät in Widerspruch zu der verfassungsrechtlichen Grundentscheidung für die Vollzugskompetenz der Länder (→ Art. 83 Rn. 18). Allerdings läßt sich Art. 84 GG auch **kein Anhaltspunkt** dafür entnehmen, daß die **Ingerenzrechte des Bundes generell als Ausnahme** einzustufen, als solche eng auszulegen und einer erweiternden Auslegung nicht zugänglich sind.

II. Die Regelung der Einrichtung der Behörden und des Verwaltungsverfahrens (Art. 84 I GG)

1. Funktion, Reichweite und Systematik des Art. 84 I GG

21 Ausgangspunkt für die in Art. 84 I GG enthaltenen Regelungen ist die Annahme, daß vollzugsfähige und -bedürftige Normen des **materiellen Bundesrechts** (→ Art. 83 Rn. 25ff.) auf die Setzung **formellen Rechts** angewiesen sind, bevor sie durch die Länder »ausgeführt« werden können. Gegenstände solcher »Vollzugs«-Normen sind insbesondere die Fragen, welchen Behörden der Vollzug obliegt, wie die innere Organisation dieser Behörden gestaltet ist, welche Qualifikation die einzelnen Amtswalter besitzen müssen und wie das Verfahren der behördlichen Entscheidungsfindung ausgestaltet ist. Ausgehend von der Prämisse, daß sich in diesem Sinne materielles und formelles Recht trennen lassen, weist Art. 84 I GG die Befugnis zur Regelung organisations- und verfahrensrechtlicher Gegenstände – die Gesetzgebungskompetenzen nach Art. 70ff. GG ergänzend und modifizierend[76] – den **Ländern und** dem **Bund** zu. Die aus dieser **Doppelzuständigkeit** resultierenden Konflikte werden primär verfah-

---

[70] So auch *F. Ossenbühl*, AöR 99 (1973/74), 369 (401).

[71] Näher dazu *Lerche* (Fn. 7), Art. 84 Rn. 88.

[72] BVerfGE 22, 180 (210).

[73] BVerfGE 11, 6 (18).

[74] BVerfGE 11, 6 (18); 127, 165 (203, Rn. 107); kritisch dazu *Lerche* (Fn. 7), Art. 84 Rn. 9; zustimmend *Broß/Mayer* (Fn. 64), Art. 84 Rn. 3 und wohl auch *H.-H. Trute*, in: v. Mangoldt/Klein/Starck, GG III, Art. 84 Rn. 1.

[75] So etwa *Lerche* (Fn. 7), Art. 84 Rn. 9; ähnlich *Groß* (Fn. 6), Art. 84 Rn. 14; wie hier auch *Kirchhof* (Fn. 29), Art. 84 Rn. 56. Wenn *Broß/Mayer* (Fn. 64), Art. 84 Rn. 3 sich gegen jede Form von »Vollzugspluralismus« wenden, so scheint sich dahinter ein grundlegendes Mißverständnis nicht nur von Art. 84 GG, sondern der Art. 83ff. GG insgesamt zu verbergen; zutreffend von der »nach Art. 83 GG grundsätzlich« vorgesehenen »Pluralisierung des Vollzugs von Bundesgesetzen« spricht dagegen *Kirchhof* (Fn. 29), Art. 84 Rn. 172.

[76] So zutreffend BVerwGE 150, 129 (139, Rn. 21), während das OVG Lüneburg DVBl. 2013, 394 (394f.) dem grundlegenden Mißverständnis unterlag, eine bundesgesetzliche Regelung (über Verwal-

rensrechtlich in Gestalt des Abweichungs- und des Zustimmungsmodells (→ Rn. 48ff., 61ff.) moderiert. Eine absolute Grenze für die Bundesgesetzgebung zieht Art. 84 I GG, indem er in Satz 7 einen Durchgriff auf die kommunale Ebene verbietet.

a) Organisationsgewalt der Länder

Die Befugnis zur Regelung aller »im Zusammenhang mit dem landeseigenen Vollzug von Bundesgesetzen auftretenden Probleme«[77], die unter dem Begriff der **Organisationsgewalt** zusammengefaßt wird[78], soll nach verbreiteter Ansicht durch Art. 84 I 1 GG **grundsätzlich den Ländern zugewiesen** sein[79]. Diese Zuweisung der Organisationsgewalt soll dann unter dem Vorbehalt einer Regelung der Behördenorganisation und des Verwaltungsverfahrens durch Bundesgesetz nach Maßgabe der in Art. 84 I 2 bis 7 GG enthaltenen Vorgaben stehen[80]. Allerdings ist das Verhältnis von Länder- und Bundeszuständigkeit nach der Systematik des Art. 84 I GG **kein** schlichtes **Regel-Ausnahme-Prinzip**, weil die Inanspruchnahme der Bundeszuständigkeit nach Art. 84 I 2 bis 4 GG nicht an besondere Voraussetzungen geknüpft ist. 22

Darüber hinaus ist die Rede von der Organisationsgewalt im Zusammenhang mit Art. 84 I 1 GG in zweifacher Hinsicht mißverständlich[81]: Zunächst betrifft die Regelung der Behördenorganisation und des Verwaltungsverfahrens nur einen Teil der Fragen, die sich im Zusammenhang mit der verwaltungsmäßigen Ausführung von Bundesgesetzen als regelungsbedürftig erweisen können[82]. Deshalb betrifft Art. 84 I GG **nur die zwei wichtigsten Ausschnitte der sog. Organisationsgewalt**. Außerdem ist verfassungsrechtliche Grundlage für die Kompetenz der Länder zur Regelung aller mit dem Vollzug von Bundesgesetzen zusammenhängenden Fragen ihre in **Art. 83 GG** normierte **Kompetenz zur Ausführung »als eigene Angelegenheit«** (→ Art. 83 Rn. 31ff.), die ihrerseits die Kompetenzverteilungsnormen des Art. 30 GG und – soweit es um gesetzliche Regelungen geht – des Art. 70 GG konkretisiert. Die mißverständliche Formulierung[83] des Art. 84 I 1 GG begründet also nicht die Organisationsgewalt der Länder im Bereich der Ausführung von Bundesgesetzen, sondern greift die beiden wichtigsten Elemente dieser Befugnis der Länder heraus und trifft für sie spezielle Regelungen. 23

b) Landesgesetzgebungskompetenz für Organisation und Verfahren

Art. 84 I 1 GG modifiziert als spezielle Norm die allgemeinen Regeln über die Verteilung der Gesetzgebungskompetenzen in Art. 70ff. GG, indem er eine Landesgesetzge- 24

---

tungsgebühren) könne kompetenzrechtlich nur entweder auf Art. 70ff. GG oder auf Art. 84 I GG gestützt werden. Genauer zum Verhältnis dieser beiden Kompetenzgrundlagen: → Art. 83 Rn. 20ff.

[77] *Vogel* (Fn. 64), § 22 Rn. 87; ähnlich *Broß/Mayer* (Fn. 64), Art. 84 Rn. 7; Jarass/*Pieroth*, GG, Art. 84 Rn. 1f.

[78] BVerfGE 88, 203 (332), spricht von dem »Grundsatz der Organisationsgewalt der Länder«; in BVerfGE 75, 108 (150); 126, 77 (98, Rn. 130) ist von »Verwaltungshoheit der Länder« die Rede; grundlegend *E.-W. Böckenförde*, Die Organisationsgewalt im Bereich der Regierung, 1964, S. 21ff., 38.

[79] Jarass/*Pieroth*, GG, Art. 84 Rn. 3; *Lerche* (Fn. 7), Art. 84 Rn. 13, der auf Art. 84 I »i.V. mit Art. 83« GG abhebt; *A. Dittmann*, in: Sachs, GG, Art. 84 Rn. 3.

[80] *Dittmann* (Fn. 79), Art. 84 Rn. 5.

[81] Kritisch insbesondere zu der in BVerfGE 88, 203 (332) erkennbaren Verselbständigung einer außerhalb der konkreten verfassungsrechtlichen Regelungen konstruierten »Organisationsgewalt« *S. Broß*, in: I. v. Münch/P. Kunig (Hrsg.), Grundgesetz-Kommentar, 4./5. Aufl. 2003, Art. 84 Rn. 47.

[82] So auch *W. Blümel*, HStR IV, § 101 Rn. 23.

[83] Ähnlich *Broß/Mayer* (Fn. 64), Art. 84 Rn. 7.

bungskompetenz für die Behördenorganisation und das Verwaltungsverfahren begründet, wo diese nach Art. 71, 73 GG eigentlich in die **ausschließliche Gesetzgebungskompetenz** des Bundes fallen würde (→ Art. 83 Rn. 21, 24). Regelt nämlich der Bund in einem Gesetz, das auf seiner ausschließlichen Gesetzgebungskompetenz beruht, die Fragen der Organisation und des Verfahrens nicht oder nicht vollständig, so folgt aus Art. 84 I GG, daß die ergänzenden »Regelungen« durch die Länder getroffen werden. Sind diese Regelungen aufgrund bundes- oder landesverfassungsrechtlicher Vorgaben durch Gesetz zu treffen oder entscheiden die nach Landesverfassungsrecht zuständigen Organe, daß sie durch Gesetz getroffen werden sollen, so verleiht Art. 84 I GG den Ländern die dazu erforderliche Gesetzgebungskompetenz. Dies hat u. a. die Folge, daß die Begriffe »Einrichtung der Behörden« und »Verwaltungsverfahren« entgegen der bislang herrschenden Praxis nicht allein aus der Perspektive interpretiert werden können, welche Folgen sich für die Zustimmungsbedürftigkeit ergeben[84] (→ Rn. 41 ff.). Im übrigen läßt sich aus Art. 84 I GG für die Wahrnehmung der ausschließlichen Gesetzgebungskompetenz des Bundes schließen, daß der Bundesgesetzgeber nicht verpflichtet ist, eine vollständige – auch die Behördenorganisation und das Verfahren umfassende – Regelung zu treffen. In diesem Sinne ist die aus Art. 70 ff. GG folgende Bundesgesetzgebungskompetenz für die Einrichtung der Behörden und das Verfahren im Anwendungsbereich der Landeseigenverwaltung immer nur eine konkurrierende[85]. Auch die allgemeinen Regeln für die **konkurrierende Gesetzgebung** werden durch Art. 84 I GG **modifiziert**, weil abweichend von Art. 72 I GG den Ländern eine (Abweichungs-)Gesetzgebungskompetenz zusteht, obwohl der Bund in Fragen der Organisation und/oder des Verfahrens von seiner konkurrierenden Gesetzgebungskompetenz Gebrauch gemacht hat.

c) Möglichkeiten und Grenzen bundesgesetzlicher Regelung im Überblick

25 Alle weiteren Bestimmungen des Art. 84 I GG (**Sätze 2 bis 7**) antworten auf die offensichtliche praktische und theoretische Notwendigkeit, nicht nur in Ausnahmefällen die **Einrichtung der Behörden und das Verwaltungsverfahren** zusammen mit den materiellen Gehalten einheitlich **durch Bundesgesetz** zu regeln. Sie enthalten zu diesem Zweck die Modalitäten und Grenzen, in denen der Bund – abweichend von Art. 84 I 1 GG – die Einrichtung der Behörden und das Verwaltungsverfahren im Interesse einer einheitlichen Gesamtkonzeption oder wegen der unauflösbaren Verschränkung materiellen und formellen Rechts selbst regeln darf.

26 Dabei liegt Art. 84 I 2 bis 7 GG offensichtlich ein zweistufiges Konzept zugrunde, dessen erste Stufe das **Abweichungsmodell** (Sätze 2 bis 4) bildet. Danach kann auch der Bund organisations- und verfahrensrechtliche Regelungen treffen, ohne daß diese Befugnis auf Ausnahmefälle beschränkt oder an besondere Voraussetzungen geknüpft ist. Der darin liegende Eingriff in die Organisationsautonomie der Länder wird dadurch kompensiert, daß die Länder von dem Bundesgesetz abweichende eigene Regelungen treffen können. Diese landesrechtlichen Normen gehen dem Bundesgesetz dann gem. Art. 84 I 4 GG i. V. m. Art. 72 III 3 GG vor[86].

---

[84] Hierher gehört etwa die Frage, ob die Länder anläßlich verfahrensrechtlicher Regelungen Fragen des materiellen Rechts »mitregeln« dürfen; dazu etwa Jarass/*Pieroth*, GG, Art. 84 Rn. 8.

[85] So auch *W. Kahl*, NVwZ 2008, 710 (712); Jarass/*Pieroth*, GG, Art. 84 Rn. 4; ähnlich *Vogel* (Fn. 64), § 22 Rn. 88.

[86] Den Verweis auf Art. 72 III 3 GG hält mit guten Gründen für überflüssig *Trute*, Verwaltungs-

In **Art. 84 I 3 und 4 GG** sind dann die **Folgeregelungen** der Abweichungsmöglichkeit normiert, die es dem Bund erlauben, seinerseits durch »spätere« Bundesgesetze die abweichende Landesregelung zu derogieren. Allerdings unterliegt auch ein solches »neues« Bundesgesetz wiederum dem Abweichungsrecht der Länder, weshalb offensichtlich die Gefahr ständig wechselnder Gesetzgebung in einzelnen Bundesländern besteht. Diesem Problem begegnet Art. 84 I 3 GG allein dadurch, daß »spätere« Bundesgesetze in Ländern, die von ihrem Abweichungsrecht Gebrauch gemacht haben, jeweils erst sechs Monate nach ihrer Verkündung in Kraft treten, wenn nicht das Bundesgesetz mit Zustimmung des Bundesrates etwas anderes bestimmt. Damit soll den betroffenen Ländern Gelegenheit gegeben werden, erneut von ihrem Abweichungsrecht Gebrauch zu machen, bevor die bundesgesetzliche Regelung in diesen Ländern in Kraft tritt. 27

Die zweite Möglichkeit, Fragen des formellen Rechts zum Gegenstand bundesgesetzlicher Regelungen zu machen, eröffnet Art. 84 I 5 und 6 GG. Danach kann der Bund eigene Regelungen treffen und gleichzeitig das **Abweichungsrecht der Länder** nach Art. 84 I 2 GG **ausnahmsweise sperren**. Diese zweite Stufe bundesgesetzlicher Regelungsmöglichkeiten ist allerdings beschränkt auf das Verwaltungsverfahren, während das Abweichungsrecht der Länder in Fragen der Behördenorganisation vom Bund nicht gesperrt werden kann. Außerdem sind derartige bundesgesetzliche Regelungen des Verwaltungsverfahrens, die die Abweichungsmöglichkeit der Länder ausschließen, inhaltlich konditioniert durch das Erfordernis eines besonderen Bedürfnisses nach bundeseinheitlicher Regelung und bedürfen schließlich der Zustimmung des Bundesrates. Deshalb kann man dieses Modell der bundesstaatlichen Zuordnung von Vollzugskompetenzen als (gegenständlich beschränktes) **Zustimmungsmodell** bezeichnen (→ Rn. 61). 28

Art. 84 I 7 GG begrenzt das Recht des Bundes, gem. Art. 84 I 2 bis 4 GG Fragen der Einrichtung der Behörden zu regeln, indem er eine bundesgesetzliche Übertragung von Aufgaben auf Gemeinden und Gemeindeverbände verbietet. Vor dem Hintergrund negativer Erfahrungen einer – vor allem auch finanziellen – Aufgabenbelastung der Kommunen unmittelbar durch Bundesgesetz (→ Rn. 9) verweist dieses **Durchgriffsverbot** den Bundesgesetzgeber auf den Weg, die Länder zu Adressaten von Aufgabenzuweisungsnormen zu machen. Diesen steht dann der Weg offen, diese Aufgaben nach Maßgabe landesverfassungsrechtlicher Bestimmungen (Konnexitätsprinzip) weiter auf die Kommunen zu übertragen. 29

d) Insbesondere: Bedeutung und Funktion des Abweichungsmodells

Betrachtet man die konkrete Ausgestaltung des **Abweichungs- und des Zustimmungsmodells**, so ist offensichtlich, daß sie im Verhältnis von **Regel und Ausnahme** zueinander stehen. Während das nur noch für Ausnahmefälle zulässige Zustimmungsmodell den allseits für reformbedürftig angesehenen Art. 84 I GG a. F. fortschreibt, soll der Organisationsgewalt der Länder nach der Neukonzeption des Art. 84 I GG nicht mehr durch einen Zustimmungsvorbehalt zu Gunsten des Bundesrates als eines Bundesor- 30

---

kompetenzen (Fn. 30), Rn. 160; a. A. etwa *Dittmann* (Fn. 79), Art. 84 Rn. 17. Zu den neuen Abgrenzungsproblemen, die das Abweichungsrecht hinsichtlich der Frage aufwirft, wann eine landesgesetzliche Abweichung vom Bundesrecht vorliegt, s. etwa *H. Schulze-Fielitz*, NVwZ 2007, 249 (254 f.).

gans, sondern primär durch eine **Stärkung der Länder und insbesondere der Landesparlamente**[87] Rechnung getragen werden.

31 Damit verbunden ist ein **grundlegender Funktionswandel** des Art. 84 I GG im Allgemeinen und des Abweichungsmodells als des zentralen Elements von Art. 84 I GG im Besonderen im Verhältnis zu Art. 84 I GG a. F. Der alten Fassung wurde nämlich vor allem eine »kompensatorische Funktion« zugeschrieben. Der Kompetenzverlust der Länder im Bereich der landeseigenen Verwaltung sollte bei bundesgesetzlichen Organisations- und Verfahrensregelungen durch ihre Mitwirkung im Bundesrat ausgeglichen werden[88]. Diese Auffassung konnte bereits als Auslegungshilfe zu Art. 84 I GG a. F. nicht überzeugen, weil sie zu wenig berücksichtigte, daß der Machtverlust der Landesparlamente kaum durch eine stärkere Beteiligung der im Bundesrat vertretenen Landesexekutiven an der Bundesgesetzgebung kompensiert werden kann. Der Verlust von Kompetenzen demokratisch legitimierter Organe wurde so erkauft durch die Stärkung eines Bundesorgans, dessen demokratische Kontrolle und Legitimation allenfalls schwach ausgestaltet ist. Die Grundstruktur des Verhältnisses zwischen Bundes- und Landesgesetzgebung hat sich durch die Einführung des Abweichungsrechtes in Art. 84 I 2 GG demgegenüber grundlegend verändert. Wegen der **parallelen Regelungsbefugnisse von Bund und Ländern** (→ Rn. 21, 50) ist – bezogen auf das Abweichungsmodell – kein Kompetenzverlust der Länder zu beklagen, der kompensationsbedürftig wäre. Mit der alleinigen Anwendung der Posterioritätsregel (→ Rn. 50) zur Lösung von Konflikten zwischen Bund und (einzelnen) Ländern macht Art. 84 I 2 bis 4 GG den Streit um das bessere »Vollzugsmodell« primär zum Gegenstand des politischen Prozesses. Hauptakteure dieses Prozesses sind auf Seiten des Bundes nicht mehr der Vermittlungsausschuß, sondern die im Bundestag und in der Bundesregierung repräsentierte politische Mehrheit, und auf Seiten der Länder nicht mehr allein die Landesregierungen, sondern auch die Landesparlamente. Die Funktion des Abweichungsmodells (Art. 84 I 2 bis 4 GG) liegt vor diesem Hintergrund darin, zu ermöglichen, daß **Differenzen zwischen Bund und Ländern** um das bessere Modell des organisatorischen und verfahrensrechtlichen Vollzugs von Bundesgesetzen zum **Gegenstand politischer Entscheidungen** gemacht werden können und gleichzeitig die Verantwortlichkeiten zwischen Bundes- und Landespolitik klarer voneinander abzugrenzen.

32 Dieses zentrale Anliegen[89] der Reform aus dem Jahr 2006 kann als leitender Gesichtspunkt dienen bei der Lösung von Auslegungsfragen, die insbesondere die Reichweite des Abweichungsrechts und den Umfang der Zustimmungsbedürftigkeit[90] betreffen (→ Rn. 55, 67 ff.). Mit der Stärkung der Gestaltungsmöglichkeiten der Länder durch die Reform des Art. 84 I GG wurde nämlich dem Anliegen entsprochen, das Verhältnis zwischen **Demokratieprinzip** und **Bundesstaatsprinzip** in diesem Rege-

---

[87] Eine Stärkung der Länderparlamente sieht auch *Trute*, Verwaltungskompetenzen (Fn. 30), Rn. 150.

[88] So etwa *D. Posser*, Der Bundesrat und seine Bedeutung, in: HdbVerfR, § 24 Rn. 15; *K. Hesse*, Der unitarische Bundesstaat (1962), in: ders., Ausgewählte Schriften, 1984, S. 116 ff. (136 f.); *M. Sachs*, Das parlamentarische Regierungssystem und der Bundesrat – Entwicklungsstand und Reformbedarf, VVDStRL 58 (1999), S. 39 ff. (47); kritisch hierzu *F. Ossenbühl*, AöR 99 (1973/74), 369 (419 f.); *U. Volkmann*, DÖV 1998, 613 (618 f.).

[89] Dazu *Röttgen/Boehl*, Abweichung (Fn. 26), S. 27.

[90] Zur Funktion des Zustimmungserfordernisses als Schutz der Länderinteressen in Angelegenheiten von finanzieller und verwaltungsmäßiger Tragweite siehe BVerfGE 61, 149 (206); vgl. auch E 37, 363 (384); 55, 274 (319).

lungszusammenhang neu auszutarieren[91]. Die mit dem Abweichungsmodell deutlich in den Mittelpunkt gerückte demokratisch legitimierte politische Gestaltungsmacht der Landesparlamente spricht dafür, in Zweifelsfällen und insbesondere bei Schwierigkeiten der Abgrenzung materiellen Rechts von formellem Recht (→ Rn. 43ff.) zugunsten des Abweichungsrechts der Länder zu entscheiden.

2. Behördenorganisation und Verwaltungsverfahren

Trotz des Zusammenhangs zwischen »**materiellem**« **Recht** einerseits und **Organisations- und Verfahrensrecht** andererseits, der zu einer einheitlichen Beurteilung der Gesetzgebungskompetenz für diese beiden Bereiche nach Art. 70ff. GG führt (→ Art. 83 Rn. 20ff.), zwingt Art. 84 I GG aus mehreren Gründen dazu, diese beiden Regelungsmaterien voneinander **abzugrenzen**: Zunächst hängt die Reichweite des Abweichungsrechts der Länder von dieser Abgrenzung ab, weil Gegenstände des Abweichungsrechts nur die Einrichtung der Behörden und das Verwaltungsverfahren sind (→ Rn. 52). Zum anderen begründet Art. 84 I GG nur im Hinblick auf diese Gegenstände eine von Art. 71, 73 GG abweichende Landesgesetzgebungskompetenz (→ Rn. 24). Schließlich ist die Regelungsbefugnis des Bundes nach dem Zustimmungsmodell (Art. 84 I 5 und 6 GG) begrenzt auf das Verwaltungsverfahren, so daß hier sogar eine noch genauere Abgrenzung unter Ausschluß des Organisationsrechts erforderlich wird. Auch die Übergangsvorschrift des Art. 125b II GG trifft eine Sonderregelung, die ausschließlich auf Regelungen des Verwaltungsverfahrens bezogen ist (→ Art. 125b Rn. 19ff.). 33

a) Allgemeines zur Definition der Begriffe

In einem ersten Zugriff werden die Begriffe der Behördenorganisation und des Verwaltungsverfahrens mit der gebräuchlichen Faustformel umschrieben, nach der das **Verwaltungsverfahrensrecht** bestimmt, »**wie**« gehandelt wird, während das Recht der **Behördeneinrichtung** festlegt, »**wer**« handelt[92]. In Zweifelsfällen wird dafür votiert, daß im Kontext des Art. 84 GG sowohl das Organisations- als auch das Verfahrensrecht in einem »umfassenden Sinne« zu verstehen sind[93]. So wurde eine Regelung verfahrensrechtlichen Inhalts bereits dann angenommen, wenn ein Gesetz zum Erlaß einer Rechtsverordnung ermächtigt, die ihrerseits verwaltungsverfahrensrechtlichen Inhalt haben kann[94]. Vorschriften, die eine bereits bestehende Regelung nur wiederholen oder konkretisieren, bewirken allerdings keine »neue« verwaltungsverfahrens- 34

---

[91] Vgl. *D. Grimm*, Diskussionsbemerkung, VVDStRL 58 (1999), S. 90.

[92] Repräsentativ *Kirchhof* (Fn. 29), Art. 84 Rn. 52; *J. Ipsen*, Staatsrecht I, Rn. 616; ausführlich zu dieser Frage auch *R. Lehmann-Brauns*, Die Zustimmungsbedürftigkeit von Bundesgesetzen nach der Föderalismusreform, 2008, S. 117ff., insb. S. 193; vgl. auch *T. Maunz*, BayVBl. 1982, 353 (353); *E. Schmidt-Aßmann*, HStR III, § 70 Rn. 7: »das Verfahren als ›Linie‹, das Verwaltungsorganisationsgefüge als ›Fläche‹; Verfahren als ›Verwaltung in Aktion‹, Organisation als ›Zustand‹.«

[93] So *Groß* (Fn. 6), Art. 84 Rn. 18; *J. Ipsen*, Staatsrecht I, Rn. 617; für die Behördeneinrichtung auch *Bull* (Fn. 7), Art. 84 Rn. 7; BVerfGE 75, 108 (150) spricht dagegen von einer »strikten« Auslegung.

[94] BVerfGE 55, 274 (325f.). Ähnliches müßte konsequenterweise auch anzunehmen sein, wenn ein Gesetz zum Erlaß einer Rechtsverordnung ermächtigt, deren Inhalt organisationsrechtlicher Natur sein kann.

rechtliche Regelung und somit keinen das Abweichungsrecht[95] oder die Zustimmungsbedürftigkeit auslösenden Eingriff in die Organisationsgewalt der Länder[96].

b) Behördenorganisation

35 Die allgemein gebräuchliche Definition des Begriffs der »**Einrichtung**« einer Behörde umfaßt alle Maßnahmen, die die Schaffung neuer Behörden[97] oder die Umgestaltung bestehender Behörden, deren Zuordnung zu einem Rechtsträger und ihr inneres Gefüge betreffen. Dazu gehören zum Beispiel die Rechtsstellung im Verhältnis zu anderen Behörden (Aufsicht), die Frage kollegialer und hierarchischer Gestaltung, die Mitwirkung ehrenamtlicher Staatsbürger, die Qualifikation und Vorbildung ihres Personals und ihre personelle Besetzung und ihre Ausstattung mit Sachmitteln sowie die Bestimmung ihrer Zuständigkeit[98]. Auch die Übertragung von Aufgaben und Befugnissen an eine bestimmte vorhandene oder eine neu zu errichtende Behörde gehört hierher[99]. Nicht ausreichen soll eine rein quantitative Vermehrung bereits bestehender Aufgaben[100]. Kein wesentlicher Unterschied ergibt sich, wenn man den Begriff so definiert, daß er die Befugnis erfaßt zu bestimmen, daß eine Behörde errichtet wird (**Gründung**), wie sie eingerichtet sein soll (**Ausgestaltung**) und welche **Aufgaben und Befugnisse** sie wahrnimmt[101]. Der Begriff der »Einrichtung« wird in diesem umfassenden Sinne deshalb verstanden, weil Errichtung, Einrichtung und Aufgabenzuweisung untrennbar aufeinander bezogen sind[102]. Erfaßt werden sowohl Behörden der unmittelbaren als auch der mittelbaren Landesverwaltung[103] – insbesondere also auch Gemeinden und Gemeindeverbände[104] – sowie sonstige selbständige Rechtsträger[105]. Die früher umstrittene Frage, ob auch Aufgabenzuweisungen an die Kommunen eine zulässige bundesgesetzliche Regelung der Einrichtung der Behörden darstellen[106], ist

---

[95] Zu beachten ist allerdings das nach der Übergangsvorschrift des Art. 125b II GG bestehende (hinsichtlich des Verfahrensrechts eingeschränkte) Abweichungsrecht der Länder bezüglich der »alten« – durch spätere Bundesgesetze lediglich wiederholten oder konkretisierten – Regelung.

[96] Vgl. BVerfGE 10, 20 (49); *Broß/Mayer* (Fn. 64), Art. 84 Rn. 12; *Dittmann* (Fn. 79), Art. 84 Rn. 10; differenzierend *Lerche* (Fn. 7), Art. 84 Rn. 50.

[97] So bezogen auf das gleichlautende Merkmal in Art. 85 I GG BVerfGE 126, 77 (99, Rn. 131).

[98] Zusammenfassend BSG SGb 2010, 106 (112); *Groß* (Fn. 6), Art. 84 Rn. 18; *W. Blümel*, HStR IV, § 101 Rn. 30; *Dittmann* (Fn. 79), Art. 84 Rn. 7; *Bull* (Fn. 7), Art. 84 Rn. 7 f.; *Trute* (Fn. 74), Art. 84 Rn. 9; kritisch zur Subsumtion von Zuständigkeitsbestimmungen unter den Begriff der Behördeneinrichtung *R. Schmidt*, JuS 1999, 861 (863).

[99] BVerfGE 126, 77 (99, Rn. 131).

[100] Vgl. dazu BVerfGE 126, 77 (99, Rn. 132) sowie BVerfGE 75, 108 (150 f.); kritisch dazu *A. Sauter*, Die Zustimmungsbedürftigkeit von Bundesgesetzen unter besonderer Berücksichtigung des Art. 84 Abs. 1 GG, in: FS Klein, 1994, S. 561 ff. (564); nach BVerfGE 105, 313 (331, Rn. 48) soll eine Regelung zur Einrichtung der Behörden allerdings vorliegen, wenn ein Bundesgesetz »den näheren Aufgabenkreis einer Landesbehörde festlegt«.

[101] BVerfGE 75, 108 (149 ff.); Jarass/*Pieroth*, GG, Art. 84 Rn. 6; *Bull* (Fn. 7), Art. 84 Rn. 7; *H. Krüger*, DVBl. 1998, 293 (294); *R. Schmidt*, JuS 1999, 861 (863); vgl. auch *J. Ipsen*, Staatsrecht I, Rn. 617: »alle organisatorischen Vorkehrungen zur Durchführung eines Bundesgesetzes«.

[102] Repräsentativ *Broß/Mayer* (Fn. 64), Art. 84 Rn. 9; *Trute* (Fn. 74), Art. 84 Rn. 9.

[103] BVerfGE 114, 196 (223, Rn. 163); *Groß* (Fn. 6), Art. 84 Rn. 19.

[104] S. nur BSG SGb 2010, 106 (112).

[105] BVerfGE 39, 96 (109); *Trute* (Fn. 74), Art. 84 Rn. 10; *Groß* (Fn. 6), Art. 84 Rn. 19; *H. Krüger*, DVBl. 1998, 293 (294); *M. Burgi/P. Maier*, DÖV 2000, 579 (584).

[106] Dazu *Trute* (Fn. 74), Art. 84 Rn. 52 ff.; sehr restriktiv *F. Schoch/J. Wieland*, Finanzierungsverantwortung für gesetzgeberisch veranlaßte kommunale Aufgaben, 1995, S. 115 ff. m. w. N.; generell

durch die Föderalismusreform in Art. 84 I 7 GG entschieden worden, so daß insoweit eine ausschließliche Organisationshoheit der Länder besteht.

c) Verwaltungsverfahren

Die übliche Umschreibung des Verwaltungsverfahrens als die das »Wie« des Verwaltungshandelns[107] betreffende Regelungsmaterie kann über die »erheblichen Schwierigkeiten« nicht hinwegtäuschen, denen sich eine genauere Begriffsbestimmung gegenübersieht[108]. Hintergrund dieser Schwierigkeiten ist die allgemeine Problematik einer **Abgrenzung von Verwaltungsverfahren und materiellem Recht** (→ Art. 83 Rn. 23). Immerhin kann in diesem Zusammenhang zunächst als allgemein anerkannt festgehalten werden, daß das gerichtliche Verfahren nicht zum Begriff des Verwaltungsverfahrens gehört[109], daß der Begriff des Verwaltungsverfahrens nicht auf den engen Anwendungsbereich beschränkt ist, den § 9 VwVfG definiert, und sich auch nicht auf Normen des Innenrechts beschränkt[110]. **36**

Die **Rechtsprechung** entbehrt einer einheitlichen Linie[111]. Nach einer Entscheidung des Bundesverfassungsgerichts aus dem Jahre 1980, die ihrerseits auf einem Votum von vier unterlegenen Richtern einer früheren Entscheidung basiert[112], sind Vorschriften über das Verwaltungsverfahren im Sinne von Art. 84 I GG »jedenfalls« solche gesetzlichen Bestimmungen, »die die Tätigkeit der Verwaltungsbehörden im Blick auf die Art und Weise der Ausführung des Gesetzes einschließlich ihrer Handlungsformen, die Form der behördlichen Willensbildung, die Art der Prüfung und Vorbereitung der Entscheidung, deren Zustandekommen und Durchsetzung, sowie verwaltungsinterne Mitwirkungs- und Kontrollvorgänge in ihrem Ablauf regeln«[113]. Gleichzeitig wird jedoch betont, daß diese Formel keine allzeit gültigen Maßstäbe liefern soll, sondern daß die Abgrenzung zwischen Verwaltungsverfahrensrecht und materiellem Verwaltungsrecht in der Vergangenheit Wandlungen unterworfen gewesen sei und dies auch in Zukunft so sein werde, was sich aus der Veränderung der Staatsaufgaben im Bereich der Verwaltung und der erforderlichen Mittel zu ihrer Bewältigung »unabweislich« ergeben könne[114]. Folgende Beispiele aus der Rechtsprechung, die als **Regelungen mit verfahrensrechtlichem Gehalt** eingeordnet wurden, seien erwähnt[115]: **37**

---

gegen die Befugnis des Bundes zur Festlegung der Verwaltungsstufe auch *Lerche* (Fn. 7), Art. 84 Rn. 27 und 59, sowie *ders.*, Verfassungsfragen um Sozialhilfe und Jugendwohlfahrt, 1963, S. 59 ff.

107 BVerfGE 37, 363 (385); 55, 274 (319); 73, 363 (385); vgl. auch *E. Schmidt-Aßmann*, HStR³ V, § 109 Rn. 5 m. w. N.; *Dittmann* (Fn. 79), Art. 84 Rn. 9; *Groß* (Fn. 6), Art. 84 Rn. 23 spricht von der »Art und Weise sowie der Form des Verwaltungshandelns«.

108 Zutreffend *Lerche* (Fn. 7), Art. 84 Rn. 30; vgl. auch *Bull* (Fn. 7), Art. 84 Rn. 14.

109 Vgl. BVerfGE 14, 197 (219); *Groß* (Fn. 6), Art. 84 Rn. 26.

110 BVerfGE 37, 368 (390, 394); Jarass/*Pieroth*, GG, Art. 84 Rn. 7; *Bull* (Fn. 7), Art. 84 Rn. 12 ff.; *Groß* (Fn. 6), Art. 84 Rn. 23; *H. Krüger*, DVBl. 1998, 293 (294).

111 So auch die Einschätzung von *H. H. Klein*, Verwaltungskompetenzen von Bund und Ländern in der Rechtsprechung des Bundesverfassungsgerichts, in: Festgabe BVerfG II, S. 277 ff. (290).

112 BVerfGE 37, 363 (390).

113 BVerfGE 55, 274 (320 f.); so auch später E 75, 108 (152); ähnlich E 105, 313 (331, Rn. 48); 114, 196 (224, Rn. 166); s. auch BSG SGb 2010, 106 (112 f.).

114 BVerfGE 55, 274 (320).

115 Zu weiteren, von der Rechtsprechung noch nicht behandelten Fallgruppen vgl. *R. Schmidt*, JuS 1999, 861 (864).

Offenbarungs- und Verwertungsverbote[116], Antragserfordernisse[117], Form- und Fristvorschriften[118], Verwaltungsgebühren[119], Zustellungsvorschriften[120], Zustimmungserfordernisse[121]. Überraschenderweise **nicht** als Regelungen verwaltungsverfahrensrechtlichen Gehalts wurden hingegen Regelungen über zwischenbehördliche Akteneinsichts- und Auskunftsrechte eingestuft[122]. Auch Bestimmungen über die behördliche Schweigepflicht wurden zum materiellen Verwaltungsrecht gerechnet[123]. Schwer verständlich ist auch, daß die Regelungen über das Widerspruchsverfahren nach §§ 68 ff. VwGO nicht als Verwaltungsverfahrensrecht eingeordnet, sondern dem Kompetenztitel des Art. 74 I Nr. 1 GG über das verwaltungsgerichtliche Verfahren zugerechnet wurden[124], obwohl es sich bei dem Widerspruchsverfahren nach der VwGO um die erste zusammenhängende gesetzliche Regelung eines Verwaltungsverfahrens überhaupt handelt[125].

38 Auch die in der **Literatur** unternommenen Versuche, dem Begriff des Verwaltungsverfahrens nachvollziehbare Konturen zu verleihen, kreisen im wesentlichen um die Prämisse, das Verwaltungsverfahrensrecht regele das »Wie« des Verwaltungshandelns[126], wobei das Verfahren als strukturierter Vorgang der Informationsgewinnung und -verarbeitung zunehmend ins Blickfeld rückt[127]. Werden diese Versuche konkreter, so greifen sie auf die unterverfassungsrechtlichen »Rechtsmassen« zurück[128], kommen aber – etwa im Verhältnis zum materiellen Recht – nicht umhin, »evidente Wechselwirkungen« zu konstatieren[129]. Andere Ansätze versuchen, den Begriff des Verwaltungsverfahrens in Art. 84 I GG parallel zum Verwaltungsprozeßrecht auf das förmliche Verwaltungsverfahren zu beschränken[130]. Der Wortlaut des Art. 84 I GG sowie die fehlende Vergleichbarkeit zwischen Verwaltungsprozeß und Verwaltungsverfahren verbieten aber eine derartig enge Beschränkung des Begriffes[131]. In der Zuordnung des Datenschutzrechts zeigen sich in der Literatur die **Schwierigkeiten bei der Unterscheidung von materiellem Recht und Verfahrensrecht** in besonderem Maße: Vielfach wird das Datenschutzrecht pauschal dem Verwaltungsverfahrensrecht zuge-

---

[116] Von BVerfGE 55, 274 (323) gar als Bestimmungen mit »eindeutig verfahrensregelndem Inhalt« qualifiziert.

[117] BVerfGE 24, 184 (195); 37, 363 (385 ff.).

[118] BVerfGE 24, 184 (195).

[119] BVerfGE 8, 93 (94); 26, 281 (298); ausführlich und m. w. N. BVerwGE 150, 129 (139 f., Rn. 22 ff.).

[120] BVerfGE 8, 274 (294).

[121] BVerfGE 1, 76 (79).

[122] BVerfGE 10, 20 (49). Das Argument, es handele sich lediglich um eine Konkretisierung der den Behörden der Länder ohnehin schon nach Art. 35 GG obliegenden Pflichten zu gegenseitiger Rechts- und Amtshilfe, verkennt den Rahmencharakter dieser Norm (→ Art. 35 Rn. 18) und ist offenbar allein aus der Perspektive der Zustimmungsbedürftigkeit gedacht, was der Funktion von Art. 84 I GG nicht gerecht wird (→ Rn. 17 ff.).

[123] BVerfGE 14, 197 (221).

[124] BVerfGE 35, 65 (75); krit. dazu auch *Bull* (Fn. 7), Art. 84 Rn. 18.

[125] So auch *Kirchhof* (Fn. 29), Art. 84 Rn. 91.

[126] So etwa *E. Schmidt-Aßmann*, HStR³ V, § 109 Rn. 5, allerdings mit der zu Recht vorsichtigen Bemerkung, viel mehr als eine erste Annäherung sei damit nicht gewonnen.

[127] So etwa *H.-G. Henneke*, in: Schmidt-Bleibtreu/Hofmann/Henneke, GG, Art. 84 Rn. 18.

[128] So etwa *Lerche* (Fn. 7), Art. 84 Rn. 37 ff.; s. auch die ausführliche Auflistung von *Trute* (Fn. 74), Art. 84 Rn. 14, die nahezu alle Aspekte des allgemeinen Verwaltungsrechts umfaßt.

[129] *Lerche* (Fn. 7), Art. 84 Rn. 39.

[130] *A. Köttgen*, DÖV 1952, 422 (424 f.); ähnlich eng *J. Kratzer*, AöR 77 (1951/52), 266 (268).

[131] Kritisch etwa *K.-A. Bettermann*, Das Verwaltungsverfahren, VVDStRL 17 (1959), S. 118 ff. (136 f.); *M. Ferger*, Der Begriff des Verwaltungsverfahrens, Diss. jur. Tübingen 1962, S. 54.

rechnet[132]. Andere wollen nur solche datenschutzrechtlichen Regelungen dem Verwaltungsverfahrensrecht zuordnen, die den Betroffenen keine eigenen Rechte einräumen, während subjektiv-rechtliche Bestimmungen dem materiellen Datenschutzrecht zugeordnet werden sollen[133].

An Stelle der geläufigen Differenzierung zwischen »materiellem« und »formellem« Recht wird die Unterscheidung zwischen (materiellem) »Recht« und »**Rechtsanwendungsrecht**« vorgeschlagen[134]. In die erste Kategorie sollen dabei Rechtssätze fallen, die einen Normadressaten berechtigen, ermächtigen oder verpflichten. Dagegen sollen diejenigen Rechtssätze, die zur Durchführung dieses materiellen Rechts erlassen werden – also insbesondere Organisations- und verfahrensrechtliche Regelungen – als »Rechtsanwendungsrecht« bezeichnet werden. Ein weiterer Vorschlag will einem Recht dann verfahrensrechtliche Natur beimessen, wenn es sich – im Unterschied zum materiellen Recht – nur mittelbar auf das zu fördernde Rechtsgut bezieht[135]. 39

Nicht selten und für die deutsche Geringschätzung des Verwaltungsverfahrens im Verhältnis zum verwaltungsgerichtlichen Verfahren typisch wird das Verfahrensrecht als den materiellen Rechten »**dienendes**« oder diesem primären Recht nachgeordnetes »**sekundäres« Recht** verstanden[136]. Erst wenn materielle Rechte als Grundlage der Beziehung zwischen Bürger und Behörde bestehen oder begründet werden sollen, können nach diesem Verständnis Verfahrensbeziehungen als Sekundärbeziehungen hinzutreten, die sich aus der Art der Begründung oder Durchsetzung der materiellen Rechte ergeben[137]. 40

d) »Doppelgesichtige Normen«

Eine Antwort in der Rechtsprechung des Bundesverfassungsgerichts auf die offensichtlichen Abgrenzungsschwierigkeiten sind die sog. »doppelgesichtigen« Normen. Als solche beschreibt das Gericht **Vorschriften mit materiell-rechtlichem Inhalt und** zugleich **verfahrensrechtlicher Bedeutung**[138]. Unter dem bis 2006 allein maßgeblichen Aspekt der Zustimmungsbedürftigkeit eines Bundesgesetzes sollten auch solche Normen der Zustimmung des Bundesrates bedürfen[139]. Diese Begriffsbildung diente indes allein dazu, die Zustimmungsbedürftigkeit solcher Vorschriften zu begründen, so daß für die weiteren Fragen, für die die Abgrenzung von Bedeutung ist (→ Rn. 33), nichts ausgesagt ist. Tragender Grund für die Annahme der Zustimmungsbedürftigkeit war nämlich allein zu verhindern, daß der Bundestag, der – so das Bundesverfassungsgericht – das Ausmaß der Verschränkung von materiellem Recht und Verfahrensrecht in der Hand habe, die Zustimmungsbedürftigkeit manipulieren kann[140]. 41

---

[132] *A. Richter*, Datenschutz. Leitfaden für die Ausbildung und Praxis, 1982, S. 69; *H. W. Louis*, Grundzüge des Datenschutzrechts, 1981, S. 47; *M. T. Tinnefeld/E. Ehmann*, Einführung in das Datenschutzrecht, 1994, S. 40; *H.-W. Arndt*, JuS 1988, 681 (682).

[133] *Bull* (Fn. 7), Art. 84 Rn. 17; *M. Antoni*, AöR 113 (1988), 329 (401).

[134] So z. B. *J. Ipsen*, Staatsrecht I, Rn. 618.

[135] So der sehr unscharfe Differenzierungsvorschlag von *H. Wolff*, VR 1996, 367 (370).

[136] Repräsentativ *Maurer*, Allg. Verwaltungsrecht, § 19 Rn. 8: »Das Verwaltungsverfahren dient der Durchsetzung und Verwirklichung des materiellen Rechts. Insofern hat es – wie jedes andere staatliche Verfahren – nur Hilfsfunktion.«

[137] Vgl. dazu *Neuser*, Gesetzgebungskompetenzen (Fn. 15), S. 84.

[138] BVerfGE 55, 274 (321).

[139] BVerfGE 55, 274 (321).

[140] BVerfGE 37, 363 (391); darauf wird in E 55, 274 (320 f.) verwiesen; ähnlich *R. Schmidt*, JuS

42 Bei Normen, die zugleich materielles und Verfahrensrecht enthalten, soll vor diesem Hintergrund nicht darauf abzustellen sein, welche Zuordnung überwiegt[141], sondern ob eine **hinreichend konkrete Festlegung des Verwaltungshandelns** bewirkt wird[142]. Verdeckte Regelungen des »Wie« sollen dann vorliegen, wenn eine den Bürger betreffende materiell-rechtliche Vorschrift zugleich die zwangsläufige Festlegung eines bestimmten verfahrensmäßigen Verhaltens der Verwaltung bewirkt[143]. Konsequent auf der Linie dieser Rechtsprechung zur Zustimmungsbedürftigkeit »doppelgesichtiger« Normen liegen auch die Aussagen, die das Bundesverfassungsgericht über die Zustimmungsbedürftigkeit von Änderungsgesetzen zu ursprünglich zustimmungsbedürftigen Gesetzen gemacht hat[144]: Nach Auffassung des Gerichts kann ein Änderungsgesetz auch dann zustimmungsbedürftig sein, wenn es sich »zwar auf die Regelung materiell-rechtlicher Fragen beschränkt, in diesem Bereich jedoch Neuerungen in Kraft setzt, die den nicht ausdrücklich geänderten Vorschriften über das Verwaltungsverfahren eine wesentlich andere Bedeutung und Tragweite verleihen«[145]. Solche »materiell-rechtlichen« Regelungen mit Auswirkung auf das Verfahren sind nichts anderes als die vom Bundesverfassungsgericht so bezeichneten »doppelgesichtigen« Normen und wurden ebenso wie diese für zustimmungsbedürftig gehalten.

e) Folgen aus der fehlenden Abgrenzbarkeit von »materiellem« und »formellem« Recht

43 Die Problematik der durch den Wortlaut des Art. 84 I GG aufgegebenen **Unterscheidung** zwischen materiellem Recht einerseits und Organisations- und Verfahrensrecht andererseits beruht darauf, daß sie **weder praktisch noch theoretisch gelingen** kann[146] (→ Art. 83 Rn. 23). Spätestens mit der Entdeckung der »doppelgesichtigen Normen« (→ Rn. 41 f.) hat diese Erkenntnis auch Eingang in die Rechtsprechung des Bundesverfassungsgerichts gefunden. Der pragmatische Umgang der Rechtsprechung mit den Konsequenzen dieser Unmöglichkeit der Unterscheidung hat unter der Geltung des Art. 84 I GG a. F. dazu geführt, daß die hohe Zahl der zustimmungsbedürftigen Gesetze dem Bundesrat ein Gewicht an politischer Mitwirkung verlieh, das weit über seine ursprünglich konzipierte Stellung im bundesstaatlichen Gefüge des Grundgesetzes hinausging[147]. So konnten die Länder mit dem Instrument der Zustimmungsverweige-

---

1999, 861 (864). Kritisch dazu *H. Schulze-Fielitz*, DVBl. 1982, 328 (330 f.); *M. Antoni*, AöR 113 (1988), 329 (376 f.).

[141] So aber *Bull* (Fn. 7), Art. 84 Rn. 14.

[142] BVerfGE 55, 274 (321); 75, 108 (152).

[143] BVerfGE 55, 274 (321); 75, 108 (152); vgl. auch *Dittmann* (Fn. 79), Art. 84 Rn. 9.

[144] Ausführlicher zur Frage der Zustimmungsbedürftigkeit von Änderungsgesetzen: → Rn. 70.

[145] BVerfGE 37, 363 (383); hierzu kritisch *Lerche* (Fn. 7), Art. 84 Rn. 81 f.

[146] Ein anschauliches Beispiel dafür liefert BVerfGE 105, 313 (331 ff., Rn. 47 ff.); skeptisch auch *Trute* (Fn. 74), Art. 84 Rn. 8, 11; dazu, daß diese Erkenntnis auch in den Beratungen zur Föderalismusreform präsent war, s. nur *Rauber*, Artikel 84 (Fn. 26), S. 49 m. w. N.; eingehend zu dem Grundproblem *M. Pöcker*, Stasis und Wandel der Rechtsdogmatik, 2007, S. 199 ff. Eine ähnliche Einsicht ergibt sich auch aus einer steuerungswissenschaftlichen Perspektive, die materielle Regelungen und Organisations- und Verfahrensregelungen als gleichrangige Steuerungsmittel betrachtet, s. zum Organisationsrecht *T. Groß*, Das Kollegialprinzip in der Verwaltungsorganisation, 1999, S. 19 ff.

[147] Ob dies mit der allgemeinen heilsamen Wirkung von Kompromißzwängen zu rechtfertigen ist – vgl. *Sachs*, Regierungssystem (Fn. 88), S. 59 –, erscheint fraglich.

rung oder der ergänzenden landesrechtlichen Regelung der Organisation und des Verfahrens[148] maßgeblichen Einfluß auf die normative politische Gestaltung nehmen.

Diese grundlegenden Probleme haben sich durch die neue Konzeption des Art. 84 I GG im Rahmen der **Föderalismusreform nicht** etwa **erledigt**. Sie erscheinen nunmehr nur in »neuem Gewand«: Während die Antwort auf die Frage, ob eine Regelung materielle Gehalte aufweist oder dem Recht der Behördenorganisation oder des Verwaltungsverfahrens angehört, bis 2006 nur über die Zustimmungsbedürftigkeit von Bundesgesetzen entschied, entscheidet sie heute – neben der fortbestehenden Frage der Zustimmungsbedürftigkeit nach Art. 84 I 6 GG – im Rahmen des Abweichungsmodells in erster Linie über die **Reichweite des Abweichungsrechts** der Länder. Wenn also die Reichweite des neuen Abweichungsrechts der Länder als eines zentralen Elements der Föderalismusreform abhängig ist von einer nach wie vor weder praktisch noch theoretisch zu bewältigenden Abgrenzungsfrage, so müssen andere Orientierungshilfen zur Bewältigung konkreter Auslegungsfragen gesucht werden[149]. Als eine solche Hilfe kommt in erster Linie der Gesichtspunkt in Betracht, daß die durch die demokratisch unmittelbar legitimierten Landesparlamente wahrgenommene Gestaltungsmacht der Länder gestärkt werden sollte (→ Rn. 7, 30). Er spricht dafür, insbesondere bei den sog. »doppelgesichtigen« Normen die Unmöglichkeit der eindeutigen Unterscheidung und Abgrenzung von materiellem und formellem Recht **nicht zu Lasten des Abweichungsrechts** nach Art. 84 I 2 GG zu lösen (→ Rn. 53). Daraus folgt dann, daß der Bund abweichungsfeste »doppelgesichtige« Normen nur mit **Zustimmung des Bundesrates** erlassen kann (→ Rn. 61). 44

3. Regelung durch die Länder (Art. 84 I 1 GG)

Art. 84 I 1 GG weist den Ländern die Befugnis zu, im Rahmen des landeseigenen Vollzugs von Bundesgesetzen die Einrichtung der Behörden und das Verwaltungsverfahren zu regeln. Diese wie auch alle sonstigen mit dem verwaltungsmäßigen Vollzug zusammenhängenden Fragen[150], die unter den Begriff der **Organisationsgewalt** zusammengefaßt zu werden pflegen, fallen in die Regelungskompetenz der Länder. Diese Landeskompetenz hat ihre bundesverfassungsrechtliche **Grundlage in Art. 83 GG** (Ausführung »als eigene Angelegenheit«), der für den speziellen Bereich der vollzugsbezogenen Normen die allgemeinen Regeln des Art. 70 GG und – soweit keine gesetzliche Regelung in Rede steht – des Art. 30 GG konkretisiert (→ Rn. 23). 45

Konstitutive Bedeutung kommt Art. 84 I GG im Hinblick auf die Regelung der Behördenorganisation und des Verwaltungsverfahrens durch die Länder nur insoweit zu, als diese Vorschrift eine **Landesgesetzgebungskompetenz für Vollzugsregelungen begründet**, die nach Art. 73 GG ausschließlich durch den Bund zu treffen wären (→ Rn. 24). Dies kann sogar dazu führen, daß die Länder auch im Bereich der ausschließlichen Gesetzgebungskompetenz des Bundes »materielle« Regelungen treffen dürfen, soweit der Bund von seiner Kompetenz keinen Gebrauch gemacht hat und ein enger 46

148 Wegen dieser Möglichkeit ist der von *Sachs*, Regierungssystem (Fn. 88), S. 61 f., vorgeschlagene Verzicht auf verfahrens- und organisationsrechtliche Regelungen in Bundesgesetzen kein Ausweg.

149 Vgl. demgegenüber den Ansatz von *Groß* (Fn. 6), Art. 84 Rn. 23, der meint, an der Differenzierung müsse trotz der unlösbaren Abgrenzungsprobleme de constitutione lata festgehalten werden; ähnlich *Trute* (Fn. 74), Art. 84 Rn. 26.

150 Dazu, daß über die Behördenorganisation und das Verwaltungsverfahren hinaus noch weitere Regelungen für den Vollzug von Bundesgesetzen erforderlich sein können: → Rn. 23.

Zusammenhang zwischen verfahrens- und diesen materiell-rechtlichen Regelungsgegenständen besteht[151].

47 Zu der Art und Weise, wie diese Kompetenz der Länder[152] auszuüben ist, trifft weder Art. 84 I 1 GG noch Art. 83 GG eine Aussage. Insbesondere die Frage, ob die Vollzugsregelungen durch **Landesgesetz** getroffen werden müssen, in Formen der **untergesetzlichen Normsetzung** ergehen können oder einer **Einzelfallentscheidung** vorbehalten bleiben dürfen, richtet sich nach den einschlägigen Normen des Landesverfassungsrechts[153]. Die gem. Art. 28 I GG für die Länder verbindliche Vorgabe des Grundgesetzes beschränkt sich in diesem Zusammenhang auf den allgemeinen institutionellen Vorbehalt des Gesetzes[154] (→ Art. 20 [Rechtsstaat], Rn. 124ff.). Für eine bundesgesetzliche Normierung, welche Verfassungsorgane der Länder die Landeskompetenz zur Regelung der im Zusammenhang mit dem Vollzug von Bundesgesetzen auftretenden Fragen wahrzunehmen haben, fehlt es an der gem. Art. 30 GG erforderlichen Ermächtigung im Grundgesetz[155]. Auch zu der Frage, ob und in welchem Umfang Vollzugsregelungen erforderlich sind, folgt aus Art. 84 I GG nichts. Sie beurteilt sich nach der aus Art. 83 GG folgenden Pflicht der Länder, die Bundesgesetze wirksam zu vollziehen (→ Art. 83 Rn. 34f.).

4. Regelung durch den Bund mit Abweichungsrecht der Länder (Art. 84 I 2 bis 4 GG)

a) Grundstruktur des Abweichungsmodells

48 Die gem. Art. 83 GG von den Ländern als eigene Angelegenheit auszuführenden **Bundesgesetze** müssen sich nicht auf »materielle« Regelungen beschränken, sondern können darüber hinausgehend den Vollzug durch die Länder auch dadurch steuern, daß sie die **Einrichtung der Behörden und das Verwaltungsverfahren regeln**. Die Gesetzgebungskompetenz des Bundes zur Regelung (auch) der Organisations- und Verfahrensfragen folgt bereits aus Art. 70ff. GG[156] (→ Art. 83 Rn. 20ff.), wobei die allgemeinen Regeln der Art. 71 und 73 GG allerdings durch Art. 84 I GG zugunsten der Länder modifiziert werden (→ Rn. 24). Wie sich aus Art. 84 I 2 bis 4 GG ergibt, hat diese Modifikation zugunsten der Länder aber keine sachliche Beschränkung der Regelungsbefugnis des Bundes zum Inhalt. Das Recht des Bundes, Organisations- und Verfahrensfragen zu regeln, ist **nicht auf Ausnahmesituationen beschränkt** und auch sonst nicht durch materielle Voraussetzungen eingeschränkt[157]. Anders als nach Art. 84 I GG a. F.

---

[151] Bedeutung hat dies für die Regelung des § 1 III VwVfG, weil danach die »materiellen« Teile der Verwaltungsverfahrensgesetze der Länder auch auf den landeseigenen Vollzug von solchen Bundesgesetzen Anwendung finden, die in die ausschließliche Gesetzgebungskompetenz des Bundes fallen.

[152] Daß es sich um eine Kompetenz der Länder und nicht eine solche der Landesregierungen oder einzelner Landesministerien handelt, betont BVerfGE 88, 203 (332).

[153] Zu den landesverfassungsrechtlichen Normen, die regelmäßig eine gesetzliche Grundlage für Behördenzuständigkeit und Verwaltungsverfahren fordern, vgl. Art. 70 I 1 BWVerf.; Art. 77 I 1 BayVerf.; Art. 96 I 1 BrandVerf.; Art. 57 I 1 HambVerf.; Art. 70 II 1 MVVerf.; Art. 56 II NdsVerf.; Art. 77 I 1 NWVerf.; Art. 112 I 1 SaarlVerf.; Art. 83 I 1 SächsVerf.; Art. 86 II S-Anh-Verf.; Art. 45 II S-HVerf.; Art. 90 I 2 ThürVerf.

[154] Vgl. dazu BVerfGE 90, 60 (85).

[155] Vgl. BVerfGE 88, 203 (332).

[156] So auch *Groß* (Fn. 6), Art. 84 Rn. 16.

[157] So auch *Trute*, Verwaltungskompetenzen (Fn. 30), Rn. 150, 157; *Dittmann* (Fn. 79), Art. 84 Rn. 6; *Broß/Mayer* (Fn. 64), Art. 84 Rn. 8.

bedürfen solche bundesgesetzlichen Regelungen auch nicht mehr der Zustimmung des Bundesrates.

Die »Gegenleistung« des Bundes für diesen Verzicht der Länder auf die Zustimmungsbedürftigkeit und zugleich die entscheidende Stärkung der Länderposition liegt darin, daß Art. 84 I 2 GG bezogen auf bundesgesetzliche organisations- und verfahrensrechtliche Normen ein **Abweichungsrecht der Länder** begründet. Nicht anders als die Befugnis des Bundes unterliegt auch das Abweichungsrecht der Länder keiner Beschränkung auf Ausnahmefälle und ist auch sonst keinen sachlichen Rechtfertigungsanforderungen unterworfen[158]. **Gegenständlich beschränkt** ist das Abweichungsrecht allerdings auf die bundesgesetzlichen Regelungen, die die Einrichtung der Behörden und das Verwaltungsverfahren betreffen (→ Rn. 52 ff.), während sich die Befugnis der Länder zum Erlaß – ggf. ergänzender oder abweichender – materieller Regelungen allein nach Art. 70 ff. GG richtet. So vermag insbesondere Art. 72 III GG die Abweichungsgesetzgebung einschließlich der abweichungsfesten Kerne abschließend nur hinsichtlich der materiellen Elemente des Bundesrechts zu normieren. Das Abweichungsrecht der Länder nach Art. 84 I 2 GG erstreckt sich also auch auf solche Organisations- und Verfahrensregelungen, die den in Art. 72 III 1 GG als abweichungsfest qualifizierten Kernen zuzuordnen sind[159]. Nach der **Übergangsregelung** des **Art. 125b II GG** bezieht sich das Abweichungsrecht der Länder auch auf »altes« Recht, wobei allerdings eine Beschränkung bis zum 31.12.2008 hinsichtlich verfahrensrechtlicher Regelungen gilt (→ Art. 125b Rn. 19 ff.). 49

Wie sich aus Art. 84 I 3 GG ergibt, steht dem Bund das Recht zu, abweichendes Landesrecht (→ Rn. 49) seinerseits durch »spätere« bundesgesetzliche Regelungen mit **Anwendungsvorrang** zu suspendieren[160]. Bund und Länder verfügen also über **parallele Regelungsbefugnisse** hinsichtlich des Organisations- und Verfahrensrechts. Die Kategorisierung dieser doppelten oder parallelen Regelungsbefugnis als konkurrierende Gesetzgebungskompetenz[161] führt nicht weiter, weil die dafür geltenden allgemeinen Regeln – insbesondere Art. 72 I GG – hier keine Anwendung finden. Der Bedarf an Normkollisionsregeln wird gem. Art. 84 I 4 i. V. m. Art. 72 III 3 GG allein durch die **Posterioritätsregel** befriedigt. Die Verfassung enthält also keine rechtlichen Vorkehrungen, die ein – wohl nur theoretisch in Betracht zu ziehendes – fortdauerndes »Ping-Pong-Spiel«[162] zwischen Bund und (einzelnen) Länder ausschließen. Dessen nachteilige Folgen für die Kontinuität und Klarheit des Rechts werden in Art. 84 I 3 GG durch das um mindestens sechs Monate hinausgeschobene Inkrafttreten der »späteren« bundesgesetzlichen Regelung gemildert (→ Rn. 58 ff.). Allein das Zustimmungsmodell (→ Rn. 61) gibt den politischen Akteuren auf Bundesebene ein Instrument an die Hand, unter Beteiligung des Bundesrates ein solches »Spiel« dauerhaft zu beenden. 50

[158] *Trute* (Fn. 74), Art. 84 Rn. 23; *Dittmann* (Fn. 79), Art. 84 Rn. 16.

[159] Daraus folgt, daß der Bund auch im Bereich der abweichungsfesten Kerne i. S. d. Art. 72 III GG abweichungsfestes Verfahrensrecht nur auf der Grundlage von Art. 84 I 5, 6 GG mit Zustimmung des Bundes setzen kann: → Rn. 35.

[160] Dazu BT-Drs. 15/813, S. 11, 15; *Dittmann* (Fn. 79), Art. 84 Rn. 17; *Trute* (Fn. 74), Art. 84 Rn. 27.

[161] S. etwa *Kirchhof* (Fn. 29), Art. 84 Rn. 58 f. m. w. N.

[162] *J. Ipsen*, NJW 2006, 2801 (2805). Zu dem wenig überzeugenden Versuch von *M. Germann*, in: W. Kluth (Hrsg.), Föderalismusreformgesetz, 2007, Art. 84, 85 Rn. 93 f., von dem auf der Grundlage von Art. 84 I 3 GG erlassenen zweiten Bundesgesetz einen neuen Abweichungszusammenhang zu verlangen, krit. *L. Beck*, Die Abweichungsgesetzgebung der Länder, 2009, S. 107 ff.

b) Materielle Regelungen als Voraussetzung bundesgesetzlicher Organisations- und Verfahrensregelungen

51 Wenn der Bundesgesetzgeber Fragen der Behördenorganisation und des Verwaltungsverfahrens regeln will, so setzt dies materielles Bundesrecht voraus, um dessen Vollzug es geht[163]. Diese **»Akzessorietät« des** – formellen – **Vollzugsrechts** gegenüber dem materiellen Recht[164], die auf den ersten Blick als selbstverständliche Folge des Zusammenhangs zwischen diesen beiden Regelungselementen (→ Art. 83 Rn. 23) erscheint, war vor der Föderalismusreform nur im Zusammenhang mit dem **Verwaltungsverfahrensgesetz des Bundes** akut geworden. Das dort aufgetretene Problem, ob das Bundesrecht losgelöst von einzelnen Sachmaterien Verfahrensrecht nicht nur »vor die Klammer ziehen«, sondern dies auch für zukünftige materielle Bundesgesetze »auf Vorrat« tun darf[165], läßt sich allerdings nicht allein mit Hilfe von Art. 84 I GG lösen, weil in erster Linie die Vorschriften des VII. Abschnitts die Gesetzgebungskompetenz des Bundes begründen[166] und durch die Art. 83ff. GG lediglich modifiziert werden (→ Art. 83 Rn. 20ff.). Inzwischen hat die Akzessorietät des Vollzugsrechts vor allem Konsequenzen für den Fall, daß Länder von ihrem – materiellen – **Abweichungsrecht nach Art. 72 III GG** Gebrauch machen. Dann fehlt es insoweit – also in dem Umfang, in dem das Land auf der Grundlage von Art. 72 III GG von den materiellen Normen des Bundesrecht abgewichen ist – an der entscheidenden Voraussetzung für die Anwendung des Art. 84 GG, nämlich der Geltung vollzugsfähigen Bundesrechts[167]. Es handelt sich vielmehr um den Vollzug von Landesrecht, für den nach Art. 30 GG die Länder allein zuständig sind[168] (→ Art. 83 Rn. 29). Im Anwendungsbereich von Art. 72 III GG werfen deshalb die sog. »doppelgesichtigen« Normen des Bundesrechts (→ Rn. 41) keine Schwierigkeiten auf, weil hier unabhängig von der Zuordnung zum materiellen oder formellen Recht stets ein Abweichungsrecht der Länder besteht, das auch mit Zustimmung des Bundesrates nicht gesperrt werden kann[169].

---

[163] *Trute* (Fn. 74), Art. 84 Rn. 51; *Broß/Mayer* (Fn. 64), Art. 84 Rn. 5; *Vogel* (Fn. 64), § 22 Rn. 88; vgl. auch *W. Blümel*, HStR IV, § 101 Rn. 28. Den in diesem Zusammenhang häufig zitierten Entscheidungen BVerfGE 22, 180 (211); 26, 338 (383f.) läßt sich dies nur mittelbar entnehmen.

[164] Ausführliche Nachweise dazu bei *Lerche* (Fn. 7), Art. 84 Rn. 19; so auch *Trute* (Fn. 74), Art. 84 Rn. 20, 51; s. auch *Kirchhof* (Fn. 29), Art. 84 Rn. 7.

[165] Vgl. die ausführlichen Nachweise zu diesem Problem bei *P. Stelkens/H. Schmitz*, in: P. Stelkens/H. J. Bonk/M. Sachs (Hrsg.), Verwaltungsverfahrensgesetz, 8. Aufl. 2014, § 1 Rn. 32ff., sowie die in § 1 II 2 VwVfG gefundene Kompromißlösung.

[166] Danach besteht die Gesetzgebungskompetenz des Bundes – zumindest kraft Annexes (→ Vorb. zu Art. 70–74 Rn. 57) – auch dann, wenn die vor die Klammer gezogenen Verfahrensregelungen der Funktion dieser Regelungstechnik entsprechend auch für zukünftige materielle bundesgesetzliche Regelungen bedeutsam sind, mit denen sie in Zusammenhang stehen; daß die Akzessorietät keine zeitliche Komponente hat, betont zu Recht *Kirchhof* (Fn. 29), Art. 84 Rn. 69.

[167] *Beck*, Abweichungsgesetzgebung (Fn. 162), S. 115; *Trute* (Fn. 74), Art. 84 Rn. 51; *C. Franzius*, NVwZ 2008, 492 (495).

[168] Hat der Bund im Anwendungsbereich von Art. 72 III GG materielles Recht gesetzt und Verfahrens- und Organisationsfragen geregelt und macht ein Land nur partiell von seinem (materiellen) Abweichungsrecht Gebrauch, kann es zu einem Auseinanderfallen des formellen Rechts (z. B. Zuständigkeit) kommen, das das Land – entsprechend seiner Verpflichtung zur loyalen Ausführung von Bundesgesetzen (→ Art. 83 Rn. 34) – ggf. im Interesse der Vollzugstauglichkeit beseitigen muss, indem es hinsichtlich der weiter anwendbaren Teile des Bundesrechts von seinem Abweichungsrecht nach Art. 84 I 2 GG Gebrauch macht und ein einheitliches (vollzugstaugliches) formelles Recht erlässt; so überzeugend *Trute* (Fn. 74), Art. 84 Rn. 51.

[169] *C. Calliess/D. Burchardt*, UTR 2011, 7 (26f.).

c) Gegenstand, Reichweite und Grenzen des Abweichungsrechts der Länder

Das Abweichungsrecht der Länder ist **bezogen und beschränkt** auf bundesgesetzliche Regelungen, die die Einrichtung der Behörden und das Verwaltungsverfahren betreffen[170]. Die Frage nach der Reichweite des Abweichungsrechts der Länder ist belastet mit der dargestellten Schwäche dieser Begriffe (→ Rn. 33 ff.). Orientierung für eine **Präzisierung der Reichweite des Abweichungsrechts** in Zweifelsfällen muß deshalb unter Rückgriff auf die Funktion des Abweichungsrechtes gewonnen werden[171]. Diese Funktion liegt darin, eine Politisierung von Organisations- und Verfahrensfragen beim landeseigenen Vollzug von Bundesgesetzen zu ermöglichen, den Ländern und insbesondere den Landesparlamenten bei Differenzen zwischen Bund und Ländern über das bessere »Vollzugsmodell« größere politische Gestaltungsmacht einzuräumen und dabei gleichzeitig größere Transparenz der Verantwortlichkeiten herzustellen (→ Rn. 31). 52

Daraus ergeben sich Konsequenzen für die Frage, wie Bundes- und Landesgesetzgebung aus verfassungsrechtlicher Perspektive im Rahmen des Abweichungsmodells mit den kaum lösbaren Schwierigkeiten, Organisations- und Verfahrensregelungen von solchen des »materiellen« Rechts abzugrenzen, umgehen dürfen. Für den **Bundesgesetzgeber** ist die **Abgrenzungsfrage irrelevant**, weil er im Rahmen seiner Gesetzgebungskompetenzen ohne Zustimmung des Bundesrates sowohl »materielle« als auch – unter Beachtung des Art. 84 I 7 GG – Organisations- und Verfahrensregelungen treffen darf (Art. 84 I 2 GG). Wenn dann ein Land von seinem Abweichungsrecht nach Art. 84 I 2 GG Gebrauch machen will, so scheint es mit der Pflicht belastet zu sein, seine Regelungskompetenz zunächst durch Abgrenzung der materiellen (ohne Abweichungsrecht) und formalen Elemente des Bundesgesetzes (mit Abweichungsrecht) abzustecken, um eine – verfassungsgerichtlich kontrollierbare – Überschreitung seiner Befugnisse zu vermeiden. Eine solche einseitige **Belastung der Länder mit der Abgrenzungsfrage** würde aber das Ziel der Föderalismusreform im Allgemeinen und die Funktion des Abweichungsmodells im Besonderen in ihr Gegenteil verkehren. Deshalb können Zweifel hinsichtlich der Abgrenzung von materiellem und formellem Recht praktisch nur durch eine **Vermutung zugunsten der Abweichungsbefugnis der Länder** gelöst werden[172]. Insbesondere bei **»doppelgesichtigen« Normen** (→ Rn. 41 f.) droht das Abweichungsrecht der Länder(-parlamente) nach Art. 84 I 2 GG auf der Strecke zu bleiben, wenn man mit der wohl herrschenden Auffassung ein Recht der Länder zur Abweichung von solchen doppelgesichtigen Normen an die doppelte Voraussetzung des Art. 72 III GG und des Art. 84 I GG bindet[173]. Demgegenüber ist der normative Gehalt von Art. 84 I 2 GG ernst zu nehmen, wonach die Länder abweichende Regeln hinsichtlich der Einrichtung der Behörden und des Verwaltungsverfahrens treffen können[174]. Wenn dadurch wegen des unauflöslichen Zusammenhangs auch das materielle Programm des Bundesgesetzes verändert wird, darf dies nicht das Abwei- 53

---

170 Nach der Übergangsregelung des Art. 125b II GG wird damit auch »altes« Bundesrecht in Bezug genommen. Zu Einzelheiten: → Art. 125b Rn. 19 ff.

171 Dazu bereits oben: → Rn. 32.

172 Zustimmend *Trute* (Fn. 74), Art. 84 Rn. 24.

173 *Trute* (Fn. 74), Art. 84 Rn. 24; *Broß/Mayer* (Fn. 64), Art. 84 Rn. 16; *Gerstenberg*, Verwaltungskompetenzen (Fn. 26), S. 283; *Dittmann* (Fn. 79), Art. 84 Rn. 15; *W. Kahl*, NVwZ 2008, 710 (714); Jarass/*Pieroth*, GG, Art. 84 Rn. 15; weit. Nachw. dieser Auffassung bei *C. Calliess/D. Burchardt*, UTR 2011, 7 (25 f.).

174 In diese Richtung argumentiert auch *Kirchhof* (Fn. 29), Art. 84 Rn. 86.

chungsmodell in Frage stellen. Dem Bund steht es dann offen, nach Art. 84 I 3 GG seinerseits eine abweichende Regelung zu schaffen oder in das Zustimmungsmodell zu wechseln, freilich um den Preis, daß das Abweichungsverbot dann der Zustimmung des Bundesrates bedarf und dieser (Aus-)Weg außerdem auf Verfahrensfragen beschränkt ist (→ Rn. 62).

54 Die Abweichungsbefugnis der Länder ist nach dem Wortlaut des Art. 84 I 1 und 2, 1. Hs. GG bezogen und beschränkt auf solche **Bundesgesetze**, die die Einrichtung der Behörden und das Verwaltungsverfahren »**regeln**«. Anknüpfend an diesen Wortlaut differenzierte die Rechtsprechung des Bundesverfassungsgerichts, um die Zustimmungsbedürftigkeit nach Art. 84 I GG a. F. näher zu konkretisieren, zwischen solchen Bundesgesetzen, die das Verfahren der Landesbehörden regeln, und solchen, die die **Ausführungskompetenz der Länder lediglich »berühren«**[175]. Diese Differenzierung dürfte auch künftig bei der Frage eine Rolle spielen, ob ein Abweichungsrecht der Länder besteht oder nicht. Danach werden die Interessen der Länder lediglich »berührt«, wenn etwa deren Verwaltungshandeln auf einem bestimmten Gebiet ausgelöst oder beendet wird. Eine »Regelung« soll erst dann vorliegen, wenn »verbindlich die Art und Weise und die Formen« der Tätigkeit der Landesbehörden vorgeschrieben werden[176]. Eine Regelung der Behördeneinrichtung soll nicht vorliegen, wenn die Aufgaben der Behörde nur »mittelbar« und »quantitativ«, nicht jedoch »qualitativ« beeinflußt werden[177]. Die Problematik dieser Unterscheidung wird bereits daran deutlich, daß sie in Widerspruch zur Rechtsprechung des Bundesverfassungsgerichts zu Art. 84 I GG a. F. betreffend die Änderung zustimmungsbedürftiger Gesetze stand[178]. Letztlich beruht ihre Fragwürdigkeit auf der allgemeinen Problematik einer Unterscheidung zwischen formellem und materiellem Recht (→ Rn. 43 f.). Zweifelsfälle sind deshalb auch hier nach der erwähnten Vermutungsregel (→ Rn. 53) zugunsten des Abweichungsrechts der Länder zu lösen.

55 Die Reichweite des **Abweichungsrechts** der Länder ist vor allem davon abhängig, ob dieses Recht nur **bezogen** ist **auf die einzelnen Organisations- oder Verfahrensnormen** oder auf das ganze – diese Normen enthaltende – Bundesgesetz als gesetzgebungstechnische Einheit. Die parallele Frage nach dem Umfang der Zustimmungsbedürftigkeit von Bundesgesetzen nach Art. 84 I GG a. F. hatte das Bundesverfassungsgericht in ständiger Rechtsprechung mit Hilfe der sog. »Einheitsthese« beantwortet. Der Begriff »Bundesgesetz« in Art. 84 I GG a. F. bezeichnete danach das gesamte zur Abstimmung vorgelegte Gesetz und nicht nur die jeweilige Norm mit organisations- oder verfahrensrechtlichem Inhalt[179]. Auf diese Weise wurde die Zustimmungsbedürftigkeit auch auf die Teile des Gesetzes ausgedehnt, die keinen organisations- oder verfahrensrechtlichen Gehalt hatten. Dieses gesetzestechnische Verständnis war durchaus geeignet, der politischen Gestaltungsbefugnis des Bundestages im Verhältnis zum

---

[175] Vgl. BVerfGE 37, 363 (385); 55, 274 (319); 75, 108 (150); vgl. auch *W. Blümel*, HStR IV, § 101 Rn. 29; *Trute* (Fn. 74), Art. 84 Rn. 16 f.

[176] BVerfGE 55, 274 (319); 75, 108 (150).

[177] BVerfGE 75, 108 (150 f.); für Regelungen des Verwaltungsverfahrens wird in E 55, 274 (337) ebenfalls gefordert, daß die Bestimmung »rechtlich unmittelbar« erfolgt; *H. Krüger*, DVBl. 1998, 293 (295), hält es für irrelevant, ob die Normierung mittelbar oder unmittelbar erfolgt.

[178] Das Gericht hielt unter der Geltung des Art. 84 I GG a. F. nämlich auch Änderungsgesetze, die sich auf die Regelung materiell-rechtlicher Fragen beschränken, für zustimmungsbedürftig, wenn diese den nicht geänderten Vorschriften über das Verwaltungsverfahren »eine wesentlich andere Bedeutung und Tragweite« verliehen; BVerfGE 37, 363 (383).

[179] BVerfGE 8, 274 (294 f.); 24, 184 (195); 55, 274 (319, 326 f.).

Bundesrat Rechnung zu tragen, weil es verhinderte, daß das vom Bundestag in dem jeweiligen Gesetz niedergelegte Gesamtkonzept den Bundesrat als Torso verläßt und als solcher in Kraft tritt (→ Rn. 69). Diese Rechtfertigung der »Einheitsthese« ist allerdings auf das Abweichungsrecht nach Art. 84 I 2 bis 4 GG n. F. nicht übertragbar. Denn die gesteigerte politische Gestaltungsmacht insbesondere der Landesparlamente, die das Abweichungsrecht einzelner Länder mit sich bringt und mit sich bringen soll, führt zwangsläufig und systembedingt dazu, daß die politische Mehrheit in Bundestag und Bundesregierung das Schicksal der materiellen Regelungen nicht mit der Akzeptanz ihres »Vollzugsmodells« verknüpfen kann. Das Abweichungsrecht der Länder bleibt deshalb auf die Organisations- und Verfahrensregelungen in dem Bundesgesetz beschränkt[180], wobei das grundlegende Problem der Abgrenzung zwischen formellem und materiellem Recht nur durch eine tendenziell weite Erstreckung des Abweichungsrechts lösbar ist (→ Rn. 53 f.). Der Frage, ob der Bundestag Gesetze aufspalten darf, um so die Zustimmungsbedürftigkeit auf den »formellen« Teil zu reduzieren, die sich im Rahmen der Zustimmungsbedürftigkeit nach Art. 84 I GG a. F. stellte, kommt deshalb im Rahmen des Abweichungsmodells nach Art. 84 I 2 bis 4 GG n. F. keine Bedeutung zu.

Das **Abweichungsrecht** der Länder wird in Art. 84 I GG **keinen formellen Anforderungen** unterworfen und aus dieser Norm des Bundesverfassungsrechts folgt insbesondere **kein Parlamentsvorbehalt**[181], der das Verhältnis von Landesparlamenten und Landesexekutive betreffen und damit eine dem Landesverfassungsrecht vorbehaltene Materie regeln würde. Das Abweichungsrecht erlaubt es auch, wesentliche Teile des Bundesgesetzes wortgleich zu übernehmen, um die Handhabung der abweichenden Teile zu erleichtern[182]. Auch **materiellen Beschränkungen**[183] ist die Ausübung des Abweichungsrechts nicht unterworfen. Es ist weder auf Ausnahmefälle beschränkt noch unterliegt es irgendwelchen sachlichen Rechtfertigungsanforderungen[184]. Allerdings haben die Länder bei der Ausübung ihres Abweichungsrechts nach Art. 84 I 2 GG im Sinne einer **Mißbrauchsschranke** die allgemeine, aus Art. 83 GG folgende Pflicht (→ Art. 83 Rn. 34) zu beachten, sich bei der Ausführung der Bundesgesetze als eigene Angelegenheiten loyal zu verhalten und die Maßnahmen zu treffen, die für eine sachgerechte Erledigung des bundesgesetzlich begründeten Aufgabenbestandes ergeben. Das bundesgesetzliche Regelungsprogramm darf also durch die landesrechtliche Ausgestaltung des Vollzugs nicht konterkariert werden[185]. Soweit das bundesgesetzliche Organisations- oder Verfahrensrecht der Umsetzung von **Unionsrecht** dient, das kei- 56

---

180 So auch *Trute*, Verwaltungskompetenzen (Fn. 30), Rn. 158.

181 So auch BVerwGE 150, 129 (146 f., Rn. 38); *W. Kahl*, NVwZ 2008, 710 (712 f.) m. w. N.; *Gerstenberg*, Verwaltungskompetenzen (Fn. 26), S. 282; insoweit gilt für die Abweichungsbefugnis der Länder nichts anderes als für ihre reguläre Regelungsbefugnis nach Art. 84 I 1 GG: → Rn. 47. A. A., da »es um die Abweichung von gesetzlichen Regelungen des Bundes geht«, *Henneke* (Fn. 127), Art. 84 Rn. 6; Jarass/*Pieroth*, GG, Art. 84 Rn. 16; so auch die Gesetzesbegründung in BT-Drs. 16/813, S. 15; aus Gründen der Rechtsklarheit für ein Landesgesetz *H. Maurer*, JuS 2010, 945 (949 f.).

182 *W. Kahl*, NVwZ 2008, 710 (713).

183 So auch *W. Kahl*, NVwZ 2008, 710 (713).

184 BVerwGE 150, 129 (138, Rn. 19); *Dittmann* (Fn. 79), Art. 84 Rn. 16; *Broß/Mayer* (Fn. 64), Art. 84 Rn. 15.

185 Ähnlich *Trute*, Verwaltungskompetenzen (Fn. 30), Rn. 158; vgl. auch BVerfGE 55, 274 (318); BVerwGE 150, 129 (138 f., Rn. 20); zu den finanziellen Konsequenzen: → Art. 104a Rn. 10 ff., 35.

nen Umsetzungsspielraum lässt, ist das Abweichungsrecht der Länder nach Art. 84 I 2 GG entsprechend begrenzt[186].

d) »Spätere« bundesgesetzliche Regelungen und Kollisionsregeln

57 Mit der ausdrücklichen Zuweisung einer Regelungsbefugnis sowohl an den Bund als auch an die Länder verfügen diese über **parallele Regelungsbefugnisse** hinsichtlich des Organisations- und Verfahrensrechts. Die Erwähnung »späterer bundesgesetzlicher Regelungen« in Art. 84 I 3 GG, die auf die abweichenden Regelungen eines oder mehrerer Länder nach Art. 84 I 2 GG bezogen sind, stellt diese Parallelität der Regelungsbefugnisse ausdrücklich klar. Dabei bedeutet der spezifische Bezug auf das verdrängte **abweichende Landesrecht** – Art. 84 I 3 GG qualifiziert das Bundesgesetz als »**hierauf bezogen**« – keineswegs, daß das Bundesgesetz seinen Anwendungsbereich auf das einzelne abweichende Land beschränken dürfte. Zwar muss das verdrängende Bundesgesetz aus Gründen der Rechtsklarheit das verdrängte abweichende Landesrecht explizit benennen (→ Rn. 59). Dies ändert aber nichts daran, daß es sich um **allgemeine, bundeseinheitliche Regelungen** handeln muß[187], weil landesspezifische Bedürfnisse durch Landesverfahrens- und -organisationsrecht befriedigt werden kann[188]. Die daraus resultierende Möglichkeit sich widersprechender Regelungen bedarf eine **Normkollisionsregel**, die wegen der Spezialität von Art. 84 I GG weder aus der Gesetzgebungskompetenzverteilung nach Art. 70ff. GG noch aus Art. 31 GG folgen kann. Vielmehr ist insoweit allein die Spezialregelung des Art. 84 I 4 i. V. m. Art. 72 III 3 GG maßgeblich, wonach im Verhältnis zwischen Bundes- und Landesrecht das **spätere Gesetz vorgeht** (→ Art. 72 Rn. 40). Dabei ist auf den Zeitpunkt des Inkrafttretens der Regelungen abzustellen, der sich bei Bundesgesetzen nach Art. 82 II GG und bei landesrechtlichen Regelungen nach den einschlägigen Vorschriften der Landesverfassungen bemißt.

58 Mit dieser Lösung von Kollisionen zwischen Bundes- und Landesrecht nimmt es die Verfassung in Kauf, daß nach erstmaliger Regelung von Organisations- oder Verfahrensfragen durch den Bund und anschließender davon abweichender Landesregelung der Bund durch eine spätere Regelung die landesrechtliche Abweichung wieder verdrängt und auf diese Weise erneut das Abweichungsrecht der Länder nach Art. 84 I 2 GG auslöst. Deshalb ist ein – zumindest theoretisch nicht auszuschießendes – fortdauerndes »**Ping-Pong-Spiel**«[189] zwischen Bund und (einzelnen) Ländern rechtlich nicht ausgeschlossen. Dessen negative Begleiterscheinungen, die insbesondere durch kurzfristig aufeinanderfolgende Änderungen der Rechtslage in einem Land und einen daraus folgenden Verlust an Rechtssicherheit geprägt sind, will Art. 84 I 3 GG durch ein um **mindestens sechs Monate verzögertes Inkrafttreten** der »**späteren**« **bundesgesetzlichen Regelung** mildern. Diese Verzögerungsregelung soll dem abweichenden Land eine Bedenkfrist verbunden mit der Gelegenheit einräumen, entweder vor Inkrafttreten des die Abweichung suspendierenden Bundesgesetzes die landesrechtliche Abweichung erneut in Kraft zu setzen oder (möglichst) dauerhaft auf die Abweichung zu

---

[186] In diesen Fällen bedarf es keines expliziten Ausschlusses der Abweichungsmöglichkeit und auch keiner Zustimmung des Bundesrates nach Art. 84 I 5, 6 GG; s. dazu etwa *W. Kahl*, NVwZ 2008, 710 (715) m. w. N.

[187] *Trute* (Fn. 74), Art. 84 Rn. 30 m. w. N.; *Broß/Mayer* (Fn. 64), Art. 84 Rn. 9.

[188] A. A. *Beck*, Abweichungsgesetzgebung (Fn. 162), S. 109f.

[189] *J. Ipsen*, NJW 2006, 2801 (2805).

verzichten. In beiden Fällen wären dann kurzfristige Rechtsänderungen nicht zu besorgen.

Die **Modalitäten der Verzögerungsregelung** des **Art. 84 I 3 GG** belasten diese allerdings mit einer Reihe von Unsicherheiten. Zunächst gilt sie nur für »hierauf« bezogene spätere bundesgesetzliche Regelungen, also nur für solche Bundesgesetze, die bestimmte landesrechtliche Organisations- oder Verfahrensregelungen derogieren sollen. Dies kann z. B. bei bundesgesetzlichen Novellierungen aus anderem Anlaß zu der Frage führen, ob und ggf. welche Regelungen welchen Landes derogiert werden sollen. Darüber hinaus ist die Verzögerungswirkung auf »dieses Land« beschränkt, das die vom Bundesgesetzgeber in Bezug genommene Organisations- oder Verfahrensregelung erlassen hat. Insbesondere in Fällen, in denen mehrere Länder unterschiedliche abweichende Regelungen getroffen haben, kann dies zu erheblichen Unsicherheiten darüber führen, welche bundesgesetzlichen Regelungen in welchem Land mit Verzögerung in Kraft treten. Diese Unsicherheiten können aus rechtsstaatlichen Gründen nicht zu Lasten der Normadressaten gehen. Deshalb kann der Bundesgesetzgeber die derogierende Wirkung seiner »späteren bundesgesetzlichen Regelung« nur dadurch erzielen, daß das Bundesgesetz sowohl das **betroffene Land** als auch die **abweichenden landesrechtlichen Regelungen**, auf die Bezug genommen wird, präzise bezeichnet[190]. 59

Auch die **Verzögerungsfrist** bedarf der **präzisen bundesgesetzlichen Normierung** in Form der Angabe einer Frist seit Verkündung[191], weil Art. 84 I 3 GG mit sechs Monaten lediglich die Mindestlänge des Zeitraums vorgibt, der zwischen der Verkündung gem. Art. 82 I 1 GG und dem Zeitpunkt des Inkrafttretens liegen muß. Außerdem hat die bundesgesetzliche Fristregelung die derogierenden Vorschriften präzise zu benennen, auf die sich die Bestimmung des Zeitpunktes des Inkrafttretens bezieht. Eine **Unterschreitung des Zeitraums von sechs Monaten** bedarf der **Zustimmung des Bundesrates**. Verweigert der Bundesrat seine Zustimmung, können alle Normen, auf die die verkürzte Frist Anwendung finden soll, nicht in Kraft treten, weil es dazu an der erforderlichen Bestimmung des Zeitpunktes fehlt[192]. Eine »geltungserhaltende Reduktion« auf sechs Monate kommt nicht in Betracht, weil Art. 84 I 3 GG vom Bundesgesetzgeber die Präzisierung zwingend verlangt. 60

5. Regelung durch den Bund mit Zustimmung des Bundesrates (Art. 84 I 5, 6 GG)

Art. 84 I 5 und 6 GG räumen dem Bund die Möglichkeit ein, das **Abweichungsrecht der Länder** nach Art. 84 I 2 GG **ausnahmsweise zu sperren**. Diese Möglichkeit besteht aber nur für Regelungen des Verwaltungsverfahrens, nicht für Regelungen der Behördenorganisation. Dies macht eine Abgrenzung zwischen Regelungen der Behördenorganisation einer- und solchen des Verwaltungsverfahrens andererseits nötig (→ Rn. 62). Außerdem sind derartige Sperrungen des Abweichungsrechts inhaltlich beschränkt auf »Ausnahmefälle«, die Art. 84 I 5 GG durch das Erfordernis eines besonderen Bedürfnisses nach bundeseinheitlicher Regelung näher präzisiert (→ Rn. 63 ff.). 61

---

190 So auch *Trute* (Fn. 74), Art. 84 Rn. 31.

191 Im Kopf des Bundesgesetzblattes genannter Ausgabetag; s. nur *Kirchhof* (Fn. 29), Art. 84 Rn. 107.

192 A. A. *Groß* (Fn. 6), Art. 84 Rn. 29, der auch hier von der Einheitsthese ausgeht und das gesamte Gesetz an der fehlenden Zustimmung scheitern lässt; wie hier, aber in der Konsequenz – Unwirksamkeit nur der Regelung des Inkrafttretens? – unklar *Trute* (Fn. 74), Art. 84 Rn. 32.

Schließlich bedürfen Bundesgesetze, die das Abweichungsrecht der Länder ausschließen, der Zustimmung des Bundesrates (→ Rn. 67ff.). Deshalb kann man dieses Modell als (gegenständlich beschränktes) **Zustimmungsmodell** bezeichnen[193]. Insbesondere im Umweltrecht hat der Bund durchaus rege und frühzeitig von dieser Möglichkeit Gebrauch gemacht[194]. Weil Art. 84 I GG die Vorschriften zur Verteilung der Gesetzgebungskompetenzen für den speziellen Bereich des (formellen) Vollzugsrechts modifiziert (→ Art. 83 Rn. 20ff.), bedeutet das Zustimmungsmodell, daß der Bund auch im Rahmen seiner ausschließlichen Gesetzgebungskompetenz oder im Rahmen der abweichungsfesten Kerne[195] i. S. d. **Art. 72 III GG** das Abweichungsrecht der Länder hinsichtlich Organisation und Verfahren nur nach Maßgabe der **speziellen Regeln in Art. 84 I 5 und 6 GG** sperren kann[196]. Dieser Spezialitätsvorrang muß sich auch bei den sog. **doppelgesichtigen Normen** im Interesse des Abweichungsmodells durchsetzen mit der Folge, daß die Qualifizierung einer bundesgesetzlichen Norm als (auch) verfahrensrechtlich ausreicht, um das Abweichungsrecht nach Art. 84 I 2 GG zu eröffnen und in der Folge für die Abweichungsfestigkeit die Voraussetzungen des Art. 84 I 5 und 6 GG zu verlangen (→ Rn. 53).

a) Bundesgesetzliche Regelung des Verwaltungsverfahrens

62 Um das Abweichungsrecht der Länder nach Art. 84 I 2 GG zu sperren, ist gem. Art. 84 I 5 und 6 GG ein **Bundesgesetz** erforderlich, das die **Sperrwirkung** durch **ausdrückliche**[197] Regelung bewirkt. Dies setzt – wie die Anwendung von Art. 84 GG insgesamt – vollzugsfähiges »materielles« Bundesrecht voraus (→ Rn. 21, 51, Art. 83 Rn. 25ff.). Hat ein Land von seinem Abweichungsrecht nach Art. 72 III GG Gebrauch gemacht, so fehlt es folglich für eine bundesgesetzliche Regelung des Verwaltungsverfahrens mit Sperrwirkung an der erforderlichen Grundlage (→ Rn. 51), soweit es um den Vollzug dieses abweichenden materiellen Landesrechts geht. Ob die Sperrwirkung auch durch eine **Rechtsverordnung**[198] ausgelöst werden kann, erscheint zweifelhaft, weil es sich bei dem besonderen Bedürfnis nach bundeseinheitlicher Regelung (→ Rn. 63ff.) um eine »wesentliche« Frage handelt, deren Beantwortung dem Parlament vorbehalten bleiben sollte[199]. Da dies nur in Verbindung mit der verwaltungsverfahrensrechtlichen Regelung selbst erfolgen kann, muß es sich bei dem das Abweichungsrecht sperrenden Bundesgesetz um ein Parlamentsgesetz handeln. **Gegenständlich beschränkt** ist die Möglichkeit, das Abweichungsrecht der Länder zu sperren, auf **Regelungen des Verwaltungsverfahrens**. Bundesgesetzliche Regelungen der Behördenorga-

---

[193] *Trute*, Verwaltungskompetenzen (Fn. 30), Rn. 155.

[194] Nachweise dazu bei *W. Kahl*, NVwZ 2008, 710 (712).

[195] Dazu, daß im Bereich der abweichungsfesten Kerne regelmäßig ein besonderes Bedürfnis i. S. d. Art. 84 I 5 GG anzunehmen sein wird: → Rn. 37.

[196] *W. Kahl*, NVwZ 2008, 710 (716f.); *B. Becker*, ZUR 2010, 528 (531); *C. Calliess/D. Burchardt*, UTR 2011, 7 (22f.), dort (S. 27ff.) auch zu den praxisrelevanten Fällen (Wasserrecht, UVP).

[197] BVerwGE 150, 129 (137f., Rn. 18); *Kirchhof* (Fn. 29), Art. 84 Rn. 151; Jarass/*Pieroth*, GG, Art. 84 Rn. 20. Ein expliziter Ausschluss des Abweichungsrechts ist auch deshalb notwendig, weil sich die Notwendigkeit der Zustimmung des Bundesrates aus anderen Verfassungsnormen – z. B. Art. 104a IV GG – ergeben kann, ohne daß sie dann einen Ausschluss des Abweichungsrechts nach Art. 84 I 2 nach sich zieht; dazu – bezogen auf das Beispiel des Art. 104a IV GG – *V. Grünewald*, Die Abweichungsgesetzgebung der Bundesländer, 2010, S. 157ff.

[198] Zur Rechtslage nach Art. 84 I GG a. F. und insbesondere zu der Frage, ob das ermächtigende Bundesgesetz dann der Zustimmung des Bundesrates bedurfte, s. BVerfGE 55, 274 (326).

[199] Zustimmend *Trute* (Fn. 74), Art. 84 Rn. 37.

nisation sind also nur nach dem Abweichungsmodell zulässig (→ Rn. 48). Die bisherigen Abgrenzungs- bzw. Definitionsversuche dieser beiden Begriffe (→ Rn. 33 ff.) als Binnendifferenzierungen der Kategorie »formelles Recht« standen nicht unter dem Zwang, an die jeweilige Zuordnung einer Regelung unterschiedliche Rechtsfolgen zu knüpfen, sondern waren ausschließlich das Ergebnis rechtsdogmatischer Kategorisierungsbemühungen. Indem die Föderalismusreform hier eine Rechtsfolgendifferenzierung eingeführt hat, hat sie die Staatspraxis und Rechtsprechung also mit einem **neuen Problem** belastet[200]. Grobe Orientierung mag die Formel liefern, wonach eine Regelung der Behördenorganisation vorliegt, wenn geregelt wird, »wer« entscheidet (Einrichtung von Behörden, Aufgabenzuweisung), und eine solche des Verfahrens, wenn geregelt wird, »wie« entschieden wird[201]. Allerdings kann eine trennscharfe Abgrenzung im Einzelfall schwierig werden, wie etwa behördliche Einvernehmenserfordernisse oder plural besetzte Ausschüsse zeigen[202].

b) Das besondere Bedürfnis nach bundeseinheitlicher Regelung als Ausnahme

Art. 84 I 5 GG gestaltet das Verhältnis von **Abweichungs- und Zustimmungsmodell** als 63
Regel-Ausnahmeverhältnis, indem Bundesgesetze im Rahmen des Zustimmungsmodells auf »Ausnahmefälle« beschränkt werden[203]. Diese Ausnahmequalität des Zustimmungsmodells ist **ernst zu nehmen**[204], durch inhaltliche Kriterien zu präzisieren und verfassungsgerichtlich kontrollierbar[205]. Anderenfalls schriebe man eine schon bei der Entstehung des Grundgesetzes nicht gewollte[206] Entwicklung des Bundesrates hin zu einer zweiten Kammer fort, wie sie unter der Geltung des Art. 84 I GG a. F. zu beobachten war und durch die Föderalismusreform aufgehalten werden sollte (→ Rn. 7). Darüber hinaus würde eine Auslegung des Art. 84 I GG, die den Ausnahmecharakter der Bundesgesetze nach Art. 84 I 5 GG nicht ernst und die Präzisierung der »Ausnahmefälle« nicht genau nehmen würde, auch in Widerspruch zu einem zentralen Anliegen der Föderalismusreform geraten, das in der Stärkung der demokratisch unmittelbar legitimierten Landesparlamente lag. Die deutliche Machtverschiebung vom Bundesrat (Art. 84 I GG a. F.) hin zu den Ländern und insbesondere zu den Landesparlamenten (Art. 84 I GG n. F.), die durch die Einführung des neuen Abweichungsmodells erzielt werden sollte (→ Rn. 30 ff.), sprechen für eine **strikte Orientierung an** dem **Ausnahmecharakter** des Zustimmungsmodells[207]. Etwas anderes kann nur dort

---

[200] So auch *Trute*, Verwaltungskompetenzen (Fn. 30), Rn. 165; s. exemplarisch BSG SGb 2010, 106 (112 f.).

[201] Dazu m. w. N. *Trute*, Verwaltungskompetenzen (Fn. 30), Rn. 166; ähnlich BSG SGb 2010, 106 (113); *Lehmann-Brauns*, Zustimmungsbedürftigkeit (Fn. 92), S. 193.

[202] Letzteres Beispiel bei *Trute*, Verwaltungskompetenzen (Fn. 30), Rn. 168.

[203] Anders *Trute*, Verwaltungskompetenzen (Fn. 30), Rn. 164, nach dem beide Modelle nebeneinander stehen.

[204] A. A. etwa *Dittmann* (Fn. 79), Art. 84 Rn. 2.

[205] S. nur *W. Kahl*, NVwZ 2008, 710 (717) m. w. N.; *Gerstenberg*, Verwaltungskompetenzen (Fn. 26), S. 285; *Trute* (Fn. 74), Art. 84 Rn. 44; a. A. *Groß* (Fn. 6), Art. 84 Rn. 28; Jarass/*Pieroth*, GG, Art. 84 Rn. 20.

[206] Zur Entstehungsgeschichte, in der der »Bundesrat« ausdrücklich einer »Senatslösung«, also einer gleichberechtigten zweiten Kammer, vorgezogen wurde, *Dolzer*, Regierungssystem (Fn. 23), S. 11; vgl. auch BVerfGE 37, 363 (380 f.); a. A. wohl *C. Gusy*, DVBl. 1998, 917 (927), der die Art. 83 ff. GG als beabsichtigte Festschreibung eines Konsensprinzips im Grundgesetz versteht. → Art. 50 Rn. 7 ff.

[207] Anders die Akzentuierung im Sinne des Zustimmungsmodells als gleichberechtigt neben dem Abweichungsmodell stehend bei *Trute* (Fn. 74), Art. 84 Rn. 35, 38.

gelten, wo bereits aus anderen Verfassungsnormen die zwingende Notwendigkeit bundeseinheitlichen Verfahrensrechts folgt. Dies ist insbesondere bei Verfahrensrecht der Fall, das dem abweichungsfesten Kern des Art. 72 III 1 GG angehört[208] (→ Art. 72 Rn. 35 ff.).

64 Als Kriterium für die Präzisierung des Ausnahmecharakters ist **nicht** auf die **Quantität** der Inanspruchnahme im Verhältnis zum Abweichungsmodell[209] sondern auf das Erfordernis eines »**besonderen Bedürfnisses nach bundeseinheitlicher Regelung**« zurückzugreifen[210], das Art. 84 I 5 GG normiert[211]. Ein solches besonderes Bedürfnis wird z. T. schon dann als gegeben angesehen, wenn ohne gleichzeitige bundeseinheitliche Regelung des Verwaltungsverfahrens das Normprogramm nicht zureichend verwirklicht werden kann[212]. Diese Lösung begegnet erheblichen Bedenken. Wegen des notwendigen und deshalb stets gegebenen Zusammenhangs von materiellem Recht einerseits und Verfahrensrecht und Organisationsrecht andererseits (→ Rn. 43) wäre ein so definiertes »besonderes Bedürfnis« leicht zu erfüllen[213]. Dem gleichen Einwand ausgesetzt ist eine Auslegung des Begriffs des »besonderen Bedürfnisses«, die dem Bund eine Einschätzungsprärogative zugesteht[214] oder das Kriterium auf eine Begründungspflicht reduziert[215]. Das durch Art. 84 I 5 GG statuierte Regel-Ausnahme-Verhältnis wäre damit der Sache nach hinfällig, das Zustimmungsmodell stünde tendenziell gleichrangig neben dem Abweichungsmodell[216].

65 Orientierungspunkte lassen sich stattdessen aus der Rechtsprechung des Bundesverfassungsgerichts zur verfassungsgerichtlichen Kontrolle bundesstaatlicher »Ausnahmeklauseln« gewinnen, die auch im Rahmen der Föderalismusreform zugunsten des Zustimmungsmodells in Art. 84 I 5 GG eine ausschlaggebende Bedeutung gewonnen hat[217]. Hierher gehört insbesondere die – auf Art. 75 II GG a. F. bezogene – Aussage des Gerichts, wonach ein »Ausnahmefall« nur vorliegt, wenn Bundesgesetze ohne die nur ausnahmsweise zulässige Regelung »**verständigerweise nicht erlassen werden könnten**«, diese also »**schlechthin unerläßlich**« ist[218]. Bezogen auf Art. 84 I 5

---

[208] *W. Kahl*, NVwZ 2008, 710 (716); zustimmend *C. Calliess/D. Burchardt*, UTR 2011, 7 (23). Dazu, daß es dennoch einer Zustimmung des Bundesrates nach Art. 84 I 6 GG bedarf, wenn die bundesgesetzlichen Verfahrensregeln abweichungsfest sein sollen: → Rn. 61, 67.

[209] So aber *Trute* (Fn. 74), Art. 84 Rn. 42.

[210] Die Ansicht – etwa von *W. Kahl*, NVwZ 2008, 710 (715); *Grünewald*, Abweichungsgesetzgebung (Fn. 197), S. 149 f. –, die die Ausnahmequalität und das besondere Bedürfnis nach bundeseinheitlicher Regelung als kumulative Voraussetzungen versteht, vermag nicht zu überzeugen, weil das Ausnahmeerfordernis dann keinen Gehalt hat.

[211] Ähnlich *Dittmann* (Fn. 79), Art. 84 Rn. 20 f.

[212] *Trute*, Verwaltungskompetenzen (Fn. 30), Rn. 169.

[213] Ähnlich *Dittmann* (Fn. 79), Art. 84 Rn. 22.

[214] Großzügiger etwa Jarass/*Pieroth*, GG, Art. 84 Rn. 20, wo dem Bund ausdrücklich eine Einschätzungsprärogative zugesprochen wird; ähnlich auch *Dittmann* (Fn. 79), Art. 84 Rn. 21; *Groß* (Fn. 6), Art. 84 Rn. 28.

[215] So in der Tendenz *Trute* (Fn. 74), Art. 84 Rn. 38.

[216] So explizit *Trute* (Fn. 74), Art. 84 Rn. 35.

[217] Nach *Röttgen/Boehl*, Abweichung (Fn. 26), S. 25, »neigte sich« mit dem »Juniorprofessorenurteil des Bundesverfassungsgerichts, das am 27.7.2004 in die Beratungen der Bundesstaatskommission platzte, […] die argumentative Waage an dieser Stelle auf die Seite der Befürworter einer Sperrklausel. Denn mit dem Judikat zu der Formulierung ›in Ausnahmefällen‹ in Art. 75 Abs. 3 GG a. F. wurde auch die Formulierung einer Sperrklausel möglich, die im Rechtsalltag nicht zum Regelfall verkehrt würde«. Für eine Übernahme von Kriterien, die zu Art. 75 II GG a. F. und zu Art. 72 II GG a. F. entwickelt wurden, auch *Beck*, Abweichungsgesetzgebung (Fn. 162), S. 111.

[218] BVerfGE 111, 226 (252, Rn. 94).

GG ist dieser Maßstab durch Gesichtspunkte zu konkretisieren, die **spezifisch auf die länderübergreifende Notwendigkeit** eines einheitlichen Verwaltungsverfahrensrechts rekurrieren. Auch aus der vergleichbaren Regelung in Art. 72 II GG (→ Art. 72 Rn. 18 ff.) lassen sich Anhaltspunkte einer weiteren Konkretisierung gewinnen, die allerdings an die in Art. 84 I 5 GG geforderte verwaltungsverfahrensspezifische Erforderlichkeitsprüfung anzupassen sind.

Die erforderliche Bildung von **Fallgruppen** könnte etwa bei der Planung von Großvorhaben ansetzen, bei denen sich das besondere Bedürfnis nach bundeseinheitlicher Regelung des Verwaltungsverfahrensrechts aus deren typischerweise länderübergreifenden Auswirkungen ergibt[219]. Daß darüber hinaus generell ein besonderes Bedürfnis nach bundeseinheitlicher Regelung eines allgemeinen **Umweltverfahrensrechtes** besteht, wird zwar von der Begründung der Grundgesetzänderung angenommen[220], bedarf aber der Prüfung im Einzelfall und kann im Hinblick auf einzelne Materien des Umweltrechts durchaus in Zweifel gezogen werden[221]. Auch der Umstand, daß eine Verfahrensregelung der Umsetzung von Unionsrecht dient, begründet für sich allein noch kein besonderes Bedürfnis im Sinne des Art. 84 I 5 GG[222]. 66

c) Reichweite der Zustimmungsbedürftigkeit

Bundesgesetze, die auf Art. 84 I 5 GG gestützt sind, bedürfen gem. Art. 84 I 6 GG der Zustimmung des Bundesrates. Dazu zählen auch bundesgesetzliche Verfahrensregelungen, die nach Art. 72 III 1 GG zum abweichungsfesten Kern gehören (→ Rn. 61). Folgt die Zustimmungsbedürftigkeit eines Bundesgesetzes, welches verfahrensrechtliche Regelungen enthält, aus anderen Verfassungsnormen (etwa Art. 104a IV GG), so hat die Zustimmung des Bundesrates keinen Ausschluss des Abweichungsrechts nach Art. 84 I 2 GG zur Folge, solange in dem Gesetz nicht zusätzlich das Abweichungsrecht explizit (→ Rn. 62) wegen eines besonderen Bedürfnisses nach bundeseinheitlicher Regelung (→ Rn. 63 ff.) ausgeschlossen wird[223]. Durch den Normtext des Art. 84 I GG nicht beantwortet ist die Frage, ob die **Zustimmungsbedürftigkeit**, die neben dem Erfordernis eines besonderen Bedürfnisses den Wechsel vom Abweichungs- in das Zustimmungsmodell ausmacht, sich in Fortführung der zu Art. 84 I GG a. F. insbesondere vom Bundesverfassungsgericht vertretenen »Einheitsthese« auf das jeweilige **Gesetz insgesamt**[224] bezieht oder nur auf die **Teile, die verfahrensrechtliche Regelungen mit Abweichungsverbot** enthalten[225]. 67

[219] Weitere Fallgruppen (z. B. Personalausweise, Melderecht, Personenstandswesen oder einheitliche Erhebungs- und Meßverfahren als Voraussetzung wirksamer Kontrolle) bei *Dittmann* (Fn. 79), Art. 84 Rn. 22.

[220] Es besteht danach zwischen Bund und Ländern Einigkeit, daß in diesem Fall ein besonderes Bedürfnis nach bundeseinheitlicher Regelung gegeben ist, s. BT-Drs. 16/813, S. 15.

[221] S. dazu *Trute*, Verwaltungskompetenzen (Fn. 30), Rn. 171; *W. Frenz*, NVwZ 2006, 742 (745 f.); *M. Kloepfer*, ZUR 2006, 338 ff.; *W. Kahl*, NVwZ 2008, 710 (715); *H. Schulze-Fielitz*, NVwZ 2007, 249 (250, 252); *Grünewald*, Abweichungsgesetzgebung (Fn. 197), S. 151 f.

[222] So auch *Kirchhof* (Fn. 29), Art. 84 Rn. 125.

[223] *Grünewald*, Abweichungsgesetzgebung (Fn. 197), S. 158 f. m. w. N.

[224] Nach der ständigen Rechtsprechung des Bundesverfassungsgerichts zu Art. 84 I GG a. F. – BVerfGE 8, 274 (294 f.); 24, 184 (195); 55, 274 (319, 326 f.) – bezeichnete der Begriff »Bundesgesetz« das gesamte zur Abstimmung vorgelegte Gesetz als gesetzgebungstechnische Einheit und nicht die jeweilige Norm mit organisations- oder verfahrensrechtlichem Inhalt; krit. dazu – bereits auf der Grundlage des Art. 84 I GG a. F. – *Trute* (Fn. 74), Art. 84 Rn. 45 ff. m. w. N.

[225] Ausführlich dazu *Beck*, Abweichungsgesetzgebung (Fn. 162), S. 117 ff.

68 Aus der Perspektive des Schutzes der Länder vor Übergriffen des Bundes in ihre Organisationsgewalt mag manches dafür sprechen, die **Zustimmungsbedürftigkeit nur** auf die Teile eines Bundesgesetzes zu beziehen, die für die Länder **Abweichungsverbote** statuieren[226]. Verwiesen werden kann insbesondere darauf, daß der Bundesgesetzgeber, wenn er ein Abweichungsverbot statuiert, dies klar und unmißverständlich tun muß, indem er konkrete Einzelvorschriften benennt, von denen die Länder nicht abweichen dürfen. Unter dieser Voraussetzung bedarf die Organisationshoheit der Länder keines weiterreichenden Schutzes als eines auf diese konkreten Abweichungsverbote bezogenen Zustimmungsvorbehalts. Denn außerhalb der Abweichungsverbote haben die Länder es nach dem Abweichungsmodell selbst in der Hand, ihrer Organisationshoheit Geltung zu verschaffen[227].

69 Aus der Perspektive des Schutzes der politischen Gestaltungsmacht der Mehrheit auf Bundesebene sprechen die besseren Argumente dafür, die »Einheitsthese« auch auf Art. 84 I 6 GG n. F. anzuwenden. Denn ihre wesentliche Rechtfertigung lag und liegt darin, die Gestaltungsfreiheit des Bundestages im Gesetzgebungsverfahren zu schützen[228]. Die **Zustimmungsbedürftigkeit des Gesetzes als gesetzestechnische Einheit** verhindert nämlich, daß eine vom Bundestag als Einheit verabschiedete Vorlage den Bundesrat als Torso verläßt und »verstümmelt« in Kraft tritt. Die dargestellten Anforderungen an ein besonderes Bedürfnis nach bundeseinheitlicher Regelung (→ Rn. 63 ff.) sprechen ebenfalls dafür, daß der Zusammenhang zwischen verfahrens- und materiellrechtlichen Regelungen nicht durch einen auf erstere beschränkten Zustimmungsvorbehalt auseinandergerissen werden darf[229]. Deshalb bedeutet auch die **zulässige**[230] **Aufspaltung von Gesetzen** in zustimmungspflichtige und zustimmungsfreie Teile für den Bundestag im Rahmen des Art. 84 I 6 GG regelmäßig keine geeignete Option für die Verwirklichung seines politischen Programms.

70 Daran schließt sich die Frage an, wie die **Zustimmungsbedürftigkeit** von späteren **Änderungen** solcher Bundesgesetze zu beurteilen ist, die auf der Grundlage von Art. 84 I 5 GG erlassen und deshalb nach Satz 6 insgesamt zustimmungsbedürftig waren. Die zu Art. 84 I GG a. F. vertretene Auffassung, wonach die Zustimmungsbedürftigkeit unabhängig davon zu bejahen ist, ob die geänderte Vorschrift als solche zustimmungsbedürftig war[231] oder nicht[232], vermag nicht zu überzeugen, weil sie allein an die gesetzgebungstechnische Einheit anknüpft. Änderungsgesetze sind vielmehr nur dann zustimmungsbedürftig nach Art. 84 I 6 GG, wenn sie Verfahrensrege-

[226] Für ein Abgehen von der Einheitsthese Jarass/*Pieroth*, GG, Art. 84 Rn. 22; *Trute* (Fn. 74), Art. 84 Rn. 45 ff.; *Henneke* (Fn. 127), Art. 84 Rn. 8; für ihre Beibehaltung *Dittmann* (Fn. 79), Art. 84 Rn. 24; *Grünewald*, Abweichungsgesetzgebung (Fn. 197), S. 153; *W. Kahl*, NVwZ 2008, 710 (717); *Kirchhof* (Fn. 29), Art. 84 Rn. 147; *Groß* (Fn. 6), Art. 84 Rn. 29; *Gerstenberg*, Verwaltungskompetenzen (Fn. 26), S. 287.

[227] Dies auch das Konzept von *Trute*, Verwaltungskompetenzen (Fn. 30), Rn. 173.

[228] *F. Ossenbühl*, AöR 99 (1973/74), 369 (397).

[229] Daß der verfassungsändernde Gesetzgeber diesen Zusammenhang nicht ausreichend erkannt hat, ändert – entgegen *Trute* (Fn. 74), Art. 84 Rn. 50 – daran nichts.

[230] So – bezogen auf Art. 84 I GG a. F. – BVerfGE 37, 363 (382); 39, 1 (35); 105, 313 (338 ff., Rn. 65 ff.); *G. Fritz*, Teilung von Bundesgesetzen, 1982, S. 128 f.; *R. Schmidt*, JuS 1999, 861 (865 f.). Für ein Fortbestehen der Option des Bundestages, zustimmungsbedürftige (Art. 84 I 6 GG) und zustimmungsfreie (Art. 84 I 2 GG) Verfahrensregelungen auf zwei Gesetze aufzuspalten, etwa *W. Kahl*, NVwZ 2008, 710 (714, 717); wohl auch *Trute*, Verwaltungskompetenzen (Fn. 30), Rn. 164.

[231] Dazu BVerfGE 37, 363 (383); zustimmend *H. Klein*, ZParl. 5 (1974), 485 ff.

[232] Diese Auffassung des Bundesrates findet sich – bezogen auf Art. 84 I GG a. F. – etwa in BVerfGE 37, 363 (374) wieder.

lungen ohne Abweichungsrecht der Länder neu einführen oder solche Regelungen des ursprünglichen Gesetzes ändern. Wenn sich die Änderung dagegen auf Regelungen des materiellen Rechts beschränkt, kann sie allenfalls dann ausnahmsweise als zustimmungsbedürftig qualifiziert werden, wenn sie den unverändert gebliebenen Verfahrensvorschriften ohne Abweichungsrecht der Länder eine wesentlich veränderte Bedeutung vermittelt[233]. Die **Aufhebung** eines nach Art. 84 I 6 GG zustimmungsbedürftigen Gesetzes ist in Übereinstimmung mit der alten Rechtslage **zustimmungsfrei**[234].

6. Verbot des Durchgriffs auf die Kommunen (Art. 84 I 7 GG)

a) Bedeutung und Funktion

Da zu den Behörden, deren Einrichtung und deren Verfahren der Bund regeln darf, 71
auch Stellen der mittelbaren Landesverwaltung gehören, nahm auf der Grundlage des Art. 84 I GG a. F. vor allem eine umstrittene Rechtsprechung an, der Bund dürfe im Rahmen der Regelungen über die Einrichtung der Behörden auch Gemeinden und Gemeindeverbänden unmittelbar Aufgaben zuweisen[235]. Die daraus resultierenden erheblichen Mißstände (→ Rn. 9) sind durch Art. 84 I 7 GG beseitigt worden im Wege eines strikten und umfassenden[236] Verbotes, durch Bundesgesetz – eingeschlossen sind also auch Bundesrechtsverordnungen und Ermächtigungen zum Erlaß solcher Verordnungen durch Bundesgesetz[237] – Aufgaben auf die Gemeinden und Gemeindeverbände zu übertragen (**Aufgabenübertragungs-** oder **Durchgriffsverbot**). Das Recht des Bundes, gem. Art. 84 I 2 bis 4 GG Fragen der Einrichtung der Behörden zu regeln, wird dadurch begrenzt[238]. Art. 84 I 7 GG legt also die Entscheidung darüber, welche bundesgesetzlich begründeten Aufgaben in der Form unmittelbarer Landesverwaltung wahrgenommen und welche an die Gemeinden oder Gemeindeverbände »delegiert« werden, in die alleinige Entscheidungsbefugnis der Länder. Diesen steht der Weg offen, diese Aufgaben nach Maßgabe landesverfassungsrechtlicher Bestimmungen (u. a. **Konnexitätsprinzip**) weiter auf die Kommunen zu übertragen.

Wie sich bereits aus den Entstehungsbedingungen des Art. 84 I 7 GG (→ Rn. 9) er- 72
gibt, liegt die **Funktion des Durchgriffsverbots** nicht alleine und nicht einmal in erster Linie darin, die Organisationshoheit der Länder zu sichern[239]. Anders als die sonstigen

---

233 BVerfGE 37, 363 (383).

234 BVerfGE 14, 197 (219 f.); *Kirchhof* (Fn. 29), Art. 84 Rn. 137; ausführlich dazu m. w. N. *R. Schmidt*, JuS 1999, 861 (866). → Art. 77 Rn. 49.

235 Dazu BVerfGE 22, 180 (210); 77, 288 (299); BVerwG DÖV 1982, 826 (826); StGH BW DVBl. 1999, 1351 (1352 f.); *Schoch/Wieland*, Finanzierungsverantwortung (Fn. 106), S. 116, 124; *D. Thürer*, Bund und Gemeinden, 1986, S. 27 ff.; *E. Becker*, BayVBl. 1961, 66 (66 ff.); zu dem Beispiel der Zuweisung von Zivilschutzaufgaben an die Gemeinden vgl. *U. Fuhrmann*, ZG 11 (1996), 352 (354 f.).

236 BVerfGE 119, 331 (359, Rn. 135): »absolutes Verbot der Aufgabenzuweisung auf die kommunale Ebene«; s. auch Jarass/*Pieroth*, GG, Art. 84 Rn. 14 m. w. N.

237 *Germann* (Fn. 162), Art. 84, 85 GG Rn. 109 ff. mit weiteren Differenzierungen. Eine bundesgesetzliche Ermächtigung der Landesregierungen zur Aufgabenübertragung auf die Gemeinden und Gemeindeverbände ist jedenfalls zulässig, ebd., Rn. 112. S. auch Jarass/*Pieroth*, GG, Art. 84 Rn. 14; *Henneke* (Fn. 127), Art. 84 Rn. 40 m. w. N. Nach *Kirchhof* (Fn. 29), Art. 84 Rn. 159 ff. muß die Ermächtigung zur Aufgabenübertragung auf Gemeinden und Gemeindeverbände fakultativ sein, damit sie nicht gegen das Aufgabenübertragungsverbot verstößt.

238 Systematisch ist die Norm also eine Ausnahme zu Art. 84 I 2 Hs. 1 GG, *Broß/Mayer* (Fn. 64), Art. 84 Rn. 28 m. w. N.

239 So aber *Trute* (Fn. 74), Art. 84 Rn. 57 m. w. N.

Bestimmungen in Art. 84 I GG schützt Satz 7 im Kontext der Ausführung der Bundesgesetze durch Länder und Kommunen letztere vor einer Aufgabenüberbürdung durch direkten Bundeszugriff ohne entsprechende finanzielle Kompensation (→ Art. 28 Rn. 88). Insoweit kommt Art. 84 I 7 GG ein die Garantie kommunaler Selbstverwaltung aus **Art. 28 II GG konkretisierender Gehalt** zu[240]. Entgegen grundsätzlicher Kritik[241] eröffnet dieses Verständnis von Art. 84 I 7 GG die Möglichkeit, die Reichweite des Durchgriffsverbotes anhand der beschränkenden Auswirkungen auf die Wahrnehmung von Selbstverwaltungsaufgaben näher zu bestimmen.

b) Übertragung von Aufgaben

73 Gegenstand des Übertragungsverbotes sind **Aufgaben**, die im Kontext des Art. 84 I 7 GG nur im Sinne eines bestimmten **bundesgesetzlich begründeten staatlichen Tätigkeitsbereichs**[242] verstanden werden können. Unerheblich ist, ob der mit der Aufgabe verbundene Aufwand durch Geldleistungspflicht gegenüber Dritten[243], durch den Einsatz von Personal oder von Sachmitteln oder auf sonstige Weise verursacht wird. Von Art. 84 I 7 GG werden auch solche Aufgaben erfaßt, die bereits aus **verfassungsrechtlichen Gründen den Gemeinden vorbehalten** sind. Denn die Garantie der kommunalen Selbstverwaltung läßt dem Gesetzgeber erhebliche Gestaltungs- und Konkretisierungsspielräume, die gemäß Art. 84 I 7 GG nunmehr von den Ländern wahrzunehmen sind[244]. Wie das Beispiel der kommunalen **Bauleitplanung** zeigt, können die Landesgesetzgeber bundesgesetzliche Vorgaben – im Rahmen des nach Art. 28 II GG und des Landesverfassungsrechts Zulässigen – ersetzen (Art. 125a I 2 GG).

74 Die dem Bundesgesetzgeber durch Art. 84 I 7 GG im Hinblick auf diese Aufgaben verbotene Regelung liegt in der **Übertragung** auf Gemeinden und Gemeindeverbände. Gemeint ist damit die **gesetzliche Zuweisung der sachlichen Zuständigkeit**[245] für die Wahrnehmung der Aufgabe (Aufgabenträgerschaft) an die Gemeinden und Gemeindeverbände im Sinne einer **Erweiterung** ihres **Aufgabenkreises**[246]. Ob die Zuständigkeitszuweisung nur an Kommunen oder unterschiedslos und damit auch an andere Träger öffentlicher Verwaltung erfolgt, ist dabei unerheblich[247], da in beiden Fällen

---

[240] BVerfGE 119, 331 (359, Rn. 135).

[241] S. etwa *Broß/Mayer* (Fn. 64), Art. 84 Rn. 32: »legislatorischer Unsinn«.

[242] S. nur Jarass/*Pieroth*, GG, Art. 84 Rn. 13 sowie Art. 30 Rn. 3; *B. Pieroth*, Das Verbot bundesgesetzlicher Aufgabenübertragung an Gemeinden, in: FS Schnapp, 2008, S. 213 ff. (221); *M. Burgi*, DVBl. 2007, 70 (77), mit Hinweis auf Defizite des deutschen Staats- und Verwaltungsrechts im Hinblick auf eine Aufgabenlehre; ausführlich zu Aufgabenübertragung *J. Knitter*, Das Aufgabenübertragungsverbot des Art. 84 Abs. 1 Satz 7 GG, 2008, S. 101 ff.

[243] So aber *Broß/Mayer* (Fn. 64), Art. 84 Rn. 34 auf der Grundlage einer nicht überzeugenden teleologischen Reduktion des Art. 84 I 7 GG.

[244] So auch *Trute* (Fn. 74), Art. 84 Rn. 58; *A. Meßmann*, DÖV 2010, 729; Jarass/*Pieroth*, GG, Art. 84 Rn. 14; *J. Oebbecke*, HStR^3 IV, § 136 Rn. 35 f.; a. A. *A. Ingold*, DÖV 2010, 134 (137 ff.) und *ders.*, DÖV 2010, 732 ff. als Replik auf *Meßmann*.

[245] Jarass/*Pieroth*, GG, Art. 84 Rn. 13; *A. Meßmann*, DÖV 2010, 726; insoweit auch noch *Germann* (Fn. 162), Art. 84, 85 Rn. 115.

[246] *Henneke* (Fn. 127), Art. 84 Rn. 41 mit Verweis auf BVerfGE 77, 288 (299) zur Einrichtung von Behörden i. S. d. Art. 84 Abs. 1 GG (a. F.).

[247] Jarass/*Pieroth*, GG, Art. 84 Rn. 14 m. w. N.; *Trute* (Fn. 74), Art. 84 Rn. 59. Die im VIG-Entwurf nach § 3 vorgesehenen Auskunftsansprüche gegen alle Behörden verstießen nach Auffassung des Bundespräsidenten gegen das Aufgabenübertragungsverbot. Dieser verweigerte daraufhin die Ausfertigung des Gesetzes (BT-Drs. 16/3866). Nach erneuter Verabschiedung am 5.7.2007 und Inkrafttreten am 1.5.2008 (BGBl. 2012 I, S. 2166) sieht das aktuelle VIG daher in § 2 II 2 eine Zuweisung

der kommunale Aufgabenkreis durch Bundesgesetz erweitert wird. Liegt dagegen die Ursache für die Erweiterung des Aufgabenkreises der Kommunen im Landesrecht, weil – wie es dem neuen Konzept des Art. 84 I 7 GG entspricht (→ Rn. 71) – der Bund auf eine Zuständigkeitszuweisung verzichtet und diese den Ländern »überlassen« hat, so liegt keine Übertragung i. S. d. Art. 84 I 7 GG vor. Auch wenn der Bundesgesetzgeber dann später Inhalt und Umfang der Aufgabe mit aufgabenerweiternder Wirkung für die Kommunen verändert, so liegt darin kein bundesverfassungsrechtliches sondern ein rein landesverfassungsrechtliches Problem, weil »Verursacher« der Aufgabenbelastung die Länder nach Maßgabe landesverfassungsrechtlicher Bindungen (→ Rn. 78) sind[248].

Weil die Verfassung die Modalitäten der Aufgabenübertragung nicht näher eingrenzt und auch wegen der die Kommunen schützenden Funktion von Art. 84 I 7 GG (→ Rn. 72) muß die Schutzwirkung dieser Norm über die **Auswirkungen auf die Kommunen** bestimmt werden, die nur durch einen Vergleich der Lage vor und nach Inkrafttreten des fraglichen Bundesgesetzes[249] bestimmt werden kann. Allerdings besteht weitgehende Einigkeit darüber, daß nicht jede bundesgesetzliche Modifikation oder Erweiterung von Aufgaben, die bereits in der Vergangenheit den Kommunen zugewiesen wurden, als »Übertragung« i. S. d. Art. 84 I 7 GG zu qualifizieren ist. Das maßgebliche und zugleich nur schwer lösbare Auslegungsproblem des Art. 84 I 7 GG liegt deshalb darin, zulässige inhaltliche (Neu-)Bestimmungen einer bereits von den Kommunen wahrgenommenen Aufgabe und zulässige Änderungen ihrer (materiellrechtlichen oder prozeduralen) Maßstäbe, Erledigungsformen oder Standards[250] einerseits von der unzulässigen Neubegründung einer Aufgabe andererseits abzugrenzen, die dem Aufgabenbestand der Kommunen einen neuen Tätigkeitsbereich »hinzuaddiert«[251]. Es sind also unter Art. 84 I 7 GG verbotene **Aufgabenübertragungs- oder -zuweisungsnormen** von den nicht verbotenen **Aufgabenbestimmungsnormen** zu unterscheiden[252]. 75

c) Abgrenzung von zulässiger Modifikation bestehender Aufgaben bei Altfällen

Diesem Abgrenzungsproblem kommt große praktische Bedeutung zu für die Behandlung der sogenannten »Altfälle« – also der vor dem 1. September 2006 (Föderalismusreform I) auf die Kommunen übertragenen Aufgaben – und wird für diese kontrovers 76

---

des Gesetzesvollzugs durch Landesrecht vor. Zusammenfassung bei *H.-P. Schneider*, Der neue deutsche Bundesstaat, 2013, S. 140f.

[248] *J. Oebbecke*, HStR³ IV, § 136 Rn. 34; *Schneider*, Bundesstaat (Fn. 247), S. 143f.; *Trute* (Fn. 74), Art. 84 Rn. 60.

[249] *Henneke* (Fn. 127), Art. 84 Rn. 42 mit Verweis auf BVerfGE 126, 77 zu Art. 87d II GG; auch die »Aufgabendifferenz« nach *Germann* (Fn. 162), Art. 84, 85, Rn. 116 ist im Ausgangspunkt in diesem Sinne zu verstehen.

[250] *M. Burgi*, DVBl. 2007, 70 (77).

[251] A. A. *Germann* (Fn. 162), Art. 84, 85 Rn. 116f.

[252] Jarass/*Pieroth*, GG, Art. 84 Rn. 13; *A. Meßmann*, DÖV 2010, 726; *M. Burgi*, DVBl. 2007, 70 (77) stellt auf die Unterscheidung zwischen dem »Ob« der Tätigkeitszuweisung und der Regelung des »Wie« des Tätigwerdens in einem als solchen unverändert bleibenden Tätigkeitsbereich ab; s. auch *W. Försterling*, ZG 22 (2007), 36 (45): »Rechtsanwendungsbefehl«, der die »Gemeinden und Gemeindeverbände« trifft. Man kann das Problem auch mit der Unterscheidung zwischen (unzulässiger) Aufgabenneubegründung und (zulässiger?) Aufgabengabenerweiterung zu erfassen versuchen: → Art. 28 Rn. 88.

diskutiert[253]. Hier stellt sich die Frage, inwiefern der Bund seine bereits unter Art. 84 I GG a.F unmittelbar auf die Gemeinden oder Kreise übertragenen und nach **Art. 125a I 1 GG fortbestehenden Aufgaben** modifizieren oder erweitern kann und ob nicht aus Art. 84 I 7 GG i. V. m. Art. 125a I GG auch ein **Aufgabenerweiterungsverbot**[254] folgt (→ Art. 28 Rn. 88). Da es um die Erweiterung oder Veränderung der durch den Bund unmittelbar zugewiesenen Aufgaben geht, sind die Länder bei diesen Altfällen nicht mit ihren das jeweilige landesrechtliche Konnexitätsgebot aktivierenden Übertragungsakten »zwischengeschaltet«, solange sie sich nicht für eine Ersetzung des Bundesrechts nach Art. 125a I 2 GG entscheiden[255]. Wie weit die Kompetenz des Bundes zur Änderung hier inhaltlich und zeitlich reicht, ob die alten Zuständigkeitsbestimmungen nur statisch[256] oder dynamisch[257] fortgelten, ist auch **abhängig vom Verständnis der Übergangsvorschrift des Art. 125a I GG**, soweit dort auf Art. 84 I 7 GG Bezug genommen wird. Auf diese Frage ist die Rechtsprechung zur Änderungsbefugnis des Bundesgesetzgebers nach Wegfall der Bundesgesetzgebungskompetenz[258] kaum übertragbar (→ Art. 125a Rn. 2 f.), weil der Landesgesetzgeber hier typischerweise zögern wird, sich in konnexitätsrelevante Pflichten zu begeben oder die Aufgabe selbst zu übernehmen. Einige Literaturstimmen sprechen sich für ein **absolutes Aufgabenerweiterungsverbot** aus[259], während andere zumindest eine **eingeschränkte Aufgabenerweiterungskompetenz**[260] in Betracht ziehen. Teilweise wird auf der Grundlage der Unterscheidung zwischen Aufgabenübertragungs- und Aufgabenbestimmungsnorm eine andere Differenzierung vorgenommen. Während danach **qualitative Aufgabenerweiterungen** im Sinne grundlegender Veränderungen der Tragweite einer Aufgabe[261] oder die Hinzufügung neuer Teilaufgaben[262] verboten sind, sollen rein **quantitative Aufgabenerweiterungen** – verstanden als die bloße Erweiterung einer Aufgabe nach ihrem Aufwand durch Änderung ihrer Maßstäbe, Voraussetzungen oder Standards – dem Bundesgesetzeber erlaubt sein[263].

77 Eine wie auch immer verstandene Aufgabenmodifikations- oder -erweiterungskompetenz des Bundesgesetzgebers darf jedenfalls im Ergebnis weder zu einer **Umgehung**

---

[253] Ausführlich *Knitter*, Aufgabenübertragungsverbot (Fn. 242), S. 138 ff. und *Henneke* (Fn. 127), Art. 84 Rn. 43 ff. einerseits, *K. Engelken*, Das Konnexitätsprinzip im Landesverfassungsrecht, 2. Aufl. 2012, Rn. 7 ff. andererseits.

[254] Begriff etwa bei *Dittmann* (Fn. 79), Art. 84 Rn. 13.

[255] *T. Mann*, Die Stellung der Kommunen in der deutschen föderalistischen Ordnung, in: I. Härtel (Hrsg.), Handbuch Föderalismus, Bd. 2, 2012, § 32 Rn. 12.

[256] *Henneke* (Fn. 127), Art. 84 Rn. 45 lässt diese Frage aber mit den Ausführungen in Rn. 49 ff. insgesamt offen; *M. Kallerhoff*, DVBl. 2011, 6 (10 f.); *K. Ritgen*, LKV 2011, 481 (484).

[257] *Pieroth*, Verbot (Fn. 242), S. 223 f.; *Engelken*, Konnexitätsprinzip (Fn. 253), Rn. 7.

[258] BVerfGE 111, 10 (29 ff., Rn. 103 ff.); 111, 226 (268 f., Rn. 136 ff.); 112, 226 (250, Rn. 84).

[259] *J. Knitter*, ZG 24 (2009), 18 (26 ff.); *F. Schoch*, DVBl. 2007, 261 (264 ff.); wer schon einer Fortschreibungskompetenz des Bundes nach Ladenschlussrechtsprechung grundsätzlich kritisch gegenübersteht, lehnt auch eine Aufgabenerweiterungskompetenz des Bundesgesetzgebers ab (→ Art. 125a Rn. 29).

[260] *Trute* (Fn. 74), Art. 84 Rn. 60; *Jarass*/Pieroth, GG, Art. 125a Rn. 7a.

[261] *Dittmann* (Fn. 79), Art. 84 Rn. 13; *Seiler*, in: Epping/Hillgruber, GG (online, Stand: 1.12.2016), Art. 125a I, Rn. 4.4.

[262] *Kirchhof* (Fn. 29), Art. 84 Rn. 165.

[263] Etwa *Broß/Mayer* (Fn. 64), Art. 84 Rn. 37; zu weiteren Differenzierungen s. etwa *D. Hömig*, in: Hömig/Wolff, GG, Art. 84 Rn. 14; *P. M. Huber/F. Wollenschläger*, VerwArch. 100 (2009), 305 (307 ff.); *Kirchhof* (Fn. 29), Art. 84 Rn. 165 ff. Bei der Regelung des KiföG sah auch die Bundesregierung die Begründung qualitativ neuer Aufgaben als gesperrt an und hob eine frühere Übertragungsnorm auf, BT-Drs. 16/3971, S. 7.

des in Art. 84 I 7 GG enthaltenen Verbots noch zu einer **Versteinerung des Bundesrechts** im Bereich der Altfälle[264] führen. Auch ist daran festzuhalten, daß es sich bei Art. 125a I GG um eine Überleitungsnorm handelt, die weder als erweiternde noch einschränkende lex specialis zu Art. 84 I 7 GG verstanden werden kann[265]. Unter Berücksichtigung der **Funktion von Art. 84 I 7 GG**, die kommunale Selbstverwaltung zu schützen (→ Rn. 72), kann es keinen Unterschied machen, ob ein völlig neues Tätigkeitsfeld durch eine neue Übertragungsnorm eröffnet oder ob an eine bereits bestehende und fortgeltende Zuständigkeitszuweisungsnorm angeknüpft wird, indem der durch materiell-rechtliche Regelungen ausgestalteter Tätigkeitsbereich insgesamt verändert und so tatsächlich eine neue Zuständigkeit für die Kommunen geschaffen wird[266]. Eine so ausgestaltete **Aufgabenmodifikation oder -erweiterung** kommt im Ergebnis einer **Aufgabenneubegründung** gleich. Nicht weiterführend sind deshalb Versuche, auf der Grundlage einer ohnehin kaum gelingenden (→Rn. 43 ff.) Trennung von erlaubter »materiell-rechtlicher« Sachgesetzgebung und verbotener »formell-rechtlicher« Aufgabenzuweisung den Verbotsgehalt von Art. 84 I 7 GG leerlaufen zu lassen[267]. Die Kriterien für die Bestimmung der Grenze, hinter der eine zulässige bundesgesetzliche Aufgabenmodifikation oder -erweiterung in eine unzulässige **Aufgabenneubegründung umschlägt**[268], sind einzelfallbezogen aus der Perspektive der Aufgabenlast[269] der Kommunen und der Auswirkungen auf die Wahrnehmung von Selbstverwaltungsaufgaben zu entwickeln.

d) Zusammenhang mit Landesverfassungsrecht

Die **Rechtsprechung der Landesverfassungsgerichte** ist Spiegelbild der Diskussion über 78
die Reichweite des Aufgabenübertragungsverbots für den Bund. Zugleich macht sie deutlich, daß sich mit Art. 84 I 7 GG der Schauplatz für die verfassungsrechtliche Auseinandersetzung darüber, in welchem Umfang den Kommunen aufwändige Aufgaben ohne finanzielle Kompensation zugewiesen werden dürfen, auf das Landesverfassungsrecht verlagert hat. Für dieses stellt sich die auch für die Auslegung des Grundgesetzes nutzbare Frage[270] danach, wann das Land seinen Gemeinden und Ge-

---

[264] *P. M. Huber*, DÖV 2008, 844 (849); *Pieroth*, Verbot (Fn. 242), S. 223; *Engelken*, Konnexitätsprinzip (Fn. 253), Rn. 7a; zu befürchten wäre eine Versteinerung, wenn man mit *Henneke* (Fn. 127), Art. 84 Rn. 45, 49 ff. die Zuweisungsnormen statisch oder jedenfalls Aufgabenerweiterungen seit dem 1.9.2006 als nicht an die Kommunen »adressierbar« verstünde; vgl. zum Problem auch *F. Schoch*, DVBl. 2007, 261 (265).

[265] Auch *Engelken*, Konnexitätsprinzip (Fn. 253), Rn. 7 m. Fn. 91; a. A. wohl *H.-G. Henneke*, DVBl. 2011, 125 (130); *M. Kallerhoff*, DVBl. 2011, 6 (8, 10).

[266] Zutreffend *Henneke* (Fn. 127), Art. 84 Rn. 41; *M. Burgi*, DVBl. 2007, 70 (77); *Kirchhof* (Fn. 29), Art. 84 Rn. 165.

[267] So aber *K. Engelken*, DÖV 2015, 184 (189); *ders.*, Konnexitätsprinzip (Fn. 253), Rn. 7b, der übersieht, daß gerade eine dynamisch verstandene Aufgabenzuweisungsnorm von der Ausgestaltung durch den Gesetzgeber im materiell-rechtlichen Bereich abhängt und keine Begrenzungsfunktion zu entfalten vermag.

[268] Vgl. die Ausführungen bei *Knitter*, Aufgabenübertragungsverbot (Fn. 242), S. 125 f.; weiter entfernt *Broß/Mayer* (Fn. 64), Art. 84 Rn. 37: »grundlegend neu konzipiert und qualitativ verändert« mit Verweis auf *Dittmann* (Fn. 79), Art. 84 Rn. 13 und in Anlehnung an BVerfGE 111, 10.

[269] Dabei kommt der finanziellen Belastung der Kommunen eine maßgebliche Bedeutung zu, die allerdings die bundesgesetzliche Aufgabenübertragung (→ Rn. 74) nicht überflüssig macht; dazu *Knitter*, Aufgabenübertragungsverbot (Fn. 242), S. 177; *dies.*, ZG 24 (2009), 18 (26 f.); *M. Kallerhoff*, Die übergangsrechtliche Fortgeltung von Bundesrecht nach dem Grundgesetz, 2009, S. 92 ff.

[270] *Kirchhof* (Fn. 29), Art. 84 Rn. 165.

meindeverbänden eine Aufgabe konnexitätsrelevant überträgt[271]. Insbesondere bei materiell-rechtlichen Aufgabenmodifikationen durch den Bund wird gefragt, ob und inwiefern die landesverfassungsrechtlichen Konnexitätsklauseln nach Aufhebung alter Bundesdurchgriffe[272] oder bei fortbestehendem Bundesdurchgriff[273] und auch in den übrigen Fällen – also bei bereits durch das Land zugewiesenen Aufgaben – im Sinne einer Aktualisierungspflicht[274] nach **Untätigkeit oder unzureichendem Handeln des Landesgesetzgebers** Konnexitätswirkung entfalten.

III. Die Steuerung des Vollzugs durch allgemeine Verwaltungsvorschriften und Einzelweisungen

1. Allgemeine Verwaltungsvorschriften (Art. 84 II GG)

79 Die Ermächtigung zum Erlaß von allgemeinen Verwaltungsvorschriften in Art. 84 II GG hat die **Funktion**, dem Bund ein Instrument zur Sicherstellung einer einheitlichen Ausführung der Bundesgesetze an die Hand zu geben[275]. Zwar könnte die Einheitlichkeit auch dadurch gewährleistet werden, daß der Bund die gesetzliche Ausgestaltung präziser vornimmt und auf diese Weise durch das Gesetz selbst die Einheitlichkeit des Vollzuges genauer steuert. Indes ist eine völlig präzise Regelung durch das Parlamentsgesetz kaum möglich. Dazu kommt, daß das Gesetzgebungsverfahren verhältnismäßig aufwendig ist und so eine mangelnde Flexibilität der Regelungsform des Parlamentsgesetzes bedingt. Beides führt dazu, daß eine leicht änderbare Regelungsform auf »mittlerer Abstraktionshöhe« wie die Verwaltungsvorschrift sinnvoll erscheint, um eine **Vollzugseinheitlichkeit** im beschriebenen Sinne sicherzustellen[276].

80 Charakteristisch für die Verwaltungsvorschrift und gleichzeitig kennzeichnend für die Abgrenzung gegenüber Einzelweisungen ist die **abstrakte Vielheit von Sachverhalten**[277]. Dies bedeutet aber nicht, daß »allgemeine« Vorschriften schon dann nicht vorliegen, wenn es sich um an einzelne Landesregierungen gerichtete Vorgaben handelt. Entscheidend ist vielmehr, daß sie in sachlicher Hinsicht von konkreten Einzelfällen gelöst bleiben[278].

---

[271] Eine Aufgabenübertragung stellt nach LVerfG LSA DVBl. 2004, 434 (435) auch die Umwandlung einer freiwilligen Aufgabe in eine Pflichtaufgabe dar; Übersicht zum Landesverfassungsrecht bei *K. Ritgen*, LKV 2011, 481 ff.; aktuell VerfGH NW DVBl. 2017, 249 m. Anm. *H.-G. Henneke* zur Einführung der inklusiven Bildung in Schulen als Regelfall.

[272] Zu den vielfältigen Fragen in diesem Zusammenhang s. etwa VerfGH NW DVBl. 2010, 1561 (zum KiFöG v. 10.12.2008, BGBl. 2008 I, S. 2403), bei dem der Bund seine Zuweisung der Jugendhilfezuständigkeit auf die Kreise und kreisfreien Städte wegen Art. 84 I 7 GG aufgehoben hatte; dazu *Schneider*, Bundesstaat (Fn. 247), S. 141 ff.; *C. v. Kraack*, NWVBl. 2011, 41 ff.; VerfGH NW DÖV 2015, 207 (211, Rn. 83); *K. Engelken*, DÖV 2011, 745 (748 ff.); *H.-G. Henneke*, DVBl. 2011, 125 (132 ff.).

[273] Vgl. insgesamt *K. Engelken*, DÖV 2015, 184 ff.; *ders.*, NVwZ 2015, 342 ff.

[274] Ablehnend und den Landesverfassungsgeber in der Pflicht sehend VerfGH NW DÖV 2015, 207 (209 ff., Rn. 69 ff., Rn. 82).

[275] BVerfGE 11, 6 (18).

[276] Ausführlich zur Einordnung und Funktion von Verwaltungsvorschriften *A. v. Bogdandy*, Gubernative Rechtsetzung, 2000, S. 449 ff.

[277] Jarass/*Pieroth*, GG, Art. 84 Rn. 24.

[278] *Lerche* (Fn. 7), Art. 84 Rn. 106; *Trute* (Fn. 74), Art. 84 Rn. 63; bezogen auf Art. 85 II 1 GG *D. Haun*, Die Bundesaufsicht in Bundesauftragsangelegenheiten, 1972, S. 89 ff.; hingegen stellt *Bull* (Fn. 7), Art. 84 Rn. 37 auf die Unbestimmtheit des Adressatenkreises ab.

Der mögliche **Inhalt** der allgemeinen Verwaltungsvorschriften wird durch Art. 84 II GG nicht limitiert. Als Inhalt kommen deshalb materielle, Organisations- und Verfahrensregelungen in Frage, allerdings nur, soweit die jeweils zu regelnden Fragen nicht dem Vorbehalt des Gesetzes unterfallen[279]. **81**

Umstritten ist, ob es sich bei Verwaltungsvorschriften, die in einem normkonkretisierenden oder ermessensleitenden Sinne materielle Fragen regeln, um **Regelungsphänomene mit Außenwirkung** für die Adressaten der anzuwendenden gesetzlichen Vorschriften handelt. Diese Frage ist – entgegen der wohl noch h. M.[280] – zu bejahen[281]. Die Konstruktion einer »mittelbaren« Außenwirkung über Art. 3 I GG (→ Art. 3 Rn. 58) steht vor dem theoretisch nicht lösbaren Problem, anzugeben, wann die für diese Konstruktion erforderliche Selbstbindung der Verwaltung eintritt. Man muß deshalb Verwaltungsvorschriften als einen Normtyp mit Außenwirkung betrachten, deren wesensbestimmendes Merkmal darin liegt, daß sie nur für den typischen Vollzugsfall Geltung beansprucht, nicht aber für atypische Fälle. Verwaltungsvorschriften binden nicht generell, sondern »flexibel im Rahmen des allgemeinen Gleichheitssatzes«[282]. Dieser besondere Verbindlichkeitsmodus unterscheidet normkonkretisierende und ermessensleitende Verwaltungsvorschriften von Rechtsverordnungen und Parlamentsgesetzen. **82**

Die Gemeinsamkeit von Rechtsverordnungen und normkonkretisierenden und ermessensleitenden Verwaltungsvorschriften liegt darin, daß Verwaltungsvorschriften wie Rechtsverordnungen als exekutive Regelungen zur Ausgestaltung von Parlamentsgesetzen ergehen, sie also notwendig **parlamentsgesetzesakzessorisch** sind und identische Regelungsziele verfolgen. Normkonkretisierende und ermessensleitende Verwaltungsvorschriften können wegen ihres beschränkten Geltungsanspruchs hingegen nicht Gegenstand von Normkontrollverfahren, etwa nach § 47 VwGO, sein[283]. Rechtsschutz gegen sie findet im Wege der Inzidentkontrolle im Rahmen von Verfahren statt, die sich gegen Einzelakte richten, die unter Anwendung der jeweiligen normkonkretisierenden oder ermessensleitenden Verwaltungsvorschriften zustande gekommen sind. Als **Legitimationsgrundlage** für den Erlaß von Verwaltungsvorschriften **83**

---

[279] *A. Köttgen*, Die Organisationsgewalt, VVDStRL 16 (1958), S. 154 ff. (186), der auf eine akzessorische Natur der Verwaltungsvorschriften im Verhältnis zu den Organisations- und Verfahrensgesetzen nach Art. 84 I GG verweist; Jarass/*Pieroth*, GG, Art. 84 Rn. 15; im Ergebnis auch *Bull* (Fn. 7), Art. 84 Rn. 36.

[280] Im Sinne der h. M. *H. D. Jarass*, JuS 1999, 105 (107 ff.).

[281] So zuerst *W. Schmidt*, Gesetzesvollziehung durch Rechtsetzung, 1969, S. 75, 114 ff.; vgl. auch *W. Erbguth*, DVBl. 1989, 473 (475 ff.); *Groß* (Fn. 6), Art. 84 Rn. 32; *Kirchhof* (Fn. 29), Art. 84 Rn. 176 ff.; zum Problem siehe auch *v. Bogdandy*, Rechtsetzung (Fn. 276), S. 477 ff. mit zahlreichen Nachweisen zum Streitstand.

[282] So die Ausdrucksweise von *W. Schmidt*, Staats- und Verwaltungsrecht, 3. Aufl. 1999, Rn. 180; Verwaltungsvorschriften können aus diesem Grunde nie in Konflikt mit Art. 3 I GG oder speziellen Gleichheitssätzen kommen. In der Sache liegt in dieser Formulierung kein Unterschied zu dem Standpunkt von *v. Bogdandy*, Rechtsetzung (Fn. 276), S. 468, der Verwaltungsvorschriften dieselbe Verbindlichkeit zuschreibt wie einer Verordnung oder einem Parlamentsgesetz, jedoch in Anlehnung an die rechtstheoretische Konzeption von *H.-J. Koch/H. Rüßmann*, Juristische Begründungslehre, 1982, S. 236 ff. in den Tatbestand von Verwaltungsvorschriften negative Tatbestandsmerkmale hineininterpretieren will, die den Geltungsanspruch unter den Vorbehalt eines im Sinne von Art. 3 GG relevanten Sonderfalls stellen.

[283] *Schmidt*, Staats- und Verwaltungsrecht (Fn. 282), Rn. 180; zur Ausnahme für den Fall, daß die Rechtsordnung einer Verwaltungsvorschrift umittelbare Außenwirkung beilegt, vgl. BVerwGE 94, 335 (337 f.); zu weiteren Fallgruppen vgl. die Nachweise bei *M. Gerhardt*, in: Schoch/Schmidt-Aßmann/Pietzner, VwGO, § 47 (2005), Rn. 25.

braucht im Rahmen des Art. 84 II GG nicht auf die sonst anzuführende allgemeine, aus Art. 20 II und III GG folgende Pflicht der Verwaltung zum Gesetzesvollzug rekurriert zu werden[284]. Art. 84 II GG liefert selbst die Rechtsgrundlage für den Erlaß der in der Vorschrift genannten Verwaltungsvorschriften.

84 Existieren Regelungen (Verwaltungsvorschriften oder Parlamentsgesetze) der Länder zur Ausführung von Bundesrecht, so stellt sich die Frage, wie sich diese Regelungen zu den Verwaltungsvorschriften der Bundesregierung nach Art. 84 II GG verhalten. Klar und im Ergebnis allgemein anerkannt ist insoweit, daß die vollzugsvereinheitlichende Wirkung der Verwaltungsvorschriften der Bundesregierung nach Art. 84 II GG empfindlich beeinträchtigt würde, nähme man an, daß von den Verwaltungsvorschriften der Bundesregierung inhaltlich abweichende Verwaltungsvorschriften der Länder Geltung beanspruchen könnten. Deshalb kommt den Verwaltungsvorschriften der Bundesregierung ein **Vorrang vor den Verwaltungsvorschriften der Länder** zu[285]. Gleiches muß auch für **Ausführungsgesetze der Länder** gelten, die im Bereich der konkurrierenden Gesetzgebungskompetenz das bundesgesetzliche Programm ausfüllen und konkretisieren[286]. Anderes hat allerdings zu gelten, soweit den Ländern ein (materielles) Abweichungsrecht nach Art. 72 III GG oder ein (formelles) Abweichungsrecht nach Art. 84 I 2 GG zusteht. Hier gilt, daß die Kollisionsregeln für Verwaltungsvorschriften nach Art. 84 II GG denjenigen folgen müssen, die für das konkretisierte oder ergänzte Gesetzes- oder Verordnungsrecht gelten[287].

85 Die umstrittene[288] Begründung für diesen partiellen Vorrang der Verwaltungsvorschriften der Bundesregierung dürfte nicht in Art. 31 GG sondern in Art. 84 II GG selbst zu finden sein (→ Art. 31 Rn. 33)[289]. Man wird Art. 84 II GG nämlich so verstehen müssen, daß nach dieser Vorschrift der Bundesregierung die Befugnis eingeräumt wird, mit Zustimmung des Bundesrates sowohl materielles als auch verfahrens- und organisationsbezogenes Bundesrecht zu konkretisieren. Im Kollisionsfall muß die Verwaltungsvorschrift folglich an den **Vorrangregeln** teilhaben, die für das **konkretisierte Bundesrecht** gelten[290]. Das Rangproblem ist im übrigen konsistent nur lösbar, wenn man Verwaltungsvorschriften als Regelungsphänomene mit Außenwirkung betrachtet (→ Rn. 82). Ansonsten würde man in der Kollisionslage zwischen einer Verwaltungsvorschrift der Bundesregierung und einem Ausführungsgesetz eines Landes zu dem denkwürdigen Ergebnis kommen, daß »Nicht-Recht« einem Parlamentsgesetz vorgehen kann.

86 Zu der umstrittenen Frage, ob es zulässig ist, daß die Bundesregierung anstatt allgemeiner Verwaltungsvorschriften nur rechtlich unverbindliche **Empfehlungen** zum Vollzug eines Gesetzes ausspricht[291], verhält sich Art. 84 II GG nicht. Regelungsgegenstand der Norm ist einzig die Festlegung der Zulässigkeitskriterien der rechtlich

---

[284] BVerfGE 26, 338 (396f.); *v. Bogdandy*, Rechtsetzung (Fn. 276), S. 479; *W. Erbguth*, DVBl. 1989, 473 (480) entnimmt die verfassungsrechtliche Ermächtigung aus Art. 83ff. GG »i.V.« mit Art. 20 II und III GG.

[285] *Dittmann* (Fn. 79), Art. 84 Rn. 32; *Groß* (Fn. 6), Art. 84 Rn. 33; BVerwGE 70, 127 (131); zu dem Beispiel der TA Lärm vgl. *E. Kutscheidt*, NWVBl. 1994, 281ff.

[286] So *Lerche* (Fn. 7), Art. 84 Rn. 40.

[287] *Kirchhof* (Fn. 29), Art. 84 Rn. 186ff.

[288] Ausführliche Nachweise dazu: → Art. 31 Rn. 33 mit Fn. 119, 122.

[289] In der Sache ebenso BVerwGE 70, 127 (131).

[290] Ähnlich *H. Maurer*, JuS 2010, 945 (951).

[291] Dazu *Lerche* (Fn. 7), Art. 84 Rn. 107; *Trute* (Fn. 74), Art. 84 Rn. 67; *Dittmann* (Fn. 79), Art. 84 Rn. 31.

verbindlichen Einflußnahme des Bundes auf die Art und Weise der Ausführung seiner Gesetze durch die Länder. Deswegen kann der Vorschrift auch keine Sperrwirkung des Inhalts entnommen werden, daß andere Formen der nicht verbindlichen Einflußnahme unzulässig sind. Auch außerhalb von Art. 84 II GG sind keine verfassungsrechtlichen Gründe erkennbar, die dem Bund eine derartige rechtlich unverbindliche Steuerung verwehren könnten.

Eine **Pflicht zum Erlaß von Verwaltungsvorschriften** gibt es nach Art. 84 II GG nicht. 87
Ansätze in der Literatur, die für den Fall, daß anders eine effektive Ausführung schlechthin nicht sichergestellt werden könne, eine Reduzierung der Entscheidungsfreiheit der Bundesregierung annehmen[292], vermögen nicht zu überzeugen[293]. Die für eine solche »Ermessensreduzierung« beispielhaft genannte Konstellation, daß anders grundrechtlichen Schutzgeboten nicht bzw. nicht rechtzeitig entsprochen werden kann[294], trägt eine solche Annahme jedenfalls nicht. Im Falle grundrechtlicher Schutzpflichten (→ Vorb. Rn. 101 ff.) ist nach der Wesentlichkeitstheorie (→ Art. 20 [Rechtsstaat], Rn. 113 ff.) zu fordern, daß bereits das Parlamentsgesetz selbst die Vollzugsfähigkeit im notwendigen Maß sichert, so daß eine Vollzugssicherung durch Verwaltungsvorschriften überflüssig ist. Gegen die Annahme einer Verpflichtung und für die Annahme einer bloßen Ermächtigung[295] sprechen auch der insoweit eindeutige Wortlaut des Art. 84 II GG und der Zweck der Art. 83, 84 GG insgesamt, wonach die im Gesetzesvollzug liegende Konkretisierungsleistung als eigenständige Kompetenz zu sehen ist, die den Ländern zukommen soll (→ Art. 83 Rn. 18 ff.)[296].

Mit dem Begriff der **Bundesregierung** in Art. 84 II GG ist das aus dem Bundeskanzler und den Bundesministern bestehende **Kollegialorgan** gemeint (→ Art. 62 Rn. 10 f.). 88
Ob es, wie in der älteren Rechtsprechung angenommen wurde[297], daneben zulässig ist, durch zustimmungsbedürftiges Bundesgesetz auch einen einzelnen Bundesminister zum Erlaß allgemeiner Verwaltungsvorschriften zu ermächtigen, erscheint zweifelhaft[298]. Auch das Bundesverfassungsgericht[299] hat in Abkehr von seiner früheren Rechtsprechung betont, daß der einfache Bundesgesetzgeber nicht frei sei, abweichend von der in Art. 84 II und 85 II GG getroffenen Ausgestaltung des föderativen Prinzips, nach der allgemeine Verwaltungsvorschriften für den Vollzug der Bundesgesetze durch die Länder ausschließlich von der Bundesregierung erlassen werden können, einen anderen Ermächtigungsadressaten auszuwählen und dafür die Zustimmung

[292] So *Lerche* (Fn. 7), Art. 84 Rn. 91; allgemein dazu *W. Blümel*, HStR IV, § 101 Rn. 39.
[293] So auch *Groß* (Fn. 6), Art. 84 Rn. 33.
[294] *Lerche* (Fn. 7), Art. 84 Rn. 91 (in Fn. 42a).
[295] Siehe hierzu auch BVerfGE 11, 6 (18).
[296] Für ein (allerdings auch nur »grundsätzliches«) Ermessen auch *Dittmann* (Fn. 79), Art. 84 Rn. 31.
[297] BVerfGE 26, 338 (399); BVerwGE 42, 279 (283); 67, 173 (176); BVerwG NJW 1972, 1773 (1773).
[298] Die (ältere) Rechtsprechung ablehnend *Lerche* (Fn. 7), Art. 84 Rn. 111; Jarass/*Pieroth*, GG, Art. 84 Rn. 26; *H. Rittstieg*, InfAuslR 1989, 307 (309); kritisch auch *Bull* (Fn. 7), Art. 84 Rn. 38; *Trute* (Fn. 74), Art. 84 Rn. 68; zustimmend dagegen *Klein*, Verwaltungskompetenzen (Fn. 111), S. 292 f.
[299] BVerfGE 100, 249 (261, Rn. 41); vgl. dazu *A. Tschentscher*, JZ 1999, 993 ff.; *J. Lüdemann*, ZUR 1999, 268 (268 f.); *E. Bleibaum*, DVBl. 1999, 1265 (1265 f.); *R. Schmidt*, JuS 1999, 861 (862); *J. Isensee*, Das Instrumentarium des Bundes zur Steuerung der Auftragsverwaltung der Länder, in: FS Bethge, 2009, S. 359 ff. (378 f.). Das Urteil erging zu Art. 85 II 1 GG, ist aber auf Art. 84 II 1 GG übertragbar, zumal sich die aufgegebene Rechtsprechung aus BVerfGE 26, 338 (399) auf beide Vorschriften bezog.

des Bundesrates einzuholen[300]. Kern dieser Rechtsprechungsänderung ist allerdings nicht die Frage nach dem die Verwaltungsvorschriften erlassenden Organ, sondern die nach dem Gegenstand der Zustimmungsbedürftigkeit. Diesen müßten die Verwaltungsvorschriften selbst bilden; die Zustimmung zu einem den Minister ermächtigenden Bundesgesetz im Sinne einer Blankettermächtigung für den Erlaß von Verwaltungsvorschriften sei kein die Länderinteressen und insbesondere die Verwaltungshoheit der Länder in ausreichendem Maße wahrender Ersatz[301]. Wenn daraus geschlossen wird, nur die Kombination aus einfachgesetzlicher Ministerermächtigung und dem Verzicht auf die Zustimmung zu den Verwaltungsvorschriften werde als verfassungswidrig beurteilt, über die Zulässigkeit der einfachgesetzlichen Ermächtigung allein jedoch keine Entscheidung getroffen[302], so ist dies mit dem Urteilstext wohl kaum vereinbar[303]; vor allem aber bleibt unklar, warum eine einfachgesetzliche Ermächtigung ausreichen soll, wenn nach den Grundsätzen der Art. 30 und 83 GG Abweichungen von der Regelzuständigkeit der Länder – hier zum Erlaß von allgemeinen Verwaltungsvorschriften – mit Verfassungsrang ausgestattet sein müssen[304]. Wenn man an einer strikten Auslegung des Begriffs der Bundesregierung festhalten will, ist es letztlich allein konsequent, den Erlaß von Verwaltungsvorschriften nur durch das Kollegialorgan zuzulassen[305].

89 Was das **Verfahren** des Zustandekommens von Verwaltungsvorschriften und die Frage der **Publikation** angeht[306], so gelten die allgemeinen Anforderungen an das Entscheidungsverfahren der Bundesregierung (→ Art. 62 Rn. 13f.). Die Folgen von Verfahrensfehlern sind dieselben wie bei Rechtsverordnungen (→ Art. 80 Rn. 58). Da es sich auch bei Verwaltungsvorschriften um ein Regelungsphänomen mit Außenwirkung handelt (→ Rn. 82), ist ihre Veröffentlichung ein unverzichtbares rechtsstaatliches Gebot[307]. Hinsichtlich der Modalitäten der **Zustimmung des Bundesrates** zu den allgemeinen Verwaltungsvorschriften der Bundesregierung ist allgemein anerkannt, daß diese im Wege eines schlichten Beschlusses erfolgen kann (→ Art. 52 Rn. 18).

2. Einzelweisungen (Art. 84 V GG)

90 Über die normative Steuerung durch Verwaltungsvorschriften nach Art. 84 II GG hinaus eröffnet Art. 84 V GG die Möglichkeit, daß der Bund auch auf Einzelfallentscheidungen der Landesexekutive direkten Einfluß nimmt, indem die Bundesregierung die **vollzugstypische Konkretisierungsaufgabe** (→ Art. 83 Rn. 31) ganz oder teilweise

---

300 BVerfGE 100, 249 (261, Rn. 41).

301 BVerfGE 100, 249 (261, Rn. 42).

302 So *A. Tschentscher*, JZ 1999, 993 (995f.).

303 Vgl. nur den Leitsatz BVerfGE 100, 249.

304 Dies wird auch von *A. Tschentscher*, JZ 1999, 993 (995) gesehen; sein Versuch, über eine historische und teleologische Auslegung der Art. 84 II und 85 II GG doch zur Zulässigkeit der einfachgesetzlichen Ermächtigung einzelner Minister zu gelangen, verkennt die Schutzwirkung zugunsten der Länder, die sich daraus ergibt, daß die Zuständigkeit der Bundesregierung als Kollegialorgan zu einer Beschränkung von Verwaltungsvorschriften auf »wesentliche« Fragen beitragen kann. Im übrigen wären die angeführten Argumente systematisch überzeugender auf Verfassungsebene, nämlich bei der Auslegung des Begriffs der Bundesregierung, unterzubringen.

305 Zu den Schwierigkeiten, die sich dabei für die Staatspraxis aus der Änderung der Rechtsprechung ergeben können, *E. Bleibaum*, DVBl. 1999, 1265 (1265f.), sowie die ausführliche Auflistung der gesetzlichen Ministerermächtigungen bei *A. Tschentscher*, JZ 1999, 993 (994 mit Fn. 22).

306 Zum »formellen Rechtsregime« vgl. *v. Bogdandy*, Rechtsetzung (Fn. 276), S. 483ff. m. w. N.

307 So auch *Groß* (Fn. 6), Art. 84 Rn. 36; *Kirchhof* (Fn. 29), Art. 84 Rn. 190.

selbst wahrnimmt und ihrer Entscheidung im Wege der Einzelweisung Verbindlichkeit verleiht. Die offensichtliche Ähnlichkeit dieser Einzelweisungsbefugnis mit dem für die Auftragsverwaltung typischen Recht der zuständigen obersten Bundesbehörde nach Art. 85 III GG[308] rechtfertigt die Einschätzung, daß nach Art. 84 V GG einzelne Sachbereiche der »Aufsichtsverwaltung« zu solchen der Auftragsverwaltung gemacht werden können[309]. Daran anknüpfende Auslegungsgrundsätze, die hier eine »Durchbrechung« des Systems des landeseigenen Vollzugs sehen und damit den Ausnahmecharakter von Art. 84 V GG begründen[310], sind allerdings zurückzuweisen (→ Rn. 20), weil ein außerhalb des Grundgesetzes entworfenes »System« der konkreten Ausgestaltung des landeseigenen Vollzugs von Bundesgesetzen in Art. 84 GG nicht entgegengehalten werden kann. Allerdings sind mit dem Erfordernis einer gesetzlichen Verleihung der Weisungsbefugnis, die der Zustimmung des Bundesrates bedarf, nur für »besondere Fälle« erteilt und nur von der Bundesregierung als Kollegialorgan ausgeübt werden kann, hohe verfassungsrechtliche Hürden für den tatsächlichen Gebrauch dieses Instrumentes errichtet. Hier dürfte auch der Grund dafür liegen, daß die Staatspraxis von der in Art. 84 V GG eröffneten Möglichkeit nur selten Gebrauch macht[311].

Einzelweisungen i. S. d. Art. 84 V GG sind auf einen **konkreten Sachverhalt** bezogene Entscheidungen der Bundesregierung, die die Verpflichtung des Landes zur Vornahme oder zur Unterlassung bestimmter Vollzugsmaßnahmen zum Inhalt haben. Dabei **fehlt** der Einzelweisung die **Außenwirkung**, weil die Verpflichtung des Landes nur gegenüber dem Bund und nicht gegenüber Dritten – insbesondere nicht gegenüber den von der Vollzugsmaßnahme Betroffenen – begründet wird[312]. Da derartige Einzelweisungen ohne Kenntnis des konkreten Sachverhalts weder sinnvoll sind noch zu rechtmäßigen Maßnahmen der jeweiligen Landesbehörden im Außenverhältnis führen können, umfaßt die Weisungsbefugnis auch das Recht, zur Vorbereitung einer evt. Weisung von den Ländern **Berichte, Aktenvorlage** und sonstige Maßnahmen der Informationsbeschaffung zu verlangen[313]. 91

Problematisch ist dagegen die vielfach vertretene Ansicht, die Weisungsbefugnis nach Art. 84 V GG umfasse auch die »milderen Formen«[314] der Einflußnahme des Bundes, die vor allem in **Zustimmungs-, Einvernehmens- und Anhörungsvorbehalten** gesehen werden[315]. Dies erscheint schon deshalb fraglich[316], weil solche Vorbehalte in der Praxis[317] nicht zugunsten der Bundesregierung, sondern einzelner Minister oder von diesen bestimmten Stellen vorgesehen werden und Adressat dieser Steuerungs- 92

[308] Vgl. zu Einzelheiten: → Art. 85 Rn. 36ff.

[309] So *Ipsen*, Staatsrecht I, Rn. 634 mit dem Hinweis, daß inhaltlich nicht beschränkte »Einzelweisungen« als Mittel der Rechtsaufsicht nicht denkbar sind.

[310] Dahin tendieren etwa *Kirchhof* (Fn. 29), Art. 84 Rn. 229; *Ipsen*, Staatsrecht I, Rn. 634; *W. Blümel*, HStR IV, § 101 Rn. 33; *Dittmann* (Fn. 79), Art. 84 Rn. 33; *Broß/Mayer* (Fn. 64), Art. 84 Rn. 59.

[311] Vgl. z. B. § 65 II AuslG; § 28 III Landbeschaffungsgesetz; § 15 IV 3 WPflG; § 2c BörsenG; bedenkenswert der Vorschlag von *A. Walus*, DÖV 2010, 127 (133), ein solches Weisungsrecht für den Pandemiefall im Infektionsschutzgesetz zu verankern.

[312] Dazu BVerfGE 49, 24 (49); BVerwGE 42, 279 (284); *Dittmann* (Fn. 79), Art. 84 Rn. 34.

[313] Jarass/*Pieroth*, GG, Art. 84 Rn. 27; *Dittmann* (Fn. 79), Art. 84 Rn. 34.

[314] So *Kirchhof* (Fn. 29), Art. 84 Rn. 236.

[315] So insbesondere BVerwGE 42, 279 (284); 67, 173 (175f.); *Groß* (Fn. 6), Art. 84 Rn. 38.

[316] Kritisch – allerdings mit dem Vorschlag, diese Erfordernisse aus dem Anwendungsbereich des Art. 84 V GG zu entlassen und als Regelungen des Verwaltungsverfahrens nach Art. 84 I GG noch weiter zu erleichtern – auch *W. Blümel*, HStR IV, § 101 Rn. 35.

[317] Vgl. z. B. § 74 I AufenthG.

formen nicht die oberste Landesbehörde ist. Soweit dies der Fall ist, handelt es sich nicht um eine »mildere« als die in Art. 84 V GG vorgesehene Form, sondern um eine unzulässige Umgehung (→ Rn. 17) der dort normierten einschränkenden Voraussetzungen[318].

93 Die **Zuständigkeit** für Einzelweisungen nach Art. 84 V GG kann nur der Bundesregierung verliehen werden. Im Unterschied zu Art. 84 II GG (→ Rn. 88) herrscht hier weitgehende Klarheit darüber, daß damit die **Bundesregierung als Kollegium** gemeint ist[319]. Ebenso wie bei Art. 84 II GG (→ Rn. 87) handelt es sich bei der bundesgesetzlich verliehenen Befugnis zu Einzelweisungen um eine **Ermächtigung**[320]. Anlaß, ausnahmsweise eine Verpflichtung der Bundesregierung anzunehmen[321], besteht auch hier nicht. Eine besondere **Form** der Einzelweisung ist verfassungsrechtlich nicht vorgeschrieben. Allerdings ist auch in den Fällen, in denen das verleihende Bundesgesetz hierzu keine Vorgaben enthält, die Schriftform schon deshalb unumgänglich, weil anders der genaue Inhalt der Weisung und damit der Umfang der bei den Landesbehörden verbleibenden Vollzugskompetenz nicht bestimmbar ist.

94 Als **Adressat** von Einzelweisungen kommt nach Art. 84 V 2 GG regelmäßig nur die oberste Landesbehörde in Betracht. Nur in den von der Bundesregierung als dringlich erachteten Fällen kann die Weisung auch an nachgeordnete Landesbehörden gerichtet werden. Dem Wortlaut entsprechend räumt die h. M. der Bundesregierung zutreffend einen weiten Spielraum bei der Einschätzung der Dringlichkeit eines Falles ein und unterwirft sie nur den »allgemeinen Mißbrauchsschranken«[322]. Wegen dieser Dringlichkeit muß im Streitfall – also insbesondere dann, wenn die Landesregierung die nachgeordnete Landesbehörde anweist, die Einzelweisung der Bundesregierung nicht zu befolgen – der Einzelweisung bis zu einer (vorläufigen) gerichtlichen Klärung durch das Bundesverfassungsgericht der Vorrang zukommen[323].

95 Da die Befugnis zu Einzelweisungen nur für **»besondere Fälle«** verliehen werden kann und sich diese Besonderheit nicht mit verfassungsrechtlichen Maßstäben bestimmen läßt, muß das jeweilige **Bundesgesetz** den Anwendungsbereich der Einzelweisungsbefugnis **konkretisieren**. Ob dies in einer den Anforderungen des Art. 80 I 2 GG entsprechenden Weise geschehen muß[324], erscheint zwar fraglich, weil die rechtsstaatlichen und demokratischen Intentionen dieser Norm (→ Art. 80 Rn. 14) auf das Verhältnis zwischen Bund und Ländern nicht passen. Allerdings bedarf es einer gesetzlichen Vorgabe, die den Typus der besonderen Fälle in deutlicher **Abgrenzung von den**

---

[318] Nachdenklich – mit zutreffendem Verweis auf BVerfGE 39, 96 (108) – auch *Lerche* (Fn. 7), Art. 84 Rn. 89.

[319] *Trute* (Fn. 74), Art. 84 Rn. 75; *Dittmann* (Fn. 79), Art. 84 Rn. 33; offengelassen, ob »ausnahmsweise« unter dem Begriff der Bundesregierung in Art. 84 V GG auch der einzelne Bundesminister verstanden werden muß, in BVerfGE 26, 338 (396); die Verleihung an einzelne Minister für zulässig hält – mit zweifelhafter Berufung auf die Entstehungsgeschichte – BVerwGE 42, 279 (283); *C. Heitsch*, Die Ausführung der Bundesgesetze durch die Länder, 2001, S. 244 ff.

[320] BVerfGE 11, 6 (18).

[321] So *Lerche* (Fn. 7), Art. 84 Rn. 91.

[322] *Lerche* (Fn. 7), Art. 84 Rn. 121; Jarass/*Pieroth*, GG, Art. 84 Rn. 29; a. A. *T. Tschentscher*, Bundesaufsicht in der Bundesauftragsverwaltung, 1992, S. 97, der den Begriff der Dringlichkeit für einen Rechtsbegriff hält.

[323] So auch *Tschentscher*, Bundesaufsicht (Fn. 322), S. 199; *Stern*, Staatsrecht II, S. 802 f.; a. A. *Lerche* (Fn. 7), Art. 84 Rn. 121 mit Fn. 121.

[324] So Jarass/*Pieroth*, GG, Art. 84 Rn. 18; *Lerche* (Fn. 7), Art. 84 Rn. 120 spricht von »ähnlichen Anforderungen«.

Standardfällen des Gesetzesvollzugs erkennen läßt und sich nicht auf die Wiederholung des Wortlauts von Art. 84 V GG beschränkt[325].

IV. Die Aufsicht des Bundes (Art. 84 III, IV GG)

Art. 84 III und IV GG regeln mit Ausschließlichkeitsanspruch (→ Rn. 19) die Befugnis des Bundes zur **Rechtsaufsicht über die Länder**, soweit sie die Bundesgesetze als eigene Angelegenheiten ausführen[326]. Diese Rechtsaufsicht des Bundes wird primär durch die **Bundesregierung als Kollegialorgan**[327] initiiert und durchgeführt, während Bundesrat und Bundesverfassungsgericht streitentscheidende Funktionen wahrnehmen. Mit dieser Aufsicht zieht das Grundgesetz die **Konsequenz** aus der **Trennung von Gesetzgebungs- und Verwaltungskompetenzen** (→ Art. 83 Rn. 16 ff.), indem es dem Bund im öffentlichen Interesse[328] die Möglichkeit eröffnet, die Pflicht der Länder zur loyalen Ausführung »seiner« Bundesgesetze (→ Art. 83 Rn. 34) durchzusetzen[329]. Es geht dabei um die »Rückkopplung des Gesetzesvollzugs an die Absichten des Gesetzgebers«[330]. Wenn die Staatspraxis im Interesse eines gedeihlichen bundesstaatlichen Miteinanders[331] und vor allem wegen der nahezu lückenlosen gerichtlichen Kontrolle der Landesexekutive bislang keinen Gebrauch von den Aufsichtsinstrumenten des Art. 84 III und IV GG gemacht hat[332], so kann diesen Regelungen dennoch »mahnende« und »disziplinierende« Funktion im Vorfeld eines Konfliktes zukommen[333]. 96

Die Bundesaufsicht bezieht sich gem. Art. 84 III 1 GG auf die Ausführung von Bundesgesetzen durch die Länder und ist in diesem Sinne **gesetzesakzessorisch**. Daraus folgt, daß ihr **Gegenstand** durch die Anknüpfung an einen vollzugsfähigen und vollzugsbedürftigen Bundesrechtssatz (→ Art. 83 Rn. 25 f.) näher bestimmt wird. Außerhalb der Reichweite bundesaufsichtlicher Maßnahmen liegen deshalb die Fälle, in denen Bundesrecht lediglich »beachtet« und nicht »ausgeführt« werden muß[334]. Diese Beschränkung der Aufsicht auf die Ausführung von Bundesgesetzen wird nach der auf Triepel[335] zurückgehenden Unterscheidung als abhängige Aufsicht bezeichnet, wäh- 97

[325] Entgegen BVerwGE 67, 173 (176) genügt diesem Erfordernis eine bundesrechtliche Vorschrift nicht, die pauschal jede Einbürgerung unter den Vorbehalt einer Zustimmung durch den Bundesminister des Innern stellt.

[326] Grundlegend zur Rechtsaufsicht *Triepel*, Reichsaufsicht (Fn. 2), S. 371 ff.; *H. v. Mangoldt*, Vom heutigen Standort der Bundesaufsicht, 1966.

[327] *Kirchhof* (Fn. 29), Art. 84 Rn. 195.

[328] Ein Anspruch des Bürgers auf rechtsaufsichtliche Maßnahmen der Bundesregierung besteht nicht: BVerwG NJW 1977, 118 (118). Die Zuständigkeit der Bundesregierung kann weder durch Delegation auf einen Minister (→ Rn. 88) noch durch die Aufsicht einer Bundesbehörde über Verwaltungseinrichtungen der Länder umgangen werden; zur Problematik einer Aufsicht des Bundekartellamtes über landesunmittelbare Körperschaften s. nur *U. Becker/T. Kingreen*, NZS 2010, 417 (422 f.).

[329] Nach BVerfGE 127, 165 (203, Rn. 107) »vermittelt« Art. 84 GG »zwischen der Gesetzgebungskompetenz des Bundes und der Verwaltungskompetenz der Länder, indem er dem Bund Einflussmöglichkeiten auf die Anwendung des von ihm gesetzten Rechts einräumt«.

[330] So BVerfGE 127, 165 (204, Rn. 108) zur Abgrenzung der Aufsicht nach Art. 84 III GG von der externen Finanzkontrolle durch die Rechnungshöfe.

[331] So *Dittmann* (Fn. 79), Art. 84 Rn. 43.

[332] *W. Blümel*, HStR IV, § 101 Rn. 41.

[333] Vgl. *Lerche* (Fn. 7), Art. 84 Rn. 130.

[334] Zu dieser Unterscheidung: → Art. 83 Rn. 26.

[335] *Triepel*, Reichsaufsicht (Fn. 2), S. 370 f.

rend das Grundgesetz eine von der Gesetzesausführung losgelöste – selbständige – Aufsicht nicht kennt (→ Art. 28 Rn. 170)[336].

1. Maßstab und Adressat der Aufsicht

98 Der **Maßstab** der Aufsicht ist demgegenüber weiter und umfaßt auch das »geltende Recht«, das nicht ausgeführt, sondern, »bei Gelegenheit« der Ausführung lediglich beachtet werden muß. Die Aufsicht nach Art. 84 III und IV GG ist wegen dieses Maßstabes **reine Rechtsaufsicht**[337] und würde ihre Grenze dort überschreiten, wo sie Zweckmäßigkeitsgesichtspunkte zum Maßstab macht. Auch von der externen Finanzkontrolle durch die Rechnungshöfe ist die Rechtsaufsicht klar abzugrenzen[338]. Zu den zulässigen rechtlichen Maßstäben gehören danach zunächst alle Normen des **Bundesrechts** einschließlich der die Länder verpflichtenden völkerrechtlichen und **Unionsrecht**snormen[339]. Für letztere gilt dies abweichend von der h. M. allerdings nur dann, wenn ihr Erlaß nach der innerstaatlichen Gesetzgebungskompetenzverteilung in die Zuständigkeit des Bundes fiele (→ Rn. 11).

99 Die verbreitete Auffassung[340], Maßstab der Bundesaufsicht nach Art. 84 III und IV GG seien auch Normen des **Landesrechts**, ist dagegen weder mit der Funktion der Bundesaufsicht (→ Rn. 96) noch mit dem Grundsatz vereinbar, daß die Ausführung von Landesgesetzen durch den Bund »schlechthin unzulässig« ist[341] (→ Art. 83 Rn. 29). Soweit es sich um untergesetzliche Normen des Landesrechts handelt, die Bundesgesetze konkretisieren und deshalb dem Bereich der Ausführung von Bundesgesetzen zuzurechnen sind (→ Art. 83 Rn. 32), sind diese Gegenstand und nicht Maßstab der Bundesaufsicht.

100 Schließlich gehören auch die **allgemeinen Verwaltungsvorschriften** nach Art. 84 II GG und die **Einzelweisungen** nach Art. 84 V GG zum »geltenden Recht«, dessen Beachtung durch die Länder mit Hilfe der Bundesaufsicht kontrolliert wird[342]. Die differenzierende Ansicht, die dies nur für die Verwaltungsvorschriften mit Außenwirkung anerkennen will[343], überträgt die traditionelle Unterscheidung von Innen- und Außenrecht auf das Verhältnis von Bund und Ländern und verkennt dabei, daß es bei der Bundesaufsicht nur auf die rechtliche Verpflichtung der Länder gegenüber dem Bund ankommt[344].

101 **Adressat** bundesaufsichtlicher Maßnahmen muß immer und ausschließlich das jeweilige **Land** sein. Zwar betreffen die vorbereitenden Maßnahmen nach Art. 84 III 2 GG auch oberste Landes- oder nachgeordnete Behörden. Das ändert aber nichts dar-

---

[336] BVerfGE 81, 310 (331); *W. Blümel*, HStR IV, § 101 Rn. 42; *Tschentscher*, Bundesaufsicht (Fn. 322), S. 107 f. m. w. N.; entgegen *Vogel*, Bundesaufsicht (Fn. 39), S. 826 ff. handelt es sich auch bei der Aufsicht des Bundes über den Vollzug des Unionsrechts durch die Länder nicht um einen Fall der »selbständigen Bundesaufsicht«. → Rn. 11, 98.

[337] *Trute* (Fn. 74), Art. 84 Rn. 82; auf die Bedeutung der höchstrichterlichen Rechtsprechung weist in diesem Zusammenhang *Ipsen*, Staatsrecht I, Rn. 627 hin.

[338] Dazu BVerfGE 127, 165 (203 f., Rn. 106 f.).

[339] *W. Blümel*, HStR IV, § 101 Rn. 44; Jarass/*Pieroth*, GG, Art. 84 Rn. 30; *Dittmann* (Fn. 79), Art. 84 Rn. 37; *A. Egger*, Der Staat 30 (1999), 449 (471).

[340] *Dittmann* (Fn. 79), Art. 84 Rn. 37; *W. Blümel*, HStR IV, § 101 Rn. 44.

[341] Wie hier *Groß* (Fn. 6), Art. 84 Rn. 43; *Trute* (Fn. 74), Art. 84 Rn. 83; *Kirchhof* (Fn. 29), Art. 84 Rn. 203.

[342] Vgl. *Kirchhof* (Fn. 29), Art. 84 Rn. 205; Jarass/*Pieroth*, GG, Art. 84 Rn. 31.

[343] So *W. Blümel*, HStR IV, § 101 Rn. 44 m. w. N.

[344] So auch *Lerche* (Fn. 7), Art. 84 Rn. 157.

an, daß das bundesaufsichtliche Rechtsverhältnis allein zwischen Bund und Land besteht. Deshalb kann der Bund insbesondere keine Aufsicht über die Kommunen ausüben. Diese steht allein den Ländern zu[345].

2. Aufsichtsinstrumente

Von den vorgesehenen Aufsichtsmitteln dient die Entsendung von Beauftragten nach **102** Art. 84 III 2 GG der anlassunabhängigen[346] **vorbereitenden Information**, während das eigentliche aufsichtliche **Durchsetzungsinstrument** die »Mängelrüge« genannte Feststellung nach Art. 84 IV GG ist.

a) Vorbereitende Maßnahmen

Als vorbereitende Maßnahme der Rechtsaufsicht sieht Art. 84 III 2 GG nur die **Entsendung von Beauftragten** zu den obersten Landesbehörden und – mit deren oder ersatzweise mit der Zustimmung des Bundesrates – auch zu den nachgeordneten Behörden vor. Die von der Bundesregierung entsandten Beauftragten, bei denen es sich um Hilfsorgane der Bundesregierung handelt[347], dürfen Untersuchungen durch Akteneinsicht, Vernehmungen und sonstige Formen der **Informationsbeschaffung** anstellen, können aber keine Weisungen erteilen[348]. Weil die Rechtsaufsicht letztendlich immer auf die Beseitigung konkreter Mängel ausgerichtet ist, muß sich auch die Untersuchung – obwohl in ihrem Ausgangspunkt anlassunabhängig[349] – mit steigender Intensität auf konkrete Anhaltspunkte für solche Rechtsverstöße beziehen[350]. Das hat zur Folge, daß sich ein Beauftragter nicht auf Dauer einrichten darf[351]. **103**

Als gegenüber der Entsendung von Beauftragten milderes Mittel der Informations- **104** beschaffung wird allgemein auch die Bitte um **Bericht** für statthaft gehalten[352]. Soweit derartige Formen der Informationsbeschaffung auf freiwilliger Kooperation der Länder beruhen, bedarf es allerdings keiner verfassungsrechtlichen Grundlage (→ Rn. 17). Fehlt dagegen diese Kooperationsbereitschaft im Einzelfall, kann die Bundesregierung ein Land auf der Grundlage von Art. 84 III 2 GG verpflichten, Auskunft zu erteilen[353]. Was intensiver in den Exekutivbereich der Länder eingreifende Formen der Informationsbeschaffung angeht, ist der Unterschied zur Auftragsverwaltung zu beachten, die in Art. 85 IV 2 GG eine förmliche Berichts- und Aktenvorlagepflicht kennt. Dem daraus gezogenen Umkehrschluß, daß im Rahmen der Rechtsaufsicht **Aktenvorlage** nicht verlangt werden könne[354], ist das Bundesverfassungsgericht zu Recht nicht

---

345 BVerfGE 8, 122 (137). → Art. 28 Rn. 107.

346 BVerfGE 127, 165 (207, Rn. 117).

347 So *Dittmann* (Fn. 79), Art. 84 Rn. 38.

348 *Kirchhof* (Fn. 29), Art. 84 Rn. 207; *Ipsen*, Staatsrecht I, Rn. 634.

349 BVerfGE 127, 165 (207, Rn. 117).

350 So auch – für die akzessorisch zu Art. 84 III GG konstruierte – Kontrolle von Landesbehörden durch den Bundesrechnungshof BVerfGE 127, 165 (221, Rn. 150 f.).

351 *Lerche* (Fn. 7), Art. 84 Rn. 165; Jarass/*Pieroth*, GG, Art. 84 Rn. 31.

352 Vgl. nur *Broß/Mayer* (Fn. 64), Art. 84 Rn. 51; *Dittmann* (Fn. 79), Art. 84 Rn. 38; *Ipsen*, Staatsrecht I, Rn. 629.

353 Vgl. *Dittmann* (Fn. 79), Art. 84 Rn. 38; Jarass/*Pieroth*, GG, Art. 84 Rn. 31; *J. Ipsen*, NdsVBl. 2014, 209 (210).

354 So etwa *Lerche* (Fn. 7), Art. 84 Rn. 164; *Trute* (Fn. 74), Art. 84 Rn. 85; a. A. *Stern*, Staatsrecht II, S. 805.

gefolgt[355]. Denn diese Strenge der Unterscheidung zwischen der Entsendung eines Beauftragten einerseits und der Aktenvorlage andererseits würde den Bedingungen moderner Verwaltung und Informationsvermittlung nicht gerecht. Aus Art. 84 III 2 GG läßt sich vor diesem Hintergrund aber der Grundsatz entnehmen, daß die verpflichtende Anforderung von Informationen ihrem Anlaß und ihrem Gegenstand nach auf konkrete Anhaltspunkte für einen Rechtsverstoß beschränkt bleiben muß, damit es nicht zu einem routinemäßigen Aktenvorlagewesen kommen kann, das mit dem Typus der landeseigenen Verwaltung nicht zu vereinbaren wäre[356]. Mithin ist die Rede von einem allgemeinen »Informationsrecht« der Bundesregierung[357] zumindest mißverständlich.

b) Mängelrüge

105 Das eigentliche Instrument der Bundesaufsicht ist die **Feststellung der Bundesregierung** als Kollegium, daß bei der Ausführung der Bundesgesetze **durch ein Land das Recht verletzt wurde** (Mängelrüge)[358]. Eine Verpflichtung der Bundesregierung, diese Feststellung zu treffen, besteht ebensowenig wie die Verpflichtung, im Streitfall das in Art. 84 IV GG vorgesehene Verfahren voranzutreiben. Aus der Gesetzesbindung der Bundesregierung nach Art. 20 III GG kann eine solche Verpflichtung[359] nicht hergeleitet werden, weil diese Bindung primär die Länder betrifft, die die Bundesgesetze nach Art. 83 GG ausführen, während die Rechtsaufsicht diese Bindung lediglich kontrolliert. An dem in Art. 84 IV GG normierten gestuften Verfahren, das sich im Konfliktfall an eine Mängelrüge anschließt, sind die Bundesregierung, das jeweilige Land, der Bundesrat und schließlich das Bundesverfassungsgericht beteiligt. Dabei wird die Rolle des Bundesrates als diejenige eines »Schiedsrichters«[360] oder »Mittlers« zwischen der aufsichtsführenden Bundesregierung und dem ausführungspflichtigen Land beschrieben[361].

106 Vor dem Hintergrund der verschiedenen Reaktionsmöglichkeiten des betroffenen Landes stellt sich das auf eine Mängelrüge folgende **Verfahren** wie folgt dar: Beseitigt das Land den gerügten Mangel, ist das Verfahren der Bundesaufsicht beendet. Hält das Land die Mängelrüge dagegen für unbegründet und beseitigt es den von der Bundesregierung gerügten Mangel nicht, können beide Beteiligte beantragen, daß der **Bundesrat** förmlich feststelle, ob das Land das Recht verletzt hat. Zwar soll alleiniger Maßstab für die Entscheidung des Bundesrates nach Art. 84 IV 1 GG die Frage sein, ob das Land das Recht verletzt hat[362]. Damit ist allerdings nicht ausgeschlossen, sondern entspricht vielmehr der Funktion des Bundesrates als Vermittler, daß er als Folge seiner rechtlichen Prüfung Kompromißvorschläge für die Art und Weise der Abhilfe macht[363]. Stellt der Bundesrat keinen Mangel fest oder folgt er dem Antrag der Bun-

---

355 BVerfGE 127, 165 (221, Rn. 151); zustimmend auch Jarass/*Pieroth*, GG, Art. 84 Rn. 31.
356 Zustimmend BVerfGE 127, 165 (221, Rn. 151).
357 *Broß/Mayer* (Fn. 64), Art. 84 Rn. 51; *Dittmann* (Fn. 79), Art. 84 Rn. 38.
358 Vgl. *Ipsen*, Staatsrecht I, Rn. 630.
359 Entgegen *Broß/Mayer* (Fn. 64), Art. 84 Rn. 54.
360 *Ipsen*, Staatsrecht I, Rn. 632.
361 *Dittmann* (Fn. 79), Art. 84 Rn. 41; *Lerche* (Fn. 7), Art. 84 Rn. 130 spricht von einer »diplomatisch-politischen Rolle, obwohl es sich um eine rechtliche Beurteilung handelt«.
362 Vgl. nur *Lerche* (Fn. 7), Art. 84 Rn. 173 m.w.N.; *Stern*, Staatsrecht II, S. 806; *Broß/Mayer* (Fn. 64), Art. 84 Rn. 55.
363 In diesem Sinne wohl auch *Lerche* (Fn. 7), Art. 84 Rn. 173.

desregierung nicht in vollem Umfang, kann diese entweder gem. Art. 84 IV 2 GG das Bundesverfassungsgericht anrufen oder sich die Feststellung des Bundesrates zu eigen machen und die Sache auf sich beruhen lassen. In diesem Fall ist das Verfahren beendet. Bestätigt dagegen der Bundesrat den von der Bundesregierung gerügten Mangel, kommen für den Fortgang des Verfahrens drei Möglichkeiten in Betracht[364]: Wenn das Land den Mangel vollständig beseitigt, ist das Verfahren beendet. Die zweite Möglichkeit besteht darin, daß das Land gem. Art. 84 IV 2 GG das **Bundesverfassungsgericht** anruft. Beseitigt das Land den Mangel nicht, ohne das Bundesverfassungsgericht anzurufen, steht der Bundesregierung das Mittel des Bundeszwanges nach Art. 37 GG sowie die Möglichkeit zu Gebote, ihrerseits das Bundesverfassungsgericht im Rahmen des Verfahrens nach Art. 93 I Nr. 3 GG anzurufen[365].

Bei dem **Verfahren vor dem Bundesverfassungsgericht** nach **Art. 84 IV 2 GG** handelt es sich um einen Bund-Länder-Streit gem. Art. 93 I Nr. 3 GG, für dessen prozessuale Behandlung allerdings die vorrangigen Sonderregeln des Art. 84 IV GG zu beachten sind[366]. Das hat insbesondere zur Folge, daß die vorherige Einschaltung des Bundesrates Zulässigkeitsvoraussetzung für einen Antrag an das Bundesverfassungsgericht ist. 107

D. Verhältnis zu anderen GG-Bestimmungen

Die durch Art. 84 GG vorgenommene abschließende Abgrenzung der Kompetenzen von Bund und Ländern im Bereich des Vollzugstyps der Landeseigenverwaltung **konkretisiert** die in **Art. 83 GG** getroffene Aussage, daß die Länder die Bundesgesetze als eigene Angelegenheit ausführen (→ Rn. 17). Soweit Art. 84 I GG die bundesgesetzliche Regelung der Behördenorganisation und des Verwaltungsverfahrens erwähnt, beurteilt sich die Gesetzgebungskompetenz des Bundes für diese Materien nach **Art. 70ff. GG** (→ Rn. 24, 48; → Art. 83 Rn. 20ff.). Soweit ein Abweichungsrecht der Länder nach Art. 72 III GG besteht und ein Land davon Gebrauch gemacht hat, geht **Art. 72 III GG** in dem Sinne vor, dass es in dem jeweiligen Land für die Anwendung von Art. 84 I GG an der erforderlichen Grundlage fehlt (→ Rn. 51, 62). Ansonsten enthält Art. 84 I GG hinsichtlich des Organisations- und Verfahrensrechts zur Ausführung materiellen Bundesrechts Spezialregeln mit der Folge, daß auch im Bereich der abweichungsfesten Kerne i. S. d. Art. 72 III GG für das Vollzugsrecht Art. 84 I GG zur Anwendung kommt (→ Rn. 49, 61). Schwierige Zuordnungsfragen betreffend Art. 72 III GG einerseits und Art. 84 I GG andererseits treten auf, wenn bei sog. doppelgesichtigen Normen das materielle und das formelle Abweichungsrecht nicht klar unterscheidbar sind (→ Rn. 53, 61, 63). Das in Art. 84 I 7 GG enthaltene Verbot, durch Bundesgesetz die Gemeinden für dessen Vollzug für zuständig zu erklären, konkretisiert und ergänzt die Selbstverwaltungsgarantie des **Art. 28 II 1 GG** (→ Rn. 72). Die Kostentragungspflicht und die Haftung im Verhältnis von Bund und Ländern zueinander regeln für den Bereich des Vollzugs von Bundesrecht durch die Länder **Art. 104a I und V GG** (→ Art. 104a Rn. 10ff., 35ff.). Die Zustimmungsbedürftigkeit nach **Art. 104a IV GG** steht selbständig neben derjenigen nach Art. 84 I 6 GG (→ Rn. 67)[367]. Der allgemeinen Bestimmung des Art. 37 GG über den **Bundeszwang** gehen die speziellen Aufsichtsin- 108

[364] Vgl. Jarass/*Pieroth*, GG, Art. 84 Rn. 32.
[365] Jarass/*Pieroth*, GG, Art. 84 Rn. 32; ausführlich *Kirchhof* (Fn. 29), Art. 84 Rn. 221ff.
[366] Einzelheiten bei *Pestalozza*, Verfassungsprozeßrecht, § 9 II Rn. 3ff.
[367] Unklar insoweit *Grünewald*, Abweichungsgesetzgebung (Fn. 197), S. 159.

strumente der Art. 84 III und IV GG als speziellere Regeln vor[368], wobei der Bundeszwang zur Vollstreckung einer vom Bundesrat bestätigten Mängelrüge eingesetzt werden kann (→ Rn. 106; → Art. 37 Rn. 15). Die **Übergangsregelung**, die die Geltung des Abweichungsrechts der Länder nach Art. 84 I 2 GG auch auf »altes« Organisations- und (eingeschränkt) auch auf »altes« Verfahrensrecht des Bundes erstreckt, ist in **Art. 125b II GG** enthalten, während sich die speziellere Überleitungsnorm für das Durchgriffsverbot des Art. 84 I 7 GG in **Art. 125a I GG** findet (→ Rn. 76 f.).

[368] Allg. zum Verhältnis der Rechtsaufsicht nach Art. 84 III und IV GG zum Bundeszwang *Lerche* (Fn. 7), Art. 84 Rn. 135.

Artikel 85 [Bundesauftragsverwaltung durch die Länder]

(1) [1]Führen die Länder die Bundesgesetze im Auftrage des Bundes aus, so bleibt die Einrichtung der Behörden Angelegenheit der Länder, soweit nicht Bundesgesetze mit Zustimmung des Bundesrates etwas anderes bestimmen. [2]Durch Bundesgesetz dürfen Gemeinden und Gemeindeverbänden Aufgaben nicht übertragen werden.

(2) [1]Die Bundesregierung kann mit Zustimmung des Bundesrates allgemeine Verwaltungsvorschriften erlassen. [2]Sie kann die einheitliche Ausbildung der Beamten und Angestellten regeln. [3]Die Leiter der Mittelbehörden sind mit ihrem Einvernehmen zu bestellen.

(3) [1]Die Landesbehörden unterstehen den Weisungen der zuständigen obersten Bundesbehörden. [2]Die Weisungen sind, außer wenn die Bundesregierung es für dringlich erachtet, an die obersten Landesbehörden zu richten. [3]Der Vollzug der Weisung ist durch die obersten Landesbehörden sicherzustellen.

(4) [1]Die Bundesaufsicht erstreckt sich auf Gesetzmäßigkeit und Zweckmäßigkeit der Ausführung. [2]Die Bundesregierung kann zu diesem Zwecke Bericht und Vorlage der Akten verlangen und Beauftragte zu allen Behörden entsenden.

Literaturauswahl

Blümel, Willi: Bundesstaatsrechtliche Aspekte der Verwaltungsvorschriften, in: AöR 93 (1968), S. 200–243.

Bushart, Christoph: Die Kontrolle der Bundesauftragsverwaltung durch die Landesparlamente, in: ZRP 1988, S. 210–212.

v. Danwitz, Thomas: Bundesauftragsverwaltung und Bundesingerenzen nach Art. 85 Abs. 4 GG, in: DVBl. 1992, S. 1005–1013.

Dieners, Peter: Länderrechte in der Bundesauftragsverwaltung, in: DÖV 1991, S. 923–927.

Elmers, Christine: Die Praxis der Bundesauftragsverwaltung – Eine Untersuchung am Beispiel des Vollzugs des Bundesausbildungsförderungsgesetzes, 2015.

Funke, Andreas: Die Verwaltungshoheit der Länder im Zugriff der Bundesgesetzgebung, insbesondere bei der Bundesauftragsverwaltung, VerwArch. 103 (2012), S. 290–314.

Haun, Dieter: Die Bundesaufsicht in Bundesauftragsangelegenheiten, 1972.

Heitsch, Christian: Die Ausführung der Bundesgesetze durch die Länder, 2001.

Isensee, Josef: Das Instrumentarium des Bundes zur Steuerung der Auftragsverwaltung der Länder, in: Festschrift für Herbert Bethge, 2009, S. 359–397.

Janz, Norbert: Das Weisungsrecht nach Art. 85 Abs. 3 GG – Inhalt, Grenzen und haftungsrechtliche Dimensionen, 2003.

Lange, Klaus: Das Weisungsrecht des Bundes in der atomrechtlichen Auftragsverwaltung, 1990.

Loschelder, Friedrich: Die Durchsetzbarkeit von Weisungen in der Bundesauftragsverwaltung, 1998.

Ossenbühl, Fritz: Weisungen des Bundes in der Bundesauftragsverwaltung, in: Der Staat 28 (1989), S. 31–48.

Pauly, Walter: Anfechtbarkeit und Verbindlichkeit von Weisungen in der Bundesauftragsverwaltung, 1989.

Schulte, Martin: Zur Rechtsnatur der Bundesauftragsverwaltung, in: VerwArch. 81 (1990), S. 415–435.

Steinberg, Rudolf: Handlungs- und Entscheidungsspielräume des Landes bei der Bundesauftragsverwaltung unter besonderer Berücksichtigung der Ausführung des Atomgesetzes, in: AöR 110 (1985), S. 419–446.

Steinberg, Rudolf: Bundesaufsicht, Länderhoheit und Atomgesetz, 1990.

Tschentscher, Thomas: Bundesaufsicht in der Bundesauftragsverwaltung, 1992.

Wolst, Dieter: Die Bundesauftragsverwaltung als Verwaltungsform. Untersuchungen zur auftragsweisen Fernstraßenverwaltung, 1974.

Zimmermann, Bernd: Die Kontrolldichte gerichtlichen Rechtsschutzes gegen Weisungen in der Bundesauftragsverwaltung – ein Problem der Zuständigkeitsverteilung zwischen BVerfG und BVerwG?, in: DVBl. 1992, S. 93–97.

Siehe auch die Angaben zu Art. 83, 84, 87c und 90 GG.

Leitentscheidungen des Bundesverfassungsgerichts

BVerfGE 81, 310 (331ff.) – Kalkar II; 84, 25 (31ff.) – Schacht Konrad; 102, 167 (172ff., Rn. 30ff.) – Bundesstraße B 75; 104, 249 (264ff., Rn. 68ff.) – Biblis A.

Gliederung

Stichwörter

Ausbildung der Beamten und Angestellten 7,18, 31, 32ff. – Auskunfts- und Informationsrechte 49ff., 68 – Bundesaufsicht 20ff., 60, 64ff. – Bundeszwang 26, 62 – Durchgriffsverbot 28 – Einwirkungsmöglichkeiten des Bundes 8, 15, 18ff., 31, 35f., 65 – fakultative Auftragsverwaltung 15 – Föderalismusreform 8, 28f. – Geschäftsleitungsbefugnis 19, 45, 51, 53 – gesetzesfreie Verwaltung 16, 38, 66 – Infrastruktur 14 – Kommunen 8, 28 – Mißbrauchsgrenze 52, 68 – mittelbare Landesverwaltung 25 – Mittelbehörde 7, 18, 31, 35ff. – oberste Landesbehörde 5, 7, 11, 25, 46f., 57, 59 – obligatorische Auftragsverwaltung 15, 38, 70 – parlamentarische Verantwortlichkeit 26, 47, 53 – Rechtsaufsicht 61, 68 – Rechtsschutz 59ff. – Reichsaufsicht 2ff., 7 – spezielle Verfassungsnormen 12, 16, 66, 70 – Verhältnismäßigkeitsprinzip 54f. – Verteidigungswesen 14, 30 – Verwaltungsverfahren 27ff. – Verwaltungsvorschriften 18, 29, 30ff., 43, 54 – völkerrechtliche Verträge 9 – Vollzug von Unionsrecht 10 – Vollzugstätigkeit 39f., 45, 66 – vollzugstypische Konkretisierungsentscheidung 13, 25, 37, 56, 66 – Vorbehalt des Gesetzes 30, 33– Weisungsklarheit 45, 52ff., 65 – Weisungsvorbehalt 44 – Zustimmung des Bundesrates 27ff., 30, 34f., 43 – Zweckmäßigkeitsaufsicht 7, 20, 22f., 42ff., 67.

A. Herkunft, Entstehung, Entwicklung

I. Verfassungsgeschichtliche Aspekte

Die Ursprünge der Bundesauftragsverwaltung[1] und der mit ihr verbundenen Differenzierung zwischen eigenem und übertragenem Wirkungskreis liegen nach allgemeiner Auffassung[2] weniger im Verfassungs- als vielmehr im **Kommunalrecht**, insbesondere in der Stein'schen Städteordnung von 1808[3]. Im Verhältnis zwischen Gesamtstaat und Ländern finden sich Vorüberlegungen für eine der heutigen Auftragsverwaltung vergleichbare Verwaltung von Bundesangelegenheiten des Norddeutschen Bundes durch die zuständigen preußischen Minister im Auftrag des Bundespräsidenten und unter der Verantwortlichkeit des Kanzlers[4], die allerdings mit Befürchtungen einer Entmachtung des Gesamtstaates verbunden waren, weil »eine Behörde ohne Verwaltung auch ohne Macht« sei[5]. 1

In der **Reichsverfassung von 1871** finden sich lediglich »Vorstufen«[6] einer Reichsauftragsverwaltung (→ Art. 84 Rn. 1f.). So bestanden für das Reich unterschiedliche 2

---

[1] S. dazu den Überblick mit ausführlichen Nachw. bei *C. Elmers*, Die Praxis der Bundesauftragsverwaltung, 2015, S. 27ff.

[2] So z.B. *H. Görg*, DÖV 1955, 273 (276); *W. Pauly*, Anfechtbarkeit und Verbindlichkeit von Weisungen in der Bundesauftragsverwaltung, 1989, S. 34.

[3] § 166 lautete: »Dem Staat bleibt vorbehalten, in den Städten eigene Polizeibehörden anzuordnen, oder die Ausübung der Polizei dem Magistrat zu übertragen, der sie sodann vermöge Auftrags ausübt. So wie die besonderen Polizeibehörden, welche in den Städten angeordnet werden, unter den obern Polizeibehörden stehen, so steht auch der Magistrat, welcher die Polizei vermöge Auftrags erhält, unter diesen höhern Behörden rücksichtlich alles dessen, was auf die Polizeiübung Bezug hat. Die Magistràte werden in dieser Hinsicht als Behörden des Staates betrachtet. Der Magistrat muß die Ausübung der Polizei, soweit sie ihm übertragen wird, unweigerlich übernehmen, und die ganze Bürgerschaft, in diesem Fall sowohl, als auch dann, wenn die Polizei als eine eigene Behörde verwaltet wird, die Polizeiausübung, so weit es gefordert wird, unterstützen«.

[4] Zu derartigen Erwägungen *v. Delbrücks* vgl. die Nachweise bei *Pauly*, Anfechtbarkeit (Fn. 2), S. 36.

[5] *R. v. Delbrück*, Lebenserinnerungen 1817–1867, Bd. II, 1905, S. 401; zitiert nach *Pauly*, Anfechtbarkeit (Fn. 2), S. 37; dort auch zur Berechtigung dieser Sorge, da im Norddeutschen Bund und im Deutschen Reich ein erheblicher Teil der Ausführungskompetenzen an Preußen übertragen wurde; zur hegemonialen Stellung Preußens und die Angewiesenheit des Bundes auf diese preußischen Verwaltungshilfen vgl. auch *D. Wolst*, Die Bundesauftragsverwaltung als Verwaltungsform, 1974, S. 34f.

[6] *P. Lerche*, in: Maunz/Dürig, GG, Art. 85 (1987), Rn. 20; zu Ansätzen einer auftragsweisen Aus-

Möglichkeiten[7], auf die Bereiche Wahlen, Zoll- und (Verbrauchs-)Steuerwesen, Eisenbahn und Heereswesen[8] Einfluß zu nehmen. Insbesondere im Bereich des Zoll- und (Verbrauchs-)Steuerwesens findet sich eine dem Art. 85 IV 2 GG ähnliche Kontrolle des Reiches über die Länder. Das bereits 1834 durch den Deutschen Zollverein vereinheitlichte Zollwesen wurde[9] in den Händen der Länder belassen; den Mittel- und Unterbehörden wurden jedoch Reichsaufsichtsbeamte »beigeordnet«[10], welche die Verwaltungstätigkeit dieser Behörden mittels Akteneinsicht, Visitationsbefugnissen und Kenntnisnahmen aller Verfügungen und Dienstanweisungen überwachten und im Falle festgestellter Gesetzesverstöße an den Reichskanzler Bericht erstatteten. Somit reichte die Reichskontrolle weit über eine bloße Oberaufsicht hinaus[11].

3 Auch in der **Weimarer Reichsverfassung** findet sich keine wirkliche Entsprechung zu Art. 85 GG[12]. Art. 14 WRV gestattete neben der Übertragung der Verwaltungskompetenzen an reichseigene Behörden (→ Art. 83 Rn. 3) und reichsunmittelbare Körperschaften auch die Übertragung als »Auftragsangelegenheiten« an die Landesbehörden[13]. Eine konkrete Ausgestaltung des Verfassungstypus der Auftragsverwaltung findet sich jedoch in der WRV nicht[14]. Für die Übertragung genügten einfache Reichsgesetze, durch welche die mit der Ausführung beauftragten Landesbehörden einer von der Reichsaufsicht (Art. 15 WRV) unterschiedlichen »Leitungsgewalt«[15] unterstellt und somit wie nachgeordnete Behörden der Reichsregierung behandelt wurden. Aus diesem Grund wird die Reichsauftragsverwaltung, obwohl die beauftragte Behörde weiterhin Landesbehörde bleibt, auch als »materielle Reichsverwaltung«[16] oder Reichsverwaltung ohne eigene Reichsbehörden[17] bezeichnet. Insbesondere die vom Staatsgerichtshof des Deutschen Reiches[18] anerkannte Praxis der Reichswasserstraßenverwaltung diente hier als Modell[19].

4 Besonders problematisch war die **Reichsauftragsverwaltung** in Bezug auf ihre Kollision mit der in Art. 15 WRV normierten **Reichsaufsicht**[20]. Diese war unterteilt in eine

---

führung der Reichsgesetze durch die Länder s. *N. Janz*, Das Weisungsrecht nach Art. 85 Abs. 3 GG, 2003, S. 41ff.

[7] Zusammenfassend siehe *R. Mußgnug*, Die Ausführung der Reichsgesetze durch die Länder und die Reichsaufsicht, in: Dt. VerwGesch III, S. 186ff. (194ff.).

[8] Die Organisation des Heeres wird sogar als »der modernen Auftragsverwaltung uneingeschränkt vergleichbar« angesehen, s. *Mußgnug*, Ausführung (Fn. 7), S. 198.

[9] Unter anderem wohl aus ökonomischen Überlegungen, vgl. *Mußgnug*, Ausführung (Fn. 7), S. 195.

[10] Art. 36 RV 1871.

[11] *H. Triepel*, Die Reichsaufsicht, 1917, S. 185.

[12] Zusammenfassend zu den Unterschieden zwischen Reichs- und heutiger Bundesauftragsverwaltung besonders in Bezug auf einzelne Aspekte wie Behördenorganisation und Verwaltungsvorschriften siehe *Lerche* (Fn. 6), Art. 85 Rn. 21.

[13] *Anschütz*, WRV, Art. 14 Anm. 4 (S. 111); s. die ausführliche Übersicht bei *Janz*, Weisungsrecht (Fn. 6), S. 62ff.

[14] *Lerche* (Fn. 6), Art. 85 Rn. 20. Dennoch führte die Reichsauftragsverwaltung zu einer beträchtlichen Ausweitung des Einflusses des Reichs auf die gesamte Verwaltung, *A. Dittmann*, Die Bundesverwaltung, 1983, S. 55; a. A. *R. Mußgnug*, Die Ausführung der Reichsgesetze durch die Länder und die Reichsaufsicht, in: Dt. VerwGesch IV, S. 330ff. (342).

[15] *Anschütz*, WRV, Art. 14 Anm. 4 (S. 111) spricht hier sogar von »Dienstaufsicht«.

[16] *Lerche* (Fn. 6), Art. 85 Rn. 21.

[17] *H. Peters*, Reich und Länder 1928/29, 366 (367).

[18] RGZ 112, Anhang S. 33ff.

[19] Einzelheiten m.w.N. bei *Pauly*, Anfechtbarkeit (Fn. 2), S. 51f.; *H. Schäfer*, DÖV 1960, 641 (641f.); weitere Nachweise bei *Elmers*, Bundesauftragsverwaltung (Fn. 1), S. 29f.

[20] Ausführlich zur Reichsaufsicht *Mußgnug*, Ausführung (Fn. 14), S. 343ff.

selbständige Reichsaufsicht nach Art. 15 I WRV, d.h. die Aufsicht in den Bereichen, in denen unabhängig von ihrer Inanspruchnahme dem Reich die Gesetzgebungskompetenz zustand, und eine abhängige[21] Reichsaufsicht nach Art. 15 II, III WRV, die an das Vorhandensein von Reichsgesetzen gebunden war, die von den Ländern ausgeführt wurden[22]. Im Rahmen der Reichsauftragsverwaltung konnte jedoch die abhängige Reichsaufsicht nicht angewandt werden. Es fehlte an der notwendigen Voraussetzung der »einzelstaatlichen Zuständigkeit«[23], weil Landesbehörden im Bereich der ihnen durch das Reich übertragenen Verwaltungskompetenzen direkt den Reichszentralbehörden unterstellt waren. Die vom Reich über die beauftragten Länder ausgeübte Aufsicht wurde wegen ihrer Möglichkeit zum »Durchgriff« auf die einzelnen Landesbehörden durch Einzelweisungen z.T. als nicht mit der Verfassung vereinbar erachtet[24].

Der heutigen Bundesauftragsverwaltung ähnlicher ist der Entwurf der sog. Länderkonferenz von 1928[25]. Diese war zu dem Ergebnis gekommen, die verfassungsrechtliche Regelung des Reich-Länder-Verhältnisses bedürfe einer grundlegenden Reform. Ziel der Reform müsse die **Verhinderung der** gerade durch das existierende Modell der Reichsauftragsverwaltung fortschreitenden **Unitarisierung** sein. Die von der Länderkonferenz beschriebene Reichsauftragsverwaltung weist mit Art. 85 GG große Ähnlichkeit in Bezug auf die Weisungsadressaten, die Verantwortlichkeit der obersten Landesbehörde und auf die gerichtliche Klärung des Verstoßes gegen eine Weisung auf. Inwieweit dieser Entwurf jedoch tatsächlich als Vorbild für Art. 85 GG diente, ist nicht festzustellen[26]. 5

II. Entstehung und Veränderung der Norm

Geprägt durch die Föderalismus-Auflage der Alliierten (→ Art. 83 Rn. 4) sah der **HChE** eine Bundesauftragsverwaltung[27] nur in »**Fällen besonderen Bedürfnisses**« vor, da hierin eine Verwischung der Zuständigkeiten zwischen Bund und Ländern sowie die Gefahr einer Herabminderung der Länderselbständigkeit zu sehen sei[28]. 6

Der Entwurf wurde letztlich lediglich durch das Recht des Bundes zur Regelung der einheitlichen Ausbildung der Beamten und zur Mitwirkung an der Ernennung der 7

---

21 Die Begriffe der abhängigen und der selbständigen Reichsaufsicht gehen zurück auf *Triepel*, Reichsaufsicht (Fn. 11), S. 370ff.

22 *Anschütz*, WRV, Art. 15 Anm. 1a (S. 113).

23 *Anschütz*, WRV, Art. 15 Anm. 1c (S. 114f.).

24 Ausführlich zur Verfassungskonformität der Reichsauftragsverwaltung s. *Lerche* (Fn. 6), Art. 85 Rn. 23.

25 Ausführlich zur Länderkonferenz von 1928 s. *Wolst*, Bundesauftragsverwaltung (Fn. 5), S. 40ff.

26 So wird der Entwurf der Länderkonferenz nur einmal durch den Abg. Dr. Strauß erwähnt (45. Sitzung des Hauptausschusses vom 19.1.1949, Parl. Rat XIV/2, S. 1442f.).

27 Der HChE spricht hier von »Landesverwaltung nach Weisung«, der Begriff der Auftragsverwaltung wird erst vom Ausschuß für Zuständigkeitsabgrenzungen verwendet, um eine klare Abgrenzung zur landeseigenen Verwaltung und den auch dort möglichen Einzelweisungen zu schaffen: Parlamentarischer Rat, Schriftlicher Bericht zum Entwurf des Grundgesetzes für die Bundesrepublik Deutschland (Drs. 850, 854 [Parl. Rat VII, S. 532ff. sowie Parl. Rat IX, S. 433f. mit Fn. 13f.]), Anlage zum stenographischen Bericht der 9. Sitzung des Parlamentarischen Rates am 6. Mai 1949, 1948/49, S. 40; JöR 1 (1951), S. 622; siehe auch *Stern*, Staatsrecht II, S. 807f.; *Janz*, Weisungsrecht (Fn. 6), S. 78ff.

28 Bericht über den Verfassungskonvent (Parl. Rat II, S. 562f.); 3. Sitzung des Plenums v. 9.9.1948, Parl. Rat IX, S. 98.

Leiter der Mittelbehörden ergänzt[29]. Der Charakter der Bundesauftragsverwaltung als Landesverwaltung unter Kontrolle des Bundes und nicht als Bundesverwaltung blieb jedoch erhalten[30]. Im **Parlamentarischen Rat** bestand über die grundsätzlich unbeschränkte Weisungsbefugnis offenbar Einigkeit[31]. Strittig war allenfalls die Frage, ob sich die Weisungsbefugnis des Bundes nur auf die obersten oder auch auf nachgeordnete Landesbehörden erstrecken sollte. Der Absicht, durch das Grundgesetz nicht zuviel zu regeln, sondern diese Frage lieber der Verwaltungspraxis zu überlassen[32], stand die Angst gegenüber, dem Bund ein generelles Durchgriffsrecht auf untere Landesbehörden einzuräumen[33]. Was das Verhältnis zwischen Weisung und Aufsicht angeht, wurde der Zweckmäßigkeitsmaßstab nicht nur auf die Aufsicht, sondern auch auf die »Befugnis der Einwirkung der obersten Bundesbehörden« im allgemeinen bezogen[34]. Einwirkungsbefugnisse und Aufsicht wurden offenbar als synonyme Begriffe verwendet, woraus sich die Formulierung »Zweckmäßigkeitsaufsicht« erklärt. Die »Befugnis zur Sachweisung« wurde als ein Instrument angesehen, das der Aufsicht »zur Verfügung steht«[35]. Es wird auf der Grundlage der dokumentierten Entstehungsgeschichte als offen angesehen, ob mit Art. 85 IV GG die Praxis der **Wasserstraßenverwaltung** der Weimarer Zeit übernommen werden sollte oder ob man an die allgemeine Reichsaufsicht nach Art. 15 WRV anknüpfen wollte[36]. Probleme, die sich aus der in Art. 85 III und IV GG unterschiedlich geregelten Organzuständigkeit ergeben (→ Rn. 20ff.), lassen sich entstehungsgeschichtlich nicht klären[37].

8 Im Rahmen der **Föderalismusreform** 2006 wurde parallel zu Art. 84 I 7 GG (→ Art. 84 Rn. 9) auch in Art. 85 das **Verbot des Durchgriffs auf die Kommunen** verankert (Absatz 1 Satz 2). Im übrigen ist Art. 85 GG seit Inkrafttreten des GG **unverändert** geblieben und erfuhr lediglich eine Bedeutungszunahme[38] durch den später **erweiterten Anwendungsbereich**[39]. Die grundsätzliche Verteilung der Kompetenzen zwischen

[29] Zusammenfassend zur Entstehungsgeschichte siehe JöR 1 (1951), S. 636ff.

[30] *H. Herrfahrdt*, in: BK, Art. 85 (Erstb. 1950), S. 2.

[31] »Hier entscheidet allein der Wille der zuständigen obersten Bundesbehörden«, so Parlamentarischer Rat, Schriftlicher Bericht (Fn. 27), S. 40.

[32] So der Vors. Dr. Strauß in der 20. Sitzung des Zuständigkeitsausschusses vom 2.12.1948 (Parl. Rat III, S. 730f.).

[33] So der Abg. Laforet in der 20. Sitzung des Zuständigkeitsausschusses vom 2.12.1948 (Parl. Rat III, S. 730f.). Die Tatsache, daß der letztendlich von Hauptausschuß und Plenum angenommene Entwurf auf einen Antrag gerade der beiden zuvor kontrovers diskutierenden Abgeordneten zurückzuführen ist, läßt die heutige Fassung als zwischen beiden Ansichten vermittelnde Lösung erscheinen.

[34] Parlamentarischer Rat, Schriftlicher Bericht (Fn. 27), S. 40; dort auch zum Folgenden.

[35] »Bei der Auftragsverwaltung erstreckt sich die Befugnis der Einwirkung der obersten Bundesbehörden auch auf die Zweckmäßigkeit der Ausführung. Sie ist also auch eine ›Zweckmäßigkeitsaufsicht‹, der die Befugnis zur Sachweisung zur Verfügung steht«, so Parlamentarischer Rat, Schriftlicher Bericht (Fn. 27), S. 40.

[36] So die Einschätzung von *T. v. Danwitz*, DVBl. 1992, 1005 (1006).

[37] *T. v. Danwitz*, DVBl. 1992, 1005 (1009f.), will die Unterscheidung zwischen oberster Bundesbehörde in Art. 85 III GG und Bundesregierung in Art. 85 IV GG mit dem Argument überwinden, dem VIII. Abschnitt des Grundgesetzes fehle die sprachliche und begriffliche Schlußredaktion und die Absätze 3 und 4 von Art. 85 GG seien von unterschiedlichen Ausschüssen des Parlamentarischen Rats vorgeschlagen worden; in BVerfGE 26, 338 (396), wird die Frage, ob in Art. 85 IV 2 GG unter »Bundesregierung« ausnahmsweise der einzelne Bundesminister verstanden werden muß, offen gelassen.

[38] *W. Blümel*, HStR IV, § 101 Rn. 48.

[39] Grundgesetzänderungen zwischen 1952 und 1969 zu Art. 120a, 87b II, 87c, 87d, 108 III, 104 III 2 GG.

Bund und Ländern im Bereich der Bundesauftragsverwaltung wird als ausgewogen und damit als nicht reformbedürftig angesehen[40]. Die weitreichenden Einwirkungsmöglichkeiten des Bundes auf die Länder haben jedoch dazu geführt, daß die Auftragsverwaltung weniger als Landesverwaltung und eher als »Mitteldding«[41] zwischen Bundes- und Landesverwaltung eingeschätzt wird[42]. Zum Konflikt zwischen Bund und Ländern führte die Frage nach der Überprüfbarkeit von Weisungen des Bundes im Rahmen der Bundesauftragsverwaltung durch die Länder. Ein Antrag auf Ergänzung des Art. 85 III GG, durch welche den Ländern das Recht eingeräumt werden sollte, diese Weisungen durch die zuständigen Gerichte auf ihre Gesetzmäßigkeit überprüfen zu lassen, wurde jedoch von der gemeinsamen Verfassungskommission mit der Begründung abgelehnt, der Vorschlag sei unvereinbar mit dem System der Bundesauftragsverwaltung und beeinträchtige die Handlungsfähigkeit des Bundes[43].

B. Internationale, supranationale und rechtsvergleichende Bezüge

Nicht anders als bei der Ausführung von Bundesgesetzen durch die Länder als eigene Angelegenheit (→ Art. 84 Rn. 10) kommt auch der Kompetenzverteilung zwischen Bund und Ländern im Bereich der Auftragsverwaltung durch Art. 85 GG insoweit Bedeutung für die Umsetzung internationalen Rechts zu, als sich nach dieser Norm der Vollzug solcher **völkerrechtlichen Verträge** richtet, für deren Abschluß der Bund zuständig ist (→ Art. 32 Rn. 17, 32 ff., 48 ff.), die der Zustimmung der Legislative in der Form eines Bundesgesetzes bedürfen (→ Art. 59 Rn. 28 ff., 37 ff.) und die außerdem Regelungen enthalten, die vollzugsfähig und -bedürftig (→ Art. 83 Rn. 25 f.) sind. Was die umstrittene Frage der Befugnis der Länder zum Abschluß von Verwaltungsabkommen angeht, die sich auf Sachbereiche der Auftragsverwaltung beziehen (→ Rn. 14), so gilt auch hier, daß sich die Kompetenznorm des Art. 32 III GG nicht nur auf die materiellen Gesetzgebungskompetenzen, sondern auch auf Gesetzgebungszuständigkeiten der Länder für die Verwaltungsorganisation und das Verfahren im Bereich der Auftragsverwaltung bezieht (→ Art. 84 Rn. 10). Allerdings besteht hier Anlaß für die Bundesregierung, zur Wahrung des Weisungsrechts der obersten Bundesbehörde nach Art. 85 III GG für die Zukunft die nach Art. 32 III GG erforderliche Zustimmung zu verweigern[44]. 9

Auch für den **indirekten unmittelbaren Vollzug von Unionsrecht** (→ Art. 83 Rn. 6 ff.) hat Art. 85 GG deshalb Bedeutung, weil nach h. M. das unmittelbar anwendbare Unionsrecht pauschal mit Bundesrecht i. S. d. Art. 83 ff. GG gleichgesetzt wird (→ Art. 83 Rn. 9). Dies hat zur Folge, daß dem Bund die Einwirkungsrechte des Art. 85 GG zur Verfügung stehen, wenn das Unionsrecht Materien der Auftragsverwaltung regelt. Die dagegen mit Blick auf solche Materien, die nach der innerstaatlichen Verteilung der Gesetzgebungszuständigkeiten »eigentlich« ausschließlich durch die Länder zu regeln wären, erhobenen Bedenken (→ Art. 83 Rn. 10 f.; → Art. 84 Rn. 11), sind für die 10

[40] Vgl. Schlußbericht der Enquete-Kommission, Verfassungsreform des Deutschen Bundestages, BT-Drs. 7/5924, S. 144 f.

[41] *W. Blümel*, HStR IV, § 101 Rn. 49.

[42] Zusammenfassend zur (veränderten) Rechtsnatur der Bundesauftragsverwaltung: *W. Blümel*, HStR IV, § 101 Rn. 49.

[43] BT-Drs. 12/6000, S. 43.

[44] So auch *W. Kluth*, in: BK, Art. 85 (2011), Rn. 16.

Anwendung von Art. 85 GG ohne praktische Relevanz, weil in keiner Auftragsangelegenheit die Gesetzgebungskompetenz ausschließlich bei den Ländern liegt. Erste Ansätze für eine **unionsrechtliche Parallele** zum deutschen Modell der Auftragsverwaltung zeigen sich bei sekundärrechtlichen Ermächtigungen der Kommission, im Wege von einzelfallbezogenen Entscheidungen den Vollzug durch die Mitgliedstaaten zu steuern[45] (→ Art. 84 Rn. 14).

11 Im übrigen ist das deutsche Modell der Bundesauftragsverwaltung eine singuläre Erscheinung geblieben. In den föderalen Staaten mit einem dualen Vollzugssystem (→ Art. 83 Rn. 14) kann es ohnehin nicht auftreten. Der deutschen Regelung am nächsten kommt das Vollzugsmodell in **Österreich**. Dort bleibt der Vollzug von Bundesgesetzen durch Landesbehörden jedoch im Gegensatz zu Deutschland (→ Rn. 17) mittelbare Bundesverwaltung[46]. In diesem Bereich unterliegen die Länder Weisungen; ein mit Art. 85 IV GG vergleichbares Aufsichtsrecht wurde nicht ausdrücklich normiert. Weisungsberechtigt sind die Bundesregierung sowie die einzelnen Bundesminister[47]. Adressat der Weisung ist der Landeshauptmann als oberste Landesbehörde, der auch zur Durchsetzung der Weisung verpflichtet ist[48].

C. Erläuterungen

I. Grundlagen und Regelungsgehalte von Art. 85 GG

1. Funktion und Anwendungsbereich

12 Art. 85 GG enthält die allgemeinen Regelungen über die Kompetenzverteilung zwischen Bund und Ländern, die abweichend von dem in Art. 83 GG als Regel festgelegten[49] und in Art. 84 GG näher ausgestalteten Vollzugstyp – Ausführung durch die Länder als eigene Angelegenheiten – für den Vollzugstyp der Ausführung von Bundesgesetzen durch die Länder im Auftrage des Bundes gelten. Dabei stellt Art. 85 GG allerdings nicht selbst eine Ausnahmeregelung im Sinne des Art. 83 GG dar, die eine Abweichung von der Regel der Landeseigenverwaltung »bestimmen« oder »zulassen« müßte[50]. Vielmehr handelt es sich hier um den »**allgemeinen Teil**« der **Regelungen über die Auftragsverwaltung**, der nur dort zur Anwendung kommt, wo spezielle Verfassungsnormen für einzelne Sachbereiche diesen Vollzugstyp ausdrücklich vorsehen (→ Art. 83 Rn. 46). Diese speziellen Grundgesetznormen bestimmen also einerseits den

---

[45] Vgl. dazu nur *R. v. Borries*, Verwaltungskompetenzen der Europäischen Gemeinschaft, in: FS Everling, Bd. I, 1995, S. 127ff. (133f., 136f.), der solche Entscheidungen als »Weisungen« bezeichnet.

[46] So ausdrücklich Art. 102 I 1 B-VG: → Art. 84 Rn. 16.

[47] Art. 103 I B-VG.

[48] Art. 103 I B-VG, vgl. auch *H. Schambeck*, Landesbericht Österreich, in: F. Ossenbühl (Hrsg.), Föderalismus und Regionalismus in Europa, 1990, S. 71ff. (88).

[49] Entgegen *A. Dittmann*, in: Sachs, GG, Art. 85 Rn. 2 enthält Art. 85 GG keine »Modifikation« der Grundregel des Art. 83 GG, weil der Verwaltungstyp der Bundesauftragsverwaltung durch andere Grundgesetznormen ausdrücklich zugelassen sein muß und deshalb Art. 85 GG aus eigener Kraft den Regelfall der Landeseigenverwaltung im Sinne der Art. 83, 84 GG nicht um den Vollzugstyp der Auftragsverwaltung ergänzt.

[50] Mißverständlich deshalb Jarass/*Pieroth*, GG, Art. 85 Rn. 1, der Art. 85 GG als »doppelte Ausnahme« von der Regel des Art. 83 GG bezeichnet. Zutreffend daran ist allerdings, daß Art. 85 GG mit der Auftragsverwaltung eine andere Verwaltungsform als die in Art. 83 GG als Regel normierte Landeseigenverwaltung ausgestaltet und für diese Verwaltungsform Kompetenzen des Bundes begründet, die weiter gehen als die in Art. 84 GG vorgesehenen.

Anwendungsbereich von Art. 85 GG und enthalten andererseits vorrangige Regelungen zur Ausgestaltung des Bund-Länder-Verhältnisses beim Vollzug von Bundesgesetzen in dem jeweiligen Sachbereich.

Die **Funktion** des Verwaltungstyps **der Auftragsverwaltung** im bundesstaatlichen System des Grundgesetzes ist geprägt durch seine Stellung zwischen dem landeseigenen Vollzug von Bundesgesetzen auf der einen und der bundeseigenen Verwaltung auf der anderen Seite[51]. In den Sachgebieten, in denen der Verwaltungstyp der Auftragsverwaltung zur Anwendung kommt, muß also anders als in den Fällen der bundeseigenen Verwaltung auf die spezifischen Vorteile des Landesvollzugs – insbesondere auf die Sach- und Ortsnähe der Landesbehörden und auf die höhere demokratische Legitimation der vollzugstypischen Konkretisierungsentscheidungen (→ Art. 83 Rn. 17 f.) – nicht verzichtet werden. Dabei stehen den zuständigen Bundesorganen aber abweichend von dem Regelfall des landeseigenen Vollzugs nach Art. 83, 84 GG gesteigerte Steuerungsmöglichkeiten zur Verfügung, die es – insbesondere durch Weisungen nach Art. 85 III 1 GG – ermöglichen, über normative Vorgaben hinaus den Vollzug durch die Länder auch einzelfallbezogen nach Maßgabe von Leitvorstellungen der Bundesexekutive[52] zu bestimmen. 13

Vor dem Hintergrund dieser Mittellage der Auftragsverwaltung zwischen landeseigener und Bundesverwaltung erklärt sich der **Anwendungsbereich** von Art. 85 GG[53]: Wesentliche Sachbereiche der Auftragsverwaltung betreffen die großräumige Ausstattung der Bundesrepublik mit Einrichtungen der **Infrastruktur** von überörtlicher Bedeutung. Dazu gehören die Einrichtungen des Luftverkehrs (Art. 87d II GG), die Bundeswasserstraßen (Art. 89 II 3 GG) und insbesondere die Bundesfernstraßen (Art. 90 II GG). Auch die Nutzung der Kernenergie (Art. 87c GG) läßt sich in diesen Zusammenhang einordnen. Daß das Grundgesetz dem Bund hier intensive Steuerungsmöglichkeiten zur Verfügung stellt, ist notwendige Folge der existentiellen Bedeutung dieser Infrastrukturen für die soziale, politische und wirtschaftliche Integration nicht nur auf nationaler, sondern auch auf europäischer Ebene[54]. Im Gegensatz zu kritischen Stimmen in der Literatur[55] gibt es daran auch angesichts der Eigenstaatlichkeit der Länder verfassungspolitisch nichts zu bemängeln, weil die Alternative zur Auftragsverwaltung in diesen Bereichen nur eine vollständige Überführung in bundeseigene Verwaltung sein könnte, wie es im Eisenbahnwesen sowie in den Bereichen der Post und der Telekommunikation der Fall ist (→ Art. 87e Rn. 11 ff.; → Art. 87f Rn. 16 f.). Im Bereich des Schutzes der Zivilbevölkerung (Art. 87b II 2 GG) erklärt sich das Bedürfnis nach intensiver Steuerung durch den Bund aus der **Nähe zum Verteidi-** 14

---

51 In diesem Zusammenhang ist die Rede von der Funktion des Art. 85 GG als »Brücke« zwischen der Ausführung der Bundesgesetze als eigene Angelegenheit der Länder (Art. 84 GG) und der Ausführung der Bundesgesetze durch die bundeseigene Verwaltung (Art. 86 GG); so *Dittmann* (Fn. 49), Art. 85 Rn. 5; in der Sache ähnlich *F. Kirchhof*, in: Maunz/Dürig, GG, Art. 85 (2012), Rn. 10; ausführlich zur Verortung der Auftragsverwaltung im föderativen Gefüge des Grundgesetzes *Elmers*, Bundesauftragsverwaltung (Fn. 1), S. 49 ff.

52 BVerfGE 81, 310 (332) spricht in diesem Zusammenhang von dem »vom Bund zu definierenden Gemeinwohlinteresse«; *R. Steinberg*, AöR 110 (1985), 419 (422) weist darauf hin, daß der Bund insbesondere bei Ermessensspielräumen seine Ausübung des Ermessens durchsetzen kann.

53 S. auch die Übersicht bei *Kluth* (Fn. 44), Art. 85 Rn. 23 ff.

54 Dazu *G. Hermes*, Staatliche Infrastrukturverantwortung, 1998, S. 323 ff.; so wohl nun auch *S. Broß/K.-G. Mayer*, in: v. Münch/Kunig, GG II, Art. 85 Rn. 36.

55 *R. Steinberg*, Bundesaufsicht, Länderhoheit und Atomgesetz, 1990, S. 75 ff.; *Dittmann* (Fn. 49), Art. 85 Rn. 38 mit Fn. 101.

gungswesen. Die in Art. 104a III 2 und Art. 120a I GG vorgesehene Auftragsverwaltung rechtfertigt sich aus dem überwiegenden **Finanzierungsanteil des Bundes** bei Leistungsgesetzen[56]. Bei Art. 108 III 1 GG schließlich resultiert die Auftragsverwaltung daraus, daß dem **Bund die Steuern zufließen**[57]. In allen Fällen dürfte der wichtigste Grund dafür, von bundeseigener Verwaltung trotz des erkennbaren Bundesinteresses abzusehen, darin liegen, daß auf die besondere Sach- und Ortsnähe der Bundesländer[58] nicht verzichtet werden sollte.

15 Bei den erwähnten Verfassungsnormen (→ Rn. 14), die auf die Regelungen der Auftragsverwaltung in Art. 85 GG verweisen, ist der Unterschied zu beachten zwischen solchen, die die Auftragsverwaltung im Sinne des Art. 83 GG »bestimmen« (**obligatorische** Auftragsverwaltung)[59], und solchen, die diesen Verwaltungstyp lediglich »zulassen« (**fakultative** Auftragsverwaltung)[60]. In den letztgenannten Fällen bedarf die Eröffnung des Anwendungsbereichs des Art. 85 GG zumindest regelmäßig[61] einer bundesgesetzlichen Anordnung, die als Vollzugstyp die Auftragsverwaltung vorsieht[62]. Eine Differenzierung zwischen den Materien, die bereits bei Inkrafttreten des Grundgesetzes dem Typus der Auftragsverwaltung zugeordnet waren, und späteren Ergänzungen (Art. 120a I, 87b II, 87c GG) im Sinne eines **materiellen** und eines **formellen Typs** der Auftragsverwaltung ist nicht weiterführend und bleibt jedenfalls im Hinblick auf die Einwirkungsmöglichkeiten des Bundes nach Art. 85 GG ohne Konsequenzen[63].

16 Dem eindeutigen Wortlaut seines ersten Absatzes nach ist Art. 85 GG nur auf die **Ausführung von Bundesgesetzen** anwendbar[64]. Art. 85 GG setzt also die Existenz vollzugsfähigen und -bedürftigen Bundesrechts (→ Art. 83 Rn. 25 f.) voraus[65]. Eine »selbständige« Aufsicht des Bundes über die Länder kennt das Grundgesetz nicht[66] (→ Art. 84 Rn. 97). Entgegen anderslautenden Stimmen in der Literatur[67] findet diese

---

[56] Wichtige Beispiele sind das Bundesausbildungsförderungsgesetz und das Wohngeldgesetz; instruktiv zur Praxis der Bundesauftragsverwaltung am Beispiel des Wohngeldrechts *F. Hinrichs*, VR 2014, 48 (49 ff.); ausführliche Übersicht bei *Elmers*, Bundesauftragsverwaltung (Fn. 1), S. 40 ff. sowie S. 163 ff. zur Praxis der Auftragsverwaltung beim Vollzug des BAföG.

[57] Dazu *J. Ipsen*, Staatsrecht I, Rn. 638.

[58] So *J. Ipsen*, Staatsrecht I, Rn. 636.

[59] Der Verwaltungstyp der Auftragsverwaltung ist obligatorisch vorgesehen in Art. 90 II, 104a III 2, 108 III GG.

[60] Fälle der fakultativen Auftragsverwaltung finden sich in Art. 87b II, 87c, 87d II, 89 II 3 und 4, 120a GG.

[61] Zu den Besonderheiten bei der Bundeswasserstraßenverwaltung: → Art. 89 Rn. 23.

[62] Zu der nur im Rahmen von Art. 87d GG relevanten Frage, ob auch die vollständige oder teilweise Rücknahme einer regelmäßig in bundeseigener Verwaltung zu erledigenden Aufgabe, die durch Gesetz den Ländern als Auftragsangelegenheit zugewiesen wurde, ihrerseits eines Bundesgesetzes bedarf: → Art. 87d Rn. 48.

[63] So aber *C. Heitsch*, Die Ausführung der Bundesgesetze durch die Länder, 2001, S. 248 ff., 281 ff., 327 ff.

[64] So auch *Kirchhof* (Fn. 51), Art. 85 Rn. 15, 28, 30; *T. Tschentscher*, Bundesaufsicht in der Bundesauftragsverwaltung, 1992, S. 62 m. w. N., der auf S. 107 zutreffend darauf hinweist, daß dazu auch Rechtsverordnungen gehören.

[65] A. A. – allerdings auf einer Verwechslung von Anwendungsbereich des Art. 85 GG einerseits und Umfang der Ingerenzrechte des Bundes andererseits beruhend – *H.-H. Trute*, in: v. Mangoldt/Klein/Starck, GG III, Art. 85 Rn. 13; wie hier *T. Groß*, in: Friauf/Höfling, GG, Art. 85 (2007), Rn. 10.

[66] Entgegen *J. Frowein*, Die selbständige Bundesaufsicht nach dem Grundgesetz, 1961, S. 54; vgl. auch den BVerfGE 8, 122 zugrundeliegenden Fall.

[67] *Dittmann* (Fn. 49), Art. 85 Rn. 30; wie hier *Kirchhof* (Fn. 51), Art. 85 Rn. 79.

Norm im Bereich der **gesetzesfreien Verwaltung** also **keine Anwendung**. Etwas anderes gilt nur dann, wenn die spezielle Verfassungsnorm, die den Vollzugstyp der Auftragsverwaltung bestimmt oder zuläßt, diese allgemeine Regel des Art. 85 GG dadurch modifiziert, daß die Auftragsverwaltung über den Vollzug von Bundesgesetzen hinaus auf einen bestimmten Sachbereich insgesamt erstreckt wird. Dies ist gem. Art. 87d II GG bei Aufgaben der Luftverkehrsverwaltung und nach Art. 90 II GG bei der Verwaltung der Bundesfernstraßen der Fall[68].

2. Grundstruktur der Kompetenzverteilung zwischen Bund und Ländern

a) Auftragsverwaltung als Landesverwaltung

Die Mittellage des Verwaltungstyps der Auftragsverwaltung (→ Rn. 8, 14) zwischen 17
landeseigener und Bundesverwaltung läßt sich zunächst durch die Feststellung näher präzisieren, daß sie eine **spezielle Form der Landesverwaltung**[69] und nicht der Bundesverwaltung[70] oder eine Form »gemeinsamer Verwaltung«[71] darstellt. Tätig werden Behörden der Länder und Gemeinden[72], die dabei nicht etwa als Organe des Bundes handeln[73]. Das Bundesverfassungsgericht hat dies zutreffend aus dem Wortlaut des Art. 85 I GG und aus der Systematik des VIII. Abschnitts hergeleitet[74]. Durch die allgemein als mißverständlich eingestufte[75] Formulierung »im Auftrage des Bundes«[76] wird diese erste Zuordnung nicht ausreichend deutlich[77]. Die Qualifizierung der Auftragsverwaltung als Form der Landesverwaltung schlägt sich insbesondere in Gestalt der »unentziehbar« bei den Ländern anzusiedelnden Wahrnehmungskompetenz (→

---

[68] Zustimmend *J. Suerbaum*, in: Epping/Hillgruber, GG (online, Stand: 1.12.2016), Art. 85 Rn. 10; s. dazu wie auch zu der – wegen des Gesetzesvorbehalts – theoretischen Bedeutung des Problems im Rahmen des Art. 108 III GG, nur *Tschentscher*, Bundesaufsicht (Fn. 64), S. 62f.; zurückhaltend auch hinsichtlich Art. 90 II GG *Groß* (Fn. 65), Art. 85 Rn. 7f.

[69] So unmißverständlich BVerfGE 81, 310 (331); 104, 249 (264, Rn. 70f.), mit dem zusätzlichen Hinweis, daß die Länder hierbei Landesstaatsgewalt ausüben; dies ist – soweit ersichtlich – zwischenzeitlich unbestritten, vgl. nur *W. Blümel*, HStR IV, § 101 Rn. 49; *Dittmann* (Fn. 49), Art. 85 Rn. 4, 7; *Groß* (Fn. 65), Art. 85 Rn. 6; *Broß/Mayer* (Fn. 54), Art. 85 Rn. 1; *H. P. Bull*, in: AK-GG, Art. 85 (2001), Rn. 4; *H.-J. Vogel*, Die bundesstaatliche Ordnung des Grundgesetzes, in: HdbVerfR, § 22 Rn. 94; *P. Dieners*, DÖV 1991, 923 (923); *Kluth* (Fn. 44), Art. 85 Rn. 30; weitere umfangreiche Nachweise dazu bei *Pauly*, Anfechtbarkeit (Fn. 2), S. 16 mit Fn. 1; *R. Steinberg*, AöR 110 (1985), 419 (423 mit Fn. 14).

[70] So noch *F. Klein*, Verfassungsrechtliche Grenzen der Gemeinschaftsaufgaben, in: Hochschule für Verwaltungswissenschaften Speyer (Hrsg.), Gemeinschaftsaufgaben zwischen Bund, Ländern und Gemeinden, 1961, S. 125ff. (139ff.) im Sinne reiner Bundesverwaltung; *H. v. Mangoldt*, Das Bonner Grundgesetz, 1953, Art. 85 Anm. 2 und *H. J. Wolff/O. Bachof*, Verwaltungsrecht, Bd. I, 9. Aufl. 1974, S. 26f. im Sinne mittelbarer Bundesverwaltung.

[71] So noch *H. Schäfer*, DÖV 1960, 641 (646) m. w. N.; ähnlich *H. Wagner*, DVBl. 1987, 917 (921).

[72] Vgl. Jarass/*Pieroth*, GG, Art. 85 Rn. 2.

[73] Dabei würde es sich um einen Fall der Organleihe handeln (→ Art. 83 Rn. 51).

[74] BVerfGE 81, 310 (331), für die zusätzliche entstehungsgeschichtliche Begründung verweist das Bundesverfassungsgericht hier auf das Stenographische Protokoll der 20. Sitzung des Ausschusses für Zuständigkeitsabgrenzung vom 2.12.1948 (Parl. Rat III, S. 717ff.). Allerdings wird an der angegebenen Stelle die Formulierung: »Die Landesbehörden unterstehen den Anweisungen der zuständigen obersten Bundesbehörden« diskutiert. Eine ausdrückliche Klarstellung, daß es sich bei den im Auftrag des Bundes handelnden Landesbehörden nach wie vor um Behörden des Landes handelt, findet sich hier nicht.

[75] Vgl. nur *Dittmann* (Fn. 49), Art. 85 Rn. 1; Jarass/*Pieroth*, GG, Art. 85 Rn. 2; *Vogel* (Fn. 69), § 22 Rn. 94. Insofern wurde also ein Mißverständnis durch das andere abgelöst (→ Rn. 6 mit Fn. 27).

[76] Der Begriff »Auftrag« ist nicht im Sinne des BGB zu verstehen, vgl. BGHZ 16, 95 (99).

[77] Noch mißverständlicher ist die gebräuchliche Kurzform »Bundesauftragsverwaltung«.

Rn. 19) nieder, hat aber auch Bedeutung z. B. für die Prozeßführungsbefugnis des Landes bei Streitigkeiten in Materien der Auftragsverwaltung[78], die vor allem bei der Verwaltung der Bundesfernstraßen im Auftrag des Bundes angesichts der Finanzierungslast des Bundes mitunter in Zweifel gezogen wird (→ Art. 90 Rn. 50).

b) Einwirkungsmöglichkeiten des Bundes

18 Von dem Regelfall der Ausführung von Bundesgesetzen durch die Länder als eigene Angelegenheit unterscheidet sich die Ausgestaltung des Verhältnisses von Bund und Ländern in Art. 85 GG durch die im **Vergleich zu Art. 84 GG** deutlich **intensiveren Einwirkungsmöglichkeiten des Bundes**[79]. Nach den berechtigten Bundesorganen lassen sich die verschiedenen Einwirkungsbefugnisse unterteilen[80] in die Steuerungsmittel der Gesetzgebungsorgane nach Art. 85 I GG, der Bundesregierung nach Art. 85 II und IV[81] GG und der obersten Bundesbehörde nach Art. 85 III GG. Unter dem Blickwinkel der normativen oder einzelfallbezogenen Steuerung lassen sich die Bundesgesetze, die Verwaltungsvorschriften und die Regelung der Ausbildung von Beamten und Angestellten auf der einen Seite von dem Einvernehmen mit der Bestellung der Leiter der Mittelbehörden und der Weisung auf der anderen Seite abgrenzen[82]. In der Literatur werden diese Einwirkungsmöglichkeiten zusammenfassend dahin interpretiert, daß sich der Bund selbst zum »Herren« des Verfahrens machen und so die Grenze zur bundeseigenen Verwaltung verschwimmen lassen könne[83].

c) Wahrnehmungskompetenz und Sachkompetenz

19 Die **Kompetenzverteilung zwischen Bund und Ländern** in der Auftragsverwaltung insbesondere in den Fällen, in denen die oberste Bundesbehörde von ihrem Weisungsrecht nach Art. 85 III GG Gebrauch macht[84], hat das Bundesverfassungsgericht mit Hilfe der Begriffe der **Wahrnehmungskompetenz** und der **Sachkompetenz** näher präzisiert. Dabei bezeichnet der Begriff der Wahrnehmungskompetenz »das Handeln und die Verantwortlichkeit nach außen, im Verhältnis zu Dritten«[85]. Eine weitere – umstrittene – Beschränkung hat das Gericht in seinem Urteil zum Kernkraftwerk Biblis vorgenommen, indem es den Gehalt der Wahrnehmungskompetenz definierte als die »gesetzesvollziehende **rechtsverbindliche Entscheidung mit Außenwirkung**« und dadurch »vor allem« den Erlaß von Verwaltungsakten und den Abschluß öffentlich-

---

[78] S. dazu die Erörterungen im Zusammenhang mit Schadenersatz-/Entschädigungsforderungen der Betreiber von betroffenen Atomkraftwerken gegen die Länder und/oder den Bund wegen des sog. »Moratoriums« aus dem Jahr 2011, das nach Auffassung der betroffenen Länder durch eine rechtswidrige Weisung (→ Rn. 53) des Bundesministeriums verursacht wurde; dazu etwa *T. Schmitt/S. Wohlrab*, NVwZ 2015, 193 (196).

[79] Grundsätzlich dazu BVerfGE 81, 310 (331 f.); zusammenfassend zu den Einwirkungsmöglichkeiten des Bundes *Trute* (Fn. 65), Art. 85 Rn. 5.

[80] So auch die Unterteilung bei *Dittmann* (Fn. 49), Art. 85 Rn. 9 ff.

[81] Zur Frage, ob auch der obersten Bundesbehörde Aufsichtsmittel nach Art. 85 IV 1 GG zustehen: → Rn. 49.

[82] Die Aufsicht nach Art. 85 IV GG stellt dagegen kein Steuerungsmittel dar (→ Rn. 23), so daß sie sich in diesen Systematisierungsansatz nicht einfügen läßt.

[83] *Dittmann* (Fn. 49), Art. 85 Rn. 5.

[84] Das Weisungsrecht steht im Zentrum der Einwirkungsmöglichkeiten des Bundes, so auch BVerfGE 81, 310 (331 f.).

[85] BVerfGE 81, 310 (332); 104, 249 (264 f., Rn. 71 ff.).

rechtlicher Vereinbarungen erfaßt wissen wollte[86]. Obwohl die »Ausführung« von Gesetzen in der modernen Verwaltungswirklichkeit zweifelsohne durch vielfältige informelle Handlungsmodalitäten geprägt ist, verdient diese Beschränkung auf rechtsverbindliches Handeln Zustimmung, weil sie nicht – allgemein – den Gesetzesvollzug definieren soll, sondern lediglich – mit spezifischem Bezug auf die Zuordnung und Abgrenzung von Wahrnehmungs- und Sachkompetenz im Rahmen des Art. 85 GG – den Bereich der Wahrnehmungszuständigkeit der Länder abgrenzt[87]. Demgegenüber ist mit Sachkompetenz die Befugnis zur »**Sachbeurteilung und Sachentscheidung**« gemeint[88]. Die Wahrnehmungskompetenz liegt »unentziehbar« bei den Ländern, woran sich auch dann nichts ändert, wenn die oberste Bundesbehörde von ihrem Weisungsrecht Gebrauch macht[89] oder im Vorfeld möglicher Einzelweisungen die Geschäftsleitungsbefugnis insgesamt auf sich überleitet[90] (→ Rn. 45). Auch in diesen Fällen bleibt die Auftragsverwaltung Landesverwaltung und die nach außen handelnde Landesbehörde wird weder zu einer nachgeordneten Behörde des Bundes noch Teil einer »gesamthänderischen« Verwaltungsführung[91]. Die Sachkompetenz dagegen ist zwischen Bund und Ländern in der Weise verteilt, daß diese zwar »zunächst« den Ländern zukommt. Der Bund kann sie aber im Einzelfall »nach eigener Entscheidung« an sich ziehen[92], indem er das ihm zuerkannte Einzelweisungsrecht in Anspruch nimmt[93] oder für einen bestimmten Sachkomplex die Geschäftsleitungsbefugnis auf sich überleitet (→ Rn. 45). Die Sachkompetenz der Länder besteht bei der Auftragsverwaltung also grundsätzlich nur vorbehaltlich der Inanspruchnahme durch den Bund[94]; die Sachentscheidungskompetenz des Bundes hat damit gewissermaßen Reservefunktion[95].

3. Verhältnis von Weisung und Aufsicht (Art. 85 III und IV GG)

Ungeklärt ist bislang das Verhältnis zwischen den Möglichkeiten des Bundes nach 20
Art. 85 III GG, durch **Weisung** die Ausführung von Bundesgesetzen durch die Länder

[86] BVerfGE 104, 249 (266, Rn. 76); zustimmend *Trute* (Fn. 65), Art. 85 Rn. 6, 35; *G. Hermes*, JZ 2002, 1161 (1164); *J. Wieland*, ZUR 2004, 7 (11f.); *A. Hentschel/T. Hebeler*, ZUR 2003, 16 (18ff.); gegen diese Beschränkung und für ein Verständnis der Wahrnehmungskompetenz, das jedes »unmittelbare Handeln nach außen erfaßt, das darauf gerichtet ist, die Regelungsziele des Gesetzes zu verwirklichen«, BVerfGE 104, 249 (275f., Rn. 101) – *Sondervotum Di Fabio/Mellinghoff.*

[87] *G. Hermes*, JZ 2002, 1161 (1163f.); zustimmend *Trute* (Fn. 65), Art. 85 Rn. 35; krit. zu der Beschränkung auf rechtsverbindliches Handeln etwa *N. Janz*, JuS 2003, 126 (129); *H. Jochum*, DÖV 2003, 16 (18ff.).

[88] BVerfGE 81, 310 (332); 104, 249 (264f., Rn. 71).

[89] *R. Steinberg*, AöR 110 (1985), 419 (422); *B. Zimmermann*, DVBl. 1992, 93 (95); BVerfGE 81, 310 (332) und E 104, 249 (264f., Rn. 71) bezeichnen die Wahrnehmungskompetenz der Länder deshalb als »unentziehbar«.

[90] BVerfGE 104, 249 (266, Rn. 77f.); krit. dazu wie auch zum Gesamtkonzept der Rechtsprechung des Bundesverfassungsgerichts betr. die Sachkompetenz *F. Ossenbühl*, Die Bundesauftragsverwaltung – gelöste und ungelöste Probleme, in: FS Badura, 2004, S. 975ff. (980ff.); ihm folgend *Kluth* (Fn. 44), Art. 85 Rn. 57f.

[91] *Lerche* (Fn. 6), Art. 85 Rn. 8f. mit Nachweisen zu Versuchen einer derartigen Einordnung; *W. Blümel*, HStR IV, § 101 Rn. 49; *Dittmann* (Fn. 49), Art. 85 Rn. 7.

[92] *B. Zimmermann*, DVBl. 1992, 93 (95); *Dittmann* (Fn. 49), Art. 85 Rn. 19.

[93] So BVerfGE 81, 310 (332); 104, 249 (264f., Rn. 71); kritisch dazu *P. Dieners*, DÖV 1991, 923 (925).

[94] BVerfGE 81, 310 (322); dazu *K. Lange*, NVwZ 1990, 928ff.

[95] So *F. Ossenbühl*, Der Staat 28 (1989), 31 (35).

zu steuern, und der in Art. 85 IV GG ausdrücklich als solche bezeichneten **Bundesaufsicht**[96]. Die Notwendigkeit einer genaueren Klärung dieser Frage folgt daraus, daß nur die Weisung in der Organzuständigkeit des jeweiligen Bundesministers liegt, während zumindest[97] die Aufsichtsrechte nach Art. 85 IV 2 GG allein der Bundesregierung als Kollegialorgan zustehen. Auch wird der Maßstab der Gesetzmäßigkeit und Zweckmäßigkeit in Art. 85 IV 1 GG ausdrücklich nur auf die »Bundesaufsicht« bezogen, und auch die Befugnisse des Bundes zur Beschaffung der nötigen Informationen durch Berichte, Aktenvorlage und Entsendung von Beauftragten werden nur im Zusammenhang mit der Bundesaufsicht erwähnt, obwohl auch eine Weisung unstreitig Fragen der Zweckmäßigkeit zum Inhalt haben kann und kaum ohne die Kenntnis der Umstände des jeweiligen Einzelfalles denkbar ist (→ Rn. 42, 49). Schließlich fehlen in Art. 85 IV GG – abgesehen von den dort genannten Mitteln der Informationsbeschaffung – Aufsichtsinstrumente, so daß die Annahme naheliegt, das wichtigste Instrument der Aufsicht sei die in Art. 85 III GG vorgesehene Weisung[98]. Andererseits wird die Weisung verbreitet gerade nicht als Aufsichtsmittel, sondern als Maßstab der Aufsicht angesehen, die ihrerseits der Durchsetzung der Weisung dienen soll[99]. Obwohl es also an Anlässen für eine genauere Klärung des Verhältnisses zwischen Art. 85 III und IV GG nicht fehlt, ist hierzu wohl nicht zu Unrecht eine »dogmatische Unterbilanz« festgestellt worden[100].

21 Auf der einen Seite ist eine Tendenz erkennbar, die Bundesaufsicht nach Art. 85 IV GG als selbständiges Institut neben den Weisungen nach Art. 85 III GG zu verstehen[101]. Dabei steht im Zentrum der Begründung weniger die systematische Trennung und der genaue Inhalt der Absätze drei und vier des Art. 85 GG als vielmehr eine

---

[96] Vgl. dazu *Tschentscher*, Bundesaufsicht (Fn. 64), S. 69ff.; mit Schwerpunkt auf dem Verhältnis zwischen Verwaltungsvorschriften und Bundesaufsicht *D. Haun*, Die Bundesaufsicht in Bundesauftragsangelegenheiten, 1972, S. 93ff. Angesichts der Weisungsbefugnis nach Art. 85 III GG zieht *Stern*, Staatsrecht II, S. 813 den Sinn der Bundesaufsicht nach Art. 85 IV GG sogar insgesamt in Zweifel.

[97] Zur Frage, ob sich aus Art. 85 IV 1 GG weitere Aufsichtsrechte ergeben und diese auch der obersten Bundesbehörde zustehen können: → Rn. 49.

[98] So wird die Weisung schon von *H. Schäfer*, DÖV 1960, 641 (648) als Aufsichtsmittel eingeordnet; aus neuerer Zeit so vor allem *Tschentscher*, Bundesaufsicht (Fn. 64), S. 71f.; *T. v. Danwitz*, DVBl. 1992, 1005 (1009); unreflektiert *Janz*, Weisungsrecht (Fn. 6), S. 142.

[99] So etwa *Lerche* (Fn. 6), Art. 85 Rn. 74 mit Fn. 31, Rn. 79; *Bull* (Fn. 69), Art. 85 Rn. 26; *Dittmann* (Fn. 49), Art. 85 Rn. 31; *R. Steinberg*, AöR 110 (1985), 419 (421); zur Durchsetzung von Weisungen: → Rn. 59ff.

[100] So die zutreffende Diagnose von *T. v. Danwitz*, DVBl. 1992, 1005 (1006). Einen umfassenden Systematisierungsversuch hat *P. Lerche*, in: Maunz/Dürig, GG, Art. 84 (1985), Rn. 124ff., vorgelegt: Er unterscheidet zwischen Aufsicht im weiteren Sinn als Inbegriff der Regierungskompetenzen des Bundes, bundesrechtliche Rechtssätze (einschließlich des GG) und sonstige legale Zielsetzungen des Bundes in konkreten Fällen durch oder nach Mängelbeanstandung in einem rechtlich näher geordneten Verfahren gegenüber den Ländern zur Geltung zu bringen einerseits und Aufsicht im engeren Sinn andererseits, die nur Regierungskompetenzen umfassen soll, die aus der Kontrolle der Ausführung der Bundesgesetze durch die Länder mit dem Zwecke der Mängelbeseitigung erwachsen. Nur zur Aufsicht im weiteren Sinne zählt er allgemeine Verwaltungsvorschriften und Weisungen. Diese Systematisierung führt allerdings für die Art. 85 III und IV GG betreffenden Fragen nicht weiter.

[101] So etwa *Kluth* (Fn. 44), Art. 85 Rn. 72, 74; *Dittmann* (Fn. 49), Art. 85 Rn. 28ff.; *Bull* (Fn. 69), Art. 85 Rn. 26; *Trute* (Fn. 65), Art. 85 Rn. 22; *F. Ossenbühl*, Verfassungsrechtliche Fragen – Bundesauftragsverwaltung, in: R. Lukes/A. Birkhofer (Hrsg.), Neuntes Deutsches Atomrechts-Symposium, 1991, S. 51ff. (53); Jarass/*Pieroth*, GG, Art. 85 Rn. 8f. Schwer nachvollziehbar ist dann allerdings, wie Vertreter dieser Auffassung Informationsrechte des zuständigen Bundesministers zur Vorbereitung einer Weisung nach Art. 85 III GG aus Art. 85 IV GG ableiten können. → Rn. 49 mit Fn. 229.

prinzipielle Unterscheidung zwischen der »präventiven« **Steuerung durch Weisungen** auf der einen und »repressiver« **kontrollierender Aufsicht** auf der anderen Seite[102]. In dieselbe Richtung weist der Versuch, Weisung und Aufsicht mit Hilfe der Kategorien der eigenen und fremden Angelegenheit voneinander abzugrenzen: die Weisung sei ebenso wie die Verwaltungsvorschrift nach Art. 85 II 1 GG[103] Element der dem Bund im Rahmen der Auftragsverwaltung eingeräumten »Geschäftsleitungsgewalt«, die die Steuerung eigener Angelegenheiten zum Gegenstand habe[104], während die Aufsicht die Korrektur fremder Angelegenheiten darstelle[105]. In Harmonisierung mit der vom Bundesverfassungsgericht vorgenommenen Differenzierung zwischen Sach- und Wahrnehmungskompetenz (→ Rn. 19) wird dann die »Leitung« ihrem Gegenstand nach auf die Sachbeurteilung und deren Entscheidung bezogen, während sich die Aufsicht auf die außengerichtete Verwaltungstätigkeit der Länder (Wahrnehmungskompetenz) beziehen soll[106].

Andererseits wird der Auslegung von Art. 85 III und IV GG ein **einheitliches Verständnis der Einwirkungsmöglichkeiten des Bundes** zugrundegelegt[107]. Aus dem Umstand, daß Maßstab der Bundesaufsicht nach Art. 85 IV GG ausdrücklich auch die Zweckmäßigkeit des Vollzugs ist, wird geschlossen, daß die Aufsicht im Rahmen der Bundesauftragsverwaltung nicht nur den Charakter repressiver Kontrolle habe, sondern auch präventive Elemente leitender Gestaltung einschließe. Als typisches präventives Lenkungsinstrument kann die Weisung dann ohne weiteres als Aufsichtsmittel angesehen werden. Dies führt zu einem systematischen Verständnis des Art. 85 GG, das die Aufsichtsrechte nach Art. 85 IV GG der Weisungsbefugnis des Art. 85 III GG als allgemeinere Regelung voranstellt[108], wodurch vor allem dem funktionalen Ablauf des Aufsichtsverfahrens Rechnung getragen werden soll. Weiter wird daraus die Notwendigkeit einer einheitlichen Trägerschaft aller Aufsichtsmittel abgeleitet und diese bei der obersten Bundesbehörde angesiedelt, unter Bundesregierung in Art. 85 IV 2 GG also der einzelne Bundesminister verstanden. Spätestens diese Annahme ist allerdings nicht bruchlos möglich, da das Grundgesetz selbst in Art. 108 III 2 und Art. 120a S. 1 von einer Differenzierung zwischen oberster Bundesbehörde und Kollegialorgan in Art. 85 GG ausgeht. Es erscheint auch fraglich, ob das Problem der in Art. 85 III und IV GG unterschiedlich geregelten Organzuständigkeit mit dem Argument abgetan werden kann, dem achten Abschnitt des Grundgesetzes fehle die 22

[102] In diesem Sinne etwa *Lerche* (Fn. 100), Art. 84 Rn. 126, 127. *Tschentscher*, Bundesaufsicht (Fn. 64), S. 70 stellt als für diese Position maßgeblich dar den Unterschied zwischen »zukunftsorientierter« Ausrichtung der Ausführungstätigkeiten am bundesstaatlichen Vollzugswillen einerseits und die »unmittelbar korrektiv« auf das Landesvollzugsverhalten einwirkenden Maßnahmen der Aufsicht andererseits.

[103] Dazu *F. Ossenbühl*, Verwaltungsvorschriften und Grundgesetz, 1968, S. 369.

[104] *R. Steinberg*, AöR 110 (1985), 419 (424 f.). Allgemein zur Unterscheidung zwischen Weisungs- bzw. Leitungsrecht und Aufsicht *E. Forsthoff*, Lehrbuch des Verwaltungsrechts, 10. Aufl. 1973, S. 478 f. Die Vorstellung einer Leitungsgewalt des Bundes geht wohl auf *Triepel*, Reichsaufsicht (Fn. 11), S. 317 zurück.

[105] Jarass/*Pieroth*, GG, Art. 85 Rn. 8.

[106] *T. v. Danwitz*, DVBl. 1992, 1005 (1007).

[107] Vgl. zum folgenden *T. v. Danwitz*, DVBl. 1992, 1005 (1006 ff.).

[108] Wenn *T. v. Danwitz*, DVBl. 1992, 1005 (1009) dabei der Anordnung der Bundesingerenzen in Art. 84 GG eine eindeutige Orientierung entnehmen will, ist dies insofern inkonsequent, als er eine eigenständige, von Art. 84 GG gerade unabhängige Konturierung der Aufsichtsrechte aus Art. 85 GG fordert (1007).

sprachliche und begriffliche Schlußredaktion und die Absätze 3 und 4 seien von unterschiedlichen Ausschüssen des Parlamentarischen Rats vorgeschlagen worden[109].

23 Keiner der angedeuteten Systematisierungsansätze vermag zu überzeugen. So ist gegen die **erstgenannte Auffassung** (→ Rn. 21) zutreffend eingewandt worden, daß Weisungen regelmäßig sowohl präventive als auch repressive Elemente aufweisen[110]. Auch die Unterscheidung nach »eigenen« und »fremden« Angelegenheiten kann dort nicht weiterhelfen, wo wegen der ausschließlichen Wahrnehmungskompetenz der Länder der Vollzug »nach außen« für den Bund generell – also auch im Falle der Weisung – »fremd« bleibt, durch Ausübung der Weisungsbefugnis in der Sache aber zu einer »eigenen« Angelegenheit des Bundes werden kann. Die bisherigen Versuche zur Bestimmung des Verhältnisses zwischen Weisung und Aufsicht in Art. 85 GG kranken vor allem daran, daß sie allgemeine Unterscheidungen wie die zwischen präventiver Steuerung und repressiver Aufsicht oder zwischen Geschäftsleitung und Kontrolle von außen an Art. 85 GG herantragen[111], ohne auf die in Art. 85 GG selbst angelegten Strukturen Rücksicht zu nehmen. Diese werden durch die Mittelstellung der Auftragsverwaltung zwischen landes- und bundeseigener Verwaltung (→ Rn. 13) und vor allem durch die spezielle Verteilung der Sachkompetenz zwischen Bund und Ländern (→ Rn. 19) bestimmt. Da die Wahrnehmungskompetenz immer vollständig bei den Ländern verbleibt, müßte die Aufsicht nach Art. 85 IV GG folgenlos bleiben, wenn sie sich nur auf diese bezöge. Da also die Wahrnehmung der Verwaltungsaufgabe insgesamt Gegenstand der Aufsicht nach Abs. 4 ist und zugleich die Weisung nach Abs. 3 das Instrument darstellt, mit dessen Hilfe der Bundesminister die Sachentscheidungsbefugnis an sich zieht und ausübt (→ Rn. 37), kann die Aufsicht nur dadurch sinnvoll von der Weisung abgegrenzt werden, daß sie im Sinne einer reinen »Beobachtungsaufsicht«[112] verstanden wird. Art. 85 IV GG betrifft also die »Normallage« der Auftragsverwaltung, bei der – unabhängig von eventuellen Weisungen – die Sachkompetenz bei den Ländern liegt. Die Aufsicht dient dann zur Überwachung der eigenverantwortlichen Tätigkeit der Länder[113]. Sobald sich ein Bundesminister dazu veranlaßt sieht, in einem Einzelfall die sachliche Steuerung zu übernehmen, geht die Zuständigkeit vom Kollegialorgan auf ihn über[114]. Der **Aufsicht** kommt also **generelle Beobachtungsfunktion** zu. Die durch sie gewonnenen Informationen können die Grundlage dafür liefern, daß die oberste Bundesbehörde ein Weisungsverfahren einleitet (→ Rn. 49 f.). Insofern ist sie im Vorfeld möglicher Weisungen anzusiedeln[115]. Daneben werden schon erlassene Weisungen zum Maßstab der Aufsicht[116]. Als Mittel der Aufsicht kann die Weisung

---

[109] So *T. v. Danwitz*, DVBl. 1992, 1005 (1009 f.).

[110] *Tschentscher*, Bundesaufsicht (Fn. 64), S. 71.

[111] Daß dabei teilweise noch auf Herleitung und Deutung der Reichsaufsicht in der WRV zurückgegriffen wird, ist schon allein wegen der fehlenden staatsrechtlichen Tradition der Bundesauftragsverwaltung fragwürdig, vgl. dazu *T. v. Danwitz*, DVBl. 1992, 1005 (1006). → Rn. 3.

[112] Die Differenzierung zwischen verschiedenen Funktionen der Aufsicht, u. a. die Beobachtungsfunktion, geht auf *Triepel*, Reichsaufsicht (Fn. 11), S. 120 f. zurück.

[113] Zu diesem Zweck können z. B. Berichte über einen längeren Zeitraum der bisherigen landesweiten Vollzugspraxis, statistisches Material etc. von der Bundesregierung angefordert werden.

[114] So auch *J. Wieland*, ZUR 2004, 7 (9); ähnlich *U. Müller/K.-G. Mayer/L. Wagner*, VerwArch. 93 (2002), 585 (596); zur weisungsvorbereitenden Informationsgewinnung durch die oberste Bundesbehörde: → Rn. 49 f.

[115] Zustimmend *Kluth* (Fn. 44), Art. 85 Rn. 165; *Kirchhof* (Fn. 51), Art. 85 Rn. 77, 80; *Elmers*, Bundesauftragsverwaltung (Fn. 1), S. 116 ff.; ähnlich *Trute* (Fn. 65), Art. 85 Rn. 22.

[116] *Groß* (Fn. 65), Art. 85 Rn. 27 weist zutreffend darauf hin, daß Zweckmäßigkeitsfragen erst

dagegen nicht angesehen werden, da beide Instrumente grundsätzlich unterschiedliche Zielsetzungen haben. Mit diesem Konzept wird zum einen die unterschiedliche Trägerschaft von Aufsicht und Weisung erklärlich: die Zuständigkeit des Kollegialorgans für die Beobachtung der Landestätigkeit folgt daraus, daß es sich bei der Auftragsverwaltung um echte Landesverwaltung handelt (→ Rn. 17); die sachliche Steuerung der Verwaltungstätigkeit, die dem Land gerade die Sachkompetenz entzieht (→ Rn. 19), kann sich dagegen nach der Bundesressortzuständigkeit richten. Zum anderen wird auch der Sinn des in Art. 85 IV 1 GG angeordneten Aufsichtsmaßstabs deutlich: die Aufsicht kann nur dann, wenn auch sie sich auf Gesetzmäßigkeit und Zweckmäßigkeit der Ausführung erstreckt, eine ausreichende Grundlage dafür bieten, im Einzelfall zur Steuerung der Sachentscheidung durch Weisung (→ Rn. 36 ff.) überzugehen[117].

II. Ausführung durch die Länder

Aus der erwähnten grundsätzlichen Kompetenzverteilung im Bereich der Auftragsverwaltung (→ Rn. 17 ff.) folgt, daß die Landesbehörden für den Vollzug der Bundesgesetze selbst verantwortlich sind[118]. Der Grundsatz der »**eigenverantwortlichen Aufgabenwahrnehmung**«[119] durch die Länder gilt auch im Anwendungsbereich des Art. 85 GG[120]. Das Recht und die Pflicht der Länder, die im Auftrag des Bundes auszuführenden Gesetze durch eigene Verwaltungseinrichtungen, die mit den dazu notwendigen personellen und sächlichen Mitteln ausgestattet sind, loyal zu vollziehen, unterscheidet sich wegen der Reservefunktion der Weisungsbefugnis zunächst nicht von dem Vollzug als eigene Angelegenheit (→ Art. 83 Rn. 34; → Art. 84 Rn. 97). 24

Nicht anders als dort kommt den Ländern insbesondere die mit dem Begriff der »**Organisationsgewalt**« bezeichnete Befugnis (→ Art. 84 Rn. 22) zu, über die in Art. 85 I GG ausdrücklich erwähnte Einrichtung der Behörden hinaus die handelnden Behörden zu errichten, personell und sachlich auszustatten und den verwaltungsmäßigen Vollzug zu regeln[121]. Anders als bei der Ausführung von Bundesgesetzen als eigene Angelegenheit ist diese Organisationsbefugnis der Länder allerdings durch Art. 85 III 3 GG im Hinblick auf Formen der mittelbaren Landesverwaltung begrenzt: Überträgt ein Land im Anwendungsbereich von Art. 85 GG die Ausführung von Bundesgesetzen **verselbständigten Verwaltungsträgern**, so muß sichergestellt sein, daß die oberste Landesbehörde zur Durchsetzung einer Weisung auch die Zweckmäßigkeit 25

---

dann zum Gegenstand der Aufsicht gemacht werden dürfen, nachdem sie zuvor durch Weisung von der obersten Bundesbehörde entschieden wurden.

117 Da sich die Kontrolle der Beachtung vorangegangener Weisungen aufgrund der durch sie ausgelösten Befolgungspflicht (→ Rn. 57) als reine Rechtsaufsicht darstellt, bliebe vor allem bei einer Deutung der Aufsicht als repressiver Kontrolle der Sinn des in Art. 85 IV 1 GG enthaltenen Zweckmäßigkeitsmaßstabs unerklärlich.

118 *R. Steinberg*, AöR 110 (1985), 419 (430).

119 So BVerfGE 63, 1 (41), das einen von *R. Grawert*, Verwaltungsabkommen zwischen Bund und Ländern in der Bundesrepublik Deutschland, 1967, S. 195 geprägten Begriff aufnimmt.

120 So auch *R. Steinberg*, AöR 110 (1985), 419 (424, 430); vgl. auch BVerfGE 63, 1 (42), wonach für eine Auftragsverwaltung kennzeichnend ist, daß »die beauftragte Verwaltung die zugewiesenen Aufgaben als eigene Aufgaben wahrnimmt«.

121 So *Dittmann* (Fn. 49), Art. 85 Rn. 7 f.; zusammenfassend *Elmers*, Bundesauftragsverwaltung (Fn. 1), S. 77 f.

des Vollzugs steuern kann[122]. Die zuständigen Landesbehörden treffen sodann die vollzugstypischen Konkretisierungsentscheidungen (→ Art. 83 Rn. 31) in verfahrensmäßiger und materieller Hinsicht (Sachkompetenz) und handeln schließlich nach außen (Wahrnehmungskompetenz). Aus dem Umstand, daß Handlungen und Entscheidungen dem Land zugerechnet werden (→ Rn. 19), folgt insbesondere, daß das Land oder die nach Landesrecht mit dem Vollzug betraute Körperschaft Adressat verwaltungsgerichtlicher Klagen gegen Vollzugsmaßnahmen ist und daß auch eventuelle Entschädigungs- und Schadensersatzansprüche gegen sie zu richten sind[123]. Die parlamentarische Kontrolle der Auftragsverwaltung steht grundsätzlich den Landesparlamenten zu[124].

26 Entsprechend der Verteilung von Sachentscheidungs- und Wahrnehmungskompetenz (→ Rn. 19) verlagert sich diese **Verantwortlichkeit** des jeweiligen Landes auch **im Falle einer Weisung** nach Art. 85 III GG nur **teilweise auf den Bund**: Wenn und soweit weisungsabhängige Verwaltungsmaßnahmen getroffen werden, ist der zuständige Bundesminister dem Bundestag dafür parlamentarisch verantwortlich[125]. Auch die finanzielle Verantwortlichkeit liegt gem. Art. 104a II und V 1 GG beim Bund[126]. Allerdings bleibt auch im Falle des Weisungsvollzugs das Land nach außen Handelnder und ist in einem eventuellen Rechtsstreit passiv legitimiert[127]. Die Aussage, daß die Wahrnehmungskompetenz »unentziehbar« den Ländern zusteht (→ Rn. 19), bedeutet, daß Art. 85 III GG **kein »Eintrittsrecht«**[128] des Bundes begründet[129]. Diese klare Feststellung des Bundesverfassungsgerichts ist auch in der Literatur nahezu unbestritten[130]. Die oberste Bundesbehörde darf also die jeweilige Vollzugsmaßnahme nicht selbst treffen, insbesondere darf sie außenwirksame Entscheidungen gegenüber Dritten nicht erlassen. Die Weisung ist Instruktion, nicht Handlung anstelle der Landesbehörde[131]. Der Versuch, auf der Grundlage einer Annexkompetenz im Rahmen des Art. 85 III GG eine »außerordentliche Eintrittsbefugnis« zur Durchsetzung bereits erteilter und nicht vollzogener Weisungen[132] zu begründen, vermag dagegen nicht zu überzeugen. Er stuft nämlich das von der Verfassung für den Fall, daß eine Weisung trotz ihrer bundesverfassungsgerichtlich festgestellten Verbindlichkeit nicht befolgt wird, bereitgestellte Instrument des Bundeszwanges nach Art. 37 GG (→ Rn. 62) deshalb als unzulänglich ein, weil es durch die erforderliche Zustimmung des Bundesra-

---

[122] So zutreffend *Broß/Mayer* (Fn. 54), Art. 85 Rn. 9.

[123] BVerfGE 81, 310 (333); *R. Steinberg*, AöR 110 (1985), 419 (430f.); zur Ausführung der Bundesgesetze durch die Länder im Auftrage des Bundes gehört auch die Geltendmachung von Ersatzansprüchen für die Beschädigung von Gegenständen, die im Eigentum des Bundes stehen, vgl. BGHZ 73, 1 (2f.).

[124] *R. Steinberg*, AöR 110 (1985), 419 (431).

[125] Darauf weist ausdrücklich BVerfGE 81, 310 (333) hin; vgl. auch *R. Steinberg*, AöR 110 (1985), 419 (431); *Dittmann* (Fn. 49), Art. 85 Rn. 7.

[126] BVerfGE 81, 310 (333); Einzelheiten bei *F. Loschelder*, Die Durchsetzbarkeit von Weisungen in der Bundesauftragsverwaltung, 1998, S. 89ff. → Art. 104a Rn. 22ff., 35ff.

[127] BVerfGE 81, 310 (333); dazu *M. Schulte*, VerwArch. 81 (1990), 415 (433) m. w. N.

[128] Zu Begriff und Funktion von Eintrittsbefugnissen vgl. *Loschelder*, Durchsetzbarkeit (Fn. 126), S. 46ff.

[129] So ausdrücklich BVerfGE 81, 310 (332); 104, 249 (264ff., Rn. 69ff.).

[130] Vgl. nur *Haun*, Bundesaufsicht (Fn. 96), S. 128f.; *W. Blümel*, HStR IV, § 101 Rn. 63; *Steinberg*, Bundesaufsicht (Fn. 55), S. 22; *Broß/Mayer* (Fn. 54), Art. 85 Rn. 27f.; *Dittmann* (Fn. 49), Art. 85 Rn. 19; weitere ausführliche Nachweise bei *Loschelder*, Durchsetzbarkeit (Fn. 126), S. 45.

[131] *Lerche* (Fn. 6), Art. 85 Rn. 54.

[132] So *Loschelder*, Durchsetzbarkeit (Fn. 126), S. 50ff.

tes nicht »effektiv« sei[133]. Dadurch werden ohne den erforderlichen Nachweis eines zwingenden Erfordernisses im Wege einer Annexkompetenz die Anforderungen des Art. 37 GG unterlaufen[134].

III. Bundesgesetzliche Steuerung mit Zustimmung des Bundesrates (Art. 85 I GG)

Grundlage der Auftragsverwaltung durch die Länder (→ Rn. 12) und zugleich erstes und wichtigstes Steuerungsmittel des Bundes ist das auszuführende Bundesgesetz. Aus seinen vollzugsfähigen und -bedürftigen Regelungen (→ Art. 83 Rn. 25 f.) ergibt sich das Programm, das von den Ländern auszuführen ist. Diese Regelungen können **materielle, Organisations- und Verfahrensfragen** zum Inhalt haben. Dazu gehören auch Regelungen, die das bei Weisungen nach Art. 85 III GG zu beachtende Verfahren näher ausgestalten[135]. Obwohl Art. 85 I GG eine Regelungsbefugnis des Bundes (mit Zustimmung des Bundesrates) nur hinsichtlich der Einrichtung der Behörden erwähnt, ist seine **Regelungsbefugnis auch hinsichtlich des Verwaltungsverfahrens** im Ergebnis unbestritten[136]. Soweit man mit der überwiegenden Ansicht die Kompetenz des Bundes zur Regelung des Verwaltungsverfahrens und der Behördenorganisation auf die Sachregelungskompetenzen nach Art. 72 ff. GG stützt (→ Art. 83 Rn. 20 ff.), ist eine ausdrückliche Ermächtigung des Bundes zur Regelung des Verwaltungsverfahrens in Art. 85 I GG ohnehin nicht erforderlich[137]. Die Auffassung, wonach die Gesetzgebungskompetenz für das Verwaltungsverfahren und die Behördenorganisation grundsätzlich zur Verwaltungskompetenz der Länder gehört und dem Bund Kompetenzen in diesem Bereich erst durch den VIII. Abschnitt des Grundgesetzes konstitutiv eingeräumt werden (→ Art. 83 Rn. 22), nimmt dagegen ein Redaktionsversehen an, das nach Sinn und Zweck der Vorschrift korrigiert werden müsse[138]. Denn es sei nicht ersichtlich, warum »die Kompetenz des Bundes für die Regelung des Verwaltungsverfahrens bei der ihm näher stehenden Auftragsverwaltung weniger weit gehen sollte als 27

---

133 *Loschelder*, Durchsetzbarkeit (Fn. 126), S. 40.

134 Gegen einen Weisungsvollzug durch Bundesbehörden auch *Janz*, Weisungsrecht (Fn. 6), S. 292 ff.

135 Zu den umstrittenen gesetzlichen Weisungsvorbehalten (vgl. z. B. § 7 IV 2 AtomG) vgl. *Tschentscher*, Bundesaufsicht (Fn. 64), S. 113 f. → Rn. 44.

136 Repräsentativ *Trute* (Fn. 65), Art. 85 Rn. 11; *Kirchhof* (Fn. 51), Art. 85 Rn. 41; Übersicht über die unterschiedlichen Begründungen bei *A. Funke*, VerwArch. 103 (2012), 290 (294 f.).

137 Zutreffend *Groß* (Fn. 65), Art. 85 Rn. 12. Allerdings wirft der Wortlaut des Art. 85 I GG aus der Perspektive dieser Auffassung in den Fällen ein Problem auf, in denen der Bund über die ausschließliche Gesetzgebungskompetenz verfügt – darauf weist *A. Funke*, Jura 2012, 127 (131) zutreffend hin. Da Art. 85 I GG ausdrücklich nur den Verbleib der Zuständigkeit für die Einrichtung der Behörden bei den Ländern regelt, fehlt es dann an einer ausdrücklichen Einräumung einer Gesetzgebungszuständigkeit der Länder für das Verwaltungsverfahren (zur Begründung von Landesgesetzgebungskompetenzen durch Art. 84 I GG: → Art. 84 Rn. 24). Der Wortlaut des Art. 85 I GG, wonach die Zuständigkeit für die Behördeneinrichtung Angelegenheit der Länder »bleibt«, deutet jedoch darauf hin, daß Art. 85 I GG die gesetzlichen Handlungsmöglichkeiten der Länder im Vergleich zu Art. 84 I GG nicht einschränken, sondern bewahren wollte. Daher können die Länder, soweit der Bund nicht tätig geworden ist, auch für die Verwaltung im Auftrage des Bundes Verfahren und Behördenorganisation gesetzlich regeln.

138 *Dittmann* (Fn. 49), Art. 85 Rn. 10 mit Fn. 31; *Kirchhof* (Fn. 51), Art. 85 Rn. 44; ebenso mit Verweis auf die Entstehungsgeschichte *Vogel* (Fn. 69), § 22 Rn. 96; ausführlich *W. Blümel*, HStR IV, § 101 Rn. 54.

bei der Ausführung von Bundesgesetzen in landeseigener Verwaltung«[139]. Außerdem wäre zu fragen, warum der Bundesregierung nach Art. 85 II GG im Wege der Verwaltungsvorschrift ein Zugriff auf das Verwaltungsverfahren der Länder möglich sein soll (→ Rn. 30), während diese Möglichkeit dem Gesetzgeber nach Art. 85 I GG verschlossen bliebe[140].

28 Sachlich begrenzt ist die Befugnis des Bundes, die Einrichtung der Behörden zu regeln, durch das in **Art. 85 I 2 GG** normierte Verbot, Aufgaben auf **Gemeinden** oder **Gemeindeverbände** zu übertragen. Nicht anders als Art. 84 I 7 GG soll dieses durch die Föderalismusreform 2006 eingefügte **Durchgriffsverbot** die Kommunen vor einem unmittelbaren Durchgriff des Bundes und den damit regelmäßig verbundenen finanziellen Lasten schützen und zugleich die Organisationshoheit der Länder stärken (→ Art. 84 Rn. 71f.). Einer eigenständigen Regelung in Art. 85 I 2 GG bedurfte es neben Art. 84 I 7 GG deshalb, weil diese Vorschrift jedenfalls nach ihrer systematischen Stellung auf die Bundesgesetze beschränkt ist, die von den Ländern als eigene Angelegenheit ausgeführt werden. Mit Art. 85 I 2 GG ist klargestellt, daß das Durchgriffsverbot für alle Bundesgesetze gilt.

29 Bundesgesetze[141], die auf der Grundlage des Art. 85 I GG die **Einrichtung der Behörden**[142] regeln, bedürfen der **Zustimmung des Bundesrates**. Die Anwendung von Art. 85 I GG ist deshalb wie diejenige von Art. 84 I GG belastet mit den Problemen, die die Unmöglichkeit einer klaren Abgrenzung von materiellem Recht, Organisations- und Verfahrensrecht mit sich bringt (→ Art. 84 Rn. 33ff., 62), und mit den Fragen nach der Reichweite der Zustimmungsbedürftigkeit (→ Art. 84 Rn. 67ff.). Ob auch bundesgesetzliche Regelungen des **Verwaltungsverfahrens** der Zustimmung des Bundesrates bedürfen, ist angesichts der Nichterwähnung des Verwaltungsverfahrens in Art. 85 I GG unklar. Diese lange Zeit umstrittene Frage[143] hat das Bundesverfassungsgericht mit Hinweis auf das Enumerationsprinzip (→ Art. 77 Rn. 45f.) und den Wortlaut des Art. 85 I 1 GG verneint[144]. Wenig überzeugend folgert es aus dem Umstand, daß im Rahmen der Auftragsverwaltung den Ländern – anders als nach Art. 84 I GG – die Sachkompetenz (→ Rn. 19) nur eingeschränkt zusteht, eine Plausibilität dafür, dass der Bundesgesetzgeber das Verwaltungsverfahren ohne Zustimmung des Bundesrates regeln dürfe[145]. Auch den offensichtlichen Widerspruch zwischen Art. 85 II 1 GG, wonach dem Bund das Steuerungsinstrument der Verwaltungsvorschrift nur mit Zustimmung des Bundesrates zur Verfügung steht, einerseits und einer zustimmungsfreien bundesgesetzlichen Regelung des Verwaltungsverfahrens nach Art. 85 I 1 GG andererseits hat das Bundesverfassungsgericht mit dem Hinweis auf den exekutiven

---

[139] So BVerfGE 26, 338 (385).

[140] So auch das Argument von *Dittmann* (Fn. 49), Art. 85 Rn. 10.

[141] Dazu, daß dazu auch Rechtsverordnungen gehören, s. nur *Kirchhof* (Fn. 51), Art. 85 Rn. 37.

[142] Die Auslegung dieses Begriffes unterscheidet sich nicht von derjenigen in Art. 84 I GG: → Art. 84 Rn. 35.

[143] Gegen die Zustimmungsbedürftigkeit z. B. *Broß/Mayer* (Fn. 54), Art. 85 Rn. 11 m. w. N.; umfangreiche Nachweise dieser Auffassung in BVerfGE 126, 77 (100, Rn. 134); für Zustimmungsbedürftigkeit etwa *J. Ipsen*, Staatsrecht I, Rn. 640; *Kluth* (Fn. 44), Art. 85 Rn. 82. → Bd. III², Art. 85 Rn. 29.

[144] BVerfGE 126, 77 (100ff., Rn. 133ff.), ein Redaktionsversehen sei nicht belegbar (100f., Rn. 136) und Art. 85 I GG sei im Rahmen der Föderalismusreform trotz einer expliziten Empfehlung hinsichtlich der Frage der Zustimmungsbedürftigkeit nicht geändert worden (103, Rn. 139).

[145] Krit. dazu auch *Kirchhof* (Fn. 51), Art. 85 Rn. 47; *A. Funke*, VerwArch. 103 (2012), 290 (301f.); der Entscheidung zustimmend *K. Engelken*, BayVBl. 2011, 65 (66).

Charakter von Verwaltungsvorschriften mitnichten auflösen können[146]. Mit den kritischen Stimmen in der Literatur zu dieser Entscheidung[147] ist deshalb daran festzuhalten, daß auch bundesgesetzliche Verfahrensregelungen im Bereich der Auftragsverwaltung der Zustimmung des Bundesrates bedürfen.

IV. Allgemeine Verwaltungsvorschriften der Bundesregierung (Art. 85 II 1 GG)

Nicht anders als Art. 84 II GG für den Bereich der Ausführung von Bundesgesetzen 30
durch die Länder als eigene Angelegenheit räumt auch Art. 85 II 1 GG der Bundesregierung die Befugnis ein, mit Zustimmung des Bundesrates den Vollzug durch allgemeine Verwaltungsvorschriften zu steuern. Inhalt und Umfang dieser Befugnis der Bundesregierung sind **identisch mit** denen der nach **Art. 84 II GG**[148], so daß auf die dortigen Ausführungen verwiesen werden kann (→ Art. 84 Rn. 73 ff.). Insbesondere gelten auch hier für eine Regelung durch Verwaltungsvorschrift die sich aus dem Vorbehalt des Gesetzes ergebenden Grenzen[149], und auch hier liegt die Zuständigkeit bei der Bundesregierung als Kollegialorgan[150], ohne daß durch zustimmungsbedürftiges Gesetz ein einzelner Bundesminister zum Erlaß von Verwaltungsvorschriften ermächtigt werden könnte[151]. Die praktische Bedeutung der Verwaltungsvorschriften nach Art. 85 II 1 GG ist allerdings geringer als derjenigen nach Art. 84 II GG[152]. Denn dem Bund steht mit dem Weisungsrecht nach Art. 85 III GG ein verbindliches, auch die Zweckmäßigkeit des Vollzugs betreffendes einzelfallbezogenes Steuerungsinstrument zur Verfügung, in dessen Vorfeld »Empfehlungen«, »Hinweise« und kooperative Abstimmungen zwischen dem zuständigen Bundesminister und den Länderexekutiven[153] dieselbe Wirkung wie allgemeine Verwaltungsvorschriften erzielen können (→ Rn. 43). Sonderregeln hinsichtlich der Zuständigkeit für den Erlaß allgemeiner Verwaltungsvorschriften und der Zustimmungsbedürftigkeit gelten im Verteidigungswe-

---

[146] So *A. Funke*, Jura 2012, 127 (131); *ders.*, VerwArch. 103 (2012), 303; *Suerbaum* (Fn. 68), Art. 85 Rn. 18; einen anderen Versuch, den Widerspruch aufzulösen, unternimmt *Kirchhof* (Fn. 51), Art. 85 Rn. 54.

[147] S. außer den in Fn. 145 und 146 zitierten Stimmen noch *Dittmann* (Fn. 49), Art. 85 Rn. 11; *Suerbaum* (Fn. 68), Art. 85 Rn. 18; kritisch, wenn auch im Ergebnis zustimmend, *Kirchhof* (Fn. 51), Art. 85 Rn. 47; *Trute* (Fn. 65), Art. 85 Rn. 12.

[148] Vgl. nur *Lerche* (Fn. 6), Art. 85 Rn. 36; *Trute* (Fn. 65), Art. 85 Rn. 14.

[149] → Art. 84 Rn. 81; *Trute* (Fn. 65), Art. 85 Rn. 17.

[150] A. A. *Heitsch*, Ausführung (Fn. 63), S. 326.

[151] So – die frühere Rechtsprechung aus BVerfGE 26, 338 (399) aufgebend – BVerfGE 100, 249 (259 ff., Rn. 36 ff.); Einzelheiten zu dieser Art. 84 II und Art. 85 II 1 GG gleichermaßen betreffenden Frage: → Art. 84 Rn. 88.

[152] Auf diesen Aspekt weisen auch *Lerche* (Fn. 6), Art. 85 Rn. 37 und *Trute* (Fn. 65), Art. 85 Rn. 15 hin; zu Verwaltungsvorschriften im Bereich des Wohngeldrechts s. *F. Hinrichs*, VR 2014, 48 (49); für den Bereich des BAföG s. *Elmers*, Bundesauftragsverwaltung (Fn. 1), S. 175 ff.

[153] Zur Praxis etwa im Bereich der Fernstraßenverwaltung vgl. nur die Nachweise bei *M. Ibler*, DVBl. 1992, 76 (77); zu Leitlinien der Schadensvorsorge im Atomrecht *R. Steinberg/M. Stötzel*, UPR 1997, 167 ff.; zum »Kerntechnischen Regelwerk« s. *J. Isensee*, Das Instrumentarium des Bundes zur Steuerung der Auftragsverwaltung der Länder, in: FS Bethge, 2009, S. 359 ff. (362 ff.). Zur verfassungsrechtlichen Zulässigkeit solcher rechtlich unverbindlichen Empfehlungen und Kooperationsformen s. nur *Trute* (Fn. 65), Art. 85 Rn. 18; zum parallelen Problem im Rahmen der landeseigenen Verwaltung, wo allerdings der Empfehlung nicht mit dem Hinweis auf eine mögliche Weisung »Nachdruck« verliehen werden kann: → Art. 84 Rn. 86.

sen (→ Art. 87b Rn. 11) und bei der Durchführung des Lastenausgleichs (→ Art. 120a Rn. 9ff.).

V. Einfluß des Bundes auf Personalfragen (Art. 85 II 2 und 3 GG)

31 Abweichend von den Einwirkungsmöglichkeiten des Bundes im Rahmen der landeseigenen Verwaltung nach Art. 84 GG wird die Bundesregierung durch Art. 85 II 2 und 3 GG auch zur Einflußnahme auf Personalfragen ermächtigt. Diese Befugnisse erklären sich vor dem Hintergrund der verwaltungswissenschaftlichen Erkenntnis, daß keineswegs allein normative Vorgaben von maßgeblichem Einfluß auf das **tatsächliche Ergebnis praktischer Verwaltungstätigkeit** sind[154]. Die Ausbildung und die Auswahl des Personals, deren Bedeutung angesichts erheblicher Konkretisierungsspielräume der Verwaltung nicht zu unterschätzen sind, gehören aber auch für den Bereich der Auftragsverwaltung grundsätzlich in die Aufgabenwahrnehmungskompetenz der Länder. Deshalb räumt Art. 85 II GG der Bundesregierung[155] hier normative (Ausbildung der Beamten und Angestellten) und einzelfallbezogene (Bestellung der Leiter der Mittelbehörden) Einwirkungsbefugnisse ein. Für die Personalorganisation der Behörden der Landesfinanzverwaltung sieht Art. 108 II GG Sonderregeln vor (→ Art. 108 Rn. 18).

1. Einheitliche Ausbildung der Beamten und Angestellten

32 Die Regelungsbefugnis nach Art. 85 II 2 GG bezieht sich auf die einheitliche Ausbildung der Beamten und Angestellten[156]. Von dieser Formulierung, der die traditionelle Einteilung der Arbeitnehmer in Angestellte und Arbeiter zugrunde liegt, wird also die Ausbildung der Arbeiter im Öffentlichen Dienst nicht erfaßt[157]. Ohne Vorgaben für das öffentliche Dienstrecht der Länder – etwa im Sinne einer verfassungsrechtlich gebotenen Unterscheidung von Angestellten und Arbeitern – zu machen, bringt sie zum Ausdruck, daß die Regelungsbefugnis nur den **Teil des Personals** betrifft, der über **selbständige Entscheidungsbefugnisse** verfügt. Nach dem Zusammenhang, in dem Art. 85 II 2 GG steht, kann sich die Regelungsbefugnis im übrigen nur auf die öffentlichen Bediensteten beziehen, die zumindest auch bei dem Vollzug von Bundesgesetzen im Auftrag des Bundes eingesetzt werden[158].

33 Unsicherheit besteht darüber, in welcher **normativen Handlungsform** die Bundesregierung die einheitliche Ausbildung regeln kann. Während manche hier unterscheiden zwischen »bloß internen Regelungen«, die durch Verwaltungsvorschriften zu treffen sind, und solchen mit Außenwirkung, für die die Rechtsverordnung als gebotene Form

---

[154] Zur Steuerungswirkung von Personalauswahl, -ausbildung und -organisation vgl. *W. Thieme*, Einführung in die Verwaltungswissenschaft, 1995, S. 107ff.; *H. Klages*, Die Situation des öffentlichen Dienstes, in: K. König/H. Siedentopf (Hrsg.), Öffentliche Verwaltung in Deutschland, 2. Aufl. 1997, S. 517ff.; *B. Becker*, Öffentliche Verwaltung, 1989, S. 808ff.

[155] Wie bei der Befugnis zum Erlaß von Verwaltungsvorschriften ist auch hier die Bundesregierung als Kollegialorgan angesprochen; die dort erwähnten (→ Rn. 30) Sonderregelungen nach Art. 87b II 2 GG und nach Art. 120a I GG gelten auch hier.

[156] Wie *Lerche* (Fn. 6), Art. 85 Rn. 47 bemerkt, ist ein praktisches Bedürfnis angesichts der detaillierten gesetzlichen Regelungen im Beamtenrechtsrahmengesetz »nur in bescheidenem Maße erkennbar«; ähnlich *Bull* (Fn. 69), Art. 85 Rn. 13; *Trute* (Fn. 65), Art. 85 Rn. 19.

[157] Jarass/*Pieroth*, GG, Art. 85 Rn. 4; *Dittmann* (Fn. 49), Art. 85 Rn. 14; weitergehend (»Schwerpunkt« der Tätigkeit) *Kirchhof* (Fn. 51), Art. 85 Rn. 60.

[158] *Dittmann* (Fn. 49), Art. 85 Rn. 14; *Trute* (Fn. 65), Art. 85 Rn. 19.

angesehen wird[159], spricht der enge Zusammenhang mit Art. 85 II 1 GG dafür, daß die Regelungsbefugnis nur in der Handlungsform der Verwaltungsvorschrift ausgeübt werden kann[160]. Soweit der Vorbehalt des Gesetzes reicht, muß der Bund auf seine Gesetzgebungskompetenz aus Art. 74 I Nr. 27 GG zurückgreifen. Auch für eine Regelung durch Rechtsverordnung bedarf es gem. Art. 80 I GG einer gesetzlichen Ermächtigung[161].

Unabhängig von dieser Frage nach der Regelungsform besteht Einigkeit darüber, 34
daß für die Regelung der Ausbildung von Beamten und Angestellten jedenfalls eine **Zustimmung des Bundesrates nicht erforderlich** ist, was sich bereits aus dem deutlichen Wortlautunterschied zwischen Art. 85 II 1 und Art. 85 II 2 GG ergibt[162].

2. Bestellung der Leiter der Mittelbehörden

Einwirkungsmöglichkeiten des Bundes auf die Personalauswahl der Länder beschrän- 35
ken sich auf das gem. Art. 85 II 2 GG erforderliche Einvernehmen[163] der Bundesregierung[164] mit der Bestellung der Leiter der Mittelbehörden. Unter Mittelbehörden sind solche Landesbehörden zu verstehen, die weder oberste oder obere noch untere Verwaltungsbehörden sind[165]. Das Einvernehmen ist allerdings nach allgemeiner Ansicht nur für die Leiter solcher Mittelbehörden erforderlich, die **ausschließlich** mit **Aufgaben der Auftragsverwaltung** betraut sind[166]. Die Entscheidung, ob solche Sonderbehörden eingerichtet werden, wird durch Art. 85 II 3 GG nicht determiniert[167] und fällt in die Entscheidungsbefugnis der Länder, soweit nicht Bundesgesetze mit Zustimmung des Bundesrates (→ Rn. 29) Vorgaben diesen Inhalts machen. Ein Dienstverhältnis besteht nur zu dem betreffenden Land und nicht zum Bund[168].

---

159 *Lerche* (Fn. 6), Art. 85 Rn. 47; *Bull* (Fn. 69), Art. 85 Rn. 13; Jarass/*Pieroth*, GG, Art. 85 Rn. 4; *Dittmann* (Fn. 49), Art. 85 Rn. 15; *Trute* (Fn. 65), Art. 85 Rn. 19; *Kirchhof* (Fn. 51), Art. 85 Rn. 60.

160 *Groß* (Fn. 65), Art. 85 Rn. 14; *Broß/Mayer* (Fn. 54), Art. 85 Rn. 15; *Stern*, Staatsrecht II, S. 812.

161 Entgegen *Lerche* (Fn. 6), Art. 85 Rn. 47 und *Trute* (Fn. 65), Art. 85 Rn. 19 ist kein Grund dafür erkennbar, daß Art. 85 II 2 GG als Spezialregelung zu Art. 80 I GG von dessen Anforderungen befreit; entgegen *Dittmann* (Fn. 49), Art. 85 Rn. 15 mit Fn. 48 ergeben sich auch aus Art. 85 II 2 GG selbst keine ausreichenden inhaltlichen Vorgaben.

162 So auch *Stern*, Staatsrecht II, S. 812; *Broß/Mayer* (Fn. 54), Art. 85 Rn. 16; *Dittmann* (Fn. 49), Art. 85 Rn. 16; Jarass/*Pieroth*, GG, Art. 85 Rn. 4; a. A. *Vogel* (Fn. 69), § 22 Rn. 96.

163 Dies bedeutet im Gegensatz zum »Benehmen« nicht lediglich eine Anhörung und Stellungnahme der Bundesregierung, sondern die Notwendigkeit ihrer Zustimmung; vgl. *Dittmann* (Fn. 49), Art. 85 Rn. 17; *Lerche* (Fn. 6), Art. 85 Rn. 48 mit Fn. 58.

164 Auch hier spricht der Zusammenhang mit Art. 85 II 1 GG dafür, daß die Bundesregierung als Kollegialorgan gemeint ist; so auch *Dittmann* (Fn. 49), Art. 85 Rn. 17.

165 Jarass/*Pieroth*, GG, Art. 85 Rn. 5; zu den hier zugrundeliegenden verwaltungsorganisationsrechtlichen Begriffen vgl. nur *H. Faber*, Verwaltungsrecht, 4. Aufl. 1995, S. 53.

166 Vgl. nur Jarass/*Pieroth*, GG, Art. 85 Rn. 5; *Dittmann* (Fn. 49), Art. 85 Rn. 17; *Groß* (Fn. 65), Art. 85 Rn. 15. Dies ergibt sich auch eindeutig aus der Entstehungsgeschichte. Nach Parlamentarischer Rat, Schriftlicher Bericht (Fn. 27), S. 40 gilt die Regelung nur für Fachbehörden und nicht, wenn die Auftragsangelegenheit von allgemeinen Verwaltungsbehörden wahrgenommen wird.

167 Nach Parlamentarischer Rat, Schriftlicher Bericht (Fn. 27), S. 40 kann ein Anwendungsfall des Art. 85 II 3 GG nur dann eintreten, »wenn besondere Fachbehörden als Mittelbehörden errichtet werden«; s. auch *Kluth* (Fn. 44), Art. 85 Rn. 107.

168 BAGE 13, 45 (51); *Lerche* (Fn. 6), Art. 85 Rn. 48.

VI. Einzelfallbezogene Steuerung: Das Weisungsrecht (Art. 85 III GG)

36 Im Zentrum der Einwirkungsmöglichkeiten des Bundes auf den Vollzug von Bundesgesetzen durch die Länder in dessen Auftrag steht das Weisungsrecht der zuständigen obersten Bundesbehörde nach Art. 85 III GG[169]. Nachdem die Praxis der Auftragsverwaltung über einen Zeitraum von fast vierzig Jahren durch informelle Koordinierungs- und Steuerungsinstrumente geprägt war[170], hat insbesondere der Verlust des politischen Konsenses über die **Nutzung der Kernenergie** dem Weisungsrecht zu großer praktischer Bedeutung[171] und erheblicher wissenschaftlicher Aufmerksamkeit[172] verholfen. Hinzuweisen ist allerdings auch darauf, daß in der Praxis der Bundesauftragsverwaltung die förmliche Weisung keineswegs zum Alltag gehört sondern offensichtlich nur äußerst selten eingesetzt wird.

1. Funktion und Rechtsgrundlage

37 Die Weisung[173] ist das Instrument, mit dessen Hilfe der zuständige Bundesminister als oberste Bundesbehörde die **Sachkompetenz** (→ Rn. 19) **an sich ziehen und** regelmäßig[174] zugleich bezogen auf einen konkreten Einzelfall (→ Rn. 43f.) **ausüben** kann. Alle vollzugstypischen Konkretisierungsentscheidungen (→ Art. 83 Rn. 31), die durch das jeweilige Bundesgesetz und eine ggf. von der Bundesregierung erlassene Verwaltungsvorschrift zwangsläufig nicht vollständig determiniert sind, kann die zuständige oberste Bundesbehörde treffen und gegen abweichende Vorstellungen der Landesexe-

---

[169] Das Weisungsrecht wird allgemein als prägendes Merkmal der Auftragsverwaltung angesehen, vgl. nur *W. Blümel*, HStR IV, § 101 Rn. 59 m. w. N.

[170] Zur Praxis »bundesaufsichtlicher Stellungnahmen« im Bereich der Atomverwaltung vgl. *M. Ronellenfitsch*, Das atomrechtliche Genehmigungsverfahren, 1983, S. 292; zur nach wie vor aktuellen freiwilligen Koordinierung im Bereich des Vollzugs des BAföG s. ausführlich *Elmers*, Bundesauftragsverwaltung (Fn. 1), S. 164ff. und allgemeiner S. 206ff., die außerdem darauf hinweist, daß für den Vollzug des BAföG noch keine förmliche Weisung ergangen ist (S. 200f.).

[171] Soweit ersichtlich erging die erste Weisung nach Art. 85 III GG durch den Bundesminister des Inneren am 15.5.1985 gegenüber dem Hessischen Minister für Wirtschaft und Technik mit dem Inhalt, »bezüglich des Betriebs und des Genehmigungsverfahrens der Reaktor-Brennelement-Union Hanau keine Verfügungen oder sonstigen Anordnungen zu treffen, ohne vorher meine bundesaufsichtliche Äußerung eingeholt zu haben«; wiedergegeben bei *Tschentscher*, Bundesaufsicht (Fn. 64), S. 31. Zu früheren »Weisungen« des Bundesministers des Inneren, über deren verbindlichen Charakter aber offenbar Unklarheit herrscht, vgl. *W. Blümel*, HStR IV, § 101 Rn. 59 mit Fn. 326. Das Bundesverfassungsgericht wurde bislang in zwei Fällen mit Weisungen befaßt, die beide den Bereich des Atomrechts betrafen: BVerfGE 81, 310; 84, 25. Übersichten über Anlaß und Verlauf der Konflikte finden sich bei *Loschelder*, Durchsetzbarkeit (Fn. 126), S. 23ff. und *Janz*, Weisungsrecht (Fn. 6), S. 167ff.

[172] Vgl. die ersten Stellungnahmen in diesem Zusammenhang von *R. Steinberg*, AöR 110 (1985), 49ff.; *G. Winter*, DVBl. 1985, 993ff.; *P. Lerche*, BayVBl. 1987, 321ff.; aus der seitdem kaum noch zu überschauenden Literatur vgl. insbesondere *K. Lange*, Das Weisungsrecht des Bundes in der atomrechtlichen Auftragsverwaltung, 1990; *Pauly*, Anfechtbarkeit (Fn. 2); *Tschentscher*, Bundesaufsicht (Fn. 64); *Steinberg*, Bundesaufsicht (Fn. 55); *F. Ossenbühl*, DVBl. 1991, 833ff.; *L. Pera*, NVwZ 1989, 1120ff.

[173] Zum Begriff der Weisung, der allgemein eine verwaltungsinterne Anordnung zur Regelung konkreter Sachverhalte bezeichnet, vgl. nur *Tschentscher*, Bundesaufsicht (Fn. 64), S. 63ff.; *Lange*, Weisungsrecht (Fn. 172), S. 14.

[174] Zur »vorgeschalteten« Weisung, mit der der Bund zunächst nur die Sachkompetenz auf sich überleitet, ohne zugleich bereits eine Sachentscheidung zu treffen, s. BVerfGE 104, 249 (265ff., Rn. 73ff.). → Rn. 45.

kutive durchsetzen[175]. Zutreffend wird das Weisungsrecht als Instrument zur Klärung von Streitigkeiten um den »richtigen« Gesetzesvollzug beschrieben[176]. Die Funktion des Weisungsrechts liegt also nicht in der Gewährleistung eines einheitlichen Gesetzesvollzugs[177] (→ Art. 84 Rn. 20), sondern darin, den Bundesminister mit eigener Sachentscheidungsbefugnis für den jeweiligen Einzelfall auszustatten. In diesem Sinne verleiht Art. 85 III GG dem Bund »umfassende Entscheidungsmacht«[178], wobei die Verwaltung der Länder den Bundesbehörden nicht hierarchisch nachgeordnet ist[179].

Das **Weisungsrecht** der zuständigen obersten Bundesbehörde **folgt unmittelbar aus Art. 85 III GG** und bedarf keiner Bestätigung oder Konkretisierung durch Bundesgesetz[180]. Eines Gesetzes bedarf es nur in den Fällen der fakultativen Auftragsverwaltung[181] (→ Rn. 15), wobei dieses sich darauf beschränken kann, den Verwaltungstyp der Auftragsverwaltung für bestimmte Vollzugsaufgaben anzuordnen[182]. Die unmittelbare Begründung des Weisungsrechts durch Art. 85 III GG ändert in den Fällen fakultativer wie obligatorischer Auftragsverwaltung nichts daran, daß Art. 85 GG insgesamt nur für den Vollzug von Bundesgesetzen Anwendung findet und nicht im Bereich der gesetzesfreien Verwaltung[183] (→ Rn. 16). 38

2. Zulässiger Gegenstand und Inhalt von Weisungen

a) Gesamte Vollzugstätigkeit

Die Weisung kann sich »auf jede Gesetzesmaterie beziehen, die vom Land in Auftragsverwaltung auszuführen ist«[184]. Zulässiger **Gegenstand** einer Weisung ist also die **gesamte Vollzugstätigkeit** eines Landes[185] in allen Bereichen der Auftragsverwaltung[186]. Die gegenständliche Begrenzung des Weisungsrechts[187] läßt sich also nicht aus Art. 85 GG selbst, sondern nur aus den seinen Anwendungsbereich erst eröffnenden verfassungsrechtlichen Spezialnormen (→ Rn. 12) und den Bundesgesetzen bestimmen, deren Ausführung Art. 85 GG regelt[188]. Dabei kann die genaue Umschreibung der im Auftrag des Bundes zu vollziehenden Angelegenheiten insbesondere dort 39

---

175 Die Weisungsbefugnis hat keinen drittschützenden Charakter, so daß sich etwa Gemeinden nicht auf Art. 85 III GG stützen können mit dem Ziel, eine Weisung des Bundes gegenüber dem Land durchzusetzen, BVerwG DVBl. 1970, 578 (579).

176 So *Loschelder*, Durchsetzbarkeit (Fn. 126), S. 68 f., 81 m. w. N.; das verkennt *J. Lennartz*, JZ 2016, 287 (290), wenn er meint, es sei »abwegig«, ein Land für verpflichtet zu halten, eine grundrechtsverletzende Handlung vorzunehmen.

177 So aber *M. Schulte*, VerwArch. 81 (1990), 415 (428).

178 So die ganz h.L. zusammenfassend *Loschelder*, Durchsetzbarkeit (Fn. 126), S. 21.

179 Dies ergibt sich schon aus dem Umstand, daß gemäß Art. 85 III 2 GG Weisungen grundsätzlich an die obersten Landesbehörden zu richten sind; vgl. *Degenhart*, Staatsrecht I, Rn. 502; a. A. *R. Steinberg*, AöR 110 (1985), 419 (425); *Trute* (Fn. 65), Art. 85 Rn. 6.

180 *Bull* (Fn. 69), Art. 85 Rn. 15; *Dittmann* (Fn. 49), Art. 85 Rn. 19; *Trute* (Fn. 65), Art. 85 Rn. 21.

181 Dazu *Tschentscher*, Bundesaufsicht (Fn. 64), S. 101 f.

182 Vgl. etwa die Formulierung in § 24 I 1 AtomG.

183 So auch *G. Winter*, DVBl. 1985, 993 (995); *Tschentscher*, Bundesaufsicht (Fn. 64), S. 102.

184 BVerfGE 81, 310 (335); dies ist in bestimmten Fällen nur mit Hilfe einer Auslegung des jeweiligen Bundesgesetzes zu klären, wie das Beispiel des Umfangs der Konzentrationswirkung nach § 8 AtG zeigt; dazu m. w. N. *H. Hantke*, DVBl. 1992, 824 (825).

185 BVerfGE 81, 310 (335 f.); 84, 25 (31); 102, 167 (172, Rn. 31).

186 Jarass/*Pieroth*, GG, Art. 85 Rn. 7; *Dittmann* (Fn. 49), Art. 85 Rn. 20.

187 Ausführlich dazu *Tschentscher*, Bundesaufsicht (Fn. 64), S. 101 ff.

188 Dazu, daß Art. 85 GG ein vollzugsfähiges und -bedürftiges Bundesgesetz voraussetzt und im Bereich der gesetzesfreien Verwaltung nicht anwendbar ist: → Rn. 16.

erhebliche Schwierigkeiten bereiten, wo diese eine enge Verknüpfung mit landeseigenen Vollzugsaufgaben aufweisen[189]. Dies ist vor allem bei der Zulassung raumbeanspruchender Großvorhaben wie Bundesfernstraßen (→ Art. 90 Rn. 29, 54 f.), Flughäfen (→ Art. 87d Rn. 14) oder auch Atomanlagen (→ Art. 87c Rn. 13) der Fall.

40 Zu der weisungsunterworfenen Vollzugstätigkeit, auf deren Steuerung sich der **Inhalt der Weisung** beziehen kann, gehört nach der Rechtsprechung des Bundesverfassungsgerichts nicht nur »eine nach außen hin zu treffende **verfahrensabschließende Entscheidung**«, sondern auch »das ihrer **Vorbereitung** dienende Verwaltungshandeln«[190]. Dies gilt insbesondere im Hinblick auf die Art und den Umfang der Sachverhaltsermittlung sowie die Sachverhaltsbeurteilung[191]. Daneben kann auch eine bestimmte Gesetzesauslegung Gegenstand der Weisung sein[192]. Die Weisung kann sich auf einzelne Voraussetzungen oder Teile wie auch auf die gesamte Entscheidung beziehen. Sie kann bevorstehende Vollzugsmaßnahmen betreffen, aber auch die Änderung, Ergänzung oder Aufhebung einer bereits getroffenen Maßnahme anstreben[193].

41 Von der Weisungsbefugnis **nicht erfaßt** werden Fragen, die unter dem Begriff der **Dienstaufsicht** zusammengefaßt werden, sowie die »**Organaufsicht**« über die innere Ordnung, die allgemeine Geschäftsführung oder die Personalangelegenheiten der Landesbehörden[194].

b) Recht- und Zweckmäßigkeit

42 Der zulässige Inhalt der Weisung ist in Art. 85 III GG nicht ausdrücklich bestimmt. Allgemein anerkannt ist, daß sich die Weisung auf Fragen sowohl der Rechtmäßigkeit als auch der Zweckmäßigkeit der Ausführung beziehen kann[195]. Während dies manche aus Art. 85 IV 1 GG begründen[196], halten es andere für ein dem Weisungsrecht als einem gebräuchlichen Instrument hierarchisch gegliederter Verwaltungsorganisation immanentes Merkmal[197]. Die Funktion der Auftragsverwaltung als Verwaltungstyp, bei dem die Bundesexekutive im Vergleich zur landeseigenen Verwaltung ihre verwaltungspolitischen Vorstellungen verwirklichen können soll (→ Rn. 13), spricht dafür, die **Zweckmäßigkeit als zulässigen Weisungsinhalt** anzusehen. Darüber hinaus wird diese Auffassung auch durch das hier vertretene Verhältnis zwischen Weisung und Aufsicht gestützt. Danach ist die Aufsicht als »Beobachtungsaufsicht« zu verstehen,

---

[189] Ein Beispiel für ein Überschreiten des der Auftragsverwaltung unterliegenden Bereichs, das die Befolgungspflicht entfallen lässt, bietet BVerfGE 102, 167 (173 ff., Rn. 34 ff.) für Art. 90 II GG. Ausführlich zu den aus den jeweiligen Bundesgesetzen folgenden gegenständlichen Begrenzungen des Weisungsrechts *Tschentscher*, Bundesaufsicht (Fn. 64), S. 114 ff.

[190] BVerfGE 81, 310 (335), wo von der Steuerung des Gesetzesvollzugs »in allen seinen Phasen« die Rede ist.

[191] So BVerfGE 81, 310 (335 f.); 84, 25 (31).

[192] BVerfGE 81, 310 (335 f.); 84, 25 (31).

[193] *R. Steinberg*, AöR 110 (1985), 419 (432).

[194] *R. Steinberg*, AöR 110 (1985), 419 (425 f.) m. w. N.

[195] Vgl. nur *Bull* (Fn. 69), Art. 85 Rn. 18; *Dittmann* (Fn. 49), Art. 85 Rn. 21; *W. Blümel*, HStR IV, § 101 Rn. 63.

[196] So z. B. *Lange*, Weisungsrecht (Fn. 172), S. 14 f. m. w. N.; *Lerche* (Fn. 6), Art. 85 Rn. 54 spricht von dem »Zusammenhalt« mit Art. 85 IV GG.

[197] So etwa *R. Steinberg*, AöR 110 (1985), 419 (426 f., 431 f.); vgl. bereits *Triepel*, Reichsaufsicht (Fn. 11), S. 317; auch BVerfGE 81, 310 (336) spricht von hierarchischer Lenkung des Interpretations- und Entscheidungsprozesses.

die im Vorfeld eventueller Weisungen anzusiedeln ist und sich ohne einzelfallbezogenen Anlaß vollzieht (→ Rn. 23). In Art. 85 IV GG ist als Inhalt dieser Beobachtung ausdrücklich auch die Kontrolle der Zweckmäßigkeit des Handelns der Landesbehörden vorgesehen. Diese Kontrollmöglichkeit wäre jedoch sinnlos, wenn der Bund, sobald er aus seinen Aufsichtserkenntnissen Konsequenzen in Form einer Weisung ziehen will, nur auf die Anordnung rechtmäßigen Handelns beschränkt wäre. Daher sind sowohl die Recht- als auch die Zweckmäßigkeit des Handelns der Landesverwaltungen als zulässiger Gegenstand der Weisung anzusehen.

c) Einzelfallbezogenheit

Wegen der erforderlichen Abgrenzung zu den allgemeinen Verwaltungsvorschriften, 43
die nach Art. 85 II 1 GG nur durch die Bundesregierung und nur mit Zustimmung des Bundesrates erlassen werden können, berechtigt Art. 85 III GG den zuständigen Bundesminister nur zu Weisungen, die auf einen konkreten Sachverhalt[198] und in diesem Sinne auf einen Einzelfall bezogen sind[199]. Zum Erlaß **allgemeiner Weisungen** i. S. abstrakt-genereller Vorgaben für den Vollzug berechtigt diese Norm dagegen nicht[200]. Der von Art. 84 V 1 GG (»Einzelweisungen« für »besondere Fälle«) abweichende Wortlaut[201] des Art. 85 III GG vermag die Zulässigkeit allgemeiner Weisungen wegen ihrer fehlenden Unterscheidbarkeit von den allgemeinen Verwaltungsvorschriften[202] nicht zu begründen und auch ein dringendes »Bedürfnis«[203] für allgemeine Weisungen ist nicht erkennbar. Will der zuständige Bundesminister angesichts eher technischer Fragen des Vollzugs den komplizierteren Weg über Art. 85 II 1 GG nicht gehen, mag er sich zunächst auf unverbindliche Formen der freiwilligen Koordinierung und der Empfehlung beschränken[204] und kann bei deren Erfolglosigkeit im Einzelfall zum Mittel der Weisung nach Art. 85 III GG greifen.

---

198 Vgl. *Tschentscher*, Bundesaufsicht (Fn. 64), S. 171, der das Erfordernis eines »konkreten Regelungsgegenstandes oder zumindest einer konkreten Regelungssituation« betont; ähnlich *J. Depenbrock*, DÖV 1970, 235 (236).

199 So *Lerche* (Fn. 6), Art. 85 Rn. 50; *Trute* (Fn. 65), Art. 85 Rn. 23; *Broß/Mayer* (Fn. 54), Art. 85 Rn. 21; ähnlich Jarass/*Pieroth*, GG, Art. 85 Rn. 6; *Bull* (Fn. 69), Art. 85 Rn. 16; *R. Steinberg*, AöR 110 (1985), 419 (428 mit Fn. 37); *Lange*, Weisungsrecht (Fn. 172), S. 75 f. hält »an eine unbestimmte Vielzahl von Adressaten« gerichtete Weisungen, denen »genereller Charakter« zukomme, für zulässig; ausführlich zum Problem *Tschentscher*, Bundesaufsicht (Fn. 64), S. 161 ff.

200 Wie hier *Groß* (Fn. 65), Art. 85 Rn. 19; *Kluth* (Fn. 44), Art. 85 Rn. 117 ff.; *Isensee*, Instrumentarium (Fn. 153), S. 381 ff.; a. A. *W. Blümel*, HStR IV, § 101 Rn. 60 m. w. N.

201 Darauf stützen sich z. B. *W. Blümel*, HStR IV, § 101 Rn. 60 und *Dittmann* (Fn. 49), Art. 85 Rn. 20; berechtigte Skepsis gegenüber diesem Wortlautargument wie auch gegenüber entstehungsgeschichtlichen Argumenten äußern auch *Tschentscher*, Bundesaufsicht (Fn. 64), S. 162 f. und *J. Depenbrock*, DÖV 1970, 235 (235).

202 Diese räumt auch *W. Blümel*, HStR IV, § 101 Rn. 60 ein; ausführlich zu diesem Abgrenzungsproblem *Lerche* (Fn. 6), Art. 85 Rn. 50.

203 Ein solches sieht *W. Blümel*, HStR IV, § 101 Rn. 60 mit Blick auf das Beispiel genereller technischer Anforderungen an das Bundesfernstraßennetz (→ Art. 90 Rn. 54).

204 So wird aus der Praxis (Wohngeldrecht) berichtet, daß ministerielle Erlasse als »verbindliche Allgemeine Weisung wahrgenommen« werden, wobei das Bundesministerium unwesentliche Abweichungen auf Seiten der Länder toleriere, so *F. Hinrichs*, VR 2014, 48 (50). BVerfGE 100, 249 (259, Rn. 35) spricht in ähnlichem Zusammenhang (Atomrecht) von einem »Regelwerk konsentierter Vorgaben für die Handhabung des Atomgesetzes«, die »auf Übereinstimmung zwischen den zuständigen Landesbehörden und dem zuständigen Bundesministerium beruhen«.

44 Mit der verfassungsrechtlich geforderten Einzelfallbezogenheit können **gesetzliche Weisungsvorbehalte**[205] in Konflikt geraten, die dazu führen, daß im vollzugstypischen Regelfall routinemäßig die Weisung der obersten Bundesbehörde einzuholen ist. Ein solcher Vorbehalt würde die nach Art. 85 III GG den Ländern nicht entziehbare Wahrnehmungskompetenz zu einer »Ausführungshilfstätigkeit« aushöhlen[206]. Ein gesetzlicher Weisungsvorbehalt, der auch Routineangelegenheiten ohne tatbestandliche Beschränkung unter die Bedingung einer zuvor einzuholenden Weisung des zuständigen Bundesorgans stellt, wäre von der grundgesetzlichen Ausgestaltung der Ingerenzrechte des Bundes in Art. 85 III GG nicht mehr gedeckt[207].

d) Übernahme der Geschäftsleitungsbefugnis durch den Bund mittels Weisung

45 Der Bund kann aber durch Weisung die Sachentscheidungsbefugnis – bezogen auf ein bestimmtes Vorhaben oder einen bestimmten Sachverhalt[208] – auf sich überleiten mit der Folge, daß die »Geschäftsleitungsbefugnis« insoweit auf ihn übergeht und das Land auf seine Wahrnehmungskompetenz beschränkt wird[209]. Inhalt einer solchen Weisung ist also – anders als im Normalfall (→ Rn. 37) – noch **keine Sachentscheidung**, sondern z.B. die Verpflichtung des betroffenen Landes, zukünftige Maßnahmen im Rahmen seiner Vollzugstätigkeit nur nach vorheriger »**bundesaufsichtlicher Zustimmung**«[210] zu treffen. Es ist in solchen Fällen Sache der zuständigen obersten Bundesbehörde, durch die Weisung zu bestimmen, welche Vollzugsmaßnahmen von dieser Überleitung der Geschäftsleitungsbefugnis erfaßt sind. Sie ist dabei an das Gebot der Weisungsklarheit (→ Rn. 53) gebunden, weshalb entgegen der Auffassung des Bundesverfassungsgerichts[211] eine Überleitung der Geschäftsleitungsbefugnis mittels »konkludenter« Weisung nicht in Betracht kommen kann. Eine solche mehr oder weniger dauerhafte und potentiell auf eine Vielzahl von Einzelentscheidungen bezogene Übernahme der Sachkompetenz durch den Bund bringt offensichtliche Gefahren für die Vollzugskompetenz der Länder mit sich. Diesen sucht das Bundesverfassungsgericht zu begegnen, indem es dem Bund ein Selbsteintrittsrecht verweigert, auf die den Ländern verbleibende exklusive Wahrnehmungskompetenz verweist und das Verbot einer »Schattenverwaltung« des Bundes statuiert[212]. Darüber hinaus darf der Bund von den Befugnissen, die mit der Übernahme der Geschäftsleitungsbefugnis verbunden sind (→ Rn. 51), erst nach einer insoweit eindeutigen Weisung Gebrauch machen[213].

---

205 Dazu mit Beispielen, im Ergebnis aber nicht überzeugend *Janz*, Weisungsrecht (Fn. 6), S. 157f., 256ff.

206 *Tschentscher*, Bundesaufsicht (Fn. 64), S. 114, 160f.; die Linienführungsbestimmung durch den Bundesminister für Verkehr bei der Fernstraßenplanung nach § 16 FStrG kann deshalb nicht auf Art. 85 III GG gestützt werden; a. A. *M. Ibler*, DVBl. 1989, 76 (79f.); Einzelheiten: → Art. 90 Rn. 55.

207 A. A. *Groß* (Fn. 65), Art. 85 Rn. 18.

208 Denn auch in solchen Fällen gilt, daß die Weisung einzelfallbezogen bleiben muß; dazu *Tschentscher*, Bundesaufsicht (Fn. 64), S. 160f.

209 BVerfGE 104, 249 (265, Rn. 74; 267, Rn. 80).

210 So der Weisungsinhalt in dem Fall von BVerfGE 104, 249 (268, Rn. 83).

211 BVerfGE 104, 249 (265, Rn. 74; 267, Rn. 79).

212 BVerfGE 104, 249 (265ff., Rn. 73ff.).

213 *G. Hermes*, JZ 2002, 1161 (1164); zust. *Trute* (Fn. 65), Art. 85 Rn. 35; gegen insoweit unklare Ausführungen in BVerfGE 104, 249 (265ff., Rn. 73ff.).

3. Weisungsberechtigte und Adressaten der Weisung

Das Weisungsrecht steht nach dem klaren Wortlaut von Art. 85 III GG **allein den obersten Bundesbehörden**[214], also den Bundesministern[215], zu. Welcher Bundesminister in einer bestimmten Auftragsangelegenheit zuständig ist, richtet sich nach dem Organisationserlaß des Bundeskanzlers, der seinerseits verfassungsrechtliche und gesetzliche Vorgaben zu beachten hat (→ Art. 64 Rn. 16, 18 ff.). Abgesehen von den in Art. 87b II 2 und Art. 120a I GG speziell vorgesehenen Ausnahmefällen kann das Weisungsrecht nicht auf andere Bundesbehörden[216] und auch nicht auf den »Beauftragten« i. S. d. Art. 85 IV 2 GG (→ Rn. 68) übertragen werden. Auch in den Dringlichkeitsfällen, in denen die Weisung an eine andere als die oberste Landesbehörde gerichtet werden soll, verlagert sich die Weisungszuständigkeit nicht etwa von dem jeweiligen Bundesminister auf die Bundesregierung. Er bedarf lediglich der in einem »Vorschaltverfahren« einzuholenden Zustimmung[217] (→ Rn. 47). 46

Adressat der Weisung ist im Regelfall die zuständige[218] **oberste Landesbehörde**[219], regelmäßig also der zuständige Landesminister[220]. Rechtswirkungen im Verhältnis zu Dritten (Bürgern) entfaltet die Weisung nicht[221]. Eine unmittelbar an die zuständige nachgeordnete Landesbehörde gerichtete Weisung ist nur im Ausnahmefall zulässig, der vor Erlaß der Weisung durch die Bundesregierung als Kollegialorgan[222] nach der verfassungsrechtlichen Maßgabe der »Dringlichkeit« festgestellt werden muß[223]. Durch dieses Regel-Ausnahme-Verhältnis wird dem Umstand Rechnung getragen, daß die parlamentarische Verantwortlichkeit auch für den Vollzug im Auftrag des Bundes grundsätzlich bei dem zuständigen Landesminister liegt[224] und nicht ohne weiteres an diesem vorbei im Wege der Weisung auf den Bundesminister übergehen soll[225]. 47

---

214 Zu diesem Begriff *Tschentscher*, Bundesaufsicht (Fn. 64), S. 78 f.; dort (S. 78 ff.) auch ausführlich zu Detailfragen der Weisungszuständigkeit.

215 Andere oberste Bundesbehörden (z. B. Bundesrechnungshof oder Bundesbank) verfügen nicht über Zuständigkeiten in Auftragsangelegenheiten. Solange dies so bleibt, ist der in Art. 85 III 1 GG verwendete Begriff deckungsgleich mit dem der Bundesminister; zu diesem: → Art. 62 Rn. 19 ff.

216 So auch *Dittmann* (Fn. 49), Art. 85 Rn. 18.

217 So zutreffend *Tschentscher*, Bundesaufsicht (Fn. 64), S. 84.

218 Soweit der Bundesgesetzgeber nicht von der Möglichkeit Gebrauch macht, mit Zustimmung des Bundesrates (→ Rn. 27) Fragen der Behördenzuständigkeit zu regeln, bestimmt diese sich nach Landesrecht.

219 Entgegen *Dittmann* (Fn. 49), Art. 85 Rn. 21, ist nicht »das Land« Adressat der Weisung; aus diesem Fehlverständnis resultiert auch die Auffassung, wonach die Weisung der Transformation in »Landesbinnenrecht« bedarf, vgl. *H. Görg*, DÖV 1961, 41 (43 mit Fn. 18). → Rn. 57.

220 Einzelheiten dazu bei *Tschentscher*, Bundesaufsicht (Fn. 64), S. 94 f.

221 *M. Schulte*, VerwArch. 81 (1990), 415 (434); *Lerche* (Fn. 6), Art. 85 Rn. 52; dieser mißt der Weisung gegenüber dem Land als eigenständigem Rechtsubjekt jedoch Außenwirkung zu; dagegen *F. Ossenbühl*, Der Staat 28 (1989), 31 (37).

222 So entgegen früheren Stimmen, die vor allem aus Gründen der Praktikabilität auch dem einzelnen Bundesminister die Dringlichkeitsentscheidung zubilligen wollten – vgl. die Nachweise bei *Tschentscher*, Bundesaufsicht (Fn. 64), S. 95 – inzwischen die ganz h. M.; vgl. nur *Broß/Mayer* (Fn. 54), Art. 85 Rn. 30; *Wolst*, Bundesauftragsverwaltung (Fn. 5), S. 106.

223 Dabei kommt der Bundesregierung ein verfassungsgerichtlich nur auf Mißbrauch überprüfbarer Beurteilungsspielraum zu; dazu m. w. N. *Tschentscher*, Bundesaufsicht (Fn. 64), S. 97 ff.

224 *C. Bushart*, ZRP 1988, 210 (211).

225 Als Symbol für die Aufrechterhaltung der »Geschlossenheit der Länder als Verwaltungskörper« interpretiert es dagegen – skeptisch – *Lerche* (Fn. 6), Art. 85 Rn. 62.

4. Weisungsverfahren und vorbereitende Maßnahmen des Bundes (Information)

a) Anhörungsrecht des Landes

48 Für die Ausübung der durch Art. 85 GG dem Bund eingeräumten Kompetenzen maßgeblich ist die Pflicht zu bundes- bzw. länderfreundlichem Verhalten (→ Art. 20 [Bundesstaat], Rn. 45ff.). Für die Wahrnehmung der Weisungsbefugnis nach Art. 85 III GG hat dies insbesondere zur Konsequenz, daß die zuständigen obersten Bundesbehörden von ihrer Weisungskompetenz erst Gebrauch machen dürfen, wenn sie – außer in Fällen der Eilbedürftigkeit – dem Land zuvor **Gelegenheit zur Stellungnahme** gegeben und dessen Standpunkt in ihre Erwägungen einbezogen haben[226].

b) Informationsgewinnung durch die oberste Bundesbehörde

49 Ausreichende Information der obersten Bundesbehörde ist unabdingbare Voraussetzung für die rechtmäßige und wirksame Ausübung des Weisungsrechts[227]. Der zuständige Bundesminister kann sich deshalb zur Vorbereitung einer Weisung aller Maßnahmen bedienen, die für die erforderliche Informationsgewinnung geeignet sind: **Auskunfts- und Informationsrechte, Anforderung von Berichten und Akten, Entsendung eines Beauftragten**[228]. Nicht überzeugend ist es dagegen, die Befugnisse der obersten Bundesbehörde auf wenig intensive Maßnahmen (z.B. nur Auskunfts- und Informationsrechte) zu beschränken, die Entsendung des Beauftragten, Bericht und Vorlage der Akten dagegen der Bundesregierung vorzubehalten[229], da dabei nicht ausreichend berücksichtigt wird, daß Weisung und Aufsicht einen grundsätzlich unterschiedlichen Anwendungsbereich haben (→ Rn. 23). Von den im Rahmen der Aufsicht nach Art. 85 IV GG der Bundesregierung zustehenden Informationsbefugnissen, die der generellen Vollzugsbeobachtung dienen, unterscheiden sich die Rechte der obersten Bundesbehörde dadurch, daß sie nur zur Vorbereitung einer Sachweisung, also der Übernahme und Ausübung der Sachkompetenz in einem **Einzelfall**, eingesetzt werden dürfen. Ständige Information und permanente Überwachung ist dagegen nur im Rahmen der nicht anlaßbezogenen Aufsicht durch die Bundesregierung möglich[230] (→ Rn. 68). Entscheidend für die Festlegung des berechtigten Organs ist also die Zielsetzung, mit der die Informationsgewinnung erfolgt. Die Zulässigkeit der die Weisung vorbereitenden Maßnahmen ist als dem Weisungsrecht immanent Art. 85 III GG zu entnehmen[231]; eine Verankerung in Art. 85 IV 1 GG[232] ist dagegen mit der hier vertretenen Abgrenzung von Weisung und Aufsicht (→ Rn. 23) nicht vereinbar. Der im Verhältnis zwischen Legislative und Exekutive angenommene »**Kernbereich exekutiver Eigenverant-**

---

[226] BVerfGE 81, 310 (337); *Groß* (Fn. 65), Art. 85 Rn. 22.

[227] *Tschentscher*, Bundesaufsicht (Fn. 64), S. 89.

[228] Dies wird für zulässig gehalten von *Lerche* (Fn. 6), Art. 85 Rn. 118; *Kluth* (Fn. 44), Art. 85 Rn. 131; *Wolst*, Bundesauftragsverwaltung (Fn. 5), S. 120; *Bull* (Fn. 69), Art. 85 Rn. 15; *Lange*, Weisungsrecht (Fn. 172), S. 16f.; so im Ergebnis auch *Tschentscher*, Bundesaufsicht (Fn. 64), S. 159f., der allerdings das bisherige Fehlen einer tragfähigen Begründung konstatiert, was mit den Unklarheiten über das Verhältnis von Art. 85 III und IV GG (→ Rn. 20ff.) zusammenhängt.

[229] So aber *Dittmann* (Fn. 49), Art. 85 Rn. 32; Jarass/*Pieroth*, GG, Art. 85 Rn. 9; *Stern*, Staatsrecht II, S. 813; *W. Blümel*, HStR IV, § 101 Rn. 49.

[230] Insofern geht *T. v. Danwitz*, DVBl. 1992, 1005 (1007) zu weit, der auch die ständige Überwachung aus der Weisungsbefugnis ableitet.

[231] So auch *Lerche* (Fn. 6), Art. 85 Rn. 56; *Trute* (Fn. 65), Art. 85 Rn. 34.

[232] Dafür *Dittmann* (Fn. 49), Art. 85 Rn. 32; Jarass/*Pieroth*, GG, Art. 85 Rn. 9; *Broß/Mayer* (Fn. 54), Art. 85 Rn. 33.

wortung« kann keine Grenze der mit dem Weisungsrecht der obersten Bundesbehörde verbundenen Informationsrechte etwa in dem Sinne darstellen, daß er einen durch diese nicht ausforschbaren Initiativ-, Beratungs- und Handlungsbereich umfasse[233]. Abgesehen von der allgemeinen Problematik derartiger »Kernbereichslehren« (→ Art. 20 [Rechtsstaat], Rn. 71; → Art. 64 Rn. 23) steht dem hier die mit der Weisung intendierte umfassende Überleitung der Sachkompetenz auf den Bund entgegen.

Das wichtigste Instrument zur weisungsvorbereitenden Erhebung der erforderlichen Informationen durch den zuständigen Bundesminister ist – neben der praktisch bislang nicht relevanten Entsendung eines Beauftragten – die »**beobachtende Verfahrensweisung**«[234], die das jeweilige Land etwa verpflichtet, die zuständige oberste Bundesbehörde von beabsichtigten Maßnahmen in Kenntnis zu setzen, Akten vorzulegen oder Bericht zu erstatten. Vor dem Hintergrund der Abgrenzung von Aufsicht und Weisung (→ Rn. 23, 49) liegt in solchen Weisungen kein Übergriff in die nach Art. 85 IV 2 GG der Bundesregierung als Kollegialorgan vorbehaltenen Befugnisse. Allerdings sind beobachtende Verfahrensweisungen nur zulässig, soweit sie einzelfallbezogen (→ Rn. 49, 52) bleiben. 50

Wenn der Bund über die »beobachtende Verfahrensweisung« hinaus die **Geschäftsleitungsbefugnis** an sich zieht (→ Rn. 45), darf er über die bislang erwähnten Informationsrechte (→ Rn. 49 f.) hinaus »alle Aktivitäten entfalten«, die er »für eine **effektive und sachgerechte Vorbereitung** und Ausübung seines grundsätzlich unbeschränkten Direktions- und Weisungsrechts für erforderlich hält«[235]. Eine Grenze wird diesen »Aktivitäten« des Bundes lediglich durch die – vom Bundesverfassungsgericht eng verstandene (→ Rn. 19) – Wahrnehmungskompetenz der Länder sowie durch das Verbot gezogen, neben den Ländern eine eigene »Schattenverwaltung« aufzubauen (→ Rn. 45). Zur Vermeidung von Doppelzuständigkeiten im Außenverhältnis ist es darüber hinaus erforderlich, daß der Bund durch eine eindeutige – vollständige oder partielle – Übernahme der Geschäftsleitungsbefugnis zunächst die Landeszuständigkeit hinsichtlich dieser »Bundesaktivitäten« verdrängt[236]. In diesen Grenzen ist es dem Bund insbesondere gestattet, unter Nutzung der Mittel **informalen Verwaltungshandelns** unmittelbar mit **Dritten** in Kontakt zu treten, um sich von diesen Informationen zu beschaffen[237]. Auch die direkte Einschaltung von **Sachverständigen**[238] (Kommissionen, Gutachten) durch die oberste Bundesbehörde gehört zu den zulässigen Informationsquellen der obersten Bundesbehörde[239]. Schwierige Abgrenzungsfragen zwischen der außengerichteten Wahrnehmungskompetenz der Länder einerseits und der 51

---

[233] Entgegen *T. v. Danwitz*, DVBl. 1992, 1005 (1008) wird dies weder von *R. Scholz*, AöR 105 (1980), 564 (598) angenommen, der sich nur mit dem Verhältnis von parlamentarischem Untersuchungsausschuß und Exekutive beschäftigt, noch setzt sich BVerfGE 81, 310 (333) mit dieser Frage auseinander.

[234] Zum Begriff vgl. *Tschentscher*, Bundesaufsicht (Fn. 64), S. 158.

[235] BVerfGE 104, 249 (265, Rn. 73; Hervorhebung nicht im Orig.); zustimmend *J. Wieland*, ZUR 2004, 7 (11 f.); *Trute* (Fn. 65), Art. 85 Rn. 6; *G. Hermes*, JZ 2002, 1161 (1163 f.); *U. Müller/K.-G. Mayer/L. Wagner*, VerwArch. 94 (2003), 127 (139 ff.); überwiegend kritisch dagegen *N. Janz*, JuS 2003, 126 (129 f.); *C. Heitsch*, BayVBl. 2002, 726 ff.; *W. Frenz*, NVwZ 2002, 561 ff.

[236] *Trute* (Fn. 65), Art. 85 Rn. 35.

[237] BVerfGE 104, 249 (266 f., Rn. 68 ff.); krit. dazu *Suerbaum* (Fn. 68), Art. 85 Rn. 7; *Ossenbühl*, Bundesauftragsverwaltung (Fn. 90), S. 985 ff.; *H.-G. Henneke*, in: Schmidt-Bleibtreu/Hofmann/Henneke, GG, Art. 84 Rn. 2.

[238] BVerfGE 104, 249 (267, Rn. 80).

[239] Zusammenfassend und der Rechtsprechung des Bundesverfassungsgerichts zustimmend *Trute* (Fn. 65), Art. 85 Rn. 34.

nur auf einer möglichst vollständigen Ermittlung und Würdigung aller Entscheidungsgrundlagen sachgerecht wahrzunehmenden Sachentscheidungsbefugnis der obersten Bundesbehörde andererseits dürften mit diesen Leitlinien noch keineswegs abschließend geklärt sein. So wurde etwa die **verwaltungsverfahrensrechtliche Anhörung** – formal korrekt – als Teil der nach außen wirkenden Tätigkeit der Behörden im Sinne des § 9 VwVfG qualifiziert und folglich der exklusiven Wahrnehmungszuständigkeit der Länder zugeordnet[240], obwohl die Anhörung ihre Funktion nur dann erfüllen kann, wenn sie potentiellen Einfluss auf die Sachentscheidung hat und demzufolge durch die Stelle erfolgen sollte, bei der die Sachkompetenz liegt.

5. Materielle Anforderungen

a) Weisung als »reguläres Mittel« und Mißbrauchsgrenze

52 Nach der Rechtsprechung des Bundesverfassungsgerichts sind Weisungen nach Art. 85 III GG »nicht auf Ausnahmefälle begrenzt und auch nicht weiter rechtfertigungsbedürftig«, sondern ein »reguläres Mittel«[241] des Bundes im Rahmen der Auftragsverwaltung. Daraus folgt, daß über den zulässigen Gegenstand und Inhalt von Weisungen (→ Rn. 39 ff.) und das Gebot der Weisungsklarheit (→ Rn. 53) hinaus einschränkende materielle Voraussetzungen für die Inanspruchnahme des Weisungsrechts aus Art. 85 GG selbst nicht abgeleitet werden können. Allerdings folgen solche allgemeinen Grenzen aus rechtlichen Maßstäben außerhalb von Art. 85 GG. Neben der aus Art. 20 III GG folgenden Bindung der obersten Bundesbehörde an Gesetz und Recht (→ Rn. 54), die allerdings im kompetenzrechtlichen Bund-Länder-Verhältnis nicht anwendbar sein soll[242], gehört dazu vor allem die **Pflicht des Bundes zu bundesfreundlichem Verhalten**[243]. Das Bundesverfassungsgericht hat daraus neben den Anforderungen an das Weisungsverfahren (→ Rn. 48) das allgemeine Verbot mißbräuchlicher Ausübung der Weisungskompetenz hergeleitet[244]. Eine Pflicht des Bundes zur Rücksichtnahme auf das Landesinteresse, die Sachentscheidung selbst zu treffen, lasse sich aus Art. 85 GG dagegen nicht ableiten[245]. Vor dem Hintergrund der Funktion der Auftragsverwaltung und der grundsätzlichen Verteilung der Sachkompetenz (→ Rn. 23) ist dem zuzustimmen. In diesem Rahmen können Weisungen auch nachträglich geändert oder aufgehoben werden.

---

[240] So BVerwG DVBl. 2014, 303 (304, 306 [Rn. 12, 26 ff. – juris]) in seinen Entscheidungen zum Kernkraftwerk Biblis; zustimmend die Anm. zur Entscheidung von *K. Gärditz*, EurUP 2014, 136 (137).

[241] BVerfGE 81, 310 (332); zustimmend *Dittmann* (Fn. 49), Art. 85 Rn. 19; zuvor bereits *Steinberg*, Bundesaufsicht (Fn. 55), S. 20 f.; dagegen *Ossenbühl*, Bundesauftragsverwaltung (Fn. 90), S. 982; *Kluth* (Fn. 44), Art. 85 Rn. 58.

[242] BVerfGE 81, 310 (333, 338). → Rn. 55.

[243] So BVerfGE 81, 310 (337).

[244] Dazu BVerfGE 81, 310 (337) mit dem Zusatz, es könne nur im Einzelfall beurteilt werden, welche Folgerungen daraus konkret zu ziehen sind; kritisch zu dieser »wenig ergiebigen Formulierung« *M. Schulte*, VerwArch. 81 (1990), 415 (431); ähnlich *Tschentscher*, Bundesaufsicht (Fn. 64), S. 180.

[245] BVerfGE 81, 310 (338).

b) Gebot der Weisungsklarheit

Wegen der weitreichenden Wirkungen der Weisung muß diese klar erkennen lassen, daß es sich um eine Weisung handelt[246] und **welche Vorgaben** für **welches Verwaltungshandeln** sie enthält[247]. Dies ist auch deshalb erforderlich, weil keine Zweifel darüber bestehen dürfen, wie die parlamentarische Verantwortung[248] zwischen Bundes- und Landesexekutive verteilt ist. Eine **konkludente Weisung** genügt den Anforderungen des Art. 85 III 1 GG deshalb nicht[249]. Welche Anforderungen an die Formulierung einer Weisung im Einzelnen zu stellen sind, hängt von der Weisungsintention der obersten Bundesbehörde ab. Zweifel gehen zu Lasten des Bundes. Dies gilt insbesondere bei Weisungen, mit denen der Bund die Geschäftsleitungsbefugnis übernehmen will (→ Rn. 45), weil hier der sachliche und zeitliche Umfang der Weisung besonders präzisierungsbedürftig ist. 53

c) Verfassung, Gesetz, Verwaltungsvorschrift

Bei der Ausübung des Weisungsrechts ist die oberste **Bundesbehörde** gem. Art. 20 III GG **an Gesetz und Recht gebunden**. Sie ist deshalb an Vorgaben der Verfassung, insbesondere an die Grundrechte und an das Verhältnismäßigkeitsprinzip, an das auszuführende Bundesgesetz sowie an sonstige im konkreten Fall einschlägige Normen des Bundesrechts[250] wie auch an eventuell nach Art. 85 II 1 GG erlassene Verwaltungsvorschriften[251] gebunden. Zur Lösung des umstrittenen Problems, welche Konsequenzen sich aus dieser Bindung ergeben, ist zu unterscheiden zwischen der ersten Frage, ob der konkrete Inhalt der Weisung von der jeweils in Rede stehenden Norm überhaupt erfaßt wird, und der weiteren Prüfung, ob das angewiesene Land eine Rechtsverletzung geltend machen kann (→ Rn. 55). Was die erste Frage angeht, so liegen jedenfalls Weisungen, die lediglich der Informationsgewinnung dienen und somit ausschließlich das interne Verhältnis zwischen dem Land und der obersten Bundesbehörde betreffen (→ Rn. 40), außerhalb des Anwendungsbereichs der **Grundrechte** und des **Verhältnismäßigkeitsprinzips**[252]. Auch das sonstige zu beachtende Bundesrecht wird nur ausnahmsweise dieses interne Verhältnis regeln. Die Bindung der obersten Bundesbehörde an das einfache Bundesrecht wie auch an die Grundrechte und das Verhältnismäßigkeitsprinzip ist deshalb vor allem bei solchen Weisungen relevant, die eine nach außen hin zu treffende verfahrensabschließende Entscheidung zum Inhalt haben. 54

[246] Dies war eine der zentralen Fragen im Zusammenhang des sog. »Moratoriums« im Anschluss an den Reaktorunfall in Fukushima im Jahr 2011. Vgl. zur Stilllegung des Kernkraftwerks Biblis VGH Kassel, Urt. v. 27.2.2013 – 6 C 824/11.T und parallel 6 C 825/11.T (Rn. 5ff., 36ff. – juris) – in Teilen abgedruckt in EnWZ 2013, 233; offengelassen von BVerwG DVBl. 2014, 303 (306 [Rn. 29f. – juris]); kritisch *T. Schmitt/S. Wohlrab*, NVwZ 2015, 932 (934f.).

[247] Dazu BVerfGE 81, 310 (336f.).

[248] Vgl. zu einigen Sonderproblemen, die sich bei der parlamentarischen Kontrolle von Verwaltungshandeln im Bundesauftrag ergeben, *C. Bushart*, ZRP 1988, 210ff.

[249] So auch *Trute* (Fn. 65), Art. 85 Rn. 32 gegen BVerfGE 104, 249 (265, Rn. 74).

[250] Zur Pflicht der Bundesbehörden zur Beachtung von Landesrecht, die auch bei der Ausübung des Weisungsrechts im Rahmen der Auftragsverwaltung gilt: → Art. 83 Rn. 30.

[251] Dazu, daß Weisungen gegenüber allgemeinen Verwaltungsvorschriften nachrangig sind, vgl. nur Jarass/*Pieroth*, GG, Art. 85 Rn. 6; *Lerche* (Fn. 6), Art. 85 Rn. 43.

[252] Zur Unanwendbarkeit des Verhältnismäßigkeitsprinzips auf Kompetenzabgrenzungen im Bund-Länder-Verhältnis BVerfGE 81, 310 (338); → Art. 20 (Rechtsstaat), Rn. 188; dagegen etwa *Kluth* (Fn. 44), Art. 85 Rn. 142; *G. Gornig*, JZ 1992, 308 (310).

55 Bei solchen Weisungen stellt sich dann die zweite Frage, ob das Land gegenüber dem Bund geltend machen kann, der Inhalt der Weisung verstoße gegen einfaches Bundesrecht oder gegen solche Verfassungsnormen, die auf das **Verhältnis zwischen Staat und Bürger** zugeschnitten sind (Grundrechte, Verhältnismäßigkeitsprinzip). Die h. M.[253] und das Bundesverfassungsgericht[254] verneinen diese Frage: Die Bindung der obersten Bundesbehörde an solche Normen bleibe im Rechtsverhältnis zwischen Bund und Land insofern ohne Bedeutung, als eine **Rechtsverletzung des Landes nicht in Betracht komme**. Das Land verliere nämlich mit dem vollständigen Übergang der Sachkompetenz auf den Bund die Berechtigung, einen Rechtsverstoß durch die Weisung gegenüber dem Bund als Verletzung der Landeskompetenz geltend zu machen. Das soll auch für eventuelle Verstöße der Weisung gegen Grundrechte gelten. Eine Ausnahme wird nur in dem äußersten Fall zugelassen, daß »eine zuständige oberste Bundesbehörde unter grober Mißachtung der ihr obliegenden Obhutspflicht zu einem Tun oder Unterlassen anweist, welches im Hinblick auf die damit einhergehende allgemeine Gefährdung oder Verletzung bedeutender Rechtsgüter schlechterdings nicht verantwortet werden kann«[255]. Diese Grenze folge daraus, daß bei der Ausführung der Bundesgesetze Bund und Länder – unbeschadet bestehender Kompetenzverteilungsregelungen – eine gemeinsame Verantwortung für den Bestand des Staates und seiner Verfassungsordnung sowie für die Abwehr kollektiver Existenzgefährdungen tragen[256].

56 Eine andere in der Literatur vertretene Auffassung hält dagegen auch solche **Weisungen** für abwehrfähig, die sich zwar innerhalb des verfassungsrechtlichen Kompetenzrahmens (→ Rn. 39 ff.) bewegen, aber **gegen sonstiges Verfassungs- oder einfaches Bundesrecht verstoßen**[257]. Sie beruht im Kern auf der Vorstellung, Art. 30 GG gewährleiste – grundrechtlichen Freiheitsrechten vergleichbar – den Ländern einen geschützten »Raum«, in den der Bund nur »eingreifen« dürfe, wenn die Maßnahme über die Beachtung der die Kompetenzen im Bund-Länder-Verhältnis abgrenzenden Normen hinaus auch in jeder sonstigen Hinsicht rechtmäßig ist[258]. Auf diese Weise werden aber unzulässigerweise grundrechtliche Vermutungsregeln auf die verfassungsrechtliche Kompetenzverteilung übertragen[259]. Diese ist durch Art. 85 GG nach seiner Entstehungsgeschichte, seiner systematischen Stellung zwischen landeseigener und Bundesverwaltung und seiner Funktion als Durchsetzungsinstrument für vollzugstypische Konkretisierungsentscheidungen der Bundesexekutive aber gerade so vorgenommen worden, daß die umfassende Sachentscheidungskompetenz und -verantwortung mit

---

[253] *Lerche* (Fn. 6), Art. 85 Rn. 53 m. w. N.; *Trute* (Fn. 65), Art. 85 Rn. 32 f.; *P. Lerche*, BayVBl. 1987, 321 (322 ff.); *R. Steinberg*, AöR 110 (1985), 419 (442); *ders.*, Bundesaufsicht (Fn. 55), S. 70 f.; *Broß/ Mayer* (Fn. 54), Art. 85 Rn. 31; *H. Hantke*, DVBl. 1992, 824 (825) m. w. N.

[254] BVerfGE 81, 310 (333 f., 338); 84, 25 (31); 102, 167 (172, Rn. 31).

[255] BVerfGE 81, 310 (334).

[256] Grundlage dieser äußersten Grenze, die von dem jeweiligen Land im verfassungsgerichtlichen Verfahren »substantiiert dargelegt werden« muß, ist nach BVerfGE 81, 310 (334 f.) das Recht auf Eigenstaatlichkeit der Länder, dem eine Pflicht des Bundes gegenüberstehe, von dem Land nichts zu fordern, »was schlechthin außerhalb des von einem Staat Verantwortbaren gelegen ist«. Spätestens hier wird deutlich, daß es sich um eine praktisch kaum relevante äußerste Grenze handelt; vgl. *J. Ipsen*, NdsVBl. 209 (211), der den »Gemeinwohlvorbehalt« im »Bereich der Fiktionalität« sieht.

[257] *M. Schulte*, VerwArch. 81 (1990), 415 (428); *Lange*, Weisungsrecht (Fn. 172), S. 115 ff.; *Pauly*, Anfechtbarkeit (Fn. 2), S. 209 ff., 222 ff., 236; *J. Lennartz*, JZ 2016, 287 (290 ff.) will unabhängig von einem subjektiven Recht eines Landes die Befolgungspflicht entfallen lassen.

[258] So insbesondere *Pauly*, Anfechtbarkeit (Fn. 2), S. 222 ff.

[259] Vgl. BVerfGE 81, 310 (338). → Art. 30 Rn. 29.

der Weisung auf den Bund übergeht[260] (→ Rn. 19). Auch bei einem Verstoß der Weisung gegen Grundrechte kann eine »gemeinsame Verantwortung« von Bund und Ländern für die Grundrechtsverwirklichung nicht dazu führen, dem Land ein eigenes Recht gegenüber dem Bund zum »Einfordern des grundrechtlich Gebotenen« zuzubilligen[261] und auf diese Weise **klare Kompetenzabgrenzungen** durch Maßstäbe außerhalb des kompetenzrechtlichen Verhältnisses zu überlagern. Die erwähnte Rechtsprechung des Bundesverfassungsgerichts (→ Rn. 55) verdient deshalb Zustimmung.

6. Befolgungs- und Vollzugssicherstellungspflicht

Weisungen sind für die zuständigen Behörden des Landes, an dessen oberste Behörde 57 sie adressiert sind, **verbindlich**, und ihr Vollzug ist durch diese gem. Art. 85 III 3 GG sicherzustellen[262]. Dem Weisungsrecht des Bundes entspricht eine verfassungsrechtliche **Befolgungs- und Vollzugssicherstellungspflicht**[263]. Einer »Transformation« in »Landesbinnenrecht« bedarf die Weisung auch dann nicht[264], wenn sie nach der Regelanordnung in Art. 85 III 2 GG an den zuständigen Landesminister adressiert ist (→ Rn. 47), während die Zuständigkeit bei einer diesem nachgeordneten Behörde oder einem seiner Aufsicht unterstehenden Träger der mittelbaren Verwaltung liegt. Die oberste Landesbehörde genügt deshalb ihrer Sicherstellungspflicht aus Art. 85 III 3 GG regelmäßig bereits dadurch, daß sie die Weisung an die zuständige Stelle weiterleitet. Nur wenn diese ihrer Befolgungspflicht daraufhin nicht nachkommt, folgt aus der Vollzugssicherstellungspflicht, daß die oberste Landesbehörde die ihr nach **Landesrecht** zu Gebote stehenden **Aufsichtsmittel** einsetzen muß[265].

Eine **Ausnahme** von der Befolgungs- und Vollzugssicherstellungspflicht gilt nur für 58 den Fall der **Unwirksamkeit einer Weisung**[266]. Welche Rechtsfehler diese Unwirksamkeitsfolge nach sich ziehen, ist allerdings unklar. Verschiedene Stimmen in der Literatur ziehen hier – teilweise mit problematischen Anleihen an die Regeln zur Nichtigkeit von Verwaltungsakten[267] – grundsätzlich alle den Weisungsinhalt betreffenden Rechtsnormen (→ Rn. 54) in Betracht und begrenzen die Unwirksamkeit dann auf besonders schwerwiegende oder offenkundige Verstöße[268]. Demgegenüber folgen nach der Rechtsprechung des Bundesverfassungsgerichts »Umfang und Grenzen der

---

[260] Dem wird eine rein prozessuale Sicht nicht gerecht, die die Letztentscheidungskompetenz der obersten Bundesbehörde dadurch gewahrt sieht, daß Rechtsmitteln des Landes gegen eine Weisung kein Suspensiveffekt zukommt; so aber *M. Schulte*, VerwArch. 81 (1990), 415 (428); *Pauly*, Anfechtbarkeit (Fn. 2), S. 236 f.

[261] So *Steinberg*, Bundesaufsicht (Fn. 55), S. 73; in diesem Sinne muß – entgegen *J. Lennartz*, JZ 2016, 287 (290) – die Grundrechtsbindung des Landes nicht auf das Innenverhältnis zum Bund durchschlagen; vgl. auch *J. Ipsen*, NdsVBl. 2014, 209 (212).

[262] BVerfGE 102, 167 (172, Rn. 31); *Kluth* (Fn. 44), Art. 85 Rn. 157 f.

[263] *F. Ossenbühl*, Der Staat 28 (1989), 31 (37); *Loschelder*, Durchsetzbarkeit (Fn. 126), S. 36; ausführlich *Tschentscher*, Bundesaufsicht (Fn. 64), S. 200 ff.

[264] Dazu *Tschentscher*, Bundesaufsicht (Fn. 64), S. 201 ff.

[265] Zutreffend *Pauly*, Anfechtbarkeit (Fn. 2), S. 230.

[266] Vgl. dazu nur *Steinberg*, Bundesaufsicht (Fn. 55), S. 63 f.; *Lange*, Weisungsrecht (Fn. 172), S. 91 ff.

[267] *Groß* (Fn. 65), Art. 85 Rn. 23; vgl. auch *Tschentscher*, Bundesaufsicht (Fn. 64), S. 214; entgegen *Pauly*, Anfechtbarkeit (Fn. 2), S. 236 wird die Verwaltungsaktsqualität von Weisungen von der ganz h. M. zutreffend verneint; vgl. dazu ausführlich *Lange*, Weisungsrecht (Fn. 172), S. 39 ff.

[268] *Trute* (Fn. 65), Art. 85 Rn. 30; *Lange*, Weisungsrecht (Fn. 172), S. 92; *Steinberg*, Bundesaufsicht (Fn. 55), S. 63 f. mit dem Beispiel, daß eine Weisung die Begehung einer rechtswidrigen Tat verlangt, die einen Straf- oder Bußgeldtatbestand verwirklicht.

Verbindlichkeit einer Weisung« unmittelbar »aus den kompetentiellen Rechten«, die »das Grundgesetz Bund und Ländern zuweist«[269]. Danach decken sich die Gründe für die eventuelle Unwirksamkeit einer Weisung mit denjenigen, die eine Rechtsverletzung des Landes begründen können. Nur wenn die sich aus Art. 85 GG selbst sowie aus dem Grundsatz des bundesfreundlichen Verhaltens ergebenden Anforderungen an die Ausübung des Weisungsrechts eindeutig mißachtet wurden, ist die Weisung unwirksam und löst die Befolgungs- und Vollzugssicherstellungspflicht nicht aus[270]. Nur auf diese Weise kann der Grundkonzeption des Art. 85 GG Rechnung getragen werden, wonach sich gerade im Streit um die »richtige« Ausführung des Bundesgesetzes die Auffassung der zuständigen obersten Bundesbehörde durchsetzen soll.

7. Durchsetzung und Rechtsschutz

59 Angesichts dieser klaren Verbindlichkeit von Weisungen wird verständlich, daß das Grundgesetz den Fall, daß die zuständige Landesbehörde sich weigert, einer Weisung Folge zu leisten, in Art. 85 GG nicht ausdrücklich berücksichtigt und deshalb auch dort keine besonderen Durchsetzungsinstrumente bereitgestellt hat. Auch die Aufsicht nach Art. 85 IV GG dient schon deswegen, weil dort nur Beobachtungsinstrumente vorgesehen sind, entgegen einer verbreiteten Auffassung nicht der Durchsetzung von Weisungen, sondern ist in deren Vorfeld anzusiedeln (→ Rn. 23). Die Verfassung geht also davon aus, daß sich zumindest die obersten Landesbehörden gegenüber Weisungen loyal verhalten[271]. Im Falle der Weigerung steht dem Bund das Verfahren des **Bund-Länder-Streits vor dem Bundesverfassungsgericht** offen[272]. Ein dem Mängelrügeverfahren des Art. 84 IV GG vergleichbares Verfahren sieht Art. 85 GG nicht vor.

60 Diese vermeintliche Lücke in Art. 85 GG versucht eine Ansicht in der Literatur dadurch zu schließen, daß sie die in Art. 84 und 85 GG enthaltenen Aufsichtsmittel zu einem einheitlichen Institut der Bundesaufsicht zusammenfaßt[273]. Als Konsequenz daraus wird in der Verwendung des Begriffes Bundesaufsicht in Art. 85 IV 1 GG eine Verweisung auf Art. 84 III und IV GG gesehen[274]. Daraus ergebe sich, daß **auch bei der Auftragsverwaltung** das **Mängelrügeverfahren** gemäß Art. 84 IV GG einzuhalten sei[275].

61 Für eine entsprechende Anwendung von **Art. 84 IV GG**[276] **fehlt** es jedoch an der **Vergleichbarkeit** von Weisungsrecht in Auftragsangelegenheiten und Rechtsaufsicht

---

[269] BVerfGE 84, 25 (30).

[270] Ähnlich im Ergebnis *Tschentscher*, Bundesaufsicht (Fn. 64), S. 214f.; BVerfGE 102, 167 (172, Rn. 32) beschränkt sich auf die Feststellung, daß das Land nicht verpflichtet war, der Weisung Folge zu leisten.

[271] *F. Ossenbühl*, Der Staat 28 (1989), 31 (37f.).

[272] So im Fall von BVerfGE 84, 25 (30).

[273] So *Lerche* (Fn. 6), Art. 85 Rn. 70; dagegen *W. Blümel*, HStR IV, § 101 Rn. 69; *T. v. Danwitz*, DVBl. 1992, 1005 (1006f.); *Dittmann* (Fn. 49), Art. 85 Rn. 29.

[274] So *Bull* (Fn. 69), Art. 85 Rn. 24 im Anschluß an *Lerche* (Fn. 6), Art. 85 Rn. 80; dieser versteht Art. 85 IV GG offenbar als besondere Ausprägung der Grundform der Aufsicht nach Art. 84 III und IV GG, die lediglich den Besonderheiten der Auftragsverwaltung angepaßt wurde; dagegen *Dittmann* (Fn. 49), Art. 85 Rn. 29.

[275] *Lerche* (Fn. 6), Art. 85 Rn. 81.

[276] Im Sinne einer obligatorischen Einbeziehung des Bundesrates *Lerche* (Fn. 6), Art. 85 Rn. 81ff. auf der Grundlage der Auffassung, daß die Aufsicht nach Art. 85 IV GG auch der Durchsetzung von Weisungen dient (Rn. 79); nur für zulässig, aber offenbar nicht für zwingend halten die Anrufung des Bundesrates *Bull* (Fn. 69), Art. 85 Rn. 28; Jarass/*Pieroth*, GG, Art. 85 Rn. 9.

über den landeseigenen Vollzug von Bundesgesetzen[277]. Da bei der Landeseigenverwaltung die Sachkompetenz der Landesexekutive zusteht, ist es plausibel, daß in Art. 84 IV GG Urteile des Bundes über die Rechtmäßigkeit des Landesverwaltungshandelns zum Schutz der Sachkompetenz der Länder nicht der Bundesexekutive, sondern dem Bundesrat zugewiesen werden. Dagegen eröffnet Art. 85 III GG den obersten Bundesbehörden von vornherein den Zugriff auf die Sachentscheidungskompetenz, ohne daß die Mitwirkung anderer Bundesorgane gefordert wird. Das Verfahren zur Beseitigung von Mängeln ist damit für die Verwaltung im Auftrage des Bundes in Art. 85 III GG lückenlos geregelt[278]. Ein Rückgriff auf Art. 84 IV GG erübrigt sich deshalb.

Nach dem ultima ratio-Grundsatz ist in der Regel erst dann eine Durchsetzung der **62**
Weisung im Wege des **Bundeszwanges** gemäß Art. 37 GG geboten, wenn sich auch nach einer bestätigenden Entscheidung des Bundesverfassungsgerichts die zuständigen Landesbehörden weigern, eine Weisung zu befolgen (→ Art. 37 Rn. 12)[279]. Auch zur Durchsetzung von Weisungen im Weigerungsfalle verleiht Art. 85 III GG der obersten Bundesbehörde **keine Eintrittsbefugnis** (→ Rn. 26).

Sieht sich umgekehrt ein **Land** durch eine Weisung in seinem Recht auf Wahrneh- **63**
mung der eigenen Kompetenz verletzt, so steht auch ihm ausschließlich der Bund-Länder-Streit vor dem Bundesverfassungsgericht offen. Klagen vor den Verwaltungsgerichten sind unzulässig, weil es sich bei dem **Streit** zwischen Land und Bund über Umfang und Grenzen des Weisungsrechts um einen solchen **verfassungsrechtlicher Natur** handelt[280]. Nach der Rechtsprechung des Bundesverfassungsgerichts[281] kommt nämlich eine Rechtsverletzung des Landes durch eine Weisung nur in Betracht[282], wenn erstens die Inanspruchnahme der Weisungsbefugnis als solche – ohne daß es auf die Recht- und Verfassungsmäßigkeit ihres Inhalts im übrigen ankommt – gegen die Verfassung verstößt, weil sie sich außerhalb ihres zulässigen Gegenstandsbereichs bewegt, wenn zweitens gegen das Gebot der Weisungsklarheit verstoßen wurde, wenn drittens das aus der Pflicht zu bundesfreundlichem Verhalten folgende Verbot mißbräuchlicher Inanspruchnahme der Weisungskompetenz verletzt ist, oder wenn viertens die aus diesem Verfassungsgrundsatz abzuleitenden Verfahrensanforderungen nicht beachtet wurden.

---

[277] *W. Blümel*, HStR IV, § 101 Rn. 67, 70; *R. Steinberg*, AöR 110 (1985), 419 (438); *Tschentscher*, Bundesaufsicht (Fn. 64), S. 227 f.; *Kluth* (Fn. 44), Art. 85 Rn. 162; so offenbar auch BVerfGE 84, 25 (30).

[278] Ähnlich: *Dittmann* (Fn. 49), Art. 85 Rn. 34.

[279] So *R. Steinberg*, AöR 110 (1985), 419 (438); ähnlich *F. Ossenbühl*, Der Staat 28 (1989), 31 (39). In BVerfGE 8, 367 (372) findet sich die Aussage, daß die Wahl zwischen der Herbeiführung einer Entscheidung Bund-Länder-Streit und der Anwendung von Bundeszwang im »verfassungsgerichtlich nicht überprüfbaren Ermessen« der Bundesregierung stehe.

[280] BVerfGE 84, 25 (30); BVerwG NVwZ 1998, 500 (500); anders für den Bereich bundesfernstraßenrechtlicher Weisungen *F. Zillmer*, DÖV 1995, 49 (52 ff.); Einzelheiten: → Art. 90 Rn. 53 mit Fn. 149.

[281] BVerfGE 81, 310 (331 ff.); 84, 25 (31 ff.); knapp zusammenfassend E 102, 167 (172, Rn. 35).

[282] Vgl. auch die Zusammenfassung von *Dittmann* (Fn. 49), Art. 85 Rn. 23.

VII. Bundesaufsicht (Art. 85 IV GG)

1. Charakter und Funktion der Aufsicht

64 Der Charakter der Bundesaufsicht in Art. 85 IV GG hängt zunächst davon ab, wie das Verhältnis der Vorschrift zu anderen Aufsichtsregelungen im VIII. Abschnitt zu verstehen ist. Nach einer Ansicht in der Literatur sind nämlich die in Art. 84 III und Art. 85 IV GG vorgesehenen Aufsichtsmittel als **einheitliches Institut der Bundesaufsicht** zu verstehen (→ Rn. 60). Anhaltspunkte in Wortlaut[283] und Struktur der beiden Vorschriften, die darauf hindeuten, daß Art. 84 III GG als eine Art »allgemeiner Teil« der Bundesaufsicht mit Abwandlungen für die Bundesauftragsverwaltung in Art. 85 IV GG zu verstehen ist, ergeben sich jedoch nicht. Dagegen spricht insbesondere auch der Umstand, daß andere Regelungsgehalte in Art. 84 und 85 GG jeweils eigenständig und ohne wechselseitige Bezugnahme geregelt sind[284]. Die Bundesaufsicht über die Landesverwaltung im Auftrage des Bundes ist deshalb **unabhängig von der Bundesaufsicht über die Landeseigenverwaltung** näher zu bestimmen.

65 Außerdem bestimmen sich Charakter und Funktion der Aufsicht in Art. 85 IV GG auch nach deren **Verhältnis zur Weisung** in Art. 85 III GG. Dazu wird einerseits vertreten, Weisung und Aufsicht seien als selbständige Institute zu sehen, wobei die Weisung eher »präventiv«, die Bundesaufsicht eher »repressiv« wirken soll (→ Rn. 21). Andere verstehen die Einwirkungsmöglichkeiten des Bundes als Einheit (→ Rn. 22). Die Weisung ist nach dieser Auffassung Mittel der Aufsicht. Nimmt man bei der Bestimmung der Funktionen von Aufsicht und Weisung Rücksicht darauf, daß die beiden Einwirkungsmöglichkeiten unterschiedlichen Trägern zugeordnet sind, nämlich die Weisung der obersten Bundesbehörde, die Aufsicht dagegen der Bundesregierung, kommt man zu einem anderen Ergebnis. Danach dient die Weisung der Ausübung der Sachkompetenz im Einzelfall. Die Aufsicht durch die Bundesregierung in Art. 85 IV GG hat dagegen die Funktion, im Vorfeld eventueller Weisungen die generelle Vollzugspraxis zu beobachten[285] (→ Rn. 23).

2. Gegenstand und Maßstab der Aufsicht

66 Gegenstand der Bundesaufsicht ist nach dem unmißverständlichen Wortlaut des Art. 85 GG nur die »Ausführung« von Bundesgesetzen durch die Länder, nicht anders als bei Art. 84 III GG (→ Art. 84 Rn. 97) also die Wahrnehmung der **vollzugstypischen Konkretisierungsaufgabe**[286] (→ Art. 83 Rn. 31 f.). Eine Aufsicht des Bundes über die **gesetzesfreie Verwaltung** der Länder sieht Art. 85 GG nicht vor[287]. Diese Grundregel kann jedoch durch spezielle Verfassungsnormen modifiziert werden, wenn der Voll-

[283] Kritisch zur Herleitung des einheitlichen Instituts der Bundesaufsicht aus der Verwendung des Begriffs »Aufsicht« *Dittmann* (Fn. 49), Art. 85 Rn. 29.

[284] Etwa die Befugnis zum Erlaß von allgemeinen Verwaltungsvorschriften in Art. 84 II und Art. 85 II GG oder das Weisungsrecht in Art. 84 V und Art. 85 III GG; eine Ausnahme vom Grundprinzip der selbständigen Regelung von Landeseigenverwaltung und Landesverwaltung im Auftrage des Bundes in den beiden Artikeln läßt sich allenfalls für Art. 84 I und Art. 85 I GG feststellen. Die gesetzlichen Regelungsbefugnisse von Bund und Land bei der Auftragsverwaltung lassen sich nur in einer Gesamtschau der beiden Absätze sinnvoll bestimmen (→ Rn. 27 f.). Jedoch werden in diesem Fall die beiden Absätze von Art. 84 und Art. 85 GG durch den Wortlaut von Art. 85 I GG, wonach die Einrichtung der Behörden Angelegenheit der Länder »bleibt«, eindeutig verknüpft.

[285] Ähnlich *Isensee*, Instrumentarium (Fn. 153), S. 384 ff.

[286] *Groß* (Fn. 65), Art. 85 Rn. 27.

[287] A.A. *Trute* (Fn. 65), Art. 85 Rn. 36; allg. zu einem modernen Verständnis von Fachaufsicht im

zugstyp der Auftragsverwaltung angeordnet und über den Vollzug von Bundesgesetzen hinaus auf einen bestimmten Sachbereich insgesamt ausgedehnt wird (→ Rn. 16). Auch die Aufsicht kann wie die Weisung (→ Rn. 39 ff.) die **gesamte Vollzugstätigkeit** eines Landes erfassen.

Maßstab der Bundesaufsicht nach Art. 85 IV GG ist neben der **Rechtmäßigkeit**[288] auch die **Zweckmäßigkeit** der Ausführung durch die Länder. Allerdings »verdichtet sich« die Bundesaufsicht nach Art. 85 IV GG damit nicht zur Fachaufsicht[289], weil sie im Unterschied zur Weisung nicht einzelfallbezogen ist und lediglich Beobachtungsfunktion hat (→ Rn. 23). Der Bund kann bei der generellen Beobachtung der Ausführung durch die Landesverwaltungen neben der Beachtung normativer Vorgaben auch die zweckmäßige Ermessensausübung kontrollieren. Weisungen werden mit ihrem Erlaß Bestandteil der normativen Vorgaben, die die Landesverwaltung beachten muß (→ Rn. 23)[290]. 67

3. Aufsichtsinstrumente und Aufsichtsverfahren

Der im Vergleich zum landeseigenen Vollzug von Bundesgesetzen intensiveren Einflußnahme des Bundes entspricht auch die Ausgestaltung seiner **Informationsrechte**: Im Unterschied zur Aufsicht nach Art. 84 GG kann im Rahmen der Auftragsverwaltung gemäß Art. 85 IV 2 GG Aktenvorlage verlangt werden und es können Beauftragte zu allen Behörden entsandt werden, ohne daß es irgendwelcher Zustimmungsakte bedarf[291]. Die Bundesaufsicht nach Art. 85 IV GG ist verfahrensrechtlich durch das Grundgesetz selbst nicht genauer ausgestaltet. Daraus wird abgeleitet, daß das Aufsichtsverfahren seiner Funktion entsprechend »einfach und zweckmäßig durchzuführen« sei[292] und daß der Grundsatz bundesfreundlichen Verhaltens Grad und Maß konkret ergriffener Aufsichtsmaßnahmen moderierend beeinflusse[293]. Auch dürfe die Aufsicht über die Auftragsverwaltung jedenfalls nicht eine Verfestigung erreichen, die das Prinzip der Verwaltung durch die Länder aufheben würde[294] (→ Rn. 17). Durch solche Kriterien läßt sich allerdings nur eine äußerste Mißbrauchsgrenze für die Wahrnehmung der Aufsichtsbefugnisse aus Art. 85 IV GG ziehen. Nicht ausgeschlossen wird dadurch – anders als bei der Rechtsaufsicht über den landeseigenen Vollzug von Bundesgesetzen (→ Art. 84 Rn. 103 f.) und bei der Weisung (→ Rn. 49) – eine generelle und dauerhafte **Beobachtung der Landesverwaltung** ohne besonderen einzelfallbezogenen Anlaß. Insbesondere die Einbeziehung der Zweckmäßigkeit in den Aufsichtsmaßstab kann eine im Vergleich zur Rechtsaufsicht über die Landeseigenverwaltung intensivere Beobachtung rechtfertigen[295]. Die **Beauftragten** der Bundesregierung selbst haben jedoch nach Art. 85 IV 2 GG im Vergleich zu Art. 84 III 2 GG (→ Art. 84 68

Unterschied zur Bundesaufsicht im Rahmen der Auftragsverwaltung – allerdings ohne ausreichende Differenzierung zwischen Art. 85 III und IV GG – *M. Etscheid*, VR 2010, 229 ff.

[288] Hinsichtlich der Rechtmäßigkeit entspricht der Aufsichtsmaßstab von Art. 85 IV GG dem in Art. 84 III GG. Es kann daher auf die Erläuterungen zu dieser Vorschrift verwiesen werden (→ Art. 84 Rn. 98 ff.).

[289] So aber *Dittmann* (Fn. 49), Art. 85 Rn. 31; *Trute* (Fn. 65), Art. 85 Rn. 39.

[290] *Lerche* (Fn. 6), Art. 85 Rn. 74; *Trute* (Fn. 65), Art. 85 Rn. 39.

[291] So *J. Ipsen*, Staatsrecht I, Rn. 644.

[292] So *Dittmann* (Fn. 49), Art. 85 Rn. 33.

[293] *Dittmann* (Fn. 49), Art. 85 Rn. 33; *H. Bauer*, Die Bundestreue, 1992, S. 139, 358.

[294] Hierzu auch *Haun*, Bundesaufsicht (Fn. 96), S. 131.

[295] *Haun*, Bundesaufsicht (Fn. 96), S. 131 nennt als Beispiel, daß bei Neuregelungen eine dauernde Beobachtung gerechtfertigt sein kann.

Rn. 103) keine zusätzlichen Eingriffsrechte[296]. Sie können auch bei der Kontrolle der Auftragsverwaltung keine Weisungen erteilen[297]. Die in Art. 85 IV 2 GG genannten Aufsichtsmittel (Bericht, Aktenvorlage, Entsendung von Beauftragten) stehen nur der **Bundesregierung als Kollegialorgan** zu (→ Rn. 20 ff.).

69 Unter Rückgriff auf ein allgemeines Institut der Bundesaufsicht (→ Rn. 60, 64), das sich aus Art. 84 III, IV GG und Art. 85 IV GG zusammensetzen soll, wird in der Literatur eine Verpflichtung[298] oder zumindest die Möglichkeit des Bundes zur Durchführung der **Mängelrüge** nach Art. 84 IV GG unter Beteiligung des Bundesrates angenommen[299]. Die Mängelrüge ist nach dieser Auffassung Prozeßvoraussetzung für einen Antrag des Bundes auf Entscheidung eines Dissenses über die Auftragsverwaltung im Wege des Bund-Länder-Streits[300]. Für einen Verweis in Art. 85 IV GG auf Art. 84 III und IV GG enthalten jedoch weder Wortlaut und Systematik der beiden Vorschriften einen Hinweis (→ Rn. 64), noch besteht ein Bedürfnis für ein zusätzliches Mängelrügeverfahren (→ Rn. 60)[301]. Eine Einbeziehung des Bundesrates im Wege der Mängelrüge ist bei der Beobachtung des Vollzugs durch die Länder im Auftrage des Bundes deshalb weder zulässig noch möglich[302]. Bund und Land können im Streitfall über die Zulässigkeit einer Aufsichtsmaßnahme eine Entscheidung des Bundesverfassungsgerichts im Wege des Bund-Länder-Streits gemäß Art. 93 I Nr. 3 GG suchen[303].

D. Verhältnis zu anderen GG-Bestimmungen

70 Art. 85 GG nimmt eine Modifikation der in **Art. 83 GG** niedergelegten Grundregel der Verwaltungskompetenz der Länder vor (→ Rn. 12). Die Anwendung des Art. 85 GG bedarf einer ausdrücklichen Anordnung der Verwaltung im Auftrag des Bundes durch andere Bestimmungen des Grundgesetzes, die gleichzeitig von Art. 85 GG abweichende spezielle Regelungen enthalten können. Obligatorisch ist die Auftragsverwaltung in Art. 90 II, 104a III 2, 108 III GG, fakultativ in Art. 87b II, 87c, 87d II, 89 II 3 und 4, 120a GG vorgesehen. Wo das Grundgesetz den Verwaltungstyp der Auftragsverwaltung durch solche speziellen Normen vorgeschrieben oder zugelassen hat, ist bundeseigene Verwaltung auf der Grundlage der allgemeinen Vorschrift des **Art. 87 III GG** nach zutreffender Auffassung nicht zulässig (→ Art. 87 Rn. 72 ff.; → Art. 87c Rn. 15 ff.). Im Falle der Auftragsverwaltung trägt der Bund nach **Art. 104a II GG** die sich daraus ergebenden (Zweck-)Ausgaben. Die bei ihren Behörden entstehenden Verwaltungskosten haben die Länder nach Art. 104a V GG allerdings selbst zu tragen. Hier (**Art. 104a V 1 Halbs. 2 GG**) findet sich auch die Anspruchsgrundlage für Regreßansprüche eines Landes gegen den Bund, wenn dieser durch eine rechtswidrige Weisung Schadensersatz- oder Entschädigungsverpflichtungen des Landes verursacht[304].

---

[296] *Bull* (Fn. 69), Art. 85 Rn. 26; *Haun*, Bundesaufsicht (Fn. 96), S. 133.

[297] *Groß* (Fn. 65), Art. 85 Rn. 28; *R. Steinberg*, AöR 110 (1985), 419 (438); anders *Trute* (Fn. 65), Art. 85 Rn. 41.

[298] *Lerche* (Fn. 6), Art. 85 Rn. 81 ff.

[299] *Bull* (Fn. 69), Art. 85 Rn. 28; *Trute* (Fn. 65), Art. 85 Rn. 43.

[300] So *Lerche* (Fn. 6), Art. 85 Rn. 83; ihm folgend *Bull* (Fn. 69), Art. 85 Rn. 28.

[301] *R. Steinberg*, AöR 110 (1985), 419 (438).

[302] Ebenso *Dittmann* (Fn. 49), Art. 85 Rn. 34; *Groß* (Fn. 65), Art. 85 Rn. 29.

[303] *Broß/Mayer* (Fn. 54), Art. 85 Rn. 35; *Dittmann* (Fn. 49), Art. 85 Rn. 35; zu prozessualen Fragen im Rahmen dieses Verfahrens *B. Zimmermann*, DVBl. 1992, 93 ff.; *R. Steinberg*, AöR 110 (1985), 419 (439 ff.); *Lange*, Weisungsrecht (Fn. 172), S. 95 ff.

[304] Dazu etwa *T. Schmitt/S. Wohlrab*, NVwZ 2015, 932 ff.

Artikel 86 [Bundeseigene Verwaltung]

[1]Führt der Bund die Gesetze durch bundeseigene Verwaltung oder durch bundesunmittelbare Körperschaften oder Anstalten des öffentlichen Rechtes aus, so erläßt die Bundesregierung, soweit nicht das Gesetz Besonderes vorschreibt, die allgemeinen Verwaltungsvorschriften. [2]Sie regelt, soweit das Gesetz nichts anderes bestimmt, die Einrichtung der Behörden.

Literaturauswahl

Becker, Bernd: Öffentliche Verwaltung, 1989.
Butzer, Hermann: Zum Begriff der Organisationsgewalt, in: Die Verwaltung 27 (1994), S. 157–174.
Dittmann, Armin: Die Bundesverwaltung, 1983.
Ehlers, Dirk: Verwaltung in Privatrechtsform, 1984.
Emde, Thomas: Die demokratische Legitimation der funktionalen Selbstverwaltung, 1991.
Köstlin, Thomas: Kulturhoheit des Bundes, 1989.
Krebs, Walter: Verwaltungsorganisation, in: HStR[3] V, § 108, S. 457–520.
Lerche, Peter: Neue Entwicklungen zum Begriff der Bundeseigenverwaltung, in: Festschrift für Franz Klein, 1994, S. 527–539.
Loeser, Roman: Die Bundesverwaltung in der Bundesrepublik Deutschland, Bd. 1 und 2, 2. Aufl. 1987.
Loeser, Roman: Das Bundes-Organisationsgesetz, 1988.
Oebbecke, Janbernd: Weisungs- und unterrichtungsfreie Räume in der Verwaltung, 1986.
Traumann, Dodo: Die Organisationsgewalt im Bereich der Bundesverwaltung, 1998.

Siehe auch die Angaben zu Art. 83 und 87 GG.

Leitentscheidung des Bundesverfassungsgerichts

BVerfGE 26, 338 (366 ff.) – Eisenbahnkreuzungsgesetz.

Gliederung

Stichwörter

A. Herkunft, Entstehung, Entwicklung

I. Verfassungsgeschichtliche Aspekte

1 Der deutschen Tradition bundesstaatlicher »vertikaler« Gewaltenteilung entspricht es, nicht nur die Kompetenz des Gesamtstaates zur Ausführung von Gesetzen (→ Art. 83 Rn. 1ff.), sondern dessen Verwaltungskompetenzen insgesamt durch die Erforderlichkeit ausdrücklicher Zuweisungen nach der Enumerationsmethode zu begrenzen (→ Art. 30 Rn. 4f.). Dementsprechend sahen die Verfassungen von 1871 und 1919 die **Reichsverwaltung** als eine nur aufgrund Normierung in der Verfassung zulässige Ausnahme an[1].

2 Dies geht in der **Reichsverfassung von 1871** daraus hervor, daß Art. 4 RV dem Reich lediglich das Recht der Gesetzgebung und der Beaufsichtigung der dort aufgezählten Angelegenheiten einräumt, hieran jedoch keine Verwaltungskompetenz knüpft. Somit hatte das Reich – bis auf wenige Ausnahmen – lediglich die Möglichkeit, als Gesetzgeber Einfluß auf die Verwaltung der Länder zu nehmen und diese zu beaufsichtigen[2] (→

[1] *M. Ibler*, in: Maunz/Dürig, GG, Art. 86 (2008), Rn. 20f., 23.
[2] *R. Mußgnug*, Die Ausführung der Reichsgesetze durch die Länder und die Reichsaufsicht, in: Dt. VerwGesch, Bd. 3, 1984, S. 186ff. (187).

Art. 84 Rn. 1f.). Eine eigene Verwaltungskompetenz besaß das Reich dagegen nur im Bereich des Post- und Fernmeldewesens (Art. 48 RV), der Kriegsmarine (Art. 53 RV) und des Konsulatswesens (Art. 56 RV). Die aus Art. 4 RV hergeleitete Regel der grundsätzlichen Verwaltungskompetenz der Länder galt als Verfassungsgrundsatz[3]. Somit war für die Übertragung einer Verwaltungskompetenz an Reichsbehörden eine Verfassungsänderung notwendig[4]. Das hinderte das Reich nicht, mehrere eigene Verwaltungsbehörden[5] einzurichten und den Landesbehörden die Kompetenz für den Vollzug der entsprechenden Gesetze zu entziehen[6]. Hierdurch entstand jedoch keineswegs ein flächendeckender Verwaltungsapparat des Reiches[7]. Die **Organisationsgewalt** lag ebenso wie nach der Weimarer Reichsverfassung (→ Rn. 3) im Schwerpunkt bei der Exekutive, weshalb manche Art. 86 GG als eine Norm ansehen, die die historische Kontinuität wahrt[8]. Die allgemeinen Verwaltungsvorschriften der Reichsverwaltung wurden gemäß Art. 7 I Nr. 1 der RV 1871 vom Bundesrat erlassen, während die Organisation der Behörden dem Kaiser als einer nicht vom Parlament kontrollierbaren Spitze der Exekutive oblag, sofern nicht andere Reichsorgane (Bundesrat) von ihrer Organisationskompetenz Gebrauch machten[9].

In der **Weimarer Reichsverfassung** fand der Grundsatz der generellen administrativen Kompetenz der Länder eine Aufweichung[10] insofern, als Art. 14 WRV den Ländern nur dann die Ausführung der Reichsgesetze übertrug, wenn die Reichsgesetze nichts anderes bestimmten[11]. Somit bestand für das Reich die Möglichkeit, durch einfachgesetzliche Regelungen, gegen die der Reichsrat letztlich machtlos war, seine Verwaltungskompetenzen auszuweiten[12] (→ Art. 83 Rn. 3). Die Kompetenz zum Erlaß allgemeiner Verwaltungsvorschriften lag gemäß Art. 77 S. 1 WRV bei der Reichsregierung. Die Behördenorganisation erfolgte durch den Reichspräsidenten[13]. Eine Regelung der Behördenorganisation durch Gesetz wurde als nicht erforderlich erachtet[14]. 3

---

[3] *Anschütz*, WRV, Art. 14 Anm. 1 (S. 109); *H. Schäfer*, DÖV 1958, 241 (241) m. w. N.

[4] *Anschütz*, WRV, Art. 14 Anm. 1 (S. 109); *H. Schäfer*, DÖV 1958, 241 (241); dazu, daß eine »Verfassungsänderung« in diesem Zusammenhang nicht notwendig eine Änderung oder Ergänzung des Verfassungstextes bedeutete, sondern daß jedes im Verfahren der Verfassungsänderung erlassene Gesetz dem Reich Verwaltungskompetenzen einräumen konnte, vgl. nur *Mußgnug*, Ausführung (Fn. 2), S. 187f. → Art. 84 Rn. 1.

[5] So z.B. das Reichseisenbahnamt, das Reichspatentamt, das Reichsversicherungsamt oder die Reichsbank; vgl. dazu *H. Triepel*, Die Reichsaufsicht, 1917, S. 262.

[6] *Mußgnug*, Ausführung (Fn. 2), S. 187; *Ibler* (Fn. 1), Art. 86 Rn. 20.

[7] *Mußgnug*, Ausführung (Fn. 2), S. 188.

[8] *H. P. Bull*, in: AK-GG, Art. 86 (2001), Rn. 1; zum Vergleich der Rechtslage im Kaiserreich und in der Weimarer Republik *H. Schäfer*, DÖV 1958, 241 (242); zum begrenzten Regelungsgehalt von Art. 86 GG im Hinblick auf die Verteilung der Organisationsgewalt: → Rn. 57ff.

[9] *Bull* (Fn. 8), Art. 86 Rn. 3.

[10] Die Auffassung, hierdurch sei das bundesstaatliche Prinzip so weit in den Hintergrund gestellt worden, daß die Weimarer Republik nicht mehr als Bundesstaat im existentiellen, sondern lediglich in einem formalen Sinne anzusehen sei, ist jedoch umstritten: *P. Lerche*, in: Maunz/Dürig, GG, Art. 86 (1989), Rn. 22; a. A. *R. Mußgnug*, Die Ausführung der Reichsgesetze durch die Länder und die Reichsaufsicht, in: Dt. VerwGesch, Bd. 4, 1985, S. 330ff. (332).

[11] Vgl. auch *Anschütz*, WRV, Art. 14 (S. 109ff.).

[12] Zu den politischen Hintergründen dieser Ausweitung siehe ausführlich *Mußgnug*, Ausführung (Fn. 10), S. 332f.

[13] Dessen Befugnis folgte aus Art. 179 I WRV i. V. m. § 4 Übergangsgesetz vom 4.3.1919, RGBl. S. 285 (»Die Befugnisse, die nach den Gesetzen oder Verordnungen des Reichs dem Kaiser zustehen, gehen auf den Reichspräsidenten über«).

[14] *Anschütz*, WRV, Art. 53 Anm. 4 (S. 316).

Die **präsidiale Organisationskompetenz** wird heute – wenn auch nur als untergeordneter Faktor[15] – als der nationalsozialistischen Diktatur förderlich angesehen[16], was auch dem Parlamentarischen Rat in seinen Beratungen bewußt war[17].

II. Entstehung und Veränderung der Norm

4 **Art. 112 HChE** sah vor, die Organisationsgewalt i.w.S.[18] der Bundesregierung oder dem jeweiligen Minister zu übertragen. Die Behördenorganisation sollte durch Rechtsverordnungen der Bundesregierung oder eines einzelnen Ministers geregelt werden. Schon in den Beratungen gab es eine »nachdrücklich vertretene Auffassung«, wonach die Behördenorganisation der Zustimmung des Bundesrates unterliegen sollte[19]. Vor dem Hintergrund der Erfahrungen der Weimarer Republik (→ Rn. 3) wurde es in den Beratungen zum Grundgesetz als wichtig angesehen, die Behördenorganisationskompetenz zumindest der Bundesregierung und nicht dem Bundespräsidenten zu übertragen[20].

5 In den Beratungen des **Parlamentarischen Rates** wurden zunächst Bedenken gegen die Formulierung »Durchführungsverordnungen« angemeldet, die nicht genügend klarstelle, daß solche Verordnungen nicht über den Rahmen des Gesetzes hinausgehen dürften[21]. Hierdurch laufe man Gefahr, die eigentliche Gesetzgebungsarbeit auf die Ministerialbürokratie zu verlagern[22]. Eine Entscheidung über die Frage, inwieweit der Bundesrat an den Ausführungsvorschriften der Bundesregierung beteiligt sein soll, wurde dadurch erschwert, daß zur Zeit der Beratungen im Zuständigkeitsausschuß noch nicht abschließend geklärt war, welche Stellung der Bundesrat letztlich einnehmen würde[23]. So wurde die Ansicht vertreten, ein Recht zur Mitbestimmung des Bundesrates über die Ausführungsvorschriften der Bundesregierung räume den Ländern einen zu großen Einfluß ein. Sollte der Bundesrat generell jedoch lediglich über ein Vetorecht verfügen, sei eine Mitwirkung in diesem Rahmen akzeptabel[24]. Der Hauptausschuß entschied sich jedoch gegen eine generelle Mitwirkung des Bundesrates[25].

6 Seit dem Inkrafttreten des Grundgesetzes ist keine Veränderung des Normtextes von Art. 86 GG zu verzeichnen. Eine erhebliche **Veränderung** seiner Bedeutung resultiert aber daraus, daß durch verschiedene Verfassungsänderungen und vor allem durch eine extensive Nutzung der Möglichkeiten, die Art. 87 III 1 GG für eine gesetzliche Begründung von Bundesverwaltungskompetenzen eröffnet (→ Art. 87 Rn. 65 ff., 90 ff.), der Bereich der Bundesverwaltung kontinuierlich ausgedehnt wurde[26].

---

15 *Bull* (Fn. 8), Art. 86 Rn. 4.

16 Dazu etwa *Ibler* (Fn. 1), Art. 86 Rn. 24, der die präsidiale Organisationsgewalt, die z.B. für die Einsetzung von Reichskommissaren genutzt wurde, als Beitrag zum Wandel der Weimarer Republik in eine »präsidiale Diktatur« wertet.

17 *F.K. Fromme*, Von der Weimarer Verfassung zum Bonner Grundgesetz, 1960, S. 144.

18 Der HChE spricht hier von »notwendigen Durchführungsverordnungen und Einzelweisungen«.

19 JöR 1 (1951), S. 641.

20 So beispielsweise in der 20. Sitzung des Zuständigkeitsausschusses sehr deutlich die Abg. Hoch und Laforet, Parl. Rat III, S. 728; vgl. auch *Bull* (Fn. 8), Art. 86 Rn. 6.

21 So der Abg. Laforet in der 5. Sitzung des Zuständigkeitsausschusses, Parl. Rat III, S. 258.

22 So der Abg. Reif in der 5. Sitzung des Zuständigkeitsausschusses, Parl. Rat III, S. 258.

23 Parl. Rat III, S. 619 f.

24 So der Abg. Hoch in der 16. Sitzung des Zuständigkeitsausschusses, Parl. Rat III, S. 622.

25 Auf Antrag des Abg. Zinn, 57. Sitzung des Hauptausschusses, Parl. Rat XIV, S. 1808.

26 Zustimmend *J. Suerbaum*, in: Epping/Hillgruber, GG (online, Stand: 1.6.2017), Art. 86 Rn. 3; Nachweise zur Entwicklung und zum aktuellen Stand der Bundesverwaltung → Rn. 23.

B. Internationale, supranationale und rechtsvergleichende Bezüge

Die Bedeutung des Völker- und Unionsrechts[27] für Art. 86 GG resultiert vor allem daraus, daß der Schwerpunkt des exekutiven Vollzugs eindeutig beim Bund liegt (→ Art. 83 Rn. 5 ff.). Da er regelmäßig über die Gesetzgebungskompetenz auf den Gebieten verfügt, mit denen sich das Völker- und Unionsrecht befaßt, steht der bundeseigenen Verwaltung hier regelmäßig kein Hindernis entgegen. Die **bundeseigene Verwaltung** hat insbesondere beim **Vollzug von Unionsrecht** eine erhebliche Bedeutung erlangt[28]. Art. 108 I 1 GG (→ Art. 108 Rn. 5, 11) ist zwar die einzige Norm des Grundgesetzes, die der Bundesverwaltung ausdrücklich Kompetenzen für die Ausführung von Unionsrecht zuweist[29]. Der Bund hat jedoch – soweit das Grundgesetz ihm die Verwaltungskompetenz nicht bereits sachgebietsbezogen zuweist mit der Folge, daß sie auch den Vollzug des einschlägigen Unionsrechts umfasst – von der Möglichkeit Gebrauch gemacht, in analoger Anwendung von Art. 87 III 1 GG (→ Art. 87 Rn. 9) eigene Behörden mit dem Vollzug des Unionsrechts zu betrauen[30]. So wird etwa das Agrarrecht der Union von der Bundesanstalt für Landwirtschaft und Ernährung verwaltet[31]. Ebenfalls bedeutsam sind die Zuständigkeiten der Bundesnetzagentur für die unionsrechtlich geprägte Regulierung der Netzwirtschaften[32] und die Zuständigkeit des Bundeskartellamtes für die Anwendung der gemeinschaftsrechtlichen Wettbewerbsvorschriften[33]. 7

Was die durch Art. 86 GG teilweise (→ Rn. 58 f.) geregelte **Verteilung der Organisationsgewalt** angeht, so ist aus rechtsvergleichender Perspektive von Interesse, daß auch zahlreiche **Landesverfassungen** die Einrichtung der staatlichen Behörden durch die Regierung vorsehen, die dazu aber auch einen einzelnen Minister ermächtigen kann[34]. Dagegen wird die generelle Organisation der Verwaltung häufig einem Gesetz 8

---

[27] Zu vereinzelten Parallelen zwischen der Verwaltungsorganisation der Gemeinschaft und Art. 86 GG s. *T. Groß*, in: Friauf/Höfling, GG, Art. 86 (2016), Rn. 4.

[28] So die Bewertung bei *J. Suerbaum*, Die Kompetenzverteilung beim Verwaltungsvollzug des Europäischen Gemeinschaftsrechts in Deutschland, 1998, S. 231; *W. Kahl*, Die Verwaltung 29 (1996), 341 (348 f.); *A. Weber*, Rechtsfragen der Durchführung des Gemeinschaftsrechts in der Bundesrepublik, 1987, S. 48.

[29] Gemäß Art. 108 I 1 GG verwalten die Bundesfinanzbehörden u. a. die Abgaben im Rahmen der Europäischen Gemeinschaft. Zur weiten Auslegung des Begriffs »Abgaben« durch die Staatspraxis, die ebenfalls die Bundesverwaltungskompetenzen bei der Ausführung von Gemeinschaftsrecht hat anschwellen lassen vgl. *Weber*, Rechtsfragen (Fn. 28), S. 48; *W. Kahl*, Die Verwaltung 29 (1996), 341 (349).

[30] Dazu m. w. N. auch *Suerbaum* (Fn. 26), Art. 86 Rn. 5 f.

[31] Mit dem Gesetz über die Errichtung einer Bundesanstalt für Landwirtschaft und Ernährung vom 2.8.1994, BGBl. I S. 2018, wurden die beiden zuvor zuständigen Bundesbehörden, die Bundesanstalt für landwirtschaftliche Marktordnung und das Bundesamt für Ernährung und Forstwirtschaft, zusammengelegt. Verfassungsrechtliche Grundlage der Errichtung der BLEG sind Art. 87 III 1 GG i. V. m. Art. 74 I Nr. 17 GG.

[32] Dazu etwa *C. Bauer/M. Seckelmann*, DÖV 2014, 951 (952 ff.); *M. Ruffert*, Grundfragen der Wirtschaftsregulierung, in: Ehlers/Fehling/Pünder, Bes. Verwaltungsrecht I, § 21 Rn. 28 f.; *G. Hermes*, Abhängige und unabhängige Verwaltungsbehörden – ein Überblick über die Bundesverwaltung, in: J. Masing/G. Marcou (Hrsg.), Unabhängige Regulierungsbehörden, 2010, S. 53 ff. (75 ff.); *S. Neveling*, ZNER 9 (2005), 263 ff.

[33] Gemäß § 50 GWB; hier ergibt sich die Verwaltungszuständigkeit des Bundes aus Art. 87 III 1 GG i. V. m. Art. 74 I Nr. 16 GG.

[34] Vgl. Art. 77 I 2 Bay. Verf.; Art. 70 II Bad.-Württ. Verf.; Art. 70 III Meckl.-Vorp. Verf.; Art. 77 I 2 NWVerf.; Art. 112 S. 1 Saarl. Verf.; Art. 82 II Sächs. Verf.; Art. 52 III Schl.-Holst. Verf.; Art. 90 S. 3 Thür. Verf.

vorbehalten[35]. In den Verfassungen anderer europäischer Staaten finden sich nur sehr knappe oder gar keine Regelungen zur Organisationsgewalt[36]. In **Frankreich** ist nach Art. 34 Verf. die Schaffung neuer Arten von selbständigen Verwaltungsträgern durch Parlamentsgesetz zu regeln. Sonstige Organisationsregelungen bleiben nach Art. 37 S. 1 der Verfassung der Exekutive überlassen[37]. Eine ausdrückliche Regelung der Organisationsgewalt erfolgt nicht. In **Italien** ist nach Art. 97 der Verfassung die Organisation der Behörden durch Gesetz so zu regeln, daß ein »guter Geschäftsgang« und die »Unparteilichkeit der Verwaltung« gesichert sind. Die **Spanische Verfassung** sieht in Art. 103 II vor, daß die Organe der Staatsverwaltung nach Maßgabe des Gesetzes geschaffen, geleitet und koordiniert werden.

9 Wichtige Hinweise für die verfassungsrechtliche Würdigung der tatsächlichen Entwicklung der Bundesverwaltung insgesamt lassen sich rechtsvergleichend aus der Beobachtung gewinnen, daß die **Errichtung** von **verselbständigten Verwaltungsträgern** europaweit **zunimmt**[38]. In Frankreich wird eine »Vielzahl, Vielfalt und Unübersichtlichkeit« der öffentlichen Einrichtungen konstatiert[39]. In Italien sind Ausgliederungen und organisatorische Verselbständigungen in unüberschaubarer Zahl und Form existent[40]. Gleiches gilt für England, wo auch keinerlei organisationsrechtliche Struktur für diese Ausgliederungen besteht. Versuche, die »quasi-non-governmental administration« zu reduzieren, sind erfolglos geblieben[41]. Auch auf Unionsebene hat das Phänomen selbständiger Ämter und Agenturen der EU in der jüngeren Vergangenheit deutlich an Bedeutung gewonnen[42].

C. Erläuterungen

I. Funktion und Regelungsgehalte

1. Systematische Stellung von Art. 86 GG

10 Bei Art. 86 GG handelt es sich um die einzige allgemeine Verfassungsnorm über die Bundesverwaltung. Die Vorschrift steht insoweit auf einer Ebene mit Art. 84 und Art. 85 GG, als sich dort die allgemeinen Regelungen über die beiden anderen Typen des Vollzugs von Bundesgesetzen – Ausführung durch die Länder als eigene Angele-

[35] Vgl. Art. 77 I 1 Bay. Verf.; Art. 70 I 1 Bad.-Württ. Verf.; Art. 70 II 1 Meckl.-Vorp. Verf.; Art. 56 II Nds. Verf.; Art. 77 I 1 NW Verf.; Art. 112 S. 2 Saarl. Verf; Art. 82 I 1 Sächs. Verf.; Art. 86 II Sachs.-Anh. Verf.; Art. 52 II Schl.-Holst. Verf.; Art. 90 S. 2 Thür. Verf.

[36] Zur Rechtslage in Großbritannien vgl. die Hinweise bei *Groß* (Fn. 27), Art. 86 Rn. 6; *P. Craig*, IPE V, § 77 Rn. 10ff.

[37] *C. Autexier*, Landesbericht Frankreich, in: C. Starck (Hrsg.), Erledigung von Verwaltungsaufgaben durch Personalkörperschaften und Anstalten des öffentlichen Rechts, 1992, S. 129ff. (146). Vgl. auch die Hinweise bei *Groß* (Fn. 27), Art. 86 Rn. 7.

[38] Die Landesberichte zusammenfassend *J. Ziller*, IPE V, § 87 Rn. 46f.; *G. Hermes*, Legitimationsprobleme unabhängiger Behörden, in: H. Bauer/P. M. Huber/K.-P. Sommermann (Hrsg.), Demokratie in Europa, 2005, S. 457ff.

[39] *R. Breuer*, Generalbericht, in: Starck, Erledigung (Fn. 37), S. 15ff. (27); Einzelheiten bei *Autexier*, Frankreich (Fn. 37), S. 129ff. mit einer Analyse der Gründe für verselbständigte öffentlichrechtliche Einrichtungen auf S. 156f.

[40] *Breuer*, Generalbericht (Fn. 39), S. 27f.; Einzelheiten bei *G. Berti*, Landesbericht Italien, in: Starck, Erledigung (Fn. 37), S. 181ff.; *D. de Pretis*, IPE V, § 78 Rn. 21ff.

[41] *Breuer*, Generalbericht (Fn. 39), S. 29; Einzelheiten bei *C. Hood*, Landesbericht Großbritannien, in: Starck, Erledigung (Fn. 37), S. 101ff.; allgemein *P. Craig*, IPE V, § 77 Rn. 10ff.

[42] S. nur *J. Gundel*, Verwaltung, in: Schulze/Zuleeg/Kadelbach, Europarecht, § 3 Rn. 25ff.

genheiten und Ausführung durch die Länder im Auftrage des Bundes – finden[43]. Eine von der Grundregel des Art. 83 GG abweichende Anordnung oder Zulassung von Bundesverwaltung enthält Art. 86 GG selbst allerdings nicht[44]. Vielmehr bedarf es nicht anders als im Bereich der Auftragsverwaltung (→ Art. 85 Rn. 12) auch hier anderer spezieller Verfassungsnormen, die den Verwaltungstyp der Bundesverwaltung ausdrücklich anordnen oder zulassen (→ Rn. 17 ff.; → Art. 83 Rn. 37 ff.). Diese speziellen Normen bestimmen zugleich den Anwendungsbereich von Art. 86 GG[45], der als »**allgemeiner Teil**« der **Regelungen über die Bundesverwaltung**[46] allerdings nur wenige normative Festlegungen enthält, während sich die wichtigsten Vorgaben für die konkrete Gestalt der Bundesverwaltung aus den speziellen Regelungen ergeben. Diese gehen der allgemeinen Vorschrift des Art. 86 GG vor.

2. Organkompetenz der Bundesregierung

Für den Bereich, der in sachlicher (→ Rn. 17 ff.) und organisatorischer (→ Rn. 23 ff.) Hinsicht der Bundesverwaltung zuzurechnen ist, enthält Art. 86 GG ausdrückliche Regelungen für die **Organkompetenz** zum Erlaß von **Verwaltungsvorschriften** (→ Rn. 51 ff.) sowie zur **Einrichtung der Behörden** (→ Rn. 57 ff.), die allerdings hinsichtlich beider unter dem Vorbehalt gesetzlicher Regelung steht. Über diesen häufig unter den Begriff der Organisationsgewalt zusammengefaßten Regelungsgehalt[47] hinaus lassen sich den Vorschriften über die Bundesverwaltung – teilweise in Verbindung mit anderen Normen des Grundgesetzes – weitere Grundsätze entnehmen (→ Rn. 41 ff.), ohne die der allgemeine, die speziellen Vorgaben der Art. 87 ff. GG überwölbende verfassungsrechtliche Rahmen der Bundesverwaltung nur unvollständig beschrieben wäre. 11

3. Weitere Gehalte der Art. 86 ff. GG: Kompetenzen, Organisation, Aufgaben

Die allgemeinen verfassungsrechtlichen Grundsätze, die den Rahmen der Bundesverwaltung bilden, lassen sich ebenso wie die speziellen Regelungen der Art. 87 ff. GG danach systematisieren, ob sie (1) die Kompetenzverteilung zwischen **Bund und Ländern**, (2) die Zuordnung **legislativer und exekutiver** Befugnisse, (3) die **organisatorischen Strukturen** innerhalb des exekutiven Bereichs oder schließlich (4) die materielle Bestimmung von **Verwaltungsaufgaben** betreffen[48]. Zwar erfüllen die einzelnen verfassungsrechtlichen Vorgaben für die Bundesverwaltung nicht selten mehrere dieser 12

---

[43] Die Vergleichbarkeit bezieht sich allerdings nur auf den gesetzesakzessorischen Bereich. Abweichend von Art. 84 und Art. 85 GG gilt Art. 86 GG auch für die »gesetzesfreie« Bundesverwaltung. → Rn. 21 f.

[44] So aber Jarass/*Pieroth*, GG, Art. 86 Rn. 2; entgegen Formulierungen, wie sie sich z. B. bei *M. Fuchs*, DÖV 1986, 363 (365), finden, ergibt sich die Verbandskompetenz des Bundes zur Errichtung von Bundesbehörden also nicht aus Art. 86 S. 2 GG.

[45] Zum Anwendungsbereich der beiden anderen Verwaltungstypen: → Art. 83 Rn. 19; → Art. 85 Rn. 12, 14 ff.

[46] Zustimmend *Ibler* (Fn. 1), Art. 86 Rn. 13.

[47] Vgl. nur Jarass/*Pieroth*, GG, Art. 86 Rn. 2; *Bull* (Fn. 8), Art. 86 Rn. 1; zum Begriff der Organisationsgewalt vgl. *H. Kaja*, AöR 89 (1964), 381 (389 f.); *D. Traumann*, Die Organisationsgewalt im Bereich der Bundesverwaltung, 1998, S. 18 ff.; krit. gegenüber dem Begriff und für eine strikte Trennung der Sätze 1 und 2 des Art. 86 GG *Groß* (Fn. 27), Art. 86 Rn. 17, 32.

[48] *M. Jestaedt*, Zuständigkeitsüberschießende Gehalte bundesstaatlicher Kompetenzvorschriften, in: J. Aulehner u. a. (Hrsg.), Föderalismus – Auflösung oder Zukunft der Staatlichkeit?, 1997, S. 315 ff. (333 ff.), unterscheidet – bezogen auf Art. 87 GG – »föderativ-kompetenzielle«, »staatsaufgabenrechtliche«, »organisationsrechtliche« sowie »demokratisch-legitimatorische« Gehalte.

Funktionen. Dennoch erleichtert die Unterscheidung die systematische Durchdringung und damit die Auslegung der Art. 86 ff. GG[49].

13 Der **bundesstaatlichen Kompetenzverteilung** dienen in erster Linie die speziellen Vorschriften der Art. 87 ff. GG, die bestimmte Sachaufgaben der Bundesverwaltung obligatorisch oder fakultativ zuweisen (→ Rn. 16). Abweichend von den Grundregeln des Art. 30 und des Art. 83 GG wird dadurch eine auf den benannten Sachbereich beschränkte **Bundesverwaltungskompetenz** begründet. Die einzige Ausnahme von dieser aufgabenbezogenen Begrenzung der Bundeskompetenzen findet sich in Art. 87 III GG, der alle Materien, für die dem Bund die Gesetzgebungskompetenz zukommt, zum potentiellen Gegenstand auch der Bundesverwaltung macht (→ Art. 87 Rn. 65 ff.).

14 Ob zu den Regelungsgehalten der Art. 86 ff. GG auch die **Bundesgesetzgebungskompetenz** für die Organisation und das Verfahren der Bundesverwaltung gehört, ist wegen der allgemeinen Unklarheiten über das Verhältnis zwischen dem VII. und dem VIII. Abschnitt (→ Art. 83 Rn. 20 ff.) umstritten[50]. Während das Bundesverfassungsgericht die Frage hinsichtlich des Verfahrens der Bundesbehörden offen gelassen hat[51], sieht die h. M. die Bundesgesetzgebungskompetenz hierfür in Art. 70 ff. GG begründet, wobei hier neben ausdrücklichen Kompetenzen z. B. in Art. 73 Nr. 10 GG vor allem eine Annexkompetenz in Betracht kommt (→ Art. 83 Rn. 21). Alternativ oder ergänzend wird darauf verwiesen, daß die Kompetenz des Bundes zur Regelung der Organisation und des Verfahrens »seiner« Behörden aus der »Natur der Sache« folge[52]. Schließlich werden die in Art. 86 ff. GG erwähnten (Bundes-)Gesetzesvorbehalte z. B. in Art. 87 I 2[53] und 87 III[54] GG neben ihrer Funktion, legislative und exekutive Kompetenzen auf der Ebene des Bundes voneinander abzugrenzen, auch als Grundlage einer Bundesgesetzgebungskompetenz verstanden[55]. Im Gegensatz zu Art. 84 I und Art. 85 I GG (→ Art. 84 Rn. 24; → Art. 85 Rn. 27 f.) ist die Frage im Bereich der Bundesverwaltung allerdings ohne praktische Relevanz, weil im Ergebnis die Bundesgesetzgebungskompetenz für Fragen der Organisation und des Verfahrens[56] von Bundesbehörden unbestritten ist[57].

15 Anders als die Regelungen in Art. 83 bis 85 GG, die sich auf die Verteilung der Verwaltungskompetenzen zwischen Bund und Ländern bei der Ausführung von Bundes-

---

[49] Zu den potentiellen normativen Gehalten von Kompetenzvorschriften s. auch den Überblick bei *M. Burgi*, in: v. Mangoldt/Klein/Starck, GG III, Art. 86 Rn. 1 ff. Eine problematische Beschränkung allein auf den Aspekt der bundesstaatlichen Kompetenzverteilung stellt es etwa dar, wenn trotz der organisationsrechtlichen Anordnung »bundeseigener« Verwaltung Formen der mittelbaren Bundesverwaltung mit dem Argument für zulässig erklärt werden, diese sei im Bund-Länder-Verhältnis eine gegenüber unmittelbarer Bundesverwaltung »mildere« Form des Eingriffs in Landeskompetenzen. → Art. 87 Rn. 22.

[50] Dazu etwa *M. Sachs*, in: ders., GG, Art. 86 Rn. 29.

[51] BVerfGE 26, 338 (369).

[52] Vgl. z. B. *Sachs* (Fn. 50), Art. 86 Rn. 30; *P. Lerche*, in: Maunz/Dürig, GG, Art. 83 (1983), Rn. 35 f.; *R. Loeser*, Das Bundes-Organisationsgesetz, 1988, S. 142.

[53] So etwa *C. Gusy*, DVBl. 1993, 1117 (1119).

[54] In BVerfGE 14, 197 (213); 31, 113 (116 f.), wird die (ausschließliche) Gesetzgebungskompetenz des Bundes zur Errichtung von Bundesoberbehörden explizit auf Art. 87 III 1 GG gestützt; so auch *M. Sachs*, in: ders., GG, Art. 87 Rn. 12, 35.

[55] Z. B. von Jarass/*Pieroth*, GG, Art. 87 Rn. 1; *Sachs* (Fn. 54), Art. 87 Rn. 12.

[56] Dazu, daß solche Regelungen nicht sachgebietsspezifisch erfolgen müssen, sondern für die gesamte Bundesverwaltung oder Teile davon »vor die Klammer gezogen« werden können, wie dies im Verwaltungsverfahrensgesetz des Bundes geschehen und für ein Organisationsgesetz – dazu *Loeser*, Bundes-Organisationsgesetz (Fn. 52) – erwogen worden ist, vgl. nur *Lerche* (Fn. 52), Art. 83 Rn. 34.

[57] *Sachs* (Fn. 50), Art. 86 Rn. 30.

gesetzen beschränken, enthalten die Art. 86 ff. GG neben dieser bundesstaatlichen Kompetenzverteilung auch Vorgaben, die allein den »Innenbereich« des Bundes betreffen. Hierher gehören zum einen die besonderen Gesetzesvorbehalte z. B. in Art. 87 I 2 oder Art. 87 III GG, durch die **exekutive und legislative Befugnisse** einander zugeordnet werden[58]. Zum anderen sind in diesem Zusammenhang die Vorgaben für die genauere **organisatorische Struktur der Exekutive** zu nennen, die vor allem durch die Unterscheidung zwischen unmittelbarer und mittelbarer (→ Rn. 25 ff., 30 ff.) sowie zwischen zentraler und dezentraler (→ Rn. 26 ff., 29) Bundesverwaltung geprägt sind. Dieser organisatorischen Strukturierung können ihrerseits wiederum unterschiedliche Motive zugrunde liegen, die vor allem in dem Spannungsverhältnis zwischen hierarchischer Steuerung und Verselbständigung[59] sowie in der bundesstaatlichen Beschränkung des Bundes auf zentral[60] zu erledigende Aufgaben zu suchen sind.

Schließlich kommt den Art. 87 ff. GG auch ein materieller, **aufgabenbezogener Gehalt** zu, soweit dort die Wahrnehmung einer sachlich umschriebenen Aufgabe zwingend der Bundesverwaltung zugewiesen wird (obligatorische Bundesverwaltung)[61]. **16**
Die berechtigte Skepsis gegenüber materiellen Gehalten von Kompetenzbestimmungen, die sich vor allem gegen deren grundrechtsbegrenzende Wirkung wendet[62] (→ Vorb. Rn. 140), ist hier unangebracht. Eine Aufgabe, die das Grundgesetz als Verwaltungsaufgabe definiert, kann jedenfalls nicht vollständig materiell **privatisiert** werden[63]. Dabei läßt sich allerdings der genaue Inhalt und Umfang der durch das Grundgesetz festgelegten Verwaltungsaufgabe nur durch Auslegung der jeweiligen speziellen Norm bestimmen[64]. Die Orientierungshilfe, die die Verwaltungstradition hier leisten kann[65], ist angesichts sich verändernder Aufgabenprofile begrenzt[66].

---

58 Dazu, daß Art. 86 S. 2 GG in diesem Zusammenhang keine Aussage entnommen werden kann: → Rn. 62.

59 Zu diesen beiden Strukturprinzipien, die in Art. 86 ff. GG in der Unterscheidung zwischen unmittelbarer und mittelbarer Bundesverwaltung ihren Niederschlag finden, vgl. nur *H. Dreier*, Hierarchische Verwaltung im demokratischen Staat, 1991, S. 121 ff.; *T. Emde*, Die demokratische Legitimation der funktionalen Selbstverwaltung, 1991, S. 49 ff.; *M. Jestaedt*, Demokratieprinzip und Kondominialverwaltung, 1993, S. 301 ff., 490 ff.

60 Die Geeignetheit einer Aufgabe für eine zentrale Erledigung ist durch das Grundgesetz vorausgesetzt oder vorgeschrieben, wenn nicht ausnahmsweise ein »eigener Verwaltungsunterbau« zulässig ist. → Rn. 26, 29.

61 Mit der Einfügung von Art. 87e und 87f GG hat dieser Gehalt an Bedeutung verloren; zu den vor dieser Verfassungsänderung diskutierten Fragen vgl. nur *E. Schmidt-Aßmann/G. Fromm*, Aufgaben und Organisation der Deutschen Bundesbahn in verfassungsrechtlicher Sicht, 1986; *F. Ossenbühl*, Staatliches Fernmeldemonopol als Verfassungsgebot?, in: FS Lukes, 1989, S. 525 ff. (532 ff., 540 ff.); *B. Mayer*, Die Bundespost: Wirtschaftsunternehmen oder Leistungsbehörde, 1990; *H. Lecheler*, NVwZ 1989, 834 ff.

62 Vgl. etwa den Überblick über den Diskussionsstand bei *Jestaedt*, Gehalte (Fn. 48), S. 316 ff.

63 *H. P. Bull*, in: AK-GG, vor Art. 83 (2001), Rn. 79; Jarass/*Pieroth*, GG, Art. 83 Rn. 14; *H. Bauer*, Privatisierung von Verwaltungsaufgaben, VVDStRL 54 (1995), S. 243 ff. (263 f.); → Art. 90 Rn. 31 ff., 42; a. A., aber nicht überzeugend, *F. Schoch*, DVBl. 1994, 962 (969), mit dem zu knappen Hinweis, die Verteilung der Verwaltungskompetenzen gem. Art. 83 ff. GG betreffe die Zuständigkeitsverteilung zwischen Bund und Ländern bei der Ausführung von Bundesgesetzen.

64 → Art. 87 Rn. 26, 28, 38 ff., 50 ff., 54 f., 56; → Art. 87d Rn. 24 f.; → Art. 89 Rn. 18 f.; allg. dazu *Burgi* (Fn. 49), Art. 86 Rn. 7.

65 Vgl. BVerfGE 12, 205 (226), für die »Bundespost« i. S. d. Art. 87 I 1 a. F.; BVerfGE 26, 338 (373 ff.), für die »Bundeseisenbahnen« i. S. d. Art. 87 I 1 a. F.; allg. *Sachs* (Fn. 54), Art. 87 Rn. 11.

66 Vgl. dazu – allerdings eher mit Bezug auf die organisatorische Ausgestaltung – BVerfGE 97, 198 (217, Rn. 86). Bedeutung hat dies etwa im Bereich des Auswärtigen Dienstes. → Art. 87 Rn. 26 ff.

II. Sachlicher Anwendungsbereich

1. Verfassungsrechtliche Grundlage von Bundesverwaltungskompetenzen

17 Die Gegenstände bundeseigener Verwaltung, also die Umschreibung der Verwaltungsaufgaben, die der Bund wahrnehmen kann oder muß, ergeben sich nicht aus Art. 86 GG selbst, sondern bedürfen einer **besonderen verfassungsrechtlichen Normierung**. Soweit die Verwaltungsaufgabe in dem Vollzug von Bundesgesetzen liegt (→ Art. 83 Rn. 25 ff.), folgt dies aus Art. 83 GG. Soweit es dagegen um »gesetzesfreie« Verwaltungsaufgaben geht, bedarf der Bund gem. Art. 30 GG einer besonderen verfassungsrechtlichen Begründung seiner Verwaltungskompetenz.

18 Dabei sind die im Grundgesetz vorgesehenen Fälle **obligatorischer Bundesverwaltung**[67], bei der teilweise eine Übertragung auf die Länder vorbehalten ist[68], und die nur **fakultative Bundesverwaltung**[69] zu unterscheiden[70]. Dieser Unterscheidung kommt in erster Linie Bedeutung für die Kompetenzverteilung zwischen Bund und Ländern zu (→ Rn. 13), weil im Bereich der fakultativen Bundesverwaltung Raum für eine Wahrnehmung der Verwaltungsaufgabe durch die Länder bleibt, wenn der Bund von seiner Kompetenz keinen Gebrauch macht. Darüber hinaus hat diese Unterscheidung aber auch einen aufgabenbezogenen Gehalt, weil sich für die nur fakultativ der Bundesverwaltung zugewiesenen Aufgaben aus Art. 87 ff. GG kein Verbot materieller Privatisierung (→ Rn. 16) ableiten läßt. Unter dem Blickwinkel der Kategorisierung von Staatsaufgaben zeigt sich, daß der Schwerpunkt der Bundesverwaltungskompetenzen in den Bereichen der Staatsfinanzen[71], der inneren[72] und äußeren[73] Sicherheit sowie bei der Gewährleistung der nationalen Infrastrukturen[74] liegt.

19 Unklar ist der Umfang **ungeschriebener Bundesverwaltungskompetenzen** (→ Art. 83 Rn. 39 ff.), auf die Art. 86 GG ebenfalls Anwendung findet[75]. Solche werden nicht nur für den Vollzug von Bundesgesetzen (→ Art. 83 Rn. 39 ff.), sondern auch im Bereich der gesetzesfreien Verwaltung anerkannt. Dies gilt namentlich für den Kultursektor[76]. Neben der auswärtigen Kulturpolitik, für die eine Bundesverwaltungskompetenz – unmittelbar oder als »Annexkompetenz« – insbesondere aus Art. 87 I 1 GG (Auswärtiger Dienst, → Art. 87 Rn. 26 ff.) abgeleitet wird, und der auf Art. 87 III 1 GG gestützten gesetzlichen Errichtung einer Reihe kultureller Einrichtungen des Bundes[77] geht es in diesem Zusammenhang vor allem um eine Bundesverwaltungskompetenz kraft

---

[67] Vgl. Art. 87 I 1, 87 II, 87b I 1, 87d I 1, 87e I 1, 87f II 2, 88, 89 II 1, 108 I 1, 114 II, 130 GG.

[68] So in Art. 87e I 2, 89 II 3 und 4, 108 IV 1, 2. Alt., 130 I 2 GG.

[69] Vgl. Art. 87 I 2, 87 III, 87b I 3, 87b II 1, 87e II, 87f III, 89 II 2, 90 III, 108 IV 1, 3. Alt., 115c III, 120a I 1 GG.

[70] Vgl. dazu *Burgi* (Fn. 49), Art. 86 Rn. 12 ff.; *Ibler* (Fn. 1), Art. 86 Rn. 62 f.

[71] Vgl. Art. 87 I 1, 88, 108 I 1, 114 II GG; zur Bundesfinanzverwaltung vgl. nur *A. Dittmann*, Die Bundesverwaltung, 1983, S. 151 ff.

[72] Vgl. Art. 87 I 2 GG; zur Entwicklung des Bundesgrenzschutzes zu einer multifunktional einsetzbaren »Polizei des Bundes« BVerfGE 97, 198 (215, Rn. 82 f.) m. w. N.; Einzelheiten: → Art. 87 Rn. 37 ff.

[73] Vgl. Art. 87b GG.

[74] Vgl. Art. 87d I 1, 87e I 1, 87f II 2, 89 II 1, 90 III GG; zu den Hintergründen vgl. *G. Hermes*, Staatliche Infrastrukturverantwortung, 1998, S. 323 ff.

[75] S. nur *Suerbaum* (Fn. 26), Art. 86 Rn. 12.

[76] Dazu *T. Köstlin*, Die Kulturhoheit des Bundes, 1989, S. 24 ff., 62 ff.; *A. Hense*, DVBl. 2000, 376 (377 ff.).

[77] *Köstlin*, Kulturhoheit (Fn. 76), S. 37, nennt in diesem Zusammenhang etwa die Filmförderungsanstalt, die Deutsche Bibliothek oder die Deutsche Welle; Einzelheiten: → Art. 87 Rn. 28.

Natur der Sache in Fragen »nationaler Repräsentation«[78], um Forschungseinrichtungen, Bibliotheken und Archive, Museen sowie um die Förderung von Kunst und Sprache[79]. Nicht anders als bei der Frage nach ungeschriebenen Kompetenzen zum Vollzug von Bundesgesetzen (→ Art. 83 Rn. 39f.) erweist sich auch hier die Kompetenz kraft Sachzusammenhangs von Hilfs- oder Nebenfunktionen mit ausdrücklich vorgesehenen Bundesverwaltungskompetenzen als weniger problematisch (→ Art. 83 Rn. 39). Kraft »Natur der Sache« lassen sich dagegen nur in seltenen Fällen Verwaltungskompetenzen des Bundes begründen[80]. Insbesondere kann allein die »Überregionalität« oder die »gesamtstaatliche Bedeutung« einer Aufgabe eine Bundesverwaltungskompetenz nicht begründen[81].

2. Gesetzesakzessorische und gesetzesfreie Bundesverwaltung

Art. 86 GG gilt ebenso wie die Normen der Art. 83ff. GG insgesamt zunächst für die Verwaltungstätigkeit, die im **Vollzug von Bundesrecht** besteht (→ Art. 83 Rn. 25ff.). Weil eine Ausführung von Landesrecht durch den Bund grundsätzlich nicht in Betracht kommt (→ Art. 83 Rn. 29f.), gehört dieses nicht hierzu[82]. Soweit **unmittelbar anwendbares Unionsrecht** dem Bundesrecht gleichgestellt werden kann, was entgegen der h. M. nur dort der Fall ist, wo dem Bund für die jeweilige Sachmaterie die Gesetzgebungskompetenz zukäme (→ Art. 83 Rn. 7ff.), finden die Vorschriften über die Bundesverwaltung entsprechende Anwendung[83]. **20**

Unklarheiten bestehen dagegen zu der Frage, ob die Vorschriften über die Bundesverwaltung im allgemeinen und Art. 86 GG im besonderen auch dort Anwendung finden, wo es nicht um die Ausführung von Bundesrecht geht, sondern um »**gesetzesfreie**« **Verwaltung**[84]. Nach einer Auffassung betrifft zumindest Art. 86 GG seinem eindeutigen Wortlaut nach allein die gesetzesausführende Verwaltung und bietet keinen Spielraum für eine erweiternde Auslegung[85]. Auch eine analoge Anwendung auf die gesetzesfreie Verwaltung erscheine weder zulässig noch »angebracht«[86]. **21**

---

[78] Zu Nationalfeiertagen, öffentlichen Bauten, Gedenkstätten u.ä. vgl. *A. Hense*, DVBl. 2000, 376 (378f.) m. w. N.

[79] Ausführlich dazu mit kritischem Ergebnis die Bestandsaufnahme von *Köstlin*, Kulturhoheit (Fn. 76), S. 62ff.

[80] Zu weit geht BVerfGE 22, 180 (217), wenn dort ganz allgemein die Rede ist von »zentralen Einrichtungen, deren Wirkungsbereich sich auf das Bundesgebiet als Ganzes erstreckt«; zur Bundesdruckerei vgl. BVerwGE 98, 18 (22f.); zur Kompetenz des Bundes zur Verwaltung seines eigenen Vermögens vgl. *Bull*, (Fn. 63), Art. 83 (2001), Rn. 20. → Rn. 38.

[81] So für die Veranstaltung von Rundfunksendungen BVerfGE 12, 205 (250); dort S. 252 auch zur Pflege »kontinuitätsbewahrender Tradition«; zur speziellen Situation des Bundesfernstraßenwesens (Linienbestimmung): → Art. 90 Rn. 55.

[82] Vgl. nur *S. Broß/K.-G. Mayer*, in: v. Münch/Kunig, GG II, Art. 86 Rn. 3; *Sachs* (Fn. 50), Art. 86 Rn. 11; *Ibler* (Fn. 1), Art. 86 Rn. 28.

[83] *Sachs* (Fn. 50), Art. 86 Rn. 11; *Ibler* (Fn. 1), Art. 86 Rn. 34, 42; BVerwGE 102, 119 (125) m. w. N.; unzutreffend allein auf die sachgebietsbezogenen Bundeskompetenzen der Art. 87ff. GG abstellend *Burgi* (Fn. 49), Art. 86 Rn. 37, der übersieht, daß eine Bundesverwaltungskompetenz beim Normvollzug unabhängig vom Sachbereich nur dann bestehen kann, wenn es sich um Bundesrecht handelt.

[84] Dazu *W. Blümel*, HStR IV, § 101 Rn. 76 m. w. N.; nach BVerwGE 82, 76 (81f.); 87, 37 (51), sollen etwa behördliche Warnungen nicht zu den von Art. 86ff. GG erfaßten Verwaltungstätigkeiten gehören.

[85] *Stern*, Staatsrecht II, S. 819, der dies fälschlich als »unzweifelhaft« bezeichnet; *M. Ronellenfitsch*, Die Mischverwaltung im Bundesstaat, 1. Teil, 1975, S. 200f.; *Groß* (Fn. 27), Art. 86 Rn. 14, 41; *Burgi* (Fn. 49), Art. 86 Rn. 39f., der dies als »ganz herrschende Auffassung« bezeichnet.

[86] *Stern*, Staatsrecht II, S. 819; *Groß* (Fn. 27), Art. 86 Rn. 14.

22 Demgegenüber hat die Rechtsprechung des Bundesverfassungsgerichts klargestellt, daß zumindest die Art. 87ff. GG sowohl für die gesetzesakzessorische wie auch für die »gesetzesfreie« Verwaltung gelten[87]. Nach überwiegender Ansicht in der Literatur ist auch **Art. 86 GG analog** auf die gesetzesfreie Verwaltung anzuwenden, soweit diese zugelassen ist[88]. Befürworter einer Analogie weisen darauf hin, daß es sich um eine eher zufällige Sprachgestaltung handelt, die keine gezielt begrenzende Absicht verfolgt[89]. Ebenso wie für die Anwendung der Vorschriften über die Bundesverwaltung insgesamt spricht auch für eine entsprechende Anwendung von Art. 86 GG auf die gesetzesfreie Verwaltung insbesondere die Systematik der Art. 83ff. GG. Während nämlich die Art. 83 bis 85 GG primär die bundesstaatliche Kompetenzverteilung bei der Ausführung von Bundesgesetzen regeln und dabei an die Existenz eines vollzugsfähigen und -bedürftigen Bundesgesetzes als zentrales Tatbestandsmerkmal anknüpfen (→ Art. 83 Rn. 25ff.; → Art. 84 Rn. 17, 91; → Art. 85 Rn. 16), stellt sich die Verteilung der Verwaltungskompetenzen im Bereich der gesetzesfreien Verwaltung völlig anders dar: Das für den Gesetzesvollzug typische Auseinanderfallen von Gesetzgebungs- und Verwaltungskompetenz, das einschließlich des erforderlichen Einflusses des Bundes als Folgeproblem Thema der Art. 83 bis 85 GG ist, existiert hier nicht. Im gesetzesfreien Bereich kann sich das Grundgesetz vielmehr darauf beschränken, den Kompetenzbereich des Bundes nach Sachbereichen zu beschreiben. Alle dort nicht erwähnten »gesetzesfreien« Materien fallen nach Art. 30 GG in die Verwaltungskompetenz der Länder. Art. 86 GG als »allgemeiner Teil« zu den Normen über die bundeseigene Verwaltung (→ Rn. 10) erfaßt auch die dort geregelte gesetzesfreie Verwaltung; Gründe, warum die in Art. 86 GG geregelten Fragen der Organisationsgewalt i.w.S. nur im Bereich der gesetzesakzessorischen Bundesverwaltung Geltung beanspruchen sollten, sind nicht ersichtlich. **Nicht** zum Bereich der unter Art. 86 GG fallenden gesetzesfreien Verwaltung gehört allerdings die **erwerbswirtschaftliche Betätigung** des Bundes (→ Rn. 38).

III. Organisationsformen der Bundesverwaltung

23 Was die Organisationsformen der Bundesverwaltung[90] angeht, so umschreibt Art. 86 S. 1 GG seinen Anwendungsbereich zunächst durch den Begriff der »**bundeseigenen Verwaltung**«. Bezeichnet wird damit die **unmittelbare** Bundesverwaltung, die allgemein dadurch gekennzeichnet ist, daß das die Verwaltungsfunktion wahrnehmende

[87] BVerfGE 12, 205 (247); für Art. 87 III 1 GG: BVerfGE 14, 197 (214); so auch die ganz h.M., vgl. nur *W. Blümel*, HStR IV, § 101 Rn. 7 m.w.N.; *J. Oebbecke*, HStR[3] VI, § 136, Rn. 6.

[88] *Bull* (Fn. 8), Art. 86 Rn. 17; *Suerbaum* (Fn. 26), Art. 86 Rn. 13; *Dittmann*, Bundesverwaltung (Fn. 71), S. 10; Jarass/*Pieroth*, GG, Art. 86 Rn. 5; *Sachs* (Fn. 50), Art. 86 Rn. 47; *Traumann*, Organisationsgewalt (Fn. 47), S. 108ff.; im Ergebnis – auf der Grundlage einer Kritik am Konzept der »gesetzesfreien« Verwaltung – auch *Ibler* (Fn. 1), Art. 86 Rn. 43ff.

[89] So *Sachs* (Fn. 50), Art. 86 Rn. 47.

[90] Die komplexe Struktur der zentralen nichtministeriellen Organisationseinheiten hat *B. Becker*, VerwArch. 73 (1982), 149ff., erstmalig genauer analysiert; vgl. aus der Folgezeit nur *B. Bekker*, Öffentliche Verwaltung, 1989, S. 289ff.; *R. Loeser*, Die Bundesverwaltung in der Bundesrepublik Deutschland, Bd. 1 und 2, 2. Aufl. 1987; *Dittmann*, Bundesverwaltung (Fn. 71), S. 81ff.; über Grundbegriffe des Organisationsrechts informiert *R. Schmidt-De Caluwe*, JA 1993, 77ff., 115ff., 143ff.; s. auch *Traumann*, Organisationsgewalt (Fn. 47), S. 112ff., 223ff. Einen aktuellen Überblick über die Organisationseinheiten der Bundesverwaltung vermittelt das zentrale Internet-Portal: www.bund.de.

organisatorische Gebilde – also die Behörde, Stelle etc. – direkt der Rechtsperson Bundesrepublik zugeordnet und rechtlich nicht verselbständigt ist[91] (→ Rn. 25 ff.). Darüber hinaus erwähnt Art. 86 S. 1 GG »Körperschaften« und »Anstalten« als Formen der **mittelbaren Bundesverwaltung** (→ Rn. 30 ff.), die durch die mehr oder weniger stark ausgeprägte rechtliche Verselbständigung der Verwaltungseinheiten charakterisiert ist. Eine Sonderrolle nehmen die in Art. 86 GG nicht ausdrücklich erwähnten privatrechtlichen Formen der Verwaltungsorganisation (→ Rn. 34 ff.) ein.

1. Ministerien und andere oberste Bundesbehörden

An der Spitze der grundsätzlich hierarchisch strukturierten (→ Rn. 43) Bundesverwaltung[92] steht das jeweils zuständige Ministerium, dem die Funktion einer »Gelenkstelle« zwischen Regierung und Verwaltung (→ Art. 62 Rn. 19, 27 f.) zukommt. Aus verwaltungsorganisationsrechtlicher Perspektive handelt es sich bei den Ministerien deshalb um oberste Bundesbehörden, die allgemein dadurch gekennzeichnet sind, daß ihnen keine andere Behörde mehr übergeordnet ist[93] (→ Art. 85 Rn. 46). In diese Kategorie gehören neben den Ministerien auch die Bundesbank, der Bundesrechnungshof, der Bundesbeauftragte für den Datenschutz und die Informationsfreiheit[94] sowie die Eigenverwaltungen der Verfassungsorgane[95]. Diese obersten Bundesbehörden liegen **außerhalb des organisationsrechtlichen[96] Regelungsbereichs von Art. 86 S. 2 GG**[97], und auch den nachfolgenden speziellen Verfassungsnormen über die Bundesverwaltung lassen sich keine Vorgaben für die Organisation der Ministerialebene entnehmen. Die Entscheidung, welche Ministerien eingerichtet werden und wie ihr Geschäftsbereich zugeschnitten ist, fällt vielmehr – soweit das Grundgesetz selbst oder Bundesgesetze keine Vorgaben enthalten – gem. Art. 64 I GG in die Organisationskompetenz des Bundeskanzlers (→ Art. 64 Rn. 8 ff.), und die innere Organisation der Ministerien unterliegt gem. Art. 65 S. 2 GG der Ressortleitungsbefugnis des jeweiligen Ministers (→ Art. 65 Rn. 28 ff.). Die Auffassung, nach der sich Art. 86 S. 2 GG auf die Organisation der Bundesregierung insgesamt bezieht[98], läßt sich aus der Entstehungsgeschichte nicht begründen und widerspricht dem systematischen Verhältnis zwischen dem VI. und VIII. Abschnitt. Für die sonstigen obersten Bundesbehörden existieren ebenfalls spezielle Verfassungsnormen[99], aus denen sich die Frage nach ihrer Einrichtung und organisatorischen Ausgestaltung beantwortet. 24

---

[91] Vgl. dazu nur *Sachs* (Fn. 50), Art. 86 Rn. 13; *Suerbaum* (Fn. 26), Art. 86 Rn. 16; *Stern*, Staatsrecht II, S. 817.

[92] *Dreier*, Verwaltung (Fn. 59), S. 141 ff.

[93] Vgl. schon *A. Köttgen*, DÖV 1954, 4 (6).

[94] S. dazu nur *A. Roßnagel*, ZD 2015, 106 (108).

[95] *H.P. Bull*, in: AK-GG, Art. 87 (2001), Rn. 16; *K. Ruge*, in: Schmidt-Bleibtreu/Hofmann/Henneke, GG, Art. 86 Rn. 3.

[96] Dagegen sind die bundesstaatlichen sowie die aufgabenbezogenen Regelungsgehalte der Art. 86 ff. GG (→ Rn. 13, 16) durchaus auch auf die obersten Bundesbehörden anwendbar. So gilt etwa die Begrenzung der Bundesverwaltung auf bestimmte Sachmaterien nicht nur für die Verwaltung unterhalb der Ministerialebene.

[97] *Burgi* (Fn. 49), Art. 86 Rn. 45; *Ruge* (Fn. 95), Art. 86 Rn. 4; *Dittmann*, Bundesverwaltung (Fn. 71), S. 10 m. w. N.

[98] *E.-W. Böckenförde*, Die Organisationsgewalt im Bereich der Regierung, 1964, S. 133 ff.; *Groß* (Fn. 27), Art. 86 Rn. 34; dagegen: → Art. 64 Rn. 11 m. w. N.

[99] Vgl. etwa für den Bundesrechnungshof Art. 114 II GG; für die Bundesbank Art. 88 GG.

2. Unmittelbare Bundesverwaltung (»bundeseigene Verwaltung«)

25 Aus der Gegenüberstellung zu den Anstalten und Körperschaften in Art. 86 S. 1 GG folgt, daß der Begriff der »**bundeseigenen Verwaltung**« die **Organisationsformen meint, die nicht verselbständigt** und deshalb typischerweise[100] einer umfassenden Steuerung durch den Minister unterworfen sind[101], in dessen Geschäftsbereich sie gehören (→ Art. 64 Rn. 8ff.; → Art. 65 Rn. 28ff.). Diese Formen der Verwaltungsorganisation werden üblicherweise mit dem Begriff der »unmittelbaren«[102] Bundesverwaltung umschrieben. Nach dem Grad der vertikalen Gliederung ist dabei die Bundesverwaltung mit eigenem Verwaltungsunterbau (→ Rn. 29) von der »zentralen« Bundesverwaltung durch Bundesoberbehörden und Zentralstellen (→ Rn. 26ff.) zu unterscheiden[103].

a) Bundesoberbehörden und Zentralstellen

26 Soweit Aufgaben der Bundesverwaltung nicht durch die Bundesministerien selbst[104] wahrgenommen werden, erwähnt das Grundgesetz als Organisationsformen der unmittelbaren Bundesverwaltung ohne eigenen Verwaltungsunterbau die »Bundesoberbehörden«[105] und die »Zentralstellen«[106]. Beide sind dadurch gekennzeichnet, daß sie einem Bundesministerium unmittelbar nachgeordnet, also unterhalb der Ministerialebene angesiedelt und **für das gesamte Bundesgebiet zuständig** sind[107]. Durch den Verzicht auf einen eigenen Verwaltungsunterbau in Gestalt dezentraler nachgeordneter Behörden verhindert die Errichtung von Bundesoberbehörden und Zentralstellen entsprechend dem in Art. 83 und 87 III 2 GG zum Ausdruck kommenden Grundprinzip (→ Art. 83 Rn. 17f.; → Art. 87 Rn. 17, 95ff.), daß Bund und Länder parallele Verwaltungsorganisationen aufbauen. Dadurch, daß beide Formen nur für **zentral wahrzunehmende Verwaltungsaufgaben** in Betracht kommen, wird zugleich die grundsätzliche bundesstaatliche Verteilung der Verwaltungskompetenzen gesichert[108].

27 Die **Selbständigkeit**, die Art. 87 III 1 GG als Merkmal der Bundesoberbehörde festlegt, liegt entsprechend dieser Zentralität der Aufgaben darin, daß die Bundesoberbehörde ihre Aufgaben **ohne Zuhilfenahme der Landesverwaltung** eigenständig wahrnehmen kann (→ Art. 87, Rn. 85ff.). Daß Bundesoberbehörden aus dem Ministerium ausgegliedert und insoweit begrenzt organisatorisch verselbständigt sind, bringt be-

---

[100] *Groß* (Fn. 27), Art. 86 Rn. 21, weist als Ausnahme auf das Beispiel des Bundesdatenschutzbeauftragten hin.

[101] Zum Umfang dieser Steuerung im Einzelnen *T. Brandner*, DÖV 1990, 966ff.

[102] Die unmittelbare Verwaltung durch Behörden des Bundes wird mitunter auch als »bundesunmittelbare Verwaltung« bezeichnet, z.B. von *Lerche* (Fn. 52), Art. 83 Rn. 13; *ders.* (Fn. 10), Art. 86 Rn. 6. Allerdings erscheint es vorzugswürdig, den Begriff der Bundesunmittelbarkeit nur in dem Sinne zu gebrauchen, den er in Bezug auf die dem Bund unterstellten juristischen Personen des öffentlichen Rechts hat (→ Rn. 30).

[103] Jarass/*Pieroth*, GG, Art. 86 Rn. 1; zu weiteren Erscheinungsformen (zentraler) bundeseigener Verwaltung s. *Burgi* (Fn. 49), Art. 86 Rn. 47f.

[104] Dazu, daß die Ministerialverwaltung von Art. 86 S. 2 GG nicht erfaßt wird: → Rn. 24.

[105] Diesen Begriff verwendet das Grundgesetz in Art. 87 III 1 GG.

[106] Diesen Begriff verwendet das Grundgesetz in Art. 87 I 2 GG; vgl. dazu nur *Ronellenfitsch*, Mischverwaltung (Fn. 85), S. 213ff.; *B. Becker*, DÖV 1978, 551ff.; *B. Becker*, VerwArch. 73 (1982), 149 (155f.); *Dittmann*, Bundesverwaltung (Fn. 71), S. 230f.

[107] Vgl. nur *Sachs* (Fn. 54), Art. 87 Rn. 64; Jarass/*Pieroth*, GG, Art. 87 Rn. 8; vgl. auch BVerfGE 14, 197 (210f.).

[108] BVerfGE 14, 197 (211); *Sachs* (Fn. 54), Art. 87 Rn. 64.

reits der Begriff der Behörde zum Ausdruck. Die in Art. 87 III 1 GG erwähnte »Selbständigkeit« trifft dazu wie auch zu der Frage, ob und inwieweit Bundesoberbehörden weisungsfrei gestellt werden dürfen[109], keine Aussage. Trotz ihrer organisatorischen Verselbständigung besitzen Bundesoberbehörden und Zentralstellen **keine eigene Rechtsfähigkeit**[110]. Diese kann ausschließlich Organisationsformen der mittelbaren Bundesverwaltung zukommen (→ Rn. 31). Deswegen sind nicht rechtsfähige Anstalten, die je nach Ausgestaltung im Einzelfall Bundesoberbehörden oder Teile von Bundesministerien sein können[111], auch der unmittelbaren Bundesverwaltung zuzurechnen. Beispiele[112] für Bundesoberbehörden sind das Bundeskartellamt, das Bundesamt für Güterverkehr, die Bundesnetzagentur, das Eisenbahn-Bundesamt, das Bundesamt für Bauwesen und Raumordnung, oder das Robert-Koch-Institut.

Die genannten Merkmale gelten für Bundesoberbehörden und **Zentralstellen** glei- 28
chermaßen. Im Gegensatz zu den Bundesoberbehörden muß sich die Tätigkeit von Zentralstellen aber auf **Informations- und Koordinierungsaufgaben** insbesondere zwischen Bundes- und Landesbehörden beschränken[113]. Entgegen einer in der Literatur vertretenen Auffassung[114] bestehen auch bei Zentralstellen keine verfassungsrechtlichen Anhaltspunkte dafür, sie als ministerialfrei anzusehen[115].

b) Eigener Verwaltungsunterbau

Im Gegensatz zu den zentralen Einrichtungen der Bundesverwaltung (→ Rn. 26ff.) 29
bezeichnet der in Art. 87 I 1 und 87b I 1, II 1 GG erwähnte eigene »Verwaltungsunterbau« solche Behörden, die obersten Bundesbehörden oder Bundesoberbehörden hierarchisch nachgeordnet und in ihrer **Zuständigkeit** auf einen Teil des Territoriums der Bundesrepublik **regional beschränkt** sind[116]. Nichts anderes als ein eigener Verwaltungsunterbau ist auch mit den »bundeseigenen Mittel- und Unterbehörden« gemeint, die Art. 87 III 2 GG an besondere Voraussetzungen knüpft und auf diese Weise als eine nur ausnahmsweise zulässige Organisationsform der Bundesverwaltung qualifiziert[117]. Weil also ein eigener Verwaltungsunterbau von Bundesbehörden **nur ausnahmsweise zulässig** ist, was dem Schutz der im Schwerpunkt den Ländern zustehenden Exekutivkompetenzen (→ Art. 83 Rn. 16ff.) dient, können Organisationsformen der Bundesverwaltung unzulässig sein, die in Gestalt von Bundesoberbehörden mit »Außenstellen« oder ähnlichen dezentralen Strukturen die besonderen Voraussetzungen für einen eigenen Verwaltungsunterbau unterlaufen (→ Art. 87 Rn. 17, 95).

---

[109] Jarass/*Pieroth*, GG, Art. 87 Rn. 8; einschränkend *Bull* (Fn. 95), Art. 87 Rn. 28.
[110] Vgl. nur *J. Ipsen*, Staatsrecht I, Rn. 659.
[111] Jarass/*Pieroth*, GG, Art. 87 Rn. 8; *Bull* (Fn. 95), Art. 87 Rn. 32; *Ibler* (Fn. 1), Art. 86 Rn. 68.
[112] Vgl. dazu auch die aktuelle Auflistung auf www.bund.de (21.6.2017).
[113] Dazu *B. Becker*, DÖV 1978, 551 (554); *C. Gusy*, DVBl. 1993, 1117 (1121, 1125).
[114] *E.-H. Ahlf*, Das Bundeskriminalamt als Zentralstelle, 1985, S. 113ff.
[115] So auch *Sachs* (Fn. 54), Art. 87 Rn. 47.
[116] *Sachs* (Fn. 54), Art. 87 Rn. 14; BVerfGE 10, 20 (48); zu Art. 87 III 2 GG *Sachs* (Fn. 54), Art. 87 Rn. 74 m. w. N.
[117] Zur erforderlichen ausdrücklichen Anordnung oder Zulassung eines eigenen Verwaltungsunterbaus *J. Ipsen*, Staatsrecht I, Rn. 655.

3. Mittelbare Bundesverwaltung

a) Allgemeine Charakterisierung

30 Neben der »bundeseigenen« unmittelbaren Bundesverwaltung erwähnen die Art. 86 ff. GG »**Körperschaften oder Anstalten des öffentlichen Rechts**«. Diese Organisationsformen werden – teilweise zusammen mit anderen, insbesondere privatrechtlichen Formen der Verselbständigung[118] – als »mittelbare Bundesverwaltung« bezeichnet[119]. Die Bezeichnung der Körperschaften und Anstalten als »bundesunmittelbar« kennzeichnet dabei das Verhältnis zwischen der Körperschaft oder Anstalt und dem Bund im Sinne einer rechtlichen Zuordnung[120]: Mit unterschiedlicher Akzentuierung im einzelnen wird darauf abgestellt, daß der Bund das »Trägergemeinwesen«[121] oder zumindest »Hauptverwaltungsträger«[122] ist, daß er den selbständigen Rechtsträger errichtet hat[123] und für dessen Finanzausstattung im Interesse der Arbeits- und Funktionsfähigkeit verantwortlich ist[124] und daß dieser der Aufsicht des Bundes unterstellt ist[125]. Die für Körperschaften und Anstalten tätigen Beamten sind Bundesbeamte[126], weil diesen juristischen Personen die Dienstherrenfähigkeit fehlt.

31 Im Unterschied zur bundeseigenen Verwaltung (→ Rn. 25 ff.) wird das entscheidende Merkmal der Organisationsformen der mittelbaren Bundesverwaltung darin gesehen, daß sie **Rechtsfähigkeit** besitzen[127]. Keine Aussage enthält Art. 86 GG dazu, ob diese Rechtsfähigkeit mit mehr oder weniger großer Autonomie in der Sache einhergeht, indem die Organisationseinheiten der mittelbaren Bundesverwaltung nicht der Fach- sondern nur der Rechtsaufsicht oder – ausnahmsweise – nicht einmal dieser unterworfen sind[128]. Zur Abgrenzung von der unmittelbaren Bundesverwaltung insgesamt kommt es also darauf an, ob die Verwaltungseinheit zumindest teilrechtsfähig ist[129]. Aus der Unterscheidung zwischen unmittelbarer und mittelbarer Bundesverwaltung in Art. 86 GG ergibt sich demnach, daß die dem Bundesorganisationsrecht nicht unbekannte Kategorie der nicht rechtsfähigen Anstalt[130] verfassungsrechtlich

---

118 Ausführliche Nachweise dazu bei *Lerche* (Fn. 10), Art. 86 Rn. 88 mit Fn. 25.

119 Vgl. nur *Lerche* (Fn. 10), Art. 86 Rn. 7, 38, der in diesem Zusammenhang von »bundesmittelbarer Verwaltung« spricht; *Sachs* (Fn. 50), Art. 86 Rn. 14.

120 Vgl. BVerfGE 63, 1 (42); Jarass/*Pieroth*, GG, Art. 87 Rn. 10.

121 So *Degenhart*, Staatsrecht I, Rn. 511.

122 *W. Krebs*, HStR³ V, § 108 Rn. 49.

123 So *Sachs* (Fn. 50), Art. 86 Rn. 15; dazu, daß dem Bund für eine bundesgesetzliche Errichtung von Anstalten oder Körperschaften im Verfassungsraum der Länder die Kompetenz fehlt, vgl. nur *Broß/Mayer* (Fn. 82), Art. 86 Rn. 4.

124 Dazu m. w. N. BVerwG DVBl. 2012, 353 (355).

125 So BVerfGE 11, 105 (108); *Sachs* (Fn. 50), Art. 86 Rn. 15; auf eine »effektive Rechtskontrolle« stellt *Lerche* (Fn. 10), Art. 86 Rn. 41, ab; ausführlich zu den Steuerungsinstrumenten *Emde*, Legitimation (Fn. 59), S. 66 ff.

126 Vgl. § 2 II 2 BBG, wo sie als »mittelbare« Bundesbeamte bezeichnet werden.

127 *W. Krebs*, HStR³ V, § 108 Rn. 67; *Suerbaum* (Fn. 26), Art. 86 Rn. 17; *J. Ipsen*, Staatsrecht I, Rn. 665.

128 *Suerbaum* (Fn. 26), Art. 86 Rn. 19; *Burgi* (Fn. 49), Art. 86 Rn. 50.

129 *Ibler* (Fn. 1), Art. 86 Rn. 84.

130 Nachweise zu dieser Organisationsform bei *Sachs* (Fn. 50), Art. 86 Rn. 16 mit Fn. 27. Beispiele für nicht rechtsfähige Bundesanstalten sind die Physikalisch-Technische Bundesanstalt, die Bundesanstalt für Materialprüfung und -forschung, der Deutsche Wetterdienst (teilrechtsfähig) und Schleusen an Bundeswasserstraßen (dazu BVerwGE 32, 299 ff., str.). Vgl. dazu aus verwaltungswissenschaftlicher Sicht auch *B. Becker*, VerwArch. 73 (1982), 149 (154, 174 ff.).

der »bundeseigenen« Verwaltung zuzuordnen ist, also nicht vom Anstaltsbegriff der Art. 86 und 87 III 1 GG umfaßt wird[131].

b) Juristische Personen des öffentlichen Rechts

Nach allgemeiner Ansicht wird durch die Nennung von Körperschaften und Anstalten in Art. 86 GG auf die **juristischen Personen des öffentlichen Rechts insgesamt** Bezug genommen, so daß auch öffentlich-rechtliche Stiftungen und Kombinationsformen von Körperschaften und Anstalten als im Rahmen der mittelbaren Bundesverwaltung zulässige Organisationsformen anzusehen sind[132]. Diese relative Offenheit des Grundgesetzes läßt sich schon daraus ableiten, daß der Verfassungstext selbst keine Definitionen der verwendeten Organisationsbegriffe enthält und auch nicht auf einer fest umrissenen Vorstellung von den einzelnen Organisationsarten beruht[133]. Zur näheren Präzisierung bietet es sich an, auf das Begriffssystem des Verwaltungsorganisationsrechts zurückzugreifen, wenn dabei auch nicht aus dem Blick geraten darf, daß die Funktion verwaltungsorganisationsrechtlicher Umschreibungen in der typisierenden Erfassung vorgefundener Organisationsformen liegt und sie deswegen eine eigenständige verfassungsrechtliche Begriffsbildung nicht ersetzen können[134]. Verwaltungsorganisationsrechtlich werden **Körperschaften** des öffentlichen Rechts als durch staatlichen Hoheitsakt geschaffene, rechtsfähige[135], mitgliedschaftlich verfaßte Organisationen des öffentlichen Rechts umschrieben, die öffentliche Aufgaben mit i.d.R. hoheitlichen Mitteln unter staatlicher Aufsicht wahrnehmen[136]. Wichtigste Beispiele sind die Sozialversicherungsträger und die Kammern als Selbstverwaltungseinrichtungen der sog. freien Berufe[137]. Unter einer **Anstalt** des öffentlichen Rechts versteht das Verwaltungsorganisationsrecht im Anschluß an Otto Mayer[138] eine organisatorische Zusammenfassung von Verwaltungsbediensteten und Sachmitteln zu einer verselbständigten Verwaltungseinheit, die bestimmte Verwaltungsaufgaben wahrzunehmen, insbesondere Leistungen zu erbringen hat, und die i.d.R. Benutzer hat, die aufgrund eines Benutzungsverhältnisses Empfänger der dargebotenen Leistungen sind[139]. Beispiele für rechtsfähige Anstalten des öffentlichen Rechts im Bereich des Bundes sind die Bundesanstalt für Landwirtschaft und Ernährung[140], die Filmförderungsanstalt, die Deutsche Nationalbibliothek und die Bundesanstalt für Finanzdienstleistungsaufsicht[141]. Bei der **Stiftung** handelt es sich um eine rechtsfähige Organisation 32

---

[131] *Sachs* (Fn. 50), Art. 86 Rn. 16; *Stern*, Staatsrecht II, S. 817.

[132] Jarass/*Pieroth*, GG, Art. 86 Rn. 1; *W. Blümel*, HStR IV, § 101 Rn. 87; *Suerbaum* (Fn. 26), Art. 86 Rn. 18; *W. Krebs*, HStR³ V, § 108 Rn. 67; *J. Oebbecke*, HStR³ VI, § 136 Rn. 97; *Sachs* (Fn. 50), Art. 86 Rn. 44; *ders.* (Fn. 54), Art. 87 Rn. 70; *Ibler* (Fn. 1), Art. 86 Rn. 74.

[133] Dazu *W. Krebs*, HStR³ V, § 108 Rn. 64ff.

[134] Soweit ersichtlich, finden sich in der Literatur allerdings keine präzisen Definitionen der Körperschaft oder Anstalt im verfassungsrechtlichen Sinne.

[135] Als für die Körperschaft »begriffsnotwendig« bezeichnet *Sachs* (Fn. 50), Art. 86 Rn. 16, die Rechtsfähigkeit.

[136] So repräsentativ *Maurer*, Allg. Verwaltungsrecht, § 23 Rn. 37; ähnlich *Loeser*, Bundesverwaltung I (Fn. 90), S. 110f. m.w.N.

[137] Weitere Beispiele bei *Becker*, Verwaltung (Fn. 90), S. 312f., auch mit Nachweisen zu den jeweiligen Errichtungsgesetzen.

[138] Deutsches Verwaltungsrecht II, 3. Aufl. 1924, S. 268, 331.

[139] So repräsentativ *Maurer*, Allg. Verwaltungsrecht, § 23 Rn. 47.

[140] Vgl. dazu BGBl. 2006 I, S. 1338ff.

[141] Weitere Beispiele bei *Becker*, Verwaltung (Fn. 90), S. 312f.

zur Verwaltung eines von einem Stifter zweckgebunden übergebenen Bestands von Vermögenswerten, wobei i. d. R. die Erträge der Vermögensmasse bestimmten Personen oder Zwecken zugute kommen sollen[142].

33 Aus verfassungsrechtlicher Perspektive ist eine klare Begriffskonturierung nur im Fall der **Körperschaft** erforderlich. Die Notwendigkeit, das verfassungsrechtliche Wesensmerkmal zu bestimmen, was die Körperschaft insbesondere von der Anstalt abgrenzt, ergibt sich aus der ausschließlichen Nennung von Körperschaften in Art. 87 II GG. Anders als Art. 86 GG ist dieser Norm eine Festlegung auf eine bestimmte, wenn auch nicht bis ins Einzelne klar ausgeprägte Organisationsform zu entnehmen (→ Art. 87 Rn. 61). Dabei wird man trotz der Unabhängigkeit der verfassungsrechtlichen Begriffe von den verwaltungsorganisationsrechtlichen Kategorisierungen als Unterscheidungskriterium auf die **mitgliedschaftliche Verfassung** der Körperschaft abzustellen haben, die der Anstalt gerade fehlt[143].

4. Privatrechtsförmige Bundesverwaltung

34 Die in Art. 86ff. GG normierten Organisationsformen der Verwaltung sind ausschließlich solche des öffentlichen Rechts. Fraglich ist deshalb, ob diese Vorschriften auch für Verwaltung in **privatrechtlichen Formen** gelten. Die Klärung dieser Frage ist deswegen nicht ohne Brisanz, weil sich der Bund tatsächlich in weitem Umfang und zu unterschiedlichsten Zwecken privatrechtlicher Organisationsformen bedient[144].

a) Beliehene

35 Unbestritten ist die Anwendbarkeit der Art. 86ff. GG auf Organisationsformen des Privatrechts, soweit Privatrechtssubjekte mit der Befugnis ausgestattet werden, Verwaltungsaufgaben in den Handlungsformen des öffentlichen Rechts wahrzunehmen[145]. Die Befugnis, »hoheitlich« tätig zu werden[146], erlaubt eine eindeutige Zuord-

---

[142] Vgl. dazu nur *Maurer*, Allg. Verwaltungsrecht, § 23 Rn. 55; *Dittmann*, Bundesverwaltung (Fn. 71), S. 263f.; *E. Müller*, Die Bundesstiftung, Diss. jur. Halle (Saale), 2008, S. 116ff., der kritisiert, daß es kein Stiftungsverzeichnis der öffentlich-rechtlichen Stiftungen des Bundes gibt, S. 123.

[143] Deshalb wurde die Bundesanstalt für Arbeit trotz der Bezeichnung im früheren § 189 AFG nicht als Körperschaft, sondern als Anstalt qualifiziert; vgl. nur *M. Burgi*, in: Ehlers/Pünder, Allgemeines Verwaltungsrecht, § 7 Rn. 13. Umgekehrt hat z. B. die Deutsche Rentenversicherung Bund eine körperschaftliche Struktur.

[144] Vgl. nur *G. F. Schuppert*, Die Erfüllung öffentlicher Aufgaben durch die öffentliche Hand, private Anbieter und Organisationen des Dritten Sektors, in: J. Ipsen (Hrsg.), Privatisierung öffentlicher Aufgaben, 1994, S. 17ff. (20ff.); *Becker*, Verwaltung (Fn. 90), S. 161ff., 248ff.; *Loeser*, Bundesverwaltung I (Fn. 90), S. 143ff., 205ff.; *Traumann*, Organisationsgewalt (Fn. 47), S. 287ff. Der vom Bundesministerium der Finanzen herausgegebene Beteiligungsbericht 2007 weist unter den unmittelbaren und mittelbaren Beteiligungen des Bundes mit einem Nennkapital von mindestens 50.000 € und mindestens 25%igem Bundesanteil 387 »Unternehmen« aus, die von der Deutsche Bahn AG bis zur Heeresinstandsetzungslogistik GmbH reichen. Das Bundesministerium für wirtschaftliche Zusammenarbeit wickelt entwicklungspolitische Projekte nahezu ausschließlich durch privatrechtlich organisierte Träger (z. B. GIZ).

[145] *W. Blümel*, HStR IV, § 101 Rn. 88; *J. Oebbecke*, HStR³ VI, § 136 Rn. 105; *Sachs* (Fn. 50), Art. 86 Rn. 46; *Ibler* (Fn. 1), Art. 86 Rn. 75ff.; nur von der Regelungsbefugnis des Art. 86 S. 2 GG erfasst sieht *Groß* (Fn. 27), Art. 86 Rn. 26, die Beleihung; allg. gegen eine Anwendung von Art. 86 GG auf die dort nicht explizit genannten Organisationstypen *Burgi* (Fn. 49), Art. 86 Rn. 27, 55f.

[146] Dazu, daß dem Beliehenen nicht nur hoheitlich-obrigkeitliche, sondern jede öffentlich-rechtliche Handlungsform zur Verfügung steht, vgl. *W. Krebs*, HStR³ V, § 108 Rn. 45 mit Fn. 152.

nung dieser sog. Beliehenen zur Bundesverwaltung[147], soweit das Privatrechtssubjekt im Rahmen der ihm übertragenen Verwaltungsfunktion tätig wird und der Beleihende der Bund ist. Wegen ihrer rechtlichen Selbständigkeit werden Beliehene als Form der mittelbaren Verwaltung angesehen[148]. Vom Beliehenen sind andere Formen der Einbeziehung Privater in die Erfüllung von Verwaltungsaufgaben und dabei insbesondere die **Verwaltungshilfe** abzugrenzen, bei der Private nur punktuell nach Maßgabe eines konkreten Auftrags eingesetzt werden, ohne daß ihnen öffentlich-rechtliche Handlungsbefugnisse übertragen werden[149].

b) Erwerbswirtschaftlich tätige Unternehmen

Auf der den Beliehenen gegenüberliegenden Seite des breiten Spektrums privatrechts- 36
förmiger Organisationseinheiten liegen die ausschließlich oder überwiegend **erwerbswirtschaftlich tätigen öffentlichen Unternehmen**[150] des Bundes und die gemischtwirtschaftlichen Unternehmen, an denen der Bund beteiligt ist[151]. Auf diese sollen nämlich nach verbreiteter Auffassung weder Art. 30 GG (→ Art. 30 Rn. 28) noch Art. 86 ff. GG Anwendung finden[152]. Die Teilnahme am wirtschaftlichen Wettbewerb liege außerhalb des Regelungsbereichs der für die Wahrnehmung von Verwaltungsaufgaben geltenden Art. 86 ff. GG. Nur dann, wenn in privater Organisationsform Verwaltungsaufgaben wahrgenommen werden (→ Rn. 40 ff.), sollen also die Verfassungsnormen über die Bundesverwaltung zur Anwendung kommen.

Problematisch an einer solchen Beschränkung des Anwendungsbereichs der 37
Art. 86 ff. GG ist, daß sie eine **tatsächlich nicht vorhandene Klarheit über Staats- und Verwaltungsaufgaben**[153] voraussetzt. Fragwürdig erscheint sie auch aus der Perspek-

---

147 Abweichend von der früheren Beobachtung z. B. von *Loeser*, Bundesverwaltung I (Fn. 90), S. 181 f., spielen Beliehene zwischenzeitlich durchaus wieder eine bedeutsame Rolle: vgl. etwa für die Flugsicherung § 31b LuftVG, für die Deutsche Post AG § 33 PostG, für die Subventionsvergabe durch Banken oder Projektträger im Forschungssektor § 44 III BHO – dazu *J. Weberling*, WissR 23 (1990), 226 ff. –, für Zulassungsstellen nach dem Umweltauditgesetz §§ 28 f. UAG; zu weiteren Beispielen: → Art. 34 Rn. 39.

148 So etwa *Maurer*, Allg. Verwaltungsrecht, § 23 Rn. 56; *W. Krebs*, HStR³ V, § 108 Rn. 45.

149 Vgl. allgemein hierzu *H. Schulze-Fielitz*, Grundmodi der Aufgabenwahrnehmung, in: GVwR² I, § 12 Rn. 105 f. Aufgrund der fortbestehenden Aufgabenverantwortung des staatlichen (oder kommunalen) Verwaltungsträgers bereitet hier die Zuordnung zur Verwaltungstätigkeit keine Schwierigkeiten, vgl. nur *L. Osterloh*, Privatisierung von Verwaltungsaufgaben, VVDStRL 54 (1995), S. 204 ff. (223).

150 Mit diesem Begriff sollen hier und im folgenden solche Unternehmen gemeint sein, die sich zu hundert Prozent in staatlicher Hand befinden. Anders die Terminologie der Richtlinie 80/723/EWG über die Transparenz der finanziellen Beziehungen zwischen den Mitgliedstaaten und den öffentlichen Unternehmen (Transparenzrichtlinie v. 25.6.1980, ABl. EG Nr. L 195/35), nach der öffentliche Unternehmen solche sind, auf die die öffentliche Hand aufgrund Eigentums, finanzieller Beteiligung, Satzung oder sonstiger Bestimmungen beherrschenden Einfluß ausüben kann.

151 Vgl. dazu Bundesministerium der Finanzen (Hrsg.), Die Beteiligungen des Bundes – Beteiligungsbericht 2016.

152 *Stern*, Staatsrecht II, S. 783, 831; *G. C. Burmeister*, Herkunft, Inhalt und Stellung des institutionellen Gesetzesvorbehalts, 1991, S. 119 (zu Art. 86 S. 2), 228; *Schmidt-Aßmann/Fromm*, Aufgaben (Fn. 61), S. 100; *J. Pietzcker*, HStR³ VI, § 134 Rn. 18 f.; *Dittmann*, Bundesverwaltung (Fn. 71), S. 11; für die von Kompetenzgrenzen unabhängige Zulässigkeit kommunaler Wirtschaftstätigkeit *J. Hellermann*, Örtliche Daseinsvorsorge und gemeindliche Selbstverwaltung, 2000, S. 157; differenzierend (keine Anwendbarkeit des Art. 86 GG, aber Erforderlichkeit eines Bundesverwaltungskompetenztitels nach Art. 87 ff. GG) *Groß* (Fn. 27), Art. 86 Rn. 30.

153 Vgl. dazu die Übersicht bei *Hermes*, Infrastrukturverantwortung (Fn. 74), S. 135 ff.

tive einer verbreiteten – häufig durch das Steuerstaatsprinzip[154] untermauerten – skeptischen Position gegenüber rein erwerbswirtschaftlicher Betätigung des Staates, die für jede »unternehmerische« Betätigung einen rechtfertigenden öffentlichen Zweck fordert, der nicht (nur) in der Erzielung von Einnahmen besteht[155]. Konsequenz dieser Forderung ist nämlich, daß entweder der gebotene öffentliche Zweck das Unternehmen als Teil der Bundesverwaltung qualifiziert und es auf diese Weise den Vorgaben der Art. 86ff. GG unterwirft oder aber bei Fehlen eines öffentlichen Zwecks die Verfassungswidrigkeit der erwerbswirtschaftlichen Betätigung erwiesen ist, der nur mit einer Privatisierung des Wirtschaftsunternehmens begegnet werden kann[156]. Schließlich scheint die Freistellung der erwerbswirtschaftlich tätigen Unternehmen des Bundes von den Anforderungen der Art. 86ff. GG der Erkenntnis zu widersprechen, daß es unter der Geltung des Grundgesetzes nur konstituierte Staatlichkeit gibt, die in jeder ihrer Handlungs- und Organisationsformen den verfassungsrechtlichen Bindungen der Kompetenzordnung und insbesondere der Grundrechte[157] (→ Art. 1 III Rn. 67ff.) unterworfen ist.

38 Die nicht zu leugnende Verfassungs- und insbesondere die Grundrechtsbindung **erwerbswirtschaftlicher Betätigung des Bundes** (→ Art. 1 III Rn. 66ff.; → Art. 19 III Rn. 56) zieht allerdings die Anwendbarkeit der Art. 86ff. GG nicht notwendig nach sich. Zutreffend ist nämlich darauf aufmerksam gemacht worden, daß sich die Kompetenz des Bundes, eigenes Vermögen zu besitzen und wirtschaftlich sinnvoll zu nutzen, implizit aus Art. 134 und Art. 135 GG ergibt[158]. Dazu gehört auch der Einsatz des Bundesvermögens in gewinnbringenden Unternehmen. Die erwerbswirtschaftliche Betätigung des Bundes ist deshalb – insoweit ist der dargestellten h.M. (→ Rn. 36) im Ergebnis zu folgen – nicht durch die Art. 86ff. GG, sondern allenfalls durch das **Steuerstaatsprinzip** begrenzt, dessen Verfassungsrang allerdings zweifelhaft ist[159]. Im übrigen gelten die finanz- und haushaltsverfassungsrechtlichen[160] Bindungen.

39 Die Anwendbarkeit der Art. 86ff. GG auf öffentliche und gemischtwirtschaftliche Unternehmen des Bundes ist also immer dann ausgeschlossen, wenn der erwerbswirtschaftliche Zweck im Vordergrund steht. Die dadurch aufgeworfenen **Abgrenzungsprobleme zu Bundesunternehmen mit überwiegender Verwaltungsfunktion** sind nicht zu leugnen, aber lösbar[161]. Sie werden zunächst durch die in jüngerer Zeit deutlich zutage getretene Tendenz[162] vermindert, zwischen rein erwerbswirtschaftlich-unternehmerischen Funktionen und der hoheitlichen Durchsetzung klar definierter Ge-

---

[154] Dagegen *U. Sacksofsky*, Umweltschutz durch nicht-steuerliche Abgaben, 2000, S. 129ff.

[155] Vgl. etwa *Bull* (Fn. 63), vor Art. 83 Rn. 66; *R. Stober*, NJW 1984, 449 (452f.); *D. Ehlers*, Verwaltung in Privatrechtsform, 1984, S. 88ff., 92ff.; *G. Püttner*, Die öffentlichen Unternehmen, 2. Aufl. 1985, S. 51ff., 128ff.

[156] Vgl. z.B. *D. Ehlers*, JZ 1990, 1089 (1099).

[157] In diesem Sinne z.B. *Suerbaum* (Fn. 26), Art. 86 Rn. 23; ausführlich *M. Möstl*, Grundrechtsbindung öffentlicher Wirtschaftstätigkeit, 1999, S. 73ff.

[158] *Bull* (Fn. 80), Art. 83 Rn. 20; *J. Pietzcker*, HStR IV, § 99 Rn. 14, entnimmt diesen Normen wegen der dort enthaltenen Unterscheidung zwischen Vermögen, das überwiegend für Verwaltungsaufgaben bestimmt ist, und der bloßen Unternehmensbeteiligung eine »gewisse Bestätigung« für die Freistellung erwerbswirtschaftlich tätiger Bundesunternehmen von den Verwaltungskompetenznormen und hält in HStR^3 VI, § 134 Rn. 14, eine Anwendung der Kompetenzordnung auf die unternehmerische Betätigung für »nur mit Mühe vorstellbar«.

[159] Ausführlich dazu *Sacksofsky*, Umweltschutz (Fn. 154), S. 129ff.

[160] Insbesondere Art. 110 I 1 GG mit der besonderen Erwähnung der »Bundesbetriebe«.

[161] So auch die Einschätzung von *J. Pietzcker*, HStR^3 VI, § 134 Rn. 23.

[162] Zu der – häufig gemeinschaftsrechtlich veranlaßten – Trennung hoheitlicher und unternehme-

meinwohlziele, die »von außen« durch Regulierungsinstrumente an öffentliche ebenso wie an private Unternehmen herangetragen werden, zu trennen[163]. Bei gemischtwirtschaftlichen Unternehmen ist der Einfluß des Bundes regelmäßig durch die gesellschaftsrechtlich durchformten Willensbildungsprozesse so stark gemindert[164], daß man hier von einer Vermutung für das Überwiegen erwerbswirtschaftlicher Zwecke ausgehen kann. Wegen der vielfach beobachteten Verselbständigungstendenzen öffentlicher und gemischtwirtschaftlicher Unternehmen[165], die durch häufig in den Vordergrund tretende fiskalische Interessen der öffentlichen Träger verstärkt werden, gilt dies mit Einschränkungen auch für öffentliche Unternehmen. Steht das Unternehmen im Wettbewerb mit anderen privaten Unternehmen gleichartiger Tätigkeit, stellt dies ein weiteres Indiz für erwerbswirtschaftliche Betätigung dar. Erwirtschaftet ein öffentliches oder gemischtwirtschaftliches Unternehmen des Bundes kontinuierlich Gewinne, so hängt die Anwendbarkeit der Art. 86ff. GG von dem Nachweis ab, daß es dennoch einem bestimmten Verwaltungszweck dient und dessen Erfüllung durch ausreichende Einflußmöglichkeiten der unmittelbaren Bundesverwaltung gesichert ist.

c) Privatrechtsförmige Verwaltungsträger

Das tatsächliche Bild der »Trabanten« der Bundesverwaltung[166] weist zwischen den Beliehenen (→ Rn. 35) auf der einen und den überwiegend erwerbswirtschaftlich tätigen Unternehmen (→ Rn. 36ff.) auf der anderen Seite eine **bunte Vielfalt privatrechtlich organisierter Einheiten** auf, die öffentliche Zwecke ganz unterschiedlicher Art erfüllen[167]. Nach der im Hinblick auf Art. 30 GG formulierten Grundregel, wonach öffentliche Aufgaben dadurch zu »staatlichen« und folglich den jeweiligen Kompetenzregeln unterworfen werden, daß der Staat sich in irgendeiner – auch privatrechtlichen – Form damit befaßt[168], finden die Art. 86ff. GG auch auf diese Verwaltungsträger Anwendung[169]. Die nahezu allgemein akzeptierte Wahlfreiheit zwischen Organisationsformen des öffentlichen und des privaten Rechts führt zwingend zur Anwendbarkeit der verfassungsrechtlichen Bindungen für die Bundesverwaltung auch auf ihre privatrechtlichen Ausformungen (→ Rn. 48). 40

---

rischer Funktionen im Bereich von Bahn, Post und Telekommunikation sowie in anderen Bereichen vgl. *Hermes*, Infrastrukturverantwortung (Fn. 74), S. 175f., 182ff., 215ff., 336ff.

163 Als Ausdruck dieser Tendenz können die Art. 87e und 87f GG angesehen werden (→ Art. 87e Rn. 15f.; → Art. 87f Rn. 8).

164 Vgl. nur *H.-G. Koppensteiner*, NJW 1990, 3105 (3110ff.); *N. Zimmermann*, JuS 1991, 294 (298f.); *B. Pieroth*, NWVBl. 1992, 85 (87); *Hermes*, Infrastrukturverantwortung (Fn. 74), S. 89 m. w. N.

165 Vgl. dazu die Übersicht bei *Hermes*, Infrastrukturverantwortung (Fn. 74), S. 89, 120f. m. w. N.

166 Diese Begriffsbildung geht wohl auf *A. Köttgen*, JöR 11 (1962), 173 (290) zurück.

167 Vgl. dazu *Becker*, Verwaltung (Fn. 90), S. 315ff. Besonders in den 60er/70er Jahren ist eine Tendenz zu beobachten, daß der Staat sich der Privatrechtsform nicht mehr fast ausschließlich im erwerbswirtschaftlichen oder wirtschaftslenkenden Bereich bedient, sondern auch zur Erfüllung solcher staatlicher Aufgaben einsetzt, die herkömmlicherweise durch den staatlichen Verwaltungsapparat selbst erledigt worden sind, vgl. *F. Ossenbühl*, Die Erfüllung von Verwaltungsaufgaben durch Private, VVDStRL 29 (1971), S. 137ff. (146).

168 BVerfGE 12, 205 (246).

169 *Ibler* (Fn. 1), Art. 86 Rn. 83ff.; so hat auch das BVerfG in BVerfGE 12, 205 (243ff.) die Gründung der Deutschland-Fernsehen-GmbH an Art. 30 i. V. m. dem VIII. Abschnitt des GG gemessen; gegen die Anwendbarkeit des Art. 86 GG auf diese Organisationsformen *Burgi* (Fn. 49), Art. 86 Rn. 27, 53, 56.

IV. Der allgemeine verfassungsrechtliche Rahmen der Bundesverwaltung

41 Der verfassungsrechtliche Rahmen der Bundesverwaltung ist über die in Art. 86 GG geregelte Verteilung der Organisationsgewalt i.w.S. und speziellen Vorgaben der Art. 87 ff. GG hinaus durch allgemeinere verfassungsrechtliche Grundsätze geprägt, von denen hier der Ausschluß der Länder in den Bereichen der Bundesverwaltung (→ Rn. 42), das hierarchische Prinzip (→ Rn. 43) sowie die Frage nach einem grundsätzlichen Typenzwang (→ Rn. 44 ff.) Erwähnung verdienen.

1. Ausschluß der Länder im Bereich der Bundesverwaltung

42 Soweit das Grundgesetz für einen bestimmten Gegenstand den Verwaltungstyp der Bundesverwaltung vorschreibt oder zuläßt – und der Bundesgesetzgeber von der im zweiten Fall gegebenen Möglichkeit Gebrauch gemacht hat –, ist eine Verwaltungskompetenz der Länder grundsätzlich ausgeschlossen[170]. Daraus folgt, daß den Ländern ein ausschlaggebender Einfluß auf die Erledigung von Verwaltungsaufgaben des Bundes nicht eingeräumt werden darf[171]. Trotz dieser grundsätzlichen Vorgabe existiert allerdings eine verfassungsrechtlich durchaus nicht durchweg mißbilligte Vielzahl von Kooperationsformen, die unter dem Begriff der **Mischverwaltung** (→ Art. 83 Rn. 47 ff.) zusammengefaßt werden. Verfassungsrechtlich unproblematisch sind Fälle paralleler Genehmigungsverfahren durch eine Bundes- und eine Landesbehörde, wenn bundesgesetzlich keine Konzentration des bundesbehördlich geführten Verfahrens angeordnet ist[172].

2. Weisungsrecht, Aufsicht, Transparenz

43 Trotz der allgemein beobachteten Tendenz zur »Pluralisierung der Verwaltung nach innen und nach außen«[173] kann und muß nach dem Grundmodell demokratischer Legitimation der vollziehenden Gewalt (→ Art. 20 [Demokratie], Rn. 113 ff.) und dem Prinzip parlamentarischer Verantwortlichkeit der Regierung (→ Art. 63 Rn. 7 ff.) auf hierarchische Steuerung und Kontrolle als zentrales Bauprinzip auch der Bundesverwaltung nicht verzichtet werden. Für den Bereich der unmittelbaren Bundesverwaltung wird daraus zutreffend das **Einzelweisungsrecht** als verfassungsrechtlich vorausgesetzt abgeleitet[174]. Die oberste Zuständigkeit hierfür liegt gem. Art. 65 S. 2 GG bei dem Minister. Die als »ministerialfreie Räume«[175] bezeichneten Ausnahmen, bei denen Einrichtungen der unmittelbaren Bundesverwaltung sachlichen Weisungen des

---

[170] BVerfGE 63, 1 (40); ausführlich dazu *Lerche* (Fn. 10), Art. 86 Rn. 32 ff.; zum Beispiel paralleler Wahrnehmung von Grenzschutzaufgaben durch Bundes- und Landesbehörden: → Art. 87 Rn. 33.

[171] So *Dittmann*, Bundesverwaltung (Fn. 71), S. 85.

[172] Zum atomrechtlichen Beispiel der parallelen Genehmigungsverfahren für standortnahe Zwischenlager: → Art. 83 Rn. 51.

[173] So zusammenfassend und mit ausf. Nachw. *W. Krebs*, Neue Bauformen des Organisationsrechts und ihre Einbeziehung in das Allgemeine Verwaltungsrecht, in: E. Schmidt-Aßmann/W. Hoffmann-Riem (Hrsg.), Verwaltungsorganisationsrecht als Steuerungsressource, 1997, S. 339 ff. (340).

[174] *Broß/Mayer* (Fn. 82), Art. 86 Rn. 11; *Bull* (Fn. 8), Art. 86 Rn. 26; zu den Grundlagen und den Durchbrechungen *T. Brandner*, DÖV 1990, 966 ff.; skeptisch *E. Schmidt-Aßmann*, Das allgemeine Verwaltungsrecht als Ordnungsidee, 2006, S. 240 f.

[175] Dazu *Bull* (Fn. 8), Art. 86 Rn. 27 ff.; *Ibler* (Fn. 1), Art. 86 Rn. 57 ff.; Jarass/*Pieroth*, GG, Art. 86 Rn. 3 f.; *Broß/Mayer (Fn.* 82), Art. 86 Rn. 15 f.; ausführlich *J. Oebbecke*, Weisungs- und unterrichtungsfreie Räume in der Verwaltung, 1986, S. 23 ff., 169 ff. → Art. 20 (Demokratie), Rn. 123; → Art. 62 Rn. 20; → Art. 65 Rn. 40.

Ministers nicht oder nur eingeschränkt unterliegen, sind verfassungsrechtlicher Legitimation bedürftig (→ Art. 20 [Demokratie], Rn. 123). Für den Bereich der mittelbaren Bundesverwaltung folgt aus den genannten Prinzipien die Notwendigkeit der **Rechtsaufsicht**[176] (→ Art. 20 [Demokratie], Rn. 131). Öffentliche und parlamentarische Kontrolle des Ministers, dem die jeweiligen Steuerungs- und Kontrollinstrumente zu Gebote stehen, setzen voraus, daß die Zuordnung aller Verwaltungseinrichtungen außerhalb des Ministeriums – einschließlich privatrechtlich organisierter Einheiten (→ Rn. 40, 48) – zu einem Ressort transparent ist[177]. Im Unterschied zur Situation in manchen Bundesländern[178] genügen die Organisationserlasse des Bundeskanzlers[179] diesem **Transparenzgebot** nicht.

3. Organisatorische Gestaltungsfreiheit und Typenzwang

a) Spielraum für die organisatorische Ausgestaltung der Bundesverwaltung

Trotz der in Art. 86 ff. GG erwähnten Typen der Bundesverwaltung soll dem Gesetzgeber, der Bundesregierung oder dem einzelnen Minister (→ Rn. 58, 61 f.) ein **weiter Spielraum bei der organisatorischen Ausgestaltung** zustehen[180]. Mit dieser generellen Feststellung des Bundesverfassungsgerichts, der angesichts der Unterschiedlichkeit der Verwaltungsaufgaben und der ihnen angemessenen Organisationsformen kaum zu widersprechen ist, wird allerdings lediglich das Problem benannt, das in der Begrenzung dieser Gestaltungsfreiheit durch den organisationsrechtlichen Gehalt der Art. 86 ff. GG (→ Rn. 15) liegt. Zwar wird die kaum zu übertreffende Typenvielfalt[181] und eine »apokryphe Zerfaserung des Systems« bemängelt[182]. Überwiegend verneint wird aber die Möglichkeit, aus Art. 86 ff. GG einen »Typenzwang« oder einen numerus clausus im Sinne einer strikten Begrenzung auf die dort erwähnten Formen öffentlich-rechtlicher Verwaltungsorganisation abzuleiten[183]. 44

---

176 Strenger – je nach Intensität der gesetzlichen Programmierung auch Selbsteintrittsrechte oder Genehmigungsvorbehalte fordernd – *Ibler* (Fn. 1), Art. 86 Rn. 60.

177 Zur erforderlichen Klarheit, Transparenz und Zurechenbarkeit als Voraussetzung demokratischer Steuerung: → Art. 20 (Demokratie), Rn. 137; ausführlich zu Form und Bekanntmachung von Organisationsregelungen bereits *Böckenförde*, Organisationsgewalt (Fn. 98), S. 278 ff.

178 Vgl. etwa den in Art. 104 II 1 Hess. Verf. vorgeschriebenen Beschluß der Landesregierung, der veröffentlicht wird und Auskunft nicht nur über die Ressortverteilung, sondern auch darüber gibt, welche Behörden den Ministerien unmittelbar nachgeordnet sind und gegenüber welchen Stellen eine vom jeweiligen Ministerium auszuübende Aufsicht besteht.

179 Vgl. etwa den vom 27.10.1998, BGBl. I S. 3288, oder auch den vom 17.12.2013, BGBl. I S. 4310.

180 BVerfGE 63, 1 (34, 40 f.); 97, 198 (217, Rn. 86; 224, Rn. 104).

181 *Stern*, Staatsrecht II, S. 830; ob zwischenzeitlich mit Blick auf die Bundesverwaltung von »lean administration« die Rede sein kann – so *J. Ipsen*, Staatsrecht I, Rn. 674 –, erscheint fraglich.

182 Vgl. statt vieler *Dreier*, Verwaltung (Fn. 59), S. 303.

183 So *Lerche* (Fn. 10), Art. 86 Rn. 60; *Sachs* (Fn. 50), Art. 86 Rn. 12, 48; *Stern*, Staatsrecht II, S. 830; dagegen mit beachtlichen Hinweisen auf die Legitimationswirkung der Organisationsstruktur und auf die Ordnungsfunktion des Gesetzes *Groß* (Fn. 27), Art. 86 Rn. 20, der die in Art. 86 GG erwähnten Typen als Regel ansieht, von der Ausnahmen nur durch Verfassung oder Gesetz möglich sind; ähnlich – aber angesichts einer 30jährigen Staatspraxis resignierend – *Dittmann*, Bundesverwaltung (Fn. 71), S. 86; zu den Organisationsformen des öffentlichen Rechts: → Rn. 45; zur privatrechtsförmigen Verwaltung: → Rn. 47.

b) Wahlfreiheit zwischen Organisationsformen des öffentlichen Rechts

45 Diese pragmatische Haltung von Rechtsprechung und Literatur vermag, selbst wenn man die privatrechtsförmige Verwaltung (→ Rn. 40, 46ff.) zunächst außer Betracht läßt, angesichts der in der Praxis vorgefundenen Vielzahl von Organisationsformen nicht zu verwundern. Nicht-rechtsfähige Anstalten, »schlichte Bundesstellen«, »dislozierte Außenstellen«, »Beauftragte«[184] sind dafür nur einige Beispiele[185]. Diese unübersichtliche Vielfalt enthebt allerdings nicht von der Verpflichtung, die verfassungsrechtlichen Kriterien zu präzisieren, die derartigen Gestaltungen **Grenzen** ziehen. Diese Grenzen ergeben sich dabei in der Tat – insoweit verdient die Betonung der organisatorischen Ausgestaltungsfreiheit (→ Rn. 44) Zustimmung – nicht aus Art. 86 GG, weil aus der schlichten Erwähnung der dort genannten Organisationstypen nicht auf ihre Exklusivität geschlossen werden kann. Allerdings enthält Art. 87 GG differenzierte Regelungen, die im Wege organisatorischer Gestaltungsmöglichkeiten nicht umgangen werden dürfen. Dazu gehört an erster Stelle die Begründung der **Verbandskompetenz des Bundes**, die immer dann zu beachten ist, wenn es sich bei der jeweils vorgefundenen Organisationseinheit um »Bundesverwaltung« handelt. Dieser Bindung kann sich der Bund durch die Wahl atypischer Organisationsformen nicht entziehen[186]. Wenn darüber hinaus **Bundesverwaltung mit eigenem Verwaltungsunterbau** nur unter engen Voraussetzungen zulässig ist, so kann dies nicht durch die Errichtung einer »zentralen« Behörde umgangen werden, die flächendeckend über lokal zuständige »Außenstellen« verfügt[187]. Wie dieses Beispiel zeigt, ist die organisatorische Ausgestaltungsfreiheit nicht durch eine allgemeine Beschränkung auf die in Art. 86 GG oder an anderer Stelle erwähnten Typen, sondern dadurch begrenzt, daß die speziellen Anforderungen der Art. 87ff. GG nicht umgangen werden dürfen (→ Art. 87 Rn. 46ff., 61f., 85ff.; → Art. 87f Rn. 22f.).

c) Zulässigkeit privatrechtsförmiger Verwaltung

46 Aus der Zurückhaltung des Verfassungstextes bezüglich privatrechtlicher Organisationsformen, die im VIII. Abschnitt abgesehen von den Spezialvorschriften der Art. 87d, 87e, 87f und 90 GG keine Erwähnung finden, wurde auf die Unzulässigkeit ihrer Verwendung zumindest zur Erfüllung von Verwaltungsaufgaben geschlossen, da den Regelungen der Art. 86ff. GG für die Einrichtung von Verwaltungsträgern die zwingende **Beschränkung auf öffentlich-rechtliche Formen** zu entnehmen sei[188]. Zumindest sei ein Regel-Ausnahme-Verhältnis zwischen öffentlich- und privatrechtlicher Organisationsform zu fordern[189].

---

[184] Zum »Beauftragten der Bundesregierung für Angelegenheiten der Kultur und der Medien«, der durch Organisationserlaß des Bundeskanzlers vom 27.10.1998 (BGBl. I S. 3288) bestellt wurde, vgl. *A. Hense*, DVBl. 2000, 376 (381ff.); allg. zur Verwaltung durch »Beauftragte« *M. Fuchs*, DÖV 1986, 363ff.

[185] Vgl. die Zusammenstellung bei *B. Becker*, VerwArch. 69 (1978), 180ff.

[186] Vgl. nur BVerfGE 12, 205 (247f.).

[187] Diese Konstellation ist offenbar auch ein Anliegen von *J. Ipsen*, Staatsrecht I, Rn. 677f.

[188] *W. Reuß*, DVBl. 1953, 684 (685f.); *ders.*, DVBl. 1976, 927 (930); *M. Sachs*, NJW 1987, 2338 (2341); *ders.* (Fn. 54), Art. 87 Rn. 70, zur – nicht näher begründeten – Begrenzungsfunktion der in Art. 86 und 87 III 1 GG aufgeführten Organisationsformen auch ebd., Rn. 63, 69.

[189] So *Ehlers*, Verwaltung (Fn. 155), S. 117; *R. Boergen*, DVBl. 1971, 869 (876).

Dagegen deckt nach h.M. der **weite organisatorische Gestaltungsspielraum** (→ Rn. 44) auch den Rückgriff auf privatrechtliche Organisationsformen[190]. Ein allgemeines Verfassungsgebot für den Staat, ausschließlich öffentlich-rechtliche Organisationsformen zu benutzen, existiere nicht[191]. Insbesondere soll aus der Nichterwähnung privatrechtlich organisierter Verwaltungsträger in Art. 83 ff. GG kein generelles Verbot einer Delegation von Verwaltungskompetenzen an Rechtssubjekte des Privatrechts hergeleitet werden können[192]. Obwohl sich dieser Auffassung unterstellen läßt, allzu leicht »drängenden Bedürfnissen der Praxis«[193] nachzugeben und damit tatsächlich existierenden Erscheinungsformen von Verwaltungstätigkeit rechtfertigende Kraft beizumessen, verdient sie im Ergebnis Zustimmung. Da Verwaltung in Privatrechtsform schon in der Weimarer Zeit ein bekanntes und problematisiertes Phänomen darstellte, hätte es seitens des Grundgesetzgebers einer deutlicheren Zäsur als nur der Nichterwähnung im VIII. Abschnitt bedurft, um von der Unzulässigkeit privatrechtlicher Rechtsformen im Bereich der Bundesverwaltung ausgehen zu können[194]. Gegen die Annahme, das Grundgesetz lasse nur bestimmte Formtypen zu, spricht außerdem, daß es keine präzise Umschreibung des Körperschafts- und des Anstaltsbegriffs enthält und auch nicht auf einer klaren Prägung dieser Begriffe aufbauen konnte[195]. Wenn und soweit man angesichts inzwischen vorliegender Erfahrungen von einer **Austauschbarkeit zwischen privatrechtlichen und öffentlich-rechtlichen Organisationsformen**[196] ausgehen kann, ist kein Grund ersichtlich, im Bereich der Bundesverwaltung von dem Grundsatz abzuweichen, daß sich die öffentliche Hand zur Erfüllung ihrer Aufgaben auch der privatrechtlichen Organisationsformen bedienen darf[197]. 47

---

190 *Bull* (Fn. 63), vor Art. 83 Rn. 65 ff.; Jarass/*Pieroth*, GG, Art. 87 Rn. 15; *Ossenbühl*, Erfüllung (Fn. 167), S. 166; *Ibler* (Fn. 1), Art. 86 Rn. 99 ff.; *Ehlers*, Verwaltung (Fn. 155), S. 115 ff.; *Dittmann*, Bundesverwaltung (Fn. 71), S. 87 f., 170 f.; *ders.*, Die Verwaltung 18 (1975), 431 (437); *W. Krebs*, HStR³ V, § 108 Rn. 69; *W. Blümel*, HStR IV, § 101 Rn. 89.

191 *Ehlers*, Verwaltung (Fn. 155), S. 113; *R. Stober*, NJW 1984, 449 (452); *Püttner*, Unternehmen (Fn. 155), S. 79 ff.; *W. Krebs*, HStR³ V, § 108 Rn. 69; Jarass/*Pieroth*, GG, Art. 87 Rn. 15.

192 Jarass/*Pieroth*, GG, Art. 87 Rn. 15; *Ossenbühl*, Erfüllung (Fn. 167), S. 163; *R. Boergen*, DVBl. 1971, 869 (876 f.); *Dittmann*, Bundesverwaltung (Fn. 71), S. 86 ff.; *A. Dittmann*, Die Verwaltung 18 (1975), 431 (437); *Ehlers*, Verwaltung (Fn. 155), S. 115 f.

193 *P. Lerche*, in: Maunz/Dürig, GG, Art. 87 (1996), Rn. 204, der diese Bedürfnisse selbst als beschränkte Legitimation ansieht.

194 *Bull* (Fn. 63), vor Art. 83 Rn. 65; *Ehlers*, Verwaltung (Fn. 155), S. 116. Die ursprüngliche Beschränkung auf öffentlich-rechtliche Verwaltungsträger im Text des VIII. Abschnitts läßt sich eventuell damit erklären, daß mit Verwaltungstätigkeit immer auch die Vorstellung vom Einsatz öffentlich-rechtlicher Handlungsformen verbunden ist, der außer im Falle der Beleihung öffentlich-rechtlichen Rechtsträgern vorbehalten ist.

195 *W. Krebs*, HStR³ V, § 108 Rn. 67.

196 Vgl. dazu BVerfGE 68, 193 (212 f.); *Ossenbühl*, Erfüllung (Fn. 167), S. 166.

197 Vgl. zu dem – im einzelnen nicht unumstrittenen – Grundsatz der Formenwahlfreiheit *B. Kempen*, Die Formenwahlfreiheit der Verwaltung, 1989, S. 112; *H.H. Klein*, Die Teilnahme des Staates am wirtschaftlichen Wettbewerb, 1968, S. 135 ff.; *Burmeister*, Herkunft (Fn. 152), S. 219. Eine Beschränkung der Verwendbarkeit privatrechtlicher Organisationseinheiten auf die gesetzesfreie Verwaltung ist dabei entgegen *A. Köttgen*, JöR 11 (1962), 173 (297), nicht anzunehmen, da auch Gesetzesausführung nicht nur in öffentlich-rechtlichen Formen möglich ist, vgl. dazu *Lerche* (Fn. 10), Art. 86 Rn. 55.

d) Grenzen des Einsatzes privatrechtlicher Organisationsformen

48 Damit wird der Einsatz privater Rechtsträger in der Verwaltungstätigkeit allerdings nicht unbeschränkt zulässig. Zu verweisen ist vielmehr – neben der erforderlichen demokratischen Legitimation[198] und der Grundrechtsbindung[199] – auf eine **»rechtsstaatliche Mißbrauchsgrenze«**[200], die dann erreicht ist, wenn die private Rechtsform zur Umgehung der in Art. 86ff. GG enthaltenen Kompetenzverteilungsregeln, deren organisations- und aufgabenbezogenen Gehalten (→ Rn. 12ff.) oder eines möglicherweise einschlägigen Gesetzesvorbehalts (→ Art. 87 Rn. 83, 98) eingesetzt wird[201]. Daraus folgt etwa, daß auch in privater Rechtsform dezentralisierte Verwaltungsstrukturen mit einer regional begrenzten, ortsnahen Aufgabenwahrnehmung nur dort aufgebaut werden dürfen, wo das Grundgesetz einen »eigenen Verwaltungsunterbau« gestattet. Da diesen Anforderungen an die Errichtung eines privatrechtlichen Trägers der Bundesverwaltung – insbesondere wegen des Gesetzesvorbehalts in Art. 87 III GG – nicht ohne eine gesetzliche Konkretisierung entsprochen werden kann, setzt sich zunehmend die Auffassung durch, daß für die Errichtung privatrechtsförmiger Träger der (Bundes-)Verwaltung ein institutioneller **Vorbehalt des Gesetzes** greift[202].

49 Innerhalb dieser Grenzen ist die zulässige Reichweite des Einsatzes privatrechtsförmiger Verwaltungsträger ungeklärt. Umstritten ist insbesondere, ob privatrechtlich organisierte Verwaltungseinheiten den in Art. 86ff. GG enthaltenen Typen nur der mittelbaren oder auch der unmittelbaren Bundesverwaltung (→ Rn. 25ff., 30ff.) zuzuordnen sind. Wenn sie unter Betonung ihrer rechtlichen Verselbständigung als Erscheinungsformen der mittelbaren Staatsverwaltung angesehen werden[203], kann dies zur Folge haben, daß die Errichtung privatrechtlich organisierter Einheiten in allen Aufgabenbereichen fragwürdig wird, die durch »bundeseigene« Verwaltung erledigt werden (→ Art. 87 Rn. 22ff.), oder zumindest nur unter den besonderen Voraussetzungen möglich ist, die das Grundgesetz für die Errichtung verselbständigter Träger der mittelbaren Verwaltung fordert (→ Art. 87 Rn. 80ff.). Gegen eine Einordnung dieser Einheiten in die mittelbare Staatsverwaltung wird darauf verwiesen, daß der Wahl der privaten Rechtsform anders als bei den juristischen Personen des öffentlichen Rechts, deren Einrichtung typischerweise auf die Einbeziehung außerstaatlicher Kräfte in das Verwaltungshandeln ziele[204], ein breites Spektrum an Motiven zugrunde

---

[198] Zur Unentbehrlichkeit demokratischer Legitimation auch der privatrechtsförmigen Verwaltung: → Art. 20 (Demokratie), Rn. 132ff.

[199] Zur Grundrechtsbindung des Staates in allen privatrechtlichen Organisations- und Handlungsformen: → Art. 1 III Rn. 66ff.

[200] Jarass/*Pieroth*, GG, Art. 87 Rn. 16; *W. Krebs*, HStR³ V, § 108 Rn. 92.

[201] Zustimmend *Suerbaum* (Fn. 26), Art. 86 Rn. 22, 24; s. bereits *W. Krebs*, HStR³ V, § 108 Rn. 92; *W. Blümel*, HStR IV, § 101 Rn. 89. Wegen Nichtbeachtung der föderalistischen Kompetenzverteilung wird einigen privatrechtlich organisierten Verwaltungseinrichtungen des Bundes eine »parakonstitutionelle Existenz« bescheinigt, vgl. *H.H. Klein*, Verwaltungskompetenzen von Bund und Ländern in der Rechtsprechung des Bundesverfassungsgerichts, in: Festgabe BVerfG, S. 277ff. (296); einen allgemeinen – allerdings nur auf Rechtsformtypen und Aufgabenbereiche bezogenen – Gesetzesvorbehalt für die Errichtung privatrechtsförmiger Verwaltung bejaht *Groß* (Fn. 27), Art. 86 Rn. 31.

[202] Dafür etwa *Suerbaum* (Fn. 26), Art. 86 Rn. 24; *Groß* (Fn. 27), Art. 86 Rn. 31; → Art. 20 (Rechtsstaat), Rn. 125 m.w.N.; speziell zu Beleihung und Verwaltungshilfe *C. Sellmann*, NVwZ 2008, 817 (818ff.).

[203] So *Burmeister*, Herkunft (Fn. 152), S. 228; *Ossenbühl*, Erfüllung (Fn. 167), S. 166.

[204] *Dittmann*, Bundesverwaltung (Fn. 71), S. 91; *W. Krebs*, HStR³ V, § 108 Rn. 67.

liegen könne[205] und sie auch nicht notwendig mit einer deutlichen Verselbständigung einhergehen müsse, da durch entsprechende Ausgestaltung der vom Gesellschaftsrecht zur Verfügung gestellten Instrumente die Sicherung gezielter Einflußmöglichkeiten der politischen Staatsführung möglich sei[206]. Deshalb könne sich der **Einsatz privatrechtlicher Organisationseinheiten** sowohl als **Form der unmittelbaren** als auch der **mittelbaren Bundesverwaltung** darstellen[207], wobei im Rahmen unmittelbarer Verwaltung nur der Einsatz solcher privatrechtlich ausgestalteter Trägerformen zulässig sei, die eine jederzeitige Durchsetzung der staatlichen Führungsrolle in wichtigen Angelegenheiten ermöglichen[208].

Diese Argumentation vermag allerdings schon deshalb nicht zu überzeugen, weil **50** auch der Verwaltung durch Beliehene, Anstalten und Körperschaften als unbestrittene Organisationsformen der mittelbaren Verwaltung eine Vielfalt von Motiven zugrunde liegen und der Grad der Verselbständigung durch unterschiedlich intensive Aufsichts- und Weisungsrechte sehr verschieden ausgestaltet sein kann. Es bleibt deshalb nur der **formale Anknüpfungspunkt der Rechtsfähigkeit**[209] privatrechtlich organisierter Verwaltungsträger, der zu ihrer Einordnung als Teil der mittelbaren Bundesverwaltung führen muß[210]. Wegen der »natürlichen« Distanz privatrechtsförmiger Verwaltungsträger zum Muttergemeinwesen[211] halten allerdings auch diejenigen, die die private Rechtsform grundsätzlich als Äquivalent für bundeseigene Verwaltungsformen ansehen, die formelle oder Organisationsprivatisierung[212] eines gesamten Sachbereichs zumindest überwiegend für unzulässig[213] und lassen privatrechtsförmige Organisationseinheiten nur in Randbereichen der bundeseigenen Verwaltung zu[214].

---

205 Vgl. dazu nur *Burmeister*, Herkunft (Fn. 152), S. 229; *Ossenbühl*, Erfüllung (Fn. 167), S. 146 f.

206 Vgl. nur *A. Dittmann*, Die Verwaltung 18 (1975), 431 (446).

207 *Schmidt-Aßmann/Fromm*, Aufgaben (Fn. 61), S. 116; *W. Krebs*, HStR³ V, § 108 Rn. 69; *W. Blümel*, HStR IV, § 101 Rn. 89; *Dittmann*, Bundesverwaltung (Fn. 71), S. 87 f.; *Ehlers*, Verwaltung (Fn. 155), S. 115 ff.

208 *Ehlers*, Verwaltung (Fn. 155), S. 118 f.

209 Umgekehrt wird auch der Bereich der bundeseigenen Verwaltung mit Hilfe der mangelnden Rechtsfähigkeit der einzelnen Verwaltungseinheiten abgesteckt, → Rn. 23. Die eigene Rechtspersönlichkeit wird als einzig erkennbare Grenzlinie zwischen unmittelbarer und mittelbarer Bundesverwaltung bezeichnet, vgl. *P. Lerche*, Neue Entwicklungen zum Begriff der Bundeseigenverwaltung, in: FS Klein, 1994, S. 527 ff. (529).

210 Wohl nur um eine Abweichung in der dogmatischen Konstruktion handelt es sich, wenn *Lerche* (Fn. 193), Art. 87 Rn. 203, die Privatrechtspersonen der bundesmittelbaren Verwaltung an sich zwar nicht unterfallen läßt, sie unter bestimmten Voraussetzungen dennoch den verselbständigten Organisationsformen der Bundesverwaltung zur Seite treten läßt und den für diese geltenden Maßgaben unterstellt; zu weiteren Einzelheiten und Ausnahmen: → Art. 87d Rn. 33 ff.

211 So *Schmidt-Aßmann/Fromm*, Aufgaben (Fn. 61), S. 117; vgl. auch *Dittmann*, Bundesverwaltung (Fn. 71), S. 254 f.

212 Zu den einzelnen Privatisierungsbegriffen vgl. z. B. *G. F. Schuppert*, Die Verwaltung 31 (1998), 415 ff.

213 Dagegen, daß öffentlich- und privatrechtliche Organisationsformen unbeschränkt austauschbar sind, sprach auch die Regelung des Art. 87d I 2 GG in der bis 2009 geltenden Fassung, aus der zu schließen war, daß im Bereich der bundeseigenen – also der unmittelbaren – Bundesverwaltung die Möglichkeit der Wahl für den gesamten Bereich einer ausdrücklichen Festschreibung auf Verfassungsebene bedarf. Anders *Lerche*, Entwicklungen (Fn. 209), S. 527 ff., insbesondere S. 538, der, um einen von ihm für möglich gehaltenen Bruch im System der Art. 86 ff. GG zu vermeiden, eine Interpretation des Art. 87d I 2 GG a. F. favorisierte, nach der die privatrechtlich organisierte Luftverkehrsverwaltung nicht Bestandteil der bundeseigenen Verwaltung ist. Ausführlich dazu: → Bd. III², Art. 87d Rn. 26 f.

214 *Ehlers*, Verwaltung (Fn. 155), S. 117; *Lerche*, Entwicklungen (Fn. 209), S. 532; *W. Blümel*,

Andererseits ist auch der Einsatz mittelbarer Verwaltungsformen nicht nur im Rahmen des Art. 87 III GG zulässig[215] (→ Art. 87 Rn. 23, 70f.). Damit ergeben sich im Ergebnis aus der Zuordnung privatrechtsförmiger Organisationseinheiten nur zur mittelbaren oder auch zur unmittelbaren Bundesverwaltung keine erheblich abweichenden Konsequenzen.

V. Allgemeine Verwaltungsvorschriften der Bundesregierung

51 Art. 86 S. 1 GG weist der Bundesregierung die Befugnis[216] zum Erlaß der allgemeinen Verwaltungsvorschriften zu. Nicht anders als im Zusammenhang der Art. 84 und 85 GG werden sie auch hier im traditionellen Sinne verstanden als generelle Regelungen, die die Organisation und das Handeln nachgeordneter Stellen bestimmen[217], denen aber die unmittelbare rechtliche Außenwirkung[218] fehlt[219] (→ Art. 84 Rn. 73ff.; → Art. 85 Rn. 30). Die Bundesregierung verfügt damit im Bereich der **gesetzesakzessorischen Verwaltung** über ein normatives Steuerungsinstrument unterhalb der Gesetzesebene[220], das es ihr nicht nur erlaubt, den einheitlichen Vollzug der Bundesgesetze durch die Bundesverwaltung sicherzustellen, sondern auch exekutive Konkretisierungs- und Gestaltungsspielräume nach Maßgabe politischer Leitvorstellungen wahrzunehmen und durchzusetzen. Die Befugnis der Bundesregierung zum Erlaß allgemeiner Verwaltungsvorschriften besteht auch im Bereich der **gesetzesfreien Verwaltung**[221] (→ Rn. 21f.).

1. Zuständigkeit, Verfahren, Adressaten

52 Die Zuständigkeit für den Erlaß allgemeiner Verwaltungsvorschriften liegt nach dem Wortlaut von Art. 86 S. 1 GG bei der Bundesregierung als Kollegialorgan. Umstritten ist die sich daran anknüpfende Frage, ob diese **Zuständigkeit der Bundesregierung** eine ausschließliche ist[222] oder ob auch der jeweilige Bundesminister allgemeine Verwaltungsvorschriften erlassen kann, wenn die Bundesregierung von ihrer Befugnis nicht abschließend Gebrauch gemacht hat[223]. Die Entstehungsgeschichte gibt zu die-

---

HStR IV, § 101 Rn. 89; speziell zu Art. 87 I 1 a. F. GG (Bundeseisenbahnen) *Schmidt-Aßmann/Fromm*, Aufgaben (Fn. 61), S. 119; a. A. *Dittmann*, Bundesverwaltung (Fn. 71), S. 116.

[215] Das Verbot mittelbarer Bundesverwaltung – dazu *Ehlers*, Verwaltung (Fn. 155), S. 119; *A. Dittmann*, Die Verwaltung 18 (1975), 431 (435f.) – bei in bundeseigener Verwaltung zu führenden Bereichen bezieht sich nur auf die verselbständigte Ausgestaltung des gesamten Bereichs.

[216] Zur Frage, ob dieser Befugnis eine Verpflichtung korrespondiert, s. *Ibler* (Fn. 1), Art. 86 Rn. 126f.

[217] S. nur *Groß* (Fn. 27), Art. 86 Rn. 41.

[218] Dabei werden die Körperschaften und Anstalten, die auch zu den Adressaten der Verwaltungsvorschriften gehören (→ Rn. 54), dem »Innenbereich« des Bundes zugerechnet; vgl. etwa *Sachs* (Fn. 50), Art. 86 Rn. 19.

[219] So etwa BVerfGE 100, 249 (258, Rn. 32); *Sachs* (Fn. 50), Art. 86 Rn. 18; *Broß/Mayer* (Fn. 82), Art. 86 Rn. 6.

[220] Zum Unterschied zwischen allgemeinen Verwaltungsvorschriften und Rechtsverordnungen: → Art. 84 Rn. 76.

[221] So auch *Lerche* (Fn. 10), Art. 86 Rn. 92; a. A. *Groß* (Fn. 27), Art. 86 Rn. 42.

[222] So *Bull* (Fn. 8), Art. 86 Rn. 18; *Broß/Mayer* (Fn. 82), Art. 86 Rn. 7f.; Jarass/*Pieroth*, GG, Art. 86 Rn. 7.

[223] So BVerwGE 36, 327 (333f.); BVerwG NJW 1979, 280 (280) m. w. N.; *Böckenförde*, Organisationsgewalt (Fn. 98), S. 137; *Ibler* (Fn. 1), Art. 86 Rn. 135; *Burgi* (Fn. 49), Art. 86 Rn. 67; *T. Nehab*,

ser Frage keine eindeutigen Hinweise[224]. Auch Art. 62 GG vermag keine Antwort zu liefern[225], weil er keine Legaldefinition des an anderen Stellen des Grundgesetzes verwendeten Begriffs »Bundesregierung« enthält (→ Art. 62 Rn. 11). Auch lässt sich ein konsequenter Gebrauch des Wortes »Bundesregierung« im Sinne einer stets ausschließlichen Zuständigkeit des Kollegialorgans im Grundgesetz nicht nachweisen[226]. Zu berücksichtigen ist vielmehr zunächst, daß im Gegensatz zu Art. 84 II und 85 II 1 GG (→ Art. 84 Rn. 82; → Art. 85 Rn. 30) der Zuständigkeit der Bundesregierung nach Art. 86 S. 1 GG keine Schutzfunktion im Bund-Länder-Verhältnis zukommt[227]. Vor allem aber ist diese Zuständigkeitsnorm vor dem Hintergrund der allgemeinen Kompetenzverteilung zwischen Kabinett und Ministern nach Art. 65 GG auszulegen. Die danach bestehende Ressortleitungsbefugnis der Minister, zu der nicht zuletzt die Weisungsbefugnis gegenüber nachgeordneten Behörden gehört (→ Art. 65 Rn. 30), würde durch eine Auslegung von Art. 86 S. 1 GG erheblich geschmälert, die die Befugnis zu »allgemeinen Weisungen« in Gestalt von Verwaltungsvorschriften allein dem Kabinett zuweist. Die Bedeutung von Art. 86 S. 1 GG liegt also darin, »über« der verbleibenden Ressortkompetenz des Ministers zum Erlaß von allgemeinen Verwaltungsvorschriften eine nach Art. 65 GG nicht gegebene **ergänzende**[228] – also **nicht ausschließliche – Kabinettskompetenz** gleichen Inhalts zu begründen[229]. Diese verfassungsrechtliche Zuständigkeitsverteilung kann durch Gesetz in der Weise verändert werden, daß die Zuständigkeit für den Erlaß allgemeiner Verwaltungsvorschriften ausschließlich einem Minister, einer Bundesbehörde[230] oder dem Organ eines Trägers der mittelbaren Bundesverwaltung zugewiesen wird[231].

Was das bei dem Erlaß allgemeiner Verwaltungsvorschriften zu beachtende **Verfahren** angeht, so gelten auch hier die allgemeinen Anforderungen an das Entscheidungsverfahren der Bundesregierung als Kollegialorgan[232] (→ Art. 62 Rn. 13). Die Zustimmung des Bundesrates ist nicht erforderlich, ihre Notwendigkeit kann aber durch Gesetz vorgesehen werden[233]. 53

DVBl. 2014, 156 (157); vgl. auch *M. Oldiges*, Die Bundesregierung als Kollegium, 1983, S. 221 mit Fn. 124; ausdrücklich offengelassen ist die Frage in BVerfGE 26, 338 (396).

224 So weist etwa *Sachs* (Fn. 50), Art. 86 Rn. 21, darauf hin, daß im HChE noch ausdrücklich die einzelnen Bundesminister genannt waren, während BVerwGE 36, 327 (333 f.), maßgeblich darauf abstellt, daß es in Art. 86 GG entstehungsgeschichtlich um die Verteilung der Organisationsgewalt im Verhältnis zwischen Präsident und Regierung ging.

225 So aber offenbar *Broß/Mayer* (Fn. 82), Art. 86 Rn. 7.

226 Diesen Versuch unternimmt mit Blick auf Art. 35 III 1 GG BVerfGE 132, 1 (21, Rn. 54) – freilich ohne problematische Beispiele wie Art. 86 GG aufzulisten.

227 Darauf weist auch BVerwGE 36, 327 (334) hin; wie hier *Suerbaum* (Fn. 26), Art. 86 Rn. 29.

228 Zum Vorrang der vom Kabinett erlassenen Verwaltungsvorschriften vor ministeriellen s. nur *Groß* (Fn. 27), Art. 86 Rn. 43.

229 Den Vorrang von allgemeinen Verwaltungsvorschriften des Kabinetts vor solchen des Ministers betont auch BVerwG NVwZ 1985, 497 (498); so im Ergebnis auch *Sachs* (Fn. 50), Art. 86 Rn. 22.

230 *Groß* (Fn. 27), Art. 86 Rn. 42; vgl. etwa das Beispiel in BVerwG NJW 1979, 280 (280): Bundesamt für gewerbliche Wirtschaft.

231 Vgl. nur *Lerche* (Fn. 10), Art. 86 Rn. 104; *Broß/Mayer (Fn.* 82), Art. 86 Rn. 8; zur Frage, ob Art. 86 S. 2 GG der Bundesregierung eine Organisationsgewalt über die Bundesministerien einräumt vgl. *H. Kaja*, AöR 89 (1964), 381 (397 f.).

232 *A. v. Bogdandy*, Gubernative Rechtsetzung, 2000, S. 483, plädiert darüber hinaus für eine entsprechende Anwendung der für Rechtsverordnungen geltenden Regeln.

233 *Bull* (Fn. 8), Art. 86 Rn. 18; *Broß/Mayer* (Fn. 82), Art. 86 Rn. 8, 10; *Ibler* (Fn. 1), Art. 86 Rn. 152; a. A. – wegen der abschließenden verfassungsrechtlichen Normierung von Zustimmungsvorbehalten – *Groß* (Fn. 27), Art. 86 Rn. 46.

54 **Adressaten** der allgemeinen Verwaltungsvorschriften können nur Bundesbehörden sowie die Träger der mittelbaren Bundesverwaltung sein[234]. Dazu gehören auch privatrechtsförmige Verwaltungsträger (→ Rn. 40, 46f.), deren Verwaltungstätigkeit nicht anders als diejenige öffentlich-rechtlicher Träger durch Verwaltungsvorschriften gesteuert werden kann[235]. Daß Träger der mittelbaren Bundesverwaltung im allgemeinen und solche in Privatrechtsform im besonderen über einen verfassungsrechtlich oder gesetzlich umschriebenen Autonomiebereich verfügen, schließt sie als potentielle Adressaten allgemeiner Verwaltungsvorschriften nicht aus, sondern führt wegen des Vorrangs der Verfassung und des Gesetzes vor den Verwaltungsvorschriften lediglich zu inhaltlichen Begrenzungen[236]. Ob und mit welcher Intensität auch die mittelbare Bundesverwaltung durch Verwaltungsvorschriften nach Art. 86 S. 1 GG gesteuert werden dürfen, hängt also davon ab, ob Verfassung oder Gesetz eine solche Steuerung verbieten oder begrenzen[237].

2. Zulässiger Inhalt

55 Der zulässige Inhalt allgemeiner Verwaltungsvorschriften wird durch Art. 86 GG nur insoweit beschränkt, als die Verwaltungsvorschriften »**allgemein**« bleiben müssen, wodurch ein Übergriff in die Einzelweisungsbefugnis[238] des jeweiligen Ministers verhindert wird (→ Art. 84 Rn. 74). Im Rahmen vorrangiger Verfassungs- und Gesetzesbestimmungen und unter der weiteren Voraussetzung, daß der allgemeine Vorbehalt des Gesetzes (→ Art. 20 [Rechtsstaat], Rn. 105ff.) die jeweilige Regelungsmaterie nicht erfaßt, können allgemeine Verwaltungsvorschriften **materielle sowie Verfahrens- und Organisationsfragen** zum Inhalt haben, die die Wahrnehmung der jeweiligen Bundesverwaltungsaufgabe betreffen.

3. Vorbehalt abweichender gesetzlicher Regelung

56 Die Befugnis der Bundesregierung zum Erlaß allgemeiner Verwaltungsvorschriften besteht nur, »soweit nicht das Gesetz Besonderes vorschreibt«. Die Funktion dieses Vorbehaltes beschränkt sich darauf, eine von der Kabinettsbefugnis abweichende **Zuständigkeitsregelung** (→ Rn. 52) und verfahrensrechtliche Anforderungen wie etwa das Erfordernis einer Zustimmung des Bundesrates (→ Rn. 53) durch Parlamentsgesetz[239] zu ermöglichen[240]. Daß der Gesetzgeber Sach-, Verfahrens- und Organisations-

---

234 *Bull* (Fn. 8), Art. 86 Rn. 19; *Groß* (Fn. 27), Art. 86 Rn. 43, der auf die Vergleichbarkeit der qua Verfassung selbständigen anderen obersten Bundesbehörden (einschl. Bundestag in seiner Behördenfunktion) hinweist; für die Bundesversicherungsanstalt für Angestellte BAGE 42, 375 (381).

235 A. A. *Ibler* (Fn. 1), Art. 86 Rn. 142, der die Steuerung auf privatrechtliche Einwirkungsmöglichkeiten beschränkt sehen will.

236 Das Problem wird vor allem im Hinblick auf die Sozialversicherungsträger diskutiert; vgl. nur *Bull* (Fn. 8), Art. 86 Rn. 19 m. w. N.

237 Bei privatrechtsförmigen Trägern gehört es zu den nach dem institutionellen Vorbehalt des Gesetzes (→ Rn. 48) vom Gesetzgeber zu entscheidenden Fragen, ob sie allein mit Hilfe privatrechtlicher Einwirkungsmöglichkeiten gesteuert werden sollen; dies übersieht *Ibler* (Fn. 1), Art. 86 Rn. 142.

238 Dazu *Bull* (Fn. 8), Art. 86 Rn. 20.

239 Eine durch Rechtsverordnung erfolgende Ermächtigung der Bundesregierung, auf ihre Befugnis zum Erlaß von Verwaltungsvorschriften zu verzichten, die sie ohnehin nicht ausüben muß, erscheint wenig sinnvoll; zu dieser Beschränkung des Vorbehalts auf förmliche Gesetze vgl. nur *Sachs* (Fn. 50), Art. 86 Rn. 26.

240 So auch *Sachs* (Fn. 50), Art. 86 Rn. 27; *Groß* (Fn. 27), Art. 86 Rn. 44; *Ibler* (Fn. 1), Art. 86 Rn. 147.

fragen[241], die Inhalt von Verwaltungsvorschriften sind oder sein könnten, selbst regeln kann, unterliegt dagegen weder im Hinblick auf die Verbands- noch auf die Organkompetenz einem Zweifel[242]. Anhaltspunkte dafür, allein wegen des Begriffs »Besonderes« den Vorbehalt abweichender gesetzlicher Regelung auf Sonder- oder Ausnahmefälle zu begrenzen[243], sind nicht ersichtlich.

VI. Regelung der Behördenorganisation durch die Bundesregierung

Für die Befugnis der Bundesregierung nach Art. 86 S. 2 GG, die **Einrichtung der Bundesbehörden** zu regeln, gelten die Ausführungen zu den Verwaltungsvorschriften (→ Rn. 51 ff.) entsprechend, so daß auf diese verwiesen werden kann. 57

1. Zuständigkeit, Verfahren, Form

Wie bei Art. 86 S. 1 GG (→ Rn. 52) handelt es sich auch hier **nicht** um eine **ausschließliche Zuständigkeit** des Kollegialorgans, so daß der zuständige Minister Organisationsentscheidungen in seinem Geschäftsbereich selbst treffen kann, soweit keine vorrangige Regelung durch das Bundeskabinett[244] vorliegt. Die **Zuständigkeit des Ministers** folgt aus Art. 65 S. 2 GG[245]. Art. 86 S. 2 GG modifiziert diese ministerielle Organisationskompetenz durch die ergänzende[246] Befugnis der Bundesregierung, vorrangige Organisationsregelungen zu treffen. 58

Das Grundgesetz enthält keine explizite Antwort auf die Frage, in welchem **Verfahren** und in welcher **Form** die Organisationsregelungen der Bundesregierung nach Art. 86 S. 2 GG zu erlassen sind. Auch hier gelten die allgemeinen Anforderungen an das Entscheidungsverfahren der Bundesregierung als Kollegialorgan[247] (→ Rn. 53; → Art. 62 Rn. 13). Die verfassungsrechtlich nicht erforderliche Zustimmung des Bundesrates kann durch Gesetz vorgesehen werden[248]. Aus dem Demokratieprinzip wie auch aus dem Grundsatz der parlamentarischen Verantwortlichkeit der Regierung folgt, daß Organisationsentscheidungen sowohl der Bundesregierung als auch des einzelnen Ministers zu publizieren sind (→ Rn. 43). Dies gilt unabhängig davon, ob sie in der Form der Verwaltungsvorschrift oder durch sonstigen exekutiven Organisationsakt ergehen[249]. 59

---

241 Gegen einen zugriffsfesten »Eigenbereich« der Exekutive in diesem Zusammenhang auch *Bull* (Fn. 8), Art. 86 Rn. 18.

242 So im Hinblick auf die gesetzliche Regelung des Verfahrens der bundeseigenen Verwaltung BVerfGE 26, 338 (369).

243 Mit der Folge, daß die verfassungsunmittelbare Regelungskompetenz der Bundesregierung der Regelfall bleiben müsste; wie hier auch *Sachs* (Fn. 50), Art. 86 Rn. 28; *Suerbaum* (Fn. 26), Art. 86 Rn. 31.1.

244 Zu vorrangigen Regelungen in der Verfassung und im Gesetz: → Rn. 62.

245 *Bull* (Fn. 8), Art. 86 Rn. 23.

246 *Groß* (Fn. 27), Art. 86 Rn. 40.

247 *v. Bogdandy*, Rechtsetzung (Fn. 232), S. 483, plädiert darüber hinaus für eine entsprechende Anwendung der für Rechtsverordnungen geltenden Regeln.

248 *Bull* (Fn. 8), Art. 86 Rn. 18; *Broß/Mayer* (Fn. 82), Art. 86 Rn. 8, 10.

249 S. als Beispiel etwa den »Errichtungserlass zur Gründung der Generaldirektion Wasserstraßen und Schifffahrt«, veröffentlicht im Verkehrsblatt 2013, Heft 9, S. 422; ausführlich dazu *T. Nehab*, DVBl. 2014, 156 ff.

2. Inhalt

60 Die Regelungsbefugnis sowohl der Bundesregierung als auch des Ministers umfaßt die **gesamte Behördenorganisation unterhalb der Ministerialebene**[250]. Insoweit deckt sich die Organisationsbefugnis inhaltlich mit dem in Art. 84 und 85 GG verwendeten Begriff der »Einrichtung der Behörden« (→ Art. 84 Rn. 35; → Art. 85 Rn. 25)[251]. Sie umfaßt insbesondere die Errichtung (Auflösung) und organisatorische Binnenstruktur von Verwaltungseinheiten[252] sowie die Bestimmung ihrer Aufgaben und Zuständigkeiten sowie ihren Sitz[253], soweit diese Organisationsentscheidungen nicht unter Gesetzesvorbehalt – insbesondere dem aus Art. 87 III GG – stehen (→ Rn. 62). Ob und inwieweit die innere Organisation von Selbstverwaltungsträgern durch das Kabinett oder durch den zuständigen Minister geregelt werden darf[254], beurteilt sich nicht nach der Kompetenznorm des Art. 86 S. 2 GG, sondern nach dem durch Verfassung und Gesetz festgelegten Umfang der organisatorischen Autonomie.

3. Vorbehalt abweichender gesetzlicher Regelung

61 Ebenso wie die Zuständigkeit der Bundesregierung für den Erlaß allgemeiner Verwaltungsvorschriften (→ Rn. 52, 56) steht auch ihre Zuständigkeit für die Regelung der Behördenorganisation nach Art. 86 S. 2 GG unter dem Vorbehalt einer abweichenden gesetzlichen Regelung[255]. Dadurch wird dem Gesetzgeber die Möglichkeit eröffnet, einem **Minister** die **ausschließliche Organisationsbefugnis** zuzuweisen oder diese Zuständigkeit auf **andere Behörden** oder **Träger der mittelbaren Verwaltung** zu verlagern[256]. Wie bei den Verwaltungsvorschriften kann auch hier das Gesetz Verfahrensanforderungen – insbesondere die Notwendigkeit einer Zustimmung des Bundesrates – begründen.

62 Dagegen läßt sich aus Art. 86 S. 2 GG nichts zu der Frage entnehmen, ob und inwieweit der Gesetzgeber die Behördenorganisation selbst regeln muß[257] (→ Rn. 48) oder darf[258]. Die erste Frage ist vielmehr Thema des **organisationsrechtlichen Gesetzesvorbehalts**, der seine Grundlage in einer Reihe spezieller Verfassungsnormen[259] hat und

---

[250] Die innere Organisation des Ministeriums bleibt, da die Ministerialebene insgesamt von Art. 86 GG nicht erfaßt wird (→ Rn. 24), nach Art. 65 S. 2 GG dem Minister vorbehalten; vgl. nur *Ibler* (Fn. 1), Art. 86 Rn. 157 ff; *Sachs* (Fn. 50), Art. 86 Rn. 34; *Suerbaum* (Fn. 26), Art. 86 Rn. 34; a. A. *Böckenförde*, Organisationsgewalt (Fn. 98), S. 133 ff.

[251] Vgl. nur *Bull* (Fn. 8), Art. 86 Rn. 21; *Sachs* (Fn. 50), Art. 86 Rn. 31.

[252] *Sachs* (Fn. 50), Art. 86 Rn. 33, weist darauf hin, daß die (rechtsfähigen) Körperschaften und Anstalten von der Errichtungsbefugnis nicht erfasst werden.

[253] *Groß* (Fn. 27), Art. 86 Rn. 33.

[254] Dazu *Bull* (Fn. 8), Art. 86 Rn. 22.

[255] Jarass/*Pieroth*, GG, Art. 86 Rn. 2f; *Sachs* (Fn. 50), Art. 86 Rn. 37.

[256] So *Traumann*, Organisationsgewalt (Fn. 47), S. 37 f.; Jarass/*Pieroth*, GG, Art. 86 Rn. 8.

[257] Daß Art. 86 S. 2 GG für die Begründung und die Reichweite des organisationsrechtlichen Gesetzesvorbehaltes nichts hergibt, ergibt sich bereits eindeutig aus dem Wortlaut und ist unbestritten; vgl. nur Jarass/*Pieroth*, GG, Art. 86 Rn. 2a; *Sachs* (Fn. 50), Art. 86 Rn. 37.

[258] So zutreffend *Traumann*, Organisationsgewalt (Fn. 47), S. 36 f.; *Sachs* (Fn. 50), Art. 86 Rn. 40. Daß die abweichende gesetzliche Regelung nach Art. 86 S. 2 GG über die Organisationszuständigkeit hinaus auch die Organisationsentscheidungen selbst zum Inhalt haben kann – so der häufige Hinweis z. B. *Broß/Mayer* (Fn. 82), Art. 86 Rn. 13 –, ist nach der allgemeinen Kompetenzverteilung zwischen Regierung und Gesetzgebung eine Selbstverständlichkeit, die nicht aus Art. 86 S. 2 GG folgt, sondern dort allenfalls klargestellt wird.

[259] → Art. 87 Rn. 69; → Art. 87b Rn. 6 ff., 11; → Art. 108 Rn. 10; s. auch *Groß* (Fn. 27), Art. 86 Rn. 36.

in begrenztem Umfang aus dem Rechtsstaats-[260] und dem Demokratieprinzip[261] folgt. Die zweite Frage zielt auf die Existenz eines dem Zugriff des Gesetzgebers entzogenen **»Kernbereichs« exekutiver Organisationsbefugnisse**[262], der nur in sehr begrenztem Umfang aus der Organisationskompetenz des Bundeskanzlers (→ Art. 64 Rn. 22f.) und dem Gewaltenteilungsprinzip ableitbar ist (→ Art. 20 [Rechtsstaat], Rn. 71, 73). Das scheinbar in Art. 86 S. 2 GG normierte Regel-Ausnahme-Verhältnis zwischen Organisationsregelungen durch die Bundesregierung und durch den Gesetzgeber kehrt sich bei Heranziehung dieser Rahmenbedingungen des sonstigen Verfassungsrechts im Ergebnis um, weil für die Regelungsbefugnis der Bundesregierung nur eine Residualfunktion bleibt[263].

D. Verhältnis zu anderen GG-Bestimmungen

Als allgemeine Vorschrift über die Bundesverwaltung steht Art. 86 GG auf einer Ebene mit **Art. 84 und 85 GG**, die die beiden anderen Verwaltungstypen regeln (→ Rn. 10). Anders als diese gilt Art. 86 GG allerdings auch für den Bereich der »gesetzesfreien« Verwaltung (→ Rn. 21f.; → Art. 84 Rn. 17; → Art. 85 Rn. 16). Art. 86 GG »bestimmt« nichts anderes i.S.d. **Art. 83 GG** und läßt auch nichts anderes zu, weil die Bereiche obligatorischer oder fakultativer Ausführung von Bundesgesetzen durch die Bundesverwaltung sich nicht aus Art. 86 GG, sondern aus **Art. 87ff. GG** ergeben (→ Rn. 10). Diese Spezialregelungen, zu denen auch **Art. 108 GG** gehört, gehen der allgemeinen Vorschrift des Art. 86 GG vor. Die Organisation der Ministerialebene, die von Art. 86 GG nicht erfaßt wird (→ Rn. 24), ist Gegenstand der **Organisationskompetenz des Bundeskanzlers** nach **Art. 64 I GG** und der **Ressortleitungsbefugnis** der Minister nach **Art. 65 S. 2 GG** (→ Rn. 24). Die in Art. 86 GG nicht behandelte Frage, ob und inwieweit die Verwaltungsorganisation des Bundes einer gesetzlichen Grundlage bedarf, beantwortet sich nach den **speziellen Gesetzesvorbehalten** der Art. 87ff. GG oder nach dem allgemeinen institutionellen Vorbehalt des Gesetzes (→ Rn. 62). 63

---

[260] → Art. 20 (Rechtsstaat), Rn. 125f.; zusammenfassend dazu Jarass/*Pieroth*, GG, Art. 86 Rn. 2a; vgl. auch *W.-R. Schenke*, DÖV 1986, 190ff.

[261] *Groß* (Fn. 27), Art. 86 Rn. 37.

[262] Dazu *H. Butzer*, Die Verwaltung 27 (1994), 157 (164ff.); *Böckenförde*, Organisationsgewalt (Fn. 98), S. 78ff., 129ff., 286ff.; *Loeser*, Bundes-Organisationsgesetz (Fn. 52), S. 155ff.; *Groß* (Fn. 27), Art. 86 Rn. 38f.

[263] Zutreffend *Groß* (Fn. 27), Art. 86 Rn. 35ff., 40; wie hier *Suerbaum* (Fn. 26), Art. 86 Rn. 36.

Artikel 87 [Gegenstände der bundeseigenen Verwaltung]

(1) [1]In bundeseigener Verwaltung mit eigenem Verwaltungsunterbau werden geführt der Auswärtige Dienst, die Bundesfinanzverwaltung und nach Maßgabe des Artikels 89 die Verwaltung der Bundeswasserstraßen und der Schiffahrt. [2]Durch Bundesgesetz können Bundesgrenzschutzbehörden, Zentralstellen für das polizeiliche Auskunfts- und Nachrichtenwesen, für die Kriminalpolizei und zur Sammlung von Unterlagen für Zwecke des Verfassungsschutzes und des Schutzes gegen Bestrebungen im Bundesgebiet, die durch Anwendung von Gewalt oder darauf gerichtete Vorbereitungshandlungen auswärtige Belange der Bundesrepublik Deutschland gefährden, eingerichtet werden.

(2) [1]Als bundesunmittelbare Körperschaften des öffentlichen Rechtes werden diejenigen sozialen Versicherungsträger geführt, deren Zuständigkeitsbereich sich über das Gebiet eines Landes hinaus erstreckt. [2]Soziale Versicherungsträger, deren Zuständigkeitsbereich sich über das Gebiet eines Landes, aber nicht über mehr als drei Länder hinaus erstreckt, werden abweichend von Satz 1 als landesunmittelbare Körperschaften des öffentlichen Rechtes geführt, wenn das aufsichtsführende Land durch die beteiligten Länder bestimmt ist.

(3) [1]Außerdem können für Angelegenheiten, für die dem Bunde die Gesetzgebung zusteht, selbständige Bundesoberbehörden und neue bundesunmittelbare Körperschaften und Anstalten des öffentlichen Rechtes durch Bundesgesetz errichtet werden. [2]Erwachsen dem Bunde auf Gebieten, für die ihm die Gesetzgebung zusteht, neue Aufgaben, so können bei dringendem Bedarf bundeseigene Mittel- und Unterbehörden mit Zustimmung des Bundesrates und der Mehrheit der Mitglieder des Bundestages errichtet werden.

Literaturauswahl

Abbühl, Anicee: Der Aufgabenwandel des Bundeskriminalamtes – Von der Zentralstelle zur multifunktionalen Intelligence-Behörde des Bundes, 2010.

Becker, Bernd: Zentralstellen gemäß Art. 87 Abs. 1 GG, in: DÖV 1978, S. 551–555.

Besemann, Ann-Kathrin: Aktuelle Entwicklungen im Organisationsrecht der gesetzlichen Krankenkassen, 2010.

Britz, Gabriele: Bundeseigenverwaltung durch selbständige Bundesoberbehörden nach Art. 87 III 1 GG, in: DVBl. 1998, S. 1167–1174.

Fastenrath, Ulrich: Länderbüros in Brüssel – Zur Kompetenzverteilung für informales Handeln im auswärtigen Bereich –, in: DÖV 1990, S. 125–136.

Gusy, Christoph: Das verfassungsrechtliche Gebot der Trennung von Polizei und Nachrichtendiensten, in: ZRP 1987, S. 45–52.

Gusy, Christoph: Die Zentralstellenkompetenz des Bundes, in: DVBl. 1993, S. 1117–1128.

Hecker, Wolfgang: Rechtsfragen der Aufgabenübertragung an den Bundesgrenzschutz, in: NVwZ 1998, S. 707–709.

Jutzi, Siegfried: Organisationskompetenz des Bundes für Bahnpolizei und Luftverkehrssicherung, in: DÖV 1992, S. 650–656.

Lecheler, Helmut: Der Verpflichtungsgehalt des Art. 87 I 1 GG, in: NVwZ 1989, S. 834–837.

Leyendecker, Wolfgang: Artikel 87 Abs. 2 GG und die Aufsicht über die Träger der Sozialversicherung, in: Zeitschrift für Sozialhilfe und Sozialgesetzbuch 1990, S. 568–571.

Loeser, Roman: Die Bundesverwaltung der Bundesrepublik Deutschland – Bestand, Rechtsformen und System der Aufbauorganisation, Bd. 1 u. 2, 2. Aufl. 1987.

Paeffgen, Hans-Ullrich/Gärditz, Klaus: Die föderale Seite des »Trennungsgebotes« oder: Art. 87 III, 73 GG und das G-10-Urteil, in: KritV 83 (2000), S. 65–75.

Papier, Hans-Jürgen: Polizeiliche Aufgabenverteilung zwischen Bund und Ländern, in: DVBl. 1992, S. 1–9.

Papier, Hans-Jürgen: Die Regionalisierung der gesetzlichen Rentenversicherung aus verfassungsrechtlicher Sicht, in: NZS 1995, S. 241–244.
Rupp, Hans-Heinrich: Bemerkungen zur Bundeseigenverwaltung nach Art. 87 III 1 GG, in: Festschrift für Günter Dürig, 1990, S. 387–399.
Schatzschneider, Wolfgang: Die Ermittlungstätigkeit der Ämter für Verfassungsschutz und Grundrechte, 1979.

Siehe auch die Angaben zu Art. 83 und 86 GG.

Leitentscheidungen des Bundesverfassungsgerichts

BVerfGE 11, 105 (123 ff.) – Familienlastenausgleich I; 14, 197 (209 ff.) – Kreditwesen; 31, 113 (116 ff.) – Jugendgefährdende Schriften; 39, 302 (312 ff.) – AOK; 63, 1 (21 ff.) – Schornsteinfegerversorgung; 97, 198 (213 ff., Rn. 76 ff.) – Bundesgrenzschutz; 110, 33 (47 ff., Rn. 84) – Zollkriminalamt.

Gliederung

Stichwörter

A. Herkunft, Entstehung, Entwicklung

I. Verfassungsgeschichtliche Aspekte

1 Mit seiner Beschränkung des Gesamtstaates auf enumerativ bestimmte Verwaltungsaufgaben (→ Art. 86 Rn. 1) steht Art. 87 GG in der deutschen bundesstaatlichen Tradition. In der **Reichsverfassung von 1871** findet sich der Begriff der Reichsverwaltung nicht. Die Verfassung räumt dem Reich lediglich für bestimmte Materien[1] die Verwaltungskompetenz ein, ohne hierdurch jedoch ein auch nur terminologisch einheitliches Rechtsinstitut zu schaffen[2]. Unter der **Weimarer Reichsverfassung** setzte eine zunehmende Unitarisierung und eine hiermit verbundene Ausweitung der Reichsverwaltung ein[3]. Dies zeigt sich zum einen an der größeren Zahl der sog. Verfassungsverwal-

---

[1] Auswärtige Verwaltung und Konsulatswesen (Art. 11, 56), Marineverwaltung (Art. 53), Post- und Telegraphenverwaltung (Art. 48ff.), ferner das Eisenbahn- (Art. 41) und das Zollwesen (Art. 36 I).

[2] Zur uneinheitlichen Terminologie der Reichverfassung von 1871 vgl. nur *A. Dittmann*, Die Bundesverwaltung, 1983, S. 18.

[3] Vgl. *R. Thoma*, Das Reich als Bundesstaat, in: HdbDStR I, S. 169ff. (180); *W. Frotscher*, Organisation der Reichsverwaltung und der Länderverwaltungen einschließlich Vorschläge zur Reichsreform, in: Dt. VerwGesch, Bd. 4, 1985, S. 111ff. (113), für den die Veränderung der Verteilung der Verwaltungskompetenz Indiz für den Übergang vom föderalistischen zum unitarischen Bundesstaat ist.

tungen[4], zum anderen an der durch Art. 14 WRV gegebenen Möglichkeit, im Wege des einfachen Gesetzgebungsverfahrens Verwaltungskompetenzen des Reiches zu schaffen (→ Art. 83 Rn. 3). Die wichtigsten **traditionell gesamtstaatlichen Verwaltungskompetenzen** waren der Auswärtige Dienst[5] (→ Rn. 26 ff.), das Eisenbahnwesen[6] (→ Art. 87e Rn. 3 f.), das Post- und Telegraphenwesen[7] (→ Art. 87f Rn. 1 f.) sowie die Schiffahrts- und Wasserstraßenverwaltung[8] (→ Art. 89 Rn. 1 ff.).

Die Zentralisierung der **Auswärtigen Angelegenheiten** fand sich bereits in §§ 6 ff. RV 1849. Diese Angelegenheiten durch Art. 56 **RV 1871** unter Reichsverwaltung zu stellen, folgte aus der bundesstaatlichen Idee, durch Zusammenfassung die Einzelstaaten gerade im Außenverhältnis zu stärken[9]. Dennoch wurde die Erklärung der auswärtigen Beziehungen zur alleinigen Reichssache nicht strikt durchgehalten. Die Einzelstaaten behielten weiterhin das Recht[10] zum Verkehr untereinander und mit fremden Staaten[11]. In der Weimarer Republik wurde der Grundgedanke einer einheitlichen Außenverwaltung zu einem staatsrechtlichen Grundsatz erhoben[12]. Durch **Art. 78 WRV** erfolgte eine Verdrängung[13] der Länder aus dem Bereich der Auswärtigen Angelegenheiten[14], die jedoch durch gewisse Mitsprache- und Zustimmungsrechte gemildert wurde[15]. 2

Nach den Grundsätzen der bundesstaatlichen Aufgabenverteilung besaß das **Kaiserreich** keinen eigenen **Polizeiapparat**. Der Reichsverfassungsschutz[16] war somit auf die Hilfe der Landesverwaltungen angewiesen. Für den Aufbau einer reichseigenen politischen Polizei fehlte eine verfassungsrechtliche Kompetenzgrundlage[17]. Auch in der **Weimarer Republik** lag die Polizeihoheit bei den Ländern, und dem Reich stand 3

---

[4] Art. 78 ff. WRV.

[5] Vgl. §§ 6–9 RV 1849; Art. 11, 56 RV 1871; Art. 78 WRV.

[6] Vgl. §§ 28–30 RV 1849; Art. 41 RV 1871; Art. 89 WRV.

[7] Vgl. §§ 41–44 RV 1849; Art. 48 RV 1871; Art. 88 WRV.

[8] Vgl. §§ 24–27 RV 1849; Art. 54 RV 1871; Art. 97 WRV.

[9] *Dittmann*, Bundesverwaltung (Fn. 2), S. 19 spricht hier von einer »natürlichen Kompetenz des Reiches« und dem »tiefinnersten Grund der festen Vereinigung von Einzelstaaten in einem Bundesstaat«; zur Organisation der auswärtigen Reichsverwaltung vgl. ausführlich *G. Meyer/G. Anschütz*, Lehrbuch des deutschen Staatsrechtes, 6. Aufl. 1905, S. 701 ff.

[10] Nach *Huber*, Verfassungsgeschichte, Bd. III, S. 932 f. ergab sich dieses Recht aus dem Staatscharakter der Länder und ihrem Status als Völkerrechtssubjekte.

[11] Zu den Einflußmöglichkeiten der deutschen Einzelstaaten auf die auswärtige Reichsverwaltung vgl. *Dittmann*, Bundesverwaltung (Fn. 2), S. 19 mit Fn. 16; zu den Befugnissen der Länder auf dem Gebiet der Auswärtigen Angelegenheiten und deren Organisation vgl. *Anschütz*, WRV, Art. 78 Anm. 1 (S. 416 ff.); *W. Frotscher*, Überblick über die Verwaltungsorganisation, in: Dt. VerwGesch, Bd. 4, S. 407 ff. (427); *Meyer/Anschütz*, Lehrbuch (Fn. 9), S. 695 ff.

[12] So *M. Fleischmann*, Die völkerrechtliche Stellung des Reichs und der Länder, in: HdbDStR I, S. 209 ff. (210).

[13] Zu den den Ländern verbliebenen Kompetenzen vgl. *Anschütz*, WRV, Art. 78 Anm. 1 (S. 417).

[14] Wiederum einhergehend mit dem Verlust der Qualität der Länder als eigenständige Völkerrechtssubjekte, so *J. Delbrück*, Auswärtige Angelegenheiten, in: Dt. VerwGesch, Bd. 4, S. 147 ff. (148 f.).

[15] Vgl. *Delbrück*, Angelegenheiten (Fn. 14), S. 148 f.; sowie *Anschütz*, WRV, Art. 78 Anm. 9 (S. 422).

[16] Zu Organisation und Aufgaben vgl. *K.v.d. Groeben*, Die Erfüllung von allgemeinen und besonderen polizeilichen Aufgaben, in: Dt. VerwGesch, Bd. 3, 1984, S. 435 ff. (448).

[17] Nach *Huber*, Verfassungsgeschichte, Bd. III, S. 1016, erschien außerdem der Aufbau eines Reichspolizeiapparates zum Schutz der Reichsverfassung und die hiermit verbundene Trennung von allgemeiner und politischer Polizei als nicht zweckmäßig.

eine Polizeiexekutive nicht zur Verfügung[18]. Verfassungsschutz und allgemeine Polizeiangelegenheiten waren Aufgabe des Reichsinnenministeriums[19], das allerdings keinen Verwaltungsunterbau und somit keine einzelfallbezogenen Vollzugskompetenzen besaß, sondern auf normative Steuerungsinstrumente beschränkt war[20]. Auch existierte keine Zentralstelle des Erkennungs-, Nachrichten- oder Fahndungsdienstes. Das Reichskriminalpolizeigesetz von 21.7.1922[21] sah zwar die Einrichtung einer Zentralbehörde vor, diese scheiterte jedoch am Widerstand des Freistaates Bayern[22].

4 Grundlage für die Entwicklung einer staatlichen **Sozialversicherung** war die Auflösung der ständischen Gesellschafts- und Wirtschaftsstruktur, die den Staat vor die Aufgabe stellte, deren soziale Sicherungsmechanismen zu ersetzen[23]. Als Ursprung der heutigen Sozialversicherungen gilt die Bismarcksche Sozialgesetzgebung[24]. Ihr Grundkonzept findet sich in der Ersten Kaiserlichen Botschaft zur sozialen Frage vom 17.11.1881[25], auf die der Erlaß mehrerer Sozialreformgesetze folgte. Der Einfluß des Reiches war unterschiedlich[26]. In der Organisation der Versicherung vereinten sich Selbstverwaltungs- und staatliche Elemente in unterschiedlicher Weise. Zudem machte das Konzept der größtmöglichen Nähe zum Versicherten eine Beteiligung der Länder notwendig[27]. In der Weimarer Republik wurde das Sozialversicherungssystem des Kaiserreichs trotz kriegs- und inflationsbedingter enormer Schwierigkeiten weiterentwickelt[28] und 1927 durch die Arbeitslosenversicherung[29] ergänzt.

5 Art. 48 **RV 1871** regelte die einheitliche Verwaltung des **Post- und Telegraphenwesens**. Umstritten war jedoch, ob der Wortlaut des Art. 48 I RV 1871[30] und insbesondere die Formulierung »Staatsverkehrs-Anstalten« auf eine verfassungsrechtliche Konstituierung einer ausschließlichen Staatlichkeit dieses Bereichs der Verwaltung hin-

---

[18] Zur Ausnahme des Reichswasserschutzes vgl. *V. Götz*, Polizei und Polizeirecht, in: Dt. VerwGesch, Bd. 4, S. 397 ff. (398); allgemein zur Polizeiverwaltung vgl. *F.A. Medicus*, JöR 20 (1932), 1 (29 f.).

[19] Zu Organisation und Aufgaben vgl. *K.v.d. Groeben*, Reichsinnenministerium, in: Dt. VerwGesch, Bd. 4, S. 156 ff. (157 ff.).

[20] *Groeben*, Reichsinnenministerium (Fn. 19), S. 160.

[21] RGBl. S. 593; dazu *A. Abbühl*, Der Aufgabenwandel des Bundeskriminalamtes, 2010, S. 33 ff.

[22] *Götz*, Polizei (Fn. 18), S. 409.

[23] *H. Henning*, Aufbau der Sozialverwaltung, in: Dt. VerwGesch, Bd. 3, S. 275 ff. (276).

[24] *T. Emde*, Die demokratische Legitimation der funktionalen Selbstverwaltung, 1991, S. 144; s. auch *W. Kluth*, Funktionale Selbstverwaltung, 1997, S. 189.

[25] »Für diese Fürsorge die rechten Mittel und Wege zu finden, ist eine schwierige, aber auch eine der höchsten Aufgaben jedes Gemeinwesens, welches auf den sittlichen Fundamenten des christlichen Volkslebens steht. Der engere Anschluß an die realen Kräfte dieses Volkslebens und das Zusammenfassen der letzteren in der Form kooperativer Genossenschaften unter staatlichem Schutz und staatlicher Förderung werden, wie Wir hoffen, die Lösung auch von Aufgaben möglich machen, denen die Staatsgewalt *allein* in gleichem Umfange nicht gewachsen sein würde.« (abgedruckt in: Huber, Dokumente, Bd. 2, S. 474 f.).

[26] Zu Einzelheiten der Kranken- (1883), Unfall- (1884), Alters- und Invalidenversicherung (1889) ausführlich *Henning*, Aufbau (Fn. 23), S. 288 ff.; vgl. auch *Kluth*, Selbstverwaltung (Fn. 24), S. 189.

[27] *Henning*, Aufbau (Fn. 23), S. 292.

[28] Dies betrifft vor allem die Ausweitungen des Versicherungsschutzes. Im Hinblick auf Änderungen in der Organisationsstruktur ist insbesondere auf die Ausweitung der Selbstverwaltung in der Angestelltenversicherung hinzuweisen; vgl. *W. Berg*, Arbeits- und Sozialverwaltung, in: Dt. VerwGesch, Bd. 4, S. 218 ff. (237); *F.A. Medicus*, JöR 20 (1932), 1 (64 ff.).

[29] Vgl. hierzu *Berg*, Arbeits- und Sozialverwaltung (Fn. 28), S. 233.

[30] »Das Postwesen und das Telegraphenwesen werden für das gesamte Gebiet des Deutschen Reichs als einheitliche Staatsverkehrs-Anstalten eingerichtet und verwaltet.«

deutete[31]. Hierin ist der erste Versuch zu sehen, mittels einer Kompetenzverteilungsnorm im Verhältnis von Gesamt- und Gliedstaat eine **Abgrenzung zwischen staatlichen und privaten Aufgaben** vorzunehmen[32]. Der Erste Weltkrieg[33] führte vor allem auf dem Gebiet der Kriegswirtschaftsverwaltung zu einem umfangreichen Einsatz **privatrechtlicher Organisationsformen**. In den sog. Kriegsgesellschaften, die zumeist in Form einer GmbH organisiert waren, schlossen sich Staat und private Unternehmen zusammen, um die durch den Krieg entstandenen umfangreichen Beschaffungs- und Verteilungsaufgaben wahrzunehmen[34]. Auch in der **Weimarer Republik** setzte sich die Umwandlung von Verwaltungseinheiten in privatrechtlich organisierte Einrichtungen fort[35]. Durch die Übertragung von Verwaltungsaufgaben auf privatwirtschaftliche Unternehmen kam es zu einer Erweiterung des Einflußbereiches der Reichsverwaltung[36].

II. Entstehung und Veränderung der Norm

Anliegen des **HChE** war es, die **Materien der bundeseigenen Verwaltung auf wenige Bereiche** zu beschränken[37]. Erst im **Parlamentarischen Rat** erfolgte eine Ausweitung der Bundeskompetenzen, die sowohl die Anzahl als auch die Organisationsformen betrafen[38]. Das Recht des Bundes zur Einrichtung von Behörden gem. Art. 87 I 2 GG wurde vom **Hauptausschuß** eingefügt[39]. Die Norm ist die Reaktion des Verfassunggebers auf den sogenannten »Polizeibrief« der westalliierten Militärgouverneure vom 14. April 1949[40]. Die hierdurch erteilte Erlaubnis zur Errichtung eigener Sicherheitsbehörden des Bundes sollte auf die ausdrücklich genannten Bereiche beschränkt bleiben, und insbesondere sollte ein Trennungsgebot zwischen Verfassungsschutz und Polizei gelten. 6

Zwar existierten bereits im Kaiserreich und zur Zeit der Weimarer Republik Verwaltungsbehörden, die den heutigen **Bundesoberbehörden** ähnelten[41], eine Vorbild- 7

---

[31] Nachweise dazu bei *Dittmann*, Bundesverwaltung (Fn. 2), S. 20f.

[32] *Dittmann*, Bundesverwaltung (Fn. 2), S. 21.

[33] Ausführlich zur reichseigenen Verwaltung im Ersten Weltkrieg *G. Lassar*, JöR 14 (1926), 1 (10ff.).

[34] Vgl. nur *Dittmann*, Bundesverwaltung (Fn. 2), S. 33 m. w. N.

[35] Vgl. hierzu ausführlich *G. Lassar*, JöR 14 (1926), 1 (48ff.).

[36] *Dittmann*, Bundesverwaltung (Fn. 2), S. 54f.

[37] Art. 116 HChE; im Einzelnen waren dies die Verwaltung auswärtiger Angelegenheiten, die Bundesbahn und die Bundespost sowie in bestimmten Fällen die sozialen Versicherungsträger.

[38] Vgl. hierzu ausführlich: Parl. Rat III, S. 627ff.; Parl. Rat XIV/1, S. 485, 1096.

[39] Auf Antrag des Abg. Zinn in der 58. Sitzung des Hauptausschusses ohne Begründung oder Kommentierung, Parl. Rat XIV, S. 1830.

[40] Vgl. BVerfGE 97, 198 (215, Rn. 82). Nach diesem »Polizeibrief« (abgedruckt z.B. bei *H.-H. Pioch*, Das Polizeirecht, 1950, S. 283f.; ausführlich dazu *A. Dorn*, Trennungsgebot in verfassungshistorischer Perspektive, 2004) an den Präsidenten des Parlamentarischen Rates war es der Bundesregierung gestattet, »Bundesorgane zur Verfolgung von Gesetzesübertretungen und Bundespolizeibehörden« auf folgenden Gebieten zu errichten: »Überwachung des Personen- und Güterverkehrs bei der Überschreitung der Bundesgrenzen«, »Sammlung und Verbreitung von polizeilichen Auskünften und Statistiken«, »Koordinierung bei der Untersuchung von Verletzungen der Bundesgesetze« und schließlich »die Erfüllung internationaler Verpflichtungen hinsichtlich der Rauschgiftkontrolle, des internationalen Reiseverkehrs und von Staatsverträgen über die Verbrechensverfolgung«. Die gestattete »Stelle zur Sammlung und Verbreitung von Auskünften über umstürzlerische, gegen die Bundesregierung gerichtete Tätigkeiten« sollte »keine Polizeibefugnis haben«.

[41] Vgl. hierzu *W. Welz*, Ressortverantwortung im Leistungsstaat, 1988, S. 51ff.

funktion dieser Behörden ist jedoch in den Beratungen zum Grundgesetz nicht ersichtlich[42]. Ebenfalls keine Erwähnung in den Beratungen zum Grundgesetz findet die den Bundesoberbehörden zugeschriebene Funktion[43] der Entlastung der Ministerien. Im Ausschuß für Zuständigkeitsabgrenzung wurde erwogen, Bundesoberbehörden zum Sammeln von Erfahrung und zum Ausüben von Beratungstätigkeiten zu errichten[44]. Allerdings war man der Auffassung, dies würde ein **Ausnahmefall** bleiben[45]. Als grundlegende Funktion des Art. 87 III 1 GG wird die Einräumung einer eigenen Bundesverwaltungskompetenz im Gegensatz zur grundsätzlichen Länderkompetenz nach Art. 83 GG angesehen. So enthielt der entsprechende **Art. 116 HChE** zwei verschiedene Fassungen, wobei die erste die Möglichkeit zur Einrichtung von Bundesoberbehörden nicht enumerativ begrenzt, während die zweite auf einen Katalog[46] in der Anlage des Entwurfs verweist. Der Ausschuß für Zuständigkeitsabgrenzungen entschied sich jedoch gegen eine abschließende Aufzählung, um dem Bund zu ermöglichen, auf zukünftige Notwendigkeiten zu reagieren[47]. Als Indiz hierfür wird auch der zunächst in Art. 116 V HChE vorgesehene, später jedoch weggefallene[48] Zustimmungsvorbehalt des Bundesrates gewertet. Dem Bund sollte demnach für verschiedene nicht vorhersehbare Fälle eine »Notverwaltungskompetenz«[49] eingeräumt werden, die nicht von der Zustimmung der Länder oder des Bundesrates abhängig sein sollte.

8 Durch **Grundgesetzänderungen**[50] wurden dem **Bundesgrenzschutz** weitere polizeiliche Aufgaben zugewiesen. Soweit diese verfassungsrechtlichen Aufgaben tragen, hat sich der Bundesgrenzschutz von einer reinen Grenzpolizei zu einer multifunktional eingesetzten »Polizei des Bundes« gewandelt[51] (→ Rn. 37 ff.). Durch das 31. Änderungsgesetz vom 28.7.1972[52] wurde Art. 87 durch das Recht des Bundes erweitert, **Zentralstellen zur Sammlung von Unterlagen** zum Schutz gegen Bestrebungen im Bundesgebiet, die durch Anwendung von Gewalt oder darauf gerichtete Vorbereitungshandlungen auswärtige Belange der Bundesrepublik Deutschland gefährden, einzurichten. Hiermit wurden die verfassungsrechtlichen Vorraussetzungen einer Reakti-

---

[42] Vielmehr wird die Verwaltungsorganisation insbesondere des Weimarer Reiches wiederholt als Negativbeispiel aufgeführt, so z. B. der Abg. des Verfassungskonvents auf Herrenchiemsee Küster in der Sitzung vom 22.8.1948, Parl. Rat II, S. 385, sowie der Abg. Schwalber, ebd., S. 393.

[43] So z. B. *Welz*, Ressortverantwortung (Fn. 41), S. 105; *P. Lerche*, in: Maunz/Dürig, GG, Art. 87 (1996), Rn. 189.

[44] So der Abg. Hoch in der Sitzung vom 18.11.1948, Parl. Rat III, S. 640.

[45] So der Abg. Dr. Strauß in der Sitzung vom 18.11.1948, Parl. Rat III, S. 640.

[46] Es handelt sich bei den aufgeführten Behörden um die Bundesoberbehörden für Maß und Gewicht, Statistik, Seuchenbekämpfung, Aufsicht über die Sozialverwaltung, Aufsicht über die Privatversicherung, Untersuchung von Seeunfällen, Schiffsvermessung und Bundesarchivwesen (Anlage abgedruckt in: Parl. Rat II, S. 615).

[47] So der Abg. Hoch in der Sitzung vom 30.9.1948, Parl. Rat III, S. 270, der hier im übrigen von einzelnen Ministerien und Bundesoberbehörden spricht; dazu, daß Art. 87 III GG alle Organisationsformen erfaßt: → Rn. 79.

[48] Sitzung des Zuständigkeitsausschusses vom 2.12.1948, Parl. Rat III, S. 745.

[49] *G. Britz*, DVBl. 1998, 1167 (1171).

[50] 17. Gesetz zur Ergänzung des Grundgesetzes vom 24.6.1968 (BGBl. I S. 709) und 31. Gesetz zur Ergänzung des Grundgesetzes vom 28.7.1972 (BGBl. I S. 1305); vgl. dazu auch BVerfGE 97, 198 (215, Rn. 83).

[51] So BVerfGE 97, 198 (215, Rn. 83) unter Berufung auf *H.P. Bull*, in: AK-GG, Art. 87 (2001), Rn. 68; *S. Jutzi*, DÖV 1992, 650 (650 f.); mit Hinweis auf eine notwendige Beschränkung auf das Gepräge einer Sonderpolizei zur Wahrnehmung einer begrenzten Aufgabe *J. Oebbecke*, HStR³ VI, § 136 Rn. 121.

[52] BGBl. I S. 1305.

onsmöglichkeit auf die zunehmenden politisch motivierten Gewalttaten von Ausländern geschaffen[53], die zuvor nur für Gefährdungen der inneren verfassungsmäßigen Ordnung des Bundes bestand[54]. Durch das 40.[55] und 41.[56] Änderungsgesetz zum Grundgesetz wurden die Bereiche **Bundeseisenbahnen** und **Bundespost** im Zuge ihrer Neuordnung als Aufgaben bundeseigener Verwaltung in Art. 87 I 1 GG gestrichen (→ Art. 87e Rn. 7; → Art. 87f Rn. 3 f.). Schließlich wurde durch das 43. Änderungsgesetz zum Grundgesetz vom 27.10.1994[57] der die Überführung von Sozialversicherungsträgern in die Landesverwaltung regelnde Art. 87 II 2 GG (→ Rn. 59) eingefügt. Er gilt – auch nach der Föderalismusreform des Jahres 2006 – als die einzige, weit hinter den ursprünglichen Bestrebungen zurückgebliebene Auswirkung der Bemühungen, die Position der Länder im bundesstaatlichen Verwaltungsgefüge zu stärken[58].

B. Internationale, supranationale und rechtsvergleichende Bezüge

Art. 87 GG hat erhebliche Bedeutung für den innerstaatlichen **Vollzug des Völker- und Unionsrechts** (→ Art. 83 Rn. 5 ff.; → Art. 86 Rn. 7), weil insbesondere Art. 87 III 1 GG die Grundlage dafür bietet, den Schwerpunkt des exekutiven Vollzugs internationalen und supranationalen Rechts beim Bund anzusiedeln. Auf den unmittelbaren Vollzug[59] von Unionsrecht werden von der h. M. und der Staatspraxis die Art. 83 ff. GG analog angewendet[60]. Unmittelbar geltendes Unionsrecht wird dabei auszuführenden »Bundesgesetzen« gleichgestellt, ohne Rücksicht darauf, ob der Bund für diese Materie über die Gesetzgebungskompetenz verfügt oder nicht. Ob sich aus dieser analogen Anwendung auch die Folge ergibt, daß eine Gesetzgebungszuständigkeit des Bundes für das gesamte unmittelbar geltende Unionsrecht fingiert wird, so daß der Bund unter den Voraussetzungen des **Art. 87 III GG** die Ausführung dieser Unionsrechtsnormen in die bundeseigene Verwaltung überführen könnte, wird von den Vertretern dieser Auffassung soweit ersichtlich nicht ausdrücklich geklärt[61]. Die Frage ist zu verneinen, weil nach zutreffender Ansicht die Art. 83 ff. GG nur dann analog auf den unmittelbaren Vollzug von Unionsrecht anwendbar sind, wenn die gemeinschaftsrechtliche Regelung nach der grundgesetzlichen Verteilung der Gesetzgebungskompetenzen in die Zuständigkeit des Bundes fallen würde (→ Art. 83 Rn. 10). Daraus ergibt sich für Art. 87 III GG, daß auch nach dieser Vorschrift **die bundeseigene Ausführung unmittelbar geltenden Unionsrechts** nur dann zulässig ist, wenn der Bund nach der innerstaatlichen Zuständigkeitsverteilung für die auszuführenden Materien die Gesetzgebungszuständigkeit innehat[62]. 9

[53] *M. Sachs*, in: Sachs, GG, Art. 87 Rn. 8.

[54] So die Begründung zum Entwurf eines Gesetzes zur Änderung des Gesetzes über die Zusammenarbeit des Bundes und der Länder in Angelegenheiten des Verfassungsschutzes (VerfSchÄndG), BT-Drs. 6/1179, S. 3.

[55] Vom 20.12.1993 (BGBl. I S. 2089).

[56] Vom 30.8.1994 (BGBl. I S. 2245).

[57] BGBl. I S. 3146 (3147).

[58] Vgl. hierzu *Sachs* (Fn. 53), Art. 87 Rn. 10.

[59] Zu den Begriffen: → Art. 83 Rn. 5 ff.

[60] → Art. 83 Rn. 9; zur Kritik an dieser Lösung: → Art. 83 Rn. 10.

[61] Vgl. *P. Lerche*, in: Maunz/Dürig, GG, Art. 83 (1983), Rn. 51; *ders.* (Fn. 43), Art. 87 Rn. 47; *A. Hatje*, Die gemeinschaftsrechtliche Steuerung der Wirtschaftsverwaltung, 1998, S. 124; *C. Koenig*, DVBl. 1997, 581 (585).

[62] Ebenso *W. Kössinger*, Die Durchführung des Europäischen Gemeinschaftsrechts im Bundes-

10 Der **Auswärtige Dienst** wird bei seiner Verwaltungstätigkeit naturgemäß insbesondere durch Regeln des Völkerrechts beeinflußt. Für die diplomatischen und konsularischen Vertretungen sind etwa die beiden Wiener Übereinkommen über diplomatische und konsularische Beziehungen[63] von Bedeutung. Im Zuge der europäischen Integration wandelte sich der vormals außenpolitische Charakter der **Beziehungen zu den anderen europäischen Staaten**. Nationale Europapolitik hat, zumindest im Hinblick auf die Europäische Union, weitgehend einen innenpolitischen Charakter erhalten, der auf klassisch diplomatische Verfahren nicht mehr angewiesen ist[64]. Dennoch spielt das Außenministerium bei der **Koordinierung der Europapolitik** der Bundesregierung zusammen mit dem Bundeswirtschaftsministerium immer noch eine zentrale Rolle. So koordiniert die seit 1993 bestehende Europaabteilung des Auswärtigen Amtes z.B. die Vorbereitungen der Europäischen Räte, und auch der Leiter der Ständigen Vertretung der Bundesrepublik in Brüssel ist ein Botschafter des Auswärtigen Amtes[65]. Ein eigenständiges Europaministerium existiert auf Bundesebene bislang nicht.

11 Doch auch die Gestaltung der Beziehungen zu den Staaten außerhalb der Europäischen Union ist nunmehr in erheblichen Teilen Sache der Union. Mit dem Vertrag von Maastricht wurde die **Gemeinsame Außen- und Sicherheitspolitik** (GASP) Bestandteil des EU-Vertrages (→ Art. 32 Rn. 9; → Art. 59 Rn. 10), deren Rechtsgrundlagen im Amsterdamer Vertrag noch einmal verändert und ergänzt und durch den Vertrag von Lissabon weiter gestärkt wurden[66]. Mit dem Vertrag von Lissabon wurden die Außenzuständigkeiten der Union schließlich, nach Vorarbeiten im Verfassungskonvent von 2002–2004[67], weiter ausgebaut. Neben der Abstimmung der diplomatischen und konsularischen Vertretungen der Mitgliedstaaten in Drittstaaten und auf internationalen Konferenzen[68] ist hierfür vor allem das neue Amt des Hohen Vertreters der Europäischen Union für Außen- und Sicherheitspolitik nach Art. 18, 27 EUV von zentraler Bedeutung. Dieser leitet die Gemeinsame Außen- und Sicherheitspolitik, hat die Stellung eines der Vizepräsidenten der Europäischen Kommission inne und übernimmt die Koordination des auswärtigen Handelns[69]. Weiterhin ist die Völkerrechtssubjekti-

---

staat, 1989, S. 57. Einer analogen Anwendung des Art. 87 III GG bedarf es nicht, weil die Vorschrift lediglich eine Gesetzgebungskompetenz, nicht jedoch, wie die Art. 83 und 84 GG, ein auszuführendes Bundesgesetz verlangt; so auch *J. Suerbaum*, Die Kompetenzverteilung beim Verwaltungsvollzug des Europäischen Gemeinschaftsrechts in Deutschland, 1998, S. 230f.

[63] Wiener Übereinkommen über diplomatische Beziehungen vom 18.4.1961, BGBl. 1964 II, S. 957; Wiener Übereinkommen über konsularische Beziehungen vom 24.4.1963, BGBl. 1969 II, S. 1585, 1674, 1688; Überblick über weitere in diesem Bereich zu beachtende Normen des Völkerrechts bei *H.-J. Heintze*, in: Ipsen, Völkerrecht, § 23 und § 27 Rn. 1f.

[64] Die Entkoppelung der Europapolitik von der Diplomatie läßt sich etwa an der Einrichtung eigener Büros der Bundesländer in Brüssel ablesen, wogegen sich der Bund zunächst mit Verweis auf die ihm in Art. 32 I GG ausschließlich zugewiesene außenpolitische Kompetenz zu wehren versuchte. Als Gegenargument wurde auf den innenpolitischen Charakter der EG-Politik verwiesen; ausführlich hierzu *U. Fastenrath*, DÖV 1990, 125ff. m.w.N.

[65] Vgl. *J. Kühn*, Die Koordinierung der deutschen Europapolitik, 1994, S. 7ff.; *S. Blumler/C. Jeffrey/W. Patterson*, Deutschlands europäische Diplomatie: die Entwicklung des regionalen Milieus, in: W. Weidenfeld (Hrsg.), Deutsche Europapolitik, 1998, S. 11ff. (26ff.); *T. Beichelt*, Bundesregierung: Entscheidungsprozesse und europapolitische Koordinierung, in: K. Böttger/M. Jopp (Hrsg.), Handbuch zur deutschen Europapolitik, 2016, S. 93ff.

[66] Art. 23ff. EUV.

[67] *Oppermann/Classen/Nettesheim*, Europarecht, § 38 Rn. 7.

[68] Art. 32, 34, 35 EUV.

[69] *H.-J. Cremer*, in: Calliess/Ruffert, EUV/AEUV, Art. 18 EUV Rn. 2.

vität der Union heute primärrechtlich gesichert (Art. 47 EUV)[70]. Im Rahmen ihrer Kompetenzen kann die Union so am Völkerrechtsverkehr teilnehmen und völkerrechtliche Verträge abschließen (Art. 216 I AEUV). Die Außenkompetenzen der Europäischen Union sind dabei gemäß dem Prinzip der begrenzten Einzelermächtigung in den beiden Unionsverträgen entweder ausdrücklich geregelt (Aufzählung: → Art. 59 Rn. 9) oder bestehen dort, wo dies zur Verwirklichung eines Vertragsziels erforderlich ist (Art. 3 II, Art. 216 I 2. Alt. AEUV; → Art. 59 Rn. 9).

Die Aufgaben der in Art. 87 I 2 GG ermöglichten Einrichtungen des Bundes auf dem 12
Gebiet der inneren Sicherheit sind ebenfalls von Vergemeinschaftungsprozessen betroffen. Angestoßen wurde die Zusammenarbeit in diesem Bereich durch die intergouvernementalen Schengener Abkommen eines Teils der Mitgliedstaaten der Gemeinschaft[71]. Die zunächst in der Dritten Säule des EUV überwiegend als Regierungszusammenarbeit ausgestaltete **Zusammenarbeit in den Bereichen Justiz und Inneres** hat mittlerweile eine institutionelle Verfestigung erfahren[72]. Am deutlichsten erkennbar ist dies an der Errichtung einer Europäischen Agentur für die Zusammenarbeit auf dem Gebiet der Strafverfolgung (Europol)[73], die neben der bislang noch immer vorrangigen Aufgabe der zentralen Informationssammlung und -auswertung insbesondere die Aufgaben des Erstellens strategischer Analysen und der Erbringung spezialisierter Schulungsleistungen hat. Wie schon beim Kontakt mit der Internationalen Kriminalpolizeilichen Organisation (Interpol)[74] und dem Schengener Informationssystem ist das Bundeskriminalamt für Deutschland auch beim Aufbau von Europol maßgeblich beteiligt. Die **Kooperation mit ausländischen und supranationalen Einrichtungen** der Strafverfolgung gewinnt innerhalb der Aufgaben von Bundeskriminalamt und Bundespolizei zunehmend an Gewicht[75].

Die in Art. 87 II 1 GG als Teil der mittelbaren Bundesverwaltung installierten So- 13
zialversicherungsträger müssen insbesondere bei grenzüberschreitenden Vorgängen die **Vereinheitlichungen des Sozialrechts** durch das Unionsrecht (→ Art. 74 Rn. 10 f.)

---

[70] Zur ursprünglichen Debatte über die Völkerrechtssubjektivität und zur Entwicklung der Vorschrift *O. Dörr*, in: Grabitz/Hilf/Nettesheim, EUV/AEUV, Art. 47 EUV Rn. 1 ff.

[71] Dazu nur die Übersicht bei *M. Thiel*, Die »Entgrenzung« der Gefahrenabwehr, 2011, S. 409 ff.; zum Verhältnis des Schengener Abkommens zur Zusammenarbeit in den Bereichen Justiz und Inneres vgl. *L. Harings*, Grenzüberschreitende Zusammenarbeit der Polizei- und Zollverwaltungen und Rechtsschutz in Deutschland, 1998, S. 95.

[72] Art. 67 ff. AEUV.

[73] Verordnung (EU) 2016/794 des Europäischen Parlaments und des Rates vom 11.5.2016 über die Agentur der Europäischen Union für die Zusammenarbeit auf dem Gebiet der Strafverfolgung (Europol) und zur Ersetzung und Aufhebung der Beschlüsse 2009/371/JI, 2009/934/JI, 2009/935/JI, 2009/936/JI und 2009/968/JI des Rates, ABl. L 135/53 v. 24.5.2016; Art. 88 AEUV. Hierzu *Sachs* (Fn. 53), Art. 87 Rn. 48; *K. Schoppa*, Europol im Verbund der Europäischen Sicherheitsagenturen, 2013; *R. Möllers*, Polizei in Europa – Europol und Frontex im Raum der Freiheit, der Sicherheit und des Rechts, 2012; *R. Mokros*, Polizeihandeln auf Ebene der Europäischen Union, in: E. Denninger/F. Rachor (Hrsg.), Handbuch des Polizeirechts, 5. Aufl. 2012, Kap. O Rn. 30 ff.

[74] Die Rechtsgrundlagen von Interpol finden sich in der Textsammlung von *M. Baldus* (Hrsg.), Polizeirecht des Bundes, 3. Aufl. 2005.

[75] Ausführlich zur grenzüberschreitenden Kooperation im Bereich der Polizeiverwaltungen *Harings*, Zusammenarbeit (Fn. 71) sowie *T. Petri*, Europol – Grenzüberschreitende polizeiliche Zusammenarbeit in Europa, 2001; *M. Baldus*, Transnationales Polizeirecht – Verfassungsrechtliche Grundlagen und einfach-gesetzliche Ausgestaltung polizeilicher Eingriffsbefugnisse in grenzüberschreitenden Sachverhalten, 2001; *M. Möstl*, Die Verwaltung 41 (2008), 309 (324 ff.); *Mokros*, Polizeihandeln (Fn. 73); *Thiel*, »Entgrenzung« (Fn. 71), S. 400 ff.

berücksichtigen, die vor allem zur Sicherung der **Niederlassungsfreiheit** erlassen wurden[76].

14 Aus **rechtsvergleichender Perspektive** ist anzumerken, daß sich die durch Art. 87 GG beantworteten Fragen, insbesondere die mögliche Begründung von Bundesverwaltungskompetenzen nach Art. 87 III GG auf den Gebieten, auf denen der Bund über Gesetzgebungsbefugnisse verfügt, in den meisten anderen föderal organisierten Staaten deshalb nicht stellen, weil nach dem überwiegend praktizierten dualen Modell der Gesamtstaat ohnehin »seine« Gesetze selbst vollzieht (→ Art. 83 Rn. 13 ff.). Auch die Aufzählung von Bundeskompetenzen in Art. 10 der Verfassung **Österreichs** ist mit Art. 87 GG und den weiteren speziellen Normen des Grundgesetzes zur Bundesverwaltungskompetenz nur begrenzt vergleichbar, weil dort zwischen Verwaltungs- und Gesetzgebungskompetenzen nicht unterschieden wird[77]. Im Hinblick auf die organisationsrechtlichen Gestaltungsmöglichkeiten, denen auch Art. 87 GG nur sehr begrenzt Schranken zieht (→ Rn. 27, 35 f., 79, 85 ff.), ist auf die europaweit und international zu beobachtende Tendenz zu verselbständigten Verwaltungsträgern hinzuweisen (→ Art. 86 Rn. 9).

C. Erläuterungen

I. Systematische Stellung, Regelungsgehalte, Anwendungsbereich

15 Art. 87 GG ist die wichtigste Vorschrift[78], die **Gegenstände und Aufgaben** enthält, auf die der Verwaltungstyp **der Bundesverwaltung** Anwendung findet. Soweit diese Aufgaben in dem Vollzug von Bundesgesetzen bestehen, bestimmt oder erlaubt Art. 87 GG eine **Abweichung von der Grundregel des Art. 83 GG**. Soweit die in Art. 87 GG genannten Bundesverwaltungskompetenzen im Bereich der sog. gesetzesfreien Verwaltung liegen, handelt es sich um **»andere Regelungen«** i. S. d. **Art. 30 GG**. Für die in Art. 87 GG aufgelisteten Gegenstände findet Art. 86 GG als allgemeine Vorschrift über die Bundesverwaltung (→ Art. 86 Rn. 10) Anwendung. Allerdings differenziert Art. 87 GG über Art. 86 GG hinaus die Verwaltungsformen der Bundesverwaltung weiter aus[79].

16 Bereits aus der systematischen Stellung von Art. 87 GG im VIII. Abschnitt über die bundesstaatliche Verteilung der Verwaltungskompetenzen folgt, daß seine **Funktion** insgesamt wie auch die seiner einzelnen aufgaben-, organisations- und organkompetenzbezogenen[80] Regelungselemente (→ Art. 86 Rn. 12 ff.) **primär auf die bundesstaatliche Kompetenzverteilung bezogen** sind. Während Art. 87 I und II GG dem Bund begrenzte Verwaltungskompetenzen durch die Benennung konkreter Aufgaben[81] zu-

---

[76] Zum vergemeinschafteten Sozialrecht *H.-D. Steinmeyer*, Sozialrecht, in: Schulze/Zuleeg/Kadelbach, Europarecht, § 40; *R. Waltermann*, Sozialrecht, 12. Aufl. 2016, S. 41 ff.; *H.M. Heinig*, Europäisches Sozialverwaltungsrecht, in: J.P. Terhechte (Hrsg.), Verwaltungsrecht der Europäischen Union, 2011, § 32.

[77] Zur Bundesstaatlichkeit in Österreich *E. Wiederin*, IPE I, § 7 Rn. 78 ff.

[78] Auflistung der sonstigen Vorschriften: → Art. 86 Rn. 18 ff.

[79] Dazu *Lerche* (Fn. 43), Art. 87 Rn. 8 f.; *Sachs* (Fn. 53), Art. 87 Rn. 12.

[80] Vgl. den Vorbehalt des Gesetzes in Art. 87 I 2 und III GG; zu den verschiedenen Bedeutungsschichten bzw. Funktionen des Art. 87 GG s. auch *M. Burgi*, in: v. Mangoldt/Klein/Starck, GG III, Art. 87 Rn. 1, 17 ff.

[81] Den Vorrang des Aufgabenbezugs vor organisationsrechtlichen Gehalten betont auch *Lerche* (Fn. 43), Art. 87 Rn. 42 m. w. N.; anders *Sachs* (Fn. 53), Art. 87 Rn. 11.

weisen, eröffnet Art. 87 III GG die Möglichkeit der Begründung von Bundesverwaltungskompetenzen prinzipiell in allen Bereichen, in denen dem Bund die Gesetzgebungskompetenz zusteht (→ Rn. 65 ff.). Die bundesstaatliche Funktion der Anordnung obligatorischer Bundesverwaltung in Art. 87 I 1 GG, der eine aufgabenbezogene verpflichtende Wirkung zukommt[82] (→ Art. 86 Rn. 16), liegt darin, daß hier einerseits eine Länderkompetenz definitiv ausgeschlossen ist, daß sich andererseits aber der Bund diesen Aufgaben nicht, auch nicht z. B. durch Privatisierung, entziehen kann[83]. Sie wird deutlich auch aus einem Vergleich mit den fakultativen Bundesverwaltungskompetenzen: wenn diese dem Bund ermöglichen, über die bundesstaatliche Ebene, auf der die Wahrnehmung der Verwaltungsaufgabe stattfinden soll, zu disponieren (→ Rn. 32 f., 60; → Art. 86 Rn. 18), bedeutet dies umgekehrt für die obligatorische Zuweisung von Verwaltungskompetenzen, daß sie eine gerade für das Bund-Länder-Verhältnis relevante Festlegung enthalten.

Die bundesstaatliche Bedeutung der **organisationsrechtlichen Vorgaben** wird insbesondere deutlich, wenn Art. 87 I 2 GG die Aufgabenwahrnehmung des Bundes auf »Zentralstellen« (→ Rn. 46 ff.) begrenzt und in Art. 87 III 2 GG eine dezentrale Aufgabenerledigung an besondere Voraussetzungen knüpft (→ Rn. 95 ff.). Umgekehrt stellt die verbindliche Anordnung eines eigenen Verwaltungsunterbaus in Art. 87 I 1 GG sicher, daß die ihm zugewiesenen Aufgaben durch den Bund effektiv wahrgenommen und nicht durch Inanspruchnahme von Landesbehörden erfüllt werden müssen (→ Rn. 23). Daneben enthält Art. 87 GG mit der Anordnung unmittelbarer Bundesverwaltung (→ Art. 86 Rn. 25 ff.) in Abs. 1 und mittelbarer Verwaltung in Abs. 2 allerdings auch Vorgaben, die sich weniger aus der bundesstaatlichen Kompetenzverteilung als aus sachlichen Anforderungen des jeweiligen Aufgabenbereichs erklären. 17

Aus der primär bundesstaatlichen Kompetenzverteilungsfunktion von Art. 87 GG erschließen sich auch **Bedeutung und Reichweite** des in Art. 87 I 2 und III GG enthaltenen **Vorbehalts eines Bundesgesetzes**. Obwohl die Zustimmung des Bundesrates nicht erforderlich ist, kommt diesem eine bundesstaatliche Schutzfunktion zugunsten der Länder deshalb zu, weil er den Bund zu einer präzisen und transparenten Umschreibung aller Verwaltungsaufgaben zwingt, die er abweichend von den allgemeinen Regeln der Art. 30 und 83 GG durch Einrichtungen der Bundesverwaltung wahrnehmen lassen will[84]. Daraus folgt zum einen, daß der Vorbehalt eines Bundesgesetzes in Art. 87 I 2 und III GG nicht auf die dort genannten Organisationsformen beschränkt ist, sondern auch für die Aufgabenwahrnehmung durch andere Verwaltungseinrichtungen – insbesondere Bundesministerien – gilt (→ Rn. 34, 79, 83 f.). Zum anderen ergibt sich daraus, daß die Gesetzesvorbehalte des Art. 87 GG nicht als Ausdruck des **allgemeinen institutionellen Gesetzesvorbehaltes** gedeutet werden können, weil ihnen nicht oder zumindest nicht vorrangig die Funktion zukommt, legislative und exekutive Organkompetenzen auf der Ebene des Bundes voneinander abzugrenzen[85]. Regelmäßig werden die Anforderungen aus dem allgemeinen Vorbehalt des Gesetzes neben die aus Art. 87 I 2 und III GG folgenden Regelungserfordernisse treten (→ Rn. 69 ff.). 18

Schließlich macht es die kompetenzverteilende Funktion von Art. 87 GG auch erforderlich, seinen **Anwendungsbereich** sowohl auf die gesetzesausführende als auch 19

---

82 Zustimmend *K. Ruge*, in: Schmidt-Bleibtreu/Hofmann/Henneke, GG, Art. 87 Rn. 5; s. auch *Sachs* (Fn. 53), Art. 87 Rn. 12.

83 *M. Ibler*, in: Maunz/Dürig, Art. 87 (2012), Rn. 8.

84 Zustimmend *J. Suerbaum*, in: Epping/Hillgruber, GG (online, Stand: 1.6.2017), Art. 87 Rn. 12.

85 Anders: → Art. 20 (Rechtsstaat), Rn. 124 f.

auf die »gesetzesfreie« Verwaltung zu erstrecken[86] (→ Art. 86 Rn. 20ff.). Da es aus der Sicht der Verwaltungskompetenz der Länder nicht darauf ankommt, ob bei der Inanspruchnahme von Bundesverwaltungskompetenzen die Aufgabe durch bestimmte – in Art. 87 GG ausdrücklich genannte – Behörden wahrgenommen wird, findet Art. 87 GG auch auf die Ministerialverwaltung und andere Organisationsformen der Bundesverwaltung einschließlich privatrechtlich organisierter Verwaltungsträger (→ Art. 86 Rn. 40, 46ff.) Anwendung (→ Rn. 24, 61f., 79). Nicht in den Anwendungsbereich von Art. 87 GG fällt dagegen die erwerbswirtschaftliche Betätigung des Bundes (→ Art. 86 Rn. 36ff.).

II. Bundeseigene Verwaltung mit eigenem Verwaltungsunterbau (Art. 87 I 1 GG)

1. Gemeinsame Merkmale

a) Zwingende und ausschließliche Aufgabenwahrnehmung durch den Bund

20 Der in Art. 87 I 1 GG geregelte Bereich obligatorischer bundeseigener Verwaltung mit eigenem Verwaltungsunterbau (→ Art. 86 Rn. 25, 29) wird durch bestimmte **Aufgaben** umschrieben, denen sich der Bund jedenfalls nicht vollständig entziehen darf[87]. Allerdings wird man diesen aufgabenbezogenen Gehalt nur auf einen »Kernbereich«[88] von Aufgaben der obligatorischen bundeseigenen Verwaltung beziehen können. Schon allein deshalb, weil die Beschreibung bestimmter Aufgabenbereiche in Art. 87 I 1 GG nicht auf die Aufrechterhaltung eines im Zeitpunkt der Verfassunggebung vorgefundenen status quo an tatsächlicher Verwaltungsorganisation, sondern auf die Festlegung bestimmter Materien zur Erledigung in bundeseigener Verwaltung unter Berücksichtigung deren Entwicklungsoffenheit zielt[89], wird man die Norm nur für einen – allerdings im einzelnen schwer zu fixierenden – »Kernbestand« als **Privatisierungsverbot** ansehen können[90]. Eine Übertragung der Aufgabe auf supranationale Organisationen, insbesondere auf die Europäische Union, wird dadurch allerdings nicht ausgeschlossen[91]. Die Verpflichtung des Bundes besteht nicht nur objektiv, sondern ihr entspricht ein Recht der Länder auf Aufgabenwahrnehmung durch den Bund[92], das im Wege des Bund-Länder-Streits durchgesetzt werden kann.

21 Eine **Verwaltungstätigkeit der Länder** in den durch Art. 87 I 1 GG bezeichneten Sachgebieten ist **ausgeschlossen** (→ Art. 86 Rn. 42). Eine Ausnahme davon gilt wegen des Verweises in Art. 87 I 1 GG nur für die Verwaltung der Bundeswasserstraßen und der Schiffahrt nach Art. 89 GG (→ Art. 89 Rn. 23f.). Unklarheit herrscht allerdings darüber, in welchem Umfang die Länder von der Verwaltungstätigkeit des Bundes ausgeschlossen sind. Während einige hier nur einen »ausschlaggebenden Einfluß« der

[86] So auch *Suerbaum* (Fn. 84), Art. 87 Rn. 10.
[87] Vgl. nur Jarass/*Pieroth*, GG, Art. 87 Rn. 2; zum Aufgabengehalt der Art. 87ff. GG allgemein: → Art. 86 Rn. 16.
[88] Vgl. *Lerche* (Fn. 43), Art. 87 Rn. 15 m.w.N.
[89] Zu dieser Argumentation vgl. *E. Schmidt-Aßmann/G. Fromm*, Aufgaben und Organisation der Deutschen Bundesbahn in verfassungsrechtlicher Sicht, 1986, S. 66f.
[90] *H. Lecheler*, NVwZ 1989, 834 (836); *Bull* (Fn. 51), Art. 87 Rn. 20; *Sachs* (Fn. 53), Art. 87 Rn. 19, 23.
[91] So zutreffend *Sachs* (Fn. 53), Art. 87 Rn. 23.
[92] In diese Richtung auch *Sachs* (Fn. 53), Art. 87 Rn. 24.

Länder für unzulässig halten[93], soll nach anderer Auffassung jede Art von Verwaltungstätigkeit sowie jede Beteiligung der Länder unzulässig sein[94]. Die dahinter stehende Frage nach zulässigen Formen der Mischverwaltung (→ Art. 83 Rn. 47 ff.) läßt sich zumindest in dem Sinne allgemein beantworten, daß Kooperationsformen auch im Anwendungsbereich des Art. 87 I 1 GG nicht ausgeschlossen sind.

b) Bundeseigene Verwaltung mit eigenem Verwaltungsunterbau

Durch den Gebrauch des Begriffes der bundeseigenen Verwaltung beschränkt Art. 87 I 1 GG die Wahrnehmung der dort genannten Aufgaben auf die **Organisationsformen der unmittelbaren Bundesverwaltung** (→ Art. 86 Rn. 25 ff.) und schließt die Organisation eines gesamten Aufgabenbereichs in den Formen der mittelbaren Verwaltung aus[95]. Soweit dies anders gesehen wird mit dem Argument, Formen der mittelbaren Bundesverwaltung lägen »nicht quer zu dem Gesamtkonzept der Bund-Länder-Beziehungen im Bereich der Verwaltung«[96], wird der organisationsrechtliche Bedeutungsgehalt der Vorschriften über die Bundesverwaltung (→ Art. 86 Rn. 15) verkannt[97]. Für die bestehenden Verwaltungsorganisationen des Bundes in den Bereichen des Art. 87 I 1 GG folgt aus der verpflichtenden Wirkung, daß diese jedenfalls nicht ersatzlos beseitigt werden können[98]. 22

Darüber hinaus schreibt Art. 87 I 1 GG zwingend den Verwaltungstyp der bundeseigenen Verwaltung **mit eigenem Verwaltungsunterbau** (→ Art. 86 Rn. 29) vor, so daß der Bund verpflichtet ist, eine regional gegliederte eigene Verwaltungsorganisation bereitzuhalten[99]. Allerdings läßt die offene Formulierung des Art. 87 I 1 GG Gestaltungsmöglichkeiten zu, die von der traditionellen zweistufig gegliederten Verwaltung abweichen[100]. Ausgehend von der primär das Bund-Länder-Verhältnis betreffenden Bedeutung des Art. 87 I 1 GG wird von manchen dagegen befürwortet, die Vorschrift enthalte lediglich eine Ermächtigung des Bundes zur Schaffung einer die Rechtsstellung der Länder besonders intensiv berührenden dezentralen Verwaltungsorganisation[101]. Das überzeugt nicht, weil auch auf der zutreffenden Grundlage der bundesstaatlichen Kompetenzverteilungsfunktion des Art. 87 GG (→ Rn. 16 f.) die verpflichtende Anordnung eines eigenen Verwaltungsunterbaus durchaus sinnvoll erscheint. Dadurch wird nämlich bei Aufgaben, bei denen der Verfassunggeber offensichtlich davon ausging, daß sie nur mit ausreichender Ortsnähe effektiv wahrgenommen werden können, sichergestellt, daß der Bund seinen Aufgaben tatsächlich nachkommt und insbesondere nicht darauf angewiesen ist, in größerem Umfang die Unterstützung durch Landesbehörden in Anspruch zu nehmen. 23

[93] So *Dittmann*, Bundesverwaltung (Fn. 2), S. 85; nach BVerfGE 63, 1 (40) sind die Bereiche der Bundesverwaltung den Ländern »grundsätzlich entzogen«.

[94] So *Sachs* (Fn. 53), Art. 87 Rn. 17.

[95] So auch *Ibler* (Fn. 83), Art. 87 Rn. 49; *Sachs* (Fn. 53), Art. 87 Rn. 15, 18.

[96] So – mit Verweis auf BVerfGE 10, 89 (102, 104); 15, 235 (240 ff.) – *Bull* (Fn. 51), Art. 87 Rn. 20; *Burgi* (Fn. 80), Art. 87 Rn. 3.

[97] So auch *Sachs* (Fn. 53), Art. 87 Rn. 18.

[98] So *Sachs* (Fn. 53), Art. 87 Rn. 21 m. w. N.

[99] *Burgi* (Fn. 80), Art. 87 Rn. 5; Jarass/*Pieroth*, GG, Art. 87 Rn. 2; *Ruge* (Fn. 82), Art. 87 Rn. 6; *Ibler* (Fn. 83), Art. 87 Rn. 51 f.

[100] *Burgi* (Fn. 80), Art. 87 Rn. 5; Beispiele bei *M. Ronellenfitsch*, Die Mischverwaltung im Bundesstaat, 1. Teil, 1975, S. 203 f.

[101] So insbesondere *Lerche* (Fn. 43), Art. 87 Rn. 41; dagegen *Sachs* (Fn. 53), Art. 87 Rn. 20; *Ibler* (Fn. 83), Art. 87 Rn. 62.

24 Bei der Wahrnehmung des Kernbereichs der in Art. 87 I 1 GG genannten Aufgaben darf der Bund also weder von dem Gebot unmittelbarer Verwaltung noch von der Verpflichtung zur Beibehaltung eines eigenen Verwaltungsunterbaus abweichen. Verfassungsrechtlich zulässig ist dagegen, daß er sich in **Randbereichen der Aufgabe anderer Organisationsformen**[102] bedient, insbesondere die Möglichkeiten der privatrechtsförmigen Bundesverwaltung (→ Art. 86 Rn. 34 ff., 44 ff.) nutzt. Allerdings sind gerade bei dem Einsatz privatrechtsförmiger Verwaltung[103] dessen allgemeine Grenzen (→ Art. 86 Rn. 48 ff.) zu beachten. Wenn es sich auch um Randaufgaben, Hilfs- oder Unterstützungstätigkeiten handelt, so nimmt der Bund doch – außer in den Fällen erwerbswirtschaftlicher Betätigung (→ Art. 86 Rn. 36 ff.) – eine Verwaltungskompetenz in Anspruch und muß deshalb den ausreichenden Einfluß der zuständigen Bundesorgane auf die jeweilige Verwaltungstätigkeit sicherstellen[104]. Eine bundesgesetzliche Grundlage für solche Sonderformen ist ebensowenig wie für die in Art. 87 I 1 GG genannten Formen der bundeseigenen Verwaltung mit eigenem Verwaltungsunterbau erforderlich (→ Rn. 25). Auch der allgemeine institutionelle Vorbehalt des Gesetzes kann kaum greifen, weil dieser die »Wesentlichkeit« von Organisationsentscheidungen voraussetzt (→ Art. 20 [Rechtsstaat], Rn. 125 f.), die in den hier allein interessierenden Randbereichen nicht gegeben sein kann. Vielmehr muß die »Wesentlichkeit« i. S. d. allgemeinen institutionellen Gesetzesvorbehalts als Indiz dafür angesehen werden, daß es sich nicht mehr um Randaufgaben handelt, bei deren Erledigung der Bund von den Organisationsvorgaben des Art. 87 I 1 GG abweichen darf.

c) Kein spezieller Gesetzesvorbehalt

25 Eine **gesetzliche Grundlage** ist für die Wahrnehmung der Verwaltungskompetenz des Bundes aus Art. 87 I 1 GG **nicht erforderlich**. Dies gilt sowohl für die Übernahme der jeweiligen Aufgabe durch den Bund, die ihm bereits durch die Verfassung selbst zugewiesen ist, als auch für die Errichtung und Ausgestaltung der dort genannten Bundesbehörden. Auch aus Art. 87 III GG kann sich die Notwendigkeit eines Gesetzes nicht ergeben[105], weil diese allgemeine fakultative Kompetenzvorschrift neben der speziellen Bundesverwaltungskompetenz aus Art. 87 I 1 GG nicht anwendbar ist (→ Rn. 72). Allerdings kann der **allgemeine organisationsrechtliche Vorbehalt des Gesetzes** (→ Art. 20 [Rechtsstaat], Rn. 124 ff.) ein Gesetz für die Errichtung und organisatorische Ausgestaltung der in Art. 87 I 1 GG genannten Bundesbehörden verlangen.

---

[102] Vgl. dazu Jarass/*Pieroth*, GG, Art. 87 Rn. 2; *Burgi* (Fn. 80), Art. 87 Rn. 23 f.; entgegen *Sachs* (Fn. 53), Art. 87 Rn. 19 ist die Frage der Zulässigkeit privatrechtlicher *Handlungs*formen weder Thema des Art. 87 I 1 GG noch Gegenstand der Vorschriften über die Bundesverwaltung insgesamt; insgesamt skeptisch gegenüber abweichenden Organisationsformen und Einschaltung Privater *Ibler* (Fn. 83), Art. 87 Rn. 55 ff.

[103] Dazu gehören auch Beliehene, nicht dagegen Verwaltungshelfer (→ Art. 86 Rn. 35); dazu *Sachs* (Fn. 53), Art. 87 Rn. 19; *Oebbecke* (Fn. 51), § 136 Rn. 101 ff.

[104] Vgl. nur *Sachs* (Fn. 53), Art. 87 Rn. 19; *Ruge* (Fn. 82), Art. 87 Rn. 5; *D. Ehlers*, Verwaltung in Privatrechtsform, 1984, S. 119; *Dittmann*, Bundesverwaltung (Fn. 2), S. 88. Dabei ist freilich zu beachten, daß bei privaten Organisationsformen aufgrund der rechtlichen Verselbständigung kein dem hierarchischen Behördenaufbau vergleichbares Einflußniveau erreicht werden kann. Gerade das ist der Grund dafür, private Rechtsformen nur in Randbereichen des jeweiligen Aufgabengebiets zuzulassen.

[105] So auch *Lerche* (Fn. 43), Art. 87 Rn. 170 f.

2. Der Auswärtige Dienst

Die **Aufgabe** des Auswärtigen Dienstes, also die von der Exekutive wahrzunehmenden auswärtigen Angelegenheiten des Bundes, wird umschrieben mit der **Pflege der Beziehungen** der Bundesrepublik Deutschland **zu auswärtigen Staaten** sowie zwischenstaatlichen und überstaatlichen Einrichtungen[106]. Aus der Gesamtheit dessen, was Art. 73 I Nr. 1 GG mit dem Begriff der auswärtigen Angelegenheiten umschreibt (→ Art. 73 Rn. 11f.), legt Art. 87 I 1 GG die verwaltungsmäßig zu erledigenden Aufgaben in die Kompetenz des Bundes. Anlaß, diese Verwaltungsaufgabe auf die herkömmlichen und im völkerrechtlichen Verkehr üblichen Tätigkeiten zu beschränken[107], besteht nicht. Im Gegenteil muß der Begriff des Auswärtigen Dienstes offengehalten werden für die sich verändernden Bedingungen internationaler Kooperation[108]. 26

Organisationsrechtlich fordert Art. 87 I 1 GG, daß der Auswärtige Dienst in der Form der unmittelbaren Bundesverwaltung mit eigenem Verwaltungsunterbau geführt wird (→ Rn. 22ff.; → Art. 86 Rn. 25, 29). Dem entspricht die durch das Gesetz über den Auswärtigen Dienst[109] festgelegte Verwaltungsorganisation des Auswärtigen Dienstes, die sich in das Auswärtige Amt und die Auslandsvertretungen (Botschaften, Generalkonsulate und Konsulate sowie ständige Vertretungen) gliedert. Eine zweistufige Gliederung dieser Unterbehörden in Botschaften als »Mittelbehörden« und Konsulate als »Unterbehörden«[110] ist weder verfassungsrechtlich geboten noch entspricht sie der gesetzlichen Normierung der Verwaltungsorganisation des Auswärtigen Dienstes[111]. Ebensowenig wie die mit dem Begriff des Auswärtigen Dienstes bezeichnete Aufgabe (→ Rn. 26) ist dessen Organisation auf das »klassische diplomatische und konsularische Gefüge« – allenfalls ergänzt um Stellen mit vorgrundgesetzlicher Tradition sowie um »zeitgemäße Nachfolger« dieser Stellen – beschränkt[112] (→ Rn. 28). Daß Art. 87 I 1 GG einer vollständigen Herauslösung der Beziehungen zu anderen Mitgliedstaaten und zur Europäischen Union aus der Zuständigkeit des Außenministeriums und des Auswärtigen Dienstes (→ Rn. 10) nicht entgegenstehen würde, folgt bereits daraus, daß Art. 87 I 1 GG eine primär aufgabenbezogene kompetenzverteilende Funktion hat und hinsichtlich der organisatorischen Ausgestaltung den zuständigen Organen einen Gestaltungsspielraum (→ Art. 86 Rn. 44) läßt[113]. 27

---

106 So etwa *Sachs* (Fn. 53), Art. 87 Rn. 25; zum Begriff der Auswärtigen Angelegenheiten i. S. d. Art. 73 I Nr. 1 GG: BVerfGE 100, 313 (368ff., Rn. 196ff.).

107 So aber z. B. *Sachs* (Fn. 53), Art. 87 Rn. 27; *Ibler* (Fn. 83), Art. 87 Rn. 67, 69.

108 Überzeugend *Burgi* (Fn. 80), Art. 87 Rn. 10ff.; s. auch *Dittmann*, Bundesverwaltung (Fn. 2), S. 114ff. m. w. N.

109 Gesetz über den Auswärtigen Dienst (GAD) vom 30.8.1990 (BGBl. I S. 1842), zuletzt geändert durch Art. 2 des Gesetzes vom 10.3.2017 (BGBl. I S. 410); vgl. dazu die Übersicht bei *Sachs* (Fn. 53), Art. 87 Rn. 26.

110 So *W. Krebs*, HStR^3 V, § 108 Rn. 21.

111 So auch *Sachs* (Fn. 53), Art. 87 Rn. 26.

112 So aber *U. Fastenrath*, Kompetenzverteilung im Bereich der auswärtigen Gewalt, 1986, S. 110ff.; *Sachs* (Fn. 53), Art. 87 Rn. 27; dagegen *Dittmann*, Bundesverwaltung (Fn. 2), S. 113ff.; *T. Köstlin*, Die Kulturhoheit des Bundes, 1989, S. 67ff.

113 *Dittmann*, Bundesverwaltung (Fn. 2), S. 118f.; darauf, ob der Kontakt zu anderen Mitgliedstaaten und zu den Organen der EU das traditionelle Gepräge des Auswärtigen Dienstes bereits hinter sich gelassen hat, kommt es also nicht an.

28 Fraglich ist, welche aufgaben- und organisationsbezogenen Auswirkungen Art. 87 I 1 GG auf »**Aktivitäten mit Auslandsbezug**«[114] außerhalb des traditionellen diplomatischen und konsularischen Bereichs hat, zu denen neben dem **Bundesnachrichtendienst**[115] z.B. die privatrechtlich organisierten **Goethe-Institute** und **Auslandsschulen**[116], die Deutsche Welle[117] und das Gästehaus der Bundesorgane auf dem Petersberg[118] gehören. In diesen Zusammenhang gehört auch die **Entwicklungshilfeaufgabe**, die zentral vom Bundesministerium für wirtschaftliche Zusammenarbeit wahrgenommen und in dessen Auftrag insbesondere durch die Deutsche Gesellschaft für Internationale Zusammenarbeit (GIZ) GmbH durchgeführt wird[119]. Nach einer Auffassung findet Art. 87 I 1 GG auf solche Aktivitäten des Bundes keine Anwendung[120] mit der Folge, daß einerseits eine Bundeskompetenz aus anderen Verfassungsnormen[121], aus der Natur der Sache oder – subsidiär – aus Art. 87 III GG[122] gewonnen werden muß, daß andererseits aber auch die organisationsrechtlichen Bindungen von Art. 87 I 1 GG nicht greifen. Die h.M. stützt die Bundesverwaltungskompetenz dagegen zutreffend auf Art. 87 I 1 GG[123]. Zwar ist durch diese Norm dem Bund nicht die »gesamte Außenpolitik« zugewiesen. Angesichts sich verändernder Formen der internationalen Kooperation wird aber ein Sachzusammenhang mit dem Auswärtigen Dienst regelmäßig kaum zu leugnen sein. Da Art. 87 I 1 GG die Organisationsform der unmittelbaren Bundesverwaltung mit eigenem Verwaltungsunterbau nur für den Kernbereich der Verwaltungsaufgabe zwingend vorschreibt (→ Rn. 24, 26f.), sind in den hier interessierenden Randbereichen des Auswärtigen Dienstes, insbesondere im Bereich der aus-

[114] Vgl. dazu *Köstlin*, Kulturhoheit (Fn. 112), S. 69ff., 131ff.; *Fastenrath*, Kompetenzverteilung (Fn. 112), S. 173ff.; *Dittmann*, Bundesverwaltung (Fn. 2), S. 123ff.

[115] Zur Organisation (Bundesoberbehörde im Geschäftsbereich des Bundeskanzleramtes) und zu den Aufgaben (Gewinnung und Auswertung von Informationen über das Ausland, die von außen- und sicherheitspolitischer Bedeutung für die Bundesrepublik Deutschland sind) vgl. § 1 BNDG; zur Ableitung der Bundesverwaltungskompetenz aus dem Sachzusammenhang mit dem Auswärtigen Dienst vgl. nur *Lerche* (Fn. 43), Art. 87 Rn. 145; *Dittmann*, Bundesverwaltung (Fn. 2), S. 236f.; BVerfGE 100, 313 (368ff., Rn. 197ff.), wo es um Parallelfragen der Gesetzgebungskompetenz aus Art. 73 Nr. 1 a.F. GG geht.

[116] Zum Goethe-Institut e.V. wie auch zu weiteren »Mittlerorganisationen der auswärtigen Kulturpolitik« *Köstlin*, Kulturhoheit (Fn. 112), S. 67ff., 183ff.; *Ibler* (Fn. 83), Art. 87 Rn. 70; zu den Auslandsschulen *Fastenrath*, Kompetenzverteilung (Fn. 112), S. 178ff.

[117] Bei dieser handelt es sich nach § 1 I des Gesetzes über die Rundfunkanstalt des Bundesrechts »Deutsche Welle« (Deutsche-Welle-Gesetz) i.d.F der Bekanntmachung vom 11.1.2005 (BGBl. I S. 90), zuletzt geändert durch Art. 80 des Gesetzes vom 29.3.2017 (BGBl. I S. 626), um eine gemeinnützige Anstalt des öffentlichen Rechts für den Auslandsrundfunk; vgl. dazu *D. Dörr*, Die verfassungsrechtliche Stellung der Deutschen Welle, 1998, S. 20ff.; *A. Hesse*, Rundfunkrecht, 3. Aufl. 2003, S. 56f.

[118] Dazu Bundesministerium der Finanzen (Hrsg.), Beteiligungsbericht 2016, S. 55 (Gästehaus Petersberg GmbH, deren Alleingesellschafterin die Bundesanstalt für Immobilienaufgaben ist).

[119] Zur Organisation der Entwicklungszusammenarbeit im Entwicklungsverwaltungsrecht s. *T. Groß*, Deutsches Entwicklungsverwaltungsrecht, in: P. Dann/S. Kadelbach/M. Kaltenborn (Hrsg.), Entwicklung und Recht, 2014, S. 659ff.; *P. Dann*, Autonomie trotz Asymmetrie? Selbstbestimmung und Eigenverantwortung im Entwicklungsverwaltungsrecht, in: FS Bryde, 2013, S. 549ff.

[120] *Sachs* (Fn. 53), Art. 87 Rn. 28; *Fastenrath*, Kompetenzverteilung (Fn. 112), S. 174f. m.w.N.

[121] Dazu, daß Art. 32 I GG hierbei untauglich ist, weil es regelmäßig bei den sonstigen Aktivitäten nicht um die Beziehung zu Völkerrechtssubjekten geht und weil es sich außerdem um die Erfüllung von Verwaltungsaufgaben handelt, für die Art. 83ff. GG Spezialregelungen enthalten, vgl. *Köstlin*, Kulturhoheit (Fn. 112), S. 71f. → Art. 32 Rn. 17, 22f.

[122] Dessen Voraussetzungen werden aber häufig mangels Gesetz nicht vorliegen.

[123] So m.w.N. etwa *Köstlin*, Kulturhoheit (Fn. 112), S. 69f.; *Burgi* (Fn. 80), Art. 87 Rn. 12, 15; *Suerbaum* (Fn. 84), Art. 87 Rn. 17.

wärtigen Kulturpolitik, auch Formen der mittelbaren Verwaltung einschließlich derjenigen des Privatrechts zulässig, soweit deren allgemeine Grenzen beachtet werden (→ Art. 86 Rn. 48 ff.).

3. Die Bundesfinanzverwaltung

Der in Art. 87 I 1 GG enthaltene Begriff der »Bundesfinanzverwaltung« nimmt zum einen Bezug auf die in der speziellen Vorschrift[124] des Art. 108 GG näher umschriebene Bundesaufgabe der **Abgabenverwaltung** sowie auf die dort enthaltenen Aussagen zur Organisation der Bundesfinanzverwaltung[125] (→ Art. 108 Rn. 12 ff.). Insoweit wird Art. 87 I 1 GG der ursprünglichen Intention gerecht, in Art. 87 GG auch die an anderer Stelle des Grundgesetzes geregelten Bundesverwaltungskompetenzen zusammenzufassen[126]. Zum anderen werden von der Bundesfinanzverwaltung i. S. einer »Randaufgabe« (→ Rn. 24) aber auch **sonstige Aufgaben** erfaßt, die traditionell einen Zusammenhang mit der Abgabenverwaltung aufweisen. Hierher gehört insbesondere die **Bau- und Vermögensverwaltung des Bundes**[127]. Auch die Bundesschuldenverwaltung dürfte diesem »Randbereich« zuzurechnen sein. Für diese außerhalb des Kernbereichs der Aufgabe liegenden Angelegenheiten gelten die strikten organisationsrechtlichen Vorgaben von Art. 87 I 1 GG wegen dessen primär aufgaben- und kompetenzbezogener Funktion nicht[128] (→ Rn. 16, 20 f.). Dies hat zur Folge, daß der Bund hier eine größere organisationsrechtliche Gestaltungsfreiheit genießt und sich auch anderer Formen als denen der unmittelbaren Bundesverwaltung mit eigenem Verwaltungsunterbau bedienen kann[129]. 29

4. Bundeswasserstraßen- und Schiffahrtsverwaltung

Die Bundeskompetenz zur Verwaltung der **Bundeswasserstraßen** und der **Schiffahrt** besteht nur »nach Maßgabe des Artikels 89«. Daraus folgt, daß weder die Aufgaben noch die zulässigen Organisationsformen der Bundesverwaltung in diesem Bereich aus Art. 87 I 1 GG folgen, dieser Vorschrift also **kein eigenständiger** – über Art. 89 GG hinausgehender – **Regelungsgehalt** zukommt. So bedarf etwa abweichend von Art. 87 I 1 GG die Wahrnehmung von Verwaltungsaufgaben der Seeschiffahrt einer gesetzlichen Grundlage und die Bundesverwaltungskompetenz ist wegen der zugelassenen Auftragsverwaltung auch keine unverzichtbare (→ Art. 89 Rn. 23 f., 28). Die Erwähnung der Bundeswasserstraßen- und Schiffahrtsverwaltung in Art. 87 I 1 GG ist deshalb nur vor dem Hintergrund zu erklären, daß hier ursprünglich auch die an 30

---

124 Zur Spezialität von Art. 108 GG gegenüber Art. 87 I 1 GG vgl. nur *Sachs* (Fn. 53), Art. 87 Rn. 31 m. w. N. → Art. 108 Rn. 36.

125 *Dittmann*, Bundesverwaltung (Fn. 2), S. 152; *Sachs* (Fn. 53), Art. 87 Rn. 29.

126 Parl. Rat XII, S. 263 f.

127 BVerfGE 106, 1 (18, Rn. 77); BVerwG NVwZ-RR 1990, 44 (45) m. w. N.; *Dittmann*, Bundesverwaltung (Fn. 2), S. 152 (Bundesfinanzverwaltung »in einem weiteren Sinne«); *Ruge* (Fn. 82), Art. 87 Rn. 8; a. A. *Sachs* (Fn. 53), Art. 87 Rn. 30; *Burgi* (Fn. 80), Art. 87 Rn. 6, der die nicht von Art. 108 I GG erfaßten »Randaufgaben« auf ungeschriebene Bundesverwaltungskompetenzen stützen will.

128 So auch *Dittmann*, Bundesverwaltung (Fn. 2), S. 152; im Ergebnis auch *Sachs* (Fn. 53), Art. 87 Rn. 30.

129 Zur Bundesrepublik Deutschland – Finanzagentur GmbH s. etwa *H. Kube*, in: Maunz/Dürig, GG, Art. 115 (2009), Rn. 220 ff.; s. allgemein www.deutsche-finanzagentur.de (Stand: 28.8.2017); zur Bundesanstalt für Immobilienaufgaben s. etwa *R. Geulen*, LKV 2011, 63 ff.; s. allgemein www.bundesimmobilien.de (Stand: 28.8.2017).

anderer Stelle normierten Bundesverwaltungskompetenzen zusammengefaßt werden sollten[130].

III. Fakultative Bundesverwaltung im Sicherheitsbereich (Art. 87 I 2 GG)

31 Art. 87 I 2 GG begründet eine **fakultative Verwaltungskompetenz** des Bundes in Angelegenheiten der inneren und äußeren Sicherheit. Auf dieser Kompetenzgrundlage beruhen Errichtung und Tätigkeit des in »**Bundespolizei**« umbenannten[131] Bundesgrenzschutzes[132], des **Bundeskriminalamtes**[133] und des **Bundesamtes für Verfassungsschutz**[134]. Nicht hierher gehören dagegen der Bundesnachrichtendienst (→ Rn. 28) und der Militärische Abschirmdienst, der seine kompetenzielle Grundlage in Art. 87a GG findet[135].

1. Gemeinsame Merkmale

a) Kein Aufgabengehalt

32 Da es sich bei Art. 87 I 2 GG um eine **fakultative Bundesverwaltungskompetenz** handelt, kommt dieser Norm ein **aufgabenrechtlicher Gehalt** im Sinne einer Verpflichtung zur Wahrnehmung der Aufgabe **nicht zu**[136]. Nur dann, wenn sich der Bundesgesetzgeber dazu entschließt, die dort genannten Aufgaben durch Verwaltungseinrichtungen des Bundes wahrnehmen zu lassen, zwingt Art. 87 I 2 GG zur Wahl der dort näher geregelten Organisationsformen. Ein materieller Gehalt läßt sich Art. 87 I 2 GG auch insoweit nicht entnehmen, als die Grundrechtseingriffe, die mit der Tätigkeit der dort genannten Organisationseinheiten typischerweise oder im Einzelfall einhergehen, bereits durch Art. 87 I 2 GG gerechtfertigt wären[137] (→ Art. 86 Rn. 16).

b) Verbleibende Länderkompetenzen

33 Wenn und soweit der Bund von seiner fakultativen Verwaltungskompetenz nach Art. 87 I 2 GG Gebrauch macht, ist eine Kompetenz der Länder ausgeschlossen (→ Art. 86 Rn. 42). Allerdings enthält Art. 87 I 2 GG lediglich eine Ermächtigung und

---

[130] Parl. Rat XII, S. 263 f.; *Burgi* (Fn. 80), Art. 87 Rn. 7.

[131] Gesetz zur Umbenennung des Bundesgrenzschutzes in Bundespolizei vom 21.6.2005 (BGBl. I S. 1818).

[132] Bundespolizeigesetz (BPolG) vom 19.10.1994 (BGBl. I S. 2978, 2979), zuletzt geändert durch Art. 1 des Gesetzes vom 5.5.2017 (BGBl. I S. 1066).

[133] Gesetz über das Bundeskriminalamt und die Zusammenarbeit des Bundes und der Länder in kriminalpolizeilichen Angelegenheiten (BKAG) vom 7.7.1997 (BGBl. I S. 1650), zuletzt geändert durch Art. 2 des Gesetzes vom 1.6.2017 (BGBl. I S. 1354); s. auch die am 25.5.2018 in Kraft tretende Neufassung des BKAG: Art. 1 des Gesetzes zur Neustrukturierung des Bundeskriminalamtgesetzes vom 1.6.2017 (BGBl. I S. 1354).

[134] Gesetz über die Zusammenarbeit des Bundes und der Länder in Angelegenheiten des Verfassungsschutzes und über das Bundesamt für Verfassungsschutz (Bundesverfassungsschutzgesetz – BVerfSchG) vom 20.12.1990 (BGBl. I S. 2954, 2970), zuletzt geändert durch Art. 2 des Gesetzes vom 30.6.2017 (BGBl. I S. 2097).

[135] Zu beiden Einrichtungen vgl. *Ibler* (Fn. 83), Art. 87 Rn. 157 f.; *Dittmann*, Bundesverwaltung (Fn. 2), S. 236 f.; *E. Brissa*, DÖV 2011, 391 (392 f.); zum MAD: → Art. 87a Rn. 9.

[136] So auch *Sachs* (Fn. 53), Art. 87 Rn. 33; wegen der in Art. 35 II und III, 91 GG vorausgesetzten Existenz des Bundesgrenzschutzes gilt die Aussage für diesen wohl nicht.

[137] Allg. zur Rechtfertigung von Grundrechtseingriffen durch Kompetenznormen: → Vorb. Rn. 140; vgl. auch *Sachs* (Fn. 53), Art. 87 Rn. 34.

keine Verpflichtung zur Aufgabenwahrnehmung durch die dort genannten Bundesverwaltungsbehörden[138]. Deshalb kann die fakultative Kompetenz des Bundes auch in der Weise ausgeübt werden, daß die Verwaltungsaufgabe nicht in vollem Umfang durch den Bund oder nicht für alle Bundesländer einheitlich wahrgenommen wird. Folglich ist verfassungsrechtlich nichts dagegen einzuwenden, wenn in einigen Bundesländern **Grenzkontrollen** nicht durch die Bundespolizei, sondern **durch Länderpolizeien** durchgeführt werden[139]. Wer dieses Vorgehen als unzulässige Disposition über Bundeskompetenzen und damit als verfassungswidrig betrachtet[140], übersieht, daß eine fakultative Verwaltungskompetenz dem Bundesgesetzgeber gerade diese Option einräumt[141]. Erforderlich ist allerdings eine eindeutige und nachvollziehbare gesetzliche (→ Rn. 34) Verteilung der Verwaltungskompetenzen, weil anderenfalls eine effektive parlamentarische Kontrolle des Handelns von Bundes- und Landesbehörden nicht möglich ist.

c) Vorbehalt des Gesetzes

34 Die Wahrnehmung der fakultativen Verwaltungskompetenz des Bundes nach Art. 87 I 2 GG ist nur auf der Grundlage eines Bundesgesetzes möglich. Wegen seiner Stellung im VIII. Abschnitt und weil Art. 87 I 2 GG im Sinne des Art. 83 GG etwas anderes »zuläßt«, ist dieser Vorbehalt des Gesetzes nicht allein und nicht primär auf die dort genannten Organisationsformen, sondern auch auf die **Aufgabenwahrnehmung durch den Bund** als solche bezogen. Nicht erst die Errichtung der in Art. 87 I 2 GG genannten Organisationseinheiten, sondern bereits die Wahrnehmung der dort genannten Aufgaben z. B. durch ein Bundesministerium selbst bedarf also einer gesetzlichen Grundlage. Die **Gesetzgebungskompetenz** des Bundes für die materielle Ausgestaltung der Aufgabe richtet sich ebenso wie diejenige für Organisation und Verfahren der Bundesbehörden nach den Vorschriften des VII. Abschnitts[142] (→ Art. 83 Rn. 20ff.; → Art. 86 Rn. 14).

d) Trennungsgebot im Bereich der Sicherheitsverwaltung

35 Unklarheit herrscht darüber, ob sich aus Art. 87 I GG ein sog. Trennungsgebot in dem Sinne ableiten läßt, daß die dort separat aufgeführten Verwaltungsaufgaben nur durch organisatorisch getrennte Behörden wahrgenommen werden dürfen[143]. Die Annahme

---

[138] Vgl. nur *Lerche* (Fn. 43), Art. 87 Rn. 126.

[139] § 2 I BPolG: »Der Bundespolizei obliegt der grenzpolizeiliche Schutz des Bundesgebietes (Grenzschutz), soweit nicht ein Land im Einvernehmen mit dem Bund Aufgaben des grenzpolizeilichen Einzeldienstes mit eigenen Kräften wahrnimmt.«; so z. B. in Bayern (Art. 29 BayPolizeiaufgabenG, Art. 4 III BayPolizeiorganisationsG); siehe dazu auch *E. Denninger/R. Poscher*, Die Polizei im Verfassungsgefüge, in: E. Denninger/F. Rachor (Hrsg.), Handbuch des Polizeirechts, 5. Aufl. 2012, Kap. B Rn. 150; *Dittmann*, Bundesverwaltung (Fn. 2), S. 225 f.

[140] Zweifelnd etwa *Denninger/Poscher*, Polizei (Fn. 139), Kap. B Rn. 150.

[141] *Lerche* (Fn. 43), Art. 87 Rn. 126.

[142] In dem angesichts von Art. 73 I Nr. 10 GG kaum praktisch relevanten Fall, daß für eine aufgaben-, organisations- oder verfahrensbezogene Regelung der in Art. 87 I 2 GG genannten Sachgebiete keine Gesetzgebungskompetenz des Bundes besteht, wird Art. 87 I 2 GG als die Gesetzgebungskompetenz begründende Norm herangezogen, z. B. von *Sachs* (Fn. 53), Art. 87 Rn. 12, 35; *Lerche* (Fn. 43), Art. 87 Rn. 121, der von einer »konstitutiven Bundesgesetzgebungskompetenz sui generis« spricht.

[143] Zur Diskussion um das Trennungsgebot s. etwa *Thiel*, »Entgrenzung« (Fn. 71), S. 367 ff.; *Abbühl*, Aufgabenwandel (Fn. 21), S. 382 ff.; *M. König*, Trennung von Polizei und Nachrichtendiensten, 2005, S. 118 ff., 151 ff.; *M. Baldus*, ThürVBl. 2013, 25 (28 ff.); *M. L. Fremuth*, AöR 139 (2014), 32

eines solchen generellen verfassungsrechtlichen Trennungsgebotes würde jedoch die primäre Funktion der Art. 83 ff. GG im allgemeinen und des Art. 87 GG im besonderen verkennen, die in der bundesstaatlichen Verteilung der Verwaltungskompetenz und nicht darin liegt, präzise organisatorische Vorgaben für die Ausgestaltung der Bundesverwaltung zu machen. Zutreffend hat das Bundesverfassungsgericht deshalb den organisationsrechtlichen Gestaltungsspielraum (→ Art. 86 Rn. 45) der zuständigen Bundesorgane betont und darauf hingewiesen, daß die Art. 83 ff. GG »nicht in allen Einzelheiten« regeln, »wie die Verwaltung organisatorisch auszugestalten ist«[144]. Eine **Zusammenfassung mehrerer** in Art. 87 I 2 GG genannter **Aufgaben bei einer Organisationseinheit** ist deshalb grundsätzlich als zulässig anzusehen[145].

36 Allerdings können sich durchaus **spezielle Trennungsgebote** mit begrenztem Umfang und begrenzter Reichweite für den Bereich der Sicherheitsverwaltung[146] **aus anderen Verfassungsnormen**[147] ergeben. Zwar finden sich keine ausdrücklichen Vorschriften hierzu in der Verfassung. Neben dem Verweis auf den »Polizeibrief« der Alliierten (→ Rn. 6), der als Reaktion auf die Verbrechen der Geheimen Staatspolizei interpretiert wird[148], können vor allem das Rechtsstaatsprinzip, das Bundesstaatsprinzip und der Schutz der Grundrechte als Grundlage für ein Verbot herangezogen werden, bestimmte Sicherheitsbehörden miteinander zu verschmelzen oder sie mit Aufgaben zu befassen, die mit ihrer verfassungsrechtlichen Aufgabenstellung nicht vereinbar sind[149]. Die »Eigenart der Materien« spricht insbesondere gegen eine Zusammenlegung der **Kriminalpolizei** und des **Verfassungsschutzes**[150]. Zentralstellen für Zwecke des Verfassungsschutzes oder des Nachrichtendienstes dürfen angesichts ihrer andersartigen Aufgaben und Befugnisse nicht mit einer Vollzugsbehörde zusammengelegt werden[151]. Eine Verschmelzung von Bundespolizei und Bundeskriminalamt stünde in Widerspruch zu dessen Zentralstellenqualität[152]. Die insbesondere aus Anlaß des Antiterrordateigesetzes[153] und der neuen Sicherheitsarchitektur (→ Rn. 47) mit dem neuen Bundeskriminalamt-Gesetz (→ Rn. 31) im Zentrum neu aufgeflammte

(35 ff.); *C. Streiß*, Das Trennungsgebot zwischen Polizei und Nachrichtendiensten, 2011, S. 141 ff., der für ein Ende der Diskussion um ein allgemeines Trennungsgebot mit Verfassungsrang plädiert.

144 BVerfGE 97, 198 (217, Rn. 87; 224, Rn. 105); 63, 1 (34) mit Betonung des weiten organisatorischen Gestaltungsspielraums des Bundes.

145 *Sachs* (Fn. 53), Art. 87 Rn. 48; *Burgi* (Fn. 80), Art. 87 Rn. 34; *Streiß*, Trennungsgebot (Fn. 143), S. 141 ff.

146 BVerfGE 97, 198 (217, Rn. 88); *C. Gusy*, ZRP 1987, 45 (45 ff.); siehe dazu auch *I. Staff*, KritJ 32 (1999), 586 (589 ff.). → Fn. 143.

147 Davon, daß Art. 87 I 2 GG jedenfalls nicht die alleinige verfassungsrechtliche Grundlage eines Trennungsgebotes darstellt, geht wohl auch BVerfGE 97, 198 (217, Rn. 88) aus, wenn im Zusammenhang mit Art. 87 I 2 GG das Rechtsstaatsprinzip, das Bundesstaatsprinzip und der Schutz der Grundrechte genannt werden; a. A. *C. Gusy*, ZRP 1987, 45 (46 f.), der wegen der Verwendung des Plurals »Zentralstellen« ein Trennungsgebot aus Art. 87 I 2 GG selbst entnimmt.

148 *H.-U. Paeffgen/K. Gärditz*, KritV 83 (2000), 65 (66) m. w. N. in Fn. 11.

149 BVerfGE 97, 198 (217, Rn. 88f).

150 *C. Gusy*, ZRP 1987, 45 (45 ff.); *Sachs* (Fn. 53), Art. 87 Rn. 48 mit Fn. 76; *Burgi* (Fn. 80), Art. 87 Rn. 35.

151 BVerfGE 97, 198 (217, Rn. 87); *Ibler* (Fn. 83), Art. 87 Rn. 143 f.; Jarass/*Pieroth*, GG, Art. 87 Rn. 5.

152 Zweifelnd auch *Sachs* (Fn. 53), Art. 87 Rn. 48.

153 Gesetz zur Errichtung einer standardisierten zentralen Antiterrordatei von Polizeibehörden und Nachrichtendiensten von Bund und Ländern (Antiterrordateigesetz) vom 22.12.2006 (BGBl. I S. 3409), zuletzt geändert durch Art. 3 des Gesetzes vom 1.6.2017 (BGBl. I S. 1354).

Diskussion[154] um das Trennungsgebot wurde vom Bundesverfassungsgericht[155] nicht für eine Klärung grundsätzlicher Art genutzt. Im Ergebnis bejaht das Gericht aber die Kompetenz des Bundes aus Art. 87 I 2 GG zur Verwaltung einer Antiterror-Verbunddatei, die den Datenaustausch zwischen Nachrichtendiensten und Polizei ermöglicht[156].

2. Bundesgrenzschutzbehörden (Bundespolizei)

Art. 87 I 2 GG ermächtigt den Bund, durch Gesetz Bundesgrenzschutzbehörden einzurichten. Der Bundesgesetzgeber darf also **abweichend von der Regelzuständigkeit** der Länder gem. Art. 30 und 83 GG die Verwaltungsaufgabe des **polizeilichen Schutzes der Bundesgrenze** selbst übernehmen und zu diesem Zweck eine eigene Behördenorganisation einrichten[157]. Es handelt sich um einen Fall der fakultativen unmittelbaren Bundesverwaltung. 37

a) Grenzschutz- und weitere speziell normierte Aufgaben

Neben anderen Aufgaben, die das Grundgesetz in speziellen Vorschriften dem Bundesgrenzschutz zuordnet (→ Rn. 39), umschreibt die Verfassung den zentralen Gegenstand, den der Bund durch Einrichtung einer speziellen Behördenorganisation an sich ziehen darf, durch den Begriff des Grenzschutzes. Die mit diesem Begriff bezeichnete Aufgabe wird nicht anders als in Art. 73 I Nr. 5 GG »umfassend« im Sinne eines **grenzpolizeilichen Schutzes des Bundesgebietes** verstanden[158]. Sie erfaßt sowohl die polizeiliche Überwachung der Grenzen einschließlich der Abwehr von Gefahren für die Grenzanlagen als auch die Kontrolle des grenzüberschreitenden Verkehrs[159]. Dieser grenzpolizeiliche Schutz des Bundesgebietes erfordert nicht nur die Überwachung der unmittelbaren Bundesgrenzen, sondern auch die Kontrolle des anliegenden Hinterlandes sowie des grenzüberschreitenden Verkehrs auf Flughäfen, Seehäfen und Bahnhöfen[160]. 38

Daneben weist die Verfassung in Art. 35 II und III, 91 GG dem Bundesgrenzschutz **grenzunabhängige Aufgaben** zu, die in Zusammenhang mit Störungen der öffentlichen Sicherheit, Katastrophen- und Notstandsfällen stehen. Weiterhin kann er gem. Art. 115f I Nr. 1 GG im Verteidigungsfall eingesetzt werden[161]. Art. 37 GG stellt hingegen wegen der Spezialität von Art. 35 III und 91 II GG keine ausreichende Grundlage für den Einsatz des Bundesgrenzschutzes dar (→ Art. 37 Rn. 17). 39

---

[154] S. etwa *F. Roggan/N. Bergemann*, NJW 2007, 876ff.; *T. Petri*, ZD 2013, 3ff.; *M.A. Zöller*, JZ 2007, 763 (767f.); *M. Kutscha*, NVwZ 2013, 324 (325); *C. Gusy*, ZRP 2012, 230 (232f.); *M. Baldus*, ThürVBl. 2013, 25 (28ff.).

[155] BVerfGE 133, 277; dazu *K.F. Gärditz*, JZ 2013, 633ff.; *C. Arzt*, NVwZ 2013, 1328ff.; *R. Käß*, BayVBl. 2013, 709ff.

[156] BVerfGE 133, 277 (320, Rn. 104).

[157] BVerfGE 97, 198 (214, Rn. 82).

[158] Vgl. nur *Ibler* (Fn. 83), Art. 87 Rn. 90ff.; *Sachs* (Fn. 53), Art. 87 Rn. 36.

[159] BVerfGE 97, 198 (214, Rn. 82); *H.-W. Rengeling*, HStR^3 VI, § 135 Rn. 111; Jarass/*Pieroth*, GG, Art. 87 Rn. 4.

[160] BVerfGE 97, 198 (214, Rn. 82); *S. Jutzi*, DÖV 1992, 650 (650f.); *H.-J. Papier*, DVBl. 1992, 1 (3).

[161] Zum Charakter des Art. 115f I Nr. 1 GG als Kompetenznorm: → Art. 115f Rn. 9; zur Bedeutung der verschiedenen speziellen verfassungsrechtlichen Aufgabenzuweisungen an den »Grenzschutz« s. auch *Ibler* (Fn. 83), Art. 87 Rn. 95.

b) Sonstige Sicherheitsaufgaben des Bundes

40 Über die zuvor genannten – von der Verfassung ausdrücklich zugewiesenen – Aufgaben (→ Rn. 38f.) dürfen den Bundesgrenzschutzbehörden nach der Rechtsprechung des Bundesverfassungsgerichts[162] und der h. M.[163] in bestimmten Grenzen (→ Rn. 43ff.) sonstige Sicherheitsaufgaben zur Erledigung zugewiesen werden. Voraussetzung dafür ist allerdings, daß sich der Bund für diese Angelegenheiten auf eine **Verwaltungskompetenz außerhalb des Grenzschutzes nach Art. 87 I 2 GG** stützen kann. Zu denken ist in diesem Zusammenhang vor allem an Aufgaben der Sicherheit des Flug- (Art. 87d GG), des Eisenbahn- (Art. 87e GG) und des Schiffsverkehrs (Art. 89 GG) sowie an Aufgaben der Kriminalpolizei, für die dem Bund nach Art. 87 I 2 GG eine Verwaltungskompetenz (→ Rn. 50ff.) zukommt. Soweit das Grundgesetz für die Wahrnehmung dieser Sicherheitsaufgaben keine abweichenden organisationsrechtlichen Vorgaben macht, kommt hier grundsätzlich eine Aufgabenzuweisung an die Bundesgrenzschutzbehörden in Betracht[164]. In diesen Zusammenhang gehört etwa die in § 9 I Nr. 3 BPolG normierte Mitwirkung der Bundespolizei bei der Wahrnehmung vollzugspolizeilicher Aufgaben des Bundeskriminalamtes. Um diesen für zulässig erachteten Aufgabenerweiterungen Rechnung zu tragen, wurde der Bundesgrenzschutz im Jahr 2005 in »Bundespolizei« umbenannt[165].

41 Zu verfassungsrechtlichen Diskussionen geführt hat eine solche Zuweisung sonstiger Sicherheitsaufgaben an die Bundespolizei anläßlich ihres Einsatzes als »**Bahnpolizei**« und zum Schutz des **Luftverkehrs**. Einigkeit besteht darüber, daß hier die erforderliche Verwaltungskompetenz des Bundes mangels Grenzbezugs (→ Rn. 38) nicht aus Art. 87 I 2 GG folgen kann[166]. Das Bundesverfassungsgericht hat dennoch beide Aufgabenzuweisungen an die Bundespolizei für zulässig gehalten[167] und sich dabei hinsichtlich der bahnpolizeilichen Aufgaben auf Art. 87e I 1 GG und hinsichtlich der Sicherheitsaufgaben im Bereich des Luftverkehrs auf Art. 87d I 1 GG gestützt[168]. Zur Begründung dieses Ergebnisses wird, soweit es die bahnpolizeilichen Aufgaben betrifft, auch auf die traditionell dem Bund zufallende Gesetzgebungs- und Verwaltungskompetenz für die Aufgaben der Bahnpolizei verwiesen[169]. Die Gesetzgebungs-

---

[162] Vgl. dazu BVerfGE 97, 198 (217f., Rn. 87ff.); zu dieser Entscheidung siehe auch *W. Hecker*, NVwZ 1998, 707ff.

[163] Jarass/*Pieroth*, GG, Art. 87 Rn. 4; *Burgi* (Fn. 80), Art. 87 Rn. 42; *M. Jestaedt*, in: Umbach/Clemens, GG, Art. 87 Rn. 76a; *Suerbaum* (Fn. 84), Art. 87 Rn. 22.

[164] Zusammenfassend m. w. N. *Suerbaum* (Fn. 84), Art. 87 Rn. 22.

[165] Zur Umbenennung des Bundesgrenzschutzes in Bundespolizei: → Rn. 31 m. Fn. 131; krit. zu dem dahinter stehenden Wandel des Aufgabenprofils *Denninger/Poscher*, Polizei (Fn. 139), Kap. B Rn. 144ff.

[166] So *S. Jutzi*, DÖV 1992, 650 (651); *H.-J. Papier*, DVBl. 1992, 1 (4). Die Zuordnung wurde mit der Verwaltungskompetenz aus Art. 87 I 1 GG a. F. für vereinbar gehalten von *S. Jutzi*, DÖV 1992, 650 (651ff.); *W. Schreiber*, DVBl. 1992, 589 (593); dagegen *H.-J. Papier*, DVBl. 1992, 1 (4f.).

[167] BVerfGE 97, 198; *W. Schreiber*, DVBl. 1992, 589 (593f.); *S. Jutzi*, DÖV 1992, 650 (651ff.), der zwar keine verfassungsrechtlichen, wegen der drohenden Kompetenzverluste bei den Ländern aber verfassungspolitische Bedenken hegt (S. 656).

[168] BVerfGE 97, 198 (222f., Rn. 102ff.; 225f., Rn. 108ff.). Das ist wenig überzeugend, weil Sicherheitsaufgaben im Bereich der Verkehrseinrichtungen nicht notwendiger Bestandteil der Bundesverwaltungskompetenz sein müssen. Das zeigt etwa Art. 89 II 2 GG. Auch im Bereich der Bundesstraßenverwaltung gehört die Sicherheit auf den Straßen nicht zu den Aufgaben, die gem. Art. 90 II GG a. F. im Auftrage des Bundes wahrgenommen werden (→ Art. 90 Rn. 28ff.).

[169] BVerfGE 97, 198 (218, Rn. 91).

kompetenz aus Art. 73 I Nr. 6a GG umfasse auch die Gefahrenabwehr[170]. Durch die Privatisierung der Bahn sei die Bundeskompetenz zur allgemeinen Gefahrenabwehr jedenfalls nicht entfallen[171].

Die im Ergebnis überzeugendere **Gegenmeinung** entnimmt Art. 87 I 2 GG eine strenge Grenze und fordert einen Grenzschutzbezug auch dann, wenn es um die Zuweisung von sonstigen Aufgaben geht, für die sich die Verwaltungskompetenz aus anderen Normen des Grundgesetzes oder aus der Natur der Sache ergibt. Art. 35, 73 I Nr. 5, 87a, 91 GG setzen danach die Existenz des Bundesgrenzschutzes voraus, begrenzen aber zugleich seinen Einsatz zu nicht unmittelbar dem Grenzschutz dienenden Zwecken[172]. Der Umfang der Verwaltungsbefugnis des Bundes aus Art. 87 I 2 GG darf nicht über den Umfang seiner Gesetzgebungskompetenz aus Art. 73 I Nr. 5 GG hinausgehen[173]. Jede Aufgabe der Bundesgrenzschutzbehörden außerhalb der Notbefugnisse in Art. 35 und 91 GG muß – auch dann, wenn sie die Bezeichnung »Bundespolizei« tragen – also einen sachlichen und nicht nur einen örtlichen **Bezug zum Grenzverkehr** haben[174], der im Bereich der Flugsicherung und des Eisenbahnbetriebes[175] allenfalls punktuell existiert[176]. Letztlich verkennt die dargestellte Position des Bundesverfassungsgerichts (→ Rn. 41) die Spezialität der in Art. 87 I 2 GG normierten Sicherheitsaufgaben gegenüber allen anderen Bundesverwaltungskompetenzen, die durchaus auch sicherheitsrelevante Aspekte aufweisen können. Insbesondere könnte diese Mißachtung der Spezialität dazu führen, über einen Rückgriff auf Art. 87 III 1 GG[177] die Generierung neuer Bundesverwaltungskompetenzen mit Sicherheitsbezug zu ermöglichen, womit im Ergebnis einer schleichenden Entwicklung der Bundesgrenzschutzbehörden zu einer allgemeinen Bundespolizei keine Grenzen gezogen wären[178]. 42

c) Grenzen der Übertragung sonstiger Sicherheitsaufgaben

Den Gefahren, die sich aus der grundsätzlichen Zulässigkeit der Übertragung sonstiger Sicherheitsaufgaben auf den Bundesgrenzschutz (→ Rn. 40 ff.) ergeben, versucht das Bundesverfassungsgericht dadurch zu begegnen, daß es Art. 87 I 2 GG als Schranke interpretiert[179]. Diese Vorschrift mache nämlich deutlich, daß die Kompetenz des Bundes zur Errichtung einer bundeseigenen Verwaltung im Bereich der Polizei be- 43

170 BVerfGE 97, 198 (221, Rn. 101); ebenso Jarass/*Pieroth*, GG, Art. 73 Rn. 23; *P. Kunig*, in: v. Münch/Kunig, GG II, Art. 73 Rn. 32.

171 BVerfGE 97, 198 (223 f., Rn. 104) unter Hinweis auf die Notwendigkeit der Mehrheitsbeteiligung des Bundes gem. Art. 87e III 3 GG.

172 *S. Jutzi*, DÖV 1992, 650 (650); *Denninger/Poscher*, Polizei (Fn. 139), Kap. B Rn. 144 f.

173 *H.-J. Papier*, DVBl. 1992, 1 (3).

174 *H.-J. Papier*, DVBl. 1992, 1 (4); *Denninger/Poscher*, Polizei (Fn. 139), Kap. B Rn. 150.

175 Speziell mit Bezug auf diesen besteht nach *H.-J. Papier*, DVBl. 1992, 1 (4 f., 7) ein Trennungsverbot, welches die Ausgliederung bahnpolizeilicher Aufgaben aus denen der »Bundesbahnverwaltung« nicht zulasse, weil sich aus dem historischen Zusammenhang bei der Schaffung der Bahnpolizei ergebe, daß die Bahnpolizisten über spezifische betriebliche und technische Kenntnisse verfügen müßten; dagegen ausdrücklich BVerfGE 97, 198 (224, Rn. 104).

176 *H.-J. Papier*, DVBl. 1992, 1 (4 f.); *Denninger/Poscher*, Polizei (Fn. 139), Kap. B Rn. 145.

177 Zu dessen Unanwendbarkeit in allen Bereichen bereits verfassungsrechtlich bestimmter Bundesverwaltungskompetenzen: → Rn. 72 ff.

178 Vgl. auch *H.-J. Papier*, DVBl. 1992, 1 (3); *Denninger/Poscher*, Polizei (Fn. 139), Kap. B Rn. 144 ff.

179 BVerfGE 97, 198 (217 f., Rn. 87 ff.).

grenzt sei[180]. Das Gericht hat sich in diesem Zusammenhang allerdings auf die sehr vage Grenze beschränkt, daß der Bundesgrenzschutz **nicht zu einer allgemeinen**, mit den Landespolizeien konkurrierenden **Bundespolizei** ausgebaut werden dürfe[181]. Es sei vielmehr erforderlich, das Gepräge des Bundesgrenzschutzes als einer Sonderpolizei zur Sicherung der Grenzen des Bundes (Art. 87 I 2 i. V. m. Art. 73 I Nr. 5 GG) und zur Abwehr bestimmter, das Gebiet oder die Kräfte eines Landes überschreitender Gefahrenlagen (Art. 35 II und III, 91, 115f I Nr. 1 GG) zu wahren[182]. Die Literatur verzichtet teilweise sogar auf eine derartige Schranke und hält den Ausbau des Bundesgrenzschutzes zu einer allgemeinen Bundespolizei für den Exekutivbereich des Bundes für verfassungsgemäß[183].

44 Die vom Bundesverfassungsgericht gezogene Grenze für die Ausweitung der Aufgaben des Bundesgrenzschutzes erweist sich allerdings als untauglich. Die »einschränkende« Vorgabe, dieser dürfe nicht zu einer mit den Landespolizeien konkurrierenden Bundespolizei ausgebaut werden, umschreibt nur die Selbstverständlichkeit, daß es keine sich überschneidenden Kompetenzen zwischen Bundes- und Landesbehörden geben darf. Das Gepräge als einer Polizei mit begrenzten Aufgaben[184] vermag angesichts einer kontinuierlichen Entwicklung, in deren Verlauf sich dieses »Gepräge« ändern kann und tatsächlich ändert, keinerlei begrenzende Wirkung zu entfalten. Der deshalb notwendigen Rückkehr zu einer **Beschränkung der Bundespolizei auf grenzschutzbezogene Aufgaben** (→ Rn. 38) steht allerdings der zwischen Bund und Ländern bestehende Konsens entgegen, der nicht zuletzt auf die Finanznot der Länder zurückzuführen ist[185]. Vor diesem Hintergrund ist zu bedauern, daß das Bundesverfassungsgericht die sich 1998 bietende Gelegenheit, der Entwicklung des Bundesgrenzschutzes zu einer allgemeinen Bundespolizei für die Exekutivbereiche des Bundes[186] Einhalt zu gebieten, nicht genutzt, sondern sie durch die Formulierung untauglicher Begrenzungskriterien weiter erleichtert hat.

d) Organisation der Bundespolizei

45 Verwaltungsorganisatorisch bezeichnet der Begriff der Bundesgrenzschutzbehörden Stellen der bundeseigenen **unmittelbaren Verwaltung**[187]. Mit der Strukturreform von 2008[188] wurde der Aufbau der Bundespolizei reformiert[189]. Dem Bundesministerium des Inneren untersteht nun unmittelbar das Bundespolizeipräsidium als Bundesoberbehörde, dem wiederum u. a. die Bundespolizeiakademie als weitere Bundesoberbe-

[180] BVerfGE 97, 198 (214f., Rn. 83f.) mit Verweis auf die Entstehungsgeschichte.

[181] BVerfGE 97, 198 (218, Rn. 90). Dies folge aus der Entscheidung der Verfassung, die Polizeigewalt in die Zuständigkeit der Länder zu verweisen und aus Gründen der Rechtsstaatlichkeit, der Bundesstaatlichkeit und des Grundrechtsschutzes den Ausnahmefall einer Bundespolizei in der Verfassung zu begrenzen.

[182] BVerfGE 97, 198 (218, Rn. 90).

[183] *Lerche* (Fn. 43), Art. 87 Rn. 125; vgl. auch *Sachs* (Fn. 53), Art. 87 Rn. 38.

[184] BVerfGE 97, 198 (218, Rn. 90).

[185] So die Analyse von *Denninger/Poscher*, Polizei (Fn. 139), Kap. B Rn. 148, 167.

[186] Einen unzulässigen Wandel von der »monostrukturierten Bundesgrenzschutzpolizei zur multifunktionalen Polizei des Bundes« konstatierte bereits *H.-J. Papier*, DVBl. 1992, 1 (7).

[187] Vgl. nur *Sachs* (Fn. 53), Art. 87 Rn. 39.

[188] In Kraft getreten am 1.3.2008 (BGBl. I S. 215ff.).

[189] Ursprünglich war die Bundespolizei in Mittel- und Unterbehörden gegliedert, vgl. die Übersicht über die im BPolG geregelte Organisationsstruktur bei *F. Rachor*, Organisation der Sicherheitsbehörden in Deutschland, in: Denninger/Rachor, Handbuch (Fn. 139), Kap. C Rn. 66ff.

hörde und die Bundespolizeidirektionen als Bundesunterbehörden (Ausführungsebene) unterstehen[190]. Diese Ausgestaltung des Bundespolizeipräsidiums als »atypische Bundesoberbehörde«[191], die ohne Bindung an die besonderen Voraussetzungen des Art. 87 III 2 GG mit eigenen Unterbehörden ausgestattet ist, wird schon wegen der Organisationsfreiheit des Bundes für die Bundesgrenzschutzbehörden für zulässig erachtet[192]. Die Zulässigkeit eines **eigenen Verwaltungsunterbaus** mag bereits aus dem verwendeten Plural (»Bundesgrenzschutzbehörden«) folgen[193], ist vor allem aber Konsequenz aus dem notwendigen dezentralen Charakter der Grenzschutzaufgabe.

3. Zentralstellen

Außer dem Grenzschutz sind alle anderen durch Art. 87 I 2 GG begründeten fakultativen **Bundesverwaltungskompetenzen** dadurch näher umschrieben und beschränkt, daß sie **nur in der Organisationsform der Zentralstelle** wahrgenommen werden dürfen. Deshalb hängt der Umfang der Verwaltungskompetenzen des Bundes im Sicherheitsbereich neben der Auslegung der einzelnen Aufgabenumschreibungen in Art. 87 I 2 GG entscheidend davon ab, wie der Begriff der Zentralstelle[194] (→ Rn. 47 ff.) näher präzisiert wird. Die speziellen Anforderungen, die aus dem Begriff der Zentralstelle gewonnen werden müssen, dürfen durch einen Rückgriff auf die subsidiäre Kompetenznorm des Art. 87 III GG nicht umgangen werden. Auf die in Art. 87 I 2 GG genannten Sachbereiche findet **Art. 87 III GG** also **keine Anwendung**[195]. 46

a) Allgemeine Merkmale

Zentralstellen i. S. d. Art. 87 I 2 GG sind zunächst durch dieselben Merkmale wie Bundesoberbehörden gekennzeichnet. Insbesondere sind sie **bundesweit zuständig** und verfügen **nicht** über einen **Verwaltungsunterbau**[196] (→ Art. 86 Rn. 26). Über diese organisationsrechtliche Eigenschaft hinaus, die sie noch nicht von anderen zentralen Einrichtungen der Bundesverwaltung unterscheidet, läßt sich eine Annäherung an eine genauere Umschreibung dadurch gewinnen, daß die Zentralstellenkompetenz einen geringeren Umfang haben muß als die »Vollkompetenz« zur alleinigen Wahrnehmung der jeweiligen Aufgabe[197]. Sie verdrängt also die Verwaltungszuständigkeit der Länder nicht oder jedenfalls nicht vollständig, weshalb in der verfassungsrechtlichen Ermächtigung zur Einrichtung von Zentralstellen ein Fall der verfassungsrechtlich zulässigen Mischverwaltung gesehen wird[198]. Aus dem Wortlaut, der Entstehungs- 47

---

190 Detaillierte Darstellung der Umstrukturierung und der neuen Organisation nach § 57 BPolG bei *M. Wagner*, Jura 2009, 96 (97 f.).

191 *M. Wagner*, DÖV 2009, 66 (66).

192 Ausführliche Erörterung der verfassungsrechtlichen Zulässigkeit bei *M. Wagner*, DÖV 2009, 66 ff.

193 So *Sachs* (Fn. 53), Art. 87 Rn. 39.

194 Ausführliche Analyse dazu bei *Abbühl*, Aufgabenwandel (Fn. 21), S. 89 ff.; s. auch *Ibler* (Fn. 83), Art. 87 Rn. 105 ff.

195 Jarass/*Pieroth*, GG, Art. 87 Rn. 5; *Lerche* (Fn. 43), Art. 87 Rn. 136; *Ibler* (Fn. 83), Art. 87 Rn. 114; a. A. etwa *Abbühl*, Aufgabenwandel (Fn. 21), S. 366 m. w. N.; auch BVerfGE 110, 33 (50 f., Rn. 97), verneint – wenig überzeugend – die Spezialität von Art. 87 I 2 GG gegenüber Art. 87 III 1 GG. → Rn. 72 ff.

196 *Sachs* (Fn. 53), Art. 87 Rn. 47; *Ibler* (Fn. 83), Art. 87 Rn. 115.

197 *C. Gusy*, DVBl. 1993, 1117 (1120).

198 *C. Gusy*, DVBl. 1993, 1117 (1120); Jarass/*Pieroth*, GG, Art. 87 Rn. 5; zur Mischverwaltung auch: → Art. 83 Rn. 47 ff.

geschichte (→ Rn. 6ff.) sowie aus dem Zusammenhang mit der Gesetzgebungskompetenz des Bundes gem. Art. 73 I Nr. 10 GG[199], die von der »Zusammenarbeit des Bundes und der Länder« spricht, läßt sich weiter entnehmen, daß eine Zentralstelle nicht mit einer Aufsichtsbehörde gleichgesetzt werden darf[200]. Vor diesem Hintergrund steht im Mittelpunkt aller Versuche, die Zentralstellen i. S. d. Art. 87 I 2 GG näher zu umschreiben, deren **Koordinierungsfunktion**[201] im Verhältnis der Länderverwaltungen untereinander und zwischen Bundes- und Landesbehörden[202]. Danach sollen Zentralstellen der länderübergreifenden Zusammenarbeit dadurch dienen, daß sie Informationen zentral erfassen, auswerten, weiterleiten und damit einen »Service« für die Länderverwaltungen bieten[203]. Mit dieser **Informations-, Abstimmungs- und Unterstützungsfunktion**[204] legitimiert Art. 87 I 2 GG verwaltungskompetenzrechtlich die die neue »**Sicherheitsarchitektur**«[205] prägenden vielfältigen institutionalisierten Formen der Kooperation und des Informationsaustauschs[206] unter dem Dach der Zentralstelle, was allerdings von grundrechtlichen Grenzen und speziellen Trennungsgeboten (→ Rn. 36) nicht freistellt[207]. Darüber hinaus wird eine wesentliche Funktion von Zentralstellen in der Unterstützung oder eigenen Durchführung von Verwaltungsaufgaben mit Auslandsbezug gesehen[208].

48 **Umstritten** sind allerdings die konkreten Konsequenzen, die sich aus dieser Koordinierungsfunktion ergeben. Dabei geht es zunächst um die Frage, ob sich Art. 87 I 2 GG ein **Verbot außenwirksamer Verwaltungstätigkeit** entnehmen läßt[209]. Die Praxis akzeptiert ein solches generelles Verbot nicht, wie die Durchführung von Ermittlungen durch das Bundeskriminalamt gem. § 4 BKAG[210] und die Wahrnehmung von Gefahrenabwehraufgaben nach § 4a BKAG oder die Informationsbeschaffung durch das Bundesamt für Verfassungsschutz gem. § 5 I BVerfSchG zeigen. Mit der Ergänzung der

---

199 Zu diesen drei Begründungselementen vgl. *Sachs* (Fn. 53), Art. 87 Rn. 40.

200 *Denninger/Poscher*, Polizei (Fn. 139), Kap. B Rn. 154.

201 BVerfGE 110, 33 (51, Rn. 98); *Abbühl*, Aufgabenwandel (Fn. 21), S. 91f.; *C. Gusy*, DVBl. 1993, 1117 (1120ff.); *Ibler* (Fn. 83), Art. 87 Rn. 117ff.; *Suerbaum* (Fn. 84), Art. 87 Rn. 24.

202 *Sachs* (Fn. 53), Art. 87 Rn. 40.

203 Vgl. etwa *Denninger/Poscher*, Polizei (Fn. 139), Kap. B Rn. 153f.

204 *Ibler* (Fn. 83), Art. 87 Rn. 117.

205 Zu den Hintergründen (Struktur- und Defizitanalyse der bisherigen Sicherheitsarchitektur) s. etwa *S. Hansen*, Neue deutsche Sicherheitsarchitektur, 2009, S. 41ff.; Deutsche Hochschule der Polizei (Hrsg.), Kooperative Sicherheit. Die Sonderpolizeien des Bundes im föderalen Staat, 2011, S. 37ff.; zum Funktionswandel des BKA etwa *A. Schmidt*, KJ 2010, 307 (308ff.).

206 Zum Antiterrordateigesetz BVerfGE 133, 277 (320, Rn. 104); *L. Lang*, Das Antiterrordateigesetz, 2011, S. 171ff.; zu anderen vielfältigen Formen des Informationsaustauschs und der zunehmenden Vernetzung der Sicherheitsbehörden s. etwa *Abbühl*, Aufgabenwandel (Fn. 21), S. 146ff., 224ff., 240ff.; *S. Süss*, Die Zusammenarbeit zwischen der Bundespolizei und den Länderpolizeien und ihre verfassungsrechtlichen Grenzen, 2012, S. 61ff.; *T. Linke*, DÖV 2015, 128ff.; *R. Klee*, Neue Instrumente der Zusammenarbeit von Polizei und Nachrichtendiensten, 2010, S. 112ff., 117ff., 119ff.; *J. Stubenrauch*, Gemeinsame Verbunddateien von Polizei und Nachrichtendiensten, 2009, S. 51ff.; zum Gemeinsamen Terrorabwehrzentrum (GTAZ) *N.-F. Weisser*, NVwZ 2011, 142ff.; *A. Sommerfeld*, Verwaltungsnetzwerke am Beispiel des Gemeinsamen Terrorismusabwehrzentrums des Bundes und der Länder (GTAZ), 2015, S. 150ff.

207 S. z. B. *M. Dombert*, DÖV 2014, 414 (418ff.); *M. Zöller*, JZ 2007, 763 (766ff.).

208 *Denninger/Poscher*, Polizei (Fn. 139), Kap. B Rn. 154.

209 Für ein solches Verbot vor allem *W. Schatzschneider*, Ermittlungstätigkeit der Ämter für Verfassungsschutz und Grundrechte, 1979, S. 55ff.; dagegen etwa *C. Gusy*, DVBl. 1993, 1117 (1122); *Burgi* (Fn. 80), Art. 87 Rn. 47; zweifelnd *Sachs* (Fn. 53), Art. 87 Rn. 40; differenzierend mit ausführlicher Diskussion des Meinungsstandes *Abbühl*, Aufgabenwandel (Fn. 21), S. 93ff.

210 S. dazu etwa *I. Schmidt-Jortzig*, Ermittlungskompetenzen des BKA, 2009, S. 56ff., 106ff.

Gesetzgebungskompetenzen des Bundes um die »Abwehr von Gefahren des internationalen Terrorismus durch das Bundeskriminalpolizeiamt« (**Art. 73 I Nr. 9a GG**, → Art. 73 Rn. 63 ff.) dürfte Klarheit darüber herrschen, daß jedenfalls für das Bundeskriminalamt als Zentralstelle im Sinne des Art. 87 I 2 GG ein solches Verbot außenwirksamer Tätigkeit nicht gilt, weil anderenfalls die neu geschaffene Gesetzgebungskompetenz leerliefe[211]. Ähnliches dürfte auch bereits für die ältere Gesetzgebungskompetenz zur »Einrichtung eines Bundeskriminalpolizeiamtes« jenseits der Zusammenarbeit des Bundes und der Länder aus **Art. 73 I Nr. 10 GG** gelten (→ Rn. 50; → Art. 73 Rn. 75).

Umstritten ist weiterhin, ob ein **Weisungsrecht** der Zentralstellen **gegenüber Landesbehörden** zulässig ist. Wegen der Bundeskompetenz zur gesetzlichen Regelung der »Zusammenarbeit des Bundes und der Länder« (Art. 73 I Nr. 10 GG) soll es nach h. M. dem Bund gestattet sein, die Zentralstellen nicht nur mit Aufgaben des Informationsaustauschs und mit unterstützenden Maßnahmen zu betrauen, sondern ihnen auch ein begrenztes Weisungsrecht gegenüber den zuständigen Landesbehörden einzuräumen[212]. Nach der Gegenmeinung[213] besteht ohnehin die Gefahr, daß die die Zentralstellen prägende Koordinierungs- schnell in eine faktische Weisungsfunktion übergehen kann[214]. Durch Weisungsrechte von Zentralstellen dürfe die grundgesetzlich vorgenommene Kompetenzverteilung nicht unterlaufen werden[215]. Dieser Meinung ist zuzustimmen. Da Art. 87 I 2 GG und auch Art. 73 I Nr. 10 GG im Unterschied zu der ausdrücklichen Normierung von Weisungsrechten in Art. 84 V, 85 III GG keine entsprechende Regelung enthalten, ist es angesichts des gesamten Systems der bundesstaatlichen Verteilung der Verwaltungskompetenzen in Art. 83 ff. GG nicht einsichtig, wie ein ungeschriebenes und zudem keinem Gesetzesvorbehalt unterworfenes Weisungsrecht anerkannt werden könnte[216]. 49

b) Polizeiliches Auskunfts- und Nachrichtenwesen, Kriminalpolizei

Die Zentralstellen für das polizeiliche Auskunfts- und Nachrichtenwesen und für die Kriminalpolizei sind nach geltendem Bundesrecht im **Bundeskriminalamt**[217] vereinigt, das zugleich das »Bundeskriminalpolizeiamt« i. S. d. Art. 73 I Nr. 9a, 10 GG ist (→ Art. 73 Rn. 64, 75). Mit dem Begriff des »polizeilichen Auskunfts- und Nachrichtenwesens« wird die Aufgabe umschrieben, die sich auf Informationen zu Fragen der Gefahrenabwehr und der Strafverfolgung bezieht und die sowohl die Sammlung wie 50

---

211 In BVerfGE 141, 220 (264, Rn. 89) werden auf Art. 87 I 2 GG gestützte verwaltungskompetenzrechtliche Bedenken gegen die neue auf Terrorismus bezogene Gefahrenabwehraufgabe des BKA knapp zurückgewiesen: jedenfalls auf eine »Zusammenschau von Art. 73 Abs. 1 Nr. 9a GG und Art. 87 Abs. 1 Satz 2 GG« lasse sich die Verwaltungskompetenz des BKA stützen. Zum Versuch, Art. 73 Abs. 1 Nr. 9a und 10 GG selbst als Verwaltungskompetenznorm zu verstehen, s. *Thiel*, »Entgrenzung« (Fn. 71), S. 336 f.

212 *Ibler* (Fn. 83), Art. 87 Rn. 116 f. (»kooperationsrechtliches Weisungsrecht«); *Burgi* (Fn. 80), Art. 87 Rn. 47.

213 *Stern*, Staatsrecht II, S. 826 mit Fn. 451; *C. Gusy*, DVBl. 1993, 1117 (1121).

214 *Denninger/Poscher*, Polizei (Fn. 139), Kap. B Rn. 155; gegen Weisungsrechte auch *C. Gusy*, DVBl. 1993, 1117 (1121).

215 *B. Becker*, DÖV 1978, 551 (553 ff.); *C. Gusy*, DVBl. 1993, 1117 (1121).

216 So überzeugend *C. Gusy*, DVBl. 1993, 1117 (1121).

217 Zu Stellung und Aufgaben des BKA vergleiche ausführlich *Abbühl*, Aufgabenwandel (Fn. 21), S. 105 ff., 221 ff.

auch die Auswertung und Weitergabe solcher Informationen umfaßt[218]. Was die »Kriminalpolizei« angeht, so besteht zunächst Einigkeit darüber, daß unter den »unglücklichen« juristischen Begriff »Verbrechensbekämpfung« in Art. 73 I Nr. 10 GG nur die Verbrechensprävention und nicht die Befugnis zur Verfolgung aller Straftaten oder gar zur allgemeinen Gefahrenabwehr fallen[219] (→ Art. 73 Rn. 72). Die **Befugnis** des Bundeskriminalamtes **zu polizeilichen Ermittlungen** wurde auf verschiedene Weise hergeleitet. So soll sie sich aus der Ermittlungsbefugnis des Generalbundesanwalts über dessen Zuordnung zum Bundesgerichtshof ableiten[220]. Weiterhin wird sie auch Art. 87 I 2 GG selbst entnommen[221]. Im Unterschied zu der Zentralstelle für das polizeiliche Auskunfts- und Nachrichtenwesen soll zu den zulässigen Aufgaben der Zentralstelle für die Kriminalpolizei die Gesamtheit der Tätigkeiten gehören, die auf die repressive wie auch die **vorbeugende Verbrechensbekämpfung** gerichtet sind. Insbesondere soll auch die unmittelbar außenwirksame Polizeitätigkeit erfaßt sein[222] (→ Rn. 48). Schließlich wurde – unter Mißachtung der Spezialität von Art. 87 I 2 GG gegenüber der Generalklausel des Art. 87 III (→ Rn. 46, 72) – Art. 87 III 1 GG herangezogen, um für Exekutivbefugnisse des Bundeskriminalamtes eine Bundesverwaltungskompetenz zu begründen[223].

51 Demgegenüber wird von der Gegenmeinung[224] eine **Exekutivbefugnis des Bundeskriminalamtes** unter Verweis auf den Zentralstellencharakter und die Polizeigewalt der Länder **abgelehnt**. Sofern dem Bundeskriminalamt diese Befugnisse aus Art. 87 I 2 GG zugestanden würden, bliebe nämlich unklar, ob und gegebenenfalls welche Restriktionen aus dem Zentralstellencharakter folgen[225]. Aus der Zentralstellen-Kompetenz folge aber kein sachlicher Zuständigkeitsbereich[226]. Im Widerspruch zu diesen Anforderungen sei bei der »Zentralstelle« des BKA eine Überschreitung der von der Verfassung vorgegebenen Funktion als »Service« für die Länderpolizeien festzustellen[227].

52 Allerdings kann die Auslegung von Art. 87 I 2 GG nicht ohne Berücksichtigung der Verfassungsnormen zur Gesetzgebungskompetenz des Bundes Art. 73 I Nr. 9a und 10 GG erfolgen (→ Rn. 48). Neben der klaren Eröffnung der Möglichkeit, dem Bundeskriminalamt Gefahrenabwehraufgaben nach Nr. 9a zuzuweisen ist auch die **Differenzierung** von Bedeutung, die Art. 73 I Nr. 10 GG zwischen der »**Zusammenarbeit des Bundes und der Länder**« auf der einen und der Kompetenz zur gesetzlichen »Einrichtung

---

218 Vgl. nur *Ibler* (Fn. 83), Art. 87 Rn. 129; *Sachs* (Fn. 53), Art. 87 Rn. 41.

219 *Lerche* (Fn. 43), Art. 87 Rn. 137; *Denninger/Poscher*, Polizei (Fn. 139), Kap. B Rn. 156.

220 Wenig überzeugend, weil nicht alle Ermittlungsbefugnisse in Zusammenhang mit dem Generalbundesanwalt stehen, *Bull* (Fn. 51), Art. 87 Rn. 78; ihm folgend Jarass/*Pieroth*, GG, Art. 87 Rn. 6; s. auch *A. Busche*, Die Zentralisierung polizeilicher Aufgaben auf dem Gebiet der Strafverfolgung beim Bundeskriminalamt, 2013, S. 51 ff.; *Lerche* (Fn. 43), Art. 87 Rn. 137 mit Fn. 88 bezeichnet diese Begründung als »Konstruktion«.

221 *Lerche* (Fn. 43), Art. 87 Rn. 137: »Andererseits ergibt die Ermächtigung in Art. 73 Nr. 10 wohl nicht mehr als dasjenige, was ohnehin schon aus Art. 87 I 2 folgt«. → Rn. 48.

222 So etwa *Sachs* (Fn. 53), Art. 87 Rn. 42 ohne weitere Begründung.

223 Etwa *Abbühl*, Aufgabenwandel (Fn. 21), S. 362 m. w. N.

224 *B. Becker*, DÖV 1978, 551 (555).

225 Unklar insoweit *Sachs* (Fn. 53), Art. 87 Rn. 42.

226 *Denninger/Poscher*, Polizei (Fn. 139), Kap. B Rn. 154; zumindest im Ansatz anderer Auffassung *C. Gusy*, DVBl. 1993, 1117 (1122).

227 *Denninger/Poscher*, Polizei (Fn. 139), Kap. B Rn. 156 f.: Motiv sei die »Effektivität einer möglichst umfassenden Bundeskompetenz zur Strafverfolgung«. Weil der Einsatz des BKA als Entlastung und nicht als Zumutung für die Länder empfunden wird, fehlt es an einer Problematisierung.

eines **Bundeskriminalpolizeiamtes**« auf der anderen Seite vornimmt. Aus dieser Unterscheidung kann nur der Schluß gezogen werden, daß die Befugnisse des Bundeskriminalpolizeiamtes über das hinausgehen dürfen, was den übrigen Zentralstellen des Art. 87 I 2 GG als Träger der Zusammenarbeit gestattet ist. Dieses »Mehr« an Befugnissen kann nur in **Ermittlungsbefugnissen** liegen[228]. Entstehungsgeschichtliche Einwände gegen eine solche verwaltungskompetenzrechtliche »Zusammenschau« von Art. 73 I Nr. 9a und Nr. 10 GG einerseits und Art. 87 I 2 GG[229] andererseits dürften spätestens mit der Einfügung des Art. 73 I Nr. 9a GG an Durchschlagskraft verloren haben. Allerdings ist auch und insbesondere dort, wo der Bund durch das Bundeskriminalamt neben den Ländern solche Befugnisse wahrnehmen darf, eine klare Abgrenzung der Kompetenzen erforderlich. Die Möglichkeit des Bundesinnenministers, nach § 4 II Nr. 2 BKAG aus »schwerwiegenden Gründen« die Zuständigkeit der Landesbehörden auf das Bundeskriminalamt zu übertragen, genügt diesen Anforderungen nicht[230].

Neben der kriminalpolizeilichen Tätigkeit nimmt das Bundeskriminalamt **Aufgaben** 53
des Personen- und Objektschutzes wahr. Die Bewachung von Personen und Gebäuden von Mitgliedern der Verfassungsorgane des Bundes nach § 5 BKAG ist nur in engen Grenzen durch eine Kompetenz kraft Natur der Sache gedeckt[231]. Ob diese Grenzen trotz des anzuerkennenden Zusammenhangs zwischen Personen- und Objektschutz auch dort gewahrt sind, wo es um den Schutz von Gebäuden geht, erscheint zweifelhaft (→ Art. 83 Rn. 45).

c) Sammlung von Unterlagen für Zwecke des Verfassungsschutzes und des Schutzes auswärtiger Belange

Die Zentralstelle zur Sammlung von Unterlagen für Zwecke des **Verfassungsschutzes** 54
(→ Art. 73 Rn. 73) ist das **Bundesamt für Verfassungsschutz**[232]. Die Beschränkung auf[233] die Sammlung von Unterlagen verwirklicht die von den Besatzungsmächten vorgeschriebene Trennung von Informationsbeschaffung und exekutiven Befugnissen[234]. Die Bundesverwaltungskompetenz erfaßt die Sammlung, Auswertung und Weitergabe von Informationen[235]. Dabei wird der Begriff der »Sammlung« in dem Sinne verstanden, daß er auch die eigenständige Beschaffung einschlägiger Daten

---

[228] So auch *Stern*, Staatsrecht II, S. 826; *Lerche* (Fn. 43), Art. 87 Rn. 130, der die Existenz einer organisatorischen Regelung in Art. 73 Nr. 10 a.F. GG zu Recht als systematisch mißglückt einstuft, Rn. 137; a. *A. Ibler* (Fn. 83), Art. 87 Rn. 132.

[229] So – nur auf die Nr. 9a des Art. 73 I GG bezogen – BVerfGE 141, 220 (264, Rn. 89); s. auch *Ibler* (Fn. 83), Art. 87 Rn. 132.

[230] *Denninger/Poscher*, Polizei (Fn. 139), Kap. B Rn. 157; *C. Gusy*, DVBl. 1993, 1117 (1124).

[231] A. A. *Denninger/Poscher*, Polizei (Fn. 139), Kap. B Rn. 158: Die Zuweisung schutzpolizeilicher Kompetenzen an das BKA durch § 5 BKAG sei mangels kriminalpolizeilichen Gehalts als nicht durch Art. 87 I, 73 Nr. 10 a.F. GG gerechtfertigt anzusehen. Der Gesetzgeber habe das »Gewollte und Praktizierte und nicht das rechtlich Statthafte« beschlossen.

[232] Vgl. § 2 I BVerfSchG. Dazu, daß die dort enthaltene Bezeichnung »als Bundesoberbehörde« nichts an den verfassungsrechtlichen Bindungen ändert, die sich aus der Zentralstellenqualität ergeben, vgl. nur *Ibler* (Fn. 83), Art. 87 Rn. 146; *Dittmann*, Bundesverwaltung (Fn. 2), S. 233 f.; *Sachs* (Fn. 53), Art. 87 Rn. 48.

[233] Jarass/*Pieroth*, GG, Art. 87 Rn. 7 spricht dagegen von »Betonung«.

[234] *Ibler* (Fn. 83), Art. 87 Rn. 142; Jarass/*Pieroth*, GG, Art. 87 Rn. 7.

[235] *Sachs* (Fn. 53), Art. 87 Rn. 43.

umfaßt[236]. Auch hier gilt, daß die Vorschriften über die Bundesverwaltungskompetenzen Grundrechtseingriffe weder rechtfertigen noch erleichtern[237] (→ Vorb. Rn. 140). Deswegen ist auch dem Bundesverwaltungsgericht nicht zu folgen, wenn es aus der Aufgabe des Bundesamtes für Verfassungsschutz zur Sammlung von Unterlagen eine Rechtfertigung für die Geheimhaltung von Unterlagen ableitet[238]. Die Ausübung polizeilicher Befugnisse mit Zwangscharakter liegt außerhalb der durch Art. 87 I 2 GG begründeten Bundesverwaltungskompetenz[239] (→ Rn. 48).

55 Nicht anders als die Sammlung von Unterlagen für Zwecke des Verfassungsschutzes ist auch die »Sammlung von Unterlagen für Zwecke des Schutzes gegen Bestrebungen im Bundesgebiet, die durch Anwendung von Gewalt oder darauf gerichtete Vorbereitungshandlungen **auswärtige Belange** der Bundesrepublik Deutschland gefährden«, auf den Umgang mit Informationen (Sammlung, Auswertung, Weitergabe) begrenzt[240]. Diese Informationsaufgabe ist räumlich beschränkt auf Bestrebungen im Bundesgebiet, die nicht nur von Ausländern, sondern auch von Deutschen ausgehen können[241]. Der Begriff der »Gewalt« ist nicht im strafrechtlichen Sinne zu verstehen, sondern beschränkt sich auf Gewalttätigkeiten gesteigerter Qualität[242].

IV. Sozialversicherungsträger (Art. 87 II GG)

1. Anwendungsbereich: überregionale Sozialversicherungsträger

56 Der Begriff der **sozialen Versicherungsträger** in Art. 87 II GG bezeichnet die Träger öffentlicher Verwaltung, die Aufgaben der Sozialversicherung einschließlich der Arbeitslosenversicherung wahrnehmen, wobei der Begriff der Sozialversicherung identisch ist mit demjenigen in **Art. 74 I Nr. 12 GG**[243] (→ Art. 74 Rn. 61). Die Begründung und Durchführung eigener Versicherungsverhältnisse wird zwar nicht als Bedingung für die Qualifizierung als Sozialversicherungsträger i. S. d. Art. 87 II 1 GG angesehen[244]. Allerdings kann eine Verwaltungstätigkeit des Bundes wie die Grundsicherung für Arbeitsuchende, die staatliche Transferleistungen sowie Beratungs- und Betreuungsleistungen zum Gegenstand hat und die inzwischen durch Art. 91e GG verfassungsrechtlich legitimiert wird (→ Art. 91e Rn. 23 ff.), ebensowenig auf Art. 87 II GG gestützt werden[245] wie die Verwaltung der Sozialhilfe nach dem SGB XII[246]. Kör-

---

[236] *Ibler* (Fn. 83), Art. 87 Rn. 141; *Sachs* (Fn. 53), Art. 87 Rn. 43.

[237] *Stern*, Staatsrecht II, S. 826; *Sachs* (Fn. 53), Art. 87 Rn. 44.

[238] BVerwGE 84, 375 (380).

[239] *Burgi* (Fn. 80), Art. 87 Rn. 51; *Bull* (Fn. 51), Art. 87 Rn. 88; *Sachs* (Fn. 53), Art. 87 Rn. 45; vgl. zu dieser Frage auch *H. Roewer*, DVBl. 1986, 205 ff.

[240] So auch *Sachs* (Fn. 53), Art. 87 Rn. 46.

[241] So *Lerche* (Fn. 43), Art. 87 Rn. 146; *Sachs* (Fn. 53), Art. 87 Rn. 46.

[242] Z. B. terroristischer Art; so auch *Sachs* (Fn. 53), Art. 87 Rn. 46.

[243] BVerfGE 63, 1 (35); 114, 196 (223, Rn. 163); *W. Boecken*, DRV 1999, 714 (721); *Dittmann*, Bundesverwaltung (Fn. 2), S. 243; *Sachs* (Fn. 53), Art. 87 Rn. 49; *S. Müller-Franken*, VSSR 1998, 133 (141); *Ibler* (Fn. 83), Art. 87 Rn. 173 ff.; zum Begriff der Sozialversicherung in Art. 74 I Nr. 12 GG vgl. BVerfGE 11, 105 (111 ff.); 75, 108 (146 f.); 87, 1 (34).

[244] S. etwa *W. Boecken*, DRV 1999, 714 (722); Bedeutung hat dies vor allem für die Verbände der gesetzlichen Krankenkassen; dazu m. w. N. des Meinungsstandes *A.-K. Besemann*, Aktuelle Entwicklungen im Organisationsrecht der gesetzlichen Krankenkassen, 2010, S. 45.

[245] *V. Wahrendorf/C. Karmanski*, NZS 2008, 281 (282) m. w. N.; *Burgi* (Fn. 80), Art. 87 Rn. 63; *Ruge* (Fn. 82), Art. 87 Rn. 26; *J. Wieland*, Der Landkreis 2009, 556 (558); offengelassen wurde die Frage in BVerfGE 119, 331 (370, Rn. 168).

[246] Dazu *Ibler* (Fn. 83), Art. 87 Rn. 177.

perschaften im Sinne des Art. 87 II 1 GG sind die überregionalen Sozialversicherungsträger[247] sowie die Bundesagentur für Arbeit[248].

Der Wortlaut des Art. 87 II 1 GG spricht nur davon, daß bestimmte Sozialversicherungsträger als bundesunmittelbare Körperschaft »geführt« werden, was die Frage nahelegt, ob auch die **Errichtung neuer Bundessozialversicherungsträger** durch Art. 87 II 1 GG umfaßt ist[249], oder ob hierfür allein Art. 87 III 1 GG maßgeblich ist. Vor dem Hintergrund der Entstehungsgeschichte der Vorschrift und einer teleologischen Auslegung kann aus dem Wortlaut eine Ausklammerung der Errichtung von Sozialversicherungsträgern nicht abgeleitet werden[250]. Erfaßt werden von dieser Vorschrift deshalb nicht etwa – im Sinne einer Übergangsvorschrift – nur die bei Inkrafttreten des Grundgesetzes bestehenden, sondern auch später neu hinzukommende Sozialversicherungsträger[251]. Art. 87 II 1 GG verdrängt daher für den Vollzug der Sozialversicherungsgesetze des Bundes die Regelung des Art. 87 III 1 GG[252] (→ Rn. 72). Die Frage, ob und gegebenenfalls welche Sozialversicherungsträger eingerichtet werden oder bleiben und ob sich deren Zuständigkeitsbereich über das Gebiet eines Landes hinaus erstreckt, hat der Bundesgesetzgeber auf der Grundlage seiner Kompetenz aus Art. 74 I Nr. 12 GG zu entscheiden[253]. 57

Eine Bundesverwaltungskompetenz begründet Art. 87 II 1 GG nur für den Fall, daß sich die **Zuständigkeit** des Sozialversicherungsträgers **über das Gebiet eines Landes hinaus** erstreckt. Dazu genügt, daß ein Sozialversicherungsträger für Gebietsteile zweier Länder zuständig ist[254]. Für das Merkmal der Überregionalität ist es dagegen nicht ausreichend, wenn sich eine örtliche Zuständigkeit geringfügig auf das Gebiet eines anderen Landes erstreckt[255]. Demgegenüber wird – insbesondere unter Berufung auf die Entstehungsgeschichte – vertreten, Art. 87 II GG erfasse nur solche Sozialversicherungsträger, die nach ihrer gesetzlichen Aufgabenstellung notwendig länderübergreifend tätig sind[256]. Die rechtspolitische Forderung nach stärkerer Föderalisierung der Sozialversicherungsverwaltung[257] hat sich jedoch mittlerweile in Art. 87 58

[247] Dazu gehören etwa die meisten Berufsgenossenschaften, die Deutsche Rentenversicherung und eine größere Anzahl von Betriebskrankenkassen; Übersicht bei *Bull* (Fn. 51), Art. 87 Rn. 94; *Dittmann*, Bundesverwaltung (Fn. 2), S. 245 ff.

[248] S. § 367 I SGB III. Die Zuordnung der Bundesanstalt für Arbeit wie auch der Bundesagentur für Arbeit zu den Sozialversicherungskörperschaften i. S. d. Art. 87 II 1 GG war und bleibt allerdings – neben der zuvor in und bei Fn. 245 behandelten Frage versicherungsfremder Aufgaben – auch deshalb umstritten, weil die körperschaftliche Organisation angezweifelt wird; dazu *Dittmann*, Bundesverwaltung (Fn. 2), S. 248 f.; *S. Müller-Franken*, VSSR 1998, 133 ff.; *C. Waibel*, ZfS 2004, 225 ff.; ausführlich bereits *Emde*, Legitimation (Fn. 24), S. 187 ff., 271 ff.

[249] Dagegen *Lerche* (Fn. 43), Art. 87 Rn. 161.

[250] Ausführlich *W. Boecken*, DRV 1999, 714 (723 f.).

[251] *Bull* (Fn. 51), Art. 87 Rn. 95; *Suerbaum* (Fn. 84), Art. 87 Rn. 35; *W. Boecken*, DRV 1999, 714 (724); *Sachs* (Fn. 53), Art. 87 Rn. 50 m. w. N. in Fn. 82; *I. Ebsen*, Art. 87 Abs. 2 GG – ein Fremdkörper im System bundesstaatlicher Kompetenzzuordnung des Grundgesetzes, in: O. Seewald (Hrsg.), Organisationsprobleme der Sozialversicherung, 1992, S. 231 ff. (238).

[252] *W. Boecken*, DRV 1999, 714 (720); *H.-J. Papier*, NZS 1995, 241 (242); *Burgi* (Fn. 80), Art. 87 Rn. 57; a. A. *Jestaedt* (Fn. 163), Art. 87 Rn. 86.

[253] *H.-J. Papier*, NZS 1995, 241 (242); *Sachs* (Fn. 53), Art. 87 Rn. 50; zur Frage, ob dies im Wege eines formellen Gesetzes zu erfolgen hat, vgl. *W. Boecken*, DRV 1999, 714 (724 f.). → Art. 20 (Rechtsstaat), Rn. 125 f.; → Art. 86 Rn. 62.

[254] *Sachs* (Fn. 53), Art. 87 Rn. 51; *S. Broß/K.-G. Mayer*, in: v. Münch/Kunig, GG II, Art. 87 Rn. 18.

[255] BSGE 1, 17 (33); Jarass/*Pieroth*, GG, Art. 87 Rn. 11.

[256] *Ebsen*, Fremdkörper (Fn. 251), S. 237.

[257] Vgl. *H. Vaitl*, ZfSH/SGB 1990, 630 (638); *W. Leyendecker*, ZfSH/SGB 1990, 568 ff.

II 2 GG (→ Rn. 59) niedergeschlagen. Für eine einschränkende Auslegung von Art. 87 II 1 GG ist daneben kein Raum[258].

2. Führung als landesunmittelbare Körperschaften (Art. 87 II 2 GG)

59 Unter zwei Voraussetzungen eröffnet der 1994 eingefügte Art. 87 II 2 GG die Möglichkeit, **länderübergreifend zuständige Sozialversicherungsträger als landesunmittelbare Körperschaften** des öffentlichen Rechts zu führen. Zum einen darf sich der Zuständigkeitsbereich des Sozialversicherungsträgers nicht über mehr als drei Länder hinaus erstrecken. Zum anderen müssen die beteiligten Länder das aufsichtsführende Land einvernehmlich bestimmen. Art. 87 II 2 GG erkennt damit an, daß zumindest in der Verwaltung auch bei länderübergreifenden Sachverhalten eine Selbstkoordinierung der Länder – die sogenannte dritte Ebene im Bundesstaat – ausreichend sein kann[259]. Der kooperative Föderalismus im Sinne einer Verwaltungszusammenarbeit unter den Ländern wird damit als Aspekt des grundgesetzlichen Föderalismuskonzepts gestärkt[260]. Für einen Ausnahmecharakter der in Art. 87 II 2 GG eröffneten Möglichkeit[261] sprechen weder Gründe des Wortlauts noch der Systematik. Denn über die formelle Voraussetzung der Bestimmung des aufsichtsführenden Landes durch die beteiligten Länder hinaus formuliert Art. 87 II 2 GG keine weiteren Voraussetzungen. Daß diese Bestimmung durch Bundesgesetz erfolgen kann[262], erscheint fraglich. Nach dem klaren Wortlaut von Art. 87 II 2 GG wird das aufsichtsführende Land »durch die beteiligten Länder« bestimmt. Daraus folgt, daß jedenfalls die beteiligten Länder nicht auf eine bundesgesetzliche Regelung angewiesen sind. Die einschlägige Rechtsform für eine solche **Einigung zwischen den Bundesländern** ist der **Staatsvertrag**. Soweit sie sich staatsvertraglich auf ein aufsichtsführendes Land einigen, löst dies entweder eine Verpflichtung des Bundesgesetzgebers zur Überleitung aus oder es erfolgt ein Kompetenzwechsel »ipsa constitutione«[263]. Zwischenzeitlich ist hierzu der Staatsvertrag über die Bestimmung aufsichtsführender Länder in Kraft getreten[264], durch den alle Länder eine Regelung getroffen haben, wonach dasjenige Land die Aufsicht führt, in dem der Sozialversicherungsträger seinen Sitz hat[265]. Als problematisch wird in diesem Fall angesehen, daß über die jeweils betroffenen drei Länder hinaus auch alle übrigen Länder an der »Bestimmung« beteiligt waren[266]. Durch die Möglichkei-

---

258 *Sachs* (Fn. 53), Art. 87 Rn. 51 m. w. N.

259 Zur entsprechenden Diskussion um die Erforderlichkeit von Bundesgesetzgebung im Rahmen des Art. 72 II GG: → Art. 72 Rn. 18 m. w. N.

260 In diese Richtung auch *H.-J. Papier*, NZS 1995, 241 (242); da es sich hier um die Kooperation der Exekutiven und nicht um Länderkooperation in der Form vereinheitlichter Landesgesetzgebung handelt, ist Art. 87 II 2 GG auch hinsichtlich des Demokratieprinzips unbedenklich; zur Problematik horizontaler Selbstkoordination der Länder vgl. *R. Voigt*, Die dritte Ebene im Bundesstaat, in: A. Görlitz/H. Burth (Hrsg.), Informale Verfassung, 1998, S. 85 ff.

261 So *Sachs* (Fn. 53), Art. 87 Rn. 58.

262 So *Sachs* (Fn. 53), Art. 87 Rn. 59, der hierfür die Gesetzgebungskompetenz aus Art. 74 I Nr. 12 GG heranzieht.

263 So *Sachs* (Fn. 53), Art. 87 Rn. 59.

264 Staatsvertrag über die Bestimmung aufsichtführender Länder nach Art. 87 Abs. 2 Satz 2 des Grundgesetzes für die Bundesrepublik Deutschland, abgedruckt u. a. in GVBl. Hessen 1997 I, 75 f. Der Vertrag ist am 1.6.1997 in Kraft getreten, vgl. die entsprechende Bekanntmachung in GVBl. Hessen 1997 I, 211; dazu wie auch zum Anwendungsbeispiel der Deutschen Rentenversicherung Nord s. BVerwG ZTR 2010, 547 f.

265 Art. 1 I des Staatsvertrages (Fn. 264).

266 So *Sachs* (Fn. 53), Art. 87 Rn. 59a.

ten, nur zwischen den jeweils beteiligten Ländern abweichende Vereinbarungen zu schließen[267] und die Anwendung des Vertrages in Neufällen einseitig auszuschließen[268], sowie durch das generelle Kündigungsrecht[269] ist jedoch ausreichend sichergestellt, daß sich die Bestimmung des aufsichtsführenden Landes auf die jeweils beteiligten zwei oder drei Länder zurückführen läßt[270].

3. Materiell- und organisationsrechtliche Vorgaben

Umstritten ist, ob Art. 87 II GG eine **Garantie der Sozialversicherung als staatliche** 60
Aufgabe entnommen werden kann. Das Bundesverfassungsgericht hat mit überwiegender Zustimmung in der Literatur eine solche verfassungsrechtliche Garantie der Sozialversicherung aus Art. 87 II GG abgelehnt[271]. Dagegen wird eingewandt, daß die Norm nur dann sinnvoll sein könne, wenn überhaupt mit Funktionen ausgestattete Sozialversicherungsträger existieren[272]. Fraglich ist aber, ob dem Bund in Art. 87 II GG tatsächlich die Wahrnehmung von Sozialversicherungsaufgaben zwingend vorgeschrieben wird[273]. Zwar wird die Vorschrift gemeinhin als Teil der obligatorischen Bundesverwaltung bezeichnet[274]. Doch die Tatsache, daß Art. 87 II 1 GG die Verwaltungszuständigkeit von der länderübergreifenden Zuständigkeit der Verwaltungsträger abhängig macht und daß der Bund gleichzeitig im Rahmen seiner Gesetzgebungsbefugnis gemäß Art. 74 I Nr. 12 GG diese örtliche Zuständigkeit selbst festlegen kann (→ Rn. 57), relativiert diese Einordnung[275]. Der Bund entscheidet selbst darüber, ob er gemäß Art. 87 II 1 GG zuständig wird oder nicht[276]. Deshalb kann Art. 87 II GG keine Verpflichtung des Bundes entnommen werden, Sozialversicherungen als staatliches Angebot vorzuhalten. Eine Privatisierungsschranke läßt sich folglich aus dieser Verfassungsnorm nicht gewinnen[277].

Organisationsrechtlich folgt aus Art. 87 II 1 GG zunächst, daß Formen der **unmittel-** 61
baren Verwaltung durch Bundesbehörden **ausgeschlossen** sind mit der Folge, daß der Bund sich durch Gesetz nicht selbst zum Träger einer Sozialversicherung machen darf[278]. Darüber hinaus ist die **Rechtsform einer Körperschaft des öffentlichen Rechts** vorgeschrieben. Dies wird teilweise als Festlegung auf eine Organisation als Körperschaft im engeren Sinne, d.h. mit mitgliedschaftlicher Struktur verstanden[279] (→

[267] Art. 1 II des Staatsvertrages (Fn. 264).
[268] Art. 3 des Staatsvertrages (Fn. 264).
[269] Art. 4 des Staatsvertrages (Fn. 264).
[270] *Sachs* (Fn. 53), Art. 87 Rn. 59a; *Burgi* (Fn. 80), Art. 87 Rn. 85 mit Fn. 99; zustimmend BVerwG ZTR 2010, 547 (547).
[271] BVerfGE 39, 302 (315); 77, 340 (344); 113, 167 (201f., Rn. 95); ebenso *Sachs* (Fn. 53), Art. 87 Rn. 57; *Kluth*, Selbstverwaltung (Fn. 24), S. 520; *Stern*, Staatsrecht II, S. 824; *Burgi* (Fn. 80), Art. 87 Rn. 81f.; *T. Hebeler*, NZS 2008, 238 (240); *J.-A. Schenkel*, Sozialversicherung und Grundgesetz, 2008, S. 208ff.
[272] *Lerche* (Fn. 43), Art. 87 Rn. 152; s. auch *D. Leopold*, Die Selbstverwaltung in der Sozialversicherung, 6. Aufl. 2008, S. 143ff., der allerdings maßgeblich auf das Sozialstaatsprinzip abstellt.
[273] Allgemein zum aufgabenbezogenen Gehalt der Art. 87ff. GG: → Art. 86 Rn. 16.
[274] *Broß/Mayer* (Fn. 254), Art. 87 Rn. 8; Jarass/*Pieroth*, GG, Art. 87 Rn. 10 (siehe insbesondere die vorangestellte Überschrift).
[275] *H.-J. Papier*, NZS 1995, 241 (242); *Broß/Mayer* (Fn. 254), Art. 87 Rn. 18; *Ebsen*, Fremdkörper (Fn. 251), S. 238.
[276] *Broß/Mayer* (Fn. 254), Art. 87 Rn. 18; *Sachs* (Fn. 53), Art. 87 Rn. 50.
[277] So auch *Burgi* (Fn. 80), Art. 87 Rn. 82.
[278] BVerfGE 63, 1 (36); *W. Boecken*, DRV 1999, 715 (720); *Sachs* (Fn. 53), Art. 87 Rn. 53.
[279] *Sachs* (Fn. 53), Art. 87 Rn. 54; Jarass/*Pieroth*, GG, Art. 87 Rn. 10; *Ibler* (Fn. 83), Art. 87 Rn. 186;

Art. 86 Rn. 33). Demgegenüber will eine **andere Auffassung** dieser organisationsrechtlichen Anordnung des Art. 87 II 1 GG nur grundsätzliche Geltung beimessen mit der Folge, daß im Einzelfall auch andere Organisationsformen (z. B. die rechtsfähige Anstalt) gewählt werden können[280]. Da es an einer scharfen Abgrenzung zwischen körperschaftlicher Organisation und ähnlichen Organisationsformen wie etwa der selbstverwaltungsorientierten Ausgestaltung einer Anstalt fehlt, wird man der in Art. 87 II 1 GG festgelegten körperschaftlichen Ausgestaltung nur grundsätzliche Bedeutung beimessen können[281]. Bei der Überprüfung, ob eine bestimmte Verwaltungsorganisation im Bereich der Sozialversicherungsträger den Anforderungen dieser Vorschrift genügt, kommt es daher im wesentlichen darauf an, ob der körperschaftliche Gedanke durch Gewährleistung eines Minimums an Selbstverwaltung berücksichtigt wurde, ohne daß die Bezeichnung der Organisation oder ihre Ausgestaltung im einzelnen als alleinige Kriterien heranzuziehen sind[282]. Möglich ist es, als Träger der Sozialversicherungen entweder nur eine Körperschaft zuzulassen oder einen mehrstufigen Aufbau der Sozialversicherungskörperschaften vorzusehen[283]. Obwohl Körperschaften typischerweise nicht hierarchisch untergliedert sind, wird allgemein ein mehrstufiger Aufbau für zulässig gehalten[284].

62 Entscheidet sich der Bund, Sozialversicherung in den Formen der mittelbaren Bundesverwaltung zu betreiben, so sind allerdings **Organisationsformen privaten Rechts** durch Art. 87 II 1 GG ausgeschlossen[285]. Dies gilt auch für die Beleihung von Unternehmen[286]. Der Zusammenschluß öffentlich-rechtlicher Sozialversicherungsträger in Spitzenverbänden, Arbeitsgemeinschaften u.ä. mit privater Rechtsform ist daher mit der in Art. 87 II 1 GG vorgeschriebenen öffentlich-rechtlichen Verwaltungsform zumindest dann nur schwer zu vereinbaren, wenn Kompetenzen der beteiligten Körperschaften wahrgenommen werden[287].

63 Liegen die Voraussetzungen von Art. 87 II 1 GG vor, so weist die Vorschrift dem Bund die **alleinige Verwaltungskompetenz** zu. Nach der Rechtsprechung des Bundesverfassungsgerichts schließt dies nicht aus, daß Organe der mittelbaren Landesverwaltung im Wege der Organleihe in die Bundesverwaltung nach Art. 87 II GG eingebunden werden[288] (→ Art. 83 Rn. 51). Ungeklärt ist die Frage, ob Art. 87 II GG durch das

---

zu sich aus dieser engen Ansicht ergebenden Einordnungsproblemen hinsichtlich der Bundesagentur für Arbeit: → Rn. 56 mit Fn. 248.

[280] Zusammenfassend *Besemann*, Organisationsrecht (Fn. 244), S. 52 f.; *Broß/Mayer* (Fn. 254), Art. 87 Rn. 7; *Burgi* (Fn. 80), Art. 87 Rn. 71; *S. Müller-Franken*, VSSR 1998, 133 (139); *Ruge* (Fn. 82), Art. 87 Rn. 19; *Ebsen*, Fremdkörper (Fn. 251), S. 238; BVerfGE 113, 167 (201, Rn. 95) lässt diese Frage offen, betont aber den organisationsrechtlichen Gestaltungsspielraum des Gesetzgebers.

[281] *Lerche* (Fn. 43), Art. 87 Rn. 160.

[282] *S. Müller-Franken*, VSSR 1998, 133 (138 ff.); *Burgi* (Fn. 80), Art. 87 Rn. 72.

[283] *Sachs* (Fn. 53), Art. 87 Rn. 55.

[284] Jarass/*Pieroth*, GG, Art. 87 Rn. 10; *Broß/Mayer* (Fn. 254), Art. 87 Rn. 20; *Burgi* (Fn. 80), Art. 87 Rn. 73.

[285] Insofern ist Art. 87 II 1 GG – anders als Art. 87 III 1 GG (→ Rn. 79) – eine abschließende Festlegung der zulässigen Organisationsform zu entnehmen; *Ibler* (Fn. 83), Art. 87 Rn. 200; vgl. auch *Sachs* (Fn. 53), Art. 87 Rn. 56; *Burgi* (Fn. 80), Art. 87 Rn. 80.

[286] Jarass/*Pieroth*, GG, Art. 87 Rn. 10; *H. Link*, VW 1999, 1604 (1606); *Burgi* (Fn. 80), Art. 87 Rn. 80; *Ibler* (Fn. 83), Art. 87 Rn. 199; *E. Bulla*, VSSR 26 (2008), 351 (372 ff.).

[287] *Bull* (Fn. 51), Art. 87 Rn. 97 ff.; Jarass/*Pieroth*, GG, Art. 87 Rn. 11; vgl. BVerwGE 74, 254 (255);

[288] BVerfGE 63, 1 (36 ff., 41); entgegen BFH DStRE 2015, 1365 (1369) gelten die dort und in BVerfGE 119, 331 (367, Rn. 159) formulierten Grenzen aber nur im Verhältnis von Bund und Ländern.

verfassungsrechtlich vorgesehene Nebeneinander von bundes- und landesunmittelbaren Versicherungsträgern eine kaum bestreitbar notwendige Koordinierung und übergreifende Steuerung als zulässige Mischverwaltung erlaubt oder umgekehrt als Gebot strikter Trennung zu verstehen ist[289].

Eine **Garantie der Selbstverwaltung** der Sozialversicherungskörperschaften sieht die h.M. in Art. 87 II 1 GG nicht[290]. Hierfür soll es an einer im Vergleich zu Art. 28 II 2 GG hinreichend deutlichen Basis im Verfassungstext fehlen[291]. Jedoch setzt der Körperschaftsstatus einen Grundbestand an Selbstverwaltung voraus[292] (→ Rn. 61). Daraus folgt, daß sich die Aufsicht des Bundes regelmäßig auf eine Kontrolle der Rechtmäßigkeit beschränken und jedenfalls eine umfassende Zweckmäßigkeitskontrolle ausgeschlossen bleiben muß[293]. Art. 87 II 1 GG gewährt jedoch keinen Bestandsschutz für einzelne Sozialversicherungsträger und deren Zuständigkeitsbereiche[294]. 64

V. Verwaltungskompetenz für Angelegenheiten, für die dem Bund die Gesetzgebung zusteht (Art. 87 III GG)

1. Funktion und systematische Stellung

a) Generalklausel für Bundesverwaltungskompetenz

Art. 87 III 1 GG begründet, soweit das Grundgesetz keine speziellen Aussagen zu den Bundesverwaltungskompetenzen enthält (→ Rn. 72ff.), eine **fakultative Bundesverwaltungskompetenz** für alle Sachbereiche, die der Gesetzgebungskompetenz des Bundes unterfallen. Die Norm regelt also primär die bundesstaatliche Verteilung der Verwaltungskompetenzen[295] (→ Rn. 15ff.) und **setzt** eine durch andere Normen des Grundgesetzes begründete **Bundesverwaltungskompetenz nicht voraus**, ist also selbst Kompetenzgrundlage[296]. 65

Im Gegensatz zu den Absätzen I und II beschreibt Art. 87 III GG den Bereich der Bundesverwaltungskompetenz allerdings nicht gegenständlich, sondern durch Anknüpfung an die Bundesgesetzgebungskompetenzen. Daneben ist für die Ausübung der fakultativen Verwaltungskompetenz lediglich ein Bundesgesetz erforderlich, das nur im Falle der Errichtung bundeseigener Mittel- und Unterbehörden der Zustimmung des Bundesrates und weiterer formeller sowie materieller Voraussetzungen bedarf (→ Rn. 95ff.). Daraus erklärt sich die zentrale Bedeutung von Art. 87 III GG als **Generalklausel**[297], die eine **Ausnahme** von der in Art. 83 GG normierten grundsätzli- 66

---

[289] Dazu ausführlich mit Nachw. der in der Lit. vertretenen Auffassungen *Besemann*, Organisationsrecht (Fn. 244), S. 50ff., 329ff.; *P. Axer*, VSSR 28 (2010), 1 (15ff.).

[290] BVerfGE 39, 302 (314); *Ibler* (Fn. 83), Art. 87 Rn. 189; *Sachs* (Fn. 53), Art. 87 Rn. 55; *Bull* (Fn. 51), Art. 87 Rn. 96; *Stern*, Staatsrecht II, S. 824.

[291] *Sachs* (Fn. 53), Art. 87 Rn. 55 m. w. N.

[292] *Burgi* (Fn. 80), Art. 87 Rn. 77f.; *W. Boecken*, DRV 1999, 714 (731ff.); *S. Müller-Franken*, VSSR 1998, 133 (138); Jarass/*Pieroth*, GG, Art. 87 Rn. 10.

[293] Jarass/*Pieroth*, GG, Art. 87 Rn. 10; *Bull* (Fn. 51), Art. 87 Rn. 43f.

[294] *H.-J. Papier*, NZS 1995, 241 (242f.); *Lerche* (Fn. 43), Art. 87 Rn. 152.

[295] So auch *Lerche* (Fn. 43), Art. 87 Rn. 168; *G.C. Burmeister*, Herkunft, Inhalt und Stellung des institutionellen Gesetzesvorbehalts, 1991, S. 148.

[296] Dies ist seit BVerfGE 14, 197 (210) nahezu unbestritten; s. etwa E 110, 33 (49, Rn. 90); anders noch *H.H. Rupp*, Bemerkungen zur Bundeseigenverwaltung nach Art. 87 III GG, in: FS Dürig, 1990, S. 387ff. (392), nach dessen Auffassung vieles dafür spricht, daß Art. 87 III 1 GG eine Bundesverwaltungskompetenz voraussetzt und nicht begründet.

[297] So auch *Stern*, Staatsrecht II, S. 826; *Dittmann*, Bundesverwaltung (Fn. 2), S. 251.

chen **Trennung von Gesetzgebungs- und Verwaltungskompetenzen** (→ Art. 83 Rn. 16) darstellt, indem sie im Sinne dieser Vorschrift anderes zuläßt[298]. Im Bereich der gesetzesfreien Verwaltung (→ Rn. 78) gilt dasselbe im Hinblick auf Art. 30 GG. Insbesondere Art. 87 III 1 GG wird deshalb als »Fehlkonstruktion«[299] eingeschätzt, die geeignet sei, das in Art. 30 und 83 GG zugunsten der Landesverwaltung vorgesehene Regel-Ausnahme-Verhältnis »in sein Gegenteil zu verkehren«[300].

67 Gegenüber derartig skeptischen Einschätzungen ist die – auch verfassungspolitisch – durchaus berechtigte **Funktion von Art. 87 III GG** zu betonen. Sie liegt darin, die Grundentscheidung der Verfassung für eine Dominanz der Länder im Bereich der Verwaltung (→ Art. 30 Rn. 15f., 19; → Art. 83 Rn. 19) in verfassungsrechtlich nicht bereits durch Spezialregelungen berücksichtigten Einzelfällen (→ Rn. 72ff.) korrigieren zu können, in denen sich aus der Sicht des Bundes die Notwendigkeit eigener exekutiver Aufgabenerfüllung ergibt[301], und die Zugriffsmöglichkeit des Bundes zugleich auf zentrale Aufgaben zu begrenzen (→ Rn. 85ff.). In diesem Sinne wird diese Norm zutreffend als »Notverwaltungskompetenz« des Bundes bezeichnet[302].

68 Die **Gesetzgebungskompetenz des Bundes** zur Regelung von Organisation und Verfahren der in Art. 87 III GG genannten Bundesbehörden folgt nicht aus dieser die Verwaltungskompetenz betreffenden Norm[303], sondern aus Art. 70ff. GG (→ Art. 83 Rn. 20ff., 24; → Art. 86 Rn. 14). Der Regelungsgehalt von Art. 87 III GG im Hinblick auf die Gesetzgebungskompetenz beschränkt sich vielmehr darauf, dem Bundesgesetzgeber abweichend von Art. 83 GG zu gestatten, bundeseigene Verwaltung in allen nicht speziell geregelten (→ Rn. 72ff.) Sachbereichen vorzusehen, in denen ihm nach dem VII. Abschnitt die Gesetzgebungskompetenz zusteht[304].

b) Aufgabenbezogener Vorbehalt des Gesetzes

69 Indem Art. 87 III 1 GG die Erfüllung von Verwaltungsaufgaben durch Einrichtungen der unmittelbaren oder der mittelbaren Bundesverwaltung nur »durch Bundesgesetz« zuläßt, begründet er einen **Vorbehalt des Bundesgesetzes**. Obwohl dies im Wortlaut nicht eindeutig zum Ausdruck kommt, gilt dieser Vorbehalt des Bundesgesetzes auch für die Erledigung »neuer Aufgaben« durch bundeseigene Mittel- und Unterbehörden nach Art. 87 III 2 GG[305]. Dies folgt daraus, daß für Art. 87 III 2 GG keine geringeren Anforderungen gelten können als nach Art. 87 III 1 GG, und entspricht darüber hinaus der Funktion des Gesetzesvorbehalts (→ Rn. 70f.).

70 Unklarheit besteht allerdings über **Funktion und Reichweite des Gesetzesvorbehaltes**. Nach der Auffassung, die Art. 87 III GG einen das Bund-Länder-Verhältnis betreffenden Kompetenzgehalt abspricht (→ Rn. 65), beschränkt sich die Funktion des Vorbehalts des Gesetzes auf die Verteilung der Organkompetenzen innerhalb des Bun-

---

[298] BVerfGE 110, 33 (49, Rn. 90).

[299] *J. Kratzer*, DÖV 1950, 529 (530).

[300] *G. Britz*, DVBl. 1998, 1167 (1168); ähnlich die Einschätzung von *Rupp*, Bemerkungen (Fn. 296), S. 387f.

[301] Vgl. nur *Dittmann*, Bundesverwaltung (Fn. 2), S. 252; *Bull* (Fn. 51), Art. 87 Rn. 24.

[302] So *G. Britz*, DVBl. 1998, 1167 (1171).

[303] A. A. Jarass/*Pieroth*, GG, Art. 87 Rn. 13; BVerfGE 31, 113 (117), wo von einer »in Art. 87 Abs. 3 Satz 1 GG zugunsten des Bundes begründeten Gesetzgebungszuständigkeit« die Rede ist, die auch eine gesetzliche Regelung des Verwaltungsverfahrens vor der Bundesoberbehörde erlaube.

[304] So wohl auch *Rupp*, Bemerkungen (Fn. 296), S. 390.

[305] *Sachs* (Fn. 53), Art. 87 Rn. 77; Jarass/*Pieroth*, GG, Art. 87 Rn. 9.

des[306]. Seine Funktion bestünde dann darin, eine Entscheidung zugunsten der in Art. 87 III GG erwähnten besonderen (verselbständigten und dezentralen) Formen der Bundesverwaltung nicht der Exekutive zu überlassen, sondern in die Zuständigkeit der Gesetzgebungsorgane zu legen. Die wichtigste Konsequenz daraus wäre, daß die Wahrnehmung einer bislang nicht dem Bund zugeordneten Verwaltungsaufgabe durch das jeweilige Ministerium keines Gesetzes bedürfte, obwohl sie nach der Grundregel des Art. 83 GG eigentlich von den Ländern wahrzunehmen ist. Umgekehrt wäre eine gesetzliche Grundlage auch dann erforderlich, wenn sich die Verwaltungskompetenz des Bundes zwar bereits aus anderen Normen des Grundgesetzes ergibt, aber eine der in Art. 87 III GG genannten Verwaltungsformen gewählt werden soll.

Diese Auffassung wird allerdings der Bedeutung des Art. 87 III GG als Generalklau- **71**
sel des VIII. Abschnitts, die eine Abweichung von den Grundregeln der Art. 30 und 83 GG zuläßt (→ Rn. 66 f.), nicht gerecht. Ebenso wie Art. 87 III GG insgesamt (→ Rn. 65 f.) betrifft auch der hier angeordnete **Gesetzesvorbehalt** primär die Verteilung der Verwaltungskompetenzen zwischen Bund und Ländern[307]. Diesem kommt in diesem Zusammenhang – trotz der fehlenden Notwendigkeit einer Zustimmung des Bundesrates – **bundesstaatliche Schutzfunktion** zu[308]. Die Überleitung von Verwaltungskompetenzen, die nach Art. 30 oder 83 GG den Ländern zustehen, auf den Bund soll parlamentarisch legitimiert und durch die Gesetzesform in seinem Umfang klar umrissen[309] sein. Der Umstand, daß dabei die Ministerialverwaltung und andere denkbare Formen der Bundesverwaltung nicht ausdrücklich erwähnt werden, mag seine entstehungsgeschichtliche Ursache darin haben, daß man – nicht anders als es heutiger überwiegender Praxis entspricht[310] – die Ministerien für den klassischen Verwaltungsvollzug nicht als geeignete Organisationseinheiten ansah und die mögliche Vielfalt sonstiger öffentlich- und privatrechtlicher Organisationsformen der Bundesverwaltung (→ Art. 86 Rn. 45 ff.) noch außerhalb der Vorstellung des Verfassunggebers lag. Hinzu kommt, daß Körperschaften und Anstalten, soweit ihnen Rechtsfähigkeit zukommen soll, schon allein zu deren Begründung eines Gesetzes bedürfen, weil das öffentliche Recht des Bundes anders als das private Organisationsrecht eine allgemeine Regelung über rechtsfähige juristische Personen nicht kennt. Wenn also die Funktion des Gesetzesvorbehalts in Art. 87 III GG nicht in der parlamentarischen Legitimation bestimmter Organisationsformen der Bundesverwaltung, sondern in dem Schutz der Länder vor einem »stillschweigenden« Entzug ihrer Verwaltungskompetenzen durch die Bundesexekutive liegt, so folgt daraus zweierlei: Auf der einen Seite begründet Art. 87 III GG nicht die Erforderlichkeit eines Gesetzes, wenn die Bundesverwaltungskompetenz bereits durch andere speziellere Normen der Verfassung begründet ist (→ Rn. 72 ff.) – und zwar auch dann nicht, wenn sich der Bund dabei der in Art. 87 III GG genannten Organisationsformen bedient[311]. Auf der anderen Seite ist gem. Art. 87 III

[306] So ausdrücklich *Rupp*, Bemerkungen (Fn. 296), S. 390.

[307] *Lerche* (Fn. 43), Art. 87 Rn. 167; *Burmeister*, Herkunft (Fn. 295), S. 148.

[308] Vgl. *Burmeister*, Herkunft (Fn. 295), S. 152 f. m.w.N; zur ohnehin problematischen bundesstaatlichen Schutzwirkung eines Zustimmungserfordernisses: → Art. 84 Rn. 68.

[309] Nach *Stern*, Staatsrecht II, S. 826 (ähnlich S. 832) soll der Gesetzesvorbehalt den Ausbau der Bundesverwaltung »politisch sichtbar werden« lassen.

[310] Zur Notwendigkeit, Vollzugsaufgaben aus dem Ministerium herauszuverlagern, vgl. *B. Becker*, Öffentliche Verwaltung, 1989, S. 190 ff.

[311] Deren Zulässigkeit beurteilt sich ausschließlich nach den die Bundesverwaltungskompetenz begründenden speziellen Normen sowie nach den allgemeinen Regeln über den institutionellen Vorbehalt des Gesetzes (→ Art. 20 [Rechtsstaat], Rn. 124 ff.).

GG ein Gesetz unabhängig davon erforderlich, ob der Bund die nach Art. 30 oder 83 GG den Ländern zustehende Verwaltungskompetenz in der Form der Bundesoberbehörde, der Anstalt, der Körperschaft oder einer sonstigen Organisationsform wahrnehmen will (→ Rn. 79).

c) Vorrang spezieller Kompetenznormen

72 Umstritten ist die Frage, ob **Art. 87 III GG** im Verhältnis zu speziellen Bundesverwaltungskompetenznormen **subsidiär** ist. Das Bundesverfassungsgericht hat diese Frage unter Berufung auf »das Recht und die Pflicht« des Bundes »zur Wahl einer sachgerechten Organisationsstruktur« verneint[312]. Das ist allerdings weder in der Begründung noch im Ergebnis überzeugend. Vielmehr folgt aus der systematischen Stellung des Art. 87 III GG innerhalb des VIII. Abschnitts wie auch aus seiner Funktion als allgemeine Generalklausel, mit der über die speziellen Regelungen zur Bundesauftrags- und zur Bundesverwaltung hinaus für unvorhergesehene Fälle bundeseigene Verwaltung ermöglicht werden soll (→ Rn. 6 ff., 66), daß Art. 87 III GG **keine Anwendung** finden kann auf alle in **Art. 87 ff. GG speziell normierten Verwaltungsaufgaben des Bundes**[313]. Dies gilt zunächst für die dort aufgeführten einzelnen Bundesverwaltungskompetenznormen. Deren besondere aufgaben-, kompetenz- und organisationsrechtlichen[314] Gehalte (→ Art. 86 Rn. 12 ff.) dürfen unter Berufung auf Art. 87 III GG nicht umgangen werden[315]. So kann der Bund z. B. in den Sicherheitsbereichen, in denen Art. 87 I 2 GG lediglich Zentralstellen (→ Rn. 46 ff.) zuläßt, keine Bundesoberbehörden nach Art. 87 III 1 GG errichten[316] und erst recht keinen eigenen Verwaltungsunterbau nach Art. 87 III 2 GG schaffen. Auch in anderen Verwaltungsbereichen ist jeweils genau zu prüfen, ob die jeweilige spezielle Kompetenznorm einen eigenen Verwaltungsunterbau zuläßt[317]. Wo dies nicht der Fall ist, kann auch unter Beachtung der Voraussetzungen des Art. 87 III 2 GG kein eigener Verwaltungsunterbau geschaffen werden.

73 Auch auf den Sachgebieten obligatorischer oder fakultativer **Auftragsverwaltung** (→ Art. 85 Rn. 14 f.) soll es nach der wenig überzeugenden Auffassung des Bundesverfassungsgerichts zulässig sein, daß der Bund sich nicht mit seinem steuernden Einfluß auf die Landesverwaltung begnügt sondern die Länder auf der Grundlage des Art. 87 III 1 GG aus ihrer Verwaltungskompetenz verdrängt[318]. Im Gegensatz zum Regeltypus der landeseigenen Verwaltung (→ Art. 83 Rn. 19), wo angesichts dessen weiten und

---

[312] So – bezogen auf das Verhältnis von Art. 87 III 1 GG zu Art. 87 I GG – BVerfGE 110, 33 (50 f., Rn. 97), wo außerdem auf das Interesse an einer »effektiven Aufgabenwahrnehmung« und darauf hingewiesen wird, daß der Wortlaut des Art. 87 III GG (»außerdem«) nicht entgegenstehe; ausführlich, die Auffassung des Bundesverfassungsgerichts im Ergebnis bestätigend, *Abbühl*, Aufgabenwandel (Fn. 21), S. 363 ff.

[313] So zutreffend *Dittmann*, Bundesverwaltung (Fn. 2), S. 252; *Burmeister*, Herkunft (Fn. 295), S. 148 m. w. N.; *Broß/Mayer* (Fn. 254), Art. 87 Rn. 21; *Ibler* (Fn. 83), Art. 87 Rn. 228; einschränkend für Fälle, in denen »jene speziellen Zuordnungsnormen insoweit keine Aussagen enthalten«, *Burgi* (Fn. 80), Art. 87 Rn. 91.

[314] So wird etwa unter Berufung auf Art. 87 III 1 GG behauptet, daß trotz der in Art. 87b II 1 GG angeordneten bundeseigenen Verwaltung auch Körperschaften und Anstalten zulässig seien; vgl. nur *J. Kokott*, in: Sachs, GG, Art. 87b Rn. 19.

[315] *Sachs* (Fn. 53), Art. 87 Rn. 18, 78; *Lerche* (Fn. 43), Art. 87 Rn. 170.

[316] So auch *Lerche* (Fn. 43), Art. 87 Rn. 170; a. A. BVerfGE 110, 33 (50 f., Rn. 97).

[317] Dies gilt etwa für Art. 87d, 87e und 87f GG.

[318] Dazu, ohne das Problem zu erwähnen, BVerfGE 104, 238 (247, Rn. 32); ausführlich, aber nicht

»unbenannten« Anwendungsbereichs das Korrektiv des Art. 87 III GG einen unvorhergesehenen Bedarf an bundeseigener Verwaltung befriedigen soll (→ Rn. 66f.), hat die Verfassung in den ausdrücklich benannten Sachbereichen der Auftragsverwaltung das »Bedürfnis« nach zentralstaatlicher Steuerung durchaus erkannt und zugleich auf die in Art. 85 GG normierten Ingerenzen des Bundes begrenzt. Diese begrenzten Einflußmöglichkeiten im Bereich der Auftragsverwaltung kann der Bund nicht erweitern, indem er den Ländern kurzerhand unter Berufung auf Art. 87 III GG ihre Wahrnehmungskompetenz (→ Art. 85 Rn. 19) entzieht und sie auf Bundesbehörden verlagert[319].

Die Spezialität der Regelungen zur Bundesverwaltungskompetenz in Art. 87ff. GG hat allerdings zugunsten des Bundes auch zur Folge, daß Art. 87 III GG **keine zusätzlichen Anforderungen für die Verwaltungsorganisation** eines in der Verfassung dem Bund bereits zugewiesenen Bereichs entnommen werden können. So werden insbesondere die jeweiligen speziellen Voraussetzungen für die Errichtung von Bundesbehörden durch Art. 87 III GG nicht um einen Vorbehalt des Gesetzes für Bundesoberbehörden ergänzt[320]. Bei Art. 87 I 1 GG ist z.B. anerkannt, daß für die dort genannte Bundesverwaltung mit eigenem Verwaltungsunterbau aus Art. 87 III GG nicht die Erforderlichkeit eines Gesetzes gefolgert werden kann[321]. Gleiches muß auch für alle sonstigen speziellen Bundesverwaltungskompetenznormen gelten[322]. So kann sich etwa die Notwendigkeit eines Gesetzes zur Errichtung einer Bundesoberbehörde im Bereich der Bundeswasserstraßenverwaltung (→ Art. 89 Rn. 20) nicht aus Art. 87 III 1 GG ergeben. 74

Schließlich erfährt der Anwendungsbereich des Art. 87 III GG durch die Überleitungsvorschrift des **Art. 130 GG** insoweit eine Einschränkung, als es für die nach dieser Vorschrift auf den Bund übergeleiteten Verwaltungseinrichtungen keines Gesetzes bedarf[323] (→ Art. 130 Rn. 6). 75

2. Der Anwendungsbereich von Art. 87 III 1 GG

a) Wahrnehmung nicht speziell normierter Verwaltungsaufgaben

Seinem Wortlaut nach regelt Art. 87 III 1 GG nur die Errichtung von »Bundesoberbehörden« sowie neuer »bundesunmittelbare[r] Körperschaften und Anstalten«. Die daran anknüpfenden Unklarheiten über den Anwendungsbereich und den Regelungsgehalt dieser Vorschrift betreffen insbesondere die Frage, ob auch die Wahrnehmung von Verwaltungsaufgaben durch Ministerien sowie durch andere als die in Art. 87 III 76

überzeugend BVerfG (K), DVBl. 2009, 642 (644f.); da sich die Frage vor allem im Bereich des Vollzugs des Atomgesetzes entzündet hat, s. dazu genauer: → Art. 87c Rn. 15ff.

319 Für Einzelfälle aus dem Vollzug des Atom- und Strahlenschutzrechts: → Art. 87c Rn. 15ff.

320 Zur vom Bundesrat vertretenen gegenteiligen Auffassung vgl. die Nachweise bei *W. Blümel*, HStR IV, § 101 Rn. 108; s. dazu auch *J. Oebbecke*, HStR³ VI, § 136 Rn. 90.

321 *Lerche* (Fn. 43), Art. 87 Rn. 170. Besteht für die von einer Bundesoberbehörde oder auch von einem privatrechtsförmigen Verwaltungsträger, der dem Bund zuzurechnen ist, eine Bundesverwaltungskompetenz, weil es sich z.B. um eine dem Auswärtigen Dienst zuzuordnende Angelegenheit handelt, so bedarf es hierzu jedenfalls nicht wegen Art. 87 III GG eines Gesetzes.

322 A.A. – allerdings ohne Begründung und ohne Erörterung der Spezialität – *Lerche* (Fn. 43), Art. 87 Rn. 171. Aufgrund des primären bundesstaatlichen Kompetenzgehaltes ist eine gesetzliche Grundlage nur deshalb erforderlich, weil es an einer anderweitig begründeten Bundesverwaltungskompetenz fehlt (→ Rn. 71).

323 So für die Anstalten und Körperschaften nach Art. 130 III GG auch *Sachs* (Fn. 53), Art. 87 Rn. 67.

1 GG ausdrücklich erwähnten Organisationsformen zulässig ist[324] oder ob diese Formen der Bundesverwaltung im Gegenteil von Art. 87 III 1 GG überhaupt nicht erfaßt sind und deshalb keiner gesetzlichen Grundlage bedürfen[325]. Fraglich ist darüber hinaus, ob Art. 87 III 1 GG auch auf die Aufgabenzuweisung an bereits bestehende Bundesbehörden Anwendung findet (→ Rn. 77) und ob diese Norm auch im Bereich der gesetzesfreien Verwaltung gilt (→ Rn. 78). Alle diese Fragen müssen vor dem Hintergrund der systematischen Stellung und Funktion von Art. 87 III GG (→ Rn. 65 ff.) beantwortet werden. Aus diesen folgt, daß sich Art. 87 III 1 GG eine Aussage über zulässige Organisationsformen der Bundesverwaltung nicht entnehmen läßt, sondern daß hier nur die von Art. 30 und 83 GG abweichende Übernahme einer Verwaltungsaufgabe durch den Bund – unabhängig von der Organisationsform – geregelt ist. Daß es entgegen der Formulierung in Art. 87 III 1 GG nicht um die Konstituierung der dort genannten Behörden als solche, sondern um deren Aufgabenwahrnehmung geht, folgt bereits daraus, daß die Errichtung von Behörden ohne eine Aufgabenzuweisung weder sinnvoll noch zulässig ist[326]. Für den Anwendungsbereich von Art. 87 III 1 GG bedeutet dies, daß dieser **jede Wahrnehmung einer Verwaltungsaufgabe**[327] **durch den Bund** umfaßt, die nicht bereits durch spezielle Verfassungsnormen (→ Rn. 72 ff.) in die Kompetenz des Bundes gelegt ist und für die auch nicht Art. 87 III 2 GG deswegen vorrangiger Maßstab ist, weil die Aufgabe durch bundeseigene Mittel- und Unterbehörden wahrgenommen wird (→ Rn. 95 ff.).

77 Aus der für die Auslegung von Art. 87 III 1 GG maßgeblichen Perspektive bundesstaatlicher Verteilung der Verwaltungskompetenzen kommt es nicht darauf an, ob eine neue Verwaltungseinrichtung des Bundes geschaffen wird oder ob neue **Aufgaben** bereits **bestehenden Einrichtungen der Bundesverwaltung** zur Erledigung **zugewiesen** werden[328]. In beiden Fällen handelt es sich um die Wahrnehmung einer Verwaltungsaufgabe durch den Bund, die unter den genannten Voraussetzungen (→ Rn. 76) den Bindungen des Art. 87 III 1 GG unterliegt. Deshalb kommt es auch nicht

---

[324] Dagegen *Sachs* (Fn. 53), Art. 87 Rn. 63, 69 f., wohl unter alleiniger Berufung auf den Wortlaut; zur Frage, ob auch die Errichtung nicht rechtsfähiger Anstalten von der Befugnis zur Errichtung von Bundesoberbehörden gedeckt ist, vgl. *Lerche* (Fn. 43), Art. 87 Rn. 184; *Stern*, Staatsrecht II, S. 831 hält juristisch »schwächere« Organisationsformen als Bundesoberbehörden oder rechtsfähige Anstalten bzw. Körperschaften für zulässig. Zum Sonderfall der Entscheidungsbefugnis der Bundesregierung (durch Rechtsverordnung) über die Zulässigkeit der Enteignung nach dem Gesetz zur Rettung von Unternehmen zur Stabilisierung des Finanzmarktes und der Durchführung des Verfahrens durch das Bundesministerium der Finanzen s. *I. Appel/M. Rossi*, Finanzmarktkrise und Enteignung, 2009, S. 96 f.

[325] So etwa *Lerche* (Fn. 43), Art. 87 Rn. 184 für »unselbständige« Bundesoberbehörden.

[326] Vgl. auch *Sachs* (Fn. 53), Art. 87 Rn. 72. Die Entscheidung in BVerwGE 98, 18 (22 f.) – dazu *H.-H. Trute*, JuS 1996, 883 ff. – zur Kostentragung für die Herstellung von Bundespersonalausweisen durch die Bundesdruckerei GmbH vermag deshalb im Ergebnis (keine Kostentragungspflicht des Bundes nach Art. 104a GG) nur zu überzeugen, wenn man die Tätigkeit der Bundesdruckerei entsprechend ihrem eigenen Selbstverständnis als erwerbswirtschaftliche Betätigung ansieht, die einerseits nicht den Vorschriften der Art. 86 ff. GG unterworfen ist (→ Art. 86 Rn. 36 ff.), andererseits aber, soweit es öffentliche Interessen z. B. des Datenschutzes oder der Sicherheit erfordern, »von außen« durch hoheitliche oder vertragliche Instrumente gesteuert und kontrolliert werden muß.

[327] Zur der insbesondere im Zusammenhang mit der funktionalen Privatisierung einzelner »operativer« Aufgaben relevanten Frage, ob der »rein technische Vorgang« – hier: der Herstellung der Personalausweise – eine Verwaltungsaufgabe darstellt, s. BVerwGE 98, 18 (22 ff.); allg. zu den Verwaltungsaufgaben: → Art. 86 Rn. 20 ff.

[328] *Lerche* (Fn. 43), Art. 87 Rn. 175.

auf die Abgrenzung zwischen »Errichtung« und »Einrichtung«[329] der Bundesverwaltungseinrichtungen an.

78 Schließlich ist darauf hinzuweisen, daß es für die Anwendbarkeit von Art. 87 III 1 GG auch nicht auf die **Unterscheidung** von **gesetzesakzessorischen und »gesetzesfreien« Verwaltungsaufgaben** ankommt[330]. Wie die Art. 86ff. GG insgesamt (→ Art. 86 Rn. 22), gilt auch Art. 87 III 1 GG für beide. Dies hat zur Konsequenz, daß sich das gem. Art. 87 III 1 GG erforderliche Bundesgesetz auf die Umschreibung der Verwaltungsaufgabe des Bundes und die Zuweisung an eine bestimmte Bundesbehörde beschränken kann, wo es sich um zulässige gesetzesfreie Verwaltungstätigkeiten handelt, die weder nach speziellen grundrechtlichen Gesetzesvorbehalten noch nach dem allgemeinen Vorbehalt des Gesetzes (→ Art. 20 [Rechtsstaat], Rn. 124ff.) einer genaueren gesetzlichen Programmierung bedürfen (→ Rn. 83f.).

b) Selbständige Bundesoberbehörden und andere Verwaltungsorganisationsformen

79 Danach fällt in den Anwendungsbereich von Art. 87 III 1 GG zunächst die Wahrnehmung von Verwaltungsaufgaben durch **selbständige Bundesoberbehörden**[331], die gegenüber dem jeweiligen Bundesministerium organisatorisch verselbständigt sind, ohne eigene Rechtsfähigkeit zu besitzen (→ Art. 86 Rn. 26f.). Allerdings zielt der Begriff der **Selbständigkeit** entgegen einer verbreiteten Ansicht[332] nicht auf diese Verselbständigung gegenüber dem Ministerium (diese ist bereits im Begriff der Bundesoberbehörde enthalten) und hat schon gar nichts mit der Problematik weisungsfreier unabhängiger Behörden (→ Art. 20 [Demokratie], Rn. 124) zu tun, sondern charakterisiert im Unterschied zu Art. 87 III 2 GG solche Bundesbehörden, deren Zuständigkeit sich auf das gesamte Bundesgebiet bezieht, die aber dennoch nicht auf die kontinuierliche und flächendeckende Unterstützung von Landesbehörden angewiesen sind. »Selbständige« Bundesoberbehörden sind also dadurch gekennzeichnet, daß sie zu eigenständiger Aufgabenerfüllung in der Lage sind (→ Art. 86 Rn. 27). Die geforderte Selbständigkeit der Bundeoberbehörden erklärt sich also aus der zum Schutz der Länder gebotenen organisations- und aufgabenbezogenen **Zentralität** (→ Rn. 85ff.), die nach Art. 87 III 1 GG Voraussetzung für die Wahrnehmung der fakultativen Bundesverwaltungskompetenz ist und die nur unter den erschwerten Voraussetzungen des Art. 87 III 2 GG (→ Rn. 95ff.) überwunden werden kann[333]. Darüber hinaus findet Art. 87 III 1 GG Anwendung, wenn der Bund exekutive Aufgaben durch ihm zurechenbare **juristische Personen des öffentlichen Rechts** wahrnehmen läßt, als deren typische Formen Art. 87 III 1 GG nur die Anstalt und die Körperschaft erwähnt (→ Art. 86 Rn. 32). Der mittelbaren Bundesverwaltung zuzurechnen sind auch die grundsätzlich zulässigen (→ Art. 86 Rn. 40, 46f.) **Verwaltungsträger in Privatrechtsform**, auf deren Aufgabenwahrnehmung Art. 87 III 1 GG entsprechend anzuwenden ist[334]. Über dessen Wortlaut hinaus (→ Rn. 76) muß die bundesstaatliche Schutzwir-

---

[329] Dazu *Sachs* (Fn. 53), Art. 87 Rn. 72.

[330] So auch *H.-J. Vogel*, Die bundesstaatliche Ordnung des Grundgesetzes, in: HdbVerfR, § 22 Rn. 97.

[331] Ausführliche Nachweise der älteren Literatur zu den selbständigen Bundesoberbehörden bei *G. Britz*, DVBl. 1998, 1167 (1167).

[332] Exemplarisch *Sachs* (Fn. 53), Art. 87 Rn. 66.

[333] *Burgi* (Fn. 80), Art. 87 Rn. 98.

[334] So auch *Dittmann*, Bundesverwaltung (Fn. 2), S. 254; *Ehlers*, Verwaltung (Fn. 104), S. 154; *F. Ossenbühl*, Die Erfüllung von Verwaltungsaufgaben durch Private, VVDStRL 29 (1971), S. 137ff.

kung des Art. 87 III 1 GG schließlich auch dann eingreifen, wenn sich der Bund nicht verselbständigter Organisationsformen bedient, sondern Verwaltungsaufgaben unmittelbar durch die **Ministerien** selbst erledigen läßt[335]. Die Auswahl zwischen den genannten Organisationsformen steuert Art. 87 III 1 GG nicht[336].

3. Voraussetzungen und Grenzen nach Art. 87 III 1 GG

a) Bundesgesetzgebungskompetenz

80 Der Bund darf Verwaltungsaufgaben, die ihm nicht bereits durch spezielle Verfassungsnormen zugewiesen sind, gem. Art. 87 III 1 GG nur in solchen Sachbereichen wahrnehmen, für die ihm die Gesetzgebungskompetenz zukommt. Diese Rückbindung der Verwaltungskompetenz an die Gesetzgebungskompetenz ist Grundlage des allgemeinen Grundsatzes, daß die **Gesetzgebungskompetenz** des Bundes die **äußerste Grenze** seiner **Verwaltungskompetenz** darstellt (→ Art. 83 Rn. 16).

81 Die Bundesgesetzgebungskompetenz kann sich sowohl aus den in Art. 70ff. GG explizit aufgeführten Zuständigkeiten als auch aus den Regeln über ungeschriebene Kompetenzen des Bundes ergeben (→ Vorb. zu Art. 70–74 Rn. 45ff.). Das früher diskutierte Problem, ob auch die Rahmengesetzgebungskompetenz ausreichende Grundlage für die Inanspruchnahme einer Bundesverwaltungskompetenz nach Art. 87 III GG ist[337], hat sich mit der Föderalismusreform 2006 erledigt. Sie wird ersetzt durch die Frage, ob dem Bund gem. Art. 87 III 1 GG eine Bundesverwaltungskompetenz auch für solche Gegenstände der **konkurrierenden Gesetzgebungskompetenz** zusteht, bei denen den Ländern nach **Art. 72 III GG** die Möglichkeit abweichender Regelung eröffnet ist. Diese Frage ist zu verneinen[338], weil auf den in Art. 72 III GG genannten Sachgebieten nicht auszuschließen ist, daß die Bundesbehörde entweder unzulässigerweise[339] (abweichendes) Landesrecht vollziehen müßte oder nur für den Teil des Bundesgebietes zuständig sein könnte[340], in dem kein abweichendes Landesrecht erlassen wurde. Die Notwendigkeit eines zentralen – bundesweiten und für das gesamte Bundesgebiet einheitlichen – Vollzugs von Bundesrecht, der Art. 87 III GG Raum geben will, ist in den Materien des Art. 72 III GG offensichtlich nicht gegeben, weil das

---

(166f.); *Ruge* (Fn. 82), Art. 87 Rn. 39; *R. Boergen*, DVBl. 1971, 869 (877); kritisch – aber wegen der allzu einfachen Beschränkung auf den Wortlaut nicht überzeugend – zur Analogiefähigkeit des Art. 87 III 1 GG im Hinblick auf privatrechtliche Organisationseinheiten *Sachs* (Fn. 53), Art. 87 Rn. 70.

[335] Dazu, daß – entgegen *Sachs* (Fn. 53), Art. 87 Rn. 69 – die Übertragung von Verwaltungsaufgaben auf ein Ministerium keineswegs generell unzulässig ist: → Rn. 76ff.

[336] Für einen Vorrang der Bundesoberbehörde gegenüber Formen der mittelbaren Bundesverwaltung (am Beispiel der BaFin) aus Gründen der Aufgabenqualität (staatsnah, vorrangig eingriffsverwaltend) *P. Werheit*, Die Bundesanstalt für Finanzdienstleistungsaufsicht (BaFin), 2009, S. 114ff.

[337] S. dazu etwa *Burgi* (Fn. 80), Art. 87 Rn. 92.

[338] So auch *Broß/Mayer* (Fn. 254), Art. 87 Rn. 22; a. A. *Sachs* (Fn. 53), Art. 87 Rn. 61; *Suerbaum* (Fn. 84), Art. 87 Rn. 30; *Ibler* (Fn. 83), Art. 87 Rn. 237f.; die Beachtung erlassener Abweichungsgesetze fordernd *J. Oebbecke*, HStR³ VI, § 136 Rn. 129; *H.-H. Trute*, Verwaltungskompetenzen im deutschen Bundesstaat, in: I. Härtel (Hrsg.), Handbuch Föderalismus II, 2012, § 28 Rn. 46; *M. Schewerda*, Die Verteilung der Verwaltungskompetenzen zwischen Bund und Ländern nach dem Grundgesetz, 2008, S. 74f., mit der expliziten Konsequenz, daß sich die Zuständigkeit einer Bundesbehörde auf ein einziges Bundesland (welches keine Abweichungsgesetzgebung erlassen hat) beschränken kann.

[339] Dazu, daß der Vollzug von Landesrecht durch Bundesbehörden unzulässig ist: → Art. 83 Rn. 29.

[340] Zur Notwendigkeit, daß die Bundesoberbehörden nach Art. 87 III 1 GG für das gesamte Bundesgebiet zuständig sein müssen: → Rn. 85ff.

Grundgesetz durch diese Norm bereits die Bundesgesetzgebungskompetenz eingeschränkt hat und die Bundesverwaltungskompetenz nicht weiter reichen kann als diese (→ Art. 83 Rn. 16).

Die umstrittene **Frage, ob** der **Bund** von seiner **Gesetzgebungskompetenz** Gebrauch gemacht haben oder zumindest gleichzeitig Gebrauch machen muß[341], wenn er auf der Grundlage von Art. 87 III 1 GG Bundesbehörden die Wahrnehmung von Verwaltungsaufgaben zuweisen will, richtet sich nach Inhalt und Reichweite des Vorbehalts des Gesetzes (→ Rn. 83f.). Die Rückanknüpfung an die Gesetzgebungskompetenz als solche verlangt dagegen nicht, daß der Bund von dieser bereits Gebrauch gemacht hat. 82

b) Anforderungen an das Bundesgesetz

Aus der bundesstaatlichen Schutzfunktion des Vorbehalts des Gesetzes in Art. 87 III GG (→ Rn. 71) folgt, daß das Bundesgesetz mindestens die nach Art. 30 und 83 GG eigentlich von den Ländern wahrzunehmende **Verwaltungsaufgabe**, die nunmehr durch den Bund wahrgenommen werden soll, **klar benennt und inhaltlich umschreibt**[342]. Dies gilt unabhängig davon, ob durch das Bundesgesetz eine Bundesoberbehörde, eine Körperschaft oder eine Anstalt errichtet und mit der Aufgabenwahrnehmung betraut wird, oder ob die »neue« Verwaltungsaufgabe des Bundes einer bereits existierenden Bundesbehörde – dies kann auch ein Ministerium sein – zur Erledigung übertragen wird (→ Rn. 79). Während im Bereich der »gesetzesfreien« Verwaltung diese Umschreibung der Aufgabe genügen kann, setzt eine Vollzugsaufgabe voraus, daß zumindest gleichzeitig mit ihrer Zuweisung an eine Einrichtung der Bundesverwaltung auch das auszuführende »Programm« gesetzlich normiert wird[343]. Vor diesem Hintergrund erweist sich die Frage, ob die Rückanknüpfung des Art. 87 III GG an die Gesetzgebungskompetenz verlangt, daß zumindest gleichzeitig mit der gesetzlichen Konstituierung einer Verwaltungsaufgabe des Bundes auch von der Gesetzgebungskompetenz Gebrauch gemacht werden muß (→ Rn. 82), als irrelevant. Aus dem Vorbehalt des Gesetzes in Art. 87 III GG ergibt sich nämlich, daß als Minimum eine gesetzliche Aufgabenumschreibung erforderlich ist. Die über dieses Minimum hinausgehende Intensität der erforderlichen gesetzlichen Programmierung zwischen gesetzesfreier und strikt gesetzesgebundener Verwaltung bemißt sich dagegen nach den grundrechtlichen Gesetzesvorbehalten und dem allgemeinen rechtsstaatlichen Vorbehalt des Gesetzes (→ Art. 20 [Rechtsstaat], Rn. 124ff.). 83

Nach den allgemeinen Regeln der Kompetenzverteilung zwischen Legislative und Exekutive können gem. Art. 80 GG die Einzelheiten sowohl der Errichtung von Bundesoberbehörden und von neuen bundesunmittelbaren Körperschaften und Anstalten als auch der Zuständigkeit vorhandener Einrichtungen der Bundesverwaltung für neue Aufgaben durch **Rechtsverordnung** geregelt werden[344]. Die Umschreibung der 84

---

341 Dagegen: *Ronellenfitsch*, Mischverwaltung (Fn. 100), S. 211f.; *J. Oebbecke*, HStR³ VI, § 136 Rn. 129; dafür: *Rupp*, Bemerkungen (Fn. 296), S. 394f., der in den Bereichen der konkurrierenden Gesetzgebungszuständigkeit des Bundes außerdem die Gefahr sieht, daß Bundesoberbehörden unzulässigerweise (→ Art. 83 Rn. 29) Landesrecht vollziehen müssen, weil der Bund mangels Ausübung seiner konkurrierenden Kompetenz das vorhandene Landesrecht noch nicht verdrängt hat.

342 Zustimmend *Suerbaum* (Fn. 84), Art. 87 Rn. 31.

343 *Broß/Mayer* (Fn. 254), Art. 87 Rn. 23; *Lerche* (Fn. 43), Art. 87 Rn. 180.

344 BVerwGE 102, 119 (126); Jarass/*Pieroth*, GG, Art. 87 Rn. 13.

wahrzunehmenden Verwaltungsaufgabe selbst ist dagegen dem Parlamentsgesetz vorbehalten[345].

c) Organisations- und aufgabenbezogene Zentralität

85 Aus dem Vergleich zwischen Art. 87 III 1 und 2 GG folgt, daß sich die Begründung einer Bundesverwaltungskompetenz durch Art. 87 III 1 GG nur auf solche Aufgaben bezieht, die nach ihrer Eigenart **für das ganze Bundesgebiet** ohne bundeseigene Mittel- und Unterbehörden **zentral** – ohne Inanspruchnahme der Länder (→ Rn. 79) – wahrgenommen werden können[346]. Diese wichtigste die Bundesverwaltungskompetenz nach Art. 87 III 1 GG einschränkende Voraussetzung ist mit ihren organisations- und aufgabenbezogenen Wirkungen ernst zu nehmen[347].

86 Organisationsrechtlich hat sie zur Konsequenz, daß auf der Grundlage von Art. 87 III 1 GG bundeseigene **Mittel- und Unterbehörden nicht errichtet** und vorhandenen Mittel- und Unterbehörden Verwaltungsaufgaben nicht zur Erledigung zugewiesen werden können. Deshalb zwingt Art. 87 III 1 GG zu der Unterscheidung zwischen einem nach Art. 87 III 1 GG unzulässigen »Unterbau« und zulässigen sog. »Außenstellen«[348]. Angesichts der schwierigen Abgrenzungsfragen, die diese Unterscheidung aufwirft, trifft den Bund die »Beweislast«, daß es sich bei solchen **dislozierten »Außenstellen«** nicht um eine Umgehung der in Art. 87 III 2 GG statuierten Voraussetzungen handelt[349]. Weil im Interesse der bundesstaatlichen Schutzfunktion des Art. 87 III GG (→ Rn. 65ff., 71) dessen Anwendungsbereich nicht auf die dort ausdrücklich genannten Organisationsformen beschränkt ist (→ Rn. 79), dürfen auch **juristische Personen des öffentlichen oder des privaten Rechts** als Träger einer Verwaltungsaufgabe des Bundes – soweit diese auf Art. 87 III 1 GG gestützt wird – nicht mit einer dezentralen Organisationsstruktur ausgestattet werden, die bundeseigenen Mittel- und Unterbehörden gleichkommt[350].

87 Spiegelbildlich zu dieser organisationsrechtlichen Restriktion läßt sich aus dem Vergleich zwischen Art. 87 III 1 und 2 GG die aufgabenbezogene Anforderung schließen, daß es sich um eine Materie handeln muß, die nach ihren typischen Merkmalen von einer für das gesamte Bundesgebiet[351] zuständigen zentralen Stelle ohne Inanspruchnahme von Verwaltungsbehörden der Länder erledigt werden kann[352]. Diese Schran-

---

[345] So auch *Bull* (Fn. 51), Art. 87 Rn. 29; *Burgi* (Fn. 80), Art. 87 Rn. 95; ähnlich, aber auf die Umstände des Einzelfalls abstellend, *Lerche* (Fn. 43), Art. 87 Rn. 177.

[346] BVerfGE 14, 197 (211); 110, 33 (49, Rn. 92); BVerfG (K), DVBl. 2009, 642 (645); BVerwGE 35, 141 (145); ausführliche Nachweise dazu bei *G. Britz*, DVBl. 1998, 1167 (1168f.); s. auch *Ibler* (Fn. 83), Art. 87 Rn. 245.

[347] Ähnlich *Sachs* (Fn. 53), Art. 87 Rn. 65.

[348] Gegen die Zulässigkeit jeglicher Art von Außenstellen *Schewerda*, Verteilung (Fn. 338), S. 132f. m. w. N., der alle Formen der Dislozierung den Anforderungen des Art. 87 III 2 GG unterwerfen will.

[349] Von einer »Art Umgehung der Restriktionen des Art. 87 Abs. 3 S. 2 GG« spricht in diesem Zusammenhang auch *Dittmann*, Bundesverwaltung (Fn. 2), S. 256; ähnlich *Suerbaum* (Fn. 84), Art. 87 Rn. 28.1; *Ibler* (Fn. 83), Art. 87 Rn. 247.

[350] So für Körperschaften und Anstalten auch *Sachs* (Fn. 53), Art. 87 Rn. 68; *Burgi* (Fn. 80), Art. 87 Rn. 105.

[351] Nicht erforderlich ist dagegen, daß sich der Aufgabenbereich einer Anstalt oder Körperschaft auf das gesamte Bundesgebiet erstrecken muß (z. B. die Treuhandanstalt mit ihrem auf die neuen Bundesländer beschränkten Aufgabenbereich); vgl. dazu nur *Lerche* (Fn. 43), Art. 87 Rn. 196, 198.

[352] BVerfGE 14, 197 (211); 110, 33 (49, Rn. 92); BVerwG DÖV 2006, 116 (120f.); BVerwG ZUR 2006, 596 (597).

ke des Art. 87 III 1 GG hat insbesondere deshalb eigenständige Bedeutung neben dem organisationsrechtlichen Aspekt (→ Rn. 86), weil die Wahl zwischen zentraler und dezentraler Struktur angesichts moderner Kommunikations- und Mobilitätsformen eine eher verwaltungstechnische Frage der Organisation und der ausreichenden Personalausstattung sein mag[353]. Als normativer Maßstab[354] ist die erforderliche **Zentralität der Aufgabe** dagegen in der Lage, einen Übergriff des Bundes in die Verwaltungskompetenz der Länder losgelöst von derartigen veränderten Rahmenbedingungen zu verhindern. Erforderlich ist dazu allerdings eine typisierende Konkretisierung von Verwaltungsaufgaben, die durch »Zentralität« gekennzeichnet sind[355]. Vorgeschlagen wird hier eine Orientierung daran, ob die Aufgaben ohne genaue »Kenntnis aller äußeren Umstände, lediglich mit einer generalisierenden, streng gesetzesbezogenen Verwaltungshandlung erledigt werden können«[356]. Negative Indizwirkung kommt dabei etwa einer gesetzlich vorgesehenen Zusammenarbeit mit Landesbehörden zu, die über eine Amtshilfe im Einzelfall[357] hinausgeht. Wo sie vorgesehen ist, wird es sich regelmäßig nicht um eine Verwaltungsaufgabe handeln, die sich für eine zentrale Erledigung eignet[358]. Insbesondere Standortentscheidungen mit Bezug zu den örtlichen Verhältnissen genügen diesem Erfordernis an die Zentralität der Aufgabe nicht[359]. Ein Blick auf die Staatspraxis zeigt eine Fülle zumindest problematischer Fälle (→ Rn. 90 ff.).

d) Sonstige Anforderungen

Über die Bundesgesetzgebungskompetenz (→ Rn. 80 ff.) sowie die organisations- und aufgabenbezogene Zentralität der Bundesverwaltung (→ Rn. 85 ff.) hinausgehende Bindungen enthält Art. 87 III 1 GG nicht. Die Zustimmung des Bundesrates ist ebensowenig erforderlich wie ein dringender Bedarf[360] oder ein wichtiger Grund[361]. Auch ein Verbot, **Mischformen** zwischen Bundesoberbehörden, Körperschaften und Anstalten zu »erfinden« (Typenzwang[362]), lässt sich jedenfalls aus Art. 87 III 1 GG nicht 88

---

[353] So *Rupp*, Bemerkungen (Fn. 296), S. 398 mit der Folgerung, daß letztlich jede Aufgabe zentral wahrnehmbar sei.

[354] Dafür auch *G. Britz*, DVBl. 1998, 1167 (1173).

[355] *G. Britz*, DVBl. 1998, 1167 (1173).

[356] So *G. Britz*, DVBl. 1998, 1167 (1173) im Anschluß an *E. Niermann*, Die Einrichtung selbständiger Bundesoberbehörden und ihr Verhältnis zu Landesbehörden nach Art. 87 III 1 GG, 1961, S. 71; zum Beispiel der Gewährung von Altersversorgungszuschlägen als Aufgabe des Bundeszentralamtes für Steuern s. BFH DStRE 2015, 1365 (1369).

[357] BVerwG DÖV 2006, 116 (121) im Hinblick auf die Zusammenarbeit zwischen Umweltbundesamt und Landesbehörden beim Vollzug des TEHG; s. auch BVerfGE 14, 197 (211); BVerfG (K), DVBl. 2009, 642 (645).

[358] Ähnlich *G. Britz*, DVBl. 1998, 1167 (1172 f.), mit zutreffender Ablehnung der Auffassung des VG Berlin ZUR 1996, 147 (148). Das VG hat die regelmäßige Inanspruchnahme von Landesbehörden durch eine Bundesoberbehörde offenbar nur als Problem der beschränkt zulässigen Mischverwaltung (→ Art. 83 Rn. 47 ff.) wahrgenommen.

[359] *G. Britz*, DVBl. 1998, 1167 (1173).

[360] BVerfGE 14, 197 (212 f.); nach *G. Britz*, DVBl. 1998, 1167 (1173) ließe sich dagegen eine Bedarfsprüfung, die allerdings nur ein schwaches Kriterium darstelle, im Hinblick auf die Zuständigkeitsvermutung in Art. 30 und 83 GG rechtfertigen.

[361] BVerfGE 14, 197 (215). Stimmen in der Literatur finden dies »erstaunlich« – vgl. nur *G. Britz*, DVBl. 1998, 1167 (1168 m. w. N.) – und wollen eine Erforderlichkeits- oder sogar eine Verhältnismäßigkeitsprüfung vornehmen – z. B. *M. Reicherzer*, NVwZ 2005, 875 (877 ff.).

[362] Aus einem solchen will *Werheit*, Bundesanstalt (Fn. 336), S. 112 ff. erhebliche verfassungsrechtliche Bedenken gegen die organisationsrechtliche Ausgestaltung der BaFin ableiten.

begründen und wäre schwer vereinbar mit der allgemein akzeptierten organisatorischen Gestaltungsfreiheit im Hinblick auf die Bundesverwaltung (→ Art. 86 Rn. 44 ff.). Eine äußerste materielle Grenze kann sich in Ausnahmefällen allein aus der **Pflicht des Bundes zu länderfreundlichem Verhalten** ergeben[363].

89 Das **Bundesgesetz** nach Art. 87 III 1 GG **unterliegt**, soweit es Einrichtungen der Bundesverwaltung errichtet oder ihnen Aufgaben zuweist, auch dann **nicht den Bindungen des Art. 72 II GG**[364], wenn es sich um eine der dort genannten Materien handelt. Nach der Rechtsprechung des Bundesverfassungsgerichts folgt dies daraus, daß Art. 87 III 1 GG eine ausschließliche Bundesgesetzgebungskompetenz enthält[365], auf die Art. 72 II GG nicht anwendbar ist. Zum selben Ergebnis kommt, wer zwar die Art. 70 ff. GG als Kompetenzgrundlage für Bundesgesetze auch insoweit ansieht, als diese nach Art. 87 III 1 GG neu geschaffene oder bereits vorhandene Einrichtungen der Bundesverwaltung mit Aufgaben betrauen, für die dem Bund aufgrund spezieller Vorschriften keine Verwaltungskompetenz zukommt (→ Rn. 72 ff.). Nach dieser Auffassung können nämlich die Vorschriften des VII. Abschnitts durch diejenigen des VIII. Abschnitts modifiziert werden, soweit es sich um spezifische die Verteilung der Verwaltungskompetenzen betreffende Fragen handelt (→ Art. 83 Rn. 24). Danach normiert Art. 87 III 1 GG die Zulässigkeit zentraler Bundesverwaltung außerhalb der bereits durch das Grundgesetz besonders benannten Bereiche abschließend, ohne zwischen Materien der konkurrierenden und der ausschließlichen Gesetzgebungskompetenz zu unterscheiden und folglich ohne die Errichtung von Bundesverwaltungseinheiten an die besonderen Voraussetzungen des Art. 72 II GG zu binden. Das ändert allerdings nichts daran, daß ohne ein Minimum an materieller bundesgesetzlicher Programmierung, für die Art. 72 GG ohne Einschränkungen gilt, die von Art. 87 III 1 GG geforderten Voraussetzungen nicht vorliegen (→ Rn. 83)[366].

e) Staatspraxis und Einzelfälle

90 Soweit der Verfassunggeber auf die »gemäßigte Inanspruchnahme« der als »Notkompetenz gedachten Vorschrift« des Art. 87 III 1 GG vertraut haben sollte[367], hat die Staatspraxis der ersten fünfzig Jahre nach Inkrafttreten des Grundgesetzes diese Erwartung nicht erfüllt. Der Bund hat von seiner Kompetenz aus Art. 87 III 1 GG vielmehr ausgiebig Gebrauch gemacht und eine **Vielzahl von Bundesverwaltungseinrichtungen** geschaffen oder diese mit neuen Aufgaben betraut[368]. Nicht selten wurde auf

---

[363] Zum aus der Bundestreue folgenden Verbot mißbräuchlicher Inanspruchnahme von Kompetenzen vgl. BVerfGE 14, 197 (215). → Art. 20 (Bundesstaat), Rn. 43.

[364] BVerfGE 14, 197 (213 f.); *Broß/Mayer* (Fn. 254), Art. 87 Rn. 25; a. A. *Ibler* (Fn. 83), Art. 87 Rn. 233; Jarass/*Pieroth*, GG, Art. 87 Rn. 13.

[365] BVerfGE 14, 197 (213 f.).

[366] Deshalb dürfte die Frage, ob Art. 72 II GG auch im Rahmen des Art. 87 III 1 GG Geltung beansprucht, im Ergebnis an Bedeutung verlieren; s. dazu *Suerbaum* (Fn. 84), Art. 87 Rn. 30; *Sachs* (Fn. 53), Art. 87 Rn. 61.

[367] So *G. Britz*, DVBl. 1998, 1167 (1167).

[368] Seit den Untersuchungen von *R. Loeser*, Die Bundesverwaltung in der Bundesrepublik Deutschland, Bd. 2, 2. Aufl. 1987, S. 20 ff. und *Becker*, Verwaltung (Fn. 310), S. 299 ff. fehlt es an einer aktualisierten Bestandsaufnahme mit der Folge, daß über den tatsächlichen Umfang der »Bundesverwaltung« Unkenntnis herrscht. Unabhängig davon, ob diese Einrichtungen ihre verfassungsrechtliche Grundlage in Art. 87 III GG finden, listete das Portal des Bundes (www.bund.de, Stand: 12.6.2017) 918 Behörden, davon 69 Bundesoberbehörden (vom Beschaffungsamt des Bundesministeriums des Inneren über das Bundeskriminalamt bis zum Umweltbundesamt) und 24 rechtsfähige Anstalten

diese Weise die Verwaltungskompetenz der Länder empfindlich geschmälert[369]. So wird etwa bei verschiedenen **Forschungseinrichtungen** des Bundes dessen Verwaltungskompetenz in Frage gestellt[370].

91 Zu den auf der Kompetenzgrundlage des Art. 87 III 1 GG geschaffenen **Bundesoberbehörden** gehören z.B. die Bundesprüfstelle für jugendgefährdende Medien[371], das Statistische Bundesamt[372], das Bundeskartellamt[373], das Bundesamt für Sicherheit in der Informationstechnik[374] oder der Bundesbeauftragte für die Unterlagen des Staatssicherheitsdienstes der ehemaligen DDR[375]. Verfassungsrechtliche **Probleme** werfen einige der Bundesoberbehörden vor allem deshalb auf, weil mitunter sehr zweifelhaft ist, ob sie dem Gebot **aufgaben- und organisationsbezogener Zentralität** (→ Rn. 85 ff.) genügen[376]. Die insoweit diskutierten Gegenstände reichen von der Anerkennung ausländischer Flüchtlinge[377] über das Sozial-[378] und Umweltrecht[379] oder die dezentrale Forschungsförderung durch Beleihung privater Projektträger[380] bis hin zur Wahrnehmung von Aufgaben der Finanz- und Börsenaufsicht[381]. Elektronisch geführte Register oder nationale Portale, die die Verwaltungstätigkeit der Länder unterstützen sollen

---

(von der Akademie für Raumforschung und Landesplanung über das Deutsche Archäologische Institut bis zur Wehrtechnischen Studiensammlung) auf. Dazu, daß das Fehlen einer präzisen Bestandsaufnahme nicht nur aus wissenschaftlicher Perspektive ein Ärgernis darstellt, sondern auch als Verstoß der Bundesregierung gegen das Demokratieprinzip zu qualifizieren ist: → Art. 86 Rn. 43.

369 So die Einschätzung von *J. Ipsen*, Staatsrecht I, Rn. 660.

370 Dazu Jarass/*Pieroth*, GG, Art. 87 Rn. 8; *Köstlin*, Kulturhoheit (Fn. 112), S. 80 ff.; *J. Nolte*, DVBl. 2010, 84 ff.

371 § 17 I des Jugendschutzgesetzes vom 23.7.2002 (BGBl. I S. 2730), zuletzt geändert durch Art. 11 des Gesetzes vom 10.3.2017 (BGBl. I S. 420).

372 § 2 des Gesetzes über die Statistik für Bundeszwecke (Bundesstatistikgesetz) i.d.F. der Bekanntmachung vom 20.10.2016 (BGBl. I S. 2394).

373 Vgl. §§ 51 ff. GWB.

374 § 1 des Gesetzes über das Bundesamt für Sicherheit in der Informationstechnik (BSI-Gesetz) vom 14.8.2009 (BGBl. I S. 2821), zuletzt geändert durch Art. 1 des Gesetzes vom 23.6.2017 (BGBl. I S. 1885).

375 §§ 2, 35 ff. des Gesetzes über die Unterlagen des Staatssicherheitsdienstes der ehemaligen Deutschen Demokratischen Republik (Stasi-Unterlagen-Gesetz) i.d.F. der Bekanntmachung vom 18.2.2007 (BGBl. I S. 162), zuletzt geändert durch Art. 5 V des Gesetzes vom 10.3.2017 (BGBl. I S. 410).

376 Zum Bundesverwaltungsamt: → Bd. III², Art. 87 Rn. 91; zu den Kontroversen um die gesetzliche Zuweisung neuer Verwaltungsaufgaben (Planfeststellung) an das Bundesamt für Strahlenschutz vgl. die Nachweise bei *G. Britz*, DVBl. 1998, 1167 (1168); zum Bundesinstitut für Infektionskrankheiten und nicht übertragbare Krankheiten (Robert-Koch-Institut) s. etwa *A. Walus*, DÖV 2010, 127 (129 f.); zur Diskussion um die verfassungsrechtliche Zulässigkeit einer Zuständigkeit der Bundesnetzagentur für die Planfeststellung von Elektrizitätsnetzausbauvorhaben s. nur *W. Durner*, DVBl. 2011, 853 (857 f.); *M. Kment*, ZVglRWiss 112 (2013), 123 (128); *T. Krappel*, DVBl. 2013, 551 ff.

377 Zu den Außenstellen des Bundesamtes für die Anerkennung ausländischer Flüchtlinge *Sachs* (Fn. 53), Art. 87 Rn. 65.

378 Zu Eingliederungshilfen für behinderte Menschen nach dem SGB XII durch eine Bundesbehörde *Ruge* (Fn. 82), Art. 87 Rn. 32.

379 Zweifeln unterliegt die in BVerfG (K), DVBl. 2009, 642 (646) nur mühsam begründete Zentralität der Aufgabe, atomrechtliche Genehmigungen für Standortzwischenlager zu prüfen; dazu *M. Fillbrandt*, DVBl. 2009, 648 (650): »Grenzfall«.

380 Dazu *J. Weberling*, WissR 23 (1990), 226 (229 f.).

381 Zur Zentralität als Grenze für eine Übertragung von Bankaufsichtsaufgaben auf die Deutsche Bundesbank s. *W. Höfling*, Finanzmarktregulierung – Welche Regelungen empfehlen sich für den deutschen und europäischen Finanzsektor? Gutachten F zum 68. Deutschen Juristentag, 2010, S. F 50; *F. Becker*, DÖV 2010, 909 (913 ff.); zu Problemen einer zentralen Börsenaufsicht des Bundes vgl. etwa *E. Kurth*, Kreditwesen 1998, 553 (558 f.).

oder auch ersetzen[382], werfen die grundsätzliche Frage nach der Tauglichkeit des Zentralitätskriteriums unter den Bedingungen der elektronischen Kommunikation auf.

92 Zu den bundesunmittelbaren **Anstalten** des öffentlichen Rechts gehören u.a. die Bundesanstalt für Finanzdienstleistungsaufsicht[383], die Kreditanstalt für Wiederaufbau, die Deutsche Bibliothek und die Filmförderungsanstalt[384]. Unter den **Körperschaften**, die ihre verfassungsrechtliche Grundlage in Art. 87 III 1 GG finden[385], nehmen die berufsständischen Kammern wie z. B. die Patentanwaltskammer und die Zusammenfassung von Körperschaften der Länder unter »Dach«-Körperschaften des Bundes, zu denen etwa die Bundesverbände der Krankenkassen oder die Bundesrechtsanwaltskammer gehören, breiten Raum ein. Hinzu kommen einige **Stiftungen** des öffentlichen Rechts[386].

93 Erhebliche Schwierigkeiten wirft die verfassungsrechtliche Würdigung **privatrechtsförmiger Verwaltungseinrichtungen** auf. Soweit es nicht um ausschließlich oder überwiegend erwerbswirtschaftlich tätige Unternehmen des Bundes geht, die nicht den Bindungen der Art. 86ff. GG unterliegen, sind solche in den Rechtsformen des Privatrechts organisierte Einrichtungen des Bundes an den Verfassungsnormen über die bundesstaatliche Verteilung der Verwaltungskompetenzen zu messen (→ Art. 86 Rn. 36ff., 46ff.). Art. 87 III 1 GG ist deshalb auch für privatrechtlich organisierte Einrichtungen die maßgebliche verfassungsrechtliche Grundlage, soweit der Bund die Kompetenz für die jeweils wahrgenommene Aufgabe nicht bereits aufgrund anderer Verfassungsnormen innehat (→ Rn. 72ff., 79). Die privatrechtlich organisierten Verwaltungseinheiten bedürfen danach einer gesetzlichen Grundlage nicht bereits aufgrund ihrer verselbständigten Organisationsform, sondern wenn und soweit sie »neue« Verwaltungsaufgaben wahrnehmen, die nach Art. 30 oder 83 GG in die Kompetenz der Länder fallen würden (→ Rn. 76). Daraus folgt zugleich, daß Vorschriften wie § 65 BHO, die sich mit den allgemeinen Voraussetzungen der Verwendung privatrechtlicher Organisationsformen beschäftigen, dem Vorbehalt des Gesetzes aus Art. 87 III GG nicht genügen können[387], da sie keinen konkreten Aufgabenbezug aufweisen. Auch für privatrechtsförmige Verwaltungsträger gilt das aufgaben- und organisationsbezogene Erfordernis der Zentralität (→ Rn. 85ff.).

94 Problematisch ist weiterhin, welche Anforderungen unter dem Blickwinkel des Art. 87 III GG an die **Subventionsvergabe** durch Verwaltungseinheiten des Bundes zu stellen sind. Da es unter dem Grundgesetz keine ungeschriebene selbständige Fonds-

---

382 Zum Nationalen Waffenregister, das vom Bundesverwaltungsamt als Registerbehörde geführt wird, zur Möglichkeit, das Führungszeugnis unmittelbar beim Bundesamt der Justiz als das Bundeszentralregister führende Stelle zu beantragen, sowie zur Einrichtung eines zentralen informationstechnischen Systems beim Kraftfahrt-Bundesamt zum Zwecke der Zulassung von Fahrzeugen s. nur *Ruge* (Fn. 82), Art. 87 Rn. 33ff.

383 § 1 I des Finanzdienstleistungsaufsichtsgesetzes vom 22.4.2002 (BGBl. I S. 1310), zuletzt geändert durch Art. 16 des Gesetzes vom 23.6.2017 (BGBl. I S. 1693).

384 Vgl. die Liste von 16 Anstalten mit Angabe der jeweiligen Rechtsgrundlage bei *Dittmann*, Bundesverwaltung (Fn. 2), S. 259ff.; zu den Einrichtungen mit kulturpolitischen Aufgaben vgl. *Köstlin*, Kulturhoheit (Fn. 112), S. 171ff.

385 *Dittmann*, Bundesverwaltung (Fn. 2), S. 262f. nennt 18 bundesunmittelbare Körperschaften.

386 Das Internetportal www.bund.de listet 54 Stiftungen des öffentlichen Rechts auf, darunter z. B. das Deutsche Krebsforschungszentrum, acht Leibniz-Institute (u.a. für Europäische Geschichte, Nutztierbiologie, Pflanzenbiochemie), die Stiftung Deutsches Historisches Museum, die Stiftung Preußischer Kulturbesitz, die Stiftung Haus der Geschichte der Bundesrepublik Deutschland sowie die Stiftung Flucht, Vertreibung, Versöhnung.

387 So aber z. B. *Ehlers*, Verwaltung (Fn. 104), S. 156f.

zuständigkeit des Bundes gibt[388], ist auch Subventionsverwaltung nur in den Grenzen der föderalen Kompetenzverteilung zulässig[389]. Eine Zuständigkeit des Bundes im Bereich der Subventionsverwaltung kann also nur dort angenommen werden, wo sie sich einer geschriebenen[390] oder ungeschriebenen[391] Verwaltungskompetenz entnehmen läßt. Wenn eine Bundeskompetenz dabei auf Art. 87 III 1 GG gestützt werden soll, stellt sich insbesondere die Frage, ob die Zuweisung von Mitteln im Haushaltsplan bzw. **Haushaltsgesetz** an eine bestimmte Stelle der Bundesverwaltung als eine ausreichende Ausfüllung des in Art. 87 III 1 GG statuierten Gesetzesvorbehalts anzusehen ist[392]. Der allgemeinen Gesetzesvorbehaltsdebatte im Subventionsrecht[393] läßt sich entnehmen, daß die bloße Mittelzuweisung im Haushaltsgesetz einer spezialgesetzlichen Regelung der Subventionsvergabe nicht gleichzusetzen ist. Ob dieses niedrigere Regelungsniveau den Voraussetzungen des Art. 87 III 1 GG genügt, ergibt sich jedenfalls nicht schon aus einem vermeintlich bestehenden Erfordernis der Einheitlichkeit der Subventionsverwaltung[394] in dem Sinne, daß an die organisatorische Ausgestaltung der Subventionsverwaltung keine höheren Anforderungen gestellt werden könnten als an die materielle Regelung der Subventionsvergabe[395]. Maßgeblich in dieser Frage kann vielmehr nur die spezielle Bedeutung des Gesetzesvorbehalts aus Art. 87 III 1 GG sein. Wenn dessen vorrangige Funktion darin besteht, in föderaler Schutzrichtung den Aufgabenzugriff durch den Bund transparent zu machen (→ Rn. 71), dann wird man eine Ausweisung von Subventionsmitteln im Haushaltsgesetz als dieser Anforderung grundsätzlich genügend ansehen können[396].

---

[388] Wie sie in der Weimarer Republik für das Reich angenommen wurde, vgl. *H.P. Ipsen*, Öffentliche Subventionierung Privater, 1956, S. 40.

[389] Vgl. dazu nur *H.-D. Grosser*, Die Spannungslage zwischen Verfassungsrecht und Verfassungswirklichkeit bei Vergabe von staatlichen Wirtschaftssubventionen durch die öffentliche Hand, 1983, S. 53ff.

[390] Dabei kommt allerdings die Möglichkeit nicht in Betracht, sämtliche Subventionsverwaltungszuständigkeiten der Kompetenz aus Art. 87 I 1 GG für die Bundesfinanzverwaltung zuzuordnen, so aber *V. Götz*, Recht der Wirtschaftssubventionen, 1966, S. 311, weil dadurch – wie *A. Bleckmann*, Subventionsrecht, 1978, S. 71 m. Fn. 10 richtig bemerkt – einer subventionierenden Tätigkeit durch den Bund keine Grenzen gezogen wären. Für die Zuordnung von Subventionskompetenzen ist vielmehr am jeweiligen Sachbereich anzuknüpfen.

[391] Kritisch hierzu *G. Haverkate*, Subventionsrecht, in: R. Schmidt (Hrsg.), Öffentliches Wirtschaftsrecht, Besonderer Teil I, Berlin 1995, § 4 Rn. 22, da sich die »Begriffsnotwendigkeit« einer Bundeskompetenz jedenfalls nicht allein aus der überlegenen Finanzkraft des Bundes herleiten lasse.

[392] Dafür *E.K. Schmitz*, Finanzierungs-, Verwaltungs- und Gesetzgebungskompetenzen des Bundes und der Länder auf dem Gebiet sektoraler Wirtschaftsförderung, 1991, S. 134ff.; dagegen wohl *Götz*, Wirtschaftssubventionen (Fn. 390), S. 311f.; übersehen wird das Problem von *H.C. Kusche*, Gesetzgebungs- und Verwaltungskompetenzen der Bundesländer für die Umsetzung einer klimaschutzorientierten Energiepolitik, 1998, S. 245ff.

[393] Vgl. dazu *Haverkate*, Subventionsrecht (Fn. 391), § 4 Rn. 29ff.

[394] So aber BayVGH VerwRspr. 1968, Nr. 92, 347 (355); BayVBl. 1971, 408 (408f.); anders OVG NW NJW 1980, 1406 (1407); vgl. dazu auch *Grosser*, Spannungslage (Fn. 389), S. 68ff.

[395] Dies würde bedeuten, daß auch Kompetenzfragen durch das Haushaltsgesetz und begleitende Verwaltungsvorschriften entschieden werden könnten.

[396] Nicht ganz unproblematisch in diesem Zusammenhang ist allerdings, daß die eigentliche Aufgabe des Haushaltsgesetzes darin besteht, Finanzzuweisungen für schon anderweitig begründete Bundesaufgaben vorzunehmen, vgl. dazu auch *Ipsen*, Subventionierung (Fn. 388), S. 40.

4. Bundeseigene Mittel- und Unterbehörden (Art. 87 III 2 GG)

95 Sollen Verwaltungsaufgaben, deren Wahrnehmung nach Art. 30 und 83 GG in die Kompetenz der Länder fällt, durch Einrichtungen der Bundesverwaltung wahrgenommen werden und bedarf es zur Erledigung dieser Aufgaben abweichend von den Möglichkeiten, die Art. 87 III 1 GG bietet (→ Rn. 85ff.), eines eigenen **Verwaltungsunterbaus**, so statuiert Art. 87 III 2 GG hierfür **verschärfte Anforderungen**. Über die bereits nach Art. 87 III 1 GG erforderliche Bundesgesetzgebungskompetenz und das notwendige Bundesgesetz hinaus sind ein »dringender Bedarf«, die Zustimmung des Bundesrates und ein Beschluß der Mehrheit der Mitglieder des Bundestages erforderlich. Nicht anders als der einfache Vorbehalt des Gesetzes in Art. 87 III 1 GG (→ Rn. 71) dienen diese zusätzlichen Voraussetzungen der Sicherung der bundesstaatlichen Verteilung der Verwaltungskompetenzen zugunsten der Länder. Verschärfter Kautelen bedarf es im Anwendungsbereich von Art. 87 III 2 GG deshalb, weil der Bund hier die wichtigste Grenze des Art. 87 III 1 GG, die in der aufgaben- und organisationsbezogenen Zentralität liegt (→ Rn. 85ff.), überschreitet.

96 Entsprechend dieser bundesstaatlichen Schutzfunktion findet Art. 87 III 2 GG Anwendung, wenn bundeseigene Mittel- und Unterbehörden errichtet werden, die mindestens einer obersten Bundesbehörde instanziell nachgeordnet und nur für einen regional begrenztes Gebiet zuständig sind[397]. Gleiches gilt, wenn neue Aufgaben auf bestehende Mittel- und Unterbehörden übertragen werden[398]. Auf die Wahl zwischen einem drei- und einem zweistufigen Aufbau, der auf Mittelbehörden verzichtet, kommt es nicht an. Für die Anwendbarkeit von Art. 87 III 2 GG letztlich **entscheidend** ist vielmehr, **ob** es sich um eine **dezentrale Aufgabe** handelt, die ihrem Typus nach durch Ortsnähe geprägt ist (→ Rn. 87). Deshalb müssen die verschärften Anforderungen dieser Vorschrift auch dann beachtet werden, wenn Verwaltungsaufgaben zwar formal durch eine zentrale Bundesbehörde wahrgenommen werden, ihre Erfüllung aber auf die Unterstützung durch Behörden der Länder, durch »Außenstellen« oder durch andere personelle oder technische Hilfen »vor Ort« angewiesen ist. Dementsprechend hat Art. 87 III 2 GG praktische Bedeutung bislang zwar nicht aus Anlaß der aufwendigen Errichtung neuer bundeseigener Mittel- und Unterbehörden, wohl aber dort erlangt, wo der Bund durch zustimmungsbedürftiges und mit qualifizierter Mehrheit beschlossenes Gesetz neue Verwaltungsaufgaben für sich in Anspruch nimmt und diese bundeseigenen Mittel- und Unterbehörden zuweist.

97 So weit der Anwendungsbereich von Art. 87 III 2 GG reicht (→ Rn. 96), **bedarf es in formeller Hinsicht eines Bundesgesetzes** (→ Rn. 83f.), das durch die Mehrheit der Mitglieder des Bundestages (→ Art. 121 Rn. 5ff.) beschlossen wird und die Zustimmung des Bundesrates (→ Art. 77 Rn. 44ff.) finden muß. Diese ist auch dann erforderlich, wenn der Aufgabenbestand einer Bundeseinrichtung mit eigenem Verwaltungsunterbau nachträglich erweitert wird, weil dadurch die für die zusätzlichen Aufgaben nach Art. 83 GG gegebene Landeszuständigkeit erstmalig verdrängt wird[399].

98 In materieller Hinsicht ist für die Erfüllung dezentraler Aufgaben durch Einrichtungen der Bundesverwaltung nicht anders als nach Art. 87 III 1 GG zunächst die **Gesetzgebungskompetenz** des Bundes (→ Rn. 80ff.) erforderlich. Auch die Bundesverwal-

[397] So etwa *Suerbaum* (Fn. 84), Art. 87 Rn. 32.

[398] *Lerche* (Fn. 43), Art. 87 Rn. 217; Jarass/*Pieroth*, GG, Art. 87 Rn. 9.

[399] *Ruge* (Fn. 82), Art. 87 Rn. 42 mit dem Beispiel zusätzlicher Aufgaben für die Zollbehörden nach dem geänderten Arbeitnehmerentsendegesetz.

tungskompetenzen nach Art. 87 III 2 GG beziehen sich also auf alle durch die Gesetzgebungskompetenz des Bundes umschriebenen Sachbereiche.

Darüber hinaus muß es sich um »**neue**« **Verwaltungsaufgaben** handeln. Weil darunter alle Aufgaben zu verstehen sind, die erst nach Inkrafttreten des Grundgesetzes entstanden sind[400], hat diese Anforderung keinen anderen Gehalt als die subsidiäre Anwendbarkeit gegenüber speziellen Bundesverwaltungskompetenznormen, die nicht nur für Art. 87 III 2 GG, sondern für Art. 87 III GG insgesamt gilt (→ Rn. 72 ff.). Die Auffassung, wonach sich die Aufgaben »von selbst ergeben müssen«, also nicht das Resultat »freie Aufgabenerfindung des Bundes« sein dürfen[401], verkennt, daß es von kaum umstrittenen Kernaufgaben, um die es hier nicht geht, keine »natürlichen« Staats- oder Verwaltungsaufgaben gibt[402]. Auch die Meinung, eine »neue« Aufgabe sei nur eine solche, die bislang weder vom Bund noch von den Ländern wahrgenommen worden sei[403], verkennt die Funktion von Art. 87 III GG (→ Rn. 66 f.), weil sie es dem Bund unmöglich machen würde, bei unzureichender Aufgabenerfüllung durch die Länder die Angelegenheit an sich zu ziehen[404]. 99

Schließlich fordert Art. 87 III 2 GG einen »**dringenden Bedarf**« in dem Sinne, daß bundeseigene dezentrale Verwaltung für eine sachgerechte Aufgabenwahrnehmung erforderlich ist[405]. Dies setzt eine besondere Qualität der Aufgabe voraus. Sie muß nämlich einerseits so ortsnah sein, daß sie durch zentrale Einrichtungen der Bundesverwaltung auf der Grundlage von Art. 87 III 1 GG nicht erfüllt werden kann[406]. Andererseits dürfen die Instrumente des Bundes nach Art. 84 GG nicht ausreichen, um bei Aufgabenerledigung durch die Landesbehörden vor Ort das Bedürfnis nach zentraler Steuerung und einheitlichem Vollzug zu befriedigen. Vor diesem Hintergrund dürfte die praktische Bedeutung von Art. 87 III 2 GG auch in Zukunft selbst dann gering bleiben, wenn man dem Bundesgesetzgeber einen Einschätzungsspielraum[407] hinsichtlich des so umschriebenen dringenden Bedarfs zugesteht[408]. 100

D. Verhältnis zu anderen GG-Bestimmungen

Soweit die in Art. 87 GG normierten Bereiche der Bundesverwaltung den Vollzug von Bundesgesetzen zum Inhalt haben, stellt diese Vorschrift eine der wichtigsten **Ausnahmen von** der in **Art. 83 GG** formulierten Regel dar. Soweit es sich um »gesetzesfreie« Bundesverwaltung handelt, liegt eine Ausnahme von **Art. 30 GG** (→ Rn. 15) vor. Während Art. 87 GG sich ebenso wie die Art. 83 ff. GG insgesamt auf die Verteilung der Verwaltungskompetenzen beschränkt und die Gesetzgebungskompetenz auch für die 101

[400] *Sachs* (Fn. 53), Art. 87 Rn. 75.

[401] So etwa *Sachs* (Fn. 53), Art. 87 Rn. 75.

[402] Vgl. nur die neueren Übersichten bei *G. Hermes*, Staatliche Infrastrukturverantwortung, 1998, S. 135 ff.; *M. Burgi*, Funktionale Privatisierung und Verwaltungshilfe, 1999, S. 41 ff.

[403] So etwa *Broß/Mayer* (Fn. 254), Art. 87 Rn. 27; Jarass/*Pieroth*, GG, Art. 87 Rn. 9.

[404] So auch *Lerche* (Fn. 43), Art. 87 Rn. 213; *Suerbaum* (Fn. 84), Art. 87 Rn. 33.

[405] *Stern*, Staatsrecht II, S. 827; Jarass/*Pieroth*, GG, Art. 87 Rn. 9; *Broß/Mayer* (Fn. 254), Art. 87 Rn. 28.

[406] *Suerbaum* (Fn. 84), Art. 87 Rn. 34; *Sachs* (Fn. 53), Art. 87 Rn. 76.

[407] Für eine volle verfassungsgerichtliche Überprüfbarkeit plädieren etwa *Broß/Mayer* (Fn. 254), Art. 87 Rn. 28; Jarass/*Pieroth*, GG, Art. 87 Rn. 9; *Stern*, Staatsrecht II, S. 827.

[408] Einen dringenden Bedarf verneint etwa *S. Rixen*, Staatliche Durchsetzung des Mindestlohns, in: V. Rieble/A. Junker/R. Giesen (Hrsg.), Mindestlohn als politische und rechtliche Herausforderung, 2011, S. 103 ff. (134) für die Mindestlohndurchsetzung durch die Hauptzollämter.

Organisation und das Verfahren der Bundesbehörden nach **Art. 70 ff. GG** zu beurteilen ist (→ Rn. 34, 68), muß bei der Auslegung von Art. 87 I 2 GG die korrespondierende Gesetzgebungskompetenz aus **Art. 73 I Nr. 9a, 10 GG** im Rahmen der Auslegung ergänzend herangezogen werden (→ Rn. 48, 50 ff.). Die Bundesfinanzverwaltungskompetenz nach Art. 87 I 1 GG wird durch **Art. 108 GG** konkretisiert (→ Rn. 29) und die Erwähnung der Bundeswasserstraßen- und Schiffahrtsverwaltung in Art. 87 I 1 GG hat gegenüber **Art. 89 GG** keinen eigenständigen Gehalt (→ Rn. 30). Bei den Aufgaben, die den Bundesgrenzschutzbehörden zugewiesen werden dürfen, sind neben Art. 87 I 2 GG auch **Art. 35 II und III, 91 und 115f I Nr. 1 GG** heranzuziehen (→ Rn. 39). **Art. 87 III GG** ist entgegen einer Entscheidung des Bundesverfassungsgerichts **subsidiär** gegenüber allen speziellen Verfassungsnormen, die eine Bundesverwaltungskompetenz begründen[409] oder den Vollzugtyp der Auftragsverwaltung vorsehen (→ Rn. 46, 72 ff.). **Art. 91e GG** ist im Verhältnis zu Art. 87 II GG, soweit man einen Überschneidungsbereich annehmen kann, jedenfalls die speziellere Norm, soweit es um die Ausführung von Bundesgesetzen auf dem Gebiet der Grundsicherung für Arbeitsuchende geht (→ Rn. 56).

[409] S. die umfangreiche Auflistung mit Erläuterungen bei *Ibler* (Fn. 83), Art. 87 Rn. 16 ff.

Artikel 87a [Aufstellung und Einsatz der Streitkräfte]

(1) [1]Der Bund stellt Streitkräfte zur Verteidigung auf. [2]Ihre zahlenmäßige Stärke und die Grundzüge ihrer Organisation müssen sich aus dem Haushaltsplan ergeben.

(2) Außer zur Verteidigung dürfen die Streitkräfte nur eingesetzt werden, soweit dieses Grundgesetz es ausdrücklich zuläßt.

(3) [1]Die Streitkräfte haben im Verteidigungsfalle und im Spannungsfalle die Befugnis, zivile Objekte zu schützen und Aufgaben der Verkehrsregelung wahrzunehmen, soweit dies zur Erfüllung ihres Verteidigungsauftrages erforderlich ist. [2]Außerdem kann den Streitkräften im Verteidigungsfalle und im Spannungsfalle der Schutz ziviler Objekte auch zur Unterstützung polizeilicher Maßnahmen übertragen werden; die Streitkräfte wirken dabei mit den zuständigen Behörden zusammen.

(4) [1]Zur Abwehr einer drohenden Gefahr für den Bestand oder die freiheitliche demokratische Grundordnung des Bundes oder eines Landes kann die Bundesregierung, wenn die Voraussetzungen des Artikels 91 Abs. 2 vorliegen und die Polizeikräfte sowie der Bundesgrenzschutz nicht ausreichen, Streitkräfte zur Unterstützung der Polizei und des Bundesgrenzschutzes beim Schutze von zivilen Objekten und bei der Bekämpfung organisierter und militärisch bewaffneter Aufständischer einsetzen. [2]Der Einsatz von Streitkräften ist einzustellen, wenn der Bundestag oder der Bundesrat es verlangen.

Literaturauswahl

Bähr, Biner Kurt Wenkholm: Verfassungsmäßigkeit des Einsatzes der Bundeswehr im Rahmen der Vereinten Nationen, 1994.

Bartke, Matthias: Der Verteidigungsauftrag der Bundeswehr, 1991.

Brunkow, Wolfgang: Rechtliche Probleme des Einsatzes der Bundeswehr auf dem Territorium der Bundesrepublik Deutschland nach Art. 87a GG, Diss. jur. Bonn 1971.

v. Bülow, Christoph: Der Einsatz der Streitkräfte zur Verteidigung, 1984.

Epping, Volker: Die Evakuierung deutscher Staatsbürger im Ausland als neues Kapitel der Bundeswehrgeschichte ohne rechtliche Grundlage – Der Tirana-Einsatz der Bundeswehr auf dem rechtlichen Prüfstand, in: AöR 124 (1999), S. 423–469.

Fährmann, Ingo: Die Bundeswehr im Einsatz für Europa, 2010.

Fennel, Eberhard: Probleme der Rechtsstellung der zum Objektschutz und zur Verkehrsregelung eingesetzten Soldaten, Diss. jur. Würzburg 1976.

Fiebig, Jan-Peter: Der Einsatz der Bundeswehr im Innern, 2004.

Fink, Udo: Verfassungsrechtliche und verfassungsprozessrechtliche Fragen im Zusammenhang mit dem Kosovo-Einsatz der Bundeswehr, in: JZ 1999, S. 1016–1022.

Fleck, Dieter (Hrsg.): Rechtsfragen der Terrorismusbekämpfung durch Streitkräfte, 2004.

Fournier, Johanna: Der Einsatz der Streitkräfte gegen Piraterie auf See, 2014.

Güntert, Joel: Die materielle Verfassungsmäßigkeit von unilateralen Evakuierungsoperationen der Bundeswehr im Ausland, 2008.

Karpinski, Peter: Öffentlich-rechtliche Grundsätze für den Einsatz der Streitkräfte im Staatsnotstand, 1974.

Keidel, Dieter: Polizei und Polizeigewalt im Notstandsfall, Diss. jur. München 1971.

Kirchhof, Ferdinand: Verteidigung und Bundeswehr, in: HStR[3] IV, § 84 (S. 633–669).

Kirchhof, Paul: Der Verteidigungsauftrag der deutschen Streitkräfte, in: Festschrift für Rudolf Bernhardt, 1995, S. 797–824.

Klein, Eckart: Rechtsprobleme einer deutschen Beteiligung an der Aufstellung von Streitkräften der Vereinten Nationen, in: ZaöRV 34 (1974), S. 429–451.

Kleiner, Niels-Peter: Aufgabe(n) und Befugnisse der Streitkräfte im Innern nach der Bonner Notstandsverfassung vom 24.6.1968, Diss jur. Münster 1976.

Ladiges, Manuel: Verfassungsrechtliche Grundlagen für den Einsatz der Streitkräfte, in: JuS 2015, S. 598–603.

Linke, Tobias: Innere Sicherheit durch die Bundeswehr?, in: AöR 129 (2004), S. 489–541.
März, Wolfgang: Bundeswehr in Somalia, 1993.
Nölle, Bernd: Die Verwendung des deutschen Soldaten im Ausland, Diss. jur. Bonn 1973.
Parche, Hans Michael: Der Einsatz von Streitkräften im inneren Notstand, Diss. jur. Münster 1974.
Preuß, Ulrich K.: Die Bundeswehr – Hausgut der Regierung?, in: KritJ 26 (1993), S. 263–277.
Riedel, Norbert K.: Der Einsatz deutscher Streitkräfte im Ausland – verfassungs- und völkerrechtliche Schranken, 1989.
Schaefer, Thomas: Verfassungsrechtliche Grenzen des Parlamentsbeteiligungsgesetzes, 2005.
Scherrer, Philip: Das Parlament und sein Heer. Das Parlamentsbeteiligungsgesetz, 2010.
Schoch, Friedrich: Verfassungsrechtliche Anforderungen an den Einsatz der Streitkräfte im Inland, in: Jura 2013, S. 255–267.
Speth, Wolfgang: Rechtsfragen des Einsatzes der Bundeswehr unter besonderer Berücksichtigung sekundärer Verwendungen, 1985.
Thiele, Jan: Auslandseinsätze der Bundeswehr zur Bekämpfung des internationalen Terrorismus, 2011.
Werner, Angela: Die Grundrechtsbindung der Bundeswehr bei Auslandseinsätzen, 2006.
Wiefelspütz, Dieter: Der Einsatz bewaffneter deutscher Streitkräfte und der konstitutive Parlamentsvorbehalt, 2003.
Wiefelspütz, Dieter: Das Parlamentsheer, 2005.
Wiefelspütz, Dieter: Der Einsatz bewaffneter deutscher Streitkräfte im Ausland, in: AöR 132 (2007), S. 44–94.
Wiefelspütz, Dieter: Der Auslandseinsatz der Bundeswehr und das Parlamentsbeteiligungsgesetz, 2. Aufl. 2012.
Wieland, Joachim: Verfassungsrechtliche Grundlagen und Grenzen für einen Einsatz der Bundeswehr, in: DVBl. 1991, S. 1174–1182.
Zimmer, Mark: Einsätze der Bundeswehr im Rahmen kollektiver Sicherheit, 1995.

Leitentscheidungen des Bundesverfassungsgerichts

BVerfGE 90, 286 (355ff.) – Out-of-area-Einsätze; 104, 151 (199ff., Rn. 130ff.) – NATO-Konzept; 115, 118 (142ff., Rn. 93ff.) – Luftsicherheitsgesetz I; 118, 244 (262ff., Rn. 50ff.) – Afghanistan-Einsatz; 121, 135 (153ff., Rn. 56ff.) – AWACS-Einsatz Türkei; 123, 267 (422ff., Rn. 381ff.) – Lissabon; 124, 267 (274ff., Rn. 15ff.) – Bundeswehreinsatz Kosovo; 126, 55 (67ff., Rn. 44ff.) – G8-Gipfel Heiligendamm; 132, 1 (9ff., Rn. 23ff.) – Luftsicherheitsgesetz II; 140, 160 (186ff., Rn. 65ff.) – Bundeswehreinsatz Libyen.

Gliederung

Stichwörter

– Selbstverteidigungsrecht gem. Art. 51 UN-Charta 11 – Terroristischer Angriff 11 – Verfassungsvorbehalt für Streitkräfteeinsatz 15 – Zwei-Plus-Vier-Vertrag 5.

A. Herkunft, Entstehung, Entwicklung

I. Ideen- und verfassungsgeschichtliche Aspekte

Infolge des disparaten Regelungsgehaltes des Art. 87a GG sind die verfassungsgeschichtlichen Wurzeln äußerst verschieden. Die Bundeskompetenz zur Aufstellung der Streitkräfte war **im 19. Jahrhundert** dahingehend modifiziert, daß die Streitkräfte zwar schon **ein einheitliches Reichsheer** bildeten[1], aber sich aus den Streitkräften der Länder, denen insoweit noch einige Vorbehaltsrechte verblieben[2], zusammensetzten[3]. Die Weimarer Reichsverfassung sah demgegenüber das Militärwesen schon ausschließlich als Reichssache an[4]. 1

Die Regelung des Art. 87a I 2 GG, daß sich die zahlenmäßige Stärke und die Organisation in ihren Grundzügen aus dem Budget ergeben muß, blickt auf eine wechselvolle Geschichte zurück. In der konstitutionellen Monarchie war das Budgetrecht das einzige Instrument der Parlamente, Stärke und Organisation des Militärs zu beeinflussen[5]. Die Bedeutung des Budgetrechts tritt im preußischen Verfassungskonflikt scharf hervor[6]. In Abgrenzung und Abkehr von dieser Tradition sahen Paulskirchenverfassung[7] und Reichsverfassung von 1871[8] eine **Festlegung der Stärke durch Reichsgesetz** vor, um diese Frage den jährlichen Budgetberatungen zu entziehen. Die Weimarer Verfassung traf keine entsprechende Regelung. Auch hier erfolgten die Festlegungen wieder durch Reichsgesetz[9], wobei freilich der Versailler Friedensvertrag völkerrechtlich die Heeresstärke auf 100000 Mann beschränkte. In Umgehung dieser Begrenzung und mit Billigung des Reichswehrministeriums und der Reichswehr entwickelte sich daneben noch die sog. Schwarze Reichswehr, die sich weitgehend parlamentarischer Kontrolle entzog, obwohl sie zumindest teilweise staatlich finanziert wurde[10]. 2

---

[1] Abschnitt II, Art. III, § 11 Paulskirchenverf.; Art. 63 I RVerf. 1871.

[2] Insbes. die Ernennung der Offiziere lag noch (im wesentlichen) bei den Ländern: Abschnitt II, Art. III, § 17 Paulskirchenverf.; Art. 66 RVerf. 1871 (vorbehaltlich des Art. 64 II RVerf. 1871).

[3] Abschnitt II, Art. III, § 12 Paulskirchenverf.; Art. 63 RVerf. 1871.

[4] Art. 79 WRV.

[5] Im übrigen war das Militär bis 1918 dem Zugriff des Parlaments weitgehend entzogen.

[6] Vgl. dazu nur *Huber*, Verfassungsgeschichte III, S. 275ff.; *K.-H. Friauf*, Der Staatshaushaltsplan im Spannungsfeld zwischen Parlament und Regierung, 1968, S. 235ff.; *R. Wahl*, Der preußische Verfassungskonflikt und das konstitutionelle System des Kaiserreichs, in: E.-W. Böckenförde (Hrsg.), Moderne deutsche Verfassungsgeschichte, 2. Aufl. 1981, S. 208ff.; *W. Heun*, Staatshaushalt und Staatsleitung, 1989, S. 74f. m. w. N.; *H. Dreier*, Der Kampf um das Budgetrecht als Kampf um die staatliche Steuerungsherrschaft. Zur Entwicklung des modernen Haushaltsrechts, in: W. Hoffmann-Riem/E. Schmidt-Aßmann (Hrsg.), Effizienz als Herausforderung an das Verwaltungsrecht, 1998, S. 59ff.

[7] Abschnitt II, Art. III, § 12 S. 2 Paulskirchenverf.

[8] Art. 60 RVerf. 1871, der die Friedensstärke zunächst bis 31.12.1871 auf 1% der Bevölkerung festlegte; vgl. auch Art. 62 RVerf.; zu den bekannten Septennatsgesetzen vgl. nur *Huber*, Verfassungsgeschichte IV, S. 550ff.; *Heun*, Staatshaushalt (Fn. 6), S. 76f. m. w. N.

[9] Reichsgesetz über die Bildung einer vorläufigen Reichswehr v. 6.3.1919 (RGBl. S. 329); vgl. auch *Huber*, Verfassungsgeschichte VI, S. 584ff.; *F.-W. von und zu Gilsa*, Die Weimarer Wehrverfassung, Diss. jur. Würzburg 1972, S. 34ff.

[10] Vgl. dazu nur *Huber*, Verfassungsgeschichte VII, S. 351ff.

Schon seit 1932, endgültig mit dem Wehrgesetz vom 21.5.1935[11], wurden die völkerrechtlichen und die gesetzlichen Grundlagen der Weimarer Zeit verlassen.

3 Die Verfassungen des 19. Jahrhunderts bis hin zur Weimarer Reichsverfassung sahen auch die Möglichkeit eines **Einsatzes des Militärs im Innern** vor, wobei der Einsatz regelmäßig an eine Störung der öffentlichen Sicherheit anknüpfte[12]. In dieser Hinsicht fand sich auch vereinzelt eine Beschränkung der Einsatzmöglichkeiten des Militärs[13], die in erweiterter Form nunmehr in Art. 87a II GG niedergelegt ist. Demgegenüber ist die verfassungsrechtliche Normierung des Schutzes ziviler Objekte in Art. 87a III GG eine Novität.

II. Entstehung und Veränderung der Norm

4 Die Wehrnovelle 1956 fügte Art. 87a GG ein, der sich aber allein auf die heute in Art. 87a I 2 GG enthaltene Regelung der Wehretatkontrolle beschränkte[14]. Seine **heutige Fassung** erhielt Art. 87a GG erst **durch die 1968 erfolgte Regelung der »Notstandsverfassung«**[15]. Der Vorbehalt des Art. 87a II GG ersetzte die durch die Wehrnovelle eingefügte und durch die Notstandsnovelle wieder aufgehobene Sperrvorschrift des Art. 143 GG[16]. Der in Art. 87a III, IV GG geregelte Einsatz der Streitkräfte im Innern gehörte anders als die anderen beiden Absätze zu den umstrittensten Notstandsregelungen. Während die unterschiedlichen Regierungsentwürfe den Streitkräften polizeiliche Aufgaben in Entwürfen der Art. 115a ff. oder 91 GG zuweisen wollten[17], gestaltete der Rechtsausschuß Art. 87a GG zu einer den inneren und äußeren Notstand umfassenden Grundnorm über die Stellung, Befugnisse und Aufgaben der Streitkräfte um[18], wobei die Regelung von Naturkatastrophen und

---

[11] RGBl. I S. 375; vgl. dazu *R. Absolon*, Die Wehrmacht im Dritten Reich, Bd. III, 1975, S. 6ff.

[12] Abschnitt II, Art. XII, § 56 Paulskirchenverf.; Art. 66 II, 68 RVerf. 1871; sog. Kriegszustand; sowie Art. 36 PreußVerf. 1850, mit dem Ausführungsgesetz über den Belagerungszustand v. 4.6.1851 (*Huber*, Dokumente I, S. 527ff.); Art. 48 II, III, IV WRV; zu den polizeilichen Befugnissen des Militärs im 19. Jh. *N.-P. Kleiner*, Aufgabe(n) und Befugnisse der Streitkräfte im Innern nach der Bonner Notstandsverfassung v. 24.6.1968, Diss. jur. Münster 1976, S. 58ff.; zur historischen Entwicklung des Streitkräfteeinsatzes im inneren Notstand ferner *W. Brunkow*, Rechtliche Probleme des Einsatzes der Bundeswehr auf dem Territorium der Bundesrepublik Deutschland nach Art. 87a GG, Diss. jur. Bonn 1971, S. 4ff.; *H.M. Parche*, Der Einsatz von Streitkräften im inneren Notstand, Diss. jur. Münster 1974, S. 43ff.; *H. Klückmann*, Militärgeschichtliche Mitteilungen 23 (1978), 7ff.; speziell zu Weimar *P. Kroß*, Der Einsatz der Streitkräfte im Innern unter der Herrschaft der Weimarer Reichsverfassung, Diss. jur. Göttingen 1971.

[13] Art. 36 PreußVerf. 1850; vgl. dazu *W. Grubert*, Verteidigungsfremde Verwendungen der Streitkräfte in Deutschland seit dem Kaiserreich außerhalb des inneren Notstandes, 1997, S. 86ff.

[14] 7. Gesetz zur Änderung des Grundgesetzes v. 19.3.1956 (BGBl. I S. 111).

[15] 17. Gesetz zur Änderung des Grundgesetzes v. 24.6.1968 (BGBl. I S. 709).

[16] Art. 143 GG a.F. lautete: »Die Voraussetzungen, unter denen es zulässig wird, die Streitkräfte im Falle eines inneren Notstandes in Anspruch zu nehmen, können nur durch ein Gesetz geregelt werden, das die Erfordernisse des Artikels 79 erfüllt.« Durch die Einbeziehung dieser Regelung erhielt der ursprünglich nur drei Absätze umfassende Art. 87a GG insgesamt vier Absätze; zur Entstehungsgeschichte mit weiteren Details *K. Ipsen*, in: BK, Art. 87a (1969), Anm. I (S. 3ff.).

[17] Regierungsentwurf I, BT-Drs. III/1800 (Art. 115a IV, Ziff. 4, 115a VII); Regierungsentwurf II, BT-Drs. IV/891 (Art. 115b III 2, V, 115g I, 115l I, III, 115m); Regierungsentwurf III, BT-Drs. V/1879, der sich teilweise an einem Entwurf des Rechtsausschusses orientierte (BT-Drs. IV/3494), sah die Regelungen in Art. 91, 115e I, 115f I vor.

[18] BT-Drs. V/2873; zu den Formulierungshilfen des BMI s. *Ipsen* (Fn. 16), Art. 87a Anm. I (S. 5f.) mit Nachweisen.

schweren Unglücksfällen in Art. 35 II, III GG verlagert wurde[19]. Nach dem Scheitern des Luftsicherheitsgesetzes vor dem Bundesverfassungsgericht[20] gehen Überlegungen des Innenministeriums dahin, Art. 87a GG um die Kompetenz zur Abwehr terroristischer Angriffe sowie um eine Konkretisierung der Auslandseinsätze zu erweitern[21].

B. Internationale, supranationale und rechtsvergleichende Bezüge

Die Einsatzmöglichkeiten der Streitkräfte werden durch den **Beitritt zu internationalen Organisationen** und Bündnissen **nicht** über Art. 87a GG hinaus erweitert[22]. Allerdings kann über Art. 24 II GG indirekt der Einsatz von Streitkräften doch für andere Fälle, als das Grundgesetz unmittelbar erkennen läßt, ermöglicht werden[23]. Die Mitgliedschaft in der EU erweitert die Einsatzmöglichkeiten aber lediglich für den Bündnisfall (→ Vorb. zu Art. 115a Rn. 8f.). Im übrigen wird die Friedenspräsenzstärke der Bundeswehr, deren Festlegung nach Art. 87a I 2 GG durch den Haushaltsplan erfolgt, völkerrechtlich durch den Zwei-Plus-Vier-Vertrag vom 12.9.1990 auf höchstens 370000 Mann begrenzt[24]. 5

In anderen Verfassungsstaaten ist die Festlegung der Stärke und Organisation der Streitkräfte vielfach besonderen Gesetzen vorbehalten, wozu ergänzend die Budgetkontrolle tritt[25]. Auch der **Einsatz des Militärs im inneren Notstand entspricht internationaler Übung**, ohne daß sich die betreffenden Regelungen immer in der Verfassung finden lassen[26]. An der Entscheidung über die Auslandseinsätze der eigenen Truppen sind Parlament und Exekutive in unterschiedlichem Maß, das auch von den jeweiligen politischen Konstellationen abhängt, beteiligt[27]. 6

---

[19] Die Verlagerung ging auf Anregungen von Staatsrechtslehrern zurück; allgemein zur Entstehungsgeschichte: → Art. 35 Rn. 5.

[20] BVerfGE 115, 118 (139ff., Rn. 84ff.); zum Luftsicherheitsgesetz vgl. auch *J. Finke*, AöR 140 (2015), 514 (518ff.).

[21] So eine Ministerialvorlage vom 27.9.2006; zur Notwendigkeit einer Verfassungsreform *J. Wieland*, NZWehrR 2006, 133 (138f.); *M. Baldus*, NZWehrR 2007, 133ff.; *M. Ladiges*, Gedanken zur Reform der Notstandsverfassung, in: R. Glawe (Hrsg.), Eine neue deutsche Sicherheitsarchitektur, 2009, S. 49ff. (56f.).

[22] Vgl. *Ipsen* (Fn. 16), Art. 87a Rn. 42ff. → Rn. 17.

[23] BVerfGE 90, 286 (344ff.); 104, 151 (199ff., Rn. 130ff.). → Rn. 7, 17f.

[24] BGBl. II S. 1318; vgl. dazu *R. Geiger*, Grundgesetz und Völkerrecht, 6. Aufl. 2013, S. 75.

[25] Vgl. z.B. Art. 119 Belg. Verf.; Art. 34 IV Frz. Verf. 1958; § 25 Norw. Verf.; in Großbritannien geht die Verfassungspraxis jährlicher Zustimmung des Parlaments auf die Bill of Rights zurück; zur parlamentarischen Kontrolle im europäischen Rechtsvergleich *G. Nolte/H. Krieger*, Comparison of Military Law Systems, in: G. Nolte (Hrsg.), European Military Law Systems, Berlin 2003, S. 19ff. (66ff.).

[26] Vgl. z.B. § 80 Dän. Verf.; Art. 16 Frz. Verf. 1958; Art. 78 Ital. Verf.; Art. 202 Niederl. Verf.; Art. 79 Öster. Verf.; Art. 16 Schweiz. BV, jetzt Art. 58 Schweiz. BV 1999; Art. I, Sec. 8, Cl. 15 US Verf.; vgl. auch *P. Karpinski*, Öffentlich-rechtliche Grundsätze für den Einsatz der Streitkräfte im Staatsnotstand, 1974, S. 94ff.; *Nolte/Krieger*, Comparison (Fn. 25), S. 39ff. zu den Einsatzmöglichkeiten.

[27] Vgl. C. Ku/H.K. Jacobsen (Hrsg.), Democratic Accountability and the Use of Force in International Law, Cambridge 2002; *Nolte/Krieger*, Comparison (Fn. 25), S. 58ff.; *R. Schmidt-Radefeldt*, Parlamentarische Kontrolle der internationalen Streitkräfteintegration, 2005, S. 142ff.

C. Erläuterungen

I. Allgemeine Bedeutung

7 Die disparaten Regelungsmaterien des Art. 87a GG, die teils dem Haushaltsrecht, teils dem Verteidigungsfall und auch im übrigen nur bedingt dem VIII. Abschnitt des Grundgesetzes unterzuordnen sind, lassen seine systematische Stellung als wenig glücklich erscheinen[28]. Gleichwohl erhebt die umfassende Regelung des Einsatzes der Streitkräfte und ihrer parlamentarischen Haushaltskontrolle Art. 87a GG zur **grundlegenden Verfassungsnorm der Militärgewalt**[29], auch wenn das Bundesverfassungsgericht in seinem AWACS-Urteil die Norm weitgehend umschifft hat[30]. Durch die im Gefolge der deutschen Wiedervereinigung gewandelte außenpolitische Stellung der Bundesrepublik und die damit verbundene Frage eines Auslandseinsatzes der Bundeswehr hat die Norm des Art. 87a II GG plötzlich eine aktuelle Bedeutung erhalten, die zuerst in der genannten Entscheidung kulminierte[31] und durch die zunehmende Anzahl von Auslandseinsätzen und die Erweiterung der jeweiligen Aufgaben hohe Brisanz erlangt hat[32], die zu mehreren Entscheidungen geführt hat[33].

II. Bundeskompetenz (Art. 87a I 1 GG)

8 Art. 87a I 1 GG begründet **für den Bund die Exekutivkompetenz** zur Aufstellung und Organisation der Streitkräfte[34] und bildet damit die notwendige Ergänzung zur entsprechenden Gesetzgebungskompetenz des Bundes gem. Art. 73 Nr. 1 GG[35]. Die aus-

---

[28] *Ipsen* (Fn. 16), Art. 87a Rn. 1ff.; *J. Kokott*, in: Sachs, GG, Art. 87a Rn. 2.

[29] *Ipsen* (Fn. 16), Art. 87a Rn. 8; *K.-A. Hernekamp*, in: v. Münch/Kunig, GG II, Art. 87a Rn. 3; *O. Depenheuer*, in: Maunz/Dürig, GG, Art. 87a (2008), Rn. 59.

[30] BVerfGE 90, 286 (355ff.); umfassende Dokumentation der Entscheidung in: K. Dau/G. Wöhrmann (Hrsg.), Der Auslandseinsatz deutscher Streitkräfte, 1996; kritisch dazu *W. Heun*, JZ 1994, 1073ff.; *G. Roellecke*, Der Staat 34 (1995), 415ff.; vgl. ferner *M. Sachs*, JuS 1995, 163ff.

[31] Drei Einsätze (Adria, AWACS und Somalia) haben zu der Entscheidung geführt; aus der Flut der im Vorfeld erschienenen Literatur vgl. hier: *A. Coridaß*, Der Auslandseinsatz von Bundeswehr und Nationaler Volksarmee, 1985, S. 66ff.; *B. K. W. Bähr*, Verfassungsmäßigkeit des Einsatzes der Bundeswehr im Rahmen der Vereinten Nationen, 1994; *W. März*, Bundeswehr in Somalia, 1993; *A. Hörchens*, Der Einsatz der Bundeswehr im Rahmen der Vereinten Nationen, 1994.

[32] Überblick in: Bundesministerium der Verteidigung (Hrsg.), Die Bundeswehr im Einsatz, 2013, S. 64ff.; zur Staatspraxis auch *M. Limpert*, Auslandseinsätze der Bundeswehr, 2002, S. 62ff.; *D. Wiefelspütz*, Das Parlamentsheer, 2005, S. 288ff.

[33] BVerfGE 121, 135; 124, 267; 126, 55; 132, 1; 140, 160. Zu allen Urteilen eingehend *D. Wiefelspütz*, Der Auslandseinsatz der Bundeswehr und das Parlamentsbeteiligungsgesetz, 2. Aufl. 2012, S. 255ff.

[34] BVerfGE 8, 104 (116); Exekutivkompetenz ist gegenüber Verwaltungskompetenz vorzugswürdig, da die Streitkräfte zur vollziehenden Gewalt i. S. d. Art. 1 III GG gehören, aber meist nicht zum Bereich der Verwaltung gerechnet werden; vgl. *Ipsen* (Fn. 16), Art. 87a Rn. 2, 11; *K.-A. Hernekamp* in: I. v. Münch (Hrsg.), Grundgesetz-Kommentar, Bd. III, 2. Aufl. 1983, Art. 87a Rn. 4; *J. Salzmann*, Der Gedanke des Rechtsstaates in der Wehrverfassung der Bundesrepublik, 1962, S. 73ff.; *Kokott* (Fn. 28), Art. 87a Rn. 4; wegen fehlender Konsequenzen offengelassen von *M. Baldus*, in: v. Mangoldt/Klein/Starck, GG III, Art. 87a Rn. 7; zur derzeitigen Organisation und Führungsstruktur vgl. Bundesministerium der Verteidigung (Hrsg.), Die Neuordnung der Bundeswehr, 2. Aufl. 2013; dass., Verteidigungspolitische Richtlinien, 2011; dass., Eckpunkte für die Neuausrichtung der Bundeswehr, 2011; zur Entwicklung seit 1955 *D. Bald*, Die Bundeswehr. Eine kritische Geschichte 1955–2005, 2005, S. 18ff.

[35] *Ipsen* (Fn. 16), Art. 87a Rn. 12: »das logische Komplement«; *Hernekamp* (Fn. 29), Art. 87a Rn. 4: »Komplementärnorm«; zum Umfang der Gesetzgebungskompetenz *A. Uhle*, in: Maunz/Dürig, GG, Art. 73 (2010), Rn. 44ff. → Art. 73 Rn. 14.

schließliche Zuweisung an den Bund schließt jegliche Länderkompetenz im Bereich der Aufstellung, Organisation und Ausrüstung der Streitkräfte aus[36] und erstreckt sich auch auf im notwendigen Sachzusammenhang stehende Sachbereiche[37].

Unter dem **Begriff der Streitkräfte** sind alle militärischen Verbände der Bundesrepublik, die unter der Befehls- und Kommandogewalt des Verteidigungsministers gem. 9
Art. 65a GG bzw. des Bundeskanzlers gem. Art. 115b GG stehen, zu verstehen. Die überwiegende Auffassung, die hierunter »das in der Bundeswehr organisierte militärische Instrument der Bundesrepublik« faßt[38], formuliert nicht hinreichend abstrakt und haftet an dem aktuellen Zustand und Umfang der Bundeswehr[39]. Sowohl daraus als auch aus dem systematischen Zusammenhang mit Art. 87 IV GG folgt, daß Polizei und »Bundesgrenzschutz« bzw. Bundespolizei trotz ihres möglichen Kombattantenstatus im Kriegsfall nicht dazu zählen[40], ebensowenig wie die Bundeswehrverwaltung gem. Art. 87b GG, die Rechtspflege der Bundeswehr (Wehrstrafgerichtsbarkeit gem. Art. 96 II GG und Wehrdienstgerichtsbarkeit gem. Art. 96 IV GG) und die Militärseelsorge gem. Art. 140 GG i.V.m. Art. 141 WRV sowie schließlich die Bildungseinrichtungen der Bundeswehr[41]. Demgegenüber fällt der Militärische Abschirmdienst als unselbständige Einrichtung der Bundeswehr unter den Begriff der Streitkräfte[42].

Die indikativische Formulierung über die Aufstellung von Streitkräften in Art. 87a 10
I 1 GG konstituiert nicht nur eine Kompetenz des Bundes, sondern auch im Zusammenhang mit der detaillierten Regelung des Verteidigungsfalles (Art. 115a ff. GG) die **verfassungsrechtliche Verpflichtung**, eine funktionsfähige militärische Landesverteidigung aufzubauen und zu unterhalten[43]. Die Möglichkeit eines Streitkräfteeinsatzes als Instrument der staatlichen Selbstbehauptung wollte schon der verfassungsändernde Gesetzgeber erhalten wissen. Deshalb werden die Existenz und Funktionsfähigkeit der Streitkräfte als solche wie andere indikativisch normierte Institutionen des Grund-

---

[36] *Stern*, Staatsrecht II, S. 861.

[37] BVerwGE 84, 247 (252f.); 111, 188 (195); BVerwG DVBl. 1997, 955; *Baldus* (Fn. 34), Art. 87a Rn. 8.

[38] *Ipsen* (Fn. 16), Art. 87a Rn. 13; *Stern*, Staatsrecht II, S. 862; *H. Krieger*, in: Schmidt-Bleibtreu/Hofmann/Henneke, GG, Art. 87a Rn.10.

[39] Zutreffend *Hernekamp* (Fn. 34), Art. 87a Rn. 6 mit etwas anderer Definition der Streitkräfte, die auf die »Kombattantenverbände« abstellt; *Baldus* (Fn. 34), Art. 87a Rn. 16.

[40] *Stern*, Staatsrecht II, S. 862; s. auch *M. Schultz*, Die Auslandsentsendung von Bundeswehr und Bundesgrenzschutz zum Zwecke der Friedenswahrung und Verteidigung, 1998, S. 136ff.; *Depenheuer* (Fn. 29), Art. 87a Rn. 71.

[41] *Stern*, Staatsrecht II, S. 862; Jarass/*Pieroth*, GG, Art. 87a Rn. 4.

[42] Jarass/*Pieroth*, GG, Art. 87a Rn. 4; *Baldus* (Fn. 34), Art. 87a Rn. 16; *Depenheuer* (Fn. 29), Art. 87a Rn. 71; *T. Siems*, DÖV 2012, 425ff.; zum MAD vgl. auch *K. Dau*, DÖV 1991, 661ff.

[43] H.M.: BVerfGE 28, 36 (47); 28, 243 (261); 32, 40 (46); 48, 127 (159); 69, 1 (21f.); BVerwGE 55, 217 (219); 63, 37 (38); 63, 99 (101); 73, 182 (184); 73, 296 (304); *v. Mangoldt/Klein*, GG, Art. 87a Anm. III. 4.; *E. Busch*, Staat und Streitkräfte, in: B. Fleckenstein (Hrsg.), Bundeswehr und Industriegesellschaft, 1971, Bd. 2, S. 13ff. (21ff.); *G. Hahnenfeld*, NZWehrR 1975, 161ff.; *Stern*, Staatsrecht II, S. 862f.; *Hernekamp* (Fn. 29), Art. 87a Rn. 7f.; *Baldus* (Fn. 34), Art. 87a Rn. 16; Jarass/*Pieroth*, GG, Art. 87a Rn. 1; *C. Hillgruber*, in: Umbach/Clemens, GG, Art. 87a Rn. 12; *M. Oldiges*, Wehrrecht und Zivilverteidigungsrecht, in: Ehlers/Fehling/Pünder, Bes. Verwaltungsrecht III, § 74 Rn. 11; *F. Kirchhof*, HStR³ IV, § 84 Rn. 10ff.; *T. M. Spranger*, Wehrverfassung im Wandel, 2003, S. 98ff.; *Depenheuer* (Fn. 29), Art. 87a Rn. 72; weitergehend *O. Fröhler*, Grenzen legislativer Gestaltungsfreiheit in zentralen Fragen des Wehrverfassungsrechts, 1995, S. 30ff.; a.A. BVerfGE 69, 1 (57, 60f.) – *Sondervotum Mahrenholz u. Böckenförde*; *Ipsen* (Fn. 16), Art. 87a Rn. 17; *D. S. Lutz/V. Rittberger*, Abrüstungspolitik und Grundgesetz, 1976, S. 37ff.; *G. Frank*, in: AK-GG, nach Art. 87 (2001), Rn. 15. → Art. 12a Rn. 12.

gesetzes[44] gewährleistet. Im übrigen ist die Ausgestaltung des Auftrages, des Umfanges und der Ausrüstung der Bundeswehr der politischen Entscheidung der Staatsleitung überantwortet[45].

11 Art. 87a I 1 GG erlaubt in Übereinstimmung mit der bereits vom Parlamentarischen Rat getroffenen Entscheidung des Art. 26 I GG die Aufstellung der Streitkräfte **nur zum Zweck der Verteidigung**[46]. Verteidigung ist im Regelfall die Abwehr oder Abschreckung eines Aggressors im Sinne der UN-Definition vom 14.12.1974[47], der zugrundeliegende Art. 51 UN-Charta setzt allerdings – insoweit offener und klüger – lediglich einen »bewaffneten Angriff« voraus, ohne daß der Angriff zwingend von einem Staat ausgehen muß[48]. Verteidigung ist aber nicht identisch mit dem Verteidigungsfall des Art. 115a I GG, sondern erfaßt auch die dem gleichstehenden Fälle eines defensiven völkerrechtlichen Beistandes gem. Art. 80a III, 24 II GG[49]. Multilaterale Einsätze gegen Piraten sind daher im Gegensatz zu unilateralen Einsätzen zulässig[50]. Die Anschläge des 11. September 2001 haben die Frage aufgeworfen, ob auch die Abwehr terroristischer Angriffe als Aufgabe der Verteidigung angesehen werden kann. Das läßt sich nicht pauschal verneinen[51], sondern nur differenziert beurteilen und dann bejahen, wenn der Angriff eine das Selbstverteidigungsrecht nach Art. 51 UN-Charta auslösende Qualität als bewaffneter Angriff hat[52]. Die Einsatzmöglichkei-

---

[44] Vgl. Art. 45a, 45b, 45c, 88, 95 I GG; darauf weist auch hin *Hernekamp* (Fn. 29), Art. 87a Rn. 7.

[45] BVerfGE 48, 127 (159); *F. Kirchhof*, HStR³ IV, § 84 Rn. 12; Jarass/*Pieroth*, GG, Art. 87a Rn. 1; zur Neustrukturierung der Bundeswehr vgl. neueste Pläne in: Die Bundesregierung (Hrsg.), Weissbuch 2016, 2016, S. 87ff.

[46] Präzise *Stern*, Staatsrecht II, S. 863; *Hernekamp* (Fn. 34), Art. 87a Rn. 5; offener jetzt *ders.* (Fn. 29), Art. 87a Rn. 4; der Begriff der Aufgabe (Jarass/*Pieroth*, GG, Art. 87a Rn. 3) ist hier etwas ungenau. → Art. 26 Rn. 17ff.

[47] Beschluß der UN-Generalversammlung vom 14.12.1974, Nr. 3314; dazu näher *K. Ipsen*, Der Einsatz der Bundeswehr zur Verteidigung, im Spannungs- und Verteidigungsfall sowie im internen bewaffneten Konflikt, in: K. D. Schwarz (Hrsg.), Sicherheitspolitik, 3. Aufl. 1978, S. 615ff. (619ff.); *C. Kreß*, Gewaltverbot und Selbstverteidigungsrecht nach der Satzung der Vereinten Nationen bei staatlicher Verwicklung in Gewaltakte Privater, 1995, S. 108ff.

[48] Zu dieser Streitfrage eingehend *Kreß*, Gewaltverbot (Fn. 47), S. 206ff. m. w. N. in Fn. 879, S. 206 (für Staatlichkeit), und Fn. 622, S. 152 (auch nicht-staatliche Angriffe erfaßt); zum verfassungsrechtlichen Verteidigungsbegriff vgl. auch eingehend *Schultz*, Auslandsentsendung (Fn. 40), S. 180ff.; *J. Fiebig*, Der Einsatz der Bundeswehr im Innern, 2004, S. 211ff.; *Wiefelspütz*, Parlamentsheer (Fn. 32), S. 106f.; generell die Differenzierung von außen und innen ablehnend *Depenheuer* (Fn. 29), Art. 87a Rn. 92ff.

[49] *Ipsen*, Einsatz (Fn. 47), S. 617f.; *Hernekamp* (Fn. 29), Art. 87a Rn. 4; *U. Schopohl*, Der Auslandseinsatz der Streitkräfte im Frieden, Diss. jur. Hamburg 1991, S. 100ff.; weitergehend *Hillgruber* (Fn. 43), Art. 87a Rn. 15; *D. Wiefelspütz*, ZaöRV 65 (2005), 819 (824ff.); *Depenheuer* (Fn. 29), Art. 87a Rn. 100. → Rn. 17.

[50] *H. Fournier*, Der Einsatz der Streitkräfte gegen Piraten auf See, 2014, S. 119ff., 181ff.; *L. Koops*, Seeräubereibekämpfung durch die Bundeswehr im Einklang mit Bekämpfung nichtstaatlicher Angreifer, 2013, S. 19ff.; *D. Wiefelspütz*, NZWehrR 2009, 133ff.; *C. Kreß*, Die moderne Piraterie, das Strafrecht und die Menschenrechte, in: D. Weingartner (Hrsg.), Die Bundeswehr als Armee im Einsatz, 2010, S. 95ff.; *H.A. Wolff*, ZG (25) 2010, 209ff.; *C. Walter/A. Ungern-Sternberg*, DÖV 2012, 861ff.; *H.P. Aust*, DVBl. 2012, 484ff.

[51] So *J. Wieland*, Verfassungsrechtliche Grundlagen polizeiähnlicher Einsätze der Bundeswehr, in: D. Fleck (Hrsg.), Rechtsfragen der Terrorismusbekämpfung durch Streitkräfte, 2004, S. 167ff. (174ff.); *Baldus* (Fn. 34), Art. 87a Rn. 17, differenziert wie hier aber ebd., Rn. 52; *M. Baldus*, NVwZ 2004, 1278 (1280f.); enger auch *K. Paulke*, Die Abwehr von Terrorgefahren im Luftraum, 2005, S. 79ff.

[52] BVerfGE 118, 244 (266ff., Rn. 59ff.); BT-Drs. 14/7296; *Hernekamp* (Fn. 34), Art. 87a Rn. 4; *D. Wiefelspütz*, NZWehrR 45 (2003), 45 (55f.); *ders.*, AöR 132 (2007), 44 (64, 71ff.); *ders.*, Auslandsein-

ten sind etwas weiter, stehen als Kompensation und zur Bekräftigung des Verteidigungsauftrages indes unter dem Verfassungsvorbehalt des Art. 87a II GG[53]. Zivile Verteidigung ist keine Verteidigung im Sinne des Art. 87a I 1 GG[54].

III. Die Budgetkontrolle der Streitkräfte (Art. 87a I 2 GG)

12 Art. 87a I 2 GG konkretisiert, präzisiert und ergänzt[55] zuallererst für den Bereich des Wehretats die allgemeine Norm des Art. 110 GG, die aufgrund der daraus ableitbaren Grundsätze der Haushaltswahrheit und Haushaltsklarheit[56] bereits allein den haushaltsmäßigen Stärkenachweis verlangt. Die Regelung erklärt sich sowohl aus der Tradition der parlamentarischen Festlegung der Friedensstärke als auch aus den negativen Erfahrungen mit der Schwarzen Reichswehr[57]. Über diese haushaltsrechtliche Funktion hinaus bekräftigt und konkretisiert die Norm auch grundsätzlich das **Prinzip parlamentarischer Kontrolle** und des Vorrangs der zivilen Gewalt über die Streitkräfte[58]. Art. 87a I 2 GG tritt damit neben Art. 45a, 45b und 65a GG[59] und räumt dem Haushaltsausschuß neben dem Verteidigungsausschuß eine maßgebende Rolle ein[60].

13 Unter »zahlenmäßiger Stärke« ist nur die **Friedenspräsenzstärke** zu verstehen[61]. Art. 87a I 2 GG versperrt daher im Verteidigungsfall die Einberufung von Reservisten ohne eine entsprechende Haushaltsermächtigung nicht[62]. Gefordert wird dadurch die genaue zahlenmäßige Angabe der Planstellen sowie der Zahl der Wehrpflichtigen

---

satz (Fn. 33), S. 63; *C. Lutze*, NZWehrR 44 (2003), 101 (111ff.); zur Auslösung des Selbstverteidigungsrechts *M. Krajewski*, AVR 2002, 183 (188ff.); *ders.*, NZWehrR 49 (2007), 12 (21); *C. Tomuschat*, EuGRZ 2001, 535ff.; *J. A. Frowein*, ZaöRV 62 (2002), 879 (885ff.); *C. Walter*, Zwischen Selbstverteidigung und Völkerstrafrecht: Bausteine für ein internationales Recht der präventiven Terrorismus-Bekämpfung, in: Fleck, Terrorismusbekämpfung (Fn. 51), S. 23ff. (25); *G. Laschenski*, Der Einsatz der deutschen Streitkräfte im Inland, Diss. jur. Würzburg 2005, S. 51ff.; *G. Dederer*, JZ 2004, 421 (423ff.); *B. Fassbender*, HStR³ XI, § 244, Rn. 52ff.; *J. Thiele*, Auslandseinsätze der Bundeswehr zur Bekämpfung des Internationalen Terrorismus, 2011, S. 87ff., 255ff.; s. auch *J. Martinez Soria*, DVBl. 2004, 597 (605f.); *M. Ladiges*, Die Bekämpfung nichtstaatlicher Angreifer im Luftraum, 2007, S. 33ff.; BVerfGE 115, 118 (140f., Rn. 86ff.) hat den Einsatz der Streitkräfte nur deshalb nicht als Verteidigungsaufgabe qualifiziert, weil die Konstruktion des Luftsicherheitsgesetzes eindeutig auf die Tatbestände des Art. 35 II, III GG abgestellt ist und dort ein Einsatz der Streitkräfte unzulässig ist; → Art. 35 Rn. 32 m. w. N.; ergänzend zur dort zitierten Literatur s. *C. M. Burkiczak*, NZWehrR 48 (2006), 89ff.; *E. Giemulla*, ZLW 54 (2005), 32ff.; *K. Odendahl*, Die Verwaltung 38 (2005), 425 (438ff.); *U. Palm*, AöR 132 (2007) 95ff.; *B. Walter*, NZWehrR 48 (2006), 70ff.; *D. Wiefelspütz*, ZG 22 (2007), 97ff.; *D. Winkler*, DÖV 2006, 149ff.

[53] *Stern*, Staatsrecht II, S. 864; a. A. *P. Kirchhof*, Der Verteidigungsauftrag der deutschen Streitkräfte, in: FS Bernhardt, 1995, S. 797ff. (804ff.); im einzelnen: → Rn. 15ff.

[54] *Hernekamp* (Fn. 29), Art. 87a Rn. 5; → Art. 65a Rn. 11; zur Zivilverteidigung vgl. *O. M. Frhr. v. Lepel*, NZWehrR 29 (1987), 45ff.; *A. Poretschkin*, Zivilverteidigung als Verfassungsauftrag, Diss. jur. München 1991, S. 113ff.

[55] *G. Dürig*, in: Maunz/Dürig, GG, Art. 87a (1971), Rn. 10.

[56] Vgl. *T. Puhl*, Budgetflucht und Haushaltsverfassung, 1997, S. 277ff.; zu den genannten Haushaltsgrundsätzen: → Art. 110 Rn. 21.

[57] S. auch *Ipsen* (Fn. 16), Art. 87a Rn. 20; *Stern*, Staatsrecht II, S. 864f. → Rn. 2.

[58] *Ipsen* (Fn. 16), Art. 87a Rn. 20; *Stern*, Staatsrecht II, S. 865; *Hernekamp* (Fn. 29), Art. 87a Rn. 9; *Baldus* (Fn. 34), Art. 87a Rn. 20; vgl. auch BVerwGE 15, 64 (65). →Art. 45b Rn. 8ff.; →Art. 65 Rn. 38ff.

[59] *Stern*, Staatsrecht II, S. 865.

[60] Vgl. auch *Hernekamp* (Fn. 29), Art. 87a Rn. 9. → Art. 45a Rn. 6.

[61] *Hernekamp* (Fn. 29), Art. 87a Rn. 10; *Dürig* (Fn. 55), Art. 87a Rn. 14; a. *A. Frank* (Fn. 43), nach Art. 87 Rn. 35; Jarass/*Pieroth*, GG, Art. 87a Rn. 5; *Baldus* (Fn. 34), Art. 87a Rn. 24.

[62] *D. Hömig*, in: Hömig/Wolff, GG, Art. 87a Rn. 5; *Dürig* (Fn. 55), Art. 87a Rn. 14; *C. Raap*, JuS 1996, 980 (981); a. A. *Frank* (Fn. 43), nach Art. 87 Rn. 35.

(Wehrsoldempfänger)[63]. Entsprechend allgemeinen haushaltsrechtlichen Grundsätzen stellen die betreffenden Ausgabebewilligungen nur eine Ermächtigung, keine Verpflichtung dar[64], so daß die zahlenmäßige Stärke nicht überschritten werden darf, aber nicht ausgeschöpft werden muß[65]. Der Kontrollzweck der Norm gebietet nichts anderes[66].

14 Schwieriger gestaltet sich die Frage, welche Bedeutung den »**Grundzügen der Organisation**« zukommt. Während Einigkeit über den Zweck, eine verantwortliche Kontrolle des Parlaments über die maßgeblichen Organisationsstrukturen zu ermöglichen, erzielt werden kann[67], ist die Reichweite der Norm umstritten. Teilweise wird darin nicht mehr als eine detaillierte erläuternde Ergänzung des Stärkenachweises gesehen, weil andernfalls dem Haushaltsplan als nur formellem Gesetz materielle Bindungswirkungen zugesprochen würden[68]. Dieses Argument beruht freilich auf einem überholten Verständnis der Haushaltsgesetzgebung[69]. Richtig dürfte daher die Gegenauffassung sein, daß der Verteidigungsminister an die im Budget festgelegten Grundzüge der Organisationsstruktur gebunden ist[70], auch wenn damit das im § 90 SoldG vorgesehene Organisationsgesetz teilweise vorweggenommen wird[71]. Insoweit wird partiell das Bepackungsverbot des Art. 110 IV GG durchbrochen[72].

IV. Die Begrenzung des Einsatzes der Streitkräfte gem. Art. 87a II GG

15 Art. 87a II GG begründet einen ausdrücklichen **Verfassungsvorbehalt für den Einsatz der Streitkräfte**. »Einsatz« meint nicht jede Verwendung, sondern nur »ihre Verwendung als Mittel der vollziehenden Gewalt«[73]. Der Verfassungsvorbehalt erfaßt daher unstrittig nicht eine Verwendung zu Repräsentationszwecken, technisch-karitative Hilfsleistungen im Inland und Ausland (Evakuierungen, Nahrungsmittel- oder Krankentransporte), die Bereitstellung von Arbeitskräften oder sonstige Good-will-Veranstaltungen (Kriegsgräberfürsorge, Musikveranstaltungen)[74]. Zu eng ist es frei-

---

[63] *Ipsen* (Fn. 16), Art. 87a Rn. 21.

[64] *Heun*, Staatshaushalt (Fn. 6), S. 404ff.

[65] H.M.: *Ipsen* (Fn. 16), Art. 87a Rn. 21; *Dürig* (Fn. 55), Art. 87a Rn. 12; *v. Mangoldt/Klein*, GG, Art. 87a Anm. IV. 4. b); *Stern*, Staatsrecht II, S. 865; *Hillgruber* (Fn. 43), Art. 87a Rn. 41.

[66] So aber *Hernekamp* (Fn. 29), Art. 87a Rn. 10; Jarass/*Pieroth*, GG, Art. 87a Rn. 5; *Baldus* (Fn. 34), Art. 87a Rn. 23: »Ausschöpfungspflicht«; diese Gegenansicht erscheint wirklichkeitsfremd.

[67] Vgl. BVerfGE 90, 286 (381ff., 385); *Hernekamp* (Fn. 29), Art. 87a Rn. 11.

[68] *Ipsen* (Fn. 16), Art. 87a Rn. 22f.; vgl. *Dürig* (Fn. 55), Art. 87a Rn. 15.

[69] *Heun*, Staatshaushalt (Fn. 6), S. 160ff.

[70] *E.-W. Böckenförde*, Die Organisationsgewalt im Bereich der Regierung, 1964, S. 324; *G. C. v. Unruh*, Führung und Organisation der Streitkräfte, VVDStRL 26 (1968), S. 157ff. (182); *H. Quaritsch*, Führung und Organisation der Streitkräfte, VVDStRL 26 (1968), S. 207ff. (249); *Stern*, Staatsrecht II, S. 865f.; *Baldus* (Fn. 34), Art. 87a Rn. 26; *Hillgruber* (Fn. 43), Art. 87a Rn. 45.

[71] *Stern*, Staatsrecht II, S. 866.

[72] Jarass/*Pieroth*, GG, Art. 87a Rn. 5. → Art. 110 Rn. 41.

[73] BT-Drs. V/2873, S. 13; eine Verwendung von Soldaten für Sicherheitsaufgaben außerhalb des Streitkräfteeinsatzes (z.B. Abordnung zu Bundesnachrichtendienst) ist nicht ausgeschlossen, s. *C. Gramm*, Die Verwaltung 41 (2008), 375 (389f.).

[74] BT-Drs. V/2873, S. 13; *E. Klein*, ZaöRV 34 (1974), 429 (435); *T.M. Spranger*, NJW 1999, 1003f.; *Hernekamp* (Fn. 29), Art. 87a Rn. 13; *Frank* (Fn. 43), nach Art. 87a Rn. 25; Jarass/*Pieroth*, GG, Art. 87a Rn. 8; *Grubert*, Verwendungen (Fn. 13), S. 233ff., 257ff., 306ff.; Überblick bei *N.K. Riedel*, Der Einsatz deutscher Streitkräfte im Ausland – verfassungs- und völkerrechtliche Schranken, 1989, S. 222ff.; *Coridaß*, Auslandseinsatz (Fn. 31), S. 90ff.; *Schultz*, Auslandsentsendung (Fn. 40), S. 157ff.; *Fiebig*, Einsatz (Fn. 48), S. 106ff.; vgl. auch *J.M. Mössner*, Bundeswehr in blauen Helmen, in: FS

lich, den Einsatz lediglich auf die Verwendung als militärische bewaffnete Vollzugsorgane zu beschränken[75], denn sowohl die Abwehr von Plünderern, notfalls mit Waffengewalt, als auch der unbewaffnete Einsatz als Streikbrecher oder die technische Unterstützung bei polizeilichen Fahndungen ohne entsprechende Ermächtigung würden dem Schutzzweck der Norm zuwiderlaufen, so daß alle hoheitlichen Formen des Einsatzes erfaßt werden[76]. Einbeziehung in bewaffnete Unternehmungen oder die Androhung oder Inanspruchnahme hoheitlichen Zwangs[77] ist nicht erforderlich, die Verwendung als »Droh- und Einschüchterungspotential«[78] reicht aus. Die zunehmenden Einsätze im Rahmen der UN bis hin zu Blauhelmmissionen stellen einen Einsatz dar, da die Streitkräfte aufgrund ihrer militärischen Mittel und Organisationsstruktur tätig werden[79]. Auch die Sicherung von Großveranstaltungen ist ein Einsatz[80].

Da bei den Beratungen der Notstandsnovelle praktisch ausschließlich die Verwendung im Inland im Blick stand[81], wird teilweise angenommen, Art. 87a II GG regele **lediglich den Einsatz der Streitkräfte im Innern**[82]. Angesichts der zugleich bestehenden Absicht, in Art. 87a GG alle Bestimmungen über den Streitkräfteeinsatz zusammenzufassen und der Konsequenz, daß damit ein Auslandseinsatz verfassungsrechtlich gar nicht geregelt und mithin der Entscheidungsfreiheit der Befehls- und Kommandogewalt lediglich unter Bindung an Art. 26 I GG überlassen wäre, ist eine solche Begrenzung jedoch **abzulehnen**[83]. Das Bundesverfassungsgericht hat die Frage zwar offengelassen, im Ergebnis ist seine Auslegung aber nur mit einem umfassenderen Ver- **16**

Schlochauer, 1981, S. 97ff. (106f.), der unter »Einsatz« nur Einsatz in Notlagen versteht; zur Katastrophenhilfe s. *B. Nölle*, Die Verwendung des deutschen Soldaten im Ausland, Diss. jur. Bonn 1973, S. 93ff.; zu sonstigen Einsatzmöglichkeiten vgl. *Schopohl*, Auslandseinsatz (Fn. 49), S. 158ff. (Schutz der Handelsschiffahrt), 207ff. (nichtmilitärische Unterstützungseinsätze); *K. Fehn/M. Brauns*, Bundeswehr und innere Sicherheit, 2003, S. 21ff.

[75] So *Hernekamp* (Fn. 29), Art. 87a Rn. 13; *Kokott* (Fn. 28), Art. 87a Rn. 17.

[76] Vgl. auch *Ipsen* (Fn. 16), Art. 87a Rn. 33f.; *Stern*, Staatsrecht II, S. 1476f.; Jarass/*Pieroth*, GG, Art. 87a Rn. 7; *H. Klückmann*, DVBl. 1977, 952 (954); *T. Linke*, AöR 129 (2004), 489 (496ff.); *D. Sigloch*, Auslandseinsätze der deutschen Bundeswehr, 2006, S. 27ff. → Rn. 36.

[77] BVerwGE 127, 1 (10); 132, 110 (119).

[78] BVerfGE 132, 1 (20, Rn. 50); 133, 241 (270, Rn. 81); s. auch Jarass/*Pieroth*, GG, Art. 87a Rn. 7; auf eine »Krisensituation« stellt ab *H. Jochum*, JuS 2006, 511ff.

[79] *Baldus* (Fn. 34), Art. 87a Rn. 41; zu den verschiedenen Einsätzen auf See vgl. *D. Wiefelspütz*, NZWehrR 47 (2005), 147ff.; *ders.*, Parlamentsheer (Fn. 32), S. 160ff.

[80] Vgl. auch *Fiebig*, Einsatz (Fn. 48), S. 173ff.; *P. Dreist*, NZWehrR 48 (2006), 45ff.

[81] Vgl. im einzelnen *A. Hopfauf*, ZRP 1993, 321ff.

[82] *K. Kersting*, NZWehrR 1983, 71ff.; *T. Stein*, Die verfassungsrechtliche Zulässigkeit einer Beteiligung der Bundesrepublik Deutschland an Friedenstruppen der Vereinten Nationen, in: J. A. Frowein/T. Stein (Hrsg.), Rechtliche Aspekte einer Beteiligung der Bundesrepublik Deutschland an Friedenstruppen der Vereinten Nationen, 1990, S. 7ff. (22ff.); *A. Thomsen*, Der Parlamentsvorbehalt für den Einsatz der Streitkräfte zur Verteidigung, Diss. jur. Bonn 1988, S. 9f.; *A. Randelzhofer*, in: Maunz/Dürig, GG, Art. 24 II (1992), Rn. 63ff.; *R. Thalmair*, ZRP 1993, 201ff.; *F. Kirchhof*, HStR³ IV, § 84 Rn. 54; *Kokott* (Fn. 28), Art. 87a Rn. 12f.; *S. Oeter*, NZWehrR 42 (2000), 89 (92ff.); *Wiefelspütz*, Parlamentsheer (Fn. 32), S. 106; *ders.*, AöR 132 (2007), 44 (48ff.); unklar für funktionale Differenzierung *Hillgruber* (Fn. 43), Art. 87a Rn. 46ff.

[83] *E. Klein*, ZaöRV 34 (1974), 429 (440); *W. Speth*, Rechtsfragen des Einsatzes der Bundeswehr unter besonderer Berücksichtigung sekundärer Verwendungen, 1985, S. 13ff.; *Bähr*, Verfassungsmäßigkeit (Fn. 31), S. 51ff.; *März*, Bundeswehr (Fn. 31), S. 19ff.; *M. Zimmer*, Einsätze der Bundeswehr im Rahmen kollektiver Sicherheit, 1995, S. 43ff.; *Stern*, Staatsrecht II, S. 1477f.; *J. Wieland*, DVBl. 1991, 1174 (1178f.); *U. K. Preuß*, KritJ 26 (1993), 263 (266ff.); *Hernekamp* (Fn. 29), Art. 87a Rn. 12; *Frank* (Fn. 43), nach Art. 87 Rn. 23; *C. Tomuschat*, in: BK, Art. 24 (1985), Rn. 185; *H. Fibich*, ZRP 1993, 5 (6); *Coridaß*, Auslandseinsatz (Fn. 31), S. 45f.; *V. Epping*, AöR 124 (1999), 423 (429ff.); *Baldus* (Fn. 34), Art. 87a Rn. 31f.; Jarass/*Pieroth*, GG, Art. 87a Rn. 7; *Schultz*, Auslandsentsendung

ständnis vereinbar, da es Art. 24 II GG als Ermächtigungsgrundlage für den Auslandseinsatz interpretiert[84]. Auch die Plenarentscheidung vom 3.7.2012 geht von einer generellen Geltung des Art. 87a II GG aus[85]. Die Auffassung, daß sich für den Bereich der Verteidigung die Einsatzkompetenz aus Art. 87a I GG ergibt[86], ändert im übrigen am sachlichen Umfang dieser Handlungskompetenz nichts und leuchtet insofern nach Einfügung des Art. 87a II GG nicht ein[87].

17 Daraus ergibt sich, daß das Grundgesetz einen Einsatz im In- und Ausland **nur zur Verteidigung oder aufgrund ausdrücklicher Zulassung** erlaubt. Nach zutreffender Auffassung ist Verteidigung wie bei Art. 87a I GG nicht mit dem Verteidigungsfall des Art. 115a I GG identisch, sondern umfaßt den Fall defensiven völkerrechtlichen Beistandes gem. Art. 80a III, 24 II GG ebenso[88]. Der Afghanistan-Einsatz ist daher durch den Verteidigungsauftrag gedeckt[89]. Den Fall der unabhängigen Nothilfe für andere Staaten wird man darunter allenfalls dann fassen können[90], wenn von dem Angriff indirekt auch eine Bedrohung der Bundesrepublik und seiner Bündnispartner ausgeht[91]. Die Einsätze im Nahen Osten sind insofern umstritten[92]. Der Begriff der Verteidigung wird neuerdings erweiternd dahingehend ausgelegt, daß neben der Territorialverteidigung auch die sog. Personalverteidigung umfaßt sein soll. Aufgrund der staatlichen Schutzpflicht für die Staatsangehörigen sollen daher entsprechende militärische Maßnahmen im Ausland (z. B. die Evakuierung unter Einsatz militärischer Gewalt) als Verteidigung zu qualifizieren sein[93]. Ein derart weitreichender Verteidi-

---

(Fn. 40), S. 146ff.; *Paulke*, Abwehr (Fn. 51), S. 104ff.; *T. Günther*, Zum Einsatz der Bundeswehr im Ausland, in: M. Thiel (Hrsg.), Wehrhafte Demokratie, 2003, S. 329ff. (334ff.).

[84] BVerfGE 90, 286 (344ff.); kritisch insoweit *W. Heun*, JZ 1994, 1073 (1073). Eingehend *B. Fassbender*, HStR³ XI, § 244, Rn. 60ff.; *J. Fährmann*, Die Bundeswehr im Einsatz für Europa, 2010, S. 193ff.

[85] BVerfGE 132, 1 (9ff., Rn. 23ff.) enthält keine Beschränkung auf Einsätze im Inland.

[86] So *Kirchhof*, Verteidigungsauftrag (Fn. 53), S. 804ff.; *Hillgruber* (Fn. 43), Art. 87a Rn. 46ff.; *Wiefelspütz*, Parlamentsheer (Fn. 32), S. 106ff.

[87] Bis 1968 ergab sich die Einsatzkompetenz dagegen aus Art. 87a GG a. F., der mit dem heutigen Art. 87a I GG identisch ist; im übrigen führt diese Auffassung zu wenig plausiblen Verrenkungen für Auslandseinsätze, die nicht der Verteidigung dienen: s. *Hillgruber* (Fn. 43), Art. 87a Rn. 50ff.

[88] *Ipsen*, Einsatz (Fn. 47), S. 617ff.; *E. Klein*, ZaöRV 34 (1974), 429 (437ff.); *Riedel*, Einsatz (Fn. 74), S. 63ff.; *C. v. Bülow*, Der Einsatz der Streitkräfte zur Verteidigung, 1984, S. 51ff.; *J. Wieland*, DVBl. 1991, 1174 (1179); *F. Kirchhof*, HStR³ IV, § 84 Rn. 53; Art. 87a I GG stände einem Streitkräfteeinsatz bei einem Angriff des Irak auf die Türkei also nicht entgegen.

[89] BVerfGE 118, 244 (262ff., Rn. 50ff.); zur jüngsten Verlängerung BT-Drs. 18/6743 (Antrag der Bundesregierung); 18/6946 (Beschlußempfehlung), vgl. ferner *D. Thym*, DÖV 2010, 621ff.; *A. Fischer-Lescano*, Bundeswehr als globaler Sicherheitsdienstleister, in: FS Bothe, 2008, S. 81ff. (90ff.).

[90] Im Ergebnis bejahend *Ipsen*, Einsatz (Fn. 47), S. 616f.; *Mössner*, Bundeswehr (Fn. 74), S. 101ff.; *Hillgruber* (Fn. 43), Art. 87a Rn. 23f.; *Baldus* (Fn. 34), Art. 87a Rn. 46; *Wiefelspütz*, Parlamentsheer (Fn. 32), S. 118f.; *ders.*, ZaöRV 65 (2005), 819 (823); wohl auch *D. Blumenwitz*, BayVBl. 1994, 641, 678 (678); a. A. *N. K. Riedel*, ZRP 1991, 5 (7f.); *J. Wieland*, DVBl. 1991, 1174 (1179).

[91] Ähnlich wohl *F. Kirchhof*, HStR³ IV, § 84 Rn. 53; *Sigloch*, Auslandseinsätze (Fn. 76), S. 110ff.; s. auch *Depenheuer* (Fn. 29), Art. 87a Rn. 120f.; vgl. zum Auslandseinsatz auch *S. B. Gareis/K. Nolte*, Zur Legitimation bewaffneter Auslandseinsätze der Bundeswehr – politische und rechtliche Dimensionen, in: S. Jaberg u. a. (Hrsg.), Auslandseinsätze der Bundeswehr, 2009, S. 27ff. (33ff.); *F. Schoch*, Jura 2013, 255 (259f.); *M. Ladiges*, JuS 2015, 598 (602f.).

[92] Dazu *J. Schulze*, DÖV 2015, 992ff. zum Irak; *H. Kremser*, DVBl. 2016, 881ff. zum Islamischen Staat; *M. Payandeh*, ZRP 2016, 34ff. zu Syrien.

[93] *H. G. Franzke*, NZWehrR 38 (1996), 189 (192); *O. Depenheuer*, DVBl. 1997, 685 (687f.); *ders.* (Fn. 29), Art. 87a Rn. 38f., 108ff.; *Kokott* (Fn. 28), Art. 87a Rn. 26; *Hillgruber* (Fn. 43), Art. 87a Rn. 17; *M. Wild*, DÖV 2000, 622 (625f.); *Günther*, Einsatz (Fn. 83), S. 347f.; *Sigloch*, Auslandseinsät-

gungsauftrag ist aber der Verfassung nicht zu entnehmen[94]. Der verfassungsrechtliche Verteidigungsauftrag ist schon im Ansatz an die völkerrechtlichen Grundsätze und Grenzen eines Militäreinsatzes gebunden[95]. Allenfalls ist daher ein Militäreinsatz wie die Evakuierung deutscher Staatsangehöriger aus **Albanien** im Jahr 1997[96] von der Verfassung gedeckt, wenn die Intervention überhaupt völkerrechtlich zulässig ist[97]. Der Einsatz ist völkerrechtlich anerkannt, wenn die Bedrohung gravierend und evident ist, nachvollziehbare Alternativen zur gewaltsamen Rettung nicht ersichtlich sind und die militärische Operation verhältnismäßig ist[98]. Den Rettungseinsatz in Libyen vom 23.9.2015 hat das Bundesverfassungsgericht wegen Gefahr im Verzug auch für verfassungskonform gehalten[99]. Der völker- und verfassungsrechtliche Verteidigungsbegriff wird damit indes überschritten[100]. Ansonsten ist eine derartige Rettungsaktion nur durch den »Bundesgrenzschutz« bzw. die Bundespolizei möglich[101].

Nach Auffassung des Bundesverfassungsgerichts und inzwischen wohl herrschender Meinung[102] wird durch Art. 24 II GG in umfassender Weise ein **Einsatz** sowohl **im Rahmen der UNO** (Truppen des Sicherheitsrates gem. Art. 42, 43 UN-Charta, Blauhelmtruppen)[103] **als auch** im Rahmen der NATO – und zwar über den eigentlichen Bündnisfall hinaus[104] – gedeckt, soweit der Einsatz ansonsten mit dem Völkerrecht im 18

ze (Fn. 76), S. 121ff.; *F. Pudlas/U. Brinkmann*, Jura 2012, 426ff.; etwas enger (nur bei Angreifern mit Kombattantenstatus) *F. Kirchhof*, HStR³ IV, § 84 Rn. 52.

94 Vgl. kritisch dazu V. *Epping*, AöR 124 (1999), 423 (438ff.); *M. Baldus*, Extraterritoriale Interventionen der Bundeswehr zur Rettung von fremden und deutschen Staatsangehörigen, in: J. Erberich u. a. (Hrsg.), Frieden und Recht, 1998, S. 259ff. (286ff.); *Wiefelspütz*, Parlamentsheer (Fn. 32), S. 119; *ders.*, AöR 132 (2007), 44 (61f.).

95 Vgl. generell zum Einklang von Völkerrecht und Verfassungsrecht in diesem Zusammenhang *Kirchhof*, Verteidigungsauftrag (Fn. 53), S. 797ff.

96 Dazu BT-Drs. 13/7233; zu den bisherigen Einsätzen *Wiefelspütz*, Auslandseinsatz (Fn. 33), S. 220f.

97 In dieser Richtung *C. Kreß*, ZaöRV 57 (1997), 329 (349ff.); zu pauschal *H.-G. Franzke*, NZWehrR 38 (1996), 189 (193ff.); *K. Dau*, NZWehrR 40 (1998), 89 (93ff.); *Kokott* (Fn. 28), Art. 87a Rn. 27; zur völkerrechtlichen Zulässigkeit *C. Kreß*, ZaöRV 57 (1997), 329 (331ff.); *Baldus*, Interventionen (Fn. 94), S. 261ff.; V. *Epping*, AöR 124 (1999), 423 (457ff.); *M. Bothe*, Friedenssicherung und Kriegsrecht, in: W. Graf Vitzthum (Hrsg.), Völkerrecht, 3. Aufl. 2004, S. 589ff. (Rn. 21); ablehnend *J. Günter*, Die materielle Verfassungsmäßigkeit von unilateralen Evakuierungsoperativen der Bundeswehr im Ausland, 2008, S. 29ff., 216; zur Rechtslage und Praxis der USA vgl. *F. D. Wormuth/E. B. Firmage*, To chain the dogs of war, 2. ed. 1989, S. 153ff.

98 *Wiefelspütz*, Auslandseinsatz (Fn. 33), S. 226; *C. Stelter*, Gewaltanwendung unter und neben der UN-Charta, 2007, S. 203ff., 282ff.

99 BVerfGE 140, 160 (190ff., Rn. 71ff.; 195ff., Rn. 86ff.); s. auch *M. Fischer/M. Ladiges*, NZWehrR 2011, 221ff.; ablehnend *M. Brunner*, ZRP 2011, 207ff.

100 *Baldus*, Interventionen (Fn. 94), S. 280ff.; s. auch zum Argument der Staatsnothilfe *V. Epping*, AöR 124 (1999), 423 (442ff.); im Ergebnis für Unzulässigkeit auch *Schopohl*, Auslandseinsätze (Fn. 49), S. 190ff.; *C. Gramm*, NZWehrR 47 (2005), 133 (139f.).

101 *Baldus*, Interventionen (Fn. 94), S. 286ff.; *Riedel*, Einsatz (Fn. 74), S. 175; die Regelung des betreffenden § 8 II BGSG (jetzt BPolG) hält aber für verfassungswidrig *A. Fischer-Lescano*, AöR 128 (2003), 52 (72ff.).

102 BVerfGE 90, 286 (344ff.); 118, 244 (262ff., Rn. 50ff.); Jarass/*Pieroth*, GG, Art. 87a Rn. 3; *D. Blumenwitz*, BayVBl. 1994, 641ff.; *W. Schroeder*, JuS 1995, 398 (399ff.); a. A. *U. K. Preuß*, KritJ 26 (1993), 263 (267ff.).

103 Bejahend *J. Wieland*, DVBl. 1991, 1174 (1179ff.); *G. Gornig*, JZ 1993, 123 (126f.); *D. Blumenwitz*, BayVBl. 1994, 641ff.; *März*, Bundeswehr (Fn. 31), S. 5ff.; *Zimmer*, Einsätze (Fn. 83), S. 57ff.; *Sigloch*, Auslandseinsätze (Fn. 76), S. 240ff.; a. A. *Bähr*, Verfassungsmäßigkeit (Fn. 83), S. 149ff.

104 Ablehnend, weil die NATO kein System kollektiver Sicherheit sei: *J. Wieland*, DVBl. 1991, 1174 (1176ff.); *E. Forsthoff*, Rechtsgutachten, in: Der Kampf um den Wehrbeitrag, hrsgg. v. Institut für

Einklang steht[105]. Teilweise wird darüber hinaus gefordert, daß der jeweilige Einsatz zusätzlich durch ein UN-Mandat abgesichert sein muß[106], was sicher wünschenswert, aber nicht verfassungsrechtlich geboten ist[107]. Die Recht- und Verfassungsmäßigkeit der Beteiligung der Bundeswehr an der humanitären Intervention der NATO im **Kosovo** hängt damit von der Beurteilung der prekären völkerrechtlichen Zulässigkeit dieser Intervention ab, die überwiegend vorsichtig bejaht wird[108]. Auch die WEU war ein System kollektiver Sicherheit in diesem Sinn[109], nicht dagegen die EU[110], so daß EU-geführte Einsätze wie der in Mazedonien[111] dadurch nicht gedeckt waren[112]. Mittlerweile (zum 30.1.2011) ist die WEU aufgelöst worden und in der EU aufgegangen, so daß heute die EU ebenfalls als System kollektiver Sicherheit gelten muß[113]. Eigenständige humanitäre Interventionen sind von dem Verteidigungsbegriff jedenfalls in keiner Weise umfaßt[114].

19 Im übrigen steht der »militärische« »Einsatz bewaffneter Streitkräfte« nach Auffassung des Bundesverfassungsgerichts unter einem konstitutiven **Parlamentsvorbehalt**[115], der deutlich über die expliziten Anforderungen des Grundgesetzes hinausgeht

---

Staatslehre und Politik, Bd. II/2, 1953, S. 312ff. (335f.); *M. Bartke*, Der Verteidigungsauftrag der Bundeswehr, 1991, S. 153ff.; kritisch *T. Stein/H. Kröninger*, Jura 1995, 254 (260); bejahend *E. Menzel*, Rechtsgutachten, in: Kampf, a. a. O., Bd. II/1, 1952, S. 280ff. (292); *W. Grewe*, AöR 78 (1952/53), 243ff.; *Tomuschat* (Fn. 83), Art. 24 Rn. 126ff.; *Coridaß*, Auslandseinsatz (Fn. 31), S. 54ff.; *W. Heun*, JZ 1994, 1073 (1073f.); *D. Blumenwitz*, BayVBl. 1994, 641 (645f.); *O. Depenheuer*, DVBl. 1997, 685 (688); *G. Nolte*, ZaöRV 54 (1994), 652 (655ff.); vgl. auch *Riedel*, Einsatz (Fn. 74), S. 111ff.; → Art. 24 Rn. 69ff., 70ff.; zu Enduring Freedom in Afghanistan *C. Fischer/A. Fischer-Lescano*, KritV 85 (2002), 113 (120ff.); *K. Nowrot*, NZWehrR 45 (2003), 65ff.

[105] Eingehender Überblick über die Einsätze: *Wiefelspütz*, Auslandseinsatz (Fn. 33), S. 357ff.

[106] S. BVerfGE 124, 267 (279ff., Rn. 26ff.); vgl. *M. Brenner/D. Hahn*, JuS 2001, 729 (734f.); s. auch *S. Schmahl*, Der Einsatz deutscher Streitkräfte unter der Ägide des Grundgesetzes, in: H. Dreier (Hrsg.), Macht und Ohnmacht des Grundgesetzes, 2009, S. 107ff. (122ff.).

[107] *Günther*, Einsatz (Fn. 83), S. 358ff.; s. auch *Sigloch*, Auslandseinsätze (Fn. 76), S. 269ff.

[108] BVerfGE 124, 267 (279, Rn. 26); vgl. *K. Ipsen*, Die Friedens-Warte 74 (1999), 19ff.; *C. Tomuschat*, Die Friedens-Warte 74 (1999), 33ff.; *C. Lange*, EuGRZ 1999, 313ff.; *U. Fink*, JZ 1999, 1016 (1019ff.); *G. Nolte*, ZaöRV 59 (1999), 941ff.; *A. A. Steinkamm*, Zur humanitären Intervention – völker- und wehrrechtliche Aspekte des Kosovo-Konflikts, in: FS Dau, 1999, S. 261ff. (269f.); *M. Wild*, DÖV 2000, 622 (628); *Bothe*, Friedenssicherung (Fn. 97), Rn. 22; kritisch dagegen *R. Merkel*, KritJ 32 (1999), 526ff.; *V. Epping*, Nachbetrachtung: Der Kosovo (Kampf-) Einsatz der Bundeswehr, in: FS Ipsen, 2000, S. 615ff. (620ff.); *H. Reiter*, KritJ 40 (2007), 124 (135ff.); vgl. ferner D. Lutz (Hrsg.), Der Kosovo-Krieg. Rechtliche und rechtsethische Aspekte, 2000.

[109] *M. Brenner/D. Hahn*, JuS 2001, 729 (733); *Baldus* (Fn. 34), Art. 87a Rn. 50.

[110] So aber *V. Roeben*, ZaöRV 63 (2003), 585 (590); *D. Wiefelspütz*, ZaöRV 65 (2005), 819 (832).

[111] BT-Drs. 15/696.

[112] *Baldus* (Fn. 34), Art. 87a Rn. 66.

[113] Vgl. *B. Fassbender*, HStR³ XI, § 244, Rn. 70ff.

[114] Eingehend *Hillgruber* (Fn. 43), Art. 87a Rn. 30aff.; a. A. *Wiefelspütz*, Parlamentsheer (Fn. 32), S. 281ff.

[115] BVerfGE 90, 286 (381ff.); 108, 34 (42ff., Rn. 28ff.); 121, 135 (153, Rn. 56ff.); 126, 55 (69ff., Rn. 50ff.); 132, 1 (21ff., Rn. 52ff.); 140, 160 (186ff., Rn. 65ff.); dazu mit Kritik an der Begründung *W. Heun*, JZ 1994, 1073 (1074); *G. Nolte*, ZaöRV 54 (1994), 652 (673ff.); *T. Stein/H. Kröninger*, Jura 1995, 254 (261f.); *V. Epping*, AöR 124 (1999), 423 (445ff.); s. auch *J. Kokott*, DVBl. 1996, 937 (945f.); *dies.* (Fn. 28), Art. 87a Rn. 42; *Limpert*, Auslandseinsätze (Fn. 32), S. 45ff.; *Schmidt-Radefeldt*, Kontrolle (Fn. 27), S. 151ff.; *Schultz*, Auslandsentsendung (Fn. 40), S. 429ff.; *D. Wiefelspütz*, Der Einsatz bewaffneter deutscher Streitkräfte und der konstitutive Parlamentsvorbehalt, 2003, S. 46ff.; *ders.*, ZParl. 38 (2007), 3ff.; *ders.*, Auslandseinsatz (Fn. 33), S. 253ff.; *R. Biermann*, ZParl. 35 (2004); 607ff.; *E. Klein*, Bemerkungen zur Rechtsprechung des Bundesverfassungsgerichts zum Auslandseinsatz deutscher Streitkräfte, in: A. Fischer-Lescano u. a. (Hrsg.), Friede in Freiheit, 2008, S. 157ff. (163ff.); *Depenheuer* (Fn. 29), Art. 87a Rn. 142ff.; *B. Fassbender*, HStR³ XI, § 244 Rn. 84ff.; *T. M.*

und zugleich für den Bereich der Wehrverfassung einen **Kontrapunkt zu dem Vorrang der Exekutive** im Bereich der auswärtigen Gewalt[116] setzt[117]. Allerdings verbleibt der Regierung geradezu zwangsläufig ein maßgebender Eigenbereich exekutiver Handlungsbefugnis und Verantwortlichkeit, der vor allem die Entscheidung über die Modalitäten, den Umfang und die Dauer der Einsätze sowie die erforderliche internationale Koordination betrifft, die in einem entsprechenden Initiativmonopol der Regierung zum Ausdruck kommt[118]. Art. 87a II GG begründet jedoch **kein allgemeines Zustimmungsrecht des Bundestages**[119] und vermittelt dem Bundestage auch keine eigenen Rechte[120]. Der Parlamentsvorbehalt ist letztlich sowohl in der politischen Bedeutung der Entscheidung als auch in den Auswirkungen auf die grundrechtlich geschützten Rechtsgüter der Soldaten[121] begründet. Der Lissabon-Vertrag hat an dem Parlamentsvorbehalt nichts geändert[122]. Für den Parlamentsvorbehalt kommt es nicht darauf an, ob bewaffnete Auseinandersetzungen sich schon im Sinne eines Kampfgeschehens verwirklicht haben, sondern darauf, ob nach dem jeweiligen Einsatzzusammenhang und den einzelnen rechtlichen und tatsächlichen Umständen die Einbeziehung deutscher Soldaten in bewaffnete Auseinandersetzungen konkret zu erwarten ist. Das bedarf einer qualifizierten Erwartung[123]. Soweit die vorherige Zustimmung des Parlaments nicht möglich erscheint, ist die Bundesregierung bei Gefahr im Verzug berechtigt, vorläufig den Einsatz der Streitkräfte zu beschließen; sie ist dann aber verpflichtet, das Parlament umgehend mit dem Einsatz zu befassen[124]. Der Bundestag hat auch prinzipiell ein **Rückholrecht**[125]. In dem eher ungewöhnlichen Fall, daß ein

---

Wagner, Parlamentsvorbehalt und Parlamentsbeteiligungsgesetz, 2010; *T. Schaefer*, Verfassungsrechtliche Grenzen des Parlamentsbeteiligungsgesetzes, 2005, S. 38ff.; *A. Gilch*, Das Parlamentsbeteiligungsgesetz, Diss. jur. Würzburg 2005, S. 98ff.; *T. M. Wagner*, Parlamentsvorbehalt und Parlamentsbeteiligungsgesetz, 2009, S. 21ff.; *P. Scherrer*, Das Parlament und sein Heer, 2010, S. 64ff.; *H. Reiter*, Der konstitutive Parlamentsvorbehalt und die Verwendung der Bundeswehr im Lichte des Wandels internationaler Sicherheitssysteme, 2015, S. 128ff.; zu BVerfGE 132, 1 *D. Wiefelspütz*, DVBl. 2012, 1233ff.; *M. Payandeh*, DVBl. 2011, 1325 (1327ff.) zu Libyen-Einsatz; verfehlt insoweit *C. Kreß*, ZaöRV 57 (1997), 329 (355ff.), der offenbar den Militäreinsatz als Teil der Auswärtigen Gewalt ansieht; für Kompetenz der Regierung dagegen noch *N. K. Riedel*, NZWehrR 31 (1989), 45 (51f.); hält man Evakuierungsoperationen für zulässig (→ Fn. 93ff.), ist die Regierung zuständig: *K. Dau*, NZWehrR 40 (1998), 89 (95ff.); zur Praxis s. *F. Schröder*, Das parlamentarische Zustimmungsverfahren zum Auslandseinsatz der Bundeswehr in der Praxis, 2005, S. 39ff.

116 BVerfGE 68, 1 (100ff.).

117 Vgl. BVerfGE 90, 286 (381); *R. Wolfrum*, Auswärtige Beziehungen und Verteidigungspolitik, in: FS 50 Jahre BVerfG II, S. 693ff. (706); *V. Roeben*, ZaöRV 63 (2003), 585 (593); *Baldus* (Fn. 34), Art. 87a Rn. 72; *H. H. Klein*, Rechtsfragen des Parlamentsvorbehalts für Einsätze der Bundeswehr, in: FS Schmitt Glaeser, 2003, S. 245ff. (251ff.); *Schultz*, Auslandsentsendung (Fn. 40), S. 439ff.; *R. Biermann*, ZParl. 35 (2004), 607ff.; kritisch *R. Scholz*, Staatsleitung im parlamentarischen Regierungssystem, in: FS 50 Jahre BVerfG II, S. 663ff. (674f.).

118 BVerfGE 90, 286 (389); zum Problem geheimer Einsätze BT-Drs. 16/3342; *G. Axer*, ZRP 2007, 87ff.

119 BVerfGE 126, 55 (71ff., Rn. 54ff.); dazu *M. Ladiges*, NVwZ 2010, 1075ff.

120 BVerfGE 126, 55 (74ff., Rn. 63ff.).

121 Auf letztere reduziert *Baldus* (Fn. 34), Art. 87a Rn. 71 die Legitimationsbedürftigkeit.

122 BVerfGE 123, 267 (422ff., Rn. 381ff.); dazu *D. Wiefelspütz*, DÖV 2010, 73ff.; *C. Gramm*, DVBl. 2009, 1476 (1477ff.); *M. Ladiges*, UBWV 2010, 114 (115f.).

123 BVerfGE 121, 135 (164ff., Rn. 76f.); dazu *F. Schröder*, DVBl. 2008, 778f.

124 BVerfGE 90, 286 (388); 140, 160 (190ff., Rn. 71ff.); *Kokott* (Fn. 28), Art. 87a Rn. 43; zu den AWACS-Einsätzen *Wagner*, Parlamentsvorbehalt (Fn. 115), S. 69ff.

125 Vgl. *Klein*, Rechtsfragen (Fn. 117), S. 254ff.; *Schmidt-Radefeldt*, Kontrolle (Fn. 27), S. 174ff.; *K. Hummel*, NZWehrR 43 (2001), 221ff.; *Wagner*, Parlamentsvorbehalt (Fn. 115), S. 124ff.; *Wiefelspütz*, Parlamentsheer (Fn. 32), S. 482ff. zu § 8 ParlBG.

von der Bundesregierung bei Gefahr im Verzug beschlossener Einsatz zum frühestmöglichen Zeitpunkt einer nachträglichen Parlamentsbefassung bereits beendet und eine rechtserhebliche parlamentarische Einflussnahme auf die konkrete Verwendung der Streitkräfte deshalb nicht mehr möglich ist, verpflichtet der wehrverfassungsrechtliche Parlamentsvorbehalt die Bundesregierung nicht, eine Entscheidung des Deutschen Bundestags über den Einsatz herbeizuführen, löst aber qualifizierte Informationspflichten aus[126]. Außerdem ist die Zustimmung des Bundestages entbehrlich, wenn er dem Einsatz bereits zugestimmt hat und sich nicht nachträglich rechtliche oder tatsächliche Umstände eines Streitkräfteeinsatzes geändert haben[127]. Die Rechte des Parlaments können von einer Fraktion geltend gemacht werden[128], sofern der Bundestag nicht selbst zugestimmt hat[129], einzelne Abgeordnete sind dazu nicht befugt[130]. Mit zehnjähriger Verspätung hat der Gesetzgeber den Verfassungsauftrag des Bundesverfassungsgerichts[131] zur gesetzlichen Konkretisierung der Mitwirkung des Parlaments durch das **Parlamentsbeteiligungsgesetz vom 18.3.2005** erfüllt[132]. Das Gesetz versucht auch den vom Gericht verwendeten Begriff des »militärischen« »Einsatzes bewaffneter Streitkräfte«, der mit dem Einsatzbegriff des Art. 87a II GG nicht völlig übereinstimmt[133], auszufüllen, ohne hier vollständige Klarheit zu erreichen. Die Möglichkeit zu Verwicklungen in bewaffnete Unternehmungen muß aber wohl über bloße engverstandene Selbstverteidigungsmaßnahmen im Rahmen des Einsatzes hinausgehen[134].

20 Im Hinblick auf den **innerstaatlichen Einsatz** enthalten ausdrückliche, aber insoweit auch abschließende und ausschließliche Ermächtigungen Art. 87a III, IV und Art. 35 II, III GG[135], wobei im Rahmen der Einsätze nach Art. 35 II, III GG die Verwendung militärischer Waffen unzulässig ist[136]. Der Verfassungsvorbehalt garantiert die strikte Trennung zwischen äußerem militärischen und innerem polizeilichen Gewaltmonopol der Bundesrepublik, weswegen ein Streitkräfteeinsatz nur subsidiär und funktional im Rahmen polizeilicher Aufgaben zulässig ist[137]. Art. 87a II GG wirkt ferner als Aus-

---

[126] BVerfGE 140, 160 (195ff., Rn. 86ff.); dazu *M. Fischer/M. Ladiges*, NVwZ 2016, 32ff.; *H. Sauer*, JZ 2016, 46ff.

[127] BVerfGE 124, 267 (275ff., Rn.17ff.); *D. Wiefelspütz*, DVBl. 2010, 856ff.

[128] BVerfGE 104, 151 (193f., Rn. 112ff.); zu der Beteiligung der einzelnen Parteien vgl. die Beiträge in: *C. Schwegmann* (Hrsg.), Bewährungsproben einer Nation, 2011, S. 127ff.

[129] BVerfGE 100, 266 (268ff., Rn. 11ff.).

[130] BVerfGE 117, 359 (366ff., Rn. 20ff.).

[131] BVerfGE 90, 286 (389); *Schaefer*, Grenzen (Fn. 115), S. 133ff.

[132] BGBl. I S. 775; s. auch BT-Drs 15/1985; 15/2742; zu den Entwürfen *R. Pofalla*, ZRP 2004, 221ff.; zum Gesetz *C. Arndt*, DÖV 2005, 908ff.; *C. Burkiczak*, ZRP 2003, 82ff.; *P. Dreist*, ZG 19 (2004), 39ff.; *F. Schröder*, NJW 2005, 1401ff.; *W. Weiß*, NZWehrR 47 (2005), 100ff.; *Schaefer*, Grenzen (Fn. 115), S. 187ff.; *Gilch*, Parlamentsbeteiligungsgesetz (Fn. 115), S. 174ff.; *Scherrer*, Parlament (Fn. 115), S. 140ff.; *D. Wiefelspütz*, NVwZ 2005, 496ff.; *ders.*, Parlamentsheer (Fn. 32), S. 407ff. sowie ebd. S. 330ff. zur Entstehungsgeschichte; weitergehend *K. U. Voss*, ZRP 2007, 78ff.

[133] Zutreffend *Wiefelspütz*, Einsatz (Fn. 115), S. 32; a. A. *A. Fischer-Lescano*, NVwZ 2003, 1474 (1476); zur Abgrenzung vgl. auch *Schröder*, Zustimmungsverfahren (Fn. 115), S. 166ff.

[134] Vgl. eingehend *Wiefelspütz*, Einsatz (Fn. 115), S. 32ff., insbes. S. 41, 43f.; *Schaefer*, Grenzen (Fn. 115), S. 188ff., 205ff. (Unvermeidbarkeit); vgl. aber auch BVerfGE 90, 286 (387f.); 121, 135 (154ff., Rn. 59ff.); auf das spezifische Gewaltpotential abstellend *A. Fischer-Lescano*, NVwZ 2003, 1474 (1474).

[135] *Ipsen* (Fn. 16), Art. 87a Rn. 35f. → Art. 35 Rn. 25; → Rn. 22ff.

[136] BVerfGE 115, 118 (146ff., Rn. 105ff.).

[137] *K.-A. Hernekamp*, in: I. v. Münch/P. Kunig (Hrsg.), Grundgesetz-Kommentar, Bd. III, 4./5. Aufl. 2003, Art. 87a Rn. 14.

legungsregel dahingehend, daß die Wahrnehmung anderer Aufgaben dem Gebot strikter Texttreue unterliegend[138] eng zu interpretieren ist[139].

Einsätze der Streitkräfte, insbesondere solche mit militärischen Waffen, sind geradezu notwendig mit **Eingriffen in Grundrechtspositionen**, namentlich Gesundheit und Leben, aber auch Freiheit und Eigentum verbunden. Die deutsche Staatsgewalt ist auch grundsätzlich gemäß Art. 1 III GG grundrechtsgebunden[140]. Soweit das Grundgesetz zu Einsätzen im Inneren ermächtigt, gelten die Grundrechte uneingeschränkt und die Maßnahmen der Streitkräfte bedürfen insoweit auch jeweils einer gesetzlichen Ermächtigung, die regelmäßig in Form landes- oder bundespolizeilicher Normen vorliegen wird[141]. Unklar ist indes, was bei Einsätzen zur Verteidigung und bei Einsätzen im Rahmen von Systemen kollektiver Sicherheit gilt. Unstreitig ist die Bundesrepublik und damit auch die Bundeswehr im Ausland wie im Inland dabei an das Kriegsvölkerrecht gebunden, das entweder als allgemeine Regel gemäß Art. 25 GG oder kraft gesetzlicher Zustimmung gemäß Art. 59 II GG Geltung beansprucht. Allerdings enthält das Kriegsvölkerrecht fast ausschließlich begrenzende Verbotsnormen, aber keine Ermächtigungsnormen im Sinne der grundgesetzlichen Gesetzesvorbehalte[142]. Ein pauschaler Rückgriff auf § 7 SoldG ist insoweit fragwürdig[143]. Vielmehr wird man davon ausgehen müssen, daß die Grundrechte zwar insoweit nicht außer Kraft gesetzt sind, aber ein strikter Gesetzesvorbehalt[144] ebenso wenig wie das grundrechtlich fundierte Verhältnismäßigkeitsprinzip[145] gelten, letzteres vielmehr nur in seiner Ausprägung im Kriegsvölkerrecht[146]. Die Forderung nach gesetzlichen Ermächtigungsgrundlagen könnte sowohl bei Auslandseinsätzen im Rahmen von Systemen kollektiver Sicherheit als auch bei Einsätzen zur Verteidigung im Ausland wie im Inland allenfalls zu einer weithin sinnlosen Generalermächtigung oder zu völliger Unpraktikabilität 21

---

[138] BVerfGE 90, 286 (357); 115, 118 (142, Rn. 93); dem folgend z. B. *Baldus* (Fn. 34), Art. 87a Rn. 30.

[139] *Ipsen* (Fn. 16), Art. 87a Rn. 37.

[140] BVerfGE 100, 313 (363, Rn. 174); → Art. 1 III Rn. 44ff.; speziell zu Auslandseinsätzen *A. Werner*, Die Grundrechtsbindung der Bundeswehr bei Auslandseinsätzen, 2006, S. 75ff.; *F. Schorkopf*, Grundgesetz und Überstaatlichkeit, 2007, S. 118ff.; *B. Fassbender*, HStR³ XI, § 244, Rn. 148ff.; *C. Schulte-Bunert*, Grundrechtsschutz und Verteidigungsauftrag, 2013, S. 43ff.; *Koops*, Seeräuberbekämpfung (Fn. 50), S. 153ff.; *C. Köhr*, Der Einsatz Wehrpflichtiger zur Friedenssicherung im Rahmen der Vereinten Nationen, 2012, S. 165ff.; *D. Beck*, Auslandseinsätze deutscher Streitkräfte, 2008, S. 271ff.; vgl. ferner *U. Erberich*, Auslandseinsätze der Bundeswehr und Europäische Menschenrechtskonvention, 2004, S. 5ff.; *S. Talmon*, NZWehrR 1997, 221ff.; *N. B. Wagner*, NZWehrR 2007, 1ff.; *D. Wiefelspütz*, NZWehrR 2008, 89ff.; *A. Zimmermann*, ZRP 2012, 116ff.; zur Rechtsprechung des EGMR *H. Krüger*, DVBl. 2009, 1465 (1472ff.).

[141] Vgl. auch *Baldus* (Fn. 34), Art. 87a Rn. 96.

[142] Zum Kriegsvölkerrecht vgl. hier nur *K. Ipsen*, in: ders. (Hrsg.), Völkerrecht, §§ 63ff.; *Bothe*, Friedenssicherung (Fn. 97), Rn. 56ff.; vgl. aber den Vorschlag eines Auslandseinsätzegesetzes von *A. Zimmermann*, ZRP 2012, 116ff.

[143] So aber *Baldus* (Fn. 34), Art. 87a Rn. 96; dagegen *M. Kutscha*, NVwZ 2004, 801 (803); zu § 7 vgl. BVerwGE 103, 361ff.

[144] Dafür jedoch *Baldus* (Fn. 34), Art. 87a Rn. 96; *M. Kutscha*, NVwZ 2004, 801 (803f.); vgl. auch *Oldiges*, Wehrrecht (Fn. 43), § 74 Rn. 125ff.

[145] So auch *Baldus* (Fn. 34), Art. 87a Rn. 136, was in gewissem Widerspruch zu seiner Position zum Gesetzesvorbehalt steht.

[146] *J. G. Gardam*, AJIL 87 (1993), 391ff.; zum Schutz der Zivilbevölkerung auch unter dem Gebot der Verhältnismäßigkeit vgl. *W. Solf*, in: M. Bothe/K.J. Partsch/W.A. Solf (Hrsg.), New Rules for Victims of Armed Conflicts, 1982, Art. 51, S. 296ff., insb. 309ff., 360ff.; *S. Oeter*, Kampfmittel und Kampfmethoden in: D. Fleck (Hrsg.), Handbuch des humanitären Völkerrechts in bewaffneten Konflikten, 1994, S. 89ff. (138ff.).

führen. Vielmehr wird das Recht, das im Friedenszustand gilt, insoweit im Kriegsfall selbst im Inland durch das Kriegsführungsrecht überlagert und eingeschränkt[147]. Auch die Reichweite der Bindung der Bundeswehr an die übrige Rechtsordnung der Bundesrepublik bei Auslandseinsätzen ist unklar. So ist es jedenfalls unsinnig, die Bundeswehr in Afghanistan an die deutschen Umwelt- und Mülltrennungsvorschriften zu binden[148]. Schon aus Gründen der Rechtssicherheit besteht hier Klärungsbedarf.

V. Der Einsatz der Streitkräfte im Inneren in Fällen äußeren Notstands gem. Art. 87a III GG

22 Ein Einsatz der Streitkräfte gem. Art. 87a III GG **setzt zwingend** entweder einen **Spannungsfall** gem. Art. 80a I GG oder einen **Verteidigungsfall** gem. Art. 115a GG **voraus**; die Zustimmung nach Art. 80a I 1 GG oder der Bündnisfall gem. Art. 80a III GG[149] reichen nicht aus[150]. Die Befugnisse nach Art. 87a III 1 GG wachsen den Streitkräften automatisch zu, die Befugnisse nach Art. 87a III 2 GG bedürfen eines besonderen Übertragungsaktes[151].

23 Art. 87a III 1 GG gibt den Streitkräften vor allem die Befugnis, **zivile Objekte** zu schützen, daneben aber ebenso die Befugnis, **Aufgaben der Verkehrsregelung** wahrzunehmen. Beide Aufgaben dienen in erster Linie der Sicherung der Logistik[152] und sollen polizeiliche und militärische Doppeleinsätze vermeiden[153]. Der Begriff der zivilen Objekte ist hier lediglich als Gegensatz zu militärischen Objekten zu verstehen. Beide Kompetenzen bedurften einer ausdrücklichen verfassungsrechtlichen Regelung, weil die Sicherung ziviler Einrichtungen gegenüber Störern ohne Kombattantenstatus, gegenüber denen das Kriegsvölkerrecht keine Anwendung findet, und die Verkehrsregelung materielle Polizeiaufgaben sind und darüber hinaus die Befugnisse bereits im Spannungsfall eintreten, bevor der Verteidigungsauftrag nach Art. 115a GG unmittelbar ausgelöst wird[154]. Die Übertragung dieser Aufgaben auf die Streitkräfte verringert das Risiko einer Konfrontation der Polizei mit gegnerischen Streitkräften[155] und verhindert die andernfalls notwendige Militarisierung der Polizei[156].

24 Die Kompetenzen nach Art. 87a III 1 GG stehen unter dem Vorbehalt der **Erforderlichkeit für den Verteidigungsauftrag**, wobei eine Begrenzung auf »unmittelbare Erforderlichkeit«[157] im Text keinen Anhaltspunkt findet[158]. Richtigerweise wird man allerdings im Hinblick auf den Zweck der Regelung fordern müssen, daß das Objekt in irgendeiner Weise funktional für den Verteidigungsauftrag nötig und militärisch ge-

---

[147] Vgl. *G. Großmann*, Bundeswehrsicherheitsrecht, 1981, Teil II Rn. 188; *R. Mußgnug*, DÖV 1989, 917 (921ff.); *Oldiges*, Wehrrecht (Fn. 43), § 74 Rn. 130.

[148] Vgl. den Erfahrungsbericht vom Afghanistan-Einsatz in: Die Zeit v. 26.7.2007, S. 3: »Hier laufen Leute rum, die meine Kaffeemaschine daraufhin kontrollieren, ob sie den Arbeitsschutzrichtlinien entspricht«.

[149] Diesbezüglich a. A. *Karpinski*, Grundsätze (Fn. 26), S. 46f.

[150] *Ipsen* (Fn. 16), Art. 87a Rn. 42ff.; *Stern*, Staatsrecht II, S. 1478; *Hernekamp* (Fn. 29), Art. 87a Rn. 16; Jarass/*Pieroth*, GG, Art. 87a Rn. 12.

[151] *Ipsen* (Fn. 16), Art. 87a Rn. 39ff.

[152] *Stern*, Staatsrecht II, S. 1478; *Hillgruber* (Fn. 43), Art. 87a Rn. 56.

[153] BT-Drs. V/2873, S. 13; *Stern*, Staatsrecht II, S. 1479; *Baldus* (Fn. 34), Art. 87a Rn. 114.

[154] Vgl. *Hernekamp* (Fn. 29), Art. 87a Rn. 18, 22; a. A. *C. Arndt*, DVBl. 1968, 729 (731).

[155] BT-Drs. V/2873, S. 13.

[156] Vgl. vor allem *Ipsen* (Fn. 16), Art. 87a Rn. 57ff.; siehe auch *Baldus* (Fn. 34), Art. 87a Rn. 113.

[157] So *Hernekamp* (Fn. 29), Art. 87a Rn. 19.

[158] Vgl. *Stern*, Staatsrecht II, S. 1479.

fährdet ist[159]. Bei Verkehrsregelungen kommt es für die Erforderlichkeit zutreffenderweise nicht auf die quantitative Inanspruchnahme, sondern auf die qualitative Zweckdienlichkeit an[160]. Diese Erforderlichkeit ist nicht mit dem Verhältnismäßigkeitsprinzip zu identifizieren[161], letztes gilt vielmehr daneben gemäß Art. 1 III GG.

Art. 87a III 1 GG erlaubt nur den Streitkräfteeinsatz im Grundsatz, enthält aber **keine Befugnisnorm**. Art. 87a III 1 GG regelt nur das Ob, nicht das Wie[162] des Einsatzes. Deswegen stellt Art. 87a III 1 GG kein »Ausnahmerecht sui generis« dar, das als selbständige Rechtsgrundlage dienen könnte und »seinem Inhalt nach gleichsam in der Mitte zwischen dem im Kriegsrecht geltenden Prinzip der Zweckdienlichkeit des militärischen Gewalteinsatzes und dem im Polizeirecht geltenden Prinzip der Verhältnismäßigkeit«[163] steht. Folglich kommt als Rechtsgrundlage für Einzelmaßnahmen entweder das Polizeirecht, konkret das im Wege »verfassungsbezogener Normerweiterung« auch auf Zivilobjekte zu erstreckende UZwGBW[164], oder Kriegsvölkerrecht[165] in Betracht. Beim Objektschutz spricht sowohl der Wortlaut des Art. 87a III 1 GG, der explizit den Verteidigungsauftrag hervorhebt, als auch die Funktion des Objektschutzes im Rahmen des Verteidigungsauftrags für die kriegsvölkerrechtliche Lösung. Kriegsvölkerrecht gilt freilich aufgrund der Erforderlichkeitsklausel nur, soweit der Kampfauftrag reicht. Die Vorbereitung der Sicherungsmaßnahmen und die sonstigen Wach- und Sicherungsaufgaben unterhalb der Schwelle des Kampfeinsatzes unterliegen Polizeirecht, wobei insofern auf das UZwGBW zurückzugreifen ist[166]. Eingriffe in die Rechte Dritter (wie insbesondere die Inanspruchnahme von Grundstücken) bedürfen zudem über Art. 87a III 1 GG hinaus einer zusätzlichen gesetzlichen Ermächtigungsgrundlage, die im Bundesleistungsgesetz zu finden ist[167]. Demgegenüber ergeben sich die materiellen Rechtsgrundlagen für Einzelfragen der Ver- 25

---

[159] Vgl. unter Aufgabe seiner früheren Auffassung *Hernekamp* (Fn. 29), Art. 87a Rn. 19; ferner *Stern*, Staatsrecht II, S. 1479: »für die Streitkräfte bedeutsam«.

[160] *Ipsen* (Fn. 16), Art. 87a Rn. 90; *Hernekamp* (Fn. 29), Art. 87a Rn. 23.

[161] So aber *Baldus* (Fn. 34), Art. 87a Rn. 119.

[162] *Stern*, Staatsrecht II, S. 1479; *Hernekamp* (Fn. 29), Art. 87a Rn. 20.

[163] *Ipsen* (Fn. 16), Art. 87a Rn. 71 ff. (die Zitate in Rn. 77, 80); vgl. auch *E. Fennel*, Probleme der Rechtstellung der zum Objektschutz und zur Verkehrsregelung eingesetzten Soldaten, Diss. jur. Würzburg 1975, S. 79 ff., der zusätzlich ein spezielles Ausführungsgesetz verlangt.

[164] Vgl. auch *v. Mangoldt/Klein*, GG, Art. 87a Anm. VI. 2. a) bb); *Hamann/Lenz*, GG, Art. 87a Bem. B. 3; *D. Keidel*, Polizei und Polizeigewalt im Notstandsfall, Diss. jur. München 1973, S. 46 ff.; *H.-J. Rungweber*, Kompetenzverschiebungen im Bereich der Exekutive im Rahmen der Notstandsverfassung, Diss. jur. Bochum 1979, S. 141 ff.; noch etwas anders *Brunkow*, Probleme (Fn. 12), S. 83 ff.: UZwG; ablehnend *Baldus* (Fn. 34), Art. 87a Rn. 129 ff., der Art. 87a III 1 GG als begrenzte selbständige Ermächtigungsgrundlage ansieht.

[165] *Karpinski*, Grundsätze (Fn. 26), S. 53 ff.; *Stern*, Staatsrecht II, S. 1479 f.; *Hernekamp* (Fn. 29), Art. 87a Rn. 20 f.; so wohl auch *R. Mußgnug*, DÖV 1989, 917 (921 ff.), der bei Kampfeinsätzen UZwGBW und BLG als »verdrängt« ansieht.

[166] *Hernekamp* (Fn. 29), Art. 87a Rn. 21, der hier noch einmal zwischen zu militärischen Sicherheitsbereichen erklärten Zivilobjekten (UZwGBW) und sonstigen Zivilobjekten (dann UZwG) differenzieren will, was wenig sinnvoll erscheint.

[167] §§ 2, 35 ff. BLG; allg. Auffassung: *Karpinski*, Grundsätze (Fn. 26), S. 54 f.; *Ipsen* (Fn. 16), Art. 87a Rn. 83; *Hernekamp* (Fn. 29), Art. 87a Rn. 21a; *Baldus* (Fn. 34), Art. 87a Rn. 131; *R. Mußgnug*, DÖV 1989, 917 (920 f.); wenn das förmliche Verfahren nach §§ 35 ff. BLG noch nicht durchgeführt wurde, gelten bei Gefahr im Verzuge die Regeln des polizeilichen Notstandes für die Inanspruchnahme von Nichtstörern.

kehrsregelungen nach Art. 87a III 1 2. Alt. GG aus dem Polizeirecht, insbesondere der StVO[168].

26 Neben den automatischen Befugnissen nach Art. 87a III 1 GG erlaubt Art. 87a III 2 GG ebenfalls im Spannungs- und Verteidigungsfall die ausdrückliche **Übertragung des zivilen Objektschutzes auf die Streitkräfte** zur Unterstützung polizeilicher Maßnahmen. Wegen des Fehlens der Erforderlichkeitsklausel können die Streitkräfte hier zum Schutz jedes beliebigen zivilen Objektes eingesetzt, aber nicht zu Verkehrsregelungen ermächtigt werden[169]. Nach Art. 87a III 2 GG ist ein gesonderter Übertragungsakt erforderlich, wobei der verfassungsändernde Gesetzgeber die Zuständigkeit für den Erlaß sowie Art und Form des Aktes bewußt offengelassen hat[170]. Die Literatur fordert gleichwohl überwiegend entweder ein Bundesgesetz mit Zustimmung des Bundesrates gem. Art. 115c I GG oder ein bilaterales oder multilaterales Verwaltungsabkommen zwischen Bund und Ländern[171]. Das ist im Hinblick auf die intendierte Offenheit der Regelung, die Eilbedürftigkeit dieser Übertragung im Spannungs- und Verteidigungsfall sowie auf die Systematik der Notstandsverfassung (Art. 115c I GG) nicht überzeugend, so daß auch eine Übertragung aufgrund der Befehls- und Kommandogewalt im Spannungs- und Verteidigungsfall (Art. 65a, 115b GG) vorgenommen werden kann[172]. Aus der Beschränkung auf die Unterstützung polizeilicher Maßnahmen folgt, daß dieser zivile Objektschutz vollständig ein Teil polizeilicher Gefahrenabwehr bleibt und subsidiären Charakter hat[173]. Dies setzt nicht voraus, daß die personellen Reserven der Polizei einschließlich des Bundesgrenzschutzes erschöpft sind[174]. Es reicht vielmehr aus, wenn die Polizei für andere dringende Aufgaben auf diese Weise freigestellt wird[175]. Die Integration in die polizeiliche Gefahrenabwehr bedeutet auch, daß Rechtsgrundlage für die entsprechenden Einzelmaßnahmen nur materielles Polizeirecht sein kann. Wegen der Unzulässigkeit des Vollzuges von Landesgesetzen durch die Bundesexekutive[176] kann die Ermächtigung nur im Bundespolizeirecht gefunden werden. Im Ergebnis kommt deshalb nur das UZwGBW in Betracht[177]. Im Rahmen dieser Befugnisse sind die Streitkräfte auch an das polizeirechtliche Verhältnismäßigkeitsprinzip gebunden[178].

---

168 Vgl. §§ 35, 36 StVO; allg. Auffassung: *Karpinski*, Grundsätze (Fn. 26), S. 57f.; *Stern*, Staatsrecht II, S. 1480; *Kleiner*, Aufgaben (Fn. 12), S. 201f., 208ff.; *Fennel*, Probleme (Fn. 163), S. 135ff.; *Rungweber*, Kompetenzverschiebungen (Fn. 164), S. 147ff.; *Hernekamp* (Fn. 29), Art. 87a Rn. 23.

169 *Karpinski*, Grundsätze (Fn. 26), S. 58; *Stern*, Staatsrecht II, S. 1480.

170 BT-Drs. V/2873, S. 13: »Die Form der Übertragung läßt die Bestimmung offen«; kritisch dazu *Dürig* (Fn. 55), Art. 87a Rn. 75.

171 *Ipsen* (Fn. 16), Art. 87a Rn. 95ff., 100ff.; *Karpinski*, Grundsätze (Fn. 26), S. 61ff.; *Hernekamp* (Fn. 29), Art. 87a Rn. 25; vgl. auch *Rungweber*, Kompetenzverschiebungen (Fn. 164), S. 151ff.; *A. F. Semerak*, DÖV 1989, 897 (898ff.); *Baldus* (Fn. 34), Art. 87a Rn. 121.

172 Im Ergebnis ebenso *Stern*, Staatsrecht II, S. 1480f.

173 *Stern*, Staatsrecht II, S. 1481; *Ipsen* (Fn. 16), Art. 87a Rn. 92; strenger *Hernekamp* (Fn. 29), Art. 87a Rn. 24, 26.

174 *Stern*, Staatsrecht II, S. 1481; für Erschöpfung aber *Hernekamp* (Fn. 29), Art. 87a Rn. 26; noch strenger *v. Mangoldt/Klein*, GG, Art. 87a Anm. VI. 3. b) cc).

175 *Dürig* (Fn. 55), Art. 87a Rn. 71ff.; etwas widersprüchlich *Hernekamp* (Fn. 29), Art. 87a Rn. 26.

176 BVerfGE 12, 205 (221); 21, 312 (327).

177 *Karpinski*, Grundsätze (Fn. 26), S. 66ff.; *Ipsen* (Fn. 16), Art. 87a Rn. 133; a.A. *W. Schreiber*, DÖV 1969, 729 (733); *Hernekamp* (Fn. 29), Art. 87a Rn. 27, der das UZwG anwenden will, was freilich noch problematischer ist, da die Streitkräfte institutionell und organisatorisch keine Polizei sind; *Baldus* (Fn. 34), Art. 87a Rn. 129f. sieht derzeit gar keine Rechtsgrundlage als anwendbar an.

178 Dazu näher *Karpinski*, Grundsätze (Fn. 26), S. 68ff.; *Hernekamp* (Fn. 29), Art. 87a Rn. 28.

Art. 87a III 2 GG beläßt **Streitkräfte und Polizei** auch im Rahmen des Objektschutzes als **institutionell selbständige Einheiten**[179], die nur zur Zusammenarbeit und Koordination – und zwar auch schon bei der Übertragung – verpflichtet werden[180]. Eine Unterstellung der jeweils einen unter die andere Seite ist damit ausgeschlossen[181]. Klagegegner kann bei Maßnahmen der Streitkräfte daher auch nur der Bund sein. 27

VI. Der Einsatz der Streitkräfte im inneren Notstand gem. Art. 87a IV GG

Die Regelung des Streitkräfteeinsatzes im inneren Notstand, die zu den am heftigsten kritisierten Normen der Notstandsverfassung zählt[182], erkennt die Notwendigkeit des Einsatzes des militärischen Machtinstruments bei äußerster Gefährdung der grundgesetzlichen Grundordnung an, läßt diesen **Einsatz** aber allein als **ultima ratio**[183] zu und begrenzt den Einsatz durch enge Voraussetzungen und einen engen Einsatzzweck. 28

Art. 87a IV GG knüpft den Streitkräfteeinsatz im inneren Notstand an **drei Voraussetzungen**. Erstens ist der Einsatz in Entsprechung zu Art. 91 I GG nur zulässig zur Abwehr einer drohenden Gefahr für den Bestand oder die freiheitliche demokratische Grundordnung des Bundes oder eines Landes[184]. Die Gefahr muß in ihrer Intensität nicht über die Voraussetzungen des Art. 91 I GG hinausgehen[185]. Zweitens ist der Einsatz subsidiär im Sinne der Tatbestandsmerkmale des Art. 91 II GG, die entweder die fehlende Bereitschaft des Landes oder das Unvermögen des Landes zur Bekämpfung voraussetzen[186]. Drittens ist der Einsatz im Sinne einer »doppelten Subsidiarität«[187] lediglich zulässig, wenn die Polizeikräfte und der Bundesgrenzschutz nicht ausreichen. Die Formulierung bezieht sich auf Art. 91 II 1 GG und bedeutet, daß die Bundesregierung diese Befugnis der Unterstellung der Polizeikräfte der Länder und des Bundesgrenzschutzes erfolglos ausgeübt haben muß[188]. Durch die Normierung einer »kontrollierten Eskalation«[189] mit mehreren Eskalationsstufen legt das Grundgesetz die »Einsatzschwelle«[190] hoch. Art. 87a IV GG ist erst die **letzte Stufe** nach den Stufen der landeseigenen Abwehr, der Anforderung nach Art. 91 I GG und der Weisungsbefugnisse nach Art. 91 II GG. Die Ausschöpfung der polizeilichen Mittel verbietet einen vorsorglichen Militäreinsatz[191], verlangt aber nicht ein endgültiges vorheriges Scheitern der Polizeikräfte. Die Streitkräfte dürfen vielmehr eingesetzt werden, wenn das 29

---

179 Doppelzuständigkeit: *B. Walter*, NZWehrR 32 (1990), 58 (59).

180 Nach verbreiteter Ansicht soll im Rahmen der betreffenden Verwaltungsabkommen eine »Anweisung auf Zusammenarbeit« die Grundlage bilden, *Ipsen* (Fn. 16), Art. 87a Rn. 105ff., 112; *Hernekamp* (Fn. 29), Art. 87a Rn. 29.

181 *Stern*, Staatsrecht II, S. 1481; sowie die Nachweise in Fn. 109.

182 Vgl. insbes. *R. Hoffmann*, Innerer Notstand, Naturkatastrophen und Einsatz der Bundeswehr, in: D. Sterzel (Hrsg.), Kritik der Notstandsgesetze, 1968, S. 86ff. (97ff.); *J. Seifert*, Gefahr im Verzuge, 3. Aufl. 1965, S. 65.

183 *Stern*, Staatsrecht II, S. 1482; *Baldus* (Fn. 34), Art. 87a Rn. 139.

184 Dazu im einzelnen: → Art. 91 Rn. 7ff.

185 *Hernekamp* (Fn. 29), Art. 87a Rn. 31.

186 Dazu im einzelnen: → Art. 91 Rn. 18.

187 *Stern*, Staatsrecht II, S. 1483.

188 *Ipsen* (Fn. 16), Art. 87a Rn. 151; *E. Klein*, HStR[3] XII, § 280 Rn. 46; *Baldus* (Fn. 34), Art. 87a Rn. 149.

189 *Ipsen* (Fn. 16), Art. 87a Rn. 155.

190 *Dürig* (Fn. 55), Art. 87a Rn. 97.

191 *C. Arndt*, DVBl. 1968, 729 (731); *Stern*, Staatsrecht II, S. 1484.

Scheitern objektiv absehbar ist[192] oder der Bundesgrenzschutz anderweitig an der Grenze benötigt wird[193], wobei der Bundesregierung eine Einschätzungsprärogative zuzuerkennen ist[194]. Auch wenn die Tatbestandsvoraussetzungen des Art. 87a IV GG vorliegen, ist der Einsatz der Streitkräfte in mehrfacher Hinsicht begrenzt. In gegenüber Art. 87a III GG abgewandelter Formulierung läßt Art. 87a IV GG den Einsatz nur »zur Unterstützung der Polizei und des Bundesgrenzschutzes« zu. Durch die Umformulierung des Regierungsentwurfs, der den Einsatz »als Polizeikräfte« vorsah[195], wird eine Unterstellung unter die Polizei ausgeschlossen und die militärische Befehlshierarchie beibehalten[196]. Eine Einordnung in die polizeilichen Ziele[197] und ein Vorrang polizeilicher Lagebeurteilung[198] sind wegen der bereits vorausliegenden Unterstellung des Polizeipotentials unter die Weisungen der Bundesregierung keine ernsthaften Begrenzungen[199].

30 Der **Zweck des Einsatzes** wird ferner beschränkt auf die Unterstützung »beim Schutz von zivilen Objekten und bei der Bekämpfung organisierter und militärisch bewaffneter Aufständischer«. Als zivile Objekte kommen alle öffentlichen und privaten (nicht-militärischen) Einrichtungen in Betracht, die im Hinblick auf die von Art. 87a IV GG intendierte Gefahrenlage für die Zivilbevölkerung von Bedeutung sind, also insbesondere Infrastruktureinrichtungen und Institutionen der Daseinsvorsorge[200]. Für eine Beschränkung auf solche Objekte, die unmittelbar für die in Art. 87a IV GG genannten Rechtsgüter von Bedeutung sind, ergibt die Norm keine Anhaltspunkte[201]. Rechtsgrundlage für Einzelmaßnahmen kann wiederum ausschließlich[202] Polizeirecht sein, wobei erneut das UZwGBW als die richtige Ermächtigungsgrundlage erscheint[203].

31 Der Einsatz der Streitkräfte bei der Bekämpfung organisierter und militärisch bewaffneter Aufständischer ist das schärfste staatliche Machtinstrument und setzt daher eine entsprechende **Gefahrensituation** voraus. Folglich stellen nicht jede Meuterei, jeder Aufstand oder Putsch eine solche Einsatzrechtfertigung dar[204]. Die Gefahr muß für den Bestand oder die freiheitliche demokratische Grundordnung des Bundes oder ei-

---

192 *Ipsen* (Fn. 16), Art. 87a Rn. 153; *Hernekamp* (Fn. 29), Art. 87a Rn. 34; etwas anders *C. Arndt*, DVBl. 1968, 729 (731); *v. Mangoldt/Klein*, GG, Art. 87a Anm. VII. 1. c): »tatsächlich nicht ausreichen«; strenger *R. Schikowski*, Rechtsfragen der Abwehr einer drohenden Gefahr für den Bestand oder die freiheitliche demokratische Grundordnung des Bundes oder eines Landes (Art. 87a Abs. 4 und 91 GG), Diss. jur. Würzburg 1972, S. 62ff.; vgl. auch *Parche*, Einsatz (Fn. 12), S. 157f.

193 *Hernekamp* (Fn. 29), Art. 87a Rn. 35.

194 *Stern*, Staatsrecht II, S. 1484.

195 BT-Drs. V/1879, S. 3 (Art. 91 GG).

196 BT-Drs. V/2873, S. 14; *Stern*, Staatsrecht II, S. 1484; *P. Eichhorn*, Besondere Formen der Zusammenarbeit von Bund und Ländern im Katastrophenfall und zur Aufrechterhaltung der inneren Sicherheit, 1998, S. 175; dagegen *Baldus* (Fn. 34), Art. 87a Rn. 153f., dessen Ansicht freilich eine komplizierte Auflösung des Spannungsverhältnisses zur Weisungsunterstellung der Landespolizei unter die Bundesregierung nach Art. 91 II 1 GG zur Folge hat.

197 BT-Drs. V/2873, S. 14.

198 *Hernekamp* (Fn. 29), Art. 87a Rn. 38.

199 *Ipsen* (Fn. 16), Art. 87a Rn. 161f.

200 *v. Mangoldt/Klein*, GG, Art. 87a Anm. VII. 2. c) aa); *Ipsen* (Fn. 16), Art. 87a Rn. 165f.; *Stern*, Staatsrecht II, S. 1485; *Karpinski*, Grundsätze (Fn. 26), S. 73f.

201 *Stern*, Staatsrecht II, S. 1485, Fn. 139 gegen *Hernekamp* (Fn. 29), Art. 87a Rn. 39.

202 A. A. *Karpinski*, Grundsätze (Fn. 26), S. 74ff.

203 *Ipsen* (Fn. 16), Art. 87a Rn. 125ff., 167; a. A. *Hernekamp* (Fn. 29), Art. 87a Rn. 40: UZwG; a. A. *Baldus* (Fn. 34), Art. 87a Rn. 129ff., der wiederum gar keine Rechtsgrundlage anerkennt.

204 *Ipsen* (Fn. 16), Art. 87a Rn. 168; *Stern*, Staatsrecht II, S. 1485.

nes Landes bestehen[205]. Die doppelte Voraussetzung, daß die Aufständischen organisiert und militärisch bewaffnet sein müssen, bedeutet, daß die Gruppen über eine geordnete Führungs- und Befehlsstruktur verfügen[206] und mit Waffen ausgestattet sind, die üblicherweise zur Ausrüstung der Streitkräfte gehören[207], wobei auf die Kriegswaffenliste abgestellt werden kann[208]. Es genügen auch Waffen, über die auch die Polizei verfügt[209], sog. Spontanwaffen (Steine, Molotow-Cocktails) reichen demgegenüber nicht aus[210]. Die Beurteilung richtet sich dabei weniger nach dem formal Polizei und Militär zur Verfügung stehenden Waffenarsenal als dem aus der ratio legis folgenden Gesichtspunkt, daß Polizei und »Bundesgrenzschutz« bzw. Bundespolizei den Aufständischen aufgrund ihrer Zahl und Bewaffnung nicht mehr gewachsen sind[211].

Im Grunde können nur zwei Szenarien eine solche äußerste Gefahrenlage auslösen, 32
ein **Militärputsch**[212] und ein in **bürgerkriegsähnliche Auseinandersetzungen** übergehender Aufstand gegen die Staatsgewalt[213]. Terroristische Gruppen erfüllen diese Voraussetzung nicht[214]. Gleichwohl kommt nach der Regelung des Art. 87a IV GG nach herrschender Ansicht als Rechtsgrundlage für die Einzelmaßnahmen der Streitkräfte allein Polizeirecht in Betracht, da auch hier die Streitkräfte nur zur Unterstützung der Polizei eingesetzt werden dürfen[215]. Auf der Grundlage des Art. 87a IV GG ist dies zutreffend. Kriegsvölkerrechtliche Grundsätze[216] greifen erst dann ein, wenn die Staatsleitung die Aufständischen nach völkerrechtlichen Grundsätzen als Insurgenten oder Bürgerkriegspartei anerkennt[217], was angesichts der damit verbundenen Existenzgefährdung der Bundesrepublik die Fälle des Art. 87a IV GG übersteigt[218].

Die **Entscheidung** über den Streitkräfteeinsatz kann nur von der **Bundesregierung** 33
als Kollegium in der Form eines förmlichen Kabinettsbeschlusses getroffen werden[219],

---

205 BVerfGE 132, 1 (18, Rn. 46).

206 *Stern*, Staatsrecht II, S. 1485; *Ipsen* (Fn. 16), Art. 87a Rn. 169; vgl. auch *Hernekamp* (Fn. 29), Art. 87a Rn. 43: »verbindliches, zweckgebundenes Kompetenzgefüge«.

207 *Ipsen* (Fn. 16), Art. 87a Rn. 170.

208 BGBl. 1973 I S. 1052; dafür *Hernekamp* (Fn. 29), Art. 87a Rn. 43.

209 *Ipsen* (Fn. 16), Art. 87a Rn. 171; *Stern*, Staatsrecht II, S. 1485.

210 *Stern*, Staatsrecht II, S. 1485; *Hernekamp* (Fn. 29), Art. 87a Rn. 43.

211 *Hernekamp* (Fn. 29), Art. 87a Rn. 43: »Waffengleichheit«; anders *Baldus* (Fn. 34), Art. 87a Rn. 157: Waffen mit »militärspezifischen Eigenheiten«, wobei unklar ist, was das heißt.

212 *Hernekamp* (Fn. 29), Art. 87a Rn. 41; *Hoffmann*, Notstand (Fn. 182), S. 108 will allein diesen Fall zulassen.

213 *Hernekamp* (Fn. 29), Art. 87a Rn. 41 betont zu Recht die Richtung gegen die Staatsgewalt, sieht aber zu Unrecht im Bürgerkrieg »streng genommen [...] nur eine Konfrontation im Verhältnis Bürger-Bürger«.

214 *Hernekamp* (Fn. 29), Art. 87a Rn. 41; *Baldus* (Fn. 34), Art. 87a Rn. 158.

215 *Brunkow*, Probleme (Fn. 12), S. 112ff.; *Stern*, Staatsrecht II, S. 1485; *Hernekamp* (Fn. 29), Art. 87a Rn. 46; Jarass/*Pieroth*, GG, Art. 87a Rn. 13; nur auf das Verhältnismäßigkeitsprinzip stellt ab *E. Klein*, HStR³ XII, § 280 Rn. 52; der militärische Waffengebrauch richtet sich insoweit zutreffend nach der Bewaffnung der Aufständischen und wird nicht auf Polizeiwaffen beschränkt, *Stern*, Staatsrecht II, S. 1486; *Eichhorn*, Formen (Fn. 196), S. 177.

216 Deren Anwendung befürworten *Ipsen* (Fn. 16), Art. 87a Rn. 175ff.; *Karpinski*, Grundsätze (Fn. 26), S. 76f.; *v. Mangoldt/Klein*, GG, Art. 87a Anm. VII. 2. c) bb); *F. Hase*, in: AK-GG, Art. 87a IV (2001), Rn. 5f.

217 *Stern*, Staatsrecht II, S. 1485; *Hernekamp* (Fn. 29), Art. 87a Rn. 44; *Hillgruber* (Fn. 43), Art. 87a Rn. 64 mit Fn. 72.

218 *Hernekamp* (Fn. 29), Art. 87a Rn. 45.

219 *Stern*, Staatsrecht II, S. 1485; *Baldus* (Fn. 34), Art. 87a Rn. 160; *Hernekamp* (Fn. 29), Art. 87a Rn. 37, der zudem eine Publikation verlangt, wofür aber kein Anhaltspunkt gegeben ist.

nicht vom Verteidigungsminister[220]. Die Kann-Formulierung des Art. 87a IV GG eröffnet der Bundesregierung einen Entscheidungsspielraum, der nur begrenzt verfassungsgerichtlich nachprüfbar ist, während die Einhaltung der Subsidiarität in vollem Umfang der Kontrolle unterliegt[221].

34 Das Einsatz- und Entscheidungsmonopol der Bundesregierung[222] wird durch die **Kompetenz des Bundestages oder Bundesrates**, gem. Art. 87a IV 2 GG jederzeit die Einstellung des Streitkräfteeinsatzes verlangen zu können, demokratisch und föderalistisch zumindest teilweise aufgefangen. Das nach allgemeinen Verfahrensregeln (Art. 43 II, 53 III 1 GG) zu treffende Einstellungsbegehren ist unverzüglich von der Bundesregierung zu befolgen[223], indem sie den Einstellungsbefehl gibt.

D. Verhältnis zu anderen GG-Bestimmungen

35 Die herrschende Auffassung sieht in der nicht zuletzt durch Art. 87a I 1 GG garantierten Funktionsfähigkeit der Bundeswehr gerade gegenüber dem Grundrecht des **Art. 4 III GG**[224], aber ebenso gegenüber **Art. 5 GG**[225] ein gleichrangiges Verfassungsgut, das eine Einschränkung dieser Grundrechte rechtfertigt. Dies ist jedenfalls gegenüber dem gegen die Wehrpflicht gerichteten Grundrecht auf Kriegsdienstverweigerung abzulehnen[226].

36 Schon begriffsnotwendig sind **Arbeitskämpfe** keine Aufstände im Sinne des Art. 87a IV GG, was durch Art. 9 III 3 GG noch einmal abgesichert wird[227]. Außerdem greift die Sperre des Art. 9 III 3 GG bereits auf der Art. 87a IV GG vorausliegenden Stufe des Art. 91 GG ein[228]. Im übrigen ist jedoch ein Einsatz der Streitkräfte unterhalb des Einsatzbegriffs des Art. 87a IV GG allenfalls im Sinne eines technischen Arbeitskräfteeinsatzes zulässig, um ernsthafte Versorgungsnotstände der Bevölkerung zu beheben[229], nicht aber das militärische Brechen eines Arbeitskampfes[230]. Eine Kollision mit dem gegen einen Staatsstreich von oben gerichteten Widerstandsrecht des Art. 20 IV GG ist wegen der gegenläufigen Zielsetzung des Art. 87a IV GG, die eine Niederschlagung militärischer Aufstände ermöglichen soll, kaum denkbar[231].

---

220 Auch nicht im Wege der Delegation, s. *v. Mangoldt/Klein*, GG, Art. 87a Anm. VII. 3.; *Stern*, Staatsrecht II, S. 1485.

221 *Hernekamp* (Fn. 29), Art. 87a Rn. 36; zur Einschätzungsprärogative der Regierung: → Rn. 29.

222 Kritisch *Hesse*, Verfassungsrecht, Rn. 767; *Parche*, Einsatz (Fn. 12), S. 189; zutreffende Antikritik bei *Hernekamp* (Fn. 29), Art. 87a Rn. 57.

223 *Stern*, Staatsrecht II, S. 1486; *Hernekamp* (Fn. 29), Art. 87a Rn. 48.

224 BVerfGE 28, 243. → Art. 4 Rn. 188f.

225 BVerfGE 28, 36ff. → Art. 5 I, II Rn. 154.

226 Insoweit zutreffend BVerfGE 69, 1 (64ff.) – *Sondervotum Mahrenholz u. Böckenförde*. → Art. 12a Rn. 12.

227 *Ipsen* (Fn. 16), Art. 87a Rn. 186f.; *Hernekamp* (Fn. 29), Art. 87a Rn. 50; *Baldus* (Fn. 34), Art. 87a Rn. 159; vgl. auch *Hoffmann*, Notstand (Fn. 182), S. 101ff. → Art. 9 Rn. 96.

228 *Hernekamp* (Fn. 29), Art. 87a Rn. 50.

229 *Stern*, Staatsrecht II, S. 1477.

230 *Hernekamp* (Fn. 29), Art. 87a Rn. 50: Verwendung als Streikbrecher zulässig, als Streikabbrecher immer unzulässig.

231 Vgl. *M. Krenzler*, An den Grenzen der Notstandsverfassung, Diss. jur. Heidelberg 1974, S. 75ff.; *Hernekamp* (Fn. 29), Art. 87a Rn. 52.

Die Streitkräfte dürfen auch **nicht als Instrument des Bundeszwangs** gem. Art. 37 GG eingesetzt werden, wenn nicht die Voraussetzungen einer der einen Einsatz erlaubenden Normen (wie Art. 35 II, III, 87a III, IV, 92 GG) vorliegen[232]. 37

Schließlich bleiben die Regelungen der **Befehls- und Kommandogewalt** gem. Art. 65a, 115b GG ebenso unberührt wie die Befugnisse der parlamentarischen Organe gem. Art. 45a, 45b GG[233]. Ansonsten wird nur das **Bepackungsverbot** des Art. 110 IV 1 GG durch Art. 87a IV GG leicht modifiziert[234]. 38

232 *Hernekamp* (Fn. 29), Art. 87a Rn. 53; a. A. *Hoffmann*, Notstand (Fn. 182), S. 93f.
233 *Hernekamp* (Fn. 29), Art. 87a Rn. 54.
234 *Stern*, Staatsrecht II, S. 866; Jarass/*Pieroth*, GG, Art. 87a Rn. 5. → Art. 110 Rn. 41.

Artikel 87b [Bundeswehrverwaltung]

(1) [1]Die Bundeswehrverwaltung wird in bundeseigener Verwaltung mit eigenem Verwaltungsunterbau geführt. [2]Sie dient den Aufgaben des Personalwesens und der unmittelbaren Deckung des Sachbedarfs der Streitkräfte. [3]Aufgaben der Beschädigtenversorgung und des Bauwesens können der Bundeswehrverwaltung nur durch Bundesgesetz, das der Zustimmung des Bundesrates bedarf, übertragen werden. [4]Der Zustimmung des Bundesrates bedürfen ferner Gesetze, soweit sie die Bundeswehrverwaltung zu Eingriffen in Rechte Dritter ermächtigen; das gilt nicht für Gesetze auf dem Gebiete des Personalwesens.

(2) [1]Im übrigen können Bundesgesetze, die der Verteidigung einschließlich des Wehrersatzwesens und des Schutzes der Zivilbevölkerung dienen, mit Zustimmung des Bundesrates bestimmen, daß sie ganz oder teilweise in bundeseigener Verwaltung mit eigenem Verwaltungsunterbau oder von den Ländern im Auftrage des Bundes ausgeführt werden. [2]Werden solche Gesetze von den Ländern im Auftrage des Bundes ausgeführt, so können sie mit Zustimmung des Bundesrates bestimmen, daß die der Bundesregierung und den zuständigen obersten Bundesbehörden auf Grund des Artikels 85 zustehenden Befugnisse ganz oder teilweise Bundesoberbehörden übertragen werden; dabei kann bestimmt werden, daß diese Behörden beim Erlaß allgemeiner Verwaltungsvorschriften gemäß Artikel 85 Abs. 2 Satz 1 nicht der Zustimmung des Bundesrates bedürfen.

Literaturauswahl

Dittmann, Armin: Die Bundesverwaltung, 1983.

Dürig, Günter: Die Bundeswehrverwaltung in verfassungsrechtlicher Sicht, in: BayVBl. 1963, S. 129–133.

Durner, Wolfgang: Rechtsfragen der Privatisierung in der Bundeswehrverwaltung unter besonderer Berücksichtigung der Vorgaben des Art. 87b GG, in: VerwArch. 96 (2005), S. 18–43.

Ehlers, Dirk/Fehling, Michael/Pünder, Hermann (Hrsg.), Besonderes Verwaltungsrecht, Bd. III, 3. Aufl. 2013.

Lerche, Peter: Verfassungsfragen der Bundeswehrverwaltung, in: Festschrift für Günter Dürig, 1990, S. 401–410.

Pieroth, Bodo: Die verfassungsrechtliche Trennung zwischen Streitkräften und Bundeswehrverwaltung, in: NVwZ 2011, S. 705–708.

Raap, Christian: Die Wehrverwaltung nach der Neuausrichtung der Bundeswehr, in: VR 2015, S. 48–50.

Rauschning, Dietrich: Wehrrecht und Wehrverwaltung, in: Ingo v. Münch (Hrsg.), Besonderes Verwaltungsrecht, 8. Aufl. 1988, S. 919–945.

Reinfried, Hubert: Die Bundeswehrverwaltung, ein neuer Zweig der öffentlichen Verwaltung, in: DÖV 1958, S. 142–146.

Reinfried, Hubert: Streitkräfte und Bundeswehrverwaltung (Die Bundeswehr. Eine Gesamtdarstellung, Bd. 9), 1978.

Reinfried, Hubert/Steinebach, Nikolaus: Die Bundeswehrverwaltung, 4. Aufl. 1983.

Reinhart, Rainer: Die Truppenverwaltung, in: DVBl. 1977, S. 473–479.

Roellecke, Gerd: Streitkräfte und Bundeswehrverwaltung, in: DÖV 1992, S. 200–205.

Schulte, Hermann: Die verfassungsrechtliche Stellung der Bundeswehrverwaltung, 1970.

Voigt, Rüdiger/Seybold, Martin: Streitkräfte und Wehrverwaltung. Eine verfassungsrechtliche Analyse des Verhältnisses von Art. 87a zu Art. 87b GG, 2003.

Witte, Franz-Werner: Die rechtliche Stellung der Bundeswehrverwaltung, 1963.

Wolff, Heinrich Amadeus: Die Zuständigkeit der Bundeswehrverwaltung für das Personalwesen der Bundeswehr, 2011.

Leitentscheidung des Bundesverfassungsgerichts

BVerfGE 48, 127 (178ff.) – Wehrpflichtnovelle.

Gliederung

Stichwörter

A. Herkunft, Entstehung, Entwicklung

I. Ideen- und verfassungsgeschichtliche Aspekte

Die Herausbildung stehender Heere verlangte zugleich nach einer Organisation, welche »alle Bedingungen der Herstellung und Erhaltung des Heeres sowohl im Kriege als im Frieden zu schaffen, zu ordnen und zu verwalten hat«[1], also einer Heeres- oder Militärverwaltung. Mit dem (General-)Kriegskommissariat entstand in Brandenburg-Preußen im Gefolge des Dreißigjährigen Krieges eine solche verselbständigte Militärverwaltung, die freilich noch eng mit der Steuerverwaltung verbunden war[2]. Erst im 18. Jahrhundert differenzierte sich ein Militärdepartement aus der allgemeinen Staatsverwaltung aus; es mündete in das **1809 geschaffene Kriegsministerium**, das die Militärverwaltung mit den sog. Kommandosachen vereinigte[3]. In Preußen und dementsprechend im Reich gelang es den Monarchen, die Kommandoangelegenheiten weitgehend der Gegenzeichnung und damit der Konstitutionalisierung zu entziehen, so daß die Ministerverantwortlichkeit nur für die zivile Militärverwaltung bestand[4]. Zugleich blieb die **zivile Militärverwaltung**, die immer aus Militärbeamten, nicht Offizieren bestand, in unterschiedlicher Form militärischen Kommandos untergeordnet[5]. 1

[1] *L. v. Stein*, Die Lehre vom Heerwesen, 1872, S. 117.

[2] Vgl. *H. Helfritz*, Geschichte der Preußischen Heeresverwaltung, 1938, S. 111ff.; etwas unklarer Überblick über die historische Entwicklung bei *F.-W. Witte*, Die rechtliche Stellung der Bundeswehrverwaltung, 1963, S. 15ff.; s. ferner *G. Roellecke*, DÖV 1992, 200 (201f.); eingehend *H. Reinfried*, Streitkräfte und Bundeswehrverwaltung, 1978, S. 8ff.; wissenschaftsgeschichtlicher Überblick bei *S. Schröcker*, Die Verwaltung 1 (1968), 53ff.

[3] Vgl. im einzelnen zur Entwicklung seit dem 18. Jh. *F. Freiherr Marschall von Bieberstein*, Verantwortlichkeit und Gegenzeichnung bei Anordnung des Obersten Kriegsherrn, 1911, S. 126ff.; *Helfritz*, Geschichte (Fn. 2), S. 149ff.

[4] *Bieberstein*, Verantwortlichkeit (Fn. 3), S. 187ff.; 217ff.

[5] Vgl. *C. Bornhak*, Geschichte des Preußischen Verwaltungsrechts, Bd. II, 1885, S. 69f., 196, 318f.; Bd. III, 1886, S. 116f.; *Helfritz*, Geschichte (Fn. 2), S. 254f.

Ohne verfassungsrechtliche Regelung wurde in der **Weimarer Republik** zunächst eine Trennung zwischen einer unmittelbar dem Reichswehrministerium unterstellten, rein zivilen Militärverwaltung und der eigentlichen Militärverwaltung durchgeführt, die schon in der Weimarer Republik wieder teilweise zurückgeführt wurde[6]. Nach 1933 wurde die organisatorische Eigenständigkeit der Verwaltung weitgehend eingeebnet[7]. Im übrigen war für die deutsche Verfassungsentwicklung kennzeichnend, daß die verschiedenen Waffengattungen, insbesondere Heer und Marine, völlig getrennte, in Struktur und Verfahren abweichende Organisationen besaßen[8].

II. Entstehung und Veränderung der Norm

2 Der 1956 durch die **Wehrnovelle**[9] eingefügte Art. 87b GG geht auf unerledigte Entwürfe der Regierungsfraktionen zurück, die zunächst nur eine lapidare Kompetenzregelung und die Möglichkeit einer Bundesauftragsverwaltung für Durchführungsgesetze enthielten[10]. In langwierigen Auseinandersetzungen[11], vor allem mit dem Bundesrat, wurden dann zur Sicherung der föderalistischen Interessen nähere Definitionen und vier (!) Zustimmungsvorbehalte des Bundesrates in den endgültigen Entwurf eingefügt[12], der schließlich ohne weiteres eine entsprechende verfassungsändernde Mehrheit fand.

B. Internationale, supranationale und rechtsvergleichende Bezüge

3 Anders als der Bereich der Streitkräfte bleibt die zivile Wehrverwaltung ein Reservat nationaler Regelung und Unabhängigkeit[13]. Für die **klare Trennung zwischen ziviler Wehrverwaltung und Streitkräften** finden sich vornehmlich in der **Schweiz** und in den **Vereinigten Staaten** Vorbilder.

C. Erläuterungen

I. Allgemeine Bedeutung

4 Art. 87b GG konstituiert im Sinne eines Trennungsgebots eine auch im Verteidigungsfall[14] in vollem Umfang institutionell **selbständige zivile Militärverwaltung**, die mit der Kommandogewalt über die Streitkräfte im Bundesverteidigungsminister lediglich ihre

---

[6] Vgl. hierzu *W. Hubatsch*, Die Reichswehr-Verwaltung 1919 bis 1938, in: Dt. VerwGesch, Bd. IV, S. 241ff. (254ff.).

[7] *M. Salewski*, Grundzüge der Militärverwaltung, in: Dt. VerwGesch, Bd. IV, S. 888ff. (893ff.).

[8] Vgl. Abschn. II, Art. III, §§ 13, 19 Paulskirchenverf.; Art. 53, 61, 63 RVerf. 1871; *Bieberstein*, Verantwortlichkeit (Fn. 3), S. 125ff., 172ff.

[9] 7. Gesetz zur Änderung des Grundgesetzes v. 19.3.1956 (BGBl. I S. 111).

[10] BT-Drs. II/124; II/125.

[11] Vgl. im einzelnen *E. Jess*, in: BK, Art. 87b (1956), Anm. I. (S. 1ff.).

[12] BT-Drs. II/2150.

[13] Zur Einbindung der Kommandogewalt in internationale Organisationen: → Art. 65a Rn. 3; zu den gemischt-nationalen Verbänden vgl. *K. Dau*, NZWehrR 31 (1989), 177ff.; *F. Kirchhof*, NZWehrR 40 (1998), 152ff.; *J. Wieland*, Die Beteiligung der Bundeswehr an gemischtnationalen Einheiten, in: FS Böckenförde, 1995, S. 219ff.; *ders.*, NZWehrR 41 (1999), 133ff.

[14] *M. Baldus*, in: v. Mangoldt/Klein/Starck, GG III, Art. 87b Rn. 6.

gemeinsame Spitze findet[15]. Die Regelung vereinheitlicht die zivile Verwaltung der verschiedenen Waffengattungen, differenziert sie aber zugleich im föderalistischen Interesse[16] auch wieder neu aus in eine Bundeswehrverwaltung nach Abs. 1 und die übrige Verteidigungsverwaltung nach Abs. 2. Insgesamt ergeben sich daher **drei Komplexe** des Verteidigungsbereichs: Die Aufstellung der Streitkräfte (Art. 87a GG) sowie die beiden zivilen Arten der Verteidigungsverwaltung[17], wobei sich die Verwaltungskompetenzen nach Art. 87a und 87b GG kraft Sachzusammenhanges auch auf die Gegenstände erstrecken, die für eine wirksame Aufgabenerfüllung unerlässlich sind[18].

Durch seine Qualifizierung der Bundeswehrverwaltung als staatliche Aufgabe und 5
seine organisatorischen Bestimmungen begrenzt Art. 87b GG auch die Möglichkeiten einer Privatisierung, die inzwischen in vielfältiger Form auch den Bereich der zivilen Militärverwaltung erreicht hat[19]. Entgegen einigen Stimmen begründet Art. 87b GG indes **keine absolute Privatisierungssperre**[20], sondern eröffnet dem Bund wie die anderen Vorschriften der Art. 83ff. GG einen erheblichen organisatorischen Entscheidungsspielraum[21] der auch den Rückgriff auf private Organisationsformen einschließt. Ein Privatisierungsverbot besteht nur für die Verlagerung der Aufgabe selbst in den Privatsektor (Aufgabenprivatisierung) sowie für einen Kernbereich[22]. Darüber hinaus gebietet Art. 87b GG, neben den Restriktionen des Art. 33 IV GG[23], daß der Bund sich die notwendigen Einwirkungs- und Kontrollbefugnisse sichert, um die Erfüllung dieser staatlichen Aufgabe zu gewährleisten[24].

II. Die Bundeswehrverwaltung gem. Art. 87b I GG

Die Bundeswehrverwaltung ist gem. Art. 87b I 1 GG **obligatorische Bundeseigenverwaltung mit einem eigenen Verwaltungsunterbau**. Daraus ergibt sich negativ, daß die 6
Behörden der Wehrverwaltung keine Landesbehörden sein dürfen und die zivile Verteidigungsverwaltung nicht Teil oder Annex der Streitkräfte sein darf, ohne damit die partielle Ausgliederung der sog. **Truppenverwaltung** (Aufgaben der Bundeswehrverwaltung, die unmittelbar mit der militärischen Einsatzführung verbunden sind) in die

---

[15] BVerwGE 86, 140 (141); 86, 166 (169); *D. Rauschning*, Wehrrecht und Wehrverwaltung, in: I. v. Münch (Hrsg.), Besonderes Verwaltungsrecht, 8. Aufl. 1988, S. 919ff. (930ff.); vgl. auch *K. Carstens*, Diskussionsbeitrag, VVDStRL 26 (1968), S. 297ff.; *M. Oldiges*, Wehr- und Zivilverteidigungsrecht, in: Ehlers/Fehling/Pünder, Bes. Verwaltungsrecht III, § 74 Rn. 82; *J. Kokott*, in: Sachs, GG, Art. 87b Rn. 3; *B. Grzeszick*, in: Friauf/Höfling, GG, Art. 87b (2005), Rn. 10f.; *G. Depenheuer*, in: Maunz/Dürig, GG, Art. 87b (2014), Rn. 26.

[16] Vgl. *Hamann/Lenz*, GG, Art. 87b Bem. A; *K.-A. Hernekamp*, in: v. Münch/Kunig, GG II, Art. 87b Rn. 1: »föderative Komponente des politischen Primats«; *Kokott* (Fn. 15), Art. 87b Rn. 4.

[17] Zwei-Säulen-Prinzip, so *Depenheuer* (Fn. 15), Art. 87b Rn. 19.

[18] BVerwG DVBl. 1997, 997 sowie NVwZ-RR 1997, 350ff.

[19] Vgl. *W. Durner*, VerwArch. 96 (2005), 18 (19) m. w. N.; *M. Walz/D. Walz*, Bundeswehrverwaltung versus Privatisierung (Outsourcing): Effizienzsteigerung oder Verfassungsverstoß?, in: G. Kümmel/S. Collmer (Hrsg.), Europäische Streitkräfte in der Postmoderne, 2002, S. 65ff. (66ff.).

[20] So aber *Baldus* (Fn. 14), Art. 87b Rn. 4.

[21] BVerfGE 97, 198 (217, Rn. 86).

[22] *B. Pieroth*, Verfassungsrechtliche Möglichkeiten und Grenzen der Privatisierung bei der Bundeswehr, Rechtsgutachten 2000, S. 33ff.; *J. Wieland*, NZWehrR 45 (2003), 1 (9ff.); *Hernekamp* (Fn. 15), Art. 87b Rn. 1 (»gänzliche Privatisierung ist ausgeschlossen«); *W. Durner*, VerwArch. 96 (2005), 18 (25ff.); *J. Lorse*, RiA 2002, 16 (21ff.); wohl auch *C. Gramm*, DVBl. 2003, 1366 (1369ff.).

[23] Vgl. auch *J. Lorse*, RiA 2002, 16 (24f.).

[24] *J. Wieland*, NZWehrR 45 (2003), 1 (11ff.); *W. Durner*, VerwArch. 96 (2005), 18 (31ff.); *Grzeszick* (Fn. 15), Art. 87b Rn. 13f.; *Kokott* (Fn. 15), Art. 87b Rn. 2.

Streitkräfte auszuschließen, soweit dies zur Erfüllung des Verteidigungsauftrags erforderlich und damit durch den Sachzusammenhang mit Art. 87a I GG gedeckt ist[25]. Vielmehr muß es sich positiv um unmittelbare Bundesbehörden mit eigenem Unterbau handeln, die einen eigenständigen zivilen Verwaltungszweig darstellen und eine organisatorische Einheit bilden müssen[26]. Allerdings ist außerhalb der Truppenverwaltung die Wahrnehmung von Verwaltungsaufgaben durch Soldaten unzulässig[27]. Die Truppenverwaltung ist ansonsten die begründungsbedürftige Ausnahme[28], die jedoch bei Auslandseinsätzen der Bundeswehr verstärkt zum Einsatz kommt[29]. Über diese wenigen Festlegungen hinaus läßt Art. 87b GG den organisatorischen Aufbau offen und überläßt dessen Ausgestaltung der Organisationsgewalt des Bundesverteidigungsministers, soweit nicht ein Organisationsgesetz, das § 90 SoldG ins Auge gefaßt hat, anderweitige Regelungen trifft[30].

7 Die Aufgaben der Bundeswehrverwaltung werden von Art. 87b I 2, 3 GG verschieden bestimmt, indem zwischen den **originären Aufgaben** nach Art. 87b I 2 GG[31] und den **übertragenen Aufgaben** nach Art. 87b I 3 GG differenziert wird, wobei die Aufgaben nach Art. 87b I 3 GG als – an sich zu Art. 87b I 2 GG gehörende – Ausnahmen[32] gleichwohl Aufgaben der Bundeswehrverwaltung sind und nicht in den Bereich des Art. 87b II GG fallen[33]. Die zentralen Aufgaben der Bundeswehrverwaltung sind nach der materiellen Umschreibung des Art. 87b I 2 GG das Personalwesen und die unmittelbare Deckung des Sachbedarfs. Insoweit hat die Bundeswehrverwaltung grundsätzlich ein Wahrnehmungsmonopol[34].

8 Das **Personalwesen** umfaßt die Rechtsverhältnisse aller im Dienst der Streitkräfte stehenden Personen, beschränkt sich also auf das bundeswehrinterne Personalwesen[35]. Die Universitäten der Bundeswehr gehören seit 1.4.2012 zum neuen Organisa-

---

[25] Vgl. *R. Reinhart*, DVBl. 1977, 473 (478f.); *G. Dürig*, BayVBl. 1963, 129 (130); *Oldiges*, Wehrrecht (Fn. 15), § 74 Rn. 102; *Kokott* (Fn. 15), Art. 87b Rn. 14f.; *Baldus* (Fn. 14), Art. 87b Rn. 8; *J. Lorse*, NZWehrR 46 (2004), 177 (182ff.); *R. Voigt/M. Seybold*, Streitkräfte und Wehrverwaltung, 2003, S. 51ff.; eingehend zur Abgrenzung auch im Hinblick auf den Grenzfall der Truppenverwaltung *H. Schulte*, Die verfassungsrechtliche Stellung der Bundeswehrverwaltung, 1970, S. 91ff., 115ff.; zur Zulässigkeit des Einsatzes von Soldaten im Bereich der Truppenverwaltung bejahend *Voigt/Seybold*, Streitkräfte a.a.O., S. 72ff.; *dies.*, NZWehrR 46 (2004), 141ff.; verneinend *D. Walz*, NZWehrR 39 (1997), 89 (95ff.).

[26] *Depenheuer* (Fn. 15), Art. 87b Rn. 66; zur föderalen Untergliederung s. *D. Walz*, NZWehrR 42 (2000), 189ff.

[27] *B. Pieroth*, NVwZ 2011, 705 (708); *H.M. Wolff*, Die Zuständigkeit der Bundeswehrverwaltung für das Personalwesen der Bundeswehr, 2011, S. 66ff.; a. A. *Depenheuer* (Fn. 15), Art. 87b Rn. 30ff.

[28] *Depenheuer* (Fn. 15), Art. 87b Rn. 33ff.

[29] *Depenheuer* (Fn. 15), Art. 87b Rn. 43ff. argumentiert gegen Praxis und wohl h.M., das Trennungsgebot habe keine extraterritoriale Geltung.

[30] Art. 2 Nr. 30 des Streitkräftereserve-Neuordnungsgesetzes vom 22.4.2005 (BGBl. I S. 1106) hat § 66 zu § 90 SoldG gemacht; zur gegenwärtigen Struktur: → Rn. 10.

[31] Die Bezeichnung variiert: *Hernekamp* (Fn. 16), Art. 87b Rn. 2: »eigene Aufgaben«; zur damit verbundenen Einengung der Bundeswehrverwaltung auf Versorgungsaufgaben *G. Roellecke*, DÖV 1992, 200 (203ff.).

[32] *Hernekamp* (Fn. 16), Art. 87b Rn. 9.

[33] Anders aber noch *G. Dürig*, in: Maunz/Dürig, GG, Art. 87b (1962), Rn. 21.

[34] *Schulte*, Stellung (Fn. 25), S. 204f.; *P. Lerche*, Verfassungsfragen der Bundeswehrverwaltung, in: FS Dürig, 1990, S. 401ff. (402ff.); *G. Roellecke*, DÖV 1992, 200 (200); *Kokott* (Fn. 15), Art. 87b Rn. 1; vgl. auch generell zum Auftrag der Bundeswehrverwaltung *Reinfried*, Streitkräfte (Fn. 2), S. 61ff.; zum Privatisierungsspielraum: → Rn. 5; zur Truppenverwaltung: → Rn. 6.

[35] *Jess* (Fn. 11), Art. 87b Anm. II. 2. a); *Hernekamp* (Fn. 16), Art. 87b Rn. 7; *Depenheuer* (Fn. 15), Art. 87b Rn. 72; eingehend *Schulte*, Stellung (Fn. 25), S. 149ff., 168ff.; vgl. auch BSGE 71, 60 (66).

tionsbereich Personal der Bundeswehr[36]. Wie sich auch aus Art. 87b II 1 GG ergibt, fällt das gesamte Wehrersatzwesen (Musterung, Kriegsdienstverweigerung, Reservisten) nicht darunter[37]. Unmittelbare **Deckung des Sachbedarfs** bedeutet die Bereitstellung von Dienstleistungen und Material für die Streitkräfte, also insbesondere das Beschaffungs-, Instandsetzungs-, Lager-, Unterkunfts- und Liegenschaftswesen sowie das dazugehörige Rechnungs- und Kassenwesen[38]. Im Einzelfall können sich Abgrenzungsprobleme zur militärischen Verteidigung ergeben, weil die Deckung des Sachbedarfs auch zur Logistik zählt[39]. Unter die Deckung des Sachbedarfs fällt auch die Rüstungsforschung[40]. Demgegenüber werden die Bereiche der Planung, Entscheidung und Verwendung von Art. 87b I GG nicht umfaßt[41]. Außerdem zählen zu den Streitkräften im Sinne des Art. 87b I GG im Bündnisfall auch diejenigen der Bündnispartner[42]. Die begrifflich unter Art. 87b I 2 GG fallenden Bereiche der Beschädigtenversorgung und des Bauwesens bedürfen als explizite Ausnahmen der besonderen Übertragung auf die Bundeswehrverwaltung durch ein zustimmungsbedürftiges Gesetz gem. Art. 87b I 3 GG. Die Zustimmung des Bundesrates hielt der verfassungsändernde Gesetzgeber für erforderlich, da die Beschädigtenversorgung in Konkurrenz zur ländereigenen Kriegsopferversorgung tritt[43] und das Bauwesen die Entstehung weiterer Annex-Baubehörden auf Bundesebene befürchten ließ[44]. Im übrigen gilt die Kompetenzverteilung zwischen Streitkräften und Bundeswehrverwaltung auch für Auslandseinsätze der Bundeswehr[45].

Art. 87b I 4 GG begründet die **Zustimmungsbedürftigkeit** aller nach dem allgemei- 9
nen Gesetzesvorbehalt (→ Art. 20 [Rechtsstaat], Rn. 105ff.) bei Eingriffen in Rechte Dritter erforderlichen Gesetze. Die Regelung läßt die Bedarfsdeckung im Wege fiskalischen privatrechtlichen Handelns, die den Normalfall bildet, unberührt[46]. Art. 87b I 4, 2. Hs. GG nimmt das Personalwesen insgesamt explizit und insoweit wohl auch konstitutiv[47] von der Zustimmungsbedürftigkeit aus, was freilich den Gesetzesvorbehalt nicht beseitigt[48]. Deswegen erfaßt im Rahmen der eigenen Bundeswehrverwaltung gem. Art. 87b I GG die Zustimmungsbedürftigkeit nur den engen Bereich unmittelbarer Bedarfsdeckung durch außenwirksame Gesetze[49]. Im Bereich der übrigen

[36] *Depenheuer* (Fn. 15), Art. 87b Rn. 81.

[37] Es bleibt damit Verteidigungsverwaltung gem. Art. 87b II GG; a. A. *Hernekamp* (Fn. 16), Art. 87b Rn. 7.

[38] Vgl. dazu *Schulte*, Stellung (Fn. 25), S. 159ff., 176ff.; *Depenheuer* (Fn. 15), Art. 87b Rn. 73.

[39] Vgl. *Kokott* (Fn. 15), Art. 87b Rn. 9.

[40] *Hernekamp* (Fn. 16), Art. 87b Rn. 8; Jarass/*Pieroth*, GG, Art. 87b Rn. 5; vgl. *v. Mangoldt/Klein*, GG, Art. 87b Anm. III. 4. b) cc).

[41] *A. Dittmann*, Die Bundesverwaltung, 1983, S. 218; *Baldus* (Fn. 14), Art. 87b Rn. 12; a. A. *Hernekamp* (Fn. 16), Art. 87b Rn. 8; Jarass/*Pieroth*, GG, Art. 87b Rn. 5.

[42] *Hernekamp* (Fn. 16), Art. 87b Rn. 8.

[43] Vgl. § 88 I SoldVersG i. d. F. von 1980 (BGBl. I S. 1957).

[44] Vgl. *v. Mangoldt/Klein*, GG, Art. 87b Anm. III. 4. c) cc); *Meyer-Dahleuer*, DVBl. 1957, 185 (189).

[45] *D. Walz*, NZWehrR 39 (1997), 89ff.

[46] Insoweit reicht Art. 87b I 2 GG als Ermächtigungsgrundlage aus, s. *Hernekamp* (Fn. 16), Art. 87b Rn. 10.

[47] Vgl. *H. Schäfer*, DÖV 1958, 241 (245); a. A. *Hernekamp* (Fn. 16), Art. 87b Rn. 14, der dies bereits durch das Wort »Dritte« im 1. Halbsatz abgesichert sieht und dem 2. Halbsatz nur eine klarstellende Funktion zubilligt.

[48] *Hernekamp* (Fn. 16), Art. 87b Rn. 14; a. A. noch *H. Reinfried*, DÖV 1958, 142 (145).

[49] §§ 2, 9 SchutzbereichsG; § 5 II, 79 BLG; vgl. auch die Sicherstellungsgesetze: → Art. 80a Rn. 7; vgl. ferner *Depenheuer* (Fn. 15), Art. 87b Rn. 85 mit weiteren Beispielen.

Wehrverwaltung gem. Art. 87b II GG wird die danach bestehende Zustimmungsbedürftigkeit für die Eingriffsverwaltung noch einmal abgesichert. Hier hat die Regelung des Art. 87b I 4 GG folglich selbständige Bedeutung nur für die Änderungsgesetze mit belastender Außenwirkung, die weder nach Art. 87b I 2, II GG noch sonst, etwa nach Art. 84 I GG, zustimmungsbedürftig sind[50]. In Abweichung von den allgemeinen Regeln[51] sind nach übereinstimmender Auffassung wegen der ausdrücklichen »soweit«-Regelung nur die jeweiligen Eingriffsregelungen selbst, nicht das gesamte Gesetz zustimmungsbedürftig[52].

10 Die derzeitige, nicht gesetzlich geregelte, **Organisation der Bundeswehrverwaltung** spiegelt die Regelungen des Art. 87b I GG getreu wider. Der zivile Strang der Bundeswehrverwaltung findet seine Spitzengliederung in den fünf zivilen Abteilungen und der Hauptabteilung Rüstung im Verteidigungsministerium. Ansonsten befindet sich die Bundeswehrverwaltung in einer umfassenden strukturellen Neuorganisation und Reform, deren Grundlagen 2011 festgelegt wurden[53]. Eine erste Reform betraf die Umwandlung der alten Standortverwaltungen und Truppenverwaltungen in 41 Bundeswehr-Dienstleistungszentren seit 2007. 2012 wurde das Bundesamt für Infrastruktur, Umweltschutz und Dienstleistungen der Bundeswehr gegründet, das auch die Verpflegung und bewirtschaftete Betreuung übernimmt. Die Aufgabe »Bekleidung« wird vom Bereich Ausrüstung, Informationstechnik wahrgenommen. Das Bundesamt für Wehrverwaltung und die Wehrbereichsverwaltungen wurden aufgelöst[54]. Die operativen Bauaufgaben werden in sieben regionalen Kompetenzzentren für Baumanagement aufgeteilt. Ebenfalls seit 2012 besteht eine neue Bundesoberbehörde der Wehrverwaltung mit eigenem Geschäftsbereich, die die Aufgabe des früheren Bundesamts für Wehrtechnik und Beschaffung, sowie des IT-Amts der Bundeswehr wahrnehmen. Demgegenüber ist das Bundesamt für Ausrüstung, Informationstechnik und Nutzung zentraler Dienstleister für Streitkräfte und Bundeswehrverwaltung. Schließlich wurde wiederum 2012 das Bundesamt für das Personalwesen der Bundeswehr als dem ministeriellen Organisationsbereich Personal untergeordnete Behörde eingerichtet. Ihr nachgeordnet sind 16 Karrierecenter sowie 110 ständig besetzte und bis zu 200 mobile Karriereberatungsbüros.

III. Die Verteidigungsverwaltung gem. Art. 87b II GG

11 Über den engen Bereich der Bundeswehrverwaltung hinaus enthält das Grundgesetz für die übrige Verteidigungsverwaltung, die insbesondere im Verteidigungsfall einen nahezu alle Lebensbereiche umspannenden Umfang annehmen kann[55], keine unmit-

---

[50] Vgl. auch *Hernekamp* (Fn. 16), Art. 87b Rn. 13.

[51] BVerfGE 8, 274 (294); 55, 274 (319); a. A. E 55, 331 (341ff.) – *Sondervotum*. → Art. 77 Rn. 18ff., 44ff., 54ff.

[52] *Stern*, Staatsrecht II, S. 868; *D. Hömig*, in: Hömig/Wolff, GG, Art. 87b Rn. 6; Jarass/*Pieroth*, GG, Art. 87b Rn. 3; *Baldus* (Fn. 14), Art. 87b Rn. 15; *D. Umbach/T. Clemens*, in: Umbach/Clemens, GG, Art. 87b Rn. 21.

[53] Vergleiche hierzu *Bundesministerium der Verteidigung*, Eckpunkte für die Neuausrichtung der Bundeswehr, 2011; *dass.*, Verteidigungspolitische Richtlinien, 2011; *dass.*, Die Neuausrichtung der Bundeswehr, 2. Aufl. 2013; *Depenheuer* (Fn. 15), Art. 87b Rn. 12ff.; *C. Raap*, VR 2015, 48ff.; zum Auslandsgeheimdienst der Bundeswehr s. *E. Brissa*, DÖV 2011, 391ff.

[54] Nähere Aufgliederung bei *Depenheuer* (Fn. 15), Art. 87b Rn. 14.

[55] Vgl. *v. Mangoldt/Klein*, GG, Art. 87b Anm. III. 2. a); *W. Cartellieri*, Die Bundeswehrverwaltung, 1956, S. 7.

telbaren Festlegungen[56], sondern in Art. 87b II GG ausschließlich **verfassungsrechtliche Ermächtigungen an den einfachen Gesetzgeber**. Diese Verlagerung der Entscheidungskompetenz auf den Gesetzgeber erklärt sich entstehungsgeschichtlich als Kompromiß zwischen Bund und Ländern, der sich indes sachlich entgegen aller Kritik[57] daraus rechtfertigt, daß dieses Maximum an Gestaltungsfreiheit zugleich ein Maximum an Anpassungsfähigkeit gewährleistet[58]. Art. 87b II GG regelt die Durchführung aller sonstigen, nicht schon von Art. 87b I GG erfaßten[59], Bundesgesetze, die der Verteidigung einschließlich des Wehrersatzwesens und des Schutzes der Zivilbevölkerung dienen. Art. 87b II GG hat insofern Ergänzungscharakter gegenüber Art. 87b I GG im Hinblick auf den Gesetzesvollzug[60]. Verteidigung ist auch nach dem Normzweck hier in einem weiten Sinn zu verstehen[61]. Indem Art. 87b II GG die Wahrnehmung der Verteidigungsverwaltung durch Bundeseigen- oder Bundesauftragsverwaltung mit Zustimmung des Bundesrates erlaubt, eröffnet die Regelung dem Bundesgesetzgeber letztlich die Möglichkeit, ganz oder teilweise alle Verwaltungstypen und Formen der Verteilung der Exekutivkompetenzen der Art. 83ff. GG heranzuziehen, was auch die Einrichtung von Behörden nach Art. 87 III 1 GG einschließt[62]. Mischformen werden ebenfalls als zulässig angesehen, sofern die Aufgaben lediglich horizontal – nach Materien – und nicht vertikal – nach Instanzen – aufgeteilt werden[63]. Auch die unmittelbare Bundeswehrverwaltung kann weitere Aufgaben übernehmen[64]. Ohne entsprechendes Gesetz bleibt es bei landeseigener Verwaltung[65]. Zustimmungsbedürftig ist nicht lediglich das Gesetz, das erstmalig den Vollzug in Bundeseigen- oder Bundesauftragsverwaltung überführt, sondern jedes Änderungsgesetz, das die überführte Verwaltungsaufgabe so umgestaltet oder erweitert, daß dieser Vorgang einer Neuübertragung gleichkommt[66]. Die sog. Bundeswehrklauseln in allgemeinen Gesetzen, die der Bundeswehrverwaltung Kompetenzen für das Verteidigungsrecht zuweisen, sind nach Art. 87b GG zulässig[67].

Art. 87b II 2, 1. Hs. GG erlaubt dem Bundesgesetzgeber in Abweichung von Art. 85 **12**
GG die **Übertragung** der dort geregelten Befugnisse der Bundesregierung und Bundesministerien **auf neu geschaffene oder bestehende Bundesoberbehörden**. Das gilt für den Erlaß von Verwaltungsvorschriften, die Regelung der Ausbildung und die Bestel-

---

[56] *Depenheuer* (Fn. 15), Art. 87b Rn. 89: »keine materielle Entscheidung«.

[57] *Jess* (Fn. 11), Art. 87b Anm. II. 1.: problemreichste und rechtlich komplizierteste Bestimmung der neuen Wehrverfassung; *ders.*, BayVBl. 1963, 129 (130).

[58] *Hernekamp* (Fn. 16), Art. 87b Rn. 26; *Dittmann*, Bundesverwaltung (Fn. 41), S. 219; *Stern*, Staatsrecht II, S. 867; *Kokott* (Fn. 15), Art. 87b Rn. 18.

[59] *G. Dürig*, BayVBl. 1963, 129 (132).

[60] *G. Dürig*, BayVBl. 1963, 129 (132); *Lerche*, Verfassungsfragen (Fn. 34), S. 405.

[61] *Dürig* (Fn. 15), Art. 87b Rn. 31.

[62] *v. Mangoldt/Klein*, GG, Art. 87b Anm. V. 2. a); *Stern*, Staatsrecht II, S. 869; *Hernekamp* (Fn. 16), Art. 87b Rn. 15, 17; OVG Hamburg DVBl. 1981, 48 (49); Jarass/*Pieroth*, GG, Art. 87b Rn. 7; a. A. *Dittmann*, Bundesverwaltung (Fn. 41), S. 220f.; ebd. S. 221ff. zur Ausgestaltung in der Staatspraxis.

[63] *v. Mangoldt/Klein*, GG, Art. 87b Anm. V. 2. b); *Stern*, Staatsrecht II, S. 869; *Hernekamp* (Fn. 16), Art. 87b Rn. 17; *Dittmann*, Bundesverwaltung (Fn. 41), S. 219; *Baldus* (Fn. 14), Art. 87b Rn. 19; *Umbach/Clemens* (Fn. 52), Art. 87b Rn. 26.

[64] Z.B. § 14 WPflG; *Dürig* (Fn. 15), Art. 87b Rn. 36; *Stern*, Staatsrecht II, S. 869; *Hernekamp* (Fn. 16), Art. 87b Rn. 15; die Übertragung auf Aufgaben nach Art. 87b I 2 GG beschränkend *Schulte*, Stellung (Fn. 25), S. 214ff. m. w. N.

[65] BVerfGE 48, 127 (178f.); Jarass/*Pieroth*, GG, Art. 87b Rn. 7.

[66] BVerfGE 48, 127 (180).

[67] Z.B. §§ 10 XI, 59 BImSchG; § 24 III AtG; s. im einzelnen dazu *Lerche*, Verfassungsfragen (Fn. 34), S. 402ff.

lungsrechte gem. Art. 85 II GG sowie für die Weisungs- und Aufsichtskompetenzen nach Art. 85 III, IV GG. Das zustimmungsbedürftige Übertragungsgesetz muß die Delegation jeweils explizit für das zu vollziehende Gesetz aussprechen[68]. Nach Art. 87b II 2, 2. Hs. GG kann außerdem eine Übertragung der Befugnis zum **Erlaß von Verwaltungsvorschriften** gem. Art. 85 II 1 GG von der Zustimmungspflichtigkeit der Verwaltungsvorschriften befreien, wobei auch hier die Befreiung jeweils explizit erfolgen muß[69]. Art. 87b II 2 GG läßt die Zustimmung zum Übertragungsgesetz insoweit ausreichen, um die Delegation noch zu effektivieren[70].

D. Verhältnis zu anderen GG-Bestimmungen

13 Art. 87b GG verdrängt als **lex specialis** die Regelungen der **Art. 83, 84, 86 GG** und erlaubt damit dem Bund erst, über die Möglichkeiten des Art. 87 III GG hinaus die ansonsten den Ländern zustehenden Verwaltungskompetenzen im Bereich der Verteidigung selbst wahrzunehmen[71]. Im Rahmen des Art. 87 III GG **verdrängt** Art. 87b II 1 GG **nur Art. 87 III 2 GG**, läßt jedoch Art. 87 III 1 GG unberührt[72]. Der Kommandowechsel gem. Art. 115b GG ändert nichts an der Ressortzuständigkeit des Verteidigungsministers für die zivile Bundeswehr- und Verteidigungsverwaltung. Davon sind lediglich die im Verteidigungsfall Kombattantenstatus erwerbenden Angehörigen der Truppenverwaltung ausgenommen[73]. Art. 87b I 2 GG beschränkt durch die Trennung von Streitkräftebereich und ziviler Verwaltung die Ressortgewalt des Bundesverteidigungsministers gem. Art. 65 S. 2 GG[74]. Die Personalkompetenzen müssen sich ferner an den durch Art. 60 I GG sowie Art. 65a GG gezogenen Rahmen halten[75]. Im übrigen unterliegen Maßnahmen der zivilen Verteidigungsverwaltung gegenüber Soldaten der **Kontrolle des Wehrbeauftragten gem. Art. 45b GG**[76]. Im Verteidigungsfall geht die Ressortgewalt des Verteidigungsministers für die Bundeswehrverwaltung nicht nach Art. 115b GG auf den Bundeskanzler über[77].

---

[68] *Jess* (Fn. 11), Art. 87b Anm. II. 3. c); mißverständlich *Hernekamp* (Fn. 16), Art. 87b Rn. 18; als Beispiel s. § 6 III ZivilSchG.

[69] Beispiel: § 6 IV ZivilSchG.

[70] *Hernekamp* (Fn. 16), Art. 87b Rn. 19.

[71] *Hernekamp* (Fn. 16), Art. 87b Rn. 23; vgl. auch *v. Mangoldt/Klein*, GG, Art. 87b Anm. V. 1.b) aa); *Stern*, Staatsrecht II, S. 866.

[72] *Jess* (Fn. 11), Art. 87b Anm. II. 3. b); *ders.*, BayVBl. 1963, 129 (132); *Hernekamp* (Fn. 16), Art. 87b Rn. 24.

[73] *K. Ipsen*, in: BK, Art. 115b (1969), Rn. 103. → Art. 115b Rn. 6.

[74] *Hernekamp* (Fn. 16), Art. 87b Rn. 21. → Art. 65 Rn. 28ff.

[75] Dazu im einzelnen *Schulte*, Stellung (Fn. 25), S. 168ff.

[76] *P. Wolf*, DÖV 1977, 592ff.; *Hernekamp* (Fn. 16), Art. 87b Rn. 20; a. A. *R. Kreutzer*, DÖV 1977, 165 (165f.), 594 (595). → Art. 45b Rn. 8.

[77] → Art. 115b Rn. 6; vgl. im übrigen zur Stellung der Bundeswehrverwaltung im Spannungs- und Verteidigungsfall *Reinfried*, Streitkräfte (Fn. 2), S. 169ff.

Artikel 87c [Erzeugung und Nutzung der Kernenergie]

Gesetze, die auf Grund des Artikels 73 Abs. 1 Nr. 14 ergehen, können mit Zustimmung des Bundesrates bestimmen, daß sie von den Ländern im Auftrage des Bundes ausgeführt werden.

Literaturauswahl

Burgi, Martin: Das Atomrecht, der Bundesrat und die Verwaltungsorganisation, in: NJW 2011, S. 561–567.

Burgi, Martin/Schuppert, Gunnar Folke: Die Überführung der Atomaufsicht in die Bundeseigenverwaltung?, 2005.

Grapperhaus, Tanja: Die verfassungsrechtlichen Grundlagen der Verwaltungskompetenzen im Atomgesetz – Eine Untersuchung der Art. 85 Abs. 1 und 3 GG sowie der Art. 87c und Art. 87 Abs. 3 S. 1 GG, 2002.

Kus, Selma: Erweiterte Unabhängigkeit im atomrechtlichen Gesetzesvollzug, 2004.

Lange, Klaus: Probleme des Bund-Länder-Verhältnisses im Atomrecht, in: NVwZ 1990, S. 928–931.

Ossenbühl, Fritz: Verfassungsrechtliche Aspekte des atomrechtlichen Planfeststellungsverfahrens, in: Everhardt Franßen u. a. (Hrsg.), Bürger – Richter – Staat. Festschrift für Horst Sendler, 1991, S. 107–119.

Schroeder, Werner: Der Euratom-Vertrag – Grundzüge und aktuelle Rechtsprobleme, in: JA 1995, S. 728–736.

Wagner, Hellmut: Zum Weisungsrecht des Bundes im atomrechtlichen Genehmigungsverfahren – Voraussetzungen und Rechtsschutz, in: DVBl. 1987, S. 917–924.

Winter, Gerd: Rechtsschutz gegen Weisungen in der atomrechtlichen Bundesauftragsverwaltung, in: DVBl. 1985, S. 993–998.

Siehe auch die Angaben zu Art. 85 GG.

Leitentscheidungen des Bundesverfassungsgerichts

BVerfGE 81, 310 (331 ff.) – Kalkar II; 84, 25 (31 ff.) – Schacht Konrad; 104, 249 (264 ff., Rn. 68 ff.) – Biblis A.

Gliederung

Stichwörter

– Elektrizitätsmengenübertragung 15 – Europäische Atomgemeinschaft 4 – Föderalismusreform 2 – Gesetzesfreie Verwaltung 7 – Konzentrationswirkung 14 – Landesrecht 8 – Mittel- und Unterbehörden, bundeseigene 19 – Planfeststellung 14 – Privatisierung 5 – Reaktorsicherheitskommission 16 – Rechtsschutz 12 – Sachkompetenz 12 – Strahlenschutzvorsorgegesetz 7 – Ungeschriebene Verwaltungskompetenzen 15 – Verwaltungsunterbau 19 – Wahrnehmungskompetenz 12 – Weisungsrecht 12, 13 – Zentralisierung 2 – Zentralität 6, 20 – Zustimmungsvorbehalt 11.

A. Herkunft, Entstehung, Entwicklung

1 Bei Inkrafttreten des Grundgesetzes bestand weder die Notwendigkeit noch die Möglichkeit einer Verteilung der Verwaltungskompetenzen auf dem Gebiet der Erzeugung und Nutzung von Kernenergie. Erst der am **1.1.1960 in Kraft** getretene[1] Art. 87c GG trägt einerseits der technischen Entwicklung auf dem Gebiet der Kernenergie, andererseits dem Wegfall des besatzungsrechtlichen Verbotes Rechnung[2].

2 Ein erster – mit der später verabschiedeten Version wortgleicher – Entwurf zur Regelung der Verwaltung der Kernenergie durch eine Grundgesetzänderung[3] wurde in der zweiten Legislaturperiode durch die Bundesregierung eingebracht. Ziel des Entwurfes war ein **Ausgleich zwischen** der Notwendigkeit einer **bundeseinheitlichen Kernenergieverwaltung** auf der einen und der Bestrebung, eine **unnötige Zentralisierung zu vermeiden**, auf der anderen Seite[4]. Zwar wurden zunächst alle drei Verwaltungstypen (→ Art. 83 Rn. 19, 36) in Betracht gezogen. Unter dem Gesichtspunkt der Rechts- und Wirtschaftseinheit im Bundesgebiet und im Hinblick auf die internationalen Verpflichtungen der Bundesrepublik schloß man jedoch die Landesverwaltung aus. Somit wurde vorgeschlagen, wichtige Aufgaben im Bereich der Kernenergieverwaltung durch die Länder im Auftrag des Bundes wahrnehmen zu lassen[5]. Der Entwurf scheiterte jedoch bei der Abstimmung im Bundestag[6]. Als Grund hierfür wird die Befürchtung eines Teils der CDU-Fraktion angesehen, daß die vorgesehene Nutzung der Kernenergie nur zu friedlichen Zwecken eine zukünftige potentielle atomare Aufrüstung ausschließen könne[7]. Diese Bedenken wurden jedoch durch den Rechtsausschuß ausgeräumt, der in seiner Stellungnahme diese Auffassung als unzutreffend ablehnte. Der Bund habe die ausschließliche Zuständigkeit für Rüstungsfragen; eine Erweiterung seiner Kompetenzen im Verhältnis zu den Ländern habe keine Schmälerung seiner Befugnisse an anderer Stelle zur Folge[8]. Nachdem der Entwurf des Gesetzes zur Änderung des Grundgesetzes[9] am 23.12.1959 durch die Formulierung »zur

[1] Vgl. Art. 1 Nr. 2 des 10. Gesetzes zur Ergänzung des Grundgesetzes vom 23.12.1959 (BGBl. I S. 813).

[2] Vgl. *H.-D. Horn*, in: v. Mangoldt/Klein/Starck, GG III, Art. 87c Rn. 1; *K.-A. Schwarz*, in: Maunz/Dürig, GG, Art. 87c (2011), Rn. 2.

[3] Zum Vorschlag der FDP-Fraktion zu einer einfachgesetzlichen Regelung vgl. *G. Zieger/W. Bischof*, in: BK, Art. 87c (Zweitb. 1989), Rn. 2.

[4] Vgl. die Begründung zum Entwurf eines Gesetzes zur Ergänzung des Grundgesetzes, BT-Drs. II/3026, S. 18.

[5] So die Begründung zum Entwurf eines Gesetzes zur Ergänzung des Grundgesetzes, BT-Drs. II/3026, S. 18; für die Bundesauftragsverwaltung auch die Begründung des Bundesministers für Atomfragen Balke, BT-Prot. II/11059; unzutreffend diesbezüglich *Zieger/Bischof* (Fn. 3), Art. 87c Rn. 25, die in der Begründung die Möglichkeit zur bundeseigenen Verwaltung sehen.

[6] BT-Prot. II/12772.

[7] So z. B. der Vorwurf des SPD-Abg. Wittrock, BT-Prot. III/1596f.

[8] So der Abg. Wahl, BT-Drs. III/896, S. 1.

[9] BT-Drs. III/30.

Abgrenzung der Zuständigkeit zwischen Bund und Ländern« in der Präambel ergänzt worden war, erfolgte die einstimmige Annahme durch den Bundestag und den Bundesrat[10]. Im Rahmen der **Föderalismusreform 2006** wurde in Art. 87c GG lediglich die Verweisung auf die Gesetzgebungskompetenz des Bundes auf dem Gebiet der friedlichen Nutzung der Kernenergie der Neuregelung in Art. 73 I Nr. 14 GG angepaßt, während im übrigen der Wortlaut des Art. 87c GG seit 1960 unverändert geblieben ist.

B. Internationale, supranationale und rechtsvergleichende Bezüge

Die nationale Verwaltungstätigkeit auf dem Gebiet der Kernenergie ist in hohem Maße 3
durch **internationale Verpflichtungen** und durch die Einbindung in die Europäische Atomgemeinschaft geprägt. Auf der Ebene des Völkerrechts sind insbesondere die Überwachungsmechanismen der Internationalen Atomenergiebehörde[11] und das Übereinkommen über nukleare Sicherheit[12] von Bedeutung.

Nicht nur Rechtsetzungs-, sondern auch einige Exekutivkompetenzen bei der Über- 4
wachung und Förderung der Nutzung der Kernenergie sind auf die mit Wirkung zum 1.1.1958 gegründete **Europäische Atomgemeinschaft** (EAG) übergegangen[13]. Im Vergleich zu den Kompetenzen nach dem AEUV besitzt die Kommission auf dem begrenzten, vom EAGV erfaßten Sachgebiet weitreichende eigene Entscheidungs- und Verwaltungsbefugnisse, etwa im Bereich des Gesundheitsschutzes sowie der Sicherheitskontrolle[14]. So wird der Kommission in den Art. 77ff. EAGV die Aufgabe zugewiesen, die Verwendung und den Verbleib von Kernbrennstoffen in den Mitgliedstaaten zu überwachen[15]. Zu diesem Zweck kann sie die Vorlage von Aufstellungen über Betriebsvorgänge von den Betreibern kerntechnischer Anlagen verlangen. Sie kann Inspektoren in die zu überwachenden Betriebe entsenden, wobei der Mitgliedstaat, auf dessen Hoheitsgebiet der Inspektor entsandt wird, lediglich gehört werden muß[16]. Der EAGV installiert damit für den Bereich der Nutzung der Kernenergie teilweise eine **gemeinschaftseigene Verwaltung** mit eigenen Exekutivbefugnissen auch gegenüber Dritten. Eine Verpflichtung der Bundesrepublik Deutschland, die wirtschaftliche Nutzung der Kernenergie fortzusetzen, folgt aus dem Gemeinschaftsrecht nicht[17].

---

[10] BT-Prot. III/5037; BR-Prot. 59/260.

[11] Vgl. die IAEA-Satzung vom 26.10.1956 (BGBl. 1957 II S. 1357, BGBl. 1958 II S. 4); ausführlich dazu *T. Lohmann*, Die rechtliche Struktur der Sicherungsmaßnahmen der Internationalen Atomenergie-Organisation, 1993; *W. Tonhauser*, The International Atomic Energy Agency as the »Watchdog« over the Safe and Peaceful Use of Nuclear Energy?, in: K. Odendahl (Hrsg.), Internationales und europäisches Atomrecht, 2013, S. 167ff. (180ff.); *W.-G. Schärf*, Europäisches Atomrecht, 2. Aufl. 2012, S. 174ff.

[12] BGBl. 1997 II S. 130; dazu *S. Kus*, Erweiterte Unabhängigkeit im atomrechtlichen Gesetzesvollzug, 2004, S. 29ff.; *Schärf*, Atomrecht (Fn. 11), S. 148ff.

[13] Vgl. dazu nur *R. Wahl/G. Hermes*, Nationale Kernenergiepolitik und Gemeinschaftsrecht, 1995, S. 70ff.; *G. Hermes*, ZUR 2004, 12ff.

[14] *W. Schroeder*, JA 1995, 728 (728).

[15] Art. 77 EAGV.

[16] Vgl. Art. 79, 81 EAGV.

[17] Vgl. dazu ausführlich *Wahl/Hermes*, Kernenergiepolitik (Fn. 13), S. 175ff.

C. Erläuterungen

I. Funktion und Anwendungsbereich

1. Fakultative Auftragsverwaltung

5 Indem Art. 87c GG für den Vollzug des Atomgesetzes und anderer auf der Bundesgesetzgebungskompetenz aus Art. 73 I Nr. 14 GG beruhender Gesetze den Verwaltungstyp der Auftragsverwaltung ermöglicht, **läßt** er **i. S. d. Art. 83 GG etwas anderes zu** und erlaubt auf diese Weise eine Abweichung vom Regeltypus der Ausführung von Bundesgesetzen durch die Länder als eigene Angelegenheit. Macht der Bund von der ihm durch Art. 87c GG eröffneten Möglichkeit keinen Gebrauch, so bleibt es bei der Regel des Art. 83 GG und die Länder führen das Atom- und Strahlenschutzrecht des Bundes nach Maßgabe des Art. 84 GG als eigene Angelegenheit aus. Die Vorschrift beschränkt sich auf die Zuordnung der Verwaltungskompetenzen von Bund und Ländern und enthält entgegen einer verbreiteten Ansicht **weder ein »Bekenntnis«**[18] **noch einen Aufgabengehalt**[19] i. S. einer Verpflichtung des Bundes oder der Länder, die Kernenergie wirtschaftlich zu nutzen, diese Nutzung zu fördern oder zuzulassen[20]. Dies folgt bereits daraus, daß die hier in Rede stehende Gesetzgebungskompetenz auch dadurch wahrgenommen werden kann, daß gesetzliche Vorschriften über Inhalt und Umfang des Verbots der Kernenergienutzung (»**Ausstieg**«[21]) erlassen werden, deren Vollzug sich dann nach Art. 87c GG richtet. Offen ist, ob Art. 87c GG ein materieller Gehalt in dem Sinne zu entnehmen ist, daß er einer materiellen **Privatisierung** der Atom- und Strahlenschutzaufsicht entgegensteht[22]. Dagegen spricht, daß Art. 87c GG anders als z. B. Art. 90 II GG[23] die Verwaltungsaufgabe nicht selbst definiert, sondern lediglich auf deren bundesgesetzliche Normierung auf der Grundlage des Art. 73 I Nr. 14 GG verweist. Andererseits ist auf diese Weise ein thematisch begrenztes Feld von behördlichen Vollzugsaufgaben benannt, die der Bundesgesetzgeber wohl kaum durch eine vollständige materielle Privatisierung zum Verschwinden bringen darf.

6 Die spezifische Mittellage zwischen bundes- und landeseigener Verwaltung, die die Auftragsverwaltung prägt (→ Art. 85 Rn. 13 f.), lässt sie als angemessen erscheinen für den Bereich der staatlichen Aufsicht über die Kernenergienutzung. Wegen internationaler Verpflichtungen (→ Rn. 3 f.) und wegen der großräumigen Gefahren besteht hier nämlich einerseits ein **Bedürfnis nach zentraler Steuerung und Kontrolle**, andererseits erscheint aber wegen der **Ortsnähe** von Entscheidungen über konkrete Anlagen und

---

[18] Exemplarisch *Schwarz* (Fn. 2), Art. 87c Rn. 6 m. w. N.

[19] Zum Aufgabengehalt von Kompetenzvorschriften, die obligatorische Bundesverwaltung anordnen: → Art. 86 Rn. 16; → Art. 87 Rn. 16.

[20] *Horn* (Fn. 2), Art. 87c Rn. 12; so im Ergebnis auch diejenigen, die Art. 87c GG die »grundsätzliche Billigung einer friedlichen Nutzung der Kernenergie« entnehmen wollen; vgl. etwa *K. Windthorst*, in: Sachs, GG, Art. 87c Rn. 4 f.; *Schwarz* (Fn. 2), Art. 87c Rn. 8; zur vergleichbaren Argumentation auf der Grundlage der Gesetzgebungskompetenznorm: → Art. 73 Rn. 86 m. w. N.

[21] Gesetz zur geordneten Beendigung der Kernenergienutzung zur gewerblichen Erzeugung von Elektrizität vom 22.4.2002 (BGBl. I S. 1351); dazu die Übersicht bei *G. Kühne/C. Brodowski*, NJW 2002, 1458 ff.; *H. Wagner*, NVwZ 2001, 1089 ff.; *H.-J. Koch/A. Roßnagel*, NVwZ 2000, 1 ff.; *B. Stüer/S. Loges*, NVwZ 2000, 9 ff.

[22] Dagegen etwa *Horn* (Fn. 2), Art. 87c Rn. 11; dafür *W. Durner*, in: Friauf/Höfling, GG, Art. 87c (2006), Rn. 28 m. w. N.; auf eine – nicht aus Art. 87c GG sondern aus Grundrechten folgende – Pflicht zu effektiver staatlicher Aufsicht abstellend *Schwarz* (Fn. 2), Art. 87c Rn. 12.

[23] Zu den aus Art. 90 II GG folgenden Privatisierungsschranken: → Art. 90 Rn. 44 f.

wegen ihres Zusammenhangs mit anderen in die Verwaltungskompetenz der Länder fallenden Sachentscheidungen eine Einschaltung der Landesbehörden unverzichtbar[24]. Die Entscheidung zwischen möglicher Zentralität und notwendiger Dezentralität der Aufgabenwahrnehmung, die Art. 87c GG mit der fakultativen Auftragsverwaltung getroffen hat, läßt eine bundeseigene Verwaltung nur unter strengen Voraussetzungen als Ausnahme zu (→ Rn. 15ff.).

2. Gesetze auf der Grundlage von Art. 73 I Nr. 14 GG

Der Anwendungsbereich von Art. 87c GG wird bestimmt durch die Bundesgesetze, 7
die auf Grund des Artikels 73 I Nr. 14 GG ergehen, die also »die Erzeugung und Nutzung der Kernenergie zu friedlichen Zwecken, die Errichtung und den Betrieb von Anlagen, die diesen Zwecken dienen, den Schutz gegen Gefahren, die bei Freiwerden von Kernenergie oder durch ionisierende Strahlen entstehen, und die Beseitigung radioaktiver Stoffe« betreffen (→ Art. 73 Rn. 84ff.). Derzeit sind dies das **Atomgesetz**[25], das **Strahlenschutzvorsorgegesetz**[26], das **Standortauswahlgesetz**[27] sowie die mit dem **Gesetz zur Neuordnung der Verantwortung in der kerntechnischen Entsorgung**[28] ergangenen Gesetze[29]. Die Gegenstände der Gesetzgebungskompetenz nach Art. 73 I Nr. 14 GG und der fakultativen Bundesauftragsverwaltung nach Art. 87c GG sind also deckungsgleich[30]. Zu den Gesetzen, deren Ausführung im Auftrag des Bundes Art. 87c GG zuläßt, gehören auch **Rechtsverordnungen**, zu deren Erlaß das Atomgesetz oder andere auf Art. 73 I Nr. 14 GG beruhende Gesetze ermächtigen[31]. Unerheblich ist, ob diese bundesrechtlichen Normen die Nutzung der Kernenergie fördern oder unterbinden[32]. Schwierigkeiten können sich in diesem Zusammenhang dann ergeben, wenn sich eine bundesgesetzliche Regelung neben Art. 73 I Nr. 14 GG noch auf andere Bundesgesetzgebungskompetenzen stützt. In solchen Fällen findet Art. 87c GG nur auf die Teile des Gesetzes Anwendung, die im Schwerpunkt auf Art. 73 I Nr. 14 GG beruhen[33]. Das schließt allerdings nicht aus, daß im Rahmen einer zulässigen gesetzlichen

---

[24] Zutreffend *Windthorst* (Fn. 20), Art. 87c Rn. 8; *G. Britz*, DVBl. 1998, 1167 (1173 mit Fn. 68).

[25] Gesetz über die friedliche Verwendung der Kernenergie und den Schutz gegen ihre Gefahren (Atomgesetz) in der Fassung der Bekanntmachung vom 15.7.1985 (BGBl. I S. 1565), zuletzt geändert durch Artikel 4 des Gesetzes vom 26.2.2008 (BGBl. I S. 215).

[26] Gesetz zum vorsorgenden Schutz der Bevölkerung gegen Strahlenbelastung vom 19.12.1986 (BGBl. I S. 2610), zuletzt geändert durch Artikel 64 der Verordnung vom 31.10.2006 (BGBl. I S. 2407).

[27] Gesetz zur Suche und Auswahl eines Standortes für ein Endlager für hochradioaktive Abfälle vom 5.5.2017 (BGBl. I S. 1074), zuletzt geändert durch Artikel 2 Absatz 16 des Gesetzes vom 20.7. 2017 (BGBl. I S. 2808).

[28] Gesetz zur Neuordnung der Verantwortung in der kerntechnischen Entsorgung vom 27.1.2017 (BGBl. I S. 114, 1222).

[29] Gesetz zur Errichtung eines Fonds zur Finanzierung der kerntechnischen Entsorgung (Entsorgungsfondsgesetz), Gesetz zur Regelung des Übergangs der Finanzierungs- und Handlungspflichten für die Entsorgung radioaktiver Abfälle der Betreiber von Kernkraftwerken (Entsorgungsübergangsgesetz), Gesetz zur Transparenz über die Kosten der Stilllegung und des Rückbaus der Kernkraftwerke sowie der Verpackung radioaktiver Abfälle (Transparenzgesetz), Gesetz zur Nachhaftung für Abbau- und Entsorgungskosten im Kernenergiebereich (Nachhaftungsgesetz).

[30] Zur Frage der Verortung der Standortplanung für Anlagen (Endlager) s. BVerfGE 104, 238 (247, Rn. 32); *Durner* (Fn. 22), Art. 87c Rn. 6.

[31] *Windthorst* (Fn. 20), Art. 87c Rn. 11.

[32] *Horn* (Fn. 2), Art. 87c Rn. 15.

[33] Ähnlich *R. Uerpmann-Wittzack*, in: v. Münch/Kunig, GG II, Art. 87c Rn. 5; nach *Windthorst*

Anordnung der Auftragsverwaltung auf dem Sektor des Atom- und Strahlenschutzrechts einzelne behördliche Entscheidungen, die auf anderen Gesetzen beruhen, in die Auftragsverwaltung einbezogen werden (→ Rn. 14). Unerheblich ist, ob die auf Art. 73 I Nr. 14 GG beruhenden gesetzlichen Regelungen in einem Gesetz zusammengefaßt oder gesetzestechnisch über verschiedene Normkomplexe verteilt sind[34]. Auf die **gesetzesfreie Verwaltung**, die jedenfalls im Bereich der Erzeugung und Nutzung der Kernenergie wegen deren »Wesentlichkeit« ohnehin kaum anzutreffen sein dürfte, findet Art. 87c GG **keine Anwendung**[35].

II. Anforderungen an die Bestimmung der Auftragsverwaltung

1. Voraussetzung: Bundesgesetz mit vollzugsfähigen Regelungen

8 Weil nur **vollzugsfähiges und -bedürftiges Bundesrecht** im Auftrag des Bundes durch die Länder ausgeführt werden kann (→ Art. 83 Rn. 25 f.; → Art. 85 Rn. 16), setzt die Wahrnehmung der durch Art. 87c GG eröffneten Möglichkeit durch den Bund zunächst voraus, daß der Bundesgesetzgeber von seiner materiellen Regelungskompetenz aus Art. 73 I Nr. 14 GG Gebrauch gemacht hat oder gleichzeitig Gebrauch macht[36]. Die Ausführung von **Landesrecht** kann nicht Gegenstand der Bundesauftragsverwaltung sein[37]. Allerdings kann die oberste Bundesbehörde bei der Wahrnehmung ihres Weisungsrechts nach Art. 85 III 1 GG landesrechtliche Vorschriften zu beachten haben, die »bei Gelegenheit« der Ausführung atom- oder strahlenschutzrechtlicher Normen des Bundesrechts für die jeweilige Sachentscheidung ebenfalls maßgeblich sind[38].

2. Gesetzliche Bestimmung der Auftragsverwaltung

9 Der Verwaltungstyp der Auftragsverwaltung »kann« durch Gesetz bestimmt werden. Wegen dieser Formulierung wird Art. 87c GG in der Literatur als Ermessensnorm verstanden, die zwar »nur beschränkter gerichtlicher Nachprüfung« unterliege[39], aber eine »pflichtgemäße«[40] Ausübung des Ermessens verlange. Derartige Anleihen an verwaltungsrechtliche Vorbilder verkennen aber, daß hier nicht einer Verwaltungsbehörde, sondern dem **Bundesgesetzgeber** eine politisch zu verantwortende Entscheidung zugewiesen wird. Diese wird durch Art. 87c GG – abgesehen von der gegenständlichen Umschreibung durch Bezugnahme auf die Gesetzgebungskompetenz aus Art. 73 I Nr. 14 GG (→ Rn. 7) – an keine besonderen Rechtfertigungslasten[41] oder

---

(Fn. 20), Art. 87c Rn. 13, genügt es, wenn sich das Gesetz »auch auf Art. 73 I Nr. 14 stützen kann«; ähnlich *Horn* (Fn. 2), Art. 87c Rn. 20.

[34] *Uerpmann-Wittzack* (Fn. 33), Art. 87c Rn. 5.

[35] *Zieger/Bischof* (Fn. 3), Art. 87c Rn. 17; *Uerpmann-Wittzack* (Fn. 33), Art. 87c Rn. 5; *Windthorst* (Fn. 20), Art. 87c Rn. 14; allg. zur Auftragsverwaltung in »gesetzesfreien« Bereichen: → Art. 85 Rn. 16.

[36] *Windthorst* (Fn. 20), Art. 87c Rn. 16; *Horn* (Fn. 2), Art. 87c Rn. 19.

[37] Dazu, daß nur Bundesgesetze im Auftrag des Bundes ausgeführt werden können: → Art. 85 Rn. 12 ff., 16; speziell zu Art. 87c GG vgl. *Uerpmann-Wittzack* (Fn. 33), Art. 87c Rn. 5; *Horn* (Fn. 2), Art. 87c Rn. 22; *Schwarz* (Fn. 2), Art. 87c Rn. 24.

[38] → Art. 85 Rn. 54 mit Fn. 250; zur Unterscheidung zwischen »Ausführung« von Bundesrecht und »Beachtung« von Landesrecht: → Art. 83 Rn. 29 f.

[39] So m. w. N. *Windthorst* (Fn. 20), Art. 87c Rn. 20.

[40] *Horn* (Fn. 2), Art. 87c Rn. 39.

[41] Zutreffend *Horn* (Fn. 2), Art. 87c Rn. 8.

materiellen Voraussetzungen gebunden und kann daher allenfalls in Extremfällen gegen das Gebot der Bundestreue (→ Art. 20 [Bundesstaat], Rn. 45 ff.) verstoßen[42].

Die Entscheidung, abweichend vom Regeltypus der landeseigenen Verwaltung die Form der Auftragsverwaltung zu bestimmen, obliegt dem Bundesgesetzgeber[43], der diese Entscheidungsbefugnis **nicht auf die Exekutive** – auch nicht in der Form der Verordnungsermächtigung – **übertragen** kann[44]. Gesetze, die auf der Grundlage von Art. 73 I Nr. 14 GG ergehen, müssen nicht in vollem Umfang im Auftrag des Bundes vollzogen werden. Die gesetzliche Anordnung des Vollzugstyps der Auftragsverwaltung kann sich auch auf **Teile der Vollzugsaufgabe** beschränken[45]. Wegen der weitreichenden Konsequenzen, die sich daraus gem. Art. 85 GG ergeben, muß die Abgrenzung von landeseigener Verwaltung und Auftragsverwaltung allerdings klar und eindeutig erfolgen (→ Rn. 13 f.). Die Bestimmung der Auftragsverwaltung muß nicht in demselben Gesetz erfolgen, um dessen Ausführung im Auftrag des Bundes es geht[46]. 10

3. Zustimmung des Bundesrates

Die gesetzliche Bestimmung der Auftragsverwaltung (→ Rn. 9 f.) bedarf der Zustimmung des Bundesrates. Nach den allgemeinen Regeln über die Zustimmungsbedürftigkeit (→ Art. 77 Rn. 44 f.; Art. 84 Rn. 67 ff.) werden durch die gesetzliche Bestimmung der Auftragsverwaltung **auch** die typischerweise in derselben gesetzgebungstechnischen Einheit enthaltenen **materiellen Regelungen** zustimmungsbedürftig[47]. In dem eher seltenen umgekehrten Fall, daß die Anordnung der Auftragsverwaltung in einem anderen Gesetz erfolgt als die materiellen Regelungen, um deren Vollzug es geht, ist dagegen nur die gesetzliche Bestimmung der Auftragsverwaltung zustimmungsbedürftig, während die materiellen Regelungen zustimmungsfrei bleiben[48]. Werden (nur) die materiellen Regelungen, für deren Vollzug der Bundesgesetzgeber die Auftragsverwaltung angeordnet hat, **nachträglich geändert**, so löst dies die Zustimmungsbedürftigkeit aus, wenn dadurch die Vollzugsaufgaben der Länder qualitativ – und nicht lediglich quantitativ – **erweitert** oder **wesentlich verändert** werden[49]. 11

---

[42] Krit. zu einer Konkretisierung des Mißbrauchs mit Hilfe der Bundestreue *B. Remmert*, in: Epping/Hillgruber, GG (online, Stand: 1.6.2017), Art. 87c Rn. 8.1; manche – etwa *Windthorst* (Fn. 20), Art. 87c Rn. 20; *Schwarz* (Fn. 2), Art. 87c Rn. 29 – halten die Wahrung der »Zuständigkeitsordnung«, die aber durch Art. 87c GG selbst konstituiert wird, sowie einen möglichen Mißbrauch für gerichtlich überprüfbar.

[43] Man mag in diesem Sinne Art. 87c GG auch als die Begründung einer ausschließlichen Gesetzgebungskompetenz des Bundes (außerhalb der Art. 70 ff. GG) hinsichtlich der Frage verstehen, ob Auftragsverwaltung eingeführt wird oder nicht; so etwa *Horn* (Fn. 2), Art. 87c Rn. 7.

[44] *Zieger/Bischof* (Fn. 3), Art. 87c Rn. 27; *Windthorst* (Fn. 20), Art. 87c Rn. 18. Dies folgt bereits aus der staatsorganisationsrechtlichen »Wesentlichkeit« der Entscheidung zwischen Auftrags- und landeseigener Verwaltung. A. A. *Horn* (Fn. 2), Art. 87c Rn. 34; *Remmert* (Fn. 42), Art. 87c Rn. 3.

[45] *Uerpmann-Wittzack* (Fn. 33), Art. 87c Rn. 5; *Windthorst* (Fn. 20), Art. 87c Rn. 21; *Schwarz* (Fn. 2), Art. 87c Rn. 11; vgl. die Regelung in § 24 I AtG.

[46] Vgl. nur *Windthorst* (Fn. 20), Art. 87c Rn. 22; *Schwarz* (Fn. 2), Art. 87c Rn. 23; *Horn* (Fn. 2), Art. 87c Rn. 35.

[47] S. nur *Horn* (Fn. 2), Art. 87c Rn. 41; *Windthorst* (Fn. 20), Art. 87c Rn. 23; dagegen, weil der »Einheitsthese« nach der Neufassung des Art. 84 I GG durch die Föderalismusreform die Grundlage entzogen sei, *H.-H. Trute*, Verwaltungskompetenzen und Art. 33 Abs. 5, in: C. Starck (Hrsg.), Föderalismusreform, 2007, Rn. 147 ff. (186); krit. auch *Remmert* (Fn. 42), Art. 87c Rn. 4.

[48] *Uerpmann-Wittzack* (Fn. 33), Art. 87c Rn. 6; *Windthorst* (Fn. 20), Art. 87c Rn. 23; *Horn* (Fn. 2), Art. 87c Rn. 42 f.; s. dazu auch *C. Pestalozza*, ZRP 1976, 153 (156).

[49] So zur vergleichbaren Frage der Übertragung von Aufgaben der Luftverkehrsverwaltung auf

Während über diesen Maßstab weitgehender Konsens zu herrschen scheint, zeigten sich bei seiner Anwendung auf das »Atomausstiegsgesetz« aus dem Jahr 2002[50] und auf das Gesetz über die Laufzeitverlängerung aus dem Jahr 2010 (»Wieder-Einstieg«)[51] erhebliche Meinungsverschiedenheiten zur Frage der Zustimmungsbedürftigkeit. Das Gesetz aus dem Jahr 2011 zum erneuten und beschleunigten Ausstieg[52] bedurfte nicht der Zustimmung des Bundesrates[53]. Wegen der **bundesstaatlichen Schutzfunktion des Zustimmungsvorbehaltes** zugunsten der Länder gilt dieser nicht, wenn die gesetzliche Anordnung der Auftragsverwaltung nachträglich aufgehoben oder ihr Umfang reduziert und auf diese Weise wieder die »Normallage« des landeseigenen Vollzugs hergestellt wird[54].

III. Rechtsfolgen der Bestimmung von Auftragsverwaltung

1. Landesverwaltung unter Einfluß des Bundes

12 Was die genaue Verteilung der Verwaltungskompetenzen zwischen Bund und Ländern und insbesondere den Inhalt und den Umfang der Einflußmöglichkeiten des Bundes angeht, wenn er von der in Art. 87c GG eröffneten Möglichkeit Gebrauch macht, so trifft diese Norm selbst keine diesbezüglichen Regelungen. Es gelten deshalb die **allgemeinen Regeln des Art. 85 GG** ohne Einschränkungen und ohne Modifikationen[55]. Auf die dortigen Ausführungen insbesondere zur Grundstruktur der Kompe-

---

die Länder als Auftragsverwaltung nach Art. 87d II GG BVerfGE 126, 77 (105, Rn. 142): »wesentlich andere Bedeutung und Tragweite«; ähnlich bereits BVerfGE 48, 127 (184), zu Art. 87b II 1 GG; zur parallelen Problematik bei Art. 84 I 6 GG → Art. 84 Rn. 42, 70; aus der Lit. s. etwa *K. Engelken*, BayVBl. 2011, 65 (68 f.); *A. Funke*, VerwArch. 103 (2012), 290 (309 ff.).

[50] Dieses Gesetz zur geordneten Beendigung der Kernenergienutzung (Fn. 21) war – entgegen *Horn* (Fn. 2), Art. 87c Rn. 47; *Remmert* (Fn. 42), Art. 87c Rn. 4.1; *K. Ruge*, in: Schmidt-Bleibtreu/Hofmann/Henneke, GG, Art. 87c Rn. 7 – nicht zustimmungsbedürftig, weil es die Vollzugsaufgaben nicht wesentlich verändert, insbesondere nicht zu einer Vermehrung von Vollzugsaufgaben geführt hat; wie hier *Windthorst* (Fn. 20), Art. 87c Rn. 24a; *R. Geulen/R. Klinger*, NVwZ 2010, 1118 (1122 f.); *H.-J. Papier*, NVwZ 2010, 1113 (1116); *J. Wieland*, ZNER 2010, 321 (323, 328).

[51] Die Zustimmungsbedürftigkeit des Elften Gesetzes zur Änderung des Atomgesetzes vom 8.12.2010 (BGBl. I 2010 S. 1814) bejahend etwa *O. Däuper/S. Michaels/R. Ringwald*, ZUR 2010, 451 (455); *W. Frenz*, ZNER 2011, 277 (277 f.); *H. Gaßner/J.-E. Kendzia*, ZUR 2010, 456 (460); *R. Geulen/R. Klinger*, NVwZ 2010, 1118 (1123); *J.-E. Kendzia*, DÖV 2011, 359 (362); *H.-J. Papier*, NVwZ 2010, 1113 (1116); *J. Wieland*, ZNER 2010, 321 (327 f.); *Remmert* (Fn. 42), Art. 87c Rn. 4; dagegen etwa *M. Burgi*, NJW 2011, 561 (567); *S. de Witt*, NVwZ 2010, 1467 (1468); *M. Kotulla/A. Kilic*, NVwZ 2010, 1449 (1450 f.); *C. Moench/M. Ruttloff*, DVBl. 2010, 865 (873); *R. Scholz*, NVwZ 2010, 1385 (1390); *K.-A. Schwarz*, JZ 2010, 1118 (1121 f.).

[52] Dreizehntes Gesetz zur Änderung des Atomgesetzes vom 31.7.2011 (BGBl. I S. 1704); dazu *D. Sellner/F. Fellenberg*, NVwZ 2011, 1025 ff.

[53] So auch *Remmert* (Fn. 42), Art. 87c Rn. 4.5; *Windthorst* (Fn. 20), Art. 87c Rn. 24c.

[54] *Uerpmann-Wittzack* (Fn. 33), Art. 87c Rn. 6; *Durner* (Fn. 22), Art. 87c Rn. 9; *Trute*, Verwaltungskompetenzen (Fn. 47), Rn. 187; *Remmert* (Fn. 42), Art. 87c Rn. 4; *Schwarz* (Fn. 2), Art. 87c Rn. 30; a. A. *Horn* (Fn. 2), Art. 87c Rn. 49 f.

[55] *Schwarz* (Fn. 2), Art. 87c Rn. 10, 44; *Zieger/Bischof* (Fn. 3), Art. 87c Rn. 24; *Windthorst* (Fn. 20), Art. 87c Rn. 27; *Uerpmann-Wittzack* (Fn. 33), Art. 87c Rn. 7; *Horn* (Fn. 2), Art. 87c Rn. 6, 51, der zutreffend darauf hinweist, daß die Rechtsprechung zur Auftragsverwaltung zwar fast ausschließlich den Kernenergiesektor betrifft, die hierzu entwickelten Regeln aber die Auslegung und Anwendung des Art. 85 GG allgemein betreffen und insoweit keine Spezifika des Art. 87c GG darstellen. Das gilt auch für die insbesondere in der Atomaufsicht aufgeworfene Frage, ob »Ausführung« durch die Länder auch das »informale« Verwaltungshandeln umfasst; dazu BVerfGE 104, 249 (266, Rn. 75); *Durner* (Fn. 22), Art. 87c Rn. 11. → Art. 85 Rn. 39 ff.

tenzverteilung zwischen Bund und Ländern (→ Art. 85 Rn. 17ff.), die durch die Unterscheidung zwischen der stets bei den Ländern verbleibenden Wahrnehmungskompetenz und der durch Weisung auf den Bund übergehenden Sachkompetenz geprägt ist, zur normativen Steuerung durch den Bund (→ Art. 85 Rn. 27ff., 30), zum einzelfallbezogenen Weisungsrecht der obersten Bundesbehörde (→ Art. 85 Rn. 36ff.) sowie zur Durchsetzung von und zum Rechtsschutz gegen Weisungen (→ Art. 85 Rn. 59ff.) kann deshalb verwiesen werden[56].

2. Einzelfragen zur Reichweite der Auftragsverwaltung

Schwierigkeiten können sich bei der verfassungsrechtlich notwendigen (→ Art. 85 Rn. 12, 63) Bestimmung der Verwaltungsaufgaben ergeben, die dem Bereich der Auftragsverwaltung nach Art. 87c GG zuzuordnen sind und auf die sich deshalb auch das Weisungsrecht nach Art. 85 III 1 GG bezieht. Da es sich bei Art. 87c GG um einen Fall der fakultativen Auftragsverwaltung handelt, erfolgt diese **Bestimmung** nicht **durch die** Verfassung selbst, sondern muß den **einschlägigen Bundesgesetze**n (→ Rn. 9f.) entnommen werden. Dies hat zur Folge, daß das Bundesverfassungsgericht im Rahmen eines Bund-Länder-Streits, in dem darüber gestritten wird, ob sich eine Weisung noch innerhalb des bundesgesetzlich umschriebenen Bereichs der Auftragsverwaltung bewegt, als Vorfrage »einfaches« Bundesrecht auslegen muß. An der verfassungsrechtlichen Natur des Streits ändert dies nichts[57]. 13

Die Aufsichtsrechte des Bundes erfassen auch die **Ausführung anderer als der auf der Grundlage von Art. 73 I Nr. 14 GG ergangenen Fachgesetze**, sofern deren Vollzug in das atomrechtliche Verwaltungsverfahren und in die abschließende Entscheidung in der Weise eingebunden sind, daß nur eine einheitliche Entscheidung ergehen kann[58]. Entscheidendes Kriterium ist also der Umfang der **Konzentrationswirkung**[59]. Durch sie werden andere Bereiche in die Auftragsverwaltung nach Art. 87c GG einbezogen[60]. Das Argument, damit sei das Bundesministerium als weisungszuständige Behörde wegen fehlenden Sachverstandes für die einbezogenen Bereiche überfordert, ist nicht überzeugend, weil damit jegliche Konzentrationswirkung unabhängig von der Existenz eines Weisungsrechts der obersten Bundesbehörde für unzulässig erklärt werden könnte[61]. Die frühere Unterscheidung zwischen formeller – auf das Verfahren und die Entscheidungszuständigkeit bezogener – und materieller[62] – den Anwendungsbe- 14

[56] Ausführlich zu den Einwirkungsbefugnissen des Bundes *T. Grapperhaus*, Die verfassungsrechtlichen Grundlagen der Verwaltungskompetenzen im Atomgesetz, 2002, S. 90ff.; exemplarisch zu einigen – aus Art. 85 GG zu beantwortenden – Fragen der konkreten Ausgestaltung der Auftragsverwaltung im Atomrecht war das Moratorium (Biblis) aus dem Jahr 2011: BVerwG DVBl. 2014, 303 (304ff.).

[57] Genauer dazu: → Art. 85 Rn. 63.

[58] *W. Blümel*, HStR IV, § 101 Rn. 65; *Horn* (Fn. 2), Art. 87c Rn. 16f.; unentschieden *Uerpmann-Wittzack* (Fn. 33), Art. 87c Rn. 8; zu den Grenzen dieses Weisungsrechts, z.B. aus der Pflicht des Bundes zu bundesfreundlichem Verhalten, siehe *K. Lange*, NVwZ 1990, 928 (930); ausführlich zu Bindungen des Bundes bei der Ausübung des Weisungsrechts *K. Lange*, Das Weisungsrecht des Bundes in der atomrechtlichen Auftragsverwaltung, 1990, S. 64ff., 75ff.

[59] *Horn* (Fn. 2), Art. 87c Rn. 18; *Durner* (Fn. 22), Art. 87c Rn. 26; *Remmert* (Fn. 42), Art. 87c Rn. 5.2.

[60] *F. Ossenbühl*, DVBl. 1991, 833 (835).

[61] So zutreffend *F. Ossenbühl*, DVBl. 1991, 833 (835).

[62] S. dazu *R. Steinberg*, AöR 110 (1985), 419 (428); *T. Tschentscher*, Bundesaufsicht in der Bundesauftragsverwaltung, 1992, S. 126.

reich »paralleler« Fachgesetze ausschließender – Konzentrationswirkung ist überholt, seitdem selbst für die planfeststellungsrechtliche[63] Konzentrationswirkung ihr nur formeller Charakter anerkannt ist[64]. Verbleibende Abgrenzungsfragen in Einzelfällen[65] sind danach zu entscheiden, ob lediglich eine einheitliche Entscheidung ergehen kann und ob ein auf der Grundlage von Art. 73 I Nr. 14 GG erlassenes Bundesgesetze diese Entscheidung im Fall eines Konfliktes mit anderen Behörden in die alleinige Zuständigkeit der für den Vollzug des Atomrechts zuständigen Behörde legt. Eine solche Einbindung »atomrechtsfremder« Belange in das atomrechtliche Verfahren führt dann notwendiger- und zulässigerweise zu einer Erweiterung der Auftragsverwaltung[66]. Die Befugnis zur außenwirksamen Verwaltungsentscheidung verbleibt allerdings allein bei den Ländern[67] (→ Rn. 12).

IV. Zur Zulässigkeit von Bundesverwaltung

15 Umstritten ist, ob und in welchem Umfang der Bund »neben« Art. 87c GG die Ausführung von Gesetzen nach Art. 73 I Nr. 14 GG an sich ziehen und in die Hände von Behörden der Bundesverwaltung (→ Art. 86 Rn. 23 ff.) legen kann. Die Frage ist aktuell und von erheblicher Brisanz. Denn zum einen kennen sowohl das Atomgesetz als auch das Strahlenschutzvorsorgegesetz nicht allein die Auftragsverwaltung, sondern auch Vollzugsaufgaben, die in der Form der bundeseigenen Verwaltung wahrgenommen werden[68] und dazu zahlreiche **Zuständigkeiten von Bundesoberbehörden** begründen[69]. Zum anderen bleiben auch unter den Bedingungen des Atomausstiegs Überlegungen aktuell, die Atomaufsicht (über den Rückbau von Anlagen) insgesamt in bundeseigene Verwaltung zu überführen[70]. Soweit es dabei nur um die großräumige Ermittlung und Überwachung von Radioaktivität in der Umwelt nach § 2 I StrVG oder

[63] Dazu, daß im atomrechtlichen Planfeststellungsverfahren alle, auch nicht spezifisch atomrechtliche Fragen dem Weisungsrecht unterliegen, s. *Lange*, Weisungsrecht (Fn. 58), S. 53; *F. Ossenbühl*, DVBl. 1991, 833 (835); *Tschentscher*, Bundesaufsicht (Fn. 62), S. 134 f.; *W. Blümel*, HStR IV, § 101 Rn. 65; *F. Ossenbühl*, Verfassungsrecht und atomrechtliches Planfeststellungsverfahren, in: FS Sendler, 1991, S. 107 ff. (110), mit ausführlicheren Anmerkungen zum Verhältnis zur wasserrechtlichen Erlaubnis (§ 14 WHG).

[64] *R. Wahl/J. Dreier*, NVwZ 1999, 606 (609) m. w. N.

[65] Vgl. dazu *G. Winter*, DVBl. 1985, 993 (994 f.); *Tschentscher*, Bundesaufsicht (Fn. 62), S. 127 ff., wo die Grenzwerte für Radioaktivität des wiedereinleitbaren Kühlwassers und die Kontroverse um den atomrechtlichen Anlagenbegriff genannt werden. Umstritten ist, ob sich die atomrechtliche Genehmigung und damit auch das Weisungsrecht auch auf diejenigen Teile der Anlage erstreckt, die keine nuklearspezifische Funktion erfüllen. Ein Beispiel ist die sicherheitstechnische Ausgestaltung von Kühltürmen; dazu BVerwG NVwZ 1986, 208 (215); *H. Wagner*, DVBl. 1987, 917 (920).

[66] *Tschentscher*, Bundesaufsicht (Fn. 62), S. 135.

[67] *R. Steinberg*, AöR 110 (1985), 419 (422); *Lange*, Weisungsrecht (Fn. 58), S. 76 f.; *H. Wagner*, DVBl. 1987, 917 (917 f.).

[68] Vgl. § 10 I 1 StrVG (»Dieses Gesetz und die auf Grund dieses Gesetzes erlassenen Rechtsverordnungen werden im Auftrag des Bundes durch die Länder ausgeführt, soweit nicht bundeseigene Verwaltung vorgesehen ist.«) und § 24 I 1 AtG (»Die übrigen Verwaltungsaufgaben nach dem Zweiten Abschnitt und den hierzu ergehenden Rechtsverordnungen werden im Auftrage des Bundes durch die Länder ausgeführt.«).

[69] Vgl. §§ 4 I, 11 StrVG; §§ 22, 23, 23a AtG.

[70] S. dazu nur die Beiträge von *W. Renneberg*, Atomaufsicht – Bundesauftragsverwaltung oder Bundeseigenverwaltung aus der Sicht optimaler Aufgabenerfüllung, und *W. Cloosters*, Bundesauftragsverwaltung oder Bundeseigenverwaltung?, in: F. Ossenbühl (Hrsg.), Deutscher Atomrechtstag 2004, 2005, S. 173 ff., 183 ff.

die Genehmigung grenzüberschreitender Kernbrennstofftransporte gem. § 22 AtG geht, mag diese Zuordnung zur Bundesebene noch mit Hilfe **ungeschriebener Verwaltungskompetenzen** zu rechtfertigen sein[71]. Das gilt etwa auch für die Zuständigkeit des Bundesministeriums für Umwelt, Naturschutz und Reaktorsicherheit für die Entscheidung betreffend Elektrizitätsmengenübertragungen gem. § 7 Ib AtG[72]. Diese Möglichkeit besteht dagegen dann nicht, wenn von einer Stelle des Bundes Aufgaben wahrzunehmen sind, die einen deutlichen örtlichen Bezug aufweisen[73], wie dies z. B. bei der in die Zuständigkeit des Bundesamtes für Strahlenschutz fallenden Genehmigung der Aufbewahrung von Kernbrennstoffen (§ 23 I Nr. 4 AtG) der Fall ist[74].

Soweit sich eine Bundesverwaltungskompetenz kraft Natur der Sache nicht begründen läßt und deshalb ein Konflikt mit der in Art. 87c GG als einzigem zulässigen Einflußinstrument des Bundes vorgesehenen Form der Auftragsverwaltung in Rede steht, ist zunächst auf die Zuständigkeit des jeweiligen **Ministers als oberster Bundesbehörde nach Art. 85 III 1 GG** hinzuweisen. Sie gehört zum regulären Instrumentarium der Auftragsverwaltung und steht deswegen als Folge der in Art. 87c GG eröffneten Möglichkeit zu dieser Norm nicht in Widerspruch. Von dieser Zuständigkeit des Ministers gedeckt sind diesen beratende Einrichtungen wie die Reaktorsicherheitskommission, der Kerntechnische Ausschuß und ähnliche Gremien[75]. 16

Wenn dagegen Vollzugsaufgaben im Bereich des Atom- und Strahlenschutzrechts von Bundesoberbehörden wahrgenommen werden (→ Rn. 15), kommt es entscheidend auf das umstrittene[76] **Verhältnis zwischen Art. 87c GG und Art. 87 III GG** an, der eine fakultative Bundesverwaltungskompetenz in Bereichen begründet, in denen dem Bund die Gesetzgebungskompetenz zusteht. Von manchen wird dieses Verhältnis in der Weise bestimmt, daß **Art. 87c GG** gegenüber Art. 87 III GG die **speziellere Norm** darstellt und es dem Bund folglich nicht möglich ist, die in Art. 87c GG vorgesehene Auftragsverwaltung durch Formen bundeseigener Verwaltung zu ersetzen oder zumindest zu ergänzen[77]. Sowohl die Errichtung neuer Bundesatombehörden als auch die Zuteilung von atomrechtlichen Befugnissen an bereits bestehende Bundesbehörden wäre danach als verfassungswidrig anzusehen. 17

---

[71] Wobei hierfür die bloße Überregionalität oder gesamtstaatliche Bedeutung einer Aufgabe nicht ausreicht (→ Art. 86 Rn. 19), so daß für einige der in §§ 2, 11 StrVG bestimmten Bundesaufgaben Zweifel an der erforderlichen ungeschriebenen Bundesverwaltungskompetenz bestehen.

[72] Dazu *P. M. Huber*, DVBl. 2003, 157 (161).

[73] Insofern kann *H. Wagner*, NJW 2000, 1538 (1538), nicht zugestimmt werden, wenn er meint, daß Bundesbehörden nach den §§ 22, 23 I, 23a AtG vor allem bei Vorgängen von überregionaler Bedeutung ergänzend zuständig seien. Ob allerdings im Atomrecht das Regel-Ausnahme-System des Art. 83 GG in sein Gegenteil verkehrt ist, wie *M. Rodi*, NJW 2000, 7 (8), annimmt, muß schon deshalb bezweifelt werden, weil die nach Art. 87c GG fakultativ zulässige Auftragsverwaltung selbst eine Ausnahme im Sinne des Art. 83 GG darstellt und nicht erst die Einschaltung von Bundesbehörden in den Gesetzesvollzug.

[74] *C. Degenhart*, DVBl. 2006, 1125 (1130 ff.); a. A. BVerwG NVwZ 2007, 88 (88).

[75] *Zieger/Bischof* (Fn. 3), Art. 87c Rn. 141; *Uerpmann-Wittzack* (Fn. 33), Art. 87c Rn. 10; Übersicht bei *Kus*, Unabhängigkeit (Fn. 12), S. 75 ff.

[76] Überblick über den Streitstand bei *Kus*, Unabhängigkeit (Fn. 12), S. 125 ff.; *Grapperhaus*, Grundlagen (Fn. 56), S. 196 ff.; BVerfG (K), DVBl. 2009, 642 (644 f.).

[77] So mit ausführlicher Begründung und w. Nachw. *M. Burgi*, NVwZ 2005, 247 (250 f.); *ders./G. F. Schuppert*, Die Überführung der Atomaufsicht in Bundeseigenverwaltung?, 2005, S. 16 ff., 57; *C. Degenhart*, DVBl. 2006, 1125 (1130 ff.); bezogen auf Art. 90 II GG auch BVerwGE 62, 342 (344).

18 Andere dagegen meinen, **Art. 87 III GG** sei **neben Art. 87c GG anwendbar**[78]. Dieser Auffassung hat sich auch das Bundesverfassungsgericht angeschlossen[79]. Für die Anwendbarkeit von Art. 87 III GG wird zum einen auf die Entstehungsgeschichte verwiesen, aus der eindeutig hervorgehe, daß für die Ausführung von atom- und strahlenschutzrechtlichen Bundesgesetzen auch die Verwaltung durch Bundesoberbehörden und bundesunmittelbare Körperschaften und Anstalten des öffentlichen Rechts möglich sein sollte[80]. Außerdem soll Art. 87c GG die Anwendbarkeit von Art. 87 III GG nicht verdrängen können, weil beide Normen unterschiedliche »Regelungsgehalte« hätten[81]. Denn während Art. 87c GG lediglich Einwirkungsbefugnisse des Bundes auf den Landesvollzug ermögliche, sei Art. 87 III GG eine Kompetenznorm, die es dem Bund erlaube, die Verwaltungszuständigkeit an sich zu ziehen.

19 Teilweise wird bezüglich der Anwendbarkeit des Art. 87 III GG zwischen dessen Satz 1 und 2 unterschieden[82]. Die Einrichtung von **bundeseigenen Mittel- und Unterbehörden** komme nicht in Betracht, weil es an der nach Art. 87 III 2 GG erforderlichen Neuheit der Aufgabe für den Bund fehle, nachdem sich der Verfassungsgesetzgeber bei der Einfügung des Art. 87c GG mit der Materie Kernenergie befaßt habe[83]. Außerdem widerspreche ein eigener Verwaltungsunterbau dem Wesen der Auftragsverwaltung, durch die eine zweigleisige Verwaltungsorganisation gerade vermieden werden sollte[84]. Einer Einrichtung von Bundesoberbehörden oder anderen Verwaltungseinheiten ohne eigenen Unterbau stehe dagegen nichts entgegen. Bei einigen der durch das Atomgesetz Stellen bundeseigener Verwaltung zugewiesenen Aufgaben wird allerdings bezweifelt, ob sie die nach Art. 87 III 1 GG für eine Überführung in Bundesvollzug notwendige Voraussetzung erfüllen, zentral, d. h. vor allem ohne nähere Kenntnis spezifischer örtlicher Zusammenhänge, wahrgenommen werden zu können[85].

20 Art. 87c GG ist entgegen diesen zuletzt erwähnten Ansichten (→ Rn. 18f.) in vollem Umfang als lex specialis gegenüber Art. 87 III GG anzusehen (→ Rn. 17). Die Rede von dem unterschiedlichen Regelungsgehalt beider Normen (→ Rn. 18) verkennt in grundlegender Art und Weise Funktion und Systematik des VIII. Abschnitts, weil dieser mit den speziellen Vorschriften über die bundeseigene und über die Bundesauftragsverwaltung eigene Verwaltungskompetenzen des Bundes *und* den Einfluß auf die Landesverwaltung begrenzen soll. Dies muß zur Subsidiarität der Generalklausel des Art. 87 III GG führen, weil anderenfalls die Begrenzungsfunktion aller Spezialregelungen des VIII. Abschnitts umgangen werden könnte (→ Art. 87 Rn. 72 ff.). Im Anwendungsbe-

---

[78] Etwa *Horn* (Fn. 2), Art. 87c Rn. 56ff.; *Durner* (Fn. 22), Art. 87c Rn. 31; *Schwarz* (Fn. 2), Art. 87c Rn. 48; *G. Britz*, DVBl. 1998, 1167 (1169, 1173); *Kus*, Unabhängigkeit (Fn. 12), S. 130.

[79] Ohne jedes Problembewußtsein und dementsprechend ohne Begründung BVerfGE 104, 238 (247, Rn. 32); unter Berufung auf diese Entscheidung auch BVerwG NVwZ 2007, 88 (88). Eine – allerdings wenig überzeugende – Begründung nachgeliefert hat dann eine Kammerentscheidung: BVerfG (K), DVBl. 2009, 642 (644f.); dazu *M. Fillbrandt*, DVBl. 2009, 648 (649f.).

[80] *Zieger/Bischof* (Fn. 3), Art. 87c Rn. 25; BVerfG (K), DVBl. 2009, 642 (645).

[81] Zu diesem Argument unterschiedlicher »Regelungsgehalte« BVerfG (K), DVBl. 2009, 642 (644f.).

[82] So etwa *H.-P. Bull*, in: AK-GG, Art. 87c (2001), Rn. 16; Jarass/*Pieroth*, GG, Art. 87c Rn. 1; *Schwarz* (Fn. 2), Art. 87c Rn. 49; *Ruge* (Fn. 50), Art. 87c Rn. 9.

[83] *Uerpmann-Wittzack* (Fn. 33), Art. 87c Rn. 9; *Windthorst* (Fn. 20), Art. 87c Rn. 31; *Grapperhaus*, Grundlagen (Fn. 56), S. 216.

[84] *Windthorst* (Fn. 20), Art. 87c Rn. 8, 31.

[85] *R. Steinberg*, Verfassungsrechtliche Fragen einer Reform des Atomgesetzes, insbesondere der Verteilung der Verwaltungskompetenzen im Bundesstaat, in: R. Lukes/A. Birkhofer (Hrsg.), Neuntes Deutsches Atomrechts-Symposium, 1991, S. 67ff. (71f.); *G. Britz*, DVBl. 1998, 1167 (1173).

reich von Art. 87c GG kann also **Art. 87 III GG insgesamt nicht zur Anwendung** kommen. Mit der Einfügung des Art. 87c GG hat der verfassungsändernde Gesetzgeber abschließend über das Maß an Zentralität und die dem Bund zukommenden Einflußmöglichkeiten in der Kernenergieverwaltung entschieden. Für Bundesverwaltungszuständigkeiten, die über das hinausgehen, was kraft einer ungeschriebenen Kompetenz gerechtfertigt werden kann, müßte in Art. 87c GG die Alternative der bundeseigenen Verwaltung eingefügt werden[86]. Die Betrauung einer Bundesoberbehörde mit atomrechtlichen Vollzugsaufgaben stellt insbesondere eine Umgehung des in Art. 85 GG enthaltenen Verbots des Selbsteintrittsrechts des Bundes (→ Art. 85 Rn. 45) dar[87].

D. Verhältnis zu anderen GG-Bestimmungen

Art. 87c GG läßt mit dem Vollzugstyp der Auftragsverwaltung eine Abweichung von der Grundregel des **Art. 83 GG** zu. Die Rechtsfolgen einer gesetzlichen Bestimmung der Auftragsverwaltung ergeben sich aus **Art. 85 GG**. Neben der Norm des Art. 87c GG, die den Bedarf nach gesamtstaatlicher Steuerung und Kontrolle auf dem Gebiet des Atom- und Strahlenschutzrechts befriedigt und gleichzeitig begrenzt, ist **Art. 87 III GG** als allgemeine Generalklausel für Bundesverwaltungskompetenzen nicht anwendbar (→ Rn. 17, 20). 21

[86] So im Ergebnis auch *Steinberg*, Reform (Fn. 85), S. 72.

[87] Nach *G. Britz*, DVBl. 1998, 1167 (1169), könnte in dieser Umgehung und der damit verbundenen Vermeidung politischer Auseinandersetzungen zwischen Bundes- und Landesebene ein Motiv für die Vereinnahmung atomrechtlicher Befugnisse durch den Bund zu sehen sein.

Artikel 87d [Luftverkehrsverwaltung]

(1) [1]Die Luftverkehrsverwaltung wird in Bundesverwaltung geführt. [2]Aufgaben der Flugsicherung können auch durch ausländische Flugsicherungsorganisationen wahrgenommen werden, die nach Recht der Europäischen Gemeinschaft zugelassen sind. [3]Das Nähere regelt ein Bundesgesetz.

(2) Durch Bundesgesetz, das der Zustimmung des Bundesrates bedarf, können Aufgaben der Luftverkehrsverwaltung den Ländern als Auftragsverwaltung übertragen werden.

Literaturauswahl

Baumann, Karsten: Private Luftfahrtverwaltung, 2002.
Bues, Micha-Manuel: Der »Single European Sky«, 2012.
Droege, Michael: Bundeseigenverwaltung durch Private? – Die Reform der Flugsicherung und die Verfassungsgrenzen der Privatisierung, in: DÖV 2006, S. 861–867.
Hobe, Stephan/Plingen, Christian: Möglichkeiten der Privatisierung der DFS Deutsche Flugsicherung GmbH unter besonderer Berücksichtigung der Single European Sky Verordnungen, in: ZLW 56 (2007), S. 349–366.
Hüttel, Maximilian: Rechtsfragen des einheitlichen europäischen Luftraums, 2014.
Pabst, Heinz-Joachim/Schwartmann, Rolf: Privatisierte Staatsverwaltung und staatliche Aufsicht, in: DÖV 1998, S. 315–323.
Riedel, Norbert/Schmidt, Axel: Die Nichtausfertigung des Gesetzes zur Privatisierung der Flugsicherung durch den Bundespräsidenten, in: DÖV 1991, S. 371–375.
Schneider, Peter: Die Abwehr äußerer Gefahren im Luftverkehr, 1993.
Schoch, Friedrich: Vereinbarkeit des Gesetzes zur Neuregelung der Flugsicherung mit Art. 87d GG, 2006.
Schwenk, Walter/Giemulla, Elmar: Handbuch des Luftverkehrsrechts, 4. Aufl. 2013.
Tams, Christian: Art. 87d I GG und die Neuordnung der Flugsicherung, in: NVwZ 2006, S. 1226–1229.
Trampler, Hans-Peter: Verfassungs- und unternehmensrechtliche Probleme der bundesdeutschen Flugsicherung, 1993.

Siehe auch die Angaben zu Art. 86 und 87 GG.

Leitentscheidungen des Bundesverfassungsgerichts

BVerfGE 58, 1 (31 ff.) – Eurocontrol I; 97, 198 (214 ff., Rn. 80 ff.) – Bundesgrenzschutz; 115, 118 (139 ff., Rn. 84 ff.) – Luftsicherheitsgesetz I; 126, 77 (98 ff., Rn. 124 ff.) – Privatpilot.

Gliederung

Stichwörter

A. Herkunft, Entstehung, Entwicklung

Die **Entwicklung des Luftverkehrs** als Gegenstand staatlicher Einflußnahme und Steuerung begann mit der Zunahme seiner Bedeutung im Ersten Weltkrieg. Der Feldflugchef schlug die Bildung eines Luftministeriums nach englischem Vorbild zur Regelung aller einschlägigen Verkehrsfragen vor. Die Einrichtung scheiterte jedoch am Widerstand der Länder. Nach Kriegsende wurde das Reichsluftamt gegründet, das zunächst dem Reichsamt des Inneren unterstand und ab dem 3.1.1920 in die Abteilung für Luft- und Kraftfahrwesen des neugegründeten Reichsverkehrsministeriums eingegliedert wurde. Seine Betätigung[1], der durch den Versailler Vertrag enge Grenzen gesetzt waren[2], beruhte unter Geltung der Weimarer Reichsverfassung auf zweifelhafter Grundlage, weil diese in Art. 7 Nr. 19 WRV lediglich eine Gesetzgebungskompetenz, nicht aber eine Verwaltungskompetenz für das Reich begründete[3]. 1

Das am 23.5.1949 in Kraft getretene Grundgesetz (→ Art. 145 Rn. 10) enthielt neben der Regelung der ausschließlichen Gesetzgebungszuständigkeit in Art. 73 Nr. 6 GG keine weitergehende Vorschrift über die Verwaltungszuständigkeit des Bundes auf dem Gebiet des Luftverkehrs. Dies resultierte daraus, daß die Materie der Luftverkehrsverwaltung gemäß Art. 2a des **Besatzungsstatuts** vom 12.5.1949[4] ausschließlich 2

---

[1] Zu den Aufgaben des Reichsluftamtes vgl. *G. Lassar*, JöR 14 (1926), 1 (217f.); sowie *J. Salzwedel*, Die Aufgaben des Reichsverkehrsministeriums, in: Dt. VerwGesch, Bd. 4, S. 260ff. (264).

[2] Vgl. hierzu *Salzwedel*, Aufgaben (Fn. 1), S. 264; sowie *G. Lassar*, JöR 14 (1926), 1 (217).

[3] *W. Durner*, in: Friauf/Höfling, GG, Art. 87d (2006), Rn. 2.

[4] ABl. der Alliierten Hohen Kommission für Deutschland 1949, S. 13; vgl. dazu *J. Hübener*, DÖV 1951, 201 (201); *H.-P. Trampler*, Verfassungs- und unternehmensrechtliche Probleme der bundesdeutschen Flugsicherung, 1993, S. 35f.

den Besatzungsmächten vorbehalten war. Noch unter diesen Rahmenbedingungen wurden durch Gesetz auf der Grundlage von Art. 87 III 1 GG als Bundesoberbehörden die **Bundesanstalt für Flugsicherung**[5] und das **Luftfahrt-Bundesamt**[6] errichtet.

3 Nach Beendigung des Besatzungsregimes am 5.5.1955 bot das Grundgesetz die Alternativen der Überführung in landeseigene Verwaltung nach Art. 83 GG oder in bundeseigene Verwaltung nach Art. 87 III GG. Anstelle einer eindeutigen Entscheidung wurde eine **Verwaltungsvereinbarung zwischen Bund und Ländern** geschlossen[7]. Diese – insgesamt eher notdürftige – Lösung stieß in mehrerlei Hinsicht auf **Bedenken**. Zum einen erschien die Verwaltungsvereinbarung wegen des Vorbehalts des Gesetzes fragwürdig[8]. Zum anderen war im Rahmen der Auslegung des Art. 87 III 2 GG zweifelhaft, ob Aufgaben der Luftverkehrsverwaltung als neue Aufgaben im Sinne dieser Vorschrift anzusehen seien[9]. Daher sollte eine grundsätzliche Verwaltungszuständigkeit des Bundes begründet werden, verbunden mit der Möglichkeit einer begrenzten Bundesauftragsverwaltung. Landeseigene Verwaltung wurde nicht in Betracht gezogen, da die Verwaltungsaufgaben des Luftrechts ein einheitliches Ganzes bildeten, das einer zentralen Regelung bedürfe[10]. Auch wurde die Meinung vertreten, für eine bundeseigene Verwaltung sprächen die gleichartige Regelung der anderen Verkehrsbereiche durch das Grundgesetz, der überregionale Charakter des Luftverkehrs sowie die Tatsache, daß ein Großteil der Aufgaben der Luftverkehrsverwaltung bereits beim Bund liege[11]. Dafür bedurfte es als Abweichung vom Grundsatz des Art. 83 GG einer eigenen verfassungsrechtlichen Regelung. Diese wurde durch das Gesetz zur Einfügung eines Artikels über die Luftverkehrsverwaltung in das Grundgesetz vom **6.2.1961**[12] in Gestalt des **Art. 87d GG** geschaffen, der allerdings in seinem Absatz 1 abweichend von der heutigen Fassung nur vorsah, daß die Luftverkehrsverwaltung in **bundeseigener Verwaltung** geführt wird.

4 Der weitere Verlauf der Entwicklung des Art. 87d GG ist – parallel zur Anpassung an die Entwicklungen des Unionsrechts (→ Rn. 9ff.) – die Geschichte gescheiterter Versuche einer Privatisierung der Flugsicherung und entsprechender Reaktionen des verfassungsändernden Gesetzgebers. Der erste Versuch, eine **Organisationsprivatisierung** der Flugsicherung auf gesetzlichem Wege durch bloße Änderung des Luftverkehrsgesetzes zu erreichen[13], scheiterte 1991 an der **Weigerung** des damaligen **Bundespräsidenten** v. Weizsäcker, dieses Gesetz auszufertigen[14]. Hauptargumente waren

---

[5] Gesetz über die Bundesanstalt für Flugsicherung v. 23.3.1953 (BGBl. I S. 70); ausführlich zur BFS: *J. H. Lischka*, VerwArch. 79 (1988), 445 ff.

[6] Gesetz über das Luftfahrt-Bundesamt v. 30.11.1954 (BGBl. I S. 354).

[7] Verwaltungsvereinbarung über die Abgrenzung der Verwaltungsbefugnisse zwischen Bund und Ländern auf dem Gebiet der zivilen Luftfahrt v. 8.7.1955 (Verkehrsblatt 9 [1955], 379 ff.).

[8] Vgl. die Begründung zum Entwurf eines Gesetzes zur Einfügung eines Artikels über die Luftverkehrsverwaltung in das Grundgesetz, BT-Drs. 3/1534, S. 2.

[9] *T. Maunz*, in: Maunz/Dürig, GG, Art. 87d (1962), Rn. 1.

[10] So die Begründung (Fn. 8), BT-Drs. 3/1534, S. 3.

[11] So der Staatssekretär Dr. Seiermann in der 97. Sitzung des Bundestages vom 27.1.1960, BT-Prot. 3/5326 ff.; vgl. auch BT-Drs. 3/1534, S. 3.

[12] 11. ÄndG v. 6.2.1961 (BGBl. I S. 65).

[13] Gesetzesentwürfe BT-Drs. 11/6261 und 11/6745; Beschluß des 10. Gesetzes zur Änderung des LuftVG durch den Bundestag am 31.5.1990 (s. BT-Prot. 12/16850).

[14] Ausführlich hierzu *N. Riedel/A. Schmidt*, DÖV 1991, 371 ff. Siehe auch die wortgleichen Schreiben an den Bundeskanzler, die Präsidentin des Deutschen Bundestages und den Präsidenten des Bundesrates vom 22.1.1991 (BT-Drs. 12/67). Zum materiellen Prüfungsrecht des Bundespräsidenten: → Art. 82 Rn. 13.

dabei die Unvereinbarkeit des Gesetzes mit dem Funktionsvorbehalt des Art. 33 IV GG[15], da die Übertragung hoheitlicher sonderpolizeilicher Tätigkeiten auf einen privaten Rechtsträger vorgesehen war, und die Unvereinbarkeit mit der Anordnung der bundeseigenen Verwaltung in Art. 87d I GG a. F.[16].

Um die angestrebte Privatisierung gegen diese Bedenken abzusichern, wurde daraufhin im Jahr **1992** in **Art. 87d I GG** ein **Satz 2** eingefügt[17], der dem einfachen Gesetzgeber die **Wahl zwischen öffentlich-rechtlicher und privatrechtlicher Organisationsform** eröffnete. Flugsicherungsaufgaben sollten künftig von einer Gesellschaft privaten Rechts wahrgenommen werden (→ Rn. 35)[18]. Die bestehende Bundesanstalt für Flugsicherung könne den Anforderungen des Luftverkehrs nicht mehr entsprechen; für notwendig erachtet wurde eine Steigerung ihrer Effizienz[19]. Auch biete eine GmbH größere Flexibilität bei Investitionsentscheidungen[20] sowie auf dem Personalsektor[21]. Nachdem auf diese Weise der verfassungsrechtliche Weg frei gemacht war, erfolgte noch im Jahr 1992 die **Organisationsprivatisierung** der Flugsicherung[22]. Seit dem 1.1.1993 nahm die DFS Deutsche Flugsicherung GmbH die Flugsicherungsaufgaben als vom Bund mit hoheitlichen Befugnissen Beliehene wahr. 5

Im Jahr **2006** unternahm der Gesetzgeber dann mit dem Entwurf eines Gesetzes zur Neuregelung der Flugsicherung[23] den Versuch, eine **Kapitalprivatisierung** zu ermöglichen, obwohl die Qualifikation der von der DFS wahrgenommenen Aufgaben als dem »Kernbereich staatlicher Aufgaben«[24] zugehörige Hoheitsaufgaben beibehalten wurde. Konsequenterweise sah der Entwurf eine Beleihung der DFS mit der Wahrnehmung dieser Hoheitsaufgaben vor und bemühte sich um ausreichende Ingerenzrechte des geplanten Bundesamtes für Flugsicherung. Allerdings **verweigerte** der seinerzeitige **Bundespräsident** Köhler auf der Grundlage gutachtlicher Beratung[25] die **Ausfertigung des Gesetzes** deshalb, weil Art. 87d I 2 GG a. F. nur eine Organisationsprivatisierung und nicht die Beleihung eines kapitalprivatisierten Unternehmens zulasse und unabhängig davon die verwaltungs- und gesellschaftsrechtlichen Steuerungs- und Kontrollrechte des Bundes gegenüber der beliehenen Gesellschaft nicht ausreichend seien[26]. 6

---

[15] Vgl. hierzu auch die Begründung zum Entwurf des 37. Änderungsgesetzes zum Grundgesetz, BT-Drs. 12/1800, S. 3.

[16] Vgl. auch *K. Windthorst*, in: Sachs, GG, Art. 87d Rn. 3; *Durner* (Fn. 3), Art. 87d Rn. 3 m. w. N.

[17] Durch das 37. Gesetz zur Änderung des Grundgesetzes vom 14.7.1992 (BGBl. I S. 1254); s. auch die Begründung des Entwurfs, BT-Drs. 12/1800, S. 3 f.

[18] Zu dem die Deutsche Flugsicherung GmbH betreffenden Gesetzgebungsverfahren vgl. *Trampler*, Flugsicherung (Fn. 4), S. 52 ff.

[19] Entwurf eines Gesetzes zur Änderung des Luftverkehrsgesetzes, BT-Drs. 12/1801, S. 13, wonach die Flugsicherung anderenfalls zu einem »Hemmnis für die Wachstumsentwicklung in der europäischen Luftfahrt« würde. Zu den auch durch die Organisationsform verursachten Problemen der deutschen Flugsicherung auch *J. H. Lischka*, VerwArch. 79 (1988), 445 (449 ff.).

[20] BT-Drs. 12/1801, S. 19.

[21] Vgl. hierzu im einzelnen den Bundesminister für Verkehr Dr. Günther Krause, BT-Prot. 12/7302.

[22] Durch die Einfügung des § 31b I 1 LuftVG mit Gesetz vom 23.7.1992 (BGBl. I S. 130), wonach der zuständige Minister ermächtigt wurde, durch Rechtsverordnung eine GmbH, deren Anteile ausschließlich vom Bund gehalten werden, mit der Aufgabe der Flugsicherung zu beauftragen. Die Beauftragung der DFS GmbH erfolgte dann durch Rechtsverordnung vom 11.11.1992 (BGBl. I S. 1928).

[23] Vom 14.12.2005, BT-Drs. 16/240; zu dessen verfassungsrechtlicher Problematik s. nur *M. Droege*, DÖV 2006, 861 (864 ff.); *J. Tams*, NVwZ 2006, 1226 ff.; *F. Schoch*, Vereinbarkeit des Gesetzes zur Neuregelung der Flugsicherung mit Art. 87d GG, 2006.

[24] BT-Drs. 16/240, S. 18.

[25] *Schoch*, Vereinbarkeit (Fn. 23).

[26] Schreiben des Bundespräsidenten an den Präsidenten des Deutschen Bundestages vom 23.10.

7 Vor diesem Hintergrund hat der verfassungsändernde Gesetzgeber mit der im Jahr **2009** vorgenommenen **Neufassung des Art. 87d I GG**[27] das Ziel verfolgt, mit der Zuordnung der Luftverkehrsverwaltung zur »**Bundesverwaltung**« – anstatt ihrer bisherigen Qualifikation als »bundeseigene Verwaltung« – in dem neu gefaßten Satz 1 des Art. 87d I GG zu ermöglichen, daß Aufgaben der Luftverkehrsverwaltung, die Hoheitsaufgaben bleiben sollen, »nicht nur durch Behörden und Personal des Bundes, sondern auch durch mittelbare Bundesverwaltung einschließlich privater Beliehener« erfüllt werden können[28]. Während sich auf diese Weise nach Auffassung des verfassungsändernden Gesetzgebers die im bisherigen Satz 2 des Art. 87d I GG ermöglichte Wahlfreiheit zwischen öffentlich-rechtlicher und privatrechtlicher Organisationsform erübrigte, soll der neue Satz 2 die verfassungsrechtlichen Voraussetzungen für eine »uneingeschränkte **deutsche Beteiligung** an der Herstellung eines **einheitlichen europäischen Luftraums** schaffen«[29]. Schließlich wurde durch die Neufassung des Art. 87d I GG im Jahr 2009 in Satz 3 erstmals ein expliziter Regelungsauftrag an den Bundesgesetzgeber eingefügt. Der ursprüngliche Vorschlag, der Art. 87d I 1 GG durch den Halbsatz »soweit Recht der Europäischen Gemeinschaft nicht entgegensteht« ergänzen sollte, wurde auf Vorschlag des Innenausschusses[30] und entsprechend der kritischen Stellungnahme des Bundesrates[31] mit der Begründung fallen gelassen, im Hinblick auf den »unstreitigen Anwendungsvorrang des Rechts der Europäischen Gemeinschaft« werde »eine ausdrückliche Bezugnahme hierauf im Verfassungstext nicht für zwingend notwendig erachtet«.

B. Internationale, supranationale und rechtsvergleichende Bezüge

I. Unionsrecht (»Single European Sky«) und Völkerrecht zum Luftverkehr

8 Wie bereits der im Jahr 2009 neu gefaßte (→ Rn. 7) Art. 87d I 2 GG deutlich macht, wird das nationale Luftverkehrsrecht einschließlich seiner verfassungsrechtlichen Grundlagen in erheblichem Umfang durch das Unionsrecht geprägt. Die **Europäische Union** hat erst spät Regelungen zum Luftverkehr erlassen. Art. 80 II EGV wies dem Ministerrat zwar eine Entscheidungsbefugnis für die Luftfahrt zu und räumte ihm bei der Wahrnehmung dieser Zuständigkeit ein weites Ermessen ein[32]. Von dieser Kompetenz wurde jedoch lange Zeit kaum Gebrauch gemacht. Erst am 14.12.1987 erließ der Rat ein erstes Maßnahmenpaket zur Regelung des gemeinschaftlichen Luftverkehrs[33]. In zwei weiteren Maßnahmenpaketen aus den Jahren 1990 und 1992 sowie weiteren Einzelregelungen wurde der europäische Luftverkehrsmarkt weiter liberali-

2006, BT-Drs. 16/3262; ausführlich zur Vorgeschichte und zum Verfahrensablauf *G. Kirchhoff/M. Boewe*, ZLW 56 (2007), 17ff.

[27] Durch das 56. ÄndG vom 29.7.2009 (BGBl. I S. 2249); zu den im Anschluß an das Scheitern des Gesetzes zur Neuregelung der Flugsicherung im Jahr 2006 (→ Rn. 6) diskutierten Modellen s. ausführlich *S. Hobe/C. Plingen*, ZLW 56 (2007), 349 (355ff.).

[28] So die Begründung zum Gesetzenwurf der Bundesregierung in BT-Drs. 16/13105, S. 6.

[29] So die Begründung zum Gesetzenwurf der Bundesregierung in BT-Drs. 16/13105, S. 6.

[30] BT-Drs. 16/13217, S. 4.

[31] BT-Drs. 16/13105, S. 9.

[32] *J. Baumann*, Die Luftverkehrspolitik der Europäischen Union, 1995, S. 41.

[33] Im einzelnen hierzu *Baumann*, Luftverkehrspolitik (Fn. 32), S. 111ff.; *K. Eisermann*, Grundlagen des Gemeinsamen Europäischen Luftverkehrsmarktes, 1995, S. 170.

siert[34]. So wurde der Marktzugang für Luftverkehrsunternehmen innerhalb der Gemeinschaft erleichtert, und die freie Bildung der Flugpreise wurde zugelassen. Außerdem wurde eine einheitliche europäische Betriebsgenehmigung für Luftfahrtunternehmen geschaffen. Die **Liberalisierung** erfaßt dabei auch mit dem Luftverkehr verbundene Dienstleistungen[35]. Nunmehr sind alle wesentlichen Marktzugangsregelungen und die Genehmigung von Luftfahrtunternehmen in der Verordnung (EG) 1008/2008 geregelt[36].

Nach dem sog. »**Single European Sky-Verordnungspaket**« aus dem Jahr **2004**[37] präsentiert sich das Luftverkehrsrecht der Union inzwischen als dicht geflochtenes Netz 9
von Regelungen, die – überwiegend in der Form von Verordnungen – von der Liberalisierung des Marktzugangs und der Preisbildung über die Zuweisung von »slots« auf überlasteten Flughäfen und die Öffnung automatisierter Buchungssysteme bis hin zu einer Harmonisierung des Haftungsregimes, der Passagierrechte, der Luftverkehrssicherheit[38] und der Flugsicherung reichen[39]. Das Legislativpaket aus dem Jahr 2004 umfaßte **vier Rechtsakte**: eine Verordnung zur Festlegung des Rahmens für die Schaffung eines einheitlichen europäischen Luftraums (**Rahmenverordnung**)[40], eine Verordnung über die Erbringung von Flugsicherungsdiensten im einheitlichen europäischen Luftraum (**Flugsicherungsdienste-Verordnung**)[41], eine Verordnung über die Ordnung und Nutzung des Luftraums im einheitlichen europäischen Luftraum (**Luftraum-Verordnung**)[42] sowie eine Verordnung über die Interoperabilität des europäischen Flugverkehrsmanagementnetzes (**Interoperabilitäts-Verordnung**)[43]. Im Jahr 2009 wurden alle vier Verordnungen novelliert[44]. Der jüngste Vorschlag der Kommis-

---

34 Einzelheiten bei *Baumann*, Luftverkehrspolitik (Fn. 32), S. 121 ff., 131 ff.

35 Vgl. etwa die Richtlinie 96/67/EG des Rates vom 15.10.1996 über den Zugang zum Markt der Bodenabfertigungsdienste auf den Flughäfen der Gemeinschaft, ABl. L 272 vom 25.10.1996, S. 36 ff.

36 Verordnung (EG) Nr. 1008/2008 des Europäischen Parlaments und des Rates vom 24.9.2008 über gemeinsame Vorschriften für die Durchführung von Luftverkehrsdiensten in der Gemeinschaft (Neufassung), ABl. 2008 L 293, S. 3 ff.; dazu *S. Sendmeyer*, in: Schulze/Zuleeg/Kadelbach, Europarecht, § 34 Rn. 156 ff.

37 Sog. »SES I-Paket«; s. dazu nur *J. Scherer*, EuZW 2005, 268 ff.

38 Zum Luftsicherheitsrecht der Union, das von der baulichen Gestaltung der Flughäfen bis zu Einzelheiten der Gepäcksicherheit reicht, s. *C. Leininger*, ZLW 59 (2010), 335 ff. und 485 ff.

39 S. dazu die Übersicht bei *Sendmeyer* (Fn. 36), § 34 Rn. 155 ff.; *W. Schwenk/E. Giemulla*, Handbuch des Luftverkehrsrechts, 4. Aufl. 2013, S. 19 ff.; *M. Hüttel*, Rechtsfragen des einheitlichen europäischen Luftraums, 2014, S. 30 ff.; *M.-M. Bues*, Der »Single European Sky«, 2012, S. 17 ff.

40 Verordnung (EG) Nr. 549/2004 des Europäischen Parlaments und des Rates vom 10.3.2004 zur Festlegung des Rahmens für die Schaffung eines einheitlichen europäischen Luftraums, ABl. L 96 vom 31.3.2004, S. 1.

41 Verordnung (EG) Nr. 550/2004 des Europäischen Parlaments und des Rates vom 10.3.2004 über die Erbringung von Flugsicherungsdiensten im einheitlichen europäischen Luftraum, ABl. L 96 vom 31.3.2004, S. 10.

42 Verordnung (EG) Nr. 551/2004 des Europäischen Parlaments und des Rates vom 10.3.2004 über die Ordnung und Nutzung des Luftraums im einheitlichen europäischen Luftraum, ABl. L 96 vom 31.3.2004, S. 20.

43 Verordnung (EG) Nr. 552/2004 des Europäischen Parlaments und des Rates vom 10.3.2004 über die Interoperabilität des europäischen Flugverkehrsmanagementnetzes, ABl. L 96 vom 31.3.2004, S. 26.

44 Dieses sog. »SES II-Paket« umfaßt die Verordnung (EG) Nr. 1070/2009 des Europäischen Parlaments und des Rates vom 21.10.2009 zur Änderung der Verordnungen (EG) Nr. 549/2004, (EG) Nr. 550/2004, (EG) Nr. 551/2004 und (EG) 552/2004 im Hinblick auf die Verbesserung der Leistung und Nachhaltigkeit des europäischen Luftverkehrssystems, ABl. L 300 vom 14.11.2009, S. 34; zu den Hintergründen s. die Mitteilung der Kommission, Erster Bericht über die Anwendung der Rechtsvor-

sion zur Weiterentwicklung des einheitlichen europäischen Luftraums stammt aus dem Jahr 2013[45].

10 Dieses Luftverkehrsrecht der Union ist seinerseits in großem Umfang determiniert durch den **völkerrechtlichen Rahmen**. Ausgangspunkt für supranationale Regelungen über den Luftverkehr war eine völkerrechtliche Vereinbarung, das sogenannte **Chicagoer Abkommen**[46]. Es regelt nahezu alle Fragen des öffentlichen Luftverkehrsrechts[47]. Außerdem wurde durch das Abkommen die Internationale Zivilluftfahrtorganisation (ICAO) in Montreal geschaffen[48]. Für einen Teil des norddeutschen Luftraums sowie für das Gebiet der Benelux-Staaten werden die luftpolizeilichen Befugnisse der Flugsicherung von der internationalen Organisation **Eurocontrol** wahrgenommen[49].

II. Die Europäisierung der Flugsicherung

11 Für das Verständnis der in Art. 87d I 2 GG im Hinblick auf die **Aufgaben der Flugsicherung** getroffenen Neuregelung ist ein Überblick über das Konzept des einschlägigen europäischen Rechts unerläßlich. Was zunächst die nähere Bestimmung dieser Aufgaben angeht, so sind »**Flugsicherungsdienste**« unionsrechtlich verbindlich definiert[50] als Flugverkehrsdienste, Kommunikations-, Navigations- und Überwachungsdienste, Flugwetterdienste sowie Flugberatungsdienste. Das Zentrum der so definierten Flugsicherungsdienste bilden die **Flugverkehrsdienste**, unter denen – neben wechselseitigen Fluginformationsdiensten, Flugalarmdiensten und Flugverkehrberatungsdiensten – wiederum der **Flugverkehrskontrolldienst** im Mittelpunkt steht, der seinerseits definiert ist durch die Aufgabe, Zusammenstöße zwischen Luftfahrzeugen untereinander und auf dem Rollfeld zwischen Luftfahrzeugen und Hindernissen zu verhindern und einen raschen und geordneten Ablauf des Flugverkehrs zu gewährleisten.

12 Das unionsrechtliche institutionelle Arrangement der Flugsicherung ist zunächst geprägt durch die Unterscheidung zwischen hoheitlicher Regulierung durch **nationale Aufsichtsbehörden**[51] einerseits und Dienstleistungen, die von »**Flugsicherungsorganisationen**« erbracht werden, andererseits. Dabei handelt es sich um »öffentliche oder **private Stellen**, die Flugsicherungsdienste für den allgemeinen Flugverkehr erbrin-

---

schriften zum einheitlichen Luftraum: Ergebnisse und künftiges Vorgehen, KOM (2007) 845 endg.; Überblick bei *Hüttel*, Rechtsfragen (Fn. 39), S. 42 ff.

[45] Zum sog. »SES IIa-Paket« (»Beschleunigte Verwirklichung des einheitlichen europäischen Luftraums«) siehe KOM (2013) 408 endg.

[46] Abkommen vom 7.12.1944 über die Internationale Luftfahrt (ICAO-Abkommen). Vgl. dazu auch *P. Schneider*, Die Abwehr äußerer Gefahren im Luftverkehr, 1993, S. 19 ff.

[47] Hierzu *Eisermann*, Grundlagen (Fn. 33), S. 8 ff.; *H.-J. Heintze*, in: Ipsen, Völkerrecht, § 47 Rn. 9 ff.

[48] Vgl. dazu *Schwenk/Giemulla*, Luftverkehrsrecht (Fn. 39), S. 71 ff. Zu Kollisionsfragen zwischen ICAO, weiteren supranationalen Einheiten und Europäischer Union siehe *Baumann*, Luftverkehrspolitik (Fn. 32), S. 57 ff.

[49] Siehe dazu BVerfGE 58, 1; die Überwachung der Benutzung der Luftverkehrswege wurde in EuGH v. 19.1.1994, C-364/92, Rn. 30 – *SAT Fluggesellschaft*, als Hoheitsaufgabe qualifiziert, so daß Eurocontrol nicht als Unternehmen im Sinne der Wettbewerbsvorschriften zu qualifizieren ist. Zum Eurocontrol-Übereinkommen auch *Trampler*, Flugsicherung (Fn. 4), S. 46 ff.; *Schwenk/Giemulla*, Luftverkehrsrecht (Fn. 39), S. 86 ff.; *Durner* (Fn. 3), Art. 87d Rn. 13; *Hüttel*, Rechtsfragen (Fn. 39), S. 29 f.

[50] S. Art. 2 I, IV, XI Rahmenverordnung (Fn. 40). Auf die dort festgeschriebene Terminologie nimmt auch die Begründung des Entwurfs zur Änderung des Art. 87d GG explizit Bezug: BT-Drs. 16/13105, S. 7.

[51] Art. 4 Rahmenverordnung (Fn. 40).

gen«[52]. Die Aufsichtsbehörden müssen von den Flugsicherungsorganisationen unabhängig sein[53]. Diese bedürfen der **Zertifizierung** durch die nationale Aufsichtsbehörde[54] und unterliegen deren Aufsicht[55]. In Bezug auf den Luftraum in ihrem Zuständigkeitsbereich benennen die Mitgliedstaaten nach ihrem Ermessen einen – und nur einen (Monopolstellung) – **Dienstleister für Flugverkehrsdienste**[56], also eine Flugsicherungsorganisation, die zumindest Flugverkehrsdienste erbringt. Während das Unionsrecht für diesen Dienstleister anerkennt, daß seine Tätigkeit »mit der Ausübung von hoheitlichen Befugnissen zusammen« hängt, die »keinen wirtschaftlichen Charakter aufweisen«[57], soll die Erbringung der **übrigen Flugsicherungsdienste** (→ Rn. 11) »unter Berücksichtigung der besonderen Merkmale dieser Dienste und unter Aufrechterhaltung eines hohen Sicherheitsniveaus zu Marktbedingungen organisiert werden«[58]. Versucht man vor diesem Hintergrund die hier interessierenden Akteure zwischen hoheitlich handelnder Behörde einerseits und nach Marktbedingungen agierendem Unternehmen andererseits zu gruppieren, so weist das Unionsrecht eine **dreistufige Struktur** auf: Zwischen den hoheitlich handelnden nationalen Aufsichtsbehörden und den Flugsicherungsorganisationen, die (nur) in den Randbereichen der Flugsicherung als Wirtschaftsunternehmen tätig werden, sind die Flugsicherungsorganisationen, die **Flugverkehrsdienste** erbringen, in einer **»Mittellage«** angesiedelt, die sich einer klaren Zuordnung zwischen hoheitlicher Verwaltung und privatwirtschaftlicher Tätigkeit entzieht.

Schließlich ist für das Verständnis von Art. 87d I 2 GG von zentraler Bedeutung, daß **13**
das Unionsrecht aus naheliegenden Gründen der Eigengesetzlichkeiten des Luftverkehrs nicht das Territorium der Mitgliedstaaten, sondern **grenzüberschreitende »funktionale Luftraumblöcke«**[59] zum maßgeblichen Bezugsraum für die Flugverkehrsdienste erklärt[60]. Dies führt dazu, daß unionsrechtlich ausdrücklich die Möglichkeit der Mitgliedstaaten vorgesehen und näher geregelt ist, einen Dienstleister für Flugverkehrsdienste zu benennen, der durch einen anderen Mitgliedstaat zertifiziert wurde und dort seinen Sitz hat. Zwar ist kein Mitgliedstaat verpflichtet, für seinen Zuständigkeitsbereich eine **ausländische Flugsicherungsorganisation** zu benennen. Aber eine solche Benennung entspricht der offensichtlichen Systemlogik des einheitlichen europäischen Luftraums, damit für grenzübergreifende Luftraumblöcke möglichst nur eine Flugsicherungsorganisation zuständig ist[61]. Deshalb sind die Zertifizierungen von Flugsicherungsorganisationen durch die Mitgliedstaaten wechselseitig anzuerkennen[62]. Außerdem darf das nationale Recht die Erbringung von grenzübergreifenden

[52] S. Art. 2 V Rahmenverordnung (Fn. 40); Hervorhebung nicht im Original.
[53] Art. 4 II Rahmenverordnung (Fn. 40).
[54] Art. 7 Flugsicherungsdienste-Verordnung (Fn. 41).
[55] Art. 2 Flugsicherungsdienste-Verordnung (Fn. 41).
[56] Art. 8 I, IV Flugsicherungsdienste-Verordnung (Fn. 41).
[57] Erwägungsgrund (5) der Flugsicherungsdienste-Verordnung (Fn. 41).
[58] Erwägungsgrund (13) der Flugsicherungsdienste-Verordnung (Fn. 41).
[59] Art. 9a, b Flugsicherungsdienste-Verordnung (Fn. 41), neu eingefügt durch die VO 1070/2009 (Fn. 44).
[60] Derzeit gibt es neun sog. FABs, wobei Deutschland – zusammen mit Frankreich, den Benelux-Staaten und der Schweiz – zu »Europe Central« gehört; siehe hierzu *H.-J. Pabst/R. Schwartmann*, in: BK, Art. 87d (Zweitb. 2011), Rn. 53; *Sendmeyer* (Fn. 36), § 34 Rn. 166 m. Fn. 456.
[61] Art. 8 V Flugsicherungsdienste-Verordnung (Fn. 41) bestimmt für funktionale Luftraumblöcke, daß im Zuständigkeitsbereich mehrerer Mitgliedstaaten gemeinsam ein oder mehrere Dienstleister für Flugverkehrsdienste zu benennen sind.
[62] Art. 8 VIII Flugsicherungsdienste-Verordnung (Fn. 41).

Diensten nicht dadurch behindern, daß es Anforderungen stellt, die typischerweise nur von der inländischen Flugsicherungsorganisation erfüllt werden können[63].

C. Erläuterungen

I. Systematische Stellung und Regelungsgehalte

14 Art. 87d I GG begründet zunächst eine Verwaltungskompetenz des Bundes für den Bereich des Luftverkehrs und stellt damit eine **Ausnahme von der Regel des Art. 83 GG** dar, die als spezielle Ausnahmevorschrift der Generalklausel des Art. 87 III GG vorgeht (→ Art. 87 Rn. 72)[64]. Es handelt sich um eine **obligatorische Bundesverwaltungskompetenz**[65], die die Besonderheit aufweist, daß der Bund Aufgaben der Luftverkehrsverwaltung durch Zustimmungsgesetz – im Unterschied etwa zur Bundeswasserstraßenverwaltung, wo hierfür ein Antrag des betreffenden Landes erforderlich ist (→ Art. 89 Rn. 22) – auf die Länder zur Erledigung in seinem Auftrag übertragen kann (→ Rn. 47 ff.). Am obligatorischen Charakter der Verwaltungskompetenz ändert dies allerdings nichts, weil nur **einzelne Aufgaben den Ländern** übertragen werden können (→ Rn. 49). Auf diese Weise gestattet Art. 87d GG ein **Nebeneinander von Bundes- und Landesverwaltung** im Auftrag des Bundes, dessen mitunter problematischen Abgrenzungs- und Abstimmungsbedarf[66] der Bundesgesetzgeber bei der Wahrnehmung der Option des Art. 87d II GG berücksichtigen und ggf. befriedigen muß.

15 Was den **organisationsrechtlichen Gehalt** der Normen über die Bundesverwaltung (→ Art. 86 Rn. 15) angeht, so beschränkt sich Art. 87d I 1 GG auf die Anordnung, daß die Luftverkehrsverwaltung in Bundesverwaltung geführt wird. Im Gegensatz zu der Fassung von Art. 87d I GG, die bis 2009 durch die Formulierung »bundeseigene Verwaltung« nur Formen der unmittelbaren Bundesverwaltung zuzulassen schien (→ Art. 86 Rn. 23 ff.) und dennoch in Satz 2 explizit privatrechtliche Organisationsformen zuließ[67], bedeutet die in der Neufassung gewählte Formulierung »Bundesverwaltung«, daß dem Bundesgesetzgeber auch die Formen der mittelbaren Bundesverwaltung einschließlich der privaten Rechtsform (Beliehene) zur Verfügung stehen (→ Art. 86 Rn. 34 f.).

16 Wenn nach Art. 87d GG ein Kern von Aufgaben der Luftverkehrsverwaltung zwingend vom Bund in den durch Art. 87d I 1 GG ermöglichten Formen der Bundesverwaltung wahrgenommen werden muß, so gilt dies nicht nur im Verhältnis zu den Ländern, sondern auch im Verhältnis zu Privaten. Dieser allgemeine **Aufgabenbezug** verwal-

---

[63] Art. 8 II Flugsicherungsdienste-Verordnung (Fn. 41) erklärt Anforderungen des nationalen Rechts für unzulässig, wonach die Dienstleister für Flugverkehrsdienste »a) unmittelbar oder mehrheitlich im Eigentum dieses Mitgliedstaats oder seiner Staatsangehörigen sein müssen, b) ihre Hauptbetriebsstätte oder eingetragene Niederlassung im Hoheitsgebiet des betreffenden Mitgliedstaats haben müssen, oder c) nur Einrichtungen in diesem Mitgliedstaat nutzen dürfen«.

[64] So auch *Durner* (Fn. 3), Art. 87d Rn. 5; *A. Dittmann*, Die Bundesverwaltung, 1983, S. 205; Jarass/*Pieroth*, GG, Art. 87d Rn. 1.

[65] *H.-D. Horn*, in: v. Mangoldt/Klein/Starck, GG III, Art. 87d Rn. 5; *Windthorst* (Fn. 16), Art. 87d Rn. 6; *K.-A. Schwarz*, in: Maunz/Dürig, GG, Art. 87d (2011), Rn. 8.

[66] S. etwa das problematische Verhältnis von Flughafenplanung (Länder) und Flugroutenfestlegung (Bund); dazu etwa *M. Wilke*, Der Schutz vor den Wirkungen des Fluglärms auf den Menschen nach der Novellierung des FluLärmG, 2017, S. 414 ff.; *T. Masing/C. Eckart*, UPR 2016, 131 (132).

[67] Zu den aus diesem Widerspruch resultierenden Fragen, die sich nach der Neufassung des Art. 87d GG aus dem Jahr 2009 nicht mehr stellen, s. *Schoch*, Vereinbarkeit (Fn. 23), S. 30 ff.

tungskompetenzrechtlicher Normen (→ Art. 86 Rn. 16) bedeutet hier, daß die Kernaufgaben der Luftverkehrsverwaltung durch Art. 87d I 1 GG mit einer **Privatisierungsschranke** versehen sind[68]. Allerdings ist diese Privatisierungsschranke keine absolute, sondern **zweistufig limitiert**. Auf der ersten Stufe bedarf die genauere Bestimmung der (hoheitlichen) Aufgaben, die Art. 87d GG als solche der »Luftverkehrsverwaltung« anspricht, gesetzlicher Bestimmung und Abgrenzung zu denjenigen Aufgaben im System des Luftverkehrs, die von privaten Unternehmen erbracht werden können und sollen. Dies führt dann zu der Frage nach einem privatisierungsfesten Bestand von Kernaufgaben (→ Rn. 24 f.). Auf der zweiten Stufe öffnet Art. 87d I 1 GG selbst für solche Kernaufgaben die Option einer formellen Privatisierung (→ Rn. 33 ff.) oder einer Einbeziehung Privater im Wege der Beleihung, weil auch dies Formen mittelbarer Bundesverwaltung sind (→ Rn. 15).

Eine Sonderregelung trifft Art. 87d I 2 GG für die Aufgaben der **Flugsicherung**, die 17
lediglich einen Ausschnitt aus der Gesamtheit der den Luftverkehr betreffenden Aufgaben darstellen. Wenn diese auch durch ausländische Flugsicherungsorganisationen wahrgenommen werden können, die nach Unionsrecht zugelassen sind, so nimmt diese Formulierung offensichtlich Bezug auf den **neuen unionsrechtlichen Ordnungsrahmen**, wonach die operative Durchführung von Flugsicherungsaufgaben auch durch private Unternehmen erfolgen kann (→ Rn. 11 ff.). Unklar ist dabei allerdings, ob Art. 87d I GG diese Aufgaben aus dem Kreis hoheitlicher Aufgaben entlassen hat oder ob er in Art. 87d I 2 GG die Übertragung der nach wie vor als Hoheitsaufgaben zu qualifizierenden Flugsicherungsaufgaben auf ausländische Organisationen im Wege der »Beleihung« oder eines vergleichbaren Rechtsverhältnisses gestatten will (→ Rn. 27 ff., 42 ff.).

Schließlich enthält Art. 87d I 3 GG einen **Regelungsauftrag**, der die Einzelheiten 18
nicht nur der Wahrnehmung von Aufgaben der Flugsicherung durch ausländische Flugsicherungsorganisationen nach Art. 87d I 2 GG sondern auch der organisationsrechtlichen Ausgestaltung und der Zuständigkeitsverteilung der Bundesverwaltung nach Art. 87d I 1 GG bundesgesetzlicher Ausgestaltung überantwortet. Während die ausschließliche Gesetzgebungskompetenz des Bundes bereits aus Art. 73 I Nr. 6 GG folgt[69], handelt es sich bei Art. 87d I 3 GG um einen Regelungsauftrag und zugleich um einen **organisationsrechtlichen Gesetzesvorbehalt**, der für die gesamte Struktur der Luftverkehrsverwaltung einschließlich der Einbindung ausländischer Flugsicherungsorganisationen eine bundesgesetzliche Regelung erforderlich macht (→ Rn. 46).

II. Gegenstand und Aufgaben der Luftverkehrsverwaltung

1. Luftverkehr

Der Begriff »**Luftverkehr**« in Art. 87d GG ist mit dem in Art. 73 I Nr. 6 GG (→ Art. 73 19
Rn. 44) inhaltsgleich[70]. Er ist also ebenfalls weit zu verstehen und umfaßt alle Tätig-

---

68 *M. Droege*, DÖV 2006, 861 (864) m. w. N.; *Durner* (Fn. 3), Art. 87d Rn. 16 m. w. N.; a. A. *Horn* (Fn. 65), Art. 87d Rn. 12, der allerdings den aufgabenbezogenen Gehalt der Art. 87 ff. GG (→ Art. 86 Rn. 16) und den Umstand nicht ausreichend würdigt, daß Art. 87 I 2 GG nur die Flugsicherung betrifft.

69 A. A. Jarass/*Pieroth*, GG, Art. 87d Rn. 3, der in Art. 87d I 3 GG die Grundlage für die ausschließliche Gesetzgebungskompetenz sieht.

70 *R. Uerpmann-Wittzack*, in: v. Münch/Kunig, GG II, Art. 87d Rn. 5; *Windthorst* (Fn. 16), Art. 87d Rn. 15 f.

keiten und Einrichtungen, die in unmittelbarem Zusammenhang mit der Luftfahrt stehen[71]. Insbesondere fallen darunter der Flugverkehr im engeren Sinne, also die vom Erdboden losgelöste Fortbewegung von Personen und Sachen in der Atmosphäre, ermöglicht durch physikalische Kraft jedweder Art, weiter die Verkehrsmittel, also Luftfahrzeuge aller Art, die Bodenanlagen wie Start- und Landeplätze, Hangars und Treibstofftanks[72] und die betreibenden Personen und Personenvereinigungen, vor allem Luftfahrtunternehmen und Flugpersonal[73].

20 Was die umstrittene Einordnung der **Raumfahrt** angeht, wird man zumindest die Starts und Landungen sowohl als Flugverkehr im engeren Sinne anzusehen[74] als auch – aufgrund der Abstimmungs- und Koordinierungsbedürfnisse mit konkurrierenden Nutzungsansprüchen – dem Begriff des Luftverkehrs zu unterstellen haben[75]. Für Unternehmungen im Weltraum wird eine Bundeskompetenz kraft Natur der Sache anzunehmen sein[76].

2. Verwaltungsaufgaben

21 Unter »**Luftverkehrsverwaltung**« ist die Gesamtheit der **hoheitlichen Ordnungs- und Steuerungsaufgaben** zu verstehen, die den Luftverkehr betreffen[77]. Vor dem Hintergrund der Parallelität zwischen Art. 73 I Nr. 6 GG einerseits und Art. 87d GG andererseits (→ Rn. 19) gehört dazu insbesondere die Verwaltungstätigkeit, die sich als Vollzug derjenigen Gesetze darstellt, die der Bund auf der Grundlage von Art. 73 I Nr. 6 GG erlassen hat. Gleiches gilt für den mitgliedstaatlichen Vollzug des unmittelbar geltenden Luftverkehrsrechts der Europäischen Union[78], für dessen Erlaß innerstaatlich der Bund zuständig wäre (→ Art. 83 Rn. 10, 28). Dabei steht die **Abwehr luftverkehrsspezifischer Gefahren**, die ihren Ursprung im Luftverkehr haben oder auf diesen einzuwirken drohen[79], im Vordergrund[80]. Nach traditionellem Verständnis[81] umfaßt die Luftverkehrsverwaltung insbesondere die **Überwachung des Flugverkehrs** im engeren Sinne einschließlich der Regelung von Start und Landung, die Überwachung der Einhaltung von Flugschneisen und Luftverkehrs»straßen«, die Zulassung, Registrierung und Überwachung von Luftfahrzeugen, die Genehmigung und Überwachung von Luftfahrtunternehmen, die Prüfung und Zulassung von Piloten und Fluglehrern

---

[71] *Uerpmann-Wittzack* (Fn. 70), Art. 87d Rn. 5; HessStGH NJW 1982, 1141 (1142).

[72] Kritisch hierzu *W. Horn*, Planungskompetenzen für Verkehrsflughäfen, 1991, S. 124, der den Begriff auf Flugverkehr im engeren Sinne beschränken möchte.

[73] *Uerpmann-Wittzack* (Fn. 70), Art. 87d Rn. 5.

[74] *H.-P. Bull*, in: AK-GG, Art. 87d (2001), Rn. 5; dazu auch *G. Rehn*, DÖV 1963, 13 (13).

[75] Zustimmend *K. Ruge*, in: Schmidt-Bleibtreu/Hofmann/Henneke, GG, Art. 87d Rn. 2; im Ergebnis ebenso *Uerpmann-Wittzack* (Fn. 70), Art. 87d Rn. 5; a. A. *Schwarz* (Fn. 65), Art. 87d Rn. 16.

[76] Ebenso *C. Degenhart*, in: Sachs, GG, Art. 73 Rn. 26.

[77] Ähnlich – bezogen auf die Eisenbahnverkehrsverwaltung – BVerfGE 97, 198 (222, Rn. 102); s. auch *B. Remmert*, in: Epping/Hillgruber, GG, Art. 87d Rn. 1: »alle Maßnahmen zur Ordnung, Überwachung und Regulierung des Luftverkehrs«; zustimmend *Bues*, »Single European Sky« (Fn. 39), S. 179.

[78] *Durner* (Fn. 3), Art. 87d Rn. 8.

[79] Dazu wie auch zum Sonderfall der Verwendung von Luftfahrzeugen als Angriffsmittel *Pabst/Schwartmann* (Fn. 60), Art. 87d Rn. 17f.

[80] *Schwarz* (Fn. 65), Art. 87d Rn. 19; *M. Baldus*, NVwZ 2004, 1278 (1279); *Uerpmann-Wittzack* (Fn. 70), Art. 87d Rn. 6; *Trampler*, Flugsicherung (Fn. 4), S. 101.

[81] Zu den Möglichkeiten der Neuabgrenzung von Verwaltungsaufgaben und wirtschaftlicher Betätigung Privater: → Rn. 24ff.

sowie die Genehmigung von Flugplätzen[82] und anderen Bodenanlagen. Sollte sich der Bundesgesetzgeber entschließen, die dringende Forderung nach einer »rechtsverbindlichen Flughafennetz- und Bedarfsplanung auf der Grundlage einer luftverkehrspolitischen Gesamtkonzeption«[83] zu erfüllen, so würde auch diese Planung – soweit sie nicht in Gesetzesform erfolgt – zur Luftverkehrsverwaltung gehören. Neben der gesetzesgebundenen gilt Art. 87d GG auch für die **gesetzesfreie Verwaltung**[84] (→ Art. 86 Rn. 21 f.). Auch die Abwehr von Angriffen auf die Sicherheit des Luftverkehrs gehört zu den sonderpolizeilichen Luftverkehrsverwaltungsaufgaben, die dem Sachbereich Luftverkehr im Sinne der Art. 73 I Nr. 6, 87d GG zuzurechnen sind[85].

Die **Planfeststellung** für **Flughäfen** und Landeplätze findet sich zwar nicht in den gesetzlichen Bestimmungen des Luftverkehrsgesetzes, die die Übertragung von bestimmten Aufgaben auf die Länder zur Erfüllung im Auftrag des Bundes regeln[86]. Nach § 10 LuftVG ist für die Planfeststellung die von der Landesregierung bestimmte Behörde zuständig. Diese Vorschrift wurde allerdings erlassen[87], bevor das Grundgesetz 1961 um Art. 87d GG ergänzt wurde (→ Rn. 3). Da mit der Einfügung des Art. 87d GG kein Raum mehr für landeseigene Verwaltung ist, die Planfeststellung aber Bestandteil der Luftverkehrsverwaltung ist[88], ist nunmehr die Planfeststellung zum Gegenstand der Auftragsverwaltung geworden[89]. 22

Die Luftverkehrsverwaltung umfaßt nicht wirtschaftliche Betätigungen, die das Erbringen von Luftverkehrsleistungen oder das Betreiben bundeseigener Zivilflugplätze zum Gegenstand haben. Damit fallen Unternehmensbeteiligungen des Bundes wie die 1997 beendete Minderheitsbeteiligung an der **Lufthansa AG**[90] oder an Unternehmen, die Flugplätze bauen oder betreiben[91], nicht unter Art. 87d GG[92]. Derartige Beteiligungen unterliegen als **erwerbswirtschaftliche Betätigungen** grundsätzlich auch nicht den Art. 86 ff. GG (→ Art. 86 Rn. 36 ff.). Allerdings setzt diese Unterscheidung zwischen erwerbswirtschaftlicher Betätigung einerseits und Luftverkehrsverwaltung an- 23

---

[82] *Uerpmann-Wittzack* (Fn. 70), Art. 87d Rn. 6 f.

[83] So die zutreffende Umschreibung der fehlenden Flughafennetzplanung durch BVerwGE 125, 116 (136); ähnlich die Forderungen von *H.-J. Koch/A. Wieneke*, NVwZ 2003, 1153 (1155); *U. Ramsauer*, NVwZ 2004, 1041 (1042); *U. Hösch*, UPR 2008, 378 ff.

[84] So auch *Ruge* (Fn. 75), Art. 87d Rn. 4; *Schwarz* (Fn. 65), Art. 87d Rn. 21.

[85] BVerfGE 97, 198 (225 f., Rn. 108); *M. Baldus*, NVwZ 2004, 1278 (1279 f.).

[86] Vgl. § 31 II LuftVG; dazu auch *Uerpmann-Wittzack* (Fn. 70), Art. 87d Rn. 23.

[87] Luftverkehrsgesetz a. F., BGBl. 1959 I, S. 9.

[88] So BVerwGE 75, 214 (217); *Bull* (Fn. 74), Art. 87d Rn. 5, 9; *Remmert* (Fn. 77), Art. 87d Rn. 1; anders *Horn*, Planungskompetenzen (Fn. 72), S. 125 ff., der die Planfeststellung nicht unter »Luftverkehr« im Sinne des Art. 73 Nr. 6 GG faßt.

[89] Dazu BVerwGE 58, 344 (347); 75, 214 (217); *W. Blümel*, NJW 1980, 1669 (1671 m. w. N.); Jarass/*Pieroth*, GG, Art. 87d Rn. 4; *Bull* (Fn. 74), Art. 87d Rn. 9.

[90] Zu luftverkehrsrechtlichen Problemen, die sich im Zusammenhang mit der vollständigen Privatisierung der Lufthansa AG ergaben, vgl. *G. Frhr. v. u. z. Franckenstein*, NJW 1998, 286 ff.

[91] Über die Beteiligungsverhältnisse deutscher Verkehrsflughäfen (Bundesbeteiligungen an den Flughäfen Berlin-Tegel, Berlin-Schönefeld, Köln/Bonn, München) informiert die Arbeitsgemeinschaft Deutscher Verkehrsflughäfen (ADV) unter www.adv.aero/wp-content/uploads/2017/02/Gesellschafter-und-Beteiligungsverhältnisse-IVF-Februar-2017.pdf (5.9.2017).

[92] So auch Jarass/*Pieroth*, GG, Art. 87d Rn. 1; *Windthorst* (Fn. 16), Art. 87d Rn. 18; *Durner* (Fn. 3), Art. 87d Rn. 7; vgl. auch *S. A. Helm*, Die Deutsche Lufthansa AG: Ihre gesellschafts- und konzernrechtliche Entwicklung, 1999, S. 70 ff.; anders wohl *Bull* (Fn. 74), Art. 87d Rn. 6, der die Errichtung und den Betrieb der Lufthansa als Ausdruck der staatlichen Gewährleistungsverantwortung für ein ausreichendes Luftverkehrsnetz (vgl. auch *H.-P. Bull*, Die Staatsaufgaben nach dem Grundgesetz, 2. Aufl. 1977, S. 267) begreift, die Kompetenz hierfür aber offensichtlich nicht Art. 87d I 1 GG entnimmt.

dererseits voraus, daß der Gesetzgeber zuvor in der rechtlichen Ordnung des Luftverkehrsgeschehens eine Abgrenzung zwischen (hoheitlichen) Verwaltungsaufgaben und privater (erwerbswirtschaftlicher) Betätigung gezogen hat (→ Rn. 25).

3. Luftverkehrsverwaltung und Privatisierung

24 Die dargestellten traditionellen Verwaltungsaufgaben der Luftverkehrsverwaltung (→ Rn. 21 ff.) werden üblicherweise in ihrer Gesamtheit dem verfassungsrechtlichen Begriff der Luftverkehrsverwaltung in Art. 87d GG zugeordnet[93] mit der Folge, daß dieser Norm ein weitreichendes und striktes **Privatisierungsverbot** entnommen wird[94], welches seit 2009 immerhin dadurch abgemildert ist, daß die Anordnung von »Bundesverwaltung« auch Formen mittelbarer Bundesverwaltung einschließlich der Organisationsprivatisierung und der Beleihung ermöglicht (→ Rn. 33 ff.). Wie bereits der Gesetzgeber bei seinem gescheiterten Versuch der Kapitalprivatisierung der DFS Deutsche Flugsicherung GmbH im Jahre 2006 (→ Rn. 6), scheint auch der verfassungsändernde Gesetzgeber des Jahres 2009 diesem »**Einheitsmodell**« gefolgt zu sein, wenn es in der Begründung zur Änderung des Art. 87d GG heißt, »die Luftverkehrsverwaltung« werde nunmehr »allgemein der Bundesverwaltung zugeordnet« und sie bleibe »damit Hoheitsaufgabe«[95]. Lediglich im Hinblick auf die Aufgaben der Flugsicherung sah sich der verfassungsändernde Gesetzgeber bereit und in der Lage, von der einheitlichen hoheitlichen Qualifizierung aller Aufgaben der Luftverkehrsverwaltung eine Ausnahme zu machen (→ Rn. 26 ff.).

25 Allerdings gibt nicht nur der veränderte unionsrechtliche Rahmen für die Flugsicherung (→ Rn. 9 ff.) Anlaß, Zweifel an dem zuvor erwähnten »Einheitsmodell« zu hegen. Die offenbar auch dem verfassungsändernden Gesetzgeber vorschwebende Vorstellung von einem klar umrissenen verfassungsrechtlichen Begriff »der« Luftverkehrsverwaltung kann nämlich nicht darüber hinwegtäuschen, daß die Frage nach der **Abgrenzung zwischen hoheitlichen und unternehmerischen Aufgaben** auf dem Gebiet des Luftverkehrs mit dem Begriff der Luftverkehrsverwaltung in Art. 87d GG keineswegs präzise beantwortet ist. Deshalb bedarf es zumindest in den Randbereichen einer Grenzziehung durch die zuständigen europäischen oder nationalen Instanzen. Nicht anders als z. B. bei der Bundesfernstraßenverwaltung (→ Art. 90 Rn. 29) ist ein **Gestaltungsspielraum des Gesetzgebers** anzuerkennen, wenn er – entsprechend der bisherigen Praxis[96] – den Bereich der unter Art. 87d GG fallenden Hoheitsaufgaben von den auch von Privaten wahrnehmbaren **»operativen« Dienstleistungsaufgaben** neu abgrenzen[97] und dabei die Hoheitsaufgaben auf solche der Kontrolle und Regulierung beschränken will, wie sie für das moderne Gewährleistungsverwaltungs-

---

[93] Nachweise dazu bei *M. Droege*, DÖV 2006, 861 (864) m. w. N.; *Schoch*, Vereinbarkeit (Fn. 23), S. 16 f.

[94] Repräsentativ *Schwarz* (Fn. 65), Art. 87d Rn. 12 mit ausf. Nachw.

[95] BT-Drs. 16/13105, S. 6, wo es außerdem heißt: »Die Luftverkehrsverwaltung ist danach weiterhin hoheitlich zu führen«.

[96] Reichhaltiges Anschauungsmaterial für Formen (funktionaler) Privatisierung im Luftverkehrswesen (Luftfahrzeugführer, Eigensicherungsmaßnahmen, Prüfwesen für Luftfahrer und Luftfahrtgerät) liefert *K. Baumann*, Private Luftfahrtverwaltung, 2002, S. 69 ff.

[97] Dies wird nicht ausreichend berücksichtigt von *Schoch*, Vereinbarkeit (Fn. 23), S. 15 ff., dessen Argumentation ihre Überzeugungskraft daraus gewinnt, daß der Gesetzgeber bei der Privatisierung der Flugsicherung die Trennung zwischen hoheitlichen und operativen Aufgaben nicht konsequent verfolgt hat.

recht[98] typisch sind[99]. Nur auf diese Weise dürfte sich langfristig auch ein Konflikt zwischen Art. 87d GG und dem Unionsrecht vermeiden lassen, das nicht nur auf dem Sektor des Luftverkehrs und dort nicht nur im Hinblick auf die Aufgaben der Flugsicherung zu einer Beschränkung hoheitlicher Regulierungs- und Aufsichtsaufgaben bei gleichzeitiger Öffnung operativer Tätigkeiten für unternehmerische Initiative unter Wettbewerbsbedingungen tendiert.

4. Besonderheiten bei Aufgaben der Flugsicherung

Bei den in Art. 87d I 2 GG speziell geregelten **Aufgaben der Flugsicherung** handelt es sich um einen Ausschnitt der traditionell umfassend verstandenen Aufgaben der Luftverkehrsverwaltung (→ Rn. 21), der nach der maßgeblichen Definition der »**Flugsicherungsdienste**« durch das Verordnungsrecht der Europäischen Union (→ Rn. 11), die in § 27c LuftVG übernommen wurde, einerseits die Flugverkehrsdienste als Kernaufgaben und andererseits eine Reihe weiterer Dienste umfaßt. Im Zentrum der Flugverkehrsdienste steht die klassische Aufgabe, die **Sicherheit** sowie die **geordnete und flüssige Abwicklung des Luftverkehrs** zu gewährleisten. 26

Unklar ist allerdings, in welchem **Verhältnis** diese **Aufgaben der Flugsicherung** zu der in Art. 87d I 1 GG genannten **Luftverkehrsverwaltung** stehen. Vor dem Hintergrund der nunmehr verfassungsrechtlich möglichen und vom Unionsrecht ausdrücklich vorgesehenen Wahrnehmung von Flugsicherungsaufgaben durch ausländische Flugsicherungsorganisationen (→ Rn. 13), kommt der Einordnung der Flugsicherungsaufgaben erhebliche Bedeutung zu für die Frage, ob und ggf. wie solche ausländischen Flugsicherungsorganisationen in die deutsche Luftverkehrsverwaltung zu integrieren sind (→ Rn. 42 ff.). Die Begründung zum Entwurf für die Verfassungsänderung aus dem Jahr 2009 (→ Rn. 7) spricht in diesem Zusammenhang davon, daß »eine Öffnung der grundsätzlich hoheitlich organisierten Luftverkehrsverwaltung geboten« und die »Modifikation des Grundprinzips nationaler hoheitlicher Aufgabenwahrnehmung in der Luftverkehrsverwaltung« nötig sei[100]. Speziell mit Bezug auf einen Teil der Flugsicherungsaufgaben, nämlich die Kommunikations-, Navigations- und Überwachungsdienste (sog. **CNS-Dienste**[101]) sowie die Flugberatungsdienste ist der verfassungsändernde Gesetzgeber davon ausgegangen, daß diese »schon nach geltendem EG-Recht **nicht mehr als hoheitliche Aufgaben** ausgestaltet werden« können[102]. Auf der anderen Seite liegt der Verfassungsänderung die Vorstellung zugrunde, die Flugsicherung gehöre insgesamt zur hoheitlichen Luftverkehrsverwaltung[103], weshalb sich ihre Wahrnehmung durch ausländische Flugsicherungsorganisationen nur durch Beleihung oder durch ein **beleihungsähnliches Rechtsverhältnis** verwirklichen lasse. Ihre Zulassung bedürfe daher »einer besonderen Ausgestaltung der öffentlich-rechtli- 27

---

98 Allg. *H. Schulze-Fielitz*, Grundmodi der Aufgabenwahrnehmung, in: GVwR² I, § 12 Rn. 91 ff., 148 ff. Für die Luftverkehrsverwaltung s. etwa *K. Baumann*, DÖV 2003, 790 ff.

99 Zutreffend *M. Droege*, DÖV 2006, 861 (865 f.); s. auch *Schwarz* (Fn. 65), Art. 87d Rn. 12.

100 BT-Drs. 16/13105, S. 7.

101 Communication, Navigation, Surveillance.

102 BT-Drs. 16/13105, S. 7.

103 So auch die herrschende Auffassung im Schrifttum; s. nur *Schoch*, Vereinbarkeit (Fn. 23), S. 15 f. m. w. N.; nach *Remmert* (Fn. 77), Art. 87d Rn. 12 soll dies auch nach der Neufassung des Art. 87d I GG aus dem Jahr 2009 gelten; a. A. *Schwarz* (Fn. 65), Art. 87d Rn. 10.

chen Aufsichts-, Kontroll- und Steuerungsrechte für die zivile und die zivil-militärische Flugsicherung«[104].

28 Diese in der Begründung des Gesetzentwurfs zur Änderung des Art. 87d GG geäußerten Zweifel an einer vollständigen Zuordnung aller Flugsicherungsaufgaben zur hoheitlichen Luftverkehrsverwaltung (→ Rn. 27), die dort in Bezug genommenen Entwicklungen des jüngsten Unionsrechts (→ Rn. 11 ff.) sowie die im Schrifttum bereits seit langem geäußerten Zweifel an einer umfassend hoheitlichen Qualifizierung der Flugsicherung[105] führen dazu, die **Flugsicherung nicht in vollem Umfang** der **Luftverkehrsverwaltung** im Sinne des Art. 87d I 1 GG zuzuordnen. Nicht anders als bei den sonstigen Aufgaben, die auf den Luftverkehr bezogen sind (→ Rn. 25), gilt auch hier, daß die notwendige Abgrenzung hoheitlicher und privater Aufgaben jedenfalls in zweifelhaften Randbereichen Sache des – europäischen oder nationalen – Gesetzgebers ist. Bereits aus dem Konzept des europäischen Luftverkehrsrechts (→ Rn. 11 ff.) läßt sich schließen, daß die Randbereiche der **Flugsicherung außerhalb der Flugverkehrsdienste** – also insbesondere die CNS-Dienste (→ Rn. 11, 27) – nicht mehr dem Bereich hoheitlicher Luftverkehrsverwaltung zugerechnet werden können[106]. Der deutsche Gesetzgeber ist dem nunmehr in § 27c II 3 LuftVG gefolgt.

29 Damit bleibt die Frage, ob der **Kernbereich der Flugsicherung**, den das Unionsrecht als Flugverkehrsdienste definiert und in einer unklaren Mittellage zwischen hoheitlicher Verwaltung und wirtschaftlicher Betätigung verortet (→ Rn. 12), nach Art. 87d I GG dem privatisierungsfesten Kern von Hoheitsaufgaben nach Art. 87d I 1 GG zuzuordnen ist. Nach traditionellem deutschen Verständnis, das die Flugsicherung als »sonderpolizeiliche Aufgabe« einordnet[107], scheint die Frage eindeutig bejaht werden zu müssen. Diese Sicht wird gestützt durch den Europäischen Gerichtshof, der die Kontrolle und die Überwachung des Luftraums als Gegenstand »hoheitlicher Vorrechte« betrachtet[108], und auch das neuere Sekundärrecht gesteht partiell den hoheitlichen Charakter der Flugsicherungsaufgabe zu[109]. Andererseits bleibt es eine offene Frage, ob die **staatliche Sicherheitsaufgabe** nicht durch ein **Gewährleistungsmodell**, das nach hoheitlichen Aufsichts- und unternehmerisch wahrzunehmenden operativen Aufgaben differenziert, besser oder zumindest nicht schlechter erfüllt werden kann als durch eine traditionelle Behördenstruktur. Jedenfalls ermöglicht Art. 87d I 2 GG, daß Deutschland sich an einer europäisierten Flugsicherung in einem einheitlichen europäischen Luftraum beteiligen kann, ohne an strengen verfassungsrechtlichen Anforderungen an eine hoheitliche Wahrnehmung von Flugsicherungsaufgaben zu scheitern, die bei einer Einschaltung ausländischer Flugsicherungsorganisationen nicht zu

---

[104] BT-Drs. 16/13105, S. 7; ähnlich formuliert die Begründung des Entwurfs eines Gesetzes zur Änderung luftverkehrsrechtlicher Vorschriften (BT-Drs. 16/12279, S. 7), es würden die Voraussetzungen dafür geschaffen, »zertifizierte Flugsicherungsorganisationen in die Luftverkehrsverwaltung des Bundes einbeziehen zu können«.

[105] S. etwa *H. Graumann*, ZLW 39 (1990), 247 ff.; *Baumann*, Luftfahrtverwaltung (Fn. 96), S. 293 ff.; *ders.*, DÖV 2003, 790 ff.; weitere Nachw. bei *Trampler*, Flugsicherung (Fn. 4), S. 84 ff.

[106] So auch *Pabst/Schwartmann* (Fn. 60), Art. 87d Rn. 50.

[107] BVerfGE 97, 198 (223, Rn. 102), bezogen auf die Abwehr von Angriffen auf die Sicherheit des Luftverkehrs; BVerfGE 58, 1 (31), zur »hoheitlichen Natur« der Luftverkehrs-Sicherungsdienste; Nachweise der Lit. bei *Schoch*, Vereinbarkeit (Fn. 23), S. 16 f.; repräsentativ auch *Pabst/Schwartmann* (Fn. 60), Art. 87d Rn. 35.

[108] EuGH v. 19.1.1994, C-364/92, Rn. 30 – *SAT Fluggesellschaft.*

[109] S. außer den Nachweisen oben in Fn. 57 und 58 noch den Erwägungsgrund (5) Luftraum-Verordnung (Fn. 42).

erfüllen sind[110] (→ Rn. 45). Darüber hinaus hat ebenso wie für Luftverkehrsverwaltung im Allgemeinen (→ Rn. 25) auch für die Flugsicherung im Besonderen zu gelten, daß die vermeintlich fest umrissene »sonderpolizeiliche Aufgabe« offen ist für genauere gesetzgeberische Ausgestaltungen, die sich an den Entwicklungen des modernen Gewährleistungsverwaltungsrechts orientieren. Deshalb war der Versuch einer funktionalen Privatisierung der Flugsicherung aus dem Jahr 2006 (→ Rn. 6) keineswegs »evident« verfassungswidrig[111] und die Verweigerung der Ausfertigung durch den Bundespräsidenten folglich durchaus problematisch.

III. Bundesverwaltung (Art. 87d I 1 GG)

Art. 87d I 1 GG ordnet als **Regelfall** an, daß die Luftverkehrsverwaltung in Bundesverwaltung geführt wird, während die Auftragsverwaltung nach Art. 87d II GG die Ausnahme darstellt (→ Rn. 49). Damit stehen für die Luftverkehrsverwaltung alle Formen der **unmittelbaren** und der **mittelbaren Bundesverwaltung** zur Verfügung[112], die das Grundgesetz in Art. 86 GG nur unvollständig vorgezeichnet hat (→ Art. 86 Rn. 30 ff.). Diese Erweiterung der organisatorischen Optionen für die institutionelle Ausgestaltung der Luftverkehrsverwaltung entspricht der ausdrücklichen Intention des verfassungsändernden Gesetzgebers (→ Rn. 7). 30

1. Unmittelbare Bundesverwaltung

Dem Gesetzgeber, dem die Entscheidung der wesentlichen Organisationsfragen der Luftverkehrsverwaltung aufgegeben ist (→ Rn. 46), steht somit zunächst der Typus der unmittelbaren Bundesverwaltung zur Verfügung (→ Art. 86 Rn. 25 ff.). Soweit Verwaltungsaufgaben nicht ausnahmsweise durch das zuständige **Ministerium** selbst erledigt werden, ist die **Bundesoberbehörde** der verfassungsrechtliche Standard der unmittelbaren Bundesverwaltung. Von dieser Option hat der Gesetzgeber bei der Gestaltung der Luftverkehrsverwaltung mehrfach Gebrauch gemacht. **Beispiele**[113] sind das Luftfahrt-Bundesamt[114], das bei seiner Errichtung noch auf Art. 87 III 1 GG gestützt wurde, seine Rechtsgrundlage nun aber in Art. 87d I GG findet[115], die Bundesstelle für Flugunfalluntersuchung[116] und das 2009 errichtete Bundesaufsichtsamt für Flugsiche- 31

---

[110] S. in Bezug auf die Skyguide AG, ein Flugsicherungsunternehmen mit Sitz in der Schweiz, das sich nahezu vollständig im Eigentum der Schweizerischen Eidgenossenschaft befindet, *S. Hobe/C. Plingen*, ZLW 56 (2007), 349 (356).

[111] So aber das Ergebnis der Prüfung durch den Bundespräsidenten (BT-Drs. 16/3262, S. 3) auf der Grundlage des Rechtsgutachtens von *Schoch*, Vereinbarkeit (Fn. 23).

[112] Nur unmittelbare Bundesverwaltung hält *Schwarz* (Fn. 65), Art. 87d Rn. 24 für zulässig, der aber hier offenbar noch von dem Wortlaut des Art. 87d I 1 GG vor 2009 ausgeht; anders dann Rn. 27; Unklarheiten über die zulässigen Formen von »Bundesverwaltung« und die Rolle von Art. 86 GG zeigen sich auch bei *Pabst/Schwartmann* (Fn. 60), Art. 87d Rn. 24 ff., die insbesondere den Unterschied zwischen »Bundesverwaltung« und »bundeseigener Verwaltung« (→ Art. 86 Rn. 23) nicht ausreichend beachten.

[113] Übersicht über die Bundesbehörden bei *Schwenk/Giemulla*, Luftverkehrsrecht (Fn. 39), S. 104 ff. Zur Diskussion um die Übertragung der Kontrolle der Flughafenentgelte nach der Richtlinie 2009/12/EG auf die Bundesnetzagentur s. nur *L. Giesberts/G. Kleve*, ZLW 59 (2010), 181 ff.

[114] Zu dessen Aufgaben vgl. § 2 des Gesetzes über das Luftfahrt-Bundesamt v. 30.11.1954, BGBl. I S. 354.

[115] *Uerpmann-Wittzack* (Fn. 70), Art. 87d Rn. 9.

[116] Rechtsgrundlage ist § 4 des Flugunfall-Untersuchungs-Gesetzes (FluUG), verkündet als Art. 1 des Gesetzes über die Untersuchung von Unfällen und Störungen bei dem Betrieb ziviler Luftfahr-

rung[117], das nach der unionsrechtlich vorgegebenen Konzeption der Trennung zwischen Aufsichtsbehörden und privaten Flugsicherungsorganisationen (→ Rn. 12) erforderlich wurde. Auch das Nationale Lage- und Führungszentrum »Sicherheit im Luftraum« in Kalkar am Niederrhein[118], in dem Angehörige der Bundeswehr, der Bundespolizei und der Deutschen Flugsicherung den Luftraum kontrollieren, stellt eine Erscheinungsform unmittelbarer Bundesverwaltung dar, die ihre verfassungsrechtliche Grundlage in Art. 87d I 1 GG findet.

32 Trotz der fehlenden ausdrücklichen Regelung in Art. 87d I GG können diese Bundesoberbehörden mit einem bundeseigenen **Verwaltungsunterbau** ausgestattet werden[119]. Aus Gründen der Spezialität (→ Art. 87 Rn. 72) ist hierfür nicht Art. 87 III 2 GG maßgeblich. Die Zulässigkeit richtet sich nach den speziellen Anforderungen des in Art. 87d I GG festgelegten Aufgabenbereichs und insbesondere der Qualität der wahrzunehmenden Aufgaben (→ Art. 87 Rn. 72). Daraus folgt vor allem, daß die Einrichtung bundeseigener Mittel- und Unterbehörden auch ohne gesetzliche Grundlage erfolgen kann. Deshalb ist etwa die Einrichtung von Außenstellen des Luftfahrt-Bundesamtes verfassungsrechtlich unproblematisch.

2. Mittelbare Bundesverwaltung

33 Mit der allgemeinen Vorgabe, daß die Luftverkehrsverwaltung in Bundesverwaltung geführt wird, erlaubt Art. 87d I 1 GG auch **alle Formen der sog. mittelbaren Bundesverwaltung**[120] (→ Art. 86 Rn. 30ff.). Hierin liegt die entscheidende **Neuerung** der aktuellen Fassung **gegenüber der bis 2009 geltenden Fassung** des Art. 87d I 1 GG, die nur die »bundeseigene Verwaltung« zuließ, was nach allgemeiner Auffassung gleichzusetzen ist mit »unmittelbarer« Bundesverwaltung (→ Art. 86 Rn. 25). Während also nach alter Rechtslage alle Formen der rechtlichen Verselbständigung insbesondere durch privatrechtliche Organisationsformen ausgeschlossen oder jedenfalls an strenge Anforderungen im Hinblick auf die Steuerung und Kontrolle der organisationsprivatisierten Verwaltungseinheit gebunden waren[121], findet nunmehr auch auf die Luftverkehrsverwaltung der allgemeine verfassungsrechtliche Rahmen Anwendung, der für die Bundesverwaltung gilt (→ Art. 86 Rn. 23ff.). Zu diesem Rahmen gehört, daß sich der Bund neben öffentlich-rechtlichen Formen verselbständigter Verwaltungseinheiten (rechtsfähige Anstalt, Körperschaft), die aber in der Luftverkehrsverwaltung aktuell keine Rolle spielen, auch privatrechtsförmiger Verwaltungsträger und Beliehener bedienen kann.

a) Privatrechtsförmige Verwaltungsträger

34 Was zunächst die **privatrechtsförmigen Verwaltungsträger** angeht, die sich dadurch auszeichnen, daß die Anteile der Gesellschaft privaten Rechts, die eine Luftverkehrs-

---

zeuge und zur entsprechenden Anpassung anderer luftrechtlicher Vorschriften vom 26.8.1998 (BGBl. I S. 2470).

[117] Durch Gesetz über die Errichtung des Bundesaufsichtsamtes für Flugsicherung vom 29.7.2009, BGBl. I S. 2424.

[118] S. dazu die Hinweise in BVerfGE 115, 118 (121, Rn. 7).

[119] *Durner* (Fn. 3), Art. 87d Rn. 15; *Horn* (Fn. 65), Art. 87d Rn. 24; *Uerpmann-Wittzack* (Fn. 70), Art. 87d Rn. 9; *Windthorst* (Fn. 16), Art. 87d Rn. 10; *Trampler*, Flugsicherung (Fn. 4), S. 106f.

[120] So auch *Remmert* (Fn. 77), Art. 87d Rn. 6.

[121] Zusammenfassend *Schoch*, Vereinbarkeit (Fn. 23), S. 47ff.

verwaltungsaufgabe wahrnimmt, in vollem Umfang vom Bund gehalten werden, so ist nach herrschender Auffassung diese Variante mittelbarer Bundesverwaltung von dem weiten organisatorischen Gestaltungsspielraum des Gesetzgebers gedeckt (→ Art. 86 Rn. 44, 46 f.). Da der **Bund als Alleingesellschafter** des privatrechtsförmigen Verwaltungsträgers jedenfalls mit Hilfe gesellschaftsrechtlicher Instrumente seinen Einfluß geltend machen kann, stellt sich die Frage, ob darüber hinaus aufsichtsrechtliche **Kontroll- und Steuerungsinstrumente** erforderlich sind, um das Handeln des privatrechtsförmigen Verwaltungsträgers dem Bund zurechnen und die erforderliche demokratische Legitimation herstellen zu können. Nach den allgemeinen Regeln, die für die mittelbare Bundesverwaltung gelten, ist hier eine **Rechtsaufsicht** notwendig, aber auch ausreichend (→ Art. 86 Rn. 43). Da der verfassungsändernde Gesetzgeber die Luftverkehrsverwaltung ausdrücklich nur noch diesen allgemeinen Regeln über die Bundesverwaltung unterwerfen wollte (→ Rn. 7), muß dies auch für Art. 87d I 1 GG gelten[122].

Als Beispiel für eine solche privatrechtliche Organisationsform der Luftverkehrs- 35
verwaltung ist die **Deutsche Flugsicherung GmbH (DFS)** zu nennen[123], die aus einer formellen Privatisierung hervorgegangen ist, nämlich der Umwandlung der ehemaligen Bundesanstalt für Flugsicherung in einen privaten Rechtsträger. Neben den verfassungsrechtlichen Problemen, die schließlich zur Einfügung des Art. 87d I 2 GG a. F. führten (→ Rn. 5), stellten sich dabei vor allem Fragen beamtenrechtlicher Natur, die anders als bei den Privatisierungen von Post und Bahn (→ Art. 143a Rn. 4 ff.; → Art. 143b Rn. 4 ff.) jedoch ohne eine gesonderte verfassungsrechtliche Übergangsregelung gelöst wurden[124]. In der Sprache des Luftverkehrsgesetzes handelt es sich bei der DFS um eine »**Flugsicherungsorganisation**[125] in Form einer Gesellschaft mit beschränkter Haftung«, deren »Anteile ausschließlich vom Bund gehalten werden« und die deshalb gem. § 31b I 1 LuftVG mit der Wahrnehmung der Aufgaben der Flugverkehrsdienste »**beauftragt**« wird. Diese Flugverkehrsdienste qualifiziert das Gesetz indirekt[126] als **hoheitliche Aufgaben**. Bezogen auf die Wahrnehmung dieser hoheitlichen Aufgaben qualifiziert das Gesetz die DFS als »**Beliehene**«[127] und unterwirft sie

---

122 Dazu m. w. N. *Bues*, »Single European Sky« (Fn. 39), S. 196 ff.; der Kritik an einer nur eingeschränkten Fachaufsicht über die DFS GmbH – vgl. dazu *H.-J. Pabst/R. Schwartmann*, DÖV 1998, 315 (316) – dürfte mit der Neufassung des Art. 87d I 1 GG die Grundlage entzogen sein; davon abgesehen untersteht die DFS GmbH, soweit sie im »Kernbereich« der Flugsicherung (Flugverkehrsdienste) tätig wird, nunmehr der Rechts- und Fachaufsicht des Bundesaufsichtsamtes für Flugsicherung (§ 31d II LuftVG).

123 Vgl. dazu *Schwenk/Giemulla*, Luftverkehrsrecht (Fn. 39), S. 120 ff.; *Trampler*, Flugsicherung (Fn. 4), S. 65 ff.; kritisch zur Privatisierung der Flugsicherung *G. Thyssen*, DÖV 1989, 1073 ff.

124 Vgl. dazu das Gesetz zur Übernahme der Beamten und Arbeitnehmer der Bundesanstalt für Flugsicherung vom 23.7.1992, BGBl. I S. 1370, 1376; *R. Uerpmann*, Jura 1996, 79 (83). Zu einem ähnlichen Problem (Überlassung von Bundesbahnbeamten an Gesellschaften des privaten Rechts vor der Bahnreform) BVerwGE 69, 303 ff.

125 Zu dieser durch das Unionsrecht vorgegebenen Terminologie: → Rn. 11 f.

126 S. § 27c II 3 LuftVG, wo hinsichtlich der sonstigen Flugsicherungsdienste (Kommunikationsdienste etc.) normiert ist, daß diese »keine hoheitliche Aufgabe« sind.

127 Auffällig und nicht nur aus verwaltungsrechtsdogmatischer Sicht fragwürdig ist die Art und Weise, wie das Luftverkehrsgesetz mit diesen Fragen umgeht: Obwohl es in § 31d II 4 explizit von den »Bereichen« spricht, »in denen die Flugsicherungsorganisation als Beliehene tätig ist« (ebenso die Formulierung in § 1 V Gesetz über die Errichtung des Bundesaufsichtsamtes für Flugsicherung), findet sich an keiner Stelle eine explizite gesetzliche Grundlage für die Beleihung einer Flugsicherungsorganisation bzw. der DFS. Vielmehr ist insoweit nur davon die Rede, daß eine Flugsicherungsorganisation »beauftragt« wird (§ 31b I 1 LuftVG), wobei für einen speziellen Fall (Flugsicherungsdienste an Flughäfen gem. § 27d IV LuftVG) als weitere Variante die Beauftragung »durch Verwal-

der Rechts- und Fachaufsicht des Bundesaufsichtsamtes für Flugsicherung (→ Rn. 31). Den verfassungsrechtlichen Anforderungen an die Ausgestaltung mittelbarer Bundesverwaltung ist damit jedenfalls Genüge getan.

b) Beliehene und Beauftragte

36 Eine weitere Form mittelbarer Bundesverwaltung, die Art. 87d I 1 GG zuläßt, stellt die **Beleihung** dar (→ Art. 86 Rn. 35), die gekennzeichnet ist durch die Betrauung von Privatrechtssubjekten mit der selbständigen Wahrnehmung öffentlicher Aufgaben in den Handlungsformen des öffentlichen Rechts[128]. Wie der privatrechtsförmige Verwaltungsträger (→ Rn. 34) muß auch der Beliehene zumindest der staatlichen **Rechtsaufsicht** unterliegen[129], die »faktisch und normativ wirksam sein muss«, um die sachgerechte, den rechtsstaatlichen und demokratischen Anforderungen entsprechende Aufgabenerledigung nach Maßgabe der für die übertragene Aufgabe geltenden Maßstäbe sicherzustellen[130]. Um eindeutige Fälle einer solchen Beleihung handelt es sich etwa bei dem verantwortlichen **Luftfahrzeugführer**, der gem. § 12 Luftsicherheitsgesetz als Beliehener für die Aufrechterhaltung der Sicherheit und Ordnung an Bord des im Flug befindlichen Luftfahrzeugs zu sorgen hat. Auch für **Sicherheitsmaßnahmen am Boden** enthält dieses Gesetz eine ausdrückliche Beleihungsermächtigung[131].

37 Weniger eindeutig sind dagegen eine Vielzahl von Aufgaben, mit deren Wahrnehmung nach den einschlägigen gesetzlichen Ermächtigungen natürliche (z. B. **Flughafenkoordinator**[132]) oder juristische Personen des privaten Rechts »beauftragt« werden können[133]. Wenn der Gesetzgeber hier eine terminologische Einordnung als Beliehene vermieden, diese **Beauftragten** aber dennoch einer umfassenden Rechts- und Fachaufsicht unterworfen hat[134], so ist dies offensichtlich Ausdruck der Unsicherheit darüber, ob und inwieweit die jeweiligen Aufgaben als hoheitliche einzustufen sind (→ Rn. 24 ff.). Selbst wenn man dies bejaht, genügt aber die umfassende Rechts- und Fach-

---

tungsakt« (?) hinzukommt, was *Remmert* (Fn. 77), Art. 87d Rn. 6.2 wohl zu Recht als Beleihung qualifiziert.

[128] S. dazu nur *T. Groß*, Die Verwaltungsorganisation als Teil organisierter Staatlichkeit, in: GVwR² I, § 13 Rn. 89. Zu der damit einhergehenden Ausnahme von Art. 33 IV GG s. nur *Trampler*, Flugsicherung (Fn. 4), S. 125 ff.; *O. Freitag*, Das Beleihungsrechtsverhältnis, 2005, S. 58 ff.

[129] *Groß* (Fn. 128), § 13 Rn. 90; weitergehend – eine Fachaufsicht fordernd – etwa *Freitag*, Beleihungsrechtsverhältnis (Fn. 128), S. 155 ff.

[130] So im Anschluß an BremStGH NVwZ 2003, 81 (84 f.) *H.-H. Trute*, Die demokratische Legitimation der Verwaltung, in: GVwR² I, § 6 Rn. 92.

[131] § 5 V LuftSiG; zum Luftsicherheitsassistenten und zum Kommandanten des Luftfahrzeugs s. nur *C. Schaefer*, NVwZ 2016, 1135 (1136 ff.).

[132] S. § 31a LuftVG. Von dieser Verordnungsermächtigung hat der Bundesminister für Verkehr durch Verordnung zur Beauftragung des Flugplankoordinators (seit 2005: Flughafenkoordinator) vom 17.12.1992 (BGBl. I S. 2072), zuletzt geändert durch Art. 1 der Verordnung vom 22.7.2011 (BGBl. I S. 1526), Gebrauch gemacht und als Flughafenkoordinator Herrn »Armin Obert, geboren am 29.11.1966, mit der Wahrnehmung der in § 27a des Luftverkehrsgesetzes genannten Aufgaben beauftragt« (§ 1); näher dazu *Schwenk/Giemulla*, Luftverkehrsrecht (Fn. 39), S. 118 ff.; *Baumann*, Luftfahrtverwaltung (Fn. 96), S. 362 ff.; *E. Giemulla/T. Wenzler*, DVBl. 1989, 283 ff.; *V. Epping*, JZ 1991, 1102 (1104 f.); BVerwGE 82, 246 (254 ff.).

[133] S. § 31c LuftVG betreffend Aufgaben, die im Zusammenhang mit der Benutzung des Luftraums durch Freiballone, Luftsportgeräte und Flugmodelle stehen; zur örtlichen Luftaufsicht durch Private s. *K. Baumann*, Gegenwartsfragen der Beleihung in der Luftverkehrsverwaltung, in: FS Stober, 2008, S. 433 ff. (444 ff.).

[134] S. § 31d II 1 LuftVG.

aufsicht über diese »Beauftragten« den verfassungsrechtlichen Anforderungen an die »Bundesverwaltung« im Sinne des Art. 87d I 1 GG.

Anders verhält es sich mit anderen Formen der **Verpflichtung Privater**, an der Wahrnehmung von Aufgaben im Zusammenhang mit der Luftverkehrsverwaltung mitzuwirken[135]. So werden etwa Flugplatzbetreiber und Luftfahrtunternehmen durch das Luftsicherheitsgesetz in erheblichem Umfang in die Durchführung von Sicherheitsmaßnahmen eingebunden[136]. Ihre verfassungsrechtliche Legitimation erhalten die verschiedenen – außerhalb der Bundesverwaltung im Sinne des Art. 87d I 1 GG liegenden – Erscheinungsformen der Einschaltung Privater letztlich aus dem Umstand, daß es jenseits eines verfassungsfesten Kernbestandes von Aufgaben **Sache des Gesetzgebers** ist, **Hoheitsaufgaben** der Luftverkehrsverwaltung **von** den **Aufgaben Privater abzugrenzen** (→ Rn. 25, 29). Bestandteil dieses gesetzgeberischen Entscheidungsspielraums ist es, sich für Zwischenformen wie diejenige der Beauftragung oder der Verpflichtung zu entscheiden, die je nach Ausgestaltung der Kontroll- und Weisungsrechte eine mehr oder weniger große Nähe zu den in Art. 87d I GG genannten Verwaltungsaufgaben haben. 38

c) Insbesondere die Deutsche Flugsicherung GmbH

Besonderheiten im Zusammenhang mit den von Art. 87d I 1 GG zugelassenen Formen der mittelbaren Bundesverwaltung sind mit Blick auf die **Deutsche Flugsicherung GmbH** zu berücksichtigen. Nach geltendem Recht wird diese über ihre Eigenschaft als Gesellschaft, deren Anteile ausschließlich vom Bund gehalten werden, hinaus auch als Beliehene qualifiziert, soweit sie Kernaufgaben der Flugsicherung wahrnimmt (→ Rn. 35). Diese **Doppelung gesellschafts- und aufsichtsrechtlichen Einflusses des Bundes**, gegen die auch unter dem Gesichtspunkt eines möglichen Formenmißbrauchs keine Einwände zu erheben sind[137], ist aus der Perspektive der von Art. 87d I 1 GG für Verkehrsverwaltungsaufgaben geforderten Zurechnung zum Bund nichts einzuwenden. 39

Erst im Falle einer nach geltendem Luftverkehrsrecht für den Kernbereich der Flugsicherungsaufgaben (noch) nicht zulässigen **Kapitalprivatisierung** der Deutschen Flugsicherung GmbH würde sich die verfassungsrechtliche Frage stellen, ob eine Beleihung – mit entsprechenden Aufsichts- und Kontrollmöglichkeiten staatlicher Behörden – dieser vollständig oder teilweise kapitalprivatisierten Gesellschaft ausreichen würde, um sie der Bundesverwaltung im Sinne des Art. 87d I 1 GG zuzurechnen[138]. Vor dem Hintergrund der Entstehungsgeschichte, die die Beleihung als Form der Bundesverwaltung nach Art. 87d I 1 GG ausdrücklich vorgesehen hat (→ Rn. 7), und angesichts der allgemeinen Gestaltungsfreiheit des Gesetzgebers bei der Ausgestaltung der Bundesverwaltung, die die Beleihung einschließt (→ Art. 86 Rn. 23 ff., 35, 44), ist diese Frage zu bejahen[139]. Zu trennen von dieser Frage ist diejenige, ob und in wel- 40

[135] Eine umfassende Übersicht dazu liefert *Baumann*, Luftfahrtverwaltung (Fn. 96), S. 53 ff., 69 ff.

[136] Vgl. §§ 8, 9 LuftSiG; *Uerpmann-Wittzack* (Fn. 70), Art. 87d Rn. 14; *Schneider*, Abwehr (Fn. 46), S. 58 ff.; *H.-P. Mechlem*, Rechtsgrundlagen für Sicherungsmaßnahmen von Luftfahrtbehörden und Luftfahrtunternehmen gegen Angriffe auf den Luftverkehr, 1991, S. 98 ff.

[137] So zutreffend OVG Frankfurt/Oder NVwZ 1997, 604 (608); a. A. *K. Weisel*, Das Verhältnis von Privatisierung und Beleihung, 2003, S. 249 ff.

[138] Dazu ausführlich *Bues*, »Single European Sky« (Fn. 39), S. 200 ff.

[139] So auch *Remmert* (Fn. 77), Art. 87d Rn. 17; *Schwarz* (Fn. 65), Art. 87d Rn. 31 – allerdings mit dem fragwürdigen Hinweis auf gesellschaftsrechtliche Instrumentarien, auf die es angesichts der

chem Umfang die Flugsicherung überhaupt zu den Verwaltungsaufgaben i.S.d. Art. 87d I 1 GG zählt (→ Rn. 26 ff.).

3. Zwischenstaatliche Einrichtungen

41 Durch Art. 87d I 1 GG wird die Übertragung von Aufgaben der Luftverkehrsverwaltung an **zwischenstaatliche Einrichtungen** gem. Art. 24 I GG nicht ausgeschlossen (→ Art. 24 Rn. 21) – wie das Beispiel von Eurocontrol zeigt (→ Rn. 10). Davon klar zu unterscheiden sind die in Art. 87d I 2 GG gesondert geregelten – auf Unionsrecht beruhenden – ausländischen Flugsicherungsorganisationen, die mit den Aufgaben der Flugsicherung nur einen begrenzten Ausschnitt aus den mit dem Luftverkehr in Zusammenhang stehenden Aufgaben wahrnehmen können. Zudem ist bei der Flugsicherungsaufgabe ungewiß, ob es sich um eine Verwaltungsaufgabe im Sinne des Art. 87d I GG handelt (→ Rn. 26 ff.). Ebenfalls nicht durch Art. 24 I GG gedeckt ist die Übertragung von Hoheitsrechten auf andere Staaten[140].

IV. Flugsicherung durch ausländische Flugsicherungsorganisationen (Art. 87d I 2 GG)

42 Wenn Art. 87d I 2 GG die Möglichkeit eröffnet, daß Aufgaben der Flugsicherung durch ausländische Flugsicherungsorganisationen wahrgenommen werden, so soll damit offensichtlich ein verfassungsrechtlicher Weg eröffnet werden, um die zukünftige Ordnung der Flugsicherung im deutschen Luftraum »europatauglich« zu machen. Die **Änderung** des Art. 87d I GG aus dem Jahr **2009** (→ Rn. 7) sollte »insbesondere die verfassungsrechtlichen Voraussetzungen für die uneingeschränkte **deutsche Beteiligung an der Herstellung eines einheitlichen europäischen Luftraums** schaffen«[141]. Vor dem Hintergrund der im Jahr 2009 bereits absehbaren unionsrechtlichen Entwicklungen (→ Rn. 9 ff.) ging es allerdings nicht oder jedenfalls nicht nur um die Harmonisierung des deutschen (Verfassungs-)Rechts mit zwingendem Unionsrecht. Denn angesichts des unstreitigen Anwendungsvorrangs des Unionsrechts, dessen ausdrückliche Erwähnung in Art. 87d I 1 GG auf Empfehlung des Innenausschusses[142] wieder fallengelassen wurde, wäre Art. 87d I 2 GG überflüssig. Vielmehr sollte aus »fachlichen«[143] Gründen eine über das zwingende Unionsrecht hinausgehende **Öffnung des Grundgesetzes für** die grenzüberschreitende Flugsicherung durch **ausländische Flugsicherungs-**

Zulässigkeit einer vollständigen Kapitalprivatisierung nicht ankommen kann; *Bues*, »Single European Sky« (Fn. 39), S. 216, dort S. 222 ff. auch zu dem notwendigen Kontroll- und Steuerungsregime. A.A. *J. Wieland*, in: Deutscher Bundestag, 16. WP, Öffentliche Anhörung des Ausschusses für Verkehr, Bau und Stadtentwicklung, Wortprotokoll der 86. Sitzung am 22.4.2009 (Prot. Nr. 16/86), S. 17, der vor dem Hintergrund der Vorgeschichte (Verweigerung der Kapitalprivatisierung durch den Bundespräsidenten → Rn. 6) für eine Kapitalprivatisierung eine explizite verfassungsrechtliche Regelung verlangt; skeptisch auch *Pabst/Schwartmann* (Fn. 60), Art. 87d Rn. 43, sowie *Baumann*, Gegenwartsfragen (Fn. 133), S. 441, der aber die Flugsicherung nicht dem Kernbereich staatlicher Hoheitsfunktionen zuordnen will (S. 442 f.).

[140] Zu dieser Frage, die sich vor allem in Bezug auf das ganz überwiegend im Eigentum der Schweizerischen Eidgenossenschaft stehende Flugsicherungsunternehmen Skyguide AG stellt, das Flugsicherungsaufgaben im süddeutschen Raum wahrnimmt, s. nur die Nachweise bei *S. Hobe/C. Plingen*, ZLW 56 (2007), 349 (357 ff.).

[141] BT-Drs. 16/13105, S. 6.

[142] BT-Drs. 16/13217, S. 4.

[143] BT-Drs. 16/13105, S. 7.

organisationen bewirkt werden. Auf diese Weise erlaubt Art. 87d I 2 GG, daß Flugverkehrsdienste als Kern der Flugsicherung (→ Rn. 11f., 29) im gesamten Luftraum über Deutschland als Teil des funktionalen Luftraumblocks »Central Europe«[144] zukünftig vollständig von einer Flugsicherungsorganisation mit Sitz z. B. in Belgien wahrgenommen werden[145].

Nach seinem klaren Wortlaut und der Intention des verfassungsändernden Gesetzgebers bewirkt Art. 87d I 2 GG mithin, daß – tatsächliche oder vermeintliche – **Restriktionen aus Art. 87d I 1 GG** für eine deutsche Beteiligung am einheitlichen europäischen Luftraum **beseitigt** werden. Sie könnten daraus resultieren, daß das deutsche Verfassungsrecht mit dem Begriff der Luftverkehrsverwaltung in Art. 87 I 1 GG den Kreis der hoheitlichen Flugsicherungsaufgaben weiter zieht als das Unionsrecht (→ Rn. 25), und daß Art. 87 I 1 GG mit der Anordnung von Bundesverwaltung die Einschaltung ausländischer Flugsicherungsorganisationen im deutschen Luftraum nicht zuläßt, weil diese trotz möglicher Aufsichts- und Kontrollinstrumente nicht mehr als nationale Verwaltungseinheiten qualifiziert werden können. **43**

Deshalb können Satz 1 und Satz 2 von Art. 87d I GG nicht in dem Sinne »gleichrangig nebeneinander« stehen, daß die Anforderungen an die Ausgestaltung der Bundesverwaltung (→ Rn. 30ff.) auch für ausländische Flugsicherungsorganisationen gelten müssen[146]. Vielmehr kann **Art. 87d I 2 GG** im Hinblick auf die Wahrnehmung von Flugsicherungsaufgaben durch zertifizierte ausländische Flugsicherungsorganisationen nur als **spezielle Regelung** im Verhältnis zu Art. 87d I 1 GG angesehen werden[147]. Denn selbst bei großzügiger Auslegung der »Bundesverwaltung« kann es kaum gelingen, eine ausländische Flugsicherungsorganisation, bei der es sich um eine private oder staatliche Institution handeln kann (→ Rn. 12), zu einem Beliehenen deutschen Rechts oder auf anderem Wege zu einem Teil der »Bundesverwaltung« zu machen[148]. Ein Beharren auf uneingeschränkten Kontroll- und Steuerungsbefugnissen deutscher »Bundesverwaltung« ist mit dem europäischen Konzept kooperativer Aufsicht zweier oder mehrerer Mitgliedstaaten über die jeweilige Flugsicherungsorganisation nicht in Einklang zu bringen[149]. Vielmehr ist das Anliegen des verfassungsändernden Gesetzgebers ernst zu nehmen, der mit der **Europäisierung** der Flugsicherung zugleich eine neue Verteilung zwischen hoheitlichen und unternehmerisch wahrzunehmenden Auf- **44**

---

[144] → Rn. 13 mit Fn. 60.

[145] *Pabst/Schwartmann* (Fn. 60), Art. 87d Rn. 61; *Remmert* (Fn. 77), Art. 87d Rn. 13; zu den konkreten Folgerungen anschaulich *Hüttel*, Rechtsfragen (Fn. 39), S. 107ff.

[146] So aber *Remmert* (Fn. 77), Art. 87d Rn. 11f., die – nicht ganz konsequent, weil damit die Grenzen zulässiger Formen der Bundesverwaltung teilweise überschritten sind – fordert, daß das Gesetz i. S. d. Art. 87d I 3 GG »eine entsprechende Verwaltungshilfe, Beleihung, Organleihe, oder ein öffentlich-rechtliches Mandat vorsehen« muß; ähnlich *Hüttel*, Rechtsfragen (Fn. 39), S. 210ff.; *Pabst/Schwartmann* (Fn. 60), Art. 87d Rn. 62f.; *Uerpmann-Wittzack* (Fn. 70), Art. 87d Rn. 17, der für die ausländische Flugsicherungsorganisation stets eine Beleihung nach deutschem Recht fordert. Wie hier dagegen *Schwarz* (Fn. 65), Art. 87d Rn. 14; *Horn* (Fn. 65), Art. 87d Rn. 8f., 32; ausführlich *Bues*, »Single European Sky« (Fn. 39), S. 242ff.

[147] Zustimmend Jarass/*Pieroth*, GG, Art. 87d Rn. 2.

[148] So auch *S. Hobe/C. Plingen*, ZLW 56 (2007), 349 (362); *Schwarz* (Fn. 65), Art. 87d Rn. 33; skeptisch auch *Pabst/Schwartmann* (Fn. 60), Art. 87d Rn. 63; zur Unzulässigkeit der Hoheitsrechtsübertragung auf andere Staaten, die aus Art. 23 I und Art. 24 GG gefolgert wird, s. nur *C. Gramm*, DVBl. 1999, 1237 (1237f.); *M. Baldus*, Die Verwaltung 32 (1999), 481 (499ff.); zur Beleihung privater Gesellschaften mit Sitz im Ausland s. *Freitag*, Beleihungsrechtsverhältnis (Fn. 128), S. 94.

[149] So aber *Remmert* (Fn. 77), Art. 87d Rn. 12.

gaben (→ Rn. 25) und in diesem Zuge die **funktionale Privatisierung der Flugsicherung** ermöglichen wollte[150], deren Kontrolle sich mehrere Mitgliedstaaten teilen.

45 Die verfassungsrechtlichen **Grenzen** einer Einschaltung ausländischer Flugsicherungsorganisationen in die Wahrnehmung der Flugsicherung im deutschen Luftraum müssen deshalb aus Art. 87d I 2 GG gewonnen werden. Sie ergeben sich zunächst aus dem unionsrechtlichen Begriff der **Flugsicherungsorganisation** mit seiner spezifischen Aufgabenumschreibung und aus der erforderlichen **Zulassung nach Unionsrecht**. Art. 87d I 2 GG muß insoweit mit Bezug auf die einschlägigen Verordnungen, in denen beide Voraussetzungen näher bestimmt sind (→ Rn. 9ff.), ausgelegt werden. Das gilt auch für die weiteren Fragen, nach welchem rechtlichen Regime und vor allem in welchem Verhältnis zu den Hoheitsrechten des Mitgliedstaates, in dem die ausländische Flugsicherungsorganisation ihren Sitz hat, **Aufsichts- und Kontrollrechte deutscher Stellen** gegenüber der ausländischen Flugsicherungsorganisation bestehen müssen. Das Unionsrecht hat auch insoweit einen Rahmen geschaffen, indem es auf der Grundlage der funktionalen Trennung von Aufsichtsbehörden und Flugsicherungsorganisationen (→ Rn. 12) eine Vereinbarung zwischen den beiden betroffenen Mitgliedstaaten sowie Regelungen vorsieht, die in **Zusammenarbeit der beiden nationalen Aufsichtsbehörden** zu treffen sind[151]. Nach diesem offensichtlich zweistufigen Modell sind die Grundzüge der **kooperativen Ausübung der Aufsicht** in einem Vertrag zwischen den betroffenen Mitgliedstaaten zu regeln, während die Einzelheiten, zu denen insbesondere eine »Vereinbarung über die gegenseitige Anerkennung der Aufsichtstätigkeit« gehört, durch Verwaltungsvereinbarungen zwischen den betroffenen nationalen Aufsichtsbehörden zu regeln sind. Daß damit eine Relativierung traditioneller Souveränitätskonzepte (Lufthoheit) einhergeht, liegt auf der Hand[152].

V. Gesetz (Art. 87d I 3 GG)

46 Art. 87d I 3 GG überantwortet die Regelung des Näheren dem Bundesgesetzgeber, ohne daß es hier einer Zustimmung des Bundesrates bedarf. Nach seiner Stellung in Absatz 1 liegt es nahe, den Regelungsauftrag sowohl auf Satz 2 als auch auf Satz 1 zu beziehen[153]. Danach müssen sowohl die **wesentlichen Fragen der Organisation und Aufgabenzuweisung der Bundesverwaltung**, zu denen insbesondere die Entscheidung zwischen öffentlich-rechtlicher und privatrechtlicher Form gehört, als auch die Voraussetzungen und Modalitäten einer Einschaltung **ausländischer Flugsicherungsorganisationen** durch Bundesgesetz geregelt werden. Wenn der verfassungsändernde Gesetzgeber offenbar davon ausgegangen ist, daß sich der Regelungsvorbehalt nur auf die Ausnahmen vom Grundsatz hoheitlicher Luftverkehrsverwaltung und auf die Wahrnehmung der Flugsicherungsaufgaben durch ausländische Organisationen bezieht[154], so hat diese Einschränkung im Wortlaut keinen Niederschlag gefunden. Auch der weite Spielraum bei der organisatorischen Ausgestaltung der Bundesverwaltung

[150] Ähnlich *Ruge* (Fn. 75), Art. 87d Rn. 9.

[151] S. dazu wie auch zum Folgenden die Einzelheiten in Art. 2 Flugsicherungsdienste-Verordnung (Fn. 41).

[152] Überzeugend *Hüttel*, Rechtsfragen (Fn. 39), S. 134ff.; s. auch *Bues*, »Single European Sky« (Fn. 39), S. 66ff.

[153] So auch Jarass/*Pieroth*, GG, Art. 87d Rn. 3; *Ruge* (Fn. 75), Art. 87d Rn. 13; *Schwarz* (Fn. 65), Art. 87d Rn. 37.

[154] S. BT-Drs. 16/13105, S. 7.

spricht dafür, die hier entscheidungsbedürftigen wesentlichen Fragen dem Gesetzgeber zu überantworten. Wenn Art. 87d I 3 GG deshalb sowohl als **Regelungsauftrag** als auch als **organisationsrechtlicher Vorbehalt des Gesetzes** zu verstehen ist, so bedeutet dies nicht, daß auch die Einzelheiten der organisatorischen Ausgestaltung unter Gesetzesvorbehalt stehen[155]. Hier gelten dieselben Grundsätze wie in allen anderen Bereichen bundeseigener Verwaltung (→ Art. 87 Rn. 25), so daß nicht etwa jede Einrichtung einer Behörde oder Stelle durch Gesetz zu erfolgen hätte. Der Gesetzgeber ist mit dem Luftverkehrsgesetz, dem Luftsicherheitsgesetz, dem Gesetz über die Errichtung eines Bundesaufsichtsamtes für Flugsicherung und mit dem Gesetz über das Luftfahrt-Bundesamt diesen verfassungsrechtlichen Anforderungen gerecht geworden.

VI. Auftragsverwaltung (Art. 87d II GG)

1. Vorbehalt des Zustimmungsgesetzes

Die in der Praxis vielfach genutzte[156] Möglichkeit des Bundes, Aufgaben der Luftverkehrsverwaltung den Ländern als Auftragsangelegenheit zu übertragen, steht unter **Vorbehalt eines Zustimmungsgesetzes**. Die Kompetenz zur Übertragung schließt dabei die Befugnis mit ein, übertragene Aufgaben ganz oder teilweise wieder an sich zu ziehen[157]. Aus den Grundsätzen über die Zustimmungspflichtigkeit (→ Art. 77 Rn. 44ff.) ergibt sich, daß sie **auch** die in derselben gesetzgebungstechnischen Einheit enthaltenen **materiellen Regelungen** umfasst, daß aber auch eine Aufteilung von materieller Aufgabenbestimmung und formeller Übertragung auf die Länder auf verschiedene Gesetze möglich und dann nur das Übertragungsgesetz zustimmungspflichtig ist[158]. Auch für die **Änderung** von Gesetzen, die nach Art. 87d II GG zustimmungsbedürftig waren, gelten die allgemeinen Regeln (→ Art. 77 Rn. 49), nach denen die Änderung nur dann zustimmungsbedürftig ist, wenn das Änderungsgesetz seinerseits zustimmungsbedürftige Vorschriften enthält, wenn es Vorschriften ändert, die die Zustimmungsbedürftigkeit ausgelöst haben[159], oder wenn es materielle Vorschriften ändert, die den ursprünglich die Zustimmungsbedürftigkeit auslösenden Normen eine wesentlich andere – nicht nur die Quantität der Aufgabenlast betreffende – Bedeutung und Tragweite verleihen[160]. 47

Spezielle Fragen ergeben sich, wenn übertragene Aufgaben wieder in bundeseigene Verwaltung (rück-)überführt werden sollen. Daß dafür prinzipiell ebenfalls ein **Bundesgesetz** notwendig ist, ergibt sich schon ganz allgemein daraus, daß ein Gesetz nur 48

[155] *Windthorst* (Fn. 16), Art. 87d Rn. 28; *Uerpmann-Wittzack* (Fn. 70), Art. 87d Rn. 19.

[156] S. § 16 II LuftSiG, § 31 II LuftVG.

[157] So BVerfGE 97, 198 (226, Rn. 109); 133, 241 (272, Rn. 88).

[158] So auch *Durner* (Fn. 3), Art. 87d Rn. 27; Jarass/*Pieroth*, GG, Art. 87d Rn. 4 und Art. 77 Rn. 4a; *Schwarz* (Fn. 65), Art. 87d Rn. 46. Nach anderer Ansicht soll auch das zweite Gesetz zustimmungspflichtig sein, wenn das Übertragungsgesetz schon erlassen wurde, so *Uerpmann-Wittzack* (Fn. 70), Art. 87d Rn. 21.

[159] Die umstrittene Frage, ob dies bei dem Gesetz zur Neuregelung von Luftsicherheitsaufgaben (neues Luftsicherheitsgesetz) der Fall war, hat BVerfGE 115, 118 (135f., Rn. 73f.) mangels ausreichenden Vortrages offengelassen; s. dazu kritisch *W.-R. Schenke*, NJW 2006, 736 (736f.).

[160] So BVerfGE 126, 77 (105, Rn. 142); ähnlich bereits BVerfGE 48, 127 (184) zu Art. 87b II 1 GG; zur parallelen Problematik bei Art. 84 I 6 GG: → Art. 84 Rn. 42, 70; s. auch die Folgerungen für Art. 87c GG: → Art. 87c Rn. 11; krit. zur Rechtsprechung des BVerfG *A. Funke*, VerwArch. 103 (2012), 290 (304ff.).

durch Gesetz aufgehoben werden kann[161]. Ein solches Gesetz, welches die **Übertragung rückgängig** macht, ist stets zustimmungsfrei[162]. Allerdings genügt es auch, wenn das Übertragungsgesetz selbst untergesetzliche Rückholmechanismen – wie zum Beispiel eine Regelung im Rahmen von Verwaltungsabkommen[163] oder auch eine gesetzlich determinierte einseitige Entscheidung eines Bundesministers[164] – vorsieht. Die Verwendung untergesetzlicher Handlungsformen stößt jedoch dort an die Grenzen ihrer Zulässigkeit, wo die **Verteilung der Verwaltungszuständigkeiten** zwischen Bund und Ländern durch sie nicht ausreichend **transparent** gemacht wird[165].

2. Grenzen der Übertragbarkeit

49 Wenn man von den allgemeinen Grenzen absieht, die die Zentralität einer Aufgabe ihrer Ausgestaltung als Gegenstand der Auftragsverwaltung setzt, gibt es grundsätzlich keine Materie im Bereich der Luftverkehrsverwaltung, die von der Übertragungsmöglichkeit des Art. 87d II GG ausgenommen ist. Ob und welche Aufgaben als Angelegenheiten der Auftragsverwaltung ausgeführt werden sollen, steht im Ermessen des Bundesgesetzgebers. Schon aus dem Wortlaut des Art. 87d II GG, in dem von »Aufgaben«, nicht aber von »den Aufgaben« oder »der Luftverkehrsverwaltung« die Rede ist, ergibt sich allerdings, daß die **Übertragung auf einzelne Aufgaben beschränkt bleiben** muß, die Überführung des gesamten Aufgabenbereichs der Luftverkehrsverwaltung in Auftragsverwaltung also nicht möglich ist[166]. Ein – wenn auch nicht bis ins einzelne feststehender – Kernbestand von Aufgaben muß damit in bundeseigener Verwaltung erfüllt werden, wie dies aufgrund der überregionalen und internationalen Natur des Luftverkehrs auch vom Verfassungsgesetzgeber intendiert war[167] und heute als selbstverständlich gelten kann.

3. Landesverwaltung unter Einfluß des Bundes

50 Was die genaue Verteilung der Verwaltungskompetenzen zwischen Bund und Ländern und insbesondere den Inhalt und den Umfang der Einflußmöglichkeiten des Bundes angeht, wenn er von der in Art. 87d II GG eröffneten Möglichkeit Gebrauch macht, trifft diese Vorschrift selbst keine speziellen Regelungen. Es gelten deshalb die **allge-**

---

[161] *Schwarz* (Fn. 65), Art. 87d Rn. 43 bezeichnet die Notwendigkeit eines Bundesgesetzes als umstritten.

[162] → Art. 77 Rn. 49; speziell zu Art. 87d GG siehe BVerfGE 97, 198 (226f., Rn. 111f.); 126, 77 (110f., Rn. 151f.) m. w. N.; *Durner* (Fn. 3), Art. 87d Rn. 27; *Pabst/Schwartmann* (Fn. 60), Art. 87d Rn. 77; a. A. *Uerpmann-Wittzack* (Fn. 70), Art. 87d Rn. 20; *Horn* (Fn. 65), Art. 87d Rn. 51; *Schwarz* (Fn. 65), Art. 87d Rn. 47; *A. Meyer*, BayVBl. 2012, 452 (458).

[163] BVerfGE 97, 198 (227, Rn. 112); *Uerpmann-Wittzack* (Fn. 70), Art. 87d Rn. 20; *W. Schreiber*, DVBl. 1992, 589 (595); *S. Jutzi*, DÖV 1992, 650 (654f.). Aufgrund einer strengen Anwendung des actus-contrarius-Gedankens sieht *Windthorst* (Fn. 16), Art. 87d Rn. 33 dies als verfassungswidrig an; ähnlich *H.-J. Papier*, DVBl. 1992, 1 (5ff.).

[164] BVerfGE 133, 241 (270f., Rn. 82ff.).

[165] BVerfGE 97, 198 (227, Rn. 111).

[166] *Durner* (Fn. 3), Art. 87d Rn. 25; *Pabst/Schwartmann* (Fn. 60), Art. 87d Rn. 70f.; *Windthorst* (Fn. 16), Art. 87d Rn. 31; BVerwGE 95, 188 (192); a. A. *Uerpmann-Wittzack* (Fn. 70), Art. 87d Rn. 22. Zur insoweit vergleichbaren Situation bei Art. 87e GG: → Art. 87e Rn. 13.

[167] Siehe BT-Drs. 3/1534, S. 3. Deswegen wird von Vertretern der gegenteiligen Meinung auch konzediert, daß es sich bei der Übertragung sämtlicher Aufgaben der Luftverkehrsverwaltung auf die Länder um eine bloß theoretische Möglichkeit handele, vgl. *Uerpmann-Wittzack* (Fn. 70), Art. 87d Rn. 22.

meinen Regeln des Art. 85 GG ohne Einschränkungen und ohne Modifikationen[168]. Auf die dortigen Ausführungen insbesondere zur Grundstruktur der Kompetenzverteilung zwischen Bund und Ländern (→ Art. 85 Rn. 17 ff.), die durch die Unterscheidung zwischen der stets bei den Ländern verbleibenden Wahrnehmungskompetenz und der durch Weisung auf den Bund übergehenden Sachkompetenz geprägt ist, zur normativen Steuerung durch den Bund (→ Art. 85 Rn. 27 ff., 30), zum einzelfallbezogenen Weisungsrecht der obersten Bundesbehörde (→ Art. 85 Rn. 36 ff.) sowie zur Durchsetzung von und zum Rechtsschutz gegen Weisungen (→ Art. 85 Rn. 59 ff.) kann deshalb verwiesen werden[169].

Soweit **Landesgesetze** Regelungen für nach Art. 87d II GG übertragene Aufgaben enthalten, kommt lediglich ein Konflikt mit der verfassungsrechtlichen Verteilung der Gesetzgebungskompetenz sowie mit dem konkreten Bundesgesetz[170], nicht aber ein Verstoß gegen Art. 87d II GG in Betracht, da dieser gerade keine Regelung über die Gesetzgebungskompetenzen enthält[171]. 51

D. Verhältnis zu anderen GG-Bestimmungen

Sowohl die Bundesverwaltung nach Art. 87d I GG als auch die Möglichkeit der Übertragung von Aufgaben der Luftverkehrsverwaltung auf die Länder als Auftragsangelegenheit nach Art. 87d II GG stellen Ausnahmen von der in **Art. 83 GG** normierten Regel der landeseigenen Verwaltung dar. Die Rechtsfolgen einer Aufgabenübertragung nach Art. 87d II GG sind **Art. 85 GG** zu entnehmen. **Art. 87 III GG** wird durch Art. 87d GG im Wege der Spezialität vollständig verdrängt (→ Art. 87 Rn. 72). Der Umfang der Bundesverwaltungskompetenz aus Art. 87d I GG wird durch die Gesetzgebungskompetenz des Bundes nach **Art. 73 I Nr. 6 GG** (→ Art. 73 Rn. 44 ff.) begrenzt. Daß trotz der obligatorischen Bundesverwaltungskompetenz die Wahrnehmung von Luftverkehrsverwaltungsaufgaben auf zwischenstaatliche Einrichtungen übertragen werden kann, folgt aus **Art. 24 I GG** (→ Rn. 41). 52

---

[168] *Schwenk/Giemulla*, Luftverkehrsrecht (Fn. 39), S. 103 mit Hinweisen auch zur Praxis der Auftragsverwaltung.

[169] Zum Weisungsrecht des Bundesverkehrsministers in der Luftverkehrsverwaltung vgl. auch *T. Tschentscher*, Bundesaufsicht in der Bundesauftragsverwaltung, 1992, S. 123 f.; zu speziellen Fragen der Flughafenplanung durch die Länder und das Flughafenkonzept des Bundes *E. Giemulla*, ZLW 61 (2012), 572 (577 ff.).

[170] Siehe auch Jarass/*Pieroth*, GG, Art. 87d Rn. 4; *W. Ernst*, DVBl. 1982, 495 ff.

[171] So aber HessStGH ESVGH 32, 20 (28); auch BVerfGE 133, 241 (261, Rn. 56) will die Gesetzgebungskompetenz des Bundes für Regelungen zur Rückübertragung von Luftsicherheitsaufgaben aus der Auftragsverwaltung der Länder auf den Bund »jedenfalls« aus Art. 87d II GG herleiten.

Artikel 87e [Eisenbahnen]

(1) [1]Die Eisenbahnverkehrsverwaltung für Eisenbahnen des Bundes wird in bundeseigener Verwaltung geführt. [2]Durch Bundesgesetz können Aufgaben der Eisenbahnverkehrsverwaltung den Ländern als eigene Angelegenheit übertragen werden.

(2) Der Bund nimmt die über den Bereich der Eisenbahnen des Bundes hinausgehenden Aufgaben der Eisenbahnverkehrsverwaltung wahr, die ihm durch Bundesgesetz übertragen werden.

(3) [1]Eisenbahnen des Bundes werden als Wirtschaftsunternehmen in privat-rechtlicher Form geführt. [2]Diese stehen im Eigentum des Bundes, soweit die Tätigkeit des Wirtschaftsunternehmens den Bau, die Unterhaltung und das Betreiben von Schienenwegen umfaßt. [3]Die Veräußerung von Anteilen des Bundes an den Unternehmen nach Satz 2 erfolgt auf Grund eines Gesetzes; die Mehrheit der Anteile an diesen Unternehmen verbleibt beim Bund. [4]Das Nähere wird durch Bundesgesetz geregelt.

(4) [1]Der Bund gewährleistet, daß dem Wohl der Allgemeinheit, insbesondere den Verkehrsbedürfnissen, beim Ausbau und Erhalt des Schienennetzes der Eisenbahnen des Bundes sowie bei deren Verkehrsangeboten auf diesem Schienennetz, soweit diese nicht den Schienenpersonennahverkehr betreffen, Rechnung getragen wird. [2]Das Nähere wird durch Bundesgesetz geregelt.

(5) [1]Gesetze auf Grund der Absätze 1 bis 4 bedürfen der Zustimmung des Bundesrates. [2]Der Zustimmung des Bundesrates bedürfen ferner Gesetze, die die Auflösung, die Verschmelzung und die Aufspaltung von Eisenbahnunternehmen des Bundes, die Übertragung von Schienenwegen der Eisenbahnen des Bundes an Dritte sowie die Stilllegung von Schienenwegen der Eisenbahnen des Bundes regeln oder Auswirkungen auf den Schienenpersonennahverkehr haben.

Literaturauswahl

Battis, Ulrich/Kersten, Jens: Die Deutsche Bahn AG als staatliches Wirtschaftsunternehmen zwischen Grundrechtsverpflichtung, Gemeinwohlauftrag und Wettbewerb, in: WuW 2005, S. 493–501.

Britz, Gabriele: Vom Europäischen Verwaltungsverbund zum Regulierungsverbund? Europäische Verwaltungsentwicklung am Beispiel der Netzzugangsregulierung bei Telekommunikation, Energie und Bahn, in: EuR 2006, S. 46–77.

Brosius-Gersdorf, Frauke: Wettbewerb auf der Schiene? Zu den verfassungsrechtlichen Rahmenbedingungen für den Eisenbahnsektor im Vergleich zum Post- und Telekommunikationssektor, in: DÖV 2002, S. 275–283.

Fehling, Michael: Zur Bahnreform. Eine Zwischenbilanz im Spiegel erfolgreicherer »Schwesterreformen«, in: DÖV 2002, S. 793–802.

Gersdorf, Hubertus: Marktöffnung im Eisenbahnsektor, in: ZHR 168 (2004), S. 576–612.

Heise, Elisabeth: Die Deutsche Bahn AG zwischen Wirtschaftlichkeit und Gemeinwohlverantwortung. Eine Untersuchung des Art. 87e GG und der besonderen Bedeutung der Eigentümerstellung des Bundes, 2013.

König, Christian/Neumann, Andreas/Schellberg, Margret: Neue Spielregeln für den Zugang zur Eisenbahninfrastruktur als Voraussetzung für chancengleichen Wettbewerb auf der Schiene, in: WuW 2006, S. 139–149.

Kramer, Urs: Die aktuelle Entwicklung des deutschen Eisenbahnrechts – Auf dem Weg zu einem perfekt regulierten Markt?, in: NVwZ 2006, S. 26–32.

Kühling, Jürgen/Ernert Alexander: Das neue Eisenbahnwirtschaftsrecht – Hochgeschwindigkeitstrasse für den Wettbewerb?, in: NVwZ 2006, S. 33–38.

Masing, Johannes: Grundstrukturen eines Regulierungsverwaltungsrechts. Regulierung netzbezogener Märkte am Beispiel Bahn, Post, Telekommunikation und Strom, in: Die Verwaltung 36 (2003), S. 1–32.

Pommer, Sophia: Bahnreform und Enteignung. Die Rückkehr der privatbegünstigenden Enteignung im Eisenbahnwesen, 2002.
Ruge, Reinhard: Diskriminierungsfreier Netzzugang im liberalisierten Eisenbahnmarkt in Deutschland, in: AöR 131 (2006), S. 1–78.
Wilkens, Sarah: Wettbewerbsprinzip und Gemeinwohlorientierung bei der Erbringung von Eisenbahndienstleistungen. Zum Verhältnis von Art. 87e Abs. 3 und 4 GG, 2006.

Leitentscheidung des Bundesverfassungsgerichts

BVerfGE 97, 198 (221ff., Rn. 100ff.) – Bundesgrenzschutz; 129, 356 (368f., Rn. 29ff.) – Bahnimmobilien.

Gliederung

Stichwörter

A. Herkunft, Entstehung, Entwicklung

I. Ideen- und verfassungsgeschichtliche Aspekte

In Deutschland hat der Staat in der ersten Hälfte des 19. Jahrhunderts durch die Gewährung von Konzessionen Privatunternehmen den Bau und Betrieb von Eisenbahnen überlassen, nachdem §§ 28 bis 30 Paulskirchenverfassung noch von diesem System ausgegangen war[1]. Nach den Erfahrungen des Kriegs mit Frankreich wurde aus militärischen und volkswirtschaftlichen Gründen eine Vereinheitlichung des deutschen Eisenbahnwesens angestrebt und verfassungsrechtlich in den Art. 41 bis 47 RV 1

[1] Huber, Dokumente, Bd. 1, S. 375ff. (378f.); zur tatsächlichen Entwicklung *S. Pommer*, Bahnreform und Enteignung, 2002, S. 22ff., und *H. S. Seidenfus*, Eisenbahnwesen, in: Dt. VerwGesch II, S. 227ff. (233ff.).

1871[2] verankert. Nach der Verstaatlichung der Eisenbahnen durch die Länder erklärte es Art. 89 I WRV in Vollzug der tatsächlichen Entwicklung im Ersten Weltkrieg zur **Aufgabe des Reichs**, die dem allgemeinen Verkehr dienenden Eisenbahnen in sein Eigentum zu übernehmen und als **einheitliche Verkehrsanstalt** zu verwalten. Als das Reich 1923 auf dem Höhepunkt der Inflation für die Ausgaben der Reichsbahn nicht mehr aufkommen konnte, wurde die »Deutsche Reichsbahn« als selbständig wirtschaftendes Unternehmen mit eigener Rechtspersönlichkeit gegründet[3]. Die **Nationalsozialisten** beseitigten die weitgehende Autonomie der Deutschen Reichsbahn und gliederten die Reichsbahn in die unmittelbare Staatsverwaltung ein[4]. An diesen Rechtszustand knüpfte **Art. 87 I GG a.F.** an. Danach wurden die Bundeseisenbahnen in **bundeseigener Verwaltung** mit **eigenem Verwaltungsunterbau** geführt. Vor der Bahnreform hat der Staat also Eisenbahnen nie als reine Gewerbebetriebe behandelt, sondern sie ganz wesentlich auch aus militärischen Gründen mehr oder weniger stark in die Staatsverwaltung eingebunden.

II. Entstehung und Veränderung der Norm

2 Art. 87e GG ist als verfassungsrechtliche Grundlage der **Bahnreform** am 23. Dezember 1993 in Kraft getreten[5]. Die Verfassungsänderung ermöglichte die Umwandlung der Bundeseisenbahnen in privatrechtlich organisierte Wirtschaftsunternehmen[6], die durch das **Gesetz zur Neuordnung des Eisenbahnwesens** erfolgte[7]. Die in Art. 87e III und IV GG gefundene Regelung stellt einen **Kompromiss** zwischen Bundestag und Bundesregierung auf der einen und Bundesrat auf der anderen Seite dar. Der Bundesrat wollte die Bahn nicht vollständig den Gesetzen des Marktes überlassen. Er setzte deshalb eine begrenzte Fortdauer der staatlichen Verantwortung durch[8].

B. Internationale, supranationale und rechtsvergleichende Bezüge

3 **Völkerrechtliche Fragen** stellen sich vor allem bei der **grenzüberschreitenden Planung von Eisenbahnanlagen**. Hier sind völkerrechtliche Beteiligungsrechte sowohl ausländischer Behörden als auch ausländischer Privater zu berücksichtigen[9]. Wichtige **supra-**

---

[2] Huber, Dokumente, Bd. 2, S. 384ff. (393f.).

[3] Näher dazu *A. Sarter*, Archiv für Eisenbahnwesen 47 (1924), 201ff.; die am 12.2.1924 in Kraft getretene Verordnung zur Schaffung des Unternehmens »Deutsche Reichsbahn« erging auf der Grundlage des Ermächtigungsgesetzes vom 8.12.1923, RGBl. I S. 1179; siehe auch das Reichsbahngesetz vom 30.8.1924, RGBl. II S. 272.

[4] § 1 I des Gesetzes über die Deutsche Reichsbahn (Reichsbahngesetz) vom 4.7.1939, RGBl. I S. 1205, die Reichsbahn wurde danach vom Reich unter dem Namen »Deutsche Reichsbahn« im Sondervermögen »Reichseisenbahnvermögen« mit eigener Wirtschafts- und Rechnungsführung verwaltet.

[5] Art. 1 Nr. 5 des Gesetzes zur Änderung des Grundgesetzes vom 20.12.1993 (BGBl. I S. 2089) enthielt den Text von Art. 87e GG; Art. 2 des Gesetzes bestimmte den Tag nach der Verkündung am 23.12.1993 als Zeitpunkt des Inkrafttretens.

[6] Vgl. dazu BVerfGE 129, 356 (368, Rn. 29).

[7] Gesetz zur Neuordnung des Eisenbahnwesens (Eisenbahnneuordnungsgesetz – ENeuOG) vom 27.12.1993, BGBl. I S. 2378; zu diesem Gesetz siehe BT-Drs. 12/4609 [neu]; zur Vorgeschichte siehe *M. Kilian/U. Hesse*, Die Verwaltung 27 (1994), 175ff.

[8] Beschlussempfehlung und Bericht des Rechtsausschusses, BT-Drs. 12/6280 vom 30.11.1993, S. 8; siehe auch BT-Drs. 12/4610 vom 23.3.1993; 12/5015 vom 25.5.1993, S. 11 und 16f.

[9] Näher dazu *M. Vogel*, Rechtsfragen bei der grenzüberschreitenden Planung von Eisenbahnanla-

nationale Vorgaben für die eisenbahnrechtlichen Regelungen des Grundgesetzes finden sich im Primärrecht der EU[10]. Art. 14 AEUV verpflichtet die Union und die Mitgliedstaaten, dafür Sorge zu tragen, dass die Grundsätze und Bedingungen der Dienste von allgemeinem wirtschaftlichem Interesse so gestaltet sind, dass sie ihren Aufgaben nachkommen können (service public, Daseinsvorsorge). Eisenbahnunternehmen können mit Dienstleistungen von allgemeinem wirtschaftlichem Interesse betraut und deshalb von unionsrechtlichen Wettbewerbsvorschriften gemäß Art. 106 II AEUV befreit sein. Wegen seiner strukturellen Eigenarten sind für den Verkehr in Art. 90ff. AEUV spezielle Vorschriften normiert. Die Dienstleistungsfreiheit des Art. 56 AEUV gilt im Bereich des Verkehrs nicht (Art. 58 I AEUV).

Auf der Ebene des sekundären Gemeinschaftsrechts hatten seit **1969 Verordnungen** 4
des Rates Verpflichtungen unter dem Blickwinkel des service public der Eisenbahnen begründet[11]. 1995 ergingen zudem zwei Richtlinien zum Netzzugang[12]. Von 2001 an folgten mehrere sog. »**Eisenbahn-Infrastrukturpakete**«[13]. Mittlerweile regelt das 4. Eisenbahnpaket Fragen der Eisenbahnsicherheit sowie der Interoperabilität[14]. Eigentliches Ziel des Unionsrechts ist die Ablösung der Monopole durch **Wettbewerb** im Eisenbahnwesen. Da der Bau paralleler Schienenstränge wirtschaftlich sinnlos wäre, kommt Wettbewerb nur auf der Basis der gemeinsamen Nutzung eines Schienennetzes durch mehrere Konkurrenten in Betracht[15]. Das Grundgesetz stellt demgegenüber das Ziel der Daseinsvorsorge in den Vordergrund und überlässt dem Gesetzgeber die Entscheidung, ob er der formellen eine materielle Privatisierung folgen lässt[16]. Zu dem für

---

gen, in: W. Blümel/H.-J. Kühlwetter (Hrsg.), Aktuelle Probleme des Eisenbahnrechts, Bd. III, 1998, S. 83ff. (85ff., 90ff.).

[10] Hierzu auch *M. Möstl*, in: Maunz/Dürig, GG, Art. 87e (2015), Rn. 41f.

[11] Art. 1 Verordnung (EWG) Nr. 1191/69 des Rates vom 26.6.1969, ABl. EG Nr. L 156/1; Verordnung (EWG) Nr. 1893/91 des Rates vom 20.6.1991 zur Änderung der vorgenannten Verordnung Nr. 1191/69, ABl. EG Nr. L 169/1 vom 29.6.1991.

[12] Richtlinie 95/18/EG vom 19.6.1995, ABl. Nr. L 143, S. 70; Richtlinie 95/19/EG vom 19.6.1995, ABl. L. 143, S. 75; dazu und zum Folgenden *S. Wilkens*, Wettbewerbsprinzip und Gemeinwohlorientierung bei der Erbringung von Eisenbahndienstleistungen, 2006, S. 25ff.

[13] Richtlinie 2001/12/EG vom 26.2.2001, ABl. L 75, S. 1; Richtlinie 2001/13/EG vom 26.2.2001, ABl. L 75, S. 26; Richtlinie 2001/14/EG vom 26.2.2001, ABl. L 75, S. 29; Richtlinie 2001/12/EG vom 26.2.2001, ABl. L 75, S. 1; Richtlinie 2001/13/EG vom 26.2.2001, ABl. L 75, S. 26; Richtlinie 2001/14/EG vom 26.2.2001, ABl. L 75, S. 29; Verordnung 881/2004/EG vom 29.4.2004, ABl. Nr. L 164, S. 1; Richtlinie 2004/49/EG vom 29.4.2004, ABl. Nr. L 164, S. 44; Richtlinie 2004/50/EG vom 29.4.2004, ABl. Nr. L 164, S. 114; Richtlinie 2004/50/EG vom 29.4.2004, ABl. Nr. L 164, S. 114; siehe hierzu *G. Britz*, EuR 2006, 46 (67ff.); *H. Gersdorf*, in: v. Mangoldt/Klein/Starck, GG III, Art. 87e Rn. 8ff.; *C. Koenig/A. Neumann/M. Schellberg*, WuW 2006, 139 (139); *F. Roer/R. Schnieders*, DVBl. 2008, 158; *K. Ruge*, in: Schmidt-Bleibtreu/Hofmann/Henneke, GG, Art. 87e Rn. 6ff.; näher zum Europarecht *F. Berschin*, DVBl. 2002, 1079ff.; *L. Ende/J. Kaiser*, WuW 2004, 26ff.; *M. Fehling*, DÖV 2002, 793 (798); *H. Gersdorf*, ZHR 168 (2004), 576ff.; *G. Hermes*, in: G. Hermes/D. Sellner (Hrsg.), Beck'scher AEG-Kommentar, 2. Auflage 2014, Einf. B, S. 26ff.; *M. Maier /J. H. Dopheide*, EuZW 2003, 456ff.; *R. Ruge*, AöR 131 (2006), 3ff.; *Wilkens*, Wettbewerbsprinzip (Fn. 12), S. 25ff.

[14] *M. Ochs*, 4. Eisenbahnpaket – Neuerungen hinsichtlich der Eisenbahnsicherheit, der Regelungen der Interoperabilität und den Regelungen der ERA, in: M. Ronellenfitsch/R. Schweinsberg/I. Henseler-Unger (Hrsg.), Aktuelle Probleme des Eisenbahnrechts XIX, 2014, S. 11ff.; *F. Jost*, Durchführungsrechtsakte und delegierte Rechtsakte im Rahmen der Richtlinie 2012/34/EU und der Sicherheitsrichtlinie, in: M. Ronellenfitsch/W. Eschweiler/G. Hörster (Hrsg.), Aktuelle Probleme des Eisenbahnrechts XX, 2015, S. 109ff.

[15] Vgl. *G. Britz*, EuR 2006, 46 (67ff.); *C. Koenig/A. Neumann/M. Schellberg*, WuW 2006, 139ff.; *U. Kramer*, NVwZ 2006, 26ff.; *E. Kühling*, NVwZ 2006, 33ff.; *J. Masing*, Die Verwaltung 36 (2003), 1 (10ff.); *Möstl* (Fn. 10), Art. 87e Rn. 12.

[16] *Ruge* (Fn. 13), Art. 87e Rn. 11.

das Unionsrecht wesentlichen Wettbewerb zwischen mehreren Anbietern von Eisenbahndienstleistungen und zur Notwendigkeit einer Marktöffnung sagt das Grundgesetz nichts[17].

5 In **rechtsvergleichender** Hinsicht ist in vielen europäischen Ländern die Systemfrage, ob Staatsbahnen oder Privatbahnen der Vorrang eingeräumt werden solle, kontrovers diskutiert und wechselhaft gelöst worden[18]. Eine **verfassungsrechtliche** Regelung, wie Art. 87e GG sie vorsieht, stellt aber die **Ausnahme** dar[19]. Entweder enthalten die Verfassungen den Begriff der Eisenbahn nicht ausdrücklich oder erwähnen ihn – wie die Verfassung Russlands von 1993 – allein im Zusammenhang mit der föderalen Kompetenzverteilung[20]. So beschränkt sich auch die Verfassung Österreichs von 1983 darauf, Eisenbahnen in Art. 10 Nr. 9 der Gesetzgebungs- und Verwaltungskompetenz des Bundes zuzuordnen. In Portugal dagegen wird verfassungsrechtlich festgeschrieben, dass nationale Eisenbahnen öffentlicher Staatsbesitz sind[21].

C. Erläuterungen

I. Allgemeine Bedeutung

1. Schutzgut

6 Art. 87e GG hat eine **doppelte Schutzrichtung**: Die Absätze 1 und 2 sichern – teils obligatorisch, teils fakultativ – dem **Bund** eine **eigene Verwaltungskompetenz** im Bereich des Eisenbahnverkehrs. Die Absätze 3 und 4 schreiben von Verfassung wegen das Konzept einer **Eisenbahngewährleistungsverantwortung** fest. An die Stelle der Leistungsverwaltung der staatlichen Bundeseisenbahnen sind Wirtschaftsunternehmen getreten, die nach kaufmännischen Grundsätzen geführt werden. Dem Bund wird eine Gewährleistungsverantwortung dafür auferlegt, dass dem Wohl der Allgemeinheit und deren Verkehrsbedürfnissen von den Wirtschaftsunternehmen Rechnung getragen wird.

7 Die Verfassung gibt das wichtigste Mittel zur Zielerreichung selbst vor: Die Mehrheit der Anteile an dem Wirtschaftsunternehmen, das das **Schienennetz** betreibt, muss beim Bund verbleiben. Jede **Veräußerung** von Anteilen am Netzunternehmen steht unter **Gesetzesvorbehalt**. Eine materielle Privatisierung des Schienennetzes ist damit ausgeschlossen; private Investoren bleiben auf eine Minderheitsbeteiligung beschränkt, die zudem nur mit Zustimmung des Gesetzgebers begründet werden kann. Schon aus dem Verfassungstext ergibt sich damit die zentrale Bedeutung, die der Verfügungsbefugnis über das Schienennetz für die Gewährleistungsverantwortung des Bundes zukommt.

8 Art. 87e V GG schließlich sichert **Mitwirkungsbefugnisse der Länder** bei der Gestaltung des Eisenbahnwesens durch einen Zustimmungsvorbehalt für die einschlägigen Gesetze ab[22]. Damit ist an die Stelle der staatlichen Eisenbahnen ein komplexes Gefüge des Zusammenwirkens öffentlicher Verwaltung und kaufmännisch geführter Wirt-

---

[17] Vgl. auch *F. Brosius-Gersdorf*, DÖV 2002, 275 (278ff.); *Gersdorf* (Fn. 13), Art. 87e Rn. 51.
[18] Vgl. *B. Stüer/C. D. Hermanns*, DVBl. 1999, 1570 (1575).
[19] *C. Kirchner*, WiVerw 2010, 152 (156f.); *R. Knieper*, WiRO 2009, 129 (132ff.).
[20] Art. 71 lit. i der Verfassung Russlands von 1993.
[21] Art. 84 I lit. e der Verfassung Portugals von 1989.
[22] Dazu *W. Durner*, DVBl. 2008, 69 (71ff.).

schaftsunternehmen getreten, das in vielfältiger Hinsicht regulierungsbedürftig ist[23]. Die **Neuordnung** des Eisenbahnwesens ist durch das **Eisenbahnneuordnungsgesetz** (→ Rn. 2 m. Fn. 7) 1993 vollzogen worden. Das **Gesetz zur Zusammenführung und Neugliederung der Bundeseisenbahnen**[24] hat die unter dem Namen »Deutsche Bundesbahn« und »Deutsche Reichsbahn«[25] verwalteten Sondervermögen zu einem nicht rechtsfähigen Sondervermögen des Bundes vereinigt, das vom Bund unter dem Namen »Bundeseisenbahnvermögen« verwaltet wird[26]. Gleichzeitig ist die Deutsche Bahn Aktiengesellschaft durch das **Gesetz über die Gründung einer Deutschen Bahn Aktiengesellschaft**[27] aus dem Bundeseisenbahnvermögen ausgegliedert worden[28]. 1999 ist die Deutsche Bahn AG in einen mehrstufigen Konzern umgewandelt worden.

Die Aufgaben der Eisenbahnverkehrsverwaltung des Bundes sind 1994 dem Bun- 9
desministerium für Verkehr und dem Eisenbahnbundesamt übertragen worden[29]. Die Regulierung des Zugangs zur Eisenbahninfrastruktur hat 2006 die Bundesnetzagentur übernommen[30]. Das **Gesetz zur Regionalisierung des öffentlichen Personennahverkehrs**[31] hat die Sicherstellung einer ausreichenden Bedienung der Bevölkerung mit Verkehrsleistungen im öffentlichen Personennahverkehr ausdrücklich als Aufgabe der Daseinsvorsorge[32] qualifiziert, deren nähere Regelung den Ländern vorbehalten sind.

2. Aktueller Befund

Die **Holdinggesellschaft Deutsche Bahn AG**, deren einziger Gesellschafter der Bund 10
ist, bildet gegenwärtig die Mutter von 632 Tochtergesellschaften[33]. Sie führt alle Geschäftsfelder in der Funktion einer operativen Management-Holding. Die Deutsche Bahn AG gliedert sich in die drei Sparten Personenverkehr, Güterverkehr und Logistik sowie Infrastruktur[34]. Nach längerer Diskussion ist das **Vorhaben einer Privatisierung der Deutschen Bahn AG** aufgegeben worden. 2015 war die **Anpassung der Höhe der Regionalisierungsmittel** gemäß Art. 106a GG zwischen Bund und Ländern lange umstritten. Als Kompromiss wurde Ende 2015 gesetzlich geregelt, dass den Ländern 2016 ein Betrag von 8 Milliarden Euro aus dem Steueraufkommen des Bundes für den

---

[23] Grundlegend zur staatlichen Infrastrukturverantwortung für die Eisenbahnen *G. Hermes*, Staatliche Infrastrukturverantwortung, 1998, S. 162ff.

[24] Art. 1 ENeuOG (Fn. 7): Gesetz zur Zusammenführung und Neugliederung der Bundeseisenbahnen (Bundeseisenbahnneugliederungsgesetz – BEZNG).

[25] Siehe dazu Art. 26 EV.

[26] § 1 BEZNG (Fn. 24).

[27] Art. 2 ENeuOG (Fn. 7): Gesetz über die Gründung einer Deutschen Bahn Aktiengesellschaft (Deutsche Bahn Gründungsgesetz – DBGrG).

[28] § 1 DBGrG (Fn. 27).

[29] Art. 3 ENeuOG (Fn. 7): Gesetz über die Eisenbahnverkehrsverwaltung des Bundes (Bundeseisenbahnverkehrsverwaltungsgesetz – BEVVG); dort § 1ff.

[30] § 2 I Nr. 4 Gesetz über die Bundesnetzagentur für Elektrizität, Gas, Telekommunikation, Post und Eisenbahnen (Bundesnetzagentur-Gesetz – BNAG) vom 7.7.2005, BGBl. I S. 1970; zur Anreizregulierung als Steuerungsinstrument *H. Gersdorf*, DVBl. 2009, 942 (945ff.).

[31] Art. 4 ENeuOG (Fn. 7): Gesetz zur Regionalisierung des öffentlichen Personennahverkehrs (Regionalisierungsgesetz – RegG).

[32] Dazu *M. Knauff*, EuR 2010, 725ff.; kritisch *M. Ronellenfitsch*, DVBl. 2008, 201ff.

[33] Siehe den »Integrierten Bericht 2015« der Deutschen Bahn AG, S. 195: http://www1.deutschebahn.com/file/ecm2-db-de/1488952/ydnqClQHYBXhqlABR-navQVN4gQ/10948130/data/ib2015_dbkonzern.pdf (22.3.2016).

[34] »Integrierter Bericht 2015« der Deutschen Bahn AG (Fn. 33), S. 58.

öffentlichen Personennahverkehr zur Verfügung steht, der bis 2031 jährlich um 1,8 Prozent steigt[35].

II. Verwaltungskompetenzen (Art. 87e I, II GG)

1. Obligatorisch

11 Art. 87e GG orientiert sich in seiner Systematik an **Art. 87d** und **89 GG**[36]. Unter **Eisenbahnen des Bundes** sind in Art. 87e GG entsprechend der Legaldefinition in **Art. 73 I Nr. 6a GG** Eisenbahnen zu verstehen, die ganz oder mehrheitlich im Eigentum des Bundes stehen[37]. Die in Art. 73 I Nr. 6a GG erfolgte »neue authentische Interpretation des Begriffs ›Eisenbahn‹ durch den Verfassungsgesetzgeber« ist auch für Art. 87e GG verbindlich[38]. Nach dem ausdrücklichen Willen des verfassungsändernden Gesetzgebers werden folglich Magnetschwebebahnen ebenso wenig erfasst wie Straßenbahnen. Positiv gewendet umfasst der Begriff »Eisenbahn« das Gesamtsystem Rad/Schiene sowohl in Bezug auf den Transport als auch auf den Fahrwegbetrieb[39]. Gegenständlich gehört zur **Verwaltung des Eisenbahnverkehrs** nicht nur der **Transport von Personen und Sachen** und die dafür eingesetzten Fahrzeuge, sondern auch die erforderliche **Infrastruktur** wie Schienenwege und Bahnhöfe[40]. Nach der Rechtsprechung des Bundesverfassungsgerichts gehören zur Eisenbahnverkehrsverwaltung »alle hoheitlichen Ordnungs- und Steuerungsaufgaben, die das Eisenbahnverkehrswesen einschließlich des Baus und des Betriebs von Eisenbahnen betreffen«[41].

12 Art. 87e I 1 GG erwähnt im Gegensatz zu Art. 87 I 1 GG keinen eigenen Verwaltungsunterbau; dem Bund steht daher diese Organisationsstruktur nicht offen. Angesichts der in Art. 83 GG enthaltenen Regel zugunsten der **Verwaltungszuständigkeit der Länder** (→ Art. 83 Rn. 16 ff.) kann das Schweigen der Verfassung nicht als eine Ermächtigung an den Bundesgesetzgeber verstanden werden[42]. Dementsprechend ist auch äußerst zweifelhaft, ob Außenstellen des Eisenbahnbundesamtes oder der Bundesnetzagentur errichtet werden dürfen[43]. Auch ist umstritten, wie weit die Unabhängigkeit von Regulierungsbehörden nach deutschem Verfassungsrecht reichen darf[44].

---

[35] § 5 I-III RegG (Fn. 31).

[36] BT-Drs. 12/4610, S. 6f.

[37] → Art. 73 Rn. 49. Zu den Bedenken des Bundesrats vgl. BT-Drs.12/5015, S. 10.

[38] Vgl. BT-Drs. 12/5015, S. 5f.; *G. Schulz*, Das Eisenbahnwesen des Bundes und die Stellung der deutschen Bahnen auf dem Europäischen Binnenmarkt, 1995, S. 84.

[39] BT-Drs. 12/4610, S. 5f.; ebenso *K. Windthorst*, in: Sachs, GG, Art. 87e Rn. 14; *R. Uerpmann-Wittzack*, in: v. Münch/Kunig, GG II, Art. 87e Rn. 3 mit Verweis auf *P. Kunig*, in: v. Münch/Kunig, GG II, Art. 73 Rn. 32.

[40] *S. Studenroth*, VerwArch. 87 (1996), 97 (101f.); enger *C. Heinze*, BayVBl. 1994, 266 (267f.).

[41] BVerfGE 97, 198 (222, Rn. 101); vgl. auch *M. Burgi*, DÖV 2012, 653 (654ff.).

[42] So aber Jarass/*Pieroth*, GG, Art. 87e Rn. 1; *Ruge* (Fn. 13), Art. 87e Rn. 16; *Uerpmann-Wittzack* (Fn. 39), Art. 87e Rn. 5 mit Verweis auf *Kunig* (Fn.39), Art. 73 Rn. 32; *Windthorst* (Fn. 39), Art. 87e Rn. 23.

[43] *C. Heinze*, BayVBl. 1994, 266 (268).

[44] J. Masing/G. Marcou (Hrsg.), Unabhängige Regulierungsbehörden, 2010; *K. v. Lewinski*, Unabhängigkeit der Regulierungsbehörde – Europarechtliche Vorgaben und verfassungsrechtliche Fragen, in: M. Ronellenfitsch/W. Eschweiler/G. Hörster (Hrsg.), Aktuelle Probleme des Eisenbahnrechts XX, 2015, S. 9ff.; vgl. auch *M. Eifert*, ZHR 174 (2010), 449ff.

2. Fakultativ

Für einzelne Aufgaben der Eisenbahnverkehrsverwaltung ermächtigt Art. 87e I 2 GG den Bundesgesetzgeber, eine **Verwaltungszuständigkeit** der **Länder** zu begründen[45]. Da Art. 87e I 1 und 2 GG in einem Regel-Ausnahme-Verhältnis stehen, muss das Schwergewicht der Eisenbahnverkehrsverwaltung beim Bund verbleiben[46]. 13

Während Art. 87e I 2 GG dem Bundesgesetzgeber eine Einschränkung der Verwaltungszuständigkeit des Bundes erlaubt, ermöglicht Art. 87e II GG eine **Ausweitung** der **bundeseigenen Verwaltung** über den Bereich der Eisenbahnen des Bundes hinaus. Infolge der Regelung in Art. 83 GG wären die Länder Träger der Eisenbahnverkehrsverwaltung für Eisenbahnen, die nicht mehrheitlich im Eigentum des Bundes stehen, wenn **Art. 87e II GG** nicht eine **Spezialregelung** zur Begründung einer Verwaltungszuständigkeit des Bundes enthielte. Mit der Regelung des Art. 87e II GG wird eine verkehrspolitisch sinnvolle Bundesverwaltung auch bezüglich der Eisenbahnverkehrsunternehmen mit Sitz im Ausland auf dem deutschen Schienennetz ermöglicht[47]; weiter ist die Verwaltungskompetenz des Bundes für die **Bahnpolizei**[48], deren Aufgaben die **Bundespolizei** (ehemals Bundesgrenzschutz[49]) seit 1992 wahrnimmt[50], auch dann abgesichert, wenn der Bund seine Stellung als Mehrheitsanteilseigner an Bundeseisenbahnen aufgeben sollte[51]. Im Ergebnis besteht damit für die Eisenbahnverkehrsverwaltung ein weitreichender Gestaltungsspielraum des Bundesgesetzgebers. 14

III. Privatisierung (Art. 87e III GG)

Art. 87e III 1 GG stellt die **Kernbestimmung** der Bahnreform dar: Die Eisenbahnen des Bundes, die bis zur Reform einen Teil der Leistungsverwaltung darstellten, werden nicht länger als Teil der öffentlichen Verwaltung, sondern als **Wirtschaftsunternehmen** in **privatrechtlicher Form**[52] geführt. Mit der Entscheidung für die Privatrechtsform geht das Grundgesetz über die Vorgaben des Unionsrechts hinaus, das unter Eisenbahnunternehmen nicht nur private, sondern auch öffentlich-rechtliche Unternehmen versteht[53]. Als privatrechtliche Form hat der Gesetzgeber entsprechend dem Vor- 15

---

[45] Jarass/*Pieroth*, GG, Art. 87e Rn. 2; *Windthorst* (Fn. 39), Art. 87e Rn. 26; → Art. 143a Rn. 4; zur Zuständigkeit der Länder *G. Hermes*, in: Ehlers/Fehling/Pünder, Bes. Verwaltungsrecht I, § 25 Eisenbahnrecht, Rn. 107; *D. Raschke*, LKV 2009, 21 (22ff.); zu Finanzierungsfragen *H. Meyer*, DVBl. 2011, 449ff.; *K.-P. Dolde/W. Porsch*, NVwZ 2011, 833ff.; *H. Gersdorf*, ZG 26 (2011), 248 (252ff.); *J. Isensee*, Schutz des staatsabhängigen Unternehmens vor Sonderbelastungen. Inpflichtnahme der Deutschen Bahn für die bahnpolizeilichen Kosten des Bundesgrenzschutzes, FS Vogel, 2000, S. 93 (99ff.); *W. Pauly/M. Becker*, NVwZ 2013, 334 (335ff.).

[46] Vgl. dazu *Uerpmann-Wittzack* (Fn. 39), Art. 87e Rn. 8 und Rn. 5; *ders.* (Fn. 39), Art. 87d Rn. 18.

[47] BT-Drs. 12/5015, S. 7.

[48] *D. C. Umbach*, in: Umbach/Clemens, GG, Art. 87e Rn. 13; *D. Hömig*, in: Hömig/Wolff, GG, Art. 87e Rn. 3.

[49] Gesetz zur Umbenennung des Bundesgrenzschutzes in Bundespolizei vom 21.6.2005, BGBl. I S. 1818.

[50] Gesetz vom 31.1.1992, BGBl. I S. 178.

[51] BT-Drs. 12/4610, S. 7; BT-Drs. 12/5015, S. 7; hierzu auch BVerfGE 97, 198 (222ff., Rn. 101ff.); *Hömig* (Fn. 48), Art. 87e Rn. 5.

[52] Zur unternehmerischen Freiheit der Eisenbahnen des Bundes *T. Hammer*, DÖV 2011, 761 (766ff.).

[53] Art. 3, 1. Spiegelstrich der Richtlinie des Rates vom 29.7.1991 zur Entwicklung der Eisenbahnunternehmen der Gemeinschaft (91/440/EWG), ABl. EG Nr. L 237/25.

schlag der Regierungskommission Bundesbahn[54] die Aktiengesellschaft gewählt[55]. Zulässig ist jedoch auch die Gesellschaft mit beschränkter Haftung, die etwa für die Organisation kleiner Betriebseinheiten in Betracht kommt[56]. Da die Verfassung von »Wirtschaftsunternehmen« im Plural spricht, bleibt dem Gesetzgeber die Zahl der Unternehmen überlassen, so dass auch die gegenwärtig bestehende Konzernstruktur der Deutschen Bahn AG mit über 600 Tochtergesellschaften den Vorgaben der Verfassung entspricht.

16 Als Wirtschaftsunternehmen sollen die Eisenbahnunternehmen ihre Tätigkeit dem **Markt** anpassen und ihre Geschäfte unter der Verantwortlichkeit ihrer leitenden Organe so führen, dass sie effiziente und angemessene Leistungen zu den bei der geforderten Qualität dieser Leistungen geringstmöglichen Kosten anbieten[57]. Die Eisenbahnunternehmen müssen entsprechend den Vorgaben des Unionsrechts[58] nach den Grundsätzen geführt werden, die für Handelsgesellschaften gelten[59]. Durch diese Privatisierung sind die Eisenbahnunternehmen jedoch nicht »in einen Zustand ungehemmter Aktivitäten und regelloser Freiheit« überführt worden. In der Literatur ist vielmehr zutreffend die »Grundverantwortung des Staates für die Organisation und ggf. für eine weiterreichende Steuerung eines angemessenen Interessenausgleichs« hervorgehoben worden[60]. Wie der Staat diese Verantwortung wahrnimmt, ist gemäß Art. 87e III 4 GG durch Bundesgesetz unter Berücksichtigung der Gewährleistungspflicht gemäß Art. 87e IV GG zu entscheiden[61] (→ Rn. 22).

17 Art. 87e GG enthält in Übereinstimmung mit den Vorgaben des Unionsrechts kein **materielles Privatisierungsgebot** in dem Sinne, dass der Bund von Verfassung wegen verpflichtet würde, sein Eigentum an den Eisenbahnunternehmen aufzugeben oder auch nur einzuschränken. Vielmehr beschränkt Art. 87e III 2 und 3 GG die Privatisierungsmöglichkeiten für Unternehmen der **Eisenbahninfrastruktur** dahin, dass der **Bund Mehrheitseigentümer** bleiben muss und Anteile an diesen Unternehmen nur aufgrund eines Gesetzes veräußert werden dürfen, das gemäß Art. 87e V GG im Bundesrat zustimmungspflichtig ist (→ Rn. 24). Anteile an anderen ihm gehörenden Eisenbahnunternehmen darf der Bund auch ohne gesetzliche Ermächtigung im Rahmen des Art. 87e IV GG veräußern, muss das aber nicht.

18 Die **verfassungsrechtliche Reichweite des Schienenwegevorbehalts** ist umstritten[62]. Das hat die Diskussion über eine mögliche Kapitalprivatisierung der Deutsche Bahn AG gezeigt. Nachdem der Bundestag die Bundesregierung aufgefordert hatte, ein Privatisierungsgesetz zu erarbeiten[63], hatte die Bundesregierung am 24. Juli 2007 den **Entwurf eines Artikelgesetzes zur Neuorganisation der Eisenbahnen des Bundes** be-

---

[54] Vgl. den Bericht der Regierungskommission Bundesbahn, 1991, S. 15.

[55] § 1 II Deutsche Bahn Gründungsgesetz (Fn. 27); siehe hierzu *P. Hommelhoff/E. Schmidt-Aßmann*, ZHR 160 (1996), 521 (539ff.).

[56] *E. Schmidt-Aßmann/H.C. Röhl*, DÖV 1994, 577 (580).

[57] Art. 5 I 1 Eisenbahnunternehmensrichtlinie (Fn. 53).

[58] Art. 5 I 2 Eisenbahnunternehmensrichtlinie (Fn. 53).

[59] Bericht der Regierungskommission (Fn. 54), S. 14f.

[60] *E. Schmidt-Aßmann/H.C. Röhl*, DÖV 1994, 577 (582); vgl. auch *U. Battis/J. Kersten*, WuW 2005, 493ff.; zur Grundrechtsbindung der Deutschen Bahn *G. Jochum*, NVwZ 2005, 779 (781).

[61] Zum Zugang zur Eisenbahninfrastruktur BVerwGE 140, 359, 365, Rn. 20f.

[62] Hierzu etwa *Möstl* (Fn. 10), Art. 87e Rn. 176ff.; *Pommer*, Bahnreform (Fn. 1), S. 99ff.; *D. Raschke*, DVBl. 2009, 85 (87ff.) und *C. Leitzke/R. Schreppel*, DVBl. 2010, 885 (886ff.); *Uerpmann-Wittzack* (Fn. 39), Art. 87e Rn. 14; *T. Vesting*, in: AK-GG, Art. 87e (2001), Rn. 45f.

[63] Entschließungsantrag der Fraktionen der CDU/CSU und SPD vom 21.11.2006, BT-Drs. 16/3493.

schlossen (EBNeuOG-E). Danach sollte dem Bund erlaubt werden, Minderheitsanteile an der Deutschen Bahn AG zu veräußern[64]. Sämtliche Anteile der Deutschen Bahn AG an den Eisenbahninfrastrukturunternehmen sollten in Form einer »**Sicherungsübertragung**« auf den Bund übergehen. Die Deutsche Bahn AG sollte Schienenverkehr und Eisenbahninfrastruktur in einer wirtschaftlichen Einheit betreiben. Der Bund wäre bei Ende der Sicherungsübertragung zur Zahlung eines Wertausgleichs an die Deutsche Bahn AG in Höhe des Verkehrswertes der Anteile an den Eisenbahninfrastrukturunternehmen verpflichtet gewesen[65]. Die komplexe gesetzliche Neuregelung sollte einerseits dem Schienenwegevorbehalt des Art. 87 III 3 GG genügen und andererseits der Deutschen Bahn AG die Möglichkeit eröffnen, ungeachtet des Übergangs des Eigentums an den Infrastrukturunternehmen auf den Bund Schienenverkehr und Infrastruktur als wirtschaftliche Einheit zu betreiben und zu bilanzieren[66].

Der Versuch, rechtliches und wirtschaftliches Eigentum an den Schieneninfrastruk- 19
turunternehmen zwischen Bund und Deutsche Bahn AG aufzuteilen, war aus verfassungsrechtlicher Sicht zum Scheitern verurteilt. Der Bund verfügt nur dann über das Mehrheitseigentum in Form der Mehrheit der Anteile an den Infrastrukturunternehmen, wenn ihm als Rechtsträger die Anteile so zugeordnet sind, dass er die ihm im Interesse des Wohls der Allgemeinheit, insbesondere der Verkehrsbedürfnisse, im Sinne von Abs. 4 als sachgerecht erscheinenden Initiativen ergreifen und den öffentlichen Nutzen mehren kann. Das Eigentum an der Mehrheit der Anteile an den Infrastrukturunternehmen muss gewährleisten, dass sich im Konfliktfall nicht der private Nutzen des teilprivatisierten Wirtschaftsunternehmens Deutsche Bahn AG durchsetzen kann, sondern der vom Staat definierte **öffentliche Nutzen**. Das setzt aber voraus, dass der **Bund als Mehrheitseigentümer der Infrastrukturunternehmen** über die Herrschaftsmacht[67] verfügt, ihre Geschäftspolitik zu bestimmen[68], und ein von ihnen erwirtschafteter Gewinn auch ihm und nicht der Deutschen Bahn AG zufließt.

Das mit dem Eisenbahnneuordnungsgesetz verfolgte Privatisierungskonzept hätte 20
dem verfassungsrechtlichen Schienenwegevorbehalt nicht genügt. Die Stimmrechtsvollmacht, die der **Bund** der Deutschen Bahn AG hätte erteilen müssen, hätte ihn der ihm **verfassungsrechtlich zugewiesenen Herrschaftsmacht** über die Infrastrukturunternehmen beraubt. Seine **Rechte zur Gremienbesetzung wären beschränkt gewesen.** Zudem hätte die Gewinnabführung an die Deutsche Bahn AG dem Bund den wirtschaftlichen Nutzen der Infrastrukturunternehmen zu Gunsten privater Investoren entzogen. Schließlich hätte die Verpflichtung zu einem Verkehrswertausgleich bei Ende der Sicherungsübertragung den Bund gezwungen, das ihm verfassungsrechtlich zugeordnete Mehrheitseigentum wirtschaftlich erst zu erwerben. Das Privatisierungsvorhaben ist deshalb zu Recht auf deutliche verfassungsrechtliche Kritik gestoßen[69].

---

64 Art. 1 EBNeuOG-E: »Gesetz über die teilweise Kapitalprivatisierung der Deutschen Bahn AG«.

65 Einzelheiten waren im Entwurf eines Bundeseisenbahnstrukturgesetzes geregelt, der Art. 2 EBNeuOG-E bildet.

66 So der Allgemeine Teil der Begründung des EBNeuOG-E, S. 5.

67 Zu den »Einwirkungsmöglichkeiten des Mehrheitseigners« vgl. *E. Heise*, Die Deutsche Bahn AG zwischen Wirtschaftlichkeit und Gemeinwohlverantwortung, 2013, S. 133–148.

68 »Zu den konkreten Möglichkeiten gesellschaftlicher Einflussnahme« durch den Bund auf das Unternehmen vgl. *Heise*, Deutsche Bahn AG (Fn. 67), S. 316–327, die sich auch mit den Auswirkungen beschäftigt, a. a. O., S. 329–358.

69 Siehe etwa die Stellungnahmen der Sachverständigen *M. Fehling, G. Hermes, F. Kirchhof* und *R. Uerpmann-Wittzack* in der Öffentlichen Anhörung des Bundestagsausschusses für Verkehr, Bau und Stadtentwicklung am 23. Mai 2007 sowie die Gutachten von *D. Ehlers*, Entwurf eines Gesetzes zur

21 Als Eigentümer öffentlicher Eisenbahnunternehmen ist der Bund der **Bindung an den öffentlichen Zweck** unterworfen, den jedes öffentliche Unternehmen zu erfüllen hat[70]. Der öffentliche Zweck der vom Bund betriebenen Eisenbahnunternehmen ergibt sich aus Art. 87e IV GG. Er gibt dem Bund auf, dem **Wohl der Allgemeinheit**, insbesondere den **Verkehrsbedürfnissen** Rechnung zu tragen (→ Rn. 22). Das Mittel dazu bilden die **Einwirkungsmöglichkeiten**[71], die zu nutzen der Träger eines öffentlichen Unternehmens infolge des Demokratieprinzips verpflichtet ist[72]. Die Einwirkungspflicht ist für **Infrastrukturunternehmen** im Sinne von Art. 87e III 2 GG allgemein anerkannt[73], wurde aber für die **Verkehrsunternehmen** mit dem Argument bestritten, dass die Verfassung deren vollständige Veräußerung zulasse[74]. Damit wird jedoch der Gehalt des Art. 87e IV GG verkannt, dessen Begründung einer Gewährleistungsverantwortung des Bundes der grundsätzlich bestehenden Veräußerungsbefugnis Grenzen setzt.

IV. Gewährleistungsverantwortung (Art. 87e IV GG)

22 Die Gewährleistungsverantwortung des Bundes ist auf Drängen des Bundesrates in das Grundgesetz aufgenommen worden[75] und modifiziert den Privatisierungsgehalt des Art. 87e III GG. Als **Gegengewicht** zur Ausgliederung der Eisenbahnen des Bundes aus der Leistungsverwaltung muss dieser die Gewähr dafür übernehmen, dass die Wirtschaftsunternehmen in ihrem Handeln dem **Wohl der Allgemeinheit** Rechnung tragen[76]. Definiert ist das Wohl der Allgemeinheit mit den **Verkehrsbedürfnissen**[77]. Sie sind nicht nur beim Ausbau und Erhalt des Schienennetzes der Eisenbahnen des Bundes, sondern auch bei deren Verkehrsangeboten[78] auf diesem Schienennetz zu erfüllen, soweit nicht der Schienenpersonennahverkehr betroffen ist[79]. Damit erstreckt sich

---

Neuorganisation der Eisenbahnen des Bundes (EBNeuOG) – Verfassungsrechtliche und ökonomische Bewertung, erstattet im Auftrag der Sonder-Verkehrsministerkonferenz der Länder, 2007, www.zvm.info/pdf/presse/presseinfo_gutachten.pdf (15.2.2008); von *J. Masing*, Zur Verfassungsmäßigkeit des Entwurfs des Bundesministeriums für Verkehr, Bau und Stadtentwicklung für ein Gesetz zur Neuordnung der Eisenbahnen des Bundes, erstattet im Auftrag von Pro Mobilität – Initiative für Verkehrsinfrastruktur (e.V.), 2007, www.promobilitaet.de (15.2.2008) sowie von *C. Möllers/C. Schäfer*, Verfassungs- und bilanzrechtliche Prüfung des Gesetzentwurfs »Kapitalprivatisierung Deutsche Bahn AG« des Bundesministeriums für Verkehr, Bau und Stadtentwicklung, erstattet im Auftrag des Bundesverbandes der Deutschen Industrie e.V., www.deinebahn.de (15.2.2008).

[70] *M. Ronellenfitsch*, HStR³ IV, § 98 Rn. 40; siehe aber auch *J. Hellermann*, Örtliche Daseinsvorsorge und gemeindliche Selbstverwaltung, 2000, S. 153ff.

[71] Zu den Einwirkungsmöglichkeiten vgl. *Windthorst* (Fn. 39), Art. 87e Rn. 46ff., 57: Beteiligungsverwaltung.

[72] Statt aller *D. Ehlers*, Verwaltung in Privatrechtsform, 1984, S. 124ff. → Art. 20 (Demokratie), Rn. 133ff.

[73] Sie wurde im Verlauf der Beratungen zur Änderung des Grundgesetzes von der Bundesregierung auch nachdrücklich hervorgehoben, siehe *W. Knittel*, Bundesrat, Sten. Prot., 656. Sitzung v. 7.5.1993, S. 154f.

[74] *E. Schmidt-Aßmann/H.C. Röhl*, DÖV 1994, 577 (585).

[75] Vgl. BR-Drs. 130/1/93, S. 9ff.; BT-Drs. 12/6280, S. 8.

[76] Zum Verhältnis zwischen gemeinwohlorientierter und erwerbswirtschaftlicher Zielsetzung *H.* Gersdorf, DVBl. 2010, 746 (748ff.); *Wilkens*, Wettbewerbsprinzip (Fn. 12), S. 173ff.

[77] Hierzu *Gersdorf* (Fn. 13), Art. 87e Rn. 72. → Art. 14 Rn. 116ff.

[78] Vgl. aber auch *Windthorst* (Fn. 39), Art. 87e Rn. 59.

[79] So auch Art. 2 II Richtlinie 91/440/EWG (Fn. 53); zu den Pflichten des Bundes beim Personennahverkehr *I. Knecht*, NVwZ 2003, 932ff.

die Gewährleistungsverantwortung des Bundes nicht nur auf das Handeln der **Infrastrukturunternehmen** im Sinne von Art. 87e III 2 GG, sondern auch auf die **Verkehrsunternehmen.**

Die **Gewährleistungsverantwortung** besteht **dauerhaft** und nicht nur für eine Übergangszeit[80]. Die Gewährleistungspflicht des Art. 87e IV GG ist **umfassend** angelegt, bindet den Bund also auch bei der Entscheidung, ob er Anteile an seinen Wirtschaftsunternehmen veräußert. Er ist nicht nur vor der Veräußerung von Verkehrsunternehmen zur Prüfung verpflichtet, ob ohne seine Eigentümerstellung ein hinreichendes Verkehrsangebot gewährleistet bleiben wird[81]. Er muss nötigenfalls auch Unternehmensanteile zurückzuerwerben versuchen, wenn sich eine derartige Prognose als falsch herausstellen sollte. Art. 87e III und IV GG stellen also wie alle Privatisierungskonzepte eine höchst komplexe Gemengelage dar, in der privatwirtschaftliche Grundsätze, die sich an kaufmännischen Erwägungen orientieren, und Verwaltungsverantwortung, die auf das Gemeinwohl ausgerichtet ist, ineinandergreifen und vom Gesetzgeber immer wieder neu zu einem Ausgleich gebracht werden müssen. Die Verfassung bildet auch insoweit nur einen Rahmen, der dem Gesetzgeber weite Gestaltungsmöglichkeiten eröffnet. 23

V. Zustimmungserfordernis (Art. 87e V GG)

Art. 87e V GG unterwirft nicht nur Bundesgesetze, welche die Organisation der Eisenbahnverkehrsverwaltung, die Privatisierung und die Gewährleistungsverantwortung des Bundes regeln, einem Zustimmungserfordernis zugunsten des Bundesrats. Vielmehr erstreckt sich das Zustimmungserfordernis auch auf sonstige Bundesgesetze, die den Status von Eisenbahnunternehmen des Bundes verändern, Schienenwege der Eisenbahnen des Bundes an Dritte übertragen, solche Schienenwege stilllegen oder Auswirkungen auf den Schienenpersonennahverkehr haben. Damit steht dem **Bundesrat** als der Vertretung der Länder ein **umfassendes Mitwirkungsrecht** bei der Ausgestaltung des Eisenbahnwesens zu. 24

Letztlich ist Art. 87e V GG politisch als der Preis zu verstehen, den die Länder für die Bahnreform gefordert und erhalten haben[82]. Angesichts der überaus großen Bedeutung des Bahnverkehrs für die **Interessen aller Länder** erscheint die umfassende Reichweite des Zustimmungserfordernisses gerechtfertigt, zumal der Schienenpersonennahverkehr seit der Bahnreform in die Verantwortung der Länder übergegangen ist. 25

D. Verhältnis zu anderen GG-Bestimmungen

Art. 87e GG weist von seiner Struktur her manche Ähnlichkeiten mit **Art. 87f GG** auf, der die Privatisierung von Postwesen und Telekommunikation regelt; gewisse Bezüge bestehen auch zu **Art. 87d GG** (Luftverkehrsverwaltung) und **Art. 89 GG** (Bundeswasserstraßenverwaltung). Darüber hinaus steht Art. 87e GG als Folge seiner Regelungsgeschichte in Bezug zu **Art. 87 GG**, der in seiner alten Fassung die Eisenbahnen des 26

[80] So auch *Möstl* (Fn. 10), Art. 87e Rn. 188; *Ruge* (Fn. 13), Art. 87e Rn. 31; *Umbach* (Fn. 48), Art. 87e Rn. 25; *Vesting* (Fn. 62), Art. 87e Rn. 57.
[81] So aber *F. Brosius-Gersdorf*, DÖV 2002, 275 (281).
[82] Vgl. BT-Drs. 12/6280, S. 8.

Bundes als Gegenstand bundeseigener Verwaltung auswies (→ Rn. 1). Die Definition der Eisenbahnen des Bundes findet sich in **Art. 73 I Nr. 6a GG** (→ Rn. 11; → Art. 73 Rn. 49). Als Folge der Verlagerung der Verantwortung für den öffentlichen Personennahverkehr auf die Länder im Gefolge der Bahnreform enthält **Art. 106a GG** eine Finanzierungsregelung (→ Art. 106a Rn. 3ff.). **Art. 80 II GG** begründet für Rechtsverordnungen der Bundesregierung oder eines Bundesministers über die Grundsätze der Erhebung des Entgelts für die Benutzung der Einrichtungen der Eisenbahnen des Bundes und über den Bau und Betrieb von Eisenbahnen einen Zustimmungsvorbehalt zugunsten des Bundesrates (→ Art. 80 Rn. 59ff.). Schließlich ist Art. 87e GG zusammen mit der Übergangsregelung in **Art. 143a GG** zu lesen (→ Art. 143a Rn. 4ff.).

Artikel 87f [Postwesen und Telekommunikation]

(1) Nach Maßgabe eines Bundesgesetzes, das der Zustimmung des Bundesrates bedarf, gewährleistet der Bund im Bereich des Postwesens und der Telekommunikation flächendeckend angemessene und ausreichende Dienstleistungen.

(2) [1]Dienstleistungen im Sinne des Absatzes 1 werden als privatwirtschaftliche Tätigkeiten durch die aus dem Sondervermögen Deutsche Bundespost hervorgegangenen Unternehmen und durch andere private Anbieter erbracht. [2]Hoheitsaufgaben im Bereich des Postwesens und der Telekommunikation werden in bundeseigener Verwaltung ausgeführt.

(3) Unbeschadet des Absatzes 2 Satz 2 führt der Bund in der Rechtsform einer bundesunmittelbaren Anstalt des öffentlichen Rechts einzelne Aufgaben in bezug auf die aus dem Sondervermögen Deutsche Bundespost hervorgegangenen Unternehmen nach Maßgabe eines Bundesgesetzes aus.

Literaturauswahl

Kühling, Jürgen: Sektorspezifische Regulierung in den Netzwirtschaften, 2004.

Kühling, Jürgen: Telekommunikationsrecht, in: Armin Hatje/Peter-Christian Müller-Graff (Hrsg.), Enzyklopädie Europarecht, Bd. 5, 2013, § 4, S. 137–203.

Lindner, Carsten: Die Gewährleistung des Internetzugangs im Grundgesetz, 2014.

Masing, Johannes: Soll das Recht der Regulierungsverwaltung übergreifend geregelt werden?, Gutachten D zum 66. Deutschen Juristentag, 2006.

Windthorst, Kay: Der Universaldienst im Bereich der Telekommunikation. Eine verfassungsrechtliche und rechtsvergleichende Untersuchung, 2000.

Leitentscheidungen des Bundesverfassungsgerichts

BVerfGE 12, 205 (226ff.) – 1. Rundfunkentscheidung; 46, 120 (143f.) – Direktruf; 106, 28 (37, Rn. 21) – Mithörvorrichtung; 108, 169 (183, Rn. 50) – Telekommunikationsgesetz I; 108, 370 (388ff., Rn. 74ff.) – Exklusivlizenz; 115, 205 (229ff., Rn. 78ff.) – Betriebs- und Geschäftsgeheimnis.

Gliederung

Stichwörter

A. Herkunft, Entstehung, Entwicklung

I. Ideen- und verfassungsgeschichtliche Aspekte

1 Die Verantwortung des Staates für Postdienste hat ihren Ursprung in der Einführung eines **kaiserlichen Reichspostregals** durch Kaiser Rudolf II. im Jahre 1597. Kaiser Matthias verlieh 1615 das Amt des Generalpostmeisters der Familie Taxis als **erbliches Reichspostlehen**[1]. Friedrich Wilhelm von Brandenburg, der Große Kurfürst, beanspruchte die Posthoheit als Teil seiner eigenen landesherrlichen Rechte und gliederte das Postwesen in die allgemeine öffentliche Verwaltung ein[2]. Obwohl der **Reichsdeputationshauptschluss** 1803 die Post der Fürsten von Thurn und Taxis in § 13 noch einmal garantiert hatte, gewannen die **Staatsposten** in der Folgezeit gegenüber der Regalienpost immer mehr an Boden. Art. 17 der Deutschen Bundesakte von 1815 garantierte den Fürsten von Thurn und Taxis den Besitz und Genuss der noch bestehenden Posten, so dass sie in der Folgezeit bei einer Verdrängung durch Staatsposten eine Entschädigung beanspruchen konnten[3]. Nach dem Sieg Preußens über Österreich sahen einige Friedensverträge von 1866 die **Ablösung der fürstlichen Postverwaltung** vor[4], die Anfang 1867 gegen eine Entschädigung erfolgte. Im gleichen Jahr fasste **Art. 48 der Verfassung des Norddeutschen Bundes** die Postverwaltungen der Mitgliedstaaten zu einer »einheitlichen Staatsverkehrsanstalt« zusammen. Daran knüpften die **Art. 48 bis 52 RV 1871** (Abschnitt »VIII. Post- und Telegraphenwesen«) an[5], die als wesentlichen Schritt zur Herstellung der inneren Reichseinheit die **Unitarisierung der Postverwaltungen** mit Ausnahme derjenigen von Bayern und Württemberg[6] vorschrieben. Erst am **1. April 1921** wurde die vollständige Einheitlichkeit der Postverwaltung erreicht, als auch die Post- und Telegraphenverwaltungen Bayerns und Württembergs gemäß Art. 170 I WRV auf das Reich übergingen. **Art. 88 WRV** erklärte das Post- und Telegraphenwesen samt dem Fernsprechwesen zur ausschließlichen Sache des **Reichs**. Im Gefolge der Inflation des Jahres 1923 gliederte **§ 1 II Reichspostfinanzgesetz**[7] die Post als Sondervermögen aus dem übrigen Reichsvermögen aus und gab vor, dass die Post nunmehr als **selbständiges Unternehmen** betrieben werden soll-

---

[1] *A. Eidenmüller*, Grundlagen der Verwaltung und Leitung der Post, 1985, S. 17ff.; *B. Mayer*, Die Bundespost: Wirtschaftsunternehmen oder Leistungsbehörde, 1990, S. 40f.; *M. Piendl*, Archiv für deutsche Postgeschichte 1 (1967), 5 (18).

[2] *Eidenmüller*, Grundlagen (Fn. 1), S. 22f.; *E. Schilly*, Verkehrs- und Nachrichtenwesen, in: Dt. VerwGesch I, S. 448ff. (455ff.); *H. v. Stephan/K. Sautter*, Geschichte der Preußischen Post, in: K. Sautter (Hrsg.), Geschichte der deutschen Post, Teil 1, 1918, S. 15f., 54f. und 119f.; *J. Wieland*, Die Verwaltung 28 (1995), 315 (319ff.).

[3] *A. Arndt*, Das Staatsrecht des Deutschen Reiches, 1900, S. 282; *Schilly* (Fn. 2), S. 257ff. (269ff.); *v. Stephan/Sautter*, Geschichte (Fn. 2), S. 312ff.

[4] Art. 10 des Friedensvertrages des Königreichs Preußen mit dem Großherzogtum Hessen vom 3. September 1866, Art. 3 des Friedensvertrages des Königreich Preußens mit dem Herzogtum Sachsen-Meiningen vom 8. Oktober 1866, im Ergebnis auch Art. 16 des Friedensvertrages des Königreichs Preußen mit Königreich Sachsen.

[5] Huber, Dokumente, Bd. 2, S. 384ff. (394ff.).

[6] Siehe dazu Art. 52 RV 1871.

[7] Vom 18.3.1924, RGBl. I S. 287; dazu *T. Vesting*, in: AK-GG, Art. 87f (2001), Rn. 4.

te. Diese Verselbständigung machten die **Nationalsozialisten** 1934 rückgängig und betonten erneut den **Verwaltungscharakter** der Post[8].

II. Entstehung und Veränderung der Norm

Art. 87f GG wurde 1994 im Rahmen der sogenannten »**Postreform II**«[9] in das Grundgesetz eingefügt[10]. Bis dahin bestimmte **Art. 87 I 1 GG a. F.**, dass die Bundespost in bundeseigener Verwaltung mit eigenem Verwaltungsunterbau geführt wurde. Die sogenannte »**Postreform I**« bewegte sich deshalb 1989 in einer gewissen Grauzone, als sie die Deutsche Bundespost in die drei öffentlichen Unternehmen **Postdienst**, **Postbank** und **Telekom** aufgliederte[11]. 2

Im Rahmen der »**Postreform II**« wurde eine **Grundgesetzänderung** unausweichlich, weil die Unternehmen der Deutschen Bundespost in Aktiengesellschaften umgewandelt werden sollten[12]. Der Bund sollte nach der Privatisierung nur noch für die hoheitlichen Aufgaben im Post- und Telekommunikationsbereich zuständig sein und wurde verpflichtet, flächendeckend eine Grundversorgung mit Post- und Telekommunikationsdienstleistungen zu gewährleisten[13]. **Politisch umstritten** war vor allen Dingen die **Länge der Übergangszeit**, in der Ausschließlichkeitsrechte bestehen bleiben sollten. Nach Inkrafttreten des Art. 87f GG am 3.9.1994[14] konnte das **Gesetz zur Neuordnung des Postwesens und der Telekommunikation (Postneuordnungsgesetz)** vom 14.9.1994 die Privatisierung der Deutschen Bundespost vollziehen[15]. 3

B. Internationale, supranationale und rechtsvergleichende Bezüge

Die Privatisierung von Post und Telekommunikation hat die **völkerrechtlichen** Verpflichtungen Deutschlands in diesem Bereich unberührt gelassen[16]. Die Einfügung von Art. 87f GG in das Grundgesetz beruhte auch auf **europarechtlichen Impulsen**[17], **die jedoch die Privatisierung nicht geboten hätten**. Die EU hat vielmehr mit ihren 4

---

[8] Siehe § 2 IV und §§ 4f. des Gesetzes zur Vereinfachung und Verbilligung der Verwaltung v. 27.2.1934, RGBl. I S. 130; dazu *H. Steinmetz*, APF 1967, 1 (4f.).

[9] Hierzu *L. Gramlich*, NJW 1994, 2785 (2788ff.); *L. M. Büchner*, DZWiR 1995, 581ff.; *J. Scherer*, Postreform II: Privatisierung ohne Liberalisierung, in: W. Hoffmann-Riem/T. Vesting (Hrsg.), Perspektiven der Informationsgesellschaft, 1995, S. 72ff.

[10] Art. 1 Nr. 4 Gesetz zur Änderung des Grundgesetzes vom 30.8.1994, BGBl. I S. 2245.

[11] § 1 II Gesetz über die Unternehmensverfassung der Deutschen Bundespost vom 8.6.1989, verabschiedet als Art. 1 Gesetz zur Neustrukturierung des Post- und Fernmeldewesens und der Deutschen Bundespost, BGBl. I S. 1027.

[12] Zu den tatsächlichen und rechtlichen Veränderungen *K. Windthorst*, Der Universaldienst im Bereich der Telekommunikation. Eine verfassungsrechtliche und rechtsvergleichende Untersuchung, 2000, S. 38f., 58ff.

[13] Siehe dazu BT-Drs. 12/6717, S. 3 und BT-Drs. 12/7269, S. 4f., 10.

[14] BGBl. I S. 2245.

[15] BGBl. I S. 2325.

[16] Siehe etwa das Übereinkommen zur Errichtung der Welthandelsorganisation vom 15.4.1994, BGBl. II S. 1441 sowie das Allgemeine Übereinkommen über den Handel mit Dienstleistungen und diesbezügliche Ministerbeschlüsse, BGBl. 1994 II S. 1473, das einen speziellen Annex on Telecommunications enthält (S. 1503); ferner die Konstitution und die Konvention der Internationalen Fernmeldeunion vom 30.6.1989, BGBl. II S. 146.

[17] Siehe den Schlussbericht der vom Bundesminister für Post und Telekommunikation eingesetzten Kommission »Lizensierung Massensendungen«, 1994, S. 64.

Rechtsakten nur die Tendenz zur **Privatisierung von Verwaltungsaufgaben** verstärkt, die in Deutschland seit der Wiedervereinigung zu beobachten war[18]. Das Post- und Telekommunikationsrecht sind weiterhin stark europarechtlich geprägt[19].

5 Die Tendenz zur Privatisierung und Liberalisierung des Post- und Telekommunikationswesens hat seinerzeit die Entwicklung in **Industriestaaten weltweit geprägt**[20]. Der Staat wird seither in die Pflicht genommen, für ein ausreichendes Angebot an privaten Dienstleistungen, insbesondere für die Gewährleistung eines Universaldienstes im Bereich der Telekommunikation, Sorge zu tragen[21]. Regelungen zum Post- und Telekommunikationswesen auf **verfassungsrechtlicher Ebene** stellen aber eine **Ausnahme** dar. So unterstellen die Verfassungen von Österreich, der Schweiz sowie die der Russischen Föderation das Post- bzw. das Informations-, Post- und Fernmeldewesen der Zuständigkeit des Bundes[22].

C. Erläuterungen

I. Allgemeine Bedeutung

1. Schutzgut

6 Art. 87f GG hat eine **doppelte Schutzrichtung**: Abs. 2 S. 2 und Abs. 3 sichern die **Verwaltungskompetenz des Bundes** im Bereich des Postwesens und der Telekommunikation[23] ab. Die Abs. 1 und 2 Satz 1 verankern das **Prinzip der Gewährleistungsverwaltung**[24] für das Postwesen und die Telekommunikation in der Verfassung. Die Verfassung verpflichtet den Bund zur Gewährleistung, dass die privatwirtschaftlichen Unternehmen dauerhaft flächendeckend angemessene und ausreichende Post- und Telekommunikationsdienstleistungen erbringen. Der Staat wird auf die Marktbeeinflussung mit regulativen Mitteln verwiesen, selbst erbringen darf er die Leistungen nicht.

7 Grundsätzlich wird jedem interessierten Unternehmen der freie Zutritt zum Markt[25] gewährleistet[26], ohne dass der Bedarf nach neuen Angeboten geprüft wird. Der Ausgleich von Angebot und Nachfrage bleibt den **Marktmechanismen** überlassen. Der Staat kann eine Überprüfung von Zuverlässigkeit, Leistungsfähigkeit und Fachkunde

[18] Näher dazu *J. Wieland*, Die Verwaltung 28 (1995), 315 (328ff.); in diesem Sinne auch EuGH v. 18.12.2007, C-220/06, Rn. 41 – *»APERMC«*.

[19] Siehe etwa EuGH v. 3.12.2009, C-424/07, Rn. 53ff. – *Lex Telekom*; *J. Kühling*, Telekommunikationsrecht, in: A. Hatje/ P.-C. Müller-Graff (Hrsg.), Enzyklopädie Europarecht, Bd. 5, 2013, § 4 Rn. 15ff.; *J. Scherer/C. Heinickel*, NVwZ 2012, 585 (586ff.).

[20] E. Witte (Hrsg.), Regulierung und Wettbewerb in der Telekommunikation. Ein internationaler Vergleich, 1996.

[21] Siehe dazu die Analyse der Rechtslage in den Vereinigten Staaten von Amerika, Großbritannien, Australien, Neuseeland, Finnland und Schweden bei *M. A. Pohl*, Universaldienst in der Telekommunikation. Zur Verfassungsmäßigkeit der Universaldienstleistungsabgabe, 1998, S. 61ff.

[22] Art. 10 I Nr. 9 B-VG; Art. 92 nBV (vgl. Art. 36 BV a. F.); Art. 71 lit. i Verf. der Russischen Föderation.

[23] Zum Begriff BVerfGE 108, 169 (183, Rn. 50).

[24] Zum Infrastrukturgewährleistungsauftrag BVerwGE 140, 221 (234); zum Gewährleistungsstaat *M. Ruffert*, AöR 134 (2009), 197 (204ff.).

[25] Zum Markt vgl. *Kühling* (Fn. 19), Rn. 32ff.

[26] Der freie Marktzutritt ist die wichtigste Voraussetzung für Wettbewerb, vgl. *J. Kühling*, Sektorspezifische Regulierung in den Netzwirtschaften, 2004, S. 164.

der Anbieter vornehmen, wenn ihm das aus sachlichen Gründen angezeigt erscheint. Als **verwaltungsrechtliche Instrumente** kommen insoweit ein präventives Verbot mit Erlaubnisvorbehalt[27] oder eine Anzeigepflicht[28] in Betracht. Allein die Freiheit des Marktzutritts bietet aber keine sichere Gewähr dafür, dass die privaten Anbieter flächendeckend angemessene und ausreichende Dienstleistungen im Bereich des Postwesens und der Telekommunikation erbringen. Deshalb wird das verfassungsrechtlich gebotene Mindestangebot an Dienstleistungen durch die gesetzliche **Pflicht zu Universaldiensten** abgesichert[29]. Es handelt sich um ein Mindestangebot an Post- bzw. Telekommunikationsdienstleistungen, die flächendeckend in einer durch eine Universaldienstleistungsverordnung definierten Qualität und zu einem erschwinglichen Preis erbracht werden müssen[30].

Die Erfüllung der dem Staat aufgegebenen **Gewährleistungsverantwortung** ist 8
schwierig, weil mit der Privatisierung des Post- und Telekommunikationssektors nicht automatisch chancengleicher Wettbewerb einer Vielzahl von Anbietern entstanden ist. Nachdem die Postnachfolgeunternehmen zunächst eine überragende Marktstellung und entsprechende Marktmacht hatten, haben sich die Marktpositionen der Nachfolgeunternehmen und der neu in den Markt eingetretenen Wettbewerber mittlerweile angeglichen. Für den Staat ergibt sich daraus das Problem, dass er einerseits den Gesetzen des Marktes für privatwirtschaftliche Tätigkeiten Raum lassen und andererseits durch Eingriffe in den Markt einen Missbrauch wirtschaftlicher Machtstellungen verhindern muss. Verhindert werden darf aber nur eine **Verhinderung des Missbrauchs einer wirtschaftlichen Machtstellung**. Die Marktverhältnisse selbst müssen unberührt bleiben. Mit Hilfe der Regulierung[31] darf der Staat also nicht etwa das Ziel verfolgen, die Postnachfolgeunternehmen im Verhältnis zu ihren Wettbewerbern zu schwächen[32]. Das Grundgesetz geht in Art. 87f II 1 davon aus, dass die Postnachfolgeunternehmen privatwirtschaftlich tätig werden. Eine Zerschlagung oder eine im Wege der Regulierung verfolgte Schwächung ihrer Marktstellung wäre mit dieser verfassungsrechtlichen Vorgabe nicht vereinbar. Die Verfassung vertraut vielmehr darauf, dass der Marktzutritt neuer Anbieter und der sich entwickelnde Wettbewerb zu den erwünschten Ergebnissen führen werde[33].

2. Aktueller Befund

Eine **materielle Privatisierung** des Postwesens ist weithin erfolgt. Die staatliche KfW 9
hält nur noch gut 20 Prozent des Grundkapitals der Deutschen Post AG. Deren ausschließliches Recht, Briefsendungen bis zu 50 Gramm gewerbsmäßig zu befördern, ist

[27] Siehe § 6 I 3 und III PostG.
[28] So § 6 TKG.
[29] §§ 11ff. PostG und §§ 78ff. TKG; dazu *H.-W. Arndt/T. Fetzer*, Wirtschaftsverwaltungsrecht, in: U. Steiner (Hrsg.), Besonderes Verwaltungsrecht, 8. Aufl. 2006, Rn. 320f.; *D.C. Umbach*, in: Umbach/Clemens, GG, Art. 87f Rn. 17ff.
[30] Siehe die Post-Universaldienstleistungsverordnung vom 15.12.1999, BGBl. I S. 2418, zuletzt geändert durch Art. 3 XXVI des Gesetzes vom 7.7.2005, BGBl. I S. 1970 (S. 2014).
[31] Zur Regulierung der Telekommunikation *K.F. Gärditz*, NVwZ 2009, 1005 (100ff.); zum verfassungsrechtlichen Rahmen *O. Lepsius*, § 4, in: M. Fehling/M. Ruffert (Hrsg.), Regulierungsrecht, 2010, S. 143ff.; zur Netzökonomie *M. Ludwigs*, NVwZ 2008, 954ff.; *ders.*, Unternehmensbezogene Effizienzanforderungen im Öffentlichen Recht, 2012.
[32] BVerfGE 115, 205 (243, Rn. 122).
[33] Vgl. dazu BVerfGE 108, 370 (393, Rn. 94f.) und BVerwGE 114, 160 (180).

schon Ende 2007 ausgelaufen[34]. Seit dem Auslaufen der **Exklusivlizenz** sind im gesamten Postbereich private Anbieter im Wettbewerb tätig. Der Verwirklichung der **Gewährleistungsverantwortung** des Bundes dient die gesetzliche Pflicht zur Erbringung von **Universaldienstleistungen** (§§ 11ff. PostG)[35]. Das Verhältnis zwischen dem ehemaligen Monopolbetrieb Deutsche Post AG und privaten Konkurrenten wirft immer noch vielfältige Regulierungsprobleme auf.

10 Ebenfalls weit vorangeschritten ist die Privatisierung im Bereich der **Telekommunikation**. Der Bund hält direkt und indirekt nur noch 32 Prozent des Grundkapitals der Deutschen Telekom AG. Nach Auslaufen eines Lizensierungssystems besteht seit 2004 nur noch eine bloße Meldepflicht derjenigen, die gewerblich öffentliche Telekommunikationsnetze[36] betreiben oder gewerblich Telekommunikationsdienste für die Öffentlichkeit erbringen[37]. Telefondienstleistungen werden längst im Wettbewerb erbracht. Zur Erfüllung der **Gewährleistungsverantwortung** des Bundes gibt es die gesetzliche Möglichkeit, Anbieter zur Erbringung von **Universaldienstleistungen**[38] zu verpflichten (§§ 78ff. TKG). Hauptaufgabe staatlicher Regulierung ist es, einen chancengleichen Wettbewerb zwischen der Deutschen Telekom AG und ihren Konkurrenten durch die Verhinderung des Missbrauchs wirtschaftlicher Macht sicherzustellen[39].

11 Umstritten ist vor allem die **Entgeltregulierung**[40]. Gemäß §§ 30ff. TKG ist der Betreiber eines Telekommunikationsnetzes, der Telekommunikationsdienstleistungen anbietet und auf einem solchen Markt über eine marktbeherrschende Stellung verfügt, verpflichtet, anderen Nutzern den Zugang zu seinem Telekommunikationsnetz zu ermöglichen. Dafür erhält er ein an den Kosten der effizienten Leistungsbereitstellung orientiertes Entgelt, das von der Regulierungsbehörde genehmigt werden muss[41]. Der Betreiber muss im Genehmigungsverfahren detaillierte Unterlagen über seine Kosten vorlegen, die auch Betriebs- und Geschäftsgeheimnisse enthalten. Fechten Wettbewerber eine Genehmigung an, stellt sich die Frage, ob sie im Rahmen des verwaltungsgerichtlichen Verfahrens Anspruch auf Einsicht in die Akten der Regulierungsbehörde haben und so Kenntnis von **Betriebs- oder Geschäftsgeheimnissen** des Netzbetreibers erlangen können. Wird Wettbewerbern die Einsicht gewährt, erhalten sie einen Wettbewerbsvorteil gegenüber dem Netzbetreiber, dessen Betriebs- und Geschäftsgeheimnisse sie erfahren. Wird ihnen die Einsicht verweigert, ist ihr Anspruch auf effektiven Rechtsschutz beeinträchtigt, weil sie keine umfassende Kenntnis von den Daten erhalten, die der Genehmigungsentscheidung zu Grunde liegen[42].

---

[34] Zur Verfassungsmäßigkeit der Verlängerung der Exklusivlizenz BVerfGE 108, 370 (388ff., Rn. 74ff.).

[35] Zu Einzelheiten siehe die Post-Universaldienstleistungsverordnung (Fn. 30); ferner die Kommentierung der einzelnen Vorschriften der Verordnung bei *T. v. Danwitz*, in: P. Badura u.a. (Hrsg.), Beck'scher PostG-Kommentar, 2. Aufl. 2004, Europarechtliche Grundlagen, Rn. 6ff., Anh. § 11.

[36] Zum Netzbegriff im Allgemeinen vgl. *Kühling* (Fn. 26), S. 40ff.; zum Begriff des Telekommunikationsnetzes vgl. ebd., S. 66ff.

[37] § 6 I 1 TKG; dazu *Arndt/Fetzer* (Fn. 29), Rn. 307ff.

[38] Zum Modell der Universaldienste *C. Franzius*, ZG 25 (2010), 66 (67ff.).

[39] So die Begründung zum Entwurf des TKG in BT-Drs. 13/4438, S. 1, 5 und 13/3609, S. 1, 33f.

[40] Zur Regulierung von Vorleistungs- und Endkundenentgelten in der Telekommunikation vgl. *Kühling* (Fn. 26), S. 83ff.; zur Regulierung von Netzzugangs- und Endkundenentgelten in den Postmärkten vgl. ebd., S. 105ff.

[41] Hierzu *Arndt/Fetzer* (Fn. 29), Rn. 316ff.; *M. Eifert*, Regulierungsstrategien, in: GVwR[1], § 19 Rn. 132.

[42] Zu diesem Problem bereits *T. v. Danwitz*, DVBl. 2005, 597ff.; *J. Masing*, Soll das Recht der Regulierungsverwaltung übergreifend geregelt werden?, Gutachten D zum 66. DJT, 2006, D 169ff.

Im Verfahren über die **Pflicht zur Offenlegung** der Daten nach § 99 II VwGO hatte das Bundesverwaltungsgericht zunächst gefordert, dass alle Daten offengelegt werden müssten. Der grundrechtliche Anspruch der Deutschen Telekom AG und der Deutschen Post AG auf Schutz ihrer Betriebs- und Geschäftsgeheimnisse müsse zurücktreten, weil ihre Netzinfrastruktur unter dem Schutz eines staatlichen Monopols und unter Verwendung öffentlicher Mittel entstanden sei und deswegen einen intensiveren Sozialbezug aufweise[43]. Demgegenüber hat das Bundesverfassungsgericht entschieden, dass das **Geheimhaltungsinteresse** nicht grundsätzlich hinter das Rechtsschutzinteresse zurücktrete. Der Hinweis auf die besondere Sozialpflichtigkeit des Eigentums der Deutschen Telekom AG überzeuge nicht, weil die Marktverhältnisse laufender Veränderung unterlägen und die Netzinfrastruktur des Nachfolgeunternehmens zunehmend auf eigenen, selbst erwirtschafteten Investitionen beruhe. Auch verliere der Vorteil der übernommenen Netzinfrastruktur tendenziell an Gewicht, je mehr die Wettbewerber auf eine eigene Netzinfrastruktur zugreifen oder alternative Technologien in Anspruch nehmen könnten[44]. 12

Ein **chancengleicher und funktionsfähiger Wettbewerb** kann nach der Rechtsprechung des Bundesverfassungsgerichts nicht dadurch gefördert werden, dass den Wettbewerbern der Deutschen Telekom AG ein Zugang zu deren Betriebs- und Geschäftsgeheimnissen eröffnet wird, der es ihnen ermöglicht, gezielt Wettbewerbsstrategien gegen sie aufzubauen. Die Regulierung ist kein Mittel, um Wettbewerbern Vorteile im Kampf gegen den bisherigen Marktbeherrscher zu verschaffen[45]. Daraufhin hat das Bundesverwaltungsgericht seine Rechtsprechung dahin weiterentwickelt, dass ein **»in-camera«-Verfahren** durchgeführt werden müsse, das sich über den Zwischenstreit wegen der Aktenvorlage hinaus auf den Rechtsstreit in der Hauptsache selbst erstrecken müsse[46]. 13

Der verfassungsrechtlich bestimmte **Gehalt der Gewährleistungsverantwortung** besteht demnach darin, dass der Bund mit seiner Regulierung dafür Sorge tragen muss, dass im Bereich von Post und Telekommunikation eine marktbeherrschende Stellung nicht missbraucht wird (→ Rn. 11). Er muss insbesondere sicherstellen, dass keine überhöhten Entgelte für Dienstleistungen verlangt werden. Reguliert werden muss also das **Marktverhalten**. Unzulässig wäre dagegen eine Regulierung mit dem Ziel, Machtverhältnisse auf dem Post- oder Telekommunikationsmarkt zu verändern. Die Marktanteile sollen sich nach dem Markterfolg und nicht nach den Konzepten des staatlichen Regulierers richten (→ Rn. 8). 14

II. Gewährleistungsverantwortung (Art. 87f I GG)

Art. 87f I GG begründet die **Gewährleistungsverantwortung des Bundes** für das Postwesen und die Telekommunikation[47]. Der Gehalt der Inpflichtnahme des Bundes ist nur vor dem Hintergrund des **Art. 87f II GG** verständlich, der die Erbringung von Post- und Telekommunikationsdienstleistungen **privaten Anbietern** als **privatwirtschaftliche Tätigkeiten** zuweist (→ Rn. 20f.). An die Stelle der staatlichen Leistungs- 15

[43] Für die Deutsche Telekom AG BVerwG NVwZ 2004, 745 (746); betreffend die Deutsche Post AG BVerwGE 118, 352 (359).
[44] BVerfGE 115, 205 (242, Rn. 120).
[45] BVerfGE 115, 205 (243, Rn. 122).
[46] BVerwGE 127, 282 (290ff.); siehe jetzt die neue Fassung von § 138 TKG.
[47] Dazu BVerfGE 108, 370 (393f., Rn. 94ff.).

verwaltung tritt damit die **Gewährleistungsverwaltung**[48]. Vor der Postreform bestimmten Legislative und Exekutive, welche Aufgaben im Bereich von Post und Telekommunikation erfüllt und welche Gebühren zum Ausgleich erhoben werden sollten. Demokratisch legitimierte politische Entscheidungsträger verantworteten eine flächendeckende Daseinsvorsorge zu einheitlichen Gebühren und in gleichmäßiger Qualität[49]. Nunmehr weist Art. 87f I GG dem Bund die Aufgabe zu, dort mit seinen hoheitlichen Mitteln für das notwendige Angebot an Dienstleistungen Sorge zu tragen, wo der **Markt** aufgrund von Rentabilitätserwägungen Postdienstleistungen nicht in dem politisch als notwendig angesehenen Umfang erbringt. An die Stelle der staatlichen Leistungsverwaltung ist die **Regulierungsverwaltung**[50] getreten. Art. 87f I GG konkretisiert das **Sozialstaatsprinzip** im Sinne einer angemessenen Chancengerechtigkeit ermöglichenden Kommunikationsversorgung, die sich nicht nur an den Bedürfnissen gewerblicher Nutzer orientieren darf, sondern auch die Kommunikationsinfrastruktur und -versorgung für die privat-persönliche Nutzung sicherstellen muss (→ Art. 20 [Sozialstaat], Rn. 3)[51].

16 Die privatwirtschaftlichen Tätigkeiten im Bereich des Postwesens und der Telekommunikation können also nur nach Maßgabe des Gewährleistungsauftrags des Bundes erbracht werden. Das Grundgesetz hat die Dienstleistungen nicht völlig dem marktwirtschaftlichen Wettbewerb freigegeben, sondern den **Wettbewerb durch das Gewährleistungsregime des Art. 87f I GG umhegt**[52]. Die Tätigkeit der privatwirtschaftlich handelnden Anbieter von Dienstleistungen darf sich am **Grundsatz der Wirtschaftlichkeit** und dem Streben nach Gewinn orientieren. Der verfassungsrechtliche Infrastruktursicherungsauftrag soll aber verhindern, dass die Bemühungen um Effizienz und Ertrag zu einer Unterversorgung der Bevölkerung mit Post- oder Telekommunikationsdienstleistungen führen. Das könnte etwa dann der Fall sein, wenn sich der Wettbewerb auf die lukrativen Geschäftsfelder konzentrierte, während weniger Gewinn versprechende oder vielleicht sogar Verlust bringende Dienstleistungen nicht angeboten würden[53].

17 **Gegenstand** der Gewährleistungsverantwortung des Bundes sind **Dienstleistungen** im Bereich des Postwesens und der Telekommunikation. Mit **Postdienstleistungen** ist die gewerbsmäßige Beförderung von Briefsendungen und Paketen gemeint[54]. Unter **Dienstleistungen im Bereich der Telekommunikation** ist das gewerbliche Angebot von Kommunikationsmöglichkeiten mittels des technischen Vorgangs des Aussendens, Übermittelns und Empfangens von Nachrichten jeglicher Art in der Form von Zei-

---

[48] Grundlegend *C. Franzius*, VerwArch. 99 (2008), 351ff.; hierzu auch *G. F. Schuppert*, Deutscher Bundestag, Rechtsausschuss, Protokoll 12/117, Anlage S. 68ff. (74ff.); *M. Cornils*, AöR 131 (2006), 378 (381f.); *M. Freund*, NVwZ 2003, 408 (409).

[49] *J. Wieland*, Die Verwaltung 28 (1995), 315 (331).

[50] Dazu *Eifert* (Fn. 41), Rn. 1ff.; *Masing*, Regulierungsverwaltung (Fn. 42), S. 9ff.; zum Regulierungsermessen *A. Proelss*, AöR 136 (2011), 402 (411ff.).

[51] *M. Fehling*, VerwArch. 86 (1995), 600 (608f.); kritisch *M. Cornils*, AöR 131 (2006), 378 (385f.).

[52] Dazu grundlegend *J. Kersten*, Herstellung von Wettbewerb als Verwaltungsaufgabe, VVDStRL 69 (2010), S. 288ff.; *M. Freund*, NVwZ 2003, 408 (409ff.); *H. Gersdorf*, in: v. Mangoldt/Klein/Starck, GG III, Art. 87f Rn. 4ff.

[53] BVerfGE 108, 370 (392ff., Rn. 89ff.).

[54] Vgl. die Definition in § 4 Nr. 1 PostG; näher zum Verfassungsbegriff »Postwesen« *Gersdorf* (Fn. 52), Art. 87f Rn. 8ff.; *M. Möstl*, in: Maunz/Dürig, GG, Art. 87f (2010), Rn. 29f.; *K. Ruge*, in: Schmidt-Bleibtreu/Hofmann/Henneke, GG, Art. 87f. Rn. 11ff.; *Vesting* (Fn. 7), Art. 87f Rn. 36.

chen, Sprache, Bildern oder Tönen einschließlich des Angebots von Übertragungswegen für Dritte zu verstehen[55].

Gewährleistungsträger ist der **Bund**, der vorrangig als Gesetzgeber, aber auch als Verwaltung[56] handelt. Seine **Gewährleistungsverantwortung** qualifiziert Art. 87f I GG dahin, dass die Dienstleistungen im Bereich des Postwesens und der Telekommunikation **flächendeckend, angemessen und ausreichend** erbracht werden müssen. Damit werden sowohl die **Qualität** als auch die **Quantität** der Dienstleistungen näher bestimmt: Die Dienstleistungen müssen von Verfassungs wegen in angemessener Beschaffenheit und in ausreichenden Mengen bereitgestellt werden[57]. Gegenstand der Gewährleistungsverantwortung des Bundes ist deshalb nicht die Vorhaltung einer optimalen Infrastruktur, sondern einer **flächendeckenden Grundversorgung**[58]. Eine im Sinne der Verfassung ausreichende Infrastruktur ist dann gegeben, wenn Nutzer von Post- und Telekommunikationsdienstleistungen auch in dünn besiedelten, strukturschwachen Gegenden zu zumutbaren Preisen bedient werden, selbst wenn diese Preise nicht gewinnbringend oder wenigstens kostendeckend festgesetzt werden können[59]. Aktuelle Fragen wirft der Internetzugang mit Breitbandtechnologie[60] auf[61]. 18

Die Konkretisierung der unbestimmten Rechtsbegriffe »flächendeckend«, »angemessen« und »ausreichend« obliegt dem **Gesetzgeber**, weil Art. 87f I GG die Gewährleistungsverantwortung des Bundes »nach Maßgabe eines Bundesgesetzes« statuiert[62]. Den **Länderinteressen** an einer erweiterten Mitwirkung an der Infrastrukturverantwortung des Bundes trägt die **Zustimmungsbedürftigkeit des Bundesgesetzes** Rechnung[63]. Welche Dienstleistungen im Bereich des Postwesens und der Telekommunikation flächendeckend, angemessen und ausreichend sind, lässt sich nicht einmal verbindlich festsetzen oder im Wege juristischer Deduktion aus dem Verfassungstext ableiten. Vielmehr muss der Gesetzgeber auf Veränderungen der tatsächlichen Gegebenheiten nötigenfalls reagieren und überprüfen, ob die Festsetzungen im Postgesetz und Telekommunikationsgesetz den verfassungsrechtlichen Vorgaben noch entsprechen[64]. Das betrifft insbesondere die **Universaldienstleistungen**, die definiert sind als ein Mindestangebot an Postdienstleistungen, die flächendeckend in einer bestimmten Qualität und zu einem erschwinglichen Preis erbracht werden (§ 11 I 1 PostG), bzw. als ein Mindestangebot an Telekommunikationsdienstleistungen für die Öffentlichkeit, für die eine bestimmte Qualität festgelegt ist und zu denen alle Nutzer unabhängig von ihrem Wohn- oder Geschäftsort zu einem erschwinglichen Preis Zugang haben 19

---

[55] Vgl. die Begriffsbestimmung in § 3 Nr. 16 und 18 TKG sowie *Gersdorf* (Fn. 52), Art. 87f Rn. 12ff.; *Möstl* (Fn. 54), Art. 87f Rn. 31f.; *Ruge* (Fn. 54), Art. 87f Rn. 12ff.; *Vesting* (Fn. 7), Art. 87f Rn. 35; vgl. hierzu schon BVerfGE 12, 205 (226ff.); 46, 120 (143f.).

[56] Siehe Art. 87f II 2 und III GG. → Rn. 22ff.

[57] So die Bundesregierung, Gegenäußerung zur Stellungnahme des Bundesrates, BT-Drs. 12/7269, S. 8, 10.

[58] Zum Breitbandausbau *B. Holznagel/S. Deckers*, DVBl. 2009, 482 (484ff.); vgl. ferner *Ruge* (Fn. 54), Art. 87f Rn. 14, 22.

[59] *R. Uerpmann-Wittzack*, in: v. Münch/Kunig, GG II, Art. 87f Rn. 9.

[60] Zum Begriff *C. Lindner*, Die Gewährleistung des Internetzugangs im Grundgesetz, 2014, S. 97–100.

[61] *Lindner*, Internetzugang (Fn. 60), S. 169–223.

[62] Vgl. *Gersdorf* (Fn. 52), Art. 87f Rn. 37ff.

[63] Zur Begründung BT-Drs. 12/7269, S. 5, 7; *Möstl* (Fn. 54), Art. 87f Rn. 90.; kritisch: *K. Stern*, Protokoll (Fn. 48), S. 26: systemwidrig; vgl. ferner *P. Badura*, Protokoll (Fn. 48), Anlage S. 44ff. (57); zustimmend *P. Lerche*, in: Maunz/Dürig, GG, Art. 87f (1996), Art. 87f Rn. 84.

[64] Zu dieser Entwicklungsgarantie vgl. nur *K. Stern*, DVBl. 1997, 309 (315).

müssen (§ 78 I 1 TKG)[65]. Da auch das Parlament die in Art. 87f I GG verwandten unbestimmten Rechtsbegriffe nur allgemein umschrieben hat, lässt sich die konkrete Ausgestaltung der Universaldienste nur aus den einschlägigen **Rechtsverordnungen** entnehmen, die sich im Rahmen der gesetzlichen Ermächtigung[66] und der verfassungsrechtlichen Vorgaben halten müssen. Insoweit besteht eine tendenzielle **Spannungslage** zwischen der Gewährleistungsverantwortung des Bundes und der grundrechtlich verbürgten unternehmerischen Freiheit der Dienstleistungsunternehmen[67].

III. Privatisierung (Art. 87f II 1 GG)

20 **Art. 87f II 1 GG** schreibt die Privatisierung der Dienstleistungen im Bereich des Postwesens und der Telekommunikation vor, indem er sie als **privatwirtschaftliche Tätigkeiten** bezeichnet, die durch **private Anbieter** erbracht werden[68]. Als inländische juristische Personen des Privatrechts genießen auch die Nachfolgeunternehmen der Deutschen Bundespost Grundrechtsschutz (→ Art. 19 III Rn. 44ff.). Dem steht nicht entgegen, dass der Bund noch Minderheitsanteile an diesen Unternehmen hält. In Ermangelung eines beherrschenden Einflusses des Bundes unterscheidet sich die **Grundrechtsfähigkeit der Nachfolgeunternehmen** nicht von der anderer nach privatwirtschaftlichen Grundsätzen handelnder Unternehmen[69]. Aus dem gleichem Grund sind die privaten Dienstleistungserbringer im Hinblick auf Art. 10 I GG grundsätzlich auch **nicht grundrechtsverpflichtet** (→ Art. 10 Rn. 51f.; → Art. 1 III Rn. 69ff.)[70].

21 Welche Dienstleistungen zu welchen Preisen angeboten werden, entscheidet grundsätzlich der **Markt**. Die Marktkräfte finden ihre Grenzen in der **Gewährleistungsverantwortung** des Bundes gemäß Art. 87f I GG (→ Rn. 15ff.). Damit entsteht ein **Spannungsverhältnis zwischen Marktgesetzen und Staatsgesetzen**. Je weniger der Markt zu einem flächendeckenden und ausreichenden Angebot von Dienstleistungen in der Lage ist, desto stärker muss der Staat regulierend eingreifen und dadurch die Freiheit der Privatunternehmen begrenzen[71]. Zur Sicherung der Chancengleichheit ländlicher Gebiete im Verhältnis zu Verdichtungsräumen ist die **Tarifeinheit** wichtig. Der marktwirtschaftlichen Logik entspricht hingegen ein Verzicht auf Tarifeinheit, weil das Erbringen von Post- und Telekommunikationsdienstleistungen im ländlichen Raum notwendig mit höheren Kosten verbunden ist als in Verdichtungsräumen. Auch die **Berücksichtigung sozialer Belange** ist einem sich selbst überlassenen Markt

---

[65] Näher konkretisiert in der Post-Universaldienstleistungsverordnung (Fn. 30) und in der Telekommunikations-Universaldienstleistungsverordnung vom 30.1.1997, BGBl. I S. 141; zum Umfang *M. Eifert,* § 23 Telekommunikationsrecht, Rn. 110ff., in: D. Ehlers/M. Fehling/H. Pünder (Hrsg.), Öffentliches Wirtschaftsrecht, 2012, S. 847ff. (880f.); *L. Gramlich,* § 24 Postrecht, Rn. 63ff., ebd., S. 893ff. (926f.); *J. Kühling/M. Biendl,* DÖV 2012, 409 (413ff.).

[66] § 11 II PostG und § 78 II TKG.

[67] Dazu schon die Regierungsbegründung, BT-Drs. 12/7269, S. 5; ferner *Lerche* (Fn. 63), Art. 87f Rn. 79ff., 83.

[68] Vgl. dazu *Umbach* (Fn. 29), Art. 87f. Rn. 22; Möstl (Fn. 54), Art. 87f Rn. 35; siehe ferner *J.A. Kämmerer,* Privatisierung, 2001, S. 292ff.

[69] BVerfGE 115, 205 (227f., Rn. 71f.); BVerwGE 114, 160 (189); siehe auch *H.D. Jarass,* MMR 2009, 223 (225ff.); *Ruge* (Fn. 54), Art. 87f Rn. 25; *Vesting* (Fn. 7), Art. 87f Rn. 91ff.

[70] Einfachgesetzlich bindet § 88 TKG die Privaten gleichwohl an das Fernmeldegeheimnis. Diese Norm musste der Staat aufgrund seines Schutzauftrages erlassen, vgl. BVerfGE 106, 28 (37, Rn. 21) zum inhaltsgleichen § 85 TKG a.F.

[71] Zu diesem Spannungsverhältnis *J. Wieland,* Die Verwaltung 28 (1995), 315 (333ff.).

fremd[72]. Je mehr der Gesetzgeber derartige Ziele in Erfüllung seines Auftrages aus Art. 87f I GG durchsetzen will, desto größer wird der Regulierungsbedarf. Umgekehrt kann von einer privatwirtschaftlichen Tätigkeit im Sinne des Art. 87f II 1 GG nur gesprochen werden, wenn den Marktteilnehmern ausreichende Handlungsspielräume verbleiben.

IV. Verwaltungskompetenzen des Bundes

1. Unmittelbar (Art. 87f II 2 GG)

Auch nach der Privatisierung ist der **Bund Verwaltungsträger** für **Hoheitsaufgaben** im Bereich des Postwesens und der Telekommunikation. Zu diesen Hoheitsaufgaben gehören Fragen der **Standardisierung** und **Normierung**, die **Funkfrequenzverwaltung**, die **Erteilung von Genehmigungen für Funkanlagen** und die **Vorsorge für den Krisen- und Katastrophenfall**[73]. Neben diese klassischen Hoheitsaufgaben tritt als wichtige **neue Verwaltungsaufgabe** die Gewährleistung flächendeckend angemessener und ausreichender Dienstleistungen im Sinne von Art. 87f I GG (→ Rn. 15ff.) und die Förderung des Wettbewerbs (→ Rn. 8ff.). Diese Aufgabe nimmt vor allem die Bundesnetzagentur für Elektrizität, Gas, Telekommunikation, Post und Eisenbahnen, vormals Regulierungsbehörde für Telekommunikation und Post, wahr[74]. Sie ist als Regulierungsbehörde unabhängig, ihr Handeln muss jedoch dennoch demokratisch legitimiert sein[75]. Umstritten ist, ob der in Deutschland geltende Grundsatz der Nichtregulierung neuer Märkte rechtmäßig ist[76]. Unter bundeseigener Verwaltung ist in Art. 87f II 2 GG ebenso wie in Art. 86 S. 1 GG nur **unmittelbare Bundesverwaltung** zu verstehen (→ Art. 86 Rn. 25)[77]. 22

2. Mittelbar (Art. 87f III GG)

Das Grundgesetz schreibt in Art. 87f III GG **mittelbare Bundesverwaltung** durch eine bundesunmittelbare Anstalt des öffentlichen Rechts für »einzelne Aufgaben« vor[78]. Angesichts der Privatisierungsvorgabe in Art. 87f II 1 GG darf die Anstalt selbst keine Dienstleistungen erbringen[79]. Der Gesetzgeber ist dem Gesetzgebungsauftrag in Art. 87f III GG durch das **Gesetz über die Errichtung einer Bundesanstalt für Post und** 23

---

[72] Zur fehlenden Gemeinwohlbindung der Unternehmen vgl. *Badura*, Protokoll (Fn. 48), Anlage S. 44ff. (56f.).

[73] BT-Drs. 12/7269, S. 5; vgl. BVerfGE 108, 169 (183, Rn. 50).

[74] Dazu *C. Franzius*, DÖV 2013, 714ff.; *M. Ludwigs*, Die Verwaltung 44 (2011), 41 (42ff.); *K. Windthorst*, WiVerw. 2011, 196 (197ff.); *V. Winkler*, DVBl. 2013, 156 (157ff.); zu den postrechtlichen Zuständigkeiten der Agentur *M. Ruffert*, Postrecht, in: Fehling/Ruffert, Regulierungsrecht (Fn. 31), § 11 Rn. 54ff.; zu den telekommunikationsrechtlichen Zuständigkeiten *J.-P. Schneider*, Telekommunikation, ebd., § 8 Rn. 77ff. Speziell zur Breitbandregulierung *L. Gramlich*, NJ 2009, 274 (275ff.); *J. Kühling*, WiVerw. 2010, 135ff.

[75] Grundlegend dazu *J. Masing*, Die Regulierungsbehörde im Spannungsfeld von Unabhängigkeit und parlamentarischer Verantwortung, in: FS Schmidt, 2006, S. 521ff.; ferner *M. Eiffert*, ZJS 2008, 336 (338ff.).

[76] Beanstandung durch EuGH v. 3.12.2009, C-424/07, Rn. 66ff. – *Lex Telekom*; kritisch dazu *K. F. Gärditz*, JZ 2010, 198ff.; vgl. auch *M. Eifert*, ZHR 174 (2010), 449 (459ff.).

[77] Ebenso *Möstl* (Fn. 54), Art. 87f Rn. 101; Jarass/*Pieroth*, GG, Art. 87f Rn. 1; *Ruge* (Fn. 54), Art. 87f Rn. 29; *Uerpmann-Wittzack* (Fn. 59), Art. 87f Rn. 23; *Windthorst* (Fn. 74), Art. 87f Rn. 32.

[78] BT-Drs. 12/7269, S. 8; kritisch hierzu *Schuppert*, Protokoll (Fn. 48), Anlage S. 41.

[79] BT-Drs. 12/7269, S. 5; *Gersdorf* (Fn. 52), Art. 87f Rn. 87.

Telekommunikation Deutsche Bundespost nachgekommen. Die Bundesanstalt erfüllt nach Maßgabe des Gesetzes Folgeaufgaben, die sich aus der Privatisierung für die Beschäftigten ergeben. Das sind neben dienst- und personalrechtlichen auch soziale Aufgaben und Angelegenheiten der Postversorgungskasse[80].

D. Verhältnis zu anderen GG-Bestimmungen

24 Art. 87f GG ist von seiner Struktur her **Art. 87e GG** vergleichbar, der Privatisierung und Gewährleistungsverantwortung im Bereich des Eisenbahnwesens regelt (→ Art. 87e Rn. 15 ff., 22 ff.). Nicht zu übersehen sind auch Bezüge zu **Art. 87d GG** (Luftverkehrsverwaltung; → Art. 87d Rn. 19 ff.) und **Art. 89 GG** (Bundeswasserstraßenverwaltung; → Art. 89 Rn. 16 ff.). Die Gesetzgebungskompetenz des Bundes für das Postwesen und die Telekommunikation ist in **Art. 73 Nr. 7 GG** geregelt (→ Art. 73 Rn. 53 ff.). Art. 87f GG ist stets zusammen mit der **Übergangsregelung** in **Art. 143b GG** (→ Art. 143b Rn. 2) zu sehen.

---

[80] Siehe Abschnitte 4, 5, 7 und 8 BAPostG.

Artikel 88 [Bundesbank, Europäische Zentralbank]

[1]Der Bund errichtet eine Währungs- und Notenbank als Bundesbank. [2]Ihre Aufgaben und Befugnisse können im Rahmen der Europäischen Union der Europäischen Zentralbank übertragen werden, die unabhängig ist und dem vorrangigen Ziel der Sicherung der Preisstabilität verpflichtet.

Literaturauswahl

Amtenbrink, Fabian: The Democratic Accountability of Central Banks, 1999.
Beukers, Thomas: The New ECB and its Relationship with the Eurozone Member States: between Central Bank Independence and Central Bank Intervention, in: CMLRev. 50 (2013), S. 1579–1620.
Binder, Jens-Hinrich: Drohende Zentralbankinsolvenz?, in: JZ 2015, S. 328–336.
Breuss, Fritz (Hrsg.): The Stability and Growth Pact, Wien New York 2007.
Brosius-Gersdorf, Frauke: Deutsche Bundesbank und Demokratieprinzip. Eine verfassungsrechtliche Studie zur Bundesbankautonomie vor und nach der dritten Stufe der Europäischen Währungsunion, 1997.
Dutzler, Barbara: The European System of Central Banks: An Autonomous Actor?, Wien – New York 2003.
Europäische Zentralbank: Geldpolitik der EZB, 2011.
Galahn, Gunbritt: Die Deutsche Bundesbank im Prozeß der europäischen Währungsintegration, 1996.
Goetze, Henning: Die Tätigkeit der nationalen Zentralbanken in der Wirtschafts- und Währungsunion, 1999.
Görgens, Egon/Ruckriegel, Karlheinz/Seitz, Franz: Europäische Geldpolitik, 6. Aufl. 2014.
Grabowski, Tjadina: Die EZB als Aufsichtsbehörde, 2016.
Hahn, Hugo J./Häde, Ulrich: Währungsrecht, 2. Aufl. 2010.
Herdegen, Matthias: Price Stability and Budgetary Restraints in the Economic and Monetary Union: The Laws as Guardian of Economic Wisdom, in: CMLRev. 35 (1998), S. 9–32.
Herrmann, Christoph: Währungshoheit, Währungsverfassung und subjektive Rechte, 2010.
Heun, Werner: Die Europäische Zentralbank in der Europäischen Währungsunion, in: JZ 1998, S. 866–876.
Heun, Werner: Finanzaufsicht im Wandel, in: JZ 2012, S. 235–242.
James, Harold: Making the European Monetary Union, Cambridge 2012.
Janzen, Dietmar: Der neue Artikel 88 Satz 2 des Grundgesetzes. Verfassungsrechtliche Anforderungen an die Übertragung der Währungshoheit auf die Europäische Zentralbank, 1996.
Konow, Christian: Der Stabilitäts- und Wachstumspakt, 2002.
Kube, Hanno: Rechtsfragen der völkervertraglichen Euro-Rettung, in: WM 2012, S. 245–253.
Louis, Jean-Victor: A Legal and Institutional Approach for Building a Monetary Union, in: CMLRev. 35 (1998), S. 33–76.
Ohler, Christoph: Bankenaufsicht und Geldpolitik in der Währungsunion, 2015.
Reumann, Ute: Die Europäische Zentralbank: zwischen Selbstbestimmung und vertragsmäßiger Zusammenarbeit in der Gemeinschaft, 2001.
Ruthig, Josef: Die EZB in der europäischen Bankenunion, in: ZHR 178 (2014), S. 443–484.
Schäfer, Hendrick: Bankenaufsichtsrecht in Deutschland, dem Vereinigten Königreich und den Vereinigten Staaten. Rechtsvergleichende Implikationen für die Restrukturierung des deutschen Rechts, 2011.
Schmidt, Reiner: Geld und Währung, in: HStR[3] V, § 117, S. 935–957.
Scholz, Christopher: Geldmarktsteuerung und Krisenprävention, 2016.
Schorkopf, Frank: Die Einführung des Euro: der europäische und deutsche Rechtsrahmen, in: NJW 2001, S. 3734–3743.
Schütz, Charlotte: Die Legitimation der Europäischen Zentralbank zur Rechtssetzung, in: EuR 2001, S. 291–305.
Selmayr, Martin: Das Recht der Europäischen Währungsunion, in: Peter-Christian Müller-Graff (Hrsg.), Europäisches Wirtschaftsordnungsrecht, 2015, S. 1301–1618.
Siebelt, Johannes: Der juristische Verhaltensspielraum der Zentralbank, 1988.
Smits, René: The European Central Bank, Den Haag 1997.

Solveen, Ralph: Der Einfluß der Unabhängigkeit auf die Politik der Zentralbanken, 1998.
Sutter, Matthias: Der Stabilitäts- und Wachstumspakt in der Europäischen Währungsunion, 2000.
Thiele, Alexander: Finanzaufsicht – Der Staat und die Finanzmärkte, 2014.
Thiele, Alexander: Die Unabhängigkeit der EZB, in: Malte Kröger/Arne Pilniok (Hrsg.), Unabhängiges Verwalten in der Europäischen Union, 2016, S. 195–219.
Thiele, Alexander: Europäisches Währungsverwaltungsrecht, in: Jörg Philip Terhechte (Hrsg.), Verwaltungsrecht der Europäischen Union, 2. Aufl. 2017, § 27.
Wagener, Andreas: Die Europäische Zentralbank, 2001.
Waigel, Christian: Die Unabhängigkeit der Europäischen Zentralbank. Gemessen am Kriterium demokratischer Legitimation, 1999.
Weikart, Thomas: Die Änderung des Bundesbank-Artikels im Grundgesetz im Hinblick auf den Vertrag von Maastricht. Entstehen und Rechtswirkungen einer reformierten Norm, in: NVwZ 1993, S. 834–841.
Weinbörner, Susanne: Die Stellung der Europäischen Zentralbank (EZB) und der nationalen Zentralbanken in der Wirtschafts- und Währungsunion nach dem Vertrag von Maastricht, 1998.
Zilioli, Chiara/Selmayr, Martin: The External Relations of the Euro Area: Legal Aspects, in CMLRev. 36 (1999), S. 273–349.
Zilioli, Chiara/Selmayr, Martin: The Law of the European Central Bank, Oxford 2001.
Zilioli, Chiara/Selmayr, Martin: The Constitutional Status of the European Central Bank, in: CMLRev. 44 (2007), S. 355–399.

Leitentscheidungen des Bundesverfassungsgerichts

BVerfGE 14, 197 (215ff.) – Kreditwesen; 62, 169 (183ff.) – Devisenbewirtschaftung; 89, 155 (199ff.) – Maastricht; 97, 350 (368ff., Rn. 74ff.) – Euro; 130, 318 (342ff., Rn. 101ff.) – Stabilisierungsmechanismusgesetz; 132, 195 (238ff., Rn. 103ff.) – ESM- und Fiskalvertrag e.A.; 134; 366 (390ff., Rn. 33ff.) – OMT-Beschluß; 135, 317 (398ff., Rn. 158ff.) – ESM- und Fiskalvertrag; 142, 123 (185ff., Rn. 114ff.) – OMT-Programm.

Gliederung

Stichwörter

A. Herkunft, Entstehung, Entwicklung

I. Ideen- und verfassungsgeschichtliche Aspekte

Im Gegensatz zu Begriff und Funktionen des Geldes und der Sicherung des Geldwertes, die eine lange ideengeschichtliche Tradition besitzen[1], die bis auf Aristoteles zurückreicht[2], sind nationale Noten- und Zentralbanken eine **relativ späte Entwicklung**. Die Banque de France in Frankreich[3] und die Bank of England in Großbritannien[4] wurden lange Zeit gegründet, bevor in Deutschland erst **1876 die Reichsbank** errichtet wurde[5], deren unmittelbarer Vorläufer die 1847 als Nachfolgerin der »Königlichen Giro- und Lehnbank« von 1764 gegründete Preußische Bank war[6]. Erst allmählich mit 1

[1] Vgl. etwa *T.N. Bisson*, Conservation of Coinage, Oxford 1979; *K.E. Born*, Die ethische Beurteilung des Geldwesens im Wandel der Geschichte, in: H. Hesse/O. Issing (Hrsg.), Geld und Moral, 1994, S. 1ff.; *H. Tietmayer/D. Lindenlaub*, Nicolaus Oresmius und die geldpolitischen Probleme von heute, in: B. Schefold (Hrsg.), Vademecum zu einem Klassiker mittelalterlicher Geldlehre, 1995, S. 125ff.; *F. Wittreck*, Conservare Monetam – Geldwertstabilität im hochmittelalterlichen Aragon im Lichte der Dekretale »Quanto personam tuam« (1199), in: FS Hahn, 1997, S. 103ff.; *L. Dittrich*, Die Bedeutung des Rechts für die Stabilität des Geldes, 2016, S. 18ff.; *N. Ferguson*, The Ascent of Money, London u.a. 2008.

[2] Aristoteles betonte wohl als erster die Geltung des Geldes nicht von Natur, sondern kraft Herkommens (Nicomachische Ethik, V.8/1133a 28–31) und die Relativität des Geldwertes (ebd. 1133b 13–14); vgl. auch *W. Weber*, Art. Geld, in: Hist.Wb.Philos., Bd. 3, Sp. 224ff. (226).

[3] Gründung 20.2.1800, seit 1803 Notenausgabe; vgl. *Bank für Internationalen Zahlungsausgleich*, Acht Europäische Zentralbanken, 1963, S. 167ff.

[4] Entstehung 1694; zur Geschichte *J.H. Wood*, A History of Central Banking in Great Britain and the United States, Cambridge 2005, S. 32ff.

[5] § 12 BankG v. 14.3.1875 (RGBl. S. 177). Die Reichsbank trat an die Stelle der 33 einzelstaatlichen Notenbanken.

[6] Zur Geschichte des deutschen Notenbankwesens näher *K. Borchardt*, Währung und Wirtschaft, in: Deutsche Bundesbank (Hrsg.), Währung und Wirtschaft in Deutschland 1876–1975, 1976, S. 3ff.; *K. Helfferich*, Die Reform des deutschen Geldwesens nach der Gründung des Reiches, 1898; *H.J. Hahn/U. Häde*, Währungsrecht, 2. Aufl. 2010, S. 75ff.; *C. Herrmann*, Währungshoheit, Währungsverfassung und subjektive Rechte, 2010, S. 150ff.; *C. Scholz*, Geldmarktsteuerung und Krisenprävention, 2016, S. 21ff. zu England und Frankreich, S. 67ff. zu Preußen; zur preußischen Bank *J. Siebelt*, Der juristische Verhaltensspielraum der Zentralbank, 1988, S. 25ff.

Entstehung und Ausbreitung der Geschäftsbanken entwickelte sich die Reichsbank auch zu einer Zentralbank[7]. Auf Verlangen der Siegermächte des Ersten Weltkriegs wurde in der Weimarer Republik die Weisungsbefugnis des Reichskanzlers gegenüber dem Reichsbankdirektorium durch das Gesetz über die Autonomie der Reichsbank vom 26.5.1922[8] aufgehoben. Die Haushaltsfinanzierung durch Notenbankkredite trug zur wachsenden Hyperinflation des Jahres 1923[9] maßgebend bei. Durch das Münzgesetz vom 30.8.1924[10] wurde schließlich die Reichsmark als Währung eingeführt[11]. Das am gleichen Tag erlassene Bankgesetz[12] bestätigte die Reichsbank als »eine von der Reichsregierung unabhängige Bank, welche die Eigenschaft einer juristischen Person hat«. Bereits 1930 wurde die Wahl des Reichsbankpräsidenten von der Bestätigung des Reichspräsidenten abhängig gemacht[13]. Im Dritten Reich wurde der Einfluß des Staates immer mehr erweitert[14], bis durch Gesetz vom 10.2.1937 die verbliebene Autonomie der Reichsbank beseitigt und damit der Zustand vor 1922 wiederhergestellt wurde[15]. Durch das Gesetz über die deutsche Reichsbank vom 15.6.1939[16] wurde die Bank nach dem Führerprinzip ausgerichtet[17].

2 Nach Ende des Zweiten Weltkrieges wurde die Reichsbank unter Treuhandverwaltung gestellt und 1961 aufgelöst und abgewickelt[18]. Grundlage des neuen Zentralbanksystems wurden die **1946/47 geschaffenen Landeszentralbanken**, denen die charakteristischen Aufgaben von Zentralbanken übertragen wurden, mit Ausnahme der Ausgabe von Banknoten[19]. Am 1.3.1948 wurde dann durch Gesetze der amerikanischen und der britischen Militärregierung die **Bank deutscher Länder** errichtet, der sich die Landeszentralbanken der französischen Zone anschlossen[20]. Die Bank deutscher Länder, die einen Kompromiß amerikanischer und englischer Vorstellungen darstellte, fungierte im wesentlichen als Zentralbank der Landeszentralbanken. Die Neuordnung des Geldwesens durch die Währungsreform am 20.6.1948 erfolgte aller-

---

[7] Vgl. *Borchardt*, Währung (Fn. 6), S. 46; *Hahn/Häde*, Währungsrecht (Fn. 6), S. 78.

[8] RGBl. 1922 II S. 135; vgl. dazu *Siebelt*, Verhaltensspielraum (Fn. 6), S. 47ff.; *J. Notzke*, Das Bankgesetz von 1924, 2. Aufl. 1925, S. 7ff.

[9] *H. Rittmann*, Deutsche Geldgeschichte seit 1914, 1986, S. 58ff.; grundlegend *C.-L. Holtfrerich*, Die deutsche Inflation 1914–1923, 1980.

[10] RGBl. 1929 II S. 254.

[11] Vgl. *H. Fögen*, Geld und Währungsrecht, 1969, S. 51ff.; s. auch *Herrmann*, Währungshoheit (Fn. 6), S. 158ff.

[12] RGBl. 1929 I S. 235; *Hahn/Häde*, Währungsrecht (Fn. 6) S. 78f.

[13] Gesetz vom 13.3.1930 (RGBl. 1930 II S. 355) vgl. auch *Siebelt*, Verhaltensspielraum (Fn. 6), S. 69ff.

[14] Vgl. *Siebelt*, Verhaltensspielraum (Fn. 6), S. 75ff.; *Herrmann*, Währungshoheit (Fn. 6), S. 166ff.; durch Gesetz vom 27.10.1933 (RGBl. 1933 II S. 1034) wurde das Ernennungsrecht des Reichspräsidenten noch einmal verstärkt.

[15] RGBl. 1937 II S. 47; *Siebelt*, Verhaltensspielraum (Fn. 6), S. 80f.; *Hahn/Häde*, Währungsrecht (Fn. 6), S. 81.

[16] RGBl. 1939 I S. 1015; *Siebelt*, Verhaltensspielraum (Fn. 6), S. 81ff.

[17] S. *M. Herdegen*, in: Maunz/Dürig, GG, Art. 88 (2010), Rn. 12; *D. Uhlenbruck*, Die verfassungsmäßige Unabhängigkeit der Deutschen Bundesbank und ihre Grenzen, 1967, S. 14.

[18] § 1 I Ges. über die Liquidation der Deutschen Reichsbank und der Deutschen Gelddiskontbank v. 2.8.1961 (BGBl. I S. 1165).

[19] Vgl. näher *Hahn/Häde*, Währungsrecht (Fn. 6), S. 82ff.

[20] Gesetz Nr. 60 der amerik. Militärregierung v. 1.3.1948 (ABl. AmMR, Ausgabe L S. 6, WiGBL 1948 Beil. 3); vgl. *Hahn/Häde*, Währungsrecht (Fn. 6), S. 84ff.

dings durch Währungsgesetz der drei westlichen Besatzungsmächte[21]. Nach Erlaß des Grundgesetzes hatte die Bank deutscher Länder nach dem Übergangsgesetz von 1951 nur noch die allgemeine Wirtschaftspolitik der Bundesregierung zu unterstützen, unterlag aber nicht deren Weisungen[22]. Sie wurde in Erfüllung des Verfassungsauftrags nach Art. 88 GG[23] erst 1957 mit dem Gesetz über die Deutsche Bundesbank[24] durch die Bundesbank abgelöst[25].

II. Entstehung und Entwicklung

Art. 88 GG stellt die erste verfassungsrechtliche Grundlage einer deutschen Zentralbank dar. In der Sache bestand bei den Verfassungsberatungen frühzeitig Übereinstimmung. Schon Art. 116 IV HChE sah eine Bundeswährungsbank als Bestandteil der Bundesverwaltung vor, die endgültige **Fassung des Art. 88 Satz 1 GG** entstand freilich erst allmählich[26], war **im Kern aber unstreitig**. Bis 1992 blieb der Text dann unverändert. Die **Novellierung vom 21.12.1992**[27] erfolgte im Hinblick auf die Ratifikation des Unionsvertrages von Maastricht[28]. Die Verfassungsänderung fügte den Satz 2 hinzu, um für die Teilnahme Deutschlands an der europäischen Wirtschafts- und Währungsunion die notwendige verfassungsrechtliche Grundlage zu schaffen[29]. Während der Regierungsentwurf und der Vorschlag der GVK lediglich die Ermächtigung zur Kompetenzübertragung vorsahen[30], hielt es der Europa-Sonderausschuß des Bundestages für erforderlich, den Konnex mit der EU und strenge Kriterien hinsichtlich der Unabhängigkeit und der Verpflichtung zur Sicherung der Preisstabilität als Bedingung für die Übertragung in Art. 88 S. 2 GG speziell zu verankern[31]. 3

Mit dem Übergang in die **dritte Stufe der Wirtschafts- und Währungsunion** nach Art. 121 IV EGV a. F.[32] und der Einführung des Euro am 1.1.1999[33], seit dem 1.1.2002 auch als Bargeld, sind die währungspolitischen **Entscheidungsbefugnisse** der Bundesbank **auf** die **Europäische Zentralbank (EZB) übergegangen**[34]. Die notwendige Anpas- 4

---

21 WährungsG v. 20.6.1948 (GVBl. des Wirtschaftsrates des Vereinigten Wirtschaftsgebietes Nr. 15, Beil. 5); mit Wirkung vom 21.6.1948 wurde die Deutsche Mark als Währung eingeführt.

22 § 1 Nr. 1 zu Art. 2 Nr. 6 lit a und c des ÜbergangsG zur Änderung des Gesetzes über die Errichtung der Bank deutscher Länder v. 10.8.1951 (BGBl. I S. 509).

23 BVerwGE 41, 334 (349); *H. Siekmann*, in: Sachs, GG, Art. 88 Rn. 6.

24 BGBl. 1957 I S. 745.

25 *Herdegen* (Fn. 17), Art. 88 Rn. 14.

26 JöR 1 (1951), S. 652f.; vgl. auch *Stern*, Staatsrecht II, S. 464f.

27 38. ÄndG zum Grundgesetz v. 21.12.1992, BGBl. I S. 2086.

28 Gesetz zum Vertrag vom 7.2.1992 über die Europäische Union v. 28.12.1992 (BGBl. I S. 1251).

29 Vgl. BVerfGE 97, 350 (372, Rn. 88f.).

30 Vgl. BT-Drs. 12/3338, S. 3; Bericht der GVK, in: Zur Sache 5/93, S. 51.

31 BT-Drs. 12/3896, S. 21f.; *D. Janzen*, Der neue Artikel 88 Satz 2 des Grundgesetzes, 1996, S. 81f.

32 In Art. 140 AEUV ist Abs. 4 entfallen, allg. zur Entwicklung *Herdegen* (Fn. 17), Art. 88 Rn. 16ff.

33 Vgl. Art. 2 der VO 2866/98 (EG) über die Einführung des Euro, ABl. 1998 L 359/1, und die VO 1103/97, ABl. 1997 L 162/1, VO 974/98, ABl. 1998 L 139/1. Dazu *W. Kilb*, EuZW 2002, 5ff.

34 Zur rechtlichen Stellung der EZB vgl. *U. Häde*, WM 2006, 1605ff.; *C. Zilioli/M. Selmayr*, The Law of the European Central Bank, 2001, S. 1ff.; *dies.*, CMLRev. 44 (2007), 355ff. sowie *dies.*, YEL 25 (2006), 1 (4ff.); *M. Selmayr*, Das Recht der Europäischen Währungsunion, in: P.-C. Müller-Graff (Hrsg.), Europäisches Wirtschaftsordnungsrecht, 2015, S. 1387ff. (1508ff., Rn. 164ff.).

sung auf Gesetzesebene erfolgte durch das Fünfte[35], das Sechste[36] und Siebente[37] Gesetz zur Änderung des Gesetzes über die Deutsche Bundesbank. Diese wurde am 1.1.1999 »integraler Bestandteil«[38] des zentralistisch-hierarchisch strukturierten Europäischen Systems der Zentralbanken (ESZB) nach Art. 127ff. AEUV[39]. Der Übergang zur dritten Stufe der europäischen Währungsunion am 1.1.1999 gemäß der Festlegung im Vertrag von Maastricht vom 7.2.1992 versteht sich als die Vollendung eines langen Prozesses, an dessen Anfang der »Barre-Plan« von 1969 mit Vorschlägen zur Koordinierung der Wirtschaftspolitik und der Zusammenarbeit in Währungsfragen innerhalb der EU, sowie 1970 der vom damaligen luxemburgischen Premierminister Pierre Werner im Auftrag des Rates erstellte »Werner-Bericht« über eine stufenweise Verwirklichung einer europäischen Währungsunion standen und dessen wichtigste Zwischenstufe 1978 die Einführung des Europäischen Währungssystems (EWS) mit der European Currency Unit (ECU) darstellte[40].

B. Internationale, supranationale und rechtsvergleichende Bezüge

I. Internationale Zuständigkeiten

5 Die Deutsche Bundesbank als solche wie als Glied des ESZB ist ebenso wie die Bundesrepublik Deutschland in das internationale Währungssystem eingebunden[41]. Dessen wichtigste Institution ist zweifellos der **Internationale Währungsfonds (IWF)**, der insbesondere für die Kooperation und Überwachung im internationalen Währungssystem sowie für die Überwindung von Zahlungsbilanzdefiziten gegründet wurde[42]. Zur Zeit spielt der IWF eine maßgebende Rolle bei der Lösung der Finanzkrise in Grie-

---

[35] Fünftes Gesetz zur Änderung des Gesetzes über die Deutsche Bundesbank v. 8.7.1994 (BGBl. I S. 1465). Zur Funktion der Europäischen Zentralbank in der Europäischen Währungsunion seitdem *W. Heun*, JZ 1998, 866ff.

[36] Gesetz v. 22.12.1997, BGBl. I S. 3274. Zur Einführung des Euro in Deutschland s. die drei »Euro-Einführungsgesetze« (Gesetz zur Einführung des Euro v. 9.6.1998, BGBl. I S. 1242; Gesetz zur Öffnung der Sozial- und Steuerverwaltung für den Euro v. 24.3.1999, BGBl. I S. 385; Gesetz über die Änderung währungsrechtlicher Vorschriften infolge der Einführung des Euro-Bargeldes, BGBl. 1999 I S. 2402); zu allem: *U. Häde*, in: BK, Art. 88 (2012), Rn. 544ff.

[37] Gesetz v. 23.3.2002, BGBl. I S. 1159.

[38] So Art. 14.3 ESZB-Satzung und dem folgend § 3 S. 1 BBankG i. d. F. v. 1997.

[39] S. ferner Art. 282ff. AEUV zur Europäischen Zentralbank und Art. 3 IV EUV zur Währung des Euro, der partiell Art. 8 EGV ersetzt; vgl. auch *R. Stadler*, Der rechtliche Handlungsspielraum des europäischen Systems der Zentralbanken, 1996, S. 87ff., 100ff.; *R. Schmidt*, HStR^3 V, § 117 Rn. 28ff.

[40] Memorandum der Kommission an den Rat über die Koordinierung der Wirtschaftspolitiken und die Zusammenarbeit in Währungsfragen (»Barre-Plan«), EA 1969, D 163ff.; »Werner-Plan«, ABl. 1970 C 136 S. 1ff. Zur Geschichte der Europäischen Währungsunion im übrigen s. etwa *H. Krägenau/W. Wetter*, Europäische Wirtschafts- und Währungsunion. Vom Werner-Plan zum Vertrag von Maastricht, 1993; *S. Bosch*, Von Rom bis Maastricht – Zur Problematik der monetären Integration Europas, 1993, S. 70ff.; *H. Goetze*, Die Tätigkeit der nationalen Zentralbanken in der Wirtschafts- und Währungsunion, 1999, S. 23ff.; *S. Weinbörner*, Die Stellung der Europäischen Zentralbank (EZB) und der nationalen Zentralbanken in der Wirtschafts- und Währungsunion nach dem Vertrag von Maastricht, 1998, S. 15ff.; *F. Schorkopf*, NJW 2001, 3734 (3735); grundlegend *H. James*, Making the European Monetary Union, Cambridge 2012, S. 146ff.

[41] Allgemein zum Währungsvölkerrecht *F. A. Mann*, The Legal Aspect of Money, 5. Aufl. Oxford 1992, S. 459ff.

[42] Er geht auf die 1944 verabschiedete Charta von Bretton Woods zurück, vgl. das Übereinkommen über den Internationalen Währungsfonds vom 1./22.7.1944 in der Neufassung v. 30.4.1976 (BGBl. 1978 II S. 13ff.); vgl. knapp *R. Schmidt*, HStR^3 V, § 117 Rn. 8f.; eingehend *Deutsche Bundes-*

chenland im Zusammenwirken mit der EU einschließlich der EZB[43]. Daneben spielt die **Bank für Internationalen Zahlungsausgleich (BIZ)** eine maßgebende Rolle, die unter anderem der Unterstützung der Zentralbanken bei der Verwaltung von Währungsreserven und mit der Gewährung von Zahlungsbilanzkrediten als »Bank der Zentralbanken« diesen auch als »Kooperationszentrum« dient[44]. An ihr ist die Bundesbank gem. § 4b BBankG unmittelbar beteiligt[45]. Nach Art. 62 des Protokolls über die Satzung des Europäischen Systems der Zentralbanken und der Europäischen Zentralbank (ESZB-Satzung) ist indessen die Befugnis der Bundesbank wie die aller anderen nationalen Zentralbanken, sich neben der europäischen Zentralbank an internationalen Währungseinrichtungen zu beteiligen, der Zustimmung der EZB unterworfen. § 4b BBankB trägt dem durch einen Verweis (»unbeschadet«) nur in versteckter Form Rechnung. Eine wichtige Rolle spielt insbesondere seit 1974 auch der **Basler Ausschuß für Bankenaufsicht (BCBS)**, der vor allem wesentliche Elemente der Eigenkapitalanforderungen durch mehrfach aktualisierte Rahmenvereinbarungen (Basel II, Basel 2.5, Basel III) festgelegt hat[46].

Nach Art. 138 AEUV i. V. m. Art. 6.1 und 6.3 ESZB-Satzung ist es Sache des Rates, 6
im Aufgabenbereich des ESZB gem. den Zuständigkeiten nach Art. 121 und 127 AEUV über die **Vertretung der Union auf internationaler Ebene** zu entscheiden[47]. Das anfängliche Erfordernis der Einstimmigkeit beruhte vermutlich darauf, daß es um Kompetenzfragen geht, war aber wegen der Möglichkeit einer Blockade durch einzelne Länder für ein effektives Handeln der EU in internationalen Organisationen wie dem IWF problematisch[48]. Zudem stellt sich die Frage, wer die EU vertritt – die Kommission, der Rat oder die EZB[49] – und wie die EU überhaupt wirksam vertreten werden kann, wenn nur Staaten Mitglied der betreffenden Organisation sein dürfen[50]. So hat die EZB beim IWF gegenwärtig nur einen Beobachterstatus[51]. Vollmitglieder können nach Art. 2 des Übereinkommens über den internationalen Währungsfonds bisher nur »Länder«, d. h. Staaten sein. Das ist jedoch wegen der Aufgabenstellung des IWF nach Art. I des Übereinkommens – beispielsweise Zusammenarbeit auf dem Gebiet der Währungspolitik, Förderung der Stabilität der Währungen und Errichtung eines multilateralen Zahlungssystems – ein Problem. Die Mitgliedstaaten der EU haben die Kompetenzen für diese Politikbereiche dem IWF übertragen, während das ESZB mit der EZB an der Spitze für die Geldpolitik zwar ausschließlich zuständig[52], aber kein

bank, Weltweite Organisationen und Gremien im Bereich von Währung und Wirtschaft, 2. Aufl. 2013, S. 19ff.; *Weinbörner*, Stellung (Fn. 40), S. 10f.

[43] Vgl. *K.-A. Schwarz*, Solidarität mit Griechenland – eine europäische Tragödie, in: FS Scheuing, 2011, S. 705ff.; s. auch *N. Sonder*, DVBl. 2011, 1274ff.

[44] Vgl. das Gesetz zum Abkommen über die Bank für Internationalen Zahlungsausgleich v. 20.1.1930 (RGBl. II S. 28); vgl. eingehend *Deutsche Bundesbank*, Organisationen (Fn. 42), S. 122ff.

[45] Vgl. *Herdegen* (Fn. 17), Art. 88 Rn. 53.; *Deutsche Bundesbank*, Organisationen (Fn. 42), S. 126.

[46] Vgl. dazu *Deutsche Bundesbank*, Organisationen (Fn. 42), S. 134ff. Basel IV wird dort aktuell verhandelt.

[47] Vgl. auch *C. Zilioli*, CMLRev. 36 (1999), 273 (279).

[48] Vgl. auch die Kritik bei *J.-V. Louis*, Union monétaire européenne et le Fonds monétaire international, in: FS Hahn, 1997, S. 201ff. (202).

[49] Vgl. näher *Louis*, Union (Fn. 48), S. 210ff.; *C. Zilioli*, CMLRev. 36 (1999), 273 (335ff.).

[50] Vgl. generell zur Problematik *I. Pernice*, EuR 1991, 273ff.

[51] Durch Beschluß des IWF-Direktoriums v. 21.12.1998 wurde der EZB der Beobachterstatus im Direktorium und im Exekutivrat des IWF eingeräumt; vgl. *C. Zilioli*, CMLRev. 36 (1999), 273 (339 in Fn. 238).

[52] S. auch *Louis*, Union (Fn. 48), S. 206f.

Staat (→ Art. 23 Rn. 16ff.) und deshalb im IWF nur begrenzt aktionsfähig ist. Soweit die EU nicht, wie etwa im GATT 1947[53], informell an die Stelle der Mitgliedstaaten treten kann oder, wie vom EuGH in anderem Zusammenhang erwogen, umgekehrt die Vertretung der EU durch ein gemeinsames Handeln der Mitgliedstaaten erfolgt[54], und soweit eine Behandlung der EU als »Land« nicht akzeptiert wird[55], erscheint daher eine förmliche Änderung des Übereinkommens unabdingbar, um die Mitgliedschaft und volle Handlungsfähigkeit der EU im IWF zu ermöglichen. Dennoch läßt sich beobachten, daß die EZB in letzter Zeit verstärkt ihre Rolle als internationaler Akteur wahrnimmt, wobei ihr in zunehmendem Maß auch funktional begrenzte Völkerrechtssubjektivität zuerkannt wird[56]. Im Rahmen des amerikanischen Fed-Systems genießt die EZB heute etwa den Status einer »supranational entity«, zudem ist sie für ihre Geschäftstätigkeit in den USA von der Einkommensteuer befreit worden.

7 Die **Beteiligung der Bundesbank** als Aktionär der BIZ wurde bislang nicht infrage gestellt, obwohl eine förmliche Zustimmung der EZB – wie auch hinsichtlich des IWF – bisher nicht vorliegt[57]. Umgekehrt nimmt der Präsident der EZB an den Sitzungen der BIZ teil, und die EZB ist neben den Zentralbanken der Mitgliedstaaten vollwertiges Mitglied der BIZ. Entsprechend flexibel hinsichtlich der Teilnahme der EZB neben den Mitgliedstaaten sind die OECD sowie die G-8[58], wo der Präsident der EZB an den die Währungsunion betreffenden Sitzungen bereits teilnimmt[59].

II. Die Bundesbank in der Europäischen Währungsunion

8 Die Ergänzung des Art. 88 GG im Jahr 1992 ist die verfassungsrechtliche Konsequenz der Entwicklungen auf europäischer Ebene[60]. Mit dem Eintritt in die dritte Stufe der Europäischen Wirtschafts- und Währungsunion ist die **Währungssouveränität unwiderruflich[61] auf die Europäische Zentralbank übergegangen[62]**. Die Präsidenten der nationalen Zentralbanken bilden nach Art. 283 AEUV zusammen mit dem sechsköpfi-

[53] BGBl. 1951 II S. 173.

[54] Vgl. EuGH, Gutachten v. 19.3.1993, Az. 2/91, Rn. 5 – *ILO-Gutachten*; kritisch *Louis*, Union (Fn. 48), S. 207.

[55] Dafür indessen *R. Smits*, The European Central Bank, Den Haag 1997, S. 442ff.

[56] Dazu eingehend *C. Zilioli/M. Selmayr*, YEL 25 (2006), 1 (78ff.).

[57] So Auskunft der Bundesbank.

[58] Vgl. *P.J. Hajnal*, The G8 System and the G20, 2007.

[59] Vgl. dazu *C. Zilioli*, CMLRev. 36 (1999), 273 (340ff.).

[60] Zu den vorgeschlagenen Änderungen des europäischen Primärrechts im Bereich der Wirtschafts- und Währungsunion im Zuge der im Anschluss an den Europäischen Rat vom 21. bis 23.6.2007 einberufenen Regierungskonferenz vgl. das Dokument CIG 1/07/Nr. 85ff.; zu den Änderungen, die das Regelungswerk des Verfassungsvertrages vom 29.10.2004 ursprünglich vorsah, vgl. *C. Gaitanides*, Die Verfassung für Europa und das Europäische System der Zentralbanken, in: FS Zuleeg, 2005, S. 550ff.

[61] Zur »Unumkehrbarkeit des Übergangs der Gemeinschaft zur dritten Stufe der Wirtschafts- und Währungsunion« s. das Protokoll zum Unionsvertrag von Maastricht (1992) über den Übergang zur dritten Stufe der Wirtschafts- und Währungsunion.

[62] Vgl. dazu *I. Pernice*, Das Ende der währungspolitischen Souveränität Deutschlands und das Maastricht-Urteil des BVerfG, in: FS Everling, 1995, S. 1057ff. Eine sehr instruktive Darstellung der Einzelheiten von Verfahren und Inhalt der am 1.–3. Mai 1998 nach Art. 121 EGV getroffenen Entscheidungen gibt *U. Wölker*, Der Eintritt in die dritte Stufe der Wirtschafts- und Währungsunion, 1999. Zum Ablauf vgl. auch *M. Selmayr*, Das Recht der Wirtschafts- und Währungsunion, Bd. I: Die Vergemeinschaftung der Währung, 2002, S. 241ff.; *W. Schönfelder/E. Thiel*, Ein Markt – eine Währung, 1994.

gen Direktorium den EZB-Rat, der als oberstes Entscheidungsorgan der EZB nach Art. 12.1 ESZB-Satzung die Leitlinien bei der Erfüllung der Aufgaben der EZB und vor allem die Geldpolitik festlegt und über die internationale Zusammenarbeit entscheidet (Art. 6 i. V. m. Art. 12.5 ESZB-Satzung). Das **europäische Recht** gibt die wesentlichen Elemente der Wirtschafts- und Währungsunion ebenso wie das System der Zentralbanken und der EZB vor. So muß nach Art. 130 AEUV die Unabhängigkeit der nationalen Zentralbanken gewährleistet und nach Art. 14.2 ESZB-Satzung eine Mindestamtszeit ihrer Präsidenten von fünf Jahren sichergestellt sein. Die Geldpolitik und die Genehmigung der Ausgabe von Banknoten liegen nach Art. 127 II bzw. 128 I AEUV in der ausschließlichen Zuständigkeit der EZB; sie hat neben den nationalen Zentralbanken auch das Recht, Banknoten auszugeben, während die Mitgliedstaaten nach Art. 128 II AEUV das Recht zur Ausgabe von Münzen behalten, freilich nur in dem von der EZB genehmigten Umfang und der vom Rat festgelegten Stückelung und Art[63]. Nach Art. 14.3 ESZB-Satzung sind die nationalen Zentralbanken »integraler Bestandteil des ESZB und handeln gemäß den Leitlinien und Weisungen der EZB«[64]. Freilich können sie nach Art. 14.4 ESZB-Satzung »in eigener Verantwortung und auf eigene Rechnung« andere als die in dieser Satzung bezeichneten Aufgaben wahrnehmen, soweit der Rat nicht deren Unvereinbarkeit mit den Zielen und Aufgaben des ESZB festgestellt hat. Ansonsten zeichnen die nationalen Zentralbanken gemäß dem nach Art. 29 ESZB-Satzung festgelegten Schlüssel das Kapital der EZB in Höhe von insgesamt 5 Milliarden Euro (Art. 28.1 ESZB-Satzung), sie übertragen ihr entsprechend Währungsreserven bis zu einem Gegenwert von 50 Milliarden Euro (Art. 30 ESZB-Satzung) und werden an ihren monetären Einkünften, an Nettogewinn und Verlust nach Art. 32 und 33 ESZB-Satzung beteiligt.

Die Festlegung in Art. 88 S. 2 GG, wonach die Europäische Zentralbank unabhängig 9
und dem vorrangigen Ziel der Sicherung der Preisstabilität verpflichtet sein muß, kann zwar keine unmittelbare Bindungswirkung für die EU beanspruchen, findet aber ihre Entsprechung in Art. 119 AEUV und Art. 127 I AEUV, wonach das ESZB »vorrangig das Ziel der Preisstabilität verfolgen« muß, wobei seine Unabhängigkeit durch Art. 130 AEUV gewährleistet wird. Die durch das europäische Recht getroffenen Festlegungen entfalten erheblichen Einfluß auf das nationale Recht und gehen im Blick auf die **Garantie einer »Stabilitätsgemeinschaft«**[65] weit über das hinaus, was zuvor für die Bundesbank in § 3 BBankG (»Ziel, die Währung zu sichern«) oder für andere nationale Zentralbanken gesetzlich oder sogar verfassungsrechtlich geregelt war.

---

[63] Zur Festlegung der Stückelung der Euromünzen und -scheine vgl. die VO Nr. 974/98 des Rates v. 3.5.1998 über die Einführung des Euro (ABl. 1998 L 139/1), die VO Nr. 975/98 des Rates über die Stückelungen und technischen Merkmale der für den Umlauf bestimmten Euro-Münzen, ABl. 1998 L 139/6, sowie den Beschluß der EZB v. 7.7.1998 über die Stückelung, Spezifikation und Reproduktion sowie den Umtausch und den Einzug von Euro-Banknoten (EZB/1998/6), ABl. 1998 L 8/36.

[64] Die Bedeutung des Weisungsrechts wird zurückhaltend eingeschätzt insbes. von *M. Seidel*, Das Kompetenz- und Entscheidungssystem des Vertrages von Rom im Wandel seiner Funktion und Verfassung, in: FS Ress, 2005, S. 805ff. (825), sowie *ders.*, Die Weisungs- und Herrschaftsmacht der Europäischen Zentralbank im Europäischen System der Zentralbanken – eine rechtliche Analyse, in: FS Nölling, 2003, S. 481ff. (485ff.).

[65] Zum Begriff schon BVerfGE 89, 155 (200ff.); 97, 350 (370, Rn. 83).

III. Rechtsvergleichende Bezüge

10 Während allgemeine Regelungen über die jeweilige Zentralbank in den Verfassungen nicht selten sind, ist die Kombination von Bestandsgarantie und Kompetenzübertragungsklausel in Art. 88 GG eine Singularität. In Staaten, die nicht der EU angehören, finden sich ausdrückliche Verfassungsbestimmungen zur Zentralbank, etwa in der Schweiz[66], Kolumbien[67] oder Ecuador[68]. In den **USA** stand die Errichtung einer Zentralbank auf der Philadelphia Convention 1787 nicht zur Debatte. Noch unter George Washington wurde aufgrund der Initiative von Hamilton aber eine erste Zentralbank, 1816 eine zweite für 20 Jahre gegründet, die der Supreme Court für zulässig erklärte[69]. Erst 1913 wurde dann das heutige Federal Reserve System mit der Federal Reserve als Zentralbank gegründet, die seitdem eine herausragende Funktion erfüllt[70].

11 Die Mehrzahl der Verfassungen der **EU-Mitgliedstaaten** enthalten bis heute keine Aussage zur Zentralbank. Insofern genügte für die Anpassung an die Vorschriften des Unionsrechts über das ESZB regelmäßig eine Änderung der die Zentralbanken betreffenden Gesetze[71]. Demgegenüber existieren zentralbankbezogene Regelungen auf Verfassungsebene in Frankreich, Portugal, Schweden, Finnland, Polen, Ungarn, Tschechien, Estland, Litauen und Zypern[72]. Funktion und institutionelle Stellung der jeweiligen Zentralbank sind dabei freilich unterschiedlich ausgestaltet und nuanciert. Art. 91 der finnischen Verfassung etwa stellt die »Bank von Finnland« unter die Garantie und Obhut des Parlaments und unter die Aufsicht der vom Parlament ernannten Gouverneure[73]. Neben Slowenien, dessen Zentralbank nach Art. 152 der sloweni-

---

[66] Umfassend zur »Geldverfassung« der Art. 38f. der Schweizer Bundesverfassung a. F. *P. Klauser*, Wie sichert der Staat die Geldwertstabilität? Gedanken zur Reform der Geldverfassung, in: B. Knapp/ C.-A. Junod (Hrsg.), Problèmes actues de droit économique: mélanges en C.-A. Junod, 1997, S. 185ff.; vgl. jetzt Art. 99 nBV, der in Abs. 2 ausdrücklich die Unabhängigkeit der Schweizerischen Nationalbank anordnet.

[67] Art. 373ff. Verf. Kolumbien.

[68] Art. 261ff. Verf. Ecuador.

[69] *McCulloch v. Maryland*, 17 U.S. (4 Wheat) 316 (1819); dazu nur *John E. Nowak/Ronald D. Rotunda*, Constitutional Law, 8. Ed. 2010, S. 141ff.

[70] Vgl. dazu eingehend *W. Heun*, StWSt 9 (1998), 241ff.

[71] S. hierzu: Europäisches Währungsinstitut (EWI), Konvergenzbericht. Nach Artikel 109 lit. j des Vertrags zur Gründung der Europäischen Gemeinschaft vorgeschriebener Bericht, 1998, S. 15ff., 304ff., 315ff., in dem z. T. ein Nachbesserungs- bzw. Klarstellungsbedarf festgestellt wird. Eine Übersicht zum Stand 1995/96 findet sich bei *G. Galahn*, Die Deutsche Bundesbank im Prozeß der europäischen Währungsintegration, 1996, S. 139ff.; vgl. auch im einzelnen: *T. Daintith*, Public Law 1995, 118ff. (»Independence« of the Bank of England); *J.-P. Duprat*, Public Law 1995, 133ff. (Banque de France). Ein Überblick über die EU-bezogenen verfassungsrechtlichen Anpassungen in den neuen Mitgliedstaaten findet sich bei *A. Albi*, EU Enlargement and the Constitutions of Central and Eastern Europe, 2005, S. 67ff.

[72] Verfassungen Frankreichs (Art. 88–2), Portugals (Art. 102), Schwedens (Kapitel 9 § 12), Finnlands (Art. 91), Polens (Art. 227 I), Ungarns (Art. 32d), Tschechiens (Art. 98), Estlands (Art. 111f.), Litauens (Art. 125) und Zyperns (Art. 119). Vgl. auch die einleitende Übersicht bei *H.-J. Blanke*, in: v. Mangoldt/Klein/Starck, GG III, Art. 88; vgl. ferner *F. Amtenbrink*, The Democratic Accountability of Central Banks, 1998, S. 61ff.

[73] Von einer Verfassungsänderung zur Herstellung der Unabhängigkeit ist im Konvergenzbericht des Europäischen Währungsinstituts (Fn. 71) keine Rede, die Anpassung erfolgte durch Gesetze vom 1.1.1998 und vom 20.3.1998 über die Suomen Pankki (ebd., S. 366f.). Gleichwohl wurde der frühere Art. 73 der Verfassung im neuen Text der Verfassung, die am 1.3.2000 in Kraft getreten ist, nicht geändert: »The Bank of Finland shall operate under the guarantee and management (!) of the Parliament, as provided by an Act. For the purpose of supervision of the operations of the Bank of Finland, the Parliament shall elect its governors.«

schen Verfassung äußerst problematisch unmittelbar der Staatsversammlung verantwortlich ist, ist auch in Schweden die Reichsbank als Zentralbank dem Parlament unterstellt. Nach Kap. 10 § 12 der schwedischen Verfassung wird sie durch sieben vom Reichstag gewählte Bevollmächtigte und einen von diesen gewählten Präsidenten verwaltet. Die Anpassung an Art. 108 EGV a.F. erfolgte durch Verfassungsänderung[74]. Die slowakische Verfassung betont demgegenüber in Art. 56 I die Unabhängigkeit der Zentralbank.

Hinsichtlich der **Aufgaben der Zentralbank** nennen die Verfassungen Tschechiens und Estlands explizit die Wahrung der Preis- bzw. Währungsstabilität[75]. Nach Art. 227 I der polnischen Verfassung von 1997 ist die Nationalbank von Polen als Zentralbank ausschließlich für die Ausgabe des Geldes und für die Währungspolitik zuständig und dabei für den Wert der polnischen Währung verantwortlich[76]. Auch Art. 111 der estnischen Verfassung weist das ausschließliche Recht zur Geldausgabe der Zentralbank zu. Beide Vorschriften sehen sich jedoch im Hinblick auf den erfolgten Beitritt zur EU anhaltender Kritik ausgesetzt[77]. Demgegenüber wurde eine vergleichbare Passage aus Art. 125 der litauischen Verfassung gestrichen[78]. In Portugal übt die Bank nach der geänderten Vorschrift des Art. 102 »ihre Funktionen nach Maßgabe der Gesetze und der internationalen Regeln aus, an die der Staat Portugal gebunden ist«[79]. 12

Eine **Integrations- bzw. Übertragungsklausel** findet sich außer in Art. 88 GG nur in Art. 88–2 der zur Ratifikation des Unionsvertrags von Maastricht hierfür ausdrücklich geänderten französischen Verfassung: »Vorbehaltlich der Gegenseitigkeit und gemäß den Bestimmungen des am 7.2.1992 unterzeichneten Vertrags über die Europäische Union« stimmt danach »Frankreich der Übertragung der zur Schaffung der europäischen Wirtschafts- und Währungsunion […] erforderlichen Kompetenzen zu«. In den übrigen Mitgliedstaaten und Beitrittsländern kann die Teilnahme an der Wirtschafts- und Währungsunion nur auf den allgemeinen Beitrittsklauseln (→ Art. 23 Rn. 8ff.) beruhen, so daß es auch an speziellen Konditionen hinsichtlich der Struktur und der Ziele der Europäischen Zentralbank fehlt. 13

---

[74] Europäisches Währungsinstitut, Konvergenzbericht (Fn. 71), S. 370f.

[75] Art. 98 I der tschechischen Verfassung sowie Art. 111 S. 2 der estnischen Verfassung.

[76] Ihr Präsident wird vom Sejm gewählt; er hat den Vorsitz im Rat für Währungspolitik, der als Organ der Nationalbank aus in gleicher Zahl jeweils vom Staatspräsidenten, vom Parlament und vom Senat gewählten Mitgliedern besteht und die Ziele seiner Währungspolitik jährlich dem Parlament darlegen und ihm nach Ende des fiskalischen Jahres über ihre Erreichung berichten muß, vgl. Art. 227 V, VI polnische Verfassung.

[77] Vgl. zu Polen etwa *K. Wójtowicz*, »Proposed changes in the Polish Constitution of 1997 ahead of Poland's accession to the European Union«, Polish Yearbook of International Law 2005, S. 40ff.; zu Estland *A. Albi*, CMLRev. 42 (2005), 399 (410).

[78] Gesetz Nr. X-572, 25.04.2006, litauisches Amtsblatt, 2006, No. 48–1701 (29.4.2006).

[79] Ursprünglich gab es in Portugal nur eine »Mit-«wirkung der nationalen Zentralbank an der Festlegung und Durchführung der Währungs- und Finanzpolitik sowie an der Geldemission »nach Maßgabe des Gesetzes«. Diese Vorschrift (ehemals verankert in Art. 105 a.F.) wurde zunächst durch das Verfassungsgesetz 1/97 dem EG-Recht angepaßt, vgl. Europäisches Währungsinstitut, Konvergenzbericht (Fn. 71), bevor das aktuelle Regelwerk in Kraft trat.

C. Erläuterungen

I. Allgemeine Bedeutung

14 Art. 88 S. 1 GG enthält zunächst einen **Verfassungsauftrag**[80] zur Errichtung der Bundesbank und eine daran anschließende **Bestandsgarantie**[81] **der Bundesbank**, deren Status und Bedeutung allerdings durch die Ergänzung des Satzes zwei stark relativiert worden sind[82]. Außerdem folgt aus Art. 88 S. 1 GG eine Gesetzgebungszuständigkeit des Bundes[83]. Während unter der früheren alleinigen Geltung des Art. 88 S. 1 GG die Unabhängigkeit der Bundesbank durchaus umstritten war, werden durch Art. 88 S. 2 GG nunmehr im Rahmen der Übertragung der Aufgaben und Befugnisse auf die EZB die Unabhängigkeit und die Sicherung der Preisstabilität garantiert[84] und zugleich auf die europäische Ebene übertragen: Ermächtigung und Entmachtung gewissermaßen zu gleich begründet. Wenig ergiebig ist daher die Frage, ob Unabhängigkeitspostulat und Stabilitätsziel in Art. 88 S. 2 GG »von Anfang an Geltung auch für die Bundesbank als deutsche Währungsbank beansprucht« haben[85]. Beide bilden die Voraussetzung für die Verwirklichung der Wirtschafts- und Währungsunion als »Stabilitätsgemeinschaft«[86], ohne daß diese Verpflichtung oder die Pflicht zur Haushaltsdisziplin aus Art. 88 GG hervorgeht[87]. Die Wirkung des Art. 88 S. 2 GG erhebt die Norm aber nicht zur Staatszielbestimmung[88].

15 Die **Ermächtigung zur Übertragung von Aufgaben und Befugnissen** der Bundesbank auf die Europäische Zentralbank »im Rahmen der Europäischen Union« wurde durch die Ratifikation des Unionsvertrages von Maastricht **verfassungsrechtlich erteilt** und auf unionsrechtlicher Ebene durch den Eintritt in die dritte Stufe der Währungsunion zum 1.1.1999 verwirklicht. Ob mit der Bezugnahme auf die Europäische Union konkret die durch den Unionsvertrag von Maastricht gegründete oder, wie offenbar vom Bundestag-Sonderausschuß intendiert, allgemeiner (irgend)eine Europäische Union gemeint war[89], bedarf insofern keiner näheren Erörterung. Jedenfalls ist mit »der Eu-

---

[80] BVerfGE 41, 334 (349); vgl. auch *Stern*, Staatsrecht II, S. 472; *Siekmann* (Fn. 23), Art. 88 Rn. 6; *Häde* (Fn. 36), Art. 88 Rn. 98; anders *T. Maunz*, in: Maunz/Dürig, GG, Art. 88 (1962/1982), Rn. 3, nach dem die Bundesbank durch Art. 88 GG selbst errichtet wurde, was schon faktisch nicht überzeugt.

[81] *Stern*, Staatsrecht II, S. 474f.; *Herdegen* (Fn. 17), Art. 88 Rn. 2; *E. Bauer*, in: I. v. Münch (Hrsg.), Grundgesetz-Kommentar, Bd. 3, 2. Aufl. 1983, Rn. 6; *Häde* (Fn. 36), Art. 88 Rn. 116, der eine Abschaffung wegen S. 2 aber für verfassungsrechtlich zulässig hält.

[82] Vgl. *Janzen*, Artikel 88 Satz 2 (Fn. 31), S. 35ff.; *A. Thiele*, Finanzaufsicht, 2014, S. 263.

[83] *Siekmann* (Fn. 23), Art. 88 Rn. 5, 7; *Blanke* (Fn. 72), Art. 88 Rn. 5. Diese folgt nicht aus Art. 73 I Nr. 4 GG, der nur für das materielle Recht gilt; vgl. auch *Thiele*, Finanzaufsicht (Fn. 82), S. 262ff.

[84] BVerfGE 97, 350 (372, Rn. 88f.).

[85] *Herdegen* (Fn. 17), Art. 88 Rn. 4; a. A. Beschlußempfehlung im Bericht des Sonderausschusses des Deutschen Bundestages »Europäische Union (Vertrag von Maastricht)«, BT-Drs. 12/3896, S. 1ff. (22); ähnlich *T. Weikart*, NVwZ 1993, 834 (840f.).

[86] BVerfGE 89, 155 (202).

[87] In diese Richtung aber *Herdegen* (Fn. 17), Art. 88 Rn. 5f.

[88] S. dazu näher m. w. N. *Siekmann* (Fn. 23), Art. 88 Rn. 34.

[89] Sonderausschuß »Europäische Union«, BT-Drs. 12/3896, S. 22; für eine abstrakte Begriffsbestimmung auch *T. Weikart*, NVwZ 1993, 834 (839); *Janzen*, Artikel 88 Satz 2 (Fn. 31), S. 75ff., 82f. m. w. N.; für die konkrete Bezugnahme auf die EU *Häde* (Fn. 36), Art. 88 Rn. 237ff.; *Siekmann* (Fn. 23), Art. 88 Rn. 28, wonach jedenfalls auch die nach dem Maastricht-Vertrag gegründete EU gemeint ist.

ropäischen Zentralbank« die durch den EU-Vertrag errichtete Institution[90] gemeint und nicht irgendeine europäische Zentralbank. Art. 88 S. 2 GG ist zusammen mit Art. 23 I GG nach Auffassung des Bundesverfassungsgerichts verfassungsrechtliche Grundlage für die mit der Einführung des Euro verbundene Währungsänderung sowie für die Substitution des deutschen Staates als »Garant des Einlösungsvertrauens« durch die EU. Dieses stütze sich »in Zukunft nicht mehr auf die staatlich verfasste Rechtsgemeinschaft der Bundesrepublik Deutschland, sondern wird von einer anderen Rechtsgemeinschaft und der sie stützenden Wirtschaftskraft getragen«[91]. Mit der Vollendung der Währungsunion ist das »Regelungssubstrat« für die Währungspolitik auf die supranationale Ebene abgewandert[92].

Inwieweit eine ausdrückliche Verfassungsänderung unerlässlich war[93] oder die Kompetenzen der Bundesbank nach Art. 24 I bzw. jetzt Art. 23 I GG auf die EU mit der Folge einer impliziten Verfassungsänderung (→ Art. 79 I Rn. 16, 26) hätten übertragen werden können[94], kann offen bleiben, da jedenfalls die in Art. 88 S. 2 GG eingefügten Bedingungen, insbesondere die der Unabhängigkeit und der Preisstabilität, als **spezielle Struktursicherungsklauseln** über die Bestimmungen des Art. 23 I GG hinaus wirken. Umgekehrt werden gerade im Hinblick auf die Unabhängigkeit und die vorrangige Bindung an die Preisstabilität verfassungsrechtliche Bedenken im Hinblick auf die Vereinbarkeit mit den Prinzipien demokratischer Legitimation und Kontrolle[95] oder sozialstaatlichen Grundsätzen und dem von ihnen inspirierten Prinzip des gesamtwirtschaftlichen Gleichgewichts erhoben. Im Bereich der Währungsverfassung wird durch das Zusammenwirken von Verfassung (Art. 88 S. 2 GG) und europarechtlicher Ordnung in besonderem Maß ein Ineinandergreifen beider Ordnungen geschaffen[96], das ein eigentümliches Verbundsystem darstellt. 16

Der nach der Vollendung der Währungsunion **verbleibende Normgehalt** des Art. 88 GG erschöpft sich im Wesentlichen in der Gewährleistung des weiteren **Bestehens der Bundesbank als Institution und Teil des ESZB** (→ Rn. 30), in der verfassungsrechtlichen 17

---

[90] Zur Qualifizierung der EZB als eigenständige Institution vgl. *Stadler*, Handlungsspielraum (Fn. 39), S. 93ff.

[91] BVerfGE 97, 350 (372, Rn. 88f.).

[92] So *Herdegen* (Fn. 17), Art. 88 Rn. 4. → *Pernice*, Bd. III², Art. 88 Rn. 14.

[93] Nach den Worten der GVK sollte der »Übertragungsgesetzgeber« hierdurch die »grundgesetzliche Ermächtigung erhalten, auf dem Wege des Artikel 23 Abs. 1 Satz 3 GG (neu) die währungs- und notenpolitischen Rechte auf die Europäische Union zu übertragen«. Zur Notwendigkeit einer solchen ausdrücklichen Ermächtigung neben Art. 23 I GG vgl. *R. Scholz*, NJW 1993, 1690 (1691f.). Krit. zu Recht *T. Weikart*, NVwZ 1993, 834 (835ff., 838); *Janzen*, Artikel 88 Satz 2 (Fn. 31), S. 40ff., 60. Die Auffassungen im Vorfeld der Änderung des Art. 88 GG schildern *Häde* (Fn. 36), Art. 88 Rn. 22ff. Zum entsprechenden Zweck vgl. *P. Kirchhof*, Die Mitwirkung Deutschlands an der Wirtschafts- und Währungsunion, in: FS Klein, 1994, S. 61ff. (65).

[94] So etwa *Janzen*, Artikel 88 Satz 2 (Fn. 31), S. 40ff., 60 m.w.N.; *T. Weikart*, NVwZ 1993, 834 (835ff., 838); *Häde* (Fn. 36), Art. 88 Rn. 22ff.; zu Bedeutung und Legitimation der Unabhängigkeit der EZB: → Rn. 36ff.

[95] S. hierzu etwa *L. Gorny/J. de Haan*, ELRev 21 (1996), 95ff.; ausführlich *C. Waigel*, Die Unabhängigkeit der europäischen Zentralbank. Gemessen am Kriterium demokratischer Legitimation, 1999; *Häde* (Fn. 36), Art. 88 Rn. 279ff.; zur – abzulehnenden – Frage einer Verletzung des Art. 14 GG ebd., 283ff.; vgl. ferner *Siekmann* (Fn. 23), Art. 88 Rn. 108ff.; BVerfGE 89, 155 (208f.).

[96] Vgl. weiterreichend im Sinne eines europäischen Verfassungsverbundes: → *Pernice*, Bd. III², Art. 88 Rn. 16; ähnlich *Herdegen* (Fn. 17), Art. 88 Rn. 4 der von einem »deutsch-europäischen Verfassungsgefüge« spricht; das staatlich gestaltete Geldwesen als Teilverfassung betonen *F. Schorkopf*, NJW 2001, 3734 (3739) sowie *R. Schmidt*, HStR³ V, § 117 Rn. 16; allgemein *G. Rodriguez Iglesia*, NJW 1999, 1ff.

Forderung nach **Unabhängigkeit der Europäischen Zentralbank** (→ Rn. 35) sowie in der Verpflichtung zur **Sicherung der Preisstabilität** (→ Rn. 44). Art. 88 S. 2 GG entfaltet unter der derzeitigen Geltung der Europäischen Regelung der EZB daher keine eigenständige Wirkung, würde aber einer Änderung der Europäischen Verträge, die dagegen verstoßen, verfassungsrechtlich entgegenstehen. Im übrigen verbleiben der Bundesbank auch nach Ausübung der Option des Art. 88 S. 2 GG eigenverantwortliche Funktionen, etwa nach Art. 14.4, 16, 18, 22–24 ESZB-Satzung (→ Rn. 51). Dazu gehört die früher bisweilen hervorgehobene Rolle der Bundesbank als »Haus- oder Geschäftsbank des Staates«[97] allerdings nicht, da Art. 123 AEUV dem entgegensteht[98].

II. Errichtung einer Währungs- und Notenbank nach Art. 88 S. 1 GG

1. Errichtung

18 Nach allgemeiner Auffassung sah Art. 88 S. 1 GG bei Erlaß die Errichtung einer Währungs- und Notenbank als Bundesbank als verfassungsrechtlichen **Auftrag und Verpflichtung des Bundes** an (→ Rn. 14). Art. 88 GG verdrängt als spezielle Regelung Art. 87 III GG[99]. Die Gesetzgebungskompetenz des Art. 73 I Nr. 4 GG betrifft lediglich materielles Recht aber keine Organisationsregelungen[100]. Obwohl die Norm keine Vorgaben über die Errichtungskompetenz vorschreibt, wird zu Recht allgemein der Auftrag nur dem Gesetzgeber zugeschrieben[101]. Diesem Auftrag ist der Bundesgesetzgeber durch das Gesetz über die Deutsche Bundesbank mit erheblicher Verspätung erst 1957 nachgekommen[102].

2. Stellung

19 Die nach Art. 88 S. 1 GG zu errichtende Bank ist eine **Einrichtung des Bundes** und als solche **Teil der Exekutivgewalt**. Das ergibt sich aus der Stellung der Vorschrift in Abschnitt VIII des GG[103]. Eine vierte Gewalt stellt sie jedenfalls nicht dar[104]. Die Bundesbank ist damit zugleich Teil der obligatorischen und gegenwärtig mittelbaren Bundesverwaltung[105] und (obere) Bundesbehörde[106]. Funktional ist sie daher trotz ihres dem Regierungsbereichs zugehörigen Aufgabenspektrums[107] nicht der Regierung, sondern

---

[97] S. etwa *Blanke* (Fn. 72), Art. 88 Rn. 15.

[98] Vgl. auch *R. Schmidt*, HStR³ V, § 117 Rn. 42.

[99] *Thiele*, Finanzaufsicht (Fn. 82), S. 263.

[100] *Siekmann* (Fn. 23), Art. 88 Rn. 6; a. A. *J. A. Kämmerer*, in: v. Münch/Kunig, GG II, Art. 88 Rn. 5.

[101] *Stern*, Staatsrecht II, S. 473; *Herdegen* (Fn. 17), Art. 88 Rn. 23; *Häde* (Fn. 36), Art. 88 Rn. 104; *Siekmann* (Fn. 23), Art. 88 Rn. 6f.

[102] Gesetz vom 6.7.1957 (BGBl. I S. 745).

[103] *Kämmerer* (Fn. 100), Art. 88 Rn. 4, 11; *Siekmann* (Fn. 23), Art. 88 Rn. 8.

[104] *Häde* (Fn. 36), Art. 88 Rn. 102.

[105] Jarass/*Pieroth*, GG Art. 88 Rn. 1; *Häde* (Fn. 36), Art. 88 Rn. 102.

[106] *Kämmerer* (Fn. 100), Art. 88 Rn. 4, 11; *Siekmann* (Fn. 23), Art. 88 Rn. 8; unklar *Herdegen* (Fn. 17), Art. 88 Rn. 56: keine Bundesbehörde im eigentlichen Sinn.

[107] So schon BVerwGE 2, 217 (218); zurückhaltend auch BVerwGE 41, 334ff.; *Fögen*, Währungsrecht (Fn. 11), S. 109; einem Regierungsorgan vergleichbar *C.-T. Samm*, Die Stellung der Deutschen Bundesbank im Verfassungsgefüge, 1967, S. 141ff.; *W. Blümel*, HStR IV, § 101 Rn. 115; ähnlich *Herdegen* (Fn. 17), Art. 88 Rn. 56: »exekutives Leitorgan« keine »schlichte Verwaltungsbehörde«; *Stern*, Staatsrecht II, S. 469: »oberstes exekutives Staatsorgan«, »einem Regierungsorgan vergleichbar«; so auch *Blanke* (Fn. 72), Art. 88 Rn. 6; *R. Schmidt*, HStR³ III, § 82 Rn. 18: »einem Regierungsorgan näher«; kritisch *Kämmerer* (Fn. 100), Art. 88 Rn. 12.

der Verwaltung zuzuordnen[108]; etwas anderes ergibt sich richtigerweise auch nicht aus ihrer Rechtsfähigkeit und Unabhängigkeit[109]. Jedenfalls ist die Bundesbank kein Verfassungsorgan[110], auch wenn sie nicht der Aufsicht durch »andere Organe der Exekutive unterliegt«[111].

Art. 88 S. 1 GG verlangt die Errichtung einer Währungs- und Notenbank, der einerseits die Aufgabe der Sicherung der Währung[112] und andererseits die Befugnis zur Ausgabe von Banknoten[113] zugewiesen ist. Aus der Verwendung des **Begriffs »Bank«** folgt zunächst, daß es sich um ein Kreditinstitut handeln muß, welches dadurch gekennzeichnet ist, daß es vornehmlich banktypische Geschäfte tätigt[114]. Damit einher geht die Notwendigkeit der Rechtsfähigkeit[115]. Ob die Bundesbank einen einstufig-zentralen Aufbau nach dem Muster der Reichsbank oder einen zweistufig-dezentralen Aufbau erhalten sollte, war zunächst umstritten[116], Wortlaut und effektive Aufgabenerfüllung lassen indes lediglich eine Bank des Bundes und keine Mischverwaltung zu[117]. Das schloß allerdings einen gewissen Fortbestand der existierenden Landeszentralbanken nicht aus, die jedoch schließlich ihre Selbständigkeit verlieren mußten und zu Hauptverwaltungen der Bundesbank wurden[118]. Ein verfassungsrechtlicher Anspruch auf Fortbestand oder gar Neuschaffung der Landeszentralbanken besteht nicht[119]. 20

Ob und inwieweit Art. 88 S. 1 GG weitere verfassungsrechtliche **Festlegungen der Organisationsstruktur** enthält, war vor den Entscheidungen über die Europäische Währungsunion nicht eindeutig geklärt. Infolge der Einführung des Art. 88 S. 2 GG und dem Übergang zur dritten Stufe der Europäischen Währungsunion ist nunmehr das europäische Recht einzubeziehen, woraus sich vor allem das Erfordernis der Unabhängigkeit ergibt. Europarechtlich nicht determiniert ist hingegen die Frage nach einer zentralen oder dezentralen Organisationsstruktur der Bundesbank. Der Bund konnte letztere daher nach Art. 88 S. 1 GG als lex specialis zu Art. 87 III 2 GG ohne Zustimmung des Bundesrates einführen[120] und könnte sie auf diesem Wege auch wieder aufheben[121]. Auch das BBankG war daher im Ergebnis nicht zustimmungsbedürf- 21

---

108 *Siekmann* (Fn. 23), Art. 88 Rn. 8.

109 So *Herdegen* (Fn. 17), Art. 88 Rn. 56.

110 *H. Schäfer*, DÖV 1958, 245 in Fn. 39a; *H. Beck*, Gesetz über die Deutsche Bundesbank, 1959, § 2 Anm. 32; *K. Irrgang*, Die Rechtsnatur der deutschen Bundesbank, 1969 S. 26f.; *Samm*, Stellung (Fn. 107), S. 138f.; *Uhlenbruck*, Unabhängigkeit (Fn. 17), S. 83; *Stern*, Staatsrecht II, S. 468; *Galahn*, Bundesbank (Fn. 71), S. 176; *Blanke* (Fn. 72), Art. 88 Rn. 7; *Häde* (Fn. 36), Art. 88 Rn. 178; *Kämmerer* (Fn. 100), Art. 88 Rn. 12; *Siekmann* (Fn. 23), Art. 88 Rn. 8; a. A. *A. O. Starke*, DÖV 1957, 606 (608); *ders.*, WM 1957, 75 (89); wohl auch *C. Gaugenrieder*, Die rechtliche Stellung der deutschen Zentralbank im Staatsgefüge in Geschichte und Gegenwart, 1960, S. 109.

111 BVerfGE 62, 169 (183).

112 Vgl. dazu *Häde* (Fn. 36), Art. 88 Rn. 115ff.

113 Näher *Häde* (Fn. 36), Art. 88 Rn. 121ff.

114 *Thiele*, Finanzaufsicht (Fn. 82), S. 264.

115 *Siekmann* (Fn. 23), Art. 88 Rn. 9; s. auch *Häde* (Fn. 36), Art. 88 Rn. 112ff.

116 Vgl. *H. Becker-Floris*, Verfassungsrechtliche Fragen zum Aufbau der deutschen Bundesbank nach Art. 88 GG, 1957, S. 40ff.; *H. Bodenstein*, Der verfassungsrechtliche Streit um die Bundesbank – Art. 88 GG, 1957, S. 32ff.

117 *Häde* (Fn. 36), Art. 88 Rn. 163ff.

118 *Häde* (Fn. 36), Art. 88 Rn. 166; 2002 ist auch der Begriff der Landeszentralbank abgeschafft worden.

119 *Siekmann* (Fn. 23), Art. 88 Rn. 9.

120 Vgl. BVerfGE 14, 197 (215).

121 So wohl auch *Stern*, Staatsrecht II, S. 473; *Siekmann* (Fn. 23), Art. 88 Rn. 25.

tig, auch wenn zweifellos wichtige Interessen der Länder berührt waren. Der Bundesbank können insoweit auch ohne Zustimmung des Bundesrates weitere Aufgaben übertragen werden, »sofern diese noch in ihren reinen Geschäftsbereich als Währungs- und Notenbank fallen«[122]. Auch sonstige Aufgaben können der Bundesbank übertragen werden (etwa im Bereich der Bankenaufsicht), solange dadurch die Erfüllung ihrer Aufgaben innerhalb des ESZB nicht gefährdet wird. Ob Art. 88 GG als Grundlage für einen föderalen Aufbau dienen könnte, ist unsicher[123].

22 Die **Bundesbank** ist gegenwärtig als eine **bundesunmittelbare Anstalt des öffentlichen Rechts** zu qualifizieren[124], obwohl das BBankG lediglich eine Struktur als juristische Person des öffentlichen Rechts vorsieht. Die Begriffsmerkmale einer Anstalt des öffentlichen Rechts sind auch bis heute erfüllt[125]. Eine privatrechtliche Organisationsform wäre nach überwiegender Auffassung wohl ebenfalls zulässig[126]. Die durchaus berechtigten sachlichen Bedenken[127] rechtfertigen wohl keine Verfassungswidrigkeit, abgesehen von der Unwahrscheinlichkeit einer entsprechenden Organisationsänderung. Auch das Europäische Recht schließt die privatrechtliche Organisation nicht aus, solange dessen Voraussetzungen im übrigen erfüllt bleiben. Aufgrund bestehender Eingriffsrechte der Bundesbank[128] ist nach dem rechtsstaatlichen Vorbehalt des Gesetzes für die Errichtung der Bundesbank und Änderungen ihrer Organisationsstruktur ein Gesetz erforderlich[129]. Eine eigene Rechtsetzungskompetenz kommt der Bundesbank im Rahmen ihrer Kompetenzen nur aufgrund parlamentarischer Ermächtigung zu, wobei die Qualifikation der Rechtssetzungsakte der Bundesbank im Hinblick auf Art. 80 GG umstritten ist[130].

23 Art. 88 S. 1 GG enthält eine aus der institutionellen Garantie fließende **Bestandsgarantie** der Bundesbank, aber keine weiteren organisatorischen und institutionellen Regelungen oder Festlegungen von Aufgabenwahrnehmungen. Entgegen einer Andeutung des Bundesverfassungsgerichts begründet die Verfassung keine Unabhängigkeit der Bundesbank von Weisungen der Exekutive[131], wohl aber ist ihre Anordnung durch den Gesetzgeber[132] mit Art. 88 GG und dem Demokratieprinzip vereinbar. Die gegenteilige Auffassung überzeugt nicht[133], wie schon der Vergleich mit Garantien richterlicher Unabhängigkeit in Art. 97 I und 114 II GG zeigt. Ohnehin dürfte die

---

[122] BVerfGE 14, 197 (215).

[123] Dagegen *Kämmerer* (Fn. 100), Art. 88 Rn. 11; offen *Siekmann* (Fn. 23), Art. 88 Rn. 10; die Fragen waren bei Schaffung der Bundesbank heftig umstritten; die vereinbarte Struktur (dezentral und zweistufig) galt aber als verfassungskonform, vgl. Ausschußbericht zu BT-Drs. 2/3606, S. 2f.

[124] Vgl. näher *Siekmann* (Fn. 23), Art. 88 Rn. 11; *Blanke* (Fn. 72), Art. 88 Rn. 17.

[125] Der Regierungsentwurf hatte die Bundesbank in § 2 noch ausdrücklich als Anstalt qualifiziert vgl. BT-Drs. 2 /2781, S. 31.

[126] *Stern*, Staatsrecht II, S. 470; *Häde* (Fn. 36), Art. 88 Rn. 103; *Herdegen* (Fn. 17), Art. 88 Rn. 54.

[127] Vgl. *Siekmann* (Fn. 23), Art. 88 Rn. 11.

[128] Vgl. etwa § 18 BBankG zu statistischen Erhebungen.

[129] Jarass/*Pieroth*, GG, Art. 88 Rn. 1.

[130] Vgl. *Häde* (Fn. 36), Art. 88 Rn. 230ff.; zur Rechtsetzung durch die EZB *C. Schmitz*, EuR 2001, 291ff.

[131] Vgl. BVerfGE 62, 169 (183): »Die Bundesbank, die zudem kraft ihrer verfassungsrechtlichen unabhängigen Stellung keiner Aufsicht anderer Organe der Exekutive unterliegt ...«; überwiegende Kritik an diesem obiter dictum, s. BVerwGE 41, 334 (354); *F. Brosius-Gersdorf*, Deutsche Bundesbank und Demokratieprinzip, 1997, S. 233f. m.w.N.; *Häde* (Fn. 36), Art. 88 Rn. 185ff.; *Maunz* (Fn. 80), Art. 88 Rn. 15; *Stern*, Staatsrecht II, S. 494; Jarass/*Pieroth*, GG, Art. 88 Rn. 3; dagegen *Herdegen* (Fn. 17), Art. 88 Rn. 62ff.

[132] So § 12 BBankG a.F.

[133] Eingehend *Häde* (Fn. 36), Art. 88 Rn. 185ff.; vgl. auch → *Pernice*, Bd. III², Art. 88 Rn. 20.

politische Akzeptanz eine entscheidende Grundlage darstellen. Schließlich wird die bislang akzeptierte Neutralität des Grundgesetzes im Hinblick auf die Unabhängigkeit der Bundesbank durch die Regelung des Art. 88 S. 2 GG und die vorrangige Geltung des Europarechts überlagert. Die Forderung der Unabhängigkeit der EZB durch Art. 88 S. 2 GG und die europarechtliche Forderung der Unabhängigkeit der Bundesbank (Art. 130 AEUV, Art. 7 ESZB-Satzung) greifen ineinander und wirken zusammen. Teilweise wird wegen der Komplementarität des Grundgesetzes und der europäischen Verträge von einer »mittelbaren« verfassungsrechtlichen Garantie der Unabhängigkeit der Bundesbank gesprochen[134].

3. Aufgaben und Befugnisse

24 Art. 88 S. 1 GG enthält eine »funktional angereicherte Bestandsgarantie«[135], die einen Bestand an Aufgaben und Befugnissen indes nur garantiert, soweit eine Übertragung nach Satz 2 auf die EZB nicht erfolgt ist. **Nicht alle** überkommenen **Aufgaben** und Befugnisse von Zentralbanken sind **gewährleistet**, vielmehr verfügt der **Gesetzgeber** über einen begrenzten **Gestaltungsspielraum**. Insgesamt muß der übertragene Aufgabenbereich aber eine effektive Tätigkeit als Währungs- und Notenbank sicherstellen[136]. Die Verwendung des Begriffs »Bank« impliziert im übrigen, daß die vom Bund zu errichtende Organisation ein Kreditinstitut ist, daß im Kern Währungs- und Notenbank ist. Damit wird zugleich ein grundlegender Bestand banktypischer Geschäfte garantiert[137].

25 Als erstes hat die Bundesbank von Verfassungs wegen die **Aufgabe**, die **Volkswirtschaft mit** den notwendigen **Zahlungsmitteln zu versorgen**[138]. Zu den notwendigen Operationen über Banken gehören insbesondere auch Diskont- und Lombardkredite sowie Wertpapierpensionsgeschäfte. Vor allem übernimmt die Bundesbank die bankmäßige Abwicklung des Zahlungsverkehrs im Inland und mit dem Ausland, inzwischen auch als Teil des Eurosystems gem. Art. 127 II 4. Spiegelstrich AEUV. Eine zweite Aufgabe ist die **Sicherung der inneren Stabilität** der Währung und die Funktion als »Hüterin der Währung«[139]. Teilweise wird aus Art. 88 S. 1 GG sogar eine verfassungsrechtliche Verpflichtung der Bundesbank auf die Sicherung der Währung und damit auf das Ziel der Preisstabilität abgeleitet[140], was jedoch kaum haltbar ist[141]. Weder der Wortlaut noch die Praxis begründen eine solche Bindung, deren rechtlicher Gehalt zudem auch unklar wäre. Die Verfassungsfrage ist heute allerdings belanglos, da die für die Preisstabilität relevanten Kompetenzen der Bundesbank am 1.1.1999 auf die europäische Ebene übergegangen sind. Für die EZB ordnen sowohl der AEUV

---

[134] So *P. Badura*, Das Staatsziel »Europäische Integration« im Grundgesetz, in: FS Schambeck, 1994, S. 887ff. (904); dem folgend *Brosius-Gersdorf*, Bundesbank (Fn. 131), S. 383ff.; *Häde* (Fn. 36), Art. 88 Rn. 215, 253; *R. Schmidt*, HStR³ V, § 117 Rn. 39; von nicht nur mittelbaren Garantien der Unabhängigkeit spricht *Herdegen* (Fn. 17), Art. 88 Rn. 64, 82.

[135] *Siekmann* (Fn. 23), Art. 88 Rn. 12; ebd., Rn. 12ff. eingehend zu Aufgaben und Befugnissen. Siehe auch *Thiele*, Finanzaufsicht (Fn. 82), S. 263f.

[136] Ein »vorrechtliches Gesamtbild« ist nicht maßgebend: vgl. Regierungsentwurf BBankG, BT-Drs. 2/2781, S. 25, ähnlich BVerfGE 14, 197 (216); dagegen *L. Gramlich*, DVBl. 1980, 531ff.; *Siebelt*, Verhaltensspielraum (Fn. 6), S. 95ff.

[137] Vgl. *Kämmerer* (Fn. 100), Art. 88 Rn. 6.

[138] BVerwGE 41, 334 (349).

[139] *Stern*, Staatsrecht II, S. 478.

[140] So §§ 3, 12 BBankG a. F.; *Kämmerer* (Fn. 100), Art. 88 Rn. 7; *Siekmann* (Fn. 23), Art. 88 Rn. 18.

[141] *Stern*, Staatsrecht II, S. 475f.; s. auch *Herdegen* (Fn. 17), Art. 88 Rn. 34.

als auch Art. 88 S. 2 GG das vorrangige Ziel der Preisstabilität ausdrücklich an und binden auch den Bundesbankpräsidenten bei seinem europarechtlichen Handeln im Rat der EZB. Außerdem bleibt die Währungsaußenpolitik vornehmlich Aufgabe der Bundesregierung und ist inzwischen überwiegend auf den Rat der EU übertragen worden (Art. 219 I AEUV) und nur sehr partiell auf die EZB[142]. Im übrigen darf weder die Verwendung der Gold- und Devisenreserven der Bundesbank noch die Verwendung des Bundesbankgewinns mit ihren Pflichten zur Währungssicherung kollidieren[143]. Drittens muß die Bank das **Recht** haben, **Banknoten auszugeben**, die als gesetzliche Zahlungsmittel rechtlich anerkannt sind. Dies gehört, anders als die Ausgabe von Münzen, zu den durch Art. 88 S. 1 GG gewährleisteten Kernaufgaben[144]. Schließlich muß die Währungsbank die Kontrolle über das Volumen der Zentralbankgeldmenge haben. Die Steuerung der Zentralbankgeldmenge kann heute im Wesentlichen nur durch das exklusive Recht zur Ausgabe von Banknoten als gesetzliche Zahlungsmittel (Notenausgabemonopol) gefertigt werden. Als Element der Währungssicherung gehört es zum verfassungsrechtlichen Aufgabenbestand[145]. Aufgrund der Regelung des Art. 88 S. 2 GG erweist es sich aber als zulässig, wenn diese Kernaufgaben auf die EZB übertragen werden.

III. Übertragung von Aufgaben und Befugnissen nach Art. 88 S. 2 GG

1. Entwicklung

26 Vor Abschluß des Vertrages von Maastricht war die **Notwendigkeit einer Verfassungsänderung** zur Ermöglichung der Übertragung der Währungshoheit auf europäische Institutionen umstritten[146]. Die Regelung des Art. 88 S. 2 GG sollte entsprechende verfassungsrechtliche Bedenken ausräumen. Während der Regierungsentwurf sich auf die Ermächtigung beschränkte, Aufgaben und Befugnisse der Bundesbank auf eine europäische Zentralbank zu übertragen[147], setzte sich schließlich die Auffassung durch, diese Ermächtigung an zusätzliche Bedingungen zu knüpfen[148]. Institutionell wird danach die Unabhängigkeit der Zentralbank verlangt, zudem muß diese dem Ziel der Sicherung der Preisstabilität verpflichtet sein. Im übrigen ist Art. 88 S. 2 GG ein weiteres Beispiel missglückter Satzkonstruktionen, weil das »ist« an das Satzende gehört[149].

27 Art. 88 S. 2 GG schreibt **drei Voraussetzungen** vor, nämlich die Übertragung der Aufgaben und Befugnisse im Rahmen der Europäischen Union auf die Europäische Zentralbank, deren Unabhängigkeit sowie das Ziel der Sicherung der Preisstabilität. Diese Vorgaben müssen als »Verfassungspflicht« auch bei späteren Änderungen zwin-

[142] Näher *U. Häde*, in: Calliess/Ruffert, EUV/AEUV, Art. 111 AEUV Rn. 20.
[143] Näher *Siekmann* (Fn. 23), Art. 88 Rn. 19.
[144] Dazu *Siekmann* (Fn. 23), Art. 88 Rn. 20f.
[145] *Herdegen* (Fn. 17), Art. 88 Rn. 48; Jarass/*Pieroth*, Art. 88 Rn. 4; *Siekmann* (Fn. 23), Art. 88 Rn. 22 m. w. N.; a. A. *Häde* (Fn. 36), Art. 88 Rn. 122; *Kämmerer* (Fn. 100), Art. 88 Rn. 8.
[146] *R. Scholz*, NVwZ 1993, 817ff.; *ders.*, NJW 1993, 1690 (1691); *T. Weikart*, NVwZ 1993, 834ff.; *Häde* (Fn. 36), Art. 88 Rn. 22ff.; *Janzen*, Artikel 88 Satz 2 (Fn. 31), S. 34.
[147] BT-Drs. 12/3338, S. 3, 21ff.
[148] *Häde* (Fn. 36), Art. 88 Rn. 31ff.; *Janzen*, Artikel 88 Satz 2 (Fn. 31), S. 16, 151ff.
[149] *Siekmann* (Fn. 23), Art. 88 Rn. 26.

gend eingehalten werden[150]. Der »Rahmen der Europäischen Union« gem. Art. 88 S. 2 GG wird zusätzlich durch den kumulativ geltenden Art. 23 I 1 GG vorgegeben[151].

Durch die Ermächtigung des Art. 88 S. 2 GG »ist die **Entwicklung einer europäischen Währungsunion verfassungsrechtlich anerkannt**«[152]. Art. 88 S. 2 GG formuliert die Bedingungen einer Übertragung der Aufgaben und Befugnisse der Deutschen Bundesbank auf eine Europäische Zentralbank, wobei der »Eintritt in die Währungsunion« eine »verfassungsrechtlich legitimierte Fortbildung der Europäischen Union« darstellt[153]. Die primärrechtlichen Rahmenbedingungen für das ESZB erfüllen die Voraussetzungen für eine Übertragung[154]. Vor Eintritt in die dritte Stufe der Europäischen Währungsunion mußte und muß in einem komplizierten Verfahren festgestellt werden, ob »ein hoher Grad an dauerhafter Konvergenz« vorliegt. Als Maßstab dienten die vier Konvergenzkriterien Preisstabilität, öffentliche Haushalte ohne übermäßige Defizite, Wechselkursstabilität und Konvergenz der langfristigen Zinssätze[155]. Nach Auffassung des Bundesverfassungsgerichts dienen die Konvergenzkriterien als hinreichend stabile Sicherung verfassungsrechtlicher Anforderungen[156]. Die Konvergenzkriterien sind zu unterscheiden von den Defizitkriterien nach Art. 126 I, II AEUV, die der Frage gelten, »ob übermäßige öffentliche Defizite« vorliegen[157]. 28

2. Stellung des ESZB und der EZB

Die Währungspolitik für die Mitgliedstaaten, deren Währung der Euro ist, fällt gemäß Art. 3 I lit. c AEUV in die ausschließliche Zuständigkeit der EU. Innerhalb der EU sind die **wesentlichen Aufgaben dem Europäischen System der Zentralbanken** übertragen. Die Aufgaben des ESZB sind zwar allgemein formuliert (Art. 127 II AEUV), die wesentlichen Vorschriften gelten aber nur für die Mitgliedstaaten, die nach dem Vertrag von Lissabon zum »Eurosystem« gehören (Art. 282 I 2 AEUV, Art. 1.2 ESZB-Satzung). Die Wahrung der Stabilität des Finanzsystems gehört zwar nicht zu den originären Aufgaben des ESZB und lediglich die Unterstützung von Maßnahmen der zuständigen Behörden ist ihm primärrechtlich in Art. 127 V AEUV und Art. 3.3 ESZB-Satzung übertragen. Nach Art. 127 VI AEUV dürfen allerdings besondere Aufgaben im Zusammenhang mit der Aufsicht über Kreditinstitute auf die EZB übertragen werden[158]. 29

Mit der ursprünglichen Bestandsgarantie für die Bundesbank als Währungs- und Notenbank einerseits und der Ermöglichung der Übertragung ihrer Aufgaben und Befugnisse auf die Europäische Zentralbank in der Europäischen Union andererseits gibt Art. 88 GG eine **institutionelle Struktur der Währungsverfassung vor**, die föderalen Strukturen zumindest ähnelt. Fraglich ist dabei, ob nach einer Übertragung aller Aufgaben und Befugnisse, wie sie der Wortlaut des Art. 88 S. 2 GG durchaus zulässt, die Bestandsgarantie des Art. 88 S. 1 GG nicht zu weit ausgehöhlt wird. Der Wortlaut des Art. 88 S. 1 u. 2 GG würde das wohl nicht untersagen, aber der europarechtliche Kon- 30

---

150 BVerfGE 89, 155 (201).

151 Jarass/*Pieroth*, GG, Art. 88 Rn. 5; *Janzen*, Artikel 88 Satz 2 (Fn. 31), S. 60f., 69f.

152 BVerfGE 89, 155 (174).

153 BVerfGE 97, 350 (372, Rn. 89).

154 BVerfGE 89, 155 (201ff.); 97, 350 (372, Rn. 88f.).

155 Prot. Nr. 13 über die Konvergenzkriterien abgedr. in ABl. 2010/C 83/281; vgl. BVerfGE 89, 155 (200); für den Beitritt neuer Staaten gelten sie ebenfalls nach Art. 140 I AEUV.

156 BVerfGE 89, 155 (202f.); s. auch 97, 350 (373f., Rn. 92); *Siekmann* (Fn. 23), Art. 88 Rn. 33.

157 Art. 1, Prot. Nr. 12 über das Verfahren bei einem übermäßigen Defizit (ABl. 2010/C 83/279).

158 Siehe die Verordnung (EU) Nr. 1024/2013 des Rates v. 15.10.2013 (Abl. 2013 L 2087 S. 63).

text der Verfassungsänderung, der die nationalen Zentralbanken als Teil und Basis des ESZB ansah, wonach die Präsidenten Mitglieder im EZB-Rat sind und die nationalen Zentralbanken als unabhängig konstituiert werden[159], widerspricht einer völligen Zentralisierung der Währungskompetenzen auf die EZB unter Auflösung der Bundesbank. Außerdem bezieht sich Art. 88 S. 2 GG konkret auf die EZB in ihrer damals geregelten Form und den »Rahmen der Europäischen Union«, in dem die EZB nicht allein, sondern zusammen mit den nationalen Zentralbanken als Teil des ESZB die Aufgabe der Währungspolitik erfüllt[160]. Im übrigen ist die Bundesbank auch europäische Behörde[161], die von der EZB nach Art. 9.2 und 12.1 ESZB-Satzung zur Durchführung der Aufgaben des ESZB nach Art. 127 AEUV in Anspruch genommen wird, »soweit dies möglich und sachgerecht erscheint«[162]. Gem. Art. 282 I 1 AEUV, Art. 1, 2 ESZB-Satzung besteht das ESZB aus der EZB und den nationalen Zentralbanken (NZB) der Mitgliedstaaten der EU und bildet ein einheitliches System[163]. Diesem gehören auch die Zentralbanken an, die die gemeinsame Währung (bisher) nicht eingeführt haben, mithin das (demnächst ohnehin austretende) Vereinigte Königreich[164], Dänemark, Schweden sowie einige jüngere Mitgliedstaaten (vgl. Art. 139 I AEUV)[165]. Das ESZB selbst ist nicht mit Rechtspersönlichkeit ausgestattet[166]; Rechtsfähigkeit besitzt insoweit allein die EZB. Die Rechtsfähigkeit nationaler Zentralbanken ergibt sich aus nationalem Recht (für die Bundesbank siehe § 2 BBankG). Deren Einräumung ist allerdings zwingend, da die nationalen Zentralbanken andernfalls ihre Aufgaben innerhalb des ESZB nicht wahrnehmen könnten. Das ESZB ist als Einrichtung der EU und die EZB als entsprechende Zentralbank anzusehen[167]. Das gesamte ESZB wird von den Beschlußorganen der EZB, also EZB-Rat und EZB-Direktorium, geleitet (Art. 129 I AEUV), wobei dem Präsidenten der EZB[168] jeweils eine besondere Rolle zukommt. Hinzu tritt der Erweiterte EZB-Rat nach Art. 141 I AEUV, solange es noch Mitgliedstaaten mit Ausnahmeregelung gibt. Insgesamt handelt es sich um ein mehrstufiges komplexes Verantwortungsverbundsystem mit einer starken EZB an der Spitze.

31 Die **EZB** und die **nationalen Zentralbanken** der Mitgliedstaaten, deren Währung der Euro ist, **bilden** als Teil des ESZB das **Eurosystem** gem. Art. 282 I 2 AEUV, Art. 1.2 ESZB-Satzung[169]. Die nationalen Zentralbanken der Euro-Mitgliedstaaten sind inte-

---

[159] Vgl. BT-Drs. 12/3896, S. 20; zu Wahl und Ernennung des Präsidenten der EZB s. *U. Häde*, EWS 2011, 173ff.

[160] Für die Zulässigkeit der Abschaffung der Bundesbank (durch Änderung des EU-Vertragsrechts) aber *Häde* (Fn. 36), Art. 88 Rn. 237, 247.

[161] Die »dual capacity«, in der die nationalen Zentralbanken handeln, hebt hervor *R. Smits*, Bank (Fn. 55), S. 94; auch *J.-V. Louis*, CMLRev. 35 (1998), 33 (50f., 73).

[162] Vgl. auch *R. Schmidt*, HStR³ V, § 117 Rn. 41.

[163] Die Satzung des ESZB ist als »Protokoll über die Satzung des Europäischen Systems der Zentralbanken und der Europäischen Zentralbank« erlassen worden und damit Teil des Primärrechts der EU gem. Art. 51 EUV.

[164] Zum Brexit hier nur *A. Thiele*, EuR 51 (2016), 281ff.

[165] Es handelt sich um Bulgarien, Kroatien, Ungarn, Polen, Rumänien und die Tschechische Republik. Vgl. näher *F. Becker*, in: H. Siekmann (Hrsg.), Kommentar zur Europäischen Währungsunion, 2013, Art. 282 AEUV Rn. 16f.

[166] *C. Manger-Nestler*, Par(s) inter pares? – Die Bundesbank als nationale Zentralbank im Europäischen System der Zentralbanken, 2008, S. 145f.

[167] *Smits*, Bank (Fn. 55), S. 24; *U. Häde*, WM 2006, 1605 (1608, 1612); *Becker* (Fn. 165), Art. 282 AEUV Rn. 105f.

[168] Zu dessen Wahl und Ernennung *U. Häde*, EWS 2011, 173ff.

[169] *Becker* (Fn. 165), Art. 282 AEUV Rn. 46.

grale Bestandteile des Eurosystems (Art. 14.3 S. 1 ESZB-Satzung). Die Umsetzung der von der EZB beschlossenen Maßnahmen obliegt größtenteils den nationalen Zentralbanken (Art. 12.1 UAbs. 1 ESZB-Satzung), diese sind jedoch an die vom EZB-Rat erlassenen Vorgaben und an die Weisungen des EZB-Direktoriums gebunden (Art. 14.3 i. V. m. Art. 12.1 UAbs. 1 ESZB-Satzung)[170]. Diese dezentrale Aufgabenerfüllung ändert nichts an der Verpflichtung zu einer einheitlichen Geldpolitik[171], die auch der Weisungsbefugnis des Direktoriums gegenüber den nationalen Zentralbanken zugrunde liegt[172]. Von einem »Grundsatz der Dezentralität« sollte im übrigen schon deshalb nicht gesprochen werden, da die EZB die jeweiligen Aufgaben jederzeit auch selbst wahrnehmen kann. Etwas anderes folgt auch nicht aus dem Subsidiaritätsprinzip, da dieses im Bereich ausschließlicher Kompetenzen der Union keine Anwendung findet. Die Staaten, die den Euro nicht eingeführt haben, sind Sonderregeln unterworfen (Art. 139 II 2 AEUV, Art. 42.3 ESZB-Satzung) und behalten ihre eigenständigen währungspolitischen Befugnisse (Art. 282 IV, 283 I AEUV)[173].

Ursprünglich waren das ESZB und die EZB nicht als Organe der damaligen Gemeinschaft eingestuft worden[174], da sie in Art. 7 EGV (a. F.), der die Organe abschließend aufzählte, nicht erwähnt wurden, sondern in Art. 8 EGV (a. F.) als gesonderte Einrichtungen qualifiziert wurden. Art. 13 I EUV hat dies geändert[175]. Geklärt ist auch, daß die **EZB** ein **Bestandteil der EU** ist[176]. Die EZB besitzt gem. Art. 282 III 1 AEUV **Rechtspersönlichkeit**[177]. Ihre Eigentümer sind die Zentralbanken der Mitgliedstaaten[178], die Zeichner und Inhaber des Kapitals der EZB gem. Art. 28.2 S. 1 ESZB-Satzung sind[179]. Ihre Haftung ist auf das eingezahlte Kapital, den allgemeinen Reservefonds und, falls notwendig, nach einem entsprechenden Beschluß des EZB-Rates auf ihren jeweiligen Anteil an monetären Einkünften (Art. 32.5 ESZB-Satzung) beschränkt (Art. 33.2 ESZB-Satzung). Darüber hinaus besteht grundsätzlich keine Pflicht zum Ausgleich anfallender Verluste der EZB[180]. 32

Die nationalen **Zentralbanken** sind **integrale Bestandteile des Eurosystems**, aber nicht bloße Zweigstellen der EZB[181]. Soweit sie Aufgaben im Rahmen des ESZB erfüllen, sind sie an das Europarecht gebunden. Gleichwohl sind nationale Zentralbanken weiter Kinder des nationalen Rechts[182]. Die insoweit zuständigen nationalen Gesetz- 33

---

170 *A. Theisen*, Die Wirksamkeit des Subsidiaritätsprinzips im Europäischen System der Zentralbanken, 2005, S. 63; *C. Steven*, in: Siekmann, Währungsunion (Fn. 165), Art. 14 EZB-Satzung Rn. 35; gegen rechtliche Bindungswirkung aber *M. Seidel*, EuR 2000, 861 (871 f.).

171 *M. Selmayr*, WM 1999, 2429 (2430).

172 *Steven* (Fn. 170), Art. 14 EZB-Satzung, Rn. 35.

173 Weitere Normen: Art. 126 IX u. XI, 127, 132, 219, 283 II AEUV; vgl. näher *Siekmann* (Fn. 23), Art. 88 Rn. 43.

174 *M. Weber*, WM 1998, 1465 (1465); *H. Faber*, in: AK-GG, Art. 88 (2002), Rn. 42; *J.-V. Louis*, CMLRev. 35 (1998), 33 (73 f.); teilweise Qualifikation als »organähnlich« z. B. *C. Manger-Nestler*, EuR 2008, 577 (580); *H. J. Hahn/U. Häde*, ZHR 165 (2001), 30 (34); *U. Häde*, WM 2006, 1605 (1613).

175 A. A. aber immer noch *Siekmann* (Fn. 23), Art. 88 Rn. 44.

176 *Becker* (Fn. 165), Art. 282 AEUV Rn. 55–61.

177 *Becker* (Fn. 165), Art. 282 AEUV Rn. 107.

178 *J. Langner*, in: Siekmann, Währungsunion (Fn. 165), Vor Art. 28–33 EZB-Satzung Rn. 7.

179 Vgl. näher *J. Langner*, in: Siekmann, Währungsunion (Fn. 165), Art. 28 EZB-Satzung Rn. 15 ff.

180 *Langner* (Fn. 178), Vor Art. 28–33 EZB-Satzung Rn. 14; *Siekmann* (Fn. 23), Art. 88 Rn. 45. S. auch *J.-H. Binder*, JZ 2015, 328 (333 ff.).

181 *Häde* (Fn. 142), Art. 282 AEUV Rn. 14.

182 *J.-V. Louis*, CMLRev. 35 (1998), 33 (73); zu den verschiedenen Ansätzen *H. J. Hahn*, DÖV 1989, 233 (238 ff.).

geber sind freilich an das vorrangige EU-Recht gebunden[183]. Die Deutsche Bundesbank ist insoweit weder als rein europäische[184] oder als zwischenstaatliche[185] noch als allein nationale Einrichtung zu qualifizieren. Sie ist vielmehr zugleich Einrichtung der Bundesrepublik Deutschland sowie der EU[186] und insoweit doppelt verankert[187]. Die Deutsche Bundesbank ist daher weiter juristische Person des deutschen öffentlichen Rechts (§ 2 S. 1 BBankG) und übt deutsche Staatsgewalt aus[188].

34 Eine **Haftung** der nationalen Zentralbanken für Verbindlichkeiten der EZB besteht ebensowenig wie eine allgemeine Pflicht zur Verlusttragung[189]. Das Unionsrecht verlangt nicht einmal eine ausreichende Kapitalisierung der nationalen Zentralbank, selbst jahrelange Verlustvorträge sind zulässig, solange die gesetzlichen Zahlungsmittel von den Gläubigern akzeptiert werden[190].

3. Unabhängigkeit

35 Die Unabhängigkeit des ESZB und seiner Mitglieder ist unmittelbar **durch Art. 130, 283 AEUV, Art. 7 ESZB-Satzung** und mittelbar durch Art. 131 AEUV, Art. 88 S. 2 GG **garantiert**, wobei unter dem Begriff vor allem Weisungsfreiheit, die Freiheit von administrativer und parlamentarischer Kontrolle und die Unangreifbarkeit der persönlichen Stellung der Entscheidungsträger zu verstehen ist[191]. Entsprechend den Anforderungen des Art. 88 S. 2 GG ordnet das europäische Primärrecht vor allem in Art. 130 AEUV und ergänzend in Art. 131 AEUV die Unabhängigkeit an[192], wobei der Begriff selbst lediglich in Art. 282 III 3, 4 AEUV und in der Überschrift von Art. 7 ESZB-Satzung auftaucht. Die Unabhängigkeit ist gleichwohl umfassend garantiert[193], freilich begrenzt auf die betreffenden Aufgaben und Befugnisse des ESZB[194].

36 Art. 130 AEUV ordnet in Satz 1 eine **umfassende Geltung des Unabhängigkeitsgrundsatzes** im Sinne der Weisungsfreiheit an. Auch der Kreis der Adressaten ist umfassend zu verstehen. Art. 130 AEUV geht über § 12 BBankG hinaus, soweit bereits

---

183 St. Rspr. EuGH Slg 1964, 1259 (1269f.) – *Costa/E.N.E.L.*; Slg 1970, 1125 (1135, Rn. 3) – *Internationale Handelsgesellschaft*; Slg 1978, 629 (644, Rn. 17f.) – *Simmenthal*; Slg 1981, 1805 (1838, Rn. 43) – *Rewe/Hauptzollamt Kiel*; BVerfGE 73, 339 (375); 75, 223 (244); 85, 191 (202, 204); 116, 271 (314, Rn. 146); 123, 269 (398, Rn. 335); eingehend *H. D. Jarass/S. Beljin*, NVwZ 2004, 1ff.; *Siekmann* (Fn. 23), Art. 88 Rn. 47 mit Fn. 161 m. w. N.

184 So aber *H. J. Hahn*, Der Vertrag von Maastricht als völkerrechtliche Übereinkunft und Verfassung, 1992, S. 8, 73; *M. Selmayr*, WM 1999, 2429 (2430f.).

185 *M. Seidel*, EuR 2000, 861 (863).

186 *M. Seidel*, Probleme der Verfassung der Europäischen Gemeinschaft als Wirtschafts- und Währungsunion, in: FS Börner, 1992, S. 417ff. (425); *Janzen*, Art. 88 Satz 2 (Fn. 31), S. 99f.; *Siekmann* (Fn. 23), Art. 88 Rn. 48.

187 *Kämmerer* (Fn. 100), Art. 88 Rn. 19; *Siekmann* (Fn. 23), Art. 88 Rn. 48; anders → *Pernice*, Bd. III², Art. 88 Rn. 22.

188 *B. Zimmermann*, Die nationalen Zentralbanken als Bestandteile des europäischen Systems der Zentralbanken, 2000, S. 122; *Manger-Nestler*, Par(s) inter pares? (Fn. 166), S. 310; *dies.*, EuR 2008, 577 (586).

189 *C. Ohler*, Bankenaufsicht und Geldpolitik in der Währungsunion, 2015, S. 42f.

190 Vgl. auch *Langner* (Fn. 178), Art. 28–33 EZB-Satzung Rn. 10, 13f.

191 Eingehend *H. Siekmann*, in: ders., Währungsunion (Fn. 165), Art. 130 AEUV Rn. 16ff., 41ff.; s. auch *A. Thiele*, Europäisches Währungsverwaltungsrecht, in: J.P. Terhechte (Hrsg.), Verwaltungsrecht der Europäischen Union, 2. Aufl. 2017, § 27 Rn. 41ff. sowie *ders.*, Die Unabhängigkeit der EZB, in: M. Kröger/A. Pilniok (Hrsg.), Unabhängiges Verwalten in der Europäischen Union, 2016, S. 195ff.

192 Vgl. *B. Kempen*, in: Streinz, EUV/AEUV, Art. 130 AEUV Rn. 4.

193 *Siekmann* (Fn. 191), Art. 130 Rn. 18ff.

194 *Siekmann* (Fn. 23), Art. 88 Rn. 67: funktionsbezogene Unabhängigkeit.

ein Versuch einer Einflußnahme untersagt wird und die Unabhängigkeit auch für Mitglieder der Beschlußorgane gesichert wird. Untersagt werden nicht nur formelle Anweisungen, sondern auch die Ausübung von Druck. Jeder kompetenzwidrige Druck auf die Geld- und Währungspolitik soll verhindert werden[195]. Geschützt sind sowohl die EZB als auch die nationalen Zentralbanken, diese freilich nur, soweit sie Aufgaben im Rahmen des ESZB wahrnehmen. Andererseits sind sie selbstverständlich den Weisungen der EZB im Innenverhältnis unterworfen[196]. Die nationalen Zentralbanken werden von der Unabhängigkeitsgarantie des Art. 130 AEUV erfasst, weil sie sowohl an der Willensbildung der EZB als auch an der Ausführung ihrer Aufgaben beteiligt sind[197].

Die zentrale **Garantie der sachlichen Unabhängigkeit** wird durch die Regelung der persönlichen Unabhängigkeit ergänzt. Sie bildet (ebenfalls) ein »grundlegendes Element« der Zentralbankautonomie[198] zum Schutz der betreffenden natürlichen Personen[199]. Auch ohne ausdrückliche Regelung ist sie generell begründet und folgt auch aus mehreren Einzelbestimmungen[200]. Die Entlassung eines Mitglieds der genannten Beschlußorgane vor Ablauf der jeweiligen Amtszeit kommt danach auch nur in den besonderen Fällen der Art. 11.4 und 14.2 ESZB-Satzung in Betracht. Auch eine Verkürzung der Amtszeit durch eine Aufteilung ist insoweit problematisch[201], der Wechsel in eine andere Funktion ist aber zulässig[202]. Alle Mitglieder des Direktoriums dürfen nur eine Amtszeit wahrnehmen[203]. Für die Präsidenten der nationalen Zentralbanken ist lediglich eine Mindestamtsdauer von fünf Jahren vorgeschrieben (Art. 14.2 UAbs. 1 ESZB-Satzung). Sonstige Vorgaben fehlen. 37

Die Unabhängigkeitsgarantie wird durch **weitere Garantien** ergänzt und erweitert. Eine Garantie der finanzwirtschaftlichen Unabhängigkeit wird bereits durch Art. 130 AEUV sowie durch Art. 282 III 2 AEUV sichergestellt. Art. 30–33 ESZB-Satzung regeln detailliert die Gewinnverwendung und die Währungsreserven. Schließlich wird die Preisstabilität durch weitere Konkretisierungen der Unabhängigkeit geschützt. Hier sind zu nennen das Verbot der Vergabe von Zentralbankkrediten an öffentliche Einrichtungen (Art. 123 I AEUV), das Verbot eines bevorrechtigten Zugangs von staatlichen Stellen zu Finanzinstitutionen (Art. 124 AEUV) und der Haftungsausschluß nach Art. 125 AEUV. 38

Das **ESZB unterliegt keiner unmittelbaren Fach- oder Rechtsaufsicht**. Es bestehen jedoch Informations- und Berichtspflichten gegenüber den Organen der EU und der Öffentlichkeit gem. Art. 284 III AEUV, Art. 15 ESZB-Satzung[204], durch welche die Unabhängigkeitsgarantie nicht berührt wird – Unabhängigkeit ist nicht mit absoluter 39

---

[195] EuGH, Urt. v. 10.7.2003, C-11/00 Rn. 134 – *Kommission/EZB*; *J. Endler*, Europäische Zentralbank und Preisstabilität, 1998, S. 410ff.; *Siekmann* (Fn. 191), Art. 130 AEUV Rn. 18ff., 112ff.

[196] *U. Häde*, WM 2006, 1605 (1609); *Kämmerer* (Fn. 100), Art. 88 Rn. 24.

[197] *Kämmerer* (Fn. 100), Art. 88 Rn. 27; *Siekmann* (Fn. 191), Art. 130 AEUV Rn. 97ff.

[198] *U. Palm*, in: Grabitz/Hilf, EUV/EGV, Art. 112 EGV (2003), Rn. 33.

[199] *Janzen*, Art. 88 S. 2 (Fn. 31), S. 107; *W. Heun*, JZ 1998, 866 (869, 874); *Kempen* (Fn. 192), Art. 130 AEUV Rn. 9.

[200] *Siekmann* (Fn. 191), Art. 130 AEUV Rn. 20f., 64.

[201] Strikt ablehnend *Siekmann* (Fn. 23), Art. 88 Rn. 59; *ders.* (Fn. 191), Art. 130 AEUV Rn. 118.

[202] *Häde* (Fn. 142), Art. 130 AEUV Rn. 10 und insoweit etwas widersprüchlich *Siekmann* (Fn. 23), Art. 88 Rn. 59.

[203] *Palm* (Fn. 198), Art. 112 EGV Rn. 33.

[204] Vgl. näher *H.J. Hahn*, JZ 1999, 957 (957); *F. Becker*, in: Siekmann, Währungsunion (Fn. 165), Art. 284 AEUV Rn. 31ff.; *Thiele*, Unabhängigkeit (Fn. 191), S. 211f.

Beziehungslosigkeit zu anderen Organen gleichzusetzen[205]. Präsident und Direktoriumsmitglieder können daher auch vor dem zuständigen Ausschuß zu einer Anhörung geladen werden (Art. 284 III AEUV). Eine darüber hinausgehende parlamentarische Kontrolle ist hingegen nicht vorgesehen – weder auf europäischer noch auf nationaler Ebene. Der Präsident hat aber die Möglichkeit, auch mit den nationalen Parlamenten das Gespräch zu suchen, wovon in der Praxis auch bereits Gebrauch gemacht worden ist. Die Aussprachen in den Sitzungen des EZB-Rates sind vertraulich. Eine Veröffentlichung der Ergebnisse der Beratungen ist indes zulässig (Art. 10.4 ESZB-Satzung), nicht jedoch der vollständigen Sitzungsprotokolle[206]. Durchgesetzt haben sich aber Pressekonferenzen im Anschluß an die Sitzungen. Eine Entlastung des Direktoriums ist nicht vorgesehen. Der Jahresabschluß wird lediglich vom Direktorium festgestellt und anschließend veröffentlicht (Art. 26.2 ESZB-Satzung). Die Jahresabschlüsse der EZB und der nationalen Zentralbanken bedürfen indes der Prüfung durch externe Prüfer. Die Rechnungsprüfung durch den Rechnungshof der Union (Art. 285 AEUV) ist auf die Effizienz der EZB-Verwaltung beschränkt. Die OLAF-VO der EU zur Betrugsprävention[207] ist auch auf die EZB anwendbar, was der EuGH durch Nichtigerklärung[208] eines anders lautenden Beschlußes[209] des EZB-Rates festgestellt hat.

40 Für die Bundesbank entfalten die europäischen Vorgaben zur Unabhängigkeit (Art. 130, 131, 282 I AEUV, Art. 7, 14 ESZB-Satzung) **mittelbar** die **Wirkung einer verfassungsrechtlichen Garantie**. Diese Unabhängigkeitsgarantie ist aber zugleich Bestandteil des deutschen Verfassungsrechts, was sich mittelbar aus Art. 88 S. 2 GG und der darauf folgenden Verklammerung von EZB und nationaler Zentralbank ergibt[210]. Insofern erschöpft sich Art. 88 S. 2 GG nicht in der Übertragung der Befugnisse, sondern entfaltet auch für die Deutsche Bundesbank eine dauerhafte Absicherung der Unabhängigkeit[211]. Zwar enthält die europarechtliche Unabhängigkeitsgarantie unterschiedliche Regeln für die Präsidenten der nationalen Zentralbanken und der übrigen Mitglieder ihrer Leitungsorgane, im Ergebnis wird aber eine unterschiedliche Behandlung für unzulässig gehalten, soweit Aufgaben des ESZB wahrgenommen werden[212].

41 Die **Bestellung der Mitglieder des Vorstandes der Bundesbank** ist in § 7 III BBankG geregelt, die Abberufung findet dagegen keine normative Regelung. Eine Entlassung durch den Bundespräsidenten als actus contrarius ist nicht zu rechtfertigen[213]. Eine Amtsenthebung von Mitgliedern des Vorstands der Bundesbank wird man aber nach allgemeinem Beamtenrecht und in analoger Anwendung der Art. 97 II 1, 114 II 1 GG durch eine gerichtliche Entscheidung zulassen müssen[214].

---

[205] Siehe auch *Thiele*, Unabhängigkeit (Fn. 191), S. 211f.

[206] *M. Selmayr*, Die Grenzen der Geldpolitik der Europäischen Zentralbank, in: C. Köhler/A. Rohde (Hrsg.), Geldpolitik ohne Grenzen, 2003, S. 167ff. (185).

[207] VO (EG) Nr. 1073/1999 des Europ. Parl. und des Rates v. 25.5.1999 über die Untersuchungen des Europ. Amtes für Betrugsbekämpfung (OLAF), ABl. 1999/L 136/1.

[208] EuGH, Urt. v. 10.7.2003, C-11/00, Rn. 64, 92 – *Kommission/EZB*.

[209] Beschluß 1999/726/EG der EZB, ABl. 1999/L 291/36.

[210] *Siekmann* (Fn. 23), Art. 88 Rn. 70 mit zahlreichen Nachweisen in Fn. 211.

[211] *Siekmann* (Fn. 23), Art. 88 Rn. 71 bezeichnet Art. 88 S. 2 GG als »Struktursicherungsklausel«; ebenso: → *Pernice*, Bd. III², Art. 88 Rn. 25.

[212] Art. 14.2 UAbs. 2 ESZB-Satzung wird analog angewendet; vgl. auch *Smits*, Bank (Fn. 55), S. 166f.; *Häde* (Fn. 142), Art. 130 AEUV Rn. 30, 33; *Siekmann* (Fn. 23), Art. 88 Rn. 72.

[213] So aber *U. Häde*, NJW 2004, 1641 (1642); *J. Gal/D. Sehbrock*, AöR 137 (2012), 360ff.; dagegen *Siekmann* (Fn. 23), Art. 88 Rn. 73.

[214] *Siekmann* (Fn. 23), Art. 88 Rn. 74.; zur Abberufung des Präsidenten der EZB vgl. *M. Selmayr*,

Die **Unabhängigkeit dient der** institutionellen Absicherung der als vorrangiges Ziel normierten **Preisstabilität** in der Europäischen Währungsunion[215], die das Bundesverfassungsgericht als »Stabilitätsgemeinschaft« bezeichnet[216]. Die Norm entfaltet eine wichtige Legitimationsfunktion hinsichtlich der mit der Unabhängigkeit der EZB verbundenen Einschränkung der politischen und damit demokratischen Kontrolle ihrer Entscheidungen. Dadurch wird ein zentraler Politikbereich, der »mit dem Geldwert die individuelle Freiheit stützt und mit der Geldmenge auch das öffentliche Finanzwesen und die davon abhängigen Politikbereiche bestimmt, von der Weisungsbefugnis von Hoheitsträgern und – außerhalb einer Vertragsänderung – zugleich der gesetzgeberischen Kontrolle von Aufgabenbereichen und Handlungsmitteln entzogen«[217]. Geschützt werden soll das in die Währung gesetzte Einlösungsvertrauen sowie das Vertrauen in die Gleichwertigkeit und freie Austauschbarkeit von Geld- und Sacheigentum[218]. Die damit verbundene Sicherung individueller Freiheit und hoheitlicher Kompetenz soll vor dem »Zugriff von Interessentengruppen und der an einer Wiederwahl interessierten politischen Mandatsträger« schützen[219]. Der damit von Art. 88 S. 2 GG bewirkte weitgehende Ausschluß demokratischer Legitimation[220] und Kontrolle ist gleichwohl mit Art. 79 III GG vereinbar[221]. Nach Auffassung des Bundesverfassungsgerichts ist auch aufgrund der Erfahrungen der Bundesbank und wissenschaftlicher Erkenntnisse »diese Modifikation des Demokratieprinzips im Dienste der Sicherung des in eine Währung gesetzten Einlösungsvertrauens (ist) vertretbar«[222]. 42

Gegenüber dieser Akzeptanz der Unabhängigkeit werden teilweise »Problematik und Risiken« im Hinblick auf Art. 20 II 2, 79 III GG geltend gemacht, ohne daß im Ergebnis **die Unabhängigkeit** als unvereinbar **mit dem Demokratieprinzip** der Verfassung erklärt wird[223]. Zweifellos wäre prinzipiell ein System mit weisungsabhängigen Zentralbanken auch verfassungsrechtlich zulässig – insoweit ist die Unabhängigkeit nicht zwingend – die Verfassung untersagt in Art. 79 III GG i. V. m. Art. 20 II 2 GG aber nicht jegliche sachliche Einschränkung des ohnehin vielfältig begrenzten Demokratieprinzips. Die weitgehende Sicherung der Unabhängigkeit der Zentralbank hat sich in den meisten demokratischen Staaten aus guten Gründen durchgesetzt, da die durch die Unabhängigkeit entscheidend geförderte Stabilität des Geldwerts eigenständigen verfassungsrechtlichen Rang beanspruchen kann, der die Unabhängigkeit rechtfertigt[224]. 43

Der Präsident der Europäischen Zentralbank zwischen Recht und Politik, in: W. Meng/G. Ress/T. Stein (Hrsg.), Europäische Integration und Globalisierung, 2011, S. 513ff.

215 S. *C. Schütz*, EuR 36 (2001), 291 (296f.).

216 So BVerfGE 89, 155 (200, 204f., 207ff.); 132, 195 (244, Rn. 117); zweifelnd *A. Wagener*, Die Europäische Zentralbank, 2001, S. 51ff.

217 BVerfGE 89, 155 (207f.); 97, 350 (370ff., Rn. 88ff.).

218 BVerfGE 97, 350 (371, Rn. 86): »Geld ist geprägte Freiheit« (Zitat von Dostojewski, Aufzeichnungen aus einem Totenhaus [1861], 3. Kap.).

219 BVerfGE 89, 155 (208).

220 P. Kirchhof spricht übersteigert von »Entdemokratisierung«, s. *P. Kirchhof*, Die Gewaltenbalance zwischen staatlichen und europäischen Organen, FCE 02/1998, Rn. 51f.; vgl. auch *Wagener*, Zentralbank (Fn. 216), S. 152ff.

221 Siehe auch *Thiele*, Unabhängigkeit (Fn. 191), S. 202ff.

222 BVerfGE 89, 155 (208) zustimmend *Siekmann* (Fn. 23), Art. 88 Rn. 111ff.; kritisch *Häde* (Fn. 36), Art. 88 Rn. 282, 615ff.; vgl. auch *B. Dutzler*, The European System of Central Banks: An Autonomous Actor?, 2003, S. 101ff.

223 Insbes. → *Pernice*, Bd. III², Art. 88 Rn. 27f.; ferner *Waigel*, Unabhängigkeit (Fn. 95), S. 215ff.

224 *Siekmann* (Fn. 23), Art. 88 Rn. 114f.; vgl. auch *A. Alesina/L. Summers*, Journal of Money, Cre-

4. Sicherung der Preisstabilität im Rahmen der Wirtschafts- und Währungsunion

44 Art. 88 S. 2 GG verlangt als Voraussetzung für die Übertragung von Aufgaben und Befugnissen, daß die EZB **vorrangig dem Ziel** der Sicherung **der Preisstabilität verpflichtet** ist[225]. Diese eindeutige Bedingung ist neu und nur vor dem Hintergrund der vornehmlich deutschen Sorgen um die Stabilität der Währung nach der Einführung des Euro zu verstehen[226]. Das Bundesverfassungsgericht droht mit der Loslösung Deutschlands aus der Währungsunion, sollte diese »vertragliche Konzeption« als Stabilitätsgemeinschaft verlassen werden[227]. Die Stabilitätsklausel entspricht den schon zuvor vertraglich vereinbarten Bestimmungen der Art. 119 II, 127 AEUV und geht erheblich über den früheren Auftrag der Bundesbank nach §§ 3, 12 BBankG a. F. hinaus. Sie hatte die Währung zu sichern und unter Wahrung dieser Aufgabe die allgemeine Wirtschaftspolitik der Bundesregierung zu unterstützen. Danach galt auch für die alte Bundesbank schon eine gewisse Priorität für die Preisstabilität über die allgemeine Bindung an Art. 109 II GG a. F. und § 1 S. 2 StabG[228].

45 Das **Ziel** der Preisstabilität wird **im europäischen Primärrecht mehrfach betont**. Sie wird als Grundlage der Union in Art. 3 II UAbs. 1 AEUV aufgeführt, ohne ihren Vorrang anzuordnen, der aber in anderen konkretisierenden Normen betont wird. Art. 119 II AEUV ordnet den Vorrang umfassend für die Währungspolitik an, Art. 127 I 1 AEUV verpflichtet ESZB und EZB zur Gewährleistung der Preisstabilität als vorrangiges Ziel[229]. Ferner wird der Primat der Preisstabilität in Art. 282 II 1 AEUV, Art. 2 ESZB-Satzung bestätigt. Mit dieser vielschichtigen Garantie wird der »gesonderten Verfassungspflicht der Bundesrepublik Deutschland« aus Art. 88 S. 2 GG hinreichend Rechnung getragen. Schließlich verlangen auch die Konvergenzkriterien (Art. 140 I UAbs. 1 AEUV, Art. 1 des Protokolls Nr. 13) die Beachtung des Grundsatzes anhaltender Preisstabilität, die sich an einem Vergleich der Inflationsraten der Mitgliedstaaten[230] orientiert[231]. Dagegen wird die Preisstabilität nicht von Art. 14 GG geschützt[232]. Das Bundesverfassungsgericht hat selbst die Stabilitätsgemeinschaft lediglich als Beitrag »zur objektiv-rechtlichen Sicherung des Geldeigentums und insoweit zur Gewährleistung des Art. 14 I GG« und allenfalls als objektiv-rechtliche Gewährleistung, aber nicht als subjektives Recht angesehen[233].

46 »Die Sicherung der Preisstabilität« verlangt eine **dauerhafte Stabilitätsgemeinschaft**, deren Konzeption der Währungsunion »Grundlage und Gegenstand des deutschen Zustimmungsgesetzes« ist. »Sollte die Währungsunion die bei Eintritt in die

---

dit and Banking 25 (1993), 151ff.; *R. Solveen*, Der Einfluß der Unabhängigkeit auf die Politik der Zentralbanken, 1998; *Endler*, Zentralbank (Fn. 195), S. 214ff.; *Waigel*, Unabhängigkeit (Fn. 95), S. 47ff.; *Thiele*, Unabhängigkeit (Fn. 191), S. 202ff.

225 *Häde* (Fn. 36), Art. 88 Rn. 319ff.; *M. Herdegen*, CMLRev 35 (1998), 9 (15).

226 Zu den Bedenken der Wirtschaftswissenschaften *W. Schönfelder/E. Thiel*, Ein Markt – Eine Währung, 1994, S. 36ff.; zu den Vorteilen vgl. *Europäische Zentralbank*, Geldpolitik der EZB, 2011, S. 60ff.

227 BVerfGE 89, 155 (204f.); zustimmend *Endler*, Zentralbank (Fn. 195), S. 535ff.

228 Zum Zusammenhang zwischen Währungssicherung und Preisstabilität s. *Herdegen* (Fn. 17), Art. 88 Rn. 44 m. w. N.

229 Siehe auch *A. Thiele*, ZBB/JBB 27 (2015), 295 (296).

230 *H. Kortz*, Die Entscheidung über den Übergang in die Endstufe der Wirtschafts- und Währungsunion, 1996, S. 86ff.

231 Vgl. *Endler*, Zentralbank (Fn. 195), S. 396, 398.

232 *Siekmann* (Fn. 23), Art. 88 Rn. 81, der hier *Wieland* (→ Art. 14 Rn. 69) folgt.

233 BVerfGE 97, 350 (372f., Rn. 88ff.; 376, Rn. 96). → *Pernice*, Bd. III², Art. 88 Rn. 35.

dritte Stufe vorhandene Stabilität nicht kontinuierlich im Sinne des vereinbarten Stabilitätsauftrags fortentwickeln können, so würde sie die vertragliche Konzeption verlassen«[234]. Aus den Stabilitätsanforderungen können sich somit Aktions- und Interventionspflichten ergeben[235]. Diese gehen aber nicht soweit, daß eine deutsche Zustimmung zu Stabilisierungsmechanismen im Rahmen der Euro-Rettung nur erfolgen darf, wenn sie keine Gefahr für das Ziel der Preisstabilität hervorruft[236].

Wesentlicher Baustein einer dauerhaften Stabilitätsgemeinschaft ist die Wahrung **47** der **Haushaltsdisziplin** durch die teilnehmenden Mitgliedstaaten, weshalb Art. 126 I AEUV auch die **Vermeidung eines übermäßigen Defizits** ausdrücklich vorschreibt[237]. Bei den insoweit maßgeblichen Kriterien, die zur Konkretisierung dieses Erfordernisses erlassen worden sind – dem Verhältnis der Neuverschuldung bzw. der gesamten öffentlichen Verschuldung zum Bruttoinlandsprodukt[238] – handelt es sich jedoch nicht um absolute und strikte Vorgaben. Sie dienen lediglich als »Referenzwerte« und bilden insoweit die Grundlage eines mehrstufigen Durchsetzungsverfahrens[239].

Die Sicherung der Preisstabilität im Allgemeinen und ihre Durchsetzung durch das **48** Instrument der Haushaltsdisziplin sind Gegenstand zahlreicher Vereinbarungen und Regelungen geworden. Die Abfolge beginnt mit dem »**Stabilitäts- und Wachstumspakt**«[240] aus dem Jahr 1997, der ein Frühwarnsystem und ein mehrstufiges System der Durchsetzung von Anpassungs- und Korrekturmaßnahmen als Grundlage eines Zwangsverfahrens mit Sanktionen nach Art. 126 AEUV einrichtet[241]. Der Pakt läßt den Mitgliedstaaten noch erhebliche Spielräume, die durch eine Änderung der Verordnung 1467/97 im Jahr 2005[242] auch noch aufgeweicht wurden[243]. Die Weigerung des Rates, gegen Deutschland und Frankreich nach Art. 126 VIII und IX AEUV wegen Verletzung der Stabilitätskriterien vorzugehen, hat die Wirkung zusätzlich geschwächt. Daran hat auch die Entscheidung des EuGH[244] wenig geändert. Im Gefolge der Finanzkrise, der weiteren Staatsschuldenkrise sowie der damit verbundenen Bankenkrise, die bis heute nicht völlig überwunden sind, hat die Europäische Union eine Reihe von inzwischen schon etwas unübersichtlichen Regelungen erlassen. An erster Stelle steht das soge-

---

234 BVerfGE 89, 155 (200); 97, 350 (369, Rn. 78ff.).

235 Siehe dazu BVerfGE 97, 350 (375f., Rn. 96f.).

236 So aber *Siekmann* (Fn. 23), Art. 88 Rn. 85.

237 S. *M. Herdegen*, CMLRev. 35 (1998), 9 (17f.).

238 Konkretisierung in Art. 1 des Prot. Nr. 12 über das Verfahren bei einem übermäßigen Defizit ist: 3% für das Verhältnis zwischen dem geplanten oder tatsächlichen Defizit und dem Bruttoinlandsprodukt zu Marktpreisen sowie 60% für das Verhältnis zwischen dem öffentlichen Schuldenstand und dem Bruttoinlandsprodukt zu Marktpreisen; vgl. näher *C. Konow*, Der Stabilitäts- und Wachstumspakt, 2002, S. 84ff.; *H.M. Hänsch*, Gesamtwirtschaftliche Stabilität als Verfassungsprinzip, 2002, S. 230ff.

239 Zur Wirksamkeit vgl. *R. Rotte/K. Zimmermann*, Public Choice 94 (1998), 385 (403f.); *M. Sutter*, Der Stabilitäts- und Wachstumspakt in der Europäischen Währungsunion, 2000, S. 60ff.

240 Abl. 1997 C 236/1; VO (EG) Nr. 1466/97 des Rates v. 7.7.1997 (ABl. L 209/1) sowie VO (EG) Nr. 1467/97 des Rates v. 7.7.1997 (ABl. L 209/6).

241 Zu diesem Pakt *Häde* (Fn. 36), Art. 88 Rn. 397ff.; *Sutter*, Wachstumspakt (Fn. 239), S. 31ff.; *Konow*, Wachstumspakt (Fn. 238), S. 36ff.; *F. Breuss* (Hrsg.), The Stability and Growth Pact, Wien 2007.

242 VO (EG) Nr. 1055/2005 des Rates v. 27.6.2005 sowie VO (EG) Nr. 1056/2005 des Rates v. 27.6.2005 (Abl. L 174/1).

243 Deutsche Bundesbank, Monatsbericht April 2005, 15 (21); *Siekmann* (Fn. 23), Art. 88 Rn. 87.

244 EuGH, Urt. v. 13.7.2004, C-27/04 – *Kommission/Rat*, s. JZ 2004, 1069.

nannte **Six-Pack**, ein Paket von sechs Rechtsakten vom November 2011[245], die vor allem Verfahren zur Vermeidung und Korrektur makroökonomischer Ungleichgewichte sowie erneute Änderungen des Stabilitäts- und Wachstumspaktes[246] enthalten. Als zweites ist der **Euro-Plus-Pakt oder two-pack** vom Juli 2011 zu nennen, der als ein Instrument zur Stärkung der Wettbewerbsfähigkeit dienen soll[247]. Diese unionsrechtlichen Instrumente werden noch ergänzt durch den European Stability Mechanism (ESM)[248]. Schließlich tritt der **Vertrag über Stabilität, Koordinierung und Steuerung in der Wirtschafts- und Währungsunion (VSKS)** vom 2.3.2012, **auch Fiskalvertrag** genannt, hinzu[249], der ebenfalls der Verbesserung der Haushaltsdisziplin dienen soll und den das Bundesverfassungsgericht unter der Voraussetzung ausreichender Beteiligung des Parlaments für verfassungskonform erklärt hat[250]. Die weitere Entwicklung, insbesondere in Griechenland aber auch in Frankreich, Italien und Spanien, zeigt allerdings, daß die Wirkungen dieser Beschränkungen der Haushaltsgewalt brüchig und von politischen Unwägbarkeiten abhängig sind. Als hochumstrittenes Mittel der Sicherstellung einer ordnungsmäßigen geldpolitischen Transmission und der Einheitlichkeit der Geldpolitik hat sich das **Outright Monetary Transaction (OMT) Programm** des Ankaufs von Staatsanleihen ausgewählter Mitgliedstaaten in unbegrenzter Höhe erwiesen, dessen verfassungs- und europarechtliche Vereinbarkeit vom Bundesverfassungsgericht stark bezweifelt wurde[251], auf Vorlage vor dem EuGH jedoch von diesem für vereinbar mit Europarecht erklärt[252] und mit gewissen Vorbehalten schließlich vom Bundesverfassungsgericht für gerade noch haltbar erklärt wurde[253].

49 Der Begriff der Preisstabilität betrifft die **Stabilität des Binnenwertes der Währung**, ihre Kaufkraft im Inneren des Währungsgebietes, also konkret der Eurozone[254]. Dagegen ist die Stabilität des Außenwertes, ihres Wechselkurses oder der »terms of trade« nicht gemeint. Nicht nur eine (höhere) Inflation, sondern auch eine Deflation kann prinzipiell die Preisstabilität beeinträchtigen[255]. Die EZB verwendet gegenwärtig folgende Abgrenzung: »Preisstabilität wird definiert als Anstieg des harmonisierten Verbraucherpreisindex (HVPI) für das Euro-Währungsgebiet von unter 2% gegenüber dem Vorjahr. Preisstabilität muß mittelfristig gewährleistet werden«. Mittelfristig ist eine Preissteigerungsrate von »unter, aber nahe 2% beizubehalten«[256]. Die Definition findet zu Recht Zustimmung[257]. Im juristischen Schrifttum wird freilich heftig darüber gestritten, ob nur bei völlig fehlender Geldentwertung Preisstabilität

---

245 Dazu mit Nachweisen *Häde* (Fn. 36), Art. 88 Rn. 480ff.; vgl. auch *C. Ohler*, ZG 25 (2010), 330ff.

246 Dazu *C. Ohler*, ZG 25 (2010), 330ff.

247 Dazu *Häde* (Fn. 36), Art. 88 Rn. 518ff.

248 Dazu *H. Kube*, WM 2012, 245ff.

249 Dazu *Häde* (Fn. 36), Art. 88 Rn. 522ff.; *A. Weber*, DVBl. 2012, 801ff.; *F. Wollenschläger*, NVwZ 2012, 713ff.; *F. Schorkopf*, ZSE 10 (2012), 1ff.; *C. Möllers/J. Reinhardt*, JZ 2012, 693ff.

250 BVerfGE 132, 195 (239, Rn. 106; 257ff., Rn. 149ff.); 135, 317 (399ff., Rn. 161ff.); s. auch E 130, 318 (342ff., Rn. 101ff.).

251 BVerfGE 134, 366 (390ff., Rn. 33ff.); kritisch *W. Heun*, JZ 2014, 331ff.

252 EuGH, Urt. v. 16.6.2015, C-62/14 Rn. 34ff. – *Gauweiler u.a./Dt. Bundestag*.

253 BVerfGE 142, 123 (185ff., Rn. 114ff.); dazu *A. Steinbach*, JZ 2016, 1045ff.

254 *Europäische Zentralbank*, Die Geldpolitik der EZB, 2011, S. 69; *Häde* (Fn. 142), Art. 127 AEUV Rn. 3; *Kämmerer* (Fn. 100), Art. 88 Rn. 35.

255 → *Pernice*, Bd. III², Art. 88 Rn. 36; zweifelnd dagegen *Siekmann* (Fn. 23), Art. 88 Rn. 89.

256 Presseerklärung v. 8.5.2003, Monatsbericht Juni 2003, 87; *Europäische Zentralbank*, Geldpolitik (Fn. 254), S. 69ff.; *A. Thiele*, Das Mandat der EZB und die Krise des Euro, 2013, S. 30.

257 *Kämmerer* (Fn. 100), Art. 88 Rn. 37; *C. Schütz*, EuR 36 (2001), 291 (299); *Smits*, Bank (Fn. 55),

herrscht (»absoluter Stabilitätsbegriff«[258]) oder ob auch die Einhaltung von Zielkorridoren mit »gewissen« Geldentwertungen noch die Stabilitätsanforderungen erfüllt (»relativer Stabilitätsbegriff«)[259]. Nur letzterer, der der EZB und allen Zentralbanken zu Grunde liegt, kann jedoch ernsthaft überzeugen. Preisstabilität bedeutet Stabilität des Preisniveaus, nicht Stabilität der Einzelpreise[260]. Die Feststellung der Preisstabilität durch die EZB erfolgt in komplexen Verfahren unter Verwendung von Indizes und ohne Berücksichtigung der Preise von Vermögenswerten[261]. Im Rahmen der sog. Zwei-Säulen-Strategie der EZB[262] finden die Vermögenspreise aber durchaus Berücksichtigung.

5. Versorgung mit Zahlungsmitteln

Die Entscheidung über die **Ausgabe von Banknoten** ist mit der Einführung des Euro auf die EZB übertragen worden. Sie hat die Ausgabe gem. Art. 128 I 1 AEUV zu genehmigen. Die Ausgabe selbst erfolgt gem. Art. 128 I 2 AEUV durch die nationalen Zentralbanken, die dabei aber gem. Art. 14.3 ESZB-Satzung an die Weisungen der EZB gebunden sind. Die so ausgegebenen Banknoten sind nach Art. 128 I 3 AEUV das einzige gesetzliche Zahlungsmittel im Gebiet des Eurosystems. Banknoten im Sinne dieser Vorschriften sind nur solche Gegenstände, die auch tatsächlich gesetzliche Zahlungsmittel geworden sind[263]. Lokal ausgegebene geldähnliche Zahlungsversprechen (»Regionalwährungen«)[264] und neue elektronische Geldersatzmittel wie Bitcoins[265] zählen nicht dazu. 50

6. Übertragung sonstiger Aufgaben auf Bundesbank und EZB

Die verfassungsrechtlich vorgegebenen substantiellen Befugnisse können durch weitere Aufgaben ergänzt werden[266], sofern die Erfüllung der Kernaufgaben der Währungs- und Notenbank nicht beeinträchtigt wird[267]. Das ist mit Art. 88 S. 2 GG vereinbar und von Art. 14.4 S. 1 ESZB-Satzung gedeckt. Auch der EZB können insoweit weitere Aufgaben übertragen werden, sofern eine entsprechende Rechtsgrundlage vorhanden ist und die vorrangigen Aufgaben der Währungspolitik dadurch nicht be- 51

S. 185; *Thiele*, Mandat (Fn. 256), S. 33; *ders.*, ZBB/JBB 27 (2015), 295 (296); skeptisch *Siekmann* (Fn. 23), Art. 88 Rn. 90.

[258] Vgl. z.B. *Dutzler*, System (Fn. 222), S. 29; *Endler*, Zentralbank (Fn. 195), S. 396; *Herdegen* (Fn. 17), Art. 88 Rn. 31; wohl auch *Häde* (Fn. 142), Art. 119 AEUV Rn. 21; *Siekmann* (Fn. 23), Art. 88 Rn. 92.

[259] *Stadler*, Handlungsspielraum (Fn. 39) S. 101ff.; *Smits*, Bank (Fn. 55), S. 185; *Janzen*, Art. 88 S. 2 (Fn. 31), S. 158f.; *C. Waldhoff*, in: Siekmann, Währungsunion (Fn. 165), Art. 127 AEUV Rn. 13; *Dittrich*, Bedeutung (Fn. 1), S. 39ff.

[260] *Endler*, Zentralbank (Fn. 195), S. 63; *Herdegen* (Fn. 17), Art. 88 Rn. 30; *Thiele*, Mandat (Fn. 256), S. 27f.

[261] Näher *Siekmann* (Fn. 23), Art. 88 Rn. 91.

[262] Dazu *E. Görgens/K. Ruckriegel/F. Seitz*, Europäische Geldpolitik, 6. Aufl. 2014, S. 174ff.

[263] Zu einem besonderen Fall vgl. Urteil des VG Frankfurt WM 2007, 2058 (2059); HessVGH ESVGH 58, 102 (104f.); näher dazu *Siekmann* (Fn. 23), Art. 88 Rn. 98.

[264] *G. Rösl*, Regionalwährungen in Deutschland, in: Deutsche Bundesbank (Hrsg.), Diskussionspapier Nr. 43/2006 Reihe 1.

[265] *F. Boehmer/P. Pesch*, in: C. Paulsen (Hrsg.), Sicherheit in vernetzten Systemen, 2014, Teil F.

[266] *Häde* (Fn. 36), Art. 88 Rn. 129ff.; *Herdegen* (Fn. 17), Art. 88 Rn. 51; *Blanke* (Fn. 72), Art. 88 Rn. 40.

[267] *Thiele*, Finanzaufsicht (Fn. 82), S. 412ff.

einträchtigt werden. Zuletzt sind der EZB im Zusammenhang mit der **Schaffung der sog. Bankenunion**[268] insoweit erhebliche Befugnisse im Bereich der Bankenaufsicht übertragen worden. Im Rahmen des neu errichteten »Single Supervisory Mechanism« (SSM)[269] fungiert die EZB seitdem als **zentrale Bankenaufsichtsbehörde der Eurozone**[270]. Die notwendige Rechtsgrundlage für diese Übertragung findet sich in Art. 127 VI AEUV. Danach können der EZB »besondere Aufgaben im Zusammenhang mit der Aufsicht über Kreditinstitute« per Verordnung übertragen werden. Da eine entsprechende Möglichkeit unter den Mitgliedstaaten umstritten war, setzt eine solche Verordnung jedoch die Einstimmigkeit im Rat voraus[271]. Das Europäische Parlament ist lediglich anzuhören. Ob der SSM auf dieser Grundlage rechtmäßig errichtet werden konnte, ist angesichts des Umfangs der der EZB übertragenen Befugnisse freilich umstritten, dürfte im Ergebnis aber (noch) zu bejahen sein[272]. Als problematisch erweist sich allerdings die maßgebende Rolle der EZB als Aufsichtsakteur, da diese durchaus in Kollision mit dem vorrangigen Ziel der Preisstabilität treten kann[273]. Hier hat die Zentralbank sich aber rigoros durchgesetzt, immerhin werden die Beschlüsse im Bereich der Bankenaufsicht durch ein gesondertes Aufsichtsgremium vorbereitet. Die Vereinbarkeit mit der deutschen Verfassung dürfte dagegen kaum ernsthaft zu bezweifeln sein[274]. Im übrigen hat das Bundesverfassungsgericht schon früh diese seinerzeitigen Funktionen der Bundesbank in der Bankenaufsicht unmittelbar aus der Aufgabe als Währungsbank abgeleitet und für zulässig gehalten[275].

52 Für das gesamte ESZB, also EZB und nationale Zentralbanken, sieht Art. 127 V AEUV vor, daß die Zentralbanken »zur reibungslosen Durchführung der von den zuständigen Behörden« ergriffenen Maßnahmen »auf dem Gebiet der Stabilität des Finanzsystems« beitragen sollen. Die Regelung geht allerdings davon aus, daß die notwendigen Maßnahmen von den zuständigen Behörden ergriffen werden und das

---

[268] COM (2012) 510 final, v. 12.9.2012; Übertragung der Aufsicht auf die EZB im Rahmen des SSM: VO (EU) Nr. 1024/2013 des Rates v. 15.10.2013, ABl. L 287/63; Bankenabwicklung im Rahmen des SRM: VO (EU) Nr. 806/2014 des Parlaments und des Rates v. 15.07.2014, Abl. L 225/1 sowie Agreement on the transfer and mutualisation of contribution to the Single Resolution Fund of 14th May 2014, Council of the European Union document 8457/14 – IGA; Einlagensicherung: Richtlinie 2014/49/EU des Parlaments und des Rates (Neufassung v. 16.4.2014, ABl. L173/149).

[269] S. SSM-Verordnung (SSM-VO) VO Nr. 1024/2013 v. 15.10.2013, Abl. 2013 L 2087 S. 63; sowie SSM-Rahmenverordnung (SSM-Rahmen-VO), VO-Nr. 468/2014 der EZB v. 16.4.2014 (Abl 2014 L 141, S. 1); allgemein zum SSM: *S. Tusch/B. Herz*, EuZW 2015, 814ff.; *E. Gurlit*, WM 2015, 1217ff., 1257ff.; *Ohler*, Bankenaufsicht (Fn. 189), S. 137ff.; *M. Lehmann/C. Manger-Nestler*, ZBB/JBB 26 (2014), 2ff.; *J. Ruthig*, ZHR 178 (2014), 443ff.; *A. Thiele*, Kontinuität und Wandel der Finanzaufsichts- und Finanzmarktregulierungsstrukturen, in: C. Manger-Nestler/L. Gramlich (Hrsg.), Kontinuität und Wandel bei europäisierten Aufsichts- und Regulierungsstrukturen, 2016, S. 125ff. (126ff.).

[270] Vgl. hierzu *Thiele*, Finanzaufsicht (Fn. 82), S. 492ff.; *ders.*, Krise der Europäischen Integration?, in: S. Korte u. a. (Hrsg.), Energiewende und Finanzkrise als aktuelle Herausforderungen des Europarechts, 2016, S. 89ff. (92ff.); *T. Grabowski*, Die EZB als Aufsichtsbehörde, 2016; *B. Wolfers/T. Voland*, Zeitschrift für Bank- und Kapitalmarktrecht 2014, 177ff.; vgl. auch *H. Schäfer*, Bankenaufsichtsrecht in Deutschland, dem Vereinigten Königreich und den Vereinigten Staaten. Rechtsvergleichende Implikationen für die Restrukturierung des deutschen Rechts, 2011.

[271] *Smits*, Bank (Fn. 55), S. 236f.

[272] Vgl. m. w. N. *Thiele*, Krise (Fn. 270), S. 98ff.

[273] Vgl. m. w. N. *Thiele*, Krise (Fn. 270), S. 101ff.

[274] In diese Richtung aber *Siekmann* (Fn. 23), Art. 88 Rn. 103 m. w. N.

[275] BVerfGE 14, 197 (210ff.).

ESZB nur bei deren Durchführung Hilfe leistet[276]. **Zentralbanken** funktionieren **traditionell** auch als »**lender of last resort**«[277]. Nach überwiegender Auffassung ist diese Funktion im Rahmen der Errichtung der WWU nicht auf die EZB übertragen worden. Sie ist damit formal bei den nationalen Zentralbanken verblieben. Freilich kann die EZB entsprechende Maßnahmen der nationalen Zentralbanken jederzeit untersagen, so daß ihr im Ergebnis auch ein starker inhaltlicher Einfluß eingeräumt ist[278]. Faktisch kann daher die EZB Umfang und Bedingungen einer solchen Finanzhilfe umfassend vorgeben. Verfassungsrechtlich und europarechtlich zulässig sind dabei nur solche Finanzhilfen, die der Überbrückung von Liquiditätsengpässen bei prinzipiell solventen Kreditinstituten dienen. Die Rettung insolventer Banken ist ebenso wie die Rettung anderer Unternehmen vor dem Konkurs allenfalls eine Aufgabe der Wirtschaftspolitik, aber nicht der Geldpolitik[279] und deshalb nicht von Art. 88 GG, Art. 127 AEUV gedeckt. Ob die im Zusammenhang mit der Eurokrise von einigen Zentralbanken vergebene Emergency Liquidity Assistance (ELA)[280] diesen Anforderungen genügte, ist daher umstritten[281].

7. Rechtsschutz

Die **Bundesbank** ist **weder Verfassungsorgan** (→ Rn. 19) **noch** ein **oberstes Bundesorgan** gem. Art. 93 Nr. 1 GG, entgegen einer häufigen Auffassung[282] aber ein »anderer Beteiligter«, den das Grundgesetz mit eigenen Rechten ausgestattet hat, so daß die Beteiligungsfähigkeit der Bundesbank im Organstreit zu bejahen ist, sofern sie sich auf ihre Rechte aus Art. 88 GG beruft[283]. Im übrigen kann die Bundesbank Klägerin oder Beklagte vor den Gerichten sein. Der Rechtsweg richtet sich nach den allgemeinen Regeln, insbesondere, ob das Verhalten öffentlich-rechtlicher oder privatrechtlicher Natur ist[284]. 53

Die **EZB** kann ein Verfahren nach **Art. 263 III AEUV** zur **Wahrung ihrer Rechte einleiten**, um z. B. ihre Unabhängigkeit zu schützen[285]. Streitgegenstand können aber nur Handlungen mit Rechtswirkungen sein[286]. Die Bundesbank ist verpflichtet, den Weisungen und Leitlinien der EZB zu folgen. Die EZB kann gegen die Nichterfüllung der Pflichten der nationalen Zentralbanken in einem besonderen Verfahren gem. 54

---

276 *Siekmann* (Fn. 23), Art. 88 Rn. 104; a. A. *S. Radtke*, Liquiditätshilfen im Eurosystem, 2010, S. 83ff.

277 Klassisch v. a. *W. Bagehot*. Lombard Street. A Description of the Money Market, 1873, S. 196ff.; *Radtke*, Liquiditätshilfen (Fn. 276) S. 49ff.; *M. O'Connell*, ZEuS 2013, 261 (264ff.).

278 Vgl. *Thiele*, Währungsverwaltungsrecht (Fn. 191), § 27 Rn. 51, 76.

279 *Siekmann* (Fn. 191), Rn. 85, 124ff.

280 *Radtke*, Liquiditätshilfen (Fn. 276), S. 83ff.; *Thiele*, Währungsverwaltungsrecht (Fn. 191), § 27 Rn. 51, 76; *M. O'Connell*, ZEuS 2013, 261 (271ff.); *M. Manna*, Studi e Note di Economia, Anno XIV (2009), S. 155ff.; *T. Beukers*, CMLRev. 50 (2013), 1579 (1593f.).

281 *Siekmann* (Fn. 23), Art. 88 Rn. 105 m. w. N.

282 Vgl. etwa *Stern*, Staatsrecht II, S. 470; Jarass/*Pieroth*, GG, Art. 93 Rn. 7; *Häde* (Fn. 36), Art. 88 Rn. 182; *Umbach/Dollinger*, in: Umbach/Clemens, GG, Art. 88 Rn. 22.

283 Vgl. etwa *Herdegen* (Fn. 17), Art. 88 Rn. 70; *Brosius-Gersdorf*, Bundesbank (Fn. 131), S. 167f.; *Uhlenbruck*, Unabhängigkeit (Fn. 17), S. 86, 89; *Thiele*, Finanzaufsicht (Fn. 82), S. 413f.

284 Beispiele HessVGH ESVGH 58, 102 (104f.); VG Frankfurt WM 2007, 2058 (2059).

285 *B. Kempen*, in: Streinz, EUV/AEUV, Art. 130 AEUV Rn. 12; *Häde* (Fn. 142), Art. 130 AEUV Rn. 23.

286 *Endler*, Zentralbank (Fn. 195), S. 422; *U. Reumann*, Die Europäische Zentralbank zwischen Selbstbestimmung und vertragsmäßiger Zusammenarbeit in der Gemeinschaft, 2001, S. 231; *H. J. Hahn/U. Häde*, ZHR 165 (2001), 30ff.; *A. S. Gaiser*, EuR 2002, 517ff.

Art. 271 lit. d AEUV, Art. 35.6 ESZB-Satzung den EuGH zur Durchsetzung anrufen. Umgekehrt kann die Bundesbank sich gegen Weisungen und Leitlinien der EZB, die sie für rechtswidrig hält, durch eine Klage vor dem EuGH verteidigen. Die EZB ist nach Art. 263 I AEUV passiv beteiligtenfähig. Die Antragsberechtigung der Bundesbank ergibt sich aus Art. 263 IV AEUV. Als Beispiel kämen Ankaufprogramme in Betracht. Die EZB umgeht derartige Kontroversen aber durch Vermeidung von derartigen Weisungen, indem sie interne Buchungen vornimmt[287].

D. Verhältnis zu anderen GG-Bestimmungen

55 Art. 88 GG ist eine Sonderregelung für die Bundesbank gegenüber der Generalklausel des Art. 83 GG[288]. Die Norm läßt Art. 87 III 1 GG unberührt, ist aber **lex specialis gegenüber Art. 87 III 2 GG**, so daß der Bundesbank durch Gesetz mit ihrer Aufgabe als Währungs- und Notenbank zusammenhängende Kompetenzen zugewiesen werden können, ohne daß die besonderen Voraussetzungen des Art. 87 III 2 GG erfüllt sein müssen[289]. Im **Verhältnis zu Art. 23 GG** enthält Art. 88 S. 2 GG eine spezielle Struktursicherungsklausel; die Modalitäten und das Verfahren der Übertragung nach Art. 23 I GG finden jedoch Anwendung. Art. 88 GG steht schließlich **neben Art. 109 GG**, wobei die Verpflichtung auf die Preisstabilität als vorrangiges Ziel gem. Art. 119 II, 127 I AEUV im »magischen Viereck« des gesamtwirtschaftlichen Gleichgewichts für Bund und Länder besonders hervorgehoben wird[290]. Eine ähnliche Akzentuierung ergibt sich für **Art. 73 I Nr. 4 GG**: Die besonderen legislativen Kompetenzen der EZB bewirken eine Verlagerung der Bundeskompetenzen für das Währungs-, Geld- und Münzwesen auf die europäische Ebene (→ Art. 73 Rn. 31). Im übrigen verleiht Art. 73 I Nr. 4 GG dem Bund die Gesetzgebungskompetenz für das materielle Recht, während sie für die Organisation der Bundesbank weiterhin direkt aus Art. 88 GG folgt[291].

---

287 Hinweis bei *Siekmann* (Fn. 23), Art. 88 Rn. 123.

288 *Stern*, Staatsrecht II, S. 469 spricht von einer »Durchbrechung der Zuständigkeits-Generalklausel«.

289 Vgl. BVerfGE 14, 197 (215); Jarass/*Pieroth*, GG, Art. 88 Rn. 1.

290 Vgl. auch *Herdegen* (Fn. 17), Art. 88 Rn. 38.

291 *Siekmann* (Fn. 23), Art. 88 Rn. 7; *Blanke* (Fn. 72), Art. 88 Rn. 5.

Artikel 89 [Bundeswasserstraßen]

(1) Der Bund ist Eigentümer der bisherigen Reichswasserstraßen.

(2) [1]Der Bund verwaltet die Bundeswasserstraßen durch eigene Behörden. [2]Er nimmt die über den Bereich eines Landes hinausgehenden staatlichen Aufgaben der Binnenschiffahrt und die Aufgaben der Seeschiffahrt wahr, die ihm durch Gesetz übertragen werden. [3]Er kann die Verwaltung von Bundeswasserstraßen, soweit sie im Gebiete eines Landes liegen, diesem Lande auf Antrag als Auftragsverwaltung übertragen. [4]Berührt eine Wasserstraße das Gebiet mehrerer Länder, so kann der Bund das Land beauftragen, für das die beteiligten Länder es beantragen.

(3) Bei der Verwaltung, dem Ausbau und dem Neubau von Wasserstraßen sind die Bedürfnisse der Landeskultur und der Wasserwirtschaft im Einvernehmen mit den Ländern zu wahren.

Literaturauswahl

Friesecke, Albrecht: Bedürfnisse der Landeskultur als Voraussetzung des Einvernehmens zwischen Bund und Land bei der Verwaltung der Bundeswasserstraßen, in: NuR 2000, S. 81–85.

Friesecke, Albrecht: Bundeswasserstraßengesetz, 6. Auflage 2009.

Harders, J. Enno: Der Begriff der Seewasserstraße und Anlandungen in der Ostsee, in: Jura 1991, S. 63–68.

Henneke, Hans-Günter: Der Bedeutungswandel von Verfassungsbegriffen am Beispiel des Art. 89 Abs. 3 GG (»Bedürfnisse der Landeskultur«), in: NuR 1987, S. 340–347.

Hönes, Ernst-Rainer: Der Begriff der Landeskultur im deutschen Recht, in: NuR 2005, S. 279–285.

Hoog, Günter: Flüsse und Kanäle der Bundesrepublik Deutschland, in: AVR 25 (1987), S. 202–231.

Kowallik, Ulrich: Der Begriff der Landeskultur in Art. 89 Abs. 3 des Grundgesetzes und § 4 des Bundeswasserstraßengesetzes, in: NuR 1987, S. 116–118.

Kreuter, Sven: Die Befugnisse des Bundes zur Verwaltung der Wasserstraßen in Deutschland, 2014.

Nehab, Tobias: Die Errichtung der Generaldirektion Wasserstraßen und Schifffahrt – Erster Schritt zur Reform der Wasser- und Schifffahrtsverwaltung, in: DVBl. 2014, S. 156–162.

Pechstein, Matthias: Umbau der Wasser- und Schifffahrtsverwaltung von einer Ausführungsverwaltung zu einer Gewährleistungsverwaltung?, in: DÖV 2013, S. 85–93.

Reinheimer, Sandra: Das Verbindungskonzept der Bundeswasserstraßenverwaltung, 2008.

Siehe auch die Angaben zu Art. 85, 86 und 90 GG.

Leitentscheidungen des Bundesverfassungsgerichts

BVerfGE 15, 1 (7 ff.) – Seewasserstraßen; 21, 312 (320 ff.) – Wasser- und Schiffahrtsverwaltung.

Gliederung

Stichwörter

A. Herkunft, Entstehung, Entwicklung

1 Nachdem die Vorstellung, große schiffbare Flüsse gehörten dem ganzen Volk, von der Auffassung abgelöst worden war, sie stünden im Eigentum des Reiches, wurden sie zum Gegenstand kaiserlicher Regalien und damit zum Objekt übertragbarer Nutzungs- und sonstiger Rechte. Verbliebene Hoheitsrechte des Reiches an öffentlichen Flüssen gingen 1806 an die deutschen Staaten über[1]. Zur Zeit der **Reichsverfassung von 1871** waren die Wasserstraßen Eigentum der Länder und wurden durch diese verwaltet. Die Verwaltungskompetenzen des Reichs beschränkten sich auf die Oberaufsicht. Art. 4 RV 1871 übertrug dem Reich das Recht zur Beaufsichtigung und zur Gesetzgebung im Bereich der Herstellung von Wasserstraßen im Interesse der Landesverteidigung, des allgemeinen Verkehrs und des Flößerei- und Schiffahrtsbetriebes. Von dieser Kompetenz hat das Reich bei der Schaffung des Nordostseekanals Gebrauch gemacht[2].

2 Wie in anderen Sektoren führte der **Erste Weltkrieg** auch im Bereich der Wasserstraßenverwaltung zu einer Zentralisierung der Verwaltung, initiiert von Seiten des Militärs[3]. 1916 wurde eine Schiffahrtsgruppe bei der Eisenbahnabteilung des Stellvertretenden Generalstabs gegründet, aus der 1917 die Schiffahrtsabteilung hervorging. Sie regelte die Binnenschiffahrt im Hinblick auf die durch den Krieg entstandenen Not-

[1] Vgl. zur Geschichte des Rechts der Wasserstraßen *A. Friesecke*, Bundeswasserstraßengesetz, 6. Aufl. 2009, Einl. Rn. 1 ff.; bereits in der Paulskirchenverfassung wurden umfangreiche Bestimmungen sowohl über die Schiffahrtsverwaltung als auch über die Wasserstraßenverwaltung getroffen; vgl. *S. Boysen*, in: v. Münch/Kunig, GG II, Art. 89 Rn. 3; *C. Gröpl*, in: Maunz/Dürig, GG, Art. 89 (2013), Rn. 3 ff.

[2] *Boysen* (Fn. 1), Art. 89 Rn. 4; vgl. *P. Laband*, Deutsches Reichsstaatsrecht, 7. Aufl. 1919, S. 161; ReichsG v. 16.3.1886, RGBl. 1886, S. 58.

[3] Ausführlich zum Einfluß des Ersten Weltkriegs auf die Wasserstraßenverwaltung *G. Lassar*, JöR 14 (1926), 1 (208).

wendigkeiten, indem sie geeignete Transporte zur Entlastung der Eisenbahn auf den Wasserweg verwies, die Benutzung der knappen Verkehrsmittel rationalisierte und die zur Aufrechterhaltung der kriegswichtigen Betriebe erforderlichen Schiffe bemannte. Durch diese Neuorganisation wurde die bisherige Unzulänglichkeit der Wasserstraßenverwaltung ersichtlich, was zur Folge hatte, daß die Schiffahrtsabteilung auch nach dem ersten Weltkrieg zunächst als Übergangslösung beibehalten wurde[4].

Die kriegsbedingte Durchbrechung der zuvor landesstaatlichen Zuständigkeit im Bereich der Wasserstraßenverwaltung fand ihren Niederschlag auch in der **Weimarer Verfassung** vom 1919. Nach Art. 97 WRV war es Aufgabe des Reichs, die Wasserstraßen in sein Eigentum und seine Verwaltung zu übernehmen. Die Übernahme sollte zunächst – wie auch bei den Eisenbahnen – durch einen Vertrag »im Wege der freien Verständigung«[5] erfolgen, was dann aber nach Art. 171 WRV am 1.4.1921 ohne eine solche Verständigung geschah[6]. Durch den Staatsvertrag betreffend den Übergang der Wasserstraßen von den Ländern auf das Deutsche Reich vom 29.7.1921 übernahm das Reich die Verwaltung über die Wasserstraßen in der Form, daß lediglich die oberste Verwaltungsstufe zur Reichsbehörde wurde, während Mittel- und Unterbehörden Landesbehörden – allerdings unter Leitung des Reichsverkehrsministeriums – blieben[7]. Diese nur begrenzt reichseigene Verwaltung mit Elementen einer Auftragsverwaltung durch die Länder[8] wurde 1925 durch den Staatsgerichtshof für das Deutsche Reich für verfassungsgemäß erklärt[9]. 3

Art. 118 **HChE** blieb in der Tradition der Weimarer Verfassung, indem er die Wasserstraßen dem Bund zuordnete und unter bundeseigene Verwaltung[10] stellte, wobei die Verwaltung jedoch unter bestimmten Bedingungen an die Länder mit Weisungsrecht des Bundes übertragen werden sollte[11]. Im **Zuständigkeitsausschuß des Parlamentarischen Rates** konnte jedoch keine Einigung über die Verwaltungsform erzielt werden. So sprach sich beispielsweise der Abg. Dr. Strauß zunächst in Hinblick auf die guten Erfahrungen mit der bis 1943 weithin bestehenden Auftragsverwaltung im Bereich der Wasserstraßenverwaltung für eine Landesverwaltung nach Weisung des Bundes[12], später für eine »Gemeinschaftsverwaltung« von Bund und Ländern aus, bei der eine einheitliche Behörde ihre Weisungen je nach Aufgabe von Bund oder Land bekommen sollte[13]. Auf der anderen Seite wurde gefordert, die Wasserstraßenverwaltung aus Zweckmäßigkeitserwägungen unter eine einheitliche Bundesverwaltung zu stellen, wobei die Länder durch Beiräte sowohl beratend als auch entscheidend mitwirken sollten[14]. Da im Zuständigkeitsausschuß keine Einigung erzielt werden konnte, 4

4 *G. Lassar*, JöR 14 (1926), 1 (209).

5 *Anschütz*, WRV, Art. 97 Anm. 1 (S. 464).

6 Eisenbahnen und Wasserstraßen wurden als Einheit angesehen. Unterstaatssekretär Peters spricht hier davon, daß beide »wie zwei Zahnräder im deutschen Wirtschaftsleben zusammenarbeiten«, zitiert nach *Anschütz*, WRV, Art. 97 Anm. 1 (S. 464f.).

7 Vgl. *F.A. Medicus*, JöR 20 (1932), 1 (75).

8 *Gröpl* (Fn. 1), Art. 89 Rn. 7.

9 RGZ 112, Anh. S. 33ff.

10 Dies wird zwar in Art. 118 HChE nicht ausdrücklich erwähnt, jedoch vorausgesetzt; allerdings findet die Wasserstraßenverwaltung im Bericht über den Verfassungskonvent keine Erwähnung als Gegenstand der bundeseigenen Verwaltung, Parl. Rat II, S. 606.

11 Vgl. Art. 118 II HChE.

12 Parl. Rat III, S. 555.

13 Parl. Rat III, S. 687.

14 So der Abgeordnete Dr. Hoch in der 18. Sitzung des Zuständigkeitsausschusses vom 24.11.1948, Parl. Rat III, S. 687f.

wurden dem **Hauptausschuß** zwei Fassungen vorgelegt[15]. Dieser entschied sich gegen die Variante der Landesverwaltung und für die grundsätzliche Bundeseigenverwaltung mit der Möglichkeit, die Wasserstraßenverwaltung auf Antrag dem Land als Auftragsverwaltung zu übertragen[16]. Art. 89 GG ist seit Inkrafttreten des Grundgesetzes unverändert geblieben.

B. Internationale, supranationale und rechtsvergleichende Bezüge

5 Neben der Einbindung von Bundeswasserstraßen in das Koordinierungs-, Förderungs- und Harmonierungsregime für **transeuropäische Netze**[17] (Art. 170 ff. AEUV) ist der Verkehrstitel des AEUV (Art. 90 ff.) von Bedeutung. Gem. Art. 100 I AEUV gilt er auch für den Binnenschiffsverkehr. Für den Bereich der Seeschiffahrt wird dagegen dem Europäischen Parlament und dem Rat in Art. 100 II AEUV eine weitgehende Entscheidungsbefugnis zugewiesen. Die **Europäische Union** hat mittlerweile sowohl im Bereich der Binnen- als auch der Seeschiffahrt sekundärrechtliche Liberalisierungsakte erlassen[18]. Zunächst wurde der Zugang zu Kabotagediensten in der Binnenschiffahrt geöffnet[19]. Seit dem 1.1.1993 gilt der Grundsatz der Dienstleistungsfreiheit für Gemeinschaftsreeder auch für den Seeverkehr innerhalb eines Mitgliedstaats (Seekabotage)[20]. Dieser liberalisierenden Rechtsetzung stehen allerdings auch drastische regulative Eingriffe in den Binnenschiffahrtsmarkt der Union gegenüber, die auf Überkapazitäten reagieren[21]. Schließlich engagiert sich die Union zunehmend im Bereich der Marktförderung, sowohl zur Unterstützung der Binnen- als auch der Seeschiffahrt[22].

6 Für den Rhein und die Donau als die bedeutendsten europäischen Wasserstraßen gilt kein unionsrechtliches, sondern ein völkerrechtliches Regime. Grundlage der Rheinschiffahrtsordnung ist die Rheinschiffahrtsakte (»**Mannheimer Akte**«)[23]. Diese enthält für die Schiffahrt auf dem Rhein die Grundsätze der freien Schiffahrt für Binnenschiffe aller Nationen (Art. 1 und 2), der Abgabenfreiheit (Art. 3) und der Gleich-

[15] Variante Blomeyer und Variante Dr. Hoch abgedruckt in Parl. Rat XIV/1, S. 494.

[16] Näher zu den redaktionellen Änderungen des Hauptausschusses vgl. Parl. Rat XIV/1, S. 499; Parl. Rat XIV/2, S. 1104, 1602.

[17] Dazu die Erläuterungen bei *K. Faßbender*, in: BK, Art. 89 (2016), Rn. 9 ff.

[18] S. dazu die Übersicht bei *S. Sendmeyer*, in: Schulze/Zuleeg/Kadelbach, Europarecht, § 34 Rn. 110 ff., 132 ff.

[19] Verordnung (EWG) Nr. 3921/91 des Rates vom 16.12.1991 über die Bedingungen für die Zulassung von Verkehrsunternehmen zum Binnenschiffsgüter- und -personenverkehr innerhalb eines Mitgliedstaats, in dem sie nicht ansässig sind, ABl. L 373 vom 31.12.1991, S. 1.

[20] Art. 1 I der Verordnung (EWG) Nr. 3577/92 des Rates vom 7.12.1992 zur Anwendung des Grundsatzes des freien Dienstleistungsverkehrs auf den Seeverkehr in den Mitgliedstaaten (Seekabotage), ABl. L 364 vom 12.12.1992, S. 7.

[21] Art. 4 der Verordnung (EG) Nr. 718/1999 des Rates vom 29.3.1999 über kapazitätsbezogene Maßnahmen für die Binnenschiffahrtsflotten der Gemeinschaft zur Förderung des Binnenschiffsverkehrs, ABl. Nr. L 90 vom 2.4.1999, S. 1, zuletzt geändert durch Verordnung (EU) Nr. 546/2014 des Europäischen Parlaments und des Rates vom 15.5.2014, ABl. Nr. L 163 vom 29.5.2014, S. 15 und ergänzt durch die Durchführungsverordnung 181/2008 der Kommission vom 28.2.2008, ABl. (EU) Nr. L 56 vom 29.2.2008, S. 8.

[22] *Sendmeyer* (Fn. 18), § 34 Rn. 112 ff., 133 ff.

[23] Revidierte Rheinschiffahrtsakte vom 17.10.1868 in der Fassung der Bekanntmachung vom 11.3.1969, BGBl. II S. 597; zu Änderungen sowie zu weiteren völkerrechtlichen Übereinkommen im Bereich der Binnenschiffahrt *G. Hoog*, AVR 25 (1987), 202 (209 ff.).

behandlung (Art. 4). Ein vergleichbarer Vertrag existiert für die Donau (»**Belgrader Akte**«)[24]. Außerdem ist das **Völkerrecht** entscheidend für die Abgrenzung zwischen internationalen und inneren Gewässern. Wichtigste Rechtsgrundlage für solche Abgrenzungsfragen ist das Seerechtsübereinkommen der Vereinten Nationen[25], das die räumliche Ordnung des Meeres neu gestaltet hat. Das Völkerrecht bestimmt damit die räumlichen Grenzen der jeweiligen nationalen Hoheitsgewalt. Daneben enthalten das Seerechtsübereinkommen und weitere Spezialabkommen die Regeln über die Benutzung der internationalen Gewässer[26].

C. Erläuterungen

I. Regelungsgehalte und Systematik

Die in ihrer inneren Systematik unübersichtliche Vorschrift des Art. 89 GG hat **vier Regelungsbereiche** zum Gegenstand: **Art. 89 I GG** betrifft das im zivilrechtlichen Sinne verstandene **Eigentum** des Bundes an den bisherigen Reichswasserstraßen (→ Rn. 9 ff.). **Art. 89 II GG** enthält zum einen Regelungen über die **Verwaltungskompetenz für die Wasserwege**, die in Satz 1 als Regelfall dem Bund zugewiesen ist (→ Rn. 16 ff.) und nach den Sätzen 3 und 4 ausnahmsweise den Ländern zur Verwaltung im Auftrag des Bundes übertragen werden kann (→ Rn. 23 f.). Für die Wahrnehmung dieser Verwaltungskompetenzen des Bundes – sei es im Rahmen bundeseigener Verwaltung, sei es im Rahmen der Auftragsverwaltung – enthält **Art. 89 III GG** verfahrensrechtliche Bindungen im Interesse der Länder (Landeskultur, Wasserwirtschaft, → Rn. 25 f.). Zum anderen enthält **Art. 89 II GG** im Satz 2 eine Regelung zur **Verwaltungskompetenz** des Bundes **im Bereich der Schiffahrt,** also des Verkehrs auf den Wasserwegen (→ Rn. 27 ff.). Die Infrastrukturverantwortung des Bundes für die Gewährleistung eines ausreichenden Bundeswasserstraßennetzes dürfte in Art. 89 GG eher vorausgesetzt sein[27]. 7

Bei der Anordnung obligatorischer Bundesverwaltung für die Wasserwege mit dem Vorbehalt der Übertragung auf die Länder als Auftragsangelegenheit wie auch bei der fakultativen Verwaltungskompetenz des Bundes für den Schiffahrtsverkehr handelt es sich um **Ausnahmen von** der in **Art. 83 GG** normierten Grundregel. Soweit die beiden Verwaltungsbereiche auch gesetzlich nicht näher geregelte und nicht regelungsbedürftige Aufgaben umfassen, enthält Art. 89 GG für diese »gesetzesfreie« Verwaltung eine Ausnahme von **Art. 30 GG**. Mit seinen Regelungen zur Wasserwege- und Wasserverkehrsverwaltung stellt Art. 89 GG eine gegenüber der allgemeinen Generalklausel zur Bundesverwaltungskompetenz in **Art. 87 III GG** spezielle Norm dar, so daß auf Art. 87 III GG keine zusätzlichen Bundeskompetenzen gestützt und auch keine zu- 8

---

[24] Übereinkommen vom 18.8.1948 über die Regelung der Schifffahrt auf der Donau (Belgrader Donaukonvention), abgedruckt in BGBl. II 1999, S. 584 ff., geändert durch das Zusatzprotokoll vom 26.3.1998, abgedruckt in BGBl. II 1999, S. 579 ff. Die Bundesrepublik ist beigetreten durch Gesetz zu dem Zusatzprotokoll vom 26.3.1998 zum Übereinkommen vom 18.8.1948 über die Regelung der Schiffahrt auf der Donau (Belgrader Donaukonvention) vom 26.7.1999, BGBl. II 1999, S. 578.

[25] United Nations Convention on the Law of the Sea (UNCLOS); zum Inhalt dieses Übereinkommens vgl. *E. Beckert/G. Breuer*, Öffentliches Seerecht, 1991, S. 12 ff.

[26] Hierzu *Beckert/Breuer*, Seerecht (Fn. 25), S. 103 ff.

[27] Ähnlich *B. Remmert*, in: Epping/Hillgruber, GG (online, Stand: 1.6.2017), Art. 89 Rn. 14.

sätzlichen Anforderungen an die Bundesverwaltung gewonnen werden können (→ Art. 87 Rn. 72 ff.).

II. Bundeseigentum an bisherigen Reichswasserstraßen (Art. 89 I GG)

1. Funktion der verfassungsrechtlichen Eigentümerbestimmung

9 Nicht anders als bei den Bundesfernstraßen (→ Art. 90 Rn. 16) stellt sich auch bei den Bundeswasserstraßen die Frage, warum die Regelung zivilrechtlicher Eigentumsfragen (→ Rn. 14) durch Art. 89 I GG ihren Standort nicht in den Übergangs- und Schlußbestimmungen des XI. Abschnitts[28], sondern im VIII. Abschnitt über die Verteilung der Verwaltungskompetenzen zwischen Bund und Ländern gefunden hat. Dies erklärt sich vor dem **Hintergrund** der **doppelten Bedeutung des zivilrechtlichen Eigentums für** die gesamte **rechtliche Ordnung des Wasserstraßenwesens**, die sich in ihren Grundstrukturen nicht von der des Straßenwesens unterscheidet[29] (→ Art. 90 Rn. 16). Diese doppelte Bedeutung folgt aus dem traditionellen Verständnis, wonach Verkehrswege sowohl Objekt der zivilrechtlichen Eigentumsordnung als auch Gegenstand einer diese überlagernden öffentlich-rechtlichen Nutzungsordnung sind[30]. Die »Verwaltung« einer Wasserstraße besteht deshalb nicht allein in der Wahrnehmung der Aufgaben und Befugnisse, die Bestandteil der öffentlich-rechtlichen Ordnung sind. Auch die **Wahrnehmung der »privaten« Rechte und Pflichten** als Wegeeigentümer[31] **gehört zu** den **Verwaltungsaufgaben** (→ Rn. 19), um deren bundesstaatliche Verteilung es in Art. 89 GG ebenso wie im gesamten VIII. Abschnitt geht. Die zweite Funktion des Eigentums im Rahmen des gesamten Systems der Wasserstraßenrechtsordnung folgt daraus, daß das zivilrechtliche **Eigentum als Anknüpfungspunkt und Voraussetzung für** die Wahrnehmung der öffentlich-rechtlich geregelten **Wasserstraßenverwaltungsaufgaben** angesehen wird. Erst das durch Art. 89 I GG begründete Eigentum des Bundes schaffe »die vermögensmäßigen Voraussetzungen für eine einheitliche Bundesverwaltung«[32]. **Neue Relevanz** hat die Frage nach der Bedeutung des zivilrechtlichen Eigentums an den Wasserstraßen im Zuge der **Wiedervereinigung** gewonnen[33]. Denn bei den im Jahr 1990 durch Rechtsverordnung zu Bundeswasserstraßen erklärten Wasserstraßen des Beitrittsgebietes und Berlins (West) stellte sich heraus, daß auf Teilen davon kein allgemeiner Verkehr stattfand. Nachdem ein Einvernehmen mit den betroffenen Ländern über eine »Abstufung« nach § 2 WaStrG gescheitert war, beseitigte der Bund einseitig durch Änderung der Anlage zum Bundeswasserstraßengesetz für diese – seitdem als sonstige Binnenwasserstraßen des Bundes bezeichneten – Gewässer die Qualität einer dem allgemeinen Verkehr dienenden Binnenwasserstraße

---

[28] Zum Verhältnis zu Art. 134 I GG: → Rn. 10.

[29] Vgl. dazu den Überblick bei *Friesecke* (Fn. 1), Einl. Rn. 19 ff.

[30] Zu dieser Theorie des »modifizierten Privateigentums«: → Art. 90 Rn. 15.

[31] Im Rahmen der öffentlich-rechtlichen Bindungen kann der Bund als Eigentümer im Wege zivilrechtlicher Vereinbarungen insbesondere Nutzungen gestatten, die über den Gemeingebrauch hinausgehen; vgl. etwa BGHZ 28, 34 (38); 49, 68 (74 ff.); näher hierzu *Friesecke* (Fn. 1), Einl. Rn. 23.

[32] So – bezogen auf die Bundesfernstraßen – *R. Bartlsperger*, in: BK, Art. 90 (Zweitb. 1969), Rn. 32; nach *W. Durner*, in: Friauf/Höfling, GG, Art. 89 (2006), Rn. 7 »erleichtert« das Eigentum dem Bund die Wahrnehmung seiner Verwaltungsaufgaben; ähnlich – allerdings in erster Linie bezogen auf die räumliche Abgrenzung der Zuständigkeitsbereiche – BGHZ 108, 110 (117).

[33] Dazu wie auch zu den folgenden Hinweisen s. *S. Reinheimer*, Das Verbindungskonzept der Bundeswasserstraßenverwaltung, 2008, S. 19 f.

des Bundes. Die Verwaltungskompetenz des Bundes für diese Gewässer auf der Grundlage ihrer (wohl nicht mehr gegebenen) Verkehrsfunktion als »Bundeswasserstraße« ist somit zweifelhaft und wird (nur noch) auf das nach wie vor bestehende Eigentum des Bundes gestützt[34].

Da Art. 89 I GG nur »bisherige« Reichswasserstraßen betrifft[35], da der Bund das erworbene Eigentum nicht behalten muß und da er durch Gesetz die Rechtsverhältnisse an Bundeswasserstraßen – z. B. durch Einführung öffentlichen Eigentums – umgestalten kann (→ Rn. 15), kommt Art. 89 I GG in erster Linie die **Funktion einer Übergangsvorschrift**[36] zu (→ Art. 90 Rn. 16, 21). Die Vorschrift hat in Erfüllung dieser Funktion insbesondere zur Folge, daß den in das Eigentum des Bundes übergegangenen Wasserstraßen die Qualität einer Bundeswasserstraße i. S. d. Art. 89 II GG zukommt und damit in der Übergangssituation dessen Anwendungsbereich (→ Rn. 17) klar umschrieben war. Die Vorschrift ist speziell gegenüber der allgemeinen Vermögensüberleitungsnorm des **Art. 134 GG**[37] (→ Art. 90 Rn. 10). 10

2. Bisherige Reichswasserstraßen

Der Begriff der »bisherigen Reichswasserstraßen« bezeichnet diejenigen für den Schiffsverkehr geeigneten Wasserwege einschließlich des Küstenmeers[38], die im Zeitpunkt der **Kapitulation am 8.5.1945** (→ Art. 144 Rn. 16) Reichswasserstraßen waren[39]. Anders als bei den Reichsfernstraßen (→ Art. 90 Rn. 11) ließ sich die Frage, welche Gewässer im einzelnen dazu gehörten, mangels eines verbindlichen Bestandsverzeichnisses nicht präzise feststellen[40]. Zu Auseinandersetzungen über das Eigentum des Bundes an früheren Reichswasserstraßen hat dies aber offenbar nicht geführt[41]. 11

Auf die Reichswasserstraßen im **Gebiet der ehemaligen DDR** ist Art. 89 I GG nicht anwendbar[42]. Während der Eigentumsübergang der Wasserstraßen der ehemaligen 12

---

[34] So die zentrale These der Arbeit von *Reinheimer*, Verbindungskonzept (Fn. 33), S. 126 ff., die auch die Folgeprobleme einer nur noch »gesetzesfreien« Verwaltung der »sonstigen Binnenwasserstraßen des Bundes« (S. 135 ff.) sowie einer Überführung dieser Wasserstraßen in die Landeswasserstraßenverwaltung (S. 205 ff.) erörtert.

[35] Also nicht solche, die nach Inkrafttreten des Grundgesetzes errichtet wurden, s. nur *Faßbender* (Fn. 17), Art. 89 Rn. 48.

[36] So auch *Faßbender* (Fn. 17), Art. 89 Rn. 35; *M. Sachs*, in: Sachs, GG, Art. 89 Rn. 15; die »Vergangenheitsbezogenheit« stellt auch in den Vordergrund *M. Ibler*, in: v. Mangoldt/Klein/Starck, GG III, Art. 89 Rn. 1 ff.

[37] *Sachs* (Fn. 36), Art. 89 Rn. 12.

[38] BGHZ 108, 110 (114 ff.); *Gröpl* (Fn. 1), Art. 89 Rn. 15; ausführlich dazu *Faßbender* (Fn. 17), Art. 89 Rn. 43 ff. m. w. N.

[39] BVerwGE 9, 50 (53); BGHZ 47, 117 (119); *Faßbender* (Fn. 17), Art. 89 Rn. 47; auf den Zeitpunkt des Inkrafttretens des GG stellen ab *Gröpl* (Fn. 1), Art. 89 Rn. 17; *Ibler* (Fn. 36), Art. 89 Rn. 7.

[40] Eine VO über die Reichswasserstraßen aus dem Jahr 1943 hatte ein solches Verzeichnis lediglich in Aussicht gestellt; dazu *S. Kreuter*, Die Befugnisse des Bundes zur Verwaltung der Wasserstraßen in Deutschland, 2014, S. 41.

[41] Umstritten war die Frage des Eigentumserwerbs an Teilen einer Bundeswasserstraße, die ein Land zur Errichtung eines Hafens in Anspruch nahm; dazu BGH DÖV 1985, 364 ff.; Einzelheiten zu den bisherigen Reichswasserstraßen bei *Ibler* (Fn. 36), Art. 89 Rn. 5 ff.; *Faßbender* (Fn. 17), Art. 89 Rn. 36 ff.; *Kreuter*, Befugnisse (Fn. 40), S. 27 ff.

[42] So auch *Sachs* (Fn. 36), Art. 89 Rn. 17; *Boysen* (Fn. 1), Art. 89 Rn. 16; *Gröpl* (Fn. 1), Art. 89 Rn. 18; a. A. *Durner* (Fn. 32), Art. 89 Rn. 18; *Reinheimer*, Verbindungskonzept (Fn. 33), S. 88 ff.; BVerwGE 102, 74 (77); zur Rechtslage in Berlin (West) vor 1990 vgl. nur *Faßbender* (Fn. 17), Art. 89 Rn. 50.

DDR auf Art. 21 EV beruhte[43], konnte das Bundeswasserstraßengesetz angewandt werden, seit sie durch Verordnung auf der Grundlage des Einigungsvertrages zu Binnenwasserstraßen des Bundes erklärt wurden, die dem allgemeinen Verkehr dienen.

3. Modalitäten und Rechtsfolgen des Eigentumsübergangs

13 Durch Art. 89 I GG ist der Bund **unmittelbar kraft Verfassungsrechts** Eigentümer der bisherigen Reichswasserstraßen geworden[44]. Der Stichtag für den Eigentumsübergang, den das Gesetz über die vermögensrechtlichen Verhältnisse der Bundeswasserstraßen[45] klarstellt, ist deshalb der Zeitpunkt des Inkrafttretens des Grundgesetzes am 24.5.1949[46]. Der genaue räumliche Umfang des Eigentums[47] unterliegt der bundesgesetzlichen Präzisierung (→ Rn. 15).

14 Bei dem unmittelbar durch Art. 89 I GG durch die Bundesrepublik Deutschland erworbenen Eigentum handelt es sich um **Eigentum i. S. d. Zivilrechts**[48]. Dieses privatrechtliche Eigentum ist allerdings im Sinne der Theorie des »modifizierten Privateigentums« (→ Art. 90 Rn. 9) durch öffentlich-rechtliche Normen des Bundeswasserstraßen- und anderer Bundes- oder Landesgesetze[49] modifiziert und überlagert[50]. Zu den **Rechten und Pflichten** des Bundes, die aus seiner Eigentümerstellung folgen, gehören die Befugnis, Dritten die Nutzung des Eigentums zu verwehren bzw. zu gestatten[51], soweit die öffentlich-rechtliche Nutzungsordnung, die auch und nicht zuletzt auf Landesrecht beruhen kann, diese Befugnis nicht ausschließt oder modifiziert[52], das Jagdausübungsrecht[53] und die ordnungsrechtliche Zustandshaftung[54].

---

[43] Überzeugend *Faßbender* (Fn. 17), Art. 89 Rn. 49 m. w. N.

[44] S. nur *Boysen* (Fn. 1), Art. 89 Rn. 14; *Sachs* (Fn. 36), Art. 89 Rn. 12; *Faßbender* (Fn. 17), Art. 89 Rn. 63.

[45] § 1 S. 1 des Gesetzes über die vermögensrechtlichen Verhältnisse der Bundeswasserstraßen (WaStrVermRG) vom 21.5.1951 (BGBl. I S. 352), zuletzt geändert durch Art. 521 der Verordnung vom 31.8.2015 (BGBl. I S. 1474).

[46] Das ändert allerdings nichts daran, daß es für die Qualifizierung als frühere Reichswasserstraße (→ Rn. 11) auf den 8.5.1945 ankam; Jarass/*Pieroth*, GG, Art. 89 Rn. 1; *Boysen* (Fn. 1), Art. 89 Rn. 15.

[47] Dazu *Faßbender* (Fn. 17), Art. 89 Rn. 56 ff.

[48] BGHZ 47, 117 (119); 49, 68 (71); *Boysen* (Fn. 1), Art. 89 Rn. 12; *Gröpl* (Fn. 1), Art. 89 Rn. 28 ff.; *Ibler* (Fn. 36), Art. 89 Rn. 16; ausführliche Nachweise bei *Friesecke* (Fn. 1), Einl. Rn. 21.

[49] Dazu, daß auch Bundeswasserstraßen dem Landeswasserrecht unterliegen, vgl. nur *Friesecke* (Fn. 1), Einl. Rn. 32.

[50] Dabei kann die Überlagerung auch unmittelbar aus der Verfassung folgen; s. zu Einzelheiten BGHZ 9, 373 (385); 69, 284 (294); 102, 1 (5); 110, 148 (155).

[51] S. die Beispiele vertraglicher Nutzungsüberlassungen in BVerwGE 87, 169 (174); BGHZ 102, 1. Zur gesetzlichen Einräumung von Nutzungsrechten an die Länder in § 1 III WaStrG vgl. BVerwGE 85, 223 ff.

[52] Zu den Beschränkungen der grundsätzlichen Verfügungsbefugnis vgl. nur *Friesecke* (Fn. 1), Einl. Rn. 22 f. m. w. N. Dazu, daß das Wasserrecht eines Landes die Unentgeltlichkeit der Nutzung auch von Bundeswasserstraßen durch Dritte (Wasserkraftnutzung) aus wasserwirtschaftlicher Gesetzgebungskompetenz (→ Rn. 18) anordnen kann, s. BGHZ 180, 372 (380 ff.); krit. dazu *A. Friesecke*, ZfW 50 (2011), 216 (227 ff.).

[53] BGHZ 84, 59 (60 f.); dazu *Faßbender* (Fn. 17), Art. 89 Rn. 54.

[54] Nach BVerwGE 87, 181 (186 f.) hindert Bundesrecht nicht, landesrechtlich eine wasserpolizeiliche Zustandshaftung des Bundes als Eigentümer der Wasserstraßen zu begründen; krit. dazu *H. Faber*, JZ 1993, 948 (950); ausführliche Nachweise zur umstrittenen ordnungsrechtlichen Zustandshaftung bei *A. Friesecke*, VerwArch. 82 (1991), 565 ff.; weitere Nachweise bei *Faßbender* (Fn. 17), Art. 89 Rn. 66 f.

Mit der Begründung zivilrechtlichen Eigentums des Bundes sind **weitergehende Rechtsfolgen nicht verbunden**. Insbesondere führt Art. 89 I GG nicht dazu, daß sich der Bund als Wasserstraßeneigentümer auf das Grundrecht aus Art. 14 GG berufen kann. Auch schließt Art. 89 I GG die gesetzliche Einführung von öffentlichem Eigentum an den Bundeswasserstraßen nicht aus (→ Art. 90 Rn. 15). Obwohl man Art. 89 I GG Hinweise dafür entnehmen kann, daß »privates« Eigentum und öffentlich-rechtliche Sachherrschaft möglichst nicht auseinanderfallen sollen[55], liegt es in der Konsequenz der dualistischen Grundkonstruktion des öffentlichen Sachenrechts, daß das Eigentum nicht zwingend beim Bund verbleiben muß[56]. Es gehört zur Kompetenz des Bundesgesetzgebers, über die Beibehaltung dieser Konstruktion oder auch nur darüber zu entscheiden, ob und unter welchen Voraussetzungen Eigentum und öffentliche Sachherrschaft auseinanderfallen dürfen. Art. 89 I GG enthält also **kein Veräußerungsverbot**; der Norm läßt sich folglich auch **keine Grenze für die Privatisierung** von Bundeswasserstraßen[57] entnehmen[58]. Hier zeigt sich die Funktion von Art. 89 I GG als Übergangsvorschrift, die 1949 klare Eigentumszuordnungen traf und damit die Voraussetzung für die bundeseinheitliche Gestaltung der Wasserstraßen schuf. 15

III. Verwaltung der Bundeswasserstraßen

Abgesehen von der Regelung in Satz 2 zur Schiffahrtsverwaltung (→ Rn. 27 ff.) betrifft Art. 89 II GG die Verteilung der Verwaltungskompetenzen im Hinblick auf die Bundeswasserstraßen. Nach Art. 89 II 1 GG ist der Regelfall der Typus der **bundeseigenen Verwaltung** (→ Rn. 21 f.), während nach Art. 89 II 3 und 4 GG die Verwaltung ausnahmsweise durch die Länder im Auftrag des Bundes erfolgen kann. 16

1. Bundeswasserstraßen

Den Gegenstand der durch Art. 89 II GG zu verteilenden Verwaltungskompetenzen umschreibt diese Norm mit dem Begriff der Bundeswasserstraßen. Dieser knüpfte zunächst an die Übergangsregelung des Art. 89 I GG an und erfaßte alle nach dieser Vorschrift in das Eigentum des Bundes übergegangenen bisherigen Reichswasserstraßen. Durch die zwischenzeitlich eingetretenen Bestandsänderungen deckt sich dieser Altbestand aber nicht mehr mit den »Bundeswasserstraßen« i. S. d. Art. 89 II GG[59]. Es ist vielmehr Sache des Bundesgesetzgebers, auf der Grundlage des Altbestandes nach Art. 89 I GG deren weiteres Schicksal und die Entstehung neuer Bundeswasserstraßen zu regeln. Von dieser Regelungsbefugnis hat der Bundesgesetzgeber Gebrauch gemacht, indem er in § 1 I WaStrG die Bundeswasserstraßen definiert hat als »**Seewasserstraßen**« und »**Binnenwasserstraßen** des Bundes, die dem allgemeinen Verkehr 17

---

[55] Einen Grundsatz der »Vereinigung von Eigentum und Verwaltung« postuliert *C. Maiwald*, in: Schmidt-Bleibtreu/Hofmann/Henneke, GG, Art. 89 Rn. 5; ähnlich BVerwGE 9, 50 (58); *Reinheimer*, Verbindungskonzept (Fn. 33), S. 21 ff.

[56] So auch *Faßbender* (Fn. 17), Art. 89 Rn. 70; *Gröpl* (Fn. 1), Art. 89 Rn. 38; restriktiv *G. Hoog*, AVR 25 (1987), 202 (226); ähnlich *Durner* (Fn. 32), Art. 89 Rn. 19 und *Remmert* (Fn. 27), Art. 89 Rn. 6; ein Veräußerungsverbot leitet aus Art. 89 I GG ab *Ibler* (Fn. 36), Art. 89 Rn. 28 f., 46 (mit wenig überzeugender Differenzierung zwischen alten und neuen Bundeswasserstraßen).

[57] Zur Rhein-Main-Donau AG vgl. nur *Friesecke* (Fn. 1), § 56 Rn. 7 m. w. N.

[58] So Jarass/*Pieroth*, GG, Art. 89 Rn. 1; *Sachs* (Fn. 36), Art. 89 Rn. 14; *Gröpl* (Fn. 1), Art. 89 Rn. 38, 96.

[59] *Boysen* (Fn. 1), Art. 89 Rn. 31.

dienen«. Letztere sind durch einen Anhang zu dem Gesetz genau bestimmt[60]. Verbleibende Abgrenzungs- und Zuordnungsprobleme betreffen Wasserstraßen, die trotz »Entwidmung« tatsächlich schiffbar und im Eigentum des Bundes geblieben oder nicht schiffbar sind, aber mit einer Binnenwasserstraße verbunden sind[61]. Auch bei der genaueren Zuordnung der mit dem Begriff der Seewasserstraßen bezeichneten Küstengewässer ergeben sich eine Reihe von Unsicherheiten[62].

2. Verwaltungsaufgaben

18 Die Verwaltung der Bundeswasserstraßen umfaßt sowohl **gesetzesvollziehende** als auch **»gesetzesfreie« Aufgaben**[63] und kann sowohl hoheitlich als auch in privatrechtlichen Formen wahrgenommen werden. Der genauere Umfang der von Art. 89 II 1, 3 und 4 GG erfaßten Verwaltungsaufgaben wurde bislang in erster Linie durch die in Art. 89 II GG selbst wie auch in Art. 74 I Nr. 21 GG (→ Art. 74 Rn. 103) zum Ausdruck kommende Unterscheidung zwischen Wasserwege- und Wasserverkehrsverwaltung sowie durch die Abgrenzung dieser beiden Materien zum Wasserhaushaltsrecht[64] (Art. 74 I Nr. 32 GG) gewonnen. Sowohl die Wasserstraßenverkehrsverwaltung als auch die Verwaltungstätigkeit, die sich auf die wasserwirtschaftliche Funktion der Bundeswasserstraßen als »Wasserspender« und »Vorfluter« bezieht, liegen danach außerhalb der Verwaltungskompetenz nach Art. 89 II 1 GG[65]. Während nach dieser Auffassung Bundeswasserstraßenverwaltung als **Verkehrswegeverwaltung** also nur die administrativen Tätigkeiten umfasst, die mit der Funktion der jeweiligen Gewässer als Verkehrswege in Zusammenhang stehen[66], finden sich zunehmend Stimmen, die angesichts der vielfältigen Überschneidungen mit wasserwirtschaftlichen Belangen und der nach der Föderalismusreform gegebenen Gesetzgebungskompetenz des Bundes nach Art. 74 I Nr. 32 GG zumindest für eine weite Auslegung der Verwaltungskompetenz nach Art. 89 II 1 GG plädieren[67].

---

[60] Dieser Anhang ist gem. § 2 II WaStrG bei Bestandsänderungen jeweils zu ändern; aktueller Stand abrufbar unter: wsv.de/service/karten_geoinformationen/bundeseinheitlich/pdf/w162o_Bundeswasserstr.pdf (21.8.2017).

[61] Zum speziellen Problem der »Altarme« von Bundeswasserstraßen vgl. etwa VG Oldenburg NJW 1989, 2489 (2489); dazu *J. Sudmeyer*, NJW 1991, 25 (25); zum Hohennauer See s. OVG Berlin-Brandenburg NVwZ-RR 2016, 36 ff. Ausführlich dazu, ob die nicht (mehr) dem allgemeinen Verkehr dienenden Wasserstraßen des Bundes, die immerhin ca. 8 % der Wasserstraßen im Eigentum des Bundes ausmachen, nach Art. 89 II 1 GG vom Bund verwaltet werden dürfen, s. *Kreuter*, Befugnisse (Fn. 40), S. 75 ff., der mit überzeugender Begründung den Bund hier »in die Stellung des ›Nur‹-Eigentümers zurückgedrängt« sieht. Ausführlich zum Problem auch *Reinheimer*, Verbindungskonzept (Fn. 33), S. 101 ff.; allgemeiner zu den Problemen, die sich aus der ausschließlich auf die Wasserwegefunktion bezogenen Sichtweise ergeben, s. *Faßbender* (Fn. 17), Art. 89 Rn. 89 ff.

[62] Einzelheiten dazu bei *Friesecke* (Fn. 1), § 1 Rn. 12 ff.; vgl. auch *J. Harders*, Jura 1991, 63 (64 ff.); *ders.*, NJW 1989, 2452 ff.

[63] BVerfGE 21, 312 (320); *Gröpl* (Fn. 1), Art. 89 Rn. 64, 66; *Ibler* (Fn. 36), Art. 89 Rn. 44; *Kreuter*, Befugnisse (Fn. 40), S. 90 ff.

[64] BVerfGE 15, 1 (7 ff.). Das Gesetz zur Reinhaltung der Bundeswasserstraßen vom 17.8.1960 ging davon aus, daß dem Bund eine umfassendere Kompetenz zustehe; vgl. *A. Hamann*, DVBl. 1961, 394 ff.

[65] BVerfGE 15, 1 (7 ff.); 21, 312 (320 ff.); *Boysen* (Fn. 1), Art. 89 Rn. 29; *B. Heinz/B. Esser*, ZUR 2009, 254 (254); *S. Möckel*, DVBl. 2010, 618 (623 f.); BVerwGE 115, 294 (298).

[66] *Gröpl* (Fn. 1), Art. 89 Rn. 62; *Ibler* (Fn. 36), Art. 89 Rn. 35 (mit Hinweisen auf die zahlreichen Überschneidungsbereiche); *Remmert* (Fn. 27), Art. 89 Rn. 9.

[67] So mit gewichtigen Argumenten (Überschneidung der Verkehrswegeverwaltung mit – ökologischen – Anforderungen insbesondere aus der Wasserrahmenrichtlinie; Schicksal der nicht mehr dem

Vor diesem Hintergrund umfaßt die Kompetenz zur Verwaltung der Bundeswasserstraßen – vergleichbar der Kompetenz zur Verwaltung der Bundesfernstraßen (→ Art. 90 Rn. 29f.) – jedenfalls die **Planung**, den **Neubau** einschließlich der dazu erforderlichen Enteignung[68], den **Ausbau** sowie die **Unterhaltung**[69] einschließlich der Wahrnehmung der Verkehrssicherungspflicht[70]. Die Verwaltungskompetenz ist nicht beschränkt auf die Wahrnehmung der Aufgaben, die ihre rechtliche Grundlage in den gesetzlichen Bestimmungen des Bundeswasserstraßengesetzes finden oder sonst »hoheitlichen« Charakter tragen[71]. Vielmehr handelt es sich auch bei der Wahrnehmung der Rechte und Pflichten, die aus der »privaten« Eigentümerstellung folgen (→ Rn. 14), um Verwaltungsaufgaben[72]. Nicht in Art. 89 II 2 GG geregelt ist der Betrieb von Wasserverkehrsunternehmen[73]. Hinzuweisen ist auch darauf, daß der **Vollzug von Landesrecht** zum Gegenstand weder der bundeseigenen (→ Art. 86 Rn. 23) noch der Verwaltung durch die Länder im Auftrag des Bundes (→ Art. 85 Rn. 17) gehört[74]. Das ändert freilich nichts daran, daß die Bundesbehörden bei der Verwaltung der Bundeswasserstraßen einschlägiges **Landesrecht zu beachten** haben[75]. 19

3. Bundeseigene Verwaltung (Art. 89 II 1 GG)

Art. 89 II 1 GG sieht als regelmäßigen Verwaltungstyp Bundesverwaltung »durch eigene Behörden« vor, nach den Kategorien des Art. 86 GG also »bundeseigene«, d.h. **unmittelbare Bundesverwaltung** (→ Art. 86 Rn. 25ff.). Aus Art. 87 I 1 GG ergibt sich darüber hinaus, daß dies mit einem eigenen Verwaltungsunterbau (→ Art. 86 Rn. 29) zu geschehen hat. Entgegen einer früher vertretenen Auffassung[76] sind Formen der **mittelbaren Bundesverwaltung unzulässig**[77]. Sie verkennt nämlich, daß es sich bei der organisationsrechtlichen Anordnung bundeseigener Verwaltung mit eigenem Verwaltungsunterbau keineswegs lediglich um eine Regelung zulasten der Länder handelt. 20

Verkehr dienenden Binnenwasserstraßen) *Faßbender* (Fn. 17), Art. 89 Rn. 83ff. m. w. N.; s. auch *ders.*, EurUP 2016, 17 (22ff.).

[68] *Gröpl* (Fn. 1), Art. 89 Rn. 67, der dies allerdings unabhängig davon bejaht, ob die Enteignung bundesgesetzlich geregelt ist; zutreffend demgegenüber *Ibler* (Fn. 36), Art. 89 Rn. 56, der die Bundesverwaltungskompetenz von einer bundesgesetzlichen Regelung abhängig macht; so auch *Durner* (Fn. 32), Art. 89 Rn. 29.

[69] Zu Schadensersatzansprüchen gegen den Bund vgl. BGHZ 86, 152 (158f.).

[70] Vgl. § 8 WaStrG; zur Einordnung der Verkehrssicherungspflicht zwischen öffentlichem und privatem Recht vgl. die Nachweise bei *Friesecke* (Fn. 1), § 8 Rn. 24f.; zur fehlenden Aufgabenverantwortung des Bundes für die Beseitigung von Abfall (Bilgenölentsorgung) BVerwG NVwZ 2000, 433 (434).

[71] So aber *Gröpl* (Fn. 1), Art. 89 Rn. 65; *Sachs* (Fn. 36), Art. 89 Rn. 21; *Durner* (Fn. 32), Art. 89 Rn. 25.

[72] Ebenso *H. Schmuck*, DÖV 1961, 662 (663); *Ibler* (Fn. 36), Art. 89 Rn. 43; *Kreuter*, Befugnisse (Fn. 40), S. 92ff.

[73] *H.-P. Bull*, in: AK-GG, Art. 89 (2001), Rn. 12; Jarass/*Pieroth*, GG, Art. 89 Rn. 3.

[74] So ausdrücklich BVerfGE 21, 312 (325); Jarass/*Pieroth*, GG, Art. 89 Rn. 3; a. A. eine früher etwa von *H. Schmuck*, DÖV 1961, 662ff. vertretene Auffassung, die *Kreuter*, Befugnisse (Fn. 40), S. 98ff. genauer referiert und selbst dann aber nicht ausreichend zwischen Vollzug und Beachtung von Landesrecht durch Bundesbehörden unterscheidet (S. 101ff.).

[75] Zur Unterscheidung von Vollzug/Ausführung und Beachtung von Landesrecht durch Bundesbehörden: → Art. 83 Rn. 29f.; Beispiele für die Beachtung von Landesrecht bei der Verwaltung von Bundeswasserstraßen durch Bundesbehörden: → Fn. 52 bis 54.

[76] BayVGH NVwZ 1982, 508 (509); *U. Fastenrath*/*B. Simma*, DVBl. 1983, 8 (14).

[77] *Sachs* (Fn. 36), Art. 89 Rn. 22; *Boysen* (Fn. 1), Art. 89 Rn. 34; *Gröpl* (Fn. 1), Art. 89 Rn. 59; *Remmert* (Fn. 27), Art. 89 Rn. 10; *Faßbender* (Fn. 17), Art. 89 Rn. 75; *M. Pechstein*, DÖV 2013, 85 (86).

Vielmehr liegt sie auch in ihrem Interesse, weil sie sicherstellt, daß der Bund die ihm zugewiesene Aufgabe effizient wahrnimmt (→ Art. 87 Rn. 17, 22). Die Einzelheiten der Verwaltungsorganisation – wie etwa die Verteilung von Aufgaben auf Behörden der allgemeinen Wasser- und Schiffahrtsverwaltung einerseits und spezialisierte Fachbehörden andererseits[78] – werden nicht durch Art. 89 II 1 GG vorgegeben, sondern sind entsprechend den allgemeinen Kompetenzregeln (→ Art. 86 Rn. 12 ff., 57 ff.) durch einen Minister, die Bundesregierung oder den Bundesgesetzgeber zu entscheiden. Aktuell ist die in § 45 I WaStrG nur allgemein als »**Behörden der Wasserstraßen- und Schifffahrtsverwaltung des Bundes**« umrissene Organisation »klassisch« dreistufig aufbaut[79] mit dem Bundesministerium für Verkehr und digitale Infrastruktur als oberste Bundesbehörde an der Spitze. Nachgeordnete Mittelbehörde ist seit dem 1.5.2013 die Generaldirektion Wasserstraßen und Schifffahrt mit sieben Außenstellen. Die Wasserstraßen- und Schifffahrtsämter sind die unteren Behörden der Wasserstraßen- und Schifffahrtsverwaltung des Bundes[80].

21 Eine **formelle (Organisations-)Privatisierung** der Bundeswasserstraßenverwaltung ist mit Art. 89 II 1 i. V. m. 87 I 1 GG nicht zu vereinbaren[81]. Dies folgt bereits aus der Zuordnung der Bundeswasserstraßenverwaltung zur »bundeseigenen Verwaltung«, die im Unterschied zur »Bundesverwaltung« privatrechtliche Organisationsformen nicht zulässt (→ Art. 86 Rn. 23 ff.)[82]. Auch der Wortlaut des Art. 89 I 1 GG (»eigene Behörden«) läßt insoweit an Eindeutigkeit nichts zu wünschen übrig.

22 Durch die verbindliche Anordnung bundeseigener Verwaltung mit eigenem Verwaltungsunterbau hat Art. 89 II 1 GG zugleich einen **aufgabenbezogenen Gehalt** (→ Art. 86 Rn. 16; → Art. 87 Rn. 16). Solange die Länder nicht die Übertragung der Aufgabe zur Erledigung als Auftragsangelegenheit nach Art. 89 II 3 und 4 GG beantragen, muß der Bund seiner Verwaltungsaufgabe nachkommen[83]. Daraus folgt zumindest für den Kern der umschriebenen Verwaltungsaufgaben (→ Rn. 18 f.) ein **Verbot materieller Privatisierung.** Auch ein Rückzug des Bundes auf ein **Gewährleistungsmodell** wie im Eisenbahnwesen (→ Art. 87e Rn. 22 ff.) oder bei Post und Telekommunikation (→ Art. 87f Rn. 15 ff.) läßt Art. 89 II 1 GG nicht zu[84]. Schließlich können aus dem Aufgabengehalt von Art. 89 II 1 GG **Grenzen** einer **funktionalen Privatisierung** folgen[85],

[78] S. dazu die Hinweise bei *Gröpl* (Fn. 1), Art. 89 Rn. 58 ff.

[79] *Gröpl* (Fn. 1), Art. 89 Rn. 60; *Faßbender* (Fn. 17), Art. 89 Rn. 76.

[80] Diese neue Organisationsstruktur wurde als »Grundstein für die WSV-Reform« (BT-Drs. 18/7316, S. 1) durch ministeriellen »Errichtungserlass zur Gründung der Generaldirektion Wasserstraßen und Schifffahrt« vom 19.4.2013 installiert (das am 1.6.2016 in Kraft getretene WSV-Zuständigkeitsanpassungsgesetz [BGBl. I S. 1217] enthält die gesetzesanpassenden Folgeregelungen). Die sieben ehemaligen Wasser- und Schiffahrtsdirektionen haben den Status als selbständige Behörden verloren und bilden nun Außenstellen der Mittelbehörde. Einzelheiten dazu wie auch zur verfassungsrechtlichen Unbedenklichkeit dieser Reform *T. Nehab*, DVBl. 2014, 156 ff.

[81] *Gröpl* (Fn. 1), Art. 89 Rn. 91; *M. Pechstein*, DÖV 2013, 85 (86); *U. Schliesky/J. Tischer*, DÖV 2013, 361 (368); ohne ausreichende Begründung zweifelnd *Remmert* (Fn. 27), Art. 89 Rn. 14.

[82] Dies wie auch den organisationsrechtlichen Gehalt der Art. 86 ff. GG insgesamt, der nicht zuletzt durch die speziellen (Ausnahme-)Regelungen in Art. 87d I 2, 90 II 2 GG deutlich wird, verkennt *Kreuter*, Befugnisse (Fn. 40), S. 157 ff., wenn er unter »bundeseigene Verwaltung« (Art. 87 I 1 GG) durch »eigene Behörden« (Art. 89 II 1 GG) auch juristische Personen des Privatrechts fasst.

[83] S. nur *M. Pechstein*, DÖV 2013, 85 (86) m. w. N.

[84] *M. Pechstein*, DÖV 2013, 85 (87 f.).

[85] So auch *Durner* (Fn. 32), Art. 89 Rn. 35; *Boysen* (Fn. 1), Art. 89 Rn. 30; ausführlich dazu *Gröpl* (Fn. 1), Art. 89 Rn. 96 ff.; *Faßbender* (Fn. 17), Art. 89 Rn. 109, 111 ff.; für ein sehr weitreichendes Verbot der Einschaltung Privater *M. Pechstein*, DÖV 2013, 85 (87, 89 ff.). Jedenfalls dürfte die vertragliche Übertragung der Bauherreneigenschaft und der Planung an die Rhein-Main-Donau AG für

wenn mit der Einschaltung Privater eine Übertragung von Entscheidungsbefugnissen und Verantwortung einhergeht, die eine unmittelbare Zurechnung der Maßnahmen zu Behörden des Bundes nicht mehr zuläßt[86].

4. Auftragsverwaltung (Art. 89 II 3 und 4 GG)

Art. 89 II 3 und 4 GG eröffnen die bislang nicht genutzte[87] Möglichkeit, daß abweichend von der Regel[88] des Art. 89 II 1 GG auf Antrag eines oder mehrerer Länder Bundeswasserstraßen durch ein Land im Auftrag des Bundes verwaltet werden[89]. Dabei erfolgt die Übertragung nach Art. 89 II 3 GG auf das Land, in dem die jeweilige Bundeswasserstraße liegt, während nach Art. 89 II 4 GG die Übertragung auf eines von mehreren von der Bundeswasserstraße berührten Länder erfolgen kann[90]. Während es im ersten Fall nur eines **Antrags**[91] des jeweiligen Landes bedarf, ist im zweiten Fall auch ein Antrag der übrigen beteiligten Länder erforderlich[92]. Ein **Anspruch** des Landes oder der Länder auf Annahme des Antrags besteht nicht[93]. Die Form der Übertragung ist in Art. 89 II GG nicht ausdrücklich festgelegt[94]. Im Interesse transparenter Kompetenzabgrenzungen[95] und wegen der weitreichenden Auswirkungen auf das kompetenzrechtliche Verhältnis zwischen Bund und den beteiligten Ländern ist aber ein **Bundesgesetz** erforderlich[96]. Die gleichen Anforderungen gelten für den Fall, daß nach Etablierung der Auftragsverwaltung die bundeseigene Verwaltung wiederhergestellt werden soll[97]. 23

Wird im Einverständnis zwischen dem Bund und dem jeweiligen Land oder den beteiligten Ländern von der Möglichkeit der Art. 89 II 3 und 4 GG Gebrauch gemacht, so richten sich die rechtlichen Beziehungen fortan nach Art. 85 GG. Entsprechend der dort näher ausgeformten Grundstruktur der Kompetenzverteilung zwischen Bund und Ländern (→ Art. 85 Rn. 17ff.), die insbesondere durch die **Unterscheidung zwischen** der stets bei den Ländern verbleibenden **Wahrnehmungskompetenz** und der durch Weisung auf den Bund übergehenden **Sachkompetenz** geprägt ist, werden die 24

---

das Teilstück Nürnberg-Regensburg unzulässig gewesen sein; so *U. Fastenrath/B. Simma*, DVBl. 1983, 8 (14f.); a.A. wohl BayVGH NVwZ 1982, 508 (509).

[86] Ähnlich *U. Schliesky/J. Tischer*, DÖV 2013, 361 (368).

[87] *Gröpl* (Fn. 1), Art. 89 Rn. 88; dagegen die Zuständigkeiten der Freien und Hansestadt Hamburg betreffend die Verwaltung der Elbe als Praxisfall des Art. 89 II 3 GG »bei materieller Betrachtung« einordnend *Faßbender* (Fn. 17), Art. 89 Rn. 107; *Kreuter*, Befugnisse (Fn. 40), S. 112ff.

[88] *Remmert* (Fn. 27), Art. 89 Rn. 16; *Gröpl* (Fn. 1), Art. 89 Rn. 70.

[89] BVerfGE 97, 198 (227, Rn. 111) leitet aus dieser Vorschrift ab, daß das Grundgesetz kein Gebot kenne, wonach der Vollzug von Bundesgesetzen stets einheitlich entweder vom Bund oder von den Ländern ausgeübt werden müsse; vielmehr sehe die Verfassung selbst Durchbrechungen der bundeseinheitlichen Verwaltung vor.

[90] Nach h.M. kann Art. 89 II 3, 4 GG dazu führen, daß eine Bundeswasserstraße, die mehrere Länder durchquert, abschnittsweise von verschiedenen Ländern in Auftragsverwaltung oder auch teils vom Bund und teils von verschiedenen Ländern verwaltet wird; s. dazu nur *Remmert* (Fn. 27), Art. 89 Rn. 12; a.A. *Maiwald* (Fn. 55), Art. 89 Rn. 13.

[91] *Faßbender* (Fn. 17), Art. 89 Rn. 102; *Boysen* (Fn. 1), Art. 89 Rn. 37.

[92] *Sachs* (Fn. 36), Art. 89 Rn. 30.

[93] *Sachs* (Fn. 36), Art. 89 Rn. 30; *Boysen* (Fn. 1), Art. 89 Rn. 37; *Gröpl* (Fn. 1), Art. 89 Rn. 79.

[94] *Remmert* (Fn. 27), Art. 89 Rn. 11.

[95] Zu der vergleichbaren Funktion des Gesetzesvorbehaltes in Art. 87 III GG: → Art. 87 Rn. 70.

[96] *Gröpl* (Fn. 1), Art. 89 Rn. 80; *Remmert* (Fn. 27), Art. 89 Rn. 11; *Faßbender* (Fn. 17), Art. 89 Rn. 104; a.A. *Sachs* (Fn. 36), Art. 89 Rn. 26; *Ibler* (Fn. 36), Art. 89 Rn. 68; *Boysen* (Fn. 1), Art. 89 Rn. 36.

[97] *Gröpl* (Fn. 1), Art. 89 Rn. 85ff.

Aufgaben der Bundeswasserstraßenverwaltung von den Ländern in eigener und selbständiger Verwaltungskompetenz wahrgenommen. Was den Inhalt und den Umfang der Einflußmöglichkeiten des Bundes angeht, so treffen Art. 89 II 3 und 4 GG keine von Art. 85 GG abweichenden Regelungen. Auf die **allgemeinen Regeln des Art. 85 GG** insbesondere zur normativen Steuerung durch den Bund (→ Art. 85 Rn. 27ff., 30), zum einzelfallbezogenen Weisungsrecht[98] der obersten Bundesbehörde (→ Art. 85 Rn. 36ff.) sowie zur Durchsetzung von und zum Rechtsschutz gegen Weisungen[99] (→ Art. 85 Rn. 59ff.) kann deshalb verwiesen werden.

5. Bedürfnisse der Landeskultur und der Wasserwirtschaft (Art. 89 III GG)

25 Art. 89 III GG normiert ein verfahrensrechtliches (→ Rn. 26) **Rücksichtnahmegebot**[100] des Bundes, das sowohl für den Aus- und den Neubau von Bundeswasserstraßen als auch für deren Verwaltung insgesamt (→ Rn. 19) gilt. Bereits aus dem Wortlaut von Art. 89 III GG folgt, daß dieses Gebot nicht für die Schiffahrtsverwaltung (→ Rn. 28) gilt[101]. Die Rücksichtnahmepflicht gilt unabhängig davon, ob die Bundeswasserstraßenverwaltung in unmittelbarer Bundesverwaltung oder von den Ländern im Auftrage des Bundes wahrgenommen wird. Im letztgenannten Fall muß der Bund sein Weisungsrecht nach Art. 85 III GG in Einklang mit Art. 89 III GG ausüben[102].

26 Über das allgemeine verfahrensrechtliche Rücksichtnahmegebot hinaus statuiert Art. 89 III GG die Pflicht des Bundes, das Einvernehmen der jeweils betroffenen Länder einzuholen[103]. Für Maßnahmen, die Belange der **Landeskultur**[104] oder der **Wasserwirtschaft**[105] berühren, sind die Behörden der Bundesverwaltung also auf die Zustimmung des jeweiligen Landes angewiesen[106]. Dieses **Zustimmungserfordernis** erstreckt sich allerdings nur auf die in Art. 89 III GG genannten Bedürfnisse und nicht auf die Wasserwegeverwaltung insgesamt[107]. Da Art. 89 III GG die von dem jeweils betroffe-

---

[98] Entgegen *Kreuter*, Befugnisse (Fn. 40), S. 109f. kann sich das Weisungsrecht des Bundes auch bei der Verwaltung von Bundeswasserstraßen durch die Länder im Auftrag des Bundes nur auf den gesetzesausführenden Bereich der Wasserstraßenverwaltung beziehen. → Art. 85 Rn. 16.

[99] Zum Problem der Abstufung von Bundesfernstraßen, das sich vergleichbar auch bei Bundeswasserstraßen stellen könnte: → Art. 90 Rn. 20.

[100] Dieses ist in §§ 4, 7 IV, 14 III 1 WaStrG wörtlich übernommen; ausführlich dazu *A. Friesecke*, NuR 2000, 81 (82ff.).

[101] A. A. *Faßbender* (Fn. 17), Art. 89 Rn. 126, dessen Hinweis, auch die Schiffahrt könne Aspekte des Naturschutzes beeinträchtigen, nicht ausreichend das Verhältnis zwischen Wasserwege- und -verkehrsrecht berücksichtigt.

[102] *Ibler* (Fn. 36), Art. 89 Rn. 85.

[103] Dabei handelt es sich um einen Fall ausdrücklich zugelassener Mischverwaltung; so *Gröpl* (Fn. 1), Art. 89 Rn. 129; *H.-G. Henneke*, NuR 1987, 340 (341); *A. Dittmann*, Die Bundesverwaltung, 1963, S. 186; Jarass/*Pieroth*, GG, Art. 89 Rn. 5; *Bull* (Fn. 73), Art. 89 Rn. 16.

[104] Zum umstrittenen Gehalt des Begriffs der Landeskultur, der von manchen auf die unmittelbare Bodennutzung unter Ausschluß der Landschaftspflege und des Naturschutzes begrenzt wird – s. z. B. *U. Kowallik*, NuR 1987, 116ff.; *Kreuter*, Befugnisse (Fn. 40), S. 127ff. –, während andere zutreffend auch ökologische Aspekte für berücksichtigungsfähig halten; so *E. Gassner*, NuR 1996, 130 (133f.); *A. Friesecke*, NuR 2000, 81 (83); *E.-R. Hönes*, NuR 2005, 279 (281ff.); BVerwGE 116, 175 (181); wohl noch weiter gehend *Faßbender* (Fn. 17), Art. 89 Rn. 129f. m. w. N.; zur Einbeziehung des Denkmalschutzes s. BVerwG NuR 2009, 42ff.; dazu *R. Mast*, LKV 2009, 65 (67).

[105] Dazu BVerfGE 21, 312 (320f.); BVerwGE 116, 175 (178); *Kreuter*, Befugnisse (Fn. 40), S. 125f.

[106] Dabei ist die Zustimmung derjenigen Länder erforderlich, in deren Zuständigkeitsbereich die Bedürfnisse der Landeskultur und der Wasserwirtschaft betroffen sind; so *Friesecke* (Fn. 1), § 4 Rn. 13; *H.-G. Henneke*, NuR 1987, 340 (341).

[107] *H.-G. Henneke*, NuR 1987, 340 (341); *Boysen* (Fn. 1), Art. 89 Rn. 44.

nen Land wahrzunehmenden Belange schützt und diesem mit dem Einvernehmenserfordernis ein »Vetorecht« an die Hand gibt, kommt es auf die materielle Frage nach einer möglichen »Verletzung« dieser Belange im bundesstaatlichen Verhältnis nicht an. Der **materielle Gehalt** der in Art. 89 III GG genannten Bedürfnisse beschränkt sich deshalb darauf festzulegen, welches die zulässigen Gründe für die Verweigerung des Einvernehmens durch die Länder sind[108]. Verweigert ein Land sein Einvernehmen, ohne in Belangen der Landeskultur oder der Wasserwirtschaft berührt zu sein, so kann der Bund dagegen gerichtlich vorgehen. Umgekehrt steht einem Land Rechtsschutz zu, wenn der Bund Maßnahmen der Wasserstraßenverwaltung ohne das nach Art. 89 III GG erforderliche Einvernehmen trifft. In beiden Fällen handelt es sich entgegen der wohl h. M.[109] um eine verfassungsrechtliche Streitigkeit nach Art. 93 I Nr. 3 GG[110].

IV. Verkehrsverwaltung (Art. 89 II 2 GG)

Im Unterschied zu der in Art. 89 II 1, 3 und 4 GG geregelten Wasserwegeverwaltung betrifft Art. 89 II 2 GG die Schiffahrts- oder Verkehrsverwaltung. Die Wahrnehmung der hier normierten Verwaltungsaufgabe durch den Bund ist von einer gesetzlichen Grundlage abhängig (→ Rn. 28), also nur fakultativer Natur, und bezieht sich auf die **Seeschiffahrt insgesamt**, auf die **Binnenschiffahrt** nur dann, wenn die Verwaltungsaufgabe über den Bereich eines Landes hinausgeht. Soweit der Bund von der Möglichkeit einer gesetzlichen Begründung von Bundesverwaltungszuständigkeiten keinen Gebrauch macht, bleibt es bei der Kompetenz der Länder nach Art. 83 GG, soweit es um den Vollzug von Bundesgesetzen geht, und nach Art. 30 GG im Bereich »gesetzesfreier« Verwaltung[111]. 27

1. Gesetzliche Übertragung von Aufgaben der See- und Binnenschiffahrtsverwaltung

Die Wahrnehmung von Aufgaben der Schiffahrtsverwaltung durch den Bund bedarf der Übertragung durch ein Bundesgesetz, das den Umfang der Verwaltungsaufgaben des Bundes bestimmt[112]. Dabei muß sich die Aufgabenübertragung auf staatliche Aufgaben der Binnen- und Seeschiffahrt beziehen. Damit sind die **auf den Verkehr bezogenen Ordnungsaufgaben** gemeint, für die dem Bund die Gesetzgebungskompetenz nach Art. 74 I Nr. 21 GG zukommt[113]. Nicht erfaßt ist die Führung eines staatlichen 28

---

[108] Insbesondere ergibt sich hieraus keine materielle Bindung des Bundes, die landeskulturellen und wasserwirtschaftlichen Bedürfnisse selbst wahrzunehmen oder zu fördern; ebenso *A. Friesecke*, NuR 1993, 6 (11); *ders.*, Bundeswasserstraßengesetz (Fn. 1), § 4 Rn. 5; a. A. *Sachs* (Fn. 36), Art. 89 Rn. 34; *H.-G. Henneke*, NuR 1987, 340 (340 f.); *Kreuter*, Befugnisse (Fn. 40), S. 123 f.

[109] *Gröpl* (Fn. 1), Art. 89 Rn. 148; ohne Problematisierung BVerwGE 116, 175 ff.

[110] Überzeugend *Faßbender* (Fn. 17), Art. 89 Rn. 136 ff.

[111] Wesentliche, traditionell den Ländern zustehende Kompetenzen blieben diesen erhalten, so etwa die Verwaltung der Häfen oder die Führung der Schiffsregister; vgl. *G. Hoog*, AVR 25 (1987), 202 (231); *G. Breuer*, NJW 1965, 2388 (2389).

[112] *Sachs* (Fn. 36), Art. 89 Rn. 40; zusammenfassende Übersicht über den Inhalt der beiden einschlägigen Gesetze über die Aufgaben des Bundes auf dem Gebiet der Binnenschiffahrt und auf dem Gebiet der Seeschiffahrt bei *Faßbender* (Fn. 17), Art. 89 Rn. 118.

[113] Im Einzelfall kann, wenn der Bezug zur Schiffahrt gewahrt ist, das zu vollziehende Gesetz auch auf einem anderen Gesetzgebungskompetenztitel beruhen; für das Beispiel des Art. 74 I Nr. 24 GG (Abfallwirtschaft) s. BVerwG ZUR 2011, 538 (539); allg. dazu *Faßbender* (Fn. 17), Art. 89 Rn. 119.

Verkehrsunternehmens[114]. Im Hinblick auf die Binnenschiffahrt[115] ist die fakultative Verwaltungskompetenz des Bundes zwar begrenzt auf die Aufgaben, die über den Bereich eines Landes hinausgehen. Praktische Bedeutung kann dieser Beschränkung aber angesichts der tatsächlichen Verkehrsverhältnisse auf den Binnenwasserstraßen kaum zukommen[116]. Das Gesetz über die Aufgaben des Bundes auf dem Gebiet der **Binnenschiffahrt**[117] faßt demgegenüber die Aufgabe Schiffahrtsverwaltung sehr weit, wenn es über die Schiffahrtspolizei hinaus etwa »die Förderung der Binnenflotte und des Binnenschiffsverkehrs«[118] zum Gegenstand der Bundesverwaltung macht. Auf dem Gebiet der **Seeschiffahrtsverwaltung**, die sich nicht nur auf die Nutzung der Seewasserstraßen sondern auch auf die Schiffahrt auf der Hohen See bezieht[119], ergeben sich die Kompetenzen des Bundes vor allem aus dem Gesetz über die Aufgaben des Bundes auf dem Gebiet der Seeschiffahrt[120].

2. Organisation der Bundesschiffahrtsverwaltung

29 Wenn der Bund Aufgaben der Schiffahrtsverwaltung wahrnimmt, dann hat dies nach Art. 87 I 1 GG in **unmittelbarer Bundesverwaltung mit eigenem Verwaltungsunterbau** zu geschehen[121]. Tatsächlich jedoch hat der Bund die Wahrnehmung schiffahrtspolizeilicher Aufgaben in großem Umfang den Ländern übertragen[122], während Bundesbehörden nur in geringem Umfang tätig werden. Dabei handelt es sich jedoch nicht um eine Delegation von Verwaltungszuständigkeiten auf die Länder, sondern um Fälle der **Organleihe**[123]. Sie sind mit den verfassungsrechtlichen Anforderungen an die Unmit-

---

[114] *Boysen* (Fn. 1), Art. 89 Rn. 50.

[115] Bei den nicht (mehr) in der Anlage 1 zum WaStrG *aufgeführten*, aber dennoch schiffbaren (Freizeitschiffahrt) und weiter im Eigentum des Bundes stehenden »sonstigen« Bundeswasserstraßen (→ Rn. 9, 17) ist die schiffahrtsbezogene Verwaltungskompetenz des Bundes umstritten; verneinend: OVG Frankfurt/Oder NVwZ-RR 2005, 403 ff.; *S. Kupsch*, NuR 2005, 285 (288 ff.); bejahend: *Faßbender* (Fn. 17), Art. 89 Rn. 120 f.; *Kreuter*, Befugnisse (Fn. 40), S. 222 ff.; *K.-U. Thomas*, ZfW 48 (2009), 143 (146 ff.); *Reinheimer*, Verbindungskonzept (Fn. 33), S. 194 ff.; OVG Berlin-Brandenburg NVwZ-RR 2016, 36 (38 f.).

[116] Vgl. *Sachs* (Fn. 36), Art. 89 Rn. 38.

[117] Gesetz über die Aufgaben des Bundes auf dem Gebiet der Binnenschifffahrt (BinSchAufG) in der Fassung der Bekanntmachung vom 5.7.2001 (BGBl. I S. 2026), zuletzt geändert durch Artikel 1 des Gesetzes vom 25.4.2017 (BGBl. I S. 962).

[118] § 1 I Nr. 1 BinSchAufG; die Frage nach der Zulässigkeit dieser weiten Aufgabenbeschreibung verliert dadurch an praktischer Bedeutung, daß die Europäische Gemeinschaft die Förderung der Binnen- und Seeschiffahrt in zunehmendem Umfang an sich zieht (→ Rn. 5).

[119] *Faßbender* (Fn. 17), Art. 89 Rn. 115 m. w. N.

[120] Seeaufgabengesetz n der Fassung der Bekanntmachung vom 17.6.2016 (BGBl. I S. 1489), zuletzt geändert durch Artikel 3 des Gesetzes vom 30.6.2017 (BGBl. I S. 2190); danach kommt dem Bund die Verwaltungskompetenz auch für den Rettungsdienst in den Offshore-Windparks der Ausschließlichen Wirtschaftszone zu; dazu *S. Biederbeck*, NdsVBl. 2012, 263 (265 f.).

[121] *Faßbender* (Fn. 17), Art. 89 Rn. 122 f.; zu den daraus folgenden Privatisierungsgrenzen s. *Gröpl* (Fn. 1), Art. 89 Rn. 118.

[122] § 1 I Nr. 2 BinSchAufG verweist auf eine mit den Ländern zu schließende Vereinbarung, nach deren Maßgabe die schiffahrtspolizeilichen Vollzugsaufgaben erfüllt werden; eine solche Vereinbarung stellt etwa die Vereinbarung zwischen der Bundesregierung und der Freien und Hansestadt Hamburg über die Ausübung der schiffahrtspolizeilichen Vollzugsaufgaben dar, HambGVBl. 1956 S. 83. Aufgabenübertragungen finden auch zwischen den Ländern statt, vgl. hierzu das Abkommen über die wasserschutzpolizeilichen Zuständigkeiten auf der Elbe zwischen Hamburg, Niedersachsen und Schleswig-Holstein, HambGVBl. 1974 S. 295.

[123] *Gröpl* (Fn. 1), Art. 89 Rn. 115; *Faßbender* (Fn. 17), Art. 89 Rn. 123; skeptisch *Durner* (Fn. 32), Art. 89 Rn. 49.

telbarkeit zum Bund vereinbar, insbesondere weil in den zugrundeliegenden Vereinbarungen Weisungs- und Direktionsbefugnisse der Bundesbehörden enthalten sind[124]. Dadurch ist eine hinreichende Zurechenbarkeit zum Bund sichergestellt[125].

D. Verhältnis zu anderen GG-Bestimmungen

Art. 89 I GG stellt eine gegenüber der allgemeinen Vermögensüberleitungsnorm des **Art. 134 GG** spezielle Regelung dar (→ Rn. 10). Die Gesetzgebungskompetenz des Bundes aus **Art. 74 I Nr. 21 GG** begrenzt die Bundesverwaltungskompetenzen aus Art. 89 II GG (→ Art. 83 Rn. 16). Die Anordnung der Bundesverwaltung für die Wasserwege, die Möglichkeit der Auftragsverwaltung wie auch die fakultative Verwaltungskompetenz des Bundes auf dem Gebiet der Schiffahrt stellen Ausnahmen von den Grundregeln des **Art. 83 GG** und – soweit es um »gesetzesfreie« Verwaltung geht – des **Art. 30 GG** dar (→ Rn. 8). **Art. 87 III GG** findet neben Art. 89 II GG keine Anwendung (→ Rn. 8). 30

124 Ausführlich *Dittmann*, Bundesverwaltung (Fn. 103), S. 198; für mit dem Grundgesetz unvereinbar hält diese Verwaltungsphänomene hingegen *R. Loeser*, Theorie und Praxis der Mischverwaltung, 1976, S. 196 ff.

125 Zu den Zulässigkeitsanforderungen an die Organleihe: → Art. 83 Rn. 51.

Artikel 90 [Bundesautobahnen und Bundesstraßen]

(1) [1]Der Bund bleibt Eigentümer der Bundesautobahnen und sonstigen Bundesstraßen des Fernverkehrs. [2]Das Eigentum ist unveräußerlich.

(2) [1]Die Verwaltung der Bundesautobahnen wird in Bundesverwaltung geführt. [2]Der Bund kann sich zur Erledigung seiner Aufgaben einer Gesellschaft privaten Rechts bedienen. [3]Diese Gesellschaft steht im unveräußerlichen Eigentum des Bundes. [4]Eine unmittelbare oder mittelbare Beteiligung Dritter an der Gesellschaft und deren Tochtergesellschaften ist ausgeschlossen. [5]Eine Beteiligung Privater im Rahmen von Öffentlich-Privaten Partnerschaften ist ausgeschlossen für Streckennetze, die das gesamte Bundesautobahnnetz oder das gesamte Netz sonstiger Bundesfernstraßen in einem Land oder wesentliche Teile davon umfassen. [6]Das Nähere regelt ein Bundesgesetz.

(3) Die Länder oder die nach Landesrecht zuständigen Selbstverwaltungskörperschaften verwalten die sonstigen Bundesstraßen des Fernverkehrs im Auftrage des Bundes.

(4) Auf Antrag eines Landes kann der Bund die sonstigen Bundesstraßen des Fernverkehrs, soweit sie im Gebiet dieses Landes liegen, in Bundesverwaltung übernehmen.

Literaturauswahl

Bartlsperger, Richard: Das Fernstraßenwesen in seiner verfassungsrechtlichen Konstituierung, 2006.
Bucher, Annegret: Privatisierung von Bundesfernstraßen, 1996.
Gottschewski, Marina: Zur rechtlichen Durchsetzung von europäischen Straßen, 1998.
Herber, Franz-Rudolf: Rechtsquellen und Strukturen des Straßenrechts, in: Kurt Kodal (Begr.), Straßenrecht, 7. Aufl. 2010, Kapitel 2, S. 27–107.
Hermes, Georg: Staatliche Infrastrukturverantwortung, 1998.
Ibler, Martin: Zur Bindungswirkung der Planungs- und Linienführungsbestimmung des Bundesministers für Verkehr bei der Fernstraßenplanung, in: DVBl. 1989, S. 76–86.
Marwege, Gabriele: Neu entdeckte Normen im Schadenersatzrecht: 1. und 2. AVV FStrG, in: VersR 2015, S. 950–954.
Pabst, Heinz-Joachim: Verfassungsrechtliche Grenzen der Privatisierung im Fernstraßenbau, 1997.
Schmitt, Susanne: Bau, Erhaltung, Betrieb und Finanzierung von Bundesfernstraßen durch Private nach dem FStrPrivFinG, 1999.
Sauthoff, Michael: Die Abstufung nicht fernverkehrsrelevanter Bundesfernstraßen, in: DÖV 2009, S. 974–984.
Weisheit, Susanne: Privatisierung von Bundesautobahnen – Rechtliche Möglichkeiten und Grenzen, 2011.
Wulfhorst, Reinhard: Die neue Bundesautobahnverwaltung: Strukturen – Aufgaben – Finanzierung – Umsetzung, in: Straße und Autobahn 2017, S. 636–643.
Zech, Jochen: Zuständigkeiten bei der Verwaltung der Bundesfernstraßen durch die Länder und Gemeinden, in: DVBl. 1987, S. 1089–1095.
Zillmer, Frank: Rechtsschutz der Länder gegen bundesfernstraßenrechtliche Weisungen, in: DÖV 1995, S. 49–55.

Siehe auch die Angaben zu Art. 85 GG.

Leitentscheidung des Bundesverfassungsgerichts

BVerfGE 102, 167 (172 ff., Rn. 30 ff.) – Bundesstraße B 75.

Gliederung

Rn.

Stichwörter

A. Herkunft, Entstehung, Entwicklung

1 Dem allmählichen Aufbau eines Straßennetzes im Verlauf des 19. Jahrhunderts folgend[1], sollte sich die gesamtstaatliche Zuständigkeit für die »Landstraßen« zunächst auf die »Oberaufsicht und das Recht der Gesetzgebung« beziehen, soweit »es der Schutz des Reiches oder das Interesse des allgemeinen Verkehrs erheischt«[2]. Auch nach der **Reichsverfassung von 1871**[3] beschränkte sich die Reichskompetenz auf die Beaufsichtigung und die Gesetzgebung für den Bereich der Herstellung von Landstraßen »im Interesse der Landesverteidigung und des allgemeinen Verkehrs«.

2 In der **Weimarer Verfassung** findet sich keine die Reichsstraßen betreffende Regelung der Verwaltungszuständigkeit[4]. Die Straßenverwaltung war somit Sache der Länder. Dem wachsenden Bedürfnis nach länderübergreifender Koordinierung wurde 1921 durch die Gründung des »Deutschen Straßenbauverbandes« Rechnung getragen. Aufgaben dieses Verbandes waren die Koordinierung des Fortschritts in Bau, Unterhaltung und Bewirtschaftung der Straßen sowie die Vorbereitung von einheitlichen Stellungnahmen in gemeinsamen Fragen[5]. Der Neuordnung der Fernstraßenverwaltung ab 1930[6] diente die Zentralisierung der Verkehrsverwaltung in den Bereichen der Eisenbahn und der Wasserstraßen (→ Art. 87e Rn. 1 ff.; → Art. 89 Rn. 2 f.) als Vorbild[7]. Die Reformpläne sahen eine Verbindung aus Reichseigentum und Reichsauftragsverwaltung vor[8].

3 Während sich im **HChE** weder eine Regelung der Eigentumsverhältnisse an den Fernstraßen noch eine Bestimmung der Straßenverwaltungszuständigkeit findet[9], wird für die Beratungen des Zuständigkeitsausschusses über die Frage der Straßenverwaltung einem Gutachten der Verkehrsverwaltung[10] maßgeblicher Einfluß beigemessen. In diesem wurde die Notwendigkeit der Straßenverwaltung als Bundesangelegenheit betont, die jedoch auftragsweise von den Ländern ausgeführt werden könne[11]. Einigkeit herrschte im **Zuständigkeitsausschuß** des Parlamentarischen Rates darüber, daß die Autobahnen Eigentum des Bundes, die Landstraßen Eigentum der Länder sein sollten[12]. Hinsichtlich der Frage der Verwaltung war jedoch umstritten, ob die Straßenverwaltung generell durch die Länder – im Falle der Autobahnen nach Weisung

---

[1] Vgl. dazu nur *H.-J. Pabst*, Verfassungsrechtliche Grenzen der Privatisierung im Fernstraßenbau, 1997, S. 35 ff.; *G. Hermes*, Staatliche Infrastrukturverantwortung, 1998, S. 256 ff.; *R. Bartlsperger*, Das Fernstraßenwesen in seiner verfassungsrechtlichen Konstituierung, 2006, S. 29 ff., 85 ff.

[2] So § 31 der Paulskirchenverfassung von 1849.

[3] Vgl. Art. 4 Nr. 8 RV 1871.

[4] Anders als in der RV 1871 hatte das Reich gemäß Art. 7 Nr. 19 WRV nur noch die Gesetzgebungskompetenz bezüglich des Baus von Landstraßen, soweit es sich um den allgemeinen Verkehr und die Landesverteidigung handelte; vgl. dazu auch *W. Durner*, in: Friauf/Höfling, GG, Art. 90 (2006), Rn. 2; *M. Sachs*, in: Sachs, GG, Art. 90 Rn. 1.

[5] *D. Wolst*, Die Bundesauftragsverwaltung als Verwaltungsform, 1974, S. 111.

[6] Dazu *Durner* (Fn. 4), Art. 90 Rn. 3; *C. Gröpl*, in: Maunz/Dürig, GG, Art. 90 (2013), Rn. 3 ff.

[7] *R. Bartlsperger*, in: BK, Art. 90 (1969), Rn. 3.

[8] *Bartlsperger* (Fn. 7), Art. 90 Rn. 3; zum Streit um die Verfassungsmäßigkeit der Reichsauftragsverwaltung: → Art. 85 Rn. 4.

[9] Zu den hypothetischen Folgen einer solchen Nichtregelung vgl. ausführlich *Bartlsperger* (Fn. 7), Art. 90 (Entstehungsgeschichte) Anm. 1.

[10] Zur genauen Fragestellung des Gutachtens vgl. Parl. Rat III, S. 406 m. Fn. 49.

[11] Vgl. zu dieser Einschätzung beispielsweise *Sachs* (Fn. 4), Art. 90 Rn. 4; *Bartlsperger* (Fn. 7), Art. 90 (Entstehungsgeschichte) Anm. 2.

[12] Parl. Rat III, S. 693 ff.

des Bundes – wahrgenommen werden sollte[13], oder ob die Verwaltung der Autobahnen Gegenstand bundeseigener, die der übrigen Straßen Gegenstand der Bundesauftragsverwaltung sein sollte[14]. Im **Hauptausschuß** wurde erörtert, ob die Autobahnen aufgrund ihrer Weiträumigkeit und technischen Eigenart gesondert zu behandeln und der Bundeseigenverwaltung zu unterstellen seien[15]. Insbesondere wurde auch auf die finanziellen Belastungen verwiesen, die im Falle einer Verwaltung der Autobahnen durch die Länder auf diese zukomme[16]. Auch wurde die Frage gestellt, ob die Eigentumsübertragung der Reichsstraßen auf die Länder verbunden mit der Auflage der Auftragsverwaltung nicht in sich widersprüchlich wäre[17]. Schließlich dehnte man das Eigentum des Bundes auf alle bisherigen Reichsstraßen aus, bezog die Selbstverwaltungskörperschaften als Verwaltungsträger mit ein und erweiterte die Möglichkeit der bundeseigenen Verwaltung auf Antrag des Landes auch auf die Bundesstraßen[18].

Nach der bis zum Jahr 2017 geltenden Fassung des Art. 90 GG wurden also sowohl die Autobahnen als auch die »sonstigen Bundesstraßen des Fernverkehrs« von den Ländern im Auftrag des Bundes (Art. 85 GG) verwaltet. Allerdings sah sich dieses System der **Auftragsverwaltung von Bundesfernstraßen** der **Kritik**[19] ausgesetzt, die u. a. auf die aus der Verausgabung »fremden Geldes« durch die Landesbehörden resultierenden Ineffizienzen und auf das Auseinanderfallen von Finanzierungs- und Sachentscheidungsverantwortung hinwies. Die Auftragsverwaltung erwies sich nach verbreiteter Ansicht nicht als geeignetes Modell für solche Aufgabenbereiche insbesondere der Leistungsverwaltung, die durch sehr hohe Zweckausgaben geprägt sind. Denn hier fallen die Finanzierungsverantwortung (Art. 104a II GG) einerseits und die Wahrnehmungs- und Sachkompetenz andererseits auch dann strukturell auseinander, wenn der Bund einzelne Sachentscheidungen durch Weisung (Art. 85 III GG) an sich ziehen kann[20]. 4

Diese Defizite der Auftragsverwaltung im Bereich der Bundesfernstraßen waren der Hintergrund für die wesentlichen **Änderungen und Ergänzungen**, die die bis dahin unveränderte Fassung von Art. 90 GG durch das **62. Änderungsgesetz vom 13.7.2017**[21] erfahren hat. Im Zuge der Neuregelung des bundesstaatlichen Finanzausgleichssystems (→ Art. 104b Rn. 22, 32; → Art. 107 Rn. 1, 6f., 13ff.) wurden die Bundesautobahnen mit einer Übergangsphase bis 31.12.2020 (Art. 143e I GG) von der Landesverwaltung im Auftrag des Bundes in Bundesverwaltung überführt. Gleichzeitige 5

[13] So der Vorschlag des Abg. Strauß, Parl. Rat III, S. 710. Strauß sieht eine Verwaltung durch die Länder als ausreichend an, da es im Interesse der Länder liege, die Straßen in gutem Zustand zu erhalten.

[14] So der Vorschlag des Abg. Hoch, abgedruckt in: JöR 1 (1951), S. 658.

[15] So der Abg. Hoch zur Begründung seines Vorschlages bereits in der 19. Sitzung des Zuständigkeitsausschusses (Parl. Rat III, S. 710) und in der 16. Sitzung des Hauptausschusses (Parl. Rat XIV, S. 501f.).

[16] So der Abg. Kaufmann in der 16. Sitzung des Hauptausschusses, Parl. Rat XIV, S. 502f.

[17] So der Abg. Höpker-Aschoff in der 16. Sitzung des Hauptausschusses, Parl. Rat XIV, S. 503f.

[18] Ausführlich zu den Verhandlungen des Hauptausschusses: Parl. Rat XIV, S. 1104ff.

[19] Zusammenfassend: Der Präsident des Bundesrechnungshofes als Bundesbeauftragter für Wirtschaftlichkeit in der Verwaltung (Hrsg.), Gutachten zur Neuordnung der Verwaltung im Bundesfernstraßenbau vom 11.10.2004, Kommission von BTag und BRat zur Modernisierung der bundesstaatlichen Ordnung, Kommissionsdrucksache 0082, Anlage, S. 33ff. m. w. N.; *C. Fischer/T. Weidmann*, ZRP 2005, 57ff.

[20] Zum Problem s. nur *C. Heitsch*, Die Ausführung der Bundesgesetze durch die Länder, 2001, S. 351ff.

[21] Gesetz zur Änderung des Grundgesetzes, BGBl. I S. 2347.

Bestrebungen, aus Anlaß dieser Änderung der Verwaltungskompetenz die Bundesfernstraßenverwaltung für Privatisierungen zu öffnen, wurden in Art. 90 II GG durch verschiedene Privatisierungsschranken zurückgewiesen.

6 Ohne die vorangegangenen Überlegungen zur Reform der Bundesauftragsverwaltung für Fernstraßen[22] aufzugreifen, wurde die Überführung zumindest der Autobahnen in Bundesverwaltung zum Bestandteil des großen »Paketes« zur Neuregelung des bundesstaatlichen Finanzausgleichssystems, dessen Eckpunkte im Beschluß der **Konferenz der Regierungschefinnen und Regierungschefs von Bund und Ländern vom 14.10.2016**[23] festgehalten sind. Zu den »Maßnahmen für die Verbesserung der Aufgabenerledigung im Bundesstaat«[24] gehörte danach die »Übernahme« der Bundesautobahnen[25] »in die Bundesverwaltung«, wobei diese Bundesverwaltung durch eine »unter staatlicher Regelung stehende **privatrechtlich organisierte Infrastrukturgesellschaft Verkehr**« erfolgen sollte. Nicht zuletzt angestoßen durch diese interpretationsoffenen Formulierungen erweiterte oder verlagerte sich die (verfassungs-)politische Diskussion weg von der ursprünglichen Frage der föderalen Verwaltungskompetenzverteilung im Fernstraßenwesen, weil deutlich wurde, daß zumindest Teile der Bundesregierung die Gelegenheit einer Neuordnung der Verwaltungszuständigkeiten für eine **Privatisierungsagenda** nutzen wollten[26]. In diesen Kontext gehörte der Umstand, daß eine Expertenkommission zur Stärkung von Investitionen in Deutschland[27] eine Reform als Instrument zur Mobilisierung privaten Kapitals für die Straßenerhaltung empfohlen hatte. Offenbar wurde aber auch nach attraktiven Anlagemöglichkeiten für den unter niedrigen Zinsen leidenden Finanzmarkt gesucht[28] und schließlich bot sich mit

---

[22] S. insbesondere den Abschlußbericht der Kommission »Bau und Unterhaltung des Verkehrsnetzes«: K. Bodewig (Hrsg.), Reformkonzept Bau und Unterhaltung des Verkehrsnetzes, 2016, S. 31 ff.; s. auch *Wissenschaftlicher Beirat beim Bundesminister für Verkehr, Bau und Stadtentwicklung*, Neuorganisation der Zuständigkeiten im Bereich der Bundesfernstraßen, Zeitschrift für Verkehrswissenschaft 2006, 81 ff.; *W. Kugele*, N&R 2010, 91 ff.; *T. Beckers/G. Hermes/A. Ryndin/H. Weiß/T. Becker/B. Reuße*, Reformmodelle für die Verwaltungsorganisation sowie die Bereitstellung und Finanzierung bei den Bundesfernstraßen, Eine institutionenökonomische Analyse unter Berücksichtigung (verfassungs-)rechtlicher Aspekte im Auftrag des ADAC, 2016, S. 21 ff.

[23] Der Wortlaut ist veröffentlicht vom Presse- und Informationsamt der Bundesregierung, Pressemitteilung 369 vom 14.10.2016; dort auch die nachfolgend zitierten Auszüge aus dem Beschluß.

[24] Von vielen naheliegenderweise interpretiert als der »Preis«, den die Länder für das erhebliche Entgegenkommen der Bundesregierung bei den Bund-Länder-Finanzbeziehungen zu zahlen hatten; s. etwa *R. Wulfhorst*, Straße und Autobahn 2017, 636 (638), der diesen Zusammenhang als »bekannt« voraussetzt.

[25] Der »Fokus« sollte auf den Bundesautobahnen liegen, während für die übrigen Bundesfernstraßen von einem »opt out« die Rede war; s. den Versuch einer Analyse des Beschlusses von *G. Hermes/H. Weiß*, Kurzbewertung des Beschlusses der Konferenz der Regierungschefinnen und Regierungschefs von Bund und Ländern am 14.10.2016 in Berlin zur Reform der Bundesfernstraßenverwaltung (B. 1. »Infrastrukturgesellschaft Verkehr«) aus rechtlicher Sicht, 2016, S. 3 ff.

[26] S. zu dem ersten im Sommer 2016 kursierenden Entwurf *G. Hermes/H. Weiß*, Rechtliches Kurzgutachten zur geplanten Änderung des Art. 90 GG, erstellt im Auftrag des Ministeriums für Verkehr Baden-Württemberg, 2016, S. 26 ff.; *C. Möllers*, Eine verfassungspolitische Bewertung der aktuellen Diskussion um eine Änderung des Art. 90 GG, Gutachten im Auftrag der Bundestagsfraktion Bündnis90/Die Grünen, 2016, S. 6 ff.; zusammenfassend die spätere Analyse von *C. Gröpl*, ZG 32 (2017), 114 (115 ff.).

[27] *Expertenkommission »Stärkung von Investitionen in Deutschland«*, Bericht der Expertenkommission im Auftrag des Bundesministers für Wirtschaft und Energie, Sigmar Gabriel, 2015, S. 38 ff. Diesen Bericht sieht als »Initialzündung« für die Autobahnreform *R. Wulfhorst*, Straße und Autobahn 2017, 636 (636).

[28] So etwa die plausible Einschätzung von *R. Wulfhorst*, Straße und Autobahn 2017, 636 (637).

einer möglichst staatsfernen Infrastrukturgesellschaft die Möglichkeit der Schuldenaufnahme ohne Bindung an die nationale und insbesondere an die europäischen Schuldenbegrenzungsregeln (»Maastricht-Kriterien«)[29].

Diese mehr oder weniger explizite Privatisierungsoption, ohne die die heutige Gestalt insbesondere von Art. 90 II GG nicht verständlich wird[30], prägte den **Entwurf der Bundesregierung** für die Neufassung von Art. 90 GG[31] und vor allem den parallel dazu vorgelegten Entwurf einer Serie von »Begleitgesetzen«[32], ohne den ersterer nicht verständlich ist. So findet sich etwa zu der im Entwurf zu Art. 90 I GG betonten Unveräußerlichkeit des Bundeseigentums an Fernstraßen der etwas kryptische Hinweis darauf, daß »sonstige Verfügungen« wie »beispielsweise die Einräumung von Grunddienstbarkeiten oder Nießbrauchsrechten an die Gesellschaft« unberührt bleiben sollen. In den Begleitgesetzen wurde dann deutlich, daß die Infrastrukturgesellschaft »perspektivisch über ein sich selbst tragendes Geschäftsmodell« auf der Basis einer »vollständigen Nutzerfinanzierung der Autobahnen« verfügen sollte[33]. Zu den zentralen Elementen[34] dieser **Privatisierungsoption** gehörte etwa die Übertragung des wirtschaftlichen Eigentums auf die Gesellschaft (Nießbrauchsrechte privater und öffentlich-rechtlicher Natur), der direkte Zufluß der Nutzungsentgelte an die Gesellschaft als eigene »Einnahmen«[35] und ihre Berechtigung, Kredite aufzunehmen, sowie die Beschränkung parlamentarischer Einfluß- und Kontrollmöglichkeiten gegenüber der Gesellschaft[36]. 7

Nach intensiver öffentlicher Diskussion[37], die nicht zuletzt zur Grundsatzfrage der Privatisierung öffentlicher Infrastruktur geführt wurde, beschloß der federführende **Haushaltsausschuß wesentliche Änderungen**, die auf Verfassungsebene den Ausschluß unmittelbarer oder mittelbarer Beteiligung Dritter an der Infrastrukturgesellschaft (Art. 90 II 4 GG) und die Begrenzung funktionaler Privatisierung (Art. 90 II 5 GG) 8

---

[29] Zusammenfassend zu diesem Motivbündel *R. Wulfhorst*, Straße und Autobahn 2017, 636 (637); speziell zur Bedeutung der Schuldenbegrenzungsregeln in diesem Kontext *G. Hermes/A. Schmidt*, Privatisierung der Infrastruktur als Weg aus der Schuldenbremse? Rechtliche Rahmenbedingungen der Finanzierung von Infrastrukturinvestitionen durch öffentliches und privates Kapital im Kontext der Schuldenbremsen, 2016, S. 4ff.

[30] Auch *B. Remmert*, in: Epping/Hillgruber, GG (online, Stand: 15.8.2017), Art. 90 Rn. 14 mißt der ursprünglich verfolgten Privatisierungsoption maßgebliche Bedeutung für das Verständnis von Art. 90 II GG bei.

[31] BT-Drs. 18/11131, S. 7 (Text) und 15f. (Begründung).

[32] BT-Drs. 18/11135, S. 36ff. (Text) und 99ff. (Begründung).

[33] BT-Drs. 18/11135, S. 113.

[34] Klar zusammenfassend *C. Gröpl*, ZG 2017, 114 (115ff.); zum Verständnis des Regierungsentwurfs trug das erst später veröffentlichte Rechtsgutachten bei, das offensichtlich den Regierungsentwurf vorbereitet hatte: *Graf von Westphalen*, Gutachtliche Stellungnahme zur Gründung einer privatwirtschaftlich agierenden Verkehrsinfrastrukturgesellschaft des Bundes für den Bau, die Erhaltung, den Betrieb, die Unterhaltung und die Finanzierung der Bundesautobahnen in der Rechtsform einer GmbH, 2017, wo als »Zielstruktur Beteiligungen Privater am Stammkapital der Gesellschaft und ggf. auch deren Umwandlung in eine Aktiengesellschaft« (S. 4) konzipiert worden war.

[35] BT-Drs. 18/11135, S. 113.

[36] Umfangreiche Analysen des Regierungsentwurfs unter diesem Blickwinkel finden sich in den Stellungnahmen der Sachverständigen für die öffentliche Anhörung des Haushaltsausschusses des Bundestages am 27.3.2017, Ausschußdrucksache 18(8)4233.

[37] Dabei nahm auch der Präsident des Bundesrechnungshofs als Bundesbeauftragter für Wirtschaftlichkeit in der Verwaltung eine wesentliche – privatisierungsskeptische – Rolle ein: zusammenfassend im Gutachten zu Organisationsformen und Finanzierungsvarianten für die Bundesfernstraßen, 2017; exemplarisch etwa der Diskussionsbeitrag von *T. Engartner*, APuZ 16-17/2017, 12ff.

zum Inhalt hatten. Sie wurden auf der Ebene des Begleitgesetzes flankiert durch zahlreiche Einzeländerungen[38], die konzeptionell darauf ausgerichtet waren, das Modell einer privatwirtschaftlich agierenden Verkehrsinfrastrukturgesellschaft des Bundes durch das Modell einer **Bundesverwaltung in Privatrechtsform** zu ersetzen[39]. Zu diesen Änderungen gehörte insbesondere der Verzicht auf eine Übertragung des wirtschaftlichen Eigentums auf die Gesellschaft und die Budgethoheit des Bundestages über die »Einnahmen« aus Straßenbenutzungsabgaben (keine Gläubigerstellung der Gesellschaft hinsichtlich der Nutzungsentgelte). Ausgeschlossen wurden auch die Berechtigung der Gesellschaft, Kredite am Markt aufzunehmen, sowie eine mögliche Umgehung der Schuldenbremsen durch Übertragung von Schulden vom Bund oder Dritten auf die Gesellschaft. Auch die wesentliche Erweiterung der Einflußmöglichkeiten des Bundestages und die Prüfung der Haushalts- und Wirtschaftsführung der Gesellschaft durch den Bundesrechnungshof gehört in diesen Zusammenhang.

9 Nach einem durch extremen Zeitdruck geprägten Gesetzgebungsverfahren[40] ist die **Neufassung des Art. 90 GG** mit den durch den Haushaltsausschuß empfohlenen Ergänzungen (→ Rn. 8) als Bestandteil des 62. Änderungsgesetzes (→ Rn. 5) am **20.7.2017 in Kraft getreten**. Das vom Bundestag gleichzeitig am 1.6.2017 beschlossene **Begleitgesetz**[41] hat der Bundespräsident wegen – im Ergebnis durchgreifender (→ Rn. 40) – verfassungsrechtlicher Bedenken gegen eine Regelung zur fakultativen Länderzuständigkeit für die Planfeststellung von Autobahnen trotz obligatorischer Bundesverwaltung zunächst »angehalten«, im Interesse des Inkrafttretens der wichtigen übrigen Vorschriften – insbesondere zur Neuregelung der föderalen Finanzbeziehungen – dann aber doch am 14.8.2017 ausgefertigt.

B. Internationale, supranationale und rechtsvergleichende Bezüge

10 Aus der existentiellen Funktion von Verkehrssystemen für die soziale und wirtschaftliche Integration von Gemeinwesen, die erst im Entstehungsprozeß begriffen sind, erklärt sich das wachsende Interesse der **Europäischen Union** an einem europaweit vernetzten funktionsfähigen Straßenverkehrsnetz[42]. Nachdem die Union über lange Zeit die infrastrukturellen Voraussetzungen eines funktionierenden Binnenmarktes als eine durch die Mitgliedstaaten sichergestellte Selbstverständlichkeit betrachtet hatte, trugen die durch den Unionsvertrag eingefügten **Art. 170ff. AEUV** über die

[38] S. die Synopse in BT-Drs. 18/12589, S. 64ff.

[39] Ähnlich *R. Wulfhorst*, Straße und Autobahn 2017, 636 (640f.); dort auch die Hervorhebung der nachfolgend erwähnten Schwerpunkte der Änderungen des Haushaltsausschusses.

[40] Als Symptom einer auch verfassungsrechtlich nicht unproblematischen Eile des Verfahrens sei erwähnt, daß ein Teil des Begleitgesetzes nach seinem Art. 25 II 2 bereits am 1.7.2017 in Kraft treten sollte, dem Bundespräsidenten aber erst am 19.7.2017 zur Ausfertigung zugeleitet wurde; s. Schreiben des Bundespräsidenten vom 14.8.2017, insoweit nicht wiedergegeben in der Pressemitteilung des Bundespräsidialamtes vom selben Tag.

[41] Gesetz zur Neuregelung des bundesstaatlichen Finanzausgleichssystems ab dem Jahr 2020 und zur Änderung haushaltsrechtlicher Vorschriften vom 14.8.2017, BGBl. I S. 3122: Art. 13 Gesetz zur Errichtung einer Infrastrukturgesellschaft für Autobahnen und andere Bundesfernstraßen (Infrastrukturgesellschaftserrichtungsgesetz – InfrGG), Art. 14 Gesetz zur Errichtung eines Fernstraßen-Bundesamtes (Fernstraßen-Bundesamt-Errichtungsgesetz – FStrBAG), Artikel 15 Gesetz zu Überleitungsregelungen zum Infrastrukturgesellschaftserrichtungsgesetz und zum Fernstraßen-Bundesamt-Errichtungsgesetz sowie steuerliche Vorschriften (Fernstraßen-Überleitungsgesetz – FernstrÜG).

[42] Vgl. dazu *Hermes*, Infrastrukturverantwortung (Fn. 1), S. 324ff., 328f.

transeuropäischen Netze dem steigenden Bedürfnis nach einer Vergemeinschaftung der Straßenplanung und -finanzierung Rechnung. Allerdings beschränkt sich die Kompetenz der Union im Wesentlichen auf sog. »Leitlinien« und Förderungsmaßnahmen, aus denen sich keine Pflichten der Mitgliedstaaten im Hinblick auf die Planung, den Neu- oder Ausbau von Fernstraßen ergeben[43]. Was die Nutzung des Straßennetzes angeht, so verlangt das Unionsrecht diskriminierungsfreien Zugang[44] und hat durch umfangreiches Sekundärrecht die verkehrswirtschaftsrechtlichen Beschränkungen des gewerblichen Personen- und Güterverkehrs beseitigt oder jedenfalls harmonisiert sowie die Erhebung von Straßenbenutzungsgebühren vereinheitlicht[45].

Große praktische Bedeutung für den Verwaltungsvollzug im Bereich des Neu- und 11
Ausbaus von Bundesstraßen kommt darüber hinaus den verschiedenen EU-Richtlinien zu, die **Umweltstandards** und umweltbezogene **Verfahrensregelungen** enthalten[46]. Schließlich ist in diesem Zusammenhang das **Vergaberecht** insbesondere für Bauaufträge zu nennen, dessen Regelung in §§ 97 ff. GWB auf umfangreichen unionsrechtlichen Vorgaben beruht[47].

C. Erläuterungen

I. Regelungsgehalte und Systematik

1. Bundesautobahnen und sonstige Bundesfernstraßen als Regelungsgegenstände

Regelungsgegenstände von Art. 90 GG sind Bundesautobahnen und sonstige Bundes- 12
straßen des Fernverkehrs. Zu diesen zusammenfassend als **Bundesfernstraßen** bezeichneten Straßen gehören zunächst die nach Absatz 1 der alten Fassung von Art. 90 GG in das Eigentum des Bundes überführten **früheren Reichsfernstraßen**[48]. Über deren weiteres Schicksal hatte und hat der Bundesgesetzgeber ebenso wie über den Status neuer Bundesfernstraßen im Rahmen seiner Kompetenz aus Art. 74 I Nr. 22 GG zu befinden. Nach der in § 1 I FStrG getroffenen und verfassungsrechtlich nicht zu beanstandenden Entscheidung kommt es auf ihre Einbindung in ein zusammenhängendes Netz bereits vorhandener Bundesfernstraßen und auf ihre Funktion an, die auf den »weiträumigen Verkehr« bezogen sein muß[49]. Das Eigentum des Bundes an den Stra-

[43] Ausführlich dazu *M. Gottschewski*, Zur rechtlichen Durchsetzung von europäischen Straßen, 1998, S. 59 ff., 104 ff.

[44] Zur Verpflichtung der Mitgliedstaaten aus Art. 34 AEUV, auch gegen eine Behinderung der Straßennutzung durch private Dritte einzuschreiten, vgl. EuGH v. 9.12.1997, C-265/95, Rn. 29 ff. – *Kommission/Frankreich*.

[45] Vgl. nur den Überblick bei *S. Sendmeyer*, Transport- und Verkehrsrecht, in: Schulze/Zuleeg/Kadelbach, Europarecht, § 34 Rn. 22 ff.

[46] Etwa die Vogelschutz-Richtlinie, die Fauna-Flora-Habitat-Richtlinie, Luftqualitätsrichtlinien sowie die Richtlinien zur Umweltverträglichkeitsprüfung; s. dazu die Übersicht bei *L. Krämer/G. Winter*, Umweltrecht, in: Schulze/Zuleeg/Kadelbach, Europarecht, § 26 Rn. 111 ff., 125 ff., 146 ff., 183 ff.

[47] Vgl. dazu nur die Übersicht bei *R. Noch*, Öffentliches Auftragsrecht, in: Schulze/Zuleeg/Kadelbach, Europarecht, § 29 Rn. 83 ff.

[48] Dazu wie auch zu den Bundesfernstraßen auf dem Gebiet der ehemaligen DDR: → Bd. III[2], Art. 90 Rn. 11 f.

[49] Bei § 1 I FStrG handelt es sich um eine Konkretisierung der in Art. 90 GG enthaltenen Begriffe; zustimmend *Remmert* (Fn. 30), Art. 90 Rn. 4; ausführlich zum Kriterium der Weiträumigkeit *M. Sauthoff*, DÖV 2009, 974 (975 ff.). Dazu, daß es dem Bund für eine Abstufung von Bundes- zu Landesstraßen an der Gesetzgebungskompetenz fehlt: → Rn. 30.

ßengrundstücken ist nicht Voraussetzung für die Eigenschaft als Bundesfernstraße, sondern deren Rechtsfolge (→ Rn. 21ff.). Da die Gegenstände der gesetzesakzessorischen Bundes- und Bundesauftragsverwaltung nicht weiter reichen können als die Bundesgesetzgebungskompetenz[50] (→ Art. 83 Rn. 16) können Bundesfernstraßen allerdings nur solche sein, deren Planung, Status, Nutzungsordnung etc. bundesgesetzlich geregelt ist. »**Landesfernstraßen**«, die ihre rechtliche Grundlage im Landesrecht finden, sind nicht Gegenstand des Art. 90 GG[51].

13 Als **Bundesautobahnen** werden traditionell und nach der – verfassungsrechtlich nicht zu beanstandenden – Definition in § 1 III FStrG solche Bundesfernstraßen bezeichnet, die nur für den Schnellverkehr mit Kraftfahrzeugen bestimmt und so angelegt sind, daß sie frei von höhengleichen Kreuzungen und für Zu- und Abfahrt mit besonderen Anschlußstellen ausgestattet sind. Außerdem »sollen« sie getrennte Fahrbahnen für den Richtungsverkehr haben. Einzelfragen der Abgrenzung zu sonstigen Bundesfernstraßen, die sich insbesondere bei der Überleitung der Bundesautobahnen in die Bundesverwaltung nach Art. 90 II GG stellen können, sind Gegenstand gesetzlicher Regelung (Art. 143e I 2 GG).

14 Obwohl bei diesen das Kriterium der Weiträumigkeit des Verkehrs (→ Rn. 12) mit der zunehmenden Verdichtung des Autobahnnetzes zweifelhaft geworden ist[52], fallen alle anderen Bundesfernstraßen in die von Art. 90 GG so bezeichnete Kategorie der **sonstigen Bundesfernstraßen**. Umstritten ist hier, ob auch die **Ortsdurchfahrten** der Bundesstraßen von Art. 90 GG erfaßt werden[53], oder ob diese in die Selbstverwaltungskompetenz der Gemeinden fallen[54]. Im ersten Fall würde es sich bei der Wahrnehmung von Aufgaben der Straßenverwaltung durch die Gemeinden[55] um »mittelbare Auftragsverwaltung« nach Art. 90 III GG handeln[56], die allerdings nicht durch Bundesgesetz, sondern nur durch Landesrecht begründet werden könnte (→ Rn. 51). Die Vertreter der zweiten Ansicht weisen demgegenüber darauf hin, daß die Straßenbaulast für die Ortsdurchfahrten der Bundesstraßen (teilweise) bei den (größeren) Gemeinden und nicht beim Bund liegt, so daß diese Aufgabe auch nicht in seinem Auftrag verwaltet werden könne. Die Aufgabe werde von den Gemeinden in eigener Verantwortung wahrgenommen und sie unterlägen dabei nur der Rechtsaufsicht[57]. Obwohl auf diese Weise Lücken in das nur zusammenhängend funktionierende Bundesfernstraßennetz geschlagen werden, verdient diese Auffassung Zustimmung. Ortsdurchfahrten dienen nicht ausschließlich dem Fernverkehr, so daß bereits der Wortlaut des Art. 90 I, III und IV GG Anlaß zu Zweifeln an ihrer Zuordnung zum Regelungsbereich von Art. 90 GG liefert. Außerdem würde diese Zuordnung den Gemeinden die planerische Gestaltung des örtlichen Verkehrsgeschehens und damit

---

[50] Zur Gesetzgebungskompetenz des Bundes als »äußerste Grenze für seine Verwaltungsbefugnisse« etwa BVerfGE 102, 167 (174, Rn. 36).

[51] So auch *Sachs* (Fn. 4), Art. 90 Rn. 17.

[52] S. dazu nur *B. Witting*, DVBl. 2010, 408ff.

[53] So etwa *Bartlsperger* (Fn. 7), Art. 90 Rn. 62; *Gröpl* (Fn. 6), Art. 90 Rn. 37, 44; *M. Ibler*, in: v. Mangoldt/Klein/Starck, GG III, Art. 90 Rn. 34; ausführliche Nachweise bei *F.-R. Herber*, Rechtsquellen und Strukturen des Straßenrechts, in: K. Kodal (Begr.), Straßenrecht, 7. Aufl. 2010, Kap. 2 Rn. 75.3ff.

[54] *J. Zech*, DVBl. 1987, 1089 (1094f.); *Herber* (Fn. 53), Kap. 2 Rn. 75.4f.

[55] § 5 II 1 FStrG weist den Gemeinden ab einer Einwohnerzahl von 80.000 die Straßenbaulast an den Ortsdurchfahrten der Bundesstraßen zu.

[56] *E. Marschall*, DÖV 1950, 6 (8).

[57] *J. Zech*, DVBl. 1987, 1089 (1095); *Herber* (Fn. 53), Kap. 2 Rn. 75.4.

ein zentrales Element der Selbstverwaltungsgarantie (→ Art. 28 Rn. 130) entziehen. Schließlich wäre die finanzielle Verantwortung der Gemeinden für die Ortsdurchfahrten[58] mit Art. 104a II GG nicht zu vereinbaren, wenn diese in den Anwendungsbereich von Art. 90 GG fielen. Daraus folgt insbesondere, daß im Hinblick auf Ortsdurchfahrten Art. 83 f. GG und insbesondere Art. 84 I 7 GG Anwendung finden (→ Rn. 52).

2. Eigentum an den Straßengrundstücken und Straßenverwaltung

Art. 90 GG regelt einerseits in Absatz 1 das zivilrechtliche (→ Rn. 21) **Eigentum** an den Straßengrundstücken und andererseits in den Absätzen 2 bis 4 die **Verwaltung** von Bundesstraßen. Dieser Unterscheidung liegt das traditionelle – auch vor 1949 bereits herrschende[59] und auch Art. 90 GG prägende – Verständnis zugrunde, wonach Straßen und die für Straßen genutzten Grundstücke sowohl Gegenstand der zivilrechtlichen Eigentumsordnung als auch Gegenstand einer diese überlagernden öffentlich-rechtlichen Nutzungsordnung sind. Diese deutsche **Theorie des »modifizierten Privateigentums«**[60] führt zu einer Aufspaltung der staatlichen Verantwortung für öffentliche Straßen[61] in diejenigen Rechte und Pflichten, die sich nach zivilrechtlichen Regeln bemessen, und in die Wahrnehmung der öffentlich-rechtlichen Sachherrschaftsbefugnisse und -verpflichtungen. Allerdings kommt der nach Maßgabe des öffentlichen Straßenrechts wahrzunehmenden **Verwaltungsaufgabe** die eindeutig dominierende Rolle zu, weil Planung, Betrieb (Unterhaltung) und Nutzungsordnung sich alleine nach dieser richten, während aus dem zivilrechtlichen (Rest-)Eigentum an den Straßengrundstücken nur solche rudimentären Rechte und Pflichten folgen können, die die infrastrukturelle Funktion der Straße nicht beeinträchtigen. 15

Warum das Grundgesetz im Abschnitt über die Verteilung der Verwaltungskompetenzen zwischen Bund und Ländern dennoch Fragen des zivilrechtlichen Eigentums prominent thematisiert, erschließt sich nicht ohne weiteres. Die bis 2017 geltende **alte Fassung von Art. 90 I GG**, wonach der Bund Eigentümer der bisherigen Reichsautobahnen und Reichsstraßen wurde, erfüllte als Spezialregelung zur allgemeinen Vermögensüberleitungsnorm des **Art. 134 GG** eine **Überleitungsfunktion**, während ihr weder für neue Bundesfernstraßen noch für das weitere Schicksal des Eigentums an Straßengrundstücken Bedeutung beigemessen wurde[62] (→ Bd. III², Art. 90 Rn. 8). Wenn man **Art. 90 I GG in seiner neuen Fassung** und insbesondere die in Satz 2 proklamierte »Unveräußerlichkeit« des Eigentums nicht als den Versuch einer Verschleierung im Kontext der ursprünglich verfolgten Privatisierungsabsichten (→ Rn. 7) inter- 16

[58] Nach § 5a FStrG »kann« der Bund Zuwendungen für den Bau oder Ausbau von Ortsdurchfahrten im Zuge von Bundesstraßen gewähren.

[59] Vgl. etwa *R. Thoma*, AöR 38 (1918), 307 ff.

[60] Vgl. dazu nur *Pabst*, Grenzen (Fn. 1), S. 49 f. m. w. N.; *H.-J. Papier*, Straßenrecht, in: Ehlers/Fehling/Pünder, Bes. Verwaltungsrecht II, § 43 Rn. 3 ff.; *P. Axer*, Die Widmung als Schlüsselbegriff des Rechts der öffentlichen Sachen, 1994, S. 48 ff.; krit. *Hermes*, Infrastrukturverantwortung (Fn. 1), S. 382 ff.

[61] Dazu *Hermes*, Infrastrukturverantwortung (Fn. 1), S. 189 ff., 323 ff.; *Bartlsperger*, Fernstraßenwesen (Fn. 1), S. 26, 83 ff.; zum Aufgabengehalt des Art. 90 II GG (Infrastrukturverantwortung des Bundes zur Schaffung und Aufrechterhaltung eines ausreichenden Fernstraßennetzes) s. auch *Durner* (Fn. 4), Art. 90 Rn. 27.

[62] Ausführlich zum Verhältnis von Art. 90 I GG a. F. und Art. 134 GG: *A. Bucher*, Privatisierung von Bundesfernstraßen, 1996, S. 115 ff.; die Spezialität von Art. 90 I GG übersieht BVerfGE 102, 167 (168, Rn. 2).

pretieren will, so kann die Regelung nur als der verfassungsrechtliche Versuch[63] verstanden werden, trotz der durch die Theorie des modifizierten Privateigentums verursachten Zweispurigkeit von zivilrechtlichem und öffentlich-rechtlichem Regime (→ Rn. 15) die Verantwortlichkeiten für die Bundesstraßen in einer Hand (des Bundes) zusammenzuhalten. Wie schon die Rede von der »Überlagerung« des zivilrechtlichen Eigentums zum Ausdruck bringt, ist das zivilrechtliche Eigentum Anknüpfungspunkt und Voraussetzung für die Wahrnehmung der öffentlich-rechtlich geregelten Straßenverwaltungsaufgaben. Insofern schafft das durch Art. 90 I GG garantierte Bundeseigentum »die vermögensmäßigen Voraussetzungen für eine einheitliche Bundesverwaltung«[64]. Außerdem folgt aus dem in Art. 90 I GG hergestellten Konnex zwischen privatrechtlichem und öffentlich-rechtlichem Regime, daß die »Verwaltung« einer Straße nicht allein in der Wahrnehmung der Aufgaben und Befugnisse besteht, die Bestandteil der öffentlich-rechtlichen Ordnung sind. Auch die **Wahrnehmung der »privaten« Rechte und Pflichten** als Wegeeigentümer[65] gehört zu den **Verwaltungsaufgaben** (→ Rn. 28), um deren bundesstaatliche Verteilung es in Art. 90 GG ebenso wie im gesamten VIII. Abschnitt geht.

17 Weil das (Rest-)Eigentum an den Straßengrundstücken im Verhältnis zu dem öffentlich-rechtlichen Regime der Planung, Unterhaltung und Nutzung von Bundesfernstraßen nur eine marginale Rolle spielt, mußte Art. 90 I GG in seiner alten Fassung für die sich seit geraumer Zeit stellenden Fragen der Privatisierung ohne maßgebliche Bedeutung bleiben[66]. Daran hat sich mit der Neufassung 2017 nichts Grundlegendes geändert, wenn auch die in Art. 90 I 2 GG betonte »Unveräußerlichkeit« gegenüber der vorherigen Verfassungsrechtslage ein Novum darstellt (→ Rn. 26) und im Kontext der weiteren Privatisierungsschranken in Art. 90 II GG (→ Rn. 31 ff., 44) die insgesamt **privatisierungsabwehrende Tendenz** von Art. 90 GG bestätigt.

3. Kompetenzverteilung, Aufgabengehalt (Privatisierungsgrenzen), Organisationsnorm

18 Im Zentrum der Regelungen der Absätze 2 bis 4 von Art. 90 GG steht die **Verteilung der Kompetenz für die Verwaltung der Bundesfernstraßen zwischen Bund und Ländern**, die in Art. 90 II GG für Bundesautobahnen obligatorische Bundesverwaltung[67] (→ Rn. 40) vorsieht, während es nach Art. 90 III GG für die sonstigen Bundesfernstraßen bei dem Typus der Auftragsverwaltung bleibt (→ Rn. 48). Für diese sonstigen Bundesfernstraßen sieht Art. 90 IV GG auf Antrag des jeweiligen Landes die Übernahme durch den Bund in Bundesverwaltung vor (fakultative Bundesverwaltung: → Rn. 57 ff.).

---

[63] Es wurde kein vollständiger Gleichklang von privatem Straßengrundstückseigentum und Verwaltungsverantwortung hergestellt: → Rn. 23 f.

[64] So zutreffend *Bartlsperger* (Fn. 7), Art. 90 Rn. 32.

[65] Hierher gehört insbesondere der Abschluß von nach h. M. zivilrechtlichen Verträgen über die Nutzung des unterirdischen Straßenraums für die Verlegung von Leitungen; vgl. dazu *Hermes*, Infrastrukturverantwortung (Fn. 1), S. 382 ff., 448 ff.

[66] Vgl. dazu nur *Bucher*, Privatisierung (Fn. 62), S. 112 ff.; *Pabst*, Grenzen (Fn. 1), S. 48 ff.; *S. Schmitt*, Bau, Erhaltung, Betrieb und Finanzierung von Bundesfernstraßen durch Private nach dem FStrPrivFinG, 1999, S. 245 ff.; *Gröpl* (Fn. 6), Art. 90 Rn. 27, 84; a. A. *Ibler* (Fn. 53), Art. 90 Rn. 1.

[67] Damit erübrigt sich die frühere Diskussion, ob dem Bund nach der bis 2017 geltenden Fassung von Art. 90 GG die Kompetenz zukam, das Autobahnmautgesetz durch eigene Bundesbehörden (Bundesamt für Güterverkehr) zu vollziehen. → Bd. III^2, Art. 90 Rn. 19 m. Fn. 78.

Indem Art. 90 GG das Eigentum an den Bundesfernstraßengrundstücken dem Bund zuordnet und gegen Veräußerung schützt (Absatz 1), für Bundesautobahnen Bundesverwaltung anordnet und mit speziellen Privatisierungsgrenzen versieht (Absatz 2) und für die sonstigen Bundesfernstraßen Bundesauftragsverwaltung normiert (Absatz 3), enthält er zugleich die **Staatsaufgabe**, für ein **funktionsfähiges Fernstraßennetz** zu sorgen[68]. Dabei handelt es sich – anders als bei Eisenbahn (→ Art. 87e Rn. 22 f.), Post und Telekommunikation (→ Art. 87f Rn. 15 ff.) – nicht lediglich um eine Gewährleistungsverantwortung[69], sondern eine dem Typus der Leistungsverwaltung zuzuordnende **Bereitstellungsverantwortung**, weil der Einschaltung Privater offensichtlich enge Grenzen gesetzt sind[70]. Für die Bundesverwaltung der Autobahnen sind explizite **Privatisierungsgrenzen** in Art. 90 II GG enthalten (→ Rn. 31 ff., 44). Für die Verwaltung der sonstigen Bundesfernstraßen durch die Länder im Auftrag des Bundes kann im Grundsatz nichts anderes gelten, weil ohne den durch eine solche **Privatisierungsgrenze** bewirkten Verbleib eines Kernbestandes von Straßenverwaltungsaufgaben in staatlicher Verantwortung der Verwaltungskompetenzvorschrift des Art. 90 III GG die Grundlage entzogen wäre. Unabhängig davon sprechen gute Gründe dafür, daß speziell die Grenze für funktionale Privatisierungen in **Art. 90 II 5 GG** auch im Rahmen der Verwaltung sonstiger Bundesfernstraßen durch Länder nach Art. 90 III GG gilt (→ Rn. 33). 19

Schließlich weist Art. 90 II GG mit der Möglichkeit, eine Gesellschaft privaten Rechts in die Erledigung der Straßenverwaltungsaufgaben einzuschalten und mit der näheren Begrenzung und Ausgestaltung dieser Option einen **organisationsrechtlichen Gehalt** auf. Privatrechtsförmige Bundesverwaltung wird ausdrücklich zugelassen und zugleich in ihren Ausgestaltungsmöglichkeiten gegen Privatisierungen gesichert (→ Rn. 42 ff.). 20

II. Eigentum an Bundesfernstraßen (Art. 90 I GG)

1. Zuordnung zivilrechtlichen Eigentums an Bundesfernstraßengrundstücken

Wenn Art. 90 I GG dem Bund die Stellung als Eigentümer zuweist, so ist damit vor dem Hintergrund der traditionellen Konzeption des deutschen Straßenrechts (→ Rn. 15) das **Eigentum i. S. d. Zivilrechtsordnung**[71] gemeint, das allerdings von den öffentlich-rechtlichen Regeln des Bundesfernstraßengesetzes überlagert wird[72]. Die Gegenmeinung, die davon ausgeht, daß es sich um eine »Vermögensträgerschaft an den 21

---

[68] Ähnlich *Remmert* (Fn. 30), Art. 90 Rn. 10; s. auch *Schmitt*, Bau (Fn. 66), S. 246 ff.

[69] Nachdem im Verlauf des Gesetzgebungsverfahrens dem Privatisierungsmodell eine Absage erteilt worden war, bedurfte es deshalb – entgegen *R. Wulfhorst*, Straße und Autobahn 2017, 636 (640) – keiner Gewährleistungsklausel in Art. 90 GG.

[70] Ausführlich zu älteren (vor der Verfassungsänderung 2017 diskutierten) Privatisierungsfragen *Bartlsperger*, Fernstraßenwesen (Fn. 1), S. 83 ff.; *S. Weisheit*, Privatisierung von Bundesautobahnen, 2011, S. 129 ff.; Einzelheiten – insbesondere zum Fernstraßenbauprivatfinanzierungsgesetz vom 30.8.1994 (BGBl. I S. 2243) – bei *Bucher*, Privatisierung (Fn. 62), S. 118 ff.; *Pabst*, Grenzen (Fn. 1), S. 195 f.; *Schmitt*, Bau (Fn. 66), S. 245 ff.; allg. zur staatlichen Verantwortung für das Verkehrssystem *Hermes*, Infrastrukturverantwortung (Fn. 1), S. 323 ff.

[71] *Remmert* (Fn. 30), Art. 90 Rn. 1; *Gröpl* (Fn. 6), Art. 90 Rn. 20; im Ergebnis ebenso, aber mit Sympathie für die Gegenmeinung: *H.-P. Bull*, in: AK-GG, Art. 90 (2001), Rn. 5, der durch die öffentlich-rechtliche Inpflichtnahme der Straße eine Reduzierung des Eigentums auf eine »formale Position ohne materiellen Wert« sieht.

[72] Jarass/*Pieroth*, GG, Art. 90 Rn. 1.

dem Privatrecht entzogenen sächlichen Bestandteilen einer Verwaltungsleistung« handelt[73], wird zwar der infrastrukturellen Funktion von Straßen besser gerecht[74]. Sie wurde aber der begrenzten Überleitungsfunktion (→ Rn. 16) der alten Fassung des Art. 90 I GG nicht gerecht und auch dessen Neufassung verfolgt offensichtlich nicht das Ziel, grundsätzliche neue Aussagen zu der bundesstraßenrechtlichen Ordnung zu treffen. Andererseits kann die Bestätigung der zivilrechtlichen Eigentümerstellung des Bundes in Art. 90 I GG aber auch nicht als verfassungsrechtliche Zementierung der traditionellen Lehre vom modifizierten Privateigentum verstanden werden, so daß die gesetzliche Einführung von **öffentlichem Eigentum** an den dort genannten Straßen nicht ausgeschlossen ist[75].

22 Nach ihrer Funktion (→ Rn. 16) ist die in Art. 90 I GG normierte Eigentumszuordnung zum Bund grundstücksbezogen und betrifft alle **Grundstücke**, die in einem **direkten funktionalen Zusammenhang mit Bundesfernstraßen** stehen. Außer den Grundstücken »unter« den Straßenanlagen im engeren Sinne gehören dazu auch die für straßennotwendige Nebenanlagen[76] genutzten Grundstücke. Wegen dieses funktionalen Zusammenhangs endet die verfassungsrechtliche Verpflichtung aus Art. 90 I GG, wenn Bundesfernstraßen entwidmet werden. Nicht erfaßt werden allerdings die im Straßenkörper liegenden **Versorgungsleitungen**[77] und sonstige Gegenstände, die nicht Bestandteile der Straße sind[78].

2. Begrenzung auf Bestand?

23 Durch die im Zuge der Verfassungsänderung des Jahres 2017 eingeführte Formulierung, wonach der Bund Eigentümer »bleibt«, sollte die **»Eigentumslage«** nach ihrem im Jahr 2017 aktuellen Stand »nicht verändert« werden[79]. Vielmehr ging es dem verfassungsändernden Gesetzgeber »lediglich um eine Klarstellung«, während »kein Eigentümerwechsel beabsichtigt« war[80]. Dies gilt vor allem hinsichtlich der unter der alten Fassung des Art. 90 I GG umstrittenen Frage, ob von dem Eigentumserwerb des Bundes an den bisherigen Reichsautobahnen und Reichsstraßen nach 1949 diejenigen **Ortsdurchfahrten** ausgenommen werden durften, für welche die Straßenbaulast nicht vom Deutschen Reich zu tragen war[81]. Die bereits vor der Verfassungsänderung 2017 nicht zu beanstandende Zuweisung des Straßeneigentums an den Ortsdurchfahrten an

---

[73] Sehr ausführlich *Bartlsperger* (Fn. 7), Art. 90 Rn. 35 ff.

[74] Der berechtigte Hintergrund dieser Auffassung liegt darin, daß die öffentlichen Straßen weder mit dem Sachbegriff des § 90 BGB noch mit dem Eigentumsbegriff des BGB sachgerecht erfaßt werden können; vgl. auch BVerfGE 42, 20 (32), wo zutreffend verneint wird, daß die Regelung der Rechtsverhältnisse an einer Landesstraße zum Gesetzgebungsgegenstand »Bürgerliches Recht« (Art. 74 I 1 Nr. 1 GG) gehört; s. auch *Hermes*, Infrastrukturverantwortung (Fn. 1), S. 382 ff.

[75] BVerfGE 42, 20 (33 f.); vgl. dazu auch *Bull* (Fn. 71), Art. 90 Rn. 5; zur parallelen Problematik bei Wasserstraßen vgl. BVerfGE 24, 367 (388 f.).

[76] *Durner* (Fn. 4), Art. 90 Rn. 7.

[77] BGH NJW 1962, 1817 (1818).

[78] *Bartlsperger* (Fn. 7), Art. 90 Rn. 19.

[79] So die Begründung des Regierungsentwurfs, der noch formuliert hatte, daß der Bund Eigentümer »ist«: BT-Drs. 18/11131, S. 7, 15.

[80] So die Begründung des Haushaltsausschusses (Beschlußempfehlung und Bericht), BT-Drs. 18/12588, S. 32, wo es weiter heißt: »Es wird lediglich der bestehende Eigentumszustand deklaratorisch festgehalten«.

[81] Vgl. § 7 des Gesetzes über die vermögensrechtlichen Verhältnisse der Bundesautobahnen und sonstigen Bundesstraßen des Fernverkehrs; dagegen *Bartlsperger* (Fn. 7), Art. 90 Rn. 18; *Ibler* (Fn. 53), Art. 90 Rn. 10 ff.; dafür Jarass/*Pieroth*, GG, Art. 90 Rn. 2; *Sachs* (Fn. 4), Art. 90 Rn. 13.

die Straßenbaulastträger ist durch die aktuelle Fassung des Art. 90 I GG verfassungsrechtlich bestätigt worden. Das gilt auch für sonstige Einzelfälle, in denen ausnahmsweise Bundesfernstraßengrundstücke nicht im Eigentum des Bundes standen[82].

Eine andere Frage ist die, ob sich die normative Aussage des Art. 90 I GG wegen der Formulierung (»bleibt«) ausschließlich auf den (Eigentums-)Bestand in der Hand des Bundes bei Inkrafttreten der Verfassungsänderung am 20.7.2017 beschränkt, so daß **»neue« Bundesfernstraßengrundstücke** auch im Eigentum Privater, der Länder oder sonstiger Dritter stehen könnten[83]. Allerdings ist nicht erkennbar, daß der verfassungsändernde Gesetzgeber unterschiedliche Regime für Alt- und Neuvorhaben vorsehen oder zulassen wollte. Der Zweck, »privates« Eigentum und öffentlich-rechtlich ausgestaltetes Nutzungsregime bei Bundesfernstraßen zusammen zu halten (→ Rn. 16), beansprucht Geltung für alte wie für neue Bundesfernstraßen. Er würde verfehlt, wenn man Art. 90 I GG auf einen Bestandsschutz des Bundesfernstraßeneigentums im Jahr 2017 reduzierte[84]. Deshalb verpflichtet Art. 90 I GG n.F. Bund und Länder dazu, bei der Planung und Realisierung neuer Bundesfernstraßen dafür Sorge zu tragen, daß Eigentum und öffentlich-rechtliche Sachherrschaft sich in einer Hand (des Bundes) befinden. 24

3. Unveräußerlichkeit des Eigentums der Bundesrepublik Deutschland

Das zivilrechtliche **Eigentum** ordnet Art. 90 I GG dem »Bund« zu, womit die Bundesrepublik Deutschland als juristische Person gemeint ist. Nach der Funktion der Eigentumszuordnung (→ Rn. 16) kann das zivilrechtliche Eigentum nicht auf bundeseigene Gesellschaften – auch nicht auf die Gesellschaft nach Art. 90 II 2 GG – oder eine bundesunmittelbare Anstalt oder Körperschaft des öffentlichen Rechts übertragen werden. Denn Träger der Straßenverwaltungsaufgabe bleibt der »Bund« auch dann, wenn er sich zu ihrer Erledigung einer verselbständigten Organisationseinheit des öffentlichen oder des privaten Rechts bedient. Wenn Eigentum und Straßenverwaltungsaufgabe zusammengehalten werden sollen, so muß folglich die Bundesrepublik Deutschland Eigentümerin der bisherigen Straßengrundstücke bleiben und bei neuen Bundesfernstraßen werden (→ Rn. 24). 25

Das Eigentum der Bundesrepublik Deutschland an den Bundesfernstraßengrundstücken ist nach Art. 90 I 2 GG **»unveräußerlich«**. Es darf also nicht auf Dritte übertragen werden, wobei dazu auch verselbständigte juristische Personen des öffentlichen oder privaten Rechts gehören, deren Träger oder Alleingesellschafter die Bundesrepublik Deutschland ist (→ Rn. 25). Unzulässig ist nicht nur die Übertragung des **(Voll-)Eigentums** auf Dritte, sondern es sind auch **sonstige Verfügungen** über das Bundeseigentum, »beispielsweise die Einräumung von Grunddienstbarkeiten oder Nieß- 26

[82] BT-Drs. 18/12588 (Beschlußempfehlung und Bericht des Haushaltsausschusses), S. 32: »Eine Änderung der Eigentümerstellung wird insbesondere hinsichtlich der Bundesstraßen des Fernverkehrs, die innerhalb der Ortslagen verlaufen (Ortsdurchfahrten nach § 7 BABG) oder die aus sonstigen Gründen nicht bereits im Eigentum des Bundes stehen, durch die Änderung des Artikel 90 Absatz 1 nicht vorgenommen«; vgl. auch *Remmert* (Fn. 30), Art. 90 Rn. 5.

[83] So *Remmert* (Fn. 30), Art. 90 Rn. 9.

[84] Warum ein »Hand in Hand« von Eigentum und Straßenbaulast bis 2017 sinnvoll war, zukünftig aber – obwohl dies »vermutlich« der »Vorstellung des verfassungsändernden Gesetzgebers« entspricht – nicht mehr geboten sein soll, vermag auch *Remmert* (Fn. 30), Art. 90 Rn. 9.1 mit dem Fehlen einer »klaren Regelung« in Art. 90 I GG nicht überzeugend zu erklären.

brauchsrechten an die Gesellschaft«[85] nach Art. 90 II 2 GG verboten. Denn nachdem im Verlauf der parlamentarischen Beratungen dem Konzept des Regierungsentwurfs eine klare Absage erteilt wurde, mit Hilfe solcher Verfügungen das »wirtschaftliche Eigentum« zunächst auf die Gesellschaft nach Art. 90 II 2 GG und langfristig (auch) auf Private zu übertragen (→ Rn. 7), ist für solche Verfügungen weder eine Notwendigkeit noch eine Sinnhaftigkeit erkennbar. Da der verfassungsändernde Gesetzgeber an dem überkommenen Rechtsregime nichts ändern wollte (→ Rn. 23), bleiben die traditionellen Rechtseinräumungen insbesondere zur Mitbenutzung von Bundesfernstraßen für Leitungen unberührt.

III. Verwaltung der Bundesfernstraßen (Art. 90 II bis IV GG)

27 Bei der **Zuweisung der Verwaltungskompetenzen** für Bundesfernstraßen unterscheidet Art. 90 GG zwischen den Autobahnen, die Absatz 2 der obligatorischen Bundesverwaltung zuweist (→ Rn. 40), und sonstigen Bundesfernstraßen, die die Länder nach Absatz 3 regelmäßig im Auftrag des Bundes verwalten (→ Rn. 48 ff.), wenn sie nicht nach Absatz 4 auf Antrag eines Landes vom Bund in Bundesverwaltung übernommen werden (→ Rn. 57 ff.). Allen drei Varianten vorgelagert sind die allgemeinen Fragen, welche Aufgaben zur »Verwaltung« der Bundesfernstraßen gehören (→ Rn. 28 ff.) und in welchem Umfang im Wege funktionaler Privatisierung Private in die Erfüllung dieser Verwaltungsaufgaben eingeschaltet werden dürfen (→ Rn. 31 ff.).

1. Von der Bundesfernstraßenverwaltung erfaßte Aufgaben

28 Abgesehen von der **Straßenverkehrsverwaltung**, die vor dem Hintergrund der in Art. 74 I Nr. 21 und 22 GG ebenso wie in Art. 89 II GG zu findenden Unterscheidung zwischen Wege- und Verkehrsverwaltung von Art. 90 GG nicht erfaßt ist[86], werden die unter den Begriff der Verwaltung der Bundesfernstraßen in Art. 90 II, III und IV GG fallenden Aufgaben umfassend verstanden. Sie sollen »sowohl die **Hoheitsverwaltung** als auch die **Vermögensverwaltung** der Bundesfernstraßen«[87] enthalten. Das verdient Zustimmung, soweit mit »Vermögensverwaltung« die Wahrnehmung der Rechte und Pflichten gemeint ist, die aus dem zivilrechtlichen Eigentum an den Bundesfernstraßengrundstücken (→ Rn. 21 f.) folgen. Denn der Sinn der Zuordnung des Eigentums zum Bund in Art. 90 I GG liegt gerade darin, daß die Wahrnehmung der Eigentümerrechte gemeinsam mit den hoheitlichen Straßenverwaltungsaufgaben erfolgen kann (→ Rn. 16). Bei beiden handelt es sich um die Wahrnehmung von Straßenverwaltungsaufgaben[88]. Die Gegenauffassung[89], die das Eigentum an Bundesfernstraßen-

[85] Explizit für die Zulässigkeit solcher Verfügungen noch der Regierungsentwurf, BT-Drs. 18/11131, S. 15.

[86] Dazu ausführlich *D. Jaxt*, NJW 1986, 2228 (2229); zur Unterscheidung zwischen Wege- und Verkehrsverwaltung: → Art. 74 Rn. 109 ff.; → Art. 89 Rn. 18 f., 26.

[87] BVerfGE 102, 167 (173, Rn. 35); BVerwGE 62, 342 (344); 52, 237 (241); vgl. auch BayVGH DÖV 1983, 602 (602), wonach der Begriff Verwaltung in Art. 90 II GG ein »umfassender« sei, der eine Unterscheidung zwischen hoheitlicher und vermögensrechtlicher Verwaltung nicht zulasse; *J. Zech*, DVBl. 1987, 1089 (1089 f.); *Ibler* (Fn. 53), Art. 90 Rn. 37.

[88] So auch *Sachs* (Fn. 4), Art. 90 Rn. 19.

[89] *Durner* (Fn. 4), Art. 90 Rn. 24; *S. Boysen*, in: v. Münch/Kunig, GG II, Art. 90 Rn. 34; *Remmert* (Fn. 30), Art. 90 Rn. 2.

grundstücken dem Finanzvermögen[90] und somit der Vermögensverwaltung außerhalb von Art. 90 GG zuordnen will, wird der Funktion von Art. 90 I GG nicht gerecht und beachtet vor allem nicht ausreichend, daß das Eigentum nach Art. 90 I GG und seine »Verwaltung« im Sinne der Art. 90 II bis IV GG nur solche Grundstücke betrifft, die einen funktionalen Zusammenhang mit Bundesfernstraßen aufweisen (→ Rn. 22)[91].

Zur Bundesfernstraßenverwaltung gehören insbesondere[92]: die **Planung** – einschließlich der Linienbestimmung nach § 16 FStrG[93] – des Neu- und Umbaus von Bundesfernstraßen, die Erfüllung der **Straßenbaulast**[94], die Maßnahmen in Bezug auf den Rechtsstatus (Widmung), die **Benutzung** und der Schutz der Straßen, die Behördenorganisation sowie die Straßenaufsicht. Auch die Geltendmachung von Erstattungsansprüchen[95] und die Verkehrssicherungspflicht[96] gehören zur Bundesfernstraßenverwaltung. Den genauen Inhalt und Umfang der Straßenverwaltungsaufgaben kann der zuständige Bundesgesetzgeber (Art. 74 I Nr. 22 GG) bestimmen. Soweit der allgemeine Vorbehalt des Gesetzes (→ Art. 20 [Rechtsstaat], Rn. 105 ff.) solche zuläßt, gehören auch **»gesetzesfreie« Aufgaben** zu den Straßenverwaltungsaufgaben im Sinne der Absätze 2 bis 4 von Art. 90 GG[97]. 29

Nicht zu den Aufgaben der Verwaltung von Bundesfernstraßen gehört die **Abstufung einer Bundesfernstraße zu einer Landesstraße.** Anderenfalls könnte der Bund im Wege der Bundesverwaltung (für Autobahnen) oder im Wege der Weisung nach Art. 85 III 1 GG (für sonstige Bundesstraßen, die im Auftrag des Bundes von den Ländern verwaltet werden) eine Bundesfernstraße auch gegen den Willen eines Landes in dessen (finanzielle) Verantwortlichkeit überführen. Das Bundesverfassungsgericht hat eine solche Kompetenz des Bundes zu Recht mit der Begründung verneint[98], daß es die Gesetzgebungskompetenz des Bundes nach Art. 74 I Nr. 22 GG, die die »äußerste Grenze« seiner Verwaltungsbefugnisse nach Art. 90 II GG markiert, nicht erlaubt, den Ländern die finanzielle und sonstige Verantwortlichkeit für »ehemalige« Bundesstraßen zuzuweisen. 30

---

[90] *Remmert* (Fn. 30), Art. 90 Rn. 2; *Boysen* (Fn. 89), Art. 90 Rn. 34; *Durner* (Fn. 4), Art. 90 Rn. 12, 24.

[91] Deshalb fällt das Straßeneigentum entwidmeter Bundesstraßen nicht (mehr) unter Art. 90 I GG und liegt die (Vermögens-)Verwaltung solcher Grundstücke in der Tat außerhalb der Verwaltungsaufgaben nach Art. 90 II bis IV GG. Das ist – entgegen *Remmert* (Fn. 30), Art. 90 Rn. 2 – aber kein Argument, die Straßengrundstücke insgesamt der Vermögensverwaltung zuzuordnen, sondern bestätigt umgekehrt den Zusammenhang von zivilrechtlichem und öffentlichem Regime (→ Rn. 16), der erst mit Entwidmung endet.

[92] Zusammenfassend BVerfGE 102, 167 (173, Rn. 35); *Bartlsperger* (Fn. 7), Art. 90 Rn. 63; *Bucher*, Privatisierung (Fn. 62), S. 193.

[93] Die Bundesverwaltungskompetenz für diese Zuständigkeit des Bundesverkehrsministeriums, die vor der Verfassungsänderung 2017 problematisch war (→ Bd. III^2, Art. 90 Rn. 25), folgt für Bundesautobahnen (für sonstige Bundesfernstraßen: → Rn. 33) nunmehr zwanglos aus Art. 90 I 1 GG; so auch *Remmert* (Fn. 30), Art. 90 Rn. 12.2.

[94] Vgl. zu deren Umfang § 3 FStrG. Zu dieser »faktischen« oder »externen« im Gegensatz zur »finanziellen« (→ Rn. 56) Straßenbaulast vgl. BayVGH DÖV 1983, 602 (603).

[95] BVerwG NVwZ 1983, 471 (471).

[96] BGHZ 14, 83 (85); 16, 95 (98); 48, 98 (107 f.).

[97] So auch *Sachs* (Fn. 4), Art. 90 Rn. 18; *Bartlsperger* (Fn. 7), Art. 90 Rn. 64; *Bucher*, Privatisierung (Fn. 62), S. 193; *Ibler* (Fn. 53), Art. 90 Rn. 38.

[98] BVerfGE 102, 167 (174, Rn. 36); s. dazu *G. Hermes*, JZ 2001, 92 ff. (zustimmend); *C. Heitsch*, DÖV 2002, 368 ff. (kritisch); zum danach geltenden rechtlichen Rahmen für Abstufungen und zu den Problemen s. *M. Sauthoff*, DÖV 2009, 974 (978 ff.); *B. Witting*, DVBl. 2010, 408 (412 ff.); zu der Bund-Länder-Vereinbarung *M. Sauthoff*, NordÖR 2011, 517 ff.

2. Grenzen funktionaler Privatisierung durch ÖPP (Art. 90 II 5 GG)

31 Durch Art. 90 II 5 GG werden – zusätzlich zum Verbot der Beteiligung Privater an der Gesellschaft nach Art. 90 II 2 GG (→ Rn. 42ff.) – die Möglichkeiten der **Beteiligung Privater** an der Wahrnehmung von Aufgaben der Bundesfernstraßenverwaltung im Rahmen von Öffentlich-Privaten Partnerschaften (ÖPP) eingeschränkt. Auf diese Weise konturiert die Verfassung Umfang und Reichweite der Verwaltungsaufgabe, indem sie Grenzen funktionaler Privatisierung[99] bestimmt.

32 Die Zielsetzung der Schranke des Art. 90 II 5 GG wird verständlich vor dem Hintergrund der Mittellage der **funktionalen Privatisierung** zwischen der allgemein als notwendig und unproblematisch erachteten traditionellen Beschaffung von Gütern (Baumaterial) und Dienstleistungen (Straßenbauleistungen) einerseits und einer **materiellen Aufgabenprivatisierung** andererseits[100]. Aus den bereits in der Vergangenheit praktizierten Öffentlich-Privaten Partnerschaften (→ Rn. 34) wie auch aus ökonomischen Studien[101] konnte der verfassungsändernde Gesetzgeber den Schluß ziehen, daß die Beteiligung Privater im Rahmen von Öffentlich-Privaten Partnerschaften anders als die traditionelle Beschaffungsvariante infrastrukturpolitisch problematisch[102] ist. Diese Problematik stand 2016/17 im Zentrum der parlamentarischen und öffentlichen Privatisierungsdiskussion im Vorfeld der Beschlußempfehlung des Haushaltsausschusses, auf der Art. 90 II 5 GG beruht (→ Rn. 8). Besondere Erwähnung verdienen hier die Kontroll- und Steuerungsverluste für Regierung und Parlament[103], die Mehrkosten für Straßennutzer und die unausweichliche Unvollständigkeit der langfristigen Verträge, die regelmäßig Ansatzpunkte für die Verlagerung von Risiken auf die Allgemeinheit liefern.

a) Geltung auch für Landesverwaltung sonstiger Bundesfernstraßen?

33 Nach seiner systematischen Stellung scheint Art. 90 II 5 GG nur für **Bundesautobahnen** und für solche **sonstigen Bundesfernstraßen** zu gelten, die der Bund nach Art. 90 IV GG oder nach Art. 143e II GG **in Bundesverwaltung übernommen** hat[104]. Denn Art. 90 II GG, in dessen Kontext die Schranke funktionaler Privatisierung positioniert ist, befaßt sich ausschließlich mit der Bundesverwaltung von Bundesfernstraßen. Andererseits erfasst Art. 90 II 5 GG nach seinem Wortlaut sowohl die Verwaltung von Bundesautobahnen als auch die sonstiger Bundesfernstraßen. Auch ist nicht ersichtlich, daß die Gefahren und Nachteile sog. »Netz-ÖPP« auf der Ebene der Verwaltung

---

[99] Die Beschlußempfehlung des Haushaltsausschusses (BT-Drs. 18/12588, S. 32) bezeichnet Art. 90 II 5 GG als »eine weitere Präzisierung der Privatisierungsschranke nach Art. 90 Absatz 2 Satz 3 und 4«.

[100] S. dazu nur *G. F. Schuppert*, Verwaltungsorganisation als Steuerungsfaktor, in: GVwR² I, § 16 Rn. 83; *M. Eifert*, Regulierungsstrategien, in: GVwR² I, § 19 Rn. 40ff.

[101] S. nur *Wissenschaftlicher Beirat beim Bundesminister für Verkehr und digitale Infrastruktur*, Wirtschaftsdienst 2017, 261 (265); *Bundesrechnungshof*, Bericht an den Haushaltsausschuss des Deutschen Bundestages nach § 88 Abs. 2 BHO zur Reform der Bundesfernstraßenverwaltung, Ausschuß-Drs. 18/4318, Anlage, S. 6; zusammenfassend *Beckers/Hermes/Ryndin u. a.*, Reformmodelle (Fn. 22), S. 28f.

[102] *Remmert* (Fn. 30), Art. 90 Rn. 17.

[103] Allgemein zur reduzierten Steuerung und Kontrolle *H. Lackner*, Gewährleistungsverwaltung und Verkehrsverwaltung, 2004, S. 140ff.

[104] Dafür offenbar *Remmert* (Fn. 30), Art. 90 Rn. 20.

sonstiger Bundesfernstraßen durch die Länder andere oder geringere wären als auf Bundesebene.

b) Beteiligung Privater im Rahmen von ÖPP

Den Gegenstand der Privatisierungsschranke umschreibt Art. 90 II 5 GG mit der »Beteiligung Privater im Rahmen von Öffentlich-Privaten Partnerschaften«. Damit nimmt der verfassungsändernde Gesetzgeber Bezug auf die vielfältigen Formen der **Kooperation zwischen Staat und Privaten** bei dem Bau, der Finanzierung und dem Betrieb von Bundesfernstraßen, die die Praxis in der Vergangenheit insbesondere in Form verschiedener Konzessions- und Betreibermodelle entwickelt hat[105] und für die inzwischen der Begriff der Öffentlich-Privaten Partnerschaften etabliert ist, ohne daß damit auf eine trennscharfe Abgrenzung Bezug genommen werden könnte. Teilweise beruhen diese Öffentlich-Privaten Partnerschaften auf den gesetzlichen Grundlagen des **Fernstraßenbauprivatfinanzierungsgesetzes** und des **Autobahnmautgesetzes**[106], teilweise werden sie aber auch ohne spezielle gesetzliche Grundlage nur durch Verträge etabliert[107]. Vor diesem Hintergrund ist auch der in Art. 90 II 5 GG verwendete Begriff der Öffentlich-Privaten Partnerschaft als Sammelbegriff, der alle vertraglich begründeten Formen dauerhafter Kooperation umfaßt, weit zu verstehen[108]. Nicht zu diesen Kooperationsformen gehören allerdings Beschaffungsverträge, mit deren Hilfe die Straßenverwaltung Güter und (Bau-)Leistungen einkauft, ohne daß der Vertragspartner mit eigenen Entscheidungsbefugnissen, Risiko oder Gewinn an dem Fernstraßenvorhaben beteiligt ist. 34

Soweit unter Öffentlich-Privaten Partnerschaften auch Kooperationsformen gesellschaftsrechtlich-institutioneller Art verstanden werden, ist im Hinblick auf die Verwaltung der Bundesautobahnen die **Spezialität von Art. 90 II 4 GG** zu beachten. Das strikte Verbot der Beteiligung Dritter an der Autobahn-Gesellschaft des Bundes und jeder ihrer Tochtergesellschaften schließt die Einrichtung **gemischtwirtschaftlicher Unternehmen** und aller sonstigen auf Dauer angelegten Organisationsformen unter Beteiligung dieser Bundes-Gesellschaften aus. Gleiches gilt für die Bundesrepublik Deutschland, handelnd z. B. durch das Ministerium, und für sonstige öffentlich- oder privatrechtlich organisierte »Trabanten« der Bundesverwaltung, weil anderenfalls die strikte Privatisierungsgrenze des Art. 90 II 3 und 4 GG durch institutionelle Partnerschaften »neben« der verfassungsrechtlich in Art. 90 II 2 GG zugelassenen Gesellschaft umgangen würde (→ Rn. 43). 35

---

[105] Ausführliche Hinweise dazu bei *Gröpl* (Fn. 6), Art. 90 Rn. 79 ff., der vier im Rahmen der Bundesfernstraßenverwaltung relevante Modelltypen unterscheidet: Leasingmodell, Betreibermodell (»Mautmodell« oder »F-Modell« mit Refinanzierung durch Beleihung), Konzessionsmodell (Nutzungsentgelt für Konzessionsdauer) und Kombinationsmodelle (»A-Modell«, Finanzierung durch anteilige Weiterleitung des Mautaufkommens); s. auch *Boysen* (Fn. 89), Art. 90 Rn. 39 ff.; *A. Rösch*, Das A-Modell im Bundesautobahnbau, 2008; *Weisheit*, Privatisierung (Fn. 70), S. 149 ff.

[106] S. dazu nur *M. Burgi*, Funktionale Privatisierung und Verwaltungshilfe, 1999, S. 104 ff.; *Lackner*, Gewährleistungsverwaltung (Fn. 103), S. 191 ff., 211 ff.; *D. Neumann/H. Müller*, NVwZ 2002, 1295 ff.; *F. Roth*, NVwZ 2003, 1056 ff.; speziell zum Betreiberkonsortium Toll Collect s. die Hinweise bei *H. Bauer*, Verwaltungsverträge, in: GVwR^2 II, § 36 Rn. 42.

[107] Zur »geringen gesetzlichen Vorordnung der Kooperationsverträge« s. nur *Bauer* (Fn. 106), § 36 Rn. 46 m. w. N.

[108] Ähnlich *Remmert* (Fn. 30), Art. 90 Rn. 17.

c) Begrenzung auf einzelne Projekte

36 Bei dem Verbot von Partnerschaften für Streckennetze ging es dem verfassungsändernden Gesetzgeber offensichtlich darum, den Weg für **einzelprojektbezogene Öffentlich-Private Partnerschaften**, die sich nach einer Einzelfallprüfung trotz genereller Bedenken gegen die Beteiligung Privater als vorteilhaft erweisen können, von solchen **netzbezogenen** Partnerschaften abzugrenzen, die sich aufgrund ihrer Dimension als weitgehender Rückzug des Staates aus seiner Bereitstellungsverantwortung und somit als Form der faktischen materiellen Privatisierung darstellen[109]. Nach der insoweit eindeutigen Begründung »schließt« Art. 90 II 5 GG »die Einbindung Privater im Rahmen von Öffentlich-Privaten-Partnerschaften für Streckennetze aus«[110].

37 Diese **Streckennetze** werden dann »dahingehend definiert, daß sie das gesamte Bundesautobahnnetz in einem Land, das gesamte Netz sonstiger Bundesfernstraßen in einem Land oder wesentliche Teile dieser Netze umfassen«[111]. Art. 90 II 5 GG umschreibt auf diese Weise eine quantitative Obergrenze, die bezogen ist auf die einzelnen Bundesländer und – jeweils gesondert für Autobahnen und sonstige Bundesfernstraßen – maßgeblich bestimmt wird durch den Begriff »wesentliche Teile« des Autobahn- oder des Bundesstraßennetzes eines Bundeslandes.

38 Was unter **»wesentlichen Teilen« des Autobahnnetzes** (oder des Netzes sonstiger Fernstraßen) in einem Bundesland zu verstehen ist, läßt sich nicht leicht bestimmen. Diese Schwierigkeit steigt, wenn man bedenkt, daß bezogen etwa auf das Saarland ein Netz von 240 km bereits das gesamte Landesnetz ausmacht, während diese Dimension für das Land Bayern einem Teil von weniger als 10% entspricht[112]. Da den Ländern für die Autobahnen weder eine Verwaltungs- noch eine Finanzierungszuständigkeit zukommt, erscheint eine nach Ländern unterschiedliche Größe zulässiger Netz-ÖPP-Vorhaben wenig plausibel. Die mit diesen Vorhaben eingehenden Probleme hängen offensichtlich nicht von der Größe des Bundeslandes ab. Vor diesem Hintergrund liefert den deutlichsten Anhaltspunkt[113] die parallel zur Verfassungsänderung im Begleitgesetz[114] definierte Grenze, wonach die Einbeziehung Privater bei Planung, Bau, Betrieb und Erhalt von Bundesautobahnen oder sonstigen Bundesfernstraßen nur erfolgen darf, »wenn sich der Vertrag auf einzelne Vorhaben mit einem Gesamtumfang von bis zu 100 Kilometern erstreckt«, wobei mehrere Vorhaben nicht miteinander verbunden werden dürfen. Mangels anderer Anhaltspunkte dürfte mit dieser gesetzlichen Konkretisierung auch verfassungsrechtlich die Grenze des Zulässigen markiert sein.

---

[109] *Remmert* (Fn. 30), Art. 90 Rn. 18; *Wissenschaftlicher Beirat beim Bundesminister für Verkehr und digitale Infrastruktur*, Wirtschaftsdienst 2017, 261 (265).

[110] BT-Drs. 18/12588, S. 32; ähnlich der Bericht über den wesentlichen Inhalt der Vorlagen, der als Position der Fraktionen der CDU/CSU und SPD festhält, »ÖPP seien damit auf der Ebene von Einzelprojekten weiterhin möglich, während ÖPP im Gesamtnetz und bei Teilnetzen ausgeschlossen seien« (S. 16); auch zu den ökonomischen Hintergründen sog. »Netz-ÖPP« s. etwa *T. Beckers/G. Hermes/T. Weiß*, Errichtung einer Bundesautobahngesellschaft: Privatisierungsschranken, Staatsgarantie und Rechtsform als zentrale Ausgestaltungsfragen, Gutachten im Auftrag des ADAC, 2017, S. 11ff.

[111] BT-Drs. 18/12588, S. 32.

[112] *Bundesamt für Statistik*, Statistisches Jahrbuch 2017, S. 607.

[113] *R. Wulfhorst*, Straße und Autobahn 2017, 636 (639) läßt offen, ob die 100-km-Grenze und das Verbot von »Kettenvorhaben« den Begriff der »wesentlichen Teile« zu konkretisieren vermag oder über das verfassungsrechtlich Zulässige hinausgeht.

[114] S. § 5 II InfrGG (Art. 13 des Begleitgesetzes: → Fn. 41).

3. Bundesverwaltung der Bundesautobahnen (Art. 90 II 1 bis 4, 5 GG)

Während es für die sonstigen Bundesfernstraßen als Regel bei der Verwaltung durch die Länder im Auftrag des Bundes bleibt (Art. 90 III → Rn. 48 ff.), schreibt Art. 90 II GG für Bundesautobahnen den Verwaltungstypus der obligatorischen Bundesverwaltung (→ Rn. 40) vor. Diese Vorschrift stellt also eine **Ausnahme von** der Grundregel des **Art. 83 GG** dar, indem sie etwas »anderes bestimmt«. Zugleich konkretisiert Art. 90 II GG in den Sätzen 2, 3 und 4 die zulässigen Organisationsformen der Bundesverwaltung (→ Rn. 41), enthält – über die Begrenzung funktionaler Privatisierung in Satz 5 (→ Rn. 31 f.) hinaus – in diesem Kontext ein striktes Verbot der Beteiligung Privater (→ Rn. 44 f.) und normiert schließlich in Satz 6 einen Auftrag an den Bundesgesetzgeber, das Nähere der Bundesautobahnverwaltung zu regeln (→ Rn. 47). Da die Umwandlung der bisherigen Landesverwaltung der Bundesautobahnen in die Form der Bundesverwaltung Zeit u. a. für die Schaffung der Organisationsstrukturen und für die Überführung des Personals[115] bedarf, gilt nach **Art. 143e I 1 GG** abweichend von Art. 90 II GG eine bis zum 31.12.2020 währende **Übergangsfrist** (→ Art. 143e Rn. 6 ff.). 39

a) Obligatorische Bundesverwaltung

Für die Verwaltung der Bundesautobahnen ordnet Art. 90 II 1 GG nach seinem insoweit eindeutigen Wortlaut **zwingend** und ohne Ausnahmevorbehalt **Bundesverwaltung** an. Deshalb erlaubt auch der in Art. 90 II 6 GG enthaltene Gesetzgebungsauftrag, das »Nähere« zu regeln, keine Abweichung von der in Satz 1 angeordneten obligatorischen Bundesverwaltung. Allerdings sieht das parallel zur Verfassungsänderung 2017 beschlossene Gesetz zur Errichtung eines Fernstraßen-Bundesamtes vor, daß auf Antrag eines Landes die bei dem Bundesamt liegende Zuständigkeit für die **Planfeststellung von Bundesautobahnen** auf eine **Landesbehörde** rückübertragen wird[116]. Diese Vorschrift ist mit **Art. 90 II 1 GG nicht vereinbar**[117], worauf der Bundespräsident zutreffend aufmerksam gemacht hat[118]. Auch die Ermächtigung des Bundesministeriums für Verkehr und digitale Infrastruktur, einem Land seine Planfeststellungszuständigkeit wieder zu entziehen, wenn »es tatsächliche Anhaltspunkte gibt, dass ein Land seiner Aufgabe zur Schaffung von Baurecht« nach den Vorschriften des Bundesfernstraßengesetzes »nicht ordnungsgemäß nachkommt«[119], ändert an der Verfassungswidrigkeit nichts. Diese gesetzliche »Aufsichtsbefugnis« eines Bundesministers über die Landesverwaltung ist im Gegenteil irritierender Ausdruck grundlegender Mißverständnisse des verfassungsrechtlichen Verhältnisses von Bund und Ländern beim 40

---

115 Dazu informativ *R. Wulfhorst*, Straße und Autobahn 2017, 636 (642).

116 § 3 III FStrBAG (Art. 14 Begleitgesetz: → Fn. 41).

117 So auch *R. Wulfhorst*, Straße und Autobahn 2017, 636 (641).

118 Pressemitteilung des Bundespräsidialamtes vom 14.8.2017, wonach der Bundespräsident trotz erheblicher Zweifel an der Verfassungsmäßigkeit von § 3 III FStrBAG das Begleitgesetz (Fn. 41) mit Rücksicht auf zahlreiche andere darin enthaltene »bedeutende Gesetzesänderungen« ausgefertigt und zugleich die Bundeskanzlerin, den Präsidenten des Bundestages und die Präsidentin des Bundesrates darum gebeten hat, die verfassungsrechtlichen Zweifel im Hinblick auf diese Norm »auszuräumen und die Rechtslage klarzustellen, bevor die Änderungen im Grundgesetz und im Fernstraßen-Bundesamt-Errichtungsgesetz im Jahre 2021 zum Tragen kommen«.

119 Dazu, daß mittels dieser Regelung in § 3 III 7 FStrBAG die Planfeststellung durch Landesbehörden nicht als Bundesverwaltung dem Bund zugerechnet werden kann, s. auch *Remmert* (Fn. 30), Art. 90 Rn. 14.3.

Vollzug von Bundesgesetzen und der Aufsichts- und Kontrollbefugnisse, die dem Bund dabei zustehen[120].

b) Organisationsformen der Bundesverwaltung

41 Um seine Aufgaben der Verwaltung der Bundesautobahnen wahrzunehmen, stehen dem Bund zunächst die Formen der bundeseigenen (unmittelbaren) Verwaltung zur Verfügung (→ Art. 86 Rn. 25 ff.). Neben **Bundesoberbehörden**[121] kommen – ohne daß dazu ein Rückgriff auf Art. 87 III 2 GG nötig oder möglich[122] wäre – auch Bundesbehörden **mit eigenem Unterbau** (Mittel- und Unterbehörden) in Betracht. Da Art. 90 II 1 GG – anders als Art. 90 III GG in der bis 2017 geltenden Fassung – nicht »bundeseigene Verwaltung« sondern nur »Bundesverwaltung« vorschreibt, kann der Bund sich neben diesen Formen der unmittelbaren Verwaltung auch verselbständigter Organisationsformen (mittelbare Bundesverwaltung) bedienen, zu denen nach den allgemeinen Regeln über die bundeseigene Verwaltung insbesondere die **Anstalt des öffentlichen Rechts**, aber auch Verwaltungseinheiten in den **Organisationsformen des privaten Rechts** gehören[123] (→ Art. 86 Rn. 30 ff., 49 f.). Die ausdrücklichen Regelungen zur Einschaltung einer Gesellschaft privaten Rechts in Art. 90 II 2 bis 4 GG bestätigen und konkretisieren diese verfassungsrechtlich bestehende Möglichkeit (→ Rn. 42 ff.).

c) Bundesverwaltung durch eine Gesellschaft privaten Rechts (Art. 90 II 2 bis 4 GG)

42 Art. 90 II GG erlaubt in seinem Satz 2, daß der Bund sich zur Erledigung seiner (Bundesverwaltungs-)Aufgaben einer Gesellschaft privaten Rechts bedient und sichert in den Sätzen 3 und 4 die Eingliederung dieser Gesellschaft in die Bundesverwaltung und ihre politische Steuerbarkeit dadurch, daß sie im unveräußerlichen Alleineigentum des Bundes bleiben muß und Dritte sich an ihr nicht beteiligen dürfen. Mit diesen Aussagen enthalten die drei Sätze allerdings kaum mehr als die Bestätigung der bekannten und kaum bestrittenen Option, **Bundesverwaltung** auch in **Organisationsformen des Privatrechts** zu organisieren[124] (→ Rn. 41), wenn verfassungsrechtliche Grenzen eingehalten werden (→ Art. 86 Rn. 48), die sich insbesondere aus dem Demokratieprinzip ergeben (→ Art. 20 [Demokratie], Rn. 132 ff.) und eine ausreichende Steuerbarkeit und Kontrolle der Gesellschaft privaten Rechts verlangen. Die Normierung und Präzisierung einer verfassungsrechtlichen »Selbstverständlichkeit« in Art. 90 II 2 bis 4 GG lässt sich nur entstehungsgeschichtlich dadurch erklären, daß die Bundesregierung ursprünglich mit der Einschaltung einer Gesellschaft privaten Rechts nach Satz 2 mehr oder weniger versteckt eine Privatisierungsoption eröffnen wollte (→ Rn. 7), die dann im Verlauf der parlamentarischen Beratung insbesondere durch Art. 90 II 4 GG wieder verschlossen wurde[125].

---

[120] Weder Art. 84 GG noch Art. 85 GG kennen eine solche bundesministerielle Befugnis oder lassen eine solche zu; zur Verfassungswidrigkeit einer § 3 III FStrBAG vergleichbaren Regelung im Telekommunikationsgesetz s. BVerfGE 108, 169.

[121] § 1 I FStrBAG (Art. 14 Begleitgesetz, Fn. 41).

[122] Zur Spezialität von Art. 90 GG gegenüber Art. 87 III GG: → Rn. 60.

[123] S. z. B. die Deutsche Flugsicherung GmbH (→ Art. 87d Rn. 35); allgemein *M. Ibler*, in: Maunz/Dürig, GG, Art. 86 (2008), Rn. 85 ff.

[124] So auch die Einschätzung von *Remmert* (Fn. 30), Art. 90 Rn. 14.

[125] Hinzu kamen Änderungen im Begleitgesetz (Fn. 41), die im Verlauf der parlamentarischen Beratungen das ursprüngliche Privatisierungskonzept der Bundesregierung weitgehend beseitigten (→ Rn. 8).

aa) Rechtsform und Organisation

Als privatrechtliche Form der Bundesverwaltung lässt Art. 90 II 2 GG eine Gesellschaft privaten Rechts zu, also die **Gesellschaft mit beschränkter Haftung** und die **Aktiengesellschaft**. Andere Gesellschaftsformen privaten Rechts wurden im Verlauf der Beratungen nicht erkennbar in Erwägung gezogen und könnten auch nur dann in Betracht kommen, wenn ihr gesetzlicher Rahmen so angepasst würde, daß sie als Ein-Personen-Gesellschaft realisierbar wären. Denn nach Art. 90 II 3 GG muß der Bund alleiniger Gesellschafter sein. Wie sich aus Art. 90 II 4 GG ergibt, darf die Gesellschaft über **Tochtergesellschaften** verfügen, was eine sowohl regional[126] als auch funktional (z. B. Betrieb und Planung) differenzierte Organisation der Gesellschaft erlaubt. Allerdings ist in Art. 90 II 2 GG von nur »einer« Gesellschaft die Rede, was jenseits der zulässigen Tochtergesellschaften nur eine »Muttergesellschaft« erlaubt und mehrere nebeneinander stehende Gesellschaften ohne gemeinsames »Dach« ausschließt. Diese Beschränkung auf nur eine Gesellschaft macht sowohl im Hinblick auf die Steuerungsfähigkeit und (parlamentarische) Kontrolle als auch im Hinblick auf denkbare Umgehungen der Privatisierungsschranken in Art. 90 II 3 und 4 GG durch eine Vielzahl rechtlich selbständiger Gesellschaften Sinn. Der Wortlaut ist deshalb in dem Sinne ernst zu nehmen, daß dem Bund die Gründung von oder die Beteiligung an (→ Rn. 35) Gesellschaften privaten Rechts verboten ist, die neben der in Art. 90 II 2 GG genannten Gesellschaft Aufgaben der Bundesfernstraßenverwaltung wahrnehmen. 43

bb) Unveräußerliches Eigentum des Bundes und Verbot der Beteiligung Dritter

Als »**Privatisierungsschranke**«[127] weist Art. 90 II 3 GG das unveräußerliche Eigentum an der Gesellschaft dem Bund zu. Nicht anders als bei Art. 87e III 2 GG ist damit gemeint, daß die Bundesrepublik Deutschland ausschließlicher Inhaber aller Rechte und Pflichten in Bezug auf die Gesellschaft sein muß (Alleingesellschafter). Dieser verfassungsrechtlich zwingende Status des Bundes als **Alleingesellschafter** wird durch die **Unveräußerlichkeit** seiner Rechte und Pflichten für die Zukunft gesichert, indem jede Schmälerung der Position des Bundes durch (Teil-)Veräußerung verfassungsrechtlich untersagt ist. Ebenso ist der Gesellschaft, soweit sich die Beteiligung nicht auf Tochtergesellschaften (→ Rn. 45) bezieht, jede Beteiligung an einer anderen bzw. jeder Zusammenschluß zu einer (übergeordneten) Gesellschaft verwehrt. 44

Die weiteren Vorkehrungen in Art. 90 II 4 GG sind als Präzisierung und als Ergänzung der Schranke des Satzes 3 zu verstehen. Die erste dieser ergänzenden Präzisierungen liegt darin, daß auch **Tochtergesellschaften** in den Geltungsbereich der Privatisierungsschranke einbezogen werden. Die zweite Klarstellung geht dahin, daß eine Beteiligung Dritter – nicht nur Privater sondern auch der Länder[128] – unzulässig ist unabhängig davon, ob der Dritte seine Beteiligungsposition aus einer »Veräußerung« im Sinne des Art. 90 II 3 GG oder aus sonstigen Rechtsgeschäften herleitet. Schließlich bringt der verfassungsändernde Gesetzgeber mit dem **Verbot einer unmittelbaren oder mittelbaren Beteiligung** Dritter zum Ausdruck, daß »der Bund die Herrschaftsmacht über die Gesellschaft und die Verantwortung auch in finanzieller Hinsicht (Lasten und 45

[126] Insoweit gilt für die privatrechtliche Organisationsform der Bundesverwaltung nichts anderes als für die öffentlich-rechtlichen Formen; zu deren zulässigem Unterbau: → Rn. 41.

[127] BT-Drs. 18/12588, S. 32.

[128] *R. Wulfhorst*, Straße und Autobahn 2017, 636 (639).

wirtschaftlichen Nutzen aus der Gesellschaft) vollständig behält« und daß Dritte »von jeder Art der Beteiligung ausgeschlossen« sind[129]. Verfassungsrechtlich ausgeschlossen werden also »alle denkbaren Formen der Kapitalprivatisierung einschließlich ›stiller Beteiligungen‹ und sonstiger – etwaiger vertraglicher oder gesellschaftsrechtlicher – Gestaltungsvarianten«, die »Privaten eine wirtschaftliche Beteiligung am Eigenkapital oder einen direkten oder indirekten Einfluss auf die Willensbildung der Infrastrukturgesellschaft des Bundes verschaffen könnten«[130]. Nach Maßgabe dieses Kriteriums ist auch die »Einbindung privater Mittel über die Begebung von Anleihen oder Genussscheinen«[131] ausgeschlossen.

cc) Verwaltung in privatrechtlicher Form

46 Vor dem Hintergrund der genannten Privatisierungsschranken (→ Rn. 44 f.) und der parallel zur Verfassungsänderung im Begleitgesetz erfolgten Ausgestaltung der Infrastrukturgesellschaft (→ Rn. 8) kann diese zusammenfassend als **Verwaltung in privater Rechtsform** qualifiziert werden[132].

d) Nähere Regelung durch Bundesgesetz (Art. 90 II 6 GG)

47 Art. 90 II 6 GG verweist das »Nähere« in die Regelungsbefugnis des Bundesgesetzgebers. Während sich die Gesetzgebungskompetenz des Bundes für solche Regelungen bereits aus Art. 74 I Nr. 22 GG ergibt, soll Art. 90 II 6 GG einerseits den Gesetzgeber verpflichten, die für eine praktische Wirksamkeit und Funktionstauglichkeit der Bundesverwaltung erforderlichen Gesetze zu erlassen. Neben diese Funktion als **Gesetzgebungsauftrag** bringt die Verfassung mit dieser Klausel andererseits zum Ausdruck, daß die generellen Regelungen des Art. 90 II GG der gesetzlichen Konkretisierung fähig und bedürftig sind, was dem (einfachen) Gesetz einen **Konkretisierungsspielraum** eröffnet, der nicht zuletzt bei der Reichweite der Grenzen funktionaler Privatisierung (→ Rn. 38) Bedeutung gewinnt.

4. Auftragsverwaltung der sonstigen Bundesstraßen des Fernverkehrs (Art. 90 III GG)

48 Für die **sonstigen Bundesstraßen** des Fernverkehrs (→ Rn. 14) sieht Art. 90 III GG als Regelverwaltungstyp die **Landesverwaltung im Auftrag des Bundes** vor. Die von den Ländern wahrzunehmenden Verwaltungsaufgaben (→ Rn. 28 ff.) unterscheiden sich qualitativ nicht von denjenigen des Bundes bei der Verwaltung der Autobahnen.

---

[129] BT-Drs. 18/12588, S. 32.

[130] So *G. Hermes/H. Weiß/T. Beckers*, Verhindert der Vorschlag der Bundesregierung vom 24.11. 2016 zur Neufassung des Art. 90 GG eine Privatisierung der Bundesautobahnen?, Kurzgutachten vom 6.12.2016, S. 19 zur Erläuterung des Formulierungsvorschlages, der später in Art. 90 II 4 GG – ergänzt um die Tochtergesellschaften – übernommen wurde; zustimmend *R. Wulfhorst*, Straße und Autobahn 2017, 636 (639).

[131] So der Vorschlag der *Expertenkommission »Stärkung von Investitionen in Deutschland«*, Bericht (Fn. 27), S. 41.

[132] Auch die Bundesregierung hatte in ihrem Gesetzentwurf darauf hingewiesen, daß die Bundesverwaltung »in öffentlich-rechtlicher wie auch in privatrechtlicher Form erfolgen« könne, BT-Drs. 18/11131, S. 15. Ob diese Aussage allerdings (nur) auf Art. 90 II 1 GG bezogen war und somit nur die anerkannte Auslegung des Begriffs »Bundesverwaltung« (→ Rn. 41) wiederholte oder aber den Status der »Gesellschaft privaten Rechts« nach Satz 2 als Bundesverwaltung in privatrechtlicher Form präzisieren sollte, blieb offen.

Art. 90 III GG stellt eine Ausnahme von der Grundregel des Art. 83 GG dar, indem sie etwas »anderes bestimmt«. Auf Antrag eines Landes kann (Art. 90 IV GG → Rn. 57 ff.) oder muß (→ Art. 143e Rn. 13) der Bund die sonstigen Bundesfernstraßen im Gebiet dieses Landes in Bundesverwaltung übernehmen. Auf diese Weise installiert Art. 90 GG in seinen Absätzen 2 und 3 unterschiedliche Verwaltungstypen für Autobahnen und sonstige Bundesfernstraßen, obwohl die Schwächen der Auftragsverwaltung, die für die Zentralisierung der Autobahnverwaltung maßgeblich waren (→ Rn. 5), für sonstige Bundesfernstraßen in vergleichbarer Weise gelten dürften[133]. Kritisiert wird darüber hinaus der zusätzliche Koordinierungsaufwand, der durch die unterschiedlichen Verwaltungsstrukturen bei Autobahnen und sonstigen Bundesfernstraßen wegen vielfacher Schnittstellen entsteht[134].

a) Verwaltung durch Länder und Selbstverwaltungskörperschaften (Wahrnehmungskompetenz)

Entsprechend der in Art. 85 GG näher ausgeformten Grundstruktur der Kompetenzverteilung zwischen Bund und Ländern im Rahmen der Auftragsverwaltung (→ Art. 85 Rn. 17 ff.), die insbesondere durch die Unterscheidung zwischen der stets bei den Ländern verbleibenden **Wahrnehmungskompetenz** und der durch Weisung auf den Bund übergehenden Sachkompetenz geprägt ist, werden die Straßenverwaltungsaufgaben der Länder nach Art. 90 III GG von diesen in eigener und selbständiger Verwaltungskompetenz wahrgenommen[135]. 49

Die exklusive Wahrnehmungskompetenz der Länder erfaßt **alle Straßenverwaltungsaufgaben** (→ Rn. 28 ff.), also sowohl die gesetzesakzessorische als auch die »gesetzesfreie«, die hoheitliche Verwaltung ebenso wie die »Vermögensverwaltung« der Bundesfernstraßengrundstücke[136]. Die exklusive Wahrnehmungskompetenz der Länder erfaßt auch die **gerichtliche Geltendmachung** von Rechten und Pflichten[137], die zu den Gegenständen der Bundesfernstraßenverwaltung gehören (→ Rn. 28 ff.). Bedeutung hat dies vor allem für die zivilrechtlichen Rechte und Pflichten, die aus dem Eigentum an Straßengrundstücken folgen (→ Rn. 28 f.). Mit Art. 90 III GG i. V. m. Art. 85 GG ist es nicht vereinbar, wenn Zivilgerichte meinen, dem Bund stehe in solchen Fällen die Prozeßführungsbefugnis zu, weil eine ausschließliche Wahrnehmungskompetenz der Länder nur für hoheitliches Handeln bestehe und die Geltendmachung zivilrechtlicher Ansprüche in diesem Sinne kein Verwaltungshandeln im engeren Sinne 50

[133] Zu dieser Schwäche des gesamten Reformvorhabens des Jahres 2017 s. nur *R. Wulfhorst*, Straße und Autobahn 2017, 636 (639); kritisiert wird diese »eigentümliche Möglichkeit zweier unterschiedlicher Verwaltungsstrukturen« auch von *Möllers*, Bewertung (Fn. 26), S. 8.

[134] S. etwa *Hermes/Weiß*, Kurzgutachten (Fn. 26), S. 22 f.; *A. Eisenkopf*, Eckpunktepapier zur Reform der Bundesfernstraßenverwaltung (Infrastrukturgesellschaft Verkehr), erstellt im Auftrag des ACE Auto Club Europa e.V., 2016, S. 10.

[135] BVerwGE 52, 237 (241); BayVGH DÖV 1983, 602 (602); *J. Zech*, DVBl. 1987, 1089 (1089); *F. Zillmer*, DÖV 1995, 49 (50); zu dem Grundsatz der eigenverantwortlichen Wahrnehmung von durch Kompetenznormen des Grundgesetzes zugewiesenen Aufgaben s. auch BVerfGE 63, 1 (41 f.).

[136] BVerfGE 102, 167 (173, Rn. 35); *G. Hermes*, JZ 2001, 91 (94); BVerwG NVwZ 2017, 56 (57); *U. Stelkens/M. Wabnitz*, MMR 2014, 655 (658 f.).

[137] Ebenso *Boysen* (Fn. 89), Art. 90 Rn. 28; auch eine Beiladung der Bundesrepublik Deutschland ist nicht mit Art. 90 III GG vereinbar: BayVGH, Beschl. v. 20.6.2017, 8 ZB 17.1096, juris Rn. 1.

darstelle[138]. Die Länder nehmen insoweit in eigener Verwaltung[139] die Rechte und Pflichten des Bundes aus seinem Eigentum in **verfassungsrechtlich begründeter Prozeßstandschaft** wahr, die eine ausschließliche[140] ist. Eine konkurrierende Geltendmachung von Ansprüchen durch den Bund kommt also nicht in Betracht[141].

51 Den Ländern wird in Art. 90 III GG die Übertragung der Aufgabenzuständigkeit auf **Selbstverwaltungskörperschaften** ausdrücklich gestattet[142]. Dazu gehören nicht nur Gebiets-, sondern auch andere Selbstverwaltungskörperschaften[143]. Diese Regelung hat allerdings lediglich deklaratorische Funktion[144], weil sie bei der Wahrnehmung von Aufgaben durch die Länder im Auftrage des Bundes ohnehin allgemein gilt (→ Art. 85 Rn. 25). Im Interesse einer Durchsetzung von Weisungen der obersten Bundesbehörde gem. Art. 85 III 1 GG »nach unten« ist es allerdings erforderlich, daß bei einer Übertragung auf Selbstverwaltungskörperschaften diese einem uneingeschränkten fachlichen Weisungsrecht der obersten Landesbehörde unterstehen (→ Art. 85 Rn. 25)[145]. Die Zuständigkeit der Selbstverwaltungskörperschaften zur Verwaltung der Bundesfernstraßen muß sich »**nach Landesrecht**« ergeben. Deshalb läßt Art. 90 III GG eine bundesgesetzliche Zuweisung von Straßenverwaltungsaufgaben unmittelbar an die Gemeinden und Gemeindeverbände nicht zu und deckt sich insoweit[146] mit den allgemeinen Regeln der Art. 84 I 7 und Art. 85 I 2 GG.

52 Hinsichtlich der bundesgesetzlichen Zuweisung der Straßenbaulast für **Ortsdurchfahrten** an die Gemeinden in § 5 FStrG hat der Umstand, daß Ortsdurchfahrten nicht unter Art. 90 GG fallen (→ Rn. 14) und der Vollzug des Bundesfernstraßengesetzes sich somit hinsichtlich der Ortsdurchfahrten nach Art. 83, 84 GG richtet, Folgen. Seit dem 1.9.2006 findet die Vorschrift des Art. 84 I 7 GG und die dazugehörige Überleitungsvorschrift des Art. 125a I GG Anwendung[147]. Die Aufgabenzuweisung an die Gemeinden durch § 5 FStrG bleibt folglich geltendes Recht, solange das jeweilige Land

---

138 LG Karlsruhe NVwZ-RR 2014, 750 (751); BGH NJW 2014, 2874.

139 OLG Brandenburg, Urt. v. 18.1.2005, 2 U 66/03, juris, Rn. 51; *H. Nicolaus*, NVwZ 2003, 929 (931).

140 *H. Nicolaus*, NVwZ 2003, 929 (931).

141 Wenn demgegenüber vorgebracht wird, daß mit der ausschließlichen Prozeßführungsbefugnis des Insolvenzverwalters oder Testamentsvollstreckers der Typus der ausschließlichen gesetzlichen Prozeßstandschaft existiert, die Rolle des Landes im Rahmen der Bundesauftragsverwaltung dem aber nicht entspreche – so OLG Frankfurt/Main, Beschl. v. 13.6.2013, 6 U 187/12, juris, Rn. 7ff., 12 –, so verkennt diese Ansicht, daß sich die ausschließliche Prozeßführungsbefugnis des Landes aus dem Grundgesetz selbst ergibt und sich daher nicht kongruent in die Zivilrechtsordnung einfügen muß. S. dazu auch *G. Marwege*, VersR 2015, 950 (952); vgl. *H. Nicolaus*, NVwZ 2003, 929 (931). Nicht der Verfassung entspricht auch der Versuch des BayVGH, Urt. v. 21.4.2015, 8 BV 12.2488, juris, Rn. 25, den Status der Länder in diesem Kontext als Stellvertretung zu deuten.

142 Von dieser Möglichkeit hatte nur das Land Nordrhein-Westfalen Gebrauch gemacht – vgl. § 5 Ib Nr. 3 Landschaftsverbandsverordnung vom 12.5.1953 (GVBl. S. 217); dazu *J. Zech*, DVBl. 1987, 1089 (1089 m. Fn. 1). Zwischenzeitlich wird das FStrG auch dort durch eine Behörde der Landesverwaltung (Landesbetrieb Straßenbau) vollzogen.

143 Jarass/*Pieroth*, GG, Art. 90 Rn. 3; a. A. *Bartlsperger* (Fn. 7), Art. 90 Rn. 56.

144 Ähnlich *Boysen* (Fn. 89), Art. 90 Rn. 30.

145 So auch *Gröpl* (Fn. 6), Art. 90 Rn. 43.

146 Art. 90 II GG geht – als speziellere Norm – über den Regelungsgehalt von Art. 85 I 2 GG hinaus, indem er auch die Zuweisung an andere Selbstverwaltungskörperschaften allein dem Landesrecht vorbehält; dazu *Gröpl* (Fn. 6), Art. 90 Rn. 42.

147 Inkonsequent insoweit *Gröpl* (Fn. 6), Art. 90 Rn. 37, 44, 58, der die Ortsdurchfahrten einerseits als von Art. 90 II GG erfasst ansieht, andererseits aber für Aufgabenübertragungen auf die Gemeinden nicht diese Norm (Übertragung auf die Gemeinden nur durch Landesrecht), sondern Art. 85 I 2 GG (mit der Folge der Anwendbarkeit der Übergangsvorschrift des Art. 125a I GG) anwenden will.

keine abweichenden Regelungen trifft. Gleiches gilt für weitere Aufgabenzuweisungen an die Gemeinden (z. B. § 8 I 2 FStrG).

b) Einflußmöglichkeiten des Bundes

Was den Inhalt und den Umfang der Einflußmöglichkeiten des Bundes im Anwendungsbereich von Art. 90 III GG angeht[148], so trifft diese Norm selbst keine von Art. 85 GG abweichenden Regelungen. Auf die **allgemeinen Regeln des Art. 85 GG,** insbesondere zur normativen Steuerung durch den Bund (→ Art. 85 Rn. 25 ff., 30), zum einzelfallbezogenen Weisungsrecht der obersten Bundesbehörde (→ Art. 85 Rn. 36 ff.) sowie zur Durchsetzung von und zum Rechtsschutz gegen Weisungen[149] (→ Art. 85 Rn. 59 ff.) kann deshalb verwiesen werden. Anhaltspunkte dafür, daß für den Einfluß des Bundes im Rahmen der Auftragsverwaltung der Bundesfernstraßen Sonderregeln gelten, die von den allgemeinen Regeln des Art. 85 GG abweichen, liefert Art. 90 GG nicht. Erhebliche Steuerungsmittel des Bundes jenseits des Art. 85 GG folgen allerdings aus seiner Finanzierungsverantwortung (→ Rn. 56). 53

Von diesen Einflußmöglichkeiten hat der Bund im Bereich der Bundesfernstraßenverwaltung umfassend Gebrauch gemacht. Bei der **Einrichtung der Behörden** hat er allerdings den Ländern weite Spielräume gelassen[150]. Die im Fernstraßengesetz enthaltenen Regelungen des **Verwaltungsverfahrens**[151] sind unabhängig von der Frage, ob derartige Regelungen der Zustimmung des Bundesrates bedürfen[152] (→ Art. 85 Rn. 27), unbedenklich, weil sie die Zustimmung des Bundesrates erhalten haben[153]. Von der Befugnis zum Erlaß allgemeiner **Verwaltungsvorschriften** hat der Bund bislang nur durch zwei Vorschriften Gebrauch gemacht[154], die zudem weitgehend überholt sind[155]. Das Weisungsrecht des Bundes beschränkt sich auf Einzelweisungen[156] (→ Art. 85 Rn. 43). Abstrakt-generelle Vorgaben können nur in der Form von allgemeinen Verwaltungsvorschriften ergehen, die der Zustimmung des Bundesrates bedürfen[157]. Die »**Allgemeinen Rundschreiben Straßenbau (ARS)**« des Bundesministeriums, die eine einheitliche Gesetzesanwendung und -auslegung sicherstellen sollen und sowohl die Verwaltungsvorschriften als auch die Einzelweisungen (Art. 85 II 1, III GG) in der Praxis abgelöst haben[158], verstoßen ebenso wenig wie ähnliche »Empfehlungen«, 54

---

[148] Dazu BayVGH DÖV 1983, 602 (603); *J. Zech*, DVBl. 1987, 1089 (1090).

[149] Ausführlich zum Rechtsschutz der Länder gegen bundesfernstraßenrechtliche Weisungen: *F. Zillmer*, DÖV 1995, 49 ff.

[150] Vgl. § 6 III 1 FStrG (»von der vom Land bestimmten Behörde zu stellen«), § 16a III 2 (»die nach Landesrecht zuständige Behörde«), sowie die Grundregel in § 22 IV 1 GG (»bestimmen die Länder die zuständigen Behörden«); s. auch *J. Zech*, DVBl. 1987, 1089 (1091).

[151] Z. B. § 2 V FStrG (Einziehung), § 8 VI FStrG (Sondernutzungen), § 11 III FStrG (Schutzmaßnahmen), §§ 17–18f FStrG (Planfeststellungsverfahren).

[152] Dagegen z. B. *Ibler* (Fn. 53), Art. 90 Rn. 50.

[153] *J. Zech*, DVBl. 1987, 1089 (1091).

[154] 1. AVVFStr. vom 3.7.1951 und 2. AVVFStr. vom 11.2.1956 (Allgemeine Verwaltungsvorschriften für die Auftragsverwaltung der Bundesfernstraßen).

[155] So die Einschätzung etwa von *J. Zech*, DVBl. 1987, 1089 (1090); *Durner* (Fn. 4), Art. 90 Rn. 31.

[156] *Ibler* (Fn. 53), Art. 90 Rn. 53.

[157] *Bull* (Fn. 71), Art. 90 Rn. 9; *Bartlsperger* (Fn. 7), Art. 90 Rn. 92; *J. Zech*, DVBl. 1987, 1089 (1093); a. A. *Herber*, Rechtsquellen (Fn. 53), Kap. 2 Rn. 43.

[158] S. dazu nur *S. Rinke*, Die Bundesauftragsverwaltung der Bundesfernstraßen aus der Sicht des Bundes, in: Bundesanstalt für Straßenwesen (Hrsg.), Rechtsfragen der Bundesauftragsverwaltung bei Bundesfernstraßen, 2002, S. 18 ff. (21, 25); *W. Blümel*, Allgemeine Verwaltungsvorschriften, allge-

»Hinweise« oder »Merkblätter«[159] gegen diesen Grundsatz. Denn sie sind das Ergebnis zulässiger freiwilliger **Kooperation** zwischen Bund und Ländern[160]. Unzulässig ist eine Weisung, die auf die Abstufung einer Bundesstraße zu einer Landesstraße gerichtet ist, weil damit vom Land die Einstufung der Straße nach Landesstraßenrecht verlangt wird[161] (→ Rn. 30).

55 Entgegen einer in der Literatur vertretenen Ansicht[162] ist die **Linienbestimmung durch den Bundesminister für Verkehr nach § 16 I 1 FStrG** nicht durch das Weisungsrecht nach Art. 85 III 1 GG gedeckt. Diese Linienbestimmung ist nämlich im vollzugstypischen Regelfall der Planung neuer Bundesfernstraßen routinemäßig erforderlich und liegt deshalb außerhalb des auf den Einzelfall bezogenen Weisungsrechts (→ Art. 85 Rn. 43 f.). Sie findet ihre kompetenzrechtliche Grundlage vielmehr in einer Bundesverwaltungskompetenz kraft Natur der Sache (→ Art. 83 Rn. 44; → Art. 86 Rn. 19)[163]. Wegen der überregionalen Bedeutung und der Zuständigkeitsbegrenzung auf die Landesgrenzen kann diese Aufgabe von den Ländern nicht sinnvoll wahrgenommen werden[164]. Zur Wahrnehmung der Kompetenz genügt aber eine verwaltungsinterne, ausschließlich an die Länder gerichtete Entscheidung des Bundes, so daß der Bund hier keine eigenen Verwaltungsakte erlassen kann[165].

c) Verteilung der Finanzierungsverantwortung

56 Im Innenverhältnis zwischen Bund und Ländern ist der **Bund** gem. Art. 104a II GG mit den **Zweckausgaben** belastet[166], während nach Art. 104a V 1 GG die Verwaltungsausgaben von den Ländern selbst zu tragen sind[167]. Den Bund trifft also die sog. »interne« oder »finanzielle Straßenbaulast«. Aus dieser Finanzierungsverantwortung ergeben sich zwar keine eigenen, über die zuvor (→ Rn. 53 ff.) genannten hinausgehenden, Ingerenzrechte des Bundes gegenüber der Landesverwaltung[168]. Allerdings ist nicht zu übersehen, daß der Bund als Träger der **Finanzierungsverantwortung** mit der Zuweisung der Mittel an die Länder wesentliche **Steuerungsinstrumente** in der Hand hält.

---

meine Weisungen und allgemeine Rundschreiben in der Staatspraxis der Bundesauftragsverwaltung, in: FS König, 2004, S. 295 ff. (300) m. w. N.

[159] S. die Übersicht zur Praxis in: Der Präsident des Bundesrechnungshofes als Bundesbeauftragter für Wirtschaftlichkeit in der Verwaltung (Hrsg.), Bundesfernstraßen – Planen, Bauen und Betreiben, 2004, Anhang 1, S. 128 ff.

[160] *J. Zech*, DVBl. 1987, 1089 (1093 f.); *Blümel*, Verwaltungsvorschriften (Fn. 158), S. 301; *Heitsch*, Ausführung (Fn. 20), S. 138 ff.; *Ibler* (Fn. 53), Art. 90 Rn. 60.

[161] BVerfGE 102, 167 (174, Rn. 36); BVerwG NVwZ 1998, 500 (500). Bei dem Streit darüber handelt es sich entgegen *F. Zillmer*, DÖV 1995, 49 (53) um eine verfassungsrechtliche Streitigkeit (→ Art. 85 Rn. 63). Lediglich die Frage der richtigen straßenrechtlichen Einordnung ist vor den Verwaltungsgerichten zu klären.

[162] *D. Lewin*, Gestufte Planung von Verkehrswegen, 2003, S. 57 ff.; *M. Ibler*, DVBl. 1989, 76 (79 f. m. w. N. in Fn. 41); *Ibler* (Fn. 53), Art. 90 Rn. 56 f.

[163] BVerwGE 62, 342 (344 f.); *J. Zech*, DVBl. 1987, 1089 (1090); *Gröpl* (Fn. 6), Art. 90 Rn. 55. Kritisch dazu *M. Ibler*, DVBl. 1989, 76 (79 f.); ablehnend *Boysen* (Fn. 89), Art. 90 Rn. 50 f.

[164] BVerwGE 62, 342 (344 f.); *J. Zech*, DVBl. 1987, 1089 (1090).

[165] BVerwGE 62, 342 (344 f.).

[166] Vgl. dazu § 6 III des Gesetzes über die vermögensrechtlichen Verhältnisse der Bundesautobahnen und sonstigen Bundesstraßen des Fernverkehrs; zu den daraus resultierenden Streitigkeiten zwischen Bund und Ländern exemplarisch BVerwG NVwZ 2017, 56 (57 ff.).

[167] Vgl. dazu BVerwGE 62, 342 (344); *J. Zech*, DVBl. 1987, 1089 (1090); *Ibler* (Fn. 53), Art. 90 Rn. 68.

[168] *J. Zech*, DVBl. 1987, 1089 (1090); *Ibler* (Fn. 53), Art. 90 Rn. 44; *Bartlsperger* (Fn. 7), Art. 90 Rn. 93 m. w. N.

Der Nichtgebrauch des Einzelweisungsrechts nach Art. 85 III GG in der Praxis der Bundesfernstraßenverwaltung[169] darf also nicht darüber hinwegtäuschen, daß der Bund mit den Mitteln der politischen Investitionsrahmenplanung (Bundesverkehrswegeplan[170]), der gesetzlichen Bedarfsplanung[171], der Haushaltsgesetzgebung[172] und des Haushaltsvollzugs[173] über wesentliche Entscheidungsbefugnisse verfügt.

5. Bundesverwaltung der sonstigen Bundesstraßen des Fernverkehrs (Art. 90 IV GG)

Art. 90 IV GG eröffnet die **Möglichkeit, daß** der **Bund** auf Antrag eines Landes die sonstigen Bundesfernstraßen (→ Rn. 14) in **Bundesverwaltung** übernimmt. Während auf der Grundlage der alten Fassung des Art. 90 GG die Auffassung vertreten wurde, die Übernahme könne sich auf eine, mehrere oder alle Bundesstraßen eines Landes erstrecken[174], hat die Änderung im neuen Absatz 4 (»die sonstigen Bundesstraßen«) »klargestellt, dass es sich um die vollständige Übernahme aller auf Landesgebiet befindlichen Bundesstraßen handelt«[175]. Weder das »anbietende« Land noch der »annehmende« Bund haben also ein Auswahlrecht hinsichtlich der zu übernehmenden sonstigen Bundesfernstraßen[176]. 57

Voraussetzung einer Übernahme in bundeseigene Verwaltung ist zunächst ein **Antrag** des betreffenden Landes[177]. Der Bund ist – anders als nach der Übergangsregelung des Art. 143e II GG, wenn das Land den Antrag vor dem 31.12.2018 stellt – nicht verpflichtet, einem solchen Antrag nachzukommen[178]. Welches Bundesorgan über die »**Annahme**« entscheidet, regelt Art. 90 IV GG nicht. Sie wird allerdings deshalb nur durch Gesetz erfolgen können, weil es sich wegen der dann notwendigen Erweiterung des Verwaltungsunterbaus um eine »wesentliche« Entscheidung handeln dürfte, die das Parlament zu treffen hat[179] (→ Art. 20 [Rechtsstaat], Rn. 113 ff.). 58

---

169 *R. Uerpmann-Wittzack*, HStR³ IV, § 89 Rn. 33.

170 Bundesverkehrswegeplan 2003, Beschluß der Bundesregierung vom 2.7.2003.

171 Gesetz über den Ausbau der Bundesfernstraßen (Anlage: Bedarfsplan) i. d. F. vom 20.1.2005 (BGBl. I 2005, S. 201).

172 Vgl. § 24 BHO, wonach Ausgaben und Verpflichtungsermächtigungen für Baumaßnahmen erst veranschlagt werden dürfen, wenn Pläne, Kostenermittlungen und Erläuterungen vorliegen, aus denen die Art der Ausführung, die Kosten der Baumaßnahme, des Grunderwerbs und der Einrichtungen sowie die vorgesehene Finanzierung und ein Zeitplan ersichtlich sind. Als Anlage zum Kapitel 1210 enthält der Bundeshaushalt den »Straßenbauplan«.

173 Zu Einzelheiten des komplizierten Abstimmungsverfahrens zwischen Bund und Ländern bei der Planung und Finanzierung von Bundesfernstraßen s. Präsident des Bundesrechnungshofes als Bundesbeauftragter für Wirtschaftlichkeit in der Verwaltung (Hrsg.), Gutachten (Fn. 19), S. 3 ff.; *Rinke*, Bundesauftragsverwaltung (Fn. 158), S. 18 ff.; zu den Planungsstufen s. auch *Lewin*, Gestufte Planung (Fn. 162), S. 46 ff.

174 → Bd. III², Art. 90 Rn. 27; *Gröpl* (Fn. 6), Art. 90 Rn. 107 (»Vollüberführung« oder »lokale Teilüberführung«). Wie der über lange Zeit einzige Anwendungsfall des Art. 90 IV GG a. F., die Übernahme der Verwaltung der Nebenbetriebe der Bundesautobahnen durch den Bund – s. dazu die Begründung zum Gesetzesentwurf der BReg. betr. die Änderung des § 15 III FStrG in BT-Drs. 13/5292; Einzelheiten m. w. N. bei *Gröpl* (Fn. 6), Art. 90 Rn. 121 – zeigt, konnte sich die Übernahme auch auf abgrenzbare Teile der Bundesfernstraßen beziehen.

175 BT-Drs. 18/11131, S. 16.

176 *R. Wulfhorst*, Straße und Autobahn 2017, 636 (640).

177 Obwohl Art. 90 III GG hierfür keine Form- oder Verfahrensanforderungen stellt, muß dieser Antrag aus Gründen der klaren Kompetenzabgrenzung die Bundesfernstraßen, auf die er sich bezieht, genau bezeichnen.

178 *Boysen* (Fn. 89), Art. 90 Rn. 54; *Sachs* (Fn. 4), Art. 90 Rn. 24.

179 So im Ergebnis auch Jarass/*Pieroth*, GG, Art. 90 Rn. 5; so wurde die Übernahme der Hoheits-

59 Entscheidet sich der Bund für die **Übernahme** der »angebotenen« sonstigen Bundesfernstraßen **in Bundesverwaltung**, so gelten die in **Art. 90 II GG** enthaltenen Regeln für die Formen und Modalitäten der Bundesverwaltung (→ Rn. 39 ff.) für Autobahnen ohne Einschränkungen auch für diese sonstigen Bundesfernstraßen. Aus der Erkenntnis, daß die Straßenverwaltungsaufgaben ihrer Natur nach nur durch ortsnahe Verwaltung erledigt werden können, folgt hier noch deutlicher als bei den Autobahnen (→ Rn. 41, 43), daß der Bund zumindest berechtigt, wohl aber auch verpflichtet ist[180], im Interesse einer effizienten Wahrnehmung der Aufgaben diese durch einen **eigenen Verwaltungsunterbau** bzw. durch dezentralisierte **Tochtergesellschaften** bzw. Außenstellen zu erfüllen.

D. Verhältnis zu anderen GG-Bestimmungen

60 Sowohl die Bundesverwaltung für Bundesautobahnen nach Art. 90 II GG als auch die Auftragsverwaltung durch die Länder für sonstige Bundesfernstraßen nach Art. 90 III GG sowie schließlich die ausnahmsweise ermöglichte Bundesverwaltung der sonstigen Bundesfernstraßen nach Art. 90 IV GG stellen Ausnahmen von der in **Art. 83 GG** normierten Regel dar. Gegenüber der Generalklausel des Art. 87 III GG sind alle drei Absätze des Art. 90 GG speziell (→ Art. 87 Rn. 72 f.), so daß neben Art. 90 II, III und IV GG eine Bundeskompetenz auf dem Gebiet des Fernstraßenwesens nicht auf **Art. 87 III GG** gestützt werden kann[181]. Von Art. 90 II und IV GG abweichende spezielle Überleitungsregeln enthält **Art. 143e GG**.

---

verwaltung der Nebenbetriebe durch den Bund (Erteilung von Konzessionen, Kontrolle, Einzug der Konzessionsabgaben) durch Gesetz (§§ 15, 22 II FStrG) begleitet.

[180] A. A. Jarass/*Pieroth*, GG, Art. 90 Rn. 5.

[181] BVerwGE 62, 342 (344); ähnlich *Bartlsperger* (Fn. 7), Art. 90 Rn. 78; die bei Art. 87c GG umstrittene Frage nach dem Verhältnis zu Art. 87 III GG (→ Art. 87c Rn. 15 ff.) stellt sich hier – wegen Art. 90 IV GG – nicht.

Artikel 91 [Innerer Notstand]

(1) Zur Abwehr einer drohenden Gefahr für den Bestand oder die freiheitliche demokratische Grundordnung des Bundes oder eines Landes kann ein Land Polizeikräfte anderer Länder sowie Kräfte und Einrichtungen anderer Verwaltungen und des Bundesgrenzschutzes anfordern.

(2) [1]Ist das Land, in dem die Gefahr droht, nicht selbst zur Bekämpfung der Gefahr bereit oder in der Lage, so kann die Bundesregierung die Polizei in diesem Lande und die Polizeikräfte anderer Länder ihren Weisungen unterstellen sowie Einheiten des Bundesgrenzschutzes einsetzen. [2]Die Anordnung ist nach Beseitigung der Gefahr, im übrigen jederzeit auf Verlangen des Bundesrates aufzuheben. [3]Erstreckt sich die Gefahr auf das Gebiet mehr als eines Landes, so kann die Bundesregierung, soweit es zur wirksamen Bekämpfung erforderlich ist, den Landesregierungen Weisungen erteilen; Satz 1 und Satz 2 bleiben unberührt.

Literaturauswahl

Hoffmann, Reinhard: Innerer Notstand, Naturkatastrophen und Einsatz der Bundeswehr, in: Dieter Sterzel (Hrsg.), Kritik der Notstandsgesetze, 1968, S. 86–117.

Keidel, Dieter: Polizei und Polizeigewalt im Notstandsfall, Diss. jur. München 1971.

Klein, Eckart: Der innere Notstand, in: HStR VII, § 169, S. 387–414.

Linke, Tobias: Innere Sicherheit durch die Bundeswehr, in: AöR 129 (2004), S. 489–541.

Rungweber, Hans-Joachim: Kompetenzverschiebungen im Bereich der Exekutive im Rahmen der Notstandsverfassung, Diss. jur. Bochum 1979.

Schikowski, Reinhard: Rechtsfragen der Abwehr einer drohenden Gefahr für den Bestand oder die freiheitliche demokratische Grundordnung des Bundes oder eines Landes (Art. 87a Abs. 4 und 91 GG), Diss. jur. Würzburg 1972.

Leitentscheidungen des Bundesverfassungsgerichts

Diese liegen zu Art. 91 GG bislang nicht vor.

Gliederung

Stichwörter

A. Herkunft, Entstehung, Entwicklung

I. Ideen- und verfassungsgeschichtliche Aspekte

1 In der Regelung des inneren Staatsnotstandes durch Art. 91 GG, der insoweit durch die Normierung einer weiteren Eskalationsstufe in Art. 87a IV GG ergänzt wird, verbinden sich **zwei verfassungsgeschichtliche Entwicklungsstränge**, ein bundesstaatlicher und ein rechtsstaatlich-konstitutioneller. Die **bundesstaatliche Komponente** findet in der Bundesintervention aufgrund eines ausdrücklichen oder fingierten Hilfeersuchens des bedrohten Landes gem. Art. 25ff. der Wiener Schlußakte sowie in der Möglichkeit der Länder, sich mit ihren Truppen auf Ersuchen bundesgenössischen Beistand zu leisten, ihren Vorläufer[1], der sich in der von der Paulskirchenverfassung geregelten Reichsintervention fortsetzt[2]. In der Regelung des Reichsbelagerungszustandes des Art. 68 RVerf. 1871[3], die ihrerseits auf die preußischen Regelungen über den Belagerungszustand zurückgreift[4], gewinnt der **konstitutionelle Gesichtspunkt** einer rechtsstaatlichen Domestizierung des Ausnahmezustands Vorrang. In einer absoluten Monarchie kann sich diese Frage gar nicht stellen. Die Regelung der Diktaturgewalt des Reichspräsidenten und der Länder gem. Art. 48 II, IV WRV[5] läßt den bundesstaatlichen Aspekt ebenfalls stark zurücktreten. Die ohne formale Verhängung des Belagerungszustandes[6] bestehende weitreichende Ermächtigung des Art. 48 II WRV erlaubte insbesondere eine Einschränkung der Grundrechte. Gerade die umfassende und zum Untergang der Republik beitragende praktische Handhabung dieser Kompetenz bot für den Verfassungsgeber 1949 und den verfassungsändernden Gesetzgeber 1968 ein abschreckendes Beispiel, das die ganz andersartige Regelung der Art. 91, 87a IV GG stark beeinflußte[7].

---

[1] Vgl. dazu *Huber*, Verfassungsgeschichte I, S. 631ff.; *ders.*, AöR 79 (1953), 1 (9ff.); historischer Überblick bei *H.-U. Evers*, in: BK, Art. 91 (1969), Rn. 1ff.; *Stern*, Staatsrecht II, S. 1296ff. auch zu den römischen, englischen und französischen Notstandsregelungen.

[2] §§ 54, 55 Paulskirchenverf.; § 197 erlaubte bereits auch die Einschränkung bestimmter Grundrechte; zur Entwicklung seit 1848 *H. Klückmann*, Militärgeschichtliche Mitteilungen 23 (1978), 7ff. mit Überblick über die konkreten Einsätze ebd. S. 26ff.

[3] Vgl. *P. Laband*, Das Staatsrecht des Deutschen Reiches, 5. Aufl., Bd. IV, 1914, S. 48ff.; *Huber*, Verfassungsgeschichte III, S. 1045; *H. Boldt*, Rechtsstaat und Ausnahmezustand, 1967, S. 116ff.; *C. Schudnagies*, Der Kriegs- oder Belagerungszustand im Deutschen Reich während des Ersten Weltkrieges, 1994, S. 37ff.

[4] Das in Ausführung zu Art. 111 PreußVerf 1850 ergangene Gesetz über den Belagerungszustand v. 4.6.1851 (GS S. 451) erlaubte ebenfalls die Einschränkung einzelner Grundrechte; vgl. dazu *Boldt*, Rechtsstaat (Fn. 3), S. 66ff. auch zur Vorgeschichte.

[5] Vgl. hierzu *Anschütz*, WRV, S. 275ff.; *J. Heckel*, AöR 22 (1932), 257ff.; *Huber*, Verfassungsgeschichte VI, S. 688ff.; *K.-D. Bracher*, Die Auflösung der Weimarer Republik, 3. Aufl. 1960, S. 51ff.; *U. Scheuner*, Die Anwendung des Art. 48 der Weimarer Reichsverfassung unter den Präsidentschaften von Ebert und Hindenburg, in: FS Brüning, 1967, S. 249ff.; sowie die klassische Stellungnahme von *C. Schmitt*, Die Diktatur des Reichspräsidenten, VVDStRL 1 (1924), S. 63ff.

[6] Anders insoweit § 197 Paulskirchenverf.; Art. 63 Preuß. Verf.; nicht aber Art. 68 RVerf 1871. Allerdings erlaubte Art. 48 II WRV eine Aufhebung der Maßnahmen durch den Reichstag.

[7] *F.K. Fromme*, Von der Weimarer Verfassung zum Grundgesetz, 1960, S. 118ff.

II. Entstehung und Veränderung der Norm

Während der Herrenchiemsee-Entwurf in Art. 111 zunächst ein **Notverordnungsrecht**, aber keine Art. 91 GG entsprechende Regelung vorsah[8], wurde Art. 91 GG a. F. als Art. 115a vom Allgemeinen Redaktionsausschuß des Parlamentarischen Rates eingefügt[9] und vom Hauptausschuß als Art. 118c in den heutigen Zusammenhang gebracht[10]. Die in Abs. 2 zunächst geforderte Zustimmung des Bundesrates wurde aufgegeben[11]. Seine endgültige Fassung erhielt Art. 91 GG a. F. schließlich im Hauptausschuß[12]. 2

Seine **heutige Fassung** gewann Art. 91 GG nach gescheiterten Änderungsversuchen[13] durch die **Notstandsnovelle**[14]. Der im Regierungsentwurf noch im Rahmen des Art. 91 GG vorgesehene Streitkräfteeinsatz[15] wurde vom Rechtsausschuß in Art. 87a IV GG verwiesen, so daß Art. 91 GG insoweit nur um die zusätzlichen Einsatzmöglichkeiten des Bundesgrenzschutzes in Art. 91 I, II 1 GG sowie der »Kräfte und Einrichtungen anderer Verwaltungen« in Art. 91 I GG ergänzt wurde. Hinzu trat das Weisungsrecht der Bundesregierung gem. Art. 91 II 3 GG[16], das aufgrund eines Änderungsantrages der Fraktionen von CDU/CSU und SPD[17] im Plenum[18] noch durch die Beschränkung auf den Fall, daß sich die Gefahr auf das Gebiet mehr als eines Landes erstreckt, modifiziert wurde. Mit der Verabschiedung der Notstandsnovelle sind auch die alliierten Vorbehaltsrechte nach Art. 5 II Deutschlandvertrag erloschen[19]. 3

B. Internationale, supranationale und rechtsvergleichende Bezüge

Der Einsatz von Polizei und Bundesgrenzschutz im inneren Notstand nach Art. 91 GG wird von internationalen und europäischen Regelungen nicht berührt. Das **französische Gesetz vom 8.7.1791** über den état de siège war bereits Vorbild der Regelungen im deutschen Konstitutionalismus. Dementsprechend regeln die Verfassungen anderer Staaten den Belagerungszustand teilweise selbst[20], teilweise bleibt die Regelung aber 4

---

[8] Parl. Rat II, S. 604f.; vgl. auch die verschiedenen Fassungen des Art. 111 in: JöR 1 (1951), S. 608f.; zur Entstehung des Art. 91 GG im einzelnen ebd., S. 661ff.; *Evers* (Fn. 1), Art. 91 Anm. I.

[9] Drs. 332, Parl. Rat VII, S. 72; ein erster Formulierungsvorschlag war zuvor bereits im Zuständigkeitsausschuß präsentiert worden, Parl. Rat. III, S. 561; vgl. auch JöR 1 (1951), S. 662.

[10] 36. Sitzung des Hauptausschusses v. 12.1.1949, Parl. Rat. XIV/2, S. 1108ff.

[11] JöR 1 (1951), S. 663; 36. Sitzung des Hauptausschusses v. 12.1.1949, Parl. Rat. XIV/2, S. 1008ff.; Parl. Rat VII, S. 266.

[12] JöR 1 (1951), S. 663; 50. Sitzung v. 10.2.1949, Parl. Rat. XIV/2, S. 1603; 57. Sitzung v. 5.5.1949, Parl. Rat XIV/2, S. 1810; Parl. Rat VII, S. 432, 520, 555f.; der Vorbehalt der Militärgouverneure v. 2.3.1949 bzgl. Art. 91 II GG (vgl. JöR 1 [1951], S. 664) wurde von der Alliierten Hohen Kommission am 3.1.1951 aufgehoben, s. *Evers* (Fn. 1), Art. 91 Anm. I.

[13] BT-Drs. III/1800; IV/891; IV/3494.

[14] 17. Gesetz zur Ergänzung des Grundgesetzes vom 24.6.1968 (BGBl. I S. 709). → Vorb. zu Art. 115a–115l Rn. 6.

[15] BT-Drs. V/1879.

[16] BT-Drs. V/2873.

[17] 175. Sitzung, Sten. Prot. S. 9452 B mit Umdruck 467 in der Anlage 6.

[18] Sten. Prot. S. 9607 B, 178. Sitzung v. 30.5.1968.

[19] Förmliche Erklärung der Botschafter der Drei Mächte in: BT-Drs. V/2942.

[20] Vgl. z. B. Art. 23 Dän. Verf.; Art. 16 Frz. Verf. 1958; Art. 76, 77 Ital. Verf.; Art. 59, 201, 202, 203 Niederl. Verf.; Art. 16, 89bis, 102 Schweiz. BV, jetzt Art. 58, 165, 173, 185 Schweiz. BV 1999; Art. I, Sect. VIII, Art. II, Sect. II US-Verf.

auch einfachen Gesetzen überlassen[21]. Darüber hinaus werden vielfach Notstandsbefugnisse auch außerhalb der Verfassung anerkannt[22].

C. Erläuterungen

I. Allgemeine Bedeutung

5 Im Unterschied zu früheren Regelungen sieht Art. 91 GG für den inneren Notstand weder eine Kompetenzverlagerung von Bundestag oder Bundesrat auf exekutive Organe[23] noch eine spezielle Beschränkung von Grundrechten[24] vor, sondern erlaubt in seinem Absatz 1 nur **eine requisitionsabhängige Intervention der Länder und des Bundes** in der Form einer bundesstaatlichen Amtshilfe und räumt dem **Bund ein subsidiäres requisitionsunabhängiges Interventionsrecht** in Abs. 2 ein[25]. Bei Versagen dieser Abwehrmöglichkeiten gegenüber einer Gefährdung der freiheitlichen demokratischen Grundordnung greift als höchste Eskalationsstufe dann nur noch der Streitkräfteeinsatz gem. Art. 87a IV GG, dessen Regelung mit Art. 91 GG in einem unmittelbaren systematischen Zusammenhang steht[26]. Die Stellung des Art. 91 GG im VIII. Abschnitt erklärt sich aus der zentralen Aufgabe der Vorschrift, den Polizeieinsatz (einschließlich des Einsatzes des Bundesgrenzschutzes) im inneren Notstand zu regeln[27].

II. Gefahrenabwehr im inneren Notstand unter Landesverantwortung (Intervention auf Ersuchen) gem. Art. 91 I GG

6 Durch die Begründung bloßer Anforderungsrechte schützt Art. 91 I GG die bundesstaatliche Eigenständigkeit der Länder auch im Ausnahmezustand in doppelter Weise. Erstens wird der **Vorrang landeseigener Gefahrenabwehr** im Sinne einer Subsidiarität bewahrt. Zweitens wird durch das bloße Anforderungsrecht ein Eingriff in die landeseigene Kompetenz gegen den Willen des Landes durch andere Länder oder den Bund grundsätzlich, abgesehen von Art. 91 II GG, abgewehrt[28].

1. Die Schutzobjekte des Art. 91 I GG

7 Anders als Art. 48 II WRV, der nach Wortlaut und herrschender Auffassung schlechthin dem Schutz der öffentlichen Ordnung vor erheblichen Störungen diente, schützt

[21] So in Belgien.

[22] Vgl. die Inanspruchnahme von Notstandsbefugnissen durch die niederl. Regierung im Exil während des 2. Weltkrieges; rechtsvergleichende Übersicht in: Max-Planck-Institut für ausländisches Öffentliches Recht und Völkerrecht (Hrsg.), Das Staatsnotrecht, 1955; zu den Notstandsregelungen im früheren kommunistischen Machtbereich *G. Brunner/K. Westen*, AöR 92 (1962), 180ff.; *H. Kaschkat*, Deutschland-Archiv 16 (1983), 288ff.

[23] Vgl. Art. 68 RVerf. 1871; Art. 48 I, II WRV. → Rn. 1.

[24] Vgl. § 197 Paulskirchenverf.; Art. 48 II WRV. → Rn. 1.

[25] *Evers* (Fn. 1), Art. 91 Rn. 9ff.; Begrifflichkeit bei *E.-R. Huber*, AöR 79 (1953/54), 1 (9ff.); vgl. auch *K. Windthorst*, in: Sachs, GG, Art. 91 Rn. 2.

[26] Vgl. *Windthorst* (Fn. 25), Art. 91 Rn. 5; → Art. 87a Rn. 29; ablehnend zu einem Ausnahmezustand jenseits der geltenden Regelung *J. Kersten*, Jus 2016, 193.

[27] Vgl. auch *Evers* (Fn. 1), Art. 91 Rn. 13.

[28] Vgl. auch *K.A. Hernekamp*, in: v. Münch/Kunig, GG II, Art. 91 Rn. 3; *Windthorst* (Fn. 25), Art. 91 Rn. 7; *F. Hase*, in: AK-GG, Art. 91 (2001), Rn. 28; *E. Klein*, HStR VII, § 169 Rn. 19.

Art. 91 GG **ausschließlich den Bestand des Bundes** sowie die **freiheitliche demokratische Grundordnung** des Bundes und der Länder vor drohenden Gefahren[29].

Der **Bestand des Bundes** umfaßt nahezu unbestritten die territoriale Integrität[30] 8 und nach allgemeiner Auffassung auch die Souveränität nach außen im Sinne völkerrechtlicher Handlungsfähigkeit[31]. Nach zutreffender Ansicht wird auch die Souveränität nach innen[32] geschützt, indes nicht umfassend unter Einbeziehung der in Art. 20 GG aufgeführten Grundsätze[33], sondern beschränkt auf die Sicherung der Staatsgewalt als effektiver Ordnungsmacht in ihrem elementaren rechtlichen und faktischen Substrat[34]. Weder die Verfassung als Form der Fundierung öffentlicher Gewalt noch die jeweiligen Träger der Staatsgewalt sind hierin einbegriffen[35]. Dem **Bestand eines oder mehrerer Länder** kommt infolge des Neugliederungsvorbehalts des Art. 29 GG in territorialer Hinsicht keine eigenständige Bedeutung zu[36], wohl aber im Hinblick auf die Bewahrung eines Kernbestands an eigenstaatlicher Selbständigkeit im föderalen Gefüge[37].

Unter den **Begriff der freiheitlichen demokratischen Grundordnung** fallen die von 9 Art. 79 III GG in ihrem Kernbestand absolut geschützten, in Art. 1 und 20 GG verankerten Grundprinzipien einer rechts- und sozialstaatlichen demokratischen Ordnung der Freiheit und Gleichheit. Dieser Auffassung folgt jüngst auch das Bundesverfassungsgericht[38]. Die bundesstaatlichen und republikanischen Grundprinzipien gehören nicht dazu[39]. Die ursprünglich vom Bundesverfassungsgericht umfassender für konstitutiv gehaltenen Elemente[40] werden nun weitgehend im Sinne der früheren

---

29 *Evers* (Fn. 1), Art. 91 Rn. 17; *v. Mangoldt/Klein*, GG, Art. 91 Anm. III.1.b); *E. Klein*, HStR VII, § 169 Rn. 15; *Windthorst* (Fn. 25), Art. 91 Rn. 6f.

30 Vgl. etwa *R. Schikowski*, Rechtsfragen der Abwehr einer drohenden Gefahr für den Bestand oder die freiheitliche demokratische Grundordnung des Bundes oder eines Landes (Art. 87a Abs. 4 und 91 GG), Diss. jur. Würzburg 1972, S. 35 m. w. N.; *H. Krieger*, in: Schmidt-Bleibtreu/Hofmann/Henneke, GG, Art. 91 Rn. 7; a. A. nur *Hamann/Lenz*, GG, Art. 91 Bem. B. 1.: »Bestand« sei politisch, nicht gebietsmäßig zu verstehen.

31 Zutreffend *K. Ipsen*, in: BK, Art. 87a (1969), Rn. 139; *v. Mangoldt/Klein*, GG, Art. 87a Anm. VII.1.a)aa); *Hernekamp* (Fn. 28), Art. 91 Rn. 4; *Windthorst* (Fn. 25), Art. 91 Rn. 11; zu weit *T. Maunz*, in: Maunz/Dürig, GG, Art. 21 (1960), Rn. 118: »außenpolitische Handlungsfreiheit«; vgl. auch *Stern*, Staatsrecht II, S. 1470.

32 *Ipsen* (Fn. 31), Art. 87a Rn. 139; *v. Mangoldt/Klein*, GG, Art. 87a Anm. VII.1.a)aa); *Stern*, Staatsrecht II, S. 1470; *Hernekamp* (Fn. 28), Art. 91 Rn. 4; *E. Klein*, HStR VII, § 169 Rn. 16; *Windthorst* (Fn. 25), Art. 91 Rn. 11; *U. Volkmann*, in: v. Mangoldt/Klein/Starck, GG III, Art. 91 Rn. 15; a. A. *Maunz* (Fn. 31), Art. 21 Rn. 118; wohl auch *Schikowski*, Rechtsfragen (Fn. 30), S. 36f.

33 So aber *Ipsen* (Fn. 31), Art. 87a Rn. 139; wohl auch *v. Mangoldt/Klein*, GG, Art. 87a Anm. VII.1.a) cc); *Stern*, Staatsrecht II, S. 1470.

34 *Evers* (Fn. 1), Art. 91 Rn. 19f.; ähnlich *Hernekamp* (Fn. 28), Art. 91 Rn. 4, der insoweit nur den durch Art. 79 III GG geschützten Kernbereich gesichert sieht, wobei unklar ist, was damit gemeint sein soll; vgl. auch *Volkmann* (Fn. 32), Art. 91 Rn. 15: »Gewaltmonopol insgesamt«, so auch *B. Grzeszick*, in: Friauf/Höfling, GG, Art. 91 (2005), Rn. 5.

35 *Evers* (Fn. 1), Art. 91 Rn. 20.

36 *Ipsen* (Fn. 31), Art. 87a Rn. 140; *Hernekamp* (Fn. 28), Art. 91 Rn. 5; unklar *Stern*, Staatsrecht II, S. 1470.

37 *Evers* (Fn. 1), Art. 91 Rn. 18; *Hernekamp* (Fn. 28), Art. 91 Rn. 5; *Grzeszick* (Fn. 34), Art. 91 Rn. 7; weitergehend wohl *Windthorst* (Fn. 25), Art. 91 Rn. 12; a. A. *Ipsen* (Fn. 31), Art. 87a Rn. 140, der wegen Art. 20, 28 I GG dies bereits im Bestand des Bundes enthalten sieht. → Art. 79 III Rn. 21f.

38 BVerfGE 144, 20 (202ff., Rn. 528ff.).

39 *Evers* (Fn. 1), Art. 91 Rn. 24; *G. Dürig*, in: Maunz/Dürig, GG, Art. 87a (1971), Rn. 101; str. → Art. 79 III Rn. 60 m. w. N.

40 BVerfGE 2, 1 (12f.) – SRP-Verbot; 5, 85 (140) – KPD-Verbot; dort (198) wird auch erst das So-

Kritik zurückgenommen[41]. Die freiheitliche demokratische Grundordnung als Kern der grundgesetzlichen Ordnung ist folglich berührt, wenn die durch die Grundrechte garantierte Selbstbestimmung und Freiheit des Einzelnen prinzipiell beeinträchtigt und durch die Justiz nicht mehr durchsetzbar ist oder die demokratischen Beteiligungsrechte und die Möglichkeiten eines Mehrheitswechsels systematisch blockiert[42] werden[43].

10 Die in Art. 91 GG vorausgesetzte **drohende Gefahr** ist im klassischen polizeirechtlichen Sinn als konkrete Gefahr für die Schutzgüter des Art. 91 GG zu verstehen, d.h. als eine Sachlage, die bei ungehindertem Ablauf mit hinreichender Wahrscheinlichkeit zu einem Schaden an den genannten Rechtsgütern führen würde[44]. Der Rückgriff auf die polizeirechtliche Begrifflichkeit ergibt sich unmittelbar daraus, daß Art. 91 GG zum Einsatz der Polizei – und des »Bundesgrenzschutzes« – allein aufgrund des Polizeirechts ermächtigt[45]. Im Hinblick auf die geschützten Rechtsgüter wird man als Gefahrenschwelle nur eine erhebliche Gefährdung verlangen müssen[46], deren Einschätzung freilich den obersten Staatsorganen einen gewissen Bewertungsspielraum eröffnet[47]. Jedenfalls ist die Gefahrenschwelle keinesfalls durch noch so scharfe oder extreme politisch-theoretische Auseinandersetzungen überschritten, da insoweit Art. 9 II, 18, 21 II GG zur Verfügung stehen[48]. Eine Überschreitung der Gefahrenschwelle ist dann anzunehmen, wenn objektiv die Bildung oder die Funktionen von obersten Staatsorganen oder ganzen Zweigen der Staatstätigkeit gestört oder blockiert werden, etwa durch gewaltsame Behinderung von Wahlen, Lahmlegung von Parlamenten, Verhinderung eines effektiven Rechtsschutzes durch die Gerichte[49].

---

zialstaatsgebot hinzugefügt; zustimmend *Dürig* (Fn. 39), Art. 87a Rn. 101; *Hernekamp* (Fn. 28), Art. 91 Rn. 6. → Art. 79 III Rn. 26ff.

[41] Zur Kritik: → Bd. III², Art. 91 Rn. 9 mit Fn. 40; s. jetzt BVerfGE 144, 20 (204f., Rn. 534).

[42] *Volkmann* (Fn. 32), Art. 91 Rn. 18: »wenn die freiheitlich demokratische Grundordnung selbst als Prinzip auf dem Spiel steht«; *Grzeszick* (Fn. 34), Art. 91 Rn. 9: »massive Beeinträchtigungen«.

[43] Zur Abgrenzung und weiteren Details vgl. *Evers* (Fn. 1), Art. 91 Rn. 22f.; *Hernekamp* (Fn. 28), Art. 91 Rn. 7ff.

[44] Seit PrOVGE 77, 333; 87, 301 (310); BVerwGE 45, 51 (57); *F. Schoch*, Polizei- und Ordnungsrecht, in: E. Schmidt-Aßmann (Hrsg.), Besonderes Verwaltungsrecht, 13. Aufl. 2005, S. 121ff. (174ff.) m.w.N.; umfassend *F. Hansen-Dix*, Die Gefahr im Polizeirecht, im Ordnungsrecht und im technischen Sicherheitsrecht, 1982, S. 19ff.

[45] *Evers* (Fn. 1), Art. 91 Rn. 25; *v. Mangoldt/Klein*, GG, Art. 91 Anm. III.2; *Stern*, Staatsrecht II, S. 1470f.; *Hernekamp* (Fn. 28), Art. 91 Rn. 10.

[46] Vgl. auch *Stern*, Staatsrecht II, S. 1471; *Evers* (Fn. 1), Art. 91 Rn. 25f., der insoweit auf »Massenungehorsam« abstellt; *Hernekamp* (Fn. 28), Art. 91 Rn. 10; *Volkmann* (Fn. 32), Art. 91 Rn. 20; auf »hohe Wahrscheinlichkeit« (so *Ipsen*, [Fn. 31], Art. 87a Rn. 144) kommt es dagegen nicht an.

[47] *Stern*, Staatsrecht II, S. 1471; *Windthorst* (Fn. 25), Art. 91 Rn. 10; *Krieger* (Fn. 30), Art. 91 Rn. 7; weitergehend *Schikowski*, Rechtsfrage (Fn. 30), S. 33; *Hase* (Fn. 28), Art. 91 Rn. 18a; für eine Vertretbarkeitskontrolle *Volkmann* (Fn. 32), Art. 91 Rn. 13; *Grzeszick* (Fn. 34), Art. 91 Rn. 11; für Mißbrauchskontrolle *F. Schöning*, Föderale Intervention als Instrument zur Bewahrung eines Bundesstaates, 2008, S. 322.

[48] *Evers* (Fn. 1), Art. 91 Rn. 25; *Hernekamp* (Fn. 28), Art. 91 Rn. 10; zum Grundsatz der streitbaren Demokratie hier nur BVerfGE 28, 36 (48f.); 30, 1 (19f.); 39, 334 (349); *A. Sattler*, Die rechtliche Bedeutung der Entscheidung für die streitbare Demokratie, 1982; *H. Dreier*, JZ 1994, 741 (759ff.); kritisch *E. Denninger*, Staatsrecht I, S. 84ff. → Art. 9 Rn. 54ff.; → Art. 18 Rn. 20ff.; → Art. 21 Rn. 141ff.

[49] Zum Problem des politischen Terrorismus vgl. *R. Tophoven* (Hrsg.), Politik durch Gewalt. Guerilla und Terrorismus heute, 1976; M. Funke (Hrsg.), Terrorismus – Untersuchungen zur Strategie und Struktur revolutionärer Gewaltpolitik, 1977; *A.P. Schmid/A.J. Jongman*, Political Terrorism, Amsterdam u.a. 1988; *R. Clutterbuck*, Terrorism and Guerilla Warfare, London 1990; *B. Rabert*, Links-

Es kommt nicht darauf an, von wem die Gefahr ausgeht. Der **Einsatz der Polizei** bis hin zu dem der Bundespolizei zum Schutz der Rechtsgüter des Art. 91 GG kann sich richten gegen Aktionen Privater, einer politischen Partei[50] sowie eigener oder fremder Hoheitsträger[51]. 11

2. Anforderungsrecht und Hilfeleistungspflicht

Die Anforderung wird den Ländern durch die »Kann«-Formulierung des Art. 91 I GG nicht zwingend vorgeschrieben. Vielmehr wird ihnen ein **Entscheidungsspielraum** eingeräumt, freilich nicht im Sinne bloßen politischen Beliebens[52]. Der Umfang des Entscheidungsspielraumes wird zunächst dadurch bestimmt, daß Art. 91 GG selbst keine Gefahrenabwehrpflicht für Bund und Länder begründet, jedoch von einer solchen Pflicht ausgeht[53]. Die Pflicht zum eigenen Einschreiten des jeweiligen Landes ist bei Gefahren für den Bestand und die freiheitliche demokratische Grundordnung des Landes selbst aus dem Homogenitätsgebot des Art. 28 I 1 GG[54], bei Gefahren für den Bestand und die freiheitliche demokratische Grundordnung anderer Länder sowie des Bundes aus der Bundestreue[55] abzuleiten. Folglich kann sich das Anforderungsrecht im Ernstfall auch zur Anforderungspflicht verdichten[56]. 12

Die Anforderung des Art. 91 I GG steht nicht unter einem expliziten Erforderlichkeitsvorbehalt, doch ist prinzipiell das bundesstaatliche **Subsidiaritätsprinzip** in dem Sinne zu beachten, daß die Anforderung weder rechtswidrig noch nachweislich nicht erforderlich sein darf[57]. 13

Das Anforderungsrecht steht dem Land zu. Welches **Organ innerhalb des Landes** für die Anforderung zuständig ist, richtet sich allein nach Landesverfassungsrecht, was entsprechend für den Anforderungsadressaten gilt[58]. 14

Art. 91 I GG begründet in erster Linie entsprechend der Amtspflicht eine **Hilfspflicht der angerufenen Länder und des Bundes**[59], die freilich nicht unbedingt ist[60]. Die angerufenen Adressaten können Ablehnungsgründe geltend machen. Erstens müssen die Voraussetzungen des Art. 91 I GG überhaupt erfüllt sein, wobei die Darlegungspflicht des anfordernden Landes nicht überstrapaziert und die Nachprüfungs- 15

und Rechtsterrorismus in der Bundesrepublik Deutschland von 1970 bis heute, 1995; *B. Hoffmann*, Terrorismus – der unerklärte Krieg, 2002; *E. Jesse*, Art. Terrorismus, in: EvStL[4], Sp. 2449ff. m. w. N.

[50] *Evers* (Fn. 1), Art. 91 Rn. 29; *Hernekamp* (Fn. 28), Art. 91 Rn. 11; *F.K. Brede/R. Geis*, in: Umbach/Clemens, GG, Art. 91 Rn. 22.

[51] *v. Mangoldt/Klein*, GG, Art. 91 Anm. III.2.d); *Hernekamp* (Fn. 28), Art. 91 Rn. 11; a. A. *Evers* (Fn. 1), Art. 91 Rn. 31 für Bundes- oder Landesorgane.

[52] Von der Ermessensterminologie sollte gleichwohl abgesehen werden; demgegenüber völlig den Kategorien der Ermessenslehre verhaftet *Windthorst* (Fn. 25), Art. 91 Rn. 17ff.

[53] *Evers* (Fn. 1), Art. 91 Rn. 34; vgl. auch *T. Maunz*, in: Maunz/Dürig, GG, Art. 91 (1979), Rn. 4.

[54] *Evers* (Fn. 1), Art. 91 Rn. 35; *Hernekamp* (Fn. 28), Art. 91 Rn. 13. → Art. 28 Rn. 58ff.

[55] *Evers* (Fn. 1), Art. 91 Rn. 36; *Hernekamp* (Fn. 28), Art. 91 Rn. 13; zur Bundestreue: → Art. 20 (Bundesstaat), Rn. 38ff.

[56] *Maunz* (Fn. 53), Art. 91 Rn. 17; *Windthorst* (Fn. 25), Art. 91 Rn. 18; *Grzeszick* (Fn. 34), Art. 91 Rn. 14.

[57] *Evers* (Fn. 1), Art. 91 Rn. 41; *Hernekamp* (Fn. 28), Art. 91 Rn. 13f.; vgl. auch *Volkmann* (Fn. 32), Art. 91 Rn. 22.

[58] *Maunz* (Fn. 53), Art. 91 Rn. 16; *Hernekamp* (Fn. 28), Art. 91 Rn. 12; *Windthorst* (Fn. 25), Art. 91 Rn. 16, 20; *Volkmann* (Fn. 32), Art. 91 Rn. 23.

[59] *Maunz* (Fn. 53), Art. 91 Rn. 19.

[60] *Maunz* (Fn. 53), Art. 91 Rn. 20; *Hernekamp* (Fn. 28), Art. 91 Rn. 16; s. auch BT-Drs. V/2873, S. 15.

rechte des Angerufenen nicht übersteigert werden dürfen[61]. Trotz Vorliegens der Voraussetzungen darf die Hilfeleistung verweigert werden, wenn der Anforderungsadressat die Kräfte wegen Eigenbedarfs nicht entbehren kann oder gar selbst anforderungsberechtigt wäre[62]. Hier wird es auf eine Abwägung der jeweiligen Dringlichkeit ankommen[63]. Gegebenenfalls sind Streitfragen einer Entscheidung des Bundesverfassungsgerichts nach Art. 93 I Nr. 3 oder 4 GG zu unterwerfen[64]. Die Hilfeleistungspflicht endet frühestens mit dem Absinken der Gefahr unter die Anforderungsschwelle, spätestens mit endgültiger Beseitigung der Gefahr oder falls Eigenbedarf eintritt[65]. Das folgt aus der Zweckbestimmung der Anforderung, die der Abwehr der Gefahr dienen muß.

16 **Gegenstand der Anforderungsrechte** sind zunächst die Polizeikräfte anderer Länder. Art. 91 I, II GG verwendet den Begriff der Polizei im formellen Sinn, meint also die Behörden des Polizeivollzugsdienstes einschließlich deren sächlicher Mittel, die auch das Personal des Einzelvollzugsdienstes der Gemeinden, der Kriminalpolizei und der Bereitschaftspolizei umfassen[66]. In erster Linie kommt für den Einsatz nach Art. 91 GG die Bereitschaftspolizei in Betracht, welche die Länder aufgrund von Verwaltungsabkommen zwischen Bund und Ländern über die Errichtung von Bereitschaftspolizeien zu unterhalten verpflichtet sind[67]. Per definitionem zählen Bundespolizeivollzugsdienste nicht dazu. Kräfte und Einrichtungen anderer Verwaltungen sind Personal und sächliche Mittel sämtlicher Behörden von Bund, Ländern und Gemeinden einschließlich der mittelbaren Staatsverwaltung – mit Ausnahme der Streitkräfte, wie sich aus Art. 87a II, IV GG ergibt[68]. Schließlich kann auch der »Bundesgrenzschutz« angefordert werden[69], wobei im Sinne des Subsidiaritätsprinzips dieser zuletzt angefordert werden darf, während die Reihenfolge von Polizei- und sonstigen Kräften anderer Verwaltungen sich vornehmlich nach der Abwehraufgabe richtet[70].

17 Alle angeforderten **Fremdkräfte unterstehen**, soweit und solange sie auf Anforderung tätig sind, **den zuständigen Organen des jeweiligen Landes** und den einschlägigen landesrechtlichen Vorschriften, da sie eine Kompetenz des ersuchenden Landes wahr-

---

61 *Evers* (Fn. 1), Art. 91 Rn. 43f.; *v. Mangoldt/Klein*, GG, Art. 91 Anm. III.7.b); *Hernekamp* (Fn. 28), Art. 91 Rn. 17; s. auch *Maunz* (Fn. 53), Art. 91 Rn. 20f.

62 *Evers* (Fn. 1), Art. 91 Rn. 44; *Maunz* (Fn. 53), Art. 91 Rn. 21; *Windthorst* (Fn. 25), Art. 91 Rn. 21; *Volkmann* (Fn. 32), Art. 91 Rn. 25.

63 *Hernekamp* (Fn. 28), Art. 91 Rn. 16; *Grzeszick* (Fn. 34), Art. 91 Rn. 16.

64 *Maunz* (Fn. 53), Art. 91 Rn. 22; *Evers* (Fn. 1), Art. 91 Rn. 44; *Hernekamp* (Fn. 28), Art. 91 Rn. 18; *Volkmann* (Fn. 32), Art. 91 Rn. 26, 31.

65 *Evers* (Fn. 1), Art. 91 Rn. 47; *v. Mangoldt/Klein*, GG, Art. 91 Anm. III.8.

66 *Evers* (Fn. 1), Art. 91 Rn. 46; *Hernekamp* (Fn. 28), Art. 91 Rn. 20; *Krieger* (Fn. 30), Art. 91 Rn. 12.

67 Im einzelnen dazu *R. Grawert*, Verwaltungsabkommen zwischen Bund und Ländern, 1967, S. 337f. sowie *Drews/Wacke/Vogel/Martens*, Gefahrenabwehr, S. 69f.

68 *Evers* (Fn. 1), Art. 91 Rn. 46; *Hernekamp* (Fn. 28), Art. 91 Rn. 21; *Windthorst* (Fn. 25), Art. 91 Rn. 26; *Volkmann* (Fn. 32), Art. 91 Rn. 24; *Grzeszick* (Fn. 34), Art. 91 Rn. 18.

69 Zum Bundesgrenzschutz, der seit 2005 Bundespolizei heißt, ohne daß bisher die Terminologie des Grundgesetzes angepaßt worden ist, vgl. *Drews/Wacke/Vogel/Martens*, Gefahrenabwehr, S. 66ff.; *M. Willich*, Historische und aktuelle Probleme der Rechtsstellung des Bundesgrenzschutzes, seiner Aufgaben und Befugnisse, Diss. jur. Hamburg 1978.

70 *R. Hoffmann*, Innerer Notstand, Naturkatastrophen und Einsatz der Bundeswehr, in: D. Sterzel (Hrsg.), Kritik der Notstandsgesetze, 1968, S. 86ff. (90); *Hernekamp* (Fn. 28), Art. 91 Rn. 23; eine Subsidiarität des Bundesgrenzschutzes ablehnend *Volkmann* (Fn. 32), Art. 91 Rn. 22; offen *Grzeszick* (Fn. 34), Art. 91 Rn. 19.

nehmen[71]. Die Kosten der Hilfeleistung fallen dem anfordernden Land zur Last, sofern nichts anderes vereinbart ist[72].

III. Gefahrenabwehr im inneren Notstand unter Bundesverantwortung (ersuchensunabhängige Intervention) gem. Art. 91 II GG

Die Bundesregierung kann gem. Art. 91 II GG auch ohne Ersuchen die Gefahrenab- **18**
wehr an sich ziehen. Eine Bundesintervention kann sowohl im Fall des bloß regionalen als auch des überregionalen Notstandes erfolgen. In beiden Fällen setzt das Eingreifen des Bundes nach Art. 91 II GG alternativ voraus, daß das betroffene Land bzw. die betroffenen Länder zum Schutz der Rechtsgüter des Art. 91 I GG entweder subjektiv nicht bereit oder objektiv nicht in der Lage sind, und ist insofern subsidiär. Das **subjektive Unvermögen** kann ausdrücklich geäußert werden oder durch unzureichenden Einsatz zum Ausdruck kommen[73]. Das **objektive Unvermögen** ist anzunehmen, wenn ein Scheitern trotz einer Wahrnehmung der Anforderungsrechte nach Art. 91 I GG objektiv absehbar ist. Unerheblich sind die Gründe dieses Scheiterns (Unzulänglichkeit der Abwehrmittel, Verweigerung der Hilfeleistung) oder die Frage des Verschuldens[74]. Der Bundesregierung kommt insoweit ein Einschätzungsspielraum zu[75]. Die daran anschließende Entscheidung über den Einsatz ist zudem durch die Formulierung »kann« in das Ermessen der Bundesregierung gestellt, das die Landessouveränität zwar zu beachten hat, aber in erster Linie der Effizienz der Abwehr verpflichtet ist und sich daher zu einer Einschreitenspflicht verdichten kann[76]. Die Anordnung der Bundesregierung entscheidet nicht nur über das »Ob« des Einsatzes, sondern auch über das »Wie«, also mit welchen der in Art. 91 II 1 GG genannten Kräften eingeschritten werden soll. Wie bei der Entscheidung nach Art. 91 I GG darf auf den »Bundesgrenzschutz« (Bundespolizei) dabei erst zuletzt zurückgegriffen werden[77].

---

[71] Vgl. § 11 II BPolG; *Maunz* (Fn. 53), Art. 91 Rn. 25; *H.-J. Rungweber*, Kompetenzverschiebungen im Bereich der Exekutive im Rahmen der Notstandsverfassung, Diss. jur. Bochum 1979, S. 12ff.; *Hernekamp* (Fn. 28), Art. 91 Rn. 24; *P. Badura*, ThürVBl. 1994, 169 (173); die dienstrechtliche Unterstellung bleibt beim ersuchten Land; s. auch *Windthorst* (Fn. 25), Art. 91 Rn. 28; *Volkmann* (Fn. 32), Art. 91 Rn. 27f.

[72] *v. Mangoldt/Klein*, GG, Art. 91 Anm. VII.1; *Maunz* (Fn. 53), Art. 91 Rn. 26; *Hernekamp* (Fn. 28), Art. 91 Rn. 25; *Volkmann* (Fn. 32), Art. 91 Rn. 30; *Brede/Geis* (Fn. 50), Art. 91 Rn. 36; vgl. auch § 11 IV 3 BPolG.

[73] *v. Mangoldt/Klein*, GG, Art. 91 Anm. IV.3.b); *Evers* (Fn. 1), Art. 91 Rn. 50; *Maunz* (Fn. 53), Art. 91 Rn. 29; *Stern*, Staatsrecht II, S. 1472; *Hernekamp* (Fn. 28), Art. 91 Rn. 27; *Windthorst* (Fn. 25), Art. 91 Rn. 34f.; *Brede/Geis* (Fn. 50), Art. 91 Rn. 42.

[74] *v. Mangoldt/Klein*, GG, Art. 91 Anm. IV.3.b)dd); *Evers* (Fn. 1), Art. 91 Rn. 50; *Stern*, Staatsrecht II, S. 1472; *Hernekamp* (Fn. 28), Art. 91 Rn. 27; *Windthorst* (Fn. 25), Art. 91 Rn. 36f.; s. auch *P. Karpinski*, Öffentlich-rechtliche Grundsätze für den Einsatz der Streitkräfte im Staatsnotstand, 1974, S. 24.

[75] *Stern*, Staatsrecht II, S. 1472; *Windthorst* (Fn. 25), Art. 91 Rn. 38: Beurteilungsspielraum; *Volkmann* (Fn. 32), Art. 91 Rn. 34; *Grzeszick* (Fn. 34), Art. 91 Rn. 23; verneinend dagegen *Hernekamp* (Fn. 28), Art. 91 Rn. 28, der in der Vorauflage unzutreffend von Ermessen spricht.

[76] Vgl. *Stern*, Staatsrecht II, S. 1472; *Hernekamp* (Fn. 28), Art. 91 Rn. 29.

[77] *v. Mangoldt/Klein*, GG, Art. 91 Anm. IV.9.c); die gesamte Reihenfolge hält für verbindlich *Hernekamp* (Fn. 28), Art. 91 Rn. 29; für freies Ermessen demgegenüber *Stern*, Staatsrecht II, S. 1473; zum Einsatz des BGS/der BPol. näher *Rungweber*, Kompetenzverschiebungen (Fn. 41), S. 44ff.

19 Die **Entscheidung** über die Weisungsunterstellung und den Bundesgrenzschutzeinsatz ist allein von **der Bundesregierung** als Kollegium (Art. 62 GG) zu treffen[78]. Nur die Befugnis, für den Einsatz Einzelweisungen zu erteilen, ist delegierbar (z. B. an den Innenminister)[79].

20 Die Weisungsunterstellung durch die Bundesregierung bewirkt im Ergebnis eine **atypische Auftragsverwaltung mit Weisungsbefugnissen der Bundesregierung**[80]. Die unterstellten Landes- oder Länderpolizeien verlieren also nicht ihre Stellung als Landesorgan[81], sondern unterstehen den ansonsten subsidiären Weisungsbefugnissen der Bundesregierung. Eingriffsgrundlage bleibt das Landespolizeirecht, wozu ergänzend und verdrängend § 15 UZwG tritt[82]. Der Bund gewinnt durch die Unterstellung keine zusätzlichen Gesetzgebungsbefugnisse, er kann aber insoweit auf Art. 73 Nr. 10b GG zurückgreifen[83]. Im Hinblick auf die Wirkungen der Weisungsunterstellung wird zutreffend überwiegend eine förmliche Bekanntmachung gefordert[84]. Das Weisungsrecht ist inhaltlich auf den Zweck der Gefahrenabwehr und personell auf »die Polizei« beschränkt, so daß die parlamentarisch verantwortliche Spitze nicht davon erfaßt wird; diese trifft nur eine Duldungs- und Gewährleistungspflicht[85]. Das Weisungsrecht umfaßt nur Einzelweisungen, auch solche dienstrechtlicher Art, aber kein allgemeines Verordnungsrecht[86]. Wird die Bundespolizei eingesetzt, ist Rechtsgrundlage das Bundespolizeigesetz[87]. Die Kostenverteilung richtet sich nach den allgemeinen Grundsätzen des Art. 104a GG. Folglich trägt der Bund die Kosten, die ihm selbst mit der Wahrnehmung des Weisungsrechts und dem Einsatz der Bundespolizei entstehen, während das Einsatzland die Kosten des Einsatzes der eigenen Polizei sowie der Polizeien anderer Länder trägt[88].

---

[78] *Stern*, Staatsrecht II, S. 1472; *Hernekamp* (Fn. 28), Art. 91 Rn. 30; *Rungweber*, Kompetenzverschiebungen (Fn. 41), S. 56; *Windthorst* (Fn. 25), Art. 91 Rn. 42. → Art. 62 Rn. 13f.

[79] *Hernekamp* (Fn. 28), Art. 91 Rn. 30.

[80] Vgl. mit jeweils unterschiedlicher Nuancierung *v. Mangoldt/Klein*, GG, Art. 91 Anm. IV.7 u. 8.b) bb); *Evers* (Fn. 1), Art. 91 Rn. 68ff.; *Maunz* (Fn. 53), Art. 91 Rn. 37; *Hernekamp* (Fn. 28), Art. 91 Rn. 32; *Stern*, Staatsrecht II, S. 1473f.; *D. Keidel*, Polizei und Polizeigewalt im Notstandsfall, Diss. jur. München 1971, S. 118ff.; *Windthorst* (Fn. 25), Art. 91 Rn. 45; *Volkmann* (Fn. 32), Art. 91 Rn. 37; *Grzeszick* (Fn. 34), Art. 91 Rn. 27.

[81] Anders noch *J. Kölble*, Die Polizei 1960, 41 (44), 88ff.; *G. Wacke*, JZ 1962, 137, 199 (203f.).

[82] § 66 BGSG a. F., der eine einheitliche bundesrechtliche Grundlage schuf, findet im BGSG 1994, jetzt BPolG, keine Entsprechung; vgl. zur alten Rechtslage im einzelnen *Keidel*, Polizei (Fn. 80), S. 166ff.

[83] *Volkmann* (Fn. 32), Art. 91 Rn. 37 zur Neufassung; zum früheren Art. 73 Nr. 10 GG noch *Evers* (Fn. 1), Art. 91 Rn. 71; *Maunz* (Fn. 53), Art. 91 Rn. 38.

[84] *Maunz* (Fn. 53), Art. 91 Rn. 35; *Evers* (Fn. 1), Art. 91 Rn. 55; *Stern*, Staatsrecht II, S. 1473; *Windthorst* (Fn. 25), Art. 91 Rn. 42.

[85] *Maunz* (Fn. 53), Art. 91 Rn. 40; *Hernekamp* (Fn. 28), Art. 91 Rn. 31; *Evers* (Fn. 1), Art. 91 Rn. 75ff.; *v. Mangoldt/Klein*, GG, Art. 91 Anm. IV.10.e).

[86] *Evers* (Fn. 1), Art. 91 Rn. 79; *Windthorst* (Fn. 25), Art. 91 Rn. 46; *Brede/Geis* (Fn. 50), Art. 91 Rn. 52; zum Weisungsrecht vgl. auch *Rungweber*, Kompetenzverschiebungen (Fn. 71), S. 20ff.

[87] § 7 BGSG 1994/BPolG; s. auch *Stern*, Staatsrecht II, S. 1473; *Keidel*, Polizei (Fn. 80), S. 179ff.; *Klein* (Fn. 28), § 169 Rn. 26; *P. Badura*, ThürVBl. 1994, 169 (173); *P. Eichhorn*, Besondere Formen der Zusammenarbeit von Bund und Ländern im Katastrophenfall und zur Aufrechterhaltung der inneren Sicherheit, 1998, S. 191f.

[88] Str., wie hier *Evers* (Fn. 1), Art. 91 Rn. 82; *Hase* (Fn. 28), Art. 91 Rn. 32; *E. Klein*, HStR VII, § 169 Rn. 27; demgegenüber nach objektivem und subjektivem Unvermögen differenzierend *Hernekamp* (Fn. 28), Art. 91 Rn. 34; wieder anders *Stern*, Staatsrecht II, S. 1474; *Volkmann* (Fn. 32), Art. 91 Rn. 40.

Im Fall eines überregionalen Notstandes tritt gleichrangig zu den Möglichkeiten des Art. 91 II 1 GG noch die **Befugnis gem. Art. 91 II 3 GG**[89] hinzu, den Landesregierungen – und nur diesen[90] – Weisungen zu erteilen, soweit dies zur wirksamen Bekämpfung der Gefahr erforderlich ist. Hier ist entscheidend auf die Notwendigkeit straffer zentraler Koordinierung abzustellen[91]. Zwar können sich die Einzelweisungen gegenständlich auf alle Bereiche der Regierungstätigkeit und der Landesverwaltung beziehen, unzulässig ist aber der Erlaß von allgemeinen Verwaltungsvorschriften im Sinne der Art. 84 II, 85 II GG wie der Erlaß von Rechtsverordnungen[92]. 21

Die Anordnung der Weisungsunterstellung ist ebenso wie die Entscheidung über den Einsatz der Bundespolizei spätestens mit Beseitigung der Gefahr[93] durch die Bundesregierung aufzuheben, wie sich aus Art. 91 II 2 GG ergibt. Die Bundesregierung kann sie auch zuvor aufheben[94]. Ferner ist die Bundesregierung zur **Aufhebung auf Verlangen des Bundesrates** verpflichtet, das jederzeit erfolgen und insoweit schwerlich an die Einhaltung der prinzipiell auch für den Bundesrat bestehenden Sicherungs- und Bundestreuepflichten gebunden werden kann[95]. Die föderative Korrekturmöglichkeit ist deshalb in praktischer Hinsicht nicht unproblematisch, aber verfassungsrechtlich eindeutig. Im Rahmen der Mehrheitsentscheidung nach Art. 52 III 1 GG ist auch das betroffene Land stimmberechtigt[96]. Im übrigen gilt der gleiche Aufhebungsvorbehalt gem. Art. 91 II 3, 2. Hs. GG für die Inanspruchnahme der Weisungsbefugnisse nach Art. 91 II 3, 1. Hs. GG. Ob das Verhältnismäßigkeitsprinzip neben den Kautelen des Art. 91 II GG selbständige Direktionskraft entfaltet[97], erscheint zweifelhaft[98]. 22

D. Verhältnis zu anderen GG-Bestimmungen

Art. 9 III 3 GG verbietet explizit, daß sich Maßnahmen nach Art. 91 GG gegen Arbeitskämpfe richten. Die Einschränkung, daß die Arbeitskämpfe zur Wahrung und Förderung der Arbeits- und Wirtschaftsbedingungen von Koalitionen im Sinne des Art. 9 III 1 GG geführt werden müssen, schließt freilich Maßnahmen gegen rechtswidrige Begleiterscheinungen und Streiks mit allein verfassungsfeindlicher politischer 23

[89] Das stellt Art. 91 II 3, 2. Hs. GG klar, *Hernekamp* (Fn. 28), Art. 91 Rn. 38; *Stern*, Staatsrecht II, S. 1473; *Windthorst* (Fn. 25), Art. 91 Rn. 50; dagegen hält *Volkmann* (Fn. 32), Art. 91 Rn. 42 das Weisungsrecht des Art. 91 II 3 GG für nachrangig; so auch *Grzeszick* (Fn. 34), Art. 91 Rn. 33.

[90] Nicht an einzelne Ministerien oder nachgeordnete Behörden, s. *Evers* (Fn. 1), Art. 91 Rn. 73, 78; *Stern*, Staatsrecht II, S. 1473; *Volkmann* (Fn. 32), Art. 91 Rn. 42.

[91] Vgl. auch *Evers* (Fn. 1), Art. 91 Rn. 51.

[92] *Evers* (Fn. 1), Art. 91 Rn. 79; *Hernekamp* (Fn. 28), Art. 91 Rn. 37; *Stern*, Staatsrecht II, S. 1473; *Volkmann* (Fn. 32), Art. 91 Rn. 43.

[93] Oder falls sich herausstellt, daß eine Gefahr gar nicht vorgelegen hat, *Evers* (Fn. 1), Art. 91 Rn. 57.

[94] Vgl. auch *Evers* (Fn. 1), Art. 91 Rn. 61.

[95] So vor allem *Maunz* (Fn. 53), Art. 91 Rn. 44; zweifelnd *Evers* (Fn. 1), Art. 91 Rn. 57; wie hier *Volkmann* (Fn. 32), Art. 91 Rn. 44.

[96] § 28 III GOBR; das ist unproblematisch: *Evers* (Fn. 1), Art. 91 Rn. 58 mit Nachweisen auch der früheren Gegenauffassung; s. auch *Windthorst* (Fn. 25), Art. 91 Rn. 56.

[97] *Krieger* (Fn. 30), Art. 91 Rn. 21.

[98] Vgl. auch *A. Heusch*, Der Grundsatz der Verhältnismäßigkeit im Staatsorganisationsrecht, 2003, S. 118f.

Zielsetzung nicht aus[99]. Die Einschränkungsmöglichkeiten nach Art. 11 II GG stehen unabhängig neben den Möglichkeiten der Kompetenzverlagerung nach Art. 91 GG[100].

24 Im **Verhältnis zu Art. 35 I GG** ist Art. 91 I GG als Sonderfall der Amtshilfe lex specialis. Im Verhältnis zu Art. 35 II 1 GG ist Art. 91 I GG lex specialis im Hinblick auf speziell gegen den Bestand des Bundes oder der Länder und die verfassungsmäßige Ordnung gerichtete Gefahren. Art. 91 und Art. 35 II 2, III GG stehen dagegen gleichberechtigt nebeneinander[101]. Nur bei Vorliegen der Voraussetzungen des Art. 91 GG ist aber das Stufenverhältnis zum Einsatz der Streitkräfte mit militärischer Bewaffnung nach Art. 87a IV GG eröffnet, wobei nach neuester Rechtsprechung des Bundesverfassungsgerichts auch bei Art. 35 II 2, III GG ein Einsatz der Streitkräfte mit spezifisch militärischen Waffen unter engen Voraussetzungen möglich ist[102]. Sonstige, auch möglicherweise militante Großveranstaltungen, fallen folglich nicht unter Art. 91 I GG, der deshalb nicht die Grundlage für den Einsatz gemeinsamer Länderpolizeien oder des Bundesgrenzschutzes bei Großdemonstrationen bildet[103].

25 Zu **Art. 37 GG** besteht kein Verhältnis der Idealkonkurrenz, das eine parallele Anwendung erlaubte[104]. Vielmehr ist Art. 91 I, II GG lex specialis, die den anderen Befugnissen des Art. 37 GG vorgeht[105], sofern die Voraussetzungen dieser Sonderbefugnisse vorliegen[106].

---

[99] Vgl. *Evers* (Fn. 1), Art. 91 Rn. 33; *P. Badura*, ThürVBl. 1994, 169 (173); *Windthorst* (Fn. 25), Art. 91 Rn. 17. → Art. 9 Rn. 87ff.

[100] *Hernekamp* (Fn. 28), Art. 91 Rn. 40 zutreffend gegen *Maunz* (Fn. 53), Art. 91 Rn. 50.

[101] *Windthorst* (Fn. 25), Art. 91 Rn. 3; *Volkmann* (Fn. 32), Art. 91 Rn. 9.

[102] BVerfGE 132, 1 (10ff. Rn. 28ff.); zur früheren Rechtslage *T. Linke*, AöR 129 (2004), 489 (525ff.). → Art. 35 Rn. 31.

[103] *Hernekamp* (Fn. 28), Art. 91 Rn. 41; *Windthorst* (Fn. 25), Art. 91 Rn. 3. → Art. 35 Rn. 35.

[104] So offenbar *v. Mangoldt/Klein*, GG, Art. 91 Anm. II.9; *Maunz* (Fn. 31), Art. 91 Rn. 8; jetzt auch *Volkmann* (Fn. 32), Art. 91 Rn. 11.

[105] *Hoffmann*, Notstand (Fn. 70), S. 92ff.; *Hernekamp* (Fn. 28), Art. 91 Rn. 42; *Windthorst* (Fn. 25), Art. 91 Rn. 3; *Krieger* (Fn. 30), Art. 91 Rn. 4.

[106] Wer wie *Evers* (Fn. 1), Art. 91 Rn. 31 Maßnahmen gegen Staatsorgane der Länder grundsätzlich von Art. 91 GG ausnimmt, kommt zur Anwendung des Art. 37 GG.

VIIIa. Gemeinschaftsaufgaben

Artikel 91a [Mitwirkungsbereiche des Bundes bei Länderaufgaben]

(1) Der Bund wirkt auf folgenden Gebieten bei der Erfüllung von Aufgaben der Länder mit, wenn diese Aufgaben für die Gesamtheit bedeutsam sind und die Mitwirkung des Bundes zur Verbesserung der Lebensverhältnisse erforderlich ist (Gemeinschaftsaufgaben):
1. Verbesserung der regionalen Wirtschaftsstruktur,
2. Verbesserung der Agrarstruktur und des Küstenschutzes.

(2) Durch Bundesgesetz mit Zustimmung des Bundesrates werden die Gemeinschaftsaufgaben sowie Einzelheiten der Koordinierung näher bestimmt.

(3) [1]Der Bund trägt in den Fällen des Absatzes 1 Nr. 1 die Hälfte der Ausgaben in jedem Land. [2]In den Fällen des Absatzes 1 Nr. 2 trägt der Bund mindestens die Hälfte; die Beteiligung ist für alle Länder einheitlich festzusetzen. [3]Das Nähere regelt das Gesetz. [4]Die Bereitstellung der Mittel bleibt der Feststellung in den Haushaltsplänen des Bundes und der Länder vorbehalten.

Literaturauswahl

Becker, Peter: Die Gemeinschaftsaufgabe »Verbesserung der regionalen Wirtschaftsstruktur«, in: Die Verwaltung 5 (1972), S. 59–79.
Frowein, Jochen A.: Gemeinschaftsaufgaben im Bundesstaat, VVDStRL 31 (1973), S. 13–47.
Hellermann, Johannes: Gemeinschaftsaufgaben (Art. 91a, 91b), in: Christian Starck (Hrsg.), Föderalismusreform, 2007, Rn. 277–313 (S. 130–144).
Hellermann, Johannes: Kooperativer Föderalismus in Gestalt der Gemeinschaftsaufgaben nach Art. 91a ff. des Grundgesetzes, in: Ines Härtel (Hrsg.), Handbuch Föderalismus, Bd. II, 2012, § 39, S. 339–363.
Hesse, Jens-Joachim: Politikverflechtung im föderativen Staat, 1978.
Kisker, Gunter: Kooperation im Bundesstaat, 1971.
Kluth, Winfried (Hrsg.): Föderalismusreformgesetz. Einführung und Kommentierung, 2007.
Marnitz, Siegfried: Die Gemeinschaftsaufgaben des Art. 91a GG als Versuch einer verfassungsrechtlichen Institutionalisierung der bundesstaatlichen Kooperation, 1974.
v. Münch, Ingo: Gemeinschaftsaufgaben im Bundesstaat, VVDStRL 31 (1973), S. 51–84.
Petersen, Hans-Georg/Anton, Stefan/Bork, Christhart: Mischfinanzierungen im deutschen Länderfinanzausgleich, 2001.
Pruns, Herbert: Gemeinschaftsaufgabe »Verbesserung der Agrarstruktur und des Küstenschutzes«, in: DÖV 1973, S. 217–227.
Spannowsky, Willy: Der Handlungsspielraum und die Grenzen der regionalen Wirtschaftsförderung des Bundes, 1987.
Tiemann, Burkhard: Gemeinschaftsaufgaben von Bund und Ländern in verfassungsrechtlicher Sicht, 1970.

Leitentscheidungen des Bundesverfassungsgerichts

Diese liegen zu Art. 91a GG bislang nicht vor.

Gliederung

Stichwörter

A. Herkunft, Entstehung, Entwicklung

I. Ideen- und verfassungsgeschichtliche Aspekte

1 Der Bundesstaat ist zuallererst auf Trennung der Kompetenzen und Bewahrung der Selbständigkeit des Zentralstaats wie der Länder angelegt. Zugleich bedarf er der Koordinierung und Integration der Teile zu einem Gesamtsystem Bundesstaat. Die staatsrechtliche Bundesstaatslehre hat die **gemeinsame Erledigung von Aufgaben** durch das Reich respektive den Bund und die Gliedstaaten bis in die Anfangszeit des Grundgesetzes **kaum als Kategorie oder Problem erkannt** und durchgängig die Trennung der Kompetenzen und Selbständigkeit betont[1]. Gleichwohl fanden sich schon in der Reichsverfassung von 1871[2] wie in der Weimarer Reichsverfassung[3] praktische Beispiele einer Kooperation zwischen Reich und Ländern.

II. Entstehung und Veränderung der Norm

2 Obwohl das Grundgesetz zunächst nur ganz vereinzelt eine gemeinsame Aufgabenerledigung vorsah[4] und Rechtsprechung[5] wie Literatur aus dem Wesen des Bundesstaats ein grundsätzliches Verbot der Mischverwaltung ableiteten[6], entwickelte sich nach

---

[1] Kritisch dazu *K. Hesse*, Der unitarische Bundesstaat, 1962; *U. Scheuner*, DÖV 1962, 641ff.; *J.A. Frowein*, Gemeinschaftsaufgaben im Bundesstaat, VVDStRL 31 (1973), S. 13ff.

[2] Im Eisenbahnwesen (Art. 41–47 RVerf. 1871, vgl. *P. Laband*, Das Staatsrecht des Deutschen Reiches, 5. Aufl., Bd. 3, 1913, S. 109ff.) und im Militärwesen (vgl. *H. Triepel*, Die Reichsaufsicht, 1917, S. 213ff.).

[3] Als Instrument der Koordinierung diente im wesentlichen die unmittelbare Reichsaufsicht nach Art. 14 WRV, vgl. *F. Poetzsch*, JöR a.F. 13 (1925), 1 (41ff.).

[4] Art. 73 Nr. 10, 87 I 2 GG.

[5] BVerfGE 11, 105 (124); 32, 145 (156); 39, 96 (108f.); 63, 1 (37f.); BVerwGE 4, 24 (29); vgl. aber auch Fn. 41.

[6] Vgl. im einzelnen *M. Ronellenfitsch*, Die Mischverwaltung im Bundesstaat, 1975, S. 48ff., 65ff.

1949 sehr schnell eine **intensive administrative Zusammenarbeit von Bund und Ländern sowie der Länder untereinander** durch informelle Absprachen und Konferenzen[7], durch Verwaltungsabkommen oder Staatsverträge[8] und mittels des Instruments der Finanzhilfen und Fonds, mit denen der Bund die Länder bei der Erfüllung ihrer Aufgaben unterstützte[9]. Die Notwendigkeit einer solchen Kooperation einerseits und die Unsicherheiten und Zweifel über die verfassungsrechtliche Zulässigkeit solcher Kooperationsformen andererseits ließen im Jahre 1966 die zwei Jahre zuvor eingesetzte Sachverständigenkommission für die Finanzreform eine verfassungsrechtliche Verankerung der Gemeinschaftsaufgaben und der Investitionshilfekompetenz vorschlagen[10]. Die Anregungen wurden im Rahmen der Großen Finanzreform 1969 aufgegriffen und führten zur **verfassungsrechtlichen Absicherung der Gemeinschaftsaufgaben** in Art. 91a und 91b GG[11]. Bis auf marginale Änderungen redaktioneller Art[12] blieb Art. 91a GG vom ersten Entwurf[13] bis zur endgültigen Verabschiedung unverändert. Nach ihrem Erlaß ist die Vorschrift trotz vielfacher Kritik[14] und offizieller Vorschläge zu ihrer Abschaffung[15] lange **unverändert** geblieben, wenn man von der alsbaldigen Erweiterung des Hochschulbegriffs auf alle Hochschulen absieht[16].

Die nie verstummende Kritik an den Gemeinschaftsaufgaben und der Ruf nach einer Abschaffung oder einem Abbau der Mischfinanzierung sowie einer generellen Entflechtung der Kompetenzbereiche von Bund und Ländern waren zentrale Motive der jahrelang umstrittenen Föderalismusreform. Die **erste Föderalismuskommission** zerbrach allerdings in erster Linie an den unüberbrückbaren Differenzen über die Zuordnung der Bildungspolitik und damit über die Neuregelung des Hochschulbaus in 3

m.w.N. auch zur historischen Bundesstaatslehre; ferner *R. Loeser*, Die Mischverwaltung, Diss. jur. Göttingen 1974; zu den bundesstaatlichen Beschränkungen der Kooperation der Länder untereinander *H.-D. Reinhardt*, Die verfassungsrechtlichen Grenzen der Länderkooperation in der Bundesrepublik Deutschland, Diss. jur. München 1971, S. 10ff.; vgl. Fn. 41.

[7] Vgl. *R. Kunze*, Kooperativer Föderalismus in der Bundesrepublik, 1968.

[8] Eingehend *R. Grawert*, Verwaltungsabkommen zwischen Bund und Ländern in der Bundesrepublik Deutschland, 1967; *R. Rollenbleg*, DÖV 1968, 225ff.

[9] *A. Köttgen*, Fondsverwaltung in der Bundesrepublik Deutschland, 1965, S. 27ff.; *J. Müller-Volbehr*, Fonds- und Investitionshilfekompetenz des Bundes, 1975, S. 36ff. → Art. 104b Rn. 5ff.

[10] *Kommission für die Finanzreform*, Gutachten über die Finanzreform in der Bundesrepublik Deutschland, 1966, S. 34ff. (sog. Troeger-Gutachten).

[11] 21. Gesetz zur Änderung des Grundgesetzes v. 12.5.1969 (BGBl. I S. 359); → Vorb. zu Art. 104a–115 Rn. 8; zur Entstehungsgeschichte des Art. 91a GG näher *T. v. Trotha*, Die Fortentwicklung des föderativen Systems in der Bundesrepublik Deutschland durch die Einführung von Gemeinschaftsaufgaben, Diss. jur. Köln 1971, S. 67ff.; *E. Kalinna*, Die Rahmenplanung und der Rahmenplan nach Art. 91a GG, Diss. jur. München 1985, S. 29ff.

[12] Die Klausel zur Nichtanwendbarkeit des Art. 87 III GG in Art. 91a III 3 des Entwurfs ist entfallen, und Art. 91a IV 1 des Entwurfs wurde in zwei Sätze (Satz 1 u. 2) zerlegt.

[13] BT-Drs. V/2861.

[14] *H. Lemke*, Die Notwendigkeit einer Verfassungsreform aus der Sicht der Länderparlamente, in: FS Hanauer, 1978, S. 140ff. (143); *F. Kirchhof*, Empfehlen sich Maßnahmen, um in der Finanzverfassung Aufgaben und Ausgabenverantwortung von Bund, Ländern und Gemeinden stärker zusammenzuführen?, Gutachten D zum 61. DJT, 1996, S. D 77; *G. Werner*, ZG 17 (2002), 14ff.; *H. Pfost/T. Franz*, ZG 18 (2003), 339 (345ff.); vgl. auch *A. Hänel*, Ist die Gemeinschaftsaufgabe Hochschulbau nach Art. 91a GG noch zeitgemäß?, in: P. Hanau (Hrsg.), Wissenschaftsrecht im Umbruch, 2001, S. 143ff. (147ff.). → Rn. 9.

[15] Enquête-Kommission für Verfassungsreform (1976), BT-Drs. 7/5924, S. 7, 148ff.; vgl. dazu *J. Müller-Volbehr*, DVBl. 1978, 313ff.; Empfehlungen der Präsidentinnen und Präsidenten der deutschen Länderparlamente (1991), Nds. LT-Drs. 12/2797, S. 22f.

[16] 27. Gesetz zur Änderung des Grundgesetzes v. 31.7.1970 (BGBl. I S. 1161).

Art. 91a und der Bildungsplanung in Art. 91b GG[17]. Einigung über die Neufassung der Gemeinschaftsaufgaben wurde erst in der Großen Koalition mit der **Föderalismusreform 2006** erzielt[18]. Einer der Kernpunkte war exakt die Verlagerung von Hochschulbau und Bildungsplanung in die alleinige Kompetenz der Länder und die damit verbundene Reduzierung der Mischfinanzierung[19]. Dementsprechend entfiel der Hochschulbau als Gemeinschaftsaufgabe gem. Art. 91a GG vollständig, ferner werden im Sinne einer weiteren Entflechtung die gemeinsame Rahmenplanung nach Art. 91a III GG a.F. sowie das Unterrichtungsrecht nach Art. 91a V GG a.F. abgeschafft. Die anderen Gemeinschaftsaufgaben wurden beibehalten[20]. Zur Kompensation der den Ländern bisher im Wege der Mischfinanzierung zufließenden Bundesmittel wurde als Übergangsregelung Art. 143c GG neu geschaffen, der Höhe und Verteilung der Mittel auf die Länder regelt und durch das Entflechtungsgesetz als Teil des Föderalismusreformbegleitgesetzes weiter konkretisiert wird[21].

B. Internationale, supranationale und rechtsvergleichende Bezüge

4 Die Planungs- und Finanzierungskompetenzen zur Verbesserung der regionalen Wirtschaftsstruktur gem. Art. 91a I Nr. 1 GG und zur Verbesserung der Agrarstruktur gem. Art. 91a I Nr. 2 GG werden heute in erheblichem Umfang durch das **Europarecht** beeinflußt. Maßnahmen der regionalen Wirtschaftsförderung unterliegen als staatliche Beihilfen der Aufsicht nach **Art. 107, 108 AEUV**[22]. Der frühere alljährliche Rahmenplan bedurfte folglich der Genehmigung durch die EG-Kommission[23]. Der Konflikt zwischen der EG-Kommission und der Bundesrepublik über die Auslegung des Art. 87 EGV (jetzt 107 AEUV), ob maßgebender Bezugsrahmen für die Genehmigungsfähigkeit staatlicher Beihilfen zumindest auch das gesamte Gebiet des Gemeinsamen Marktes (so die EG-Kommission) oder allein das Gebiet der Bundesrepublik sein sollte (so die Bundesrepublik)[24], wurde im Dezember 1987 im sog. Bangemann-Sutherland Kompromiß durch die Reduzierung der Fördergebiete der Gemeinschaftsaufgaben von 33% auf 27% des Bundesgebietes ab 1.1.1991 mit Wirkung bis Ende

---

[17] Vgl. Zur Sache 1/2005, S. 518f., 622ff.

[18] 52. Gesetz zur Änderung des Grundgesetzes v. 28.8.2006 (BGBl. I S. 2034).

[19] Vgl. BT-Drs. 16/813, S. 10; *U. Häde*, JZ 2006, 930 (935).

[20] Zur Begründung vgl. BT-Drs. 16/813, S. 10; BR-Drs. 178/06, S. 21.

[21] Art. 13 Föderalismusreform-Begleitgesetz v. 5.9.2006 (BGBl. I S. 2098, 2102).

[22] *H. Neupert*, Regionale Strukturpolitik als Aufgabe der Länder, 1986, S. 345ff.; *A. Glaesner*, Der Grundsatz des wirtschaftlichen und sozialen Zusammenhalts im Recht der Europäischen Wirtschaftsgemeinschaft, 1990, S. 113ff., 134ff.; *K.H. Rolfes*, Regionale Wirtschaftsförderung und EWG-Vertrag, 1991, S. 63ff.; *S. Große Siemer*, Die kommunale Wirtschaftsförderung und die Regionalpolitik der Europäischen Gemeinschaften, 1993, S. 106ff.; *G.B. Sinz*, Die staatliche Wirtschaftsförderung im Gebiet der neuen Bundesländer, 1993, S. 216ff.; s. auch *H. Siekmann*, in: Sachs, GG, Art. 91a Rn. 40.

[23] *W. Blümel*, HStR IV, § 101 Rn. 47; *U. Mager*, in: v. Münch/Kunig, GG II, Art. 91a Rn. 18; s. auch BT-Drs. 13/1376, S. 8f., 15; ebd., S. 26ff. generell zum Verhältnis der deutschen Regionalpolitik zur EU; Übersicht über die regionalpolitischen Instrumente der verschiedenen Ebenen (EU, Bund, Länder) bei *J.J. Hesse/A. Benz/A. Benz/H. Backhaus-Maul*, Regionalisierte Wirtschaftspolitik, 1991, S. 51ff.

[24] Zu diesem Streit *G. Püttner/W. Spannowsky*, Das Verhältnis der europäischen Regionalpolitik zur deutschen Regionalpolitik, 1986, S. 167ff.; *M. Schneider*, Einwirkungen der EG-Kommission auf die Zuständigkeiten der Länder, in: S. Magiera/D. Merten (Hrsg.), Bundesländer und Europäische Gemeinschaft, 1988, S. 233ff. (245ff.); vgl. auch *Neupert*, Strukturpolitik (Fn. 22), S. 350ff.; *Rolfes*, Wirtschaftsförderung (Fn. 22), S. 149ff.; EuGH NJW 1989, 1430 mit Anm. *G. Leibrock*, 1416ff.

1993 beigelegt[25]. Mit dem Rahmenplan 1994 wurden die Fördergebiete in den alten Bundesländern noch einmal verkleinert, während die neuen Bundesländer vorläufig insgesamt Fördergebiet blieben[26]. Aufgrund neuerer Leitlinien der Kommission wurde eine weitere Reduzierung des Fördergebietsanteils auf 17,6% vorgenommen[27], die auch vom Bund umgesetzt wurde[28]. Außerdem tritt zunehmend eine eigenständige europäische Regionalpolitik auf der Grundlage der Art. 174–178 AEUV zu der nationalen Regionalpolitik nach Art. 91a I Nr. 1 GG hinzu[29], die sich der europäischen Strukturfonds gem. Art. 175 AEUV bedient[30]. Die Umsetzung der europäischen und nationalen regionalpolitischen Ziele erfolgt hier weitgehend nach den Prinzipien der Kooperation und Komplementarität der Förderung[31], wobei die nationalen Mittel im Rahmen der Gemeinschaftsaufgabe bereitgestellt werden[32].

Im Bereich der **Verbesserung der Agrarstruktur** nach Art. 91a I Nr. 3 GG kommen 5 der Union gem. **Art. 38ff. AEUV** ebenfalls **umfangreiche Kompetenzen** zu. Sie verfügt über die Befugnis zur Beihilfenkontrolle nach Art. 107, 108 AEUV, die im Bereich der Landwirtschaft durch Art. 42 AEUV modifiziert wird, und über die Kompetenz zur Errichtung einer Gemeinsamen Marktorganisation und eigener Agrarstrukturpolitik. Da die Gemeinschaftsaufgaben Gestalt- und Planbarkeit voraussetzen, fallen durch das Europäische Unionsrecht veranlaßte Maßnahmen, die den Bereich der Verbesserung der Agrarstruktur betreffen, nicht unter Art. 91a I Nr. 2 GG, wenn sie nach Grund und Höhe einen bestimmten oder bestimmbaren Anspruch gewähren[33], sondern nur dann, wenn sie einen Planungs- und Gestaltungsspielraum lassen. Allerdings werden trotz fehlender Gestaltbarkeit europarechtlich indizierte Fördermaßnahmen häufig in die Gemeinschaftsaufgaben aufgenommen, um die Lastentragungsregeln des Art. 104a I, III 2 GG zu umgehen[34]. Im Zuge der Anpassung an die Neuausrichtung der europäischen Landwirtschaftspolitik auf einen Abbau von Überkapazitäten und Haushaltskonsolidierung wurde 1988 ein bis 1993 befristeter Sonderrahmenplan erstellt[35] und schließlich 1993 der Grundsatz der »markt- und standortangepaßten Landbewirtschaftung« in den regulären Rahmenplan eingefügt[36]. Im übrigen ist die Agrarstrukturförderung seit 1988 mit der oben genannten europäischen Strukturpolitik verklammert[37].

---

[25] BT-Drs. 12/4750, S. 17; zu weiteren Streitigkeiten s. BT-Drs. 14/776, S. 31.

[26] BT-Drs. 12/7175, S. 4; 13/1376, S. 9.

[27] ABl. 98/C 74/9; dazu *L. Jung/H. Hassold*, DÖV 2000, 190ff.

[28] BT-Drs. 14/776, S. 29f.; die vom Bund gegen die Kommission eingereichte Klage vor den EuGH wurde als unzulässig abgewiesen, EuGH NVwZ 2002, 975.

[29] Zur europäischen Strukturpolitik vgl. *Neupert*, Strukturpolitik (Fn. 22), S. 378ff.; *A. Poth-Mögele*, Das Prinzip der »Partnerschaft« in der Strukturpolitik der Europäischen Gemeinschaft, 1993, S. 85ff.; *Rolfes*, Wirtschaftsförderung (Fn. 22), S. 45ff.; *Große Siemer*, Wirtschaftsförderung (Fn. 22), S. 28ff.; *Oppermann/Classen/Nettesheim*, Europarecht, § 18 Rn. 59ff.

[30] Vgl. zum Europ. Fonds für Regionale Entwicklung *V. Mehde*, NWVBl. 2002, 178ff.

[31] *Poth-Mögele*, Prinzip (Fn. 29), S. 173ff.; *Mager* (Fn. 23), Art. 91a Rn. 24; vgl. auch *A. Benz*, PVS 39 (1998), 558ff.

[32] *Poth-Mögele*, Prinzip (Fn. 29), S. 184.

[33] *A. Kienemund*, in: Hömig/Wolff, GG, Art. 91a Rn. 5; zum Verhältnis zu den EU-Subventionen vgl. auch *H. G. Henneke*, in: Schmidt-Bleibtreu/Hofmann/Henneke, GG, Art. 91a Rn. 15.

[34] Vgl. *Mager* (Fn. 23), Art. 91a Rn. 30; *Siekmann* (Fn. 22), Art. 91a Rn. 42. → Art. 104a Rn. 7, 12ff., 25ff.

[35] BT-Drs. 11/7717; s. auch die Bereitstellung von Mitteln bis 1997/98, BT-Drs. 13/2330, S. 2.

[36] BT-Drs. 12/8478; europarechtliche Rechtsgrundlage nunmehr VO 2328/91 (ABl. L 218/1), geändert durch VO 3669/93 (ABl. L 338/26); s. auch *Mager* (Fn. 23), Art. 91a Rn. 31.

[37] Eingehend zur europäischen Agrarstrukturpolitik *R. Norer/F. Bloch*, Agrarrecht (2011), in: M. A. Dauses/M. Ludwigs (Hrsg.), Handbuch des EU-Wirtschaftsrechts, Rn. G 152ff.

6 Die Notwendigkeit einer Zusammenarbeit von Bund und Ländern wie der Länder untereinander hat im übrigen in anderen Bundesstaaten, namentlich der Schweiz[38] und den Vereinigten Staaten[39], **zahlreiche Formen des kooperativen Föderalismus** hervorgebracht, die vor allem in einem System unterschiedlichster Finanzzuweisungen bestehen.

C. Erläuterungen

I. Allgemeine Bedeutung und aktueller Befund

7 Die frühere weithin parakonstitutionelle Praxis der gemeinsamen Aufgabenerledigung von Bund und Ländern ist durch Art. 91a und 91b GG verfassungsrechtlich sanktioniert, aber zugleich auch kanalisiert worden[40]. Diese explizit vorgesehene Form der sonst verfassungsrechtlich problematischen[41] **Mischverwaltung** findet ihren Grund in den gesamtstaatlichen Koordinationsbedürfnissen ebenso wie in dem hohen und von daher eine Bundesbeteiligung erheischenden Finanzbedarf. Der früher alle Formen und Arten des Zusammenwirkens umfassende Bereich der Gemeinschaftsaufgaben ist damit auf die in Art. 91a GG genannten Aufgaben verfassungsrechtlich eingegrenzt worden, ohne damit heute oder zukünftig andere Formen der Zusammenarbeit auszuschließen[42]. Mit der Einfügung der Gemeinschaftsaufgaben hat das Grundgesetz dem **Wandel** der bundesstaatlichen Struktur von einer strikten Kompetenztrennung zum kooperativen Föderalismus **verfassungsrechtliche Anerkennung** verliehen[43], auch wenn nur ein Ausschnitt aus den vielfältigen Kooperationsformen normiert worden ist[44]. Von einer Form des kooperativen Föderalismus kann man wegen des notwendigen Zusammenwirkens sprechen, obwohl durch die Einbeziehung des Bundesrates das Mehrheitsprinzip an die Stelle des Einstimmigkeitsprinzips getreten ist, das als typisches Element der Kooperation zwischen prinzipiell gleichberechtigten Partnern verstanden wird[45].

---

[38] Vgl. vor allem *V. Häfelin*, ZSR 110 II (1969), 549ff.; *C. Dominic*, ZSR 110 II (1969), 743ff.; *B. Tiemann*, Gemeinschaftsaufgaben von Bund und Ländern in verfassungsrechtlicher Sicht, 1970, S. 300ff. – Vgl. nunmehr Art. 44–49 nBV.

[39] Vgl. nur *W. Kewenig*, AöR 93 (1968), 433ff.; *H. Ehringhaus*, Der kooperative Föderalismus in den Vereinigten Staaten von Amerika, 1971; *W. Heun*, StWStP 5 (1994), 97 (126ff.) m.w.N.

[40] Vgl. *K.-A. Schwarz*, in: Maunz/Dürig, GG, Art. 91a (2016), Rn. 1ff.; *Mager* (Fn. 23), Art. 91a Rn. 3; *G. Kisker*, Kooperation im Bundesstaat, 1971, S. 285.

[41] Vgl. ein grundsätzliches Verbot der Mischverwaltung relativierend BVerfGE 63, 1 (36ff.); eingehend *F. Kirchhof*, in: Maunz/Dürig, GG, Art. 83 (2009), Rn. 88ff.

[42] *Mager* (Fn. 23), Art. 91a Rn. 43; Troeger-Gutachten (Fn. 10), Tz. 165; zur Sperrwirkung: → Rn. 29.

[43] Vgl. *Tiemann*, Gemeinschaftsaufgaben (Fn. 38), S. 323ff.; *H.C.F. Liesegang*, in: I. v. Münch (Hrsg.), Grundgesetz-Kommentar, Bd. 3, 2. Aufl. 1983, Art. 91a Rn. 3; *U. Volkmann*, in: v. Mangoldt/Klein/Starck, GG III, Art. 91a Rn. 2ff.; allgemein zum kooperativen Föderalismus *K. Hesse*, Aspekte des kooperativen Föderalismus in der Bundesrepublik, in: FS Müller, 1970, S. 141ff.; J.J. Hesse (Hrsg.), Politikverflechtung im föderativen Staat, 1978; *H. Hofmann*, HStR^3 I, § 9 Rn. 74ff.; *F. Ossenbühl*, Landesbericht Bundesrepublik Deutschland, in: ders. (Hrsg.), Föderalismus und Regionalismus in Europa, 1990, S. 117ff. (140ff.).

[44] Überblick über die verschiedenen Formen bei *J. Pietzcker*, Landesbericht, in: C. Starck (Hrsg.), Zusammenarbeit der Gliedstaaten im Bundesstaat, 1988, S. 17ff.

[45] Vgl. *Hesse*, Aspekte (Fn. 43), S. 150ff.; *Liesegang* (Fn. 43), Art. 91a Rn. 3; für das Gesamtbild des kooperativen Föderalismus darf dieses Element freilich nicht überzeichnet werden.

Art. 91a GG begründet durch die indikativische Formulierung (»wirkt ... mit«) eine entsprechende Verpflichtung von Bund und Ländern zur gemeinsamen Erfüllung der in Art. 91a I Nr. 1–2 GG niedergelegten Staatsaufgaben[46]. Art. 91a GG wird daher zu Recht als **Verfassungsauftrag**[47] und teilweise zugleich als Staatszielbestimmung verstanden, die dem Staatshandeln in den durch Art. 91a I GG zu materiellen Staatsaufgaben erhobenen Sachbereichen Richtung und Ziel setzen[48]. Die Gemeinschaftsaufgaben dienten früher stärker auch der sozialstaatlichen Realisierung grundrechtlicher Freiheit[49], indem beispielsweise die Verwirklichung des Rechts auf freie Wahl der Ausbildungsstätte gefördert wurde[50] oder regionalpolitische und strukturpolitische Voraussetzungen[51] der freien Berufswahl geschaffen wurden. Durch die Reform ist dieser Gesichtspunkt deutlich zurückgetreten. Schließlich begründet Art. 91a GG für den Bund einige spezielle Gesetzgebungskompetenzen. 8

Seit der Einfügung des Art. 91a GG sind die Gemeinschaftsaufgaben teilweise heftiger **Kritik** ausgesetzt gewesen[52], die bis heute nicht verstummt ist[53] und meist mit der Forderung nach ihrer Abschaffung verbunden wird[54]. Dahinter verbirgt sich teilweise eine generelle Ablehnung des kooperativen Föderalismus, dem das Bild eines durch klare Aufgaben- und Finanzierungstrennung geprägten und insoweit idealisierten Bundesstaates entgegengehalten wird. In der Tat bringen die Gemeinschaftsaufgaben die Gefahr einer Verwischung der Verantwortlichkeiten mit sich[55] und tragen durch ihre Struktur, die vorwiegend eine Kooperation der Exekutiven bedingt, zu einer **Entmachtung der Parlamente** bei[56]. Auch vermag der Bund durch eine »Angebotsdiktatur«[57] erheblichen Einfluß auszuüben. Die Charakterisierung der Eigenständig- 9

---

[46] Zum Begriff der Staatsaufgaben *H.P. Bull*, Die Staatsaufgaben nach dem Grundgesetz, 1973.

[47] BT-Drs. V/2861, Tz. 259; *v. Mangoldt/Klein*, GG, Art. 91a Anm. III.2.; *Henneke* (Fn. 33), Art. 91a Rn. 6; *Kalinna*, Rahmenplanung (Fn. 11), S. 62; *Mager* (Fn. 23), Art. 91a Rn. 4; *Volkmann* (Fn. 43), Art. 91a Rn. 13; *M. Rodi*, Die Subventionsrechtsordnung, 2000, S. 382; ablehnend *Siekmann* (Fn. 22), Art. 91a Rn. 29; Jarass/*Pieroth*, GG, Art. 91a Rn. 1; *J. Oebbecke*, HStR³ VI, § 136 Rn. 141.

[48] *Liesegang* (Fn. 43), Art. 91a Rn. 5; a.A. jetzt *Mager* (Fn. 23), Art. 91a Rn. 4; zum Charakter der Kategorie vgl. immer noch *U. Scheuner*, Staatszielbestimmungen (1972), in: ders., Staatstheorie und Staatsrecht, 1978, S. 223ff.; eingehend *K.P. Sommermann*, Staatsziele und Staatszielbestimmungen, 1997, S. 326ff.

[49] *Liesegang* (Fn. 43), Art. 91a Rn. 6.

[50] *I. v. Münch*, Gemeinschaftsaufgaben im Bundesstaat, VVDStRL 31 (1973), S. 51ff. (82f.). → Art. 12 Rn. 41, 155ff., 161ff.

[51] Das Ziel regional ausgewogener Hochschulversorgung hebt hervor: *W. Schulte*, Mitplanung und Mitfinanzierung von Länderaufgaben durch den Bund, in: BMF (Hrsg.), Die Finanzbeziehungen zwischen Bund, Ländern und Gemeinden aus finanzverfassungsrechtlicher und finanzwirtschaftlicher Sicht, 1982, S. 88ff. (99); zu den Zielen eingehend *G. Lachmann*, Der Staat 14 (1975), 49 (52ff.).

[52] Vgl. *v. Münch*, Gemeinschaftsaufgaben (Fn. 50), S. 54ff. m.w.N. zur bereits vor Inkrafttreten einsetzenden Kritik; *O. Barbarino*, DÖV 1973, 19ff.; *ders.*, Zur Reformbedürftigkeit der gegenwärtigen Finanzverfassung, in: Politikverflechtung zwischen Bund, Ländern und Gemeinden (Schriftenreihe der Deutschen Universität für Verwaltungswissenschaften Speyer, Bd. 55), 1975, S. 103ff. (108ff.); *Mager* (Fn. 23), Art. 91a Rn. 55; *Siekmann* (Fn. 22), Art. 91a Rn. 19.

[53] Vgl. Fn. 14; für den Hochschulbau vgl. auch *C. Gramm*, WissR 26 (1993), 198ff.; *Bertelsmann-Kommission »Verfassungspolitik & Regierungsfähigkeit«*, Entflechtung 2005, 2000, S. 18f.

[54] Vgl. Fn. 15.

[55] *Mager* (Fn. 23), Art. 91a Rn. 55.

[56] *H.C.F. Liesegang/R. Plöger*, DÖV 1971, 228 (234f.); *S. Marnitz*, Die Gemeinschaftsaufgaben des Art. 91a GG als Versuch einer verfassungsrechtlichen Institutionalisierung der bundesstaatlichen Kooperation, 1974, S. 150ff.; *Mager* (Fn. 23), Art. 91a Rn. 55 m.w.N.; *Kisker*, Kooperation (Fn. 40), S. 126, 229f.; allgemein zu diesem Problem *H. Eicher*, Der Machtverlust der Landesparlamente, 1988.

[57] *J. Seeger*, DÖV 1968, 781 (782).

keit der Länder als nudum ius[58] schießt indes weit über das Ziel hinaus. Abgesehen davon, daß von einer vorschnellen Änderung der Verfassung und einem Zick-Zack-Kurs der Verfassungspolitik im Hinblick auf die Kontinuität der Verfassung und den Vertrauensschutz abzuraten ist[59], hat sich die Problemlage, die zur Entstehung der Gemeinschaftsaufgaben geführt hat, seit ihrer grundgesetzlichen Verankerung nicht wesentlich geändert. Sie beruht auf der Spannungslage zwischen der überkommenen bundesstaatlichen Struktur, welche die sachlichen Aufgaben des Art. 91a GG kompetentiell den Ländern zuweist, und dem ökonomisch-politisch gesamtstaatlichen Charakter der in Art. 91a GG geregelten Aufgaben[60]. Diese Spannungslage versucht die Einrichtung der Gemeinschaftsaufgaben durch den Kompromiß der gemeinsamen Erledigung und Finanzierung zu lösen, ohne sie damit ganz aufheben zu können. Modifizierungen in Einzelfragen, etwa im Verfahren[61], beseitigen das zugrunde liegende Dilemma ebenfalls nicht. Trotz aller Unzulänglichkeiten erscheint die grundsätzliche **Beibehaltung der Gemeinschaftsaufgaben** gegenüber der Zuweisung der alleinigen Verantwortung entweder an den Bund oder an die Länder daher immer noch als die **bessere Lösung**. Die Herausnahme des Hochschulbaus aus den Gemeinschaftsaufgaben ist deshalb auch durchaus fragwürdig, da der gesamtstaatliche Charakter dieser Aufgabe nicht entfallen ist. Die Gefahr einer Unterfinanzierung der Hochschulen hat sich deshalb erhöht. Die unmittelbar nach der Reform aufgelegten Milliardenprogramme des Bundes zur Bildungsfinanzierung, die nun auf Art. 104b GG gestützt werden[62], belegen das überdeutlich. Man kann sich sogar fragen, ob nicht geradezu die falsche Gemeinschaftsaufgabe entfallen ist[63], da jedenfalls die Notwendigkeit der Förderung der verbliebenen Gemeinschaftsaufgaben sehr viel mehr der Plausibilität entbehrt und die Begründung für ihre Beibehaltung vorgeschoben erscheint.

II. Allgemeine Voraussetzungen

10 Durch die Formulierung, daß der Bund bei der Erfüllung von Aufgaben der Länder mitwirkt, unterstreicht Art. 91a I GG, daß die **Sachbereiche** der Gemeinschaftsaufgaben in den **Kompetenzbereich der Länder** fallen. Der Bund wirkt lediglich nach Maßgabe der Art. 91a II, III GG in der gemeinsamen Koordination und in der Finanzierung mit[64]. Der Bund darf also auch nicht autonom tätig werden. Umgekehrt werden von Art. 91a GG ebensowenig reine Bundesaufgaben erfaßt. Aus dem Anwendungsbereich des Art. 91a GG scheiden daher bundesgesetzlich geregelte Aufgabenbereiche aus, sofern der Bund für die Durchführung der betreffenden Gesetze, etwa nach Art. 87 III GG, zuständig ist, sowie die Bundeszuständigkeiten im gesetzesfreien Be-

---

[58] *Stern*, Staatsrecht II, S. 837.

[59] *v. Münch*, Gemeinschaftsaufgaben (Fn. 50), S. 56ff.; ähnlich *Mager* (Fn. 23), Art. 91a Rn. 55.

[60] Vgl. *W. Heun*, Der Staat 31 (1972), 205 (219); die Zuordnung zu den Ländern bewirkt eine Verletzung des Prinzips der fiskalischen Äquivalenz; ebd. auch zu den ökonomischen Problemen derartiger Zweckzuweisungen.

[61] *v. Münch*, Gemeinschaftsaufgaben (Fn. 50), S. 81, 142; *Liesegang* (Fn. 43), Art. 91a Rn. 43.

[62] Wie der Hochschulpakt 2020 vom Dezember 2006.

[63] Vgl. auch *H.-G. Petersen/S. Anton/C. Bork*, Mischfinanzierungen im deutschen Länderfinanzausgleich, 2001, S. 106; kritisch auch *L. Knopp*, NVwZ 2006, 1216 (1218f.); *S. Korioth*, ZG 22 (2007), 1 (5); *R. Peffekoven*, Widi 2006, 215 (217).

[64] Deshalb kritisch zum Begriff der Gemeinschaftsaufgaben *K.M. Hettlage*, Mitplanung und Mitfinanzierung von Länderaufgaben durch den Bund, in: FS Carstens, Bd. 2, 1984, S. 613ff. (617f.).

reich und die ungeschriebenen Förderungskompetenzen des Bundes[65]. Insofern ist die in die Bundeskompetenz fallende sektorale Wirtschaftsförderung von der Gemeinschaftsaufgabe der regionalen Wirtschaftsförderung abzugrenzen[66]. Aus Art. 91a I GG folgt letztlich auch, daß unmittelbare Rechtsbeziehungen ausschließlich zwischen Bund und Ländern, nicht jedoch zwischen dem Bund und der gemeindlichen Ebene begründet werden dürfen oder bestehen[67]. Im übrigen ist die Aufzählung der Gemeinschaftsaufgaben in Art. 91a I GG abschließend, so daß ein entsprechendes Zusammenwirken auf anderen Aufgabengebieten – abgesehen von Art. 91b GG – ausscheidet[68]. In den Grenzen, die das Grundgesetz zieht, werden dadurch indes andere Kooperationsformen nicht ausgeschlossen[69].

Art. 91a I GG knüpft die Mitwirkung des Bundes **an zwei Voraussetzungen, die** 11
kumulativ vorliegen müssen[70] und konstruktiv als Elemente des Begriffs der Gemeinschaftsaufgabe gelten[71]. Danach müssen die Aufgaben für die Gesamtheit bedeutsam sein und die Mitwirkung des Bundes erforderlich sein.

Eine **Aufgabe ist für die Gesamtheit bedeutsam**, wenn deren Erfüllung aus gesamt- 12
staatlicher Sicht für das Gemeinwohl und für die Bevölkerung in mehreren Ländern wichtig ist und vordringlich erscheint[72]. Die **Mitwirkung des Bundes ist erforderlich** i.S.d. Art. 91a I GG, wenn die Verwirklichung der angestrebten Verbesserung der Lebensverhältnisse von der Mitwirkung des Bundes abhängt, wenn m.a.W. die Länder die Aufgabe vor allem finanziell nicht allein bewältigen können[73]. Aus den beiden Voraussetzungen folgt kaum mehr, als daß die Vorhaben ein gewisses Finanzvolumen haben müssen, da der gesamtstaatliche Charakter ansonsten praktisch per definitionem vorausgesetzt ist[74]. Sie sind freilich derart vage und unbestimmt[75], daß sie einer verfassungsgerichtlichen Kontrolle nur in begrenztem Umfang zugänglich sind[76] und daher auch kaum eine wirksame Beschränkung darstellen[77].

---

[65] *T. Maunz*, in: Maunz/Dürig, GG, Art. 91a (1980), Rn. 19; *Mager* (Fn. 23), Art. 91a Rn. 7.

[66] Vgl. *Maunz* (Fn. 65), Art. 91a Rn. 19f. Es handelt sich um eine ungeschriebene Kompetenz.

[67] *Liesegang* (Fn. 43), Art. 91a Rn. 7.

[68] *Maunz* (Fn. 65), Art. 91a Rn. 26; *Mager* (Fn. 23), Art. 91a Rn. 11.

[69] Zur Sperrwirkung: → Rn. 29.

[70] *v. Mangoldt/Klein*, GG, Art. 91a Anm. III.3.b); *Henneke* (Fn. 33), Art. 91a Rn. 4; *Mager* (Fn. 23), Art. 91a Rn. 9.

[71] *v. Mangoldt/Klein*, GG, Art. 91a Anm. III.3.; *Mager* (Fn. 23), Art. 91a Rn. 9; *Schwarz* (Fn. 40), Art. 91a Rn. 18.

[72] *v. Mangoldt/Klein*, GG, Art. 91a Anm. III.3.d)aa); *Maunz* (Fn. 65), Art. 91a Rn. 21; *Mager* (Fn. 23), Art. 91a Rn. 9; *J. Hellermann*, Kooperativer Föderalismus in Gestalt der Gemeinschaftsaufgaben nach Art. 91aff. des Grundgesetzes, in: I. Härtel (Hrsg.), Handbuch Föderalismus, Bd. II, 2012, § 39 Rn. 35; etwas anders *Volkmann* (Fn. 43), Art. 91a Rn. 14.

[73] *v. Mangoldt/Klein*, GG, Art. 91a Anm. III.3.d)bb); *Henneke* (Fn. 33), Art. 91a Rn. 4; *Siekmann* (Fn. 22), Art. 91a Rn. 23; *Marnitz*, Gemeinschaftsaufgaben (Fn. 56), S. 65.

[74] Da die Verankerung der Gemeinschaftsaufgaben gerade auf die überregionalen Auswirkungen der Aufgabenerfüllung und den Finanzbedarf der Länder zurückzuführen ist.

[75] *v. Münch*, Gemeinschaftsaufgaben (Fn. 50), S. 63; *Liesegang* (Fn. 43), Art. 91a Rn. 9.

[76] BVerfGE 13, 230 (233f.); 26, 338 (382f.); 39, 96 (114); *W. Blümel*, HStR IV, § 101 Rn. 144; *Mager* (Fn. 23), Art. 91a Rn. 10; *Volkmann* (Fn. 43), Art. 91a Rn. 10; es ist deshalb auch etwas irreführend, von »unbestimmten Rechtsbegriffen« zu sprechen (so *T. Oppermann*, Gemeinschaftsaufgabe Hochschulbau, in: FS Dürig, 1990, S. 411ff. [417]; *Maunz* [Fn. 65], Art. 91a Rn. 23 m.w.N.), da diese im Verwaltungsrecht grundsätzlich voll justitiabel sind; für uneingeschränkte Justitiabilität dagegen *Siekmann* (Fn. 22), Art. 91a Rn. 23.

[77] *F. Klein*, Der Staat 11 (1972), 289 (294); *v. Münch*, Gemeinschaftsaufgaben (Fn. 50), S. 63.

III. Die drei Sachbereiche der Gemeinschaftsaufgaben nach Art. 91a I GG

1. Verbesserung der regionalen Wirtschaftsstruktur (Art. 91a I Nr. 1 GG)

13 Die Gemeinschaftsaufgabe setzt voraus, daß die wirtschaftsfördernden Maßnahmen auf ein **bestimmtes Gebiet bezogen** sind und **dem Ziel** dienen, die **wirtschaftlichen Strukturbedingungen** in diesem Gebiet **zu verbessern**. Dadurch sollen wesentliche regionale Unterschiede in der Wirtschaftsstruktur beseitigt oder deren Entstehung entgegengewirkt werden[78].

14 Der **Umfang der Fördergebiete** wird durch den Begriff der Regionalität nur geringfügig begrenzt. Regionalität kann begrifflich und nach dem Zweck der Vorschrift noch vorliegen, wenn das Gebiet mehrere Länder umfaßt[79]. So gelten die neuen Bundesländer insgesamt als Fördergebiet[80]. Die Ausweitung der Fördergebiete auf zwei Drittel der Fläche der alten Bundesländer[81] überdehnte allerdings den verfassungsrechtlichen Entscheidungsspielraum. Deshalb waren die Fördergebiete bereits vor der Einbeziehung der neuen Bundesländer reduziert und neu abgegrenzt worden[82].

15 Das **sachliche Ziel** der Gemeinschaftsaufgabe ist die dauerhafte **Stärkung** der allgemeinen Wirtschaftskraft der **strukturschwachen Gebiete**. Vor allem wird damit eine Verbesserung der Arbeits- und Verdienstmöglichkeiten angestrebt. Im Hinblick auf diese Zielsetzung dürfen nur entweder die gewerbliche Wirtschaft unmittelbar (Errichtung, Ausbau, Umstellung oder grundlegende Rationalisierung von Gewerbebetrieben) oder Infrastrukturmaßnahmen (Erschließung von gewerblichen Flächen, Ausbau von Verkehrsverbindungen oder von Versorgungs- und Entsorgungsanlagen) gefördert werden, die für die Entwicklung der gewerblichen Wirtschaft einschließlich des Fremdenverkehrs erforderlich sind[83]. Die regionale Wirtschaftsförderung unterscheidet sich durch ihren räumlichen Bezug von der sektoralen Wirtschaftsförderung, die auf die Begünstigung bestimmter Wirtschaftszweige zielt, was eine teilweise Überschneidung nicht ausschließt[84].

16 **Nicht** vom Anwendungsbereich des Art. 91a I GG werden eine Reihe von Förderungsmaßnahmen **erfaßt**, die ebenfalls dem Ziel der regionalen Wirtschaftsförderung dienen. Dazu zählen die steuerrechtlichen Maßnahmen für die neuen Bundesländer nach dem neuen Investitionszulagengesetz[85], die Förderungsmaßnahmen aus dem ERP-Sondervermögen[86], die Wirtschaftsförderung der Länder und kommunalen Ge-

---

78 BT-Drs. V/2861, Tz. 88ff.; *Henneke* (Fn. 33), Art. 91a Rn. 13; vgl. auch *P. Becker*, Die Verwaltung 5 (1972), 59 (65); *W. Spannowsky*, Der Handlungsspielraum und die Grenzen der regionalen Wirtschaftsförderung des Bundes, 1987, S. 17ff.

79 *Stern*, Staatsrecht II, S. 836; *Liesegang* (Fn. 43), Art. 91a Rn. 17.

80 Kap. V, Abschn. III, Sachgebiet A Nr. 1 der Anl. I zum Einigungsvertrag v. 31.8.1990 (BGBl. II S. 885).

81 Vgl. *Maunz* (Fn. 65), Art. 91a Rn. 39.

82 BT-Drs. 9/1642, S. 5 (11. Rahmenplan).

83 *Henneke* (Fn. 33), Art. 91a Rn. 12; *Liesegang* (Fn. 43), Art. 91a Rn. 18; vgl. auch *P. Becker*, Die Verwaltung 5 (1972), 59 (65f., 70f.) zu den geförderten Maßnahmen.

84 *Schwarz* (Fn. 40), Art. 91a Rn. 21; *Henneke* (Fn. 33), Art. 91a Rn. 12; *Mager* (Fn. 23), Art. 91a Rn. 15; *Volkmann* (Fn. 43), Art. 91a Rn. 17.

85 Derzeitiges Gesetz: Investitionszulagengesetz 2010 v. 7.12.2008 (BGBl. I S. 2350).

86 Vgl. dazu *E. Pauker*, Das ERP-Sondervermögen, 1987, S. 183ff.

bietskörperschaften[87] sowie die regionale Förderung der Strukturfonds der Europäischen Union[88].

2. Verbesserung der Agrarstruktur (Art. 91a I Nr. 2 GG)

Unter diese Gemeinschaftsaufgabe fallen **alle Maßnahmen** zur Verbesserung der landwirtschaftlichen Produktions-, Arbeits- und Absatzbedingungen **im weitesten Sinn**[89]. 17
Auch Forst- und Fischwirtschaft zählen dazu[90]. Es darf allerdings insoweit keine ausschließliche Zuständigkeit des Bundes greifen[91]. Die Förderung darf sich auch auf die Verbesserung der Marktstruktur von Agrarprodukten erstrecken, wobei allerdings nur Unternehmen, die typische Erstabnehmer landwirtschaftlicher Produkte sind (Molkereien), einbezogen werden können[92]. Maßnahmen der Natur- und Landschaftspflege dienen der Verbesserung der Agrarstruktur ebensowenig[93] wie Maßnahmen zur Verbesserung der allgemeinen Lebensverhältnisse auf dem Lande[94]. Ziel muß außerdem eine dauerhafte Strukturverbesserung der Landwirtschaft sein, so daß Maßnahmen zur Erhaltung der bestehenden Agrarstruktur und eine allgemeine Landwirtschaftsförderung, wie Einkommenssubventionen und generelle Kreditverbilligungen, nicht Bestandteil der Gemeinschaftsaufgabe sind[95]. Die Förderung einer ökologischen Ausrichtung der Landwirtschaft dürfte eher nicht unter die Gemeinschaftsaufgabe fallen[96].

3. Verbesserung des Küstenschutzes (Art. 91a I Nr. 2 GG)

Zur Verbesserung des Küstenschutzes gehören alle Maßnahmen zum Schutz der deutschen **Nord- und Ostseeküste** einschließlich der fließenden oberirdischen Gewässer im 18
Tidegebiet gegen Sturmfluten, etwa durch den Bau von Deichen[97]. Der Küstenschutz bezweckt den Schutz des Hinterlandes einschließlich der Menschen, Tiere und des Eigentums vor den Gefahren des Meeres. Küstenschutz ist demzufolge seinem Wesen nach **Flächenschutz**[98]. Der gezielte Schutz einzelner Objekte, z.B. von Industrieanlagen im Hafengebiet, fällt nicht unter die Gemeinschaftsaufgabe[99]. Der Verbesserung des Küstenschutzes dient ferner nur der Neu- oder Ausbau von Küstenschutzanlagen,

---

[87] Vgl. allgemein zu den Ländern *Neupert*, Strukturpolitik (Fn. 22), S. 181ff.; *Hesse/Benz/Benz/Backhaus-Maul*, Wirtschaftspolitik (Fn. 23), S. 81ff. zum Beispiel NRW; zur kommunalen Wirtschaftsförderung *Große Siemer*, Wirtschaftsförderung (Fn. 22), S. 11ff.

[88] Art. 175ff. AEUV. → Rn. 4f.

[89] *Henneke* (Fn. 33), Art. 91a Rn. 16; zur praktischen Durchführung vgl. *H. Pruns*, DÖV 1973, 217 (220f.).

[90] *Schwarz* (Fn. 40), Art. 91a Rn. 23.

[91] *v. Mangoldt/Klein*, GG, Art. 91a Anm. V.4.b)aa); die Fischerei auf hoher See fällt etwa in die sektorale Förderungskompetenz des Bundes, s. *Maunz* (Fn. 65), Art. 91a Rn. 41.

[92] *Maunz* (Fn. 65), Art. 91a Rn. 43; *Henneke* (Fn. 33), Art. 91a Rn. 16.

[93] *Henneke* (Fn. 33), Art. 91a Rn. 17; *Mager* (Fn. 23), Art. 91a Rn. 21.

[94] Das Dorferneuerungsprogramm (BT-Drs. 8/2754, S. 231; Kap. 1003, Tit. 88268 Bundeshaushaltsplan 1993) widerspricht dem, s. *Henneke* (Fn. 33), Art. 91a Rn. 17; *Maunz* (Fn. 65), Art. 91a Rn. 41; *Mager* (Fn. 23), Art. 91a Rn. 21.

[95] *Maunz* (Fn. 65), Art. 91a Rn. 42; *Siekmann* (Fn. 22), Art. 91a Rn. 27; *Henneke* (Fn. 33), Art. 91a Rn. 17.

[96] So aber *Mager* (Fn. 23), Art. 91a Rn. 21.

[97] BT-Drs. V/2861, Tz. 96; *v. Mangoldt/Klein*, GG, Art. 91a Anm. V.4.c); *Schwarz* (Fn. 40), Art. 91a Rn. 24; *Henneke* (Fn. 33), Art. 91a Rn. 18; *Mager* (Fn. 23), Art. 91a Rn. 22.

[98] *Schwarz* (Fn. 40), Art. 91a Rn. 24; *Henneke* (Fn. 33), Art. 91a Rn. 19.

[99] *Schwarz* (Fn. 40), Art. 91a Rn. 24; *Mager* (Fn. 23), Art. 91a Rn. 22.

so daß reine Reparaturmaßnahmen auch großen Umfangs (etwa nach einer Sturmflut) nicht erfaßt werden[100].

IV. Die Ausführungsgesetze gem. Art. 91a II GG

19 Art. 91a II 1 GG ermächtigt den Bundesgesetzgeber zur näheren **Konkretisierung der Gemeinschaftsaufgaben**. Diese muß wegen der Verschiedenheit der Aufgaben nicht einheitlich in einem Gesetz erfolgen, sondern ist zu Recht auch tatsächlich in drei getrennten Gesetzen vorgenommen worden[101], wobei das Hochschulbauförderungsgesetz gem. Art. 125c GG nur bis zum 31.12.2006 fortgalt. Die Konkretisierungskompetenz und die Gestaltungsfreiheit des Gesetzgebers finden ihre verfassungsrechtlichen Grenzen in der Bindung an die Grundsätze des Art. 91a I GG, die etwa eine Erweiterung der Anzahl der Gemeinschaftsaufgaben verbietet[102]. Regelungsgegenstand der Ausführungsgesetze ist neben der Regelung einer weiter möglichen Rahmenplanung vornehmlich die nähere Abgrenzung der Gemeinschaftsaufgaben und die Bestimmung der genauen Kompetenzzuweisung, inwieweit die Aufgaben gemeinschaftlich oder von den Ländern allein wahrzunehmen sind[103].

20 Da die Länder durch die Ausführungsgesetze in ihrem Kompetenzbereich unmittelbar betroffen werden, sieht Art. 91a II 1 GG das Erfordernis der **Zustimmung des Bundesrates** vor. Die Zustimmung des Bundesrates erfolgt aufgrund des Mehrheitsprinzips gem. Art. 52 III 1 GG, so daß entgegen dem sonst im kooperativen Föderalismus vorherrschenden Konsensprinzip die Verabschiedung auch gegen die Stimmen einzelner Länder erfolgen kann[104].

21 Gem. Art. 91a II 2 GG a.F. sollten die Ausführungsgesetze allgemeine Grundsätze für die Erfüllung der Gemeinschaftsaufgaben aufstellen. Nach allgemeiner Auffassung[105] normierte Art. 91a II 2 GG a.F. damit einen Fall der **Grundsatzgesetzgebung des Bundes**[106]. Der Gesetzgeber wurde dadurch ermächtigt, vornehmlich generelle Zielvorstellungen und Richtlinien festzulegen, die der gemeinsamen Rahmenplanung gem. Art. 91a III GG a.F. zugrunde zulegen waren[107]. Auf diese Weise sollte eine prinzipielle Beteiligung des Parlaments an der sonst weitgehend exekutiven Planung aus Gründen der Gewaltenteilung gesichert werden[108]. Nach der Neufassung darf der Gesetzgeber nunmehr auch Einzelheiten der Koordinierung regeln, so daß sein Regelungsspielraum erweitert worden ist, was explizit Intention der Reform war[109]. Demgegenüber ist die früher als »Kernstück«[110] der Kooperation angesehene Rahmenpla-

---

[100] *Schwarz* (Fn. 40), Art. 91a Rn. 24; *Henneke* (Fn. 33), Art. 91a Rn. 19; a.A. *Volkmann* (Fn. 43), Art. 91a Rn. 18.

[101] *Henneke* (Fn. 33), Art. 91a Rn. 23; allgemeiner Überblick über die Ausführungsgesetze bei *W. Patzig*, DVBl. 1969, 889ff. → Rn. 22.

[102] *Liesegang* (Fn. 43), Art. 91a Rn. 21.

[103] *Henneke* (Fn. 33), Art. 91a Rn. 24; *Mager* (Fn. 23), Art. 91a Rn. 28.

[104] *Liesegang* (Fn. 43), Art. 91a Rn. 22. → Rn. 7; → Art. 52 Rn. 18.

[105] *Maunz* (Fn. 65), Art. 91a Rn. 47; *Liesegang* (Fn. 43), Art. 91a Rn. 23; *Henneke* (Fn. 33), Art. 91a Rn. 21; weitere Einzelheiten bei *Marnitz*, Gemeinschaftsaufgaben (Fn. 56), S. 71ff.

[106] *Hesse*, Verfassungsrecht, Rn. 242; *B. Tiemann*, BayVBl. 1971, 285ff.; anders *Volkmann* (Fn. 43), Art. 91a Rn. 22. → Art. 109 Rn. 32ff.

[107] *Marnitz*, Gemeinschaftsaufgaben (Fn. 56), S. 71f.

[108] Vgl. *Marnitz*, Gemeinschaftsaufgaben (Fn. 56), S. 73; *Liesegang* (Fn. 43), Art. 91a Rn. 23.

[109] BR-Drs. 178/06, S. 37; vgl. auch BT-Drs. 16/813, 15f.

[110] BT-Drs. V/2861, Tz. 271; vgl. auch dazu und zum Instrument der Rahmenplanung → Bd. III², Art. 91a Rn. 26ff. m.w.N.

nung mit der Abschaffung des Art. 91a III GG a.F. kein notwendiger Bestandteil der Gemeinschaftsaufgabe mehr. Sie ist indes dadurch noch nicht ohne weiteres verabschiedet worden. Vielmehr soll ausweislich der Begründung »das Instrument der Rahmenplanung nicht mehr zwingend vorgeschrieben« sein[111]. Die Verwendung dieses Instruments ist deshalb der Entscheidung des Gesetzgebers überlassen[112].

Die getrennt ergangenen **Ausführungsgesetze** haben sich strikt an der früheren **Dreiteilung** des Art. 91a I GG orientiert, so daß die Gemeinschaftsaufgaben in folgenden drei Gesetzen geregelt waren bzw. sind: (1) Gesetz über die Gemeinschaftsaufgabe »Ausbau und Neubau von Hochschulen« vom 1.9.1969[113], das wegen des Fortfalls der Gemeinschaftsaufgabe gem. Art. 125c GG lediglich bis zum 31.12.2006 fortgalt, (2) Gesetz über die Gemeinschaftsaufgabe »Verbesserung der regionalen Wirtschaftsstruktur« vom 6.10.1969[114] und (3) Gesetz über die Gemeinschaftsaufgabe »Verbesserung der Agrarstruktur und des Küstenschutzes« vom 3.9.1969[115]. 22

V. Die Finanzierung gem. Art. 91a III GG

Heute ist die gemeinsame Finanzierung das Kernelement der Gemeinschaftsaufgaben. Es dürfte von Anfang an das praktisch entscheidende Motiv für die verfassungsrechtliche Verankerung der Gemeinschaftsaufgaben gewesen sein. Die **Beteiligung des Bundes** nach Art. 91a GG erstreckt sich nur auf die **Zweckausgaben, nicht** aber auf die **Verwaltungsausgaben**, die nach Art. 104a V GG von den Ländern allein zu tragen sind[116]. Im Rahmen der Gemeinschaftsaufgaben, Verbesserung der regionalen Wirtschaftsstruktur sowie Verbesserung des Küstenschutzes ist die Mitfinanzierung des Bundes auf die Investitionskosten unter Einschluß der Finanzierungskosten beschränkt, während im Rahmen der Maßnahmen zur Verbesserung der Agrarstruktur auch andere Kosten mitfinanziert werden können. Generell fallen jedoch die sog. **Folgekosten** allein den Ländern zur Last[117]. Die Ausführungsgesetze sehen ferner eine nachträgliche Erstattung und Abrechnung vor, wobei jedoch vom Bund entsprechend dem Stand der Maßnahmen Vorauszahlungen auf die Erstattungsbeträge geleistet werden[118]. 23

Für die Gemeinschaftsaufgabe gem. Art. 91a I Nr. 1 GG normiert Art. 91a III 1 GG ein festes **Beteiligungsverhältnis**. Danach tragen der Bund und das betreffende Land jeweils 50% der Aufwendungen: Für die Gemeinschaftsaufgaben gem. Art. 91a I Nr. 2 GG ist nach Art. 91a III 2 GG nur eine Mindestbeteiligung des Bundes in Höhe von 24

---

111 BR-Drs. 178/06, S. 37; s. auch *J. Hellermann*, Gemeinschaftsaufgaben (Art. 91a, 91b), in: C. Starck (Hrsg.), Föderalismusreform, 2007, Rn. 286, 288ff.

112 *R. Schmidt-De Caluwe*, in: W. Kluth (Hrsg.), Föderalismusreformgesetz, 2007, Art. 91a Rn. 10.

113 BGBl. I S. 1556; geändert durch Gesetz v. 3.9.1970 (BGBl. I S. 1301), Gesetz v. 23.12.1971 (BGBl. I S. 2140), Gesetz v. 21.1.1976 (BGBl. I S. 185) sowie Anl. I Kap. XVI Sachgeb. A Abschn. II Nr. 1 Einigungsvertrag v. 31.8.1990 (BGBl. II S. 885).

114 BGBl. I S. 1861; zuletzt geändert durch Gesetz v. 25.11.2003 (BGBl. I S. 2304).

115 BGBl. I S. 1573; i.d.F. der Bekanntmachung v. 21.7.1988 (BGBl. I S. 1055) zuletzt geändert durch Gesetz v. 2.5.2002 (BGBl. I S. 1527).

116 H.M.: *P. Lichtenberg/J. Burckhardt/D. Elchlepp*, Gemeinschaftsaufgabe Hochschulbau, 1971, S. 31, 51; *Mager* (Fn. 23), Art. 91a Rn. 38; *W. Blümel*, HStR IV, § 101 Rn. 153.

117 Allg. Auffassung: *Maunz* (Fn. 65), Art. 91a Rn. 63; *Lichtenberg/Burckhardt/Elchlepp*, Gemeinschaftsaufgabe (Fn. 116), S. 20; *Mager* (Fn. 23), Art. 91a Rn. 38.

118 *Mager* (Fn. 23), Art. 91a Rn. 39; vgl. auch *Lichtenberg/Burckhardt/Elchlepp*, Gemeinschaftsaufgabe (Fn. 116), S. 52; *D. Keller*, DÖV 1977, 844ff.

50% vorgeschrieben, wegen der finanzschwachen Agrarländer ist eine höhere Mitfinanzierung des Bundes zulässig. Durch das Ausführungsgesetz ist für die Förderung der Agrarstruktur eine Bundesbeteiligung von 60%, beim Küstenschutz sogar von 70% festgelegt worden[119]. Der Bundesanteil ist gem. Art. 91a III 2, 2. Hs. GG für alle Länder gleichmäßig festzusetzen[120]. Eine zusätzliche Kompensation der Unterschiede zwischen reichen und armen Ländern durch abgestufte Beteiligungsverhältnisse ist unzulässig, sie soll vielmehr dem allgemeinen Finanzausgleich überlassen bleiben[121]. Gleichwohl entfalten die Mitfinanzierungen des Bundes erhebliche horizontale Ausgleichswirkungen, da die einzelnen Bundesländer die betreffenden Gemeinschaftsaufgaben in unterschiedlichem Umfang erfüllen und dementsprechend unterschiedlich Finanzmittel erhalten[122].

25 Der **Haushaltsvorbehalt des Art. 91a III 4 GG** stellt klar, daß trotz der Bindung der Regierungen die Haushaltshoheit des Bundestages und der Landtage durch eventuelle Rahmenpläne und die darauf beruhenden Mittelbeantragungen hinsichtlich der Gemeinschaftsaufgaben rechtlich prinzipiell nicht berührt wird. Die Parlamente bewahren grundsätzlich ihre Bewilligungsfreiheit und können die erforderlichen Haushaltsmittel genehmigen, nur teilweise bewilligen oder sogar ganz versagen[123]. Allenfalls ziehen wiederum Gesichtspunkte des Vertrauensschutzes oder der Bundestreue äußerste Grenzen[124]. Im Fall einer Änderung der Haushaltsansätze müßte der Rahmenplan revidiert werden und der zuständige Planungsausschuß einen neuen Beschluß fassen[125].

26 Der rechtliche Haushaltsvorbehalt des Art. 91a III 4 GG **schützt** freilich **nur** sehr **begrenzt vor** den von den Rahmenplänen oder anderen Vereinbarungen ausgehenden **faktischen Bindungen**, da diese von der Exekutive ausgehandelt werden[126]. Die Abschaffung des Zwangs zur Rahmenplanung ändert an diesen Strukturen nichts. Eine frühzeitige Einschaltung der Parlamente in den ja weiterhin notwendigen Planungsprozeß ist daher über die allgemeine parlamentarische Kontrolle der Exekutive hinaus sinnvoll[127]. Die Haushaltsordnungen der Länder tragen dem aufgrund einer Empfehlung der Präsidenten der Länderparlamente auch dadurch Rechnung, daß sie die

---

[119] § 10 Gesetz über die Gemeinschaftsaufgabe »Verbesserung der Agrarstruktur und des Küstenschutzes«. → Fn. 115.

[120] Die Beteiligungsquote ist vorhabenbezogen, s. *Maunz* (Fn. 65), Art. 91a Rn. 61f.

[121] *Liesegang* (Fn. 43), Art. 91a Rn. 35; *Siekmann* (Fn. 22), Art. 91a Rn. 34, die aber Ausgleichswirkungen zu pauschal ausschließen.

[122] *W. Heun*, Der Staat 31 (1992), 205 (219); *R. Wendt*, HStR[3] VI, § 139 Rn. 127f.; zur Höhe der Finanzströme seit 1990 vgl. *Petersen u.a.*, Mischfinanzierungen (Fn. 63), S. 25ff.

[123] Jarass/*Pieroth*, GG, Art. 91b Rn. 6; *J. Oebbecke*, HStR[3] VI, § 136 Rn. 142; *Siekmann* (Fn. 22), Art. 91a Rn. 36.

[124] *Henneke* (Fn. 33), Art. 91a Rn. 31; *H.C.F. Liesegang/R. Plöger*, DÖV 1971, 228 (233f.); *Maunz* (Fn. 65), Art. 91a Rn. 59; für weitergehende Bindung nach Anfinanzierung *H. Zitzelsberger*, DÖV 1990, 724 (729ff.).

[125] Zu den denkbaren Konsequenzen vgl. auch *Maunz* (Fn. 65), Art. 91a Rn. 58.

[126] Vgl. *H.C.F. Liesegang/R. Plöger*, DÖV 1971, 228 (234f.); *H. Soell*, Sind die Gemeinschaftsaufgaben nach Art. 91a GG ein geeignetes Instrument zur Weiterentwicklung des föderativen Systems?, in: FS Forsthoff, 1972, S. 397ff. (419ff.); *Schwarz* (Fn. 40), Art. 91a Rn. 32; *Volkmann* (Fn. 43), Art. 91a Rn. 29; s. jetzt auch *Siekmann* (Fn. 22), Art. 91a Rn. 36f.

[127] Vgl. *Marnitz*, Gemeinschaftsaufgaben (Fn. 56), S. 150ff.; *H.C.F. Liesegang*, ZParl. 3 (1972), 162ff.; *Mager* (Fn. 23), Art. 91a Rn. 41 m.w.N.

Pflicht normieren, die Entwürfe der Anmeldungen für die gemeinsame Rahmenplanung rechtzeitig vorzulegen[128].

VI. Aufsicht und Kontrolle

Da dem Bund im Bereich der Gemeinschaftsaufgaben lediglich Mitwirkungsbefugnisse bei der Koordinierung und der Finanzierung zustehen, bleibt die Wahrnehmung der Gemeinschaftsaufgaben ansonsten Angelegenheit der Länder. **Aufsichts- und Weisungsbefugnisse** über die Durchführung der Gemeinschaftsaufgaben **stehen dem Bund nicht zu**, was sich auch früher aus einem Umkehrschluß des Art. 91a V GG a.F. ergab[129]. Danach bestand nämlich lediglich ein **Unterrichtungsrecht** von Bundesregierung und Bundesrat. Im Fall einer planwidrigen Verwendung von Bundesmitteln liegt eine Pflichtverletzung der Länder vor, die der Bund gegebenenfalls auch im Bund/Länder-Streit gem. Art. 93 I Nr. 3 GG angreifen kann[130]. Demgegenüber ist der Bund nicht zum Erlaß allgemeiner Durchführungsrichtlinien befugt; Bundesrat und Vermittlungsausschuß hatten ein entsprechendes Begehren des Bundestages im Verfahren der Verfassungsänderung auch abgelehnt[131]. 27

Die **Prüfungsbefugnisse des Bundesrechnungshofs**[132] sind dementsprechend begrenzt. Geprüft werden darf bei den Landesbehörden nur, ob die vom Bund stammenden Mittel zur Mitfinanzierung von Gemeinschaftsaufgaben und entsprechend den Vorgaben des Rahmenplans verwendet wurden. Die Prüfung ist außerdem auf die obersten Landesbehörden beschränkt[133]. Daneben kann die Rahmenplanung selbst auf die Einhaltung der Grundsätze des Art. 114 GG überprüft werden[134]. Im übrigen obliegt die Prüfung den Landesrechnungshöfen[135]. 28

VII. Sperrwirkung der Gemeinschaftsaufgaben

Für den Bund begründet Art. 91a GG insofern eine **Sperrwirkung**, als er an den dort geregelten Aufgaben nur im Rahmen der vorgesehenen Mitwirkungsbefugnisse teilnehmen kann[136]. Umstritten ist, ob und inwieweit Art. 91a GG und der Grundsatz der Bundestreue (→ Art. 20 [Bundesstaat], Rn. 38ff.) den Ländern ein autonomes Handeln im Bereich der Gemeinschaftsaufgaben versperren[137]. Zu Recht wird überwiegend 29

[128] Vgl. z.B. § 10 III LHO BW; § 10 IV LHO NW; die Empfehlung ist abgedruckt bei *H. Böhringer*, ZParl. 1 (1970), 172ff.; s. ferner *H.C.F. Liesegang*, ZParl. 3 (1972), 162 (163ff.).

[129] BT-Drs. V/2861, Tz. 284; *Maunz* (Fn. 65), Art. 91a Rn. 64; in der Sache besteht Übereinstimmung, s. auch *Henneke* (Fn. 33), Art. 91a Rn. 21.

[130] *U. Mager*, in: I. v. Münch/P. Kunig, Grundgesetz-Kommentar, Bd. 3, 5. Aufl. 2003, Art. 91a Rn. 56; *J. Richter/H. Faber*, in: E. Denninger/R. Bäumlin/A. Azzola (Hrsg.), Kommentar zum Grundgesetz für die Bundesrepublik Deutschland, Bd. 2, 2. Aufl. 1989, Art. 91a Rn. 21.

[131] Vgl. im einzelnen *Tiemann*, Gemeinschaftsaufgaben (Fn. 38), S. 242ff.

[132] Dazu allgemein: → Art. 114 Rn. 18ff.

[133] Landesrechnungshof NW DÖV 1977, 521; *H. Blasius*, DÖV 1992, 18 (21).

[134] *H.B. Brockmeyer*, in: Schmidt-Bleibtreu/Hofmann/Henneke, GG, Art. 114 Rn. 20.

[135] *Maunz* (Fn. 65), Art. 91a Rn. 65.

[136] *Maunz* (Fn. 65), Art. 91a Rn. 66; vgl. aber auch *Spannowsky*, Handlungsspielraum (Fn. 78), S. 64ff.; s. ferner BVerwGE 59, 327 (330ff.).

[137] So vor allem *v. Mangoldt/Klein*, GG, Art. 91a Anm. IV.2.a); *R. Goroncy*, DÖV 1970, 109 (111f.); verneinend bereits die BReg., BT-Drs. V/2861, Tz. 276; *B. Tiemann*, DÖV 1970, 725 (727); *Kisker*, Kooperation (Fn. 40), S. 288f.; generell *Kalinna*, Rahmenplanung (Fn. 11), S. 68ff.; *Neupert*, Strukturpolitik (Fn. 22), S. 251ff.

differenziert. Grundsätzlich steht es dem einzelnen Land frei, ein Vorhaben nicht anzumelden oder die Aufnahme in den Rahmenplan zu verweigern. Dann bleibt ihm auch die völlige Freiheit eigenverantwortlicher Planung und Durchführung mit der Folge der alleinigen Kostentragung[138]. Andererseits dürfen die eigenständigen Maßnahmen der Länder nicht einer bestehenden Rahmenplanung und deren Zielen zuwiderlaufen und diese konterkarieren. Diese rechtliche Verpflichtung zur Abstimmung und Kooperation kann man schon unmittelbar aus Art. 91a GG ableiten[139], aber ergänzend auch auf den Grundsatz der Bundestreue stützen[140], ohne daß es darauf wesentlich ankommt[141].

30 Da der Bund mit den Gemeinden im Rahmen der Gemeinschaftsaufgaben gar nicht unmittelbar in Kontakt tritt, kann für die **Kommunen auch keine Sperrwirkung** eintreten. Die Gemeinden können daher prinzipiell autonom Wirtschaftsförderung betreiben. Sie dürfen nur den grundgesetzlichen Auftrag zur regionalen Wirtschaftsförderung nicht konterkarieren[142], was freilich kaum in ihrem Interesse liegen dürfte.

D. Verhältnis zu anderen GG-Bestimmungen

31 Art. 91a GG gibt dem Bund spezielle Gesetzgebungskompetenzen, die aber keine allgemeine materielle Regelungsbefugnis im Bereich der Gemeinschaftsaufgaben begründen. Die Gesetzgebungskompetenzen von Bund und Ländern gem. **Art. 70ff. GG** bleiben ansonsten **unberührt**[143]. Insbesondere verfügt der Bund über die Gesetzgebungskompetenz zur Forschungsförderung gem. Art. 74 I Nr. 13 GG[144]. Für den Bereich der gemeinsamen Koordination enthält Art. 91a GG außerdem eine **gegenüber Art. 83ff. GG abweichende Regelung**[145]. Im übrigen enthält Art. 91a III GG eine **Ausnahme** von der Grundregel über die Lastenverteilung des **Art. 104a I GG**[146], aber keine Abänderung des Art. 104a V GG, so daß die Mitfinanzierung des Bundes sich nur auf Zweckausgaben erstrecken darf (→ Rn. 23). Im übrigen stehen Art. 104b und Art. 91a GG im wesentlichen unabhängig nebeneinander, so daß Bund und Länder sich insoweit beider Finanzierungsformen bedienen können[147].

---

[138] Vgl. *Frowein*, Gemeinschaftsaufgaben (Fn. 1), S. 32; *v. Münch*, Gemeinschaftsaufgaben (Fn. 50), S. 73; *B. Tiemann*, DÖV 1970, 725 (727); *Schwarz* (Fn. 40), Art. 91a Rn. 26; *Mager* (Fn. 23), Art. 91a Rn. 44. → Art. 104a Rn. 10ff.

[139] *v. Münch*, Gemeinschaftsaufgaben (Fn. 50), S. 73.

[140] *Schwarz* (Fn. 40), Art. 91a Rn. 26; ablehnend *Mager* (Fn. 23), Art. 91a Rn. 44; vgl. auch *H. Bauer*, Die Bundestreue, 1992, S. 346ff.

[141] Offengelassen von *Liesegang* (Fn. 43), Art. 91a Rn. 41; ohne verfassungsrechtliche Anknüpfung auch *Frowein*, Gemeinschaftsaufgaben (Fn. 1), S. 33f.; *Stern*, Staatsrecht II, S. 835; vgl. auch *Rodi*, Subventionsrechtsordnung (Fn. 47), S. 384ff., der keine Sperrwirkung, sondern eine »relative Bindungswirkung« annimmt.

[142] Vgl. auch *Maunz* (Fn. 65), Art. 91a Rn. 70; *R. Altenmüller*, DVBl. 1981, 619 (622); *W. Blümel*, HStR IV, § 101 Rn. 141.

[143] Vgl. näher *Maunz* (Fn. 65), Art. 91a Rn. 7ff.

[144] *I. Staff*, Wissenschaftsförderung im Gesamtstaat, 1971, S. 127ff.

[145] *Maunz* (Fn. 65), Art. 91a Rn. 11.

[146] *Schwarz* (Fn. 40), Art. 91a Rn. 15; *R. Prokisch*, in: BK, Art. 104a (2003), Rn. 55f.; a.A. *F. Sturm*, DÖV 1968, 466 (474); *v. Mangoldt/Klein*, GG, Art. 91a Anm. VII.5.a)aa).

[147] *F. Klein*, Der Staat 11 (1972), 289 (308); *Volkmann* (Fn. 43), Art. 91a Rn. 8; a.A. *H.-G. Henneke*, in: Schmidt-Bleibtreu/Hofmann/Henneke, GG, Art. 104b Rn. 26; *T. Maunz*, in: Maunz/Dürig, GG, Art. 104a (1977), Rn. 49; unentschieden *Siekmann* (Fn. 22), Art. 91a Rn. 20. → Art. 104b Rn. 26.

Artikel 91b [Forschungsförderung, Leistungsfähigkeit des Bildungswesens]

(1) [1]Bund und Länder können auf Grund von Vereinbarungen in Fällen überregionaler Bedeutung bei der Förderung von Wissenschaft, Forschung und Lehre zusammenwirken. [2]Vereinbarungen, die im Schwerpunkt Hochschulen betreffen, bedürfen der Zustimmung aller Länder. [3]Dies gilt nicht für Vereinbarungen über Forschungsbauten einschließlich Großgeräten.

(2) Bund und Länder können auf Grund von Vereinbarungen zur Feststellung der Leistungsfähigkeit des Bildungswesens im internationalen Vergleich und bei diesbezüglichen Berichten und Empfehlungen zusammenwirken.

(3) Die Kostentragung wird in der Vereinbarung geregelt.

Literaturauswahl

Dittmann, Armin: Bildungsplanung als Gemeinschaftsaufgabe, 1975.

Hellermann, Johannes: Gemeinschaftsaufgaben (Art. 91a, 91b), in: Christian Starck (Hrsg.), Föderalismusreform, 2007, Rn. 277–313, S. 130–144.

Jakob, Wolfgang: Forschungsfinanzierung durch den Bund, in: Der Staat 24 (1985), S. 527–564.

Oppermann, Thomas: Gemeinsame Bildungs- und Forschungsfinanzierung durch Bund und Länder nach Art. 91b und Art. 104a GG, in: DÖV 1972, S. 591–598.

Seckelmann, Margrit: Föderalismusreform III im Wissenschaftsbereich? – Zur Ermöglichung weiterer föderaler Kooperation, in: NVwZ 2015, S. 248–252.

Speiser, Guido: Der neue Art. 91b GG – zentrale Regelungen und praktische Bedeutung, in: RuP 2015, S. 86–93.

Staff, Ilse: Wissenschaftsförderung im Gesamtstaat, 1971.

Wolff, Johanna: Der neue Art. 91b GG – Erweiterte Kooperation im Wissenschaftsföderalismus, in: DÖV 2015, S. 771–780.

Siehe auch die Angaben zu Art. 91a GG.

Leitentscheidung des Bundesverfassungsgerichts

BVerfGE 86, 148 (267) – Finanzausgleich II.

Gliederung

Stichwörter

A. Herkunft, Entstehung, Entwicklung

1 Die Vorschrift des Art. 91b GG findet zwar in der Verfassungsgeschichte keine unmittelbaren Vorbilder, **sichert** aber eine **lange bestehende Praxis** der Kooperationen zwischen Bund und Ländern **verfassungsrechtlich ab**[1]. Bereits in den fünfziger Jahren waren der heute noch bestehende Wissenschaftsrat[2] und ein erstes gemeinsames Gremium zur Koordination der Bildungsplanung[3] gegründet worden. Bei der Verabschiedung des Art. 91b GG traf eine Planungseuphorie mit einer bildungs- und forschungspolitischen Begeisterung und mit der Erkenntnis der gesamtstaatlichen Bedeutung von Bildung und Forschung zusammen, die insgesamt Ausdruck in einer Erweiterung der Verantwortung des Bundes durch die seinerzeit neuen Vorschriften der Art. 75 I Nr. 1a, 91a I Nr. 1 wie 91b GG fanden[4].

2 Die im Rahmen der großen **Finanzreform von 1969** eingefügte Regelung des Art. 91b GG[5] war im Entwurf des Finanzreformgesetzes noch auf die Forschungsförderung beschränkt gewesen[6]. Im Zuge der Beratungen wurde die Bildungsplanung statt in einer ursprünglich in einem anderen Änderungsentwurf vorgesehenen Rahmengesetzgebungskompetenz für Bildungsplanung in Art. 91b GG aufgenommen, um dem Bund eine Mitwirkungskompetenz im Bereich der Verwaltungs- und Finanzierungszuständigkeiten einzuräumen[7]. Spätere Vorschläge einer Entflechtung[8] sind lange nicht aufgegriffen worden.

3 Im Zuge der **Föderalismusreform 2006**[9] ist Art. 91b GG erheblich **umgestaltet** worden. Zum einen wurde in der Absicht einer Entflechtung die heftig umstrittene Bildungsplanung als Gemeinschaftsaufgabe abgeschafft[10]. Zum anderen wurde die Zusammenarbeit im Bereich der Forschung detaillierter geregelt und mit der Finanzie-

---

[1] Allg. Auffassung: vgl. nur *T. Maunz*, in: Maunz/Dürig, GG, Art. 91b (1980), Rn. 1; *U. Mager*, in: v. Münch/Kunig, GG II, Art. 91b Rn. 1; zur früheren Praxis vgl. eingehend *A. Dittmann*, Bildungsplanung als Gemeinschaftsaufgabe, 1975, S. 24ff.; *B. Tiemann*, Gemeinschaftsaufgaben von Bund und Ländern in verfassungsrechtlicher Sicht, 1970, S. 100ff.; *R. Grawert*, Verwaltungsabkommen zwischen Bund und Ländern in der Bundesrepublik Deutschland, 1967, S. 322ff.; zur verfassungsrechtlichen Lage vor Einführung der Art. 91a, 91b GG vgl. *I. Staff*, Wissenschaftsförderung im Gesamtstaat, 1971, S. 35ff.; *U. Scheuner*, DÖV 1965, 541ff.; *ders.*, Rechtliche Voraussetzungen der Bildungsplanung im Bereich der Wissenschaft, in: FS Brandt, 1968, S. 613ff.

[2] Vgl. dazu *T. Oppermann*, Kulturverwaltungsrecht, 1969, S. 560ff.; diese Kooperation führte 1964 zur gemeinsamen Förderung von Deutscher Forschungsgemeinschaft und Max-Planck-Gesellschaft.

[3] Zunächst der Deutsche Ausschuß für das Erziehungs- und Bildungswesen, der im Deutschen Bildungsrat seine Fortsetzung fand, vgl. dazu *Oppermann*, Kulturverwaltungsrecht (Fn. 2), S. 562ff.

[4] *H.C.F. Liesegang*, in: I. v. Münch (Hrsg.), Grundgesetz-Kommentar, Bd. 3, 2. Aufl. 1983, Art. 91b Rn. 2; vgl. auch *H. Asche*, Bildungsplanung nach Art. 91b GG, in: Bundesassistentenkonferenz (Hrsg.), Bundeskompetenz und Bildungsplanung, 1971, S. 30ff. (31): »Element zentralistischer Bildungspolitik«.

[5] 21. Gesetz zur Änderung des Grundgesetzes v. 12.5.1969 (BGBl. I S. 359); dazu allg. → Vorb. zu Art. 104a Rn. 8; speziell zu Art. 91b GG: *Dittmann*, Bildungsplanung (Fn. 1), S. 33ff.

[6] BT-Drs. V/2861, S. 6; dazu *E. Schmidt-Aßmann*, Die Bundeskompetenz für die Wissenschaftsforschung nach der Föderalismusreform, in: FS Isensee, 2007, S. 405ff. (414ff.).

[7] *H.B. Brockmeyer*, in: B. Schmidt-Bleibtreu/F. Klein (Hrsg.), Grundgesetz-Kommentar, 10. Aufl. 2004, Art. 91b Rn. 12.

[8] Bericht der Bundesregierung über die strukturellen Probleme des föderativen Bildungssystems von 1978, BT-Drs. 8/1551, S. 65.

[9] 52. Gesetz zur Änderung des Grundgesetzes v. 28.8.2006 (BGBl. I S. 2034); zu dieser Fassung *W. Kluth*, RdJB 2008, 257ff.; *A. Guckelberger*, RdJB 2008, 267ff.

[10] Vgl. zur Sache 1/2005, S. 588ff. → Art. 91a Rn. 3.

rung von »Forschungsbauten an Hochschulen« ein begrenzter Ausschnitt der Hochschulbaufinanzierung des früheren Art. 91a I Nr. 1 GG a.F. in Art. 91b GG aufgenommen. Als Kompensation für die Bundesmittel der entfallenen Mischfinanzierungen wurde zudem die Vorschrift des Art. 143c GG eingefügt, die durch das Entflechtungsgesetz konkretisiert worden ist[11].

Nicht zuletzt infolge der durch die Exzellenzinitiative verursachten verfassungsrechtlichen Probleme wurde bereits zum 1. Januar 2015 Art. 91b I GG durch das 60. Gesetz zur Änderung des Grundgesetzes (Art. 91b GG) vom 23. Dezember **2014 erneut novelliert** und geändert[12]. Zugleich wurde die Finanzierungsverantwortung allein dem Bund zugewiesen[13]. 4

B. Internationale, supranationale und rechtsvergleichende Bezüge

Das Unionsrecht erkennt zwar in Art. 165, 166 AEUV eine qualitativ hochstehende Bildung als Ziel an[14], und die Union betreibt auch in erheblichem Umfang **selbständige Forschungsförderung** aufgrund der Regelungen der Art. 179–190 AEUV[15], beides kollidiert aber nicht mit der Forschungsförderung des Art. 91b GG. Die Wahrnehmung der ländereigenen Aufgaben wird allerdings auch in diesem Bereich zunehmend durch die europäischen Entwicklungen beeinflußt[16]. 5

Da die angelsächsischen Bundesstaaten Bildung und Forschung sehr viel weitgehender als Deutschland der marktwirtschaftlichen Verantwortung überlassen, gibt es in diesen Bereichen **kaum Parallelen** einer Kooperation zwischen Zentralstaat und Gliedstaaten in anderen Bundesstaaten. Allenfalls finden sich vereinzelt, wie in der Schweiz, Formen finanzieller Beteiligung mehrerer Gliedstaaten an gemeinsamen Bildungseinrichtungen[17]. 6

C. Erläuterungen

I. Allgemeine Bedeutung

Bildungspolitik und Forschungsförderung sind zentrale, sozialstaatlich begründete Staatsaufgaben im modernen Industriestaat. Die Aufgabe der Bildungspolitik ist zusätzlich grundrechtlich fundiert. Sie verwirklicht das Grundrecht auf freie Wahl der 7

---

[11] Föderalismusreform-Begleitgesetz v. 5.9.2006 (BGBl. I S. 2098, 2102).

[12] BGBl. I S. 2438; BT-Drs. 18/2710; Entwurf BT-Drs. 17/10956; dazu *M. Seckelmann*, ZRP 2013, 82ff.; allgemein zur Entwicklung *dies.*, Konvergenz und Entflechtung im Wissenschaftsföderalismus von 1998 bis 2009, in: M. Seckelmann/S. Lange/T. Horstmann (Hrsg.), Die Gemeinschaftsaufgaben von Bund und Ländern in der Wissenschafts- und Bildungspolitik, 2010, S. 65ff.; s. ferner *M. Winkler*, DVBl. 2013, 1069ff.

[13] Zur 25. Änderung des Bundesausbildungsförderungsgesetzes *H. Lackner*, NVwZ 2015, 938ff.

[14] Überblick über die bildungspolitischen Kompetenzen bei *J. Hochbaum*, BayVBl. 1987, 481ff.

[15] Überblick bei *H. Krüger*, WissR 22 (1989), 201ff.; *C.D. Classen*, EuR 25 (1990), 10ff.

[16] Vgl. allgemein *C. Eiselstein*, NVwZ 1989, 323ff.; *T. Oppermann*, Europäisches Gemeinschaftsrecht und deutsche Bildungsordnung, 1987; *M. Schröder*, Europäische Bildungspolitik und bundesstaatliche Ordnung, 1990.

[17] Vgl. *M. Bothe*, Generalbericht, in: C. Starck (Hrsg.), Zusammenarbeit der Gliedstaaten im Bundesstaat, 1988, S. 175ff.; zur Schweiz, zu Österreich und den USA siehe die Beiträge von *K. Sahlfeld*, *J. Prikoszovits* und *U. Schreiterer* in: Seckelmann/Lange/Horstmann, Gemeinschaftsaufgaben (Fn. 12), S. 239ff., 261ff., 289ff.

Ausbildungsstätte gem. Art. 12 I 1 GG sowie allgemein Chancengleichheit und Chancengerechtigkeit[18]. Bildung als Voraussetzung demokratischer Teilhabe ist schließlich eng mit dem demokratischen Prinzip verbunden[19]. Die überregionale Bedeutung und die finanzielle Größenordnung dieser Aufgaben erfordern einerseits eine **Mitverantwortung und Mitwirkung des Bundes**[20]. Andererseits gilt die **Kulturhoheit** als Kernstück der durch Art. 79 III GG geschützten Eigenstaatlichkeit **der Länder**[21]. Art. 91b GG eröffnet als **Kompromiß** zwischen diesen widerstreitenden Anforderungen die Möglichkeit einer gleichberechtigten, partnerschaftlichen Kooperation zwischen Bund und Ländern auf diesen Aufgabenfeldern, ohne diesbezüglich unmittelbar Rechte oder Pflichten oder einen Verfassungsauftrag zu begründen[22]. Die wesentliche Funktion des Art. 91b GG besteht in der Schaffung einer klaren verfassungsrechtlichen Grundlage[23] für eine zuvor verfassungsrechtlich umstrittene Praxis[24]. Darüber hinaus entfaltet die Forschungsförderung aufgrund der beträchtlichen Zahlungsströme nicht unerhebliche horizontale Finanzausgleichswirkungen[25].

8 Art. 91b GG regelt gemeinsam mit Art. 91a GG die kooperative Wahrnehmung staatlicher Aufgaben durch Bund und Länder im Unterschied zur sonst vorherrschenden Kompetenztrennung. Nur diese Abgrenzung rechtfertigt die ansonsten eher irreführende gemeinsame Überschrift des Abschnittes VIIIa »Gemeinschaftsaufgaben«, die in Art. 91a GG eine konkrete verfassungsrechtliche Begriffsbestimmung erhalten, von der Art. 91b GG aber nicht umfaßt wird[26]. **Art. 91a und 91b GG** trennen darüber hinaus **mehr Unterschiede als** sie **Gemeinsamkeiten** verbinden. Während Art. 91a GG nur eine »Mitwirkung« des Bundes an Länderaufgaben vorsieht, geht Art. 91b GG von einem gleichberechtigten »Zusammenwirken« von Bund und Ländern aus, die in diesem Bereich über komplementäre Sachkompetenzen verfügen[27]. Art. 91b GG verbleibt damit stärker in den traditionellen Formen bundesstaatlicher Zusammenarbeit[28]. Art. 91b GG regelt eine gegenseitige Mitwirkungsbefugnis, nämlich des Bundes an Länderaufgaben und der Länder an Bundesaufgaben[29] sowie eine Kooperation der Länder untereinander[30]. Art. 91b GG ist nicht nur eine bloße Ermächtigung. Die offene Regelung des Art. 91b GG erlaubt auch vielfältige und flexible Kooperationsfor-

---

[18] Diesen Zusammenhang betont auch *Liesegang* (Fn. 4), Art. 91b Rn. 1; zum Recht auf Bildung vgl. *K.-D. Heymann/E. Stein*, AöR 97 (1972), 185ff.; allg. *R. Dahrendorf*, Bildung ist Bürgerrecht, 1965, S. 23ff.; *ders.*, Lebenschancen, 1979, S. 167ff. → Art. 12 Rn. 47.

[19] Vgl. auch *M. Kriele*, Das demokratische Prinzip im Grundgesetz, VVDStRL 29 (1971), S. 46ff. (63); *Liesegang* (Fn. 4), Art. 91b Rn. 1.

[20] Vgl. *Brockmeyer* (Fn. 7), Art. 91b Rn. 1.

[21] BVerfGE 6, 309 (346f.). → Art. 79 III Rn. 47.

[22] *Mager* (Fn. 1), Art. 91b Rn. 7; *Maunz* (Fn. 1), Art. 91b Rn. 33; s. auch *Dittmann*, Bildungsplanung (Fn. 1), S. 87.

[23] *Liesegang* (Fn. 4), Art. 91b Rn. 3. → Rn. 1.

[24] *Grawert*, Verwaltungsabkommen (Fn. 1), S. 131ff.; *Tiemann*, Gemeinschaftsaufgaben (Fn. 1), S. 104ff.

[25] Vgl. BVerfGE 86, 148 (267); vgl. auch *H. Siekmann*, in: Sachs, GG, Art. 91b Rn. 6, der aber überpointiert von einem »separaten Finanzausgleich« spricht. → Art. 91a Rn. 24 m.w.N.

[26] *Liesegang* (Fn. 4), Art. 91b Rn. 5; auch zum Folgenden.

[27] Die Kulturhoheit der Länder und die Bundeskompetenzen gem. Art. 74 I Nr. 13 GG, früher auch Art. 75 I 1 Nr. 1a GG a.F. sowie die ungeschriebene Kompetenz zur Förderung der sog. Großforschung, vgl. näher *Dittmann*, Bildungsplanung (Fn. 1), S. 83ff.

[28] *Mager* (Fn. 1), Art. 91b Rn. 2.

[29] *H.-G. Henneke*, in: Schmidt-Bleibtreu/Hofmann/Hennecke, GG, Art. 91b Rn. 8.

[30] Vgl. dazu näher *S. Kropp*, Kooperativer Föderalismus und Politikerverflechtung, 2010, S. 130ff.

men, während Art. 91a GG nur eine Kooperation in der Form von Koordination und Finanzierungsbeteiligungen vorsieht[31].

II. Vereinbarungen als Grundlage der Kooperation von Bund und Ländern

Da Art. 91b GG nur lapidar von Vereinbarungen spricht, können **sowohl Staatsverträge als auch Verwaltungsabkommen** geschlossen werden[32]. Im Regelfall handelt es sich um Verwaltungsvereinbarungen, da die betroffenen Aufgaben überwiegend in den Bereich der Exekutive fallen[33]. In Anlehnung an die Rechtsprechung zu Art. 104a IV GG a.F.[34] wird wegen der Bedeutung dieser Vereinbarungen die Einhaltung der Schriftform für erforderlich gehalten[35]. Sie ist auch aus Gründen der Rechtsklarheit geboten. 9

Da auch im bundesstaatlichen Verhältnis zwischen Bund und Ländern der **Gleichheitssatz** gilt (→ Art. 3 Rn. 48), stehen prinzipiell alle Länder dem Bund als gleichberechtigte Gesprächs-, Verhandlungs- und Vertragspartner gegenüber[36]. Sachwidrige Bevorzugungen oder Benachteiligungen sind deshalb ebenso untersagt wie das Ausspielen der einzelnen Länder gegeneinander[37]. Die Verhandlungsführung des Bundes muß daher auch wegen des Gebots zu länderfreundlichem Verhalten darauf abzielen und hinwirken, eine Beteiligung aller gleichermaßen betroffenen Länder zu erreichen, was im Einzelfall, etwa bei einzelnen Forschungsvorhaben, den Abschluß einer Vereinbarung mit einem Teil der Länder oder einem einzelnen Land nicht ausschließt[38]. Auch durch die Neuregelung wird jedoch nicht ausgeschlossen, daß die jeweiligen Vereinbarungen für Folgeakte Mehrheitsbeschlüsse vorsehen[39]. 10

Gerade die Offenheit der Regelung des Art. 91b GG erlaubt weiterhin auch die Gründung und Einrichtung **gemeinsamer Bund-Länder-Kommissionen**, in denen die 11

---

[31] *Maunz* (Fn. 1), Art. 91b Rn. 36.

[32] *Maunz* (Fn. 1), Art. 91b Rn. 34; *Mager* (Fn. 1), Art. 91b Rn. 12; *Dittmann*, Bildungsplanung (Fn. 1), S. 133ff.; *U. Volkmann*, in: v. Mangoldt/Klein/Starck, GG III, Art. 91b Rn. 10; a.A. *v. Mangoldt/Klein*, GG, Art. 91b Anm. IV.5: nur Verwaltungsvereinbarungen; zur Abgrenzung zwischen Staatsverträgen und Verwaltungsabkommen eingehend *Grawert*, Verwaltungsabkommen (Fn. 1), S. 31ff.; Übersicht über die Vereinbarungen bei *T. Köstlin*, Die Kulturhoheit des Bundes, 1989, S. 237ff.; was »bloß politisch wirkende Absprachen« in diesem Zusammenhang sein sollen (so *Siekmann* [Fn. 25], Art. 91b Rn. 23) bleibt unklar, Rechtsverbindlichkeit wird man demgegenüber schon fordern müssen, so zumindest *M. Seckelmann*, in: Friauf/Höfling, GG, Art. 91b (2016), Rn. 31.

[33] Vgl. die drei neuen Vereinbarungen: Ausführungsvereinbarung über die gemeinsame Förderung von Forschungsbauten an Hochschulen einschließlich Großgeräten; Verwaltungsabkommen über das Zusammenwirken von Bund und Ländern gemäß Art. 91b Abs. 2 GG; sowie das GWK-Abkommen (unten Fn. 41).

[34] BVerfGE 41, 291 (308f.).

[35] *Maunz* (Fn. 1), Art. 91b Rn. 34; *Henneke* (Fn. 29), Art. 91b Rn. 3; *Siekmann* (Fn. 25), Art. 91b Rn. 23.

[36] Im Prinzip besteht Übereinstimmung: *Maunz* (Fn. 1), Art. 91b Rn. 35; *Henneke* (Fn. 29), Art. 91b Rn. 4; *Mager* (Fn. 1), Art. 91b Rn. 11.

[37] BVerfGE 12, 205 (255f.) – 1. Rundfunkentscheidung; s. auch *Henneke* (Fn. 29), Art. 91b Rn. 4; *Liesegang* (Fn. 4), Art. 91b Rn. 6.

[38] Vgl. BVerfGE 41, 291 (308); *Dittmann*, Bildungsplanung (Fn. 1), S. 127ff.; *R. Goroncy*, DVBl. 1970, 310 (316); *Siekmann* (Fn. 25), Art. 91b Rn. 23; *Tiemann*, Gemeinschaftsaufgaben (Fn. 1), S. 255 sowie Fn. 29.

[39] So für die frühere Rechtslage *Mager* (Fn. 1), Art. 91b Rn. 10; für die geänderte Fassung *Siekmann* (Fn. 25), Art. 91b Rn. 24, der dies mit einem Rückschluß aus Art. 91b I 2 GG a.F. begründet. Die Entstehungsgeschichte ist insoweit aber eher konfus; vgl. auch BT-Drs. 26/813, S. 16, wonach offenbar ansonsten generell Mehrheitsbeschlüsse zulässig sein sollen.

Kooperation organisatorisch-institutionell verfestigt wird[40]. Die frühere, 1970 gegründete sog. Bildungsplanungskommission, deren Aufgaben 1975 auf die Forschungsförderung erweitert worden war, bildet dafür das klassische Beispiel[41]. Art. 91b GG läßt sich auch keine Beschränkung auf bloße Beratungs- und Koordinationsgremien entnehmen. Vielmehr können diesen Kooperationsgremien in Anknüpfung an die und in Fortschreibung der durch die Regelung sanktionierten Praxis durchaus auch Entscheidungskompetenzen übertragen werden, solange die Bindung auf den internen Bereich der Exekutive begrenzt wird und die Entscheidungen der Parlamente nicht präjudiziert werden[42].

12 Durch die Föderalismusreform 2006 mußte infolge des Wegfalls der Bildungsplanung auch diese Kommission an die Neuregelung angepaßt werden[43]. An ihre Stelle ist die »**Gemeinsame Wissenschaftskonferenz**«[44] getreten, die den gesamten Bereich der Forschungsförderung nach Art. 91b GG abdecken soll. Institution und Tätigkeit des Wissenschaftsrates beruhen dagegen weder heute noch bisher auf Art. 91b GG[45].

III. Der Sachbereich des Zusammenwirkens

1. Die Förderung von Wissenschaft, Forschung und Lehre in Fällen von überregionaler Bedeutung (Art. 91b I S. 1 GG)

13 Die beiden Föderalismusreformen haben am Zusammenwirken von Bund und Ländern im Wissenschaftsbereich grundsätzlich festgehalten, aber die einzelnen Felder zunächst eingeschränkt und nunmehr wieder erweitert, um das sogenannte Kooperationsverbot[46] zu entschärfen. Auf dem Gebiet von Wissenschaft, Forschung und Lehre erhalten Bund und Länder **Mitverwaltungs- und Mitfinanzierungskompetenzen**[47]. Die Kompetenz tritt neben die Gesetzgebungskompetenz des Bundes gemäß Art. 74 I Nr. 13 GG[48]. Der Inhalt der drei Begriffe Wissenschaft, Forschung und Lehre entspricht demjenigen des Art. 5 III S. 1 GG[49]. Mit dem Bundesverfassungsgericht kann man Wissenschaft dahingehend verstehen, daß sie »die auf wissenschaftlicher Eigengesetzlichkeit beruhenden Prozesse, Verhaltensweisen und Entscheidungen bei der Suche nach Erkenntnissen, ihrer Deutung und Weitergabe« meint[50] und damit For-

---

[40] *Mager* (Fn. 1), Art. 91b Rn. 9; *Siekmann* (Fn. 25), Art. 91b Rn. 29; zu den verschiedenen Gremien vgl. Kultusministerkonferenz, Entflechten – Überleiten – Neu Gestalten, Bonn Jan. 2007, S. 38ff.

[41] *Maunz* (Fn. 1), Art. 91b Rn. 37; *H.-H. Trute*, Die Forschung zwischen grundrechtlicher Freiheit und staatlicher Institutionalisierung, 1994, S. 452ff.

[42] *Dittmann*, Bildungsplanung (Fn. 1), S. 133ff.; *Maunz* (Fn. 1), Art. 91b Rn. 26f.; *Mager* (Fn. 1), Art. 91b Rn. 9; a.A. *Tiemann*, Gemeinschaftsaufgaben (Fn. 1), S. 253; zu den Problemen der faktischen Bindung: → Art. 91a Rn. 26.

[43] BT-Drs. 16/813, S. 16.

[44] Das GWK-Abkommen v. 14.6.2007 sollte am 1.1.2008 in Kraft treten, vgl. dazu *M.-E. Geis/D. Krausnick*, Das Hochschulrecht im föderalen System der Bundesrepublik Deutschland, in: I. Härtel (Hrsg.), Handbuch Föderalismus, Bd. III, 2012, § 63 Rn. 28.

[45] *Siekmann* (Fn. 25), Art. 91b Rn. 30; a.A. wohl *Mager* (Fn. 1), Art. 91b Rn. 9, 18; zum Wissenschaftsrat vgl. *H.C. Röhl*, Der Wissenschaftsrat, 1994.

[46] Vgl. dazu *M. Seckelmann*, DÖV 2012, 701ff.; *M.-E. Geis*, ZG 28 (2013), 305ff.; *G. Speiser*, DÖV 2014, 555ff.

[47] *Maunz* (Fn. 1), Art. 91b Rn. 15, 30; *Mager* (Fn. 1), Art. 91b Rn. 17; etwas enger: nur Planung und Finanzierung, nicht Durchführung: *Siekmann* (Fn. 25), Art. 91b Rn. 12.

[48] *Dittmann*, Bildungsplanung (Fn. 1), S. 94ff.

[49] *J. Suerbaum*, in: Epping/Hillgruber, GG, Art. 91b Rn. 13b; *Seckelmann* (Fn. 32), Art. 91b Rn. 14.

[50] BVerfGE 111, 333 (354, Rn. 135f.); 122, 89 (105, Rn. 37f.); 128, 1 (40, Rn. 140f.).

schung und Lehre gleichermaßen umfaßt[51]. Der Streit um das Verständnis des Begriffs der wissenschaftlichen Forschung hat insoweit an Bedeutung verloren. Die Förderung von Industrie- und Ressortforschung widerspricht Art. 91b I GG nicht, sondern ist aus Vergabe- und wettbewerblichen Gründen nicht zulässig[52]. Voraussetzung des Zusammenwirkens ist zusätzlich, daß der Einrichtung oder dem Vorhaben überregionale Bedeutung zukommt. Die überregionale Bedeutung kann bejaht werden, wenn das Vorhaben oder die Einrichtung für den Gesamtstaat oder für mindestens zwei bzw. mehrere Länder wichtig ist, was auch bei der Fortführung laufender Projekte zu beachten ist[53]. In der Praxis wird vielfach auf die finanzielle Größenordnung abgestellt, die in der Begründung des Gesetzentwurfs nicht ohne Widersprüchlichkeit mit fünf Millionen beziffert wird[54].

Da auch in Fachhochschulen grundsätzlich wissenschaftliche Forschung und Lehre betrieben werden kann[55], können sie prinzipiell auch Art. 91b I GG unterfallen. Der **Begriff der »Hochschule«** in Art. 91b GG ist deshalb weit zu verstehen und umfaßt außer Universitäten auch Kunst-, Musik- sowie kirchliche und pädagogische Hochschulen und Fachhochschulen[56]. Im übrigen kann die Förderung durch finanzielle, organisatorische oder sonstige Maßnahmen erfolgen[57]. Gegenstand der Förderung können unabhängig von ihrer zeitlichen Dauer Wissenschaftseinrichtungen einschließlich so genannter Forschungsförderungsorganisationen wie der Deutschen Forschungsgemeinschaft (institutionelle Förderung), einzelne Forschungsvorhaben (Projektförderung) sowie die wissenschaftliche Forschung allgemein (z.B. Heisenberg-Programm) sein[58]. Umstritten ist, ob der allgemeine Hochschulbau förderungsfähig ist, da Art. 91b I S. 3 GG lediglich für die »Forschungsbauten einschließlich Großgeräten« eine Ausnahme vom allgemeinen Zustimmungserfordernis für Vereinbarungen über Hochschulen (Art. 91b S. 2 GG) normiert[59]. Art. 143c GG fungiert dann allerdings als lex specialis[60]. **14**

Art. 91b I S. 2 GG begründet ein **qualifiziertes Zustimmungserfordernis** aller Bundesländer für »Vereinbarungen, die im Schwerpunkt Hochschulen betreffen«, von dem freilich gemäß Art. 91b I S. 3 GG wiederum »Vereinbarungen über Forschungsbauten einschließlich Geräten« ausgenommen sind. Das ausdrückliche Zustimmungsbedürfnis aller Länder gilt uneingeschränkt auch im Fall, daß einzelne Länder gar nicht unmittelbar betroffen sind. Die auch ansonsten etwas unglückliche Regelung eröffnet daher auch Mißbrauchs- und Bestechungsmöglichkeiten[61]. Im Fall der »Rückausnahme«[62] nach Art. 91b I S. 3 GG können sich Bund und einzelne Länder **15**

[51] *Seckelmann* (Fn. 32), Art. 91b Rn. 14.
[52] *Seckelmann* (Fn. 32), Art. 91b Rn. 17.
[53] *Mager* (Fn. 1), Art. 91b Rn. 20; *Maunz* (Fn. 1), Art. 91b Rn. 33; s. auch BT-Drs. 16/813, S. 17; kritisch dazu *Siekmann* (Fn. 25), Art. 91b Rn. 12; *M. Seckelmann*, NVwZ 2015, 248 (251f.).
[54] BT-Drs. 16/813, S. 17, wobei dies aber in einer Fußnote auf Forschungsbauten beschränkt wird; s. auch *Siekmann* (Fn. 25), Art. 91b Rn. 13.
[55] Vgl. BVerfGE 126, 1 (1. Leitsatz).
[56] *Seckelmann* (Fn. 32), Art. 91b Rn. 18.
[57] *Mager* (Fn. 1), Art. 91b Rn. 17.
[58] *Maunz* (Fn. 1), Art. 91b Rn. 30; s. auch *Köstlin*, Kulturhoheit (Fn. 32), S. 241f.; eingehend zu den verschiedenen Formen *Trute*, Forschung (Fn. 41), S. 493ff.
[59] *Seckelmann* (Fn. 32), Art. 91b Rn. 20.
[60] *Seckelmann* (Fn. 32), Art. 91b Rn. 20; s. auch *Siekmann* (Fn. 25), Art. 91b Rn. 9; *Suerbaum* (Fn. 49), Art. 91b Rn. 5.
[61] *Seckelmann* (Fn. 32), Art. 91b Rn. 24.
[62] *J. Wolff*, DÖV 2015, 771 (779).

über eine Vereinbarung einigen. Forschungsbauten an Hochschulen im Sinn des Art. 91b I S. 3 GG dürfen nicht gänzlich zu Lehrzwecken, zur Unterbringung der Verwaltung oder zu Infrastrukturzwecken dienen wie Vorlesungssäle oder Mensen. Nach der Einigung von Bund und Ländern sind »Forschungsbauten eine für die Forschung benötigte abgrenzbare und zusammenhängende Infrastruktur (Liegenschaften, Neu-, Um- und Erweiterungsbauten mit Erstausstattung einschließlich Geräten), die durch eine Forschungsprogrammatik bestimmt wird.«[63] Eine gemischte Nutzung (Labor und Vorlesungsraum) ist freilich prinzipiell zulässig, sofern der Schwerpunkt der Nutzung in der Forschung liegt[64].

2. Leistungsfähigkeit des Bildungswesens gem. Abs. 2

16 Durch die Neufassung des Art. 91b GG wurde die bisherige Gemeinschaftsaufgabe der Bildungsplanung abgeschafft oder vielmehr ersetzt[65] durch die Möglichkeit von Bund und Ländern, Vereinbarungen zur Bildungsevaluation und -berichterstattung zu schließen. Gegenüber dem sehr weiten umfassenden Verständnis der Bildungsplanung, die von der Vorschulerziehung bis zur Fort-, Weiter- und Erwachsenenbildung reichte[66], soll die Neufassung das Zusammenwirken auf die Feststellung der Leistungsfähigkeit im internationalen Vergleich sowie die darauf bezogenen Berichte und Empfehlungen beschränken. **Zweck** ist vor allem, die Beteiligung des Bundes an der Durchführung und Auswertung von Bildungserhebungen wie der **Pisa-Studie** zu sichern[67]. Die Umsetzung der Empfehlungen bleibt jedoch den Ländern vorbehalten[68].

IV. Gemeinsame Finanzierung

17 Art. 91b III GG schreibt zwingend vor, daß in den Vereinbarungen die Kostentragung geregelt wird. Der Verzicht auf die Festlegung eines festen Finanzierungsschlüssels durch Art. 91b GG im Gegensatz zu Art. 91a III GG erlaubt eine flexible, auf das jeweilige Projekt zugeschnittene **Kostenverteilung**[69]. Durch Art. 91b III GG wird eine Mitfinanzierungskompetenz des Vertragspartners begründet, dem erst die Vereinbarung die Verwaltungs- und Finanzierungsbefugnis verleiht[70]. Art. 6 der Rahmenvereinbarung Forschungsförderung vom 28.11.1975[71] hat folgende Finanzierungsschlüssel zwischen Bund und Ländern vorgesehen: Großforschungseinrichtungen und Fraunhofer-Gesellschaft 90:10, Sonderforschungsbereiche 75:25, Max-Planck-Gesellschaft und andere Einrichtungen 50:50; DFG 58:42, bei den konkreten Projekten wird

---

63 § 3 I AV-FUG; s. auch *Seckelmann* (Fn. 32), Art. 91b Rn. 28.

64 *Suerbaum* (Fn. 49), Art. 91b Rn. 15; *G. Speiser*, RuP 2015, 86 (88); *Seckelmann* (Fn. 32), Art. 91b Rn. 29.

65 BT-Drs. 16/813, S. 17; statt Bildungsplanung heißt es »Bildungswesen« s. *A. Guckelberger*, RdJB 2008, 267 (269f.).

66 → Bd. III[1], Art. 91b Rn. 10 m.w.N.

67 BT-Drs. 16/813, S. 17; *J. Hellermann*, Gemeinschaftsaufgaben (Art. 91a, 91b), in: C. Starck (Hrsg.), Föderalismusreform, 2007, Rn. 308; s. auch *Henneke* (Fn. 29), Art. 91b Rn. 16; *A. Guckelberger*, RdJB 2008, 267 (270ff.).

68 Ebd.

69 *Maunz* (Fn. 1), Art. 91b Rn. 39 a.E.; *Liesegang* (Fn. 4), Art. 91b Rn. 17.

70 *Liesegang* (Fn. 4), Art. 91b Rn. 17.

71 BAnz. Nr. 240 v. 30.2.1975, S. 4; geändert durch Art. 1 der Vereinbarung v. 21.12.1989, abgedruckt in: WissR 1990, 92ff. (Einführung von Graduiertenkollegs); zuletzt geändert durch Vereinbarung v. 25.10.2001, BAnz. Nr. 238 v. 4.12.2001, S. 25218 (auch in BLK Informationen 2004, S. 31).

ein Schlüssel in der Bandbreite von 90:10 bis 50:50 im Einzelfall festgelegt[72]. Die Formulierung, daß die Kostentragung, aber nicht mehr wie früher die Aufteilung der Kosten, zu regeln ist, bedeutet, daß der Bund im Gegensatz zu bisher auch die Kosten in vollem Umfang übernehmen darf[73].

Die nach Art. 91b III GG aufteilungsfähigen Kosten **sind nur die Zweckausgaben**, während die Verwaltungskosten gem. Art. 104a V GG dem Verwaltungsträger zur Last fallen[74]. Das schließt eine Finanzierung von Personalkosten als Zweckausgaben bei Forschungseinrichtungen nicht aus[75]. 18

Ebenso wie bei Art. 91a GG wird durch die Exekutivvereinbarungen, die nur die Regierungen binden, **die Haushaltshoheit der Parlamente rechtlich nicht beschnitten**[76]. Die Kostenvereinbarungen stehen insoweit unter dem Vorbehalt, daß die Parlamente die betreffenden Ausgaben in den Haushaltsplänen bewilligen, was allerdings auch ausreicht[77]. Das Problem einer faktischen Bindung und Entmachtung der Parlamente stellt sich hier freilich ebenso wie bei Art. 91a GG (→ Art. 91a Rn. 26). 19

D. Verhältnis zu anderen GG-Bestimmungen

Art. 91b GG ist **lex specialis** gegenüber den allgemeinen Kompetenzverteilungsregeln der Art. 30, 83 und 84 GG. Im Gegensatz zu früher stehen Art. 91a und 91b GG völlig getrennt nebeneinander. 20

Hinsichtlich der Finanzierungskompetenz ist Art. 91b GG eine andere Bestimmung i.S.d. Art. 104a I GG und enthält wegen der flexiblen Aufteilungsmöglichkeit eine **Ausnahmeregelung** von der allgemeinen Lastenverteilungsregel des **Art. 104a I GG**[78]. Andererseits bleibt die Regelung des Art. 104a V GG über die Verwaltungskosten lex specialis gegenüber Art. 91b GG[79]. Im übrigen wird die Verteilung der Gesetzgebungskompetenz durch Art. 91b GG nicht berührt[80], so daß der Bund die Gesetzgebungskompetenz gem. Art. 74 I Nr. 13 GG[81] konkurrierend mit der Forschungsförderung nach Art. 91b GG wahrnehmen kann. 21

---

[72] Vgl. auch *W. Blümel*, HStR IV, § 101 Rn. 163.

[73] BT-Drs. 16/813, S. 17; *Siekmann* (Fn. 25), Art. 91b Rn. 33; *Hellermann*, Gemeinschaftsaufgaben (Fn. 67), Rn. 310.

[74] *Maunz* (Fn. 1), Art. 91b Rn. 42; *Mager* (Fn. 1), Art. 91b Rn. 33; *Stern*, Staatsrecht II, S. 840; Jarass/*Pieroth*, GG, Art. 91b Rn. 6; *Henneke* (Fn. 29), Art. 91b Rn. 18.

[75] *Maunz* (Fn. 1), Art. 91b Rn. 42; *W. Blümel*, HStR IV, § 101 Rn. 164; *Siekmann* (Fn. 25), Art. 91b Rn. 35; *Hellermann*, Gemeinschaftsaufgaben (Fn. 67), Rn. 311.

[76] *Maunz* (Fn. 1), Art. 91b Rn. 9; *Mager* (Fn. 1), Art. 91b Rn. 25; Jarass/*Pieroth*, GG, Art. 91b Rn. 6; *W. Blümel*, HStR IV, § 101 Rn. 165; einschränkend aber *T. Oppermann*, DÖV 1972, 591 (593f.). → Art. 91a Rn. 25.

[77] *Dittmann*, Bildungsplanung (Fn. 1), S. 185; *B. Tiemann*, Der Öffentliche Haushalt 14 (1973), 138 (144); *Mager* (Fn. 1), Art. 91b Rn. 25; vgl. aber auch *Köstlin*, Kulturhoheit (Fn. 32), S. 243ff., der die Vereinbarungen mangels gesetzlicher Zustimmung wegen des insoweit bestehenden Gesetzesvorbehalts für verfassungswidrig hält.

[78] *Maunz* (Fn. 1), Art. 91b Rn. 17f.; *T. Oppermann*, DÖV 1972, 591 (592); *B. Tiemann*, DÖV 1970, 161ff.; *Mager* (Fn. 1), Art. 91b Rn. 33; *Dittmann*, Bildungsplanung (Fn. 1), S. 180f.

[79] *Dittmann*, Bildungsplanung (Fn. 1), S. 182f.; s. ferner die Nachweise in Fn. 74.

[80] *Maunz* (Fn. 1), Art. 91b Rn. 8. → Rn. 13.

[81] Vgl. *Staff*, Wissenschaftsförderung (Fn. 1), S. 127ff. → Rn. 13; → Art. 74 Rn. 65ff.

Artikel 91c [Informationstechnische Systeme]

(1) Bund und Länder können bei der Planung, der Errichtung und dem Betrieb der für ihre Aufgabenerfüllung benötigten informationstechnischen Systeme zusammenwirken.

(2) [1]Bund und Länder können aufgrund von Vereinbarungen die für die Kommunikation zwischen ihren informationstechnischen Systemen notwendigen Standards und Sicherheitsanforderungen festlegen. [2]Vereinbarungen über die Grundlagen der Zusammenarbeit nach Satz 1 können für einzelne nach Inhalt und Ausmaß bestimmte Aufgaben vorsehen, dass nähere Regelungen bei Zustimmung einer in der Vereinbarung zu bestimmenden qualifizierten Mehrheit für Bund und Länder in Kraft treten. [3]Sie bedürfen der Zustimmung des Bundestages und der Volksvertretungen der beteiligten Länder; das Recht zur Kündigung dieser Vereinbarungen kann nicht ausgeschlossen werden. [4]Die Vereinbarungen regeln auch die Kostentragung.

(3) Die Länder können darüber hinaus den gemeinschaftlichen Betrieb informationstechnischer Systeme sowie die Errichtung von dazu bestimmten Einrichtungen vereinbaren.

(4) [1]Der Bund errichtet zur Verbindung der informationstechnischen Netze des Bundes und der Länder ein Verbindungsnetz. [2]Das Nähere zur Errichtung und zum Betrieb des Verbindungsnetzes regelt ein Bundesgesetz mit Zustimmung des Bundesrates.

(5) Der übergreifende informationstechnische Zugang zu den Verwaltungsleistungen von Bund und Ländern wird durch Bundesgesetz mit Zustimmung des Bundesrates geregelt.

Literaturauswahl

Eifert, Martin: Electronic Government, 2006.

Gärditz, Klaus Ferdinand: Der digitalisierte Raum des Netzes als emergente Ordnung und repräsentativ-demokratische Herrschaftsform, in: Der Staat 54 (2015), S. 113–139.

Martini, Mario/Wiesner, Cornelius: Art. 91c Abs. 5 GG und das neue Zugangsregime zur digitalen Verwaltung – Quantensprung oder zu kurz gesprungen?, in: ZG 32 (2017), S. 193–227.

Reinermann, Heinrich/v. Lucke, Jörn (Hrsg.): Electronic Government in Deutschland (Speyerer Forschungsberichte 226), 2002.

Schliesky, Utz: Die Aufnahme der IT in das Grundgesetz, in: ZSE 6 (2008), S. 304–330.

Seckelmann, Margrit: »Renaissance« der Gemeinschaftsaufgaben in der Föderalismusreform II? – Zu den Gemeinschaftsaufgaben und den Möglichkeiten kooperativen Handelns im Bundesstaat (insbesondere zu den Art. 91a und b GG n. F. sowie zur Aufnahme der Art. 91c und d in das Grundgesetz), in: DÖV 2009, S. 747–757.

Siegel, Thorsten: Regelungsoptionen im IT-Bereich durch die Föderalismuskommission II, in: DÖV 2009, S. 181–187.

Siegel, Thorsten: IT im Grundgesetz, in: NVwZ 2009, S. 1128–1131.

Leitentscheidungen des Bundesverfassungsgerichts

Diese liegen zu Art. 91c GG bislang nicht vor.

Gliederung

Stichwörter

A. Herkunft, Entstehung, Entwicklung

1 Hintergrund der Einfügung des Art. 91c GG ist die in Deutschland seit dem Jahr 2000 verbreitet einsetzende Verwendung der modernen Informationstechnik im Bereich der Verwaltung[1], die unter dem sich in den USA und im Vereinigten Königreich Mitte der 1990er Jahre durchsetzenden Begriff[2] des **Electronic Government**, e-government[3], zusammengefaßt wird. Die Notwendigkeit einer gegenseitigen Abstimmung und Koordination von Bund und Ländern in diesem Bereich veranlaßte Bundestag und Bundesrat bereits bei der Einsetzung der Föderalismuskommission II, diese unter der Überschrift Entbürokratisierung und Effizienzsteigerung mit der Aufgabe zu betrauen, u.a. Vorschläge für die »Einführung von IT-Standards und -systemen« und die »Vereinfachung länderübergreifender Regelungen« zu entwickeln[4]. In der Föderalismuskommission standen sich **zwei Positionen gegenüber**. Die **Bundesregierung** strebte eine Kooperationspflicht und eine ausschließliche Gesetzgebungskompetenz des Bundes an[5]. Demgegenüber wollte ein Teil der **Länder** lediglich die Möglichkeit zur Zusammenarbeit im IT-Bereich im Rahmen einer Kann-Regelung eröffnen und das Nähere durch Staatsverträge regeln[6]. Der endgültige Vorschlag der Föderalismuskommission II folgte weitgehend den Vorstellungen der Länder, die im Kern eine Regelung durch Staatsvertrag vorsehen, allerdings flankiert durch die Ermöglichung einer Verwaltungskooperation und begrenzte Bundeskompetenzen[7]. Die eingebrachten Gesetzentwürfe[8] übernahmen diesen Vorschlag und wurden ohne Änderung im Gesetz-

[1] Vgl. Bundesministerium des Innern (Hrsg.), Bund Online 2005, Umsetzungsplan 2003, S. 95ff.

[2] Vgl. *V. Bekkers/V. Homburg*, E-Government as an Information Ecology: Backgrounds and Concepts, in: dies. (Hrsg.), The Information Ecology of E-Government, Amsterdam u.a. 2005, S. 1ff. (4ff.); in Deutschland hat sich die sog. Speyerer Definition durchgesetzt, s. *J. v. Lucke/H. Reinermann*, Speyerer Definition von Electronic Government, in: dies. (Hrsg.), Electronic Government in Deutschland, 2002, S. 1ff.

[3] Grundlegend für Deutschland *M. Eifert*, Electronic Government, 2006; vgl. ferner U. Schliesky (Hrsg.), eGovernment in Deutschland, 2006; A. Zechner (Hrsg.), Handbuch E-Government, 2007; F. Bieler/G. Schwarting (Hrsg.), e-Government, 2007; *G. Britz*, Elektronische Verwaltung, in: GVwR[2] II, § 26 Rn. 2ff.

[4] BT-Drs. 16/3885, S. 3.

[5] Kommissions-Drs. 98, S. 7ff.

[6] Vgl. die kontroversen Positionen in: Föderalismuskommission II, Arbeitsunterlage 42 (Fachdiskurs 1), S. 3ff.; zu den Beratungen vgl. auch *U. Schliesky*, ZSE 6 (2008), 304 (308ff.).

[7] Vgl. auch *J. Suerbaum*, in: Epping/Hillgruber, GG, Art. 91c Rn. 2.

[8] BT-Drs. 16/12410; BR-Drs. 262/09.

gebungsverfahren mit verfassungsändernder Mehrheit von Bundestag und Bundesrat beschlossen[9]. Als Teil der Föderalismusreform II sind sie am **1.8.2009** in Kraft getreten. Mit der am **20.7.2017** in Kraft getretenen neuerlichen Reform der Finanzverfassung (→ Vorb. zu Art. 104a–115 Rn. 12) wurde ein zusätzlicher fünfter Absatz hinzugefügt, der den Bund zum Erlaß eines Bundesgesetzes über einen übergreifenden informationstechnischen Zugang zu Verwaltungsleistungen von Bund und Ländern ermächtigt, welches der Zustimmung des Bundesrates bedarf[10].

B. Internationale, supranationale und rechtsvergleichende Bezüge

2 Das internationale oder supranationale Recht enthält keine unmittelbaren Vorgaben für die Ausgestaltung und Umsetzung von Electronic Government. Allerdings hat die Europäische Kommission seit 2001 die Entwicklung des Electronic Government durch Aktionspläne gefördert[11]. Auch auf der Ministerebene finden sich entsprechende Absichtserklärungen[12]. Die durch Art. 91c GG geregelte Zusammenarbeit zwischen Bund und Ländern wird dadurch zwar allenfalls sehr mittelbar berührt, soll aber die einheitliche Umsetzung der im IT-Bereich zunehmenden EU-Vorgaben ermöglichen[13]. Derzeit gehen vor allem von den Anforderungen der Dienstleistungsrichtlinie[14] mit ihrer Verpflichtung zur Einrichtung eines einheitlichen Ansprechpartners[15] Standardisierungsbedürfnisse aus, zumal Art. 8 der **Dienstleistungsrichtlinie** einen Anspruch auf elektronische Verfahrensabwicklung begründet.

3 Soweit Art. 91c III GG Kooperationen bei Errichtung und Betrieb informationstechnischer Systeme und Einrichtungen erlaubt, befreit die Norm nicht automatisch von den Vorgaben des **EU-Vergaberechts**, das nach der Rechtsprechung des Europäischen Gerichtshofs prinzipiell auch auf die Kooperation zwischen öffentlich-rechtlichen Körperschaften Anwendung findet, sofern es sich um einen entgeltlichen Auftrag handelt[16]. Art. 91c III GG enthält anders als ein früherer Vorschlag des Landes Schleswig-Holstein[17] jedenfalls keine konkrete verfassungsgesetzliche Organisationsregelung, die eine den Anforderungen an die Unanwendbarkeit des EU-Vergaberechts entsprechende Verwaltungszusammenarbeit normiert. Vielmehr stehen den Ländern aufgrund ihrer Eigenstaatlichkeit alle rechtlichen Möglichkeiten der Ausgestaltung der

[9] 57. Gesetz zur Änderung des Grundgesetzes vom 29.7.2009 (BGBl. I S. 2248); zur Entstehungsgeschichte jetzt auch *M. Seckelmann*, in: Friauf/Höfling, GG, Art. 91c (2016), Rn. 12ff.

[10] Kritisch insoweit *A. Benz*, ZSE 15 (2017), 395 (408f.).

[11] Mitteilung der Kommission an den Rat und das Europäische Parlament, eEurope 2002: Auswirkungen und Prioritäten, KOM/2001/140 endg.; wichtig dann vor allem: Mitteilung der Kommission an den Rat, das Europäische Parlament, den Europäischen Wirtschafts- und Sozialausschuß und den Ausschuß der Regionen vom 26.9.2003: Die Rolle elektronischer Behördendienste (E-Government) für die Zukunft Europas, KOM/2003/567 endg.

[12] Zuletzt: Ministerial Declaration on eGovernment v. 18.11.2009.

[13] BT-Drs. 16/12410, S. 9.

[14] Rl. 2006/123/EG v. 12.12.2006 (Abl. Nr. L 376, S. 36ff.); vgl. auch *U. Volkmann*, in: v. Mangoldt/Klein/Starck, GG III, Art. 91c Rn. 7.

[15] Art. 6; dazu J. Ziekow/A. Windoffer (Hrsg.), Ein einheitlicher Ansprechpartner für Dienstleister, 2007; C. Graf/M. Paschke/R. Stober (Hrsg.), Die europäische Dienstleistungsrichtlinie – Turbo für die Wirtschaft oder Sturm im Wasserglas?, 2008; *S. Eisenmenger*, NVwZ 2010, 337ff.

[16] EuGH v. 13.1.2005, Rs. C-84/03, Rn. 37ff. – *Kommission/Spanien*; vgl. generell zur Problematik auch *W. Frenz*, Europarecht III, Rn. 2480ff.; *Volkmann* (Fn. 14), Art. 91c Rn. 8; *C. Gröpl*, in: Maunz/Dürig, GG, Art. 91c (2013), Rn. 14ff.

[17] Näher *U. Schliesky*, ZSE 6 (2008), 304 (326ff.).

Kooperation, auch entgeltliche Aufträge, offen[18]. Sofern allerdings keine derartige entgeltliche Auftragsvergabe vorliegt und lediglich eine Erstattung der Kosten vorgesehen ist[19], bleibt das EU-Vergaberecht unanwendbar.

Im übrigen sind derartige Fragen technischer Zusammenarbeit im Bereich des Electronic Government **in anderen Verfassungen nicht normiert**, schon weil eine derartige Kooperation in der Form der Mischverwaltung in anderen Bundesstaaten in der Regel nicht untersagt ist. Der Sache nach findet sich dagegen Electronic Government in den meisten entwickelten Verfassungsstaaten, hat sich aber vor allem im Vereinigten Königreich und in den USA zuerst maßgebend ausgebildet[20]. 4

C. Erläuterungen

I. Allgemeine Bedeutung und aktueller Befund

Art. 91c GG schafft die notwendige verfassungsrechtliche Grundlage für die Zusammenarbeit von Bund und Ländern im Bereich der Nutzung informationstechnischer Systeme und des Datenaustausches. Die Regelung des Art. 91c GG erfaßt das tatsächliche und das rechtliche Zusammenwirken[21]. Zentrales Anliegen der Norm ist die **Verbesserung der Zusammenarbeit auf dem Gebiet der Informationstechnik**, die durch eine Reduzierung von Bürokratiekosten und eine Verbesserung der Serviceleistung der Behörden wesentlich zur Modernisierung der öffentlichen Verwaltung beigetragen hat[22]. Angesichts der zunehmenden Nutzung und wachsenden Bedeutung der Informationstechnik[23] soll die bisherige Gremienstruktur, die insbesondere von einem Arbeitskreis der Staatssekretäre für E-Government in Bund und Ländern und dem Kooperationsausschuß von Bund und Ländern für automatische Datenverarbeitung gebildet wurde, abgelöst und der Abschluß von flexiblen Vereinbarungen ermöglicht werden[24]. 5

Die Zusammenarbeit zwischen Bund und Ländern im IT-Bereich erfordert eine **ausdrückliche Verankerung im Grundgesetz**, da die Verwaltungen von Bund und Ländern jeweils organisatorisch und funktionell im Sinne von in sich geschlossenen Einheiten prinzipiell voneinander getrennt sind und Bund und Länder von dieser in Art. 83 ff. GG erschöpfend geregelten Kompetenzordnung auch mit Zustimmung aller Beteiligten nicht abweichen dürfen[25]. Das Grundgesetz schließt prinzipiell eine Mischverwaltung aus[26], soweit nicht die Art. 83 ff. eine Zusammenarbeit selbst erlauben. Das gilt auch für vom Grundgesetz bisher nicht vorhergesehene neue Aufgaben wie die Infor- 6

---

[18] Vgl. auch *Suerbaum* (Fn. 7), Art. 91c Rn. 18.1.

[19] EuGH v. 9.6.2009, C-480/06, Rn. 31 ff. – *Kommission/BRD*.

[20] Rechtsvergleichender Überblick: M. Eifert/J. O. Püschel (Hrsg.), National Electronic Government. Comparing governance structures in multi-layer administrations, 2004.

[21] BT-Drs. 16/12410, S. 9.

[22] BT-Drs. 16/12410, S. 7 f.; zur Herausforderung der IT-Effizienz *D. Heckmann*, Die Verwaltung 46 (2013), 1 (7 ff.).

[23] So ausdrücklich BT-Drs. 16/12410, S. 7; zu Demokratierisiken *K. F. Gärditz*, Der Staat 54 (2015), 113 (128 ff.).

[24] BT-Drs. 16/12410, S. 9; vgl. auch *Suerbaum* (Fn. 7), Art. 91c Rn. 3.

[25] BVerfGE 63, 1 (41); 108, 169 (182, Rn. 48); 119, 331 (364 f., Rn. 152); zum vorliegenden Zusammenhang auch *H. Siekmann*, in: Sachs, GG, Art. 91c Rn. 4; zur Notwendigkeit des Art. 91c I GG *T. Siegel*, NVwZ 2009, 1128 (1129, 1131).

[26] BVerfGE 63, 1 (38 ff.); 108, 169 (182, Rn. 48); 119, 331 (365, Rn. 153).

mationstechnik. Zwar ist eine informelle Kooperation, wie sie bisher auch bereits stattfand, weitgehend zulässig, rechtlich verbindliche Maßnahmen sind jedoch nicht möglich. Einheitliche Vorgaben für Bund und Länder, gemeinsame Netze sowie die Festlegung von Sicherheitsstandards sind auf dieser Basis nicht zulässig. Das Bundesverfassungsgericht hat zwar ein Abgehen von dem Grundsatz eigenverantwortlicher Aufgabenwahrnehmung unter der Voraussetzung ermöglicht, daß ein besonderer sachlicher Grund vorliegt und das Zusammenwirken auf eine eng umgrenzte Verwaltungsmaterie begrenzt bleibt[27], ist aber neuerdings wieder eher restriktiver[28]. Es ist allerdings ohnehin zweifelhaft, ob ein Zusammenwirken im IT-Bereich die beiden vom Gericht aufgestellten Voraussetzungen erfüllen würde[29]. Die Steigerung von Effizienz und Effektivität[30] allein dürfte als sachlicher Grund kaum ausreichen, schon eher erscheint die Notwendigkeit einer Koordination für die Funktionsfähigkeit und Kommunikationsfähigkeit der staatlichen Entscheidungsträger als Argument tragfähig. Der IT-Bereich ist aber sicher nicht als eng umgrenzte Verwaltungsmaterie zu qualifizieren[31]. Die zunehmende Verbreitung und Bedeutung des Electronic Government und der alle Verwaltungstätigkeit durchdringende Querschnittscharakter der Informationstechnik aber auch die umfassenden datenschutzrechtlichen Implikationen sprechen dagegen. Es kommt hinzu, daß die Informationstechnik selbst Einfluß auf die Gestaltung der Organisation sowie die Arbeits- und Entscheidungsprozesse der Verwaltung gewinnt[32]. Softwarebedingte Vorgaben können verfahrensrechtliche und inhaltliche Entscheidungsspielräume der zuständigen Kompetenzträger, die ihnen im Rahmen eigenverantwortlicher Aufgabenerfüllung zustehen, einengen[33]. Ein über bloße informelle Koordination hinausgehendes **Zusammenwirken zwischen Bund und Ländern** wäre **ohne** die verfassungsrechtliche Grundlage des **Art. 91c GG** daher im Ergebnis als **unzulässige Form der Mischverwaltung** anzusehen[34].

7 Anders als Art. 91a GG (→ Art. 91a Rn. 9) wird man Art. 91c GG **keinen unmittelbaren Verfassungsauftrag** zur entsprechenden Kooperation entnehmen können, da Art. 91c I–III GG explizit und bewußt lediglich Kann-Vorschriften enthalten. Die Position des Bundes, der eine stärkere Verpflichtung anstrebte, konnte sich gerade nicht durchsetzen. Art. 91c GG begründet insoweit eine fakultative Gemeinschaftsaufgabe[35]. Zur Errichtung eines Verbindungsnetzes ist der Bund nach Absatz 4 allerdings verpflichtet[36]. Auch zum Erlaß eines Gesetzes nach Absatz 5 suggeriert der Wortlaut – anders als die Begründung des Gesetzentwurfs[37] – eine entsprechende Verpflichtung (»wird«).

---

[27] BVerfGE 63, 1 (41).

[28] BVerfGE 108, 169 (181ff., Rn. 44ff.); 119, 331 (364ff., Rn. 152ff.).

[29] *U. Schliesky*, in: BK, Art. 91c (2012), Rn. 11.

[30] Vgl. *T. Siegel*, DÖV 2009, 181 (183).

[31] Vgl. *Suerbaum* (Fn. 7), Art. 91c Rn. 7: »äußerst fraglich«.

[32] *T. Siegel*, DÖV 2009, 181 (181f.); Kommissions-Drs. 72, S. 17f.; *Suerbaum* (Fn. 7), Art. 91c Rn. 5; a. A. *U. Schliesky*, ZSE 6 (2008), 304 (320f., aber auch etwas widersprüchlich 312).

[33] BVerfGE 119, 331 (374, Rn. 180).

[34] *T. Siegel*, DÖV 2009, 181 (183); *Suerbaum* (Fn. 7), Art. 91c Rn. 6; a. A. *U. Schliesky*, ZSE 6 (2008), 304 (320f.).

[35] *M. Seckelmann*, DÖV 2009, 747 (754); *dies.* (Fn. 9), Art. 91c Rn. 6; kritisch *Schliesky* (Fn. 29), Art. 91c Rn. 4.

[36] *U. Mager*, in: v. Münch/Kunig, GG II, Art. 91c Rn. 17.

[37] BT Drs. 18/11131, S. 16.

II. Kooperation von Bund und Ländern gem. Art. 91c I GG

Art. 91c GG begründet eine **allgemeine Kooperationsbefugnis für Bund und Länder (einschließlich Kommunen) im IT-Bereich**. Danach können Bund und Länder bei der Planung, Errichtung und dem Betrieb[38] der für ihre Aufgabenerfüllung benötigten informationstechnischen Systeme zusammenwirken. Die bisherige nur punktuelle und freiwillige Zusammenarbeit soll damit zu einem dauerhaften planvollen Zusammenwirken weiterentwickelt werden[39]. Die Vorschrift ist insgesamt wegen des ständigen Fortschritts der Informationstechnik und ihrer wachsenden Bedeutung weit gefaßt, um die mannigfaltigen Herausforderungen und Chancen der Informationstechnik angemessen und zeitnah bewältigen zu können[40]. Bedenken gegen die tatbestandliche Weite der Norm[41] sind verfehlt. Es ist schon unklar, wie eine engere Formulierung sinnvollerweise lauten könnte. Außerdem wird durch die Norm die Zusammenarbeit auf die Planung, Errichtung und den Betrieb der informationstechnischen Systeme eingegrenzt[42]. Wortlaut, Entstehung, Systematik und Zweck der Vorschrift ergeben, daß eine gemeinsame Standardisierung der IT-Infrastruktur, aber keine allumfassende Kooperation begründet werden soll[43]. Schließlich bleibt das Zusammenwirken freiwillig. Die Zusammenarbeit kann durch Staatsverträge, Verwaltungsabkommen und einfache Absprachen vereinbart werden[44]. 8

Der **Begriff des informationstechnischen Systems** soll »die technischen Mittel zur Verarbeitung und Übertragung von Informationen« umfassen[45] und ist damit ebenfalls bewußt offen gehalten worden. 9

Art. 91c I GG erlaubt eine Zusammenarbeit von »**Bund und Ländern**«. Die Formulierung zielt in erster Linie auf eine Kooperation des Bundes mit allen Ländern, ermöglicht aber durchaus auch eine punktuelle Zusammenarbeit des Bundes mit einzelnen Ländern oder einzelner Länder untereinander[46], auch wenn der eigentliche Zweck der Standardisierung und Interoperabilität erst dann erfüllt ist, wenn alle Beteiligten sich auf einheitliche Regeln einigen. 10

Eine **Kooperationspflicht** läßt sich aus der Vorschrift **nicht ableiten**[47], da Art. 91c I GG bewußt und gewollt nur eine Kann-Regelung enthält. Die Länder sind aufgrund ihrer Verwaltungsautonomie frei, sich gegen eine Zusammenarbeit zu entscheiden. Allenfalls verbietet der Grundsatz der Bundestreue, die Kooperation zwischen anderen kooperationswilligen Ländern und dem Bund zu blockieren[48]. Eine positive Pflicht zur aktiven Unterstützung von Kooperationen resultiert daraus jedoch nicht. 11

---

[38] Dazu *Schliesky* (Fn. 29), Art. 91c Rn. 31 ff.

[39] BT-Drs. 16/12410, S. 8.

[40] BT-Drs. 16/12410, S. 9; *Volkmann* (Fn. 14), Art. 91c Rn. 10.

[41] *D. Heckmann*, Stellungnahme Sachverständigenanhörung Rechtsausschuß des BT v. 4.5.2009, S. 14 f.

[42] In diese Richtung *Schliesky* (Fn. 29), Art. 91c Rn. 26; *Seckelmann* (Fn. 9), Art. 91c Rn. 23; enger *Mager* (Fn. 36), Art. 91c Rn. 8; *Sieckmann* (Fn. 25), Art. 91c Rn. 11.

[43] *Suerbaum* (Fn. 7), Art. 91c Rn. 9.1.

[44] *Siekmann* (Fn. 25), Art. 91c Rn. 10.

[45] BT-Drs. 16/12410, S. 8.

[46] *Suerbaum* (Fn. 7), Art. 91c Rn. 10; *Seckelmann* (Fn. 9), Art. 91c Rn. 22.

[47] Davon spricht aber ohne Begründung *Heckmann*, Stellungnahme (Fn. 41), S. 14; wie hier *Schliesky* (Fn. 29), Art. 91c Rn. 26; *Mager* (Fn. 36), Art. 91c Rn. 7; *Gröpl* (Fn. 16), Art. 91c Rn. 19.

[48] BT-Drs. 16/12410, S. 9; *Suerbaum* (Fn. 7), Art. 91c Rn. 10; s. auch *Seckelmann* (Fn. 9), Art. 91c Rn. 20.

12 Art. 91c I GG dient vor allem als Grundlage der Errichtung eines gemeinsamen **IT-Planungsrates** durch einen Staatsvertrag zwischen Bund und Ländern, dessen Entwurf bereits die Föderalismuskommission erarbeitet hatte[49]. Der mittlerweile von allen Beteiligten unterzeichnete Staatsvertrag zur Ausführung des Art. 91c GG sollte gemäß § 7 am 1.4.2010 in Kraft treten, wenn bis dahin mindestens dreizehn Ratifizierungsurkunden hinterlegt sein sollten[50]. Dies ist erfolgt. Der IT-Planungsrat[51] soll gemäß § 1 I die Zusammenarbeit zwischen Bund und Ländern koordinieren und auch IT-Interoperabilitäts- und Sicherheitsstandards beschließen. Ihm gehören gemäß § 1 II der Beauftragte der Bundesregierung für Informationstechnik und jeweils ein für Informationstechnik zuständiger Vertreter jedes Landes an. Drei Vertreter der Gemeinden und Gemeindeverbände sowie der Bundesbeauftragte für Datenschutz sollen beratend hinzutreten (§ 1 II 3). Beschlüsse bedürfen einer qualifizierten Mehrheit gemäß § 1 VII[52]. Am 24.9.2010 hat der Planungsrat die »Nationale E-Government-Strategie« beschlossen. 2013 hat der Bund zudem das E.Government-Gesetz erlassen[53].

III. Vereinbarung von Standards und Sicherheitsanforderungen gem. Art. 91c II GG

13 Art. 91c II GG ermöglicht die Festlegung einheitlicher Standards und Sicherheitsanforderungen aufgrund von Vereinbarungen zwischen Bund und Ländern. Die Regelung soll die Zusammenarbeit nach Art. 91c I GG konkretisieren[54]. **Zweck** dieser Festlegungen ist die **Sicherstellung** eines effizienten, sicheren und schnellen **Datenaustausches** und eine Datenübernahme ohne Medienbrüche; die Standards sollen die Interoperabilität des Datenaustausches auf einfache, nachvollziehbare und wirtschaftliche Art und Weise gewährleisten.

14 Art. 91c II GG sieht eine Festlegung der Standards und Sicherheitsanforderungen »aufgrund von Vereinbarungen« vor. Diese Formulierung ist unklar und hat bereits für Verwirrung gesorgt. Klar ist lediglich, daß diese Vereinbarungen rechtlich als Staatsverträge zu qualifizieren sind, da sie förmlicher Zustimmung der Parlamente bedürfen[55]. Unklar ist aber der Vertragsgegenstand. Nach wörtlicher und systematischer Auslegung sollen aber wohl die in Art. 91c II 1 GG genannten Vereinbarungen nicht selbst die Standards festlegen[56], sondern **als Grundlagenvertrag das Verfahren gemeinsamer Entscheidung festlegen** und gegebenenfalls allgemeine Vorgaben enthal-

[49] Kommissions-Drs. 174, S. 81 ff.

[50] Abdruck des Staatsvertrages etwa in: BGBl. I 662; GVBl. NRW 2010, Nr. 1 S. 1 ff.; das Inkrafttreten ist bekanntgemacht u. a. in: GVBl. Brandenburg I Nr. 22 v. 7.6.2010.

[51] Dazu *Schliesky* (Fn. 29), Art. 91c Rn. 36 ff.; *Seckelmann* (Fn. 9), Art. 91c Rn. 31 ff.

[52] Zum Mehrheitsbeschluß s. *T. Siegel*, Der Staat 49 (2010), 299 (308 ff.).

[53] Gesetz zur Förderung der Elektronischen Verwaltung, BGBl. I S. 2749; auch Schleswig-Holstein hat ein solches Gesetz erlassen, vgl. zu beiden Gesetzen *U. Schliesky*, DVP 2013, 420 (422 f.); zur Pflicht der Länder, Gesetze für die Kommunen zu erlassen *S. E. Schulz*, DÖV 2010, 225 ff.; zur allgemeinen Planung durch die Digitale Agenda 2014–2017 näher *E. Peukert*, Digitalisierung im Bundesstaat, in: H. Hill/U. Schliesky (Hrsg.), Auf dem Weg zum Digitalen Staat – auch ein besserer Staat?, 2015, S. 59 ff. (60 ff.).

[54] BT-Drs. 16/12410, S. 9; *Suerbaum* (Fn. 7), Art. 91c Rn. 12; *Schliesky* (Fn. 29), Art. 91c Rn. 43.

[55] *R. Grawert*, Verwaltungsabkommen zwischen Bund und Ländern in der Bundesrepublik Deutschland, 1967, S. 31 ff.; *W. Rudolf*, HStR³ VI, § 141 Rn. 57 ff. zu Abgrenzung und Terminologie. Siehe auch *Mager* (Fn. 36), Art. 91c Rn. 11.

[56] Dieses Mißverständnis weckt zumindest *Suerbaum* (Fn. 7), Art. 91c Rn. 12; unklar auch *Heckmann*, Stellungnahme (Fn. 41), S. 10 f.

ten. Das ergibt sich auch aus Art. 91c II 2 GG, der in Bezug auf Satz 1 von »Vereinbarungen über die Grundlagen der Zusammenarbeit« spricht. Die Regelung des Art. 91c II GG ist insofern auch nicht überflüssig oder deklaratorischer Natur[57]. Bund und Länder können zwar im Bereich ihrer Gesetzgebungs- und Verwaltungskompetenzen ohne weitere Ermächtigung Vereinbarungen abschließen, also etwa über IT-Standards und Sicherheitsanforderungen. Das ist aber nicht Gegenstand der Vereinbarungen im Sinne des Art. 91c II 1 GG. Der Vertrag über die Grundlagen der Zusammenarbeit soll vielmehr ein verbindliches Entscheidungsverfahren und eventuell materielle Vorgaben festlegen, teilweise auch gem. Art. 91c II 2 GG Entscheidungen nach dem Mehrheitsprinzip erlauben. Das bedarf verfassungsrechtlicher Legitimation[58].

Der Gegenstandsbereich der Vereinbarungen und der durch sie legitimierten Entscheidungen wird durch Art. 91c II 1 GG eng abgegrenzt, da aufgrund der Vereinbarung allein die Standards festgelegt werden sollen, die für die Kommunikation zwischen den informationstechnischen Systemen des Bundes und der Länder notwendig sind[59]. Sie müssen aber nicht »zwingend« erforderlich sein[60]. Es kommt damit allein auf die **Sicherstellung der Interoperabilität und Sicherheit des ebenenübergreifenden Datenaustausches** an[61]. Die Regelung des Art. 91c II 1 GG ist daher wesentlich enger als die allgemeine Kooperationsermächtigung des Art. 91c I GG, die ebenfalls Grundlage des Staatsvertrags ist. 15

Art. 91c II 2 GG bestimmt, daß die Vereinbarungen nach Art. 91c II 1 GG »für einzelne nach Inhalt und Ausmaß bestimmte Aufgaben« eine Abweichung vom Konsensprinzip zugunsten einer **qualifizierten Mehrheitsentscheidung** vorsehen können (**Passerelle-Klausel**). Dadurch sollen bisherige Schwerfälligkeiten infolge des Einstimmigkeitsprinzips in einer Vielzahl von Gremien und ein Ausweichen auf unverbindliche Empfehlungen überwunden werden. Durch Mehrheitsentscheidungen sollen die Dauer der Entscheidungsfindung verkürzt sowie praxisgerechte und problemadäquate Lösungen zügig und mit höherer Verbindlichkeit auch gegen den Willen einzelner Beteiligter erreicht werden[62]. 16

Aufgrund dieser Verfassungsklausel ist eine entsprechende Regelung im Staatsvertrag prinzipiell zulässig, soweit sie in den Grenzen der Ermächtigung bleibt. Die Regelung des § 3 II 1 entspricht genau den verfassungsrechtlichen Vorgaben. § 1 VII des Staatsvertrages sieht allerdings **generell eine Beschlußfassung des IT-Planungsrates mit qualifizierter Mehrheit** wortgleich mit § 3 II vor, nämlich mit »Zustimmung des Bundes und einer Mehrheit von elf Ländern, welche mindestens zwei Drittel ihrer Finanzierungsanteile nach dem Königsteiner Schlüssel abbildet«. Eine derartige staatsvertragliche Vereinbarung ohne verfassungsrechtliche Ermächtigung wird teilweise generell als Verfassungsverstoß angesehen[63]. Demgegenüber wird vielfach zu Recht die einstimmige Vereinbarung eines (qualifizierten) Mehrheitsbeschlusses für bestimmte eng begrenzte Fragen nicht von vornherein als Verstoß gegen die Eigen- 17

[57] So *Heckmann*, Stellungnahme (Fn. 41), S. 10 f.; *Suerbaum* (Fn. 7), Art. 91c Rn. 12.
[58] Vgl. auch *C. Calliess*, Stellungnahme, Kommissions-Drs. 66, S. 34 ff.; *Schliesky* (Fn. 29), Art. 91c Rn. 45.
[59] *Suerbaum* (Fn. 7), Art. 91c Rn. 13.
[60] So aber *Heckmann*, Stellungnahme (Fn. 41), S. 15.
[61] Dazu *Schliesky* (Fn. 29), Art. 91c Rn. 49 f.
[62] BT-Drs. 16/12410, S. 9; s. auch *Seckelmann* (Fn. 9), Art. 91c Rn. 27; *T. Siegel*, NvWZ 2009, 1128 (1130).
[63] Vgl. *P.M. Huber*, Stellungnahme, Kommissions-Drs. 82, S. 24; *Heckmann*, Stellungnahme (Fn. 41), S. 17 f.

staatlichkeit der Länder und damit als unzulässig betrachtet[64]. Für wesentliche Fragen gilt allerdings in jedem Fall der Parlamentsvorbehalt[65]. Soweit Art. 91c II 2 GG explizit die Beschlußfassung durch qualifizierte Mehrheit erlaubt, kommt es nicht auf die vom Bundesverfassungsgericht aufgestellten allgemeinen Bedingungen an. Außerdem ist der Aufgabenbereich des Art. 91c II 1 GG bereits im Sinn des Bundesverfassungsgerichts begrenzt[66]. Die Ermächtigung des § 1 VII geht jedoch darüber hinaus. Entscheidend ist daher, ob die Aufgabenbeschreibung des § 1 I 1 im übrigen eine hinreichende Eingrenzung enthält, was wohl grundsätzlich bejaht werden kann[67]. Überzeugender als der pauschale Verweis auf das Einstimmigkeitsprinzip ist das Argument, die explizite Ermächtigung des Art. 91c II GG verbiete im Umkehrschluß eine Abweichung vom Einstimmigkeitsprinzip im sonstigen Anwendungsbereich des Art. 91c I GG[68]. Letztlich dürfte dies aber an der Intention des Verfassungsgebers vorbeigehen, dessen Beratungen der Entwurf des Staatsvertrags bereits zugrunde lag. Die Entstehungsgeschichte belegt den Umkehrschluß insofern nicht[69].

18 Gem. Art. 91c II 3 GG bedürfen die Vereinbarungen nach Art. 91c II 1 GG der Zustimmung des Bundestages und der Volksvertretungen der Länder. Außerdem darf das Recht zur Kündigung nicht ausgeschlossen werden[70]. Die Regelung des Satzes 3 beruht wohl vor allem auf der Option, in derartigen Vereinbarungen Abweichungen vom Einstimmigkeitsprinzip vorzusehen[71], der **Parlamentsvorbehalt und** der **Ausschluß des Kündigungsrechts** beziehen sich aber generell auf die Grundlagenvereinbarungen nach Satz 1[72], auch wenn die Formulierung »sie« insoweit nicht eindeutig ist. Demokratieprinzip, die Lehre vom Parlamentsvorbehalt sowie der Grundsatz der Eigenstaatlichkeit der Länder gebieten diese weite Auslegung. § 6 II, III des Staatsvertrages regeln die Kündigung näher und bestimmen eine zweijährige Kündigungsfrist.

19 Da die institutionelle Kooperation einer geordneten Finanzierung bedarf, schreibt Art. 91c II 4 GG ausdrücklich vor, daß die Vereinbarungen auch die **Kostentragung** regeln müssen. Die Norm enthält selbst keinen Verteilungsschlüssel, sondern überläßt die Regelung der Kostenaufteilung der freien Vereinbarung. § 2 I 2 des Staatsvertrages sieht vor, daß die Geschäftsstelle des IT-Planungsrates zur Hälfte vom Bund, zur Hälfte von den Ländern nach dem jährlich neu berechneten Königsteiner Schlüssel[73] getragen wird.

IV. Zusammenarbeit der Länder gem. Art. 91c III GG

20 Die Regelung des Art. 91c III GG will klarstellen, daß die Länder über den Aufgabenbereich des Art. 91c II GG hinaus und unabhängig von einer Beteiligung des Bundes

---

64 BVerfGE 90, 60 (104) für die laufende Gebührenanpassung; s. auch *T. Siegel*, DÖV 2009, 181 (185); *Suerbaum* (Fn. 7), Art. 91c Rn. 14.1.; *T. Siegel*, Der Staat 49 (2010), 299 (310).

65 Siehe auch BVerfGE 90, 60 (104) in diesem Zusammenhang.

66 Vgl. auch *Suerbaum* (Fn. 7), Art. 91c Rn. 15: keine eigenständige Bedeutung der Formulierung.

67 *Heckmann*, Stellungnahme (Fn. 41), S. 18; vgl. auch *Seckelmann* (Fn. 9), Art. 91c Rn. 28.

68 *Heckmann*, Stellungnahme (Fn. 41), S. 17 f.

69 Vgl. jetzt auch *Schliesky* (Fn. 29), Art. 91c Rn. 59.

70 Die Aussage, das Kündigungsrecht sei ausgeschlossen, bei *Suerbaum* (Fn. 7), Art. 91c Rn. 16, ist wohl ein Versehen.

71 BT-Drs. 16/12410, S. 9.

72 Dagegen *Suerbaum* (Fn. 7), Art. 91c Rn. 16, der Satz 3 explizit nur auf Vereinbarungen, die eine Abweichung vorsehen, bezieht.

73 BAnz. Nr. 192 vom 18.12.2009, S. 4309.

den Betrieb informationstechnischer Systeme sowie die Errichtung von dazu bestimmten Einrichtungen vereinbaren können[74]. Die Länder können deshalb informationstechnische Systeme gemeinsam betreiben und hierfür auch gemeinsame Institutionen errichten, wobei sie sich privat- wie öffentlich-rechtlicher Organisationsformen bedienen können[75], wie etwa im Bereich des Rundfunks. Die Aufgabenübertragung auf diese Institutionen richtet sich dabei nach Landesverfassungsrecht. Diese **Regelung** ist – anders als Art. 91c II GG (→ Rn. 14) – lediglich **deklaratorischer Natur**, da die Länder aufgrund ihrer Eigenstaatlichkeit nach Maßgabe ihres Landesverfassungsrechts ohne ausdrückliche Ermächtigung des Grundgesetzes in ihrem Kompetenzbereich Staatsverträge abschließen können[76]. Insoweit gilt auch das Einstimmigkeitsprinzip[77].

V. Bundeskompetenz zur Errichtung eines Verbindungsnetzes gem. Art. 91c IV GG

Art. 91c IV GG begründet eine **Gesetzgebungs- und Verwaltungskompetenz** des Bundes für die Errichtung und den Betrieb eines Verbindungsnetzes. Beide Kompetenzen sind aufeinander bezogen[78], wobei zunächst in Satz 1 die Verwaltungs- und dann in Satz 2 die Gesetzgebungskompetenz normiert wird. 21

Art. 91c IV 1 GG begründet eine **Verwaltungskompetenz des Bundes für die Errichtung eines Verbindungsnetzes**[79]. Trotz der auf die bloße Errichtung begrenzten Formulierung des Satzes 1 soll auch der fortlaufende Betrieb des Verbindungsnetzes durch den Bund erfolgen[80]. Etwas anderes würde keinen Sinn ergeben. Zudem läßt sich dies aus der Formulierung der Gesetzgebungskompetenz des Bundes, die sowohl die Errichtung als auch den Betrieb umfaßt, erschließen[81]. Dieses auch Koppelnetz genannte Verbindungsnetz soll eine Plattform für die dauerhafte und sichere gegenseitige Erreichbarkeit aller öffentlichen Einrichtungen für einen Datenaustausch über das Verbindungsnetz und die daran angeschlossenen Netze von Bund und Ländern sowie die Verbindung der nationalen Netze mit den europäischen Netzen gewährleisten[82]. Nach § 2 I IT-NetzG, dem Ausführungsgesetz zu Art. 91c IV GG[83], sind unter informationstechnischen Netzen »die Gesamtheit von Übertragungssystemen und gegebenenfalls Vermittlungs- und Leitwegeinrichtungen sowie anderweitigen Ressourcen, die die Übertragung von Signalen ermöglichen« zu verstehen. Telemedien, Rundfunk sowie Sprechfunk- und Telefonnetze sind davon ausgenommen. Die **Norm statuiert** mit ihrer indikativischen Formulierung (»errichtet«) einen **Verfassungsauftrag** und damit eine Pflicht des Bundes zur Errichtung und zum dauerhaften Betrieb eines derar- 22

[74] BT-Drs. 16/12410, S. 9.
[75] BT-Drs. 16/12410, S. 9; vgl. auch *T. Siegel*, DÖV 2009, 181 (185).
[76] *Heckmann*, Stellungnahme (Fn. 41), S. 12; *T. Siegel*, DÖV 2009, 181 (184); *Suerbaum* (Fn. 7), Art. 91c Rn. 18; *T. Siegel*, Der Staat 49 (2010), 299 (317); *Seckelmann* (Fn. 9), Art. 91c Rn. 45; wohl auch *Mager* (Fn. 36), Art. 91c Rn. 14 (»im Wesentlichen klarstellende Bedeutung«); a. A. *Schliesky* (Fn. 29), Art. 91c Rn. 64.
[77] Jetzt auch *Seckelmann* (Fn. 9), Art. 91c Rn. 47.
[78] Jetzt auch *Seckelmann* (Fn. 9), Art. 91c Rn. 48.
[79] BT-Drs. 16/12410, S. 8; auch *Schliesky* (Fn. 29), Art. 91c Rn. 73.
[80] Davon geht aus BT-Drs. 16/12410, S. 9.
[81] *Suerbaum* (Fn. 7), Art. 91c Rn. 19.
[82] BT-Drs. 16/12410, S. 9 f.
[83] Art. 4 des Begleitgesetzes zur zweiten Föderalismusreform v. 10.8.2009 (BGBl. I S. 2702, 2706).

tigen Verbindungsnetzes[84]. Die Verwaltungskompetenz für das Verbindungsnetz ist zu trennen von der Verwaltungskompetenz für die an das Verbindungsnetz angeschlossenen Netze, die bei den jeweiligen Hoheitsträgern, also Bund und Ländern, verbleibt[85]. Die Kosten der Errichtung und des Betriebs des Verbindungsnetzes trägt der Bund nach den allgemeinen Regeln gemäß Art. 104a I GG als Konsequenz seiner Verwaltungszuständigkeit, die Anschlußkosten der angeschlossenen Netze trägt dagegen der für dieses Netz zuständige Hoheitsträger ebenfalls aufgrund seiner Verwaltungskompetenz[86]. Die Ausführungsregelung des § 7 IT-NetzG wiederholt und konkretisiert diese Kostenaufteilung.

23 Gemäß Art. 91c IV 2 GG regelt das Nähere zur Errichtung und zum Betrieb des Verbindungsnetzes ein **Bundesgesetz, das der Zustimmung des Bundesrates** bedarf. Dem Bund wird durch diese Regelung eine ausschließliche Gesetzgebungskompetenz zugewiesen[87]. Das Erfordernis der Zustimmung des Bundesrates soll sicherstellen, daß die Interessen der Länder und deren Verwaltungskompetenzen hinsichtlich ihrer Landesnetze Berücksichtigung finden[88]. Art. 91c IV GG weist dem Bund eindeutig und verfassungsrechtlich unzweifelhaft eine Gesetzgebungs- und Verwaltungskompetenz zu, die man vielleicht auch als ungeschriebene Kompetenz kraft Natur der Sache hätte begründen können[89]. Diese Begründung bleibt aber immer unsicher und zweifelhaft, so daß die Neuregelung Klarheit schafft. Umstritten ist aber der genaue Umfang der Gesetzgebungskompetenz. So wird mehrfach behauptet, nach dem Wortlaut umfasse die Gesetzgebungskompetenz nur die Errichtung und den Betrieb, aber nicht die Planung oder Nutzung des Verbindungsnetzes, deren Ausgestaltung vielmehr lediglich durch Vereinbarung nach Art. 91c I, II GG möglich sei[90]. Diese Interpretation ist indes verfehlt[91]. Errichtung und Betrieb umfassen notwendigerweise auch das Vorstadium der Planung und die mit dem Betrieb zwingend verknüpfte Nutzung. Wie soll ein Netz ohne Planung errichtet oder ohne Nutzung betrieben werden? Die Vereinbarungen sind zudem nur eine Option im Gegensatz zur Verpflichtung nach Art. 91c IV GG, so daß ein Land durch Verweigerung der Beteiligung an der Planung die Errichtung und den Betrieb des Verbindungsnetzes blockieren könnte. Jede Entscheidungskompetenz setzt als Element des Entscheidungszyklus eine Planung voraus. Im übrigen steht es allen Beteiligten frei, sich an das Verbindungsnetz anzuschließen und es zu nutzen. Der Wortlaut des Art. 91c I GG, der auch die Planung nennt, ändert daran nichts.

24 Das schließt gerade nicht aus, sondern ist Voraussetzung dafür, daß der Bundesgesetzgeber die Zusammenarbeit mit den Ländern regelt. Der Bundesgesetzgeber hat von der Kompetenz des Art. 91c IV 2 GG unmittelbar im Rahmen des Begleitgesetzes zur Föderalismusreform II durch das IT-Netzgesetz Gebrauch gemacht[92]. Darin wird

---

[84] So auch *Seckelmann* (Fn. 9), Art. 91 Rn. 49; *Schliesky* (Fn. 29), Art. 91c Rn. 73; *Mager* (Fn. 36), Art. 91c Rn. 17.

[85] BT-Drs. 16/12410, S. 10.

[86] BT-Drs. 16/12410, S. 10; *Suerbaum* (Fn. 7), Art. 91c Rn. 20; *Mager* (Fn. 36), Art. 91c Rn. 18.

[87] BT-Drs. 16/12410, S. 10; *Suerbaum* (Fn. 7), Art. 91c Rn. 21; *Schliesky* (Fn. 29), Art. 91c Rn. 79.

[88] BT-Drs. 16/12410, S. 10.

[89] *Heckmann*, Stellungnahme (Fn. 41), S. 13; *Suerbaum* (Fn. 7), Art. 91c Rn. 21.

[90] *H.-G. Henneke*, Stellungnahme Sachverständigenanhörung Rechtsausschuß des BT v. 4.5.2009, S. 9f.; *Suerbaum* (Fn. 7), Art. 91c Rn. 21; *Mager* (Fn. 36), Art. 91c Rn. 17.

[91] Wie hier jetzt auch *Gröpl* (Fn. 16), Art. 91c Rn. 44; *Volkmann* (Fn. 14), Art. 91c Rn. 15; *Seckelmann* (Fn. 9), Art. 91c Rn. 53; Jarass/*Pieroth*, GG, Art. 91c Rn. 5.

[92] → Fn. 81.

die Pflicht zur Errichtung des Verbindungsnetzes wiederholt (§ 1 I 1) und im einzelnen die Zusammenarbeit zwischen Bund und Ländern geregelt. Dazu wird ein **Koordinierungsgremium** eingerichtet, **dessen Aufgaben vom IT-Planungsrat wahrgenommen** werden, soweit dieser etabliert wird (§ 1 III IT-NetzG). Beide Gremien sind ohnehin gleichermaßen zusammengesetzt (§ 1 II IT-NetzG und § 1 II Staatsvertrag). Die Beschlußfassung über das Verbindungsgesetz richtet sich nach § 4 IT-NetzG, dessen Regelung wiederum § 1 VII Staatsvertrag entspricht. § 6 enthält nähere Regelungen zum Betrieb, der durch das Koordinierungsprogramm überwacht wird.

VI. Zugang zu gemeinsamen Online-Verwaltungsleistungen gem. Art. 91c V GG

Art. 91c V GG schafft nunmehr die **ausdrückliche Gesetzgebungskompetenz** des Bundes zur Regelung des **übergreifenden informationstechnischen Zugangs zu** den **Verwaltungsleistungen von Bund und Ländern**[93]. Hintergrund bildet ein Beschluß der Konferenz der Regierungschefinnen und Regierungschefs des Bundes und der Länder vom 14.10.2016, die Online-Verwaltungsleistungen künftig für private Nutzer (Bürgerinnen und Bürger, Unternehmen) aber auch Kommunen über ein Bürgerportal zugänglich zu machen. Eine entsprechende Öffnung ist nunmehr auf Grundlage eines nach Absatz 5 erlassenen Gesetzes möglich, welches allerdings an die Zustimmung des Bundesrates geknüpft ist, um sicherzustellen, daß die Interessen der Länder hinreichend gesichert werden; sonstige (föderale) Einwände etwa aufgrund der zunehmenden Verflechtung und der daraus folgenden Konsequenzen für die entsprechenden Gesetze der Länder scheinen dabei keine Rolle gespielt zu haben[94]. Die Gesetzgebungskompetenz umfaßt dabei neben der Errichtung eines Portalverbundes auch eine mögliche Verpflichtung der Länder, sich an einem solchen zu beteiligen und ihre Verwaltungsportale mit diesem zu verknüpfen. Möglich sind zudem Regelungen zur Kostentragung, allerdings nur soweit gemeinsam genutzte Infrastrukturen betroffen sind[95] (das betrifft vor allem die Schnittstellen zwischen den Verwaltungsportalen des Bundes und der Länder) sowie Vorgaben für IT-Anwendungen, die Kommunikation und die Sicherheit. Zur Umsetzung hat der Bund im Zusammenhang mit der Änderung des Grundgesetzes das **Onlinezugangsgesetz** (OZG) erlassen[96]. Dieses sieht in § 1 eine Verpflichtung des Bundes und der Länder vor, bis spätestens 31.12.2022 ihre Verwaltungsleistungen auch elektronisch über Verwaltungsportale anzubieten und diese miteinander in einem Portalverbund zu verknüpfen. Das OZG enthält auch Regelungen zur IT-Sicherheit (§ 5), zu den Kommunikationsstandards (§ 6) und zur Datenverarbeitung (§ 8). Eine gesonderte Kostenregelung findet sich nicht. Soweit der Bund von seiner Kompetenz keinen Gebrauch macht, kann die Digitalisierung der Verwaltung und die Vereinheitlichung informationstechnischer Standards für digitale Verwal- 25

[93] Zur Entstehung auch *M. Martini/C. Wiesner*, ZG 32 (2017), 193 (195ff.).

[94] Siehe dazu die Kritik bei *A. Benz*, ZSE 15 (2017), 395 (408f.).

[95] Die Verteilung der sonstigen Kosten richtet sich nach der allgemeinen Regelung des Art. 104a I GG.

[96] Art. 9 des Gesetzes zur Neuregelung des bundesstaatlichen Finanzausgleichssystems ab dem Jahr 2020 und zur Änderung haushaltsrechtlicher Vorschriften v. 14.8.2017 (BGBl. I S. 3122, 3138); dazu auch *M. Martini/C. Wiesner*, ZG 32 (2017), 193 (197ff.).

tungsleistungen weiterhin im Rahmen der Verwaltungszusammenarbeit vorangetrieben werden[97].

D. Verhältnis zu anderen GG-Bestimmungen

26 Art. 91c GG ist mit seinen Kooperationsformen ein weiteres Beispiel der Gemeinschaftsaufgaben, steht aber wegen seines eigenständigen Gehalts **selbständig neben Art. 91a und 91b GG**. Überschneidungen mit den anderen Gemeinschaftsaufgaben kann es allenfalls in Randbereichen geben, in diesem Fall ist Art. 91c GG allerdings die speziellere Regelung[98]. Eine Sperrwirkung entfaltet Art. 91c GG schon deswegen nicht, weil er keine Kooperationspflicht begründet[99]. Soweit sich Kooperationspflichten aus dem Grundsatz der Bundestreue oder konkreten Vereinbarungen nach Art. 91c I, II GG ergeben, begründen sie ebenfalls keine Sperrwirkung. Im übrigen enthält Art. 91c GG für den Bereich der IT-Zusammenarbeit Sonderregelungen zu **Art. 30, 83 ff. GG**, teilweise auch Abweichungen von **Art. 104a I GG**[100]. Allerdings gelten für Art. 91c IV 1 GG wiederum die allgemeinen Kostentragungsregeln des Art. 104a I GG, da der Bund insoweit mit der Verwaltungszuständigkeit auch die Finanzverantwortung übernommen hat. Bestehende Kompetenzen des Bundes aus Art. 84 I und 85 I GG bleiben von der Vorschrift unberührt[101].

---

[97] BT-Drs. 18/11131, S. 17.
[98] *Suerbaum* (Fn. 7), Art. 91c Rn. 8; *Seckelmann* (Fn. 9), Art. 91c Rn. 57.
[99] *Suerbaum* (Fn. 7), Art. 91c Rn. 8.
[100] Vgl. auch *Seckelmann* (Fn. 9), Art. 91c Rn. 6.
[101] Vgl. BT-Drs. 18/11131, S. 17.

Artikel 91d [Vergleichsstudien]

Bund und Länder können zur Feststellung und Förderung der Leistungsfähigkeit ihrer Verwaltungen Vergleichsstudien durchführen und die Ergebnisse veröffentlichen.

Literaturauswahl

Hammer, Thomas: Leistungsvergleiche im Bundesstaat und föderale Kompetenzverteilung. Zugleich eine Bestimmung von Anwendungsbereich und Regelungsgehalt des Art. 91d GG, in: DVBl. 2012, S. 525–532.

Seckelmann, Margrit: »Renaissance« der Gemeinschaftsaufgaben in der Föderalismusreform II? – Zu den Gemeinschaftsaufgaben und den Möglichkeiten kooperativen Handelns im Bundesstaat (insbesondere zu den Art. 91a und b GG n. F. sowie zur Aufnahme der Art. 91c und d in das Grundgesetz), in: DÖV 2009, S. 747–757.

Seckelmann, Margrit: Wettbewerb per Grundgesetz? Die Leistungsvergleiche nach Art. 91d GG, in: DVBl. 2010, S. 1284–1291.

Sichel, Christian: Informationstechnik und Benchmarking – Neue Gemeinschaftsaufgaben im Grundgesetz, in: DVBl. 2009, S. 1014–1021.

Thau, Alexander: Benchmarking in öffentlichen Verwaltungen, 2009.

Leitentscheidungen des Bundesverfassungsgerichts

Diese liegen zu Art. 91d GG bislang nicht vor.

Gliederung

Stichwörter

Benchmarking 2, 3 – Bundestreue 6 – föderativer Wettbewerb 3 – Kooperation 4, 6 – Modernisierung der Verwaltung 3 – parlamentarische Kontrollfunktion 3 – Vereinbarungen 5 – Vergleichsstudien 5.

A. Herkunft, Entstehung, Entwicklung

1 Art. 91d GG ist im Rahmen der **Föderalismusreform II** in das Grundgesetz eingefügt worden[1]. Der Vorschlag geht zurück auf die 2006 eingesetzte[2] Föderalismuskommission II, die in ihrem Abschlußbericht schon den entsprechenden Entwurf vorgelegt hat[3], der dann unverändert in den Gesetzesentwurf eingegangen[4] und auch im weiteren Beratungsverfahren nicht mehr modifiziert worden ist. Die Regelung war ursprünglich als Soll-Vorschrift konzipiert[5], aber schon im Abschlußbericht der Födera-

---

[1] 57. Gesetz zur Änderung des Grundgesetzes vom 29.7.2009 (BGBl. I S. 2248).

[2] BT-Drs. 16/3885. → Vorb. zu Art. 104a–115 Rn. 10.

[3] Kommissions-Drs. 174, S. 92f.

[4] BT-Drs. 16/12410; s. auch BR-Drs. 262/09.

[5] *J. Suerbaum*, in: Epping/Hillgruber, GG, Art. 91d Rn. 1.

lismuskommission II als Kann-Vorschrift ausgestaltet worden. Als Vorläufer und Vorbild der Regelung kann Art. 91b II GG gelten[6], der ein Zusammenwirken von Bund und Ländern aufgrund von Vereinbarungen zur Feststellung der Leistungsfähigkeit im Bildungswesen ermöglicht (→ Art. 91b Rn. 16).

B. Internationale, supranationale und rechtsvergleichende Bezüge

2 Internationale oder europäische Rechtsnormen enthalten keine Vorgaben für die in Art. 91d GG vorgesehenen Leistungsvergleiche und haben die Regelung auch nicht beeinflußt. Die Durchführung von Leistungsvergleichen geht aber weitgehend auf ausländische, namentlich **angelsächsische Vorbilder** zurück[7], wie auch der Ausdruck des Benchmarking, der sich hierfür auch in Deutschland eingebürgert hat, zeigt. Demgegenüber waren der deutschen Verwaltungstradition derartige Leistungsvergleiche weitgehend unbekannt[8].

C. Erläuterungen

I. Allgemeine Bedeutung und aktueller Befund

3 Art. 91d GG soll eine verfassungsrechtliche Grundlage für das Zusammenwirken von Bund und Ländern bei der Durchführung von als **Benchmarking** bezeichneten Leistungsvergleichen schaffen und auf diese Weise die Bereitschaft zu derartigen Leistungsvergleichen in Deutschland nachhaltig fördern[9]. Leistungsvergleiche sollen für einen kontinuierlichen **Prozeß der Verbesserung und Modernisierung** der Verwaltung sorgen, indem sie zunächst Leistungen, Qualität und Kosten transparent machen, dadurch einen Wettbewerb um innovative Lösungen in Gang setzen und letztendlich auf diese Weise Effektivität und Effizienz staatlichen Handelns steigern[10]. Faktisch soll durch die erhöhte Transparenz zugleich die parlamentarische Kontrollfunktion gestärkt werden[11]. Nach Auffassung des verfassungsändernden Gesetzgebers sind die Leistungsvergleiche ein wirksames Instrument der Leistungsverbesserung der Verwaltung[12]. Der Gedanke des **föderativen Wettbewerbs** und seiner leistungs- und demo-

---

[6] Vgl. BT-Drs. 16/12410, S. 2; *H.-G. Henneke*, Der Landkreis 2009, 117 (118); *M. Seckelmann*, DÖV 2009, 747 (754).

[7] Vgl. *M. Bowerman/A. Ball/G. Francis*, Financial Accountability & Management 17 (2001), 321ff. zum United Kingdom; ferner *H. Wollmann*, Leistungsmessung (»performance measurement«) in Politik und Verwaltung: Phasen, Typen und Ansätze im internationalen Überblick, in: S. Kuhlmann/J. Bogumil/H. Wollmann (Hrsg.), Leistungsmessung und -vergleich in Politik und Verwaltung. Konzepte und Praxis, 2004, S. 21 ff; *S. Kuhlmann*, Die Verwaltung 44 (2011), 155ff.

[8] Kommissions-Drs. 174, S. 92; BT-Drs. 16/12410, S. 8.

[9] BT-Drs. 16/12410, S. 8; es wird verstanden als »Nebeneinanderstellen von Leistungen, Strukturen, Prozessen und Ergebnissen der Verwaltungstätigkeit auf der Basis von vorab definierten Indikatoren und/oder Kennzahlen«. *U. Schliesky*, in: BK, Art. 91d (2013), Rn. 10; *M. Seckelmann*, in: Friauf/Höfling, GG, Art. 91d (2015), Rn. 15; *dies.*, DVBl. 2010, 1284 (1284f.); *T. Hammer*, DVBl. 2012, 525 (526); *S. Kuhlmann*, Die Verwaltung 44 (2011), 155 (156); vgl. ferner *V. Mehde*, Die Verwaltung 44 (2011), 179 (194f.).

[10] BT-Drs. 16/12410, S. 8; vgl. auch *T. Würtenberger*, HStR^3 VI, § 132 Rn. 10f.; zur (ökonomischen) Grundlegung, vgl. *A. Thau*, Benchmarking in öffentlichen Verwaltungen, 2009, S. 11ff. m. w. N.

[11] BT-Drs. 16/12410, S. 8.

[12] BT-Drs. 16/12410, S. 8; zurückhaltend *H.-G. Henneke*, Stellungnahme Anhörung Rechtsaus-

kratiesteigernden Wirkungen[13] bildet den Hintergrund und das Fundament des Benchmarking[14].

Ungeachtet möglicher positiver Auswirkungen eines Benchmarking für das staatliche Handeln ist die **Aufnahme der Vorschrift in das Grundgesetz nicht gerechtfertigt**[15]. 4
Art. 91d GG schreibt die Durchführung von Leistungsvergleichen nicht zwingend vor, sondern beschränkt sich auf die bloße Eröffnung der Möglichkeit mit dem Argument, daß nur eine freiwillige Teilnahme ihre Akzeptanz sichert[16], während ansonsten die Freiwilligkeit vielfach als Effektivitätshemmnis betrachtet wird[17]. Eine freiwillige Kooperation im Bereich von Leistungsvergleichen bedurfte aber keiner verfassungsrechtlichen Regelung, da der Bund im Gegensatz zu Art. 91b GG nicht in einem ausschließlich den Ländern vorbehaltenen Kompetenzbereich tätig wird[18]. Allein aufgrund ihrer Eigenstaatlichkeit und ihrer Verwaltungskompetenzen könnten Bund und Länder hier ohne Weiteres zusammenarbeiten, zumal an die Kooperationen keine unmittelbaren Rechtsfolgen gebunden sind. Das einzig verbleibende Argument, daß die Aufnahme in das Grundgesetz »die Bereitschaft zu Leistungsvergleichen in Deutschland nachhaltig fördern« werde[19], schafft zwar Anreize zu politischem Verhalten, rechtfertigt es aber trotz aller damit verbundenen Signalwirkung nicht, eine Norm in die Verfassung zu inkorporieren.

II. Zusammenarbeit von Bund und Ländern bei der Durchführung von Leistungsvergleichen

Art. 91d GG sieht lapidar vor, daß Bund und Länder zum Zweck der Feststellung und 5
Förderung ihrer Verwaltung **Vergleichsstudien durchführen** und ihre **Ergebnisse veröffentlichen** können[20]. In der Norm selbst ist von einem Zusammenwirken im Sinn einer Gemeinschaftsaufgabe gar nicht explizit die Rede, letztlich wird es von der Norm und von dem verfassungsändernden Gesetzgeber aber vorausgesetzt, der explizit eine Grundlage für das »Zusammenwirken von Bund und Ländern« schaffen wollte[21]. Einseitige Maßnahmen des Bundes sind davon nicht gedeckt[22]. Ebenfalls ohne daß dies – anders als in Art. 91c GG – unmittelbar in der Vorschrift Ausdruck findet, geht die Gesetzesbegründung davon aus, daß Bund und Länder über die Einzelheiten

---

schuß des BT v. 4.5.2009, S. 11f. für den Kommunalbereich; ebenso *S. Kuhlmann*, VerwArch. 94 (2003), 99ff.; positiv auch BVerfGE 131, 152 (224f., Rn. 157).

[13] Zum Wettbewerbsföderalismus vgl. hier nur *M. Nettesheim*, Wettbewerbsföderalismus und Grundgesetz, in: FS Badura, 2004, S. 363ff. → Art. 20 (Bundesstaat), Rn. 34.

[14] Vgl. auch BT-Drs. 16/12410, S. 8; *Suerbaum* (Fn. 5), Art. 91d Rn. 2; *M. Seckelmann*, DÖV 2009, 747 (754); *dies.*, DVBl. 2010, 1284 (1284f.).

[15] Allgemeine Auffassung inzwischen *C. Gröpl*, in: Maunz/Dürig, GG, Art. 91d (2013), Rn. 2; *U. Mager*, in: v. Münch/Kunig, GG II, Art. 91d Rn. 2, 4; *Suerbaum* (Fn. 5), Art. 91d Rn. 8f.; *C. Sichel*, DVBl. 2009, 1014 (1019): rein deklaratorisch; positiver dagegen *M. Seckelmann* (Fn. 9), Art. 91d Rn. 6.

[16] *I. Kemmler*, DÖV 2009, 549 (550f. m.w.N.).

[17] *Suerbaum* (Fn. 5), Art. 91d Rn. 7.

[18] Vgl. auch *P.M. Huber*, Stellungnahme Sachverständigenanhörung Rechtsausschuß des BT v. 4.5.2009, S. 11; *Suerbaum* (Fn. 5), Art. 91d Rn. 8.

[19] BT-Drs. 16/12410, S. 8.

[20] Zur Veröffentlichung näher *Seckelmann* (Fn. 9), Art. 91d Rn. 25ff.; *Schliesky* (Fn. 9), Art. 91d Rn. 28.

[21] BT-Drs. 16/12410, S. 10.

[22] *Schliesky* (Fn. 9), Art. 91d Rn. 16.

der Durchführung von Leistungsvergleichen **Vereinbarungen** auch über die Kostenverteilung[23] schließen können. Darin sollen vor allem »die generelle oder einzelfallbezogene Beauftragung einer durch Kompetenz und Unabhängigkeit ausgewiesenen Einrichtung mit der Durchführung von Leistungsvergleichen, die Bestimmung des Gegenstands und der Methoden der Vergleichsstudien, die teilnehmenden Verwaltungen, die Art und Weise der Veröffentlichung der Ergebnisse und die Kostentragung geregelt« werden[24]. 2010 hat sich die Innenministerkonferenz auf ein Grundkonzept geeinigt[25]. Die Abschlußkompetenz für Staatsverträge, Verwaltungsabkommen oder auch informelle Absprachen[26], was insoweit offen bleibt, ergibt sich aus der Eigenstaatlichkeit der beteiligten Gebietskörperschaften, da Art. 91d GG dazu gerade nichts sagt. Das bestätigt noch einmal die Überflüssigkeit der Verfassungsnorm.

6 Leistungsvergleiche gemäß Art. 91d GG können innerhalb der Bundesverwaltung, zwischen Landesverwaltungen und ihren einzelnen Behörden sowie zwischen der Bundesverwaltung und den Landesverwaltungen auch bezüglich einzelner Behörden vorgenommen werden, was sich aus der Formulierung »Bund und Länder« ergibt[27]. Nach dem eindeutigen Wortlaut der Norm und dem klar geäußerten Willen des verfassungsändernden Gesetzgebers[28] wird dadurch lediglich eine **freiwillige Kooperationsmöglichkeit** eröffnet, was die Eigenstaatlichkeit und politischen Gestaltungsräume von Bund und Ländern stärken soll. Eine Pflicht zur Zusammenarbeit bei Vergleichsstudien oder zum Abschluß von Vereinbarungen resultiert daraus nicht[29] und läßt sich auch kaum mit dem Grundsatz der Bundestreue begründen. Außerdem bleibt selbstverständlich die Entscheidung darüber, ob und welche Folgerungen aus den Ergebnissen der Leistungsvergleiche gezogen werden müssen, allein der Entscheidung der (beteiligten) Kompetenzträger vorbehalten[30].

D. Verhältnis zu anderen GG-Bestimmungen

7 Art. 91d GG läßt die grundsätzliche Zuständigkeitsverteilung im Bereich der Verwaltung gemäß **Art. 30, 83ff. GG unberührt**[31]. Gesetzgebungskompetenzen sind ohnehin nicht tangiert. Angesichts der bloß informellen Kooperationsmöglichkeiten gibt es kaum denkbare Kollisionsfälle. Allerdings ist Art. 91b II GG lex specialis zu Art. 91d GG, da die Norm sachlich spezifische Leistungsvergleiche vorsieht. Art. 91d stellt im Übrigen eine Ausnahme von **Art. 104a I GG** dar[32].

---

[23] Vgl. *Schliesky* (Fn. 9), Art. 91d Rn. 26.
[24] BT-Drs. 16/12410, S. 10.
[25] Innenministerkonferenz, Konzept vom 9.7.2010 zur Durchführung von Leistungsvergleichen in der öffentlichen Verwaltung; vgl. danach auch *B. Adamschek/V. Kröning/R. Trimmer*, Leistungsvergleiche nach Art. 91d GG, 2011.
[26] Vgl. auch *Henneke*, Stellungnahme (Fn. 12), S. 11; *Seckelmann* (Fn. 9), Art. 91d Rn. 22.
[27] *Suerbaum* (Fn. 5), Art. 91d Rn. 5.
[28] BT-Drs. 16/12410, S. 8, 10.
[29] *Suerbaum* (Fn. 5), Art. 91d Rn. 6; vgl. auch *Schliesky* (Fn. 9), Art. 91d Rn. 18.
[30] *Suerbaum* (Fn. 5), Art. 91d Rn. 6.
[31] *Suerbaum* (Fn. 5), Art. 91d Rn. 3.
[32] *T. Hammer*, DVBl. 2012, 525 (531f.).

Artikel 91e [Arbeitsagenturen, Optionskommunen]

(1) Bei der Ausführung von Bundesgesetzen auf dem Gebiet der Grundsicherung für Arbeitsuchende wirken Bund und Länder oder die nach Landesrecht zuständigen Gemeinden und Gemeindeverbände in der Regel in gemeinsamen Einrichtungen zusammen.

(2) [1]Der Bund kann zulassen, dass eine begrenzte Anzahl von Gemeinden und Gemeindeverbänden auf ihren Antrag und mit Zustimmung der obersten Landesbehörde die Aufgaben nach Absatz 1 allein wahrnimmt. [2]Die notwendigen Ausgaben einschließlich der Verwaltungsausgaben trägt der Bund, soweit die Aufgaben bei einer Ausführung von Gesetzen nach Absatz 1 vom Bund wahrzunehmen sind.

(3) Das Nähere regelt ein Bundesgesetz, das der Zustimmung des Bundesrates bedarf.

Literaturauswahl

Bruttel, Oliver: Die Privatisierung der öffentlichen Arbeitsvermittlung: Australien, Niederlande und Großbritannien. Ein Vergleich aus neo-institutionenökonomischer Perspektive, 2005.

Cornils, Matthias: Verbotene Mischverwaltung. Zur Kontur des Verfassungsgrundsatzes föderal getrennter Verwaltungsräume vor dem Hintergrund der jüngsten Rechtsprechung des Bundesverfassungsgerichts, in: ZG 23 (2008), S. 184–206.

Dreier, Horst: Verfassungsänderung, leicht gemacht, in: ZSE 6 (2008), S. 399–407.

Frick, Frank (Hrsg.): Arbeitsvermittlung im Wandel – Erfahrungen aus 15 Ländern im Vergleich, 2002.

Gusy, Christoph/Worms, Christoph: Von der ARGE zum kooperativen Jobcenter – Verfassungsrechtlich zulässige Verwaltungskooperation am Gesetzgeber vorbei, in: RuP 44 (2008), S. 146–151.

Hänlein, Andreas/Tennstedt, Florian: Geschichte des Sozialrechts, in: Bernd Baron v. Maydell/Franz Ruland/Ulrich Becker (Hrsg.), Sozialrechtshandbuch, 4. Aufl. 2008, § 2, S. 54–99.

Henneke, Hans-Günter: Hat das BVerfG die Trägerschaft im SGB II durch die Bundesagentur einerseits und die Kommunen andererseits bestätigt?, in: Der Landkreis 2008, S. 167–171.

Henneke, Hans-Günter: Stellung der SGB II-Optionskommunen im bundesstaatlichen Gefüge, in: DÖV 2012, S. 165–176.

Hesse, Joachim Jens: Evaluation der Aufgabenträgerschaft nach dem SGB II. Dritter Zwischenbericht. Untersuchung im Auftrag des Deutschen Landkreistages, 2007.

Huber, Peter M.: Das Verbot der Mischverwaltung – de constitutione lata et ferenda, in: DÖV 2008, S. 844–851.

Korioth, Stefan: Leistungsträgerschaft und Kostentragung bei der Grundsicherung für Arbeitssuchende (SGB II) – Aufgabenwahrnehmung aus »einer Hand« zwischen reformiertem Grundgesetz und Bundesverfassungsgericht, in: DVBl. 2008, S. 812–821.

Küchenhoff, Benjamin: Die verfassungsrechtlichen Grenzen der Mischverwaltung, 2010.

Mempel, Markus: Quo vadis, Hartz IV? Handlungsoptionen nach dem Urteil des Bundesverfassungsgerichts zur SGB II-Organisation vom 20. Dezember 2007, in: Archiv für Wissenschaft und Praxis der sozialen Arbeit (ArchsozArb) 39 (2008), S. 114–125.

Meyer, Hubert: Das SGB II als Ernstfall des Föderalismus, in: NVwZ 2008, S. 275–278.

v. Mutius, Albert/v. Mutius, Felicitas: Grundsicherung für Arbeitssuchende unter einem Dach – Zur Neustrukturierung der SGB II-Verwaltung ohne Grundgesetzänderung, in: KommJur 2008, S. 201–207.

Nakielski, Hans: Bleiben Hartz-IV-Berechtigte auf der Strecke? – Die Neuorganisation der Grundsicherungs-Verwaltung, in: SozSich 2010, S. 165–173.

Pitschas, Rainer: Die Zukunft der sozialen Sicherungssysteme, VVDStRL 64 (2005), S. 109–138.

Schnapp, Friedrich E.: Mischverwaltung im Bundesstaat nach der Föderalismusreform, in: JURA 2008, S. 241–244.

Schulz, Sönke E.: Kooperationsmodelle zur Umsetzung des Einheitlichen Ansprechpartners als unzulässige Mischverwaltung?, in: DÖV 2008, S. 1028–1036.

Schwendy, Arnd: Die Zukunft von Hartz IV – Chance zur Stärkung der Kommunalpolitik, in: Theorie und Praxis der sozialen Arbeit (TuP) 2008, S. 204–211.

Sell, Stefan: Modernisierung und Professionalisierung der Arbeitsvermittlung. Strategien, Konzepte und Modelle unter Berücksichtigung internationaler Erfahrungen. Gutachten der Friedrich-Ebert-Stiftung, 2006.
Ullrich, Franziska: Die Neuorganisation im Bereich des SGB II – Auswirkungen auf die Zusammenarbeit von Bund, Ländern und Kommunen, 2012.
Wahrendorf, Volker/Karmanski, Carsten: Koordination statt Kooperation – zu neuen Organisationsstrukturen im SGB II nach dem Urteil des Bundesverfassungsgerichts vom 20. Dezember 2007, in: NZS 2008, S. 281–285.
Wenner, Ulrich: Nach dem Bundesverfassungsgerichtsurteil zu den ARGEn im SGB II – Perspektiven für die Organisation der Grundsicherung, in: SozSich 2008, S. 34–36.
Wieland, Joachim: Verfassungsrechtliche Rahmenbedingungen für die Organisation des Vollzugs des SGB II, in: Der Landkreis 2009, S. 556–559.
Winkler, Daniela: Die Umsetzung von Hartz IV als Herausforderung an das Organisationsrecht, in: VerwArch. 99 (2008), S. 509–537.
Worms, Christoph: Verwaltung der Grundsicherung für Arbeitsuchende. Aufgabenzuständigkeit und Verwaltungsverantwortung nach dem Grundgesetz und dem SGB II, 2012.

Siehe auch die Angaben zu Art. 28, 84 und 87 GG.

Leitentscheidungen des Bundesverfassungsgerichts

BVerfGE 119, 331 (331ff., Rn. 1ff.; 352ff., Rn. 113ff.; 361ff., Rn. 144ff.) – Hartz IV-Arbeitsgemeinschaften; 137, 108 (141ff., Rn. 76ff.) – Optionskommunen.

Gliederung

Rn.

Stichwörter

A. Herkunft, Entstehung, Entwicklung

I. Sozialhilfe und Arbeitslosenhilfe

1 Aus historischer Perspektive stellt sich Art. 91e GG als Station einer Entwicklung dar, in deren Verlauf zwei Formen sozialer Sicherung unterschiedlichen Ursprungs zusammengeführt wurden. Bis zu dieser Zusammenführung durch das Vierte Gesetz für moderne Dienstleistungen am Arbeitsmarkt[1] (»Hartz IV«) bestanden parallel **zwei staatliche soziale Transfersysteme** im Bereich der Grundsicherung für Arbeitsuchende – die Arbeitslosenhilfe und die Sozialhilfe für Erwerbsfähige.

2 Die **Sozialhilfe** hat ihre Ursprünge in der mittelalterlichen Armen- und Krankenfürsorge[2]. War diese Fürsorge zunächst noch kirchlich, so wurde sie im Laufe der Frühmoderne zunehmend zur säkularen Staatsaufgabe[3]. Wo keine besonderen Fonds oder sonstigen Mittel zur Verfügung standen, war die Ernährung der eigenen Gemeindemitglieder kommunale Aufgabe[4]. Dem Staat kam jedoch eine subsidiäre Rolle für diejenigen Armen zu, die nicht Bürger einer Gemeinde waren; fremde Arme wurden über die Landesgrenze abgeschoben[5]. Der Grundsatz der kommunalen Verantwortung für die Armenfürsorge wurde in Preußen erneut 1842 gesetzlich verankert[6] – jedoch mit einer bedeutsamen Modifikation: Im Zuge der Industrialisierung zogen viele Landbewohner aus oftmals verarmten Gegenden auch über Landesgrenzen hinweg in die industriellen Zentren. Eine Rückabschiebung als Maßnahme der Armutsbekämpfung im Landesgebiet erschien wenig sinnvoll[7]. Gleichzeitig dominierte eine polizeiliche Sichtweise, die wegen der Gefahr von Kriminalität und Störung der öffentlichen Ordnung durch Mittellose die Gewährung nötigster Hilfe empfahl[8]. So trat als Anknüpfungspunkt für die Versorgung an die Stelle des Heimatprinzips der Unterstützungswohnsitz. Dieses Prinzip wurde 1870 auf den Norddeutschen Bund und bis 1913 auch auf die übrigen Länder des Reiches ausgedehnt[9]. Trotz solcher partieller reichseinheitlicher Regelungen blieb die öffentliche Fürsorge Aufgabe der Kommunen und Länder, an einer einheitlichen Kodifikation des Sozialrechts fehlte es[10]. Mit dem Aufkommen »gehobener Fürsorge« als Unterstützungsform, die, ausgehend vom Ge-

---

[1] Vom 24.12.2003, BGBl. I S. 2954.

[2] *M. Stolleis*, Geschichte des Sozialrechts in Deutschland, 2003, S. 13ff.; *W. Rüfner*, HStR³ IV, § 96 Rn. 120ff.

[3] So findet sich im Allgemeinen Preußischen Landrecht (1794) die Armenversorgung – insbesondere deren Ernährung – als allgemeine staatliche Aufgabe (ALR II, 19, § 1). Vgl. auch *W. Rüfner*, HStR³ IV, § 96 Rn. 121.

[4] Vgl. für Preußen ALR II, 19, §§ 10ff.

[5] *Stolleis*, Geschichte (Fn. 2), S. 24.

[6] Preußisches Gesetz über die Verpflichtung zur Armenpflege vom 31.12.1842, PrGS. 1843, S. 8.

[7] *Stolleis*, Geschichte (Fn. 2), S. 27.

[8] *W. Rüfner*, HStR³ IV, § 96 Rn. 121.

[9] *Stolleis*, Geschichte (Fn. 2), S. 27.

[10] *Stolleis*, Geschichte (Fn. 2), S. 128, 130ff.

danken des Sonderopfers, nicht mit dem Stigma der Armenunterstützung behaftet sein sollte[11], wurden die Zeit des Ersten Weltkriegs und die entstandenen Nöte der Nachkriegszeit zu einer wesentlichen Etappe der Sozialstaatsentwicklung[12]. Zugleich wurde die althergebrachte öffentliche Fürsorge zum – wenn auch unverzichtbaren – Subsidiärsystem im nun immer stärker verzahnten System der Sozialleistungen[13]. Im Rahmen dieser Verzahnung wurde 1924 erstmals der Kernbereich der Fürsorge, insbesondere die Trägerschaft, reichseinheitlich geregelt[14]. Zwar blieb die Ausgestaltung der einzelnen Berechtigungstatbestände, der Ziele und des Modus der Erbringung weiterhin den Ländern überlassen, es wurden jedoch vom Reich »Grundsätze« zur Ausgestaltung verabschiedet[15]. Diese Regeln blieben zunächst auch in der Nachkriegszeit in Kraft. In dieser Zeit wurde durch die Rechtsprechung, gestützt auf das noch junge Grundgesetz, anerkannt, daß der Bedürftige ein subjektiv-öffentliches Recht auf die gesetzlichen Fürsorgeleistungen hat – einen »öffentlich-rechtlichen Anspruch« auf Fürsorge[16]. Dieser Anspruch wurde 1961 im – das mittlerweile unübersichtlich gewordene Fürsorgerecht zusammenfassenden – Bundessozialhilfegesetz[17] (BSHG) mitkodifiziert. Dieses Gesetz führte den Begriff der »Sozialhilfe« ein, die dem Menschen im Wege der Hilfe zur Selbsthilfe eine der Würde des Menschen angemessene eigenverantwortliche Lebensführung ermöglichen sollte[18]. 1976 schließlich wurde die Sozialhilfe in das System der sozialen Rechte des Sozialgesetzbuches eingegliedert (§ 9 SGB I).

3 Die **Arbeitslosenhilfe** ist ein sehr viel jüngeres Institut als die Sozialhilfe. Vor dem Ersten Weltkrieg gab es zwar bereits einzelne Initiativen zur Unterstützung von Arbeitslosen, das Problem wurde jedoch nicht für so dringlich erachtet, daß man bereit gewesen wäre, gegen den Widerstand der Privatwirtschaft gesetzliche Regelungen zu treffen[19]. Nach dem Kriegsausbruch 1914 galt es jedoch, den durch kriegsbedingte Erwerbslosigkeit entstandenen innenpolitischen Druck zu verringern[20]. Zu diesem Zweck wurde noch 1914 eine durch Reichszuschüsse gestützte kommunale Erwerbslosenfürsorge eingerichtet – als »gehobene Fürsorge« im oben genannten Sinne. Nach Kriegsende blieb ein Provisorium bestehen[21], bis 1927 schließlich mit dem Gesetz über Arbeitsvermittlung und Arbeitslosenversicherung (AVAVG)[22] ein an der bestehenden Rentenversicherung orientiertes, reichseinheitliches (Sozial-)Versicherungssystem eingeführt wurde[23]. Träger war die Reichsanstalt für Arbeitsvermittlung und Arbeitslosenversicherung (§ 1 I AVAVG), es wurden Arbeitsämter und Landesarbeits-

[11] *Stolleis*, Geschichte (Fn. 2), S. 127.
[12] *A. Hänlein/F. Tennstedt*, Geschichte des Sozialrechts, in: B. von Maydell/F. Ruland/U. Becker (Hrsg.), Sozialrechtshandbuch, 4. Aufl. 2008, § 2 Rn. 19.
[13] *Stolleis*, Geschichte (Fn. 2), S. 131.
[14] Verordnung über die Fürsorgepflicht (Reichsfürsorgepflichtverordnung) vom 13.2.1924, RGBl. I S. 100.
[15] Reichsgrundsätze über Voraussetzung, Art und Maß der öffentlichen Fürsorge vom 4.12.1924, RGBl. I S. 765.
[16] BVerwGE 1, 159; hierzu *Hänlein/Tennstedt* (Fn. 12), § 2 Rn. 74; *W. Rüfner*, HStR³ IV, § 96 Rn. 122.
[17] Vom 30.6.1961, BGBl. I S. 815.
[18] *Stolleis*, Geschichte (Fn. 2), S. 220 f.
[19] *Stolleis*, Geschichte (Fn. 2), S. 112 f., 160.
[20] *Stolleis*, Geschichte (Fn. 2), S. 113, 161.
[21] Vgl. z.B. die Verordnung über die Erwerbslosenfürsorge vom 13.11.1918, RGBl. I S. 1305.
[22] Vom 16.7.1927, RGBl. I S. 187.
[23] *Hänlein/Tennstedt* (Fn. 12), § 2 Rn. 31.

ämter eingerichtet. Gem. § 87 AVAVG hatten Versicherte (§ 69 AVAVG) für bis zu 26 Wochen (§ 99 I 1 AVAVG) einen Anspruch auf Arbeitslosenunterstützung. Falls der Versicherte nach Ablauf dieses halben Jahres noch keine neue Erwerbsmöglichkeit gefunden hatte, so sollte er noch nicht sofort dem allgemeinen System der öffentlichen Fürsorge unterfallen. Deshalb schloß sich an die Arbeitslosenunterstützung eine Krisenfürsorge für ein weiteres halbes Jahr an. Diese Zweiteilung in Arbeitslosenunterstützung und Krisenfürsorge bildet den Ausgangspunkt für die spätere Unterscheidung zwischen Arbeitslosengeld und bedürftigkeitsabhängiger Arbeitslosenhilfe. Insbesondere die Zwischenstellung der Krisenfürsorge und der späteren Arbeitslosenhilfe zwischen Versicherungsschutz und allgemeiner Fürsorge tritt hier deutlich zutage. Nach Kriegsende nahm 1952 die Bundesanstalt für Arbeitsvermittlung und Arbeitslosenversicherung zunächst auf der Basis des Gesetzes von 1927 ihre Arbeit auf[24]. 1956 wurde die (nun so genannte) Arbeitslosenhilfe neu einheitlich geregelt[25], aufgrund sinkender Arbeitslosenzahlen blieben weitergehende Reformen jedoch aus. Im Arbeitsförderungsgesetz (AFG) von 1969[26] wurde die Trennung zwischen Arbeitslosengeld (§§ 100 ff.) und Arbeitslosenhilfe (§§ 134 ff.) beibehalten und hielt so auch Einzug ins SGB III (§§ 190 ff. SGB III a. F.)[27].

II. Viertes Gesetz für moderne Dienstleistungen am Arbeitsmarkt

Die Entstehungsgeschichte von Art. 91e GG beginnt im Jahr 2003 mit dem »Zukunftsprogramm **Agenda 2010**« der rot-grünen Regierungskoalition[28]. Im Rahmen dieses Programms legten die Bundesregierung und die sie tragenden Bundestagsfraktionen gleichlautende Entwürfe eines Gesetzes für moderne Dienstleistungen am Arbeitsmarkt vor[29]. Anliegen des Vorhabens war im Kern, die Arbeitslosen- und die Sozialhilfe zu einer einheitlichen Leistung, der **Grundsicherung für Arbeitsuchende**, zusammenzuführen. Das Nebeneinander zweier staatlicher Fürsorgesysteme wurde als »ineffizient, intransparent und wenig bürgerfreundlich« eingestuft[30]. Geplant war eine Zuständigkeit der Bundesagentur für Arbeit für das Erbringen der Leistungen. Damit sollten die Verwaltungsleistungen der Hilfe bei der Arbeitsuche und der Anspruchsprüfung und -gewährung unter einem Dach gebündelt werden. Die Aufwendungen für die Grundsicherung für Arbeitsuchende sollte der Bund tragen[31]. Die finanzielle Entlastung der Kommunen war ausdrückliches Ziel des Gesetzentwurfs[32]. 4

Das hiernach mit Zustimmung des Bundesrates nach einem Vermittlungsverfahren beschlossene **Vierte Gesetz für moderne Dienstleistungen am Arbeitsmarkt** vom 24.12.2003[33] sah als Leistungen der Grundsicherung für Arbeitsuchende Leistungen 5

---

[24] *Stolleis*, Geschichte (Fn. 2), S. 300.

[25] Gesetz zur Änderung und Ergänzung des Gesetzes über Arbeitsvermittlung und Arbeitslosenversicherung vom 16.4.1956, BGBl. I S. 243.

[26] Arbeitsförderungsgesetz vom 25.6.1969, BGBl. I S. 582. Weiter dazu *Hänlein/Tennstedt* (Fn. 12), § 2 Rn. 73 ff.

[27] Hierzu und zur weiteren Entwicklung *Hänlein/Tennstedt* (Fn. 12), § 2 Rn. 104 ff.

[28] Siehe die Darstellung der Hintergründe in BVerfGE 119, 331 (332 ff., Rn. 2 ff.); *Hänlein/Tennstedt* (Fn. 12), § 2 Rn. 105; *J. Suerbaum*, in: BK, Art. 91e (2017), Rn. 4 ff.

[29] BT-Drs. 15/1516, BT-Drs. 15/1638.

[30] BT-Drs. 15/1516, S. 1.

[31] Sein Anteil am Umsatzsteueraufkommen sollte dafür steigen; s. BT-Drs. 15/1516, S. 33 f.

[32] BT-Drs. 15/1516, S. 41.

[33] BGBl. I S. 2954.

zur Eingliederung in Arbeit sowie Leistungen zur Sicherung des Lebensunterhalts vor. Zuständig waren »die Agenturen für Arbeit und die sonstigen Dienststellen der Bundesagentur für Arbeit, sowie die kreisfreien Städte und Kreise, soweit durch Landesrecht nicht andere Träger bestimmt sind«. Als Träger der Grundsicherung für Arbeitsuchende wurden in § 6 SGB II (a. F.) einerseits die Bundesagentur für Arbeit und andererseits die kreisfreien Städte und Kreise für eine Reihe näher spezifizierter Leistungen bestimmt.

6 Die Frage der **Zuständigkeit für die Grundsicherung** für Arbeitsuchende gehörte zu den umstrittenen Fragen des Gesetzesvorhabens. Die Opposition im Bundestag hielt die Kommunen und nicht die Bundesagentur für Arbeit für die geeigneten Träger der Betreuung von Arbeitslosen und der Arbeitsvermittlung[34]. Da sich der Bundesrat dieser Auffassung anschloß[35], kam es zu einem Vermittlungsverfahren, als dessen Ergebnis der Vermittlungsausschuß eine Änderung der Regelungen über die Zuständigkeit empfahl[36]: die Kreise und kreisfreien Städte sollten für einzelne der Leistungen zuständig sein (Betreuung von Kindern, Pflege von Angehörigen, psychosoziale Betreuung, Schuldnerberatung, Suchtberatung, Leistungen für Unterkunft und Heizung, Leistungen für Erstausstattungen für die Wohnung und für Bekleidung sowie für mehrtägige Klassenfahrten), während für die übrigen Leistungen die Bundesagentur zuständig bleiben sollte. Damit die Verwaltung dieser zwei Gruppen von Leistungen dennoch aus einer Hand erfolgen konnte, sah der Vermittlungsvorschlag die Bildung von Arbeitsgemeinschaften (ARGE) aus den Agenturen für Arbeit und den kommunalen Trägern vor[37]. Gegenstand der Diskussion war von Beginn an allerdings auch die Option einer alleinigen kommunalen Trägerschaft der Aufgaben nach dem SGB II, also ein möglicher Verzicht auf die Arbeitsgemeinschaften zugunsten der Alleinzuständigkeit der Kreise oder kreisfreien Städte. Da über diese Option im Vermittlungsverfahren keine Einigung erzielt werden konnte, blieb sie einem gesonderten Gesetzesvorhaben vorbehalten. Mit dem Gesetz zur optionalen Trägerschaft von Kommunen nach dem Zweiten Buch Sozialgesetzbuch (**Kommunales Optionsgesetz**) vom 30.7.2004[38], das ebenfalls erst nach einem Vermittlungsverfahren mit Zustimmung des Bundesrates zustande gekommen war, wurde die Option kommunaler Alleinträgerschaft näher ausgestaltet. Während das SGB II in dieser Frage grundsätzlich von einem Trennungsmodell ausging, bestand eine Option für ein Einheitsträgermodell, die im Gesetz als »**Experimentierklausel**« bezeichnet wurde. Danach konnten zunächst entsprechend Länderkontingenten, die sich aus der Stimmverteilung im Bundesrat ergeben, 69 im einzelnen durch Rechtsverordnung zugelassene kommunale Träger – sog. »**Optionskommunen**« – die gesamten Aufgaben an Stelle der Agenturen für Arbeit übernehmen[39], sofern sie besondere Einrichtungen zur Aufgabenerfüllung

[34] BT-Drs. 15/1749, S. 19.
[35] Zu den Gegenentwürfen aus der Mitte des Bundestages und entsprechenden Bundesratsentwürfen siehe die Einzelheiten in BVerfGE 119, 331 (333, Rn. 5).
[36] BT-Drs. 15/2259.
[37] Entsprechend wurden durch den Vermittlungsausschuß auch die Regeln der finanziellen Lastenverteilung zwischen Bund und Ländern geändert; Einzelheiten dazu bei BVerfGE 119, 331 (334, Rn. 7).
[38] BGBl. I S. 2014.
[39] Kommunalträger-Zulassungsverordnung vom 24.9.2004, BGBl. I S. 2349 mit der Benennung der 69 zugelassenen kommunalen Träger im Anhang.

errichteten und an einer bundesministerial gesteuerten Evaluation/Wirkungsforschung teilnahmen[40].

III. Die Entscheidung des Bundesverfassungsgerichts vom 20.12.2007

Der Entscheidung des Bundesverfassungsgerichts vom 20.12.2007[41] gingen die Beschwerden mehrerer Kreise und Landkreise voraus, die sich in zwei Verfahren gegen die gesetzliche Zuweisung einer Zuständigkeit für einzelne Leistungen der Grundsicherung für Arbeitsuchende (»Hartz IV«) ohne gleichzeitigen vollständigen Ausgleich der sich daraus ergebenden finanziellen Mehrbelastung (2 BvR 2433/04) sowie gegen die Verpflichtung, Arbeitsgemeinschaften mit der Bundesagentur für Arbeit zu bilden (2 BvR 2434/04), richteten. Während die Beschwerde gegen die Zuweisung der Zuständigkeit erfolglos blieb[42], hat das Bundesverfassungsgericht die Pflicht der Kreise zur Aufgabenübertragung auf die Arbeitsgemeinschaften und die gemeinsame Aufgabenwahrnehmung in den Arbeitsgemeinschaften für unvereinbar mit Art. 28 II GG in Verbindung mit Art. 83 GG erklärt[43]. Neben der Garantie der kommunalen Selbstverwaltung in **Art. 28 II GG** in ihrer Ausprägung als »Recht zur eigenverantwortlichen Führung der Geschäfte«[44] zieht das Gericht dabei die Grenzen heran, die das Grundgesetz in **Art. 83 ff. GG** einem zulässigen Zusammenwirken von Bundes- und Landesbehörden zieht. Seien diese Grenzen überschritten, führe dies gleichzeitig zu einer Verletzung der kommunalen Selbstverwaltungsgarantie in ihrer Ausprägung als Garantie eigenverantwortlicher Aufgabenwahrnehmung im Sinne des Art. 28 II GG[45]. Das Grundgesetz schließe – von begrenzten Ausnahmen abgesehen – eine »sogenannte **Mischverwaltung**« (→ Art. 83 Rn. 47 ff.) aus[46]. 7

Als wichtige Ausformung des bundesstaatlichen Prinzips diene die Kompetenzaufteilung nach Art. 83 GG dazu, die Länder und die ihnen zuzurechnenden Kommunen vor einem Eindringen des Bundes in den ihnen vorbehaltenen Bereich der Verwaltung zu schützen[47]. Der Grundsatz **eigenverantwortlicher Aufgabenwahrnehmung** – also der Wahrnehmung von Aufgaben durch eigene Verwaltungseinrichtungen mit eigenem Personal, eigenen Sachmitteln und eigener Organisation – wird mehrfach hervorgehoben[48]. Daraus, daß die Verwaltung des Bundes und die Verwaltung der Länder, »organisatorisch und funktionell im Sinne von in sich geschlossenen Einheiten prinzipiell voneinander getrennt« sind[49], schließt das Bundesverfassungsgericht, daß **Mitplanungs-, Mitverwaltungs- und Mitentscheidungsbefugnisse** gleich welcher Art im Aufgabenbereich der Länder, wenn die Verfassung dem Bund entsprechende Sachkompetenzen nicht übertragen hat, durch das Grundgesetz **ausgeschlossen** sind[50]. 8

[40] *J. J. Hesse*, Evaluation der Aufgabenträgerschaft nach dem SGB II, 2007.
[41] BVerfGE 119, 331.
[42] BVerfGE 119, 331 (352, Rn. 113).
[43] BVerfGE 119, 331 (361 ff., Rn. 144 ff.).
[44] BVerfGE 119, 331 (362, Rn. 146).
[45] BVerfGE 119, 331 (364, Rn. 150).
[46] BVerfGE 119, 331 (365, Rn. 153).
[47] BVerfGE 119, 331 (364, Rn. 151) mit Verweis auf BVerfGE 108, 169 (181 f., Rn. 47).
[48] BVerfGE 119, 331 (364, Rn. 151; 367, Rn. 159).
[49] BVerfGE 119, 331 (364, Rn. 152) mit Verweis auf BVerfGE 108, 169 (182, Rn. 48).
[50] BVerfGE 119, 331 (365, Rn. 153) m. w. N.

9 Das in diesem Sinne verstandene bundesstaatliche **Verbot der Mischverwaltung** fundiert das Gericht auch rechtsstaatlich und demokratisch[51]: Aus der Sicht des Bürgers bedeute **rechtsstaatliche Verwaltungsorganisation** zu allererst Klarheit der Kompetenzordnung. Denn nur so werde die Verwaltung in ihren Zuständigkeiten und Verantwortlichkeiten für den Einzelnen »greifbar«[52]. Hinzu tritt die notwendige **Verantwortungsklarheit**, die eine klare Zurechnung staatlichen Handelns einfordere, angesichts der personellen Verflechtung bei der Aufgabenwahrnehmung aber verhindert werde[53]. An der erforderlichen **demokratischen Legitimation** des Verwaltungshandelns fehle es, wenn »die Aufgaben durch Organe oder Amtswalter unter Bedingungen wahrgenommen werden, die eine klare Verantwortungszuordnung nicht ermöglichen«[54]. Der Bürger müsse wissen können, wen er wofür – auch durch Vergabe oder Entzug seiner Wählerstimme – verantwortlich machen kann[55].

10 Daß der Gesetzgeber den Trägern der Leistung die Entscheidung über die Form der Arbeitsgemeinschaften überlasse, ändere nichts an der Einordnung als »**gemeinschaftliche Verwaltungseinrichtung**« der Bundesagentur für Arbeit und der kommunalen Träger zum Vollzug der Grundsicherung für Arbeitsuchende, die sich – sowohl von der Sozial- als auch von der Arbeitsverwaltung getrennt – als selbständige Organisationseinheit konstituiere und dabei nicht nur auf koordinierende und informierende Tätigkeiten beschränke[56]. Weder der Verbleib der Finanzierungs- und Gewährleistungsverantwortung bei der Bundesagentur bzw. den kommunalen Trägern, noch die fortbestehende Unabhängigkeit und Eigenständigkeit der Träger der Grundsicherung stehe der Beurteilung dieser Einrichtung als vom Grundgesetz nicht vorgesehen entgegen[57]. Eine **Ausnahme** bedürfe eines **besonderen sachlichen Grundes** und könne nur hinsichtlich einer **eng umgrenzten Materie** in Betracht kommen. Dem Anliegen der Regelung der Grundsicherung »aus einer Hand« könne auch über den Weg bundeseigener Verwaltung nach Art. 87 GG oder der Überlassung des Gesamtvollzuges an die Länder entsprechend der Grundregel des Art. 83 GG entsprochen werden[58]. Diesen Anforderungen werde die gesetzliche Ausgestaltung der ARGE etwa im Hinblick auf die Selbständigkeit der Entscheidungen, auf die Organisation und auf die »Mischaufsicht«[59] nicht gerecht[60].

11 In ihrer **abweichenden Meinung** betonen die Richter Broß und Gerhardt sowie Richterin Osterloh die Möglichkeit einer verfassungskonformen Auslegung des § 44b SGB II a.F.[61]. Es handele sich bei den ARGE nur um die Optimierung von Verfahrensabläufen unter fortbestehender Eigenständigkeit und Unabhängigkeit der Träger. Zudem bestehe keine selbstbeschränkende Kompromißpflicht, sondern die alle bindende Ver-

---

[51] *Suerbaum* (Fn. 28), Art. 91e Rn. 19 ff. betont die dreifache Absicherung durch Staatsstrukturprinzipien (Bundesstaat, Rechtsstaat, Demokratie).

[52] BVerfGE 119, 331 (366, Rn. 157) mit Verweis auf *E. Schmidt-Aßmann*, HStR^3 II, § 26 Rn. 79.

[53] BVerfGE 119, 331 (378 f., Rn. 191 ff.) mit Verweis auf Probleme beim Vollstreckungsrecht und beim (sozialrechtlichen) Datenschutz.

[54] BVerfGE 119, 331 (366, Rn. 158).

[55] Zum Verbot der Mischverwaltung im Kontext von Rechtsstaatlichkeit und Demokratieprinzip auch *P. M. Huber*, DÖV 2008, 844 (847 f.).

[56] BVerfGE 119, 331 (368, Rn. 163).

[57] BVerfGE 119, 331 (369, Rn. 166).

[58] BVerfGE 119, 331 (371, Rn. 172).

[59] BVerfGE 119, 331 (377 f., Rn. 188 ff.).

[60] BVerfGE 119, 331 (372 ff., Rn. 176 ff.).

[61] BVerfGE 119, 331 (386 ff., Rn. 212 ff.).

pflichtung auf den rechtmäßigen Verwaltungsakt[62]. Hierbei sei die Letztentscheidungskompetenz und Letztverantwortlichkeit der Träger für ihren Aufgabenbereich gewahrt. Die Arbeitsgemeinschaft nehme die Aufgaben der Leistungsträger nur als »gebündelte Komplementärzuständigkeit« wahr, und habe daher die »Wahrnehmungszuständigkeit und Durchführungsverantwortung«, wenngleich die einzelnen Träger Zurechnungssubjekte der ihnen gesetzlich übertragenen Aufgaben sowie ihrer Finanzierungs- und Gewährleistungsverantwortung blieben.

Der festgestellte Verstoß des § 44b SGB II a.F. gegen das Grundgesetz hatte als **Rechtsfolge** nicht die Nichtigkeit. Zur Erhaltung des gesetzgeberischen Gestaltungsspielraums in diesem Bereich der Grundsicherung, von dessen geordneter Regulierung eine Vielzahl von Leistungsempfängern existenziell abhängen, wurde lediglich die Unvereinbarkeit der Norm mit dem Grundgesetz und bis zu einer gesetzlichen Neuregelung eine befristete Fortgeltung der Norm bis zum **31.12.2010** ausgesprochen[63]. 12

IV. Die Reaktion der Rechtswissenschaft und des verfassungsändernden Gesetzgebers

Die Entscheidung des Bundesverfassungsgerichts (→ Rn. 7 ff.) hat einen breiten rechtwissenschaftlichen Diskurs ausgelöst, der sich im Kontext der **Garantie kommunaler Selbstverwaltung** generell mit der Aufgabenlast bzw. -zuweisung an Kommunen[64] und speziell mit der Frage der sinnvollen Nutzung des mit der Entscheidung entstandenen gesetzgeberischen Spielraumes für die Neuregelung der Zuständigkeiten bezüglich der Grundsicherung Arbeitsuchender beschäftigte[65]. Zugleich war es lange nicht absehbar und in der Sache umstritten, ob sich bei der Neuregelung eine kommunalfreundliche dezentrale Lösung, eine bundesfreundliche Lösung unter Betonung der Aufgaben der Bundesagentur für Arbeit oder eine Grundgesetzänderung als Reaktion auf das Urteil des Bundesverfassungsgerichts durchsetzen würde. Während dabei ein relativ breiter Konsens im Grundsatz hinsichtlich der Befürwortung einer organisationsrechtlichen Konzentration der Hilfe bzw. Leistung bestand[66], erschien interessanterweise der schließlich gewählte Weg der grundgesetzlichen Absicherung der vom 13

---

[62] BVerfGE 119, 331 (388 f., Rn. 219).

[63] BVerfGE 119, 331 (383, Rn. 207).

[64] *P.M. Huber*, DÖV 2008, 844 (849 f.); *F. Schoch*, DVBl. 2008, 937 ff.; *W. Kluth*, ZG 23 (2008), 292 ff.; *K. Ritgen*, NdsVBl. 2008, 185 (187 f.); *ders.*, ZjS 2008, 190 (191 f.); *J. Wieland*, Der Landkreis 2008, 184 (186); *H.-G. Henneke*, Der Landkreis 2008, 196 ff.; *W. Frenz*, JA 2010, 39 (40 ff.); *C. Waldhoff*, ZSE 6 (2008), 57 (63 f.).

[65] *M. Cornils*, ZG 23 (2008), 184 (201 ff.); *S.E. Schulz*, DÖV 2008, 1028 (1035); *H. Dreier*, ZSE 6 (2008), 399 (400 f.); *C. Gusy/C. Worms*, RuP 44 (2008), 146 (150 f.); *P.M. Huber*, DÖV 2008, 844 (850 f.); *M. Burgi*, DVBl. 2007, 70 (76 f.); *M. Mempel*, ArchsozArb 39 (2008), 114 (124); *S. Korioth*, DVBl. 2008, 812 (816 f.); *C. Loos*, NVwZ 2008, 514 (514 f.); *V. Wahrendorf/C. Karmanski*, NZS 2008, 281 (282 ff.); *H.-G. Henneke*, Der Landkreis 2008, 167 (170 f.); *H. Lühmann*, NJ 2008, 145 (146 f.); *K. Peters*, NDV 2008, 53 (54); *H. Meyer*, NVwZ 2008, 275 (277 f.); *A. v. Mutius/F. v. Mutius*, KommJur 2008, 201 (206 f.); *H. Nakielski*, SozSich 2010, 165 (168 ff.); *K. Ritgen*, NdsVBl. 2008, 185 (192 f.); *A. Schwendy*, TuP 2008, 204 (210 f.); *D.B. Trapp*, DÖV 2008, 277 (281 f.); *F.E. Schnapp*, Jura 2008, 241 (244); *U. Wenner*, SozSich 2008, 34 (35 f.); *J. Wieland*, Der Landkreis 2009, 556 ff.; *D. Winkler*, VerwArch. 99 (2008), 509 (532 ff.); *dies.*, JA 2010, 526 (530 f.); *J. Vahle*, DVP 2008, 85 (85).

[66] *S. Korioth*, DVBl. 2008, 812 (816). *A. v. Mutius/F. v. Mutius*, KommJur 2008, 201 (207) sprechen von »getrennter Aufgabenerfüllung« »unter einem Dach«.

Verfassungsgericht beanstandeten Arbeitsgemeinschaften als am wenigsten wahrscheinlich und nicht wünschenswert[67].

14 Abweichend von solchen Voten aus der Wissenschaft einigte sich die Politik auf eine Absegnung der zuvor konzipierten Lösung (→ Rn. 4ff.) durch eine entsprechende Verfassungsänderung in Art. 91e GG[68]. Das **»Gesetz zur Änderung des Grundgesetzes (Artikel 91e)«** vom 21.7.2010[69] ist am **27.7.2010 in Kraft getreten.**

B. Internationale, supranationale und rechtsvergleichende Bezüge

I. »Mischverwaltung« auf europäischer und internationaler Ebene

15 Im **Verwaltungsrecht der Europäischen Union** ist die wechselseitige Einbeziehung von Unionsbehörden in den nationalen Vollzug auf der einen Seite und die Einbeziehung von Verwaltungsbehörden der Mitgliedstaaten in die Entscheidungsabläufe unionaler Verwaltungsinstitutionen auf der anderen Seite durchaus erwünscht und letztlich sogar Ausdruck effizienten und pragmatischen Handelns. Diese Form der »Mischverwaltung« ergibt sich aus der immer engeren föderalen Organisationsstruktur der EU. Die zunächst noch leicht abgrenzbaren Formen des direkten und indirekten Vollzuges des Unionsrechts sind zunehmend überlagert worden durch Verflechtungen zwischen den mitgliedstaatlichen Behörden und der Kommission (vertikale Kooperation) und den mitgliedstaatlichen Behörden untereinander (horizontale Kooperation)[70]. Pflichten zur Zusammenarbeit ergeben sich aus dem Primärrecht[71], überwiegend aber aus dem Sekundärrecht sowie der Durchführungsgesetzgebung und den Vollzugsregeln der Europäischen Kommission[72]. Ziel ist dabei die wirksame (effet utile) und möglichst gleichförmige Anwendung des Unionsrechts[73]. Generelle Entscheidungszuständigkeiten oder Weisungsbefugnisse sind nicht vorgesehen. Vielmehr bestehen je nach Poli-

---

[67] Deutlich *H. Dreier*, ZSE 6 (2008), 399 (401); *P.M. Huber*, DÖV 2008, 844 (850); *A. v. Mutius/F. v. Mutius*, KommJur 2008, 201 (207); *B. Küchenhoff*, Die verfassungsrechtlichen Grenzen der Mischverwaltung, 2010, S. 184; s. auch *R. Langer*, Krisenbewältigung durch »Hartz-Instrumente« aus der Sicht der Bundesregierung, in: FG Bieback, 2010, S. 117ff. (121f.).

[68] Übersicht zu den Möglichkeiten und zum Diskussionsverlauf nach der Entscheidung des Bundesverfassungsgerichts aus dem Jahr 2007 bei *Suerbaum* (Fn. 28), Art. 91e Rn. 25ff.; die Materialien zu Art. 91e finden sich in BR-Drs. 186/10 (Gesetzentwurf der Bundesregierung), BT-Drs. 17/2183 (Beschlußempfehlung und Bericht), BT-PlenProt. 17/46, S. 4620D–4622C, 17/49, S. 4950C–4966B und 17/49, S. 4966C–4968D (Beratungen), BR-Drs. 348/10 (Überweisung an BR), BR-Drs. 348/10 (B) (Zustimmung des BR).

[69] BGBl. I S. 944.

[70] *T. v. Danwitz*, Europäisches Verwaltungsrecht, 2008, S. 609; *P. Terhechte*, Einführung, in: ders. (Hrsg.), Verwaltungsrecht der Europäischen Union, 2011, § 1 Rn. 22f.; ausführlich zur »Verschränkung« im europäischen Verwaltungsverbund *A. v. Arnauld*, Zum status quo des europäischen Verwaltungsrechts, in: Terhechte, Verwaltungsrecht, ebd., § 2 Rn. 11ff.; *J. Gundel*, Verwaltung, in: Schulze/Zuleeg/Kadelbach, Europarecht, § 3 Rn. 119ff.

[71] Zusammenfassend zu den Aufsichtsstrukturen im vertikalen Interadministrativverhältnis *A. David*, Inspektionen als Instrument der Vollzugskontrolle im Europäischen Verwaltungsverbund, in: E. Schmidt-Aßmann/B. Schöndorf-Haubold (Hrsg.), Der Europäische Verwaltungsverbund, 2005, S. 237ff. (246ff.).

[72] *G. Sydow*, Verwaltungskooperation in der Europäischen Union, 2004, S. 34ff.; *Danwitz*, Verwaltungsrecht (Fn. 70), S. 609.

[73] *E. Pache*, Verantwortung und Effizienz in der Mehrebenenverwaltung, VVDStRL 66 (2007), S. 106ff. (117); *G. Sydow*, Die Verwaltung 34 (2001), 517 (519).

tikbereich spezielle Anhörungs-, Zustimmungs- bzw. Genehmigungsvorbehalte[74]. Nationale Behörden bleiben im Regelfall letztlich zur Entscheidung befugt, sind dabei aber von einer vorgängigen (genehmigenden) Mitwirkung der Europäischen Kommission abhängig. Dies läßt sich am Notifizierungsverfahren im Beihilfenrecht gemäß Art. 108 AEUV und im Verkehrssektor nach Art. 96 II AEUV ebenso wie beim Arzneimittelzulassungsverfahren[75] zeigen. In organisatorischer Hinsicht spielen hierbei **Agenturen** der EU eine gewichtige Rolle[76]. Sie sind auf sekundärrechtlicher Grundlage zumeist autonom in der Entscheidungsfindung, die in der Regel auf der Expertise nationaler und europäischer Fachleute beruht, ohne daß hier eine eindeutige Zurechnung möglich ist.

Eine Besonderheit im Verwaltungsrecht der Europäischen Union stellt das breit ausgebaute **Ausschußwesen** dar[77]. Die Ausschüsse sind teils Beamtenausschüsse, teils Experten- bzw. Sachverständigenausschüsse und dienen gleichsam als Foren der Kommunikation zwischen Vertretern der Kommission und den Mitgliedstaaten und damit der Zusammenführung von mitgliedstaatlicher und unionaler Kompetenz. Der Erlaß von Durchführungsbestimmungen, also die Delegation von Rechtsetzung an die Kommission oder der Erlaß von Durchführungsrechtsakten durch Rat und Kommission[78], geschieht unter Mitwirkung sogenannter **Komitologieausschüsse**, die ihrerseits beratende Ausschüsse bzw. Regelungs- und Verwaltungsausschüsse und dem Organisations- und Verantwortungsbereich der Kommission zugeordnet sind[79]. Die hierbei getroffenen Entscheidungen sind nicht mehr einseitig zuzuordnen und dienen im Ergebnis einer Effektuierung der Verwaltungspraxis zwischen Mitgliedstaaten und Europäischer Union. 16

Dem **internationalen Verwaltungsrecht** ist der Kooperationsgedanke von Behörden bzw. Institutionen verschiedener Ebenen ebenso wenig fremd. Vielmehr offenbaren sich in vielen Bereichen Tendenzen der Internationalisierung, die nicht nur zur Vielfalt einschlägiger Rechtsquellen zwischen nationalem und internationalem Recht führt, sondern die Kooperation von Verwaltungsbehörden verschiedenster Ebenen und Bereiche geradezu voraussetzt[80]. Vergleichbare Phänomene einer derart intensiven Mitwirkung wie im Europarecht finden sich hier noch nicht. Allerdings ist auf der Ebene der »einfachen« Kooperation zwischen nationalen Behörden und internationalen Einrichtungen nachgewiesen worden, daß die praktische Behördentätigkeit in großem Umfang durch mehr oder weniger formalisierte Kooperationsbeziehungen geprägt ist. Das gilt insbesondere für das Gesundheitsverwaltungsrecht, das Umweltverwaltungs- 17

---

[74] *R. Stettner*, Verwaltungsvollzug (2016), in: M.A. Dauses/M. Ludwigs (Hrsg.), Handbuch des EU-Wirtschaftsrechts, Bd. I, B. III. Rn. 30.

[75] Speziell hierzu *K.P. Purnhagen*, EuR 2010, 438 (440). Vgl. für weitere Beispiele *Stettner*, Verwaltungsvollzug (Fn. 74), Rn. 30.

[76] Hierzu ausführlich *C. Görisch*, Demokratische Verwaltung durch Unionsagenturen, 2009 und *M. Döhler*, Regieren mit Agenturen – Strategien und Interessen im exekutiven Binnenverhältnis, in: W. Jann/K. König (Hrsg.), Regieren zu Beginn des 21. Jahrhunderts, 2008, S. 259 ff.

[77] Grundlegend *C. Joerges/J. Falke*, Das Ausschußwesen der Europäischen Union, 2000.

[78] Vgl. hierzu insbesondere Art. 290 und 291 AEUV.

[79] *E. Schmidt-Aßmann*, Einleitung: Der Europäische Verwaltungsverbund und die Rolle des Europäischen Verwaltungsrechts, in: Schmidt-Aßmann/Schöndorf-Haubold, Verwaltungsverbund (Fn. 71), S. 1 ff. (18).

[80] *M. Ruffert*, Perspektiven des Internationalen Verwaltungsrechts, in: C. Möllers/A. Voßkuhle/C. Walter (Hrsg.), Internationales Verwaltungsrecht, 2007, S. 395 ff. (402 ff.) und *K.-H. Ladeur*, Die Internationalisierung des Verwaltungsrechts: Versuch einer Synthese, ebd., S. 375 ff. (377 f.).

recht und für das Kommunikations- und Transportverwaltungsrecht[81]. Auch im Migrationsverwaltungsrecht und bei der Entwicklungsverwaltung finden sich Beispiele für ebenenübergreifende Behördenkooperation, die sich zumeist als Kommunikations- und Informationsnetzwerke verstehen lassen und durch deren Struktur die Verwaltungsautonomie der Staaten zwar durchbrochen, nicht aber ersetzt wird[82]. Die Entscheidungs- und Verantwortungszuordnung verbleibt in der Regel auf der staatlichen Ebene. Dies gilt nicht unbesehen auch für den Bereich der Standardsetzung, die auf internationaler Ebene mit faktisch weitreichenden Auswirkungen auf nationale Verwaltungen erfolgt[83]. Hierbei können Verwaltungsentscheidungen ebenso normähnliche und damit bindende Wirkung haben, wie im Bereich der internationalen Sicherheitsverwaltung, wo sog. »Listing-Entscheidungen« des UN-Sicherheitsrates als Exekutivorgan die verbindlichen Inhalte von Terrorlisten mit nicht unerheblichen Folgen für nationale Sicherheitsverwaltungen festlegen[84].

II. Grundsicherung für Arbeitsuchende und Unionsrecht

18 Für den Bereich der Sozialleistungen hat die Europäische Union keine eigene Kompetenz zur Gewährleistung einer **Grundversorgung**. Nach dem Prinzip der begrenzten Einzelermächtigung (Art. 5 I, II EUV) wäre eine ausdrückliche Kompetenz Voraussetzung für eine materielle Regelungskompetenz auf europäischer Ebene. Lediglich für die Koordinierung von Beschäftigung und Sozialpolitik der Mitgliedstaaten findet sich eine Ermächtigung in Art. 5 AEUV i.V.m. Art. 151 ff. AEUV. Gleichwohl wird von der sukzessiven Herausbildung eines »werdenden europäischen Sozialstaats« ausgegangen, der – nicht zuletzt über die Regulierungsmechanismen der europäischen Binnenmarkt- und Wettbewerbsordnung – Monopole verhindert, soziale Eigenverantwortung der Unionsbürger für deren soziale Sicherung hervorhebt und zugleich den Einzelnen den Zugang zu den nationalen Sicherungssystemen fortlaufend öffnet[85]. Ein grundrechtlich garantierter Schutz eines bestimmten Systems der Grundversorgung ist auch dem Art. 34 der Grundrechtecharta der EU, der das Recht zu Leistungen der sozialen Sicherheit festschreibt, nicht zu entnehmen, da hierbei ausdrücklich auf die Maßgaben des Unionsrechts und der einzelstaatlichen Rechtsvorschriften verwiesen wird, die insoweit maßgeblich bleiben[86].

---

[81] *C. Kreuter-Kirchhof*, Neue Kooperationsformen im Umweltvölkerrecht, 2005, S. 512 ff. und grundlegend *C. Tietje*, Internationalisiertes Verwaltungshandeln, 2001.

[82] *F. V. Caballero*, Organisation und Verfahren des Verwaltungsverbundes im Bereich »Grenzen, Asyl und Immigration«, in: J.-P. Schneider/F. V. Caballero (Hrsg.), Strukturen des Europäischen Verwaltungsverbunds, 2009, S. 101 ff. (108 f.); *P. Dann*, Grundfragen eines Entwicklungsverwaltungsrechts, in: Möllers/Voßkuhle/Walter, Internationales Verwaltungsrecht (Fn. 80), S. 7 ff. (40 ff.); *T. Tohidipur*, Europäisches Migrationsverwaltungsrecht, in: Terhechte, Verwaltungsrecht (Fn. 70), § 33 Rn. 74 ff.

[83] *A. v. Bogdandy/D. Goldmann*, ZaöRV 69 (2009), 51 ff.; *O. Lepsius*, Standardsetzung und Legitimation, in: Möllers/Voßkuhle/Walter, Internationales Verwaltungsrecht (Fn. 80), S. 345 ff. (373).

[84] *B. Schöndorf-Haubold*, Internationale Sicherheitsverwaltung, in: H.-H. Trute/T. Groß/H. C. Röhl/C. Möllers (Hrsg.), Allgemeines Verwaltungsrecht – zur Tragfähigkeit eines Konzepts, 2008, S. 575 ff. (587).

[85] *R. Pitschas*, Die Zukunft der sozialen Sicherungssysteme, VVDStRL 64 (2005), S. 109 ff. (127) m. w. N.

[86] *E. Riedel*, in: Meyer, Charta, Art. 34 Rn. 17.

III. Rechtsvergleichende Perspektive

Aus **rechtsvergleichender Perspektive** kommt der Problematik einer Mischverwaltung grundsätzlich nur Relevanz im Zusammenhang mit föderal strukturierten Hoheitsträgern zu, wo Verwaltungsräume organisatorisch wie funktionell getrennt sind[87]. Gleichwohl gibt es im Zuge einer Aufgabenverteilung hoheitlicher Tätigkeit stets Überschneidungen institutioneller aber auch materieller Zuständigkeiten. Die Gesetzgebung zur Agenda 2010 und damit auch zur Reform der Arbeits- und Sozialverwaltung hatte Anleihen bei einzelnen europäischen Staaten gemacht. So lassen sich in der deutschen Gesetzeslage Ansätze einer »angelsächsisch grundierten Wohlfahrtsstaatsreform« gemeinsam mit sozialdemokratischen Elementen eines skandinavischen Modells und »pragmatischen Flexibilisierungsansätzen« niederländischer Prägung finden, verifizierbar am »Jobcentre Plus«-System in Großbritannien, den »Zentren für Arbeit und Einkommen« in den Niederlanden[88]. Den strukturell radikalsten Weg ging Australien mit der kompletten Privatisierung der Arbeitsvermittlung, worin auch ein möglicher Orientierungspunkt für weitere Entwicklungen in Deutschland gesehen wird[89]. 19

C. Erläuterungen

I. Problematik, Regelungsgehalte und systematische Stellung

Art. 91e GG kann verstanden werden als das Produkt aus der Einsicht in die Vorteile einer Verwaltung von Sozial- und Arbeitslosenhilfe »aus einer Hand« und der **Unfähigkeit** der maßgeblichen politischen Kräfte, diese Einsicht durch eine **alleinige Verwaltungszuständigkeit** entweder des Bundes oder der Länder (Kommunen) für beide Aufgaben in verfassungsrechtlich zulässiger Weise (→ Rn. 24) umzusetzen. »Ein sachlicher Grund zur Vermischung beider Möglichkeiten besteht nicht«[90]. Diese auf die Reform aus den Jahren 2003 und 2004 (→ Rn. 4ff.) bezogene Feststellung des Bundesverfassungsgerichts läßt sich auch auf Art. 91e GG beziehen, der das Verfassungsrecht für die bestehende gesetzliche Regelung »passend« machen soll[91]. Die über diese verfassungspolitische Kritik hinausreichende Frage, ob es sich bei Art. 91e GG um **verfassungswidriges Verfassungsrecht** im Sinne des Art. 79 III GG handelt[92], wird von 20

[87] *F.E. Schnapp*, Jura 2008, 241 (242).

[88] Ausführlich und weiterführend instruktiv *S. Sell*, Modernisierung und Professionalisierung der Arbeitsvermittlung, 2006, S. 93ff. sowie F. Frick (Hrsg.), Arbeitsverwaltung im Wandel – Erfahrungen aus 15 Ländern im Vergleich, 2002. Eine monographisch-juristische Erschließung des Themenbereichs steht in weiten Teilen noch aus.

[89] *O. Bruttel*, Die Privatisierung der öffentlichen Arbeitsvermittlung: Australien, Niederlande und Großbritannien, 2005.

[90] BVerfGE 119, 331 (371, Rn. 173).

[91] BVerfGE 137, 108 (142, Rn. 78): »im politischen Raum aber für praktikabel befundenen Zustand aufrechterhalten und absichern«; ähnlich *H. Dreier*, ZSE 6 (2008), 399 (400f.); *P.M. Huber*, DÖV 2008, 844 (850) spricht von einer »kruden verfassungsrechtlichen Absicherung« als »schlechteste aller denkbaren Lösungen«.

[92] S. außer den in BVerfGE 137, 108 (143, Rn. 80) zitierten Stimmen noch *J. Dyllick/E. Lörincz/R. Neubauer*, NJ 2011, 15 (19); *C. Zieglmeier*, KommJur 2010, 441 (443).

der Literatur[93] und dem Bundesverfassungsgericht[94] allerdings verneint. Immerhin wurde aber das Verbot der Mischverwaltung, an dem die gesetzliche Ausgestaltung der Arbeitsgemeinschaften gescheitert war, aus dem Demokratie-, dem Rechtsstaats- und dem Bundesstaatsprinzip hergeleitet[95] (→ Rn. 9), so daß Zweifel an der Vereinbarkeit des Art. 91e GG mit den Grundsätzen des Art. 20 GG durchaus ihre Berechtigung haben.

21 Umgekehrt könnte Art. 91e GG auch als die Korrektur einer fragwürdigen Entscheidung des Bundesverfassungsgerichts im Wege der Verfassungsänderung und als ein Akt der »Notwehr« des verfassungsändernden Gesetzgebers verstanden werden. So kann man in der verwaltungsorganisatorischen Umstrukturierung auch eine **Grundentscheidung des Gesetzgebers** über die notwendige **Systemänderung** sozialer Sicherungssysteme sehen[96], die in den Bereich gesetzgeberischer Gestaltungsfreiheit fällt. Ein politisches Gemeinwesen muß sich neuen Herausforderungen stellen können, ohne sich bei jeder Verfassungsänderung gleich dem Vorwurf der Aufgabe der Verfassungsstabilität auszusetzen (→ Art. 79 II Rn. 13ff.)[97]. Das gilt auch und insbesondere vor dem Hintergrund europäischer und internationaler Entwicklungen (→ Rn. 15), die das bundesverfassungsgerichtliche Streben nach klaren Zuständigkeits- und Verantwortungsabgrenzungen zumindest als wenig erfolgversprechend erscheinen lassen. Ob der in Art. 91e GG sich niederschlagende Pragmatismus allerdings zukunftsweisend ist, bleibt fraglich.

22 Faßt man die wesentlichen **Regelungsgehalte** des Art. 91e GG zusammen, so schreibt die Vorschrift in ihrem Absatz 1 die Mischverwaltung von Bund und Ländern oder Kommunen in gemeinsamen Einrichtungen als Regelfall vor. Die Vorschrift enthält damit »eine Ausnahme vom Verbot der Mischverwaltung für das Gebiet der Ausführung von Bundesgesetzen auf dem Gebiet der Grundsicherung für Arbeitsuchende«[98] und **verdrängt** in ihrem Anwendungsbereich als spezielle Vorschrift für dieses Gebiet die allgemeinen Regeln der **Art. 83ff. GG** und des **Art. 104a GG**[99]. Allerdings sind mit dieser Spezialität keineswegs alle Schwierigkeiten ausgeräumt, die etwa das Verhältnis von Art. 91e GG zu den allgemeinen Aufsichtsregeln des Bundes über die Länder nach Art. 84 III und IV GG (→ Rn. 48), die bleibende Anwendbarkeit von Art. 87 III GG und damit die Option reiner Bundesverwaltung im Bereich der Grundsicherung für Arbeitsuchende (→ Rn. 25), die Zulässigkeit einer speziellen Finanzkontrolle des Bundes über die Optionskommunen (→ Rn. 51ff.) oder die Ausgestaltung der gemeinsamen Einrichtung unter Freistellung vielfältiger allgemeiner verfassungsrechtlicher Prinzipien (→ Rn. 36f.) betreffen[100]. Aus dem Zusammenhang mit der nach Absatz 2 allein zulässigen Alternative folgt darüber hinaus, daß eine **getrennte Wahrnehmung**

---

[93] *M. Burgi*, ZSE 6 (2008), 281 (303); *A. Engels*, in: Friauf/Höfling, GG, Art. 91e (2015), Rn. 17ff.; *H.H. Klein*, in: Maunz/Dürig, GG, Art. 91e (2015), Rn. 13; *V. Mehde*, in: Epping/Hillgruber, GG (online, Stand: 1.6.2017), Art. 91e Rn. 36ff.; *H. Siekmann*, in: Sachs, GG, Art. 91e Rn. 11 ausführlich und m.w.N. *Suerbaum* (Fn. 28), Art. 91e Rn. 42ff.

[94] BVerfGE 137, 108 (143ff., Rn. 80ff.); diesem Urteil folgend BVerwG NVwZ-RR 2015, 619 (619).

[95] An dieser Herleitung hält das Bundesverfassungsgericht auch fest: BVerfGE 137, 108 (143f., Rn. 81ff.).

[96] *Pitschas*, Zukunft (Fn. 85), S. 122f., 133ff.

[97] Siehe auch *G.F. Schuppert*, AöR 120 (1995), 32 (43f.); *P. Kirchhof*, HStR³ II, § 21 Rn. 41.

[98] BT-Drs. 17/1554, S. 4.

[99] BVerfGE 137, 108 (145ff., Rn. 85ff.); aus der Lit. s. nur *Suerbaum* (Fn. 28), Art. 91e Rn. 36.

[100] Zur Reichweite der Spezialität von Art. 91e GG s. auch *H.-G. Henneke*, Der Landkreis 2011, 633 (634ff.).

der Vollzugsaufgaben durch Behörden des Bundes und der Länder oder Kommunen verfassungsrechtlich **unzulässig** ist. In diesem Sinne handelt es sich bei Art. 91e GG um die **verfassungsrechtliche Anordnung der Mischverwaltung** auf dem Gebiet der Grundsicherung für Arbeitsuchende als Regel, die **unter Ausnahmevorbehalt** (→ Rn. 39ff.) der in Absatz 2 vorgesehenen Option einer Alleinwahrnehmung der Vollzugsaufgabe durch eine begrenzte Anzahl von Kommunen steht. Schließlich enthält Absatz 3 einen **Vorbehalt** und zugleich einen verfassungsrechtlichen **Auftrag der näheren Regelung durch Zustimmungsgesetz**[101].

II. Zusammenwirken in gemeinsamen Einrichtungen als Regel (Art. 91e I GG)

23 Mit der Anordnung der Mischverwaltung von Bund und Ländern oder Kommunen in gemeinsamen Einrichtungen auf dem Gebiet der Grundsicherung für Arbeitsuchende wollte der verfassungsändernde Gesetzgeber sicherstellen, daß die seit 2004 gesetzlich vorgesehene Zusammenarbeit von Arbeitsagenturen und Kommunen **über das Jahr 2010** hinaus fortgesetzt werden kann, weil sie gewährleiste, »dass die **erwerbsfähigen Hilfebedürftigen** aus einer Hand betreut werden und **Leistungen aus einer Hand** erhalten«[102]. Die »Durchführung der Grundsicherung für Arbeitsuchende in den Arbeitsgemeinschaften« habe sich »grundsätzlich bewährt«[103] und Art. 91e I GG schaffe die »verfassungsrechtliche Grundlage für die Fortsetzung der Aufgabenwahrnehmung der aus den Agenturen für Arbeit und den kommunalen Trägern bestehenden Arbeitsgemeinschaften in gemeinsamen Einrichtungen«[104].

1. Obligatorische Mischverwaltung?

24 Unklar ist allerdings, ob Art. 91e I GG die Möglichkeit offen läßt, daß der Bundesgesetzgeber es für den Vollzug von Gesetzen zur Grundsicherung für Arbeitsuchende bei der Grundregel des Art. 83 GG beläßt. Die **Frage** lautet also, ob das Anliegen, die **Grundsicherung** für Arbeitsuchende **»aus einer Hand«** zu gewähren, trotz der durch Art. 91e I GG angeordneten Regel der Mischverwaltung nach wie vor dadurch erreicht werden könnte, daß »der **Gesamtvollzug** nach der Grundregel des Art. 83 GG **insgesamt den Ländern als eigene Angelegenheit** überlassen wird«[105]. Obwohl der Wortlaut des Art. 91e I GG auf den ersten Blick dagegen spricht, ist diese Frage **zu bejahen**[106]. Denn diese Norm setzt offensichtlich voraus, daß die Vollzugszuständigkeit für Bundesgesetze auf dem Gebiet der Grundsicherung für Arbeitsuchende entsprechend der Gesetzeslage zum Zeitpunkt der Verfassungsänderung zwischen Bund und Ländern geteilt ist. Nur vor diesem Hintergrund ist verständlich, daß Art. 91e I GG als Ausnahme vom Verbot der Mischverwaltung qualifiziert wurde, ohne eine – umgekehrte – Verpflichtung zur Einführung oder Beibehaltung der Mischverwaltung explizit in Be-

---

[101] Die h. M. – BVerfGE 137, 108 (141, Rn. 76; 160, Rn. 121); aus der Lit. s. nur *Suerbaum* (Fn. 28), Art. 91e Rn. 41, 130 m. w. N. – sieht darüber hinaus in Art. 91e III GG auch die Grundlage einer ausschließlichen Gesetzgebungskompetenz des Bundes; dagegen allg. → Art. 83 Rn. 20ff.

[102] BT-Drs. 17/1554, S. 4.

[103] BT-Drs. 17/1554, S. 4.

[104] BT-Drs. 17/1554, S. 4.

[105] So die in BVerfGE 119, 331 (371, Rn. 172) ausdrücklich angesprochene Möglichkeit vor Einführung von Art. 91e GG.

[106] So auch *Klein* (Fn. 93), Art. 91e Rn. 14.

tracht zu ziehen. Die einzige Variante, um deren Ausschluß es dem verfassungsändernden Gesetzgeber ging, war die getrennte – parallele – Verwaltung durch Bundes- und Landes- oder Kommunalbehörden: »Die getrennte Aufgabenwahrnehmung soll künftig nicht mehr möglich sein«[107]. Demgegenüber spricht der gesamte Duktus der Begründung dafür, daß die **Mischverwaltung** als »eine zulässige Form der Verwaltungsorganisation« lediglich **»ermöglicht«** werden sollte[108], weil und solange eine geteilte Zuständigkeit besteht, daß die Mischverwaltung aber nicht zwingend und alternativlos verfassungsrechtlich vorgeschrieben werden sollte[109].

25 Folglich schließt es Art. 91e I GG auch nicht aus, daß der Bund – gestützt auf Art. 87 III GG (→ Rn. 29) – den gesamten Vollzug von Bundesgesetzen auf dem Gebiet der Grundsicherung für Arbeitsuchende an sich zieht und auf diese Weise eine **Bundesverwaltung »aus einer Hand«** sicherstellt[110]. Auch insoweit gilt, daß Art. 91e GG insgesamt auf der – im Wortlaut nicht explizit zum Ausdruck gekommenen – Voraussetzung einer zwischen Bund und Ländern geteilten Verwaltungszuständigkeit auf dem Gebiet der Grundsicherung für Arbeitsuchende beruht. Sollte der Bundesgesetzgeber die politische Kraft finden, diesen Zustand zu ändern, wäre die implizite Voraussetzung des Art. 91e GG entfallen. In diesem Sinne enthält Art. 91e I GG **nicht** die **Anordnung obligatorischer Mischverwaltung**, sondern nur die Mischverwaltung als Regel – unter der Voraussetzung, daß die Verwaltungszuständigkeit für die Grundsicherung für Arbeitsuchende zwischen Bund und Ländern aufgeteilt bleibt.

2. Gegenstände des Zusammenwirkens

a) Grundsicherung für Arbeitsuchende

26 Die Gegenstände des Zusammenwirkens von Bund und Ländern definiert Art. 91e I GG zunächst[111] durch das Sachgebiet der Grundsicherung für Arbeitsuchende. Obwohl dieser Begriff wegen des Vorrangs der Verfassung einer eigenständigen Konkretisierung auf der Ebene der Verfassung bedarf, ist nicht zu verkennen, daß der verfassungsändernde Gesetzgeber des Jahres 2010 damit auf die Zusammenführung der Fürsorgesysteme von Sozialhilfe und Arbeitslosenhilfe im Sozialgesetzbuch II aus dem Jahr 2003 (→ Rn. 5) Bezug genommen hat. Nach § 1 II SGB II umfaßt die Grundsicherung für Arbeitsuchende Leistungen zur Beendigung oder Verringerung der Hilfebedürftigkeit insbesondere durch Eingliederung in Arbeit und zur Sicherung des Lebensunterhalts. Vor diesem Hintergrund ist jenseits der Details gesetzlicher Ausgestaltung der Grundsicherung für Arbeitsuchende ihr **verfassungsrechtlich** für die Auslegung des Art. 91e I GG **relevanter Kern** definiert dadurch, daß es um die Hilfe für

---

[107] BT-Drs. 17/1554, S. 4; kritisch dazu *H.-G. Henneke*, Der Landkreis 2010, 159 (160).

[108] BT-Drs. 17/1554, S. 4, wo sich mehrfach ähnliche Formulierungen finden. So auch *Engels* (Fn. 93), Art. 91e Rn. 14.

[109] So aber *Suerbaum* (Fn. 28), Art. 91e Rn. 54, der sich auf den Wortlaut stützt; auch *U. Volkmann*, in: v. Mangoldt/Klein/Starck, GG III, Art. 91e Rn. 5; ohne ausreichendes Problembewußtsein auf die Spezialität von Art. 91e GG gegenüber Art. 83 f. GG abstellend auch BVerfGE 137, 108 (174, Rn. 156).

[110] A. A. *Suerbaum* (Fn. 28), Art. 91e Rn. 37, 52 ff., der Art. 87 III GG neben Art. 91e GG für nicht anwendbar hält und auf diese Weise eine Mischverwaltungspflicht (nach dem Modell aus dem Jahr 2003; → Rn. 4 ff.) annimmt.

[111] Zu der weiteren Einschränkung, die sich aus dem Erfordernis ergibt, daß es sich um die Ausführung von Bundesgesetzen handeln muß: → Rn. 27.

erwerbsfähige Personen geht, die durch die beiden Ziele der Eingliederung in Arbeit und der Sicherung des Lebensunterhalts näher bestimmt ist[112].

b) Ausführung von Bundesgesetzen

Das Sachgebiet der Grundsicherung für Arbeitsuchende wird von Art. 91e I GG nur insoweit erfaßt, als es durch vollzugsfähiges Bundesrecht (→ Art. 83 Rn. 25 ff.) normiert ist. Auf der Grundlage solcher bundesgesetzlicher Normen regelt Art. 91e I GG nur die »Ausführung« (→ Art. 83 Rn. 31 f.), also den Gesetzesvollzug in »verwaltungsmäßiger« Weise. Weil die maßgebliche Kompetenz des Bundes für gesetzliche Regelungen der Grundsicherung für Arbeitsuchende in der konkurrierenden Gesetzgebungskompetenz des Art. 74 I Nr. 7 GG zu finden ist (→ Art. 74 Rn. 36 ff.), deren Ausübung den einschränkenden Voraussetzungen des Art. 72 II GG unterliegt, ist nicht auszuschließen, daß zumindest **Teilbereiche** der Grundsicherung für Arbeitsuchende zukünftig **landesgesetzlich geregelt** werden. Auf die Ausführung solcher **landesgesetzlichen Regelungen** der Grundsicherung für Arbeitsuchende findet **Art. 91e I GG keine Anwendung,** so daß es hier bei dem Verbot der Mischverwaltung bleibt. 27

3. Beteiligte des Zusammenwirkens

Obwohl der verfassungsändernde Gesetzgeber mit Art. 91e I GG die seit 2003 in § 44b SGB II gesetzlich geregelte Zusammenarbeit zwischen den **Agenturen für Arbeit** als unterste Ebene der dreistufigen Organisation der Bundesagentur für Arbeit[113] auf der einen und den jeweils zuständigen **kommunalen Trägern** auf der anderen Seite in Form von Arbeitsgemeinschaften im Auge hatte, benennt Art. 91e I GG die Beteiligten des Zusammenwirkens auf der einen Seite nur als »Bund« und auf der anderen Seite als die »Länder oder die nach Landesrecht zuständigen Gemeinden und Gemeindeverbände«. Auf diese Weise eröffnet das Grundgesetz sowohl dem **Bund** als auch den **Ländern** die notwendige **Flexibilität** für zukünftig abweichende **Organisationsformen** und Zuständigkeitszuweisungen bei dem Vollzug von Bundesgesetzen auf dem Gebiet der Grundsicherung für Arbeitsuchende[114]. 28

Das Grundgesetz stellt dem Bundesgesetzgeber mit Art. 87 III GG ein breites Spektrum von Möglichkeiten zur Verfügung (→ Art. 87 Rn. 76 ff.), auch Gesetze zur Grundsicherung von Arbeitsuchenden durch Einrichtungen der unmittelbaren oder der mittelbaren Bundesverwaltung ausführen zu lassen[115]. Wenn vor diesem Hintergrund Art. 91e I GG allgemein den »Bund« als Beteiligten des Zusammenwirkens benennt, so bedeutet dies, daß der **Bundesgesetzgeber** in den Grenzen des **Art. 87 III GG frei** bleibt in der **organisationsrechtlichen Ausgestaltung der Einrichtungen der Bundesverwaltung**, denen die Zuständigkeit zur Ausführung von Gesetzen auf dem Gebiet der 29

---

[112] S. nur *Suerbaum* (Fn. 28), Art. 91e Rn. 62 f. m. w. N.

[113] Die Organisationsstruktur der Bundesagentur für Arbeit ist geregelt in § 367 SGB III.

[114] *Suerbaum* (Fn. 28), Art. 91e Rn. 56 erwähnt insbesondere die Zusammenarbeit von Bund und landesunmittelbarer Verwaltung.

[115] BVerfGE 119, 331 (371, Rn. 172) spricht in diesem Zusammenhang nur ungenau von dem »Weg des Art. 87 GG«, womit aber angesichts des Umstandes, daß es sich bei der Grundsicherung für Arbeitsuchende nicht um Sozialversicherungsleistungen handelt, nicht Art. 87 II GG gemeint sein kann. Vgl. hierzu auch *M. Mempel*, ArchsozArb 39 (2008), 114 (122 f.); *S. Korioth*, DVBl. 2008, 812 (819); a. A., die Anwendbarkeit von Art. 87 III GG ausschließend und damit die Mischverwaltung nach Art. 91e GG auch für den Fall zementierend, daß sich ein Kompromiß im Sinne einer Bundesverwaltung finden sollte (→ Rn. 25), *Suerbaum* (Fn. 28), Art. 91e Rn. 37.

Grundsicherung für Arbeitsuchende zugewiesen wird und die folglich die konkreten Beteiligten des Zusammenwirkens nach Art. 91e I GG sind.

30 Soweit Art. 91e I GG als Beteiligte des Zusammenwirkens die »**Länder**« anspricht, gilt im Ergebnis nichts anderes als für den Bund (→ Rn. 29). Die Vorschrift verweist insoweit auf die im Rahmen des Art. 28 I GG bestehende Verfassungsautonomie der Länder und auf die sich nach der jeweiligen Landesverfassung bestimmende Befugnis der zuständigen Landesorgane, die Organisation der Landesverwaltung im Allgemeinen und der für den Vollzug der bundesrechtlichen Regelungen zur Grundsicherung für Arbeitsuchende zuständigen Stellen im Besonderen zu bestimmen. Art. 91e I GG läßt also die **Organisationsgewalt** der Länder (→ Art. 84 Rn. 22f.) in Bezug auf die Bestimmung der Stellen, die auf Seiten der Länder Beteiligte des Zusammenwirkens nach Art. 91e I GG sind, unberührt. Allerdings ist der Bund bereits nach den allgemeinen Regeln des Art. 84 I GG durchaus befugt, **Behördenorganisation** und Verwaltungsverfahren auf der **Ebene der Länder bundesgesetzlich zu regeln**, soweit es um den Vollzug von Bundesgesetzen geht (→ Art. 84 Rn. 33ff., 61ff.). Das gilt auch und erst recht für die Bestimmung der Verwaltungseinheiten, die auf Seiten der Länder Beteiligte des Zusammenwirkens nach Art. 91e I GG sind. Insoweit trifft Art. 91e III GG eine gegenüber Art. 84 I GG auf dem Gebiet der Grundsicherung für Arbeitsuchende spezielle Regelung (→ Rn. 56).

31 Auch die Benennung der »nach Landesrecht zuständigen **Gemeinden und Gemeindeverbände**« als Beteiligte der Zusammenarbeit nach Art. 91e I GG bedeutet zunächst einen Verweis auf die Verfassungen der Länder sowie auf die Befugnis der zuständigen Landesorgane zu entscheiden, ob und in welcher Art und Weise die Gemeinden und Gemeindeverbände für den Vollzug von Bundesgesetzen auf dem Gebiet der Grundsicherung für Arbeitsuchende zuständig sind. Allerdings statuiert hier Art. 91e I GG i.V.m. dem Regelungsvorbehalt des Art. 91e III GG eine **Ausnahme von** den **allgemeinen Regeln des Art. 84 I GG**. Das bedeutet insbesondere, daß das Verbot einer gesetzlichen Aufgabenübertragung auf die Gemeinden und Gemeindeverbände nach **Art. 84 I 7 GG** im Anwendungsbereich des Art. 91e I GG nicht gilt[116]. Gleiches gilt für **Art. 85 I 2 GG**, wenn insbesondere wegen Art. 104a III GG das Bundesgesetz durch die Länder im Auftrag des Bundes ausgeführt werden sollte. Gem. Art. 91e I GG i.V.m. Absatz 3 der Vorschrift kommt also dem **Bundesgesetzgeber** die Befugnis zu, **Aufgaben** der Grundsicherung für Arbeitsuchende direkt **den Gemeinden oder Gemeindeverbänden zuzuweisen**. Deshalb ist auch ein zukünftiger Aufgabenzuwachs bei den kommunalen Trägern durch Änderungen des SGB II verfassungsrechtlich durch Art. 91e GG gedeckt[117].

32 Macht der Bundesgesetzgeber von dieser Möglichkeit einer Aufgabenzuweisung direkt an die Gemeinden oder Gemeindeverbände Gebrauch, so kann der Verweis auf die **Zuständigkeit nach Landesrecht** in Art. 91e I GG nur bedeuten, daß das Bundesgesetz den unterschiedlichen landesrechtlichen Ausgestaltungen des Kommunalrechts insbesondere im Hinblick auf das Verhältnis von Gemeindeverbänden und Gemein-

---

116 So ausdrücklich BT-Drs. 17/1554, S. 4; s. nur *Suerbaum* (Fn. 28), Art. 91e Rn. 39 m.w.N.; differenzierend zwischen Art. 91e I und II GG *C. Worms*, Verwaltung der Grundsicherung für Arbeitsuchende, 2012, S. 349ff.

117 BT-Drs. 17/1554, S. 4.

den oder auch im Hinblick auf die Formen der kommunalen Zusammenarbeit Rechnung zu tragen hat[118]. Dies gilt insbesondere für die Stadtstaaten[119].

4. Form des Zusammenwirkens: Gemeinsame Einrichtungen

Was die Form des durch Art. 91e I GG als Regel angeordneten Zusammenwirkens angeht, so beschränkt sich die Norm auf die Festlegung, daß sich das Zusammenwirken in »gemeinsamen Einrichtungen« vollziehen soll. Nach dem entstehungsgeschichtlichen Hintergrund des Art. 91e GG (→ Rn. 13) und nach den konkreten Aussagen der Entwurfsbegründung handelt es sich bei diesen gemeinsamen Einrichtungen um nichts anderes als die **Arbeitsgemeinschaften**, wie sie in § 44b SGB II (a. F.) gesetzlich ausgestaltet waren und sind[120]. Nach der Entscheidung des Bundesverfassungsgerichts liegt ihre Eigenart in der organisatorischen Selbständigkeit, wobei sie sich nicht auf koordinierende und informierende Tätigkeiten beschränken (→ Rn. 10). Soweit die Verfassung dieser konkreten Form der Zusammenarbeit Hindernisse in den Weg stellt, ist der verfassungsändernde Gesetzgeber davon ausgegangen, mit Art. 91e GG diese Hindernisse aus dem Weg geräumt zu haben. Denn Art. 91e GG ermögliche »nicht nur kompetenzielle, sondern auch materielle, in der Zusammenschau mit anderen verfassungsrechtlichen Prinzipien tragfähige Lösungen (u. a. im Dienstrecht mit Blick auf Artikel 33 GG)«[121]. 33

Die Auslegung von Art. 91e I GG hat also der engen **Verzahnung** zwischen dem **verfassungsrechtlichen Begriff** des Zusammenwirkens in gemeinsamen Einrichtungen und der konkreten **gesetzlichen Ausgestaltung der Arbeitsgemeinschaften** nach § 44b SGB II[122], die auch im Gesetzgebungsverfahren durch die parallele Behandlung der Verfassungsänderung und des Gesetzes zur Weiterentwicklung der Organisation der Grundsicherung für Arbeitsuchende[123] deutlich wurde, Rechnung zu tragen. Sie läßt sich am **Beispiel der Aufsicht** über die in den Arbeitsgemeinschaften zusammenarbeitenden Leistungsträger deutlich erkennen[124]. Die Begründung zum Entwurf des verfassungsändernden Gesetzes verweist nämlich insoweit auf das parallele Gesetzgebungsverfahren und führt aus: »Hinsichtlich der Aufsicht über die Aufgabenwahrnehmung nach Absatz 1 ist vorgesehen, dass Bund und Länder weiterhin die Aufsicht über die jeweils ihrem Bereich zuzurechnenden Leistungsträger führen (Bund über die Bundesagentur für Arbeit und Land über den kommunalen Träger). Die Aufsicht über die gemeinsamen Einrichtungen übt der Bund grundsätzlich im Einvernehmen mit dem jeweiligen Land aus, wobei ein Konfliktlösungsmechanismus vorgesehen ist, der auch im Streitfall eine effektive Wahrnehmung der Aufsicht gewährleistet«[125]. 34

---

[118] S. dazu § 6 I 1 Nr. 2 SGB II, wonach die kreisfreien Städte und Kreise Träger der Leistungen nach dem SGB II sind – allerdings nur, soweit durch Landesrecht nicht andere Träger bestimmt sind.

[119] S. dazu § 6 III SGB II, wonach die Länder Berlin, Bremen und Hamburg ermächtigt werden, die Vorschriften des SGB II über die Zuständigkeit von Behörden dem besonderen Verwaltungsaufbau ihrer Länder anzupassen.

[120] Zustimmend *Suerbaum* (Fn. 28), Art. 91e Rn. 58 (»Umetikettierung«).

[121] BT-Drs. 17/1554, S. 4.

[122] Über die Grundstruktur der Zusammenarbeit informiert *F. Ullrich*, Die Neuorganisation im Bereich des SGB II, 2012, S. 21 ff.

[123] Gesetzentwurf der Fraktionen von CDU/CSU, SPD und FDP, BT-Drs. 17/1555.

[124] S. die Übersicht zur gesetzlichen Ausgestaltung der unterschiedlichen Aufsichtsstränge bei *Ullrich*, Neuorganisation (Fn. 122), S. 42 ff.

[125] BT-Drs. 17/1554, S. 5.

35 Allerdings würde eine Interpretation der Eigenart des Verfassungsrechts nicht gerecht, die zur Konkretisierung des Begriffs der gemeinsamen Einrichtungen in Art. 91e I GG schlicht auf die im Zeitpunkt des Entstehens der Verfassungsnorm vorhandenen oder im Änderungsverfahren befindlichen einfachgesetzlichen Normen verwiese. Nicht nur der Vorrang der Verfassung bliebe dabei unberücksichtigt. Vor allem die **Einheit der Verfassung** und das daraus abzuleitende Prinzip **praktischer Konkordanz**[126] würden auf diese Weise mißachtet. Diesem Prinzip muß aber schon deshalb bei der Auslegung des Art. 91e I GG besondere Bedeutung zukommen, weil die dort als Regel angeordnete Zusammenarbeit in gemeinsamen Einrichtungen jedenfalls in ihrer gesetzlichen Ausgestaltung durch § 44b SGB II mit anderen verfassungsrechtlichen Prinzipien – insbesondere dem Rechtsstaats- und dem Demokratieprinzip (→ Rn. 9) – in Konflikt gerät. Dieser Konflikt wird aber durch die neue Verfassungsnorm des Art. 91e I GG nicht beseitigt[127], sondern ihr wird lediglich auf der Ebene der Verfassung ein gegenläufiges »Prinzip« entgegengestellt. Die neue Verfassungsnorm hat aber prima facie keineswegs die Kraft, den Konflikt mit anderen Verfassungsnormen vollständig zu beseitigen[128]. Vielmehr ist die nunmehr zwischen dem Gebot der Zusammenarbeit von Bund und Ländern in gemeinsamen Einrichtungen und den im »Verbot der Mischverwaltung« gipfelnden gegenläufigen Verfassungsnormen entstehende Kollisionslage im Wege der Optimierung dadurch aufzulösen, daß beiden Prinzipien Grenzen gezogen werden.

36 Für die **gemeinsamen Einrichtungen** i. S. d. Art. 91e I GG bedeutet dies, daß ihnen primär der Gesetzgeber[129] auf der Grundlage des Art. 91e III GG und sekundär das Bundesverfassungsgericht im Verbund der Verfassungsinterpreten eine **organisatorische Gestalt** geben müssen, die einerseits der Intention eines **Gesetzesvollzuges »aus einer Hand«** und andererseits dem **Grundsatz eigenverantwortlicher Aufgabenwahrnehmung** durch wechselseitige Begrenzung dieser offensichtlich kollidierenden Prinzipien gerecht wird. Vor diesem Hintergrund stellt sich die – vom Bundesverfassungsgericht[130] in Teilen bestätigte – Erwartung des verfassungsändernden Gesetzgebers, mit Art. 91e I GG alle verfassungsrechtlichen Hindernisse aus dem Weg geräumt zu haben, die einer Fortführung der Arbeitsgemeinschaften nach § 44b SGB II über das Jahr 2010 hinaus im Wege stehen, nicht nur als verfassungspolitische Fehlleistung, sondern vor allem auch als **verfassungssystematischer Irrtum** dar.

37 Allerdings können wegen Art. 91e I GG die beiden Wege, die eine Auflösung der Kollisionslage entweder durch eine alleinige Verwaltungszuständigkeit des Bundes oder eine alleinige Verwaltungszuständigkeit der Kommunen bewirken (→ Rn. 24) würden, nicht mehr als die verfassungsrechtlich alleine in Betracht kommenden angesehen werden[131]. Aufgegeben durch Art. 91e I GG ist vielmehr eine im weiteren Sinne **organisationsrechtliche Ausgestaltung der gemeinsamen Einrichtungen**, die nur inso-

---

[126] *Hesse*, Verfassungsrecht, Rn. 72.

[127] So aber in der Tendenz (unter Preisgabe der Einheit und systematischen Geschlossenheit der Verfassung) BVerfGE 137, 108 (141 ff., Rn. 76 ff.).

[128] A. A. BVerfGE 137, 108 (146, Rn. 87), weil der verfassungsändernde Gesetzgeber »offenkundig keine Regelung schaffen« wollte, »die sich möglichst schonend in die allgemeinen Strukturen einfügt«.

[129] Zur Erstzuständigkeit der Gesetzgebung im Prozeß der Verfassungskonkretisierung s. nur die Hinweise bei *G. Hermes*, Verfassungsrecht und einfaches Recht – Verfassungsgerichtsbarkeit und Fachgerichtsbarkeit, VVDStRL 61 (2002), S. 119 ff. (129 ff.).

[130] BVerfGE 137, 108 (141 ff., Rn. 76 ff.).

[131] So aber noch BVerfGE 119, 331 (371, Rn. 172).

weit Einschränkungen des Grundsatzes eigenverantwortlicher Aufgabenwahrnehmung zuläßt, als dies im Interesse eines Vollzuges »aus einer Hand« geeignet, erforderlich und angemessen ist. Von den **Problemfeldern**, auf denen dieser Ausgleich durch die konkrete Ausgestaltung der organisationsrechtlichen Regelungen zu suchen ist, hat das Bundesverfassungsgericht in seiner Entscheidung aus dem Jahr 2007 bereits eine erhebliche Zahl benannt (→ Rn. 7). Dazu gehören vor allem organisations- und verfahrensrechtliche Fragen der (gemeinsamen) Willensbildung, der Aufsicht[132], des anwendbaren (Bundes- oder Landes-)Rechts, der Datenverarbeitung und des Datenschutzes und des Dienstrechts.

Darüber hinaus lieferte bereits die **fachgerichtliche Rechtsprechung** auf der Grundlage der Reform aus dem Jahr 2003 (→ Rn. 5 f.) reichhaltiges Anschauungsmaterial, das die praktischen Folgewirkungen und Problembereiche einer gemeinsamen Einrichtung in der Form der Arbeitsgemeinschaften nach § 44b SGB II a. F. deutlich werden ließ. Das Spektrum reichte von beamten-, personalvertretungsrechtlichen und arbeitsrechtlichen über verwaltungsverfahrens- und -prozeßrechtliche Fragen bis hin zum Status der ARGE als Bundesbehörde nach dem Informationsfreiheitsgesetz[133]. Auch nach Inkrafttreten des Art. 91e GG sind zahlreiche Problemfälle aus diesem Spektrum vor die Gerichte gelangt[134]. 38

III. Alleinwahrnehmung durch Kommunen (Art. 91e II GG)

Absatz 2 eröffnet die nach der Systematik des Art. 91e GG als **Ausnahme**[135] von der **Regel** des Absatzes 1 konzipierte Möglichkeit, daß eine begrenzte Zahl von Gemeinden und Gemeindeverbänden auf ihren Antrag und mit Zustimmung der obersten Landesbehörde die Aufgaben nach Absatz 1 allein wahrnimmt. Art. 91e II GG **begründet** – ohne daß dadurch ein Konflikt mit Art. 28 II GG entstünde[136] – **keinen Anspruch** einer Gemeinde oder eines Gemeindeverbandes auf Zulassung als Optionskommune[137], was den nach Art. 91e III GG zur näheren Regelung verpflichteten Gesetzgeber (→ Rn. 55) aber nicht davon befreit, die Frage nach der Zahl der Optionskommunen und nach ihrer Auswahl auf der Grundlage rationaler Kriterien beantworten zu müssen[138] (→ Rn. 42, 46 f.). Neben der Zulassungsmöglichkeit von Optionskommunen sieht Art. 91e II GG in seinem Satz 2 eine Regelung der Kostentragung zu Lasten des Bundes vor, soweit dieser nach dem Regelmodell des Absatzes 1 die Kosten zu tragen hätte (→ Rn. 50 ff.). 39

[132] Zur Lösung der Aufsichtszuständigkeiten insbesondere im Aufgabenbereich der Trägerversammlung s. *Suerbaum* (Fn. 28), Art. 91e Rn. 66 ff.

[133] Nachweise: → Suppl. 2010, Art. 91e Rn. 38.

[134] Vgl. etwa BVerwG, Beschl. v. 26.2.2015 – 2 C 2/14 (Dienstherrenwechsel; juris); OVG Berlin-Brandenburg, Beschl. v. 19.7.2012 – OVG 62 PV 8.11 (Dienststellenzugehörigkeit; juris).

[135] BVerfGE 137, 108 (153, Rn. 104; 174, Rn. 155); *Suerbaum* (Fn. 28), Art. 91e Rn. 75 m. w. N.

[136] BVerfGE 137, 108 (153 ff., Rn. 106 ff.; 176 ff., Rn. 162 ff.); zustimmend etwa *Suerbaum* (Fn. 28), Art. 91e Rn. 87 f. m. w. N.

[137] Sondern lediglich eine »Chance«, deren gesetzliche Ausgestaltung willkürfrei erfolgen muß und deren Wahrnehmung in den Schutzbereich von Art. 28 II GG fällt; so BVerfGE 137, 108 (152 ff., Rn. 102 ff.); für die zustimmende Lit. s. nur *Suerbaum* (Fn. 28), Art. 91e Rn. 86.

[138] A. A. im Hinblick auf die Festlegung der Höchstzahl BVerfGE 137, 108 (152, Rn. 102; 175, Rn. 158), wenn dort von einer den Kommunen eingeräumten »Chance« die Rede ist, die durch das »aufgrund politischer Dezision« festzusetzende Kontingent von vornherein begrenzt ist.

40 Der **Sinn** dieses Regel-Ausnahme-Verhältnisses bleibt, wenn er denn existiert, **unklar**. Die ursprüngliche »**Experimentierklausel**« (→ Rn. 6), wurde durch Art. 91e II GG »verstetigt«[139], d.h. Art. 91e II GG soll eine Fortschreibung des als Experiment gedachten kommunalen Optionsmodells ermöglichen. Wegen dieser **verfassungsrechtlichen Verankerung** kann von einem Experiment aber nicht mehr die Rede sein, so daß sich die weiterhin intendierte Kontingentierung[140] (→ Rn. 41) durch einen Versuchscharakter nicht mehr begründen läßt. Auch mit Art. 106 VIII GG kann der Ausnahmecharakter des Optionsmodells nicht mehr begründet werden, wenn man in Art. 91e II 2 GG eine eigenständige Ausnahme vom Verbot unmittelbarer Finanzbeziehungen zwischen Bund und Kommunen sieht (→ Rn. 52). Das Regel-Ausnahme-Verhältnis zwischen den Absätzen 1 und 2 von Art. 91e GG und mit ihm die Kontingentierung erweisen sich so als Festschreibung eines politischen Kompromisses, der aber nicht der Anforderung gerecht wird, den ihn leitenden Sinn und Zweck zu offenbaren. In diesem Sinne kritisiert auch der Bundesrechnungshof, daß die Evaluation der Experimentierklausel (→ Rn. 6) unberücksichtigt geblieben und so die verfassungsrechtliche Festschreibung angesichts der Ergebnisse der Wirkungsforschung sachlich nicht zu begründen sei[141].

1. Kontingentierung

41 Der Umstand, daß sich ein rational nachvollziehbarer Sinn des **Regel-Ausnahme-Verhältnisses** zwischen Absatz 1 und Absatz 2 des Art. 91e GG nicht erschließt, wirkt sich auf die Vorgabe aus, wonach nur eine »**begrenzte Zahl**« von Kommunen zugelassen werden kann. Denn der verfassungsändernde Gesetzgeber sieht in der Beschränkung auf eine begrenzte Anzahl eine Konsequenz aus dem »Regel-Ausnahme-Verhältnis zwischen der Aufgabenwahrnehmung in gemeinsamen Einrichtungen und zur alleinigen Aufgabenwahrnehmung zugelassener kommunaler Träger«[142].

42 Der Verfassung läßt sich kein unmittelbarer Hinweis auf die **Höhe des Kontingents** entnehmen[143]. Nach den Vorstellungen des verfassungsändernden Gesetzgebers sollte die Zahl der Optionskommunen durch Bundesgesetz »auf höchstens ein Viertel der Aufgabenträger festgelegt werden«[144]. Diese in der Begründung mehrfach hervorgehobene Absicht hat im Wortlaut des Art. 91e II GG aber keinen Niederschlag gefunden[145]. Eine Zahl in die Verfassung hineinzuinterpretieren, wie die Entwurfsbegründung es tut, erscheint **willkürlich**[146] und wirft die Frage nach **verfassungswidrigem Verfassungsrecht** auf (→ Rn. 20), weil auf diese Weise die Minimalanforderungen rechtsstaatlich gebotener Rationalität staatlichen Handelns[147] unterschritten sind.

[139] BT-Drs. 17/1554, S. 4.
[140] BT-Drs. 17/1554, S. 4.
[141] *Bundesrechnungshof*, Stellungnahme zur Neuorganisation der Grundsicherung für Arbeitsuchende zur 14. Sitzung des Haushaltsausschusses vom 15.4.2010, S. 10.
[142] BT-Drs. 17/1554, S. 4.
[143] So auch BVerfGE 137, 108 (157f., Rn. 157f.).
[144] BT-Drs. 17/1554, S. 4. Damit konnten bis zu 110 Kommunen als Optionskommunen tätig werden, statt der zuvor nur 69; vgl. *H. Nakielski*, SozSich 2010, 165 (169); *Suerbaum* (Fn. 28), Art. 91e Rn. 78ff. mit Fn. 190 (auch zur Erklärung für die tatsächliche Zahl von 105 Optionskommunen – Stand 2016).
[145] So auch die h.M., s. etwa *Suerbaum* (Fn. 28), Art. 91e Rn. 82.
[146] Ebenso *K. Dauderstädt*, GdS 2010, 14 (15); s. auch BVerfGE 119, 331 (372, Rn. 173).
[147] S. dazu nur *Hesse*, Verfassungsrecht, Rn. 190.

Auch ein Verweis auf »politische Dezision«[148] im Rahmen der gesetzlichen Konkretisierung nach 91e III GG hilft nicht[149], weil auch für den Gesetzgeber rationale Kriterien für eine einzuhaltende Kontingenthöhe nicht ersichtlich sind und bereits die Einheit der Verfassung dagegen spricht, daß Art. 91e III GG den Gesetzgeber zu Willkür ermächtigen soll. Der Rationalitätsverzicht, auf den die gegenteilige Ansicht des Bundesverfassungsgerichts[150] und der h. M.[151] hinausläuft, kann durch eine »**verfassungskonforme**« **Auslegung** von Art. 91e II GG vermieden werden, wonach alle Kommunen zuzulassen sind, die die vom Gesetzgeber zu konkretisierenden Kriterien erfüllen[152].

2. Antragserfordernis und Zustimmung der obersten Landesbehörde

Das generelle **Antragserfordernis** nach Art. 91e II 1 GG wird den Garantien des Art. 28 II GG (→ Art. 28 Rn. 160 ff.) gerecht, weil eine Aufgabenübertragung gegen den Willen von Gemeinden und Gemeindeverbänden ein intensiver Eingriff wäre. Im übrigen läßt sich die bezweckte Verbesserung der Verwaltungsleistungen nur in **Kooperation mit Kommunen** erreichen. Im Hinblick auf die bereits vor der Verfassungsänderung existierenden 69 Optionskommunen geht der verfassungsändernde Gesetzgeber davon aus, daß diese ihre Zulassung behalten – offenbar ohne daß ein erneuerter Antrag gestellt werden muß[153]. Die weitere Ausgestaltung ist Sache des Gesetzgebers nach 91e III GG, wobei weder diese Verfassungsnorm noch Art. 74 I Nr. 7 GG dem Bund eine Gesetzgebungskompetenz einräumen, die kommunalverfassungsrechtlichen Voraussetzungen (Mehrheitsanforderungen) für den Antrag einer Kommune zu regeln[154]. 43

Die erforderliche **Zustimmung der obersten Landesbehörde** wurde von den Ländern offenbar als »**essentielle Vorgabe**« angesehen[155]. Unklar ist allerdings, ob es sich dabei um eine »unkonditionierte«, mit politischem Einschätzungsspielraum ausgestattete Entscheidungsbefugnis handelt[156] oder um einen – gem. Art. 91e III GG vom Bundesgesetzgeber näher auszuformenden – rechtlich strukturierten Teil des Verfahrens zur Entscheidung über den Antrag der Kommunen[157]. Zumindest an das Gebot interkommunaler Gleichbehandlung (→ Rn. 46) sowie an einschlägige landesverfassungsrechtliche Vorgaben ist die oberste Landesbehörde bei ihrer Entscheidung über die Erteilung der Zustimmung gebunden. 44

---

[148] BVerfGE 137, 108 (175, Rn. 158).

[149] So aber die wohl h. M., s. *Suerbaum* (Fn. 28), Art. 91e Rn. 82 f.; *Engels* (Fn. 93), Art. 91e Rn. 32.

[150] BVerfGE 137, 108 (175 f., Rn. 158 ff.).

[151] *Suerbaum* (Fn. 28), Art. 91e Rn. 81 ff.; *Mehde* (Fn. 93), Art. 91e Rn. 26; *Engels* (Fn. 93), Art. 91e Rn. 32; *Klein* (Fn. 93), Art. 91e Rn. 13.

[152] Im Ergebnis so auch *Siekmann* (Fn. 93), Art. 91e Rn. 20.

[153] BT-Drs. 17/1554, S. 4 f.; s. auch § 6a SGB II.

[154] BVerfGE 137, 108 (164 ff., Rn. 131 ff.).

[155] BT-Drs. 17/1554, S. 4.

[156] So *Klein* (Fn. 93), Art. 91e Rn. 27 mit Fn. 96; von einer »Ermessensentscheidung« spricht *H.-G. Henneke*, Der Landkreis 2010, 371 (379).

[157] So etwa – im Anschluß an die hier in der Vorauflage (→ Suppl. 2010, Art. 91e Rn. 44) vertretene Auffassung – *Engels* (Fn. 93), Art. 91e Rn. 37.

3. Verfahren und Kriterien der Zulassung durch den Bund

45 Auch die Zulassung durch den Bund erfordert die gesetzliche Festlegung von transparenten **Verfahren**[158] und **materiellen Zulassungskriterien**. Art. 91e II GG läßt diese offen, verlangt aber eine **gesetzliche Konkretisierung** der Zuständigkeit (z. B. Minister), des Verfahrens und der materiellen Kriterien; das läßt sich aus Art. 91e III GG und dem allgemeinen Vorbehalt des Gesetzes in seiner Ausprägung für das **Organisationsrecht** entnehmen (→ Art. 20 [Rechtsstaat], Rn. 200 ff.).

46 Der wohl wichtigste Punkt für die gesetzliche Konkretisierung ist die **Festlegung materieller Kriterien**. Diese haben das »allgemeine Willkürverbot in Gestalt des Gebotes **interkommunaler Gleichbehandlung**«[159] zu beachten. Insoweit kann auf die in § 6a SGB II normierten Kriterien verwiesen werden, die durch eine konkretisierende Verordnung[160] weiter ausgeformt werden.

47 Wenn mehr Kommunen einen Antrag stellen, als Plätze nach der Kontingentierung zur Verfügung stehen[161], ist ein **Verteilungsverfahren** zu installieren, das die Verteilungsentscheidung ordnet[162] und vor allem an rational nachvollziehbaren **Verteilungskriterien** – auch im Verhältnis der Länder untereinander[163] – orientiert[164]. Das Bundesverfassungsgericht hat in seiner Entscheidung aus dem Jahr 2014 hier keine Veranlassung gesehen, die entsprechenden bundesgesetzlichen Regelungen in der Sache oder wegen der weitgehenden Delegation auf den Verordnungsgeber zu beanstanden, während die Verordnung selbst nicht Gegenstand des Verfahrens war[165].

4. Aufsicht und Vollzugssteuerung

48 Art. 91e II GG enthält keine Sonderregelungen zur Aufsicht des Bundes oder der Länder über die Optionskommunen[166]. Deshalb bleibt es bei den allgemeinen Regelungen des Art. 84 GG (→ Art. 84 Rn. 96 ff.) und des Landesverfassungsrechts. **Bundesaufsicht** ist danach nur über die Länder und nur in den besonderen Formen und Verfahren des Art. 84 III und IV GG zulässig, während die Zuständigkeit für die Aufsicht über alle zugelassenen kommunalen Träger bei den Ländern verbleibt und sich nach Landesverfassungsrecht bemißt. Allerdings ging der verfassungsändernde Gesetzgeber »hinsichtlich der Aufsicht über die Aufgabenwahrnehmung nach Absatz 2« davon aus,

---

[158] Dazu BVerfGE 137, 108 (155 ff., Rn. 110 ff.; 179, Rn. 167).

[159] BVerfGE 137, 108 (153 ff., Rn. 106, 108 f.) m. w. N. → Art. 28 Rn. 95.

[160] Verordnung über das Verfahren zur Feststellung der Eignung als zugelassener kommunaler Träger der Grundsicherung für Arbeitsuchende (Kommunalträger-Eignungsfeststellungsverordnung – KtEfV) v. 12.8.2010, BGBl. I S. 1155; hierzu *H. Nakielski*, SozSich 2010, 165 (169).

[161] So konnten nach der Einführung des Art. 91e GG und der damit verbundenen Erhöhung der Zahl der Optionskommunen 33 Landkreise und kreisfreie Städte trotz attestierter Eignung nicht zugelassen werden; so *H.-G. Henneke*, DÖV 2012, 165 (169 f.).

[162] BVerfGE 137, 108 (155, Rn. 110); allg. dazu *N. Malaviya*, Verteilungsentscheidungen und Verteilungsverfahren, 2009, S. 4 ff., 265; *D. Kupfer*, Die Verteilung knapper Ressourcen im Wirtschaftsverwaltungsrecht, 2005; daß die KtEfV (Fn. 160) den Anforderungen an eine solche Ordnung genügt (§ 1 III KtEfV), darf bezweifelt werden.

[163] Tatsächlich beruhte der Verteilungsschlüssel der 41 Neuzulassungen auf die Länder auf einer Verständigung unter den Ländern, ohne daß dieser generell-abstrakte Kriterien zugrunde gelegt wurden; so *H.-G. Henneke*, DÖV 2012, 165 (169); s. dazu auch *Ullrich*, Neuorganisation (Fn. 122), S. 32 f.

[164] BVerfGE 137, 108 (154 f., Rn. 108; 179, Rn. 168).

[165] BVerfGE 137, 108 (179 ff., Rn. 167 ff.).

[166] So auch BVerfGE 137, 108 (150, Rn. 98); *Suerbaum* (Fn. 28), Art. 91e Rn. 125 ff.

daß »diese sich an der bei der Gesetzesausführung durch die Länder als eigene Angelegenheit geltenden Zuständigkeitsverteilung« lediglich »orientiert und durch ein einheitliches und transparentes Steuerungssystem durch Zielvereinbarungen zwischen Bund und Ländern sowie entsprechende Zielvereinbarungen zwischen den jeweiligen Ländern und Optionskommunen ergänzt wird«[167]. Eine Ausnahme oder Modifikation der in Art. 84 III und IV GG klar geregelten Aufsichtsbefugnisse des Bundes hätte allerdings einer expliziten verfassungsrechtlichen Normierung bedurft, an der es in Art. 91e II GG fehlt. Das müsste entgegen der Auffassung des Bundesverfassungsgerichts[168] u. a. zur Konsequenz haben, daß die Bundesregierung die Ausübung der ihr nur als Kollegialorgan zustehenden Rechtsaufsichtsbefugnisse nicht auf ein Bundesministerium übertragen kann[169]. Auch können durch Vertrag zwischen Bund und Ländern keine über Art. 84 III und IV GG hinausgehenden bundesaufsichtlichen Befugnisse oder abweichende Aufsichtszuständigkeiten begründet werden.

Gleiches gilt für die dem Bund zur Verfügung stehenden Steuerungsmittel jenseits des Bundesgesetzes[170]. In Art. 84 II und V GG sind insoweit allgemeine **Verwaltungsvorschriften** und **Einzelweisungen** vorgesehen (→ Art. 84 Rn. 79 ff.), wobei auch hier gilt, daß die dort vorgeschriebenen Zuständigkeiten und Verfahren nicht abdingbar sind[171]. Das schließt »weiche« Steuerungsinstrumente wie **Zielvereinbarungen** nicht aus, soweit daraus keine Pflichten der Länder oder Kommunen mit rechtlicher Verbindlichkeit resultieren (→ Art. 84 Rn. 86). 49

5. Finanzierung und Kontrolle durch den Bund (Art. 91e II 2 GG)

Nach Art. 91e II 2 GG hat der Bund die notwendigen **Zweck- und Verwaltungsausgaben** der Optionskommunen zu tragen. Mit dieser Kostentragungspflicht des Bundes trifft Art. 91e II 2 GG eine **von Art. 104a I, III und V GG abweichende Spezialregelung**[172] und modifiziert zugleich den Grundsatz, wonach die Kommunen bundesstaatsrechtlich dem Verfassungsraum der Länder zugerechnet werden (→ Art. 28 Rn. 86) und keine unmittelbaren Finanzbeziehungen zum Bund unterhalten (→ Rn. 52)[173]. Der Umfang dieser Kostentragungspflicht wird bestimmt durch den Teil der Grundsicherung für Arbeitsuchende, der nach Maßgabe der jeweiligen gesetzlichen Ausgestaltung im Rahmen der Aufgabenwahrnehmung in gemeinsamen Einrichtungen nach Art. 91e I GG auf den Bund entfällt. Die Optionskommunen sind also nicht befreit von dem Anteil an den Kosten der Leistungen der Grundsicherung für Arbeitsuchende und 50

---

[167] BT-Drs. 17/1554, S. 5; nach BVerfGE 137, 108 (146, Rn. 87) sollen diese Ausführungen zur Begründung der Verfassungsmäßigkeit des Aufsichtsregimes genügen; s. auch *H. Nakielski*, SozSich 2010, 165 (172), der keine aufsichtsrechtliche Stärkung des Bundes zu erkennen vermag.

[168] BVerfGE 137, 108 (146, Rn. 87); aus der zustimmenden Lit. s. nur *Suerbaum* (Fn. 28), Art. 91e Rn. 125 ff.

[169] Deswegen ist § 48 II 3 SGB II in der ab dem 1.1.2011 geltenden Fassung verfassungswidrig; so auch *Klein* (Fn. 93), Art. 91e Rn. 32.

[170] Auch insoweit von einer umfassenden Spezialität des Art. 91e GG ausgehend Suerbaum (Fn. 28), Art. 91e Rn. 128.

[171] Deswegen kann der in § 48 III SGB II in der ab dem 1.1.2011 geltenden Fassung vorgesehene Erlaß von Verwaltungsvorschriften für die Abrechnung der Aufwendungen der Grundsicherung für Arbeitsuchende durch das Bundesministerium für Arbeit und Soziales nicht auf Art. 84 II GG – zur dort normierten Zuständigkeit der Bundesregierung als Kollegialorgan: → Art. 84 Rn. 88 – gestützt werden, sondern nur auf eine aus Art. 91e II 2 GG resultierende Finanzkontrollbefugnis (→ Rn. 53).

[172] BVerfGE 137, 108 (147, Rn. 88).

[173] BVerfGE 137, 108 (147 ff., Rn. 89 ff.); *Suerbaum* (Fn. 28), Art. 91e Rn. 103, 107.

den hierauf entfallenden Verwaltungsausgaben, den nach dem Regelmodell der Aufgabenwahrnehmung in gemeinsamen Einrichtungen die Kommunen zu tragen haben. Art. 91e II 2 GG **begründet** – im Gegensatz zu Art. 106 VIII GG[174] – **keinen verfassungsunmittelbaren Anspruch** der Optionskommunen gegenüber dem Bund, sondern bedarf der gesetzlichen Ausgestaltung nach Art. 91e III GG[175].

51 Die **weiteren** möglichen rechtlichen **Folgerungen**, die aus Art. 91e II 2 GG insbesondere im Hinblick auf die Finanzkontrolle der Optionskommunen durch den Bund (→ Rn. 53) und den Ausnahmecharakter des Optionsmodells (→ Rn. 52) zu ziehen sind, hängen in erster Linie davon ab, wie sein systematisches Verhältnis zu anderen Normen des Grundgesetzes näher bestimmt wird, wie weit also die **Spezialität von Art. 91e II GG** reicht.

52 Im allgemeinen werden die **Kommunen finanzverfassungsrechtlich als Teil der Länder** behandelt (→ Art. 104a Rn. 20)[176]. Finanzverfassungsrechtliche Beziehungen zwischen Bund und Kommunen auf der Ausgabenseite bestanden vor der Einführung von Art. 91e GG ausschließlich und nur ausnahmsweise gem. **Art. 106 VIII GG** für den Ausgleich von Sonderlasten. Deshalb war die Kostentragungspflicht des Bundes in dem Optionsmodell aus dem Jahr 2004 (→ Rn. 6) auf eben diese Vorschrift des Art. 106 VIII GG gestützt worden[177]. Dies mußte allerdings nach dem eindeutigen Wortlaut dieser Verfassungsnorm zwingend dazu führen, daß nur »einzelne« Gemeinden oder Gemeindeverbände durch die Mittel des Bundes begünstigt werden konnten[178]. Der **Ausnahmecharakter des Optionsmodells**, nach dessen Rechtfertigungsgründen man in den Entstehungsgründen des Art. 91e GG vergeblich sucht (→ Rn. 40), fand also allein in Art. 106 VIII GG seine Grundlage. Wenn nun aber Art. 91e II 2 GG eine neue »verfassungsrechtliche Finanzierungsbefugnis« darstellt und »eine weitere Ausnahme von dem Verbot unmittelbarer Finanzbeziehungen zwischen Bund und Kommunen«[179] bildet, so können die besonderen Voraussetzungen des Art. 106 VIII GG keine Begründung mehr liefern für den Ausnahmecharakter des Optionsmodells. Der verfassungsändernde Gesetzgeber hat sich folglich in einen nur schwer lösbaren Widerspruch begeben, wenn er in Art. 91e GG einerseits an dem Ausnahmecharakter des Optionsmodells – der insbesondere in der Kontingentierung (→ Rn. 41) seinen Ausdruck findet – festhalten und andererseits durch Art. 91e II 2 GG eine neue und eigenständige Regelung unmittelbarer Finanzbeziehungen zwischen Bund und Kommunen schaffen wollte, die im Gegensatz zu Art. 106 VIII GG den Ausnahmecharakter nicht zu begründen vermag.

53 Fraglich ist, ob und ggf. auf welche Art und Weise der Bund über seine Rechtsaufsicht (→ Rn. 48) hinaus sicherstellen kann, daß die von ihm nach Art. 91e II 2 GG aufzubringenden Mittel von den Optionskommunen wirtschaftlich und sparsam eingesetzt werden. Der verfassungsändernde Gesetzgeber ging davon aus, daß dem Bund

---

[174] S. dazu nur *C. Meis*, Verfassungsrechtliche Beziehungen zwischen Bund und Gemeinden, 1989, S. 106 m. w. N.

[175] So auch *Klein* (Fn. 93), Art. 91e Rn. 35; *Mehde* (Fn. 93), Art. 91e Rn. 28; *Engels* (Fn. 93), Art. 91e Rn. 39; *U. Mager*, in: v. Münch/Kunig, GG II, Art. 91e Rn. 10; a. A. unter Berufung auf den Wortlaut des Art. 91e II 2 *Suerbaum* (Fn. 28), Art. 91e Rn. 106; im Ergebnis auch *Siekmann* (Fn. 93), Art. 91e Rn. 21.

[176] BVerfGE 86, 148 (215); 137, 108 (147 f., Rn. 90 ff.).

[177] S. dazu nur *S. Korioth*, DVBl. 2008, 812 (819); *D. Oppermann*, DVBl. 2005, 1008 (1012).

[178] Gegen die Tragfähigkeit von Art. 106 VIII GG als Grundlage der Kostentragungspflicht des Bundes im Rahmen des Optionsmodells *D. Winkler*, VerwArch. 99 (2008), 509 (535).

[179] So die Entwurfsbegründung in BT-Drs. 17/1554, S. 5; dazu BVerfGE 137, 108 (149 ff., Rn. 96 ff.).

die Befugnis zur »Finanzkontrolle, Rechnungsprüfung und Leistungsbewertung« zukommt und er »im bisherigen Regelungsumfang Rückforderungen geltend machen« kann, »wenn Mittel rechtswidrig eingesetzt werden«[180]. Die verfassungsrechtliche Grundlage für dieses – bei seiner gesetzlichen Konkretisierung dann auch umstrittene[181] – **Kontroll- und Prüfungsrecht des Bundes**, ohne das Rückforderungsansprüche[182] kaum durchsetzbar sind, ist allerdings **zweifelhaft**, da die Aufsicht über die Kommunen Sache der Länder bleibt (→ Rn. 48) und die in den Einzelheiten ohnehin zweifelhaften Prüfungsrechte des Bundesrechnungshofs gegenüber Kommunen (→ Rn. 54) jedenfalls hinter der hier in Rede stehenden Finanzkontrolle zurückbleiben[183]. Deshalb kommt allein Art. 91e II 2 GG selbst als Grundlage einer speziellen Finanzkontrollbefugnis des Bundes zwischen allgemeiner Aufsicht und Rechnungshofkontrolle in Betracht[184]. Anhaltspunkte dafür bietet die Betonung der **Notwendigkeit« der Ausgaben**[185]. Sie ist offensichtlicher Ausdruck der Sorge des Bundes, die aus dem **Auseinanderfallen** von **Durchführungsverantwortung der Optionskommunen** und **Finanzierungsverantwortung des Bundes** resultiert[186], weil dabei stets geringe Anreize zu einem wirtschaftlichen und sparsamen Verwaltungshandeln des Durchführungsverantwortlichen bestehen[187]. Deshalb liegt es nahe, diese – materielle – Begrenzung der Kostentragungspflicht des Bundes als spezielle verfassungsrechtliche Grundlage dafür heranzuziehen, daß der Bund jenseits allgemeiner Aufsichtsregeln nach Art. 84 GG und über die nach Art. 114 II GG zulässigen Befugnisse des Bundesrechnungshofes hinaus die Tätigkeit der Optionskommunen gesetzlich näher auszuformenden Verfahren der **Finanzkontrolle durch Organe des Bundes** unterwerfen darf.

Vergleichbares gilt für das **Prüfungsrecht des Bundesrechnungshofes**. Auch insoweit 54
ist der verfassungsändernde Gesetzgeber[188] davon ausgegangen, daß es bei der bereits gesetzlich vorgesehenen Befugnis des Bundesrechnungshofes bleibt, die »Leistungsge-

---

[180] BT-Drs. 17/1554, S. 5 (Hervorhebung nicht im Orig.); zur Praxis auf der Grundlage der bis zum 31.12.2010 geltenden Fassung des § 6b SGB II s. exemplarisch nur SG Detmold, Urt. v. 4.6.2009 – S 10 AS 106/08, Rn. 4ff., 34ff. (juris).

[181] Zum Konflikt zwischen Bundesregierung und Bundesrat bei der Neufassung des § 6b SGB II s. BT-Drs. 17/1555, S. 5, 19; BT-Drs. 17/1940, S. 9 (Vorschlag des Bundesrates: Prüftätigkeit des Bundesministeriums für Arbeit und Soziales nur »in Abstimmung mit der zuständigen obersten Landesbehörde«) und S. 19 (Gegenäußerung der Bundesregierung: »Kernbereich des Kompromisses« sei »eine – von den Ländern unabhängige – Finanzkontrolle des Bundes über die von ihm bereitgestellten Mittel«). Der seit dem 1.1.2011 geltende § 6b IV 3 SGB II enthält als Kompromiß eine Pflicht des Bundesministeriums, »örtliche Prüfungen bei einem zugelassenen kommunalen Träger« gegenüber der zuständigen Landesbehörde anzukündigen und sie über das Ergebnis zu unterrichten, obwohl nach § 6b IV 1 SGB II gar nicht die kommunalen Träger selbst, sondern nur die von ihnen errichteten und unterhaltenen »besonderen Einrichtungen« Objekt des bundesministeriellen Prüfungsrechts sind.

[182] Dazu exemplarisch BSG NVwZ-RR 2014, 230ff.

[183] BVerfGE 137, 108 (151f., Rn. 100).

[184] So – unter Berufung auf die in Fn. 180 zitierte Entwurfsbegründung und auf den ausreichenden Unterschied zur Aufsicht einerseits und zur Rechnungshofkontrolle andererseits – BVerfGE 137, 108 (150ff., Rn. 97ff.); dagegen *H.-G. Henneke*, NVwZ 2012, 399 (400f.) m.w.N.

[185] So auch *Suerbaum* (Fn. 28), Art. 91e Rn. 121; krit. dazu *H.-G. Henneke*, NVwZ 2012, 399 (400); *M. Cornils*, ZG 30 (2015), 181 (193).

[186] Auf dieses Auseinanderfallen stellt auch ab BVerfGE 137, 108 (150, Rn. 97); das Verhältnis von Bund und Kommune aus der Perspektive der Principal-Agent-Theory analysierend *A. Schneider*, VSSR 2013, 279ff.

[187] S. dazu nur *S. Korioth*, DVBl. 2008, 812 (817).

[188] BT-Drs. 17/1554, S. 5.

währung« durch die zugelassenen kommunalen Träger zu prüfen[189]. Offen bleibt angesichts der jüngst in Art. 114 II GG erheblich erweiterten Prüfungsbefugnisse des Bundesrechnungshofes gegenüber Ländern und Kommunen (→ Art. 114 Rn. 26 ff.), ob es darüber hinaus eines Rückgriffs auf Art. 91e II 2 GG noch bedarf.

IV. Regelungsvorbehalt (Art. 91e III GG)

55 Der Vorbehalt einer einfachgesetzlichen Ausgestaltung in Art. 91e III GG, der zugleich einen **Regelungsauftrag** an den Bundesgesetzgeber enthält[190], nimmt Bezug sowohl auf Absatz 1 als auch auf Absatz 2 von Art. 91e GG[191]. Die **Regelungsbereiche**, die bundesgesetzlicher Ausgestaltung bedürfen, benennt die Begründung zur Verfassungsänderung wie folgt: »Organisation, Behördeneinrichtung, Verwaltungsverfahren, Wahrnehmung von Dienstherrenbefugnissen, Übergang und Rechtsstellung des Personals sowie Personalvertretung, Aufsicht, Zielvereinbarung, Mittelbewirtschaftung, Finanzkontrolle, Rechnungsprüfung und Leistungsbewertung«[192]. Im Hinblick auf Absatz 2 des Art. 91e GG sieht der verfassungsändernde Gesetzgeber Regelungen als erforderlich an u. a. »zur Festlegung der Anzahl der Optionskommunen, zu den Kriterien für die Zulassung von Optionskommunen, zu Übergang und Rechtsstellung des Personals der Optionskommunen und zu Kostentragung, Aufsicht, Zielvereinbarungen, Mittelbewirtschaftung, Finanzkontrolle, Rechnungsprüfung und Leistungsbewertung sowie Übergangsbestimmungen bei Veränderung der Organisation der Gesetzesdurchführung«[193]. Ausdrücklich wird dabei erwähnt, daß diese Aufzählung nicht abschließend sei. Dem Regelungsauftrag ist der Bundesgesetzgeber durch das parallel zur Einführung des Art. 91e GG beschlossene **Gesetz zur Weiterentwicklung** der Organisation der Grundsicherung für Arbeitsuchende vom 3.8.2010[194] nachgekommen, dessen umstrittene Elemente das Bundesverfassungsgericht im Jahr 2014 für verfassungsgemäß erklärte[195].

D. Verhältnis zu anderen GG-Bestimmungen

56 Das Verhältnis von Art. 91e GG zu anderen Vorschriften des Grundgesetzes ist dadurch geprägt, daß er eine konkrete Form der Mischverwaltung verfassungsfest machen soll, die einen **Fremdkörper im Grundgesetz** darstellt und deshalb mit einer Reihe von Bestimmungen in Konflikt gerät (→ Rn. 22). Diese Konflikte können teilweise dadurch bewältigt werden, daß Art. 91e GG als **spezielle Ausnahme** zu qualifizieren ist. Das gilt für Art. 91e I GG im Hinblick auf **Art. 84 I 7 GG** (→ Rn. 31) und für Art. 91e II 2 GG im Hinblick auf **Art. 104a I, III, V GG** (→ Rn. 50). Auf der anderen Seite läßt sich feststellen, daß Art. 91e GG mangels ausdrücklicher abweichender Re-

---

[189] S. § 6b III SGB II.

[190] BVerfGE 137, 108 (159 f., Rn. 120); Jarass/*Pieroth*, GG, Art. 91e Rn. 1a; *Mager* (Fn. 175), Art. 91e Rn. 11; *Suerbaum* (Fn. 28), Art. 91e Rn. 132 m. w. N.

[191] So ausdrücklich BT-Drs. 17/1554, S. 5.

[192] BT-Drs. 17/1554, S. 5.

[193] BT-Drs. 17/1554, S. 5.

[194] BGBl. I S. 1112.

[195] BVerfGE 137, 108 (141 ff., Rn. 75 ff.); lediglich eine kommunalverfassungsrechtliche Regelung zur Willensbildung (Mehrheitserfordernis) der Kommunen im Vorfeld des Antrags (→ Rn. 43) wurde beanstandet (161 ff., Rn. 125 ff.).

gelung keine Ausnahme darstellt zu den Regelungen des **Art. 84 GG**, soweit in dessen **Absätzen 2 bis 5** Fragen der **Aufsicht und der Steuerung des Vollzugs** mittels Verwaltungsvorschriften und Einzelweisungen geregelt sind (→ Rn. 48 f.). **Art. 84 I GG** dürfte – über Art. 84 I 7 GG hinaus – allerdings wohl insgesamt durch Art. 91e GG verdrängt werden, weil dessen Abweichungsmodell im Rahmen des Art. 91e GG nicht »paßt«. Im Hinblick auf die **Finanzverfassung** muß Art. 91e II 2 GG als eine – neben **Art. 106 VIII GG** tretende – weitere Ausnahme von dem Verbot unmittelbarer Finanzbeziehungen zwischen Bund und Kommunen angesehen werden (→ Rn. 52). Was den Konflikt zwischen Art. 91e GG und dem **Rechtsstaats-** und dem **Demokratieprinzip** angeht, so läßt sich dieser nicht im Wege der Spezialität, sondern nur durch die Herstellung praktischer Konkordanz lösen (→ Rn. 35).

IX. Die Rechtsprechung

Artikel 92 [Rechtsprechende Gewalt]

Die rechtsprechende Gewalt ist den Richtern anvertraut; sie wird durch das Bundesverfassungsgericht, durch die in diesem Grundgesetze vorgesehenen Bundesgerichte und durch die Gerichte der Länder ausgeübt.

Literaturauswahl

Barbey, Günther: Der Status des Richters, in: HStR III, § 74, S. 815–857.
Berlit, Uwe: Richterliche Unabhängigkeit und Organisation effektiven Rechtsschutzes im »ökonomisierten« Staat, in: Helmuth Schulze-Fielitz/Carsten Schütz (Hrsg.), Justiz und Justizverwaltung zwischen Ökonomisierungsdruck und Unabhängigkeit, 2002, S. 135–177.
Bettermann, Karl August: Die rechtsprechende Gewalt, in: HStR III, § 73, S. 775–813.
Brosius-Gersdorf, Frauke: Dritte Gewalt im Wandel – Veränderte Anforderungen an Legitimität und Effektivität?, VVDStRL 74 (2015), S. 169–223.
Hill, Hermann/Dieckmann, Jochen (Hrsg.): Moderne Justiz, 2012.
Hergenröder, Curt Wolfgang: Zivilprozessuale Grundlagen richterlicher Rechtsfortbildung, 1995.
Hoffmann-Riem, Wolfgang: Justizdienstleistungen im kooperativen Staat, in: JZ 1999, S. 421–430.
Hoffmann-Riem, Wolfgang: Gewaltenteilung – mehr Eigenverantwortung für die Justiz?, in: DRiZ 2000, S. 18–31.
Hoffmann-Riem, Wolfgang: Modernisierung von Recht und Justiz, 2001.
Kramer, Barbara: Das Neue Steuerungsmodell und die Unabhängigkeit der Richter, in: ZZP 114 (2001), S. 267–317.
Kramer, Barbara: Modernisierung der Justiz: Das Neue Steuerungsmodell, in: NJW 2001, S. 3449–3453.
Mielke, Bettina: Zur verfassungsrechtlichen Stellung des Rechtspflegers, in: BayVBl. 2004, S. 520–526.
Papier, Hans-Jürgen: Staatliche Rechtsgewährung, in: DRiZ 2006, S. 261–266.
Pieroth, Bodo/Aubel, Tobias: Die Rechtsprechung des Bundesverfassungsgerichts zu den Grenzen richterlicher Entscheidungsfindung, in: JZ 2003, S. 504–510.
Rabe von Kühlewein, Malte: Der Richtervorbehalt im Polizei- und Strafprozessrecht, 2001.
Reinhardt, Michael: Konsistente Jurisdiktion, 1997.
Rennert, Klaus: Legitimation und Legitimität des Richters, in: JZ 2015, S. 529–538.
Ritter, Ernst-Hasso: Justiz – verspätete Gewalt in der Wettbewerbsgesellschaft?, in: NJW 2001, S. 3440–3448.
Röhl, Klaus F.: Justiz als Wirtschaftsunternehmen, in: DRiZ 2000, S. 220–230.
Schmidt-Jortzig, Edzard: Aufgabe, Stellung und Funktion des Richters im demokratischen Rechtsstaat, in: NJW 1991, S. 2377–2383.
Schütz, Carsten: Der ökonomisierte Richter, 2005.
Schulze-Fielitz, Helmuth/Schütz, Carsten (Hrsg.): Justiz und Justizverwaltung zwischen Ökonomisierungsdruck und Unabhängigkeit, 2002.
Seif, Ulrike: Recht und Justizhoheit, 2003.
Smid, Stefan: Rechtsprechung. Zur Unterscheidung von Rechtsfürsorge und Prozeß, 1990.
Sodan, Helge: Der Status des Richters, in: HStR^{3} V, § 113, S. 681–723.
Stadler, Astrid: Außergerichtliche obligatorische Streitschlichtung – Chance oder Illusion?, in: NJW 1998, S. 2479–2487.
Tschentscher, Axel: Demokratische Legitimation der dritten Gewalt, 2006.
Voit, Wolfgang: Privatisierung der Gerichtsbarkeit, in: JZ 1997, S. 120–125.
Voßkuhle, Andreas: Rechtsschutz gegen den Richter, 1993.
Voßkuhle, Andreas/Sydow, Gernot: Die demokratische Legitimation des Richters, in: JZ 2002, S. 673–682.
Wimmer, Raimund/Wimmer, Ulrich: Verfassungsrechtliche Aspekte richterlicher Mediation, in: NJW 2007, S. 3243–3247.
Wilke, Dieter: Die rechtsprechende Gewalt, in: HStR^{3} V, § 112, S. 633–680.

Wittreck, Fabian: Die Verwaltung der Dritten Gewalt, 2006.
Wittreck, Fabian: Dritte Gewalt im Wandel – Veränderte Anforderungen an Legitimität und Effektivität?, VVDStRL 74 (2015), S. 115–167.

Leitentscheidungen des Bundesverfassungsgerichts

BVerfGE 4, 331 (343 ff.) – Soforthilfegesetz; 18, 241 (252 ff.) – Ärztekammern; 22, 49 (73 ff.) – Verwaltungsstrafverfahren; 26, 186 (194 ff.) – Ehrengerichte; 27, 18 (27 ff.) – Ordnungswidrigkeiten; 103, 111 (136 ff., Rn. 108 ff.) – Wahlprüfung Hessen.

Gliederung

Stichwörter

dell 61 – New Public Management 60 – Nichtrichterliche Vorverfahren 42 – Nichtstaatliche Gerichte 50 – NS-Regime 6 – Organisation der Gerichtsbarkeit 59 – Parlamentarischer Rat 9 – Paulskirchenverfassung 5 – Privatisierung 50, 52 – Qualitätssicherung 62 – Rechtsfindung 37 – Rechtsfürsorge 44 – Rechtspfleger 44, 55 – Rechtsprechungsmonopol 17, 51 – Rechtsverweigerungsverbot 41 – Reichsgericht 8 – Reichsjustizgesetze 5 – Ressourcen 59 – Richter 53ff. – Richter auf Zeit 54 – Richterbild 53 – Richterliche Rechtsfortbildung 41 – Schiedsgerichtsbarkeit 10, 21, 50 – Schöffen 2, 54 – Spruchkörper 57 – Staatsaufgabe 17 – Staatsfunktion 2 – Staatlichkeit der Gerichte 49 – Streiterledigung 2 – Trennung von Rechtsprechung und Verwaltung 42 – Verfassungen westlichen Typs 14 – Verfassungsbewegung 4 – Verwaltungsaufgaben der Gerichte 45, 47f. – Volksgerichtsbarkeit 2 – Wirtschaftliche Aufgabenerfüllung 60.

A. Herkunft, Entstehung, Entwicklung

I. Ideen- und verfassungsgeschichtliche Aspekte

1 Art. 92 GG vereint **vielfältige Traditionslinien** zu den drei zentralen Aussagen, dass die Selbständigkeit einer unabhängigen Rechtsprechung als Erscheinungsform staatlicher Gewaltausübung anerkannt wird, diese Aufgabe der Rechtsprechung nur staatlichen Richtern anvertraut und im Bundesstaat in grundsätzlicher Weise zwischen Bund und Ländern aufgeteilt wird.

2 **Rechtsprechung** als besonderes formalisiertes Verfahren der Streiterledigung hat sich erst in neuerer Zeit als **eigenständige Staatsfunktion** herausgebildet. Im alten deutschen Recht gab es nur die reine Volksgerichtsbarkeit (Thing), ehe sich im Mittelalter neben der Vielfalt der genossenschaftlichen (z.B. Lehns- und Dienstmannengerichte), geistlichen, Markt- und Stadtgerichte erste Ansätze zu einer staatlichen Gerichtsbarkeit entwickelten[1]. Die Justizhoheit als Teil der umfassenden Herrschaftsgewalt lag bei den Regenten[2], die die richterliche Tätigkeit zunächst Schöffen oder Standesgleichen anvertrauten, später – mit der Rezeption des oberitalienischen Rechts und seinen Folgen für die fachliche Differenzierung der Rechtspflege – beamteten gelehrten Berufsrichtern[3].

3 Als **oberster Richter** galt im Heiligen Römischen Reich Deutscher Nation der König, der durch Hofgericht und später Kammergericht[4] handelte und in dessen Namen auch die landesherrlichen Gerichte entschieden[5]; mit dem Erstarken der Landeshoheit wurde auch die herkömmliche Zuständigkeit des Königs als oberster Richter zunehmend eingeschränkt, die staatliche Gerichtsbarkeit zwischen Reich und Territorien geteilt. Das 1495 ins Leben gerufene Reichskammergericht (→ Art. 95 Rn. 1) sollte den Reichseinfluss wahren, entwickelte Tendenzen zur Unabhängigkeit und fungierte als

---

[1] *N. Achterberg*, in: BK, Art. 92 (Zweitb. 1981/1985), Rn. 3; *R. Wassermann*, in: AK-GG, Art. 92 (2001), Rn. 1; ausf. *A. Wagner*, Der Richter, 1959, S. 44ff.; *E. Kern*, Geschichte des Gerichtsverfassungsrechts, 1954, S. 3ff.; s. auch *G. Buchda*, Art. Gerichtsverfassung, in: HRG I, Sp. 1563ff.

[2] Vgl. *D. Willoweit*, JZ 2016, 429 (430f.); *Achterberg* (Fn. 1), Art. 92 Rn. 2; *G. Roellecke*, Die Bindung des Richters an Gesetz und Verfassung, VVDStRL 34 (1976), S. 7ff. (25); *Stern*, Staatsrecht II, S. 373, 889; ausf. *D. Wyduckel*, Princeps Legibus Solutus, 1979, S. 68ff., 76ff.

[3] *Achterberg* (Fn. 1), Art. 92 Rn. 6; *Stern*, Staatsrecht II, S. 374; *G. Roellecke*, Über richterliche Gewalt und höchstrichterliche Entscheidung (1981), in: ders. (Hrsg.), Zur Problematik der höchstrichterlichen Entscheidung, 1982, S. 1ff. (1ff., 4ff.); ausf. *Wagner*, Richter (Fn. 1), S. 51ff.; *Kern*, Geschichte (Fn. 1), S. 21ff.; s. auch *G. Buchda*, Art. Gelehrte Richter, in: HRG I, Sp. 1477ff.

[4] *Achterberg* (Fn. 1), Art. 92 Rn. 4f.; s. näher *D. Fischer*, JZ 2010, 1ff.; *A. Buschmann*, NJW 1979, 1966 (1967); *Kern*, Geschichte (Fn. 1), S. 11ff.

[5] *Stern*, Staatsrecht II, S. 374; ausf. *Kern*, Geschichte (Fn. 1), S. 14ff.

oberstes Zivil- und Verwaltungsgericht[6], während der 1498 errichtete Reichshofrat zugleich als Gericht und Regierungskollegium wirkte und Werkzeug kaiserlicher Politik war[7].

Das heutige Verständnis einer unabhängigen und von der übrigen Staatsgewalt abgekoppelten Rechtsprechung wurzelt in den **Ideen der Aufklärung**, die sich u.a. gegen die absolutistische Vereinigung aller Staatsgewalt im Monarchen und dessen Kabinettsjustiz richtete (→ Art. 97 Rn. 2): Das prägende Modell der Gewaltenteilung von Montesquieu betrachtet diese Rechtsprechung allein vom Gesetz determiniert[8] (→ Art. 20 [Rechtsstaat], Rn. 8, 67ff.) und führt zu einer Ausdifferenzierung der Justiz aus vielschichtigen Gründen der Entlastung des monarchischen Staates[9]. Seit der Verwirklichung der Gewaltenteilung in den Verfassungen der USA und der Aufnahme in Art. 16 der französischen Menschenrechtserklärung 1789 gehört die Forderung nach Gewaltenteilung und einer unabhängigen Rechtsprechung als selbständige Dritte Gewalt zum Elementarprogramm der demokratischen Verfassungsbewegung und fand seinen Niederschlag auch in der Gerichtsverfassung[10]. 4

Sie entfaltete sich in **Deutschland** ansatzweise zunächst im süddeutschen Frühkonstitutionalismus[11], später im ausführlichen Justizprogramm von Abschnitt VI, Art. 10 der Paulskirchenverfassung von 1849[12] mit den Forderungen u.a. nach unabhängigen Gerichten (§ 175) und der Trennung von Rechtsprechung und Verwaltung (§ 181), Öffentlichkeit der Verfahren, Beteiligung von Laien an Strafverfahren[13], Beseitigung aller Privatgerichtsbarkeit. Art. 46 der preuß. Verfassung von 1851 dekretierte unabhängige Gerichte, während die Reichsverfassung von 1871 zur Rechtspflege als einer Sache der Länder schwieg[14]. Statt dessen setzten die **Reichsjustizgesetze**, vor allem das Gerichtsverfassungsgesetz von 1877, jene Forderungen nach Unabhängigkeit der Gerichte, Abschaffung der Privatgerichtsbarkeit und Privilegiertengerichte usw. durch – insoweit gleichsam als Verfassungsersatz –, so dass Art. 103 WRV zunächst nur registrierte: »Die ordentliche Gerichtsbarkeit wird durch das Reichsgericht und durch die Gerichte der Länder ausgeübt.« 5

---

[6] *Achterberg* (Fn. 1), Art. 92 Rn. 7; *A. Laufs*, Art. Reichskammergericht, in: HRG IV, Sp. 655ff.; ausf. *R. Smend*, Das Reichskammergericht, 1911; neuester Forschungsstand bei: *B. Diestelkamp*, Reichskammergericht und Rechtsstaatsgedanke, 1994; ders. (Hrsg.), Die politische Funktion des Reichskammergerichts, 1993; zuletzt (zum 18. Jahrhundert) *R. Sailer*, Untertanenprozesse vor dem Reichskammergericht, 1999.

[7] *Achterberg* (Fn. 1), Art. 92 Rn. 8; s. jetzt zu ihrem Konkurrenzverhältnis W. Sellert (Hrsg.), Reichshofrat und Reichskammergericht, 1999.

[8] Vgl. etwa *Achterberg* (Fn. 1), Art. 92 Rn. 12; *Wassermann* (Fn. 1), Art. 92 Rn. 2; *N. Campagna*, Der Staat 38 (1999), 519 (520f.).

[9] S. dazu *R. Ogorek*, Richter und Politik – aus historischer Sicht, in: W. Hoppe u.a. (Hrsg.), Rechtsprechungslehre, 1992, S. 333ff. (335ff.); ausf. *dies.*, Richterkönig oder Subsumtionsautomat?, 1986, S. 13ff.; s. auch *W. Leisner*, Das letzte Wort, 2003, S. 21ff.

[10] Zur Entwicklung insb. in Preußen bis 1848 s. näher *G.C. v. Unruh*, DVBl. 1975, 838 (840f.); *Wagner*, Richter (Fn. 1), S. 65ff.; *Kern*, Geschichte (Fn. 1) S. 63ff.; s. auch *D. Brüggemann*, Die rechtsprechende Gewalt, 1962, S. 7ff.

[11] *Achterberg* (Fn. 1), Art. 92 Rn. 18.

[12] *Wassermann* (Fn. 1), Art. 92 Rn. 3; *Achterberg* (Fn. 1), Art. 92 Rn. 19; ausf. *H.-J. Faller*, Die Verfassungsgerichtsbarkeit in der Frankfurter Reichsverfassung vom 28. März 1849, in: FS Geiger, 1974, S. 827ff.; *J.-D. Kühne*, Die Reichsverfassung der Paulskirche, 1985 (2. Aufl. 1998), S. 348ff.

[13] S. übersichtlich *F. Ekardt*, Jura 1998, 121ff.; ausf. *Kühne*, Reichsverfassung (Fn. 12), S. 358ff., 349ff., 377ff. bzw. S. 363ff.

[14] *Wassermann* (Fn. 1), Art. 92 Rn. 3.

6 Das **NS-Regime** ließ den Gerichtsaufbau äußerlich unverändert, lehnte aber die Gewaltenteilung zugunsten der Einheit der von Führer und Partei geleiteten Staatsgewalt ab und veränderte die Wirkung der Justiz auf vielfältige Art und Weise[15]. Dazu gehörten die weitgehende Beseitigung der Kontrolle des Handelns von Verwaltung und Polizei[16], die personelle »Säuberung« der Justiz durch Entlassung unliebsamer Richter[17], die Uminterpretation positivierten Rechts im nationalsozialistischen Sinne[18], am Ende durch Lenkung der Justiz auch mit Hilfe von Richterbriefen[19] u.a. Es konnte dabei an schon zur Weimarer Zeit verbreitete antidemokratische Einstellungen der Richter anknüpfen[20].

7 Mit Beginn des Zweiten Weltkriegs wurden Rechtsmittel weitgehend abgeschafft und die Unabhängigkeit der Rechtspflege endgültig beseitigt; z.B. konnte der Führer rechtskräftige Urteile beseitigen oder die Polizei Strafgewalt ausüben[21]. Es gehörte deshalb zu den ersten Maßnahmen der Alliierten, durch **Kontrollratsproklamation** im Oktober 1945 das deutsche Gerichtswesen wieder umzugestalten[22], doch blieb die Zuständigkeit der deutschen Gerichte zunächst zugunsten der alliierten Militärgerichtsbarkeit beschränkt. In der ehemaligen DDR kam es zu einer radikalen Säuberungswelle, die zu einer politisierten und ideologisierten, nicht unabhängigen Justiz führte[23]. Bei der Wiedervereinigung 1990 wurde deshalb nur die Hälfte der Richter der ehemaligen DDR, in Abhängigkeit von einer individuellen Eignungsprüfung, als Richter weiterbeschäftigt[24].

8 Die rechtsprechende Gewalt war auch nach dem Ende des Heiligen Römischen Reiches Deutscher Nation zwischen **zentralen und landeshoheitlichen Gerichten geteilt**. Der Deutsche Bund (1815–1866) kannte ein »Austrägalgericht« als Schiedsinstanz für Streitigkeiten zwischen den Mitgliedern[25], der Norddeutsche Bund ein Bundesoberhandelsgericht (1869)[26], ehe 1879 das Reichsgericht im Zusammenhang mit dem Erlass der Reichsjustizgesetze eingerichtet wurde[27]. Es folgten zur Weimarer Zeit weitere Reichsgerichte (→ Art. 95 Rn. 3). Während der NS-Zeit strebte das Regime einerseits eine »Verreichlichung« der Justiz i.S. einer zentralisierten Justizverwaltung an[28];

---

[15] *Achterberg* (Fn. 1), Art. 92 Rn. 4, 33ff.; ausf. *L. Gruchmann*, Justiz im Dritten Reich 1933–1940, 2. Aufl. 1990; *H. Weinkauff*, Die deutsche Justiz und der Nationalsozialismus. Ein Überblick, sowie *A. Wagner*, Die Umgestaltung der Gerichtsverfassung und des Verfahrens- und Richterrechts im nationalsozialistischen Staat, beide in: Die deutsche Justiz und der Nationalsozialismus, 1968, S. 17ff. (96ff., 134ff.) bzw. S. 189ff. (195ff., 205ff., 223ff. u.ö.).

[16] *Wagner*, Umgestaltung (Fn. 15), S. 195ff., 293ff.; s. auch *Gruchmann*, Justiz (Fn. 15), S. 535ff.

[17] *Gruchmann*, Justiz (Fn. 15), S. 124ff.; *Weinkauff*, Justiz (Fn. 15), S. 100ff.

[18] Grdl. *B. Rüthers*, Die unbegrenzte Auslegung (1968), 7. Aufl. 2012; *ders.*, NJW 1988, 2825ff. betr. die Privatrechtsordnung; für das Strafrecht: *H. Rüping/G. Jerouschek*, Grundriss der Strafrechtsgeschichte, 5. Aufl. 2007, Rn. 273ff. m.w.N.; *G. Gribbohm*, NJW 1988, 2842ff.; für das öffentliche Recht: *M. Stolleis*, Geschichte des öffentlichen Rechts in Deutschland, Dritter Band 1914–1945, 1999, S. 325ff., 360ff.

[19] *Gruchmann*, Justiz (Fn. 15), S. 1091ff.; *Weinkauff*, Justiz (Fn. 15), S. 164ff.

[20] S. näher *F. Kübler*, AcP 162 (1963), 104ff.; ferner *I. Müller*, Furchtbare Juristen, 1987, S. 19ff.

[21] *Achterberg* (Fn. 1), Art. 92 Rn. 38; ausf. *Kern*, Geschichte (Fn. 1), S. 226ff.

[22] *Achterberg* (Fn. 1), Art. 92 Rn. 39.

[23] *Wassermann* (Fn. 1), Art. 92 Rn. 4b; *B. Rüthers*, JZ 1999, 1009 (1010) m.w.N. → Art. 97 Rn. 7.

[24] Vgl. *R. Robra*, DRiZ 2011, 266ff.; *Wassermann* (Fn. 1), Art. 92 Rn. 4c.

[25] *Achterberg* (Fn. 1), Art. 92 Rn. 16; *Kern*, Geschichte (Fn. 1), S. 67.

[26] *Achterberg* (Fn. 1), Art. 92 Rn. 17; *A. Laufs*, JuS 1969, 256 (258).

[27] *Achterberg* (Fn. 1), Art. 92 Rn. 20; s. näher *A. Buschmann*, NJW 1979, 1966ff. → Art. 95 Rn. 2.

[28] Dazu näher ausf. *Gruchmann*, Justiz (Fn. 15), S. 92ff.

andererseits wurden zahlreiche Sondergerichte geschaffen (→ Art. 101 Rn. 5ff.; zur Entwicklung der Staatsgerichtsbarkeit: → Art. 93 Rn. 1ff.).

II. Entstehung und Veränderung der Norm

Die Diskussion um die grundgesetzliche Hervorhebung der Dritten Gewalt im Parlamentarischen Rat stand unter dem frischen Eindruck der Deprivation des Rechts und der Gerichtsbarkeit im Nationalsozialismus und wollte die Dritte Gewalt aufwerten[29], wie es auch in der sprachlichen Gestaltung zum Ausdruck kam: »rechtsprechende Gewalt«, »den Richtern anvertraut«[30]. Wie schon Art. 128 HChE stellten auch die ersten Vorschläge in den **Beratungen des Parlamentarischen Rats** zunächst darauf ab, dass dem ersten Artikel des Abschnitts über die Rechtspflege zufolge vor allem die Gerichte der Länder und (bei besonderer Zuweisung) des Bundes die Gerichtsbarkeit ausüben sollten[31]. In den weiteren Beratungen wurde beschlossen, dass statt Gerichtsbarkeit der Ausdruck »rechtsprechende Gewalt« (erstmals in der deutschen Verfassungsgeschichte[32]) den gleichwertigen Rang in der Gewaltenteilung verdeutlichen sollte, dass die Bundesgerichte vorrangig genannt und das Bundesverfassungsgericht textlich gesondert hervorgehoben und wegen seiner »höheren Dignität« (Abg. Carlo Schmid) als erstes Gericht genannt werden sollte[33]. Schließlich wurden zuletzt in der 3. Lesung, auch als Ergebnis einer Rücksprache mit den Richterorganisationen, ebenfalls neuartig (anders noch Art. 103 WRV) im ersten Satz die Richter als die alleinigen Träger der rechtsprechenden Gewalt genannt[34]. Das in Art. 92 GG zunächst noch erwähnte Oberste Bundesgericht wurde im Zuge der **Verfassungsänderung von 1968**, namentlich der Änderung von Art. 95 GG, textlich gestrichen (→ Art. 95 Rn. 8); damit hat Art. 92 GG seine bis heute geltende Fassung gefunden[35]. Bestrebungen der Justizministerkonferenz von 2004, zur Vereinheitlichung der öffentlich-rechtlichen Gerichtsbarkeit Art. 92 GG zu ändern, waren nicht erfolgreich[36]. 9

B. Internationale, supranationale und rechtsvergleichende Bezüge

I. Internationale Aspekte

Auch auf internationaler Ebene finden sich Rechtsprechungsorgane, die (letztinstanzlich) für ihren Kompetenzbereich nach Maßgabe des Rechts durch unabhängige und 10

---

[29] Vgl. *M. Reinhardt*, Konsistente Jurisdiktion, 1997, S. 91ff.; *V. Otto*, Das Staatsverständnis des Parlamentarischen Rates, 1971, S. 97f.; ausf. *H. Wrobel*, Verurteilt zur Demokratie – Justiz und Justizpolitik in Deutschland 1945–1949, 1989, S. 283ff.; s. auch *M. Sachs*, Beiträge zur Konfliktforschung 4/1986, 5 (9ff.); umfassende Dokumente bei *R. Schuckart*, in: Schneider, GG-Dokumentation, Bd. 23/1, S. 26ff., 249ff.

[30] Vgl. *A. Hopfauf*, in: Schmidt-Bleibtreu/Hofmann/Henneke, GG, Vor Art. 92 Rn. 3; *E. Schmidt-Aßmann*, Vertrauen in und durch Recht, in: M. Weingardt (Hrsg.), Vertrauen in der Krise, 2011, S. 129 (132ff.); *W. Heyde*, Rechtsprechung, in: HdbVerfR, § 33 Rn. 1, 4.

[31] Vgl. *Achterberg* (Fn. 1), Art. 92 Rn. 41; *Wassermann* (Fn. 1), Art. 92 Rn. 5.

[32] Vgl. *W. Meyer*, in: v. Münch/Kunig, GG II, Art. 92 Rn. 4; vorbildgebend war Art. 126 Verf. Hessen 1946.

[33] *Achterberg* (Fn. 1), Art. 92 Rn. 42f.; *Wassermann* (Fn. 1), Art. 92 Rn. 5f.

[34] JöR 1 (1951), S. 667ff.; *Achterberg* (Fn. 1), Art. 92 Rn. 44.

[35] Vgl. *A. Bauer/M. Jestaedt*, Das Grundgesetz im Wortlaut, 1997, S. 323.

[36] Dazu *A. Hense*, HStR³ VI, § 137 Rn. 44ff.

unabsetzbare Richter neutral entscheiden[37]. Dazu gehört vor allem für Rechtsstreitigkeiten zwischen Staaten der **Internationale Gerichtshof** (**IGH**) in Den Haag als Hauptrechtsprechungsorgan der UNO (Art. 92 UN-Charta) für alle ihm von den Parteien unterbreiteten Rechtssachen oder in geschlossenen Verträgen vorgesehenen Angelegenheiten (Art. 36 I IGH-Statut)[38]; Voraussetzung ist eine gesonderte Unterwerfungserklärung der streitenden Staaten, die auf bestimmte Fälle begrenzt sein kann[39]. Daneben stehen weitere Gerichte für spezielle Aufgaben zur Verfügung, etwa der **Internationale Seegerichtshof** für die Streitbeilegung im System der UN-Seerechtskonvention[40] oder der **Internationale Strafgerichtshof** für die komplementäre Verfolgung der schwersten Verbrechen von internationaler Bedeutung (Völkermord, Verbrechen gegen die Menschlichkeit und Kriegsverbrechen), dessen Statut nach Ratifikation von 60 Staaten am 11.4.2002 in Kraft getreten ist[41]. Von diesen Gerichten sind die **internationalen Schiedsgerichte** für die zwischenstaatliche Streiterledigung zu unterscheiden, bei denen es die Staaten als Konfliktparteien – anders als bei den internationalen Gerichten – in der Hand haben, Rechtsgrundlage, Zusammensetzung des Gerichts, Auswahl des anzuwendenden Rechts und Ordnung des Verfahrens zu bestimmen[42]. Ähnliches gilt für Investor-Staat-Streitigkeiten vor Schiedsgerichten aufgrund von Investitionsschutzabkommen[43].

II. Europarechtliche Dimensionen der rechtsprechenden Gewalt

11 Auf europäischer Ebene hat der **EGMR** (in Straßburg) die Aufgabe, die in der EMRK gewährleisteten Rechte zu sichern[44]; er kann nicht nur von Staaten[45], sondern auch von natürlichen und juristischen Personen nach Erschöpfung des innerstaatlichen Rechtsweges angerufen werden[46]. Seine Judikate beeinflussen ungeachtet ihrer »nur« völkerrechtlichen Wirkungen zunehmend die Rechtsprechung der nationalen Verfas-

---

[37] Übersichtlich *A. v. Bogdandy/I. Venzke*, In wessen Namen? Internationale Gerichte in Zeiten globalen Regierens, 2. Aufl. 2014, S. 65ff., 107ff.

[38] S. näher *B. Simma*, DRiZ 2006, 181ff.; ausf. *V. Epping*, in: K. Ipsen, Völkerrecht, § 55 Rn. 36ff.; s. auch *R. Bernhardt*, ZaöRV 47 (1987), 17ff.; zur neueren individualrechtlichen Ausrichtung *K. Oellers-Frahm*, EuGRZ 2001, 265ff.

[39] *Stern*, Staatsrecht II, S. 929.

[40] *R. Wolfrum*, DRiZ 2006, 188f.; *ders.*, VN 44 (1996), 205ff.; *S. Talmon*, JuS 2001, 550ff.; *J. Bentzien*, ZLW 1996, 145ff.; *T. Eitel*, ZaöRV 55 (1995), 452ff.

[41] S. näher *H. Satzger*, Internationales und Europäisches Strafrecht, 2005, § 13 Rn. 3; *M. Hummrich*, DRiZ 2006, 185ff.; *U. Fastenrath*, JuS 1999, 632ff.; *K. Doehring*, Betrachtungen zum Statut eines Internationalen Strafgerichtshofs, in: FS Dau, 1999, S. 63ff.; *A. Zimmermann*, ZaöRV 98 (1998), 47ff.

[42] *V. Epping*, in: K. Ipsen, Völkerrecht, § 55 Rn. 17ff., 23ff.; *J.K. Schäfer*, Jura 2004, 153ff.

[43] S. näher *C. Ohler*, JZ 2015, 337 (339ff.); *H. Prütting*, AnwBl. 2015, 546 (547ff.); *L. Markert/C. Leisinger*, KSzW 2013, 119ff.; *C.D. Classen*, EuR 2012, 611 (612ff.).

[44] *Oppermann/Classen/Nettesheim*, Europarecht, § 17 Rn. 92ff.; *P.J. Glauben*, DRiZ 2006, 172ff.; *U. Müßig*, Recht und Justizhoheit, 2. Aufl. 2009, S. 422ff., 428ff.; *M.E. Villiger*, Handbuch der Europäischen Menschenrechtskonvention (EMRK), 2. Aufl. 1999, Rn. 186ff.; zur Wirkung und Beachtung der Entscheidungen *G. Ress*, EuGRZ 1996, 350ff.; ausf. *Frowein/W. Peukert*, EMRK, Erläuterungen zu Art. 38ff. EMRK.

[45] *Villiger*, Handbuch (Fn. 44), Rn. 181ff.; ausf. *P. Hold*, Die Staatenbeschwerde im Rahmen der Europäischen Menschenrechtskonvention, 1976.

[46] Siehe näher zur Individualbeschwerde *Villiger*, Handbuch (Fn. 44), Rn. 85ff., 111ff.; *K. Rogge*, EuGRZ 1996, 341ff.

sungsgerichte[47] und des EuGH[48] und dienen dabei der Korrektur, Bestätigung, Public Relation von und dem Dialog mit deren Entscheidungen[49] in einem Rechtsprechungsverbund[50].

Demgegenüber ist der **EuGH** (in Luxemburg) ein supranationales Gericht, das mit unmittelbar verbindlicher Wirkung der Wahrung des primären und sekundären Unionsrechts dient (Art. 251 ff. AEUV) und seit 1989 für bestimmte Streitigkeiten (vor allem beamtenrechtlicher Art) durch ein Gericht erster Instanz (EuG[51]) unterstützt wird[52]. Seine Rolle als »Motor der Integration«[53] in der EU als Rechtsgemeinschaft (Walter Hallstein)[54] im – ungeachtet oft kontrovers diskutierter Entscheidungen – einheitsstiftenden Prozess[55] kooperativer Rechtsentwicklung[56] durch richterliche Rechtsfortbildung[57] im Rechtsschutzsystem der EU[58], vor allem auch im Interesse des Rechtsschutzes Privater[59], lässt sich kaum überschätzen. Die wachsende Anzahl von Verfahren, insbesondere Vorabentscheidungsverfahren, hat zu Überlegungen im EuGH über die Zukunft der Gerichtssysteme der EU geführt, die die zukünftige Diskussion dauerhaft bestimmen dürften[60]. Wie auch die konkret absehbare zusätzliche Errichtung 12

---

[47] *Hopfauf* (Fn. 30), Vor Art. 92 Rn. 156 ff.; *M. Ruffert*, EuGRZ 2007, 245 (249 ff.); *S. Oeter* und *F. Merli*, Rechtsprechungskonkurrenz zwischen nationalen Verfassungsgerichten, Europäischem Gerichtshof und Europäischem Gerichtshof für Menschenrechte, VVDStRL 66 (2007), S. 361 ff. (367 ff., 378 ff.) bzw. S. 392 ff. (397 ff.); *O. Dörr*, DVBl. 2006, 1088 ff.; *G. Roellecke*, HStR³ III, § 68 Rn. 28; *S. Mückl*, Der Staat 44 (2005), 403 ff.; *G. Britz*, NVwZ 2004, 173 ff.

[48] *T. Kingreen*, in: Calliess/Ruffert, EUV/AEUV, Art. 52 GRCh Rn. 21 ff.; *M. Breuer*, EuGRZ 2005, 229 ff.

[49] Dazu *A. Nußberger*, HStR³ X, § 209 Rn. 62 ff.; zuletzt *M.D. Poli*, Der Staat 55 (2016), 373 ff.

[50] *M. Albers*, Höchstrichterliche Rechtsfindung und Auslegung gerichtlicher Entscheidungen, VVDStRL 71 (2012), S. 257 ff. (287 ff.); *A. Voßkuhle*, NVwZ 2010, 1 ff.; *S. Oeter*, Rechtsprechungskonkurrenz zwischen nationalen Verfassungsgerichten, Europäischem Gerichtshof und Europäischem Gerichtshof für Menschenrechte, VVDStRL 66 (2007), S. 361 ff. (375 ff.).

[51] S. näher *B. Wegener*, in: Calliess/Ruffert, EUV/AEUV, Art. 256 AEUV Rn. 1 ff.; *K. Lenaerts*, EuR 25 (1990), 228 ff.; ausf. *H. Kirschner*, Das Gericht erster Instanz der Europäischen Gemeinschaften, 1995.

[52] *Oppermann/Classen/Nettesheim*, Europarecht, § 5 Rn. 132 ff.; *T. Oppermann*, DVBl. 1994, 901 ff.; übersichtlich *Hopfauf* (Fn. 30), Vor Art. 92 Rn. 137 ff.; *A. Hatje*, DRiZ 2006, 161 ff.; *U. Everling*, DVBl. 2002, 1293 ff.; *C. Schütz/M. Sauerbier*, JuS 2002, 658 ff.; *B.W. Wegener*, DVBl. 2001, 1258 ff.; *O. Dörr/U. Mager*, AöR 125 (2000), 386 ff.; ausf. *L. Kneubühler*, Zentralblatt 2000, 57 ff. (aus Schweizer Sicht); *T. Mähner*, Der Europäische Gerichtshof als Gericht, 2005; *A. Wolf-Niedermaier*, Der Europäische Gerichtshof zwischen Recht und Politik, 1997.

[53] Ausf. *G.G. Sander*, Der Europäische Gerichtshof als Förderer und Hüter der Integration, 1998; s. auch *T. Stein*, Richterrecht wie anderswo auch?, in: FS 600 Jahre Juristische Fakultät Heidelberg, 1986, S. 619 ff.

[54] Vgl. EuGH v. 23.04.1986, 294/83, Rn. 23 – *Les Verts*; BVerfGE 75, 223 (242); *I. Pernice*, EuR 31 (1996), 27 (28); ausf. *M. Zuleeg*, NJW 1994, 545 ff.

[55] *J. Saurer*, RW 7 (2016), 26 ff.; ausf. U. Haltern/A. Bergmann (Hrsg.), Der EuGH in der Kritik, 2012.

[56] Dazu näher *G.C. Rodriguez Iglesias*, NJW 2000, 1889 ff.; *I. Pernice*, EuR 31 (1996), 27 (33 ff.); zu den Kompetenzverschiebungen s. näher *C.D. Classen*, Die Jurisdiktion des Gerichtshofs der Europäischen Gemeinschaften nach Amsterdam, in: P.-C. Müller-Graff/J. Schwarze (Hrsg.), Rechtsschutz und Rechtskontrolle nach Amsterdam, 1999, S. 73 ff.

[57] Dazu ausf. *U. Everling*, JZ 2000, 217 ff.

[58] S. etwa *K.F. Gärditz*, Rechtsschutz, in: M. Böse (Hrsg.), Europäisches Strafrecht, 2013, § 24 Rn. 1 ff.; *F. Schoch*, GVwR² III, § 50 Rn. 22 ff.; *I. Pernice*, EuR 2011, 151 (153 ff.).

[59] *J. Saurer*, RW 7 (2016), 26 (36 ff.); *G. Roellecke*, HStR³ III, § 68 Rn. 27; ausf. bilanzierend *J. Schwarze*, DVBl. 2002, 1297 ff.

[60] Abdruck des »Reflexionspapiers« vom 28.5.1999 in: EuZW 1999, 750 ff. mit statistischen Angaben zur Be- bzw. Überlastung S. 755 f.; dazu *M.W. Huff*, EuZW 2000, 97; ausf. zum Problem *I. Per-*

einer europäischen Patentgerichtsbarkeit mit einem Einheitlichen Patentgericht[61] können solche Entwicklungen zunehmend zu Koordinationsbedarf und Rechtsprechungskonkurrenz führen[62].

13 Die **EMRK** legt auch Anforderungen fest, ohne deren Erfüllung ein Organ nicht als Gericht angesehen werden kann[63]. Der Spruchkörper des Gerichts muss nach Art. 6 EMRK auf einem Gesetz beruhen (→ Art. 101 Rn. 8) und die Unabhängigkeit und Unparteilichkeit seiner Mitglieder (→ Art. 97 Rn. 9f.) gewährleisten[64], so dass die Unabhängigkeit auch äußerlich erkennbar ist, etwa durch förmliche Bestellung der Richter, eine festgelegte Dauer der Amtsperiode oder Garantien gegen äußeren Druck[65]. Abweichend vom Grundgesetz (→ Rn. 55ff.) genügt es Art. 6 EMRK, dass ein Gericht im materiellen Sinne entscheidet, ohne dass es in die Gerichtsorganisation im engeren staatsrechtlichen Sinn eingegliedert sein muss[66]. Dem korrespondiert das unionsrechtliche Verständnis von Gerichten in der Rechtsprechung des EuGH[67].

III. Rechtsvergleichende Hinweise

14 Soweit die **Verfassungen westlichen Typs** die rechtsprechende Gewalt Gerichten (so z. B. § 3 Verf. Dänemark; § 3 III Verf. Finnland; Art. 26 III Verf. Griechenland; Art. 109 Verf. Litauen; Art. 49 Verf. Luxemburg; Art. 112 Verf. Niederlande; Art. 82 Verf. Österreich; Art. 205 I Verf. Portugal; Kap. 1 § 8 Verf. Schweden) oder Richtern anvertrauen (so z. B. Art. 34 I Verf. Irland; Art. 102 Verf. Italien; Art. 117 I Verf. Spanien), findet Art. 92 GG auch im internationalen Rechtsvergleich allenthalben Entsprechungen; mitunter wird auch nur der oberste Gerichtshof konstitutionalisiert, die Unabhängigkeit der Rechtspflege damit eher indirekt geregelt (§§ 53ff. Verf. Finnland; Art. 64 I Verf. Frankreich).

15 Soweit Art. 92 GG eine **justizbezogene Kompetenzverteilungsregel** enthält, kann es naturgemäß nur im seltenen Fall föderal organisierter Bundesstaaten vergleichbare Normen geben. So weist Art. 40 I Verf. Belgien die rechtsprechende Gewalt den Gerichtshöfen und Gerichten zu, während Art. 147 I Verf. Belgien einen Kassationshof für ganz Belgien und Art. 156 Verf. Belgien fünf regionale Appellationshöfe fordert.

---

nice, EuR 2011, 151 (160ff.); *U. Everling*, Zur Gerichtsbarkeit der Europäischen Union, in: FS Rengeling, 2008, S. 527ff. (340ff.); *G.C. Rodriguez Iglesias*, NJW 2000, 1889 (1894ff.); *H. Rösler*, ZRP 2000, 52ff.; *G. Hirsch*, ZRP 2000, 57ff.; s. auch *Wegener* (Fn. 51), Art. 256 AEUV Rn. 29. – Der abschließende Bericht der Reflexionsgruppe vom 19.1.2000 ist abgedruckt als Sonderbeilage zu Heft 19 der NJW 2000.

[61] Vgl. den Entwurf eines Gesetzes zur Anpassung patentrechtlicher Vorschriften auf Grund der europäischen Patenreform vom 20.06.2016, BT-Drs. 18/8827.

[62] *A. Hense*, HStR³ VI, § 137 Rn. 51.

[63] Vgl. EGMR, 27.8.1991, EuGRZ 1991, 475 (477 – Rn. 39ff.) – *Demicoli*; EGMR, 29.4.1988, EuGRZ 1989, 21 (30 – Rn. 64) – *Belilos*; *J. Gundel*, HGR VI/1, §146 Rn. 85ff.; ausf. *Villiger*, Handbuch (Fn. 44), Rn. 412ff.; s. auch *J.P. Müller/M. Schefer*, Grundrechte in der Schweiz, 4. Aufl. 2008, S. 931f.

[64] *J. Gundel*, HGR VI/1, §146 Rn. 90ff., 96ff.; *H.-U. Paeffgen*, ZStW 118 (2006), 275 (285ff.); *J. Schwarze*, NVwZ 2000, 241 (242); *T. Groß*, KritJ 33 (2000), 209 (213ff.); *W. Peukert*, RabelsZ 63 (1999), 600 (621ff.).

[65] Vgl. EGMR, 28.6.1985, EuGRZ 1985, 534 (540 – Rn. 81) – *Campbell und Fell*; *J. Gundel*, HGR VI/1, §146 Rn. 96; *J. Schwarze*, NVwZ 2000, 241 (242f.).

[66] So *J. Schwarze*, NVwZ 2000, 241 (242); gleichsinnig EuGH v. 17.09.1997, C-54/96, Rn. 22ff. – *Dorsch Consult*; *H.-G. Kamann/A. Sennekamp*, JuS 1999, 438ff.; s. auch EuGH v. 04.02.1999, I-566 (574 – Rn. 16ff.) – *Köllensperger*.

[67] Vgl. etwa EuGH v. 22.01.2013, C-283/11, Rn. 26ff.; EuGH v. 17.07.2014, C-58, 59/13, Rn. 17ff.; *F. Schoch*, ZfV 2015, 5 (10f.).

Die Verfassung der USA von 1787 führt auf dem Gebiet der Gerichtsbarkeit zu einer strengen Trennung zwischen Rechtsprechungskompetenz von Union und Einzelstaaten mit jeweils vollem Instanzenzug[68]. Art. 3 I Verf. USA 1787 sieht die richterliche Gewalt bei einem obersten Bundesgericht und unteren Gerichten[69]; Art. 4 I verpflichtet zur Anerkennung richterlicher Entscheidungen jedes Einzelstaats auch in jedem anderen Staat. Art. 188ff. Schweiz. BV 1999 regelt demgegenüber nur die Kompetenzen des Bundesgerichts, dem die Kantone aber ausdrücklich verwaltungsrechtliche Streitigkeiten zuweisen können (Art. 190 II Schweiz. BV; → Art. 99 Rn. 2).

Auch die **Länderverfassungen** der Bundesrepublik heben die Rechtsprechung als Funktion der Gerichte hervor (Art. 76 I 2 Verf. Mecklenburg-Vorpommern; Art. 77 I Verf. Sachsen; Art. 83 I Verf. Sachsen-Anhalt; Art. 86 I Verf. Thüringen), mitunter in einem Atemzug mit der Unabhängigkeit der Richter (Art. 2 IV 3 Verf. Brandenburg; Art. 3 III Verf. Nordrhein-Westfalen) oder der Gerichte (Art. 62 S. 1 Verf. Hamburg), sprechen aber eher selten von »rechtsprechender Gewalt« im Kontext des Grundsatzes der Gewaltenteilung (so aber Art. 65 I Verf. Baden-Württemberg; Art. 126 I Verf. Hessen; Art. 51 I Verf. Niedersachsen; Art. 109 I Verf. Saarland; Art. 43 I 1 Verf. Schleswig-Holstein); teilweise sprechen sie von »richterlicher Gewalt«: Art. 5 III Verf. Bayern; Art. 79 I Verf. Berlin; Art. 135 I Verf. Bremen; Art. 121 Verf. Rheinland-Pfalz. Überwiegend wird – anders als im Grundgesetz – die Beteiligung von ehrenamtlichen Richtern verfassungsrechtlich vorgeschrieben (z. B. Art. 88 Verf. Bayern; Art. 79 II Verf. Berlin; Art. 108 II Verf. Brandenburg; Art. 135 II Verf. Bremen; Art. 62 S. 2 Verf. Hamburg; Art. 76 II Verf. Mecklenburg-Vorpommern; Art. 51 II Verf. Niedersachsen; Art. 72 II Verf. Nordrhein-Westfalen; Art. 123 Verf. Rheinland-Pfalz; Art. 77 III Verf. Sachsen; Art. 83 I Verf. Sachsen-Anhalt; Art. 86 III Verf. Thüringen). 16

C. Erläuterungen

I. Allgemeine Bedeutung

1. Die grundsätzliche Bedeutung

Art. 92 GG ist die **zentrale Grundsatznorm** für die Normen im IX. Abschnitt des Grundgesetzes, die die Rechtsprechung als Staatsfunktion und spezifische Erscheinungsform der Ausübung demokratisch legitimierter staatlicher Herrschaftsgewalt[70] näher konturieren und das Prinzip der Gewaltenteilung in Art. 20 II 2 GG (→ Art. 20 [Rechtsstaat], Rn. 67ff.) für die Dritte Gewalt auch i. S. einer rechtsstaatlichen Legiti- 17

[68] S. näher *H. Schack*, Einführung in das US-amerikanische Zivilprozessrecht, 4. Aufl. 2011, S. 2ff., 18ff.; *W. Heun*, Rechtssystem und Gerichtsbarkeit, in: W. Jäger (Hrsg.), Regierungssystem der USA, 3. Aufl. 2007, S. 229ff. (232ff.); *U. Kayser*, Die Auswahl der Richter in der englischen und amerikanischen Rechtspraxis, 1969, S. 175ff., 233ff.; *C.-F. Menger*, Landesrecht vor Bundesgerichten, 1962, S. 8 m.w.N.

[69] S. näher *W. Brugger*, Einführung in das öffentliche Recht der USA, 2. Aufl. 2001, S. 14ff.

[70] S. näher *D. Wilke*, HStR³ V, § 112 Rn. 9; *C. Burkiczak*, in: Friauf/Höfling, GG, Art. 92 (2012), Rn. 86ff.; ausf. *M. Minkner*, Die Gerichtsverwaltung in Deutschland und Italien, 2015, S. 144ff.; *F. Wittreck*, Die Verwaltung der Dritten Gewalt, 2006, S. 114ff., 125ff.; *A. Tschentscher*, Demokratische Legitimation der dritten Gewalt, 2006, S. 145ff. und passim; *A. Voßkuhle/G. Sydow*, JZ 2002, 673ff. → Art. 20 (Demokratie), Rn. 139ff.

mation[71] konkretisieren[72]. Nach Art. 92, 1. Hs. GG **obliegt** die **Staatsaufgabe Rechtsprechung ausschließlich** staatlichen Gerichten und ihren **Richtern**; dieses Rechtsprechungsmonopol[73] verbietet den Organen der gesetzgebenden und vollziehenden Gewalt, rechtsprechende Gewalt auszuüben[74]. Diese Regelung enthält fundamentale Grundentscheidungen über Begriff und Aufgabe der Rechtsprechung (→ Rn. 25 ff.), über den Status von Richtern (→ Rn. 53 ff.) und über die Organisation der Gerichtsbarkeit (→ Rn. 27 ff., 57 ff.) und gewährleistet so zentrale Voraussetzungen für effektiven Rechtsschutz im Rechtsstaat[75]. Diese bilden elementare Voraussetzungen für die Durchsetzung des staatlichen Gewaltmonopols als Voraussetzung rechtsfriedlichen Zusammenlebens[76] (→ Art. 19 IV Rn. 35; → Art. 20 [Rechtsstaat], Rn. 8, 211, 214).

18 Art. 92 GG formuliert insoweit ein **objektives rechtsstaatliches Gebot**[77], nicht aber ein subjektives öffentliches Recht des einzelnen Richters gegen einen Entzug seiner richterlichen Tätigkeit[78]. Denn die Staatsstrukturentscheidungen des Art. 20 GG formulieren grundsätzlich nur objektives Recht, dessen Verletzung nur vermittelt im Zusammenhang mit einer Verletzung von Grundrechten oder sonstigen ausdrücklich subjektiviert formulierten Rechten (etwa nach Art. 12, 33 V, 97 GG) von einzelnen Personen geltend gemacht werden kann. Erst solche Rechte gewähren dann auch individuellen Schutz etwa gegenüber dem Entzug der richterlichen Tätigkeit (→ Art. 97 Rn. 16).

19 Art. 92, 2. Hs. GG enthält zudem als lex specialis zu Art. 30, 70 und 83 GG eine **spezielle Kompetenzverteilungsregel** im Blick auf die justizbezogene Gesetzgebung: Danach steht die Befugnis zur Errichtung von Gerichten grundsätzlich den Ländern zu; der Bund darf nur das Bundesverfassungsgericht und die sonstigen enumerativ im Grundgesetz in den Art. 95 I und 96 I–IV GG genannten Bundesgerichte errichten[79] (→ Rn. 63 f.). Zu den allgemeinen gesetzlichen Regelungen der Gerichtsverfassung sagt Art. 92, 2. Hs. GG nichts; insoweit ergibt sich die konkurrierende Gesetzgebungszuständigkeit des Bundes aus Art. 74 I Nr. 1 GG (→ Art. 74 Rn. 22).

20 Die **Auslegung des Art. 92 GG** stellt vor ein auch bei anderen Normen des Grundgesetzes bedeutsames **Dilemma**: Einerseits ist das Grundgesetz mit seinem Begriffsge-

---

[71] *K. Rennert*, JZ 2015, 529 (532 ff.).

[72] BVerfGE 22, 49 (76); s. etwa auch *C. Hillgruber*, in: Maunz/Dürig, GG, Art. 92 (2007), Rn. 13 ff.; *D. Wilke*, HStR³ V, § 112 Rn. 4 ff., 17; *C.D. Classen*, in: v. Mangoldt/Klein/Starck, GG III, Art. 92 Rn. 2; *S. Detterbeck*, in: Sachs, GG, Art. 92 Rn. 1; *Meyer* (Fn. 32), Art. 92 Rn. 2, 4, 6, 24; *H.A. Wolff*, in: Umbach/Clemens, GG, Art. 92 Rn. 4; *Wassermann* (Fn. 1), Art. 92 Rn. 8 f.; *A. Voßkuhle*, Rechtsschutz gegen den Richter, 1993, S. 65 ff.; *Menger*, Landesrecht (Fn. 68), S. 26 f.

[73] S. etwa *D. Wilke*, HStR³ V, § 112 Rn. 24 ff.; *Burkiczak* (Fn. 70), Art. 92 Rn. 17 ff.

[74] BVerfGE 101, 397 (405, Rn. 27); *D. Wilke*, HStR³ V, § 112 Rn. 24; *E. Schilken*, GVG, 4. Aufl. 2007, Rn. 32 ff., 441; *Classen* (Fn. 72), Art. 92 Rn. 32; *Meyer* (Fn. 32), Art. 92 Rn. 6 f.; *Heyde* (Fn. 30), § 33 Rn. 12; *S. Smid*, Rechtsprechung, 1990, S. 37 ff.; *K.A. Bettermann*, HStR III, § 73 Rn. 4 ff. – Zur Ausnahme beamteter Landesverfassungsrichter im Nebenamt: VerfGH R-P NVwZ-RR 2004, 233 (235); a.A. *Burkiczak* (Fn. 70), Art. 92 Rn. 22.

[75] Vgl. BVerfGE 60, 253 (296 f.).

[76] Zuletzt BVerfGE 141, 121 (134 f., Rn. 44); *Hopfauf* (Fn. 30), Vor Art. 92 Rn. 14 f.; *Classen* (Fn. 72), Art. 92 Rn. 1.

[77] *H. Sodan*, HStR³ V, § 113 Rn. 13; *Classen* (Fn. 72), Art. 92 Rn. 4; *Detterbeck* (Fn. 72), Art. 92 Rn. 3; *Burkiczak* (Fn. 70), Art. 92 Rn. 7; *Wolff* (Fn. 72), Art. 92 Rn. 7; jetzt auch Jarass/*Pieroth*, GG, Art. 92 Rn. 1; *Meyer* (Fn. 32), Art. 92 Rn. 6.

[78] So aber *Wassermann* (Fn. 1), Art. 92 Rn. 40; s. vereinzelt auch BVerfGE 64, 261 (294) – *Sondervotum Mahrenholz.*

[79] *Detterbeck* (Fn. 72), Art. 92 Rn. 1; Jarass/*Pieroth*, GG, Art. 92 Rn. 1; *Burkiczak* (Fn. 70), Art. 92 Rn. 119; *Heyde* (Fn. 30), § 33 Rn. 11.

brauch aus sich heraus auszulegen und sein Selbststand zu wahren[80], ist die rechtsprechende Gewalt systematisch im Blick auf ihre Einbindung in die Gewaltenteilung zu verstehen[81]. Andererseits ist bei der begrifflichen Bestimmung der »rechtsprechenden Gewalt« oder der »Richter« und »Gerichte« an die seit langem einfachgesetzlich geprägten Begriffe im Verständnishorizont des Verfassunggebers[82], aber auch an ihre – ggf. verfassungskonkretisierende und u. U. auch auf »stille« Weise verfassungswandelnde[83] – Fortschreibung durch den parlamentarischen Gesetzgeber anzuknüpfen[84], wie sie z. B. im GVG, dem DRiG oder in den Prozessordnungen geformt worden ist, ohne dass ein schlichter Rückgriff auf die Begrifflichkeit dieser Gesetze zulässig wäre[85]. Dabei darf es nicht zu einer »Gesetzmäßigkeit der Verfassung« kommen, sondern die elementaren unbestimmten Rechtsbegriffe in Art. 92 GG müssen trotzdem Maßstab für die Prüfung der Verfassungsmäßigkeit der sie konkretisierenden Gesetze bleiben[86].

2. Aktueller Befund

Die anfänglich in der neuartigen Hervorhebung der Richter und der Justiz im Grundgesetz[87] gesehene **Gefahr einer** den Staat schwächenden **Entwicklung zum Rechtswege-, Richter- oder Justizstaat**[88] hat sich in der gelegentlich befürchteten Weise nicht realisiert. Aber die Justiz ist doch zu einem erheblichen Machtfaktor geworden, deren Einfluss sich tendenziell teilweise noch ausdehnt[89]. Der ubiquitäre Prozess der Verrechtlichung in der modernen Industriegesellschaft hat gleichzeitig zu einer Justitialisierung nicht nur des staatlichen Handelns, sondern aller gesellschaftlichen Beziehungen geführt – und speziell in der Bundesrepublik zu der Folge einer relativ hohen Quote an Richtern und an gerichtlichen Streitigkeiten[90]. Das Wachstum der Rechtsschutzversicherungen ist nicht ein Grund, sondern ein Symptom dieser gesellschaftlich verankerten Entwicklungsprozesse[91]. Sie haben erst zu einem zunächst stetigen Ausbau der Justiz mit heute (1.1.2015) 20.301 Richtern (davon mehr als zwei Fünftel 21

[80] BVerfGE 22, 49 (76).
[81] *K.A. Bettermann*, HStR III, § 73 Rn. 17.
[82] Vgl. *Achterberg* (Fn. 1), Art. 92 Rn. 47.
[83] Vgl. dazu *H. Schulze-Fielitz*, DVBl. 1982, 328 (333f.); allg. *P. Lerche*, Stiller Verfassungswandel als aktuelles Politikum, in: Festgabe Maunz, 1971, S. 285ff. → Art. 79 I Rn. 38ff.
[84] Vgl. *Detterbeck* (Fn. 72), Art. 92 Rn. 2; krit. *Achterberg* (Fn. 1), Art. 92 Rn. 65ff.
[85] *Detterbeck* (Fn. 72), Art. 92 Rn. 2.
[86] Grdl. *W. Leisner*, Von der Verfassungsmäßigkeit der Gesetze zur Gesetzmäßigkeit der Verfassung, 1964; *P. Häberle*, AöR 90 (1965), 117ff.
[87] Vgl. *Reinhardt*, Jurisdiktion (Fn. 29), S. 77ff.
[88] So etwa früh *W. Weber*, Weimarer Verfassung und Bonner Grundgesetz (1949), in: ders., Spannungen und Kräfte im westdeutschen Verfassungssystem, 3. Aufl. 1970, S. 9ff. (29ff.); *ders.*, Das Richtertum in der deutschen Verfassungsordnung (1953), ebd., S. 84ff. (92: »Hypertrophie der Justizstaatlichkeit«) u. ö.; w.N. bei *Reinhardt*, Jurisdiktion (Fn. 29), S. 2ff.; *Heyde* (Fn. 30), § 33 Rn. 103ff.; vgl. auch *K. Sobota*, Das Prinzip Rechtsstaat, 1997, S. 203ff.
[89] S. nur *Voßkuhle*, Rechtsschutz (Fn. 72), S. 265ff.; *O.R. Kissel*, NJW 1982, 1777ff.; *O. Bachof*, Grundgesetz und Richtermacht (1959), in: ders., Wege zum Rechtsstaat, 1979, S. 172ff. (173f. u. ö.); zu Gegentendenzen *E.-H. Ritter*, NJW 2001, 3440ff.
[90] Vgl. *E. Blankenburg*, ZRP 1992, 96ff. m.w.N.; anders *H.-J. Papier*, DRiZ 2006, 261 (262).
[91] Zu den Gründen etwa *W. Jagodzinski/T. Raiser/J. Riehl*, NJW 1993, 2769ff.; *Heyde* (Fn. 30), § 33 Rn. 105; s. auch *H. Schulze-Fielitz*, Theorie und Praxis parlamentarischer Gesetzgebung, 1988, S. 4ff.

weiblich und drei Viertel in der ordentlichen Gerichtsbarkeit)[92] geführt, der seit einigen Jahren stagniert oder zurückgeführt wird und Rechtsgewährung nicht als beliebig verfügbares, sondern zunehmend als »knappes Gut« erscheinen lässt[93]. Kehrseite ist ein Wachstum an Skepsis gegenüber der Dritten Gewalt, die in einer verstärkt risikobehafteten und damit vielleicht »exekutivischen Zeit«[94] verstärkt auf Vorbehalte trifft: Sie sei zu teuer, zu langsam, zu abgehoben, zu kompliziert und agiere zu stark als »Bedenkenträger«. Praktisch bedeutsam ist der seit Jahrzehnten andauernde quantitative Rückgang erstinstanzlicher Zivilverfahren vor allem wegen hoher Prozesskosten[95], aber auch der Verfahren in allen anderen Gerichtszweigen (mit Ausnahme der Sozialgerichtsbarkeit)[96]; auch Hauptsacheverfahren vor erstinstanzlichen Verwaltungsgerichten sind binnen zwei Jahrzehnten seit 1994 um 57% zurückgegangen[97]. Im Kontrast dazu steht der Bedeutungszuwachs der Schiedsgerichtsbarkeit besonders bei Großvorhaben mit hohem Streitwert[98]. Justiz und Gesetzgeber reagieren gegenüber den neuartigen Herausforderungen auf verschiedenen Wegen[99].

22 Eine Tendenz namentlich in der Verwaltungsgerichtsbarkeit versucht, die Art und Zahl von **Rechtsschutzmöglichkeiten** – ggf. unter stärkerer Berücksichtigung alternativer Kontrollen – **einzuschränken** oder zu modifizieren, wie es in der Beschleunigungsgesetzgebung zu Beginn der 1990er Jahre deutlich wurde[100], aber generell die neuere Gesetzgebung zur Entlastung der Gerichte charakterisiert[101]. Hinzu kommt das Bestreben, durch neue Verwaltungsfunktionen wie z.B. Moderation, Vermittlungsverfahren[102] oder das Güteverfahren nach dem (europarechtlich initiierten) Mediationsgesetz[103] und andere außergerichtliche Formen der Konfliktlösung in zivil-

---

[92] Mitteilung des Bundesamtes für Justiz, Ref. III 3, vom 28.01.2016. Hinzu kommen 5.279 Staatsanwälte.

[93] *W. Hoffmann-Riem*, DRiZ 2000, 18 (21); *Heyde* (Fn. 30), § 33 Rn. 102, je in Anknüpfung an *E. Benda*, DRiZ 1979, 357 (362); in der Sache auch *U. Berlit*, Richterliche Unabhängigkeit und Organisation effektiven Rechtsschutzes im »ökonomisierten« Staat, in: H. Schulze-Fielitz/C. Schütz (Hrsg.), Justiz und Justizverwaltung zwischen Ökonomisierungsdruck und Unabhängigkeit, 2002, S. 135ff. (139ff.).

[94] So *W. Hassemer*, DRiZ 1999, 185 (188); verfassungsdogmatische »Unterfütterung« solcher Skepsis bei *Reinhardt*, Jurisdiktion (Fn. 29), passim.

[95] *R. Gaier*, NJW 2016, 1367ff.

[96] *F. Brosius-Gersdorf*, Dritte Gewalt im Wandel – Veränderte Anforderungen an Legitimität und Effektivität?, VVDStRL 74 (2015), S. 169ff. (171 mit Fn. 3).

[97] *C. Steinbeiß-Winkelmann*, NVwZ 2016, 713 (713).

[98] *Brosius-Gersdorf*, Gewalt (Fn. 96), S. 171ff.; *H. Prütting*, AnwBl. 2015, 546 (547).

[99] Sie sind großteils in den Vorschlägen des Sachverständigenrates »Schlanker Staat« gebündelt, vgl. Sachverständigenrat »Schlanker Staat« (Hrsg.), Abschlußbericht, Band 1, 1997, S. 179ff.; zsfssd. *K. Meyer-Teschendorf/H. Hofmann*, ZRP 1998, 132ff.; krit. *P. Lindemann*, ZRP 1999, 200ff.

[100] Vgl. näher *H. Schulze-Fielitz*, Verwaltungsgerichtliche Kontrolle der Planung im Wandel, in: FS Hoppe, 2000, S. 997ff.; s. auch *P. Rieß*, Zur Reform der öffentlich-rechtlichen Gerichtsbarkeit in der Bundesrepublik Deutschland, 1991, S. 20ff.

[101] Ausf. Bilanz bei *C. Schütz*, Der ökonomisierte Richter, 2005, S. 278ff.

[102] Vgl. nur *F. Schoch*, GVwR^2 III, § 50 Rn. 408ff.; *R. Pitschas*, NVwZ 2004, 396ff.; *W. Hoffmann-Riem*, Modernisierung von Recht und Justiz, 2001, S. 63ff.; *B. Holznagel*, Jura 1999, 71ff.; *J. Caspar*, DVBl. 1995, 992ff.; W. Hoffmann-Riem/E. Schmidt-Aßmann (Hrsg.), Konfliktbewältigung durch Verhandlungen, 2 Bde., 1990; ausf. *U. Rüssel*, Mediation in komplexen Verwaltungsverfahren, 2004, S. 76ff., 92ff.

[103] Vom 21.07.2012 (BGBl. I, 1577); s. näher etwa *Brosius-Gersdorf*, Gewalt (Fn. 96), S. 194ff.; *M. Bäumerich*, SchiedsVZ 2015, 237ff.; *F. Schreiber*, KritV 2013, 102ff.; *H. Prütting*, JZ 2008, 847ff.; *G. Spindler*, DVBl. 2008, 1016ff.

rechtlichen (vgl. z.B. § 15a EGZPO)[104] und strafrechtlichen Streitigkeiten[105] der Justiz außergerichtliche Streitschlichtungsverfahren als alternative Formen der Konfliktlösung[106] vorzuschalten[107], teilweise durch die Richter selbst[108]. Problematisch sind in diesem Zusammenhang funktional nicht äquivalente Erscheinungsformen von Gerichtsbarkeit, die sich staatlicher Gerichtsbarkeit eher zu entziehen scheinen, etwa die stark verselbständigten Erscheinungsformen der Sportgerichtsbarkeit[109] oder auch die Form von »Selbstjustiz«, wie sie auf privatrechtlicher Grundlage im Bereich der »Betriebsjustiz« oder der »Warenhausjustiz« verbreitet praktiziert wird[110], neuestens das Bedeutungswachstum der Schatten- oder Paralleljustiz durch sog. islamische Friedensgerichte[111]. Reflex des sich andeutenden schleichenden Bedeutungsverlusts der Dritten Gewalt ist die gelegentliche Tendenz auf der Ebene einzelner Bundesländer, die Justizministerien abzuschaffen[112] oder ihre Aufgaben von anderen Regierungsmitgliedern miterledigen zu lassen[113], auch wenn die Tradition eines selbständigen Justizministeriums eher vielfältig gebrochen erscheint[114].

Eine andere Tendenz versucht, die **Justiz** selbst zu **reformieren**, sei es durch eine erneuerte Aufgabenbeschreibung und Reorganisation des richterlichen Apparates für 23

---

[104] S. näher BVerfGK 10, 275; *P.G. v. Olenhusen*, NdsVBl. 2015, 233ff.; *J. Dieckmann*, ZG 15 (2000), 1ff.; *W. Weiß*, Schlichtung von Streitigkeiten im Gerichtsverfahren und außerhalb des Gerichtsverfahrens – Chancen zur Entlastung der Gerichte, in: FS Rolland, 1999, S.395ff.; *F. Behrens*, DRiZ 1997, 236ff.; *A. Stadler*, NJW 1998, 2479ff.; ausf. *H. Prütting* (Hrsg.), Außergerichtliche Streitschlichtung, 2003; krit. *G. Wagner*, JZ 1998, 836 (840).

[105] S. näher *J. Kaspar*, NJW 2015, 1642ff.; *J. Herrmann*, JuS 1999, 1162ff.; *G. Küpper/K.-C. Bode*, Jura 1999, 351ff.; ferner *D. Strempel*, ZRP 1998, 319ff.

[106] *Brosius-Gersdorf*, Gewalt (Fn. 96), S. 183ff.; *E.-H. Ritter*, NJW 2001, 3440ff.; vgl. *H. Unberath*, JZ 2010, 975ff.; ausf. *G. Hager*, Konflikt und Konsens, 2001.

[107] Vgl. etwa *R. Gaier*, NJW 2016, 1367ff.; *Classen* (Fn. 72), Art. 92 Rn. 25ff.; *A. Bercher/M. Engel*, JZ 2010, 226ff.; *A. Sarhan*, JZ 2008, 280ff.; *R. Pitschas*, ZRP 1998, 96 (98f.); *H.G. Mähler/G. Mähler*, NJW 1997, 1262ff.; ausf. *S. Breidenbach*, Mediation, 1995; *D. Eichmann*, Schlichtung: Zur Logik außergerichtlicher Konfliktregelung, 1994.

[108] *M.-J. Seibert*, NVwZ 2008, 365ff.; *R. Wimmer/U. Wimmer*, NJW 2007, 3243ff.; *S. Wegener*, ZKM 2006, 140ff.; *K.-M. Ortloff*, NVwZ 2004, 385 (388ff.); *ders.*, Neue Methoden des Verhandelns: Über den Einfluss der Mediation auf den Verwaltungsprozess, in: FS 50 Jahre BVerwG, 2003, S. 727ff.; *J. Ziekow*, NVwZ 2004, 390ff.; *J. v. Bargen*, DVBl. 2004, 468ff., der solches zur Aufgabe der Rechtsprechung zählt (S. 474); zurückhaltend *R. Greger*, NJW 2007, 3258ff.; *W. Spellbrink*, DRiZ 2006, 88ff.

[109] Vgl. *Hopfauf* (Fn. 30), Vor Art. 92 Rn. 114ff.; *P.W. Heermann*, NJW 2016, 2224ff.; *C. Lasthaus*, BLJ 2015, 70ff.; *U. Haas/J. Adolphsen*, NJW 1996, 2351ff.; *M. Buchberger*, SpuRt 1996, 122ff., 157ff.; ausf. *ders.*, Die Überprüfbarkeit sportverbandsrechtlicher Entscheidungen durch die ordentliche Gerichtsbarkeit, 1999.

[110] Vgl. *Classen* (Fn. 72), Art. 92 Rn. 45; krit. zu letzterer *Hopfauf* (Fn. 30), Vor Art. 92 Rn. 108; *Meyer* (Fn. 32), Art. 92 Rn. 11.

[111] *M. Porsche-Ludwig*, RuP 52 (2016), 218ff.; *C. Ernst*, DÖV 2015, 809ff.; *F. Wittreck*, Dritte Gewalt im Wandel – Veränderte Anforderungen an Legitimität und Effektivität?, VVDStRL 74 (2015), S. 115ff. (120ff., 157ff.); *Brosius-Gersdorf*, Gewalt (Fn. 96), S. 192f.; *Hopfauf* (Fn. 30), Vor Art. 92 Rn. 109; *E. Özkaraca*, ZJJ 2013, 36ff.; *H. Rottleuthner*, KritJ 2012, 444ff.; ausf. *K. Bauwens*, Religiöse Paralleljustiz, 2016.

[112] So in Nordrhein-Westfalen vorübergehend bis zu deren Verfassungswidrigerklärung (VerfGH NW OVGE 47, 280ff.) durch Zusammenlegung mit dem Innenministerium (→ Art. 97 Rn. 28).

[113] Krit. zu solchen Tendenzen *H. Prantl*, DRiZ 1999, 145ff.; s. auch *Wassermann* (Fn. 1), Art. 92 Rn. 14a.

[114] Einschränkend etwa *R. Brinktrine*, Jura 2000, 123 (130); *A. v. Arnauld*, AöR 124 (1999), 658 (662ff.).

alle Instanzen[115], sei es durch eine Reform des Gerichtsverfassungsrechts (»Große Justizreform«)[116], sei es durch stärkere Selbstverwaltung (→ Art. 95 Rn. 24), sei es durch Effektivierung der Arbeit der Justiz als rechtsprechende Gewalt durch stärkere Beachtung auch ökonomischer Überlegungen bei den Arbeitsvollzügen in der Justiz[117] oder auch nur elektronisch gestützter Informationstechnik[118]. In diesen Zusammenhang einer »Rechtsprechungseffizienz« gehören der vermehrte Einsatz von Einzelrichtern[119], die Reduzierung der Instanzen und Rechtsmittel[120], z. B. durch Einführung der Zulassungsberufung[121], die Übertragung von verwaltungsbezogenen Überlegungen zum New Public Management auf die Justizverwaltung und die Justizorganisation unter Beachtung der Eigenarten justizieller Unabhängigkeit[122] (→ Rn. 60f.) und ihrer strukturell retardierenden Funktion[123]. Auch wenn Umgestaltungsvorschläge allein auf Basis einer rein ökonomischen Analyse des Rechts der Gerichtsfunktionen[124] schnell auf verfassungsrechtliche Grenzen insbesondere aus Art. 20 III, 92 und 97 I GG stoßen, so gehen von einer (auch) ökonomischen Analyse der Justizverwaltungsorganisation Problembewusstsein und Modernisierungsanregungen aus[125], denen sich auch die Justiz nicht vorschnell entziehen kann und sollte.

24 Eine weitere Tendenz der **Europäisierung** des nationalen Rechts (→ Art. 20 [Rechtsstaat], Rn. 26ff.) und damit auch der Rechtsprechung stellt die Justiz in zunehmendem Maße vor die Notwendigkeiten prozessualer und materieller Abstimmungen des nationalen Rechts mit europarechtlichen Anforderungen z. B. im Verwaltungsverfah-

---

[115] S. nur *M. Wiebel*, ZRP 1998, 221 (221f.); zur Erneuerung der »Justizkultur« *D. Strempel*, ThürVBl. 1998, 30ff.; speziell zum Aufgabenwandel für die Verwaltungsgerichtsbarkeit *E. Schmidt-Aßmann*, VBlBW 2000, 45 (46ff.).

[116] S. näher etwa *D. Wilke*, HStR³ V, § 112 Rn. 46; *S. Weth*, ZZP 120 (2007), 135ff.; *M. Bertrams*, DVBl. 2006, 997 (1005ff.); *E. Heister-Neumann*, ZRP 2005, 12ff.; *W. Dury*, ZRP 2005, 262ff., je m.w.N.; s. auch *H.-E. Böttcher*, NK 2004, 28ff.; krit. *H. Weber-Grellet*, DRiZ 2006, 22ff.

[117] *Wittreck*, Verwaltung (Fn. 70), S. 24ff.; *Schütz*, Richter (Fn. 101), S. 329ff.; *T. Würtenberger*, Die rechtsprechende Gewalt – ökonomisch betrachtet, in: FS Brohm, 2002, S. 631ff.; *T. Groß*, Die Verwaltung 34 (2001), 371ff.; *K.F. Röhl*, DRiZ 2000, 220ff.; *U. Mäurer*, DRiZ 2000, 65ff.; *F. Schoch*, VBlBW 2000, 41 (42); *W. Hoffmann-Riem*, DRiZ 1998, 109ff.; *ders.*, Die Verwaltung 30 (1997), 481ff.; *ders.* (Hrsg.), Reform der Justizverwaltung, 1998; krit. *M. Reinhardt*, Richterliche Unabhängigkeit im »ökonomisierten Staat«, in: Schulze-Fielitz/Schütz, Justiz (Fn. 93), S. 179ff. (188ff.).

[118] *M. Bertrams*, NWVBl. 2007, 205ff.; *J. Häfner*, DRiZ 2005, 151ff.; s. auch *M. Schwoerer*, Die elektronische Justiz, 2005.

[119] Dafür *R. Pitschas*, ZRP 1998, 96 (100, 103); *J. Heitmann*, DRiZ 1998, 124 (128); dagegen *J. Schmidt*, VBlBW 2000, 53ff.; *P. Stelkens*, NVwZ 2000, 155 (158f.); *F. Hufen*, Die Verwaltung 32 (1999), 519 (526ff.); *W. Münchbach/M. Lotz*, ZRP 1999, 374 (379ff.).

[120] S. etwa *C. Meissner*, Bilanz zur Rechtsmittelreform, in: FS 50 Jahre BVerwG, 2003, S. 625ff.; *T. Brandner*, Instanzenzug und Verfassungsrecht, in: FS Brandner, 1996, S. 683ff.; am Beispiel der VwGO näher *F.O. Kopp*, NJW 1991, 521ff.

[121] S. am Beispiel der VwGO *M. Uechtritz*, VBlBW 2000, 65ff.; *J. Berkemann*, DVBl. 1998, 446ff.; *J. Bader*, DÖV 1997, 442ff.

[122] *A. Voßkuhle*, Das »Produkt« der Justiz, in: Schulze-Fielitz/Schütz, Justiz (Fn. 93), S. 35ff.; *Hoffmann-Riem*, Modernisierung (Fn. 102), S. 211ff., 235ff.; *ders.*, DRiZ 2000, 18 (22ff.); *K.F. Röhl*, DRiZ 2000, 220ff.; *ders.*, DRiZ 1998, 241ff.; *M. Eifert*, Die Verwaltung 30 (1997), 75ff.; zurückhaltend *U. Karpen*, Brauchen wir einen Gerichtsmanager?, in: FS Leisner, 1999, S. 989ff.

[123] *Wittreck*, Gewalt (Fn. 111), S. 134f., 163.

[124] Ausf. D. Schmidtchen/S. Weth (Hrsg.), Der Effizienz auf der Spur. Die Funktionsfähigkeit der Justiz im Lichte der ökonomischen Analyse des Rechts, 1999.

[125] Vgl. *D. Schmidtchen*, Die ökonomische Analyse des Rechts, in: Schmidtchen/Weth, Effizienz (Fn. 124), S. 9ff. (29ff.); s. auch *H.-P. Schwintowski*, JZ 1998, 581ff.; zum »abnehmenden Grenznutzen des Justizsystems« *H. Seiler*, ZSR 126 (2007), 159ff.; zum justizinternen Wettbewerb *J. Oebbeke*, DÖV 2007, 177ff.

rensrecht und Verwaltungsprozessrecht[126], aber auch im Zivilrecht[127], und vor die Berücksichtigung internationaler Bezüge bei Rechtsschutzbegehren von Ausländern (z. B. im Asyl- und Ausländerrecht)[128]. Bei Verstößen nationaler Gerichte gegen das Unionsrecht haften die Mitgliedstaaten dafür[129]. Über den speziellen Prozess der Europäisierung hinaus wird eine funktionsfähige Justiz zunehmend zu einem »Standortfaktor« im internationalen Wettbewerb[130], die zur rechtspolitischen Forderung nach Einführung von Kammern für internationale Handelssachen führt, vor denen in englischer Sprache verhandelt werden soll[131].

II. Die rechtsprechende Gewalt (Art. 92, 1. Hs. GG)

1. Begriff und Aufgabe der rechtsprechenden Gewalt

a) Begriff und allgemeine Funktionen

Der **Begriff der rechtsprechenden Gewalt** i. S. von Art. 92 GG ist im Grundgesetz nicht selbst definiert, sondern wird als vorkonstitutioneller Begriff vorausgesetzt[132]. Er kann weder einfach mit dem Begriffsgebrauch an anderen Stellen im Grundgesetz identifiziert werden[133], wo auf die rechtsprechende Gewalt als Staatsfunktion Bezug genommen wird (Art. 1 III, 20 II 2, 20 III GG); denn das organbezogene Verständnis von Art. 1 III GG z. B. erfasst auch Akte der Justizverwaltung (→ Art. 1 III Rn. 53), die nach allgemeiner Ansicht nicht zur rechtsprechenden Gewalt i. S. von Art. 92 GG gehören (→ Rn. 45 f.). Noch lässt er sich rein formell mit jeder Tätigkeit eines Richters oder Gerichts gleichsetzen, weil er so leerliefe und Art. 92 GG der Definitionsmacht des Gesetzgebers keine Grenzen mehr setzen könnte[134]. Wegen solcher Schwierigkeiten hat sich bislang keine Definition der »rechtsprechenden Gewalt« als dominierend durchgesetzt. 25

---

[126] Zuletzt *K. Rennert*, DVBl. 2017, 69 ff.; *K.F. Gärditz*, Funktionswandel der Verwaltungsgerichtsbarkeit unter dem Einfluss des Unionsrechts – Umfang des Verwaltungsrechtsschutzes auf dem Prüfstand, Gutachten D zum 71. DJT, 2016, mit krit. Anm. *C.D. Classen*, NJW 2016, 1621 ff. und *B.W. Wegener*, JZ 2016, 829 ff.; *C. Steinbeiß-Winkelmann*, NVwZ 2016, 713 (717 ff.); s. näher zuvor *E. Schmidt-Aßmann*, Die Europäisierung des Verwaltungsverfahrensrechts, sowie *F. Schoch*, Die Europäisierung des Verwaltungsprozessrechts, je in: FS 50 Jahre BVerwG, 2003, S. 487 ff. bzw. 507 ff.; *G. Hirsch*, VBlBW 2000, 71 ff.; *J. Schwarze*, NVwZ 2000, 241 ff.; *F. Schoch*, GVwR² III, § 50 Rn. 27 ff.; *ders.*, VBlBW 1999, 241 ff.

[127] S. etwa *J. Basedow*, Der Bundesgerichtshof, seine Rechtsanwälte und die Verantwortung für das europäische Privatrecht, in: FS Brandner, 1996, S. 651 ff.

[128] Vgl. *W. Hassemer*, DRiZ 1999, 185 (186 ff.).

[129] EuGH v. 30.09.2003, C-224/01, Rn. 32 ff. – *Köbler*; dazu näher *L. Radermacher*, NVwZ 2004, 1415 ff.; *S. Storr*, DÖV 2004, 545 ff.; *W. Kluth*, DVBl. 2004, 393 ff.

[130] Vgl. nur *G.F. Schuppert*, DRiZ 2006, 82 ff.; *E.-H. Ritter*, NJW 2001, 3440 (3444 f.).

[131] Vgl. BT-Drs. 18/1287; krit. *Burkiczak* (Fn. 70), Art. 92 Rn. 83 f.; *A. Flessner*, NJOZ 2011, 1913 ff.; *T. Handschell*, DRiZ 2010, 395 ff.; anders *Brosius-Gersdorf*, Gewalt (Fn. 96), S. 204 f.; *W. Ewer*, NJW 2010, 1323 ff.; *H. Prütting*, AnwBl. 2010, 113 ff.

[132] *D. Wilke*, HStR³ V, § 112 Rn. 14; übersichtlich *D. Lorenz*, Art. Rechtsprechung, in: StL⁷, Sp. 726 ff.; vgl. *K.A. Bettermann*, HStR III, § 73 Rn. 17 ff.; *N. Achterberg*, DVBl. 1984, 1093 (1094 f.).

[133] So allerdings *Hillgruber* (Fn. 72), Art. 92 Rn. 18; *Classen* (Fn. 72), Art. 92 Rn. 5; wohl auch *Detterbeck* (Fn. 72), Art. 92 Rn. 4.

[134] Vgl. nur BVerfGE 22, 49 (73 ff.); *D. Wilke*, HStR³ V, § 112 Rn. 57; *Classen* (Fn. 72), Art. 92 Rn. 6; *K.J. Grigoleit*, Bundesverfassungsgericht und deutsche Frage, 2004, S. 24 ff.; *Voßkuhle*, Rechtsschutz (Fn. 72), S. 70 ff.; *Smid*, Rechtsprechung (Fn. 74), S. 45 f.; *K.A. Bettermann*, HStR III, § 73 Rn. 18.

26 Die verschiedenen Definitionsvorschläge[135] stellen vor allem verfassungspositivistisch auf die Gesamtheit der Aufgaben ab, die das Grundgesetz den Gerichten zuweist[136], oder aber auf einen vorverfassungsrechtlichen Wesenskern, nämlich die **(Streit-)Entscheidung durch einen neutralen Dritten** in Bindung an das geltende Recht[137]. In diesem Rahmen stellen die unterschiedlichen Formulierungen auf einen »materiellen Begriff«[138] der rechtsprechenden Gewalt ab und heben verschiedene charakteristische Teilelemente hervor[139]. Die Ausübung der rechtsprechenden Gewalt setzt (1) ein besonderes rechtlich geregeltes Entscheidungsverfahren voraus, stellt (2) einzelfallbezogen einen konkreten Sachverhalt fest, beurteilt (3) diesen vor dem Hintergrund ungewissen, weil umstrittenen oder verletzten Rechts und handelt (4) letztverbindlich und rechtskräftig streitentscheidend allein in Anwendung des geltenden Rechts durch (5) ein unabhängiges und am Ausgangskonflikt unbeteiligtes (neutrales) Staatsorgan[140] (zum Begriff des Rechts: → Art. 20 [Rechtsstaat], Rn. 92ff.).

27 Diese Definitionsschritte erlauben nur grobe **Abgrenzungen** einerseits zum Begriff **Gesetzgebung**, die (grundsätzlich) abstrakt-generelle Regelungen als Grundlage für die (Streit-)Entscheidung durch die Rechtsprechung positiviert[141], und zum Begriff der **Verwaltung**, die jedenfalls bei Anwendung des Rechts (grundsätzlich) nicht letztverbindlich und rechtskräftig Streitigkeiten entscheidet, sondern ihre Entscheidungen auch nach Bestandskraft u. U. ändern kann und zur Verfolgung von weiteren, nicht in

[135] Vgl. etwa *A. Arndt*, Rechtsprechende Gewalt und Strafkompetenz (1961), in: ders., Gesammelte juristische Schriften, 1976, S. 241ff. (244ff.); *C. Starck*, Die Bindung des Richters an Gesetz und Verfassung, VVDStRL 34 (1976), S. 43ff. (65); *Stern*, Staatsrecht II, S. 898; *Heyde* (Fn. 30), § 33 Rn. 15; *Achterberg* (Fn. 1), Art. 92 Rn. 111; *Voßkuhle*, Rechtsschutz (Fn. 72), S. 69ff.; *Meyer* (Fn. 32), Art. 92 Rn. 15ff.; s. auch *D. Wilke*, HStR³ V, § 112 Rn. 79ff.; *Schilken* (Fn. 74), Rn. 48ff.; *C. Möllers*, Gewaltengliederung, 2005, S. 98ff.; *Classen* (Fn. 72), Art. 92 Rn. 1, 8, 10; *Detterbeck* (Fn. 72), Art. 92 Rn. 21; *A. Hopfauf*, in: Schmidt-Bleibtreu/Hofmann/Henneke, GG, Art. 92 Rn. 7ff.; *K.A. Bettermann*, HStR III, § 73 Rn. 19ff.; ausf. *Hillgruber* (Fn. 72), Art. 92 Rn. 31ff.; *M. Rabe v. Kühlewein*, Der Richtervorbehalt im Polizei- und Strafprozessrecht, 2001, S. 114ff.; übersichtlich *T.E. Aschmann*, Der Richtervorbehalt im deutschen Polizeirecht, 1999, S. 44ff.

[136] Vgl. in diesem Sinne BVerfGE 8, 197 (207); 12, 264 (274); 22, 49 (73ff.). → Rn. 30ff.

[137] In diesem Sinne z.B. BVerfGE 18, 241 (255); 48, 300 (323, 325); 133, 168 (202, Rn. 62); *E. Friesenhahn*, Über Begriff und Arten der Rechtsprechung, in: FS Thoma, 1950, S. 21ff. (26f.); *K.A. Bettermann*, HStR III, § 73 Rn. 34, 43ff.; *Meyer* (Fn. 32), Art. 92 Rn. 15, 18; ausf. *M. Fornauf*, Die Marginalisierung der Unabhängigkeit der Dritten Gewalt im System des Strafrechts, 2010, S. 87ff.; *K.F. Gärditz*, Strafprozess und Prävention, 2003, S. 142ff.; *Voßkuhle*, Rechtsschutz (Fn. 72), S. 105ff.; *Smid*, Rechtsprechung (Fn. 74), S. 48ff., 153ff.; *E.-W. Böckenförde*, Verfassungsfragen der Richterwahl (1974), 2. Aufl. 1998, S. 87ff.; a.A. *T. Groß*, Der Staat 55 (2016), 489 (505).

[138] BVerfGE 22, 49 (73); *D. Wilke*, HStR³ V, § 112 Rn. 58; *Wolff* (Fn. 72), Art. 92 Rn. 10; *Classen* (Fn. 72), Art. 92 Rn. 7; *Burkiczak* (Fn. 70), Art. 92 Rn. 27ff.; *Wolff/Bachof/Stober/Kluth*, Verwaltungsrecht I, § 20 Rn. 36ff.; *T. Pfeiffer*, ZRP 2000, 378 (380); *Voßkuhle*, Rechtsschutz (Fn. 72), S. 72ff.

[139] Zu eng BVerfGE 103, 111 (138, Rn. 112): »typischerweise« (!) die »letztverbindliche Klärung der Rechtslage in einem Streitfall im Rahmen besonders geregelter Verfahren«; krit. *G. Hermes*, JZ 2001, 873 (875f.); *Classen* (Fn. 72), Art. 92 Rn. 8; *Leisner*, Wort (Fn. 9), S. 40.

[140] Zur Neutralität der Rechtsprechung BVerfGE 60, 165 (214); 67, 65 (68); 103, 111 (139f., Rn. 117f.); 133, 168 (202, Rn. 62); *D. Wilke*, HStR³ V, § 112 Rn. 60f.; *Meyer* (Fn. 32), Art. 92 Rn. 18, 29; *D. Leuze*, in: Friauf/Höfling, GG, Art. 97 (2005), Rn. 26; *T. Pfeiffer*, ZRP 2000, 378 (379f.); *T. Groß*, KritJ 33 (2000), 209 (212ff., 219ff.); *E. Schmidt-Jortzig*, NJW 1991, 2377 (2380); ausf. *Rabe v. Kühlewein*, Richtervorbehalt (Fn. 135), S. 134ff., 178ff., 190ff.; *Voßkuhle*, Rechtsschutz (Fn. 72), S. 94ff., 105ff.; krit. *Classen* (Fn. 72), Art. 92 Rn. 9 betr. Neutralität und Unabhängigkeit; danach soll die Streitentscheidung durch einen nicht beteiligten Dritten ausreichendes Charakteristikum sein (Rn. 12).

[141] *Classen* (Fn. 72), Art. 92 Rn. 14; *Detterbeck* (Fn. 72), Art. 92 Rn. 20; *Stern*, Staatsrecht II, S. 894; *K.A. Bettermann* HStR III, § 73 Rn. 27ff.

Rechtsanwendung sich erschöpfenden Gemeinwohlzwecken handelt[142]. Sie legen verschiedene Konkretisierungen nahe. So lässt sich etwa aus der begrenzten Aufgabe der Gerichte, zu erkennen, was rechtens ist, ableiten, dass diese nur auf Antrag tätig werden[143]. Weiterhin muss stets eine (erste) Tatsacheninstanz mit freier Beweiserhebung existieren, damit richterliche Wahrheitsfindung und damit erst unabhängige Rechtsprechung möglich sein kann[144].

Dementsprechend wird auch die Aufgabe oder **Funktion der Rechtsprechung** in Anknüpfung an diese Elemente unterschiedlich akzentuiert. So lässt sich vor dem Hintergrund historischer Erfahrungen (→ Rn. 4ff.) die Durchsetzung oder Durchsetzbarkeit des Rechts i. S. der staatlichen Gewährleistung seines tatsächlichen Geltens betonen[145], aber auch die autoritative Entscheidung in Fällen bestrittenen oder verletzten Rechts[146], die Schaffung von Rechtsfrieden durch materiell gerechte Streitentscheidung[147], typischerweise das Ziel einer rechtskräftigen Entscheidung[148] oder die distanzierte Verselbständigung der rechtsprechenden Staatstätigkeit[149]. Alle diese Elemente bilden ein Reservoir von Gesichtspunkten, die die Konkretisierung des Verfassungsbegriffs der rechtsprechenden Gewalt leiten, ohne dass es ein als allein maßgeblich anerkanntes Kriterium gibt: Vielmehr wird »rechtsprechende Gewalt« formell-inhaltlich durch eine heterogene Fülle verfassungspositiver Anhaltspunkte, vorverfassungsrechtlicher Traditionen als Anknüpfungspunkte für den Verfassunggeber und durch die Verfassungsinterpretation aufgrund gesetzgeberischer Fortschreibung bestimmt[150]. Neuerdings wird vertreten, dass ein und derselbe Begriff der Rechtsprechung inhaltlich unterschiedlich zu bestimmen ist – im Blick auf die ordentliche Gerichtsbarkeit materiell in Anknüpfung an die verfassungsrechtliche Tradition (→ Rn. 33ff.), im Blick auf die öffentlich-rechtliche Gerichtsbarkeit funktionell in Anknüpfung an die neue Judikatur des Bundesverfassungsgerichts[151]. 28

Den genannten Schwierigkeiten sucht die Rechtsprechung neuerdings durch eine autoritative Neudefinition von **funktioneller Rechtsprechung** zu entkommen, bei der das Ziel einer rechtskräftigen Entscheidung besonders akzentuiert wird: Funktionell 29

---

142 Vgl. *Classen* (Fn. 72), Art. 92 Rn. 10f., 15; *K.A. Bettermann*, HStR III, § 73 Rn. 38; ausf. *Smid*, Rechtsprechung (Fn. 74), S. 153ff., 164ff., 177ff.

143 *Meyer* (Fn. 32), Art. 92 Rn. 3, 19; *K.A. Bettermann*, HStR III, § 73 Rn. 35.

144 *R. Pitschas*, ZRP 1998, 96 (102); *Smid*, Rechtsprechung (Fn. 74), S. 251ff.; *K.A. Bettermann*, HStR III, § 73 Rn. 50; *G. Willms*, Zur Verfassungsgarantie richterlicher Wahrheitsfindung, in: FS Dreher, 1977, S. 137ff. (138). → Art. 19 IV Rn. 116.

145 So *Arndt*, Gewalt (Fn. 135), S. 246; *Wassermann* (Fn. 1), Art. 92 Rn. 28.

146 So *Hesse*, Verfassungsrecht, Rn. 548; zust. *C. Degenhart*, HStR³ V, § 114 Rn. 1; ähnlich *W. Schier*, Richteramt und Grundgesetz, in: FS Firsching, 1985, S. 233ff. (239). Gegen die damit erfolgte begriffliche Einbeziehung von Strafurteilen in den Rechtsprechungsbegriff *Classen* (Fn. 72), Art. 92 Rn. 17f.

147 *Friesenhahn*, Begriff (Fn. 137), S. 43; BVerfGE 35, 51 (52) – *Sondervotum v. Schlabrendorff*; *R. Kägi-Diener*, Justiz und Verwaltung, Diss. jur. Zürich 1979, S. 32ff.; w.N. bei *Rabe v. Kühlewein*, Richtervorbehalt (Fn. 135), S. 121f., 152ff.

148 Vgl. BVerfGE 138, 33 (40, Rn. 18); *Arndt*, Gewalt (Fn. 135), S. 246 unter Verweis auf J. Goldschmidt; *Hillgruber* (Fn. 72), Art. 92 Rn. 44; s. auch zur Letztverbindlichkeit *Meyer* (Fn. 32), Art. 92 Rn. 19; *R. Wassermann*, NdsVBl. 1997, 145 (146).

149 *F. Schoch*, GVwR² III, § 50 Rn. 49f.; *R. Thoma*, Grundbegriffe und Grundsätze, in: HdbDStR II, S. 108ff. (133); *Sobota*, Prinzip (Fn. 88), S. 192f.

150 So BVerfGE 76, 100 (106); 103, 111 (137, Rn. 112); ausf. *D. Wilke*, HStR³ V, § 112 Rn. 72ff.; *Rabe v. Kühlewein*, Richtervorbehalt (Fn. 135), S. 140ff., 234ff.

151 So *Hillgruber* (Fn. 72), Art. 92 Rn. 45ff., der aber ebenfalls differenzierende Einschränkungen machen muss (Rn. 49).

liege Rechtsprechung vor, »wenn der Gesetzgeber ein gerichtsförmiges Verfahren hoheitlicher Streitbeilegung vorsieht und den dort zu treffenden Entscheidungen eine Rechtswirkung verleiht, die nur unabhängige Gerichte herbeiführen können. Zu den wesentlichen Begriffsmerkmalen der Rechtsprechung in diesem Sinne gehört das Element der Entscheidung, der letztverbindlichen, der Rechtskraft fähigen Feststellung und des Ausspruchs dessen, was im konkreten Fall rechtens ist«[152]. Diese Bestimmung erscheint tautologisch, weil allein eine Rechtskraftwirkung Rechtsprechung nicht als solche definieren kann, sondern eine Folge von Rechtsprechung ist, weitere Definitionsmerkmale aber offen bleiben und als gegeben unterstellt werden[153], und sie ist mit dem Verständnis des Art. 92 GG als Garantie eines Rechtsprechungsmonopols für Richter (→ Rn. 17, 51) kaum vereinbar[154].

b) Rechtsprechungsaufgaben der Gerichte

aa) Rechtsweggarantien und Richtervorbehalte

30 Rechtsprechung umfasst zunächst alle staatlichen Entscheidungstätigkeiten durch Gerichte, die der Text des Grundgesetzes ausdrücklich als solche ansieht[155], insbesondere die verschiedenen Rechtsweggarantien und verfassungsrechtlichen Richtervorbehalte[156]: So verlangen die im Grundgesetz explizit normierten **Rechtsweggarantien**, dass in den dort bestimmten Angelegenheiten letztverbindlich Gerichte – in der Regel nachträglich – sollen entscheiden können, wenn sie gegen vorgängige Akte der Exekutive angerufen werden[157]. Das gilt allgemein für alle Akte der Verwaltung bis hin zu Bußgeldbescheiden (Art. 19 IV 1, 2 GG) – nicht aber für Akte der Gesetzgebung oder Rechtsprechung (→ Art. 19 IV Rn. 48ff.) – und speziell für Freiheitsbeeinträchtigungen durch das Abhören von Wohnungen (Art. 13 IV 2 GG) oder behördliche Freiheitsentziehungen (Art. 104 II 2, III GG). Aber auch für Streitigkeiten um die Entschädigungshöhe bei Enteignungen oder Sozialisierungen (Art. 14 III 4, 15 S. 2 GG), Schadensersatzansprüchen gegen den Staat (Art. 34 S. 3 GG) oder gegen die Wahlprüfungsentscheidungen des Bundestages (Art. 41 II GG) normiert das Grundgesetz ausdrücklich spezielle Rechtsweggarantien, von den vielfältigen verfassungsgerichtlichen Rechtsweggarantien (Art. 93 GG) ganz zu schweigen.

31 Demgegenüber verlangen verschiedene **Richtervorbehalte des Grundgesetzes**, dass von vornherein nur Gerichte über die Zulässigkeit bestimmter staatlicher Maßnahmen entscheiden dürfen[158]. Das gilt grundsätzlich für die präventive richterliche Kontrolle beim Durchsuchen und Abhören von Wohnräumen (Art. 13 II, III, IV GG) und bei Freiheitsentziehungen (Art. 104 II 1 GG), weil unabhängige Richter in ihrer Gesetzes-

---

[152] BVerfGE 103, 111 (137, Rn. 112); ähnlich BVerfGK 4, 1 (6); dazu auch *Detterbeck* (Fn. 72), Art. 92 Rn. 21a; *Burkiczak* (Fn. 70), Art. 92 Rn. 31; *Classen* (Fn. 72), Art. 92 Rn. 7f.; *T. Groß*, Der Staat 55 (2016), 489 (505).

[153] Vgl. krit. *Hillgruber* (Fn. 72), Art. 92 Rn. 42; *G. Hermes*, JZ 2001, 873 (875f.); *M. Wild*, DVBl. 2001, 888 (891); *J. Kersten*, DVBl. 2001, 768 (771).

[154] S. näher *D. Wilke*, HStR³ V, § 112 Rn. 75ff.

[155] Vgl. BVerfGE 22, 49 (76f.); *Hillgruber* (Fn. 72), Art. 92 Rn. 33; *Burkiczak* (Fn. 70), Art. 92 Rn. 35; *Meyer* (Fn. 32), Art. 92 Rn. 27; *Voßkuhle*, Rechtsschutz (Fn. 72), S. 67.

[156] S. näher *Wolff* (Fn. 72), Art. 92 Rn. 13ff., 17ff.; *Heyde* (Fn. 30), § 33 Rn. 14; *K.A. Bettermann*, HStR III, § 73 Rn. 61ff., 66ff.; einschränkend *Classen* (Fn. 72), Art. 92 Rn. 6.

[157] *D. Wilke*, HStR³ V, § 112 Rn. 47, 82f.; Jarass/*Pieroth*, GG, Art. 92 Rn. 2; *Detterbeck* (Fn. 72), Art. 92 Rn. 6, 8; *Hopfauf* (Fn. 135), Art. 92 Rn. 8, 12.

[158] Vgl. *A. Voßkuhle*, HGR V, § 131 Rn. 4, 15ff.; *D. Wilke*, HStR³ V, § 112 Rn. 84f.

bindung die Rechte der Betroffenen im Einzelfall am besten wahren können[159], aber auch für die Vielzahl von Streitigkeiten, deren Entscheidungen ausdrücklich (nur) dem **Bundesverfassungsgericht** zugewiesen sind – etwa über die Verwirkung von Grundrechten (Art. 18 GG), das Verbot politischer Parteien (Art. 21 II 2 GG), die Richterentlassung (Art. 98 II, V GG), Anklagen des Bundespräsidenten (Art. 61 GG) oder von Bundesrichtern (Art. 98 V 3 GG), oder aus sonstigen Gründen (→ Art. 93 Rn. 100).

Die Gesamtheit dieser von der Verfassung ausdrücklich als **Rechtsprechung im materiellen Sinne** betrachteten[160] und den Gerichten zugewiesenen Aufgaben umschreiben die herkömmlicherweise wichtigsten Zuständigkeiten der Gerichte, die wegen der Schwere des Eingriffs und ihrer Bedeutung für die Rechtsstellung des Staatsbürgers am ehesten der Sicherungen eines gerichtlichen Verfahrens bedürfen[161]. Insoweit hat Art. 92 GG nur deklaratorische Bedeutung[162]. Zusätzliche Richtervorbehalte im einfachen Gesetzesrecht[163] begründen nicht zwingend nur deshalb ebenfalls materielle Rechtsprechungsaufgaben, weil das Grundgesetz funktional ähnliche Richtervorbehalte herkömmlicher Art zu jenen materiellen Rechtsprechungsaufgaben zählt[164]. 32

bb) Materielle Rechtsprechungsaufgaben

Neben den durch die Rechtsweggarantien und Richtervorbehalte speziell hervorgehobenen und durch Art. 92 GG nur deklaratorisch erfassten Gegenständen entscheidet Art. 92 GG auch konstitutiv, dass die **traditionellen Kernbereiche der Rechtsprechung**, namentlich die Entscheidungen der bürgerlichen und strafrechtlichen Gerichtsbarkeit, materiell zur rechtsprechenden Gewalt i. S. von Art. 92 GG zu zählen sind[165], auch wenn sie im Text des Grundgesetzes nicht ausdrücklich hervorgehoben werden. Diese Kernaufgaben können der Rechtsprechung auch durch Gesetz nicht entzogen werden. 33

Zu den Kernbereichen der **Strafgerichtsbarkeit** gehören die Verhängung von Kriminalstrafen einschließlich der Geldstrafen[166], weil solche Strafen besonders nachhaltig in die Rechtsstellung des Staatsbürgers eingreifen und mit einem schwerwiegenden ethischen Schuldvorwurf verbunden sind[167], dessen Erkennen oder davon Freisprechen einem Richter vorbehalten bleiben muss[168], ferner alle letztverbindlichen Entscheidungen über Freiheitsentziehungen i. S. von Art. 104 II 2 GG (→ Art. 104 Rn. 37 ff., 34

---

[159] BVerfGE 77, 1 (51); 103, 142 (151, Rn. 27); 109, 279 (358, Rn. 270); 115, 166 (196 f., Rn. 115).

[160] So z. B. für den Richtervorbehalt (bei Durchsuchungen) BVerfGE 49, 329 (341); *A. Voßkuhle*, NJW 2003, 2193 (2196); *Wolff* (Fn. 72), Art. 92 Rn. 12, 34; a.A. BVerfGE 107, 395 (406, Rn. 28); BVerfGK 4, 1 (6); *Hillgruber* (Fn. 72), Art. 92 Rn. 32, 40; *C. Gusy*, in: v. Mangoldt/Klein/Starck, GG III, Art. 104 Rn. 40; *ders.*, JZ 1998, 167 (170).

[161] So BVerfGE 22, 49 (77).

[162] *Detterbeck* (Fn. 72), Art. 92 Rn. 9; *Burkiczak* (Fn. 70), Art. 92 Rn. 35.

[163] Übersichtlich *A. Voßkuhle*, HGR V, § 131 Rn. 42 ff.

[164] Vgl. dazu *Aschmann*, Richtervorbehalt (Fn. 135), S. 56 ff.; ferner *G. Bachmann*, Probleme des Rechtsschutzes gegen Grundrechtseingriffe im strafrechtlichen Ermittlungsverfahren, 1994, S. 64 ff.

[165] Grdl. BVerfGE 22, 49 (73 ff., 77 f.); 27, 18 (28); 76, 100 (106); 103, 111 (136 f., Rn. 111 f.); BVerfGK 4, 1 (6); BGHZ 82, 34 (40); *Wolff* (Fn. 72), Art. 92 Rn. 28 f.; *Detterbeck* (Fn. 72), Art. 92 Rn. 9; Jarass/*Pieroth*, GG, Art. 92 Rn. 3; *K.A. Bettermann*, HStR III, § 73 Rn. 19; *Stern*, Staatsrecht II, S. 894 ff.; *Achterberg* (Fn. 1), Art. 92 Rn. 92 ff., 106; *Heyde* (Fn. 30), § 33 Rn. 12 ff.; krit. *Voßkuhle*, Rechtsschutz (Fn. 72), S. 84; *Classen* (Fn. 72), Art. 92 Rn. 17 f.

[166] BVerfGE 22, 125 (130); Jarass/*Pieroth*, GG, Art. 92 Rn. 3; *Burkiczak* (Fn. 70), Art. 92 Rn. 37 ff.; *Meyer* (Fn. 32), Art. 92 Rn. 27.

[167] BVerfGE 8, 197 (207); 22, 49 (79); 27, 18 (28 f.); 27, 36 (40); 45, 272 (288 f.).

[168] *Burkiczak* (Fn. 70), Art. 92 Rn. 38; *K.A. Bettermann*, HStR III, § 73 Rn. 22 ff.

45ff.)[169]. Demgegenüber soll Ordnungswidrigkeiten der Ernst der staatlichen Strafe fehlen[170] (→ Rn. 39).

35 Zum Kernbereich der **bürgerlichen Gerichtsbarkeit** gehören etwa Rechtsstreitigkeiten vermögensrechtlicher Art[171], aber nur ein Teil der Angelegenheiten der freiwilligen Gerichtsbarkeit[172].

36 Zum Kernbereich der **Verwaltungsgerichtsbarkeit** gehören alle von Art. 19 IV GG garantierten Rechtsschutzmöglichkeiten gegen den Bürger belastende, d. h. potentiell seine Rechte verletzende Handlungen der Verwaltung, etwa auch die Entscheidung über streitige Statusfragen (im Staatsangehörigkeitsrecht)[173].

37 Zur **Art und Weise der Ausübung der rechtsprechenden Gewalt** gehören alle richterlichen Handlungen, die eine Entscheidung vorbereiten und in unmittelbarem Zusammenhang mit der Rechtsfindung stehen[174]: Dazu zählen einerseits die Entscheidungen über Terminbestimmung, Ladung, Sitzung, Fristbestimmungen oder Einzelrichterbestellung, andererseits Entscheidungen während der Sitzungen wie prozessleitende Maßnahmen oder Zeugenvernehmung[175]; materiell betrachtet gehört z. B. dazu, den entscheidungserheblichen Sachverhalt zu ermitteln[176] oder selbst zu entscheiden, welche Beweismittel zur Aufklärung der Sache erforderlich sind[177], die Durchführung von Zwischenverfahren, Vorlagen an Obergerichte u. a. Auch normverwerfende Entscheidungen sind ungeachtet der ihnen eingeräumten Gesetzeskraft (§ 31 II BVerfGG[178]) bzw. Allgemeinverbindlichkeit (§ 47 V 2 VwGO) Rechtsprechungsakte[179].

cc) Gesetzgeberische Bestimmung der materiellen Rechtsprechungsaufgaben

38 Der parlamentarische **Gesetzgeber** ist einerseits an den Begriff der (materiellen) Rechtsprechung in Art. 92 GG gebunden, konkretisiert andererseits diesen Begriff durch einfaches Gesetz (z. B. GVG, DRiG, Prozessordnungen); dessen Inhalte haben auch indizielle Bedeutung für den – normgeprägten[180] – Verfassungsbegriff der Rechtsprechung[181]. Der Gesetzgeber hat in diesem Rahmen eine gewisse **Freiheit**, den Umfang der **Aufgaben der rechtsprechenden Gewalt** mittelbar durch Reduzierung oder Ausweitung einer Gesetzesmaterie näher **zu bestimmen**[182]. Das gilt für alle Rechtsge-

---

[169] BVerfGE 22, 49 (77); *Hopfauf* (Fn. 135), Art. 92 Rn. 12; *Detterbeck* (Fn. 72), Art. 92 Rn. 10; anders wohl BVerfGE 22, 311 (317).

[170] BVerfGE 22, 49 (79); krit. *K.A. Bettermann*, HStR III, § 73 Rn. 21.

[171] Vgl. BVerfGE 14, 56 (66); 22, 49 (78); *Burkiczak* (Fn. 70), Art. 92 Rn. 36; *Hillgruber* (Fn. 72), Art. 92 Rn. 41, 47, 55.

[172] Jarass/*Pieroth*, GG, Art. 92 Rn. 3; *D. Wilke*, HStR³ V, § 112 Rn. 65; *K.A. Bettermann*, HStR III, § 73 Rn. 48.

[173] BayVGH DVBl. 1977, 108. → Art. 19 IV Rn. 48ff., 60ff.

[174] *Classen* (Fn. 72), Art. 92 Rn. 19; *Wolff* (Fn. 72), Art. 92 Rn. 38.

[175] *H.-J. Papier*, NJW 1990, 8 (9); *G.* und *J. Schmidt-Räntsch*, Deutsches Richtergesetz, 6. Aufl. 2009, § 25 Rn. 10.

[176] Jarass/*Pieroth*, GG, Art. 92 Rn. 4; *Detterbeck* (Fn. 72), Art. 92 Rn. 9; *J. Pietzcker*, NVwZ 1996, 313 (316); *K.A. Bettermann*, HStR III, § 73 Rn. 50.

[177] BVerfGE 57, 250 (287f.); BGHZ 76, 288 (291); *Classen* (Fn. 72), Art. 92 Rn. 19; Jarass/*Pieroth*, GG, Art. 92 Rn. 4; *Detterbeck* (Fn. 72), Art. 92 Rn. 9; *Achterberg* (Fn. 1), Art. 92 Rn. 227.

[178] Vgl. BVerfGE 1, 89 (90); BGHZ 13, 265 (278); *M. Sachs*, Die Bindung des Bundesverfassungsgerichts an seine Entscheidungen, 1977, S. 297.

[179] *Detterbeck* (Fn. 72), Art. 92 Rn. 20; *K.A. Bettermann*, HStR III, § 73 Rn. 29.

[180] Vgl. BVerfGE 64, 175 (179); 76, 100 (106); krit. *K.A. Bettermann*, HStR III, § 73 Rn. 21.

[181] *Detterbeck* (Fn. 72), Art. 92 Rn. 12. → Rn. 20.

[182] BVerfGE 22, 49 (78); 27, 18 (28); 64, 175 (179); 76, 100 (106); *Wolff* (Fn. 72), Art. 92 Rn. 30ff.;

biete, so dass selbst dem Bundesverfassungsgericht die (nur) durch parlamentarisches Gesetz zugewiesenen Rechtsprechungsaufgaben auch wieder entzogen werden könnten[183]. Auch die Neuregelung zahlreicher Richtervorbehalte in der neueren Polizeigesetzgebung lässt sich in diesem Sinne als Wahrnehmung einer solchen »relativen Ausgestaltungsbefugnis« interpretieren[184].

Ein solcher Zugriff des Gesetzgebers stößt an die **Grenze** eines »gesetzesfesten« unantastbaren **Kernbereichs**[185] materieller Rechtsprechungsaufgaben, die der rechtsprechenden Gewalt auch nicht durch Gesetz entzogen werden dürfen. Dieser Kernbereich gilt für Rechtsstreitigkeiten aller Rechtsgebiete[186], lässt sich aber am Beispiel des Strafrechts besonders gut verdeutlichen: Danach dürfen Strafrechtssanktionen aufgrund von »bedeutsamen Unrechtstatbeständen« der Rechtsprechung nicht entzogen werden[187], sondern nur weniger gewichtige strafrechtliche Tatbestände, die statt im Kriminalstrafrecht alternativ auch im Ordnungswidrigkeitenrecht geregelt sein dürfen[188]. Daraus ergeben sich für den Gesetzgeber Anforderungen bei einer Politik der Entkriminalisierung: Nicht nur dürfen Delikte, die zum Kernbereich des Strafrechts zählen (z. B. »Kapitaldelikte«), nicht entkriminalisiert und ihre Sanktionierung anderen Organen als solchen der Rechtsprechung zugewiesen werden[189]; sondern Delikte, die entkriminalisiert werden, dürfen dann auch nicht durch Organe, die nicht zur Dritten Gewalt zählen, mit Sanktionen belegt werden, die wie Kriminalstrafen wirken[190]. 39

dd) Die Aufgabe der Rechtsfortbildung ungeachtet der grundsätzlichen Trennung von Rechtsprechung und Gesetzgebung

Art. 92 i. V. m. Art. 20 II 2 GG gebietet ebenfalls grundsätzlich eine **Trennung von Rechtsprechung und Gesetzgebung**[191] (→ Rn. 17); bei Wahl eines Richters in Bundestag oder Landesparlament endet sein Richteramt[192]. Der rechtsprechenden Gewalt unterfällt die Streitentscheidung im Einzelfall, nicht aber die Beantwortung der Frage, was abstrakt-generell rechtens sein *soll*[193]. Die darin implizierte Berufung auf die Unterscheidung von Recht-Setzung und Rechts-Bildung[194] oder auf die Rechtsmethodik der Rechtsanwendung[195] folgt einer auch in Art. 20 II 2 GG angelegten systemleitenden 40

Detterbeck (Fn. 72), Art. 92 Rn. 11; *Meyer* (Fn. 32), Art. 92 Rn. 28; *Reinhardt*, Jurisdiktion (Fn. 29), S. 95; *K.A. Bettermann*, HStR III, § 73 Rn. 26, 48; *Stern*, Staatsrecht II, S. 899.

183 *Detterbeck* (Fn. 72), Art. 92 Rn. 12.

184 So *U. Berlit*, NdsVBl. 1996, 197 (200); a.A. *Aschmann*, Richtervorbehalt (Fn. 135), S. 57ff.; *H. Lisken/R. Mokros*, NVwZ 1991, 609 (610).

185 BVerfGE 27, 18 (29f.); s. auch E 64, 261 (278); *Detterbeck* (Fn. 72), Art. 92 Rn. 16.

186 *Detterbeck* (Fn. 72), Art. 92 Rn. 20; s. auch *K.A. Bettermann*, HStR III, § 73 Rn. 48.

187 BVerfGE 22, 49 (81); 22, 125 (132f.); 27, 18 (28); 64, 265 (294); a.A. *Classen* (Fn. 72), Art. 92 Rn. 18 mit Anm. 61: Keine Frage von Art. 92 GG.

188 BVerfGE 8, 197 (207); 22, 49 (81); 22, 125 (133); 23, 113 (126); 27, 18 (28).

189 Vgl. BVerfGE 27, 18 (29f.); 45, 272 (289); *Detterbeck* (Fn. 72), Art. 92 Rn. 18.

190 BVerfGE 22, 49 (79ff.); s. auch E 22, 311 (317); 23, 113 (126); 27, 18 (33); *Detterbeck* (Fn. 72), Art. 92 Rn. 17.

191 BVerfGE 4, 219 (234); Jarass/*Pieroth*, GG, Art. 92 Rn. 11; *K.A. Bettermann*, HStR III, § 73 Rn. 27ff.; ausf. zu ihrem Verhältnis *P. Kirchhof*, Der Auftrag des Grundgesetzes an die rechtsprechende Gewalt, in: FS 600 Jahre Juristische Fakultät Heidelberg, 1986, S. 11ff. (16ff.).

192 *Burkiczak* (Fn. 70), Art. 92 Rn. 24.

193 *E. Schmidt-Jortzig*, NJW 1991, 2377 (2378); *K.A. Bettermann*, HStR III, § 73 Rn. 40.

194 *K.A. Bettermann*, HStR III, § 73 Rn. 28.

195 Vgl. *G. Kirchhof*, DVBl. 2011, 1068 (1070f., 1074); *G. Hirsch*, JZ 2007, 853 (855f.); *Classen* (Fn. 72), Art. 92 Rn. 14.

Zäsur, die für weite Bereiche der alltäglichen gerichtlichen Entscheidungsroutine wirksam sein dürfte.

41 Indessen folgt aus dem Rechtsverweigerungsverbot[196], aus Defiziten der Gesetzeslage (»Lücken«) und aus der Aufgabe der Rechtsfortbildung namentlich durch die obersten Bundesgerichte oftmals eine verfassungsgeleitete (scheinbar »sekundäre«) Entfaltung von **rechtsfortbildendem Richterrecht**, die – etwa in der Rechtsprechung des BAG zum Arbeitskampfrecht[197] – der Funktion von Gesetzgebung nahekommt bzw. vergleichbar erscheint[198] und überdies gesetzes- und verfassungsgeboten ist[199] (→ Art. 20 [Rechtsstaat], Rn. 111 ff.). Der Trennungsgrundsatz erfährt daher Ausnahmen i. S. einer gewissen Überlappung, ohne dass in Rechtsprechung und Lehre allgemein anerkannte und praktizierbare klare Kriterien der Grenzziehung zwischen Rechtsanwendung und gesetzgebungsähnlicher Rechtsfortbildung bestünden[200]. Die Kritik daran[201] unterstellt einen so nicht (mehr) gegebenen gesicherten Stand der methodischen Abgrenzbarkeit, der seinerseits vor dem Hintergrund begrenzter Determinationskraft der juristischen Methodik sehr breit und offen erscheint[202]. Art. 92 GG verbietet nicht die richterliche Rechtsfortbildung, sondern gebietet sie nach Maßgabe und unter Beachtung der prozessrechtlichen Restriktionen[203].

c) Aufgaben der Gerichte ohne Rechtsprechungscharakter

aa) Die grundsätzliche Trennung von Rechtsprechung und Verwaltung

42 Es ist einerseits grundsätzlich von einem **Gebot zur Trennung von Rechtsprechung und Verwaltung** als rechtsstaatlicher Errungenschaft auszugehen[204], wie es in § 4 I DRiG

---

[196] Z. B. *C. W. Hergenröder*, Zivilprozessuale Grundlagen richterlicher Rechtsfortbildung, 1995, S. 172 ff.; *O. R. Kissel/H. Mayer*, GVG, 8. Aufl. 2015, Einl. Rn. 213; *E. Schumann*, ZZP 81 (1968), 79 ff.; s. auch *J. Ipsen*, Richterrecht und Verfassung, 1975, S. 53 ff.; *H. Hofmann*, Das Recht des Rechts, das Recht der Herrschaft und die Einheit der Verfassung, 1998, S. 13 ff., 27 ff.; krit. *W. Durner*, JA 2008, 7 (9).

[197] Vgl. nur BVerfGE 84, 212 (226 f.); *W. Zöllner*, Die Stellung des Bundesarbeitsgerichts im Gefüge der arbeitsrechtlichen Regelsetzer – rechtspolitisch betrachtet, in: FS 50 Jahre BAG, 2004, S. 1395 ff.

[198] Vgl. *Wassermann* (Fn. 1), Art. 92 Rn. 15 ff.; umfassend *Hergenröder*, Grundlagen (Fn. 196), S. 1 ff., 133 ff., 197 ff. u. ö.

[199] BVerfGE 34, 269 (287 f.); *R. Gaier*, NJW 2016, 1367 (1370); *H.-J. Papier*, HGR V, § 130 Rn. 27; *D. Wilke*, HStR³ V, § 112 Rn. 32; *T. Dieterich*, Betr. Justiz 2007, 158 (161 ff.); *Hergenröder*, Grundlagen (Fn. 196), S. 168 ff.

[200] Vgl. etwa *P. Meier/F. Jocham*, JuS 2016, 392 ff.; *Hopfauf* (Fn. 30), Vor Art. 92 Rn. 35 ff.; *M. Jachmann*, in: Maunz/Dürig, GG, Art. 95 (2011), Rn. 14 ff.; *Wittreck*, Verwaltung (Fn. 70), S. 135 ff.; *B. Pieroth/T. Aubel*, JZ 2003, 504 (505 f.); *H.-P. Schneider*, ZRP 1998, 323 (325 ff.); *Reinhardt*, Jurisdiktion (Fn. 29), S. 85 ff., 175 ff., 311 ff.; *G. Roellecke*, JZ 1992, 929 ff.; *C. Gusy*, DÖV 1992, 461 ff.; *R. Herzog*, Gesetzgeber und Richter: Rechtsfortbildung durch Richterrecht in der Bundesrepublik Deutschland (1988), in: ders., Staat und Recht im Wandel, 1993, S. 142 ff. (150 ff.); *Ipsen*, Richterrecht (Fn. 196), S. 34 ff., 63 ff.

[201] Z. B. *W. Wolf*, Richtermacht im Gesetzesstaat, in: FS Landau, 2016, S. 171 ff. (178 ff.); *D. Willoweit*, JZ 2016, 429 (431 f.); *R. Scholz*, ZG 28 (2013), 105 ff.; *Burkiczak* (Fn. 70), Art. 92 Rn. 98 ff.; *B. Rüthers*, JöR 64 (2016), 309 (324 ff.); *ders.*, NJW 2011, 1856 ff.; *ders.*, JZ 2008, 446 ff.; *ders.*, JZ 2006, 958 ff.; *C. Hillgruber*, in: Maunz/Dürig, GG, Art. 97 (2008), Rn. 63 ff.; *ders.*, JZ 1996, 118 ff.

[202] S. *W. Durner*, JA 2008, 7 (9 ff.); *W. Hassemer*, ZRP 2007, 213 ff.; *T. Dieterich*, Betr. Justiz 2007, 158 (160 ff.); *J. Wenzel*, NJW 2008, 345 (346 ff.).

[203] Vgl. etwa BVerfGE 88, 145 (166 f.); 128, 193 (210 f., Rn. 53 f.); *H.-J. Papier*, HGR V, § 130 Rn. 29; *G. Hirsch*, JZ 2007, 853 (856 f.); *Hergenröder*, Grundlagen (Fn. 196), S. 194 ff. u. ö.

[204] BVerfGE 10, 200 (216); 18, 241 (254); 54, 159 (166); *Meyer* (Fn. 32), Art. 92 Rn. 2, 6, 29; ausf.

verfassungsgemäß konkretisiert wird[205]. Insbesondere besteht ein striktes Verbot für die Verwaltung, Rechtsprechungsfunktionen auszuüben: Selbst ein administratives Vorverfahren vor der Verhängung von Kriminalstrafen soll unzulässig sein, selbst wenn es auf Antrag in ein gerichtliches Verfahren übergeleitet werden kann[206]. Indessen sind nichtrichterliche Vorverfahren wie das Widerspruchsverfahren nach §§ 68ff. VwGO zulässig, soweit eine volle richterliche Kontrolle dieser Entscheidungen möglich ist[207]. Aber auch die Dritte Gewalt sollte umgekehrt grundsätzlich nicht mit Aufgaben betraut werden, bei deren Erfüllung ihre Organe weisungsgebunden sind.

Andererseits ist es aber traditionell Sache des parlamentarischen Gesetzgebers, der Dritten Gewalt solche Aufgaben zu übertragen, die nicht zur materiellen Rechtsprechung i.S. von Art. 92 GG zählen[208]; auf diese Weise obliegen den Gerichten kraft gesetzlicher Zuweisung zahlreiche **Aufgaben, die nicht Rechtsprechung im materiellen Sinne** sind. Eine solche Übertragung durch den Gesetzgeber findet eine erste verfassungsrechtliche Grenze dort, wo spezielle verfassungsrechtliche Funktionsvorbehalte zugunsten bestimmter staatlicher Aufgaben oder Funktionsträger betroffen sind, die diesen nicht umstandslos entzogen werden dürfen[209]; so soll der Grundsatz der parlamentarischen Verantwortlichkeit eine zu weitgehende Übertragung von Verwaltungsaufgaben auf die Gerichte verbieten[210]. Eine zweite Grenze liegt dort, wo allgemein der Grundsatz der Gewaltenteilung (→ Art. 20 [Rechtsstaat], Rn. 67ff.) verletzt wird, weil der Aufgabenentzug als Eingriff in den Kernbereich der Verwaltung zu werten ist[211], etwa bei einer Aufgabenverlagerung »in großem Stil« mit der Folge, dass die Wahrnehmung des Richteramtes behindert oder eingeschränkt wird[212], weil für den Richter ein nicht zu bewältigender Rollenkonflikt geschaffen wird[213]. Diesseits solcher Grenzen erfüllen die Gerichte auch Aufgaben ohne Rechtsprechungscharakter (→ Rn. 44ff.). 43

bb) Aufgaben der Rechtsfürsorge und der Verwaltung

Keine Rechtsprechung im materiellen Sinne sind alle Aufgaben der Gerichte, die materiell keinen (streit-)entscheidenden Charakter i.S. von Rechtsprechung haben (→ Rn. 25ff.), sondern Teil der Rechtspflege i.S. von **Rechtsfürsorge** sind. Insoweit handeln die Richter als Vertreter des Staates zur Verwirklichung der ihnen aufgetragenen 44

Wittreck, Verwaltung (Fn. 70), S. 3ff.; zu Verflechtungen ebd. S. 11ff. und *Wolff/Bachof/Stober/Kluth*, Verwaltungsrecht I, § 20 Rn. 48ff.

205 BVerwGE 25, 210 (218ff.); 41, 195 (198); Jarass/*Pieroth*, GG, Art. 92 Rn. 11; *D. Wilke*, HStR³ V, § 112 Rn. 34; zu den Folgen von Inkompatibilitäten *Hopfauf* (Fn. 135), Art. 92 Rn. 56f.; *Burkiczak* (Fn. 70), Art. 92 Rn. 25, 29; *E.I. Schmidt*, ZRP 2008, 242ff.; *J. v. Stein/M. Weber*, DÖV 2003, 278ff.; *J.-F. Staats*, DRiZ 2001, 103 (105ff.).

206 BVerfGE 22, 49 (80); Jarass/*Pieroth*, GG, Art. 92 Rn. 11.

207 *Classen* (Fn. 72), Art. 92 Rn. 32; *Hillgruber* (Fn. 72), Art. 92 Rn. 57.

208 Vgl. BVerfGE 21, 139 (144f.); 25, 336 (346); *Detterbeck* (Fn. 72), Art. 92 Rn. 13; zu den Gründen *Smid*, Rechtsprechung (Fn. 74), S. 107f.; krit. *H. Eylmann*, Fragwürdige Exekutivzuständigkeiten der Dritten Gewalt, in: FS Busse, 2005, S. 51ff.

209 BVerfGE 64, 175 (179); 76, 100 (106).

210 Jarass/*Pieroth*, GG, Art. 92 Rn. 12; *Stern*, Staatsrecht II, S. 900; s. auch *W. Priepke*, DRiZ 1992, 50ff.

211 *D. Wilke*, HStR³ V, § 112 Rn. 8; *Detterbeck* (Fn. 72), Art. 92 Rn. 15.

212 Vgl. *Hopfauf* (Fn. 135), Art. 92 Rn. 31; *Hillgruber* (Fn. 72), Art. 92 Rn. 59; *Detterbeck* (Fn. 72), Art. 92 Rn. 15; *D. Wilke*, HStR³ V, § 112 Rn. 36; *K.A. Bettermann*, HStR III, § 73 Rn. 8.

213 *Classen* (Fn. 72), Art. 92 Rn. 32; *Stern*, Staatsrecht II, S. 900.

öffentlichen Interessen[214]. Dazu gehören etwa Aufgaben im Bereich der **freiwilligen Gerichtsbarkeit**, die nicht echte Rechtsstreitigkeiten sind[215], wie z.B. die Mitwirkung des Grundbuchrichters, des Vormundschaftsrichters, die Erbscheinerteilung oder die Registereintragung (Handelsregister, Vereinsregister u.a.)[216]. Der fehlende Rechtsprechungscharakter wird schon daran deutlich, dass hier auch nichtrichterliches Personal entscheiden kann (z.B. Rechtspfleger), das öffentliche Gewalt i.S. von Art.19 IV GG ausübt[217]. Aber auch die **Übertragung gutachterlicher Aufgaben** an Gerichte bedarf ausdrücklicher gesetzlicher Regelung, weil die gutachterliche Äußerung keine Rechtsprechung ist[218]; Gleiches gilt für die gerichtsinterne Mediation[219].

45 Ebenfalls keine Rechtsprechung sind Einstellungsentscheidungen der Staatsanwaltschaft[220] und die Wahrnehmung von Aufgaben, die materiell eher als **Verwaltungshandeln** angesehen werden können, schon weil regelmäßig zunächst die Verwaltungsbehörde handelt, etwa die Aberkennung staatlicher Leistungen aufgrund pflichtwidrigen schuldhaften Handelns[221], die Tätigkeit des Deutschen Patent- und Markenamtes[222], Schuldsprüche der Seeämter[223], Prüfungen der Rechnungshöfe[224], Fahrverbote nach § 25 StVG[225], die Neuerteilung einer Fahrerlaubnis[226], gebührenpflichtige Verwarnungen[227] und Sanktionen, die ihrer Rechtsnatur nach anderen Zwecken als Kriminalstrafen dienen, also z.B. Disziplinarstrafen (selbst freiheitsentziehender Natur)[228] oder sonstige Sanktionen des Ordnungswidrigkeitenrechts[229].

46 Ebenfalls keine Rechtsprechung sind Aufgaben, die nur organisatorisch **entscheidungsvorbereitenden** (zur materiellen Vorbereitung: → Rn.37) **oder den Vollzug** der materiellen Gerichtsentscheidungen **begleitenden Charakter** haben, z.B. Aktenanforderungen und Aktenversendung, Einforderung von Strafregisterauszügen[230], oder eidliche Zeugenvernehmungen auf Ersuchen einer Verwaltungsbehörde[231] einerseits,

---

[214] *Meyer* (Fn.32), Art.92 Rn.23; ausf. *Smid*, Rechtsprechung (Fn.74), S.397ff., zsfssd. 468ff.

[215] Vgl. BVerfGE 21, 139 (144); 76, 100 (106); *K.A. Bettermann*, HStR III, § 73 Rn.47f.; *Kägi-Diener*, Justiz (Fn.147), S.41ff.; a.A. *W.-R. Schenke*, JZ 2005, 116 (124).

[216] *Detterbeck* (Fn.72), Art.92 Rn.13; vgl. *Heyde* (Fn.30), § 33 Rn.17.

[217] So für Rechtspfleger BVerfGE 101, 397 (404f., Rn.27); in der Zwangsversteigerung BVerfGE 49, 252 (256); 49, 228ff. – *Sondervotum Böhmer*.

[218] So BVerfGE 4, 358 (363); *Meyer* (Fn.32), Art.92 Rn.33; a.A. *H. Beisse*, Plädoyer für eine Wiederherstellung der Gutachtenzuständigkeit des Bundesfinanzhofs, in: FS Offerhaus, 1999, S.191ff. (196ff.).

[219] *M. v. Bargen*, Gerichtsinterne Mediation, 2008, S.227ff.; a.A. *Kissel/Mayer* (Fn.196), Einl. Rn.137 (Tätigkeit »eigener Art«).

[220] BVerfG (K), NJW 2002, 815 (815); *Hillgruber* (Fn.72), Art.92 Rn.52f.

[221] BVerfGE 12, 264 (274).

[222] BVerfGK 1, 55 (56f.); BVerwGE 8, 350 (352f.).

[223] Vgl. früher BVerwGE 32, 21ff.

[224] *M. Droege*, VerwArch. 106 (2015), 459 (461ff.); *Burkiczak* (Fn.70), Art.92 Rn.51, 112; *U. Hufeld*, HStR³ III, § 56 Rn.14ff.

[225] BVerfGE 27, 36 (40ff.); *Burkiczak* (Fn.70), Art.92 Rn.46.

[226] BVerfGE 20, 365 (369f.).

[227] BVerfGE 22, 125 (131ff.).

[228] BVerfGE 22, 311 (317); *Detterbeck* (Fn.72), Art.92 Rn.10, 23; Jarass/*Pieroth*, GG, Art.92 Rn.5.

[229] BVerfGE 8, 197 (207); 22, 49 (81); 45, 272 (288f.); a.A. für Kartellbußen *Burkiczak* (Fn.70), Art.92 Rn.40.

[230] BVerfGE 29, 148 (153).

[231] BVerfGE 7, 183 (188f.).

Angelegenheiten der Zwangsvollstreckung oder des Kostenwesens[232] oder Gewährung von Urlaub aus der Haft nach § 13 StVollzG[233] andererseits.

Schließlich sind solche Akte nicht Teil der rechtsprechenden Gewalt, die vom Gesetzgeber den Gerichten zwar als Aufgabe zugewiesen worden sind – etwa aus Gründen des engen Sachzusammenhangs mit materiellen Rechtsprechungsaufgaben –, die selbst aber keine Rechtsprechungstätigkeit, sondern **funktionelle Verwaltungsaufgaben im Bereich der Justiz selbst** darstellen[234]. Dazu gehören etwa die Aufgaben der Gerichts- oder Justizverwaltung i.e.S. (vgl. § 4 II Nr. 1 DRiG), soweit sie einen sachlichen Bezug zur rechtsprechenden Aufgabe haben, also neben der gerichtlichen Hilfsverwaltung der Bereitstellung der sachlichen und persönlichen Ressourcen i.e.S. zusätzlich etwa auch die Beschlussfassung über die persönliche Geschäftsverteilung (§§ 21e ff. GVG)[235] oder Entscheidungen über die Auswahl, Herstellung einer herausgabe- und veröffentlichungsfähigen Fassung von Urteilstexten und ihrer Versendung zum Zwecke der Veröffentlichung[236], aber auch die gerichtliche Vorauswahl und Auswahl von Insolvenzverwaltern[237] und ihre Vergütungsfestsetzung[238]. Dazu gehören ferner Aufgaben der Justizverwaltung i.w.S., die nicht die Gerichte selbst betreffen, etwa die Verwaltung der Strafanstalten (vgl. § 4 II Nr. 2 DRiG), Aufgaben im Bereich der Forschung und Lehre (§ 4 II Nr. 3 DRiG) und des Prüfungswesens (§ 4 II Nr. 4 DRiG). Solche Übertragung von Aufgaben außerhalb der Rechtsprechung kann vom Gesetzgeber auch wieder rückgängig gemacht werden[239]. 47

Insoweit den Gerichten solche Aufgaben ohne Rechtsprechungscharakter übertragen sind, handeln sie grundsätzlich gleichwohl als **Organe der Rechtsprechung** und damit auch nach Maßgabe von Art. 97, 98 GG: Sie handeln in richterlicher Unabhängigkeit insbesondere in Angelegenheiten der Rechtspflege mit rechtsfürsorgerischem Charakter (→ Rn. 44), die im engen Zusammenhang mit Aufgaben stehen, die seit jeher der Rechtsprechung im materiellen Sinne zugeordnet werden[240]. Die richterliche Unabhängigkeit gilt aber – ausnahmsweise – **nicht in Justizverwaltungsangelegenheiten**[241]; insoweit handeln damit befasste Richter als (weisungsabhängige) Amtswalter der vollziehenden Gewalt[242] (→ Art. 97 Rn. 32). 48

---

232 Vgl. *K.A. Bettermann*, HStR III, § 73 Rn. 7; *Hillgruber* (Fn. 72), Art. 92 Rn. 54.

233 BVerfGE 64, 261 (278f.).

234 Vgl. *D. Wilke*, HStR³ V, § 112 Rn. 33ff.; ausf. *Wittreck*, Verwaltung (Fn. 70), S. 11ff., 266ff.; *Schmidt-Räntsch* (Fn. 175), § 4 Rn. 16ff.

235 BVerwGE 50, 11 (14); BGHZ 93, 100 (101); *Schmidt-Räntsch* (Fn. 175), § 25 Rn. 12.

236 BVerwGE 104, 105 (108ff.); OLG Celle NJW 1990, 2570f.; OVG Bremen NJW 1989, 926; *J. Berkemann*, VerwArch. 87 (1996), 362 (374); *W. Hoffmann-Riem*, JZ 1989, 637ff. – S. auch zu Justizverwaltungsakten über die Anerkennung und Feststellung einer ausländischen Ehescheidung BGHZ 82, 34 (39f.).

237 BVerfGK 4, 1 (7) bzw. BVerfGE 116, 1 (10ff., Rn. 24ff.).

238 BGHZ 185, 353 (356, Rn. 6).

239 *D. Wilke*, HStR³ V, § 112 Rn. 37.

240 BVerfGE 22, 49 (78); 25, 336 (346); *Detterbeck* (Fn. 72), Art. 92 Rn. 13; *E. Schilken*, JZ 2006, 860 (863); *H.-J. Papier*, NJW 1990, 8 (9); vgl. auch BVerfGE 64, 175 (179f.); *Heyde* (Fn. 30), § 33 Rn. 18.

241 Jarass/*Pieroth*, GG, Art. 92 Rn. 12; *Meyer* (Fn. 32), Art. 92 Rn. 23.

242 BGHZ 51, 148 (151); *Detterbeck* (Fn. 72), Art. 92 Rn. 14; *Burkiczak* (Fn. 70), Art. 92 Rn. 53; *H.-J. Papier*, NJW 1990, 8 (9); s. auch zu den praktischen Schwierigkeiten der Abgrenzung und Zuordnung *D. Wilke*, HStR³ V, § 112 Rn. 41ff.; *T. Franz*, Prüfungen des Bundesrechnungshofs bei den Gerichten des Bundes, in: H. Schulze-Fielitz (Hrsg.), Fortschritte der Finanzkontrolle in Theorie und Praxis, 2000, S. 75ff. (76ff.).

2. Die Staatlichkeit der rechtsprechenden Gewalt

49 **Art. 92 GG gilt nur** der staatlichen rechtsprechenden Gewalt, also den durch Gesetz eingerichteten **staatlichen Gerichten**[243]. Die Staatlichkeit schützt vor der Gefahr einer Abhängigkeit von Gesellschafts-, Standes- oder Privatinteressen[244]. Dazu gehören traditionell aber auch die Gerichte der mittelbaren Staatsgerichtsbarkeit, also die von anderen juristischen Personen als dem Bund oder den Ländern durch parlamentarisches Gesetz eingerichteten Gerichte (Gemeindegerichte, Berufsgerichte)[245]. Voraussetzung dafür ist dann neben der gesetzlichen Grundlage (→ Art. 101 Rn. 20, 25), dass diese Gerichte staatliche Aufgaben erfüllen und dem Staat bei der Einrichtung und Errichtung und insbesondere der personellen Bestellung maßgebliche Mitwirkungsbefugnisse vorbehalten bleiben[246], vor allem bei der Bestellung von Richtern: Gesetz und Mitwirkung geben solchen Gerichten »Dignität und Legitimität«[247].

50 **Nichtstaatliche Gerichte** wie die private Gerichtsbarkeit im Rahmen der Schiedsgerichtsbarkeit nach den §§ 1025 ff. ZPO, der Betriebsjustiz oder der Vereins- bzw. Verbandsgerichtsbarkeit – auch der Parteischiedsgerichte (§ 14 PartG) – werden durch Art. 92 GG weder erlaubt noch verboten[248]; nur die nichtstaatliche kirchliche Gerichtsbarkeit ist durch Art. 140 GG i. V. m. Art. 137 III WRV für innerkirchliche Angelegenheiten verfassungsrechtlich garantiert[249].

51 Allgemeine verfassungsrechtliche Zulässigkeitsgrenzen für die Erscheinungsformen privater Gerichtsbarkeit ergeben sich aber vor allem aus den Grundrechten der Beteiligten[250], deren Schrankenvorbehalte aber vom Staat zu aktualisieren sind[251], und aus Art. 92 GG, insoweit dieser hinsichtlich der materiellen Rechtsprechung einen Funktionsvorbehalt und damit ein **Rechtsprechungs- und Richtermonopol für staatliche Gerichte** in den Kernbereichen der materiellen Gerichtsbarkeit normiert[252]. Die

[243] BVerfGE 26, 186 (194 ff.); *Detterbeck* (Fn. 72), Art. 92 Rn. 28; Jarass/*Pieroth*, GG, Art. 92 Rn. 6; *K.A. Bettermann*, HStR III, § 73 Rn. 77; Übersicht bei *S. Eisenmenger*, Privatisierung der Justiz aus rechtlicher und ökonomischer Sicht, 2012, S. 23 ff.

[244] *Meyer* (Fn. 32), Art. 92 Rn. 30.

[245] BVerfGE 4, 74 (92); 10, 200 (214 ff.); 14, 56 (66); 18, 241 (253); 26, 186 (195); 27, 355 (361 f.); 48, 300 (315 ff.); *Hillgruber* (Fn. 72), Art. 92 Rn. 84 ff.; *Detterbeck* (Fn. 72), Art. 92 Rn. 30; Jarass/*Pieroth*, GG, Art. 92 Rn. 6; s. auch *M. Kilian*, NJW 2016, 137 (138 f.); a.A. *Reich*, GG, Art. 92 Rn. 2; *K.A. Bettermann*, HStR III, § 73 Rn. 73 ff.

[246] BVerfGE 4, 74 (92); 10, 200 (214 ff.); 18, 241 (253); 26, 186 (195); 27, 355 (361 f.); 48, 300 (323); *D. Wilke*, HStR³ V, § 112 Rn. 89; *Classen* (Fn. 72), Art. 92 Rn. 39; *Wassermann* (Fn. 1), Art. 92 Rn. 49; *Heyde* (Fn. 30), § 33 Rn. 8; strenger *K.A. Bettermann*, HStR III, § 73 Rn. 76.

[247] *P. Häberle*, DÖV 1965, 369 (373); zust. *C.-F. Menger*, JuS 1996, 66 (69); *Stern*, Staatsrecht II, S. 927; krit. *K.A. Bettermann*, AöR 92 (1967), 496 (538 ff.).

[248] BGHZ 65, 59 (61); *Brosius-Gersdorf*, Gewalt (Fn. 96), S. 176 f.; *H. Prütting*, AnwBl. 2015, 546 (548); *Burkiczak* (Fn. 70), Art. 92 Rn. 76; *Classen* (Fn. 72), Art. 92 Rn. 41; *K.A. Bettermann*, HStR III, § 73 Rn. 77; *R. Stober*, NJW 1979, 2001 (2005); ausf. *W. Distler*, Private Schiedsgerichtsbarkeit und Verfassung, 2000, S. 47 ff.; zurückhaltend *Wolff* (Fn. 72), Art. 92 Rn. 45.

[249] BVerwG NJW 1981, 1972; *Hopfauf* (Fn. 30), Vor Art. 92 Rn. 120 ff.; *Detterbeck* (Fn. 72), Art. 92 Rn. 28; *Stern*, Staatsrecht II, S. 924 ff.; *W. Rüfner*, Zuständigkeit staatlicher Gerichte in kirchlichen Angelegenheiten, in: HbStKirchR II, S. 1081 ff. (1109 ff.); ausf. *K.-H. Kästner*, Staatliche Justizhoheit und religiöse Freiheit, 1991, S. 12 ff., 162 ff.; *H.-J. Schleicher*, Staatliches Rechtsprechungsmonopol und kirchliche Gerichtsbarkeit, Diss. jur. Bochum 1968; s. auch *A. Hollerbach*, HStR VI, § 138 Rn. 141 ff. → Art. 137 WRV Rn. 50.

[250] Vgl. näher *K.A. Bettermann*, HStR III, § 73 Rn. 77 ff.; *Achterberg* (Fn. 1), Art. 92 Rn. 173 ff.; *Wassermann* (Fn. 1), Art. 92 Rn. 51 ff.; *Heyde* (Fn. 30), § 33 Rn. 37 ff.

[251] *Hillgruber* (Fn. 72), Art. 92 Rn. 88; *Classen* (Fn. 72), Art. 92 Rn. 22, 42.

[252] BVerfGE 27, 18 (28); 101, 397 (405, Rn. 27); *M. Burgi*, HStR³ IV, § 75 Rn. 41; *E. Schmidt-Aß-*

Grenze dieses unantastbaren Kernbereichs materieller Rechtsprechungsaufgaben (→ Rn. 33ff.) ist identisch mit der Grenze solcher Rechtsprechungsaufgaben, die auch nicht privaten Gerichten anvertraut werden; wo eine Entkriminalisierung des Strafrechts verfassungswidrig ist (→ Rn. 39), gilt dieses auch für den Einsatz privater Gerichte.

Der Gesetzgeber hat es in der Hand, die Aufgabe der **Gerichtsbarkeit** diesseits sol- 52
cher Grenzen partiell zu »**privatisieren**«[253], wie er das in der geltenden Regelung des schiedsrichterlichen Verfahrens nach den §§ 1025ff. ZPO getan hat, indem nun jeder vermögensrechtliche Anspruch Gegenstand einer Schiedsvereinbarung sein kann (§ 1030 I 1 ZPO)[254]. Das gilt jedenfalls, solange die staatliche Gerichtsbarkeit nicht ohne Übereinstimmung der Beteiligten ausgeschaltet werden kann und die Modalitäten und Formerfordernisse einer solchen Übereinstimmung (Schriftlichkeit, angemessene Berücksichtigung des Rechtsstatus der Beteiligten u. a.) für den Regelfall typischerweise einen angemessenen Ausgleich einer solcher Vereinbarung erwarten lassen – private Gerichtsbarkeit darf die Grenzen der Privatautonomie nicht überschreiten[255], und die Überprüfung der Einhaltung dieser Grenzen durch staatliche Gerichte darf nicht ausgeschlossen sein[256]. Erst recht sind private Gerichte zulässig, deren Entscheidungen vor staatlichen Gerichten uneingeschränkt angefochten werden können[257]; insoweit sind auch die Erscheinungsformen privater »Strafgewalt« durch Vereinsstrafen oder Betriebsstrafen mit Art. 92 GG vereinbar[258] (→ Rn. 22). Die hauptsächlichen Bereiche für eine Teilprivatisierung der Justiz durch kooperative Aufgabenerfüllung mit Privaten liegen allerdings jenseits des Kernbereichs der materiell streitentscheidenden Spruchtätigkeit[259].

3. Die Richter und die Gerichte

a) Die Richter

Der in Art. 92 GG nicht definierte, sondern **vorausgesetzte Begriff** des Richters ist mit 53
dem Begriff des Richters in Art. 97 I GG identisch[260] und wird maßgeblich bestimmt durch die Vielfalt der verfassungsrechtlichen Bestimmungen, die auch das grundge-

---

mann, HStR³ II, § 26 Rn. 54; *Detterbeck* (Fn. 72), Art. 92 Rn. 29; Jarass/*Pieroth*, GG, Art. 92 Rn. 11; *Meyer* (Fn. 32), Art. 92 Rn. 6.

[253] *M. Burgi*, HStR³ IV, § 75 Rn. 37ff.; ausf. *Eisenmenger*, Privatisierung (Fn. 243), S. 91ff., 156ff.; *Achterberg* (Fn. 1), Art. 92 Rn. 185ff.

[254] S. näher *Classen* (Fn. 72), Art. 92 Rn. 43f.; ausf. *K. Schumacher*, Das neue 10. Buch der ZPO, in: FS Rolland, 1999, S. 327ff.; krit. *Detterbeck* (Fn. 72), Art. 92 Rn. 29 im Anschluss an *W. Voit*, JZ 1997, 120 (121, 124).

[255] *Classen* (Fn. 72), Art. 92 Rn. 44; *Meyer* (Fn. 32), Art. 92 Rn. 11; *Hillgruber* (Fn. 72), Art. 92 Rn. 88.

[256] *Meyer* (Fn. 32), Art. 92 Rn. 11; s. auch *Classen* (Fn. 72), Art. 92 Rn. 22; *R. Stober*, NJW 1979, 2001ff.; ferner ausf. *J. Fournier*, Bindungswirkung schiedsgerichtlicher Rechtsansichten und Tatsachenfeststellungen im Aufhebungsverfahren nach § 1059 Abs. 2 Nr. 26 ZPO, Diss. jur. Gießen 1999.

[257] *Detterbeck* (Fn. 72), Art. 92 Rn. 29; zum öffentlich-rechtlichen Schiedswesen vgl. *A. Rapsch*, NVwZ 1993, 534ff.

[258] *Classen* (Fn. 72), Art. 92 Rn. 45; *Wassermann* (Fn. 1), Art. 92 Rn. 53.

[259] *W. Hoffmann-Riem*, JZ 1999, 421ff.; ausf. *J. Zado*, Privatisierung der Justiz, 2013, S. 249ff., 260ff., 286ff. und passim; *Eisenmenger*, Privatisierung (Fn. 243), S. 174ff.; s. auch *F. Schoch*, DVBl. 1994, 962 (963).

[260] *Detterbeck* (Fn. 72), Art. 92 Rn. 25. → Art. 97 Rn. 14ff.

setzliche **Bild des Richters** (mit-)prägen[261]. Dazu gehören seine organisatorische Selbständigkeit, persönliche und sachliche Unabhängigkeit (Art. 97 GG), die Eigenverantwortlichkeit der Entscheidungsfindung und die distanzierte Neutralität als nichtbeteiligter Dritter gegenüber den Verfahrensbeteiligten[262]. Art. 92 GG geht davon aus, dass die rechtsprechende Gewalt im Normalfall von unversetzbaren und unabsetzbaren Berufsrichtern ausgeübt wird[263] (→ Art. 97 Rn. 53), die nach parlamentsgesetzlichen Regeln ausgewählt und ernannt werden und zum Richteramt nach juristischer Kompetenz und sozialer Lebenserfahrung befähigt sind[264]. Hilfsrichter dürfen nur ausnahmsweise und aus zwingenden Gründen mitwirken[265]. Insoweit ist Art. 92 GG eine zentrale Grundsatznorm für den Status des Richters im Rahmen der rechtsprechenden Gewalt[266].

54 Der Begriff des Richters i. S. von Art. 92 GG ist weit zu verstehen und umfasst sämtliche Personen, die staatliche Rechtsprechung ausüben[267], weil ihnen die Aufgaben eines funktionell-konkreten Richteramtes übertragen worden sind[268]. Damit sind also erfasst: Bundes- und Landesrichter ebenso wie **Berufsrichter**[269] und **ehrenamtliche Richter**[270], deren Zuziehung der Gesetzgeber nach seinem Ermessen – bis hin zu einer Mehrheit der Laienrichter[271] – ermöglichen kann[272], um die besonderen Erfahrungen solcher Richter fruchtbar zu machen, spezifische Interessen zu berücksichtigen oder eine gewisse Volksnähe der Rechtsprechung zu gewährleisten[273]. Erfasst sind weiterhin planmäßig endgültig angestellte und unversetzbare und unabsetzbare Richter ebenso wie solche, die nur auf Zeit Richter sind oder die (noch) nicht das von Art. 97

---

[261] *Detterbeck* (Fn. 72), Art. 92 Rn. 25.

[262] BVerfGE 3, 377 (381); 4, 331 (346); 14, 56 (69); 18, 241 (255); 21, 139 (145f.); 27, 312 (322); 42, 64 (78); 60, 175 (214); 87, 68 (85); 103, 111 (140, Rn. 118); 133, 168 (202, Rn. 62); BVerwGE 78, 216 (219); Jarass/*Pieroth*, GG, Art. 92 Rn. 7; *Detterbeck* (Fn. 72), Art. 92 Rn. 25; *Burkiczak* (Fn. 70), Art. 92 Rn. 58; *Wolff* (Fn. 72), Art. 92 Rn. 49ff.; *Grigoleit*, Bundesverfassungsgericht (Fn. 138), S. 28ff.; *Voßkuhle*, Rechtsschutz (Fn. 72), S. 105ff.; *Stern*, Staatsrecht II, S. 902ff.; *G. Barbey*, HStR III, § 74 Rn. 27ff., 40; *Kirchhof*, Auftrag (Fn. 191), S. 14; krit. *Hillgruber* (Fn. 72), Art. 92 Rn. 66f.

[263] BVerfGE 87, 68 (85); BVerwGE 102, 7 (8); *Meyer* (Fn. 32), Art. 92 Rn. 31.

[264] Vgl. *Classen* (Fn. 72), Art. 92 Rn. 28.

[265] BVerfGE 14, 156 (163); BVerfG (K), NJW 1998, 1053; BGHZ 95, 22 (26); 130, 304 (309f.); BVerwGE 102, 7 (8).

[266] *G. Barbey*, HStR III, § 74 Rn. 26.

[267] Vgl. BVerfGE 26, 186 (201); *Classen* (Fn. 72), Art. 92 Rn. 28.

[268] S. auch *H. Sodan*, HStR³ V, § 113 Rn. 36ff.; *W. Meyer*, in: v. Münch/Kunig, GG II, Art. 97 Rn. 11.

[269] S. näher *G. Barbey*, HStR III, § 74 Rn. 42f., 66ff.

[270] S. näher *H. Sodan*, HStR³ V, § 113 Rn. 39ff., 84ff.; *G. Barbey*, HStR III, § 74 Rn. 44ff., 81ff.; zur Funktion ehrenamtlicher Richter vgl. *Heyde* (Fn. 30), § 33 Rn. 86; speziell für die Sozialgerichtsbarkeit *K.F. Köhler*, SGb. 2015, 366ff.; für die Strafgerichtsbarkeit *G. Andoor*, Laien in der Strafrechtsprechung, 2013, S. 47ff., 89ff.; krit. *U. Kramer*, NVwZ 2005, 537ff.; *ders.*, DRiZ 2002, 150ff.; *J. Schmidt*, VBlBW 2000, 53 (55); positive Einschätzung bei *J. v. Bargen*, VBlBW 1998, 121 (122); *T. Sommer*, DRiZ 1992, 135ff.; *H. Reim*, DRiZ 1992, 139ff.

[271] BVerfGE 14, 56 (73f.); 27, 312 (319); 48, 300 (317); *Wassermann* (Fn. 1), Art. 92 Rn. 46; tendenziell a.A. *Meyer* (Fn. 268), Art. 97 Rn. 39; *Classen* (Fn. 72), Art. 92 Rn. 30; krit. auch *H. Sodan*, HStR³ V, § 113 Rn. 52; *Stern*, Staatsrecht II, S. 905; *G. Barbey*, HStR III, § 74 Rn. 55.

[272] BVerfGE 4, 387 (406); 42, 206 (208f.); 48, 300 (317); 54, 159 (167); *Detterbeck* (Fn. 72), Art. 92 Rn. 25; Jarass/*Pieroth*, GG, Art. 92 Rn. 7; *Burkiczak* (Fn. 70), Art. 92 Rn. 85; *Wolff* (Fn. 72), Art. 92 Rn. 57; *Heyde* (Fn. 30), § 33 Rn. 85; differenzierend *Hillgruber* (Fn. 72), Art. 92 Rn. 71f.; *Achterberg* (Fn. 1), Art. 92 Rn. 289; krit. *T. Groß*, KritJ 33 (2000), 209ff.; zum Anspruch von EU-Ausländern auf ehrenamtliche Richterämter: *E. Röper*, DRiZ 1998, 195ff.; *S. Jutzi*, DRiZ 1997, 381ff.

[273] Dazu etwa *Classen* (Fn. 72), Art. 92 Rn. 30; *R. Ludewig/E. Angehrn-Guggenbühl*, Betr. Justiz 2009, 32ff.; *A. Voßkuhle/G. Sydow*, JZ 2002, 673 (680ff.); ausf. *M.M.S. Baderschneider*, Der Bürger als Richter, 2010, S. 61ff., 159ff., 251ff.

II GG geforderte Maß an persönlicher Unabhängigkeit haben (Richter auf Probe)[274] oder von jenen Qualifikationserfordernissen abweichen, die z.Zt. §§ 5 I, 9, 22 II Nr. 1 DRiG festlegen[275]. Richter i. S. von Art. 92, 97 GG sind deshalb neben Schöffen und Handelsrichtern[276] auch spezialisierte Richter wie Familienrichter[277], Landesverfassungsrichter[278], auch ärztliche Beisitzer bei Berufsgerichten, sofern sie nicht Angehörige der Beschluss- und Verwaltungsorgane der Ärztekammern sind[279], Rechtsanwälte als ehrenamtliche Richter in Ehrengerichten[280], Beamtenbeisitzer in Kammern für Disziplinarsachen[281], ehrenamtliche Arbeitsrichter[282], Gemeinderichter[283], kassenärztliche Sozialrichter[284], landwirtschaftliche Beisitzer, wenn sie nicht dem Vorstand der Landwirtschaftskammer angehören[285], technische Beisitzer an Flurbereinigungsgerichten[286], rechtsgelehrte ehrenamtliche Richter[287].

Keine Richter i. S. von Art. 92, 97 GG sind nicht wirksam bestellte Richter[288] oder fehlerhaft gewählte Schöffen[289]; demgegenüber entscheiden ggf. befangene[290] oder ausgeschlossene[291] Richter nur im konkreten Fall dann nicht als solche, ohne ihr richterliches Amt zu verlieren[292]. Von vornherein keine Richter sind Rechtspfleger (vgl. § 5 I Nr. 2 RPflG) als Beamte des gehobenen Justizdienstes[293], wissenschaftliche Mitarbeiter von Richtern des Bundesverfassungsgerichts (vgl. § 13 GOBVerfG)[294], »Richterassistenten« z. B. an obersten Bundesgerichten[295], ferner Angehörige von (Beschluss-) Organen einmal der Verwaltung wie etwa von Spruchkörpern der Sozialversicherungs- und Versorgungsverwaltung[296], von Beschwerdeausschüssen nach dem Sofort- 55

[274] *Detterbeck* (Fn. 72), Art. 92 Rn. 25.
[275] Vgl. BVerfGE 87, 68 (78ff.); *P. Stelkens*, DVBl. 1992, 536ff.
[276] BVerfGK 13, 531 (537); *M. Heintzen*, NUCL 26 (2009), 71 (78ff.).
[277] BVerfGE 64, 175 (179).
[278] Vgl. BVerfGE 96, 231 (244); VerfGH Rheinland-Pfalz NVwZ-RR 2004, 233 (236); *K.F. Gärditz*, JöR 61 (2013), 449 (459).
[279] BVerfGE 18, 241 (254ff.).
[280] BVerfGE 26, 186 (200f.); 48, 300 (316ff.); auch in Richterdienstgerichten, vgl. *F. Wittreck*, NJW 2004, 3011ff.
[281] *S. Werres*, DÖD 2012, 145ff.
[282] BVerfGK 13, 351 (537); BAGE 40, 75 (83).
[283] BVerfGE 14, 56 (65ff.).
[284] BVerfGE 27, 312 (320f.); s. auch E 33, 171 (182).
[285] BVerfGE 21, 73 (77); 42, 206 (209f.); 54, 159 (168ff.).
[286] BVerwGE 44, 96 (100).
[287] Vgl. BVerfGE 14, 56 (73); 27, 312 (319f.); *Meyer* (Fn. 32), Art. 92 Rn. 31.
[288] BGH NJW 2005, 2317 (2317).
[289] BVerfGE 31, 181 (184).
[290] BVerfGE 21, 139 (146); 103, 111 (139f., Rn. 117f.); BVerfG (K), NJW 1998, 369 (370).
[291] BVerfGE 4, 412 (417); 63, 77 (80).
[292] *Burkiczak* (Fn. 70), Art. 92 Rn. 60, 110; *Hillgruber* (Fn. 72), Art. 92 Rn. 67.
[293] BVerfGE 30, 170 (171f.); 56, 87 (127); 101, 397 (405, Rn. 27); 107, 395 (406, Rn. 27); BVerwGE 125, 365 (368f.); *S. Detterbeck*, in: Sachs, GG, Art. 97 Rn. 9f.; *Smid*, Rechtsprechung (Fn. 74), S. 353ff.; *Heyde* (Fn. 30), § 33 Rn. 87; *Achterberg* (Fn. 1), Art. 92 Rn. 280; a.A. *W.J. Habscheid*, Der Rechtspfleger in der Gerichtsorganisation, in: FS Geimer, 2002, S. 277ff. (285ff.); s. auch *B. Mielke*, ZRP 2003, 442 (442f.); *dies.*, BayVBl. 2004, 520 (522f.) m.w.N.; *R. Wassermann*, NJW 1997, 1219f.; *ders.*, in: AK-GG, Art. 97 Rn. 19; *G. Herbst*, RPfleger 1994, 481ff.; *K.-C. Blaesing*, NJW 1971, 1436ff.
[294] *M. Jachmann*, in: Maunz/Dürig, GG, Art. 95 (2011), Rn. 149; vgl. aber zu deren richterähnlichen »Einfluss« *R. Zuck*, NJW 1996, 1656f.; *H. Sendler*, NJW 1995, 2464 (2467).
[295] Vgl. *G. Pfeiffer*, NJW 1999, 2617 (2618).
[296] Jarass/*Pieroth*, GG, Art. 92 Rn. 9; *Detterbeck* (Fn. 72), Art. 92 Rn. 27; *Hopfauf* (Fn. 135), Art. 92 Rn. 41; *Meyer* (Fn. 32), Art. 92 Rn. 29; offen lassend BVerfGE 4, 193 (198f.).

hilfegesetz[297], Mitglieder des Patent- und Markenamts[298] oder der Vergabeüberwachungsausschüsse nach § 57c HGrG a. F.[299] u.ä., zum anderen von (Teil-)Organen des Parlaments wie einem Untersuchungsausschuss[300] oder auch von dem »beim Landtage gebildeten« Wahlprüfungsgericht nach Art. 78 Verf. Hessen[301], auch wenn ihm neben Abgeordneten ergänzend die »beiden höchsten Richter des Landes« als Personen angehören sollen: Hier fehlt es an der erforderlichen Neutralität (→ Rn. 26, 53). Wohl »erst recht« kein Richter sind die Gemeindebeamten als Gemeindefriedensrichter[302], die Mitglieder der Einigungsstellen nach dem Betriebsverfassungsgesetz[303], Staatsanwälte, Vertreter öffentlich-rechtlicher Interessen, Rechtsanwälte und Notare[304]. Die fehlende Richtereigenschaft i. S. von Art. 92 GG schließt nicht aus, dass der Gesetzgeber solchen Berufen für ihre Aufgaben (die nicht zum unantastbaren Kernbereich materieller Rechtsprechung gehören dürfen) eine Rechtsstellung gewährt, die ihnen ähnlich wie Richtern eine gewisse sachliche Unabhängigkeit einräumt[305]; sie ist indessen nicht verfassungsrechtlich gegründet und – wie bei Rechtspflegern, §§ 1f., 5, 9, 27 RPflG – kraft gesetzgeberischer Entscheidung deutlich eingeschränkt[306].

56 Art. 92 GG enthält **keine Aussagen** zur Art der Ausbildung der Richter[307], zu Besoldungsfragen[308] und auch nicht – über den Grundsatz der Dominanz von unabsetzbaren und unversetzbaren Richtern hinaus (→ Rn. 53) – zu Art und Gewährleistung der Unabhängigkeit der Richter, die in Art. 97 GG speziell hervorgehoben geregelt wird. Erst der Garantie der persönlichen Unabhängigkeit (vgl. Art. 97 II GG) lassen sich nähere Direktiven entnehmen, in welchem Verhältnis der Gesetzgeber die verschiedenen Erscheinungsformen von Richtern (Berufs- vs. Laienrichter, Lebenszeit- vs. Probe-, Auftrags- oder Zeitrichter usw.) einander zuordnen darf[309].

b) Die Gerichte und ihre Organisation

57 Gerichte sind die **organisatorischen Einheiten**, durch die die Richter zur Erfüllung ihrer Rechtsprechungsaufgabe tätig werden[310]. Sie entscheiden durch Einzelrichter oder

---

[297] BVerfGE 4, 331 (344ff.).

[298] BVerfG (K), NVwZ-RR 2003, 469 (470).

[299] VG Düsseldorf NWVBl. 2000, 195; *J. Ruthig*, DÖV 1997, 539 (541); anders jedenfalls im Blick auf die Vorlageberechtigung nach Art. 267 AEUV EuGH v. 17.09.1997, C-54/96, Rn. 22ff. – *Dorsch Consult*; *H.-G. Kamann/A. Sennekamp*, JuS 1999, 438ff.

[300] BVerfGE 77, 1 (42).

[301] BVerfGE 103, 111 (140f., Rn. 119f.); *Wassermann* (Fn. 1), Art. 92 Rn. 48; *A. Puttler*, DÖV 2001, 849 (854ff.); *T. Pfeiffer*, ZRP 2000, 378 (385f.).

[302] BVerfGE 10, 200 (216ff.).

[303] BVerfG (K), NJW 1988, 1135.

[304] Zu den letztgenannten Gruppen als nichtrichterlichen Organen der Rechtspflege: *Heyde* (Fn. 30), § 33 Rn. 88ff.

[305] Vgl. für Rechtspfleger BVerwGE 125, 365 (366ff.); *Detterbeck* (Fn. 293), Art. 97 Rn. 9f.; *Heyde* (Fn. 30), § 33 Rn. 87; *Wassermann* (Fn. 293), Art. 97 Rn. 19; für Mitglieder von Vergabeüberwachungsausschüssen (§ 57c II 3 HGrG a. F.) VG Düsseldorf NWVBl. 2000, 195.

[306] Vgl. *Detterbeck* (Fn. 293), Art. 97 Rn. 10; *B. Mielke*, BayVBl. 2004, 520 (522).

[307] Jarass/*Pieroth*, GG, Art. 92 Rn. 7; *Wassermann* (Fn. 1), Art. 92 Rn. 42f.; a.A. i. S. eines Mindestmaßes an wissenschaftlicher Ausbildung *Achterberg* (Fn. 1), Art. 92 Rn. 279; *Stern*, Staatsrecht II, S. 904; *Smid*, Rechtsprechung (Fn. 74), S. 352; *Classen* (Fn. 72), Art. 92 Rn. 29; *Hillgruber* (Fn. 72), Art. 92 Rn. 69ff.; wohl auch *Burkiczak* (Fn. 70), Art. 92 Rn. 101.

[308] Vgl. BVerfGE 23, 321 (325); 32, 199 (230f.); Jarass/*Pieroth*, GG, Art. 92 Rn. 7; *Meyer* (Fn. 32), Art. 92 Rn. 32; *Burkiczak* (Fn. 70), Art. 92 Rn. 102f.

[309] Vgl. (missverständlich) BVerfGE 14, 156 (163ff.).

[310] Jarass/*Pieroth*, GG, Art. 92 Rn. 10; *Wassermann* (Fn. 1), Art. 92 Rn. 36; *Achterberg* (Fn. 1),

durch Spruchkörper (Kammern, Senate) als Kollegialorgane[311], in denen verschiedene Richterämter zur gemeinsamen Aufgabenerfüllung zusammengefasst werden; auch ein Teilfragen verbindlich entscheidender Spruchkörper wie der Gemeinsame Senat der obersten Gerichtshöfe des Bundes ist Gericht i. S. von Art. 92 GG[312]. Die Richter sind weniger »Organwalter«[313] als vielmehr (Teil-)Organe der Gerichte als organisatorisch selbständigen[314] Staatsorganen (Art. 20 II 2 GG); durch die »Gerichte« wird die rechtsprechende Gewalt »ausgeübt« (Art. 92, 2. Hs. GG)[315]. Die einzelnen Richter mögen zwar einerseits selbst verfassungsunmittelbare Organe sein[316]; diese – von Beamten deutlich unterschiedene – Rechtsstellung der Richter als Amtsinhaber (→ Art. 97 Rn. 19 ff., 48 ff.) schließt es aber nicht aus, wenn man sie gleichwohl als »Träger« der von ihnen zu unterscheidenden rechtsprechenden Gewalt ansieht[317]. Die Richter sind in ihrem individuellen Freiraum bei der Aufgabenerfüllung eingebunden in die Funktionserfordernisse der Gerichte als Institutionen, die zur Rechtsprechung berufen sind[318]; insoweit sind sie z. B. den organisatorischen Ausgestaltungsentscheidungen des Gesetzgebers (z. B. zu Kollegialentscheidungen) unterworfen[319]. Richter und Gerichte üben die rechtsprechende Gewalt gemeinsam aus und dürfen nicht gegeneinander ausgespielt werden[320].

Gerichte handeln entweder als **Rechtsprechungsorgane**, die dann nur aus Richtern bestehen dürfen[321], **oder** auch als **Behörden**, die insoweit aber nicht Recht sprechen, sondern in Justiz- oder Gerichtsverwaltungsangelegenheiten handeln[322]. Nur soweit sie als Behörden handeln, können Gerichte nach Maßgabe des Verwaltungsorganisationsrechts hierarchisch organisiert und dem Prinzip der parlamentarischen Verantwortlichkeit unterworfen sein[323]. Innerhalb der Spruchkörper als Rechtsprechungsorgane sind alle Richter formal gleichgestellt und für sich verantwortlich – eine Kontrolle und die Gewährleistung eines Mindestmaßes an Rechtsanwendungsgleichheit wird **58**

Art. 92 Rn. 236 ff.; *Meyer* (Fn. 32), Art. 92 Rn. 12; s. auch *M. Schulte*, Rechtsprechungseinheit als Verfassungsauftrag, 1986, S. 39 ff. (43).

[311] S. näher *G. Barbey*, HStR III, § 74 Rn. 49 ff.; für einen Vorrang von Kollegialgerichten *H. Sodan*, HStR³ V, § 113 Rn. 44.

[312] *Schulte*, Rechtsprechungseinheit (Fn. 310), S. 45 f.

[313] *Achterberg* (Fn. 1), Art. 92 Rn. 267; s. auch *K.A. Bettermann*, HStR III, § 73 Rn. 4.

[314] BVerfGE 10, 200 (214 ff.); 48, 300 (316); *Hillgruber* (Fn. 72), Art. 92 Rn. 68; *D. Wilke*, HStR³ V, § 112 Rn. 11 ff.; *Classen* (Fn. 72), Art. 92 Rn. 34.

[315] So *H. Sodan*, HStR³ V, § 113 Rn. 11 ff.; *G. Barbey*, HStR III, § 74 Rn. 15, 19 f.; *Böckenförde*, Verfassungsfragen (Fn. 137), S. 68 f.

[316] *Detterbeck* (Fn. 72), Art. 92 Rn. 24; *Meyer* (Fn. 32), Art. 92 Rn. 12 ff.; *G. Morgenthaler*, in: Epping/Hillgruber, GG (Stand: 01.03.2016), Art. 92 Rn. 18; *Reich*, GG, Art. 92 Rn. 1; *Wassermann* (Fn. 1), Art. 92 Rn. 36; *Voßkuhle*, Rechtsschutz (Fn. 72), S. 66 mit Anm. 2; zuerst *G.A. Zinn*, DÖV 1949, 278 ff.; *ders.*, Die Rechtspflege im Bonner Grundgesetz, in: 37. DJT, 1950, S. 46 ff. (57), im Anschluss an *Jellinek*, Allg. Staatslehre, S. 592; krit. *D. Wilke*, HStR³ V, § 112 Rn. 19; *Hopfauf* (Fn. 135), Art. 92 Rn. 39.

[317] *K.A. Bettermann*, Der Richter als Staatsdiener (1967), in: G. Roellecke (Hrsg.), Zur Problematik der höchstrichterlichen Rechtsprechung, 1982, S. 281 ff. (286 ff., 297 ff.); *D. Wilke*, HStR³ V, § 112 Rn. 18; *Classen* (Fn. 72), Art. 92 Rn. 33; *Achterberg* (Fn. 1), Art. 92 Rn. 240.

[318] *C. Schütz*, ThürVBl. 2006, 81 (85); *W. Hoffmann-Riem*, DRiZ 2000, 18 (20); im Ergebnis ebenso *D. Wilke*, HStR³ V, § 112 Rn. 20.

[319] *G. Barbey*, HStR III, § 74 Rn. 24.

[320] Vgl. in diesem Sinne *H. Sodan*, HStR³ V, § 113 Rn. 11 ff.

[321] Jarass/*Pieroth*, GG, Art. 92 Rn. 10; *Wassermann* (Fn. 1), Art. 92 Rn. 35.

[322] *Wassermann* (Fn. 1), Art. 92 Rn. 48a; *Stern*, Staatsrecht II, S. 900 ff. → Rn. 45 ff., 48.

[323] *Hopfauf* (Fn. 135), Art. 92 Rn. 37.

hier durch den Instanzenzug ermöglicht[324], mag dieser auch nicht verfassungsrechtlich garantiert sein (→ Art. 19 IV Rn. 94) und wegfallen können[325].

59 Art. 92 GG setzt funktionsfähige Gerichte voraus, die mit einer ausreichenden Anzahl von Richtern besetzt sind, damit die Staatsaufgabe Rechtsprechung erfüllt werden kann. Daraus lässt sich die Pflicht des Gesetzgebers und der Exekutive ableiten, eine entsprechende **Organisation** der rechtsprechenden Gewalt zu gewährleisten[326] – mit entsprechenden Richterämtern, mit Richtern als Amtsinhabern und mit ausreichenden Ressourcen räumlicher, sächlicher und personeller Art[327], nicht aber eine Pflicht zur Neuorganisation der überkommenen Gerichtsverfassung[328]. Art. 92 GG impliziert aber den Auftrag zu einer gesetzlichen Gerichtsverfassung, die Richtern und Gerichten die Erfüllung der Rechtsprechungsaufgabe ermöglicht; anderenfalls sind Amtshaftungsansprüche bei Organisationsmängeln innerhalb der Dritten Gewalt möglich[329]. Die Ausübung innerhalb des gesetzlich vorgegebenen Organisationsrahmens (z. B. durch gesetzliche Entscheidung über die Einrichtung von Spruchkörpern und ihre Zusammensetzung) bleibt Sache der Richter als Mitglieder der Gerichte selbst.

60 Insbesondere die Aufgaben der Justiz ohne Rechtsprechungscharakter stellen im Zuge der neueren Diskussionen um eine Neubestimmung der Staatsaufgaben i. S. eines »schlanken Staates« vor das umstrittene Problem, ob die Justizpraxis nicht durch Neuorganisation stärker auf eine effiziente und **wirtschaftliche Aufgabenerfüllung** ausgerichtet werden kann[330] (→ Rn. 23). Solche Bemühungen übertragen Ansätze der Verwaltungsmodernisierung i. S. eines »New Public Management« – mehr oder weniger modifiziert – auch auf die Dritte Gewalt, dürfen deshalb aber nicht vorschnell unter Hinweis auf die richterliche Unabhängigkeit im Keim erstickt werden (→ Art. 97 Rn. 37, 57). Vielmehr ist auch die Dritte Gewalt an den verfassungsrechtlichen Auftrag für Wirtschaftlichkeit des (gesamten) Staatshandelns rechtlich gebunden[331], wie es z. B. auch im Gedanken der Effektivität und Rechtzeitigkeit des Rechtsschutzes[332] (→ Art. 19 IV Rn. 80 f., 111 ff.; → Art. 20 [Rechtsstaat], Rn. 212) und gerichtsintern etwa bei Pensenschlüsseln und der Art und Weise der Geschäftsverteilung anerkannt ist.

61 Auf einer abstrakten Ebene besteht verbreitete Einigkeit über die Notwendigkeit und Möglichkeit einer wirtschaftlichen **Optimierung** des Einsatzes wirtschaftlicher Ressourcen bei der Erfüllung der Verwaltungs- und Rechtsprechungsaufgaben der Ju-

[324] *Classen* (Fn. 72), Art. 92 Rn. 35; zur Kontrollfunktion der Gerichte ausf. *Voßkuhle*, Rechtsschutz (Fn. 72), S. 243 ff., 255 ff.; *W. Krebs*, Kontrolle in staatlichen Entscheidungsprozessen, 1984, S. 52 ff. → Art. 95 Rn. 18, 20.

[325] BVerfGE 87, 48 (61); *Burkiczak* (Fn. 70), Art. 92 Rn. 122.

[326] BVerfGE 54, 277 (292 f.); *D. Wilke*, HStR³ V, § 112 Rn. 13; *C. Degenhart*, HStR³ V, § 114 Rn. 3, 47; *Berlit*, Unabhängigkeit (Fn. 93), S. 135 ff.

[327] Vgl. *Meyer* (Fn. 32), Art. 92 Rn. 13 f.; *T. Mayen*, DVBl. 2006, 1008 (1013 ff.).

[328] BVerfGE 55, 372 (388 f.); *Meyer* (Fn. 32), Art. 92 Rn. 32.

[329] BGH DVBl. 2007, 908 ff.; *J.P. Terhechte*, DVBl. 2007, 1134 ff.; *F. Ossenbühl*, JZ 2007, 690 f.

[330] *F. Schoch*, GVwR² III, § 50 Rn. 59; *K.F. Röhl*, DRiZ 2000, 220 ff.; *ders.*, DRiZ 1998, 241 ff.; ausf. (am insoweit verallgemeinerungsfähigen Beispiel der Schweiz) *P. Maier*, New Public Management in der Justiz, 1999, S. 60 ff.

[331] *C. Schütz*, Ökonomisierung von Rechtsschutz, in: N. Weiß (Hrsg.), Rechtsschutz als Element von Rechtsstaatlichkeit, 2011, S. 79 ff. (80); *M. Eifert*, Die Verwaltung 30 (1997), 75 (81); *R. Voss*, DRiZ 1998, 379 (383).

[332] S. *H.-J. Papier*, DRiZ 2006, 261 (263 f.); *I. Kroppenberg*, ZZP 119 (2006), 177 ff.; ausf. *L. Niesler*, Angemessene Verfahrensdauer im Verwaltungsprozess, 2005; *V. Schlette*, Der Anspruch auf gerichtliche Entscheidung in angemessener Frist, 1999, S. 28 ff., passim.

stiz[333]. Die verschiedenen konkreten Instrumente eines »Neuen Steuerungsmodells«[334] stoßen im Blick auf die Dritte Gewalt allerdings oft (zu) schnell auf rechtliche oder praktische Vorbehalte; die Einführung von Gerichtsmanagern[335], die Budgetierung und dezentrale Ressourcenbewirtschaftung i. S. einer Einheit von (Rechtsprechungs- oder Verwaltungs-)Aufgaben, Kompetenz und Verantwortung[336], Leistungsvergleiche zwischen vergleichbaren (!) Gerichten und Gerichtsabteilungen (»Benchmarking«) i. S. einer Sensibilisierung für Ineffizienz (nicht i. S. einer Orientierung der gemeinwohlorientierten Entscheidung allein an monetären Kosten)[337], ein Controlling der Art und Weise der Leistungserbringung durch (Verwaltungs-)Entscheidungen der Justiz[338] oder ein Qualitätsmanagement in Form der Balanced Scorcard[339] sind durch Art. 92 GG nicht grundsätzlich ausgeschlossen[340], können aber in bestimmter Hinsicht (z. B. betr. die Definition von gerichtlichen Entscheidungen als an Bedürfnissen von Kunden orientierten Produkten[341]) mit der Gesetzesbindung der Richter kaum vereinbar sein[342]. Der Rechtsschutz im Rechtsstaat steht nicht unter dem Vorbehalt des haushaltsmäßig Möglichen[343].

Die praktische Umsetzung einer Ressourcenoptimierung muss als **verfassungsrechtliche Grenzen** stets den Justizgewähranspruch und die Gebote richterlicher Unabhängigkeit und des gesetzlichen Richters (→ Art. 101 Rn. 54) beachten, doch wäre eine stärkere Eigenverantwortung der Gerichte i. S. einer Qualitätssicherung[344] nach innen gerade Ausfluss der richterlichen Unabhängigkeit[345] (→ Art. 97 Rn. 37): Sie ist nicht 62

---

[333] In diesem Sinne etwa *W. Hassemer*, DRiZ 1999, 185 (189); *R. Voss*, DRiZ 1998, 379 ff.

[334] Übersichtlich *Wittreck*, Verwaltung (Fn. 70), S. 473 ff.; *J.P. Francken*, NZA 2003, 457 (458 ff.); *B. Kramer*, NJW 2001, 3449 ff.; *dies.*, ZZP 114 (2001), 267 (270 ff.); *K.F. Röhl*, DRiZ 2000, 220 (221 ff.); *Maier*, Management (Fn. 330), S. 75 ff.; ausf. *Schütz*, Richter (Fn. 101), S. 17 ff., 329 ff.

[335] Vgl. zu diesen *B. Kramer*, ZZP 114 (2001), 267 (312 f.); *Karpen*, Gerichtsmanager (Fn. 122), S. 989 ff.; *K.F. Röhl*, DRiZ 1998, 241 ff.; *W. Hoffmann-Riem*, DRiZ 1997, 290 ff.; *H. Leeb*, DRiZ 1997, 287 ff.

[336] *Schütz*, Richter (Fn. 101), S. 399 ff.; *B. Kramer*, ZZP 114 (2001), 267 (293 ff.); *W. Hoffmann-Riem*, DRiZ 2000, 18 (23); s. auch zur »Finalsteuerung« in der Justiz *Maier*, Management (Fn. 330), S. 255 ff.

[337] Vgl. *C. Schütz*, ThürVBl. 2006, 81 (85 f.); ausf. *ders.*, Richter (Fn. 101), S. 393 ff.; *J. Meunier-Schwab/M. Hinrichs*, DRiZ 2005, 50 ff.; *J. Brand*, Benchmarking in der nordrhein-westfälischen Sozialgerichtsbarkeit, in: Schulze-Fielitz/Schütz, Justiz (Fn. 93), S. 99 ff.; *Maier*, Management (Fn. 330), S. 233 ff.; krit. *P. Bilsdorfer*, NJW 1999, 3096.

[338] Vgl. *Schütz*, Richter (Fn. 101), S. 358 ff.; *B. Kramer*, ZZP 114 (2001), 267 (296 f.); *K.F. Röhl*, DRiZ 2000, 220 (226 ff.); *W. Hoffmann-Riem*, DRiZ 2000, 18 (24 f.).

[339] *C. Schütz*, ThürVBl. 2006, 81 (86 ff.); ausf. *ders.*, Richter (Fn. 101), S. 373 ff.; *J.P. Francken*, NZA 2003, 457 (462).

[340] *Brosius-Gersdorf*, Gewalt (Fn. 96), S. 208 ff.; *F. Schoch*, GVwR^2 III, § 50 Rn. 60.

[341] Vgl. *C. Schütz*, ThürVBl. 2006, 81 (82); *J.P. Francken*, NZA 2003, 457 (458 f.); *Voßkuhle*, »Produkt« (Fn. 122), S. 43 ff.; *U. Freudenberg*, ZRP 2002, 79 ff.; *Maier*, Management (Fn. 330), S. 139 ff.

[342] *C. Schütz*, Moderne Justiz und Neue Steuerungsmodelle in Gerichten – eine Zusammenhangsbetrachtung, in: H. Hill/J. Dieckmann (Hrsg.), Moderne Justiz, 2012, S. 57 ff. (64 ff.).

[343] *E. Stilz*, DRiZ 2006, 320 (321 ff.); *B. Kramer*, ZZP 114 (2001), 267 (304 ff., 308); *H. Reim*, Gerechtigkeit und Effizienz, in: FS Offerhaus, 1999, S. 791 ff. (797 f.); *M. Sachs*, Beiträge zur Konfliktforschung 4/1986, 5 (24 f.).

[344] Vgl. übersichtlich *F. Schoch*, GVwR^2 III, § 50 Rn. 61; *J. Keders*, Qualitäts- und Prozessmanagement in Gerichten, in: Hill/Dieckmann, Justiz (Fn. 342), S. 31 ff. (33 ff.); *J. v. Bargen*, »Ständig im besten Sinne in Sorge sein« – Optimale gerichtliche Leistungen durch effektive gerichtsinterne Verfahren, in: Impulse für eine moderne und leistungsstarke Justiz, 2009, S. 53 ff.

[345] Ausf. *S. Fleck*, NJW 2007, 1427 ff.; *H. Sodan*, HStR^3 V, § 113 Rn. 56 ff.; *ders.*, NJW 2003, 1494 ff.; *J. v. Bargen*, NJW 2006, 2531 ff.; *ders.*, SächsVBl. 2008, 1 ff.; *T. Mayen*, DVBl. 2006, 1008 (1010 ff.); *C. Schütz*, ThürVBl. 2006, 81 ff.; *ders.*, Richter (Fn. 101), S. 384 ff.; *U. Hochschild/T. Schul-*

nur als individuelles Recht, sondern zugleich in ihrer objektiven Dimension als strukturelle Garantie für die Unabhängigkeit der Gerichte als Rechtsprechungsorgane anzusehen (→ Rn. 57). Soweit aus Gründen der Wirtschaftlichkeit Justizministerien mit anderen Ministerien organisatorisch zusammengelegt werden, liegt darin jedenfalls kein Verstoß gegen Art. 92 GG[346], weil die Gerichte ohnehin seitens der Exekutive verwaltet werden und in ihrer Rechtsprechungsfunktion eigenständig bleiben.

III. Die Kompetenz zur Errichtung der Gerichte (Art. 92, 2. Hs. GG)

63 Art. 92, 2. Hs. GG unterscheidet das Bundesverfassungsgericht sowie die Bundesgerichte (i. S. von Art. 95, 96 GG) von den Gerichten der Länder und nimmt insoweit die **föderale Grundstruktur** der Bundesrepublik (Art. 30 GG) wie für Gesetzgebung (Art. 70 GG) und Verwaltung (Art. 83 GG) in spezifischer Weise auch für die Errichtung von Gerichten auf: Der Bund darf neben dem Bundesverfassungsgericht (Art. 93, 94 GG) nur die in Art. 95 GG obligatorisch und in Art. 96 I–IV GG fakultativ vorgesehenen Bundesgerichte errichten[347]; im übrigen ist die Errichtung von allen sonstigen Gerichten Ländersache[348]. Die Landesgerichte üben demgemäß bei ihrer Rechtsprechungstätigkeit Landesstaatsgewalt aus[349].

64 Die **Errichtung** von Gerichten muss stets (in Bund und Ländern) **durch parlamentarisches Gesetz** erfolgen[350], ebenso ihre Schließung[351]. Die Kompetenz zur Regelung der Gerichtsverfassung, zur Regelung des Rechts des gerichtlichen Verfahrens und auch zur Errichtung der Gerichte der Länder[352] richtet sich nach Art. 74 I Nr. 1 GG[353]; insoweit hat es der Bund in sehr weitem Umfang in der Hand, die Verteilung der materiellen Rechtsprechungszuständigkeiten und auch die Errichtung der Ländergerichte durch Bundesgesetz zu steuern[354]. Für die Abgrenzung von Bundes- und Landesgerichten ist daher nicht das zugrundeliegende Gesetz maßgeblich, sondern der der Errichtung zugrundeliegende Organisationsakt[355]. Insgesamt gilt mithin auch für den Bereich der rechtsprechenden Gewalt, dass das Bundesrecht ein Übergewicht gewonnen und die Rechtsprechung im Bundesstaat weithin unitarisiert hat[356].

---

te-Kellinghaus, DRiZ 2003, 413ff.; *Berlit*, Unabhängigkeit (Fn. 93), S. 172ff.; *H. Klein*, Qualitätssicherung im Prozess der Modernisierung der Justiz, in: Schulze-Fielitz/Schütz, Justiz (Fn. 93), S. 55ff.; *K.F. Röhl*, DRiZ 2000, 220 (223ff.); *W. Hoffmann-Riem*, DRiZ 2000, 18 (22ff.).

346 S. insoweit *F. Schoch*, Übungen im Öffentlichen Recht I, 2000, S. 346f.

347 BVerfGE 8, 174 (176); 10, 200 (213); BVerwGE 32, 21 (23); *Kloepfer*, Verfassungsrecht I, § 9 Rn. 162ff.; *Burkiczak* (Fn. 70), Art. 92 Rn. 124ff.; *Wolff* (Fn. 72), Art. 92 Rn. 65.

348 BerlVerfGH NVwZ 2007, 813 (815); *Classen* (Fn. 72), Art. 92 Rn. 36; *Detterbeck* (Fn. 72), Art. 92 Rn. 32.

349 BVerfGE 96, 345 (366). → Art. 142 Rn. 76ff.

350 BVerfGE 2, 307 (316ff.); 24, 155 (167); *C. Degenhart*, HStR³ V, § 114 Rn. 17ff.; *Detterbeck* (Fn. 72), Art. 92 Rn. 34.

351 *Burkiczak* (Fn. 70), Art. 92 Rn. 118; *P.M. Huber/S. Storr*, ZG 21 (2006), 105ff.

352 BVerfGE 24, 155 (166f.); 30, 103 (106); *Achterberg* (Fn. 1), Art. 92 Rn. 247.

353 BVerfGE 96, 345 (366); *Achterberg* (Fn. 1), Art. 92 Rn. 249ff.; *Classen* (Fn. 72), Art. 92 Rn. 36.

354 *Detterbeck* (Fn. 72), Art. 92 Rn. 31; s. auch *Classen* (Fn. 72), Art. 92 Rn. 36f.

355 BVerfGE 24, 155 (167); 96, 345 (366); Jarass/*Pieroth*, GG, Art. 92 Rn. 13; *Detterbeck* (Fn. 72), Art. 92 Rn. 33; *Achterberg* (Fn. 1), Art. 92 Rn. 247f.

356 In diesem Sinne *W. Blümel*, HStR IV, § 102 Rn. 39; *Stern*, Staatsrecht I, S. 690; s. auch *C. Degenhart*, HStR³ V, § 114 Rn. 5.

D. Verhältnis zu anderen GG-Bestimmungen

Die Strukturentscheidung des Art. 92 GG setzt die Pflicht zur staatlichen Justizgewährleistung nach **Art. 19 IV, 20 III GG** voraus[357] (→ Art. 19 IV Rn. 80f., 111ff.; → Art. 20 [Rechtsstaat], Rn. 212) und wird ergänzt durch zahlreiche Regelungen des Grundgesetzes für Richter, die neben Art. 92 GG treten und wie Art. 19 IV GG oder **Art. 93, 94 GG** die Justiz als Dritte Gewalt oder aber die subjektive Rechtsstellung der einzelnen Richter stärken und ein neues konstitutionelles Richterbild betonen[358]. Art. 97 I GG gibt den Richtern ein subjektives öffentliches Recht auf Unabhängigkeit (→ Art. 97 Rn. 16). Art. 98 I, III GG erkennt einen besonderen, vom Beamten abgehobenen Status des Richters an (→ Art. 98 Rn. 24). Art. 95 II, 98 IV GG binden durch Richterwahlausschüsse die Kreation der Richter an die politisch-parlamentarischen Kräfte. Art. 98 II, V GG verpflichtet sie in besonderer Weise auf die Grundsätze der Verfassung (→ Art. 98 Rn. 32ff.). 65

Die hergebrachten **Grundsätze des Berufsbeamtentums** i. S. von Art. 33 V GG gelten sinngemäß auch für Richter[359], auch hinsichtlich ihrer Verfassungstreue (→ Art. 98 Rn. 32), und können zudem vom Richter ebenso im Wege der Verfassungsbeschwerde geltend gemacht werden (vgl. Art. 93 I Nr. 4a GG) wie eine Verletzung der Berufsfreiheit i. S. von Art. 12 I GG, der auch Berufe des öffentlichen Dienstes erfasst[360] und durch Art. 33, 97 GG nicht verdrängt wird. Prozessparteien können Verstöße gegen Art. 92 GG unter Berufung auf Art. 101 I 2 GG geltend machen (→ Art. 101 Rn. 27, 41). 66

Insoweit Art. 92 GG eine Ausprägung des Gewaltenteilungsgrundsatzes i. S. von Art. 20 II 2 GG ist (→ Rn. 17), ist er mittelbar auch gegenüber Eingriffen des verfassungsändernden Gesetzgebers durch die **Ewigkeitsgarantie des Art. 79 III GG** geschützt (→ Art. 79 III Rn. 50)[361]; Art. 10 II 2 GG kann dann auch unter diesem Gesichtspunkt als verfassungswidriges Verfassungsrecht angesehen werden[362] (str.: → Art. 19 IV Rn. 145; → Art. 79 III Rn. 53). Gleichwohl erlauben **Art. 23 I 2, 24 I GG** die Übertragung von Rechtsprechungsaufgaben auf die dort genannten Adressaten (→ Art. 23 Rn. 43; → Art. 24 Rn. 24). 67

---

[357] Anders *Hillgruber* (Fn. 72), Art. 92 Rn. 50: Art. 92 GG als Pendant zu Art. 19 IV GG.
[358] *Wassermann* (Fn. 1), Art. 92 Rn. 10.
[359] BVerfGE 12, 81 (88); 38, 139 (151); 55, 372 (391f.). → Art. 97 Rn. 16; → Art. 33 Rn. 85.
[360] S. z. B. BVerfGE 92, 140 (151, 153); 96, 189 (197); 96, 205 (210f.); *Jarass*/Pieroth, GG, Art. 12 Rn. 7, 85; *P. Tettinger*, in: Sachs, GG, Art. 12 Rn. 39; a.A. *R. Scholz*, in: Maunz/Dürig, Art. 12 (2006), Rn. 196, 201, 205. → Art. 12 Rn. 44.
[361] *Detterbeck* (Fn. 72), Art. 92 Rn. 18; s. auch *Classen* (Fn. 72), Art. 92 Rn. 31.
[362] Vgl. *K.A. Bettermann*, HStR III, § 73 Rn. 6.

Artikel 93 [Zuständigkeit des Bundesverfassungsgerichts]

(1) Das Bundesverfassungsgericht entscheidet:

1. über die Auslegung dieses Grundgesetzes aus Anlaß von Streitigkeiten über den Umfang der Rechte und Pflichten eines obersten Bundesorgans oder anderer Beteiligter, die durch dieses Grundgesetz oder in der Geschäftsordnung eines obersten Bundesorgans mit eigenen Rechten ausgestattet sind;

2. bei Meinungsverschiedenheiten oder Zweifeln über die förmliche und sachliche Vereinbarkeit von Bundesrecht oder Landesrecht mit diesem Grundgesetze oder die Vereinbarkeit von Landesrecht mit sonstigem Bundesrechte auf Antrag der Bundesregierung, einer Landesregierung oder eines Viertels der Mitglieder des Bundestages;

2a. bei Meinungsverschiedenheiten, ob ein Gesetz den Voraussetzungen des Artikels 72 Abs. 2 entspricht, auf Antrag des Bundesrates, einer Landesregierung oder der Volksvertretung eines Landes;

3. bei Meinungsverschiedenheiten über Rechte und Pflichten des Bundes und der Länder, insbesondere bei der Ausführung von Bundesrecht durch die Länder und bei der Ausübung der Bundesaufsicht;

4. in anderen öffentlich-rechtlichen Streitigkeiten zwischen dem Bunde und den Ländern, zwischen verschiedenen Ländern oder innerhalb eines Landes, soweit nicht ein anderer Rechtsweg gegeben ist;

4a. über Verfassungsbeschwerden, die von jedermann mit der Behauptung erhoben werden können, durch die öffentliche Gewalt in einem seiner Grundrechte oder in einem seiner in Artikel 20 Abs. 4, 33, 38, 101, 103 und 104 enthaltenen Rechte verletzt zu sein;

4b. über Verfassungsbeschwerden von Gemeinden und Gemeindeverbänden wegen Verletzung des Rechts auf Selbstverwaltung nach Artikel 28 durch ein Gesetz, bei Landesgesetzen jedoch nur, soweit nicht Beschwerde beim Landesverfassungsgericht erhoben werden kann;

4c. über Beschwerden von Vereinigungen gegen ihre Nichtanerkennung als Partei für die Wahl zum Bundestag;

5. in den übrigen in diesem Grundgesetze vorgesehenen Fällen.

(2) [1]Das Bundesverfassungsgericht entscheidet außerdem auf Antrag des Bundesrates, einer Landesregierung oder der Volksvertretung eines Landes, ob im Falle des Artikels 72 Abs. 4 die Erforderlichkeit für eine bundesgesetzliche Regelung nach Artikel 72 Abs. 2 nicht mehr besteht oder Bundesrecht in den Fällen des Artikels 125a Abs. 2 Satz 1 nicht mehr erlassen werden könnte. [2]Die Feststellung, dass die Erforderlichkeit entfallen ist oder Bundesrecht nicht mehr erlassen werden könnte, ersetzt ein Bundesgesetz nach Artikel 72 Abs. 4 oder nach Art. 125a Abs. 2 Satz 2. [3]Der Antrag nach Satz 1 ist nur zulässig, wenn eine Gesetzesvorlage nach Artikel 72 Abs. 4 oder nach Artikel 125a Abs. 2 Satz 2 im Bundestag abgelehnt oder über sie nicht innerhalb eines Jahres beraten und Beschluss gefasst oder wenn eine entsprechende Gesetzesvorlage im Bundesrat abgelehnt worden ist.

(3) Das Bundesverfassungsgericht wird ferner in den ihm sonst durch Bundesgesetz zugewiesenen Fällen tätig.

Literaturauswahl

Alleweldt, Ralf: Bundesverfassungsgericht und Fachgerichtsbarkeit, 2006.
Badura, Peter/Dreier, Horst (Hrsg.): Festschrift 50 Jahre Bundesverfassungsgericht, 2 Bde., 2001.

Bechler, Lars/Neidhardt, Stephan: Verfassungsgerichtlicher Rechtsschutz für Parteien vor der Bundestagswahl: Die Nichtanerkennungsbeschwerde zum BVerfG, in: NVwZ 2013, S. 1438–1442.
Böckenförde, Ernst-Wolfgang: Verfassungsgerichtsbarkeit. Strukturfragen, Organisation, Legitimation (1999), in: ders., Staat, Nation, Europa, 2. Aufl. 2000, S. 157–182.
Detterbeck, Steffen: Gemeinsame Zuständigkeitshürden von Bundes- und Landesverfassungsbeschwerde in der Praxis, in: AöR 136 (2011), S. 222–265.
Drath, Martin: Die Grenzen der Verfassungsgerichtsbarkeit, VVDStRL 9 (1952), S. 17–117.
Grote, Rainer: Der Verfassungsorganstreit, Entwicklung, Grundlagen, Erscheinungsformen, 2009.
Heun, Werner: Verfassung und Verfassungsgerichtsbarkeit im Vergleich, 2014.
Hillgruber, Christian/Goos, Christoph: Verfassungsprozessrecht, 4. Aufl. 2015.
Lechner, Hans/Zuck, Rüdiger: Bundesverfassungsgerichtsgesetz. Kommentar, 7. Aufl. 2015.
Löwer, Wolfgang: Zuständigkeiten und Verfahren des Bundesverfassungsgerichts, in: HStR³ III, § 70, S. 1285–1526.
Marsch, Nikolaus: Die objektive Funktion der Verfassungsbeschwerde in der Rechtsprechung des Bundesverfassungsgerichts, in: AöR 137 (2012), S. 592–624.
Papier, Hans-Jürgen: Verhältnis des Bundesverfassungsgerichts zu den Fachgerichtsbarkeiten, in: DVBl. 2009, S. 473–481.
Roellecke, Gerd: Aufgaben und Stellung des Bundesverfassungsgerichts im Verfassungsgefüge, in: HStR³ III, § 67, S. 1201–1219.
Schultzky, Hendrik: Zulässigkeitsfragen im Bund-Länder-Streit, in: VerwArch. 100 (2009), S. 552–586.
Voßkuhle, Andreas: Pyramide oder Mobile? – Menschenrechtsschutz durch die europäischen Verfassungsgerichte, in: EuGRZ 2014, S. 165–167.
Zuck, Rüdiger: Das Recht der Verfassungsbeschwerde, 4. Aufl. 2013.
Der Status des Bundesverfassungsgerichts: Gutachten, Denkschriften und Stellungnahmen mit einer Einleitung von Gerhard Leibholz, in: JöR 6 (1957), S. 109–221.

Leitentscheidungen des Bundesverfassungsgerichts

Zu Abs. 1 Nr. 1 (Organstreit): BVerfGE 2, 143 (149 ff.) – EVG-Vertrag; 20, 18 (22 ff.) – Beitritt im Organstreitverfahren; 90, 286 (336 ff.) – Out-of-area-Einsätze; 108, 251 (270 ff., Rn. 49 ff.) – Abgeordnetenbüro; 114, 121 (146 ff., Rn. 119 ff.) – Bundestagsauflösung III.
Zu Abs. 1 Nr. 2 (abstrakte Normenkontrolle): BVerfGE 1, 396 (400 ff.) – Deutschlandvertrag; 83, 37 (49 f.) – Ausländerwahlrecht I; 100, 249 (257 f., Rn. 30) – Allgemeine Verwaltungsvorschriften; 136, 69 (91 f., Rn. 43) – KFZ-Überlänge-Verordnung.
Zu Abs. 1 Nr. 3 (Bund-Länder-Streit): BVerfGE 6, 309 (323 ff.) – Reichskonkordat; 8, 122 (129 f.) – Volksbefragung Hessen; 13, 54 (71 ff.) – Neugliederung Hessen; 41, 291 (303 f.) – Strukturförderung; 81, 310 (329 ff.) – Kalkar II; 94, 297 (309 ff.) – Treuhandanstalt II; 129, 108 (115, Rn. 31 ff.) – Legislativstreit Schuldenbremse.
Zu Abs. 1 Nr. 4a (Verfassungsbeschwerde): BVerfGE 18, 315 (325) – Marktordnung; 53, 1 (13 ff.) – Schulbücher; 53, 30 (48 ff.) – Mülheim-Kärlich; 89, 155 (171, 175) – Maastricht; 94, 166 (187 ff.) – Flughafenverfahren; 96, 245 (248 ff., Rn. 6 ff.) – Besonders schwerer Nachteil; 98, 218 (251, Rn. 136) – Rechtschreibreform; 115, 118 (135 ff., Rn. 72 ff.) – Luftsicherheitsgesetz I.

Gliederung

Stichwörter

A. Herkunft, Entstehung, Entwicklung

I. Ideen- und verfassungsgeschichtliche Aspekte

Ideengeschichtlich hat die Verfassungsgerichtsbarkeit ihre Wurzel in der Theorie der **Gewaltenteilung**[1]. Sieyès, der Vater der Unterscheidung zwischen pouvoir constituant und pouvoirs constitués[2], erkannte die Notwendigkeit, die aus der Verfassunggebung entstandenen Gewalten zu begrenzen und in ihrer Wirksamkeit voneinander abhängig zu machen. Diese Aufgabe sollte eine »Jury constitutionnaire« erfüllen, die nicht nur als Kassationstribunal über die Einhaltung der Verfassung wachen, sondern auch Vorschläge zu deren Verbesserung machen und als Gerichtshof der Menschenrechte übermäßige Strenge des positiven Gesetzes mildern sollte[3]. Fichte hat ein vergleichbares Organ im Ephorat gesehen[4]. 1

Auf eine andere Variante der Gewaltenteilungslehre geht die Argumentation von **Alexander Hamilton** zurück, der 1788 in den **Federalist Papers** die Judikative als die am wenigsten gefährliche der drei Staatsgewalten bezeichnete, weil sie weder über militärische noch finanzielle Macht verfüge[5]. Die Gerichte müssten im Wege der Verfassungsinterpretation dafür Sorge tragen, dass die Legislative ihre Befugnisse nicht überschreite. Als Grundgesetz gehe die Verfassung anderen Gesetzen vor. Damit hat Hamilton den **Vorrang der Verfassung** (→ Art. 1 III Rn. 1; → Art. 20 [Rechtsstaat], Rn. 50, 81 ff.) begründet, der gedankliche Voraussetzung für jede Verfassungsrechtsprechung ist[6]. In ähnliche Richtung geht **Kelsens Lehre vom Stufenbau der Rechtsordnung**. Sie geht von einer Grundnorm als nicht weiter deduzierbarer Urnorm aus, die als höchste und letzte Norm an der Spitze einer Normpyramide steht; da die Normen einer positiven Rechtsordnung in einem Verhältnis der Über- und Unterordnung stehen, wird die Gesetzgebung als Anwendung der höherrangigen Verfassungsnormen verstanden[7]. Nach dieser Lehre kontrolliert die Verfassungsgerichtsbarkeit die Anwendung der Verfassung durch die gesetzgebenden Organe[8]. 2

---

1 *H. Triepel*, Wesen und Entwicklung der Staatsgerichtsbarkeit, VVDStRL 5 (1929), S. 2 ff. (12).

2 *E. J.* Sieyès, Was ist der dritte Stand? (1789), in: ders., Politische Schriften 1788–1790 (hrsgg. von E. Schmitt und R. Reichardt), 1975, S. 167; kritisch *A. Kley/G. Seferovic*, Joseph Emmanuel Sieyès – Verfassungsgerichtsbarkeit im System der volonté générale, in: T. Simon/J. Kalwoda (Hrsg.), Schutz der Verfassung: Normen, Institutionen, Höchst- und Verfassungsgerichte, 2014, S. 87 ff. (93 f.); vgl. ferner *M. Herdegen*, ZaöRV 69 (2009), 257 ff. → Pmbl. Rn. 71 ff. → Art. 146 Rn. 2, 21 ff.

3 *E. J.* Sieyès, Rede zu seinem Verfassungsentwurf am 2. Thermidor des Jahres III (19.7.1795) vor der französischen Nationalversammlung, näher dazu *G. Robbers*, Emmanuel Joseph Sieyès – Die Idee einer Verfassungsgerichtsbarkeit, in: FS Zeidler, Bd. 1, 1987, S. 247 ff. (248 m. w. N. in Fn. 4).

4 *J. G. Fichte*, Grundlagen des Naturrechts (1796), Teil B: Vom Staatsrechte oder dem Rechte in einem gemeinen Wesen, in: O. Braun (Hrsg.), Volk und Staat. Der Deutsche Staatsgedanke, 1921, S. 6 ff. (16). Das Ephorat wird in der Antike auf *Lykurg* zurückgeführt: vgl. *K.-W. Welwei*, Art. Ephoroi, in: DNP, Bd. 3, Sp. 1087 ff.; zur Verfassungsgerichtsbarkeit als pouvoir neutre *M. Herdegen*, ZaöRV 69 (2009), 257 ff.

5 *A. Hamilton*, The Federalist Papers, Nr. 78, 1788.

6 Näher dazu *R. Wahl*, Der Staat 20 (1981), 485 ff.; *T. Würtenberger*, Verfassungsrechtliche Streitigkeiten in der zweiten Hälfte des 18. Jahrhunderts, in: FS Benda, 1995, S. 443 ff. (445 ff.); *E.-W. Böckenförde*, Die sozialen und politischen Ordnungsideen der Französischen Revolution (1991), in: ders., Staat, Nation, Europa, 1999, S. 11 ff.

7 *H. Kelsen*, Reine Rechtslehre, 2. Aufl. 1960, S. 199 ff.; dazu *E. Wiederin*, Der österreichische Verfassungsgerichtshof als Schöpfung Hans Kelsens und sein Modellcharakter als eigenständiges Verfassungsgericht, in: Simon/Kalwoda, Schutz der Verfassung (Fn. 2), S. 283 ff.

8 *H. Kelsen*, Wesen und Entwicklung der Staatsgerichtsbarkeit, VVDStRL 5 (1929), S. 30 ff.; näher

3 Während die Gewaltenteilungslehre die Entwicklung der Verfassungsgerichtsbarkeit in Deutschland erst in neuerer Zeit beeinflusst hat, lässt sich eine andere Wurzel des richterlichen Schutzes der Verfassung bis ins **Mittelalter** zurückverfolgen[9]. Da das mittelalterliche Reich als Lehnsstaat organisiert war, wurde die Neigung begünstigt, politische Streitigkeiten auf gerichtsförmige Weise, nämlich in lehnsrechtlichen Prozessen, zu lösen[10]. Das **Reichskammergericht** und der **Reichshofrat** übten in diesem Sinne auch Verfassungsgerichtsbarkeit aus[11]. Mit der Herausbildung des Dualismus von Kaiser und Reichsständen wurden auch letztere an der Reichssouveränität beteiligt und legitimierten die Rechtsprechung des Reichskammergerichts[12]. Dieser Dualismus wirkte im **19. Jahrhundert** fort. Nunmehr wurden die **Verfassungen** im formellen Sinne als **Grundvertrag** zwischen dem **Landesherrn** und seinen **Ständen** angesehen[13]. Das ermöglichte es, die Klage der Stände als eines Vertragspartners gegen die Minister als Sanktion für Grundvertragsverletzungen durch Organe des anderen Vertragspartners, nämlich des Landesherrn, zu verstehen. Verfassungsstreitigkeiten wurden zu Streitigkeiten über die Vertragsauslegung, deren Entscheidung traditionell den Gerichten zugewiesen war[14]. Auf dieser theoretischen Grundlage entwickelten sich vielfältige Formen gerichtsförmlicher Streitverfahren, die im heutigen Verfassungsprozessrecht fortwirken.

4 Im **Deutschen Bund** von 1815 waren gerichtsförmliche Streitverfahren allerdings nur in Ansätzen vorgesehen[15]. Zwar hatte sich Preußen zunächst dafür eingesetzt, dem Bund die Sicherung der verfassungsmäßigen Rechte jedes Einzelnen sowie des Ganzen zur Aufgabe zu machen[16]. Ohne ein Bundesgericht fehle dem Rechtsgebäude in Deutschland »der letzte und notwendigste Schlußstein«[17]. Nachdem in einer frühen Fassung von Art. 11 IV der deutschen Bundesakte ein Bundesgericht institutionell garantiert worden war[18], führte der heftige Widerstand von Bayern, Hessen-Darmstadt und Württemberg, die um ihre Souveränität fürchteten, zu einer Umformulie-

---

dazu *H. Dreier*, Rechtslehre, Staatssoziologie und Demokratietheorie bei Hans Kelsen, 2. Aufl. 1990, S. 130 f. mit Fn. 240.

[9] Hierzu auch *K. Hesse*, JöR 46 (1998), 1 ff.

[10] Näher dazu *R. Hoke*, Verfassungsgerichtsbarkeit in den deutschen Ländern in der Tradition der deutschen Staatsgerichtsbarkeit, in: C. Starck/K. Stern (Hrsg.), Landesverfassungsgerichtsbarkeit, Bd. 1, 1983, S. 25 ff. (29 f.) m. w. N.; vgl. auch *H. Mitteis*, Lehnrecht und Staatsgewalt, 1958, S. 531 ff. (537 ff.); *F. L. Ganshof*, Was ist das Lehnswesen?, 3. Aufl. 1970, S. 172 ff.

[11] *S. Westphal*, Reichskammergericht, Reichshofrat und Landfrieden als Schutzinstitute der Reichsverfassung, in: Simon/Kalwoda, Schutz der Verfassung (Fn. 2), S. 13 ff.

[12] *Hoke*, Verfassungsgerichtsbarkeit (Fn. 10), S. 31 f.; einschränkend *U. Scheuner*, Die Überlieferung der deutschen Staatsgerichtsbarkeit im 19. und 20. Jahrhundert, in: Festgabe BVerfG, Bd. 1, S. 1 ff. (14 f.).

[13] Hierzu *D. Grimm*, Deutsche Verfassungsgeschichte 1776–1866, 1988, S. 110 ff., 135 f.; *H. Triepel*, Die Reichsaufsicht, 1917, S. 39 ff.

[14] Dazu *K. Kreuzer*, EuGRZ 1986, 94 (108).

[15] *W. Frotscher*, Ringen um den Verfassungsstaat – Verfassungsänderungen in der Zeit des Deutschen Bundes, in: H. Neuhaus (Hrsg.), Verfassungsänderungen, 2012, S. 89 ff.

[16] § 2 der Preußischen Entwürfe für eine Bundesakte von Februar 1815; näher dazu *Triepel*, Reichsaufsicht (Fn. 13), S. 39 m. w. N. in Fn. 1; *H. J. Stolzmann*, AöR 16 (1929), 355 (385 ff.); *H. Müller-Kinet*, Die höchste Gerichtsbarkeit im deutschen Staatenbund 1806–1866, Diss. jur. Heidelberg 1971, S. 61 ff.

[17] So die Preußische Note vom 10.2.1815; dazu *J. L. Klüber*, Acten des Wiener Congresses, Bd. 2, 1815, S. 16 f.

[18] *Klüber*, Acten (Fn. 17), S. 485 f.; Text bei *Hoke*, Verfassungsgerichtsbarkeit (Fn. 10), S. 43 m. Fn. 93.

rung des Art. 11 IV Bundesakte dahingehend, dass Streitigkeiten zwischen Gliedstaaten durch eine »wohlgeordnete Austrägalinstanz« entschieden werden sollten[19]. Die Bundesversammlung sollte bei Streitigkeiten zwischen Bundesgliedern zunächst die Vermittlung durch einen Ausschuss versuchen. Schlug dieser Versuch fehl und wurde eine richterliche Entscheidung notwendig, mussten die streitenden Parteien sich dem Schiedsspruch einer **Austrägalinstanz** unterwerfen. Das Austrägalverfahren wurde durch die Bundesausträgalordnung vom 16. Juni 1817 und Art. 20 bis 24, 30 und 31 der Wiener Schlussakte von 1820 detailliert geregelt[20]. Obwohl es ein Schiedsgerichtsverfahren war, kann das Austrägalverfahren dennoch als frühe Form eines verfassungsgerichtlichen Verfahrens qualifiziert werden, weil es nicht nur obligatorisch war, sondern auch gerichtsförmig durch den obersten Gerichtshof eines Gliedstaates des Deutschen Bundes nach dessen Verfahrensrecht durchgeführt werden musste und mit einer rechtskräftigen Entscheidung abschloss[21].

Größere Bedeutung als auf Bundesebene kam der **Verfassungsgerichtsbarkeit in den** 5
Einzelstaaten zu. Die in allen deutschen Ländern gemäß Art. 13 Deutsche Bundesakte eingeführten »landständischen« Verfassungen verorteten entsprechend der konstitutionellen Theorie die Staatsgewalt beim Herrscher und bei den das Volk repräsentierenden Ständen[22]. Der durch diese Konstruktion überspielte **Konflikt zwischen monarchischem und ständischem Prinzip** konnte jederzeit wieder aufbrechen[23]. Die Institutionalisierung einer Verfassungsgerichtsbarkeit bot die Möglichkeit, Konflikte bei der gemeinschaftlichen Ausübung der gesetzgebenden Gewalt auf juristischem Wege zu lösen. Dementsprechend fand sich in zahlreichen landständischen Verfassungen ein Abschnitt über »Gewähr« oder »Schutz« der Verfassung[24]. Ihnen kam im **Konstitutionalismus** herausragende Bedeutung zu, weil sie dem Schutz des Volkes vor willkürlichen Verfassungsverstößen oder der Aufhebung der Verfassung durch den Souverän dienten[25]. In Württemberg etwa wurde schon 1819 ein Gerichtshof »zum gerichtlichen Schutz der Verfassung« errichtet[26]. 1831 wurde auch in Sachsen ein Staatsgerichtshof »zum gerichtlichen Schutze der Verfassung« geschaffen. Er sollte entscheiden, »wenn über die Auslegung einzelner Punkte der Verfassungsurkunde Zweifel entsteht«[27].

Die **Verfahrensarten**, die in deutschen Ländern in der ersten Hälfte des 19. Jahrhun- 6
derts als Formen der Verfassungsgerichtsbarkeit bekannt waren, können ihrer Struk-

---

[19] Endgültiger Text des Art. 11 IV Deutsche Bundesakte bei Huber, Dokumente, Bd. 1, S. 84 ff. (87).

[20] Näher dazu *Hoke*, Verfassungsgerichtsbarkeit (Fn. 10), S. 45 ff.

[21] Art. 22 Wiener Schlussakte, abgedruckt bei Huber, Dokumente, Bd. 1, S. 91 ff. (94) und Art. 3 Bundesausträgalordnung, abgedruckt bei Huber, Dokumente, Bd. 1, S. 114 ff.; näher *F. W. v. Leonhardi*, Das Austrägalverfahren des Deutschen Bundes, Bd. 1, 1838, S. 136 ff.

[22] *U. Karpen*, JZ 2009, 749 (750).

[23] Dazu *E.-W. Böckenförde*, Der deutsche Typ der konstitutionellen Monarchie im 19. Jahrhundert, in: W. Conze (Hrsg.), Beiträge zur deutschen und belgischen Verfassungsgeschichte im 19. Jahrhundert, 1967, S. 70 ff.

[24] Verfassungstexte bei H. A. Zachariä (Hrsg.), Die deutschen Verfassungsgesetze der Gegenwart, Bd. 1, 1855.

[25] *Scheuner*, Überlieferung (Fn. 12), S. 31 f. mit ausführlichen Nachweisen zur konstitutionellen Lehre in Fn. 168.

[26] § 195 der Verfassungsurkunde vom 25.9.1819, abgedruckt bei Zachariä, Verfassungsgesetze (Fn. 24), S. 295 ff.

[27] Siehe §§ 142 und 153 der Verfassungsurkunde für das Königreich Sachsen vom 4.9.1831, abgedruckt bei Zachariä, Verfassungsgesetze (Fn. 24), S. 159 ff.; dazu *K. Stern*, in: BK, Art. 93 (Zweitb. 1982), Rn. 61.

tur nach als Vorläufer der heutigen Verfahren vor dem Bundesverfassungsgericht angesehen werden. Da die Hauptgefahr für die Verfassung im Handeln der Minister gesehen wurde, die Staatsmacht in der Exekutive ausübten, findet sich in praktisch allen landständischen Verfassungen des Konstitutionalismus das **Institut der Ministeranklage**[28]. Das Gegenstück zur Ministeranklage war die Abgeordnetenanklage, die nur im württembergischen Verfassungsvertrag von 1819[29] und vorübergehend in Braunschweig[30] vorgesehen war. Dagegen bildete die Ministeranklage im 19. Jahrhundert in Deutschland die »Verfassungsstreitigkeit par excellence«[31].

7 Das deutsche Staatsrecht des 19. Jahrhunderts kannte auch schon eine **Verfassungsbeschwerde**, die natürlichen und juristischen Personen eröffnet wurde, um behauptete Rechtsverletzungen durch die Verwaltung geltend zu machen[32]. Zu richten war die Verfassungsbeschwerde regelmäßig an den Landtag, der eine Vermittlungstätigkeit gegenüber der Behörde ausübte oder die Beschwerde dem Monarchen mit der Bitte um Abstellung des rechtswidrigen Zustandes vorlegte. In **Bayern** sah die Verfassung allerdings vor, dass der von den Ständen angerufene König den Staatsrat oder das Höchstgericht über die Beschwerde entscheiden ließ, wenn er der Verfassungsverletzung nicht selbst abhalf[33]. Vergleichbare Regelungen fanden sich in Sachsen[34]. Die Verfassung des Fürstentums Hohenzollern-Sigmaringen[35] betraute Gerichte mit derartigen Entscheidungen[36]. In Sachsen-Weimar[37] und in Sachsen-Coburg-Gotha[38] legte die Verfassung die verfassungsgerichtliche Zuständigkeit des Oberappellationsgerichts in Jena fest[39].

8 Während die Verfassungsbeschwerde gegen Mängel beim Vollzug der Verfassung gerichtet wurde, dienten die **sogenannten Verfassungsstreitigkeiten** als **Vorläufer der abstrakten Normenkontrolle** zur Klärung des Inhalts der Verfassung. Zweifel oder Meinungsverschiedenheiten über die Auslegung einzelner Verfassungsbestimmungen

---

[28] *R. v. Mohl*, Die Verantwortlichkeit der Minister in Einherrschaften mit Volksvertretung, 1837; *Hoke*, Verfassungsgerichtsbarkeit (Fn. 10), S. 59ff.; *M. Drath*, Die Grenzen der Verfassungsgerichtsbarkeit, VVDStRL 9 (1952), S. 17ff. (25ff.); *T. A. Krammerbauer*, Die Ministerverantwortlichkeit und die Vorformen sonstiger Verfassungsgerichtsbarkeit in Württemberg zwischen 1815 und 1918, 2011, S. 25ff.; *K. Kreuzer*, EuGRZ 1986, 94 (96f., 100ff., 106); *S. Steinbarth*, Das Institut der Präsidenten- und Ministeranklage in rechtshistorischer und rechtsvergleichender Perspektive, 2011, S. 146ff. → Art. 61 Rn. 1.

[29] §§ 195 und 199, Zachariä, Verfassungsgesetze (Fn. 24), S. 295ff. (324).

[30] § 108 Verf. Braunschweig v. 12.10.1832, Zachariä, Verfassungsgesetze (Fn. 24), S. 695ff. (706); dazu *Hoke*, Verfassungsgerichtsbarkeit (Fn. 10), S. 63f.

[31] *K. Kreuzer*, EuGRZ 1986, 94 (108).

[32] *H. Zoepfl*, Grundsätze des gemeinen deutschen Staatsrechts mit besonderer Rücksicht auf das allgemeine Staatsrecht und auf die neuesten Zeitverhältnisse, Teil 2, 1863, S. 441f.; hierzu *Hoke*, Verfassungsgerichtsbarkeit (Fn. 10), S. 64ff.

[33] Titel VII, § 21 und Titel X, § 5 Verfassung des Königreichs Bayern vom 26.5.1818; Zachariä, Verfassungsgesetze (Fn. 24), S. 104ff. (121, 124); näher dazu *K. Kreuzer*, EuGRZ 1986, 94 (97). → Art. 142 Rn. 3, 5.

[34] § 140 sowie §§ 36 und 111 Verfassung Sachsen, abgedruckt bei Zachariä, Verfassungsgesetze (Fn. 24), S. 159ff.

[35] Vom 11.7.1833.

[36] §§ 30 bis 32 und 70 Verfassung Hohenzollern-Sigmaringen, vgl. *Hoke*, Verfassungsgerichtsbarkeit (Fn. 10), S. 65.

[37] §§ 112f. Verfassung Sachsen Weimar vom 5.5.1816, vgl. *Hoke*, Verfassungsgerichtsbarkeit (Fn. 10), S. 65.

[38] § 78 Verfassung Sachsen-Coburg-Gotha vom 8.5.1821, vgl. *Hoke*, Verfassungsgerichtsbarkeit (Fn. 10), S. 66.

[39] Hierzu *Hoke*, Verfassungsgerichtsbarkeit (Fn. 10), S. 65f.

konnten bei Auseinandersetzungen zwischen Landtag und Regierung eines Landes einer besonderen Schiedsinstanz vorgelegt werden[40]. Die einzige verfassungsgerichtliche Entscheidung in einer landesinternen Verfassungsstreitigkeit erging 1859 in Mecklenburg durch ein Landesschiedsgericht, das eine konstitutionelle Verfassung für die beiden mecklenburgischen Großherzogtümer aufhob und den altständischen Zustand restaurierte, der bis 1918 andauerte[41].

Das konzeptionelle Vorbild für die Verfassungsgerichtsbarkeit heutiger Prägung stellt das **Reichsgericht der Paulskirchenverfassung** dar[42]. Während der gesamten Beratungen der Paulskirchenversammlung stand außer Frage, dass einem Reichsgericht wichtige verfassungsgerichtliche Funktionen zu übertragen waren[43]. § 126 Paulskirchenverfassung wies dem Reichsgericht alle wesentlichen Streitigkeiten zu, die auch heute für die Verfassungsgerichtsbarkeit prägend sind. Das waren zuvörderst bundesstaatliche Streitigkeiten von Einzelstaaten gegen die Reichsgewalt oder von der Reichsgewalt gegen einen Einzelstaat wegen Verletzung der Reichsverfassung[44]. Weiter sollte das Reichsgericht über »**politische und privatrechtliche Streitigkeiten aller Art**« entscheiden, die **zwischen den einzelnen deutschen Staaten** entstanden[45]. Diese Generalklausel bewirkte, dass praktisch alle föderalen Streitigkeiten, für die Rechtsnormen einschlägig waren, in die Kompetenz des Reichsgerichts fielen. Die zweite bedeutende Klageart war das Organstreitverfahren[46]. Beteiligt an einem derartigen **Reichsorganstreit** konnte neben dem Staatenhaus und dem Volkshaus auch die Reichsregierung sein. Diese Rechtsprechungskompetenz war allerdings nur fakultativ ausgestaltet, sie setzte eine Einigung der Beteiligten über die Anrufung des Reichsgerichts voraus und stellte damit ein schiedsgerichtliches Verfahren dar[47]. Von der Struktur her dem Reichsorganstreit verwandt sind die **Verfassungsstreitigkeiten innerhalb eines Landes**, die obligatorisch in die Zuständigkeit des Reichsgerichts fallen sollten, und zwar unabhängig davon, ob sie über Thronfolge, Regierungsfähigkeit und Regentschaft in den Einzelstaaten[48] oder zwischen der Regierung eines Einzelstaates und dessen Volksvertretung über die Gültigkeit der Auslegung der Landesverfassung[49] geführt wurden[50]. Besonders bemerkenswert ist die Einführung einer umfassenden 9

---

[40] *H.J. Stolzmann*, AöR 55 (1929), 355 (360ff.) m. umfassenden Nachweisen.

[41] Dazu näher *Huber*, Verfassungsgeschichte, Bd. 3, S. 223; *G. Robbers*, JuS 1990, 257 (261).

[42] §§ 125ff. Reichsverfassung vom 28.3.1849, Reichs-Gesetz-Blatt 1849, S. 101; abgedruckt bei Huber, Dokumente, Bd. 1, S. 375ff. (388f.); *U. Karpen*, JZ 2009, 749 (751); *C. Schönberger*, Das Parlament: Geschichte einer europäischen Erfindung, in: Morlok/Schliesky/Wiefelspütz, S. 61ff (78).

[43] Dazu *R. Hübner*, Der Verfassungsentwurf der siebzehn Vertrauensmänner, in: FS Rosenthal, 1923, S. 109ff.; zu den Beratungen in der Paulskirche *H.J. Faller*, Der Verfassungsentwurf der siebzehn Vertrauensmänner, in: FS Geiger, 1974, S. 827ff. (831, 833ff.); *W. Geiger*, Gesetz über das Bundesverfassungsgericht vom 12. März 1951, 1952, S. XIV; *H. Laufer*, Verfassungsgerichtsbarkeit und politischer Prozeß, 1968, S. 261f.; *R. Marcic*, Verfassung und Verfassungsgericht, 1963, S. 175; *Scheuner*, Überlieferung (Fn. 12), S. 28ff.; *Triepel*, Wesen (Fn. 1), S. 14f.; *J. Wintrich/H. Lechner*, Die Verfassungsgerichtsbarkeit, in: Die Grundrechte III/2, S. 643ff. (654).

[44] § 126 lit. a Paulskirchenverfassung; abgedruckt bei Huber, Dokumente, Bd. 1, S. 375ff. (388); hierzu *ders.*, Verfassungsgeschichte, Bd. 2, S. 833ff.; *C. Bönnemann*, Die Beilegung von Verfassungskonflikten vor der Zeit des Grundgesetzes, 2007, S. 60ff.; *J.-D. Kühne*, Die Reichsverfassung der Paulskirche, 1985, S. 198ff.

[45] § 126 lit. c Paulskirchenverfassung, abgedruckt bei Huber, Dokumente, Bd. 1, S. 375ff. (388).

[46] § 126 lit. b Paulskirchenverfassung, abgedruckt bei Huber, Dokumente, Bd. 1, S. 375ff. (388).

[47] *Faller*, Verfassungsentwurf (Fn. 43), S 842.

[48] § 126 lit. d Paulskirchenverfassung, abgedruckt bei Huber, Dokumente, Bd. 1, S. 375ff. (388).

[49] § 126 lit. e Paulskirchenverfassung, abgedruckt bei Huber, Dokumente, Bd. 1, S. 375ff. (388).

[50] *Scheuner*, Überlieferung (Fn. 12), S. 30.

Individualverfassungsbeschwerde, die deutsche Staatsbürger wegen Verletzung der ihnen durch die Reichsverfassung gewährten Rechte erheben können sollten. Hätte das Reichsgericht seine Arbeit aufnehmen können, wäre auf diesem Wege der umfangreiche Grundrechtskatalog[51] der Paulskirchenverfassung in die Verfassungswirklichkeit umgesetzt worden[52]. Der Reichsverfassungsbeschwerde verwandt waren die **Klagen der Angehörigen eines Einzelstaates gegen dessen Regierung** wegen Aufhebung oder verfassungswidriger Veränderung der Landesverfassung sowie **Beschwerden wegen verweigerter oder gehemmter Rechtspflege**, die beide allerdings erst nach Erschöpfung der landesrechtlichen Rechtsbehelfe zulässig waren[53]. Zur Verfassungsbeschwerde trat die traditionelle **Ministeranklage** sowohl gegen Reichs- wie auch gegen Landesminister hinzu[54]. Die Ministeranklage wurde allerdings der Strafgerichtsbarkeit zugerechnet[55]. Eine **Art abstrakter Normenkontrolle** findet sich schließlich als Unterfall der bundesstaatlichen Streitigkeiten, weil diese von den Einzelstaaten gegen die Reichsgewalt auch mit dem Ziel erhoben werden konnten, die Verletzung der Reichsverfassung durch den Erlass von Reichsgesetzen feststellen zu lassen[56].

10 Der umfangreiche Zuständigkeitskatalog des geplanten Reichsgerichts war für die Mitte des 19. Jahrhunderts außerordentlich bemerkenswert, führte aber schon innerhalb der Paulskirchenversammlung zu Diskussionen über die Gefahr einer Verrechtlichung der Politik[57]. Das Reichsgericht hätte eine stark unitarische Wirkung entfaltet, da es in weitem Umfang auch für die Entscheidung von Rechtsstreitigkeiten innerhalb der Einzelstaaten zuständig sein sollte. Auch wenn das **Reichsgericht** nie errichtet worden ist, hat seine Ausgestaltung in der Paulskirchenverfassung doch ganz wesentlich die **deutschen Vorstellungen von Verfassungsgerichtsbarkeit geprägt**, die erst 100 Jahre später verwirklicht werden konnten.

11 In der Verfassungspraxis war mit dem Scheitern der Paulskirchenverfassung für lange Zeit der Gedanke einer Verfassungsgerichtsbarkeit zurückgedrängt. **Bismarck** hatte sich schon im preußischen Verfassungskonflikt der 1860er Jahre entschieden dagegen gewandt, Richtern die Entscheidung politischer Fragen zuzuweisen. Weder die Machtverteilung zwischen der Krone und dem Landtag noch die zwischen den Häusern des Landtags dürfe vom Urteilsspruch eines Gerichts abhängig gemacht werden, der auf der subjektiven Ansicht der Mehrheit der Stimmenden beruhe[58]. Das ist aus seiner Sicht verständlich, weil er im Konflikt mit dem Landtag vor einem Gericht möglicherweise unterlegen wäre. Für Bismarck lag es nahe, **konstitutionelle Streitigkeiten**, die häufig an die ungelöste Frage der Machtverteilung im Konstitutionalismus

---

[51] Zu den Frankfurter Grundrechten vgl. *Huber*, Verfassungsgeschichte, Bd. 2, S. 776 ff.; *T. Mommsen*, Die Grundrechte des deutschen Volkes, hrsgg. von L. Wickert, 1969; H. Scholler (Hrsg.), Die Grundrechtsdiskussion in der Paulskirche, 1973.

[52] *Faller*, Verfassungsentwurf (Fn. 43), S. 845.

[53] § 126 lit. f, h Paulskirchenverfassung, abgedruckt bei Huber, Dokumente, Bd. 1, S. 375 ff. (388 f.).

[54] § 126 lit. i, k Paulskirchenverfassung, abgedruckt bei Huber, Dokumente, Bd. 1, S. 375 ff. (389).

[55] *v. Mohl*, Verantwortlichkeit (Fn. 28), S. 28 ff.; *Kelsen*, Wesen (Fn. 8), S. 80; *Drath*, Grenzen (Fn. 28), S. 26; *U. Scheuner*, Verantwortung und Kontrolle in der demokratischen Verfassungsordnung, in: FS Müller, 1970, S. 379 ff. (387 f.); *ders.*, Überlieferung (Fn. 12), S. 8, 34.

[56] So zutreffend *Faller*, Verfassungsentwurf (Fn. 43), S. 843 f.; *Hoke*, Verfassungsgerichtsbarkeit (Fn. 10), S. 53 mit Fn. 175; a. A. *Scheuner*, Überlieferung (Fn. 12), S. 30.

[57] So der Abg. Moriz Mohl aus Stuttgart, s. *F. Wigard*, Stenographischer Bericht über die Verhandlungen der deutschen constituierenden Nationalversammlung zu Frankfurt am Main, Bd. 5, 1848, S. 3609.

[58] Preußischer Landtag, Sten. Ber. vom 27.4.1863, S. 952b.

rührten, der **Gesetzgebung** zuzuweisen und damit den Weg einer **Verständigung** zu beschreiten[59]. So waren gemäß Art. 76 II der Verfassung des Norddeutschen Bundes und der **Reichsverfassung von 1871** Verfassungsstreitigkeiten in Bundesstaaten entweder vom Bundesrat gütlich auszugleichen oder, wenn das nicht gelang, im Wege der Reichsgesetzgebung zur Erledigung zu bringen. Föderale Streitigkeiten zwischen verschiedenen Bundesstaaten hatte ebenfalls der Bundesrat zu erledigen[60]. Das Handeln des Bundesrats war naturgemäß politisch bestimmt und erfolgte weder in einem rechtsförmlichen Verfahren noch wurde eine Entscheidung nach rechtlichen Kriterien getroffen.

Die dem Zeitgeist entsprechende **Ablehnung** einer Verfassungsgerichtsbarkeit zeigte sich auch in der vorherrschenden Meinung, die einem **richterlichen Prüfungsrecht** in Bezug auf Gesetze ablehnend gegenüberstand[61]. Schon in der Paulskirche hatte sich die Auffassung, es sei eine der wichtigsten Aufgaben des Reichsgerichts, über die Verfassungsmäßigkeit von Reichsgesetzen zu urteilen und zu entscheiden, nicht durchsetzen können[62]. Immerhin hatte der Abgeordnete v. Soiron als Berichterstatter des Verfassungsausschusses unwidersprochen die Auffassung vertreten, jedem Richter stehe das Recht zu, die Verfassungsmäßigkeit der Gesetze zu prüfen, die er anzuwenden habe[63]. Art. 106 II Verfassungsurkunde für den Preußischen Staat vom 31. Januar 1850[64] wies dann sogar ausdrücklich die Prüfung der Rechtsgültigkeit »gehörig verkündeter Königlicher Verordnungen [...] nur den Kammern zu.« Als Gründe für eine **Ablehnung des richterlichen Prüfungsrechts** wurden in der Folgezeit das Vertrauen in die Verfassungstreue des Gesetzgebers und das Fehlen einer Überordnung der Richter über den Gesetzgeber genannt[65]. In den Jahren 1862 und 1863 befassten sich der dritte und vierte **Deutsche Juristentag** mit dem richterlichen Prüfungsrecht. Der Juristentag 1862 wollte Normen, die ohne die verfassungsrechtlich gebotene Beteiligung der Stände erlassen worden waren, keine rechtliche Kraft zumessen[66]. Der vierte Deutsche Juristentag sprach sich 1863 für ein formelles Prüfungsrecht aus[67]. 1883 beschränkte das **Reichsgericht** das richterliche Prüfungsrecht auf die **formelle Prüfung der ordnungsgemäßen Ausfertigung eines Gesetzes**[68]. Dem schlossen sich Georg Jelli- 12

---

[59] Vgl. hierzu *Scheuner*, Überlieferung (Fn. 12), S. 36f. m. w. N.; *Müller-Kinet*, Gerichtsbarkeit (Fn. 16), S. 33; *G. Robbers*, JuS 1990, 257 (261ff.).

[60] Art. 76 Verfassung des norddeutschen Bundes 1867, abgedruckt bei Huber, Dokumente, Bd. 2, S. 272ff. (285) und der Reichsverfassung 1871, abgedruckt bei Huber, Dokumente, Bd. 2, S. 384ff. (401); näher dazu *Hoke*, Verfassungsgerichtsbarkeit (Fn. 10), S. 74ff. und *Scheuner*, Überlieferung (Fn. 12), S. 36ff.

[61] Überblick bei *R. v. Mohl*, Über die rechtliche Bedeutung verfassungswidriger Gesetze, in: ders., Staatsrecht, Völkerrecht und Politik, Bd. 1, 1860, S. 65ff. (72ff., 83ff.); dazu *H. Wißmann*, Das richterliche Prüfungsrecht in Reichskonstitutionalismus und Republik – Wegmarke der Verfassungsgerichtsbarkeit, in: Simon/Kalwoda, Schutz der Verfassung (Fn. 2), S. 254ff. (256).

[62] *Wigard*, Nationalversammlung (Fn. 57), S. 3609f.

[63] *Wigard*, Nationalversammlung (Fn. 57), S. 3635; dazu *Faller*, Verfassungsentwurf (Fn. 43), S. 845 und *Scheuner*, Überlieferung (Fn. 12), S. 39.

[64] Abgedruckt bei Huber, Dokumente, Bd. 1, S. 501ff. (513).

[65] *Huber*, Verfassungsgeschichte, Bd. 3, S. 1055ff.; *Scheuner*, Überlieferung (Fn. 12), S. 39.

[66] 3. DJT, Bd. 2, 1862, S. 22f.

[67] Siehe die Gutachten von *Stubenrauch*, 4. DJT, Bd. 1, 1863, S. 201ff., *Gneist*, 4. DJT, Bd. 1, 1863, S. 212ff. und *Jacques*, 4. DJT, Bd. 1, 1863, S. 240ff.; zum Ganzen *Scheuner*, Überlieferung (Fn. 12), S. 40.

[68] RGZ 9, 232 (235f.); dazu *H. Wißmann*, Prüfungsrecht (Fn. 61), S. 259.

nek[69], Paul Laband[70] und Gerhard Anschütz[71] an. Nach dieser Auffassung begründete die Ausfertigung eines Reichsgesetzes durch den Kaiser eine **unwiderlegbare Vermutung** für die **Legalität** der gesetzgeberischen Willensäußerung. Sie schloss ein weiteres formelles wie auch ein materielles Prüfungsrecht aus. Die Gegenauffassung vermochte sich bis zum Ende des Kaiserreichs nicht durchzusetzen[72].

13 Eine Renaissance erlebte die Verfassungsgerichtsbarkeit in der **Weimarer Republik**[73]. In dieser Zeit machte sich allerdings deutlich bemerkbar, dass in der Staatspraxis die Tradition einer gerichtlichen Entscheidung von Verfassungsstreitigkeiten seit mehr als 70 Jahren unterbrochen war, so dass man nach 1919 kaum auf konkrete Erfahrungen zurückgreifen konnte. Das mag zu dem wenig einheitlichen Erscheinungsbild und zu den Fehlentwicklungen beigetragen haben, die für die Folgezeit zu konstatieren sind. Ungeachtet dessen war der Stand der Verfassungsgerichtsbarkeit in der Weimarer Republik bemerkenswert. Vor allem der **Staatsgerichtshof** hat mit seinen Entscheidungen Antworten auf wesentliche verfassungsrechtliche Fragen gegeben, die bis heute Bestand haben[74]. Auf der Ebene des Reichs war er der Träger der Verfassungsgerichtsbarkeit (Art. 108 WRV). Die Weimarer Reichsverfassung beschränkte sich auf die Anordnung der Errichtung eines Staatsgerichtshofs für das Deutsche Reich und überließ alles Weitere der Maßgabe eines Reichsgesetzes. Bis zum Inkrafttreten dieses Gesetzes übte ein **Vorläufiger Staatsgerichtshof** die Befugnisse des Staatsgerichtshofs aus (Art. 172 WRV). Vier seiner sieben Mitglieder wählte der Reichstag, drei das Reichsgericht aus seiner Mitte. Er wurde Anfang 1921 beim **Reichsgericht** in Leipzig errichtet und konnte nur drei Verfahren abschließen[75], bevor im Sommer 1921 der endgültige Staatsgerichtshof für das Deutsche Reich seine Tätigkeit aufnahm[76]. Nach dem Staatsgerichtshofgesetz sollte ein Senat beim Reichsgericht in Leipzig zuständig für Ministeranklagen sein, während ein anderer Senat bei einem noch zu schaffenden Reichsverwaltungsgericht in Berlin die Zuständigkeit für alle anderen Streitigkeiten wahrnehmen sollte[77]. Da ein **Reichsverwaltungsgericht nie errichtet** wurde, blieb es bei dem einen Senat des Staatsgerichtshofs in Leipzig. Er wurde allerdings nie mit Anklagen des Reichspräsidenten, des Reichskanzlers und der Reichsminister gemäß Art. 59 WRV befasst, sondern hatte über Verfassungsstreitigkeiten innerhalb eines Landes sowie über Streitigkeiten nicht privatrechtlicher Art zwischen verschiedenen

---

[69] *G. Jellinek*, Gesetz und Verordnung, 1887, S. 402.

[70] *P. Laband*, Das Staatsrecht des Deutschen Reiches, 3. Aufl. 1895, Bd. 2, S. 44 ff.

[71] *G. Meyer/G. Anschütz*, Lehrbuch des Deutschen Staatsrechts, 7. Aufl. 1914, § 173 (S. 738 ff.).

[72] Vertreter der Gegenauffassung waren z. B. *v. Mohl*, Bedeutung (Fn. 61), S. 66 ff.; *S. Brie*, AöR 4 (1889), 1 ff.; w. N. bei *Huber*, Verfassungsgeschichte, Bd. 3, S. 1060; zu den möglichen Gründen auch *R. Wahl*, Der Staat 20 (1981), 485 (494 ff.); *Scheuner*, Überlieferung (Fn. 12), S. 41 ff.

[73] Grundlegend dazu *H. Dreier*, Verfassungsgerichtsbarkeit in der Weimarer Republik, in: Simon/Kalwoda, Schutz der Verfassung (Fn. 2), S. 317 ff.

[74] *Dreier*, Verfassungsgerichtsbarkeit (Fn. 73), S. 345 ff.

[75] *K. Beyerle*, DJZ 1921, 230 ff.; *G. Kleinfeller*, ARSP 14 (1920/21), 28 ff.; *Gusy*, Reichsverfassung, S. 211; *W. Wehler*, Der Staatsgerichtshof für das Deutsche Reich, Diss. jur. Bonn 1979, S. 94 ff.; *H. Wendenburg*, Die Debatte um die Verfassungsgerichtsbarkeit und der Methodenstreit der Staatsrechtslehre in der Weimarer Republik, 1982.

[76] Siehe das Gesetz über den Staatsgerichtshof für das Deutsche Reich vom 21.7.1921, RGBl. S. 905 und die Geschäftsordnung des Staatsgerichtshofs vom 20.9.1921, RGBl. S. 1535; dazu *H. H. Lammers*, Das Gesetz über den Staatsgerichtshof vom 9.7.1921, 1921; *G. Wilke*, DJZ 1921, 587 ff.; *Wehler*, Staatsgerichtshof (Fn. 75), S. 68 ff.; das Gesetz über den Staatsgerichtshof ist abgedruckt bei Huber, Dokumente, Bd. 4, S. 222 ff.

[77] § 1 StGHG, abgedruckt bei Huber, Dokumente, Bd. 4, S. 222.

Ländern und zwischen dem Reich und einem Land gemäß Art. 19 WRV zu entscheiden[78]. Die Zuständigkeiten des Staatsgerichtshofs waren der Regelung der **Zuständigkeit des Bundesrats** als streitschlichtender Instanz in Art. 76 Reichsverfassung von 1871 **nachgebildet**, ohne dass den Unterschieden zwischen einem politischen Vermittlungsverfahren und einer gerichtsförmigen Streitentscheidung viel Bedeutung beigemessen wurde[79]. Ebenso wie im Kaiserreich fehlte es dementsprechend an einer Instanz zur Entscheidung verfassungsrechtlicher Streitigkeiten auf Reichsebene, der Staatsgerichtshof war vornehmlich für **föderale Konflikte** und **landesinterne Streitigkeiten** zuständig[80]. Für letztere Streitigkeiten hatten verschiedene Länder eigene Verfassungsgerichte errichtet[81]. Auch die Normenkontrolle spielte in Weimar aber durchaus eine Rolle in der Praxis[82].

Materiell gesehen hatte das **Reichsgericht** erheblichen Einfluss auf die Verfassungsgerichtsbarkeit der Weimarer Republik. Entscheidend dafür war nicht nur die Tatsache, dass der Präsident des Reichsgerichts zugleich Vorsitzender des Staatsgerichtshofs war[83]. Ausschlaggebend war vielmehr, dass das Reichsgericht gemäß Art. 13 II WRV zu entscheiden hatte, ob eine landesrechtliche Vorschrift mit dem Reichsrecht vereinbar war (→ Art. 31 Rn. 7)[84], und seit 1921 ebenso wie der **Reichsfinanzhof** ein **richterliches Prüfungsrecht** bezüglich der Vereinbarkeit förmlicher Reichsgesetze mit der Reichsverfassung in Anspruch nahm[85]. Die Rechtsprechung des Reichsgerichts hatte auch Auswirkungen auf die Meinungsbildung in der **Wissenschaft**, in der das richterliche Prüfungsrecht intensiv diskutiert wurde[86]. Die Diskussion um das richterliche Prüfungsrecht stand in engem Zusammenhang mit der Frage nach dem **Vorrang** 14

[78] Weitere Kompetenzen des Staatsgerichtshofs ergaben sich aus Art. 15 III (Reichsaufsicht), Art. 18 VII (Gebietsänderung), Art. 90 (Staatliche Eisenbahnhoheitsrechte), Art. 170 II (Post- und Telegraphenverwaltungen in Bayern und Württemberg) und Art. 171 II WRV (Staatseisenbahnen, Wasserstraßen, Seezeichen); näher dazu *Hoke*, Verfassungsgerichtsbarkeit (Fn. 10), S. 80ff. und *Gusy*, Reichsverfassung, S. 210ff.; *Dreier*, Verfassungsgerichtsbarkeit (Fn. 73), S. 344ff.

[79] *Gusy*, Reichsverfassung, S. 210.

[80] *H. Wißmann*, Der Staat 47 (2008), 187ff. (189ff.); *Dreier*, Verfassungsgerichtsbarkeit (Fn. 73), S. 349ff.

[81] Das waren Anhalt, Baden, Bayern, Hamburg, Hessen, Lippe, Mecklenburg-Schwerin, Oldenburg, Thüringen und Württemberg. S. dazu im einzelnen *Hoke*, Verfassungsgerichtsbarkeit (Fn. 10), S. 96ff. mit umfassenden Nachweisen sowie *T.A. Krammerbauer*, Ministerverantwortlichkeit (Fn. 28), S. 92ff.

[82] *Wißmann*, Prüfungsrecht (Fn. 61), S. 262ff.

[83] *G. Robbers*, JuS 1990, 257 (262).

[84] *Dreier*, Verfassungsgerichtsbarkeit (Fn. 73), S. 338ff. Siehe auch das Reichsgesetz zur Ausführung des Art. 13 II WRV vom 8.4.1920, abgedruckt bei Huber, Dokumente, Bd. 4, S. 221ff. Zuvor war dies als Problem der Reichsaufsicht begriffen worden. Hierzu *Triepel*, Reichsaufsicht (Fn. 13), S. 47; *K. Rennert*, Der Staat 32 (1993), 527 (527f.).

[85] RGZ 102, 161 (164); 111, 320 (323); näher dazu *Gusy*, Reichsverfassung, S. 217f. mit umfassenden Nachweisen zur Rechtsprechung und Literatur in Fn. 52; *H. Wißmann*, Prüfungsrecht (Fn. 61), S. 264.

[86] Siehe nur *G. Anschütz*, 34. DJT II (1926), S. 194ff. (287); *W. Jellinek*, Der Schutz des öffentlichen Rechts durch ordentliche und durch Verwaltungsgerichte (Fortschritte, Rückschritte und Entwicklungstendenzen seit der Revolution), VVDStRL 2 (1925), S. 8ff. (38ff.); *E. Kaufmann*, Die Gleichheit vor dem Gesetz im Sinne des Art. 109 der Reichsverfassung, VVDStRL 3 (1927), S. 2ff. (18ff.); *Kelsen*, Wesen (Fn. 8), S. 35ff.; *G. Lassar*, Der Schutz des öffentlichen Rechts durch ordentliche und durch Verwaltungsgerichte (Fortschritte, Rückschritte und Entwicklungstendenzen seit der Revolution), VVDStRL 2 (1925), S. 81ff.; *H. Nawiasky*, Die Gleichheit vor dem Gesetz im Sinne des Art. 109 Weimarer Reichsverfassung, VVDStRL 3 (1927), S. 25ff. (40ff.); *R. Thoma*, AöR 43 (1922), 267ff.; *H. Triepel*, 33. DJT (1924), S. 31ff. (67f.); *ders.*, Wesen (Fn. 1), S. 21ff.

der Verfassung und dem Verhältnis zwischen Recht und Politik. Sie mündete in den letzten Jahren der Weimarer Republik in Auseinandersetzungen über Wert und Unwert einer Verfassungsgerichtsbarkeit, die sich an den Plänen zur Umwandlung des richterlichen Prüfungsrechts zu einer beim Staatsgerichtshof konzentrierten Normenkontrolle entzündeten[87]. Vor allem **Carl Schmitt** sah in der Verfassungsgerichtsbarkeit eine verdeckte Zuweisung politischer Entscheidungen an die Richter mit der Folge, dass die Justiz politisiert werde[88]. Auch **Hermann Heller** wandte sich gegen eine übermäßige Ausdehnung der Verfassungsgerichtsbarkeit, die etwa in den Vereinigten Staaten von Amerika zu einer peinlichen Politisierung der Gerichtsbarkeit geführt habe, »indem das Verfassungsgericht nicht selten diejenigen politischen Entscheidungen fällt, welchen der demokratische Politiker ihrer Unpopularität wegen gern ausweichen möchte«[89]. Die Gegenposition wurde am striktesten von **Kelsen** vertreten, nach dessen Stufenbaulehre der Rechtsordnung die legislativen Akte nie uranfängliche Kreation des Rechts, sondern Anwendung der höherrangigen Verfassungsnormen sind; dem entspricht die Vorstellung einer Verfassungsgerichtsbarkeit, welche die Anwendung der Verfassung durch die gesetzgebenden Organe in gleicher Weise kontrolliert wie die Verwaltungsgerichte die Anwendung der Gesetze durch die Exekutive[90]. Die Verfassungsgerichtsbarkeit beschäftigte aber nicht nur die Wissenschaft[91], sondern spielte auch mit dem sogenannten **Preußenschlagprozess** vor dem Staatsgerichtshof im Jahre 1932 eine bedeutende, wenn auch nicht sehr rühmliche Rolle in den letzten Monaten der Weimarer Republik[92].

II. Entstehung und Veränderung der Norm

15 Art. 93 GG geht inhaltlich ganz wesentlich auf den **HChE** zurück. Ohne dass das näher erläutert worden wäre, hielten die Mitglieder des Verfassungskonvents ganz offensichtlich eine **gerichtliche Absicherung der Grundrechte**, die sie an die Spitze ihres Verfassungsentwurfs gestellt hatten, für notwendig[93]. Der allgemeine Konsens über

[87] Zu entsprechenden Plänen siehe den Gesetzentwurf, abgedr. bei *W. Külz*, DJZ 1926, 837 (842ff.); dazu *R. Grau*, AöR 50 (1926), 287ff.; *K. Imhoff*, BayVBl. 1927, 241ff.; *W. Külz*, DJZ 1926, 837ff.; *M. Löwenthal*, DJZ 1927, 1234ff.; *G. Anschütz*, 34. DJT II (1926), S. 273ff. (287); *Wehler*, Staatsgerichtshof (Fn. 75), S. 100ff.; *Wendenburg*, Debatte (Fn. 75), S. 37ff.; *H. Dreier*, ZNR 20 (1998), 28 (40ff.); *ders.*, Verfassungsgerichtsbarkeit (Fn. 73), S. 363ff.

[88] *C. Schmitt*, AöR 55 (1929), 161 (163ff.); *ders.*, Der Hüter der Verfassung, 1931, S. 12ff.

[89] *H. Heller*, Diskussionsbemerkung, VVDStRL 5 (1928), S. 111ff. (113).

[90] *Kelsen*, Wesen (Fn. 8), S. 30ff.; dazu *Dreier*, Rechtslehre (Fn. 8), S. 131 m. Fn. 240.

[91] Siehe neben den bereits zitierten Autoren etwa *E. Friesenhahn*, Die Staatsgerichtsbarkeit, in: HdbDStR II, S. 523ff.; *F. W. Jerusalem*, Die Staatsgerichtsbarkeit, 1930.

[92] StGH RGZ 138, Anhang 1, zur Notverordnung betreffend die Wiederherstellung der öffentlichen Sicherheit und Ordnung in Groß-Berlin und Brandenburg vom 20.7.1932, RGBl. S. 377; *H.H. Lammers/W. Simons*, Die Rechtsprechung des Staatsgerichtshofs für das Deutsche Reich und des Reichsgerichts auf Grund Artikel 13 Absatz 2 der Reichsverfassung, Bd. 5, 1933, S. 30ff.; dazu aus der zeitgenössischen Literatur *D. v. Campe*, DJZ 1932, 1384ff.; »Civis«, Justiz VIII (1932/33), 91ff.; *E. Friesenhahn*, RVBl. 1932, 761ff.; *W. Jellinek*, RVBl. 1932, 681ff.; *H. Kelsen*, Justiz VIII (1932/33), 65; *H. Nawiasky*, BayVBl. 1932, 338ff.; *F. Poetzsch-Heffter*, DJZ 1932, 1373ff.; *C. Schmitt*, DJZ 1932, 953ff.; *A. Schüle*, AöR 62 (1933), 163ff.; *M. Schwalb*, RVBl. 1932, 941ff.; *H. Triepel*, DJZ 1932, 1501ff.; aus der neueren Literatur *W. Frotscher/B. Pieroth*, Verfassungsgeschichte, 6. Aufl. 2007, Rn. 518ff.; *H. Grund*, »Preußenschlag« und Staatsgerichtshof, 1976; *C. Gusy*, Weimar – die wehrlose Republik?, 1991, S. 298ff.; *Huber*, Verfassungsgeschichte, Bd. 7, S. 1015ff., 1120ff.; *G. Robbers*, JuS 1990, 257 (263).

[93] Vgl. Art. 1 I HChE.

die Notwendigkeit einer starken Verfassungsgerichtsbarkeit beruhte zudem auch auf den Erfahrungen des Jahres 1933, die das Vertrauen in den Schutz der Verfassung durch das Parlament oder den Staatspräsidenten nachhaltig erschüttert hatten[94]. **Vorbild** für Art. 98 ff. HChE dürfte auch die Regelung über den **Bayerischen Verfassungsgerichtshof** in Art. 60 ff. BayVerf.[95] gewesen sein, die diesen »als oberstes Gericht für staatsrechtliche Fragen konstituiert«. Im »bayerischen Entwurf eines Grundgesetzes«, den Nawiasky maßgeblich geprägt hat, war unter anderem in Art. 88 von einem »Bundesverfassungsgerichtshof« die Rede[96]. **Art. 98 HChE** fasste in einem umfangreichen Katalog die Zuständigkeiten des Bundesverfassungsgerichts zusammen, die sich aus anderen Bestimmungen des Entwurfs ergaben. Das waren die Entscheidungen über Anklagen gegen den Bundespräsidenten, über Verfassungsstreitigkeiten zwischen obersten Bundesorganen, über öffentlich-rechtliche Streitigkeiten zwischen dem Bund und den Ländern und zwischen den Ländern, über die Unvereinbarkeit von Bundesgesetzen oder Landesgesetzen mit dem Grundgesetz oder die Unvereinbarkeit von Landesgesetzen mit Bundesgesetzen, über das verfassungsmäßige Zustandekommen von Bundesgesetzen, über die Verfassungswidrigkeit einer politischen Partei, über die Wahlprüfung, über Verfassungsbeschwerden, über die Grundrechtsverwirkung, über Beschwerden gegen einen Untersuchungsausschuss sowie über Fälle, die dem Gericht durch Bundesgesetz zugewiesen werden sollten[97]. Offen ließ der Herrenchiemsee-Konvent dagegen die Frage, ob die Verfassungsgerichtsbarkeit von einem einheitlichen obersten Bundesgericht oder von einem besonderen Verfassungsgericht ausgeübt werden sollte[98].

Der **Rechtspflegeausschuss des Parlamentarischen Rates** legte seinen Beratungen den Zuständigkeitskatalog des Art. 98 HChE zugrunde. In seiner fünften und sechsten Sitzung am 10. und 16. November 1948 wurde allerdings die Auffassung vertreten, dass Organstreitigkeiten nur durch politische Willensentscheidungen und nicht durch ein Gerichtsverfahren gelöst werden könnten; deshalb sollte diese Vorschrift des Zuständigkeitskatalogs entfallen[99]. Das gleiche sollte für die in Art. 98 HChE vorgesehene Entscheidungskompetenz über das verfassungsgemäße Zustandekommen von Gesetzen gelten, die nur einen Unterfall der abstrakten Normenkontrolle bilde[100]. Seiner 7. Sitzung am 6. Dezember 1948 legte der Rechtspflegeausschuss den Textvorschlag des allgemeinen Redaktionsausschusses für den Abschnitt »Gerichtsbarkeit und Rechtspflege« des Grundgesetzes zugrunde[101]. Danach sollte das Bundesverfassungsgericht ein vom Obersten Bundesgericht **unabhängiges, eigenständiges Verfassungsgericht** sein, dessen Mitglieder Richter der Obersten Bundesgerichte sein sollten. Der 16

[94] Vgl. *H. Säcker*, Die Verfassungsgerichtsbarkeit im Konvent von Herrenchiemsee, in: FS Zeidler, Bd. 1, 1987, S. 265 ff. (270 f.); ähnlich *A. Hopfauf*, in: Schmidt-Bleibtreu/Hofmann/Henneke, GG, Art. 93 Rn. 28 ff.

[95] Vom 2.12.1946.

[96] Anlage zur 4. Sitzung des Unterausschusses III des Verfassungskonvents v. 16.8.1948, Parl. Rat II, S. 32.

[97] Text des Art. 98 abgedruckt bei *Stern (Fn. 27), Art. 93 Rn.* 6.

[98] Bericht über den Verfassungskonvent auf Herrenchiemsee, 1948, S. 45, 88.

[99] 5. Sitzung des Rechtspflegeausschusses v. 10.11.1948 (JöR 1 [1951], S. 671 ff.; Parl. Rat XIII/2, S. 1310 ff.) und 6. Sitzung v. 16.11.1948 (JöR 1 [1951], S. 671 ff.; Parl. Rat XIII/2, S. 1335).

[100] Hierzu und zu weiteren Einzelheiten der Beratungen des Rechtspflegeausschusses JöR 1 (1951), S. 672 f.

[101] 7. Sitzung des Rechtspflegeausschusses v. 6.12.1948 (JöR 1 [1951], S. 673 ff.; Parl. Rat XIII/2, S. 1348).

Entwurf des Allgemeinen Redaktionsausschusses enthielt ebenso wie der Entwurf des Herrenchiemsee-Konvents die Zuständigkeit für die Entscheidung von Organstreitigkeiten. Anders als Art. 98 Nr. 2 HChE war nunmehr als Gegenstand der Entscheidung des Bundesverfassungsgerichts aber »die Auslegung dieses Grundgesetzes aus Anlass von Streitigkeiten über den Umfang der Rechte und Pflichten eines Obersten Bundesorgans oder eines Beteiligten, der in diesem Grundgesetz mit eigenen Rechten ausgestattet ist«, genannt. Dadurch sollte klargestellt werden, dass das Gericht nur Fragen des Verfassungsrechts, nicht aber politische Streitigkeiten entscheiden sollte[102]. Auch der **Hauptausschuss** hielt nach kontroverser Debatte an dieser Formulierung fest[103]. In der gleichen Sitzung des Hauptausschusses wurde ein Antrag der CDU/CSU-Fraktion abgelehnt, die abstrakte Normenkontrolle der »obersten Bundesgerichtsbarkeit« zuzuweisen; maßgebend dafür war, dass bei diesen Streitigkeiten Rechtsfragen von durchaus politischer Bedeutung zu entscheiden seien[104]. Der zweiten Lesung des Hauptausschusses am 13. Januar 1949 lagen dann vom Rechtspflegeausschuss gebilligte Formulierungsvorschläge des **Allgemeinen Redaktionsausschusses** zugrunde, die den Zuständigkeitskatalog inhaltlich nicht veränderten, ihn aber in eine neue systematische Ordnung brachten[105]. Eine größere Änderung des Textes der Vorschrift, die aber wiederum keine inhaltliche Bedeutung hatte, ergab sich schließlich daraus, dass der Allgemeine Redaktionsausschuss für die dritte Lesung im Hauptausschuss vorschlug, die an anderer Stelle des Grundgesetzes geregelten Zuständigkeiten des Bundesverfassungsgerichts im späteren Art. 93 GG nicht zu wiederholen, sondern sich insoweit auf die generelle Verweisung in Art. 93 I Nr. 5 GG zu beschränken. Dem Gesetzgeber wurde es durch die generelle Ermächtigung in Art. 93 II GG a.F. auch überlassen, eine **Verfassungsbeschwerde** einzuführen, wie sie in Art. 93 Nr. 8 HChE noch vorgesehen gewesen, vom Parlamentarischen Rat jedoch **nicht in das Grundgesetz übernommen** worden war[106].

17 Verfassungsrechtlich abgesichert wurden die **Individualverfassungsbeschwerde** und die **Kommunalverfassungsbeschwerde**, die beide in §§ 90f. BVerfGG seit 1951 normiert waren[107], erst **1969** als Gegengewicht zur umstrittenen Notstandsverfassung von 1968[108]. Die 2. Änderung des Art. 93 GG erfolgte **1994**, als auf Vorschlag der gemeinsamen Verfassungskommission zur Stärkung der Gesetzgebungskompetenzen der Länder die **Nr. 2a in Abs. 1** eingefügt wurde, die als **spezielle Normenkontrolle** in Bezug auf **Art. 72 II GG** konzipiert ist; neben den Landesregierungen können auch der Bundesrat oder die Volksvertretung eines Landes dieses Normenkontrollverfahren einleiten[109]. Darüber hinaus ist 2006 im Rahmen der Reform des Bundesstaates ein

---

[102] So der Abg. Dr. Strauß (CDU), 7. Sitzung des Rechtspflegeausschusses v. 6.12.1948 (JöR 1 [1951], S. 674; Parl. Rat XIII/2, S. 1358).

[103] 23. Sitzung des Hauptausschusses v. 8.12.1948 (JöR 1 [1951], S. 677f.; Parl. Rat XIV/1, S. 269ff.).

[104] Abg. Zinn (SPD), 23. Sitzung des Hauptausschusses v. 8.12.1948 (JöR 1 [1951], S. 677f.; Parl. Rat XIV/1, S. 693).

[105] Text abgedruckt in JöR 1 (1951), S. 679f.; Parl. Rat VII, S. 77f.

[106] Zum Verlauf der 3. Lesung im Hauptausschuss v. 10.2.1949 s. JöR 1 (1951), S. 682; Parl. Rat XIV/2, S. 1608f.

[107] *H. Holtkotten*, in: BK, Art. 93 (Erstb. 1950), Anm. I. (S. 9f.)

[108] Einfügung der Nummern 4a und 4b in Art. 93 I GG durch das 19. Gesetz zur Änderung des Grundgesetzes vom 29.1.1969, BGBl. I S. 97; dazu BT-Drs. V/3506 [neu], S. 3 und *H. Holtkotten*, in: BK, Art. 93 (Erstb. 1950), Anm. I. (S. 9f.).

[109] Zum Vorschlag der Gemeinsamen Verfassungskommission BT-Drs. 12/6000, S. 31, 36; *H.H. Klein*, HStR VIII, § 198 Rn. 63. → Vorb. zu Art. 70–74 Rn. 14.

neuer Abs. 2 in die Vorschrift eingefügt worden[110]. Er sieht in einem besonderen Verfahren der **abstrakten Normenkontrolle** die Feststellung des Bundesverfassungsgerichts vor, dass Bundesrecht durch Landesrecht ersetzt werden kann, wenn ein entsprechendes Bundesgesetz nach **Art. 72 IV** GG bzw. nach Art. 125a II 2 GG nicht erlassen wird. Die Entscheidung des Bundesverfassungsgerichts ersetzt dann die ausbleibende gesetzliche Regelung. Ferner ist das **Quorum für die abstrakte Normenkontrolle** in Abs. 1 Nr. 2 2008 auf ein Viertel der Mitglieder des Bundestages abgesenkt worden[111]. Schließlich räumt Abs. 1 Nr. 4c seit 2012 Vereinigungen, die als Parteien an der Bundestagswahl teilnehmen wollen, aber nicht als solche anerkannt wurden, das Recht ein, **Beschwerde gegen die Nichtanerkennung als Partei** zum Bundesverfassungsgericht zu erheben[112].

B. Internationale, supranationale und rechtsvergleichende Bezüge

I. Internationales Recht

Auf internationaler Ebene kann es in Ermangelung einer Verfassung naturgemäß keine Verfassungsgerichtsbarkeit im eigentlichen Sinne geben. Strukturell einem Verfassungsgericht vergleichbar ist am ehesten der **Internationale Gerichtshof**, der mit der **UNO** als deren richterliches Hauptorgan gegründet worden ist[113]. Er hat die Nachfolge des Ständigen Internationalen Gerichtshofes angetreten, der zugleich mit dem Völkerbund errichtet worden war. Die 15 Richter des Gerichtshofs werden von der Generalversammlung der UNO in getrennten Wahlgängen gewählt und sollen eine angemessene Vertretung der hauptsächlichen Rechtssysteme der Welt gewährleisten. Voraussetzung seiner Gerichtsbarkeit über Staaten ist, dass diese sich durch Annahme der **Fakultativklausel** des Art. 36 des Statuts des Gerichtshofs[114] für alle oder auch nur für bestimmte Arten von künftigen Streitigkeiten gegenüber jedem Staat, der die gleiche Verpflichtung übernommen hat, der Gerichtsbarkeit unterworfen haben oder dass sie die Gerichtsbarkeit anerkennen. Umstritten ist, ob der Gerichtshof Rechtsakte des Sicherheitsrates, der seit dem 11. September 2001 auch als Weltgesetzgeber agiert hat, rechtlich überprüfen, sie für unvereinbar mit der Charta der Vereinten Nationen erklären und verwerfen kann[115]. **Maßstab** für die Entscheidung von Rechtsstreitigkeiten ist für den Gerichtshof das **Völkerrecht**, dessen Quellen in Art. 38 des Statuts näher definiert werden. Wenn die Parteien ihn hierzu ermächtigen, kann der Gerichtshof auch ex aequo et bono entscheiden[116], d.h. Billigkeitsentscheidungen treffen. Neben der Streitentscheidung obliegt dem Gerichtshof die Erstellung von Rechtsgutachten auf Ersuchen der UNO und vieler ihrer Spezialorganisationen[117]. 18

[110] Siehe BT-Drs. 16/813, S. 17f. und das Gesetz zur Änderung des Grundgesetzes vom 28.8.2006, BGBl. I S. 2034.

[111] Durch das 53. Gesetz zur Änderung des GG vom 8.10.2008, BGBl. I 1926; zur Gesetzgebungsgeschichte BT-Dr. 16/8488 und 16/8912); die Änderung ist im Dezember 2009 in Kraft getreten.

[112] BGBl. 2012 I S. 1478; zur Gesetzgebungsgeschichte BT-Drs. 17/9392, BT-PlenProt. 17/181 und BR-Drs. 289/12.

[113] Art. 92 Charta der Vereinten Nationen; näher *C. Thiele*, AVR 51 (2013), 1ff.

[114] IGH Statut, BGBl. 1973 II S. 505, für die Bundesrepublik Deutschland mit deren Aufnahme in die Vereinten Nationen am 18.9.1973 in Kraft getreten.

[115] *B. Martenczuk*, EJIL 1999, 517 (525ff.) m.w.N.

[116] Art. 38 II des Statuts, BGBl. 1973 II S. 505.

[117] Näher zu Kompetenzen und Verfahren des internationalen Gerichtshofs *Stein/v. Buttlar/Kot-*

19 Von seiner Organisation, seinem Verfahren und dem Gegenstand seiner Rechtsprechung ist der ständige **Europäische Gerichtshof für Menschenrechte** in Straßburg dem Bundesverfassungsgericht vergleichbar. Aufgabe des Gerichtshofs ist es, über die Beachtung der **Europäischen Menschenrechtskonvention** zu wachen. Die »Konvention zum Schutze der Menschenrechte und Grundfreiheiten« ist am 4. November 1950 in Rom von den Mitgliedstaaten des Europarates unterzeichnet worden und am 3. September 1953 in Kraft getreten, als zehn Ratifikationsurkunden beim Generalsekretär des Europarates hinterlegt waren[118]. Mittlerweile sind alle Mitgliedstaaten des Europarates an die Konvention gebunden[119]. Die Konvention ist ein **völkerrechtlicher Vertrag**, durch den die Vertragsparteien allen ihrer Jurisdiktion unterstehenden Personen die im ersten Abschnitt der Konvention niedergelegten Rechte und Freiheiten zusichern[120]. In diesem Abschnitt der Konvention werden Menschenrechte gewährleistet, die von ihrem Gehalt her den Grundrechten des Grundgesetzes vergleichbar sind[121]. Zur Durchsetzung der Menschenrechte waren in Straßburg zunächst die **Europäische Kommission für Menschenrechte** und der Europäische Gerichtshof für Menschenrechte errichtet worden[122]. Das Verfahren vor der Kommission und dem Gerichtshof[123] erwies sich jedoch mit zunehmender Zahl von Mitgliedstaaten der Konvention und der damit einhergehenden Zunahme von Verfahren (1981: 404; 1994: 2.927)[124] als zu schwerfällig. Deshalb ist nach längeren Vorarbeiten[125] durch das 11. Protokoll zur Konvention vom 11. Mai 1994 das Rechtsschutzsystem reformiert worden. An die Stelle von Kommission und Gerichtshof ist der **ständige Europäische Gerichtshof für Menschenrechte** als einziges Kontrollorgan getreten. Zugleich sind die gerichtsförmigen Elemente des Verfahrens verstärkt worden[126]. Der Gerichtshof ist ähnlich organisiert wie der Gerichtshof der Europäischen Union in Luxemburg[127]. Der Gerichtshof besteht aus je einem Richter für jeden Vertragsstaat – gegenwärtig 47 Richterinnen und Richter – und entscheidet in Ausschüssen, Kammern und in der großen Kam-

zur, Völkerrecht, Rn. 948 ff.; *F. Berber*, Lehrbuch des Völkerrechts, Bd. 3, 1977, § 11; *H. Wehberg*, Der Internationale Gerichtshof, 1972.

[118] Bekanntmachung des Inkrafttretens in BGBl. 1954 II S. 14; Veröffentlichung der Konvention in BGBl. 1952 S. 685 mit einer Berichtigung auf S. 953; dazu *H. Golsong*, Das Rechtsschutzsystem der Europäischen Menschenrechtskonvention, 1958, S. 1 ff.; *R. Grote*, in: Dörr/Grote/Marauhn, EMRK/GG², Kap. 1 Rn. 30. → Vorb. Rn. 28.

[119] Aus der reichhaltigen Literatur *Frowein*/Peukert, EMRK, Einf. Rn. 2; *J.A. Frowein*, Die Europäisierung des Verfassungsrechts, in: FS 50 Jahre BVerfG, Bd. 1, S. 209 ff. (217 ff.); *Grabenwarter/Pabel*, EMRK, § 1 Rn. 1 ff.; *C. Grabenwarter*, Europäisches und nationales Verfassungsrecht, VVDStRL 60 (2001), S. 290 ff. (295 ff.).

[120] Art. 1 EMRK, näher hierzu *Frowein*/Peukert, EMRK, Art. 1 Rn. 3 ff.; *J.A. Frowein*, EuGRZ 2015, 269 (271).

[121] Näher dazu *Frowein/Peukert*, EMRK, Abschnitt I (S. 28 ff.); *A. Voßkuhle*, EuGRZ 2014, 165 (165 f.).

[122] Art. 19 EMRK a. F.; näher zur Arbeit der Kommission *J.A. Frowein*, EuGRZ 2015, 269 (269 ff.).

[123] Dazu *Golsong*, Rechtsschutzsystem (Fn. 118), S. 46 ff. und *F. Schellenberg*, Das Verfahren vor der Europäischen Kommission und dem Europäischen Gerichtshof für Menschenrechte, 1983, S. 1 ff.; *J.A. Frowein*, EuGRZ 2015, 269 ff.

[124] *J. Meyer-Ladewig*, NJW 1995, 2813 ff. m. Fn. 1.

[125] Zu den Reformarbeiten *B. Rudolf*, EuGRZ 1994, 53 ff.

[126] *N.P. Engel*, EuGRZ 2003, 122 (127 f.); *J.A. Frowein*, Europäischer Gerichtshof für Menschenrechte, in: FS Kirchhof, Bd. I, 2013, S. 959 ff.; *J. Schokkenbroek*, EuGRZ 2003, 134 (134) m. w. N.; *B.L. Ohms*, EuGRZ 2003, 141 (146).

[127] → Rn. 26 ff.; vgl. ferner *H.C. Krüger*, EuGRZ 1997, 397 ff.

mer[128]. Die **Ausschüsse** üben eine Filterfunktion aus und können Individualbeschwerden für unzulässig erklären[129]. Andernfalls entscheidet eine **Kammer** gemäß Art. 29 I EMRK über die Zulässigkeit und Begründetheit von Individualbeschwerden. Grundsatzentscheidungen sollen gemäß Art. 30 EMRK von der **Großen Kammer** des Gerichtshofs entschieden werden. Außerdem kann innerhalb eines Zeitraums von drei Monaten nach dem Urteil der Kammer jede am Verfahren beteiligte Partei in Ausnahmefällen die Verweisung der Sache an die Große Kammer beantragen. Diese nimmt den Antrag durch einen Ausschuss von fünf Richtern an, wenn es um eine Rechtsfrage von grundsätzlicher Bedeutung geht[130]. Die Möglichkeit der Anrufung der Großen Kammer stellt einen Kompromiss zwischen den Befürwortern eines einstufigen Rechtsschutzsystems und den Verfechtern einer zweistufigen Gerichtsbarkeit dar[131]. Abgesehen davon, dass das Verfahren vor dem Bundesverfassungsgericht einstufig ist, entspricht das Verfahren vor dem ständigen Europäischen Gerichtshof für Menschenrechte in seinen Grundzügen der Behandlung von Verfassungsbeschwerden durch das Bundesverfassungsgericht (→ Rn. 83 ff.). Eine Anfang der 2000er Jahre von der deutschen und schweizerischen Regierung gemeinsam **angestrebte Reform**, die vor allem die Änderung der Art. 28 und Art. 35 EMRK zum Gegenstand hatte, erhielt nicht die Unterstützung der restlichen Vertragsparteien und blieb somit erfolglos[132]. Mit über 40.000 Beschwerden pro Jahr ist der Gerichtshof völlig überlastet[133]. Ob Versuche, ihn durch die Ausgestaltung seines Verfahrens zu entlasten, dauerhaften Erfolg bringen werden, bleibt abzuwarten. Das 14. Protokoll zur Europäischen Menschenrechtskonvention, das grundlegende Änderungen der Konvention für die Entlastung des Gerichtshof enthält und deswegen von allen Vertragsparteien gemeinsam anzunehmen war, trat mit der letzten Ratifikation (Russland) im Jahre 2010 in Kraft[134]. Die wesentlichen Änderungen bestehen darin, dass die **Amtszeit der Richter von sechs auf neun Jahre verlängert** wurde und eine Neuwahl nicht mehr möglich ist. Obwohl mit diesem Protokoll insbesondere die Einführung des neuen Pilotverfahrens und damit eine wesentliche Änderung des Individualverfahrens vorgenommen wurden, enthält dieses Dokument hierfür keine spezielle Regelung. Vielmehr ist die gesetzliche Grundlage dieses **Pilotverfahrens** nun in Art. 61 der im Jahre 2011 neu verabschiedeten Verfahrensordnung des Gerichtshofs zu finden. Nach dieser Vorschrift sind entgegen Art. 30 EMRK die Kammern für das Pilotverfahren zuständig. Beim Pilotverfahren entscheidet der Gerichtshof bei gleichartigen juristischen Rechtsstreitigkeiten wie Beschwerden gegen Gesetze einer Vertragspartei lediglich in einem Fall. Diese sogenannte

---

[128] Art. 28 ff. EMRK; dazu und zum folgenden näher *A. Drzemczewski/J. Meyer-Ladewig*, EuGRZ 1994, 317 ff.; *J. Meyer-Ladewig*, EuGRZ 1996, 374 ff.; *ders.*, NJW 1998, 512 ff.; *V. Schlette*, ZaöRV 56 (1996), 905 (941 ff.).

[129] Art. 28 EMRK, näher hierzu *K. Rogge*, EuGRZ 1996, 341 (342 ff.); insg. *Frowein*/Peukert, EMRK, Art. 28 Rn. 1 f.

[130] Art. 43 EMRK, hierzu *Frowein*/Peukert, EMRK, Art. 43; *C. Schmaltz*, EuGRZ 2012, 606 (607 ff.); beide m. w. N.

[131] Erläuternder Bericht zu dem Protokoll Nr. 11 zur EMRK, BT-Drs. 13/858, Nr. 4, S. 33; vgl. ebenda, S. 23.

[132] *N. P. Engel*, EuGRZ 2003, 122 (127 f.); *J. Schokkenbroek*, EuGRZ 2003, 134 ff.; *K. Stollenberg*, EuGRZ 2003, 139 ff.

[133] *A. Haratsch*, ZaöRV 66 (2006), 927 (944); vgl. Europäischer Gerichtshof für Menschenrechte, Analyse der Statistik für das Jahr 2015, S. 4, http://www.echr.coe.int/Documents/Stats_analysis_2015_ENG.pdf (8.2.2017).

[134] Dazu *J. Meyer-Ladewig/H. Petzold*, NJW 2011, 3126 ff.

Grundsatzentscheidung wird bei den restlichen Verfahren gegen dieselbe Vertragspartei beachtet. Voraussetzung ist hierfür nach Art. 61 der Verfahrensordnung des EGMR, »dass in der betroffenen Vertragspartei ein strukturelles oder systembedingtes Problem oder ein vergleichbarer sonstiger Missstand besteht«. Der Gerichtshof bezeichnet gemäß Art. 61 Abs. 3 der Verfahrensordnung des EGMR in seinem Pilot-Urteil »die Art der Abhilfemaßnahmen«, die von den Vertragsparteien für die **Korrektur der Probleme und Missstände** vorzunehmen sind[135].

20 Darüber hinaus wurden von 2010 an weitere Initiativen ergriffen, um den Gerichtshof zu entlasten. So wurden mehrere Konferenzen durchgeführt und entsprechende Erklärungen abgegeben (2010 Interlaken; 2011 Izmir; 2012 Brighton)[136]. Auf der Grundlage dieser Erklärungen wurde der Entwurf des 15. Protokolls zur EMRK erarbeitet, der explizit den **Grundsatz der Subsidiarität** und den Hinweis auf den **Beurteilungsspielraum der Vertragsparteien** bei der Auslegung der Rechte und Verpflichtungen in die Präambel der EMRK aufnimmt, die Beschwerdefrist von sechs Monaten auf vier Monate verkürzt und neue Regelungen für die Richterwahl des Gerichtshofs enthält. Bisher ist das 15. Protokoll noch nicht in Kraft getreten, weil nicht genügend Mitgliedstaaten es ratifiziert haben[137].

21 Ebenfalls noch nicht in Kraft getreten ist das 16. Zusatzprotokoll zur EMRK, das eine neue Form der Zusammenarbeit zwischen dem Gerichtshof und den nationalen höchsten Gerichten (einschließlich der Verfassungsgerichte) ermöglichen soll[138]. Es zielt darauf ab, eine im Grundsatz mit dem Vorabentscheidungsverfahren (Art. 267 AEUV) vergleichbare Möglichkeit des **Dialogs zwischen den höchsten nationalen Gerichten und dem Gerichtshof** zu etablieren, wobei der Grundsatz der Subsidiarität zu beachten ist. Im Gegensatz zum Vorabentscheidungsverfahren (Art. 267 AEUV) besteht keine Vorlagepflicht für die nationalen Höchstgerichte. Das EGMR-Gutachten ist für die jeweilige Vertragspartei nicht rechtsverbindlich. Ein Anreiz für die Vorlage einer konventionsrelevanten Frage beim Gerichtshof besteht für das nationale Höchstgericht darin, dass im Falle ihrer Beantwortung durch den Gerichtshof und ihrer Befolgung seitens der Vertragspartei eine künftige Individualbeschwerde gemäß Art. 35 III lit. a EMRK »offensichtlich unbegründet« und letztlich unzulässig wäre[139].

22 Gerade diese rechtliche Möglichkeit, vom EGMR ein Gutachten fordern zu können, hat der Gerichtshof der Europäischen Union in seinem **Gutachten über den Beitritt der Europäischen Union zur EMRK** zum Anlass genommen, auf die Gefahr der Beeinträchtigung der »Autonomie und der Wirksamkeit des in Art. 267 AEUV vorgesehenen Vorabentscheidungsverfahrens«[140] sowie die Gefahr der Umgehung des Gerichtshofs der Europäischen Union hinzuweisen und den EU-Beitritt deswegen für unvereinbar mit dem Unionsrecht zu erklären[141].

---

135 Näher zum Pilotverfahren *M. Breuer*, EuGRZ 2012, 1 ff.; *S. Schmahl*, EuGRZ 2008, 369 ff.

136 Dazu *B. Rudolf*, Brighton Revisited – Zur Reform des Europäischen Menschenrechtsschutzsystems, in: FS Riedel, 2013, S. 331 ff. (332).

137 Stand der Ratifikationen des 15. Protokolls zur EMRK: http://www.coe.int/de/web/conventions/full-list/-/conventions/treaty/213/signatures?p_auth=PgKwTUrP (7.2.2017).

138 Dazu *R. Zimmermann*, EuGRZ 2015, 153 ff.; *J. Gundel*, EuR 2015, 609 ff.

139 *A. Zimmermann*, EuGRZ 2015, 153 (158).

140 EuGH, Gutachten v. 18.12.2014, C-2/13, Rn. 197 – *EMRK-Beitritt II.*

141 EuGH, Gutachten v. 18.12.2014, C-2/13, Rn. 198, 258 – *EMRK-Beitritt II*; dazu grundlegend *A. Voßkuhle*, EuGRZ 2014, 165 ff.; *C. Grewe*, EuR 2012, 285 ff.; *C. Tomuschat*, EuGRZ 2015, 133 ff.; *M. Wendel*, NJW 2015, 921 ff.; s. auch die Stellungnahme der Generalanwältin *J. Kokott*, abgedruckt in EuGRZ 2015, 30 ff.

Die Entscheidungen des Europäischen Gerichtshofs für Menschenrechte sind maßgebend für die Auslegung der Europäischen Menschenrechtskonvention, die in Deutschland im Range eines **förmlichen Bundesgesetzes** gilt. Über ihre Bindung an Gesetz und Recht im Sinne von Art. 20 III GG sind damit auch die deutschen Gerichte verpflichtet, die Entscheidungen des Gerichtshofs zu berücksichtigen[142]. 23

Von ähnlicher Struktur wie das europäische System des Menschenrechtsschutzes ist sein amerikanisches Gegenstück. Die **Amerikanische Menschenrechtskonvention**, die von der **Organisation Amerikanischer Staaten** ausgearbeitet wurde, ist am 18. Juli 1978 in Kraft getreten und von fast allen Staaten Mittel- und Südamerikas, nicht jedoch von den Vereinigten Staaten und Kanada, ratifiziert worden. Der praktischen Umsetzung der Konvention dient neben der Inter-Amerikanischen Kommission für Menschenrechte mit Sitz in Washington bei der Organisation Amerikanischer Staaten der **Inter-Amerikanische Gerichtshof für Menschenrechte** in San José/Costa Rica. Dieser Gerichtshof übt in Bezug auf die Menschenrechtskonvention eine Art Verfassungsgerichtsbarkeit aus, die sowohl die Streitentscheidung als auch die Erstellung von Gutachten umfasst[143]. 24

Die Organisation für Afrikanische Einheit hat als drittes regionales Menschenrechtssystem die **Afrikanische Charta der Rechte des Menschen und der Völker** ausgearbeitet, die 1986 in Kraft getreten ist[144]. Das afrikanische System zum Schutz der Menschenrechte sieht seit dem 25. Januar 2004 ebenfalls eine Rechtsschutzmöglichkeit durch den Afrikanischen Menschenrechtsgerichtshof vor[145]. Darüber hinaus agiert die Afrikanische Kommission der Rechte des Menschen und Völker mit Sitz in Banjul/Gambia als Organ der Rechtsdurchsetzung mit umfangreichen Aufgaben[146]. Die Arbeit der Kommission leidet allerdings unter erheblichen Schwächen[147]. Die organisatorische Ausgestaltung des Rechtsschutzes entspricht der des **Internationalen Pakts über bürgerliche und politische Rechte der Vereinten Nationen** von 1966, in dessen Fakultativprotokoll als zuständiges Beschwerdeorgan der Menschenrechtsausschuss der Vereinten Nationen eingerichtet worden ist, der Zulässigkeit und Begründetheit von Beschwerden prüft und seine Rechtsauffassung dem Beschwerdeführer und dem beteiligten Staat mitteilt[148]. 25

---

[142] BVerfGE 111, 307 (325 f., Rn. 53); zum Verhältnis zwischen BVerfG und EGMR *A. Voßkuhle*; EuGRZ 2014, 165 ff.; *M. Gerhardt*, ZRP 2010, 161 ff.; *R. Jaeger*, EuGRZ 2005, 193 ff.; *O. Klein*, NVwZ 2010, 221 (222 ff.); *M. Knauff*, DVBl. 2010, 533 (534 ff.); *U. Kranenpohl*, ZfP 2013, 90 (96 ff.); *M. Ludwigs*, EuGRZ 2014, 273 ff.; ferner *H. Bethge*, Die Grenzen grundrechtlicher Subjektivierung objektiven Verfassungsrechts, in: FS Isensee, 2007, S. 613 ff. (630); *J. Meyer-Ladewig/H. Petzold*, NJW 2005, 15 (16 ff.); *F. Brosius-Gersdorf*, EuGRZ 2006, 123 ff.; *A.-C. Zoellner*, Das Verhältnis von Bundesverfassungsgericht und Europäischem Gerichtshof für Menschenrechte, 2009.

[143] Amerikanische Menschenrechtskonvention (AMRK) vom 22.11.1969, deutsche Übersetzung abgedruckt in EuGRZ 1980, 435 ff.; hierzu *Ipsen*, Völkerrecht, § 37 Rn. 16 ff.; *A. A. Cançado Trindade*, ZaöRV 70 (2010), 629 ff. (654 ff.).

[144] AfrCh vom 21.10.1986, deutsche Übersetzung abgedruckt in EuGRZ 1990, 348 ff.

[145] Zusatzprotokoll über die Errichtung des Afrikanische Gerichtshof für die Rechte der Menschen und die Rechte der Völker (AfrGRMV) vom 10.6.1998, in Kraft seit dem 25.1.2004; vgl. *A. Kießling*, AVR 49 (2011), 173 (176 ff.).

[146] Hierzu *E. Kodjo*, EuGRZ 1990, 306 ff.; *W. Benedek*, EuGRZ 1990, 339 ff.; umfassende Nachweise zur Literatur in EuGRZ 1990, 305 und bei *M. Nowak*, EuGRZ 1986, 675 (677 f.); insg. auch *Ipsen*, Völkerrecht, § 37 Rn. 20 ff. m. w. N.

[147] *A. Kießling*, AVR 49 (2011), 173 (175 f.); *M. Löffelmann*, EuGRZ 2013, 577 (577) m. w. N.

[148] Näher zum IPbpR *W. S. Heinz*, VN 2016, 116 ff.; *S. Schadendorf*, EuR 2015, 28 ff.; *N. J. Schrijver*, VN 2016, 121 ff.

II. Unionsrecht

26 Das Verhältnis der Art. 93 f. GG zum Unionsrecht wirft vielfältige Probleme auf, die seit langem kontrovers diskutiert werden. Ihren Ursprung haben sie in der **Existenz zweier unabhängiger Rechtsordnungen**, die in nur schwer überschaubarer Weise ineinandergreifen. Aus der Sicht des Grundgesetzes hat der Bund der Union durch Gesetz **gemäß Art. 23 I 2 GG Hoheitsrechte übertragen**. Wird dadurch das Grundgesetz seinem Inhalt nach geändert oder ergänzt, muss das Quorum des Art. 79 II GG (Zustimmung von zwei Dritteln der Mitglieder des Bundestages und zwei Drittel der Stimmen des Bundesrates) gemäß Art. 23 I 3 GG beachtet werden (→ Art. 23 Rn. 87 ff.; → Art. 79 II Rn. 20) und beansprucht die Ewigkeitsgarantie des Art. 79 III GG Geltung (→ Art. 23 Rn. 90 f.; → Art. 79 III Rn. 8 ff.). Aus der Sicht der Rechtsordnung der Union gilt der **Vorrang des Unionsrechts**, der vom Europäischen Gerichtshof[149] in seiner Grundsatzentscheidung Costa/ENEL[150] entwickelt worden ist[151]. Nationales Verfassungsrecht und Unionsrecht streben im Verhältnis zueinander nach Durchsetzung ihres Geltungsanspruchs. Das ist nur solange unproblematisch, wie es nicht zu Regelungskonflikten kommt. In derartigen Konfliktsituationen stellt sich die **Frage**, wer zur **Letztentscheidung** befugt ist.

27 Die Antwort des Bundesverfassungsgerichts hat sich im Laufe der Zeit mehrfach geändert: Das Bundesverfassungsgericht hatte zunächst dem Anwendungsvorrang des Unionsrechts dadurch Raum gegeben, dass es Akte der Europäischen Gemeinschaft nicht als Akte der deutschen öffentlichen Gewalt behandelte[152]. 1974 betonte das Bundesverfassungsgericht jedoch in seiner **Solange I-Entscheidung**, dass in der Vollziehung einer Verordnung der Gemeinschaft durch eine Verwaltungsbehörde oder ein Gericht der Bundesrepublik Deutschland die Ausübung deutscher Staatsgewalt liege, die an das deutsche Verfassungsrecht gebunden sei. Dementsprechend könne das Bundesverfassungsgericht die Unanwendbarkeit einer Vorschrift des Unionsrechts durch die Verwaltungsbehörden oder Gerichte der Bundesrepublik Deutschland feststellen, soweit sie mit einer Grundrechtsgarantie des Grundgesetzes kollidierten. Das gelte, solange der Integrationsprozess der Gemeinschaft nicht so weit fortgeschritten sei, dass das Unionsrecht auch einen von einem Parlament beschlossenen und in Geltung stehenden formulierten Katalog von Grundrechten enthalte, der dem **Grundrechtskatalog des Grundgesetzes** adäquat sei[153]. Obwohl diese Bedingung noch nicht erfüllt war, schränkte das Bundesverfassungsgericht 1986 seine Gerichtsbarkeit dahin ein, dass es über die Anwendung von abgeleitetem Unionsrecht nicht mehr entscheiden und dieses Recht mithin nicht mehr am Maßstab der Grundrechte des Grundgesetzes überprüfen werde. Dies gelte, solange die Europäischen Gemeinschaften, insbesondere die Rechtsprechung des Gerichtshofs der Gemeinschaften, einen **wirksamen Schutz der Grundrechte** gegenüber der Hoheitsgewalt der Gemeinschaften generell gewährleisteten, der dem vom Grundgesetz als unabdingbar gebotenen

---

[149] Zur Auswahl der Mitglieder des Gerichtshofes *A. v. Bogdandy/C. Krenn*, JZ 2014, 529 ff.; *A. Seibert-Fohr*, Der Staat 49 (2010), 130 ff.; zur Organisation *J. Hoffmann*, EuR 2016, 197 ff.; *B. Wägenbaur*, EuZW 2015, 889 ff.

[150] EuGHE 1964, 1251 (1269 ff.) – *Costa/ENEL*.

[151] EuGHE 1964, 1251 (1269 ff.) – *Costa/ENEL*; verstärkt in EuGHE 1978, 629 (643 ff.) – *Simmenthal II*. → Art. 23 Rn. 14.

[152] BVerfGE 22, 293 (296); 31, 145 (173).

[153] BVerfGE 37, 271 (Ls. und 277 ff.).

Grundrechtsschutz **im Wesentlichen gleich zu achten sei**[154]. In seinem Maastricht-Urteil hat dann das Gericht betont, dass sich die Wahrnehmung von Hoheitsgewalt durch einen Staatenverbund wie die Europäische Union auf **Ermächtigungen souverän bleibender Staaten** gründet[155]. Auf dieser Grundlage hat das Bundesverfassungsgericht die Prüfungskompetenz in Anspruch genommen, »ob Rechtsakte der europäischen Einrichtungen und Organe sich in den Grenzen der ihnen eingeräumten Hoheitsrechte halten oder aus ihnen ausbrechen«[156]. Das Bundesverfassungsgericht hat seine Gerichtsbarkeit über die Anwendbarkeit von abgeleitetem Unionsrecht in Deutschland in einem »**Kooperationsverhältnis**« zum Europäischen Gerichtshof ausgeübt. Dieses Verhältnis war dadurch gekennzeichnet, dass der Europäische Gerichtshof den Grundrechtsschutz in jedem Einzelfall für das gesamte Gebiet der Union garantierte und dass das Bundesverfassungsgericht sich deshalb auf eine **generelle Gewährleistung der unabdingbaren Grundrechtsstandards** beschränken konnte[157]. Diese Konstruktion mildert den Konflikt mit dem Europäischen Gerichtshof zwar ab, verändert aber nichts an seinen Grundlagen. Danach wäre es äußerst unwahrscheinlich gewesen, dass das Bundesverfassungsgericht noch einmal eine Verletzung des Grundgesetzes durch Unionsrecht festgestellt hätte[158].

Nicht zuletzt deshalb dürfte das Bundesverfassungsgericht in seinem **Lissabon-Urteil** 2009 einen anderen Akzent gesetzt haben: Das Kooperationsverhältnis zum Europäischen Gerichtshof wird nicht mehr erwähnt. Bei der Ultra-Vires-Kontrolle stellt das Gericht nunmehr vor allem auf die Identitätskontrolle ab. Bei dieser Kontrolle prüft das Bundesverfassungsgericht, »ob der unantastbare Kerngehalt der Verfassungsidentität des Grundgesetzes« gewahrt ist, und definiert die Verfassungsidentität sehr detailliert und umfassend[159]. Ausdrücklich betont wird, dass sowohl die **Ultra-Vires-Kontrolle** als auch die **Identitätskontrolle** dazu führen können, dass Unionsrecht in Deutschland für unanwendbar erklärt wird. Nur ein Jahr später hat das Gericht in seinem Honeywell-Beschluss allerdings die Identitätskontrolle deutlich eingeschränkt. Sie soll nur greifen, wenn ein Kompetenzverstoß der europäischen Organe hinreichend qualifiziert ist. Dafür muss das **kompetenzwidrige Handeln der Unionsgewalt offensichtlich** sein und im Kompetenzgefüge »zu einer strukturell bedeutsamen Verschiebung zulasten der Mitgliedstaaten« führen. Außerdem muss vor einer Entscheidung des Bundesverfassungsgerichts dem Europäischen Gerichtshof in einem Vorabentscheidungsverfahren Gelegenheit zur Vertragsauslegung und zur Entscheidung über die Gültigkeit der fraglichen Handlungen gegeben werden. Das Bundesverfassungsgericht hebt ausdrücklich hervor, dass der **Anwendungsvorrang des Unionsrechts** praktisch unterlaufen und die einheitliche Anwendung des Unionsrechts gefährdet werden könnte, wenn jeder Mitgliedstaat »ohne weiteres« für sich in Anspruch nähme, durch eigene Gerichte über die Gültigkeit von Rechtsakten der Union 28

---

[154] BVerfGE 73, 339 (Ls. 2 und 374ff.).

[155] BVerfGE 89, 155 (186).

[156] BVerfGE 89, 155 (188); vgl. auch E 58, 1 (30f.); 75, 223 (235, 242). → Art. 1 III Rn. 21ff.

[157] Näher dazu *J. Limbach*, NJW 2001, 2913 (2915ff.); vgl. auch *C. Hillgruber*, JZ 2005, 838 (844); *J. Schwarze*, NJW 2005, 3459 (3462ff.); *R. Uerpmann-Wittzack*, DÖV 2005, 152ff.

[158] *P.M. Huber*, DVBl. 2009, 574 (578) m.w.N.

[159] BVerfGE 123, 267 (Ls. 4 und 354ff., Rn. 240ff.); dazu *A. v. Bogdandy*, NJW 2010, 1ff.; *E. Denninger*, JZ 2010, 969ff.; *K.-F. Gärditz/C. Hillgruber*, JZ 2009, 872ff.; *D. Grimm*, Der Staat 48 (2009), 475ff.; *M. Jestaedt*, Der Staat 48 (2009), 497ff.; *D. Murswiek*, JZ 2010, 702ff.; *C. Ohler*, AöR 135 (2010), 153ff.; *D. Thym*, Der Staat 48 (2009), 559ff.; *H.A. Wolff*, DÖV 2010, 49ff.

zu entscheiden. Auch dürfe die Ultra-Vires-Kontrolle nur europarechtsfreundlich ausgeübt werden[160].

29 Auf dieser Grundlage hat das Bundesverfassungsgericht in einer Reihe von Entscheidungen eine Identitätskontrolle durchgeführt, ohne die Regelungen des Unionsrechts zu beanstanden. So wurde der **Europäische Stabilisierungsmechanismus** anlässlich der Finanzhilfen für Griechenland mehrfach als vereinbar mit der nationalen Haushaltsautonomie angesehen[161]. Das Urteil des Europäischen Gerichtshofes in der Sache Akerberg Fransson[162] hat das Bundesverfassungsgericht so interpretiert, dass für eine Bindung der Mitgliedstaaten durch die in der Grundrechtecharta niedergelegten Grundrechte der EU nicht jeder sachliche Bezug einer Regelung zum bloß abstrakten Anwendungsbereich des Unionsrechts oder rein tatsächliche Auswirkungen auf dieses ausreichen, weil die Entscheidung sonst als offensichtlicher Ultra-Vires-Akt anzusehen gewesen wäre[163]. Im Rahmen der Identitätskontrolle hat das Bundesverfassungsgericht allerdings in der Auslieferung eines Bürgers der USA nach Italien auf der Grundlage eines **Europäischen Haftbefehls** zur Vollstreckung eines in Abwesenheit erlassenen Strafurteils als Verstoß gegen die Menschenwürde qualifiziert[164].

30 Ein offener Konflikt drohte allerdings im Streit über den Beschluss des Rates der EZB vom 6. September 2012 betreffend **Outright Monetary Transactions (OMT).** Das Bundesverfassungsgericht hatte in seinem historisch ersten Vorabentscheidungsersuchen[165] an den Europäischen Gerichtshof deutlich seine Zweifel zum Ausdruck gebracht, ob nicht das Verbot der monetären Staatsfinanzierung verletzt sei. Nur wenn der Europäische Gerichtshof in seiner Entscheidung die Kompetenzen der EZB deutlich begrenze, wäre der OMT-Beschluss aus Sicht des Bundesverfassungsgerichts nicht zu beanstanden[166]. Der Europäische Gerichtshof folgte wie zuvor schon der Generalanwalt Cruz Villalón in seinem Schlussantrag[167] zwar nur sehr eingeschränkt der Interpretation des Unionsrechts durch das Bundesverfassungsgericht. Er betonte aber das Verbot der monetären Staatsfinanzierung so nachdrücklich[168], dass das Bundesverfassungsgericht am 21. Juni 2016 feststellen konnte, der OMT-Beschluss bewege sich in der Auslegung durch den Gerichtshof nicht »offensichtlich« außerhalb der der EZB zugewiesenen Kompetenzen[169]. Auch wenn das Bundesverfassungsgericht **nicht mehr von einem Kooperationsverhältnis** zwischen beiden Gerichten spricht, zeigt das OMT-Verfahren doch deutlich, dass beide kein Interesse an einem offenen Konflikt haben und bereit sind, sich in einem Streitfall soweit auf einander zuzubewegen, dass sie ihr Gesicht wahren und Konfrontationen vermeiden können[170].

---

160 BVerfGE 126, 286 (Ls. 1 und 302ff., Rn. 56ff.); dazu *U. Karpenstein/C. Johann*, NJW 2010, 3405ff.

161 BVerfGE 129, 124 (Ls. 4 und 179ff., Rn. 125ff.); 132, 195 (238ff., Rn. 103ff.); 135, 317 (Ls. 3 und 399ff., Rn. 160ff.).

162 EuGH, Urt. v. 26.2.2013, C-617/10 – *Akerberg Fransson.*

163 BVerfGE 133, 277 (316, Rn. 91).

164 BVerfGE 140, 317 (336ff., Rn. 40ff.) gegen EuGH, Urt. v. 26.2.2013, C-399/11 – *Europäischer Haftbefehl*; dazu *C. D. Classen*, NdsVBl. 2010, 138ff.; *Sauer*, NJW 2016, 1134ff.

165 Dazu *E. J. Lohse*, Der Staat 53 (2014), 633ff.; *F. C. Mayer*, EuR 2014, 473ff.

166 BVerfGE 134, 366 (392ff., Rn. 36ff.); dazu *W. Heun*, JZ 2014, 331ff.

167 Vom 14.1.2015, C-62/14.

168 EuGH, Urt. v. 16.6.2015, C-62/14 – *OMT-Programm*, Rn. 93ff.; dazu *C. Ohler*, NVwZ 2015, 1001ff.

169 BVerfGE 142, 123 (185ff., Rn. 114ff.).

170 *G. Britz*, EuGRZ 2015, 275ff.; *F. Kirchhof*, EuR 2014, 267ff.; *A. Voßkuhle*, RdA 2015, 336ff.; *ders.*, JZ 2016, 161ff.; *T. v. Danwitz*, Europäischer Gerichtshof, in: FS Kirchhof, Bd. I, 2013, S. 949ff.;

Dogmatisch ist die Frage nach der Reichweite der Gerichtsbarkeit des Bundesverfassungsgerichts im Verhältnis zum Europäischen Gerichtshof **gegenwärtig nicht überzeugend zu lösen**. Auch die Verfassungsgerichte anderer Mitgliedstaaten stehen vor vergleichbaren Problemen[171]. Der Konflikt spiegelt die Offenheit des Verhältnisses zwischen nationalem Recht und Unionsrecht wider, das erst im weiteren Verlauf der Zeit konkrete Gestalt gewinnen wird. Wahrscheinlicher dürfte sein, dass das Unionsrecht sich irgendwann in der Zukunft mit seinem vorrangigen Geltungsanspruch durchsetzen und eine **Konfliktregel** in das primäre Unionsrecht aufgenommen wird, **die Art. 31 GG entspricht.** Nicht auszuschließen ist jedoch, dass die Integration diesen Grad an Dichte – auch in Reaktion auf den Austritt des Vereinigten Königreiches aus der Union – in überschaubarer Zeit nicht erreichen wird und dass die nationalen Rechtsordnungen ihren ursprünglichen Geltungsvorrang wieder stärker durchsetzen werden. Gegenwärtig erscheint es angemessen, die jeweiligen Ansprüche nebeneinander stehen zu lassen, auch wenn sie im Konfliktfall unvereinbar sind. Die **politische Klugheit** gebietet es, **Konfliktfälle** zu **vermeiden** und die Machtfrage möglichst nicht zu stellen, wie das in einer strukturell vergleichbaren Lage im 19. Jahrhundert im Konstitutionalismus geschehen ist[172]. Das haben sowohl das Bundesverfassungsgericht als auch der Europäische Gerichtshof erkannt. Solange sie ihre Gerichtsbarkeit auf der Grundlage dieses Verständnisses ausüben, wird die politische Praxis mit der dogmatisch nicht endgültig geklärten Frage leben können. 31

III. Rechtsvergleichende Hinweise

Der Gedanke der Verfassungsgerichtsbarkeit hat in den letzten Jahrzehnten einen Siegeszug nicht nur in Europa[173], sondern in fast allen Teilen der Welt angetreten[174]. Bei allen Unterschieden in der Ausgestaltung der Verfassungsgerichtsbarkeit lassen sich letztlich **zwei Grundmodelle** unterscheiden[175]. Das eine geht auf die Vereinigten Staaten von Amerika zurück. Dort übt der **U.S. Supreme Court** als oberstes Bundesgericht neben der ordentlichen Gerichtsbarkeit und der – weniger bedeutenden – Verwaltungsgerichtsbarkeit auch die Verfassungsgerichtsbarkeit aus. Die Verfassungsmäßigkeit von Gesetzen und sonstigen Staatsakten wird inzident im Rahmen der anhängigen Verfahren überprüft[176]. Der U.S. Supreme Court ist einerseits als Rechtsmittelgericht den obersten Bundesgerichten Deutschlands vergleichbar, erfüllt zu- 32

K. Lenaerts, EuR 2015, 3 ff.; *ders.*, EuGRZ 2015, 353 ff.; ferner *C. Callies*, Die europarechtliche Ultra-Vires-Kontrolle des Bundesverfassungsgerichts – Stumpfes Schwert oder Gefahr für die Autoriät des Unionsrechts?, in: FS Stein, 2015, S. 446 ff.; *H.-G. Dederer*, JZ 2014, 313 ff.; *C. Franzius*, ZaöRV 75 (2015), 383 ff.; *A. Ingold*, AVR 140, 1 ff.; *F. Lange*, NVwZ 2014, 169 ff.; *M. Ludwigs*, NVwZ 2015, 537 ff.; *M. Nettesheim*, JZ 2014, 585 ff.; *A. Schwerdtfeger*, EuR 2015, 290 ff.

171 *M. Bossuyt/R. Leysen*, Der belgische Verfassungsgerichtshof und der EuGH, in: FS Bryde, 2013, S. 483 ff.; *M. Faix*, EuGRZ 2012, 597 ff.; *A. Fusco*, GLJ 16 (2015), 1529 ff.; *K. Herzmann*, EuGRZ 2015, 445 ff.

172 Dazu näher *J. Wieland*, EJIL 1994, 259 ff.

173 Umfassend zur Verfassungsgerichtsbarkeit im europäischen Rechtsraum mit zahlreichen Länderberichten, IPE VI.

174 *A. Voßkuhle*, in: v. Mangoldt/Klein/Starck, GG III, Art. 93 Rn. 13 ff.

175 Dazu *C. Tomuschat*, Das BVerfG im Kreise anderer nationaler Verfassungsgerichte, in: FS 50 Jahre BVerfG, Bd. 1, S. 245 ff. (251 ff.).

176 Dazu näher *J. Wieland*, Der Staat 29 (1990), 333 ff.; grundlegend aus amerikanischer Sicht *A. Bickel*, The Least Dangerous Branch, Indianapolis 1962; *A. Cox*, The Court and the Constitution, Boston 1987; *R. C. McCloskey/S. Levinson*, The American Supreme Court, 5. Aufl., Chicago 2010.

gleich aber auch die Aufgaben eines Verfassungsgerichts. Seit der Grundsatzentscheidung **Marbury v. Madison**[177] nimmt der Gerichtshof die Befugnis zur inzidenten Normenkontrolle in Anspruch. Mittlerweile haben über die Hälfte der Entscheidungen des U.S. Supreme Court ihren Schwerpunkt im Verfassungsrecht[178].

33 Nach diesem Modell ist die Verfassungsgerichtsbarkeit im Rechtskreis des Commonwealth organisiert[179]. Das gilt für das **Vereinigte Königreich**[180], **Australien**[181], **Indien**[182], **Kanada**[183] und **Irland**[184]. Auch in der **Schweiz** ist die Verfassungsgerichtsbarkeit entsprechend dem U.S.-amerikanischen Modell organisiert[185]. Das gleiche gilt für die **skandinavischen Staaten**[186] und für **Japan**[187]. In diesen Ländern verfügen die Verfassungsgerichte aber zum Teil über deutlich geringere Kompetenzen. In einigen **lateinamerikanischen Ländern** finden sich Verfassungsgerichte, die zum Teil nach dem Modell des U.S. Supreme Court, zum Teil aber auch nach dem kontinentaleuropäischen Modell verfahren[188].

34 Dem Modell der inzidenten Normenkontrolle des U.S. Supreme Court steht das österreichische Modell von 1920 gegenüber. Danach wird die Verfassungsmäßigkeit von Gesetzen »principaliter«, d.h. in besonderen Verfahren durch eigenständige Verfassungsgerichte, überprüft. Der **Österreichische Verfassungsgerichtshof** geht auf die Bundesverfassung von 1920 zurück. Seine Zuständigkeit umfasst den gesamten Bereich der staatsrechtlichen Ordnung Österreichs; seine Aufgabe ist es, die Beachtung der Vorschriften der Bundesverfassung durch die staatlichen Organe zu sichern[189]. Der Österreichische Verfassungsgerichtshof besteht aus einem Präsidenten, einem Vizepräsidenten, zwölf weiteren Mitgliedern und sechs Ersatzmitgliedern. Er entscheidet als ein Spruchkörper. Zu seinen originären Zuständigkeiten gehört neben der Entscheidung von Kompetenzkonflikten und Streitigkeiten der Bundesländer untereinander über ihre verfassungsmäßigen Zuständigkeiten die präventive Normenkon-

---

[177] 5 U.S. (1 Cranch) 137 bzw. 2 L.Ed. 60 (73f.); näher zu diesen Entscheidungen *L.H. Tribe*, American Constitutional Law, 3. Aufl., New York 2000, S. 20ff.; *W. Heun*, Der Staat 42 (2003), S. 267ff.; *ders.*, Verfassung und Verfassungsgerichtsbarkeit im Vergleich, 2014, S. 38ff.; *W. Hoffmann-Riem*, JZ 2003, 269ff.; *F.M. Wilke*, JöR 63 (2015), 625 (629ff.).

[178] *Kommission*, Bericht, in: BMJ (Hrsg.), Entlastung des Bundesverfassungsgerichts, 1998, S. 37; vgl. auch *M. Kau*, United States Supreme Court und Bundesverfassungsgericht, 2007, S. 68.

[179] *G. Doeker*, Parlamentarische Bundesstaaten im Commonwealth of Nations: Kanada, Australien, Indien – Ein Vergleich, 1980, S. 39ff., 116ff.; *E. McWhinney*, Constitutional Review in the Commonwealth, in: H. Mosler (Hrsg.), Verfassungsgerichtsbarkeit in der Gegenwart, 1962, S. 75ff.

[180] *A. Fusco*, German Law Journal 16 (2015), 1529 (1531ff.).

[181] *D. Zacharias*, Australian High Court and German Federal Constitutional Court, 2005.

[182] *V.A. Shukla/D.K. Singh*, Constitution of India, 7. Aufl., Lucknow 1982, S. 307ff.

[183] *M. Thunert*, ZParl. 21 (1990), 241ff.; *A. Weber*, JöR 37 (1988), 597ff.

[184] *W.F. Murphy/J. Tanenhaus*, Comparative Constitutional Law, London/New York 1977, S. 81ff.; näher zur irischen Rechtslage *B. Walsh*, EuGRZ 1978, 446ff.

[185] *A. Tschentscher*, Supreme Court und Schweizerisches Bundesgericht als Modelle integrierter Verfassungsgerichtsbarkeit, in: Simon/Kalwoda, Schutz der Verfassung (Fn. 2), S. 187ff.; ferner *M.E. Looser*, Verfassungsrechtliche Rechtskontrolle gegenüber schweizerischen Bundesgesetzen, Diss. jur. St. Gallen, 2011, S. 229.

[186] Vgl. *R. Kessel*, Die Kontrolldichte der Normenkontrolle in Skandinavien aus deutscher Sicht, 2011, S. 36ff.

[187] Vgl. *T. Hatajiri*, JöR 51 (2003), 711ff.; *H. Kuriki*, Das System der gerichtlichen Überprüfung von Staatsakten in Japan, in: U. Eisenhardt u.a. (Hrsg.), Japanische Entscheidungen zum Verfassungsrecht in deutscher Sprache, 1998, S. 15ff.; *T. Miyazawa*, Verfassungsrecht, 1986, S. 237ff.

[188] Dazu *N. Lösing*, Die Verfassungsgerichtsbarkeit in Lateinamerika, 2001.

[189] *Wiederin*, Verfassungsgerichtshof (Fn. 7), S. 284ff. m.w.N.

trolle. Sie ergänzt die repressive abstrakte Normenkontrolle von Gesetzen und Verordnungen. Hinzu kommen Verfahren der konkreten Normenkontrolle von Bundes- und Landesrecht sowie Verfassungsbeschwerden, die aber nur gegen Verwaltungsbescheide gerichtet werden können[190]. Eigenständige Verfassungsgerichte nach österreichischem Vorbild gibt es in Europa unter anderen in **Belgien**[191], **Frankreich**[192], **Griechenland**[193], **Italien**[194], **Liechtenstein**[195], **Polen**[196], **Portugal**[197], **Russland**[198], **Slowakei**[199], **Slowenien**[200], **Spanien**[201], der **Türkei**[202] und **Ungarn**[203]. Jedenfalls in Europa hat das Modell der Ausübung von Verfassungsgerichtsbarkeit durch ein separates Verfassungsgericht in den letzten Jahrzehnten eindeutig die Oberhand gewonnen[204].

Alle **Länder der Bundesrepublik** kennen eine Verfassungsgerichtsbarkeit[205]. Als 35
letztes Land hat Schleswig-Holstein 2008 ein Landesverfassungsgericht errichtet[206]. Die Mitglieder der Landesverfassungsgerichte sind anders als die Richterinnen und

---

190 Siehe neben den oben zitierten *K. Zweigert*, Einige rechtsvergleichende und kritische Bemerkungen zur Verfassungsgerichtsbarkeit, in: Festgabe BVerfG, Bd. 1, S. 63 ff. (67 ff.); ferner *A. Weber*, Verfassungsgerichte in anderen Ländern, in: M. Piazolo (Hrsg.), Das Bundesverfassungsgericht, 1995, S. 63 f.

191 *F. Delpérée*, Die Verfassungsgerichtsbarkeit in Belgien, in: C. Starck/A. Weber (Hrsg.), Verfassungsgerichtsbarkeit in Westeuropa, Teilbd. 1: Berichte, 1986, S. 343 ff.; *K.-G. Zierlein*, EuGRZ 1991, 301 (321 ff.).

192 *M. Fromont*, Der französische Verfassungsrat, in: Starck/Weber, Verfassungsgerichtsbarkeit I (Fn. 191), S. 309 ff.; *Zweigert*, Verfassungsgerichtsbarkeit (Fn. 190), S. 69 ff.; *J. Starke*, Die verfassungsgerichtliche Normenkontrolle durch den Conseil constitutionnel, 2000; *F. V. Lange*, DVBl. 2008, 1427 ff.

193 *P. Dagtoglou*, Die Verfassungsgerichtsbarkeit in Griechenland, in: Starck/Weber, Verfassungsgerichtsbarkeit I (Fn. 191), S. 363 ff.; *K.-G. Zierlein*, EuGRZ 1991, 301 (324 f.).

194 *G. Ambrosini*, JöR 14 (1965), 299 ff.; *G. Azzariti*, JöR 8 (1959), 13 ff.; *T. Ritterspach*, Die Verfassungsgerichtsbarkeit in Italien, in: Starck/Weber, Verfassungsgerichtsbarkeit I (Fn. 191), S. 219 ff.; *A. Sondulli*, Die Verfassungsgerichtsbarkeit in Italien, in: Mosler, Verfassungsgerichtsbarkeit (Fn. 179), S. 292 ff.

195 *J. Kühne*, EuGRZ 1988, 230 ff.

196 *L. Garlicki*, Der Staat 26 (1987), 279 ff.; *ders.*, JöR 39 (1990), 285 ff.; *R. Machacek/Z. Czeszejko-Sochacki*, EuGRZ 1989, 269 ff.; *M. Würzykowski*, AöR 112 (1987), 93 ff.

197 *J.M.M. Cardoso da Costa*, Die Verfassungsgerichtsbarkeit in Portugal, in: Starck/Weber, Verfassungsgerichtsbarkeit I (Fn. 191), S. 279 ff.; *K.-G. Zierlein*, EuGRZ 1991, 301 (317 ff.).

198 *M. Hartwig*, EuGRZ 1996, 177 ff.; *A. Nussberger*, EuGRZ 1998, 105.

199 *A. Bröstl*, ZaöRV 59 (1999), 109 ff.

200 *I. Kristan*, JöR 42 (1994), 59 ff.

201 *H.J. Faller*, JöR 29 (1980), 279 ff.; *F.R. Llorente*, Die Verfassungsgerichtsbarkeit in Spanien, in: Starck/Weber, Verfassungsgerichtsbarkeit I (Fn. 191), S. 243 ff.; *A. Weber*, JöR 34 (1985), 245 ff.

202 *A.Ü. Azrak*, JöR 11 (1980), 73 ff.; *C. Rumpf*, EuGRZ 1990, 129 ff.

203 *G. Kilenyi*, EuGRZ 1989, 513 ff.; *K.-G. Zierlein*, EuGRZ 1991, 301 (329 ff.).

204 Grundlegend *P. Häberle*, Das Bundesverfassungsgericht als Muster einer selbständigen Verfassungsgerichtsbarkeit, in: FS 50 Jahre BVerfG, Bd. 1, S. 311 ff. und *R. Wahl*, Das Bundesverfassungsgericht im europäischen und internationalen Umfeld, in: ders., Verfassungsstaat, Europäisierung, Internationalisierung, 2003, S. 254 ff. (256 ff.); zur Entwicklung in Osteuropa *G. Brunner*, Grundrechtsschutz durch Verfassungsgerichtsbarkeit in Osteuropa, in: FS Stern, 1997, S. 1041 ff. sowie J. Frowein/T. Marauhn (Hrsg.), Grundfragen der Verfassungsgerichtsbarkeit in Mittel- und Osteuropa, 1998.

205 Dazu *M. Bothe*, Verfassungsrechtsprechung der Länder in der bundesstaatlichen Ordnung – Chancen für die Länderautonomie? in: M. Dalibor/A. G. Debus (Hrsg.), Perspektiven des öffentlichen Rechts, 2011, S. 188 ff.; zu den ostdeutschen Landesverfassungsgerichten: Verfassungsgerichte Brandenburg, Mecklenburg-Vorpommern, Sachsen, Sachsen-Anhalt und Thüringen (Hrsg.), 20 Jahre Verfassungsgerichtsbarkeit in den neuen Ländern, 2014.

206 Näher dazu *B. Flor*, NordÖR 2014, 110 ff.; *ders.*, NordÖR 2014, 154 ff.

Richter des Bundesverfassungsgerichts regelmäßig nur im **Nebenamt** tätig. Im Hauptamt müssen sie zum Teil Berufsrichter sein, häufig wird für die nicht berufsrichterlichen Mitglieder jedenfalls die Befähigung zum Richteramt verlangt[207]. In einigen Ländern können auch juristische Laien Mitglied des Landesverfassungsgerichts sein[208]. Angesichts der zunehmenden Arbeitsbelastung der Landesverfassungsgerichte stellt sich die Frage, ob nicht mittelfristig zumindest ein Teil der Mitglieder eines Landesverfassungsgerichts hauptamtlich tätig sein muss[209]. Die Zuständigkeiten der Landesverfassungsgerichte ähneln in ihrer Grundstruktur denjenigen des Bundesverfassungsgerichts[210]. Die einzelnen **Verfahrensarten** sind jedoch unterschiedlich ausgestaltet[211]. Regelmäßig vorgesehen sind die Organstreitigkeiten und die konkrete Normenkontrolle[212]. Auch abstrakte Normenkontrollen fallen in die Zuständigkeit aller Landesverfassungsgerichte[213], Individualverfassungsbeschwerde[214] und kommunale Verfassungsbeschwerde[215] kennen nicht alle Länder[216]. Den Prüfungsmaßstab für die Landesverfassungsgerichte bildet vorrangig die jeweilige Landesverfassung, in die aber auch Bestimmungen der Bundesverfassung hineinwirken[217].

---

207 Nachweise bei *F. Knöpfle*, Richterbestellung und Richterbank bei den Landesverfassungsgerichten, in: Starck/Stern, Landesverfassungsgerichtsbarkeit I (Fn. 10), S. 231ff. (262ff.); vgl. für die ostdeutschen Bundesländer § 3 BerlVerfGHG; § 2 VerfGGBbg; § 2 LVerfGG MV; § 5 LVerfGG LSA; § 2 SächsVerfGHG; § 2 ThürVerfGHG.

208 Vgl. Fn. 207; zu § 2 VerfGGBbg siehe noch *R. Wassermann*, NJW 1999, 471ff.

209 *Kommission*, Bericht (Fn. 178), S. 91f.

210 *K. Lange*, Das Bundesverfassungsgericht und die Landesverfassungsgerichte, in: FS 50 Jahre BVerfG, Bd. 1, S. 289ff.; vgl. auch *C. Tietje*, AöR 124 (1999), 282 (283ff.).

211 Siehe dazu im einzelnen *Pestalozza*, Verfassungsprozeßrecht, § 21 (S. 372ff.).

212 *W. Heyde*, Überblick über die Verfahren vor den Landesverfassungsgerichten mit Tabellen über die Häufigkeit der Verfahren (einschl. Schleswig-Holstein), in: C. Starck/K. Stern (Hrsg.), Landesverfassungsgerichtsbarkeit, Bd. 2, 1983, S. 1ff. (9ff.); *H. Bethge*, Organstreitigkeiten des Landesverfassungsrechts, in: Starck/Stern, aaO., S. 17ff.; *O. Groschupf*, Richtervorlagen zu den Landesverfassungsgerichten, in: Starck/Stern, aaO., S. 85ff.; vgl. für die ostdeutschen Bundesländer §§ 36, 46 BerlVerfGHG; §§ 35ff., 42ff. VerfGGBbg; §§ 35ff., 42ff. LVerfGG MV; §§ 35ff., 42ff. LVerfGG LSA; §§ 17ff., 25f. SächsVerfGHG; §§ 38ff., 45ff. ThürVerfGHG.

213 Dazu *G. Ulsamer*, Abstrakte Normenkontrolle vor den Landesverfassungsgerichten (einschl. vorbeugende Normenkontrolle), in: Starck/Stern, Landesverfassungsgerichtsbarkeit II (Fn. 212), S. 43ff., vgl. für die ostdeutschen Bundesländer §§ 43ff. BerlVerfGHG; §§ 39ff. VerfGGBbg; §§ 39ff. LVerfGG MV; §§ 39ff. LVerfGG LSA; §§ 21ff. SächsVerfGHG; § 42 ThürVerfGHG.

214 Dazu *E. Schumann*, Verfassungsbeschwerde (Grundrechtsklage zu den Landesverfassungsgerichten), in: Starck/Stern, Landesverfassungsgerichtsbarkeit II (Fn. 212), S. 149ff.; vgl. für die ostdeutschen Bundesländer §§ 49ff. BerlVerfGHG; §§ 45ff. VerfGGBbg; §§ 57ff. LVerfGG MV, §§ 47ff. LVerfGG LSA; §§ 27 SächsVerfGHG; §§ 31ff. ThürVerfGHG.; dazu *H. Dreier*, Grundrechtsschutz durch Landesverfassungsgerichte, 2000, S. 13ff.; *S. Detterbeck*, AöR 136 (2011), 222ff.

215 Dazu *W. Hoppe*, Die kommunale Verfassungsbeschwerde vor Landesverfassungsgerichten, in: Starck/Stern, Landesverfassungsgerichtsbarkeit II (Fn. 212), S. 257ff.; vgl. für die ostdeutschen Bundesländer § 51 VerfGGBbg; § 51 LVerfGG LSA.

216 Zu den weiteren Verfahren *Pestalozza*, Verfassungsprozeßrecht, § 21 Rn. 1ff. (S. 373f.); vgl. für die ostdeutschen Bundesländer z.B. zur Wahlprüfung §§ 40ff. BerlVerfGHG; §§ 59ff. VerfGGBbg; §§ 48ff. LVerfGG MV; § 34 LVerfGG LSA; § 32 SächsVerfGHG; §§ 48ff. ThürVerfGHG; eine Entscheidung über die Verfassungswidrigkeit eines Untersuchungsauftrages ist vorgesehen in §§ 45ff. LVerfGG MV; §§ 44ff. LVerfGG LSA; § 50 ThürVerfGHG; eine Normenkontrolle auf kommunalen Antrag in § 36 SächsVerfGHG; eine individuale oder kommunale Verfassungsbeschwerde gegen Landesgesetze in § 51 LVerfGG MV; eine Abgeordnetenklage in §§ 52ff. VerfGGBbg und das Volksbegehren in § 55 BerlVerfGHG; § 60 VerfGGBbg; § 49 LVerfGG MV; § 52 LVerfGG LSA; § 33 SächsVerfGHG; § 49 ThürVerfGHG.

217 BVerfGE 103, 332 (353, Rn. 66); *W. Löwer*, NdsVBl. 2010, 138 (141).

C. Erläuterungen

I. Allgemeine Bedeutung

1. Schutzgut

Die Rechtsprechungsaufgaben des Bundesverfassungsgerichts, die in Art. 93 GG umschrieben sind, dienen dem **Schutz der Verfassung**. Das Gericht selbst hat sich schon 1952 gleich im ersten Satz seiner sogenannten **Status-Denkschrift** »als der oberste Hüter der Verfassung« bezeichnet und daraus seine Stellung als »ein mit höchster Autorität ausgestattetes Verfassungsorgan«[218] abgeleitet[219]. In kritischer Auseinandersetzung mit dieser Selbsteinschätzung des Gerichts hat Thoma es für »verkehrt« erklärt, einen Gerichtshof mit dem ohnehin unklaren Begriff »Hüter der Verfassung« zu schmücken; ein Gericht könne nur auf Antrag tätig werden und müsse oft Legislative und Exekutive Grenzen ziehen, wenn diese sich als »Hüter der Verfassung« betätigen wollten[220]. Auch könne es schon sprachlich nur *ein* höchstes Verfassungsorgan geben. Zudem sei es zweifelhaft, ob in einer gewaltenteilenden Republik überhaupt ein »höchstes« Verfassungsorgan vorstellbar sei. Das Bundesverfassungsgericht hat daraufhin den Begriff »oberster Hüter der Verfassung« dahin erläutert, dass darunter dasjenige Organ zu verstehen sei, »das mit letzter rechtlicher Verbindlichkeit für Volk und Staat die ihm durch das Grundgesetz zur Beurteilung zugewiesenen Streitigkeiten und Meinungsverschiedenheiten zu entscheiden hat«[221]. In diesem Sinne verwandt, trifft die Bezeichnung die Funktion des Gerichts. Auch als Hüter steht das Bundesverfassungsgericht aber nicht außerhalb, sondern unter der Verfassung[222]. Es ist Verfassungsorgan nicht nur, weil es in § 1 BVerfGG so qualifiziert wird, sondern weil die Verfassung selbst seine Stellung, seine Aufgaben und seine Verfahren in ihrem wesentlichen Gehalt regelt. Auch die Fundierung im Grundgesetz selbst ändert aber nichts daran, dass **Funktion und Befugnisse** des Bundesverfassungsgerichts **ausschließlich die eines obersten Gerichtshofs des Bundes** sind. Aus dem Status des Verfassungsorgans lassen sich weder für das Bundesverfassungsgericht noch für die anderen Verfassungsorgane Erweiterungen ihrer Kompetenzen ableiten[223], die Qualifizierung als Verfassungsorgan bringt gegenüber der Gerichtsqualität keinen »Mehrwert«[224]. 36

Dessen ungeachtet unterscheidet sich das Bundesverfassungsgericht wesentlich von anderen Gerichten, weil es letztverbindlich die Verfassung auslegt und damit den 37

---

[218] Vgl. § 1 I BVerfGG.

[219] Denkschrift des Bundesverfassungsgerichts vom 27.6.1952, JöR 6 (1957), 144 f.; die Qualifizierung des Gerichts als »Hüter der Verfassung« findet sich schon in BVerfGE 1, 184 (196) vom 20.3.1952 und im sog. Status-Bericht von *G. Leibholz*, JöR 6 (1957), 120 (127) vom 21.3.1952, der sich insoweit auf *F.A. v. d. Heydte*, ARSP 39 (1951), 461 (474) beruft; vgl. auch *H.-J. Papier*, Das Bundesverfassungsgericht als »Hüter der Grundrechte«, in: FS Badura, 2004, S. 411 ff.; zur »Selbstinszenierung« des Bundesverfassungsgerichts *W. Pauly*, Der unaufhaltsame Aufstieg des Bundesverfassungsgerichts, Selbstinszenierung eines Verfassungsorgans, in: C. Fischer/W. Pauly (Hrsg.), Höchstrichterliche Rechtsprechung in der frühen Bundesrepublik, 2015, S. 1 ff. (3 ff.).

[220] *R. Thoma*, Rechtsgutachten betreffend die Stellung des Bundesverfassungsgerichts vom 15.3.1953, in: JöR 6 (1957), 161 (168 f.).

[221] Bemerkungen des Bundesverfassungsgerichts zu dem Rechtsgutachten von Professor Richard Thoma, JöR 6 (1957), 194 (198).

[222] Jarass/*Pieroth*, GG, Art. 93 Rn. 5 f.; ebenso *Hopfauf* (Fn. 94), Art. 93 Rn. 50; *Voßkuhle* (Fn. 174), Art. 93 Rn. 18 ff., 27 ff.

[223] *Schlaich/Korioth*, Bundesverfassungsgericht, Rn. 33; *R. Wahl*, JuS 2001, 1041 (1046).

[224] *A. Rinken*, in: AK-GG, vor Art. 93 (2001), Rn. 82.

Rahmen für das Handeln aller Staatsorgane bestimmt. Wegen des fragmentarischen Charakters des Verfassungsrechts im Allgemeinen und der Grundrechte im Besonderen, die treffend als Lapidarformeln und Grundsatzbestimmungen gekennzeichnet worden sind[225], ist Verfassungsrechtsprechung stärker als Rechtsprechung sonst notwendig ein deutliches Element der **Rechtsschöpfung** und **Rechtsgestaltung** eigen[226]. Hinzu kommt der enge Bezug nicht nur des Verfassungsrechts, sondern auch seiner Anwendung zur Politik[227]. Er hat zur Folge, dass sich Verfassungsrechtsprechung notwendig selbst im Bereich des Politischen bewegt. Daran vermögen weder richterliche Zurückhaltung (**judicial self-restraint**)[228] noch richterlicher Aktivismus (**judicial activism**)[229] etwas zu ändern: Zurückhaltung des Gerichts begünstigt die Inhaber der politischen Macht, Aktivismus verwandelt das Gericht selbst in einen politischen Akteur – Auswirkungen auf die Politik haben die Entscheidungen des Bundesverfassungsgerichts in jedem Fall.

38 Gerade deswegen ist das Bundesverfassungsgericht gut beraten, sein Verfahrensrecht ernst zu nehmen und nicht die Rolle zu verlassen, die ihm im Funktionengefüge der Verfassung zugewiesen ist. Dazu gehört vor allem, sich auf die **Entscheidung ihm ordnungsgemäß vorgelegter Verfassungsstreitigkeiten** zu beschränken und nicht Fälle nur zum Anlass zu nehmen, ganze Rechtsbereiche interpretierend zu gestalten. Ein besonders bemerkenswertes Beispiel für ein derartiges Vorgehen bietet der **Vermögensteuerbeschluss** des Zweiten Senats vom 22. Juni 1995[230], in dem vorwegnehmende Rechtsfragen beantwortet worden sind, die im Verfahren überhaupt nicht unterbreitet waren und zu deren Erörterung kein Anlass bestand[231]. Art. 93 GG weist dem Bundesverfassungsgericht weder ein Initiativrecht noch eine Befugnis begleitender Verfassungskontrolle gesetzgeberischen Handelns zu, sondern beschränkt es auf die Überprüfung abgeschlossener und politisch verantworteter Entscheidungen des Gesetzgebers, soweit sie in einer der rechtlich zulässigen Verfahrensarten prozessordnungsgemäß vor den zuständigen Senat gebracht werden[232]. Die Verfassung beschränkt das Gericht

---

[225] *E.-W. Böckenförde*, NJW 1974, 1529 ff.

[226] Vgl. *C. Starck*, HStR VII, § 164 Rn. 16 ff.; *E.-W. Böckenförde*, NJW 1976, 2089 ff.; *K. Hesse*, JZ 1995, 265 (266 ff.); *P. Lerche*, Stil und Methode der verfassungsrechtlichen Entscheidungspraxis, in: FS 50 Jahre BVerfG, Bd. 1, S. 333 ff. (336 ff.); sehr kritisch *B. Schlink*, JZ 2007, 157 ff.

[227] Aus der umfangreichen Literatur *H. Triepel*, Wesen und Entwicklung der Staatsgerichtsbarkeit, VVDStRL 5 (1929), S. 2 ff. (12 ff.); *R. Smend*, Die politische Gewalt im Verfassungsstaat und das Problem der Staatsform (1923), in: ders., Staatsrechtliche Abhandlungen, 1955, S. 68 ff. (79); *E.-W. Böckenförde*, Die Eigenart des Staatsrechts und der Staatsrechtswissenschaft, in: FS Scupin, 1983, S. 317 ff. (319 ff.); *ders.*, NJW 1999, 9 (11 ff.); B. Guggenberger/T. Würtenberger (Hrsg.), Hüter der Verfassung oder Lenker der Politik, 1998; *J. Isensee*, Die Verfassungsgerichtsbarkeit zwischen Recht und Politik, in: Piazolo, Bundesverfassungsgericht (Fn. 190), S. 49 ff. (56 f.); *ders.*, HStR VII, § 162 Rn. 68 ff.; *H. Schulze-Fielitz*, AöR 122 (1997), 1 ff.; *P. Austermann*, DÖV 2011, 267 ff.; *G. Britz*, Jura 2015, 319 ff.; *A. Götz/L. Schneider*, DVBl. 2012, 145 ff.; *W. Hassemer*, JZ 2008, 1 ff.; *C. Hillgruber* JZ 2008, 1 ff.; *S.-P. Hwang*, Rechtstheorie 46 (2015), 179 ff.; *W. Kahl*, DVBl. 2014, 197; *R. C. v. Oyen*, DÖV 2011, 267 ff.; *H. Vorländer*, APuZ 35-36/2011, 15 ff.

[228] BVerfGE 2, 79 (96); 36, 1 (14); 68, 1 (77); *P. Austermann*, DÖV 2011, 267 (268 ff.); vgl. auch *D. Ulber*, EuGRZ 2012, 365 (367 ff.).

[229] Dazu *K. Stern*, NWVBl. 1994, 241 ff.; vgl. auch *H. H. Klein*, Gedanken zur Verfassungsgerichtsbarkeit, in: FS Stern, 1997, S. 1135 ff. (1145 f.).

[230] BVerfGE 93, 121. → Art. 14 Rn. 66.

[231] So zutreffend die abweichende Meinung des Richters *Böckenförde*, BVerfGE 93, 121 (149 ff.); näher dazu *J. Wieland*, Der Vermögensteuerbeschluss – Wende in der Eigentumsrechtsprechung?, in: Guggenberger/Würtenberger, Hüter (Fn. 227), S. 173 ff.

[232] *H. Wißmann*, DÖV 1999, 152 ff.

darauf, Handlungen von Staatsorganen als verfassungswidrig zu verwerfen; sie ermächtigt nicht dazu, dem Gesetzgeber den »richtigen« Weg zu weisen[233]. Gerade weil das Verfassungsrecht, das den alleinigen Maßstab für die Rechtsprechung des Bundesverfassungsgerichts bildet, häufig vielfältige Deutungen zulässt, kommt der rechtlichen Beschränkung des Gerichts auf eine **Kontrollfunktion** so große Bedeutung zu[234].

Die Besinnung auf die Befugnis des Gerichts, nur die Fragen zu entscheiden, die ihm **39**
entsprechend den Regeln des Verfassungsprozessrechts gestellt werden, sollte auch seine Interpretation des Grundgesetzes und des Bundesverfassungsgerichtsgesetzes leiten. Problematisch ist insoweit die weite Interpretation des Wahlrechts in Art. 38 GG, mit der das Gericht seine Entscheidungsbefugnisse aus eigener Initiative selbst erheblich erweitert hat: Über das Wahlrecht und die Wahlrechtsgrundsätze hinaus sieht das Gericht in dieser Vorschrift seit dem **Maastricht-Urteil** von 1993 auch »den grundlegenden demokratischen Gehalt dieses Rechts« gewährleistet. Das Wahlrecht kann nach dieser Rechtsprechung verletzt sein, wenn die Wahrnehmung der Kompetenzen des Bundestages zu weitgehend auf Organe der Europäischen Union übertragen wird[235]. Mit dieser **extensiven Interpretation des Wahlrechts** zu einem Integrationskontrollrecht, das mit der Verfassungsbeschwerde von jedermann eingeklagt werden kann, hat das **Bundesverfassungsgericht** sich zum **Herrn des Integrationsprozesses** gemacht. Auf dieser Grundlage kann jeder Integrationsschritt zur verfassungsrechtlichen Frage gemacht und dann vom Bundesverfassungsgericht autoritativ beantwortet werden. Probleme, die in anderen Mitgliedstaaten der Union zu Recht als politisch gesehen und so behandelt werden, stellen sich in Deutschland in der Folge als Verfassungsfragen dar. Damit hat nicht das Parlament, sondern das Gericht das letzte Wort, wenn es um die Ausgestaltung der Integration Europas geht. Bestes Beispiel für die Verlagerung der Gewichte von der unmittelbar demokratisch legitimierten Volksvertretung auf das Gericht ist der **Katalog** der **Sachbereiche**, deren Gestaltung nach Auffassung der Richterinnen und Richter nicht der Union übertragen werden darf, im Lissabon-Urteil von 2009: **Integrationsfest** sollen danach nicht nur »Entscheidungen über das materielle und formelle Strafrecht, die Verfügung über das Gewaltmonopol polizeilich nach innen und militärisch nach außen« sowie »die fiskalischen Grundentscheidungen über Einnahmen und – gerade auch sozialpolitisch motivierte – Ausgaben der öffentlichen Hand und die sozialstaatliche Gestaltung von Lebensverhältnissen« sein. Auch »kulturell besonders bedeutsame Entscheidungen im Familienrecht, Schul- und Bildungssystem oder über den Umgang mit religiösen Gemeinschaften« dürfen von der Union nicht getroffen werden[236]. Dem Bekenntnis des Grundgesetzes zur

---

[233] Wie hier: *K. Hesse*, Die verfassungsgerichtliche Kontrolle der Wahrnehmung grundrechtlicher Schutzpflichten des Gesetzgebers, in: FS Mahrenholz, 1994, S. 541 ff. (555 ff.); *W. Schmitt Glaeser*, Das Bundesverfassungsgericht als »Gegengewalt« zum verfassungsändernden Gesetzgeber? – Lehren aus dem Diäten-Streit 1995, in: FS Stern, 1997, S. 1183 ff. (1190 ff.); vgl. aber auch *Stern* (Fn. 27), Art. 93 Rn. 45 m.w.N.; Beispiele für Wegweisungen aus der Rspr. des BVerfG: BVerfGE 19, 1; 85, 264; 88, 203; 90, 60.

[234] Vgl. *K. Schlaich*, Die Verfassungsgerichtsbarkeit im Gefüge der Staatsfunktionen, VVDStRL 39 (1981), S. 99 ff. (106 ff.); *R. Smend*, Festvortrag zur Feier des 10jährigen Bestehens des Bundesverfassungsgerichts, 1962, in: Bundesverfassungsgericht (Hrsg.), Das Bundesverfassungsgericht 1951–1971, 1971, S. 15 ff. (17); *T. Würtenberger*, Zur Legitimität des Verfassungsrichterrechts, in: Guggenberger/Würtenberger, Hüter (Fn. 227), S. 57 ff.; vgl. aber auch BVerfGE 98, 218 (242 f., Rn. 113); hierzu: *H. Lang*, DÖV 1999, 624 ff.; *H. Bauer/C. Möllers*, JZ 1999, 697 ff.

[235] BVerfGE 89, 155 (171 f.).

[236] BVerfGE 123, 267 (358 ff., Rn. 252 ff.).

Verwirklichung eines vereinten Europas in der Präambel und in Art. 23 GG stellt das Bundesverfassungsgerichts **Integrationsgrenzen** gegenüber, die aus dem Demokratieprinzip und letztlich aus dem Wahlrecht abgeleitet werden. Diese Rechtsprechung beruht auf einer weiten Interpretation vor allem des demokratischen Gehalts des Wahlrechts und sichert dem Bundesverfassungsgericht einen maßgeblichen Einfluss auf den Fortgang der europäischen Integration. Der Preis dafür ist nicht nur eine Belastung des Verhältnisses zwischen Bundesverfassungsgericht und Europäischem Gerichtshof (→ Rn. 26ff.), sondern vor allem auch eine **Schwächung** der Stellung der **Regierung**, die in Brüssel in vielen Bereichen an Entscheidungen nur noch vorbehaltlich einer Prüfung durch das Bundesverfassungsgericht mitentscheiden kann.

40 Verlässt das Gericht den Bereich der Kontrolle und übernimmt Aufgaben der **Gestaltung der Verfassungswirklichkeit**, überschreitet es die ihm von der Verfassung eingeräumten Kompetenzen[237]. Das ist folgenreich, weil das vom Gericht geübte Berichterstattersystem jedem seiner Mitglieder einen Rechtsbereich zuordnet, den er oder sie häufig zwölf Jahre lang aus der Sicht des Verfassungsrechts bearbeitet[238]. Die zunehmende **Durchdringung des Fachrechts mit Verfassungsrecht** hat nicht zuletzt in dieser internen Organisationsentscheidung des Bundesverfassungsgerichts seine Ursache. Gelegentlich ist als Konsequenz nur schwer zu unterscheiden, ob wirklich der Schutz der Verfassung oder nicht doch die »richtige« Gestaltung des vom Berichterstatter betreuten Rechtsgebiets Hauptmotiv für eine verfassungsgerichtliche Entscheidung war.

41 Dringt das Bundesverfassungsgericht aber über das Verfassungsrecht hinaus zu weit in den Bereich des Gesetzesrechts ein, provoziert es den Widerspruch der betroffenen Fachgerichte, die die Erfüllung ihrer ureigenen Aufgabe gefährdet sehen, die ihnen anvertrauten Felder des Rechts aus ihrem Sachverstand und Fachwissen heraus zu beurteilen[239]. Das **Verhältnis** zwischen **Bundesverfassungsgericht** und **Fachgerichten** kann nur dann richtig bestimmt werden, wenn berücksichtigt wird, dass allen Gerichten gemäß Art. 1 III GG die Aufgabe zukommt, die Grundrechte und die Verfassung insgesamt zu schützen[240]. Das Verfassungsgericht sieht seine besondere Aufgabe darin, die Beachtung des »**spezifischen Verfassungsrechts**« durchzusetzen[241]. Dagegen sind die Gestaltung des gerichtlichen Verfahrens, die Feststellung und Würdigung des

---

[237] *U. Steiner*, Sozialer Konflikt und sozialer Ausgleich – Zur Rolle der Verfassungsgerichtsbarkeit, in: FS Schmitt Glaeser, 2003, S. 337ff.; *C. Walter*, AöR 125 (2000), 517ff.; *Schlaich/Korioth*, Bundesverfassungsgericht, Rn. 35; grundlegend zu den Grenzen der Verfassungsgerichtsbarkeit *Voßkuhle* (Fn. 174), Art. 93 Rn. 35ff.

[238] Näher dazu *U. Kranenpohl*, ZfRSoz 30 (2009), 135ff.; *J. Wieland*, Der Herr des Verfahrens, in: FS Mahrenholz, 1994, S. 885ff. (887ff.).

[239] Nachweise bei *K. Tipke/J. Lang*, Steuerrecht, 18. Aufl. 2005, § 4 Rn. 223.

[240] → Art. 1 III Rn. 78ff.; BVerfGE 47, 182 (190); 49, 252 (258); st. Rspr.; näher zu dieser Rechtsprechung *R. Zuck*, Das Recht der Verfassungsbeschwerde, 4. Aufl. 2013, Rn. 61ff.; zum Verhältnis zwischen Bundesverfassungsgericht und Fachgerichten grundlegend die Berichte von *R. Alexy, P. Kunig, W. Heun* und *G. Hermes*, Verfassungsrecht und einfaches Recht – Verfassungsgerichtsbarkeit und Fachgerichtsbarkeit, VVDStRL 61 (2002), S. 7ff., 34ff., 80ff. und 119ff.; weiter *R. Alleweldt*, Bundesverfassungsgericht und Fachgerichtsbarkeit, 2006; *C. Degenhart*, Fachgerichtsbarkeit, in: FS Kirchhof, Bd. I, 2013, S. 973ff.; *W. Hoffmann-Riem*, AöR 128 (2003), 173 (193ff.); *S. Korioth*, Bundesverfassungsgericht und Rechtsprechung (»Fachgerichte«), in: FS 50 Jahre BVerfG, Bd. 1, S. 55ff. (60ff.); *H.-J. Papier*, DVBl. 2009, 473ff.; *B. Pieroth/T. Aubel*, JZ 2003, 504ff.; *V. Riebe*, NJW 2011, 819ff.; *R. Zuck*, JZ 2007, 1036ff.

[241] St. Rspr. seit BVerfGE 1, 418 (420); 34, 269 (280); kritisch hierzu *W. Roth*, AöR 121 (1996), 544 (550ff.).

Tatbestandes, die Auslegung des sogenannten »einfachen« Rechts und seiner Anwendung auf den einzelnen Fall ausschließlich den Fachgerichten anvertraut[242]. Nach der sogenannten **Heck'schen Formel**[243] werden die »normalen« Subsumtionsvorgänge innerhalb des einfachen Rechts vom Bundesverfassungsgericht nicht nachgeprüft, wenn nicht Auslegungsfehler festgestellt werden, »die auf einer grundsätzlich unrichtigen Anschauung von der Bedeutung eines Grundrechts, insbesondere vom Umfang seines Schutzbereichs beruhen und auch in ihrer materiellen Bedeutung für den konkreten Rechtsfall von einigem Gewicht sind«[244].

Die unbestimmten Begriffe dieser Formel eröffnen dem Bundesverfassungsgericht einen **weiten Spielraum** für die Dichte der Überprüfung fachgerichtlicher Entscheidungen[245]. Zudem stellt die Formulierung einen unmittelbaren Bezug zur **Grundrechtsdogmatik** her. Je weiter die Grundrechtsfunktionen verstanden werden, je deutlicher Grundrechte nicht als bloße Abwehrrechte, sondern als Leistungsrechte, als Teilhaberechte, als Schutzpflichten und als Fundamentalprinzipien verstanden werden, die auf die gesamte Rechtsordnung ausstrahlen (→ Vorb. Rn. 66ff.), desto stärkeren Einfluss gewinnen sie auf die Interpretation des Gesetzesrechts und desto leichter werden Rechtsfragen zu Grundrechtsfragen[246]. Ob sich das Bundesverfassungsgericht dieser Fragen annimmt oder nicht, lässt sich auch mit Hilfe der Heck'schen Formel kaum prognostizieren. Was als zum Schutz der Grundrechte erforderlich erachtet wird, hängt immer von den konkreten Umständen des **Einzelfalles** und dem **Vorverständnis** der beteiligten Mitglieder des Gerichts ab. 42

Für den Schutz der Verfassung durch die Kontrolle von Entscheidungen der Legislative und der Exekutive wird seit längerem ein **funktionell-rechtlicher Ansatz** bemüht[247]. Da Aufgabe des Gerichts der Schutz der Verfassung ist, entscheidet deren Gehalt über Umfang und Grenzen seiner Befugnisse. Ihn festzustellen, ist Aufgabe der **Verfassungsinterpretation**, die wiederum letztverbindlich dem Bundesverfassungsgericht anvertraut ist. In der Praxis bestimmt das Bundesverfassungsgericht damit weitgehend selbst seinen Wirkungskreis. Gerade darum ist es wichtig, dass die **Gerichtsförmigkeit** seines Verfahrens streng beachtet wird[248]. Gegenüber dem Gesetzgeber sollte das Gericht sich stets an dessen unmittelbare demokratische Legitimation erin- 43

---

[242] BVerfGE 18, 85 (92f.).

[243] Benannt nach dem Berichterstatter in dem Verfahren BVerfGE 18, 85, dem Richter Dr. Karl Heck; dazu *R. Herzog*, Das Bundesverfassungsgericht und die Anwendung einfachen Gesetzesrechts, in: FS Dürig, 1990, S. 431ff. (432f.).

[244] BVerfGE 18, 85 (93).

[245] *H.-J. Papier*, »Spezifisches Verfassungsrecht« und »einfaches Recht« als Argumentationsformel des Bundesverfassungsgerichts, in: Festgabe BVerfG, Bd. 1, S. 432ff. (450).

[246] Grundlegend dazu *E.-W. Böckenförde*, Der Staat 29 (1990), 1ff.; *H. Dreier*, Dimensionen der Grundrechte, 1993, S. 53ff.; *W. Heun*, Funktionell-rechtliche Schranken der Verfassungsgerichtsbarkeit, 1992, S. 55.

[247] Aus der umfangreichen Literatur *B.-O. Bryde*, Verfassungsentwicklung, 1982; *Drath*, Grenzen (Fn. 28), S. 17; *I. Ebsen*, Das Bundesverfassungsgericht als Element gesellschaftlicher Selbstregulierung, 1985, S. 192ff.; *D. Grimm*, JZ 1976, 697ff.; *C. Gusy*, Parlamentarischer Gesetzgeber und Bundesverfassungsgericht, 1985; *K. Hesse*, Funktionelle Grenzen der Verfassungsgerichtsbarkeit, in: FS Huber, 1981, S. 261ff.; *Heun*, Schranken (Fn. 246), S. 31ff.; *K. Korinek*, Die Verfassungsgerichtsbarkeit im Gefüge der Staatsfunktionen, VVDStRL 39 (1981), S. 7ff.; *G. Roellecke*, HStR^3 III, § 67 Rn. 40ff.

[248] *E.-W. Böckenförde*, Der Staat 29 (1990), 1 (26f.); vgl. auch schon *dens.*, NJW 1976, 2089ff.

nern[249] und dem Verständnis der **Verfassung** als **Rahmenordnung**[250] folgen. Der Gesetzgeber soll politisch gestalten und darf nicht auf die Rolle eines Verordnungsgebers beschränkt werden, der nur noch die – vom Bundesverfassungsgericht entfalteten – Vorgaben des Grundgesetzes vollzieht[251].

44 Besonders bedeutsam sind deshalb die Ansätze in der Verfassungsrechtsprechung, die **Kontrolldichte** gegenüber Gesetzen vor allem dort zu begrenzen, wo es um **Tatsachenfeststellungen** und **Prognoseentscheidungen** des Gesetzgebers geht. In den einschlägigen Entscheidungen wurde die Reichweite der **gesetzgeberischen Einschätzungsprärogative** von der Eigenart des in Rede stehenden Sachbereichs, den zur Verfügung stehenden Erkenntnismöglichkeiten und von der Bedeutung der betroffenen Rechtsgüter abhängig gemacht; dementsprechend hat das Gericht zwischen Evidenzkontrolle[252], einer Vertretbarkeitskontrolle[253] und einer intensiven inhaltlichen Kontrolle[254] unterschieden[255].

45 Neuerdings stellt das Bundesverfassungsgericht diese Unterscheidung in Frage und beschränkt seine Prüfung darauf, ob der Gesetzgeber die genannten Faktoren »ausreichend berücksichtigt« und seinen Einschätzungsspielraum »in vertretbarer Weise« gehandhabt hat[256]. Diese Formulierung lässt dem Gericht einen **weiten Spielraum**. Das ist hinnehmbar, weil die erforderliche Kontrolldichte nicht unabhängig von den konkreten Gegebenheiten bestimmt werden kann. Das Gericht sollte sich allerdings stets bewusst bleiben, dass die **Legislative** aufgrund ihrer **unmittelbaren demokratischen Legitimation** und die **Exekutive** aufgrund ihrer **besonderen Sachkenntnis** vorrangig zur Entscheidungsfindung berufen sind, während Aufgabe der Verfassungsrechtsprechung allein die gerichtsförmige Durchsetzung der verfassungsrechtlichen Rahmenordnung ist. Der Schutz der Verfassung gebietet nicht allein die Wahrung der **Grundrechte**, sondern auch die Durchsetzung der grundgesetzlichen **Kompetenzordnung**.

46 Aufgabe des Bundesverfassungsgerichts ist es **nicht**, ihrem Gehalt nach politische Entscheidungen im Wege der **Konkretisierung** aus der Verfassung abzuleiten. Das Grundgesetz weist ihm vielmehr eine grundsätzlich **kassatorische Funktion** zu. Wenn andere Staatsorgane gegen die Verfassung verstoßen, muss das Gericht diesen Verstoß feststellen. Dagegen ist es weder seine Aufgabe, selbst an die Stelle des Gesetzgebers zu treten, noch ist es dazu aufgerufen, dem Parlament, der Regierung, der Verwaltung oder den Fachgerichten konkret vorzugeben, wie sie die ihnen obliegenden Aufgaben zu erfüllen haben. Aus der kassatorischen darf **nicht** eine **präskriptorische** Funktion werden[257]. Die nur eingeschränkte Prüfung eines vom Bundeskanzler behaupteten

---

[249] Zur demokratischen Legitimation des Bundesverfassungsgerichts *H.H. Klein*, Verfassungsgerichtsbarkeit und Verfassungsstruktur, in: FS Klein, 1994, S. 511 ff. (516). → Art. 20 (Demokratie), Rn. 143 ff.

[250] *E.-W. Böckenförde*, NJW 1976, 2089 (2098 f.); *R. Wahl*, Der Staat 20 (1981), 485 (502 ff.); *ders.*, NVwZ 1984, 401 (407).

[251] Zu dieser Gefahr *E.-W. Böckenförde*, Der Staat 29 (1990), 1 (28 ff.); ähnlich *Hesse*, Grenzen (Fn. 247), S. 270 und *ders.*, Verfassungsrecht und Privatrecht, 1988, S. 24 ff.

[252] BVerfGE 36, 1 (17); 37, 1 (20); 40, 196 (223).

[253] BVerfGE 25, 1 (12 f., 17); 30, 250 (263); 39, 210 (225 f.).

[254] BVerfGE 7, 377 (415); 11, 30 (45); 17, 269 (276 ff.); 39, 1 (46, 51 ff.); 45, 187 (238).

[255] Vgl. zu diesen Unterscheidungen BVerfGE 50, 290 (333); *P. Dann*, Der Staat 49 (2010), 630 (631 ff.); *S.-P. Hwang*, AöR 13 (2008), 606 (607); *G. Lübbe-Wolff*, EuGRZ 2014, 509 ff.

[256] BVerfGE 88, 203 (262).

[257] *Hesse*, Kontrolle (Fn. 233), S. 552 f.; in diesem Sinne auch *F. Ossenbühl*, Bundesverfassungsgericht und Gesetzgebung, in: FS 50 Jahre BVerfG, Bd. 1, S. 33 ff. (42 ff.).

Verlustes seiner parlamentarischen Mehrheit[258] entspricht dem verfassungsrechtlich gebotenen Respekt vor der Einschätzungsprärogative eines anderen Verfassungsorgans. Auch die ausdrückliche Anerkennung einer Einschätzungsprärogative der Bundesregierung, ob die Weitergabe nachrichtendienstlicher Informationen an einen Untersuchungsausschuss des Bundestages die Funktions- und Kooperationsfähigkeit deutscher Nachrichtendienste erheblich beeinträchtigen könnte, ist sachgerecht[259]. Problematisch ist dagegen der Vorschlag einer einvernehmlichen Verständigung zwischen den Beteiligten eines bundesverfassungsgerichtlichen Verfahrens[260]. Ein sorgfältig ausgearbeiteter **Vergleichsvorschlag** entfaltet zwar regelmäßig befriedende Wirkung, zwingt das Gericht aber aus der kontrollierenden in eine politikgestaltende Rolle, die ihm nach der grundgesetzlichen Gewaltenteilung nicht zusteht.

2. Aktueller Befund

Die gegenwärtige Lage des Bundesverfassungsgerichts wird vor allem durch die hohe Zahl der zu bearbeitenden Verfahren geprägt, die seine Mitglieder zu überfordern drohen. Der Bundesminister der Justiz hatte schon 1997 festgestellt, »dass das Bundesverfassungsgericht in jeder Weise überlastet und dass seine **Funktionsfähigkeit gefährdet** ist«[261]. Die Zahl der Verfahrenseingänge, die bis 1975 relativ konstant bei 1.500 pro Jahr gelegen hatte, ist in den letzten 40 Jahren erheblich angestiegen und beläuft sich gegenwärtig auf etwas weniger als 6.000 pro Jahr. Davon waren 2015 96,6 % Verfassungsbeschwerden[262]. Damit keine Rückstände auflaufen, müsste folglich jedes Mitglied des Bundesverfassungsgerichts für bald 400 Verfassungsbeschwerden pro Jahr berichterstattend tätig werden. 2015 ist die Zahl der Eingänge beim Bundesverfassungsgericht nicht mehr gestiegen, die Zahl der Rückstände konnte auf 3.612 gesenkt werden. Das stellt eine äußerst beeindruckende Leistung dar, darf aber nicht darüber hinweg täuschen, dass das Gericht vor allem mit der Flut der Verfassungsbeschwerden längst an die Grenze dessen gekommen ist, was seine 16 Mitglieder bei sorgfältiger Arbeitsweise verantworten können. 47

Eine Verfassungsbeschwerde vermag nur dann einen **effektiven Grundrechtsschutz** zu sichern, wenn über sie in **überschaubarer Zeit** entschieden wird. Deshalb hatte schon die vom Bundesminister der Justiz 1996 eingesetzte **Entlastungskommission** empfohlen, die **Annahme von Verfassungsbeschwerden** zukünftig in das **Ermessen** des Bundesverfassungsgerichts zu stellen. Dieser Vorschlag orientierte sich an der Praxis des Supreme Court der USA[263]. Er ist jedoch nicht von allen Mitgliedern des Bundesverfassungsgerichts positiv aufgenommen worden[264]. Auch die ebenfalls erörterten 48

---

[258] BVerfGE 114, 121 (155ff., Rn. 148ff.); Verf. hat in diesem Verfahren den Bundespräsidenten vertreten.

[259] BVerfGE 143, 101 (102, Ls. 5; 149ff., Rn. 159ff.); Verf. hat in diesem Verfahren die Bundesregierung vertreten.

[260] So BVerfGE 104, 305 (306ff., Rn. 1ff.) und E 106, 210 (211ff., Rn. 1ff.).

[261] *E. Schmidt-Jortzig*, in: BMJ, Entlastung (Fn. 178), S. 3.

[262] Vgl. *E. Schmidt-Jortzig*, in: BMJ, Entlastung (Fn. 178), S. 3; *Kommission*, Bericht (Fn. 178), S. 151ff.; zu den aktuellen Daten die Jahresstatistik 2015 des BVerfG, www.bundesverfassungsgericht.de/DE/Verfahren/Jahresstatistiken/2015/gb2015/vorwort.html (14.2.2017).

[263] Näher dazu *R. Wahl/J. Wieland*, JZ 1996, 1137 (1140ff.); *T. Clemens*, in: Umbach/Clemens, GG II, Art. 93 Rn. 90f.; sowie früher schon *J. Wieland*, Der Staat 29 (1990), 333 (344f.).

[264] Zum damaligen Meinungsstand unter den Mitgliedern des Gerichts siehe etwa *E.-W. Böckenförde*, ZRP 1996, 281ff.; *K. Graßhof*, Entlastung des Bundesverfassungsgerichts durch Aufspaltung der Entscheidungszuständigkeit über Verfassungsbeschwerden, in: H. Bogs (Hrsg.), Urteilsverfas-

Vorschläge zur Einrichtung einer **Verfassungsanwaltschaft** oder zur stärkeren Befassung der **Verfassungsgerichte der Länder** mit der Erledigung von Verfassungsbeschwerden[265] haben sich in der Praxis nicht durchsetzen können[266]. Auch über die Erhebung von Gebühren für die Durchführung von Verfahren vor dem Bundesverfassungsgericht[267] wird sich die Überlastung nicht lösen lassen, wie die Erfahrung mit der Missbrauchsgebühr des § 34 Abs. 2 BVerfGG gezeigt hat[268]. Der Gesetzgeber sollte sich des Problems annehmen. Dabei sollte er auf die Meinungsbildung im Bundesverfassungsgericht Rücksicht nehmen, das nicht mit Verfahrensänderungen konfrontiert werden sollte, die von einem beachtlichen Teil seiner Mitglieder abgelehnt werden. Wünschenswert wäre es, dass sich die Mitglieder des Gerichts auf die Maßnahmen zur Entlastung einigen würden, die nach ihrer Erfahrung wirkungsvoll sind.

49 Angesichts des ausgebauten fachgerichtlichen Rechtsschutzsystems stellt sich von außen betrachtet die Frage, ob sich das Gericht nicht stärker auf die **Bewahrung** und **Fortentwicklung** des **objektiven Verfassungsrechts** konzentrieren und den **Schutz der Grundrechte** im konkreten Fall den **Fachgerichten** überlassen sollte, wenn nicht in Folge außergewöhnlicher Umstände der fachgerichtliche Rechtsschutz ausnahmsweise versagt hat und dadurch die Betroffenen ungewöhnlich schwer belastet sind. Anders als noch 1949 sind nach nunmehr bald 70 Jahren die Grundrechte in ihrem Gehalt weitgehend entfaltet und die Fachgerichte hinreichend sensibilisiert. Deshalb erscheint es vertretbar, den Bürgerinnen und Bürgern **nicht länger** ein subjektives Recht auf inhaltliche Entscheidung **jeder Verfassungsbeschwerde** zu geben, sondern die Auswahl der vom Bundesverfassungsgericht zu entscheidenden Verfassungsbeschwerden dessen Mitgliedern zu überlassen. § 93a BVerfGG formuliert die Voraussetzungen für die Annahme einer Verfassungsbeschwerde zur Entscheidung so offen, dass in der Praxis schon jetzt der Weg zur Auswahl der zu entscheidenden Verfassungsbeschwerden durch die Kammern geebnet ist.

II. Zuständigkeit des Bundesverfassungsgerichts

1. Enumerationsprinzip

50 Weder das Grundgesetz noch das Bundesverfassungsgerichtsgesetz kennen eine generalklauselartige Zuweisung aller Verfassungsrechtsstreitigkeiten an das Bundesverfassungsgericht. Der Schutz der Verfassung ist Aufgabe aller Gerichte. Nur einzelne, besonders **bedeutsame Verfassungsrechtsstreitigkeiten** sind dem Bundesverfassungsgericht zur Entscheidung **zugewiesen**[269]. Die wichtigsten von ihnen nennt Art. 93 I Nr. 1–4c GG. Darüber hinaus verweist Art. 93 I Nr. 5 GG auf die weiteren Regelungen

---

sungsbeschwerde zum Bundesverfassungsgericht, 1999, S. 115 ff.; *D. Grimm*, Handelsblatt Nr. 152 vom 8.8.1996, S. 3; *P. Kirchhof*, Verfassungsverständnis, Rechtsprechungsaufgabe und Entlastung des Bundesverfassungsgerichts, in: Bogs, Urteilsverfassungsbeschwerde, aaO., S. 71 ff.; *K. Kruis*, Focus Nr. 34 vom 19.8.1996, S. 74 f.; *E. G. Mahrenholz*, ZRP 1997, 129 ff.; *A. Söllner*, ZRP 1997, 273 (275).

[265] *Kommission*, Bericht (Fn. 178), S. 85 ff., 101 ff.

[266] Dazu *G. Roellecke*, JZ 2001, 114 (116 ff.); zu den Erfahrungen mit Entlastungsmaßnahmen *R. Jaeger*, EuGRZ 2003, 149 ff.

[267] Dazu *W. Schluckebier*, ZRP 2012, 133 ff. und *E. Foth*, ZRP 2012, 251 ff.; *R. Zuck*, NVwZ 2012, 1292 ff.

[268] *M. Winker*, Die Missbrauchsgebühr im Prozessrecht, 2011, S. 142 ff. und 241 ff.

[269] Zum Enumerationsprinzip etwa *Clemens* (Fn. 263), Art. 93 Rn. 31 ff.; *Voßkuhle* (Fn. 174), Art. 93 Rn. 90 f.

des Grundgesetzes in Art. 18 (Grundrechtsverwirkung), Art. 21 II (Parteiverbot), Art. 41 II (Wahlprüfung und Mandatsfeststellung), Art. 61 (Präsidentenanklage), Art. 98 II und V (Richteranklage), Art. 99 (Verfassungsstreitigkeiten innerhalb eines Landes im Wege der Organleihe), Art. 100 I (konkrete Normenkontrolle), Art. 100 II (Verifikation von Völkerrecht), Art. 100 III (Divergenzvorlage eines Landesverfassungsgerichts) und Art. 126 GG (Fortgelten von Recht als Bundesrecht)[270]. Seit 2006 findet sich in Art. 93 II GG die Regelung der bundesstaatlichen Kompetenzkontrolle, eine besondere Ausprägung eines abstrakten Normenkontrollverfahrens. Art. 93 III GG schließlich ermächtigt den Bundesgesetzgeber allgemein, dem Bundesverfassungsgericht weitere Verfassungsstreitigkeiten zuzuweisen.

Die genannten Zuständigkeiten weisen das Bundesverfassungsgericht sowohl als 51 **Staatsgerichtshof**, der Streitigkeiten zwischen Verfassungsorganen schlichten muss, als auch als Gericht aus, das die **Grundrechte** der Bürgerinnen und Bürger gegenüber dem Staat durchsetzt; die Verfahren der Normenkontrolle vereinen in sich Elemente sowohl der Verfassungsstreitigkeiten als auch des Grundrechtsschutzes[271]. Zahlenmäßig machen die **Verfassungsbeschwerden** die ganz überwiegende Verfahrensart aus (→ Rn. 47). Die relativ geringe Zahl der **Verfassungsstreitigkeiten im eigentlichen Sinne** betrifft dagegen regelmäßig politisch bedeutsame und sehr arbeitsaufwendige Verfahren. Eine Erweiterung der Zuständigkeit des Bundesverfassungsgerichts im Wege der Analogie, etwa durch das Gericht selbst, ist unzulässig[272]. Auch insoweit gilt, dass das Bundesverfassungsgericht an das im Grundgesetz und im Bundesverfassungsgerichtsgesetz normierte Prozessrecht gebunden ist[273].

Das **Verfassungsprozessrecht** ist allerdings nicht weniger lückenhaft und **fragmentarisch** als das Verfassungsrecht und insbesondere die Grundrechtsgewährleistungen[274] (→ Art. 94 Rn. 20 ff.). Das Grundgesetz beschränkt sich sowohl in Art. 93 GG als auch in den anderen einschlägigen Vorschriften darauf, die Grundzüge und Haupteigenarten der jeweiligen Verfahren zu umschreiben, es darf jedoch nicht als abschließende Regelung des Verfassungsprozessrechts missverstanden werden. 52

2. Organstreit (Art. 93 I Nr. 1 GG)

a) Eigenart des Verfahrens

Das Grundgesetz nennt in Art. 93 GG nicht ohne Grund den **Bundesorganstreit** an 53 herausragender Stelle unter Nr. 1 des Absatzes 1. Der Organstreit ist die klassische Verfassungsstreitigkeit[275]. Gegenstand des Verfahrens und der Entscheidung des Bundesverfassungsgerichts ist nach dem Verfassungstext »die Auslegung dieses Grundge-

---

[270] Die in Art. 84 IV 2 GG vorgesehene Anrufung des Bundesverfassungsgerichts gegen einen Beschluss des Bundesrats im Verfahren der Bundesaufsicht stellt kein eigenständiges Verfahren dar, sondern ist Bestandteil des Bund-Länder-Streits (Art. 93 I Nr. 3 GG). → Rn. 73 ff.

[271] Eine vergleichbare Systematisierung findet sich bei *Rinken* (Fn. 224), Art. 93 Rn. 2.

[272] BVerfGE 1, 396 (408); 21, 52 (53); st. Rspr.

[273] Zu dieser Bindung *E. Klein*, Verfahrensgestaltung durch Gesetz und Richterspruch: Das »Prozeßrecht« des Bundesverfassungsgerichts, in: FS 50 Jahre BVerfG, Bd. 1, S. 507 ff. (510 ff.); zu den Strategien des Bundesverfassungsgerichts bei der Auslegung des Prozessrechts *F. Schorkopf*, AöR 130 (2005), 465 ff.

[274] Dazu BVerfGE 1, 109 (110); 33, 199 (204); 50, 381 (384); näher dazu *Benda/Klein/Klein*, Verfassungsprozessrecht, Rn. 191 ff.; *S. Detterbeck*, in: Sachs, GG, Art. 93 Rn. 32.

[275] *Bethge*, Organstreitigkeiten (Fn. 212), S. 18; *Schlaich/Korioth*, Bundesverfassungsgericht, Rn. 79 f.; *Voßkuhle* (Fn. 174), Art. 93 Rn. 96; *R. Grote*, Der Verfassungsorganstreit, 2009, S. 71.

setzes«. Das Grundgesetz soll jedoch nicht abstrakt, aus reinem Erkenntnisinteresse heraus ausgelegt werden, sondern »aus Anlass von Streitigkeiten über den Umfang der Rechte und Pflichten eines obersten Bundesorgans oder anderer Beteiligter«. In dieser Formulierung spiegelt sich die Geschichte der deutschen Verfassungsgerichtsbarkeit wider (→ Rn. 3 ff.).

54 Im deutschen **Konstitutionalismus** wurden Verfassungen als Verträge zwischen dem Landesherrn und den Ständen oder Volksvertretungen verstanden. Dieses Konzept erlaubte es, Streitigkeiten über die Abgrenzung der Machtbefugnisse beider Seiten auf die Ebene des Rechts zu heben und einem Gericht zuzuweisen[276], ohne die Schwebelage in der Machtverteilung zwischen dem Monarchen und der Volksvertretung auflösen zu müssen[277]. Politische Streitigkeiten wurden in Auslegungsfragen umgewandelt und damit ein Stück weit ihrer Brisanz beraubt. Entsprechende Regelungen finden sich etwa in § 153 der Sächsischen Verfassung von 1831[278] und in § 126b Paulskirchenverfassung[279] (→ Rn. 9).

55 Auch wenn die Staatspraxis die ihr verfassungsrechtlich eröffnete Möglichkeit zur gerichtlichen Klärung von Machtfragen nicht nutzte und wegen der strukturellen Labilität der konstitutionellen Verfassungen wohl auch nicht nutzen konnte[280], prägte die einmal ersonnene Konstruktion das staatsrechtliche Denken bis weit in das 20. Jahrhundert hinein, obwohl immer wieder deutliche **Bedenken gegen die Tragfähigkeit des Ansatzes** geäußert wurden[281]. In der zweiten Hälfte des 19. Jahrhunderts verzichteten die Landesverfassungen ebenso wie die Reichsverfassung von 1871 auf eine verfassungsgerichtliche Lösung von Streitigkeiten über die Reichweite der Kompetenzen und Befugnisse der Staatsorgane[282]. Auch die Weimarer Reichsverfassung wies dem Staatsgerichtshof für das Deutsche Reich in Art. 19 I WRV nur Verfassungsstreitigkeiten innerhalb eines Landes zu, in dem kein Gericht zu ihrer Erledigung bestand[283].

56 Letztlich erinnert die Formulierung in Art. 93 I Nr. 1 GG daran, dass **Aufgabe des Bundesverfassungsgerichts** nicht die Entscheidung von Streitigkeiten zwischen Verfassungsorganen an sich, sondern die **Auslegung des Grundgesetzes** ist[284]. Nur soweit das Grundgesetz die Lösung für Verfassungsstreitigkeiten enthält, reicht die Rechtsprechungskompetenz des Bundesverfassungsgerichts. Andererseits kommt im Verfassungstext aber auch deutlich zum Ausdruck, dass die Beziehungen zwischen den Verfassungsorganen nicht ausschließlich oder auch nur vorrangig politisch geprägt sind, sondern ein **Verfassungsrechtsverhältnis** darstellen, aus dem Rechte und Pflichten er-

---

[276] *Grote*, Verfassungsorganstreit (Fn. 275), S. 74 f.
[277] Zu dieser Schwebelage *Böckenförde*, Typ (Fn. 23), S. 70 ff.
[278] Abgedruckt bei Huber, Dokumente, Bd. 1, S. 263 ff. (288 f.).
[279] Abgedruckt bei Huber, Dokumente, Bd. 1, S. 375 ff. (388).
[280] Dazu *R. Wahl*, HStR³ I, § 2 Rn. 32 ff.
[281] Dazu näher *W. Löwer*, HStR³ III, § 70 Rn. 13 f. und ausführlich *D. Lorenz*, Der Organstreit vor dem Bundesverfassungsgericht, in: Festgabe BVerfG, Bd. 1, S. 225 ff. in Anknüpfung an *H.-J. Stolzmann*, AöR 55 (1929), 355 ff. sowie *Friesenhahn*, Staatsgerichtsbarkeit (Fn. 91), S. 527 f.; *Jerusalem*, Staatsgerichtsbarkeit (Fn. 91), S. 112.
[282] *Grote*, Verfassungsorganstreit (Fn. 275), S. 78 f.
[283] Auf dem 34. Deutschen Juristentag 1926 hatten *Anschütz* und *Mende* allerdings schon vorgeschlagen, dem Staatsgerichtshof die Kompetenz für Reichsorganstreitigkeiten einzuräumen, siehe 34. DJT 1926, II, 1927, S. 193, 203 f. und 288 (dazu *Dreier*, Verfassungsgerichtsbarkeit [Fn. 73], S. 363 ff.); dagegen *Schmitt*, Hüter (Fn. 88), S. 55 ff.
[284] Ebenso *T. Barczak*/*C. Görisch*, DVBl. 2011, 332 (334 ff.).

wachsen, über deren Beachtung das Bundesverfassungsgericht zu entscheiden hat[285]. Im Organstreit legt das Gericht die Verfassung mit Blick auf den konkreten Streitfall aus und entscheidet ihn damit auch. Das spiegelt § 67 BVerfGG wider, demzufolge das Bundesverfassungsgericht in seiner Entscheidung feststellt[286], ob die beanstandete Maßnahme oder Unterlassung gegen eine Bestimmung des Grundgesetzes verstößt, während es dem Gericht freisteht, ob es in der Entscheidungsformel zugleich eine für die Auslegung der Bestimmung des Grundgesetzes erhebliche Rechtsfrage entscheidet, von der die Feststellung des Verfassungsverstoßes abhängt[287].

Art. 93 I Nr. 1 GG spricht zwanglos von Rechten und Pflichten eines obersten Bundesorgans oder anderer Beteiligter und sieht damit **Organe** nicht nur als Inhaber von Kompetenzen, die ihnen zur Wahrnehmung zugewiesen sind, sondern auch als **Träger subjektiver Rechte**. Das ist in der Literatur auf Kritik gestoßen[288]. Diese Kritik verkennt jedoch, dass die Vorschriften der Verfassung über die Abgrenzung der Befugnisse der einzelnen Staatsorgane zwischen ihnen ein **verfassungsrechtliches Rechtsverhältnis** begründet haben, das Grundlage gerichtlich durchsetzbarer subjektiver Rechte und Pflichten ist[289]. Der Organstreit ist folglich ein **kontradiktorisches Verfahren**[290], das in §§ 63ff. BVerfGG im Rahmen der Vorgaben der Verfassung ausgestaltet ist. 57

b) Zulässigkeitsvoraussetzungen

Parteifähig sind nicht nur die **obersten Bundesorgane**, sondern auch andere Beteiligte, die das Grundgesetz oder die Geschäftsordnung eines obersten Bundesorgans mit eigenen Rechten ausgestattet hat. Wenn auch § 63 BVerfGG in diesem Zusammenhang »nur« den **Bundespräsidenten**, den **Bundestag**, den **Bundesrat** und die **Bundesregierung** nennt, erfasst Art. 93 I Nr. 1 GG auch die **Bundesversammlung**, den **Bundeskanzler** und **Bundesminister** mit eigenen grundgesetzlichen Befugnissen[291] sowie den **Gemeinsamen Ausschuss** gemäß Art. 53a GG. 58

Neben den obersten Bundesorganen können auch **andere Beteiligte** Partei eines Organstreits sein, soweit sie aus dem Grundgesetz oder der Geschäftsordnung eines obersten Bundesorgans **eigene Rechte** ableiten können. § 63 BVerfGG reduziert den Begriff der anderen Beteiligten zu Unrecht auf die Organteile der obersten Bundesorgane[292]. Vielmehr sind auch der **Bundestagspräsident**[293] und **einzelne Abgeordnete** im Organstreit beteiligtenfähig[294]. Auch **Fraktionen** des Bundestages sind Träger eigener 59

[285] Vgl. hierzu BVerfGE 62, 1; 68, 1; 85, 264; 90, 268; 104, 151 (193f., Rn. 114); vgl. aber auch E 1, 208 (232); zum politischen und rechtlichen Gehalt eines Organstreits *J. Pietzcker*, Organstreit, in: FS 50 Jahre BVerfG, Bd. 1, S. 587ff. (588f.).

[286] Vgl. aber BVerfGE 6, 300 (303); *Schlaich/Korioth*, Bundesverfassungsgericht, Rn. 97, 373f.; *Zippelius/Würtenberger*, Staatsrecht, § 49 Rn. 19.

[287] Ebenso *W. Löwer*, HStR³ III, § 70 Rn. 14 a.E.; *Detterbeck* (Fn. 274), Art. 93 Rn. 43.

[288] *W. Löwer*, HStR³ III, § 70 Rn. 9ff. m.w.N.

[289] So schon BVerfGE 1, 208 (221) und E 27, 240 (246); ebenso *Benda/Klein/Klein*, Verfassungsprozessrecht, Rn. 989, und *Schlaich/Korioth*, Bundesverfassungsgericht, Rn. 79.

[290] So bereits BVerfGE 2, 143 (155ff.); 20, 18 (23f.) siehe auch *D. Hömig*, in: Hömig/Wolff, GG, Art. 93 Rn. 6; *Detterbeck* (Fn. 274), Rn. 42; *Voßkuhle* (Fn. 174), Art. 93 Rn. 98f.

[291] BVerfGE 90, 286 (338).

[292] *Benda/Klein/Klein*, Verfassungsprozessrecht, Rn. 992ff., insb. 995; *Schlaich/Korioth*, Bundesverfassungsgericht, Rn. 86ff.

[293] Arg. Art. 40 II GG; vgl. BVerfGE 60, 374 (379).

[294] BVerfGE 10, 4 (10); 20, 18 (22ff.); 70, 324 (350); 108, 251 (270ff., Rn. 49ff.); 114, 121 (146f.;

Rechte, die ihnen die Geschäftsordnung des Parlaments einräumt[295]. Auch Gruppen von Abgeordneten können ihre Rechte im Organstreit geltend machen[296]. Das Bundesverfassungsgericht erkennt auch die **politischen Parteien** als »andere Beteiligte« an[297]. Politische Parteien und deren Untergliederungen[298] sollen die Verletzung ihres verfassungsrechtlichen Status durch ein Verfassungsorgan nur im Wege des Organstreits geltend machen können; die Erhebung einer Verfassungsbeschwerde wird ihnen insoweit versagt[299]. Treten die politischen Parteien dagegen in der Rechtsform eines Vereins auf, müssen sie eine Verfassungsbeschwerde erheben[300]. Die dadurch bewirkte Aufspaltung der verfassungsprozessualen Rechtsstellung der Parteien widerspricht ihrer Eigenart als **gesellschaftliche Einrichtungen** und lässt sich nur aus der Verfassungstradition erklären[301]. Unter der Weimarer Reichsverfassung eröffnete der Staatsgerichtshof des Deutschen Reichs den Parteien den Weg zu gerichtlichem Rechtsschutz mit der Zulassung als Beteiligte im Organstreitverfahren[302]. Da dem Weimarer Verfassungsrecht das Rechtsinstitut der Verfassungsbeschwerde unbekannt war, ist dieses Vorgehen verständlich. Unter dem Grundgesetz wäre es jedoch folgerichtig, die Parteien in jeglicher Beziehung auf die Verfassungsbeschwerde zu verweisen[303].

60 § 63 BVerfGG erwähnt als andere Beteiligte schließlich noch **Teile der obersten Bundesorgane**, die im Grundgesetz oder in den Geschäftsordnungen des Bundestages und des Bundesrates mit eigenen Rechten ausgestattet sind. Dazu gehören die **Präsidenten** der genannten Bundesorgane und ihre **Ausschüsse** sowie **qualifizierte Minderheiten**, die Antragsrechte – etwa aus Art. 44 I GG – wahrnehmen[304]. Weder Abstimmungsmehrheiten bzw. -minderheiten noch einzelne Abgeordnete[305] können **Rechte des Parlaments** im Organstreit geltend machen, während den Fraktionen diese Befugnis eingeräumt wird[306]. Diese Unterscheidung vermag nicht recht zu überzeugen[307]. Wird die **Prozessstandschaft** zugelassen, wofür unter dem Gesichtspunkt des Minderheitenschutzes gute Gründe sprechen, ist eine einheitliche Anwendung geboten.

61 Nicht ausdrücklich im Grundgesetz geregelt ist die **Antragsbefugnis**. Sie setzt gemäß § 64 I BVerfGG voraus, dass der Antragsteller geltend macht, er selbst oder das Organ, dem er angehört, sei durch eine Maßnahme oder Unterlassung des Antragsgeg-

---

Rn. 119 ff.); st. Rspr.; näher dazu *D. C. Umbach*, Der »eigentliche« Verfassungsstreit vor dem Bundesverfassungsgericht: Abgeordnete und Fraktionen als Antragsteller im Organstreit, in: FS Zeidler, Bd. 2, 1987, S. 1235 ff. (1240 ff.); *Hopfauf* (Fn. 94), Art. 93 Rn. 228; *H. Lechner/R. Zuck*, Bundesverfassungsgerichtsgesetz, 7. Aufl. 2015, § 63 Rn. 16.

295 Siehe etwa §§ 12 und 76 I GOBT; zur Bedeutung des Organstreits für das Parlamentsrecht *P. Cancik*, DÖV 2005, 577 ff.

296 Vgl. BVerfGE 84, 304 (320 f.); 96, 264 (276 ff.); *S. Hölscheidt*, DÖV 2015, 266 (270).

297 BVerfGE 4, 27 (29); 24, 260 (263); 24, 300 (329); 79, 329 (383 f.); 82, 322 (335); st. Rspr.

298 Zu deren Parteifähigkeit im Organstreitverfahren *K. Stein*, DÖV 2002, 713 ff.

299 BVerfGE 66, 107 (115 f.); 67, 65 (69); 84, 290 (299); st. Rspr.; siehe auch *H. Maurer*, JuS 1991, 881 (888). → Art. 21 Rn. 47.

300 *D. C. Umbach*, in: Umbach/Clemens/Dollinger, BVerfGG, §§ 63/64 Rn. 92 ff.; zu den Funktionen der politischen Parteien: → Art. 21 Rn. 28 ff.

301 Kritisch *Pietzcker*, Organstreit (Fn. 285), S. 594 ff.

302 *Lammers/Simons*, Rechtsprechung (Fn. 92), Bd. 1, 1929, S. 398 ff.; dazu *Anschütz*, WRV, Art. 19 Anm. 8 f. m. w. N.; vgl. auch *C. Gusy*, Der Staat 32 (1993), 57 (67 ff.).

303 Ebenso *P. Kunig*, HStR³ III, § 40 Rn. 84; *Schlaich/Korioth*, Bundesverfassungsgericht, Rn. 92.

304 *Detterbeck* (Fn. 274), Art. 93 Rn. 46.

305 BVerfGE 90, 286 (341 ff.).

306 BVerfGE 90, 286 (336); dazu *W. Löwer*, HStR³ III, § 70 Rn. 19.

307 Vgl. die überzeugende Kritik im Sondervotum *Mahrenholz*, BVerfGE 70, 366 (375).

ners in seinen **Rechten** und **Pflichten verletzt** oder **unmittelbar gefährdet**[308]. Diese Voraussetzung ist erfüllt, wenn eine Verletzung oder Gefährdung nicht von vornherein ausgeschlossen werden kann[309]. Kann eine Verfassungspflicht zur Vornahme einer Maßnahme nicht ausgeschlossen werden, kann auch das **Unterlassen** einer Maßnahme gerügt werden[310]. Der begründete Antrag ist gemäß § 64 II und III BVerfGG binnen **sechs Monaten** nach Bekanntgabe der beanstandeten Maßnahme bzw. bei einer Unterlassung nach einer erkennbaren Weigerung des Antraggegners, tätig zu werden[311], zu stellen.

3. Abstrakte Normenkontrolle (Art. 93 I Nr. 2 GG)

a) Eigenart des Verfahrens

Die in Art. 93 I GG an zweiter Stelle genannte abstrakte Normenkontrolle verlangt die **62** Prüfung von Rechtsnormen am Maßstab der Verfassung unabhängig von einem konkreten Fall. Im Gegensatz zum Organstreit (→ Rn. 53 ff.) handelt es sich nicht um ein kontradiktorisches, sondern um ein **objektives Verfahren** zur Überprüfung der Verfassungsmäßigkeit einer Norm[312]. Sie erfolgt abstrahiert von der konkreten Rechtsanwendung, nicht jedoch von einem konkreten politischen Streit. Umstritten sind die Rechtsfragen regelmäßig nicht weniger als in einem Organstreitverfahren[313]. Die »Klärung der verfassungsrechtlichen Lage«[314] soll also stets auch zur politischen Streitschlichtung beitragen. Die Antragsbefugnis im Verfahren der abstrakten Normenkontrolle ist auf Bundesebene ein **wichtiges Kontrollinstrument** der **Opposition**, kann aber im Bundesstaat auch zur gegenseitigen Kontrolle der Verfassungsmäßigkeit des Handelns von Bund und Ländern eingesetzt werden[315].

Schon vor längerer Zeit ist die **Abschaffung** der abstrakten Normenkontrolle gefor- **63** dert worden[316]. Das Bundesverfassungsgericht gerate in dieser Verfahrensart in Ermangelung eines konkreten Falls zu voraussetzungs- und distanzlos in die unmittelbare Konfrontation mit dem durch keinerlei fachgerichtliche Vorklärung gefilterten Gesetzgebungsstreit. Es muss jedoch bezweifelt werden, ob ein derartiger **Gesetzgebungsstreit** nicht bei Abschaffung der abstrakten Normenkontrolle im Wege der konkreten Normenkontrolle oder der Verfassungsbeschwerde in vergleichbarer Form vor das Bundesverfassungsgericht gebracht würde.

---

[308] Zur Möglichkeit der Rechtsverletzung durch Äußerungen *H. Butzer*, ZG 30 (2015), 97 (99 ff.).

[309] BVerfGE 94, 351 (362 f.); 104, 151 (196, Rn. 120); 104, 310 (325, Rn. 66); nicht gerügt werden kann im Organstreitverfahren eine Grundrechtsverletzung, BVerfGE 99, 19 (29, Rn. 29).

[310] BVerfGE 103, 81 (86, Rn. 24); 104, 310 (324, Rn. 61); 107, 286 (294, Rn. 29); Jarass/*Pieroth*, GG, Art. 93 Rn. 13.

[311] BVerfGE 107, 286 (296 f., Rn. 36); 110, 403 (405, Rn. 10); 114, 107 (118 f., Rn. 42 f.).

[312] Hierzu nur *Hopfauf* (Fn. 94), Art. 93 Rn. 266; *Zippelius/Würtenberger*, Staatsrecht, § 49 Rn. 58; kritisch *Voßkuhle* (Fn. 174), Art. 93 Rn. 118 f.; *A. Heusch*, Verfassungsgerichtliche Gesetzeskontrolle, in: W. Kluth/S. Augsberg (Hrsg.), Gesetzgebung. Rechtsetzung durch Parlamente und Verwaltungen sowie ihre gerichtliche Kontrolle, 2014, § 26 Rn. 27.

[313] So zutreffend *Rinken* (Fn. 224), Art. 93 Rn. 20.

[314] BVerfGE 1, 396 (413); hierzu *A. v. Mutius*, Jura 1987, 534 (536).

[315] Siehe dazu *Pestalozza*, Verfassungsprozeßrecht, § 8 Rn. 1 mit Fn. 2 (S. 121).

[316] Siehe etwa *W. Holtfort*, Praktische Vorschläge, das Bundesverfassungsgericht in eine demokratieangemessene Rolle zurückzuführen, in: W. Däubler/G. Küsel (Hrsg.), Verfassungsgericht und Politik, 1979, S. 191 ff.; *C. Landfried*, Bundesverfassungsgericht und Gesetzgeber, 1984, S. 175 ff.; *Rinken* (Fn. 224), vor Art. 93 Rn. 140.

b) Zulässigkeitsvoraussetzungen

64 Das Grundgesetz begrenzt die **Antragsberechtigung** auf die **Bundesregierung**, die **Landesregierungen** oder **ein Viertel der Mitglieder des Bundestags**. Die abstrakte Normenkontrolle wird also weder dem Bundesrat noch den Fraktionen des Bundestages oder der Landtage oder der Opposition als solcher eröffnet. Wenn die Regierung von einer sehr großen Koalition gebildet wird, die im Bundestag von mehr als 75 Prozent der Abgeordneten gestützt wird, verfügt sie nicht über das notwendige Quorum, um ein Verfahren der abstrakten Normenkontrolle einzuleiten. Angesichts der **ausdrücklichen Festlegung** des Quorums im Text der Verfassung hat das Bundesverfassungsgericht es zu Recht abgelehnt, dieses Quorum durch Richterrecht abzusenken[317].

65 Alle Antragsberechtigten können **alle Arten von Normen** zur Prüfung stellen. Das erlaubt es etwa einer Landesregierung, dem Bundesverfassungsgericht das Gesetz eines anderen Landes vorzulegen[318].

66 Der **Antragsgegenstand** ist im Grundgesetz umfassend mit »Bundesrecht oder Landesrecht« umschrieben, erstreckt sich also auf **Verfassungsnormen**, **Gesetze** sowie **Rechtsverordnungen**[319], **Satzungen** und **Geschäftsordnungen**[320]. **Grundgesetzändernde Gesetze** können am Maßstab des Art. 79 III GG geprüft werden[321]. Nach der Rechtsprechung können auch **schlichte Parlamentsbeschlüsse** Gegenstand der abstrakten Normenkontrolle sein, wenn sie ein Gesetz ersetzen[322]. Wenn ein Landtag einem Staatsvertrag nur zustimmt, ohne dass ein Zustimmungsgesetz verabschiedet wird, tritt der schlichte Zustimmungsbeschluss funktionell an die Stelle eines Gesetzes[323].

67 Gewisse Probleme wirft der **Antragsgrund** auf. Während das Grundgesetz **Meinungsverschiedenheiten** oder **Zweifel** über die Vereinbarkeit von Bundesrecht oder Landesrecht mit dem Grundgesetz oder die Vereinbarkeit von Landesrecht mit Bundesrecht ausreichen lässt, verlangt § 76 I Nr. 1 BVerfGG, dass einer der Antragsberechtigten Bundes- oder Landesrecht wegen seiner förmlichen oder sachlichen Unvereinbarkeit mit dem Grundgesetz oder dem sonstigen Bundesrecht **für nichtig hält**. Diese Norm engt insoweit die Vorgaben der Verfassung unzulässig ein[324]. Zu eng ist auch die Formulierung in § 76 I Nr. 2 BVerfGG für das Normbestätigungsverfahren[325], wonach ein Antragsberechtigter Bundes- oder Landesrecht für gültig halten muss, nachdem

---

[317] BVerfGE 142, 25 (60ff., Rn. 95ff.); ebenso *P. Cancik*, NVwZ 2014, 18 (22); *J. Ennuschat*, VR 2015, 1(4f.); *S. Hölscheidt*, ZG 30 (2015), 246 (258f.); *K.-A. Schwarz*, ZRP 2015, 226 (227f.); a.A. *M. Krajewski*, Kurzgutachten zur Erweiterung des Antragsrechts für die abstrakte Normenkontrolle durch einfaches Bundesgesetz nach Art. 93 Abs. 3 GG, www.gruene-bundestag.de/fileadmin/media/gruenebundestag_de/themen_az/innenpolitik/Kurzgutachten_Abstrakte-Normenkontrolle.pdf (14.03.2017); vgl. auch *B. Beckermann/D. Weidemann*, Der Staat 53 (2014), 313 (323ff.).

[318] BVerfGE 83, 37 (49); *W. Löwer*, HStR³ III, § 70 Rn. 62; *Pestalozza*, Verfassungsprozeßrecht, § 8 Rn. 4 (S. 122f.); a.A. früher *E. Friesenhahn*, Die Verfassungsgerichtsbarkeit in der Bundesrepublik Deutschland, in: Mosler, Verfassungsgerichtsbarkeit (Fn. 179), S. 89ff. (133); vgl. auch *Rinken* (Fn. 224), Art. 93 Rn. 23.

[319] BVerfGE 1, 184 (196); 106, 1 (12, Rn. 53); *R. Müller-Terpitz*, DVBl. 2000, 232ff.; *R. Tillmanns*, DÖV 2001, 728ff.

[320] *W. Heun*, Normenkontrolle, in: FS 50 Jahre BVerfG, Bd. 1, S. 615ff. (619ff.).

[321] BVerfGE 30, 1. → Art. 79 III Rn. 14.

[322] BVerfGE 90, 60; dazu *H. Butzer*, AöR 119 (1994), 61 (101) und *Pestalozza*, Verfassungsprozeßrecht, § 13 Rn. 9 (S. 206f.).

[323] Näher dazu *Schlaich/Korioth*, Bundesverfassungsgericht, Rn. 127.

[324] *Schlaich/Korioth*, Bundesverfassungsgericht, Rn. 130; *Detterbeck* (Fn. 274), Art. 93 Rn. 58; *Voßkuhle* (Fn. 174), Art. 93 Rn. 123.

[325] Zu dieser Bezeichnung *D.B. Rein*, Das Normbestätigungsverfahren, 1991.

ein Gericht, eine Verwaltungsbehörde oder ein Organ des Bundes oder eines Landes das betreffende Recht als unvereinbar mit dem Grundgesetz oder sonstigem Bundesrecht nicht angewandt hat. Auch hier reichen Zweifel an der Gültigkeit oder Ungültigkeit als Antragsgrund aus. Ein subjektiv motiviertes Rechtsschutzbedürfnis ist nicht erforderlich. Vielmehr reicht ein **objektives Klarstellungsinteresse** aus[326], das beim Normbestätigungsverfahren gegeben ist, wenn die Norm nicht angewandt oder missachtet wird[327].

Hinsichtlich des **Prüfungsmaßstabs** ist zu unterscheiden: Bundesrecht wird allein am Grundgesetz geprüft, nicht jedoch am Unionsrecht[328], Landesrecht auch an allen übrigen Normen des Bundesrechts. Wenn § 76 I Nr. 1 BVerfGG missverständlich von »dem sonstigen Bundesrecht« spricht, ist das mit Blick auf Art. 93 I Nr. 2 GG dahin zu verstehen, dass es sich nur auf die Prüfung von Landesrecht bezieht[329]. **68**

4. Kompetenzkontrolle (Art. 93 I Nr. 2a GG)

Die Nr. 2a wurde 1994 zur Stärkung der Gesetzgebungskompetenzen der Länder in Art. 93 I GG eingefügt[330]. Der verfassungsändernde Gesetzgeber wollte mit dieser Verfassungsergänzung ganz offensichtlich das Bundesverfassungsgericht zu einer **Änderung seiner ständigen Rechtsprechung** bewegen, wonach die in Art. 72 II GG genannten Voraussetzungen für die Ausübung des Rechts zur konkurrierenden Gesetzgebung durch den Bund einer Nachprüfung des Bundesverfassungsgerichts grundsätzlich entzogen sind, weil insoweit der Bundesgesetzgeber über Ermessensfreiheit verfüge[331]. Mit Blick auf diese Verfassungsänderung hat das Bundesverfassungsgericht seine einschlägige Rechtsprechung verschärft[332]. **69**

Inhaltlich handelt es sich um ein **spezielles Normenkontrollverfahren**, das einfachgesetzlich seinen Ort in § 76 II BVerfGG gefunden hat[333]. Wiederum ist der Antragsgrund mit dem Erfordernis, dass der Antragsteller ein Bundesgesetz **für nichtig hält**, in verfassungswidriger Weise enger gefasst als die Vorgabe in Art. 93 I GG, der **Meinungsverschiedenheiten** ausreichen lässt. Anders als bei der abstrakten Normenkontrolle gemäß Nr. 2 sind bei der speziellen Kompetenzkontrolle der Nr. 2a neben einer **Landesregierung** der **Bundesrat** oder die **Volksvertretung** eines Landes antragsberechtigt. Die Verleihung der Antragsberechtigung an die Landesparlamente soll deren Stellung gegenüber der jeweiligen Exekutive stärken, die in der Staatspraxis des Bundesstaates vorrangig tätig wird. Verfassungsdogmatisch ergeben sich ansonsten keine **70**

---

326 BVerfGE 100, 249 (257 f., Rn. 30); 106, 244 (250 f., Rn. 36 ff.).

327 BVerfGE 96, 133 (137 f., Rn. 30 f.); 106, 244 (251, Rn. 36).

328 BVerfGE 136, 69 (91 f., Rn. 43).

329 So zutreffend *Lechner/Zuck* (Fn. 294), § 76 Rn. 13; ähnlich *Rinken* (Fn. 224), Art. 93 Rn. 27; a. A. *Schlaich/Korioth*, Bundesverfassungsgericht, Rn. 131: Mit Blick auf Art. 80 GG Prüfung einer Rechtsverordnung auf ihre Übereinstimmung mit der gesetzlichen Ermächtigungsgrundlage.

330 Grundgesetznovelle vom 27.10.1994, BGBl. I S. 3146; zum Gesetzgebungsverfahren vgl. Empfehlung der Gemeinsamen Verfassungskommission, BT-Drs. 12/6000; ferner BT-Drs. 12/6633; 12/8165; BRat-Drs. 886/93; BT-Prot. 12/238, S. 2947; siehe ferner *R. Sannwald*, NJW 1994, 3313 ff. m. w. N. Zur Lage nach der Novelle 1998 *M. Winkler*, NVwZ 1998, 1291 ff. → Art. 72 Rn. 5.

331 BVerfGE 2, 213 (224 f.); 10, 234 (245); st. Rspr. → Art. 72 Rn. 16 ff.

332 BVerfGE 106, 62 (135 ff., Rn. 287 ff.); 111, 226 (252 ff., Rn. 95 ff.); 112, 226 (243 ff., Rn. 66 ff.).

333 *Schlaich/Korioth*, Bundesverfassungsgericht, Rn. 132a; *Lechner/Zuck* (Fn. 294), § 76 Rn. 40; a. A. *M. Graßhoff*, in: Umbach/Clemens/Dollinger, BVerfGG, § 76 Rn. 46; *Voßkuhle* (Fn. 174), Art. 93 Rn. 128.

Unterschiede zur abstrakten Normenkontrolle[334]. In der Staatspraxis hat das Verfahren bislang keine Bedeutung erlangt. Nachdem im Rahmen der Bundesstaatsreform der Anwendungsbereich der Erforderlichkeitsklausel wesentlich eingeschränkt worden ist[335], dürfte sich das auch in Zukunft kaum ändern[336].

5. Kompetenzfreigabeverfahren (Art. 93 II GG)

71 Auch das im Rahmen der **Bundesstaatsreform** neu geschaffene Kompetenzfreigabeverfahren des Art. 93 II GG dürfte die Arbeitsbelastung des Bundesverfassungsgerichts kaum erhöhen[337]. Es soll dem Bundesrat, einer Landesregierung oder einem Landesparlament den Weg zum Bundesverfassungsgericht eröffnen, wenn nach Auffassung des Antragstellers eine **bundesgesetzliche Regelung nach Art. 72 II GG nicht mehr erforderlich** ist, der Bundesgesetzgeber aber ein diese Feststellung treffendes Gesetz nicht erlässt und damit dem Landesgesetzgeber die Möglichkeit versperrt, ein Landesgesetz zur Regelung des Sachverhalts zu verabschieden. Das Gleiche gilt, wenn wegen der 1994 erfolgten Änderung des Art. 72 II GG früher normiertes Bundesrecht **mangels Erforderlichkeit** nicht mehr geändert oder aufgehoben werden kann, der Bundesgesetzgeber aber auf die in Art. 125a II 2 GG vorgesehene Feststellung verzichtet, dass das betroffene Bundesrecht durch Landesrecht ersetzt werden kann[338]. Der verfassungsändernde Gesetzgeber wollte offensichtlich nicht darauf vertrauen, dass der Bund wegen seines nach der Rechtsprechung des Bundesverfassungsgerichts zu Art. 125a II 1 GG a. F. unter Berücksichtigung des Grundsatzes bundes- und länderfreundlichen Verhaltens eingeschränkten Ermessens[339] die notwendigen Freigabegesetze erlassen werde.

72 Zulässigkeitsvoraussetzung für den Antrag ist gemäß Art. 93 II 3 GG das Scheitern einer Gesetzesvorlage im Sinne von Art. 72 IV GG bzw. Art. 125a II 2 GG. Insoweit genießt das **Gesetzgebungsverfahren Vorrang** vor dem verfassungsgerichtlichen Verfahren. Ist aber ein Antrag an das Bundesverfassungsgericht zulässig und begründet, ersetzt die Feststellung der fehlenden Erforderlichkeit durch das Gericht das ansonsten notwendige Bundesgesetz. Funktional übernimmt das Bundesverfassungsgericht durch seine Entscheidung im Kompetenzfreigabeverfahren also die Aufgabe, die das Grundgesetz eigentlich dem Bundesgesetzgeber zuweist. Darin liegt eine **Durchbrechung des Grundsatzes der Gewaltentrennung**, die zwar dem verfassungsändernden Gesetzgeber ohne weiteres möglich ist, deren Sinn sich jedoch nicht unmittelbar erschließt[340]. Geht man von der rechtsstaatlichen Selbstverständlichkeit aus, dass der Gesetzgeber die Bindungswirkung einer Entscheidung des Bundesverfassungsgerichts nach § 31 I BVerfGG beachtet, ist die gesetzesersetzende Wirkung einer Bundesver-

---

[334] Vgl. auch *J. Aulehner*, DVBl. 1997, 982 ff.

[335] Dazu *J. Stünker*, Zur Entwicklung der Neufassung von Art. 72 Absatz 2 GG (Erforderlichkeitsklausel) und Artikel 72 Absatz 3 GG (Abweichungsrechte), in: R. Holtschneider/W. Schön (Hrsg.), Die Reform des Bundesstaates, 2007, S. 91 ff. (94 ff.).

[336] *H.-J. Papier*, NJW 2007, 2145 (2147).

[337] *H.-J. Papier*, NJW 2007, 2145 (2147); vgl. auch *M. Sachs/C. Jasper*, NVwZ 2015, 465 ff.

[338] Zum Anwendungsbereich der Vorschrift BT-Drs. 16/813, S. 17 f.; aus der Literatur *C. Degenhart*, NVwZ 2006, 1209 (1211); *J. Ipsen*, NJW 2006, 2801 (2803, 2805); *O. Klein/K. Schneider*, DVBl. 2006, 1549 (1555 f.).

[339] BVerfGE 111, 10 (31, Rn. 112).

[340] Vgl. dazu etwa *O. Klein/K. Schneider*, DVBl. 2006, 1549 (1555 f.); Jarass/*Pieroth*, GG, Art. 93 Rn. 144.

fassungsgerichtsentscheidung zumindest nicht notwendig. Angesichts der **vermutlich geringen praktischen Bedeutung** des Verfahrens nach Art. 93 II GG sollte der Durchbrechung des Prinzips der Gewaltentrennung allerdings auch nicht zu viel Bedeutung beigemessen werden.

6. Bund-Länder-Streit (Art. 93 I Nr. 3 GG)

a) Eigenart des Verfahrens

Der in Art. 93 I Nr. 3 GG geregelte Bund-Länder-Streit ist das **klassische** verfassungsgerichtliche **Verfahren** des **Bundesstaats**[341]. Damit der Bundesfrieden gewahrt bleibt, soll für alle öffentlich-rechtlichen Streitigkeiten aus dem föderalen Bereich zumindest subsidiär der Rechtsweg an das Bundesverfassungsgericht eröffnet sein[342]. Das Bundesverfassungsgericht hat in diesem Zusammenhang den Grundsatz formuliert, dass im Bundesstaat das Verhältnis von Bund und Ländern rechtlich nicht im ungewissen bleiben könne, sondern für alle ihrer Natur nach **einer Rechtsentscheidung zugänglichen Meinungsverschiedenheiten zwischen Bund und Ländern** der Verfassungsrechtsweg eröffnet sein solle[343]. Beispielhaft erwähnt die Verfassung die Ausführung von Bundesrecht durch die Länder, die gemäß Art. 83 GG nach der grundgesetzlichen Kompetenzverteilung den Regelfall darstellt, sowie die Ausübung der Bundesaufsicht (Art. 84 III und IV GG und Art. 85 IV GG). Ob auch eine bestimmte Politik wie die Flüchtlingspolitik des Bundes einer Rechtsentscheidung zugänglich ist, muss bezweifelt werden[344]. Auch die Drohung mit einer Anrufung des Bundesverfassungsgerichts kann allerdings politische Auseinandersetzungen beeinflussen, zumal wenn sie von Rechtsgutachten ehemaliger Mitglieder des Bundesverfassungsgerichts begleitet ist[345]. 73

Von seiner **Struktur** her ähnelt der Bund-Länder-Streit dem **Organstreit**. Gestritten wird über Rechte und Pflichten der Beteiligten, die sich aus der Verfassung ergeben müssen[346]. § 69 BVerfGG erklärt dementsprechend die den Organstreit regelnden §§ 64–67 BVerfGG für entsprechend anwendbar. Das **verfassungsrechtliche Rechtsverhältnis**[347], das bei einem Organstreit zwischen einzelnen Organen des Bundes besteht, ergibt sich beim Bund-Länder-Streit aus der **verfassungsrechtlichen Kompetenzverteilung** zwischen dem Bund und den Ländern[348]. 74

Der Bund-Länder-Streit, der in den fünfziger Jahren noch große praktische Bedeutung hatte[349], hat seitdem **wesentlich an Bedeutung verloren**. Man wird allerdings 75

[341] Zur Geschichte siehe *W. Löwer*, HStR³ III, § 70 Rn. 28 ff.; vgl. ferner *W. Leisner*, Der Bund-Länder-Streit vor dem Bundesverfassungsgericht, in: Festgabe BVerfG, Bd. 1, S. 260 ff.; *H. Schultzky*, VerwArch. 100 (2009), 552 (553).

[342] BVerfGE 3, 267 (269); 4, 250 (267).

[343] BVerfGE 11, 6 (13 f.).

[344] So *U. Di Fabio*, Migrationskrise als föderales Verfassungsproblem, 2016, www.bayern.de/wp-content/uploads/2016/01/Gutachten_Bay_DiFabio_formatiert.pdf (15.02.2017).

[345] Ebenso *W. Ewer/T. Thienel*, NJW 2016, 376 ff.

[346] BVerfGE 4, 115 (122); 21, 312 (326); 41, 291 (303); 103, 81 (86 f., Rn. 25); *Leisner*, Bund-Länder-Streit (Fn. 341), S. 274 ff.; *H. Schultzky*, VerwArch. 100 (2009), 552 (557).

[347] Zur Rechtsverhältnislehre als dogmatischem Ordnungsrahmen auch des Bundesstaatsrechts *H. Bauer*, Die Bundestreue, 1992, S. 260 ff.; ebenso *P. Selmer*, Bund-Länder-Streit, in: FS 50 Jahre BVerfG, Bd. 1, S. 563 ff. (574 ff.).

[348] Vgl. etwa BVerfGE 21, 312 (319, 326); ebenso *Schlaich/Korioth*, Bundesverfassungsgericht, Rn. 100; in Betracht kommt auch die finanzverfassungsrechtliche Kompetenzverteilungsregel des Art. 104a GG, BVerfGE 109, 1 (7, Rn. 17 f.).

[349] Siehe etwa BVerfGE 1, 14; 6, 309; 8, 122; 12, 205; 13, 54.

kaum von einer »praktisch nahezu bedeutungslose(n) Kompetenz des Bundesverfassungsgerichts«[350] sprechen können. Zwar wird die Bundesaufsicht im formellen Sinne heute kaum noch ausgeübt, so dass das in Art. 84 IV GG vorgesehene Verfahren bislang keine praktische Relevanz gewonnen hat. Auch ist dem Bund-Länder-Streit durch das Verfahren der **abstrakten Normenkontrolle**, das unter dem Gesichtspunkt der Zulässigkeitsvoraussetzungen leichter zu handhaben ist, eine **starke Konkurrenz** entstanden[351]. Schon die Streitigkeiten über die Ausführung des Atomgesetzes in Bundesauftragsverwaltung[352] haben jedoch einen Bedeutungsgewinn des Bund-Länder-Streits gezeigt (→ Rn. 79). In der Folge der Wiedervereinigung Deutschlands ist die Zahl der einschlägigen Verfahren weiter angestiegen[353]. Insgesamt hat das Bundesverfassungsgericht 27 Bund-Länder-Streitverfahren entschieden[354].

b) Zulässigkeitsvoraussetzungen

76 Die **Parteifähigkeit** beschränkt sich auf Bund und Länder, die jeweils durch ihre Regierung vertreten werden (§ 68 BVerfGG). Unzulässig ist die Vertretung eines Landes durch den Landtag oder den Landtagspräsidenten[355]. Ein Verfahren ist nur möglich zwischen dem Bund auf der einen und einem oder mehreren Ländern auf der anderen Seite, nicht zwischen einzelnen Ländern. **Antragsgegenstand** können sowohl ein Gesetz[356] als auch sonstiges Handeln oder Unterlassen sein. Bedeutung gewinnen könnte, dass auch die Wahrnehmung der Mitwirkungsrechte der Bundesrepublik Deutschland in der Europäischen Union durch die Bundesregierung Gegenstand eines Bund-Länder-Streits sein kann[357]. Erforderlich ist immer die **schlüssige Darlegung** des Antragstellers, dass er durch eine getroffene Maßnahme oder ein aktuelles Unterlassen in seinen grundgesetzlichen Rechten oder Pflichten unmittelbar gefährdet oder verletzt ist[358]. Zu diesen Rechten zählen weder Grundrechte noch eine Staatszielbestimmung wie Art. 20a GG noch das Rechtsstaatsprinzip[359], die sämtlich keine Rechtsbeziehungen zwischen Bundesgewalt und Landesgewalten zu begründen vermögen.

77 Art. 84 IV 1 GG sieht ausnahmsweise ein **Vorverfahren** vor, das in einem Beschluss des Bundesrates darüber besteht, ob das Land das Recht verletzt hat (→ Art. 84 Rn. 105 ff.). Gegen diesen Bundesratsbeschluss kann gemäß Art. 84 IV 2 GG das Bundesverfassungsgericht angerufen werden. Das hat gemäß § 70 BVerfGG innerhalb eines Monats zu erfolgen, während sonst eine Frist von sechs Monaten gilt (§ 69 i. V. m. § 64 III BVerfGG).

---

[350] So *Leisner*, Bund-Länder-Streit (Fn. 341), S. 287.

[351] Zu diesem Konkurrenzverhältnis siehe BVerfGE 1, 14 (30); 4, 115 (122); 6, 309 (324); 37, 363 (378); aus der Literatur *K. Hesse*, Wandlungen der Bedeutung der Verfassungsgerichtsbarkeit für die bundesstaatliche Ordnung, in: FS Schindler, 1989, S. 723 ff. (727 f.) und *Stern* (Fn. 27), Art. 93 Rn. 356.

[352] BVerfGE 81, 310; 84, 25; vgl. *F. Ossenbühl*, Der Staat 28 (1989), 31 ff.

[353] Siehe etwa BVerfGE 92, 203; 95, 250; 99, 361; 104, 249; 116, 271.

[354] Siehe die Statistik des Bundesverfassungsgerichts, www.bundesverfassungsgericht.de/DE/Verfahren/Jahresstatistiken/2015/gb2015/A-I-5.pdf?__blob=publicationFile&v=1 (20.02.2017).

[355] BVerfGE 129, 108 (115 f., Rn. 31 ff.).

[356] Dazu schon BVerfGE 1, 14 (30); st. Rspr.

[357] BVerfGE 92, 203 (227), auch in BVerfG JZ 1995, 669 m. Anm. *M. Zuleeg*, 673 (674 ff.); *T. Schilling*, DVBl. 1997, 458 (459 ff.); *ders.*, Diskussionsbemerkung, VVDStRL 56 (1997), S. 117 ff. → Art. 23 Rn. 99.

[358] BVerfGE 92, 203 (228).

[359] BVerfGE 104, 238 (245 f., Rn. 27).

Das Bundesverfassungsgericht hat die Rechtsschutzmöglichkeiten eines Landes im Rahmen der Bundesauftragsverwaltung nach **Art. 85 III GG** sehr **restriktiv interpretiert**[360]. Eine Weisung des Bundes soll das Land nur dann in seinen Rechten verletzen können, wenn gerade die Inanspruchnahme der Weisungsbefugnis gegen die Verfassung verstößt. Dagegen soll dem Land dem Bund gegenüber kein einforderbares Recht darauf zustehen, dass dieser seine Weisungsbefugnis inhaltlich rechtmäßig ausübt bzw. einen Verfassungsverstoß unterlässt. Diese Thesen leitet das Bundesverfassungsgericht aus der alleinigen Gemeinwohlverantwortlichkeit des Bundes bei der Bundesauftragsverwaltung ab. Ein gewisses **Unbehagen** wird allerdings daraus deutlich, dass dem Land eine Rechtsposition für den »äußersten Fall« zugebilligt wird, »dass eine zuständige oberste Bundesbehörde unter grober Missachtung der ihr obliegenden Obhutspflicht zu einem Tun oder Unterlassen anweist, welches im Hinblick auf die damit einhergehende allgemeine Gefährdung oder Verletzung bedeutender Rechtsgüter schlechterdings nicht verantwortet werden kann«[361]. 78

7. Bund-Länder-Streit nichtverfassungsrechtlicher Art (Art. 93 I Nr. 4, 1. Var. GG)

Art. 93 I Nr. 4, 1. Var. GG weist dem Bundesverfassungsgericht die Entscheidungsbefugnis »in **anderen öffentlich-rechtlichen Streitigkeiten zwischen dem Bunde und den Ländern**« zu. Das Wort »andere« bezieht sich auf Art. 93 I Nr. 3 GG, der die verfassungsrechtlichen Streitigkeiten regelt. Folglich erfasst die 1. Variante der Nr. 4 nur **öffentlich-rechtliche Streitigkeiten nichtverfassungsrechtlicher Art**. Für diese soll das Bundesverfassungsgericht zuständig sein, soweit nicht ein anderer Rechtsweg gegeben ist. Ein derartiger Rechtsweg ist durch §§ 40 und 50 I Nr. 1 VwGO zum Bundesverwaltungsgericht und durch §§ 39 II und 51 SGG zum Bundessozialgericht[362] eröffnet. Dadurch hat die Vorschrift fast jegliche **praktische Bedeutung verloren**. Die einzig einschlägige Entscheidung ist vor Inkrafttreten der Verwaltungsgerichtsordnung gefallen, als eine Zuständigkeit des Bundesverwaltungsgerichts noch nicht begründet war[363]. Mittlerweile hat das Bundesverfassungsgericht den **ostdeutschen Ländern** zur Wahrnehmung ihrer **Rechte aus Art. 44 EV** den Weg über diese Vorschrift gewiesen und den Rechtsweg zum Bundesverwaltungsgericht gemäß §§ 40 I 1 und 50 I Nr. 1 VwGO ausgeschlossen, weil um materielles Verfassungsrecht gestritten werde. Die Deutsche Demokratische Republik habe mit dem Wirksamwerden des Beitritts aufgehört zu bestehen, und gleichzeitig sei die Hoheitsgewalt der Bundesrepublik Deutschland auf das Beitrittsgebiet erstreckt worden. »Was an Rechten, Garantien und sonstigen Rechtspositionen unmittelbar durch den Vertrag begründet wird, was also unmittelbar dem Vertrag entspringt, teilt die Rechtsnatur des Vertrags und kann deshalb ebenfalls nur verfassungsrechtlichen Charakter haben«[364]. Rechtsdogmatisch ist diese Argumentation nicht über alle Zweifel erhaben. Verfassungsrechtlichen Charakter haben jedenfalls keineswegs sämtliche Vorschriften des Einigungsvertrags[365]. Das Bun- 79

---

360 BVerfGE 81, 310; *K. Lange*, NVwZ 1990, 928 (929 ff.); vgl. insg. hierzu *R. Steinberg*, Bundesaufsicht, Länderhoheit und Atomgesetz, 1990; ferner: *F. Ossenbühl*, Der Staat 28 (1989), 31 (38 ff.); *H. Wagner*, DVBl. 1987, 917 (922 ff.); *B. Zimmermann*, DVBl. 1992, 93 (94 ff.).

361 BVerfGE 81, 310 (Ls. 2b und 334 f.).

362 Siehe BSGE 118, 148. Verf. hat in diesem Verfahren die Kläger vertreten.

363 BVerfGE 1, 299.

364 BVerfGE 94, 297 (310).

365 Das Bundesverfassungsgericht hat diese Frage ausdrücklich offengelassen, BVerfGE 94, 297 (310).

desverfassungsgericht hat die Kategorie von bloß materiellem, aber nicht formellem Verfassungsrecht kreiert. Methodisch dürfte sich das allenfalls aus der besonderen Situation der Wiedervereinigung rechtfertigen lassen. Die Auffassung der Bundesregierung, es handele sich nicht um eine verfassungsrechtliche, sondern um eine **verwaltungsrechtliche Streitigkeit**[366], hat jedenfalls manches für sich.

8. Öffentlich-rechtliche Streitigkeit zwischen den Ländern (Art. 93 I Nr. 4, 2. Var. GG)

80 In seiner 2. Variante weist Art. 93 I Nr. 4 GG dem Bundesverfassungsgericht **öffentlich-rechtliche Streitigkeiten zwischen verschiedenen Ländern** zu. Über diese Streitigkeiten können naturgemäß Landesverfassungsgerichte nicht entscheiden, so dass allein eine Zuständigkeit von Bundesgerichten in Betracht kommt. Verwaltungsrechtliche Streitigkeiten zwischen verschiedenen Ländern werden allerdings durch §§ 40 I und 50 I Nr. 1 VwGO dem Bundesverwaltungsgericht zugewiesen. Daher ist die Zuständigkeit des Bundesverfassungsgerichts auf **verfassungsrechtliche** Streitigkeiten begrenzt[367].

81 Praktische Bedeutung hat die Vorschrift vor allem für Streitigkeiten um die verfassungsrechtlichen Ansprüche von vorkonstitutionell durch Eingliederungsverträge **untergegangenen deutschen Ländern** erhalten, die sieben der acht einschlägigen Entscheidungen ausmachen[368]. In der achten Entscheidung hat das Bundesverfassungsgericht den Staatsvertrag der Länder über die Vergabe von Studienplätzen als verwaltungsrechtlich qualifiziert, so dass die Zuständigkeit des Bundesverwaltungsgerichts begründet war[369]. Da untergegangene Länder über keine verfassungsmäßigen Vertretungsorgane mehr verfügen, erkennt das Bundesverfassungsgericht die noch bestehenden obersten Körperschaften mit originärem Selbstverwaltungscharakter als antragsbefugt an[370].

9. Verfassungsrechtliche Streitigkeit innerhalb eines Landes (Art. 93 I Nr. 4, 3. Var. GG)

82 Eine **Auffangzuständigkeit** des Bundesverfassungsgerichts für **landesinterne Organstreitigkeiten**[371] eröffnet die 3. Variante von Art. 93 I Nr. 4 GG. Angesichts der Tendenz zur Ausweitung der Zuständigkeiten der Landesverfassungsgerichte vor allem auch in den ostdeutschen Bundesländern schwindet die praktische Bedeutung dieser Vorschrift[372]. Entscheidend für die Beurteilung der Subsidiarität sind die Rechtsschutzmöglichkeiten für den konkreten Antragsteller[373]. In der Literatur wird diese

---

[366] BVerfGE 94, 297 (308).

[367] *Stern* (Fn. 27), Art. 93 Rn. 387.

[368] BVerfGE 3, 267 (278 f.); 4, 250 (267); 22, 221 (229); 34, 216 (226); 38, 231 (237); 42, 345 (355); 62, 295 (312 f.).

[369] BVerfGE 42, 103 (110).

[370] Näher dazu *D. C. Umbach/F.-W. Dollinger*, in: Umbach/Clemens/Dollinger, BVerfGG, § 71 Rn. 35 m. w. N.

[371] Zu dieser Voraussetzung BVerfGE 27, 240 (246 f.); 62, 194 (199); 85, 353 (358); 90, 40 (42); 91, 246 (250); 92, 130 (134); 93, 195 (202), sowie aus der Literatur *K.-G. Zierlein*, AöR 118 (1993), 66 (66 f., 75 m. w. N. in Fn. 32).

[372] *Schlaich/Korioth*, Bundesverfassungsgericht, Rn. 108.

[373] BVerfGE 4, 375 (377); 6, 367 (372 f.); 93, 195 (202); 102, 245 (250, Rn. 17 f.); *Pestalozza*, Verfassungsprozeßrecht, § 11 Rn. 20 (S. 157 f.).

Interpretation als zu weitgehend betrachtet und dafür plädiert, den Weg zum Bundesverfassungsgericht nur dann als eröffnet anzusehen, wenn das Verfassungsprozessrecht des Landes ein Organstreitverfahren überhaupt nicht kennt; nur so werde die prinzipielle Verfassungsautonomie der Länder ausreichend berücksichtigt[374]. Das Bundesverfassungsgericht sieht durch den Wortlaut von § 71 I Nr. 3 BVerfGG die Wahrnehmung einer Prozessstandschaft von Organteilen für das Gesamtorgan als unzulässig an[375]. Auch ein Land selbst ist nicht parteifähig[376]. Im Übrigen gelten die **verfassungsprozessualen Regeln** für den **Bundesorganstreit** entsprechend[377].

10. Verfassungsbeschwerde (Art. 93 I Nr. 4a GG)

a) Eigenart des Verfahrens

Das Verfassungsbeschwerdeverfahren, dem das Bundesverfassungsgericht seine herausragende Stellung in der deutschen Rechtswirklichkeit und zugleich seine große Arbeitsbelastung (→ Rn. 47, 51) ganz wesentlich verdankt[378], ist erst **1969** nachträglich als Gegengewicht zur Notstandsverfassung im Grundgesetz **verankert** worden[379]. Der Parlamentarische Rat hatte die Einführung der Verfassungsbeschwerde, die in Art. 98 Nr. 8 HChE vorgesehen war, nach längeren Diskussionen abgelehnt[380]. Angesichts der umfassenden Rechtsschutzgarantie in Art. 19 IV GG (→ Art. 19 IV Rn. 35 ff.) war nicht klar, ob die Verfassungsbeschwerde noch eine sinnvolle Funktion erfüllen könne[381]; auch wurde ihr Missbrauch befürchtet[382]. 83

Die Verfassungsbeschwerde hat ihre **Wurzeln** im **19. Jahrhundert**, als ein fachgerichtlicher Rechtsschutz erst in Ansätzen vorhanden war. So sollte es nach der **Paulskirchenverfassung** zur Zuständigkeit des Reichsgerichts gehören, über Klagen deutscher Staatsbürger wegen Verletzung der ihnen durch die Reichsverfassung gewährten Rechte und Beschwerden wegen verweigerter oder gehemmter Rechtspflege zu entscheiden, wenn die landesgesetzlichen Mittel der Abhilfe erschöpft waren[383]. Die Verfassungsbeschwerde sollte also zum einen Schutz gegen die sogenannte Justizverweigerung, zum anderen aber auch gegen die gerichtliche Vorenthaltung des Grundrechtsschutzes gewähren[384]. Die **Bayerische Verfassung vom 14. August 1919** knüpfte an diese Rechtstradition[385] an; sie gewährte in Art. 93 jedem Bürger und jeder juristischen Person mit Sitz in Bayern das Recht, Beschwerde an den Staatsgerichtshof zu 84

[374] *Detterbeck* (Fn. 274), Art. 93 Rn. 75; *Clemens* (Fn. 263), Art. 93 Rn. 60; *Umbach/Dollinger* (Fn. 370), § 71 Rn. 45; *K.-G. Zierlein*, AöR 118 (1993), 66 (98 ff.).

[375] BVerfGE 91, 246 (250); 92, 130 (134).

[376] BVerfGE 109, 275 (278, Rn. 11).

[377] *Schlaich/Korioth*, Bundesverfassungsgericht, Rn. 108.

[378] Dazu *B. Stüer*, DVBl. 2012, 751 ff.

[379] 19. Gesetz zur Änderung des Grundgesetzes vom 29.1.1969, BGBl. I S. 97; → Rn. 17; *C. Gusy*, Die Verfassungsbeschwerde, in: FS 50 Jahre BVerfG, Bd. 1, S. 641 ff.

[380] Dazu *C. Gusy*, Die Verfassungsbeschwerde, 1988, Rn. 3 ff.; *Stern*, Staatsrecht II, S. 1014 f.

[381] Zur objektiven Funktion der Verfassungsbeschwerde *N. Marsch*, AöR 137 (2012), 592 ff.

[382] *W. Geiger*, in: Gesetz über das Bundesverfassungsgericht vom 12. März 1951, Kommentar, 1952, Vorb. vor § 90 Anm. 1; *W. Löwer*, HStR³ III, § 70 Rn. 163.

[383] § 126 lit. g, h Paulskirchenverfassung, abgedruckt bei Huber, Dokumente, Bd. 1, S. 375 ff. (388); → Rn. 9; vgl. dazu *Kühne*, Reichsverfassung (Fn. 44), S. 199.

[384] *Schlaich/Korioth*, Bundesverfassungsgericht, Rn. 197.

[385] Erste Wurzeln finden sich auch schon in Titel VII, § 21 der Bayerischen Verfassung vom 26.5.1818, der jedem Staatsbürger und jeder Gemeinde ein Beschwerderecht einräumte; Text bei Huber, Dokumente, Bd. 1, S. 155 ff. (168). → Art. 142 Rn. 3, 5.

erheben, wenn sie geltend machen konnten, durch die Tätigkeit einer Behörde in ihren Verfassungsrechten verletzt zu sein[386]. Eine entsprechende Regelung fand sich auch in der **Verfassung des Freistaates Bayern vom 2. Dezember 1946**[387].

85 Auf der Grundlage von Art. 93 II GG a. F. wurde 1951 die Verfassungsbeschwerde als Teil des Bundesverfassungsgerichtsgesetzes normiert[388]. Ihre Einführung wurde damit begründet, dass es ein Zuviel an Grundrechtsschutz nicht geben könne und die Konzentration des gerichtlichen Grundrechtsschutzes bei einem Gericht sowohl der **Einheitlichkeit der Rechtsprechung** als auch der **Verfahrensbeschleunigung** diene[389].

86 Damit stellte sich die Frage nach dem Verhältnis zwischen der Verfassungsbeschwerde und anderen Rechtsbehelfen. Sie wurde vom Bundesverfassungsgericht dahin geklärt, dass in der Verfassungsbeschwerde ein besonderes Rechtsschutzmittel zur Durchsetzung der Grundrechte zu sehen ist[390], dessen Zulässigkeit von der Erschöpfung der regelmäßigen verfahrensrechtlichen Möglichkeiten abhängt[391]. Die Verfassungsbeschwerde ist ein dem Staatsbürger eingeräumter »**außerordentlicher Rechtsbehelf**«[392], der erst dann seine Wirkung entfaltet, wenn alle nach Lage der Sache zur Verfügung stehenden prozessualen Möglichkeiten erschöpft sind, ohne dass eine Korrektur der geltend gemachten Verfassungsverletzung erreicht worden wäre[393]. Damit war der Grundsatz der **Subsidiarität** der Verfassungsbeschwerde formuliert[394], der vorrangig den Fachgerichten und nur nachrangig dem Bundesverfassungsgericht den Grundrechtsschutz zuweist[395].

87 Das Bundesverfassungsgericht hat auch nachdrücklich herausgearbeitet, dass mit der Verfassungsbeschwerde **nur** eine **Verletzung von Grundrechten**, nicht ein Verstoß gegen Gesetzesrecht gerügt werden kann[396]. Das Bundesverfassungsgericht sieht es nicht als seine Aufgabe an, Entscheidungen der Gerichte in jeder Hinsicht auf die Richtigkeit der getroffenen tatsächlichen Feststellungen, der Interpretation der Gesetze und der Anwendung des Rechts auf den konkreten Fall zu kontrollieren[397]. Das Verfassungsgericht prüft aber nach, ob ein Richter bei Auslegung und Anwendung des Gesetzesrechts den Einfluss der Grundrechte auf alle Bereiche des Rechts beachtet hat[398]. Diese Formulierungen scheinen in der Theorie klarer, als sie sich in der Praxis verwirklichen lassen. Der **Prüfungsumfang** des Bundesverfassungsgerichts ist Gegenstand vielfältiger Untersuchungen gewesen und bis heute **nicht endgültig geklärt**[399].

---

[386] Näher dazu *Zuck*, Recht (Fn. 240), Rn. 138.

[387] Art. 120 BayVerf.; vgl. auch die sog. Popularklage gegen Gesetze gem. Art. 98 S. 4 BayVerf.

[388] *Alleweldt*, Bundesverfassungsgericht (Fn. 240), S. 39 f.

[389] Näher dazu *Zuck*, Recht (Fn. 240), Rn. 150 ff. m. w. N.

[390] Vgl. schon BVerfGE 1, 5 (6); hierzu auch *H. F. Zacher*, Die Selektion der Verfassungsbeschwerden, in: Festgabe BVerfG, Bd. 1, S. 396 ff. (397).

[391] So BVerfGE 1, 97 (103).

[392] BVerfGE 18, 315 (325).

[393] So BVerfGE 63, 77 (78).

[394] Dazu *G. Lübbe-Wolff*, EuGRZ 2004, 669 ff.; ferner *H. Sodan*, DÖV 2002, 925 ff.; *T. Kreuder*, NJW 2001, 1243 (1244 ff.); vgl. auch *S. Neidhardt/T. Ehrbeck*, NVwZ 2015, 761 (763 ff.).

[395] BVerfGE 71, 305 (336); zur Problematik der Anhörungsrüge *P. Heinrichsmeier*, NVwZ 2010, 228 ff.; *I.-J. Tegebauer*, DÖV 2008, 954 ff.; *S. Vielmeier*, NJW 2013, 346 ff.

[396] BVerfGE 18, 85 (92); st. Rspr.

[397] BVerfGE 11, 343 (349); st. Rspr. → Rn. 41 ff.

[398] BVerfGE 13, 318 (325); st. Rspr.

[399] Siehe etwa *Zuck*, Recht (Fn. 240), Rn. 579 mit ausführlichen Nachweisen in Fn. 860 sowie *M. Bender*, Die Befugnis des Bundesverfassungsgerichts zur Prüfung gerichtlicher Entscheidungen, 1991, S. 15 ff.

Letztlich entscheidet das Bundesverfassungsgericht im konkreten Fall, wie genau es gerichtliche Entscheidungen nachprüft, und nimmt dabei ein gehöriges Stück **Dezisionismus** für sich in Anspruch (→ Rn. 41 f.).

b) Zulässigkeitsvoraussetzungen

aa) Beschwerdeberechtigung

88 Art. 93 I Nr. 4a GG räumt »**jedermann**« das Recht zur Erhebung einer Verfassungsbeschwerde ein[400]. **Parteifähig** ist damit **jede natürliche Person** unabhängig von ihrer Staatsangehörigkeit, soweit sie sich auf ein Grundrecht berufen kann[401]. **Juristische Personen** sind beschwerdeberechtigt, soweit ihnen ein Grundrecht seinem Wesen nach im Sinne von Art. 19 III GG zusteht[402].

89 **Juristische Personen des öffentlichen Rechts** können nach Auffassung des Bundesverfassungsgerichts in Ermangelung einer Grundrechtsfähigkeit keine Verfassungsbeschwerde erheben[403]. Diese Rechtsprechung wirft vielfältige Fragen auf, etwa wenn es um den Schutz des **Grundeigentums von Gemeinden** außerhalb des Bereichs der Wahrnehmung von öffentlichen Aufgaben geht. Hier ist die Situation der Gemeinde durchaus der einer Privatperson vergleichbar[404]. Das Bundesverfassungsgericht hat in seinem Urteil zum Atomausstieg ein Unternehmen, dessen Gesellschaftsanteile **mittelbar vollständig in der Hand eines ausländischen Staates** lagen, als beschwerdeberechtigt zur Erhebung einer Verfassungsbeschwerde angesehen. Diese Privilegierung ausländischer gegenüber inländischen juristischen Personen des öffentlichen Rechts überrascht. Der Versuch, diese Ungleichbehandlung damit zu rechtfertigen, dass die hinter einer juristischen Person des Privatrechts stehenden Hoheitsträger Bund, Länder und Kommunen »sich mittels der zur Wahrung innerstaatlicher Kompetenzen vorgesehenen Schutzmechanismen gegen vermeintlich verfassungswidrige Einschränkungen ihrer wirtschaftlichen Betätigung zur Wehr setzen könnten«[405], vermag nicht zu überzeugen. Wenn ein **kommunales Unternehmen** sich in seinem Eigentumsgrundrecht oder in seiner Berufsfreiheit verletzt sieht, verfügt die hinter ihm stehende Kommune nicht über Schutzmechanismen zur Wahrung ihrer Kompetenzen, die dem Schutz ihres Eigentums und ihrer wirtschaftlichen Betätigungsfreiheit dienen könnten. Es wäre deshalb nur konsequent, Unternehmen juristischer Personen dann die Erhebung einer Verfassungsbeschwerde zu gestatten, wenn sie in der **gleichen Gefährdungslage** für ihre Rechte sind wie Unternehmen Privater (→ Art. 19 III Rn. 34, 56). Gemischtwirtschaftliche Unternehmen sind nach der Verfassungsrechtsprechung beschwerdeberechtigt, wenn der Staat nicht beherrschenden Einfluss auf die Unternehmensführung ausübt[406].

---

[400] Zu den Zulässigkeitshürden *S. Detterbeck*, AöR 136 (2011), 222 ff.; zu den Folgen des Tods eines Beschwerdeführers *J. Rauber*, DÖV 2011, 637 ff.

[401] Dazu näher *Zuck*, Recht (Fn. 240), Rn. 621 ff.

[402] → Art. 19 III Rn. 30 ff.; aus der Rechtsprechung BVerfGE 53, 1 (13); 53, 336 (345); ferner *Gusy*, Verfassungsbeschwerde (Fn. 380), Rn. 48 ff.

[403] BVerfGE 61, 82 (100 ff.); 68, 193 (205 ff.); vgl. dazu *P. Badura*, JZ 1984, 15 ff.; *Benda/Klein/Klein*, Verfassungsprozessrecht, Rn. 516 ff.; *S. Ruppert*, in: Umbach/Clemens/Dollinger, BVerfGG, § 90 Rn. 41 ff.; *Lechner/Zuck*, Bundesverfassungsgerichtsgesetz (Fn. 294), § 90 Rn. 39 ff., 50 ff. → Art. 19 III Rn. 56 ff.

[404] Ebenso *Schlaich/Korioth*, Bundesverfassungsgericht, Rn. 208.

[405] BVerfGE 143, 246 (313 ff., Rn. 185 ff.; 315 f., Rn. 194).

[406] BVerfGE 115, 205 (227 f., Rn. 72); *Hopfauf* (Fn. 94), Art. 93 Rn. 448. → Art. 19 III Rn. 73 ff.

90 Das Bundesverfassungsgericht räumt juristischen Personen des öffentlichen Rechts ausnahmsweise das Recht zur Erhebung der Verfassungsbeschwerde ein, wenn sie unmittelbar dem durch die Grundrechte geschützten Lebensbereich zuzuordnen sind. So können sich **Universitäten** und **Fakultäten** auf das Grundrecht der **Wissenschaftsfreiheit** berufen[407], auch **öffentlich-rechtliche Rundfunkanstalten** können Grundrechte mit Hilfe der Verfassungsbeschwerde in einem Bereich verteidigen, in dem sie vom Staat abhängig sind[408]. Das Gleiche gilt für **Kirchen** und andere mit dem Status des öffentlichen Rechts versehene **Religionsgesellschaften**[409].

91 **Politische Parteien** hält das Bundesverfassungsgericht sowohl im Hinblick auf Art. 38 I GG[410] als auch im Hinblick auf den allgemeinen Gleichheitssatz des Art. 3 I GG[411] für beschwerdeberechtigt, soweit sie nicht ihren verfassungsrechtlichen Status gegenüber einem anderen Verfassungsorgan geltend machen; dann sind sie auf den Organstreit verwiesen (→ Rn. 59).

bb) Beschwerdegegenstand

92 Gegenstand der Verfassungsbeschwerde kann **jeder Akt der öffentlichen Gewalt** sein[412]. Es muss sich allerdings um Akte der **deutschen** öffentlichen Gewalt handeln, außerdeutsche Hoheitsakte sind der Gerichtsbarkeit des Bundesverfassungsgerichts entzogen[413]. Im Maastricht-Urteil hat das Bundesverfassungsgericht diese Rechtsprechung dahin modifiziert, dass grundsätzlich auch Verfassungsbeschwerden gegen **Akte der Europäischen Union** zulässig sein sollen, weil sie die Grundrechtsberechtigten in Deutschland betreffen sowie die Gewährleistung des Grundgesetzes und die Aufgaben des Bundesverfassungsgerichts berühren[414]. Nachdem das Bundesverfassungsgericht sich insoweit lange zurückgehalten hatte, hat der Zweite Senat Ende 2015 überraschend den Grundrechtsschutz durch die Verfassungsbeschwerde im Rahmen der von ihm beanspruchten Identitätskontrolle weit ausgedehnt: Nach dem Beschluss gewährleistet das Bundesverfassungsgericht den gemäß Art. 23 I 3 GG in Verbindung mit Art. 79 III GG und Art. 1 I GG unabdingbar gebotenen Grundrechtsschutz **uneingeschränkt** und im **Einzelfall**[415].

93 Auch ein **Unterlassen des Gesetzgebers** kann mit der Verfassungsbeschwerde angegriffen werden, wenn eine grundrechtliche Handlungspflicht besteht[416].

---

[407] BVerfGE 15, 256 (262). → Art. 5 III (Wissenschaft), Rn. 66; → Art. 19 III Rn. 61.

[408] BVerfGE 31, 314 (322); 78, 101 (102 f.); 107, 299 (310, Rn. 35 f.); st. Rspr. → Art. 5 I, II Rn. 119 f.; → Art. 19 III Rn. 62.

[409] BVerfGE 18, 385 (386 f.); st. Rspr.; näher dazu *Ruppert* (Fn. 403), § 90 Rn. 44. → Art. 19 III Rn. 63.

[410] BVerfGE 3, 19 (22); st. Rspr. → Art. 21 Rn. 78.

[411] BVerfGE 3, 383 (391).

[412] Näher dazu *G. Robbers*, Verfassungsprozessuale Probleme in der öffentlich-rechtlichen Arbeit, 2005, S. 16 ff.; *Lechner/Zuck* (Fn. 403), § 90 Rn. 118 ff.; zur Problematik der Untätigkeitsbeschwerde *F. Huerkamp/D. Wilepulz*, JZ 2011, 139 ff.; *C. Steinbeiß-Winkelmann*, NJW 2008, 1783 ff.; zur Bindungswirkung *R. Hensel*, Der Staat 50 (2011), 581 ff.

[413] BVerfGE 1, 10 (11); 66, 39 (56 ff.). Vgl. aber auch: → Art. 1 III Rn. 21 ff.

[414] BVerfGE 89, 155 (175 und Ls. 7); dazu *K. M. Meesen*, NJW 1994, 549 (552). → Art. 1 III Rn. 21 ff.

[415] BVerfGE 140, 317 (333 ff., Rn. 34 ff.; 341, Rn. 50); zur »Integrationsverfassungsbeschwerde« *R. Lehner*, Der Staat 52 (2014), 535 ff.

[416] BVerfGE 6, 257 (263 ff.); vgl. ferner E 77, 170 (214 f.); dazu *Detterbeck* (Fn. 274), Art. 93 Rn. 86.

cc) Beschwerdebefugnis

Nach dem insoweit gleichlautenden Text von Art. 93 I Nr. 4a GG und § 90 I BVerfGG setzt die Zulässigkeit einer Verfassungsbeschwerde die **Behauptung** des Beschwerdeführers voraus, durch die öffentliche Gewalt in einem seiner Grundrechte oder grundrechtsgleichen Rechte verletzt zu sein. Das Bundesverfassungsgericht verlangt dafür einen **hinreichend substantiierten Tatsachenvortrag**, aus dem sich ergibt, dass die Grundrechtsverletzung zumindest als **möglich** erscheint[417]. Darüber hinaus verlangt das Bundesverfassungsgericht seit längerem, dass der mit der Verfassungsbeschwerde angegriffene Akt der öffentlichen Gewalt geeignet sein muss, den Beschwerdeführer **selbst**, **unmittelbar** und **gegenwärtig** in seiner grundrechtlich geschützten Rechtsposition zu beeinträchtigen[418]. Diese Trias, die das Bundesverfassungsgericht für Verfassungsbeschwerden gegen Rechtsnormen entwickelt hat[419], ist später auch auf Beschwerden gegen Einzelakte übertragen worden[420]. 94

Die **Selbstbetroffenheit** wirft regelmäßig keine Probleme auf, wenn sich die Entscheidung einer Behörde oder eines Gerichtes an den Beschwerdeführer richtet. Ist das nicht der Fall, verlangt das Bundesverfassungsgericht eine unmittelbare, rechtliche Betroffenheit und lässt eine bloß wirtschaftliche, faktische Betroffenheit nicht ausreichen[421]. Die **Gegenwärtigkeit** der Betroffenheit ist dann gegeben, wenn der Beschwerdeführer nicht bloß »virtuell«, d.h. möglicherweise in der Zukunft, betroffen ist[422]. Vor allem bei Rechtsnormen kann es geschehen, dass ein Beschwerdeführer von ihnen noch nicht erfasst wird, ihren Wirkungen aber in Zukunft unterfallen wird. Eine gegenwärtige Betroffenheit wird angenommen, wenn ein Gesetz Normadressaten gegenwärtig zu später nicht mehr korrigierbaren Entscheidungen zwingt oder zu Dispositionen veranlasst, die sie nach dem späteren Gesetzesvollzug nicht mehr ungeschehen machen können[423]. Auch eine ernsthaft zu besorgende **Grundrechtsgefährdung** eröffnet den Weg zur Verfassungsbeschwerde, wenn sie eine verletzungsgleiche Beeinträchtigung hervorruft[424]. Völlig unbestimmte Annahmen reichen dagegen nicht aus[425]. Hat sich ein Einzelakt erledigt, reicht eine **Wiederholungsgefahr** für die Annahme gegenwärtiger Betroffenheit[426]. 95

Verfassungsbeschwerden gegen Rechtsnormen scheitern oft an der fehlenden **Unmittelbarkeit** der Betroffenheit. Sie liegt nur vor, wenn das Gesetz selbst in Grundrechte des Beschwerdeführers eingreift, ohne »zu seiner Durchführung rechtsnotwendig oder auch nur nach der tatsächlichen Verwaltungspraxis eines besonderen, vom Willen der vollziehenden Gewalt beeinflussten Vollziehungsakts« zu bedür- 96

---

417 Siehe etwa BVerfGE 64, 367 (375); 89, 155 (171); 114, 258 (274, Rn. 71); näher dazu *Gusy*, Verfassungsbeschwerde (Fn. 380), Rn. 62 ff.; *Lechner/Zuck*, Bundesverfassungsgerichtsgesetz (Fn. 294), § 92 Rn. 10 ff.; *P. Lange*, Darlegungs- und Substantiierungspflichten im Verfassungsbeschwerdeverfahren, Diss. iur. Göttingen 2012, S. 42 ff.

418 BVerfGE 53, 30 (48); 60, 360 (370); 88, 384 (399 f.).

419 Vgl. BVerfGE 1, 91 (94 f.); 12, 319 (321); vgl. *S. Kempny*, Der Staat 53 (2014), 577 ff.

420 Seit BVerfGE 53, 30 (48 ff.).

421 z. B. BVerfGE 15, 256 (262 f.) und E 52, 42 (51 f.); weitere Beispiele bei *Pestalozza*, Verfassungsprozeßrecht, § 12 Rn. 43 (S. 184 f.).

422 BVerfGE 1, 97 (102); 102, 197 (207, Rn. 48); 114, 258 (277, Rn. 81); dazu *W. Löwer*, HStR³ III, § 70 Rn. 194.

423 BVerfGE 60, 360 (362); 65, 1 (37); 75, 246 (263); 102, 197 (207, Rn. 48).

424 BVerfGE 51, 324 (347); dazu *Schlaich/Korioth*, Bundesverfassungsgericht, Rn. 238 f.

425 BVerfGE 66, 39 (58).

426 BVerfGE 91, 125 (133); näher dazu *Detterbeck* (Fn. 274), Art. 93 Rn. 93.

fen[427]. Ist – wie im Regelfall – ein **Vollzugsakt** erforderlich, bevor jemand von einem Gesetz betroffen wird, so muss dieser abgewartet und gegen ihn um **fachgerichtlichen Rechtsschutz** nachgesucht werden; erst nach Erschöpfung des Rechtswegs ist dann eine Urteilsverfassungsbeschwerde zulässig, die sich mittelbar gegen das dem Einzelakt zugrundeliegende Gesetz richtet[428]. Durch diese Interpretation wird für die Verfassungsbeschwerde gegen Rechtsnormen ein Äquivalent zur Rechtswegerschöpfung kreiert, die gemäß § 90 II BVerfGG verfrühte Verfassungsbeschwerden gegen Einzelakte verhindert[429]. Nicht aus dem Grundgesetz, sondern aus dem Bundesverfassungsgerichtsgesetz (§§ 23 I, 92) ergeben sich die Formerfordernisse für eine Verfassungsbeschwerde[430].

11. Kommunale Verfassungsbeschwerde (Art. 93 I Nr. 4b GG)

97 Die in Art. 93 I Nr. 4b GG und § 91 BVerfGG genannten Verfassungsbeschwerden von Gemeinden und Gemeindeverbänden wegen Verletzung **des Rechts auf Selbstverwaltung nach Art. 28 GG** durch ein **Gesetz** sind ihrem eigentlichen Charakter nach weniger Verfassungsbeschwerden als Normenkontrollen mit gegenständlich begrenzter Antragsbefugnis[431]. Die Antragsbefugnis ist auf Kommunen beschränkt, die sich nach der geschilderten Rechtsprechung des Bundesverfassungsgerichts (→ Rn. 89) nicht auf Grundrechte berufen können. Sie müssen ihre Verfassungsbeschwerden folglich stets auf die Selbstverwaltungsgarantie des Art. 28 II GG stützen, die kein Grundrecht darstellt (→ Art. 28 Rn. 78). Allerdings überprüft das Bundesverfassungsgericht angegriffene Rechtsnormen nicht nur an Art. 28 GG, sondern an allen Vorschriften des Grundgesetzes, die das »verfassungsrechtliche **Bild der Selbstverwaltung** mitzubestimmen« geeignet sind[432]. Die Beschwerde zum Bundesverfassungsgericht ist gemäß dem zweiten Halbsatz von Art. 93 I Nr. 4b GG **subsidiär** gegenüber der Anrufung des Landesverfassungsgerichts (→ Art. 28 Rn. 99). Im Übrigen gelten die Verfahrensregelungen für die Individualverfassungsbeschwerde[433]. Erfolgreich waren nur Kommunalverfassungsbeschwerden gegen eine gesetzliche Einschränkung der kommunalen Planungshoheit[434], gegen eine willkürliche Namensänderung[435], gegen eine Neugliederung[436] und gegen die in § 44b SGB II geregelte Pflicht der Kreise zur Aufgabenübertragung der Leistungen nach dem Sozialgesetzbuch Zweites Buch (Grundsicherung für Arbeitsuchende) auf Arbeitsgemeinschaften und die einheitliche Aufgabenwahrnehmung von kommunalen Trägern und der Bundesagentur für Arbeit[437].

---

[427] BVerfGE 1, 97 (102); 81, 70 (82); st. Rspr.

[428] Vgl. etwa BVerfGE 74, 33 (37); hierzu auch *Hopfauf* (Fn. 94), Art. 93 Rn. 509 ff.; siehe auch BVerfGE 94, 166 (188).

[429] Näher dazu *Schlaich/Korioth*, Bundesverfassungsgericht, Rn. 238.

[430] *Zuck*, Recht (Fn. 240), Rn. 796 ff.

[431] *Stern*, Staatsrecht II, S. 1024; ferner *Hopfauf* (Fn. 94), Art. 93 Rn. 552 f.; *Voßkuhle* (Fn. 174), Art. 93 Rn. 196.

[432] BVerfGE 1, 167 (181 ff.); 71, 25 (37); 91, 228 (242); st. Rspr.; hierzu auch Jarass/*Pieroth*, GG, Art. 93 Rn. 136; *Hoppe*, Verfassungsbeschwerde (Fn. 215), S. 283 ff.

[433] Siehe dazu näher *Zuck*, Recht (Fn. 240), Rn. 119 ff.; *Hopfauf* (Fn. 94), Art. 93 Rn. 552 ff.

[434] BVerfGE 56, 298.

[435] BVerfGE 59, 216.

[436] BVerfGE 86, 90.

[437] BVerfGE 119, 331.

12. Nichtanerkennungsbeschwerde (Art. 93 I Nr. 4c GG)

a) Eigenart des Verfahrens

2012 hat der verfassungsändernde Gesetzgeber die verfassungsrechtlich geregelten Zuständigkeiten des Bundesverfassungsgerichts um die Nichtanerkennungsbeschwerde ergänzt. Die Nichtanerkennungsbeschwerde schließt eine **Rechtsschutzlücke im Wahlrecht**. Vor der Ergänzung der Verfassung konnte die Entscheidung des Bundeswahlausschusses, eine Vereinigung als wahlvorschlagsberechtigte Partei im Sinne von § 18 IV BWG anzuerkennen, nicht zur gerichtlichen Überprüfung gestellt werden. Erst nach der Wahl konnte im Wahlprüfungsverfahren gemäß Art. 41 GG gerichtlich überprüft werden. Das Bundesverfassungsgericht hält jedoch eine Wahlprüfungsbeschwerde nur dann für begründet, wenn ein Wahlfehler die Sitzverteilung im Parlament zumindest hätte beeinflussen können. Andere Wahlfehler blieben unbeanstandet. Nunmehr kann die Feststellung des Bundeswahlausschusses, dass eine Partei bislang nicht hinreichend parlamentarisch vertreten sei (§ 18 IV 1 Nr. 1 BWG) oder dass eine Vereinigung nicht als Partei anerkannt werden könne (§ 18 IV 1 Nr. 2 BWG) unmittelbar vor dem Bundesverfassungsgericht angefochten werden. 98

b) Zulässigkeitsvoraussetzungen

Zur Erhebung der Nichtanerkennungsbeschwerde berechtigt sind Parteien und Vereinigungen, denen die Anerkennung als wahlvorschlagsberechtigte Partei (§ 18 IV BWG) versagt wurde (§ 96a I BVerfGG). Beschwerdegegenstand ist die **negative Entscheidung des Bundeswahlausschusses**. Die Beschwerdebefugnis setzt voraus, dass die Partei oder Vereinigung **an der Einreichung von Wahlvorschlägen gehindert** worden ist. Außergewöhnlich ist die sehr kurze Beschwerdefrist von vier Tagen (§ 96a II BVerfGG). Gerade kleinere politische Parteien werden häufig nicht über hinreichend geschultes Personal verfügen, das innerhalb von nur vier Tagen eine Beschwerde so begründen kann, dass sie Aussicht auf Erfolg hat. Auch wenn man berücksichtigt, dass bei der Wahlvorbereitung die Zeit drängt, wäre eine Frist von einer Woche sachgerechter gewesen. Das Bundesverfassungsgericht sollte unter diesen Umständen nicht zu hohe Anforderungen an die Substantiierung der Beschwerde stellen. 99

13. Die übrigen im Grundgesetz vorgesehenen Fälle (Art. 93 I Nr. 5 GG)

Abschließend verweist Art. 93 I Nr. 5 GG auf die grundgesetzlichen Regelungen von Verfahren vor dem Bundesverfassungsgericht in anderen Artikeln. Art. 93 I Nr. 5 GG enthält also keine eigenständige Grundlage für verfassungsgerichtliche Verfahren, sondern stellt eine bloße Blankettnorm dar. Das Grundgesetz regelt in Art. 18 die **Grundrechtsverwirkung** (→ Art. 18 Rn. 33 ff.), in Art. 21 II das **Parteiverbot** (→ Art. 21 Rn. 143 ff.), in Art. 41 II die **Wahlprüfung** und **Mandatsfeststellung** (→ Art. 41 Rn. 22 f.), in Art. 61 die **Präsidentenanklage** (→ Art. 61 Rn. 13 ff.), in Art. 98 II und V die **Richteranklage** (→ Art. 98 Rn. 32 ff.) und in Art. 99 GG **Verfassungsstreitigkeiten innerhalb eines Landes**, die durch Landesgesetz dem Bundesverfassungsgericht zugewiesen werden können (→ Art. 99 Rn. 3 ff.). Hinzu kommen die **konkrete Normenkontrolle** gemäß Art. 100 I GG (→ Art. 100 Rn. 11 ff.), die **Verifikation von Völkerrecht** gemäß Art. 100 II GG (→ Art. 100 Rn. 38 ff.), die **Divergenzvorlage** eines Landesverfassungsgerichts gemäß Art. 100 III GG (→ Art. 100 Rn. 43 ff.; → Art. 142 Rn. 75, 84 ff.) und die 100

Entscheidung über das **Fortgelten von Recht als Bundesrecht** gemäß Art. 126 GG (→ Art. 126 Rn. 3 ff.).

14. Sonst durch Bundesgesetz dem Bundesverfassungsgericht zugewiesene Fälle (Art. 93 III GG)

101 Art. 93 III GG ermächtigt den Bundesgesetzgeber, dem Bundesverfassungsgericht weitere Verfahren zuzuweisen. Die praktische Bedeutung dieser Vorschrift ist begrenzt, seit 1969 die Individualverfassungsbeschwerde und die Kommunalverfassungsbeschwerde in Art. 93 I GG aufgenommen wurden (→ Rn. 17, 83, 97). **§ 105 BVerfGG** regelt jetzt noch das Verfahren, in dem ein **Richter des Bundesverfassungsgerichts in den Ruhestand** versetzt oder entlassen werden kann. Gemäß **§ 33 II PartG** stellt das Bundesverfassungsgericht fest, dass die **Ersatzorganisation einer verbotenen Partei** ebenfalls verboten ist, soweit es sich bei der Ersatzorganisation um eine Partei handelt, die bereits vor dem Verbot der ursprünglichen Partei bestand, und daher nicht gem. § 33 III PartG das Vereinsgesetz anwendbar ist (→ Art. 21 Rn. 155)[438]. Halten das **Bundesverwaltungsgericht** oder das **Bundessozialgericht** einen **Bund-Länder-Streit** für **verfassungsrechtlich**, sehen **§ 50 III VwGO** und **§ 39 II 2, 3 SGG** vor, dass die Sache dem Bundesverfassungsgericht zur Entscheidung vorgelegt wird[439]. Weiter entscheidet das Bundesverfassungsgericht im Verfahren der **Prüfung der Wahlen zum Europäischen Parlament** gemäß **§ 26 III 1 EuWG** über Beschwerden gegen die Entscheidung des Bundestags[440]. Schließlich sieht § 24 V 3 des Gesetzes über das Verfahren bei Volksentscheid, Volksbegehren und Volksbefragung nach Art. 29 VI GG[441] eine Beschwerde an das Bundesverfassungsgericht vor, wenn der Bundesminister des Innern den Antrag auf **Zulassung eines Volksbegehrens für einen Neugliederungsraum** ablehnt[442]. Ist ein entsprechendes Volksbegehren vom Bundesinnenminister zugelassen, können wiederum die Regierungen der betroffenen Länder gemäß § 24 V 4 G Artikel 29 Abs. 6 beim Bundesverfassungsgericht dagegen Beschwerde einlegen.

D. Verhältnis zu anderen GG-Bestimmungen

102 Art. 93 GG steht in engem Zusammenhang mit den Vorschriften des Grundgesetzes, die weitere Verfahrenszuständigkeiten des Bundesverfassungsgerichts begründen (→ Rn. 50, 100). Nicht weniger eng ist der Bezug zu **Art. 94 GG**, der die Grundlage für Organisation und Verfahren des Bundesverfassungsgerichts schafft (→ Art. 94 Rn. 7 ff.). In **Art. 92 GG** wird das Bundesverfassungsgericht als Teil der rechtsprechenden Gewalt erwähnt. Als Prüfungsmaßstab kommt schließlich den Grundrechten der Art. 1 bis 19 GG sowie den grundrechtsgleichen Rechten in Art. 20 IV, 33, 38, 101, 103 und 104 GG besondere Bedeutung zu. Auch **Art. 72 II, IV GG** sowie **Art. 125a II GG** sind insoweit zu nennen, weil Art. 93 I Nr. 2a, II GG ihrer prozessualen Durchsetzung dienen.

---

[438] Vgl. dazu *Pestalozza*, Verfassungsprozeßrecht, § 4 Rn. 18 (S. 84 f.).
[439] Dazu BVerwGE 50, 124 (130); *W. Bier*, in: Schoch/Schneider/Bier, VwGO, § 50 (2006), Rn. 14.
[440] BVerfGE 51, 222; 54, 223; 70, 271.
[441] Vom 30.7.1979, BGBl. I S. 1317. → Art. 29 Rn. 25.
[442] Dazu BVerfGE 96, 139.

Artikel 94 [Zusammensetzung des Bundesverfassungsgerichts]

(1) [1]Das Bundesverfassungsgericht besteht aus Bundesrichtern und anderen Mitgliedern. [2]Die Mitglieder des Bundesverfassungsgerichtes werden je zur Hälfte vom Bundestage und vom Bundesrate gewählt. [3]Sie dürfen weder dem Bundestage, dem Bundesrate, der Bundesregierung noch entsprechenden Organen eines Landes angehören.

(2) [1]Ein Bundesgesetz regelt seine Verfassung und das Verfahren und bestimmt, in welchen Fällen seine Entscheidungen Gesetzeskraft haben. [2]Es kann für Verfassungsbeschwerden die vorherige Erschöpfung des Rechtsweges zur Voraussetzung machen und ein besonderes Annahmeverfahren vorsehen.

Literaturauswahl

Böckenförde, Ernst-Wolfgang: Die Überlastung des Bundesverfassungsgerichts, in: ZRP 1996, S. 281–284.

Böckenförde, Ernst-Wolfgang: Verfassungsgerichtsbarkeit. Strukturfragen, Organisation, Legitimation, in: ders., Staat, Nation, Europa, 2. Aufl. 2000, S. 157–182.

Bundesministerium der Justiz (Hrsg.): Entlastung des Bundesverfassungsgerichts, Bericht der Kommission, 1998.

Gusy, Christoph: Das Parlament als Wahlorgan, Gesetzgeber und Prozesspartei im Verhältnis zum Bundesverfassungsgericht, in: Schneider/Zeh, § 60, S. 1619–1656.

Häberle, Peter: Bundesverfassungsrichter-Kandidaten auf dem Prüfstand?, in: Bernd Guggenberger/Andreas Meier (Hrsg.), Der Souverän auf der Nebenbühne, 1994, S. 131–133.

Hermes, Georg: Senat und Kammern, in: FS 50 Jahre BVerfG, Band 1, S. 725–749.

Kischel, Uwe: Amt, Unbefangenheit und Wahl der Bundesverfassungsrichter, in: HStR[3] III, § 69, S. 1233–1283.

Pieper, Stefan U.: Verfassungsrichterwahlen. Die Besetzung der Richterbank des Bundesverfassungsgerichts und die Besetzung des Europäischen Gerichtshofes sowie des Europäischen Gerichtshofes für Menschenrechte und des Internationalen Gerichtshofes mit deutschen Kandidaten, 1998.

Schulze-Fielitz, Helmuth: Wirkung und Befolgung verfassungsgerichtlicher Entscheidungen, in: FS 50 Jahre BVerfG, Band 1, S. 385–420.

Starck, Christian: Das Bundesverfassungsgericht in der Verfassungsordnung und im politischen Prozeß, in: FS 50 Jahre BVerfG, Band 1, S. 1–32.

Wahl, Rainer/Wieland, Joachim: Verfassungsrechtsprechung als knappes Gut, in: JZ 1996, S. 1137–1145.

Wiefelspütz, Dieter: Die Bundesverfassungsrichter werden vom Deutschen Bundestag direkt gewählt!, in: DÖV 2012, S. 961–969.

Siehe auch die Angaben zu Art. 93 GG.

Leitentscheidungen des Bundesverfassungsgerichts

BVerfGE 19, 88 (91 f.) – Ausschuß; 40, 356 (370 f.) – Besetzung der Richterbank; 90, 22 (24 ff.) – Annahmegründe; 129, 108 (116, Rn. 35) – Legislativstreit Schuldenbremse; 131, 230 (235 f., Rn. 6 ff.) – Bundesverfassungsrichterwahl.

Gliederung

Stichwörter

A. Herkunft, Entstehung, Entwicklung

I. Verfassungsgeschichtliche Aspekte

1 Deutsche Verfassungen haben traditionell die Regelung von Organisation und Verfahren der Verfassungsgerichtsbarkeit dem Gesetzgeber überlassen. Schon **§ 128 der Paulskirchenverfassung** sah ein besonderes Gesetz über die Einsetzung und Organisation des **Reichsgerichts** sowie über das Verfahren und die Vollziehung der reichsgerichtlichen Entscheidungen und Verfügungen vor, Abs. 1. In diesem Gesetz sollte auch festgelegt werden, ob und in welchen Fällen Geschworene als Richter des Reichsgerichts tätig werden sollten, Abs. 2. Der Paulskirchenversammlung war dieses Ausführungsgesetz so wichtig, dass ausdrücklich die Möglichkeit vorgesehen wurde, es als organisches Verfassungsgesetz, d. h. in der Form eines verfassungsergänzenden Gesetzes, zu erlassen[1], Abs. 3.

2 **Art. 108 WRV** beschränkte sich auf die Vorgabe, dass nach Maßgabe eines Reichsgesetzes ein **Staatsgerichtshof für das Deutsche Reich** errichtet werde[2]; Urteile des Staatsgerichtshofs in Verfassungsstreitigkeiten innerhalb eines Landes vollstreckte gemäß Art. 19 II WRV der Reichspräsident[3].

II. Entstehung und Veränderung der Norm

3 Der **Verfassungskonvent von Herrenchiemsee** schlug vor, wesentliche Grundzüge von Organisation und Verfahren des Bundesverfassungsgerichts im Grundgesetz zu regeln: die Bestellung der Richter durch Bundestag und Bundesrat, ihre Qualifikation

---

[1] Vgl. *J. D. Kühne*, Die Reichsverfassung der Paulskirche, 2. Aufl. 1998, S. 86f. (m. Fn. 94), 595.

[2] Näher *H. Dreier*, Verfassungsgerichtsbarkeit in der Weimarer Republik, in: T. Simon/J. Kalwoda (Hrsg.), Schutz der Verfassung: Normen, Institutionen, Höchst- und Verfassungsgerichte, 2014, S. 317ff. (344ff.); *H. Wißmann*, Das richterliche Prüfungsrecht im Reichskonstitutionalismus und Republik – Wegmarke der Verfassungsgerichtsbarkeit, in: Simon/Kalwoda, Schutz (ebd.), S. 253ff. (257); *A. Farahat*, IPE VI, § 97 Rn. 4f.

[3] Dazu *Anschütz*, WRV, Art. 19 Anm. 16; *A. Arndt*, Die Verfassung des Deutschen Reiches, 3. Aufl. 1927, Art. 19 Anm. 5.

und die Gesetzeskraft bzw. Bindungswirkung der Entscheidungen[4]. Hieran knüpfte der Rechtspflegeausschuss des Parlamentarischen Rates an, der sich nach einiger Diskussion für eine institutionelle Trennung von Bundesverfassungsgericht und Oberstem Bundesgericht aussprach[5]. Der Hauptausschuss legte seiner ersten Lesung die Vorschläge des Rechtspflegeausschusses zugrunde[6]. Er wandte sich dagegen, dem Gericht die Wahl seines Präsidenten und der Senatsvorsitzenden selbst zu überlassen, sondern sah deren Ernennung durch den Bundespräsidenten auf Vorschlag der Bundesregierung vor[7].

Kontrovers diskutiert wurde, ob **bestimmten Entscheidungen** des Bundesverfassungsgerichts **Gesetzeskraft** zukommen sollte[8]. In zweiter Lesung beschloss der Hauptausschuss, dass die Entscheidungen des Gerichts in bestimmten Verfahren Gesetzeskraft haben sollten[9]. Diese Regelung änderte er in der dritten Lesung auf Vorschlag des Allgemeinen Redaktionsausschusses dahin ab, dass sowohl das Verfahren als auch die Gesetzeskraft von Entscheidungen des Bundesverfassungsgerichts der gesetzlichen Regelung überlassen bleiben sollten[10]. In der vierten Lesung nahm der Hauptausschuss nur noch eine redaktionelle Zusammenfassung vor, die zur endgültigen Formulierung des Artikels führte[11]. 4

Das 19. Gesetz zur **Änderung des Grundgesetzes** vom 29. Januar 1969[12], das die Individualverfassungsbeschwerde und die kommunale Verfassungsbeschwerde als Nr. 4a und Nr. 4b in Art. 93 I GG einfügte, ergänzte Art. 94 II GG um den zweiten Satz[13]. Damit wurde eine **verfassungsrechtliche Grundlage** für das bereits seit 1956 gemäß § 91a BVerfGG a. F. praktizierte **Vorprüfungsverfahren** geschaffen[14]. 5

---

[4] Art. 99 f. HChE; näher dazu Darstellung und Kommentierender Teil, S. 46 und 90 f.; dazu *A. Farahat*, IPE VI, § 97 Rn. 6 f., *K. Niclauß*, Der Parlamentarische Rat und das Bundesverfassungsgericht, in: R. C. v. Ooyen/M. H.W. Möllers (Hrsg.), Handbuch Bundesverfassungsgericht im politischen System, 2015, S. 191 ff. (193 ff., 200); *C. Schönberger*, Anmerkungen zu Karlsruhe, in: M. Jestaedt/O. Lepsius/C. Möllers/C. Schönberger, Das entgrenzte Gericht, 2011, S. 9 ff. (12 ff., 16).

[5] 7. Sitzung des Rechtspflegeausschusses v. 6.12.1948 (JöR 1 [1951], S. 684 f.; Parl. Rat XIII/2, S. 1347 ff.), sowie Parl. Rat VII, S. 77 ff. (Drs. 343).

[6] 23. Sitzung des Hauptausschusses v. 8.12.1948 (JöR 1 [1951], S. 685 ff.; Parl. Rat XIV/1, S. 679 ff.).

[7] Art. 128e III i. d. F. v. 8.12.1948, Parl. Rat VII, S. 91 ff. (Drs. 340).

[8] Dazu *A. Farahat*, IPE VI, § 97 Rn. 7.

[9] 37. Sitzung des Hauptausschusses v. 13.1.1949 (JöR 1 [1951], S. 688 f.; Parl. Rat XIV/2, S. 1131), sowie Parl. Rat VII, S. 202 ff. (Drs. 535).

[10] 50. Sitzung des Hauptausschusses v. 10.2.1949 (JöR 1 [1951], S. 689; Parl. Rat XIV/2, S. 1582 ff.); der Vorschlag des Allgemeinen Redaktionsausschusses findet sich in Parl. Rat VII, S. 202 ff. (Drs. 543), die Zustimmung des Fünferausschusses in Parl. Rat VII, S. 339 ff. (Drs. 591); der Beschluss des Hauptausschusses ist festgehalten in Parl. Rat VII, S. 396 ff. (Drs. 679).

[11] Dem lag ein Vorschlag des Allgemeinen Redaktionsausschusses zugrunde (Parl. Rat VII, S. 497 ff. [Drs. 751]), den der Abg. Zinn (SPD) als Antrag übernahm, vgl. die 57. Sitzung des Hauptausschusses v. 5.5.1949 (JöR 1 [1951], S. 689; Parl. Rat XIV/2, S. 1780 ff.) und Parl. Rat VII, S. 532 ff. (Drs. 850).

[12] BGBl. I S. 97.

[13] Art. 1 Nr. 2 des Änderungsgesetzes; dazu BT-Drs. V/2677 (Entwurf), V/3506; BT, Sten. Prot. V/9209, S. 1817; BR-Drs. 673/68; BR, Sten. Prot. 68, S. 319; zur Kommunalverfassungsbeschwerde *D. Lück*, Der Beitrag der Kommunalverfassungsbeschwerde nach Art. 93 I Nr. 4b GG, 2014.

[14] Siehe dazu den Regierungsentwurf des Änderungsgesetzes zum BVerfGG, BT-Drs. II/1662, S. 10 ff.; näher *B. Gehle*, in: Umbach/Clemens/Dollinger, BVerfGG, Vor §§ 93a ff. Rn. 2 ff.; zu den Kammern *K. Adler*, Alle Macht den Kammern? Die Kompetenzverteilung zwischen Senaten und Kammern im Annahmeverfahren und ihre praktische Handhabung am Bundesverfassungsgericht, 2013, S. 23 ff. m. w. N.

B. Internationale, supranationale und rechtsvergleichende Bezüge

6 Organisation und Verfahren des **Internationalen Gerichtshofs** sind nicht in der Charta der Vereinten Nationen, sondern in einem gesonderten Statut geregelt[15]. Danach wählen die Generalversammlung und der Sicherheitsrat die 15 Richter mit absoluter Mehrheit für 9 Jahre[16]. Der **ständige Europäische Gerichtshof für Menschenrechte** in Straßburg findet seine Rechtsgrundlage im 11. und 14. Protokoll zur Europäischen Menschenrechtskonvention[17]. Die Organisation des **Gerichtshofs der Europäischen Union** ist in Art. 19 EUV und Art. 251 ff. AEUV detailliert geregelt. Die 28 Richter und 11 Generalanwälte[18] werden von den Regierungen der Mitgliedstaaten im gegenseitigen Einvernehmen auf sechs Jahre ernannt. Die Richter wählen aus ihrer Mitte den Präsidenten des Gerichtshofs[19]. Der Gerichtshof entscheidet in Kammern aus fünf Richtern, in der Großen Kammer oder ausnahmsweise im Plenum[20]. Der Gerichtshof hat auch das Recht, seinen Kanzler zu ernennen und dessen Stellung zu bestimmen[21]. Ihm ist ein ebenfalls mit 47 Richtern besetztes **Gericht der Europäischen Union** beigeordnet[22]. In **rechtsvergleichender Sicht** sind zwei Modelle der Organisation von Verfassungsgerichtsbarkeit zu unterscheiden: Während in einigen Ländern die Funktion der Verfassungsgerichtsbarkeit nach dem Vorbild der Vereinigten Staaten von Amerika vom obersten Rechtsmittelgericht vorgenommen wird, folgen andere Länder dem österreichischen Beispiel und weisen die Aufgabe der Verfassungsrechtsprechung einem eigenständigen Gericht zu[23].

C. Erläuterungen

I. Mitglieder des Bundesverfassungsgerichts (Art. 94 I 1 GG)

7 Das **Grundgesetz überlässt** es im Wesentlichen **dem Gesetzgeber**, die **Zusammensetzung des Bundesverfassungsgerichts** zu regeln. Vorgeschrieben wird nur, dass zu den Mitgliedern des Gerichts auch **Bundesrichter** gehören müssen. Über ihre Zahl und deren Relation zu der Zahl der anderen Mitglieder kann der Gesetzgeber frei entschei-

---

[15] IGH-Statut, BGBl. 1973 II S. 430 ff., 505, für die Bundesrepublik Deutschland mit deren Aufnahme in die Vereinten Nationen am 189.1973 in Kraft getreten; zur Stellung internationaler Gerichte *A. v. Bogdandy/I. Venske*, In wessen Namen? Internationale Gerichte in Zeiten globalen Regierens, 2014, S. 218 ff.

[16] Art. 2 ff. IGH-Statut (Fn. 15); *K. Ipsen*, Völkerrecht, § 55, Rn. 47.

[17] Siehe Art. 19 ff. EMRK: → Art. 93 Rn. 19; *J. A. Frowein*, EuGRZ 2015, 269 (269).

[18] Art. 19 II EUV, Art. 254 AEUV.

[19] Art. 253 III AEUV, Art. 8 I VerfO-EuGH; zur demokratischen Legitimation *K. Baltes*, Die demokratische Legitimation und die Unabhängigkeit des EuGH und EuG, 2011, S. 43 ff.; *N. P. Engel*, EuGRZ 2014, 584 ff.; *A. v. Bogdandy/C. Krenn*, JZ 2014, 529 ff.; ferner *J. Hoffmann*, EuR 2016, 197 ff.; *A. Seiber-Fohr*, Der Staat 49 (2010), 130 ff.; *B. Wägenbaur*, EuZW 2015, 889 ff.

[20] Art. 16 I 1 Protokoll Nr. 3 über die Satzung des Gerichtshofs der Europäischen Union; zu Einzelheiten siehe *B. Wegener*, in: Calliess/Ruffert, EUV/AEUV, Art. 253 AEUV, Rn. 3.

[21] Art. 253 V AEUV, Art. 18 VerfO-EuGH.

[22] Art. 254I, IV, 256, 263 IV, 265 III, 268, 270 AEUV, Art. 48 VerfO-EuGH; zu Einzelheiten *Wegener* (Fn. 20), Art. 254 AEUV, Rn. 1 ff. Bzgl. der derzeitigen und künftigen Anzahl von Mitgliedern des Gerichts: VO 2015/2422 vom 16.12.2015 zur Änderung des Protokolls Nr. 3 über die Satzung des Gerichtshofs der Europäischen Union, ABl. L 341/14 v. 24.12.2015, S. 14 (16).

[23] → Art. 93 Rn. 32 ff.; näher *A. Seibert-Fohr*, Der Staat 49 (2010), 130 ff.; weiter *C. Grabenwarter*, IPE VI, § 102 Rn. 1 ff. und *P. E. Quint*, IPE VI, § 109 Rn. 6 ff. und 46 ff.

den, solange er eine Mehrzahl bestimmt[24]. Der Wortlaut der Vorschrift erweckt sogar den Anschein, als könnten nicht nur Richter der obersten Gerichtshöfe des Bundes im Sinne von Art. 95 GG, sondern auch Richter der in Art. 96 GG genannten Bundesgerichte Mitglieder des Bundesverfassungsgerichts werden[25]. Zweck der notwendigen Mitgliedschaft von Bundesrichtern ist jedoch, dem Bundesverfassungsgericht die besondere richterliche Erfahrung der Richter der obersten Gerichtshöfe des Bundes zugutekommen zu lassen.[26] Dem entspricht die Regelung in § 2 III BVerfGG, derzufolge drei Richter jedes Senats[27] des Bundesverfassungsgerichts aus den Richtern an den obersten Gerichtshöfen des Bundes gewählt werden müssen; diese Tätigkeit soll bereits drei Jahre lang ausgeübt worden sein[28].

Das Grundgesetz lässt offen, ob die anderen Mitglieder des Bundesverfassungsgerichts ebenfalls über die **Befähigung zum Richteramt** nach dem Deutschen Richtergesetz verfügen müssen. Obwohl theoretisch von Verfassungs wegen auch juristische Laien Mitglieder des Bundesverfassungsgerichts werden könnten, ist es angesichts der zunehmenden Komplexität des Verfassungsrechts und mit Blick auf die weitreichende Durchdringung des Fachrechts durch das Verfassungsrecht sachgerecht, dass § 3 II BVerfGG die Befähigung zum Richteramt auch für die anderen Mitglieder des Bundesverfassungsgerichts verlangt[29]. Die **weiteren Anforderungen** an die Mitglieder des Bundesverfassungsgerichts, die in § 3 I BVerfGG normiert werden (Vollendung des 40. Lebensjahres[30], Wählbarkeit zum Bundestag[31], schriftliche Bereitschaftserklärung[32]) sind ebenfalls sinnvoll, beruhen aber gleichfalls nicht auf Vorgaben der Verfassung, sondern allein auf der Entscheidung des Gesetzgebers[33]. 8

II. Wahl der Mitglieder des Bundesverfassungsgerichts (Art. 94 I 2 GG)

Das Grundgesetz legt die **Wahl der Mitglieder** des Bundesverfassungsgerichts in die Hände der beiden Gesetzgebungsorgane **Bundestag und Bundesrat**. Es beschränkt sich hinsichtlich aller Wahlmodalitäten auf die Vorgabe, dass jedes der beiden Wahl- 9

[24] Zur Legitimität der Verfassungsgerichtsbarkeit aufgrund der Wahl *C. Landfried*, Die Wahl der Bundesverfassungsrichter und ihre Folgen für die Legitimität der Verfassungsgerichtsbarkeit, in: Ooyen/Möllers, Bundesverfassungsgericht (Fn. 4), S. 369 ff.

[25] Bundesrichter wären dann alle Richter im Bundesdienst im Sinne von §§ 46 ff. DRiG; dazu *G. Schmidt-Räntsch*, Deutsches Richtergesetz, 6. Aufl. 2009, § 46 Rn. 5 f.

[26] *D. Hömig*, in: Hömig/Wolff, GG, Art. 94 Rn. 2; *M. Pagenkopf*, ZRP 2011, 229 (230 ff.).

[27] Zu der Frage, ob es sich um eine Obergrenze handelt, *A. Voßkuhle*, in: v. Mangoldt/Klein/Starck, GG III, Art. 94 Rn. 5 und *C. Lenz*/*R. Hansel*, Bundesverfassungsgerichtsgesetz, Handkommentar, 2. Aufl. 2015, § 2 Rn. 4 f.

[28] Laut BVerfGE 40, 356 (370 f.) gehören dazu auch die »Präsidenten der obersten Gerichtshöfe des Bundes«, deren Wahl von § 2 III BVerfGG nicht ausgeschlossen sei.

[29] Dazu *C. Degenhart*, Fachgerichtsbarkeit, in: FS Kirchhof, 2013, Bd. I, § 90; S. 973 ff.; *U. Kischel*, Party, pope and politics? The election of German Constitutional Court Justice in comparative perspective, International journal of constitutional law 11 (2013), 962 ff.; *C. Landfried*, ZRP 2012, 191 ff.; *J. Montag*, RuP 47 (2011), 140; *V. Rieble*, NJW 2011, 819 (822); *M. Pagenkopf*, ZRP 2011, 229 ff.; *R. Scholz*, ZRP 2012, 191 ff.; *F. Wittreck*, RuP 47 (2011), 141; *R. Zuck*, ZRP 2012, 90 f.

[30] Die gleiche Voraussetzung muss gemäß Art. 54 GG der Bundespräsident erfüllen: → Art. 54 Rn. 26.

[31] Gemäß Art. 38 III GG i. V. m. § 15 BWahlG. → Art. 38 Rn. 128.

[32] Dazu *U. Kischel*, HStR[3] III, § 69 Rn. 1.

[33] Vgl. BT-Drs. I/788; *P. Heinrichsmeier*, in: Umbach/Clemens/Dollinger, BVerfGG, § 3 Rn. 1 ff.

organe die Hälfte der Mitglieder zu wählen hat[34]. Sowohl die Bestimmung von Präsident und Vizepräsident als auch die erforderlichen Mehrheiten bleiben der Entscheidung des Gesetzgebers überlassen. Das Gleiche gilt für die Amtszeit der Richterinnen und Richter.

10 Der Gesetzgeber hat sich in § 9 BVerfGG für eine Wahl von **Präsident und Vizepräsident** durch jedes der beiden Wahlorgane im Wechsel entschieden. Für die Wahl der **Mitglieder des Gerichts** ist gemäß § 6 V[35] und § 7 BVerfGG eine **Zweidrittelmehrheit** erforderlich. In der Literatur wird Art. 94 I GG vereinzelt dahin gedeutet, dass er eine Wahl der Mitglieder des Bundesverfassungsgerichts mit einfacher Mehrheit ausschließe[36]. Die Frage ist nicht ohne praktische Relevanz: Nachdem das BVerfGG ursprünglich im zwölfköpfigen Wahlmännerausschuss des Bundestages eine Dreiviertelmehrheit von neun Stimmen[37] und im Bundesrat eine Mehrheit von Zweidritteln der Stimmen dieses Wahlorgans vorgesehen hatte[38], waren die Wahlgremien schon bei der ersten Nachwahl lange nicht in der Lage, dieses hohe Quorum zu erreichen[39]. Nachfolger für zwei Anfang 1952 ausgeschiedene Richter konnten erst nach acht Monaten[40] bzw. zwei Jahren[41] gewählt werden. Ursache für die Blockade der Wahlorgane waren die zwischen Opposition und Regierung seit dem 31. Januar 1952 erbittert geführten Auseinandersetzungen vor dem Bundesverfassungsgericht im sogenannten »Wehrstreit«[42]. Der Erste Senat sah sich im Oktober 1952 veranlasst, im SRP-Urteil seine Überzeugung auszudrücken, dass »bisher« nicht davon gesprochen werden könne, die Wahlkörperschaften hätten die Wahl »aus sachfremden, etwa parteipolitischen Gründen« ungebührlich verzögert oder gar bewusst unterlassen[43] – ein recht deutlicher Hinweis, der allerdings nichts daran änderte, dass noch über ein Jahr verstrich, bevor eine Nachwahl möglich wurde[44]. Aus dieser Erfahrung heraus sah der Regierungsentwurf eines Gesetzes zur Änderung des BVerfGG in der zweiten Legislaturperiode des Bundestages zur Vermeidung gegenseitiger Blockaden von Regierung und Opposition

---

[34] BVerfGE 19, 88 (91) stellt klar, dass die Vorgabe nur für das Gericht und nicht für die einzelnen Spruchkörper gilt.

[35] Zur Neufassung von § 6 BVerfGG BT-Drs. 18/2737 und 4963 sowie BVerfGE 131, 230 (234 ff., Rn. 6 ff.).

[36] *Benda/Klein/Klein*, Verfassungsprozessrecht, § 5 Rn. 129. – Die Wahl der Mitglieder des BayVerfGH mit einfacher Mehrheit hat das BVerfG (K), BayVBl. 1999, 16 (16 f.) mit der Erwägung unbeanstandet gelassen, eine qualifizierte Mehrheit sei zwar »verfassungspolitisch wünschenswert«, aber nicht von »Bundesverfassungsrechts wegen […] geboten«.

[37] § 6 IV BVerfGG i. d. F. v. 12.3.1951 (BGBl. I S. 243).

[38] § 7 BVerfGG i. d. F. v. 12.3.1951 (BGBl. I S. 243); an dieser Vorgabe hat sich bis heute nichts geändert, so dass weiterhin eine Zweidrittelmehrheit nur der abgegebenen Stimmen nicht ausreicht, *S. Ruppert*, in: Umbach/Clemens/Dollinger, BVerfGG, § 7 Rn. 5.

[39] Zu den ersten Wahlen *J. Collings*, Democracy's Guardians. A History of the German Federal Constitutional Court, 1951–2001, Oxford 2015, S. 7 ff.

[40] Egon Schunck wurde erst am 12.9.1952 als Nachfolger von Carl Leussner gewählt, der am 18.1.1952 ausgeschieden war, dazu *K.-G. Zierlein*, in: Umbach/Clemens/Dollinger, BVerfGG, § 7a Rn. 5 m. Fn. 17.

[41] Karl Heck wurde als Nachfolger des am 14.2.1952 ausgeschiedenen Richters Kurt Zweigert erst 2.4.1954 gewählt, dazu *Zierlein* (Fn. 40), § 7a Rn. 5 m. Fn. 17.

[42] BVerfGE 1, 396; 2, 79; 2, 143; sowie: Der Kampf um den Wehrbeitrag, 1. Halbband: Die Feststellungsklage, 1952; 2. Halbband: Das Gutachtenverfahren, 1953; Ergänzungsband, 1958; näher *A. Baring*, Im Anfang war Adenauer, 3. Aufl. 1984, S. 378 und *D. Gosewinkel*, Adolf Arndt, 1991, S. 296 ff. → Art. 79 I Rn. 5.

[43] BVerfGE 2, 1 (10).

[44] Zum Ganzen *W. K. Geck*, HStR II, § 55 Rn. 9.

bei der Wahl der Verfassungsrichter für einen zweiten Wahlgang nur noch die einfache Mehrheit vor[45]. Auf Vorschlag des Vermittlungsausschusses[46] kam es dann zur heutigen Regelung, die durch die in § 7a BVerfGG statuierte **Verpflichtung des Gerichts** ergänzt wird, einen **Wahlvorschlag** zu machen, wenn zwei Monate nach dem Ablauf der Amtszeit oder nach dem vorzeitigen Ausscheiden eines Richters noch kein Nachfolger gewählt ist[47]. Zuvor waren in einer Stellungnahme des Bundesverfassungsgerichts gegenüber der Bundesregierung Bedenken geltend gemacht worden, die mit nur einfacher Mehrheit gewählten Mitglieder des Gerichts könnten »als Vertreter einer politischen Richtung« erscheinen[48]. Auch die seit 1976 geübte Praxis, nach der CDU/CSU und SPD das Vorschlagsrecht für jeweils vier Mitglieder eines Senats zusteht, von denen ein Mitglied nicht der vorschlagenden Partei angehören soll[49], zeigt jedoch, wie politiknah das Besetzungsverfahren verläuft.

Die **Wahl der Mitglieder** des Bundesverfassungsgerichts hat Anlass zu vielfältigen **11**
wissenschaftlichen Kontroversen gegeben[50], ohne dass eine allseits befriedigende Lösung der erörterten Probleme auch nur in Umrissen erkennbar wäre. Am schwierigsten ist die Frage nach dem für eine Wahl **erforderlichen Quorum** zu beantworten. Die Verfassung verhält sich dazu jedenfalls im Text des Art. 94 GG nicht. Es ist aber auch nicht ersichtlich, dass unter Inanspruchnahme anderer Auslegungsmittel oder kraft Gewohnheitsrechts eine verfassungsrechtliche Bindung des Gesetzgebers begründbar wäre. Das Erfordernis einer qualifizierten Mehrheit bewirkt einen Minderheitenschutz. Damit wird verhindert, dass die jeweilige politische Mehrheit versucht, durch eine Auswahl ihr nahestehender Richterinnen und Richter die Verfassungsrechtsprechung in ihrem Sinn zu beeinflussen. Schon ein Blick auf den U.S. Supreme Court zeigt jedoch, dass nicht selten die Erwartungen enttäuscht wurden, die der Präsident der USA mit der Auswahl von Richtern verbunden hatte, die seinen politischen Überzeugungen vermeintlich nahestanden[51]. Die Erfahrungen in Deutschland seit 1951 bestätigen, dass sich Richterinnen und Richter in der **Unabhängigkeit ihres Amtes auch in politisch umstrittenen Verfahren** keinesfalls stets so verhalten, wie das vielleicht von denjenigen erwartet wird, die sie zur Wahl vorgeschlagen haben[52]. Ein Beeinflussungsversuch verspräche in Deutschland zudem nur dann Aussicht auf Erfolg, wenn die politischen Mehrheiten in Bundestag und Bundesrat übereinstimmen, was häufig nicht der Fall war und ist. Zudem würde es angesichts der Wahl von jeweils nur einem oder wenigen Mitgliedern des Gerichts relativ lange dauern, bis die Inhaber einer

---

45 BT-Drs. II/1662 Anl. 1; vgl. *K. Kröger*, Richterwahl, in: Festgabe BVerfG, Bd. 1, S. 76ff. (91).

46 BT-Drs. II/2612.

47 Näher §§ 56ff. GO BVerfG sowie *Zierlein* (Fn. 40), § 7a Rn. 8ff.

48 Die unveröffentlichte Stellungnahme des Gerichts vom 14.6.1956 ist insoweit im Protokoll des Vermittlungsausschusses Nr. 21 (II/1953) vom 5.7.1956, S. 7f. (Hervorhebung im Original) zitiert, siehe *Zierlein* (Fn. 40), § 7a Rn. 6 m. Fn. 24.

49 Zu dieser Praxis *E.-W. Böckenförde*, Verfassungsgerichtsbarkeit. Strukturfragen, Organisation, Legitimation (1999), in: ders., Staat, Nation, Europa, 2. Aufl. 2000, S. 157ff. (178 m. Fn. 31); *U. Kischel*, HStR³ III, § 69 Rn. 21; *C. Starck*, Das Bundesverfassungsgericht in der Verfassungsordnung und im politischen Prozeß, in: FS 50 Jahre BVerfG, Bd. 1, S. 1ff.

50 *U. Kischel*, HStR³ III, § 69 Rn. 27ff.; *C. Gusy*, Das Parlament als Wahlorgan, Gesetzgeber und Prozeßpartei im Verhältnis zum Bundesverfassungsgericht, in: Schneider/Zeh, § 60 Rn. 6ff.

51 Siehe dazu etwa V. Blasi (Hrsg.), The Burger Court, The Counter Revolution That Wasn't, New Haven u. a. 1983; *B. Schwartz*, Super Chief, Earl Warren and His Supreme Court – A Judicial Biography, New York u. a. 1983; *B. Woodward/S. Armstrong*, The Brethren, New York 1979, S. 10ff.

52 *W. K. Geck*, HStR II, § 55 Rn. 16.

übereinstimmenden einfachen Mehrheit in beiden Wahlkörperschaften ihre personellen Vorstellungen in relevantem Umfang durchsetzen könnten.

12 Derartige Bestrebungen werden durch die gegenwärtig vorgeschriebene Zweidrittelmehrheit fast unmöglich gemacht. Infolge des Verhältniswahlrechts ist es erfahrungsgemäß für eine Regierungsmehrheit kaum möglich, auch nur in einem der beiden Wahlgremien eine Zweidrittelmehrheit zu erreichen. Sowohl die **Parlamentsminderheit** als auch die **föderale Minderheit** im Bundesrat behalten solange **maßgebenden Einfluss** auf die personelle Besetzung des Bundesverfassungsgerichts, wie sie zumindest über ein Drittel der Stimmen verfügen. Kleinere politische Gruppierungen verlieren allerdings wegen des Einigungszwangs für die beiden großen politischen Richtungen an Bedeutung und sind auf Koalitionen angewiesen[53]. Das Erfordernis einer qualifizierten Wahlmehrheit bewirkt in der Praxis, dass eher Personen in das Bundesverfassungsgericht gewählt werden, die in rechtlichen und politischen Fragen nicht zu Extrempositionen neigen, vielmehr dem »mainstream« des verfassungsrechtlichen Denkens zuzuordnen sind. Das mag nicht wenig zu dem großen Ansehen beigetragen haben, das das Gericht in der Öffentlichkeit und in Fachkreisen genießt.

13 Das Quorum bringt allerdings die **Gefahr** mit sich, dass in Zeiten heftiger **politischer Kontroversen** die Kräfte der großen politischen Parteien nicht mehr zu einer Einigung reichen und es deshalb nicht zu den erforderlichen Wahlen kommt. Ein derartiger **Stillstand** gefährdet letztlich nicht nur die Funktionsfähigkeit, sondern auch die gesamte Stellung des Bundesverfassungsgerichts. Wenn sich diese Gefahr auch nur in Ausnahmesituationen aktualisieren dürfte, ist sie doch nicht rein theoretischer Natur, wie die Erfahrungen in den frühen fünfziger Jahren und aus neuerer Zeit zeigen (→ Rn. 10). Aktuell sind hingegen andere Nachteile der gesetzlich vorgeschriebenen Zweidrittelmehrheit: Sie hat dazu geführt, dass die beiden **großen politischen Parteien** die **Stellen** der Gerichtsmitglieder unter sich **aufgeteilt** haben. So weiß jede Seite, wann es an ihr ist, einen Wahlvorschlag zu machen. Es gibt kein Bemühen, gemeinsam mit der Gegenseite ein neues Mitglied zu finden. Deren Mitwirkung ist vielmehr auf ein Vetorecht beschränkt, von dem durchaus Gebrauch gemacht wird, wie sich bei der letzten Wahl des Vorsitzenden des Zweiten Senats gezeigt hat[54]. Das Erfordernis der Zweidrittelmehrheit hat zur Folge, dass große politische Parteien, die im Bundestag oder im Bundesrat eine Sperrminorität von einem Drittel organisieren können, die Wahl ihnen unliebsamer Persönlichkeiten zu verhindern vermögen. Das Beispiel der Vereinigten Staaten von Amerika zeigt, dass vergleichbare Mechanismen Vorwirkungen entfalten können. Wer seine Wahlchancen nicht ruinieren will, mag dann dazu neigen, sich nicht zu kontroversen verfassungsrechtlichen Fragen zu äußern. Wer entscheidenden politischen Kräften in einem Wahlorgan unangenehm auffällt, muss damit rechnen, nicht gewählt zu werden. Solche Mechanismen können auf Dauer die Stellung des Bundesverfassungsgerichts in der Verfassungsordnung schwächen. Auch politisch kontroverse Persönlichkeiten können das Gericht bereichern.

14 Zwar hat man sich im politischen Raum vor einem Vierteljahrhundert geeinigt, in jeden Senat auch **zwei »Neutrale«** zu wählen, die dieses Attribut jedoch schon dann beanspruchen können, wenn sie nicht Mitglied der sie vorschlagenden Partei sind[55].

---

[53] Zu diesen Mechanismen *Schlaich/Korioth*, Bundesverfassungsgericht, Rn. 43 ff.; allgemein zur Funktion qualifizierter Mehrheiten *W. Heun*, Das Mehrheitsprinzip in der Demokratie, 1983, S. 124 ff.

[54] Siehe dazu *H.-P. Schneider/R. Gerhardt*, ZRP 2008, 229 ff.

[55] Dazu *Böckenförde*, Verfassungsgerichtsbarkeit (Fn. 49), S. 178 Fn. 31.

Angesichts des umfassenden Vorschlagsrechts der beiden großen Parteien für jeweils die Hälfte der Sitze im Bundesverfassungsgericht ist die Wahlpraxis zutreffend mit dem Begriff »**Erbhöfe**« gekennzeichnet worden[56]. Angesichts der aufgezeigten Vor- und Nachteile des Erfordernisses der Zweidrittelmehrheit lässt sich auch im Wege einer teleologischen Interpretation des Art. 94 GG **nicht ein verfassungsrechtliches Gebot** ableiten, der Gesetzgeber müsse für die Wahl zum Mitglied des Bundesverfassungsgerichts **eine qualifizierte Mehrheit vorschreiben**. Vielmehr obliegt es dem Gesetzgeber, Vor- und Nachteile in politischer Verantwortung gegeneinander abzuwägen.

Ein weiterer Kritikpunkt bezieht sich auf die **fehlende Transparenz der Verfassungsrichterwahl**. Sie beruhte zum einen darauf, dass § 6 I BVerfGG a.F. eine indirekte Wahl vorgeschrieben hat. Da Art. 94 I 2 GG vorschreibt, dass die Hälfte der Mitglieder des Bundesverfassungsgerichts »vom Bundestage« gewählt wird, war die **Praxis der indirekten Wahl im Gegensatz zur Auffassung des Bundesverfassungsgerichts**[57] **verfassungswidrig**[58]. Hätte die Verfassung den Bundestag ermächtigen wollen, die Wahrnehmung seiner Rechte einem seiner Ausschüsse zu übertragen, hätte sie das in einer ausdrücklichen Regelung entsprechend Art. 45 S. 2 GG zum Ausdruck bringen können und müssen. Der Bundestag wählte die von ihm zu bestimmenden Mitglieder des Bundesverfassungsgerichts nicht selbst, sondern überließ die Wahl einem Wahlausschuss. Die Staatspraxis hat sich von den Bedenken der Wissenschaft[59] lange nicht beeindrucken lassen. Auch ein 1987 von der Fraktion der GRÜNEN im Bundestag eingebrachter Gesetzentwurf[60], der eine Sichtung der von den allein vorschlagsberechtigten Bundestagsfraktionen eingereichten Kandidatenvorschläge durch einen Wahlausschuss des Bundestages, eine öffentliche Anhörung und schließlich nach allgemeiner Aussprache eine Wahl durch das Bundestagsplenum mit einer Zweidrittelmehrheit vorsah, wurde verworfen. 15

Erst 2015 ist an die Stelle der indirekten Wahl ein zweistufiges Wahlverfahren getreten[61]. Nunmehr wählt der Bundestag auf Vorschlag eines Wahlausschusses die von ihm zu bestimmenden Mitglieder des Bundesverfassungsgerichts mit Zweidrittelmehrheit (§ 6 I BVerfGG). § 6 II BVerfGG schreibt vor, dass der Wahlausschuss nach den Regeln der Verhältniswahl gewählt wird und **aus 12 Mitgliedern des Bundestages** besteht. Vorschlagsberechtigt ist jede Fraktion, gewählt wird nach dem Höchstzahl- 16

---

[56] *E. Friesenhahn*, Diskussionsbeitrag, in: J.A. Frowein/H. Meyer/P. Schneider (Hrsg.), Bundesverfassungsgericht im dritten Jahrzehnt, 1973, S. 71; zur Wahlpraxis *K.A. Bettermann*, Opposition und Verfassungsrichterwahl, in: FS Zweigert, 1981, S. 723ff. (726) sowie *Schlaich/Korioth*, Bundesverfassungsgericht, Rn. 45f.

[57] BVerfGE 131, 230 (233ff., Rn. 6ff.) in einer Entscheidung in eigener Sache; dazu kritisch *M. Sachs*, JuS 2013, 285 (286).

[58] *D. Wiefelspütz*, DÖV 2012, 961 (968); im Ergebnis ebenso *U. Kischel*, HStR³ III, § 69 Rn. 48ff., der das Verfahren allerdings für rechtspolitisch sinnvoll hielt.

[59] *W. Berg*, Der Staat 9 (1970), 21 (37f.); *J.-F. v. Eichborn*, Die Bestimmungen über die Wahl der Bundesverfassungsrichter als Verfassungsproblem, 1969, S. 21f.; *H.-H. Kasten*, DÖV 1985, 222 (226); *A. Kreuzer*, Der Staat 7 (1968), 183 (192ff.); *U.K. Preuß*, ZRP 1988, 389 (389f.); *Schlaich/Korioth*, Bundesverfassungsgericht, Rn. 46f.; *K. Stern*, in: BK, Art. 94 (Zweitb. 1965), Rn. 83; *E. Teubner*, Die Bestellung zum Berufsrichter in Bund und Ländern, 1984, S. 23f.; *R. Thoma*, JöR 6 (1957), 161ff.; *Voßkuhle* (Fn. 27), Art. 94 Rn. 10.

[60] BT-Drs. 11/73.

[61] § 6 BVerfGG in der Fassung des Gesetzes v. 24.6.2015 (BGBl. I 973); dazu *D. Grimm/R. Gerhardt*, ZRP 2014, 125f.; *D. Wiefelspütz*, DÖV 2012, 961ff.; ferner *U. Kranenpohl*, ZSE 9 (2011), 78ff.; *E.V. Schnelle*, NVwZ 2012, 1597ff.; *M. Schröder*, ZG 30 (2015), 150ff.

verfahren (d'Hondt). Die Erörterungen im Wahlausschuss finden weiterhin unter Ausschluss der Öffentlichkeit statt[62], und die Mitglieder des Wahlausschusses sind zur Verschwiegenheit über die ihnen durch ihre Tätigkeit im Wahlausschuss bekannt gewordenen persönlichen Verhältnisse der Bewerber sowie über die Erörterungen im Wahlausschuss und über die Abstimmung verpflichtet[63].

17 Unabhängig von der verfassungsrechtlichen Problematik der früher üblichen indirekten Wahl durch den Wahlausschuss des Bundestages entspricht der in der Verfassung begründeten **herausgehobenen Stellung des Bundesverfassungsgerichts** und der **großen Bedeutung seiner Entscheidungen** für die Staatspraxis eine größere Transparenz des Wahlverfahrens. Die jetzige Praxis, nach der nicht einmal die Mitglieder der Wahlgremien, sondern im Vorfeld einige wenige Politiker der beteiligten Parteien personelle Vorentscheidungen treffen, entspricht den Gepflogenheiten, die auch sonst in der parlamentarischen Demokratie bei der Besetzung herausragender Staatsämter üblich sind. Nur werden regelmäßig die internen Vorentscheidungen in einem öffentlichen Verfahren manifestiert und wird so der Bevölkerung Gelegenheit gegeben, Kandidatinnen[64] und Kandidaten vor ihrer endgültigen Wahl kennenzulernen. Das könnte, müsste aber nicht in einer öffentlichen Anhörung geschehen[65]. Es ist jedenfalls nicht recht einzusehen, warum Persönlichkeiten, die befähigt sind, für 12 Jahre als Mitglied des Bundesverfassungsgerichts die Rechtsordnung der Bundesrepublik in bedeutendem Umfang mit zu prägen, nicht in der Lage oder nicht willens sein sollten[66], sich vor ihrer Wahl der Öffentlichkeit zu stellen. Wer in einer parlamentarischen Demokratie für 12 Jahre ein hohes Amt bekleiden will, wird und muss bereit sein, dem berechtigten **Informationsinteresse der Bevölkerung** Genüge zu tun. Ergebnis einer größeren **Transparenz** der Wahlen zum Bundesverfassungsgericht wäre aller Voraussicht nach nicht eine andere Besetzung des Gerichts, aber eine größere **demokratische Legitimation** seiner Mitglieder[67].

18 Art. 94 GG verhält sich nicht dazu, für welche **Amtsperiode** die Wahl in das Bundesverfassungsgericht erfolgt. Nachdem früher Bundesrichter auf Lebenszeit, also bis zum Erreichen der Altersgrenze für den Eintritt in den Ruhestand, die übrigen Mitglieder des Bundesverfassungsgerichts hingegen auf acht Jahre mit der Möglichkeit der Wiederwahl gewählt worden waren[68], ist die **Amtszeit aller Richter** seit 1970 gemäß § 4 I und II BVerfGG **auf 12 Jahre begrenzt.** Diese Periode erscheint angemessen, der Ausschluss der Wiederwahlmöglichkeit trägt zur Unabhängigkeit der Mitglieder des Bundesverfassungsgerichts bei[69].

---

[62] Dazu *Gusy* (Fn. 50), § 60 Rn. 16; *Kröger*, Richterwahl (Fn. 45), S. 92 f.; *Ruppert* (Fn. 38), § 6 Rn. 17.

[63] Näher zum Verfahren im Wahlausschuss § 6 II–IV BVerfGG.

[64] Zu den Richterinnen im Bundesverfassungsgericht *C. Hohmann-Dennhart*, Das Bundesverfassungsgericht und die Frauen, in: Ooyen/Möllers, Bundesverfassungsgericht (Fn. 4), S. 413 ff.; *J. Berkemann*, DVBl. 2014, 137 ff.

[65] Dazu *U. K. Preuß*, ZRP 1988, 389 (394 f.); siehe auch den interessanten Vorschlag von *Voßkuhle* (Fn. 27), Art. 94 Rn. 15.

[66] So die überwiegende Mehrheit der Sachverständigen in der Anhörung vor dem Rechtsausschuss des Deutschen Bundestags am 4.5.1988, zitiert bei *U. K. Preuß*, ZRP 1988, 389 (395 m. Fn. 62).

[67] Vgl. dazu *Benda/Klein/Klein*, Verfassungsprozessrecht, § 5 Rn. 133 f. sowie *H. Simon*, Verfassungsgerichtsbarkeit, in: HdbVerfR, § 34 Rn. 39.

[68] Näher dazu *Heinrichsmeier* (Fn. 33), § 4 Rn. 1 f.

[69] Vgl. auch *A. v. Bogdandy/C. Krenn*, JZ 2014, 529 ff. für die Richter Europas.

III. Inkompatibilitäten (Art. 94 I 3 GG)

Die Mitglieder des Bundesverfassungsgerichts dürfen weder einem Organ der Legislative noch der Exekutive angehören. Das **Gewaltentrennungsprinzip des Art. 20 II 2 GG** (→ Art. 20 [Rechtsstaat], Rn. 67 ff.) ist für das Bundesverfassungsgericht wegen seiner Kontrollfunktion streng verwirklicht[70]. § 3 III 2 BVerfGG klärt, dass mit der Ernennung zum Mitglied des Bundesverfassungsgerichts **ipso iure das Ausscheiden aus Organen der Legislative oder Exekutive** verbunden ist[71]. Kraft Gesetzes ist den Mitgliedern des Bundesverfassungsgerichts über Art. 94 I 3 GG hinaus **jede andere berufliche Tätigkeit mit Ausnahme der eines Lehrers des Rechts an einer deutschen Hochschule untersagt**; für Hochschullehrer geht die Tätigkeit als Richter des Bundesverfassungsgerichts der Tätigkeit an der Hochschule vor (§ 3 IV BVerfGG). Angesichts der Arbeitsbelastung der Mitglieder des Bundesverfassungsgerichts bringt diese gesetzliche Regelung nur eine Selbstverständlichkeit zum Ausdruck. Der frühere Vizepräsident des Gerichts Mahrenholz hat sich wegen der hohen Arbeitslast dafür ausgesprochen, die Unvereinbarkeitsregelung auch auf das Amt des Hochschullehrers auszudehnen[72]. In der Praxis wird einem Mitglied des Bundesverfassungsgerichts neben der Ausübung des richterlichen Amtes eine fortgesetzte Tätigkeit als Lehrer des Rechts an einer Hochschule nur in begrenztem Umfang möglich sein. Mit Blick auf die Vorteile, die der Pflege und Entwicklung des Verfassungsrechts aus dem Kontakt zur Wissenschaft entstehen können, erscheint die gesetzliche Regelung, aus der sich klar der Vorrang der richterlichen Tätigkeit ergibt, als vertretbar; zwingend geboten ist sie nicht. §§ 101 bis 104 BVerfGG enthalten die einschlägigen Ausführungsvorschriften für Beamte, Richter sowie Rechtsanwälte und Notare[73]. 19

IV. Verfassung und Verfahren (Art. 94 II 1, 1. Halbs. GG)

Dem Auftrag der Verfassung, die Organisation und das Verfahren des Bundesverfassungsgerichts durch Bundesgesetz zu regeln, ist der Gesetzgeber durch den Erlass des **Bundesverfassungsgerichtsgesetzes** nachgekommen. Die wesentlichen Organisationsentscheidungen sind in §§ 1 und 2 BVerfGG getroffen: Das Bundesverfassungsgericht ist nicht nur ein **selbständiger und unabhängiger Gerichtshof des Bundes**, sondern zugleich **Verfassungsorgan**[74]. Für die Arbeitsweise des Gerichts wichtig ist die Entscheidung des Gesetzgebers, das Bundesverfassungsgericht als »Zwillingsgericht« mit zwei Senaten zu konstituieren (§ 2 I BVerfGG). Die Einheit der Verfassungsrechtsprechung könnte besser durch ein »Einheitsgericht« gewahrt werden. Differenzen in der Rechtsprechung beider Senate sollen durch die gemäß § 16 I BVerfGG bestehende **Pflicht zur Anrufung des Plenums** des Bundesverfassungsgerichts in dem Fall vermieden werden, dass ein Senat in einer Rechtsfrage von der in einer Entscheidung des anderen Senats enthaltenen Rechtsauffassung abweichen will[75]. Die Bereitschaft beider Senate, das 20

---

[70] Vgl. auch *S. Detterbeck*, in: Sachs, GG, Art. 94 Rn. 5.

[71] Näher dazu *Heinrichsmeier* (Fn. 33), § 3 Rn. 13 ff.; *A. Farahat*, IPE VI, § 97 Rn. 35; *W. Heun*, Verfassung und Verfassungsgerichtsbarkeit im Vergleich, 2014, S. 103 ff.

[72] *E.-G. Mahrenholz*, ZRP 1997, 133 f.

[73] Näher dazu *W. Heyde*, in: Umbach/Clemens/Dollinger, BVerfGG, §§ 101–104.

[74] Zur Verfassungsorganqualität: → Art. 93 Rn. 36; ferner *Stern*, Staatsrecht II, S. 341 ff. m. w. N.

[75] Näher zu diesen Voraussetzungen *A. Berg*, Die Einheitlichkeit höchstrichterlicher Verfassungsrechtsprechung im Rahmen des § 16 Abs. 1 BVerfGG, 2016, S. 75 ff.; *R. Eschelbach*, in: Umbach/

Plenum anzurufen, ist jedoch gering[76]. Nicht zu Unrecht wird von einem »horror pleni« gesprochen. Die Senate tendieren eher dazu, stillschweigend abzuweichen oder auf immer bestehende Unterschiede in der jeweiligen Fallkonstellation zu verweisen[77]. Die Problematik wird besonders deutlich aus einer Kontroverse zwischen beiden Senaten im Oktober 1997: Der Zweite Senat hat am 22. Oktober 1997 einen Beschluss zu einem Verfahren des Ersten Senats gefasst, in dem er die Auffassung der Mehrheit seiner Mitglieder zum Ausdruck gebracht hat, dass es sich bei der in seiner zweiten **Entscheidung zum Schwangerschaftsabbruch**[78] geäußerten Rechtsauffassung, es sei von Verfassungs wegen (Art. 1 I GG) nicht gestattet, die **Unterhaltspflicht für ein Kind als Schaden** zu begreifen, um eine die Entscheidung des Senats tragende Rechtsansicht handele; auch müsse die Entscheidung, ob eine Rechtsansicht tragende Bedeutung habe, vom Plenum entschieden werden, wenn der Senat, der die Rechtsauffassung geäußert habe, erklärt habe, dass ihr tragende Bedeutung zukomme, während der andere Senat sie nicht für tragend halte. Dieser Beschluss des Zweiten Senats ist in einem Anhang zu einem Band der von den Mitgliedern des Bundesverfassungsgerichts herausgegebenen Entscheidungen des Bundesverfassungsgerichts abgedruckt[79]. Dagegen hat der für die Entscheidung über die eingelegten Verfassungsbeschwerden zuständige Erste Senat in seinem Beschluss vom 12. November 1997 entschieden, dass die **Rechtsprechung der Zivilgerichte zur Arzthaftung bei fehlgeschlagener Sterilisation** und fehlerhafter genetischer Beratung vor Zeugung eines Kindes **nicht gegen Art. 1 I GG verstoße**. Die Voraussetzungen des § 16 BVerfGG lägen nicht vor, worüber allein der zur Entscheidung in der Sache berufene Senat zu befinden habe[80]. Unabhängig davon, dass der Beschluss des Ersten Senats, der allein über das Vorliegen der Voraussetzungen des § 16 BVerfGG zu befinden hatte, die Norm zutreffend interpretiert, zeigt die öffentlich ausgetragene Kontroverse die Problematik des Wegs, zur Vermeidung von Rechtsprechungsdifferenzen auf die Anrufung des Plenums zu vertrauen.

21 Ähnliche Gefahren für die Einheit der Verfassungsrechtsprechung ergeben sich aus der **Einrichtung der Kammern als weiterer Spruchkörper** (§ 15a BVerfGG)[81]. Ihre Aufgabe ist es, das Bundesverfassungsgericht bei der Bearbeitung der großen Zahl der Verfassungsbeschwerden, aber auch der zunehmenden Zahl der Verfahren der konkreten Normenkontrolle zu entlasten[82]. In der Literatur ist deshalb vor langer Zeit zu Recht, aber ohne nennenswerte Folgen gefordert worden, dass Nichtannahmeent-

---

Clemens/Dollinger, BVerfGG, § 16 Rn. 21 ff.; *H. Lechner/R. Zuck*, Bundesverfassungsgerichtsgesetz, 7. Aufl. 2015, § 16 Rn. 3 ff.

[76] Bislang hat es erst fünf Plenarentscheidungen gegeben: BVerfGE 4, 27; 54, 277; 95, 322; 107, 395; 132, 1; näher dazu *M. Hong*, Der Staat 54 (2015), 409 (410 ff.) am Beispiel der Kopftuchentscheidungen beider Senate; ferner *Eschelbach* (Fn. 75), § 16 Rn. 5 ff.; *A. Hopfauf*, in: Schmidt-Bleibtreu/Hofmann/Henneke, GG, Art. 94 Rn. 98 ff.

[77] Beispiele bei *Eschelbach* (Fn. 75), § 16 Rn. 5.

[78] BVerfGE 88, 203 (296).

[79] BVerfGE 96, 409.

[80] BVerfGE 96, 375 (403 ff.); auch diese Entscheidung wurde nicht von allen Mitgliedern des Senats getragen, sondern ist mit Mehrheiten von 6:2 und 5:3 ergangen.

[81] *Adler*, Macht (Fn. 14), S. 42 ff. und 50 f.; *G. Hermes*, Senat und Kammern, in: FS 50 Jahre BVerfG, Bd. 1, S. 725 ff.; zur Spruchpraxis der Kammern *R. Uerpmann*, Annahme der Verfassungsbeschwerde zur Entscheidung, ebd., S. 673 ff. (677 ff.).

[82] Siehe dazu *F.-W. Dollinger*, in: Umbach/Clemens/Dollinger, BVerfGG, § 15a Rn. 2 ff.; *R. Zuck*, Das Recht der Verfassungsbeschwerde, 4. Aufl. 2013, Rn. 1008 ff.

scheidungen einer Kammer nicht wie kurz begründete Sachentscheidungen abgefasst werden sollten[83].

Von Verfassungs wegen wäre auch eine **andere Organisation** des Bundesverfassungsgerichts **denkbar**. Da ein Einheitsgericht wegen der Arbeitsbelastung in der Praxis als Alternative ausscheidet, zumal eine effiziente Beratung eine überschaubare Zahl von Senatsmitgliedern voraussetzt, könnte auch an ein »rollierendes System«[84] gedacht werden, wie es der Europäische Gerichtshof praktiziert (→ Rn. 6). Dabei ist jedoch stets im Auge zu behalten, dass mit der Zahl der Spruchkörper auch die Gefahren für die Einheitlichkeit der Verfassungsrechtsprechung steigen. Es ist Aufgabe des Gesetzgebers, hier den richtigen Ausgleich im Spannungsverhältnis zwischen Bewältigung der Arbeitsbelastung und Bewahrung der Einheit der Verfassungsrechtsprechung und damit des Verfassungsrechts zu schaffen. Letztlich bewältigt das Gericht die seit Jahren überaus hohe Arbeitsbelastung unter Anspannung aller Kräfte erfolgreich. Solange die Richterinnen und Richter nicht selbst den Gesetzgeber um Entlastung bitten, ist nicht davon auszugehen, dass es zu einer gesetzlichen Entlastung kommen wird. 22

Als Organisationsentscheidung ist weiter von Bedeutung, dass § 1 II BVerfGG **Karlsruhe** zum **Sitz** des Bundesverfassungsgerichts bestimmt. Ursprünglich waren neben Karlsruhe auch Berlin, Kiel und Köln im Gespräch. Nach längeren Auseinandersetzungen wurde der Streit durch § 1 eines gesonderten Gesetzes über den Sitz des Bundesverfassungsgerichtes »vorerst« zugunsten Karlsruhes entschieden[85]. Die endgültige Sitzbestimmung erfolgte 1970 durch das 4. Änderungsgesetz zum Bundesverfassungsgerichtsgesetz, das § 1 II BVerfGG seine heutige Fassung gab[86]. Mit der Entscheidung für Karlsruhe wurde an die deutsche Rechtstradition angeknüpft, das **oberste Gericht nicht am Regierungssitz zu errichten**. Als sich mit der Wiedervereinigung 1990 die Möglichkeit ergab, Bundesverfassungsgericht und Bundesgerichtshof nach Leipzig zu verlegen, ließen beide Gerichte kein Bestreben erkennen, an den früheren Sitz des Reichsgerichts zurückzukehren. 23

Das **Verfahren** des Bundesverfassungsgerichts ist im Wesentlichen im **Bundesverfassungsgerichtsgesetz** geregelt, das in §§ 17 bis 35c allgemeine Verfahrensvorschriften enthält und in den §§ 36 bis 97e[87] die einzelnen Verfahrensarten regelt[88]. **Verfahrensergänzende Vorschriften** finden sich in §§ 20 bis 73 der **Geschäftsordnung des Bundesverfassungsgerichts** (GO BVerfG). Diese Form der Selbstregulierung ist verfassungsrechtlich nicht unproblematisch, weil Art. 94 II 1, 1. Halbs. GG die Regelung des Verfahrens des Bundesverfassungsgerichts ausschließlich dem Bundesgesetzgeber zuweist. § 1 III BVerfGG sieht zwar vor, dass das Bundesverfassungsgericht sich eine 24

---

[83] *B. Schlink*, NJW 1989, 11ff.; ein Beispiel für einen Kammerbeschluss, der inhaltlich einer Senatsentscheidung entspricht, bildet etwa BVerfG (K), NJW 1999, 3399ff.

[84] Dazu *Stern*, Staatsrecht II, S. 341; *Schönberger*, Anmerkungen (Fn. 4), S. 18.

[85] § 1 Gesetz über den Sitz des BVerfG v. 4.5.1951, BGBl. I S. 288; dazu *Schönberger*, Anmerkungen (Fn. 4), S. 20f.

[86] Art. 1 Nr. 1 des 4. Gesetzes zur Änderung des Gesetzes über das Bundesverfassungsgericht vom 21.12.1970, BGBl. I S. 1765; zu den Auseinandersetzungen über den Sitz des Bundesverfassungsgerichts *D. C. Umbach*, in: Umbach/Clemens/Dollinger, BVerfGG, § 1 Rn. 17f.

[87] Zur Verzögerungsbeschwerde *T. Barczak*, AöR 138 (2013), 536ff.; *R. Zuck*, NJW 2013, 2248ff.

[88] BVerfGE 129, 108 (116, Rn. 35) weist ausdrücklich darauf hin, dass der Verfassungsauftrag des Art. 94 II GG auch umfasst, die wesentlichen Prozessvoraussetzungen der einzelnen Verfahrensarten einfachgesetzlich zu regeln, namentlich die »Partei- und Prozessfähigkeit sowie die Antrags- und Vertretungsbefugnis«.

Geschäftsordnung gibt, die das Plenum beschließt, ohne dass darin jedoch eine – verfassungsrechtlich unzulässige – Abweichung von der klaren Vorgabe des Grundgesetzes zu sehen wäre. Soweit die Bestimmungen der Geschäftsordnung nur das **interne Verfahren** des Bundesverfassungsgerichts regeln, bestehen mit Blick auf die **Geschäftsordnungsautonomie eines Verfassungsorgans**[89] keine rechtlichen Bedenken[90]. Art. 94 II S. 1, 1. Halbs. GG schließt jedoch aus, dass in der Geschäftsordnung das Bundesverfassungsgericht sein Verfahren mit Außenwirkung gegenüber den Bürgerinnen und Bürgern normiert. Eine solche Verfahrensregelung mit Außenwirkung findet sich etwa in § 63 II GO BVerfG, nach dessen Buchstabe a) **Verfassungsbeschwerden im Allgemeinen Register des Gerichts registriert** werden können, bei denen eine **Annahme zur Entscheidung** (§ 93a BVerfGG) **nicht in Betracht kommt**, weil sie offensichtlich unzulässig sind oder unter Berücksichtigung der Rechtsprechung des Bundesverfassungsgerichts offensichtlich keinen Erfolg haben können. Ob diese – keineswegs ohne Schwierigkeiten zu beurteilenden – Voraussetzungen erfüllt sind, entscheidet die für das Allgemeine Register verantwortliche »**Abteilungsleitung Justizverwaltung**« (§ 64 I GO BVerfG), dem diese Befugnis von dem eigentlich zuständigen Senatsvorsitzenden übertragen worden ist. Die »Abteilungsleitung Justizverwaltung« wird durch zeichnungsbefugte Referentinnen und Referenten unterstützt, welche die Befähigung zum Richteramt besitzen müssen (§ 65 GO BVerfG)[91]. Die Eintragung in das Allgemeine Register wird also nicht von einem Mitglied des Gerichts, sondern von einem Verwaltungsbeamten verantwortet, der den Beschwerdeführer über die Rechtslage unterrichtet. Nur wenn dieser dann noch eine richterliche Entscheidung begehrt, wird die Verfassungsbeschwerde in das Verfahrensregister und damit in den allgemeinen Geschäftsgang übertragen (§ 64 II GO BVerfG). Auf diesem Wege sind etwa im Jahre 2015 deutlich mehr als 3.200 Verfassungsbeschwerden in das Verfahrensregister übertragen worden. 2015 wurden mehr als 5.700 Verfassungsbeschwerden im Allgemeinen Register bearbeitet[92]. Wie viele Beschwerdeführer nach Erhebung ihrer Verfassungsbeschwerde und Belehrung durch den zuständigen Beamten darauf verzichtet haben, eine richterliche Entscheidung zu begehren, ist aus den verfügbaren Materialien nicht ersichtlich. Der Rückgriff auf die Eintragung in das Allgemeine Register ist angesichts der Arbeitsbelastung des Bundesverfassungsgerichts zwar verständlich, entbehrt aber einer ausreichenden gesetzlichen Grundlage. Nur der **Gesetzgeber**, nicht das Bundesverfassungsgericht kraft Geschäftsordnungsautonomie **ist befugt,** die geschilderte Form der **Erledigung von Verfassungsbeschwerden zu regeln**[93]. Deshalb wäre es wünschenswert, die Behandlung von Verfassungsbeschwerden im Allgemeinen Register auf eine gesetzliche Grundlage zu stellen.

---

[89] Zur Geschäftsordnungsautonomie siehe *Stern*, Staatsrecht II, S. 351f.

[90] Zur Neufassung der Geschäftsordnung 2014 *R. Zuck*, EuGRZ 2015, 362ff.

[91] Zum Verfahren im Allgemeinen Register *R. Zuck*, EuGRZ 2013, 662ff.

[92] www.bundesverfassungsgericht.de/DE/Verfahren/Jahresstatistiken/2015/gb2015/D.pdf;jsessionid=5926129D6F012B9404AD31568033C686.1_cid370?__blob=publicationFile&v=3 (Stand: 1.5.2017).

[93] Zu rechtlichen Bedenken gegen die Erledigung im Registerverfahren *B. Schlink*, NJW 1984, 89 (90f.); dagegen *R. Wand*, NJW 1984, 950ff.; siehe ferner die Replik und Duplik von *Schlink* und *Wand*, NJW 1984, 2195ff.; kritisch auch *Schlaich/Korioth*, Bundesverfassungsgericht, Rn. 261; *W. Graf Vitzthum*, Das Vorprüfungsverfahren, in: FS Bachof, 1984, S. 293ff. (304 m. Fn. 48); *H.F. Zacher*, Die Selektion der Verfassungsbeschwerden – die Siebfunktion der Vorprüfung, des Erfordernisses der Rechtswegerschöpfung und des Kriteriums der unmittelbaren und gegenwärtigen Betroffenheit des Beschwerdeführers, in: Festgabe BVerfG, Bd. 1, S. 396ff. (410).

V. Gesetzeskraft der Entscheidungen (Art. 94 II 1, 2. Halbs. GG)

In Anknüpfung an die Tradition des deutschen Verfassungsprozessrechts sieht das Grundgesetz vor, dass bestimmten Entscheidungen des Bundesverfassungsgerichts Gesetzeskraft zukommt. Welche Entscheidungen das sind, hat der Gesetzgeber in **§ 31 II 1 und 2 BVerfGG** festgelegt: In Gesetzeskraft erwachsen die Entscheidungen in Verfahren der **abstrakten Normenkontrolle** gemäß Art. 93 I Nr. 2 und 2a GG (→ Art. 93 Rn. 62 ff. und 69 f.), in den Verfahren der **konkreten Normenkontrolle** gemäß Art. 100 I GG (→ Art. 100 Rn. 11 ff.), der **Völkerrechtsverifikation** gemäß Art. 100 II GG (→ Art. 100 Rn. 38 ff.), über das **Fortgelten von Recht als Bundesrecht** gemäß Art. 126 GG (→ Art. 126 Rn. 3 ff.) und im **Verfassungsbeschwerdeverfahren** gemäß Art. 93 I Nr. 4a und 4b GG (→ Art. 93 Rn. 83 ff. und 97), wenn das Bundesverfassungsgericht ein Gesetz als mit dem Grundgesetz vereinbar oder unvereinbar oder für nichtig erklärt. Dagegen ersetzt eine Entscheidung des Gerichts im **Kompetenzfreigabeverfahren** gemäß Art. 93 II 2 GG ein entsprechendes Bundesgesetz, ohne dass der Entscheidung selbst jedoch Gesetzeskraft verliehen wäre (→ Art. 93 Rn. 71 f.). Die Gesetzeskraft mancher Entscheidungen des Bundesverfassungsgerichts soll die **Rechtskraft**, die Verfassungsgerichtsentscheidungen **wie anderen Gerichtsentscheidungen** zukommt[94], und die **Bindungswirkung ergänzen**, die Entscheidungen des Bundesverfassungsgerichts gemäß § 31 I BVerfGG für die Verfassungsorgane des Bundes und der Länder sowie alle Gerichte und Behörden – also die Organe des Staates – entfalten[95]. 25

Indem bestimmten Entscheidungen des Bundesverfassungsgerichts Gesetzeskraft zugemessen wird, sollen ihre **Rechtswirkungen** über den Kreis der Verfahrensbeteiligten und der Staatsorgane hinaus **allgemein verbindlich** gemacht werden[96]. Damit wird eine Regelung in das Grundgesetz überführt, die ihre Wurzeln in der föderativen Ordnung Deutschlands und im Konstitutionalismus des 19. Jahrhunderts hat. Unmittelbarer Vorläufer war § 3 des Gesetzes zur Ausführung des Art. 13 II der Verfassung des Deutschen Reichs vom 8.4.1920[97]. Danach hatte die Reichsregierung Entscheidungen des Reichsgerichts zur Vereinbarkeit einer landesrechtlichen Vorschrift mit dem Reichsrecht nicht nur ohne Begründung im Reichsgesetzblatt zu veröffentlichen (Abs. 2), diesen Entscheidungen kam auch »Gesetzeskraft« zu (Abs. 3). Dabei handelte es sich um die Kraft eines Reichsgesetzes[98]. Das Reichsgericht setzte mit Hilfe der Gesetzeskraft seiner Entscheidung den Vorrang des Reichsrechts gegenüber dem Landesrecht durch[99]. Die Weimarer Reichsverfassung knüpfte damit an Art. 76 der Reichsverfassung von 1871 an, der dem Bundesrat Verfassungsstreitigkeiten »im Wege der Reichsgesetzgebung zur Erledigung« zuwies[100]. Die Reichsverfassung von 1871 und die Weimarer Reichsverfassung konnten auf geplante Ausführungsregelungen zur Er- 26

---

94 Dazu *A. Heusch*, in: Umbach/Clemens/Dollinger, BVerfGG, § 31 Rn. 21 ff.

95 Grundlegend dazu ebenfalls *Heusch* (Fn. 94), § 31 Rn. 72 ff.; *Pestalozza*, Verfassungsprozeßrecht, § 20 Rn. 82 ff.; *Schlaich/Korioth*, Bundesverfassungsgericht, Rn. 482 ff.; *Lechner/Zuck*, Bundesverfassungsgerichtsgesetz (Fn. 75), § 31 Rn. 28 ff.; zur Wirkung von Präjudizien *A. v. Ungern-Sternberg*, AöR 2013, 1 (15 ff.);

96 Vgl. etwa *Hopfauf* (Fn. 76), Art. 94 Rn. 173 ff.; Jarass/*Pieroth*, GG, Art. 94 Rn. 4; *A. Rinken*, in: AK-GG, Art. 94 (2001), Rn. 62; *Detterbeck* (Fn. 70), Art. 94 Rn. 10.

97 RGBl. I S. 510; abgedruckt bei *Pestalozza*, Verfassungsprozeßrecht, § 20 Rn. 96.

98 Siehe dazu *Anschütz*, WRV, Art. 13 Anm. 5.

99 *Schlaich/Korioth*, Bundesverfassungsgericht, Rn. 498. → Art. 31 Rn. 7.

100 Näher dazu *W. Jellinek*, Der Schutz des öffentlichen Rechts durch ordentliche und durch Verwaltungsgerichte (Fortschritte, Rückschritte und Entwicklungstendenzen seit der Revolution), VVDStRL 2 (1925), S. 8 ff. (41 ff.).

furter Unionsverfassung zurückgreifen, die für bestimmte Entscheidungen des Reichsgerichts ebenfalls die Kraft eines Reichsgesetzes und die Veröffentlichung im Reichsgesetzblatt vorgesehen hatten[101]. Die vorgesehene Entscheidung des Reichsgerichts sollte eine »authentische Interpretation« der Verfassung darstellen, die ebenso wie eine Verfassungsänderung als Verfassungsgesetzgebung angesehen wurde. Im konstitutionellen System, das die Machtfrage zwischen Monarch und Volksvertretung in der Schwebe ließ, konnte nur ein Rechtsakt im Range der Verfassung Streitigkeiten zwischen beiden Seiten klären[102].

27 Die deutsche Rechtstradition erklärt somit, warum schon **Art. 99 II HChE** Entscheidungen des Bundesverfassungsgerichts, die die Nichtigkeit eines Gesetzes feststellten, Gesetzeskraft beimaß[103]. Der Parlamentarische Rat folgte diesem Vorschlag (→ Rn. 3), ohne dass weiter darüber nachgedacht wurde, welche Funktion der Gesetzeskraft im demokratischen Rechtsstaat zukommen kann. Da das Bundesverfassungsgericht schon kraft seiner **Befugnis zur Normenkontrolle** die Nichtigkeit von Rechtsnormen feststellen kann, bleibt die **Gesetzeskraft entsprechender Entscheidungen insoweit wirkungslos**. Die Nichtigkeit einer verfassungswidrigen Norm ergibt sich unmittelbar aus **dem Vorrang der Verfassung** (→ Art. 1 III Rn. 1, 54; → Art. 20 [Rechtsstaat], Rn. 81 ff.); das Bundesverfassungsgericht vermag diese Nichtigkeit nur festzustellen; Verfassungsrechtsprechung stellt insoweit keine »negative Gesetzgebung« dar, die bestehende Normen durch gegenläufige Akte gestaltend aufhebt[104]. Letztlich erschöpft sich die Wirkung der Gesetzeskraft darin, dass die Bindungswirkung bestimmter bundesverfassungsgerichtlicher **Entscheidungen auf alle Bürger erstreckt** wird[105].

28 Die **Bindungswirkung** bundesverfassungsgerichtlicher Entscheidungen ist nicht durch den Text des Grundgesetzes vorgegeben, sondern in **§ 31 I BVerfGG** normiert. Sie verpflichtet alle Staatsorgane, ihr Verhalten und ihre Maßnahmen an den Entscheidungen des Bundesverfassungsgerichts auszurichten[106]. Seit dem Beginn seiner Rechtsprechung betont das Gericht die Bedeutung der Bindungswirkung seiner Entscheidungen[107], die funktional Vollzugsinstrumente ersetzt, wie sie der Exekutive zur Verfügung stehen. Verfehlt war allerdings der Versuch des Gerichts, die Bindungswirkung über die **Entscheidungsformel** und **die tragenden Gründe** hinaus[108] auf die gesamte

---

[101] §§ 217 und 223 Gesetz über das Verfahren vor dem Reichsgericht in streitigen Rechtssachen, abgedr. bei *H. Triepel*, Die Reichsaufsicht, 1917, S. 67 m. Fn. 2 sowie bei *Kühne*, Reichsverfassung (Fn. 1), S. 595; dazu *W. Flad*, Verfassungsgerichtsbarkeit und Reichsexekution, 1929, S. 48 f.; *W. Löwer*, HStR³ III, § 70 Rn. 112; *K. Schlaich*, Die Verfassungsgerichtsbarkeit im Gefüge der Staatsfunktionen, VVDStRL 39 (1981), S. 99 ff. (129 m. Anm. 106).

[102] Näher dazu *Schlaich/Korioth*, Bundesverfassungsgericht, Rn. 499; vgl. auch *Kühne*, Reichsverfassung (Fn. 1), S. 198 f.

[103] Text der Vorschrift in: Parl. Rat II, S. 600.

[104] *K.A. Bettermann*, DVBl. 1982, 91 ff.

[105] So schon für den Rechtszustand unter der Weimarer Reichsverfassung *E. Bötticher*, Leipziger Zeitschrift 1926, 882 (890) und *Flad*, Verfassungsgerichtsbarkeit (Fn. 101), S. 50; heute allgemeine Meinung: *W. Löwer*, HStR³ III, § 70 Rn. 112; *Heusch* (Fn. 94), § 31 Rn. 80; *Schlaich/Korioth*, Bundesverfassungsgericht, Rn. 378; *H. Schulze-Fielitz*, Wirkung und Befolgung verfassungsgerichtlicher Entscheidungen, in: FS 50 Jahre BVerfG, Bd. 1, S. 385 ff. (395 ff.); zum Verhältnis zwischen Bundesverfassungsgericht und Gesetzgeber *P. Austermann*, DÖV 2011, 267 (269); *G. Britz*, Jura 2015, 319 ff.

[106] *R. Hensel*, Der Staat 50 (2011), 581 ff.; *Hopfauf* (Fn. 76), Art. 94 Rn. 150; *Voßkuhle* (Fn. 27), Art. 94 Rn. 31 ff.; *Zippelius/Würtenberger*, Staatsrecht, § 48 Rn. 19 ff.

[107] BVerfGE 1, 14 (37).

[108] Dazu etwa BVerfGE 104, 151 (197, Rn. 125); st. Rspr.; kritisch *Schulze-Fielitz*, Wirkung (Fn. 105), S. 390 f. m. w. N.

Begründung einer Entscheidung auszudehnen[109]. Eine so weit verstandene Bindungswirkung würde in längerer Sicht zu einer stetigen Konkretisierung und Verdichtung des Verfassungsrechts führen, die dem demokratisch legitimierten politischen Entscheidungsprozess nicht mehr genügend Raum ließen[110]. Deshalb sind nicht nur die tragenden Gründe einer Entscheidung des Bundesverfassungsgerichts sorgfältig zu ermitteln, sondern ist auch das vom Zweiten Senat in seiner früheren Rechtsprechung ausgesprochene **Normwiederholungsverbot**[111] vom Ersten Senat zu Recht aufgegeben worden[112]. Die **Autorität des Bundesverfassungsgerichts** ist in den vergangenen Jahrzehnten durch seine kluge und überzeugende Rechtsprechung so gewachsen, dass sie der Abstützung durch eine extensive Interpretation des Verfassungsprozessrechts nicht bedarf. Entscheidend für die herausragende Stellung des Gerichts ist die kaum zu unterschätzende **faktische Bindungswirkung** der verfassungsgerichtlichen Spruchpraxis und die das gesamte politische System Deutschlands prägende Wirkung verfassungsgerichtlicher Schlüsselentscheidungen[113]. Zuzustimmen ist deshalb auch der Feststellung des Zweiten Senats, dass sich die Bindungswirkung nur auf Sach- und nicht auf Prozessentscheidungen erstreckt[114]. Auch Kammerbeschlüssen kommt keine Bindungswirkung zu[115].

VI. Rechtswegerschöpfung bei Verfassungsbeschwerden (Art. 94 II 2, 1. Halbs. GG)

Abs. 2 S. 2 ist Art. 94 GG im Jahre 1969 hinzugefügt worden und dient als Gegengewicht zur Verankerung der Verfassungsbeschwerde im Grundgesetz. Für die seit 1951 in § 90 II BVerfGG getroffene Regelung wurde damit eine verfassungsrechtliche Ermächtigung geschaffen. Danach kann eine **Verfassungsbeschwerde erst nach Erschöpfung des Rechtswegs** erhoben werden, wenn gegen die geltend gemachte Grundrechtsverletzung der Rechtsweg zulässig ist. **Ausnahmsweise** kann das Bundesverfassungsgericht jedoch über eine vor Erschöpfung des Rechtswegs eingelegte Verfassungsbeschwerde **sofort entscheiden**, wenn sie von allgemeiner Bedeutung ist oder wenn dem Beschwerdeführer ein schwerer und unabwendbarer Nachteil entstünde, falls er zunächst auf den Rechtsweg verwiesen würde (§ 90 II 2 BVerfGG). Das Erfordernis der Erschöpfung des Rechtswegs bestimmt das Verhältnis zwischen Bundesverfassungsgericht und Fachgerichten bei der Verwirklichung des Grundrechtsschutzes: Die Verfassungsbeschwerde ist kein Rechtsbehelf, der nach Wahl des Beschwerdeführers neben die in den Prozessordnungen vorgesehenen Rechtsmittel tritt, 29

---

109 BVerfGE 36, 1 (36).

110 Näher dazu *G. F. Schuppert/C. Bumke*, Die Konstitutionalisierung der Rechtsordnung, 2000, S. 50ff.

111 BVerfGE 1, 14 (37); 69, 112 (115ff.); zustimmend *Detterbeck* (Fn. 70), Art. 94 Rn. 13.

112 BVerfGE 77, 84 (103f.); 96, 260 (263, Rn. 12); dazu *Voßkuhle* (Fn. 27), Art. 94 Rn. 33 m. w. N. in Fn. 76.

113 Grundlegend dazu *Schulze-Fielitz*, Wirkung (Fn. 105), S. 393ff.

114 BVerfGE 107, 339 (360, Rn. 63).

115 *Rinken* (Fn. 96), Art. 94 Rn. 66; *Voßkuhle* (Fn. 27), Art. 94 Rn. 32; siehe aber BVerfG (K), NVwZ 2004, 90 (92); *Hopfauf* (Fn. 76), Art. 94 Rn. 161; *S. Rixen*, NVwZ 2000, 1364ff.; *M. Sachs*, NVwZ 2003, 442ff.

sondern grundsätzlich nachrangig im Sinne einer **ultima ratio**[116]. Vorrangig ist es Aufgabe der Fachgerichte, den Grundrechten zur Durchsetzung zu verhelfen[117].

30 »**Rechtsweg**« im Sinne des Grundgesetzes und des Verfassungsprozessrechts ist **jede gesetzlich normierte Möglichkeit der Anrufung eines Gerichts**[118]. Der Rechtsweg ist so lange nicht erschöpft, wie ein Beschwerdeführer die Möglichkeit hat, im Verfahren vor dem zuständigen Fachgericht die Beseitigung des Hoheitsaktes zu erreichen, dessen Grundrechtswidrigkeit er geltend macht[119]. Dazu gehört auch das Erheben einer Anhörungsrüge[120]. Erschöpft ist der Rechtsweg erst, wenn der Beschwerdeführer von allen gesetzlich zugelassenen Rechtsmitteln Gebrauch gemacht und eine letztinstanzliche, rechtskräftige Entscheidung des zuständigen Fachgerichts erwirkt hat[121]. Da gerichtliche Eilverfahren eigenständige Rechtswege gegenüber dem jeweiligen Hauptsacheverfahren sind[122], ist der Rechtsweg grundsätzlich erschöpft, wenn die ein Eilverfahren abschließende, mit Rechtsbehelfen nicht mehr angreifbare fachgerichtliche Entscheidung vorliegt[123]. Wird dagegen von einem zulässigen Rechtsmittel kein Gebrauch gemacht oder wird ein Rechtsmittel aus formellen Gründen zurückgewiesen, ist der Rechtsweg nicht erschöpft[124].

31 Unter bestimmten Voraussetzungen darf eine Verfassungsbeschwerde **vor Erschöpfung des Rechtswegs** erhoben werden. Gesetzlich geregelt sind die allgemeine Bedeutung der Verfassungsbeschwerde oder ein dem Beschwerdeführer infolge der Rechtswegerschöpfung entstehender schwerer und unabwendbarer Nachteil. Eine Verfassungsbeschwerde ist **von allgemeiner Bedeutung**, wenn die angefochtene Norm grundsätzliche verfassungsrechtliche Fragen aufwirft und die zu erwartende Entscheidung über den Einzelfall hinaus Klarheit über die Rechtslage in einer Vielzahl gleichgelagerter Fälle verschafft[125]. Einen **schweren Nachteil** bejaht das Bundesverfassungsgericht bei intensiven Eingriffen in die grundrechtlich geschützte Sphäre[126]. **Unabwendbar** ist ein Nachteil, wenn eine Grundrechtsbeeinträchtigung durch die Verweisung auf den Rechtsweg oder durch ein späteres Obsiegen im Verfahren der Verfassungsbeschwerde nicht mehr ausgeglichen werden könnte[127]. Das Bundesverfassungsgericht hat aus der letztgenannten Fallkategorie die ungeschriebene Ausnahme der **Unzumutbarkeit** der Rechtswegerschöpfung abgeleitet[128].

---

[116] In diesem Sinne schon BVerfGE 1, 97 (103); st. Rspr.; vgl. etwa BVerfGE 70, 180 (186); näher dazu *P. Sperlich*, in: Umbach/Clemens/Dollinger, BVerfGG, § 90 Rn. 106 ff. → Art. 93 Rn. 86 f.

[117] BVerfGE 49, 252 (258).

[118] BVerfGE 67, 157 (170).

[119] BVerfGE 8, 222 (225 f.); 16, 1 (2).

[120] Seit dem 1.1.2005 im Prozessrecht in Reaktion auf BVerfGE 107, 395 (418, Rn. 68) geregelt; näher *S. Vielmeier*, NJW 2013, 346 ff.; *R. Zuck*, NVwZ 2005, 739 ff.

[121] BVerfGE 1, 12 (13); 34, 204 (205); 42, 252 (257); zu Einzelfragen siehe *Zuck*, Verfassungsbeschwerde (Fn. 82), Rn. 746 ff.

[122] BVerfGE 35, 382 (397); 53, 30 (52).

[123] BVerfGE 80, 40 (45); zu den Folgerungen, die das Gericht insoweit aus dem Grundsatz der Subsidiarität der Verfassungsbeschwerde zieht: → Rn. 32.

[124] BVerfGE 1, 13 (14); 2, 123 (124); 21, 94 (96); 54, 53 (65); näher *Sperlich* (Fn. 116), § 90 Rn. 106 ff.

[125] BVerfGE 19, 268 (273); 27, 88 (98); 68, 176 (185); 98, 218 (243, Rn. 112).

[126] BVerfGE 34, 205 (208).

[127] *Hopfauf* (Fn. 76), Art. 94 Rn. 212; *H. Bethge*, in: Maunz/Schmidt-Bleibtreu/Klein/Bethge, BVerfGG, § 90 (2013), Rn. 399.

[128] Näher dazu *Sperlich* (Fn. 116), § 90 Rn. 124 f. und *Zuck*, Verfassungsbeschwerde (Fn. 82), Rn. 785 ff. mit Beispielen aus der Rechtsprechung.

Weiter kommt nach Auffassung des Bundesverfassungsgerichts im Gebot der Rechtswegerschöpfung gemäß § 90 II 1 BVerfGG der **Grundsatz der Subsidiarität** der Verfassungsbeschwerde zum Ausdruck[129]. Danach muss ein Beschwerdeführer über das Gebot der Erschöpfung des Rechtswegs im engeren Sinne hinaus zunächst alle nach Lage der Sache zur Verfügung stehenden prozessualen Möglichkeiten ergreifen, um eine Korrektur der geltend gemachten Verfassungsverletzung zu bewirken[130]. Der Grundsatz der Subsidiarität der Verfassungsbeschwerde, der ursprünglich nur das Gebot der Rechtswegerschöpfung umschrieb[131], ist vom Bundesverfassungsgericht immer stärker betont und dazu genutzt worden, die **Zulässigkeitsanforderungen an Verfassungsbeschwerden zu verschärfen**. Die Subsidiarität der Verfassungsbeschwerde bedeutet nach der Rechtsprechung, »dass ein Beschwerdeführer über die Erschöpfung des Rechtswegs im engeren Sinne hinaus die ihm zur Verfügung stehenden Möglichkeiten ergreift, um eine Korrektur der geltend gemachten Verfassungsverletzung zu erwirken oder eine Grundrechtsverletzung zu verhindern«[132]. Wie das Gebot der Rechtswegerschöpfung im Besonderen soll der Subsidiaritätsgrundsatz im allgemeinen sicherstellen, dass dem Bundesverfassungsgericht mit der umfassenden Vorprüfung durch die Fachgerichte »ein regelmäßig in mehreren Instanzen geprüftes Tatsachenmaterial unterbreitet wird und ihm die Fallanschauung und Rechtsauffassung der Gerichte, insbesondere auch der obersten Bundesgerichte, vermittelt werden«[133]. 32

So verständlich es angesichts der Überlastung des Bundesverfassungsgerichts ist, dass das Bundesverfassungsgericht versucht, durch die Bildung vom Bundesverfassungsgerichtsgesetz nicht abgedeckter Fallgruppen[134] und deren Behandlung nach einem allgemeinen Subsidiaritätsgrundsatz die eigene Arbeitslast bewältigbar zu halten, so ist das Vorgehen, aus einem vom Gesetzgeber normierten Zulässigkeitserfordernis zunächst einen Grundsatz abzuleiten, der selbst dann wiederum als Quelle weiterer Zulässigkeitsanforderungen dient, **rechtstaatlich bedenklich**. Zuständig für die Normierung des Verfassungsprozessrechts ist der Bundesgesetzgeber, nicht das Bundesverfassungsgericht. Das bringt Art. 94 II GG unmissverständlich zum Ausdruck. Allein der Gesetzgeber ist berufen, notwendige Einschränkungen des Rechtsschutzes im Verfassungsbeschwerdeverfahren nach Abwägung mit dem Gebot, die Arbeitsfähigkeit des Bundesverfassungsgerichts zu erhalten, vorzugeben. Eindeutig über das gesetzlich normierte Verfassungsprozessrecht hinaus geht es, wenn das Bundesverfassungsgericht **von Beschwerdeführern verlangt**, mit Blick auf den Grundsatz der Subsidiarität **die Verfassungswidrigkeit von Normen bereits vor den Fachgerichten zu rügen**[135]. Der spätere Verfassungsbeschwerdeführer darf nicht gezwungen werden, schon in der ersten fachgerichtlichen Instanz einen Verfassungsprozess zu führen, 33

---

[129] Grundlegend dazu *G. Lübbe-Wolff*, EuGRZ 2004, 669ff.; ferner *H. Sodan*, DÖV 2002, 925 (927ff.); *D. O'Sullivan*, DVBl. 2005, 880 (881ff.).

[130] So etwa BVerfGE 63, 77 (78); st. Rspr.

[131] So noch BVerfGE 22, 287 (290).

[132] BVerfGE 74, 102 (113); 78, 58 (68f.); 79, 1 (19ff.); 79, 29 (35ff.); 79, 174 (189f.); 79, 275 (278ff.); näher *E. Klein*, Subsidiarität der Verfassungsgerichtsbarkeit und Subsidiarität der Verfassungsbeschwerde, in: FS Zeidler, Bd. 2, 1987, S. 1305ff.; *Pestalozza*, Verfassungsprozeßrecht, § 12 Rn. 10ff.; *Schlaich/Korioth*, Bundesverfassungsgericht, Rn. 244ff.

[133] BVerfGE 68, 376 (380); 77, 381 (401); 79, 69 (73f.); 79, 275 (278ff.); 80, 40 (45ff.).

[134] Dazu *Sperlich* (Fn. 116), § 90 Rn. 127ff.

[135] BVerfGE 68, 334 (335); 68, 384 (388f.).

zumal er sich auf den Grundsatz iura novit curia verlassen darf[136]. Die Verfassungsbeschwerde verliert zudem ihren Charakter als Jedermannsrecht, wenn nur noch ein im Verfassungsprozessrecht erfahrener Rechtsanwalt in der Lage ist, auf der Grundlage der ausdifferenzierten Rechtsprechung des Bundesverfassungsgerichts eine zulässige Verfassungsbeschwerde zu erheben. Eine spätere Entscheidung des Bundesverfassungsgerichts hat – wohl mit Blick auf die Kritik in der Literatur – die aus dem Subsidiaritätsprinzip abgeleiteten **Anforderungen für den Bereich des Strafverfahrens zurückgenommen**[137]. Andererseits hat das Bundesverfassungsgericht verlangt, dass ein Grundrechtsverstoß wegen der Subsidiarität der Verfassungsbeschwerde im jeweils sachnächsten Verfahren geltend zu machen sei[138]. Auf den Gesichtspunkt der Subsidiarität der Verfassungsbeschwerde greift das Bundesverfassungsgericht auch bei Verfassungsbeschwerden gegen fachgerichtliche Entscheidungen in Verfahren des vorläufigen Rechtsschutzes zurück[139]. Die **Rechtsprechung** ist **insoweit nicht einheitlich**[140].

VII. Besonderes Annahmeverfahren (Art. 94 II 2, 2. Halbs. GG)

34 Auch die Ermächtigung des Gesetzgebers, für Verfassungsbeschwerden ein besonderes Annahmeverfahren vorzusehen, ist im Jahre 1969 im Zusammenhang mit der Verankerung der Verfassungsbeschwerden im Grundgesetz in Art. 94 II GG aufgenommen worden[141]. Ein **besonderes Annahmeverfahren** hatte der Gesetzgeber schon **1956** durch das erste Gesetz zur Änderung des Bundesverfassungsgerichtsgesetzes **in Form eines Vorprüfungsverfahrens** eingerichtet[142]. Er entsprach damit einer Bitte des Bundesverfassungsgerichts, das sich einer zunächst nicht erwarteten Flut von Verfassungsbeschwerden gegenüber sah[143]. Danach konnten der Senat und der vom Senat einzurichtende Vorprüfungsausschuss die Verfassungsbeschwerde unter den für beide Spruchkörper gleichen Voraussetzungen verwerfen, dass weder die Klärung einer verfassungsrechtlichen Frage zu erwarten war noch dem Beschwerdeführer durch die Versagung der Entscheidung zur Sache ein schwerer und unabwendbarer Nachteil entstand. An die Stelle der erleichterten Verwerfung einer Verfassungsbeschwerde trat **1963** das **Erfordernis der Annahme zur Entscheidung**[144]. Vor diesem einfachgesetzlichen Hintergrund erfolgte die Grundgesetzergänzung des Jahres 1969. Der Re-

---

136 Vgl. *Schlaich/Korioth*, Bundesverfassungsgericht, Rn. 248 f.; siehe aber auch *Klein*, Subsidiarität (Fn. 132), S. 1306 f.

137 BVerfGE 74, 102 (113 f.).

138 BVerfGE 84, 203 (208).

139 Siehe etwa BVerfGE 69, 257 (267); 70, 180 (187).

140 Zugelassen wurde eine Verfassungsbeschwerde gegen eine letztinstanzliche Entscheidung im Eilverfahren etwa in BVerfGE 53, 30 (53) und E 69, 315 (339 f.); näher zum Ganzen *Klein*, Subsidiarität (Fn. 132), S. 1307 und *G. Lübbe-Wolff*, EuGRZ 2004, 669 (674 ff.).

141 Siehe das Gesetz zur Änderung des Grundgesetzes vom 29.1.1969, BGBl. I S. 97; → Rn. 5; zur Entwicklung des Annahmeverfahrens *Uerpmann*, Annahme (Fn. 81), S. 674 ff.; ferner *R. Alleweldt*, Bundesverfassungsgericht und Fachgerichtsbarkeit, 2006, S. 23 ff.

142 § 91a a. F. BVerfGG in der Fassung des Gesetzes zur Änderung des Bundesverfassungsgerichtsgesetzes vom 21.7.1956, BGBl. I S. 662; zur verfassungsrechtlichen Unbedenklichkeit dieses Verfahrens BVerfGE 19, 88 (91 f.).

143 Siehe schon die Denkschrift des BVerfG vom 23.12.1954, deren hier einschlägiger Abschnitt B I bei *H.-J. Rinck*, NJW 1959, 169 (170) abgedruckt ist.

144 § 91a BVerfGG i. d. F. des Dritten Gesetzes zur Änderung des Bundesverfassungsgerichtsgesetzes vom 3.8.1963, BGBl. I S. 589; siehe dazu den schriftlichen Bericht des Rechtsausschusses des

gierungsentwurf von Art. 94 II 2 GG hatte noch »eine vereinfachte Prüfung durch einen zuständigen Richterausschuss vorgesehen«[145]; die **jetzige Fassung** der Vorschrift geht auf den Wunsch des Gerichtes zurück, in der Verfassung keine besondere Form des Annahmeverfahrens festzuschreiben[146]. Mehrere Novellierungen haben das Annahmeverfahren immer stärker dem freien Annahmeverfahren nach Vorbild des U.S. Supreme Court angenähert[147], das jedoch auch durch die bislang letzte Novelle von 1993 noch nicht erreicht wurde[148]. Gegenwärtig ist eine Verfassungsbeschwerde gemäß § 93a II BVerfGG in zwei Fällen zur Entscheidung anzunehmen: Soweit ihr grundsätzliche verfassungsrechtliche Bedeutung zukommt oder wenn die Annahme zur Durchsetzung der Grundrechte und grundrechtsgleichen Rechte angezeigt ist; dies kann auch der Fall sein, wenn dem Beschwerdeführer durch die Versagung der Entscheidung zur Sache ein besonders schwerer Nachteil entsteht[149]. Nach der Rechtsprechung des Bundesverfassungsgerichts ist die **Annahme einer Verfassungsbeschwerde zur Durchsetzung der Grundrechte** angezeigt, wenn die geltend gemachte Verletzung »besonderes Gewicht hat oder den Beschwerdeführer in existentieller Weise betrifft. Besonders gewichtig ist eine Grundrechtsverletzung, die auf eine generelle Vernachlässigung von Grundrechten hindeutet oder wegen ihrer Wirkung geeignet ist, von der Ausübung von Grundrechten abzuhalten. Eine geltend gemachte Verletzung hat ferner dann besonderes Gewicht, wenn sie auf einer groben Verkennung des durch ein Grundrecht gewährten Schutzes oder einem geradezu leichtfertigen Umgang mit grundrechtlich geschützten Positionen beruht oder rechtsstaatliche Grundsätze krass verletzt«[150]. **Grundsätzliche verfassungsrechtliche Bedeutung** kommt einer Verfassungsbeschwerde nur zu, wenn sie »eine verfassungsrechtliche Frage aufwirft, die sich nicht ohne Weiteres aus dem Grundgesetz beantworten lässt und noch nicht durch die verfassungsgerichtliche Rechtsprechung geklärt oder [...] durch veränderte Verhältnisse erneut klärungsbedürftig geworden ist«[151].

Damit räumt das Verfassungsprozessrecht dem Bundesverfassungsgericht einen **35** weiten Beurteilungsspielraum bei der Entscheidung über die Annahme von Verfassungsbeschwerden ein, hält jedoch grundsätzlich an der **Pflicht zur Annahme unter bestimmten Voraussetzungen** fest. Vor allem diese Pflicht hat offenbar dazu geführt, dass mit Blick auf die Bedeutung des individuellen Rechtsschutzcharakters der Verfassungsbeschwerde das Bundesverfassungsgericht davon absieht, die ihm durch die Novelle von 1993 eröffneten Entlastungsmöglichkeiten voll zu nutzen[152]. Deshalb hatte die vom Bundesminister der Justiz eingesetzte Kommission zur Entlastung des Bun-

---

Deutschen Bundestages, BT-Drs. IV/1366, S. 1 sowie *J. Federer*, Das Bundesverfassungsgericht, 1963, S. 39ff. und *H. Rupp*, ZZP 1969, 1 (5f.).

[145] BT-Drs. V/3506 (neu), S. 2, und Sten. Prot. der 86. Sitzung des Rechtsausschusses des 5. Deutschen Bundestages, S. 24f. und Anlage 2.

[146] Siehe dazu *R. Rupprecht*, JZ 1970, 207 (212); *W. Heyde*, Bundesverfassungsgerichtsgesetz in der Bewährung, in: FS Kutscher, 1981, S. 229ff. (241).

[147] Siehe dazu *Gehle* (Fn. 14), Vor §§ 93a ff. Rn. 33ff.; *J. Wieland*, Der Staat 29 (1990), 333 (343ff.).

[148] Siehe dazu *Kommission*, in: Bundesministerium der Justiz (Hrsg.), Entlastung des Bundesverfassungsgerichts, 1998, S. 33f.

[149] Näher dazu *E. Klein*, NJW 1993, 2073ff.; *Stern*, Staatsrecht III/2, S. 1294ff.; *R. Zuck*, NJW 1993, 2641 (2642ff.).

[150] BVerfGE 90, 22; 96, 245 (248).

[151] BVerfGE 90, 22 (24f.) und E 96, 245 (248).

[152] *M. Albers*, ZRP 1997, 198 (201f.); *E.-W. Böckenförde*, ZRP 1996, 281ff.; *R. Wahl/J. Wieland*, JZ 1996, 1137 (1140); *Kommission*, Entlastung (Fn. 148), S. 36.

desverfassungsgerichts empfohlen, nach dem Vorbild des Supreme Court der USA die Annahme von Verfassungsbeschwerden zukünftig in das Ermessen des Bundesverfassungsgerichts zu stellen, um so die Funktionsfähigkeit des Gerichts zu erhalten[153]. Angesichts der zurückhaltenden Reaktion der Mitglieder des Bundesverfassungsgerichts auf diesen Vorschlag[154] ist der Gesetzgeber nicht tätig geworden. Weitere Schritte zur Entlastung des Gerichts bei der Bearbeitung der großen Zahl von Verfassungsbeschwerden sind jedoch unerlässlich.

D. Verhältnis zu anderen GG-Bestimmungen

36 Die Regelungen über Organisation und Verfahren des Bundesverfassungsgerichts in Art. 94 GG stehen in engem Zusammenhang mit den in **Art. 93, 99f.** und **126 GG** verfassungsrechtlich vorgegebenen grundsätzlichen Bestimmungen der einzelnen Verfahrensarten. Art. 94 I 1 GG verweist mit der Erwähnung von »Bundesrichtern« auf **Art. 95 GG** (→ Rn. 7), während Art. 94 I 2 GG mit der Regelung der Wahl der Richter den Bezug zu den grundlegenden Legitimationserfordernissen des demokratischen Prinzips herstellt (**Art. 20 II 2 GG**; → Rn. 9ff.; → Art. 20 [Demokratie], Rn. 139ff.). Art. 94 I 3 GG vergleichbare Inkompatibilitätsregeln finden sich in **Art. 55 u. 66 GG**; die Norm erweist sich ferner als Ausdruck des Prinzips der **Gewaltentrennung** (→ Rn. 19; → Art. 20 [Rechtsstaat], Rn. 67ff.). Die Frage der Rechtskraft der Entscheidungen des Gerichts (Art. 94 II 1 GG) schließlich berührt grundlegende Fragen der Normgeltung und verweist damit auf das **Rechtsstaatsprinzip** (→ Rn. 27f.; → Art. 20 [Rechtsstaat], Rn. 81ff.).

---

[153] *Kommission*, Entlastung (Fn. 148), S. 32f. → Art. 93 Rn. 47f.

[154] → Art. 93 Rn. 64 m. Fn. 264; kritisch auch *W. Graf Vitzthum*, JöR 53 (2005), 319 (339) und *Voßkuhle* (Fn. 27), Art. 94 Rn. 44.

Artikel 95 [Oberste Gerichtshöfe des Bundes]

(1) Für die Gebiete der ordentlichen, der Verwaltungs-, der Finanz-, der Arbeits- und der Sozialgerichtsbarkeit errichtet der Bund als oberste Gerichtshöfe den Bundesgerichtshof, das Bundesverwaltungsgericht, den Bundesfinanzhof, das Bundesarbeitsgericht und das Bundessozialgericht.

(2) Über die Berufung der Richter dieser Gerichte entscheidet der für das jeweilige Sachgebiet zuständige Bundesminister gemeinsam mit einem Richterwahlausschuß, der aus den für das jeweilige Sachgebiet zuständigen Ministern der Länder und einer gleichen Anzahl von Mitgliedern besteht, die vom Bundestage gewählt werden.

(3) [1]Zur Wahrung der Einheitlichkeit der Rechtsprechung ist ein Gemeinsamer Senat der in Absatz 1 genannten Gerichte zu bilden. [2]Das Nähere regelt ein Bundesgesetz.

Literaturauswahl

Blümel, Willi: Rechtsprechungszuständigkeit, in: HStR IV, § 102, S. 965–985.
Böckenförde, Ernst-Wolfgang: Verfassungsfragen der Richterwahl (1974), 2. Aufl. 1998.
Bull, Hans Peter: Richterwahl unter Konkurrentenaufsicht, in: ZRP 1996, S. 335–339.
Classen, Claus Dieter: Wahl contra Leistung? – Zu Wahlbeamten und Richterwahlen, in: JZ 2002, S. 1009–1020.
Degenhart, Christoph: Gerichtsorganisation, in: HStR³ V, § 114, S. 725–760.
Dietrich, Thorsten Erwin: Richterwahlausschüsse und demokratische Legitimation, 2007.
Ehlers, Dirk: Verfassungsrechtliche Fragen der Richterwahl, 1998.
Fischer, Detlev: Zur Geschichte der höchstrichterlichen Rechtsprechung in Deutschland, in: JZ 2010, S. 1077–1087.
Franke, Stefan: Wieviele Gerichtsbarkeiten brauchen wir?, in: ZRP 1997, S. 333–336.
Gärditz, Klaus Ferdinand: Reformbedarf bei der Bundesrichterwahl?, in: ZBR 2015, S. 325–335.
Grigoleit, Klaus Joachim/Siehr, Angelika: Die Berufung der Bundesrichter: Quadratur des Kreises?, in: DÖV 2002, S. 455–462.
Groß, Thomas: Verfassungsrechtliche Möglichkeiten und Begrenzungen für eine Selbstverwaltung der Justiz, in: ZRP 1999, S. 361–365.
Hense, Ansgar: Rechtsprechungszuständigkeit, in: HStR³ VI, § 137, S. 811–836.
Hergenröder, Curt Wolfgang: Zivilprozessuale Grundlagen richterlicher Rechtsfortbildung, 1995.
Lovens, Sebastian: Verfassungswidrige Richterwahl?, in: ZRP 2001, S. 465–469.
Papier, Hans-Jürgen: Zur Selbstverwaltung der Dritten Gewalt, in: NJW 2002, S. 2585–2593.
Schenkel, Jan-Erik: Verbietet Art. 95 Abs. 1 GG die Zusammenlegung von Gerichtsbarkeiten auf Landesebene?, in: DÖV 2011, S. 481–485.
Scholz, Rupert: Die Wahl der Bundesrichter, in: Festschrift 50 Jahre Bundesverwaltungsgericht, 2003, S. 151–172.
Stüer, Bernhard/Hermanns, Caspar David: Der verfassungsrechtliche Rahmen einer Vereinheitlichung der öffentlich-rechtlichen Fachgerichtsbarkeiten, in: DÖV 2001, S. 505–511.
Wittreck, Fabian: Auftakt zu einer neuen Runde: die Vereinheitlichung der öffentlich-rechtlichen Fachgerichtsbarkeiten, in: DVBl. 2005, S. 211–220.
Zätzsch, Jörg: Richterliche Unabhängigkeit und Richterauswahl in den USA und Deutschland, 2000.
Zöllner, Dieter: Die Wahl von Amtsträgern durch das Parlament – ein rechtsschutzfreier Raum?, in: Festschrift für Josef Isensee, 2002, S. 359–376.

Leitentscheidungen des Bundesverfassungsgerichts

BVerfGE 8, 174 (176ff.) – Bundesverwaltungsgericht; 26, 186 (192ff.) – Ehrengerichte; 143, 22 (30ff., Rn. 22ff.) – Bundesrichterwahlen.

Gliederung

Stichwörter

A. Herkunft, Entstehung, Entwicklung

I. Ideen- und verfassungsgeschichtliche Aspekte

1 Mit der Idee der Rechtsprechung verbindet sich unter den Bedingungen von hierarchisch gegliederten, zumal föderal strukturierten Territorialstaaten zugleich die Notwendigkeit der Letztverbindlichkeit einer **Rechtserkenntnis bei einer höchsten Instanz**. Schon im Mittelalter und in der frühen Neuzeit gab es Institutionen einer obersten Gerichtsbarkeit[1], die beim König angesiedelt waren. Nach Ende dieses Reichshofgerichts im 15. Jahrhundert folgte das Königliche Kammergericht zunächst für Finanzsachen (1415), seit 1456 als »Hof- und Kammergericht« mit den Kompetenzen des vormaligen Reichshofgerichts, bis es 1495 zum Reichskammergericht umgewandelt wurde und bis zum Ende des Heiligen Römischen Reiches 1806 existierte (zuerst in Frankfurt, seit 1527 in Speyer, seit 1663 in Wetzlar)[2]. Daneben entwickelte sich auch der Reichshofrat (seit 1498) als kaiserliches Rechtsprechungsorgan[3]. Zugleich wandten sich die Reichsstände gegen die Rechtsprechung der Reichsgerichte als

---

[1] Vgl. B. Diestelkamp (Hrsg.), Oberste Gerichtsbarkeit und zentrale Gewalt im Europa der Frühen Neuzeit, 1996.

[2] S. näher *N. Achterberg*, in: BK, Art. 95 (Zweitb. 1985), Rn. 2ff.; *D. Fischer*, JZ 2010, 1ff.; ausf. *R. Smend*, Das Reichskammergericht, 1911; B. Diestelkamp (Hrsg.), Die politische Funktion des Reichskammergerichts, 1993; s. auch für das 18. Jahrhundert *R. Sailer*, Untertanenprozesse vor dem Reichskammergericht, 1999.

[3] *Achterberg* (Fn. 2), Art. 95 Rn. 5; ausf. *U. Eisenhardt*, Der Reichshofrat als kombiniertes Recht-

Ausdruck des Machtanspruchs des Reiches, namentlich durch Aushöhlung der letztinstanzlichen Zuständigkeit des Reichskammergerichts[4]. Andererseits besaß das Reichskammergericht zugleich auch Modellfunktion für die Rechtspflege in den Territorien[5] und bildete neben Reichstag und Reichshofrat »die bedeutendste Klammer der Reichseinheit«[6].

Die in Art. 95 I, III GG verkörperte **Idee der Rechtseinheit im Bundesstaat** mag an solche Traditionen anknüpfen, begleitet aber die Idee der Reichsbildung im 19. Jahrhundert mit dem neuartigen Bestreben, durch reichsweite Gerichtsentscheidungen den Prozess der Vereinheitlichung des Rechts im Interesse der Reichseinheit aktiv zu fördern[7]. Der Deutsche Bund noch hatte keine eigenen Gerichtsbehörden[8]. Schon § 125 der Paulskirchenverfassung von 1849 sah ein Reichsgericht für die dem Reich zustehende Gerichtsbarkeit vor[9]. Aber erst 1869 wurde ein Bundes-Oberhandelsgericht als oberster Gerichtshof für Handelssachen im Norddeutschen Bund[10] und statt dessen 1877 das Reichsgericht (je mit Sitz in Leipzig) als oberstes Gericht des Reiches für Straf- und Zivilsachen errichtet und 1879 eröffnet[11], dem weitere spezielle Reichsgerichte zugeordnet wurden (z. B. der Reichsdisziplinarhof von 1873, Wahlprüfungsgericht beim Reichstag). 2

Nach Art. 103 WRV wurde die ordentliche Gerichtsbarkeit durch das Reichsgericht und die Gerichte der Länder ausgeübt; eine erste Differenzierung der Fachgerichtsbarkeit auf Verfassungsebene wird in der institutionellen Garantie einer Verwaltungsgerichtsbarkeit in Reich und Ländern durch Art. 107 WRV erkennbar[12]. Die **Ausdifferenzierung der Weimarer Fachgerichtsbarkeit** erfolgt indes auf einfachgesetzlicher Ebe- 3

---

sprechungs- und Regierungsorgan, in: FS Sellert, 2000, S. 245 ff.; W. Sellert (Hrsg.), Reichshofrat und Reichskammergericht – ein Konkurrenzverhältnis, 1999.

[4] Ausf. *J. Weitzel*, Der Kampf um die Appellation ans Reichskammergericht, 1976; *ders.*, ZRG GA 90 (1973), 213 ff.; zum Recursus ad Comitia (Anrufung des Reichstags wegen Aufhebung einer Entscheidung des Reichhofrats oder des Reichskammergerichts) s. näher *G. Sydow*, Rg 2 (2003), 104 ff.

[5] *H.-J. Becker*, NJW 1995, 2077 (2081).

[6] *Weitzel*, Kampf (Fn. 4), S. 353; *B. Diestelkamp*, Der Staat 51 (2012), 591 (595); s. auch *H.-R. Horn*, JöR 55 (2007), 275 (283 f.).

[7] Vgl. *M. Stolleis*, »Innere Reichsgründung« durch Rechtsvereinheitlichung 1866–1880, in: C. Starck (Hrsg.), Rechtsvereinheitlichung durch Gesetze, 1992, S. 15 ff.; *R. Grawert*, Der Staat 30 (1991), 209 ff.; s. auch *D. Grimm*, RabelsZ 50 (1986), 61 ff.; *M. Schulte*, Rechtsprechungseinheit als Verfassungsauftrag, 1986, S. 20 ff.; *A. Laufs*, JuS 1969, 256 ff.; ausf. *H. Getz*, Die deutsche Rechtseinheit im 19. Jahrhundert als rechtspolitisches Problem, 1966.

[8] S. etwa *H.-H. Klumpp*, Landesrecht vor Bundesgerichten im Bundesstaat des Grundgesetzes, 1969, S. 52 f.; ausf. zu verschiedenen Absichten *H. Müller-Kinet*, Die höchste Gerichtsbarkeit im deutschen Staatenbund 1806–1866, 1975.

[9] Vgl. *D. Fischer*, JZ 2010, 1077 (1079 f.); *J.-D. Kühne*, Das Reichsgericht der Paulskirche und der Oberste Gerichtshof der Vereinigten Staaten im verfassungshistorischen Vergleich, in: FS Folz, 2003, S. 193 ff.

[10] *A. Voßkuhle*, in: v. Mangoldt/Klein/Starck, GG III, Art. 95 Rn. 7; *M. Jachmann*, in: Maunz/Dürig, GG, Art. 95 (2011), Rn. 30; *D. Fischer*, JZ 2010, 1077 (1080 ff.); *Achterberg* (Fn. 2), Art. 95 Rn. 6; *Klumpp*, Landesrecht (Fn. 8), S. 55 ff.; *A. Laufs*, JuS 1969, 256 (258 ff.); ausf. *S. Winkler*, Das Bundes- und spätere Reichsoberhandelsgericht, 2001.

[11] *Voßkuhle* (Fn. 10), Art. 95 Rn. 8; *D. Fischer*, JZ 2010, 1077 (1083 ff.); *Achterberg* (Fn. 2), Art. 95 Rn. 8; *R. Wassermann*, in: AK-GG, Art. 95 (2001), Rn. 2; ausf. *K. Müller*, Der Hüter des Rechts, 1997, S. 31 ff.; *A. Buschmann*, NJW 1979, 1966 ff.; *E. Wadle*, JuS 1979, 841 ff.; zu seinen Kompetenzen ausf. *Müller*, ebd., S. 51 ff.; *Klumpp*, Landesrecht (Fn. 8), S. 66 ff.

[12] S. näher *E. Kern*, Die Zuständigkeitsverteilung auf dem Gebiet der Rechtspflege, in: HdbDStR I, § 31, S. 353 ff. (354 ff.); *Klumpp*, Landesrecht (Fn. 8), S. 83 ff.

ne[13], indem spezielle Reichsgerichte geschaffen und teils dem Reichsgericht angegliedert wurden (Reichsarbeitsgericht 1927, Reichsversorgungsgericht 1922[14], Staatsgerichtshof des Deutschen Reiches 1921; → Art. 93 Rn. 13), teils selbständig bestanden (Reichsfinanzhof 1918[15], Reichswirtschaftsgericht 1920)[16]. In die Zeit des ersten Drittels des 20. Jahrhunderts fallen auch die ersten Überlegungen, wie Divergenzen zwischen den Entscheidungen der verschiedenen Gerichtshöfe vermieden werden könnten[17].

4 Ein Reichsverwaltungsgericht wurde erst 1941 durch das **NS-Regime** geschaffen und vereinigte – nach Maßgabe des vom NS-Regime favorisierten Prinzips der »Verreichlichung der Justiz« aus Gründen der Personaleinsparung und nicht mehr unter den Bedingungen richterlicher Unabhängigkeit – eine Reihe von Verwaltungsgerichtshöfen (z.B. das preußische OVG, den Reichsdienststrafhof)[18]; die sehr heterogen und vielfältig seit dem ersten Verwaltungsgerichtshof in Baden (1863) entstandenen[19] (→ Art. 19 IV Rn. 2) unabhängigen Verwaltungsgerichte waren (wie auch die Finanzgerichte) zuvor teils aufgehoben, teils in ihrer Bedeutung weitgehend reduziert worden[20].

5 Die Berufung der Richter unter **Beteiligung des Parlaments an der Richterauswahl** lässt sich bis auf die Forderungen im Vormärz nach der Teilnahme des Volkes an der Berufung von Richtern (Siebenpfeiffer) zurückverfolgen[21], doch dominierte mit Ausnahme eines paritätisch aus Mitgliedern des Senats, der Bürgerschaft und des Richterkollegiums zusammengesetzten Richterwahlausschusses in Bremen (1849–1935) und diesem Modell folgend in Danzig in den 1920er Jahren in Deutschland bis 1945 die Tradition des obrigkeitlich ernannten Beamtenrichters[22]. Sozialdemokratische Forderungen nach Volkswahl der Richter (zuerst im Erfurter Programm von 1891) waren in der Weimarer Justizdebatte zwar virulent, wurden aber von der SPD angesichts der politischen Verhältnisse nicht nachhaltig verfochten[23]. Erst nach 1945 wurde – indirekt auch unter ideellem Einfluss angelsächsischer Vorbilder (→ Rn. 11) – die durch Abgeordnete mediatisierte Mitwirkung des Volkes an der Richterwahl institutionalisiert.

---

[13] Übersichtlich *Voßkuhle* (Fn. 10), Art. 95 Rn. 9; *Jachmann* (Fn. 10), Art. 95 Rn. 32; *S. Franke*, ZRP 1997, 333 (333f.).

[14] Zur Entwicklung der Sozialgerichtsbarkeit *H. Heußner*, DRiZ 1979, 129ff.

[15] Zur Entwicklung der Finanzgerichtsbarkeit *K. Tipke/H.W. Kruse*, Abgabenordnung/Finanzgerichtsordnung, Einführung FGO, Rn. 1ff.

[16] *Achterberg* (Fn. 2), Art. 95 Rn. 12, 15, 19, 20, 22ff.

[17] *C.W. Hergenröder*, Zivilprozessuale Grundlagen richterlicher Rechtsfortbildung, 1995, S. 107; *K. Miebach*, Der Gemeinsame Senat der obersten Gerichtshöfe des Bundes, 1971, S. 25ff.

[18] *Voßkuhle* (Fn. 10), Art. 95 Rn. 10; *Achterberg* (Fn. 2), Art. 95 Rn. 21; *Wassermann* (Fn. 11), Art. 95 Rn. 2; *M. Stolleis*, DVBl. 2013, 1274 (1277f.); ausf. *W. Kohl*, Das Reichsverwaltungsgericht, 1991.

[19] S. näher *E. Schmidt-Aßmann*, in: Schoch/Schneider/Bier, VwGO, Einleitung Rn. 76ff.

[20] *Schmidt-Aßmann* (Fn. 19), Einleitung Rn. 81; ausf. *M. Stolleis*, Die Verwaltungsgerichtsbarkeit im Nationalsozialismus, in: FS Menger, 1985, S. 57ff.

[21] *Wassermann* (Fn. 11), Art. 95 Rn. 4; *D. Simon*, Die Unabhängigkeit des Richters, 1975, S. 4.

[22] *Wassermann* (Fn. 11), Art. 95 Rn. 4; *E. Teubner*, Die Bestellung zum Berufsrichter in Bund und Ländern, 1984, S. 32; s. auch *Voßkuhle* (Fn. 10), Art. 95 Rn. 13.

[23] *Wassermann* (Fn. 11), Art. 95 Rn. 5; vgl. zur Weimarer Justizdebatte *E. Schiffer*, Die deutsche Justiz, 2. Aufl. 1949, S. 260ff.

II. Entstehung und Veränderung der Norm

Nach 1945 förderten die Westalliierten in ihren Besatzungszonen die Errichtung von Fachgerichtsbarkeiten[24]. Art. 129 I HChE sah unentschieden zunächst »ein oder mehrere Bundesgerichte« vor; grundsätzlich sollte die Gerichtsbarkeit den Ländern zustehen[25]. In den Beratungen des **Parlamentarischen Rats**, namentlich des Ausschusses für Verfassungsgerichtshof und Rechtspflege, plädierte insbesondere der Abg. W. Strauß (CDU) durch eine Denkschrift für die Schaffung eines einheitlichen obersten Bundesgerichts[26], doch setzte sich die Ansicht durch, für die namentlich genannten, auf Intervention der Gewerkschaften auch die Arbeitsgerichtsbarkeit erfassenden[27] fünf fachgerichtlichen Gebiete »obere Bundesgerichte« einzurichten (Art. 96 I GG i. d. F. 1949). Die Schaffung eines »obersten Bundesgerichts« blieb wegen der divergierenden Auffassungen über die Kompetenzen und Organisation eines solchen Gerichts dilatorisch als Option erhalten (Art. 95 I GG a. F.; → Rn. 8)[28]. 6

Der neue Weg der politischen Berufung der Bundesrichter durch **Richterwahlausschüsse** war nicht ganz unumstritten (Art. 95 III, 96 II GG i. d. F. 1949). Maßgeblicher Verfechter im Parlamentarischen Rat war der hessische Abg. G.A. Zinn (SPD), der nach dem Vorbild von Art. 127 III Verf. Hessen die Stellung der Richter hervorheben wollte[29], um die Wiederholung einer antidemokratischen Justiz wie in Weimar und der NS-Zeit zu verhindern. Grundsätzliche Vorbehalte äußerte der Abg. T. Dehler (FDP), der im Mischsystem des Zusammenwirkens von Parlament und Exekutive eine Verwischung von Kompetenzen, anonymisierte Verantwortlichkeiten und die Verschiebung der Auswahlkriterien von der Fachlichkeit zum Politischen befürchtete, sich aber nicht durchsetzte. 7

Die **gegenwärtige Fassung** von Art. 95 GG rührt aus dem Jahre **1968**[30]. Statt des vorgesehenen, aber mangels institutionell-organisatorischen Bedarfs nie errichteten »Obersten Bundesgerichts«[31], das an die umfassenderen Kompetenzen des einstigen Reichsgerichts anzuknüpfen schien[32], wurde nun in Art. 95 III GG ein Gemeinsamer Senat der Gerichtshöfe des Bundes vorgesehen[33], die schon damals in Art. 96 I a. F. GG erwähnten »oberen Bundesgerichte« nun als oberste »Gerichtshöfe des Bundes« bezeichnet und die Fünfgliedrigkeit der Fachgerichtsbarkeit bestätigt. Im übrigen wur- 8

---

[24] Vgl. *Voßkuhle* (Fn. 10), Art. 95 Rn. 11. – Zum Aufbau der »sozialistischen Rechtspflege« im sowjetischen Machtbereich *Wassermann* (Fn. 10), Art. 95 Rn. 3a.

[25] *Wassermann* (Fn. 11), Art. 95 Rn. 6; ausf. *Achterberg* (Fn. 2), Art. 95 Rn. 42ff.; umfassende Dokumentation der Entstehungsgeschichte bei *J. Kramer*, in: Schneider, GG-Dokumentation, Bd. 23/2, S. 785ff.

[26] *Voßkuhle* (Fn. 10), Art. 95 Rn. 14; ausf. *Achterberg* (Fn. 2), Art. 95 Rn. 45ff.

[27] *Voßkuhle* (Fn. 10), Art. 95 Rn. 15; *Wassermann* (Fn. 11), Art. 95 Rn. 7; *Achterberg* (Fn. 2), Art. 95 Rn. 72.

[28] Vgl. JöR 1 (1951), S. 691f.; *Voßkuhle* (Fn. 10), Art. 95 Rn. 14; *Jachmann* (Fn. 10), Art. 95 Rn. 46ff.; *S. Franke*, ZRP 1997, 333 (334); *Wassermann* (Fn. 11), Art. 95 Rn. 6f.

[29] *Voßkuhle* (Fn. 10), Art. 95 Rn. 18; *Wassermann* (Fn. 11), Art. 95 Rn. 9.

[30] 16. Gesetz zur Änderung des GG vom 18.6.1968 (BGBl. I S. 657); s. auch *A. Bauer/M. Jestaedt*, Das Grundgesetz im Wortlaut, 1997, S. 326f.; *S. Detterbeck*, in: Sachs, GG, Art. 95 Rn. 1; *M. Raden*, in: Umbach/Clemens, GG, Art. 95 Rn. 4; *Wassermann* (Fn. 11), Art. 95 Rn. 8.

[31] S. näher *Voßkuhle* (Fn. 10), Art. 95 Rn. 17; *Achterberg* (Fn. 2), Art. 95 Rn. 39f.

[32] Vgl. *A. Buschmann*, Reichsgericht und Bundesgerichtshof, in: B.-R. Kern/K.-P. Schroeder (Hrsg.), Eduard von Simson (1810–1899), 2001, S. 132ff. (140ff.).

[33] *Jachmann* (Fn. 10), Art. 95 Rn. 156; zur Vorgeschichte *Achterberg* (Fn. 2), Art. 95 Rn. 85ff.; ausf. *Miebach*, Senat (Fn. 17), S. 44ff.; *Schulte*, Rechtsprechungseinheit (Fn. 7), S. 32ff.

den die zuvor schon bestehenden Regeln der Richterwahl in Art. 95, 96 a. F. GG redaktionell vereinheitlicht.

B. Internationale, supranationale und rechtsvergleichende Bezüge

9 Die internationale Welt der Gerichte besteht allenthalben aus fachlich für bestimmte Materien **mehr oder weniger spezialisierten Gerichten.** Im internationalen Rechtsvergleich kennen wohl alle, namentlich alle föderal organisierten Staaten, Bundesgerichte, die im Interesse der nationalen Rechtseinheit und Rechtssicherheit entscheiden sollen[34] (vgl. z. B. Art. 147 Verf. Belgien 1994; § 53 Verf. Finnland; Art. III Section 1 Verf. USA 1787[35]; Art. 188 Verf. Schweiz 1999[36]), neuerdings selbst das Vereinigte Königreich[37].

10 Im Ländervergleich **singulär** scheint aber **das deutsche** fünffach gegliederte **Fachgerichtssystem** zu sein[38]. Viele Länder kennen im Grundsatz nur die Zweiteilung in die ordentliche Gerichtsbarkeit für Straf- und Zivilsachen und die Verwaltungsgerichtsbarkeit (z. B. Finnland, Art. 93 Verf. Griechenland, Art. 102, 103 Verf. Italien, Art. 211, 213, 214 Verf. Portugal, Österreich[39], Frankreich[40]), oder aber einzelne Gerichte für spezielle Gebiete werden institutionell besonders hervorgehoben (z. B. Art. 157 II, III Verf. Belgien betr. Handels- und Arbeitsgerichte). Manche Staaten kennen gar keine Aufteilung in verschiedene Gerichtsbarkeiten (z. B. England[41], Irland, neuestens Tschechien). Allerdings gibt es dann oft innerhalb der einheitlichen Instanzenzüge unterschiedliche, auf einige Rechtsgebiete spezialisierte Spruchkörper, in denen wie in Art. 95 GG eine sachliche Differenzierung nach Verwaltungs-, Arbeits-, Sozialversicherungs- und Steuerrechtsstreitigkeiten zum Ausdruck kommt; so kennt z. B. das Schweizer Bundesgericht zwei Abteilungen für Öffentliches Recht, zwei für Zivilrecht und eine für Strafrecht[42]. Die Verselbständigung eines obersten Finanzgerichts in Deutschland ist weltweit einmalig[43].

11 Die **Einsetzung von Berufsrichtern aufgrund** ihrer **Wahl** auf Zeit durch die Bürger selbst oder ihre gewählten Vertretungen ist in einigen westlichen Ländern tief verwurzelt[44]. So werden in der Schweiz die Richter durch Wahlen für 3–6 Jahre (praktisch

---

[34] Vgl. auch *R. Hauser*, Die Wahrung der Einheit der Rechtsprechung in rechtsvergleichender Sicht, in: FS Schwab, 1990, S. 197ff.

[35] S. näher *Klumpp*, Landesrecht (Fn. 8), S. 114ff.

[36] S. näher *R. Frank*, Gerichtswesen und Prozessverlauf z. B. im Kanton Zürich, 1980, S. 77ff.; *Klumpp*, Landesrecht (Fn. 8), S. 128ff.; illustrativ *E. Schneider*, 150 und 125 Jahre Bundesgericht: 1848–1998, 1875–2000, 1998.

[37] *R. Masterman/J.E.K. Murkens*, JZ 2012, 1029 (1032ff.); *A. Seibert-Fohr*, Der Staat 49 (2010), 130 (132ff.).

[38] So *H. Weber-Grellet*, ZRP 2013, 110ff.; *S. Franke*, ZRP 1997, 333 (334f.); s. aber auch Art. 84, 94 II, 95bis Verf. Luxemburg mit seiner fünfgliedrigen Differenzierung.

[39] *G. Lienbacher*, ZfRV 1990, 70 (78f.); *A. Bonomi/R. Lenz*, Österreich, in: A. Bonomi u. a. (Bearb.), Der Kampf gegen die Überlastung der höheren Gerichte, 1995, S. 305ff.

[40] *B. Métraux*, France, in: Kampf (Fn. 39), S. 125ff.; s. ebd. weitere Länderberichte über Belgien, Deutschland, Italien, Kanada, Schweden und die USA.

[41] Vgl. *D. Blumenwitz*, Einführung in das anglo-amerikanische Recht, 7. Aufl. 2002, S. 40ff.

[42] *Schneider*, Bundesgericht (Fn. 36), S. 23f.

[43] Vgl. *A. Leisner-Egensperger*, Der Bundesfinanzhof auf dem Weg zu einem rechtsstaatlich verfassungsgeprägten Steuerrecht, in: C. Fischer/W. Pauly (Hrsg.), Höchstrichterliche Rechtsprechung in der frühen Bundesrepublik, 2015, S. 285ff.

[44] Ältere Übersicht bei *P. Kastari*, Der Staat 11 (1972), 331 (340ff.); aus neuerer Zeit *F. Wittreck*,

durch Wiederwahl bis zum Pensionsalter) eingesetzt, in den unteren Instanzen durch Volkswahl, in den oberen durch Parlamentsauswahl[45]. Auch in den Einzelstaaten der USA werden überwiegend alle Richter durch das Volk gewählt, in einigen Staaten ein Teil der Richter durch das Parlament[46]; nur die Bundesrichter werden von der Exekutive ernannt[47]. Auch wo – wie überwiegend – die Richter von der Exekutive ernannt werden, ist oft die Beteiligung von Parlamenten vorgesehen, z.B. durch Vorschlagsrechte (Art. 151 Verf. Belgien) oder durch teilweise Wahl durch das Parlament (z.B. Art. 104 IV Verf. Italien). In den meisten Ländern Europas wirkt auch ein Richterrat als Vertretung der Justiz beratend mit[48], wenn nicht die richterliche Selbstverwaltung (wie z.B. in Italien) noch stärker ausgebaut ist[49].

Auch auf der Ebene internationaler Konventionen lässt sich diese Parlamentarisierung beobachten: Die **Richter des EGMR** etwa werden von der parlamentarischen Versammlung des Europarats aus einer Liste von drei Kandidaten gewählt, die vom jeweiligen Vertragsstaat vorgeschlagen werden (Art. 22 EMRK)[50]; auch die **Richter des IGH und des IStGH** werden von der Vollversammlung der UN bzw. der Versammlung der Vertragsstaaten des IStGH-Statuts gewählt[51]. Demgegenüber werden die **Richter des EuGH** unverändert allein von den Regierungen der Mitgliedstaaten ernannt[52] (Art. 253 AEUV; → Art. 94 Rn. 6). 12

C. Erläuterungen

I. Allgemeine Bedeutung

Art. 95 GG konkretisiert die in Art. 92 GG vorgegebene Gerichtsorganisation und regelt die **Errichtung** und die Besetzung **der obersten Gerichtshöfe des Bundes**, die 13

Die Verwaltung der Dritten Gewalt, 2006, S. 527ff.; *P. Rädler*, Independence and Impartiality of Judges, in: D. Weissbrodt/R. Wolfrum (Eds.), The Right to a Fair Trial, 1998, S. 727ff. (738ff.). → Art. 98 Rn. 14.

[45] *A. Tschentscher*, Demokratische Legitimation der dritten Gewalt, 2006, S. 273ff., 284ff.; *Wittreck*, Verwaltung (Fn. 44), S. 546ff.; *R. Kiener*, Betr. Justiz 2002, 378ff.; *dies.*, Richterliche Unabhängigkeit, 2001, S. 255ff.; *Frank*, Gerichtswesen (Fn. 36), S. 30f., 36ff.; krit. *H.U. Walder*, Gedanken zur Verteidigung der richterlichen Unabhängigkeit im Lichte der EMRK, in: FS Matscher, 1993, S. 517ff.

[46] *P. Kastari*, Der Staat 11 (1972), 331 (340ff.); ausf. *Tschentscher*, Legitimation (Fn. 45), S. 278ff.; *Wittreck*, Verwaltung (Fn. 44), S. 623ff.; *J. Zätzsch*, Richterliche Unabhängigkeit und Richterwahl in den USA und Deutschland, 2000, S. 40ff., 129ff.; *U. Kayser*, Die Auswahl der Richter in der englischen und amerikanischen Rechtspraxis, 1969.

[47] *Wittreck*, Verwaltung (Fn. 44), S. 620ff.; *Zätzsch*, Unabhängigkeit (Fn. 46), S. 43ff., 115ff.; *G.* und *J. Schmidt-Räntsch*, Deutsches Richtergesetz, 6. Aufl. 2009, Einl. Rn. 76.

[48] Übersichtlich *G. Schernthanner*, DRiZ 2007, 272ff.

[49] Zur richterlichen Selbstverwaltung in Italien: *M. Minkner*, Die Gerichtsverwaltung in Deutschland und Italien, 2015, S. 577ff.; zu den Niederlanden, Italien, Polen und der Schweiz jetzt *M. Jeschke*, Justizielle Autonomie in Europa, 2016, S. 19ff., 117ff.; zur richterlichen Selbstverwaltung in Spanien: *J.L. Manzanares Samaniego*, DRiZ 1999, 317ff.; s. auch im Gesamtvergleich *Wittreck*, Verwaltung (Fn. 44), S. 527ff.

[50] Vgl. *A. v. Bogdandy/C. Krenn*, JZ 2014, 529 (533f.); *Wittreck*, Verwaltung (Fn. 44), S. 229ff.; *M.E. Villiger*, Handbuch der Europäischen Menschenrechtskonvention (EMRK), 2. Aufl. 1999, Rn. 187.

[51] *Wittreck*, Verwaltung (Fn. 44), S. 235ff.

[52] *Wittreck*, Verwaltung (Fn. 44), S. 243ff.; ausf. *D. Siebert*, Die Auswahl der Verfassungsrichter am Gerichtshof der Europäischen Gemeinschaften, 1997, S. 84ff.

vom Bund für die »einfachgesetzliche« Fachgerichtsbarkeit obligatorisch zu errichten sind[53]. Hinzu treten fakultativ als oberste Bundesgerichte die in Art. 96 GG vorgesehenen Bundesgerichte[54].

14 Art. 95 GG enthält erstens eine **Kompetenzzuweisung** an den Bund. Die Verteilung der Rechtsprechungskompetenzen zwischen Bund und Ländern wird – anders als bei den Gesetzgebungskompetenzen (Art. 70ff. GG) und den Verwaltungskompetenzen (Art. 83ff. GG) – nicht nach Sachgebieten aufgeteilt, sondern organisatorisch nach den herkömmlichen Funktionen der Gerichtsinstanzen[55]. Art. 95 GG sieht die Funktion der höchstrichterlichen Rechtsprechung primär in der Wahrung der Einheit der Rechtsordnung im Bundesstaat und betrachtet die Rechtsprechung so in ihrem einheitlichen gesamtstaatlichen Charakter[56]; eine Aufteilung nach Sachbereichen erfolgt nur für einige besondere abgrenzbare Gebiete in Art. 96 GG.

15 Art. 95 GG formuliert zweitens einen **Regelungsauftrag** an den Gesetzgeber[57]. Art. 95 I GG nennt die fünf zu errichtenden obersten Gerichtshöfe des Bundes (→ Rn. 16ff.); Art. 95 II GG regelt die Berufung von deren Richtern – in gemeinsamer Verantwortung von Parlament und Regierung und Bund und Ländern[58] – durch den Richterwahlausschuss und die zuständigen Minister (→ Rn. 24ff.); Art. 95 III GG gilt der Pflicht zur Errichtung eines Gemeinsamen Senats aller fünf obersten Bundesgerichte, um die Einheitlichkeit der Rechtsprechung im Bunde schon aus Gründen der Rechtssicherheit zu wahren[59] (→ Rn. 33ff.).

II. Die Errichtung der obersten Bundesgerichte (Art. 95 I GG)

1. Die obersten Gerichtshöfe des Bundes

16 Art. 95 I GG **verpflichtet** als objektives Rechtsgebot den Bund unmittelbar **verbindlich zur Errichtung der** hier genannten fünf obersten **Gerichtshöfe des Bundes**. Diese Aufzählung ist abschließend; weitere oberste Gerichtshöfe dürfen mithin nicht errichtet werden[60]. Der Bundesgesetzgeber ist dieser Pflicht nachgekommen (vgl. §§ 12, 123 GVG; §§ 2, 10 VwGO; § 2 FGO; § 40 I ArbGG und § 38 I SGG)[61]. Art. 95 I GG legt zugleich die Namen der Gerichte verbindlich fest[62]. Mangels ausdrücklicher Zuständigkeitsregeln im Grundgesetz selbst sind diese obersten Gerichtshöfe keine Verfassungsorgane[63].

---

53 S. nur *Jachmann* (Fn. 10), Art. 95 Rn. 1, 65.

54 *W. Blümel*, HStR IV, § 102 Rn. 12; ausf. *Achterberg* (Fn. 2), Art. 95 Rn. 115ff., 118ff., 123f.

55 *Voßkuhle* (Fn. 10), Art. 95 Rn. 3; *W. Meyer*, in: v. Münch/Kunig, GG II, Art. 95 Rn. 3; *Jachmann* (Fn. 10), Art. 95 Rn. 4.

56 *A. Hense*, HStR³ VI, § 137 Rn. 7; *C. Degenhart*, HStR³ V, § 114 Rn. 14f.; *A. Heusch*, in: Schmidt-Bleibtreu/Hofmann/Henneke, GG, Art. 95 Rn. 1; *C.-F. Menger*, Landesrecht vor Bundesgerichten, 1962, S. 28.

57 Jarass/*Pieroth*, GG, Art. 95 Rn. 1; *Jachmann* (Fn. 10), Art. 95 Rn. 2, 65.

58 So *Meyer* (Fn. 55), Art. 95 Rn. 1.

59 Vgl. *Detterbeck* (Fn. 30), Art. 95 Rn. 2; *Reich*, GG, Art. 95 Rn. 3.

60 BVerfGE 8, 174 (176); *Voßkuhle* (Fn. 10), Art. 95 Rn. 2; *Detterbeck* (Fn. 30), Art. 95 Rn. 3; *Meyer* (Fn. 55), Art. 95 Rn. 4; *Achterberg* (Fn. 2), Art. 95 Rn. 110.

61 Gründungsdaten bei *Voßkuhle* (Fn. 10), Art. 95 Rn. 20; *A. Hense*, HStR³ VI, § 137 Rn. 13; ausf. *Jachmann* (Fn. 10), Art. 95 Rn. 66ff.; speziell zum BSG jetzt *A. Voßkuhle/J. Gerberding*, Das Bundessozialgericht unter dem Grundgesetz, in: Denkschrift 60 Jahre BSG, 2014, S. 283ff.

62 *Reich*, GG, Art. 95 Rn. 1; *Jachmann* (Fn. 10), Art. 95 Rn. 74.

63 *Jachmann* (Fn. 10), Art. 95 Rn. 73; *A. Hense*, HStR³ VI, § 137 Rn. 14; *Voßkuhle* (Fn. 10), Art. 95

Kehrseite der Errichtungspflicht ist das Verbot zur Auflösung dieser Gerichtshöfe; Bundesgerichtshof, Bundesverwaltungsgericht, Bundesfinanzhof, Bundesarbeitsgericht und Bundessozialgericht werden mithin durch Art. 95 I GG **institutionell garantiert**[64] und dürfen nicht zu einem Einheitsgericht zusammengelegt oder auf sonstige Weise partiell verschmolzen werden[65], auch nicht durch Verschmelzung der drei verwaltungsgerichtlichen Gerichtsbarkeiten[66]. Nicht garantiert ist aber ihre Lokalisierung an bestimmten Orten: Der Gesetzgeber war verfassungsrechtlich frei, den Sitz des Bundesverwaltungsgerichts von Berlin nach Leipzig und den Sitz des Bundesarbeitsgerichts von Kassel nach Erfurt zu verlegen. 17

Vorrangige **Aufgaben** der obersten Gerichtshöfe bestehen in der Wahrung und **Herstellung von materieller Rechtseinheit** im Bundesstaat in der Rechtsfortbildung (→ Art. 20 [Rechtsstaat], Rn. 101ff.), namentlich durch präjudizielles »Rechtsprechungsrecht« zur Gewährleistung von Rechtsanwendungsgleichheit[67] und durch bundeseinheitliche Gewährleistung von ordnungsgemäßen Gerichtsverfahren, die u. a. den Prozessgrundrechten der Art. 101ff. GG genügen[68]. Dabei wirken alle obersten Bundesgerichtshöfe grundsätzlich gleichrangig mit[69], so dass es geboten sein soll, dass die Bundesrichter auch besoldungsmäßig gleichgestellt sind[70]. Der Bundesgesetzgeber ist befugt und verpflichtet, mit der Errichtung der Gerichtshöfe auch die sonstigen sachlichen, personellen, normativen und fiskalischen Grundlagen dafür zu schaffen, dass die Gerichte ihre Aufgabe erfüllen können[71]. Insbesondere hat er für ausreichend große Spruchkörper mit gelehrten Berufsrichtern zu sorgen, die eine diskursive, wechselseitige Kontrolle der Argumentation in den Spruchkörpern bei der (eher zunehmend bedeutsamen) richterrechtlichen Rechtsfortbildung gewährleisten[72]. 18

Rn. 26; *W. Blümel*, HStR IV, § 102 Rn. 13; *Achterberg* (Fn. 2), Art. 95 Rn. 126; anders sieht das für sich das Bundesverfassungsgericht: → Art. 93 Rn. 36.

[64] *Jachmann* (Fn. 10), Art. 95 Rn. 74; *C. Degenhart*, HStR³ V, § 114 Rn. 14; *Voßkuhle* (Fn. 10), Art. 95 Rn. 21; *Detterbeck* (Fn. 30), Art. 95 Rn. 3; *Stern*, Staatsrecht II, S. 387; krit. *S. Franke*, ZRP 1997, 333 (335f.).

[65] *Heusch* (Fn. 56), Art. 95 Rn. 8; *Achterberg* (Fn. 2), Art. 95 Rn. 130, 135; zu den Vor- und Nachteilen unterschiedlicher Fachgerichtsbarkeiten *F. Baur*, Empfiehlt es sich, die einzelnen Zweige der Rechtsprechung ganz oder teilweise zusammenzufassen?, in: Gutachten für den 42. DJT, Bd. 1, Teil 2, 1957.

[66] *Meyer* (Fn. 55), Art. 95 Rn. 5; *B. Stüer/C.D. Hermanns*, DÖV 2001, 505 (507); für Zusammenführung von Sozial- und Verwaltungsgerichtsbarkeit de lege ferenda *F. Hufen*, Die Verwaltung 42 (2009), 405ff.; dagegen *A. Tabarra*, NZS 2009, 483ff.

[67] *M. Albers* und *C. Schönberger*, Höchstrichterliche Rechtsfindung und Auslegung gerichtlicher Entscheidungen, VVDStRL 71 (2012), S. 257 (266ff., 286f.) bzw. S. 298ff. (302ff., 318ff.); ausf. *Jachmann* (Fn. 10), Art. 95 Rn. 17ff.; *dies.*, Die Rechtsprechung des Bundesfinanzhofs als Ausübung der dritten Staatsgewalt, in: FS Spindler, 2011, S. 115ff. (117ff.); allg. *M. Desens*, Bindung der Finanzverwaltung an die Rechtsprechung, 2011, S. 191ff.; s. auch *H. Rösler*, ZZP 2013, 295ff.

[68] Vgl. BVerfGE 10, 285 (295); *Meyer* (Fn. 55), Art. 95 Rn. 7; *Jachmann* (Fn. 10), Art. 95 Rn. 5, 100; *W. Heyde*, Rechtsprechung, in: HdbVerfR, § 33 Rn. 19.

[69] BVerfGE 12, 326 (333); *C. Degenhart*, HStR³ V, § 114 Rn. 22; Jarass/*Pieroth*, GG, Art. 95 Rn. 2; *Detterbeck* (Fn. 30), Art. 95 Rn. 11; *Meyer* (Fn. 55), Art. 95 Rn. 4, 16; *O.R. Kissel/H. Mayer*, GVG, 8. Aufl. 2015, Einl. Rn. 235.

[70] BVerfGE 12, 326 (333ff.); 26, 72 (76f.); 55, 372 (388ff.); *Voßkuhle* (Fn. 10), Art. 95 Rn. 25; *Meyer* (Fn. 55), Art. 95 Rn. 16.

[71] *Voßkuhle* (Fn. 10), Art. 95 Rn. 20; *Detterbeck* (Fn. 30), Art. 95 Rn. 10; *Meyer* (Fn. 55), Art. 95 Rn. 8.

[72] *Jachmann* (Fn. 10), Art. 95 Rn. 65, 87; vgl. auch *R. Bakker*, Grenzen der Richtermacht. Die Kollegialkontrolle im Großen Senat des BAG, 1994, S. 135ff.

19 Bereits aus der Aufgabe der Wahrung der Rechtseinheit folgt, dass es sich grundsätzlich um **höchstinstanzliche Rechtsmittelgerichte**, in erster Linie um Revisionsgerichte handelt[73]. Dadurch ist weder ausgeschlossen, dass es auch herkömmliche oberste Landesgerichte als letztinstanzliche Revisionsinstanzen geben kann (vgl. § 8 I EGGVG)[74]; noch ist es dem Gesetzgeber verwehrt, obersten Bundesgerichten bei sachlichen Gründen ausnahmsweise auch andere, besonders erstinstanzliche Zuständigkeiten zuzuweisen (vgl. § 50 VwGO, § 37 FGO, § 39 II SGG)[75], auch wenn die Revisionsgerichte ihrer Struktur nach möglicherweise auf solche Aufgaben nicht zugeschnitten sind[76], solange diese ihrer eigentlichen Aufgabe als Revisionsgerichte gerecht werden können[77].

20 Art. 95 GG soll deshalb **nicht in jedem Fall** einen **Instanzenzug** innerhalb der jeweiligen Fachgerichtsbarkeit gewährleisten[78], doch geht Art. 95 GG zumindest für den Regelfall davon aus, dass innerhalb der Fachgerichtsbarkeiten zumindest zwei Gerichtsinstanzen bestehen[79], weil »oberste« Gerichtshöfe untere voraussetzen. So wie materiell die Zuständigkeiten der einzelnen Fachgerichtsbarkeiten nicht »ausgetrocknet« werden dürfen, so bestehen sowohl für die Übertragung erst- (und damit zugleich letzt-)instanzlicher Zuständigkeiten auf die obersten Gerichtshöfe wie für die Abkoppelung der landesgerichtlichen Gerichtsbarkeit von bundesgerichtlichen Revisionsmöglichkeiten (objektive) verfassungsrechtliche Grenzen aus Art. 95 I GG[80]: Eine Gestaltung der Instanzenzüge, die die Aufgabe der obersten Bundesgerichte zur Wahrung der Rechtseinheit wesentlich erschweren oder unmöglich machen und zur Ungleichheit bei der Rechtsanwendung führen würde, verstieße gegen Art. 95 I GG. Das geltende System der Wertrevisionen in zivilrechtlichen Streitigkeiten z. B. scheint unter diesem Gesichtspunkt zu viele Rechtsfragen von grundsätzlicher Bedeutung vom Bundesgerichtshof fernzuhalten[81]. Ungeachtet dessen schließt Art. 95 I GG nicht aus, dass die sachlichen Zuständigkeiten der Instanzgerichte der Länder von denen der

---

[73] BVerfGE 8, 174 (177); *Meyer* (Fn. 55), Art. 95 Rn. 7; *W. Blümel*, HStR IV, § 102 Rn. 14; *K.A. Bettermann*, JZ 1958, 235 ff.; am Beispiel des BGH: *G. Pfeiffer*, NJW 1999, 2617 ff. – Der Gesetzgeber kann auch ausnahmsweise Landesrecht für revisibel erklären, vgl. § 137 I Nr. 2 VwGO und *Heusch* (Fn. 56), Art. 95 Rn. 5.

[74] BVerfGE 6, 45 (51 f.); *Meyer* (Fn. 55), Art. 95 Rn. 7; Jarass/*Pieroth*, GG, Art. 95 Rn. 2; *Detterbeck* (Fn. 30), Art. 95 Rn. 8; *A. Hense*, HStR³ VI, § 137 Rn. 36 f.

[75] BVerfGE 8, 174 (177); 92, 365 (410); BVerwGE 120, 87 (93 f.); 131, 274 (280, Rn. 31); BVerwG NVwZ 2004, 861 (862 f.); *Voßkuhle* (Fn. 10), Art. 95 Rn. 28; *Detterbeck* (Fn. 30), Art. 95 Rn. 8; *Achterberg* (Fn. 2), Art. 95 Rn. 151 ff.; *Jachmann* (Fn. 10), Art. 95 Rn. 101; s. auch *M. Wickel*, NVwZ 2001, 16 (19); *Wassermann* (Fn. 11), Art. 95 Rn. 14; ausf. *Hergenröder*, Grundlagen (Fn. 17), S. 24 ff.

[76] Vgl. *S. Paetow*, NVwZ 2007, 36 (37 f.); *ders.*, DVBl. 1994, 94 (99 f.).

[77] BVerfGE 131, 274 (281, Rn. 32).

[78] So BVerfGE 42, 243 (248); 54, 277 (291 f.); 107, 395 (402, Rn. 19); Jarass/*Pieroth*, GG, Art. 95 Rn. 2; *Detterbeck* (Fn. 30), Art. 95 Rn. 8; *Meyer* (Fn. 55), Art. 95 Rn. 18; *Jachmann* (Fn. 10), Art. 95 Rn. 101 ff.; *C. Degenhart*, HStR³ V, § 114 Rn. 28; *Heyde* (Fn. 68), § 33 Rn. 19; im Blick auf Art. 19 IV GG anders *A. Voßkuhle*, Rechtsschutz gegen den Richter, 1993, S. 298 ff.; *T. Brandner*, Instanzenzug und Verfassungsrecht, in: FS Brandner, 1996, S. 683 ff. (696 ff.); *O. Dörr*, Der europäische Rechtsschutzauftrag, 2003, S. 13 ff.

[79] *Detterbeck* (Fn. 30), Art. 95 Rn. 9; *A. Hense*, HStR³ VI, § 137 Rn. 15; *C. Degenhart*, HStR³ V, § 114 Rn. 29; *H. Maurer*, Rechtsstaatliches Prozessrecht, in: FS 50 Jahre BVerfG, 2. Bd., S. 467 ff. (482); *Stern*, Staatsrecht II, S. 389 f.; *M.G. Kley*, Die außerordentliche Beschwerde, 1999, S. 346; s. auch *Voßkuhle* (Fn. 10), Art. 95 Rn. 27 ff. m.w.N.

[80] Vgl. *Raden* (Fn. 30), Art. 95 Rn. 10; *W. Blümel*, HStR IV, § 102 Rn. 18; *Achterberg* (Fn. 2), Art. 95 Rn. 154; *E. Hien*, DVBl. 2004, 464 (465).

[81] Vgl. *W. Stichs*, ZRP 1998, 1 ff.; s. auch *H. Roth*, JZ 2006, 9 (17).

obersten Bundesgerichte abweichen[82], etwa auch aufgrund organisatorischer Zusammenlegung von Gerichtsbarkeiten auf Landesebene[83].

2. Die Zuordnung und Abgrenzung der sachlichen Zuständigkeiten

Der von Art. 95 I GG auf Bundesebene vorausgesetzten institutionellen Unterscheidung von fünf Fachgerichtsbarkeiten korrespondiert eine **materielle Unterscheidung von fünf abgrenzbaren Sachgebieten**, die diesen Gerichtszweigen zugeordnet sind und seit der Verfassungsänderung von 1968 (→ Rn. 8) ihrerseits wohl **verfassungsrechtlich garantiert** sind[84]. Diese funktionale Trennung schafft faktisch ein Stück »Gewaltenteilung« innerhalb der rechtsprechenden Gewalt[85], kann als Ausdruck einer Spezialisierung des Wissens[86] deren Qualität steigern[87] und ist verfassungsgeboten: Sie verbietet, eine dieser Fachgerichtsbarkeiten völlig abzuschaffen, und gebietet, jeder Fachgerichtsbarkeit einen Kernbestand an sachlichen Zuständigkeiten zu belassen[88]. Eine einfachgesetzliche materielle Vereinheitlichung der verschiedenen Gerichtsbarkeiten wäre daher ebenso verfassungswidrig wie die Übertragung oder Auslagerung von Kernbereichen einer bestimmten Fachgerichtsbarkeit in eine andere[89]. 21

Innerhalb dieses Rahmens ist es grundsätzlich (zur Ausnahme: → Art. 99 Rn. 3, 13ff.) **Sache des Bundesgesetzgebers, die Prüfungsmaßstäbe** der obersten Bundesgerichte **festzulegen** (vgl. Art. 74 I Nr. 1 GG)[90]. Er hat dabei einen weiten Gestaltungsspielraum und kann einzelne Zuständigkeiten statt an die herkömmlich zuständige Fachgerichtsbarkeit an eine andere, eigentlich scheinbar sachfremde Fachgerichtsbarkeit zuweisen, wenn er plausible Gründe i. S. eines sachlichen Zusammenhangs dafür 22

---

[82] *Voßkuhle* (Fn. 10), Art. 95 Rn. 29; Jarass/*Pieroth*, GG, Art. 95 Rn. 2; *Raden* (Fn. 30), Art. 95 Rn. 8; *Wassermann* (Fn. 11), Art. 95 Rn. 13.

[83] *Meyer* (Fn. 55), Art. 95 Rn. 5; *Jachmann* (Fn. 10), Art. 95 Rn. 111; *Voßkuhle* (Fn. 10), Art. 95 Rn. 29; *J.-E. Schenkel*, DÖV 2011, 481ff.; a.A. *Detterbeck* (Fn. 30), Art. 95 Rn. 6; *C. Degenhart*, HStR³ V, § 114 Rn. 21, 26f.; krit. zur Personalunion als Präsident von OVG und FG: *S. Roller/A. Stadler*, NVwZ 2015, 401 (404).

[84] *Detterbeck* (Fn. 30), Art. 95 Rn. 4; *C. Degenhart*, HStR³ V, § 114 Rn. 21, 26f.; *Meyer* (Fn. 55), Art. 95 Rn. 5; *Jachmann* (Fn. 10), Art. 95 Rn. 110; *J. Kühling*, Soziale Sicherheit 2004, 170ff.; *B. Stüer/C.D. Hermanns*, DÖV 2001, 505 (507ff.); a.A. *S. Franke*, ZRP 1997, 333 (336) unter Berufung auf Stimmen der 50er Jahre *vor* der Neufassung von Art. 95 GG von 1968.

[85] *Voßkuhle* (Fn. 10), Art. 95 Rn. 4; *Meyer* (Fn. 55), Art. 95 Rn. 5, 19.

[86] *B. Fassbender*, HStR³ IV, § 76 Rn. 19.

[87] *E. Schmidt-Jortzig*, NJW 1994, 2569 (2572).

[88] *Detterbeck* (Fn. 30), Art. 95 Rn. 4; Jarass/*Pieroth*, GG, Art. 95 Rn. 1; *Achterberg* (Fn. 2), Art. 95 Rn. 129ff.; *Jachmann* (Fn. 10), Art. 95 Rn. 83ff.; *Meyer* (Fn. 55), Art. 95 Rn. 5, 9; *Stern*, Staatsrecht II, S. 388; *C. Degenhart*, HStR³ V, § 114 Rn. 21, 27; a.A. BVerwG DÖV 1955, 443; BGHZ 38, 208 (211); s. auch *A. Hense*, HStR³ VI, § 137 Rn. 47ff.; *P. Lindemann*, ZRP 1999, 200 (202).

[89] *Detterbeck* (Fn. 30), Art. 95 Rn. 6; *Meyer* (Fn. 55), Art. 95 Rn. 9; *C. Degenhart*, HStR³ V, § 114 Rn. 27; *Stern*, Staatsrecht II, S. 388; ausf. *C.D. Hermanns*, Einheit der Verwaltungsgerichtsbarkeit, 2002, S. 48ff. – Von der Möglichkeit der Richtigkeit dieser Auffassung geht auch der Gesetzentwurf des Bundesrates zur Änderung des Art. 92 GG aus, vgl. BT-Drs. 16/1034, S. 6; a.A. *Heusch* (Fn. 56), Art. 95 Rn. 11; *F. Wittreck*, DVBl. 2005, 211 (216f.); *ders.*, DRiZ 2007, 356 (360). – Krit. de lege ferenda *S. v. Heimburg*, Effizientere Rechtsprechung durch Zusammenlegung der öffentlich-rechtlichen Gerichtsbarkeiten?, in: FS Scholz, 2007, S. 483ff. (490ff.); anders *M. Bertrams*, DVBl. 2006, 997 (1004f.); s. auch *A. Flüchter*, Der Multifunktionsrichter – Das Modell der Zukunft, in: FS Löwisch, 2007, S. 115ff. Damit sind Vereinheitlichungen des Prozessrechts etwa in den Verwaltungsgerichtsbarkeiten nicht ausgeschlossen, vgl. dazu *v. Heimburg*, ebd., S. 490, 497; *J. Meyer-Ladewig*, NVwZ 2007, 1262ff.

[90] Jarass/*Pieroth*, GG, Art. 95 Rn. 1; *F. Schoch*, GVwR² III, § 50 Rn. 65f.; *Jachmann* (Fn. 10), Art. 95 Rn. 86; *Raden* (Fn. 30), Art. 95 Rn. 7. → Art. 74 Rn. 17ff.

hat[91]; er bedarf dazu keiner verfassungsrechtlichen Ermächtigung, solange er den »Typenkern« eines der genannten Sachgebiete nicht durch Entzug von Zuständigkeiten qualitativ verändert[92]. Es ist deshalb verfassungsrechtlich unproblematisch, wenn § 40 II 1 VwGO bestimmte öffentlich-rechtliche Streitigkeiten den ordentlichen Gerichten zuweist[93] oder wenn nach § 17 II 1 GVG das Gericht des zulässigen Rechtsweges einen Rechtsstreit unter allen in Betracht kommenden rechtlichen Gesichtspunkten, d.h. auch solchen entscheiden darf, die normalerweise der Sachkompetenz einer anderen Fachgerichtsbarkeit unterfallen[94]. Dasselbe gilt, soweit tradierte sozialrechtliche Materien (wie z.B. das Recht der Sozialhilfe) dem Zuständigkeitsbereich der allgemeinen Verwaltungsgerichtsbarkeit zugeordnet worden sind[95], solange der Sozialgerichtsbarkeit ein Kernbestand an Zuständigkeiten bleibt. Das gilt nicht, wenn solche Rechtswegzuweisungen verfassungsrechtlich festgelegt sind und ihre Änderung eine Verfassungsänderung voraussetzt (vgl. Art. 14 III 4, 34 S. 3 GG)[96].

23 Von der materiellen Zuständigkeitsvermischung ist die **rein organisatorische Zusammenlegung** von obersten Gerichtshöfen zu unterscheiden: Sie ist ohne Einschränkung hinsichtlich solcher Aufgaben zulässig, die nicht als materielle Rechtsprechung anzusehen sind[97], also Aufgaben der Justizverwaltung, aber auch solche Angelegenheiten, die in einem so engen Zusammenhang mit der Rechtsprechungsaufgabe stehen, dass auch für sie die Art. 97, 98 GG gelten[98], ohne dass sie materiell Rechtsprechung sind (→ Art. 92 Rn. 44ff.). Erst recht können Hilfseinrichtungen wie Verwaltung, Haushaltsführung, nichtrichterlicher Dienst oder Bibliothek gemeinsam betrieben werden[99].

III. Die Berufung der Richter der obersten Bundesgerichte (Art. 95 II GG)

1. Die Berufung

24 Art. 95 II GG regelt (nur) das Verfahren der Berufung von Bundesrichtern an Gerichte i.S. des Art. 95 I GG (nicht auch an Bundesgerichte nach Art. 96 GG oder an das Bundesverfassungsgericht) und die Zusammensetzung des bei der Berufung mitwirkenden Richterwahlausschusses[100]. Dieses Mischsystem, das Exekutive (von Bund und Ländern) und Legislative (des Bundes) gleichermaßen an der Auswahlentschei-

[91] Vgl. BVerfGE 4, 387 (399); BGHZ 38, 208 (211); *Voßkuhle* (Fn. 10), Art. 95 Rn. 22; Jarass/*Pieroth*, GG, Art. 95 Rn. 1; *Heusch* (Fn. 56), Art. 95 Rn. 10; *Jachmann* (Fn. 10), Art. 95 Rn. 87ff.

[92] So *Meyer* (Fn. 55), Art. 95 Rn. 9; *Voßkuhle* (Fn. 10), Art. 95 Rn. 22; *A. Hense*, HStR³ VI, § 137 Rn. 17.

[93] BVerfGE 4, 398 (398f.); *Detterbeck* (Fn. 30), Art. 95 Rn. 5; Jarass/*Pieroth*, GG, Art. 95 Rn. 1; *Meyer* (Fn. 55), Art. 95 Rn. 17; insoweit krit. zur Anwaltsgerichtsbarkeit *M. Quaas*, DVBl. 2016, 1228 (1234f.).

[94] *Detterbeck* (Fn. 30), Art. 95 Rn. 5.

[95] *Heusch* (Fn. 56), Art. 95 Rn. 10; *B. Silberkuhl*, NVwZ 1993, 46f.; krit. *Voßkuhle* (Fn. 10), Art. 95 Rn. 22; *Detterbeck* (Fn. 30), Art. 95 Rn. 6; *Meyer* (Fn. 55), Art. 95 Rn. 9.

[96] Vgl. zuletzt *C. Steinbeiß-Winkelmann*, NVwZ 2016, 713 (715).

[97] *Voßkuhle* (Fn. 10), Art. 95 Rn. 23; *Detterbeck* (Fn. 30), Art. 95 Rn. 7; Jarass/*Pieroth*, GG, Art. 95 Rn. 1; *Jachmann* (Fn. 10), Art. 95 Rn. 75; *C. Degenhart*, HStR³ V, § 114 Rn. 26; *Meyer* (Fn. 55), Art. 95 Rn. 5.

[98] *Detterbeck* (Fn. 30), Art. 95 Rn. 7; s. auch *Meyer* (Fn. 55), Art. 95 Rn. 5.

[99] *Voßkuhle* (Fn. 10), Art. 95 Rn. 23; *Reich*, GG, Art. 95 Rn. 1; *Meyer* (Fn. 55), Art. 95 Rn. 5.

[100] *Jachmann* (Fn. 10), Art. 95 Rn. 125; *Achterberg* (Fn. 2), Art. 95 Rn. 248ff.; *Wassermann* (Fn. 11), Art. 95 Rn. 22; ausf. *K.F. Gärditz*, ZBR 2015, 325ff.; *T.E. Dietrich*, Richterwahlausschüsse und demokratische Legitimation, 2007, S. 137ff.; *Teubner*, Bestellung (Fn. 22), S. 29ff.

dung beteiligt sein lässt[101], ist in den §§ 1ff. RiWG[102] näher konkretisiert worden. Diese Modalitäten betreffen nur **Organisation und Verfahren der Berufung**, indem Art. 95 II GG die Personalgewalt der jeweils zuständigen Bundesminister durch die Notwendigkeit der Mitwirkung der Richterwahlausschüsse bei der Berufung der Bundesrichter einschränkt[103]. Vorausgesetzt wird, dass die Verantwortlichkeit der Minister für die Bestellung der Richter diese in Konsequenz des Grundsatzes der Volkssouveränität (Art. 20 II 1 GG; → Art. 20 [Demokratie], Rn. 82ff., 139ff.) demokratisch legitimiert[104]. Die interessenpolitische Forderung nach Abschaffung der ministeriellen Verantwortung durch Einführung einer richterlichen Selbstverwaltung mit Haushaltsautonomie[105] nach ausländischen Vorbildern[106] ist deshalb namentlich vor dem Hintergrund des grundgesetzlichen Demokratieverständnisses nur begrenzt zu rechtfertigen[107].

Die für das jeweilige Sachgebiet **zuständigen Bundesminister** i. S. von Art. 95 II GG 25
sind für BGH, BVerwG und BFH der Bundesminister der Justiz, für BAG und BSG der

---

[101] BVerfGE 143, 22 (32, Rn. 26); *Voßkuhle* (Fn. 10), Art. 95 Rn. 30; *Raden* (Fn. 30), Art. 95 Rn. 20.

[102] Richterwahlgesetz vom 25.08.1950 (BGBl. S. 368), zuletzt geändert durch Gesetz vom 31.08.2015 (BGBl. I S. 1474); ausf. *K.F. Gärditz*, ZBR 2015, 325 (328ff.); *Schmidt-Räntsch* (Fn. 47), §§ 1ff. RiWG, S. 1105ff.; *R. Scholz*, Die Wahl der Bundesrichter, in: FS 50 Jahre BVerwG, 2003, S. 151ff. (157ff.).

[103] Jarass/*Pieroth*, GG, Art. 95 Rn. 4; *H. Schulze-Fielitz*, JZ 2002, 144 (145); zu alternativen Modellen der Richterberufung *Wassermann* (Fn. 11), Art. 95 Rn. 20ff.

[104] Vgl. *Heusch* (Fn 56), Art. 95 Rn. 23; *H.-J. Papier*, HGR V, § 130 Rn. 66; *T. Groß*, ZRP 1999, 361 (363); *D. Ehlers*, Verfassungsrechtliche Fragen der Richterwahl, 1998, S. 40ff. je m.w.N.

[105] Dafür: Projektgruppe »Richterliche Selbstverwaltung« (Brandenburg), KritV 2011, 119ff.; Deutscher Richterbund, vgl. DRiZ 2007, 161ff.; DRiZ 2003, 8ff.; DRiZ 2002, 5 (6); zu den Entwürfen der Neuen Richtervereinigung *M. Cebulla/W.K. Kannenberg*, Selbstverwaltung der Judikative, 2012; in der Generaltendenz gleichsinnig *H. Weber-Grellet*, DRiZ 2012, 2ff., 46ff.; *ders.*, ZRP 2007, 153ff.; *C. Frank*, Selbstverwaltung der Justiz, in: FS 300 Jahre OLG Celle, 2011, S. 217ff.; *ders.*, KritV 2008, 405ff.; *T. Schulte-Kellinghaus*, KritV 2010, 256ff.; *ders.*, ZRP 2008, 205ff.; *H.-E. Böttcher*, KritV 2008, 417ff.; *H. Häuser*, KritV 2008, 410ff.; *T. Groß*, DRiZ 2003, 298ff.; *ders.*, Selbstverwaltung der Gerichte als Voraussetzung ihrer Unabhängigkeit im schlanken Staat?, in: H. Schulze-Fielitz/C. Schütz (Hrsg.), Justiz und Justizverwaltung zwischen Ökonomisierungsdruck und Unabhängigkeit, 2002, S. 217ff.; *G.W. Mackenroth/H. Teetzmann*, ZRP 2002, 337ff.; im Grundsatz auch *K.F. Röhl*, JZ 2002, 838ff.; krit. *F. Brosius-Gersdorf*, Dritte Gewalt im Wandel – Veränderte Anforderungen an Legitimität und Effektivität?, VVDStRL 74 (2015), S. 169ff. (214ff.); *W. Meyer*, in: v. Münch/Kunig, GG II, Art. 97 Rn. 14; *R. Poseck*, Selbstverwaltung der Justiz – Zukunft oder Irrweg?, in: FS Wagner, 2013, S. 177ff. (185ff.); *A. Brockmöller*, Die Idee von der Unabhängigkeit der Justiz, in: FS 300 Jahre OLG Celle, 2011, S. 207ff. (209ff.); *C. Sennekamp*, NVwZ 2010, 213ff.; *B. Kramer*, NJW 2009, 3079ff.; *J.P. Francken*, NZA 2003, 457 (460f.); *W. Hoffmann-Riem*, Mehr Selbständigkeit für die Dritte Gewalt?, in: 64. DJT, Bd. II/1, 2002, S. 11ff. (29); *ders.*, DRiZ 2003, 284ff.; *H. Mertin*, ZRP 2002, 332ff.; *C. Dästner*, Selbstverwaltung der Gerichte als Voraussetzung ihrer Unabhängigkeit im schlanken Staat?, in: Schulze-Fielitz/Schütz, Justiz, ebd., S. 201ff. (205ff.); ausf. *K. Fuchs*, Verfassungsmäßigkeit und Umsetzbarkeit von Modellen für eine selbstverwaltete Justiz in Deutschland, 2013, S. 137ff.

[106] → Fn. 49.

[107] *G.J. Nettersheim*, Die Trennung der Dritten von der Zweiten Gewalt, in: FS Landau, 2016, S. 101ff. (112ff.); *F. Wittreck*, Dritte Gewalt im Wandel – Veränderte Anforderungen an Legitimität und Effektivität?, VVDStRL 74 (2015), S. 115ff. (152ff.); *ders.*, Verwaltung (Fn. 44), S. 660ff.; *Jachmann* (Fn. 10), Art. 95 Rn. 77; *U. Berlit*, DRiZ 2003, 292ff.; *H.-J. Papier*, ZRP 2009, 125ff.; *ders.*, Zur Frage der Selbstverwaltung der Dritten Gewalt, in: FS Merten, 2007, S. 185ff. (193ff.); *ders.*, NJW 2002, 2585ff.; ausf. *Minkner*, Gerichtsverwaltung (Fn. 49), S. 315ff., 325ff., 751ff.; *A. Rieger*, Verfassungsrechtliche Legitimationsgrundlagen richterlicher Unabhängigkeit, 2011, S. 160ff.

Bundesminister für Arbeit und Soziales[108]: Bei ihnen liegt die Dienstaufsicht und ressortiert das Gericht nach dem Haushaltsplan; daraus folgt ihre Zuständigkeit i. S. von Art. 95 II GG. Eine Vereinheitlichung der Zuständigkeiten für alle Sachgebiete und Bundesgerichte in einem Rechtspflegeministerium wird teilweise für verfassungswidrig gehalten[109]. Die Bundesminister entscheiden zusammen mit dem Richterwahlausschuss als gleichberechtigtem Wahlorgan[110] über die Berufung als verbindlichen Vorschlag an den Bundespräsidenten (→ Rn. 32).

26 Der **Richterwahlausschuss** besteht seiner **Zusammensetzung** nach zur Hälfte aus denjenigen 16 Landesministern als geborenen Mitgliedern, die für den Geschäftsbereich der dem jeweiligen Bundesgericht zuzuordnenden untergeordneten Landesgerichte zuständig sind (§ 3 I RiWG)[111]; seine Zusammensetzung variiert insoweit je nach der Art der Fachgerichtsbarkeit, zu der das Bundesgericht gehört. Die andere Hälfte des Richterwahlausschusses besteht für die jeweilige Legislaturperiode invariant aus den durch Wahl vom Bundestag nach dem d'Hondtschen Höchstzahlverfahren bestimmten gekorenen Mitgliedern (§ 5 I, II RiWG)[112]. Sie sollten aus der Mitte des Bundestages vorgeschlagen und vom Plenum des Bundestages (und nicht nur einem Ausschuss) gewählt werden, soll das durch Art. 95 II GG vorgesehene Gleichgewicht zwischen parlamentarischen und exekutivischen Repräsentanten nicht unterlaufen werden[113]. Sie müssen nicht selbst Mitglied des Bundestages sein[114]. § 4 I RiWG fordert von ihnen aber, dass sie das passive Wahlrecht haben und im Rechtsleben erfahren sind; diese Einschränkung lässt sich als immanente Funktionsvoraussetzung von Art. 95 II GG rechtfertigen.

27 Das **Verfahren der Richterwahl** ist in den §§ 10ff. RiWG konkretisiert[115]. Der jeweilige zuständige Bundesminister und die einzelnen Mitglieder des Richterwahlausschusses haben das Recht, Kandidaten als Berufsrichter vorzuschlagen; für die ehrenamtlichen Richter an den Bundesgerichten (z. B. beim Bundesarbeitsgericht, vgl. §§ 41, 43 ArbGG) gilt Art. 95 II GG nicht[116]. Vor der Wahl ist der Präsident bzw. Präsidialrat

---

108 Vgl. *Voßkuhle* (Fn. 10), Art. 95 Rn. 33; *Detterbeck* (Fn. 30), Art. 95 Rn. 12; *Jachmann* (Fn. 10), Art. 95 Rn. 128; *W. Blümel*, HStR IV, § 102 Rn. 22; *Stern*, Staatsrecht II, S. 403; *Achterberg* (Fn. 2), Art. 95 Rn. 242ff.

109 *Reich*, GG, Art. 95 Rn. 2; *L. Schäfer*, BayVBl. 1970, 85 (86); anders *C. Degenhart*, HStR³ V, § 114 Rn. 26; *Voßkuhle* (Fn. 10), Art. 95 Rn. 24; *Jachmann* (Fn. 10), Art. 95 Rn. 76; *S. Leutheusser-Schnarrenberger*, Rechtspflegeministerium für alle Gerichtsbarkeiten, in: FS Franz Klein, 1994, S. 993ff. (995ff.) m.w.N.; *R. Zuck*, NJW 1969, 1099ff.

110 *Meyer* (Fn. 55), Art. 95 Rn. 10.

111 *Heusch* (Fn. 56), Art. 95 Rn. 21; *Voßkuhle* (Fn. 10), Art. 95 Rn. 34; *Detterbeck* (Fn. 30), Art. 95 Rn. 12; *Achterberg* (Fn. 2), Art. 95 Rn. 249.

112 *Tschentscher*, Legitimation (Fn. 45), S. 326f.; *Meyer* (Fn. 55), Art. 95 Rn. 10; *Jachmann* (Fn. 10), Art. 95 Rn. 129, 131.

113 A.A. *Reich*, GG, Art. 95 Rn. 2.

114 *Jachmann* (Fn. 10), Art. 95 Rn. 129; *Voßkuhle* (Fn. 10), Art. 95 Rn. 35; *Detterbeck* (Fn. 30), Art. 95 Rn. 12; *Achterberg* (Fn. 2), Art. 95 Rn. 253; *Stern*, Staatsrecht II, S. 403.

115 *Heusch* (Fn. 56), Art. 95 Rn. 24; *Jachmann* (Fn. 10), Art. 95 Rn. 132; ausf. *F. Baur*, DRiZ 1971, 401ff.; *K. Ipsen*, DÖV 1971, 469ff.; s. auch *H.-J. Graefen*, Probleme der Richterwahl, in: H.H. v. Arnim (Hrsg.), Volkssouveränität, Wahlrecht und direkte Demokratie, 2014, S. 125ff.; *G. Heinemann*, Richterwahlausschuss und ehrenamtliche Richter, in: Festgabe Otto Kunze, 1969, S. 3ff.; krit. *M. Dölp*, DRiZ 2016, 258f.; *E. Schübel*, NJW 2014, 1355 (1356ff.); *Meyer* (Fn. 55), Art. 95 Rn. 20; Gesetzentwurf der Fraktion Bündnis 90/Die Grünen vom 17.02.2016, BT-Drs. 18/7548.

116 BVerfGE 26, 186 (201); BGHZ 33, 381 (382); *Detterbeck* (Fn. 30), Art. 95 Rn. 17; *Meyer* (Fn. 55), Art. 95 Rn. 10, 15; *Achterberg* (Fn. 2), Art. 95 Rn. 272; krit. *Wassermann* (Fn. 11), Art. 95 Rn. 31; a.A. *Voßkuhle* (Fn. 10), Art. 95 Rn. 32; *Jachmann* (Fn. 10), Art. 95 Rn. 126; ausf. *Dietrich*, Richterwahlaus-

des jeweiligen obersten Bundesgerichts, an das der Kandidat berufen werden soll, anzuhören (§§ 55, 57 DRiG)[117]; dabei kann ungeachtet der fehlenden Verbindlichkeit von deren Votum[118] die Gefahr einer nach herrschender Ansicht unzulässigen[119] Kooptation bestehen. Praktisch hören auch die Landesminister bei ihren Kandidatenvorschlägen zuvor die Vorschläge der Präsidenten der Landesgerichte an, denen der Kandidat (noch) angehört. Der Richterwahlausschuss entscheidet in geheimer[120] Wahl mit der Mehrheit der abgegebenen Stimmen (§ 12 I RiWG)[121]; dabei hat der zuständige Bundesminister kein Stimmrecht. Der politische Charakter der Wahl erlaubt auch politische Verfahrensmodalitäten (z. B. Zurückziehen von Personalvorschlägen)[122].

Der zuständige Bundesminister muss der Entscheidung des Richterwahlausschusses eigenverantwortlich **zustimmen**; anderenfalls ist die Berufung des Kandidaten gescheitert (vgl. § 13 DRiG)[123]. Bundesminister und Wahlausschuss entscheiden im Rahmen des Rechts allein je nach ihrem freien Ermessen; ihre Einigung (und damit auch Prozesse der Kompromissfindung) ist Voraussetzung für eine Berufung[124]. Hat der Minister keinen Bewerber vorgeschlagen, bedarf es auch keiner Beschlussfassung im Richterwahlausschuss[125]. Dieses Zusammenwirken von Gremien und Ministern, die politisch gewählt werden, nach politischen Kriterien entscheiden und ihr Handeln politisch verantworten, soll nach seinem **Zweck** einerseits einer verstärkten demokratischen und auch bundesstaatlichen Legitimation dienen[126], indem die politischen Einflusskräfte bei der Richterbestellung durch Balancierung und gegenseitige Neutralisierung in ein Gleichgewicht gebracht werden[127]. Andererseits können die Kriterien 28

---

schüsse (Fn. 100), S. 147 ff.; *Heinemann*, Richterwahlausschuss (Fn. 115), S. 4 ff., unter Verweis (S. 18 f.) u. a. auf die Kritik an der Staatspraxis seit 1953.

[117] BVerfGE 143, 22 (34, 36; Rn. 32, 35); krit. *Meyer* (Fn. 55), Art. 95 Rn. 12; für mündliche Anhörungen *F. Werner*, Organisationsrechtliche Fragen der Bundesgerichtsbarkeit (1965), in: G. Roellecke (Hrsg.), Zur Problematik der höchstrichterlichen Entscheidung, 1982, S. 211 ff. (218 ff.).

[118] *K.F. Gärditz*, ZBR 2015, 325 (330 f.); *H.H. Bowitz*, DÖV 2016, 638 (641 f.).

[119] *Jachmann* (Fn. 10), Art. 95 Rn. 127; *A. Voßkuhle/G. Sydow*, JZ 2002, 673 (677); *H.P. Bull*, ZRP 1996, 335 (336 f.); *Stern*, Staatsrecht II, S. 404; *E.-W. Böckenförde*, Verfassungsfragen der Richterwahl, 1974 (2. Aufl. 1998), S. 80 ff., 119; a.A. *Tschentscher*, Legitimation (Fn. 45), S. 254 ff.; *T. Groß*, ZRP 1999, 361 (365).

[120] Das ist verfassungsrechtlich nicht geboten, vgl. *Voßkuhle* (Fn. 10), Art. 95 Rn. 36.

[121] De lege ferenda für eine Zweidrittelmehrheit *Kloepfer*, Verfassungsrecht I, § 23 Rn. 114.

[122] VG Schleswig NJW 2002, 2657 (2658); *Scholz*, Wahl (Fn. 102), S. 153 f.; *H. Schulze-Fielitz*, JZ 2002, 144 (146); *V. Mehde*, NordÖR 2001, 470 (473); *H.P. Bull*, Betr. Justiz 2001, 208 ff.; a.A. OVG Schleswig-Holstein NJW 2001, 3495 (3499); *Voßkuhle* (Fn. 10), Art. 95 Rn. 38 mit Fn. 20; zur Kritik auch *F. Schoch*, HStR³ III, § 37 Rn. 49.

[123] *Detterbeck* (Fn. 30), Art. 95 Rn. 14; *Raden* (Fn. 30), Art. 95 Rn. 25; *Achterberg* (Fn. 2), Art. 95 Rn. 269; für Landesrichterwahlen entsprechend BVerwGE 102, 168 (170).

[124] Vgl. *Voßkuhle* (Fn. 10), Art. 95 Rn. 37; *Jachmann* (Fn. 10), Art. 95 Rn. 132; *Detterbeck* (Fn. 30), Art. 95 Rn. 14; *Meyer* (Fn. 55), Art. 95 Rn. 10.

[125] Vgl. BVerwGE 102, 168 (170).

[126] BVerfGE 143, 22 (32 f., Rn. 26, 28); *Voßkuhle* (Fn. 10), Art. 95 Rn. 30; Jarass/*Pieroth*, GG, Art. 95 Rn. 4; *Meyer* (Fn. 55), Art. 95 Rn. 6; *C. D. Classen*, JZ 2007, 53 (60); *R. Uerpmann*, Das öffentliche Interesse, 1999, S. 179 f.; *J. Strelitz*, Entstehung und Problematik von Richterwahlausschüssen in Bund und Ländern, in: FS Martin Hirsch, 1981, S. 355 ff. (356 f.); krit. *W. Blümel*, HStR IV, § 102 Rn. 23; *W. Weber*, Das Richtertum in der deutschen Verfassungsordnung (1953), in: ders., Spannungen und Kräfte im westdeutschen Verfassungssystem, 3. Aufl. 1970, S. 84 ff. (89); generelle Zweifel an der demokratischen Legitimierbarkeit von Rechtsprechung bei *G. Roellecke*, Zur demokratischen Legitimation der rechtsprechenden Gewalt, in: FS Leisner, 1999, S. 553 ff.

[127] *K. Rennert*, JZ 2015, 529 (537); *H. Schulze-Fielitz*, JZ 2002, 144 (145); *Böckenförde*, Verfassungsfragen (Fn. 119), S. 101; s. auch *W. Zeh*, HStR³ III, § 53 Rn. 72.

politischen Handelns in ein Spannungsverhältnis zu den maßgeblichen rechtlichen Maßstäben (→ Rn. 29) für das Handeln der an der Richterwahl Beteiligten treten[128]. Art. 95 II GG schränkt für seinen speziellen Anwendungsfall die verfassungsrechtliche Personalgewalt des Bundesministers ein; er kann deshalb wohl nicht durch einfaches Gesetz »erst recht« auch auf andere Personalauswahlentscheidungen des Ministers (z. B. bei Bundesgerichten i. S. von Art. 96 GG) übertragen werden[129].

29 Die **materiellrechtlichen Maßstäbe für die Auswahl der Richter** bestimmen sich allein nach dem Prinzip der Bestenauslese nach Maßgabe von Art. 33 II GG (→ Art. 33 Rn. 73 ff., 85, 89 ff.)[130], dessen Maßstäbe durch Art. 95 II GG weder verdrängt noch modifiziert noch auf sonstige Weise rechtlich tangiert werden; Art. 95 II GG modifiziert nur Organisation und Verfahren der Berufung von Bundesrichtern durch politischen Wahlakt (→ Rn. 24, 31). Zusätzlich spielen bei gleicher Eignung Hilfskriterien eine Rolle (→ Art. 33 Rn. 116 ff.), etwa das Geschlecht (Art. 3 II 2 GG), eine Schwerbehinderung (Art. 3 III 2 GG) oder die regionale Herkunft der Bundesrichter in direkter oder analoger Anwendung von Art. 36 GG in der Weise, dass die Zusammensetzung der obersten Bundesgerichte föderal ausgewogen sein soll (→ Art. 36 Rn. 11)[131].

30 Eine Wahlentscheidung, für die die Mitgliedschaft in einer Berufsvertretung, Gewerkschaft oder in einer politischen Partei oder auch nur die Nähebeziehung zu ihnen eine maßgebliche Rolle spielt, verstößt als **Ämterpatronage** hingegen gegen Art. 33 II GG. Gleichwohl sind Mitglieder politischer Parteien unter den Bundesrichtern praktisch weit überrepräsentiert; vor allem im Bundesfinanzhof und am Bundesarbeitsgericht sollen nur ein Drittel bzw. ein Viertel der Bundesrichter parteilos sein[132]. Es gibt ungeachtet der Zweifel an einer solchen Quantifizierbarkeit zahlreiche empirische Anhaltspunkte dafür, dass parteipolitische Nähebeziehungen bei der Personalauswahl eine nicht unbeachtliche Rolle spielen[133]. Dabei schlägt sich der Umstand nieder, dass

---

[128] Vgl. *Wittreck*, Verwaltung (Fn. 44), S. 307 ff.; *Tschentscher*, Legitimation (Fn. 45), S. 329 ff.

[129] *Reich*, GG, Art. 95 Rn. 2; a.A. *Voßkuhle* (Fn. 10), Art. 95 Rn. 31.

[130] BVerfGE 143, 22 (29 f., Rn. 21); BVerfG (K), NVwZ 2007, 691 (692); OVG Schleswig-Holstein NJW 2001, 3495 (3496 ff.); *Jachmann* (Fn. 10), Art. 95 Rn. 133; *Voßkuhle* (Fn. 10), Art. 95 Rn. 38; *Detterbeck* (Fn. 30), Art. 95 Rn. 15; *ders.*, HStR³ III, § 66 Rn. 37; *Meyer* (Fn. 55), Art. 95 Rn. 11; *Raden* (Fn. 30), Art. 95 Rn. 18 ff.; *C. Jasper*, Religiös und politisch gebundene öffentliche Ämter, 2015, S. 383 ff.; *D. Zöllner*, Die Wahl von Amtsträgern durch das Parlament – ein rechtsschutzfreier Raum?, in: FS Isensee, 2002, S. 359 ff. (366); *J. Ziekow/A. Guckelberger*, NordÖR 2000, 13 (18); a.A. *Dietrich*, Richterwahlausschüsse (Fn. 100), S. 155 ff.; *Scholz*, Wahl (Fn. 102), S. 160; *J. Hellermann/H. Sievers*, JuS 2002, 998 (1003 f.); wohl auch *Heusch* (Fn. 56), Art. 95 Rn. 25; *S. Lovens*, ZRP 2001, 465 (467); das gilt auch für Landesrichterwahlausschüsse, vgl. BVerwGE 105, 89 (92); zur fehlenden Eignung bei ehemaligen DDR-Richtern mit zu großer Nähe zur »sozialistischen Gesetzlichkeit« BVerwGE 102, 168 (172 ff.); zwischen Vorschlag zur Richterwahl in Bindung an Art. 33 II GG und nachfolgender Richterwahl ohne solche Bindung differenzierend *Tschentscher*, Legitimation (Fn. 45), S. 197 ff., 223; *K.J. Grigoleit/A. Siehr*, DÖV 2002, 455 (458 f.).

[131] *Meyer* (Fn. 55), Art. 95 Rn. 11; *Scholz*, Wahl (Fn. 102), S. 160; *J. Hellermann/H. Sievers*, JuS 2002, 998 (1004); a.A. *Jachmann* (Fn. 10), Art. 95 Rn. 133; *Voßkuhle* (Fn. 10), Art. 95 Rn. 38; *F. Schwidden*, RiA 1994, 57 ff.; zur Praxis von »Länderquoten« schon *K. Ipsen*, DÖV 1971, 469 (472).

[132] Vgl. die problematischen statistischen Angaben bei *U. Vultejus*, DRiZ 1995, 393 und DRiZ 1996, 39 f.; krit. *R. Göhner*, DRiZ 1996, 21 f.

[133] Vgl. *B. Rüthers*, JZ 2002, 365 (369 ff.); *J.-F. Staats*, DRiZ 2002, 338 (339 f.); *A. Baer*, Die Unabhängigkeit der Richter in der Bundesrepublik Deutschland und in der DDR, 1999, S. 243 ff.; *M. Bohlander/C. Latour*, ZRP 1997, 437 ff.; *H.J. Faller*, DVBl. 1995, 985 (991); *W. Schmidt-Hieber/E. Kiesswetter*, NJW 1992, 1790 ff.; *E. Schmidt-Jortzig*, NJW 1991, 2377 (2381); *W. Zitscher*, ZRP 1991, 100 ff.; *W. Blümel*, HStR IV, § 102 Rn. 23; *H. Schulze-Fielitz*, Der informale Verfassungsstaat, 1984, S. 32 f. m.w.N.; *P. Gilles*, DRiZ 1983, 41 ff.

objektive, »harte« Qualifikationskriterien (wie z.B. die Befähigung zum Richteramt i.S. von § 5 DRiG) für solche Spitzenbesetzungen nur begrenzt zur Verfügung stehen und die Vielfalt »weicher« Kriterien (wie z.B. Berufserfahrung, Leistungsfähigkeit, Belastbarkeit) dem Richterwahlausschuss einen breiten Ermessens- bzw. Beurteilungsspielraum einräumt[134]. Er würde auch nicht durch ein gesetzliches Erfordernis einer Zwei-Drittel-Mehrheit[135] oder Mitwirkung gewählter Richter[136] verkleinert[137].

Eine unzulässigerweise (partei-)politisierte Auswahl soll einer **verwaltungsgerichtlichen Kontrolle** unterliegen[138], etwa aufgrund der Klage eines Konkurrenten: Die möglicherweise als Verwaltungsakt verwaltungsprozessrechtlich angreifbare Entscheidung (nicht des Richterwahlausschusses[139], sondern) des Bundesministers, der Mehrheit des Richterwahlausschusses zustimmend zu folgen, könnte rechtswidrig sein, wenn der Beschluss des Kollegialorgans Richterwahlausschuss rechtswidrig ist[140]. Indessen erfolgt die Entscheidung des Richterwahlausschusses in geheimer Abstimmung und macht die Motive der Abstimmenden unüberprüfbar; sie bedarf überdies nach ganz vorherrschender Meinung und Praxis grundsätzlich keiner Begründung[141]; Anderes gilt insbesondere dann (für den Minister), wenn er seine Zustimmung zur Entscheidung des Richterwahlausschusses verweigert oder wenn er der Wahl eines nach der Stellungnahme des Präsidialrates oder den dienstlichen Beurteilungen nicht Geeigneten zustimmt[142]. Eine Klage könnte deshalb im Übrigen allenfalls nach jenen Kriterien erfolgreich sein, die auch für den Beurteilungsspielraum bei Prüfungsentscheidungen gelten, d.h. ob Verfahrensgrundsätze missachtet[143] und »ob der Ausschuss von einem richtigen Sachverhalt ausgegangen ist, ob die getroffenen Feststellungen unter Berücksichtigung der originären Entscheidungsspielräume den Beschluss rechtfertigen können und ob Anhaltspunkte dafür vorliegen, dass unsachgemäße oder willkürliche Erwägungen eingestellt worden sind«[144]; im letzten Fall wäre 31

---

[134] Vgl. *Meyer* (Fn. 55), Art. 95 Rn. 12; *D.N. Maniotis*, ZZP 105 (1992), 63ff.; *H. Sendler*, NJW 1983, 1449 (1452ff.).

[135] Vgl. *P. Marqua*, DRiZ 1985, 350; *G. Kisker*, DRiZ 1982, 81ff.

[136] Dafür *W. Priepke*, DRiZ 1989, 229; *ders.*, DRiZ 1972, 11ff.; dagegen *G. Kisker*, DRiZ 1982, 81ff.

[137] Vgl. zur Kritik am gegenwärtigen Auswahlsystem auch *Voßkuhle* (Fn. 10), Art. 95 Rn. 41; *E.G. Mahrenholz*, DRiZ 1991, 432 (434); *Böckenförde*, Verfassungsfragen (Fn. 119), S. 100ff.

[138] BVerfGE 24, 268 (277); *Detterbeck* (Fn. 30), Art. 95 Rn. 15; *Meyer* (Fn. 55), Art. 95 Rn. 11; *Raden* (Fn. 30), Art. 95 Rn. 23; ausf. *K.J. Grigoleit/A. Siehr*, DÖV 2002, 455 (459ff.); a.A. *Achterberg* (Fn. 2), Art. 95 Rn. 268.

[139] So aber wohl OVG Schleswig-Holstein NJW 2001, 3495 (3499); *Raden* (Fn. 30), Art. 95 Rn. 26.

[140] BVerfGE 143, 22 (35f., Rn. 342); OVG Schleswig-Holstein NJW 2001, 3495ff.; VGH Baden-Württemberg NJW 1996, 2525ff.; HessVGH DVBl. 1990, 306ff.; *Voßkuhle* (Fn. 10), Art. 95 Rn. 39; *Detterbeck* (Fn. 30), Art. 95 Rn. 15; *Meyer* (Fn. 55), Art. 95 Rn. 11.

[141] BVerfG (K), NJW 1998, 2592; BVerwGE 105, 89 (91f.); *J. Hellermann/H. Sievers*, JuS 2002, 998 (1002); *Ehlers*, Fragen (Fn. 104), S. 43; wohl zu Recht a.A. *T. Groß*, ZRP 1999, 361 (364f.) unter Hinweis auf die Praxis bei der Berufung von Professoren; s. auch *K.F. Gärditz*, ZBR 2015, 325 (332f.).

[142] So jetzt BVerfGE 143, 22 (36f., Rn. 35).

[143] BVerwGE 70, 270 (275); VG Schleswig NJW 2001, 3206 (3209) und NJW 2002, 2657 (2660).

[144] So BVerwGE 105, 89 (93); s. auch E 99, 371 (377); 70, 270 (275); ThürVerfGH NVwZ 2007, 950 (952); OVG Hamburg NordÖR 2013, 21 (23); OVG Niedersachsen NVwZ 2016, 786 (788); weitergehend OVG Schleswig-Holstein NJW 2003, 158ff. und NJW 2001, 3210 (3211f.); krit. *H. Schulze-Fielitz*, JZ 2002, 144ff.; zurückhaltender OVG Schleswig-Holstein DÖV 1999, 389 (391) m. Anm. *J. Gundel*, ZBR 2000, 135ff.; dazu krit. *H.P. Bull*, ZRP 1996, 335ff.; vgl. *M. Gerhardt*, in: Schoch/Schneider/Bier, VwGO, § 114 Rn. 55ff., 74, 80.

das Ergebnis nach Lage der Dinge für jedermann offenkundig rechtswidrig. Eine solche Konstellation erscheint bei Personalentscheidungen, die – ähnlich wie bei Wahlbeamten – in politischen Gremien mit Mehrheit und in geheimer Abstimmung getroffen werden, kaum realistisch[145]. Die Verfassung vertraut hier letztlich auf die Selbstdisziplin der am Auswahlprozess Beteiligten im Verfassungsleben[146], zumal der politische Charakter des Richterwahlausschusses eine Transparenz und Öffentlichkeit der Personalauswahl bewirkt, die bei zu einseitiger Auswahlpraxis öffentliche Kritik provozieren kann[147]. Auch wahlgesetzliche Regelungen können hier nur sehr begrenzt helfen[148].

2. Die Ernennung

32 Die **Ernennung der Bundesrichter** ist vom Akt der vorherigen Berufung durch den zuständigen Minister zu unterscheiden[149]; sie folgt diesem nach und wird durch den Bundespräsidenten ausgeübt (Art. 60 I GG). Dieser hat – anders als Bundesminister und Richterwahlausschuss – keinen Einschätzungsspielraum hinsichtlich der Person des Bewerbers, sondern ist auf eine formelle Rechtmäßigkeitskontrolle der Berufung beschränkt und im übrigen zur Ernennung verpflichtet[150] (→ Art. 60 Rn. 16, 20).

IV. Der Gemeinsame Senat der obersten Bundesgerichte (Art. 95 III GG)

33 Art. 95 III GG verpflichtet im Wege einer ausschließlichen Gesetzgebungskompetenz den Bundesgesetzgeber zur **Errichtung eines Gemeinsamen Senats** der obersten Gerichtshöfe des Bundes als rechtsprechendes Organ des Bundes[151]. Darin liegt eine Pflicht zur Organisationsgesetzgebung, aber auch eine Pflicht, die prozessualen Voraussetzungen zu schaffen, dass ein Gemeinsamer Senat seiner zentralen **Aufgabe** einer Vereinheitlichung der Rechtsprechung[152] nachkommen kann[153]; insbesondere dürfen ehrenamtliche Richter hier keine dominierende Funktion gewinnen[154]. Dieser

---

145 Vgl. OVG Schleswig-Holstein DÖV 1999, 389 (390f.); *C. Arndt*, RuP 38 (2002), 23 (25ff.); *H.P. Bull*, Betr. Justiz 2001, 208 (210); *V. Mehde*, NordÖR 2001, 470ff.; *Wassermann* (Fn. 11), Art. 95 Rn. 27; zur Praxis s. näher *Scholz*, Wahl (Fn. 102), S. 164ff.

146 Vgl. *Meyer* (Fn. 55), Art. 95 Rn. 20; für volle gerichtliche Überprüfbarkeit des ministeriellen Wahlvorschlags *K.J. Grigoleit/A. Siehr*, DÖV 2002, 455 (458ff.).

147 Vgl. auch *K. Ipsen*, DÖV 1971, 469 (475); tendenziell für mehr Transparenz *J. Bröhmer*, Transparenz als Verfassungsprinzip, 2004, S. 259ff., 387.

148 Zu Reformvorstellungen: BT-Drs. 18/7548 vom 17.02.2016 (Gesetzentwurf Bündnis 90/Die Grünen); *K.F. Gärditz*, ZBR 2015, 325ff.; *Jachmann* (Fn. 10), Art. 95 Rn. 135 m. ausf. Nw.; *Scholz*, Wahl (Fn. 102), S. 169ff.; *J.-F. Staats*, DRiZ 2002, 338ff.; *C.D. Classen*, JZ 2002, 1009ff.; *U. Goll*, RuP 37 (2001), 121ff.

149 Jarass/*Pieroth*, GG, Art. 95 Rn. 4; *Detterbeck* (Fn. 30), Art. 95 Rn. 12; ausf. *P. Busse*, DÖV 1965, 469ff.

150 *Voßkuhle* (Fn. 10), Art. 95 Rn. 40; *Detterbeck* (Fn. 30), Art. 95 Rn. 16; *Jachmann* (Fn. 10), Art. 95 Rn. 142f.; *Wassermann* (Fn. 11), Art. 95 Rn. 29; a.A. *Stern*, Staatsrecht II, S. 262; *Achterberg* (Fn. 2), Art. 95 Rn. 279.

151 *A. Hense*, HStR³ VI, § 137 Rn. 20.

152 Dazu *Voßkuhle* (Fn. 10), Art. 95 Rn. 12; *M. Reinhardt*, Konsistente Jurisdiktion, 1997, S. 162ff.; *Meyer* (Fn. 55), Art. 95 Rn. 13; *Hergenröder*, Grundlagen (Fn. 17), S. 116ff.; *W. Blümel*, HStR IV, § 102 Rn. 19ff.

153 *Reich*, GG, Art. 95 Rn. 3; s. auch *Werner*, Fragen (Fn. 117), S. 226ff.

154 *Schulte*, Rechtsprechungseinheit (Fn. 7), S. 72f. m.w.N.; anders *Bakker*, Grenzen (Fn. 72), S. 252ff.

Gesetzgebungsauftrag zielt nur auf die obersten Bundesgerichte i. S. von Art. 95 I GG, nicht aber auf die Gerichte des Art. 96 GG und auch nicht auf das Bundesverfassungsgericht, weil dieses nicht zur letztverbindlichen Auslegung einfachen Bundesrechts befugt ist und von Divergenzen nach Art. 95 III GG nicht betroffen werden kann[155].

Ein solcher Gemeinsamer Senat ist durch Gesetz mit Sitz **in Karlsruhe errichtet** 34
worden[156] und besteht aus den fünf Präsidenten der obersten Gerichtshöfe als ständigen Mitgliedern[157] sowie (als ad-hoc-Mitgliedern) aus den beiden Vorsitzenden und je einem richterlichen Mitglied der Senate von obersten Bundesgerichten, deren Ansichten zu einer bestimmten entscheidungserheblichen Rechtsfrage auseinandergehen[158]. Alle obersten Bundesgerichte sind verfassungsgemäß gleichberechtigt durch ihre Mitglieder im Gemeinsamen Senat vertreten[159], die dem Gemeinsamen Senat auch nicht hauptamtlich angehören dürfen; das Verfahren der Richterwahl nach Art. 95 II GG gilt nicht für die Besetzung des Gemeinsamen Senats[160].

Der Gemeinsame Senat **muss angerufen werden**, wenn der Senat eines obersten 35
Bundesgerichts (ggf. auch der Große Senat bei diesem Gerichtshof oder auch der Vereinigte Große Senat beim BGH, § 132 GVG) von der Entscheidung eines anderen obersten Gerichtshofes des Bundes (oder auch von einer Entscheidung des Gemeinsamen Senats der obersten Bundesgerichte) **abweichen** möchte (»Außendivergenz«)[161]. Der Gemeinsame Senat entscheidet dann für das vorlegende Gericht bzw. den vorlegenden Senat verbindlich (§ 16 RsprEinhG)[162]. Die Anrufungspflicht lässt sich durch Interpretation minimieren und stößt in der Praxis auf vielfältige Techniken, eine Anrufung von Gemeinsamen oder Großen Senaten zu vermeiden (»horror pleni«)[163], obwohl der Gemeinsame Senat »gesetzlicher Richter« i. S. von Art. 101 I 2 GG ist[164]. Die praktische Bedeutung des Gemeinsamen Senats für die Einheit der Rechtsordnung ist gering[165].

Will ein Senat nur von einer Entscheidung desselben obersten Gerichtshofes abwei- 36
chen (»Innendivergenz«), sind die jeweiligen **Großen Senate der einzelnen** obersten **Gerichtshöfe** (oder ggf. des Vereinigten Großen Senats des BGH) anzurufen (vgl. z. B.

---

[155] *Meyer* (Fn. 55), Art. 95 Rn. 13; *K. Miebach*, DÖV 1969, 745 ff.; *ders.*, Senat (Fn. 17), S. 179 ff.

[156] Gesetz zur Wahrung der Einheitlichkeit der Rechtsprechung der obersten Gerichtshöfe des Bundes vom 19.06.1968 (BGBl. I S. 661); s. näher *Achterberg* (Fn. 2), Art. 95 Rn. 312 ff.

[157] Krit. *Meyer* (Fn. 55), Art. 95 Rn. 21.

[158] Vgl. *Jachmann* (Fn. 10), Art. 95 Rn. 159; *Detterbeck* (Fn. 30), Art. 95 Rn. 18; ausf. *Schulte*, Rechtsprechungseinheit (Fn. 7), S. 70 ff.; *Miebach*, Senat (Fn. 17), S. 88 ff.

[159] Jarass/*Pieroth*, GG, Art. 95 Rn. 3; *Raden* (Fn. 30), Art. 95 Rn. 30; *Jachmann* (Fn. 10), Art. 95 Rn. 157.

[160] Jarass/*Pieroth*, GG, Art. 95 Rn. 3; *Heusch* (Fn. 56), Art. 95 Rn. 29; *Jachmann* (Fn. 10), Art. 95 Rn. 158.

[161] Vgl. *Voßkuhle* (Fn. 10), Art. 95 Rn. 44; *Detterbeck* (Fn. 30), Art. 95 Rn. 19; *Meyer* (Fn. 55), Art. 95 Rn. 13; ausf. *Hergenröder*, Grundlagen (Fn. 17), S. 109 ff.; *Schulte*, Rechtsprechungseinheit (Fn. 7), S. 92 ff.

[162] *Jachmann* (Fn. 10), Art. 95 Rn. 161; *Detterbeck* (Fn. 30), Art. 95 Rn. 20; *Meyer* (Fn. 55), Art. 95 Rn. 13.

[163] Vgl. *Voßkuhle* (Fn. 10), Art. 95 Rn. 46; s. näher *C. Jungmann*, JZ 2009, 380 ff.; *W. Odersky*, Voranfrage zwischen obersten Bundesgerichten?, in: FS Franz Klein, 1994, S. 1013 ff.; *W. Späth*, BB 1977, 153 (157); bezogen auf Große Senate ausf. *Bakker*, Grenzen (Fn. 72), S. 18 ff., 35 ff., 74 ff.

[164] *Voßkuhle* (Fn. 10), Art. 95 Rn. 45; *Meyer* (Fn. 55), Art. 95 Rn. 14; *Achterberg* (Fn. 2), Art. 95 Rn. 320; *Schulte*, Rechtsprechungseinheit (Fn. 7), S. 152 f. → Art. 101 Rn. 28.

[165] S. etwa *A. Hense*, HStR³ VI, § 137 Rn. 21; *D. Felix*, Einheit der Rechtsordnung, 1998, S. 170 ff.; *Schulte*, Rechtsprechungseinheit (Fn. 7), S. 114 ff.; s. auch zur Kritik *Reinhardt*, Jurisdiktion (Fn. 152), S. 154 ff., 163 ff.

§ 132 GVG, § 45 ArbGG[166], § 11 VwGO)[167]. Der Gemeinsame Senat der obersten Gerichtshöfe des Bundes wird in diesem Falle nur und erst dann tätig, wenn der jeweilige Große bzw. Vereinigte Große Senat zugleich von einer Entscheidung eines anderen obersten Gerichtshofs des Bundes abweichen will (»Doppeldivergenz«).

D. Verhältnis zu anderen GG-Bestimmungen

37 Zusammen mit **Art. 93f. GG** und Art. 96 GG bestimmt Art. 95 GG maßgeblich die Grundzüge einer bundeseigenen Gerichtsbarkeit[168]; die Entscheidungen der Bundesgerichte i. S. von Art. 95, 96 GG sind (nur) im Blick auf spezifische Verfassungsverletzungen der Jurisdiktion des Bundesverfassungsgerichts unterworfen, das die einfachgesetzliche Auslegung der »Fachgerichte« zu respektieren hat (→ Art. 93 Rn. 41). In seiner **bundesstaatlichen** Stoßrichtung konkretisiert dieses System Art. 30 GG für die Bundesgerichte (→ Rn. 14).

38 Soweit Art. 95 GG Elemente von Gewaltenteilung innerhalb der rechtsprechenden Gewalt schafft (→ Rn. 21), ergänzt er den Grundsatz der **Gewaltenteilung** (→ Art. 20 [Rechtsstaat], Rn. 67ff.) eigenständig. Die ausschließliche Gesetzgebungskompetenz des Art. 95 III GG zur Regelung der Vorlageverpflichtung (→ Rn. 33) lässt die Bundesgesetzgebungskompetenz aus **Art. 74 I Nr. 1 GG** zur Regelung der sonstigen prozessrechtlichen Fragen **unberührt** und findet an ihr eine Grenze[169]. Art. 95 GG steht selbständig neben **Art. 96 GG**; die besonderen Entscheidungen des Art. 95 II, III GG sind nicht entsprechend auf Art. 96 GG übertragbar (→ Rn. 24, 28, 33).

---

166 Ausf. *Bakker*, Grenzen (Fn. 72), S. 117ff., 223ff.

167 Ausf. *C. Meyer*, Die Sicherung der Einheitlichkeit der höchstrichterlichen Rechtsprechung durch Divergenz- und Grundsatzvorlage, 1994, S. 18ff.

168 *Voßkuhle* (Fn. 10), Art. 95 Rn. 1.

169 *Reich*, GG, Art. 95 Rn. 4.

Artikel 96 [Weitere Bundesgerichte]

(1) Der Bund kann für Angelegenheiten des gewerblichen Rechtsschutzes ein Bundesgericht errichten.

(2) [1]Der Bund kann Wehrstrafgerichte für die Streitkräfte als Bundesgerichte errichten. [2]Sie können die Strafgerichtsbarkeit nur im Verteidigungsfalle sowie über Angehörige der Streitkräfte ausüben, die in das Ausland entsandt oder an Bord von Kriegsschiffen eingeschifft sind. [3]Das Nähere regelt ein Bundesgesetz. [4]Diese Gerichte gehören zum Geschäftsbereich des Bundesjustizministers. [5]Ihre hauptamtlichen Richter müssen die Befähigung zum Richteramt haben.

(3) Oberster Gerichtshof für die in Absatz 1 und 2 genannten Gerichte ist der Bundesgerichtshof.

(4) Der Bund kann für Personen, die zu ihm in einem öffentlich-rechtlichen Dienstverhältnis stehen, Bundesgerichte zur Entscheidung in Disziplinarverfahren und Beschwerdeverfahren errichten.

(5) Für Strafverfahren auf den folgenden Gebieten kann ein Bundesgesetz mit Zustimmung des Bundesrates vorsehen, dass Gerichte der Länder Gerichtsbarkeit des Bundes ausüben:

1. Völkermord;

2. völkerstrafrechtliche Verbrechen gegen die Menschlichkeit;

3. Kriegsverbrechen;

4. andere Handlungen, die geeignet sind und in der Absicht vorgenommen werden, das friedliche Zusammenleben der Völker zu stören (Artikel 26 Abs. 1);

5. Staatsschutz.

Literaturauswahl

Andoor, George: Die Gerichtsbarkeit des Bundes in Staatsschutz-Strafsachen, in: RW 6 (2015), S. 403–438.

Blümel, Willi: Rechtsprechungszuständigkeit, in: HStR IV, § 102, S. 965–985.

Günter, Hans-Helmut: Wehrstrafgerichtsbarkeit im Meinungsstreit: Notwendig und geboten, in: DRiZ 1986, S. 112–114.

Krieger, Albrecht: Die Errichtung des Bundespatentgerichtes vor 25 Jahren, in: Bundespatentgericht (Hrsg.), FS 25 Jahre Bundespatentgericht, 1986, S. 31–46.

Müller-Knapp, Klaus: Wehrstrafgerichtsbarkeit im Meinungsstreit: Überflüssig und verhängnisvoll, in: DRiZ 1986, S. 113–115.

Pakuscher, Ernst Karl: 40 Jahre Bundespatentgericht: Rückblick und Ausblick, in: Festschrift für Werner Lorenz, 2001, S. 19–34.

Spring, Karen Birgit: Brauchen wir in Deutschland eine Militärgerichtsbarkeit?, 2008.

Steinkamm, Eike: Die Wehrstrafgerichtsbarkeit im Grundgesetz der Bundesrepublik Deutschland, 1974.

Wagner, Walter: Die gerichtliche Zuständigkeit in Staatsschutz-Strafsachen, in: Festschrift für Eduard Dreher, 1977, S. 625–646.

Welp, Jürgen: Die Strafgerichtsbarkeit des Bundes, in: NStZ 2002, S. 1–8.

Leitentscheidungen des Bundesverfassungsgerichts

Diese liegen zu Art. 96 GG bislang nicht vor.

Gliederung

Stichwörter

A. Herkunft, Entstehung, Entwicklung

I. Ideen- und verfassungsgeschichtliche Aspekte

1 Die fachliche **Ausdifferenzierung der Gerichtsbarkeit** durch Herausbildung spezieller Fachgerichtsbarkeiten (→ Art. 95 Rn. 3f.) oder Sondergerichtsbarkeiten[1] erfolgte parallel mit dem Wandel zum modernen Interventions- und Leistungsstaat und dem Wachstum der Staatsaufgaben seit der zweiten Hälfte des 19. Jahrhunderts. Dabei sind im Interesse der Rechtseinheit, zumal in einem föderalen Staat, für bestimmte Sachbereiche reichs- bzw. bundesweit einheitlich entscheidende Gerichte geboten.

2 Namentlich im Recht der Wirtschaft, etwa des gewerblichen Rechtsschutzes, gibt es das Interesse an einer Vermeidung von Wettbewerbsverzerrungen und allgemeiner Anerkennung von Innovationsleistungen zur wirtschaftlichen Verwertung. In diesem Sinne hatte das 1877 errichtete **Reichspatentamt** acht Jahrzehnte lang durch seine Abteilungen als erste Instanz und seine Beschwerdesenate letztinstanzlich als zweite Instanz entschieden; nur in Verfahren der Nichtigkeitssenate gab es eine Berufung an das Reichsgericht[2]. Seine Tätigkeit galt als besonderer Teil der Reichsverwaltungsge-

[1] Übersichtlich *M. Jachmann*, in: Maunz/Dürig, GG, Art. 95 (2011), Rn. 41ff.

[2] *A. Krieger*, Die Errichtung des Bundespatentgerichtes vor 25 Jahren, in: Bundespatentgericht (Hrsg.), FS 25 Jahre Bundespatentgericht, 1986, S. 31ff. (32ff.).

richtsbarkeit[3], die im Grundgesetz nicht ausdrücklich erwähnt wurde. Erst als das Bundesverwaltungsgericht entgegen der seinerzeit vorherrschenden Auffassung in der Rechtspraxis das damalige Deutsche Patentamt und seine Beschwerdesenate nicht als Gerichte, sondern als Verwaltungsbehörden qualifizierte, gegen deren Entscheidungen gemäß Art. 19 IV GG der Rechtsweg zu den allgemeinen Verwaltungsgerichten eröffnet sei[4], reagierten der verfassungsändernde (→ Rn. 6) und der einfache Gesetzgeber und errichteten 1961 das Bundespatentgericht als neues Gericht (→ Rn. 16): Es sollte einerseits den Anforderungen des Grundgesetzes an die rechtsprechende Gewalt, andererseits den Bedürfnissen der Wirtschaft i. S. der bewährten Praxis genügen[5].

Auch die **Wehrgerichtsbarkeit** lässt sich bis auf den Plan einer einheitlichen Militär- 3
gerichtsbarkeit zu Beginn der Reichsgründung zurückführen (vgl. Art. 61 RV 1871, der seinerseits an Bestimmungen zur Militärgerichtsbarkeit in den §§ 138, 139 und 176 der Paulskirchenverfassung sowie Art. 35 und 37 der rev. preuß. Verfassung von 1850 anknüpfte)[6]. Sie wurde aber erst mit der Militärgerichtsordnung von 1898 verwirklicht[7]. Ihr bzw. der Rechtsprechung der Reichsmilitärgerichtsbarkeit unterlagen alle Soldaten und sonstigen Personen, die einmal ein Dienstverhältnis zum Militär hatten[8]. Gerichtsherr war der militärische Befehlshaber, Richter waren nur Offiziere. Art. 106 WRV schaffte die Militärgerichtsbarkeit grundsätzlich ab; er erlaubte sie ausnahmsweise nur für Kriegszeiten und Strafverfahren an Bord von Kriegsschiffen. Das Militärstrafgesetz von 1926 realisierte diese Möglichkeit; anstelle des Reichsmilitärgerichts trat das Reichsgericht. Das NS-Regime führte die Militärgerichtsbarkeit (mit einem Reichskriegsgericht an der Spitze) wieder ein[9]. Dessen Praktiken[10] und die sich daran anknüpfenden Auseinandersetzungen bis heute[11] diskreditierten eine Militärgerichtsbarkeit, so dass das Grundgesetz an die Weimarer Regelung anknüpfte und es bis heute dennoch nicht zu einer Einrichtung der Militärgerichtsbarkeit gekommen ist[12].

Die **Disziplinargerichtsbarkeit** wurzelt in der seit der Aufklärung sich entfaltenden 4
Idee eines Rechtsverhältnisses zwischen Landesherr und Beamten, wie sie im Schutz der Beamten vor Entlassung schon im Preußischen Allgemeinen Landrecht zum Aus-

---

[3] *E. Kern*, Die Zuständigkeitsverteilung auf dem Gebiet der Rechtspflege, in: HdbDStR I, § 31, S. 353ff. (358).

[4] BVerwGE 8, 350 (352f.); irreführend *M. Jachmann*, in: Maunz/Dürig, GG, Art. 96 (2011), Rn. 11.

[5] Ausf. *Krieger*, Errichtung (Fn. 2), S. 37ff.; *H.-H. Schmieder*, NJW 1986, 1715ff.; s. auch E. Häußer (Hrsg.), Zehn Jahre Bundespatentgericht, 1971.

[6] *E. Steinkamm*, Die Wehrstrafgerichtsbarkeit im Grundgesetz der Bundesrepublik Deutschland, 1974, S. 116f.

[7] *R. Wassermann*, in: AK-GG, Art. 96 (2001), Rn. 3; ausf. *M. Berg*, DRiZ 1986, 128 (130f.); *Steinkamm*, Wehrstrafgerichtsbarkeit (Fn. 6), S. 13f.

[8] *Steinkamm*, Wehrstrafgerichtsbarkeit (Fn. 6), S. 14.

[9] *Wassermann* (Fn. 7), Art. 96 Rn. 4; *A. Poretschkin*, NZWehrR 1994, 195ff.; *M. Berg*, DRiZ 1986, 128 (131f.).

[10] S. etwa illustrative Beispiele bei *O. Gritschneder*, Furchtbare Richter. Verbrecherische Todesurteile deutscher Kriegsgerichte, 1998.

[11] Vgl. BSGE 69, 211ff. – NJW 1992, 934ff. m. (krit.) Anm. *E. Schwinge* und (zust.) Anm. *O. Gritschneder*, NJW 1993, 368f. bzw. 369ff.; *ders.*, DRiZ 2002, 30ff.; *F. Wüllner*, Die NS-Militärjustiz und das Elend der Geschichtsschreibung, 1997; *N. Haase*, Das Reichskriegsgericht und der Widerstand gegen die nationalsozialistische Herrschaft, 1993; *M. Messerschmidt/F. Wüllner*, Die Wehrmachtsjustiz im Dienste des Nationalsozialismus, 1987; *M. Messerschmidt*, Deutsche Militärgerichtsbarkeit im Zweiten Weltkrieg, in: FS Martin Hirsch, 1981, S. 111ff.; s. auch *I. Müller*, Furchtbare Juristen, 1987, S. 188ff.

[12] Zur Militärgerichtsbarkeit der DDR *Wassermann* (Fn. 7), Art. 96 Rn. 4a.

druck kommt (§§ 86 und 103 Teil II, Titel 10, § 323 Teil II, Titel 20)[13]. Das erste (preußische) Disziplinargericht wurde 1844 gesetzlich vorgesehen; das Reichsbeamtengesetz (1873) sah zwei Instanzen (Disziplinarkammer und Disziplinarhof) vor. 1937 durch die Reichsdienststrafordnung der NS-Ideologie angepasst, bestand die Disziplinargerichtsbarkeit fort, bis ihr Hitler in seiner Reichstagsrede am 26.04.1942 faktisch ein Ende setzte, als er – am selben Tag vom Reichstag durch Beschluss bestätigt – sich das Recht zumaß, jeden Beamten ohne Verfahren jederzeit aus dem Amt zu entfernen[14].

5 Die Geschichte der **Strafgerichtsbarkeit zum Schutze des Staates** spiegelt die rechtsstaatlichen Verhältnisse in einem Gemeinwesen; als gemeinsame Tendenz lässt sich das Bestreben feststellen, die politische Strafrechtspflege aus Effektivitätsgründen zu zentralisieren. Schon im Deutschen Bund wurde im Zusammenhang mit den Karlsbader Beschlüssen ein außerordentliches Bundesgericht erwogen, auch wenn es nur zu einer in Mainz ansässigen Zentraluntersuchungskommission kam; im Norddeutschen Bund und im Deutschen Reich sollte das – praktisch insoweit niemals tätige – gemeinschaftliche Oberappellationsgericht der Freien und Hansestädte in Lübeck dafür zuständig sein, ehe es 1879 durch das Reichsgericht ersetzt wurde[15]. In Weimar erhielt der Staatsgerichtshof zum Schutze der Republik nach der Ermordung Rathenaus 1922 durch die Republikschutzgesetzgebung für vier Jahre die Kompetenz für Gewalttaten gegen die republikanische Staatsform oder Regierungsmitglieder[16], ehe 1934 das NS-Regime den Volksgerichtshof errichtete[17]. Auch unter dem Grundgesetz war zunächst nur der Bundesgerichtshof für Staatsschutzsachen erst- und letztinstanzlich zuständig[18], ehe 1969 ein zweistufiger Rechtszug mit dem BGH als Revisionsinstanz eingeführt wurde[19].

II. Entstehung und Veränderung der Norm

6 Art. 96 GG ist **mehrfach geändert** worden[20] und hat seine heutige Gestalt erst 2002 gefunden. Die ursprüngliche Fassung des Art. 96 a. F. GG von 1949[21] ist in seinen Absätzen 1 und 2 im heutigen Art. 95 I, II GG aufgegangen (→ Art. 95 Rn. 8); sein dama-

---

[13] *Wassermann* (Fn. 7), Art. 96 Rn. 5.

[14] *Wassermann* (Fn. 7), Art. 96 Rn. 5.

[15] *G. Andoor*, RW 6 (2015), 403 (431 f.); *W. Wagner*, Die gerichtliche Zuständigkeit in Staatsschutz-Strafsachen, in: FS Dreher, 1977, S. 625 ff.

[16] *Wassermann* (Fn. 7), Art. 96 Rn. 7; *Wagner*, Zuständigkeit (Fn. 15), S. 628 ff.; ausf. *I. J. Hueck*, Der Staatsgerichtshof zum Schutze der Republik, 1996, mit Analysen der Judikatur zum Straf- und Verwaltungsrecht (S. 134 ff., 249 ff.).

[17] *H. Rüping*, »Streng, aber gerecht«. Schutz der Staatssicherheit durch den Volksgerichtshof, in: FS Wassermann, 1985, S. 983 ff.; *Wagner*, Zuständigkeit (Fn. 15), S. 636 ff.; ausf. *K. Marxen*, Das Volk und sein Gerichtshof, 1994; (illustrativ) *H. Hillermeier*, »Im Namen des Deutschen Volkes«. Todesurteile des Volksgerichtshofs, 1980; *Müller*, Juristen (Fn. 11), S. 146 ff.

[18] *Wagner*, Zuständigkeit (Fn. 15), S. 639 ff.; s. auch *A. v. Brünneck*, Politische Justiz gegen Kommunisten in der Bundesrepublik Deutschland 1949–1968, 1978, S. 224 ff.

[19] *Wassermann* (Fn. 7), Art. 96 Rn. 8; krit. *Wagner*, Zuständigkeit (Fn. 15), S. 644 ff.

[20] Übersichtlich *A. Bauer/M. Jestaedt*, Das Grundgesetz im Wortlaut, 1997, S. 327 ff.; ausf. *Wassermann* (Fn. 7), Art. 96 Rn. 9 ff.; s. auch *S. Detterbeck*, in: Sachs, GG, Art. 96 Rn. 1 ff.; *W. Meyer*, in: v. Münch/Kunig, GG II, Art. 96 Rn. 1; *Jachmann* (Fn. 1), Art. 95 Rn. 55 f.; *A. Roth*, in: Umbach/Clemens, GG, Art. 96 Rn. 4 ff.; *H. Hofmann*, HStR³ I, § 9 Rn. 36 (mit Fn. 153), 68.

[21] Ausf. zur Entstehung *J. Kramer*, in: Schneider, GG-Dokumentation, Bd. 23/2, S. 1017 ff.

liger Absatz 3 entspricht dem heutigen, 1969 begrifflich modernisierten[22] Art. 96 IV GG. Art. 96 II, III GG entspricht der 1956 als Art. 96a GG eingefügten Konsequenz aus der Einführung der Wehrverfassung, die auch eine spezifische Wehrstrafgerichtsbarkeit ermöglichen sollte[23]. Die 1961 durch Ergänzung des Art. 96a a. F. GG eingeführte[24] Möglichkeit eines Bundesgerichts für Angelegenheiten des gewerblichen Rechtsschutzes findet sich heute ebenfalls in Art. 96 I GG: Art. 96a a. F. GG wurde 1968 in Art. 96 GG umnumeriert, weil Art. 96 a. F. GG in Art. 95 GG aufgegangen war[25]; die die Änderungsgeschichte vorläufig abschließende Erweiterung des Art. 96 GG um den jetzigen Absatz 5 erfolgte 1969[26], der 2002 vor dem Hintergrund der Einführung eines Völkerstrafgesetzbuches seine jetzige enumerative Fassung fand[27].

Diese verschlungene Novellierungsgeschichte ist z. T. Ausdruck einerseits einer 7
Fortentwicklung des Grundgesetzes zur Vollverfassung einschließlich einer Konstitutionalisierung der Bundeswehr und insoweit erklärbar; sie ist andererseits auch Spiegel der insgesamt (zu) häufigen schnellen Reaktionen des verfassungsändernden Gesetzgebers auf vermeintliche Regelungsbedürfnisse, ohne den spezifischen Anspruch der Verfassung auf dauerhafte Grundlegung (→ Art. 79 II Rn. 13; → Art. 79 III Rn. 14) angemessen zu berücksichtigen (vgl. besonders zu Absatz 5 → Rn. 34 ff.).

B. Internationale, supranationale und rechtsvergleichende Bezüge

I. Internationale und europarechtliche Aspekte

Den in Art. 96 I-IV GG vorgesehenen **drei Erscheinungsformen** von zentralisierten 8
und spezialisierten Gerichten im Bereich des gewerblichen Rechtsschutzes, der Wehrstrafgerichtsbarkeit und der Disziplinargerichtsbarkeit lassen sich auch auf internationaler und europarechtlicher Ebene entsprechende Institutionen zuordnen.

Anders als noch die HLKO von 1907 und die ersten beiden Genfer Abkommen (von 9
1949) zum Schutz der Verwundeten der Land- und Seestreitkräfte fordern schon das Dritte Genfer Kriegsgefangenenabkommen[28] und das Vierte Genfer Abkommen zum Schutz von Zivilpersonen in Kriegszeiten[29] bei Vorliegen entsprechender Umstände ausdrücklich die Einrichtung von **Militärgerichten**[30]. Wo internationale Organisationen Soldaten dem Oberbefehl einer internationalen Organisation unterstellen, gibt es für die davon betroffenen Soldaten eine spezielle, auf die Ausnahmesituation der Soldaten zugeschnittene Gerichtsbarkeit, so etwa auch die Militärgerichtsbarkeit für Soldaten des Entsendestaates im Rahmen des NATO-Truppenstatuts[31]. Als sachliche Gründe gelten auch hier z. B. das Erfordernis von speziellen militärischen Kenntnissen oder der Vertrautheit mit den Anforderungen militärischer Disziplin; Militärgerichte

[22] 22. Gesetz zur Änderung des Grundgesetzes vom 12.05.1969 (BGBl. I S. 363).
[23] 7. Gesetz zur Ergänzung des Grundgesetzes vom 19.03.1956 (BGBl. I S. 111); ausf. *Steinkamm*, Wehrstrafgerichtsbarkeit (Fn. 6), S. 42 ff.
[24] 12. Gesetz zur Änderung des Grundgesetzes vom 06.03.1961 (BGBl. I S. 141).
[25] 16. Gesetz zur Änderung des Grundgesetzes vom 18.06.1968 (BGBl. I S. 657).
[26] 26. Gesetz zur Änderung des Grundgesetzes vom 26.08.1969 (BGBl. I S. 1357); *G. Andoor*, RW 6 (2015), 403 (434 f.).
[27] 51. Gesetz zur Änderung des Grundgesetzes vom 26.07.2002 (BGBl. I S. 2863).
[28] BGBl. 1954 II S. 838 ff.
[29] BGBl. 1954 II S. 917 ff.
[30] Ausf. *Steinkamm*, Wehrstrafgerichtsbarkeit (Fn. 6), S. 65 ff.
[31] *Steinkamm*, Wehrstrafgerichtsbarkeit (Fn. 6), S. 95 ff.

sind auch mit der EMRK vereinbar, sofern sie unabhängig von Weisungen von Vorgesetzten entscheiden[32].

10 Demgegenüber ist es in **Patentstreitsachen** noch nicht abschließend zu einer gemeinschaftlichen europäischen Patentgerichtsbarkeit gekommen, doch steht die Errichtung eines »Einheitlichen Patentgerichts« für Europa nach Maßgabe eines von der Bundesrepublik Deutschland unterzeichneten (noch nicht ratifizierten) Übereinkommens mit 24 Mitgliedstaaten der EU vom 19.02.2013 kurz bevor, sobald der Weg dahin durch ein entsprechendes Anpassungsgesetz (→ Art. 92 Rn. 12) bereitet worden ist. Das neue Gericht wird im Jahre 2017 seine Tätigkeit aufnehmen und zu einem signifikanten Bedeutungsverlust des deutschen Bundespatentgerichts führen[33], denn das Vereinigte Königreich will das EPG-Abkommen trotz des »Brexit« ratifizieren.

II. Rechtsvergleichende Hinweise

11 Dem **Bundespatentgericht entsprechende Gerichte** und Gerichtsabteilungen gibt es in allen marktwirtschaftlich strukturierten Industriestaaten[34], etwa den US Court of Appeals for the Federal Circuit, der über Beschwerden gegen Entscheidungen des US-Patentamts und für die USA über Berufungen in Verletzungsstreitigkeiten entscheidet, oder in Schweden[35]. In anderen Ländern gehören Patentsachen zum Zuständigkeitsbereich der obersten Gerichte, etwa des High Court in England.

12 **Militärgerichte** gibt es wie wohl in der Mehrzahl der Staaten der Welt[36] auch in Kriegs- wie in Friedenszeiten in der Mehrzahl der NATO-Staaten (vgl. auf Verfassungsebene Art. 157 Verf. Belgien, Art. 96 IV Verf. Griechenland, Art. 103 III Verf. Italien, Art. 94 I Verf. Luxemburg, Art. 113 IV Verf. Niederlande, Art. 84 B-VG Österreich, Art. 215 Verf. Portugal, Art. 117 V Verf. Spanien). Sie sind dort stets dem Organisationsbereich der Streitkräfte eingegliedert und ganz überwiegend mit Offizieren als Richtern besetzt[37]. Nur selten gibt es (z.B. in Island oder außerhalb Europas in Japan) wie in der Bundesrepublik gar keine Militärgerichtsbarkeit, jedenfalls nirgends im Falle einer Armee von der Größe der Bundeswehr[38].

C. Erläuterungen

I. Allgemeine Bedeutung

13 Neben den in Art. 95 I GG zwingend vorgesehenen Bundesgerichten und dem Bundesverfassungsgericht (Art. 93, 94 GG) ermöglicht Art. 96 I–IV GG **fakultativ** die **Errichtung weiterer Bundesgerichte für bestimmte Sachmaterien**: gewerblichen Rechtsschutz, Wehrstrafgerichtsbarkeit, Bundesdisziplinargerichtsbarkeit. Die Gemeinsamkeit die-

---

[32] Vgl. EGMR, 22.02.1984, EuGRZ 1985, 229 (232) – *Suter*; *M.E. Villiger*, Handbuch der Europäischen Menschenrechtskonvention (EMRK), 2. Aufl. 1999, Rn. 417.

[33] Zu den rechtspolitischen Bemühungen *A. Haber/K. Schallmoser*, GRURPrax 2016, 28f.; *dies.*, GRURPrax 2013, 1ff.; *B. Makosi*, CIPR 2012, 1ff.

[34] Vgl. *E.K. Pakuscher*, 25 Jahre Bundespatentgericht, in: Bundespatentgericht (Fn. 2), S. 1ff. (14ff.).

[35] Vgl. *E.K. Pakuscher*, GRUR 1985, 712ff.

[36] Vgl. zur Schweiz: *J.P. Müller/M. Schefer*, Grundrechte in der Schweiz, 4. Aufl. 2008, S. 933.

[37] Ältere Übersicht betr. Österreich, Schweiz, Dänemark, Schweden, Frankreich, USA u.a. bei *H.-D. Schwind*, Wehrkunde 1966, 600ff.; ausf. *Steinkamm*, Wehrstrafgerichtsbarkeit (Fn. 6), S. 104ff.

[38] *Steinkamm*, Wehrstrafgerichtsbarkeit (Fn. 6), S. 104, 108f.

ser fakultativen Bundesgerichte besteht darin, dass der Bund als solcher ein jeweiliges spezifisches sachlich begründbares Interesse daran haben kann, dass in den dort genannten Sachbereichen von vornherein eine unitarisierende Rechtsprechungspraxis auf Bundesebene besteht (Art. 96 I–IV GG) oder aber, im Falle der Delegation von Strafgerichtsbarkeit in Staatsschutzsachen an Landesgerichte, jedenfalls bestimmte Einflussmöglichkeiten des Bundes gewährleistet bleiben sollen (Art. 96 V GG).

Ob das jeweilige Sachinteresse des Bundes an der Errichtung solcher speziellen Bundesgerichte (Sondergerichte[39]) bzw. an der Organleihe ausreichend ist, überlässt die Verfassung allein dem politischen **Ermessen des Bundesgesetzgebers**. Nimmt der Bund diese seine Kompetenz nicht wahr, bleibt es bei den allgemeinen Rechtswegzuständigkeiten[40], die den Justizgewährleistungsanspruch (→ Art. 19 IV Rn. 35; → Art. 20 [Rechtsstaat], Rn. 211f.) konkretisieren. Anders als bei den in Art. 95 I GG genannten Fachgerichtsbarkeiten wird die Rechtsprechungskompetenz hier nach genau abgegrenzten Sachgebieten (und nicht bloß organisatorisch nach den Funktionen der Gerichtsinstanzen; → Art. 95 Rn. 21ff.) auf Bund und Länder verteilt. Der Gesetzgeber muss in dem nach Art. 96 I, IV GG institutionell vorbehaltenen parlamentarischen Gesetz alle wesentlichen Grundentscheidungen selbst regeln[41]. 14

II. Bundesgericht für Angelegenheiten des gewerblichen Rechtsschutzes (Art. 96 I, III GG)

Der Bundesgesetzgeber hat von der Möglichkeit eines Bundesgerichts für Angelegenheiten des **gewerblichen Rechtsschutzes** teilweise Gebrauch gemacht. Angelegenheiten des gewerblichen Rechtsschutzes, der begrifflich mit Art. 73 I Nr. 9 GG übereinstimmt[42], beziehen sich auf das geistige Schaffen auf gewerblichem Gebiet (Erfindungen, Werbeideen) i. S. des Patent-, Gebrauchsmuster-, Geschmacksmuster-, Markenzeichen-, Sortenschutz- und Wettbewerbsrechts[43]. Sie sind grundsätzlich Entscheidungsgegenstand der ordentlichen Gerichte und damit auch der Gerichte der Länder. 15

Der Bund hat aber 1961 speziell und nur für Patentangelegenheiten und andere ausdrücklich zugewiesene Sachen (z. B. § 18 Gebrauchsmustergesetz, § 23 IV Designgesetz, §§ 66ff. Markengesetz) das **Bundespatentgericht als erstinstanzliches Bundesgericht** mit Sitz in München errichtet (§§ 65ff. PatG)[44]; im übrigen bleibt es bei der Zuständigkeit der ordentlichen Gerichte[45]. Es entscheidet in unterschiedlich spezialisierten (Juristischen, Gebrauchsmuster-, Technischen oder Marken-)Beschwerdesenaten über Beschwerden gegen Beschlüsse des in München ansässigen Bundespatentamts (z. B. betr. die Erteilung oder Rücknahme von Patenten), das als Verwaltungsbehörde und nicht in richterlicher Unabhängigkeit entscheidet[46], gegen Beschlüsse 16

[39] Vgl. zum Begriff der Sondergerichte *C.H. Ule*, DVBl. 1953, 396ff. → Art. 101 Rn. 24ff.

[40] *Jachmann* (Fn. 4), Art. 96 Rn. 3; *A. Voßkuhle*, in: v. Mangoldt/Klein/Starck, GG III, Art. 96 Rn. 3.

[41] *Meyer* (Fn. 20), Art. 96 Rn. 3.

[42] *Detterbeck* (Fn. 20), Art. 96 Rn. 6; *Jachmann* (Fn. 4), Art. 96 Rn. 12. → Art. 73 Rn. 61.

[43] *Meyer* (Fn. 20), Art. 96 Rn. 4.

[44] *Meyer* (Fn. 20), Art. 96 Rn. 5; *Jachmann* (Fn. 4), Art. 96 Rn. 10; *F. Völp*, GRUR 2009, 918ff.; ausf. *E.K. Pakuscher*, 40 Jahre Bundespatentgericht: Rückblick und Ausblick, in: FS Lorenz, 2001, S. 19ff.; *H.-H. Schmieder*, NJW 2001, 2065ff.; *Krieger*, Errichtung (Fn. 2), S. 31ff.; a.A. BGHZ 128, 280 (293f.).

[45] *Jachmann* (Fn. 4), Art. 96 Rn. 14; *W. Blümel*, HStR IV, § 102 Rn. 27; *Wassermann* (Fn. 7), Art. 96 Rn. 18.

[46] BVerfGK 1, 55 (56f.).

bestimmter Prüfungsstellen (z.B. des Bundessortenamtes)[47] sowie in Nichtigkeitssenaten über die Nichtigerklärung von Patenten (§ 22 PatG) und die Zurücknahme von Patenten und die Erteilung von Zwangslizenzen (§ 24 PatG)[48]. Die Senate sind mit Technikern (ohne die Befähigung zum Richteramt i.S. von § 5 I DRiG) und Juristen gemischt besetzt[49]; letztere sehen sich regelmäßig einer Mehrheit von Technikern gegenüber[50].

17 Oberster Gerichtshof für das Bundespatentgericht ist der Bundesgerichtshof (Art. 96 III GG) als Rechtsmittelgericht (§§ 100, 101 I PatG), doch gebietet Art. 96 III GG **nicht**, dass in allen Streitigkeiten stets eine zweite Instanz i.S. einer **Garantie lückenloser Rechtsmittel** besteht[51]; Art. 96 GG würde sonst für fakultative Bundesgerichte mehr fordern als für die fünf Fachgerichtsbarkeiten i.S. von Art. 95 I GG (→ Art. 95 Rn. 20) und einen Wertungswiderspruch enthalten, insoweit der Bund auf die Errichtung des Bundesgerichts verzichten könnte, für die dann zuständige Fachgerichtsbarkeit i.S. von Art. 95 I GG aber mehrere Instanzen nicht verfassungsgeboten sind. Deshalb verbietet Art. 96 I GG auch nicht, zusätzlich Landesgerichte für zuständig zu erklären[52], auch wenn das den Vereinheitlichungszielen einer Bundesgerichtsbarkeit gerade zuwiderlaufen würde.

18 Die Festlegung des **BGH als Rechtsmittelgericht** in Art. 96 III GG bestätigt die Annahme bei Art. 95 I GG, dass der Verfassunggeber keinen gerichtssystematischen Purismus vertreten und dem Gesetzgeber einen gewissen Spielraum überlassen hat, welche Streitigkeit er welcher Fachgerichtsbarkeit zuordnen möchte (→ Art. 95 Rn. 21ff.). Denn Patentstreitigkeiten sind der Sache nach öffentlich-rechtliche Streitigkeiten nichtverfassungsrechtlicher Art[53] und werden erstinstanzlich vom Bundespatentgericht als besonderem Verwaltungsgericht[54], aber in der Rechtsmittelinstanz statt in der allgemeinen Verwaltungsgerichtsbarkeit in der ordentlichen Gerichtsbarkeit entschieden: Rechtsmittelgericht muss der Bundesgerichtshof sein (Art. 96 III GG), der durch seinen Patentsenat über öffentlich-rechtliche Streitigkeiten entscheidet. Diese eigentümliche Konstruktion wird gelegentlich als eigener Patentrechtsweg angesehen[55].

---

[47] Übersichtlich *Jachmann* (Fn. 4), Art. 96 Rn. 13.

[48] *Voßkuhle* (Fn. 40), Art. 96 Rn. 9; *Detterbeck* (Fn. 20), Art. 96 Rn. 6; *D. Ehlers/J.-P. Schneider*, in: Schoch/Schneider/Bier, VwGO, § 40 Rn. 695ff.

[49] *Jachmann* (Fn. 4), Art. 96 Rn. 17.

[50] Vgl. zu dieser Zusammenarbeit und ihren Problemen *Pakuscher*, 40 Jahre (Fn. 44), S. 25ff.; *ders.*, Bundespatentgericht (Fn. 34), S. 10ff.; *Leise*, GRUR 1981, 470ff.; die Mitwirkung auch von Juristen-Richtern hat BVerwGE 8, 350 (356) gefordert; zu den Problemen der Geschäftsverteilung im Blick auf Art. 101 I 2 GG *A. Bender*, GRUR 1998, 969ff.

[51] *Voßkuhle* (Fn. 40), Art. 96 Rn. 7, 16; *Detterbeck* (Fn. 20), Art. 96 Rn. 7; Jarass/*Pieroth*, GG, Art. 96 Rn. 1; *Jachmann* (Fn. 4), Art. 96 Rn. 16; anders wohl *Stern*, Staatsrecht II, S. 394.

[52] *Reich*, GG, Art. 96 Rn. 1.

[53] BVerwGE 8, 350 (351); s. jetzt näher *M. Grabrucker*, Das Verfahren am Bundespatentgericht als ein verwaltungsgerichtliches Verfahren, in: FS Fezer, 2016, S. 985ff.

[54] *Detterbeck* (Fn. 20), Art. 96 Rn. 7; *W. Schmitt Glaeser/H.-D. Horn*, Verwaltungsprozeßrecht, 15. Aufl. 2000, Rn. 67; a.A. *T. Hoeren*, Patent- und Markenverfahrensrecht als besonderes Verwaltungsrecht, in: FS Fezer, 2016, S. 997ff. (998f.); *P. Mes*, GRUR 2001, 584 (585); offenlassend *Ehlers/Schneider* (Fn. 48), § 40 Rn. 695; ausf. *G. Herbst*, Das Bundespatentgericht als Gericht der ordentlichen Gerichtsbarkeit, in: Bundespatentgericht (Fn. 2), S. 47ff. (50ff., 52ff.).

[55] *Jachmann* (Fn. 4), Art. 96 Rn. 15; *Voßkuhle* (Fn. 40), Art. 96 Rn. 8; *Ehlers/Schneider* (Fn. 48), § 40 Rn. 695.

III. Die Wehrstrafgerichtsbarkeit des Bundes (Art. 96 II, III GG)

Art. 96 II GG ermächtigt den Bund fakultativ (»kann«) zur Errichtung von speziellen, allerdings in ihren Befugnissen personell und sachlich beschränkten **Wehrstrafgerichten**. Sinn und Zweck ist es, die spezifischen, strafrechtlich relevanten Probleme einer geschlossenen Armee unter den Bedingungen von Ausnahmesituationen wie Krieg und den damit verbundenen erhöhten Anforderungen an die einzelnen Armeeangehörigen von dafür spezialisierten Richtern schnell, sachgerecht und lebensnah lösen zu lassen[56]. 19

Der Bundesgesetzgeber hat von dieser Möglichkeit, die ersichtlich auf Kriegszeiten oder vergleichbare Lagen zugeschnitten ist (»Verteidigungsfall« i.S. von Art. 96 II 2, 115a I GG), **bislang keinen Gebrauch** gemacht[57]; daran dürfte auch ein verstärkter Auslandseinsatz der Bundeswehr nichts ändern[58]. Allerdings gibt es seit längerem entsprechende Vorbereitungsmaßnahmen, um eine solche Wehrstrafgerichtsbarkeit ggf. umgehend durch Gesetz einführen zu können[59]. Zudem haben sich Richter, Staatsanwälte und Rechtspfleger auch ohne gesetzliche Grundlage[60] auf freiwilliger Grundlage vorsorglich den noch zu errichtenden Wehrstrafgerichten zuteilen lassen, sind entsprechend ausgerüstet und wurden seit 1962 geschult[61]. 20

Derzeit entscheiden die **allgemeinen Strafgerichte** im Rahmen der ordentlichen Gerichtsbarkeit über solche Straftaten und Straftäter, die auch einer potentiellen Wehrstrafgerichtsbarkeit unterfallen könnten[62]. Nach § 11a StPO ist nur für Straftaten von Soldaten der Bundeswehr bei besonderer Auslandsverwendung ein besonderer, aber nicht ausschließlicher Gerichtsstand beim AG Kempten begründet[63]. Von einer (Wehr-)Strafgerichtsbarkeit streng zu unterscheiden ist die Wehrdienstgerichtsbarkeit, die nach Maßgabe von Art. 96 IV GG als Disziplinargerichtsbarkeit für Soldaten schon heute existiert (vgl. § 23 SoldG i.V.m. §§ 15ff. WDO → Rn. 32). 21

Die Wehrstrafgerichtsbarkeit ist **sachlich beschränkt auf die Materie des (Wehr-) Strafrechts**. Strafrecht ist seinem Begriffsumfang nach wie in Art. 74 I Nr. 1 GG in einem weiten Sinne zu verstehen (→ Art. 74 Rn. 19) und umfasst – neben dem unumstrittenen Kriminalstrafrecht – auch das einschlägige Ordnungswidrigkeitenrecht[64], da der Zweck der Errichtung einer Wehrstrafgerichtsbarkeit unabhängig von der Qualifizierung des Sanktionstatbestandes ist. Zu den Tatbeständen des allgemeinen Straf- 22

---

[56] Vgl. *Meyer* (Fn. 20), Art. 96 Rn. 7; *Roth* (Fn. 20), Art. 96 Rn. 15.

[57] Krit. *Roth* (Fn. 20), Art. 96 Rn. 24; *Steinkamm*, Wehrstrafgerichtsbarkeit (Fn. 6), S. 160ff.

[58] Anders *A. Hense*, HStR³ VI, § 137 Rn. 27; wohl auch *Voßkuhle* (Fn. 40), Art. 96 Rn. 15.

[59] *Voßkuhle* (Fn. 40), Art. 96 Rn. 15; *W. Blümel*, HStR IV, § 102 Rn. 30; pro und contra *H.-H. Günter*, DRiZ 1986, 112ff. bzw. *K. Müller-Knapp*, DRiZ 1986, 113ff.; *H. de With*, DRiZ 1982, 192f.; vorläufige Referentenentwürfe bei *U. Vultejus*, Kampfanzug unter der Robe, 1984, S. 143ff.; zum heutigen Diskussionsstand *K.B. Spring*, Brauchen wir in Deutschland eine Militärgerichtsbarkeit?, 2008, S. 33ff., 143ff.

[60] Krit. *H.-A. Carganico*, DuR 1984, 448 (449ff.); *Steinkamm*, Wehrstrafgerichtsbarkeit (Fn. 6), S. 156ff.

[61] *Roth* (Fn. 20), Art. 96 Rn. 23.

[62] *Detterbeck* (Fn. 20), Art. 96 Rn. 8; *F. Kirchhof*, HStR³ IV, § 84 Rn. 80; *Spring*, Deutschland (Fn. 59), S. 46ff.

[63] Gesetz vom 21.01.2013 (BGBl. I S. 89); s. näher *T. Zimmermann*, NJW 2013, 905ff.; *M. Ladiges*, NZWehrR 2013, 66ff.; zu praktischen Anlässen dafür vgl. *Spring*, Deutschland (Fn. 59), S. 30ff., 50ff.

[64] Jarass/*Pieroth*, GG, Art. 96 Rn. 3; *Detterbeck* (Fn. 20), Art. 96 Rn. 9; *Jachmann* (Fn. 4), Art. 96 Rn. 25; *Spring*, Deutschland (Fn. 59), S. 95f.; *Roth* (Fn. 20), Art. 96 Rn. 16; *Reich*, GG, Art. 96 Rn. 2; *Stern*, Staatsrecht II, S. 397; a.A. *Voßkuhle* (Fn. 40), Art. 96 Rn. 11; *Meyer* (Fn. 20), Art. 96 Rn. 7; *Wassermann* (Fn. 7), Art. 96 Rn. 19.

rechts oder Ordnungswidrigkeitenrechts treten vor allem die speziellen militärstrafrechtlichen Tatbestände des Wehrstrafgesetzbuches für Soldaten hinzu[65]; es enthält vom Allgemeinen Teil des StGB abweichende Grundsätze z.B. über die Verbindlichkeit eines Befehls und spezielle militärische Straftatbestände wie z.B. Fahnenflucht oder Ungehorsam. Allerdings können die Maßstäbe des materiellen Strafrechts und der Strafzumessung unter Berücksichtigung spezifisch militärstrafrechtlicher Strafzwecke mit der Einführung einer Wehrstrafgerichtsbarkeit parallel verschärft werden. Schließlich können die Sanktionen auslösenden Tatbestände sowohl an das (inner-)dienstliche wie an das außerdienstliche Verhalten anknüpfen[66].

23 Die Strafgewalt einer Wehrstrafgerichtsbarkeit ist auch **personell eingeschränkt auf Angehörige der Streitkräfte** (Art. 96 II 1 GG)[67] – im Verteidigungsfall (→ Art. 115a Rn. 6ff.) auf sämtliche Angehörige der Streitkräfte und auch bei außerdienstlichen Straftaten, demgegenüber in Friedenszeiten nur auf solche Angehörige der Streitkräfte, die (etwa im Rahmen der NATO) in das Ausland entsandt oder an Bord von Kriegsschiffen eingeschifft sind (Art. 96 II 2 GG)[68]. Diese Beschränkung will nicht primär Zivilisten von der Strafgewalt der Wehrstrafgerichtsbarkeit ausnehmen[69], sondern für jeweils bestimmte Probleme bestimmter Angehöriger der Streitkräfte eine ausreichend sachangemessene Sondergerichtsbarkeit positiv begründen.

24 Umstritten ist, ob auch **Kriegsgefangene**, die ausländischen Streitkräften angehören, der Wehrstrafgerichtsbarkeit unterfallen[70], wie das in Art. 84 I des Dritten Genfer Abkommens vom 12.08.1949 über die Behandlung von Kriegsgefangenen vorgesehen ist, dem die Bundesrepublik beigetreten ist[71]. Die Gründe, die für die Einführung einer Wehrstrafgerichtsbarkeit sprechen (→ Rn. 19), sind jedenfalls nicht identisch mit den Motiven, auch kriegsgefangene Soldaten diesem Regime zu unterwerfen. Kriegsgefangene Zivilisten können nach allgemeiner Meinung nicht der Wehrstrafgerichtsbarkeit unterworfen sein[72].

25 Das Grundgesetz will sicherstellen, dass die **Wehrstrafgerichte als unabhängige Gerichte** i.S. von Art. 92 GG handeln und Distanz zu den Sachzwängen einer Armee in Ausnahmesituationen wahren können. Art. 96 II formuliert daher spezielle Anforderungen, die die Entwicklung zu einer unrechtsstaatlichen Militärgerichtsbarkeit von vornherein unterbinden sollen[73]. Die Wehrstrafgerichte gehören deshalb ausnahmslos zum Geschäftsbereich des Bundesjustizministers (Art. 96 II 4 GG), nicht etwa des

---

[65] Wehrstrafgesetz i.d.F. vom 24.05.1974 (BGBl. I S. 1213) mit Änderungen.

[66] *Detterbeck* (Fn. 20), Art. 96 Rn. 9; Jarass/*Pieroth*, GG, Art. 96 Rn. 3; *Jachmann* (Fn. 4), Art. 96 Rn. 25.

[67] S. näher *Spring*, Deutschland (Fn. 59), S. 97ff.; *Steinkamm*, Wehrstrafgerichtsbarkeit (Fn. 6), S. 169ff.; ferner *A. Poretschkin*, NZWehrR 2008, 103ff.

[68] *Meyer* (Fn. 20), Art. 96 Rn. 9; *Jachmann* (Fn. 4), Art. 96 Rn. 26; *Roth* (Fn. 20), Art. 96 Rn. 20f.; s. zu Auslandseinsätzen näher *Spring*, Deutschland (Fn. 59), S. 113ff.; *K. Heuer*, NZWehrR 1991, 189ff. → Art. 12a Rn. 16

[69] So *Detterbeck* (Fn. 20), Art. 96 Rn. 10.

[70] Dafür *Detterbeck* (Fn. 20), Art. 96 Rn. 10 i.S. »völkerrechtskonformer Auslegung«; *Spring*, Deutschland (Fn. 59), S. 108ff.; dagegen *Jachmann* (Fn. 4), Art. 96 Rn. 27; *Voßkuhle* (Fn. 40), Art. 96 Rn. 12; *Roth* (Fn. 20), Art. 96 Rn. 19; *Meyer* (Fn. 20), Art. 96 Rn. 8; *Wassermann* (Fn. 7), Art. 96 Rn. 20; Jarass/*Pieroth*, GG, Art. 96 Rn. 2; *Reich*, GG, Art. 96 Rn. 2; danach ist eine Verfassungsänderung Voraussetzung für die Ausdehnung des Anwendungsbereichs des Art. 96 II GG.

[71] Gesetz vom 21.08.1954, BGBl. II S. 781.

[72] *Detterbeck* (Fn. 20), Art. 96 Rn. 10.

[73] *Meyer* (Fn. 20), Art. 96 Rn. 6; *Jachmann* (Fn. 4), Art. 96 Rn. 29; *Roth* (Fn. 20), Art. 96 Rn. 22; s. auch *Voßkuhle* (Fn. 40), Art. 96 Rn. 10, 13; *M. Schröder*, HStR³ III, § 64 Rn. 23.

Verteidigungsministers; eine Zusammenlegung ihrer Geschäftsbereiche oder eine »Personalunion« wäre verfassungswidrig[74]. Ihre hauptamtlichen Richter müssen die allgemeine Befähigung zum Richteramt haben (Art. 96 II 5 GG, § 5 DRiG), ohne dass damit über die Art und Weise der Einbeziehung nebenamtlicher Richter etwas ausgesagt wäre[75]; allerdings fordert der Sinn der Regelung, dass neben- oder ehrenamtliche Richter nur zusammen mit einem hauptamtlichen Richter entscheiden dürfen[76].

Der **Bundesgerichtshof** ist auch hier unabdingbar als oberster Gerichtshof **Rechtsmittelgericht** (Art. 96 III GG)[77]; insoweit gilt für sein Verhältnis zu den Wehrstrafgerichten, was auch für sein Verhältnis zum Bundespatentgericht gilt (→ Rn. 17 f.)[78]. Insbesondere darf die Einlegung von Rechtsmitteln gegen Entscheidungen der Wehrstrafgerichte nicht erschwert werden[79]. Mangels ausdrücklicher Regelung einer besonderen Gestaltung der Spruchkörper soll der BGH durch Senate ohne militärische Beisitzer entscheiden müssen[80]. Andererseits soll die Richterbestellung den besonderen Eigenarten der Wehrstrafgerichte gerecht werden. Die Richter werden deshalb vom Minister ohne Mitwirkung eines Richterwahlausschusses berufen; Art. 95 II GG gilt hier nicht[81]. 26

IV. Bundesdisziplinar- und Bundesbeschwerdegerichte (Art. 96 IV GG)

1. Allgemeine Vorgaben

Art. 96 IV GG ermächtigt den Bund fakultativ (»kann«) zur Errichtung von speziellen, personell und sachlich beschränkten **Bundesgerichten** zur Entscheidung **in Disziplinar- und Beschwerdeverfahren**; ein bestimmtes oberstes Bundesgericht ist hier nicht vorgeschrieben, weil Art. 96 III GG für diese Gerichte nicht gilt[82]. Zweck einer solchen speziellen Verwaltungsgerichtsbarkeit ist es, grundsätzlich alle spezifischen Rechtsprobleme, die sich aus einem öffentlich-rechtlichen Dienstverhältnis ergeben können, von dafür spezialisierten Richtern nach von vornherein einheitlichen Leitlinien lösen zu lassen. Der Bundesgesetzgeber hat insoweit ein **breites Organisationsermessen**, das über die Zahl der speziellen Bundesgerichte, die Differenzierung nach Instanzen und Personengruppen oder die Einrichtung spezieller Spruchkörper an bestehenden Bundesgerichten frei nach Zweckmäßigkeitsgesichtspunkten entscheiden kann[83]. 27

Die Disziplinar- und Beschwerdegerichtsbarkeit i. S. von Art. 96 IV GG ist **sachlich begrenzt auf** Entscheidungen in **Disziplinarverfahren** und Beschwerdeverfahren. Disziplinarverfahren beziehen sich auf Sanktionen des Dienstherrn gegen Dienstnehmer aus einem Dienstverhältnis aufgrund von Dienstvergehen, also von Verstößen gegen Normen, welche besondere Sanktionen für die Verletzung von Rechtspflichten anord- 28

[74] S. auch *Steinkamm*, Wehrstrafgerichtsbarkeit (Fn. 6), S. 344 ff.
[75] *Reich*, GG, Art. 96 Rn. 6.
[76] *Voßkuhle* (Fn. 40), Art. 96 Rn. 14; ähnlich *Jachmann* (Fn. 4), Art. 96 Rn. 30.
[77] Ausf. *Spring*, Deutschland (Fn. 59), S. 120 ff.
[78] Ebenso *Detterbeck* (Fn. 20), Art. 96 Rn. 11; *Jachmann* (Fn. 4), Art. 96 Rn. 16, 31; s. auch Jarass/*Pieroth*, GG, Art. 96 Rn. 3.
[79] *Meyer* (Fn. 20), Art. 96 Rn. 6.
[80] So *Reich*, GG, Art. 96 Rn. 7; *Spring*, Deutschland (Fn. 59), S. 121 f.; anders wohl *A. Heusch*, in: Schmidt-Bleibtreu/Hofmann/Henneke, GG, Art. 96 Rn. 8; *Jachmann* (Fn. 4), Art. 96 Rn. 31.
[81] *Reich*, GG, Art. 96 Rn. 5; *Spring*, Deutschland (Fn. 59), S. 125 f.; anders *Jachmann* (Fn. 4), Art. 96 Rn. 31. → Art. 95 Rn. 24
[82] *Jachmann* (Fn. 4), Art. 96 Rn. 37; *W. Blümel*, HStR IV, § 102 Rn. 25.
[83] Vgl. *Detterbeck* (Fn. 20), Art. 96 Rn. 15.

nen, die im öffentlich-rechtlichen Dienstverhältnis gründen[84]; sie können in einem förmlichen Verfahren ergehen, in dem das Bundesdisziplinargericht selbst die Disziplinarbefugnis ausübt, oder aber von der obersten Dienstbehörde bzw. dem Dienstvorgesetzten ausgeübt werden. **Beschwerdeverfahren** sind grundsätzlich alle Klagen des Dienstnehmers gegen den Dienstherrn aus dem Dienstverhältnis[85]. Die näheren Voraussetzungen werden auch hier durch Bundesgesetz festgelegt.

29 Die Disziplinar- und Beschwerdegerichtsbarkeit ist **personell begrenzt** und erstreckt sich nur auf Personen, die speziell zum Bund als Dienstherrn in einem **öffentlich-rechtlichen Dienstverhältnis** stehen – welcher Art auch immer: Dazu zählen etwa alle Bundesrichter und Bundesbeamten, Soldaten und Ersatzdienstleistende, Dienstpflichtige im Bundesgrenzschutz oder in einem Zivilschutzverband (→ Art. 12a Rn. 23)[86], aber auch atypische Dienstnehmer wie Bundesminister, Wehrbeauftragte usw.[87], nicht aber Angestellte und Arbeiter[88].

2. Konkrete Ausgestaltungen

30 Der Bund hat von dieser Ermächtigung nur teilweise Gebrauch gemacht. Er hat teils neue Gerichte errichtet, teils die Kompetenzen – zulässigerweise[89] – auf bereits bestehende Gerichte übertragen und insoweit echte Sondergerichtsbarkeiten geschaffen[90]. Der Bund hatte für Disziplinarverfahren von **Bundesbeamten** ein Bundesdisziplinargericht mit Sitz in Frankfurt/M. als besonderes Verwaltungsgericht[91] errichtet; es wurde zum 31.12.2003 aufgelöst (§ 85 VII 1 BDG), so dass nun **die allgemeinen Verwaltungsgerichte** zuständig sind[92]. Er hat schon immer auf die Möglichkeit der Errichtung einer besonderen Beschwerdegerichtsbarkeit verzichtet, so dass auch insoweit für Klagen der Beamten aus dem Beamtenverhältnis der Rechtsweg zu den allgemeinen Verwaltungsgerichten eröffnet ist (§§ 40 VwGO, 126 I, II BRRG, 172 BBG)[93]. Rechtsmittelgericht ist hier das Bundesverwaltungsgericht als allgemeines Verwaltungsgericht, nicht mehr als Disziplinargericht des Bundes nach Art. 96 IV GG als besonderes Verwaltungsgericht.

31 Für Disziplinarsachen von **Bundesrichtern** (mit Ausnahme der Richter des Bundesverfassungsgerichts, § 105 BVerfGG, § 69 DRiG) ist als Bundesgericht i. S. von Art. 96 IV GG ein **besonderer Senat des Bundesgerichtshofs** zuständig (§ 61 I DRiG)[94]. Dieses

---

[84] In diesem Sinne *Meyer* (Fn. 20), Art. 96 Rn. 12; *Jachmann* (Fn. 4), Art. 96 Rn. 44; *Roth* (Fn. 20), Art. 96 Rn. 27.

[85] *Voßkuhle* (Fn. 40), Art. 96 Rn. 19; *Detterbeck* (Fn. 20), Art. 96 Rn. 14; *Heusch* (Fn. 80), Art. 96 Rn. 9; Jarass/*Pieroth*, GG, Art. 96 Rn. 4; *Jachmann* (Fn. 4), Art. 96 Rn. 44; *Meyer* (Fn. 20), Art. 96 Rn. 12; *Wassermann* (Fn. 7), Art. 96 Rn. 26.

[86] *Voßkuhle* (Fn. 40), Art. 96 Rn. 18; Jarass/*Pieroth*, GG, Art. 96 Rn. 4; *Detterbeck* (Fn. 20), Art. 96 Rn. 13; *Meyer* (Fn. 20), Art. 96 Rn. 12.

[87] *Jachmann* (Fn. 4), Art. 96 Rn. 45; *Voßkuhle* (Fn. 40), Art. 96 Rn. 18.

[88] *Jachmann* (Fn. 4), Art. 96 Rn. 45; *Reich*, GG, Art. 96 Rn. 8.

[89] *Voßkuhle* (Fn. 40), Art. 96 Rn. 17; Jarass/*Pieroth*, GG, Art. 96 Rn. 4; *Reich*, GG, Art. 96 Rn. 8.

[90] *Voßkuhle* (Fn. 40), Art. 96 Rn. 23; übersichtlich *Jachmann* (Fn. 4), Art. 96 Rn. 46ff.

[91] Es ressortierte beim Bundesministerium der Justiz, vgl. *W. Heyde*, Rechtsprechung, in: HdbVerfR, §33 Rn. 30.

[92] Vgl. *Jachmann* (Fn. 4), Art. 96 Rn. 47; *Voßkuhle* (Fn. 40), Art. 96 Rn. 20; s. näher *C. Müller-Eising*, NJW 2001, 3587ff.; *R. Urban*, NVwZ 2001, 1335ff.; *H.-D. Weiß*, ZBR 2002, 17ff.

[93] *Detterbeck* (Fn. 20), Art. 96 Rn. 16; ausf. zur Neuordnung von 1967 *H. Heinrich*, DVBl. 1968, 73ff.; *B. Bender*, DÖV 1967, 181ff.

[94] *Voßkuhle* (Fn. 40), Art. 96 Rn. 21; *Detterbeck* (Fn. 20), Art. 96 Rn. 15; *Jachmann* (Fn. 4), Art. 96

Dienstgericht des Bundes ist aber über Disziplinarsachen hinaus auch für Klagen der Richter gegen enumerativ benannte Entscheidungen der Justizverwaltung bzw. Dienstaufsicht, besonders zur Prüfung von behaupteten Beeinträchtigungen der richterlichen Unabhängigkeit zuständig und insoweit (auch) Beschwerdegericht[95].

Für **Soldaten** (und Grenzschutzdienstpflichtige) ist die **Wehrdienstgerichtsbarkeit** 32 sowohl als Disziplinar- wie als Beschwerdegerichtsbarkeit i. S. von Art. 96 IV GG[96] zuständig (§ 68 WDO, § 17 WBO). Erstinstanzlich fungieren die Truppendienstgerichte als besondere Verwaltungsgerichte (§§ 69ff. WDO)[97]. Rechtsmittelinstanz ist das Bundesverwaltungsgericht (§§ 114ff. WDO), das durch besondere Wehrdienstsenate entscheidet (§ 80 I WDO), die sowohl als Bundesdisziplinar- als auch (teilweise) -beschwerdegericht i. S. von Art. 96 IV GG fungieren[98]. Die Wehrdienstgerichte sind nur für disziplinarrechtliche Verfahren und sonstige in der WDO vorgesehene richterliche Entscheidungen zuständig; daneben bleiben z. B. für alle Streitigkeiten, die die persönliche Rechtsstellung der Soldaten betreffen, die allgemeinen Verwaltungsgerichte zuständig (§ 82 SoldG)[99].

Die Disziplinar- und Beschwerdegerichtsbarkeit **für Ersatzdienstleistende sowie Angehörige der Bundespolizei** ist nicht mehr mit der für die Soldaten parallelisiert[100], 33 sondern mit der von Bundesbeamten: Zuständig ist die **allgemeine Verwaltungsgerichtsbarkeit** (§ 66 ZDG bzw. § 45 BDG).

V. Mittelbare Strafgerichtsbarkeit des Bundes durch Landesgerichte (Art. 96 V GG)

Art. 96 V GG ermöglicht es, die Strafgerichtsbarkeit des Bundes auf den Gebieten des 34 Artikels 26 I 2 GG (§§ 80, 80a StGB) und des Staatsschutzes (§§ 81–101a StGB) sowie seit 2003 neu (→ Rn. 6) auch der völkerrechtlichen Verbrechen gegen die Menschlichkeit (Nr. 2) und der Kriegsverbrechen (Nr. 3) auf Gerichte der Länder zu delegieren. Die 1969 eingeführte Delegationsermächtigung (→ Rn. 6) hatte den eigentlichen **Zweck**, festzulegen, dass die 1969 strafrechtspolitisch gewünschte Einführung einer zweiten Instanz bei Staatsschutzdelikten bzw. die damit verbundene erstinstanzliche Zuständigkeit von Ländergerichten nicht zu zwei unerwünschten Folgen führen kann. Erstens sollte der Generalbundesanwalt, ohne den eine zentrale Verfolgung von Staatsschutzstraftaten regelmäßig nicht möglich ist, bei der Verfolgung der entspre-

---

Rn. 49; a. A. *W. Blümel*, HStR IV, § 102 Rn. 29; s. dazu auch *Stern*, Staatsrecht II, S. 397; *Heyde* (Fn. 91), § 33 Rn. 27.

[95] Zu seinen Kompetenzen BGHZ 90, 41ff.; *Roth* (Fn. 20), Art. 96 Rn. 32.

[96] BVerwGE 93, 287; *F. Kirchhof*, HStR³ IV, § 84 Rn. 79.

[97] Sie ressortieren beim Bundesministerium für Verteidigung, vgl. *Heyde* (Fn. 91), § 33 Rn. 30; krit. zur Gerichtsqualität wegen begrenzter Unabhängigkeit der militärischen Beisitzer *Roth* (Fn. 20), Art. 96 Rn. 31 m.w.N.

[98] Vgl. *Detterbeck* (Fn. 20), Art. 96 Rn. 16; *Jachmann* (Fn. 4), Art. 96 Rn. 48; zu Recht krit. zum regierungsinternen Vetorecht des Bundesverteidigungsministers gegen Zuweisung eines Richters des BVerwG an den Wehrdienstsenat *M. Eckertz-Höfer*, DVBl. 2010, 435 (437); anders *H.G. Bachmann*, NZWehrR 2010, 89ff.; krit. auch zur Ernennung durch das BMJ als Verstoß gegen Art. 95 II GG: *B. Brunn*, Betr. Justiz 2005, 189ff.; dagegen *Bachmann*, ebd., S. 91f.

[99] Ausf. (auch zu den Abgrenzungsproblemen) *Ehlers/Schneider* (Fn. 48), § 40 Rn. 59ff.; zur Neuordnung von 2001 vgl. *K. Vogelgesang*, ZBR 2003, 158ff., 198ff.; *H.G. Bachmann*, NVwZ 2002, 694f.; zum Wehrrechtsänderungsgesetz von 2008 *K. Dau*, NZWehrR 2009, 19ff.

[100] Zur Entwicklung der Gesetzgebung *Voßkuhle* (Fn. 40), Art. 96 Rn. 22.

chenden Straftaten auch weiterhin mitwirken[101]. Zweitens sollte das Begnadigungsrecht des Bundespräsidenten, das sich herkömmlicherweise nach dem erstinstanzlichen zuständigen (Bundes-)Gericht richtet (→ Art. 60 Rn. 27), bei diesem belassen bleiben[102]. Der 2002 durch Enumeration geänderte Text (→ Rn. 6) dient der innerstaatlichen Umsetzung des Völkerstrafgesetzbuchs[103] und galt hinsichtlich der Tatbestände in Nr. 1, 4 und 5 auch schon zuvor[104].

35 Art. 96 V GG **unterstellt** daher von Verfassungs wegen, für die Strafgerichtsbarkeit auf den genannten Gebieten sei allein der **Bund** (und damit der BGH) **zuständig**[105]; demgemäß sieht er die Ausübung der Strafgerichtsbarkeit durch Gerichte der Länder als Ausübung von Bundesgerichtsbarkeit kraft **Organleihe** an[106]. Der Bundesgesetzgeber hat von dieser Möglichkeit Gebrauch gemacht und die Oberlandesgerichte bei jenen Staatsschutzdelikten für erstinstanzlich zuständig erklärt (§ 120 I GVG); die Verfolgungszuständigkeit des Generalbundesanwalts ergibt sich aus den §§ 120, 74a, 142a I GVG, das Gnadenrecht des Bundespräsidenten aus Art. 60 II GG i. V. m. § 452 S. 1 StPO[107]. Die geltende Regelung schließt nicht aus, dass der Gesetzgeber dem BGH wieder allein die erst- und letztinstanzliche Zuständigkeit zuweisen könnte[108].

D. Verhältnis zu anderen GG-Bestimmungen

36 Art. 96 V GG stellt gegenüber den Kompetenzregeln der **Art. 73ff. GG** einen Systembruch dar, insoweit er vorrangig eine ausschließliche Bundeskompetenz für einen bestimmten Sachbereich festschreibt[109]. Die Begnadigungsbefugnis des Bundespräsidenten nach **Art. 60 II GG** wird demgegenüber nur mittelbar berührt, indem Art. 96 V GG auf eine Auslegung des Art. 60 II GG Rücksicht nimmt, nach der das Begnadigungsrecht der Gerichtszuständigkeit folgt (→ Rn. 34). Art. 96 GG ergänzt **Art. 95 GG** um fakultative Bundesgerichte. Sein Regelungsgehalt nimmt nicht teil an sonstigen Verfassungsgarantien i. S. von **Art. 79 III GG**.

---

[101] Vgl. *Roth* (Fn. 20), Art. 96 Rn. 35; *J. Welp*, NStZ 2002, 1 (6); *K.H. Schnarr*, MDR 1993, 589ff.; ausf. *K.F. Gärditz*, Strafprozeß und Prävention, 2003, S. 396ff.

[102] *Jachmann* (Fn. 4), Art. 96 Rn. 56; *Meyer* (Fn. 20), Art. 96 Rn. 14ff.; s. näher *M. Kohlhaas*, NJW 1970, 20ff.; *R. Fischer*, NJW 1969, 449ff.

[103] Vom 26.06.2002 (BGBl. I S. 2254); dazu näher *A. Zimmermann*, NJW 2002, 3068ff.; *H. Satzger*, NStZ 2002, 125ff.; *G. Werle/F. Jeßberger*, JZ 2002, 725ff.; allg. *G. Werle*, JZ 2012, 373ff.

[104] *Detterbeck* (Fn. 20), Art. 96 Rn. 18; *D. Hömig*, in: Hömig/Wolff, GG, Art. 96 Rn. 8.

[105] *Voßkuhle* (Fn. 40), Art. 96 Rn. 24; *Detterbeck* (Fn. 20), Art. 96 Rn. 18; *G. Morgenthaler*, in: Epping/Hillgruber, GG, Art. 96 (Stand: 01.03.2016) Rn. 12; *Jachmann* (Fn. 4), Art. 96 Rn. 56; *J. Welp*, NStZ 2002, 1 (3); *Reich*, GG, Art. 96 Rn. 9; *N. Achterberg*, in: BK, Art. 92 (Zweitb. 1981), Rn. 246 i. V. m. Art. 95 (Zweitb. 1985), Rn. 122; *Wassermann* (Fn. 7), Art. 96 Rn. 28; krit. *Stern*, Staatsrecht II, S. 394; *Meyer* (Fn. 20), Art. 96 Rn. 14ff., 19; anders auch *G. Andoor*, RW 6 (2015), 403 (428ff.).

[106] *Voßkuhle* (Fn. 40), Art. 96 Rn. 24; Jarass/*Pieroth*, GG, Art. 96 Rn. 5; *Detterbeck* (Fn. 20), Art. 96 Rn. 19; *G. Andoor*, RW 6 (2015), 403 (435ff.); *Jachmann* (Fn. 4), Art. 96 Rn. 55; *Achterberg* (Fn. 105), Art. 92 Rn. 246; *Wassermann* (Fn. 7), Art. 96 Rn. 28; *W. Blümel*, HStR IV, § 102 Rn. 31; einschränkend aber BGHSt 53, 128 (140ff.); BGH NStZ 2008, 146 (147).

[107] *Meyer* (Fn. 20), Art. 96 Rn. 18; *Jachmann* (Fn. 4), Art. 96 Rn. 58.

[108] A.A. *Reich*, GG, Art. 96 Rn. 9.

[109] S. näher *Voßkuhle* (Fn. 40), Art. 96 Rn. 24; *Jachmann* (Fn. 4), Art. 96 Rn. 57; a.A. *G. Andoor*, RW 6 (2015), 403 (419ff.); *Meyer* (Fn. 20), Art. 96 Rn. 15. → Rn. 34.

Schneider, Udo: Richterliche Ethik im Spannungsfeld zwischen richterlicher Unabhängigkeit und Gesetzesbindung, 2017.
Schoch, Friedrich: Europäische Unabhängigkeitserfordernisse und Verwaltungsgerichtsbarkeit, in: ZfV 2015, S. 5–15.
Schulze-Fielitz, Helmuth/Schütz, Carsten (Hrsg.): Justiz und Justizverwaltung zwischen Ökonomisierungsdruck und Unabhängigkeit, 2002.
Schütz, Carsten: Der ökonomisierte Richter, 2005.
Schütz, Carsten: Qualität trotz Unabhängigkeit? – Die Richterschaft im Fokus exekutiver Qualitätsoffensiven, in: ThürVBl. 2006, S. 81–88.
Sendler, Horst: Unabhängigkeit als Mythos?, in: NJW 1995, S. 2464–2470.
Sendler, Horst: Richterliche Unabhängigkeit im Zwielicht?, in: Festschrift für Walther Fürst, 2002, S. 307–326.
Sodan, Helge: Der Status des Richters, in: HStR[3] V, § 113, S. 681–723.
Stürner, Rolf: Rechtspflege durch unabhängige Organe oder Institutionen – ein Grundprinzip der Rechtstaatlichkeit?, in: JZ 2017, S. 905–918.
Thiele, Alexander: Die Unabhängigkeit des Richters – grenzenlose Freiheit?, in: Der Staat 52 (2013), S. 415–433.
Tschentscher, Axel: Demokratische Legitimation der dritten Gewalt, 2006.
Voßkuhle, Andreas: Rechtsschutz gegen den Richter, 1993.
Wittreck, Fabian: Judex amovibilis?, in: ThürVBl. 2005, S. 245–252.
Wittreck, Fabian: Die Verwaltung der Dritten Gewalt, 2006.
Wittreck, Fabian: Flexibilisierung des Richtereinsatzes?, in: DRiZ 2007, S. 356–362.

Leitentscheidungen des Bundesverfassungsgerichts

BVerfGE 12, 81 (88ff.) – Hergebrachte Grundsätze des richterlichen Amtsrechts; 14, 56 (69ff.) – Gemeindegerichte; 26, 141 (154ff.) – Richterbesoldung I; 26, 186 (198ff.) – Ehrengerichte; 139, 64 (110ff., Rn. 91ff.) – Richterbesoldung IV.

Gliederung

Rn.

Artikel 97 [Unabhängigkeit der Richter]

(1) Die Richter sind unabhängig und nur dem Gesetze unterworfen.

(2) [1]Die hauptamtlich und planmäßig endgültig angestellten Richter können wider ihren Willen nur kraft richterlicher Entscheidung und nur aus Gründen und unter den Formen, welche die Gesetze bestimmen, vor Ablauf ihrer Amtszeit entlassen oder dauernd oder zeitweise ihres Amtes enthoben oder an eine andere Stelle oder in den Ruhestand versetzt werden. [2]Die Gesetzgebung kann Altersgrenzen festsetzen, bei deren Erreichung auf Lebenszeit angestellte Richter in den Ruhestand treten. [3]Bei Veränderung der Einrichtung der Gerichte oder ihrer Bezirke können Richter an ein anderes Gericht versetzt oder aus dem Amte entfernt werden, jedoch nur unter Belassung des vollen Gehaltes.

Literaturauswahl

Baer, Andrea: Die Unabhängigkeit der Richter in der Bundesrepublik Deutschland und in der DDR, 1999.

Barbey, Günther: Der Status des Richters, in: HStR III, § 74, S. 815–857.

Berlit, Uwe: Modernisierung der Justiz, richterliche Unabhängigkeit und RichterInnenbild, in: KritJ 32 (1999), S. 58–69.

Berlit, Uwe: Richterliche Unabhängigkeit und Organisation effektiven Rechtsschutzes im »ökonomisierten« Staat, in: Helmuth Schulze-Fielitz/Carsten Schütz (Hrsg.), Justiz und Justizverwaltung zwischen Ökonomisierungsdruck und Unabhängigkeit, 2002, S. 135–177.

Bosch, Nikolaus: Sachliche und persönliche Unabhängigkeit von Gerichtspersonen, in: Jura 2015, S. 56–65.

Classen, Claus Dieter: Gesetzesvorbehalt für die Dritte Gewalt?, in: JZ 2003, S. 693–701.

Durner, Wolfgang: Die Unabhängigkeit nationaler Richter im Binnenmarkt – Zu den Loyalitätspflichten nationaler Gerichte gegenüber der EG-Kommission, insbesondere auf dem Gebiet des Kartellrechts, in: EuR 39 (2004), S. 547–574.

Eichenberger, Kurt: Die richterliche Unabhängigkeit als staatsrechtliches Problem, 1960.

Gröschner, Rolf: Reichweite richterlicher Inamovibilität im Verfassungsstaat des Grundgesetzes, 2005.

Haberland, Stephan: Problemfelder für die richterliche Unabhängigkeit, in: DRiZ 2002, S. 301–310.

Heyde, Wolfgang: Rechtsprechung, in: HdbVerfR, § 33, S. 1579–1636.

Hoffmann-Riem, Wolfgang: Gewaltenteilung – mehr Eigenverantwortung für die Justiz?, in: DRiZ 2000, S. 18–31.

Hoffmann-Riem, Wolfgang: Richterliche Unabhängigkeit in Zeiten struktureller Veränderungen der Justiz, in: Festschrift für Rupert Scholz, 2007, S. 499–517.

Huber, Peter M./Storr, Stefan: Gerichtsorganisation und richterliche Unabhängigkeit in Zeiten des Umbruchs, in: ZG 21 (2006), S. 105–128.

Kiener, Regina: Richterliche Unabhängigkeit, 2001.

Kissel, Otto Rudolf/Mayer, Herbert: Gerichtsverfassungsgesetz, Kommentar, 8. Aufl. 2015.

Mishra, Robin: Zulässigkeit und Grenzen amtlicher Urteilsschelte, in: ZRP 1998, S. 402–409.

Papier, Hans-Jürgen: Richterliche Unabhängigkeit und Dienstaufsicht, in: NJW 1990, S. 8–14.

Papier, Hans-Jürgen: Die richterliche Unabhängigkeit und ihre Schranken, in: NJW 2001, S. 1089–1094.

Papier, Hans-Jürgen: Richterliche Unabhängigkeit, in: HGR V, § 130, S. 1161–1192.

Redeker, Martin: Die Dienstaufsicht über Richter, in: SächsVBl. 2007, S. 73–79.

Reinhardt, Michael: Konsistente Jurisdiktion, 1997.

Röhl, Klaus F.: Justiz als Wirtschaftsunternehmen, in: DRiZ 2000, S. 220–230.

Schaffer, Wolfgang: Die Unabhängigkeit der Rechtspflege und des Richters, in: BayVBl. 1991, S. 641–648, 678–683.

Schilken, Eberhard: Die Sicherung der Unabhängigkeit der Dritten Gewalt, in: JZ 2006, S. 860–868.

Schmidt-Jortzig, Edzard: Aufgabe, Stellung und Funktion des Richters im demokratischen Rechtsstaat, in: NJW 1991, S. 2377–2383.

Schmidt-Räntsch, Günther und Jürgen: Deutsches Richtergesetz, 6. Aufl. 2009.

Stichwörter

A. Herkunft, Entstehung, Entwicklung

I. Ideen- und verfassungsgeschichtliche Aspekte

Die Idee der **Unabhängigkeit der Richter** hat sich in **England** im Laufe der jahrhundertelangen Auseinandersetzungen zwischen Krone und Parlament entwickelt: Obwohl schon in der Magna Charta von 1215 erwähnt, wurden erst im 17. Jahrhundert die entscheidenden Gewährleistungen einer von der königlichen Gewalt unabhängigen Rechtspflege getroffen – durch die Petition of Right (1628), die Habeas-Corpus-Akte (1679) und schließlich im Act of Settlement (1701) durch Festlegung der Unabsetzbarkeit des Richters[1]. Auch in **Frankreich** hatten die Richter ungeachtet der erst 1789 abgeschafften unbeschränkten Kabinettsjustiz schon im 17. Jahrhundert eine weitgehende Unabhängigkeit vom König erlangt: Die Käuflichkeit, z.T. Vererblichkeit von Richterämtern führte zur Entstehung eines richterlichen Amtsadels, der auf eine gewisse Unabhängigkeit vom König bedacht war und dessen Unabhängigkeit und Funk- 1

[1] *H. Mende*, Die richterlichen und die ihnen gleichgestellten Beamten, in: HdbDStR II, § 67, S. 77ff. (78); *H. Tigges*, Die Stellung des Richters im modernen Staat, 1935, S. 40ff.; *J. Hatschek*, Englische Verfassungsgeschichte (1913), 2. Aufl. 1978, S. 499ff.; s. auch *C. Hillgruber*, in: Maunz/Dürig, GG, Art. 97 (2008), Rn. 6.

tion in der Gewaltenteilungslehre von Montesquieu eine theoretische Fundierung und Stoßkraft zur Ausbildung einer Dritten Gewalt erhielt[2] (→ Art. 20 [Rechtsstaat], Rn. 8). Demgegenüber fehlt es in den **USA** an einer verfassungsrechtlichen Hervorhebung der sachlichen Unabhängigkeit der Richter, weil es im Zeitpunkt der Verfassunggebung nie zuvor eine Kabinetts- oder Ministerjustiz gegeben hatte, gegen die sich eine solche Forderung hätte wenden müssen[3].

2 In **Deutschland** aktualisierte die Aufklärung die Idee der Unabhängigkeit: Sie wendete sich zunächst **gegen** die Justizhoheit des absolutistischen Regenten und seine »**Machtsprüche**« in Form von einzelfallbezogenen Urteilsanweisungen oder Bestätigungsvorbehalten[4]; durch sie griff er im Wege der »Kabinettsjustiz«[5] zum Wohl der Untertanen bzw. des von ihm definierten Gemeinwohls in die Rechtspflege ein[6], auch wenn die beamteten, streng beaufsichtigten und ständig kontrollierten (nach § 99 II 17 PrALR nur persönlich, nicht aber sachlich unabhängigen) Richter im Dienste des Königs zuvor anders entschieden hatten[7]. Mit der Losung »Freiheit statt Willkür« forderte das liberale Bürgertum statt der Herrschaft des Regenten die Herrschaft des Gesetzes und mit ihr die Unabhängigkeit der Justiz zum Schutz der bürgerlichen Freiheit vor Übergriffen des Monarchen.

3 Dementsprechend setzte sich die sachliche Unabhängigkeit der Richter i. S. ihrer Freiheit von Weisungen schon **im süddeutschen Frühkonstitutionalismus** durch (zuerst 8. Titel § 3 Verf. Bayern 1818; § 14 Verf. Baden 1818; § 93 Verf. Württemberg 1819)[8]. Auch auf der Ebene des Deutschen Bundes gab es Ansätze, so dass nach E.R. Huber kraft Bundesrechts auch der Grundsatz der Unabhängigkeit der Gerichte in Deutschland galt[9]. Die Erfahrungen mit unfreiwilligen Versetzungen und Entlassungen von Richtern im Vormärz sensibilisierte für die Notwendigkeit von Garantien auch der persönlichen Unabhängigkeit gegen Versetzung oder Entlassung, wie sie dann z. B. in Art. 85, 86 der preußischen Verfassung von 1848 und auch in § 177 der Frankfurter Paulskirchenverfassung (1849) im Katalog der Grundrechte konstitutionalisiert wurden[10]. Parallel dazu diente derselben Intention die Forderung nach der Gesetzlichkeit

---

[2] Vgl. *O.R. Kissel/H. Mayer*, GVG-Kommentar, 8. Aufl. 2015, § 1 Rn. 15; *Hillgruber* (Fn. 1), Art. 97 Rn. 8f.; *W. Brexl*, Die Rechtsstellung des französischen Richters unter besonderer Berücksichtigung des Arbeitsrichters, Diss. jur. Würzburg 1971, S. 10ff.; zur Kabinettsjustiz *H. Ortner*, Die Unabhängigkeit des Richters und die Richteranklage im Bonner Grundgesetz in vergleichender Darstellung zu den Verfassungen fremder Staaten und den deutschen Länderverfassungen, Diss. jur. Tübingen 1956, S. 6f.; s. auch *Tigges*, Stellung (Fn. 1), S. 57.

[3] *Ortner*, Unabhängigkeit (Fn. 2), S. 6.

[4] Relativierend *D. Willoweit*, Selbständigkeit und Abhängigkeit der Gerichtsbarkeit im Alten Reich, in: FS Landwehr, 2015, S. 177ff.

[5] Vgl. *Hillgruber* (Fn. 1), Art. 97 Rn. 12; *W. Ogris*, Art. Kabinettsjustiz, in: HRG II, Sp. 515ff.; *Ortner*, Unabhängigkeit (Fn. 2), S. 11ff.; *Tigges*, Stellung (Fn. 1), S. 21ff.; ausf. *M. Kotulla*, Machtsprüche, strafgerichtliche Bestätigungsvorbehalte und die richterliche Unabhängigkeit, in: FS Merten, 2007, S. 199ff. (202ff., 206ff.); *J. Regge*, Kabinettsjustiz in Brandenburg-Preußen, 1977.

[6] Zum berühmten Fall des Müllers Arnold (von 1779/80): *H. Sendler*, JuS 1986, 759ff.

[7] Vgl. *R. Wassermann*, in: AK-GG, Art. 97 (2001), Rn. 1; *J. Herrmann*, DRiZ 1982, 286 (286); ausf. zur geschichtlichen Entwicklung *Kissel/Mayer* (Fn. 2), § 1 Rn. 13ff.; *D. Simon*, Die Unabhängigkeit des Richters, 1975, S. 2ff.; s. auch *D. Willoweit*, JZ 2016, 429 (430f.); *Mende*, Die Beamten (Fn. 1), S. 78f.; *M. Reinhardt*, Konsistente Jurisdiktion, 1997, S. 98ff.; *W. Schaffer*, BayVBl. 1991, 641 (643f.).

[8] *Hillgruber* (Fn. 1), Art. 97 Rn. 14; ausf. *M. Kotulla*, DRiZ 1992, 285 (287ff.); zum Beispiel Preußens *W. Schütz*, DRiZ 1980, 241ff.; s. auch *E.G. Mahrenholz*, DRiZ 1991, 432 (432f.).

[9] *Huber*, Verfassungsgeschichte I, S. 617; s. auch *M. Kotulla*, DRiZ 1992, 285 (286).

[10] *Wassermann* (Fn. 7), Art. 97 Rn. 2; *Kissel/Mayer* (Fn. 2), § 1 Rn. 16f.; ausf. *M. Kotulla*, DRiZ 1992, 285 (290f.), auch zu Vorläuferregelungen; *Tigges*, Stellung (Fn. 1), S. 73ff., 90ff.

des Richters (→ Art. 101 Rn. 4), nach der Bindung allein an das Gesetz, nach Beteiligungen von Laienrichtern[11] und nach Öffentlichkeit und Mündlichkeit der Gerichtsverfahren als »Schutzschild bürgerlicher Freiheit«[12].

Mit der konstitutionellen **Monarchie des Kaiserreiches** erfuhr auch das – auf Reichsebene für die ordentliche Gerichtsbarkeit einfachgesetzlich in § 1 GVG gewährleistete[13] – Unabhängigkeitspostulat einen **Funktionswandel**: Neben der Zurückdrängung des Einflusses der Exekutive rechtfertigte es nicht nur Forderungen z. B. nach Verbesserungen in der Ausstattung der Rechtspflege mit Sachmitteln und Personal oder nach Besoldungsverbesserungen und mehr Einfluss bei Richterrekrutierungen[14]; es gewann auch eine defensive Funktion, die bürgerliche Gesellschaft und das eigene autoritäre Weltbild der Richter[15] gegen Teilhabeforderungen der Arbeiterbewegung zu verteidigen[16], wie sie im Vorwurf der Klassenjustiz kulminierten[17]. Der Ansehensverlust des Richterstandes als Kehrseite dieser Entwicklung und die Erscheinungsformen von Formalismus und Bürokratismus im Justizwesen führten 1906 zu einer ersten Reformdebatte im Anschluss an die Herrenhausrede von Adickes (→ Art. 98 Rn. 2)[18]; sie blieb unter dem Eindruck der Umwälzungen durch den Ersten Weltkrieg, der Revolution von 1918 und der Krisen in der neuartigen Demokratie der Weimarer Republik ohne nachhaltige Auswirkungen[19]. 4

In der verbreiteten **Distanz** der Richterschaft **zur Weimarer Republik** und ihrer demokratischen Verfassung wurde die fehlende Bindung an das Volk als neuem Träger der staatlichen Souveränität offenkundig[20]. Art. 102 WRV sicherte die sachliche, Art. 104 WRV[21] die persönliche Unabhängigkeit der Richter auch auf Verfassungsebene. Mit der Problematisierung des Gesetzespositivismus und den Tendenzen zur Ausweitung der Macht der Richter, wie sie in der Inanspruchnahme des richterlichen Prüfungsrechts auch gegenüber formellen Gesetzen zum Ausdruck kam[22], zeichneten sich freilich schon in der Weimarer Republik Entwicklungen zum Bedeutungsgewinn der Justiz ab, die aber erst nach 1945 Wirklichkeit wurden. 5

Das **NS-Regime** stärkte das Gewicht der Exekutive (Polizei und Verwaltung) zulasten der Justiz, die sich überdies an den Grundsätzen ausrichten sollte, wie sie »der 6

---

[11] S. näher *F. Ekardt*, Jura 1998, 121 (125ff.).

[12] *Wassermann* (Fn. 7), Art. 97 Rn. 3; *Simon*, Unabhängigkeit (Fn. 7), S. 5ff.

[13] Vgl. *Kissel/Mayer* (Fn. 2), § 1 Rn. 19; *M. Kotulla*, DRiZ 1992, 285 (291f.); *Tigges*, Stellung (Fn. 1), S. 101ff.

[14] *Wassermann* (Fn. 7), Art. 97 Rn. 4; *Simon*, Unabhängigkeit (Fn. 7), S. 8f.

[15] S. näher *F. Kübler*, AcP 162 (1963), 104 (115ff.).

[16] *Wassermann* (Fn. 7), Art. 97 Rn. 5; *Simon*, Unabhängigkeit (Fn. 7), S. 7, 41ff.

[17] *E. Kuttner*, Klassenjustiz, 1913; s. auch *E. Fraenkel*, Zur Soziologie der Klassenjustiz (1927), Neudruck 1968; zu den sozialen Voraussetzungen der Einweisung in eine Richterstelle bis 1911 *Simon*, Unabhängigkeit (Fn. 7), S. 42ff.

[18] Zur Gründung des Deutschen Richterbundes (1909) als »Abwehr- und Kampfverein« s. *H. Wrobel*, DRiZ 1999, 329ff.

[19] *Kissel/Mayer* (Fn. 2), § 1 Rn. 20ff.

[20] Vgl. *Simon*, Unabhängigkeit (Fn. 7), S. 49ff.; s. auch *I. Müller*, Furchtbare Juristen, 1987, S. 19ff.; *Tigges*, Stellung (Fn. 1), S. 126ff., zur Forderung nach Volkswahl der Richter als »Kampf gegen die richterliche Unabhängigkeit«.

[21] Dazu näher *Mende*, Die Beamten (Fn. 1), S. 77ff.

[22] RGZ 111, 320 (322f.); die vorangehende Stellungnahme des Richtervereins beim Reichsgericht (JW 1924, 90) ist abgedruckt bei G. Roellecke (Hrsg.), Zur Problematik der höchstrichterlichen Entscheidung, 1982, S. 73ff.; ebd., S. 76ff. die Stellungnahme von *J. Goldschmidt*, Gesetzesdämmerung (1924); ausf. *C. Chlosta*, Nur dem Gesetz unterworfen?, 2005, S. 82ff., 102ff.; s. auch *Wassermann* (Fn. 7), Art. 97 Rn. 6; *J. Berkemann*, EuGRZ 1986, 80ff.

Führer« vorgab[23], und deren Richter sich in die nationalsozialistische Führung einzuordnen hatten[24]. Die Unabhängigkeit der Richter wurde weitgehend abgeschafft[25] und durch Förderung nationalsozialistisch gesinnter Richter bzw. seit Oktober 1942 im Entscheidungsverhalten »von oben« durch Richterbriefe gesteuert[26]; zuvor schon hatte Hitler sich am 26.04.1942 vom Reichstag zur Entfernung von Richtern aus dem Amt ermächtigen lassen[27] (→ Art. 92 Rn. 6).

7 Auch die **DDR-Justiz** bot ein Gegenbild zur Unabhängigkeit der Justiz unter verfassungsstaatlichen Bedingungen (keine Lebenszeitrichter, Versetzbarkeit, Rechenschaftspflichten, Kassation von Gerichtsentscheidungen als politisches Steuerungsmittel, umfassende politische Einflussmöglichkeiten durch das Ministerium der Justiz, Kaderpolitik bei der Richterauswahl u. a.m.)[28].

II. Entstehung und Veränderung der Norm

8 Nach Ende des Zweiten Weltkriegs war es nicht nur für die Westalliierten selbstverständlich, die richterliche Unabhängigkeit wieder herzustellen[29]; auch im **Parlamentarischen Rat** war unumstritten, dass die richterliche Unabhängigkeit verfassungsrechtlich garantiert werden sollte[30]. Der Vorschlag von Art. 132 HChE, dass die Richter nicht nur dem Gesetz, sondern (über Art. 102 WRV hinaus) »auch ihrem Gewissen unterworfen« seien, wurde aber zugunsten der Hervorhebung der Rechtsbindung abgelehnt[31], ebenso wie der Vorschlag einer gesonderten Hervorhebung der Laienrichter[32] oder des Ausschlusses einer parteipolitischen Betätigung der Richter[33]. Art. 97 GG gilt seit 1949 unverändert.

---

[23] *Wassermann* (Fn. 7), Art. 97 Rn. 7; *H. Weinkauff*, Die deutsche Justiz und der Nationalsozialismus. Ein Überblick, sowie *A. Wagner*, Die Umgestaltung der Gerichtsverfassung und des Verfahrens- und Richterrechts im nationalsozialistischen Staat, beide in: Die deutsche Justiz und der Nationalsozialismus, 1968, S. 17ff. (134ff.) bzw. S. 189ff. (208ff.); ausf. *L. Gruchmann*, Justiz im Dritten Reich 1933–1940, 2. Aufl. 1990, S. 535ff., 931ff.

[24] *Hillgruber* (Fn. 1), Art. 97 Rn. 17.

[25] S. näher *M. Stolleis*, Recht im Unrecht, 1994, S. 190ff.; *Müller*, Juristen (Fn. 20), S. 35ff.; R. Dreier/W. Sellert (Hrsg.), Recht und Justiz im Dritten Reich, 1989; ausf. *Weinkauff*, Justiz (Fn. 23), S. 96ff., 119ff.

[26] Vgl. als Beispiel Richterbrief Nr. 1 vom 1.10.1942, zit. in DRiZ 1995, 204f.; ausf. *Gruchmann*, Justiz (Fn. 23), S. 1091ff.; *Weinkauff*, Justiz (Fn. 23), S. 153ff., 164ff.

[27] *Wassermann* (Fn. 7), Art. 97 Rn. 7; *Weinkauff*, Justiz (Fn. 23), S. 147.

[28] *Hillgruber* (Fn. 1), Art. 97 Rn. 18; *Wassermann* (Fn. 7), Art. 97 Rn. 8a; ausf. *A. Baer*, Die Unabhängigkeit der Richter in der Bundesrepublik Deutschland und in der DDR, 1999, etwa S. 56ff., 121ff., 133ff., 167ff., 174ff.; *H. Roggemann*, Gutachterliche Stellungnahme – Lenkungsmechanismen der DDR-Justiz, insbesondere im Hinblick auf die Richter und Staatsanwälte, in den siebziger Jahren, sowie *H. Rottleuthner*, Gutachterliche Stellungnahme, beide in: H. Rottleuthner (Hrsg.), Das Havemann-Verfahren, 1999, S. 209ff. (235ff., 257ff.) bzw. S. 335ff. (342ff., 391ff.); s. auch *B. Rüthers*, JZ 1999, 1009ff.; R. Engelmann/C. Vollnhals (Hrsg.), Justiz im Dienste der Parteiherrschaft, 1999.

[29] *Wassermann* (Fn. 7), Art. 97 Rn. 8.

[30] *Wassermann* (Fn. 7), Art. 97 Rn. 9; *N. Bernsdorff*, in: Umbach/Clemens, GG II, Art. 97 Rn. 5; ausf. *C. Schütz*, Der ökonomisierte Richter, 2005, S. 155ff.; *H. Holtkotten*, in: BK, Art. 97 (1968), Anm. I.; JöR 1 (1951), S. 715ff.

[31] *Hillgruber* (Fn. 1), Art. 97 Rn. 33; *Holtkotten* (Fn. 30), Art. 97 Anm. I.; JöR 1 (1951), S. 715ff.

[32] *Wassermann* (Fn. 7), Art. 97 Rn. 12; JöR 1 (1951), S. 717.

[33] *Wassermann* (Fn. 7), Art. 97 Rn. 11.

B. Internationale, supranationale und rechtsvergleichende Bezüge

I. Internationale und europarechtliche Dimensionen

Soweit **internationale Menschenrechtspakte** Justizgrundrechte gewährleisten, gehen sie ausdrücklich von einem »unabhängigen und unparteilichen« Gericht aus, z.B. Art. 10 AEMR, Art. 14 I IPbpR, Art. 6 I EMRK[34], Art. 8 I AMRK betr. Anspruch auf rechtliches Gehör u.a. bzw. Art. 26 AfrMRK[35]; anderenfalls kann der Menschenrechtsschutz keine Wirksamkeit gewinnen. Nach der Rechtsprechung des EGMR muss die Unabhängigkeit (und damit auch die Unparteilichkeit)[36] der Richter institutionell abgesichert sein, vor allem durch die Objektivität der Ernennung und die Unabsetzbarkeit für die Dauer der Amtszeit[37]. So fehlt es dem äußeren Erscheinungsbild nach an der Unabhängigkeit, wenn Beamte der streitbeteiligten Behörden als Richter mitwirken[38]; auch Richter auf Probe lassen sich nach solchen Maßstäben kaum rechtfertigen[39]. Aber auch die Akzeptanz internationaler Gerichte lebt davon, dass ihre Richter unabhängig und unparteilich (neutral) urteilen können, z.B. der IGH (vgl. die Anforderungen an die Richter in Art. 2, 18 IGH-Statut) oder der Internationale Strafgerichtshof der Vereinten Nationen von 1993[40]. 9

Auch die **Richter des EuGH**[41] und des EuG (vgl. Art. 253 I, 256 III AEUV und Art. 2 und 6 des Protokolls über die Satzung des Gerichtshofs [EG]) sind persönlich und sachlich unabhängig und machen das Gericht zum einzigen wirklich unabhängigen Gemeinschaftsorgan[42]; ihre Unabhängigkeit und Unparteilichkeit wird in Art. 47 II GRCh ausdrücklich gefordert[43]. Der Regelungsgehalt stimmt insoweit mit Art. 6 I EMRK überein[44], so dass für den **EGMR** nichts anderes gilt (vgl. auch Art. 39 III EMRK, der allerdings die Unabhängigkeit nicht ausdrücklich erwähnt). Die Unabhängigkeit der Richter erscheint so selbstverständlich, dass Art und Weise ihrer Unabhängigkeit 10

---

[34] *J. Gundel*, HGR VI/1, § 146 Rn. 90ff., 96ff.; *A. Weber*, DRiZ 2012, 16 (18), 59ff.; ausf. *L.F. Müller*, Richterliche Unabhängigkeit und Unparteilichkeit nach Art. 6 EMRK, 2015, S. 21ff.; *K. Haase*, Die Anforderungen an ein faires Gerichtsverfahren auf europäischer Ebene, 2006, S. 46ff.

[35] Vgl. *Hillgruber* (Fn. 1), Art. 97 Rn. 117; *F. Wittreck*, Die Verwaltung der Dritten Gewalt, 2006, S. 208ff.; *R. Kiener*, Richterliche Unabhängigkeit, 2001, S. 35, 40f.; *R. Lippold*, NJW 1991, 2383 (2389).

[36] Deutlicher abschichtend *J. Berkemann*, DVBl. 2016, 627 (628); *Müller*, Unabhängigkeit (Fn. 34), S. 98ff.; *F. Schoch*, ZfV 2015, 5 (8f.); ausf. *G. Steinfatt*, Die Unparteilichkeit des Richters in Europa im Lichte der Rechtsprechung des Europäischen Gerichtshofs für Menschenrechte, 2012, S. 25ff.

[37] EGMR, 8.6.1976, EuGRZ 1976, 221 (226 – Rn. 68) – *Engel*; zsfssd. Frowein/*Peukert*, EMRK, Art. 6 Rn. 45ff.; ausf. *Müller*, Unabhängigkeit (Fn. 34), S. 39ff., 61ff.; *U. Müßig*, Recht und Justizhoheit, 2. Aufl. 2009, S. 405ff. m.w.N.; *M.E. Villiger*, Handbuch der Europäischen Menschenrechtskonvention, 2. Aufl. 1999, Rn. 415ff.

[38] EGMR, 22.10.1984, EuGRZ 1985, 336 (339f. – Rn. 37ff.) – *Sramek*; EGMR, 29.04.1988, EuGRZ 1989, 21 (31 – Rn. 67) – *Belilos*; EGMR, 30.10.1991, EuGRZ 1991, 519 (519 – Rn. 22ff.) – *Borgers*; *Müßig*, Recht (Fn. 37), S. 380f. m.w.N.

[39] Ausf. in diesem Sinne *R. Lippold*, NJW 1991, 2383ff.

[40] S. näher *H. Roggemann*, Der Internationale Strafgerichtshof der Vereinten Nationen von 1993 und der Krieg auf dem Balkan, 1994, S. 48, 112.

[41] Zu ihrer Wahl *A. v. Bogdandy/C. Krenn*, JZ 2014, 529 (534ff.); *D. Siebert*, Die Auswahl der Richter am Gerichtshof der Europäischen Gemeinschaften, 1998, S. 79ff., 103; *R. Stürner*, JZ 2017, 905ff.

[42] Vgl. *H.-J. Papier*, HGR V, § 130 Rn. 71; *U. Everling*, JZ 2000, 217 (222); ausf. *Haase*, Anforderungen (Fn. 34), S. 309ff.

[43] S. näher *Jarass*, GRCh, Art. 47 Rn. 19ff.

[44] So EuGH v. 05.10.2010, C-400/10, Rn. 53; *F. Schoch*, ZfV 2015, 5 (8) m.w.N.

nicht näher präzisiert werden, wohl aber in der Judikatur namentlich des EGMR konkretisiert sind[45].

II. Rechtsvergleichende Hinweise

11 Die **Verfassungen** wohl **aller Staaten** enthalten **Klauseln über** die **Unabhängigkeit von Gerichten**[46], zumal in pluralistischen Gesellschaften mit Verfassungen westlichen Typs, so sehr sich die Stellung der Richter und Gerichte unterscheidet und ihre Funktionsfähigkeit von sehr vielen unterschiedlichen Variablen bestimmt wird[47]. So scheinen die Richter im Common-Law-System im Blick auf das Recht als judge made law eine besonders große Selbständigkeit und Autorität zu haben[48], die dem Richter im Typ kontinentaleuropäischen (den Richter bindenden) Gesetzesrechts nicht zukommt[49]; das unterschiedliche Richterbild als Konsequenz der Stare-Decisis-Doktrin[50] lässt sich als Scheidemerkmal beider Rechtskreise ansehen.

12 **In Europa** wird Richtern ihre sachliche und persönliche Unabhängigkeit als gemeineuropäisches Verfassungsprinzip garantiert[51], einerseits schon durch Art. 6 EUV und Art. 6 EMRK[52], andererseits nach je einzelstaatlichem Recht z. B. in Art. 152 Verf. Belgien 1994; § 64 Verf. Dänemark 1953; § 103 Verf. Finnland 1999; Art. 64 I, IV Verf. Frankreich 1958[53]; Art. 87, 88 Verf. Griechenland 1975; Art. 35 II Verf. Irland 1992; Art. 104 Verf. Italien 1947[54]; Nr. 83 Verf. Lettland 1922; Art. 91 Verf. Luxemburg 1868; Art. 117 Verf. Niederlande 1983; Art. 86, 87 B-VG Österreich[55]; Art. 178 I, 180 Verf. Polen 1997; Art. 206, 218 Verf. Portugal 1976; Kap. 11 § 2 Verf. Schweden 1975; Art. 117, 127 Verf. Spanien 1978. Das gilt auch dann, wenn die Verfassung dieses nicht ausdrücklich hervorhebt (wie z. B. in den Verfassungen der Schweiz von 1874[56] wie

45 *F. Schoch*, ZfV 2015, 5 (8 f.); ausf. *Haase*, Anforderungen (Fn. 34), S. 152 ff.; *Villiger*, Handbuch (Fn. 37), Rn. 417.

46 Vgl. *A. Weber*, DRiZ 2012, 16 (16 f.); *P. Rädler*, Independence and Impartiality of Judges, in: D. Weissbrodt/R. Wolfrum (Hrsg.), The Right to a Fair Trial, 1998, S. 727 ff. (735 u. ö.).

47 *V.C. Jackson*, Judicial Independence: Structure, Context, Attitude, in: A. Seibert-Fohr (ed.), Judicial Independence in Transition, 2012, S. 19 ff.

48 Vgl. *J. Zätzsch*, Richterliche Unabhängigkeit und Richterauswahl in den USA und Deutschland, 2000, S. 82 ff., 108 ff. (relativierend); *U. Kayser*, Die Auswahl der Richter in der englischen und amerikanischen Rechtspraxis, 1969, S. 147 ff., 159 ff., 221 ff., 229 ff.; *K. Zweigert*, Zum richterlichen Charisma in einer ethisierten Rechtsordnung, in: FS Carlo Schmid, 1962, S. 299 ff.; s. auch *C. Pitchers/M. Bohlander*, AnwBl. 1998, 626 (626 f.).

49 *P. Kastari*, Der Staat 11 (1972), 331 (338 ff.).

50 S. näher *D. Blumenwitz*, Einführung in das anglo-amerikanische Recht, 7. Aufl. 2003, S. 38 ff., 58 ff.

51 S. zum folgenden Text näher *G. und J. Schmidt-Räntsch*, Deutsches Richtergesetz, 6. Aufl. 2009, Einl. Rn. 42 ff.; *G. Oberto*, ZRP 2004, 207 ff.; *W. Durner*, EuR 2004, 547 (563 ff.); Länderberichte über 20 OSZE-Staaten, in: Seibert-Fohr (Hrsg.), Independence (Fn. 47); zu den unterschiedlichen Autonomiestrukturen der Justizsysteme in den Niederlanden, Italien, Polen und Schweiz der Bericht der deutschen Bund-Länder-Kommission »Judicial System«, KritV 97 (2014), 337 ff.; ausf. *M. Jeschke*, Justizielle Autonomie in Europa, 2016, S. 19 ff.; weltweit vergleichend *Rädler*, Independence (Fn. 46), S. 734 ff.

52 *J. Gundel*, HGR VI/1, § 146 Rn. 96 ff.; *W. Durner*, EuR 39 (2004), 547 (566 bzw. 567).

53 S. näher *Brexl*, Rechtsstellung (Fn. 2), S. 47 ff.

54 S. näher *M. Minkner*, Die Gerichtsverwaltung in Deutschland und Italien, 2015, S. 509 ff.

55 Vgl. näher *J. Kropiung*, Richterbestellung und richterliche Unabhängigkeit in Österreich, in: R. Frank (Hrsg.), Unabhängigkeit und Bindungen des Richters, 1990, S. 31 ff.

56 *Schmidt-Räntsch* (Fn. 51), Einl. Rn. 59; s. näher *Kiener*, Unabhängigkeit (Fn. 35), S. 18 ff.; *K. Eichenberger*, Sonderheiten und Schwierigkeiten der richterlichen Unabhängigkeit in der Schweiz, in:

von 1999[57]) oder nicht in positivierter Fassung existiert wie in England[58]. Gerade in ehemals sozialistischen Staaten des Übergangs zu gewaltenteiligen Demokratien und neuen Mitgliedstaaten der EU gewinnt die richterliche Unabhängigkeit eine Schlüsselrolle[59]. Sachlich und persönlich unabhängig sind auch die Richter in Japan[60]. Die finnische Praxis, Richter der ersten Instanz besser zu bezahlen als in der zweiten oder dritten Instanz[61], lässt sich auch als Beitrag zur Förderung der Unabhängigkeit von der (faktischen) Bindung durch Präjudizien interpretieren.

Auch auf der Ebene der **Länderverfassungen** wird ausnahmslos die Unabhängigkeit der Richter gewährleistet (Art. 25 III 2, 65 II, 66 Verf. Baden-Württemberg; Art. 85 Verf. Bayern; Art. 2 IV 3, 108 Verf. Brandenburg; Art. 137 Verf. Bremen; Art. 126 III, 128 Verf. Hessen; Art. 76 I 2 Verf. Mecklenburg-Vorpommern; Art. 51 IV Verf. Niedersachsen; Art. 3 III Verf. Nordrhein-Westfalen; Art. 121 Verf. Rheinland-Pfalz; Art. 110, 111 Verf. Saarland; Art. 3 II 3, 77 II, 79 I Verf. Sachsen; Art. 83 II Verf. Sachsen-Anhalt; Art. 43 I 2 Verf. Schleswig-Holstein; Art. 86 II Verf. Thüringen) oder aber – mitunter zusätzlich (Art. 47 III Verf. Thüringen) – die Unabhängigkeit der »Gerichte« (Art. 79 I Verf. Berlin; Art. 135 I Verf. Bremen; Art. 62 S. 1 Verf. Hamburg; Art. 2 III Verf. Schleswig-Holstein). Verschiedene Landesverfassungen enthalten auch dem Art. 97 II GG entsprechende Normen (Art. 66 I Verf. Baden-Württemberg; Art. 87 I Verf. Bayern; Art. 137 I Verf. Bremen; Art. 128 Verf. Hessen; Art. 122 II Verf. Rheinland-Pfalz; Art. 111 S. 2–4 Verf. Saarland; Art. 79 I Verf. Sachsen). 13

C. Erläuterungen

I. Allgemeine Bedeutung

Art. 97 GG gewährleistet mit der **Unabhängigkeit der Richter** einen, wenn nicht den zentralen Baustein in der Architektur des Rechtsstaates: Es gibt keinen Rechtsstaat ohne eine rechtsprechende Gewalt durch unbeteiligte Dritte als Richter (Neutralität der Rechtsprechung: → Art. 92 Rn. 26), und es gibt keine rechtsstaatliche Justiz ohne die Unabhängigkeit dieser Richter von Einflussnahmen Dritter auf die Streitentscheidung – bei gleichzeitiger Bindung nur an das Gesetz[62]. Insofern ist die richterliche 14

Frank, Unabhängigkeit (Fn. 55), S. 57ff.; *R. Frank*, Gerichtswesen und Prozessverlauf z. B. im Kanton Zürich, 1980, S. 22ff.; zu den Dimensionen richterlicher Unabhängigkeit allg. *K. Eichenberger*, Die richterliche Unabhängigkeit als staatsrechtliches Problem, 1960, S. 43ff.

[57] Ebenso die neueren Verfassungsentwürfe, z. B. der der Bundesversammlung von 1996, zit. in: JöR 47 (1999), 372 (394); anders auf Kantonsebene aber z. B. Art. 97 Kantonsverfassung Bern (1993), ebd. S. 224.

[58] *Schmidt-Räntsch* (Fn. 51), Einl. Rn. 72; *Rädler*, Independence (Fn. 46), S. 730; ausf. *K. Bohn*, Der gesetzliche Richter als rechtsstaatstragendes Prinzip in europäischen Staaten, 2011, S. 139ff.; *Kayser*, Auswahl (Fn. 48), S. 134ff.

[59] Ausf. *A. Seibert-Fohr*, Judicial Independence – The Normativity oft an Evolving Transnational Principle, in: dies., Independence (Fn. 47), S. 1279 (1281ff., 1291ff.); s. auch *Müller*, Unabhängigkeit (Fn. 34), S. 156ff.

[60] *Schmidt-Räntsch* (Fn. 51), Einl. Rn. 81.

[61] *O. Brusiin*, Über die Objektivität der Rechtsprechung, 1949, S. 37; s. auch *Simon*, Unabhängigkeit (Fn. 7), S. 36.

[62] *H.-J. Papier*, HGR V, § 130 Rn. 1; s. auch *E. Schmidt-Jortzig*, NJW 1991, 2377 (2380); zu den Grenzen *J. Limbach*, »Im Namen des Volkes«, 1999, S. 96ff.; zu dieser Gesetzesbindung → Art. 20 (Rechtsstaat), Rn. 81ff., 92ff.

Unabhängigkeit Ausdruck der Gewaltenteilung (Art. 20 II 2 GG)[63] und zentrales Charakteristikum richterlicher Tätigkeit[64] (gerade auch im Vergleich zur Weisungsabhängigkeit von Beamten, §§ 3 II 2, 55 BBG, 37 S. 2 BRRG[65]). Art. 97 I GG ist eine partielle Konkretisierung der Grundentscheidung des Art. 92 GG, namentlich der Neutralität der Rechtsprechung[66] (→ Art. 92 Rn. 26), in personaler Hinsicht[67], und sie ist elementare Voraussetzung für die Gewährung effektiven Rechtsschutzes i. S. des Art. 19 IV GG[68] bzw. des allgemeinen Justizgewähranspruchs[69] (→ Art. 20 [Rechtsstaat], Rn. 211). Die Unabhängigkeit der Gerichte wird daher auch in Art. 20 II, III und 92 GG gewährleistet[70].

15 Art. 97 GG richtet sich **gegen alle Versuche der Staatsgewalten** (insbesondere Exekutive und Parlament), direkt oder indirekt auf die Entscheidungen konkreter Fälle Einfluss zu nehmen oder eine solche Einflussnahme zu ermöglichen[71], oder aber mehr als unvermeidbar die Rechtsstellung der Richter zu beeinflussen[72]. Er gewährleistet Unabhängigkeit i. S. von Weisungsfreiheit, Handlungsfreiheit und Erkenntnisfreiheit jedes einzelnen Richters[73], ohne dass den Richtern dadurch »Standesprivilegien« eingeräumt werden sollen (→ Rn. 33 ff., 56 f.).

16 Art. 97 GG will jeden einzelnen Richter in seiner individuellen Unabhängigkeit und Selbständigkeit schützen[74], gewährt aber kein mit der Verfassungsbeschwerde rügefähiges Grundrecht oder grundrechtsgleiches Recht[75]. Die richterliche Unabhängigkeit ist aber **Teil der hergebrachten Grundsätze des richterlichen Amtsrechts** und damit auch des Berufsbeamtentums i. S. von Art. 33 V GG[76] (→ Art. 33 Rn. 172), die ihrer-

---

[63] *S. Detterbeck*, in: Sachs, GG, Art. 97 Rn. 1; *E. Schilken*, JZ 2006, 860 (860 f.); *Hillgruber* (Fn. 1), Art. 97 Rn. 28; ausf. *A. Rieger*, Verfassungsrechtliche Legitimationsgrundlagen richterlicher Unabhängigkeit, 2011, S. 44 ff., 112 ff.; *Eichenberger*, Unabhängigkeit (Fn. 56), S. 64 ff.; → Art. 20 (Rechtsstaat), Rn. 67 ff.

[64] Vgl. BVerfGE 87, 68 (85); *W. Meyer*, in: v. Münch/Kunig, GG II, Art. 97 Rn. 1; *Schütz*, Richter (Fn. 30), S. 177 ff.

[65] *H. Sodan*, HStR^3 V, § 113 Rn. 19; *Detterbeck* (Fn. 63), Art. 97 Rn. 2; *Wassermann* (Fn. 7), Art. 97 Rn. 18.

[66] *Meyer* (Fn. 64), Art. 97 Rn. 1; *Bernsdorff* (Fn. 30), Art. 97 Rn. 10; *Stern*, Staatsrecht II, S. 907 f.

[67] Jarass/*Pieroth*, GG, Art. 97 Rn. 1; *G. Barbey*, HStR III, § 74 Rn. 27 ff.; *M. Wolf*, Gerichtsverfassungsrecht aller Verfahrenszweige, 6. Aufl. 1987, S. 152.

[68] *Detterbeck* (Fn. 63), Art. 97 Rn. 1; *Rieger*, Legitimationsgrundlagen (Fn. 63), S. 108 ff.; *H.-J. Papier*, NJW 1990, 8 (9 f.). → Art. 19 IV Rn. 40, 48, 53 ff.

[69] Jarass/*Pieroth*, GG, Art. 97 Rn. 1; *A. Heusch*, in: Schmidt-Bleibtreu/Hofmann/Henneke, GG, Art. 97 Rn. 2 f.; *H.-J. Papier*, HGR V, § 130 Rn. 2 f.; *D. Leuze*, in: Friauf/Höfling, GG, Art. 97 (2012), Rn. 4.

[70] So BVerfGE 60, 263 (296).

[71] *Detterbeck* (Fn. 63), Art. 97 Rn. 2, 14; *Wolf*, Gerichtsverfassungsrecht (Fn. 67), S. 187.

[72] BVerfGE 12, 81 (88); 26, 79 (93, 96); 38, 1 (21); *Detterbeck* (Fn. 63), Art. 97 Rn. 5; *Meyer* (Fn. 64), Art. 97 Rn. 4, 6.

[73] *Meyer* (Fn. 64), Art. 97 Rn. 15; differenzierend zu den Dimensionen *Baer*, Unabhängigkeit (Fn. 28), S. 29 ff.; *Eichenberger*, Unabhängigkeit (Fn. 56), S. 43 ff.

[74] *Meyer* (Fn. 64), Art. 97 Rn. 13 f.; *Eichenberger*, Unabhängigkeit (Fn. 56), S. 45 f.; anders *Reinhardt*, Jurisdiktion (Fn. 7), S. 114 ff.

[75] BVerfGE 27, 211 (217); 48, 246 (263); 107, 257 (274, Rn. 59); BVerwGE 78, 216 (220 f.); *H. Sodan*, HStR^3 V, § 113 Rn. 20; *C.D. Classen*, in: v. Mangoldt/Klein/Starck, GG III, Art. 97 Rn. 2; *Detterbeck* (Fn. 63), Art. 97 Rn. 7, 30; *Meyer* (Fn. 64), Art. 97 Rn. 17, 38; a.A. *Limbach*, Im Namen (Fn. 62), S. 92; *K. Krützmann*, DRiZ 1985, 201 (202); *Eichenberger*, Unabhängigkeit (Fn. 56), S. 276.

[76] BVerfGE 12, 81 (88); 55, 372 (391 f.); 139, 64 (121 f., Rn. 120); BVerfGK 8, 392 (399); BVerfG (K), NJW 2016, 3711 (3712); VerfGH Saarland NJW 1986, 916 f.; BGH NJW 2005, 905 (906); Jarass/*Pieroth*, GG, Art. 97 Rn. 1; *Detterbeck* (Fn. 63), Art. 97 Rn. 7; *H. Lecheler*, HStR III, § 72 Rn. 60; ausf.

seits grundrechtsgleiche Rechte für den einzelnen Richter gewähren: Deren Verletzung kann durch Verfassungsbeschwerde geltend gemacht werden (Art. 93 I Nr. 4a GG)[77]. Insoweit gewährt Art. 97 GG mittelbar auch **subjektive öffentliche Rechte**[78]. Überdies kann eine Verletzung des Art. 3 I GG infolge der Geschäftsverteilung gerügt und damit eine Überprüfung am Maßstab von Art. 97 II GG erreicht werden[79].

Art. 97 GG formuliert **unmittelbar geltendes objektives Recht**[80] und enthält eine 17
objektive Wertentscheidung des Grundgesetzes über den rechtlichen Status der Richter und Gerichte. Er formuliert ein funktionales Privileg zum Schutze der Funktionsfähigkeit der Rechtspflege[81]. Insoweit lässt sich Art. 97 GG eine objektivrechtliche Verpflichtung für den parlamentarischen Gesetzgeber entnehmen, entsprechende gesetzliche Vorkehrungen für eine möglichst effektive Entfaltung der richterlichen Unabhängigkeit zu treffen[82]: Richterliche Unabhängigkeit ist auf gesetzliche Ausgestaltung i. S. »positiver Ordnung« und auf deren Optimierung angewiesen[83] (→ Art. 92 Rn. 59 ff.).

Art. 97 GG unterscheidet zwischen sachlicher (Art. 97 I GG) und persönlicher Un- 18
abhängigkeit (Art. 97 II GG) der Richter. Das Gebot sachlicher Unabhängigkeit gilt für alle Richter im weiten Sinne, also sämtliche Personen, die Rechtsprechung ausüben[84] oder denen richterliche Aufgaben der Rechtspflege fürsorgerischen Charakters übertragen worden sind (→ Art. 92 Rn. 43 ff.)[85]: Der **Begriff des Richters** i. S. von Art. 97 I GG ist insoweit identisch mit dem Begriff des Richters i. S. von Art. 92 GG[86] (→ Art. 92 Rn. 53 ff.). Demgegenüber gilt Art. 97 II GG und damit die Garantie der persönlichen Unabhängigkeit enger und speziell nur für die hauptamtlich und planmäßig endgültig angestellten Richter (→ Rn. 48 ff.).

K.A. Bettermann, Der Richter als Staatsdiener (1967), in: G. Roellecke (Hrsg.), Zur Problematik der höchstrichterlichen Entscheidung, 1982, S. 281 ff. (290 ff.).

[77] BVerfGE 12, 81 (88); 55, 372 (383, 391 f.); BVerfG (K), NJW 2016, 3711 (3712); BGH DVBl. 2005, 310 (312); *Detterbeck* (Fn. 63), Art. 97 Rn. 7; *Meyer* (Fn. 64), Art. 97 Rn. 9; *Leuze* (Fn. 69), Art. 97 Rn. 17; ausf. *Schütz*, Richter (Fn. 30), S. 221 ff.

[78] *Detterbeck* (Fn. 63), Art. 97 Rn. 7; *Meyer* (Fn. 64), Art. 97 Rn. 38.

[79] So BVerfGE 17, 252 (258 ff.); *Meyer* (Fn. 64), Art. 97 Rn. 38.

[80] *Detterbeck* (Fn. 63), Art. 97 Rn. 18; *Heusch* (Fn. 69), Art. 97 Rn. 4..

[81] *W. Hoffmann-Riem*, DRiZ 2000, 18 (19); *ders.*, AnwBl. 1999, 2 (3); gleichsinnig *Wittreck*, Verwaltung (Fn. 35), S. 193 ff.; *Classen* (Fn. 75), Art. 97 Rn. 6; *U. Berlit*, Richterliche Unabhängigkeit und Organisation effektiven Rechtsschutzes im »ökonomisierten« Staat, in: H. Schulze-Fielitz/C. Schütz (Hrsg.), Justiz und Justizverwaltung zwischen Ökonomisierungsdruck und Unabhängigkeit, 2002, S. 135 ff. (149 ff.); *ders.*, KritJ 32 (1999), 58 (60); BVerwGE 78, 216 (220); a.A. *Meyer* (Fn. 64), Art. 97 Rn. 3.

[82] *Detterbeck* (Fn. 63), Art. 97 Rn. 2; *Meyer* (Fn. 64), Art. 97 Rn. 4; *Wassermann* (Fn. 7), Art. 97 Rn. 20; *K. Krützmann*, DRiZ 1985, 201 ff.; ausf. *Schütz*, Richter (Fn. 30), S. 264 ff.

[83] *W. Hoffmann-Riem*, DRiZ 2000, 18 (19 f.; 20); ausf. *G.F. Schuppert*, Optimierung von Gerichtsorganisation und Arbeitsabläufen: Herausforderung für die richterliche Unabhängigkeit, in: W. Hoffmann-Riem (Hrsg.), Reform der Justizverwaltung, 1998, S. 215 ff. (225 ff.).

[84] BVerfGE 26, 186 (201); BAGE 40, 75 (85); *Classen* (Fn. 75), Art. 97 Rn. 3; Jarass/*Pieroth*, GG, Art. 97 Rn. 2; *Meyer* (Fn. 64), Art. 97 Rn. 13.

[85] *Detterbeck* (Fn. 63), Art. 97 Rn. 11a; *Classen* (Fn. 75), Art. 97 Rn. 3, 25; *Meyer* (Fn. 64), Art. 97 Rn. 5.

[86] *Detterbeck* (Fn. 63), Art. 97 Rn. 8; *Hillgruber* (Fn. 1), Art. 97 Rn. 20.

II. Die sachliche Unabhängigkeit der Richter (Art. 97 I GG)

19 Die Garantie der sachlichen Unabhängigkeit für alle Richter (→ Rn. 18) in Art. 97 I GG bedeutet **Unabhängigkeit von Weisungen**[87]; Weisungen an die Richter zwecks Einflussnahme auf die Entscheidungstätigkeit können den Richter nicht nur nicht binden[88], sondern sind per se unzulässig. Dabei sind nicht nur alle Formen der Weisung verfassungswidrig, die auf den Ausgang eines konkreten Verfahrens unmittelbar Einfluss nehmen wollen, sondern auch solche Maßnahmen, die im Vorfeld einer absehbaren Entscheidung indirekt oder mittelbar Einfluss auf den Verfahrensausgang zu nehmen suchen, obwohl sie scheinbar abstrakt, ohne Ansehung des Einzelfalls, ansetzen[89], ferner bloße »Anregungen«, kurz: **jede vermeidbare Einflussnahme**[90]. Deshalb gehört zur sachlichen Unabhängigkeit auch eine weitgehende Freiheit von strafrechtlicher, zivilrechtlicher und dienstrechtlicher Verantwortung für die richterliche Tätigkeit[91]. Im übrigen richtet sich das Prinzip der Unabhängigkeit gegen alle Staatsorgane; insoweit stellen sich zahlreiche Abgrenzungsprobleme im Einzelfall (→ Rn. 21ff., 26ff., 41ff.). Unabhängigkeit meint nicht, dass Richter stets ungeachtet objektiver und subjektiver Einflussfaktoren entscheiden könnten[92].

20 Der Richter hat im Falle einer evident unzulässigen Einflussnahme durch fachliche Weisungen eine **Dienstpflicht zur Gegenwehr**[93], um präventiv Gefährdungen der richterlichen Unabhängigkeit im Keime abzuwehren und auch nur den Schein der Parteilichkeit oder gar Rechtsbeugung zu zerstören.

1. Unabhängigkeit von der Legislative

21 Art. 97 I GG soll auch **der Legislative gegenüber** Unabhängigkeit gewähren[94], doch kann das wegen der **Bindung des Richters an Gesetz** und Recht (Art. 97 I, insoweit sachlich identisch Art. 20 III GG: → Art. 20 [Rechtsstaat], Rn. 103ff.)[95] nur auf eine sehr spezifische Weise gelten: Zwischen richterlicher Unabhängigkeit und (parlamentarischer) Gesetzgebung besteht kein »Spannungsverhältnis«[96], sondern die richterliche Unabhängigkeit dient gerade der möglichst neutralen Realisierung der Gesetzes-

---

[87] BVerfGE 3, 214 (224); 87, 68 (85); *Heusch* (Fn. 69), Art. 97 Rn. 6; *Wittreck*, Verwaltung (Fn. 35), S. 177f.; *K.J. Grigoleit*, Bundesverfassungsgericht und deutsche Frage, 2004, S. 33ff.; *G. Barbey*, HStR III, § 74 Rn. 31; *Wolf*, Gerichtsverfassungsrecht (Fn. 67), S. 189.

[88] *Detterbeck* (Fn. 63), Art. 97 Rn. 11.

[89] *K. Fuchs*, Verfassungsmäßigkeit und Umsetzbarkeit von Modellen für eine selbstverwaltete Justiz in Deutschland, 2013, S. 94ff.; *Meyer* (Fn. 64), Art. 97 Rn. 4; *E. Schilken*, JZ 2006, 860 (863f.); *W. Heyde*, Rechtsprechung, in: HdbVerfR, § 33 Rn. 79.

[90] BVerfGE 12, 81 (88); 26, 79 (93, 96); 38, 1 (21); *Classen* (Fn. 75), Art. 97 Rn. 17; *Leuze* (Fn. 69), Art. 97 Rn. 12.

[91] *Reich*, GG, Art. 97 Rn. 1; *W. Schaffer*, BayVBl. 1991, 641 (645f.); *Heyde* (Fn. 89), § 33 Rn. 82.

[92] *K. Bilda*, JR 2001, 89 (90ff.).

[93] So *Meyer* (Fn. 64), Art. 97 Rn. 8, 17; *Bernsdorff* (Fn. 30), Art. 97 Rn. 15.

[94] Vgl. BVerfGE 12, 67 (71); 38, 1 (21); *Heyde* (Fn. 89), § 33 Rn. 79; ausf. *Kissel/Mayer* (Fn. 2), § 1 Rn. 101ff.

[95] S. näher auch *P. Hilbert*, JZ 2013, 130ff.; *Heusch* (Fn. 69), Art. 97 Rn. 35ff.; *Classen* (Fn. 75), Art. 97 Rn. 10ff.; *Hillgruber* (Fn. 1), Art. 97 Rn. 35ff.; *H.-J. Papier*, HGR V, § 130 Rn. 26; *U. Di Fabio*, HStR³ II, § 27 Rn. 26; *Reinhardt*, Jurisdiktion (Fn. 7), S. 129ff.; *Meyer* (Fn. 64), Art. 97 Rn. 20ff., 34f. u.ö.; *M. Schröder*, Gesetzesbindung des Richters und Rechtsweggarantie im Mehrebenensystem, 2010, S. 60ff.; *C.W. Hergenröder*, Zivilprozessuale Grundlagen richterlicher Rechtsfortbildung, 1995, S. 174f.; *Wassermann* (Fn. 7), Art. 97 Rn. 53ff.; *G. Barbey*, HStR III, § 74 Rn. 32ff.

[96] So aber *M.-C. Schinkel*, Bindung an das Gesetz und richterliche Unabhängigkeit – ein Spannungsfeld?, in: FS Remmers, 1995, S. 297ff. (301); s. auch BVerfGE 49, 304 (318).

bindung[97]. Der Richter soll feststellen, was nach geltendem Recht richtig ist[98], auch wenn dieses unterbestimmt, unklar oder lückenhaft ist[99]. Er soll nach Maßgabe allein von Rechtssätzen entscheiden und seine Entscheidungen durch eine methodisch abgeleitete rationale Argumentation begründen; er ist insoweit an die materielle Rechtslage, an die formellen Verfahrensrechtsordnungen (und ihre Rechtsbehelfe[100]), an die anerkannten Auslegungsmethoden, aber auch an die informellen und institutionellen Strukturen der Justiz[101] und an das Haushaltsrecht gebunden[102] und darf sich nicht von eigenen Interessen leiten lassen[103] (→ Rn. 47) oder sich zum Gesetzgeber erheben[104]. Die Bindung an das Gesetz kann folglich nicht etwa als »Ausnahme« von der sachlichen Unabhängigkeit angesehen werden[105], sondern ist Ausdruck der sachlichen demokratischen Legitimation des Richters[106].

Der parlamentarische **Gesetzgeber** hat es in der Hand, durch entsprechende gesetzliche Regelung z. B. die Voraussetzungen einer Berufung (etwa Wahl und Wiederwahl von Verfassungsrichtern[107]) zu regeln oder **Bindungen** der Richter an andere richterliche Entscheidungen (Tatbestandswirkungen[108]) oder an Verwaltungsentscheidungen zu **normieren**, etwa auch Beweis- und Verwertungsverbote[109]; das gilt auch für Verfahrensbindungen an Entscheidungen der Europäischen Kommission[110]. Vor allem entscheidet der Gesetzgeber auch durch die Art seiner Gesetzesgestaltung, in welchem Ausmaß den Gerichten richterliche Rechtsfortbildung aufgegeben ist[111], der sich zu entziehen schon das Rechtsverweigerungsverbot ausschließt (→ Art. 92 Rn. 41). 22

---

[97] Vgl. etwa BVerfGE 36, 174 (185); *H. Sodan*, HStR³ V, § 113 Rn. 34f.; *Classen* (Fn. 75), Art. 97 Rn. 5ff.; *Detterbeck* (Fn. 63), Art. 97 Rn. 12; *Heusch* (Fn. 69), Art. 97 Rn. 27, 35; *Hillgruber* (Fn. 1), Art. 97 Rn. 25f.; *Leuze* (Fn. 69), Art. 97 Rn. 5, 13; *Reinhardt*, Jurisdiktion (Fn. 7), S. 107ff.; *Heyde* (Fn. 89), § 33 Rn. 92; *Wassermann* (Fn. 7), Art. 97 Rn. 43. → Art. 20 (Demokratie), Rn. 140.

[98] BVerfGE 7, 183 (188f.); 82, 6 (12f.); *Meyer* (Fn. 64), Art. 97 Rn. 21, 24; *K.A. Bettermann*, HStR III, § 73 Rn. 39f.

[99] Vgl. *Classen* (Fn. 75), Art. 97 Rn. 13ff.; *H. Hofmann*, Das Recht des Rechts, das Recht der Herrschaft und die Einheit der Verfassung, 1998, S. 27ff.; s. auch *H. Heubel*, Der »fair trial« – ein Grundsatz des Strafverfahrens?, 1981, S. 76ff.

[100] Zur Beschleunigungsrüge *C. Steinbeiß-Winkelmann*, ZRP 2007, 177 (180); *J.P. Terhechte*, DVBl. 2007, 1134 (1141f.); krit. *I. Augsberg*, KritV 89 (2007), 236 (248ff.).

[101] S. zuletzt *W. Hoffmann-Riem*, Richterliche Unabhängigkeit in Zeiten struktureller Veränderungen der Justiz, in: FS Scholz, 2007, S. 499ff. (506); s. auch *H.-J. Strauch*, ThürVBl. 2003, 1 (5ff.).

[102] *W. Hoffmann-Riem*, DRiZ 2000, 18 (19).

[103] *Classen* (Fn. 75), Art. 97 Rn. 6; s. auch *W. Schmidt-Bens*, Jura 2013, 1030 (1037).

[104] BVerfGE 82, 6 (12); 132, 99 (127f., Rn. 75); ausf. *Meyer* (Fn. 64), Art. 97 Rn. 21ff.; dazu auch *Grigoleit*, Bundesverfassungsgericht (Fn. 87), S. 44ff.

[105] Vgl. BVerfGE 111, 307 (325, Rn. 53); *K. Rennert*, JZ 2015, 529 (531); *Reich*, GG, Art. 97 Rn. 1; *Detterbeck* (Fn. 63), Art. 97 Rn. 11; *Wassermann* (Fn. 7), Art. 97 Rn. 43.

[106] *Classen* (Fn. 75), Art. 97 Rn. 5; *ders.*, JZ 2003, 693 (695); *C. Sennekamp*, NVwZ 2010, 213 (215f.); *Hillgruber* (Fn. 1), Art. 97 Rn. 22, 27, 29f.; ausf. *Minkner*, Gerichtsverwaltung (Fn. 54), S. 48ff., 144ff., 154ff.; *A. Tschentscher*, Demokratische Legitimation der dritten Gewalt, 2006, S. 182f., 224ff., u. ö.; *A. Voßkuhle/G. Sydow*, JZ 2002, 673 (678ff.).

[107] BVerfG (K), NVwZ 1999, 638 (639f.).

[108] BGHZ 95, 212 (218); *Hillgruber* (Fn. 1), Art. 97 Rn. 47.

[109] BVerfGE 36, 174 (185).

[110] S. am Beispiel des Art. 16 der VO 1/2003 (ABl.EG L 1/1) *Classen* (Fn. 75), Art. 97 Rn. 34; *W. Durner*, EuR 39 (2004), 547 (569ff.); z. T. krit. *Hillgruber* (Fn. 1), Art. 97 Rn. 114ff.

[111] Vgl. *Meyer* (Fn. 64), Art. 97 Rn. 32ff.; *Hillgruber* (Fn. 1), Art. 97 Rn. 44ff.; *W. Durner*, JA 2008, 7 (10); *Classen* (Fn. 75), Art. 97 Rn. 13; ausf. *Tschentscher*, Legitimation (Fn. 106), S. 190ff. → Art. 92 Rn. 40f. → Art. 20 (Rechtsstaat), Rn. 101ff.

Gesetze müssen zur Erfüllung ihrer Ordnungsleistung in gewissem Ausmaß unbestimmt-abstrakt sein[112].

23 Die spezifische Unabhängigkeit der Richter gegenüber der Legislative kommt schon darin zum Ausdruck, dass die Normsetzung des Gesetzgebers ihrerseits einem richterlichen Prüfungsrecht unterliegt[113]; vor allem aber darf der Gesetzgeber keinen unmittelbaren Einfluss auf die Entscheidungen **im konkreten** laufenden **Verfahren** durch Einzelfallgesetze nehmen[114]. Wohl aber darf er durch Änderungen der abstrakt-generellen Gesetzeslage alle Fallkonstellationen dieses Typs einer anderen, eine fragwürdige Rechtsprechung konterkarierenden Lösung zuführen[115] – ggf. auch rückwirkend, soweit das mit dem rechtsstaatlichen Rückwirkungsverbot vereinbar ist (→ Art. 20 [Rechtsstaat], Rn. 151 ff.)[116].

24 Der (Haushalts-)Gesetzgeber hat auch für eine hinreichende materielle und personelle Ausstattung der Gerichte zu sorgen[117]. Die Richter sind dabei an die haushaltsgesetzlichen Mittelzuweisungen gebunden; eine etwaige **Unterausstattung** beeinträchtigt nicht die sachliche Unabhängigkeit, im Rahmen des Möglichen zu judizieren[118]. In »Extremfällen« der Unterausstattung soll aber ein Verstoß gegen die hergebrachten Grundsätze des richterlichen Amtsrechts (Art. 33 V GG) vorliegen können, zu denen die Gewährleistung »zumutbarer« Arbeitsbedingungen gehört[119]. Nicht der Rechtsschutz (→ Art. 92 Rn. 61), aber die Maßstäbe der (Un-)Zumutbarkeit werden wesentlich auch durch den Vorbehalt des haushaltsrechtlich Möglichen bestimmt[120], über das zu entscheiden unter demokratischen Bedingungen der Haushaltsgesetzgeber die Vorhand hat[121].

25 Erst recht sind **Maßnahmen informeller Art** oder schlichte Parlamentsbeschlüsse unzulässig, die die Richter in einem Verfahren i. S. eines bestimmten Entscheidungsinhalts unter Druck zu setzen suchen[122]. Praktisch hat diese sehr eingeschränkte Konfliktkonstellation noch keine Rolle gespielt[123]. Wohl aber ist Urteilsschelte aus dem parlamentarischen Raum zulässig, soweit ihre Art und Weise (etwa durch Personali-

---

112 *G. Barbey*, HStR III, § 74 Rn. 36.

113 Vgl. *D. Wilke*, HStR³ V, § 112 Rn. 29; *Leuze* (Fn. 69), Art. 97 Rn. 5; *K.A. Bettermann*, HStR III, § 73 Rn. 13.

114 *H. Sodan*, HStR³ V, § 113 Rn. 24, 35; *Detterbeck* (Fn. 63), Art. 97 Rn. 12; *Wittreck*, Verwaltung (Fn. 35), S. 188 f.; s. schon *R. Thoma*, Grundbegriffe und Grundsätze, in: HdbDStR II, S. 108 ff. (149).

115 *Classen* (Fn. 75), Art. 97 Rn. 8, 16; *Hillgruber* (Fn. 1), Art. 97 Rn. 87; *T. Siegel*, DÖV 2010, 1 (10 f.); *Reinhardt*, Jurisdiktion (Fn. 7), S. 110 f.; s. aber auch *G. Crezelius*, Rechtsprechungsüberholende Gesetzgebung und gesetzesüberholende Rechtsprechung, in: FS Felix, 1989, S. 37 ff.

116 Vgl. BVerfGE 18, 429 (439); *Kissel/Mayer* (Fn. 2), § 1 Rn. 101; a.A. *Kiener*, Unabhängigkeit (Fn. 35), S. 245.

117 BVerfGK 20, 33 (36); *F. Wittreck*, Dritte Gewalt im Wandel – Veränderte Anforderungen an Legitimität und Effektivität?, VVDStRL 74 (2015), S. 115 ff. (141 ff.).

118 *Detterbeck* (Fn. 63), Art. 97 Rn. 12; *Heusch* (Fn. 69), Art. 97 Rn. 28; *C. Schütz*, ThürVBl. 2006, 81 (85); *Berlit*, Unabhängigkeit (Fn. 81), S. 148; a.A. *Kissel/Mayer* (Fn. 2), § 1 Rn. 104; *T. Schulte-Kellinghaus*, ZRP 2006, 169 ff.

119 So *Detterbeck* (Fn. 63), Art. 97 Rn. 12.

120 Vgl. BVerfGE 33, 303 (333) am Beispiel grundrechtlicher Leistungsansprüche; anders akzentuierend *R. Gaier*, Der Vorbehalt des Möglichen als Gebot richterlicher Selbstbeschränkung, in: FS Bryde, 2013, S. 367 ff. (375 ff.); *G. Roellecke*, Der Lebensbedarf der Justiz und seine Bemessung, in: Schulze-Fielitz/Schütz, Justiz (Fn. 81), S. 123 ff. (129 f.).

121 *F. Wittreck*, Betr. Justiz 2014, 67 (70 f., 75).

122 BayVerfGH BayVBl. 2015, 154 (159); *Detterbeck* (Fn. 63), Art. 97 Rn. 12; *Heusch* (Fn. 69), Art. 97 Rn. 27; *Hillgruber* (Fn. 1), Art. 97 Rn. 92; *Holtkotten* (Fn. 30), Art. 97 Anm. II.1.b).

123 Vgl. Jarass/*Pieroth*, GG, Art. 97 Rn. 8; s. aber auch BGHSt 25, 24 (29).

sierung) nicht Grenzen aus dem Interorganrespekt[124], dem Gewaltenteilungsprinzip[125], beim Bundesverfassungsgericht die Grenze der Verfassungsorgantreue überschreitet[126].

2. Unabhängigkeit von der Exekutive

a) Verbot der Einflussnahme auf die rechtsprechende Tätigkeit

26 Historisch am konfliktträchtigsten waren Versuche der **Einflussnahme** auf die richterliche Entscheidungsfindung **durch die Exekutive**(→ Rn. 2f.): Es ist deshalb unumstritten, dass die Garantie der sachlichen Unabhängigkeit in Art. 97 I GG grundsätzlich jede Form der Einflussnahme der Exekutive auf die Art und Weise der **Ausübung der rechtsprechenden Tätigkeit** untersagt[127], ob sie nun durch Einzelweisungen[128], Verwaltungsvorschriften[129] oder sonstige Formen der Einflussnahme[130] erfolgen mag, etwa auch durch organisationsrechtliche Verknüpfungen[131]. Dieses Verbot der Einflussnahme gilt gleichermaßen für nicht rechtsprechende richterliche Tätigkeiten, die der Gesetzgeber Richtern gerade im Blick auf ihre Unabhängigkeit aufgegeben hat[132], z. B. Angelegenheiten der freiwilligen Gerichtsbarkeit oder Entscheidungen über die Geschäftsverteilung[133] (→ Art. 92 Rn. 44ff., 48).

27 Nicht ausgeschlossen sind dadurch **rechtliche Vorgaben der Exekutive** in Form von administrativen Normsetzungsakten (wie z. B. Rechtsverordnungen als materielle Gesetze) oder durch gesetzliche Bindung der Gerichte an präjudizielle rechtswidrige, aber wirksame Verwaltungsakte[134], denn insoweit wird nicht die Art und Weise der Ausübung der Rechtsprechung, sondern das für die Rechtsprechung maßgebliche Recht beeinflusst, das der Richter seiner Beurteilung zugrundezulegen hat.

28 Nicht ausgeschlossen ist auch die **Ressortierung der** herkömmlichen **Aufgaben eines Justizministeriums** im Organisationsrahmen eines anderen Ministeriums oder des Regierungschefs (→ Art. 92 Rn. 22, 61). Die verfassungsrechtlichen Einwände gegen den Versuch einer Zusammenlegung von Justiz- und Innenministerium in Nordrhein-Westfalen[135] beziehen sich auf die Bestimmung der Reichweite der Organisationsge-

---

[124] *Minkner*, Gerichtsverwaltung (Fn. 54), S. 177f., mit Verweis auf *R.A. Lorz*, Interorganrespekt im Verfassungsrecht, 2001, S. 380ff.

[125] *Kissel/Mayer* (Fn. 2), § 1 Rn. 103; *Wittreck*, Verwaltung (Fn. 35), S. 170f.

[126] *A. Voßkuhle*, NJW 1997, 2216ff.; *H. Schulze-Fielitz*, AöR 122 (1997), 1 (27ff.).

[127] *Classen* (Fn. 75), Art. 97 Rn. 17; *Hillgruber* (Fn. 1), Art. 97 Rn. 75; *Tschentscher*, Legitimation (Fn. 106), S. 152ff.; *E. Schilken*, JZ 2006, 860 (865ff.); *Baer*, Unabhängigkeit (Fn. 28), S. 106f.

[128] BVerfGE 14, 56 (69); 26, 186 (198); 27, 312 (322); 36, 174 (185); 60, 175 (214); BVerfGK 8, 295 (399).

[129] Jarass/*Pieroth*, GG, Art. 97 Rn. 3; *Detterbeck* (Fn. 63), Art. 97 Rn. 13.

[130] Vgl. BVerfGE 26, 79 (92ff.); 55, 372 (389); 139, 245 (274, Rn. 81); *Reinhardt*, Jurisdiktion (Fn. 7), S. 105.

[131] Vgl. *C.D. Classen*, in: v. Mangoldt/Klein/Starck, GG III, Art. 92 Rn. 34; s. aber auch *Schütz*, Richter (Fn. 30), S. 85ff.

[132] *H.-J. Papier*, HGR V, § 130 Rn. 12.

[133] BVerfG (K), NJW 2008, 909 (910); BGHZ 46, 147 (148f.); BGH NJW 1995, 2494; *Heusch* (Fn. 69), Art. 97 Rn. 31.

[134] *Heusch* (Fn. 69), Art. 97 Rn. 12; *Hillgruber* (Fn. 1), Art. 97 Rn. 77; *D. Wilke*, HStR³ V, § 112 Rn. 50f.; *K.A. Bettermann*, HStR III, § 73 Rn. 9, 14.

[135] VerfGH NW OVGE 47, 280ff.; krit. dazu *Wittreck*, Verwaltung (Fn. 35), S. 20ff.; *R. Brinktrine*, Jura 2000, 123ff.; *F. Schoch*, Übungen im Öffentlichen Recht I, 2000, S. 330ff.; *J. Wieland*, DVBl. 1999, 719ff.; *E.-W. Böckenförde*, NJW 1999, 1235ff.; *J. Menzel*, NWVBl. 1999, 201ff.; zustimmend aber *W. Erbguth*, NWVBl. 1999, 365ff.

walt der Regierung, haben aber keine durchgreifenden Argumente erbracht, die eine reale Gefährdung der Unabhängigkeit der Justiz nahelegen könnten[136]. Das gilt um so mehr, als nach einer verbreiteten Praxis im Bund (→ Art. 95 Rn. 24) und in den Ländern eine Reihe von Ministerien ihre eigene Fachgerichtsbarkeit verwalten[137].

29 Die Judikatur unterscheidet einen »äußeren Ordnungsbereich« von einem »Kernbereich« der **richterlichen Tätigkeit**[138]. Eine **Einwirkung auf** den **äußeren Bereich** (i. S. der Art und Weise) ist nur zulässig, soweit sie der Natur der Sache nach unvermeidlich ist (z. B. durch die Ausgestaltung der technischen Hilfsverwaltung) oder aufgrund anderer verfassungsrechtlicher Grundentscheidungen (z. B. Personalhoheit des Staates, Bestenauslese nach Art. 33 II GG) erlaubt ist[139]. Insoweit ist angemessen in Rechnung zu stellen, dass die richterliche Tätigkeit notwendig in die Organisation der Gerichte eingebunden ist[140]. Die Zentralisierung der EDV der Justiz bei einer anderen staatlichen Stelle ist mithin unbedenklich, wenn die Zugriffsrechte entsprechend begrenzt sind[141]. Auch darf die Verwaltung z. B. Bewerber, die sich durch politische Äußerungen in der Öffentlichkeit profiliert haben, nicht schon vorwirkend am Maßstab politischer Zurückhaltung messen, wie ihn § 39 DRiG konkretisiert[142].

30 Demgegenüber ist eine Einwirkung auf den **Kernbereich** der Rechtsprechung i. S. sachlich richtiger Entscheidungstätigkeit grundsätzlich unzulässig (zu Ausnahmen: → Rn. 33 ff.). Zur **rechtsprechenden Tätigkeit** (→ Art. 92 Rn. 25 ff., 30 ff., 37) gehört im einzelnen nicht nur die Festlegung des inhaltlichen Entscheidungsausspruchs, sondern die Gesamtheit der diesem Verfahrensergebnis dienenden vorbereitenden, begleitenden oder nachfolgenden Sach- und Verfahrensentscheidungen[143]. Dazu gehören etwa die zeitliche Dauer[144] und die Reihenfolge der Bearbeitung[145], das Anberaumen von Terminen[146], Ladungen, Fristsetzungen, sitzungspolizeiliche Maßnahmen[147], Aktenübersendungen[148], Protokollführung[149], Beweiserhebungen (einschließlich der Entscheidung über Dienstreisen ins Ausland zur Teilnahme an Beweiserhebungen[150]) und

---

[136] *J. Kronisch*, in: H. Sodan/J. Ziekow (Hrsg.), VwGO, 4. Aufl. 2014, § 1 Rn. 58 ff.; *Heusch* (Fn. 69), Art. 97 Rn. 13; *F. Schoch*, GVwR² III, § 50 Rn. 52; *ders.*, Übungen (Fn. 135), S. 348 ff.; *H.-J. Papier*, HGR V, § 130 Rn. 16; *R. Brinktrine*, Jura 2000, 123 (130); a.A. *A. v. Arnauld*, AöR 124 (1999), 658 (668 ff.).

[137] Vgl. aber auch *A. v. Arnauld*, AöR 124 (1999), 658 (673 ff.).

[138] BGHZ 42, 163 (169), st. Rspr.; *N. Bosch*, Jura 2015, 56 (57); *H.-J. Papier*, HGR V, § 130 Rn. 35.

[139] Vgl. *Meyer* (Fn. 64), Art. 97 Rn. 5 ff.; *D. Leuze*, DÖD 2005, 78 (80).

[140] *Berlit*, Unabhängigkeit (Fn. 81), S. 150 ff. u. ö.

[141] BVerfG (K), NJW 2013, 2102 (2103); BGH DRiZ 2012, 169 (170 f.); *Heusch* (Fn. 69), Art. 97 Rn. 14; *B.J. Scholz*, DRiZ 2012, 158 ff.; *M. Bertrams*, NWVBl. 2010, 209 ff.

[142] BVerwGE 102, 81 (87 f.).

[143] BVerfGK 19, 407 (411 f., 413 f.); BGHZ 90, 41 (45); 93, 238 (243 f.); 102, 369 (372); Jarass/*Pieroth*, GG, Art. 97 Rn. 3; *Detterbeck* (Fn. 63), Art. 97 Rn. 13; *Heusch* (Fn. 69), Art. 97 Rn. 10, 19, 22; *Hillgruber* (Fn. 1), Art. 97 Rn. 84; *Bernsdorff* (Fn. 30), Art. 97 Rn. 29.

[144] BVerfGE 139, 245 (277, Rn. 88; 279, Rn. 94); s. auch *M.R. v. Kühlewein*, NStZ 2015, 618 ff.

[145] BVerfGK 19, 407 (412); BGH NJW-RR 2007, 281 (282).

[146] Vgl. BGH NJW 1988, 421 (423); BVerwGE 46, 69 (71).

[147] BGHZ 67, 184 (189).

[148] BGHZ 176, 162 (167 f., Rn. 17).

[149] BGH NJW 1978, 2509 (2509 f.).

[150] Vgl. BVerfG (Vorprüfungsausschuss), DRiZ 1979, 219; BGHZ 87, 385 (389); a.A. *Leuze* (Fn. 69), Art. 97 Rn. 54.

Geschäftsverteilung[151], die Bearbeitung und Weiterleitung einer Beschwerde[152], die Abfassung der Entscheidungsgründe, die Unterschrift unter das Urteil[153].

Die durch das Deutsche Richtergesetz erstmals eingeführte Klagemöglichkeit der Richter gegen behauptete Beeinträchtigungen ihrer Unabhängigkeit (§ 26 III DRiG)[154] hat zu einer **detaillierten Judikatur** in solchen Fragen der richterlichen Unabhängigkeit geführt, die die Verfassung insoweit nachhaltig konkretisiert. Eine verfassungsrechtliche Zulässigkeit solcher Einwirkungen (→ Rn. 33ff.) besagt allerdings nicht schon, dass das Verhältnis von Exekutive und rechtsprechender Gewalt unter dem Gesichtspunkt der Sicherung von deren Unabhängigkeit de lege lata optimal i. S. einer Hervorhebung der Eigenständigkeit als Dritter Gewalt geregelt wäre[155], ebensowenig wie Art. 97 I GG eine Selbstverwaltung der Justiz fordert[156] (→ Art. 95 Rn. 24). 31

Demgegenüber sind Richter **in Justizverwaltungsangelegenheiten nicht** sachlich **unabhängig**[157], sondern in solchen Aufgabenbereichen wie der Verwaltung der Justizvollzugsanstalten oder der Juristenausbildung weisungsunterworfen. Deshalb gebietet Art. 97 GG die rechtliche Trennung von Richteramt und Verwaltungsamt; dem Verwaltungsamt darf nicht zugleich rechtsprechende Tätigkeit zugewiesen werden[158]. Daraus ergeben sich Grenzen für den Umfang übertragbarer Verwaltungsaufgaben auf Gerichte[159]. 32

b) Grenzen sachlicher Unabhängigkeit

Beeinträchtigungen der sachlichen Unabhängigkeit durch Anmahnung der dienstlichen Pflichterfüllung im Rahmen der **Dienstaufsicht** der Verwaltung (§ 26 DRiG) sind jedenfalls zulässig, wenn es um Fragen der Sicherung eines ordnungsgemäßen Geschäftsablaufs und der äußeren Formen der Erledigung der Amtsgeschäfte geht[160] (→ Rn. 29), etwa das Tragen einer Amtstracht[161] oder Pünktlichkeit des Sitzungsbeginns[162], schon um ggf. dem Justizgewähranspruch der Bürger (→ Art. 19 IV Rn. 35; → Art. 20 [Rechtsstaat], Rn. 211) zum Erfolg zu verhelfen[163]. Demgegenüber ist die in- 33

---

[151] BVerfG (K), NJW 2008, 909 (910); BVerwGE 50, 11 (16); BGHZ 46, 147 (149); 112, 197 (201).

[152] BGHSt 47, 105 (110).

[153] BVerwGE 93, 90 (91f.).

[154] Vgl. *H.-J. Papier*, HGR V, § 130 Rn. 37; *Kissel/Mayer* (Fn. 2), § 1 Rn. 164ff.; *H. Arndt/W. Fürst*, Rechtsschutzfragen zur Dienstaufsicht über Richter, in: FS Zeidler, 1987, S. 175ff.

[155] Vgl. zur Kritik *Schütz*, Richter (Fn. 30), S. 98ff.; *P. Macke*, DRiZ 1999, 481ff.

[156] *Heusch* (Fn. 69), Art. 97 Rn. 15; *H.-J. Papier*, HGR V, § 130 Rn. 50; *F. Schoch*, GVwR^2 III, § 50 Rn. 61; *Rieger*, Legitimationsgrundlagen (Fn. 63), S. 179f.; *Kramer*, NJW 2009, 3079 (3083); *Wittreck*, Verwaltung (Fn. 35), S. 182f.

[157] BVerfGE 38, 139 (152f.); *H. Sodan*, HStR^3 V, § 113 Rn. 22; *Classen* (Fn. 75), Art. 97 Rn. 3, 26; Jarass/*Pieroth*, GG, Art. 97 Rn. 4a; *Detterbeck* (Fn. 63), Art. 97 Rn. 11a, 13; *H.-J. Papier*, HGR V, § 130 Rn. 10; *Hillgruber* (Fn. 1), Art. 97 Rn. 20; *Leuze* (Fn. 69), Art. 97 Rn. 8; anders *Fuchs*, Verfassungsmäßigkeit (Fn. 89), S. 96ff. → Art. 92 Rn. 48, 58.

[158] *Meyer* (Fn. 64), Art. 97 Rn. 5. → Art. 92 Rn. 42.

[159] Dazu *Fuchs*, Verfassungsmäßigkeit (Fn. 89), S. 101ff.; *Classen* (Fn. 75), Art. 97 Rn. 26ff. → Art. 92 Rn. 43.

[160] BGHZ 90, 41 (45); BGH DRiZ 1995, 352ff.; *Meyer* (Fn. 64), Art. 97 Rn. 8; ausf. *Kissel/Mayer* (Fn. 2), § 1 Rn. 56ff.; *U. Schneider*, Richterliche Ethik im Spannungsfeld zwischen richterlicher Unabhängigkeit und Gesetzesbindung, 2017, S. 417ff.; *J.N. Scheuer*, Dienstaufsicht und richterliche Unabhängigkeit, in: FS Wagner, 2013, S. 191ff.; *H.-J. Papier*, HGR V, § 130 Rn. 38ff.; *ders.*, NJW 1990, 8 (10ff.).

[161] BVerwGE 67, 222 (228ff.).

[162] BGH DRiZ 1997, 467 (468).

[163] BGHZ 67, 184 (187); BGH ZBR 2002, 215ff.; DRiZ 1991, 410f.; *Detterbeck* (Fn. 63), Art. 97

haltliche Rechtsprechungstätigkeit in ihrem Kernbereich der Dienstaufsicht gänzlich entzogen[164] (→ Rn. 30).

34 Zwischen diesem äußeren Ordnungsbereich und dem Kernbereich als den Polen auf einer Skala[165] sind in der Judikatur **als zulässig angesehen** worden[166]: (1) die Berufung in herausgehobene Richterämter[167], deren Anzahl zur Minimierung des Einflusses der Exekutive gering bleiben sollte[168]; die Gewährung von Zulagen[169]; (2) dienstaufsichtliche Maßnahmen bei offensichtlich fehlerhafter Amtsausübung[170], wobei die Offensichtlichkeit ins Auge springen muss, etwa bei Anwendung eines aufgehobenen Gesetzes[171] oder verbalen Exzessen in der mündlichen Verhandlung[172], aber auch der Vorhalt monatelanger Nichtbearbeitung von Teilbereichen eines richterlichen Dezernats[173] oder einer verzögerten Erledigung von Amtsgeschäften[174]; ferner dienstliche Beurteilungen[175], Erprobung bei einem OLG vor Beförderungen[176], Geschäftsprüfungen[177] (auch ohne vorhergehende Ankündigung)[178], Meldungen über Nichterledigungen[179] oder Auflistung aufgelaufener Rückstände[180], Urlaubsversagung zwecks fristgemäßer Absetzung der Urteilsgründe[181], Versagung einer Dienstreise ins Ausland[182], die Anregung, einen weiteren Sitzungstag in der Woche abzuhalten[183], ministerielle Festle-

---

Rn. 11b; *Classen* (Fn. 75), Art. 97 Rn. 30; *Berlit*, Unabhängigkeit (Fn. 81), S. 153ff.; *H.-J. Papier*, HGR V, § 130 Rn. 33f.; *ders.*, NJW 2001, 1089 (1091); umfassend zu richterlichen Dienstpflichten *Schneider*, Ethik (Fn. 160), S. 365ff.

[164] S. etwa *Leuze* (Fn. 69), Art. 97 Rn. 16ff.; *Schütz*, Richter (Fn. 30), S. 191; *H.-J. Papier*, NJW 1990, 8 (11); krit. zum Kernbereichsdenken *A. Thiele*, Der Staat 52 (2013), 415 (421ff.); *E. Schilken*, JZ 2006, 860 (865f.); *R. Schmidt-Räntsch*, Dienstaufsicht über Richter, 1985, S. 69ff.

[165] Vgl. *H. Sodan*, HStR³ V, § 113 Rn. 80; *Detterbeck* (Fn. 63), Art. 97 Rn. 11c; *H.-J. Papier*, NJW 2001, 1089 (1091ff.).

[166] Übersichtlich *Kronisch* (Fn. 136), § 1 Rn. 70; *M. Redeker*, SächsVBl. 2007, 73 (76ff.); *U. Joeres*, DRiZ 2005, 321ff.; *S. Haberland*, DRiZ 2002, 301 (303ff.).

[167] BVerfGE 56, 146 (165f.); s. auch *W. Priepke*, DRiZ 1992, 50ff.

[168] BVerfGE 55, 372 (388f.).

[169] BVerfGE 36, 372 (379).

[170] BGHZ 67, 184 (187f.); 70, 1 (4); 100, 271 (276); 176, 162 (Rn. 12); 181, 268 (274, Rn. 16); *Meyer* (Fn. 64), Art. 97 Rn. 8, 44; *Hillgruber* (Fn. 1), Art. 97 Rn. 81, 83; *Kissel/Mayer* (Fn. 2), § 1 Rn. 57; *Schmidt-Räntsch* (Fn. 51), § 26 Rn. 27; *Wittreck*, Verwaltung (Fn. 35), S. 197ff.; *D. Leuze*, DÖD 2002, 133 (134f.); *Baer*, Unabhängigkeit (Fn. 28), S. 110ff.; krit. *Wassermann* (Fn. 7), Art. 97 Rn. 30.

[171] BGHZ 46, 147 (150); *Scheuer*, Dienstaufsicht (Fn. 160), S. 195f. m.w.Bsp..

[172] BGH MDR 1991, 1002; OLG Frankfurt DRiZ 2009, 191 (192f.); OVG Rheinland-Pfalz NVwZ-RR 2005, 2 (3) m.w.N.

[173] BGH DRiZ 1999, 141 (144),

[174] BGH NJW 2006, 692 (692f.); DRiZ 2007, 143 (144).

[175] BVerfG (K), NVwZ 2016, 764 (766); BVerwGE 62, 135 (138); BGH NJW 2002, 359ff.; *M. Stuttmann*, NVwZ 2016, 769f.; *Heusch* (Fn. 69), Art. 97 Rn. 25; *Hillgruber* (Fn. 1), Art. 97 Rn. 85; ausf. *Leuze* (Fn. 69), Art. 97 Rn. 40ff.; *S. Haberland*, DRiZ 2009, 242ff.; *ders.*, DRiZ 2002, 301 (306ff.); *H. Schnellenbach*, Die dienstliche Beurteilung von Beamten und Richtern, 3. Aufl. 2000ff. (Losebl.); *Baer*, Unabhängigkeit (Fn. 28), S. 112ff.; *W. Schaffer*, DRiZ 1992, 292ff.; *G. Pfeiffer*, Zum Spannungsverhältnis richterlicher Unabhängigkeit – Dienstaufsicht – Justizgewährpflicht, in: FS Bengl, 1984, S. 85ff. (90ff.).

[176] BGHZ 162, 333 (339ff.); OLG Hamm NVwZ-RR 2005, 74 (76); s. auch BAG NZA 2016, 1423 (1424) m.w.N.

[177] BGHZ 85, 145 (156f.); 112, 189 (194).

[178] BGH NJW 1988, 418f.

[179] BGH DRiZ 1978, 185f.; ausf. zur Dienstaufsicht über die Prozessdauer BGH DRiZ 1991, 20ff.

[180] BGH NJW 1988, 419 (420f.).

[181] BGHZ 102, 369 (372f.).

[182] BVerfG (Vorprüfungsausschuss), DRiZ 1979, 219; BGHZ 87, 385 (389).

[183] BGH MDR 1988, 141; s. aber auch BGH NJW 1988, 421 (423).

gung eines sog. Pensenschlüssels zur Berechnung eines durchschnittlichen Arbeitspensums[184], auch (3) die strafrechtliche Verfolgbarkeit der Rechtsbeugung (§ 339 StGB)[185] oder die Amtshaftungspflicht des Richters (§ 839 BGB)[186], in europarechtlicher Sicht auch über das Spruchrichterprivileg des § 839 II BGB hinaus[187], oder die allgemeine Disziplinargewalt des Dienstherrn[188].

Demgegenüber ist eine **unzulässige Beeinträchtigung der richterlichen Unabhängigkeit** häufiger angenommen worden[189], so dass mittlerweile die Richterdienstaufsicht übervorsichtig zu Leisetreterei zu neigen scheint[190]. Diese Rechtsprechung bedarf einer besonderen Aufmerksamkeit, weil hier Richter unmittelbar oder mittelbar in eigener Sache entscheiden und es zu berufsideologisch verzerrter Problemperzeption i. S. einer übertriebenen Sensibilität kommen kann[191]. Das gilt etwa für die Annahme, Arbeitszeitfestsetzungen würden die sachliche Unabhängigkeit des Richters beeinträchtigen[192]; auch die Bitte, einen Richter wegen des Umfangs seiner Justizverwaltungstätigkeit »wirksam und nachhaltig« zu entlasten, dürfte kaum schon ein Verstoß gegen dessen sachliche Unabhängigkeit sein[193], erst recht nicht Präsenzpflichten für Richter in ihrem Gericht[194] oder Zugangsbeschränkungen zum Dienstzimmer außerhalb der üblichen Bürozeiten[195]. Auch öffentliche Kritik von Amtsträgern an Gerichtsentscheidungen muss zulässig sein und ist im Zusammenspiel der Gewalten geboten, solange nicht bestimmte Grenzen für amtliche Kritik überschritten werden wie die 35

---

184 OVG NW NJW 2002, 1592 (1592).

185 Vgl. BVerfG (K), NJW 2016, 3711 (3712f.); *Wittreck*, Verwaltung (Fn. 35), S. 156ff.; *G. Spendel*, JZ 1995, 375ff.; ausf. (krit.) *M. Hoenigs*, Zur Existenzberechtigung des Straftatbestandes der Rechtsbeugung, 2010, S. 106ff.

186 Vgl. z. B. BVerfG (K), NJW 2013, 3630 (3632ff.); *Meyer* (Fn. 64), Art. 97 Rn. 36; *Hillgruber* (Fn. 1), Art. 97 Rn. 88; s. näher *C. Tombrink*, DRiZ 2002, 296ff.

187 Vgl. EuGH v. 30.09.2003, C-224/01, Rn. 30ff., 42ff., 52f. – *Köbler*; dazu *S. Storr*, DÖV 2004, 545ff.

188 *Hillgruber* (Fn. 1), Art. 97 Rn. 86; *Tschentscher*, Legitimation (Fn. 106), S. 153.

189 Vgl. *Schneider*, Ethik (Fn. 160), S. 420ff.; *Kronisch* (Fn. 136), § 1 Rn. 71, 74ff.; krit. *Leuze* (Fn. 69), Art. 97 Rn. 19ff., 42ff.; *ders.*, DÖD 2005, 78 (81ff.).

190 In diesem Sinne krit. *E. Schmidt-Jortzig*, NJW 1991, 2377 (2380); s. auch *Schneider*, Ethik (Fn. 160), S. 410f.; *G. Seidel*, RuP 38 (2002), 98 (103); *Wassermann* (Fn. 7), Art. 97 Rn. 31.

191 Vgl. *Reich*, GG, Art. 97 Rn. 1; *Hoffmann-Riem*, Unabhängigkeit (Fn. 101), S. 510; *ders.*, AnwBl. 1999, 2 (6); *Leuze* (Fn. 69), Art. 97 Rn. 19; *A. Voßkuhle*, Rechtsschutz gegen den Richter, 1993, S. 271; *Simon*, Unabhängigkeit (Fn. 7), S. 15; zum Kollegialitätsgefühl als Schwachpunkt *Meyer* (Fn. 64), Art. 97 Rn. 1, 4, 18 u. ö.; *Brusiin*, Objektivität (Fn. 61), S. 110; konkrete Beispiele bei *W. Schubert*, Richterliche Unabhängigkeit heute: Reflexionen und Reaktionen, in: FS Stilz, 2014, S. 555ff.

192 So BGHZ 113, 36 (40f.); BGH DRiZ 2011, 66 (68); BVerwGE 78, 211 (213f.); *H. Lecheler*, HStR III, § 72 Rn. 60; krit. *Heusch* (Fn. 69), Art. 97 Rn. 23; *Kronisch* (Fn. 136), § 1 Rn. 75; *Hillgruber* (Fn. 1), Art. 97 Rn. 84; *F. Schoch*, GVwR^2 III, § 50 Rn. 55; *E. Schilken*, JZ 2006, 860 (867); *Leuze* (Fn. 69), Art. 97 Rn. 23; *R. Schröder*, NJW 2005, 1160ff.; *H. Sendler*, Richterliche Unabhängigkeit im Zwielicht?, in: FS Fürst, 2002, S. 307ff. (309); *K. Redeker*, NJW 2000, 2796 (2797); *Classen* (Fn. 75), Art. 97 Rn. 29; Jarass/*Pieroth*, GG, Art. 97 Rn. 6; *W. Hoffmann-Riem*, AnwBl. 1999, 2 (5f.).

193 So aber BGHZ 112, 197 (203); a. A. Jarass/*Pieroth*, GG, Art. 97 Rn. 6.

194 Vgl. *U. Mäurer*, DRiZ 2000, 65 (69). Zur Gewährung von Teilzeitbeschäftigung als Verfassungsfrage BVerwG DVBl. 2006, 1191 (1191f.); OVG Nordrhein-Westfalen NVwZ-RR 2006, 562 (564).

195 Jarass/*Pieroth*, GG, Art. 97 Rn. 6; *I. Tepperwien*, Richterliche Unabhängigkeit – Anspruch und Grenzen, in: FS Tolksdorf, 2014, S. 577ff. (582ff.); LG Frankfurt NJW 2001, 977 (978); a. A. BGH NJW 2003, 282 (283).

sachwidrige Personalisierung der Kritik, der Aufruf zum Boykott der Entscheidung oder die Verknüpfung mit Sanktionen für die Zukunft[196] (→ Rn. 25).

36 Im übrigen geht es bei (un-)zulässigen Beeinträchtigungen vor allem (1) um die **Art und Weise der (Dienst-)Aufsicht**[197]: Sie verstößt gegen Art. 97 I GG, wenn sie – abgesehen vom Fall offensichtlich fehlerhafter Amtsausübung (→ Rn. 34) – auf den **Kernbereich** rechtsprechender Tätigkeit einwirkt, etwa indem ihre Vorhaltungen ein Unwerturteil enthalten[198] oder die umgehende Bearbeitung einer bestimmten Sache nahelegen[199] bzw. wenn sie sich als Maßregelung konkreter richterlicher Entscheidungen darstellt[200], oder wenn dienstliche Beurteilungen nicht losgelöst vom einzelnen Fall erfolgen[201] oder auf die Art der Prozesserledigung[202] oder die Verhandlungsführung[203] in der Zukunft Einfluss zu nehmen suchen[204]; das gilt nicht bei einem Vorhalt oder einer Ermahnung, bei der Reihenfolge der Bearbeitung von Ordnungswidrigkeiten eine bevorstehende Verjährung zu beachten[205] oder das durchschnittliche Erledigungspensum vergleichbarer Richter[206] nicht dauerhaft um mehr als ein Drittel zu unterschreiten[207]. Eine zweite Fallgruppe bezieht sich (2) auf die **Formen der Einflussnahmen durch Behörden**, etwa durch Bitten oder Beschwerden an das Gericht[208], z. B. Aufforderungen zur Beschleunigung[209], aber auch alle sonstigen vermeidbaren mittelbaren, subtilen und psychologischen Einflussnahmen auf die Rechtsstellung des Richters[210].

---

[196] S. im einzelnen *Wittreck*, Verwaltung (Fn. 35), S. 169ff.; *Leuze* (Fn. 69), Art. 97 Rn. 6; *R. Mishra*, ZRP 1998, 402ff., zu den Grenzen S. 404ff.; ausf. *ders.*, Zulässigkeit und Grenzen der Urteilsschelte, 1997, S. 248ff.; *E.G. Mahrenholz*, DRiZ 1991, 432 (434f.).

[197] Vgl. *H. Sendler*, NJW 2001, 1256ff.; *ders.*, ZRP 1994, 377ff.; *Baer*, Unabhängigkeit (Fn. 28), S. 107ff.; *W. Hoffmann-Riem*, AnwBl. 1999, 2 (5f.); *Kissel/Mayer* (Fn. 2), § 1 Rn. 53ff., 63ff.; *W. Schaffer*, BayVBl. 1991, 678 (680ff.); *ders.*, Inhalt und Grenzen der Dienstaufsicht bei Richtern in der BRD, in: Frank, Unabhängigkeit (Fn. 55), S. 23ff.; *H.-J. Papier*, NJW 1990, 8 (11ff.); *N. Achterberg*, NJW 1985, 3041ff.; ausf. *Wolf*, Gerichtsverfassungsrecht (Fn. 67), S. 195ff.; *R. Schmidt-Räntsch*, Dienstaufsicht (Fn. 164), S. 33ff.; *H. Grimm*, Richterliche Unabhängigkeit und Dienstaufsicht in der Rechtsprechung des Bundesgerichtshofs, 1972.

[198] BGHZ 47, 275 (285); 51, 363 (370f.); OLG Hamm NVwZ-RR 2005, 77 (79) betr. Kritik an der Verhandlungsführung; OVG Berlin NVwZ-RR 2004, 627 (628) betr. Kritik am Umgang mit Prozessbeteiligten.

[199] BGH NJW 1987, 1198f.; das gilt nicht für den Vorhalt, eine Sache dürfe nicht unbehandelt bleiben, vgl. schon *F. Baur*, Justizaufsicht und richterliche Unabhängigkeit, 1954, S. 29f.

[200] BVerfGE 87, 184 (188).

[201] BGHZ 57, 344 (348f.); *Classen* (Fn. 75), Art. 97 Rn. 30; *Heyde* (Fn. 89), § 33 Rn. 80.

[202] BVerfG (K), NVwZ 2016, 764 (766); BGHZ 69, 309 (313); BGH NJW-RR 2003, 492 (493); NJW 2010, 302 (303); OVG Berlin NVwZ-RR 2004, 627 (628).

[203] BGHZ 90, 41 (46f.).

[204] Für Maßstäblichkeit des Verhältnismäßigkeitsprinzips *A. Thiele*, Der Staat 52 (2013), 415 (427ff.); ähnlich *Schütz*, Richter (Fn. 30), S. 238.

[205] BGH vom 03.12.2009 – RiZ (R) 1/09, Rn. 35ff. – juris; s. auch *Scheuer*, Dienstaufsicht (Fn. 160), S. 197; anders wohl *Hillgruber* (Fn. 1), Art. 97 Rn. 84.

[206] Zu diesem Maßstab BVerfGK 19, 407 (411).

[207] RDG beim OLG Stuttgart, Betr. Justiz 2015, 152ff.; *A. Thiele*, Der Staat 52 (2013), 415 (430ff.); *H. Forkel*, DRiZ 2013, 132f.; a.A. *Minkner*, Gerichtsverwaltung (Fn. 54), S. 208ff.; *F. Wittreck*, Betr. Justiz 2014, 67 (75ff.); *ders.*, NJW 2012, 3287ff.; *C. Schütz*, Betr. Justiz 2015, 151f.; s. auch die Revisionsbegründung des betroffenen Richters in eigener Sache: *T. Schulte-Kellinghaus*, Betr. Justiz 2015, 202ff.; Nw. zur Diskussion bei *Wittreck*, Gewalt (Fn. 117), S. 127f. mit Fn. 53.

[208] BVerwGE 46, 69 (71).

[209] BGH NJW 1987, 1197f.

[210] BVerfG (K), NJW 2013, 2102 (2103).

Demgegenüber dürften alle Versuche einer **Neuorganisation des äußeren Arbeitsablaufs** innerhalb eines Gerichts (etwa durch Neuregelungen des Präsidiums unter Mitwirkung der Richter) eher als kollektive organisatorische Ausgestaltung der sachlichen Unabhängigkeit anzusehen sein, die einen dissentierenden Richter nicht schon seiner sachlichen Unabhängigkeit beraubt. Deshalb sind Maßnahmen zur Gewährleistung einer ordnungsgemäßen äußeren Durchführung der Dienstgeschäfte (→ Rn. 33) bis hin zur Einrichtung eines Bereitschaftsdienstes (→ Art. 104 Rn. 61) ebenso wenig wie die Versuche einer Reorganisation der Gerichtsverwaltung durch Formen interner Steuerung, bei denen die Richter an der **Effizienzförderung** in der Justiz durch kollegialen Diskurs über Kosten und Kosteneinsparungen mitwirken sollen (→ Art. 92 Rn. 23, 60f.), Eingriffe in die richterliche Unabhängigkeit, sondern Ausdruck richterlicher Selbstorganisation der Gerichte als Rechtsprechungsorgane[211] i. S. einer »richterlichen Effizienzverantwortung«[212]. Dazu können auch Vergleiche von Erledigungszahlen (auch nach Erledigungsarten) und Arbeitsbelastungen gehören[213] und Leistungsmessungen, soweit diese keine inhaltlichen Vorgaben für die Rechtsprechung implizieren[214]. Auch die Bitte des Dienstvorgesetzten, aus Kostengründen statt eines Protokollführers mit einem Tonbandgerät zu arbeiten, verstößt nicht schon gegen Art. 97 I GG[215]. 37

Die individuelle **Unabhängigkeit** wird erst dann **gefährdet**, wenn Anleitungen und Empfehlungen hinsichtlich des prozessrechtlichen Verfahrensablaufs und des Entscheidungsausspruchs (mehr oder weniger verbindlich) vorgeschrieben werden[216], etwa die Vorbereitung der mündlichen Verhandlung[217], die Ausübung der Sitzungspolizei[218] oder die Art und Weise der Beweisaufnahme[219], wenn also die spruchrichterlichen Inhalte bei der Rechtsanwendung beeinflusst werden[220]. Das gilt auch, wenn solches im Blick auf finanzielle Einsparmöglichkeiten erfolgt, etwa durch den Zwang, bestimmte Sachverständige zu bevorzugen, weil mit ihnen günstigere Rahmenhonorare vereinbart werden können[221]. 38

---

[211] *Kronisch* (Fn. 136), § 1 Rn. 73; *E.-H. Ritter*, NJW 2001, 3440 (3447); *B. Kramer*, ZZP 114 (2001), 267 (297ff.); *K.F. Röhl*, DRiZ 2000, 220 (221, 224, 228ff.); *Hoffmann-Riem*, Unabhängigkeit (Fn. 101), S. 509f.; *ders.*, DRiZ 2000, 18 (26f.); *ders.*, AnwBl. 1999, 2 (7f.); *Classen* (Fn. 75), Art. 97 Rn. 29; *Wassermann* (Fn. 7), Art. 97 Rn. 22; *Bernsdorff* (Fn. 30), Art. 97 Rn. 33ff.; zurückhaltend *H. Reim*, Gerechtigkeit und Effizienz, in: FS Offerhaus, 1999, S. 791ff. (796ff.).

[212] So *Berlit*, Unabhängigkeit (Fn. 81), S. 159ff.

[213] BGH NJW 1978, 760; NJW 2002, 359 (361); *H.-J. Papier*, HGR V, § 130 Rn. 54; *A. Voßkuhle*, Das »Produkt« der Justiz, in: Schulze-Fielitz/Schütz, Justiz (Fn. 81), S. 35ff.; *U. Mäurer*, DRiZ 2000, 65 (68); *Kissel/Mayer* (Fn. 2), § 1 Rn. 96; zu Maßnahmen der Qualitätssicherung *J. v. Bargen*, SächsVBl. 2008, 1ff.; *S. Fleck*, NJW 2007, 1427 (1429f.); krit. *H. Sodan*, NJW 2003, 1494ff.

[214] *W. Hoffmann-Riem*, 66. DJT 2006, Band II/1, Abteilung R, S. 9ff. (14).

[215] BGH NJW 1988, 417f.

[216] Vgl. *Voßkuhle*, »Produkt« (Fn. 213), S. 45f.; *Wassermann* (Fn. 7), Art. 97 Rn. 23. – Die Grenzziehung dürfte parallel zur Prüfungskompetenz der Rechnungshöfe verlaufen, vgl. näher *H. Blasius/B. Stadtmann*, DÖV 2002, 12 (15ff.); *T. Franz*, Prüfungen des Bundesrechnungshofs bei den Gerichten des Bundes, in: H. Schulze-Fielitz (Hrsg.), Fortschritte der Finanzkontrolle in Theorie und Praxis, 2000, S. 75ff. (80ff., 85ff.).

[217] BGH DRiZ 1984, 365f.

[218] BGHZ 67, 184 (188f.).

[219] BGHZ 71, 9 (11f.).

[220] *Detterbeck* (Fn. 63), Art. 97 Rn. 4; *Hoffmann-Riem*, Unabhängigkeit (Fn. 101), S. 514; *W. Damkowski/J. Precht*, VerwArch. 96 (2005), 525 (529).

[221] *H.-J. Papier*, HGR V, § 130 Rn. 56; *E. Schilken*, JZ 2006, 860 (867f.); *Bernsdorff* (Fn. 30), Art. 97 Rn. 36f.; *S. Haberland*, DRiZ 2002, 301 (309); ausf. *Schütz*, Richter (Fn. 30), S. 415ff.

39 Die praktisch bedeutsamen Kernprobleme einer **versteckten Einflussnahme** liegen eher im informellen Bereich als auf der dienstrechtlichen Ebene[222]. Hier entfaltet sich im Rahmen von Spruchkörpern durch die Weisungsmacht des Vorsitzenden, durch die Meinung des Gerichtspräsidenten, durch die Art der Vergabe der Geschäftsverteilung bzw. der Zuweisung in bestimmte Spruchkörper oder auch nur von karriereförderlichen Nebenämtern, durch Zuweisung von Ressourcen der Hilfsverwaltung, durch die Art der Handhabung der Dienstaufsicht und die Verhaltenserwartungen im Blick auf Beurteilung und Beförderungen[223] faktisch ein erheblicher Anpassungsdruck[224], u.U. auch durch Abordnung an das Justizministerium[225]. Auch insoweit lassen sich aber die Versuche einer Reform der Gerichtsorganisation durch Erhöhung der Transparenz des Wissens der Richter um Stärken und Schwächen der anderen Mitglieder eines Gerichts als Stärkung der Funktionsfähigkeit der Gerichtsorganisation und als Schutz vor informeller Diskriminierung und damit als Sicherung richterlicher Unabhängigkeit interpretieren[226].

40 Die **»innere« Unabhängigkeit** eines Richters im Rahmen solcher weithin unvermeidlichen Abhängigkeiten entzieht sich einer direkten rechtlichen Regelung und bleibt eine Geisteshaltung i.S. einer moralischen Herausforderung[227]. Sie wird bei (Landes-) Verfassungsrichtern nicht schon dann beeinträchtigt, wenn sie mit einfacher Mehrheit des (Landes-)Parlaments gewählt werden[228]. Ohne solche innere Unabhängigkeit fiele es Richtern auch schwer, die gebotene Neutralität, Toleranz und Zurückhaltung gegenüber den Streitbeteiligten[229] zu praktizieren. Deshalb führt schon der Anschein der Befangenheit zum Ausschluss von Richtern, also Umstände, die für einen Verfahrensbeteiligten Zweifel an der Unvoreingenommenheit des Richters zu begründen geeignet sind[230] (→ Rn. 47). Das soll schon beim Tragen religiöser Symbole (z.B. Kopftuch) der Fall sein[231].

---

[222] Vgl. *F. Merth*, Betr. Justiz 2007, 168ff.; *C. Strecker*, Betr. Justiz 2007, 172ff.; *Meyer* (Fn. 64), Art. 97 Rn. 5, 6; *Baer*, Unabhängigkeit (Fn. 28), S. 93ff., 96ff.; *Simon*, Unabhängigkeit (Fn. 7), S. 22ff.

[223] Krit. *I. Meinecke*, Betr. Justiz 2016, 69ff.; instruktiv für den BGH *R. Lamprecht*, NJW 2016, 298ff.

[224] *H.-J. Papier*, HGR V, § 130 Rn. 63f.; *Meyer* (Fn. 64), Art. 97 Rn. 4f.; *J.-F. Staats*, Richterbeförderung und richterliche Unabhängigkeit in Deutschland: ein systemimmanenter, aber reduzierbarer Konflikt, in: FS Rieß, 2002, S. 1017ff. (1019ff.); s. auch *Baer*, Unabhängigkeit (Fn. 28), S. 139f.; *T. Groß*, ZRP 1999, 361 (362); *M. Sachs*, Beiträge zur Konfliktforschung 4/1986, 5 (18f.); *K. Krützmann*, DRiZ 1985, 201 (204ff.).

[225] *T. Giesen*, DRiZ 2012, 375ff.

[226] *W. Hoffmann-Riem*, DRiZ 2000, 18 (28f.); s. auch *H.-J. Papier*, NJW 2002, 2585 (2592).

[227] *T. Flint*, NZS 2016, 81ff.; *Heusch* (Fn. 69), Art. 97 Rn. 32; *F. Wittreck*, Funktionen und Leistungen richterlicher Ethik, in: 17. Deutscher Verwaltungsgerichtstag Münster 2013, 2014, S. 271ff. (274ff.); *K. Rennert*, JZ 2013, 297ff.; *F. Schoch*, GVwR² III, § 50 Rn. 58; *M. Eckertz-Höfer*, DÖV 2009, 729 (737ff.); *T. Dieterich*, Betr. Justiz 2007, 158 (160); *Kronisch* (Fn. 136), § 1 Rn. 64ff.; *Tschentscher*, Legitimation (Fn. 106), S. 164ff.; *Schütz*, Richter (Fn. 30), S. 244ff.; *P. Michaelis-Merzbach*, Der unabhängige Richter, in: FS Driehaus, 2005, S. 537ff. (545ff.); *Baer*, Unabhängigkeit (Fn. 28), S. 30f.; *Meyer* (Fn. 64), Art. 97 Rn. 6; *Limbach*, Im Namen (Fn. 62), S. 102; s. auch *Sendler*, Unabhängigkeit (Fn. 192), S. 311, 320ff.; *R. Stürner*, JZ 2017, 905ff.; umfassend zur richterlichen Berufsmoral jetzt *Schneider*, Ethik (Fn. 160), S. 467ff., 501ff.

[228] BVerfG (K), NVwZ 1999, 638 (640).

[229] Vgl. nur *N. Bosch*, Jura 2015, 56 (58f.); *O.R. Kissel*, NJW 1982, 1777 (1784f.).

[230] Vgl. BVerfGE 73, 330 (335); 99, 51 (56, Rn. 21); *N. Bosch*, Jura 2015, 56 (60).

[231] So LG Dortmund NJW 2007, 3013f.; *A. Hopfauf*, in: Schmidt-Bleibtreu/Hofmann/Henneke, GG, Art. 92 Rn. 54, 74; *C. Burkiczak*, in: Friauf/Höfling, GG, Art. 92 (2012), Rn. 72; a.A. LG Bielefeld NJW 2007, 3014; *H. Satzger*, Jura 2011, 518 (525); *A. Wiese*, Betr. Justiz 2008, 223ff.

3. Unabhängigkeit von der Judikative

Richter sind **auch gegenüber der rechtsprechenden Gewalt** selbst sachlich unabhängig[232] mit der Folge, dass sie nicht durch die Rechtsauffassungen selbst übergeordneter, erst recht gleichgeordneter Gerichte gebunden werden können, sondern ihre eigene Rechtsauffassung der Entscheidung zugrundelegen und dabei der Rechtsauffassung anderer Gerichte folgen oder auch von ihnen abweichen dürfen[233]. Sie können auch ihre bisherige Rechtsprechung ändern oder aufgeben[234]. Inhaltliche Kontrolle wird unmittelbar nur durch Entscheidungen der Rechtsmittelgerichte ausgeübt[235]; mittelbar können öffentliche Auseinandersetzungen, die Beteiligung ehrenamtlicher Richter, die wissenschaftliche Entscheidungskritik oder auch das Begnadigungsrecht als Instrumente der Kontrolle von Gerichtsentscheidungen wirken[236]. Diese sachliche Unabhängigkeit führt dazu, dass die Rechtspflege »konstitutionell uneinheitlich« ist[237]. Eine Rechtsprechungskonsistenz lässt sich nicht durch rechtliche Gebote (etwa aus Art. 3 I GG), sondern nur durch die Möglichkeiten eines Rechtsmittels oder einer Vorlage an ein Obergericht mit ihren Begründungszwängen erzielen[238]. 41

Das geltende Prozessrecht kennt allerdings teils traditionelle, teils punktuelle **rechtliche Bindungswirkungen von einzelnen Gerichtsentscheidungen**, etwa die Tatbestandswirkung, die Feststellungswirkung, die Rechtskraft oder sonstige Bindungswirkungen von gerichtlichen Entscheidungen wie die innerprozessuale Bindungswirkung, Verweisungsbeschlüsse, die Bindungswirkung nach § 31 I BVerfGG oder die Gesetzeskraft nach § 31 II BVerfGG[239] (zu bindenden Entscheidungen aufgrund von Vorlagepflichten: → Art. 95 Rn. 35; → Art. 101 Rn. 61f.; → Art. 142 Rn. 77, 90). Solche Einschränkungen der sachlichen Unabhängigkeit der derartigen Bindungen unterworfenen Richter gehören zu den typischen und herkömmlichen Funktionsbedingungen der rechtsprechenden Gewalt[240]; sie sind Ausfluss von Entscheidungen des Gesetzgebers bzw. des Gesetzes im Verständnis seiner gewachsenen Auslegung, denen der sachlich unabhängige Richter stets unterworfen bleibt (→ Rn. 21). 42

---

[232] BVerfG (K), NJW 1996, 2149 (2150f.); Jarass/*Pieroth*, GG, Art. 97 Rn. 7; *Detterbeck* (Fn. 63), Art. 97 Rn. 14; *Hillgruber* (Fn. 1), Art. 97 Rn. 94; *J. Ipsen*, Staatsrecht I, Rn. 714; *Wolf*, Gerichtsverfassungsrecht (Fn. 67), S. 186f.; ausf. *Wittreck*, Verwaltung (Fn. 35), S. 183ff.; *Tschentscher*, Legitimation (Fn. 106), S. 156ff.; *Baer*, Unabhängigkeit (Fn. 28), S. 47ff.; a.A. BVerfGE 12, 67 (71); 31, 137 (140); *Reinhardt*, Jurisdiktion (Fn. 7), S. 112, 114ff.

[233] BVerfGE 87, 273 (278); 98, 17 (48, Rn. 108); BVerfG (K), NJW 2004, 2584 (2585); *H. Maurer*, HStR³ IV, § 79 Rn. 137f.; *Classen* (Fn. 75), Art. 97 Rn. 10, 21; *Detterbeck* (Fn. 63), Art. 97 Rn. 15; *Wassermann* (Fn. 7), Art. 97 Rn. 42a; *Stern*, Staatsrecht II, S. 913; *E. Picker*, JZ 1988, 1, 62 (72); anders *Reinhardt*, Jurisdiktion (Fn. 7), S. 409ff.

[234] BVerwG NJW 1996, 867; *H. Maurer*, HStR³ IV, § 79 Rn. 139ff. m.w.N.; zu Ankündigungen von Rechtsprechungsänderungen *C. Bittner*, JZ 2013, 645ff.

[235] Vgl. *Hillgruber* (Fn. 1), Art. 97 Rn. 53; *Baer*, Unabhängigkeit (Fn. 28), S. 51f.; *Voßkuhle*, Rechtsschutz (Fn. 191), S. 266ff., 298ff.

[236] *Classen* (Fn. 75), Art. 97 Rn. 8f. m.w.N.

[237] So BVerfGE 78, 123 (126); 87, 273 (278); BVerfGK 2, 305 (307); VGH Baden-Württemberg VBlBW 2016, 330 (331); *Hillgruber* (Fn. 1), Art. 97 Rn. 48; *H. Sodan*, HStR³ V, § 113 Rn. 25; *G. Dürig*, in: Maunz/Dürig, GG, Art. 3 I (1973), Rn. 410.

[238] *Classen* (Fn. 75), Art. 97 Rn. 18ff. → Art. 95 Rn. 33ff.

[239] Vgl. *Hillgruber* (Fn. 1), Art. 97 Rn. 96f.; *W. Schaffer*, BayVBl. 1991, 641 (646).

[240] Vgl. BVerfGE 73, 339 (373); BGHZ 95, 212 (218); *Classen* (Fn. 75), Art. 97 Rn. 21; Jarass/*Pieroth*, GG, Art. 97 Rn. 7; *Detterbeck* (Fn. 63), Art. 97 Rn. 14; a.A. *Reinhardt*, Jurisdiktion (Fn. 7), S. 116: schon von Art. 97 I GG gar nicht erst geschützt.

43 Die sachliche Unabhängigkeit der einzelnen Richter ist **auch im Verhältnis innerhalb der gerichtlichen Spruchkörper und der Gerichte untereinander** zu beachten[241]. Es besteht grundsätzlich keine rechtliche Bindung an Präjudizien anderer Gerichte, von den genannten gesetzlichen Ausnahmen abgesehen[242]. Alle Spruchkörper bestehen aus gleichwertigen Richterämtern[243], so dass den Vorsitzenden zwar faktisch[244], nicht aber rechtlich hinsichtlich ihrer richterlichen Funktion innerhalb des Spruchkörpers eine vorrangige Sonderrolle zukommt. Deshalb darf der Vorsitzende eines Spruchkörpers nicht Entscheidungen des Einzelrichters, jedenfalls nicht ohne dessen Zustimmung, inhaltlich durch Streichungen verändern, weil sie dessen sachliche Unabhängigkeit beeinträchtigen und der Vorsitzende insoweit seine eigenen Befugnisse zur materiellen Rechtsprechung überschreitet[245]. Auch die Zuteilung des Arbeitspensums durch Vorsitzende Richter ist nicht nur ein Verstoß gegen Art. 101 I 2 GG (→ Art. 101 Rn. 52), sondern kann auch die sachliche Unabhängigkeit gefährden[246].

44 Umgekehrt ist es aber auch keine Einschränkung der sachlichen Unabhängigkeit, sondern eine zwingende Folge des **Kollegialprinzips**, wenn die richterlichen Mitglieder von Spruchkörpern durch Überzeugungsarbeit aufeinander Einfluss zu nehmen suchen[247]. Die kollegiale wechselseitige Kontrolle ist ein entscheidendes »Instrument« der Qualitätssicherung der Rechtsprechung[248]. Ebensowenig wird in die Unabhängigkeit der Richter eingegriffen, wenn sie in eigenverantwortlicher Prüfung verallgemeinerungsfähiges Erfahrungswissen in Form von bundesweit verbreiteten tabellarischen Übersichten (z.B. die »Düsseldorfer Tabelle« zum Unterhaltsrecht) ihren Entscheidungen zugrundelegen[249].

4. Unabhängigkeit von der Gesellschaft

45 Schließlich wird die sachliche **Unabhängigkeit** der Richter durch Art. 97 I GG **auch gegenüber** den Prozessparteien[250] und extraprozessualer privater bzw. **gesellschaftlicher Einflussnahme geschützt**[251], insofern der objektiven Wertentscheidung des Art. 97

---

[241] BVerfG (K), NJW 1996, 2149 (2150f.); *Detterbeck* (Fn. 63), Art. 97 Rn. 16; *Sendler*, Unabhängigkeit (Fn. 192), S. 316ff.; ausf. *Tschentscher*, Legitimation (Fn. 106), S. 156ff.

[242] S. etwa BVerfGE 140, 42 (61, Rn. 72); *N. Bosch*, Jura 2015, 56 (58); *K.F. Röhl/H.C. Röhl*, Allgemeine Rechtslehre, 3. Aufl. 2008, S. 562ff.; *Hillgruber* (Fn. 1), Art. 97 Rn. 49; *Schütz*, Richter (Fn. 30), S. 318ff.; weitergehend ausf. *Reinhardt*, Jurisdiktion (Fn. 7), S. 409ff.

[243] Vgl. BVerfGE 26, 72 (76); *W. Meyer*, in: v. Münch/Kunig, GG II, Art. 98 Rn. 5ff.; *G. Barbey*, HStR III, § 74 Rn. 56.

[244] Vgl. *Baer*, Unabhängigkeit (Fn. 28), S. 98ff.

[245] Vgl. BVerfG (K), NJW 1996, 2149 (2150f.); *H. Sodan*, HStR³ V, § 113 Rn. 26; *Detterbeck* (Fn. 63), Art. 97 Rn. 16.

[246] *Meyer* (Fn. 64), Art. 97 Rn. 5.

[247] *Classen* (Fn. 75), Art. 97 Rn. 17; s. auch *H. Sodan*, HStR³ V, § 113 Rn. 46; *Schütz*, Richter (Fn. 30), S. 74ff.

[248] *Hillgruber* (Fn. 1), Art. 97 Rn. 95; *J. v. Bargen*, SächsVBl. 2008, 1 (7f.); *C. Schütz*, ThürVBl. 2006, 81 (81f.); s. auch *H. Sodan*, DÖV 2005, 764 (767ff.); *Berlit*, Unabhängigkeit (Fn. 81), S. 164ff.

[249] *Classen* (Fn. 75), Art. 97 Rn. 23; *G. Morgenthaler*, in: Epping/Hillgruber, GG, Art. 97 (Stand: 01.06.2016), Rn. 11.

[250] *Classen* (Fn. 75), Art. 97 Rn. 31; *Stern*, Staatsrecht II, S. 909.

[251] *Detterbeck* (Fn. 63), Art. 97 Rn. 17f.; Jarass/*Pieroth*, GG, Art. 97 Rn. 9; *Kissel/Mayer* (Fn. 2), §§ 15, 16 Rn. 68f.; *Stern*, Staatsrecht II, S. 912; *Reinhardt*, Jurisdiktion (Fn. 7), S. 118ff.; a.A. *Heusch* (Fn. 69), Art. 97 Rn. 34; *Hillgruber* (Fn. 1), Art. 97 Rn. 24; *H. Sendler*, NJW 2001, 1909ff.; *Wassermann* (Fn. 7), Art. 97 Rn. 85ff.; unklar *H.-J. Papier*, NJW 2001, 1089 (1091); *Meyer* (Fn. 64), Art. 97 Rn. 1.

I GG (→ Rn. 17) ein »Rundumschutz« vor Einflussnahme Dritter zu entnehmen ist. Eine unzulässige Einflussnahme kann zunächst in allen versteckten (nichtöffentlichen) Versuchen der Einflussnahme – ggf. mit Hilfe von Pressionen – liegen. Insoweit kann möglicherweise auch in der Einflussnahme der politischen Parteien auf die Berufung und Beförderung von Richtern eine von Art. 97 I GG inkriminierte Verhaltensweise liegen[252] (→ Art. 95 Rn. 30), doch bleibt ein solcher Zusammenhang weithin vage und spekulativ.

Eine Einflussnahme kann auch in **öffentlicher Kritik** liegen, der wie jede demokratisch legitimierte Staatsgewalt auch die richterliche Tätigkeit unterliegt[253]. Kritische Justizberichterstattung schafft Transparenz und trägt zum Vertrauen der Rechtsgemeinschaft in die Rechtspflege bei[254]. Indikator für eine unzulässige öffentliche Kritik ist deren Äußerung zu bestimmten Entscheidungen mit dem Ziel ihrer Beeinflussung, bevor diese vom Gericht getroffen worden sind. Demgegenüber spricht bei nachträglicher öffentlicher Kritik an gerichtlichen Entscheidungen regelmäßig die Vermutung für deren Zulässigkeit, die sich auf die Wahrnehmung der grundrechtlichen Freiheit aus Art. 5 I GG als Beitrag zur öffentlichen Meinungsbildung stützen kann: Eine kritische Berichterstattung zu laufenden Verfahren ist mithin niemals schon als solche unzulässig[255], kann aber unter den besonderen Umständen des Einzelfalls etwa bei Medienkampagnen angesichts der Wertentscheidung des Art. 97 I GG auf Zulässigkeitsgrenzen stoßen[256] (zur amtlichen Urteilsschelte: → Rn. 25, 35). Der Schutz der Richter vor den manipulativen Gefahren durch gesellschaftliche Gruppen oder die öffentliche Meinung, insbesondere die Massenmedien, ist wenig ausgebildet, erfordert ein inneres richterliches Amtsethos[257] mit Medienkompetenz[258] und kann u. U. eine Schutzpflicht des Gesetzgebers aktivieren[259]. 46

Kehrseite des Umstandes, dass Richter als Amtsträger durch Art. 97 I GG auch vor gesellschaftlichen Pressionen geschützt werden, ist ihre richterliche **Grundpflicht**, sich so zu verhalten, dass an ihrer Befähigung zu neutraler und unparteilicher Rechtsprechungstätigkeit nicht zu zweifeln ist und damit das Vertrauen in die Unabhängigkeit des Richters nicht gefährdet wird (vgl. § 39 DRiG)[260]. Das beginnt damit, dass Richter bei **Besorgnis ihrer Befangenheit** sich (nach Maßgabe der prozessrechtlichen Ausgestaltung) sensibel gegenüber sich selbst verhalten und neutral sein müssen mit der Konsequenz, dass Befangenheitsregeln mit der Möglichkeit der Richterablehnung im Vorfeld der Entscheidungsfindung auch von Art. 97 I GG geboten sind[261]. Auch die Beachtung des Beratungsgeheimnisses als Bestandteil der richterlichen Unabhängig- 47

---

[252] Vgl. allg. *J.-F. Staats*, DRiZ 2002, 338ff.; *Baer*, Unabhängigkeit (Fn. 28), S. 216f.; gegen eine Überschätzung solcher Möglichkeiten *Zätzsch*, Unabhängigkeit (Fn. 48), S. 127ff.

[253] Vgl. *H. Sodan*, HStR³ V, § 113 Rn. 27; *Minkner*, Gerichtsverwaltung (Fn. 106), S. 174ff.; *V. Boehme-Neßler*, UFITA 2012, 337ff.; *Tschentscher*, Legitimation (Fn. 106), S. 158f.; *Leuze* (Fn. 69), Art. 97 Rn. 35; *Wolf*, Gerichtsverfassungsrecht (Fn. 67), S. 211ff.

[254] *P. Hanske/A. Lauber-Rönsberg*, ZUM 2013, 264 (264f.); *M. Dehoust*, SächsVBl. 2010, 236 (237f.); *Kiener*, Unabhängigkeit (Fn. 35), S. 207; *Wassermann* (Fn. 7), Art. 97 Rn. 86.

[255] *Detterbeck* (Fn. 63), Art. 97 Rn. 19; *Wassermann* (Fn. 7), Art. 97 Rn. 86.

[256] Ausf. *Kiener*, Unabhängigkeit (Fn. 35), S. 210ff.; *Wassermann* (Fn. 7), Art. 97 Rn. 88f.

[257] *H.-J. Papier*, HGR V, § 130 Rn. 20.

[258] *V. Boehme-Neßler*, AfP 2010, 539 (542).

[259] *Classen* (Fn. 75), Art. 97 Rn. 33; *Hillgruber* (Fn. 1), Art. 97 Rn. 93; *Voßkuhle*, Rechtsschutz (Fn. 191), S. 121; *Wolf*, Gerichtsverfassungsrecht (Fn. 67), S. 215; *W. Dütz*, JuS 1985, 745 (749).

[260] Vgl. *H.-J. Papier*, HGR V, § 130 Rn. 21; *Leuze* (Fn. 69), Art. 97 Rn. 36ff.; *Kiener*, Unabhängigkeit (Fn. 35), S. 58ff., 185ff.; *Wolf*, Gerichtsverfassungsrecht (Fn. 67), S. 221ff.

[261] Vgl. BVerfGE 21, 139 (146); 42, 206 (211); *Classen* (Fn. 75), Art. 97 Rn. 31; *H.-J. Papier*, HGR

keit[262] (vgl. § 43 DRiG) indiziert Neutralität. Das setzt sich fort im Blick auf Gefährdungen aus dem gesellschaftlichen Raum: Eine solche Gefährdung liegt aber weder schon in der Mitgliedschaft in oder der Aktivität für politische Parteien oder Richtervereinigungen, denen bestimmte generalisierte Anschauungen und Tendenzen eigentümlich sind[263]. Es ist auch nicht nur nicht verfassungswidrig, öffentliche Meinungsäußerungen abzugeben, sondern auch nicht verfassungswidrig, dabei die Berufsbezeichnung zu nennen, wie das bei allen anderen Berufsinhabern auch der Fall ist, die vom Prestige ihrer Berufsrolle eine höhere Dignität der Meinungsäußerung für das Publikum erhoffen[264]. Die Grenze zur Unzulässigkeit liegt dort, wo die Meinungsäußerung mit dem Schein richterlicher Amtsausübung versehen wird[265]. Es geht mehr um die Art und Weise des öffentlichen Verhaltens (auch in sozialen Netzwerken[266]) aufgrund der besonderen Umstände, die in einem einzelnen Prozess vor Gericht (unabhängig vom Inhalt der Äußerung) die Besorgnis der Befangenheit begründen würde.

III. Die persönliche Unabhängigkeit der Richter

48 Die **persönliche Unabhängigkeit der Richter** sichert ergänzend die sachliche Unabhängigkeit (→ Rn. 19ff.); sie zielt darauf, dass der Richter während seiner Amtszeit soweit wie möglich in seinem amtsrechtlichen Status von vermeidbaren Einflussnahmen der Exekutive verschont bleibt[267]. Art. 97 II GG steigert diese Garantie (nur) für hauptamtlich und planmäßig angestellte Richter dahin, dass diese gegen ihren Willen nur noch kraft richterlicher Entscheidung nach Maßgabe formeller Gesetze vorzeitig aus ihrem Amt gedrängt werden können (→ Rn. 49ff.); für die übrigen Richter lassen sich verfassungsrechtliche Maßstäbe für ihre Unabhängigkeit (nur) den durch Art. 33 V GG gewährleisteten hergebrachten Grundsätzen des richterlichen Amtsrechts entnehmen (→ Rn. 60ff.).

1. Die persönliche Unabhängigkeit der hauptamtlich und endgültig angestellten Richter (Art. 97 II GG)

a) Hauptamtliche und planmäßig endgültig angestellte Richter

49 Der gesteigerte Schutz der persönlichen Unabhängigkeit durch Art. 97 II GG gilt nur für hauptamtlich und planmäßig endgültig angestellte Richter; Art. 97 II GG geht mithin davon aus, dass es auch andere Richter als solche hauptamtlich und planmäßig

V, § 130 Rn. 24; *Leuze* (Fn. 69), Art. 97 Rn. 27ff.; *Reinhardt*, Jurisdiktion (Fn. 7), S. 120; *J. Riedel*, Das Postulat der Unparteilichkeit der Richter, 1980, S. 91ff.

262 BVerwG NJW 2007, 1705 (1705); *M. Einsiedler*, NJ 2014, 6ff.

263 *H.-J. Papier*, HGR V, § 130 Rn. 22; *Kiener*, Unabhängigkeit (Fn. 35), S. 189ff.; *E. Schmidt-Jortzig*, NJW 1991, 2377 (2382); restriktiv *M. Burghardt*, DRiZ 2010, 352ff.

264 Ausf. zum Problem *R. Wassermann*, NJW 2001, 1470f.; *ders.*, NJW 1995, 1653ff.; *G. Hager*, Freie Meinung und Richteramt, 1987; *ders.*, NJW 1988, 1694ff.; s. auch *H. Sodan*, HStR³ V, § 113 Rn. 76.

265 BVerfG (K), NJW 1989, 93f.; BVerwGE 78, 216 (221ff.); s. auch *H. Sodan*, HStR³ V, § 113 Rn. 91; *Kissel/Mayer* (Fn. 2), § 1 Rn. 161; *E. Kreth*, DRiZ 2009, 198 (200); *G. Hager*, ZBR 1990, 311ff.; *H. Sendler*, NJW 1984, 689ff.

266 BGH NStZ 2016, 218f.; *M. Eibach/J. Wölfel*, Jura 2016, 907ff.; *D. Helmken*, Betr. Justiz 2016, 57ff.; *A. Rojahn/C. Jerger*, NJW 2014, 1147ff.

267 BVerfGE 12, 81 (88); 17, 252 (259); 87, 68 (85); *Heusch* (Fn. 69), Art. 97 Rn. 41; *Hillgruber* (Fn. 1), Art. 97 Rn. 98; ausf. *Wittreck*, Verwaltung (Fn. 35), S. 178ff.; *Tschentscher*, Legitimation (Fn. 106), S. 160ff.; *Wolf*, Gerichtsverfassungsrecht (Fn. 67), S. 203ff.

endgültig angestellte Richter gibt[268]. **Hauptamtliche und planmäßig angestellte Richter** sind solche, die keine andere Haupttätigkeit als die des Richters ausüben und auf eine entsprechende Planstelle bei einem bestimmten Gericht berufen worden sind[269]. Ehrenamtliche Richter (vgl. § 1 DRiG) unterfallen daher (gegen-)begrifflich nicht dem Anwendungsbereich des Art. 97 II GG.

Wenn hauptamtlichen Richtern zugleich zusätzliche Aufgaben als **Richter im Nebenamt** bei einem anderen Gericht übertragen werden, so bleiben sie Richter i. S. von Art. 97 II GG und damit in ihrem Hauptamt nach Art. 97 II GG geschützt, nicht aber auch in ihrem Nebenamt, für das Art. 97 II GG von vornherein nicht gilt[270]. Erst recht sind alle sonstigen Richter im Nebenamt nicht durch Art. 97 II GG geschützt, etwa ordentliche Professoren als Richter im Nebenamt nach § 16 VwGO[271]; es fehlt hier schon an einer hauptamtlichen Anstellung, weil eine andere Haupttätigkeit als die des Richters ausgeübt wird[272]. 50

Endgültig angestellte sind neben den durch Aushändigung einer Ernennungsurkunde »unter Ernennung auf **Lebenszeit**« ernannten Richtern **auch** solche, die von vornherein nur **für eine befristete Amtszeit** als Richter angestellt werden und nach Zeitablauf wieder ausscheiden[273]; auch Richter auf Zeit (vgl. § 11 DRiG) gelten daher als endgültig angestellt[274]. Die Bestellung ist auch nur für drei Jahre[275] oder vier Jahre[276] zulässig, doch muss die Dauer der Amtszeit, nicht nur eine bloße Mindestdauer von zwei Jahren[277], durch parlamentarisches Gesetz geregelt sein[278]; eine Ernennung »bis auf weiteres« ist unzulässig[279]. Auch für auf Zeit abgeordnete Richter (vgl. § 37 DRiG) bleibt die Berufung auf Art. 97 II GG auch für die abgeordnete Stelle zulässig[280]. 51

Nicht endgültig angestellt (und damit vom Anwendungsbereich des Art. 97 II GG ausgeschlossen) sind nur die vorläufig angestellten Richter. Dazu gehört vor allem der Richter auf Probe (vgl. § 12 DRiG)[281], der erst (spätestens) nach fünf Jahren zum Rich- 52

[268] Vgl. z. B. BVerfGE 14, 156 (162); 87, 68 (85); *Detterbeck* (Fn. 63), Art. 97 Rn. 29; krit. *Wassermann* (Fn. 7), Art. 97 Rn. 68.

[269] *Classen* (Fn. 75), Art. 97 Rn. 36; *Detterbeck* (Fn. 63), Art. 97 Rn. 23; *Meyer* (Fn. 64), Art. 97 Rn. 39; *Wolf*, Gerichtsverfassungsrecht (Fn. 67), S. 205.

[270] *Heusch* (Fn. 69), Art. 97 Rn. 42; *N. Achterberg*, in: BK, Art. 92 (Zweitb. 1981), Rn. 294; a.A. *Detterbeck* (Fn. 63), Art. 97 Rn. 24; s. auch *Schmidt-Räntsch* (Fn. 51), § 27 Rn. 14ff.

[271] *Detterbeck* (Fn. 63), Art. 97 Rn. 25; *E. Schmidt-Jortzig*, »Ordentliche Professoren des Rechts« als Richter an den Verwaltungsgerichten, in: FS Menger, 1985, S. 359ff. (364); a.A. *P. Stelkens*, in: Schoch/Scheider/Bier, VwGO, § 16 (1996), Rn. 6.

[272] *Detterbeck* (Fn. 63), Art. 97 Rn. 25.

[273] BVerfGE 3, 213 (224); 4, 331 (345); 14, 57 (70f.); Jarass/*Pieroth*, GG, Art. 97 Rn. 10; *Detterbeck* (Fn. 63), Art. 97 Rn. 26; *Meyer* (Fn. 64), Art. 97 Rn. 39, 42; für Ausweitung der Richter auf Zeit *Reich*, GG, Art. 97 Rn. 1.

[274] *Detterbeck* (Fn. 63), Art. 97 Rn. 26; *Wassermann* (Fn. 7), Art. 97 Rn. 62; a.A. *H. Geiger*, ZRP 1998, 252 (253f.).

[275] BVerfGE 42, 206 (210).

[276] BVerfGE 18, 241 (255).

[277] *C. Maierhöfer*, NVwZ 2015, 1655 (1656); allg. krit. *K. Rennert*, DVBl. 2016, 457 (458); *J. Hüttenbrink*, DVBl. 2016, 751 (753); anders *J. Kronisch*, DVBl. 2016, 490 (493); *ders.*, NJW 2016, 1623 (1623).

[278] BVerfGE 27, 355 (362f.); Jarass/*Pieroth*, GG, Art. 97 Rn. 10; s. auch *R. Pitschas*, ZRP 1998, 96 (102).

[279] Vgl. BVerfGE 3, 213 (224); 4, 331 (345); 14, 56 (70f.); 18, 241 (255); *Classen* (Fn. 75), Art. 97 Rn. 36; *Meyer* (Fn. 64), Art. 97 Rn. 39.

[280] Vgl. *Detterbeck* (Fn. 63), Art. 97 Rn. 28; *Schmidt-Räntsch* (Fn. 51), § 37 Rn. 11.

[281] BVerwGE 102, 7 (8f.); 102, 81 (83f.); *Detterbeck* (Fn. 63), Art. 97 Rn. 27; *Hillgruber* (Fn. 1), Art. 97 Rn. 100; zur Zulässigkeit der Heranziehung von Proberichtern als Ausnahme BVerfGE 4, 313

ter auf Lebenszeit ernannt werden muss (vgl. § 12 II 1 DRiG), zuvor aber entlassen werden kann (vgl. § 22 I DRiG). Nicht endgültig angestellt sind auch Richter kraft Auftrags (vgl. § 14 DRiG), weil auch sie (unter den Voraussetzungen der §§ 22, 23 DRiG) entlassen werden können. Auch Richter im Angestelltenverhältnis[282] wären wegen ihrer gegenüber »verbeamteten« Lebenszeitrichtern schwächeren Rechtsstellung wohl nicht als »endgültig angestellt« i. S. von Art. 97 II GG anzusehen.

53 Art. 97 II GG unterstellt den hauptamtlich und planmäßig endgültig angestellten Richter als Regeltypus[283]; die **Heranziehung von Richtern ohne volle persönliche Unabhängigkeit** darf deshalb nur in einem **Umfang** erfolgen, wie es zwingende Gründe gibt, etwa die Herausbildung richterlichen Nachwuchses (Richter auf Probe)[284] oder die besondere Übergangssituation der Wiedervereinigung[285]; auch eine Mehrheit von drei anwaltlichen Richtermitgliedern gegenüber zwei Berufsrichtern beim Anwaltsgerichtshof (§§ 100ff. BRAO) ist zulässig[286]. Gerichtspräsidenten »auf Zeit« in Abhängigkeit der Ernennung durch die Exekutive gefährden die persönliche Unabhängigkeit und dürften mit Art. 97 II GG unvereinbar sein[287].

b) Das Verbot von Amtsenthebung, Versetzung und vergleichbaren Beeinträchtigungen der persönlichen Unabhängigkeit

54 Für die nach Art. 97 II GG in ihrer persönlichen Unabhängigkeit besonders geschützten Richter (→ Rn. 49ff.) gilt grundsätzlich das **Verbot der Amtsenthebung und Versetzung** (Grundsatz der Inamovibilität) an ein anderes Gericht gegen den Willen des betroffenen Richters[288]; das Ende seiner Amtsausübung darf nicht von einer Entscheidung der Exekutive abhängen[289]. Das gilt auch für den Fall einer – unzulässigen – Koppelung zwischen dem Verlust eines Amtes in der Exekutive und dem Verlust des Richteramtes[290]. Etwas anderes ist nur ausnahmsweise unter den in Art. 97 II GG genannten Voraussetzungen möglich, also nur kraft richterlicher Entscheidung nach Maßgabe gesetzlicher Ausnahmebestimmungen.

55 Unzulässig sind nicht nur Amtsenthebung und Versetzung, sondern auch alle **Maßnahmen der Exekutive, die in ihrer Wirkung** einer Amtsenthebung oder Versetzung **vergleichbar sind**[291], weil sie den Richter praktisch von rechtsprechender Tätigkeit ausschließen, etwa auch durch eine entsprechende Ausgestaltung der Geschäftsvertei-

---

(345); 14, 156 (162f.); *Baer*, Unabhängigkeit (Fn. 28), S. 181f., 193ff.; krit. *R. Lippold*, NJW 1991, 2383 (2385ff.): Verstoß gegen Art. 6 I EMRK.

[282] Für möglich gehalten in BVerfGE 3, 213 (224).

[283] BVerfGE 87, 68 (85); BVerfG (K), NVwZ 2007, 693 (694); *H. Sodan*, HStR³ V, § 113 Rn. 50; *Classen* (Fn. 75), Art. 97 Rn. 40.

[284] BVerfGE 14, 56 (70); 14, 156 (162ff.); *Meyer* (Fn. 64), Art. 97 Rn. 40; *Leuze* (Fn. 69), Art. 97 Rn. 64; *Heyde* (Fn. 89), § 33 Rn. 81.

[285] Zur Übernahme von Richtern der ehemaligen DDR vgl. *Heyde* (Fn. 89), § 33 Rn. 83f.; *P. Stelkens*, DVBl. 1992, 536ff.

[286] Vgl. BVerfGE 26, 186 (199); 48, 300 (325).

[287] *W. Münchbach*, ZRP 2007, 156 (159).

[288] BVerfGE 14, 56 (70); 26, 186 (198f.); 87, 68 (85); BVerfGK 8, 395 (399); *Classen* (Fn. 75), Art. 97 Rn. 37, 39; *Detterbeck* (Fn. 63), Art. 97 Rn. 22; Jarass/*Pieroth*, GG, Art. 97 Rn. 11; *Meyer* (Fn. 64), Art. 97 Rn. 41; *G. Barbey*, HStR III, § 74 Rn. 71f.; s. (auch zu Ausnahmen) *Baer*, Unabhängigkeit (Fn. 28), S. 182ff. → Rn. 59.

[289] BVerfGE 14, 56 (71); Jarass/*Pieroth*, GG, Art. 97 Rn. 10.

[290] BVerfGE 14, 56 (71).

[291] BVerfGE 17, 252 (259); *H. Sodan*, HStR³ V, § 113 Rn. 71; *Detterbeck* (Fn. 63), Art. 97 Rn. 35; Jarass/*Pieroth*, GG, Art. 97 Rn. 11.

lung[292]. Auch die Übertragung eines weiteren Richteramts (vgl. § 27 II DRiG), das mehr als die Hälfte der Arbeitskraft des Richters absorbiert, kommt in diesem Sinne einer Versetzung gleich[293] und bedarf (ungeachtet des Wortlauts von § 27 II DRiG) insoweit der Zustimmung des betroffenen Richters[294]. Art. 97 II GG verbietet jede vermeidbare Einflussnahme der Exekutive auf die Rechtsstellung der Richter[295] und verlangt eine angemessene, durch Gesetz bestimmte »feste« Besoldung[296], die dem Alimentationsprinzip nicht widerspricht[297] und der Justizverwaltung nicht die Auswahl der Besoldungsgruppe für die Richter mit derselben Funktion einräumen darf[298], und eine angemessene Ausstattung[299] (→ Rn. 24).

Keine Maßnahmen mit vergleichbarer Wirkung sind die Umsetzung von Richtern vom Hauptsitz des Gerichts an eine Außenstelle (oder umgekehrt)[300]; zeitlich begrenzte Abordnungen im Vertretungsfall[301]; weiterhin der Entzug von Verwaltungsbefugnissen, da er die persönliche Unabhängigkeit nicht berühren kann[302], zumal bei einem Richter, der zuvor zu einer anderen Stelle im öffentlichen Dienst ohne Übertragung eines Richteramts abgeordnet worden ist (vgl. § 37 DRiG)[303]; oder auch die dienstaufsichtlichen Maßnahmen der obersten Landesbehörden gegenüber Richtern, soweit sie sich im Rahmen des § 26 I, II DRiG halten, d. h. auf den Bereich der äußeren Ordnung richterlicher Tätigkeit erstrecken[304] und nicht in die Richterstellung und damit die persönliche Unabhängigkeit eingreifen[305]; letzteres ist eben gerichtlichen Entscheidungen vorbehalten. Auch die Pflicht zur politischen Mäßigung (vgl. § 39 DRiG) zur Wahrung der Unabhängigkeit ist keine Beschränkung der persönlichen Unabhängigkeit[306] (→ Rn. 47). 56

Allerdings läuft in der Justizpraxis das Selbstverständnis der Richter Gefahr, sehr schnell Gefährdungen der persönlichen Unabhängigkeit wahrzunehmen, wo es in Wahrheit nur darum geht, die äußere Effektivität und Effizienz richterlichen Handelns 57

---

[292] BVerfGE 17, 252 (262); BVerfG (K), NJW 2008, 909 (910); BayVGH BayVBl. 2016, 813 (815); *Hillgruber* (Fn. 1), Art. 97 Rn. 106; *Leuze* (Fn. 69), Art. 97 Rn. 59.

[293] BGHZ 67, 159 (163 f.).

[294] *Detterbeck* (Fn. 63), Art. 97 Rn. 35; *Schmidt-Räntsch* (Fn. 51), § 27 Rn. 22.

[295] Vgl. BVerfGE 12, 81 (88); *Detterbeck* (Fn. 63), Art. 97 Rn. 5; zur Kritik *F. Brosius-Gersdorf*, Dritte Gewalt im Wandel – Veränderte Anforderungen an Legitimität und Effektivität?, VVDStRL 74 (2015), S. 169 ff. (207 f.).

[296] BVerfGE 12, 81 (88); 26, 79 (93 f.); 26, 141 (156); 56, 146 (165 ff.); 107, 257 (275, Rn. 59); 139, 64 (121 f., Rn. 120 f.; 135 f., Rn. 155 f.); *Meyer* (Fn. 64), Art. 97 Rn. 42; *Heusch* (Fn. 69), Art. 97 Rn. 28; *Hillgruber* (Fn. 1), Art. 97 Rn. 91; *Leuze* (Fn. 69), Art. 97 Rn. 60; ausf. *K. Lerch*, DRiZ 1993, 225 ff.

[297] Ausf. jetzt BVerfGE 139, 64 (111 ff., Rn. 92 ff.); *J.F. Lindner*, BayVBl. 2015, 801 ff.; *M. Stuttmann*, NVwZ 2015, 1007 ff.; zur Kritik *Wittreck*, Gewalt (Fn. 117), S. 150 ff.

[298] Vgl. BVerfGE 26, 79 (94); 55, 372 (389): *H.-J. Papier*, HGR V, § 130 Rn. 62.

[299] Dazu *E. Schmidt-Jortzig*, NJW 1991, 2377 (2379 ff.).

[300] BGHZ 93, 100 (102); *Heusch* (Fn. 69), Art. 97 Rn. 46; *Kissel/Mayer* (Fn. 2), § 1 Rn. 145; a.A. *Classen* (Fn. 75), Art. 97 Rn. 38.

[301] Jarass/*Pieroth*, GG, Art. 97 Rn. 11; *Hillgruber* (Fn. 1), Art. 97 Rn. 107; a.A. *Schmidt-Räntsch* (Fn. 51), § 37 Rn. 14.

[302] BVerfGE 38, 139 (152 f.); *Detterbeck* (Fn. 63), Art. 97 Rn. 36; Jarass/*Pieroth*, GG, Art. 97 Rn. 11.

[303] *Detterbeck* (Fn. 63), Art. 97 Rn. 28; *Schmidt-Räntsch* (Fn. 51), § 37 Rn. 3, 7.

[304] Vgl. BGHZ 67, 184 (187); 70, 1 (4); 93, 238 (244); Jarass/*Pieroth*, GG, Art. 97 Rn. 11; *Hillgruber* (Fn. 1), Art. 97 Rn. 110.

[305] BVerfGE 38, 139 (151 f.); s. auch BGHZ 85, 145; *Detterbeck* (Fn. 63), Art. 97 Rn. 37; Jarass/*Pieroth*, GG, Art. 97 Rn. 11.

[306] S. näher *J. Limbach*, NJ 1995, 281 ff.; *J. Rottmann*, DRiZ 1987, 317 ff.; *T. Rasehorn*, KritJ 19 (1986), 76 ff.; *Simon*, Unabhängigkeit (Fn. 7), S. 84 ff.

an die Standards anderer Bereiche staatlicher Aufgabenerfüllung anzupassen; Art. 97 GG will indessen nicht »Standesprivilegien« einräumen[307] und erlaubt es durchaus, bei der **organisatorischen Gestaltung des Arbeitsablaufs** für alle Richter verbindliche Vorgaben zu erarbeiten. Deshalb verlangt auch Art. 97 II GG weder die Befreiung vom Dienststundenzwang noch die Freistellung von Arbeitszeitordnungen (→ Rn. 35)[308]. Art. 97 II GG gibt kein Vetorecht gegen Modernisierungsbemühungen der Justiz[309].

58 **Ausnahmen vom Verbot der Beeinträchtigung der persönlichen Unabhängigkeit** sind stets für den Fall des freiwilligen Einverständnisses des betroffenen Richters möglich[310], etwa auch als grundsätzlich vorgesehene Folge einer beantragten Teilzeitbeschäftigung[311]. Es bestehen ferner die von Art. 97 II GG ausdrücklich vorgesehenen Möglichkeiten: (1) die richterliche Entscheidung nach Maßgabe von Parlamentsgesetzen (vgl. §§ 30ff. DRiG), die Gründe und Formen für eine Amtsenthebung oder Versetzung regeln (Art. 97 II 1 GG)[312]; dazu gehört z. B. die vorläufige Dienstenthebung im förmlichen Disziplinarverfahren[313]; (2) die gesetzlich festgelegten Altersgrenzen für Lebenszeitrichter (Art. 97 II 2 GG)[314]; (3) die Veränderung der Einrichtung (und Organisation) der Gerichte[315] oder der Gerichtsbezirke (als Konsequenz aus Art. 101 I 2 GG nur aufgrund parlamentsgesetzlicher Grundlage[316]), wobei der Richter Anspruch auf Belassung des vollen Gehalts hat (Art. 97 II 3 GG)[317], schließlich (4) die Möglichkeiten der Richteranklage mit Entfernung aus dem Dienst nach Art. 98 II, V GG (→ Art. 98 Rn. 32ff.).

59 Praktisch umstritten sind **Veränderungen der Richterzahlen** infolge gesetzlicher Zuständigkeitsverschiebungen zwischen den Fachgerichtsbarkeiten. Eine gesetzliche Festlegung der Richterzahlen für einzelne Gerichte ist eine Vergrößerung oder Verkleinerung des Gerichts und betrifft seine Einrichtung i. S. von Art. 97 II 3 GG[318]. Die Richter können daher auch gegen ihren Willen unter Belassung ihres vollen Gehalts an ein anderes Gericht versetzt werden, ohne dass darin ein Verstoß gegen die persönliche Unabhängigkeit zu sehen ist[319].

---

[307] BGHZ 67, 184 (187); BGH NJW 1991, 421 (422); *Detterbeck* (Fn. 63), Art. 97 Rn. 3; *Heusch* (Fn. 69), Art. 97 Rn. 41; *H.-J. Papier*, HGR V, § 130 Rn. 2, 10; *Kissel/Mayer* (Fn. 2), § 1 Rn. 43 m.w.N.; s. auch *J. Wittmann*, Richterliche Unabhängigkeit – Freiheit und Verantwortung, in: FS Schmitt Glaeser, 2003, S. 363ff. (365ff.).

[308] *Detterbeck* (Fn. 63), Art. 97 Rn. 3; Jarass/*Pieroth*, GG, Art. 97 Rn. 6; *Wassermann* (Fn. 7), Art. 97 Rn. 17; a.A. BVerwGE 78, 211 (213f.); BGHZ 113, 36 (40); *H. Lecheler*, HStR III, § 72 Rn. 60.

[309] Vgl. *E. Schneider*, MDR 1996, 865 (867f.); zurückhaltend *Reim*, Gerechtigkeit (Fn. 211), S. 798, 800.

[310] *Classen* (Fn. 75), Art. 97 Rn. 39; Jarass/*Pieroth*, GG, Art. 97 Rn. 12.

[311] BGHZ 174, 213 (219f.).

[312] *Heusch* (Fn. 69), Art. 97 Rn. 44; *H.-J. Papier*, HGR V, § 130 Rn. 61.

[313] BVerfG (K), NJW 1996, 2149 (2150).

[314] S. näher *Heusch* (Fn. 69), Art. 97 Rn. 47f.

[315] BGH NVwZ-RR 2004, 466 (467) zur Auflösung des Bundesdisziplinargerichts; *Heusch* (Fn. 69), Art. 97 Rn. 49; *F. Schoch*, GVwR² III, § 50 Rn. 57.

[316] BVerfGE 2, 307 (313f., 326); 24, 155 (166); BVerfGK 8, 395 (399f.); *Classen* (Fn. 75), Art. 97 Rn. 39; *Detterbeck* (Fn. 63), Art. 97 Rn. 38; Jarass/*Pieroth*, GG, Art. 97 Rn. 12; *Meyer* (Fn. 64), Art. 97 Rn. 41. → Art. 101 Rn. 20.

[317] S. näher *Heusch* (Fn. 69), Art. 97 Rn. 50.

[318] BGH NVwZ-RR 2004, 466 (466f.); *Detterbeck* (Fn. 63), Art. 97 Rn. 38; *P.M. Huber/S. Storr*, ZG 21 (2006), 105 (127); *R. Gröschner*, NJW 2005, 3691ff.; ausf. *ders.*, Reichweite richterlicher Inamovibilität im Verfassungsstaat des Grundgesetzes, 2005, S. 46ff., 59ff.; anders *F. Wittreck*, ThürVBl. 2005, 245 (249ff.).

[319] *Hillgruber* (Fn. 1), Art. 97 Rn. 109; *Gröschner*, Reichweite (Fn. 318), S. 59ff.; *P.M. Huber/S.*

2. Die persönliche Unabhängigkeit der sonstigen (»atypischen«) Richter

Auch den **Richtern, die nicht hauptamtlich und planmäßig endgültig angestellt sind**, ist neben ihrer sachlichen Unabhängigkeit (→ Rn. 19ff.) auch ein **Mindestmaß an persönlicher Unabhängigkeit** garantiert[320], auch wenn sie nicht dem typischen, im Grundgesetz grundsätzlich vorausgesetzten Bild des Richters[321] entsprechen (→ Rn. 53). Ihre persönliche Unabhängigkeit wird aber nicht durch Art. 97 II GG[322], sondern als ein für das Amtsrecht der Richter charakteristischer **Grundsatz i.S. von Art. 33 V GG** geschützt[323]; zu diesen Grundsätzen gehört auch die Gewährleistung eines Mindestmaßes an persönlicher und sachlicher Unabhängigkeit jedes Richters[324]. 60

Ihr **Schutzumfang** bleibt zwar hinter Art. 97 II GG zurück, doch ist der Kerngedanke des Art. 97 II GG übertragbar[325]: Er schließt jede vermeidbare Einflussnahme der Exekutive auf die Rechtsstellung auch des einzelnen Richters aus[326] und verlangt eine entsprechende Ausgestaltung der gesetzlichen Grundlagen, ohne die auch ein atypischer Richter vor Ablauf seiner Amtszeit nicht aus seinem Amt abberufen werden kann[327]; das gilt insbesondere auch für ehrenamtliche Richter, die gegen ihren Willen ebenfalls grundsätzlich nur kraft richterlicher Entscheidung nach Maßgabe des Gesetzes abberufen werden können[328], aber auch für Proberichter und Richter kraft Auftrags[329], auch wenn diese als ein Ausnahmefall durch die Exekutive entlassen werden dürfen (vgl. §§ 22, 23 DRiG)[330]. Art. 33 V GG darf insoweit zwischen den verschiedenen Arten von Richtern differenzieren[331]. Eine Entlassung unter Verstoß gegen die einfachgesetzlichen Vorgaben verstößt zugleich gegen Art. 33 V GG und kann im Wege der Verfassungsbeschwerde gerügt werden[332]. 61

D. Verhältnis zu anderen GG-Bestimmungen

Art. 97 GG ergänzt und konkretisiert in Bestätigung von Art. 20 III GG **Art. 92 GG** (→ Rn. 14). Er bindet vorrangig die Ausgestaltung des Richterstatus durch den parlamen- 62

Storr, ZG 21 (2006), 105 (128); a.A. *Heusch* (Fn. 69), Art. 97 Rn. 49; *Wittreck*, Gewalt (Fn. 117), S. 161f.; *ders.*, Verwaltung (Fn. 35), S. 490f.; *ders.*, DRiZ 2007, 356 (359ff.); *A. Flüchter*, Der Multifunktionsrichter – Das Modell der Zukunft?, in: FS Löwisch, 2005, S. 115ff. (126).

320 BVerfGE 4, 331 (344f.); 14, 56 (70); 18, 241 (255); 26, 186 (198f.); 42, 206 (209); 87, 68 (85); BVerfG (K), NVwZ-RR 2014, 1 (2); *Detterbeck* (Fn. 63), Art. 97 Rn. 31; Jarass/*Pieroth*, GG, Art. 97 Rn. 10a; *Heusch* (Fn. 69), Art. 97 Rn. 43; *Wassermann* (Fn. 7), Art. 97 Rn. 70.

321 BVerfGE 14, 156 (162); 87, 68 (85).

322 So BVerfGE 14, 56 (71f.); *Hillgruber* (Fn. 1), Art. 97 Rn. 101.

323 BVerfGE 12, 81 (88); *H. Sodan*, HStR^3 V, § 113 Rn. 3, 73; *Detterbeck* (Fn. 63), Art. 97 Rn. 7, 38; s. auch zur Kritik *Wassermann* (Fn. 7), Art. 97 Rn. 67ff. → Rn. 16 m.w.N. in Fn. 76.

324 BVerfGE 12, 81 (88); 55, 372 (391f.); BVerfG (K), NJW 1996, 2149 (2150); *H. Lecheler*, HStR III, § 72 Rn. 60; offenlassend BVerfGE 38, 139 (151).

325 *Detterbeck* (Fn. 63), Art. 97 Rn. 34.

326 BVerfGE 12, 81 (88); *Detterbeck* (Fn. 63), Art. 97 Rn. 32.

327 Vgl. BVerfGE 87, 68 (85); *Detterbeck* (Fn. 63), Art. 97 Rn. 32.

328 Vgl. BVerfGE 14, 56 (70f.); 18, 241 (255); 26, 186 (198f.); 27, 312 (322); 87, 68 (85); *H. Sodan*, HStR^3 V, § 113 Rn. 86; *Classen* (Fn. 75), Art. 97 Rn. 42; Jarass/*Pieroth*, GG, Art. 97 Rn. 10a; anders wohl *T. Groß*, KritJ 33 (2000), 209 (220f.).

329 *Detterbeck* (Fn. 63), Art. 97 Rn. 34; a.A. *Wassermann* (Fn. 7), Art. 97 Rn. 70.

330 *Detterbeck* (Fn. 63), Art. 97 Rn. 33; s. auch *Leuze* (Fn. 69), Art. 97 Rn. 64; *Schmidt-Räntsch* (Fn. 51), § 22 Rn. 17.

331 *Detterbeck* (Fn. 63), Art. 97 Rn. 34.

332 Vgl. BVerfG (K), NJW 2005, 1344ff.; *Detterbeck* (Fn. 63), Art. 97 Rn. 34.

tarischen Gesetzgeber nach **Art. 98 I, III GG**, findet insoweit aber eine Grenze an **Art. 33 II GG** (→ Rn. 29). Soweit der Anwendungsbereich von Art. 97 II GG reicht, ist dieser lex specialis zu **Art. 33 V GG**, der subsidiär wirksam bleibt (→ Rn. 16, 60f.). Insoweit Art. 97 GG Kernbestandteil des Gewaltenteilungs- und des Rechtsstaatsprinzips ist, etwa hinsichtlich der sachlichen Unabhängigkeit der Richter[333], nimmt er an der Ewigkeitsgarantie des **Art. 79 III GG** teil; eine Verfassungsänderung ist insoweit ausgeschlossen[334]. Art. 97 I GG schließt Rechnungsprüfungen bei den Gerichten nach **Art. 114 GG** nicht aus[335].

333 So *R. Pitschas*, ZRP 1998, 96 (100).

334 *Morgenthaler* (Fn. 249), Art. 97 Rn. 2; *Detterbeck* (Fn. 63), Art. 97 Rn. 6; *H.-J. Papier*, HGR V, § 130 Rn. 5; *Wassermann* (Fn. 7), Art. 97 Rn. 14; *H.J. Faller*, DVBl. 1995, 985 (990); für die sachliche Unabhängigkeit *E. Schilken*, JZ 2006, 860 (861); a.A. *Holtkotten* (Fn. 30), Art. 97 Anm. II.1.c).

335 Vgl. *Franz*, Prüfungen (Fn. 216), S. 83ff.

Artikel 98 [Rechtsstellung der Richter]

(1) Die Rechtsstellung der Bundesrichter ist durch besonderes Bundesgesetz zu regeln.

(2) [1]Wenn ein Bundesrichter im Amte oder außerhalb des Amtes gegen die Grundsätze des Grundgesetzes oder gegen die verfassungsmäßige Ordnung eines Landes verstößt, so kann das Bundesverfassungsgericht mit Zweidrittelmehrheit auf Antrag des Bundestages anordnen, daß der Richter in ein anderes Amt oder in den Ruhestand zu versetzen ist. [2]Im Falle eines vorsätzlichen Verstoßes kann auf Entlassung erkannt werden.

(3) Die Rechtsstellung der Richter in den Ländern ist durch besondere Landesgesetze zu regeln, soweit Artikel 74 Abs. 1 Nr. 27 nichts anderes bestimmt.

(4) Die Länder können bestimmen, daß über die Anstellung der Richter in den Ländern der Landesjustizminister gemeinsam mit einem Richterwahlausschuß entscheidet.

(5) [1]Die Länder können für Landesrichter eine Absatz 2 entsprechende Regelung treffen. [2]Geltendes Landesverfassungsrecht bleibt unberührt. [3]Die Entscheidung über eine Richteranklage steht dem Bundesverfassungsgericht zu.

Literaturauswahl

Barbey, Günther: Der Status des Richters, in: HStR III, § 74, S. 815–857.

Böckenförde, Ernst-Wolfgang: Verfassungsfragen der Richterwahl (1974), 2. Aufl. 1998.

Burmeister, Günter C.: Die Richteranklage im Bundesstaat – Verschuldenserfordernis, Verfahrensvorgaben und landesrechtliche Gestaltungsspielräume, in: DRiZ 1998, S. 518–527.

Dietrich, Thorsten Erwin: Richterwahlausschüsse und demokratische Legitimation, 2007.

Ehlers, Dirk: Verfassungsrechtliche Fragen der Richterwahl, 1998.

Epping, Volker: Die demokratische Legitimation der Dritten Gewalt der Europäischen Gemeinschaften, in: Der Staat 36 (1997), S. 349–380.

Fuchs, Katharina: Verfassungsmäßigkeit und Umsetzbarkeit von Modellen für eine selbstverwaltete Justiz in Deutschland, 2013.

Gärditz, Klaus Ferdinand: Richterwahlausschüsse für Richter im Landesdienst – Funktion, Organisation, Verfahren und Rechtsschutz, in: ZBR 2011, S. 109–119.

Groß, Thomas: Verfassungsrechtliche Möglichkeiten und Begrenzungen für eine Selbstverwaltung der Justiz, in: ZRP 1999, S. 361–365.

Lerch, Klaus: Die Rechtsprechung des Bundesverfassungsgerichts zum Richterstatus, in: DRiZ 1993, S. 225–229.

Mahrenholz, Ernst Gottfried: Über Richterwahlausschüsse in den Ländern, in: NdsVBl. 2003, S. 225–236.

Petersen, Jürgen P.C./Lobsien, Jürgen: Der Weg zur eigenständigen Richterbesoldung, in: DRiZ 1984, S. 165–176.

Priepke, Walther: Die politische Treuepflicht des Richters, in: DRiZ 1991, S. 4–8.

Tschentscher, Axel: Demokratische Legitimation der dritten Gewalt, 2006.

Wassermann, Rudolf: Richteranklage im Fall Orlet?, in: NJW 1995, S. 303–304.

Ziekow, Jan/Guckelberger, Annette: Die Wahl von Richtern in den Ländern, in: NordÖR 2000, S. 13–19.

Leitentscheidungen des Bundesverfassungsgerichts

BVerfGE 26, 141 (154ff.) – Richterbesoldung I; 32, 199 (212ff.) – Richterbesoldung II; 38, 1 (8ff.) – Richteramtsbezeichnungen; 55, 372 (384ff.) – Richterbesoldung III.

Gliederung

Stichwörter

A. Herkunft, Entstehung, Entwicklung

I. Ideen- und verfassungsgeschichtliche Aspekte

1 Die Rechtsprechung durch Richter **in Deutschland** wurde im Zuge der Ausbildung einer staatlichen Gerichtsbarkeit sowie mit der Rezeption des oberitalienischen Rechts (und dem damit verbundenen Bruch mit dem alten Rechtszustand und seinen Folgen für die fachliche Differenzierung der Rechtslehre) beamteten gelehrten Berufsrichtern übertragen[1] (→ Art. 92 Rn. 2). Diese **Beamtenrichter** waren von der Landesobrigkeit abhängig und abrufbar. Nur im Reichskammergericht (→ Art. 95 Rn. 1) galt von der erstmaligen Wahl seiner hauptamtlich tätigen Richter an (1495) das Prinzip der Kooptation; sie konnten auch nicht vom Kaiser, sondern nur mit Zustimmung des Kollegi-

[1] Vgl. *N. Achterberg*, in: BK, Art. 92 (Zweitb. 1981/1985), Rn. 6; *R. Wassermann*, in: AK-GG, Art. 98 (2001), Rn. 1; ausf. *G. Roellecke*, JuS 1990, 337ff.; *E. Kern*, Geschichte des Gerichtsverfassungsrechts, 1954, S. 21ff.

ums des Reichskammergerichts und nur von Visitationskommissionen abberufen werden, die sich aus Beauftragten der Reichsstände zusammensetzten[2].

2 Erst seit der Entfaltung der Idee der Unabhängigkeit der Richter im Zuge der Aufklärung (→ Art. 97 Rn. 2f.) kam es auch **im 19. Jahrhundert** zu **besonderen rechtlichen Regelungen** der Rechtsstellung der Richter zur Gewährleistung der persönlichen Unabhängigkeit, in Preußen etwa durch die »Verordnung betreffend die Dienstvergehen der Richter« (1849); besondere Disziplinargesetze erließen z. B. Baden (1879), Hessen (1879), Hamburg (1879) und Bayern (1881) mit Regelungen zur Disziplinierung, Zurruhesetzung und z. T. auch zur Versetzung der richterlichen Beamten[3]. Auch die §§ 1ff. GVG von 1877 enthielten einige Bestimmungen über das Richteramt[4]. Noch vor dem Ersten Weltkrieg entspann sich im Anschluss an eine Herrenhausrede des Frankfurter Oberbürgermeister Adickes[5], der die Richter nach englischem Vorbild aus der Beamtenrechtsstellung lösen und ihre Zahl drastisch vermindern wollte, eine Reformdiskussion. Auch der Deutsche Richterbund forderte ein eigenes Reichsrichtergesetz, das die feste Anstellung der Richter und eine klare Kompetenzabgrenzung gegenüber der Justizverwaltung enthalten sollte[6].

3 Das **NS-Regime** hob 1937 die Richtergesetze in den einzelnen Ländern auf; der Richterbund hatte sich bereits 1933 selbst aufgelöst, war kollektiv dem Nationalsozialistischen Bund Deutscher Juristen (NSBDJ) beigetreten[7] und wurde durch den NS-Rechtswahrerbund abgelöst, dem schließlich 21.000 Richter und Staatsanwälte angehörten[8] und der ein Richtergesetz zur Formung eines nationalsozialistischen Richterkorps anstrebte[9].

4 Erst **nach 1945** hat sich unter dem Eindruck der »Justizkatastrophe der Jahre 1933 bis 1945« (Adolf Arndt) der politische Wille zur **Realisierung eines neuen Richterbildes** und seiner verfassungsrechtlichen Ausgestaltung durchgesetzt[10]. Die zeitgenössische Kritik am Maßstab des angelsächsischen Typs des Richters sah in den überkommenen deutschen Richterbeamten systembedingt subalterne und willfährige Gestalten von geringem persönlichen, politischen und geistigen Format[11]. Statt dessen wurde ein neuer Richtertyp angestrebt: Er sollte von einer Beamtenrechtslaufbahn unabhängig, fachlich tüchtig, menschlich und von politisch-sozialem Verantwortungsbewusstsein geprägt sein sowie hervorgehoben besoldet und in seiner speziellen Stellung auch rechtlich herausgehoben werden[12].

---

2 *Wassermann* (Fn. 1), Art. 98 Rn. 1; *F. Baur*, Justizaufsicht und richterliche Unabhängigkeit, 1954, S. 5f.; vgl. zur Verfassung des Reichskammergerichts *R. Smend*, Das Reichskammergericht, 1911, S. 243ff.

3 *Wassermann* (Fn. 1), Art. 98 Rn. 2.

4 Vgl. *O.R. Kissel/H. Mayer*, GVG, 8. Aufl. 2015, § 1 Rn. 19.

5 *F. Adickes*, DRiZ 1965, 258ff. (Herrenhausrede 1906); s. auch *G. und J. Schmidt-Räntsch*, Deutsches Richtergesetz, 6. Aufl. 2009, Einl. Rn. 6.

6 *Wassermann* (Fn. 1), Art. 98 Rn. 3.

7 *H. Wrobel*, Verurteilt zur Demokratie – Justiz und Justizpolitik in Deutschland 1945–1949, 1989, S. 21.

8 *L. Gruchmann*, Justiz im Dritten Reich 1933–1940, 2. Aufl. 1990, S. 221.

9 *Wassermann* (Fn. 1), Art. 98 Rn. 4.

10 *Wassermann* (Fn. 1), Art. 98 Rn. 5; s. auch *H. Maier*, NJW 1989, 3202ff.; *H. Wrobel*, DRiZ 1995, 199ff.; ausf. *ders.*, Demokratie (Fn. 7), S. 101ff., 253ff., 283ff.; zurückhaltender *W. Heyde*, Rechtsprechung, in: HdbVerfR, § 33 Rn. 74.

11 Grdl. *K.S. Bader*, Die deutschen Juristen, 1947.

12 *Wassermann* (Fn. 1), Art. 98 Rn. 5; zum gegenläufigen Richterbild der DDR ebd., Rn. 5a.

5 Speziell die »**Richteranklage**« ist ein der deutschen Rechtstradition eher fremdes Rechtsinstitut[13], das weder in der WRV noch im HChE enthalten war. Für den beamteten Richter im monarchischen System stand seine Unabhängigkeit im Dienste des Monarchen; mit dem Ende der Monarchie fühlte sich die Richterschaft unter der WRV aber nicht im Geiste der Demokratie auf das Volk als neuen Träger der staatlichen Souveränität verpflichtet[14]. Die Idee der Richteranklage sucht nach dem Vorbild der Impeachment-Verfahren (nach Art. I Section 2 Ziff. 3, Section 3 Ziff. 6 US-Verfassung) in den USA[15] (wie auch in Kanada, Australien und Südafrika) die politische Verantwortlichkeit des Richters für die Demokratie mit der Idee der richterlichen Unabhängigkeit zu verbinden[16]. In der deutschen Verfassungsgeschichte fand sie deshalb erstmals nach 1945 Niederschlag in einigen Länderverfassungen vor allem in der Amerikanischen Besatzungszone (z.B. Art. 88 Verf. Württemberg-Baden 1947; Art. 127 IV Verf. Hessen; Art. 136 III, 138 Verf. Bremen; auch Art. 132 Verf. Rheinland-Pfalz).

II. Entstehung und Veränderung der Norm

6 Art. 98 GG fasst in seinen verschiedenen Absätzen unterschiedliche Regelungsabsichten des Parlamentarischen Rats zusammen[17]. Die Verpflichtung zur **Regelung der Rechtsverhältnisse** der Richter durch besonderes Gesetz (Art. 98 I, III GG) war nur eine Konsequenz der Absicht des Parlamentarischen Rats, die Stellung des Richters gegenüber sonstigen Staatsbediensteten besonders hervorzuheben[18] (→ Rn. 19f.).

7 Die Übernahme des für Bundesrichter vorgesehenen Regelungsmodus der Wahl der Richter durch **Richterwahlausschüsse** (→ Art. 95 Rn. 24ff.) auch **für die Länder** war im Parlamentarischen Rat umstritten. So wollte Art. 129a in der Fassung des Allgemeinen Redaktionsausschusses die Einführung von Richterwahlausschüssen den Ländern verbindlich vorschreiben, was diese als unerträglichen Eingriff in ihre Justizhoheit ansahen[19]; deshalb stellte der Kompromiss des Art. 98 IV GG die Einrichtung von Richterwahlausschüssen in das politische Ermessen der Länder.

8 Die Aufnahme der **Richteranklage** in das Grundgesetz geht auf einen Antrag des Abg. G.A. Zinn (SPD) im Parlamentarischen Rat zurück[20]. Bei dessen kontroverser Erörterung standen Fragen des erforderlichen inneren Tatbestandes (Vorsatz?), der Zuständigkeit des Bundesverfassungsgerichts und das Verhältnis zu entsprechenden Einrichtungen der Länder im Vordergrund[21]. Die vom Abg. T. Dehler (FDP) geforder-

---

[13] *H. Lechner/R. Zuck*, BVerfGG, 7. Aufl. 2015, Vor § 58 Rn. 1; o. Verf., DRiZ 1995, 69.

[14] *Wassermann* (Fn. 1), Art. 98 Rn. 7. → Art. 97 Rn. 5.

[15] Dazu rechtsvergleichende Hinweise bei *D.C. Umbach*, in: Umbach/Clemens, GG, Art. 98 Rn. 6ff.

[16] *Wassermann* (Fn. 1), Art. 98 Rn. 8.

[17] Zur Entstehungsgeschichte JöR 1 (1951), S. 719ff.; *H. Holtkotten*, in: BK, Art. 98 (Erstb. 1950), Anm. I; ausf. *C. Hillgruber*, in: Maunz/Dürig, GG, Art. 98 (2010) Rn. 1ff.

[18] *Hillgruber* (Fn. 17), Art. 98 Rn. 2; *Wassermann* (Fn. 1), Art. 98 Rn. 10.

[19] *Wassermann* (Fn. 1), Art. 98 Rn. 11; *G.C. Burmeister*, DRiZ 1998, 518 (525); s. die Fassung vom 05.12.1948, zit. nach Parl. Rat VII, S. 79.

[20] *Holtkotten* (Fn. 17), Art. 98 Anm. I.; ausf. *Umbach* (Fn. 15), Art. 98 Rn. 31ff.; *H.-U. Busse*, Die Richteranklage in dem Bonner Grundgesetz, ihre Entstehungsgeschichte und ihr Verhältnis zu der Rechtsbeugung (§ 336 StGB) und der Unabhängigkeit des Richters, Diss. jur. Hamburg 1951, S. 30ff.

[21] *Hillgruber* (Fn. 17), Art. 98 Rn. 11ff.; *Wassermann* (Fn. 1), Art. 98 Rn. 12ff.; ausf. *H. Ortner*, Die Unabhängigkeit des Richters und die Richteranklage im Bonner Grundgesetz in vergleichender Darstellung zu den Verfassungen fremder Staaten und den deutschen Länderverfassungen, Diss. jur. Tübingen 1956, S. 37ff.

te Verschuldensabhängigkeit einer – grundsätzlich auf einen objektiven Verstoß abstellenden – Richteranklage setzte sich nicht durch, doch sollte der Endfassung zufolge eine Entlassung nur im Falle von Vorsatz, im übrigen nur die Versetzung möglich sein (Art. 98 II 2 GG)[22]. Wie bei den Richterwahlausschüssen (→ Rn. 7) wurde die Einführung einer Richteranklage auf Landesebene dem politischen Ermessen der Landesgesetzgeber überlassen (Art. 98 V GG).

Art. 98 GG wurde 1971 um Art. 98 III 2, 2. Hs. GG ergänzt[23], um klarzustellen, dass 9
nach **Art. 74a IV GG** (in der bis 2006 geltenden Fassung) eine bundeseinheitliche Besoldungsgesetzgebung möglich sein soll, auch wenn Art. 98 III 2 GG a.F. für die Rechtsstellung der Richter im übrigen nur Rahmengesetze erlaubte. Seit der »Föderalismusreform« im Jahre 2006[24] ist die Rechtsstellung der Richter durch Landesgesetze zu regeln, soweit der Bund nicht nach Art. 74 I Nr. 27 GG von seinem Recht zur Gesetzgebung Gebrauch macht.

B. Internationale, supranationale und rechtsvergleichende Bezüge

I. Internationale Aspekte

Auch die **Rechtsstellung der Richter von internationalen Gerichten** wie z. B. dem Inter- 10
nationalen Gerichtshof, dem Europäischen Gerichtshof für Menschenrechte[25], dem Interamerikanischen Gerichtshof für Menschenrechte oder dem Internationalen Strafgerichtshof, die aufgrund von internationalen Vereinbarungen konstituiert worden sind und unabhängig vom Willen der Streitparteien bestehen und entscheiden, ist rechtlich besonders ausgestaltet – sei es im Grundsatz in den jeweiligen völkerrechtlichen Verträgen, sei es in zusätzlichen ergänzenden Regelungsvereinbarungen, die als Bestandteil des Vertrages gelten. So ist z. B. für den in Art. 92 UN-Charta vorgesehenen Internationalen Gerichtshof (IGH) die Rechtsstellung der auf neun Jahre gewählten Richter ausführlich in Art. 2ff. IGH-Statut geregelt[26]. In ihnen wird regelmäßig auch das Verfahren der Berufung der Richter festgelegt (z. B. Art. 4ff. IGH-Statut), das Gehalt (z. B. Art. 32 IGH-Statut), regelmäßig auch die rechtlichen Möglichkeiten eines Amtsverlustes (meist nur durch einstimmigen Beschluss aller anderen Richter, z. B. Art. 18 IGH-Statut). »Richteranklagen« sind in diesen Pakten nicht vorgesehen[27].

II. Europarechtliche Bezüge

Auf **europarechtlicher Ebene** wird die Rechtsstellung der jeweils 28 Richter des Ge- 11
richts erster Instanz (EuG) sowie des EuGH in Art. 253 und 255 AEUV geregelt; danach müssen sie u. a. »jede Gewähr für Unabhängigkeit« bieten und werden von den Regierungen der Mitgliedstaaten in gegenseitigem Einvernehmen auf sechs Jahre er-

---

22 *Wassermann* (Fn. 1), Art. 98 Rn. 14; ausf. *G.C. Burmeister*, DRiZ 1998, 518 (520ff.); krit. *Wrobel*, Demokratie (Fn. 7), S. 330ff.

23 28. Gesetz zur Änderung des Grundgesetzes (Artikel 74a GG) vom 18.03.1971, BGBl. I S. 206.

24 52. Gesetz zur Änderung des Grundgesetzes vom 28.08.2006, BGBl. I S. 2034.

25 S. näher *E. Klein*, HGR VI/1, § 150 Rn. 8ff.; zur Richterwahl *A. v. Bogdandy/C. Krenn*, JZ 2014, 529 (533f.).

26 Statut des IGH vom 26.06.1945 (BGBl. 1973 II S. 505).

27 Vgl. ausf. *V. Epping*, in: Ipsen, Völkerrecht, § 55 Rn. 47ff.

nannt[28], nachdem zuvor ein Ausschuss nach Art. 255 I AEUV aus sieben EuGH-Richtern und Präsidenten mitgliedstaatlicher Höchstgerichte (»Comité 255«) zur Eignung der Bewerber – unverbindlich – Stellung genommen hat[29]. Die Gerichtspräsidenten werden aus der Mitte der Richter gewählt (Art. 253 III AEUV bzw. Art. 2 des Beschlusses über die Errichtung eines Gerichtes erster Instanz[30]). Weitere Regelungen der Rechtsstellung der Richter des EuGH enthalten Art. 2ff. der Satzung des Gerichtshofs[31]: Jeder Richter unterliegt dem Recht der Immunität (Art. 3), darf keinen politischen Ämtern oder anderen Berufstätigkeiten nachgehen (Art. 4) und kann sein Amt außer durch Rücktritt (Art. 5) nur durch Amtsenthebung aufgrund eines einstimmigen Beschlusses aller Richter und Generalanwälte verlieren, weil er die Voraussetzungen für die Wahrnehmung seiner Amtsverpflichtungen nicht mehr erfüllt (Art. 6). Es ist Ausdruck der fehlenden demokratischen Staatlichkeit der EU, dass an der Berufung der Richter das Europäische Parlament nicht beteiligt ist, und Ausdruck des Charakters der EU als Rechtsgemeinschaft, dass Richter und Gerichtshof durch eine eigenständige Wahl der Gerichtspräsidenten in ihrer Unabhängigkeit rechtlich besonders betont werden[32].

12 Die Überlastung des EuGH hat im Gericht zu Überlegungen über die **zukünftige Gestaltung des Gerichtssystems der EU** geführt[33]. Darin wird eine unabhängigere Rolle des EuGH im Gefüge der EU in Orientierung am US-Supreme Court angestrebt und u. a. der Grundsatz »ein Richter pro Mitgliedstaat« zur Diskussion gestellt, auch im Hinblick auf die absehbare Vergrößerung der Gemeinschaft; doch dürfte es für eine solche Änderung aus rechtskulturellen Gründen zu früh sein: Bei der Rechtsfortbildung im »Plenum« muss für lange Zeit jede nationale Rechtskultur vertreten sein[34].

III. Rechtsvergleichende Hinweise

13 Auch **in anderen westlichen Verfassungsstaaten** ist die Rechtsstellung der Richter oft hervorgehoben und durch **besondere Richtergesetze** ausgestaltet[35] (z. B. in Österreich durch ein besonders umfassendes Richterdienstgesetz), während in England keine gesetzlichen Regeln, aber Verfassungskonventionen existieren. Demgegenüber ist in Frankreich die Rechtsstellung der Richter denen der Beamten stark angeglichen, etwa beim Beförderungswesen[36].

14 Die Richter werden teils durch **demokratische Wahl** (in Parlamenten oder unmittelbar durch das Volk) berufen (z. B. in der Schweiz und in den Bundesstaaten der USA:

---

[28] *B. Wegener*, in: Calliess/Ruffert, EUV/AEUV, Art. 253 AEUV Rn. 1ff.; ausf. *D. Siebert*, Die Auswahl der Richter am Gerichtshof der Europäischen Gemeinschaften, 1997, S. 84ff.; *V. Epping*, Der Staat 36 (1997), 349 (355, 361ff.).

[29] *Hillgruber* (Fn. 17), Art. 98 Rn. 68; näher *A. v. Bogdandy/C. Krenn*, JZ 2014, 529 (534ff.).

[30] Vom 24.10.1988 (ABl. L 319/1).

[31] Vom 26.02.2001 (ABl. C 80/53), zuletzt geändert am 06.07.2016 (ABl. L 200/137).

[32] *Oppermann/Classen/Nettesheim*, Europarecht, § 5 Rn. 104ff.; s. auch *V. Epping*, Der Staat 36 (1997), 349 (352ff.).

[33] S. das »Reflexionspapier« vom 28.05.1999, in: EuZW 1999, 750ff.; dazu *M. W. Huff*, EuZW 2000, 97; ausf. *H. Rösler*, ZRP 2000, 52ff.; *G. Hirsch*, ZRP 2000, 57ff.; der Abschlussbericht der Reflexionsgruppe vom 19.01.2000 ist abgedruckt als Sonderbeilage Heft 19/2000 der NJW.

[34] *H. Rösler*, ZRP 2000, 52 (53, 55); *U. Everling*, EuR 1997, 398 (407f.).

[35] Vgl. zum folgenden Text näher *A. Tschentscher*, Demokratische Legitimation der dritten Gewalt, 2006, S. 270ff.; *Schmidt-Räntsch* (Fn. 5), Einl. Rn. 42ff.

[36] *W. Brexl*, Die Rechtsstellung des französischen Richters unter besonderer Berücksichtigung des Arbeitsrichters, Diss. jur. Würzburg 1971, S. 81, 146ff.

→ Art. 95 Rn. 11), teils (so in Italien) durch ein zu zwei Dritteln aus Richtern und zu einem Drittel aus vom Parlament gewählten Universitätsprofessoren und Rechtsanwälten bestehenden »Obersten Rat des Richterstandes« eingestellt (Art. 104f. Verf. Italien) und später auch befördert[37]. In Frankreich werden die Richter vom Präsidenten der Republik ernannt, im Falle des Kassationshofes (Cour de Cassation) und der Berufungsgerichte (Cour d'Appell) aber auf Vorschlag des Obersten Richterrats (Art. 65 V Verf. Frankreich)[38], deren richterliche Mitglieder vom Staatspräsidenten auf Vorschlag des Kassationshofes berufen werden[39]. Auch sonst sind Vertreter des Richterstandes häufiger am Verfahren beteiligt (z.B. Art. 90 Verf. Griechenland; Art. 122 Verf. Spanien[40]). Ähnlich ist in Japan die Regierung an die Ernennungsvorschläge des Obersten Gerichtshofs gebunden, doch besteht ein Kontrollrecht des Parlaments[41]. Meist werden Richter aber ohne parlamentarische Beteiligung **von obersten Exekutivorganen ernannt** (z.B. in Österreich vom Bundespräsidenten, in England von der Krone auf Vorschlag des Premier- oder des Justizministers)[42].

Eine »politische« **Richteranklage** ist nur im angelsächsischen Rechtskreis vorgesehen[43]: So können in England Richter bei schwerer Rechtsbeugung vom Parlament abgesetzt werden (Impeachment), wie es zuletzt 1830 geschehen ist[44]; ähnlich ist die Rechtslage in den USA, wo Art. I Section 2 und 3 der Verfassung ein Impeachment ermöglicht, das bislang nur zu neun Verfahren gegen Bundesrichter und vier Verurteilungen geführt hat[45]. Auch in Japan gibt es ein parlamentarisches Amtsenthebungsverfahren, das durch einen Verfolgungsausschuss des Parlaments vorbereitet wird[46]. 15

Auch alle **Landesverfassungen** der Bundesrepublik Deutschland widmen sich der **Rechtsstellung der Richter** (→ Art. 97 Rn. 13) und der Art und Weise ihrer Berufung[47]. Sie verlangen aber selten wie in Art. 98 I, III GG ausdrücklich ein »besonderes Gesetz« (so Art. 66 III Verf. Baden-Württemberg; Art. 89 I Verf. Thüringen; s. aber auch Art. 79 II Verf. Sachsen). 16

Die parlamentarische **Richterwahl** ist für die Präsidenten der oberen Landesgerichte in Art. 69 II Verf. Berlin 1950 und Art. 43 III Verf. Schleswig-Holstein vorgesehen. Richterwahlausschüsse sehen vor: Art. 109 Verf. Brandenburg; Art. 136 I, III Verf. Bremen; Art. 63 I Verf. Hamburg; Art. 127 III Verf. Hessen; Art. 76 III Verf. Mecklenburg-Vorpommern; Art. 51 III Verf. Niedersachsen; Art. 79 III Verf. Sachsen; Art. 83 IV Verf. Sachsen-Anhalt; Art. 43 II Verf. Schleswig-Holstein; Art. 89 II Verf. Thüringen. 17

---

[37] *Tschentscher*, Legitimation (Fn. 35), S. 292ff.; *T. Groß*, Selbstverwaltung der Gerichte als Voraussetzung ihrer Unabhängigkeit?, in: H. Schulze-Fielitz/C. Schütz (Hrsg.), Justiz und Justizverwaltung zwischen Ökonomisierungsdruck und Unabhängigkeit, 2002, S. 217ff. (224f.); ausf. *M. Minkner*, Die Gerichtsverwaltung in Deutschland und in Italien, 2015, S. 550ff., 587ff.

[38] *Tschentscher*, Legitimation (Fn. 35), S. 288f.; *Groß*, Selbstverwaltung (Fn. 37), S. 225f.; *Schmidt-Räntsch* (Fn. 5), Einl. Rn. 65; *Brexl*, Rechtsstellung (Fn. 36), S. 134ff.

[39] *Schmidt-Räntsch* (Fn. 5), Einl. Rn. 68.

[40] Vgl. näher *Tschentscher*, Legitimation (Fn. 35), S. 294ff.; *J.L. Manzanares Samaniego*, DRiZ 1999, 317ff.

[41] *Schmidt-Räntsch* (Fn. 5), Einl. Rn. 78, unter Berufung auf *W. Röhl*, DRiZ 1957, 31 (32).

[42] Vgl. *Tschentscher*, Legitimation (Fn. 35), S. 289ff.

[43] Zur Rechtslage in England sowie Kanada, Australien, Südafrikanische Union und USA s. näher *Ortner*, Unabhängigkeit (Fn. 21), S. 56ff. bzw. S. 60ff.

[44] *B. Huber*, JZ 1983, 133 (133); *Ortner*, Unabhängigkeit (Fn. 21), S. 58.

[45] *Ortner*, Unabhängigkeit (Fn. 21), S. 62ff. (in den Jahren 1803, 1862, 1912 und 1936).

[46] *Schmidt-Räntsch* (Fn. 5), Einl. Rn. 81.

[47] Übersichtlich zu den landesrechtlichen Ausgestaltungen *T.E. Dietrich*, Richterwahlausschüsse und demokratische Legitimation, 2007, S. 103ff.

18 Auch die Landesverfassungen der Bundesrepublik haben die Möglichkeit einer **Richteranklage** normiert, teils schon vor Inkrafttreten des Grundgesetzes (Art. 136 III, 138 Verf. Bremen) und insoweit z. T. weitergehend als oder abweichend von Art. 98 II GG (Art. 127 IV Verf. Hessen; Art. 132 Verf. Rheinland-Pfalz), in Rezeption vorgrundgesetzlicher Vorläuferverfassungen (Art. 66 II Verf. Baden-Württemberg), teils in ausdrücklichem Bezug auf Art. 98 II GG (Art. 63 III, IV Verf. Hamburg; Art. 77 Verf. Mecklenburg-Vorpommern), teils in wörtlicher Anknüpfung an Art. 98 II GG (Art. 111 Verf. Brandenburg; Art. 73 Verf. Nordrhein-Westfalen); mitunter hat schon die feministische Sprachkritik (»Richterin oder Richter«) gewirkt (Art. 43 IV Verf. Schleswig-Holstein 1990). Teilweise werden auch weitergehende Verfahrensvoraussetzungen normiert (Art. 52 Verf. Niedersachsen; Art. 80 Verf. Sachsen; Art. 84 Verf. Sachsen-Anhalt; Art. 89 III Verf. Thüringen), die auch die Mehrheitsverhältnisse für den Antrag im Landtag regeln oder (in Niedersachsen und Sachsen-Anhalt) die Besetzung von ehrenamtlichen Richtern erfassen.

C. Erläuterungen

I. Allgemeine Bedeutung

19 **Art. 98 GG konkretisiert** die im Rechtsstaat des Grundgesetzes herausragende Bedeutung der Justiz (→ Art. 92 Rn. 17ff.) personal im Hinblick auf die **hervorgehobene Bedeutung der Berufsrichter**: Bundes- und Landesrichter haben einen gegenüber Beamten besonderen Status, der eine spezialgesetzliche Regelung (nur) für Richter verlangt[48]. Er ist auch eine Konsequenz des Umstandes, dass die Ausübung der richterlichen Gewalt sich allein aus der Anwendung des demokratischen Gesetzes legitimiert; nur die Übertragung der richterlichen Gewalt auf Richter durch die Personalauswahl legitimiert sich durch Rückbindung an das Volk[49]. Art. 98 GG enthält deshalb teils zwingende Vorgaben für den Gesetzgeber des Amts- und Dienstrechts der Richter im Bund (Art. 98 I, II GG) wie in den Ländern (Art. 98 III GG), teils räumt er den Ländern die Kompetenz zur Errichtung von Richterwahlausschüssen in den Ländern (Art. 98 IV GG: → Rn. 41ff.) bzw. zur Richteranklage von Landesrichtern ein (Art. 98 V GG: → Rn. 36).

20 Die Zuweisung der rechtsprechenden Gewalt an die »Richter« in Art. 92 GG und die Hervorhebung ihrer gesetzlichen Ausgestaltung in Art. 98 I, II GG werden mitunter als zentrale Bausteine für ein »**Richterbild des Grundgesetzes**« angesehen; aus einer solchen kaum konturierbaren und ideologieanfälligen Formel soll sich ein Verfassungsauftrag mit weitgehenden Folgerungen für die Rechtsstellung der Richter unter den Bedingungen des Neuanfangs der Dritten Gewalt im Grundgesetz ableiten lassen, denen das Deutsche Richtergesetz nicht gerecht werde – namentlich die zehnstufige Hierarchie von Beförderungsämtern in der Besoldungsskala (R 1–R 10) und die damit verbundene weitreichende Zuerkennung von Verwaltungsaufgaben an Richter[50]. Eine

---

[48] *S. Detterbeck*, in: Sachs, GG, Art. 98 Rn. 1f.; *Hillgruber* (Fn. 17), Art. 98 Rn. 19f.; *W. Meyer*, in: v. Münch/Kunig, GG II, Art. 98 Rn. 2, 5; *Wassermann* (Fn. 1), Art. 98 Rn. 16ff.

[49] Vgl. *T. Groß*, ZRP 1999, 361 (362).

[50] In diesem Sinne *Meyer* (Fn. 48), Art. 98 Rn. 5, 14; s. auch *T. Groß*, ZRP 1999, 361 (361f.); *K. Lerch*, DRiZ 1993, 225 (229); a.A. BVerfGE 55, 372 (388ff., 390f.); *M. Sachs*, Beiträge zur Konfliktforschung 4/1986, 5 (16f.); ausf. zur Besoldungsrechtsentwicklung seit dem 19. Jahrhundert *J.P.C. Petersen/J. Lobsien*, DRiZ 1984, 165ff.

solche einseitige, die Funktion der Rechtsprechung gegenüber den anderen Gewalten Exekutive und Legislative verabsolutierende Sicht verkennt schon systematisch, dass Art. 20 II 2 GG nicht ein Modell der möglichst rein geschiedenen Gewaltentrennung, sondern die Aufteilung und Zuordnung der verschiedenen Gewalten i. S. einer Rationalisierung des öffentlichen Gesamtzustandes durch Zusammenwirken normiert (→ Art. 20 [Rechtsstaat], Rn. 68, 71ff.). Historisch werden Gesichtspunkte aus der verfassungspolitischen Diskussion des Neuanfanges nach 1945 (→ Rn. 4) in einer Weise gewichtet, wie sie im Text des Grundgesetzes so keinen Niederschlag gefunden haben.

Unter **Richter i. S. von Art. 98 GG** werden dabei wie in Art. 95 GG (→ Art. 95 Rn. 27) nur die Berufsrichter verstanden, d. h. Art. 98 GG gilt nicht für ehrenamtliche Richter[51] (→ Rn. 44) und auch nicht für Staatsanwälte[52]. Auch die Richter des Bundesverfassungsgerichts stehen in einem besonderen, nach Art. 94 II 1 GG zu regelnden Dienstverhältnis (→ Art. 94 Rn. 19ff.). 21

II. Die Rechtsstellung der Richter und ihre gesetzliche Regelung (Art. 98 I, III GG)

Art. 98 I, III GG enthält zunächst eine **Gesetzgebungskompetenz** des Bundes (Art. 98 I, III 2. Halbs. GG) und der Länder (Art. 98 III 1. Halbs. GG) zur Regelung der Rechtsstellung der Richter des Bundes bzw. der Länder und geht insoweit als lex specialis den Kompetenzregeln der Art. 73 I Nr. 8 GG vor[53]. Die Gesetzgebungskompetenz des Bundes ist hinsichtlich der Bundesrichter eine ausschließliche i. S. von Art. 71 GG, hinsichtlich der Richter in den Ländern hat der Bund eine konkurrierende Gesetzgebung (nur noch) hinsichtlich der Statusrechte und -pflichten mit Ausnahme der Laufbahnen, Besoldung und Versorgung (Art. 74 I Nr. 27 GG; → Art. 74 Rn. 130ff.)[54]; für Gesetzgebung über die Laufbahnen, Besoldung und Versorgung der Richter in den Ländern sind nur noch die Länder ausschließlich zuständig (Art. 74 I Nr. 27 GG; → Art. 74 Rn. 137). Unter jenen **Status- und Rechtspflichten** sind zu verstehen: Wesen, Voraussetzungen, Rechtsform der Begründung, Arten, Dauer sowie Nichtigkeits- und Aufhebungsgründe des Dienstverhältnisses; Abordnungen, Versetzungen und Formen der Beendigung des Dienstverhältnisses; wesentliche Rechte und statusprägende Pflichten einschließlich Folgen ihrer Nichterfüllung; Bestimmung der Dienstherrnfähigkeit[55], ohne dass damit Auslegungsstreitigkeiten vermieden werden könnten. 22

Die Reichweite der Bundeskompetenz findet eine **Grenze** an der genuinen **Eigenstaatlichkeit der Länder** (→ Art. 28 Rn. 42ff.) mit der Folge, dass für die Rechtsstellung der Landesverfassungsrichter eine Gesetzgebungskompetenz des Bundes bestritten wird[56]. Im übrigen steht die Gesetzgebungskompetenz zur Regelung der Rechtsstellung ihrer Richter den Ländern zu (Art. 98 III GG). 23

---

[51] *C.D. Classen*, in: v. Mangoldt/Klein/Starck, GG III, Art. 98 Rn. 1; *Detterbeck* (Fn. 48), Art. 98 Rn. 3; Jarass/*Pieroth*, GG, Art. 98 Rn. 1; *Wassermann* (Fn. 1), Art. 98 Rn. 23; a.A. *Hillgruber* (Fn. 17), Art. 98 Rn. 31.

[52] BVerfGE 32, 199 (216f.).

[53] *Detterbeck* (Fn. 48), Art. 98 Rn. 4; Jarass/*Pieroth*, GG, Art. 98 Rn. 1, 3; a.A. *Hillgruber* (Fn. 17), Art. 98 Rn. 23.

[54] Jarass/*Pieroth*, GG, Art. 98 Rn. 3; *Detterbeck* (Fn. 48), Art. 98 Rn. 10.

[55] So BT-Drs. 16/813, S. 14; *Detterbeck* (Fn. 48), Art. 98 Rn. 10; *Hillgruber* (Fn. 17), Art. 98 Rn. 24. → Art. 74 Rn. 135.

[56] *W. Blümel*, HStR IV, § 102 Rn. 34; *C. Starck*, Der verfassungsrechtliche Status der Landesver-

24 Art. 98 I, III GG enthält neben der Kompetenzzuweisung schon seinem Wortlaut nach einen **zwingenden Gesetzgebungsauftrag**[57] an den Gesetzgeber in Bund und Ländern, die Rechtsstellung ihrer Richter zu regeln. Dieses Gebot zur Ausgestaltung der organisations-, amts- und dienstrechtlichen Stellung der Richter ist Folge und Ausdruck ihrer gegenüber Beamten durch sachliche und persönliche Unabhängigkeit (Art. 97 GG) verfassungsrechtlich hervorgehobenen Stellung (→ Rn. 19f.)[58].

25 Art. 98 I, III GG enthält schließlich drittens ausdrückliche **Gesetzesvorbehalte** (→ Art. 20 [Rechtsstaat], Rn. 105ff.) mit der Folge, dass jeweils der parlamentarische Gesetzgeber in formellen Gesetzen die wesentlichen Kennzeichen der Rechtsstellung der Richter regeln muss[59]. Damit ist nicht völlig ausgeschlossen, dass Details des richterlichen Amts- und Dienstrechts durch Rechtsverordnung unter den Voraussetzungen des Art. 80 I GG festgelegt werden[60], etwa die Voraussetzungen für Sonderurlaub oder Beihilfe[61]; der Gesetzesvorbehalt ist nicht identisch mit einem Parlamentsvorbehalt. Ein Abgrenzungskriterium ist die Nähe zur spezifisch richterlichen Tätigkeit[62]; deshalb dürften die wesentlichen Merkmale der Rechtsstellung der Richter für die Möglichkeit einer Verordnungsgebung praktisch wenig Raum lassen.

26 **Regelungsgegenstand** der Richtergesetze ist die **Rechtsstellung der Richter**, also ihre Rechtsverhältnisse, die wie in Art. 73 I Nr. 8 GG begrifflich weit auszulegen sind (→ Art. 73 Rn. 57). Gemeint ist das gesamte Dienstrecht der Richter, also Regeln etwa über die Ausbildung und die Voraussetzungen der Befähigung zum Richteramt[63], über die Anstellung, Beförderung, Entlassung und sonstigen Regeln der Ausübung des Richteramtes[64], Amtsbezeichnungen[65], die organ- und organisationsrechtliche Einordnung der Richter[66], die funktionsrechtliche Aufgabenzuweisung einschließlich der Grundsätze der Amtswahrnehmung[67], die Verpflichtung zum Tragen einer Amtstracht bei Amtshandlungen[68].

27 Die Streitfrage, ob zur Rechtsstellung der Richter i. S. von Art. 98 I GG, auch im Hinblick auf die herausgehobene Bedeutung der Richter, Fragen der **Besoldung und Versorgung** gehören mit der Folge, dass der Regelungsauftrag des Art. 98 I GG für

---

fassungsgerichte, in: C. Starck/K. Stern (Hrsg.), Landesverfassungsgerichtsbarkeit, Bd. I, 1983, S. 155ff. (157); krit. *Tschentscher*, Legitimation (Fn. 35), S. 177f.

57 *Classen* (Fn. 51), Art. 98 Rn. 1; *Detterbeck* (Fn. 48), Art. 98 Rn. 5, 8; *Hillgruber* (Fn. 17), Art. 98 Rn. 19; *Umbach* (Fn. 15), Art. 98 Rn. 17.

58 *Meyer* (Fn. 48), Art. 98 Rn. 2, 5; deshalb sehr krit. zum gegenwärtigen Gesetzesrecht zum Richterstatus *G. Barbey*, HStR III, § 74 Rn. 9ff.

59 *Detterbeck* (Fn. 48), Art. 98 Rn. 5, 8; *Meyer* (Fn. 48), Art. 98 Rn. 2; *F. Wittreck*, Die Verwaltung der Dritten Gewalt, 2006, S. 96f.

60 Jarass/*Pieroth*, GG, Art. 98 Rn. 2; *Detterbeck* (Fn. 48), Art. 98 Rn. 8; *Hillgruber* (Fn. 17), Art. 98 Rn. 22; *Wassermann* (Fn. 1), Art. 98 Rn. 21; a.A. wohl *Meyer* (Fn. 48), Art. 98 Rn. 2.

61 Vgl. BVerwGE 121, 103 (105ff., 110) für das Beamtenrecht.

62 *Classen* (Fn. 51), Art. 98 Rn. 2.

63 Jarass/*Pieroth*, GG, Art. 98 Rn. 1; *U. Fastenrath*, BayVBl. 1985, 423 (424f.); *R. Wahl*, DVBl. 1985, 822 (829f.).

64 *Meyer* (Fn. 48), Art. 98 Rn. 4; übersichtlich *Barbey* (Fn. 58), § 74 Rn. 66ff.; *M. Wolf*, Gerichtsverfassungsrecht aller Verfahrenszweige, 6. Aufl. 1987, S. 162ff.

65 BVerfGE 38, 1 (8ff., 12f.); anders noch BVerfGE 32, 199 (220f.).

66 *Detterbeck* (Fn. 48), Art. 98 Rn. 8; *Reich*, GG, Art. 98 Rn. 1; *Meyer* (Fn. 48), Art. 98 Rn. 4.

67 *Detterbeck* (Fn. 48), Art. 98 Rn. 5; *Meyer* (Fn. 48), Art. 98 Rn. 4.

68 *Detterbeck* (Fn. 48), Art. 98 Rn. 5; Jarass/*Pieroth*, GG, Art. 98 Rn. 1; *Hillgruber* (Fn. 17), Art. 98 Rn. 26; *G. Morgenthaler*, in: Epping/Hillgruber, GG, Art. 98 (Stand: 01.06.2016) Rn. 4; offen gelassen von BVerwGE 67, 222 (230).

Bundesrichter sich auch auf diese Fragen bezieht[69], dürfte durch die Föderalismusreform in bejahendem Sinne geklärt worden sein: Dafür spricht schon der die Rechtsstellung mitbeeinflussende Charakter von Besoldungsfragen, aber auch allgemein die in Art. 98 GG angelegte systematische Hervorhebung der Stellung der Richter (→ Rn. 19f.) und e contrario die nun ausdrücklich den Ländern allein zugewiesene Kompetenz zur Regelung der Besoldung und Versorgung der Richter in den Ländern (Art. 98 III i. V. m. Art. 74 I Nr. 27 GG)[70].

Die verfassungsrechtliche Grundentscheidung des Art. 98 I, III GG für selbständige gesetzliche Regelungen der Rechtsstellung von Richtern impliziert spezifische Bindungen für den Gesetzgeber. So ist eine das Gewaltenteilungsprinzip (Art. 20 II 2 GG) auch einfachgesetzlich verdeutlichende **formelle Trennung von Beamten- und Richterrecht** in unterschiedlichen Gesetzen naheliegend[71], wie die Forderung von Art. 98 I, III GG nach »besonderen« Gesetzen verdeutlicht[72]; doch kommt es weniger auf eine gesetzestechnische Trennung als auf die Eigenständigkeit der jeweiligen Regelungen für Richter und Beamte an[73]. Dabei sind Verweisungen der Richtergesetze auf die entsprechende Geltung von Regeln des Beamtenrechts nicht ausgeschlossen (vgl. §§ 46, 71 DRiG)[74]. Nichts anderes sollte konsequenterweise auch für die Regeln des Besoldungs- (vgl. §§ 37, 38 BBesG)[75] und des Versorgungsrechts gelten[76]. 28

Beamten- und Richtergesetze müssen sich aber auch **materiell-rechtlich** insoweit **unterscheiden**, als Richter persönlich und sachlich unabhängig sind (Art. 97 I GG), Beamte aber weisungsabhängig in einer bürokratischen Hierarchie eingebunden sind[77]. Diese Unterschiede dürfen nicht durch ein einheitliches Amts- oder Dienstrecht eingeebnet werden[78], insbesondere nicht durch eine hierarchische Strukturierung der Richterschaft i. S. der Schaffung von Beförderungsämtern nach Art des beamtenrechtlichen Laufbahnprinzips[79]. Deshalb soll aus dem Schutz der richterlichen Unabhängig- 29

---

[69] Dafür *Classen* (Fn. 51), Art. 98 Rn. 2; *Detterbeck* (Fn. 48), Art. 98 Rn. 5, 11; *Reich*, GG, Art. 98 Rn. 1, 4; *Wassermann* (Fn. 1), Art. 98 Rn. 20; a.A. BVerfGE 26, 141 (154f.) – nicht tragende Auffassung; für die Versorgung der Ruhestandsrichter BVerfG (Vorprüfungsausschuss), DRiZ 1976, 381 (betr. Art. 98 III GG); *C. Degenhart*, in: Sachs, GG, Art. 74a Rn. 6; offen lassend BVerfGE 32, 199 (213); 55, 372 (385).

[70] Vgl. *Detterbeck* (Fn. 48), Art. 98 Rn. 11.

[71] Jarass/*Pieroth*, GG, Art. 98 Rn. 2; *Detterbeck* (Fn. 48), Art. 98 Rn. 6; *Reich*, GG, Art. 98 Rn. 1, 4; *K.A. Bettermann*, Der Richter als Staatsdiener (1967), in: G. Roellecke (Hrsg.), Zur Problematik der höchstrichterlichen Entscheidung, 1982, S. 281ff. (285f.).

[72] *H. Sodan*, HStR³ V, § 113 Rn. 10; *Classen* (Fn. 51), Art. 98 Rn. 3; *Meyer* (Fn. 48), Art. 98 Rn. 2, 5, verunklarend Rn. 7.

[73] *Classen* (Fn. 51), Art. 98 Rn. 3; *H. Sodan*, HStR³ V, § 113 Rn. 10.

[74] BVerwGE 67, 222 (230); *Classen* (Fn. 51), Art. 98 Rn. 3; *Hillgruber* (Fn. 17), Art. 98 Rn. 21; *Detterbeck* (Fn. 48), Art. 98 Rn. 6; Jarass/*Pieroth*, GG, Art. 98 Rn. 2; *T. v. Roetteken*, DRiZ 2009, 206ff.

[75] Zust. BVerfGE 55, 372ff.; implizit auch E 138, 64 (110ff., Rn. 91ff.); *Hillgruber* (Fn. 17), Art. 98 Rn. 27; *Bettermann*, Richter (Fn. 71), S. 284f.

[76] *Hillgruber* (Fn. 17), Art. 98 Rn. 28; a.A. *Detterbeck* (Fn. 48), Art. 98 Rn. 6; *Wassermann* (Fn. 1), Art. 98 Rn. 20; s. auch BVerfGE 26, 141 (154); offen lassend BVerfGE 32, 199 (213); 55, 372 (385); differenzierend Jarass/*Pieroth*, GG, Art. 98 Rn. 2: für gesetzestechnische Trennung beim Besoldungs-, für Zusammenfassung beim Versorgungsrecht.

[77] BVerfGE 26, 141 (154); *T. Groß*, ZRP 1999, 361 (362); s. auch *G. Kisker*, DRiZ 1982, 81 (86).

[78] *A. Heusch*, in: Schmidt-Bleibtreu/Hofmann/Henneke, GG, Art. 98 Rn. 2; *Detterbeck* (Fn. 48), Art. 98 Rn. 6; *Meyer* (Fn. 48), Art. 98 Rn. 2.

[79] *Classen* (Fn. 51), Art. 98 Rn. 4; *Detterbeck* (Fn. 48), Art. 98 Rn. 9; *Meyer* (Fn. 48), Art. 98 Rn. 6.

keit das Gebot folgen, zur Vermeidung der Einflussnahme der Exekutive durch Beförderungsentscheidungen insoweit möglichst wenige Beförderungsämter vorzusehen[80].

30 Dennoch sind **Besoldungsunterschiede** zwischen den Richterämtern in Anknüpfung an unterschiedliche Funktionen (Vorsitz im Spruchkörper, Instanzenzug, Umfang der Aufgabe als Gerichtspräsident) durch Art. 98 I, III GG nicht ausgeschlossen[81]. Solche können auch aus zusätzlichen Aufgaben der vollziehenden Gewalt für Richterämter folgen, die nicht verfassungsrechtlich zweifelhaft sind[82] (→ Art. 92 Rn. 44ff.). Ihnen entsprechend soll von Verfassungs wegen eine wirklichkeitsgerechte und anredefähige Amtsbezeichnung geboten sein[83].

31 Ungeachtet der Trennung und Unterschiede zwischen Richter- und Beamtenrecht lassen sich Art. 33 V GG auch **hergebrachte Grundsätze i.S. des richterlichen Amtsrechts** mit der Folge eines grundrechtsähnlichen subjektiven Anspruchs auf deren Berücksichtigung entnehmen (→ Art. 97 Rn. 16)[84], ohne dass damit die Trennung beider Rechtsmaterien unterlaufen würde[85]. Allerdings dürfen die hergebrachten Grundsätze des Berufsbeamtentums i. S. von Art. 33 V GG nicht umstandslos auch auf Richter übertragen werden, ohne deren besondere verfassungsrechtliche Stellung nach Art. 97 GG angemessen in Rechnung zu stellen[86]; auch wird ein Verstoß gegen den Verfassungsauftrag des Art. 98 I, III GG dadurch nicht durch Verfassungsbeschwerde rügefähig[87].

III. Die Richteranklage (Art. 98 II, V GG)

32 Art. 98 II GG ermächtigt das Bundesverfassungsgericht, einen Bundesrichter auf Antrag des Bundestags in ein anderes Amt oder in den Ruhestand zu versetzen oder zu entlassen; eine entsprechende Regelung für Landesrichter können die Landesgesetzgeber einführen (Art. 98 V GG). **Zweck** dieser Möglichkeit einer Richteranklage ist es, in **Konkretisierung des Prinzips der streitbaren Demokratie** ergänzend zu Art. 9 II, 18, 20 IV und 21 II GG solche Richter von ihrer Funktion zu entbinden, die durch ihr dienstliches oder außerdienstliches Verhalten nicht (mehr) gewährleisten, dass sie mit den Grundentscheidungen des Grundgesetzes für den demokratischen Rechtsstaat übereinstimmen[88]. Art. 98 II, V GG setzt als selbstverständlich voraus, dass jeder Richter eine dienstliche Pflicht zur Treue gegenüber den Grundsätzen des Grundgesetzes auch außerhalb des engeren dienstlichen Verhaltens hat[89], wie sie »schon im-

[80] So BVerfGE 55, 372 (389); *K. Fuchs*, Verfassungsmäßigkeit und Umsetzbarkeit von Modellen für eine selbstverwaltete Justiz in Deutschland, 2013, S. 97; *Meyer* (Fn. 48), Art. 98 Rn. 6; *Wassermann* (Fn. 1), Art. 98 Rn. 22; s. auch *Morgenthaler* (Fn. 68), Art. 98 Rn. 5.

[81] *Detterbeck* (Fn. 48), Art. 98 Rn. 9; *Hillgruber* (Fn. 17), Art. 98 Rn. 29; *Umbach* (Fn. 15), Art. 98 Rn. 26; krit. *Meyer* (Fn. 48), Art. 98 Rn. 6, 14; *K. Lerch*, DRiZ 1993, 225 (229).

[82] BVerfGE 32, 199 (214); 55, 372 (388ff.); anders aber *Meyer* (Fn. 48), Art. 98 Rn. 6.

[83] So BVerfGE 38, 1 (12f.); *Meyer* (Fn. 48), Art. 98 Rn. 6; *Wassermann* (Fn. 1), Art. 98 Rn. 27; s. auch *R. Lautmann*, ZRP 1972, 129ff.

[84] BVerfGE 55, 372 (384); *Classen* (Fn. 51), Art. 98 Rn. 4; *Detterbeck* (Fn. 48), Art. 98 Rn. 7; *Barbey* (Fn. 58), § 74 Rn. 1, 66; krit. *T. Groß*, ZRP 1999, 361 (362).

[85] So krit. *Wassermann* (Fn. 1), Art. 98 Rn. 25.

[86] *Detterbeck* (Fn. 48), Art. 98 Rn. 7; *Meyer* (Fn. 48), Art. 98 Rn. 2.

[87] *Hillgruber* (Fn. 17), Art. 98 Rn. 32.

[88] Vgl. BVerfGE 28, 36 (48); *Detterbeck* (Fn. 48), Art. 98 Rn. 12f.; *Minkner*, Gerichtsverwaltung (Fn. 37), S. 172ff.; *Wittreck*, Verwaltung (Fn. 59), S. 159ff.; *E. Benda/E. Klein*, DRiZ 1975, 166 (171); ferner *Baur*, Justizaufsicht (Fn. 2), S. 40ff.

[89] BVerfGK 13, 531 (535ff.); *Meyer* (Fn. 48), Art. 98 Rn. 3, 8; *Hillgruber* (Fn. 17), Art. 98 Rn. 34.

mer« aus den hergebrachten Grundsätzen des Richterrechts folgt[90], aber auch für ehrenamtliche Richter gilt[91].

Die Richteranklage ist eine **Sanktionsform sui generis**, die ggf. neben strafrechtlichen und/oder disziplinarrechtlichen Sanktionen treten kann, um den Richter politisch und rechtlich zur Verantwortung zu ziehen[92]. Sie korrespondiert der besonderen richterlichen Unabhängigkeit, wird aber z.T. auch als rechtsstaatlich unbrauchbare Diskriminierung des Richterstandes angesehen, deren Praktizierung neben dem Disziplinarverfahren nach dem Gedanken des ne bis in idem fragen lasse[93]. 33

Betroffene Subjekte einer Richteranklage können nach Art. 98 II GG nur **Bundesrichter** sein; damit sind auch hier (→ Rn. 21) in Übereinstimmung mit Art. 95 GG (→ Art. 95 Rn. 27) nur Berufsrichter, nicht auch die ehrenamtlichen Richter an Bundesgerichten gemeint[94], also an den obersten Gerichtshöfen des Bundes i. S. von Art. 95 I GG und an den speziellen Gerichten i. S. von Art. 96 GG, derzeit mithin am Bundespatentgericht und an den Wehrdienstgerichten des Bundes (→ Art. 96 Rn. 30ff.). 34

Demgegenüber unterfallen **Richter des Bundesverfassungsgerichts** nicht dem Richterbegriff des Art. 98 II GG[95]. Diese **Sonderstellung** ist verfassungstheoretisch Ausfluss der besonderen Stellung des Bundesverfassungsgerichts als Verfassungsorgan (→ Art. 93 Rn. 36). Verfassungspraktisch soll der Ausschluss der Richter des Bundesverfassungsgerichts aus dem Geltungsbereich des Art. 98 II GG verhindern, dass das Bundesverfassungsgericht in eigener Sache nur allein über sich selbst entscheidet; vielmehr sucht die abschließende Sonderregelung des § 105 BVerfGG für Richter des Bundesverfassungsgerichts die Entscheidung über eine Amtsenthebung verfahrensmäßig an das mitwirkende Ermessen des Bundespräsidenten zu binden[96]. 35

Wenn die Landesgesetzgeber entsprechende Gesetze erlassen (→ Rn. 19, 22), können auch **Richter des Landes** (nur) vor dem Bundesverfassungsgericht angeklagt werden (Art. 98 V 1, 3 GG)[97]. Die Länder dürfen die Richteranklage nach Voraussetzung und Gegenstand nicht erweitern[98]. Deshalb ermächtigt Art. 98 V 1, 3 GG nicht auch dazu, die Richteranklage auf ehrenamtliche Richter des Landes zu erstrecken[99]. Weitergehende, 1949 schon bestehende Regelungen in den Landesverfassungen (→ Rn. 18) bleiben aber unberührt (Art. 98 V 2 GG)[100]. 36

---

[90] BVerfGE 39, 334 (346ff.); s. näher *W. Priepke*, DRiZ 1991, 4ff.

[91] BVerfGE 48, 300 (321); BVerfGK 13, 531 (536f.); *C. Burkiczak*, in: Friauf/Höfling, GG, Art. 92 (2012) Rn. 63; *H. Satzger*, Jura 2011, 518 (525); *T. Anger*, NJW 2008, 3041ff.; anders *J. Bader*, NJW 2007, 2964 (2966).

[92] *Lechner/Zuck* (Fn. 13), Vor § 58 Rn. 2; *Meyer* (Fn. 48), Art. 98 Rn. 10; *H. Rüping*, in: BK, Art. 103 III (Zweitb. 1982), Rn. 42; s. bereits *W. Weber*, Das Richtertum in der deutschen Verfassungsordnung (1953), in: ders., Spannungen und Kräfte im westdeutschen Verfassungssystem, 3. Aufl. 1970, S. 84ff. (87); anders wohl *K.A. Bettermann*, HStR III, § 73 Rn. 70.

[93] *E.G. Mahrenholz*, ZRP 1997, 129 (133).

[94] *Hillgruber* (Fn. 17), Art. 98 Rn. 41; *Classen* (Fn. 51), Art. 98 Rn. 5.

[95] Jarass/*Pieroth*, GG, Art. 98 Rn. 1; *Hillgruber* (Fn. 17), Art. 98 Rn. 42; *W. Löwer*, HStR³ III, § 70 Rn. 148; *Lechner/Zuck* (Fn. 13), Vor § 58 Rn. 3.

[96] Vgl. BVerfGE 46, 34 (41f.).

[97] *Hillgruber* (Fn. 17), Art. 98 Rn. 45; krit. *Wassermann* (Fn. 1), Art. 98 Rn. 47.

[98] *Hillgruber* (Fn. 17), Art. 98 Rn. 45; *G.C. Burmeister*, DRiZ 1998, 518 (523f.); *Holtkotten* (Fn. 20), Art. 98 Anm. II.C.5.; anders *Heusch* (Fn. 78), Art. 98 Rn. 6; *J. Menzel*, Landesverfassungsrecht, 2002, S. 539f.

[99] *Detterbeck* (Fn. 48), Art. 98 Rn. 3; a.A. *G.C. Burmeister*, DRiZ 1998, 518 (525ff.).

[100] Vgl. *Classen* (Fn. 51), Art. 98 Rn. 19; *Holtkotten* (Fn. 20), Art. 98 Anm. II.C.4.b).

37 **Materielle Voraussetzung** für eine Anklage ist in jedem Falle ein Verstoß »gegen die Grundsätze des Grundgesetzes oder gegen die verfassungsmäßige Ordnung eines Landes« (Art. 98 II 1 GG). Die sprachliche Parallelisierung der »verfassungsmäßigen Ordnung« eines Landes mit den »Grundsätzen des Grundgesetzes« verdeutlicht, dass es um den gemeinsamen substantiellen Kern des demokratischen Verfassungsstaats geht, wie er im Begriff der **freiheitlichen demokratischen Grundordnung** im Grundgesetz gebraucht wird (Art. 10 II 2, 11 II, 18, 21 II, 91 I GG) oder interpretatorisch zum Ausdruck kommt (Art. 5 III 2, 9 II GG). Er ist in der Rechtsprechung des Bundesverfassungsgerichts kanonisiert worden[101] und darf unbeschadet sprachlicher Differenzierungen im Detail einheitlich verstanden werden[102] (→ Art. 21 Rn. 148; → Art. 9 Rn. 57; → Art. 18 Rn. 44). Er ist für Bund und Länder einheitlich zu bestimmen, so dass der materielle Inhalt der »Grundsätze des Grundgesetzes« und »der verfassungsmäßigen Ordnung des Landes« insoweit deckungsgleich zu verstehen sind[103].

38 Voraussetzung für eine Anklage ist ein **Verstoß** gegen diese freiheitliche demokratische Grundordnung. Schon der Abstraktionsgrad von deren Grundsätzen verlangt eine Evidenz dieses Verstoßes, wie sie weniger durch inhaltliche Gesinnungsmerkmale als solche als vielmehr – wie auch in paralleler Grenzziehung nach Art. 9 GG (→ Art. 9 Rn. 54ff.) – durch ein äußerlich erkennbares, aggressiv-kämpferisches Verhalten gegen diese Grundordnung sichtbar wird[104]. Dafür reicht weder jede Missachtung des Grundgesetzes aus noch eine unvertretbare oder unhaltbare oder in der Öffentlichkeit skandalisierte gerichtliche Entscheidung, die von der Rechtsmittelinstanz korrigiert werden kann[105]; vielmehr muss das (Gesamt-)Verhalten eines einzelnen bestimmten Richters Ausdruck einer solchen aggressiv-kämpferischen Haltung sein[106]. Ein solches hartnäckiges Gesamtverhalten wird sich regelmäßig schon nicht nur einer einzelnen Entscheidung bzw. ihrer Begründung entnehmen lassen. Zudem müssen seine Verhaltensweisen ihm persönlich eindeutig und individuell zurechenbar sein, was bei Entscheidungen eines Richters als Mitglied eines Spruchkörpers schwierig sein kann; denn die gesetzlich gebotene Unterschrift unter ein Urteil allein reicht insoweit nicht zu der Annahme aus, der Unterschreibende identifiziere sich mit dem Urteilsinhalt[107]. Der ebenfalls nicht leicht festzustellende Vorsatz des Richters (i. S. von § 11 II StGB) ist nur für seine Entlassung erforderlich (Art. 98 II 2 GG); eine fahrlässige Verwirklichung aber »grenzt ans Absurde«[108].

39 Die **verfahrensrechtlichen Anforderungen** an eine Richteranklage sind ebenfalls sehr hoch angesiedelt[109]. Der Bundestag (bzw. der Landtag) muss einen Antrag auf Verset-

---

[101] Grdl. BVerfGE 2, 1 (12f.); 5, 85 (140); 39, 334ff.; jüngst BVerfGE 144, 20 (202ff., Rn. 529ff.); s. auch *H. Dreier*, JZ 1994, 741 (750ff.).

[102] So auch *Classen* (Fn. 51), Art. 98 Rn. 5; *Detterbeck* (Fn. 48), Art. 98 Rn. 13; s. auch *Meyer* (Fn. 48), Art. 98 Rn. 9; *Lechner/Zuck* (Fn. 13), Vor § 58 Rn. 7; *G. Roellecke*, HStR^3 III, § 68 Rn. 17.

[103] *Detterbeck* (Fn. 48), Art. 98 Rn. 14; *Meyer* (Fn. 48), Art. 98 Rn. 9; *Lechner/Zuck* (Fn. 13), Vor § 58 Rn. 7; *W. Löwer*, HStR^3 III, § 70 Rn. 148. Anders bei Art. 28 I 1 GG: → Art. 28 Rn. 53, 60.

[104] *Detterbeck* (Fn. 48), Art. 98 Rn. 14; *Reich*, GG, Art. 98 Rn. 2; *Meyer* (Fn. 48), Art. 98 Rn. 9; krit. *Heusch* (Fn. 78), Art. 98 Rn. 4; *Hillgruber* (Fn. 17), Art. 98 Rn. 36; *Umbach* (Fn. 15), Art. 98 Rn. 58ff.

[105] *Meyer* (Fn. 48), Art. 98 Rn. 11.

[106] *Detterbeck* (Fn. 48), Art. 98 Rn. 15; *Meyer* (Fn. 48), Art. 98 Rn. 9, 11.

[107] *Meyer* (Fn. 48), Art. 98 Rn. 11; *Hillgruber* (Fn. 17), Art. 98 Rn. 38.

[108] So *E.G. Mahrenholz*, ZRP 1997, 129 (133); sachlich gleichsinnig *Hillgruber* (Fn. 17), Art. 98 Rn. 39.

[109] Ausf. *G.C. Burmeister*, DRiZ 1998, 518 (520ff.).

zung in ein anderes – ggf. auch nichtrichterliches[110] – Amt oder in den Ruhestand oder auf Entlassung des Richters stellen, dem die einfache Mehrheit im Plenum des Bundestages[111] zugestimmt haben muss (zu Abweichungen auf Landesebene → Rn. 18); diesem Antrag muss das Bundesverfassungsgericht[112] unter Abwägung der angemessenen Sanktion im Einzelfall mit Zwei-Drittel-Mehrheit zustimmen (Art. 98 II 1 GG). Anderenfalls muss es den Antrag zurückweisen und den Richter damit freisprechen (vgl. § 59 I BVerfGG)[113]. Art. 98 II GG sieht nicht die Möglichkeit einer bloßen oder auch nur ergänzenden Feststellung vor, ob der Richter gegen die freiheitliche demokratische Grundordnung verstoßen hat[114]. Die Entscheidung des Bundesverfassungsgerichts ergeht nach §§ 55, 58 I, 59 BVerfGG durch (Verpflichtungs-)Urteil aufgrund mündlicher Verhandlung; ihm kommt konstitutive (Gestaltungs-)Wirkung zu[115].

Schon die hohen verfahrensrechtlichen und hochgradig auslegungsbedürftigen ma- 40
teriellen Voraussetzungen haben zur Folge, dass das Institut der Richteranklage bislang **keine praktische Bedeutung** gewonnen hat[116]. Das gilt auch in den Fällen, auf die dieses Institut einst zugeschnitten war[117]. Würde es eine relevante praktische Bedeutung gewinnen, so wäre dieses ein Symptom für eine fundamentale Krise des demokratischen Verfassungsstaats, die keinesfalls nur durch individuelle Richteranklagen zu bewältigen wäre. Art. 98 II, V GG sieht sich daher demselben Dilemma gegenüber, das auch das politische Ermessen der zuständigen Verfassungsorgane bei der Frage eines Antrags auf Verfassungswidrigerklärung politischer Parteien kennzeichnet (→ Art. 21 Rn. 160). Die praktische Bedeutung des Art. 98 II, V GG reduziert sich daher weithin auf eine **symbolische Funktion**; sie erlaubt es, richterliche Entscheidungen mit politisch radikaler Einfärbung trotz der richterlichen Unabhängigkeit ihrer Urheber verfassungspolitisch in der Öffentlichkeit problematisieren zu können[118].

IV. Die Richterwahlausschüsse auf Landesebene (Art. 98 IV GG)

Art. 98 IV GG unterstreicht, dass die Länder bei der Berufung von (Berufs-)Richtern 41
des Landes eine Mitwirkung von Richterwahlausschüssen vorsehen können. Seinem **Zweck** nach soll dadurch auch auf Landesebene die demokratische Legitimation der Justiz[119], aber auch die Akzeptanz von Personalentscheidungen des Ministers durch

---

110 *Classen* (Fn. 51), Art. 98 Rn. 5.

111 A.A. *Reich*, GG, Art. 98 Rn. 2: Ausschussentscheidung reicht aus.

112 Nach § 14 II BVerfGG ist der Zweite Senat zuständig.

113 *Detterbeck* (Fn. 48), Art. 98 Rn. 17; *Meyer* (Fn. 48), Art. 98 Rn. 10; a.a. *D.C. Umbach*, in: Umbach/Clemens/Dollinger, BVerfGG, § 59 Rn. 9: Möglichkeit der Zurückweisung ohne Freispruch bzw. der Einstellung des Verfahrens.

114 *Detterbeck* (Fn. 48), Art. 98 Rn. 17; *ders.*, Streitgegenstand und Entscheidungswirkungen im Öffentlichen Recht, 1995, S. 568; *Hillgruber* (Fn. 17), Art. 98 Rn. 43; *T. Maunz*, in: Maunz/Schmidt-Bleibtreu/Klein/Bethge, BVerfGG, § 59 (1976), Rn. 1; *Lechner/Zuck* (Fn. 13), Vor § 59 Rn. 1; a.A. *Reich*, GG, Art. 98 Rn. 2.

115 *Detterbeck* (Fn. 48), Art. 98 Rn. 18; *ders.*, Streitgegenstand (Fn. 114), S. 567.

116 *Detterbeck* (Fn. 48), Art. 98 Rn. 12; Jarass/*Pieroth*, GG, Art. 98 Rn. 1; *P. Marqua*, DRiZ 1995, 70; *W. Löwer*, HStR^3 III, § 70 Rn. 149; s. auch *E.G. Mahrenholz*, ZRP 1997, 129 (133); *M. Reinhardt*, Konsistente Jurisdiktion, 1997, S. 109f.

117 Vgl. *H. Wrobel*, DRiZ 1995, 199ff.

118 Vgl. zum »Deckert-Urteil« (LG Mannheim NJW 1994, 2494ff., aufgehoben durch BGH NJW 1995, 340ff.) *Meyer* (Fn. 48), Art. 98 Rn. 11; *R. Wassermann*, NJW 1995, 303f.; *H. Sendler*, ZRP 1994, 377ff.

119 *Classen* (Fn. 51), Art. 98 Rn. 8; *Hillgruber* (Fn. 17), Art. 98 Rn. 51; ausf. *Fuchs*, Verfassungsmäßigkeit (Fn. 80), S. 116ff.; a.A. *K.F. Gärditz*, ZBR 2011, 109 (110f.).

die Betroffenen gestärkt[120] und die richterliche Unabhängigkeit gesichert[121] werden (→ Art. 95 Rn. 28). Er beantwortet nicht die Frage nach dem Maß an demokratischer Legitimation und rechtsstaatlicher Transparenz der Richterberufung[122].

1. Art. 98 IV GG als Kompetenzbindungsnorm

42 Art. 98 IV GG konstitutionalisiert drei normative Vorgaben. Er enthält erstens eine **Kompetenzbestimmung**, die die zuständigen Länder zur Einrichtung von Richterwahlausschüssen ermächtigt; er ist insoweit nur deklaratorisch, als eine solche Kompetenz schon aus der Justizhoheit der Länder folgt[123]. Art. 98 IV GG normiert aber zweitens auch eine **Garantie für die Länder**, dass der Bund nicht durch Bundesgesetz das Recht der Länder zur Errichtung von Wahlausschüssen aushebelt; insoweit ist Art. 98 IV GG lex specialis gegenüber der Kompetenz des Bundes aus Art. 74 I Nr. 27 GG[124], soweit er die Voraussetzungen der Begründung des Richterstatus (mit) regelt. Art. 98 IV GG entfaltet schließlich drittens normative **Bindungen** für die Art und Weise der Ausgestaltung von Richterwahlausschüssen in den Ländern: Wenn diese von der Möglichkeit des Art. 98 IV GG Gebrauch machen, was sie nicht müssen[125], haben sie aber die inhaltlichen Vorgaben in Art. 98 IV GG zu beachten[126]. Nicht nur der Wortlaut, auch die Entstehungsgeschichte von Art. 98 IV GG spricht für diese materiellrechtliche Funktion von Art. 98 IV GG[127], dessen Bindungen nicht unter Berufung auf die Freiheit des Landesgesetzgebers umgangen werden dürfen.

2. Die materiellen Vorgaben für die Landesgesetzgeber

43 Die zentrale materielle Aussage des Art. 98 IV GG liegt in seinem Gebot, dass im Falle der Einrichtung von Richterwahlausschüssen der Landesjustizminister zusammen mit einem Richterwahlausschuss über die Anstellung der Richter in den Ländern

---

[120] *W. Priepke*, DRiZ 1989, 229; s. auch *J. Strelitz*, Entstehung und Problematik von Richterwahlausschüssen in Bund und Ländern, in: FS Hirsch, 1981, S. 355ff. (356f.).

[121] So *Classen* (Fn. 51), Art. 98 Rn. 8; *J. Herrmann*, DRiZ 1982, 286 (291); krit. *Heusch* (Fn. 78), Art. 98 Rn. 10; *Wittreck*, Verwaltung (Fn. 59), S. 130; *ders.*, Dritte Gewalt im Wandel – Veränderte Anforderungen an Legitimität und Effektivität?, VVDStRL 74 (2015), S. 115ff. (146f.).

[122] *Meyer* (Fn. 48), Art. 98 Rn. 15.

[123] *Detterbeck* (Fn. 48), Art. 98 Rn. 20; *Hillgruber* (Fn. 17), Art. 98 Rn. 50; *Wassermann* (Fn. 1), Art. 98 Rn. 28; s. auch *E.-W. Böckenförde*, Verfassungsfragen der Richterwahl (1974), 2. Aufl. 1998, S. 46ff., 55.

[124] Vgl. (zur früheren Rechtslage) insoweit *Classen* (Fn. 51), Art. 98 Rn. 11, 13; Jarass/*Pieroth*, GG, Art. 98 Rn. 4; *Wassermann* (Fn. 1), Art. 98 Rn. 30; *Böckenförde*, Verfassungsfragen (Fn. 123), S. 40ff., 56ff.; *Meyer* (Fn. 48), Art. 98 Rn. 12.

[125] *Hillgruber* (Fn. 17), Art. 98 Rn. 50; zur entsprechenden föderalen Vielfalt *K.F. Gärditz*, ZBR 2011, 109 (112ff.); *Wittreck*, Verwaltung (Fn. 59), S. 392ff.; *Schmidt-Räntsch* (Fn. 5), Vor § 8 Rn. 8ff.; *P. Marqua*, DRiZ 1989, 225ff.; *E. Teubner*, Die Bestellung zum Berufsrichter in Bund und Ländern, 1984, S. 57ff., 75ff.; *Strelitz*, Entstehung (Fn. 120), S. 357ff. → Rn. 17.

[126] *Detterbeck* (Fn. 48), Art. 98 Rn. 21; *K.F. Gärditz*, ZBR 2011, 109 (109); *Wittreck*, Verwaltung (Fn. 59), S. 403; *E.G. Mahrenholz*, NdsVBl. 2003, 225 (226ff.); *J. Ziekow/A. Guckelberger*, NordÖR 2000, 13 (16); *Stern*, Staatsrecht II, S. 406; *Badura*, Staatsrecht, H 10; ausf. *Tschentscher*, Legitimation (Fn. 35), S. 173ff.; *D. Ehlers*, Verfassungsrechtliche Fragen der Richterwahl, 1998, S. 15ff.; a.A. ausf. *Minkner*, Gerichtsverwaltung (Fn. 37), S. 286ff.

[127] Vgl. *Detterbeck* (Fn. 48), Art. 98 Rn. 22f.; *J. Gundel*, ZBR 2000, 135 (136); *Ehlers*, Fragen (Fn. 126), S. 18ff.; a.A. *Classen* (Fn. 51), Art. 98 Rn. 11ff.; ausf. *Dietrich*, Richterwahlausschüsse (Fn. 47), S. 51ff.

entscheidet[128], d.h. die materielle Auswahlentscheidung[129] gemeinsam zu treffen ist: **Richterwahlausschüssen** dürfen mithin **keine Allein- oder Letztentscheidungsbefugnisse** eingeräumt werden, sondern der zuständige Landesminister muss stets letztverantwortlich zustimmen[130] (→ Art. 20 [Demokratie], Rn. 139). Das gilt auch bei der Wahl der Richter durch das Landesparlament[131], denn die Personalhoheit liegt nicht nur bei Beamten, sondern auch bei Richtern grundsätzlich bei den Landesregierungen[132]. Andererseits ist den Richterwahlausschüssen ein originärer Entscheidungsspielraum eingeräumt, den sie nach eigenen Vorstellungen ausfüllen dürfen[133]; dieser darf nicht »auf Null« reduziert werden«[134] und ist gerichtlich nur eingeschränkt überprüfbar[135].

Als Landesjustizminister sieht Art. 98 IV GG nicht die organisatorisch so genannten, sondern die für die jeweiligen Gerichte des Landes **funktionell zuständigen Minister** an[136]; soweit die Arbeits- und Sozialminister für die Arbeits- bzw. Sozialgerichte zuständig sind, sind diese als zuständige Minister i. S. von Art. 98 IV GG anzusehen. Art. 98 IV GG lässt sich folglich nicht als eine institutionelle Garantie organisatorisch eigenständiger Landesjustizministerien deuten[137]. Ihre Mitwirkung bzw. die der Richterwahlausschüsse erstreckt sich nicht nur auf die erstmalige Anstellung, sondern auch auf die Übernahme in das Richterverhältnis auf Lebenszeit[138] und in ein Beförderungsamt[139] nur der Berufsrichter, nicht auch der ehrenamtlichen Richter (→ Art. 95 Rn. 27), hier auch nicht der Landesverfassungsrichter[140]. 44

---

[128] Vgl. *Heusch* (Fn. 78), Art. 98 Rn. 9; *Umbach* (Fn. 15), Art. 98 Rn. 79; *J. Ziekow/A. Guckelberger*, NordÖR 2000, 13 (16); s. bereits *R. Enzian*, DRiZ 1974, 118ff.

[129] *Hillgruber* (Fn. 17), Art. 98 Rn. 52f.

[130] BVerfG (K), NJW 1998, 2590 (2592); *Detterbeck* (Fn. 48), Art. 98 Rn. 22f.; *K. Rennert*, JZ 2015, 529 (537); *Fuchs*, Verfassungsmäßigkeit (Fn. 80), S. 117ff.; *H.-J. Papier*, HGR V, § 130 Rn. 68; *ders.*, NJW 2002, 2585 (2588); *Ehlers*, Fragen (Fn. 126), S. 16, 28, 43; *Hillgruber* (Fn. 17), Art. 98 Rn. 56; *Stern*, Staatsrecht II, S. 406; a.A. OVG Schleswig-Holstein DVBl. 1999, 937 (937f.); *Tschentscher*, Legitimation (Fn. 35), S. 236ff., 241; *Classen* (Fn. 51), Art. 98 Rn. 11ff.; *T. Groß*, ZRP 1999, 361 (364); *Wassermann* (Fn. 1), Art. 98 Rn. 32; *J. Thomas*, Richterrecht, 1986, S. 68; *Böckenförde*, Verfassungsfragen (Fn. 123), S. 48f., 55, 56ff.; unklar Jarass/*Pieroth*, GG, Art. 98 Rn. 4: »mindestens gleichberechtigte Stellung«.

[131] *Detterbeck* (Fn. 48), Art. 98 Rn. 24; a.A. *Classen* (Fn. 51), Art. 98 Rn. 11ff.

[132] BVerfGE 41, 1 (10); BVerwGE 70, 270 (274); *Detterbeck* (Fn. 48), Art. 98 Rn. 24; *Ehlers*, Fragen (Fn. 126), S. 35ff.; s. auch *S. Jutzi*, in: J. Linck/S. Jutzi/J. Hopfe (Hrsg.), Die Verfassung des Freistaats Thüringen, 1994, Art. 89 Rn. 8. Das Richterwahlrecht in Hamburg, Berlin und Schleswig-Holstein ist unter diesem Gesichtspunkt verfassungsrechtlich problematisch; a.A. *Wittreck*, Verwaltung (Fn. 59), S. 405f.; *Classen* (Fn. 51), Art. 98 Rn. 12.

[133] BVerwGE 105, 89 (92); *Detterbeck* (Fn. 48), Art. 98 Rn. 30.

[134] *Reich*, GG, Art. 98 Rn. 6.

[135] BVerfG (K), NJW 1998, 2592; BVerwGE 105, 89 (92f.).

[136] *Classen* (Fn. 51), Art. 98 Rn. 10; *Detterbeck* (Fn. 48), Art. 98 Rn. 27; Jarass/*Pieroth*, GG, Art. 98 Rn. 4; *Hillgruber* (Fn. 17), Art. 98 Rn. 55; *Ehlers*, Fragen (Fn. 126), S. 51f.; krit. *Tschentscher*, Legitimation (Fn. 35), S. 177f.

[137] *Classen* (Fn. 51), Art. 98 Rn. 10; *R. Brinktrine*, Jura 2000, 123 (130 m. Anm. 75a); *F. Schoch*, Übungen im öffentlichen Recht I, 2000, S. 347f.; *J. Isensee*, JZ 1999, 1113 (1116); s. auch *H. Sendler*, NJW 1999, 1232 (1234).

[138] BGHZ 85, 319 (323); *Classen* (Fn. 51), Art. 98 Rn. 9; *Detterbeck* (Fn. 48), Art. 98 Rn. 26; Jarass/*Pieroth*, GG, Art. 98 Rn. 4.

[139] BVerwGE 70, 270 (274); *Heusch* (Fn. 78), Art. 98 Rn. 11; Jarass/*Pieroth*, GG, Art. 98 Rn. 4; *Detterbeck* (Fn. 48), Art. 98 Rn. 26; *J. Ziekow/A. Guckelberger*, NordÖR 2000, 13 (13ff.); s. auch *Ehlers*, Fragen (Fn. 126), S. 48f.: analoge Anwendung; krit. *Tschentscher*, Legitimation (Fn. 35), S. 316f.; *E.G. Mahrenholz*, NdsVBl. 2003, 225 (229); *T. Groß*, ZRP 1999, 361 (363).

[140] So auch *Detterbeck* (Fn. 48), Art. 98 Rn. 25, im Anschluss an *Ehlers*, Fragen (Fn. 126), S. 44f. → Rn. 22.

45 Im Hinblick auf **Organisation und Verfahren** des Zusammenwirkens von Richterwahlausschüssen und Landesministern, insbesondere auch hinsichtlich der Zusammensetzung der Richterwahlausschüsse, hat der Landesgesetzgeber im Rahmen grundgesetzlicher Vorgaben einen breiten Gestaltungsspielraum[141], ohne dass sich das Parlament an die Stelle des Richterwahlausschusses setzen darf[142]. Der Gesetzgeber hat dabei namentlich die Grundsätze des Demokratieprinzips, besonders der sachlichen und personellen Legitimation (→ Art. 20 [Demokratie], Rn. 111ff., 139), zu beachten[143]; folglich muss der Gesetzgeber die Mitgliederzahl im Richterwahlausschuss festlegen[144], muss zumindest die Mehrheit der Mitglieder von Richterwahlausschüssen aus Abgeordneten bestehen[145], weil diese unmittelbar demokratisch legitimiert sind[146] (→ Art. 20 [Demokratie], Rn. 139), muss das Landesparlament als Ganzes die Abgeordneten in den Richterwahlausschuss wählen[147] und dürfen nicht Verbände oder die Richterschaft den Richterwahlausschuss beschicken[148]. Das schließt verbindliche Vorschlagsrechte nicht demokratisch legitimierter Organisationen (z.B. von Gerichten, Anwaltskammern) nicht aus, sofern die staatliche Stelle die Vorschläge vollständig zurückweisen darf[149].

46 Im übrigen soll aus der originären Mitwirkungsbefugnis der Ausschüsse folgen, dass sie **keiner Begründungspflicht** unterliegen[150]. Jedenfalls sind ihre Mitwirkungsentscheidungen als unselbständige Verfahrensakte[151] (wie bei Art. 95 GG) nur mittelbar einer eingeschränkten gerichtlichen Kontrolle unterworfen, die sich an den Rechtsprechungskriterien orientiert, die für die gerichtliche Überprüfung von Prüfungsentscheidungen entwickelt worden sind[152] (→ Art. 95 Rn. 31) und die Eigenarten politischer Entscheidungsprozesse in demokratisch gewählten Kollegialorganen respektiert[153].

---

[141] *Detterbeck* (Fn. 48), Art. 98 Rn. 28; *Wittreck*, Verwaltung (Fn. 59), S. 128ff., 396ff.; *E.G. Mahrenholz*, NdsVBl. 2003, 225 (233); *T. Groß*, ZRP 1999, 361 (364); s. auch *Reich*, GG, Art. 98 Rn. 6.

[142] *Heusch* (Fn. 78), Art. 98 Rn. 12; *Meyer* (Fn. 48), Art. 98 Rn. 12; *J. Ziekow/A. Guckelberger*, NordÖR 2000, 13 (16f.).

[143] *Classen* (Fn. 51), Art. 98 Rn. 14ff.; Jarass/*Pieroth*, GG, Art. 98 Rn. 5; *Detterbeck* (Fn. 48), Art. 98 Rn. 28; *Wassermann* (Fn. 1), Art. 98 Rn. 34; ausf. (z.T. krit.) *Tschentscher*, Legitimation (Fn. 35), S. 350ff.

[144] *Reich*, GG, Art. 98 Rn. 6.

[145] Jarass/*Pieroth*, GG, Art. 98 Rn. 5; *H.-J. Papier*, HGR V, § 130 Rn. 67; *Fuchs*, Verfassungsmäßigkeit (Fn. 80), S. 124ff.; *K.F. Gärditz*, ZBR 2011, 109 (110); weitergehend (alle Mitglieder): *Classen* (Fn. 51), Art. 98 Rn. 16; *Hillgruber* (Fn. 17), Art. 98 Rn. 57ff.; *G. Püttner*, DÖV 1988, 357 (359f.); *G. Reinschmidt*, ZRP 1972, 160 (161); s. auch *Burkiczak* (Fn. 91), Art. 92 Rn. 74.

[146] Vgl. BVerfGE 93, 37 (66); *Reich*, GG, Art. 98 Rn. 6; *Böckenförde*, Verfassungsfragen (Fn. 123), S. 80ff.; für weitestgehende Freiheit des Landesgesetzgebers *T. Groß*, ZRP 1999, 361 (364).

[147] *Hillgruber* (Fn. 17), Art. 98 Rn. 61; *K.F. Gärditz*, ZBR 2011, 109 (111); s. auch *Jutzi* (Fn. 132), Art. 89 Rn. 10.

[148] *Jutzi* (Fn. 132), Art. 89 Rn. 10.

[149] BVerfGE 26, 186 (196f.); 27, 312 (320f.); 27, 355 (362); *Classen* (Fn. 51), Art. 98 Rn. 15, 17; s. auch *W. Curilla*, DRiZ 1991, 286 (287f.) betr. die Rechtslage in Hamburg; restriktiver *Hillgruber* (Fn. 17), Art. 98 Rn. 64.

[150] So BVerwGE 105, 89 (91f.); *Wassermann* (Fn. 1), Art. 98 Rn. 34c; zweifelhaft → Art. 95 Rn. 31.

[151] Vgl. BVerwG DVBl. 1998, 196.

[152] Vgl. BVerwGE 105, 89 (92f.); OVG Niedersachsen DVBl. 2016, 196 (198); *Classen* (Fn. 51), Art. 98 Rn. 18; *Hillgruber* (Fn. 17), Art. 98 Rn. 67; *K.F. Gärditz*, ZBR 2011, 109 (116f.); vgl. *Heusch* (Fn. 78), Art. 98 Rn. 13; *Detterbeck* (Fn. 48), Art. 98 Rn. 29; s. auch *H. Schulze-Fielitz*, JZ 1993, 772 (772f., 778ff.). → Art. 19 IV Rn. 126ff.

[153] *H. Schulze-Fielitz*, JZ 2002, 144 (145f.); anders *C.-D. Classen*, JZ 2002, 1009 (1013f., 1018f.).

D. Verhältnis zu anderen GG-Bestimmungen

Die Richteranklage (Art. 98 II, V GG) ergänzt **Art. 9 II, 18, 20 IV** und **21 II GG** (→ Rn. 32) und ist keine Einschränkung der richterlichen Unabhängigkeit (**Art. 97 I GG**)[154], sondern stellt klar, dass Richter Gesetz und Recht unterworfen und insoweit stets auch an das Grundgesetz gebunden sind[155]; weiter kann die Unabhängigkeit nach Art. 97 I GG von vornherein nie reichen. Im Anwendungsbereich von **Art. 97 II GG** ist Art. 98 II, V GG lex specialis. 47

Art. 98 I, III GG enthält für seinen speziellen Anwendungsbereich des Dienstrechts für Richter eine Gesetzgebungskompetenz des Bundes und der Länder und geht insoweit den allgemeinen Regeln der **Art. 73 I Nr. 8 GG** als lex specialis vor (→ Rn. 22). Als Kompetenznorm ist Art. 98 IV GG wegen der Justizhoheit der Länder nur deklaratorischer Natur, soweit es um die Errichtung von Richterwahlausschüssen geht. Auch die in Art. 98 I, III GG enthaltenen Gesetzesvorbehalte präzisieren den allgemeinen rechtsstaatlichen Gesetzesvorbehalt (→ Rn. 25). 48

---

[154] So *Pestalozza*, Verfassungsprozeßrecht, § 6 Rn. 2.
[155] Vgl. *C. Schütz*, Der ökonomisierte Richter, 2005, S. 168ff.

Artikel 99 [Zuständigkeit von Gerichten des Bundes kraft Landesrechts]

Dem Bundesverfassungsgerichte kann durch Landesgesetz die Entscheidung von Verfassungsstreitigkeiten innerhalb eines Landes, den in Artikel 95 Abs. 1 genannten obersten Gerichtshöfen für den letzten Rechtszug die Entscheidung in solchen Sachen zugewiesen werden, bei denen es sich um die Anwendung von Landesrecht handelt.

Literaturauswahl

Friesenhahn, Ernst: Zur Zuständigkeitsabgrenzung zwischen Bundesverfassungsgerichtsbarkeit und Landesverfassungsgerichtsbarkeit, in: Festgabe BVerfG, Bd. 1, S. 748–799.
Gundel, Jörg: Neue Wege zur Auslegung von Landesrecht durch das BVerwG – Die Neubelebung von Art. 99 Alt. 2 GG durch Länder-Staatsverträge, in: NVwZ 2000, S. 408–411.
Klumpp, Hans-Hermann: Landesrecht vor Bundesgerichten im Bundesstaat des Grundgesetzes, 1969.
Löwer, Wolfgang: Zuständigkeiten und Verfahren des Bundesverfassungsgerichts, in: HStR³ III, § 70, S. 1285–1526.
Menger, Christian Friedrich: Landesrecht vor Bundesgerichten, 1962.

Leitentscheidungen des Bundesverfassungsgerichts

BVerfGE 10, 285 (292 ff.) – Bundesgerichte; 103, 332 (344 ff., Rn. 46 ff.) – Naturschutzgesetz Schleswig-Holstein; 120, 82 (95 ff., Rn. 76 ff.) – Kommunalwahl Sperrklausel III.

Gliederung

Stichwörter

A. Herkunft, Entstehung, Entwicklung

1 Die Übertragung von Kompetenzen durch den Landesgesetzgeber auf Bundesorgane ohne Mitwirkung des Bundes setzt eine gefestigte föderale Staatsstruktur voraus. Es ist deshalb nicht verwunderlich, dass Art. 99 GG in der deutschen Rechtsgeschichte **völlig neu** ist. Auch die Weimarer Verfassung kannte in Art. 19 WRV nur eine reichsverfassungsrechtlich festgelegte subsidiäre Zuständigkeit des Staatsgerichtshofs für Verfassungsstreitigkeiten innerhalb eines Landes bzw. zwischen verschiedenen Län-

dern oder zwischen dem Reich und einem Land[1]. Es waren die Vertreter einzelner neu gebildeter Länder, die in den Beratungen der Sachverständigen auf Herrenchiemsee eine einheitliche Entscheidungsinstanz für solches Landesrecht (vor allem preußischer Herkunft) wünschten, das in mehreren neuen Ländern fortgelten sollte[2]. Der daraus entstandene Vorschlag des Art. 129 IV HChE wurde vom Parlamentarischen Rat übernommen und um die Möglichkeit ergänzt, dass die Länder Landesverfassungsstreitigkeiten dem Bundesverfassungsgericht zuweisen, um sich die Einrichtung einer eigenen Verfassungsgerichtsbarkeit zu ersparen[3]. Art. 99 GG ist 1968 nur sprachlich an die neue Terminologie in Art. 95 GG (→ Art. 95 Rn. 8) angepasst worden[4].

B. Internationale, supranationale und rechtsvergleichende Bezüge

2 Mangels einer vergleichbar spezifisch gewachsenen föderalen Staatsstruktur sind dem Art. 99 GG **entsprechende Regeln** im internationalen und supranationalen Recht, soweit ersichtlich, **nicht bekannt**. Selbst der einzige und am ehesten vergleichbare, 1914 eingefügte Art. 114bis IV Verf. Schweiz a. F. (jetzt Art. 190 II Verf. Schweiz 1999) macht die dort den Kantonen ermöglichte Zuweisung von Streitigkeiten aus dem kantonalen Verwaltungsrecht an das Bundesgericht von der Genehmigung der Bundesversammlung abhängig.

C. Erläuterungen

I. Allgemeine Bedeutung

3 Art. 99 GG ermächtigt die Länder der Bundesrepublik Deutschland, durch Landesrechtsetzung Rechtsstreitigkeiten der Länder auf Bundesgerichte zu übertragen und sich dieser damit im Wege der **Organleihe**[5] zu bedienen. Diese Möglichkeit lässt sich als spezifische Erscheinungsform der Kooperation von Bund und Ländern (→ Art. 20 [Bundesstaat], Rn. 30) interpretieren und räumt den Ländern im Bundesstaat ausnahmsweise die Befugnis ein, Kompetenzen eines Bundesorgans ohne Mitwirkung des Bundes zu erweitern[6] und so atypischerweise die Ausführung von Landesgesetzen durch Bundesorgane zu ermöglichen[7].

4 **Zweck** dieser Ermächtigung ist es vor allem, dem Landesgesetzgeber zu ermöglichen, aus Gründen der Sparsamkeit von der Errichtung eines Landesverfassungsge-

---

[1] Vgl. *R. Wassermann*, in: AK-GG, Art. 99 (2001), Rn. 1; ausf. *H. Dreier*, Staatsrecht in Demokratie und Diktatur, 2016, S. 95ff.

[2] *Wassermann* (Fn. 1), Art. 99 Rn. 2; *K. Stern*, in: BK, Art. 99 (Zweitb. 1965), Anm. I.

[3] *Wassermann* (Fn. 1), Art. 99 Rn. 3; JöR 1 (1951), S. 733.

[4] Vgl. *A. Bauer/M. Jestaedt*, Das Grundgesetz im Wortlaut, 1997, S. 333.

[5] Vgl. BVerfGE 1, 208 (218); *W. Löwer*, HStR[3] III, § 70 Rn. 53; *S. Detterbeck*, in: Sachs, GG, Art. 99 Rn. 1; *J.-R. Sieckmann*, in: v. Mangoldt/Klein/Starck, GG III, Art. 99 Rn. 1; *W. Meyer*, in: v. Münch/Kunig, GG II, Art. 99 Rn. 1.

[6] *Meyer* (Fn. 5), Art. 99 Rn. 2; *C. Walter*, in: Maunz/Dürig, GG, Art. 99 (2013), Rn. 1.

[7] *Walter* (Fn. 6), Art. 99 Rn. 1.

richts abzusehen[8] bzw. eine Gegenposition zur landesrechtlichen Berechtigung zu eröffnen, nach §§ 8ff. EGGVG ein oberstes Landesgericht zu errichten[9].

5 Art. 99 GG sieht insoweit **zwei Möglichkeiten** vor. Nach Art. 99, 1. Alt. GG kann das Land durch seine Landesverfassung oder durch förmliches Gesetz **Landesverfassungsstreitigkeiten** auf das Bundesverfassungsgericht übertragen; von dieser Möglichkeit hatte jahrzehntelang (nur) Schleswig-Holstein Gebrauch gemacht[10]. Nach Art. 99, 2. Alt. GG kann das Land durch förmliches Landesgesetz[11] **landesrechtliche Streitigkeiten** für den letzten Rechtszug auf oberste Gerichtshöfe des Bundes als Revisionsinstanz übertragen; diese Möglichkeit spielt praktisch keine große Rolle[12] (→ Rn. 14).

6 Die zumal nach der nunmehr vollzogenen Einrichtung eines eigenen Verfassungsgerichtshofs in Schleswig-Holstein (→ Art. 142 Rn. 25) weitgehende **praktische Bedeutungslosigkeit** von Art. 99 GG (→ Rn. 11) dürfte in tiefgehenden Strukturveränderungen moderner Staatlichkeit auch in föderalistischen Staaten gründen. Kehrseite der neueren Tendenzen zur Globalisierung und Entgrenzung nationaler Staaten ist das Bedürfnis gerade kleinerer Staaten, die eigenen – auch judikativen – Kompetenzen durch deren Wahrnehmung (und damit die eigene Staatlichkeit) auch im Bundesstaat zu unterstreichen[13]. Dieses Bedürfnis scheint stärker zu sein als die fiskalischen Einsparmöglichkeiten durch eine Organleihe. Auch das in Art. 99 GG anerkannte Bedürfnis nach Rechtsvereinheitlichung nimmt ab, wenn der Raum für alternative landesverfassungsgerichtliche Entscheidungen größer werden sollte[14] (→ Art. 93 Rn. 48; → Art. 142 Rn. 37ff., 66ff., 76).

II. Zuständigkeitsübertragungen auf das Bundesverfassungsgericht (Art. 99, 1. Alt. GG)

7 Auch soweit Landesrecht den konkreten Rechtsweg zum Bundesverfassungsgericht eröffnet, handelt dieses aufgrund bundesverfassungsrechtlicher Ermächtigung durch Art. 99 GG weiterhin **als Bundesorgan**, nicht als Landesorgan[15]; soweit das Bundesverfassungsgericht in Organleihe Landesverfassungsstreitigkeiten entscheidet, handelt es

[8] *A. Hopfauf*, in: Schmidt-Bleibtreu/Hofmann/Henneke, GG, Art. 99 Rn. 5; *Walter* (Fn. 6), Art. 99 Rn. 2; *E. Friesenhahn*, Zur Zuständigkeitsabgrenzung zwischen Bundesverfassungsgerichtsbarkeit und Landesverfassungsgerichtsbarkeit, in: Festgabe BVerfG, Bd. 1, S. 748ff. (792f.).

[9] So *Reich*, GG, Art. 99 Rn. 1.

[10] *Sieckmann* (Fn. 5), Art. 99 Rn. 4; ausf. *Pestalozza*, Verfassungsprozeßrecht, § 11 Rn. 3ff.; *F. Schorkopf*, in: Burkiczak/Dollinger/Schorkopf, BVerfGG, § 73 Rn. 3, 19f.; *Benda/Klein*, Verfassungsprozeßrecht, § 31 Rn. 1137; s. auch *Friesenhahn*, Zuständigkeitsabgrenzung (Fn. 8), S. 792f.; zum vergeblichen Versuch Berlins: *K. Stern*, DVBl. 1963, 690ff.; → Rn. 11. Zur neuen Rechtslage in Schleswig-Holstein → Art. 142 Rn. 24f.; *J. Caspar*, NordÖR 2008, 193ff.

[11] Dazu gehört auch das Landesverfassungsgesetz, vgl. *Meyer* (Fn. 5), Art. 99 Rn. 9; *Stern* (Fn. 2), Art. 99 Rn. 34, 57.

[12] *Meyer* (Fn. 5), Art. 99 Rn. 11; vgl. ausf. *H.-H. Klumpp*, Landesrecht vor Bundesgerichten im Bundesstaat des Grundgesetzes, 1969, S. 169ff.; *J. Gundel*, NVwZ 2000, 408 (408f.).

[13] *Walter* (Fn. 6), Art. 99 Rn. 4; *T. Clemens*, in: Umbach/Clemens, GG, Art. 99 Rn. 10, 21; vgl. allg. *H. Lübbe*, Politische Organisation in der zivilisatorischen Evolution, in: O. Depenheuer u. a. (Hrsg.), Die Einheit des Staates, 1998, S. 9ff. (18ff.).

[14] Insofern nicht eindeutig BVerfGE 96, 345ff.; dazu *E. Klein/A. Haratsch*, JuS 2000, 209ff.; *J. Dietlein*, Jura 2000, 19ff.; *H. Dreier*, Grundrechtsschutz durch Landesverfassungsgerichte, 2000, S. 25ff.

[15] *Schorkopf* (Fn. 10), § 73 Rn. 15; *Wassermann* (Fn. 1), Art. 99 Rn. 7; *Walter* (Fn. 6), Art. 99 Rn. 7; *Stern* (Fn. 2), Art. 99 Rn. 39 m.w.N.; a.A. *Meyer* (Fn. 5), Art. 99 Rn. 3 und 7. Vgl. zur umgekehrten Parallele der Auftragsverwaltung der Länder BVerfGE 81, 310 (331) und → Art. 85 Rn. 17.

nicht »als Landesverfassungsgericht«[16], sondern als »Verfassungsgericht für das Land«[17]. Funktional übt es dann aber Landesrechtsprechungsgewalt aus[18]; deshalb ergibt sich seine Zuständigkeit auch aus dem Landesrecht[19].

1. Form und Umfang der Zuständigkeitsübertragung

Art. 99, 1. Alt. GG verlangt (abweichend von Art. 94 II GG, → Rn. 16) für die landesrechtliche Begründung einer Entscheidungskompetenz des Bundesverfassungsgerichts ein Landesgesetz, d. h. die **Landesverfassung** oder ein formelles (Landes-) **Parlamentsgesetz**[20]. Ein solches Gesetz kann den Zugang zum Bundesverfassungsgericht, den Umfang von dessen Zuständigkeit und die Tragweite von dessen Entscheidungen regeln[21]. Der Landesgesetzgeber hat dabei einen Spielraum für Regelungen, die von den Regelungen der §§ 73ff. BVerfGG abweichen können[22]. Es kann aber dem Bundesverfassungsgericht nicht mehr Kompetenzen übertragen als es einem selbständigen Landesverfassungsgericht einräumen könnte[23]. 8

2. Arten von Verfassungsstreitigkeiten

Verfassungsstreitigkeiten i. S. von Art. 99, 1. Alt. GG sind anerkanntermaßen in weiter Auslegung[24] neben Organstreitigkeiten[25] auch abstrakte[26] und konkrete[27] Normenkontrollverfahren sowie alle sonstigen verfassungsgerichtlichen Verfahren innerhalb eines Landes[28] wie Verfassungsbeschwerden, Ministeranklagen, Richteranklagen, Wahlprüfungsverfahren[29] oder auch Klagen gegen Verfassungsorgane auf Herausgabe von Unterlagen an einen Untersuchungsausschuss[30] einschließlich einstweiliger Anordnungen[31]; das Spektrum der Entscheidungsmöglichkeit wird seinerseits von den Entscheidungen des Bundesverfassungsgerichts gemäß Art. 93 GG bestimmt[32]. Streitgegenstand ist stets ein Landesstaatsakt[33], über dessen Vereinbarkeit mit der jeweiligen Landesverfassung auch nur selbständige Landesverfassungsgerichte richten könnten. 9

---

[16] So BVerfGE 103, 332 (345, Rn. 46); 120, 82 (101, Rn. 93).
[17] So BVerfGE 10, 285 (293f.); 27, 240 (244).
[18] *Meyer* (Fn. 5), Art. 99 Rn. 3; s. auch *C.F. Menger*, Landesrecht vor Bundesgerichten, 1962, S. 28f.
[19] *Meyer* (Fn. 5), Art. 99 Rn. 7; *Walter* (Fn. 6), Art. 99 Rn. 15; ausf. *Stern* (Fn. 2), Art. 99 Rn. 40ff.
[20] *Detterbeck* (Fn. 5), Art. 99 Rn. 1; Jarass/*Pieroth*, GG, Art. 99 Rn. 1; *Walter* (Fn. 6), Art. 99 Rn. 8; *Meyer* (Fn. 5), Art. 99 Rn. 9; *Stern* (Fn. 2), Art. 99 Rn. 34.
[21] Jarass/*Pieroth*, GG, Art. 99 Rn. 1; *Schorkopf* (Fn. 10), § 73 Rn. 15.
[22] BVerfGE 106, 51 (56, Rn. 13); *Walter* (Fn. 6), Art. 99 Rn. 9, 16; *Schorkopf* (Fn. 10), § 73 Rn. 15.
[23] *Meyer* (Fn. 5), Art. 99 Rn. 6; vgl. auch BVerfGE 60, 175 (199f.).
[24] *Walter* (Fn. 6), Art. 99 Rn. 10; *Hopfauf* (Fn. 8), Art. 99 Rn. 9; *Clemens* (Fn. 13), Art. 99 Rn. 11; *K.-G. Zierlein*, AöR 118 (1993), 66 (72).
[25] BVerfGE 1, 208 (218f.).
[26] BVerfGE 1, 208 (218f.); 38, 258 (267); s. auch E 41, 88 (119).
[27] BVerfGE 7, 77 (83).
[28] *Detterbeck* (Fn. 5), Art. 99 Rn. 3; ausf. *Stern* (Fn. 2), Art. 99 Rn. 12ff.
[29] *Meyer* (Fn. 5), Art. 99 Rn. 5; zu engeren Auslegungsmöglichkeiten *W. Löwer*, HStR³ III, § 70 Rn. 54.
[30] LG Kiel NVwZ-RR 2006, 79 (79).
[31] Vgl. BVerfGE 99, 57 (66, Rn. 29); 106, 51 (55f., Rn. 11).
[32] Vgl. *Sieckmann* (Fn. 5), Art. 99 Rn. 2; *Wassermann* (Fn. 1), Art. 99 Rn. 6; *Meyer* (Fn. 5), Art. 99 Rn. 5.
[33] *Meyer* (Fn. 5), Art. 99 Rn. 6.

3. Zulässigkeitsvoraussetzungen für die Verfassungsstreitigkeiten

10 Verfahrensrechtlich ist das Bundesverfassungsgericht als Bundesorgan an das für das verfassungsgerichtliche Verfahren vorgesehene Landesrecht gebunden. Fehlt solches, kommt das Bundesverfassungsgerichtsgesetz zur Anwendung; es muss aber im Lichte des Art. 99 GG und mit der jeweiligen Landesverfassung konform interpretiert werden[34]. Findet sich bei Heranziehung des BVerfGG keine Lösung, darf das Bundesverfassungsgericht entsprechende Verfahrensgrundsätze selbst entwickeln[35]. Die Zulässigkeitsvoraussetzungen für eine Verfassungsstreitigkeit ergeben sich **im Falle von Organstreitigkeiten** deshalb aus §§ 73ff. BVerfGG[36]. Daher sind gemäß § 73 I BVerfGG am Organstreit potentiell beteiligt: die obersten Landesorgane, etwa Landtag[37] und Landesregierung[38], aber auch ihre Organteile, d.h. (in Statusfragen) Abgeordnete[39], Gruppen von Abgeordneten[40], Fraktionen[41], qualifizierte Landtagsminderheiten[42] und Landesminister[43], der bundesverfassungsgerichtlichen Rechtsprechung zufolge auch politische Parteien[44], mangels Vergleichbarkeit mit obersten Landesorganen nicht aber Gebietskörperschaften[45]. Für die Antragsbefugnis gilt »sinngemäß« § 64 I BVerfGG[46], für die Frist die §§ 73 II, 64 III BVerfGG: sechs Monate vom Bekanntwerden der beanstandeten Maßnahme an, »sofern das Landesrecht nichts anderes bestimmt«[47]; Inhalt und Folgen der Entscheidung bestimmen sich nach Landesrecht[48].

11 In allen **sonstigen Verfassungsstreitigkeiten** gelten (nur) die Regelungen des jeweiligen **Landesrechts**[49]. Als einziges Land hatte bis 2008 Schleswig-Holstein insofern die abstrakte Normenkontrolle (Art. 44 Nr. 2 Verf. Schleswig-Holstein), die Prüfung der Zulässigkeit von Volksbegehren und Volksentscheiden (Art. 42 I 2, II 2 Verf. Schleswig-Holstein) sowie die Richteranklage (Art. 43 IV Verf. Schleswig-Holstein) dem Bundesverfassungsgericht wirksam übertragen[50], nicht aber eine Landesverfassungs-

---

[34] *Meyer* (Fn. 5), Art. 99 Rn. 7; anders *Sieckmann* (Fn. 5), Art. 99 Rn. 3.

[35] BVerfGE 4, 31 (36f.); *Walter* (Fn. 6), Art. 99 Rn. 17.

[36] Vgl. BVerfGE 1, 208 (219ff.); 4, 31 (36ff.); *H. Bethge*, in: Maunz/Schmidt-Bleibtreu/Klein/Bethge, BVerfGG, § 73 (2009), Rn. 2ff.

[37] BVerfGE 1, 208 (231); 27, 44 (51).

[38] BVerfGE 1, 208 (231); *Walter* (Fn. 6), Art. 99 Rn. 18.

[39] BVerfGE 4, 144 (148f.); 49, 70 (77).

[40] BVerfGE 49, 70 (77).

[41] BVerfGE 1, 208 (223); 27, 44 (50f.).

[42] BVerfGE 106, 51 (57, Rn. 14) betr. Landtagsausschussminderheit.

[43] Jarass/*Pieroth*, GG, Art. 99 Rn. 2; *Pestalozza*, Verfassungsprozeßrecht, § 11 Rn. 9.

[44] BVerfGE 1, 208 (222ff.); 60, 53 (61f.); 103, 164 (168, Rn. 12); 120, 82 (96, Rn. 77; 101, Rn. 91). → Art. 21 Rn. 48; → Art. 93 Rn. 58.

[45] BVerfGE 27, 240 (244f.).

[46] BVerfGE 4, 144 (147f.); 27, 44 (51); 60, 53 (63); 106, 51 (59f., Rn. 22); 120, 82 (96, Rn. 78); Jarass/*Pieroth*, GG, Art. 99 Rn. 2.

[47] Vgl. BVerfGE 119, 302 (307, Rn. 14); Jarass/*Pieroth*, GG, Art. 99 Rn. 2; s. auch BVerfGE 27, 294 (296f.).

[48] *Meyer* (Fn. 5), Art. 99 Rn. 7; *Schorkopf* (Fn. 10), § 73 Rn. 14f.

[49] Jarass/*Pieroth*, GG, Art. 99 Rn. 2; *Detterbeck* (Fn. 5), Art. 99 Rn. 5; *Pestalozza*, Verfassungsprozeßrecht, § 11 Rn. 5.

[50] So BVerfGE 38, 258 (267); 99, 57 (65, Rn. 28); 103, 332 (344f., Rn. 46) betr. Normenkontrolle; BVerfGE 102, 176 (183f., Rn. 75ff.) betr. Zulässigkeit von Volksbegehren; a.A. zur Richteranklage (arg. Art. 98 IV GG) *A. v. Mutius*, in: ders./H. Wuttke/P. Hübner (Hrsg.), Kommentar zur Landesverfassung Schleswig-Holstein, 1995, Art. 44 Rn. 14. In Folge dieser Übertragung sind von 1951 bis Ende 2008 lediglich 21 Senatsentscheidungen ergangen, so *Hopfauf* (Fn. 8), Art. 99 Rn. 15; Zusammenstellung bei *Schorkopf* (Fn. 10), § 73 Rn. 21.

beschwerde[51]. Im Falle der konkreten Normenkontrolle gilt auch ohne ausdrückliche Zuweisung das Bundesverfassungsgericht als Landesverfassungsgericht[52].

4. Prüfungsmaßstab

Prüfungsmaßstab der Verfassungsstreitigkeit ist grundsätzlich allein das jeweilige **Landesverfassungsrecht**[53], nicht einfaches (Bundes- oder Landes-)Recht[54]. Das Grundgesetz ist allerdings insoweit maßstäblich, als seine Prinzipien oder auch ungeschriebenen Bestandteile in das Landesverfassungsrecht hineinwirken[55], etwa bei der Auswirkung des Rechtsstaatsprinzips[56] oder beim landesrechtlichen Verständnis der Parteienfreiheit im Lichte von Art. 21 GG[57], doch ist wegen der Verfassungsautonomie der Länder insoweit Zurückhaltung geboten[58] und bleibt grundgesetzlich interpretiertes Landesverfassungsrecht Landesverfassungsrecht[59]. Im Übrigen bleibt die Prüfung von landesrechtlichem Staatshandeln am Maßstab des Grundgesetzes in Verfahren vor dem Bundesverfassungsgericht als Bundesorgan unberührt, weil beide gerichtlichen Möglichkeiten grundsätzlich nebeneinander bestehen bleiben (→ Art. 142 Rn. 66ff.). 12

III. Zuständigkeitsübertragungen auf oberste Bundesgerichte (Art. 99, 2. Alt. GG)

Art. 99, 2. Alt. GG ermächtigt den Landesgesetzgeber, bei der Anwendung von (einfachem) Landesrecht im letzten Rechtszug die Entscheidungskompetenz durch förmliches Gesetz[60] obersten Gerichtshöfen des Bundes (i. S. von Art. 95 GG) zuzuweisen[61]. Damit ist grundsätzlich gemeint, dass es um die **Bundesgerichte als Revisionsinstanzen** geht[62], nicht als Berufungsgerichte. Sie können nur ein »letzter« Rechtszug sein, wenn zuvor ein Landesgericht zuständig war; die Länder können ihre Rechtsstreitigkeiten mithin nicht einfach einem Bundesgericht vollständig überantworten[63]. Voraussetzung ist, dass der Bund nicht von seiner prozessrechtlichen Bundeskompetenz Gebrauch (→ Rn. 17) gemacht hat. 13

---

[51] BVerfG (K), NJW 2000, 1104.

[52] BVerfGE 7, 77 (83); vgl. *Pestalozza*, Verfassungsprozeßrecht, § 11 Rn. 18, § 32 Rn. 4ff.; *S. Detterbeck*, in: Sachs, GG, Art. 100 Rn. 24; *W. Löwer*, HStR³ III, § 70 Rn. 53; für Statthaftigkeit aller Gruppen von Verfassungsstreitigkeiten durch Art. 99 GG: *Walter* (Fn. 6), Art. 99 Rn. 10.

[53] Vgl. BVerfGE 41, 88 (119); 103, 332 (345, Rn. 46); *Detterbeck* (Fn. 5), Art. 99 Rn. 6; Jarass/*Pieroth*, GG, Art. 99 Rn. 3; *Walter* (Fn. 6), Art. 99 Rn. 12; *Meyer* (Fn. 5), Art. 99 Rn. 10; *W. Löwer*, HStR³ III, § 70 Rn. 53.

[54] BVerfGE 103, 332 (345, Rn. 46).

[55] BVerfGE 103, 332 (351ff., Rn. 61ff.); *J. Caspar*, NordÖR 2008, 193 (194ff.).

[56] BVerfGE 1, 208 (232f.); 103, 332 (352f., Rn. 66) betr. Art. 20 III, 25, 21, 5 I GG.

[57] Vgl. BVerfGE 6, 367 (375); 23, 33 (39); 60, 53 (61); 66, 107 (114); 103, 332 (353, Rn. 66). Zur Kritik an dieser Lehre von den sog. Bestandteilsnormen: → Art. 28 Rn. 45, 48.

[58] BVerfGE 103, 332 (347f., 357f.; Rn. 55, 77ff.) betr. Art. 14 GG bzw. Art. 70ff. GG.; StGH Hessen NVwZ-RR 2014, 409 (410); StGH Bremen NordÖR 2013, 357ff.

[59] Zur denkbaren Pflicht zur »Selbstvorlage« nach Art. 100 I, III GG: *Walter* (Fn. 6), Art. 99 Rn. 13f.

[60] *Sieckmann* (Fn. 5), Art. 99 Rn. 5; *Walter* (Fn. 6), Art. 99 Rn. 24; *Stern* (Fn. 2), Art. 99 Rn. 57.

[61] Vgl. *Klumpp*, Landesrecht (Fn. 12), S. 25ff.; *Menger*, Landesrecht (Fn. 18), S. 17ff.; *K. Werthauer*, NJW 1957, 1387 (1389).

[62] *Meyer* (Fn. 5), Art. 99 Rn. 9; *Stern* (Fn. 2), Art. 99 Rn. 56.

[63] A.A. *Walter* (Fn. 6), Art. 99 Rn. 23; *Reich*, GG, Art. 99 Rn. 1; *Meyer* (Fn. 5), Art. 99 Rn. 9; letztere halten offenbar erstinstanzliche Revisionsgerichte für möglich.

14 Die Länder haben nur **punktuell** von dieser Möglichkeit der »Institutionenleihe«[64] **Gebrauch gemacht**[65] (vgl. z.B. Art. 97 BayVwVfG, der insoweit über § 137 I Nr. 2 VwGO hinausgeht[66], § 5 BlnAGVwGO, § 48 RStV 1996, § 23 MDStV 2003, § 10 RGebStV 2007)[67]; sie ist von dem Fall zu unterscheiden, dass der Bundesgesetzgeber durch Bundesrecht (Art. 74 I Nr. 1 GG) den Ländern die Möglichkeit zur Revision von Landesrecht bei Bundesgerichten eröffnet (z.B. § 127 Nr. 2 BRRG[68], § 137 I Nr. 2 VwGO). Der Landesgesetzgeber kann die Revisionszuständigkeit auch wieder rückgängig machen.

15 Die Bundesgerichte handeln als **Bundesorgane**[69]; im Übrigen richtet sich das Verfahren vor den Bundesgerichten ausschließlich nach Bundesrecht[70].

D. Verhältnis zu anderen GG-Bestimmungen

16 Art. 99, 1. Alt. GG verdrängt als **lex specialis** die Zuständigkeit des Bundesverfassungsgerichts zur Entscheidung eines Landesinnenstreits nach Art. 93 I Nr. 4, 3. Alt. GG[71], der sich ausschließlich auf landesverfassungsrechtliche Organstreitigkeiten bezieht (→ Art. 93 Rn. 82); demgegenüber eröffnet Art. 99, 1. Alt. GG bundesrechtlich eine Klagemöglichkeit beim Bundesverfassungsgericht, wenn das Landesrecht keine äquivalente verfassungsgerichtliche Verfahrensart vorsieht[72]. Er begründet zugleich von Verfassung wegen eine **Ausnahme von Art. 94 II GG**, der das bundesverfassungsgerichtliche Verfahrensrecht dem Bundesgesetzgeber aufgibt, und von Art. 71 GG, insoweit der Landesgesetzgeber auch ohne ausdrückliche Ermächtigung zur Landesgesetzgebung in einem förmlichen Bundesgesetz (→ Art. 71 Rn. 5, 10ff.) landesgesetzlich regelnd tätig werden darf.

17 Demgegenüber ist die Möglichkeit der Kompetenzausübung des Landesgesetzgebers nach Art. 99, 2. Alt. GG davon abhängig, dass der Bund nicht von seinen vorrangigen prozessrechtlichen Gesetzgebungskompetenzen nach **Art. 74 I Nr. 1 GG** oder **Art. 108 VI GG** Gebrauch gemacht hat[73]. Beide Kompetenzen zur Zuweisung von Landesrecht an die obersten Bundesgerichte stehen in Konkurrenz miteinander, die nach Maßgabe von Art. 72 II GG zu lösen ist[74].

---

[64] *A. Hense*, HStR³ VI, § 137 Rn. 19, unter Hinweis auf *Menger*, Landesrecht (Fn. 18), S. 163f.

[65] Weitere Beispiele bei *Wassermann* (Fn. 1), Art. 99 Rn. 5.

[66] *W.-R. Schenke*, in: F. Kopp/ W.-R. Schenke (Hrsg.), VwGO, 22. Aufl. 2016, § 137 Rn. 17.

[67] Vgl. dazu BVerwGE 11, 336 (337); 17, 43 (44ff.); 91, 77 (81); *J. Gundel*, NVwZ 2000, 408ff.

[68] Vgl. BVerfGE 10, 285ff.; *Klumpp*, Landesrecht (Fn. 12), S. 31ff., 169ff.

[69] *Walter* (Fn. 6), Art. 99 Rn. 20; *Clemens* (Fn. 13), Art. 99 Rn. 16; *Stern* (Fn. 2), Art. 99 Rn. 59.

[70] BGHZ 16, 159 (160f.); Jarass/*Pieroth*, GG, Art. 99 Rn. 4; *Meyer* (Fn. 5), Art. 99 Rn. 9; *Wassermann* (Fn. 1), Art. 99 Rn. 8; *Stern* (Fn. 2), Art. 99 Rn. 58.

[71] BVerfGE 1, 208 (218); *Meyer* (Fn. 5), Art. 99 Rn. 3; *Benda/Klein*, Verfassungsprozeßrecht, S. 438; *Walter* (Fn. 6), Art. 99 Rn. 3.

[72] *Detterbeck* (Fn. 5), Art. 99 Rn. 2.

[73] BVerfGE 10, 285 (292ff.); Jarass/*Pieroth*, GG, Art. 99 Rn. 4; *Detterbeck* (Fn. 5), Art. 99 Rn. 7; *Walter* (Fn. 6), Art. 99 Rn. 22, 25; *Meyer* (Fn. 5), Art. 99 Rn. 8; *Wassermann* (Fn. 1), Art. 99 Rn. 8.

[74] *Walter* (Fn. 6), Art. 99 Rn. 22; *Stern* (Fn. 2), Art. 99 Rn. 54; s. auch *M. Schulte*, Rechtsprechungseinheit als Verfassungsauftrag, 1986, S. 68ff.

Artikel 100 [Richtervorlagen]

(1) [1]Hält ein Gericht ein Gesetz, auf dessen Gültigkeit es bei der Entscheidung ankommt, für verfassungswidrig, so ist das Verfahren auszusetzen und, wenn es sich um die Verletzung der Verfassung eines Landes handelt, die Entscheidung des für Verfassungsstreitigkeiten zuständigen Gerichtes des Landes, wenn es sich um die Verletzung dieses Grundgesetzes handelt, die Entscheidung des Bundesverfassungsgerichtes einzuholen. [2]Dies gilt auch, wenn es sich um die Verletzung dieses Grundgesetzes durch Landesrecht oder um die Unvereinbarkeit eines Landesgesetzes mit einem Bundesgesetze handelt.

(2) Ist in einem Rechtsstreite zweifelhaft, ob eine Regel des Völkerrechtes Bestandteil des Bundesrechtes ist und ob sie unmittelbar Rechte und Pflichten für den Einzelnen erzeugt (Artikel 25), so hat das Gericht die Entscheidung des Bundesverfassungsgerichtes einzuholen.

(3) Will das Verfassungsgericht eines Landes bei der Auslegung des Grundgesetzes von einer Entscheidung des Bundesverfassungsgerichtes oder des Verfassungsgerichtes eines anderen Landes abweichen, so hat das Verfassungsgericht die Entscheidung des Bundesverfassungsgerichtes einzuholen.

Literaturauswahl

Becker, Yvonne: Die Entscheidungserheblichkeit im Verfahren der konkreten Normenkontrolle gemäß Art. 100 Abs. 1 GG, in: Yvonne Becker/Friederike Lange (Hrsg.), Linien der Rechtsprechung des Bundesverfassungsgerichts, Bd. 3, 2014, S. 3–35.

Hamdorf, Kai: Die Zulässigkeitsvoraussetzungen der Richtervorlage zum Bundesverfassungsgericht und zu den Verfassungsgerichten der Länder, in: NordÖR 2011, S. 301–311.

Heun, Werner: Normenkontrolle, in: FS 50 Jahre BVerfG, Bd. 1, S. 615–639.

Heun, Werner: Richtervorlagen in der Rechtsprechung des Bundesverfassungsgerichts, in: ders.: Verfassung und Verfassungsgerichtsbarkeit im Vergleich, 2014, S. 165–183.

Klein, Eckart: Die Völkerrechtsverantwortung des Bundesverfassungsgerichts – Bemerkungen zu Art. 100 Abs. 2 GG, in: Festschrift für Walter Rudolf, 2001, S. 293–304.

Löwer, Wolfgang: Zuständigkeiten und Verfahren des Bundesverfassungsgerichts, in: HStR³ III, § 70, S. 1285–1526.

Ruffert, Matthias: Der Entscheidungsmaßstab im Normverifikationsverfahren nach Art. 100 II GG, in: JZ 2001, S. 633–639.

Rühmann, Jürgen: Verfassungsgerichtliche Normenqualifikation, 1982.

Wernsmann, Rainer: Konkrete Normenkontrolle, in: Dirk Ehlers/Friedrich Schoch (Hrsg.), Rechtsschutz im Öffentlichen Recht, 2009, § 16 (S. 383–406).

Leitentscheidungen des Bundesverfassungsgerichts

BVerfGE 1, 184 (188 ff.) – Normenkontrolle I; 2, 124 (128 ff.) – Normenkontrolle II; 7, 171 (175) – Dieselsubventionierung; 22, 175 (176 f.) – Normenkontrolle III; 23, 288 (317 f.) – Kriegsfolgelasten II; 64, 1 (14 f.) – National Iranian Oil Company; 96, 345 (360 ff.) – Landesverfassungsgerichte; 97, 117 (122 ff., Rn. 23 ff.) – Fortgeltung von DDR-Strafrecht.; 129, 186 (198 ff., Rn. 44 ff.) – Investitionszulagengesetz.

Gliederung

Stichwörter

A. Herkunft, Entstehung, Entwicklung

I. Verfassungsgeschichtliche Aspekte

1 In der neueren deutschen Verfassungsgeschichte war das **richterliche Prüfungsrecht**, dem Art. 100 GG nachdrücklich Geltung verschafft, seit der Mitte des 19. Jahrhunderts heftig umstritten[1] (→ Art. 93 Rn. 12). Noch der **Verfassungsausschuss der Weimarer Nationalversammlung** ließ die Frage nach vergeblichen Bemühungen, zu einer

[1] *N.E. Hermann*, Entstehung, Legitimation und Zukunft der konkreten Normenkontrolle im modernen Verfassungsstaat, 2001, S. 23ff.; *W. Löwer*, HStR[3] III, § 70 Rn. 56.

einheitlichen Auffassung zu gelangen, bewusst offen[2], obwohl der Vorrang der Verfassung und die daraus folgende grundsätzliche Nichtigkeit verfassungswidriger Gesetze seinerzeit bereits weithin anerkannt waren[3]. Auch zwei Versuche des **Reichsgesetzgebers**, das richterliche Prüfungsrecht im Anschluss an Beschlüsse des 33. und 34. Deutschen Juristentages in den Jahren 1924 und 1926[4] durch die Normierung eines Verfahrens der konkreten Normenkontrolle vor dem Staatsgerichtshof zu regeln[5], blieben erfolglos[6]. Die **Staatspraxis** wurde durch die Rechtsprechung geprägt, die ohne gesetzliche Grundlage ein richterliches Prüfungs- und Normverwerfungsrecht in Anspruch nahm. Bereits **1921** hatte sich das **Reichsgericht** in einem obiter dictum – unter Berufung auf mehrere nicht einschlägige Vorentscheidungen[7] – für befugt erklärt, die formelle und materielle Rechtmäßigkeit von Gesetzen und Verordnungen zu überprüfen[8]. In den nächsten Jahren ließ das Reichsgericht dieser Bemerkung einige weitere Andeutungen in die gleiche Richtung folgen[9], auch der Reichsfinanzhof äußerte sich entsprechend[10]. Nachdem das Reichsversorgungsgericht im Herbst 1924 das Prüfungsrecht in Anspruch genommen hatte[11], übte das **Reichsgericht** in seinem berühmten **Urteil vom 4. November 1925**[12] das richterliche Prüfungsrecht zum ersten Mal tatsächlich aus und hielt an dieser selbstgeschaffenen Befugnis fortan bis zum Ende der Weimarer Republik unter Zustimmung mehrerer Gerichte der Länder[13] fest[14]. Als Maßstab für seine Prüfung zog das Reichsgericht die »in der Reichsverfassung aufgestellten Rechtssätze« heran[15]. Kurz zuvor hatte der Vorstand des Richtervereins beim

---

[2] Verhandlungen der verfassunggebenden Nationalversammlung, Bd. 336, Aktenstück Nr. 391, S. 483 ff.; vgl. die Wiedergabe der Verhandlungen bei *E. Theisen*, AöR 8 (1925), 257 (260 ff.).

[3] → Art. 93 Rn. 14; *H. Dreier*, Verfassungsgerichtsbarkeit in der Weimarer Republik, in: T. Simon/J. Kalwoda (Hrsg.), Schutz der Verfassung: Normen, Institutionen, Höchst- und Verfassungsgerichte, 2014, S. 317 ff. (327 ff. und 335); *H. Maurer*, DÖV 1963, 683 ff.; *A. Rinken*, in: AK-GG, vor Art. 93 (2001), Rn. 31 ff.; *H. Wißmann*, Das richterliche Prüfungsrecht in Reichskonstitutionalismus und Republik – Wegmarke der Verfassungsgerichtsbarkeit, in: Simon/Kalwoda, Schutz (ebd.), S. 254 ff. (262 ff.).

[4] Verh. des 33. DJT, 1924, S. 41, 548 f.; Verh. des 34. DJT, 1926, Bd. 2, S. 193 ff., 288, 862 ff.

[5] Deutscher Reichstag, Verhandlungen III. Wahlperiode, Drs. Nr. 2855, S. 4 f.; zu einem Vorentwurf *W. Külz*, DJZ 1926, 837 ff.; Deutscher Reichstag, Verhandlungen IV. Wahlperiode, Drs. Nr. 382; vgl. auch: *E. v. Hippel*, Das richterliche Prüfungsrecht, in: HdbDStR II, S. 546 ff. (558).

[6] Dazu *H. Maurer*, DÖV 1963, 683 (687); *Dreier*, Verfassungsgerichtsbarkeit (Fn. 3), S. 363 ff., 368 ff.

[7] RGZ 9, 232 (235); 24, 1 (3); 25, 270 (274); 45, 267 (270); 48, 77 (84); 77, 229 (231).

[8] RGZ 102, 161 (164); dazu *A.M. Hornauer*, Das Reichsgericht zur Frage des richterlichen Prüfungsrechts (1919–1933), 2009, S. 115 ff.

[9] RGZ 107, 377 (379); RG vom 3.1.1925, Recht 1925, 709; RGSt 56, 177 (182); 59, 42.

[10] RFHE 5, 233.

[11] Entscheidung des Reichsversorgungsgerichts vom 21.10.1924, RVGE 4, 168, auch abgedruckt in DJZ 1925, 332; diese Entscheidung bezog sich zu Unrecht auf einen Beschluss der Vereinigten Zivilsenate des Reichsgerichts vom 22.2.1924, RGZ 107, 370, der Verordnungen betraf, insoweit aber in DJZ 1924, 290 falsch wiedergegeben worden war.

[12] RGZ 111, 320 (322 f.).

[13] Siehe zu der einschlägigen Rechtsprechung seit 1921: KG, StS., Urt. vom 26.11.1920, JW 1921, 587 f.; KGZS DJZ 1921, 810; SächsOVG vom 9.2.1922, Jahrbuch 2, S. 23; PreußOVG vom 24.2.1925, PreußVBl. 46, 559 f.; BayObLG DJZ 1926, 903 f.; OVG Hamburg JW 1927, 1288 f.; HessVGH vom 22.10.1927, E 8, 74; PreußOVG vom 23.9.1926, E 81, 368 (384); zum Ganzen *v. Hippel*, Prüfungsrecht (Fn. 5), S. 546 ff.

[14] RGZ 114, 27 (33); 124, 182 (183); 128, 160 (165); 129, 143 (146); dazu *Huber*, Verfassungsgeschichte IV, S. 1059 mit Fn. 13 f.; ferner *J. Ipsen*, Rechtsfolgen der Verfassungswidrigkeit von Norm und Einzelakt, 1980, S. 23 ff.; *Dreier*, Verfassungsgerichtsbarkeit (Fn. 3), S. 332 ff.

[15] Das waren im Grundsatzurteil zum Reichsaufwertungsgesetz von 1925 der Gleichheitssatz des

Reichsgericht in einer Stellungnahme noch »überpositive Rechtsgrundsätze« dem »Machtanspruch des Gesetzgebers« entgegengestellt[16].

2 Das **Grundproblem** der richterlichen Prüfung und Verwerfung von Parlamentsgesetzen war damit offensichtlich: Der **Vorrang** der **Verfassung**[17] legte eine Prüfung der Verfassungsmäßigkeit von Parlamentsgesetzen zumindest nahe[18], die unmittelbare **demokratische Legitimation** des **Parlaments** ließ es aber als bedenklich erscheinen, Gerichten die Entscheidung über die Rechtswirksamkeit oder Nichtigkeit von nach politischer Auseinandersetzung durch Mehrheitsentscheidung beschlossenen Gesetzen anzuvertrauen, zumal Richter keine politischen Neutren sind. Dementsprechend war die **Reaktion** der **Wissenschaft** auf die Rechtsprechung nicht einheitlich[19]. Sie reichte von **Triepel**, für den das richterliche Prüfungsrecht »in der parlamentarischen Republik, wenn nicht der einzige so doch der wichtigste Schutz der bürgerlichen Freiheit gegenüber einem machthungrigen Parlamente« war[20], über **Morstein Marx**, der in der Frage nach der richterlichen Prüfungszuständigkeit »letzten Endes keine Rechtsfrage, sondern eine Frage des Vertrauens« sah[21], bis hin zu **Radbruch**, der »schwersten Schaden« für die Justiz befürchtete[22], und **Anschütz**, der mit Blick auf widersprechende und irreversible Entscheidungen der Gerichte das allgemeine Prüfungsrecht bis zum Ende der Weimarer Republik für »rechtspolitisch nicht tragbar« hielt[23].

3 Von **1933** an wurde dann das »**Führergesetz**« als »in jeder seiner Entscheidungsformen für den Richter unbedingt verbindlich« erachtet[24]. Die Rechtsprechung leitete ihre Stellung ihrem Selbstverständnis nach vom Führer ab und durfte sich nicht über ihn erheben, weil sie sonst den ihr »in der völkischen Lebensordnung« zugewiesenen Bereich verlassen hätte[25]. Mit dem **Wegfall** des **Vorranges** der **Weimarer Reichsverfassung** blieb für ein richterliches Prüfungsrecht daher – von einigen Ausnahmen abgesehen[26] – kein Raum.

Art. 109 I WRV, das Leistungsfähigkeitsprinzip des Art. 134 WRV und die Eigentumsgarantie des Art. 153 WRV.

[16] Die Stellungnahme stammt vom 15.1.1924; zum Ganzen *C. Schmitt*, Das Reichsgericht als Hüter der Verfassung, 1929, S. 84 f.; *R. Thoma*, AöR 43 (1922), 267 (271); *Rinken* (Fn. 3), vor Art. 93 Rn. 34; *B. Rüthers*, Die unbegrenzte Auslegung, 1973, S. 64 ff.

[17] Dazu grundlegend *R. Wahl*, Der Staat 20 (1981), 485 ff. m. w. N. → Art. 1 III Rn. 1, 54; → Art. 20 (Rechtsstaat), Rn. 50, 81 ff.

[18] Am konsequentesten durchdacht von *H. Kelsen*, Allgemeine Staatslehre, 1925, S. 233 ff., 285 ff.; *ders.*, Wesen und Entwicklung der Staatsgerichtsbarkeit, VVDStRL 5 (1929), S. 30 ff.; *ders.*, Wer soll der Hüter der Verfassung sein?, 1931; *ders.*, Reine Rechtslehre, 1934, S. 90 ff.; dazu: *H. Dreier*, Rechtslehre, Staatssoziologie und Demokratietheorie bei Hans Kelsen, 2. Aufl. 1990, S. 130 m. Fn. 240; *C. Gusy*, Richterliches Prüfungsrecht, 1985, S. 112 ff.; *H. Wendenburg*, Die Debatte um die Verfassungsgerichtsbarkeit und der Methodenstreit der Staatslehre in der Weimarer Republik, 1984, S. 120 ff.

[19] Zusammenfassende Darstellung bei *Gusy*, Prüfungsrecht (Fn. 18), S. 90 ff.; *H. Maurer*, DÖV 1963, 683 (684 ff.); *K. Stern*, AöR 91 (1966), 223 ff.; *Rinken* (Fn. 3), vor Art. 93 Rn. 35 f.

[20] *H. Triepel*, AöR 39 (1920), 456 (537).

[21] *F. Morstein Marx*, AöR 45 (1924), 218 (223).

[22] *G. Radbruch*, Justiz 1925, 12 (15 f.).

[23] *Anschütz*, WRV, Art. 70 Anm. 3 ff. (S. 369 ff.), Art. 13 Anm. 7 (S. 108).

[24] *E.R. Huber*, Das Verfassungsrecht des Großdeutschen Reiches, 2. Aufl. 1939, S. 282; zur Entwicklung während der nationalsozialistischen Zeit *Hermann*, Konkrete Normenkontrolle (Fn. 1), S. 124 ff.

[25] Siehe dazu *S. Grundmann*, ZgStW 100 (1940), 524 ff. m. w. N.; dazu *K. Stern*, AöR 91 (1966), 223 (224).

[26] Vgl. *K. Stern*, AöR 91 (1966), 223 (224).

II. Entstehung und Veränderung der Norm

Art. 100 I GG geht auf Art. 137 I HChE zurück, während Absatz 2 und 3 der Vorschrift vom Allgemeinen Redaktionsausschuss des Parlamentarischen Rates entworfen worden sind[27]. **Umstritten** war im Laufe der Beratungen im Wesentlichen nur, ob statt des **Bundesverfassungsgerichts** ein **Oberstes Bundesgericht** für die Entscheidung über die Vorlagen zuständig sein sollte[28]. Art. 1 Nr. 6 des 16. Gesetzes zur Änderung des Grundgesetzes[29] strich im Jahre 1968 den zweiten Halbsatz des dritten Absatzes, der eine Pflicht des Verfassungsgerichts eines Landes normiert hatte, vor Abweichung von einer Entscheidung des Obersten Bundesgerichts oder eines oberen Bundesgerichts die Entscheidung des Obersten Bundesgerichts einzuholen, und entschied damit die Streitfrage. 4

B. Internationale, supranationale und rechtsvergleichende Bezüge

Der **Gerichtshof** der Europäischen Union in Luxemburg entscheidet gemäß **Art. 19 III lit. b) EUV sowie Art. 267 AEUV** im Wege der **Vorabentscheidung** über die Auslegung des Vertrags über die Europäische Union und des Vertrags über die Arbeitsweise der Europäischen Union, über die Gültigkeit und die Auslegung der Handlungen der Organe der Union sowie sonstigen Unionsrechts, sofern ein Gericht eines Mitgliedstaates eine Entscheidung darüber zum Erlass seines Urteils für erforderlich hält; letztinstanzliche Gerichte sind zur Vorlage an den Europäischen Gerichtshof verpflichtet. Das Vorabentscheidungsverfahren dient der **Kontrolle der Anwendung des Unionsrechts** durch die mitgliedstaatlichen Behörden und Gerichte. Es soll eine einheitliche und wirksame Anwendung des Unionsrechts gewährleisten[30]. 5

Das Bundesverfassungsgericht hat die Vorlagepflicht nach Art. 267 AEUV seit der Solange II-Entscheidung[31] dadurch gefördert, dass es den Europäischen Gerichtshof als **gesetzlichen Richter** im Sinne von Art. 101 I 2 GG anerkennt[32]. Verweigert sich in Deutschland ein letztinstanzlich zuständiges Gericht **willkürlich** der Vorlagepflicht gemäß Art. 267 III AEUV, so liegt darin ein Verstoß gegen Art. 101 I 2 GG[33]. Das Bundesverfassungsgericht hat die Vorlagepflicht weiter durch seine Rechtsprechung effektuiert, welche die Fachgerichte zu einer Vorlage nach Art. 267 AEUV verpflichtet sieht, wenn zweifelhaft ist, ob das Unionsrecht dem deutschen Gesetzgeber einen 6

---

[27] Siehe Parl. Rat VII, S. 77 ff. (Drs. 343), S. 161 ff. (Drs. 374), S. 202 ff. (Drs. 543), S. 497 ff. (Drs. 751/751a).

[28] Näher dazu BVerfGE 1, 184 (192 f.); zu Einzelheiten JöR 1 (1951), S. 734.

[29] Vom 18.6.1968, BGBl. I S. 657.

[30] *B. Wegener*, in: Callies/Ruffert, EUV/AEUV, Art. 267 AEUV Rn. 1; *U. Karpenstein*, in: Grabitz/Hilf/Nettesheim, EUV/AEUV, Art. 267 AEUV Rn. 2 f.; ferner: *C. Tomuschat*, Die gerichtliche Vorabentscheidung nach den Verträgen über die Europäischen Gemeinschaften, 1964; *M.A. Dauses*, Das Vorabentscheidungsverfahren nach Art. 177 EWGV, 1985; aus der Rechtsprechung: EuGHE 1982, 1095 – *Nordsee*; 1982, 3415 – *CILFIT*; EuGH, Beschl. v. 5.3.1986, 69/85, Rn. 10 ff. – *Wünsche III*; EuGH, Urt. v. 22.10.1987, 314/85, Rn. 15 – *Foto-Frost*.

[31] BVerfGE 73, 339 (366 f.).

[32] Näher dazu *C. Callies*, NJW 2013, 1905 (1907 ff.); *L. Michael*, JZ 2012, 870 ff. und JZ 2013, 299 ff.

[33] BVerfGE 75, 223 (245); 82, 159 (195 f.); *U. Wölker*, EuGRZ 1988, 97 ff.; *C. Heitsch*, EuGRZ 1997, 461 ff.; *M. Rodi*, DÖV 1989, 750 ff.; zur Vorlagepflicht von Landesverfassungsgerichten HessStGH NVwZ 1997, 754 und dazu *W. Cremer*, BayVBl. 1999, 266 ff. → Art. 101 Rn. 61 f.

Umsetzungsspielraum belässt. Nur wenn ein solcher **Umsetzungsspielraum** besteht, ist eine Vorlage nach Art. 100 I 1 GG entscheidungserheblich und damit zulässig[34].

7 Gestärkt wird das Vorabentscheidungsverfahren nach Art. 267 AEUV auch dadurch, dass das Bundesverfassungsgericht im Rahmen der von ihm für sich in Anspruch genommenen **Ultra-vires-Kontrolle** dem Vorabentscheidungsverfahren eine wichtige Rolle zumisst. Das Gericht geht davon aus, dass die Ultra-vires-Kontrolle nur **zurückhaltend** und **europarechtsfreundlich** ausgeübt werden darf[35]. Es sieht die Gefahr, dass der Anwendungsvorrang des Unionsrechts unterlaufen und die einheitliche Anwendung des Unionsrechts gefährdet werden könnte, wenn jeder Mitgliedstaat ohne weiteres für sich in Anspruch nähme, durch eigene Gerichte über die Gültigkeit von Rechtsakten der Union zu entscheiden. Deshalb hat das Bundesverfassungsgericht die Entscheidungen des **EuGH** grundsätzlich als **verbindliche Auslegung** des Unionsrechts zu beachten. Dem EuGH ist folglich vor der Annahme eines Ultra-vires-Akts der Organe der Union im Rahmen eines Vorabentscheidungsverfahrens nach Art. 267 AEUV die Gelegenheit zur Vertragsauslegung sowie zur Entscheidung über die Gültigkeit und die Auslegung von Rechtsakten der Union zu geben[36].

8 Das Bundesverfassungsgericht selbst hat im **OMT-Verfahren 2014** zum **ersten** Mal einen **Vorlagebeschluss** an den EuGH gefasst[37]. Allein die Tatsache, dass nach anderen europäischen Verfassungsgerichten[38] nach langem Zögern[39] auch das Bundesverfassungsgericht den Weg eines Vorabentscheidungsverfahrens beschritten hat, hat das Vorabentscheidungsverfahren gestärkt. Das Bundesverfassungsgericht hat allerdings versucht, den Beschluss des EuGH durch eine eigene Interpretation des Unionsrechts zu beeinflussen und eine Überschreitung des Mandats der Europäischen Zentralbank sowie einen Verstoß gegen das Verbot monetärer Haushaltsfinanzierung angenommen[40]. Es hat dem EuGH eine unionsrechtskonforme restriktive Auslegung des OMT-Beschlusses der EZB nahegelegt[41]. Diesem Vorschlag sind zunächst der Generalanwalt Cruz Villalon in seinen Schlussanträgen[42] und sodann der EuGH in seiner Entscheidung[43] ein Stück weit gefolgt. Die restriktive Auslegung des Beschlusses der EZB hat es dann dem Bundesverfassungsgericht ermöglicht, in seinem Urteil vom 21. Juni 2016 festzustellen, dass der Grundsatzbeschluss der EZB verfassungsrechtlich nicht zu beanstanden sei[44]. Letztlich ist damit klargestellt, dass auch das Bundesverfassungsgericht die Vorlagepflicht nach Art. 267 AEUV respektiert und die alleinige Befugnis des EuGH, verbindlich über die Auslegung des Unionsrechts zu entscheiden, uneingeschränkt anerkennt.

---

[34] BVerfGE 129, 186 (198 ff., Rn. 44 ff.); näher dazu *G. Britz*, NJW 2012, 1313 (1316); *M. Wendel*, EuZW 2012, 213 ff.

[35] Vgl. dazu schon BVerfGE 123, 267 (354, Rn. 240).

[36] BVerfGE 126, 286 (303 f., Rn. 59 f.).

[37] BVerfGE 134, 366 (369 ff.).

[38] Zur ersten Vorlage des spanischen Verfassungsgerichts vom 13.2.2014 (STC 26/2104) an den EuGH *K. Herzmann*, EuGRZ 2015, 445 ff.; zu Vorlageverfahren des Supreme Court des Vereinigten Königreichs *A. Fusco*, German Law Journal 16 (2015), 1529 (1534 ff.).

[39] Dazu *E. J. Lohse*, German Law Journal 16 (2015), 1491 ff.

[40] BVerfGE 134, 366 (398 ff., Rn. 56 ff.; 411 ff., Rn. 84 ff.).

[41] BVerfGE 134, 366 (416 f., Rn. 99 f.); dazu kritisch *F. C. Mayer*, EuR 2014, 473 ff.; vgl. ferner *R. Brosius-Linke*, DÖV 2014, 612 ff.

[42] Vom 14.1.2015, C-62/14, Rn. 263 – *OMT-Programm*.

[43] EuGH, Urt. v. 16.6.2015, C-62/14, Rn. 33 ff. und 93 ff. – *OMT-Programm*.

[44] BVerfGE 142, 123 (185 ff., Rn. 114 ff.); dazu *C. D. Classen*, EuR 2016, 529 ff.; *M. Ruffert*, JuS 2016, 756 ff.

9 Wie Art. 100 GG ermächtigt auch Art. 267 AEUV nicht zur Entscheidung über den konkreten Fall, sondern nur zur **Auslegung der Maßstabsnormen.** Art. 267 AEUV weist dem Europäischen Gerichtshof im Verhältnis zu den Gerichten der Mitgliedstaaten die **abschließende Entscheidungsbefugnis** über die Auslegung des Vertrages sowie über die Gültigkeit und die Auslegung der erwähnten Akte der Unionsorgane zu[45]. In **rechtsvergleichender Sicht** spiegeln die Zentralisierung der richterlichen Normverwerfung bei einem Verfassungsgericht und die inzidente Normüberprüfung, wie sie etwa dem System der Vereinigten Staaten von Amerika zugrunde liegt, die **zwei Grundmodelle der Ausgestaltung der Verfassungsgerichtsbarkeit** wider[46].

10 Das **16. Protokoll zur EMRK**, das 2013 zur Unterzeichnung durch die Mitgliedstaaten aufgelegt worden ist, hat die Grundlage für ein **Gutachtenverfahren** geschaffen[47]. Es eröffnet den nationalen Höchstgerichten die Möglichkeit, dem EGMR Fragen zur Auslegung der EMRK zu einer gutachterlichen Stellungnahme vorzulegen. Das Protokoll tritt in Kraft, wenn es von zehn Mitgliedstaaten ratifiziert worden ist[48]. Das Protokoll kennt keine Vorlagepflicht, aber auch keine Pflicht des Gerichtshofs zur Erstattung des Gutachtens[49]. Der **EuGH** hat sich in seinem Gutachten zum EMRK-Beitritt **kritisch** zu dem Gutachtenverfahren geäußert, das zu einer Umgehung des Vorabentscheidungsverfahrens nach Art. 267 AEUV führen könne[50].

C. Erläuterungen

I. Konkrete Normenkontrolle (Art. 100 I GG)

1. Durch das Bundesverfassungsgericht

a) Verletzung des Grundgesetzes durch Bundesrecht (Art. 100 I 1, 2. Alt. GG)

aa) Zweck

11 Der bedeutsamste Fall der in Art. 100 GG geregelten Richtervorlagen ist die Einholung der Entscheidung des Bundesverfassungsgerichts, wenn ein Gericht ein Bundesgesetz für mit dem Grundgesetz unvereinbar hält. Die Vorschrift soll sowohl den **Vorrang der Verfassung** als auch die **Durchsetzung demokratisch legitimierter Entschei-**

---

45 BVerfGE 75, 223 (234).

46 → Art. 93 Rn. 32 ff.; s. auch: *M. Cappeletti/T. Ritterspach*, JöR 20 (1971), 65 (81 ff.); *Y. Huh*, Probleme der konkreten Normenkontrolle, 1971, S. 60 ff.; *P.E. Goose*, Die Normenkontrolle durch den französischen Conseil Constitutionnel, 1973; *S. Richter*, JöR 41 (1993), 319 ff.; *A. Spies*, NVwZ 1990, 1040 ff.

47 Protocol No. 16 to the Convention on the Protection of Human Rights and Fundamental Freedoms, 2.10.2013, CETS No 214.

48 Deutschland hat das Protokoll noch nicht unterzeichnet, www.coe.int/en/web/conventions/full-list/-/conventions/treaty/214/signatures?p_auth=F4OsOAZM (5.4.2017).

49 Näher zum Protokoll Nr. 16 *J. Hoffmann/F. Kolmar*, NVwZ 2014, 1269 (1270 ff.); *W. Hummer*, »Judicial dialogue« zwischen EGMR und nationalen Höchstgerichten – Die neue Gutachtenkompetenz des EGMR im Entwurf des Protokolls Nr. 16 zur EMRK, in: FS Dauses, 2014, S. 167 ff.; *R. Zimmermann*, EuGRZ 2015, 153 ff.

50 EuGH, Gutachten v. 18.12.2014, C-2/13, Rn. 198 – *EMRK-Beitritt II*; zu diesen Ausführungen im Gutachten hat sich die Literatur nicht ohne Grund kritisch geäußert: *C. Grabenwarter*, EuZW 2015, 180 ff.; *J. Gundel*, EuR 2015, 609 (622); *C. Tomuschat*, EuGRZ 2015, 133 ff.; *M. Wendel*, NJW 2015, 921 ff.; vgl. aber auch *D. Thym*, EuZW 2015, 180.

dungen des Bundesgesetzgebers sichern[51]. Dementsprechend ist zwar jedes deutsche Gericht verpflichtet, sich ein eigenes Urteil über die Verfassungsmäßigkeit der vom Parlament verabschiedeten Bundesgesetze zu bilden (Prüfungspflicht). Auch wenn das Ergebnis der Prüfung jedoch die Überzeugung von der Verfassungswidrigkeit des Gesetzes sein sollte, darf das Gericht diese Überzeugung nicht seinem Judikat zugrunde legen, sondern muss die Entscheidung des Bundesverfassungsgerichts einholen, dem allein die **Verwerfungskompetenz** zukommt[52]. Auf diesem Weg wird der Vorrang der Verfassung gesichert und zugleich die Autorität des parlamentarischen Gesetzgebers schonend behandelt. Dementsprechend hat es das Bundesverfassungsgericht von Beginn seiner Rechtsprechung an als Grundgedanken des Art. 100 GG bezeichnet, zu verhüten, dass jedes einzelne Gericht sich über den Willen des Bundes- oder Landesgesetzgebers hinwegsetzt[53].

12 Das **Verwerfungsmonopol des Bundesverfassungsgerichts** ist allerdings auf solche Parlamentsgesetze beschränkt, die unter der Herrschaft des Grundgesetzes erlassen worden sind. Für **vorkonstitutionelle** Gesetze ist dagegen eine Rücksichtnahme auf die Autorität des Parlaments nicht erforderlich; alle Gerichte sind ggf. berechtigt und verpflichtet, deren Nichtigkeit festzustellen, wenn sie von der Verfassungswidrigkeit der betreffenden Norm überzeugt sind[54].

13 Neben der Wahrung der Autorität des Parlaments soll die konkrete Normenkontrolle durch die Klärung verfassungsrechtlicher Fragen **Rechtsunsicherheit und Rechtszersplitterung vorbeugen**[55]. Schließlich gewährleistet Art. 100 I GG, dass alle Verfahren von den Gerichten verfassungsgemäß entschieden werden können[56]; damit wird die normative Kraft der Verfassung gestärkt.

bb) Vorlageberechtigung und -verpflichtung

14 Art. 100 I 1 GG erstreckt das Recht und die Pflicht zur Vorlage eines Gesetzes an das Bundesverfassungsgericht auf **alle Gerichte**. Das sind alle Spruchstellen, die sachlich unabhängig, mit Aufgaben der Rechtsprechung im Sinne von Art. 92 GG betraut und

---

[51] *C. Hillgruber/C. Goos*, Verfassungsprozessrecht, 3. Aufl. 2011, Rn. 567f.; *R. Wernsmann*, Konkrete Normenkontrolle, in: D. Ehlers/F. Schoch (Hrsg.), Rechtsschutz im Öffentlichen Recht, 2009, § 16 Rn. 2; *Zippelius/Würtenberger*, Staatsrecht, § 48 Rn. 37; siehe auch Jarass/*Pieroth*, GG, Art. 100 Rn. 1ff.

[52] Dazu *W. Heun*, Richtervorlagen in der Rechtsprechung des Bundesverfassungsgerichts, in: ders., Verfassung und Verfassungsgerichtsbarkeit im Vergleich, 2014, S. 165ff. (166); vgl. auch *A. Farahat*, IPE IV, § 97 Rn. 71.

[53] BVerfGE 1, 184 (197); 63, 131 (141); 114, 303 (310, Rn. 35); st. Rspr. – Aus der Literatur: *W. Heun*, AöR 122 (1997), 610 (612); *Schlaich/Korioth*, Bundesverfassungsgericht, Rn. 136ff.; *Stern*, Staatsrecht III/2, S. 1262f.; *S. Detterbeck*, in: Sachs, GG, Art. 100 Rn. 2; *R. Wernsmann*, Jura 2005, 328 (329); zum Verhältnis zwischen Art. 19 IV GG und Art. 100 GG *W.-R. Schenke*, JZ 2006, 1004 (1008ff.) unter Bezug auf BVerfGE 115, 81; vgl. dazu auch *C. Seiler*, DVBl. 2007, 538 (542ff.).

[54] BVerfGE 97, 117 (122, Rn. 24ff.); vgl. auch schon E 10, 124 (127f.); 22, 373 (378); 24, 170 (173). Aus der Literatur: *Benda/Klein/Klein*, Verfassungsprozessrecht, Rn. 781ff.; *E. Friesenhahn*, Die Verfassungsgerichtsbarkeit in der Bundesrepublik Deutschland, 1963, S. 52; *W. Löwer*, HStR³ III, § 70 Rn. 85, 88; *Pestalozza*, Verfassungsprozeßrecht, § 13 Rn. 1ff.; *Schlaich/Korioth*, Bundesverfassungsgericht, Rn. 137, 141; *Stern*, Staatsrecht II, S. 988ff.; *F.-W. Dollinger*, in: Umbach/Clemens/Dollinger, BVerfGG, § 80 Rn. 41; *A. Gerontas*, DVBl. 1981, 1089ff.

[55] BVerfGE 1, 184 (199f.); 6, 55 (63); 22, 373 (378); 42, 42 (49f.); 63, 131 (141); 97, 117 (122, Rn. 25); vgl. auch *Detterbeck* (Fn. 53), Art. 100 Rn. 2; *H. Wollweber*, DÖV 1999, 413ff.; *Schlaich/Korioth*, Bundesverfassungsgericht, Rn. 138.

[56] BVerfGE 42, 42 (49); 67, 26 (33); dazu *Rinken* (Fn. 3), Art. 100 (2001), Rn. 6; vgl. auch *M. Sachs*, DVBl. 1985, 1106ff.

als Gerichte bezeichnet sind[57]. Rechtlich irrelevant ist, ob ein Einzelrichter oder ein Kollegialgericht die rechtsprechende Gewalt ausübt[58]. Zu den Gerichten zählen auch Registergerichte[59], die Großen Senate der obersten Gerichtshöfe des Bundes sowie die Vereinigten Großen Senate des Bundesgerichtshofs und der Gemeinsame Senat der obersten Gerichtshöfe des Bundes[60], aber auch die **Landesverfassungsgerichte**[61]. Weiter werden von Art. 100 I 1 GG erfasst die Berufs- und Ehrengerichte[62] sowie die Truppendienstgerichte[63]. Dagegen muss ein **Rechtspfleger** gemäß **§ 5 I Nr. 1 RPflG** ihm übertragene Geschäfte dem Richter vorlegen, wenn sich bei der Bearbeitung der Sache ergibt, dass eine Entscheidung nach Art. 100 GG einzuholen ist. Dementsprechend ist nur der Richter, nicht aber der Rechtspfleger zur Vorlage an das Bundesverfassungsgericht berechtigt[64]. Art. 100 GG erfasst auch nicht **kirchliche Gerichte**, die rein innerkirchliche Angelegenheiten zu entscheiden haben[65].

Gerichte können einen Aussetzungs- und Vorlagebeschluss nur in der **Besetzung** fassen, in der sie die Entscheidung hätten treffen müssen, für die die Vorlagefrage erheblich ist[66]. Das bedeutet etwa für ein Schöffengericht, dass es eine Vorlage nach Eröffnung des Hauptverfahrens nur unter Mitwirkung der Schöffen fassen kann[67]; ist die Vorlagefrage dagegen für die Entscheidung über die Eröffnung des Hauptverfahrens erheblich, so kann die Vorlage vom Amtsrichter ohne Mitwirkung der Schöffen beschlossen werden[68]. 15

An die **Begründung** eines Vorlagebeschlusses werden besonders hohe Anforderungen gestellt, wenn das Bundesverfassungsgericht die zur Überprüfung vorgelegte Norm bereits für mit dem Grundgesetz vereinbar erklärt hat[69]; die Zulässigkeit einer **erneuten Vorlage** setzt dann Darlegungen dazu voraus, dass sich tatsächliche oder rechtliche Veränderungen mit Bezug auf die Grundlage der früheren Entscheidung des Bundesverfassungsgerichts ergeben haben, die deren Überprüfung nahelegen[70]. 16

---

[57] BVerfGE 6, 55 (63); 30, 170 (171 f.). Dazu auch *K. A. Bettermann*, Die konkrete Normenkontrolle und sonstige Gerichtsvorlagen, in: Festgabe BVerfG, Bd. 1, S. 323 ff. (352); *H.-U. Erichsen*, Jura 1982, 88 (89); *K. Stern*, AöR 91 (1966), 223 (235 f.); *W. Heun*, AöR 122 (1997), 610 (614); *W. Löwer*, HStR³ III, § 70 Rn. 82; *Pestalozza*, Verfassungsprozeßrecht, § 13 Rn. 3; *Benda/Klein/Klein*, Verfassungsprozessrecht, Rn. 766.

[58] Siehe etwa BVerfGE 54, 159 (163 f.); *Dollinger* (Fn. 54), § 80 Rn. 27.

[59] BVerfGE 4, 45 (48); 7, 183 (186); 10, 59 (66); 14, 263 (273).

[60] BVerfGE 6, 222 (241).

[61] BVerfGE 69, 112 (117 f.). → Art. 142 Rn. 80, 85.

[62] BVerfGE 7, 1 (5); 48, 300 (315 f.); dazu auch: *Detterbeck* (Fn. 53), Art. 100 Rn. 4.

[63] BVerfGE 21, 391 (398).

[64] BVerfGE 30, 170 (171 ff.); 55, 370 (371 f.); 61, 75 (77); aus der Literatur *Bettermann*, Normenkontrolle (Fn. 57), S. 353.

[65] Vgl. BVerfGE 18, 385 (388); *Dollinger* (Fn. 54), § 80 Rn. 32; *Bettermann*, Normenkontrolle (Fn. 57), S. 354; *Benda/Klein/Klein*, Verfassungsprozessrecht, Rn. 767; *Wernsmann*, Konkrete Normenkontrolle (Fn. 51), § 16 Rn. 19. → Art. 1 III Rn. 80.

[66] BVerfGE 98, 145 (152, Rn. 27).

[67] BVerfGE 19, 71 (72).

[68] BVerfGE 24, 155 (165); ebenso für ein Landessozialgericht E 16, 305 (306); 19, 71 (72); für Arbeitsgerichte E 44, 322 (335); für Senate von Oberverwaltungsgerichten E 26, 281 (291 f.); für Finanzgerichte E 29, 178 (179); für Kammern für Handelssachen E 98, 145 (152 f., Rn. 27 ff.).

[69] *Y. Becker*, Die Entscheidungserheblichkeit im Verfahren der konkreten Normenkontrolle, in: Y. Becker/F. V. Lange (Hrsg.), Linien der Rechtsprechung des Bundesverfassungsgerichts, Bd. 3, 2014, S. 3 ff. (23 ff.).

[70] BVerfGE 105, 61 (70 f., Rn. 40); *R. Müller-Terpitz*, in: Schmidt-Bleibtreu/Hofmann/Hennecke, GG, Art. 100 Rn. 25; *Detterbeck* (Fn. 53), Art. 100 Rn. 21.

cc) Gesetz

17 Gegenstand einer konkreten Normenkontrolle i. S. v. Art. 100 I GG können nur **Gesetze im formellen Sinne** sein[71]. Die Worte »Gesetz« und »Landesgesetz« haben in dieser Vorschrift einen engeren Bedeutungsgehalt als die Worte »Bundesrecht« und »Landesrecht« in Art. 93 I Nr. 2 GG (→ Art. 93 Rn. 66); die Verwendung des Wortes »Landesrecht« in Art. 100 I 2 GG dient nur der Unterscheidung vom Bundesrecht[72]. Auch **Vorschriften des Landesrechts** können nur dann Gegenstand einer konkreten Normenkontrolle sein, wenn es sich um förmliche Gesetze handelt[73]. Nur wenn der parlamentarische Gesetzgeber unter Geltung des Grundgesetzes eine Norm geschaffen hat, sind seine Autorität und sein Verantwortungsbereich gegenüber der Rechtsprechung schutzwürdig[74]. Das Verwerfungsmonopol erstreckt sich auch nicht auf formelle Gesetze im Sinne von Art. 80 IV GG, die in anderen Ländern als Rechtsverordnung oder Satzung ergehen[75].

18 Da neben dem einfachen Gesetzgeber auch der verfassunggebende oder verfassungsändernde Gesetzgeber vom Normzweck des Art. 100 I GG erfasst werden, erstreckt sich das Verwerfungsmonopol des Bundesverfassungsgerichts auch auf den Fall, dass ein Gericht eine **Verfassungsnorm** um einer vermeintlich übergeordneten Norm willen ganz oder teilweise unangewendet lassen will[76]. Entsprechend dem Normzweck können auch sogenannte **Vertragsgesetze** Gegenstand der konkreten Normenkontrolle sein, in denen die gesetzgebenden Körperschaften gemäß Art. 59 II GG[77] ihre Zustimmung zu einem völkerrechtlichen Vertrag erklären. Das Bundesverfassungsgericht entscheidet dann nicht nur, ob die Vertragsgesetze selbst, sondern auch, ob die Regelungen des Vertrages, denen das Gesetz zustimmt und die seinen materiell-rechtlichen Gehalt ausmachen, mit dem Grundgesetz vereinbar sind[78]. Wie ein Zustimmungsgesetz kann auch der bloße **Zustimmungsbeschluss eines Landtags** zu einem Staatsvertrag, der dessen normativem Teil Gesetzesrang verleiht[79], Gegenstand einer Vorlage sein[80]. Das ist folgerichtig, weil der Zustimmungsbeschluss des Parlaments in Bezug auf den Vertragsinhalt die gleiche Wirkung entfaltet wie ein Gesetzesbeschluss.

---

[71] BVerfGE 1, 184 (189 ff.); 114, 303 (310, Rn. 35); st. Rspr.; *Pestalozza*, Verfassungsprozeßrecht, § 13 Rn. 8 ff.; *Benda/Klein/Klein*, Verfassungsprozessrecht, Rn. 774 ff.; eine gute Übersicht über zulässige und unzulässige Vorlagegegenstände bei Jarass/*Pieroth*, GG, Art. 100 Rn. 8 ff.

[72] BVerfGE 1, 184 (189 ff., 201); 68, 319 (326); 71, 305 (337 f.); st. Rspr.; dazu *W. Löwer*, HStR³ III, § 70 Rn. 80; *Pestalozza*, Verfassungsprozeßrecht, § 13 Rn. 8.

[73] BVerfGE 17, 208 (210).

[74] → Rn. 12; vgl. auch *Bettermann*, Normenkontrolle (Fn. 57), S. 334 ff.; *K. Stern*, AöR 91 (1966), 223 (238 ff.); *E. Klein*, AöR 108 (1983), 410 ff. sowie ebd., 561 (578).

[75] BVerfGE 70, 35 (58); *Hillgruber/Goos*, Verfassungsprozessrecht (Fn. 51), Rn. 585; Jarass/*Pieroth*, GG, Art. 100 Rn. 8; *J.-R. Sieckmann*, in: v. Mangoldt/Klein/Starck, GG III, Art. 100 Rn. 25; anders *T. Clemens*, in: Umbach/Clemens, GG, Art. 100 Rn. 54; *S. Jutzi*, NVwZ 2000, 1390 ff.

[76] BVerfGE 3, 225 (Ls. 3); a. A. Jarass/*Pieroth*, GG, Art. 100 Rn. 11.

[77] → Art. 59 Rn. 28 ff.; kritisch hingegen zu Vertragsgesetzen als Gegenständen der Normenkontrolle *E. Kaufmann*, Normenkontrollverfahren und völkerrechtliche Verträge, in: GedS W. Jellinek, 1955, S. 445 ff.

[78] BVerfGE 12, 281 (288); 14, 1 (6); 37, 191 (197); 63, 131 (140); 95, 39 (44); *W. Heun*, AöR 122 (1997), 610 (617); *Benda/Klein/Klein*, Verfassungsprozessrecht, Rn. 806.

[79] So mit Blick auf Art. 72 II BayVerf. die Rechtsprechung des BayVGH, siehe etwa die Entscheidung in BayVBl. 1964, 332.

[80] BVerfGE 37, 191 (197).

Ein **Unterlassen des Gesetzgebers** kann dagegen auch dann nicht als Gesetz im Sinne von Art. 100 I GG angesehen werden, wenn sich aus der Verfassung eine Handlungspflicht des Gesetzgebers ableiten lässt. Die Möglichkeit der konkreten Normenkontrolle soll nicht den Weg zu einer allgemeinen Rechtsaufsicht über den Gesetzgeber eröffnen, sondern dessen Autorität nur dort schützen, wo er Gesetze erlassen und damit seine Gesetzgebungsfunktion erfüllt hat. Diese Voraussetzung ist aber gegeben, wenn der Gesetzgeber durch den Erlass eines Gesetzes einem **Verfassungsauftrag nur ungenügend nachgekommen** ist[81]. Nicht zu überzeugen vermag hingegen, dass der Zweite Senat des Bundesverfassungsgerichts hamburgische Bebauungsplangesetze als nicht seinem Verwerfungsmonopol unterfallend qualifiziert hat[82]. Der Richter *Steinberger* hat in seiner abweichenden Meinung zu Recht auf die verfassungsrechtliche Pflicht zur Vorlage aller für verfassungswidrig gehaltenen, unter Geltung des Grundgesetzes ergangenen förmlichen Gesetze hingewiesen[83]. 19

Neue Bedeutung gewonnen hat im Gefolge der **Wiedervereinigung Deutschlands** die schon für erledigt gehaltene Frage, unter welchen Umständen eigentlich nicht vorlagepflichtige **vorkonstitutionelle Gesetze** dadurch in den **Anwendungsbereich von Art. 100 I GG** gelangen, dass der Gesetzgeber sie »in seinen Willen aufgenommen hat«[84]. Für die Unterscheidung solcher vorkonstitutioneller Normen von anderen, die der nachkonstitutionelle Gesetzgeber bloß »hingenommen« hat, finden sich in der reichen **Kasuistik des Bundesverfassungsgerichts** zwar zahlreiche, aber weder im Einzelnen noch in ihrer Gesamtheit sonderlich trennscharfe Kriterien[85]. Klar ist nur die Regel, dass vorkonstitutionelles Recht Art. 100 I GG nicht unterfällt, weil es von einem Gesetzgeber erlassen wurde, der nicht an das Grundgesetz gebunden war[86]; die Ausnahmen sind in ihrer Begründung immer unklar geblieben und stark von pragmatischen Erwägungen geprägt. 20

Nach der Wiedervereinigung Deutschlands hat sich das **Problem** erneut gestellt, weil gemäß Art. 9 und Anlage II EV **Recht der Deutschen Demokratischen Republik** im wiedervereinigten Deutschland **fortgilt**. Die Fortgeltung wird jedoch nur unter dem Vorbehalt angeordnet, dass das in der DDR erlassene Recht mit dem Grundgesetz vereinbar ist. Art. 9 in Verbindung mit Anlage II EV inkorporiert Recht, das aus einer fremden Rechtsquelle stammt, in die Rechtsordnung der Bundesrepublik Deutschland. Das **Bundesverfassungsgericht** hat die Vorschriften des Einigungsvertrages dennoch so gedeutet, dass sie nicht eine Aufnahme in den Willen des nachkonstitutionellen Gesetzgebers, sondern eine bloße Hinnahme darstellen. Für die Prüfung ihrer 21

[81] Zu dieser Konstellation BVerfGE 81, 363 (375 ff.); aus der Literatur *Benda/Klein/Klein*, Verfassungsprozessrecht, Rn. 790 f.; *Hillgruber/Goos*, Verfassungsprozessrecht (Fn. 51), Rn. 596; *Sieckmann* (Fn. 75), Art. 100 Rn. 19 m. Fn. 91.

[82] BVerfGE 70, 35 (57 f.).

[83] BVerfGE 70, 35 (59, 66 ff.); kritisch auch *Schlaich/Korioth*, Bundesverfassungsgericht, Rn. 141 m. Fn. 182.

[84] BVerfGE 6, 55 (Ls. 3); 66, 248 (254 f.); 70, 126 (129 f.); 97, 117 (122 f., Rn. 26 ff.); st. Rspr. Aus der Literatur: *K. Stern*, AöR 91 (1966), 223 (243 ff.); *H. Lechner/R. Zuck*, Bundesverfassungsgerichtsgesetz, 7. Aufl. 2015, § 80 Rn. 22 ff.; *Müller-Terpitz* (Fn. 70), Art. 100 Rn. 11; *Benda/Klein/Klein*, Verfassungsprozessrecht, Rn. 784 ff.

[85] Siehe etwa BVerfGE 10, 129 (133); 11, 176 (Ls. 1); 13, 290 (294 f.); 16, 64 (72 f.); 16, 343 (347); 25, 25 (27); 32, 256 (260); 60, 135 (150); 63, 181 (188, 191); 64, 217 (221); 70, 126 (133); zusammenfassender Überblick über die Rechtsprechung bei *Dollinger* (Fn. 54), § 80 Rn. 41 f.; *W. Meyer*, in: v. Münch/Kunig, GG II, Art. 100 Rn. 15 ff.

[86] Ausführlich BVerfGE 2, 124 (128 ff.); 97, 117 (122, Rn. 24); st. Rspr.

Vereinbarkeit mit dem Grundgesetz gilt Art. 100 I GG mangels einer ausdrücklichen Regelung nicht; auch schlössen Sinn und Zweck der konkreten Normenkontrolle eine entsprechende Auslegung des Art. 100 I GG aus[87]. Die ausdrückliche Anordnung der Fortgeltung von DDR-Recht in Art. 9 und Anlage II EV kann aber angesichts der detaillierten Aufzählung der einzelnen Rechtsvorschriften kaum als bloße Hinnahme verstanden werden. **Vielmehr hat der Bundesgesetzgeber sich die betreffenden Normen mit seinem Zustimmungsgesetz zum Einigungsvertrag zu eigen gemacht**[88]. Die einschlägigen Vorschriften sind erst nach sorgfältiger bilateraler fachlicher Prüfung in die Anlage II zum Einigungsvertrag aufgenommen worden; es handelt sich dabei überwiegend um Vorschriften, die erst in der demokratischen Übergangsphase der DDR im Jahre 1990 geschaffen oder sogar im Einigungsvertrag selbst paktiert wurden[89]. Diese Umstände machen deutlich, dass der Bundesgesetzgeber den einzelnen Regelungen bewusst Geltung verliehen und nicht etwa nur das Handeln eines fremden Gesetzgebers hingenommen hat. Der Schutz seiner Autorität, der wesentlicher Zweck des Art. 100 I GG ist, steht also einer **teleologischen Reduktion der Vorschrift** – um nichts anderes handelt es sich bei der Argumentation der Entscheidung des Bundesverfassungsgerichts – entgegen, zumal die Verwerfungskompetenz jedes Fachgerichts zu Rechtsunsicherheit und Rechtszersplitterung führen kann und wird. Daran ändert die in Art. 9 EV eingefügte **salvatorische Klausel** nichts, die die Fortgeltung des DDR-Rechts von der Verfassungsmäßigkeit der einzelnen fortgeltenden Norm abhängig macht. Ebenso wenig wie anderes Bundesrecht kann das Zustimmungsgesetz in Verbindung mit dem Einigungsvertrag dem Anwendungsbereich des Art. 100 I GG durch eine derartige Klausel entzogen werden. Deshalb sollte das Bundesverfassungsgericht seine Rechtsprechung überdenken und sich seiner verfassungsrechtlichen **Pflicht zur Überprüfung der in Art. 9 und Anlage II EV genannten Rechtsvorschriften der ehemaligen DDR** stellen.

22 Gesetze im Sinne von Art. 100 I GG sind zwar die **Zustimmungsgesetze zum europäischen Primärrecht** und damit inhaltlich auch dessen rechtlicher Gehalt; das **Sekundärrecht** zählt jedoch nicht dazu[90]. Zunächst hatte das Bundesverfassungsgericht allerdings im Jahr 1974 Verordnungen der Gemeinschaft als Gesetze im Sinne von Art. 100 I GG angesehen und Vorlagen von deutschen Gerichten an das Bundesverfassungsgericht für »zulässig und geboten« erachtet, wenn sie Gemeinschaftsrecht für unvereinbar mit den Grundrechten des Grundgesetzes hielten; das sollte »**solange**« gelten, bis das Gemeinschaftsrecht auch einen von einem Parlament beschlossenen und in Geltung stehenden formulierten Katalog von Grundrechten enthalte, der dem Grundrechtskatalog des Grundgesetzes adäquat sei[91]. Grundsätzlich hat das Bundes-

---

[87] BVerfGE 97, 117 (122ff., Rn. 23ff.); ebenso *Müller-Terpitz* (Fn. 70), Art. 100 Rn. 11; *Sieckmann* (Fn. 75), Art. 100 Rn. 29; *Detterbeck* (Fn. 53), Art. 100 Rn. 10.

[88] So auch *Clemens* (Fn. 75), Art. 100 Rn. 67, 84f.; *Hillgruber/Goos*, Verfassungsprozessrecht (Fn. 51), Rn. 595.

[89] Näher dazu: *G. Brunner*, HStR IX, § 210 Rn. 7ff.; ferner *R. Nissel*, DtZ 1990, 330ff.; *H. Wollweber*, DÖV 1999, 413 (418).

[90] BVerfGE 52, 187 (200ff.); aus der Literatur: *R. Streinz*, Bundesverfassungsgerichtlicher Grundrechtsschutz und Europäisches Gemeinschaftsrecht, 1989, S. 142ff.; *G. Eibach*, Das Recht der Europäischen Gemeinschaften als Prüfungsgegenstand des Bundesverfassungsgerichts, 1986, S. 32ff.; *Benda/Klein/Klein*, Verfassungsprozessrecht, Rn. 795ff.

[91] BVerfGE 37, 271 (283ff.) mit Sondervotum *Rupp, Hirsch* und *Wand*, 291 (300ff.); dazu auch *Bettermann*, Normenkontrolle (Fn. 57), S. 339f.; *E. Klein*, AöR 108 (1983), 410ff. sowie ebd., 561 (579). → Art. 23 Rn. 81ff., 172.

verfassungsgericht an der Qualifizierung gemeinschaftsrechtlicher Verordnungen als Gesetze im Sinne von Art. 100 I GG auch 1986 festgehalten, als im sogenannten »**Solange II«-Beschluss** der Gemeinschaft ein Maß an Grundrechtsschutz bescheinigt wurde, »das nach Konzeption, Inhalt und Wirkungsweise dem Grundrechtsstandard des Grundgesetzes im Wesentlichen gleich zu achten ist«[92]. Es **verzichtet nur darauf, seine Gerichtsbarkeit auszuüben**, so dass aus diesem Grund entsprechende Vorlagen unzulässig sind[93]. Ob das Gericht zu einem solchen Verzicht auf die Ausübung einer ihm durch Art. 100 I GG zugewiesenen Gerichtsbarkeit berechtigt ist, erscheint als **dogmatisch zumindest zweifelhaft** und wird in den einschlägigen Entscheidungen nicht begründet. Näher liegt ein materiell-rechtliches Verständnis, demzufolge Recht der Europäischen Gemeinschaft nicht der Geltung der deutschen Grundrechte unterliegt[94]. Die **Maastricht-Entscheidung** des Bundesverfassungsgerichts hat zur Klärung dieses dogmatischen Problems nichts beigetragen[95].

dd) Für verfassungswidrig halten

Art. 100 I GG macht Recht und Pflicht der Gerichte zur Vorlage davon abhängig, dass sie ein Gesetz für verfassungswidrig halten, d.h. von seiner Verfassungswidrigkeit **überzeugt** sind. Bloße **Zweifel** an der Verfassungsmäßigkeit eines Gesetzes oder bloße Bedenken reichen bei einer konkreten Normenkontrolle nach Art. 100 I GG anders als bei einer abstrakten Normenkontrolle nach Art. 93 I Nr. 2 GG (→ Art. 93 Rn. 67) nicht aus[96]. Das Bundesverfassungsgericht verlangt von den vorlegenden Gerichten, dass sie ihre Überzeugung von der **Verfassungswidrigkeit** der zur Prüfung gestellten Norm **»nachvollziehbar und umfassend« begründen**. Es reicht nicht aus, wenn sich das vorlegende Gericht auf die Benennung des verfassungsrechtlichen Prüfungsmaßstabes beschränkt, dargelegt werden müssen vielmehr die für seine Überzeugungsbildung maßgebenden Erwägungen[97]. 23

In diesem Zusammenhang kann es nach Auffassung des Bundesverfassungsgerichts auch erforderlich sein, zur Möglichkeit einer **verfassungskonformen Auslegung** Stellung zu nehmen. Das soll insbesondere geboten sein, wenn offensichtlich mehrere Auslegungsmöglichkeiten in Betracht kommen und mindestens eine von ihnen nicht in gleicher Weise den verfassungsrechtlichen Bedenken des vorlegenden Gerichts ausgesetzt ist[98]. Damit überfordert das Bundesverfassungsgericht häufig die Fachgerichte, die nicht notwendig über die vertieften Kenntnisse des Verfassungsrechts verfügen, die für eine – nicht unproblematische[99] – verfassungskonforme Auslegung erforderlich 24

---

92 BVerfGE 73, 339 (374ff.) – Solange II.

93 BVerfGE 73, 339 (Ls. 2).

94 *Schlaich/Korioth*, Bundesverfassungsgericht, Rn. 143f.

95 BVerfGE 89, 155; → Art. 23 Rn. 83; zu den verfassungsprozessualen Implikationen dieser Entscheidung ausführlich *Schlaich/Korioth*, Bundesverfassungsgericht, Rn. 360ff.

96 BVerfGE 1, 184 (188f.); 86, 52 (57); st. Rspr. Dazu auch: *H.-U. Erichsen*, Jura 1982, 88 (91); *W. Heun*, AöR 122 (1997), 610 (618f.); *Benda/Klein/Klein*, Verfassungsprozessrecht, Rn. 807.

97 BVerfGE 88, 70 (74); vgl. auch: *T. Baumgarten*, Anforderungen an die Begründung von Richtervorlagen, 1996, S. 101ff.; *G. Ulsamer*, BayVBl. 1980, 519 (520f.).

98 BVerfGE 88, 187 (194); 90, 145 (170); 131, 88 (118, Rn. 90); 138, 64 (94, Rn. 87); *Meyer* (Fn. 85), Art. 100 Rn. 36; *Müller-Terpitz* (Fn. 70), Art. 100 Rn. 19; *Detterbeck* (Fn. 53), Art. 100 Rn. 20.

99 Dazu näher *Hesse*, Verfassungsrecht, Rn. 79ff.; sowie *K.A. Bettermann*, Die verfassungskonforme Auslegung, Grenzen und Gefahren, 1986; *F. Müller*, Juristische Methodik, 7. Aufl. 1997, S. 90ff.; *K.-G. Zierlein*, Zur Prozeßverantwortung der Fachgerichte im Lichte der Verwerfungskompetenz des Bundesverfassungsgerichts, in: FS Benda, 1995, S. 457ff. (474).

sind[100]. Die Qualifizierung einer Vorlage als unzulässig eröffnet seit 1993 über **§ 81a BVerfGG** den Weg zu einer Kammerentscheidung[101]. Das mag die hohen Zulässigkeitsanforderungen erklären, überzeugend zu rechtfertigen vermag es sie nicht.

25 In die gegenteilige Richtung weist ein Beschluss des Ersten Senats des Bundesverfassungsgerichts vom 16. Dezember 2014. In dieser Entscheidung sieht der Senat die Garantie des gesetzlichen Richters (Art. 101 I 2 GG) als verletzt an, wenn ein Fachgericht einen Vorlagebeschluss unterlässt, weil es in einer nach Auffassung des Bundesverfassungsgerichts nicht vertretbaren Weise die Möglichkeit einer verfassungskonformen Auslegung eines Gesetzes annimmt[102]. Die **Fachgerichte** geraten dadurch in ein **Dilemma**. Wenn sie die Möglichkeiten einer verfassungskonformen Auslegung eines Gesetzes zu vorsichtig prüfen, ist ihre Vorlage unzulässig. Wenn sie zu beherzt das Instrument der verfassungskonformen Auslegung nutzen, verletzen sie den Anspruch auf den gesetzlichen Richter. Unter welchen Umständen eine verfassungskonforme Auslegung noch möglich und wann eine Vorlage an das Bundesverfassungsgericht zwingend ist, wird sich oft **nicht leicht entscheiden** lassen. In dem konkreten Fall bedurfte es jedenfalls einer umfangreichen Begründung des Ersten Senats, um deutlich zu machen, warum eine verfassungskonforme Auslegung, wie sie der Bundesgerichtshof vorgenommen hatte[103], unzulässig sein sollte[104]. Das Bundesverfassungsgericht sollte bei künftigen Entscheidungen prüfen, ob eine so eingehende Kontrolle der fachgerichtlichen Darlegungen zu einer verfassungskonformen Auslegung verfassungsrechtlich wirklich geboten ist[105].

ee) Entscheidungserheblichkeit

26 Nicht minder **strenge Maßstäbe** legt das Bundesverfassungsgericht bei der Prüfung an, ob es bei der Entscheidung des vorlegenden Gerichts auf die Gültigkeit des vorgelegten Gesetzes ankommt[106]. Entscheidungserheblich ist die vorgelegte Norm nur dann, **»wenn das Gericht im Ausgangsverfahren bei Ungültigkeit der Norm anders entscheiden müsste als bei deren Gültigkeit«**[107]. Vom vorlegenden Gericht wird die Darlegung verlangt, dass die konkrete Normenkontrolle zur Entscheidung des anhängigen Verfahrens »**unerlässlich**« ist[108]. Regelmäßig ist unter dieser Entscheidung die das Verfahren abschließende Sachentscheidung zu verstehen, Zwischenentscheidungen kommen

[100] *Benda/Klein/Klein*, Verfassungsprozessrecht, Rn. 812; *Schlaich/Korioth*, Bundesverfassungsgericht, Rn. 145.

[101] Dazu *Zierlein*, Prozessverantwortung (Fn. 99), S. 460 f.; *Lechner/Zuck*, Bundesverfassungsgerichtsgesetz (Fn. 84), § 81a Rn. 1 ff.; ferner *R. Müller-Terpitz*, in: Maunz/Schmidt-Bleibtreu/Klein/Bethge, BVerfGG, § 81a (2009), Rn. 1 ff.

[102] BVerfGE 138, 64 (Ls. 2, 86 ff., Rn. 64 ff.).

[103] BGHZ 190, 227.

[104] BVerfGE 138, 64 (89 ff., Rn. 76 ff.).

[105] Kritisch auch *J. Berkemann*, DÖV 2015, 393 (398 ff.).

[106] *Becker*, Entscheidungserheblichkeit (Fn. 69), S. 3 ff.; *S. Eisele/J. Hyckel*, NVwZ 2016, 2198 (1299 ff.).

[107] BVerfGE 22, 175 (176 f.); 84, 233 (237); 105, 61 (67, Rn. 32); 131, 1 (15, Rn. 66 f.); st. Rspr. – Aus der Literatur *H. Brinckmann*, Das entscheidungserhebliche Gesetz, 1970; *W. Heun*, AöR 122 (1997), 610 ff.; *H. Scholler/S. Broß*, AöR 103 (1978), 148 ff.; *W. Löwer*, HStR³ III, § 70 Rn. 81, 91; *Pestalozza*, Verfassungsprozeßrecht, § 13 Rn. 20; *Benda/Klein/Klein*, Verfassungsprozessrecht, Rn. 816 ff., insb. Rn. 824 ff.

[108] BVerfGE 63, 1 (22); 131, 1 (15, Rn. 66 f.); *K. Stern*, AöR 91 (1966), 223 (231); *W. Heun*, AöR 122 (1997), 610 (619 ff.); *G. Ulsamer*, BayVBl. 1980, 519 (520).

nur ausnahmsweise in Betracht[109]. Unzulässig ist eine Vorlage insbesondere, wenn sie nur für einen Beweisbeschluss relevant ist, das vorlegende Gericht sich also etwa eine Beweisaufnahme ersparen will[110]. Auch ist eine Richtervorlage nach der Rechtsprechung des Bundesverfassungsgerichts regelmäßig vor Durchführung einer mündlichen Verhandlung unzulässig; Ausnahmen werden nur erlaubt, wenn schon vor der mündlichen Verhandlung die Entscheidungserheblichkeit einer Norm mit Sicherheit feststeht[111].

Geklärt ist aber, dass eine in Umsetzung von Rechtsakten der Union ergangene 27
deutsche Norm wegen der vom Bundesverfassungsgericht praktizierten Zurücknahme der Ausübung seiner Gerichtsbarkeit dann **nicht entscheidungserheblich** ist, wenn das Unionsrecht dem deutschen Gesetzgeber **Entscheidungsspielraum** lässt. Das Bundesverfassungsgericht übt seine Gerichtsbarkeit über die Anwendung von Unionsrecht in Deutschland nicht mehr aus und überprüft die Norm nicht am Maßstab der Grundrechte des Grundgesetzes, solange die Union **generell** einen **wirksamen Schutz** der Grundrechte gegenüber der Hoheitsgewalt der Union gewährleistet. Dieser Schutz muss dem Grundrechtsschutz des Grundgesetzes im Wesentlichen gleich zu achten sein. Dieser Maßstab gilt nicht nur für Verordnungen der Union, sondern auch für Richtlinien nach Art. 288 III AEUV und an Deutschland gerichtete Beschlüsse der Kommission nach Art. 288 IV AEUV[112].

Nicht mehr entscheidungserheblich ist ein Gesetz, wenn **feststeht**, dass es dem Uni- 28
onsrecht **widerspricht** und deshalb wegen des Anwendungsvorrangs des Unionsrechts nicht angewendet werden darf. Sind dagegen die unionsrechtliche und die verfassungsrechtliche Rechtslage strittig, folgt aus dem deutschen Verfassungsrecht keine feste Rangfolge zwischen dem Vorabentscheidungsverfahren nach **Art. 267 AEUV** und dem Vorlageverfahren nach **Art. 100 I 1 GG**. Einem Gericht, das sowohl einen Verstoß gegen Unionsrecht als auch gegen Verfassungsrecht sieht, steht es frei, nach eigenen Zweckmäßigkeitserwägungen zu entscheiden, **welches Zwischenverfahren** es als erstes einleitet[113].

Grundsätzlich legt das Bundesverfassungsgericht für die Beurteilung der Entschei- 29
dungserheblichkeit die Tatsachenwürdigung und die Rechtsauffassung des vorlegenden Gerichts zugrunde[114]. Nicht gebunden sieht es sich allerdings dort, wo **verfassungsrechtliche Vorfragen** zu beurteilen sind[115]. Eine weitere Grenze der Bindung des Bundesverfassungsgerichts besteht darin, dass die Rechtsauffassung des vorlegenden Gerichts nicht »**offensichtlich unhaltbar**« oder »**nicht nachvollziehbar**« sein

---

[109] BVerfGE 63, 1 (21); 85, 337 (343f.); näher dazu *Dollinger* (Fn. 54), § 80 Rn. 31; *Benda/Klein/Klein*, Verfassungsprozessrecht, Rn. 816ff.

[110] BVerfGE 79, 256 (265); eine Ausnahme bildet insoweit E 47, 146 (155f., 157ff.): in dieser Entscheidung wurde ungeachtet der noch nicht erfolgten Beweisaufnahme »vorzeitiger Zugang« zum Bundesverfassungsgericht gewährt, weil »die Vorlagefrage von allgemeiner und grundsätzlicher Bedeutung für das Gemeinwohl und deshalb ihre Entscheidung dringlich ist«; zu dieser Analogie zu § 90 II BVerfGG siehe *Schlaich/Korioth*, Bundesverfassungsgericht, Rn. 158.

[111] BVerfGE 79, 256 (264f.); *Sieckmann* (Fn. 75), Art. 100 Rn. 62.

[112] BVerfGE 129, 186 (198f., Rn. 44ff.); vgl. zuvor schon BVerfGE 73, 339 (387); 102, 147 (162ff., Rn. 57ff.); 118, 79 (95f., Rn. 66ff.); 125, 260 (306f., Rn. 180ff.).

[113] BVerfGE 116, 202 (214f., Rn. 52).

[114] BVerfGE 2, 181 (Ls. 1, 190f.); *Detterbeck* (Fn. 53), Art. 100 Rn. 16.

[115] BVerfGE 46, 268 (284); 63, 1 (27f.); 67, 26 (35); 89, 144 (152); 131, 1 (15, Rn. 66); st. Rspr. – Siehe auch *J. Berkemann*, AöR 99 (1974), 54ff.; *Benda/Klein/Klein*, Verfassungsprozessrecht, Rn. 836ff.

darf[116]. Über diese Kriterien steuert das Gericht seine **Arbeitsbelastung**. Es scheut dabei nicht davor zurück, auch einem obersten Bundesgericht die offensichtliche Unhaltbarkeit der von ihm geäußerten Rechtsauffassung zu einer Frage aus seinem Fachgebiet zu bescheinigen[117] und läuft dabei **Gefahr, die Grenze zur genuinen Kompetenz der Fachgerichtsbarkeit zu überschreiten**[118]. Das zeigt beispielhaft die Fragwürdigkeit der Instrumentalisierung der Zulässigkeitsvoraussetzungen für Zwecke der – durchaus notwendigen – Reduzierung der Verfahrenslast des Bundesverfassungsgerichts[119].

30 Das Bemühen um Steuerung der eigenen Arbeitsbelastung dürfte auch hinter den Anforderungen des Bundesverfassungsgerichts an die **Begründung eines Vorlagebeschlusses** stehen[120]: Die Entscheidungserheblichkeit der Vorlage muss sich unmittelbar aus dem Beschluss selbst ohne Beiziehung der Akten des Ausgangsverfahrens ergeben, den verfassungsrechtlichen Prüfungsmaßstab angeben, sich eingehend mit der Rechtslage auseinandersetzen und dabei die in Literatur und Rechtsprechung entwikkelten Auffassungen berücksichtigen, die für die Auslegung der zur Prüfung vorgelegten Norm von Bedeutung sind[121]. Ob etwa ein Amtsgericht angesichts seiner eigenen Arbeitsbelastung überhaupt die Möglichkeit hat, diese Anforderungen zu erfüllen, oder nicht doch im Zweifel dazu gedrängt wird, eine für verfassungswidrig gehaltene Norm anzuwenden, ist fraglich. Dies gilt umso mehr, als selbst Ober- und Bundesgerichte es nicht immer schaffen, die Begründungsanforderungen einzuhalten[122].

ff) Prüfungsmaßstab

31 Prüfungsmaßstab ist das **Grundgesetz**. Das Bundesverfassungsgericht beschränkt seine Prüfung nicht auf den oder die vom vorlegenden Gericht benannten Artikel, sondern erstreckt die Prüfung auf **alle in Betracht kommenden Verfassungsbestimmungen**[123].

gg) Entscheidung

32 Die Entscheidung des Bundesverfassungsgerichts hat nur die **vorgelegte Rechtsfrage** zum Gegenstand[124]. Das Bundesverfassungsgericht nimmt dabei das Recht für sich in Anspruch, seine verfassungsrechtliche Prüfung auf den entscheidungserheblichen Teil

---

116 BVerfGE 7, 171 (175); 94, 315 (323); 97, 49 (62, Rn. 58); 131, 1 (15, Rn. 66); st. Rspr.; dazu auch *W. Löwer*, HStR³ III, § 70 Rn. 95; *Baumgarten*, Anforderungen (Fn. 97), S. 285 ff.

117 BVerfGE 65, 160 (168 ff.).

118 Dazu *Rinken* (Fn. 3), Art. 100 Rn. 19; *Benda/Klein/Klein*, Verfassungsprozessrecht, Rn. 840 f.; ferner *J. Berkemann*, AöR 99 (1974), 54 (65 ff.), der zur Problemlösung eine restriktive Auslegung des § 31 BVerfGG präferiert.

119 Zur Kritik: *H. Aretz*, JZ 1984, 918 ff.; *Schlaich/Korioth*, Bundesverfassungsgericht, Rn. 146.

120 *K. Hamdorf*, NordÖR 2011, 301 (306).

121 BVerfGE 79, 240 (243 f.); 99, 300 (312 f., Rn. 29 f.); 105, 48 (56, Rn. 33); vgl. auch *Benda/Klein/Klein*, Verfassungsprozessrecht, Rn. 855 f.; *F. Schorkopf*, AöR 130 (2005), 465 (475) weist darauf hin, dass sich nach der Verschärfung der Zulässigkeitsanforderungen die Zahl der konkreten Normenkontrollverfahren praktisch halbiert hat.

122 *K. Hamdorf*, NordÖR 2011, 301 (302 mit Fn. 11).

123 BVerfGE 3, 187 (197); 93, 121 (133); st. Rspr. – Aus der Literatur: *W. Heun*, Normenkontrolle, in: FS 50 Jahre BVerfG, Bd. 1, S. 615 ff. (626 f.); *E. Klein*, AöR 108 (1983), 410 ff. sowie ebd., 561 (584); *Benda/Klein/Klein*, Verfassungsprozessrecht, Rn. 877.

124 § 81 BVerfGG.

einer vorgelegten Norm zu beschränken[125]. Andererseits sieht es sich auch nicht gehindert, über den nicht erheblichen Inhalt von Vorschriften zu befinden, wenn eine Begrenzung der Vorlagefrage auf den entscheidungserheblichen Teil der zu prüfenden Normen die »**Befriedungsfunktion**« **der Normenkontrollentscheidung** des Bundesverfassungsgerichts »teilweise verfehlen«[126] oder »ein sachgerechtes Ergebnis vereiteln« würde[127].

2. Durch ein Landesverfassungsgericht (Art. 100 I 1, 1. Alt. GG)

Art. 100 I 1 GG sichert in seiner 1. Alternative die **Homogenität des Verfassungsprozessrechts von Bund und Ländern** in Bezug auf die konkrete Normenkontrolle. Er statuiert unmittelbar eine **Vorlagepflicht an die Landesverfassungsgerichte**, beschränkt sich also – anders als Art. 28 I GG[128] – nicht auf Vorgaben für den Landesverfassungsgeber, sondern setzt materielles Verfassungsrecht der Länder; die grundsätzliche Selbständigkeit der Verfassungsbereiche von Bund und Ländern[129] wird damit durchbrochen. Soweit Landesverfassungen die Vorlagepflicht in Übereinstimmung mit Art. 100 I 1, 1. Alt. GG normieren[130], hat das lediglich deklaratorische Bedeutung[131]. Eine Erweiterung der Vorlagepflicht auf vorkonstitutionelle Gesetze[132] oder untergesetzliche Rechtsnormen[133] ist zulässig und wirkt konstitutiv[134]. 33

Das zur Vorlage verpflichtete Gericht hat die **Wahl**, ob es sich zunächst an das zuständige **Landesverfassungsgericht** oder an das **Bundesverfassungsgericht** wendet, wenn als Prüfungsmaßstab sowohl eine Norm der Landesverfassung wie auch eine Vorschrift des Grundgesetzes in Betracht kommen[135]. Einer **doppelten Prüfung** steht aus der Sicht des Bundesrechts nichts entgegen[136]. 34

---

[125] BVerfGE 18, 52 (58); 80, 354 (357); st. Rspr.

[126] BVerfGE 62, 354 (364); 71, 81 (93); 75, 166 (177).

[127] BVerfGE 78, 77 (83); ähnlich E 78, 132 (143).

[128] Zum Verhältnis zwischen Art. 100 I GG und Art. 28 GG siehe *O. Groschupf*, Richtervorlagen zu den Landesverfassungsgerichten, in: C. Starck/K. Stern (Hrsg.), Landesverfassungsgerichtsbarkeit, Bd. 2, 1983, S. 85ff. (88).

[129] BVerfGE 96, 345 (368). → Art. 28 Rn. 47 m. w. N. in Fn. 198.

[130] Art. 68 I 2 Nr. 3 BWVerf.; Art. 65, 92 BayVerf.; Art. 84 II Nr. 4 BerlVerf.; Art. 113 Nr. 3 BrandenbVerf.; Art. 142 BremVerf.; Art. 64 II, 65 III Nr. 6 HambVerf.; Art. 133 HessVerf.; Art. 53 I Nr. 5 MVVerf.; Art. 54 Nr. 4 NdsVerf.; Art. 75 Nr. 3 NWVerf.; Art. 130 III, 135 I Nr. 1 Rh.-Pf.Verf.; Art. 97 Nr. 3 SaarlVerf.; Art. 81 I Nr. 3 SächsVerf.; Art. 75 Nr. 5 S-AVerf.; Art. 44 II Nr. 3 S-HVerf; Art. 80 I Nr. 5 ThürVerf.

[131] *E. Friesenhahn*, Zur Zuständigkeitsabgrenzung zwischen Bundesverfassungsgerichtsbarkeit und Landesverfassungsgerichtsbarkeit, in: Festgabe BVerfG, Bd. 1, S. 776ff. (779); *Schlaich/Korioth*, Bundesverfassungsgericht, Rn. 162; *Detterbeck* (Fn. 53), Art. 100 Rn. 23.

[132] Art. 88 BWVerf.; dazu BVerfGE 4, 178 (188f.); nach Auffassung des BayVerfGH erweitert auch die Verfassung des Freistaates Bayern die Vorlagepflicht auf vorkonstitutionelle Gesetze: BayVerfGHE 10, 15 (18); zur berechtigten Kritik: *Pestalozza*, Verfassungsprozeßrecht, § 23 Rn. 54.

[133] Art. 2 Nr. 5, Art. 50 I und II 2 BayVerfGHG: »Rechtsvorschriften«; dazu BayVerfGHE 22, 136 (137); 25, 27 (35); 42, 98 (101); Art. 64 II 1 HambVerf.: »hamburgisches Gesetz oder eine im Rahmen eines solchen Gesetzes ergangene Rechtsverordnung«; Art. 133 I 1 HessVerf.: »Ein Gesetz oder eine Rechtsverordnung«. – Vgl. § 47 III VwGO und dazu *N. Panzer*, in: Schoch/Schneider/Bier, VwGO, § 47 (2016), Rn. 89f.

[134] So bereits: *H. Schäfer*, NJW 1954, 1 (2); vgl. auch *Pestalozza*, Verfassungsprozeßrecht, § 21 Rn. 1; *Detterbeck* (Fn. 53), Art. 100 Rn. 23.

[135] BVerfGE 2, 380 (388f.); 17, 172 (179f.); 23, 353 (364f.); 34, 52 (58); 55, 207 (224f.); 69, 174 (182f.). → Art. 142 Rn. 82.

[136] BVerfGE 69, 112 (116ff.); *Meyer* (Fn. 85), Art. 100 Rn. 27; *Müller-Terpitz* (Fn. 70), Art. 100 Rn. 24.

3. Durch das Bundesverfassungsgericht bei Verletzung des Grundgesetzes durch Landesrecht (Art. 100 I 2, 1. Alt. GG)

35 Art. 100 I 2, 1. Alt. GG erweitert die Vorlagepflicht an das Bundesverfassungsgericht auf Fälle der Verletzung des Grundgesetzes durch »**Landesrecht**«. Diese Variante der konkreten Normenkontrolle unterscheidet sich von der unter 1. erörterten (→ Rn. 11 ff.) nur dadurch, dass Gegenstand der Prüfung nicht ein formelles Gesetz des Bundes (→ Rn. 17), sondern des Landes ist. Der Begriff »Landesrecht« wird vom Bundesverfassungsgericht restriktiv ausgelegt und auf förmliche Gesetze beschränkt. Sinn des Art. 100 GG sei, die Überprüfung des **Gesetzgebers** beim Bundesverfassungsgericht zu konzentrieren, während die Kontrolle von Rechtsetzungsakten der **Exekutive** den Fachgerichten überlassen bleiben könne[137]. Tatsächlich wäre es unverständlich, wenn das Verwerfungsmonopol des Bundesverfassungsgerichts bei bundesrechtlichen Normen weiter reichte als bei landesrechtlichen. Dem mit Art. 100 I GG angestrebten Schutz der Autorität des Gesetzgebers entspricht die Interpretation des Begriffs »Landesrecht« in Satz 2 der Vorschrift in Übereinstimmung mit dem Begriff »Gesetz« in Satz 1, zumal auch die Entstehungsgeschichte der Vorschrift keinerlei Anhaltspunkte dafür enthält, dass der Verfassungsgeber eine differenzierende Regelung beabsichtigt hätte[138].

4. Durch das Bundesverfassungsgericht bei Unvereinbarkeit eines Landesgesetzes mit einem Bundesgesetz (Art. 100 I 2, 2. Alt. GG)

36 Auch die 2. Alt. des Art. 100 I 2 GG regelt die konkrete Normenkontrolle formeller Landesgesetze. Prüfungsmaßstab für das Bundesverfassungsgericht sind aber nicht nur formelle »Bundesgesetze«[139], sondern das **gesamte Bundesrecht**. Nach der – zutreffenden – Auffassung des Bundesverfassungsgerichts kann der Wortlaut des Art. 100 I 2, 2. Alt. GG »demgegenüber nicht ins Gewicht fallen«[140]. Entscheidend ist insofern, dass Art. 100 I 2, 2. Alt. GG der **prozessualen Umsetzung von Art. 31 GG** dient[141], der dem gesamten von Organen des Bundes gesetzten Recht jeglicher Rangstufe Vorrang vor Landesrecht jeder Stufe sichert[142].

37 Das Entscheidungsmonopol des Bundesverfassungsgerichts erstreckt sich aber nach dessen ständiger Rechtsprechung nicht auf die Frage, ob ein Landesgesetz mit einem **späteren** Bundesgesetz unvereinbar ist[143]. Zur Begründung verweist das Bundesverfassungsgericht darauf, dass ein vorlegendes Gericht in diesem Falle dem Landesgesetzgeber nicht vorwerfe, bei Schaffung seines Gesetzes übergeordnetes Bundesrecht nicht beachtet zu haben. Die Frage, ob ein **ursprünglich** insoweit nicht zu beanstandendes Landesgesetz mit Bundesrecht, das dieselbe Materie regele, nicht mehr vereinbar sei, könne jedes Gericht nach der Regel, dass früheres durch widersprechendes späteres Recht aufgehoben werde, selbst beantworten[144]. Damit wird jedoch die **Ei-**

---

[137] BVerfGE 1, 283 (292); 17, 208 (210).

[138] → Rn. 4; ebenso *Detterbeck* (Fn. 53), Art. 100 Rn. 7; *Rinken* (Fn. 56), Art. 100 Rn. 10.

[139] BVerfGE 53, 100; 60, 135; 65, 359 (360); 66, 270 (271); 67, 1 (11); 87, 95 (96).

[140] BVerfGE 1, 283 (292); in diese Richtung zuvor schon BVerfGE 1, 202 (207); *Stern*, Staatsrecht II, S. 992 f.

[141] BVerfGE 67, 1 (11); dazu auch *Bettermann*, Normenkontrolle (Fn. 57), S. 346.

[142] → Art. 31 Rn. 32, 47; *P. M. Huber*, in: Sachs, GG, Art. 31 Rn. 7 ff., insb. Rn. 10 ff.

[143] BVerfGE 10, 124 (Ls.); 60, 135 (153); 65, 359 (373); *Clemens* (Fn. 75), Art. 100 Rn. 170.

[144] BVerfGE 10, 124 (128); st. Rspr.; *Hillgruber/Goos*, Verfassungsprozessrecht (Fn. 51), Rn. 590; *Schlaich/Korioth*, Bundesverfassungsgericht, Rn. 161.

genart der Normkollision verkannt: Es handelt sich um das in **Art. 31 GG** geregelte Verhältnis zwischen Bundesrecht und Landesrecht, das **völlig unabhängig vom Zeitpunkt des Inkrafttretens** der Normen in Art. 100 I 2, 2. Alt. GG verfassungsprozessual bewältigt wird. Die **lex posterior-Regel** kann demgegenüber nur auf eine Kollision gleichrangiger Rechtsnormen Anwendung finden[145].

II. Verifikation völkerrechtlicher Normen (Art. 100 II GG)

1. Zweck

Art. 100 II GG soll gewährleisten, dass die **allgemeinen Regeln des Völkerrechts** tatsächlich beachtet werden, die nach **Art. 25 GG** nicht nur Bestandteil des Bundesrechts sind, sondern sogar den Gesetzen vorgehen und unmittelbare Rechte und Pflichten für die Bewohner des Bundesgebietes erzeugen[146]. Da Art. 25 GG nicht die Bestimmungen völkerrechtlicher Verträge als solche, sondern nur Völkergewohnheitsrecht in das Bundesrecht inkorporiert[147], besteht aus Gründen der **Rechtssicherheit** und des **Schutzes der Autorität des Bundesgesetzgebers** ein besonderes Bedürfnis nach einer autoritativen, allgemein verbindlichen und gesetzeskräftigen Entscheidung[148] über Existenz und Tragweite einer allgemeinen Völkerrechtsregel[149]. Vorrangig dient das Verfahren nach Art. 100 II GG der **Normenverifikation**. Es ersetzt im Ergebnis das Gesetzgebungsverfahren, das für die Transformation völkerrechtlicher Verträge in das deutsche Recht gemäß Art. 59 II GG erforderlich ist[150]. Nachrangig kann das Bundesverfassungsgericht im Einzelfall prüfen, ob eine allgemeine Regel des Völkerrechts nach ihrer Tragweite geeignet ist, auf innerstaatliches Recht einzuwirken[151]. Wie Absatz 1 dient damit auch Absatz 2 von Art. 100 GG dazu, im Interesse der Rechtssicherheit durch ein Entscheidungsmonopol des Bundesverfassungsgerichts divergierende Entscheidungen der Gerichte zu verhindern. Schließlich soll auch Vorsorge getroffen werden, dass Gerichte nicht allgemeine Regeln des Völkerrechts verletzen[152]. 38

---

[145] → Art. 31 Rn. 37, 46; *H. Dreier*, Einheit und Vielfalt der Verfassungsordnungen im Bundesstaat, in: K. Schmidt (Hrsg.), Vielfalt des Rechts – Einheit der Rechtsordnung?, 1994, S. 113 ff. (115 ff.); *D. Heckmann*, Geltungskraft und Geltungsverlust von Rechtsnormen, 1997, S. 305 ff.; *W. Heun*, AöR 122 (1997), 610 (616).

[146] → Art. 25 Rn. 13 ff.; BVerfGE 109, 13 (27, Rn. 48); 118, 124 (134 f., Rn. 31); *R. Hofmann*, ZaöRV 49 (1989), 41 (47); *E. Klein*, AöR 108 (1983), 410 ff. sowie ebd., 561 (586 f.); *ders.*, Die Völkerrechtsverantwortung des Bundesverfassungsgerichts, in: FS Rudolf, 2001, S. 293 ff. (294 ff.); *J. Rühmann*, Verfassungsgerichtliche Normenqualifikation, 1982, S. 57; *Hillgruber/Goos*, Verfassungsprozessrecht (Fn. 51), Rn. 644; *Schlaich/Korioth*, Bundesverfassungsgericht, Rn. 166 f.; *M. Silagi*, EuGRZ 1980, 632 (635); *H. Worm*, Die Bindungswirkung der Normenqualifikationsentscheidungen des Bundesverfassungsgerichts in völkerrechtlichen Fragen, in: FS Doehring, 1989, S. 1021 ff. (1022); *Benda/Klein/Klein*, Verfassungsprozessrecht, Rn. 916 ff.

[147] BVerfGE 94, 315 (328); *H. Steinberger*, HStR VII, § 173 Rn. 9 ff.; *C. Tomuschat*, HStR VII, § 172 Rn. 11 ff.; *W. K. Geck*, Das Bundesverfassungsgericht und die allgemeinen Regeln des Völkerrechts, in: Festgabe BVerfG, Bd. 2, S. 125 ff. (142).

[148] Siehe dazu § 31 I, II BVerfGG sowie *M. Ruffert*, JZ 2001, 633 (634 f.).

[149] BVerfGE 23, 288 (317).

[150] → Art. 59 Rn. 30; Jarass/*Pieroth*, GG, Art. 100 Rn. 33 ff.

[151] BVerfGE 23, 228 (317).

[152] BVerfGE 46, 342 (360); 64, 1 (14 f.); 109, 13 (23, Rn. 36); *Geck*, Regeln (Fn. 147), S. 142; *D. Hömig*, in: Hömig/Wolff, GG, Art. 100 Rn. 15; *M. Hartwig*, in: Umbach/Clemens, GG, Art. 100 Rn. 179.

2. Vorlagerecht und Vorlagepflicht

39 Berechtigt und verpflichtet zur Vorlage sind **nur Gerichte** (→ Rn. 14). Nicht berechtigt sind die Verfassungsorgane des Bundes, obwohl für die Exekutive wie auch für die Legislative die Frage Bedeutung gewinnen kann, ob und inwieweit sie durch eine allgemeine Regel des Völkerrechts in ihrem Handeln gebunden sind[153].

3. Verfahrensgegenstand

40 Gegenstand der Vorlage kann nicht nur die Frage nach der **Existenz**, sondern auch nach der **Tragweite** einer allgemeinen Regel des Völkerrechts sein[154]. Weitere mögliche Gegenstände sind die **Allgemeinheit** einer bestehenden Völkerrechtsregel[155] und ihr **zwingender Charakter**[156]. Auch allgemeine Regeln des Völkerrechts, die ihrem Inhalt nach nicht geeignet sind, unmittelbar Rechte und Pflichten für den Einzelnen zu erzeugen, sondern sich nur an Staaten und ihre Organe richten, fallen in die Reichweite der Vorschrift[157].

4. Zweifel

41 Die Pflicht zur Vorlage besteht nicht erst dann, wenn ein **Fachgericht selbst Zweifel** hat, ob eine allgemeine Regel des Völkerrechts besteht, sondern bereits, wenn das Gericht bei Prüfung der Frage, ob und mit welcher Tragweite eine allgemeine Regel des Völkerrechts gilt, auf **ernstzunehmende Zweifel in Rechtsprechung und Literatur** stößt[158]. Andernfalls bestünde die Gefahr divergierender Gerichtsentscheidungen, die Art. 100 II GG im Interesse der Rechtssicherheit soweit wie möglich verhindern soll[159]. Auch wären die deutschen Verfassungsorgane von der Mitwirkung an der Verifikation zweifelhafter allgemeiner Regeln des Völkerrechts regelmäßig ausgeschlossen, wenn das erkennende Gericht seine Zweifel überwindet[160]. Dementsprechend haben nicht die Fachgerichte, sondern hat ausschließlich das Bundesverfassungsgericht die Befugnis, ernstzunehmende Zweifel aufzuklären[161]. Zweifel sind dann ernst zu nehmen, wenn sie von einem Verfassungsorgan oder von anerkannten Autoren der Völkerrechtswissenschaft oder in Entscheidungen höherer deutscher, ausländischer oder internationaler Gerichte geäußert werden[162].

---

153 *G. Morgenthaler*, in: Epping/Hillgruber, GG, Art. 100 Rn. 34.

154 BVerfGE 15, 25 (31); 16, 27 (32); 23, 288 (318); 64, 1 (13); vgl. auch BVerfGE 117, 141 (146 ff., Rn. 17 ff.); 118, 146 (154 f., Rn. 78 f.); *K. Stern*, in: BK, Art. 100 (Zweitb. 1967), Rn. 244 ff.; ferner *Geck*, Regeln (Fn. 147), S. 143; *Schlaich/Korioth*, Bundesverfassungsgericht, Rn. 176.

155 BVerfGE 15, 25 (32 f.); *Benda/Klein/Klein*, Verfassungsprozessrecht, Rn. 937 ff.

156 BVerfGE 75, 1 (20); zum völkerrechtlichen ius cogens: *J.A. Frowein*, Ius Cogens, in: MPEPIL, Bd. 6, S. 443 ff.

157 BVerfGE 15, 25 (33 f.); 16, 27 (33); 46, 342 (362); 64, 1 (14); *F. Schorkopf*, in: Umbach/Clemens/Dollinger, BVerfGG, §§ 83, 84 Rn. 14.

158 BVerfGE 23, 288 (Ls. 2); vgl. *Geck*, Regeln (Fn. 147), S. 143 f.; *R. Fleury*, Verfassungsprozessrecht, 10. Aufl. 2015, Rn. 213; *Meyer* (Fn. 85), Art. 100 Rn. 33.

159 BVerfGE 64, 1 (15).

160 BVerfGE 23, 288 (Ls. 2a, 316 ff.); 64, 1 (14 f.); 75, 1 (11); 92, 277 (316); *R. Hofmann*, Zur Bedeutung von Art. 25 GG für die Praxis deutscher Behörden und Gerichte, in: FS Zeidler, Bd. 2, 1987, S. 1885 ff. (1887); *E. Klein*, AöR 108 (1983), 410 ff. sowie ebd., 561 (587).

161 BVerfGE 16, 68 (77).

162 BVerfGE 23, 288 (319); 64, 1 (15); 96, 68 (77); näher *Schlaich/Korioth*, Bundesverfassungsgericht, Rn. 172 ff.; *Pestalozza*, Verfassungsprozeßrecht, § 14 Rn. 11.

5. Entscheidungserheblichkeit

Art. 100 II GG setzt ebenso wie Abs. 1 der Vorschrift, in dessen Text die Zulässigkeitsvoraussetzung ausdrücklich erwähnt wird (→ Rn. 26 ff.), voraus, dass die allgemeine Regel des Völkerrechts für die Entscheidung des vorlegenden Gerichts **erheblich** ist[163]. Nur so lässt sich erklären, warum die erforderlichen Zweifel »in einem Rechtsstreit« auftauchen müssen[164]. 42

III. Divergenzvorlagen (Art. 100 III GG)

1. Zweck

Art. 100 III GG begründet eine **Vorlagepflicht für Landesverfassungsgerichte**, die der **Rechtseinheit** und **Rechtssicherheit** bei der Auslegung des **Grundgesetzes** dient[165]. Es soll verhindert werden, dass ein Landesverfassungsgericht das Grundgesetz anders auslegt als das Bundesverfassungsgericht oder ein anderes Landesverfassungsgericht. Aus dem Grundgesetz ergibt sich damit eindeutig, dass ungeachtet der grundsätzlich **getrennten »Verfassungsräume von Bund und Ländern«**[166] aufgrund der vielfältigen Verflechtungen und Überschneidungen[167] auch Landesverfassungsgerichte das Grundgesetz auslegen müssen. Diese Pflicht besteht vor allem insoweit, als sich Landesverfassungsgerichte zu vergewissern haben, dass das von ihnen anzuwendende Landesverfassungsrecht nicht im Widerspruch zum Grundgesetz oder zu sonstigem Bundesrecht steht[168]. Das Bundesverfassungsgericht überlässt es den Verfassungsgerichten, die vom Bestehen eines derartigen Widerspruchs überzeugt sind, ob sie nach **Art. 100 I oder III GG** vorlegen. Da beide Vorschriften nicht im Verhältnis einer lex specialis zur lex generalis stehen, können die Landesverfassungsgerichte **frei wählen**, ob sie eine Entscheidung des Bundesverfassungsgerichts über die Nichtigkeit einer Norm des Landesverfassungsrechts (Art. 100 I GG) oder eine authentische Interpretation des Grundgesetzes (Art. 100 III GG) herbeiführen[169]. 43

---

[163] BVerfGE 15, 25 (30); 18, 441 (448); 46, 342 (359); 75, 1 (12); 100, 209 (211 f., Rn. 10 f.); 117, 357 (358, Rn. 4); 121, 388 (390, Rn. 4); *Worm*, Bindungswirkung (Fn. 146), S. 1021; *Geck*, Regeln (Fn. 147), S. 145 f.

[164] *Pestalozza*, Verfassungsprozeßrecht, § 14 Rn. 12.

[165] BVerfGE 96, 345 (360); ausführlich *J. Burmeister*, Vorlagen an das Bundesverfassungsgericht nach Art. 100 Abs. 3 GG, in: Starck/Stern, Landesverfassungsgerichtsbarkeit (Fn. 128), Bd. 2, S. 399 ff. (402 ff.); *K.-G. Zierlein*, AöR 120 (1995), 205 (237); *Pestalozza*, Verfassungsprozeßrecht, § 15 Rn. 8; *S. Detterbeck*, Streitgegenstand und Entscheidungswirkungen im Öffentlichen Recht, 1995, S. 497 ff.; *Friesenhahn*, Zuständigkeitsabgrenzung (Fn. 131), S. 797; *J. Rozek*, Das Grundgesetz als Prüfungs- und Entscheidungsmaßstab der Landesverfassungsgerichte, 1993, S. 79.

[166] BVerfGE 96, 345 (368); → Art. 28 Rn. 42; *Rozek*, Grundgesetz (Fn. 165), S. 53 ff.; *Stern*, Staatsrecht III/2, S. 1505; a. A. *Burmeister*, Vorlagen (Fn. 165), S. 435 ff.

[167] → Art. 142 Rn. 69; *K.-G. Zierlein*, AöR 120 (1995), 205 (236).

[168] BayVerfGHE 26, 28 (34); HessStGH ESVGH 11, 10 (11); vgl. auch *W. Schmitt Glaeser/H.-D. Horn*, BayVBl. 1992, 673 (684); *H. Tilch*, Inhaltsgleiches Bundes- oder Landesverfassungsrecht als Prüfungsmaßstab, in: Starck/Stern, Landesverfassungsgerichtsbarkeit (Fn. 128), Bd. 2, S. 551 ff. (560).

[169] BVerfGE 36, 342 (356); vgl. dazu auch: *Müller-Terpitz* (Fn. 70), Art. 100 Rn. 32; *J. Rühmann*, in: Umbach/Clemens/Dollinger, BVerfGG, § 85 Rn. 76 ff. → Art. 142 Rn. 84 ff.

2. Vorlagerecht und Vorlagepflicht

44 Recht und Pflicht zur Vorlage treffen jedes Verfassungsgericht eines Landes. Das sind alle **Landesgerichte**, die in Verfahren zu entscheiden haben, deren prinzipaler Gegenstand ausschließlich **Verfassungsrechtsfragen** sind[170].

3. Entscheidung

45 Voraussetzung der Vorlagepflicht ist ein Abweichen von einer **Entscheidung** des Bundesverfassungsgerichts oder des Verfassungsgerichts eines anderen Landes. Zu den Entscheidungen gehören neben **Urteilen** auch **Beschlüsse** in Verfahren der Hauptsache wie auch des einstweiligen Rechtsschutzes, nicht hingegen die Beschlüsse der Kammern des Bundesverfassungsgerichts gemäß §§ 93b ff. BVerfGG[171]. Erfasst werden neben dem **Tenor** der Entscheidung auch deren **tragende Gründe**, in denen das Grundgesetz ausgelegt wird[172]; **obiter dicta** sind dagegen im Sinne von Art. 100 III GG selbst dann nicht Teil der Entscheidung, wenn ihnen das Bundesverfassungsgericht Bindungswirkung zumessen will[173]; ob eine Aussage des Bundesverfassungsgerichts zu den tragenden Entscheidungsgründen gehört, ist objektiv zu bestimmen und kann vom Bundesverfassungsgericht nicht nach eigenem Willen festgelegt werden.

4. Abweichung bei der Auslegung des Grundgesetzes

46 Art. 100 III GG greift nur ein, wenn das Verfassungsgericht eines Landes das Grundgesetz anders auslegen will als das Bundesverfassungsgericht oder ein anderes Landesverfassungsgericht[174]. Eine Abweichung liegt nicht vor, wenn das gleiche Ergebnis der Auslegung des Grundgesetzes nur anders begründet wird[175]. Gegenstand der Abweichung muss die **Auslegung des Grundgesetzes**, nicht einer anderen Norm des Bundes- oder Landesrechts sein. Praktisch relevant ist insofern die Frage, ob eine vorlagepflichtige Abweichung auch dann anzunehmen ist, wenn das Verfassungsgericht eines Landes ein **Grundrecht der Landesverfassung** anders auslegen will, als das Bundesverfassungsgericht ein **gleichartiges Grundrecht des Grundgesetzes** ausgelegt hat. Das **Bundesverfassungsgericht** hat 1997 die Frage ausdrücklich offen gelassen, ob es sich in diesem Fall um die mehrfache Gewährleistung ein und desselben Grundrechts[176] oder um »mehrere Grundrechte handelt, die auf der Ebene des Grundgesetzes und der jeweiligen Landesverfassung nebeneinander gelten«[177]. Das Gericht betont auch, dass die **Verfassungsbereiche des Bundes und der Länder** im föderativ gestalteten Bundes-

---

[170] *Sieckmann* (Fn. 75), Art. 100 Rn. 82; *Rühmann* (Fn. 169), § 85 Rn. 16; *Stern* (Fn. 154), Art. 100 Rn. 288.

[171] *H. Bethge*, in: Maunz/Schmidt-Bleibtreu/Klein/Bethge, BVerfGG, § 85 (2015), Rn. 49; *Rühmann* (Fn. 169), § 85 Rn. 41 f.; differenzierend *Clemens* (Fn. 75), Art. 100 Rn. 220 f.; *Sieckmann* (Fn. 75), Art. 100 Rn. 85.

[172] BVerfGE 3, 261 (264 f.); 36, 342 (356 f.); *Rühmann* (Fn. 169), § 85 Rn. 44; *Schlaich/Korioth*, Bundesverfassungsgericht, Rn. 186.

[173] Zweifelnd *Schlaich/Korioth*, Bundesverfassungsgericht, Rn. 186; *Rühmann* (Fn. 169), § 85 Rn. 45.

[174] Zu potentiellen Vorlagefällen: *Burmeister*, Vorlagen (Fn. 165), S. 423 ff.; *Rühmann* (Fn. 169), § 85 Rn. 48 ff.

[175] *Rühmann* (Fn. 169), § 85 Rn. 56.

[176] So BVerfGE 22, 267 (271).

[177] So *J. Dietlein*, Die Grundrechte in den Verfassungen der neuen Bundesländer, 1993, S. 13 f.; *ders.*, NVwZ 1994, 6 (7 f.); ausführlich zum Meinungsstand: → Art. 142 Rn. 41 ff.

staat des Grundgesetzes **grundsätzlich selbständig** nebeneinander stehen[178]. Dennoch muss nach der Entscheidung »die Anwendung dieser – inhaltsgleichen – Grundrechte im konkreten Fall zu demselben Ergebnis führen«[179].

Ob ein in einer Landesverfassung gewährleistetes Grundrecht inhaltsgleich mit dem 47 entsprechenden Grundrecht des Grundgesetzes ist, kann und muss das Verfassungsgericht des Landes nach Auffassung des Bundesverfassungsgerichts durch Anwendung des Grundgesetzes auf den von ihm zu entscheidenden Fall prüfen[180]. Dabei soll das Landesverfassungsgericht das Grundgesetz unter Bindung an die Rechtsprechung des Bundesverfassungsgerichts gemäß § 31 BVerfGG auslegen oder die Auslegungsfrage dem Bundesverfassungsgericht vorlegen[181]. Dahinter steht die von Burmeister dargelegte Vorstellung von dem »**identischen verfassungsgesetzlichen Befehl**« beider Grundrechte[182], der angeblich dazu führt, dass auch dann das Grundgesetz im Sinne von Art. 100 III GG ausgelegt wird, »wenn das Landesverfassungsgericht eine landesrechtliche Norm auslegt und dabei von der Interpretation einer inhaltsgleichen Norm des Grundgesetzes durch das Bundesverfassungsgericht (oder eines anderen Landesverfassungsgerichts) abweichen will«[183].

Diese Konstruktion hat aus der **Sicht des Bundesverfassungsgerichts** sicherlich den 48 Vorzug, dass sie eine **Verlagerung** eines Teils der eigenen **Verfahrenslast** auf die Verfassungsgerichte der Länder erlaubt[184], ohne dass seine Interpretationshoheit bezüglich der Grundrechtsgehalte geschmälert würde. Aus der **Sicht der Verfassungsgerichte** der Länder ist hingegen eine »**Gleichschaltung**« zu befürchten[185], sie drohen als »dislozierte Kammern« des Bundesverfassungsgerichts »unter Karlsruher Kuratel« zu geraten[186]. Letztlich vermag auch das berechtigte Bemühen des Bundesverfassungsgerichts um Entlastung (→ Art. 93 Rn. 47 ff.) dogmatische Konstruktionen nicht zu rechtfertigen, die partiell die Eigenständigkeit der Verfassungsordnungen der Länder beseitigen und damit ein wesentliches Merkmal ihrer Staatlichkeit schwächen.

5. Entscheidungserheblichkeit

Recht und Pflicht zur Vorlage bestehen wie insgesamt bei Art. 100 GG nur, wenn die 49 abweichende Auslegung des Grundgesetzes **tragender Grund** der von dem Verfassungsgericht des Landes beabsichtigten Entscheidung werden soll. Das ist der Fall, wenn die zu treffende Entscheidung infolge der abweichenden Rechtsauffassung des

---

178 BVerfGE 96, 345 (368).

179 BVerfGE 96, 345 (367).

180 BVerfGE 96, 345 (373 f.) unter Verweis auf *H. v. Olshausen*, Landesverfassungsbeschwerde und Bundesrecht, 1980, S. 119 und *D. Grimm*, Verfassungsrecht, in: D. Grimm/H.-J. Papier (Hrsg.), Nordrhein-Westfälisches Staats- und Verwaltungsrecht, 1986, S. 1 ff. (53).

181 BVerfGE 96, 345 (374) unter Bezug auf E 69, 112 (117); BerlVerfGH NJW 1993, 513 (514); *Burmeister*, Vorlagen (Fn. 165), S. 430 f.; *Schlaich/Korioth*, Bundesverfassungsgericht, Rn. 350; *K.-G. Zierlein*, AöR 120 (1995), 205 (240 f.). – Diese Zitate vermögen die Ansicht des Gerichts freilich nicht zu stützen: *F. Wittreck*, DÖV 1999, 634 (641).

182 *Burmeister*, Vorlagen (Fn. 165), S. 430.

183 *K.-G. Zierlein*, AöR 120 (1995), 205 (240 f.).

184 BVerfGE 96, 345 (374) spricht in diesem Zusammenhang von einer »Verstärkung des grundrechtlichen Rechtsschutzes«.

185 *K. Lange*, NJW 1998, 1278 (1280 f.).

186 → Art. 142 Rn. 77; *H. Dreier*, Grundrechtsschutz durch Landesverfassungsgerichte, 2000, S. 28, 34 ff.; ferner: *K.-E. Hain*, JZ 1998, 620 (621); *Huber* (Rn. 142), Art. 142 Rn. 14 ff.; *P. Tiedemann*, DÖV 1999, 200 (202); *F. Wittreck*, DÖV 1999, 634 (641 f.).

Landesverfassungsgerichts anders ausfallen würde als auf der Grundlage der Rechtsansicht des Gerichts, von dessen Entscheidung abgewichen werden soll[187]. Die Entscheidungserheblichkeit überprüft das Bundesverfassungsgericht im Rahmen von Art. 100 III GG nicht, sondern folgt der Rechtsauffassung des vorlegenden Landesverfassungsgerichts als obersten Verfassungsorgans innerhalb der Verfassungsordnung des Landes[188].

D. Verhältnis zu anderen GG-Bestimmungen

50 Art. 100 GG steht im Zusammenhang mit den verfassungsrechtlichen Normierungen der Zuständigkeiten des Bundesverfassungsgerichts in **Art. 93 GG** und den Bestimmungen zur Organisation und Verfahren des Gerichts in **Art. 94 GG**. Ein enger Konnex besteht ferner mit den bundesstaatlichen Rangordnungsnormen: Art. 100 I 2, 2. Alt. GG korrespondiert mit **Art. 31 GG** (→ Rn. 36 f.; → Art. 31 Rn. 46), Art. 100 III GG knüpft an **Art. 142 GG** an, wonach den Grundrechten des Grundgesetzes inhaltsgleiche Grundrechtsgewährleistungen in Landesverfassungen in Kraft bleiben (→ Rn. 46; → Art. 142 Rn. 37 ff., 75). Art. 100 II GG dient schließlich der verfassungsprozessualen Umsetzung von **Art. 25 GG** (→ Rn. 38; → Art. 25 Rn. 14). Verstöße gegen die in Art. 100 GG begründeten Vorlagepflichten verletzen die Garantie des gesetzlichen Richters in **Art. 101 I 2 GG**, wenn sie auf Willkür beruhen[189].

---

[187] BVerfGE 18, 407 (413); 96, 345 (359); anders *Clemens* (Fn. 75), Art. 100 Rn. 224.

[188] BVerfGE 36, 342 (356 f.); 96, 345 (359); st. Rspr.

[189] BVerfGE 19, 38 (42 f.); 64, 1 (20 f.); 73, 339 (366 ff.); 82, 159 (192 ff.); *M. Rodi*, DÖV 1989, 750 ff.; *Rühmann* (Fn. 169), § 85 Rn. 82; *Schorkopf* (Fn. 157), §§ 83, 84 Rn. 31. → Rn. 6; → Art. 101 Rn. 61 f.

Artikel 101 [Recht auf den gesetzlichen Richter]

(1) [1]Ausnahmegerichte sind unzulässig. [2]Niemand darf seinem gesetzlichen Richter entzogen werden.

(2) Gerichte für besondere Sachgebiete können nur durch Gesetz errichtet werden.

Literaturauswahl

Bohn, Kerstin: Der gesetzliche Richter als rechtsstaatstragendes Prinzip in europäischen Staaten, 2011.

Britz, Gabriele: Das Grundrecht auf den gesetzlichen Richter in der Rechtsprechung des BVerfG, in: JA 2001, S. 573–578.

Britz, Gabriele: Verfassungsrechtliche Effektuierung des Vorabentscheidungsverfahrens, in: NJW 2012, S. 1313–1317.

Calliess, Christian: Der EuGH als gesetzlicher Richter im Sinne des Grundgesetzes, in: NJW 2013, S. 1905–1910.

Degenhart, Christoph: Gerichtsorganisation, in: HStR[3] V, § 114, S. 725–760.

Fastenrath, Ulrich: Der Europäische Gerichtshof als gesetzlicher Richter, in: Festschrift für Georg Ress, 2005, S. 461–484.

Henkel, Joachim: Der gesetzliche Richter, Diss. jur. Göttingen 1968.

Höfling, Wolfram/Roth, Thomas: Ungesetzliche Bundesverfassungsrichter?, in: DÖV 1997, S. 67–72.

Horn, Hans-Detlef: Verbot von Ausnahmegerichten und Anspruch auf den gesetzlichen Richter, in: HGR V, § 132, S. 1271–1323.

Kern, Eduard: Der gesetzliche Richter, 1927.

Kissel, Otto Rudolf/Mayer, Herbert: Gerichtsverfassungsgesetz, 8. Aufl. 2015.

Klenke, Reinhard: Vorbefassung von Richterinnen und Richtern mit dem Rechtsstreit als Ansatzpunkt für Befangenheit?, in: DÖV 1998, S. 155–157.

Leisner, Walter: »Gesetzlicher Richter« – vom Vorsitzenden bestimmt?, in: NJW 1995, S. 285–289.

Marx, Erwin: Der gesetzliche Richter im Sinne von Art. 101 Abs. 1 Satz 2 Grundgesetz, 1969.

Müßig, Ulrike: Recht und Justizhoheit. Der gesetzliche Richter im historischen Vergleich von der Kanonistik bis zur Europäischen Menschenrechtskonvention, unter besonderer Berücksichtigung der Rechtsentwicklung in Deutschland, England und Frankreich, 2. Aufl. 2009.

Otto, Martin: Grundfälle zu den Justizgrundrechten: Art. 101 I 2 GG – Das Recht auf den gesetzlichen Richter, in: JuS 2012, S. 21–26.

Pechstein, Matthias: Der gesetzliche Richter, in: Jura 1998, S. 197–202.

Reichl, Ulrich: Probleme des gesetzlichen Richters in der Verwaltungsgerichtsbarkeit, 1994.

Remus, Dieter: Präsidialverfassung und gesetzlicher Richter, 2008.

Roth, Thomas: Das Grundrecht auf den gesetzlichen Richter, 2000.

Roth, Wolfgang: Verfassungsgerichtliche Kontrolle der Vorlagepflicht an den EuGH, in: NVwZ 2009, S. 345–352.

Sangmeister, Bernd: Grundrechtsschutz durch Grundrechtsentziehung?, in: NJW 1998, S. 721–730.

Schröder, Meinhard: Die Vorlagepflicht zum EuGH aus europarechtlicher und nationaler Perspektive, in: EuR 2011, S. 808–827.

Schütter, Friedrich: Neuere Rechtsprechung des Bundesverfassungsgerichts zum Verstoß gegen das Recht auf den gesetzlichen Richter bei Nichtvorlage an den EuGH, in: Yvonne Becker/Friederike Valerie Lange (Hrsg.), Linien der Rechtsprechung des Bundesverfassungsgerichts, Band 3, 2014, S. 365–387.

Sowada, Christoph: Der gesetzliche Richter im Strafverfahren, 2002.

Voßen, Nicole: Die Rechtsprechung des Bundesverfassungsgerichts zur Rechtsweggarantie des Art. 19 Abs. 4 GG, den Verfahrensgarantien nach Art. 101 Abs. 1 Satz 2 GG, Art. 103 Abs. 1 GG und zum Prozeßrecht der Fachgerichte, 2002.

Voßkuhle, Andreas: Rechtsschutz gegen den Richter, 1993.

Wichard, Johannes Christian: Prinzip des gesetzlichen Richters im Verfahrensrecht des EuGH?, in: EuR 1995, S. 260–267.

Wolff, Daniel: Willkür und Offensichtlichkeit. Die verfassungsgerichtliche Prüfung einer Verletzung von Art. 101 Abs. 1 S. 2 GG i. V. m. Art. 267 Abs. 3 AEUV, in: AöR 141 (2016), S. 40–105.

Leitentscheidungen des Bundesverfassungsgerichts

BVerfGE 17, 294 (298ff.) – Geschäftsverteilungsplan; 19, 52 (56ff.) – Überbesetzung; 40, 268 (270ff.) – Vorbefasster Richter; 82, 286 (298ff.) – Amtszeit eines Verfassungsrichters; 87, 282 (284ff.) – Vorlagepflicht; 95, 322 (327ff.) – Spruchgruppen; 135, 155 (230ff., Rn. 176ff.) – Filmförderungsanstalt.

Gliederung

Stichwörter

A. Herkunft, Entstehung, Entwicklung

I. Ideen- und verfassungsgeschichtliche Aspekte

Die **Idee des gesetzlichen Richters** und damit auch das Verbot von Ausnahmegerichten wenden sich **gegen** die traditionellen Erscheinungsformen der »Machtsprüche« aufgrund der »**Kabinettsjustiz**«[1], d.h. des »An-sich-Ziehens« einer Streitsache durch den Landesherrn bzw. die Exekutive. Die erste Formulierung des Satzes »Niemand darf seinem gesetzlichen Richter entzogen werden« findet sich in Kap. V Art. 4 der franzö- 1

[1] Vgl. *W. Ogris*, Art. Kabinettsjustiz, in: HRG II, Sp. 515ff.; *Willoweit*, Verfassungsgeschichte, § 23 Rn. 5f.; zu Ausnahmegerichten als Instrumenten kabinettsjustizieller Willkür *U. Seif*, Art. Ausnahmegerichte, in: HRG² I, Sp. 378f.; zsfssd. *K. Bohn*, Der gesetzliche Richter als rechtsstaatstragendes Prinzip in europäischen Staaten, 2011, S. 42ff.; ausf. am Beispiel Preußens *C. Sowada*, Der gesetzliche Richter im Strafverfahren, 2002, S. 33ff.; *E. Kern*, Der gesetzliche Richter, 1927, S. 56ff.; s. auch BVerfGE 4, 412 (416).

sischen Verfassung von 1791[2], doch war dieses nur ein »Meisterwerk gesetzlicher Abstraktion«[3] von jahrhundertelangen Entwicklungstendenzen und Bemühungen.

2 Solche Entwicklungen lassen sich vielleicht bis zur römischen und germanischen Zeit zurückverfolgen[4], etwa in der sullanischen Gerichtsreform, nach der die Geschworenen auf möglichst unparteiische Weise ausgewählt werden sollten, oder im germanischen Recht die durchgängig praktizierte Teilung zwischen Richtern und Urteilern. Hinzu kommen Grundlegungen im Kanonischen Recht[5] oder als ergänzende Wurzeln in **England** etwa die schon in der Magna Charta von 1215 enthaltene Zusicherung, nur durch Standesgenossen als Richter abgeurteilt zu werden, zu denen in der Durchsetzung der Herrschaft des Rechts (rule of law) z.B. das Verbot von Ausnahmegerichten (Petition of Right, 1628), die Forderung nach ordnungsgemäßer Bestellung von Geschworenen und der Ausschluss außerordentlicher Gerichte (Bill of Rights, 1689) sowie die Unabhängigkeit der Richter (Act of Settlement, 1701) hinzutraten, ohne dass darin schon unsere heutige Garantie des gesetzlich zuständigen Richters gesehen werden könnte[6].

3 In **Frankreich** entfaltete sich der Schutz gegenüber dem absolutistischen Zentralismus im Gegensatz von ständischem Justizamt (office) und Justizkommissionen im königlichen Auftrag (commission) und führte zur Forderung des Rechts auf den gleichen Richter[7], und zwar in Diskontinuität zu ständischen Privilegien. Auch hier verlieh erst der Kampf der Aufklärung und des Liberalismus gegen den Absolutismus und seine Willkür der Verwirklichung dieser Gedanken die nötige Durchschlagskraft: In der französischen Vorrevolution als Recht eines jeden Bürgers auf seinen natürlichen Richter (als Gegenbegriff zu den königlichen Spezialkommissionen) formuliert, fand er als Recht auf den gesetzlichen Richter Eingang in die auf den Gedanken der Volkssouveränität gegründeten Verfassungen seit 1791, aber auch in die Charte Constitutionelle von 1814. Nach der Revolution von 1830 entfaltete ihre Konstitutionalisierung über die belgische Verfassung von 1831 vorbildgebende Kraft in ganz Europa, etwa in Spanien, Sardinien, Schweden, in der Türkei, aber auch in Japan[8].

4 Auch in **Deutschland** gründet die rechtsstaatliche Idee des gesetzlichen Richters in vielfältigen älteren Wurzeln, etwa der reichskammergerichtlichen Abwehr gegen Eingriffe des Kaisers mittels Reichshofrat, der Auffassung der Reichsstände von der Bindung der kaiserlichen Justizhoheit durch und an die Reichsgrundgesetze, der Abwehr von Umgehungen ständischer Justizämter durch landesherrliche Kommissionen, der ständischen und der aufgeklärten Kritik an Machtsprüchen des Monarchen[9]. Die liberale Verfassungsbewegung kann an ältere Traditionen des Verzichts auf Eingriffe in

---

[2] S. näher *Kern*, Richter (Fn. 1), S. 31; ferner *E. Marx*, Der gesetzliche Richter im Sinne von Art. 101 Abs. 1 Satz 2 Grundgesetz, 1969, S. 129ff.

[3] *Marx*, Richter (Fn. 2), S. 129.

[4] *D. Oehler*, ZStW 64 (1952), 292 (297f.).

[5] *U. Müßig*, Gesetzlicher Richter ohne Rechtsstaat?, 2007, S. 14f.

[6] Ausf. *U. Müßig*, Recht und Justizhoheit, 2. Aufl. 2009, S. 151ff., 195ff., passim; *dies.*, Der Staat 42 (2003), 110 (120ff.); *dies.*, Richter (Fn. 5), S. 15ff.; s. schon *Kern*, Richter (Fn. 1), S. 11ff.

[7] Zsfssd. *D. Remus*, Präsidialverfassung und gesetzlicher Richter, 2008, S. 28ff.; ausf. *Müßig*, Recht (Fn. 6), S. 81ff.; *dies.*, Richter (Fn. 5), S. 21ff.; *dies.*, Der Staat 42 (2003), 110 (112ff.); *Kern*, Richter (Fn. 1), S. 28ff.

[8] *Kern*, Richter (Fn. 1), S. 43ff., 146ff.

[9] Ausf. *Müßig*, Recht (Fn. 6), S. 214ff., 220ff., 226ff.; *dies.*, Richter (Fn. 5), S. 27ff.; *dies.*, Der Staat 42 (2003), 110 (124ff.); s. auch *H.-D. Horn*, HGR V, § 132 Rn. 15; *F. Wittreck*, Die Verwaltung der Dritten Gewalt, 2006, S. 41ff.

Justizsachen durch die preußischen Herrscher zugunsten ständischer Interessen anknüpfen[10], ehe die Idee des gesetzlichen Richters als eine **Ausprägung der Rechtsstaatlichkeit** (→ Art. 20 [Rechtsstaat], Rn. 39) verstanden und deshalb als Verfassungsrechtssatz in die meisten Landesverfassungen des 19. Jahrhunderts aufgenommen wurde[11]. Nach dem Vorbild von Art. 62 der Charte Constitutionelle (1814) formulierten erstmals § 2 des Nassau-Patents (1814), dann alle Verfassungen des süddeutschen Frühkonstitutionalismus entsprechend (IV. Titel § 8 S. 2 Verf. Bayern 1818, II § 15 S. 1 Verf. Baden 1818, § 26 Verf. Württemberg 1819)[12]. Zunächst als landesherrliche Gewährleistung eher ohne großen Schutzgehalt, aktualisierten die Metternichsche Restauration und ihre Justizwillkür bei der »Demagogenverfolgung« die Schutzrichtung dieser Forderung gegen kabinettsjustitielle Missstände – die Forderung nach dem gesetzlichen Richter wurde zu einem Kristallisationspunkt für eine Entfaltung des Rechtsstaatsgedankens[13]. Sie fand in Deutschland ihren Niederschlag ebenso in Art. X § 175 II der **Paulskirchenverfassung** von 1849 wie in Art. 7 I der rev. preußischen Verfassung von 1850[14], später reichsweit in § 16 S. 2 GVG 1877[15], der vor dem Hintergrund fehlender Grundrechte und Justizbestimmungen in der Reichsverfassung von 1871 den materiellen Verfassungscharakter der Reichsjustizgesetze (→ Vorb. Rn. 15) unterstreicht. Erstmals garantierten die §§ 62, 63 GVG 1877, dass die Geschäftsverteilung und Spruchkörperbesetzung Sache der Gerichtspräsidien selbst ist[16], auch wenn die gerichtsinterne Schutzrichtung damals noch nicht als Erweiterung der Garantie des gesetzlichen Richters erkannt wurde. Die verfassungstextliche Garantie des gesetzlichen Richters fand nahezu wortgleich eine Fortsetzung in **Art. 105 S. 1 und 2 WRV**, nun aber auch mit Gültigkeit für Sondergerichte und für den Gesetzgeber[17].

Das speziell hervorgehobene Verbot von Sondergerichten ohne abstrakt-generelle 5
parlamentsgesetzliche Grundlage (Art. 101 II GG) spiegelt auch die Erfahrungen der Rolle der **Justiz in der NS-Zeit**[18], nachdem Sondergerichte schon unter Geltung von Art. 105 WRV weitgehend[19] abgeschafft worden waren: Nach 1933 wurde nicht nur der Grundsatz des gesetzlichen Richters vielfältig durchbrochen und die Geschäftsverteilung den Gerichtspräsidenten als weisungsgebundenen Funktionären übertragen[20], sondern es wurden aufgrund einer Blankettermächtigung beliebige Sondergerichte – vor allem in der Strafjustiz – errichtet, um »die Gegner des Dritten Reiches,

[10] *Müßig*, Recht (Fn. 6), S. 240ff.

[11] Vgl. BVerfGE 4, 412 (416); *Sowada*, Richter (Fn. 1), S. 55ff.; *T. Maunz*, in: Maunz/Dürig, GG, Art. 101 (1971), Rn. 1.

[12] So *Müßig*, Recht (Fn. 6), S. 257ff. m.w.N. späterer Verfassungen; s. auch *T. Roth*, Das Grundrecht auf den gesetzlichen Richter, 2000, S. 21f.; *R. Wassermann*, in: AK-GG, Art. 101 (2001), Rn. 1.

[13] *H.-D. Horn*, HGR V, § 132 Rn. 16; *Müßig*, Recht (Fn. 6), S. 264ff., 271ff., 298ff.

[14] Ausf. *Müßig*, Recht (Fn. 6), S. 307ff.

[15] *Müßig*, Recht (Fn. 6), S. 320ff.; *Remus*, Präsidialverfassung (Fn. 7), S. 81ff.

[16] *Müßig*, Recht (Fn. 6), S. 316ff.; s. auch *Kern*, Richter (Fn. 1), S. 132ff.; *B. Sangmeister*, NJW 1995, 289 (290).

[17] Vgl. näher *Gusy*, Reichsverfassung, S. 197; ausf. *M. Hug*, Strafrechtliche Sondergerichtsbarkeiten in Deutschland 1918–1932, Diss. jur. Heidelberg 1976, S. 63ff.; *Kern*, Richter (Fn. 1), S. 154ff.

[18] Dazu *Wassermann* (Fn. 12), Art. 101 Rn. 2; ausf. *L. Gruchmann*, Justiz im Dritten Reich 1933–1940, 1988, S. 946ff., passim.

[19] Vgl. *Wassermann* (Fn. 12), Art. 101 Rn. 3; übersichtlich *Hug*, Sondergerichtsbarkeiten (Fn. 17), S. 5ff., 84ff.

[20] Vgl. *A. Jaeger*, Der Richter, 1939, S. 95f.; *A. Wagner*, Die Umgestaltung der Gerichtsverfassung und des Verfahrens- und Richterrechts im nationalsozialistischen Staat, in: Die deutsche Justiz und der Nationalsozialismus, 1968, S. 189ff. (206ff.).

hauptsächlich Kommunisten und Sozialdemokraten, […] vollständig auszurotten«[21]; auf diese Sondergerichte verlagerten sich die Schwerpunkte der Strafgerichtsbarkeit immer mehr[22]. Mit seiner exzessiven Urteilspraxis hat das Sondergericht »Volksgerichtshof« in den Jahren des Zweiten Weltkriegs den Charakter eines Gerichts aufgegeben[23].

6 Die politische Instrumentalisierung der **Justiz** hatte auch **in der DDR** eine verengte Auslegung des in Art. 101 der DDR-Verfassung von 1974 niedergelegten Prinzips des »gesetzlichen Richters« zur Folge. Es wurde lediglich so verstanden, dass Rechtsprechung nur von den dazu für den konkreten Fall bevollmächtigten Personen ausgeübt werden durfte[24]; im Übrigen waren Wahl- und Mehrfachzuständigkeiten ebenso häufig vorgesehen wie die Zusammensetzung des Gerichts ad hoc beeinflusst werden konnte[25].

II. Entstehung und Veränderung der Norm

7 Art. 101 GG übernahm nahezu wörtlich **Art. 131 HChE**, der wiederum auf Art. 105 WRV zurückging. Inhalt und Formulierung waren im Parlamentarischen Rat unumstritten[26]. Art. 101 GG ist bislang nicht geändert worden.

B. Internationale, supranationale und rechtsvergleichende Bezüge

I. Internationale Aspekte

8 Das Recht auf den gesetzlichen Richter erscheint als zentrales **Element der Rechtsstaatlichkeit** zunehmend auch in internationalen Konventionen. So hat nach Art. 14 I 2 IPbpR für straf- und zivilrechtliche Streitigkeiten »jedermann« einen Anspruch darauf, dass das entscheidende Gericht »auf Gesetz beruht«; in ähnlicher Weise fordern Art. 6 I EMRK[27] oder Art. 8 I AMRK auf Gesetz beruhende Gerichte, auch wenn man diesen Normen nicht den Gedanken entnehmen kann, dass jeder einzelne Richter für jede einzelne Sache genau vorherbestimmt sein muss. Die Forderung nach der Gesetzlichkeit des Gerichts entfaltet keine gerichtsinterne Schutzwirkung, sondern richtet sich gegen die Einsetzung von Gerichten nach Ermessen der Exekutive und formuliert

---

[21] *W. Idel*, Die Sondergerichte für politische Strafsachen, Diss. jur. Freiburg 1935, S. 39; s. auch *I. Müller*, Furchtbare Juristen, 1989, S. 158ff.; *Remus*, Präsidialverfassung (Fn. 7), S. 104ff., 108ff.

[22] *Wassermann* (Fn. 12), Art. 101 Rn. 5; ausf. zum Beispiel Berliner Sondergerichte *B. Schimmler*, Recht ohne Gerechtigkeit. Zur Tätigkeit der Berliner Sondergerichte im Nationalsozialismus, 1984; zum Beispiel des Sondergerichts Hannover *W.-D. Mechler*, Kriegsalltag an der »Heimatfront«, 1997, mit einem Nachweis des Forschungsstandes und der Vielzahl von Einzelstudien, ebd. S. 20ff.; zum Beispiel des Sondergerichts Freiburg *M.P. Hensle*, Die Todesurteile des Sondergerichts Freiburg 1940–1945, 1996; s. auch *D. Leuze*, in: Friauf/Höfling, GG, Art. 101 (2009), Rn. 44.

[23] *Wassermann* (Fn. 12), Art. 101 Rn. 5; vgl. *K. Marxen*, Das Volk und sein Gerichtshof, 1994, S. 79ff.

[24] Vgl. *A. Baer*, Die Unabhängigkeit der Richter in der Bundesrepublik Deutschland und in der DDR, 1999, S. 151ff.; *H. Roggemann*, Gutachterliche Stellungnahme – Lenkungsmechanismen der DDR-Justiz, insbesondere im Hinblick auf die Richter und Staatsanwälte in den siebziger Jahren, in: H. Rottleuthner (Hrsg.), Das Havemann-Verfahren, 1999, S. 209ff. (232ff.).

[25] *Baer*, Unabhängigkeit (Fn. 24), S. 154ff.; *Roggemann*, Stellungnahme (Fn. 24), S. 233f., 243f.

[26] Vgl. JöR 1 (1951), S. 739; ferner *Wassermann* (Fn. 12), Art. 101 Rn. 6.

[27] Ausf. *Müßig*, Richter (Fn. 5), S. 34ff.

für die EMRK einen europäischen Konsens gegen Ausnahmegerichte[28]. Konventionsgemäß sind nur Gerichte, die im Voraus durch Parlamentsgesetz, bei parlamentsgesetzlicher Ermächtigung durch materielles Gesetz oder durch common-law-Richterrecht etabliert worden sind[29]. Für Art. 6 I EMRK fordert der EGMR mittlerweile, dass sich die personelle Zusammensetzung eines Gerichts aus dem Gesetz ergeben muss[30]. Dementsprechend fordert auch Art. 19 I der Erklärung der Grundrechte und Grundfreiheiten des Europäischen Parlaments vom 12.04.1989[31] den gesetzlichen Richter als gemeineuropäischen Standard. Er gilt auch für den EGMR als Konventionsorgan selbst[32].

II. Der gesetzliche Richter und das europäische Recht

Dem geschriebenen **europäischen Primärrecht** lässt sich ein Prinzip des gesetzlichen Richters nicht ausdrücklich, sondern **allenfalls indirekt** und punktuell entnehmen, insoweit Art. 253 AEUV die Ernennung und Amtszeit der Richter des EuGH teilweise präzisiert. Diese dürre Textgrundlage ist nur Symptom fehlender Sensibilisierung für das Prinzip des gesetzlichen Richters[33]. Beim EuGH gibt es keinen Geschäftsverteilungsplan für eine Verteilung der Rechtssachen auf die einzelnen Kammern. Bei einer Überbesetzung der Kammern konnte der Kammerpräsident bis 1995 die Richter auswählen; entsprechende verfahrensrechtliche Rügen der Bundesregierung unter Hinweis auf die weit strengeren Erfordernisse der Vorherbestimmtheit nach deutschem Verfassungsrecht (→ Rn. 43ff., 50ff.) sind vom EuGH ohne Problembewusstsein unter Hinweis auf die interne Organisationshoheit des EuGH zurückgewiesen worden[34]. Im Blick auf den gesetzlichen Richter problematisch erscheint auch der Spielraum des Gerichts bei der Bestimmung der entscheidenden Richter, insofern nach Art. 17 II der Satzung des EuGH schon 17 Richter für eine Plenumsentscheidung ausreichen[35]. Auch Art. 47 II 1 GRCh weist nicht darüber hinaus[36]. Kaum anders liegt es beim EuG: Nach Art. 25 I der Verfahrensordnung des EuG[37] legt das Gericht – nach Art. 25 II zu veröffentlichende – Kriterien für die Verteilung der Rechtssachen (nur) auf die Kammern 9

[28] *Müßig*, Recht (Fn. 6), S. 408ff., 415ff. m.w.N.; s. auch *Müßig*, Richter (Fn. 5), S. 34ff., 62ff.

[29] Ausf. *Müßig*, Recht (Fn. 6), S. 370ff.; *M.E. Villiger*, Handbuch der Europäischen Menschenrechtskonvention (EMRK), 2. Aufl. 1999, Rn. 413f.

[30] EGMR, 28.11.2002, Beschwerde Nr. 58442/00, Rn. 114 – *Lavents*; noch offenlassend EGMR, 01.10.1982, EuGRZ 1985, 301 (304 – Ziff. 33) – *Piersack*; s. auch *H.-D. Horn*, HGR V, § 132 Rn. 56; *Müßig*, Richter (Fn. 5), S. 62ff.; Frowein/*Peukert*, EMRK, Art. 6 Rn. 201; *E. Träger*, Der gesetzliche Richter, in: FS Zeidler, 1987, S. 124ff. (137ff.).

[31] Abgedruckt in: EuGRZ 1989, 204ff.

[32] *Müßig*, Recht (Fn. 6), S. 428ff.

[33] Vgl. *C. Nowak*, Recht auf effektiven Rechtsschutz, in: S.M. Heselhaus/C. Nowak (Hrsg.), Handbuch der Europäischen Grundrechte, 2006, § 51 Rn. 49ff.; *J.C. Wichard*, EuR 1995, 260 (262); s. auch *J. Gundel*, Justiz- und Verfahrensgrundrechte, in: Ehlers, Europäische Grundrechte, § 27 Rn. 34; symptomatisch die vollständige »Fehlanzeige« bei *H.-W. Rengeling*, Grundrechtsschutz in der Europäischen Gemeinschaft, 1993.

[34] EuGH v. 04.05.1995, C-7/94, Rn. 13ff. – *Gaal*; krit. *J.C. Wichard*, EuR 1995, 260ff.

[35] Vgl. schon *J.C. Wichard*, EuR 1995, 260 (260); *P. Grzybek*, Prozessuale Grundrechte im Europäischen Gemeinschaftsrecht, 1993, S. 79f.

[36] *H.D. Jarass*, GRCh, Art. 47 Rn. 18; *K. Grupp*, in: Stern/Becker, Grundrechte, Art. 101 Rn. 44; *H.-U. Paeffgen*, ZStW 118 (2006), 275 (288); positiver *H.W. Rengeling/P. Szczekalla*, Grundrechte in der Europäischen Union, 2004, Rn. 1158ff.

[37] ABl. v. 23.04.2015, L 105.

fest, nicht aber innerhalb der Spruchkörper; im Übrigen haben die jeweiligen Gerichts- oder Kammerpräsidenten die Vorhand bei der Zuweisung[38].

10 Soweit jetzt Art. 6 II EUV der EU eine Achtung der EMRK und damit auch des Prinzips des gesetzlichen Richters in Art. 6 I EMRK gebietet, ergibt sich zwar ein deutlicher Anknüpfungspunkt für ein gemeineuropäisches Recht auf den gesetzlichen Richter[39]. Doch formuliert er angesichts der Unterschiede in Europa (→ Rn. 12) wohl nur einen kleinsten gemeinsamen Nenner[40]. Generell wird man sagen müssen, dass das Prinzip des gesetzlichen Richters in den gemeinsamen Verfassungstraditionen der **Mitgliedstaaten der EU** mangels der spezifisch deutschen historischen Erfahrungen in den anderen Ländern **deutlich weniger ausgeprägt** ist[41] und sich dort nur gerichtsextern gegen Exekutive und Legislative richtet, meist aber nicht gerichtsinterne Schutzwirkung entfaltet. Er wird deshalb auf europäischer Ebene auch in Zukunft nicht jene weite Auslegung mit dem Detaillierungsgrad der deutschen rechtsstaatlichen Entwicklung übernehmen[42], zumal die Unterschiede zwischen EuGH und deutschen Gerichten es nicht gebieten, den EuGH in jeder Beziehung den strengen Standards nach dem Modell der Rechtsprechung des Bundesverfassungsgerichts zu unterwerfen[43]. Deshalb dürfte es auch nicht möglich sein, Art. 47 II GRCh unter Berufung auf gemeinsame Verfassungsüberlieferungen i. S. von Art. 52 IV GRCh erweiternd auszulegen[44].

11 Dennoch sind auf europarechtlicher Ebene **Tendenzen zu einer stärkeren Umsetzung** des Prinzips des gesetzlichen Richters erkennbar. So gibt es für den EuGH seit 1995 festgelegte Kriterien, nach denen sich die Mitwirkung der Richter in den überbesetzten Kammern richtet[45]. Darin spiegelt sich faktisch die Notwendigkeit, der Diversifizierung der Judikatur des EuGH durch mehrere unterschiedliche Spruchkörper aufgrund des erheblich gewachsenen Geschäftsanfalls auch auf der Ebene des Prinzips des gesetzlichen Richters gerecht zu werden[46]. In solchen Schritten liegt die Anerkennung der Möglichkeit, das Prinzip des gesetzlichen Richters als einen allgemeinen gemeinschaftsrechtlichen Rechtsgrundsatz zu entfalten.

III. Rechtsvergleichende Hinweise

12 Die Verfassungsrechtslage im **internationalen Verfassungsrechtsvergleich** erweist sich als relativ **heterogen**[47]. In Großbritannien bedarf es zwar zur Errichtung eines neuen

---

[38] Vgl. schon *J.C. Wichard*, EuR 1995, 260 (260); *J. Gündisch*, Rechtsschutz in der Europäischen Gemeinschaft, 1994, S. 135; ausf. *Müßig*, Recht (Fn. 6), S. 451 ff.

[39] Vgl. EuGH v. 26.06.2007, C-305/05, Rn. 29.

[40] *Grzybek*, Grundrechte (Fn. 35), S. 76.

[41] *C.D. Classen*, in: v. Mangoldt/Klein/Starck, GG III, Art. 101 Rn. 14; *P. Kunig*, in: v. Münch/Kunig, GG III, Art. 101 Rn. 2; *Müßig*, Richter (Fn. 5), S. 59 ff.; *O.R. Kissel*, JZ 1994, 1178 (1179); s. auch *C. Schmaltz*, DRiZ 2010, 120 (122).

[42] So schon *G. Mößlang*, EuZW 1996, 69 (70 f.).

[43] *J.C. Wichard*, EuR 1995, 260 (265).

[44] *Grupp* (Fn. 36), Art. 101 Rn. 45.

[45] Beschluss des EuGH vom 25.01.1995 (95/C 54/03, ABl. C 54, S. 2); dazu *Müßig*, Recht (Fn. 6), S. 459 ff.; *G. Mößlang*, EuZW 1996, 69 (70); *J.C. Wichard*, EuR 1995, 260 (265).

[46] *J.C. Wichard*, EuR 1995, 260 (266 f.).

[47] Ausf. *Bohn*, Richter (Fn. 1), S. 65 ff.; *H. Koch*, Rechtsvergleichende Fragen zum »Gesetzlichen Richter«, in: FS Hideo Nakamura, 1996, S. 281 ff. (288 ff.); *A. Eser*, Der »gesetzliche Richter« und seine Bestimmung für den Einzelfall, in: FS Salger, 1994, S. 247 ff. (258 ff.); *K.H. Schwab/P. Gottwald*, Verfassung und Zivilprozeß, in: W.J. Habscheid (Hrsg.), Effektiver Rechtsschutz und verfassungsmäßige Ordnung, 1983, S. 1 ff. (27 ff.); zur Rechtslage in Lateinamerika *J. Bucherer*, VRÜ 39

Gerichts eines Gesetzes (statute); dagegen ist eine Gesetzlichkeit des Richters i. S. eines umfassenden, auch gerichtsintern wirkenden Verbots der Richterentziehung weder in positiver noch in ungeschriebener Form bekannt[48]. Auch in den USA normieren die Verfassungen von Union und Einzelstaaten den Grundsatz des gesetzlichen Richters nicht[49]. Demgegenüber kennen zahlreiche **europäische Verfassungen**, namentlich solche in Staaten mit historischen Erfahrungen des Missbrauchs der Justiz als Repressionsinstrument, den deutschen Normtexten ähnliche Festlegungen des Grundsatzes des gesetzlichen Richters (vgl. z. B. Art. 13, 146 Verf. Belgien 1994; § 24 I Verf. Estland 2003; Art. 8 I Verf. Griechenland 1975; Art. 13 Verf. Luxemburg 1868/1996; Art. 17 Verf. Niederlande 1983; Art. 30 I Verf. Schweiz 1999[50]; Art. 83 II BVG Österreich 1920; Art. 25 I Verf. Italien 1947; Art. 24 II, 117 III, IV Verf. Spanien 1978; Art. 32 VII Verf. Portugal 1976; Art. 32 I Verf. Türkei 1961; s. auch Art. 32, 76 II Verf. Japan 1947)[51]; dementsprechend sind auch Ausnahmegerichte regelmäßig verboten (z. B. § 61 Verf. Dänemark 1953; § 98 IV Verf. Finnland 1999; Art. 8 II Verf. Griechenland 1975; Art. 102 II Verf. Italien 1947; Art. 175 II Verf. Polen 1997; Kap. 2 § 11 Verf. Schweden 1975; Art. 48 I Verf. Slowakei 1992; Art. 117 VI Verf. Spanien 1978)[52]. Wieder anders ist die Verfassungsrechtslage in Frankreich: Dort ergibt sich das Recht auf den gesetzlichen Richter als ungeschriebenes Verfassungsprinzip und Ausdruck des allgemeinen Gleichheitssatzes aus Art. 6 der französischen Menschenrechtserklärung von 1789 i. V. m. der Präambel der Verfassung von 1958, erstreckt sich aber auch gerichtsintern auf die Vorausbestimmung der Spruchkörper und ihre Besetzung[53]. Insoweit entfalten aber solche Bestimmungen nur z. T. auch gerichtsinterne Schutzwirkung im Blick auf Geschäftsverteilungs- und Besetzungsvorschriften, z. B. in Belgien, Italien, Österreich[54], aber auch Art. 8 Verf. Griechenland 1975, Art. 17 Verf. Niederlande 1983[55], jedenfalls bei willkürlicher Abweichung von solchen Vorschriften. Eine so weitgehende gleichsam »weltmeisterliche«[56] abstrakt-generelle Vorausbestimmung bis auf die Ebene jedes einzelnen Richters wie in Deutschland (→ Rn. 50, 52) existiert sonst in Europa, soweit ersichtlich, aber nicht[57].

Elf von sechzehn **deutschen Landesverfassungen** gewährleisten (z. T. wortgleich) das Recht auf den gesetzlichen Richter (Art. 65, 67 Verf. Baden-Württemberg; Art. 86 13

(2006), 192ff.; zur eingeschränkten Aussagekraft der Rechtsvergleichung *Sowada*, Richter (Fn. 1), S. 124ff.

48 *J. Ipsen*, in: BK, Art. 101 (Zweitbearbeitung 2014), Rn. 5; ausf. *Bohn*, Richter (Fn. 1), S. 97ff.; *Müßig*, Recht (Fn. 6), S. 343ff., 369ff.; s. aber zu funktionalen Äquivalenten *S. Löhr*, Prozeßgrundrechte in Deutschland, Frankreich und England, 2012, S. 236ff.

49 Vgl. *Koch*, Fragen (Fn. 47), S. 290ff., zu den Gründen S. 294ff.; ferner schon *Marx*, Richter (Fn. 2), S. 136ff.; *Kern*, Richter (Fn. 1), S. 25ff.

50 Vgl. *R. Kiener*, Richterliche Unabhängigkeit, 2001, S. 310ff.

51 S. z. B. *Müßig*, Richter (Fn. 5), S. 10ff.; *Eser*, Richter (Fn. 47), S. 261f.; *Classen* (Fn. 41), Art. 101 Rn. 14 mit Anm. 24; zum älteren Verfassungsrechtsstand *Marx*, Richter (Fn. 2), S. 138ff.

52 *Schwab/Gottwald*, Verfassung (Fn. 47), S. 30.

53 *Ipsen* (Fn. 48), Art. 101 Rn. 6; *Löhr*, Prozeßgrundrechte (Fn. 48), S. 123ff.; ausf. *Müßig*, Recht (Fn. 6), S. 357ff., 379ff.; a.A. *Eser*, Richter (Fn. 47), S. 259f.

54 Vgl. *W. Berka*, Die Grundrechte, 1999, Rn. 772ff., ebd. (Rn. 774) auch zur Erstreckung auf die Behördenzuständigkeit schlechthin.

55 *Müßig*, Recht (Fn. 6), S. 388 m.w.N.; ebenso für Japan und die Türkei *Schwab/Gottwald*, Verfassung (Fn. 47), S. 28.

56 *U. Steiner*, BayVBl. 2012, 129 (133).

57 S. *Ipsen* (Fn. 48), Art. 101 Rn. 8; *Müßig*, Richter (Fn. 5), S. 59ff.; für die Schweiz (krit.) *J.P. Müller/M. Schefer*, Grundrechte in der Schweiz, 4. Aufl. 2008, S. 934f.

Verf. Bayern; Art. 15 V Verf. Berlin; Art. 52 I Verf. Brandenburg; Art. 6 Verf. Bremen; Art. 20 Verf. Hessen; Art. 6 Verf. Rheinland-Pfalz; Art. 14 I, 109 II Verf. Saarland; Art. 21 II, III Verf. Sachsen-Anhalt; Art. 78 I Verf. Sachsen; Art. 87 II, III Verf. Thüringen); die überwiegende Aufnahme in den Grundrechtsteil unterstreicht den grundrechtlichen Charakter der Norm[58]. Soweit Landesverfassungen auf eine eigene Normierung verzichtet haben, haben sie das im Blick auf den bereits bundesweit geltenden Art. 101 GG getan[59].

C. Erläuterungen

I. Allgemeine Bedeutung

14 Art. 101 GG ist die zentrale Norm des Grundgesetzes für die Gerichtsorganisation[60]. Sein zentraler **Schutzzweck** ist es, Eingriffe Unbefugter in die Rechtspflege zu verhindern[61] und damit das Vertrauen der Rechtsuchenden und der Öffentlichkeit in die **Unparteilichkeit** und **Sachlichkeit** der Gerichte zu schützen[62]. Die Entscheidung soll nicht durch einzelfallbezogene Richterauswahl (auch nicht durch Verdrängung, Vertauschung oder Auswechslung der Richter) beeinflusst werden können. Art. 101 GG richtet sich insoweit traditionell gegen Eingriffe von außen durch Akte der Exekutive oder Legislative, ist aber von der Rechtsprechung des Bundesverfassungsgerichts erweitert und justizorganisationsintern gegen Akte der Judikative entfaltet worden[63] (→ Rn. 39).

15 Der Regelungsgehalt von Art. 101 GG entfaltet seine Wirkkraft in zwei Dimensionen. In **verfahrensrechtlicher Hinsicht** gibt Art. 101 I 2 GG ein Recht auf den gesetzlich bestimmten, d. h. in den allgemeinen Vorschriften der Gesetze und Geschäftsverteilungsregeln festgelegten Richter (→ Rn. 18ff.) und in **materiellrechtlicher Hinsicht** ein Recht auf den dem Gesetz gemäßen, d. h. in seiner Person Unabhängigkeit, Distanz und Neutralität vereinigenden Richter[64] (→ Rn. 27, 41f.). In beiden Erscheinungsfor-

---

[58] Übersichtlich *M. Schröder*, HGR VIII, § 244 Rn. 21ff.

[59] *Marx*, Richter (Fn. 2), S. 134f.; zur fehlenden Möglichkeit einer Berufung auf Art. 101 GG beim Bundesverfassungsgericht gegen abschließende Entscheidungen der Landesverfassungsgerichte BVerfGE 96, 231 (243ff.); BVerfG (K), NVwZ 2004, 980; krit. *Ipsen* (Fn. 48), Art. 101 Rn. 99f.; *R. Müller-Terpitz*, in: Schmidt-Bleibtreu/Hofmann/Henneke, GG, Art. 101 Rn. 2; *Classen* (Fn. 41), Art. 101 Rn. 12.

[60] *C. Degenhart*, in: Sachs, GG, Art. 101 Rn. 1; *ders.*, HStR³ V, § 114 Rn. 2, 7, 33ff.; *Grupp* (Fn. 36), Art. 101 Rn. 2.

[61] Vgl. *Kunig* (Fn. 41), Art. 101 Rn. 2f.; *Träger*, Richter (Fn. 30), S. 124.

[62] BVerfGE 4, 412 (416); BVerfG (K), NJW 1992, 2075 (2075); Jarass/*Pieroth*, GG, Art. 101 Rn. 5; *H.-D. Horn*, HGR V, § 132 Rn. 5; *Classen* (Fn. 41), Art. 101 Rn. 1; *K.-A. Schwarz*, Jura 2007, 334 (338); ausf. *N. Voßen*, Die Rechtsprechung des Bundesverfassungsgerichts zur Rechtsweggarantie des Art. 19 Abs. 4 GG, den Verfahrensgarantien nach Art. 101 Abs. 1 Satz 2 GG, Art. 103 Abs. 1 GG und zum Prozeßrecht der Fachgerichte, 2002, S. 166ff.

[63] BVerfGE 3, 359 (364), st. Rspr.; *H.-D. Horn*, HGR V, § 132 Rn. 11, 54, 72f.; *J. Oebbecke*, DÖV 2007, 177 (183f.); *A. Hänlein*, in: Umbach/Clemens, GG II, Art. 101 Rn. 8; *K.A. Bettermann*, Die Unabhängigkeit der Gerichte und der gesetzliche Richter, in: Die Grundrechte III/2, S. 523ff. (544); *H. Hill*, HStR VI, § 156 Rn. 50; *K. Goeckel*, Die Grundsätze des Rechtsstaats in der höchstrichterlichen Rechtsprechung der Bundesrepublik Deutschland, Diss. jur. Tübingen 1965, S. 65.

[64] *Degenhart* (Fn. 60), Art. 101 Rn. 2; *ders.*, HStR³ V, § 114 Rn. 7, 33; *Träger*, Richter (Fn. 30), S. 124ff.

men verwirklicht sich die rechtsstaatliche Funktion des gerichtlichen Verfahrens und der gerichtlichen Organisation[65].

Art. 101 GG normiert mithin eine spezielle **Ausprägung des Rechtsstaatsprinzips**[66], die im Verfassungstext ausdrücklich hervorgehoben wird und deren Gehalt durch die Judikatur intensiviert und extensiviert worden ist[67]. Als objektives Verfassungsrecht[68] lässt er sich als Ausprägung des rechtsstaatlichen Gebotes zur Rechtssicherheit[69] und zur Objektivität[70] verstehen. 16

Ihm korrespondiert Art. 101 I 2 GG als ein zugleich **subjektives** Grundrecht[71], prozessuales Grundrecht[72], »klassisches Prozessgrundrecht«[73], Verfahrensgrundrecht[74], grundrechtsgleiches[75] oder grundrechtsähnliches[76] **Recht**, das jedenfalls[77] durch Verfassungsbeschwerde geltend gemacht werden kann (Art. 93 I Nr. 4a GG). Dieses subjektive Individualrecht auf den gesetzlichen Richter wird allgemein in Art. 101 I 2 GG gewährleistet und für die zwei Spezialfälle des Verbots von Ausnahmegerichten (Art. 101 I 1 GG) und die Gesetzeserfordernisse für Sondergerichte (Art. 101 II GG), die aus ihm folgen[78], textlich besonders ausgeformt[79]. Es steht in einem engen sachlichen Zusammenhang mit der Rechtsweggarantie des Art. 19 IV GG und erfährt wie diese durch den Gesetzgeber seine nähere Ausgestaltung[80]. 17

---

[65] *Degenhart*, HStR³ V, § 114 Rn. 7, 33; *ders.*, HStR³ V, § 115 Rn. 1ff.

[66] BVerfGE 27, 355 (362); 40, 356 (361); *Degenhart* (Fn. 60), Art. 101 Rn. 2; *O.R. Kissel/H. Mayer*, GVG, 8. Aufl. 2015, §§ 15, 16 Rn. 1; *H.-D. Horn*, HGR V, § 132 Rn. 1, 24; *Kunig* (Fn. 41), Art. 101 Rn. 1.

[67] *H.-D. Horn*, HGR V, § 132 Rn. 9ff.

[68] BVerfGE 21, 362 (373); 40, 356 (361); 61, 82 (104); *Maunz* (Fn. 11), Art. 101 Rn. 5; krit. *D. Merten*, HGR II, § 35 Rn. 78; zur letztlich wohl überflüssigen Interpretation als »institutionelle Garantie« *Grupp* (Fn. 36), Art. 101 Rn. 3; *H.-D. Horn*, HGR V, § 132 Rn. 26ff.; *Stern*, Staatsrecht II, S. 916; *Kunig* (Fn. 41), Art. 101 Rn. 1.

[69] BVerfGE 20, 336 (344); *Maunz* (Fn. 11), Art. 101 Rn. 27. → Art. 20 (Rechtsstaat), Rn. 39.

[70] BVerfGE 82, 159 (194).

[71] BVerfGE 14, 156 (161f.); 30, 149 (162); 138, 64 (87, Rn. 69); *A. Arndt*, Rechtsprechende Gewalt und Strafkompetenz (1961), in: ders., Gesammelte juristische Schriften, 1976, S. 241ff. (266f.); s. auch *H.-J. Papier*, HStR³ VIII, § 176 Rn. 2; anders *Remus*, Präsidialverfassung (Fn. 7), S. 169ff., 209ff.

[72] BVerfGE 28, 314 (323); *C. Degenhart*, HStR³ V, § 114 Rn. 33: Prozessgrundrecht; differenzierend *H.-D. Horn*, HGR V, § 132 Rn. 37ff.

[73] *G. Britz*, JA 2001, 573 (573).

[74] BVerfGE 107, 395 (403, Rn. 20); *Ipsen* (Fn. 48), Art. 101 Rn. 35f.

[75] *Degenhart* (Fn. 60), Art. 101 Rn. 1; *Reich*, GG, Art. 101 Rn. 1; *Sowada*, Richter (Fn. 1), S. 146ff.; *M. Sachs*, in: Stern, Staatsrecht III/1, S. 359f.; *K. Stern*, Qualität und Bedeutung der Prozessgrundrechte für die Grundrechtsbindung der Rechtsprechung, in: FS Ule, 1987, S. 359ff. (363, 371); *M. Schulte*, Rechtsprechungseinheit als Verfassungsauftrag, 1986, S. 150f. → Vorb. Rn. 64.

[76] BVerfGE 61, 82 (104); 75, 192 (200); 82, 159 (194); *Grupp* (Fn. 36), Art. 101 Rn. 4; *H. Hill*, HStR VI, § 156 Rn. 50; *Stern*, Staatsrecht II, S. 916; *Maunz* (Fn. 11), Art. 101 Rn. 6.

[77] Den Rechtscharakter ebenfalls offenlassend *Classen* (Fn. 41), Art. 101 Rn. 5; *Kunig* (Fn. 41), Art. 101 Rn. 4f.; *Wassermann* (Fn. 12), Art. 101 Rn. 10.

[78] BVerfGE 10, 200 (212f.); 22, 42 (48); 27, 355 (364); *Kern*, Richter (Fn. 1), S. 150, 234f.; *H. Hill*, HStR VI, § 156 Rn. 50.

[79] *Degenhart* (Fn. 60), Art. 101 Rn. 1; *Kunig* (Fn. 41), Art. 101 Rn. 1; *Sowada*, Richter (Fn. 1), S. 136.

[80] Jarass/*Pieroth*, GG, Art. 101 Rn. 1; *Grupp* (Fn. 36), Art. 101 Rn. 5. → Rn. 37.

II. Schutzbereich

1. Der gesetzliche Richter (Art. 101 I 2 GG)

a) Die Gesetzlichkeit des Richters

aa) Die Gesetzlichkeit als abstrakt-generelle Vorausbestimmung der Zuständigkeit

18 Art. 101 GG verlangt zur Verhinderung einer Einflussnahme auf die richterliche Zuständigkeit im Einzelfall eine im vorhinein **rechtssatzmäßige, abstrakt-generell und rechtsstaatlich bestimmte Zuständigkeitsregelung**[81]: Gesetzlicher Richter ist der durch Rechtssatz bestimmte Richter[82]. Der Rechtssatz soll eine einzelfallbezogene Auswahl eines Gerichts oder Richters grundsätzlich schon als Möglichkeit ausschließen[83]. Eine gesetzliche oder abstrakt-generelle Änderung der Zuständigkeit muss deshalb über die bereits anhängigen Verfahren hinaus auch eine unbestimmte Vielzahl denkbarer zukünftiger Fälle erfassen[84].

19 Eine solche Regelung muss deshalb jeden möglichen Einzelfall erfassen und die **sachliche, örtliche und instanzielle Zuständigkeit so eindeutig wie möglich** festlegen, damit jeder vermeidbare Spielraum für den Rechtsanwender ausgeschlossen wird[85] (→ Rn. 50ff.). Deshalb genügt es den Anforderungen des Art. 101 I 2 GG nicht, wenn es vom Antragsverhalten des Verfahrensbeteiligten und von der Entscheidung des Vorsitzenden abhängt, ob Entscheidungen innerhalb oder außerhalb der Hauptverhandlung (mit je unterschiedlicher Besetzung der Spruchkörper) getroffen werden[86]. Nicht auszuschließen und daher zulässig ist allerdings der Spielraum bei einer Auslegung des Gesetzeswortlauts[87] oder des Ermessens bei der Entscheidung des Gerichts, ob es zunächst das Eilverfahren oder das Hauptsacheverfahren erledigt[88].

bb) Die Reichweite des Gesetzesvorbehalts

20 Die abstrakt-generelle **Regelung** muss soweit wie möglich **durch (parlamentarisches) Gesetz** erfolgen[89]. Art. 101 I 2 GG enthält insoweit einen Vorbehalt des förmlichen Gesetzes[90]. Das Parlamentsgesetz muss zumindest die fundamentalen Zuständigkeitsregeln enthalten[91], z. B. die Errichtung von Gerichten und die Bestimmung der Ge-

---

[81] BVerfGE 82, 286 (298); 95, 322 (329); 97, 1 (10f.); *Degenhart* (Fn. 60), Art. 101 Rn. 5; ausf. *Voßen*, Rechtsprechung (Fn. 62), S. 177ff.; zum rechtsstaatlichen Bestimmtheitsgrundsatz: → Art. 20 (Rechtsstaat), Rn. 129ff.

[82] BVerfGE 95, 322 (329); *M. Otto*, JuS 2012, 21 (22); s. auch *Marx*, Richter (Fn. 2), S. 20ff.; zur Rechtswegzuständigkeit durch das Grundgesetz *W. Rüfner*, HStR V, § 117 Rn. 29. → Art. 92 Rn. 30.

[83] BVerfGE 17, 294 (299); 82, 286 (296); 95, 322 (327, 330); *Classen* (Fn. 41), Art. 101 Rn. 3.

[84] BVerfGE 24, 33 (54f.); BVerfGK 15, 247 (252f.); BVerfG (K), NJW 2005, 2689 (2690); BGH NJW 2009, 1351 (1352); *Grupp* (Fn. 36), 101 Rn. 7; *H.-D. Horn*, HGR V, § 132 Rn. 60f.

[85] BVerfGE 17, 294 (298ff.); 19, 52 (59f.); 22, 254 (258); 48, 246 (253); 82, 286 (298); 95, 322 (328ff.); *Classen* (Fn. 41), Art. 101 Rn. 18ff.

[86] BGH NJW 1997, 2531 (2532); OLG Hamburg JR 1998, 169 m. Anm. *O. Katholnigg* betr. Haftprüfungen.

[87] BVerfGE 48, 246 (262f.); BGHZ 153, 173 (180f.); *Classen* (Fn. 41), Art. 101 Rn. 20.

[88] BVerfGE 78, 7 (19).

[89] BVerfGE 19, 52 (59f.); 31, 145 (163); 95, 322 (328); zust. *Grupp* (Fn. 36), Art. 101 Rn. 8; *Degenhart* (Fn. 60), Art. 101 Rn. 6a; *Kunig* (Fn. 41), Art. 101 Rn. 6.

[90] BVerfGE 19, 52 (60), unter Berufung auf BVerfGE 2, 307 (319f.); *Bettermann*, Unabhängigkeit (Fn. 63), S. 566.

[91] BVerfGE 19, 52 (60); *H.-D. Horn*, HGR V, § 132 Rn. 62; *Classen* (Fn. 41), Art. 101 Rn. 17;

richtsbezirke[92] oder die sachliche, örtliche und instanzielle Zuständigkeit der Gerichte und ihrer Spruchkörper[93], auch die Zulässigkeit von Rechtsmitteln[94].

Das Gesetz kann aber auch unter den Voraussetzungen von Art. 80 I 2 GG zu näheren **Bestimmungen durch Rechtsverordnung** ermächtigen[95]. Es kann insoweit die Regelung von Einzelfragen an die Exekutive delegieren, z. B. die Bildung gemeinsamer Amtsgerichte[96] oder die Konzentration örtlicher Zuständigkeiten für bestimmte Sachbereiche[97]. Unzulässig ist jedenfalls stets eine solche Regelung durch Verwaltungsvorschriften[98]. 21

Dennoch stößt es regelmäßig auf Grenzen der Regelbarkeit, in einem formellen Gesetz eine Regelung zu treffen, aus der sich ohne weiteres für jeden Einzelfall ergibt, welcher Richter zur Entscheidung berufen wird[99], weil die Vielfalt der Gerichtsbarkeiten, die unterschiedliche Organisation und Größe der Gerichte und der unterschiedliche und variierende Geschäftsanfall eine abschließende parlamentsgesetzliche bzw. verordnungsrechtliche Festlegung unmöglich machen[100]. Die abstrakt-generellen Gesetzesregelungen bedürfen daher der Ergänzungen durch ihrerseits abstrakt-generelle **Geschäftsverteilungspläne**[101] auch der Spruchkörper (früher: Mitwirkungspläne[102]). Geschäftsverteilungspläne sind ihrer Rechtsnatur nach mit autonomen Satzungen vergleichbare[103] abstrakt-generelle Regelungen, die vom Gerichtspräsidium in richterlicher Unabhängigkeit (regelmäßig jährlich, vgl. § 21e I 1 und 2 GVG) schriftlich erlassen werden und im Voraus die innerhalb des Gerichts zuständigen Spruchkörper und die ihnen angehörenden Richter bestimmen[104]. Geschäftsverteilungspläne der Vorsitzenden für die einzelnen Spruchkörper (vgl. § 21g II GVG) müssen bei überbesetzten Spruchkörpern abstrakt und im Voraus festlegen, welche Richter in welchen Verfah- 22

H. Maurer, Rechtsstaatliches Prozessrecht, in: FS 50 Jahre BVerfG, Bd. 2, S. 465 ff. (495); *Leuze* (Fn. 22), Art. 101 Rn. 6 und 10; *C. Gloria*, DÖV 1988, 849 (852); a.A. *K.A. Bettermann*, AöR 94 (1969), 263 (289).

[92] BVerfGE 2, 307 (319 f.); 95, 322 (328); *C. Degenhart*, HStR³ V, § 114 Rn. 13; *Leuze* (Fn. 22), Art. 101 Rn. 7, 29; zur Auflösung von Gerichten BayVerfGH NJW 2005, 3699 (3709).

[93] Vgl. BVerfGE 95, 322 (328); *Grupp* (Fn. 36), Art. 101 Rn. 22; *Degenhart* (Fn. 60), Art. 101 Rn. 6a.

[94] *Maunz* (Fn. 11), Art. 101 Rn. 34.

[95] BVerfGE 2, 307 (326); 27, 18 (34 f.); *Kunig* (Fn. 41), Art. 101 Rn. 16, 24; *Classen* (Fn. 41), Art. 101 Rn. 17.

[96] So BVerfGE 24, 155 (166); BVerfG (K), NVwZ 1993, 1079 (1080).

[97] So BVerfGE 27, 18 (34 ff.).

[98] *G. Morgenthaler*, in: Epping/Hillgruber, GG, Art. 101 (Stand: 01.06.2016), Rn. 12, unter Verweis auf BVerfGE 2, 307 (320 ff.).

[99] So BVerfGE 19, 52 (60); 69, 112 (120); 95, 322 (328); BVerfG (Vorlagebeschluss), NJW 1995, 2703 (2704); *Kunig* (Fn. 41), Art. 101 Rn. 37.

[100] *Grupp* (Fn. 36), Art. 101 Rn. 9; *Degenhart* (Fn. 60), Art. 101 Rn. 6a; *H.-D. Horn*, HGR V, § 132 Rn. 62.

[101] BVerfGE 17, 296 (299); 19, 52 (59 f.); 31, 47 (54); 95, 322 (328); BVerfG (K), NVwZ 1993, 1079 (1080); BAGE 68, 248 (253 f.); *Ipsen* (Fn. 48), Art. 101 Rn. 52; *H.-D. Horn*, HGR V, § 132 Rn. 63; ausf. *Voßen*, Rechtsprechung (Fn. 62), S. 203 ff.

[102] BVerfGE 95, 322 (328); BVerfG (Vorlagebeschluss), NJW 1995, 2703 (2704); a.A. früher BVerfGE 18, 344 (351); 69, 112 (120); krit. *Classen* (Fn. 41), Art. 101 Rn. 15.

[103] *Grupp* (Fn. 36), Art. 101 Rn. 9; *Morgenthaler* (Fn. 98), Art. 101 Rn. 13; *Degenhart* (Fn. 60), Art. 101 Rn. 7; *Leuze* (Fn. 22), Art. 101 Rn. 22; *F.O. Kopp/W.R. Schenke*, VwGO, 22. Aufl. 2016, § 4 Rn. 9; offengelassen in BVerfGE 31, 47 (52 f.); anders *Remus*, Präsidialverfassung (Fn. 7), S. 280 ff.

[104] BVerfGE 95, 322 (328); vgl. *Leuze* (Fn. 22), Art. 101 Rn. 19; *Kissel/Mayer* (Fn. 66), § 21e Rn. 90 ff.; *M. Wolf*, Gerichtsverfassungsrecht, 6. Aufl. 1987, S. 136 ff.; *P. Müller*, JZ 1976, 587 ff.

ren mitwirken[105], ggf. auch mit Hilfe automatisierter Verfahren[106]. Solche Pläne werden z.T. auch als **Geschäftsordnungen** des Gerichts bezeichnet[107]. Richterliche Entscheidungen ohne Geschäftsverteilungsplan verstoßen gegen Art. 101 I 2 GG[108].

23 Die Gesetzlichkeit des Richters verlangt folglich eine rechtsstaatliche Verdichtung des Prozessrechts[109] i.S. einer abstrakt-generellen Vorausbestimmung des jeweiligen Richters bis hin zur letzten Regelungsstufe der Bestimmung der Person des konkreten Richters[110]; sie erlaubt aber eine **arbeitsteilige Regelungsverknüpfung** derart, dass das zuständige Gericht durch Gesetz, der zuständige Spruchkörper und der zuständige Richter als Person durch Geschäftsverteilungs- und Mitwirkungspläne abstrakt-generell festgelegt werden. Den Parteien und jedermann muss es möglich sein, sich auf zumutbare Weise Kenntnis von diesen Regeln zu verschaffen[111].

cc) Die Gesetzlichkeit von Gerichten für besondere Sachgebiete (Art. 101 II GG)

24 Der Gesetzesvorbehalt gilt auch für (Richter bzw.) Gerichte, die aus Gründen der Arbeitsteilung durch fachliche Spezialisierung nach im Voraus bestimmten abstrakt-generellen Regeln für besondere Sachgebiete an die Stelle der allgemein zuständigen Gerichte treten (»Sondergerichte«[112]): **Für ihre Errichtung** ist kraft ausdrücklicher Hervorhebung in Art. 101 II GG ein **formelles Gesetz erforderlich**; aber auch für die damit zu entscheidenden Fragen von wesentlicher Bedeutung für den Charakter der Gerichtsbarkeit wie Zuständigkeiten, Instanzenzug, Zusammensetzung der Spruchkörper oder Auswahl, Amtszeit und Ernennung der Richter gilt dieser Gesetzesvorbehalt[113]; solche Entscheidungen dürfen mithin nicht durch Geschäftsverteilungspläne getroffen werden[114].

25 Gerichte für **besondere Sachgebiete** müssen allen Erfordernissen an staatliche Gerichte i.S.v. Art. 92 GG[115] und 97 GG[116] entsprechen. Sie gelten nicht bestimmten Personenkreisen, sondern bestimmten Sachmaterien[117], z.B. dem Berufsrecht für bestimmte Berufstätige, woraus sich eine Beschränkung des betroffenen Personenkreises notwendigerweise ergibt. In diesem Sinne zählen zu solchen Gerichten i.S.v. Art. 101 II GG Berufsgerichte für Ärzte oder sonstige freie Berufe wie Apotheker und Dentisten, Steuerberater und Steuerbevollmächtigte, Ehrengerichte für Rechtsanwäl-

---

[105] BVerfGE 95, 322 (328f.); 97, 1 (10f.); *K.G. Deubner*, JuS 2009, 1095 (1096); *J. Berkemann*, JR 1997, 281ff.; *O. Katholnigg*, JR 1997, 284ff.; ausf. *Sowada*, Richter (Fn. 1), S. 373ff., 397ff.

[106] S. näher KG v. 18.05.2013 – (4) 161 Ss 14/13 (18/13) – juris, Rn. 37ff.

[107] Vgl. BVerfG (K), NVwZ 1993, 1079 (1080) betr. den BayVerfGH.

[108] S. z.B. OLG Nürnberg v. 25.11.2013 – Ws 321/13 – juris, Rn. 20ff.; *H.-D. Horn*, HGR V, § 132 Rn. 64.

[109] *Maurer*, Prozessrecht (Fn. 91), S. 496.

[110] BVerfGE 95, 322 (329); 97, 1 (10f.); *Degenhart* (Fn. 60), Art. 101 Rn. 6a und 7; *Kunig* (Fn. 41), Art. 101 Rn. 16; *Bettermann*, Unabhängigkeit (Fn. 63), S. 562.

[111] BVerfG (K), NJW 1998, 369 (370).

[112] Zum Begriff vgl. BVerfGE 10, 200 (212f.); zur Begriffsgeschichte *Hug*, Sondergerichtsbarkeiten (Fn. 17), S. 54ff.; begriffskritisch *Ipsen* (Fn. 48), Art. 101 Rn. 125. → Rn. 6.

[113] Vgl. BVerfGE 18, 241 (257); 22, 42 (48); 27, 355 (362f.); *H.-D. Horn*, HGR V, § 132 Rn. 20; *Degenhart* (Fn. 60), Art. 101 Rn. 24; *Kunig* (Fn. 41), Art. 101 Rn. 43f.; *Wassermann* (Fn. 12), Art. 101 Rn. 33; *Hänlein* (Fn. 63), Art. 101 Rn. 101.

[114] Vgl. Jarass/*Pieroth*, GG, Art. 101 Rn. 10.

[115] BVerfGE 27, 355 (361f.); 48, 300 (315ff.).

[116] BVerfGE 26, 186 (198ff.); 48, 300 (323ff.).

[117] BVerfGE 26, 186 (192); *Degenhart* (Fn. 60), Art. 101 Rn. 24; *Ipsen* (Fn. 48), Art. 101 Rn. 127; *H.-D. Horn*, HGR V, § 132 Rn. 21; *Classen* (Fn. 41), Art. 101 Rn. 59.

te[118] bzw. Anwaltsgerichtshöfe, Richterdienstgerichte[119], Disziplinargerichte für Beamte, Schifffahrtsgerichte und Flurbereinigungsgerichte[120]. Als besondere Gerichtsbarkeiten in diesem Sinne sind auch Jugendgerichte anzusehen[121], nicht aber die Arbeits- und Sozialgerichte, weil diese als eigene besondere Fachgerichtsbarkeit schon in Art. 95 GG vorausgesetzt werden[122]. Deshalb kann es sich bei Gerichten für besondere Sachgebiete i. S. v. Art. 101 II GG auch nur um Gerichte der Länder handeln, weil sowohl Art. 95 GG hinsichtlich der dort genannten Fachgerichtsbarkeiten[123] als auch Art. 96 I-IV GG hinsichtlich der fakultativen Bundesgerichte[124] abschließend sind[125].

Keine Gerichte für besondere Sachgebiete i. S. v. Art. 101 II GG sind gesetzlich vorgesehene **spezialisierte Spruchkörper** im Rahmen der allgemeinen Fachgerichtsbarkeit, z. B. die gesetzlich zwingend vorgesehenen Familiengerichte (§ 23b GVG)[126] oder der Senat für Anwaltssachen beim Bundesgerichtshof[127], aber auch die Kammern für Handelssachen beim Landgericht (§§ 93ff. GVG) oder die Staatsschutzkammern (§ 74a GVG), Jugend(straf)kammern (§ 74b GVG), Wirtschaftsstrafkammern (§ 74c GVG) oder Strafvollstreckungskammern (§ 78a GVG), die im Rahmen der Geschäftsverteilungspläne durch die (Land-)Gerichte selbst eingerichtet werden (können)[128]. 26

b) Der Richter

aa) Der Richter als staatliches Gericht i. S. v. Art. 92, 97 GG

Richter i. S. v. Art. 101 GG sind zunächst die staatlichen Gerichte als organisatorische Einheiten wie als Spruchkörper i. S. v. Art. 92 GG[129] (→ Art. 92 Rn. 53ff.), also keine Staatsanwaltschaften oder Zollbehörden[130], auch nicht private (Schieds-)Gerichte[131]. Sie müssen daher auch **alle Anforderungen erfüllen, die Art. 92, 97 GG an die staatlichen Gerichte stellen**[132], also z. B. dass Richter nach parlamentsgesetzlichen Regeln 27

---

[118] BVerfGE 26, 186 (192ff.); 48, 300 (324); *Wittreck*, Verwaltung (Fn. 9), S. 518ff., 521ff.; krit. zur Anwaltsgerichtsbarkeit *M. Kleine-Cosack*, AnwBl. 1999, 565ff.

[119] BVerfGE 26, 186 (192ff.); 48, 300 (324).

[120] *Kunig* (Fn. 41), Art. 101 Rn. 42.

[121] BayObLG JR 1975, 202 (203); *Wassermann* (Fn. 12), Art. 101 Rn. 31.

[122] Vgl. *Degenhart*, HStR³ V, § 114 Rn. 21ff.; *Kunig* (Fn. 41), Art. 101 Rn. 42; a.A. *Leuze* (Fn. 22), Art. 101 Rn. 37; *Wassermann* (Fn. 12), Art. 101 Rn. 31.

[123] Vgl. BVerfGE 8, 174 (176); 10, 200 (213); BVerwGE 32, 21 (23); Jarass/*Pieroth*, GG, Art. 101 Rn. 10; *Degenhart* (Fn. 60), Art. 101 Rn. 25.

[124] BVerfGE 10, 200 (213); BVerwGE 32, 21 (23); a.A. BVerwGE 93, 287 für Wehrdienstgerichte.

[125] *Kunig* (Fn. 41), Art. 101 Rn. 42; *Leuze* (Fn. 22), Art. 101 Rn. 39.

[126] BGH NJW 1978, 1531.

[127] BVerfGE 26, 186 (193); ausf. *M. Quaas*, DVBl. 2016, 1228ff.

[128] Vgl. *Grupp* (Fn. 36), Art. 101 Rn. 50; *Degenhart* (Fn. 60), Art. 101 Rn. 24; *A. Uhle*, HGR V, § 129 Rn. 43; *Sowada*, Richter (Fn. 1), S. 145f.

[129] BVerfGE 17, 294 (298f.); 40, 356 (361); *Ipsen* (Fn. 48), Art. 101 Rn. 44; *H.-D. Horn*, HGR V, § 132 Rn. 40.

[130] BVerfGE 27, 88 (103); *Reich*, GG, Art. 101 Rn. 1; *Kunig* (Fn. 41), Art. 101 Rn. 8.

[131] *Ipsen* (Fn. 48), Art. 101 Rn. 46; *M. Otto*, JuS 2012, 21 (22f.); *Maunz* (Fn. 11), Art. 101 Rn. 17.

[132] BVerfGE 10, 200 (213); 14, 156 (162); 60, 175 (214); 82, 286 (298); BVerfG (K), NJW 1992, 2075; *Kunig* (Fn. 41), Art. 101 Rn. 17; *Maunz* (Fn. 11), Art. 101 Rn. 12f.; *Arndt*, Gewalt (Fn. 71), S. 267; *A. Voßkuhle*, Rechtsschutz gegen den Richter, 1993, S. 112ff.; *O. Schmitt*, SGb. 2015, 662 (666); ausf. *Sowada*, Richter (Fn. 1), S. 175ff.; krit. im Blick auf die systematische Trennungslinie zwischen Art. 97 und 101 GG: *Kunig* (Fn. 41), Art. 101 Rn. 19; *K.A. Bettermann*, AöR 94 (1969), 263 (271); *J. Henkel*, Der gesetzliche Richter, 1968, S. 13, 164ff.; s. demgegenüber jetzt die auch verfassungstextliche Zusammenführung in Art. 30 I Verf. Schweiz 1999 und dazu *Müller/Schefer*, Grundrechte (Fn. 57), S. 936ff.

ausgewählt und ernannt werden[133], dass sie unabhängig sind[134], dass sie Gewähr bieten für die Neutralität und Objektivität ihrer Entscheidungen[135] oder dass prozessrechtliche Regeln für den Ausschluss oder die Ablehnung von Richtern bestehen, die nicht Gewähr der Unabhängigkeit bieten[136]. Insoweit Art. 101 I 2 GG einen subjektiven Anspruch verleiht (→ Rn. 17), gewährleistet er mithin auch einen Anspruch auf Beachtung dieser Anforderungen aus Art. 92, 97 GG[137], die dadurch mittelbar verfassungsbeschwerdefähig sind (Art. 93 I Nr. 4a GG)[138].

28 **Gerichte** bzw. Spruchkörper i. S. v. Art. 101 GG sind neben den staatlichen Gerichten der allgemeinen oder besonderen Fachgerichtsbarkeit daher etwa auch der EuGH, wenn diesem nach Art. 234 EGV vorgelegt werden muss[139], weil Art. 101 I 2 GG jede einfachgesetzliche richterliche Zuständigkeit absichern will[140], das Bundesverfassungsgericht[141], auch seine Kammern (Vorprüfungsausschüsse)[142], die Landesverfassungsgerichte[143] oder die Großen Senate bzw. der Gemeinsame Senat als Vorfragengerichte[144].

29 In der Kasuistik der Rechtsprechung sind ausdrücklich als **gesetzliche Richter** erkannt worden: funktional der im Instanzenzug zuständige Richter wie z. B. der Revisionsrichter[145], der im Vorlageverfahren entscheidende Richter[146], Berichterstatter im

[133] Vgl. *Degenhart* (Fn. 60), Art. 101 Rn. 13; *Ipsen* (Fn. 48), Art. 101 Rn. 45; → Art. 92 Rn. 53.

[134] BVerfGE 3, 213 (224); 4, 412 (416); 23, 321 (325); 82, 286 (296); BVerfGK 19, 407 (410); *Ipsen* (Fn. 48), Art. 101 Rn. 53; *Kunig* (Fn. 41), Art. 101 Rn. 17. → Art. 97 Rn. 14ff.

[135] Vgl. BVerfGE 4, 412 (416); 95, 322 (327); BVerfGK 5, 269 (279); 8, 376 (381); 13, 72 (77); 19, 407 (410); 20, 27 (30); 20, 164 (167); BVerfG (K), NJW 2007, 3771 (3772); Jarass/*Pieroth*, GG, Art. 101 Rn. 6; *Kunig* (Fn. 41), Art. 101 Rn. 18; *Leuze* (Fn. 22), Art. 101 Rn. 8; *Voßkuhle*, Rechtsschutz (Fn. 132), S. 113f.

[136] Vgl. BVerfGE 21, 139 (146); BVerfG (K), NJW 1998, 369 (370); *Degenhart* (Fn. 60), Art. 101 Rn. 9; *Leuze* (Fn. 22), Art. 101 Rn. 34; *Hänlein* (Fn. 63), Art. 101 Rn. 57ff.; *Maunz* (Fn. 11), Art. 101 Rn. 37; ausf. *G. Vollkommer*, Der ablehnbare Richter, 2001, S. 23ff., 33.

[137] Vgl. BVerfGE 10, 200 (213); 60, 175 (214); 82, 286 (298); 89, 28 (36); BVerfGK 5, 269 (279); BVerfG (K), NJW 2007, 3771 (3772); *Maunz* (Fn. 11), Art. 101 Rn. 12f.; zur Kritik: *H.-D. Horn*, HGR V, § 132 Rn. 46ff.; *Sowada*, Richter (Fn. 1), S. 182ff.; *Roth*, Grundrecht (Fn. 12), S. 50ff.

[138] Vgl. *Ipsen* (Fn. 48), Art. 101 Rn. 54; *Classen* (Fn. 41), Art. 101 Rn. 25; *Leuze* (Fn. 22), Art. 101 Rn. 8; *M. Pechstein*, Jura 1998, 197 (198); *H. Hill*, HStR VI, § 156 Rn. 55; ausf. *M. Fornauf*, Die Marginalisierung der Unabhängigkeit der Dritten Gewalt im System des Strafrechts, 2010, S. 84ff.; krit. *K.A. Bettermann*, AöR 94 (1969), 263 (264f.).

[139] BVerfGE 73, 339 (366f.); 75, 223 (231); 82, 159 (192); 126, 286 (315ff., Rn. 88ff.); 128, 157 (186f., Rn. 101); 129, 78 (105, Rn. 96); 135, 155 (230f., Rn. 177); BVerfGK 8, 136 (142); 17, 533 (543); 18, 355 (358); BVerfG (K), NVwZ 2007, 942 (944f.); BGHZ 125, 27 (36); BAGE 132, 247 (252, Rn. 15); ausf. *Ipsen* (Fn. 48), Art. 101 Rn. 104ff.; *J. Kokott/T. Henze/C. Sobotta*, JZ 2006, 633ff.; *O. Dörr*, Der europäische Rechtsschutzauftrag deutscher Gerichte, 2003, S. 154ff.; *C. Nowak*, NVwZ 2002, 688ff.; *H. Kube*, JuS 2001, 858ff.; *K. Füßer*, DVBl. 2001, 1574ff.; *E. Šarčevič*, DÖV 2000, 941 (945f.); *E. Zimmermann*, Durchsetzung der Vorlagepflicht nach Art. 177 Abs. 3 EWG-Vertrag mittels deutschen Verfassungsrechts, in: FS Doehring, 1989, S. 1033ff.

[140] *Kunig* (Fn. 41), Art. 101 Rn. 14.

[141] Vgl. BVerfGE 13, 132 (142ff.); 64, 1 (13ff.); 131, 230 (233, Rn. 8); *W. Höfling/T. Roth*, DÖV 1997, 67 (68); zur Entscheidung über die Zuständigkeit der Senate: *H.H. Klein*, Bundesverfassungsgericht und Begründungszwang, in: FS Steinberger, 2001, S. 505ff. (510ff.).

[142] BVerfGE 19, 88 (92).

[143] BVerfGE 82, 286 (296f.); s. näher *Ipsen* (Fn. 48), Art. 101 Rn. 92ff.

[144] Vgl. BVerfGE 19, 38 (42f.); 38, 386 (397f.); *W. Leisner*, NJW 1989, 2446 (2447); *Schulte*, Rechtsprechungseinheit (Fn. 75), S. 152.

[145] BVerfGE 30, 165 (168f.); 63, 77 (80).

[146] BVerfGE 19, 38 (43).

Kollegialgericht[147], Vorsitzender Richter am Truppendienstgericht[148] oder an zwei Senaten des BGH[149], Untersuchungsrichter[150], Untersuchungsführer im förmlichen Disziplinarverfahren[151], Richter bei Anberaumung des Termins zur Hauptverhandlung[152], DDR-Richter mit Rechtsprechungsaufgaben nach dem EinigungsV[153], Richter des EuGH[154], des BVerfG (und seiner Vorprüfungsausschüsse[155]) oder der Landesverfassungsgerichte[156], ehrenamtliche Richter[157], auch Jugendschöffen nach dem JGG[158] oder sonstige Schöffen[159]. Zu nennen sind auch alle sonstigen nebenamtlichen Richter, Richter auf Probe, auf Zeit, Ersatz- und Hilfsrichter[160]. Art. 101 I 2 GG gilt dabei für jede Art der Erfüllung seiner gesetzlichen Aufgaben durch den Richter, auch wenn es sich, wie bei Richtern der freiwilligen Gerichtsbarkeit, nicht i.e.S. um Rechtsprechung i. S. v. Art. 92 GG handelt[161].

Art. 101 I 2 GG soll allerdings **nicht** für Richter des IGH mangels funktionaler Verschränkung mit der deutschen Gerichtsbarkeit[162], für den Ergänzungsrichter und den am Eröffnungsbeschluss beteiligten Richter gelten[163], auch nicht für rein administrative Tätigkeiten von Richtern bei der Justizverwaltung[164], und er gilt wohl auch nicht für gesetzliche Sollvorschriften, die eine angemessene Berücksichtigung aller Bevölkerungsgruppen bei der Schöffenwahl verlangen[165], jedenfalls erst recht nicht für sonstige nichtgerichtliche Staatsorgane wie Staatsanwälte[166] oder parlamentarische Untersuchungsausschüsse[167], auch nicht für Rechtspfleger[168], für an die Verwaltung abge- **30**

---

[147] BSG NJW 1996, 2181f.; *Roth*, Grundrecht (Fn. 12), S. 32ff.; *O. Katholnigg*, NJW 1992, 2256 (2258); a.A. BGHSt 21, 250 (255); BFH NVwZ 1996, 102; diff. *Kunig* (Fn. 41), Art. 101 Rn. 15 i. V. m. 28 – »*Einzelrichter*«. → Rn. 53.

[148] BVerfGE 40, 268 (271).

[149] BVerfGK 19, 407ff.; *K.F. Gärditz*, DVBl. 2012, 966ff.; zu Weiterungen *T. Fischer/C. Krehl*, StV 2012, 550ff.; krit. *H.-U. Paeffgen/K. Wasserburg*, GA 2012, 535ff.

[150] BVerfGE 25, 336 (345ff.).

[151] BVerwGE 93, 151 (155).

[152] BVerfGE 4, 412 (417f.); BVerfG (K), NVwZ-RR 2005, 828 (828).

[153] BVerfG (K), DtZ 1991, 408f.

[154] BVerfGE 73, 339 (366ff.); 75, 223 (231f.); 82, 159 (166ff.); BGHZ 125, 27 (36).

[155] BVerfGE 19, 88 (92).

[156] BVerfGE 82, 286 (296f.); 96, 231 (244).

[157] BVerfGE 48, 300 (317); 91, 93 (117); BVerfG (K), NJW-RR 2006, 1653 (1653f.); BVerwG NVwZ-RR 2000, 646; BGHZ 127, 327 (329).

[158] BVerfGE 31, 181 (183).

[159] BGHSt 37, 324 (326ff.); BGH NJW 1997, 2531f.; ausf. *Träger*, Richter (Fn. 30), S. 133ff.

[160] *Ipsen* (Fn. 48), Art. 101 Rn. 47; *Wassermann* (Fn. 12), Art. 101 Rn. 14; krit. hinsichtlich des Richters auf Probe *R. Lippold*, NJW 1991, 2383 (2390).

[161] BVerfGE 21, 139 (144f.); *Reich*, GG, Art. 101 Rn. 2; *Maunz* (Fn. 11), Art. 101 Rn. 16; zur Rechtsprechung im materiellen Sinne: → Art. 92 Rn. 25ff., 33ff.

[162] BVerfGK 18, 355 (357ff.).

[163] BVerfGE 30, 149 (155f.); *Müller-Terpitz* (Fn. 59), Art. 101 Rn. 8; zu Recht a.A. BVerfGE 30, 157 (162ff.) – *Sondervotum Leibholz/Geiger/Rinck*; *Classen* (Fn. 41), Art. 101 Rn. 14; *Roth*, Grundrecht (Fn. 12), S. 30ff.; *Wassermann* (Fn. 12), Art. 101 Rn. 14.

[164] *H.-D. Horn*, HGR V, § 132 Rn. 42; *Classen* (Fn. 41), Art. 101 Rn. 11.

[165] Jarass/*Pieroth*, GG, Art. 101 Rn. 5; offenlassend BVerfG (K), DtZ 1992, 281 (282).

[166] Vgl. implizit VG Frankfurt/M. DÖV 1978, 251 (252).

[167] BVerfGE 77, 1 (42); *P.J. Glauben*, DVBl. 2006, 1263 (1265).

[168] BVerfGE 56, 110 (127); BayVerfGH NJW 1982, 1746; BGH NJW-RR 2010, 1366 (1367).

ordnete Richter[169] oder die Verwaltung selbst[170], auch nicht für staatliche Prüfer[171] oder wissenschaftliche Mitarbeiter an Gerichten[172].

bb) Der im Einzelfall berufene Richter

31 Gesetzlicher Richter i.S.v. Art. 101 I 2 GG ist das **für den Einzelfall** sachlich, örtlich und instanziell zuständige Gericht (bzw. der entsprechende Einzelrichter) und nur der auch innerhalb eines Spruchkörpers (Kammer, Senat) zur Entscheidung aufgrund Rechtssatzes berufene Richter[173]. Auf dessen individuelle persönliche (physische oder psychische) Eignungsmerkmale kommt es insoweit nicht an, weil darin kein den Schutzzweck des Art. 101 GG berührender Eingriff in die Rechtspflege liegt[174]. Allerdings kann die Mitwirkung eines befangenen Richters, der erfolglos abgelehnt wurde, das Recht auf den gesetzlichen Richter dann verletzen, wenn das Ablehnungsgesuch aus willkürlichen Erwägungen zurückgewiesen wurde[175] (→ Rn. 60).

2. Das Verbot von Ausnahmegerichten (Art. 101 I 1 GG)

32 Das Verbot von Ausnahmegerichten (Art. 101 I 1 GG) unterstreicht das Recht auf den gesetzlichen Richter. **Ausnahmegerichte** sind »Gerichte, die in Abweichung von der gesetzlichen Zuständigkeit besonders gebildet und zur Entscheidung einzelner konkreter oder individuell bestimmter Fälle berufen sind«[176], indem sie nicht durch abstrakt-generelle Vorschriften für alle Streitfälle mit gleichem Streitgegenstand, sondern durch individuelle Anordnung ad hoc oder ad personam gebildet werden[177]. Auch einzelne Spruchkörper können ein Ausnahmegericht sein, sofern die Geschäftsverteilung ihnen einen Einzelfall zuweist[178]. Sie verstoßen ihrem Wesen nach gegen das Recht auf den gesetzlichen Richter[179]. Art. 101 I 1 GG unterstreicht dieses nur dem Gesetzgeber gegenüber: Auch dieser darf nicht durch parlamentarisches Gesetz ein Gericht für eine konkrete Angelegenheit oder eine bestimmte Person bilden[180], selbst wenn eine solche Entscheidung (wohl eher ausnahmsweise) nicht willkürlich wäre[181].

---

[169] Jarass/*Pieroth*, GG, Art. 101 Rn. 4; *Ipsen* (Fn. 48), Art. 101 Rn. 48.

[170] *Maunz* (Fn. 11), Art. 101 Rn. 18; *R. Mußgnug*, Das Recht auf den gesetzlichen Verwaltungsbeamten?, 1970, S. 9ff.

[171] BVerwGE 30, 172 (178).

[172] Jarass/*Pieroth*, GG, Art. 101 Rn. 4; *Ipsen* (Fn. 48), Art. 101 Rn. 48; *Roth*, Grundrecht (Fn. 12), S. 231f. → Art. 92 Rn. 55.

[173] BVerfGE 17, 294 (298f.); 18, 65 (69); 18, 344 (349); 19, 52 (59); 40, 356 (361); 69, 112 (120f.); 95, 322 (327f.); 97, 1 (10f.); *C. Sowada*, NStZ 2001, 169 (170); *W. Leisner*, NJW 1995, 285ff.; *Maunz* (Fn. 11), Art. 101 Rn. 11, 58; *Kunig* (Fn. 41), Art. 101 Rn. 12; zurückhaltend *G. Barbey*, HStR III, § 74 Rn. 60.

[174] BVerfG (K), NJW 1992, 2075f.; Jarass/*Pieroth*, GG, Art. 101 Rn. 5; *Reich*, GG, Art. 101 Rn. 2.

[175] BVerfGE 31, 145 (164); BVerfGK 5, 269 (280ff.); BVerfG (K), NJW 2011, 2191 (2192); *Ipsen* (Fn. 48), Art. 101 Rn. 56.

[176] So BVerfGE 3, 213 (223); 8, 174 (182); 10, 200 (212); *Sowada*, Richter (Fn. 1), S. 139ff.

[177] *Maunz* (Fn. 11), Art. 101 Rn. 3; zust. *H.-D. Horn*, HGR V, § 132 Rn. 13; *Kunig* (Fn. 41), Art. 101 Rn. 7; *Leuze* (Fn. 22), Art. 101 Rn. 35.

[178] BayVerfGH NJW 1984, 2813 (2813); *Leuze* (Fn. 22), Art. 101 Rn. 36.

[179] *Degenhart* (Fn. 60), Art. 101 Rn. 23; *Wassermann* (Fn. 12), Art. 101 Rn. 28.

[180] *Degenhart* (Fn. 60), Art. 101 Rn. 23; *Wassermann* (Fn. 12), Art. 101 Rn. 29.

[181] Vgl. *Ipsen* (Fn. 48), Art. 101 Rn. 122; *Kunig* (Fn. 41), Art. 101 Rn. 8; *C. Degenhart*, HStR³ V, § 114 Rn. 48; ausf. *Sowada*, Richter (Fn. 1), S. 139ff.

Besondere Erscheinungsformen der Gerichtsbarkeit in Form von **Gerichten für besondere Sachgebiete** (→ Rn. 24ff.) sind keine Ausnahmegerichte, wenn ihre Zuständigkeiten abstrakt-generell im Voraus bestimmt sind, z. B. erstinstanzliche Zuständigkeiten des Bundesverwaltungsgerichts[182], Familiengerichte, Gemeindegerichte[183] oder Wehrdisziplinargerichte[184]; anders als regelmäßig bei Ausnahmegerichten ist bei ihnen der Gleichheitssatz nicht durchbrochen[185]. 33

3. Der personelle Schutzbereich (Grundrechtsträger)

Art. 101 GG gewährt seinem Schutzzweck gemäß ein **subjektives Recht** für »jedermann« in einem umfassenden Sinne (»niemand«): Grundrechtsträger ist **jeder, der an einem gerichtlichen Verfahren** als Verfahrenspartei oder in ähnlicher Rechtsstellung[186] (Beschuldigter im Strafverfahren, Neben- und Privatkläger, Beigeladener) **beteiligt ist**[187], weil und insoweit er eigene rechtlich geschützte Interessen verfolgt und dabei der staatlichen Justizgewalt unterworfen ist; auf Art. 19 III GG kommt es nicht an[188]. Dazu können natürliche wie juristische Personen gehören[189], auch (im Übrigen nicht grundrechtsfähige) juristische Personen des öffentlichen Rechts[190] einschließlich Staaten[191], einschließlich ausländischer juristischer Personen[192], verallgemeinert jeder, der »nach den einschlägigen Prozessnormen parteifähig ist«[193], also auch nichtrechtsfähige Personenmehrheiten[194], Personenvereinigungen[195], BGB-Gesellschaften[196], ein Personalrat[197], Behörden[198] oder wer sonst von einem Gerichtsverfahren unmittelbar und konkret betroffen wird[199]. 34

Kein subjektives **Recht** aus Art. 101 GG kann der in seinen Kompetenzen übergangene Richter geltend machen, weil er weder Partei noch sonst Verfahrensbetroffener 35

---

182 BVerfGE 8, 174 (182).

183 BVerfGE 14, 56 (72).

184 BVerwG NZWehrR 1993, 169f.; *E.U. Schwandt*, ZBR 1994, 357ff.; weitere Beispiele bei *Kunig* (Fn. 41), Art. 101 Rn. 9.

185 Vgl. *H.-D. Horn*, HGR V, § 132 Rn. 23; *Maunz* (Fn. 11), Art. 101 Rn. 4.

186 Vgl. BVerfGE 13, 132 (141f.) für den Popularkläger; BVerfGE 96, 231 (238f., 242ff.).

187 *Degenhart* (Fn. 60), Art. 101 Rn. 4; *Ipsen* (Fn. 48), Art. 101 Rn. 34, 38; *H.-D. Horn*, HGR V, § 132 Rn. 35, 37; *Kunig* (Fn. 41), Art. 101 Rn. 11; *Wassermann* (Fn. 12), Art. 101 Rn. 13; ausf. *Sowada*, Richter (Fn. 1), S. 155ff.

188 *H.-D. Horn*, HGR V, § 132 Rn. 38f.

189 BVerfGE 18, 441 (447); 64, 1 (11).

190 BVerfGE 6, 45 (49f.); 21, 362 (373); 61, 82 (104); 75, 192 (200); 138, 64 (82f., Rn. 53ff.); BVerfG (K), NJW 2006, 2907 (2908); s. auch VerfG Brandenburg DVBl. 1999, 1722 (1723); BerlVerfGH DÖV 2001, 337f.; *Ipsen* (Fn. 48), Art. 101 Rn. 39; *H.-J. Wipfelder*, VBlBW 1982, 33ff.; *Kunig* (Fn. 41), Art. 101 Rn. 11. → Art. 19 III Rn. 40 (mit Fn. 158), 56.

191 BVerfGK 1, 32 (37f.); 9, 211 (213); BVerfG (K), NJW 2014, 1723 (1723).

192 BVerfGE 64, 1 (11); BVerfGK 2, 107 (112); *Müller-Terpitz* (Fn. 59), Art. 101 Rn. 6; *A. v. Mutius*, Jura 1983, 30 (36); *Kunig* (Fn. 41), Art. 101 Rn. 10. → Art. 19 III Rn. 40 mit Fn. 157.

193 BVerfGE 3, 359 (363); 19, 52 (56); 61, 82 (104); *Degenhart* (Fn. 60), Art. 101 Rn. 4.

194 BVerfGE 82, 286 (295f.); 96, 231 (243f.).

195 BVerfGE 19, 52 (56).

196 BVerfG (K), NJW 2002, 3533.

197 BVerfGE 28, 314 (323).

198 BVerfGE 138, 64 (82ff., Rn. 54ff.).

199 Vgl. BVerfGE 61, 82 (104); 82, 286 (296f.); *Kunig* (Fn. 41), Art. 101 Rn. 11; *Leuze* (Fn. 22), Art. 101 Rn. 3.

ist[200], auch nicht ein Zeuge, Sachverständiger[201] oder Verteidiger[202], der Unterzeichner eines Volksbegehrens im Blick auf das Prüfungsverfahren des Volksbegehrens durch das Landesverfassungsgericht[203] oder die Staatsanwaltschaft[204].

36 Auch Antragsteller im abstrakten Normenkontrollverfahren haben ein subjektives Recht auf den gesetzlichen Richter[205], das Art. 101 GG als **objektives Recht** (→ Rn. 16) stets auch in solchen verfassungs- oder verwaltungsgerichtlichen Verfahren fordert, in denen es keine Verfahrensbeteiligten gibt[206]. Das gilt nicht für die Beteiligten des Ausgangsverfahrens bei einer konkreten Normenkontrolle[207].

III. Der allgemeine Gewährleistungsgehalt des Art. 101 GG

1. Schutzrichtungen

a) Abwehr von Entzugsakten

37 Anders als bei den klassischen Freiheitsrechten als Abwehrrechten (→ Vorb. Rn. 84 ff.) vermischt sich bei Art. 101 GG stärker seine abwehr- mit seiner leistungsrechtlichen Dimension. Art. 101 I 2 GG gibt einen **(Abwehr-)Anspruch** auf Unterlassung, dass die gerichtlichen Entscheidungen anders als durch den gesetzlichen und gesetzmäßigen Richter getroffen werden. Ursprünglich seiner historischen Entstehung nach gegen Legislative und Exekutive gerichtet (→ Rn. 1 ff.), richtet er sich heute insoweit **gegen** objektive Interventionen als **Entzugsakte primär der Exekutive und** vor allem auch der **Justiz** selbst, ohne dass es auf deren Absicht ankäme[208]. Er soll der Gefahr vorbeugen, dass die Justiz durch Manipulation der rechtsprechenden Organe sachfremden Einflüssen ausgesetzt wird[209].

b) Anspruch auf Ausgestaltung durch Gesetzgeber

38 Art. 101 GG ist wie Art. 19 IV GG stark (wenn nicht: allein[210]) normgeprägt[211] und findet Anwendung (auch) nach Maßgabe der vielschichtigen gesetzlichen Ausgestaltung. Insoweit formuliert er zugleich einen leistungsrechtlichen **Anspruch an den Ge-**

---

[200] BVerfGE 15, 298 (301); *Ipsen* (Fn. 48), Art. 101 Rn. 40; *Maunz* (Fn. 11), Art. 101 Rn. 7; zur Angreifbarkeit von Geschäftsverteilungsplänen durch Richter vgl. BVerwG NJW 1976, 1224 ff.; *M. Wolf*, DRiZ 1976, 364 ff.; *A. Weitl*, DRiZ 1977, 112 f.

[201] *Grupp* (Fn. 36), Art. 101 Rn. 14; *Classen* (Fn. 41), Art. 101 Rn. 9.

[202] *Kunig* (Fn. 41), Art. 101 Rn. 11; *Maunz* (Fn. 11), Art. 101 Rn. 7.

[203] BVerfGE 96, 231 (238 f.).

[204] *Grupp* (Fn. 36), Art. 101 Rn. 14; *Degenhart* (Fn. 60), Art. 101 Rn. 4; *Sowada*, Richter (Fn. 1), S. 158 ff.; a.A. *Classen* (Fn. 41), Art. 101 Rn. 9.

[205] BVerfGE 82, 286 (296 f.); *Leuze* (Fn. 22), Art. 101 Rn. 3; *Classen* (Fn. 41), Art. 101 Rn. 10; anders noch BVerfGE 46, 34 (36).

[206] BVerfGE 40, 356 (361 f.); 82, 286 (296 f.); BVerwGE 69, 30 (33); Jarass/*Pieroth*, GG, Art. 101 Rn. 7; *Ipsen* (Fn. 48), Art. 101 Rn. 41; *Kunig* (Fn. 41), Art. 101 Rn. 11; *E. v. Szczepanski*, JZ 2000, 486 (489 f.).

[207] BVerfGE 42, 90 (91); *Morgenthaler* (Fn. 98), Art. 101 Rn. 8.

[208] *H.-D. Horn*, HGR V, § 132 Rn. 32; *Kunig* (Fn. 41), Art. 101 Rn. 21, 34; *Wassermann* (Fn. 12), Art. 101 Rn. 8; *C. Degenhart*, HStR³ V, § 114 Rn. 7; a.A. *Bettermann*, Unabhängigkeit (Fn. 63), S. 565.

[209] So BVerfGE 17, 294 (299); 95, 322 (327); 118, 212 (239, Rn. 105); *Wassermann* (Fn. 12), Art. 101 Rn. 7.

[210] So *D. Wolff*, AöR 141 (2016), 40 (52 f.), im Anschluss an *Roth*, Grundrecht (Fn. 12), S. 217 ff.

[211] BVerfGE 89, 28 (35); *Kingreen/Poscher*, Grundrechte, Rn. 1184; *H.-D. Horn*, HGR V, § 132 Rn. 26; *Kunig* (Fn. 41), Art. 101 Rn. 23.

setzgeber und gebietet, dass dieser ein dementsprechend ausgestaltetes **prozess- und organisationsrechtliches Normenwerk** bereitstellt, das möglichst weitgehend die vorherige Bestimmung des Richters erlaubt[212]. In diesem Rahmen hat der Gesetzgeber einen gewissen Spielraum gesetzgeberischen Ermessens bei der einfachgesetzlichen Bestimmung und Ausgestaltung des gesetzlichen Richters[213]; er darf aber das von Art. 101 GG gebotene Mindestmaß entsprechender Leistungen durch Gesetzesgestaltung nicht unterschreiten: Abwehr- und Leistungsanspruch sind insoweit kongruent (parallel → Art. 19 IV Rn. 84).

2. Grundrechtsadressaten

Die Ausgestaltung der Gesetzlichkeit des Richters durch den parlamentarischen Gesetzgeber, das Handeln der Verwaltung und die Handhabung des Gerichtsverfassungs- und Gerichtsverfahrensrechts durch die Gerichte dürfen den Anspruch auf den gesetzlichen Richter nicht unterlaufen. Art. 101 GG kann mithin durch **jeden Träger öffentlicher Gewalt** in Bund und Ländern verletzt werden[214]: durch den Gesetzgeber z. B. bei Erlass unangemessener gesetzlicher Vorschriften[215], durch die Verwaltung, vor allem aber auch – gemäß der erweiternden Rechtsprechung des Bundesverfassungsgerichts – durch die Gerichte selbst im Rahmen der Konkretisierung gesetzlicher Zuständigkeitsregeln etwa auch durch Geschäftsverteilungspläne und der Anwendung des Gerichtsverfahrensrechts. Art. 101 GG enthält aber weder Maßstäbe für die Berichterstattung der Massenmedien[216] noch für private Gerichte und deren Richter, etwa Schiedsgerichte nach den §§ 1025 ff. ZPO[217], noch für Private[218]. 39

IV. Zentrale Problemfelder der Garantie des gesetzlichen Richters zwischen Ausgestaltung und Beeinträchtigung

1. Der gesetzliche Richter und die Legislative

Der **Gesetzgeber** kann durch die Art seiner Regelung das Gebot des **Art. 101 GG** dadurch **verletzen**, dass er entgegen Art. 101 I 1 GG Ausnahmegerichte errichtet (→ Rn. 32 ff.); dass er Richtern, die nicht den Anforderungen der Art. 92, 97 GG entsprechen, Entscheidungsbefugnisse zuweist (a), oder dass der zur Entscheidung berufene Richter nicht hinreichend genau vorausbestimmt ist (b). 40

---

[212] Vgl. BVerfGE 95, 322 (328); *Ipsen* (Fn. 48), Art. 101 Rn. 27; *H.-D. Horn*, HGR V, § 132 Rn. 33; *C. Degenhart*, HStR³ V, § 114 Rn. 34; *Grupp* (Fn. 36), Art. 101 Rn. 16, 28; *Hänlein* (Fn. 63), Art. 101 Rn. 31 ff.

[213] *Morgenthaler* (Fn. 98), Art. 101 Rn. 15; a.A. *H.-D. Horn*, HGR V, § 132 Rn. 34.

[214] *Grupp* (Fn. 36), Art. 101 Rn. 15; *Ipsen* (Fn. 48), Art. 101 Rn. 42; *Kunig* (Fn. 41), Art. 101 Rn. 21; *Marx*, Richter (Fn. 2), S. 88 ff.; *Kern*, Richter (Fn. 1), S. 185 f., 213 f.

[215] Vgl. BVerfGE 22, 49 (73); *Marx*, Richter (Fn. 2), S. 97 ff.

[216] *Kunig* (Fn. 41), Art. 101 Rn. 2; *Leuze* (Fn. 22), Art. 101 Rn. 9, 45.

[217] *Ipsen* (Fn. 48), Art. 101 Rn. 43; *Kunig* (Fn. 41), Art. 101 Rn. 13; ausf. *W. Distler*, Private Schiedsgerichtsbarkeit und Verfassung, 2000, S. 56 ff., 68 ff.

[218] *Kunig* (Fn. 41), Art. 101 Rn. 21; anders LG Frankfurt/M. NJW 1988, 70 (71); dazu *C. Gloria*, DÖV 1988, 849 ff.; zur denkbaren Ausweitung einer Prorogationsmöglichkeit der Parteien im Zivilprozess durch Wahl eines bestimmten Spruchkörpers s. *S. Weth*, Prämien für gute Richter, in: FS Lüke, 1997, S. 961 ff.; zu den arbeitsrechtlichen sic-non-Fällen BAG NJW 2005, 1146 (1147); *G. Britz*, JA 2001, 573 (577); *T. Kluth*, NZW 2000, 463 ff.

a) Garantie von Richtern i.S.v. Art. 92, 97 GG

41 Das Recht auf den gesetzlichen Richter nach Art. 101 I 2 GG ist schon dann verletzt, wenn das Gesetz es ermöglicht, dass Richter zur Entscheidung berufen sind, die nicht den **Anforderungen der Art. 92, 97 GG** an Richter entsprechen[219] (→ Art. 92 Rn. 53 ff.; → Art. 97 Rn. 48 ff.; → Rn. 27). Diese Anforderungen werden über Art. 101 GG verfassungsbeschwerdefähig (→ Rn. 27), etwa dass Richter Gewähr für Neutralität und Objektivität bieten[220]. Deshalb ist es verfassungswidrig, wenn Mitglieder von Selbstverwaltungskörperschaften zugleich als Richter in solchen Selbstverwaltungsangelegenheiten mitwirken[221] oder die Funktionen der Gerichtsbarkeit auf die Verwaltung übertragen und so die Funktionen von Gerichtsbarkeit und Verwaltung vermengt werden[222]. Auch muss das Gesetz die Möglichkeiten vorsehen, Richter wegen Besorgnis der Befangenheit auszuschließen bzw. abzulehnen[223] (→ Rn. 27), etwa auch im Adhäsionsverfahren[224].

42 **Kein** die Neutralität und Objektivität der Richter gefährdender **verfassungswidriger Tatbestand** liegt demgegenüber darin, dass Anwälte als richterliche Mitglieder im Rahmen der Berufsgerichtsbarkeit im Anwaltssenat des Bundesgerichtshofs[225] oder (gruppenbetroffene) Verfolgte als Richter im Entschädigungssenat des Bundesgerichtshofs[226] mitwirken. Auch soll die Mitwirkung vorbefasster Richter nicht immer ausgeschlossen sein[227], obwohl es im Blick auf die Stellung der Prozesssubjekte richtiger, i.S.v. Art. 101 GG i.V.m. Art. 92, 97 GG eindeutiger und durchaus praktikabel wäre, stets von der Unzulässigkeit der erneuten Mitwirkung eines vorbefassten Richters auszugehen[228].

b) Die Zuständigkeitsbestimmung des Gesetzgebers

43 Der Gesetzgeber ist grundsätzlich frei, die Gesetzlichkeit des Richters neu zu regeln, sofern er das Gesetz nicht im Blick auf einen Einzelfall manipuliert[229]. Im Übrigen

---

[219] Jarass/*Pieroth*, GG, Art. 101 Rn. 6; *Grupp* (Fn. 36), Art. 101 Rn. 31 f.; *Degenhart* (Fn. 60), Art. 101 Rn. 9; *Classen* (Fn. 41), Art. 101 Rn. 24; *G. Barbey*, HStR III, § 74 Rn. 61 f.; *Maunz* (Fn. 11), Art. 101 Rn. 58 ff.

[220] S. nur BVerfGE 133, 168 (202 f., Rn. 62).

[221] Vgl. BVerfGE 18, 241 (255 f.); 54, 159 (172); BVerfG (K), NVwZ 1996, 885 f.

[222] BVerfGE 10, 200 (216 ff.) betr. Friedensgerichte; 22, 49 (73) betr. Strafgewalt von Finanzämtern; *H.-D. Horn*, HGR V, § 132 Rn. 41; *K.A. Bettermann*, AöR 94 (1969), 263 (272).

[223] BVerfGE 21, 139 (146); 30, 149 (153); BVerfGK 5, 269 (279 f.); *Voßkuhle*, Rechtsschutz (Fn. 132), S. 114; *C. Degenhart*, HStR³ V, § 114 Rn. 42; *G. Barbey*, HStR III, § 74 Rn. 64; die Wahlfreiheit zwischen Ausschluss- und Ablehnungsregelung ausdrücklich offenlassend BVerfG (K), NVwZ 1996, 885 (885).

[224] BVerfG (K), NJW 2007, 1670 (1671).

[225] BVerfGE 26, 186 (193 ff.).

[226] BVerfGE 23, 85 (91).

[227] BVerfGE 30, 149 (153) für Ergänzungsrichter und am Eröffnungsbeschluss beteiligte Richter; 78, 331 (337 f.); BVerwG NVwZ-RR 2009, 662 (663) für Vorbefassung mit der durch Anhörungsrüge angegriffenen Entscheidung; anders aber für Richter im Wiederaufnahmeverfahren, die im Revisionsverfahren beteiligt waren, auch BVerfGE 30, 165 (168); s. ferner *R. Klenke*, DÖV 1998, 155 ff.; *E. Weiler*, NJW 1996, 1042 ff.; *M. Niemöller/G.F. Schuppert*, AöR 107 (1982), 387 (420); für den Truppendienstrichter, der den Disziplinararrest verhängt hat und über die Beschwerde entscheidet, vgl. *E. Lingens*, NZWehrR 1997, 148 ff.

[228] In diesem Sinne BVerfGE 30, 157 (161 ff.) – *Sondervotum Leibholz/Geiger/Rinck*; *Grupp* (Fn. 36), Art. 101 Rn. 17.

[229] *Maunz* (Fn. 11), Art. 101 Rn. 23 f.

kann er in der Art der Ausgestaltung der Zuständigkeit des Richters das von Art. 101 GG Gebotene überschreiten. Das Bundesverfassungsgericht fordert grundsätzlich eine **»möglichst eindeutige« Vorausbestimmung** und erkennt nur »unvermeidliche« Ungenauigkeiten an[230]. Es differenziert dabei in seinen Bestimmtheitsanforderungen danach, ob die abschließende Festlegung des Richters in Anwendung des Gesetzes durch die Exekutive oder aber durch die Judikative selbst erfolgt – im letzten Fall kann die Regelungsdichte lockerer sein[231]. Die Verwendung unbestimmter Rechtsbegriffe ist mithin nicht ausgeschlossen; ihre Auslegung muss aber nach »eindeutigen und sachgerechten Kriterien« erfolgen[232], wobei auch eine andere Anwendung zulässig sein kann[233]. Damit erhält der Gesetzgeber einen gewissen Optimierungsspielraum, der bei einer Reduzierung auf einen bloßen Willkürausschluss dem verfassungsrechtlich gebotenen Höchstmaß an gesetzestechnisch möglicher Eindeutigkeit zuwiderlaufen kann[234]; freilich ergeben sich wohl im praktischen Ergebnis keine anderen Anforderungen, wenn man auf Bedürfnisse und Bestand einer funktionsfähigen Justiz als Rechtfertigungsgrund für Zuständigkeitsunschärfen abstellt[235].

Unzulässig ist es jedenfalls, wenn i. S. »fliegender Gerichtsstände« **mehrere** verschiedene **Zuständigkeiten** für ein und dieselbe Sache gesetzlich vorgesehen sind[236], sofern nicht aus sachlichen Gründen begrenzte Wahlmöglichkeiten eingeräumt werden[237] (vgl. § 35 ZPO). Gleiches gilt, wenn die Zulassung einer Revision von der Arbeitsbelastung des Revisionsgerichts abhängig gemacht wird[238] oder sonst vom Ermessen des Gerichts abhängig sein soll, das wie in § 554b ZPO verfassungskonform nach Maßgabe materieller Kriterien ausgelegt werden muss[239]. Für das Bundesverfassungsgericht als gesetzlicher Richter (→ Rn. 28) kann die Nichtannahme von Verfassungsbeschwerden deshalb ohne Verfassungsänderung nicht in das freie Ermessen des Bundesverfassungsgerichts gestellt werden, sondern bedarf eindeutiger und sachgerechter Entscheidungskriterien. Auch das geltende Recht, das in § 93a II b) BVerfGG die Annahme von Verfassungsbeschwerden davon abhängig macht, ob solches »angezeigt« ist, muss verfassungskonform nach objektiven Kriterien in dem Sinne interpretiert werden, ob die geltend gemachte Verletzung von Grundrechten besonderes Gewicht hat[240]. 44

---

230 BVerfGE 6, 45 (50f.); 9, 223 (226); 17, 294 (299f.); 22, 254 (258); 27, 18 (34); 31, 145 (163f.); 40, 269 (271); 63, 77 (79); 82, 286 (298); 95, 322 (329f.); *Classen* (Fn. 41), Art. 101 Rn. 18; *Sowada*, Richter (Fn. 1), S. 199ff.; *G. Britz*, JA 2001, 573 (574f.); krit. *Roth*, Grundrecht (Fn. 12), S. 86ff.

231 Vgl. BVerfGE 20, 336 (343ff.); 25, 336 (346f.); BVerwGE 72, 59 (62); *Degenhart* (Fn. 60), Art. 101 Rn. 10; Jarass/*Pieroth*, GG, Art. 101 Rn. 13; *Classen* (Fn. 41), Art. 101 Rn. 22, 47.

232 BVerfGE 91, 93 (117) betr. Abgrenzung Zulässigkeitsvoraussetzung/Begründetheitsfrage; strenger BVerfGE 19, 145 (147); *Maunz* (Fn. 11), Art. 101 Rn. 27; *Kunig* (Fn. 41), Art. 101 Rn. 26: nur wenn »zwingend gefordert«.

233 *Müller-Terpitz* (Fn. 59), Art. 101 Rn. 12.

234 Krit. *Kunig* (Fn. 41), Art. 101 Rn. 25f.

235 So *Kunig* (Fn. 41), Art. 101 Rn. 26.

236 Jarass/*Pieroth*, GG, Art. 101 Rn. 12; *Classen* (Fn. 41), Art. 101 Rn. 34.

237 *H.-D. Horn*, HGR V, § 132 Rn. 70; *Classen* (Fn. 41), Art. 101 Rn. 22f., 33; zur Zulässigkeit von Gerichtsstandvereinbarungen ebd. Rn. 26; zust. Jarass/*Pieroth*, GG, Art. 101 Rn. 12; gleichsinnig *Leuze* (Fn. 22), Art. 101 Rn. 17f.

238 Vgl. BVerfGE 54, 277 (292f.); s. auch E 65, 77 (91).

239 Vgl. BVerfGE 54, 277 (285ff.); *W. Grunsky*, JZ 1979, 129 (132f.); strenger *Bettermann*, Unabhängigkeit (Fn. 63), S. 571; *H.-J. Bausewein*, JZ 1978, 53ff.

240 Einzelheiten bei *R. Lamprecht*, NJW 2001, 419ff.; *H. Lechner/R. Zuck*, BVerfGG, 7. Aufl. 2015, § 93a Rn. 22ff.; krit. *Degenhart* (Fn. 60), Art. 101 Rn. 11; *P. Kunig*, Verfassungsrecht und einfaches

45 **Zulässig** im Lichte von Art. 101 I 2 GG ist die gesetzliche Möglichkeit, dass durch bindenden Verweisungsbeschluss ein Gericht ein anderes für zuständig erklärt[241]. Es ist wohl auch unvermeidlich, wenn das Rechtsmittelgericht oder das Bundesverfassungsgericht bei einer Zurückverweisung nach verschiedenen Kriterien flexibel zwischen verschiedenen Gerichten wählen können soll (vgl. § 354 II StPO, § 563 I 2 ZPO, § 95 II BVerfGG)[242], sofern es sich nicht sogar zulässigerweise selbst für die Festsetzung der Angemessenheit der Rechtsfolge für zuständig erklärt[243], wenn ein Rechtsmittel von seiner Zulassung durch das Rechtsmittelgericht abhängig gemacht wird (vgl. z. B. §§ 124, 132 VwGO)[244] oder wenn durch abstrakt-generelle Neuregelung der Zuständigkeiten im Gesetz auch (oder im Interesse des verfassungsrechtlichen Beschleunigungsgebots in Haftsachen: nur[245]) bereits anhängige Fälle erfasst werden[246]. Auch die (Rück-)Übertragung einer Rechtssache von einem Spruchkörper auf den Einzelrichter (oder umgekehrt) im Blick auf deren »besondere Schwierigkeiten« (z. B. § 348a I, II ZPO, § 6 I, III VwGO) ist hinnehmbar[247] (und darf nicht durch bloß informelle Anfragen umgangen werden[248]) wie die Wahlmöglichkeit des Oberverwaltungsgerichts, in Beschlussbesetzung oder unter Hinzuziehung der ehrenamtlichen Richter zu entscheiden[249]. Auch für richterliche Mediatoren gelten abgeschwächte Maßstäbe[250].

46 Verfassungsrechtlich seit langem besonders umstritten ist aber das im Strafprozessrecht normierte **System beweglicher Gerichtsstände**, demzufolge die Anklagebehörde ein gewisses Wahlrecht bei der Bestimmung des zuständigen Richters hat (vgl. heute §§ 7 ff. StPO[251], § 24 I Nr. 2 und 3, §§ 25, 25 Nr. 2, 74a II GVG). Das Bundesverfassungsgericht hat solche Durchbrechungen des Rechts auf den gesetzlichen Richter als zulässig angesehen, wenn die Zuständigkeit »unter justizmäßigen Gesichtspunkten generalisiert und sachfremden Einflüssen auf das Verfahren vorgebeugt« wird[252]. Eben deshalb verlangt aber Art. 101 I 2 GG gerade eine strikte Gesetzlichkeit des Richters, die der Staatsanwaltschaft schon die Möglichkeit einer manipulativen Auswahl verbietet: Nicht nur ein freier, nahezu »beliebig« ausfüllbarer, sondern auch

Recht – Verfassungsgerichtsbarkeit und Fachgerichtsbarkeit, VVDStRL 61 (2002), S. 34 ff. (66 ff.); s. auch *H. Sendler*, NJW 1995, 3291 ff.; *R. Zuck*, NJW 1993, 2641 (2643 f.).

241 BVerfGE 6, 45 (52 f.).

242 Vgl. BVerfGE 4, 412 (424); 20, 336 (345); 118, 212 (240 f., Rn. 110 f.); *Ipsen* (Fn. 48), Art. 101 Rn. 91; krit. *Classen* (Fn. 41), Art. 101 Rn. 46; *K.A. Bettermann*, AöR 94 (1969), 263 (298 ff.); *Wassermann* (Fn. 12), Art. 101 Rn. 15; *Kunig* (Fn. 41), Art. 101 Rn. 9; ausf. *Sowada*, Richter (Fn. 1), S. 764 ff.

243 BVerfGE 118, 212 (240 f., Rn. 111) betr. § 354 Ia 1 StPO.

244 Vgl. BVerfGE 54, 277 (292); 65, 77 (91); 91, 93 (117 f.); *Kunig* (Fn. 41), Art. 101 Rn. 28.

245 BVerfGK 15, 247 (252 f.); noch offenlassend BVerfG (K), NJW 2005, 2689 (2690).

246 BVerfGE 24, 48 (54 f.); BVerfG (K), NJW 2005, 2689 (2690); *Degenhart* (Fn. 60), Art. 101 Rn. 13.

247 Vgl. BVerfG (Vorprüfungsausschuss), NJW 1984, 559; BVerwGE 122, 94 (95 f.); *Classen* (Fn. 41), Art. 101 Rn. 41 ff.; *T. Rasehorn*, NJW 1977, 789 (790 f.); a.A. *Leuze* (Fn. 22), Art. 101 Rn. 13 ff. m.w.N.; *J.M. Gerharz*, Der Einzelrichter in der Finanzgerichtsbarkeit als gesetzlicher Richter, 1999, S. 139 ff., 176 ff.; *Roth*, Grundrecht (Fn. 12), S. 164 ff.

248 BGH NJW 2004, 223.

249 BVerwGE 72, 59 ff.

250 *R. Wimmer/U. Wimmer*, NJW 2007, 3243 (3246).

251 Vgl. krit. OLG Hamm NStZ-RR 1999, 16; anders *M. Heghmanns*, StV 2000, 277 ff.; umfassend *Sowada*, Richter (Fn. 1), S. 631 ff.

252 BVerfGE 9, 223 (226 f.); 22, 254 (259 ff.); s. auch zu § 25 Nr. 2 GVG OLG Oldenburg MDR 1994, 1139; *H.-D. Horn*, HGR V, § 132 Rn. 69; *R. Fischer*, NJW 1996, 1044 f.; *O. Schäfer*, DRiZ 1997, 168 ff.; ausf. *Sowada*, Richter (Fn. 1), S. 592 ff., 822 ff.

schon ein gesetzlich stärker als durch Begriffe wie »mindere« oder »besondere Bedeutung« determinierbarer, z.B. durch Regelbeispiele begrenzbarer Auswahlspielraum ist verfassungsrechtlich kaum zu rechtfertigen[253]. Ähnlich problematisch ist es, wenn Entscheidungen von Staatsanwaltschaften mit Folgen für die gerichtliche Zuständigkeit gerichtlicher Kontrolle unzugänglich sind[254], das Schöffengericht auf Antrag der Staatsanwaltschaft um einen zweiten Berufsrichter erweitert wird (§ 29 II 1 GVG)[255] oder wenn Strafvollzugsbehörden durch Verlegung von Gefangenen die gerichtliche Zuständigkeit beeinflussen können[256].

2. Der gesetzliche Richter und die Exekutive

Das Recht auf den gesetzlichen Richter kann auch durch das Handeln der Exekutive unterlaufen und damit verletzt werden, wenn diese Rechtsprechungsfunktionen wahrnimmt oder in die gesetzliche Zuständigkeitsordnung eingreift[257], obwohl in dieser Konfliktkonstellation nicht mehr (zur Geschichte: → Rn. 1ff.) die aktuellen Probleme liegen[258]. So ist die **Einflussnahme der Exekutive** auf die Justiz durch Ernennung und Besoldung[259] der Richter grundsätzlich ebensowenig eine Beeinträchtigung der Garantie des gesetzlichen Richters[260] wie die Einrichtung einzelner Spruchkörper oder die Festsetzung der Grenzen eines Gerichtsbezirks, soweit die Justizverwaltung entsprechende durch Rechtsverordnung übertragene Befugnisse[261] abstrakt-generell und willkürfrei nach sachgerechten Kriterien ausübt[262]. 47

Das Verhalten der Exekutive kann aber im Einzelfall zur **Richterbestellung »ad hoc und ad personam«**[263] und damit zum Verstoß gegen Art. 101 GG werden, wenn die Exekutive das Auswahl- und Ernennungsverfahren von Richtern im Blick auf die personelle Zusammensetzung eines bestehenden Spruchkörpers unter Berücksichtigung von bestimmten Einzelfällen manipuliert: Die bewusste Verzögerung der Wahl eines neuen Richters im Richterwahlausschuss um der Verlängerung der Amtsausübung eines anderen (Bundesverfassungs-)Richters über dessen abgelaufene Amtszeit hinaus, erst recht im Blick auf bestimmte anhängige Verfahren, dürfte ebensowenig mit Art. 101 I 2 GG vereinbar sein[264] wie die monatelange Sperre der Wiederbesetzung 48

[253] Zur Kritik *A. Uhle*, HGR V, § 129 Rn. 39; *Kunig* (Fn. 41), Art. 101 Rn. 26, 28; *Leuze* (Fn. 22), Art. 101 Rn. 10f.; *Wassermann* (Fn. 12), Art. 101 Rn. 15; *Maunz* (Fn. 11), Art. 101 Rn. 28ff., 32; *C. Degenhart*, HStR³ V, § 114 Rn. 35ff.; *H. Hill*, HStR VI, § 156 Rn. 52; *G. Grünwald*, JuS 1968, 452 (457); ausf. *Classen* (Fn. 41), Art. 101 Rn. 35ff.; *Roth*, Grundrecht (Fn. 12), S. 108ff.; *E. Achenbach*, Staatsanwalt und Richter – ein vergessenes Problem?, in: FS Wassermann, 1985, S. 849ff. (855ff.); *H. Engelhardt*, DRiZ 1982, 418ff.

[254] Krit. zu §§ 120 II und 29 II GVG: *Classen* (Fn. 41), Art. 101 Rn. 36 bzw. 43.

[255] *Grupp* (Fn. 36), Art. 101 Rn. 21.

[256] Krit. zu § 24 Strafvollstreckungsordnung *Leuze* (Fn. 22), Art. 101 Rn. 12, im Anschluss an *Roth*, Grundrecht (Fn. 12), S. 133ff.

[257] Zur früheren Strafgerichtsbarkeit der Finanzämter BVerfGE 22, 49 (73ff.). → Art. 92 Rn. 17, 42.

[258] Jarass/*Pieroth*, GG, Art. 101 Rn. 14; *H.-D. Horn*, HGR V, § 132 Rn. 71; *Kunig* (Fn. 41), Art. 101 Rn. 29.

[259] Vgl. BVerfGE 23, 321 (325); *Wassermann* (Fn. 12), Art. 101 Rn. 17.

[260] Jarass/*Pieroth*, GG, Art. 101 Rn. 14; *Kunig* (Fn. 41), Art. 101 Rn. 30; *Leuze* (Fn. 22), Art. 101 Rn. 30.

[261] Vgl. BVerfGE 24, 155 (167); 27, 18 (35); *Leuze* (Fn. 22), Art. 101 Rn. 29.

[262] *Maunz* (Fn. 11), Art. 101 Rn. 38f.; *Wassermann* (Fn. 12), Art. 101 Rn. 18.

[263] Vgl. BVerfGE 82, 159 (194); *Müller-Terpitz* (Fn. 59), Art. 101 Rn. 5.

[264] *Müller-Terpitz* (Fn. 59), Art. 101 Rn. 9, 18; *Leuze* (Fn. 22), Art. 101 Rn. 33; *W. Höfling/T. Roth*, DÖV 1997, 67 (70ff.); *B. Rüthers*, NJW 1996, 1867ff.; *R. Wassermann*, NJW 1996, 702f.; a.A. *U.*

der Stelle eines Vorsitzenden Richters[265], sofern es keine Gründe gibt, die sachfremde Einflussnahmen ausschließen[266]. Das gilt nicht für eine Zurücknahme der Anklage durch den Staatsanwalt und ihre Wiederholung vor einem anderen Gericht, solange noch kein Beschluss zur Eröffnung des Hauptverfahrens vorliegt[267].

49 **Verfassungsrechtlich unschädlich** ist demgegenüber regelmäßig die abstrakt-individuelle Regel, die eine gerichtliche Zuständigkeit an den jeweiligen Sitz einer Verwaltungsbehörde koppelt (vgl. § 52 Nr. 2, 3 VwGO)[268] oder übergangsweise eine örtliche Zuständigkeit vom Behördengang abhängig macht[269], es sei denn, die behördliche Zuständigkeit würde im Einzelfall geändert, um die Zuständigkeit eines bestimmten Gerichts herbeizuführen (→ Rn. 46).

3. Der gesetzliche Richter und die Justiz

a) Gerichtsorganisatorische Entscheidungen

50 Wie die gesetzlichen Zuständigkeitsregeln (→ Rn. 43ff.) müssen auch Maßnahmen innerhalb der Gerichtsorganisation dem Anspruch des Art. 101 I 2 GG genügen: Sie dürfen niemandem den in der Sache gesetzlich berufenen Richter entziehen[270]. Vor allem haben auch die ergänzenden gerichtsorganisatorischen Entscheidungen, namentlich **Geschäftsverteilungspläne** (→ Rn. 22) den gesetzlichen Richter im Voraus, d.h. vor Beginn des Geschäftsjahres für dessen Dauer, so **eindeutig und genau wie möglich** zu bestimmen[271], und zwar schriftlich[272], vollständig[273], abstrakt-generell[274] und nach objektiven Kriterien ohne Ansehung der Person oder des Einzelfalls[275], etwa nach der zeitlichen Reihenfolge des Eingangs der Sache[276]. Z.B. müssen bei der Neubildung eines Spruchkörpers die an ihn abzugebenden Sachen nach allgemeinen und jederzeit ohne weiteres nachprüfbaren Merkmalen bestimmt sein[277]. Ein Verstoß ge-

---

Kischel, HStR³ III, § 69 Rn. 62; *Hänlein* (Fn. 63), Art. 101 Rn. 96; *B. Sangmeister*, NJW 1996, 2561ff.; zur verzögerten Besetzung von Beförderungsstellen BGHZ 95, 246ff.

265 Vgl. BSG NJW 2007, 2717ff.; BGHSt 8, 17 (21); *B. Werner*, NJW 2007, 2671ff.; *Wassermann* (Fn. 12), Art. 101 Rn. 21.

266 BVerwG BayVBl. 2002, 439 (440f.) betr. Auflösung des Bundesdisziplinargerichts.

267 So BVerfGE 18, 423 (428); krit. *Leuze* (Fn. 22), Art. 101 Rn. 30; *Wassermann* (Fn. 12), Art. 101 Rn. 19.

268 BVerfGE 27, 18 (35f.); BVerfG (K), NVwZ-RR 2006, 667 (667); *Müller-Terpitz* (Fn. 59), Art. 101 Rn. 17; *Kunig* (Fn. 41), Art. 101 Rn. 28; a.A. *W. Treptow*, NJW 1975, 1105 (1107).

269 BVerwG DÖV 1981, 26; BVerwG DÖV 1981, 841f.

270 BVerfGE 4, 412 (416); 82, 286 (298); BVerfGK 5, 230 (235); *L. Frauendorf*, DÖV 1980, 553 (556); *Kunig* (Fn. 41), Art. 101 Rn. 32, 36.

271 BVerfGE 17, 294 (299ff.); 18, 65 (69); 95, 322 (329); 97, 1 (10f.); BVerwGE 20, 39 (41); *Müller-Terpitz* (Fn. 59), Art. 101 Rn. 26; *Degenhart* (Fn. 60), Art. 101 Rn. 14; *Kunig* (Fn. 41), Art. 101 Rn. 38; *Hänlein* (Fn. 63), Art. 101 Rn. 39ff.; *O. Schmitt*, SGb. 2015, 662 (664ff.); ausf. *U. Reichl*, Probleme des gesetzlichen Richters in der Verwaltungsgerichtsbarkeit, 1994, S. 90ff.; krit. *Classen* (Fn. 41), Art. 101 Rn. 15.

272 BGH (Vereinigte Große Senate), BGHZ 126, 63 (85f.); BGHSt 49, 130 (134); BVerfGE 95, 322 (328).

273 BVerwG NJW 1991, 1370f.

274 BVerfGE 82, 286 (298); 95, 322 (329, 333); 97, 1 (10f.); ThürVerfGH NVwZ 2007, 950 (951).

275 BVerfGE 82, 286 (298); 97, 1 (10f.); BVerwG NJW 1988, 1339; *Maunz* (Fn. 11), Art. 101 Rn. 43; *Kunig* (Fn. 41), Art. 101 Rn. 38; Jarass/*Pieroth*, GG, Art. 101 Rn. 21; speziell zur Zulässigkeit des Rotationssystems OVG Berlin NJW 1999, 594 (595); *F. Schröder*, DRiZ 2006, 291ff.

276 BVerfG (K), NJW 2005, 2540 (2541); krit. *Leuze* (Fn. 22), Art. 101 Rn. 21.

277 BVerwG DVBl. 1985, 165f.

gen Art. 101 I 2 GG ist dann zu bejahen, wenn eine objektive Möglichkeit der Manipulation gegeben ist[278], in Strafverfahren also Kriterien, die die Staatsanwaltschaft durch Gestaltung der Anklage beeinflussen kann (z.B. Name des erstgenannten Angeklagten)[279]. Das ist freilich nicht schon deshalb anzunehmen, weil ein über die Geschäftsverteilung beschließendes Präsidium objektiv fehlerhaft zusammengesetzt war[280]. Die konkrete Anwendung eines Art. 101 I 2 GG entsprechenden Geschäftsverteilungsplans kann gegen Art. 101 I 2 GG verstoßen, wenn sie auf unvertretbaren, mithin sachfremden und damit willkürlichen Erwägungen beruht[281] (→ Rn. 57ff.).

Dabei ist die **Verwendung unbestimmter Rechtsbegriffe** (wie z.B. »Verhinderung«, »Sachzusammenhang«, »Schwerpunkt einer Angelegenheit«) unvermeidlich und zulässig, soweit sie eine abstrakt-generelle Bestimmung des gesetzlichen Richters erlauben, welcher Richter in welcher Sache mitzuwirken hat[282]. Solche unvermeidlichen Ungenauigkeiten ergeben sich insbesondere in Fällen des Ausscheidens, der Krankheit, der Verhinderung, des Urlaubs und des Wechsels von Richtern[283], auch ihrer (objektiven) Überlastung[284], deren Abhilfe durch nachträgliche Änderung des Geschäftsverteilungsplans, etwa durch Einrichtung einer Hilfsstrafkammer[285], dazu geeignet sein muss[286]. Den Gerichtsvorsitzenden darf dabei **kein Ermessen** eingeräumt werden[287], sondern nur der mit unbestimmten Rechtsbegriffen unvermeidlich verbundene Auslegungsspielraum[288]. Die individuelle Überlastung eines Richters ist demgegenüber keine Frage des Art. 101 I 2 GG[289]. 51

Diese Grundsätze gelten insbesondere auch für **Geschäftsverteilungspläne** (nach § 21g II GVG) **bei überbesetzten Spruchkörpern**, also Kammern oder Senaten mit mehr richterlichen Mitgliedern als gerichtsverfassungsrechtlich für die Entscheidungen in den jeweiligen Gerichtsverfahren im einzelnen Fall regelmäßig erforderlich oder zulässig sind. Eine solche Überbesetzung jedenfalls mit ein oder zwei Richtern ist im Blick auf ihre relative Unvermeidbarkeit (→ Rn. 22) zwar grundsätzlich zulässig, um im Falle der persönlichen Verhinderung einzelner Richter, der Verschiebungen oder des Wachstums des zu erwartenden Geschäftsanfalls u.ä. die Aufgabenerfüllung der einzelnen Spruchkörper zu gewährleisten[290]. Die Verteilung der Zuständigkeiten innerhalb des überbesetzten Spruchkörpers auf die einzelnen Spruchgruppen darf 52

---

[278] Vgl. BVerfGE 18, 65 (70); 18, 344 (349f.); *P. Müller*, JZ 1976, 587 (589); deshalb für Veröffentlichung von Beschlüssen des sog. Sechser-Ausschusses nach § 14 V BVerfGG im Falle von Zuständigkeitskonflikten zwischen den Senaten des BVerfG: *E. Haas*, Bundesverfassungsgericht und Fachgerichte, in: FS 50 Jahre BayVerfGH, 1997, S. 27ff. (34).

[279] BGH NJW 1958, 1503; *Grupp* (Fn. 36), Art. 101 Rn. 34; *Classen* (Fn. 41), Art. 101 Rn. 48.

[280] BVerfGE 31, 47 (53f.); *Kunig* (Fn. 41), Art. 101 Rn. 38; *Wassermann* (Fn. 12), Art. 101 Rn. 24.

[281] BVerfGE 95, 322 (333); BVerfGK 7, 465 (476).

[282] BVerfGE 95, 322 (332f.); BVerfG (K), NJW 1998, 2962 (2963); BFH NJW 1998, 335 (335f.); *Degenhart* (Fn. 60), Art. 101 Rn. 16; *H.-D. Horn*, HGR V, § 132 Rn. 65; großzügiger noch BVerfGE 18, 344 (351f.); 69, 112 (120).

[283] Vgl. BVerfGE 17, 294 (299f.); BVerwGE 44, 215 (219); *Kunig* (Fn. 41), Art. 101 Rn. 38.

[284] BGHSt 44, 161 (169f.).

[285] BGHSt 53, 268 (271ff.); BGH NJW 2000, 1580 (1581f.).

[286] BVerfG (K), NJW 2005, 2689 (2690).

[287] BGH (Vereinigte Große Senate), BGHZ 126, 63 (81); BAGE 81, 265 (283); 84, 189 (193f.); 88, 344 (354f.); *H.-D. Horn*, HGR V, § 132 Rn. 58.

[288] BVerfGE 95, 322 (332f.); 97, 1 (11); *Leuze* (Fn. 22), Art. 101 Rn. 20. – Zu Problemen des Bereitschaftsdienstes s. *T. Falk*, DRiZ 2007, 151ff.

[289] BVerfGK 19, 407 (411f.); *Morgenthaler* (Fn. 98), Art. 101 Rn. 14.2.; *K.F. Gärditz*, DVBl. 2012, 966 (968).

[290] *Degenhart* (Fn. 60), Art. 101 Rn. 14; allg. dazu aus der Lit. *Reichl*, Probleme (Fn. 271), S. 132ff.;

aber grundsätzlich nicht dem Ermessen des Vorsitzenden oder dem Zufall seiner Terminierung[291] überlassen bleiben, sondern muss in den nach § 21g II GVG vorgesehenen Geschäftsverteilungsplänen ebenfalls nach objektiven Kriterien wie z.B. Eingangsdatum, Rechtsgebiet, Herkunftsgerichtsbezirk usw. abstrakt-generell und im Voraus bestimmt werden[292]; § 21g II GVG ist mithin eine Ausprägung des »gesetzlichen Richters« i.S.v. Art. 101 I 2 GG[293]. Geschäftsverteilungspläne sind unmittelbar an Art. 101 I 2 GG zu messen[294].

53 Eine solche gesetzliche **Bestimmtheit im Voraus** ist stets auch **für den Berichterstatter** einer Sache innerhalb des Spruchkörpers jedenfalls dann erforderlich, wenn der Berichterstatter allein entscheidender Einzelrichter werden kann[295] (vgl. §§ 6, 87a III VwGO, § 348a ZPO, § 79a I FGO) und wenn – in überbesetzten Spruchkörpern – von der Person des Berichterstatters die Zusammensetzung der Spruchgruppe abhängt[296]. Im Übrigen soll es aber kein generelles Recht auf den gesetzlichen Berichterstatter aus Art. 101 I 2 GG geben[297], so dass die Bestimmung des Berichterstatters in überbesetzten Spruchkörpern insoweit dem Vorsitzenden zugewiesen werden kann; diese Ansicht wird wohl kaum der faktisch oft dominierenden oder präjudizierenden Rolle des Berichterstatters[298] gerecht.

54 In diesen strengeren Anforderungen sieht das Bundesverfassungsgericht zugleich eine Verdeutlichung und Fortbildung seiner Rechtsprechung zu Art. 101 I 2 GG[299], die im europäischen Vergleich ganz besonders streng erscheint (→ Rn. 12). Damit scheint **die ältere Rechtsprechung zu den überbesetzten Spruchkammern** hinfällig geworden zu sein[300]: Nach ihr verstößt schon die Überbesetzung dann gegen Art. 101 I 2 GG, wenn sie zur Bildung von zwei in ihrer personellen Zusammensetzung völlig verschiedenen Spruchgruppen führen kann[301] (z.B. im Falle eines Senats, der im Regelfall in

---

Goeckel, Grundsätze (Fn. 63), S. 69ff.; *Henkel*, Richter (Fn. 132), S. 53ff., 68ff.; *Marx*, Richter (Fn. 2), S. 38ff., 48ff.

[291] BVerfGE 95, 322 (331f.); 97, 1 (10f.); BVerfGK 3, 192 (194ff.); BGH NJW 2000, 371 (372); *Classen* (Fn. 41), Art. 101 Rn. 50; *T. Roth*, NJW 2000, 3692ff.; *W. Leisner*, NJW 1995, 285 (287); anders noch etwa BVerfGE 22, 282 (286); BFH NJW 1992, 1062ff.; jetzt wieder *Müßig*, Richter (Fn. 28), S. 287.

[292] So ausf. BVerfGE 95, 322 (331), im Anschluss an BVerfG (Vorlagebeschluss), NJW 1995, 2703ff.; *Leuze* (Fn. 22), Art. 101 Rn. 25; ausf. *Sowada*, Richter (Fn. 1), S. 343ff.; dazu krit. *Ipsen* (Fn. 48), Art. 101 Rn. 81ff.; *B. Sangmeister*, NJW 1998, 721ff.; s. auch *G. Felix*, BB 1995, 1811f.; *M. Wiebel*, BB 1995, 1197ff.; anders zuvor etwa noch BVerfGE 18, 344 (351f.); 69, 112 (120); BGH (Vereinigte Große Senate), BGHZ 126, 63 (78f.).

[293] So *G. Felix*, BB 1992, 1001ff.; *ders.*, NJW 1992, 217f.; *ders.*, NJW 1992, 1607ff.; *B. Sangmeister*, BB 1993, 761ff.; *Kissel/Mayer* (Fn. 66), § 21g Rn. 4ff.

[294] BVerfGK 19, 407 (410).

[295] BVerfGE 95, 322 (330f.); *J. Berkemann*, JR 1997, 281 (283f.); *Degenhart* (Fn. 60), Art. 101 Rn. 15; *Wassermann* (Fn. 12), Art. 101 Rn. 26; ausf. *Roth*, Richter (Fn. 12), S. 32ff.; insoweit überholt BVerfGE 19, 52 (63).

[296] BVerfGE 95, 322 (331).

[297] BVerfGE 95, 322 (331); BFH NJW 1996, 78f.; ThürVerfGH NVwZ 2007, 950 (951); *Ipsen* (Fn. 48), Art. 101 Rn. 87; *Müller-Terpitz* (Fn. 59), Art. 101 Rn. 27; *Classen* (Fn. 41), Art. 101 Rn. 14; *M. Pechstein*, Jura 1998, 197 (200); krit. *J. Berkemann*, JR 1997, 281 (284); *W. Fichte*, SGb 1996, 93ff.

[298] *Grupp* (Fn. 36), Art. 101 Rn. 24; s. näher *Sowada*, Richter (Fn. 1), S. 449ff.; *G. Felix*, BB 1995, 1665; *P.-A. Zeihe*, SGb 1996, 606ff.; BSG NJW 1996, 2181.

[299] So BVerfGE 95, 322 (334); *T. Fischer*, NStZ 2013, 425ff.; krit. *Classen* (Fn. 41), Art. 101 Rn. 15, 49, 51 u.ö.

[300] *C. Degenhart*, HStR³ V, § 114 Rn. 40; *J. Berkemann*, JR 1997, 281 (282); *T. Pfeiffer*, EWiR 1997, 847f.

[301] BVerfGE 17, 294 (300); 18, 344 (350); 22, 282 (285); BVerwGE 24, 315 (316f.); 30, 172 (179);

fünfköpfiger Besetzung entscheidet, bei einer Überbesetzung mit mehr als zwei Richtern), oder wenn der Vorsitzende drei Spruchkörper mit je verschiedenen Beisitzern bilden kann[302]; denn es galt noch als zulässig, dass grundsätzlich der Vorsitzende die richterlichen Aufgaben innerhalb des Senats nach seinem (gewillkürten) Ermessen verteilte[303]. Mit dessen verfassungsrechtlicher Illegalisierung und dem neuen Gebot kleinteiliger Mitwirkungspläne im Senat ist jene Rechtsprechung indessen **nicht völlig hinfällig** bzw. eine unbegrenzte Überbesetzung verfassungsrechtlich zulässig geworden[304]: Das Gebot des gesetzlichen Richters impliziert das Gebot, die Zuständigkeit möglichst hochrangig festzulegen, d.h. soweit möglich im Gesetz (statt in nachgeordneten Rechtsquellen: → Rn. 20ff.) und, folgerichtig, soweit möglich vorrangig im Geschäftsverteilungsplan des Gerichts (statt in dem des Spruchkörpers) zu regeln. Diese strengen Anforderungen setzen auch Grenzen für Reformüberlegungen, das Gerichtsmanagement im Blick auf Eignung, Leistungsfähigkeit und Belastung der einzelnen Richter nach amerikanischem Muster zu effektivieren[305]. Aber sie schließen andere Formen der Geschäftsverteilung zur gleichmäßigeren Belastung von Richtern (z.B. durch Rotationsverfahren) nicht aus[306].

Diese ausdrücklich nur für die Berufsrichter entwickelten genannten Grundsätze müssen mutatis mutandis wegen ihrer grundsätzlich gleichen richterlichen Stellung wohl auch für **ehrenamtliche Richter** gelten[307]. Diese dürfen jedenfalls nicht durch Ermessensentscheidung des Vorsitzenden des Spruchkörpers bestimmt[308], wohl aber zum Termin des Sitzungstages geladen werden[309]; d.h. die Terminierung einer Streitsache durch den Vorsitzenden i.V.m. der für den festgelegten Sitzungstag geltenden alphabetischen Reihenfolge wird Art. 101 I 2 GG gerecht[310]. Das Recht auf den gesetzlichen Richter schließt auch nicht von Verfassung wegen aus, dass Entscheidungen in Haftfragen während der Hauptverhandlung stets nur in der Besetzung außerhalb der Hauptverhandlung, d.h. ohne Schöffen, zu treffen sind, um dem verfassungsrechtlichen Beschleunigungsgebot in Haftsachen gerecht zu werden[311]. Fehler bei der Wahl 55

BGHSt 33, 234 (235); BFHE 165, 569 (572f.); *H. Hill*, HStR VI, § 156 Rn. 53; *Maunz* (Fn. 11), Art. 101 Rn. 45.

302 BVerfGE 17, 294 (301); 18, 344 (350).

303 BVerfGE 18, 344 (352); 22, 282 (286); 69, 112 (121); BFH MDR 1992, 830 m. Anm. *G. Felix*.

304 Zu den Besonderheiten bei den Anwaltsgerichten *Leuze* (Fn. 22), Art. 101 Rn. 26ff.; krit. *M. Quaas*, DVBl. 2016, 1228 (1231ff.); zur Überbesetzung mit technischen Richtern beim Bundespatentgericht *A. Bender*, GRUR 1998, 969ff.

305 *U. Karpen*, Brauchen wir einen Gerichtsmanager?, in: FS Leisner, 1999, S. 989ff. (995).

306 Vgl. *U. Mäurer*, DRiZ 2000, 65 (69); s. auch *F. Brosius-Gersdorf*, Dritte Gewalt im Wandel – Veränderte Anforderungen an Legitimität und Effektivität?, VVDStRL 74 (2015), S. 169ff. (203f.).

307 BVerfG (K), NJW 1998, 2962 (2963); *Kunig* (Fn. 41), Art. 101 Rn. 39; a.A. BVerwG NVwZ-RR 2000, 474 (475); *Hänlein* (Fn. 63), Art. 101 Rn. 55; vgl. zu Schöffen § 45 II GVG und *O. Katholnigg*, JR 1997, 284 (285); vgl. ferner § 30 I 1 VwGO und *Reichl*, Probleme (Fn. 271), S. 176ff.; § 26 SGG, § 27 FGO; zur Zulässigkeit der Einführung weiterer sachverständiger Laienrichter *M. Schwab*, DRiZ 2014, 252ff.

308 BAG NJW 1997, 2133f. betr. ehrenamtliche Richter nach § 39 ArbGG.

309 Vgl. BVerfGE 4, 412 (417f.); *Degenhart* (Fn. 60), Art. 101 Rn. 16 m.w.N.; *Kunig* (Fn. 41), Art. 101 Rn. 40.

310 BVerwG NVwZ-RR 2000, 646; BVerwG BayVBl. 1999, 601 (601f.); krit. Jarass/*Pieroth*, GG, Art. 101 Rn. 22 im Anschluss an *Roth*, Grundrecht (Fn. 12), S. 204ff.

311 BVerfG (K), NJW 1998, 2962 (2963); OLG Hamburg NJW 1998, 2988f.; OLG Köln NJW 2009, 3113f.; *G. Bertram*, NJW 1998, 2934ff.; *O. Katholnigg*, JR 1998, 34ff.; a.A. OLG Köln NJW 1998, 2989f.; BGH NJW 1997, 2531; *C. Sowada*, NStZ 2001, 169ff.; *R. Schlothauer*, StV 1998, 144ff.; *B. Dehn*, NStZ 1997, 607ff.

der ehrenamtlichen Richter verstoßen – nicht anders als bei Wahlen von Berufsrichtern[312] – nur dann gegen Art. 101 I 2 GG, wenn die Zusammensetzung der Richterbank manipuliert erscheint[313]. Ein vom ehrenamtlichen Richter angegebener Hinderungsgrund muss vom Gericht nicht nachgeprüft werden[314]; bleibt er ungerechtfertigt fern, verstößt die daraus folgende Verschiebung der Richterbank nicht gegen Art. 101 I 2 GG[315].

56 Nicht planmäßig und nicht hauptamtlich endgültig angestellte **Hilfsrichter** müssen so gleichmäßig wie möglich auf die Spruchkörper verteilt werden[316]; im Verhinderungsfall muss ihre Vertretung im Voraus geregelt sein[317]. Die Mitwirkung von zwei Proberichtern, die in ihrer Unabhängigkeit noch nicht dauerhaft gesichert sind, in einem Spruchkörper ist regelmäßig unzulässig[318] (zu Ausnahmen: → Rn. 64).

b) Die fehlerhafte gerichtliche Anwendung der Zuständigkeitsregeln

57 Ein **Verstoß gegen Art. 101 I 2 GG** liegt stets in der rechtswidrigen **Anwendung der die Person des zuständigen Richters festsetzenden Gesetzesregeln**. Verfassungswidrig (nicht nur gesetzwidrig) und damit auch im Wege der Verfassungsbeschwerde durchsetzbar ist daher immer die Mitwirkung eines ausgeschlossenen Richters[319], z. B. im Wiederaufnahmeverfahren[320], oder eines Nicht-Richters[321], etwa eines wegen der Ungültigkeit der Wahl nicht gewählten Schöffen[322] oder eines in den Ruhestand versetzten Beamtenbeisitzers in der Disziplinargerichtsbarkeit[323], und die Nichtmitwirkung eines zuständigen Richters[324], etwa auch bei Entscheidungen durch den Einzelrichter statt durch die zuständigen Spruchkörper im Ganzen[325]. Bei Zweifeln über die richtige Besetzung muss daher umgehend die richtige Besetzung durch Beschluss festgestellt werden, und zwar ohne die Mitwirkung des Richters, dessen Berechtigung zur Mitwirkung zweifelhaft erscheint[326], wenn es nicht um die ordnungsgemäße Einrich-

---

312 BGH NJW 2005, 2317 (2317).

313 BVerfG (K), NVwZ 1996, 160; BVerwG NVwZ 1988, 724 (725); BGH NJW 1985, 926f.; BFHE 168, 508 (510f.); BAGE 84, 189 (193f.); strenger *J. Bockemühl*, StV 1998, 10ff.

314 BVerwGE 13, 147 (148); BVerwG NVwZ 1986, 10f.; zu Gewissensnöten von Schöffen (mit Folgen für ihre Befangenheit und damit ihre Gesetzlichkeit i. S. v. Art. 101 I 2 GG): OLG Karlsruhe NJW 1996, 606ff. m. krit. Anm. *H. Lisken*, NJW 1997, 34f.

315 BFHE 194, 346 (353); zur Entbindung ehrenamtlicher Richter von ihrem Amt OVG Niedersachsen NVwZ-RR 2004, 84.

316 BVerfGE 14, 156 (162ff.); BGH NJW 1995, 2791ff.

317 BVerwGE 44, 215 (219); *Degenhart* (Fn. 60), Art. 101 Rn. 16.

318 Vgl. BVerfGE 14, 156 (164); BGHZ 130, 304 (307ff.); BVerwGE 102, 7 (8f.); HessVGH NVwZ-RR 1998, 269f.

319 BVerfGE 4, 412 (417); 30, 165 (167); 63, 77 (79f.); *Ipsen* (Fn. 48), Art. 101 Rn. 64; *C. Degenhart*, HStR³ V, § 114 Rn. 46; *G. Britz*, JA 2001, 573 (576).

320 BVerfGE 30, 165 (168f.); 31, 295 (296f.); 63, 77 (79); s. näher *G. Arzt*, NJW 1971, 1112ff.

321 BVerfGE 4, 412 (417); 30, 165 (167); zum »blinden« Richter: → Art. 103 I Rn. 61.

322 BVerfGE 31, 181 (183f.); einschränkend *Hänlein* (Fn. 63), Art. 101 Rn. 90: nur bei Gefahr einer Manipulierung.

323 OVG Nordrhein-Westfalen NJW 1992, 1124.

324 BVerfGE 48, 246 (263); 91, 93 (117); BAGE 148, 206 (211, Rn. 22).

325 BGHZ 154, 200 (203); 156, 320 (322); BSGE 99, 189 (193f., Rn. 19ff.).

326 BVerfGE 46, 34 (35f.); 65, 152 (154); 89, 359 (362); BGHSt 50, 216 (219); Jarass/*Pieroth*, GG, Art. 101 Rn. 19; krit. zur Mitwirkung von Richtern im Zivilprozess an sie selbst betreffenden Ablehnungsgesuchen wegen Befangenheit: *E. Schneider*, MDR 1999, 14ff.; zur Zulässigkeit der vereinfachten Regelung des § 26a StPO unter Mitwirkung des Richters nur bei enger Auslegung BVerfGK 5, 269 (280ff.); 7, 325 (339ff.); 8, 376 (384f.); BGH NJW 2005, 3434ff.; BGH NJW 2005, 3436ff.; s. näher

tung eines Spruchkörpers insgesamt geht[327]; das Verfahrensrecht muss solches vorsehen[328] (und ggf. alle oder mehrere Richter ersetzen[329]). Eine Terminierung allein zu dem Zweck, eine Entscheidung über ein Ablehnungsgesuch zu vermeiden, verstößt gegen Art. 101 I 2 GG[330].

Mit Art. 101 I 2 GG unvereinbar ist auch eine sog. **formelle Justizverweigerung** i. S. 58
der Nichtbearbeitung von Verfahren vorgeblich mangels Bedeutung der Sache oder mangels Zeit[331]. Art. 101 I 2 GG gibt mithin auch einen Anspruch auf Entscheidung, der durch überlange Verfahren verletzt werden kann[332]. Er gibt den beteiligten Parteien weiterhin einen Anspruch auf vorherige Benennung der mitwirkenden Richter, so dass die Parteien in die Lage versetzt werden, Zusammensetzung oder Befangenheit des Gerichts bzw. der Richter zu rügen[333]; die Gerichte sind nur nicht verpflichtet, ganz allgemein vor jeder Entscheidung von sich aus auf die mitwirkenden Richter hinzuweisen[334]. Es verstößt ferner gegen Art. 101 I 2 GG, wenn der Vorsitzende Richter wegen anderweitiger Beanspruchung z. B. als Gerichtspräsident den Vorsitz nicht mehr überwiegend, d. h. zu mindestens 75% der gesamten Vorsitzendentätigkeit, ausüben kann[335].

Ein Verstoß gegen den gesetzlichen Richter kann auch in der **Anwendung** der an sich 59
verfassungsgemäßen verfahrensrechtlichen Gesetzesbestimmung **im Einzelfall** liegen[336]. Ein solcher Verfassungsverstoß ist aber nicht schon in jeder unrichtigen Anwendung der einschlägigen Gesetze i. S. eines error in procedendo zu sehen, sondern die fehlerhafte gerichtliche Entscheidung muss »**willkürlich unrichtig**« sein[337]. Das ist dann anzunehmen, wenn die Entscheidung auf sachwidrigen Erwägungen[338] beruht, in der Sache »offensichtlich unhaltbar« ist und »nicht mehr verständlich« erscheint[339],

---

G.-F. Güntge, JR 2006, 363ff.; entsprechend für den Zivilprozess BVerfG (K), NJW 2007, 3771 (3772f.); zum Verwaltungsprozess BVerfG (K), NJW 2011, 2191 (2192).

327 BVerfGE 131, 230 (233, Rn. 8); BVerfG (K), NJW 1990, 39.

328 BVerfGE 21, 139 (146); BVerfG (K), NJW 1998, 369 (370). → Rn. 41.

329 BVerfGK 3, 165 (168); *Müller-Terpitz* (Fn. 59), Art. 101 Rn. 24.

330 BVerfG (K), NVwZ 2007, 691 (693); a.A. ThürVerfGH NVwZ 2007, 950 (951).

331 BVerfGE 3, 359 (364); *H.-J. Wipfelder*, VBlBW 1982, 33 (36f.); *O. Feiber*, NJW 1975, 2005 (2006); *Kunig* (Fn. 41), Art. 101 Rn. 35; a.A. *K.A. Bettermann*, AöR 94 (1969), 263 (277f.).

332 *Grupp* (Fn. 36), Art. 101 Rn. 30; *Morgenthaler* (Fn. 98), Art. 101 Rn. 25; *Reich*, GG, Art. 101 Rn. 2; *M. Kloepfer*, JZ 1979, 209 (213).

333 *Grupp* (Fn. 36), Art. 101 Rn. 29; *Müller/Schäfer*, Grundrechte (Fn. 57), S. 951, 955f.; a.A. *Reich*, GG, Art. 101 Rn. 2.

334 BVerfG (K), NJW 1998, 369 (370); BFH NVwZ 1999, 1029 (1030).

335 So *Wassermann* (Fn. 12), Art. 101 Rn. 27, unter Hinweis auf BGHZ 37, 210 (213); *Grupp* (Fn. 36), Art. 101 Rn. 35.

336 *Kunig* (Fn. 41), Art. 101 Rn. 27, 33; *C. Degenhart*, HStR³ V, § 114 Rn. 43ff.

337 BVerfGE 3, 359 (364f.); 9, 223 (230); 54, 100 (115f.); 82, 286 (299); 96, 68 (77); 131, 268 (312, Rn. 129); BVerfGK 3, 165 (167); 5, 230 (235f.); 15, 102 (105); BVerwGE 104, 170 (172f.); BGHZ 154, 200 (202f.); BGHSt 40, 120 (122); BSGE 5, 1 (3); BAGE 88, 344 (355f.); ausf. *Voßen*, Rechtsprechung (Fn. 62), S. 220ff.; s. auch *Schulte*, Rechtsprechungseinheit (Fn. 75), S. 154ff.; *Kunig* (Fn. 41), Art. 101 Rn. 33; zur Willkür bei fehlerhafter Zuständigkeitsbestimmung BGH NJW 1997, 204ff.; *W. Kalf*, NJW 1997, 1489ff.; krit. zur Willkür-Rechtsprechung z. B. *Ipsen* (Fn. 48), Art. 101 Rn. 62f., 66; *H.-D. Horn*, HGR V, § 132 Rn. 75ff.; ausf. *Sowada*, Richter (Fn. 1), S. 216ff.; *Leuze* (Fn. 22), Art. 101 Rn. 31; *M. Rodi*, DÖV 1989, 750 (760ff.); *W. Höfling*, JZ 1991, 955ff.; *K. Winter*, Richterliche Willkür, in: FS Merz, 1992, S. 611ff. (620ff.); *S. Proske*, NJW 1997, 352 (354f.); s. auch *D. Wolff*, AöR 141 (2016), 40 (61ff.).

338 BVerfGE 29, 45 (49); 29, 166 (173); 73, 339 (366); 87, 282 (286f.); BGHSt 47, 16 (18); s. auch BVerwGE 20, 39 (41f.); *Wassermann* (Fn. 12), Art. 101 Rn. 22.

339 BVerfGE 29, 45 (49); 82, 159 (194); BVerfGK 5, 269 (280); BVerfG (K), NJW 2007, 3771 (3773).

»schlechthin unvertretbar« ist und außerhalb der Gesetzlichkeit steht[340] oder sonst die »Bedeutung und Tragweite von Art. 101 I 2 GG grundlegend verkannt« worden ist[341]. Diese Art. 101 I 2 GG als Ausprägung des Willkürverbots auffassende und insoweit an Formeln der älteren »Willkür«-Rechtsprechung des Bundesverfassungsgerichts zu Art. 3 I GG anknüpfende Judikatur (→ Art. 3 Rn. 20f.) scheint nur einen »weitmaschigen Maßstab«[342] mit erheblichen Entscheidungsspielräumen in Abhängigkeit von den Umständen des Einzelfalls[343] zu geben. Bei genauerer Betrachtung werden hierbei aber dieselben, kaum näher präzisierbaren und einzelfallabhängigen Abgrenzungsformeln einschlägig, die auch sonst bei Verfassungsbeschwerden die Verletzung »spezifischen Verfassungsrechts« von einfachen Gesetzesverstößen abzuschichten suchen[344] (z. B. → Art. 5 I, II Rn. 206ff.); die Willkür-Formel ließe sich in diesem Sinne rekonstruieren[345].

60 Eine erste justizpraktisch bedeutsame **Fallgruppe** bezieht sich auf die **fehlerhafte Anwendung des Verfahrensrechts**. Dessen »schlicht fehlerhafte Auslegung« ist kein Verfassungsverstoß[346], ebensowenig wie die fehlerhafte Unterscheidung zwischen Tatsachenfeststellung und Rechtsausführungen durch das Revisionsgericht[347], eine unvollständige Auswertung der einschlägigen Rechtsprechung[348] oder ein Irrtum über die strafrechtliche Bedeutung einer Sache und damit die Zuständigkeit des Amtsrichters[349]. Es muss eine zusätzliche »Qualität« hinzukommen, um den verfahrensrechtlichen Verstoß zu einem Verfassungsverstoß zu machen. Das ist möglich bei »**Willkür**«, etwa bei einer bewussten Außerachtlassung des Geschäftsverteilungsplans[350] oder einer grundlegenden Verkennung einer Zuständigkeitsbestimmung[351], auch ungeachtet einer ungeschriebenen Gerichtspraxis[352], z. B. wenn die Kammern in einer originären Einzelrichtersache entscheiden[353]. Das ist weiterhin möglich bei willkürlicher Zurückweisung eines Ablehnungsgesuchs[354] wie regelmäßig bei Zurückweisung eines

---

340 Vgl. BVerfGE 96, 68 (77); 109, 13 (23, Rn. 35); krit. *M. Kenntner*, DÖV 2005, 269 (276f.).

341 BVerfGE 82, 286 (299); 87, 282 (285); 131, 268 (312, Rn. 129); BVerfGK 5, 269 (280); 8, 376 (382); 20, 27 (30); BerlVerfGH LVerfGE 6, 63 (65); *H.-D. Horn*, HGR V, § 132 Rn. 74.

342 *M. Niemöller/G.F. Schuppert*, AöR 107 (1982), 387 (421); zust. *Kunig* (Fn. 41), Art. 101 Rn. 33.

343 So etwa BVerfGK 5, 269 (280); 13, 72 (78); 17, 190 (193); 20, 164 (168); BVerfG (K), NJW 2011, 2191 (2192).

344 S. auch *D. Wolff*, AöR 141 (2016), 40 (43f., 60f.); *M. Pechstein*, Jura 1998, 197 (201); *W. Höfling*, JZ 1991, 955 (960ff.).

345 Vgl. in diesem Sinne *H.-D. Horn*, HGR V, § 132 Rn. 78; *U. Fastenrath*, Der Europäische Gerichtshof als gesetzlicher Richter, in: FS Ress, 2005, S. 461ff. (472ff.); *Classen* (Fn. 41), Art. 101 Rn. 30ff., 52.

346 Vgl. BVerfGE 7, 327 (328ff.) betr. § 309 StPO; *Degenhart* (Fn. 60), Art. 101 Rn. 18; *Hänlein* (Fn. 63), Art. 101 Rn. 66, 69.

347 BVerfGE 3, 359 (364f.).

348 BVerfGE 87, 282 (286f.).

349 *H. Schäfer*, DRiZ 1997, 168ff.

350 Vgl. HessVGH ESVGH 51, 69 (70); *Grupp* (Fn. 36), Art. 101 Rn. 36; *M. Seebode*, JR 1997, 474 (477).

351 BVerfGE 82, 286 (299); 131, 268 (312, Rn. 129); 138, 64 (87, Rn. 71); BVerfGK 4, 339 (344ff.); 5, 316 (321ff.); BGH NJW 1997, 204ff.; OLG Brandenburg NJW 2004, 780 (780f.); s. auch BVerfG (K), NVwZ 2016, 764 (767ff.); krit. *S. Proske*, NJW 1997, 352 (354f.).

352 BVerwG NVwZ 2015, 1695 (1697) m. Anm. *A. Heusch*, S. 1697f.

353 BVerfGK 15, 537 (540ff.).

354 BVerfGE 31, 145 (164); BVerfGK 5, 269 (280ff.); 7, 325 (339ff.); 13, 72 (70ff.); 20, 27 (31f.); 20, 164 (168ff.); BVerfG (K), NJW 2007, 3771 (3773); s. auch *G.-F. Güntge*, JR 2006, 363ff.; *Hänlein* (Fn. 63), Art. 101 Rn. 78ff.; *A. Pentz*, NJW 1999, 2000 (2001); ausf. *J. Riedel*, Das Postulat der Unparteilichkeit des Richters, 1980, S. 258ff. – Ohne einen Befangenheitsantrag kann eine Verfassungsbe-

nicht offenkundig missbräuchlichen Antrags durch den abgelehnten Richters selbst[355], bei Verfahrenseinstellung ohne vorherige Entscheidung über ein Ablehnungsgesuch[356], bei willkürlicher Nichtentscheidung über einen Antrag im Prozess[357], bei einer offensichtlich unhaltbaren Festsetzung des Beschwerdegegenstandes mit der Folge des Ausschlusses einer Berufung[358], bei einer objektiv nicht mehr verständlichen Zuständigkeitsüberschreitung des Berufungsgerichts, indem es eine bloße Zwischenverfügung des Erstgerichts aufhebt und selbst zur Sache entscheidet[359], bzw. des Revisionsgerichts bei Sachverhaltsfeststellung[360] und Strafzumessung[361], u. U. auch bei einer fehlerhaften »willkürlichen« Nichtzulassung der Revision[362], auch wegen naheliegender Vorlagepflichten an den EuGH[363], ebenso bei der sofortigen Beschwerde[364] oder der Zurückweisung der Rechtsbeschwerde[365], einer Unterlassung der Zurückverweisung durch das Revisionsgericht[366], einer fehlerhaften Rückübertragung vom Einzelrichter auf die Kammer maßgeblich aufgrund manipulativer Erwägungen[367] oder bei sonstiger tatsächlicher oder eindeutiger Parteilichkeit des Richters[368]. Die **Rechtsprechung neigt** in dieser Hinsicht insgesamt eher **zur Zurückhaltung**[369] und betrachtet Willkür unabhängig vom Vorsatz nach objektiven Maßstäben[370] (→ Rn. 63): Bei unterschiedlicher Auffassung zur betroffenen Rechtsfrage in der Rechtsprechung kann die Entscheidung für eine von beiden nicht willkürlich sein[371]. Auch die Zurückweisung von Ablehnungsgesuchen ist nicht willkürlich, wenn die Gründe des Gesuchs eine Besorgnis der Befangenheit nicht plausibel machen[372], für die aber allein der »böse Schein« mangelnder Objektivität reicht[373].

---

schwerde wegen des Grundsatzes der Subsidiarität unzulässig sein, vgl. BVerfG (K), NJW 1993, 2926; *E. Schneider*, NJW 1996, 2285f.

355 BVerfGK 13, 72 (76ff.); BVerfG (K), NJW 2013, 1665 (LS).

356 BVerfG (K), NJW 2011, 2191 (2192).

357 BVerfGE 11, 1 (6); 13, 132 (144); *Wassermann* (Fn. 12), Art. 101 Rn. 23; *Schulte*, Rechtsprechungseinheit (Fn. 75), S. 151f.

358 BVerfGK 7, 1 (10ff.).

359 BerlVerfGH NVwZ 1999, 1332 (1333) mit *Sondervoten Driehaus/Töpfer*, S. 1333f. und *Kunig/Randelzhofer*, NVwZ 2000, 187.

360 BVerfGE 31, 145 (165); *Hänlein* (Fn. 63), Art. 101 Rn. 84.

361 BVerfG (K), NJW 1996, 116 (117); BVerfGK 2, 207 (209ff.); *Kunig* (Fn. 41), Art. 101 Rn. 35.

362 Vgl. näher BVerfGE 67, 90 (95); BVerfGK 2, 202 (204); 19, 364 (367ff.); *Müller-Terpitz* (Fn. 59), Art. 101 Rn. 20; *A. Krämer*, FamRZ 1980, 971 (972f.); *K. Redeker*, Revisionsurteile im Gewand von Zulassungsbeschlüssen, in: FS Gelzer, 1991, S. 333ff. (337); anders – insoweit kein Verstoß gegen Art. 101 I 2 GG möglich – wohl BVerfGE 19, 323 (328); *W. Heyde*, Rechtsprechung, in: HdbVerfR, § 33 Rn. 57; offenlassend BVerfG (K), NJW 1999, 1390.

363 BVerfGE 82, 159 (196); BVerfGK 13, 418 (425); BVerfG (K), NVwZ 2016, 378 (379ff.).

364 BVerfG (K), NJW 2009, 3710 (3712).

365 BVerfGK 17, 526 (529f.) betr. Zwangsversteigerungsverfahren.

366 BVerfGE 54, 100 (115f.); BVerfGK 6, 284 (288f.); BVerfG (K), NJW 1991, 2893f.

367 OVG MV NordÖR 2002, 65 (66).

368 BVerwG NJW 1998, 323 (325).

369 So auch *Degenhart* (Fn. 60), Art. 101 Rn. 18.

370 *Müller-Terpitz* (Fn. 59), Art. 101 Rn. 21; *Sowada*, Richter (Fn. 1), S. 202ff.; *Leuze* (Fn. 22), Art. 101 Rn. 32.

371 Vgl. BVerfGE 15, 303 (306); *Kunig* (Fn. 41), Art. 101 Rn. 34.

372 Vgl. z. B. BVerfGK 3, 297 (298ff.) betr. kollegiales Verhältnis zwischen Richtern; BVerfGK 8, 376 (384); LSG Hessen NJW 2003, 1270 (1270f.) betr. Geschlecht von Richtern; BGH NJW 2006, 3290 (3295) betr. Umgang mit der Presse; zu den verschiedenen Konstellationen *C. Conrad*, MDR 2015, 1048ff.

373 BVerfGK 20, 27 (31).

61 Die andere **Fallgruppe** der Judikatur umfasst die willkürliche, nicht bloß irrtümliche **Verletzung von Vorlagepflichten gegenüber anderen Gerichten** (vgl. z.B. § 571 ZPO, § 11 III VwGO, § 121 II GVG)[374]. Hier sieht die Rechtsprechung teilweise in einer Unterlassung von Vorlagen schnell auch einen Verstoß gegen Art. 101 I 2 GG[375]. Das gilt regelmäßig für eine Unterlassung der **(1) Vorlagepflicht nach Art. 100 II GG** trotz objektiv ernsthafter, nicht notwendig vom Gericht selbst geteilter Zweifel über die allgemeine Regel des Völkerrechts[376] (nicht des Internationalen Privatrechts[377]), sofern die fachgerichtliche Entscheidung auf dem Verstoß beruht[378], schon um völkerrechtliche Haftungen zu verhindern und eine staatenübergreifende Einheitlichkeit und Verlässlichkeit des internationalen Rechts zu sichern[379].

62 Speziell die **(2) Nichtvorlage an den EuGH** ist ein solcher willkürlicher Verfassungsverstoß (in nicht abschließender Aufzählung) demgegenüber vor allem dann[380], wenn (1) ein Gericht trotz Zweifeln in den Entscheidungsgründen nicht erkennen lässt, dass es sich hinsichtlich des europäischen Rechts kundig gemacht und eine Vorlage überhaupt in Erwägung gezogen hat (1. Fallgruppe der grundsätzlichen Verkennung der Vorlagepflicht)[381], wenn es (2) bewusst von der Rechtsprechung des EuGH abweicht (2. Fallgruppe des Abweichens ohne Vorlagebereitschaft)[382] oder wenn es (3) bei Fehlen einer EuGH-Rechtsprechung oder bei ihrer Unvollständigkeit und einer nicht nur entfernten Möglichkeiten ihrer Fortentwicklung durch den EuGH Europarecht »in unvertretbarer Weise« auslegt (3. Fallgruppe der Unvollständigkeit der Rechtsprechung)[383], sich etwa auf singuläre Minderheitsmeinungen im Europarecht stützt und es schon daher auf offensichtlich »unhaltbare Weise« handhabt[384] oder fälschlich eine

---

[374] Z.B. BVerfGE 87, 282 (284f.); 138, 64 (86ff., Rn. 65ff.).

[375] Vgl. *Hänlein* (Fn. 63), Art. 101 Rn. 70ff.; *L. Michael*, JZ 2013, 302 (302); *C.W. Hergenröder*, Zivilprozessuale Grundlagen richterlicher Rechtsfortbildung, 1995, S. 177ff.

[376] BVerfGE 23, 288 (317f., 320); 64, 1 (18ff., 20f.); 96, 68 (77f.); 109, 13 (23f., Rn. 36); BVerfGK 7, 303 (312); 13, 246 (252f.); 14, 524 (529ff.); BVerfG (K), EuGRZ 2013, 563 (568); *D. Wolff*, AöR 141 (2016), 40 (79ff.); *Ipsen* (Fn. 48), Art. 101 Rn. 119; *J. Vogel*, JZ 2004, 412 (412f.); *H. Steinberger*, HStR VII, § 173 Rn. 85.

[377] BVerfGK 14, 222 (226f.).

[378] BVerfGE 64, 1 (21f.); 96, 68 (76f., 86); 109, 13 (22, Rn. 33; 27, Rn. 46f.; 32f., Rn. 61, 63); BVerfG (K), NJW 2015, 1294 (1294f.); Jarass/*Pieroth*, GG, Art. 101 Rn. 18.

[379] Vgl. BVerfGE 58, 1 (34); 59, 63 (89); 96, 68 (76ff.); *Müller-Terpitz* (Fn. 59), Art. 101 Rn. 23; *A. v. Ungern-Sternberg*, AöR 138 (2013), 1 (41f., 44f.); *C.D. Classen*, JZ 2010, 1186 (1187f.).

[380] Insoweit grdl. BVerfG (K), NJW 1988, 1456 (1457) und BVerfGE 82, 159 (195f.); s. näher *D. Wolff*, AöR 141 (2016), 40 (45f.); *F. Schütter*, Neuere Rechtsprechung des Bundesverfassungsgerichts zum Verstoß gegen das Recht auf den gesetzlichen Richter bei Nichtvorlage an den EuGH, in: Y. Becker/F. Lange (Hrsg.), Linien der Rechtsprechung des Bundesverfassungsgerichts, Band 3, 2014, S. 365ff. (376); *C. Calliess*, NJW 2013, 1905 (1907ff.); *L. Michael*, JZ 2012, 870ff.; *W. Roth*, NVwZ 2009, 345ff.; ausf. *A. Betz*, Die verfassungsrechtliche Absicherung der Vorlagepflicht, 2013, S. 60ff., 101ff.

[381] Z.B. BVerfGE 135, 155 (232f., Rn. 181, 184); BVerfGK 11, 189 (199); 13, 506 (510); 17, 533 (544ff.).

[382] Zu den Kriterien näher BVerfGK 19, 197 (206ff.); *Betz*, Absicherung (Fn. 380), S. 111ff.

[383] Z.B. BVerfGE 135, 155 (232f., Rn. 183f.); zu den Kriterien BVerfGK 19, 265 (275ff.); *Betz*, Absicherung (Fn. 380), S. 113ff.

[384] S. näher BVerfGE 73, 339 (366f.); 75, 223 (233ff.); 82, 159 (195f.); 126, 286 (315ff., Rn. 87ff.); 128, 157 (187f., Rn. 103f.); 129, 78 (106f., Rn. 98); 135, 155 (230ff., Rn. 177ff.); BVerfGK 1, 207 (208f.); 2, 179 (184); 3, 355 (364); 4, 116 (117); 8, 280 (282ff.); 8, 401 (404ff.); 10, 48 (52ff.); 19, 197 (205); *Ipsen* (Fn. 48), Art. 101 Rn. 110; *Müller-Terpitz* (Fn. 59), Art. 101 Rn. 21; *Degenhart* (Fn. 60), Art. 101 Rn. 19; *Classen* (Fn. 41), Art. 101 Rn. 55ff.; *L. Michael*, JZ 2012, 870 (871f.); *W.G. Paeffgen*, JZ 2007, 88ff.; *Fastenrath*, Gerichtshof (Fn. 345), S. 471ff.; *R. Tillmanns*, BayVBl. 2002, 723 (726);

Rechtsprechung des EuGH für geklärt hält[385]. Das ist etwa auch der Fall, wenn ein Gericht eine gemeinschaftsrechtliche Frage wie die nach einer Kollision zwischen Richtlinien ohne Berücksichtigung von EuGH-Judikatur allein nach nationalen Maßstäben beurteilt und/oder allgemeine gemeinschaftsrechtliche Grundsätze unberücksichtigt lässt[386], wenn es eine Rechtsprechung des EuGH zu einem entscheidungserheblichen Gesichtspunkt gar nicht erst analysiert[387], nicht aber, wenn es die unionsrechtliche Frage in zumindest vertretbarer Weise beantwortet hat[388], und sei es nur mit einer europarechtlich tragfähigen Alternativbegründung[389], sofern eine abweichende Interpretation nicht »eindeutig vorzuziehen« ist[390]. Die Willkür soll sich in partieller neuerer Akzentuierung (zunächst des 1. Senats) auf die Behandlung der Vorlagepflicht, nicht »in erster Linie« auf die Auslegung des Unionsrechts beziehen[391] – bei der Auslegung des Unionsrecht wird den Fachgerichten vielmehr (akzentuiert vom 2. Senat) ein Spielraum eingeräumt[392]. Diese **unterschiedlichen Akzentuierungen** spiegeln einen latenten dilatorischen Auslegungskompromiss zur Umgehung einer Anrufung des Plenums, bei dem der 2. Senat sich nach anfänglichem Widerspruch dem 1. Senat wohl weitgehend angenähert hat[393], ohne dass unterschiedliche Akzentuierungen nicht weiter möglich bleiben[394]. Demgegenüber hält der EuGH selbst eine Vorlage nur dann für entbehrlich, wenn die richtige Anwendung des EU-Rechts »derart offenkundig ist, dass für einen vernünftigen Zweifel keinerlei Raum bleibt«[395] (»acte-clair«-Doktrin). Voraussetzung ist aber in jedem Fall stets, dass das Fachgericht

---

K. Füßer, DVBl. 2001, 1574ff.; *R. Streinz*, HStR³ X, § 218 Rn. 79; *M. Ende*, KritV 79 (1996), 371ff.; weitergehend *C. Heitsch*, EuGRZ 1997, 461 (469): schon eine nicht einleuchtende Begründung der Ablehnung der Vorlage verstoße gegen Art. 101 I 2 GG; krit. zum Fehlen eines Vorlageerzwingungsverfahrens *C. Sellmann/S. Augsberg*, DÖV 2006, 532 (538f.).

385 BVerfG (K), NVwZ 2012, 297 (298ff.).

386 BVerfG (K), NJW 2001, 1265 (1266); *F.J. Lindner*, BayVBl. 2001, 342f.; *P.E. Sensberg*, NJW 2001, 1259f.; *A. Voßkuhle*, JZ 2001, 924 (925ff.); *C. Nowak*, NVwZ 2002, 688ff.

387 BVerfGK 3, 355 (366); BVerfG (K), NVwZ 2012, 426 (428f.).

388 Beispiele: BVerfGK 12, 169 (179ff.); 16, 328 (337ff.); 17, 381 (387ff.); 20, 159 (163).

389 BVerfG (K), NJW 2015, 1294f.

390 BVerfGE 82, 159 (195f.); 128, 157 (189ff., Rn. 106ff.); BVerfGK 10, 19 (30); 11, 189 (199ff.); 13, 303 (307ff.); 13, 506 (510ff.); 19, 74 (79); 20, 159 (163); BVerfG (K), NVwZ 2012, 426 (428); *G. Britz*, NJW 2012, 1313 (1314f.); krit. *F. Schoch*, GVwR², § 50 Rn. 389f.; *Müller-Terpitz* (Fn. 59), Art. 101 Rn. 22f.; *M. Desens*, EuGRZ 2011, 211 (212ff.); *W. Roth*, NVwZ 2009, 345 (349ff.); *J. Kokott/T. Henze/C. Sobotta*, JZ 2006, 633 (636); detaillierte Spezifizierungen jetzt bei *D. Wolff*, AöR 141 (2016), 40 (92ff.).

391 BVerfGE 128, 157 (188, Rn. 104); 129, 78 (106f., Rn. 98); BVerfGK 14, 148 (156), 17, 108 (113); 17, 533 (544); 18, 460 (466); 19, 388 (396); *U. Fastenrath*, JZ 2013, 299 (301); *G. Britz*, NJW 2012, 1313 (1314); *L. Michael*, JZ 2012, 870 (872f.); *M. Schröder*, EuR 2011, 808 (820ff.); krit. *Ipsen* (Fn. 48), Art. 101 Rn. 117f.; *M. Bäcker*, NJW 2011, 270 (271f.); *W. Haensle*, DVBl. 2011, 811 (817).

392 BVerfGE 126, 286 (315f., Rn. 88f.); 135, 155 (232, Rn. 180); krit. *F. Schoch*, Der »gesetzliche Richter« (Art. 101 Abs. 1 S. 2 GG) im Vorabentscheidungsverfahren (Art. 267 AEUV), in: FS Stürner, 2013, S. 43ff. (51ff.); *B. Herz*, DÖV 2013, 769 (772); *M. Schröder*, EuR 2011, 808 (819f.).

393 Vgl. BVerfGE 135, 155 (232, Rn. 180) mit BVerfGE 126, 268 (316, Rn. 89); harmonisierend BVerfG (K), NJW 2014, 2489 (2491); *D. Wolff*, AöR 141 (2016), 40 (48ff.) m. ausf. Nw.; *C. Finck/E.E. Wagner*, NVwZ 2014, 1286ff.; *Schütter*, Rechtsprechung (Fn. 380), S. 384ff.

394 Vgl. *Schütter*, Rechtsprechung (Fn. 380), S. 381ff.; *G. Britz*, NJW 2012, 1313 (1314f.); *F. Schoch*, GVwR², § 50 Rn. 390a.

395 Grdl. EuGH v. 06.10.1982, 283/81, Rn. 21 – *C.L.F.I.T.*; dazu *D. Wolff*, AöR 141 (2016), 40 (55ff., 86ff.); *Schoch*, Richter (Fn. 392), S. 48, 56f.; *C. Calliess*, NJW 2013, 1905 (1906f., 1909); *M. Schröder*, EuR 2011, 808 (809f.); für entsprechende Erhöhung der Kontrolldichte beim Grundrechtsschutz *L. Michael*, JZ 2012, 870 (878ff.); *ders.*, JZ 2013, 302ff.

sich ausreichend kundig gemacht hat und seine Auffassung ausreichend begründet[396]. Das alles gilt in gleicher Weise für die Landesverfassungsgerichte[397] oder auch für Vorlagepflichten bei Auslegung des EuGVÜ[398]. Eine Vorlagepflicht besteht nicht in Eilverfahren[399].

63 Gegenüber diesen Fällen mit internationalrechtlichem »Einschlag« wird die **Unterlassung von (3) Vorlagepflichten im Übrigen** weniger streng gehandhabt: Ein Verstoß gegen Art. 101 I 2 GG liegt nur im Fall – objektivierter – **Willkür** der Nichtvorlage vor[400], etwa bei grundlegender Verkennung der Tragweite des Art. 101 I 2 GG[401] oder bei einer objektiv unter keinem Gesichtspunkt vertretbaren fehlerhaften Anwendung der Verfahrensnormen z. B. durch Abweichung eines Oberlandesgerichts von einer Entscheidung des Bundesgerichtshofs unter Missachtung der Vorlagepflicht[402] oder bei deren Missachtung trotz Kenntnis vom entgegenstehenden Rechtsentscheid des BGH z. B. im Mietrecht (§ 541 I ZPO)[403]. Das gilt für alle vergleichbaren Vorlagepflichten, z. B. auch für die Vorlagepflicht nach Art. 100 I GG[404], an den Großen Senat eines obersten Bundesgerichts[405] oder von Landesverfassungsgerichten an das Bundesverfassungsgericht nach Art. 100 III GG[406], oder auch für Divergenzvorlagen von Oberlandesgerichten[407] oder eines Senats des BVerfG[408] oder OVG/VGH[409] an das Plenum bzw. den Großen Senat. Das Unterlassen nach Art. 100 I GG wird neuerdings auch dann als Verletzung von Art. 101 I 2 GG angesehen, wenn sich das Fachgericht durch eine unvertretbare (nur scheinbar) »verfassungskonforme Auslegung« der spezifisch verfassungsrechtlich Vorlagepflichten entzieht[410]; darin liegt schwerlich eine generelle Abkehr vom Maßstab der objektivierten Willkür.

---

[396] BVerfG (K), NJW 2001, 1267 (1268); BVerfGK 8, 401 (405); 10, 19 (31); 14, 148 (156); 17, 108 (112, 114); 19, 74 (79); BVerfG (K), NJW 2016, 2401 (2402); *D. Wolff*, AöR 141 (2016), 40 (46 f.); *L. Michael*, JZ 2012, 870 (874 f.); *G. Britz*, NJW 2012, 1313 (1315); *A. Voßkuhle*, JZ 2001, 924 (926 f.).

[397] Vgl. BayVerfGH BayVBl. 2013, 463 (463 f.); HessStGH EuGRZ 1997, 213 ff.

[398] Vgl. BVerfGK 8, 275 (278 f.).

[399] BVerfG (K), NVwZ 1992, 360; BVerfGK 5, 196 (201); 6, 276 (282 f.); 9, 330 (335 f.); offenlassend 10, 48 (53).

[400] BVerfGE 13, 132 (143); 17, 99 (104); 19, 38 (43); 22, 254 (266); 23, 288 (319 f.); 29, 45 (49); 45, 142 (181); 64, 1 (12 f.); 67, 90 (94 f.); 76, 93 (96); 87, 282 (285); 101, 331 (359 f., Rn. 119); BVerfG (K), NJW 1995, 443 f.; s. auch *H.-D. Horn*, HGR V, § 132 Rn. 79; *A. v. Ungern-Sternberg*, AöR 138 (2013), 1 (40 f.); *Classen* (Fn. 41), Art. 101 Rn. 53; *W. Leisner*, NJW 1989, 2446 ff.; *M. Rodi*, DÖV 1989, 750 ff.

[401] BVerfGE 82, 286 (299); 87, 282 (284 f.); 131, 268 (312, Rn. 129).

[402] BVerfGE 42, 237 (241 f.); 76, 33 (96); 79, 292 (301); großzügiger (bei »unsorgfältigem« Arbeiten) BVerfGE 87, 282 (286).

[403] BVerfG (K), NJW 1995, 581 (582); zur Vorlagepflicht bei mietrechtlichen Fragen von grundsätzlicher Bedeutung BerlVerfGH NJ 2000, 252 (253).

[404] BVerfGE 117, 330 (356, Rn. 75); 130, 1 (42, Rn. 160); 138, 64 (87, Rn. 68, 71); BVerfG (K), NJW 2014, 1723 (1725).

[405] BVerfGE 19, 38 (43); BVerfGK 2, 213 (220); BVerfG (K), NJW 2014, 1874 (1876) mit krit. Anm. *B. Rüthers*, JZ 2014, 738 (741 f.); ausf. *R. Bakker*, Grenzen der Richtermacht, 1994, S. 167 ff.; krit. *W. Leisner*, NJW 1989, 2446 ff.; zum Verfahren der Anfrage beim anderen Senat *Maunz* (Fn. 11), Art. 101 Rn. 54.

[406] BVerfG (K), NJW 1999, 1020 (1021); s. auch BVerfGK 8, 169 (172).

[407] BVerfGE 101, 331 (359 f., Rn. 118 ff.); BVerfGK 18, 209 (210); BVerfG (K), NJW 2014, 532 (535); BVerfG (K), FamRZ 2015, 2123 ff.

[408] Vgl. *Müller-Terpitz* (Fn. 59), Art. 101 Rn. 9; *C. Hillgruber*, NVwZ 1999, 153 (154).

[409] BVerwG NVwZ 2006, 1404 (1406 f.).

[410] BVerfGE 138, 64 (88 ff., Rn. 71 ff., 77 ff.); *S. Muckel*, JA 2015, 634 ff.; krit. *J. Berkemann*, DÖV 2015, 393 (395 f.); s. auch *J. Bernsdorff*, NVwZ 2016, 633 (636 f.).

V. Schranken der Garantie des gesetzlichen Richters und ihre Rechtfertigung

Das **Recht auf den gesetzlichen Richter unterliegt keinem Gesetzesvorbehalt** und kann deshalb etwaige Grenzen nur an kollidierendem Verfassungsrecht, d.h. weniger an Grundrechten Dritter als an anderen Verfassungsrechtsgütern, finden – angesichts der Ausgestaltungsbefugnis des Gesetzgebers (→ Rn. 38) dürfte sich diese Frage praktisch regelmäßig nicht stellen[411], d.h. jede Beeinträchtigung der Rechte aus Art. 101 GG durch zu wenig determinierende Gesetzesregelungen ist verfassungswidrig[412]. Die grundsätzlich unzulässige Mitwirkung von zwei Proberichtern in einem Spruchkörper (→ Rn. 56) ließ sich unter den spezifischen Ausnahmebedingungen des Einigungsprozesses vorübergehend rechtfertigen[413], sofern die Festlegung der Geschäftsverteilung nicht regelmäßig und ohne Ansehung des Einzelfalls zur Mitwirkung von zwei Proberichtern führt[414]. 64

Entscheidungen des unzuständigen Richters führen zur **Aufhebbarkeit**[415], nicht zwingend auch zur Nichtigkeit[416] seiner Entscheidung; Gegenvorstellungen gegen Urteile bleiben unstatthaft[417]. Besetzungsrügen sind daher bereits vor dem zuständigen Gericht zu erheben (→ Rn. 57), um es gar nicht erst zu einem Verfassungsverstoß kommen zu lassen[418]; anderenfalls wäre eine Verfassungsbeschwerde wegen fehlender Ausschöpfung aller prozessualen Möglichkeiten unzulässig[419]. Verstöße gegen Art. 101 I 2 GG führen überdies dann nicht einmal zur Annahme der Verfassungsbeschwerde, wenn die Grundrechtsverletzung nicht auf eine generelle Missachtung der Grundrechte durch das Fachgericht hindeutet und der Nachteil für den Beschwerdeführer nicht besonders schwer ist[420]. 65

D. Verhältnis zu anderen GG-Bestimmungen

Art. 101 GG setzt die **Gewähr** von Rechtsschutz durch staatliche Gerichte **voraus**; aus ihm folgt weder ein allgemeiner Justizgewährleistungsanspruch (→ Art. 20 [Rechtsstaat], Rn. 211) noch ein spezieller gegenüber der öffentlichen Gewalt (→ Art. 19 IV Rn. 40, 48, 53ff.)[421]. 66

Art. 101ff. GG enthalten nur punktuelle Gewährleistungen einer rechtsstaatlichen Justiz und sind um zahlreiche weitere verfassungsrechtliche Anforderungen an gerichtliche Verfahren ergänzt worden, die aus **Art. 19 IV GG** (→ Art. 19 IV Rn. 36f., 80f., 87ff.) und aus dem **Rechtsstaatsprinzip** abgeleitet werden (→ Art. 20 [Rechts- 67

---

411 Jarass/*Pieroth*, GG, Art. 101 Rn. 25; *Grupp* (Fn. 36), Art. 101 Rn. 40.

412 *Kingreen/Poscher*, Grundrechte, Rn. 1199.

413 BVerfG (K), NJW 1998, 1053f.; BVerwGE 102, 7 (8f.); BGHSt 41, 175 (178ff.).

414 HessVGH NVwZ-RR 1998, 269f.

415 Vgl. BVerfGE 11, 136 (138); zum Verstoß gegen Art. 101 I 2 GG als absolutem Revisionsgrund BVerwGE 20, 39 (40); § 138 Nr. 1 VwGO, § 551 ZPO, § 338 StPO; für Prüfung von Amts wegen *K. Bernsmann*, JZ 1998, 629ff.

416 Vgl. BVerfGE 11, 61 (62f.).

417 Offenlassend bei offenkundiger Verletzung von Art. 101 I 2 GG bei BVerwG NJW 1995, 2053 im Anschluss an BVerfGE 73, 322 (329); VGH Baden-Württemberg NJW 2005, 920.

418 Vgl. BVerfGE 16, 124 (127); 85, 80 (86); BVerfG (K), NVwZ 1999, 638 (639).

419 BVerfGE 95, 96 (127); 112, 50 (62, Rn. 39); BVerfGK 3, 90 (93); 13, 72 (75).

420 So BVerfG (K), NJW 1997, 2512.

421 *Degenhart* (Fn. 60), Art. 101 Rn. 2; *Classen* (Fn. 41), Art. 101 Rn. 9.

staat], Rn. 216ff. betr. Recht auf faires Verfahren, auf prozessuale Waffengleichheit, auf Verfahrensgerechtigkeit, auf Rechtsmittelklarheit usw.)[422]. Sie stehen neben dem eigenständigen Regelungsgehalt des Art. 101 GG. Gleiches gilt für Art. 3 I GG, auch wenn das Willkürverbot und Art. 101 I 2 GG eng miteinander verwandt sind[423]. Art. 101 GG gehört zusammen mit dem Grundsatz der Bindung der Rechtsprechung an Gesetz und Recht (Art. 20 III GG; → Art. 20 [Rechtsstaat], Rn. 101ff.) und der Garantie der richterlichen Unabhängigkeit (**Art. 97 I GG**; → Art. 97 Rn. 14ff.) zum zentralen Kern einer rechtsstaatlichen Justiz. Er ist insoweit eine Art Ausführungsregelung zu Art. 92 GG[424].

68 Ob Art. 101 GG als Ausprägung des Rechtstaatsprinzips (→ Rn. 16) deshalb wegen **Art. 79 III GG** einer Verfassungsänderung ganz entzogen ist[425], ist vor dem Hintergrund nicht unzweifelhaft, dass unter den Rechtsstaaten Europas die deutsche Rechtslage eine Extremposition festzulegen scheint (→ Rn. 12), die auch in einem Rechtsstaat flexibler interpretiert werden kann (→ Art. 79 III Rn. 53).

---

[422] Ähnlich *Degenhart* (Fn. 60), Art. 101 Rn. 2.

[423] *Ipsen* (Fn. 48), Art. 101 Rn. 31, 37; *Bettermann*, Unabhängigkeit (Fn. 63), S. 556, 565; *Maunz* (Fn. 11), Art. 101 Rn. 14.

[424] *Maunz* (Fn. 11), Art. 101 Rn. 3.

[425] So *Ipsen* (Fn. 48), Art. 101 Rn. 29.

Artikel 102 [Todesstrafe]

Die Todesstrafe ist abgeschafft.

Literaturauswahl

Alleweldt, Ralf: Abschaffung der Todesstrafe, in: Dörr/Grote/Marauhn, EMRK/GG², Bd. II, Kap. 28, S. 1862–1868.
Althaus, Peter: Die Todesstrafe als Problem der christlichen Ethik, 1955.
Amnesty International (Hrsg.): Wenn der Staat tötet. Todesstrafe contra Menschenrechte, 1989.
Arroyo Zapatero, Louis: Die Todesstrafe. Plädoyer für ein weltweites Moratorium, in: Festschrift für Claus Roxin, Band 2, 2011, S. 1147–1158.
Bedau, Hugo Adam (Hrsg.): The Death Penalty in America, Oxford 1997.
Bedau, Hugo Adam/Cassell, Paul G. (Hrsg.): Debating the Death Penalty. Should America have Capital Punishment?, Oxford 2004.
Boulanger, Christian/Heyes, Vera/Hanfling, Philip (Hrsg.): Zur Aktualität der Todesstrafe. Interdisziplinäre und globale Perspektiven, 2. Aufl. 2002.
Cancik, Hubert: Christentum und Todesstrafe. Zur Religionsgeschichte der legalen Gewalt, in: Heinrich von Stietencron (Hrsg.), Angst und Gewalt. Ihre Präsenz und ihre Bewältigung in den Religionen, 1979, S. 213–251.
Dreier, Horst: Grenzen des Tötungsverbotes, in: JZ 2007, S. 261–270, 317–326.
Düsing, Bernhard: Abschaffung der Todesstrafe in der Bundesrepublik Deutschland, 1952.
Ebel, Friedrich/Kunig, Philip: Die Abschaffung der Todesstrafe – Historie und Gegenwart, in: Jura 1998, S. 617–622.
Evans, Richard J.: Rituals of Retribution. Capital Punishment in Germany 1600–1987, Oxford 1996.
Giegerich, Thomas: Richtermacht und Todesstrafe in den USA, in: EuGRZ 1995, S. 1–16.
Grasberger, Ulrike: Verfassungsrechtliche Problematiken der Höchststrafen in den USA und in der Bundesrepublik Deutschland. Todesstrafe und lebenslange Freiheitsstrafe, 1996.
Haucke, Kai: Grenzen negativer Freiheit. Ethische Reflexionen über einen anderen Humanismus am Beispiel der Todesstrafe, in: ARSP 85 (1999), S. 581–604.
Hetzel, H.: Die Todesstrafe in ihrer kulturgeschichtlichen Entwicklung. Eine Studie, 1870.
Hohmann, Olaf: Die Geschichte der Todesstrafe in Deutschland, in: Christian Boulanger/Vera Heyes/Philip Hanfling (Hrsg.), Zur Aktualität der Todesstrafe. Interdisziplinäre und globale Perspektiven, 2. Aufl. 2002, S. 247–268.
Hollerbach, Alexander: Art. Todesstrafe, in: Wilhelm Korff u. a. (Hrsg.), Lexikon der Bioethik, 1998, Bd. 3, S. 585–587.
Hood, Roger: The Death Penalty. A World-wide Perspective, 3. Aufl., Oxford 2002.
Hötzel, Yvonne: Debatten um die Todesstrafe in der Bundesrepublik Deutschland von 1949 bis 1990, 2010.
Koch, Arnd: Das Ende der Todesstrafe in Deutschland, in: JZ 2007, S. 719–722.
Koch, Arnd: Die Todesstrafe im 21. Jahrhundert. Nationale, europäische und globale Perspektiven, in: Arnd Koch/Matthias Rossi (Hrsg.), Gerechtigkeitsfragen in Gesellschaft und Wirtschaft, 2013, S. 165–191.
Lewandowski, Horst-Harald: Die Todesstrafe in der Aufklärung, Diss. jur. Bonn 1961.
Martis, Roderich: Die Funktionen der Todesstrafe. Eine kritische Analyse zur Realität der Todesstrafe in der Gegenwart, Diss. jur. Tübingen 1991.
Martschukat, Jürgen: Inszeniertes Töten. Eine Geschichte der Todesstrafe vom 17. bis zum 19. Jahrhundert, 2000.
Megivern, James J.: The Death Penalty. An Historical and Theological Survey, New York 1997.
Morscher, Siegbert: Verbot der Todesstrafe: Vom Grundsatz zum Grundrecht, in: JBl. 129 (2007), S. 82–89.
Peters, Anne: Die Mißbilligung der Todesstrafe durch die Völkerrechtsgemeinschaft, in: EuGRZ 1999, S. 650–660.
Pieper, Hans-Joachim (Hrsg.): »Hat er aber gemordet, so muß er sterben«. Klassiker der Philosophie zur Todesstrafe, 2003.
Sarat, Austin/Boulanger, Christian (Hrsg.): The Cultural Lives of Capital Punishment. Comparative Perspectives, Stanford 2005.

Schabas, William A.: The Abolition of the Death Penalty in International Law, 3. Aufl., Cambridge 2002.
Schroeder, Friedrich-Christian: Nachwort, in: Johann Dachs, Tod durch das Fallbeil. Der deutsche Scharfrichter Johann Reichart (1883–1972), 1996, S. 145–162.
Sewing, Johanna: Studien zur Todesstrafe im Naturrecht, 1966.
Strub, Bettina: Der Einfluss der Aufklärung auf die Todesstrafe, Diss. jur. Zürich 1973.
Tettinger, Peter: Aufhebung des Art. 102 GG? Verfassungsrechtliche Anmerkungen zur Diskussion um die Wiedereinführung der Todesstrafe, in: JZ 1978, S. 128–132.
Wittreck, Fabian: Die Todesstrafe in den deutschen Landesverfassungen, in: JöR 49 (2001), S. 157–214.

Leitentscheidungen des Bundesverfassungsgerichts

BVerfGE 18, 112 (116ff.) – Auslieferung I; 60, 348 (354f.) – Auslieferung III; 94, 115 (138) – Sichere Herkunftsstaaten.

Gliederung

Stichwörter

A. Herkunft, Entstehung, Entwicklung

I. Ideen- und verfassungsgeschichtliche Aspekte

1. Ideengeschichte

Die Todesstrafe ist möglicherweise so alt wie das Strafrecht selbst[1]. Sie gehört nach allem, was wir über die Frühgeschichte des Rechts wissen, zum **Urbestand der Strafvorstellungen**, indem sie als gleichsam natürliche Reaktion auf schweres Unrecht, zumal die Tötung eines Sippenmitglieds, erscheint. Die Todesstrafe stellt sich so als »klassischer Ausdruck des Talionsgedankens« dar[2]. In archaische Zeiten zurückreichend, etabliert sie sich als von der Obrigkeit verhängte Sanktion für begangenes Unrecht i.S. einer Normübertretung erst mit der Ausbildung entsprechender Herrschaftsverbände; zuvor trägt sie häufig noch den Charakter einer nicht nur symbolischen Ausstoßung aus der jeweiligen Gemeinschaft[3]. 1

In der **Bibel** finden sich zahlreiche Stellen, die todeswürdige Verbrechen benennen (Ex 21, 12ff.; Ex 22, 17f.; Lev 20, 1ff.; Lev 24, 13ff.). Besonders im **Alten Testament** ist die Todesstrafe als rechtliche Institution vielfach bezeugt (Gen 9, 5; Lev 24, 17)[4]. Im **Neuen Testament** hingegen wird die Todesstrafe nur gelegentlich erwähnt und möglicherweise als legitim vorausgesetzt (Röm 13, 4), letztlich aber weder ausdrücklich gerechtfertigt noch verboten[5]. 2

In der **Antike** sucht man kritische Stimmen zur Todesstrafe weithin vergebens. **Platon** schenkte im Spätwerk seiner *Nomoi* dem Strafwesen starke Beachtung und sah die Todesstrafe für eine Vielzahl von Delikten vor[6], wobei er sich am Areopag orientierte[7]. **Aristoteles** kritisierte zu seiner Zeit bestehende Verfassungen und Gesetze insbesondere wegen Machtmißbrauchs und übertriebener Härte[8], ohne auch nur ansatzwei- 3

---

[1] Andeutung bei *A. Hollerbach*, Art. Todesstrafe, in: W. Korff u.a. (Hrsg.), Lexikon der Bioethik, Bd.3, 1998, S.585ff. (585); *F.-C. Schroeder*, Nachwort, in: Johann Dachs, Tod durch das Fallbeil, 1996, S.145ff. (145).

[2] *H. Rüping/G. Jerouschek*, Grundriss der Strafrechtsgeschichte, 6.Aufl. 2011, Rn.168; s. auch *Schroeder*, Nachwort (Fn.1), S.145; *K. Flemming*, Wiedereinführung der Todesstrafe in Deutschland? Verfassungsrechtliche, international- und europarechtliche Aspekte, 2007, S.19; *C. Enders*, Art. Todesstrafe (J), in: EvStL[4], Sp.2459ff. (2459).

[3] *J. Weitzel*, Art. Todesstrafe, in: Lexikon des Mittelalters, Bd.8, 1997, Sp.836ff. (837); dies klingt auch an bei *G. Schreiber*, Art. Todesstrafe, in: Evangelisches Soziallexikon, hrsgg. v. J. Hübner u.a., 9.Aufl. 2016, Sp.1549ff. (1549).

[4] *E. Otto*, Art. Todesstrafe, I. Altes Testament, in: RGG[4], Bd.VIII, 2005, Sp.448f. (448); *J. Track*, Art. Todesstrafe (Th), in: EvStL[4], Sp.2463ff. (2463).

[5] So *A. Bondolfi*, Art. Todesstrafe, in: E. Fahlbusch u.a. (Hrsg.), Evangelisches Kirchenlexikon, Bd.4, 3.Aufl. 1996, Sp.901ff. (903).

[6] Beispielsweise für Tempelraub (*Platon*, Nomoi, 854 d, e) oder Mord (871 d), teilweise auch für Wiederholungstäter bestimmter Delikte (909 a); siehe auch die Wiedergabe von einschlägigen Texten Platons bei H.-J. Pieper (Hrsg.), »Hat er aber gemordet, so muß er sterben«, 2003, S.33–43. Knapp hierzu *H. Ottmann*, Geschichte des politischen Denkens, Band 1/2: Die Griechen. Von Platon bis zum Hellenismus, 2001, S.94; eingehender *T.J. Saunders*, Plato's Penal Code: Tradition, Controversy, and Reform in Greek Penalogy, Oxford 1991, insb. S.229f., 235, 255; *K. Schöpsdau*, Strafen und Strafrecht bei griechischen Denkern des 5. und 4. Jahrhunderts, in: R. Rollinger/M. Lang/H. Barta (Hrsg.), Strafe und Strafrecht in den antiken Welten, 2012, S.1ff. (10ff.).

[7] *G.R. Morrow*, Plato's Cretan City. A Historical Interpretation of the Laws, Princeton 1960, S.268. Einen knappen Überblick über klassische Originaltexte von Platon bis Camus liefert Pieper, Hat er aber (Fn.6).

[8] Siehe beispielsweise *Aristoteles*, Politik, 1269a 30ff., 1274b 15ff.; vgl. auch *Morrow*, Plato's Cretan City (Fn.7), S.268f.

se ein grundsätzlicher Gegner der Todesstrafe zu sein. Cicero bezeichnete in seiner Verteidigungsrede »Pro Rabirio perduellionis reo« die Todesstrafe als unrömisch[9].

4 Gegen die seit Urzeiten unhinterfragt geübte und in ihrer Berechtigung unbezweifelte Praxis der – in der Blütezeit des Römischen Reiches freilich nur selten verhängten – Todesstrafe regte sich **Widerstand** in den **frühchristlichen Kirchengemeinden**[10]. Freilich war dieser nur von relativ kurzer Dauer. Nach der konstantinischen Wende wurde die im römischen Strafrecht jener Zeit für eine Vielzahl von Delikten vorgesehene Todesstrafe nun auch vom staatlich anerkannten Christentum akzeptiert[11].

5 Eine neuerliche **Infragestellung** der Todesstrafe als einer aus der Sicht des Neuen Testaments unvertretbaren staatlichen Sanktion erfolgte sodann im hohen Mittelalter durch die als häretisch verurteilten Gruppen der **Waldenser** und **Katharer**[12]. In ausdrücklicher Wendung gegen diese Tendenzen und Auffassungen bekräftigte die Amtskirche die Legitimität der Todesstrafe, wenn sie im ordentlichen Gericht und ohne Haß verhängt werde[13]. Schon **Aurelius Augustinus** hatte in der Spätantike diese kirchenpolitische Frontstellung zur Legitimation der Todesstrafe herangezogen, indem er es zur Aufgabe der politischen Macht erklärte, der Kirche im Kampf gegen die Häretiker zu helfen, und damit ihre harte staatliche Verfolgung rechtfertigte[14].

6 Losgelöst von aktuellen Zweckrichtungen dieser Art muß sich die Gesellschaft nach der Lehre des hl. **Thomas von Aquin** des Mörders wie eines wilden Tieres erwehren: um des Gemeinwohles (bonum commune) willen ist daher in Fällen schweren Rechtsbruches die Todesstrafe nicht allein zulässig, sondern geradezu geboten[15].

---

[9] *Marcus Tullius Cicero*, Pro C. Rabirio Perduellionis Reo, in: M. Fuhrmann (Hrsg.), Marcus Tullius Cicero. Die Politischen Reden, Bd. 1, 1993, S. 346ff. (354 bzw. 355f.); *V. Pöschl*, Art. Würde, in: Geschichtliche Grundbegriffe, Bd. 7, 1992, S. 637ff. (640). – Cicero rühmte in seiner Rede die Milde der römischen Gesetzgebung: *H. Cancik*, Christentum und Todesstrafe. Zur Religionsgeschichte der legalen Gewalt, in: H. Cancik-Lindemaier (Hrsg.), Europa – Antike – Humanismus, 2011, S. 387ff. (404 mit Fn. 46).

[10] Besonders deutlich etwa *Lactantius*, Institutiones Divinae I.6.20; *Minucius Felix*, Octavius 30.6. Dazu *H. Hetzel*, Die Todesstrafe in ihrer kulturgeschichtlichen Entwicklung, 1870, S. 71ff.; *B. Schöpf*, Das Tötungsrecht bei den frühchristlichen Schriftstellern bis zur Zeit Konstantins, 1958, S. 150ff.; *Bondolfi*, Todesstrafe (Fn. 5), Sp. 903; *J. J. Megivern*, The Death Penalty, New York 1997, S. 19ff.

[11] Dazu *Hetzel*, Todesstrafe (Fn. 10), S. 74ff.; *Schöpf*, Tötungsrecht (Fn. 10), S. 166; *A. Bondolfi*, »Ecclesia non sitit sanguinem«: Die Ambivalenzen von Theologie und Kirche in der Frage nach der Legitimation der Todesstrafe, in: X. Pattaroni (Hrsg.), Peine et peine de mort, 1993, S. 41ff. (43f.); *Megivern*, Death Penalty (Fn. 10), S. 27ff.

[12] Dazu *Hetzel*, Todesstrafe (Fn. 10), S. 104; *A. Borst*, Die Katharer, 2. Aufl. 1991, S. 139f.; *H. Cancik*, Christentum und Todesstrafe, in: H. von Stietencron (Hrsg.), Angst und Gewalt, 1979, S. 213ff. (213); *Megivern*, Death Penalty (Fn. 10), S. 99ff. Zeitgenössische Berichte über die Haltung der Katharer zur Todesstrafe aus der Feder ihrer Gegner bei I. v. Döllinger (Hrsg.), Beiträge zur Sektengeschichte des Mittelalters, Bd. 2, 1890, S. 295, 319, 323.

[13] So *Innozenz III.*, Professio fidei Waldensibus praescripta (1208/10), abgedruckt in: H. Denzinger (Hrsg.), Kompendium der Glaubensbekenntnisse und kirchlichen Entscheidungen, 44. Aufl. 2014, Nr. 795 (S. 330): »De potestate saeculari, asserimus quod sine peccato mortali, potest judicium sanguinis exercere, dummodo ad inferendam vindictam, non odio, sed judicio, non incaute sed consulte procedat«. Vgl. ferner *Döllinger*, Beiträge (Fn. 12), S. 329.

[14] Allgemein zur Todesstrafe *Aurelius Augustinus*, De Civitate Dei, I/21 und XXI/11; speziell zu den »Donatisten« *ders.*, Contra Epistulam Parmeniani, in: J.-P. Migne (Hrsg.), Patrologia Latina, Bd. 43, Paris 1865, Sp. 33ff. (insb. Sp. 43). Eingehend dazu *Cancik*, Christentum (Fn. 12), S. 226ff., 233ff.

[15] *Thomas von Aquin*, Summa Theologiae II-II 64.2. Dazu der Kommentar von *A. F. Utz*, in: Die Deutsche Thomas-Ausgabe, Bd. 18, 1. Aufl. 1953, S. 472ff.; ferner *J. Sewing*, Studien zur Todesstrafe im Naturrecht, 1966, S. 30ff.; *J. Finnis*, Aquinas. Moral, Political, and Legal Theory, Oxford 1998, S. 279ff.

7 Das Tötungsverbot des Dekalogs mit dem (5.) Gebot des »**Du sollst nicht töten** (morden)« stand dabei nicht im Wege, da man davon mit Blick auf zahlreiche Stellen des Alten Testaments (→ Rn. 2) nur die unrechtmäßige Tötung eines anderen Menschen, nicht aber die gerechtfertigte erfaßt sah, zu der auch ein ordentliches gerichtliches Todesurteil zählte[16].

8 Die **reformatorische Theologie** bietet kein prinzipiell anderes Bild[17]. Zwar wendet sich **Luther** gegen die Todesstrafe für Häretiker. Doch stimmen ihm schon darin weder Calvin noch Zwingli zu. Zudem erachten alle Reformatoren übereinstimmend den Staat als Straf- und Zuchtanstalt für berechtigt, ja verpflichtet, in Fällen schweren Rechtsbruches die Todesstrafe zu verhängen. Abgedeckt ist damit eine breite Palette von Delikten, darunter außer Kapitalverbrechen auch Gotteslästerung, Ehebruch u.v.a.m. Es blieb innerhalb der reformatorischen Bewegung kleineren spiritualistischen Gruppen wie den **Quäkern** vorbehalten, entschiedenen Widerspruch gegen die Todesstrafe zu artikulieren[18].

9 Außerhalb der Diskurse von Christentum und Theologie war ein früher prominenter Gegner der Todesstrafe, jedenfalls ihrer im zeitgenössischen England verbreiteten Verhängung wegen Diebstahls, der englische Staatsmann, Literat und politische Philosoph **Thomas Morus**; bei ihm ist, was nicht selten unerwähnt bleibt, von einer ausnahmslosen Abschaffung der Todesstrafe allerdings noch keine Rede[19].

10 Eine wirksame Programmatik gegen die Todesstrafe entfaltete sich erst in der Aufklärung. Ihr bedeutendster Gegner wurde der italienische Strafrechtler **Cesare Beccaria** mit seinem epochemachenden Werk über »Verbrechen und Strafen«[20], der sie wegen ihres angeblichen Widerspruches zu gesellschaftsvertragstheoretischen Prämissen ablehnt und durch (exzessive) Zwangsarbeit ersetzen wollte[21].

---

[16] Größere argumentative Probleme bereitete Theologen und Kanonisten das Gebot der Feindesliebe (Lk 6, 27; Mt 5, 21f. u. 44); dazu statt aller die Diskussion im Dekret Gratians (C. 23 qu. 5) mit der Gegenüberstellung der christlichen Stellungnahmen bis in das 12. Jahrhundert. Umfangreich dazu und zur weiteren hochmittelalterlichen Entwicklung *Megivern*, Death Penalty (Fn. 10), S. 51ff. m. w. N.

[17] Vgl. Confessio Augustana von 1530, cap. XVI.

[18] Vgl. an einschlägigen Texten von *Luther*: Ein Sendbrief vom harten Büchlein wider die Bauern (1525), in: Dr. Martin Luthers Werke, Bd. 18 (1908), S. 375ff. (398f.); *ders.*, Predigt über das 1. Buch Mose (1527), in: Werke, ebd., Bd. 24 (1900), S. 1ff. (271). Umfangreich zu den einzelnen Reformatoren *Sewing*, Studien (Fn. 15), S. 50ff. (Luther), 84ff. (Zwingli), 94ff. (Calvin). – Zu den Quäkern und ihrer Haltung zur Todesstrafe *E. Troeltsch*, Die Soziallehren der christlichen Kirchen und Gruppen, 1912, S. 912ff.

[19] Vgl. *T. Morus*, Utopia (1516), Erstes Buch (zitiert nach der Ausgabe in der Reihe »Klassiker der Politik«, hrsgg. v. F. Meinecke u. H. Oncken, Bd. 1, 1922), S. 14ff., 21ff.

[20] »Dei delitti e delle pene«, 1764, § 16.

[21] Zu seinem (von der katholischen Kirche 1766 auf den »Index librorum prohibitorum« gesetzten) epochemachenden Werk vgl. etwa *Hetzel*, Todesstrafe (Fn. 10), S. 148ff.; *H.-H. Lewandowski*, Die Todesstrafe in der Aufklärung, Diss. jur. Bonn 1961, S. 93ff.; *B. Strub*, Der Einfluß der Aufklärung auf die Todesstrafe, 1973, S. 64ff.; *G. Deimling*, Cesare Beccaria: Werk und Wirkung, in: ders. (Hrsg.), Cesare Beccaria. Die Anfänge moderner Strafrechtspflege in Europa, 1989, S. 11ff.; *R.J. Evans*, Rituals of Retribution. Capital Punishment in Germany, 1600–1987, Oxford 1996, S. 127ff. – Beccaria sah im übrigen durchaus Ausnahmen für schwere Staatsdelikte und das Kriegsrecht vor (*F. Ebel/P. Kunig*, Jura 1998, 617 [618]). Prägnante Darstellung und kritische Auseinandersetzung *H. Joas*, Leviathan 1 (2006), 15 (16ff., 19f.); ferner *Cancik*, Christentum und Todesstrafe (Fn. 9), S. 393ff.; *A. v. Bitter*, Das Strafrecht des preußischen Allgemeinen Landrechts von 1794 vor dem ideengeschichtlichen Hintergrund seiner Zeit, 2012, S. 132f.

11 Freilich gab es zuvor und danach gewichtige und lange Zeit dominante rechtsphilosophische **Gegenpositionen**. Ganz überwiegend rechtfertigte die (früh-)neuzeitliche Rechts- und Staatsphilosophie die Todesstrafe mit der Figur eines natürlichen (so z.B. Grotius, Hobbes und Locke) oder vertraglichen (so z.B. Pufendorf, Thomasius und Rousseau) Strafrechts[22]. Auch Montesquieu hatte an der Todesstrafe als Vergeltung für schwere Delikte festgehalten[23]. Für **Kant**[24] und **Hegel**[25] gebieten ihre am Vergeltungsgedanken orientierten absoluten Straftheorien jedenfalls die Aufrechterhaltung der Todesstrafe für Kapitalverbrechen[26].

12 Gustav **Radbruch** widmet einen Paragraphen seiner Rechtsphilosophie eigens der Todesstrafe, den er allerdings mit den Worten beschließt, daß die »entscheidenden Argumente« gegen sie »auf höherer und auf tieferer Ebene als in der Rechtsphilosophie zu suchen (seien), einerseits in ethischen und religiösen Argumenten gegen ihre Zulässigkeit, andrerseits in statistischen und psychologischen Erfahrungsbeweisen gegen ihre Notwendigkeit«[27].

13 Was insofern die **christliche Religion** angeht, so findet sich eine breit fundierte Ablehnung der Todesstrafe in der Theologie der katholischen wie der protestantischen Theologie erst im späten 20. Jahrhundert. Auf **protestantischer Seite** kommt Karl Barth die Rolle eines frühen, aber isoliert gebliebenen Vorkämpfers für ihre Ablehnung zu[28]. Repräsentativer waren lange Zeit diejenigen Stimmen, die die Todesstrafe jedenfalls für gewisse Delikte und in bestimmten staatlichen Not- und Ausnahmesituationen für unerläßlich hielten[29]. In der **katholischen Rechts- und Sozialphilosophie**

---

[22] Dazu knapper Überblick bei *Lewandowski*, Todesstrafe (Fn. 21), S. 39ff.; *Sewing*, Studien (Fn. 15), S. 109ff., 126ff., 146ff., 156ff.; *E. Schmidt*, Einführung in die Geschichte der deutschen Strafrechtspflege, 3. Aufl. 1965, §§ 205ff.; *Strub*, Einfluß (Fn. 21), S. 48ff.

[23] *Montesquieu*, De l'Esprit des Lois (1748), XII/4.

[24] *I. Kant*, Metaphysik der Sitten (1797), Erster Teil: Metaphysische Anfangsgründe der Rechtslehre, II. Teil: Das öffentliche Recht, Anmerkung E. Vom Straf- und Begnadigungsrecht (Weischedel-Ausgabe, Bd. 7, 1975, S. 455) konstatiert: »Hat er aber gemordet, so muß er sterben.« – Die Forderung Beccarias sieht Kant »aus teilnehmender Empfindelei einer affektierten Humanität« gespeist und verwirft sie als »Sophisterei und Rechtsverdrehung« (ebd., S. 457). Zu Kants Beccaria-Kritik vgl. *M.A. Cattaneo*, Aufklärung und Strafrecht, 1998, S. 8ff. – Eigener Ansatz zur Begründung der Todesstrafe auf kantischer Grundlage bei *J. Ebbinghaus*, Die Strafen für Tötung eines Menschen nach Prinzipien einer Rechtsphilosophie der Freiheit (1968), in: ders., Gesammelte Schriften, Bd. 2, 1988, S. 283ff. (295ff.).

[25] *G. W. F. Hegel*, Grundlinien der Philosophie des Rechts (1821), § 100 (Suhrkamp-Ausgabe, Bd. 7, 1986, S. 190ff.), insb. Zusatz: »Was *Beccaria* verlangt, daß der Mensch nämlich seine Einwilligung zur Bestrafung geben müsse, ist ganz richtig, aber der Verbrecher erteilt sie schon durch seine Tat.« Dazu etwa *D. Klesczewski*, Die Rolle der Strafe in Hegels Theorie der bürgerlichen Gesellschaft, 1991, S. 238ff.; *H. Kaiser*, Widerspruch und harte Bestrafung, 1999, S. 131ff. Versuch, anhand rechtsphilosophischer Vorlesungsnachschriften Hegels aufzuzeigen, daß die Todesstrafe nach Hegel ersetzbar ist: *K. Nahm*, ARSP 100 (2014), 501 (508ff.).

[26] Zu den Positionen Kants und Hegels zur Todesstrafe noch *H.-J. Pieper*, Philosophische Positionen zur Todesstrafe, in: H.-J. Pieper/G. Brudermüller (Hrsg.), Grenzen staatlicher Gewalt, 2012, S. 141ff. (149f., 150ff.); *C.F. Germelmann*, in: BK, Art. 102 (2015), Rn. 7f. Zur weiteren Debatte siehe *J. Martschukat*, Inszeniertes Töten, 2000, S. 207ff. mit dem Hinweis darauf, daß in der ersten Hälfte des 19. Jahrhunderts zunehmend pragmatische Gründe wie die empirische Auswertung der Effekte und des Nutzens der Todesstrafe in das Zentrum der Argumentation rückten.

[27] *G. Radbruch*, Rechtsphilosophie (3. Aufl. 1932), § 23 a.E. (in der von R. Dreier u. S.L. Paulson hrsgg. Ausgabe von 1999 auf S. 162).

[28] *K. Barth*, Kirchliche Dogmatik III/4, 2. Aufl. 1957, S. 503ff., bes. S. 510.

[29] *E. Brunner*, Gerechtigkeit, 1943, S. 266; *W. Künneth*, Politik zwischen Dämon und Gott, 1. Aufl. 1954, S. 261ff.; *H. Dombois*, Mensch und Strafe, 1957, S. 109ff. Vgl. *Ernst Wolf*, Zum Thema Todesstrafe, in: unterwegs, Bd. 11, 1960, S. 37ff. (42ff., 50ff.); vertieft in: *ders.*, Sozialethik, 2. Aufl. 1982,

wurde die Todesstrafe bis in die 1960er und 1970er Jahre hinein prinzipiell anerkannt und jedenfalls nicht kategorisch ausgeschlossen, freilich zunehmend in ihrer praktischen Zweckmäßigkeit in Frage gestellt[30]. Heutzutage akzeptiert der **römische Katechismus** der Katholischen Kirche (in seiner deutschen Fassung von 1993) die Todesstrafe für schwerste Fälle, während in der lateinischen Fassung des Katechismus von 1997 die Fälle, in denen die »Beseitigung des Schuldigen absolut notwendig ist«, in Anlehnung an die Enzyklika *Evangelium vitae* als »›schon sehr selten oder praktisch überhaupt nicht mehr gegeben‹« bezeichnet werden[31].

Der **aktuelle Befund** für den Stand der Meinungen muß insgesamt lauten, daß in »Theologie, Philosophie, Ethik und Jurisprudenz [...] der Streit um die Rechtfertigung der Todesstrafe nicht endgültig ausgetragen« ist[32], wobei sich dies insbesondere mit Blick auf die Situation in den Vereinigten Staaten ergibt[33]. Auch für die Sichtweise des Protestantismus wurde noch vor gut zwei Jahrzehnten in etwa gleichsinnig, wenn auch nicht repräsentativ festgestellt: »grundsätzlich fragwürdig ist die Todesstrafe noch nicht; es gibt höchstens die Einsicht der Inopportunität ihrer Anwendung.«[34] Todesstrafe bleibt unverändert eines der brisantesten Themen der Sozialethik[35]. 14

Diese **Begründungsproblematik** wird verdeckt durch öffentlichkeitswirksam präsentierte und allgemein akklamierte Positionen, die eine zwingende moralische Unhaltbarkeit der Todesstrafe und ihre gewissermaßen selbstevidente Ächtung unterstellen. Ohne Zweifel sind Befürworter der Todesstrafe in Deutschland wie in Europa mittlerweile absolut in der Minderheit[36]. Parallel dazu nimmt auch die Zahl der Staa- 15

S. 126ff. Ein aktuelles protestantisches Plädoyer für die Todesstrafe stammt von *H. Wayne House*, The New Testament and Moral Arguments for Capital Punishment, in: H.A. Bedau (Hrsg.), The Death Penalty in America, Oxford 1997, S. 415ff.

[30] Repräsentativ *J. Messner*, Das Naturrecht. Handbuch der Gesellschaftsethik, Staatsethik und Wirtschaftsethik, 5. Aufl. 1966, S. 856f.; *P. Althaus*, Die Todesstrafe als Problem der christlichen Ethik, 1955, insb. S. 22ff.

[31] Catechismus Catholicae Ecclesiae, Rom 1997, Nr. 2267; *Johannes Paul II.*, Enzyklika Evangelium vitae, 1995, Nr. 56; dazu *Hollerbach*, Todesstrafe (Fn. 1), S. 586.

[32] *Hollerbach*, Todesstrafe (Fn. 1), S. 585. Vgl. *E. van den Haag*, The Death Penalty Once More, in: Bedau, Death Penalty (Fn. 29), S. 445ff. und dagegen *H.A. Bedau*, A Reply to van den Haag, ebd., S. 457ff. sowie die Diskussion zwischen *G. Jakobs* und *R. Zaczyk*, in: P. Siller/B. Keller (Hrsg.), Rechtsphilosophische Kontroversen der Gegenwart, 1999, S. 151f. – S. noch *G. Jakobs*, FAZ Nr. 34 v. 10.2.2000, S. 56.

[33] Das betrifft nicht nur die strafrechtliche Zulässigkeit der Todesstrafe und die Praxis ihres Vollzuges, sondern auch ihre philosophische Rechtfertigung. Für eine Rechtfertigung der Todesstrafe aus moralischen Gründen tritt ein *van den Haag*, Death Penalty (Fn. 32), S. 451ff.; *L.P. Pojman*, Why the Death Penalty is morally permissible, in: H.A. Bedau/P.G. Cassell (Hrsg.), Debating the Death Penalty, Oxford 2004, S. 51ff. (insb. 55ff., 73) begründet die Zulässigkeit der Todesstrafe, indem er sowohl auf den Vergeltungsgedanken wie auch den Abschreckungseffekt abstellt, und schlägt sogar die Ausweitung ihres Anwendungsbereiches auf zum Beispiel bestimmte Fälle der öffentlichkeitsbezogenen Untreue vor; *H. Dezhbakhsh/P.H. Rubin/J.M. Shepherd*, American Law and Economics Review 5 (2003), 344 (364f., 373) befürworten die Todesstrafe aufgrund einer utilitaristisch-ökonomisch motivierten Nutzenanalyse. Durch die Anschläge des 11. September 2001 dürfte zudem in den USA im öffentlichen Diskurs die generelle Befürwortung der Todesstrafe weiteren Antrieb erfahren haben, siehe *R. Hood*, The Death Penalty, 3. Aufl., Oxford 2002, S. 73.

[34] *Bondolfi*, Todesstrafe (Fn. 5), Sp. 905. Siehe demgegenüber *W. Huber*, Gerechtigkeit und Recht, 1996, S. 219ff. mit der These, die in der Todesstrafe zum Ausdruck kommende Identifizierung des Täters mit seiner Tat verletze die Menschenwürde. → Rn. 57ff.

[35] So *Schreiber*, Todesstrafe (Fn. 3), Sp. 1549.

[36] Vereinzelt in der bundesdeutschen Diskussion *K. Tipke*, Innere Sicherheit und Gewaltkriminalität, 1998, S. 287ff. Gegen die verbreitete Überzeugung von der fehlenden Abschreckungswirkung der Todesstrafe wendet sich (gestützt auf Ansätze ökonomischer Verhaltenserklärung) *I. Ehrlich*, The

ten ab, die sie noch vorsehen und praktizieren (→ Rn. 32ff.). Den Grund für den offenkundigen Meinungswandel wird man mit den Worten einer **Erklärung französischer Bischöfe** aus dem Jahre 1978 zumindest partiell mit der »Verfeinerung des ethischen Bewußtseins und einem besseren Verständnis des Wortes Gottes« sowie »mit einem vollendeten Fortschritt in der Ehrfurcht vor dem menschlichen Leben« sehen können[37]. Noch erklärungsträchtiger dürfte sein, daß man die **Todesstrafe** heutzutage in freilich unspezifischer Weise als »**unzivilisiert**« empfindet und mit den herrschenden ethisch-moralischen Standards als nicht mehr kompatibel erachtet[38]. In einem jüngeren englischen Philosophie-Lexikon heißt es, die üblichen Einwände gegen die Todesstrafe (kein evidenter präventiver Effekt, Gefahr irreversibler Justizirrtümer) »convinced many educated persons throughout the world, regardless of their political affiliation, that there is no place for capital punishment in a civilized society«[39]. Ähnlich formuliert es ein deutscher Sozialphilosoph[40]. Umso bemerkenswerter muß es erscheinen, wenn die vermeintliche **Evidenz** der Inhumanität der Todesstrafe wieder **in Frage gestellt** wird[41].

2. Verfassungs- und Rechtsgeschichte

16 Die Todesstrafe findet sich in so gut wie allen **Strafrechtskodifikationen** der Menschheitsgeschichte bis weit in die Gegenwart hinein: vom Codex Hammurabi (um 1750 v.Chr.) über das römische und germanische Recht (Corpus Iuris Civilis, Schwaben- und Sachsenspiegel) bis hin zur Constitutio Criminalis Carolina (1532), die einen Höhepunkt in der Entwicklung zunehmender Ausdehnung der Todesstrafe im Mittelalter markiert[42]. Diese begegnet später in den naturrechtlichen Kodifikationen (PrALR 1794, Code Penal 1810) bis hin zu einschlägigen Straf- und Verfassungsgesetzen des 19. und 20. Jahrhunderts.

17 Besonders im **späten Mittelalter** und der **frühen Neuzeit** fand die Todesstrafe weiteste Verbreitung, in Sonderheit als Sanktion auch für vergleichsweise leichte Delikte wie Diebstahl; für schwere Verbrechen waren zumeist in vielfältig variierter und heu-

---

American Economic Review 65 (1975), 397ff.; die Kritik an dieser Untersuchung faßt zusammen *R. Martis*, Die Funktionen der Todesstrafe, Diss. jur. Tübingen 1991, S. 176ff. – *A. Kaufmann*, Art. Todesstrafe, in: StL[7], Bd. V, Sp. 482ff. (482) führt an, daß man »nur noch selten eine befürwortende Stimme« höre, die Todesstrafe aber immer noch stark im Volksbewußtsein verwurzelt sei; interessant *F. Streng*, Die Einstellung zur Todesstrafe im Wandel, in: FS Rössner, 2015, S. 407ff. (408, 416ff.), der auf Grundlage anonymer Befragungen (insbesondere von Studenten der Rechtswissenschaft) von einer gewissen Renaissance der Todesstrafe-Akzeptanz bei der jüngeren Generation ausgeht.

[37] Stellungnahme der Sozialkommission der französischen Bischöfe von 1978, abgedruckt bei *Cancik*, Christentum (Fn. 12), S. 247.

[38] Repräsentativ das Vorwort in: Amnesty International (Hrsg.), Wenn der Staat tötet, 1989, S. 13ff., das maßgeblich auf ihre »verrohende« Wirkung abhebt. Gleichsinnig die Zusammenfassung der Gegenargumente bei *Martis*, Funktionen (Fn. 36), S. 198ff., 274ff.

[39] *P. Edward*, Art. capital punishment, in: T. Honderich (Hrsg.), The Oxford Companion to Philosophy, Oxford – New York 1995, S. 120f. (121).

[40] *V. Hösle*, Moral und Politik. Grundlagen einer Politischen Ethik für das 21. Jahrhundert, 1997, S. 840.

[41] *K. Haucke*, ARSP 85 (1999), 581ff. (freilich mit zum Teil recht anfechtbaren Überlegungen und Folgerungen).

[42] *F. Loos*, Art. Todesstrafe, IV. Juristisch, in: RGG[4], Bd. VIII, Sp. 451ff. (451) führt die extensive Anwendung der Todesstrafe zu dieser Zeit auf mangelnde Sanktionsalternativen zurück, zumal das Konzept der Freiheitsstrafe sich noch nicht entwickelt und durchgesetzt gehabt habe. Ähnliches gilt für die Antike: *J.-U. Krause*, Kriminalgeschichte der Antike, 2004, S. 20ff., 73ff.

te durchweg als grausam empfundener Form »Schärfungen« der Todesstrafe vorgesehen, die vom Schleifen zum Schafott über das Rädern und Vierteilen bis hin zum vorherigen Herausreißen der Organe, dem Pfählen oder dem Begraben bei lebendigem Leib reichen konnten[43]. Die Differenzierung strafrechtlicher Sanktion fand in weitem Umfang innerhalb der *einen* Sanktion der Todesstrafe statt, so wie man heute mit der zeitlichen Freiheitsstrafe gewissermaßen eine der Tat möglichst präzise angemessene Sanktion zu verhängen sucht.

Seit der **Aufklärung** verstärken sich, angeregt durch die epochemachende Schrift Beccarias (→ Rn. 10), Tendenzen zur Abschaffung, zumindest aber zur sukzessiven Einschränkung und Eindämmung der Todesstrafe[44]. Insbesondere zeigt eine nähere Betrachtung, daß die Geschichte der Abschaffung der Todesstrafe zum einen die Geschichte des Fortfalls der sog. Schärfungen (→ Rn. 17), zum anderen die ihrer Begrenzung auf wenige Tatbestände, also die Beendigung ihrer inflationären Anwendung, ist. Eine (möglicherweise!) dauerhafte ausnahmslose Abschaffung kennt erst das 20. Jahrhundert, wenngleich verschiedene Anläufe in dieser Richtung bereits vorher unternommen – und zumeist bald revoziert – wurden. Die ersten Schritte zur Abschaffung der Todesstrafe im 18. Jahrhundert blieben zumeist noch tastende Versuche. 18

Die völlige Abschaffung der Todesstrafe war wohl erstmals im Verfassungsprojekt des Großherzogs Leopold (Pietro Leopoldo) der Jahre 1782ff. für die **Toskana** vorgesehen und dort **1786** auf einfachgesetzlicher Ebene in Art. 51 der »Legge Criminale« verankert[45]. Die Wiedereinführung erfolgte bereits 1790. In **Österreich** sah das »Allgemeine Gesetzbuch über Verbrechen und derselben Bestrafung« Josephs II. von **1787** die Todesstrafe nur noch im standgerichtlichen Verfahren vor[46]. 1795 wurde auch hier die Todesstrafe für andere Delikte wiedereingeführt. In **Preußen** waren Ende des 18. Jahrhunderts zumindest gewisse verfahrensmäßige Erschwerungen (PrALR § 13 II 8) vorgesehen[47]. Offenbar läßt sich auch im von der Aufklärung beeinflußten **Rußland** eine weitgehende Abschaffung der Todesstrafe durch Katharina II. im Jahre 1767 (in enger Anlehnung an die Position Beccarias: → Rn. 10) feststellen[48]. 19

Bemerkenswerterweise hat die Forderung nach Abschaffung der Todesstrafe in die großen, traditionsstiftenden Menschen- und Grundrechtserklärungen des ausgehenden 18. Jahrhunderts (→ Vorb. Rn. 8ff.) keinen Eingang gefunden. Erst im 19. Jahrhundert gab es auf Gesetzes- und Verfassungsebene gewisse Tendenzen zur Einschränkung auf wenige(r) Delikte bzw. auf den Verzicht des Vollzugs der Todesstrafe und ihre Umwandlung[49]. Die **Paulskirchenverfassung** von **1849** ging auch hier voran und schaffte die Todesstrafe in § 139 im Grundsatz, d.h. mit Ausnahme des Kriegsrechts 20

---

[43] Dazu *Schmidt*, Einführung (Fn. 22), §§ 45f., 174; *R. v. Dülmen*, Theater des Schreckens. Gerichtspraxis und Strafrituale in der frühen Neuzeit, 3. Aufl. 1988, S. 102ff., 121ff.; *Evans*, Rituals (Fn. 21), S. 27ff.; *Weitzel*, Todesstrafe (Fn. 3), Sp. 837; *D. Meurer*, Art. Todesstrafe, in: HRG V, Sp. 264ff. (266).

[44] *Schroeder*, Nachwort (Fn. 1), S. 146f.; *K. Laubenthal*, Die geschichtliche Entwicklung der lebenslangen Freiheitsstrafe, in: FS Weitzel, 2014, S. 725ff. (737f.).

[45] Vgl. *G. Graf*, Der Verfassungsentwurf aus dem Jahre 1787 des Granduca Pietro Leopoldo di Toscana, 1998, S. 179, 254ff., 257f.

[46] *R. Hoke*, Österreichische und deutsche Rechtsgeschichte, 1992, S. 432.

[47] Zur Praxis *Evans*, Rituals (Fn. 21), S. 133ff.

[48] Zuvor hatte bereits die Zarin Elisabeth die Todesstrafe 1741 de facto und 1754 per Ukas auch rechtsförmlich abgeschafft. Zum ganzen *Hetzel*, Todesstrafe (Fn. 10), S. 160ff.; *Lewandowski*, Todesstrafe (Fn. 21), S. 123; *Strub*, Einfluß (Fn. 21), S. 170ff.; *Rüping*/Jerouschek, Grundriß (Fn. 2), Rn. 202.

[49] *Rüping*/Jerouschek, Grundriß (Fn. 2), Rn. 169.

und des Seerechts im Fall von Meutereien, ab[50]. Einige Staaten (z. B. Sachsen, Oldenburg, Anhalt, Bremen) folgten[51].

21 Im **RStGB 1871** blieb die Todesstrafe erhalten, nachdem der Norddeutsche Reichstag zunächst für ihre Abschaffung plädiert, sich dann aber nach mehrmaligen Interventionen Bismarcks dem Widerspruch der verbündeten Regierungen gefügt hatte, um das Gesamtprojekt der Rechtsvereinheitlichung nicht zu gefährden[52].

22 In der **Weimarer Nationalversammlung** blieb ein Antrag der Mehrheitssozialisten zur Abschaffung der Todesstrafe erfolglos[53]. Nach der Ermordung Erzbergers und Rathenaus erweitern die Republikschutz-Gesetze die mit der Todesstrafe bedrohten Tatbestände[54], die gegen Ende der Weimarer Republik angesichts krisenhafter politischer Zuspitzung auf weitere Delikte wie Totschlag an einem Polizeibeamten oder Eisenbahntransportgefährdung ausgedehnt werden[55].

23 Im **Nationalsozialismus** diente die förmlich verhängte Todesstrafe – ganz abgesehen von den millionenfachen Morden außerhalb jeglichen justizförmigen Verfahrens – als vielfach mißbrauchtes Instrument des Terrors und der Einschüchterung[56], auch und gerade im Rahmen der Militärgerichtsbarkeit und natürlich besonders durch den Volksgerichtshof, dessen Qualifizierung als förmliches Gericht zweifelhaft ist[57]. Die besondere Bedeutung der Todesstrafe für das NS-Regime zeigt die Tatsache, daß eines der ersten Gesetze, das aufgrund des Ermächtigungsgesetzes vom 24.3.1933 erging, das »Gesetz über Verhängung und Vollzug der Todesstrafe« war[58].

---

[50] Vgl. zu den Verhandlungen *Hetzel*, Todesstrafe (Fn. 10), S. 298ff.; *B. Düsing*, Abschaffung der Todesstrafe in der Bundesrepublik Deutschland, 1952, S. 30ff.

[51] *Düsing*, Abschaffung (Fn. 50), S. 73ff. Die Geschichte der Abschaffung der Todesstrafe stellt sich nicht selten wechselhaft dar, wie das Beispiel Sachsens zeigt (Abschaffung 1849, Wiedereinführung 1850, neuerliche Abschaffung 1868).

[52] Dazu *H. Rüdorff*, Strafgesetzgebuch für das Deutsche Reich. Mit Commentar, 1871, S. 41ff.; *Evans*, Rituals (Fn. 21), S. 329ff.; *Laubenthal*, Entwicklung (Fn. 44), S. 742ff. – Als spätere Stellungnahme für die Todesstrafe noch *U. v. Wilamowitz-Möllendorff*, DJZ 1911, 16f.

[53] *Huber*, Verfassungsgeschichte, Bd. V, S. 1196; *Evans*, Rituals (Fn. 21), S. 491ff.; *Gusy*, Reichsverfassung, S. 296 führt eine Nichtabschaffung der Todesstrafe auf rein pragmatische Gründe zurück: So sei die Abschaffung der Todesstrafe in diesen revolutionären Zeiten als falsches Signal angesehen worden, zudem wäre die in der Folge notwendig werdende Änderung des Strafrechts keine Aufgabe des Verfassunggebers gewesen. Trotz einer im Jahre 1928 wohl bestehenden Kabinettsmehrheit für die Abschaffung blieb es letztlich beim status quo.

[54] Das (erste) Gesetz zum Schutze der Republik v. 21.7.1922 (RGBl. S. 585) drohte bei Tötung eines Regierungsmitglieds die Todesstrafe für alle Mitverschwörer an (§ 1 II); *Schmidt*, Einführung (Fn. 22), § 335, hält die Republikschutzgesetze mit Blick »auf die sehr sparsame Verwendung der Todesstrafe« für »außerordentlich milde«; *Gusy*, Reichsverfassung, S. 192 weist generell auf eine geringe Wirkung der Republikschutz-Gesetze hin.

[55] *Huber*, Verfassungsgeschichte, Bd. VII, S. 1054; vgl. auch ebd., S. 1065f.; *Evans*, Rituals (Fn. 21), S. 605ff.; *F. Ebel/P. Kunig*, Jura 1998, 617 (620).

[56] Zur Ausdehnung des Anwendungsbereiches der Todesstrafe im NS-Regime vgl. *Düsing*, Abschaffung (Fn. 50), S. 200ff.; *O. Hohmann*, Zur Geschichte der Todesstrafe in Deutschland, in: C. Boulanger/V. Heyes/P. Hanfling (Hrsg.), Zur Aktualität der Todesstrafe, 2. Aufl. 2002, S. 247ff. (255ff.); materialreich *Evans*, Rituals (Fn. 21), S. 624ff., 651ff., 689ff.; knapp *F. Ebel/P. Kunig*, Jura 1998, 617 (620f.).

[57] Die Zahl der Todesurteile in der Zeit des Nationalsozialismus wird auf insgesamt ca. 16.000 geschätzt, zu denen weitere 25.000 durch die Militärgerichte kommen (Zahlen nach *Schroeder*, Nachwort [Fn. 1], S. 153; *Evans*, Rituals [Fn. 21], S. 694, 916f.); für die Militärgerichtsbarkeit nimmt *O. Gritschneder*, Furchtbare Richter. Verbrecherische Todesurteile deutscher Kriegsgerichte, 1998, S. 9 (im Anschluß an BSG NJW 1992, 934 [935f.]) darüber hinausgehend ungefähr 50.000 Todesurteile und ca. 20.000 Hinrichtungen an.

[58] Vom 29.3.1933, RGBl. I S. 151.

Vor allem auch mit Blick auf diese unmittelbar vorangegangene dunkelste Phase der deutschen Geschichte kommt es in den Beratungen des Parlamentarischen Rates zur ausnahmslosen Abschaffung der Todesstrafe durch Art. 102 GG (→ Rn. 26). Doch zuvor verhängen in den unmittelbaren **Nachkriegsjahren** neben den Gerichten der alliierten Besatzungsmächte[59] auch deutsche Gerichte bis zum Inkrafttreten des Grundgesetzes (→ Art. 145 Rn. 10) die Todesstrafe[60]. Die letzten Hinrichtungen werden am 29.4.1949 und am 11.5.1949 in Berlin vollzogen[61]. Die **DDR** schafft die Todesstrafe erst **1987** ab[62]; zuvor war sie dort in ca. 200 Fällen verhängt und in mehr als 170 Fällen vollstreckt worden[63]. 24

II. Entstehung und Veränderung der Norm

Der **Herrenchiemseer Verfassungskonvent** hatte sich nach kontroverser Diskussion der Frage einer Abschaffung der Todesstrafe auf eine Empfehlung an den Parlamentarischen Rat beschränkt, darüber vor allem mit Blick auf politische Delikte zu beraten[64]. 25

Im **Parlamentarischen Rat** gelangte das Verbot der Todesstrafe erst recht spät in die Grundgesetz-Entwürfe. Ohne Erfolg stritt zunächst der Abg. Seebohm (DP) in der Sitzung des Hauptausschusses v. 18.1.1949 (zweite Lesung des Grundgesetzes) für einen entsprechenden Zusatz im Kontext des Grundrechts auf Leben und körperliche Unversehrtheit; für die Ablehnung dürfte mitentscheidend gewesen sein, daß Seebohms Vorschlag implizit die Hinrichtung von Kriegsverbrechern durch die Alliierten (→ Rn. 24) kritisierte[65]. In der dritten Lesung des Grundgesetzes im Hauptausschuß v. 10.2.1949 trat vor allem der **Abg. Wagner** (SPD) für eine generelle Abschaffung der Todesstrafe ein. Er verwies zur Begründung, die er später im Plenum (9. Sitzung vom 6.5.1949) noch einmal wiederholte, zunächst auf die Notwendigkeit, sich von der Zeit des Dritten Reiches und damit von den Massentötungen und -morden der »Hitlertyrannei« abzusetzen. Außerdem habe der Staat, der das Leben nicht gegeben habe, 26

---

[59] Allein in der britischen Besatzungszone sollen bis 1950 insgesamt 587 Todesurteile verhängt und 398 vollstreckt worden sein: *Düsing*, Abschaffung (Fn. 50), S. 230.

[60] Die Todesstrafe wurde in 128 Fällen verhängt, in 24 vollstreckt (Zahlen nach *Düsing*, Abschaffung [Fn. 50], S. 230ff.); zur Strafpraxis in den Nachkriegsjahren *A. Koch*, Die Todesstrafe im 21. Jahrhundert. Nationale, europäische und globale Perspektiven, in: A. Koch/M. Rossi (Hrsg.), Gerechtigkeitsfragen in Gesellschaft und Wirtschaft, 2013, S. 165ff. (167f.).

[61] Eingehend *Evans*, Rituals (Fn. 21), S. 741ff.

[62] *E. Buchholz*, NJ 1987, 398ff.; *Hohmann*, Geschichte (Fn. 56), S. 27; *Evans*, Rituals (Fn. 21), S. 855ff.; *H.-J. Schwahn*, NJW 1998, 2568 (2570f.); *A. Koch*, JZ 2007, 719 (722) macht darauf aufmerksam, daß die DDR als erstes Land des Warschauer Pakts die Todesstrafe abgeschafft hat, dies jedoch maßgeblich aus Gründen der außenpolitischen Profilierung geschehen sei; *Koch*, Todesstrafe (Fn. 60), S. 172f.

[63] *Rüping*/Jerouschek, Grundriß (Fn. 2), Rn. 336; *Schroeder*, Nachwort (Fn. 1), S. 154; *Evans*, Rituals (Fn. 21), S. 805ff.; von 250 Todesurteilen geht aus *A. Koch*, ZStW 110 (1998), 89 (98); *Koch*, Todesstrafe (Fn. 60), S. 172.

[64] Vgl. Bericht des Unterausschusses I (Parl. Rat II, S. 218); Plenarsitzung v. 23.8.1948 (Parl. Rat II, S. 441f.); Bericht über den Verfassungskonvent v. 10.–23.8.1948 (Parl. Rat II, S. 575). – Eingehend *Düsing*, Abschaffung (Fn. 50), S. 276ff.; ausführlich *Y. Hötzel*, Debatten um die Todesstrafe in der Bundesrepublik Deutschland von 1949–1990, 2010, S. 10ff.

[65] Vgl. Parl. Rat XIV/2, S. 1298f.; JöR 1 (1951), S. 739f.; Seebohm wollte ausdrücklich den »Abscheu vor der Fülle der in den letzten Jahren vollstreckten Todesurteile« bekunden. Zu seinen Intentionen *Evans*, Rituals (Fn. 21), S. 781f.; *Hötzel*, Debatten (Fn. 64), S. 15ff., insb. S. 18f. Fn. 44; vgl. auch die spätere Haltung der DP zur Todesstrafe (→ Rn. 27 m. Fn. 72). Der Antrag wurde ohne nähere Erörterung abgelehnt.

auch nicht das Recht, es zu nehmen. Für die Ahndung nationalsozialistischen Unrechts bedürfe es der Todesstrafe ebenfalls nicht, weil damit »die gleiche ›Barbarei‹« begangen würde, die man verurteile. Vor allem aber sei es die vor diesem Hintergrund hervorzuhebende »Heiligkeit des Lebens« bzw. das Anerkenntnis des Lebens als »unantastbar Heiliges«, was die Todesstrafe verbiete[66]. Die in Hauptausschuß und Plenum geäußerten **Gegenargumente** richteten sich besonders gegen die Gleichsetzung von gerichtlichen Todesurteilen auf rechtsstaatlich geordneter Grundlage und den Vorgängen im Dritten Reich; auch wurden Zweifel an der verfassungsrechtlichen Legitimation des Parlamentarischen Rates zur Entscheidung dieser Frage und Vorschläge laut, sie dem einfachen Gesetzgeber zu überlassen, da sie kein tauglicher Regelungsgegenstand für eine Verfassung sei[67]. Diese Bedenken vermochten sich nicht durchzusetzen. Das Plenum sprach sich in seiner Sitzung am 6.5.1949 mit Mehrheit für die heutige Fassung des Artikel 102 GG (damals noch Art. 103) aus[68]. Letztlich gab hierfür wohl vor allem der Mißbrauch der Todesstrafe im Dritten Reich den Ausschlag[69].

27 Bis heute ist **Art. 102 GG nicht angetastet** worden. Zwar flammte in den Beratungen der Großen Strafrechtskommission von 1958 die Diskussion neu auf; auch ließ sich damals eine einhellige Position gegen die Todesstrafe nicht feststellen[70]. Mittlerweile wird aber der Todesstrafe auf breiter Front eine klare Absage erteilt[71]. Tages- und rechtspolitische **Forderungen nach Wiedereinführung der Todesstrafe** sind in der Geschichte der Bundesrepublik bislang **Episode** und letztlich ohne nachhaltige Wirkung geblieben[72]. Auch in der **öffentlichen Meinung** kann man gegenüber den 1950er und

---

[66] Zitate: 50. Sitzung des Hauptausschusses v. 10.2.1949 (Parl. Rat XIV/2, S. 1618ff.); 9. Sitzung des Plenums v. 6.5.1949 (Parl. Rat IX, S. 479ff.; JöR 1 [1951], S. 740).

[67] 50. Sitzung des Hauptausschusses v. 10.2.1949 (Parl. Rat XIV/2, S. 1621ff.); 9. Sitzung des Plenums v. 6.5.1949 (Parl. Rat IX, S. 478f. [Abg. de Chapeaurouge]; JöR 1 [1951], S. 741).

[68] Parl. Rat IX, S. 484; JöR 1 (1951), S. 741.

[69] So BVerfGE 45, 187 (225); BGH NJW 1996, 857 (859); *P. Tettinger*, JZ 1978, 128 (129); *Schroeder*, Nachwort (Fn. 1), S. 149f.; *Badura*, Staatsrecht, H 41 (S. 687); *F. Ebel/P. Kunig*, Jura 1998, 617 (621); *J. Kersten*, in: Maunz/Dürig, GG, Art. 102 (2014), Rn. 1, 3.

[70] Niederschriften über die Sitzungen der Großen Strafrechtskommission, Bd. 11: Beratungen zur Todesstrafe, 1959, S. 24ff. (Diskussion), S. 28 (Abstimmungsergebnis: vier Stimmen für die Aufnahme der Todesstrafe für Mord in das StGB, 19 dagegen [davon zwei nicht Anwesende, durch schriftliche Stellungnahmen]), S. 29ff. (schriftliche Stellungnahmen für und gegen die Wiedereinführung). Mit Hinweis auf die große Mehrheit der Strafrechtswissenschaftler, die in der Kommission gegen die Todesstrafe votierten, sah *J. Baumann*, ARSP 46 (1960), 73 (87) die »Gefahr einer Wiedereinführung« eher von Seiten der Politik drohen; zu den Meinungsfeldern im Rahmen der Beratung *Hötzel*, Debatten (Fn. 64), S. 178ff.: während die Befürworter einer Aufnahme der Todesstrafe für Mord in das künftige StGB die Entscheidung des Parlamentarischen Rates gegen die Todesstrafe für überstürzt und kriminalpolitisch verfehlt hielten und die Wiedereinführung als »reine Formsache« (S. 178) betrachteten, lehnten die Gegner eine Wiedereinführung unter anderem mit Verweis auf den Missbrauch der Todesstrafe im Nationalsozialismus (S. 182) und auf die Gefahr von Justizirrtümern ab. Das Meinungsbild der Gegnerschaft war jedoch in einzelnen Punkten durchaus uneinheitlich.

[71] Davon ist wohlgemerkt die – nach wie vor offene und durchaus umstrittene – Frage nach der Begründung dieser Position (→ Rn. 14f., 57ff.) zu trennen. Vgl. für die Ablehnung der Todesstrafe die repräsentative Zusammenschau interdisziplinärer Beiträge in dem Band von Boulanger/Heyes/Hanfling, Aktualität (Fn. 56). Für ein engagiertes verfassungsrechtliches Plädoyer siehe *W.A. Schabas*, The Death Penalty as Cruel Treatment and Torture, Boston 1996, besonders S. 202ff.

[72] So haben entsprechende, in der öffentlichen Diskussion regelmäßig wiederkehrende Forderungen etwa im Gefolge spektakulärer Mordtaten an Taxifahrern oder Kindern oder im Kontext terroristischer Gewaltakte konkrete Schritte zur entsprechenden Verfassungsänderung bislang kaum nach sich gezogen. Formelle Initiativen in Gestalt konkreter Gesetzentwürfe gab es nur in den ersten drei Wahlperioden (also von 1949 bis 1961): teils auf Aufhebung des Art. 102 (so BT-Drs. 1/619 [Bayern-Partei]; BT-Drs. 1/3679 [DP]; BT-Drs. 2/709 [DP/CSU]), teils auf seine Änderung, im wesentlichen

1960er Jahren, in denen die Befürworter einer Todesstrafe klar überwogen, eine deutliche Akzentverschiebung verzeichnen[73]. Ganz unabhängig von der womöglich schwankenden öffentlichen Meinung ist die Bundesrepublik im übrigen normativ durch eine Vielzahl völkerrechtlicher Verpflichtungen gebunden (→ Rn. 28, 30).

B. Internationale, supranationale und rechtsvergleichende Bezüge

I. Völkerrechtliche Bindungen

Mittlerweile ist die Todesstrafe durch eine Vielzahl völkerrechtlicher Abkommen ge- 28
ächtet[74]. Freilich haben wir es auch insofern mit einer relativ neuen Entwicklung zu tun[75]. Prototypisch kann man das an der **EMRK** ablesen, die in Art. 2 I 2 der Urfassung von 1950 (Recht auf Leben) vom Verbot der absichtlichen Tötung ausdrücklich die »Vollstreckung eines Todesurteils, das von einem Gericht im Falle eines durch Gesetz mit der Todesstrafe bedrohten Verbrechens ausgesprochen worden ist«, ausnahm[76]. Erst Art. 1 des Zusatzprotokolls Nr. 6 vom 28.4.1983 erklärte die Todesstrafe für abgeschafft, ließ aber in Art. 2 Ausnahmen zu für »Taten, welche in Kriegszeiten oder bei unmittelbarer Kriegsgefahr begangen werden«[77]. Auch im **Fall Soering** wurde die

---

den Ausschluß der Aufhebung der Todesstrafe für Mord (BT-Drs. 1/3702 [BP]; 2/724 [CDU]; 3/133 [CSU]; 389, 390, 391 [DP]). Vgl. hierzu auch *Düsing*, Abschaffung (Fn. 50), S. 301ff.; *P. Tettinger*, JZ 1978, 128ff.; eingehend *Evans*, Rituals (Fn. 21), S. 789ff.

[73] Vgl. Darstellung und Belege in: *A. Süsterhenn/A. Arndt*, Wieder Todesstrafe? Eine Diskussion, 1957 sowie die Hinweise zum Wandel der öffentlichen Meinung in: *H.-H. Jescheck/T. Weigend*, Lehrbuch des Strafrechts. Allgemeiner Teil, 5. Aufl. 1996, S. 753 m. Fn. 11; s. ferner *H.-J. Schwahn*, NJW 1998, 2568 (2570). – Aufschlußreich auch der Vergleich zwischen der öffentlichen Meinung in der unmittelbaren Nachkriegszeit und in den 1980er bzw. 1990er Jahren bei *Evans*, Rituals (Fn. 21), S. 797ff.

[74] Überblick mit Abdruck der einschlägigen Passagen bei *W.A. Schabas*, The Abolition of the Death Penalty in International Law, 3. Aufl., Cambridge 2002, insb. S. 379ff.; vgl. ferner *N. Weiß*, Die Todesstrafe aus völkerrechtlicher Sicht, in: Boulanger/Heyes/Hanfling, Aktualität (Fn. 56), S. 427ff.; *A. Peters*, EuGRZ 1999, 650ff.; *Germelmann* (Fn. 26), Art. 102 Rn. 28ff. – Für die Zeit bis Anfang der 1990er Jahre materialreich auch *M. Möhrenschlager*, Völkerrechtliche Abschaffung der Todesstrafe – Geschichtliche Entwicklung und gegenwärtiger Stand, in: FS Baumann, 1992, S. 297ff.; nach *S. Schmahl*, in: Schmidt-Bleibtreu/Hofmann/Henneke, GG, Art. 102 Rn. 2 besteht ein Verbot der Todesstrafe im »regionalen europäischen Völkergewohnheitsrecht«.

[75] *Schabas*, Abolition (Fn. 74), S. 1 nennt diese Entwicklung ein »post-Second World War phenomenon«.

[76] *Frowein*/Peukert, EMRK, Art. 2 Rn. 9; *D. Gomien/D. Harris/L. Zwaak*, Law and practice of the European Convention on Human Right and the European Social Charter, 1996, S. 96ff., 115f.; *P. v. Dijk/F. v. Hoof/A. v. Rijn/L. Zwaak*, Theory and Practice of the European Convention on Human Rights, 4. Aufl., Antwerpen u. a. 2006, S. 392ff., 430ff.; *S. Schmahl*, Die Abschaffung der Todesstrafe in Europa, in: DTIEV-Online (Dimitris-Tsatsos-Institut für Europäische Verfassungswissenschaften) 2011 Nr. 2, S. 1ff. (2f.), abrufbar unter https://www.fernuni-hagen.de/dtiev/iev_online.shtml (23.3. 2017).

[77] Zum 6. Zusatzprotokoll und seiner Entstehung *H.J. Bartsch*, NJW 1983, 473 (480); *M. Nowak*, EuGRZ 1985, 240 (240f.); *R.-P. Calliess*, NJW 1989, 1019ff.; *Möhrenschlager*, Abschaffung (Fn. 74), S. 298ff.; *Schabas*, Abolition (Fn. 74), S. 279ff. – Es ist für die Bundesrepublik Deutschland gemäß Bekanntmachung vom 27.9.1989 (BGBl. II S. 814) am 1.8.1989 in Kraft getreten. Dieses Protokoll ist von der Mehrzahl der Staaten des Europarates ratifiziert worden, anfänglich jedoch nicht von der Türkei, Polen und Rußland. In der Türkei ist seit 1983, in Polen seit 1988 kein Todesurteil mehr vollstreckt worden. Polen und die Türkei haben mittlerweile das Protokoll unterzeichnet (am 18.11.1999 bzw. 15.1.2003) und ratifiziert (am 30.10.2000 bzw. 12.11.2003). Rußland hat seiner Unterzeichnung vom 16.4.1997 keine Ratifikation folgen lassen.

Frage, ob die Todesstrafe als solche aufgrund übereinstimmender Abschaffung bzw. der Unterlassung ihrer Vollstreckung innerhalb der westeuropäischen Rechtssysteme als unvereinbar mit Art. 3 EMRK (Folterverbot) angesehen werden könne, vom **EGMR** unter Hinweis auf das 6. Zusatzprotokoll verneint; denkbar sei freilich, daß Art oder Vollstreckung gegen das Folterverbot verstoßen können[78].

29 Noch weiter geht die Regelung des 13. Zusatzprotokolls zur EMRK[79], dessen Art. 1 in Satz 1 mit den gleichen Worten wie Art. 102 GG die Todesstrafe für abgeschafft erklärt. Zudem sind gemäß Art. 2 und 3 Abweichungen nach Art. 15 EMRK wie Vorbehalte nach Art. 57 EMRK explizit unzulässig. Hieraus sowie aus der Präambel ergibt sich deutlich die Intention, anders als noch im Zusatzprotokoll Nr. 6, die Todesstrafe **kategorisch zu verbieten**. Darüber hinaus enthält Art. 1 S. 2 des 13. Zusatzprotokolls eine ausdrückliche Personalisierung[80] dieses Verbots, was noch eindringlicher als im Rahmen des Art. 102 GG die Frage nach dessen **Grundrechtseigenschaft** aufwirft (→ Rn. 41).

30 In Aussage und Reichweite mit der Regelung auf EMRK-Ebene vor Inkrafttreten des Zusatzprotokolls Nr. 13 vergleichbar ist das »Protokoll zur Amerikanischen Menschenrechtskonvention zur Abschaffung der Todesstrafe«[81]. Ähnlich sah Art. 6 II **IPbpR** von 1966 einschränkende Regeln für die Anwendung der Todesstrafe in denjenigen Ländern vor, in denen sie noch nicht abgeschafft war, während nunmehr das zweite Fakultativprotokoll zu diesem Pakt v. 15.12.1989 die Abschaffung der Todesstrafe zum erklärten Ziel hat[82]. Lediglich politischen – und gerade nicht rechtlich bindenden – Charakter hat hingegen die jüngste Resolution der UN-Generalversammlung vom 18. Dezember 2014, in der zum wiederholten Male ein weltweites Moratorium der Todesstrafe gefordert wird[83].

---

[78] EMGR EuGRZ 1989, 314ff. m. Anm. *D. Blumenwitz*; zur Rechtsprechung des EGMR im Fall Soering *Schmahl*, Abschaffung (Fn. 76), S. 9ff. → Rn. 62.

[79] Abdruck in: H. Dreier/F. Wittreck, GG, 10. Aufl. 2015, S. 507ff. Zur Regelung auf EMRK-Ebene samt der Zusatzprotokolle siehe *R. Alleweldt*, Abschaffung der Todesstrafe, in: Dörr/Grote/Marauhn, EMRK/GG², Bd. II, Kap. 28 Rn. 3, 6ff. Das Zusatzprotokoll Nr. 13 wurde am 3.5.2002 verabschiedet und ist am 1.7.2003 nach zehn erfolgten Ratifikationen in Kraft getreten. Unterschrift und Ratifikation fehlen bisher von Aserbaidschan und Rußland, nur die Ratifikation fehlt bei Armenien (Unterzeichnung am 19.5.2006), Italien, Lettland, Polen und Spanien (Unterzeichnung je am Tage der Verabschiedung, dem 3.5.2002); vgl. zur Ratifikation Dörr/Grote/Marauhn, EMRK/GG², Bd. II, S. 2217f. (Ratifikationstabelle, Stand: 1.7.2013); http://www.coe.int/de/web/conventions/full-list/-/conventions/treaty/187 (24.3.2017).

[80] So *S. Morscher*, JBl. 2007, 82 (89).

[81] Vgl. *Martis*, Funktionen (Fn. 36), S. 20f.; *Schabas*, Abolition (Fn. 74), S. 350ff.; knapp *Möhrenschlager*, Abschaffung (Fn. 74), S. 305ff.; einschränkend *Germelmann* (Fn. 26), Art. 102 Rn. 64f.

[82] BGBl. 1992 II, S. 391. Abdruck des Textes auch in: B. Simma/U. Fastenrath (Hrsg.), Menschenrechte, 6. Aufl. 2010, S. 77ff.; eine Ausnahme erkennt Art. 2 I des Protokolls für Kapitalverbrechen militärischer Art in Kriegszeiten an. Vgl. *Möhrenschlager*, Abschaffung (Fn. 74), S. 309ff.; *H.-J. Bartsch*, NJW 1992, 1321 (1324); *A. Peters*, EuGRZ 1999, 650 (651, 657ff.). – Das Protokoll ist nach Vorliegen von zehn Ratifikationen am 11.7.1991 in Kraft getreten; Inkrafttreten für die Bundesrepublik am 18.11.1992 (BGBl. 1993 II, S. 880). – Vgl. zum Stand des 2. Fakultativprotokolls in den verschiedenen Staaten BGBl. II, Fundstellennachweis B, 1999, S. 465–467; zum Regelungsgehalt des 2. Fakultativprotokolls *Kersten* (Fn. 69), Art. 102 Rn. 58.

[83] Abrufbar ist die Resolution »Moratorium on the use of death penalty«, A/RES/69/186 unter http://www.un.org/en/ga/search/view_doc.asp?symbol=A/RES/69/186 (24.3.2017); zur Entwicklung *L. Arroyo Zapatero*, Die Todesstrafe. Plädoyer für ein weltweites Moratorium, in: FS Roxin, Bd. 2, 2011, S. 1147ff. (1148ff., 1153).

II. Supranationale Aspekte

Bereits **Art. 22 der »Erklärung der Grundrechte und Grundfreiheiten«** des Europäischen Parlaments vom 12.4.1989[84] erklärte wortgleich mit Art. 102 GG die Todesstrafe für abgeschafft. Manifestiert wurde dies in **Art. 2 II der Charta der Grundrechte der Europäischen Union**, die am 7.12.2000 nach den Tagungen des sogenannten »Herzog-Konvents« in Nizza verkündet wurde[85] und seit dem EU-Reformvertrag von Lissabon vom 13.12.2007, welcher am 1.12.2009 in Kraft trat[86], über Art. 6 I EUV Eingang in das europäische Primärrecht gefunden hat. Anders als Art. 102 GG (→ Rn. 41) normiert Art. 2 II ChGrEU ein absolutes und uneinschränkbares Grundrecht[87]. Ergänzt wird die Vorschrift durch Art. 19 II ChGrEU, der bei drohender Todesstrafe eine Abschiebung, Ausweisung und Auslieferung verbietet[88]. Zum Ausdruck kommt die Ablehnung der Todesstrafe auch in der symbolträchtigen – wenngleich rechtlich bedeutungslosen – Einführung eines »Tages gegen die Todesstrafe«, der nach einer Erklärung der Justizminister der EU vom 7.12.2007 jedes Jahr am 10. Oktober stattfinden soll[89]. 31

III. Rechtsvergleichende Hinweise

1. Ausländische Staaten

Die Todesstrafe ist heute in vielen Staaten der Welt abgeschafft[90]. In zahlreichen Fällen war dies bereits früher einmal der Fall gewesen, woraufhin es dann aber zu ihrer Wiedereinführung kam (→ Rn. 19). Als dauerhaft erwiesen sich hingegen die frühen Abolitionen in **Venezuela** (1863), **San Marino** (1865) und **Costa Rica** (1877). Auch in **Island** fand die ausnahmslose Abschaffung der Todesstrafe bereits **1928** statt. 32

Heute stellt sich die Lage wie folgt dar: Die **Todesstrafe** wurde in Westeuropa **ausnahmslos abgeschafft** in Österreich (1968)[91], Portugal (1976; vgl. Art. 24 II der 33

---

[84] Abdruck dieser rechtlich unverbindlichen Erklärung in EuGRZ 1989, 204ff.; für »erhebliche praktische Bedeutung« freilich *Martis*, Funktionen (Fn. 36), S. 20. – Zum Projekt einer »Europäischen Grundrechtscharta« *A. Weber*, NJW 2000, 537ff.

[85] Eine kurze Übersicht über die Entwicklung der ChGrEU allgemein bei *J. Meyer*, in: ders., Charta, Vorwort zur ersten Auflage (S. 6f.); zur Diskussion der Todesstrafe im Konvent *M. Borowsky*, ebd., Art. 2 Rn. 18ff.; *Kersten* (Fn. 69), Art. 102 Rn. 50.

[86] Die konsolidierte Fassung ist abrufbar unter http://eur-lex.europa.eu/lcgal-content/DE/TXT/PDF/?uri=OJ:C:2010:083:FULL&from=DE (23.3.2017).

[87] So *Borowsky* (Fn. 85), Art. 2 Rn. 45; *C. Calliess*, in: *Calliess*/Ruffert, EUV/EGV, ChGrEU Art. 3 Rn. 27; *Kersten* (Fn. 69), Art. 102 Rn. 52; *Germelmann* (Fn. 26), Art. 102 Rn. 79ff.; a. A. *Jarass*, Art. 2 Rn. 13, der in Art. 2 II CHGrEU eine Grenze für Grundrechtseinschränkungen sieht.

[88] Zu Art. 19 II ChGrEU *Jarass* (Fn. 87), Art. 19 Rn. 7ff.; *Germelmann* (Fn. 26), Art. 102 Rn. 85. Zum Verhältnis von Abschiebung, Ausweisung und Auslieferung siehe *M. Rossi*, in: Calliess/Ruffert, EUV/EGV, ChGrEU Art. 19 Rn. 9.

[89] Vgl. dazu SZ Nr. 283 v. 8.12.2007, S. 8; zu den jährlichen gemeinsamen Erklärungen des Europarates und der EU anlässlich des Tages gegen die Todesstrafe http://www.coe.int/de/web/portal/10-october-against-death-penalty/former-editions (23.3.2017).

[90] Eine Übersicht auf dem Stand von 1988 findet sich bei *Amnesty*, Wenn der Staat (Fn. 38), S. 481ff.; den Stand von 2001 weist nach *Hood*, Death Penalty (Fn. 33), S. 9ff., 247ff. Eine aktuelle Zusammenstellung bietet Amnesty International unter http://www.amnesty-todesstrafe.de/?id=41 sowie http://www.amnesty-todesstrafe.de/index.php?id=42 (23.3.2017).

[91] Die Abschaffung für gewöhnliche Straftaten war schon 1950 erfolgt; vgl. näher *C. Broda*, Die Abschaffung der Todesstrafe in jeder Form untrennbarer Bestandteil der unteilbaren Menschenrech-

Verfassung)[92], Luxemburg (1979)[93], Frankreich (1981)[94], den Niederlanden (1982; vgl. Art. 114 der Verfassung), Griechenland (1993), Italien (1994), Spanien (1995)[95], Belgien (1996)[96], Großbritannien (1998)[97] sowie zuletzt in der Schweiz (1999; vgl. Art. 10 I 2 nBV)[98]. In Skandinavien ist die Todesstrafe bereits in den 1970er Jahren durchgängig abgeschafft worden, nachdem dort das Verbot der Todesstrafe schon längere Zeit für in Kriegszeiten begangene Verbrechen bzw. für gewöhnliche Straftaten gegolten hatte: so in Schweden (1973; vgl. Kapitel 2, § 4 der Verfassung), Dänemark (1978), Norwegen (1979) und Finnland (1972)[99]. Hinzu kommen weltweit noch weitere ca. 80 Staaten.

34 Ungefähr ein Dutzend Staaten haben die **Todesstrafe** nur für gewöhnliche Delikte abgeschafft, aber **für** das **Militärstrafrecht** und bzw. oder **Staatsschutzdelikte** wie Hochverrat beibehalten, z. B. Argentinien, Brasilien und Israel[100].

35 In **ca. 100 Staaten** der Erde, unter denen sich die bevölkerungsreichsten befinden, gehört die **Todesstrafe** nach wie vor zum staatlichen Sanktionssystem[101]; dazu zählen die USA[102], China, Japan[103], Indien, Indonesien sowie die meisten Staaten des isla-

---

te, in: R. Machacek/W. P. Pahr/G. Stadler (Hrsg.), Grund- und Menschenrechte in Österreich, 1991, S. 499ff.

[92] In Portugal war die Todesstrafe schon 1853 für politische Vergehen und 1867 für gewöhnliche Strafen abgeschafft worden. Nach vollständigem Verzicht auf die Todesstrafe im Jahre 1911 kam es 1916 zur erneuten Einführung im Bereich des Militärstrafrechts.

[93] Freilich ist hier wie in vielen anderen Staaten die Abschaffung nicht verfassungsrechtlich verankert, so daß die Todesstrafe theoretisch durch den einfachen Gesetzgeber wiedereingeführt werden könnte: *Amnesty*, Wenn der Staat (Fn. 38), S. 288. Vgl. für politische Delikte jedoch bereits Art. 18, 118 der Verfassung von 1868.

[94] Auch hier nur durch einfaches Gesetz; vgl. *M. Ancel*, Quelques observations sur l'abolition de la peine de mort, in: FS López-Rey y Arrojo, Mailand 1985, S. 33ff.

[95] Zu den drei letztgenannten Ländern *Hood*, Death Penalty (Fn. 33), S. 12 m. Fn. 15, 26f. (Italien, Spanien), 27 m. Fn. 16 (Griechenland). Alle drei hatten vorher Ausnahmeregelungen für das Militärstrafrecht gekannt; vgl. etwa Art. 27 II 3 der italienischen sowie Art. 15 S. 2 der spanischen Verfassung. Griechenland hatte zuvor in umgekehrter Perspektive die Todesstrafe für politische Delikte eingeschränkt (vgl. Art. 7 III der Verfassung).

[96] Wiederum durch einfaches Gesetz; *F. Gorle*, Revue de droit pénal et de criminologie 76 (1996), 1165 (1173).

[97] Ziffer 36 des Crime and Disorder Act 1998 (c. 37); Ausnahmen galten bis dahin für verschiedene Hochverratsdelikte sowie traditionsgemäß für Piraterie.

[98] Die Todesstrafe ist nunmehr ausnahmslos verboten, nachdem es 1937 noch eine Ausnahme für das Militärstrafrecht gegeben hatte; vgl. *J. P. Müller*, Grundrechte in der Schweiz, 4. Aufl. 2008, S. 49.

[99] Vgl. *Amnesty*, Wenn der Staat (Fn. 38), S. 184 (Dänemark), 327f. (Norwegen), 191 (Finnland).

[100] *Amnesty*, Wenn der Staat (Fn. 38), S. 142, 166f., 232. In Bezug auf Israel mag verwundern, daß die Todesstrafe nicht gegen palästinensische Terroristen angewandt wird; dazu *S. J. Lavi*, Imagining the Death Penalty in Israel, in: A. Sarat/C. Boulanger (Hrsg.), The Cultural Lives of Capital Punishment, Stanford 2005, S. 219ff. (228), der die Nichtanwendung der Todesstrafe mit der Furcht vor einem »cycle of revenge« und einem Märtyrerstatus der zum Tode verurteilten Terroristen erklärt.

[101] Allerdings ist derzeit in 30 dieser Staaten die Todesstrafe de facto abgeschafft; dazu http://www.amnesty-todesstrafe.de/files/reader_wenn-der-staat-toetet.pdf (23.3.2017).

[102] Jüngst wurde einem Gesetzesentwurf zur Abschaffung der Todesstrafe in Nebraska (Mai 2015) zugestimmt. Im November 2016 wurde dieser Entschluss durch eine Volksabstimmung jedoch wieder rückgängig gemacht. Derzeit ist die Todesstrafe noch in 32 von 50 Bundesstaaten vorgesehen und wird in 14 Staaten (mittlerweile wieder) vollstreckt; Spitzenreiter ist Texas. Auch in der Bundes- und Militärgerichtsbarkeit der USA ist sie vorgesehen. – Aus der umfangreichen Literatur: Amnesty International (Hrsg.), Wenn der Staat tötet. Todesstrafe in den USA, 2016 (abrufbar unter: http://www.amnesty-todesstrafe.de/files/reader_todesstrafe-in-den-usa.pdf [Stand: 23.3.2017]); *P. Hay*, US-Amerikanisches Recht, 6. Aufl. 2015, Rn. 702ff. Allgemein zur Todesstrafe in den USA: *T. Giegerich*, EuGRZ 1995, 1ff.; *U. Grasberger*, Verfassungsrechtliche Probleme der Höchststrafen in den

misch-arabischen Raumes[104] und Afrikas[105]. Für den überwiegenden Anteil der Weltbevölkerung wird die Todesstrafe mithin aufrechterhalten.

Statistisch verhält es sich Ende 2016 folgendermaßen: Die Todesstrafe ist in 103 Staaten ganz abgeschafft, in sieben Staaten auf besondere Verbrechen wie etwa Kriegsverbrechen beschränkt. Hinzu kommen 31 Staaten, in denen die Todesstrafe praktisch abgeschafft ist (Maßstab: keine Vollstreckung in den letzten zehn Jahren). Zuletzt vollständig abgeschafft wurde die Todesstrafe auf den Philippinen (2006)[106], in Albanien (2007; durch Ratifikation des Zusatzprotokolls Nr. 13 zur EMRK), den Cook-Inseln, Ruanda und Kirgisistan sowie jüngst im Kongo (2015), in Nauru und in Guinea (2016). 36

2. Die Todesstrafe in deutschen Landesverfassungen

In der Mehrzahl der **vorgrundgesetzlichen Verfassungen der deutschen Länder** fand die Todesstrafe ebenfalls Erwähnung. In **Bayern** etwa wurde bis zur Verfassungsänderung im Jahre 1998 in Art. 47 IV 2 BayVerf. der Vollzug der Todesstrafe von der Bestätigung durch die Staatsregierung abhängig gemacht[107]; **Hessen** läßt noch heute in Art. 21 I 2 seiner Verfassung die Todesstrafe für »besonders schwere Verbrechen« zu und behält die Bestätigung des Todesurteils in Art. 109 I 3 der Landesregierung vor. Diese Bestimmungen werden von der Literatur durchweg als nichtig – da durch Art. 31 (i.V.m. Art. 102) GG gebrochen bzw. durch Art. 123 GG beseitigt – angesehen[108]. Doch gibt es ernsthafte Zweifel an dieser Sichtweise, die implizit voraussetzt, daß die Landesverfassungen die Regelungskompetenz für eine dem Strafrecht zugehörige 37

USA und in der Bundesrepublik Deutschland, 1996, S. 3ff., 87ff.; B. Vila/C. Morris (Hrsg.), Capital Punishment in the United States, Westport 1997; Bedau, Death Penalty (Fn. 29); J.R. Acker/R.M. Bohm/C.S. Lanier (Hrsg.), America's Experiment with Capital Punishment, Durham 1998; *R. Hood/C. Hoyle*, The Death Penalty, 5. Aufl., Oxford 2015, S. 128ff.

[103] Vgl. die ausführliche Darstellung zu Geschichte, Praxis und Meinungsstand in der Literatur von *P. Schmidt*, Die Todesstrafe in Japan, 1996.

[104] Die Todesstrafe kennen etwa Ägypten, Saudi-Arabien, Iran, Irak, Kuwait, Jordanien und die Vereinigten Arabischen Emirate; dazu Nachweise in: Amnesty International (Hrsg.), »The state of the world's human rights«, Report 2016/2017 (abrufbar unter: https://www.amnesty.org/en/documents/pol10/4800/2017/en/ [23.3.2017]). Jüngeres Beispiel für eine Abschaffung im islamischen Raum ist hingegen die Türkei (2004); die dort drohende Wiedereinführung wäre wohl völkerrechtlich nur möglich, wenn die Türkei die gesamte EMRK sowie deren Zusatzprotokolle kündigt: *F. Weber*, DÖV 2016, 921 (926ff.).

[105] Abgeschafft ist sie beispielsweise in Mosambik, Namibia (beide 1990), Angola (1992), Südafrika (1997), Liberia (2005), Ruanda (2007), der Republik Kongo (2015) und Guinea (2016).

[106] Siehe auch Amnesty International (Hrsg.), »The state of the world's human rights«, Report 2007, S. 29.

[107] Zur Geschichte der Todesstrafe in Bayern *P. Overath*, Tod und Gnade. Die Todesstrafe in Bayern im 19. Jahrhundert, Diss. jur. Bonn 2001.

[108] So *R. Schranil*, Verfassung des Saarlandes, 1952, Art. 1 Anm. 2; *T. Meder*, Die Verfassung des Freistaates Bayern, 4. Aufl. 1992, Art. 47 Rn. 5a. Für nichtig nach Art. 31, 102 oder 123 GG halten die entsprechenden Normen: *E. Schunck/H. De Clerck*, Allgemeines Staatsrecht und Staatsrecht des Bundes und der Länder, 15. Aufl. 1993, S. 387; *Stern*, Staatsrecht III/2, S. 1469; *Germelmann (Fn. 26)*, Art. 102 Rn. 109f.; *Kersten* (Fn. 69), Art. 102 Rn. 42. Nach BVerfGE 18, 112 (118) wird die Todesstrafe durch die entsprechenden Normen »bestätigt«. Überzeugend gegen eine Nichtigkeit *F. Wittreck*, JöR 49 (2001), 157 (207ff.). In Hessen wurde eine Enquetekommission »Verfassungskonvent zur Änderung der Verfassung des Landes Hessen« eingesetzt, die sich u.a. mit der Abschaffung der Todesstrafe beschäftigen soll, vgl. Hessischer Landtag, Drs. 19/2566 v. 10.11.2015. Ein entsprechender Gesetzentwurf mit knapper Begründung liegt mittlerweile vor, vgl. Drs. 19/5712.

Sanktion reklamieren wollten. Dafür fehlt jegliches Anzeichen. Vielmehr ist anzunehmen, daß die Länder an das Fortbestehen der Todesstrafe auf besatzungsrechtlicher Ebene anknüpften (und wohl auch das Fortbestehen auf bundesrechtlicher Ebene erwarteten) und für den Fall ihrer Vollstreckung restriktive Kautelen vorsahen. Diese auf den ersten Blick vielleicht überraschende Sichtweise, wonach die Länder, in denen die Todesstrafe landesverfassungsrechtlich thematisiert wurde, damit ihre Eindämmung bezweckten, wird durch den empirischen Befund bestätigt, daß in den Ländern mit entsprechender Begnadigungsregel in den Jahren 1946–1949 kein einziges Todesurteil vollstreckt wurde, wohl aber in der Mehrzahl der Länder ohne derartige Erwähnung der Todesstrafe[109]. Verfassungsrechtlich liegt daher die Deutung nahe, daß den Normen keine »ausdrückliche Bestätigung« der Todesstrafe zu entnehmen ist, weshalb sie nach richtiger Ansicht **gegenstandslos, aber nicht nichtig** sind bzw. waren[110]. Das ist unmittelbar einsichtig für die Vorschriften, die das Recht der Begnadigung (→ Art. 60 Rn. 27) im Normalfall dem Regierungschef zusprechen oder eine Delegationsmöglichkeit vorsehen, den Vollzug der Todesstrafe aber von der Zustimmung der Regierung als Kollegium abhängig machen (Art. 109 I HessVerf.; Art. 47 IV a. F. BayVerf.; Art. 103 I a. F. Rh.-Pf.Verf.; Art. 85 BadVerf.; Art. 121 a. F. BremVerf.). Hier wird lediglich eine aus der Weimarer Zeit geläufige[111] bzw. durch die Besatzungsmächte geprägte[112] Zuständigkeitsregelung fortgeschrieben, ohne daß eine inhaltliche Stellungnahme zur Frage der Todesstrafe intendiert oder ersichtlich wäre[113]. Aber auch die Landesverfassungsvorschriften, die ausdrücklich die Möglichkeit eines Todesurteils als Schranke des Rechts auf Leben nennen (Art. 21 I 2 i. V. m. Art. 3 HessVerf.; Art. 3 a. F. Rh.-Pf.Verf.), halten sich bei näherer Betrachtung im Rahmen des Bundesrechts. Ausweislich der Diskussionen in den verfassunggebenden Gremien sollten die genannten Schrankenvorschriften nicht als Grundlage landesrechtlicher Androhungen der Todesstrafe dienen, sondern eine Brechung des weitreichenden Landesgrundrechts auf Leben[114] durch den fortbestehenden § 211 des Reichs-StGB verhindern, der jedem unmittelbaren Einfluß der Länder entzogen war, aber fraglos Vorrang nach Art. 13 WRV bzw. Art. 31 GG für sich beanspruchen konnte[115]. Dieser Vorrang des Reichsrechts war auch der maßgebende Grund dafür, daß der einzige ausdrückliche Antrag auf Abschaffung der Todesstrafe (in der Badischen Beratenden Versammlung) keine Mehrheit fand[116].

---

[109] Zahlen bei *Düsing*, Abschaffung (Fn. 50), S. 231f.

[110] So richtig Teile der landesverfassungsrechtlichen Literatur; zusammenfassend *F. Wittreck*, JöR 49 (2001), 157 (167ff.).

[111] Vgl. die bayerische Verordnung über die Ausübung des Begnadigungsrechts v. 10.10.1919, GVBl. S. 692 und dazu *H. Nawiasky*, Bayerisches Verfassungsrecht, 1923, S. 216.

[112] Art. V der Verordnung Nr. 67 der britischen Militärregierung vom 1.12.1946 (MRABl. S. 362) sprach beispielsweise das Gnadenrecht den Ministerpräsidenten zu; davon wurden aber Todesurteile ausgenommen (Anweisung Nr. 1 vom 10.6.1947, MRABl. S. 573); dazu *G. Erdsiek*, DRZ 1948, 92 (93).

[113] In keiner der verfassunggebenden Versammlungen bot die entsprechende Vorschrift Anlaß für inhaltliche Stellungnahmen zur Todesstrafe: siehe dazu *F. Wittreck*, JöR 49 (2001), 157 (177f.).

[114] Art. 3 HessVerf. und Art. 3 I Rh.-Pf.Verf. ordnen übereinstimmend an, daß das Leben des Menschen »unantastbar« ist; → Art. 1 I Rn. 131. Es ist auffällig, daß von den frühen Landesverfassungen sonst nur noch die saarländische (Art. 1) ein – freilich unter Gemeinwohlvorbehalt stehendes – Recht auf Leben kennt.

[115] Die begrenzten Möglichkeiten der Landesverfassungen unterstreicht bereits *Evans*, Rituals (Fn. 21), S. 776f.; eingehend *F. Wittreck*, JöR 49 (2001), 157ff.

[116] Abg. *Maier* (SPD), in: P. Feuchte (Hrsg.), Quellen zur Verfassung des Landes Baden 1947, Bd. 1,

Eine **Sonderrolle** nimmt in diesem Zusammenhang die Entwicklung im **Saarland** ein. Das in Art. 95 I a.F. SaarlVerf. vorgesehene Erfordernis einer einstimmigen Zustimmung der Landesregierung zur Vollstreckung eines Todesurteils wurde in der Verfassungskommission mit der ausdrücklichen Erwägung begründet, dies würde »in 999 von 1000 Fällen einer Aufhebung der Todesstrafe gleichkommen«[117]. Von der durch die Wiedereingliederung in die Bundesrepublik notwendigen Verfassungsrevision 1956 bis zur vollständigen Neufassung des staatsorganisatorischen Teils 1979 schließlich lautete Art. 95 I a. F. SaarlVerf. wortgleich zu Art. 102 GG »Die Todesstrafe ist abgeschafft«[118]. Eine einfachgesetzliche Abschaffung in Parallele zu Art. 102 GG erfolgte mit Blick auf den besonderen Status der Stadt 1951 in **Berlin**[119]. Die Brandenburgische Verfassung schaltet sich schließlich in die Diskussion um Auswirkungen des Art. 102 GG ein, indem sie in Art. 18 II ein Auslieferungs- und Abschiebungverbot anordnet, falls dem betroffenen Ausländer die Todesstrafe droht (→ Rn. 50ff., 55ff.; → Art. 16 Rn. 62ff.; → Art. 16a Rn. 57, 72). 38

C. Erläuterungen

I. Allgemeine Bedeutung und normativer Status

Der kategorische Satz von der Abschaffung der Todesstrafe meint der Sache nach nichts anderes als: »Die Todesstrafe ist verboten« und **bindet die gesamte Staatsgewalt**. Im einzelnen besagt das in den Worten des Bundesverfassungsgerichts: »der deutsche Gesetzgeber darf den Tod als Strafe nicht androhen, der deutsche Richter darf die Todesstrafe auch auf Grund eines vorkonstitutionellen Gesetzes nicht mehr verhängen, die deutsche Exekutive darf die Todesstrafe auch auf Grund eines vorkonstitutionellen Urteils nicht mehr vollstrecken.«[120] 39

Mit der Verortung im IX. Abschnitt des Grundgesetzes (»Die Rechtsprechung«) und der Wortwahl (»Todesstrafe«) gibt Art. 102 GG zu erkennen, daß hiermit eine bestimmte, auf eine lange Rechtsgeschichte zurückblickende (→ Rn. 1, 16ff.) **strafrechtliche Sanktion** abgeschafft wird. Aus dem Katalog von staatlichen, justizförmig verhängten Sanktionen zur Ahndung von Strafdelikten wird die Todesstrafe durch Art. 102 GG gestrichen. Über die bloße Änderung des Sanktionensystems hinaus stellt Art. 102 GG zudem eine »Entscheidung von großem staats- und rechtspolitischem Gewicht« dar, indem die Verfassung sich damit »in betonten Gegensatz zu den Anschauungen eines politischen Regimes stellt, dem das einzelne Leben wenig bedeutete 40

1999, S. 469; Diskussion ebd., S. 469ff. Interessanterweise erwuchs der Antrag nicht aus der Diskussion über den späteren Art. 85 S. 3 BadVerf. (s. o.), sondern schloß sich unmittelbar an die Einfügung des Rechts auf Kriegsdienstverweigerung an (Art. 3 BadVerf. → Art. 4 Rn. 14ff.). Unzutreffend insofern daher *Düsing*, Abschaffung (Fn. 50), S. 229, nach dem es in keiner der verfassunggebenden Versammlungen Abolitionsanträge gegeben habe.

[117] Abg. *Hoppe* (KP), in: R. Stöber (Bearb.), Die saarländische Verfassung vom 15. Dezember 1947 und ihre Entstehung, 1952, S. 238.

[118] ABl. 1956, S. 1657; 1979 S. 650; dazu *W. Thieme*, JöR 9 (1960), 423 (458, 470); *P. Krause*, JöR 29 (1980), 393 (457).

[119] Gesetz über die Abschaffung der Todesstrafe vom 9.1.1951, Berl. GVBl. 1951, S. 57; dazu *Düsing*, Abschaffung (Fn. 50), S. 299f.

[120] BVerfGE 18, 112 (116). Vgl. *Jarass*/Pieroth, GG, Art. 102 Rn. 2; *P. Kunig*, in: v. Münch/Kunig, GG II, Art. 102 Rn. 9ff.; *C. Degenhart*, in: Sachs, GG, Art. 102 Rn. 1a. Zur Frage einer möglichen Verfassungsänderung: → Rn. 57ff.

und das deshalb mit dem angemaßten Recht über Leben und Tod des Bürgers schrankenlosen Mißbrauch trieb.«[121]

41 Art. 102 GG enthält **kein Grundrecht**[122] oder grundrechtsgleiches Recht (→ Vorb. Rn. 64f.). Mit Bedacht war Art. 102 GG seit jeher nicht in § 90 I BVerfGG enthalten und ist auch bei der Änderung des Grundgesetzes im Jahre 1969 nicht in Art. 93 I Nr. 4a GG aufgenommen worden. Daran scheitert auch die Einordnung als Prozeßgrundrecht. Die Qualifizierung als »grundrechtsähnliches« Recht[123] erbringt keinen verfassungsdogmatischen Ertrag. Systematisch stellt das Verbot der Todesstrafe **vielmehr** eine objektiv-rechtliche **Schranken-Schranke** (→ Vorb. Rn. 144) dar, da sie dem Gesetzgeber, der gemäß Art. 2 II 3 GG das Grundrecht auf Leben einschränken kann, wiederum eine definitive Schranke setzt[124]. Deswegen ist der sachliche Regelungskern des Art. 102 GG durchaus **verfassungsbeschwerdefähig**: freilich **über Art. 2 II 1**, nicht über Art. 102 GG.

II. Normative Reichweite

42 Anders als in manchen Staaten (→ Rn. 34) und in internationalen Verträgen (→ Rn. 28ff.) ist in Deutschland das Verbot der Todesstrafe ausnahmslos gewährleistet. Es erleidet also de constitutione lata weder in Kriegszeiten noch für sonstige Ausnahmesituationen oder -taten Ausnahmen. Freilich konnte und kann, bedingt durch die **besondere besatzungsrechtliche Lage Deutschlands** (→ Rn. 24, 37) nach dem Zweiten Weltkrieg und **Bestimmungen des NATO-Truppenstatuts**, nicht gänzlich ausgeschlossen werden, daß auf dem Boden der Bundesrepublik Deutschland (und vor der Wiedervereinigung: der DDR) Todesurteile gesprochen wurden und werden (→ Rn. 43ff.). Dem polizeilichen Todesschuß steht Art. 102 GG ebensowenig entgegen (→ Rn. 47f.). Differenziert ist die Lage bei Auslieferungen und Abschiebungen zu betrachten (→ Rn. 50ff.).

1. Alliierte Besatzungsrechte und NATO-Truppenstatut

43 Lange Zeit gab es eine freilich in praxi jahrzehntelang nicht in Anspruch genommene Prärogative, in **Berlin** nach alliiertem Recht die Todesstrafe zu verhängen. Dieses wurde noch **vor der Wiedervereinigung** durch Anordnung der Alliierten Kommandantura vom 15.3.1989 aufgehoben, d.h. von den Alliierten selbst beseitigt[125].

---

[121] BVerfGE 18, 112 (117).

[122] So aber *H. Nawiasky*, Die Grundgedanken des Grundgesetzes für die Bundesrepublik Deutschland, 1950, S. 131, der Art. 102 GG zu den »grundrechtlichen Bestimmungen« zählt; ferner *H. Schüßler*, NJW 1965, 1896 (1897f.); *Kersten* (Fn. 69), Art. 102 Rn. 17, 62; *R.-P. Calliess*, NJW 1988, 849 (852). Wie hier *P. Tettinger*, JZ 1978, 128 (129f.); *Stein/Frank*, Staatsrecht, § 54 VII (S. 449); *Kunig* (Fn. 120), Art. 102 Rn. 3; *Jarass*/Pieroth, GG, Art. 102 Rn. 1; *H.-J. Cremer*, Der Schutz vor den Auslandsfolgen aufenthaltsbeendender Maßnahmen, 1994, S. 376; *F. Ebel/P. Kunig*, Jura 1998, 617 (621); *Kersten* (Fn. 69), Art. 102 Rn. 62.

[123] Stern/*Sachs*, Staatsrecht III/2, S. 372; *D. Martina*, Die Grundrechte der nordrhein-westfälischen Landesverfassung im Verhältnis zu den Grundrechten des Grundgesetzes, 1999, S. 59f.

[124] Stern/*Sachs*, Staatsrecht III/1, S. 373 (»engt die mögliche Reichweite des Gesetzesvorbehalts des Art. 2 Abs. 2 Satz 3 GG ein«); *C. Enders*, Probleme der Gentechnologie in grundrechtsdogmatischer Sicht, in: R. Mellinghoff/H.-H. Trute (Hrsg.), Die Leistungsfähigkeit des Rechts, 1988, S. 157ff. (169); *Jarass*/Pieroth, GG, Art. 102 Rn. 1; *F. Ebel/P. Kunig*, Jura 1998, 617 (621).

[125] Berl. GVBl. 1989, S. 568. Die bis dahin geltende Verordnung Nr. 511 vom 15.10.1951 (Berl. GVBl. 1951, S. 1112) stammte allein von den Westalliierten.

In Berlin war **nach der Wiedervereinigung** den sowjetischen Militärgerichten durch den deutsch-sowjetischen Truppenaufenthalts- und -abzugsvertrag das Recht zur Verhängung von Todesurteilen durch sowjetische Militärgerichte eingeräumt[126], was aber seit 1995 gegenstandslos ist[127]. 44

Schließlich haben die in Deutschland stationierten Militärgerichte der amerikanischen Streitkräfte, gestützt auf das **NATO-Truppenstatut**, zuweilen Todesstrafen gegen ihre Soldaten verhängt, die danach zur Vollstreckung in ihr Heimatland gebracht wurden[128]. Nach **Art. 18A**, der durch Art. 7 des Abkommens v. 18.3.1993[129] eingefügt wurde, haben Behörden eines Entsendestaates nunmehr die zuständigen deutschen Behörden unverzüglich zu unterrichten, falls sie Strafverfolgungsmaßnahmen in Ausübung ihrer Gerichtsbarkeit gem. Art. VII des NATO-Truppenstatuts durchführen wollen, die zur Verhängung der Todesstrafe führen können (Art. 18A I); außerdem werden **Todesstrafen weder** in der Bundesrepublik **vollstreckt noch** werden **Strafverfolgungsmaßnahmen durchgeführt**, die zur Verhängung einer solchen Strafe in der Bundesrepublik führen können (Art. 18A II). 45

In dieser Ausübung von **Militärgerichtsbarkeit fremder Staaten** auf dem Staatsgebiet der Bundesrepublik Deutschland liegt schon deswegen kein Verstoß gegen Art. 102 GG, weil das Grundgesetz ausschließlich die deutsche Staatsgewalt bindet[130]. Durch die 1993 in Kraft getretene Neuregelung (→ Rn. 45) ist ein gleichwohl denkbarer Konflikt zudem weitgehend entschärft worden[131]. 46

2. Polizeilicher Todesschuß und Luftsicherheitsgesetz

Der in den meisten Landespolizeigesetzen ausdrücklich geregelte, in anderen bewußt ausgeklammerte und damit dem Reglement des allgemeinen Strafrechts anheimgestellte sog. »**finale Rettungsschuß**« (auch »gezielter Todesschuß«) der Polizei[132], der als 47

---

126 Art. 18 II des »Vertrages vom 12. Oktober 1990 zwischen der Bundesrepublik Deutschland und der Union der Sozialistischen Sowjetrepubliken über die Bedingungen des befristeten Aufenthalts und die Modalitäten des planmäßigen Abzugs der sowjetischen Truppen aus dem Gebiet der Bundesrepublik Deutschland« (BGBl. 1991 II, S. 258; Zustimmungsgesetz ebd., S. 256). – Art. 18 V des Vertrages sah explizit vor, daß die Todesstrafe im »Aufenthaltsgebiet«, also der Bundesrepublik, nicht vollstreckt werden würde.

127 Vgl. Art. 4 I des Vertrages (Fn. 126).

128 Das Nato-Truppenstatut, dem die Bundesrepublik 1961 beigetreten ist (vgl. BGBl. 1961 I, S. 1183, 1190), schloß in Art. VII Abs. 7a zwar nicht die Verhängung, wohl aber die Vollstreckung der Todesstrafe aus, wenn das Recht des Aufnahmestaates diese Strafe nicht vorsah. Gleichwohl kritisch *R.-P. Calliess*, NJW 1988, 849ff.; s. auch *C. Raap*, DÖV 1994, 294 (297); *T. Giegerich*, EuGRZ 1995, 1 (12f.) m. w. N. – Zur Diskussion um die Regelungen vgl. auch die Antworten der Bundesregierung auf entsprechende Anfragen aus dem Parlament: BT-Drs. 11/2520 u. 11/2521.

129 Abkommen zur Änderung des Zusatzabkommens vom 3.8.1959 in der durch das Abkommen vom 21.10.1971 und die Vereinbarung vom 18.5.1981 geänderten Fassung zu dem Abkommen zwischen den Parteien des Nordatlantikvertrages über die Rechtsstellung ihrer Truppen hinsichtlich der in der Bundesrepublik Deutschland stationierten ausländischen Truppen. Abdruck: BGBl. 1994 I, S. 2598; Zustimmungsgesetz v. 28.9.1994 (BGBl. 1994 I, S. 2594); Inkrafttreten am 29.3.1998 gem. Bekanntmachung v. 30.6.1998 (BGBl. 1998 I, S. 1961).

130 Wie hier *Kunig* (Fn. 120), Art. 102 Rn. 17; *Kersten* (Fn. 69), Art. 102 Rn. 78; *Germelmann* (Fn. 26), Art. 102 Rn. 119.

131 Zur alten Rechtslage: → Bd. III², Art. 102 Rn. 46.

132 Der Todesschuß wird als »Schuß, der mit an Sicherheit grenzender Wahrscheinlichkeit tödlich wirken wird« bezeichnet (§ 54 II PolG BW; Art. 66 II 2 BayPAG; § 63 II 2 POG Rh.-Pf.; § 34 II SächsPolG; § 65 II 2 SOG LSA); Kritik an der fehlenden Wirklichkeitsnähe der Formulierung bei *D. Merten*, Zum Streit um den Todesschuß, in: FS Doehring, 1989, S. 579ff. (582f.); *W.-R. Schenke*, Polizei-

ultima ratio zur Tötung eines Angreifers berechtigt, um das Leben einer Geisel oder anderen bedrohten Person zu retten, stellt **keine Verletzung des Art. 102 GG** dar[133]. Zwar wird durch den Todesschuß in der Tat das Leben eines Rechtsbrechers, das gegenüber der staatlichen Strafgewalt durch Art. 102 GG absolut gesichert ist, geopfert[134]. Doch erfolgt dies ausschließlich deshalb, um das Leben einer anderen Person, das durch den Rechtsbrecher gefährdet wird, zu retten. In dieser Situation kann und darf sich der Staat nicht gewissermaßen neutral verhalten, sondern muß dem Leben des potentiellen Opfers den Vorrang einräumen. Es ist die mit der repressiven, aufgrund strafgerichtlichen Urteils erfolgenden Sanktion nicht vergleichbare präventiv-polizeiliche Lage, die insofern eine andere Wertung verlangt bzw. in dieser Extremsituation eine andere Konsequenz, den Tod des Rechtsbrechers, zuläßt[135].

48 Außerdem erfaßt Art. 102 GG, wie die systematische Stellung der Norm im Abschnitt über »Die Rechtsprechung« zeigt, nur gerichtsförmiges, nicht polizeiliches Handeln[136]. Damit verlagert sich die verfassungsrechtliche Bewertung des polizeilichen Todesschusses von Art. 102 GG auf **Art. 1 I, 2 II 1 GG**; freilich werden auch diese Bestimmungen durch die gesetzlichen Regelungen zum polizeilichen Todesschuß nicht verletzt[137].

49 Diese Überlegungen erlangen jedenfalls partiell auch Bedeutung für das umstrittene **Luftsicherheitsgesetz**[138]. Hier ermächtigte der vom Bundesverfassungsgericht für nichtig erklärte § 14 III des Gesetzes die Streitkräfte unter strengen Voraussetzungen zum Abschuß eines Luftfahrzeugs, wenn dieses etwa bei einem terroristischen Angriff als Waffe eingesetzt werden sollte. Dabei ist die Konstellation, in der nur der oder die potentielle(n) Täter von einem Abschuß betroffen wären, in bezug auf Art. 102 GG dem polizeilichen Todesschuß vergleichbar[139]. In diesem Rahmen gilt das oben Gesagte[140]. Hingegen trägt dieser Vergleich offensichtlich nicht für den Fall, daß auch unbe-

und Ordnungsrecht, 9. Aufl. 2016, Rn. 560f.; im Kontext der Terrorismusbekämpfung *M. C. Jakobs*, DVBl. 2006, 83ff.

[133] So die ganz h. M.: *D. Merten*, Zum polizeilichen Schußwaffengebrauch, in: ders. (Hrsg.), Aktuelle Probleme des Polizeirechts, 1977, S. 85ff. (103); *ders.*, Todesschuß (Fn. 132), S. 591; *R. Zuck*, MDR 1988, 920 (921); *W. Pausch*, Die Rechtmäßigkeit der vorhandenen gesetzlichen Regelungen des Todesschusses in den Polizeigesetzen des Bundes und der Länder, Diss. jur. Gießen 1996, S. 87f.; *T. Schöne/T. Klaes*, DÖV 1996, 992 (997): keine »antizipierte Todesstrafe«; *R. Müller-Terpitz*, HStR³ VII, § 147 Rn. 63f.; *Kersten* (Fn. 69), Art. 102 Rn. 68; *Germelmann* (Fn. 26), Art. 102 Rn. 124.

[134] Betont bei *W. Thiele*, DVBl. 1979, 705 (707).

[135] Wie hier außer den oben in Fn. 133 Genannten noch *Stein/Frank*, Staatsrecht, § 33 IV (S. 279f.), § 54 VII (S. 444); *J. Ipsen*, Staatsrecht II, Rn. 214, 254.

[136] Vgl. *F. Ebel/P. Kunig*, Jura 1998, 617 (621).

[137] → Art. 1 I Rn. 70, 145; → Art. 2 II Rn. 44. Zu ergänzen ist *Pausch*, Rechtmäßigkeit (Fn. 133), S. 35ff.; *C. Starck*, in: v. Mangoldt/Klein/Starck, GG I, Art. 1 Rn. 78; für eine Verfassungsmäßigkeit des polizeilichen Rettungsschusses auch *Kersten* (Fn. 69), Art. 102 Rn. 68.

[138] Hierzu BVerfGE 115, 118; *W.-R. Schenke*, NJW 2006, 736ff.; *C. Gramm*, DVBl. 2006, 653ff.; *C. Starck*, JZ 2006, 417ff.; *H. Dreier*, JZ 2007, 261 (265ff.); *R. Merkel*, JZ 2007, 373ff.; zur Bewertung des Luftsicherheitsgesetzes insbesondere aus strafrechtlicher Perspektive *W. Schild*, Rechtsfragen beim Abschuss eines Terrorflugzeugs, in: Pieper/Brudermüller, Grenzen (Fn. 26), S. 93ff. (112ff.).

[139] Vgl. dazu knapp auch *J. Isensee*, Leben gegen Leben. Das grundrechtliche Dilemma des Terrorangriffs mit gekapertem Passagierflugzeug, in: FS Jakobs, 2007, S. 205ff. (224). Für Art. 102 GG macht es dabei keinen Unterschied, daß es bei § 14 III Luftsicherheitsgesetz um ein Handeln der Streitkräfte und nicht der Polizei geht.

[140] Folgerichtig sieht das BVerfG eine diesbezügliche Abschußermächtigung nicht als kategorisch verfassungswidrig an, vgl. BVerfGE 115, 118 (118 Ls. 3; 152, Rn. 120; 160ff., Rn. 138ff.). Schon der Tenor der Entscheidung beschränkt sich – abgesehen von Problemen bei der Gesetzgebungskompe-

teiligte, entführte Personen betroffen wären[141] – hier stellte das Bundesverfassungsgericht die Unvereinbarkeit der Regelung insbesondere mit Art. 1 I i. V. m. Art. 2 II 1 GG fest[142], wenngleich das nicht unumstritten ist. Im Ergebnis bleibt jedenfalls festzuhalten, daß Kriterien für die Bewertung beider Konstellationen allein aus Art. 1 I, 2 II GG und **nicht aus Art. 102 GG** zu gewinnen sind (→ Art. 1 I Rn. 70, 145; → Art. 2 II Rn. 44, 62).

3. Bedeutung für Auslieferungen und Abschiebungen

a) Auslieferung

Bei der Auslieferung ausländischer Personen[143] ist im vertraglosen[144] (also nicht durch spezielle bi- oder multilaterale völkerrechtliche Vereinbarungen geregelten[145]) Auslieferungsverkehr **§ 8** des Gesetzes über die Internationale Rechtshilfe in Strafsachen (**IRG**) v. 23.12.1982[146] zu beachten. Danach ist die Auslieferung wegen einer Tat, bei der nach dem Recht des ersuchenden Staates die Todesstrafe droht, nur zulässig, wenn der ersuchende Staat zusichert, daß die **Todesstrafe nicht verhängt** oder vollstreckt wird. Mit dieser einfachgesetzlichen Regelung ist freilich über die Reichweite des Art. 102 GG in diesem Problemfeld noch nichts Definitives ausgesagt. Erstens ist das IRG subsidiär und greift gemäß dessen § 1 III nur ein, soweit kein völkerrechtlicher Vertrag, der unmittelbares Recht geworden ist, eine abweichende Regelung trifft, die möglicherweise eine Auslieferungspflicht auch bei drohender Todesstrafe zuläßt[147]; zweitens fragt sich, ob die in § 8 IRG getroffene Regelung wegen Art. 102 GG verfassungsrechtlich zwingend ist[148]. 50

---

tenz – auf die Feststellung der Unvereinbarkeit der Abschußermächtigung mit dem Grundgesetz für den Fall, daß »tatunbeteiligte Menschen an Bord des Luftfahrzeugs betroffen werden«.

[141] Vgl. dazu *H. Dreier*, JZ 2007, 261 (266f.). In dieser Konstellation, dem eigentlichen Kern der Debatte, wäre das Ziehen einer Parallele in mehrfacher Weise schief und unpassend.

[142] BVerfGE 115, 118 Ls. 3; kritisch dazu *R. Müller-Terpitz*, HStR³ VII, § 147 Rn. 62 m. w. N.

[143] Für Deutsche ist eine Auslieferung ohnehin wegen Art. 16 II GG untersagt (→ Art. 16 Rn. 62ff.). Zum Auslieferungsverbot bei politisch Verfolgten: → Art. 16a Rn. 61ff., 72.

[144] Zur Rechtslage im Geltungsbereich der Europäischen Grundrechtecharta: → Rn. 31.

[145] Das bekannteste ist das Europäische Auslieferungsabkommen v. 13.12.1957 (EuAlÜbk), BGBl. 1964 I, S. 1371. Das deutsche Zustimmungsgesetz stammt v. 3.11.1964 (BGBl. I S. 1369); Bekanntmachung über das Inkrafttreten v. 8.11.1976: BGBl. I S. 1778; Inkrafttreten für Deutschland am 1.1.1977. – Zum Kreis der Vertragsparteien s. BGBl. 1999 II, Fundstellenverzeichnis B, S. 373.

[146] BGBl. I S. 2071.

[147] Die meisten völkerrechtlichen Verträge enthalten freilich dem § 8 IRG entsprechende Klauseln; vgl. *J. Vogel*, in: H. Grützner/P.-G. Pötz/C. Kreß (Hrsg.), Internationaler Rechtshilfeverkehr in Strafsachen, 3. Aufl., Bd. 1, § 8 IRG (2009), Rn. 12. Beispiele: Art. 11 EuAlÜbk; Vertrag mit den USA v. 20.6.1978 (BGBl. 1980 I, S. 647) in Art. 12; Vertrag mit Kanada v. 11.7.1977 (BGBl. 1979 I, S. 666) in Art. XI; Vertrag mit Australien vom 14.4.1987 (BGBl. 1990 I, S. 111) in Art. 11. – Art. 10 des Vertrages mit Tunesien v. 19.7.1966 (BGBl. 1969 I, S. 1157) verpflichtet den ersuchenden Staat lediglich zu der an die Strafverfolgungsbehörden gerichteten *Empfehlung*, die Todesstrafe in eine Freiheitsstrafe umzuwandeln (schriftliche Auskunft des Auswärtigen Amtes v. 25.2.2000). – Eine Zusammenstellung der Auslieferungsverträge findet sich in: Grützner/Pötz/Kreß, Internationaler Rechtshilfeverkehr, a. a. O., Bd. 2. – Hier stellt sich bezüglich der möglichen Ausnahme Tunesiens die Frage, inwieweit eine Anpassung an die § 8 IRG nachgebildeten Verträge durch die Verfassungsnorm des Art. 102 GG geboten wäre; zum Ablauf des Auslieferungsverfahrens *N. Weiß*, HStR³ X, § 207 Rn. 10ff.

[148] Schließlich könnte man fragen, welche Anforderungen aus verfassungsrechtlicher Sicht an die Zusicherung gestellt werden müssen: für eine völkerrechtlich verbindliche einseitige Erklärung *Kunig* (Fn. 120), Art. 102 Rn. 15; *M. Kubiciel*, in: K. Ambos/S. König/P. Rackow (Hrsg.), Rechtshilferecht in Strafsachen, 2015, § 8 IRG, Rn. 84; nach h. M. genügt, daß die Vollstreckung der Todesstrafe

51 In der Literatur ist die **Ansicht** verbreitet, die **Auslieferung** sei bei drohender Todesstrafe **unmittelbar kraft Verfassungsrechts verboten**[149]. Das Bundesverfassungsgericht hat dies zwar in einer Entscheidung aus dem Jahre 1964 verneint[150], später aber offen gelassen, ob an jenem Beschluß »heute noch in vollem Umfang festzuhalten« wäre[151].

52 Eine tragfähige Antwort auf die Streitfrage kann nur gefunden werden, wenn man auf die prinzipielle Problemstruktur abstellt und sie als Teilausschnitt aus dem komplexen Feld der **Grundrechtsgeltung bei grenzüberschreitenden Sachverhalten** (→ Art. 1 III Rn. 44ff.) begreift. Sie ist nicht mit dem lapidaren Hinweis auf die obiter dicta des Bundesverfassungsgerichts zu beantworten, wonach die Grundrechtsbindung der deutschen Staatsgewalt auch dann fortbestünde, »soweit Wirkungen ihrer Betätigung im Ausland eintreten«[152]; denn insofern war eher an Fälle gedacht, in denen tatsächlich nur die Handlung deutscher Staatsorgane zeitversetzt im Ausland Folgen zeitigt, nicht aber, daß die Handlung der deutschen Staatsorgane lediglich eine conditio sine qua non für das fragliche Ereignis bildet. Im Falle der Auslieferung tötet nun nicht ein Staatsorgan der Bundesrepublik Deutschland, sondern (möglicherweise) der andere Staat, dessen Handlung nicht ohne weiteres als solche der Bundesrepublik gelten kann. Die Auslieferung durch deutsche Staatsorgane bildet aber ein Glied in der Kausalkette, ohne welches es nicht zur Vollstreckung der Todesstrafe kommen könnte[153]. Deshalb lautet die **Kernfrage**, ob der letzte Akt in der Handlungskette der Bundesrepublik zurechenbar ist, woraus sich eine Art Vorwirkung bei der nun unmittelbar nach Art. 102 GG zu beurteilenden Frage der Auslieferung ergäbe. Zurech-

---

mit Sicherheit bzw. mit an Sicherheit grenzender Wahrscheinlichkeit ausgeschlossen ist (*W. Schomburg*/O. Lagodny/S. Gleß/*T. Hackner*, Internationale Rechtshilfe in Strafsachen, 5. Aufl. 2012, § 8 Rn. 15f.; *Vogler* [Fn. 147], § 8 IRG Rn. 20; *O. Lagodny*, NJW 1988, 2146 [2149]).

[149] *H. Schüßler*, NJW 1965, 1896 (1897); *O. Lagodny*, NJW 1988, 2146 (2149); *H. Albert*, Das Grundrecht auf Leben als Schranke für aufenthaltsbeendende Maßnahmen, 1990, S. 32ff., 98ff.; *Kunig* (Fn. 120), Art. 102 Rn. 14; *A. Podlech*, in: AK-GG, Art. 102 (2001), Rn. 43ff.; *Kersten* (Fn. 69), Art. 102 Rn. 76. Dagegen aber – mit unterschiedlichen Argumenten – *W. K. Geck*, JuS 1965, 221ff.; *T. Vogler*, NJW 1994, 1433ff.; *Cremer*, Schutz (Fn. 122), S. 423f.; *F. Becker*, HStR³ XI, § 240 Rn. 42ff.

[150] BVerfGE 18, 112; dazu *W. K. Geck*, JuS 1965, 221ff.; *H. Schüßler*, NJW 1965, 1896ff.

[151] BVerfGE 60, 348 (354). *T. Vogler*, NJW 1994, 1433 (1434) hat sich vehement dagegen gewandt, in dieser Entscheidung eine Abkehr im Hinblick auf das Verständnis von Art. 102 GG zu sehen, wie dies das OLG Düsseldorf (NJW 1994, 1485) getan hatte; anders aber *Degenhart* (Fn. 120), Art. 102 Rn. 4 (das Verfassungsgericht wolle »offenbar« an seiner Rechtsprechung aus dem 18. Band nicht mehr festhalten); detaillierter Überblick zur Judikatur bei *Kersten* (Fn. 69), Art. 102 Rn. 71ff.

[152] BVerfGE 6, 290 (295); vgl. E 57, 9 (23). Ausdrückliche Forderung nach Differenzierung, wie sie von BVerfGE 31, 58 (77) verlangt wird, mit Blick auf diese Judikate auch bei Stern/*Sachs*, Staatsrecht III/2, S. 196ff.; *J. Isensee*, HStR V, § 115 Rn. 95ff.; *F. Becker*, HStR³ XI, § 240 Rn. 38ff. (insb. 41ff. zur Zurechnungsproblematik); *P. Badura*, Territorialprinzip und Grundrechtsschutz, in: FS Leisner, 1999, S. 404ff. (409f.).

[153] Insofern richtig *H. Schüßler*, NJW 1965, 1896 (1897) mit der Formulierung: »solchen Akten fremder Staatsgewalt durch das Setzen von Bedingungen im eigenen Staatsgebiet zum Erfolg zu verhelfen, die mit dem deutschen Recht nicht in Einklang stehen«. *Kunig* (Fn. 120), Art. 102 Rn. 13 konstatiert einfach, es sei der deutschen Staatsgewalt versagt, »zur Tötung durch den fremden Staat dadurch beizutragen, daß diese faktisch möglich wird«; ähnlich *O. Lagodny*, NJW 1988, 2146 (2148): »Folge des Auslieferungs-Vollzugsaktes ist der Bundesrepublik zurechenbar«. Das aber ist gerade die Frage, die z. B. von *G. Elbing*, Zur Anwendbarkeit der Grundrechte bei Sachverhalten mit Auslandsbezug, 1991, S. 166f. ganz anders beantwortet wird (schon normlogische Gründe verböten es, an das Ersuchen der fremden Hoheitsgewalt die Maßstäbe deutscher Grundrechtsnormen anzulegen). In BVerfGE 18, 112 (116) wurde zudem die Frage verneint, ob es dem deutschen Staat verboten sei, zur Todesstrafe durch einen anderen Staat »irgendwie beizutragen«; zustimmend *W. K. Geck*, JuS 1965, 221 (223ff.). Differenziert ebenfalls *P. Weides*/*P. Zimmermann*, DVBl. 1988, 461 (462f.); *Cremer*, Schutz (Fn. 122), S. 177ff., 255ff.; *U. Häde*, Der Staat 36 (1997), 1 (17ff.). S. auch vorige Fußnote.

nungsfragen sind Fragen nach der Verantwortung und als solche bis zu einem gewissen Grad Wertungsfragen[154]. Bei der hier vorliegenden **Zurechnungsproblematik** sind zwei Aspekte von Bedeutung: zum einen, daß die Auslieferung per se ein gewissermaßen zweiseitiger, stark völkerrechtlich bestimmter Akt ist (→ Rn. 50); zum anderen, daß die Grundrechtsbindung bei grenzüberschreitenden Sachverhalten Einbußen erfahren kann.

Die Besonderheit der Auslieferungsproblematik liegt darin, daß die betroffene Person dem Herrschaftsanspruch zweier Staaten, des Aufenthaltslandes sowie des Heimatlandes, unterliegt. Diese Zweiseitigkeit reduziert naturgemäß den Handlungsanteil der Bundesrepublik. Es wäre zudem eine Bevormundung des ersuchenden Staates und liefe dem Grundsatz der **Völkerrechtsfreundlichkeit des Grundgesetzes** (→ Pmbl. Rn. 43; → Art. 25 Rn. 51f.) zuwider, wenn bei völkervertragsrechtlich bestehendem Anspruch des Heimatlandes[155] eine Auslieferung unter Berufung auf das Grundgesetz abgelehnt würde[156]. Auch verfängt die oft beschworene allgemeine völkerrechtliche Tendenz zur Ächtung der Todesstrafe[157] insofern nicht kategorisch, als die einschlägigen völkerrechtlichen Dokumente teilweise nach wie vor Ausnahmen und Vorbehalte kennen (→ Rn. 28ff.) und die rechtsvergleichende Betrachtung zeigt, daß die Todesstrafe keineswegs weltweit und keineswegs vorbehaltlos abgeschafft worden ist (→ Rn. 32ff.). **53**

Grenzüberschreitende Sachverhalte haben die Eigenart, daß bei ihnen die Grundrechtsbindung der Staatsgewalt Modifikationen unterliegt und aus Gründen außenpolitischer Mobilität wie dem Kompromißcharakter völkerrechtlicher Bindungen gewisse Einschränkungen der Wirkkraft der Grundrechte nicht ausgeschlossen sind[158]. Unberührt muß freilich der Identitätskern des Grundgesetzes bleiben. Das **Bundesverfassungsgericht** hat hieraus sowie aus dem völkerrechtlichen Charakter der **Auslieferung** die richtige Konsequenz gezogen, das zu erwartende Verhalten des ersuchenden Staates **nicht in vollem Umfang an den Grundrechten** des Grundgesetzes **zu messen**[159]; vielmehr wird geprüft, ob durch die Auslieferung der völkerrechtlich verbindliche Mindeststandard gemäß Art. 25 GG oder die unabdingbaren verfassungsrechtlichen Grundsätze des Grundgesetzes verletzt werden[160]. Bei den letztge- **54**

---

154 *H. Dreier*, Verantwortung im demokratischen Verfassungsstaat, in: U. Neumann/L. Schulz (Hrsg.), Verantwortung in Recht und Moral, 2000, S. 9ff. (13); *J.H. Klement*, Verantwortung, 2006, S. 472ff.; so auch *F. Becker*, HStR³ XI, § 240 Rn. 40.

155 Z.B. sehen das EuAlÜbK und die bilateralen Verträge mit Kanada und den USA eine Auslieferungspflicht vor: *K. Graßhof/R. Backhaus*, EuGRZ 1996, 445 (449f.).

156 Dieses Argument aus BVerfGE 18, 112 (117f., 120f.) hält, anders als das Wortlautargument und der Hinweis auf die Systematik, stand. Dem Urteil zustimmend *J. Isensee*, Die staatsrechtliche Stellung der Ausländer in der Bundesrepublik Deutschland, VVDStRL 32 (1974), S. 49ff. (63 m. Fn. 38); *H.-I. v. Pollern*, BayVBl. 1979, 200 (207). S. auch *U. Häde*, Der Staat 36 (1997), 1 (21f.).

157 Vgl. etwa *Podlech* (Fn. 149), Art. 102 Rn. 44; *P. Weides/P. Zimmermann*, DVBl. 1988, 461 (464); *Degenhart* (Fn. 120), Art. 102 Rn. 1, 4; *A. Peters*, EuGRZ 1999, 650ff.

158 → Art. 1 III Rn. 44ff.; ergänzend siehe BVerfGE 92, 26 (41f., 47); 100, 313 (362f., Rn. 173ff.). Ferner *U. Häde*, Der Staat 36 (1997), 1 (17ff.; 22ff.).

159 Dafür *C. Gusy*, GA 1983, 73 (79ff.); *O. Lagodny*, Die Rechtsstellung des Auszuliefernden in der Bundesrepublik Deutschland, 1987, S. 129ff., 161ff.; *ders.*, NJW 1988, 2146ff. (Grundrechte als »Auslieferungs-Gegenrechte«).

160 BVerfGE 59, 280 (283); 63, 332 (337f.); 75, 1 (19ff., 32f.); s. auch E 92, 26 (41f.); 100, 313 (362f., Rn. 174). Dazu etwa *U. Häde*, Der Staat 36 (1997), 1 (17); *F. Becker*, HStR³ XI, § 240 Rn. 45. Keine dieser Entscheidungen betraf allerdings Fälle drohender Todesstrafe; insofern bleibt es bei dem oben mitgeteilten Befund (→ Fn. 150f.).

nannten kann es sich nur um die in der und durch die verfassungsrechtliche »Ewigkeitsgarantie« geschützten Grundsätze (→ Art. 79 III Rn. 21ff.) handeln[161]. Daneben untersagt Art. 25 GG den deutschen Behörden und Gerichten, innerstaatliches Recht derart anzuwenden, daß es eine allgemeine Regel des Völkerrechts verletzen würde (wobei unklar bleibt, ob direkt oder indirekt). Das Verbot der Todesstrafe zählt nicht dazu, so daß Art. 25 GG einer Auslieferung wegen drohender Todesstrafe nicht entgegensteht[162] (→ Art. 25 Rn. 47, 49). Ebensowenig zählt die Abschaffung der Todesstrafe zum über Art. 79 III GG geschützten Identitätskern der Verfassung[163], da dieses Verbot in seiner ausnahmslosen Unbedingtheit nicht bereits aus dem Menschenwürdesatz ableitbar ist (→ Rn. 58ff.). Freilich ist möglich, daß die Todesstrafe auf eine die Menschenwürde verletzende (also grausame, unmenschliche oder erniedrigende) Weise vollzogen wird; dann kann die Auslieferung verweigert werden. Aus alledem folgt also, daß Art. 102 GG einer Auslieferung bei drohender Todesstrafe nicht zwingend entgegensteht[164].

b) Abschiebung im Ausländer- und Asylrecht

55 Parallele Konstellationen ergeben sich bei aufenthaltsbeendenden Maßnahmen im Ausländer- und Asylverfahren, finden freilich eine andere Lösung (→ Rn. 56). Gemäß eindeutiger einfachgesetzlicher Regelung (§ 60 II AufenthG) darf ein Ausländer nicht in einen Staat abgeschoben werden, in dem ihm die Verhängung oder Vollstreckung der Todesstrafe droht (§ 4 I 2 Nr. 1 AsylG). Gemäß § 60 III AufenthG darf ein Ausländer nicht in einen Staat abgeschoben werden, wenn dieser ihn wegen einer Straftat sucht und die Gefahr der Todesstrafe besteht; es sind sodann die Vorschriften über die Auslieferung anzuwenden, so daß insbesondere § 8 IRG zu beachten ist. Abermals ist die **Frage** relevant, **ob** sich die **Ausweisungs- und Abschiebungshindernisse** wegen drohender Todesstrafe bereits **zwingend aus Art. 102 GG** ergeben; diese Frage war insbesondere Gegenstand der Erörterung nach alter Rechtslage (AuslG von 1965), die eine § 60 III AufenthG entsprechende Regelung nicht kannte[165]. Und abermals ist für die Antwort entscheidend, ob eine Vollstreckung der Todesstrafe in dem Land, in das abgeschoben werden soll, der deutschen Staatsgewalt zugerechnet werden kann. Freilich ergeben sich in bezug auf die beiden maßgeblichen Kriterien (→ Rn. 52) entscheidende Differenzen zur Auslieferungsproblematik.

56 Zum einen sind Ausweisung und Abschiebung ausschließlich innerstaatlich wirksame, einseitige Verwaltungsakte zur Gefahrenabwehr; es handelt sich nicht wie bei der Auslieferung um ein zweiseitiges völkerrechtliches Rechtsgeschäft, dem zumeist eine völkerrechtliche Vereinbarung als Grundlage dient[166]. Zum zweiten entfällt weitgehend das Argument einer zu berücksichtigenden Völkerrechtsfreundlichkeit des Grundgesetzes und einer zu vermeidenden Diskriminierung anderer Rechtsordnun-

[161] Tendenziell extensiver, aber ohne klare Kritierien: *K. Graßhof/R. Backhaus*, EuGRZ 1996, 445 (448f.).
[162] *R. Hofmann*, Grundrechte und grenzüberschreitende Sachverhalte, 1994, S. 277.
[163] A. A. *R. Hofmann*, Grundrechte (Fn. 162), S. 276f.; *Kersten* (Fn. 69), Art. 102 Rn. 33; *Germelmann* (Fn. 26), Art. 102 Rn. 141, 179.
[164] Wie hier *F. Becker*, HStR³ XI, § 240 Rn. 45.
[165] Zur alten Rechtslage *G. Frankenberg*, JZ 1986, 414ff.; *P. Weides/P. Zimmermann*, DVBl. 1988, 461ff.
[166] Vgl. *G. Frankenberg*, JZ 1986, 414 (416); *P. Weides/P. Zimmermann*, DVBl. 1988, 461 (462f.); *R. Hofmann*, Grundrechte (Fn. 162), S. 319; s. noch *Albert*, Grundrecht (Fn. 149), S. 127ff.

gen, da eine mögliche Mißachtung der ausländischen Rechtsordnung in Ermangelung des bei der Auslieferung vorliegenden doppelten Zugriffs auf die betreffende Person auf jeden Fall gewissermaßen »unauffälliger«[167] wäre. Der **Schwerpunkt der Maßnahmen liegt** so deutlich **im innerstaatlichen Bereich**, daß das kategorische Verbot der Todesstrafe durchschlägt und insofern eine Abschiebung verfassungsrechtlich unzulässig wäre[168]. Inkonsequent ist es dann freilich, insoweit wieder Ausnahmen anzuerkennen, wenn »wichtige Belange« der Bundesrepublik oder »übergeordnete Prinzipien« dies erforderten[169]. Denn der wichtigste Belang ist eben insofern die Beachtung des Art. 102 GG.

III. Zulässigkeit der Wiedereinführung der Todesstrafe?

Einer gängigen und mittlerweile zur ganz überwiegenden Meinung erstarkten Auffassung zufolge ergibt sich das Verbot der Todesstrafe nicht erst aus Art. 102 GG, sondern bereits aus dem Satz über die Menschenwürde, Art. 1 I GG[170]. Auch in der politischen Philosophie ist die Ansicht verbreitet, die Verhängung der **Todesstrafe** stelle einen **Verstoß gegen die Menschenwürde** dar[171]. 57

Freilich hat es immer Stimmen gegeben, die zumindest nicht jede Form der Todesstrafe kategorisch und unter allen Umständen durch Art. 1 I GG für ausgeschlossen halten[172]. Vom Bundesverfassungsgericht wurde die Frage bislang ausdrücklich offengelassen[173], während der Bundesgerichtshof sich sehr viel eindeutiger geäußert hat[174]. Die **praktische Bedeutung** der Frage liegt auf der Hand: steht dem verfassungsändernden Gesetzgeber die Möglichkeit der Wiedereinführung der Todesstrafe offen oder nicht? 58

---

167 *G. Frankenberg*, JZ 1986, 414 (416); *P. Weides/P. Zimmermann*, DVBl. 1988, 461 (463).

168 So mittlerweile auch die überwiegende Judikatur (exemplarisch zur alten Rechtslage: BVerwGE 78, 285 [290ff.]) und die Literatur (*P. Kunig*, DVBl. 1983, 38f. [für die Berücksichtigung beim Ausweisungsermessen]; *G. Frankenberg*, JZ 1986, 414 [417f.]; *P. Weides/P. Zimmermann*, DVBl. 1988, 461 [467f.]; *D. Lorenz*, HStR VI, § 128 Rn. 27; *Degenhart* [Fn. 120], Art. 102 Rn. 4f., freilich mit Ausnahmevorbehalt); ablehnend *F. Becker*, HStR³ XI, § 240 Rn. 43, 45.

169 So *Degenhart* (Fn. 120), Art. 102 Rn. 5; *Albert*, Grundrecht (Fn. 149), S. 163.

170 So bereits früh *Hamann/Lenz*, GG, Art. 102 (S. 629); *W. Sax*, Grundsätze der Strafrechtspflege, in: Die Grundrechte III/2, S. 909ff. (963); aktuellere Stimmen in dieser Richtung: *P. Weides/P. Zimmermann*, DVBl. 1988, 461 (464f.); *Podlech* (Fn. 149), Art. 102 Rn. 47ff.; *D. Lorenz*, HStR VI, § 128 Rn. 41; *Kunig* (Fn. 120), Art. 102 Rn. 18; *Jarass*/Pieroth, GG, Art. 102 Rn. 1; *Starck* (Fn. 137), Art. 1 Rn. 48; *Schmahl* (Fn. 74), Art. 102 Rn. 2; *Kersten* (Fn. 69), Art. 102, Rn. 23, 64; zumindest tendenziell auch *R. Müller-Terpitz*, HStR³ VII, § 147 Rn. 63. → Art. 1 I Rn. 141.

171 Vgl. *H. Bielefeldt*, Zum Ethos der menschenrechtlichen Demokratie, 1991, S. 115; vorsichtiger *U.K. Preuß*, Vater der Verfassungsväter?, in: Politisches Denken. Jahrbuch 1993, S. 117ff. (128): Art. 102 GG als »eine Konsequenz des in Art. 1 eingeschlagenen Weges«.

172 Vgl. *P. Tettinger*, JZ 1978, 128 (130ff.); *R. Herzog*, Art. Todesstrafe (I.B.), in: EvStL³, Bd. 2, Sp. 3613ff. (3614f.); *D. Hömig*, in: Hömig/Wolff, GG, Art. 102 Rn. 2; *M. Herdegen*, in: Maunz/Dürig, GG, Art. 1 Abs. 1 (2009), Rn. 99. *Track*, Todesstrafe (Fn. 4), Sp. 2464 ist (anders als *Herzog* in der Vorauflage) der Ansicht, die Todesstrafe sei mit einem die Würde des Täters achtenden Strafrecht unvereinbar.

173 BVerfGE 94, 115 (138). Auch in der Entscheidung zur Entschädigung von Strafgefangenen für die von ihnen geleistete Pflichtarbeit (BVerfGE 98, 169 [200, Rn. 131ff.]) liegt keine eindeutige Stellungnahme zum Problem: → Rn. 60.

174 BGH NJW 1996, 857 (858): es sei die »staatliche Organisation einer Vollstreckung der Todesstrafe […], gemessen am Ideal der Menschenwürde, ein schlechterdings unzumutbares und unerträgliches Unterfangen«; eine Wiedereinführung der Todesstrafe könne vor Art. 1 I GG »keinen Bestand« haben.

59 Nähere Betrachtung zeigt, daß durch Art. 1 I GG (i. V. m. Art. 79 III GG) eine **Wiedereinführung** der Todesstrafe **nicht kategorisch** und in jeder noch so restriktiven Form **ausgeschlossen** ist (→ Rn. 60f.), andererseits aber durch den Menschenwürdesatz bestimmte Motive für die Verhängung der Todesstrafe sowie bestimmte Formen ihrer Vollstreckung und Handhabung auch durch den verfassungsändernden Gesetzgeber nicht eingeführt werden könnten (→ Rn. 62).

60 Die Todesstrafe verstößt zunächst nicht deswegen gegen Art. 1 I GG, weil sie das Leben des Delinquenten zerstört: denn Würdeschutz und **Lebensschutz** sind zu entkoppeln (→ Art. 1 I Rn. 68ff.). Auch ist nicht jede Form der Vollstreckung der Todesstrafe, etwa weil sie den Delinquenten notwendigerweise in Todesfurcht versetzt, unmenschlich, grausam oder erniedrigend. Schließlich ist die vage und ohnehin nicht strikt durchhaltbare Formel, wonach die Menschenwürde es verbietet, den einzelnen zum **Objekt** zu machen (→ Art. 1 I Rn. 55), ungeeignet, die Todesstrafe zwingend als einen Verstoß gegen die Menschenwürdegarantie zu qualifizieren[175]. Das **Resozialisierungsgebot**, welches im Falle der Todesstrafe nicht zum Zuge kommen kann, wird vom Bundesverfassungsgericht aus dem allgemeinen Persönlichkeitsrecht (»Art. 2 Abs. 1 i. V. m. Art. 1 Abs. 1 GG«)[176] hergeleitet und gehört daher als solches nicht zum unantastbaren Kern der Verfassung.

61 Für die Frage, ob das Verbot der Todesstrafe den Schutzgehalten des Art. 1 I GG unterfällt, ist zunächst von Belang, daß mit dieser Grundnorm des Grundgesetzes ein »universeller Humanitätsstandard« gesichert werden soll. Dem können freilich nur solche normativen Aussagen unterfallen, die von einem annähernd weltweiten **Konsens** der zivilisierten Staatenwelt getragen sind. Hieran **fehlt** es bei der Todesstrafe, wie der Blick etwa auf die USA oder Japan zeigt (→ Rn. 35). Auch die einschlägigen internationalen Verträge (→ Rn. 28ff.) lassen nach wie vor in zahlreichen Fallkonstellationen Ausnahmen von einem prinzipiellen Verbot der Todesstrafe zu und tragen ohnehin erst seit kurzer Zeit dem Gedanken einer generellen Ächtung der Todesstrafe Rechnung. Für die anerkannten Menschenwürdegehalte (→ Art. 1 I Rn. 52ff., 137ff.) ist hingegen typisch, daß sie bei aller auch hier anzuerkennenden Wandelbarkeit der Anschauungen in der neuzeitlichen Menschenrechtsidee (→ Vorb. Rn. 5f.; → Art. 1 II Rn. 3) wurzeln und sich auf die entsprechenden zentralen **Verfassungsdokumente** (nicht unbedingt schon die tatsächliche Verfassungspraxis) zurückverfolgen lassen[177]. Im Falle der Todesstrafe ist insoweit aber durchgängig Fehlanzeige zu erstatten: ihre Abschaffung sucht man in den einschlägigen traditionsstiftenden Verfassungstexten der Amerikanischen und Französischen Revolution vergeblich. Ebensowenig wie die Verfassungsgeschichte vermag die **Ideengeschichte** (→ Rn. 1ff.) den Gedanken zu stützen, daß das Verbot der Todesstrafe zu den essentiellen Gehalten der Menschenrechtsidee und damit möglicherweise zum von Art. 1 I GG umfaßten Bereich zählen könnte; im Gegenteil ist sie von Autoren, die insofern zu den geistigen Vätern der moder-

[175] So aber *A. Podlech*, in: AK-GG, Art. 1 Abs. 1 (2001), Rn. 43; *ders.* (Fn. 149), Art. 102 Rn. 48; *P. Weides/P. Zimmermann*, DVBl. 1988, 461 (464f.); zweifelnd *R. Müller-Terpitz*, HStR³ VII, § 147 Rn. 63.

[176] BVerfGE 98, 169 (200, Rn. 132). – Auch aus BVerfGE 45, 187 (237ff.) läßt sich nicht folgern, das Gericht habe die Abschaffung der Todesstrafe implizit unter den Schutz des Art. 1 I GG stellen wollen (treffend *P. Tettinger*, JZ 1978, 128 [130f.]).

[177] Vgl. auch *H. Rotter*, Art. Todesstrafe, in: Katholisches Soziallexikon, 2. Aufl. 1980, Sp. 3056ff. (3059): »Dem Moralhistoriker wird es zudem im Blick auf eine Geschichte, die die T. so selbstverständlich geübt u. legitimiert hat, nicht leichtfallen, diese Strafe als ethisch unzulässig zu betrachten.« → Rn. 2ff.

nen Grundrechtsdemokratie zählen, durchgängig als nachgerade selbstverständlich vorausgesetzt, im Falle Immanuel Kants sogar als vernunftnotwendig begriffen worden (→ Rn. 11). In rechtsvergleichender Perspektive ist schließlich daran zu erinnern, daß nach wie vor zahlreiche Staaten der Welt an der Todesstrafe festhalten und ihr Verbot weder zum zwingenden Völkerrecht (ius cogens) noch zum Völkergewohnheitsrecht zählt[178]. Schließlich lassen die vielfältigen internationalen Abkommen zur Abschaffung der Todesstrafe häufig noch Ausnahmen zu (→ Rn. 28ff.). Wenn in vielen Staaten Europas, darunter auch in Deutschland, ganz überwiegender Einstellung zufolge die Todesstrafe aus humanitären Gründen für schlechthin unzulässig gehalten wird, so handelt es sich insofern praktisch um ein erst seit einigen Jahrzehnten vorhandenes, mittlerweile aber sehr stabiles Meinungsklima, welches die Ächtung der Todesstrafe vermutlich auch wegen ihres hohen Symbolgehaltes trägt[179]. Das rechtfertigt aber nicht die Hochzonung in den Kernbereich des Art. 1 I GG.

Die hier vertretene Position stimmt schließlich mit der Haltung des EGMR im sog. 62
Soering-Fall überein (→ Rn. 28). Danach ergibt sich ein Verbot der Todesstrafe nicht unmittelbar aus Art. 3 EMRK, was aus ihrer ausdrücklichen Erwähnung in Art. 2 I 2 EMRK sowie daraus folgt, daß ansonsten das 6. Zusatzprotokoll zur EMRK überflüssig wäre[180]. Freilich, und auch darin ist dem EGMR zu folgen, können bestimmte Formen der Handhabung der Todesstrafe als Verstoß gegen das Verbot einer »unmenschlichen oder erniedrigenden Strafe oder Behandlung« in Art. 3 EMRK und insoweit bezogen auf die Bundesrepublik gegen Art. 1 I GG anzusehen sein. Der EGMR zählte im Soering-Fall dazu das sog. **death row phenomenon**, also die Folgen der zum Teil jahrzehntelang währenden Verwahrung der zum Tode Verurteilten in der Todeszelle[181]. Andere, unmittelbar aus Art. 1 I GG herzuleitende Schranken für die Wiedereinführung der Todesstrafe in Deutschland durch den verfassungsändernden Gesetzgeber wären, daß diese nicht allein aus generalpräventiven oder aus kraß unverhältnismäßigen Gründen verhängt und nicht auf grausame Weise vollstreckt werden dürfte.

Im **Ergebnis** bedeutet dies, daß der verfassungsändernde Gesetzgeber nicht katego- 63
risch für alle Fälle und Situationen an der Wiedereinführung der Todesstrafe gehindert wäre, er aber dabei sehr engen Schranken bei der Wahl der Tatbestände[182] und hohen Anforderungen an die Vollstreckung und Handhabung der Todesstrafe unterläge. Auch wäre mit der Wiedereinführung wegen der zahlreichen Bindungen Deutschlands durch internationale Pakte (→ Rn. 28, 30) ein mehrfacher Völkerrechtsverstoß verbunden.

---

178 *F. Ebel/P. Kunig*, Jura 1998, 617 (622); *N. Weiß*, HStR³ X, § 207 Rn. 4; wohl auch *F. Weigend*, JuS 2000, 105 (108f.). Anders, aber zu weitgehend, *A. Peters*, EuGRZ 1999, 650 (656f.).

179 Das fand seinen Niederschlag zuletzt in der Einführung eines EU-weiten »Tages gegen die Todesstrafe«. → Rn. 31.

180 EGMR EuGRZ 1989, 314 (321); vgl. *Frowein*/Peukert, EMRK, Art. 2 Rn. 10; so auch *Schmahl*, Abschaffung (Fn. 76), S. 9f.

181 EGMR EuGRZ 1989, 314 (322f.); *Frowein*/Peukert, EMRK, Art. 3 Rn. 20. – Eingehend zum death row phenomenon *Schabas*, Death Penalty (Fn. 71), S. 141ff.

182 Faktisch käme wohl nur in Betracht, sie für schwerste Verbrechen in Kriegs- und Notstandszeiten vorzusehen. Vgl. auch *P. Tettinger*, JZ 1978, 128 (131f.); *Hömig* (Fn. 172), Art. 102 Rn. 2; *Grasberger*, Höchststrafen (Fn. 102), S. 41ff., 49ff.

D. Verhältnis zu anderen GG-Bestimmungen

64 Art. 102 GG steht in einem direkten Korrespondenzverhältnis zu **Art. 2 II 3 GG**, indem hier eine spezielle »Schranken-Schranke« errichtet wird (→ Rn. 41). Ob die Abschaffung der Todesstrafe wegen der Menschenwürdegarantie in **Art. 1 I GG** nur deklaratorische Bedeutung hat oder ob der verfassungsändernde Gesetzgeber zur Wiedereinführung der Todesstrafe befugt wäre, ist eine höchst umstrittene und differenziert zu beantwortende Frage (→ Rn. 57ff.). Sie läßt sich auch nicht durch pauschale Verbindlicherklärung ihrer Ächtung im internationalen Recht (→ Rn. 28ff.) oder unter Berufung auf die Völker- und Menschenrechtsfreundlichkeit des Grundgesetzes beantworten (→ Rn. 61; → Art. 1 II Rn. 22). Bezüglich der Regelungen zur Todesstrafe in manchen **Landesverfassungen** bleibt darauf hinzuweisen, daß hier kaum von einer infolge Art. 31 oder 123 GG eingetretenen Nichtigkeit auszugehen, sondern eher ein Leerlaufen der entsprechenden, oft gegenläufig motivierten Normen zu konstatieren ist (→ Rn. 37; → Art. 142 Rn. 63).

Artikel 103 [Anspruch auf rechtliches Gehör; nulla poena sine lege; ne bis in idem]

(1) Vor Gericht hat jedermann Anspruch auf rechtliches Gehör.

(2) Eine Tat kann nur bestraft werden, wenn die Strafbarkeit gesetzlich bestimmt war, bevor die Tat begangen wurde.

(3) Niemand darf wegen derselben Tat auf Grund der allgemeinen Strafgesetze mehrmals bestraft werden.

Literaturauswahl

Augsberg, Ino/Burkiczak, Christian: Der Anspruch auf rechtliches Gehör gemäß Art. 103 I GG als Gegenstand der Verfassungsbeschwerde, in: JA 2008, S. 59–62.

Bracher, Christian-Dietrich: Die Anhörung Dritter im Normenkontrollverfahren gegen Bebauungspläne, in: DVBl. 2000, S. 165–174.

Degenhart, Christoph: Gerichtsverfahren, in: HStR^3 V, § 115, S. 761–811.

Eschelbach, Ralf: Gehör vor Gericht, in: GA 151 (2004), S. 228–245.

Frohn, Hansgeorg: Rechtliches Gehör und richterliche Entscheidung, 1989.

Gehb, Jürgen: Vom langsamen Ende eines verfassungsrechtlichen Dogmas? Der trickreiche Weg des Bundesverfassungsgerichts zum Anhörungsrügengesetz, in: DÖV 2005, S. 683–687.

Gertler, Anne-Dorothee: Neuere Rechtsprechung des Bundesverfassungsgerichts zur Anhörungsrüge, in: Sigrid Emmenegger/Ariane Wiedmann (Hrsg.), Linien der Rechtsprechung des Bundesverfassungsgerichts, Band 2, 2011, S. 53–72.

Graßhof, Karin: Rechtliches Gehör, in: HGR V, § 133, S. 1325–1371.

Gundel, Jörg: Neue Anforderungen des EGMR an die Ausgestaltung des nationalen Rechtsschutzsystems – Die Schaffung effektiver Rechtsbehelfe gegen überlange Verfahrensdauer, in: DVBl. 2004, S. 17–27.

Gusy, Christoph: Rechtliches Gehör durch abwesende Richter? – BVerwG, NJW 1986, 3154, in: JuS 1990, S. 712–719.

Knemeyer, Franz-Ludwig: Rechtliches Gehör im Gerichtsverfahren, in: HStR^3 VIII, § 178, S. 555–585.

Lerche, Peter: Dunklere und hellere Seiten des Anspruchs auf rechtliches Gehör, in: Festschrift für Andreas Heldrich, 2005, S. 1283–1293.

Mauder, Johannes: Der Anspruch auf rechtliches Gehör, seine Stellung im System der Grundrechte und seine Auswirkung auf die Abgrenzungsproblematik zwischen Verfassungs- und Fachgerichtsbarkeit, 1986.

Niemöller, Martin/Schuppert, Gunnar Folke: Die Rechtsprechung des Bundesverfassungsgerichts zum Strafverfahrensrecht, in: AöR 107 (1982), S. 387–498.

Otto, Martin R.: Grundfälle zu den Justizgrundrechten. Art. 103 I GG – Der Anspruch auf rechtliches Gehör vor Gericht, in: JuS 2012, S. 412–418.

Pache, Eckhard: Das europäische Grundrecht auf einen fairen Prozess, in: NVwZ 2001, S. 1342–1347.

Redeker, Konrad: Verfahrensgrundrechte und Justizgewährungsanspruch, in: NJW 2003, S. 2956–2958.

Rüping, Hinrich: Der Grundsatz des rechtlichen Gehörs und seine Bedeutung im Strafverfahren, 1976.

Schenke, Wolf-Rüdiger: Verfassungsrechtliche Garantie eines Rechtsschutzes gegen Rechtsprechungsakte?, in: JZ 2005, S. 116–126.

Schenke, Wolf-Rüdiger: Außerordentliche Rechtsbehelfe im Verwaltungsprozessrecht nach Erlass des Anhörungsrügengesetzes, in: NVwZ 2005, S. 729–739.

Schmidt-Aßmann, Eberhard: Verfahrensfehler als Verletzungen des Art. 103 Abs. 1 GG, in: DÖV 1987, S. 1029–1037.

Voßen, Nicole: Die Rechtsprechung des Bundesverfassungsgerichts zur Rechtsweggarantie des Art. 19 Abs. 4 GG, den Verfahrensgarantien nach Art. 101 Abs. 1 Satz 2 GG, Art. 103 Abs. 1 GG und zum Prozeßrecht der Fachgerichte, 2002.

Voßkuhle, Andreas: Rechtsschutz gegen den Richter, 1993.

Voßkuhle, Andreas: Bruch mit einem Dogma: Die Verfassung garantiert Rechtsschutz gegen den Richter, in: NJW 2003, S. 2193–2200.
Waldner, Wolfram: Der Anspruch auf rechtliches Gehör, 2. Aufl. 2000.
Zierlein, Karl-Georg: Die Gewährleistung des Anspruchs auf rechtliches Gehör (Art. 103 Abs. 1 GG) nach der Rechtsprechung und Spruchpraxis des Bundesverfassungsgerichts, in: DVBl. 1989, S. 1169–1175.

Leitentscheidungen des Bundesverfassungsgerichts

BVerfGE 9, 89 (94ff.) – Gehör bei Haftbefehl; 52, 203 (206ff.) – Fristgebundener Schriftsatz; 57, 250 (273ff.) – V-Mann; 75, 302 (312ff.) – Präklusion II; 86, 133 (144ff.) – Untersuchungshaft; 89, 381 (390ff.) – Volljährigenadoption II; 101, 397 (404ff., Rn. 24ff.) – Kontrolle des Rechtspflegers; 107, 395 (408ff., Rn. 38ff.) – Rechtsschutz gegen den Richter I; 108, 341 (345ff., Rn. 13ff.) – Rechtsschutz gegen den Richter II; 134, 106 (113ff., Rn. 22ff.) – Anhörungsrüge.

Gliederung

Rn.

Stichwörter

A. Herkunft, Entstehung, Entwicklung

I. Ideen- und verfassungsgeschichtliche Aspekte

1 Der in Art. 103 I GG enthaltene Rechtsgedanke wurzelt in einer langen Geschichte der Ausbildung der Rechtspflege[1]. Er führt bis zum Richtereid im alten Athen zurück, weiter auf den Grundsatz des Gehörs für eine Partei vor Gericht aus Gründen der »aequitas« im Römischen Recht[2] und auf das Prinzip des kanonischen Rechts, im Fehlen des Gehörs aufgrund fehlender Ladung zum Termin einen Nichtigkeitsgrund des Urteils zu sehen[3]. Er war als elementare Voraussetzung neutraler Rechtsfindung auch Teil der germanistischen Tradition[4] und hatte spätestens im 16. Jahrhundert sprichwörtlich Eingang in das gesellschaftliche Bewusstsein gewonnen (»Eines Mannes Rede ist eine halbe Rede, man soll die Part verhören beede«)[5]. Schon Martin Luther kam auf dem Wormser Reichstag 1521 in den Genuss der wenige Monate zuvor von Karl V. beschworenen ersten förmlichen Wahlkapitulation, die ohne vorheriges Verhör im ordentlichen Prozess die Verhängung der Reichsacht untersagte[6]. Die gängige lateinische Form des »**Audiatur et altera pars**« ist wohl auch erst zu dieser Zeit verwendet worden, möglicherweise in Anlehnung an Augustins Satz »Audi partem alteram«[7]. Ähnliche Sinnsprüche sollen damals in den Richthäusern üblich gewesen sein; zu den ältesten heute noch bekannten, jedenfalls eindrucksvollsten Zeugnissen gehört die schriftliche Mahnung im Friedenssaal des Rathauses zu Münster[8] von 1562 (»Audiatur et altera pars. Men hoere beide parte«). Sie lassen schon früh erkennen, dass sich die Stoßrichtung des Rechts auf Gehör vor allem gegen Willkür der Richter

---

[1] Vgl. zum folgenden *C. Grabenwarter/K. Pabel*, in: Dörr/Grote/Marauhn, EMRK/GG², Kap. 14 Rn. 4ff.; *R. Wassermann*, in: AK-GG, Art. 103 (2001), Rn. 1f.; *F.-L. Knemeyer*, HStR³ VIII, § 178 Rn. 7ff.; ausf. *H. Rüping*, Der Grundsatz des rechtlichen Gehörs und seine Bedeutung im Strafverfahren, 1976, S. 12ff.; *ders.*, in: BK, Art. 103 Abs. 1 (Aktualisierung 2016), Rn. 37ff.

[2] Digesten, 48.17.1.pr.; *Rüping*, Grundsatz (Fn. 1), S. 14; *A. Wacke*, JA 1980, 594 (594); ausf. *ders.*, *Audiatur et altera pars.* Zum richterlichen Gehör im römischen Zivil- und Strafprozeß, in: FS Waldstein, 1993, S. 369ff.

[3] Ausf. *H.-J. Becker*, Das rechtliche Gehör. Der Beitrag des kanonischen Rechts zur Entstehung einer grundlegenden Maxime des modernen Prozessrechts, in: FS Selbert, 2000, S. 67ff.; *Rüping*, Grundsatz (Fn. 1), S. 17f.; ähnlich später § 122 des Jüngsten Reichsabschieds von 1654, ebd. S. 36f.

[4] Vgl. zur Pflicht, das Urteil zwischen Rede und Gegenrede zu erfragen: Sachsenspiegel, Landrecht B.1 Art. 62 § 7 und Lehnrecht Art. 67 § 7; ausf. *Rüping*, Grundsatz (Fn. 1), S. 22ff.

[5] Zit. nach *Rüping*, Grundsatz (Fn. 1), S. 30.

[6] *A. Wacke*, JA 1980, 594 (594).

[7] *Rüping*, Grundsatz (Fn. 1), S. 29; *A. Wacke*, JA 1980, 594f.

[8] *A. Wacke*, JA 1980, 594 (594); *F.E. Schnapp*, Jura 2010, 659 (665); s. näher *D. Liebs*, Lateinische Rechtsregeln und Rechtssprichwörter, 7. Aufl. 2007, S. 37; *M. Geisberg* (Bearb.), Die Stadt Münster. Zweiter Teil, 1933, S. 366.

wendet. Die weitere Entwicklung ist geprägt von der – insoweit unterschiedlichen – Entfaltung der Praxis des Gehörs auf der Ebene der Prozessgesetzgebung zu einem Verfahrensgrundsatz zunächst im Strafprozess (unter Überwindung des Inquisitionsprozesses), dann im Zivilprozess[9]; das Recht auf Gehör entwickelte sich erst im 19. Jahrhundert zu einem subjektiven Recht des Betroffenen[10].

Verfassungsgeschichtlich ist das Recht auf Gehör durch die Vorstellung des kontinentalen Naturrechts und seiner Lehre vom Staatsvertrag wesentlich gefördert worden, nach der das Verhältnis zwischen Staat und Bürger an rechtlich eindeutige Regeln gebunden sein soll[11]. Es ist als allgemeines Verfahrensprinzip **erstmals** in Art. 14 S. 1 der **Französischen Verfassung von 1793** (ebenso Art. 11 der Verfassung von 1795) ausdrücklich konstitutionalisiert worden. 2

Nicht nur in der kontinentaleuropäischen, auch **im angelsächsischen Rechtskreis** gehört das Recht auf Gehör zum Verfassungskern: Die schon 1354, dann 1628 in der Petition of Right verwendete Formel des »due process of law« schließt das Recht auf Gehör ein und findet als Garantie schützender Formen im Prozess mit dem Element des »hearing« Eingang in die Verfassungsergänzungen der US-Verfassung von 1787 (5. Amendment 1791; 14. Amendment 1868); zuvor war das Recht auf Gehör nur für den Strafprozess anerkannt (zuerst in Art. 9 der Unabhängigkeitserklärung von Pennsylvania, 1776)[12]. 3

Demgegenüber war das Recht auf rechtliches Gehör **in der deutschen Verfassungsgeschichte** kaum entwickelt – es ist zunächst in vielfacher Form (nur) auf der Ebene des einfachen Gesetzesrechts, besonders im Strafprozessrecht, realisiert worden, fand aber vor 1945 keinen Eingang in eine deutsche Verfassungsurkunde[13]. 4

Die neuartige Konstitutionalisierung des Rechts auf rechtliches Gehör in Art. 103 I GG erweiterte mithin den Bestand überkommener verfassungsrechtlicher Garantien im Justizbereich in Deutschland[14]. Seine Aufnahme in das Grundgesetz sollte **Missbräuche** in gerichtlichen Verfahren, wie sie vor allem in der **Zeit des Nationalsozialismus** vorgekommen waren, unmöglich machen und das Vertrauen des Volkes in die Justiz (wieder-)herstellen[15], um den »früher unbekannten (…) Mißbräuchen für die Zukunft den Boden zu entziehen«[16]. Namentlich die Instrumentalisierung des Rechts auf Gehör i. S. der NS-Ideologie und das abstoßende Bestreben des Volksgerichtshofs und seines Präsidenten Freisler, i. S. einer »energischen Staatsführung« mit den Gegnern des Nationalsozialismus im Wortsinn »kurzen Prozess« zu machen, bildete die **Negativfolie** für die Aktivierung des altehrwürdigen Verfahrensprinzips[17]. Es gehörte deshalb zu den ersten Forderungen der Neuordnung durch die Alliierten, im Strafprozess die Gewährleistung eines »due process« für Angeklagte zu fordern[18]. 5

---

[9] *F.-L. Knemeyer*, HStR³ VIII, § 178 Rn. 7ff.; ausf. *Rüping*, Grundsatz (Fn. 1), S. 31ff., 49ff., 98.

[10] *Rüping*, Grundsatz (Fn. 1), S. 85.

[11] *Rüping*, Grundsatz (Fn. 1), S. 86f., 99.

[12] *Rüping*, Grundsatz (Fn. 1), S. 85ff., 103; *ders.* (Fn. 1), Art. 103 Abs. 1 Rn. 29, 40; *Wassermann* (Fn. 1), Art. 103 Rn. 2.

[13] Ausf. *Rüping*, Grundsatz (Fn. 1), S. 90ff.

[14] So *P. Kunig*, in: v. Münch/Kunig, GG II, Art. 103 Rn. 2.

[15] So BVerfGE 9, 89 (95).

[16] So die Begründung des HChE, Darstellender Teil, S. 56, zit. nach *Rüping* (Fn. 1), Art. 103 Abs. 1 Rn. 45.

[17] *Rüping*, Grundsatz (Fn. 1), S. 90ff.; s. auch *K.-G. Zierlein*, in: Umbach/Clemens, GG II, Art. 103 Rn. 7ff.; *F.-L. Knemeyer*, HStR³ VIII, § 178 Rn. 6, 10.

[18] Kontrollrats-Proklamation Nr. 3 (1945), Art. 2 Nr. 1.

II. Entstehung und Veränderung der Norm

6 Der **Parlamentarische Rat** übernahm wörtlich Art. 135 I HChE[19], für den seinerseits die entsprechenden Regelungen in Art. 91 I Verf. Bayern 1946, Art. 51 I Verf. Thüringen 1946, Art. 66 I Verf. Sachsen-Anhalt 1947 und Art. 66 II Verf. Mecklenburg 1947 vorbildgebend waren. Er lehnte es aber (wie auch sein Ausschuss für Verfassungsgerichtshof und Rechtspflege) ab, das in Art. 135 II HChE zunächst noch vorgesehene Recht eines Angeklagten auf einen Verteidiger zu regeln; diese Frage sollte dem Gesetzgeber überlassen bleiben, auch weil sich die vorgeschlagenen Textfassungen teils als zu eng, teils als zu weit erwiesen[20]. Art. 103 I GG ist bislang unverändert geblieben.

B. Internationale, supranationale und rechtsvergleichende Bezüge

I. Internationale Aspekte

7 Das Recht auf Gehör gehört zum **Standard in** internationalen **Menschenrechtspakten.** Es wird u.a. in Art. 10 AEMR (1948) ebenso wie Art. 6 I, III EMRK, Art. 7 Nr. 1 AfrMRK und in Art. 14 I, III IPbpR (1966) als allgemeines Menschenrecht garantiert[21]. Aber auch in anderen Konventionen finden sich Modalitäten der Gehörsgewährung, etwa in Art. 7 IX NATO-Truppenstatut oder in der internationalen Schiedsgerichtsbarkeit[22]. Sie belegen eine Tendenz der Rechtsentwicklung, die mit der Internationalisierung des Rechtsverkehrs ständig an alltagspraktischer Bedeutung gewinnt[23] und an deren Ende das Gehör Bestandteil einer universalen prozessualen »Ordo« erscheinen könnte[24]. Der wesentliche Kern dieser Gewährleistungen gehört zum völkerrechtlichen Mindeststandard, der über Art. 25 GG Bestandteil der deutschen Rechtsordnung ist[25].

II. Europäisches Recht

8 Im Bereich des **Europäischen Unionsrechts** gilt das Recht auf rechtliches Gehör gegenüber allen EU-Organen grundrechtsäquivalent als ungeschriebener **allgemeiner Rechtsgrundsatz**[26]. Er gewährleistet in allen gerichtlichen Verfahren einschließlich

---

[19] Vgl. JöR 1 (1951), S. 741 ff.; ausf. *B. Remmert*, in: Maunz/Dürig, GG, Art. 103 I (2016) Rn. 11 ff.

[20] Vgl. JöR 1 (1951), S. 741 ff.; *Remmert* (Fn. 19), Art. 103 I Rn. 13; *Rüping* (Fn. 1), Art. 103 Abs. 1 Rn. 46; *ders.*, Grundsatz (Fn. 1), S. 96 ff.

[21] *H.-W. Rengeling*, Grundrechtsschutz in der Europäischen Gemeinschaft, 1993, S. 152; *K.H. Schwab/P. Gottwald*, Verfassung und Zivilprozeß, in: W.J. Habscheid (Hrsg.), Effektiver Rechtsschutz und verfassungsmäßige Ordnung, 1983, S. 1 ff. (55 ff.); ausf. *Rüping*, Grundsatz (Fn. 1), S. 106 ff.

[22] Vgl. *Rüping*, Grundsatz (Fn. 1), S. 108 ff.

[23] Vgl. als Beispiel *E.-M. Bajons*, Internationale Zustellung und Recht auf Verteidigung, in: FS Schütze, 1999, S. 49 ff. (61 ff.).

[24] Vgl. in diesem Sinne *Rüping*, Grundsatz (Fn. 1), S. 111 m.w.N.

[25] So BVerfGE 63, 332 (338); BVerfGK 3, 27 (31 f.); 6, 13 (18); 6, 334 (341).

[26] S. etwa EuGH v. 13.02.1979, 85/76, Rn. 9 – *Hoffmann-La Roche*; EuGH v. 29.06.1994, C-135/92, Rn. 39 – *Fiskano AB;* ausf. *H.P. Nehl*, Recht auf rechtliches Gehör, in: S.M. Heselhaus/C. Nowak (Hrsg.), Handbuch der Europäischen Grundrechte, 2006, § 54 Rn. 1 ff., differenzierend je nach Verfahrensbereich; *ders.*, Europäisches Verwaltungsverfahren und Gemeinschaftsverfassung, 2002, S. 274 ff.; *J. Gundel*, Justiz- und Verfahrensrechte, in: Ehlers, Europäische Grundrechte, § 27 Rn. 10 f., 36 ff., 63 ff.; *G. Gornig/C. Trüe*, JZ 2000, 395 (404 ff.), 446 ff.; *J. Kokott*, AöR 121 (1996), 599 (619 ff.); *Rengeling*, Grundrechtsschutz (Fn. 21), S. 153 f.; *I. Pernice*, Grundrechtsgehalte im Europäischen Ge-

Verwaltungsverfahren, die zu Sanktionen führen können, das Recht auf Gelegenheit zur Stellungnahme[27] und auf Akteneinsicht[28], auf Begründung belastender Entscheidungen[29] und auf Zugang zum Gericht[30], so sehr es Lücken und Ineffektivitäten im Europäischen Verwaltungsverbund gibt[31]. Auch bei der Anwendung von EU-Recht ist die Bundesrepublik Deutschland an diese Grundrechte der EU gebunden (vgl. Art. 51 I GRCh)[32], deren Ausformung des Rechts auf Gehör auch die Praxis der Mitgliedstaaten vorrangig beeinflusst. Allerdings gewährleistet auch Art. 47 II GRCh das Recht auf Gehör nicht ausdrücklich und textlich verselbständigt, sondern als (grundlegendes) Teilelement des dort gewährleisteten Rechts einer jeden Person auf ein »faires Verfahren«; die Judikatur des EuGH behält insoweit unverändert eine einstweilen dauerhafte Geltung[33].

Überdies gewährleistet die gerade auch vom EuGH als Rechtserkenntnisquelle herangezogene[34] **EMRK** in Art. 6 EMRK z. T. weitergehende Garantien[35] als das nationale Recht: So gewährleistet der Grundsatz des fairen Verfahrens in Art. 6 I, III EMRK etwa schon bei der ersten Vernehmung durch die Polizei das Recht auf Beistand eines Verteidigers[36] und für das Strafverfahren in seinem Kern Waffengleichheit und damit auch Akteneinsicht nicht nur für einen Anwalt (so aber § 147 I StPO), sondern auch für den sich selbst verteidigenden Beschuldigten[37], der über die rechtliche Bewertung des ihm zum Vorwurf gemachten Sachverhalts genau und vollständig zu informieren 9

---

meinschaftsrecht, 1979, S. 41 f.; *N. Michelsen*, Das rechtliche Gehör im Verwaltungsverfahren der Europäischen Gemeinschaften, Diss. jur. Hamburg 1974, S. 178 ff., 190 ff.

27 EuGH v. 29.06.1994, C-135/92, Rn. 40 – *Fiskano AB*; *H.-U. Paeffgen*, ZStW 118 (2006), 275 (291 f.); s. auch *J. Schwarze*, Europäisches Verwaltungsrecht, 2. Aufl. 2005, S. 1271 ff., 1307 ff.

28 EuGE 1993, II-389 (405 – Rn. 29) – *BPB Industries*; ausf. *H.P. Nehl*, Recht auf Akteneinsicht, in: Heselhaus/Nowak, Handbuch (Fn. 26), § 55 Rn. 4 ff., 15 ff.; *W. Weiß*, Die Verteidigungsrechte im EG-Kartellverfahren, 1996, S. 192 ff.

29 EuGH v. 21.09.1989, 46/87, 227/88, Rn. 41 – *Hoechst AG*; *Schwarze*, Verwaltungsrecht (Fn. 27), S. 1349 ff.; *J. Kokott*, AöR 121 (1996), 599 (621 f.).

30 *E. Pache*, NVwZ 2001, 1342 (1344); ausf. *J. Kokott*, AöR 121 (1996), 599 (619 ff.).

31 *W. Kahl*, DVBl. 2012, 602 (603 ff.).

32 S. näher *H.D. Jarass*, NJW 2011, 1393 (1396 f.); *D. Ehlers*, Allgemeine Lehren, in: ders., Europäische Grundrechte, § 14 Rn. 60 ff.; ausf. *A. Hatje*, in: Gröben/Schwarze/Hatje, EUV/AEUV/GRC, Art. 51 GRCh Rn. 13 ff.

33 S. näher *Remmert* (Fn. 19), Art. 103 I Rn. 19; *H.-J. Blanke*, in: Calliess/Ruffert, EUV/AEUV, Art. 47 GRCh Rn. 14; ausf. *K. Gaede*, Fairness als Teilhabe – Das Recht auf konkrete und wirksame Teilhabe durch Verteidigung gemäß Art. 6 EMRK, 2006, S. 301 ff.; *H.-W. Rengeling/P. Szczekalla*, Grundrechte in der EU, 2004, Rn. 1178 ff.

34 *T. Kingreen*, in: Calliess/Ruffert, EUV/EGV, Art. 52 GRCh Rn. 21 ff.

35 Vgl. EGMR, 13.02.2001, NJW 2001, 2387 ff. – *Krombach*; dazu *J. Gundel*, NJW 2001, 2380 ff.; *C. Degenhart*, in: Sachs, GG, Art. 103 Rn. 6, 25; ausf. *Grabenwarter/Pabel* (Fn. 1), Kap. 14 Rn. 97 ff.; *E. Pache*, NVwZ 2001, 1342 ff.; *ders.*, EuGRZ 2000, 601 ff.; *D. Rzepka*, Zur Fairness im deutschen Strafverfahren, 2000, S. 13 ff.; *M.E. Villiger*, Handbuch der Europäischen Menschenrechtskonvention (EMRK), 2. Aufl. 1999, Rn. 470 ff., 503 ff.; *J. Callewaert*, EuGRZ 1996, 366 ff.; ausf. *W. Peukert*, in: Frowein/Peukert, EMRK, Art. 6 Rn. 45 ff., 112 ff.; *ders.*, RabelsZ 63 (1999), 600 (613 ff.); a.A. *K. Graßhof*, HGR V, § 133 Rn. 3 f.

36 EGMR, 27.11.2008, NJW 2009, 3707 (3708) – *Salduz*; *R. Esser*, Zur Bestellung des Verteidigers im Ermittlungsverfahren, in: FS Kühne, 2013, S. 539 ff. (554 ff.); *S. Braum*, KritV 93 (2010), 319 (323 f.). → Rn. 54.

37 So EGMR, 17.02.1997, NStZ 1998, 429 – *Foucher*; s. auch EGMR, 13.02.2001, NJW 2002, 2015 – *Schöps*; *A. Gröger*, Das Akteneinsichtsrecht im Strafverfahren unter besonderer Berücksichtigung der Europäischen Menschenrechtskonvention, 2009, S. 37 ff.; anders aber BVerfGE 53, 207 (214). → Rn. 42.

ist[38]. Soweit Art. 103 I GG hinter Art. 6 EMRK zurückbleibt, bietet sich i. S. der Völkerrechtsfreundlichkeit des Grundgesetzes (→ Art. 25 Rn. 51 f.) eine völkerrechtskonforme Auslegung des nationalen Rechts an[39]. Im Übrigen erscheint die Rechtsprechung des EGMR zur Reichweite von Art. 6 EMRK besonders umfangreich[40] und kaum weniger ausdifferenziert als die einschlägige deutsche Rechtsprechung zu Art. 103 I GG i. V. m. Art. 19 IV, 20 III, 103 II, III, 104 GG. Darüber hinaus gewährleistet neben Art. 6 EMRK[41] auch Art. 13 EMRK (und Art. 47 II GRCh[42]) ein Recht auf angemessene Verfahrensdauer[43], dessen Verletzung auch zur Verletzung des Anspruchs auf Gehör und zu Entschädigungsansprüchen[44] führen kann[45].

III. Rechtsvergleichende Hinweise

10 Das Recht auf Gehör und/oder auf Verteidigung in Strafsachen ist auch in zahlreichen **ausländischen Verfassungen** normiert[46] – im angelsächsischen Rechtskreis überall dort, wo die Formel vom »due process of law« und ihr Kernelement des »notice and hearing« seinen Niederschlag gefunden hat (zu England und zu den USA: → Rn. 3) oder rezipiert worden ist[47]. In Europa ist das Recht auf Gehör in unterschiedlichen Formulierungen (z. T. implizit) jedenfalls in neueren Verfassungen regelmäßig konsti-

---

[38] Vgl. EGMR, 21.01.1999, NJW 1999, 2353 (2353 f.) – *van Geyseghem*; s. näher *J. Gundel*, HGR VI/1, § 146 Rn. 139 ff.

[39] BVerfGE 58, 1 (34); 59, 63 (89); *S. Schmahl*, in: Schmidt-Bleibtreu/Hofmann/Henneke, GG, Art. 103 Rn. 6; *Grabenwarter/Pabel* (Fn. 1), Kap. 14 Rn. 142; *Degenhart* (Fn. 35), Art. 103 Rn. 1, 6; anders LG Mainz NJW 1999, 1271 (1272); allg. *C. Degenhart*, HStR³ V, § 115 Rn. 14; *M. Ruffert*, EuGRZ 2007, 245 ff.

[40] *G. Nolte*, in: v. Mangoldt/Klein/Starck, GG III, Art. 103 Rn. 14 m.w.N.; ausf. *K. Haase*, Die Anforderungen an ein faires Gerichtsverfahren auf europäischer Ebene, 2006, S. 38 ff., 54 ff., 94 ff., 141 ff.

[41] EGMR, 13.01.2011, NJW 2011, 3353 (3354 – Rn. 55 ff.) – *Hoffer u. Annen*; EGMR, 8.01.2004, NJW 2005, 41 (43 – Rn. 52) – *Voggenreiter*; EGMR, 31.05.2001, NJW 2002, 2856 (2857 – Rn. 36 ff.) – *Metzger*; *Blanke* (Fn. 33), Art. 47 GRCh Rn. 17; ausf. *Grabenwarter/Pabel* (Fn. 1), Kap. 14 Rn. 113 ff.

[42] EuGH v. 16.07.2009, C-385/07, Rn. 179 – *Grüner Punkt*; *H.D. Jarass*, NJW 2011, 1393 (1397 f.).

[43] EGMR, 26.10.2000, NJW 2001, 2694 (2700 f. – Rn. 151 ff., 157 ff.) – *Kudła*; EGMR, 20.06.2006, NJW 2006, 2389 (2390 – Rn. 99) – *Sürmeli*; EGMR, 02.09.2010, NJW 2010, 3355 (3357 f. – Rn. 64 ff., 73) – *Rumpf*; s. näher *I. Kraft*, EuGRZ 2014, 666 (671 f.); *C. Schmaltz*, Die überlange Dauer von Gerichtsverfahren im Spiegel der Rechtsprechung des Bundesverfassungsgerichts und des Europäischen Gerichtshofs für Menschenrechte, in: Y. Becker/F. Lange (Hrsg.), Linien der Rechtsprechung des Bundesverfassungsgerichts, Band 3, 2014, S. 583 ff. (595 ff., 600 ff.); *G. Britz/D. Pfeifer*, DÖV 2004, 245 ff.; *F. Bien/O. Guillamont*, EuGRZ 2004, 451 (462 ff.); *J. Gundel*, DVBl. 2004, 17 ff.; *F. Lansnicker/T. Schwirtzek*, NJW 2001, 1969 ff.; zsfssd. *A. Wittling-Vogel/I. Ulick*, DRiZ 2008, 87 ff.

[44] Vgl. EuGH v. 16.07.2009, C-385/07, Rn. 195 – *Grüner Punkt*.

[45] Der Gesetzgeber ist der Forderung des EGMR nach Einführung eines Rechtsbehelfs zur strukturellen Vermeidung überlanger zivilgerichtlicher Verfahren (EGMR, 02.09.2010, NJW 2010, 3355 [3358, Rn. 73] – *Rumpf*) durch Einführung einer Entschädigungsklage nach § 198 GVG durch Gesetz vom 23.11.2011 (BGBl. I, 2302) nachgekommen; s. näher *G.D. Falk/C. Schütz*, Entschädigung wegen überlanger Verfahren – mehr Chance als Bedrohung, in: FS Rössner, 2015, S. 753 ff.; *C. Steinbeiß-Winkelmann/T. Sporrer*, NJW 2014, 177 ff.; *J. v. Stein/F. Brand*, NZA 2014, 113 ff.; *A. Guckelberger*, DÖV 2012, 289 ff.; *S. Roller*, DRiZ 2012, Beilage zu Heft 6; *C. Althammer/D. Schäuble*, NJW 2012, 1 ff.; speziell zu überlangen verfassungsgerichtlichen Verfahren *T. Barczak*, AöR 138 (2013), 536 (554 ff., 570 ff.); krit. *F. Schoch*, GVwR² III, § 50 Rn. 45.

[46] Übersichtlich *Rüping* (Fn. 1), Art. 103 I Rn. 16 ff.

[47] Vgl. *Rüping*, Grundsatz (Fn. 1), S. 108; ausf. zum Prinzip der natural justice und des right to a fair hearing *S. Löhr*, Prozeßgrundrechte in Deutschland, Frankreich und England, 2012, S. 146 ff.; *D. Bergner*, Grundrechtsschutz durch Verfahren, 1998, S. 113, 176 ff., 200 ff.

tutionalisiert, etwa in Art. 24 II Verf. Italien 1947, Art. 20 S. 1 Verf. Griechenland 1975, Art. 24 Verf. Spanien 1978, Art. 20 II, 28 I, 32 III, VIII Verf. Portugal 1992; überwiegend ist es – wie in Frankreich – nicht in der Verfassung kodifiziert, aber als allgemeiner Rechtsgrundsatz anerkannt, der aus der kontradiktorischen Natur eines Prozesses folge[48]. Anders als in Art. 103 I GG erstreckt sich die Garantie rechtlichen Gehörs in der **Schweiz** nach Art. 29 II BV 1999 (wie schon zuvor Art. 4 S. 1 BV 1874) auch auf die Anhörung in Verwaltungsverfahren[49]. Wo das rechtliche Gehör nur im einfachen (Prozess-)Recht oder gar nicht positiviert ist, kann es durchaus dennoch praktisch bedeutungsvoll sein[50].

Die traditionelle verfassungspolitische Vernachlässigung des Rechts auf rechtliches 11
Gehör in Deutschland[51] spiegelt sich auch heute noch darin, dass nur sieben geltende **Landesverfassungen**, davon zwei der alten Bundesländer, dieses Recht ausdrücklich positiviert haben (Art. 91 I Verf. Bayern[52], Art. 15 I Verf. Berlin, Art. 52 III Verf. Brandenburg, Art. 6 II Verf. Rheinland-Pfalz, Art. 78 II Verf. Sachsen, Art. 21 IV Verf. Sachsen-Anhalt, Art. 88 I Verf. Thüringen)[53], obschon dort die Länderverfassungen der Bundesrepublik sonst in vielfacher Hinsicht Regelungsgehalte des Grundgesetzes »verdoppeln« (→ Art. 142 Rn. 41ff.). Entscheidungen der dortigen Landesbehörden auch nach Maßgabe bundesgesetzlich geregelter Verfahren können am Maßstab der landesverfassungsrechtlich gewährten Rechte auf rechtliches Gehör verfassungsgerichtlich überprüft werden[54], ohne dass Art. 103 I GG dem entgegensteht[55].

C. Erläuterungen

I. Allgemeine Bedeutung

Der Anspruch auf Gewährung rechtlichen Gehörs in allen gerichtlichen Verfahren 12
(Art. 103 I GG) wurzelt und entfaltet sich i. S. einer »Mindestgarantie«[56] in vielschichtigen Dimensionen. Das gilt schon für seine **Zwecke**: Er soll die Möglichkeit und Integrität diskursiver Entscheidungen vor Gericht gewährleisten[57], (gesetzes-) richtige

[48] *Rüping* (Fn. 1), Art. 103 I Rn. 23; s. näher *Löhr*, Prozeßgrundsätze (Fn. 47), S. 132ff.; zur Akteneinsicht *Gröger*, Akteneinsichtsrecht (Fn. 37), S. 109ff.

[49] Vgl. *H. Keller*, HGR VII/2, § 225 Rn. 9, 29ff.; *J.P. Müller/M. Schefer*, Grundrechte in der Schweiz, 4. Aufl. 2008, S. 847, 851ff.; BGE 105 Ia, 193ff.

[50] In diesem Sinne übersichtlich *Schwab/Gottwald*, Verfassung (Fn. 21), S. 56ff.; für Österreich *E. Wiederin*, Wiener Kommentar zur Strafprozessordnung, § 6 (2014), Rn. 137ff.

[51] Vgl. ähnlich für Österreich: *Berka*, Grundrechte, und die nur beiläufigen Hinweise in Rn. 355, 830, 832, 987.

[52] Vgl. näher etwa BayVerfGHE 34, 162 (168); 34, 47 (49); 35, 4 (5); 44, 140 (145); BayVerfGH NJW 1999, 2660 (2661).

[53] Zusammenfassende Übersicht bei *M. Schröder*, HGR VIII, § 244 Rn. 25ff.; *Remmert* (Fn. 19), Art. 103 I Rn. 15ff.

[54] Vgl. z. B. BerlVerfGH NJW 1999, 47 (47); BbgVerfG LVerfGE 8, 82 (84); BbgVerfG NJW 2004, 3259 (3259); RhPfVerfGH NJW 2006, 3341 (3342); SächsVerfGH JbSächsOVG 3, 97 (100ff.); ThürVerfGH DÖV 2001, 335 (335).

[55] Vgl. BVerfGE 96, 345 (364ff.).

[56] Vgl. Art. 14 III IPbpR (1966); *Zierlein* (Fn. 17), Art. 103 Rn. 26; ausf. *N. Voßen*, Die Rechtsprechung des Bundesverfassungsgerichts zur Rechtsweggarantie des Art. 19 Abs. 4 GG, den Verfahrensgarantien nach Art. 101 Abs. 1 Satz 2 GG, Art. 103 Abs. 1 GG und zum Prozeßrecht der Fachgerichte, 2002, S. 258ff.

[57] Vgl. *H. Steinberger*, Konzeption und Grenzen freiheitlicher Demokratie, 1974, S. 265.

und gerechte Entscheidungen ermöglichen[58], eine »objektive, faire Verhandlungsführung« durch »unvoreingenommene Bereitschaft zur Verwertung und Bewertung des gegenseitigen Vorbringens« garantieren[59]; er ist vor allem elementare Voraussetzung der Waffengleichheit im Prozess[60], auch wenn er diese nicht vollständig erfassen mag[61]. Er effektiviert zugleich den Justizgewähranspruch[62], trägt zur Sicherung der materiellen Grundrechte bei[63] und verhindert, dass mit dem Bürger »kurzer Prozess« gemacht wird[64], indem er ein Verfahren gleichberechtigter dialogischer Rechtserkenntnis i.S. bestmöglicher Wahrheitsfindung konstituiert[65].

13 Art. 103 I GG formuliert verfassungsdogmatisch einerseits ein **subjektives Recht**, das nach Art. 93 I Nr. 4a GG im Wege der Verfassungsbeschwerde geltend gemacht werden kann – gleichgültig, ob man es als Grundrecht[66], Prozessgrundrecht[67], grundrechtsgleiches[68] oder grundrechtsähnliches Recht[69] ansieht. Insoweit wird das Recht auf Gehör als prozessuales »Urrecht« des Menschen[70] und als Konkretisierung des Menschenwürdesatzes angesehen: Der einzelne soll »nicht nur Objekt der richterlichen Entscheidung« sein, sondern »vor einer Entscheidung, die seine Rechte betrifft, zu Wort kommen«[71], damit er sich als Gerichtsunterworfener mit rechtlichen und tat-

---

[58] BVerfGE 55, 72 (93).

[59] Vgl. BVerfGE 52, 131 (156); *Kunig* (Fn. 14), Art. 103 Rn. 3.

[60] Vgl. BVerfGE 52, 131 (156); *H. Maurer*, Rechtsstaatliches Prozessrecht, in: FS 50 Jahre BVerfG, Bd. 2, S. 467ff. (499); *F. Baur*, AcP 153 (1954), 393 (403); a.A. HessStGH ESVGH 22, 135 (136); *Rüping*, Grundsatz (Fn. 1), S. 114.

[61] So *P. J. Tettinger*, Fairneß und Waffengleichheit, 1984, S. 19f.

[62] *F.O. Kopp*, AöR 106 (1981), 604 (608ff.); *H.-J. Papier*, HStR³ VIII, § 176 Rn. 3f.; *P. Lerche*, ZZP 78 (1965), 1 (16ff.); vgl. *L. Niesler*, Angemessene Verfahrensdauer im Verwaltungsprozeß, 2005, S. 33ff., 92ff.; *V. Schlette*, Der Anspruch auf gerichtliche Entscheidung in angemessener Frist, 1999, S. 26f.

[63] *F.-L. Knemeyer*, HStR³ VIII, § 178 Rn. 14.

[64] BVerfGE 55, 1 (6); *K.-A. Schwarz*, Jura 2007, 334 (339); *H. Hill*, HStR VI, § 156 Rn. 57.

[65] So *A. Voßkuhle*, Rechtsschutz gegen den Richter, 1993, S. 116; gleichsinnig *Müller/Schefer*, Grundrechte (Fn. 49), S. 846ff.; *S. Smid*, Rechtsprechung, 1990, S. 158, 342ff.; s. auch *H. Frohn*, Rechtliches Gehör und richterliche Entscheidung, 1989, S. 68ff., freilich unter Berufung auf die Waffengleichheit.

[66] So BVerfGE 19, 93 (99); 36, 92 (97); 54, 117 (123); 74, 1 (4f.); *Nolte* (Fn. 40), Art. 103 Rn. 6; *F.-L. Knemeyer*, HStR³ VIII, § 178 Rn. 16; *Wassermann* (Fn. 1), Art. 103 Rn. 8.

[67] BVerfGE 53, 205 (206); 53, 219 (222); 60, 247 (249); 65, 305 (307); 89, 381 (382); BVerfGK 1, 259 (263); *Rüping* (Fn. 1), Art. 103 I Rn. 67; *Kunig* (Fn. 14), Art. 103 Rn. 2.

[68] BVerfGE 107, 395 (396, Rn. 1; 407, Rn. 32); Jarass/*Pieroth*, GG, Art. 103 Rn. 1; *Degenhart* (Fn. 35), Art. 103 Rn. 2; *A. Uhle*, HGR V, § 129 Rn. 44; *K. Graßhof*, HGR V, § 133 Rn. 17; *W. Höfling/C. Burkiczak*, in: Friauf/Höfling, GG, Art. 103 (2009), Rn. 1; *K. Stern*, Qualität und Bedeutung der Prozessgrundrechte für die Grundrechtsbindung der Rechtsprechung, in: FS Ule, 1987, S. 359ff. (371). → Vorb. Rn. 63ff.

[69] So BVerfGE 61, 82 (104); 75, 192 (200); 106, 28 (49, Rn. 57); *Remmert* (Fn. 19) Rn. 2; Kunig (Fn. 14), Art. 103 Rn. 3.

[70] So BVerfGE 55, 1 (6); 70, 180 (188); 107, 395 (408, Rn. 38); s. auch *Kunig* (Fn. 14), Art. 103 Rn. 3.

[71] So BVerfGE 9, 89 (95); 39, 156 (168); 107, 395 (409, Rn. 38); ähnlich E 55, 1 (6); 63, 332 (337); 86, 133 (144); BGHZ 48, 327 (333); 118, 312 (321); *Rüping* (Fn. 1), Art. 103 I Rn. 59ff.; *C. Brüning*, in: Stern/Becker, Grundrechte, Art. 103 Rn. 7; *Degenhart*, HStR³ V, § 115 Rn. 3; *Nolte* (Fn. 40), Art. 103 Rn. 4, 85; *F.-L. Knemeyer*, HStR³ VIII, § 178 Rn. 18f.; *S. Broß*, VerwArch. 97 (2006), 332 (336); *W. Schmitt Glaeser/H.-D. Horn*, Verwaltungsprozeßrecht, 15. Aufl. 2000, Rn. 551; *P. Häberle*, HStR³ II, § 22 Rn. 12, 76; *E.L. Behrendt*, Recht auf Gehör, 1978, S. 10ff., 40ff.; krit. zur Begründung mit der Menschenwürde *K. Graßhof*, HGR V, § 133 Rn. 13ff.; *R. Eschelbach*, GA 2004, 228 (230f.); *J. Mauder*, Der Anspruch auf rechtliches Gehör, 1986, S. 3ff.; *A. Arndt*, Das rechtliche Gehör (1959), in: ders., Gesammelte juristische Schriften, 1976, S. 359ff. (359); grdl. *J. Wintrich*, BayVBl. 1957, 137 (139).

sächlichen Argumenten selbst behaupten kann[72]. Die allgemeinen Lehren der Grundrechtsdogmatik (→ Vorb. Rn. 63ff., 82ff.) gelten insoweit auch für Art. 103 I GG[73].

Art. 103 I GG ist andererseits zugleich ein **objektiv-rechtliches Prinzip**[74] als Ausprägung des Rechtsstaatsprinzips[75] und sichert insoweit objektiv elementare rechtsstaatliche Mindeststandards für gerichtliche Verfahren i. S. des Grundgesetzes[76], insbesondere auch Grundvoraussetzungen gerechten Richtens im Strafprozess[77]. Das Recht auf rechtliches Gehör überschneidet und berührt sich insoweit mit anderen rechtsstaatlichen Verfahrensgrundsätzen (→ Rn. 84ff.) und enthält neben seiner abwehrrechtlichen Dimension teilhabe-, leistungs- und organisationsrechtliche Gehalte; sie lassen die Struktur seines Garantiebereichs ungewöhnlich komplex erscheinen[78]. Er setzt nicht so sehr der Unabhängigkeit des Richters in Art. 97 I GG Grenzen[79]; vielmehr strukturiert er ihr Wesenselement, die Neutralität des Richtens, verfahrensrechtlich[80] um der Gewährleistung rationaler richterlicher Entscheidungen willen[81]. 14

Die **praktische Bedeutung** des Art. 103 I GG ist **überaus hoch**. Die Versagung rechtlichen Gehörs wird in der Rechtspraxis neben Art. 3 I GG am häufigsten in Verfassungsbeschwerden genannt und steht bei den erfolgreichen Verfassungsbeschwerden an erster Stelle[82], obwohl der Geltungsbereich des Art. 103 I GG »nahezu bis in die letzten Einzelheiten geklärt« sein soll[83]. Dazu hat auch die Rechtsprechung des Bundesverfassungsgerichts beigetragen, die als »Hauptträger der Verfassungsentwicklung«[84] eine äußerst feinnervige Kasuistik zu Art. 103 I GG entwickelt hat. Die Zahl der verfassungsgerichtlichen Entscheidungen ist unübersehbar[85], erst recht die Vielfalt überaus zahlreicher Kammerentscheidungen[86]. Jede Anhebung von Rechtsmittelsum- 15

---

[72] In diesem Sinne BVerfGE 55, 1 (6); 108, 341 (347f., Rn. 21); BVerfGK 13, 348 (350); 20, 218 (223f.); *Rüping*, Grundsatz (Fn. 1), S. 124ff., 133f.

[73] Vgl. *Remmert* (Fn. 19), Art. 103 I Rn. 25ff.

[74] BVerfGE 55, 1 (6); 70, 180 (188); *Remmert* (Fn. 19), Art. 103 I Rn. 1; Jarass/*Pieroth*, GG, Art. 103 Rn. 1; *Rüping* (Fn. 1), Art. 103 I Rn. 68ff.; *Brüning* (Fn. 71), Art. 103 Rn. 101; *Kunig* (Fn. 14), Art. 103 Rn. 3; zurückhaltend *Nolte* (Fn. 40), Art. 103 Rn. 5.

[75] Z. B. BVerfGE 9, 89 (95); 74, 228 (233); 138, 64 (83, Rn. 55f.); BVerfGK 18, 58 (61); BerlVerfGH JR 2000, 101; *Degenhart* (Fn. 35), Art. 103 Rn. 2; Jarass/*Pieroth*, GG, Art. 103 Rn. 1; *K. Sobota*, Das Prinzip Rechtsstaat, 1997, S. 194ff.; *Remmert* (Fn. 19), Art. 103 I Rn. 21, 23; *Rüping*, Grundsatz (Fn. 1), S. 123f. → Art. 20 (Rechtsstaat), Rn. 39.

[76] BVerfGE 107, 395 (407, Rn. 32); Jarass/*Pieroth*, GG, Art. 103 Rn. 1; *K. Graßhof*, HGR V, § 133 Rn. 16.

[77] So *H. Hill*, HStR VI, § 156 Rn. 11; s. auch *W. Heyde*, Rechtsprechung, in: HdbVerfR, § 33 Rn. 59.

[78] *Kloepfer*, Verfassungsrecht II, § 75 Rn. 37; *Kunig* (Fn. 14), Art. 103 Rn. 2; *P. Lerche*, ZZP 78 (1965), 1ff.

[79] So aber *Reich*, GG, Art. 103 Rn. 1.

[80] Vgl. OLG Hamm NVwZ-RR 2005, 77 (79); ausf. *M. Rabe v. Kühlewein*, Der Richtervorbehalt im Polizei- und Strafprozeßrecht, 2001, S. 212ff.

[81] So jetzt *Remmert* (Fn. 19), Art. 103 I Rn. 23.

[82] *Remmert* (Fn. 19), Art. 103 I Rn. 7; *K. Graßhof*, HGR V, § 133 Rn. 9; *Kunig* (Fn. 14), Art. 103 Rn. 1, unter Verweis auf *B.-O. Bryde*, Verfassungsentwicklung, 1982, S. 468 und 472; s. auch *K.-G. Zierlein*, DVBl. 1989, 1169 (1171); *R. Wimmer*, DVBl. 1985, 773 (774): 45% aller Verfassungsbeschwerden rügen eine Verletzung des Art. 103 I GG; relativierend *Schlaich/Korioth*, Bundesverfassungsgericht, Rn. 321.

[83] So BVerfGE 49, 252 (259); *F.-L. Knemeyer*, HStR³ VIII, § 178 Rn. Rn. 3; krit. *Tettinger*, Fairneß (Fn. 61), S. 10; anders wohl auch die Praxis der Instanzgerichte, vgl. übersichtlich zuletzt *K.-R. Wagner*, BauR 2016, 586ff.; *ders.*, BauR 2014, 461ff.; *ders.*, BauR 2011, 1984ff.; *ders.*, BauR 2009, 1375ff.

[84] *Bryde*, Verfassungsentwicklung (Fn. 82), S. 162.

[85] Im Nachschlagewerk des BVerfG allein sind derzeit 166 Entscheidungen nachgewiesen.

[86] Vgl. bilanzierend *W. Höfling/S. Rixen*, AöR 125 (2000), 428, 613 (614f.).

men oder sonstige Einschränkungen von Klagemöglichkeiten aktivieren die Berufung von Verfassungsbeschwerdeführern auf Art. 103 I GG als letzte Möglichkeit der Rechtsschutzgewähr[87], insbesondere im Hinblick auf nicht berufungsfähige Zivilurteile von Amtsgerichten[88]. Rechtspolitische Vorschläge zur Entlastung des Bundesverfassungsgerichts zielten deshalb oftmals auf eine Verringerung solcher Verfassungsbeschwerden, die eine Verletzung rechtlichen Gehörs besonders im Instanzenweg der Fachgerichtsbarkeit geltend machen[89]. Das Bundesverfassungsgericht selbst hat erfolgreich versucht, bei Verstößen gegen Art. 103 I GG die Fachgerichtsbarkeiten soweit irgend möglich zu Selbstkorrekturen zu veranlassen (→ Rn. 81 f.), so dass die Zahl der vorrangig auf Art. 103 I GG gestützten Verfassungsbeschwerden nach 2005 auf jährlich 260 pro Jahr (statt zuvor durchschnittlich 395 pro Jahr) gesunken sein soll[90].

II. Schutzbereich

1. Sachlicher Schutzbereich

a) Rechtliches Gehör (nur) vor Gericht

16 Der Anspruch nach Art. 103 I GG besteht **(nur) vor staatlichen Gerichten** i. S. von Art. 92 GG[91] in dem Umfang, in dem die Zuweisung der rechtsprechenden Gewalt an die Richter reicht (→ Art. 92 Rn. 25 ff., 49 ff.). Dazu gehören neben den Landes-, Bundes- und Verfassungsgerichten etwa auch die Gerichte der Berufsgerichtsbarkeit[92], der Freiwilligen Gerichtsbarkeit[93], das Vormundschaftsgericht[94], Haftrichter[95], sonstige Fälle eines Richtervorbehalts[96], das Klageerzwingungsverfahren (§§ 172 ff. StPO)[97], Strafvollstreckungsverfahren (§§ 449 ff. StPO), das gerichtliche Zwangsversteigerungsverfahren[98], das gerichtliche Verfahren nach den §§ 109 ff. StVollzG[99], Auslieferungsverfahren[100] oder Verfahren in Asylsachen[101].

---

[87] Zwischen 50% (so *E. Schumann*, NJW 1985, 1134 [1135]) und 75% aller Verfassungsbeschwerden (so *J. Braun*, NJW 1981, 425 ff.; *U. Seetzen*, NJW 1982, 2337 ff.) sollen Verletzungen von Art. 103 I GG geltend machen; 1995 galt dies für 45% der auf den Ersten Senat entfallenden Verfassungsbeschwerden, so Bundesministerium der Justiz (Hrsg.), Entlastung des Bundesverfassungsgerichts. Bericht der Kommission, 1998, S. 63.

[88] *M. Kenntner*, DÖV 2005, 259 (276).

[89] Vgl. *E. Schumann*, NJW 1985, 1134 ff.; BMJ, Entlastung (Fn. 87), S. 62 ff.; s. auch *A. Krämer*, KritV 81 (1998), 215 ff.; *C. Kirchberg*, KritV 81 (1998), 228 ff.

[90] *Nolte* (Fn. 40), Art. 103 Rn. 1 mit Fn. 4; zurückhaltend *Remmert* (Fn. 19), Art. 103 I Rn. 7.

[91] BVerfGE 101, 397 (404 f., Rn. 27); 122, 190 (199, Rn. 31); *Nolte* (Fn. 40), Art. 103 Rn. 16; *Kunig* (Fn. 14), Art. 103 Rn. 4; *Remmert* (Fn. 19), Art. 103 I Rn. 52, 57.

[92] *Degenhart* (Fn. 35), Art. 103 Rn. 8; *M.R. Otto*, JuS 2012, 412 (413); *Remmert* (Fn. 19), Art. 103 I Rn. 57.

[93] BVerfGE 19, 49 (51); 79, 51 (68); 89, 381 (390); 92, 158 (183); BayObLG FamRZ 1997, 900 (901); *F.-L. Knemeyer*, HStR³ VIII, § 178 Rn. 58; ausf. *M. Berger*, BWNotZ 1996, 137 ff.; *K. Schleicher*, Rechtliches Gehör und (persönlich-)mündliche Anhörung, 1988, S. 47 ff.

[94] Vgl. BVerfGE 92, 158 (160 ff.).

[95] BVerfGE 18, 399 (404).

[96] *Degenhart* (Fn. 35), Art. 103 Rn. 8.

[97] BVerfGE 17, 356 (362); 42, 172 (175); *F.-L. Knemeyer*, HStR³ VIII, § 178 Rn. 26.

[98] BVerfGE 42, 64 (86 f.).

[99] *Degenhart* (Fn. 35), Art. 103 Rn. 8; ausf. *M. Seebode*, NJW 1997, 1754 (1756).

[100] BVerfGE 109, 13 (37 f., Rn. 81); 109, 38 (63 f., Rn. 83).

[101] BVerfGE 94, 166 (220 ff.).

17 Art. 103 I GG ist von diesen Gerichten **in jedem Verfahren**[102], in dem ein Richter als solcher (und nicht nur als Teil der Justizverwaltung) tätig wird[103], und **in jeder Instanz**[104] zu beachten, und zwar bei allen (teilweise) bindenden Entscheidungen[105], d. h. nicht nur vor Endentscheidungen, sondern auch in Verfahren des vorläufigen Rechtsschutzes[106], vor Zwischenentscheidungen[107] etwa über Befangenheitsanträge[108] oder die Selbstablehnung eines Richters[109], bei Verhängung von Ordnungshaft[110], in Kostenfestsetzungsverfahren[111] oder Prozesskostenhilfeverfahren[112], und bei Kollegialentscheidungen durch alle am Rechtsfindungsprozess beteiligten Richter[113]. Gemeint ist das Gericht, so dass die Auswechselung eines Berichterstatters innerhalb eines Spruchkörpers Art. 103 I GG nicht verletzt[114].

18 **Keine** staatlichen **Gerichte** i. S. von Art. 103 I GG sind demgegenüber alle Erscheinungsformen **privater Gerichtsbarkeit** wie Schiedsgerichte[115], Vereins- und Verbandsgerichte[116], Kirchengerichte[117] oder Formen außergerichtlicher Streitschlichtung, die auch deshalb keine Alternative zu staatlichen Gerichten sein können[118]. Auch gegenüber der Staatsanwaltschaft z. B. in Ermittlungsverfahren[119], **Verwaltungsbehörden**[120] (s. aber → Rn. 32) oder in sonstigen förmlichen, möglicherweise gerichtsähnlich ausgestalteten Verfahren vor staatlichen Stellen wie z. B. dem **Rechtspfleger**[121],

---

[102] BVerfGE 7, 53 (56f.); 18, 49 (51); 19, 148 (149); 89, 381 (390); *Remmert* (Fn. 19), Art. 103 I Rn. 58, 73.

[103] BVerfGE 9, 89 (97); 101, 397 (404f., Rn. 26f.); *Brüning* (Fn. 71), Art. 103 Rn. 14; *Schmahl* (Fn. 39), Art. 103 Rn. 14; *Kunig* (Fn. 14), Art. 103 Rn. 6.

[104] BVerfGE 53, 25 (28); 60, 313 (317f.); 107, 395 (410, Rn. 43); *Remmert* (Fn. 19), Art. 103 I Rn. 59; *Kunig* (Fn. 14), Art. 103 Rn. 6; *F.-L. Knemeyer*, HStR³ VIII, § 178 Rn. 25; daraus ergibt sich kein Anspruch auf eine zweite Instanz, BVerfGE 1, 433 (437); 74, 228 (233ff.); 89, 381 (390); *W. Waldner*, Der Anspruch auf rechtliches Gehör, 2. Aufl. 2000, Rn. 90ff.; *M. Niemöller/G.F. Schuppert*, AöR 107 (1982), 387 (478), aber u. U. auf eine Anhörungsrügemöglichkeit (→ Rn. 27).

[105] Wohl a.A. *Schmahl* (Fn. 39), Art. 103 Rn. 16: nur bei Urteilen.

[106] BVerfGE 9, 89 (99); 65, 227 (233); *Remmert* (Fn. 19), Art. 103 I Rn. 58, 73.

[107] *K. Graßhof*, HGR V, § 133 Rn. 16ff; *Höfling/Burkiczak* (Fn. 68), Art. 103 Rn. 33, 71.

[108] BVerfGE 24, 56 (62); 119, 292 (299, Rn. 21); BVerfGK 5, 269 (282ff.); 7, 325 (339, 341ff.).

[109] BVerfGE 89, 28 (36f.); *Degenhart* (Fn. 35), Art. 103 Rn. 18; Jarass/*Pieroth*, GG, Art. 103 Rn. 8; a.A. BGH NJW 1970, 1644f.; *Waldner*, Anspruch (Fn. 104), Rn. 384.

[110] OLG Köln NJW 2008, 2865 (2866f.).

[111] BVerfGE 19, 148 (149); 60, 305 (308f.); 81, 123 (127); offenlassend BVerfGE 28, 10 (14).

[112] BVerfGE 20, 347 (349); *Kunig* (Fn. 14), Art. 103 Rn. 6.

[113] *Remmert* (Fn. 19), Art. 103 I Rn. 60; *Zierlein* (Fn. 17), Art. 103 Rn. 66.

[114] BFHE 180, 396 (401f.).

[115] Vgl. *Kunig* (Fn. 14), Art. 103 Rn. 4; *M. Aden*, NJW 1993, 1964f.; ausf. *W. Distler*, Private Schiedsgerichtsbarkeit und Verfassung, 2000, S. 181ff.

[116] *F.-L. Knemeyer*, HStR³ VIII, § 178 Rn. 25; *Remmert* (Fn. 19), Art. 103 I Rn. 56.

[117] *Degenhart* (Fn. 35), Art. 103 Rn. 8; *Nolte* (Fn. 40), Art. 103 Rn. 16; *Kunig* (Fn. 14), Art. 103 Rn. 4.

[118] *A. Stadler*, NJW 1998, 2479 (2487).

[119] BVerfGE 27, 88 (103); *Degenhart* (Fn. 35), Art. 103 Rn. 8; *F.-L. Knemeyer*, HStR³ VIII, § 178 Rn. 38; a.A. *H. Schorn*, Der Schutz der Menschenwürde im Strafverfahren, 1963, S. 68f.

[120] BVerfGE 101, 397 (404, Rn. 26); BFHE 202, 231 (237); *Degenhart* (Fn. 35), Art. 103 Rn. 8; Jarass/*Pieroth*, GG, Art. 103 Rn. 5; *Nolte* (Fn. 40), Art. 103 Rn. 7; *R. Zuck*, NVwZ 2005, 739 (739); *Kunig* (Fn. 14), Art. 103 Rn. 5; *Remmert* (Fn. 19), Art. 103 I Rn. 52; für analoge Anwendung *J. Feuchthofen*, DVBl. 1984, 170 (172f.); zur Schweizer Rechtslage: → Rn. 10.

[121] BVerfGE 101, 397 (404f., Rn. 27); *Degenhart* (Fn. 35), Art. 103 Rn. 8; *Nolte* (Fn. 40), Art. 103 Rn. 7, 16; a.A. *B. Mielke*, BayVBl. 2004, 520 (523ff.); ausf. *M. Dümig*, RPfleger 2001, 469ff.; *W. Habscheid*, RPfleger 2001, 209ff.; *D. Eickmann*, RPfleger 2000, 245ff.

den Vergabekammern[122] oder der Disziplinarbehörde im Disziplinarverfahren[123] ist Art. 103 I GG tatbestandlich nicht einschlägig, ebensowenig gegenüber den gesetzgebenden Organen[124]. Allerdings können sich insoweit für nichtstaatliche Gerichte etwa aus § 242 BGB[125] oder u. U. dem Rechtsstaatsprinzip[126], für nichtgerichtliche staatliche Stellen objektivrechtliche Anhörungspflichten aus gesetzlichen Vorschriften (vgl. §§ 28 I, 66 I VwVfG) oder mittelbar aus Art. 1 I GG und dem Rechtsstaatsprinzip – etwa dem Gebot des fairen Verfahrens (→ Art. 20 [Rechtsstaat], Rn. 216ff.) – ergeben[127].

19 Ein **Dritter** kann das Gehör für den Berechtigten dem Gericht nur dann **vermitteln**, wenn er das Vertrauen des Berechtigten genießt oder selbst einer besonderen rechtsstaatlichen Objektivitätspflicht unterworfen ist[128] und der Berechtigte von der stellvertretenden Funktion des Dritten weiß[129]. Eine Behörde, deren Maßnahme in dem Gerichtsverfahren überprüft wird, kann das rechtliche Gehör grundsätzlich nicht, bei Erkennbarkeit für den Berechtigten allenfalls im Eilverfahren vermitteln[130].

b) Die Phasen der Verwirklichung rechtlichen Gehörs

20 Der Prozess der erfolgreichen Gehörfindung lässt sich idealtypisch in verschiedene Phasen abstufen[131], die sich im Zuge eines Rechtsstreits regelmäßig wiederholt realisieren und denen ein entsprechendes subjektives Recht aus Art. 103 I GG korrespondiert. Gehör setzt erstens voraus, dass das Gericht die Verfahrensbeteiligten bzw. Betroffenen in Stand setzt, Kenntnis von verfahrensbedeutsamen Vorgängen zu erhalten, zu denen sie gehört werden müssten[132] (**Recht auf Information** durch das Gericht, → Rn. 33ff.). Zweitens müssen die Verfahrensbeteiligten und Betroffenen Gelegenheit erhalten, sich dem Gericht gegenüber zum Verfahrensstoff vollständig zu äußern[133]

---

[122] *Remmert* (Fn. 19), Art. 103 I Rn. 54.

[123] BVerfGE 46, 17 (26); für das Patentamtsverfahren BVerwGE 8, 350ff.

[124] BVerfGE 36, 321 (330); *Remmert* (Fn. 19), Art. 103 I Rn. 55; *Kunig* (Fn. 14), Art. 103 Rn. 5.

[125] *Kunig* (Fn. 14), Art. 103 Rn. 4; s. auch BGHZ 29, 352 (355); BGH NJW 1983, 867 (»Gebot der natürlichen Gerechtigkeit«); zum Gehör bei Parteiausschlussverfahren *H. Lenz/C. Sasse*, JZ 1962, 233 (239).

[126] Vgl. für Schiedsgerichte (wohl in unmittelbarer Anwendung von Art. 103 I GG) BGH NJW 1983, 867f.; BGH NJW 1992, 2299f.

[127] *Remmert* (Fn. 19), Art. 103 I Rn. 56; *Höfling/Burkiczak* (Fn. 68), Art. 103 Rn. 35; vgl. für Verwaltungsverfahren z. B. VG Kassel NVwZ-RR 1999, 526 (526f.); *Degenhart* (Fn. 35), Art. 103 Rn. 8; *Nolte* (Fn. 40), Art. 103 Rn. 19; ausf. *F.-L. Knemeyer*, HStR³ VIII, § 178 Rn. 63ff.; *Zierlein* (Fn. 17), Art. 103 Rn. 45ff., 64; *E. Eisenberg*, Die Anhörung des Bürgers im Verwaltungsverfahren und die Begründungspflicht für Verwaltungsakte, 1999, S. 109ff., 117ff.; für das staatsanwaltliche Ermittlungsverfahren *Knemeyer*, ebd. Rn. 39ff. und § 163a I 1 StPO; für das Verfahren vor dem Rechtspfleger als Nachlassgericht BVerfGE 101, 397 (405, Rn. 29); für weitere nichtgerichtliche Verfahren *Rüping* (Fn. 1), Art. 103 Abs. 1 Rn. 142ff.; ablehnend für Verfassungsschutzämter im Blick auf Verfassungsschutzberichte HessVGH NVwZ 2003, 1000 (1001).

[128] BVerfGE 83, 24 (36).

[129] BVerfGE 83, 24 (36).

[130] BVerfGE 83, 24 (36); *Zierlein* (Fn. 17), Art. 103 Rn. 67.

[131] S. näher *Remmert* (Fn. 19), Art. 103 I Rn. 62ff.; *H. Radtke/A. Hagemeier*, in: Epping/Hillgruber, GG, Art. 103 (Stand: 01.03.2015), Rn. 7; *C. Degenhart*, HStR³ V, § 115 Rn. 18; *A. Uhle*, HGR V, § 129 Rn. 45; *Nolte* (Fn. 40), Art. 103 Rn. 28; *M.R. Otto*, JuS 2012, 412 (413f.); *F.-L. Knemeyer*, HStR³ VIII, § 178 Rn. 28ff.; *Zierlein* (Fn. 17), Art. 103 Rn. 69ff.; grdl. *Rüping*, Grundsatz (Fn. 1), S. 168ff., 199.

[132] Vgl. BVerfGE 74, 1 (5); 86, 133 (144); 89, 28 (36); *F.-L. Knemeyer*, HStR³ VIII, § 178 Rn. 29.

[133] Vgl. BVerfGE 1, 418 (429); 6, 12 (14); 65, 227 (234); 81, 123 (126); 84, 188 (190); 86, 133 (144f.).

(**Äußerungsrecht**, → Rn. 48ff.). Drittens muss das Gericht diese Äußerungen angemessen zur Kenntnis nehmen und in seine Erwägungen einbeziehen[134] (**Recht auf Berücksichtigung**, → Rn. 60ff.). Für alle Phasen dieser Gehörfindung hat die Rechtsprechung feinnervige Konkretisierungen erarbeitet, die weit über den Anspruch hinausgehen, »gehört zu werden«; sie lassen sich unter dem Titel »Garantien verfahrensrechtlicher Kommunikation« zusammenfassen[135].

2. Personeller Schutzbereich

Träger des Grundrechts aus Art. 103 I GG ist – ebenso wie bei Art. 101 I 2 GG (→ Art. 101 Rn. 34) – zunächst »jedermann«, der **an einem gerichtlichen Verfahren** als Partei oder in ähnlicher Stellung **förmlich beteiligt** ist und/oder »unmittelbar rechtlich von dem Verfahren **betroffen** wird«[136]. Das können natürliche (auch ausländische[137]) und juristische Personen (auch des öffentlichen Rechts[138]) sein, auch Behörden[139], ausländische juristische Personen[140] oder teil- bzw. nichtrechtsfähige Personen oder Personenvereinigungen wie z. B. OHG, KG oder politische Parteien[141]. Auch Minderjährige oder Entmündigte sind ggf. anzuhören[142]; bei zu besorgenden Interessenkonflikten mit den Eltern ist für sie gemäß Art. 103 I GG bereits im familiengerichtlichen Verfahren ein Pfleger zur Wahrung ihrer Interessen zu bestellen (vgl. § 158 FamFG)[143]. 21

Förmlich beteiligt sind[144] etwa Parteien in streitigen Verfahren, Beschuldigte und Privatkläger[145] im Strafprozess, diejenigen sonstigen Adressaten gerichtlicher Entscheidungen[146], denen die Verfahrensgesetze die Stellung eines Beteiligten einräumen, also z. B. förmlich beteiligte Dritte (Nebenkläger[147], Beigeladene, Nebenintervenienten)[148], **nicht** aber im Regelfall Zeugen und Sachverständige[149], der Staats- 22

[134] Vgl. BVerfGE 11, 218 (220); 34, 344 (347); 70, 215 (218); 81, 97 (107); 86, 133 (145f.); BVerfGK 20, 53 (57f.).

[135] So *Müller/Schefer*, Grundrechte (Fn. 49), S. 846.

[136] BVerfGE 75, 201 (215); 89, 381 (390); 92, 158 (183); 101, 397 (404, Rn. 26); *Remmert* (Fn. 19), Art. 103 I Rn. 44; *K. Graßhof*, HGR V, § 133 Rn. 18f.; *Schmahl* (Fn. 39), Art. 103 Rn. 12; Jarass/*Pieroth*, GG, Art. 103 Rn. 7; *Nolte* (Fn. 40), Art. 103 Rn. 24ff.; *Höfling/Burkiczak* (Fn. 68), Art. 103 Rn. 36ff.; *Zierlein* (Fn. 17), Art. 103 Rn. 59ff.

[137] BVerfGE 18, 399 (403); 64, 1 (11); BVerfGK 17, 479 (485).

[138] BVerfGE 61, 82 (104); BVerfGK 16, 396 (405); BVerfG (K), NVwZ 2007, 1420 (1421); *Remmert* (Fn. 19), Art. 103 I Rn. 42f. → Art. 19 III Rn. 40.

[139] BVerfGE 138, 64 (82ff., Rn. 54ff.).

[140] BVerfGE 12, 6 (8); 64, 1 (11); BVerfGK 14, 238 (241); 17, 266 (269); *Kloepfer*, Verfassungsrecht II, § 75 Rn. 5; krit. *Höfling/Burkiczak* (Fn. 68), Art. 103 Rn. 40. → Art. 19 III Rn. 40ff.

[141] *Kunig* (Fn. 14), Art. 103 Rn. 7; *Zierlein* (Fn. 17), Art. 103 Rn. 56; ausf. *Waldner*, Anspruch (Fn. 104), Rn. 285ff.; *Remmert* (Fn. 19), Art. 103 I Rn. 42.

[142] BVerfGE 75, 201 (215); *Kunig* (Fn. 14), Art. 103 Rn. 7; *F.-L. Knemeyer*, HStR³ VIII, § 178 Rn. 27.

[143] BVerfGE 99, 145 (163, Rn. 69); 121, 69 (107, Rn. 96f.); *K. Graßhof*, HGR V, § 133 Rn. 58.

[144] Vgl. *Brüning* (Fn. 71), Art. 103 Rn. 92; *Degenhart* (Fn. 35), Art. 103 Rn. 9; *Nolte* (Fn. 40), Art. 103 Rn. 25f.; *Remmert* (Fn. 19), Art. 103 I Rn. 45.

[145] BVerfGE 17, 188 (190) betr. Privatkläger; *Degenhart* (Fn. 35), Art. 103 Rn. 9.

[146] *Degenhart* (Fn. 35), Art. 103 Rn. 9; *Remmert* (Fn. 19), Art. 103 I Rn. 45.

[147] BVerfGE 14, 320 (323); BVerfG (K), NJW 1995, 317 (318).

[148] *Degenhart* (Fn. 35), Art. 103 Rn. 9; *Remmert* (Fn. 19), Art. 103 I Rn. 45; ausf. *M. Reershemius*, Der Dritte als »Jedermann« im Sinne des Art. 103 I GG, Diss. jur. Hannover 2007, S. 3ff., vergleichend zsfssd. S. 195ff.

[149] Vgl. *Rüping* (Fn. 1), Art. 103 I Rn. 136ff.; *Degenhart* (Fn. 35), Art. 103 Rn. 9; *Remmert* (Fn. 19), Art. 103 I Rn. 47; *E. Schilken*, GVG, 4. Aufl. 2007, § 11 Rn. 133.

anwalt[150], der Gegner eines Antragstellers im Prozesskostenhilfeverfahren hinsichtlich der Angaben des Antragstellers über seine persönlichen und wirtschaftlichen Verhältnisse[151] oder das vorlegende Gericht im Verfahren nach Art. 100 I GG[152].

23 Nicht nur Beteiligte, sondern unmittelbar in ihren Rechten durch das Verfahren **materiell betroffene Dritte** haben das Recht auf Gehör aus Art. 103 I GG (im Unterschied zu solchen Personen, auf die sich die gerichtliche Entscheidung lediglich »auswirkt«[153], etwa Angehörige). In diesem Sinne sind »unmittelbar betroffen«[154] z.B. die Abkömmlinge des Annehmenden und des Anzunehmenden im Volljährigen-Adoptionsverfahren[155], Testamentsvollstrecker bei ihrer Entlassung (§ 2227 II BGB)[156], der Betreuer bei der Aufhebung der Betreuung[157], der Rechtsnachfolger eines Beteiligten wegen der sich auf ihn erstreckenden Rechtskraft der gerichtlichen Entscheidung (z.B. § 265 ZPO)[158], der Nacherbe bei der Löschung eines im Grundbuch eingetragenen Nacherbenvermerks im Verfahren der Grundbuchberichtigung[159], auch der Beschuldigte im Klageerzwingungsverfahren (§§ 172ff. StPO) durch den stattgebenden Gerichtsbeschluss[160] oder der Konkurrent um ein öffentliches Amt[161]. Das soll bei einer Ehelichkeitsanfechtung **nicht** für einen weiteren als Erzeuger in Betracht kommenden Mann gelten[162]. Für faktisch Untersuchte besteht kein in Art. 103 I GG gründender Anspruch auf Einsicht in die Akten einer nicht öffentlich tagenden parlamentarischen Enquete-Kommission über bestimmte soziale Gruppen[163]. Art. 103 I GG sichert auch nur die Anhörung des Betroffenen selbst und gibt keinen Anspruch auf die Anhörung Dritter[164].

24 Auch **Gestaltungsurteile** mit rechtskräftiger Wirkung Dritten gegenüber begründen eine solche unmittelbare Betroffenheit – z.B. bei der Auflösungsklage eines GmbH-Gesellschafters[165] gegenüber den sonstigen Gesellschaftern oder bei der verwaltungsgerichtlichen Drittschutzklage gegenüber einem begünstigten Dritten[166] oder auch im Wahlprüfungsverfahren[167]. Folglich ist Dritten im Falle nachteiliger Wirkungen vor-

---

[150] *Degenhart* (Fn. 35), Art. 103 Rn. 9; *Remmert* (Fn. 19), Art. 103 I Rn. 46; *Rüping*, Grundsatz (Fn. 1), S. 142ff.; a.A. *M. Seebode*, JR 1997, 474 (476).

[151] BVerfG (K), NJW 1991, 2078; BGHZ 89, 65ff.; Jarass/*Pieroth*, GG, Art. 103 Rn. 8.

[152] BVerfG (K), NJW 2000, 1554; zum Vertreter des öffentlichen Interesses BayVGH DÖV 2013, 353ff.; anders *Remmert* (Fn. 19), Art. 103 I Rn. 46; *J. Unterreitmeier*, DÖV 2013, 343ff.

[153] BGH JZ 1982, 566 (567); *Remmert* (Fn. 19), Art. 103 I Rn. 48; Jarass/*Pieroth*, GG, Art. 103 Rn. 9; *Brüning* (Fn. 71), Art. 103 Rn. 92; ausf. *Waldner*, Anspruch (Fn. 104), Rn. 305ff.

[154] Vgl. dazu BVerwG NVwZ 1982, 243; *F.-L. Knemeyer*, HStR³ VIII, § 178 Rn. 27; ausf. *C.-D. Bracher*, DVBl. 2000, 165 (167ff.).

[155] BVerfGE 89, 381 (391); BVerfG (K), NJW 1995, 316 (317).

[156] BayObLG FamRZ 1998, 987 (989).

[157] OLG Düsseldorf FamRZ 1998, 1244 (1245).

[158] Jarass/*Pieroth*, GG, Art. 103 Rn. 9; *W. Marotzke*, ZZP 100 (1987), 164ff.

[159] BayObLG RPfleger 1995, 105.

[160] BVerfGE 17, 356 (362f.); Jarass/*Pieroth*, GG, Art. 103 Rn. 9.

[161] BVerwGE 139, 11 (16, Rn. 12).

[162] BGHZ 83, 391 (393ff.); a.A. *P. Schlosser*, in: F. Stein/M. Jonas (Hrsg.), ZPO, 21. Aufl. 1993, § 640e Rn. 7.

[163] OVGNW NJW 1998, 3659 (3660).

[164] BVerfG (K), NVwZ 1995, 157 (157); *Zierlein* (Fn. 17), Art. 103 Rn. 62.

[165] BVerfGE 60, 7 (13f.); zum Gehör opponierender Gesellschafter in Insolvenzverfahren *W. Marotzke*, ZInsO 2015, 325 (328ff.).

[166] Vgl. *Remmert* (Fn. 19), Art. 103 I Rn. 49; Jarass/*Pieroth*, GG, Art. 103 Rn. 10; *Kunig* (Fn. 14), Art. 103 Rn. 7.

[167] Anders BVerfG (K), DVBl. 1993, 1069f.

her Gehör zu gewähren[168]: Es ist grundsätzlich nicht unter unmittelbarem Rückgriff auf Art. 103 I GG, sondern im Rahmen der verfahrens- und prozessrechtlichen Ausgestaltung geltend zu machen (z. B. infolge notwendiger Beiladung nach § 65 II VwGO als einer Ausprägung rechtlichen Gehörs[169])[170], ggf. in verfassungskonformer Handhabung des Prozessrechts[171]. Rechtsnachfolger haben das Verfahren in dem Stadium zu übernehmen, in dem sie es vorfinden, und müssen sich bereits gewährtes Gehör zurechnen lassen[172].

III. Der allgemeine Gewährleistungsgehalt des Art. 103 I GG

1. Schutzrichtungen: Abwehr der Versagung von Gehör und Anspruch auf Ausgestaltung durch den Gesetzgeber

25 Art. 103 I GG gewährt einen **Unterlassungsanspruch** im Falle der Nichtgewähr rechtlichen Gehörs; insoweit dominiert die abwehrrechtliche Dimension (→ Vorb. Rn. 84 ff.) des Grundrechts aus Art. 103 I GG[173].

26 Das Recht auf Gehör normiert aber zugleich einen **positiven Anspruch** auf eine staatliche Tätigkeit, durch die der Gesetzgeber im Wege einfachrechtlicher Ausgestaltung und das Gericht durch entsprechende Handhabung des Gesetzes dem Verfahrensbeteiligten wirksam Gehör ermöglichen; insoweit dominieren die organisations- und teilhaberechtlichen Bedeutungsschichten[174].

2. Normprägung durch den Gesetzgeber

27 Die Art und Weise der Gehörfindung erfährt ihre **Konkretisierung durch den Gesetzgeber**; sie ist insoweit wie Art. 19 IV GG und Art. 101 GG stark normgeprägt[175] (→ Art. 19 IV Rn. 79; → Art. 101 Rn. 38): Der Gesetzgeber darf und muss im Rahmen seines Gestaltungsermessens den Rechtsanspruch auf tatsächlich wirksames rechtliches Gehör[176] nach Maßgabe des Grundsatzes der Effektivität des Rechtsschutzes (→ Art. 19 IV Rn. 80) verfahrensrechtlich ausgestalten[177]. Dabei ist wohl die wesentliche inhaltliche Struktur des Anspruchs auf Gehör[178], grundsätzlich nicht aber eine ganz bestimmte Art und Weise der Gehörsgewährung verfassungsrechtlich verbürgt[179]. Der Gesetzgeber darf lediglich den unmittelbar von Verfassung wegen durch Art. 103

---

[168] *Degenhart* (Fn. 35), Art. 103 Rn. 10; *Remmert* (Fn. 19), Art. 103 I Rn. 48.

[169] S. näher *A. Guckelberger*, JuS 2007, 436 ff.; *D. Czybulka*, in: H. Sodan/J. Ziekow (Hrsg.), VwGO, 4. Aufl. 2014, § 65 Rn. 28 ff.

[170] So *Wassermann* (Fn. 1), Art. 103 Rn. 40; *F.-L. Knemeyer*, HStR³ VIII, § 178 Rn. 27; ausf. *C. Nottbusch*, Die Beiladung im Verwaltungsprozeß, 1995, S. 17 ff., 40 ff.

[171] S. für Grundeigentümer im Plangebiet bei Normenkontrollverfahren gegen Bebauungspläne *C.-D. Bracher*, DVBl. 2000, 165 (170).

[172] *Degenhart* (Fn. 35), Art. 103 Rn. 10.

[173] A.A. *Remmert* (Fn. 19), Art. 103 I Rn. 27; *Höfling/Burkiczak* (Fn. 68), Art. 103 Rn. 31.

[174] *Remmert* (Fn. 19), Art. 103 I Rn. 1, 27 ff.; *G.C. Neubauer*, Verfassungsrechtliche Begründung und Legitimation der justiziellen Grundrechte, Diss. jur. Münster 1991, S. 76 ff., 84 ff.

[175] Krit. *Höfling/Burkiczak* (Fn. 68), Art. 103 Rn. 29.

[176] Vgl. BVerfGE 81, 123 (129); 89, 28 (35 f.); BVerfG (K), NJW 1997, 726 (727).

[177] BVerfGE 89, 28 (35); *Schmahl* (Fn. 39), Art. 103 Rn. 18; *K. Graßhof*, HGR V, § 133 Rn. 22; *Zierlein* (Fn. 17), Art. 103 Rn. 33 ff.

[178] Jarass/*Pieroth*, GG, Art. 103 Rn. 19.

[179] BVerfGE 6, 19 (20); 31, 364 (370); *Kunig* (Fn. 14), Art. 103 Rn. 8.

I GG geforderten Mindeststandard[180] nicht unterschreiten. Dazu gehört eine fachgerichtliche Abhilfemöglichkeit einer Gehörsverletzung, wenn diese letztinstanzlich entscheidungserheblich erfolgte[181], wohl auch die Möglichkeit der Prozesskostenhilfe[182]. Eine präventive Beschleunigungsrüge[183] kann auch den Anspruch auf Gehör effektivieren. Im Übrigen differenziert Art. 103 I GG nicht zwischen den verschiedenen Fachgerichtsbarkeiten, so dass – auch nachfolgend – von einem gemeinsamen rechtlichen Kern des Rechts auf Gehör auszugehen ist, der für jedes gerichtliche Verfahren gelten muss.

28 **Fehlt** es an einer einfachgesetzlichen **Ausgestaltung** oder ist diese unzureichend (wie früher oft in Verfahren der freiwilligen Gerichtsbarkeit, s. aber jetzt z.B. § 34 FamFG), so kann darin ein Verfassungsverstoß gegen Art. 103 I GG liegen[184]; der Anspruch auf Gehör folgt dann **unmittelbar aus Art. 103 I GG**[185], ggf. in verfassungskonformer Auslegung des Gesetzesrechts.

29 Im Übrigen wird Gehör regelmäßig nach **Maßgabe des einfachen Verfahrens- und Prozessrechts** gewährt[186], das zudem über den verfassungsrechtlichen Gehalt des Anspruchs auf rechtliches Gehör hinausgehen kann[187]; die Schwerpunkte der wissenschaftlichen Diskussion verbinden sich deshalb eher mit dem jeweiligen Fachrecht. In der fehlerhaften Anwendung des an sich verfassungsgemäßen Verfahrens- und Prozessrechts kann ebenfalls ein Verstoß gegen Art. 103 I GG liegen[188], nicht nur ein Verstoß gegen das jeweilige Verfahrensgesetz. Im einzelnen bereitet die Abgrenzung zwischen »bloß« einfachrechtlichen und spezifisch verfassungsrechtlichen Verstößen gegen das Recht auf Gehör große Schwierigkeiten.

3. Verletzung spezifischen Verfassungsrechts als Abgrenzungsproblem

30 Der verfassungsrechtliche Gehalt des Anspruchs auf rechtliches Gehör bestimmt sich nicht durch das »vorverfassungsrechtliche Gesamtbild des Prozessrechts«, auch wenn dieses bei der Auslegung von Art. 103 I GG den Ausgangspunkt bilden mag[189]; sein

---

[180] Zu Art. 103 I GG als Minimalgarantie BVerfGE 7, 53 (57); 60, 7 (14); *F.-L. Knemeyer*, HStR³ VIII, § 178 Rn. 13; *Behrendt*, Recht (Fn. 71), S. 14ff.; *J. Weitzel*, JuS 1976, 722 (723); krit. *Waldner*, Anspruch (Fn. 104), Rn. 529ff.

[181] BVerfGE 107, 395 (410f., Rn. 45; 413ff., Rn. 53ff.).

[182] *Remmert* (Fn. 19), Art. 103 I Rn. 70; *Schmahl* (Fn. 39), Art. 103 Rn. 36; Jarass/*Pieroth*, GG, Art. 103 Rn. 47; *Nolte* (Fn. 40), Art. 103 Rn. 70; ausf. *Waldner*, Anspruch (Fn. 104), Rn. 153ff.; zur Ableitung aus Art. 3 I GG i. V. m. dem Rechtsstaatsprinzip BVerfG (K), NJW 2010, 987 (987); *Degenhart* (Fn. 35), Art. 103 Rn. 24; *Höfling/Burkiczak* (Fn. 68), Art. 103 Rn. 90; *Zierlein* (Fn. 17), Art. 103 Rn. 82. → Art. 19 IV Rn. 104.

[183] De lege ferenda *C. Steinbeiß-Winkelmann*, ZRP 2007, 177ff.; *S. Roller*, DRiZ 2007, 82ff.; *H.-J. Papier*, DRiZ 2006, 261 (263); *G. Britz/D. Pfeifer*, DÖV 2004, 245ff.; krit. *C. Schütz*, ThürVBl. 2006, 81 (83) m.w.N.

[184] Vgl. BVerfGE 55, 72 (93ff.); 74, 228 (233).

[185] BVerfGE 9, 89 (96); 61, 37 (41); 92, 158 (183ff.); 99, 145 (162f., Rn. 58f.); BGH NJW 1994, 392; *Kunig* (Fn. 14), Art. 103 Rn. 8; *Rüping* (Fn. 1), Art. 103 I Rn. 72; *K. Graßhof*, HGR V, § 133 Rn. 24; *F.-L. Knemeyer*, HStR³ VIII, § 178 Rn. 22; *M. Niemöller/G.F. Schuppert*, AöR 107 (1982), 387 (476); *J. Bohnert*, JZ 1978, 710ff.

[186] BVerfGE 9, 89 (95f.); 18, 399 (405); 74, 1 (5); 81, 123 (129f.); 89, 28 (36); 89, 381 (391); *Degenhart* (Fn. 35), Art. 103 Rn. 14; übersichtlich *F.-L. Knemeyer*, HStR³ VIII, § 178 Rn. 36ff.; *Behrendt*, Recht (Fn. 71), S. 1ff.; für den Zivilprozess *Waldner*, Anspruch (Fn. 104), Rn. 370ff., 538ff.

[187] Jarass/*Pieroth*, GG, Art. 103 Rn. 20; *Kunig* (Fn. 14), Art. 103 Rn. 8.

[188] Vgl. BVerfGE 60, 305 (310); zsfssd. 75, 302 (312ff.).

[189] BVerfGE 9, 89 (96).

Gehalt und seine jeweilige einfachgesetzliche Ausgestaltung sind nicht notwendig identisch – nur soweit das der Fall ist, liegt in jedem Verfahrensfehler zugleich auch ein Verfassungsverstoß[190]. In den übrigen Fällen stellt sich ähnlich wie bei den materiellen Grundrechten (z.B. → Art. 5 I, II Rn. 206ff.) das Problem, im Einzelfall einen »einfachen« Verstoß (nur) gegen das gesetzliche Verfahrensrecht von einem **»spezifisch verfassungsrechtlichen« Verstoß gegen Art. 103 I GG** abzuschichten: Nur letzterer kann zum Erfolg einer Verfassungsbeschwerde führen, denn nur bei einer solchen Möglichkeit ist das Bundesverfassungsgericht zuständig, weil auch hier die Überprüfung der Anwendung des einfachen Rechts primär Sache der Fachgerichtsbarkeit ist[191]. Stärker noch als bei den materiellen Grundrechten steht eine Abschichtung dieser beiden Ebenen bei den Prozessgrundrechten deshalb vor besonders großen Schwierigkeiten. Denn Prozessgrundrechte können wegen ihrer besonderen Gesetzesabhängigkeit nur nach Maßgabe des einfachgesetzlichen Verfahrensrechts verwirklicht werden, so dass ein Grundrechtsverstoß sich regelmäßig in einer fehlerhaften Gesetzesanwendung niederschlägt; umgekehrt ist aber nicht jeder Anwendungsfehler zugleich ein Grundrechtsverstoß[192]. Daraus folgt jedenfalls für Form- und Fristvorschriften eine strengere verfassungsgerichtliche Kontrolle der Anwendung des Gesetzesrechts[193]; andererseits unterstellt die Verfassungsrechtsprechung regelmäßig, dass das Fachgericht die tatsächlichen Sachverhalte richtig erkannt hat, um nicht als »Superberufungsinstanz« zu fungieren[194].

Als grundsätzliche **Kriterien** für die Bestimmung einer Verletzung »spezifischen Verfassungsrechts« sind in **der Judikatur** im Blick auf die besonderen Umstände des einzelnen Falles[195] die **Offensichtlichkeit** von Gesetzesverstößen anerkannt, die das rechtliche Gehör verkürzen[196] und in der Fachgerichtsbarkeit i. S. greifbarer Gesetzwidrigkeit oder groben prozessualen Unrechts verstanden werden[197], oder die **Intensität** des Grundrechtsverstoßes[198]. Ein Verfassungsverstoß in diesem Sinne liegt vor, wenn die Bedeutung und Tragweite des Grundrechts aus Art. 103 I GG **grundsätzlich** 31

---

[190] Vgl. *Nolte* (Fn. 40), Art. 103 Rn. 11; *M.R. Otto*, JuS 2012, 412 (416); *M. Niemöller/G.F. Schuppert*, AöR 107 (1982), 387 (476) für den Strafprozess; BVerfGE 17, 265 (268); 18, 380 (384) für den Zivilprozess; vgl. zu Präklusionsvorschriften: → Rn. 74ff.

[191] BVerfGE 70, 288 (294); 72, 119 (121); 75, 302 (312ff.); *E. Schmidt-Aßmann*, DÖV 1987, 1029ff.; *Waldner*, Anspruch (Fn. 104), Rn. 509ff.

[192] BVerfGE 74, 228 (233); 75, 302 (312ff.); BVerfGK 5, 10 (13); BGHZ 102, 338 (341f.); Jarass/*Pieroth*, GG, Art. 103 Rn. 20; *Degenhart* (Fn. 35), Art. 103 Rn. 14; *Höfling/Burkiczak* (Fn. 68), Art. 103 Rn. 42; s. näher zum Verhältnis *C. Degenhart*, HStR^3 V, § 115 Rn. 10f., 21, 23f. u. ö.; *Remmert* (Fn. 19), Art. 103 I Rn. 107; *E. Schumann*, NJW 1985, 1134ff.; *W. Höfling*, JZ 1991, 955 (961f.); *F.O. Kopp*, AöR 106 (1981), 604 (617ff.).

[193] So BVerfGE 75, 302 (312); BVerfGK 3, 274 (276); *Degenhart* (Fn. 35), Art. 103 Rn. 12, 14; *R. Zuck*, NJW 2005, 3753 (3754); *S. Korioth*, Bundesverfassungsgericht und Rechtsprechung (»Fachgerichte«), in: FS 50 Jahre BVerfG, Bd. 1, S. 55ff. (68ff.).

[194] Vgl. BVerfGE 40, 101 (104f.); 86, 133 (146); 88, 366 (375f.); *I. Augsberg/C. Burkiczak*, JA 2008, 59 (60f.); *Zierlein* (Fn. 17), Art. 103 Rn. 109.

[195] BVerfGE 22, 267 (274); 88, 366 (375f.); BVerfG (K), NJW 1999, 1020 (1021).

[196] BVerfGE 69, 145 (149f.); 70, 288 (293); 86, 133 (145f.); BVerfGK 3, 274 (276); *R. Zuck*, NJW 2005, 3753 (3755) betr. ZPO-Verstöße; *P. Lerche*, Dunklere und hellere Seiten des Anspruchs auf rechtliches Gehör, in: FS Heldrich, 2005, S. 1283ff. (1287ff.); *B. Zierlein*, DVBl. 1989, 1169 (1172).

[197] *Voßkuhle*, Rechtsschutz (Fn. 65), S. 225ff.; vgl. z.B. BVerfGE 63, 77 (78); 69, 233 (242).

[198] BVerfGE 59, 330 (334); 60, 1 (6); 62, 249 (254); 69, 145 (149); 90, 22 (25); *K. Deubner*, NJW 1985, 1140 (1141f.).

verkannt worden ist[199], wenn das Gesetz **missbräuchlich**[200] oder – besonders gern in Bezug genommen – **willkürlich**[201] angewendet wird, oder wenn die Gesetzesauslegung durch das Fachgericht, als abstrakter Rechtssatz formuliert, verfassungswidrig wäre[202]. Gemeinsam ist diesen Kriterien, dass ein unerlässliches Minimum an Gehör verfehlt wird, das für die Herstellung rationaler gerichtlicher Entscheidungen erforderlich ist[203]. Diese Vielfalt von Gesichtspunkten erlaubt es dem Bundesverfassungsgericht, seine Maßstäbe den jeweiligen sonderrechtlichen Gewährleistungen zu entnehmen bzw. anzupassen[204]. Im Zweifel, d.h. wenn die Begründung der Entscheidung nicht erkennen lässt, ob ein Verstoß gegen einfaches Recht oder gegen Art. 103 I GG vorliegt, ist von einem Verfassungsverstoß auszugehen[205]. Tendenziell neigt das Bundesverfassungsgericht zur Annahme von Verfassungsverstößen[206] mit der Folge, dass die Berufung auf Art. 103 I GG das Recht auf Gehör zu einem der meistberufenen Gründe für Verfassungsbeschwerden hat werden lassen (→ Rn. 15).

4. Grundrechtsadressaten

32 Die einfachrechtliche Ausgestaltung des Verfahrensrechts durch den parlamentarischen Gesetzgeber und die Anwendung des Verfahrensrechts durch die Gerichte dürfen das Recht auf Gehör aus Art. 103 I GG nicht unterlaufen: Gesetzgeber und **vor allem die Gerichte** sind die Adressaten des Art. 103 I GG. Denkbar ist aber auch, dass die Verwaltung die Handhabung des Art. 103 I GG durch Gerichte beeinträchtigen könnte – insoweit ist auch sie durch Art. 103 I GG gebunden[207], denn jeder Träger hoheitlicher Gewalt hat (auch) die Grundrechte der Art. 101ff. GG zu beachten[208].

IV. Zentrale Problemfelder des Rechts auf rechtliches Gehör zwischen Ausgestaltung und Beeinträchtigung

1. Das Recht auf Information und die Informationspflicht durch das Gericht

33 Aus Art. 103 I GG folgt als Voraussetzung für die effektive Wahrnehmung von rechtlichem Gehör das Recht, auf der ersten Stufe der Gehörsverwirklichung (→ Rn. 20) vorher vom Gericht rechtzeitig[209] und ausreichend über den Sach- und Streitstand

---

[199] BVerfGE 60, 305 (310f.); 74, 228 (233); 89, 381 (391); BVerfGK 3, 274 (276); *Degenhart* (Fn. 35), Art. 103 Rn. 15; *E. Schmidt-Aßmann/W. Schenk*, in: Schoch/Schneider/Bier, VwGO, Einleitung Rn. 45b.

[200] BVerfGE 69, 126 (139); 74, 288 (234); 75, 302 (316f.).

[201] Z.B. BVerfGE 74, 288 (234); *R. Zuck*, NVwZ 2005, 739 (740); krit. *K. Graßhof*, HGR V, § 133 Rn. 63ff.; *W. Höfling*, JZ 1991, 955 (961f.). → Rn. 86.

[202] BVerfGE 74, 228 (233f.); 89, 28 (36); *Radtke/Hagemeier* (Fn. 131), Art. 103 Rn. 5; *Kunig* (Fn. 14), Art. 103 Rn. 3a; zu dieser sog. »Schumannschen Formel« grdl. *E. Schumann*, Verfassungs- und Menschenrechtsbeschwerde gegen gerichtliche Entscheidungen, 1963, S. 206f.; ausf. *J. Berkemann*, DVBl. 1996, 1028 (1032ff.).

[203] Vgl. in dieser Akzentuierung jetzt *Remmert* (Fn. 19), Art. 103 I Rn. 108ff.; s. auch *Kloepfer*, Verfassungsrecht II, § 75 Rn. 35.

[204] *P. Kirchhof*, HStR V, § 124 Rn. 241.

[205] BVerfGE 81, 97 (106).

[206] Vgl. *Degenhart* (Fn. 35), Art. 103 Rn. 14; *Voßkuhle*, Rechtsschutz (Fn. 65), S. 190 m. ausf. Nw.; krit. *Wassermann* (Fn. 1), Art. 103 Rn. 22.

[207] *Brüning* (Fn. 71), Art. 103 Rn. 94.

[208] *Remmert* (Fn. 19), Art. 103 I Rn. 29, 105.

[209] *Remmert* (Fn. 19), Art. 103 I Rn. 81.

informiert zu werden, um überhaupt erkennen zu können, auf welche Gesichtspunkte es ankommt[210]. Dem **Recht auf Information** über die rechtlich relevanten Bestandteile des Verfahrensstoffs entspricht daher eine **Informationspflicht des Gerichts**[211]; deshalb bedarf es keines Antrags auf Information und keiner Erkundigung durch den Grundrechtsinhaber[212]. Vielmehr hat das Gericht vor jeder Entscheidung zu prüfen, ob es den Verfahrensbeteiligten (ggf. erneut) rechtliches Gehör zu gewähren hat[213]; das gilt grundsätzlich auch im Verfahren des einstweiligen Rechtsschutzes[214]. Insoweit kommt es (a) auf den informationsbedeutsamen Verfahrensstoff und (b) die richtige Handhabung des Prozessrechts an.

a) Der informationsbedeutsame Verfahrensstoff

Zu dem in diesem Sinne informationsbedeutsamen **Verfahrensstoff** gehört zunächst der gesamte **Tatsachenstoff eines Prozesses**[215] ohne Rücksicht auf die Quellen[216], denn Art. 103 I GG will verhindern, dass ein Gericht nur ihm bekannte, einem anderen Prozessbeteiligten verschlossene Sachverhalte zu dessen Nachteil verwertet[217]. Den Beteiligten sind daher stets alle Äußerungen der Gegenseite[218] (selbst in in-camera-Verfahren[219]) zur Kenntnis zu bringen einschließlich der Anlagen zu den Schriftsätzen[220], aber auch alle sonstigen tatsachenbedeutsamen Informationen: Dazu gehören etwa beigezogene Verwaltungsakten[221]; Gerichtsakten[222]; Sachverständigengutachten (oder sonstige Tatsachenfeststellungen) aus anderen Verfahren, auf die das Gericht sich stützt[223]; allgemeinkundige oder als offenkundig behandelte Tatsachen, soweit sie einer Partei möglicherweise nicht bekannt sind[224]; von Amts wegen in den Prozess eingeführte Tatsachen[225], Beweismittel[226] – zumal wenn sie bei erlaubter Abwesenheit 34

---

[210] BVerfGE 84, 188 (190); 86, 133 (144); 96, 189 (204); 98, 218 (263, Rn. 166); s. auch BVerfG (K), NJW 1995, 2544 (2544); Jarass/*Pieroth*, GG, Art. 103 Rn. 11; ausf. *Voßen*, Rechtsprechung (Fn. 56), S. 289ff.; *Waldner*, Anspruch (Fn. 104), Rn. 28ff.: Recht auf »Orientierung« im Anschluss an die Begrifflichkeit in der Schweiz; s. etwa *Müller/Schefer*, Grundrechte (Fn. 49), S. 860ff.

[211] BVerfGE 74, 1 (5); 84, 188 (190); 86, 133 (144); 89, 28 (36); *Remmert* (Fn. 19), Art. 103 I Rn. 78; *F.-L. Knemeyer*, HStR³ VIII, § 178 Rn. 29.

[212] BVerfGE 67, 154 (155); BVerfG (K), NJW 1990, 2374f.; Jarass/*Pieroth*, GG, Art. 103 Rn. 11; *Höfling/Burkiczak* (Fn. 68), Art. 103 Rn. 43; *Zierlein* (Fn. 17), Art. 103 Rn. 70.

[213] BVerfGE 36, 85 (88); 72, 84 (88); BVerfGK 7, 438 (441).

[214] Vgl. OVG Hamburg NVwZ-RR 2014, 494f.; *Degenhart* (Fn. 35), Art. 103 Rn. 17; *Höfling/Burkiczak* (Fn. 68), Art. 103 Rn. 87ff.

[215] *Degenhart* (Fn. 35), Art. 103 Rn. 16; *Remmert* (Fn. 19), Art. 103 I Rn. 76, 80.

[216] BVerfGE 17, 86 (95).

[217] BVerfGE 63, 45 (59); 109, 13 (38, Rn. 81); 109, 279 (370, Rn. 317).

[218] BVerfGE 49, 325 (328); 55, 95 (99); BGH NJW 2004, 2019 (2021).

[219] Vgl. BVerfGE 101, 106 (129f., Rn. 91ff.); 115, 205 (239f., Rn. 112); BVerwG NVwZ 2004, 486 (486f.); *K. Graßhof*, HGR V, § 133 Rn. 80f.; *F. Schemmer*, DVBl. 2011, 323ff.; *J. Oster*, DÖV 2004, 916ff.; ausf. *J. Sawang*, Geheimhaltung und rechtliches Gehör im Schiedsverfahren nach deutschem Recht, 2010, S. 52ff., 147ff.

[220] BVerfGE 50, 280 (284).

[221] BVerfGE 17, 86 (95).

[222] BVerfG (K), NJW 1994, 1210f.

[223] BGH NJW 1991, 2824 (2825); *Degenhart* (Fn. 35), Art. 103 Rn. 17; Jarass/*Pieroth*, GG, Art. 103 Rn. 23.

[224] BVerfGE 48, 206 (209); BVerwGE 67, 83f.

[225] BVerfGE 15, 214 (218); BVerfGK 1, 189 (191).

[226] BVerfGE 101, 106 (129, Rn. 91); BVerfGK 7, 205 (211ff.).

des Betroffenen eingeführt werden, ohne dass dieser davon weiß[227] – oder Gutachten[228], was für Erkenntnismittellisten in Asylverfahren auch durch eine vom Gericht in Bezug genommene eigene Internetseite möglich sein kann[229]; Termine zur Vernehmung von Zeugen[230]; die Ergebnisse von Beweisaufnahmen[231]; unterstellte Tatsachen, die dem Parteivortrag widersprechen; ausländische Rechtsnormen[232]; Berichtigungen von Entscheidungen mit materiellrechtlichen Auswirkungen[233]; gerichtskundige Tatsachen[234]; polizeiliche Vernehmungsprotokolle[235]; Unterlagen über eine Wohnraumüberwachung[236]; Behördenauskünfte[237], sofern ihr Wahrheitsgehalt nicht Resultat eines formalisierten Verfahrens unter Beachtung des rechtlichen Gehörs des Betroffenen ist[238]. Selbst Informationen, die dem Urteil zwar nicht zugrunde gelegt werden dürfen, aber aus Sicht des Beschuldigten das Gericht informell beeinflussen könnten, können Verfahrensstoff und damit Gegenstand des Gehöranspruchs sein[239].

35 Zum **Verfahrensstoff** in tatsächlicher Hinsicht gehören **auch die prozessualen**, für den Prozess relevanten **Entscheidungen des Gerichts** oder seiner Richter, also etwa prozessleitende Verfügungen[240]; die Selbstablehnung eines Richters[241] oder dienstliche Äußerungen, die sich auf die Befangenheit eines Richters beziehen[242]; Wiedereinsetzungsbeschlüsse[243]; ggf. Vermerke des Berichterstatters über das Ergebnis einer Beweisaufnahme[244]; Beschwerdeentscheidungen zu Lasten des Angeklagten[245]; u. U. Absprachen zwischen Gericht und einem anderen Verfahrensbeteiligten[246].

36 **Kein Bestandteil** des tatsächlichen Verfahrensstoffs sind polizeiliche »Spurenakten«, die andere Personen betreffen[247], oder Informationen aus strafrechtlichen Ermittlungsverfahren[248] sowie solche Tatsachen, die aufgrund verfassungsrechtlicher Beschränkungen (→ Rn. 83) den Umfang des rechtlichen Gehörs begrenzen. Dazu gehören innerbetriebliche Informationen (Betriebsgeheimnisse) nur dann, wenn an ihnen ein erhebliches Interesse besteht und dem Prozessgegner aus ihrer Weitergabe keine unzumutbaren Nachteile erwachsen[249].

---

227 OLG Hamm NJW 1996, 534; OLG Köln NJW 1996, 535.
228 BVerfGE 15, 214 (218); BVerfG (K), NJW 1991, 2757f.
229 OVG Niedersachsen NVwZ 2005, 604.
230 BVerfGK 7, 21 (36; 37f.).
231 BVerfGE 89, 381 (392); 101, 106 (129, Rn. 91); *Nolte* (Fn. 40), Art. 103 Rn. 31.
232 BVerwG NVwZ 1985, 411f.
233 BVerfGE 34, 1 (7).
234 BVerfGE 10, 177 (183).
235 BVerfGE 25, 40 (43).
236 BVerfGE 109, 279 (371, Rn. 318).
237 Vgl. *Degenhart* (Fn. 35), Art. 103 Rn. 17; BerlVerfGH JR 1997, 189 (189f.).
238 Vgl. BayObLG NJW 1995, 2800: Verwertung von Zentralregisterauszügen keine Verletzung des rechtlichen Gehörs.
239 BVerfGE 109, 279 (370f., Rn. 318).
240 BVerfGE 64, 203 (206f.).
241 BVerfGE 89, 28 (36f.); vgl. auch BVerfG (K), NJW 1998, 369 (370), mit krit. Anm. *M. Vollkommer*, MDR 1998, 362f.
242 Vgl. BVerfGE 10, 274 (281); 24, 56 (62); 89, 28 (36).
243 BVerfGE 62, 320 (322).
244 Vgl. BGH NJW 1991, 1547 (1548f.).
245 *Degenhart* (Fn. 35), Art. 103 Rn. 18; *M. Niemöller/G.F. Schuppert*, AöR 107 (1982), 387 (477).
246 BGH NJW 1996, 1763 (1764).
247 Vgl. auch BGHSt 30, 131 (141); Jarass/*Pieroth*, GG, Art. 103 Rn. 24.
248 BVerfG (K), NJW 1988, 405.
249 So BGHZ 131, 90 (93); Jarass/*Pieroth*, GG, Art. 103 Rn. 24.

Art. 103 I GG gewährt auch den Verfahrensbeteiligten das **Recht, sich zur Rechtslage zu äußern**[250], schon weil eine tatsächliche Erörterung ohne Beachtung der rechtlichen Gesichtspunkte weithin wertlos ist. Andererseits sind die Rechtsauffassungen des Gerichts grundsätzlich kein Bestandteil des informationsbedeutsamen Verfahrensstoffs: Das Gericht braucht weder auf seine Rechtsansichten hinzuweisen[251] noch ist es zu einem »Rechtsgespräch« i. S. eines Austauschs der Rechtsansichten der Verfahrensbeteiligten verpflichtet[252], selbst wenn die Rechtslage unübersichtlich und umstritten ist, denn die Verfahrensbeteiligten müssen grundsätzlich alle vertretbaren rechtlichen Gesichtspunkte von sich aus in Betracht ziehen und ggf. vortragen[253]. Wohl aber muss das Gericht den Beteiligten zu verstehen geben, welche rechtlichen Erwägungen maßgeblich werden könnten[254], namentlich im Falle richterlicher Rechtsfortbildung[255], wie das auch in § 139 ZPO zum Ausdruck kommt. Eine solche Pflicht zur Äußerung ergibt sich stets auch dann, wenn ohne eine Rechtsäußerung des Gerichts der Anspruch auf rechtliches Gehör leerliefe (→ Rn. 46). 37

b) Die informationsgerechte Handhabung des Prozessrechts

aa) Ladung und Zustellung

Die prozessrechtlichen Vorschriften über die **Ladung** (z. B. §§ 214ff. ZPO) und die **Bekanntgabe durch Zustellung** (z. B. §§ 166ff. ZPO) dienen auch dazu, die Rechte auf und die Pflichten zur Information i. S. von Art. 103 I GG umzusetzen[256], auch der »Aufruf« der Sache im Prozess. Die Zustellung als prozessrechtliches Institut formalisiert die Bekanntgabe und soll sichern, dass der jeweils Betroffene (oder ggf. sein gesetzlicher Vertreter[257]) von für ihn erheblichen Informationen zuverlässig Kenntnis erhält[258]; das Gericht trägt die verfahrensrechtliche Beweislast für den Zugang[259]. Bei nicht ordnungsgemäßer Ladung des Beklagten verstößt eine mündliche Verhandlung in dessen Abwesenheit gegen Art. 103 I GG[260]. Dasselbe gilt grundsätzlich, wenn ei- 38

---

[250] BVerfGE 86, 133 (144); 98, 218 (263, Rn. 166); 119, 292 (296, Rn. 13); BVerfG (K), NJW 1996, 3202; BVerwGE 95, 237 (240f.); *Schmitt Glaeser/Horn*, Verwaltungsprozeßrecht (Fn. 71), Rn. 552ff.; *Waldner*, Anspruch (Fn. 104), Rn. 84; *F.O. Kopp*, AöR 106 (1981), 604 (622ff.).

[251] BVerfGE 67, 90 (96); 74, 1 (5); 86, 133 (145); BVerfGK 1, 86 (86); 14, 455 (456); Jarass/*Pieroth*, GG, Art. 103 Rn. 29; *Höfling/Burkiczak* (Fn. 68), Art. 103 Rn. 51.

[252] BVerfGE 86, 133 (145); 98, 218 (263, Rn. 166); BVerfGK 1, 1 (2); *Degenhart* (Fn. 35), Art. 103 Rn. 16; *Rüping* (Fn. 1), Art. 103 Abs. 1 Rn. 98; möglicherweise a.A. *R. Eschelbach*, GA 2004, 228 (233f.); *Maurer*, Prozessrecht (Fn. 60), S. 497f.; *Schmitt Glaeser/Horn*, Verwaltungsprozeßrecht (Fn. 71), Rn. 553f.; s. auch *J. Goebel*, Rechtsgespräch und kreativer Dissens, 2001, S. 189ff., 192ff.; dezidiert anders *Behrendt*, Recht (Fn. 71), S. 23ff. im Anschluss an *Arndt*, Gehör (Fn. 71), S. 359ff., 365.

[253] So BVerfGE 86, 133 (145); 98, 218 (263, Rn. 166); BVerfGK 13, 521 (530); *Höfling/Burkiczak* (Fn. 68), Art. 103 Rn. 51.

[254] Vgl. BVerfGE 86, 133 (144f.); *A. Arndt*, NJW 1959, 1297 (1298ff.); *K.-M. Ortloff*, in: Schoch/Schneider/Bier, VwGO, § 104 Rn. 9ff.

[255] *C.W. Hergenröder*, Zivilprozessuale Grundlagen richterlicher Rechtsfortbildung, 1995, S. 294ff., 304ff.

[256] Jarass/*Pieroth*, GG, Art. 103 Rn. 25; *Remmert* (Fn. 19), Art. 103 I Rn. 86; *F.-L. Knemeyer*, HStR³ VIII, § 178 Rn. 54; *Waldner*, Anspruch (Fn. 104), Rn. 29ff.

[257] BVerfGE 81, 123 (126).

[258] BVerfGE 67, 208 (211); *Nolte* (Fn. 40), Art. 103 Rn. 30.

[259] BVerfGE 36, 85 (88); BVerfGK 20, 344 (346); BVerwG NJW 2015, 3386 (3386).

[260] Vgl. z. B. OVGNW NWVBl. 1996, 114.

nem Beigeladenen der Beiladungsbeschluss erst zusammen mit der das Verfahren abschließenden Sachentscheidung zugestellt wird[261].

39 Problematisch im Blick auf Art. 103 I GG sind solche Zustellungsarten, die gerade **keine tatsächliche Kenntnisnahme**, sondern allenfalls die Möglichkeit dazu gewährleisten (z. B. Ersatzzustellung[262] etwa nach § 56 II VwGO i. V. m. § 11 I VwZG) oder gar die Kenntnisnahme bloß fingieren (z. B. öffentliche Zustellung etwa nach §§ 185ff. ZPO oder § 56 II VwGO i. V. m. § 15 VwZG). Solche dadurch rechtlich ermöglichten Beschränkungen des Rechts auf Gehör lassen sich als gesetzliche Regelung verfassungsrechtlich rechtfertigen[263], insofern sie dem Schutz anderer auf Verfassungsebene geschützter Rechtsgüter dienen sollen (→ Rn. 83), z. B. der Verfahrensbeschleunigung bei Massenverfahren[264] oder dem Erfordernis einer geordneten Verfahrensabwicklung vor Gericht[265], auch wenn solche Beschränkung nie zur Versagung rechtlichen Gehörs führen darf[266].

40 Dennoch kann die **Anwendung** dieser gesetzlichen Regelungen **im Einzelfall** verfassungswidrig sein, wenn eine öffentliche Zustellung erfolgt ist, obwohl eine andere Art der Zustellung ohne weiteres möglich gewesen wäre[267], oder wenn der Beklagte ohne eigenes Verschulden keine Kenntnis von dem gegen ihn geführten Rechtsstreit hat[268]; ihre Korrektur ist verfassungsrechtlich geboten, wenn sich vor ihrem Wirksamwerden herausstellt, dass die Voraussetzungen für eine öffentliche Zustellung nicht vorlagen[269]. Auch die Ersatzzustellung (an den Leiter einer Gemeinschaftsunterkunft für Asylbewerber) ist unzulässig, wenn der Postbedienstete den beteiligten Bewohner nicht zuvor in seinem Zimmer versucht hat anzutreffen[270]. Bei Übersendung von Schriftstücken zur Ermöglichung rechtlichen Gehörs besteht keine Vermutung für den Zugang eines formlos übersandten Schriftstücks[271]; das Gericht muss sich auch über dessen Zugang vergewissern[272], wobei es sich auf den Nachweis der förmlichen Zustellung verlassen darf[273].

bb) Akteneinsicht

41 Eine konkretisierende Erscheinungsform des Rechts auf Gehör und vorherige Information ist das **Recht auf Einsicht** in die tatsächlich vorliegenden Prozessakten ein-

---

[261] VGH Baden-Württemberg VBlBW 2000, 192 (193).

[262] Vgl. BVerfGE 25, 158 (165); 26, 315 (318); 67, 208 (212); *Waldner*, Anspruch (Fn. 104), Rn. 34.

[263] Vgl. BVerfGE 25, 158 (165); 26, 315 (318); *Remmert* (Fn. 19), Art. 103 I Rn. 86; zur Zustellung nach §§ 203ff. ZPO BGHZ 153, 189 (194ff.); zur Zustellung nach § 184 I 2 ZPO BGHZ 193, 353 (360f.); zu Sammelklagen *A. Halfmeier/P. Wimalasena*, JZ 2012, 649 (654ff.).

[264] Vgl. BVerfGE 77, 275 (285); BVerfG (K), NJW 1988, 2361.

[265] *Degenhart* (Fn. 35), Art. 103 Rn. 19.

[266] BVerwGE 50, 275 (278); s. auch *Waldner*, Anspruch (Fn. 104), Rn. 36f. und ebd. zu den Folgen unterbliebener Benachrichtigung Rn. 45ff.; zur Wiedereinsetzung: → Rn. 73.

[267] BVerfG (K), NJW 1988, 2361; BGHZ 118, 45 (47f.); *C. Degenhart*, HStR³ V, § 115 Rn. 31; ausf. *P. Finger*, NJW 1985, 2684ff.

[268] *K. Graßhof*, HGR V, § 133 Rn. 45; anders BGHZ 153, 189 (194ff.); krit. *J. Braun*, JZ 2003, 906ff.

[269] OLG Frankfurt NJW 2004, 3049 (3050).

[270] VGH Baden-Württemberg VBlBW 1999, 184 (185); HessVGH NVwZ 1989, 397.

[271] BVerfGE 36, 85 (88f.); 42, 243 (246); BVerfGK 20, 344 (346f.); BSG NVwZ 2001, 237; *Höfling/Burkiczak* (Fn. 68), Art. 103 Rn. 63.

[272] BVerfGK 7, 438 (441).

[273] BVerfG (K), NJW 1992, 224 (225); sie muss bei Zustellungen im Ausland Angaben zum Zeitpunkt der Zustellung und zur Art und Weise der Übergabe enthalten, vgl. BVerwGE 109, 115 (119f.).

schließlich beigezogener **Akten**[274]; es besteht aber kein Recht auf Erweiterung des gerichtlichen Bestandes an Akten[275], etwa durch Beiziehung von Spurenakten[276], oder auf Übersendung der Akten[277]. Verweigert ein Gericht (auch nur konkludent) die Gewährung von Akteneinsicht, so liegt darin eine Verletzung von Art. 103 I GG, ohne dass die Gehörsrüge darlegen müsste, was sich durch die Akteneinsicht ändern würde[278]. Selbst eine schon unterschriebene Beschwerdeentscheidung muss zurückgehalten werden, wenn sich erst in diesem Verfahrensstadium ein Rechtsanwalt bestellt und Akteneinsicht beantragt[279].

Namentlich im **Strafprozess** muss der Angeklagte bzw. sein Anwalt alle von der Anklagebehörde eingebrachten[280] oder für gerichtliche Entscheidungen maßgeblichen[281] Gesichtspunkte (ggf. nachträglich) kennen[282] (zu Ausnahmen: → Rn. 83); ein Verstoß gegen das Akteneinsichtsrecht nach § 147 StPO verstößt deshalb regelmäßig zugleich gegen Art. 103 I GG[283]. Aber auch soweit § 147 StPO dem Beschuldigten ohne Anwalt einen Anspruch auf Akteneinsicht versagt (vgl. § 147 VII StPO), ist dieses vor einem im Lichte von Art. 6 EMRK interpretierten (→ Rn. 8) Art. 103 I GG schwer zu rechtfertigen[284]. Auch ein inhaftierter Beschuldigter hat Anspruch auf Akteneinsicht seines Anwalts, wenn nur so eine effektive Einwirkung auf die gerichtliche Haftentscheidung möglich ist[285]. Eine Kostenpauschale für die Versendung von Akten beeinträchtigt das Recht auf Gehör nicht[286]. 42

cc) Gerichtliche Prozessführung, Hinweispflichten, Überraschungsverbot

Die **Prozessführung** durch das Gericht **darf das Recht auf Gehör** der Verfahrensbeteiligten **nicht unterlaufen**; vielmehr sind die prozessrechtlichen, auf die Prozessleitung bezogenen Vorschriften so auszulegen, dass der Anspruch auf Gehör optimal verwirk- 43

---

[274] BVerfK 7, 205 (211f.); 10, 7 (10); BVerfG (K), NVwZ 2010, 954 (955); *Degenhart* (Fn. 35), Art. 103 Rn. 18; *Waldner*, Anspruch (Fn. 104), Rn. 50ff.; *Remmert* (Fn. 19), Art. 103 I Rn. 87; s. auch BFH NVwZ 2004, 382ff. zum steuerlichen Verwaltungsverfahren; *W. Gruber*, StB 1998, 37ff. zum finanzgerichtlichen Verfahren; *M. Seebode*, NJW 1997, 1754 (1760) zum Strafvollstreckungsverfahren; *K.F. Koehler*, VSSR 2014, 315ff. und *S. Roller*, NZS 2013, 761ff. zum sozialrechtlichen Verwaltungsverfahren.

[275] BVerfGE 63, 45 (60f.); 109, 13 (38, Rn. 82); 109, 38 (64, Rn. 84); Jarass/*Pieroth*, GG, Art. 103 Rn. 27.

[276] BVerfGE 63, 45 (57ff.); s. auch BGHSt 30, 131 (141).

[277] Jarass/*Pieroth*, GG, Art. 103 Rn. 27; *Höfling/Burkiczak* (Fn. 68), Art. 103 Rn. 44.

[278] BVerfG (K), NVwZ 2010, 954 (955f.); VGH Baden-Württemberg NVwZ-RR 1998, 687f.

[279] BayObLG MDR 1997, 1153.

[280] *C. Degenhart*, HStR III, § 76 Rn. 21.

[281] BVerfGK 7, 205 (212) betr. strafprozessualen Arrest.

[282] Vgl. BVerfGE 49, 325 (328); 55, 95 (99); BVerfGK 10, 7 (9ff.); BVerfG (K), NStZ 2013, 379 (379f.).

[283] BVerfGE 18, 399 (405); BVerfGK 3, 197 (204ff.); *Kunig* (Fn. 14), Art. 103 Rn. 15 – »Akteneinsicht«; *Degenhart* (Fn. 35), Art. 103 Rn. 18; krit. zur gelegentlich zusätzlichen Berufung auf das »Recht auf faires Verfahren« *P.J. Tettinger*, Der Staat 36 (1997), 575 (588ff.).

[284] *Gröger*, Akteneinsichtsrecht (Fn. 37), S. 91ff.; anders beiläufig BVerfGE 53, 207 (214); zum Meinungsstand *Remmert* (Fn. 19), Art. 103 I Rn. 89; *Nolte* (Fn. 40), Art. 103 Rn. 34; *B. Schmitt*, in: *Meyer-Goßner* StPO, § 147 Anm. 3f.; zur Akteneinsicht von Dritten vgl. AG Wolfratshausen NJW 1994, 2774ff.

[285] BVerfG (K), NJW 1994, 3219 (3220); ausf. *W. Beulke/T. Witzigmann*, NStZ 2011, 254ff.; *W. Wohlers/S. Schlegel*, NStZ 2011, 486ff.

[286] BVerfG (K), NJW 1996, 2222 (2223); OVGNW NVwZ-RR 2013, 536.

licht werden kann[287]. Deshalb können unmittelbar aus Art. 103 I GG Hinweispflichten für das Gericht folgen[288], im Strafverfahren eher noch als im Zivilverfahren[289], auch wenn die einfachgesetzliche Fürsorgepflicht (z.B. § 139 ZPO, § 86 VwGO) über das von Art. 103 I GG Gebotene hinausgeht[290]. Unmittelbar in Art. 103 I GG verankert ist z.B. die Pflicht des Gerichts, alle Äußerungen der Gegenseite mitzuteilen (→ Rn. 34); dem korrespondiert das Recht auf Information über den Verfahrensstoff[291] mit der Folge, dass das Gericht vor Erlass einer Entscheidung prüfen muss, ob den Beteiligten in diesem Sinne Gehör gewährt worden ist[292], ggf. durch Schriftsatznachlass bei einem Äußerungsvorbehalt[293]. Ein Berufungsgericht muss auch in seiner Anhörungsmitteilung i.S. von § 130a VwGO erkennen lassen, wie es zu entscheiden beabsichtigt[294]. Das Gericht hat aus Art. 103 I GG ferner die Pflicht, bevorstehende Beweiserhebungen den Beteiligten mitzuteilen[295] und auch hinsichtlich solcher entscheidungserheblichen Tatsachen Gehör zu gewähren, von denen das Gericht selbst Kenntnis hat[296]. Es darf nicht neue, dem erlaubt abwesenden Betroffenen im Bußgeldverfahren unbekannte Beweismittel heranziehen und verwerten[297].

44 Das **Gericht muss** die Beteiligten **erkennen lassen, auf welchen Tatsachenvortrag** es für die rechtliche Beurteilung **ankommen kann**[298], braucht aber nicht darüber zu informieren, was bei sorgfältiger Prozessführung ohnehin bekannt ist[299], z.B. Zweifel an der Echtheit einer ausländischen öffentlichen Urkunde[300]. Art. 103 I GG verlangt ferner z.B. bei Ordnungswidrigkeiten (§ 72 I OWiG)[301], Berufungsentscheidungen (§ 125 II 3 VwGO) oder einstimmigen Zurückweisungen der Berufung (§ 130a S. 2 VwGO[302], § 522 II ZPO[303]), dass das Gericht die Parteien auf die Möglichkeit eines Beschlussverfahrens ohne mündliche Verhandlung hinweist[304]; ähnliches gilt für die

[287] *Rüping* (Fn. 1), Art. 103 I Rn. 114ff.; *Schmitt Glaeser/Horn*, Verwaltungsprozeßrecht (Fn. 71), Rn. 555; *F.O. Kopp*, AöR 106 (1981), 604 (624ff.).

[288] Vgl. *Remmert* (Fn. 19), Art. 103 I Rn. 78ff.; ausf. *Waldner*, Anspruch (Fn. 104), Rn. 206ff.

[289] Jarass/*Pieroth*, GG, Art. 103 Rn. 28; *K. Graßhof*, HGR V, § 133 Rn. 31; *Nolte* (Fn. 40), Art. 103 Rn. 49f.

[290] BVerfG (K), NJW 1994, 848 (849); BVerfG (K), NJW 2003, 2524; BVerfG (K), NVwZ 2006, 683 (684); *Höfling/Burkiczak* (Fn. 68), Art. 103 Rn. 50; *Remmert* (Fn. 19), Art. 103 I Rn. 84; zur Abgrenzung am Beispiel von § 139 ZPO *R. Zuck*, NJW 2005, 3753ff.

[291] BVerfGE 84, 188 (190); 89, 28 (35f.); *Nolte* (Fn. 40), Art. 103 Rn. 31; *Kunig* (Fn. 14), Art. 103 Rn. 11; *Waldner*, Anspruch (Fn. 104), Rn. 44.

[292] BVerfGE 36, 85 (88); BVerfGK 7, 438 (440f.); 14, 439 (441ff.); *Kunig* (Fn. 14), Art. 103 Rn. 11.

[293] BVerfG (K), NJW 2015, 1166 (1166f.).

[294] BVerfGE 111, 69 (73f.); *C. Burkiczak*, NVwZ 2016, 806 (810).

[295] BVerfGE 64, 135 (144); *F.-L. Knemeyer*, HStR³ VIII, § 178 Rn. 29; *Rüping* (Fn. 1), Art. 103 Abs. 1 Rn. 80.

[296] *Kunig* (Fn. 14), Art. 103 Rn. 12.

[297] OLG Köln NJW 1996, 535.

[298] BVerfGE 84, 188 (190); 89, 28 (35); BVerfG (K), NJW 2002, 1230 (1231); BVerwGE 78, 30 (33); *Zierlein* (Fn. 17), Art. 103 Rn. 72.

[299] *Kunig* (Fn. 14), Art. 103 Rn. 13.

[300] OVGNW InfAuslR 1997, 270 (270f.).

[301] BVerfGE 42, 243 (245).

[302] BVerwG NVwZ 1999, 1107 (1107).

[303] BVerfGK 4, 83 (86); BVerfG (K), NJW-RR 2006, 1654 (1654f.); s. auch *R. Zuck*, NJW 2010, 1860 (1861).

[304] *Höfling/Burkiczak* (Fn. 68), Art. 103 Rn. 55.

Pflicht zum Hinweis auf gegenüber der gerichtlich zugelassenen Anklage veränderte rechtliche Gesichtspunkte für eine Verurteilung bzw. Bestrafung (§ 265 StPO)[305].

Im Einzelfall kann Art. 103 I GG es gebieten, Beteiligte auf eine **grobe Interessenwidrigkeit eines Antrags**, der z. B. im Zwangsversteigerungsverfahren den Gläubiger allein wegen eines Rechtsirrtums leer ausgehen lassen würde, hinzuweisen[306], oder auf die Kostenfolgen einer Beteiligung am Beschwerdeverfahren[307]; dazu gehört aber nicht eine allgemeine Pflicht zur Rechtsmittelbelehrung[308], zur Belehrung über Folgen einer Fristversäumnis jedenfalls bei einer anwaltlich vertretenen Partei[309]. Das Gericht darf nicht ungeprüft bestrittene Tatsachen[310] oder ein Sachverständigengutachten seiner Entscheidung zugrundelegen, wenn dieses wesentliche Befundtatsachen nicht offenlegt und so den Beteiligten keine Prüfungsmöglichkeit eröffnet[311], oder wenn mehrere Privatgutachten zu deutlich anderen Bewertungsergebnissen kommen[312]; einem Antrag auf mündliche Befragung gerichtlich bestellter Sachverständiger ist stattzugeben[313]. 45

Das Gericht ist nur ausnahmsweise verpflichtet, seine **Rechtsansichten** mitzuteilen (→ Rn. 37), wenn nämlich anderenfalls das Recht auf Gehör leerliefe[314]. Das gilt dann, wenn ein gewissenhafter Verfahrensbeteiligter, auch in Kenntnis und Beachtung der Vielfalt der möglichen Rechtsauffassungen, mit der Rechtsauffassung des Gerichts nicht zu rechnen brauchte[315], wenn es etwa von einer gefestigten obergerichtlichen Rechtsprechung abweichen will[316] oder höhere Anforderungen an das Vorbringen der Beteiligten stellt als die ständige höchstrichterliche Rechtsprechung[317], oder wenn es einen Berufungsantrag aus anderen Gründen ablehnen will, als sie Vorinstanz und Berufungs(zulassungs)antrag zum Thema hatten[318] oder entgegen seinen Äußerungen in der Hauptverhandlung entscheidet[319]. Das gilt auch in Eilrechtsschutzverfahren[320] oder wenn ein Revisionsgericht eigene Rechtsfolgenentscheidungen nach § 354 Ia 1 StPO treffen will[321]. 46

---

305 BGH NJW 1998, 3788ff. betr. genauere Fassung der Anklage; Jarass/*Pieroth*, GG, Art. 103 Rn. 30; *F.-L. Knemeyer*, HStR³ VIII, § 178 Rn. 47.

306 Vgl. BVerfG (K), NJW 1993, 1699f.

307 BVerfGK 5, 10 (13ff.).

308 Vgl. BVerfGE 93, 99 (107ff.).

309 BVerfGE 75, 302 (318).

310 BVerfGK 13, 248 (350).

311 *Degenhart* (Fn. 35), Art. 103 Rn. 17; BVerfG (K), NJW 1997, 311; BVerfG (K), NJW 1997, 1909 (1909f.); vgl. auch BVerfGE 91, 176 (181f.) unter Rückgriff nur auf das Rechtsstaatsprinzip.

312 BVerfG (K), ArztR 2012, 228; BVerfG (K), NJW 1997, 122f.

313 BVerfGK 20, 218 (224); BVerfG (K), NJW 2012, 151 (152); BVerfG (K), FamRZ 2015, 2042 (2042f.); einschränkend BVerfGK 20, 319 (319f.).

314 BVerfGE 86, 133 (144); *Remmert* (Fn. 19), Art. 103 I Rn. 82.

315 BVerfGE 84, 188 (190); 86, 133 (144f.); 96, 189 (204); 98, 218 (263, Rn. 166); 108, 282 (338f., Rn. 135); 108, 341 (345f., Rn. 14); BVerfGK 1, 86 (87); 1, 211 (213); 7, 350 (354); 19, 377 (381); BVerfG (K), NJW 2015, 1867 (1868f.); BVerwGE 95, 237 (241); BGH NJW 2005, 3284 (3284); BAGE 51, 59 (104); BSGE 68, 205 (211); BFHE 248, 399 (405, Rn. 24); zur Kritik *K. Graßhof*, HGR V, § 133 Rn. 34ff.

316 Jarass/*Pieroth*, GG, Art. 103 Rn. 59; *Voßkuhle*, Rechtsschutz (Fn. 65), S. 117; BVerwG NJW 1961, 1549.

317 BVerfG (K), NJW 1995, 2544 (2544).

318 BVerfGK 7, 350 (354ff.); BVerfG (K), NVwZ-RR 2011, 460 (461).

319 BGH NJW 2014, 2796; *F.O. Fischer*, JuS 2014, 799 (800ff.).

320 BVerfGK 7, 229 (233ff.).

321 BVerfGE 118, 212 (235f., Rn. 95ff.).

47 Wenn es seine Rechtsauffassung den Parteien gegenüber äußert und entgegengesetzt entscheidet, so soll dieses widersprüchliche Verhalten nicht nur gegen den Grundsatz eines fairen rechtsstaatlichen Verfahrens (→ Art. 20 [Rechtsstaat], Rn. 216ff.), sondern auch gegen Art. 103 I GG verstoßen[322], wenn so in gravierender Weise prozessuales Vertrauen enttäuscht worden ist[323]; das ist aber wohl nur dann der Fall, wenn die maßgeblichen rechtlichen Gesichtspunkte nicht schon im Vortrag der Parteien angesprochen waren[324] und ist nicht der Fall bei einer gegenüber dem Eilverfahren abweichenden Würdigung des Streitstoffs im Hauptsacheverfahren[325]. Art. 103 I GG soll in diesem Sinne generell vor »**Überraschungsentscheidungen**« schützen[326] und soll die Gerichte sogar verpflichten, die in Erfüllung des Rechts auf Gehör gegebenen Hinweise auch nachweisen zu können: Ohne solchen Nachweis verbleibende Zweifel wirken sich zugunsten des betroffenen Grundrechtsträgers aus[327].

2. Das Recht auf Äußerung gegenüber dem Gericht

a) Die grundsätzliche Vorherigkeit der Äußerung

48 Art. 103 I GG gewährleistet auf der zweiten Stufe der Gehörsverwirklichung (→ Rn. 20) die Möglichkeit, sich **grundsätzlich vor Erlass einer gerichtlichen Entscheidung** zu äußern[328] (u. U. durch eine Schutzschrift[329]) und Anträge stellen zu können[330], auch im verwaltungsgerichtlichen Eilverfahren[331] oder in Betreuungsverfahren[332]. Zweck ist stets, die gerichtliche Entscheidung beeinflussen zu können[333]. Das Äußerungsrecht bezieht sich auf den gesamten Verfahrensstoff (→ Rn. 34ff.) in tatsächlicher und rechtlicher Hinsicht[334]; der Vortrag der Parteien muss also zum Streitgegenstand in Beziehung stehen[335]. Das gilt auch vor der Verhängung eines Ordnungsgeldes durch das Gericht[336], vor der Einholung eines Gutachtens über die Prozessfähigkeit der Partei[337]

---

322 BVerfGE 108, 341 (346, Rn. 15); BVerfG (K), NJW 1996, 3202; BFHE 223, 308 (310f.).

323 Jarass/*Pieroth*, GG, Art. 103 Rn. 59; s. auch *D. Leipold*, ZZP 93 (1980), 237ff.

324 Vgl. BVerfGE 86, 133 (145); 98, 218 (264, Rn. 169).

325 HessVGH NVwZ-RR 2006, 364 (364).

326 Vgl. BVerfGE 86, 133 (144f.); 98, 218 (263, Rn. 166); 107, 395 (410, Rn. 44); 108, 282 (338, Rn. 135); 108, 341 (345f., Rn. 14f.); BVerfGK 6, 380 (383); 8, 376 (387); 13, 521 (530); *Remmert* (Fn. 19), Art. 103 I Rn. 82f.; *Degenhart* (Fn. 35), Art. 103 Rn. 17; *Höfling/Burkiczak* (Fn. 68), Art. 103 Rn. 53ff.; *Arndt*, Gehör (Fn. 71), S. 363f.; ausf. *Waldner*, Anspruch (Fn. 104), Rn. 216ff.

327 Vgl. BerlVerfGH NZM 1999, 897.

328 BVerfGE 9, 89 (96); 57, 346 (359); 83, 24 (35f.); 101, 106 (129, Rn. 91); 109, 13 (37f., Rn. 81); *Nolte* (Fn. 40), Art. 103 Rn. 46; *Waldner*, Anspruch (Fn. 104), Rn. 53ff.; *Remmert* (Fn. 19), Art. 103 I Rn. 73; *Rüping*, Grundsatz (Fn. 1), S. 127f., 147, 149ff.; ausf. *Voßen*, Rechtsprechung (Fn. 56), S. 372ff.

329 *M. Bäumerich*, DVBl. 2015, 352 (357f.).

330 BVerfGE 69, 145 (148); *Zierlein* (Fn. 17), Art. 103 Rn. 77; *F.-L. Knemeyer*, HStR³ VIII, § 178 Rn. 31.

331 Vgl. z. B. BVerfGE 65, 227 (233f.); 70, 180 (188f.); BVerfG (K), EuGRZ 1997, 502f.; VGH Baden-Württemberg NVwZ-RR 1999, 696; OVGNW NVwZ-RR 1997, 759 (759).

332 BVerfG (K), FamRZ 2010, 1145 (1145f.); BVerfG (K), NJW 2016, 2559 (2559f.); *Radtke/Hagemeier* (Fn. 131), Art. 103 Rn. 11.

333 Z. B. BVerfGE 65, 227 (233); 101, 106 (129, Rn. 91); 107, 395 (409, Rn. 38); 109, 13 (37f., Rn. 81); *F.-L. Knemeyer*, HStR³ VIII, § 178 Rn. 30.

334 BVerfGE 86, 133 (144f.); BVerwG DVBl. 1982, 635f.; *Remmert* (Fn. 19), Art. 103 I Rn. 76; Jarass/*Pieroth*, GG, Art. 103 Rn. 12; *Waldner*, Anspruch (Fn. 104), Rn. 75ff.; *Kunig* (Fn. 14), Art. 103 Rn. 9.

335 *Waldner*, Anspruch (Fn. 104), Rn. 60ff.

336 OLG Brandenburg NJW 2004, 451.

337 BVerfGK 6, 380 (383).

oder etwa bei der Auslieferung zur Vollstreckung eines ausländischen, in Abwesenheit des Verfolgten ergangenen Strafurteils: Diesem muss vorher Gehör gewährt werden, zumal wenn er weder über die Tatsache noch den Abschluss des Strafverfahrens unterrichtet war[338].

Ausnahmen von der Vorherigkeit des Gehörs sind nur unter »strengen Voraussetzungen« gerechtfertigt[339], namentlich wenn der Verfahrenszweck einer gerichtlichen Maßnahme im Einzelfall gefährdet oder vereitelt würde (**Vereitelungsfälle**) oder wenn eine vorherige Anhörung faktisch unmöglich ist oder eine gerichtliche Entscheidung dann zu spät käme (**Dringlichkeitsfälle**). Als solche »immanenten Beschränkungen«[340] sind anerkannt die Anordnung einer Beschlagnahme[341], dinglicher Arrest[342], Durchsuchung[343], Untersuchungshaft[344], Zwangsversteigerung[345] sowie bestimmte Verfahren des vorläufigen Rechtsschutzes[346]; dazu rechnen auch körperliche Untersuchung, Postbeschlagnahme, Fernmeldeüberwachung oder die Vorführung (vgl. §33 IV 1 StPO)[347]. Fehlendes Gehör vor Erlass eines Strafbefehls lässt sich jedenfalls damit nicht rechtfertigen[348], ebenso wenig solches vor gerichtlicher Anordnung einer psychiatrischen Untersuchung[349]. 49

In allen solchen Fällen kann aber zu prüfen sein, ob nicht im Einzelfall doch eine vorherige Äußerung völlig unschädlich wäre; es verstößt gegen Art. 103 I GG, wenn die Ausnahme zur Regel wird[350]. In jedem Falle ist die Gewährung des rechtlichen Gehörs unverzüglich **nachzuholen**[351], wenn die Auslegung des Verfahrensrechts dies ermöglicht[352] (→ Rn. 80), wobei die Schwere des vorausgegangenen Grundrechtseingriffs auch die Intensität der Gehörsgewährung mitbestimmt[353]. An die Annahme eines Verzichts des Betroffenen auf eine solche nachträgliche Anhörung sind strenge Anforderungen zu stellen[354]. 50

---

338 Vgl. BVerfGE 63, 332 (338); BVerfGK 3, 27 (31ff.); 6, 13 (18ff.); 6, 334 (339ff.); s. aber auch BVerfGK 2, 82 (89); 3, 314 (316ff.); 13, 390 (396f.).

339 BVerfGE 65, 227 (233f.); *Waldner*, Anspruch (Fn. 104), Rn. 450ff.; *Remmert* (Fn. 19), Art. 103 I Rn. 74.

340 In diesem Sinne *Schmahl* (Fn. 39), Art. 103 Rn. 38; *F.-L. Knemeyer*, HStR³ VIII, §178 Rn. 33; *Rüping* (Fn. 1), Art. 103 Abs. 1 Rn. 119.

341 BVerfGE 18, 399 (404).

342 BVerfGK 3, 197 (204ff.).

343 BVerfGE 57, 346 (358f.); BVerfGK 2, 290 (294ff.).

344 BVerfGE 9, 89 (98ff.).

345 BGH NJW 1984, 2166 (2167).

346 BVerfGE 49, 329 (342); 65, 227 (233); 70, 180 (188f.); *Schmitt Glaeser/Horn*, Verwaltungsprozeßrecht (Fn. 71), Rn. 556; *H.-G. Borck*, MDR 1988, 908ff.

347 So *Kunig* (Fn. 14), Art. 103 Rn. 15 –»Strafprozess«.

348 S. aber BVerfGE 25, 158 (165f.); *Kunig* (Fn. 14), Art. 103 Rn. 15 – »Strafbefehl«; *A. Fisch*, Das Strafbefehlsverfahren im Spannungsfeld legislatorischer Beschleunigungs- und Entlastungstendenzen, Diss. jur. Bochum 1999, S. 118ff.

349 BGH NJW 2007, 3575 (3577).

350 So *C. Ditzen*, NJW 1999, 2794f. betr. Wohnungsdurchsuchungen und Anordnung der vorläufigen Unterbringung psychisch Kranker.

351 BVerfGE 9, 89 (99); 18, 399 (404, 406); 70, 180 (188f.); Jarass/*Pieroth*, GG, Art. 103 Rn. 36; *Brüning* (Fn. 71), Art. 103 Rn. 108; *K. Graßhof*, HGR V, §133 Rn. 74; *Höfling/Burkiczak* (Fn. 68), Art. 103 Rn. 87.

352 BVerfG (K), NJW 1998, 745, unter Berufung auf BVerfGE 69, 233 (242); BGHZ 84, 24 (29f.) für die Nichtigkeitsklage nach §579 I Nr. 4 ZPO.

353 So BVerfK 2, 290 (294).

354 *Kunig* (Fn. 14), Art. 103 Rn. 15 – »Strafprozess«.

b) Modalitäten der Äußerung: Schriftlichkeit, Mündlichkeit, Höchstpersönlichkeit und Unmittelbarkeit

51 Die **Modalitäten der Gewährung rechtlichen Gehörs** sind verfassungsrechtlich nicht festgelegt, sondern unterliegen weithin der **Ausgestaltung durch den** einfachen **Gesetzgeber**[355]; das Gesetz muss zumindest die Möglichkeit einer **schriftlichen** Äußerung vorsehen[356] und, damit verbunden, auch eines Beweises für Tatsachenbehauptungen anbieten[357] (→ Rn. 67ff.). Nur ausnahmsweise ist auch die Möglichkeit zur höchstpersönlichen **mündlichen** Äußerung geboten, nämlich generell im Falle einer Entscheidung über die Prozessfähigkeit eines Beteiligten[358] und über die gesundheitlich bedingte Unmöglichkeit einer Verständigung mit einem nach dem Unterbringungsgesetz Unterzubringenden[359], besonders aber auch aus Gründen der Art des betroffenen Rechts, z.B. (im Blick auf Art. 4 III GG) im Anerkennungsverfahren als Kriegsdienstverweigerer[360], im Blick auf Art. 16a GG unverändert auch im Asylverfahren (→ Art. 16a Rn. 123) oder im Blick auf das Recht auf freie und selbstbestimmte Entfaltung der Persönlichkeit vor der Anordnung einer Betreuung[361] oder einer entsprechenden Untersuchung[362]. Im Gegensatz zu solchen Ausnahmefällen gibt es grundsätzlich keinen verfassungsrechtlichen Anspruch auf eine mündliche Verhandlung vor Gericht[363] (oder auf sonst eine bestimmte Verfahrensart)[364], jedenfalls nicht auf ein Rechtsgespräch in der Revisionsinstanz[365].

52 Wenn das Gesetz aber eine mündliche Verhandlung als Regelfall vorsieht, liegt in dem gesetzwidrigen Absehen von der mündlichen Verhandlung zugleich ein Verstoß gegen Art. 103 I GG[366], wenn der Kläger nicht wirksam auf die Durchführung einer mündlichen Verhandlung verzichtet hat[367] oder auf sonstige Weise sich selbst der Möglichkeit seiner persönlichen Teilnahme an der (Haupt-)Verhandlung begibt[368]. Art. 103

---

[355] Vgl. *C. Degenhart*, HStR³ V, § 115 Rn. 36; *K. Graßhof*, HGR V, § 133 Rn. 39.

[356] Jarass/*Pieroth*, GG, Art. 103 Rn. 12; *Remmert* (Fn. 19), Art. 103 I Rn. 65.

[357] *Waldner*, Anspruch (Fn. 104), Rn. 66ff.

[358] BVerfGK 6, 380 (383); BSG NJW 1994, 215f.; *Remmert* (Fn. 19), Art. 103 I Rn. 66; *Waldner*, Anspruch (Fn. 104), Rn. 134; krit. *Höfling/Burkiczak* (Fn. 68), Art. 103 Rn. 76f.

[359] *Kunig* (Fn. 14), Art. 103 Rn. 15 – »Unterbringungsverfahren«; s. auch *V. Neumann*, NJW 1982, 2588 (2591).

[360] Vgl. BVerwGE 50, 275 (277); 72, 28 (29f.); 81, 229 (231); nach BVerfGE 70, 157 (159) soll die Anordnung persönlichen Erscheinens der Gewinnung des persönlichen Gesamteindrucks, nicht dem rechtlichen Gehör dienen; zu Ausnahmen: BVerwG NVwZ-RR 2001, 167 (168).

[361] BVerfG (K), NJW 2010, 3360 (3361); BVerfG (K), FamRZ 2015, 1688; BVerfG (K), NJW 2016, 2559 (2559f.).

[362] BVerfGK 16, 410 (416f.); 18, 283 (288f.); BVerfG (K), NJW 2011, 1275 (1275f.); BGHZ 171, 326 (333, Rn. 17f.).

[363] BVerfGE 9, 89 (95ff.); 36, 85 (87); 89, 381 (391); 112, 185 (206, Rn. 83); BVerfGK 4, 83 (86); BVerfG (K), NJW 2014, 2563 (2563); BVerwGE 57, 272 (273f.); BFHE 166, 415 (416); BGHZ 202, 168 (170, Rn. 5); *Höfling/Burkiczak* (Fn. 68), Art. 103 Rn. 75; differenzierend *Schleicher*, Gehör (Fn. 93), S. 87ff.

[364] BVerfGE 6, 19 (20); 31, 364 (370); BVerfG (K), NJW 1993, 2864; BGHZ 118, 312 (321).

[365] BVerfGE 54, 100 (116f.); BVerfG (K), NJW 2014, 2563 (2563); *F.O. Kopp*, AöR 106 (1981), 604 (621); a.A. *Arndt*, Gehör (Fn. 71), S. 363f.

[366] BVerfGK 19, 377 (381ff.); BVerwG NVwZ 2015, 1299 (1299f.); BFHE 166, 415 (416f.); Jarass/*Pieroth*, GG, Art. 103 Rn. 32; *K. Heusch*, NVwZ 2015, 1300 (1301); *Waldner*, Anspruch (Fn. 104), Rn. 129; differenzierend *Remmert* (Fn. 19), Art. 103 I Rn. 67.

[367] BFH NJW 1996, 1496.

[368] BVerfGE 41, 246 (249); *Kunig* (Fn. 14), Art. 103 Rn. 15 – »Anwesenheit des Angeklagten«. – Zu Anwesenheitspflichten des Angeklagten aus Art. 103 I GG: *K. Bernsmann*, Hauptverhandlung ohne

I GG wirkt sich insoweit bei der Handhabung des Prozessrechts dahin aus, dass dem Beteiligten eine **Teilnahme an der mündlichen Verhandlung** bei Mittellosigkeit durch Bewilligung von Reisekosten ermöglicht[369], im Übrigen nicht erschwert werden darf und ein letzter mündlicher Verhandlungstermin bei erheblichen Gründen der Beteiligten verschoben werden muss, wenn durch die Nichtanwesenheit des Beteiligten dieser in der Wahrnehmung seiner Rechte beeinträchtigt wird[370]. Das gilt bei unverschuldeten Anreiseproblemen[371], Entzug des Mandats[372], Verhinderung des Prozessbevollmächtigten wegen kurzfristiger Erkrankung[373] oder wegen Teilnahme an einer für den gleichen Zeitpunkt anberaumten Sitzung des Gemeinderats[374], oder wegen weiterer erforderlicher Sachaufklärung[375] mit der Folge eines Verstoßes gegen Art. 103 I GG im Falle einer Ablehnung des Verschiebungsantrages; das gilt aber **nicht** für den Fall des Urlaubs des Prozessbevollmächtigten[376] oder dessen Verhinderung zur Wahrnehmung eines Termins, bei der Verhinderung und Termin schon im Zeitpunkt der Mandatsübernahme bekannt waren[377].

In der mündlichen Verhandlung selbst muss den Beteiligten unabhängig von ihrer 53
schriftlichen Vorbereitung Gelegenheit gegeben werden, ihren Standpunkt darzustellen[378]; Voraussetzung ist ein ordnungsgemäßer Aufruf der Sache[379]. Bei geringfügiger Verspätung kann ein Anspruch auf Wiedereröffnung der mündlichen Verhandlung bestehen[380]. In jedem Falle bedeutet die Mündlichkeit rechtlichen Gehörs die **Unmittelbarkeit** der Anhörung in dem Sinne, dass grundsätzlich die Gerichte selbst (und nicht Dritte) anhören[381] (→ Rn. 16f.). Regelmäßig reicht es, wenn ein Anwalt das Äußerungsrecht für die Beteiligten wahrnimmt[382], dessen Aussage diese sich weithin zurechnen lassen müssen[383].

Allerdings soll Art. 103 I GG wegen seiner Entstehungsgeschichte (→ Rn. 6) trotz 54
der wachsenden Komplexität der Rechtsordnung keinen Anspruch auf **Zuziehung eines Anwalts** geben[384]; im Strafprozess aber kann er sich aus dem Rechtsstaatsprinzip

---

den Angeklagten?, in: FS Kriele, 1997, S. 697ff.; zu dessen Recht auf Anwesenheit im Strafprozess BVerfGE 89, 120 (129); *A. Uhle*, HGR V, § 129 Rn. 46.

369 BayVGH NJW 2006, 2204.

370 BVerwG NJW 1992, 2042 (2042); BVerfG (K), JZ 2015, 1053 (1053f.); BSG NJW 1996, 677f.; ausf. zu Vertagungsproblemen *Waldner*, Anspruch (Fn. 104), Rn. 256ff.

371 BVerwG NJW 1986, 1057f.

372 BVerwG NJW 1986, 339f.; s. auch OVG Bautzen NVwZ-RR 2004, 4 (4f.).

373 BVerwG NJW 1984, 882; OVG Niedersachsen NJW 2011, 1986 (1987f.).

374 VGH Baden-Württemberg VBlBW 1999, 458f.

375 Vgl. auch BFHE 154, 17 (20); krit. *Höfling/Burkiczak* (Fn. 68), Art. 103 Rn. 78.

376 BVerfGE 14, 195 (196).

377 VGH Baden-Württemberg NVwZ-Beilage 1998, 43 (44); zum Fall der Kollision mehrerer Gerichtstermine OLG Düsseldorf NZV 1995, 39f.

378 BSG NJW 1992, 1190 (1190).

379 BVerfGE 42, 364 (370); BVerwGE 72, 28 (30ff.).

380 BVerwG NVwZ 1989, 857 (858).

381 Vgl. BVerfGE 83, 24 (36).

382 BVerfGE 81, 123 (126); *Remmert* (Fn. 19), Art. 103 I Rn. 65.

383 BVerfGE 60, 253 (266f.) betr. Art. 19 IV GG; E 81, 123 (126); BVerwG NJW 1988, 577f.

384 BVerfGE 9, 124 (132); 31, 297 (301); 38, 105 (118); 85, 337 (349); BVerwGE 51, 111 (112ff.); *Rüping* (Fn. 1), Art. 103 Abs. 1 Rn. 66, 100; *Höfling/Burkiczak* (Fn. 68), Art. 103 Rn. 89; a.A. BVerwG NVwZ 1989, 857 (858); BVerwG NJW 1995, 1231; BVerwG NJW 1995, 1441 (1441); *Remmert* (Fn. 19), Art. 103 I Rn. 68; Jarass/*Pieroth*, GG, Art. 103 Rn. 45; *Brüning* (Fn. 71), Art. 103 Rn. 36; *Nolte* (Fn. 40), Art. 103 Rn. 51, 66; *Waldner*, Anspruch (Fn. 104), Rn. 139ff.; *F.O. Kopp*, AöR 106 (1981), 604 (619, 621f.); *Kunig* (Fn. 14), Art. 103 Rn. 15 – »Rechtsanwalt, Anspruch auf Beiziehung«;

ergeben (→ Art. 20 [Rechtsstaat], Rn. 217). Insoweit ergibt sich auch ein Anspruch eines Angeklagten auf das letzte Wort[385], während im Übrigen dem Beteiligten neben seinem Anwalt nicht immer die Möglichkeit zu einer persönlichen Erklärung gegeben werden muss[386], wohl aber, wenn dem Betroffenen ohne Kenntnis von den mitzuteilenden Umständen ein erhöhtes Risiko entsteht[387]. Umgekehrt ist der Anwaltszwang (z. B. § 78 ZPO) verfassungsrechtlich zulässig, insoweit er nur die Form der Wahrnehmung des rechtlichen Gehörs regelt[388].

55 Auch aus Art. 103 I GG folgen, nicht nur aus dem Rechtsstaatsprinzip (→ Art. 20 [Rechtsstaat], Rn. 217), bestimmte **Mindestanforderungen** für das Verhalten **bei sprachlichen Verständigungsschwierigkeiten**[389]. Mangelnde Sprachkenntnisse dürfen nicht zu einer Verkürzung des Rechts auf Gehör führen[390], d. h. es ist eine Verständigung über die wesentlichen Verfahrensvorgänge sicherzustellen[391]. Es verstößt zwar nicht gegen Art. 103 I GG, wenn das Gericht seine schriftlichen Äußerungen in deutscher Sprache versendet (§ 184 GVG)[392] und im Übrigen Dolmetscher herbeigezogen und ggf. wichtige Aussagen fremdsprachig protokolliert werden (§ 185 GVG), d. h. § 184 GVG ist auch für fremdsprachige Schriftsätze verfassungskonform[393]; die Hinzuziehung eines Dolmetschers (§§ 185 f. GVG) ist von Art. 103 I GG sogar gefordert[394]. Das Gericht darf die Verwertung einer fremdsprachigen Urkunde nicht einfach wegen einer fehlenden deutschen Übersetzung ablehnen[395], sondern muss ggf. von Amts wegen eine Übersetzung einholen, wenn der Ausländer aufgrund seiner finanziellen Notlage sie nicht beibringen kann[396]; § 187 GVG fordert jetzt die Übersetzung aller zentralen Verfahrensdokumente[397]; dazu kann u. U. auch der Einspruch gegen einen Strafbefehl gehören[398]. Ist eine Rechtsmittelbelehrung nicht in einer für den Beteiligten verständlichen Sprache abgefasst, muss er im Falle einer Fristversäumung so behandelt werden als ob die Rechtsmittelbelehrung überhaupt unterblieben wäre[399]; ei-

---

Arndt, Gehör (Fn. 71), S. 362: Art. 103 I GG zugleich als »institutionelle Garantie unabhängiger Rechtsanwaltschaft«.

385 BVerfGE 54, 140 (141 f.); *Remmert* (Fn. 19), Art. 103 I Rn. 66.

386 Jarass/*Pieroth*, GG, Art. 103 Rn. 46.

387 BVerfGE 81, 123 (126 ff.); Jarass/*Pieroth*, GG, Art. 103 Rn. 46; krit. *Höfling/Burkiczak* (Fn. 68), Art. 103 Rn. 65.

388 BVerfGE 35, 41 (63); *Remmert* (Fn. 19), Art. 103 I Rn. 69; *Nolte* (Fn. 40), Art. 103 Rn. 67; *Waldner*, Anspruch (Fn. 104), Rn. 144 ff.

389 Vgl. BVerfGE 40, 95 (100); BVerfG (K), NJW 1991, 2208 f.; BVerwG NJW 1996, 1553; BVerwG NVwZ 1983, 668 f.; BFHE 231, 500 (508, Rn. 20); *Remmert* (Fn. 19), Art. 103 I Rn. 71 f.; *K. Graßhof*, HGR V, § 133 Rn. 56 f.; *Nolte* (Fn. 40), Art. 103 Rn. 72; *Wassermann* (Fn. 1), Art. 103 Rn. 22; ausf. *R.E. Ingerl*, Sprachrisiko im Verfahren, 1988.

390 BVerfG (K), NJW 1991, 2208 f.; *Waldner*, Anspruch (Fn. 104), Rn. 135 ff.

391 BVerfGE 64, 135 (146); *Remmert* (Fn. 19), Art. 103 I Rn. 71.

392 Vgl. BVerfGE 64, 135 (146 f.).

393 BGH NJW 1982, 532 f.; s. auch *W.R. Schenke*, in: F.O. Kopp/W.R. Schenke (Hrsg.), VwGO, 22. Aufl. 2016, § 55 Rn. 9; *O.R. Kissel/H. Mayer*, GVG, 8. Aufl. 2015, § 184 Rn. 5.

394 BVerfGE 64, 135 (146 f.); *Remmert* (Fn. 19), Art. 103 I Rn. 72; *Nolte* (Fn. 40), Art. 103 Rn. 73; s. auch *M. Sachs*, BayVBl. 1984, 208 ff.

395 BVerwG NJW 1996, 1553; *Kissel/Mayer* (Fn. 393), § 184 Rn. 8.

396 BVerfG (Vorprüfungsausschuss), NVwZ 1987, 785; s. auch BGHSt 46, 178 (184 f.).

397 S. näher *Rüping* (Fn. 1), Art. 103 Abs. 1 Rn. 103 ff.; ausf. zum »Wie« des Dolmetschens *C. Kranjčič*, NStZ 2011, 657 ff.

398 Vgl. EuGH v. 15.10.2015, C-216/14, Rn. 25 ff., 51.

399 Vgl. BVerfGE 40, 95 (100); 42, 120 (123 ff.); *Remmert* (Fn. 19), Art. 103 I Rn. 72; anders BayObLG NJW 1996, 1836 (1837); *B. Schmitt*, in: *Meyer-Goßner*, StPO, § 184 GVG Rn. 3.

nem anwaltlich vertretenen Angeklagten muss das schriftliche Urteil nicht in einer ihm verständlichen Sprache bekanntgegeben werden[400].

c) Möglichkeit, nicht Pflicht zur Äußerung

Art. 103 I GG gewährleistet nur die **Möglichkeit zur Äußerung** als Recht, nicht – ungeachtet einfachgesetzlicher Pflichten[401] – eine Äußerungspflicht[402], stellt also vielleicht eine Obliegenheit dar[403]. Dabei erstreckt sich das Äußerungsrecht auf den gesamten Verfahrensstoff in tatsächlicher und rechtlicher Hinsicht[404] (→ Rn. 34ff.). Das Gericht darf die Möglichkeit der Äußerung nicht unzulässig erschweren und muss z. B. hinreichend Zeit für eine substantielle Stellungnahme[405], angemessene Äußerungsfristen[406] und die Einhaltung selbstgesetzter Fristen[407] beachten (→ Rn. 70). Auch muss der Berechtigte selbst in der Lage sein, von seinem Recht Gebrauch zu machen[408]. 56

Nimmt der **Berechtigte sein Äußerungsrecht** ihm zurechenbar **nicht wahr**, so hat er damit sein Äußerungsrecht für dieses Verfahren ausgeschöpft[409] und muss die prozessualen Nachteile hinnehmen, die daran anknüpfen, selbst wenn er nicht ausdrücklich den Verzicht auf sein Äußerungsrecht erklärt. Das gilt generell für den nachlässigen Beteiligten, der vorsätzlich oder fahrlässig[410] seine prozessrechtlichen Möglichkeiten nicht ausschöpft[411], besonders bestimmte erforderliche Anträge nicht stellt[412] oder sonstige prozessrechtlich relevante Äußerungen unterlässt[413]. Das gilt auch für die verschärften Obliegenheiten für Beteiligte im Versäumnisverfahren im Zivilprozess und Abwesenheitsverfahren im Strafprozess, deren verfassungsrechtliche Zulässigkeit[414] sich aus übergeordneten Gründen der Effektivität des Rechtsschutzes und der Erfordernisse einer geordneten Verfahrensabwicklung ergibt; ihre Anwendung im Einzelfall kann aber verfassungswidrig sein[415]. 57

---

400 BVerfGE 64, 135 (154); Jarass/*Pieroth*, GG, Art. 103 Rn. 49.
401 *Remmert* (Fn. 19), Art. 103 I Rn. 64.
402 *Degenhart* (Fn. 35), Art. 103 Rn. 26; *Remmert* (Fn. 19), Art. 103 I Rn. 63; *K. Graßhof*, HGR V, § 133 Rn. 40; *Nolte* (Fn. 40), Art. 103 Rn. 37; *Waldner*, Anspruch (Fn. 104), Rn. 107ff.; *Rüping*, Grundsatz (Fn. 1), S. 145.
403 So *Schmahl* (Fn. 39), Art. 103 Rn. 39; Jarass/*Pieroth*, GG, Art. 103 Rn. 34.
404 Vgl. z. B. BVerfGE 84, 188 (190); 86, 133 (144).
405 BVerfGE 49, 212 (215f.); *Degenhart* (Fn. 35), Art. 103 Rn. 27; *Wassermann* (Fn. 1), Art. 103 Rn. 31.
406 Vgl. BVerwG NVwZ 2005, 466; *Remmert* (Fn. 19), Art. 103 I Rn. 75, 98ff.; *F.-L. Knemeyer*, HStR³ VIII, § 178 Rn. 31. → Rn. 70ff.
407 BVerfGE 61, 119 (122); vgl. *B. Sangmeister*, BB 1992, 1535ff. betr. Wiedereröffnung der mündlichen Verhandlung.
408 *Nolte* (Fn. 40), Art. 103 Rn. 51; *F.-L. Knemeyer*, HStR³ VIII, § 178 Rn. 31; *Wassermann* (Fn. 1), Art. 103 Rn. 29.
409 Vgl. BVerfGE 5, 9 (10); 15, 256 (267); 41, 246 (249); *Remmert* (Fn. 19), Art. 103 I Rn. 63; *Degenhart* (Fn. 35), Art. 103 Rn. 26.
410 Jarass/*Pieroth*, GG, Art. 103 Rn. 34; *Nolte* (Fn. 40), Art. 103 Rn. 38.
411 BVerfGE 74, 220 (225).
412 Vgl. BVerfGE 15, 256 (267f.) betr. Antrag auf Beiladung; BVerfGE 33, 192 (195) betr. Antrag nach § 33a StPO; BVerfGE 70, 180 (187ff.) betr. Antrag nach § 80 VI VwGO a. F.
413 BVerfGE 21, 132 (137f.) betr. Beitritt als Nebenintervenient; BGH NJW 1995, 403f. betr. Gegenvorstellung vor der Sachentscheidung; BGH NJW 2006, 701 (702) betr. Nichteinlassen auf ausländische Klageschrift.
414 Vgl. BVerfGE 41, 246 (249); BVerfG (K), NJW 2007, 3486 (3487).
415 Vgl. BVerfGE 89, 120 (129f.).

58 **Keine Nachlässigkeit** ist es, wenn ein Beteiligter das Rechtsmittel gegen die Verwerfung seines Rechtsmittels nicht innerhalb der vorgeschriebenen Frist begründet[416].

59 **Fehlte** dem Betroffenen überhaupt jede **Möglichkeit zur Äußerung, verstößt** die gerichtliche Entscheidung nicht nur gegen entgegenstehendes einfaches Recht, sondern auch **gegen Art. 103 I GG**[417]. Das gilt auch schon dann, wenn nicht ausgeschlossen werden kann, dass der Beteiligte ohne Verschulden keine Möglichkeit der Kenntnis vom Aufruf der Sache[418] oder von der Terminsbestimmung der gleichwohl erfolgten mündlichen Verhandlung[419] hatte, und/oder wenn der Aufruf nicht ordnungsgemäß erfolgte[420], eine mündliche Verhandlung bei bloß geringfügiger Verspätung einer Partei geschlossen[421] oder trotz erheblicher Gründe ein Termin nicht verschoben wurde (→ Rn. 52). Verfassungswidrig ist es auch, wenn über einen Wiedereinsetzungsantrag ohne vorherige Anhörung der Gegenpartei entschieden wird[422], ebenso wie über einen Verweisungsantrag des Klagegegners[423]. Fehlt es in solchen Fällen an einer einfachgesetzlichen Positivierung des Rechts auf Gehör, ist unmittelbar auf Art. 103 I GG zurückzugreifen[424] (→ Rn. 28).

3. Das Recht auf Berücksichtigung durch das Gericht

60 Das Recht auf Gehör verlangt schließlich auf der dritten Stufe seiner Verwirklichung (→ Rn. 20) eine **angemessene Berücksichtigung** der Äußerungen bei der Entscheidungsfindung: Das Gericht ist verpflichtet, den Vortrag der Beteiligten zur Kenntnis zu nehmen und bei seiner Entscheidung in Erwägung zu ziehen[425]. Die Hauptprobleme der Praxis schlagen sich immer wieder auf sechs Problemebenen nieder (→ Rn. 61 ff.).

a) Aufnahmefähigkeit und Aufnahmebereitschaft des Gerichts

61 Erste Voraussetzung ist die **Aufnahmefähigkeit** des Gerichts[426], d. h. die Richter selbst müssen Schriftsätze zur Kenntnis nehmen können; es genügt nicht, wenn Schriftsätze nur in den Verfügungsbereich des Gerichts gelangen, ganz unabhängig von einem Verschulden der Geschäftsstelle[427]. Dadurch sind Richterwechsel in laufenden Verfahren nicht ausgeschlossen, sofern dem entscheidenden Gericht Richter des verhandelnden Gerichts angehören, die mündliche Äußerungen in die Beratung einbringen kön-

---

416 BVerfGE 74, 220 (225 f.).

417 *C. Degenhart*, HStR³ V, § 115 Rn. 35.

418 Vgl. BVerwG NJW 1986, 204 ff.

419 Vgl. BVerwG NVwZ-RR 1995, 534 f.

420 Vgl. BVerfGE 42, 364 (370 ff.); BVerwGE 72, 28 (30 ff.).

421 BVerwG NVwZ 1989, 857 ff.

422 BVerfGE 61, 14 (17).

423 BVerfGE 61, 37 (41 f.); *Kunig* (Fn. 14), Art. 103 Rn. 15 – »Verweisung«.

424 Vgl. BVerfGE 9, 89 (96); 24, 56 (62); 60, 7 (14); s. auch OVG Saarland NVwZ 1998, 645; *Degenhart* (Fn. 35), Art. 103 Rn. 21.

425 Z. B. BVerfGE 11, 218 (220); 81, 97 (107); 83, 24 (35); 86, 133 (145 f.); 96, 205 (216); 98, 218 (263, Rn. 166); 105, 279 (311, Rn. 99); BVerfGK 10, 41 (45 f.); 20, 53 (57 f.); *C. Degenhart*, HStR³ V, § 115 Rn. 46 ff.; *Zierlein* (Fn. 17), Art. 103 Rn. 84 ff.; *F. Weyreuther*, Einflußnahme durch Anhörung, in: FS Sendler, 1991, S. 183 ff.; ausf. *Voßen*, Rechtsprechung (Fn. 56), S. 447 ff.; *Waldner*, Anspruch (Fn. 104), Rn. 166 ff.

426 *Remmert* (Fn. 19), Art. 103 I Rn. 91; *Rüping* (Fn. 1), Art. 103 Abs. 1 Rn. 109.

427 BVerfGE 34, 344 (347); 53, 219 (222 f.); für das Verhältnis von Ausgangs- und Rechtsmittelgericht BVerfGE 62, 347 (352 f.).

nen[428]. Alle Richter des jeweiligen Spruchkörpers müssen Kenntnis des Streitstoffs haben[429] und deshalb in der Lage sein, den Äußerungen zu folgen; diese Anforderungen erfüllen auch blinde oder taube Richter, sofern die Kenntnisnahme nicht gerade von der Seh- bzw. Hörfähigkeit abhängt[430], nicht aber schlafende Richter[431] oder sonst abwesende Richter[432]. Vorsitzende Richter in der Hauptverhandlung eines erstinstanzlichen Strafgerichts können daher blind sein[433].

Das Gericht muss aber überdies **aufnahmebereit** sein[434], d.h. innerlich bereit sein, Äußerungen der Beteiligten ernsthaft zu rezipieren. Daran fehlt es im Regelfall, wenn der Richter das Urteil noch während der Verhandlung abfasst und dabei das Vorbringen gar nicht mehr ernsthaft aufnimmt[435], nicht aber, wenn das Votum des Berichterstatters vor der Verhandlung in Urteilsform vorliegt[436]. Ein Gericht ist auch nur aufnahmebereit, wenn es alle fristgerecht eingegangenen Schriftsätze berücksichtigt und nicht schon vor Ablauf der Frist[437] oder in Unkenntnis ordnungsgemäß eingereichter, aber gerichtsintern verzögert weitergeleiteter Schriftsätze[438] urteilt; es sollte deshalb in seiner Entscheidung vermerken, dass es unmittelbar vor Fristablauf eingegangene Schriftsätze noch zur Kenntnis genommen hat[439]. Es darf bei vorläufigem Rechtsschutz nicht zu schnell entscheiden, ohne die angekündigte Antragsbegründung abzuwarten[440], zulässig eingereichte Schriftsätze nicht übersehen[441] oder auch nur eine fernschriftliche Berufungsbegründung nicht wegen Verstoßes gegen das Schriftformerfordernis als unwirksam ansehen[442]. Auf ein Verschulden kommt es dabei nicht an[443]; fehlt es objektiv an der Aufnahmefähigkeit oder Aufnahmebereitschaft des Gerichts, liegt ein Verstoß gegen Art. 103 I GG vor. **62**

---

[428] BVerwG NJW 1986, 3154 (3155f.); *Zierlein* (Fn. 17), Art. 103 Rn. 85; *C. Gusy*, JuS 1990, 712ff.

[429] BVerfGK 19, 407 (413); krit. zur Praxis an Revisionsgerichten *T. Fischer/R. Eschelbach/C. Krehl*, StV 2013, 395 (401ff.).

[430] BVerfGE 20, 52 (55); BVerfG (K), NJW 1992, 2075 (2075); Jarass/*Pieroth*, GG, Art. 103 Rn. 37; *R. Wimmer*, DVBl. 1985, 773 (778f.); *Rüping* (Fn. 1), Art. 103 Abs. 1 Rn. 109; für einen generellen Ausschluss in der Tatsacheninstanz in Strafverfahren *Höfling/Burkiczak* (Fn. 68), Art. 103 Rn. 93.

[431] BVerwG NJW 1986, 2721ff.; mit geschlossenen Augen dasitzen oder mit dem Schlaf zu kämpfen ist von festem Schlaf zu unterscheiden, BVerwG NJW 2006, 2648 (2648f.); *Nolte* (Fn. 40), Art. 103 Rn. 54; anders möglicherweise *Remmert* (Fn. 19), Art. 103 I Rn. 91; *Rüping* (Fn. 1), Art. 103 Abs. 1 Rn. 109.

[432] *C. Gusy*, JuS 1990, 712ff.; s. auch *Waldner*, Anspruch (Fn. 104), Rn. 176ff.

[433] A.A. BGHSt 35, 164ff.; Jarass/*Pieroth*, GG, Art. 103 Rn. 37; differenzierend *Remmert* (Fn. 19), Art. 103 I Rn. 91.

[434] Vgl. BVerfGE 27, 248 (251); 47, 182 (187); 51, 126 (129); 85, 386 (404); 86, 133 (146); *Remmert* (Fn. 19), Art. 103 I Rn. 92; *Kunig* (Fn. 14), Art. 103 Rn. 10; zuletzt *C. Schmaltz*, KritJ 49 (2016), 317 (319).

[435] Vgl. aber BGHSt 11, 74 (76); krit. (strenger) *Rüping* (Fn. 1), Art. 103 Abs. 1 Rn. 109.

[436] BVerfGE 9, 213 (215); *H. Sendler*, Anspruch auf Gehör und Effizienz richterlicher Tätigkeit, in: FS Lerche, 1993, S. 833ff.

[437] BVerfGE 42, 243 (246f.); 64, 224 (227); 70, 288 (295); BVerfG (K), NJW 2009, 3779 (3780); BVerwG NJW 1992, 327.

[438] BVerfGE 62, 347 (353); BVerfG (K), NJW 1993, 51; BGH NJW 1997, 2524 (2525).

[439] So BVerwG NJW 1998, 553.

[440] VGH Baden-Württemberg NVwZ 1999, 1357 (1358).

[441] BVerfGE 11, 218 (220); 70, 288 (295); 72, 119 (121); BVerfG (K), AnwBl. 2015, 273 (273f.).

[442] BVerfGE 74, 228 (234).

[443] BVerfGE 67, 199 (202); 70, 215 (218); BVerfG (K), NJW 2013, 925.

b) Erwägung des erheblichen Vorbringens

63 Die Pflicht des Gerichts zur Kenntnisnahme und Erwägung des Vorbringens erstreckt sich darauf, das gesamte **erhebliche Vorbringen** der Beteiligten in tatsächlicher und rechtlicher Hinsicht auf seine Richtigkeit hin zu überprüfen[444]. Das Gericht muss nicht auf jedes, geschweige denn abwegiges[445], aber auf das für das Verfahren wesentliche oder erhebliche Vorbringen eingehen[446]. Dabei bestimmt sich dessen Erheblichkeit **nach dem formellen und materiellen einfachen Recht**[447] einschließlich dessen Regelungen des Beweisrechts, etwa der Beweislast[448]. Die Berücksichtigungspflicht bezieht sich nur auf das auch prozessual zulässige Vorbringen, d. h. das Gericht kann Vorbringen der Beteiligten auch aus Gründen des formellen Rechts als unerheblich unberücksichtigt lassen[449], es sei denn, aufgrund gegenläufiger Rechtsprechung in unterschiedlichen Gerichtszweigen hat ein Betroffener schlechthin keine Möglichkeit, mit seinen Einwendungen vor Gericht gehört zu werden[450]. Umgekehrt verbietet die negative Seite des rechtlichen Gehörs es den Gerichten, ihren Entscheidungen Tatsachen und Beweisergebnisse zugrundezulegen, die nicht Gegenstand der mündlichen Verhandlung waren (vgl. § 108 II VwGO)[451].

64 **Art. 103 I GG schützt** aber regelmäßig **nicht** davor, dass das Gericht tatsächlichen Umständen nicht die richtige Bedeutung beimisst[452], die Rechtsansicht eines Beteiligten nicht teilt[453] oder seinem Vorbringen nicht folgt[454]. Er gibt auch keinen Anspruch auf einen bestimmten Beratungsverlauf[455] oder eine bestimmte Beratungsdauer[456] oder gar auf einen Erfolg in der Sache[457]. Art. 103 I GG schützt insoweit nicht vor tatsächlichen oder rechtlichen Fehlern des Gerichts bei der Rechtsanwendung.

65 Ein Verstoß gegen Art. 103 I GG setzt vielmehr eine gewisse **Evidenz der Gehörsverweigerung** voraus[458] (→ Rn. 31), d. h. im Einzelfall müssen jeweils **besondere Umstände** gegeben sein, die deutlich werden lassen, dass das Vorbringen der Beteiligten entweder überhaupt nicht zur Kenntnis genommen oder bei der Entscheidung »er-

---

444 Jarass/*Pieroth*, GG, Art. 103 Rn. 41; s. auch *Degenhart* (Fn. 35), Art. 103 Rn. 30.

445 Vgl. BVerfG (K), NJW 1996, 2785; BVerfG (K), NJW 1997, 1433f.

446 BVerfGE 47, 182 (187f., 189); 58, 353 (357); 88, 366 (375f.); BVerfGK 1, 189 (191); 2, 290 (294ff.); 4, 119 (125ff.); BVerfG (K), NVwZ 2016, 238 (241f.); BVerwGE 118, 216 (222ff.); *Remmert* (Fn. 19), Art. 103 I Rn. 94; *F.-L. Knemeyer*, HStR³ VIII, § 178 Rn. 32; *C. Fellner*, MDR 2008, 602ff.; *H. Rüping*, NVwZ 1985, 304 (306).

447 BVerfGE 69, 141 (143f.); 105, 279 (311, Rn. 99); BVerfG (K), JZ 2015, 1053 (1053f.); Jarass/*Pieroth*, GG, Art. 103 Rn. 42; *K. Graßhof*, HGR V, § 133 Rn. 61ff.

448 BVerfGE 62, 392 (396f.).

449 BVerfGE 21, 191 (194); 60, 1 (5); 69, 145 (148f.); 70, 288 (294); 84, 34 (58); 96, 205 (216); BVerfG (K), NJW 2000, 1327.

450 BVerfG (K), NJW 1997, 726 (727).

451 BVerfGE 55, 95 (98); 67, 96 (99); BVerwGE 24, 264 (267); 118, 350 (355f.); *F.-L. Knemeyer*, HStR³ VIII, § 178 Rn. 62; *Schenke* (Fn. 393), § 108 Rn. 20, sowie HessVGH NVwZ-Beilage 1999, 90f.

452 BVerfGE 76, 93 (98); BVerfG (K), NVwZ-RR 2016, 521 (526); BVerwGE 123, 190 (196); BAG NJW 2009, 543.

453 BVerfGE 64, 1 (12); 80, 269 (286); 87, 1 (33); BVerfGK 6, 88 (91); 7, 303 (306); 8, 275 (279).

454 BVerfGE 115, 166 (180, Rn. 56).

455 BVerfG (K), NJW 1987, 2219f.

456 BGHSt 37, 141 (143).

457 *Remmert* (Fn. 19), Art. 103 I Rn. 95; *K. Deubner*, NJW 1980, 263 (264).

458 Vgl. z. B. BVerfGE 27, 248 (252); 47, 142 (187); 51, 126 (129); 65, 293 (295); 70, 288 (293); 86, 133 (145f.); BVerfGK 1, 189 (191ff.); BVerfG (K), NVwZ 2015, 52 (55); *Remmert* (Fn. 19), Art. 103 I Rn. 95; *Brüning* (Fn. 71), Art. 103 Rn. 139f.

sichtlich nicht erwogen« worden ist[459]. Im Zweifel spricht zwar eine Vermutung dafür, dass das Gericht ein Vorbringen zur Kenntnis genommen hat – grundsätzlich ist davon auszugehen, dass das Gericht ein Vorbringen zur Kenntnis genommen und in Erwägung gezogen hat[460]. Entgegenstehende besondere Umstände sind aber z. B. anzunehmen, wenn das Gericht Ablehnungsanträge unter Einbeziehung der abgelehnten Richter als unzulässig zurückweist[461], trotz Anwesenheit des Beteiligten im Termin aus dessen unterstellter Abwesenheit entscheidungstragende Folgerungen zieht[462], eine »Gefahr im Verzug« im Blick auf eine Durchsuchung trotz Fehlens einer ordnungsgemäßen Begründung und Dokumentation der Strafverfolgungsbehörden bejaht[463], ordnungsgemäß eingegangene Schriftsätze als verfristet ansieht[464], eine zentrale (tatsächliche und/oder rechtliche[465]) Frage des Prozesses in den Entscheidungsgründen gar nicht[466] oder ersichtlich sinnwidrig[467] anspricht, etwa den Hinweis auf eine offensichtlich einschlägige Norm[468] oder auf ein den Anspruch stützendes Sachverständigengutachten schlicht übergeht[469], oder ohne Begründung von der vom Parteivorbringen in Bezug genommenen obergerichtlichen Rechtsprechung abweicht[470], ohne dass die Anforderungen an die Evidenz dieser besonderen Umstände überspannt werden dürfen[471].

Gleiches gilt ausnahmsweise, wenn **in der Rechtsmittelinstanz** z. B. das Berufungsgericht ein global in Bezug genommenes Beweisangebot aus erster Instanz als unerheblich zurückweist, obwohl es im Gegensatz zum Erstgericht eine Rechtsauffassung vertritt, für die das unter Beweis gestellte Vorbringen gerade erheblich ist[472]; im Regelfall löst demgegenüber der »globale« Bezug des Berufungsklägers auf das erstinstanzliche Vorbringen (nicht des Berufungsbeklagten[473]) keine Berücksichtigungspflicht aus[474]. Auch darf ein Gericht im Abänderungsverfahren nach § 80 VII VwGO nicht den Sachvortrag ignorieren, der die Glaubwürdigkeitszweifel des Gerichts sub- 66

[459] BVerfGE 22, 267 (274); 27, 248 (251f.); 60, 305 (311f.); 65, 293 (295f.); 79, 51 (61); 86, 133 (146); 87, 363 (392f.); 96, 205 (216f.); BVerfGK 1, 259 (263); 2, 310 (317); 13, 521 (529); 20, 53 (57); BVerfG (K), NVwZ-RR 2014, 1 (2f.); BVerfG (K), NVwZ 2016, 238 (241f.); BVerwG NVwZ 2006, 589 (590); BGH NJW-RR 2005, 1051.

[460] BVerfGE 96, 205 (216); BVerfGK 1, 259 (263); 2, 310 (317); 7, 485 (488); BVerfG (K), NJW 1998, 2583 (2584); BVerfG (K), EuGRZ 2016, 694 (695); *Kunig* (Fn. 14), Art. 103 Rn. 10; *Höfling/Burkiczak* (Fn. 68), Art. 103 Rn. 101; *Nolte* (Fn. 40), Art. 103 Rn. 56.

[461] BVerfGK 5, 269 (282).

[462] BVerfGK 3, 108 (111f.).

[463] BVerfGK 2, 310 (317f.).

[464] BVerfG (K), FamRZ 2013, 1876.

[465] BVerfG (K), FamRZ 2013, 1953 (1953f.); BVerfG (K), EuGRZ 2016, 694 (695).

[466] BVerfGE 86, 133 (145f.); BVerfGK 1, 259 (263); 2, 290 (295ff.); 18, 83 (87); BVerfG (K), NJW 2008, 1726 (1728); BVerfG (K), NJW 2009, 1584 (1584f.); BVerfG (K), MMR 2015, 687; BVerfG (K), JZ 2015, 1053 m. Anm. *T.A. Heiß*, S. 1054ff.; BVerwGE 118, 216 (223ff.); zur Nichtbeachtung einer Berufungsbegründung mit neuem erheblichem Vorbringen BSG NJW 1997, 2003.

[467] BGH NJW 2009, 2137 (2137); *Remmert* (Fn. 19), Art. 103 I Rn. 97; *Kunig* (Fn. 14), Art. 103 Rn. 10.

[468] BVerfG (K), FamRZ 2016, 21 (21f.).

[469] BSG NJW 1997, 1661 (1661); das gilt auch bei deutlich abweichenden Privatgutachten, BVerfG (K), NJW 1997, 122f.

[470] BVerfG (K), NJW 1997, 187.

[471] *Lerche*, Seiten (Fn. 196), S. 1288ff., 1293.

[472] BVerfGE 36, 92 (99f.); 46, 315 (320); 70, 288 (295); s. auch BVerfG (K), NJW 1992, 495.

[473] BVerfG (K), NJW 2000, 131.

[474] BVerfGE 70, 288 (295); BVerfG (K), NJW 1992, 495.

stantiiert ausräumen will[475], so wie ein Beschwerdegericht die Beschwerdebegründung nicht offenkundig ignorieren darf[476]. Das Verwaltungsgericht darf z.B. auch nicht den Hinweis des Klägers auf einen für diesen positiven Änderungsbeschluss i.S. von § 80 VII VwGO ignorieren[477].

c) Beweisanträge und Beweismittel

67 Art. 103 I GG verpflichtet die Gerichte, die in einem Schriftsatz enthaltenen **erheblichen** und hinreichend substantiierten[478] (prozessrechtlich zulässigen) **Beweisanträge** zu berücksichtigen[479]; das gilt auch für Berufungen im vereinfachten Verfahren nach § 130a VwGO[480]. Dazu gehört auch, das Erscheinen eines gerichtlich bestellten Sachverständigen zur Erläuterung seines schriftlichen Gutachtens anzuordnen und ihn mündlich zu befragen[481] oder auf eine erneute Vernehmung eines Zeugen zu verzichten, obwohl es dessen Glaubwürdigkeit abweichend vom Erstrichter beurteilen will[482]. Es darf den Antrag auf Vernehmung eines Zeugen nicht mit einer die Beweiswürdigung vorwegnehmenden Begründung ablehnen, etwa dass dieser keine »gesicherten Erkenntnisse« liefern könne[483], oder bei einem Antrag auf sachverständige Begutachtung einer Suizidgefahr im Zwangsvollstreckungsverfahren keine überzogenen Anforderungen stellen[484]. Eine Ablehnung wegen »Wahrunterstellung« ist im Verwaltungsprozess (anders als im Strafprozess, vgl. § 244 III 2 StPO) im Regelfall nur zulässig, wenn es um nicht entscheidungserhebliche Tatsachen geht[485].

68 Die **Nichtberücksichtigung** eines erheblichen Beweisantrags ohne Verstoß gegen Verfahrensrecht ist zulässig[486]; bei Verstoß gegen Verfahrensrecht verstößt sie regelmäßig zugleich gegen Art. 103 I GG[487], allerdings nicht im Verfahren nach dem FamFG[488] oder wenn der Beweisantrag vom Prozessgegner gestellt wurde[489]. Eine pro-

---

[475] BVerfG (K), NVwZ-Beilage 1998, 9 (10).

[476] BVerfG (K), NJW 1995, 2095 (2096).

[477] BVerfG (K), NVwZ-Beilage 1998, 1 (2).

[478] BGH NJW 2005, 2710 (2711).

[479] BVerfGE 69, 141 (143f.); 79, 51 (62); 105, 279 (311, Rn. 99); BVerfGK 3, 143 (145); 7, 485 (488); 12, 346 (350f.); 18, 58 (60f.); BVerfG (K), NJW 2009, 1585 (1586); BFHE 174, 301 (304); BSGE 79, 125f.; BVerwGE 144, 230 (233, Rn. 10); BVerwG NVwZ 2005, 1199 (1200); *F.O. Fischer*, JuS 2016, 231 (231f.); *T. Troidl*, DVBl. 2014, 628 (631f.); *G. Grube*, DStZ 2013, 591ff. für den Steuerprozess; *C. Fellner*, MDR 2008, 602 (603).

[480] BVerwG NVwZ-RR 1999, 537 (537f.); BVerwG BayVBl. 1997, 253.

[481] BVerfG (K), NJW 1998, 2273 (2273); BVerfG (K), NJW 2012, 1346 (1347); BVerfGK 20, 218 (224); BGHZ 164, 94 (97); BVerwGE 69, 70 (77f.); VGH Baden-Württemberg VBlBW 1998, 148; *Radtke/Hagemeier* (Fn. 131), Art. 103 Rn. 9; a.A. *Höfling/Burkiczak* (Fn. 68), Art. 103 Rn. 69.

[482] BVerfG (K), NJW 2005, 1487.

[483] BVerwG NVwZ-Beilage 1998, 57; *Waldner*, Anspruch (Fn. 104), Rn. 71.

[484] BVerfG (K), NJW-RR 2012, 393 (395ff.).

[485] BVerwGE 77, 150 (156f.); BVerwG NVwZ 2005, 1199 (1200); VGH Baden-Württemberg VBlBW 1998, 101.

[486] BVerfGE 69, 141 (143f.); 105, 279 (311, Rn. 99); BVerfGK 3, 143 (145); 6, 88 (91); 12, 346 (351); BVerfG (K), NJW 2015, 1746 (1746); *Remmert* (Fn. 19), Art. 103 I Rn. 98.

[487] Vgl. BVerfGE 60, 247 (249); 65, 305 (307); 69, 145 (148); 79, 51 (62); 105, 279 (311, Rn. 99); BVerfGK 7, 485 (488f.); BVerfG (K), NJW 1998, 2273 (2274); s. auch zur Gehörsrüge wegen nicht ordnungsgemäß eingeführter Erkenntnismittel *R. Marx*, ZAR 2002, 400ff.; ferner *F.O. Kopp*, NJW 1988, 1708ff.

[488] BVerfGE 79, 51 (62); *Degenhart* (Fn. 35), Art. 103 Rn. 28; s. auch ausf. *Smid*, Rechtsprechung (Fn. 65), S. 441ff.; *M. Bergen*, BWNotZ 1996, 137ff.

[489] BVerfGE 84, 82 (89).

zessrechtswidrige Ablehnung begründet keine Obliegenheit, den Gehörsverstoß spätestens im nächsten Verhandlungstermin zu rügen, um das Beanstandungsrecht für die nächste Instanz nicht zu verlieren[490]. Vor allem auch im Strafprozess folgt für den Angeklagten aus Art. 103 I GG (wie auch aus dem Grundsatz des fairen Verfahrens, → Art. 20 [Rechtsstaat], Rn. 216 ff.) ein Recht, Beweisanträge zu stellen, und die Pflicht des Gerichts, sie zu berücksichtigen, wenn es auf sie für die Entscheidung ankommt[491].

Aus dem Recht auf Gehör folgt aber **kein Recht auf ein bestimmtes Beweismittel** 69 oder bestimmte Arten von Beweismitteln[492], auch nicht auf bestimmte Beweisregeln wie z. B. die nur einfachgesetzlich gewährleistete Unmittelbarkeit der Beweisaufnahme[493]; auch die Beweiswürdigung ist einer gerichtlichen Kontrolle weithin entzogen[494]. Deshalb sind auch prozessuale Vorschriften zur Ablehnung von Beweisanträgen zulässig, solange sie das rechtliche Gehör nicht ausschließen[495]. Wohl aber ist der Ausschluss eines Prozessbeteiligten von einer Beweisaufnahme unzulässig[496], haben Parteien das Recht, Sachverständige persönlich zu hören[497], und muss eine Parteivernehmung zugelassen werden, wenn wegen eines Vier-Augen-Gesprächs sonst kein Zeuge existiert[498].

d) Fristen und Wiedereinsetzung

Das Verfahrensrecht kann im Interesse der Verfassungsrechtsgüter der Effektivität 70 des Rechtsschutzes (Zeitgerechtigkeit des Rechtsschutzes durch Verfahrensbeschleunigung[499]; → Art. 19 IV Rn. 111 ff.) und der Rechtssicherheit[500] (→ Art. 20 [Rechtsstaat], Rn. 146 ff.) grundsätzlich **zulässigerweise Fristen** vorsehen mit der Folge, dass ihre Versäumnis sanktioniert[501] und verspätetes Vorbringen im Regelfall nicht mehr berücksichtigt werden muss[502]. Die Gestaltung der Fristbestimmungen darf den Rechtsschutz nicht unverhältnismäßig erschweren[503]; insofern kann im Verstoß gegen fristbezogene Verfahrensregeln zugleich ein Verstoß gegen Art. 103 I GG liegen: Das Recht auf Gehör wird so zum »Einfallstor« für Verfahrensrügen, die das Bundesverfassungsgericht zur »Superrevisionsinstanz« zu machen drohen[504].

---

[490] BerlVerfGH NVwZ 2007, 813 (816 ff.); gleichsinnig für bloß hilfsweise gestellte Beweisanträge SächsOVG DÖV 2006, 395.

[491] BVerfGE 60, 247 (249); BVerfG (K), NJW 1996, 2785 (2786); zum Missbrauch des Beweisantragsrechts *M. Niemöller*, JR 2010, 332 ff.; *H. Kudlich*, JA 2002, 580 ff.

[492] BVerfGE 57, 250 (274); 63, 45 (60); BVerfG (K), NJW 1998, 1938 (1939); BAGE 70, 85 (98).

[493] BVerfGE 1, 418 (429); 62, 392 (396 f.); BVerfG (K), NJW 2008, 2243 (2243 f.); *F.-L. Knemeyer*, HStR³ VIII, § 178 Rn. 56; *Höfling/Burkiczak* (Fn. 68), Art. 103 Rn. 68.

[494] *K. Graßhof*, HGR V, § 133 Rn. 67.

[495] *Waldner*, Anspruch (Fn. 104), Rn. 69 ff.

[496] Vgl. auch *Kissel/Mayer* (Fn. 393), Einl. Rn. 216; *W. Kürschner*, NJW 1992, 1804 f.

[497] Vgl. BGHZ 164, 94 (97).

[498] BVerfG (K), NJW 2001, 2531 (2531 f.); BAG NJW 2007, 2427 (2428); BGHZ 186, 152 (155 f.).

[499] Vgl. *C. Degenhart*, HStR³ V, § 115 Rn. 45; *H.-J. Papier*, DRiZ 2006, 261 (263 f.).

[500] Vgl. BVerfGE 60, 253 (266 ff.).

[501] BVerfGE 36, 298 (301 f.); zum verfristeten Klageeingang HessVGH NVwZ-RR 2006, 841 (842).

[502] Vgl. *Degenhart* (Fn. 35), Art. 103 Rn. 34; Jarass/*Pieroth*, GG, Art. 103 Rn. 50 ff.; anders *Remmert* (Fn. 19), Art. 103 I Rn. 103.

[503] BVerfGE 77, 275 (285 f.); *Remmert* (Fn. 19), Art. 103 I Rn. 99; *Degenhart* (Fn. 35), Art. 103 Rn. 34; ausf. *Waldner*, Anspruch (Fn. 104), Rn. 95 ff.

[504] Vgl. *C. Degenhart*, HStR³ V, § 115 Rn. 48; *H. Schultzky*, Die Rechtsprechung des Bundesverfassungsgerichts zur Wiedereinsetzung in den vorigen Stand, in: H. Rensen/S. Brink (Hrsg.), Linien der

71 Die **Dauer gesetzlicher Fristen** muss mindestens drei Tage umfassen[505]. Auch die Dauer der vom Gericht **festgesetzten Frist** muss objektiv ausreichend sein[506], dem Umfang und der Schwierigkeit der Rechtssache entsprechen[507] und abgewartet werden[508]. Setzt das Gericht keine bestimmte Frist, muss es angemessene Zeit mit seiner Entscheidung warten[509]. Was »angemessen« ist, richtet sich nach den Umständen des Einzelfalls[510]; im Regelfall müssen es jedenfalls mehr als nur drei Arbeitstage oder sechs Tage mit eingeschlossenem Wochenende[511], im einstweiligen Rechtsschutzverfahren auch mehr als ein Tag[512] sein. Besondere Umstände wie das Interesse, sich von einem Sachverständigen in tatsächlicher Hinsicht beraten zu lassen[513], können die Fristsetzung im Lichte von Art. 103 I GG beeinflussen. Zwei Monate sind für die Begründung einer Beschwerde ausreichend[514].

72 Als **Zeitpunkt der Fristwahrung** ist im Regelfall 24.00 Uhr, nicht der Dienstschluss anzusehen[515], wobei entscheidend ist, ob das Schriftstück in die Verfügungsgewalt des Gerichts gelangt ist – auf die inneren Verfahrensabläufe in der Sphäre des Gerichts, etwa den Urkundsbeamten der Geschäftsstelle, kommt es insoweit nicht an[516]. Fristen dürfen dabei grundsätzlich bis zum letzten Tag ausgenutzt werden[517], ggf. bis zur letzten Stunde[518]; die regelmäßige Postlaufzeit[519] darf in Rechnung gestellt, moderne Formen der Übermittlung durch Telefax[520] (und E-Mail[521]) dürfen genutzt werden, wobei für die zu erwartende Übermittlungsdauer ein Sicherheitszuschlag von 20 Minuten einzukalkulieren ist[522].

73 Hindernisse für eine Fristwahrung in der Sphäre des Gerichts (z. B. Funktionsstörung des Fax-Anschlusses) dürfen vor Art. 103 I GG nicht zu Lasten der Verfahrensbeteiligten gehen, auch nicht der Verlust des die Überprüfung einer Fristwahrung er-

---

Rechtsprechung des Bundesverfassungsgerichts, Band 1, 2009, S. 487 ff. (502); *E. Schumann*, NJW 1985, 1134 ff.

[505] So BVerfGE 36, 298 (302 f.); vgl. auch BVerfGE 94, 166 (207); *Remmert* (Fn. 19), Art. 103 I Rn. 101.

[506] BVerfGE 49, 212 (216); 65, 227 (234 f.); s. auch E 94, 166 (207 f.).

[507] BVerfGE 49, 212 (215); *Nolte* (Fn. 40), Art. 103 Rn. 58.

[508] BVerfGE 12, 110 (113); 49, 212 (215); BVerfG (K), WM 2014, 251 (252); BVerwG NVwZ 2005, 466.

[509] BVerfGE 4, 190 (192); 8, 89 (91); 24, 23 (25); 60, 313 (317); 65, 227 (234 f.); BVerwG NVwZ 2005, 466.

[510] BVerfG (K), NVwZ 2003, 859 (860); *K. Graßhof*, HGR V, § 133 Rn. 46.

[511] BVerfGE 24, 23 (25 f.); *Remmert* (Fn. 19), Art. 103 I Rn. 100.

[512] BVerfGE 65, 227 (235).

[513] BSG NJW 1991, 2310 f.

[514] BVerfGK 15, 121 (124 f.).

[515] BVerfGE 41, 323 (327 f.); 42, 128 (131 f.); BGHZ 80, 62 (63); ausf. *Waldner*, Anspruch (Fn. 104), Rn. 233 ff.

[516] BVerfGE 52, 203 (209); 57, 117 (120); 69, 381 (386); *Degenhart* (Fn. 35), Art. 103 Rn. 35; *Kunig* (Fn. 14), Art. 103 Rn. 15 – »Fristen«.

[517] BVerfGE 40, 42 (44); 62, 334 (337); 69, 381 (385); BVerfG (K), NJW 1991, 2095 (2096).

[518] BVerfG (K), NJW 2000, 574; *Zierlein* (Fn. 17), Art. 103 Rn. 87.

[519] Vgl. BVerfGE 53, 25 (28 f.); 62, 216 (221); 62, 334 (336); BVerfG (K), NJW 2001, 1566 (1566); BGHZ 105, 116 (118 ff.); BGH NJW 1999, 2118; *G. Müller*, NJW 2000, 322 (327); *H. Goerlich*, NJW 1976, 1526 (1527).

[520] BVerfG (K), NJW 1994, 1854 f.; BVerfG (K), NJW 2002, 3534 (3534 f.); *G. Müller*, NJW 2000, 322 (334 f.).

[521] *Schmahl* (Fn. 39), Art. 103 Rn. 44; s. auch *P. Hartmann*, NJW 2006, 1390 ff.

[522] So BVerfGE 135, 126 (140, Rn. 36).

möglichenden Poststempels auf dem Briefumschlag[523] oder eine fehlerhafte Veröffentlichung des Gesetzestextes[524]. Vielmehr ist in solchen Fällen ggf. **Wiedereinsetzung in den vorigen Stand** zu gewähren wie stets bei unverschuldeter Fristversäumnis, ohne dass die Anforderungen an die Glaubhaftmachung der Wiedereinsetzungsgründe[525] bzw. an das Nichtverschulden »überspannt« werden dürften[526]: Z.B. müssen im Falle eines normalen Jahresurlaubs keine besonderen Vorkehrungen betr. die Zustellung von Schriftstücken getroffen werden[527]; auf unzureichenden Sprachkenntnissen beruhende Fristversäumnisse von Ausländern sind als unverschuldet anzusehen, wenn diese im Übrigen ihre Sorgfaltspflicht in der Wahrnehmung ihrer Rechte beachtet haben[528]. Ein Verschulden des Anwalts wird aber grundsätzlich dem Beteiligten zugerechnet[529], mit Ausnahme des Straf-[530] und Disziplinarverfahrens[531], nicht aber das Versehen des Kanzleipersonals, das nicht auf Verschulden des Anwalts zurückzuführen ist[532]. Wegen Fehlens einer Beschwerdemöglichkeit gegen eine Wiedereinsetzung, die den Anspruch auf Gehör der Gegenseite verletzt, kann ein Gericht seine Entscheidung vor Urteilserlass auch auf bloße Gegenvorstellung hin korrigieren[533].

e) Präklusionsvorschriften

Vorschriften, die ein bestimmtes tatsächliches oder rechtliches Vorbringen im Prozess unter bestimmten Voraussetzungen ausschließen und damit das rechtliche Gehör prozessrechtlich ausgestalten und zugleich einschränken (**Präklusionen**)[534], sind in ihrem »strengen Ausnahmecharakter«[535], der eine analoge Anwendung grundsätzlich verbietet[536], und aus überwiegend rechtsstaatlichen Gründen der Verfahrenskonzentration oder Verfahrensbeschleunigung zulässig[537] und müssen zumutbar[538] und in ihrem 74

---

[523] BVerfG (K), NJW 1997, 1770 (1771); *H. Roth*, NJW 2008, 785ff. betr. Belegung des Fax-Empfangsgeräts.

[524] BVerfG (K), NJW 2008, 2167 (2168).

[525] BVerfGE 40, 182 (184f.); 54, 80 (84); 67, 208 (212f.); BVerfG (K), NJW-RR 2010, 421 (421f.); BGHZ 151, 221 (227f.); 190, 99 (103, Rn. 13f.); s. näher *Schultzky*, Rechtsprechung (Fn. 504), S. 496ff.

[526] Vgl. BVerfGE 31, 388 (390); 37, 93 (97f.); 38, 35 (38); 40, 42 (44); 110, 339 (342, Rn. 11); BVerfG (K), NJW 1997, 1770 (1771); BVerfG (K), NJW 2013, 592 (592); BbgVerfG NStZ-RR 2002, 239 (240); BGH NJW 2007, 1455 (1456); BGHZ 151, 221 (226ff.); *Remmert* (Fn. 19), Art. 103 I Rn. 102; *Degenhart* (Fn. 35), Art. 103 Rn. 37; *Schultzky*, Rechtsprechung (Fn. 504), S. 494ff.; *Waldner*, Anspruch (Fn. 104), Rn. 244ff.; *G. Müller*, NJW 2000, 322 (323).

[527] BVerfGE 34, 154 (156f.); 40, 88 (91); 41, 332 (335); BVerfG (K), NJW 2013, 592 (592f.): bis sechs Wochen; *Remmert* (Fn. 19), Art. 103 I Rn. 102.

[528] BVerfGE 40, 95 (99f.); 86, 280 (284f.); BVerfG (K), NVwZ 1992, 262f.

[529] BVerfGE 60, 253 (266f., 288ff.); 81, 123 (126); BVerfG (K), NJW 2001, 814; *K. Schreiber*, Jura 2011, 601 (603f.); *Schultzky*, Rechtsprechung (Fn. 504), S. 489ff.; *G. Müller*, NJW 2000, 322 (327ff.).

[530] BVerfG (K), NJW 1994, 1856f.; *Zierlein* (Fn. 17), Art. 103 Rn. 89.

[531] BVerwGE 93, 45 (48ff.).

[532] BVerfG (K), NJW 2004, 2583 (2586).

[533] BGHZ 130, 97 (99).

[534] *Remmert* (Fn. 19), Art. 103 I Rn. 104; *F.-L. Knemeyer*, HStR³ VIII, § 178 Rn. 66.

[535] BVerfGE 59, 330 (334); 60, 1 (6); 62, 249 (254); BVerfG (K), NJW 1995, 2980; SächsVerfGH LVerfGE 8, 301 (307); krit. *S. Lenz*, NJW 2013, 2551 (2556).

[536] BVerfGE 59, 330 (333f.); BVerfGK 1, 87 (90); BGHZ 161, 138 (142f.).

[537] Vgl. BVerfGE 54, 117 (123f.); 55, 72 (93ff.); 75, 302 (312ff.); BVerfGK 6, 1 (2ff.); BGH NJW 1983, 822 (823); *Degenhart* (Fn. 35), Art. 103 Rn. 12, 38; *Nolte* (Fn. 40), Art. 103 Rn. 59ff.; *D. Leipold*, ZZP 93 (1980), 237ff.

[538] Vgl. BVerfGK 1, 87 (90).

Ausschließungsgehalt hinreichend genau bestimmt[539] sein: Voraussetzung ist stets, dass der betroffene Beteiligte vorher ausreichend Gelegenheit erhält, sich ausreichend zur Sache zu äußern, und erst dann präkludiert wird, wenn er diese Möglichkeit aus von ihm zu vertretenden Gründen versäumt hat[540], weil er seiner Obliegenheit zur Prozessförderung nicht nachgekommen ist[541].

75 Auf der Ebene der mit Art. 103 I GG konformen **Handhabung der Präklusionsvorschriften**[542] ist ein solcher Pflichtenverstoß eines Prozessbeteiligten ausgeschlossen, wenn das Gericht selbst seiner **Fürsorgepflicht** nicht nachgekommen ist[543], etwa versäumt hat, auf den unvollständigen Eingang der Klageschrift hinzuweisen[544], oder wenn seine Säumnis den Prozess gar nicht verzögert hat[545]. Kommt ein Einspruchsschreiben beim Gericht abhanden, darf die Verantwortung für eine Säumnis nicht auf den Bürger abgewälzt werden; dem Gericht obliegt vielmehr eine gesteigerte Prozessförderungs- und Fürsorgepflicht zur Ermöglichung rechtlichen Gehörs[546]. Im Übrigen verstößt nicht jede fehlerhafte Anwendung der Präklusionsvorschriften gegen Art. 103 I GG[547], sondern nur wenn sie **offenkundig unrichtig**[548] war; oder wenn das Gericht durch eine fehlerhafte Verfahrensgestaltung die Fristversäumnis verursacht hat[549], insbesondere bei unzureichender Terminsvorbereitung[550]; wenn es Vorbringen nicht berücksichtigt, das im Rahmen des § 296 ZPO für die Frage verfristeter Angriffs- oder Verteidigungsmittel erheblich ist[551] oder von den Beteiligten nach einem als bloßem Durchlauftermin konzipierten frühen ersten Termin vorgebracht worden ist[552]; ferner – verallgemeinert – bei Missbrauch von Präklusionsvorschriften, deren Anwendung nicht einer Verfahrensbeschleunigung als dem Zweck der Präklusion dient[553]; wenn das Gericht sich widersprüchlich verhält[554]; oder wenn Gegensätze zwischen der Rechtsprechung unterschiedlicher Fachgerichtsbarkeiten den Beteiligten rechtliches Gehör vor beiden Gerichtszweigen beschneidet.

---

[539] BFHE 177, 233 (235f.).

[540] BVerfGE 54, 117 (124); 55, 72 (94); 69, 145 (149); 75, 302 (315); 81, 264 (273); BVerfGK 1, 87 (90); BVerfG (K), NJW 2005, 1768 (1769) betr. § 531 II ZPO; *Remmert* (Fn. 19), Art. 103 I Rn. 104; *Waldner*, Anspruch (Fn. 104), Rn. 269ff.

[541] BVerfGE 67, 39 (41f.); *Kunig* (Fn. 14), Art. 103 Rn. 9; ausf. am Beispiel §§ 296, 296a ZPO *C. Baudewin/A.K. Wegner*, NJW 2014, 1479ff.

[542] Vgl. BVerfGE 59, 330 (334); 60, 1 (6); 62, 249 (254); 66, 260 (264); 75, 302 (312ff.); 81, 97 (106).

[543] BVerfGE 67, 39 (42f.); 75, 183 (190f.); BVerfG (K), NJW 2000, 945 (946); BGHZ 86, 218 (222ff.); BGH NJW-RR 2006, 428; vgl. zu Vorwirkungen im Verwaltungsverfahren BVerwG NVwZ 1984, 234f.; zur Kritik *S. Lenz*, NJW 2013, 2551 (2555ff.).

[544] BFH NVwZ-RR 2004, 80.

[545] BVerfGE 75, 302 (316f.); BVerfG (K), NJW 1995, 1417f.

[546] So BVerfG (K), NJW 1998, 2044 (2044f.).

[547] BVerfGE 75, 302 (312ff.); 81, 97 (105); ausf. *Waldner*, Anspruch (Fn. 104), Rn. 271ff.; *D. Franke*, NJW 1986, 3049ff.; *S. Lenz*, NJW 2013, 2551 (2553ff.); anders noch tendenziell BVerfGE 51, 188 (192f.); krit. *K. Deubner*, NJW 1980, 263 (265f.); wie hier auch *Kunig* (Fn. 14), Art. 103 Rn. 3a, 9.

[548] BVerfGE 69, 145 (149); BVerfG (K), NJW 2000, 945 (946); *Höfling/Burkiczak* (Fn. 68), Art. 103 Rn. 97.

[549] BVerfGE 51, 188 (192); 60, 1 (6); 69, 126 (139f.); 81, 264 (273).

[550] BVerfGE 69, 145 (149); *Degenhart* (Fn. 35), Art. 103 Rn. 38.

[551] BVerfGE 36, 92 (99f.); 70, 215 (218); zum sog. unvollständigen Beweisangebot BVerfG (K), NJW 2000, 945 (946).

[552] BVerfGE 69, 126 (139f.).

[553] BVerfGE 75, 302 (316f.).

[554] BVerfGE 69, 126 (139); s. auch BGHZ 86, 31 (39); *Degenhart* (Fn. 35), Art. 103 Rn. 39.

f) Begründungspflichten

Aus der Berücksichtigungs- und Erwägungspflicht des Gerichts folgt aus Art. 103 I GG eine grundsätzliche **verfassungsrechtliche Begründungspflicht**[555], denn ohne diese kann der Betroffene nicht beurteilen, ob sein Vorbringen berücksichtigt worden ist[556]. Die Pflicht wird durch Entscheidungsgründe erfüllt und bezieht sich auf alle für die Rechtsverfolgung oder -verteidigung wesentlichen Tatsachen[557] und rechtlichen Erwägungen, die für die Entscheidung bestimmend waren[558]; geht die Begründung darauf nicht ein, so indiziert das ihre Nichtberücksichtigung[559] (→ Rn. 67), ohne dass stets jedes Vorbringen in den Gründen ausdrücklich beschieden werden müsste[560] (→ Rn. 63ff.). Zu begründen ist z.B., warum von einer höchstrichterlichen Rechtsprechung abgewichen wird[561], warum trotz neuer Beweisanträge die Offensichtlichkeit i.S. von § 313 II StPO gegeben sein soll oder warum kein Sachverständigengutachten eingeholt wurde[562]. Dabei müssen nicht andere Gerichtsentscheidungen zitiert werden[563]. Es kann auch auf aussagekräftige Gründe einer vorinstanzlichen Entscheidung – ggf. differenziert – verwiesen werden, es sei denn, die Berufungsschrift enthält neues erhebliches Vorbringen[564]. Entsprechendes gilt im Falle eines Einspruchs oder Widerspruchsbescheids[565]. Eine verspätete Absetzung des Urteils indiziert keinen Verstoß gegen Art. 103 I GG, jedenfalls solange es innerhalb der Fünfmonatsfrist (gemäß den §§ 516, 552 ZPO) abgesetzt wird[566]. Umgekehrt darf die Begründung solche Tatsachen oder Beweisergebnisse nicht verwerten, die gar nicht Gegenstand des Verfahrens waren und zu denen die Beteiligten sich nicht äußern konnten (**Verwertungsverbot**)[567]. 76

Die Begründungspflicht gilt wohl grundsätzlich **nicht** für **Gerichtsentscheidungen, die** mit Rechtsmitteln **nicht mehr angefochten werden können**[568] bzw. für Erledigungs- 77

[555] BVerfGE 54, 86 (91f.); 71, 122 (135) betr. Herleitung aus Art. 3 I, 20 GG; *Degenhart* (Fn. 35), Art. 103 Rn. 40; Jarass/*Pieroth*, GG, Art. 103 Rn. 43; *A. Uhle*, HGR V, § 129 Rn. 48; *R. Eschelbach*, GA 2004, 228 (238ff.); *F.O. Kopp*, AöR 106 (1981), 604 (626f.); a.A. *Höfling/Burkiczak* (Fn. 68), Art. 103 Rn. 100; *U. Kischel*, Die Begründung, 2003, S. 99ff.; *J. Lücke*, Begründung und Verfassung, 1987, S. 81ff.

[556] Jarass/*Pieroth*, GG, Art. 103 Rn. 43; *Kunig* (Fn. 14), Art. 103 Rn. 15 – »Begründungspflicht«; *Waldner*, Anspruch (Fn. 104), Rn. 189ff.; *Rüping* (Fn. 1), Art. 103 Abs. 1 Rn. 110f.

[557] BVerfGE 47, 182 (187, 189); 58, 353 (357).

[558] BVerwG NVwZ 2007, 216 (218).

[559] Z.B. BVerfGE 86, 133 (145f.); BVerfG (K), NJW 2009, 1584 (1584f.).

[560] Z.B. BVerfGE 86, 133 (146); 87, 363 (392f.); 115, 166 (180, Rn. 56); BVerfGK 8, 275 (279); *K. Graßhof*, HGR V, § 133 Rn. 83.

[561] BVerfG (K), NJW 1995, 2911f.; BVerfG (K), NJW 1997, 187.

[562] BVerwG DVBl. 2002, 53 (53).

[563] BVerfGE 80, 170 (181).

[564] BSG NJW 1997, 2003 betr. § 153 II SGG; s. auch *Zierlein* (Fn. 17), Art. 103 Rn. 92.

[565] BFHE 169, 1 (2); Jarass/*Pieroth*, GG, Art. 103 Rn. 44.

[566] BVerfG (K), NJW 1996, 3203.

[567] BVerfGE 6, 12 (14); BVerwGE 78, 30 (33); BGHZ 116, 47 (58); BFHE 165, 398 (400); Jarass/*Pieroth*, GG, Art. 103 Rn. 58.

[568] BVerfGE 50, 287 (289f.); 71, 122 (135f.); 81, 97 (106); 104, 1 (7f., Rn. 22); 118, 212 (238, Rn. 103); BVerfGK 4, 17 (18); 4, 75 (77); 18, 301 (303ff.); BVerfG (K), NJW 2014, 2563 (2564); HessStGH LVerfGE 13, 248 (256); *Höfling/Burkiczak* (Fn. 68), Art. 103 Rn. 100; krit. *K. Rennert*, JZ 2015, 529 (535); *K. Graßhof*, HGR V, § 133 Rn. 71; *W. Wohlers*, JZ 2011, 78 (79, 81f.); *B. Sangmeister*, NJW 2009, 2087ff.; *R. Eschelbach*, GA 2004, 228 (241ff.); *H. Kroitzsch*, NJW 1994, 1032f.; s. auch *R. Zuck*, NJW 2008, 479ff.

entscheidungen[569], auch nicht für zivilgerichtliche (Bagatell-)Sachen in § 495a II ZPO[570]; anderes gilt für Entscheidungen des Revisionsgerichts nach § 354 Ia 1 StPO[571]. Dann kann nur aus besonderen Umständen geschlossen werden, ob das Gericht seiner Pflicht zur Berücksichtigung nachgekommen ist[572].

4. Verstoß gegen das Recht auf Gehör und seine Rechtsfolgen

78 Ein **Verstoß gegen Art. 103 I GG** gründet entweder darin, dass das einfachgesetzliche Prozessrecht den Mindestanforderungen des Art. 103 I GG nicht entspricht[573] oder die Anwendung des Prozessrechts im Einzelfall den gesamten Umständen nach offensichtlich im Widerspruch zu Art. 103 I GG erfolgt[574] (→ Rn. 30f., 65). Der Verstoß führt aber nicht schon als solcher zur Unwirksamkeit bzw. Nichtigkeit der gerichtlichen Entscheidung, sondern nur zur **Aufhebbarkeit** nach Maßgabe der allgemeinen Rechtsmittelmöglichkeiten[575], sofern man nicht für Fälle der evidenten Missachtung fundamentaler Kommunikationsansprüche von der Nichtigkeit der Entscheidung ausgehen sollte[576]; im laufenden Strafverfahren kann er ein Beweisverwertungsverbot begründen[577]. Eine Entscheidung des Gerichts ist aber auch dann nur aufhebbar, wenn das unterlassene Gehör für das Entscheidungsergebnis möglicherweise kausal war (a) und das Gehör nicht nachgeholt worden ist (b).

a) Kausalität der Versagung des rechtlichen Gehörs

79 Das Recht des Betroffenen auf rechtliches Gehör ist nur dann beeinträchtigt, wenn die gerichtliche Entscheidung auf dem Fehlen des Gehörs **beruht**[578], also nicht ausgeschlossen werden kann, dass i. S. **potentieller Kausalität** eine Anhörung des Beteiligten zu einer anderen, ihm günstigeren Entscheidung geführt hätte[579]. Daran fehlt es z. B., wenn übergangene Beweisangebote nur hilfsweise vorgetragen worden sind[580], wenn

---

[569] BVerfGE 13, 132 (149); BayVerfGH NVwZ 1993, 1083.

[570] Krit. dazu Jarass/*Pieroth*, GG, Art. 103 Rn. 43; *Zierlein* (Fn. 17), Art. 103 Rn. 90; *U. Kornblum*, ZRP 1999, 382ff.; *A. Kunze*, NJW 1995, 2750 (2752); s. auch *R. Gaier*, NJW 2016, 1367 (1371); *J. Hennrichs*, NJW 1991, 2815f.

[571] BVerfGE 118, 212 (238, Rn. 102f.).

[572] BVerfGK 2, 149 (164f.); 4, 17 (18).

[573] BVerfGE 55, 72 (95); 74, 228 (233).

[574] BVerfGE 60, 305 (310); *Zierlein* (Fn. 17), Art. 103 Rn. 93.

[575] S. näher *Remmert* (Fn. 19), Art. 103 I Rn. 112, 115; *F.-L. Knemeyer*, HStR³ VIII, § 178 Rn. 77; *Zierlein* (Fn. 17), Art. 103 Rn. 101ff.; *Waldner*, Anspruch (Fn. 104), Rn. 466; *H. Rüping*, NVwZ 1985, 304 (308); zu den Rechtsmittelmöglichkeiten *V. Pickenpack*, Rechtsschutz bei der Verletzung von Verfahrensgrundrechten und bei Untätigkeit der Gerichte, 2012, S. 5ff. → Art. 101 Rn. 65.

[576] In diesem Sinne *Müller/Schefer*, Grundrechte (Fn. 49), S. 857f. (für die Schweiz), doch führte dieses zur Rechtskraftunfähigkeit gerichtlicher Entscheidungen und damit zu erheblicher Rechtsunsicherheit.

[577] Vgl. BGHSt 26, 332 (335); *Zierlein* (Fn. 17), Art. 103 Rn. 100; *U. Schroth*, JuS 1998, 969 (975).

[578] BVerfGE 86, 133 (147); 89, 381 (392); 92, 158 (184f.); *C. Degenhart*, HStR³ V, § 115 Rn. 54; Jarass/*Pieroth*, GG, Art. 103 Rn. 16; *K. Graßhof*, HGR V, § 133 Rn. 86ff.; *F.-L. Knemeyer*, HStR³ VIII, § 178 Rn. 79; *Höfling/Burkiczak* (Fn. 68), Art. 103 Rn. 104ff.; *I. Augsberg/C. Burkiczak*, JA 2008, 59 (61f.).

[579] BVerfGE 7, 95 (99); 60, 247 (249); 62, 392 (396); 86, 133 (147); 89, 381 (392f.); BVerfGK 6, 334 (342); BVerfG (K), NVwZ 2009, 581 (585); BVerwGE 113, 212 (216f.); *Waldner*, Anspruch (Fn. 104), Rn. 533ff. – Vgl. zur entsprechenden Beschwerdebegründung bei der Verfassungsbeschwerde BVerfGE 28, 17 (20).

[580] BVerfGE 17, 86 (96).

im unberücksichtigt gebliebenen Schriftsatz »offensichtlich« keine neuen Gesichtspunkte von Erheblichkeit für die Entscheidung vorgetragen worden sind[581], oder wenn ein Angeklagter sich auch bei angemessener Unterrichtung gar nicht anders hätte verteidigen können[582]. Im Übrigen kommt es auf ein »Verschulden« des Gerichts nicht an[583]. Eine Gehörsverletzung setzt voraus, dass die geltend gemachten Verstöße sich auf eigene Rechte des Beschwerdeführers beziehen[584].

b) Heilung der Versagung des rechtlichen Gehörs

Die Unterlassung der Gewährung rechtlichen Gehörs kann **geheilt** werden, indem die Anhörung in derselben Instanz oder in der Rechtsmittelinstanz[585] nachgeholt wird[586], sofern die Auslegung des Verfahrensrechts dies ermöglicht[587], allerdings nicht in einem neuen anderen gerichtlichen Verfahren[588]. Eine Korrektur von Verstößen gegen Art. 103 I GG obliegt daher zuvörderst den Fachgerichten[589], die deshalb lange mögliche Rechtsbehelfe im Lichte von Art. 103 I GG großzügig handhaben[590] und alle prozessrechtlichen Möglichkeiten ausschöpfen mussten[591]. Das Gehör kann auch in einem Beschluss geheilt werden, der die Rüge als unbegründet zurückweist, wenn einem Gehörsverstoß durch bloße Rechtsausführungen abgeholfen werden kann[592] und diese auch Gründe enthalten (und der Gehörsverstoß nicht nur vertieft wird)[593]. 80

Eine zu enge Handhabung solcher Möglichkeiten durch die Fachgerichtsbarkeit und die Unklarheit der gegebenen Rechtsmittel waren ein wesentlicher Grund für die Überlastung des Bundesverfassungsgerichts (→ Rn. 15), das in einer Plenarentscheidung[594] effektiven Rechtsschutz für Gehörsverletzungen (auch) durch den iudex a quo forderte[595]; dem ist der Gesetzgeber durch **Einführung einer Anhörungsrüge** unter 81

---

581 VGH Baden-Württemberg VBlBW 2000, 108 (109).

582 BGH Wistra 1988, 198 f.; *Kunig* (Fn. 14), Art. 103 Rn. 14.

583 BVerfGE 17, 265 (268); 50, 381 (385); 53, 219 (223); 70, 215 (218).

584 BVerfGK 8, 136 (142).

585 BGHZ 156, 279 (283); differenzierend *Remmert* (Fn. 19), Art. 103 I Rn. 114.

586 BVerfGE 5, 9 (10); 62, 392 (397); 73, 322 (326 f.); BVerfG (K), NJW 2014, 3085 (3089); *Remmert* (Fn. 19), Art. 103 I Rn. 113; ausf. *Waldner*, Anspruch (Fn. 104), Rn. 467 ff.

587 BVerfGE 49, 252 (256); 69, 233 (242 f.); BVerfG (K), NJW 1998, 745; BGH NJW 1999, 290 (290 f.); *Zierlein* (Fn. 17), Art. 103 Rn. 98; ausf. *Waldner*, Anspruch (Fn. 104), Rn. 538 ff., 559 ff.

588 BVerfGE 42, 172 (175).

589 BVerfGE 107, 395 (411, Rn. 42; 413, Rn. 53); 108, 341 (348, Rn. 22); BVerfGK 6, 72 (77); *Schmahl* (Fn. 39), Art. 103 Rn. 49; s. auch *K. Graßhof*, HGR V, § 133 Rn. 93 ff.

590 Vgl. BVerfGE 42, 243 (250); *Voßkuhle*, Rechtsschutz (Fn. 65), S. 15 ff.; *H. Goerlich*, JZ 1977, 23 ff.

591 Nachweise: → Bd. III², Art. 103 I Rn. 80 mit Fn. 541 ff.

592 BVerfGK 15, 116 (119 f.); BVerfG (K), NVwZ 2009, 580 (581).

593 BVerfG (K), EuGRZ 2016, 694 (696).

594 BVerfGE 107, 395 (410 ff., Rn. 43 ff.); s. näher (z. T. krit.) *Remmert* (Fn. 19), Art. 103 I Rn. 117; *K. Graßhof*, HGR V, § 133 Rn. 104 ff.; *W.-R. Schenke*, JZ 2005, 116 ff.; *H. Meyer-Mews*, NJW 2004, 716 ff.; *E. Pache/M. Knauff*, BayVBl. 2004, 385 ff.; *O. Dörr*, Jura 2004, 334 ff.; *A. Voßkuhle*, NJW 2003, 2193 ff.; *I. Spiecker gen. Döhmann*, NVwZ 2003, 1464 ff.; *D. Kley*, DVBl. 2003, 1160 ff.; *K. Redeker*, NJW 2002, 2956 ff.; ausf. *R. Buhmann*, Die verfassungsrechtlichen und verfassungsprozessualen Auswirkungen der Plenarentscheidung des BVerfG vom 30.04.2003 zur Rüge einer Verletzung des Art. 103 Abs. 1 GG auf die Fachgerichtsbarkeit, 2010.

595 S. auch BVerfGE 108, 341 (349 f., Rn. 25 ff.); sehr krit. *J. Gehb*, DÖV 2005, 683 ff.; *ders.*, DRiZ 2005, 121 ff.; ausf. *B. Sangmeister*, Rechtsbehelfe gegen »unanfechtbare« Entscheidungen: Die Gewährleistung des rechtlichen Gehörs als Umsetzungs- und nicht als Erkenntnisproblem der gerichtlichen Praxis, in: FS Korn, 2005, S. 657 ff.

Änderung zahlreicher Prozessgesetze nachgekommen (z. B. § 321a ZPO, § 78a ArbGG, § 33a StPO, § 152a VwGO, § 133a FGO, § 178a SGG)[596], ohne dass durch diese Rechtsbehelfe grundsätzlich auch andere Grundrechtsverletzungen geltend gemacht werden können[597]. Insoweit bleibt der Gesetzgeber gefordert, Rechtsmittelklarheit zu schaffen[598], zumal sonstige außerordentliche Rechtsbehelfe mangels Rechtsmittelklarheit nach Einführung der Anhörungsrüge nicht mehr statthaft sind[599], nach Einführung der Verzögerungsrüge (→ Rn. 9) auch keine Untätigkeitsbeschwerde[600].

82 **Versäumt** ein Betroffener, von diesen **einfachgesetzlichen Möglichkeiten** (z. B. auch eines Antrags auf mündliche Verhandlung, auf Vertagung, Nichtzulassungsbeschwerde[601]) einschließlich der Anhörungsrüge (und der Verzögerungsrüge[602]) Gebrauch zu machen, verliert er wegen des Grundsatzes der »formellen« Subsidiarität die Möglichkeit einer **Verfassungsbeschwerde** (auch hinsichtlich anderer geltend gemachter Grundrechtsverstöße), insoweit er der Sache nach eine Gehörsverletzung geltend macht[603], selbst wenn er eine Gehörsverletzung nicht ausdrücklich geltend macht, eine solche aber den Umständen nach naheliegt[604]. Er muss mithin von vornherein alle Möglichkeiten nutzen, um den Verstoß gegen Art. 103 I GG bereits im Ausgangsverfahren

---

596 S. näher *A. Kettinger*, Jura 2007, 161ff.; *B. Sangmeister*, NJW 2007, 2363ff.; *J. Treber*, NJW 2005, 97ff.; *M. Huber*, JuS 2005, 109ff.; *R. Zuck*, NJW 2005, 1226ff.; *A. Guckelberger*, NVwZ 2005, 11ff.; ausf. *D. Schnabl*, Die Anhörungsrüge nach § 321a ZPO, 2007; zu § 133a FGO *C. Schoenfeld*, DB 2005, 850ff.; zur engeren früheren Fassung *M. Vollkommer*, Erste praktische Erfahrungen mit der neuen Gehörsrüge gemäß § 321a ZPO, in: FS Musielak, 2004, S. 619ff.; *V. Lipp*, NJW 2002, 1700ff.; *P. Hartmann*, NJW 2001, 2577 (2587f.).

597 BVerfGK 15, 591 (593); BGH NJW 2008, 2126 (2127); BFH NJW 2007, 2576; VGH Baden-Württemberg NJW 2005, 920; OVG Brandenburg NVwZ 2005, 1213 (1214); *Höfling/Burkiczak* (Fn. 68), Art. 103 Rn. 115; *W. Ewer*, NJW 2007, 3171 (3173); *R. Zuck*, NJW 2005, 1703 (1705); *H. Rensen*, JZ 2005, 196 (197f.); *A. Guckelberger*, NVwZ 2005, 11 (13); *Rüping* (Fn. 1), Art. 103 Abs. 1 Rn. 163; a.A. für § 152a VwGO: OVG Niedersachsen NJW 2006, 2506 (2507); *A. Kettinger*, BayVBl. 2007, 489ff.; *W.-R. Schenke*, NVwZ 2005, 729 (736ff.); offenlassend *C. Degenhart*, HStR³ V, § 115 Rn. 56.

598 Vgl. EGMR, 20.06.2006, NJW 2006, 2389 (2390 – Rn. 99f.) – *Sürmeli*; *M. Desens*, NJW 2006, 1243 (1244); *A. Kettinger*, ZRP 2006, 152ff.; *W.-R. Schenke*, JZ 2005, 116 (122ff.); *K. Redeker*, NJW 2003, 2956 (2957f.); *A. Voßkuhle*, NJW 2003, 2193 (2197f.). → Rn. 9, 27.

599 Z. B. BVerfG (K), NJW 2007, 2538 (2539); BVerwG NVwZ-RR 2007, 113 (114); BFH NJW 2008, 543 (544); OVG Niedersachsen NJW 2005, 2171 (2171f.); OVG Berlin NVwZ 2005, 470 (470f.); *R. Rüsken*, NJW 2008, 481 (484); a.A. *M. Bloching/A. Kettinger*, NJW 2005, 860 (862f.); *A. Kettinger*, DVBl. 2006, 1151 (1153f.).

600 BGH NJW 2013, 385 (396); OLG Düsseldorf NJW 2012, 1455f.

601 BVerfGK 11, 390 (393f.); 13, 496 (497f.); ausf. *R. Zuck*, NJW 2008, 2078ff.; *B. Zwanziger*, NJW 2008, 3388f.

602 BVerfG (K), NVwZ 2013, 788 (788f.); *C. Steinbeiß-Winkelmann/T. Sporrer*, NJW 2014, 177 (178); vgl. Nw. Fn. 45.

603 BVerfGE 122, 190 (198, Rn. 30); 134, 106 (113, Rn. 22); BVerfG (K), NJW 2005, 3059 (3059f.); BVerfGK 11, 390 (395f.); 13, 64 (65); 19, 23 (23f.); 19, 262 (263f.); *Remmert* (Fn. 19), Art. 103 I Rn. 121, 123, 125f.; *Schmahl* (Fn. 39), Art. 103 Rn. 46, 52; Jarass/*Pieroth*, GG, Art. 103 Rn. 18; *P. Allgayer*, NJW 2013, 3484ff.; *A.-D. Gertler*, Neuere Rechtsprechung des Bundesverfassungsgerichts zur Anhörungsrüge, in: S. Emmenegger/A. Wiedmann (Hrsg.), Linien der Rechtsprechung des Bundesverfassungsgerichts, Band 2, 2011, S. 53ff. (56ff.); *I.-J. Tegebauer*, DÖV 2008, 954ff.; *Kunig* (Fn. 14), Art. 103 Rn. 14; *G. Lübbe-Wolff*, AnwBl. 2005, 509 (513); krit. *K.M. Jost*, Verfassungsprozessuale Probleme der Anhörungsrüge, in: Rensen/Brink, Linien (Fn. 504), S. 59ff. (63ff.); *P. Heinrichsmeier*, NVwZ 2010, 228 (231); *R. Zuck*, NJW 2006, 1703 (1705f.).

604 BVerfGE 134, 106 (115f., Rn. 28); 136, 106 (115f., Rn. 27f.); BVerfGK 19, 23 (24f.); BVerfG (K), vom 04.05.2015, 2 BvR 2169/13 u. a., Rn. 2; krit. *R. Esser*, NJW 2016, 604 (605ff.).

geltend zu machen[605], auch bei Zwischenentscheidungen mit bleibendem rechtlichen Nachteil (z. B. Zurückverweisung eines Richterablehnungsgesuchs)[606]; der Gehörsverstoß kann durch ergänzende Rechtsausführungen u. U. auch in einer die Anhörungsrüge zurückweisenden Entscheidung geheilt werden[607]. Selbst eine im Übrigen zulässige Verfassungsbeschwerde, die ausreichend substantiiert die Verstöße verdeutlicht[608] und darlegt, was bei ausreichender Gehörsgewähr vorgetragen worden wäre[609], kann anderenfalls trotz Verletzung von Art. 103 I GG (→ Rn. 30f.) nicht mehr zur Entscheidung angenommen werden, selbst wenn die Rechtsverletzung besonderes Gewicht hat oder den Beschwerdeführer in existentieller Weise betrifft[610]. Diese rigiden Grundsätze werden **ausnahmsweise** durchbrochen, wenn eine vergeblich erhobene Anhörungsrüge unzumutbar lange nicht beschieden wird[611], aus unvertretbaren Gründen für unzulässig erklärt worden ist[612], und sei es nur aufgrund fehlender wohlwollender Auslegung eines Prozessantrags[613], oder wenn die nicht erhobene Anhörungsrüge »offensichtlich aussichtslos«, etwa offensichtlich unstatthaft oder unzulässig gewesen wäre[614] oder aus sonstigen Gründen unzumutbar war, weil ein Gehörsverstoß nicht nahelag[615], oder wenn die Rüge (nur) der Gehörsverletzung im Verfassungsbeschwerdeverfahren zurückgenommen wird, so dass sonstige Grundrechtsverletzungen geprüft werden können[616]. Grundsätzlich beginnt die Beschwerdefrist auch dann mit der fachgerichtlichen Entscheidung über die Anhörungsrüge, sofern diese erkennbar nicht offensichtlich unzulässig ist[617]; die Entscheidung kann auch eine eigene verfassungsrechtliche Beschwer durch Gehörsverstoß enthalten[618].

---

605 Vgl. BVerfGE 81, 22 (27); 81, 97 (102f.); 112, 50 (62, Rn. 39); BVerfGK 1, 316 (319f.); 3, 181 (183); 4, 112f.; 5, 332 (338ff.); 7, 185 (186f.); BVerfG (K), NJW 2007, 3054 (3054); BGH NJW 1995, 403f.; *Gertler*, Rechtsprechung (Fn. 603), S. 55ff.; *V. Rieble/S. Vielmeier*, JZ 2011, 923ff.; eingehend *M. Desens*, NJW 2006, 1243ff.; *R. Zuck*, NVwZ 2005, 739ff.; *D. O'Sullivan*, DVBl. 2005, 880 (881f.).

606 BVerfGE 119, 292 (299, Rn. 21); BVerfGK 14, 122 (124f., 128); 15, 18 (20); 17, 298 (299ff.); *Gertler*, Rechtsprechung (Fn. 603), S. 66ff.

607 BVerfG (K), NVwZ 2009, 580 (580f.); *Gertler*, Rechtsprechung (Fn. 603), S. 68ff.

608 Vgl. dazu BVerfGE 115, 166 (180f., Rn. 57f.); ausf. *Waldner*, Anspruch (Fn. 104), Rn. 492ff.

609 BVerfGE 112, 185 (206, Rn. 84).

610 Vgl. demgegenüber zur früheren Rechtsprechung in diesem Sinne BVerfGE 90, 22 (25); BVerfG (K), NJW 1999, 1176 (1177); krit. *Voßkuhle*, Rechtsschutz (Fn. 65), S. 190f.; *R. Mußgnug*, NJW 1978, 1358f.

611 Dafür *S. Vielmeier*, NJW 2013, 346ff.

612 BVerfGK 10, 397 (401).

613 BVerfG (K), NJW 2014, 991 (992).

614 BVerfGE 126, 1 (18, Rn. 36); 134, 106 (113f., Rn. 22f.); BVerfGK 7, 403 (407); 13, 400 (403); 18, 392ff.; 20, 300 (302f.); zu Details *Gertler*, Rechtsprechung (Fn. 603), S. 58ff., 70ff.; *Jost*, Probleme (Fn. 603), S. 64f., 67ff.; krit. *C. Thiemann*, DVBl. 2012, 1420 (1424ff.).

615 BVerfGE 134, 106 (115ff., Rn. 28ff.).

616 BVerfGE 126, 1 (17f., Rn. 34ff.); 134, 106 (113f., Rn. 23); BVerfGK 13, 64 (66); 19, 23 (24); *R. Zuck*, NJW 2011, 795ff.; *Gertler*, Rechtsprechung (Fn. 603), S. 61f.; *Jost*, Probleme (Fn. 603), S. 72ff.; anders BVerfG (K), NStZ-RR 2008, 28 (29); *P. Heinrichsmeier*, NVwZ 2010, 228 (229ff.).

617 BVerfGE 122, 190 (198f., Rn. 30, 33); BVerfGK 13, 496 (498); *Gertler*, Rechtsprechung (Fn. 603), S. 56, 63ff.; *P. Heinrichsmeier*, NVwZ 2010, 228 (231f.); *Jost*, Probleme (Fn. 603), S. 65ff.; krit. *Remmert* (Fn. 19), Art. 103 I Rn. 127f.; *C. Thiemann*, DVBl. 2012, 1420 (1421ff.)

618 BVerfGE 119, 292 (298ff., Rn. 20ff.); BVerfGK 13, 496 (498); BVerfG (K), NJW 2016, 861 (861f.); *Jost*, Probleme (Fn. 603), S. 74ff.

V. Schranken des Rechts auf Gehör und ihre Rechtfertigung

83 Der Anspruch auf rechtliches Gehör ist **vorbehaltlos gewährleistet**[619] **und grundsätzlich einer Abwägung unzugänglich**[620]. Er wird durch den Gesetzgeber ausgestaltet (→ Rn. 27) und kann dabei nicht einfach durch die Schrankentrias des Art. 5 II GG[621], sondern nur nach den allgemeinen Regeln (→ Vorb. Rn. 139ff.) unter Rückgriff auf kollidierende Verfassungsrechtsgüter ausnahmsweise in begrenztem Ausmaß unter Berücksichtigung des Grundsatzes der Verhältnismäßigkeit[622] eingeschränkt werden[623], etwa das Recht auf Akteneinsicht zur Vermeidung gesundheitlicher Schäden des Betroffenen[624], auch wenn die Judikatur verbal z. T. »sachliche Gründe« genügen lässt[625]. Beispielsweise sind Äußerungen beleidigenden Charakters auch vor Gericht unzulässig und unbeachtlich[626]; auch unterliegt der Grundsatz der Vorherigkeit Schranken (→ Rn. 49f.), die sich aus den Erfordernissen auch einer an rechtsstaatlichen Garantien ausgerichteten Rechtspflege ergeben können[627]. Das Recht auf Rechtsschutz nach Art. 19 IV GG kann das Recht auf Akteneinsicht als Ausfluss des Rechts aus Art. 103 I GG im Verwaltungsprozess (In-camera-Verfahren) beschränken, insoweit sachliche Gründe eine Geheimhaltung gegenüber dem Kläger, nicht aber gegenüber dem Gericht erlauben[628]; das kann auch zum Schutz von Betriebsgeheimnissen in gerichtlichen Verfahren gelten[629], nicht aber in Strafverfahren, in denen Geheimhaltungsbedürfnisse »in dubio pro reo« wirken[630].

D. Verhältnis zu anderen GG-Bestimmungen

84 Das Verfahrensrecht auf Gehör steht in enger Nachbarschaft zu verschiedenen anderen rechtsstaatlichen Verfahrensrechten[631], von denen es nicht immer klar abgegrenzt wird[632]. Aus dem allgemeinen **Justizgewähranspruch** (→ Art. 20 [Rechtsstaat], Rn. 211ff.) und parallel aus dem besonderen Rechtsschutzanspruch gegen Akte der

---

[619] *Radtke/Hagemeier* (Fn. 131), Art. 103 Rn. 15; *M.R. Otto*, JuS 2012, 412 (417); *K. Graßhof*, HGR V, § 133 Rn. 72; *Kunig* (Fn. 14), Art. 103 Rn. 3c.

[620] *Schmahl* (Fn. 39), Art. 103 Rn. 38; *R. Zuck*, NVwZ 2012, 479 (480).

[621] So Jarass/*Pieroth*, GG, Art. 103 Rn. 21; *Nolte* (Fn. 40), Art. 103 Rn. 44.

[622] So *Nolte* (Fn. 40), Art. 103 Rn. 9, unter Verweis auf BVerfGE 101, 106 (124ff., Rn. 73ff.).

[623] *Remmert* (Fn. 19), Art. 103 I Rn. 28, 88, 98; *Brüning* (Fn. 71), Art. 103 Rn. 107; *Schmahl* (Fn. 39), Art. 103 Rn. 38; *F.-L. Knemeyer*, HStR³ VIII, § 178 Rn. 33f.; *F.O. Kopp*, AöR 106 (1981), 604 (630f.); anders *Höfling/Burkiczak* (Fn. 68), Art. 103 Rn. 25: Schutzbereichsbeschränkung.

[624] *F.-L. Knemeyer*, HStR³ VIII, § 178 Rn. 29; *Rüping* (Fn. 1), Art. 103 Abs. 1 Rn. 128, bzw. *Wassermann* (Fn. 1), Art. 103 Rn. 38.

[625] BVerfGE 81, 123 (129f.); 101, 106 (129, Rn. 92).

[626] *Remmert* (Fn. 19), Art. 103 I Rn. 77; *Kunig* (Fn. 14), Art. 103 Rn. 3c; *Höfling/Burkiczak* (Fn. 68), Art. 103 Rn. 66; *Zierlein* (Fn. 17), Art. 103 Rn. 54; *Rüping*, Grundsatz (Fn. 1), S. 162.

[627] Vgl. BVerfGE 77, 65 (76); *Zierlein* (Fn. 17), Art. 103 Rn. 53.

[628] BVerfGE 101, 106 (129f., Rn. 92ff.) betr. Verfassungswidrigkeit von § 99 I 2 i. V. m. II 1 VwGO; s. auch E 115, 205 (248f., Rn. 138ff.); *Remmert* (Fn. 19), Art. 103 I Rn. 85, 88; *Rüping* (Fn. 1), Art. 103 Abs. 1 Rn. 122ff.; *Höfling/Burkiczak* (Fn. 68), Art. 103 Rn. 47.

[629] Vgl. BVerfGE 115, 205 (232ff., Rn. 232ff.) und 250 (255f., Rn. 158ff.) – *Sondervotum Gaier*; *Brüning* (Fn. 71), Art. 103 Rn. 25; *G. Wagner*, JZ 2007, 706 (717f.).

[630] BVerfGE 57, 250 (288); 101, 106 (129f., Rn. 94); 109, 279 (371, Rn. 318); BVerfGK 3, 197 (205); 7, 205 (212); *Gröger*, Akteneinsichtsrecht (Fn. 37), S. 103f.

[631] Jarass/*Pieroth*, GG, Art. 103 Rn. 2; *Kunig* (Fn. 14), Art. 103 Rn. 3; *H.-J. Papier*, HStR³ VIII, § 176 Rn. 3f.

[632] Vgl. z. B. BVerfG (K), NJW 2001, 3695 (3696); *Degenhart* (Fn. 35), Rn. 4 m.w.N.

öffentlichen Gewalt (→ Art. 19 IV Rn. 40, 48, 53ff.) ergibt sich nicht nur der jeweilige **Zugang** zum Gericht, sondern auch eine umfassende tatsächliche und rechtliche Prüfung des Streitgegenstandes[633] i. S. eines allgemeinen Gebots zu effektivem Rechtsschutz[634]. Darüber hinaus zielt Art. 103 I GG in engem funktionalen Zusammenhang auf einen angemessenen Ablauf des Verfahrens[635]. Für diesen seinen Anwendungsbereich ist **Art. 103 I GG lex specialis** gegenüber jenen allgemeinen Prinzipien[636], auch wenn die Judikatur mitunter Fragen des rechtlichen Gehörs (z. B. Fragen der Verfristung und Wiedereinsetzung) als solche des Art. 19 IV GG ansieht[637].

Das gilt gleichermaßen gegenüber anderen **rechtsstaatlichen Prinzipien**, soweit de- **85**
ren Konkretisierung auch das Recht auf Gehör nahelegt, wie die Funktionsfähigkeit der (Straf-)Rechtspflege (→ Art. 20 [Rechtsstaat], Rn. 214), Rechtssicherheit (→ Art. 20 [Rechtsstaat], Rn. 146), der Grundsatz rechtsstaatlicher Verfahrensgestaltung[638], insbesondere das Recht auf ein rechtsstaatliches faires Verfahren[639] (→ Art. 20 [Rechtsstaat], Rn. 216ff.), oder das Gebot zur beschleunigten Rechtsschutzgewähr[640]; denn die Ausdifferenzierung der Judikatur zum problemnäheren Art. 103 I GG ist im Zweifel feinnerviger, differenzierter und angemessener als der Rückgriff auf abstraktere, weniger elaborierte rechtsstaatliche Prinzipien.

Das Verhältnis des Art. 103 I GG als Freiheitsrecht zu dem aus dem allgemeinen **86**
Gleichheitssatz abgeleiteten **Verbot willkürlicher Entscheidungen**[641] scheint wegen der logischen und dogmatischen Differenz von Freiheits- und Gleichheitsrechten i. S. eines Nebeneinander bei der Ableitung unproblematisch zu sein[642]. Indessen wird Art. 103 I GG teilweise insoweit als lex specialis angesehen, z. B. gegenüber dem Prinzip prozessualer Waffengleichheit[643] oder gegenüber dem Willkürverbot als Institut zur Sicherung materieller Gerechtigkeit gegenüber grob fehlerhafter Anwendung einfachen Rechts[644]. Das ist Ausdruck eines zutreffenden Grundgedankens, dass »Willkür« in

---

633 BVerfGE 81, 123 (129); 85, 337 (345); *I. Scherer*, DRiZ 2000, 490 (493).

634 BVerfGE 88, 118 (123ff.); 101, 106 (129, Rn. 92); 107, 395 (401, Rn. 16); *Degenhart* (Fn. 35), Art. 103 Rn. 3. → Art. 19 IV Rn. 80ff.; → Art. 20 (Rechtsstaat), Rn. 212.

635 BVerfGE 107, 395 (409, Rn. 40); 108, 341 (347f., Rn. 21); 119, 292 (295f., Rn. 13); BVerfGK 2, 45 (51); 17, 479 (486f.); BVerfG (K), NJW 2007, 2241 (2241); *Remmert* (Fn. 19), Art. 103 I Rn. 2, 31; *Degenhart* (Fn. 35), Art. 103 Rn. 4; *Nolte* (Fn. 40), Art. 103 Rn. 87; krit. *R. Zuck*, NJW 2013, 1132 (1134); *Höfling/Burkiczak* (Fn. 68), Art. 103 Rn. 83.

636 S. auch BVerfGE 79, 372 (376f.); BVerwGE 16, 289 (291); *Remmert* (Fn. 19), Art. 103 I Rn. 30; Jarass/*Pieroth*, GG, Art. 103 Rn. 2; *Nolte* (Fn. 40), Art. 103 Rn. 87f., 91; *Kunig* (Fn. 14), Art. 103 Rn. 3b; *ders.*, Das Rechtsstaatsprinzip, 1986, S. 149ff., 161; *Schultzky*, Rechtsprechung (Fn. 504), S. 502; *Waldner*, Anspruch (Fn. 104), Rn. 15f.

637 Vgl. BVerfGE 101, 106 (122f., Rn. 67f.); 110, 339 (342, Rn. 10ff.); BVerfG (K), NJW 1995, 2545 (2545); s. auch *Remmert* (Fn. 19), Art. 103 I Rn. 31; *C. Degenhart*, HStR³ V, § 115 Rn. 16; *Zierlein* (Fn. 17), Art. 103 Rn. 38f.; *W. Roth*, NJW 2008, 785 (789ff.).

638 BVerfGE 79, 372 (376f.).

639 *Remmert* (Fn. 19), Art. 103 I Rn. 34; *H. Hill*, HStR VI, § 156 Rn. 38; *R. Eschelbach*, GA 2004, 228 (237); *Waldner*, Anspruch (Fn. 104), Rn. 27; *Kunig*, Rechtsstaatsprinzip (Fn. 636), S. 379ff.; anders *Tettinger*, Fairneß (Fn. 61), S. 12.

640 Vgl. BVerfGE 35, 382 (405).

641 Vgl. BVerfGE 71, 202 (204); 95, 117 (124f.); BVerfG (K), NJW 1995, 2911 (2911f.); *W. Höfling*, JZ 1991, 955ff.

642 Vgl. Jarass/*Pieroth*, GG, Art. 103 Rn. 3; *Zierlein* (Fn. 17), Art. 103 Rn. 42f.

643 Vgl. *Remmert* (Fn. 19), Art. 103 I Rn. 35; *Kunig* (Fn. 14), Art. 103 Rn. 3b; *Waldner*, Anspruch (Fn. 104), Rn. 256ff. → Art. 20 (Rechtsstaat), Rn. 217f.

644 So BVerfGE 60, 305 (308ff.); Jarass/*Pieroth*, GG, Art. 103 Rn. 3; gleichsinnig *R. Eschelbach*, GA 2004, 228 (236).

diesem Zusammenhang mehr und anderes ist als nur ein spezifisches Problem der Gleichbehandlung nach Art. 3 I GG und eine Abweichung von grundlegenden materiellen Gerechtigkeitsprinzipien des Rechtsstaats meint. Die Willkür-Rechtsprechung bei den Justizgrundrechten zielt regelmäßig auf die Abschichtung von Verstößen gegen einfaches Verfahrensrecht von Verstößen gegen »spezifisches Verfassungsrecht« (→ Rn. 30f.; → Art. 101 Rn. 59ff.). Insoweit ist Art. 103 I GG stets als spezielle positivierte Ausformung für seinen Anwendungsbereich als vorrangige Ausprägung solcher allgemeinen Prinzipien anzusehen, neben der ein Rückgriff auf Art. 3 I GG weder nötig noch zulässig ist[645].

87 Im Übrigen kann Art. 103 I GG im Einzelfall **durch andere Grundrechte verstärkt** werden, etwa als Anspruch auf Anhörung vor Gericht an einem nichtreligiösen Feiertag[646] oder zu einem späteren Zeitpunkt bei gesundheitlichen Beeinträchtigungen[647]. Mitunter werden Ansprüche auf Gehör auch unmittelbar aus materiellen Grundrechten und der Notwendigkeit ihres effektiven Rechtsschutzes gefolgert[648], doch ist wie bei der Rechtsweggarantie (→ Art. 19 IV Rn. 148) ein solcher Rückgriff auf eine gerichtsverfahrensrechtliche Dimension der einzelnen Grundrechte nur außerhalb des Anwendungsbereichs von Art. 103 I GG dogmatisch hilfreich[649].

88 Umgekehrt kann Art. 103 I GG **durch andere Grundrechte** als leges speciales für deren Anwendungsbereich (partiell) **verdrängt** werden, so durch Art. 104 III, IV GG[650] (→ Art. 104 Rn. 69ff.). Das Petitionsrecht (Art. 17 GG) und Art. 103 I GG stehen selbständig nebeneinander[651].

89 Die landesrechtlichen Grundrechtsgewährleistungen rechtlichen Gehörs (→ Rn. 11) erlauben es in diesen Ländern, **neben** der Geltendmachung einer Verletzung von Art. 103 I GG eine Verletzung der entsprechenden Landesverfassungsnorm auch durch **Landesverfassungsbeschwerde** beim Landesverfassungsgericht geltend zu machen[652] – und zwar auch unter dem Gesichtspunkt, ob ein Sachverhalt parallel auch gegen Art. 103 I GG verstoßen würde[653].

---

[645] So *Remmert* (Fn. 19), Art. 103 I Rn. 36; *Schmahl* (Fn. 39), Art. 103 Rn. 10; Jarass/*Pieroth*, GG, Art. 103 Rn. 3; *Kunig* (Fn. 14), Art. 103 Rn. 3b; ferner *Degenhart* (Fn. 35), Art. 103 Rn. 4; *Nolte* (Fn. 40), Art. 103 Rn. 92f.; *F.O. Kopp*, AöR 106 (1981), 604 (611); a.A. aber BVerfGE 42, 64 (72ff.); 54, 117 (124); 71, 202 (204); BVerfGK 7, 438 (442); übersichtlich *Waldner*, Anspruch (Fn. 104), Rn. 18ff.

[646] Vgl. BGH JZ 1959, 535f.

[647] Vgl. BVerwG NJW 1986, 2897ff.

[648] BVerfGE 53, 30 (57f.) betr. Art. 2 II 1 GG; BVerfGE 99, 145 (162ff., Rn. 57ff.); BVerfGK 8, 408 (415ff.) betr. Art. 6 II, 2 I GG im Blick auf die Bestellung eines Verfahrenspflegers.

[649] Gleichsinnig *Stern*, Qualität (Fn. 68), S. 361f.; *P. Lerche*, HStR V, § 121 Rn. 34.

[650] *Remmert* (Fn. 19), Art. 103 I Rn. 33; *Nolte* (Fn. 40), Art. 103 Rn. 94.

[651] *Remmert* (Fn. 19), Art. 103 I Rn. 39; *Rüping* (Fn. 1), Art. 103 Abs. 1 Rn. 65; *Zierlein* (Fn. 17), Art. 103 Rn. 44.

[652] Vgl. BVerfGE 96, 345 (363ff.); dazu *K. Graßhof*, HGR V, § 133 Rn. 2; *J. Dietlein*, Jura 2000, 19ff.; *H. Dreier*, Grundrechtsschutz durch Landesverfassungsgerichte, 2000, S. 25ff. → Art. 142 Rn. 25, 37ff., 76ff.

[653] So SächsVerfGH NJW 1998, 3266 (3267).

Artikel 103 [Anspruch auf rechtliches Gehör; **nulla poena sine lege;** ne bis in idem]

(1) Vor Gericht hat jedermann Anspruch auf rechtliches Gehör.

(2) Eine Tat kann nur bestraft werden, wenn die Strafbarkeit gesetzlich bestimmt war, bevor die Tat begangen wurde.

(3) Niemand darf wegen derselben Tat auf Grund der allgemeinen Strafgesetze mehrmals bestraft werden.

Literaturauswahl

Adam, Jürgen: Die verfassungsgerichtliche Kontrolldichte im materiellen Strafrecht, in: Sigrid Emmenegger/Ariane Wiedmann (Hrsg.), Linien der Rechtsprechung des Bundesverfassungsgerichts, Band 2, 2011, S. 421–443.

Appel, Ivo: Verfassung und Strafe, 1998.

Appel, Ivo: Grundrechtsgleiche Rechte, Prozessgrundrechte oder Schranken-Schranken?, in: Jura 2000, S. 571–578.

Becker, Christian/Martenson, Jule: Asche zu Asche, Staub zu Staub – Wortlaut, möglicher Wortsinn und Sprachspielabhängigkeit von Bedeutung, in: JZ 2016, S. 779–786.

Best, Dominik: Das Rückwirkungsverbot nach Art. 103 Abs. 2 GG und die Maßregeln der Besserung und Sicherung (§ 2 Abs. 6 StGB), in: ZStW 114 (2002), S. 88–129.

Birkenstock, Reinhard Georg: Die Bestimmtheit von Straftatbeständen mit unbestimmten Gesetzesbegriffen, 2004.

Brodowski, Dominik: Grundfälle zu den Justizgrundrechten. Art. 103 II, III GG – nulla poena sine lege, ne bis in idem, in: JuS 2012, S. 892–896.

Classen, Claus Dieter: Artikel 103 Abs. 2 GG – ein Grundrecht unter Vorbehalt?, in: GA 145 (1998), S. 215–225.

Dannecker, Gerhard: Das intertemporale Strafrecht, 1993.

Dreier, Horst: Gustav Radbruch und die Mauerschützen, in: JZ 1997, S. 421–434.

Duttge, Gunnar: Zur Bestimmtheit des Handlungsunwerts von Fahrlässigkeitsdelikten, 2001.

Freund, Georg/Rostalski, Frauke: Gesetzlich bestimmte Strafbarkeit durch Verordnungsrecht?, in: GA 163 (2016), S. 443–454.

Gropp, Walter: Der strafrechtliche Bestimmtheitsgrundsatz vor dem Bundesverfassungsgericht, in: Liv Jaeckel/Benno Zabel/Ralph Zimmermann (Hrsg.), Grundrechtspolitik und Rechtswissenschaft, 2015, S. 105–125.

Grünwald, Gerald: Die Entwicklung der Rechtsprechung zum Gesetzlichkeitsprinzip, in: Festschrift für Arthur Kaufmann, 1993, S. 433–447.

Herzberg, Rolf Dietrich: Wann ist die Strafbarkeit »gesetzlich bestimmt« (Art. 103 Abs. 2 GG)?, in: Roland Hefendehl (Hrsg.), Empirische und dogmatische Fundamente, kriminalpolitischer Impetus. Symposium Schünemann, 2005, S. 31–69.

Hilgendorf, Eric (Hrsg.): Das Gesetzlichkeitsprinzip im Strafrecht, 2013.

Hill, Hermann: Verfassungsrechtliche Gewährleistungen gegenüber der staatlichen Strafgewalt, in: HStR VI, § 156, S. 1305–1352.

Krahl, Matthias: Die Rechtsprechung des Bundesverfassungsgerichts und des Bundesgerichtshofs zum Bestimmtheitsgrundsatz im Strafrecht (Art. 103 Abs. 2 GG), 1986.

Küper, Wilfried: Das BVerfG, das Analogieverbot und der Bedrohungstatbestand – BVerfG NJW 1995, 2776, in: JuS 1996, S. 783–790.

Moll, Dietmar: Europäisches Strafrecht durch nationale Blankettstrafgesetzgebung?, 1998.

Mushoff, Tobias: Sicherungsverwahrung und Rückwirkungsverbot – Gesetzesdefinitorische oder wirkungsorientierte Betrachtung?, in: KritV 87 (2004), S. 137–149.

Neumann, Ulfrid: Rückwirkungsverbot bei belastenden Rechtsprechungsänderungen der Strafgerichte?, in: ZStW 103 (1991), S. 331–356.

Paeffgen, Hans-Ullrich: Strafrecht und Verfassungsrecht. »Art. 103 II GG, namentlich das Bestimmtheitsgebot und komplementäre Rechtssätze in der Entwicklung«, in: StraFo 2007, S. 442–455.

Ransiek, Andreas: Gesetz und Lebenswirklichkeit. Das strafrechtliche Bestimmtheitsgebot, 1989.

Rüthers, Bernd/Höpfner, Clemens: Analogieverbot und subjektive Auslegungsmethode, in: JZ 2005, S. 21–25.

Schreiber, Hans-Ludwig: Gesetz und Richter. Zur geschichtlichen Entwicklung des Prinzips nullum crimen, nulla poena sine lege, 1976.
Schroeder, Friedrich-Christian: Der Bundesgerichtshof und der Grundsatz »nulla poena sine lege«, in: NJW 1999, S. 89–93.
Tiedemann, Klaus: Verfassungsrecht und Strafrecht, 1991.
Volkmann, Uwe: Qualifizierte Blankettnormen, in: ZRP 1995, S. 220–226.
Werle, Gerhard: Rückwirkungsverbot und Staatskriminalität, in: NJW 2001, S. 3001–3008.
Wolff, Heinrich Amadeus: Nullum crimen, nulla poena sine lege, in: HGR V, § 134, S. 1373–1423.

Leitentscheidungen des Bundesverfassungsgerichts

BVerfGE 14, 174 (185ff.) – Gesetzesgebundenheit im Strafrecht; 25, 269 (278ff.) – Verfolgungsverjährung; 73, 206 (230ff.) – Sitzblockaden I; 75, 329 (340ff.) – Verwaltungsakzessorietät im Umweltstrafrecht; 92, 1 (11ff.) – Sitzblockaden II; 95, 96 (127ff.) – Mauerschützen; 105, 135 (152ff., Rn. 62ff.) – Vermögensstrafe; 109, 133 (167ff., Rn. 127ff.) – Sicherungsverwahrung II; 126, 170 (194ff., Rn. 67ff.) – Präzisierungsgebot Untreuetatbestand; 128, 326 (392f., Rn. 141f.) – Sicherungsverwahrung IV; 130, 1 (42ff., Rn. 162ff.) – Verwertungsverbot Wohnraumüberwachung; 143, 38 (52ff., Rn. 34ff.) – Blankettstrafnorm.

Gliederung

Stichwörter

genheit 55, 57 – Wahlfälschung 42 – Wandlungen der Strafrechtsdogmatik 30 – Wegfall eines Rechtfertigungsgrundes 53 – Wertausfüllungsbedürftige Rechtsbegriffe 41 – Widerruf der Strafaussetzung 26 – Willkürverbot 13, 47 – Wortsinn als Grenze der Auslegung 46 – Zivilprozessordnung 21 – Zivilrechtliche Verpflichtungen 22 – Zwangs- und Ordnungsmittel 21.

A. Herkunft, Entstehung, Entwicklung

I. Ideen- und verfassungsgeschichtliche Aspekte

1 Im Garantiegehalt des Grundsatzes des »nulla poena sine lege« in Art. 103 II GG vereinigen sich unterschiedliche Entwicklungen, die in den **drei Bedeutungsebenen** zum Gebot des positivierten und zum Gebot des bestimmten Strafgesetzes sowie zum Verbot seiner Rückwirkung (→ Rn. 14) geführt haben[1]. Er nimmt aber ungeachtet jener bis in die Spätzeit der römischen Republik zurückreichenden Wurzeln vor allem eine zentrale Errungenschaft der liberalen Verfassungsbewegung auf[2]. Es gehörte **ideengeschichtlich** zum Gedankengut der klassischen Vertreter der naturrechtlichen Staatsvertragslehren[3] und der Aufklärung und ihrer Prämisse der Freiheit des einzelnen vernunftbegabten Individuums, dass eine Tat nur bestraft werden könne, wenn ihre Strafbarkeit vor Begehung der Tat und gesetzlich bestimmt war[4]: Der einzelne Mensch wird als Ursprung, Zweck und Grenze des Staates verstanden; er schuldet als durch den Gesellschaftsvertrag als Legitimationsgrundlage des Staates verpflichteter Bürger nur bestehenden, positivierten Gesetzen Gehorsam – im Übrigen ist er frei, sicher vor staatlichen Sanktionen[5] und gegen richterliche Willkür geschützt. Der Staat kann sich nämlich nicht – geschweige rückwirkend – mehr Rechte zulegen, als ihm das bestehende positive Gesetz gibt, soll der Schutz der Freiheit der Bürger im Gesetz nicht leerlaufen[6]. Der Grundsatz konnte so als allgemeines Menschenrecht, das das Verhältnis des Individuums zur strafenden Gesellschaft bestimmt, konzipiert[7], in der Aufklärungsphilosophie erstmals bei Beccaria (1766) strafrechtstheoretisch umfassend be-

---

[1] Übersichtlich *H. Dreier*, Art. Rückwirkungsverbot, in: P. Prechtl/F.-P. Burkard (Hrsg.), Metzler Philosophie-Lexikon, 2. Aufl. 1999, S. 518f.; ausf. zur Entwicklungsgeschichte des Verbots rückwirkender Pönalisierungen und Strafschärfungen bis zum Zeitalter der Aufklärung *R.G. Birkenstock*, Die Bestimmtheit von Straftatbeständen mit unbestimmten Gesetzesbegriffen, 2004, S. 75ff.; *G. Dannecker*, Das intertemporale Strafrecht, 1993, S. 32ff.; *G. Schöckel*, Die Entwicklung des strafrechtlichen Rückwirkungsverbots bis zur Französischen Revolution, 1968, S. 5ff., 41ff.; speziell *A. Thier*, Zeit und Recht im »ius commune« – Entwicklungsstufen des Rückwirkungsverbotes in der Kanonistik, in: O. Condorelli (Hrsg.), »Panta rei«, Tomo V, Roma 2004/05, S. 383ff.; römisch-rechtliche Wurzeln akzentuierend *H. Siems*, Anmerkungen zur Entwicklung von Rückwirkungsverboten, in: FS Liebs, 2011, S. 591ff. (595ff.).

[2] *C. Degenhart*, in: Sachs, GG, Art. 103 Rn. 53; *R. Wassermann*, in: AK-GG, Art. 103 (2001), Rn. 3; *H. Rüping*, in: BK, Art. 103 Abs. 2 (Zweitb. 1990), Rn. 2ff.; ausf. *Dannecker*, Strafrecht (Fn. 1), S. 63ff.; *ders.*, in: H.W. Laufhütte/R. Rissing-van Saan/K. Tiedemann (Hrsg.), Leipziger Kommentar zum StGB, Bd. 1, 12. Aufl. 2007, § 1, Entstehungsgeschichte, S. 67ff.

[3] Vgl. *Dannecker*, Strafrecht (Fn. 1), S. 64ff., 76ff.; *M. Krahl*, Die Rechtsprechung des Bundesverfassungsgerichts und des Bundesgerichtshofs zum Bestimmtheitsgrundsatz im Strafrecht (Art. 103 Abs. 2 GG), 1986, S. 14ff.

[4] *P. Kunig*, in: v. Münch/Kunig, GG II, Art. 103 Rn. 16; *V. Krey*, Keine Strafe ohne Gesetz, 1983, Rn. 13; *W. Sax*, Grundsätze der Strafrechtspflege, in: Die Grundrechte III/2, S. 909ff. (992).

[5] *Dannecker*, Strafrecht (Fn. 1), S. 80f. u.ö.; ausf. *H.-L. Schreiber*, Gesetz und Richter, 1976, S. 35ff., 53ff.; *Schöckel*, Entwicklung (Fn. 1), S. 69ff.; zsfssd. *W.A. Welke*, KritJ 28 (1995), 369 (369f.).

[6] *Schreiber*, Gesetz (Fn. 5), S. 60; zur theoretischen Entfaltung schon bei den Levellern *M. Brocker*, Die Grundlegung des liberalen Verfassungsstaates, 1995, S. 125.

[7] *Sax*, Grundsätze (Fn. 4), S. 994.

gründet und gefordert[8] und später von Franz v. Liszt zur »Magna Charta« des Verbrechers erklärt werden.

Wohl erstmals sind es jene **Kodifikationen**, die die Gesellschaftsvertragslehre des Naturrechts positivierten und auch insoweit einer neuen Sicht zum Durchbruch verhalfen, die den Grundsatz »Keine Strafe ohne Gesetz« normativ als allgemeines Menschenrecht formulierten: Art. 8 der Französischen Menschenrechtserklärung von 1789 und Art. 8 der Verfassung von 1791, zuvor auch die amerikanischen Verfassungen[9]. 2

Im deutschen Sprachraum wurde diese Forderung durch Feuerbach latinisiert (»**nulla poena sine lege**«)[10] und vor allem einfachgesetzlich kodifiziert, zuerst in dem maßgeblich von Feuerbach mitgeschaffenen bayerischen StGB von 1813: Es entsprach seiner Theorie vom psychologischen Zwang, nach der nur ganz genau bestimmte Strafandrohungen ein Gegengewicht zu Verbrechensanreizen sein könnten[11]. Als Verbot strafbegründender Analogie wurde der Grundsatz wohl zuerst in der Josephina von 1787 (Teil I § 13) normiert, insoweit auch im Interesse einer Stärkung der rationalisierenden Zentralgewalt[12], partikulare richterliche Gewalten zu disziplinieren[13]. 3

Nach allmählicher gemeindeutscher Durchsetzung des strafrechtlichen Rückwirkungsverbots als Element des Rechtsstaatsprinzips im 19. Jahrhundert und der Anerkennung des Grundsatzes im Reichsstrafgesetzbuch von 1871[14] konstitutionalisierte **Art. 116 WRV** den Grundsatz erstmals in Deutschland[15]. Der Nationalsozialismus diskriminierte den Nulla poena sine lege-Grundsatz als »liberalistisch« und erweiterte 1935 die Strafbarkeit (unter formaler Beibehaltung des Rückwirkungsverbots) durch Orientierung der Strafbarkeit in § 2 StGB auch am »Grundgedanken des Strafgesetzbuchs« und am »gesunden Volksempfinden« und lockerte so die Geltung des Prinzips der strengen Gesetzesbindung[16]. Nach der Wiedervereinigung Deutschlands 4

[8] Vgl. *K.-G. Zierlein*, in: Umbach/Clemens, GG II, Art. 103 Rn. 16; ausf. *Dannecker*, Strafrecht (Fn. 1), S. 84ff.

[9] *S. Kadelbach*, Keine Strafe ohne Gesetz, in: Dörr/Grote/Marauhn, EMRK/GG², Kap. 15 Rn. 1; *Rüping* (Fn. 2), Art. 103 Abs. 2 Rn. 4; ausf. *Dannecker*, Strafrecht (Fn. 1), S. 91ff.; *Schöckel*, Entwicklung (Fn. 1), S. 75ff.

[10] *P.J.A. v. Feuerbach*, Lehrbuch des gemeinen in Deutschland gültigen Peinlichen Rechts, 3. Aufl. 1805, § 20 I.

[11] *C. Roxin*, Der Grundsatz der Gesetzesbestimmtheit im deutschen Strafrecht, in: E. Hilgendorf (Hrsg.), Das Gesetzlichkeitsprinzip im Strafrecht, 2013, S. 113ff. (115f.); ausf. *Dannecker*, Strafrecht (Fn. 1), S. 112ff., 119ff.; *Schreiber*, Gesetz (Fn. 5), S. 156ff.

[12] Vgl. *Roxin*, Grundsatz (Fn. 11), S. 114.

[13] Vgl. *Dannecker*, Strafrecht (Fn. 1), S. 97ff.; *Wassermann* (Fn. 2), Art. 103 Rn. 3; *Rüping* (Fn. 2), Art. 103 Abs. 2 Rn. 6; *Sax*, Grundsätze (Fn. 4), S. 993; s. auch speziell zum Analogieverbot *B. Rüthers/C. Höpfner*, JZ 2005, 21 (22); *U. Scheffler*, Jura 1996, 505 (506f.); *Krey*, Strafe (Fn. 4), Rn. 70ff.

[14] *W. Gropp*, Der strafrechtliche Bestimmtheitsgrundsatz vor dem Bundesverfassungsgericht, in: L. Jaeckel/B. Zabel/R. Zimmermann (Hrsg.), Grundrechtspolitik und Rechtswissenschaft, 2015, S. 105ff. (107f.); ausf. *Dannecker*, Strafrecht (Fn. 1), S. 121ff., 137ff., 146ff. bzw. S. 150ff.

[15] *Dannecker*, Strafrecht (Fn. 1), S. 162ff.; *Schreiber*, Gesetz (Fn. 5), S. 181ff.

[16] *Wassermann* (Fn. 2), Art. 103 Rn. 4; *Rüping* (Fn. 2), Art. 103 Abs. 2 Rn. 9ff.; *Dannecker*, Strafrecht (Fn. 1), S. 172ff.; *Schreiber*, Gesetz (Fn. 5), S. 191ff.; ausf. *H. Rüping*, GA 131 (1984), 297ff.; *ders.*, Nullum crimen sine poena, in: FS Oehler, 1985, S. 27ff.; *W. Werber*, Analogie- und Rückwirkungsverbot im Dritten Reich unter Berücksichtigung der Kontinuitätsfrage zur Weimarer Zeit, Diss. jur. Bonn 1998, S. 48ff., 95ff.; s. auch *L. Gruchmann*, Justiz im Dritten Reich 1933–1940, 2. Aufl. 1990, S. 822ff.

1990 wurde seine Geltung im Blick auf die »Regierungskriminalität« der DDR neu aktualisiert[17].

II. Entstehung und Veränderung der Norm

5 Die Verfassungen der Länder nach 1945 knüpfen ebenso wie Art. 103 II GG, auch als Antwort auf das Analogiegebot des § 2 StGB i. d. F. von 1935, an Art. 116 WRV an. Im **Parlamentarischen Rat** wurde der Formulierungsentwurf von Art. 136 I HChE geändert: Statt Handlung ist nun von Tat die Rede[18]. Im Übrigen ist Art. 103 II GG seit 1949 textlich unverändert geblieben.

B. Internationale, supranationale und rechtsvergleichende Bezüge

I. Internationale Aspekte

6 **Im internationalen Recht** gehört das Gebot der vorherigen rechtlichen Bestimmtheit von Strafgesetzen zu den Mindeststandards des universellen Völkerrechts[19], doch hat sich ein **striktes Rückwirkungsverbot nicht** durchsetzen können. Zwar enthält Art. 11 Nr. 2 AEMR ein Verbot rückwirkender Strafbarkeit und Straferhöhung aufgrund nationalen oder internationalen Rechts, proklamiert Art. 23 IStGH-Statut den Grundsatz für seinen Anwendungsbereich, und auch Art. 15 I IPbpR (1966) nimmt den Grundsatz auf – ergänzt um den Vorrang des milderen Gesetzes (Art. 15 I 3 IPbpR)[20] –, doch mit einer wesentlichen Einschränkung in Absatz 2: Unter dem Einfluss auch des common law, das die Unterscheidung von Recht und Gesetz weniger starr sieht und sich aus überliefertem Recht speist, genügt im Völkerrecht, dass eine Straftat zur Zeit ihrer Regelung nach allgemeinen, von der Völkergemeinschaft anerkannten Rechtsgrundsätzen strafbar war[21]. Vielmehr misstrauen die Menschenrechtsverträge und das Völkerstrafrecht tendenziell den Staaten und ihren Machthabern und hindern so durch eingeschränkte Rückwirkungsverbote, faktisch risikolos über Menschenrechte zu verfügen[22].

II. Nulla poena sine lege und das europäische Recht

7 **Art. 7 I EMRK** normiert nach dem Vorbild von Art. 11 Nr. 2 AEMR ein Rückwirkungsverbot sowohl für die Strafbarkeit einer Handlung oder Unterlassung wie auch

---

[17] Vgl. *Kunig* (Fn. 4), Art. 103 Rn. 16. → Rn. 55 ff.

[18] *Zierlein* (Fn. 8), Art. 103 Rn. 21; *H. Rüping*, in: BK, Art. 103 Abs. 1 (Zweitb. 1980), Anm. I.1.; JöR 1 (1951), S. 742.

[19] *E. Schmidt-Aßmann*, in: Maunz/Dürig, GG, Art. 103 II (1992/2006), Rn. 249; *Dannecker*, Strafrecht (Fn. 1), S. 177 ff.

[20] Dazu näher *Kadelbach* (Fn. 9), Kap. 15 Rn. 3, 31; *Dannecker*, Strafrecht (Fn. 1), S. 184 ff., 424 ff.

[21] Vgl. näher *Kadelbach* (Fn. 9), Kap. 15 Rn. 7 f., 20; *K. Ipsen*, in: ders., Völkerrecht, § 31 Rn. 22; *K. Ambos*, KritV 86 (2003), 31 ff.; *O. Triffterer*, Was kann das Völkerstrafrecht zur Bewältigung der Regierungskriminalität in der DDR beitragen?, in: E.-J. Lampe (Hrsg.), Deutsche Wiedervereinigung, Bd. 2: Die Verfolgung von Regierungskriminalität der DDR nach der Wiedervereinigung, 1993, S. 131 ff. (135 ff., 145 ff.); *G. Werle*, ZStW 109 (1997), 808 ff.; ausf. *S. Buchner*, Die Rechtswidrigkeit der Taten von »Mauerschützen« im Lichte von Art. 103 II GG unter besonderer Berücksichtigung des Völkerrechts, 1996, S. 39 f., 237 ff., 274 ff.

[22] Vgl. *C. Safferling*, JZ 2015, 1061 ff.; *W.A. Welke*, KritJ 28 (1995), 369 (370 f.); *K. Amelung*, JuS 1993, 637 (642).

für eine Erhöhung des Strafmaßes[23], die der deutschen Rechtsprechung auffällig ähnelt[24] und auch in Art. 49 I GRCh seinen Niederschlag gefunden hat[25], aber weniger streng ist als Art. 103 II GG und abweichend gehandhabt wird[26]. So gilt Art. 7 I EMRK auch für Sicherungsverwahrung und Therapieunterbringung[27] (→ Rn. 21) oder lässt eine gewohnheitsrechtliche Strafbegründung zu[28]. Anders als Art. 103 II GG (→ Rn. 19) bezieht sich Art. 7 I EMRK auch nicht auf Disziplinarmaßnahmen[29] und gilt nicht einschränkungslos für Ordnungswidrigkeiten[30]; abgesehen von solchen eher punktuellen Abweichungen in der Akzentuierung lässt sich sein Gewährleistungsgehalt in weiten Teilen dem von Art. 103 II GG parallelisieren[31]. – Schließlich normiert Art. 7 II EMRK – im Einklang mit der skizzierten internationalen Tendenz (→ Rn. 6) – eine ausdrückliche Ausnahme vom strafrechtlichen Rückwirkungsverbot für Straftäter, deren Verhalten im Zeitpunkt der Tat »nach den allgemeinen von den zivilisierten Völkern anerkannten Rechtsgrundsätzen strafbar war«. Im Blick auf diese sog. **»Nürnberg-Klausel«**[32], die die Nürnberger Kriegsverbrecherprozesse von 1947 rechtfertigen sollte, hat die Bundesrepublik (wohl überflüssigerweise[33], weil nur aufgrund eines Übersetzungsfehlers Art. 7 II EMRK zu einer Bestrafung zu verpflichten schien) einen deklaratorischen Vorbehalt zur EMRK erklärt, so dass Art. 7 II EMRK ungeachtet seines rechtsquellentheoretischen Ranges (→ Vorb. Rn. 29) in der Bundesrepublik den strikten Art. 103 II GG nicht verdrängen konnte[34]; die Bundesrepublik hat den Vorbehalt am 05.10.2001 zurückgenommen[35].

Im Übrigen gilt auch **im genuin unionsrechtlich auszulegenden Recht der EU** der in Art. 49 I GRCh positivierte Grundsatz des »nulla poena sine lege« in allen Dimensio- 8

---

[23] S. näher *C. Grabenwarter/K. Struth*, in: Ehlers, Europäische Grundrechte, § 6 Rn. 61ff.; *Frowein*/Peukert, EMRK, Art. 7 Rn. 1; *M. Krajewski*, JZ 1997, 1054 (1054f.); ausf. *M.E. Villiger*, Handbuch der Europäischen Menschenrechtskonvention (EMRK), 2. Aufl. 1999, Rn. 533ff.; s. auch *F. Schorkopf*, Rückwirkungsverbot, in: S.A. Heselhaus/C. Nowak (Hrsg.), Handbuch der Europäischen Grundrechte, 2006, § 59 Rn. 34ff.

[24] So *G. Nolte*, in: v. Mangoldt/Klein/Starck, GG III, Art. 103 Rn. 114.

[25] *S. Magiera*, HGR VI/1, § 161 Rn. 81ff.; s. näher *A.B. Schaut*, Europäische Strafrechtsprinzipien, 2012, S. 125ff., 168ff.; *H.-U. Paeffgen*, ZStW 118 (2006), 275 (303ff.); *H.-W. Rengeling/P. Szczekalla*, Grundrechte in der Europäischen Union, 2004, Rn. 1204ff.

[26] *H.A. Wolff*, HGR V, § 134 Rn. 116.

[27] EGMR 17.12.2009, NJW 2010, 2495 (2497ff., Rn. 120ff.); *C. Grabenwarter*, JZ 2010, 857 (858f.).

[28] *H. Radtke/A. Hagemeier*, in: Epping/Hillgruber, GG, Art. 103 (Stand: 01.03.2015) Rn. 40; *Nolte* (Fn. 24), Art. 103 Rn. 114; *Schmidt-Aßmann* (Fn. 19), Art. 103 Rn. 250.

[29] *Kadelbach* (Fn. 9), Kap. 15 Rn. 12; *Oppermann/Classen/Nettesheim*, Europarecht, § 17 Rn. 87; *Frowein*/Peukert, EMRK, Art. 7 Rn. 8 (anders aber ebd., soweit sie als Strafverfahren i. S. von Art. 6 EMRK angesehen werden); anders auch *Nolte* (Fn. 24), Art. 103 Rn. 106.

[30] *Kadelbach* (Fn. 9), Kap. 15 Rn. 13.

[31] Ausf. *Kadelbach* (Fn. 9), Kap. 15 Rn. 9ff.; s. auch *J. Arnold/N. Karsten/H. Kreicker*, NJ 2001, 561ff.

[32] Vgl. *Kadelbach* (Fn. 9), Kap. 15 Rn. 2, 41ff.; *M. Rau*, NJW 2001, 3008 (3013f.); *Frowein*/Peukert, EMRK, Art. 7 Rn. 11; *B. Pieroth*, Der Rechtsstaat und die Aufarbeitung der vor-rechtsstaatlichen Vergangenheit, VVDStRL 51 (1992), S. 91ff. (104); *Wassermann* (Fn. 2), Art. 103 Rn. 62.

[33] *H. Satzger*, in: ders./W. Schluckebier (Hrsg.), StPO, 2. Aufl. 2016, Art. 7 EMRK Rn. 5; *Kadelbach* (Fn. 9), Kap. 15 Rn. 7; *Nolte* (Fn. 24), Art. 103 Rn. 123.

[34] *Degenhart* (Fn. 2), Art. 103 Rn. 75; *Wassermann* (Fn. 2), Art. 103 Rn. 62; krit. gegen diesen »deutschen Sonderweg« *G. Werle*, JZ 2012, 373 (374f.); *M. Kenntner*, NJW 1997, 2298ff.; gleichsinnig *K. Marxen/G. Werle*, Die strafrechtliche Aufarbeitung von DDR-Unrecht. Eine Bilanz, 1999, S. 260.

[35] *S. Schmahl*, in: Schmidt-Bleibtreu/Hofmann/Henneke, GG, Art. 103 Rn. 7; *Meyer-Ladewig*, EMRK, Art. 7 Rn. 13.

nen als Schriftlichkeits- und Bestimmtheitsgebot und als Analogie- und Rückwirkungsverbot[36] in Konkretisierung des Gesetzesvorbehalts[37]. Art. 103 II GG kann bei einer richtlinienkonformen Auslegung des deutschen Rechts aber nicht überspielt werden[38].

III. Rechtsvergleichende Hinweise

9 Der Grundsatz der Gesetzlichkeit des Strafens scheint nicht nur auf einfachgesetzlicher Ebene im ausländischen Strafrecht weithin positiviert zu sein[39], sondern findet sich in seinen unterschiedlichen Elementen mit Ausnahme Englands[40] auch auf der Ebene fast aller **europäischen Verfassungen**: Sie kennen ebenfalls teils das Prinzip der Gesetzlichkeit der Strafe (z.B. Art. 14 Verf. Belgien 1994; § 8 Verf. Finnland 1999; Art. 7 I Verf. Griechenland 1975; Art. 14 Verf. Luxemburg 1868/1996), teils das Rückwirkungsverbot (Art. 15 V Verf. Irland 1972; Art. 25 II Verf. Italien 1947; Art. 16 Verf. Niederlande 1983; Kap. 2 § 10 I Verf. Schweden 1975; Art. 25 I Verf. Spanien 1978), teils beide Prinzipien kombiniert (z.B. §§ 96 S. 1, 97 Verf. Norwegen 1967; Art. 33 I–III Verf. Türkei; Art. 29 I, III Verf. Portugal 1976)[41]. Diese Homogenität der Regelungen legt prima facie ein einheitliches Verständnis nahe[42].

10 Die **Landesverfassungen** der Bundesrepublik enthalten nur vereinzelt alle drei Elemente des Art. 103 II GG (so Art. 104 I Verf. Bayern; Art. 7 I Verf. Bremen), soweit sie nicht Art. 103 II GG einfach rezipieren (Art. 2 I Verf. Baden-Württemberg). Die meisten Landesverfassungen beschränken sich – wie auch frühere Landesverfassungen[43] – auf die Forderung eines geltenden Strafgesetzes zum Zeitpunkt der Tat (Art. 22 I Verf. Hessen; Art. 6 II Verf. Rheinland-Pfalz; Art. 15 Verf. Saarland). Das Verbot der Rückwirkung findet sich nur vereinzelt (Art. 66 Verf. Berlin a.F.).

C. Erläuterungen

I. Allgemeine Bedeutung

11 Das Gesetzlichkeitsprinzip und das Rückwirkungsverbot des Art. 103 II GG richten sich speziell **gegen** die **staatliche Strafgewalt**. Der Sinn dieser Hervorhebung im Unterschied zu anderen Erscheinungsformen staatlicher Eingriffe gründet im scharfen Zugriff des Strafens auf die Persönlichkeit durch hoheitliche Missbilligung von Schuld[44];

---

[36] *L. Greco*, GA 2016, 138ff., 195ff. zum Analogieverbot; ausf. *Schaut*, Strafrechtsprinzipien (Fn. 25), S. 125ff.; zur frühen Entfaltung als allgemeiner Rechtsgrundsatz EuGH v. 08.10.1987, 80/86, Rn. 13 – *Kolpinghuis Nijmegen*; *I. Schübel-Pfister*, Sprache und Gemeinschaftsrecht, 2004, S. 385ff.; *T. Schilling*, EuGRZ 2000, 3 (22); *Nolte* (Fn. 24), Art. 103 Rn. 115.

[37] Vgl. *S. Weber*, EuR 43 (2008), 88 (89f.).

[38] S. näher *B. Hecker*, JuS 2014, 385 (388ff.).

[39] Vgl. *G. Kohlmann*, Der Begriff des Staatsgeheimnisses und das verfassungsrechtliche Gebot der Bestimmtheit von Strafvorschriften, 1969, S. 219ff.

[40] S. aber *S. Löhr*, Prozeßgrundsätze in Deutschland, Frankreich und England, 2012, S. 254ff.

[41] Zu Frankreich *Löhr*, Prozeßgrundrechte (Fn. 40), S. 138ff.

[42] So *A. Tschentscher*, JZ 2007, 807 (814).

[43] Art. 4 I Verf. Württemberg-Baden; Art. 16 I Verf. Baden; Art. 17 I Verf. Württemberg-Hohenzollern; Art. 41 II Verf. Mark Brandenburg.

[44] BVerfGE 95, 96 (131); 109, 133 (172, Rn. 142); *H.A. Wolff*, HGR V, § 134 Rn. 11f.; *Nolte* (Fn. 24),

eine solche Wertung bedarf im Rechtsstaat als Staatsform der Distanz (→ Art. 20 [Rechtsstaat], Rn. 49) besonderer rechtsstaatlicher Sicherungen[45].

Art. 103 II GG verfolgt insoweit verschiedene Zwecke. Sie gründen wohl weniger in dem in Art. 1 I GG verwurzelten Schuldprinzip[46], weil Anknüpfungspunkt für den Schuldvorwurf an einen Täter nicht die Kenntnis des Strafgesetzes, sondern des Verbotes der betreffenden Handlung ist[47]; damit wird nicht bestritten, dass Art. 103 II GG davon ausgeht, dass Strafe Schuld voraussetzt (»nulla poena sine culpa«)[48]. Stärker erscheint der Gedanke der **Rechtssicherheit** als zentrales Element des Rechtsstaatsprinzips (→ Art. 20 [Rechtsstaat], Rn. 146 ff.) einschlägig: Art. 103 II GG stellt sich mit seinen Garantien gegen willkürliche ad-hoc-Entscheidungen des Gesetzgebers; die damit verbundenen erhöhten Anforderungen an die Ausübung der rechtsstaatlichen Strafgewalt[49] wollen diese wegen ihrer besonders hohen Eingriffsintensität voraussehbar, berechenbar und messbar machen[50] und so das Vertrauen in die Verlässlichkeit der Rechtsordnung garantieren[51], damit der einzelne sein Verhalten daran orientieren kann[52]. Dem läuft in der Gegenwart ein Megatrend zu einer wachsenden Flexibilität und Unbestimmtheit des Rechts entgegen[53]. 12

Indessen kommt es insoweit weniger auf das Überraschungsmoment für den Straftäter als primär darauf an, dass die **staatliche Strafgewalt objektiv diszipliniert** wird. Der einst gegen die Willkür der Richter, heute auch gegen den Gesetzgeber gerichtete Garantiegehalt will die allmächtige Strafgewalt des Staates davor bewahren, distanzlos wirklichen oder vermeintlichen Strafbedürfnissen, Rechtsgefühlen ad hoc oder politischen Bedürfnissen nachzugeben[54]. Art. 103 II GG entscheidet von Verfassung wegen einen rechtsstaatlichen In-sich-Konflikt zwischen Gerechtigkeit und Gesetzlichkeit ausdrücklich zugunsten letzterer und damit zugunsten der Orientierungssicherheit der Bürger im Recht und nimmt damit gerade ein Stück möglicher Einbuße an Gerechtigkeit oder Zweckmäßigkeit in Kauf[55]. 13

Art. 103 II GG richtet sich gegen **drei Möglichkeiten der Beeinträchtigung** einer rechtsstaatlichen Ausübung der Strafgewalt[56]: 1. gegen Strafen ohne parlamentsgesetzliche Grundlage (»nullum crimen sine lege scripta« = Gesetzlichkeitsprinzip oder 14

Art. 103 Rn. 97; *Schmidt-Aßmann* (Fn. 19), Art. 103 Rn. 165; ausf. *I. Appel*, Verfassung und Strafe, 1998, S. 24 ff.

[45] Übersichtlich *M. Möstl*, HStR³ VIII, § 179 Rn. 1 ff., 53 ff., 62 ff.; *D. Brodowski*, JuS 2012, 892 ff.

[46] So aber BVerfGE 25, 269 (285); 95, 96 (131); *Roxin*, Grundsatz (Fn. 11), S. 116; *Sax*, Grundsätze (Fn. 4), S. 998 f.; *Buchner*, Rechtswidrigkeit (Fn. 21), S. 47 f.

[47] Vgl. *G. Grünwald*, ZStW 76 (1964), 1 (11 f.); *Krey*, Strafe (Fn. 4), Rn. 128; *B. Schünemann*, Nulla poena sine lege?, 1978, S. 15; *A. Ransiek*, Gesetz und Lebenswirklichkeit, 1989, S. 25 f.; *Dannecker*, Strafrecht (Fn. 1), S. 257 f.

[48] In diesem Sinne BVerfGE 25, 269 (285); 105, 135 (154 f., Rn. 67 ff.); 109, 133 (171, Rn. 139); *Degenhart* (Fn. 2), Art. 103 Rn. 55; *Nolte* (Fn. 24), Art. 103 Rn. 112. → Art. 20 (Rechtsstaat), Rn. 194 ff.

[49] So BVerfGE 109, 133 (172, Rn. 142 f.).

[50] *Degenhart* (Fn. 2), Art. 103 Rn. 54; *M. Hettinger*, JuS 1997, L 17 (18 ff.); *Wassermann* (Fn. 2), Art. 103 Rn. 44.

[51] BVerfGE 113, 273 (308, Rn. 98).

[52] BVerfGE 95, 96 (131); 105, 135 (153, Rn. 66 f.); 109, 133 (172, Rn. 144); krit. *P. Reichenbach*, JR 2005, 405 (406 f.).

[53] S. näher *L. Schulz*, Neues zum Bestimmtheitsgrundsatz, in: FS Roxin, 2011, S. 305 ff. (305 ff.).

[54] Vgl. dazu *W.A. Welke*, KritJ 28 (1995), 369 (374 ff.); *Krey*, Strafe (Fn. 4), Rn. 137; *W. Naucke*, Die Mißachtung des strafrechtlichen Rückwirkungsverbots, in: FS Coing, Bd. 1, 1982, S. 225 ff. (246); *G.-A. Mangakis*, ZStW 81 (1969), 997 (1000); *G. Grünwald*, MDR 1965, 521 (523).

[55] Ausf. *Krahl*, Rechtsprechung (Fn. 3), S. 284 ff.; *Kohlmann*, Begriff (Fn. 39), S. 296 f.

[56] Übersichtlich *D. Brodowski*, JuS 2012, 892 (893 f.); *Krahl*, Rechtsprechung (Fn. 3), S. 39 ff.

Ausschluss von Gewohnheitsrecht, → Rn. 28ff.), 2. gegen Strafen auf der Grundlage ungenauer und damit manipulierbarer Gesetze (»nullum crimen sine lege certa« = Bestimmtheitsgrundsatz, → Rn. 38ff.) oder aufgrund deren analoger Anwendung (»nullum crimen sine lege stricta« = Analogieverbot, → Rn. 46ff.), 3. schließlich gegen rückwirkende Strafgesetze (»nullum crimen sine lege praevia« = Rückwirkungsverbot, → Rn. 50ff.). Die Zuordnung der einzelnen Möglichkeiten ist umstritten: Überwiegend wird das Analogieverbot als vierte selbständige Gewährleistung angesehen[57], teilweise als fünfte Dimension zwischen Ob (crimen) und Wie (poena) der Strafbarkeit unterschieden[58]. Sie werden nachstehend aber als logische Konsequenzen oder Erscheinungsformen des Bestimmtheitsgrundsatzes angesehen und diesem zugeordnet[59], auch wenn sie sich nach ihren Adressaten (Rechtsanwender bzw. Gesetzgeber) unterscheiden.

15 Art. 103 II GG formuliert einerseits ein **subjektives grundrechtsgleiches Recht**[60], das nach Art. 93 I Nr. 4a GG im Wege der Verfassungsbeschwerde geltend gemacht werden kann. Es formuliert in dieser Sichtweise für seinen Schutzbereich[61] ein Abwehrrecht i. S. eines Anspruchs gegen den Staat, Bestrafungen ohne vorherige gesetzliche Festlegung in der von Art. 103 II GG geforderten Form zu unterlassen[62], und unterliegt insoweit den allgemeinen Grundrechtslehren (→ Vorb. Rn. 82ff.). Andererseits wird hier kein eigenständiger Freiheitsbereich gesichert, sondern nur die **Art und Weise** bestimmter **staatlicher Eingriffe** in anderweitig geschützte Grundrechte, so dass sich die Anforderungen des Art. 103 II GG grundrechtssystematisch noch plausibler als Schranken-Schranke (→ Vorb. Rn. 144ff.) für strafrechtliche Eingriffe erweisen, wofür auch die enge Verwandtschaft seines Regelungsgehalts mit den allgemeinen rechtsstaatlichen Garantien spricht[63].

16 Art. 103 II GG lässt sich auch als »**Prozessgrundrecht**« bezeichnen, insoweit es um formelle Rechtssicherungen bei strafgerichtlicher Verfolgung geht; eine solche Benennung darf aber nicht in die Irre führen: Anders als der Anspruch auf Gehör aus Art. 103 I GG, der sich ganz vorrangig auf das gerichtliche Verfahren bezieht, legt das Grundrecht des Art. 103 II GG generell die Ausübung aller staatlichen Strafgewalt auf ele-

---

[57] Z. B. BVerfGE 109, 133 (171, Rn. 141); *H.A. Wolff*, HGR V, § 134 Rn. 1; *Nolte* (Fn. 24), Art. 103 Rn. 96; *Roxin*, Grundsatz (Fn. 11), S. 118; *L. Kuhlen*, Das Gesetzlichkeitsprinzip in der deutschen Praxis, in: Hilgendorf, Gesetzlichkeitsprinzip (Fn. 11), S. 45ff. (46); *ders.*, Zum Verhältnis von Bestimmtheitsgrundsatz und Analogieverbot, in: FS Otto, 2007, S. 89ff. (89); *Schmidt-Aßmann* (Fn. 19), Art. 103 Rn. 163; *Krey*, Strafe (Fn. 4), Rn. 35ff., 106ff.; *H.-J. Rudolphi/C. Jäger*, in: J. Wolter (Hrsg.), Systematischer Kommentar zum StGB, § 1 StGB (2014), Rn. 5; s. auch *D. Felix*, Einheit der Rechtsordnung, 1998, S. 194, 201; *F.-C. Schroeder*, NJW 1999, 89 (89).

[58] So z. B. *Schünemann*, Nulla poena (Fn. 47), S. 3 u. passim.

[59] So auch BVerfGE 92, 1 (12); 126, 170 (194, Rn. 68); 130, 1 (43, Rn. 164); *Schmahl* (Fn. 35), Art. 103 Rn. 3; ferner *Felix*, Einheit (Fn. 57), S. 202ff.; teilweise wird selbst das Rückwirkungsverbot als bloßer Unterfall des Bestimmtheitsgebots angesehen, so z. B. *Krahl*, Rechtsprechung (Fn. 3), S. 52f.

[60] So BVerfGE 85, 69 (72); Jarass/*Pieroth*, GG, Art. 103 Rn. 60; *Degenhart* (Fn. 2), Art. 103 Rn. 53; *A. Uhle*, HGR V, § 129 Rn. 88; *W. Höfling/C. Burkiczak*, in: Friauf/Höfling, GG, Art. 103 (2009), Rn. 125; *M. Sachs*, in: Stern, Staatsrecht III/1, S. 359f.; *Stern*, Staatsrecht III/1, S. 1460ff., 1467; anders *Nolte* (Fn. 24), Art. 103 Rn. 102: »echtes Grundrecht«. → Vorb. Rn. 63ff., 77f.

[61] BVerfGE 109, 133 (168, Rn. 133).

[62] *H.A. Wolff*, HGR V, § 134 Rn. 19; *Nolte* (Fn. 24), Art. 103 Rn. 102; *Schmidt-Aßmann* (Fn. 19), Art. 103 Rn. 191.

[63] Jarass/*Pieroth*, GG, Art. 103 Rn. 61; *I. Appel*, Jura 2000, 571 (576ff.); zust. *C. Brüning*, in: Stern/Becker, Grundrechte, Art. 103 Rn. 9; *Schmahl* (Fn. 35), Art. 103 Rn. 3; krit. *Höfling/Burkiczak* (Fn. 60), Art. 103 Rn. 126ff.

mentare rechtsstaatliche Voraussetzungen fest[64]. Auch fehlen ihm die bei anderen Prozessgrundrechten üblichen leistungsrechtlichen Gehalte[65] (→ Art. 101 Rn. 38; → Art. 103 I Rn. 26).

17 Art. 103 II GG konkretisiert insoweit zugleich **objektivrechtlich** das **Rechtsstaatsprinzip**[66]: Er präzisiert und verstärkt als lex specialis[67] dessen Unterprinzipien des Vorbehalts des Gesetzes, des Bestimmtheitsgrundsatzes und des Rückwirkungsverbots (→ Art. 20 [Rechtsstaat], Rn. 105ff., 129ff., 151ff.) für den Bereich der staatlichen Strafgewalt und hat insoweit freiheitsgewährleistende Funktion[68]. Zugleich weist er damit aber die Kompetenz zur Strafgesetzgebung dem Gesetzgeber selbst zu und konkretisiert so auch das **Demokratieprinzip**[69], wie für den allgemeinen Gesetzesvorbehalt allgemein anerkannt ist (→ Art. 20 [Rechtsstaat], Rn. 105), und begrenzt so für das Strafrecht die Rechtskonkretisierungsfunktion von Exekutive und Judikative[70] (→ Rn. 28).

18 Art. 103 II GG gilt insbesondere für Strafgesetzgebung (Rückwirkungsverbot, Bestimmtheitsgrundsatz) und Justiz[71], doch sind **Adressaten** des Grundrechts alle staatlichen Gewalten[72], also auch etwa die Verwaltung als Strafverfolgungsbehörde[73].

II. Schutzbereich

1. Sachlicher Schutzbereich

a) Strafen, nicht andere Sanktionen

19 Art. 103 II GG schützt vor ungesetzlicher **Strafe** i. S. einer »missbilligenden hoheitlichen Reaktion auf ein rechtswidriges, schuldhaftes Verhalten«[74] (→ Rn. 11): Strafrechtliche Sanktionen als besonders intensive Erscheinungsformen der Ausübung staatlicher Hoheitsgewalt zum Zweck des Schuldausgleichs müssen gesetzlich im Vorhinein bestimmt und damit absehbar sein. Zu Strafen in diesem Sinne zählen nicht nur die **Kriminalstrafen** des Kern- und Nebenstrafrechts, sondern auch – nach (wenn auch

---

64 Vgl. *Schmahl* (Fn. 35), Art. 103 Rn. 3; *Degenhart* (Fn. 2), Art. 103 Rn. 53; *Nolte* (Fn. 24), Art. 103 Rn. 102; *Schmidt-Aßmann* (Fn. 19), Art. 103 Rn. 191.

65 *I. Appel*, Jura 2000, 571 (576).

66 Zur Verwurzelung im Rechtsstaatsprinzip BVerfGE 7, 89 (92); 47, 109 (120); 78, 374 (382); 95, 96 (130); 109, 133 (171, Rn. 141f.); 126, 170 (195, Rn. 71); 130, 1 (43, Rn. 164f.); BVerfGK 17, 273 (291); *Degenhart* (Fn. 2), Art. 103 Rn. 53; Jarass/*Pieroth*, GG, Art. 103 Rn. 61; *Kunig* (Fn. 4), Art. 103 Rn. 17; *Rüping* (Fn. 2), Art. 103 Abs. 2 Rn. 14f.; *Schmidt-Aßmann* (Fn. 19), Art. 103 Rn. 166.

67 Jarass/*Pieroth*, GG, Art. 103 Rn. 61. → Rn. 59.

68 BVerfGE 75, 329 (341).

69 Vgl. BVerfGE 75, 329 (341f.); 78, 374 (382); BVerfGK 17, 273 (291); *Kunig* (Fn. 4), Art. 103 Rn. 17, 21; *K.F. Gärditz*, Der Staat 49 (2010), 331 (342ff.); ausf. *U. Volkmann*, ZRP 1995, 220 (221ff.); s. auch *G. Grünwald*, ZStW 76 (1964), 1 (13f., 16); *Ransiek*, Gesetz (Fn. 47), S. 40ff.; *C. Schütz*, Strafe und Strafrecht im demokratischen und sozialen Rechtsstaat, 1997, S. 55.

70 *H.A. Wolff*, HGR V, § 134 Rn. 15ff.

71 Vgl. BVerfGE 105, 135 (153, Rn. 65); *I. Appel*, Jura 2000, 571 (576).

72 Anders *Höfling/Burkiczak* (Fn. 60), Art. 103 Rn. 158.

73 *Nolte* (Fn. 24), Art. 103 Rn. 163; *Schmidt-Aßmann* (Fn. 19), Art. 103 Rn. 191.

74 In diesem Sinne BVerfGE 26, 186 (204); 42, 261 (262); 45, 346 (351); wörtlich 109, 133 (167, Rn. 129); bestätigend 117, 71 (110, Rn. 117); 128, 326 (392f., Rn. 142); *Degenhart* (Fn. 2), Art. 103 Rn. 57; *H.A. Wolff*, HGR V, § 134 Rn. 29; *Kunig* (Fn. 4), Art. 103 Rn. 19; *Schmidt-Aßmann* (Fn. 19), Art. 103 Rn. 191; ausf. zum Begriff der Strafe aus verfassungsrechtlicher Sicht *Appel*, Verfassung (Fn. 44), S. 207ff., 477ff.; *K. Volk*, ZStW 83 (1971), 405ff.

abgemildertem) Schuldvorwurf[75], Entstehungsgeschichte, Systematik des Art. 74 I Nr. 1 GG sowie Normzweck – die **Sanktionen des Ordnungswidrigkeitenrechts**[76], auch Ordnungsgelder nach § 335 HGB[77]. Wegen ihrer nach dem Empfinden der Betroffenen (weniger nach Rechtsgrund und Zweckbestimmung) vergleichbaren Wirkungen gilt Art. 103 II GG grundsätzlich auch bei **disziplinar- und ehrengerichtlichen Maßnahmen**[78], so sehr Art. 103 II GG bei letzteren wegen »der Natur dieser Rechtsgebiete« nur eingeschränkt gelten kann, insofern generalklauselartige Tatbestände stärker als zulässig angesehen werden[79], so dass ihm in diesem Bereich kaum praktische Bedeutung zukommt[80].

20 Als Strafen sind alle Erscheinungsformen der angedrohten **repressiven Sanktionen in einem weiten Sinne** i. S. von Pflichtenmahnungen mit Vorwurfscharakter[81] anzusehen, neben den Hauptstrafen (bes. Geld- und Freiheitsstrafen) auch Nebenstrafen und Nebenfolgen i. S. der §§ 38–45b StGB[82], Vermögensstrafen[83], Jugendarrest[84], Strafaussetzung zur Bewährung[85].

21 **Keine Strafen** i. S. von Art. 103 II GG sind solche (repressiven) Sanktionen, bei denen die Missbilligung trotz einer gewissen »strafähnlichen Ahndung«[86] allenfalls ein Sekundärmotiv ist, weil sie primär der Durchsetzung eines anderen Zweckes dienen; dazu gehören trotz ihrer zugleich oft erheblich belastenden Wirkungen nach neuer Rechtsprechung des BVerfG auch die Maßregeln der Besserung und Sicherung wegen ihres primär präventiven Charakters (vgl. § 61 StGB)[87] wie etwa die (auch nachträgli-

---

[75] Vgl. BVerfGE 9, 167 (171); 45, 272 (288).

[76] BVerfGE 38, 348 (371); 71, 108 (114); 87, 399 (411); BVerfGK 4, 323 (326); 11, 337 (349); BVerfG (K), NJW 2016, 1229 (1229); BayVerfGHE 36, 149 (152); *Degenhart* (Fn. 2), Art. 103 Rn. 59; Jarass/*Pieroth*, GG, Art. 103 Rn. 62; *Kunig* (Fn. 4), Art. 103 Rn. 19; *H.A. Wolff*, HGR V, § 134 Rn. 30f.; *Schmidt-Aßmann* (Fn. 19), Art. 103 Rn. 195; *Wassermann* (Fn. 2), Art. 103 Rn. 46; für analoge Geltung *Rüping* (Fn. 2), Art. 103 Abs. 2 Rn. 79.

[77] BVerfG (K), NJW 2014, 1431 (1432).

[78] So BVerfGE 26, 186 (203); 33, 125 (164); 66, 337 (355f.); 109, 190 (217, Rn. 103); 116, 69 (82f., Rn. 44); BVerfG (K), StV 2013, 449 (450); BVerwGE 127, 293 (299); BGH NJW 1991, 1241 (1242); *Degenhart* (Fn. 2), Art. 103 Rn. 59; *Zierlein* (Fn. 8), Art. 103 Rn. 119; a.A. *Rüping* (Fn. 2), Art. 103 Abs. 2 Rn. 77f.; *Schmidt-Aßmann* (Fn. 19), Art. 103 Rn. 196; *Reich*, GG, Art. 103 Rn. 2; differenzierend *Nolte* (Fn. 24), Art. 103 Rn. 106; *Appel*, Verfassung (Fn. 44), S. 510ff., 529f.

[79] BVerfGE 26, 186 (203f.); 45, 346 (351); BVerfG (K), NJW 2014, 2019 (2020); BayVerfGHE 23, 23 (28); BGHSt 19, 90 (91f.); krit. *H.A. Wolff*, HGR V, § 134 Rn. 32; *Brüning* (Fn. 63), Art. 103 Rn. 54.

[80] *Radtke/Hagemeier* (Fn. 28), Art. 103 Rn. 22.1.

[81] So *H.A. Wolff*, HGR V, § 134 Rn. 33.

[82] Jarass/*Pieroth*, GG, Art. 103 Rn. 64; *Degenhart* (Fn. 2), Art. 103 Rn. 58; *Rüping* (Fn. 2), Art. 103 Abs. 2 Rn. 60, 74; *Schmidt-Aßmann* (Fn. 19), Art. 103 Rn. 197.

[83] BVerfGE 105, 135 (157f., Rn. 74ff.).

[84] BVerfGK 4, 261 (265).

[85] Jarass/*Pieroth*, GG, Art. 103 Rn. 64; *Schmidt-Aßmann* (Fn. 19), Art. 103 Rn. 197; offenlassend für den Widerruf der Strafaussetzung BVerfG (K), NJW 1992, 2877.

[86] BVerfGE 84, 82 (87ff.).

[87] BVerfGE 109, 133 (167ff., Rn. 127ff.); 109, 190 (217, Rn. 103); 128, 326 (392f., Rn. 142); BVerfGK 9, 108 (111); 14, 357 (364); BGHSt 50, 121 (130); *Schmahl* (Fn. 35), Art. 103 Rn. 73; Jarass/*Pieroth*, GG, Art. 103 Rn. 65; *Degenhart* (Fn. 2), Art. 103 Rn. 58; *Nolte* (Fn. 24), Art. 103 Rn. 107; *Wassermann* (Fn. 2), Art. 103 Rn. 50; offengelassen in BVerfGE 74, 102 (126); 83, 119 (128); differenzierend *Rüping* (Fn. 2), Art. 103 Abs. 2 Rn. 61, 75; ausf. *H. Radtke*, GA 2011, 636 (642ff.); *Dannecker*, Strafrecht (Fn. 1), S. 289ff.; eher zu Recht a.A. EGMR, 17.12.2009, NJW 2010, 2495 (2497ff., Rn. 120ff.) – *M*; *T. Mushoff*, KritV 87 (2004), 137 (140ff.); *H. Baier*, Jura 2004, 552 (553); *Zierlein* (Fn. 8), Art. 103 Rn. 120; *D. Best*, ZStW 114 (2002), 88 (99ff., 124ff.); *B. Pieroth*, JZ 2002, 922 (926); *J. Kinzig*, NJW 2001, 1455 (1456f.).

che) Sicherungsverwahrung[88] und die Therapieunterbringung[89]; der darin liegenden primär begrifflichen Abweichung von Art. 7 I EMRK (→ Rn. 7) braucht nicht durch Übernahme in das nationale Recht, sondern soll durch Verhältnismäßigkeitsüberlegungen und ein Abstandsgebot zur Strafvollstreckung begegnet werden[90], das den Vollzug der Sicherungsverwahrung besser stellt und auch räumlich trennt[91]. Keine Strafen sind auch Führungsaufsicht[92], Anordnungen (nicht: Disziplinarmaßnahmen, → Rn. 19) im Strafvollzug[93], Bewährungsauflagen oder sonstige Anordnungen während einer Bewährungszeit nach §§ 56a ff. StGB[94], Strafaussetzungen nach §§ 57a ff. StGB[95], Untersuchungshaft[96], der erweiterte Verfall deliktisch erlangter Vermögensvorteile[97], weiterhin **prozessrechtliche Sanktionen** wie Zwangs- und Ordnungsmittel nach § 178 GVG[98] oder vollstreckungsrechtliche Beuge- und Ordnungsmittel wie z. B. Ordnungsgelder nach § 890 ZPO[99], deren Anwendung allerdings den allgemeinen rechtsstaatlichen Grenzen der Verhältnismäßigkeit unterliegt (→ Art. 20 [Rechtsstaat], Rn. 179 ff., 194 ff.). Ebenfalls keine Strafen i. S. von Art. 103 II GG sind verwaltungsrechtliche Zwangsmittel mit Beugecharakter[100] und **präventive Maßnahmen** der Gefahrenabwehr[101], etwa der polizeiliche Unterbindungsgewahrsam[102], Zahlungspflichten nach § 31b PartG wegen unrichtiger Rechenschaftsberichte[103] oder öffentlich-rechtliche Leistungspflichten, etwa die Kostentragungspflicht des Kfz.-Halters nach § 25a StVG[104] und die Pflicht zur Steuerzahlung[105] oder Verzinsungspflichten bei einer Geldbuße[106].

Erst recht keine Ausübung staatlicher Strafsanktionsgewalt sind schließlich **zivilrechtliche Verpflichtungen**, etwa Ausgleichsansprüche wie die Pflicht zum Schadenser- 22

---

[88] BVerfGE 109, 133 (172 ff., Rn. 144 ff.); 109, 190 (217, Rn. 103); 128, 326 (392 f., Rn. 141 f.); 131, 268 (306, Rn. 116); 134, 33 (68, Rn. 86); BVerfGK 9, 108 (111); 16, 98 (107); a.A. *M.H.W. Möllers*, ZRP 2010, 153 ff.

[89] BVerfGE 134, 33 (57, Rn. 59; 61 f., Rn. 73 f.); krit. *K. Höffler*, StV 2014, 168 ff.; *T. Ullenbruch*, StV 2014, 174 ff.

[90] BVerfGE 128, 326 (372 ff., Rn. 96 ff.); 134, 33 (63 ff., Rn. 75 ff.); *J. Renzikowski*, NJW 2013, 1638 (1639); *C. Grabenwarter*, EuGRZ 2012, 507 (511); gebilligt von EGMR, 07.01.2016, EuGRZ 2016, 352 (366 ff., Rn. 153 ff.) – *Bergmann*; krit. *A. Windoffer*, DÖV 2011, 590 ff.

[91] BVerfGE 128, 326 (375, Rn. 101; 380 f., Rn. 115); BVerfGK 20, 1 (6 ff.).

[92] BVerfGK 8, 183 (194).

[93] BGHSt 49, 61 (66).

[94] *Kunig* (Fn. 4), Art. 103 Rn. 20.

[95] BVerfGE 117, 71 (110 f., Rn. 117); *Radtke/Hagemeier* (Fn. 28), Art. 103 Rn. 21.

[96] BVerfGE 19, 342 (347); 109, 133 (175, Rn. 154 f.).

[97] BVerfGE 110, 1 (14 ff., Rn. 60 ff.); diese Gründe sprechen wohl auch dafür, dass Verfall und Einziehung keine Strafen sind, a.A. → Bd. III², Art. 103 II Rn. 17 und *Rüping* (Fn. 2), Art. 103 Abs. 2 Rn. 60.

[98] Jarass/*Pieroth*, GG, Art. 103 Rn. 63; *Degenhart* (Fn. 2), Art. 103 Rn. 60; *Schmidt-Aßmann* (Fn. 19), Art. 103 Rn. 195.

[99] BVerfGE 84, 82 (89); Jarass/*Pieroth*, GG, Art. 103 Rn. 63; *Schmidt-Aßmann* (Fn. 19), Art. 103 Rn. 195; s. aber auch BVerfG (K), NJW 2014, 1431 (1432).

[100] BVerfGK 7, 397 (400).

[101] Vgl. BVerfGE 20, 323 (331); BVerfGK 8, 10 (15).

[102] *Degenhart* (Fn. 2), Art. 103 Rn. 58.

[103] BVerwGE 145, 194 (225, Rn. 65).

[104] BVerfG (K), NJW 1992, 1953 f.

[105] BVerfGE 7, 89 (95).

[106] BVerfGE 133, 1 (32 f., Rn. 92 ff.).

satz und Schmerzensgeld[107], Erfüllungsansprüche[108] oder Rechtsverluste wie der Fall der Verwirkung eines Anspruchs[109], geschweige denn die Sanktionen im Rahmen der privatrechtlichen (Vereins-)Strafgewalt[110] oder auch Parteiverbote oder die Aberkennung von Mandaten aufgrund von Parteiverboten[111] oder der Wegfall des Anspruchs auf Parteienfinanzierung wegen fehlerhafter Mitwirkung der politischen Partei[112].

b) Gesetzlich bestimmte Strafbarkeit der Tat

23 Eine gesetzliche Bestimmung der Strafbarkeit der Tat i.S. von Art. 103 II GG meint die Festlegung des gesetzlichen Straftatbestandes (»nullum crimen sine lege«)[113] i.S. der Gesamtheit aller materiell-rechtlichen Voraussetzungen der Strafbarkeit[114] einschließlich der Rechtsfolgen in Form einer Androhung von Strafen im vorgenannten Sinne[115] (→ Rn. 19ff.). Dazu gehört eine hinreichend genaue Festlegung dessen, was als Straftat i.S. eines vorwerfbaren Verhaltens (Verbrechen) zu verstehen ist[116] (→ Art. 103 III Rn. 17ff. zum Begriff der Tat). Zum Straftatbestand gehören zunächst alle normativen **Regeln, die materiell über das Ob einer Strafbarkeit einer Tat entscheiden**: Die Regeln des Allgemeinen Teils zur Rechtswidrigkeit und Schuld[117] und die Tatbestände des Besonderen Teils des StGB[118] einschließlich der Rechtfertigungs-[119] und Schuldausschließungsgründe[120], die Strafbarkeitsbedingungen und Strafausschließungsgründe[121], Strafaufhebungsgründe[122] und die (materiellen) Bestimmungen über den räumlichen Anwendungsbereich des Strafrechts[123].

24 Zu den Voraussetzungen einer Strafbarkeit zählen ferner entsprechend dem notwendigen inneren Zusammenhang von Tat, Schuld und Strafe[124] alle **Regeln**, die über

---

107 BVerfGE 34, 269 (293); 84, 82 (89); BGHZ 160, 298 (302f.); *Schmidt-Aßmann* (Fn. 19), Art. 103 Rn. 195; zweifelnd für »Strafschaden« (punitive damages) *Degenhart* (Fn. 2), Art. 103 Rn. 60; zur gleichwohl bestehenden Genugtuungsfunktion *E. Deutsch*, JuS 1969, 197ff.

108 BGH NJW 2003, 3620 (3621).

109 BVerfGE 27, 231 (235f.); Jarass/*Pieroth*, GG, Art. 103 Rn. 63; *Degenhart* (Fn. 2), Art. 103 Rn. 60.

110 *Rüping* (Fn. 2), Art. 103 Abs. 2 Rn. 85; Jarass/*Pieroth*, GG, Art. 103 Rn. 63. Insoweit kann § 242 BGB maßstäblich sein.

111 *Kunig* (Fn. 4), Art. 103 Rn. 20.

112 Vgl. BVerfGE 111, 54 (98, Rn. 212); Jarass/*Pieroth*, GG, Art. 103 Rn. 63.

113 BVerfGE 25, 269 (285f.); Jarass/*Pieroth*, GG, Art. 103 Rn. 64; *Degenhart* (Fn. 2), Art. 103 Rn. 61; ausf. *H. Schürmann*, Unterlassungsstrafbarkeit und Gesetzlichkeit, 1986, S. 151ff.

114 Jarass/*Pieroth*, GG, Art. 103 Rn. 64; *Degenhart* (Fn. 2), Art. 103 Rn. 61; *Rüping* (Fn. 2), Art. 103 Abs. 2 Rn. 50, 67; *G. Duttge*, Zur Bestimmtheit des Handlungsunwerts von Fahrlässigkeitsdelikten, 2001, S. 162ff.; *Dannecker*, Strafrecht (Fn. 1), S. 272ff.

115 Vgl. BVerfGE 45, 363 (371); 86, 288 (311); 105, 135 (153, Rn. 64f.); Jarass/*Pieroth*, GG, Art. 103 Rn. 64; *Zierlein* (Fn. 8), Art. 103 Rn. 124.

116 *Reich*, GG, Art. 103 Rn. 2; *Kunig* (Fn. 4), Art. 103 Rn. 18.

117 Krit. im Blick auf den Fahrlässigkeitsbegriff *G. Duttge*, JZ 2014, 261 (266ff.).

118 *Degenhart* (Fn. 2), Art. 103 Rn. 61; *Schmidt-Aßmann* (Fn. 19), Art. 103 Rn. 197.

119 *Rüping* (Fn. 2), Art. 103 Abs. 2 Rn. 50; *H.-J. Papier/J. Möller*, NJW 1999, 3289 (3291); ausf. *V. Erb*, ZStW 108 (1996), 266ff.; a.A. *F.C. Schroeder*, JZ 1992, 990 (991).

120 *Degenhart* (Fn. 2), Art. 103 Rn. 61; *Schmidt-Aßmann* (Fn. 19), Art. 103 Rn. 197; *Rüping* (Fn. 2), Art. 103 Abs. 2 Rn. 67.

121 BVerfG (K), NVwZ 2015, 361 (362); *Schmidt-Aßmann* (Fn. 19), Art. 103 Rn. 197; *Rüping* (Fn. 2), Art. 103 Abs. 2 Rn. 67; a.A. *H.A. Wolff*, HGR V, § 134 Rn. 37.

122 BVerfGK 9, 420 (421).

123 BVerfGE 92, 277 (313); BVerfG (K), NJW 2001, 1848 (1850); krit. *C. Arndt*, NJW 1995, 1803f.

124 Vgl. BVerfGE 25, 269 (286f.); *Nolte* (Fn. 24), Art. 103 Rn. 112.

die **Art und Weise der Rechtsfolgen** der Erfüllung des Straftatbestandes, also der Bestrafung entscheiden: die Festlegung der Strafdrohung (»nulla poena sine lege«)[125], der Strafzumessungsregeln[126], die Bedingungen für die Strafaussetzung zur Bewährung[127] oder für die Verwarnung mit Strafvorbehalt[128].

Nicht zu den gesetzlichen Bestimmungen der Strafbarkeit i.S. von Art.103 II GG gehören alle formell-rechtlichen **Verfahrensvoraussetzungen** für die Ermittlung des Ob der Strafbarkeit, also die Regeln des Strafverfahrensrechts[129], etwa auch Regeln über die Beweisverwertung[130], Zeugnisverweigerungsrechte[131], die Strafverfolgungsvoraussetzungen wie Antragserfordernisse[132], die Auslieferungsvoraussetzungen der beiderseitigen Strafbarkeit[133] oder die verfahrensrechtliche Erstreckung der deutschen Strafgewalt[134]: Der in der Garantie von Rechtssicherheit (→ Rn.12) angelegte Vertrauensschutz für Täter erscheint insoweit nicht schutzwürdig. Das soll seit der Entscheidung über die Verlängerung der Verjährungsfristen für NS-Verbrecher nach herrschender Praxis auch für die Verjährung als bloße Verfolgbarkeitsvoraussetzung im öffentlichen Interesse gelten[135]. 25

Nicht erfasst sind schließlich auch die **Strafvollstreckungsregeln** wie Hafturlaub oder Strafaussetzung einer lebenslangen Freiheitsstrafe[136] oder Behandlungsmaßnahmen im Vollzug einer Freiheitsstrafe[137], konsequenterweise auch die Maßregeln der Besserung und Sicherung[138] und der Widerruf der Strafaussetzung[139] (→ Rn.21), 26

---

[125] BVerfGE 105, 135 (153, Rn.66; 156, Rn.72); BVerfGK 4, 261 (264f.); *Appel*, Verfassung (Fn.44), S.123f.; *Schmidt-Aßmann* (Fn.19), Art.103 Rn.197; *Wassermann* (Fn.2), Art.103 Rn.46; *Rudolphi/Jäger* (Fn.57), § 1 Rn.15.

[126] BVerfGE 105, 135 (156f., Rn.73); BVerfGK 14, 177 (182); *Degenhart* (Fn.2), Art.103 Rn.61.

[127] Jarass/*Pieroth*, GG, Art.103 Rn.64; *Degenhart* (Fn.2), Art.103 Rn.61; *Schmidt-Aßmann* (Fn.19), Art.103 Rn.197.

[128] *Degenhart* (Fn.2), Art.103 Rn.61; s. auch *Rüping* (Fn.2), Art.103 Abs.2 Rn.74.

[129] BVerfGE 63, 343 (359); 112, 304 (315, Rn.47); 113, 273 (308, Rn.98); BVerfGK 7, 61 (64); Jarass/*Pieroth*, GG, Art.103 Rn.66; *Degenhart* (Fn.2), Art.103 Rn.62; *H.A. Wolff*, HGR V, § 134 Rn.40, 109; *Rüping* (Fn.2), Art.103 Abs.2 Rn.76; krit. *C. Jäger*, GA 2006, 615 (619ff.); ausf. *Dannecker*, Strafrecht (Fn.1), S.316ff.

[130] BVerfGK 4, 105 (111); *Schmidt-Aßmann* (Fn.19), Art.103 Rn.197, 231, 233.

[131] *Höfling/Burkiczak* (Fn.60), Art.103 Rn.143; a.A. BGHSt 50, 64 (77ff.).

[132] BGHSt 20, 22 (27); 46, 310 (317f.); *Degenhart* (Fn.2), Art.103 Rn.62; Jarass/*Pieroth*, GG, Art.103 Rn.65; a.A. *Kunig* (Fn.4), Art.103 Rn.31; *Rüping* (Fn.2), Art.103 Abs.2 Rn.62; s. auch *Dannecker*, Strafrecht (Fn.1), S.335ff.; *A. Knauth*, StV 2003, 418ff.

[133] BVerfGE 109, 13 (37, Rn.79); 109, 38 (63, Rn.81); eine Auslieferung wegen einer zur Begehungszeit in Deutschland straflosen Tat kann einer materiellen Rückwirkung gleichkommen, vgl. BVerfGE 113, 273 (308f., Rn.98); *Degenhart* (Fn.2), Art.103 Rn.62.

[134] Vgl. BVerfGE 92, 277 (324f.).

[135] BVerfGE 25, 269 (286ff.); 81, 132 (135); BVerfGK 2, 149 (161); BVerfG (K), NJW 2000, 1554 (1555); BGHSt 40, 113 (118); *W. Wohlers*, Die zeitliche Geltung strafprozessualer Normen, in: FS Kargl, 2015, S.587ff. (597); *Degenhart* (Fn.2), Art.103 Rn.62; *Kunig* (Fn.4), Art.103 Rn.32; *Nolte* (Fn.24), Art.103 Rn.111; *K. Tiedemann*, Verfassungsrecht und Strafrecht, 1991, S.39; a.A. *Appel*, Verfassung (Fn.44), S.126f.; *Dannecker*, Strafrecht (Fn.1), S.323f., 332ff.; *H.-L. Schreiber*, ZStW 80 (1968), 348 (365); *G. Grünwald*, MDR 1965, 521 (524); s. ferner zur Verjährung von NS-Verbrechen *K. Lüderssen*, JZ 1979, 449ff.; *E.-W. Böckenförde*, ZStW 91 (1979), 888ff.

[136] BVerfGE 64, 261 (280) bzw. E 86, 288 (311); 117, 71 (110f., Rn.117); Jarass/*Pieroth*, GG, Art.103 Rn.65; a.A. BVerfGE 86, 340 (342) – *Sondervotum Mahrenholz*; *Nolte* (Fn.24), Art.103 Rn.112; *Kunig* (Fn.4), Art.103 Rn.31.

[137] BVerfGE 64, 261 (280); Jarass/*Pieroth*, GG, Art.103 Rn.66.

[138] BVerfGE 109, 133 (167ff., Rn.127ff.; 172, Rn.144) betr. Sicherungsverwahrung. → Rn.21.

[139] *Appel*, Verfassung (Fn.44), S.125, 529; anders *Rüping* (Fn.2), Art.103 Abs.2 Rn.75; offenlassend BVerfGE 74, 102 (126); BVerfG (K), NJW 1992, 2877; BGHSt 24, 103 (105f.).

ebenso Verwirkungstatbestände des öffentlichen Rechts[140]. Jenseits von Art. 103 II GG können sich aber Grenzen aus dem Rechtsstaatsprinzip ergeben (→ Art. 20 [Rechtsstaat], Rn. 194 ff., 217 ff.).

2. Personeller Schutzbereich

27 Art. 103 II GG gilt wie Absatz 1 (→ Art. 103 I Rn. 21 ff.) für **jedermann**, also für natürliche und juristische Personen, soweit letztere als solche Sanktionen staatlicher Strafgewalt i. S. von Art. 103 II GG unterliegen können[141] (→ Art. 103 III Rn. 24).

III. Die Gewährleistungsgehalte des Art. 103 II GG

1. Der Vorbehalt des Strafgesetzes

a) Der Parlamentsvorbehalt als Grundsatz

28 Art. 103 II GG gebietet formell, dass die Strafbarkeit eines Verhaltens und die Art der Strafen **grundsätzlich** in einem **parlamentarischen Gesetz** abstrakt-generell bestimmt sein muss[142] (»nullum crimen sine lege scripta«); er enthält keine materiellen Aussagen darüber, welches Verhalten für strafbar erklärt werden darf[143]. Er konkretisiert insoweit den allgemeinen Gesetzesvorbehalt (→ Art. 20 [Rechtsstaat], Rn. 105 ff.) mit einem doppelten Zweck[144] (→ Rn. 11 ff.). Einerseits soll subjektiv-rechtlich jeder Normadressat dadurch geschützt werden, dass es für ihn vorhersehbar ist, welches Verhalten strafbar ist und welches nicht[145], ohne dass gerade bei neuartigen Strafgesetzen deren verhaltensdeterminierende Wirkungen überschätzt werden dürfen[146]. Andererseits soll objektiv-rechtlich sichergestellt werden, dass der parlamentarische Gesetzgeber als Vertreter des Volkes und nicht Exekutive oder Judikative über die Strafbarkeit von Verhaltensweisen der Bürger entscheiden[147].

29 Dieser Vorbehalt des Strafgesetzes ist daher »streng« zu beachten[148]; die Anforderungen gehen aber letztlich wohl nicht über den allgemeinen Parlamentsvorbehalt hinaus. Art. 103 II GG **verbietet** eindeutig strafbegründendes oder strafverschärfen-

---

[140] Vgl. BVerfGE 27, 231 (237); *Kunig* (Fn. 4), Art. 103 Rn. 32.

[141] *Degenhart* (Fn. 2), Art. 103 Rn. 53; *Nolte* (Fn. 24), Art. 103 Rn. 162; *Höfling/Burkiczak* (Fn. 60), Art. 103 Rn. 131. → Art. 19 III Rn. 40 ff.

[142] BVerfGE 75, 329 (342); 78, 374 (382); 85, 69 (72); 87, 399 (411); 126, 170 (194 f., Rn. 68 ff.); *Degenhart* (Fn. 2), Art. 103 Rn. 63; *H.A. Wolff*, HGR V, § 134 Rn. 43 ff.; *Kuhlen*, Gesetzlichkeitsprinzip (Fn. 57), S. 49 ff.; *D. Brodowski*, JuS 2012, 892 (893); *Duttge*, Bestimmtheit (Fn. 114), S. 165 ff.; *Dannecker*, Strafrecht (Fn. 1), S. 222 ff.

[143] BVerfG (K), NJW 1994, 2412 f.; BVerfG (K), NJW 1995, 248 (248); s. aber auch *H. Sodan*, in: Sodan, GG, Art. 103 Rn. 17; *Schütz*, Strafe (Fn. 69), S. 56 ff.

[144] Z. B. BVerfGE 87, 399 (411); Jarass/*Pieroth*, GG, Art. 103 Rn. 68; *Radtke/Hagemeier* (Fn. 28), Art. 103 Rn. 23; *Appel*, Verfassung (Fn. 44), S. 117 f.; krit. *G. Grünwald*, Die Entwicklung der Rechtsprechung zum Gesetzlichkeitsprinzip, in: FS Arthur Kaufmann, 1993, S. 433 ff. (435 ff.).

[145] Z. B. BVerfGE 87, 399 (411); 126, 170 (195, Rn. 71); BVerfGE 143, 38 (53 f., Rn. 38); BVerfGK 11, 337 (349); Jarass/*Pieroth*, GG, Art. 103 Rn. 68; *W. Heyde*, Rechtsprechung, in: HdbVerfR, § 33 Rn. 68.

[146] Vgl. *Wassermann* (Fn. 2), Art. 103 Rn. 45; *Ransiek*, Gesetz (Fn. 47), S. 14 ff.; s. aber auch *Dannecker*, Strafrecht (Fn. 1), S. 259; *Schünemann*, Nulla poena (Fn. 47), S. 12 ff.

[147] BVerfGE 71, 108 (114); 87, 209 (224); 87, 399 (411); 105, 135 (153, Rn. 65); 126, 170 (194, Rn. 69); BVerfGK 4, 261 (264); *P. Reichenbach*, JR 2005, 405 (407).

[148] So BVerfGE 71, 108 (114); 75, 329 (341); 78, 374 (382); 92, 1 (12); 126, 170 (194, Rn. 69).

des **Gewohnheitsrecht**[149]. Er entfaltet insoweit **deklaratorisch** eine gewisse **Mahnfunktion** im Blick darauf, dass strafrechtliche Normen oft an andere Rechtsakte anknüpfen (→ Rn. 31ff.). Jedenfalls gewohnheitsrechtliche oder richterrechtliche Begründungen der materiellen Strafbarkeit sind strikt ausgeschlossen[150] (wenn man einmal absieht von der verfassungsgerichtlich gemäß § 35 BVerfGG angeordneten Übergangsregelung nach Nichtigerklärung von Strafvorschriften[151]), sofern die vom Gesetzgeber gezogenen Grenzen der Strafbarkeit nicht überschritten werden[152].

Nicht ausgeschlossen ist aber ergänzendes Richterrecht in Form der Handhabung der allgemeinen Lehren der Strafrechtsdogmatik sowie die gewohnheits- oder richterrechtliche Geltung von – die Strafbarkeit nicht begründenden, sondern ausschließenden – Rechtfertigungsgründen[153], Schuld- oder Strafausschließungsgründen[154] sowie das Ungültigwerden von Strafnormen, die mangels Anwendung nicht mehr als Recht angesehen werden (desuetudo)[155], weil sie den Täter **begünstigen**. Auch allmähliche Wandlungen der Strafrechtsdogmatik sind stets mit einer Neuabgrenzung der Strafbarkeit verbunden, werden aber von Art. 103 II GG nicht strikt ausgeschlossen, solange es keine gefestigte höchstrichterliche Rechtsprechung gibt. 30

b) Die zulässige Reichweite ergänzender Verweisungen auf andere Rechtsakte

Der parlamentarische Strafgesetzesvorbehalt erstreckt sich nur auf die wesentlichen Voraussetzungen von Straftatbestand und Straffolge (→ Rn. 19ff., 23ff.); er verlangt nicht, dass alle Einzelheiten im Gesetz vollständig geregelt sein müssten: Er erlaubt, dass in sog. »**Blankettstrafgesetzen**« zur Konkretisierung des Verbots- oder Gebotstatbestandes auch auf andere Rechtsakte verwiesen werden darf[156]. Gemeint sind insoweit vor allem auch Rechtsakte der Verwaltung, durch die die Strafrechtsnorm ergänzt wird (»Verwaltungsakzessorietät«)[157]. Dabei kann die ergänzende Norm den Tatbestand des Gesetzes entweder nur konkretisieren oder weithin über das Ob einer Strafbarkeit entscheiden (einfache oder qualifizierte Blankettnormen)[158]. Insoweit sind als verfassungsrechtliche Anforderungen vor allem die Klarheit der gesetzlichen Verknüpfung der sanktionierenden und der ausfüllenden Norm, ihre Bestimmtheit und die Vorrangigkeit der Determinationskraft des parlamentarischen Gesetzes zu beachten[159], so dass Art. 103 II GG sich auch auf die außerstrafrechtliche Norm er- 31

---

149 *H.A. Wolff*, HGR V, § 134 Rn. 48; *Nolte* (Fn. 24), Art. 103 Rn. 136; übersichtlich *Rudolphi/Jäger* (Fn. 57), § 1 Rn. 17ff.

150 BVerfGE 71, 108 (115f.); 73, 206 (235); 92, 1 (12); BVerfGK 8, 49 (50); BGHSt 37, 226 (230); 38, 144 (151); Jarass/*Pieroth*, GG, Art. 103 Rn. 70; *Kunig* (Fn. 4), Art. 103 Rn. 25; ausf. *Rüping* (Fn. 2), Art. 103 Abs. 2 Rn. 44ff.

151 Vgl. BVerfGE 88, 203 (208ff.).

152 BVerfGE 88, 203 (336f.).

153 Ausf. *H. Satzger*, Jura 2016, 154ff.

154 BVerfGE 95, 96 (132); *Schmidt-Aßmann* (Fn. 19), Art. 103 Rn. 197, 222; *Wassermann* (Fn. 2), Art. 103 Rn. 48; *Rudolphi/Jäger* (Fn. 57), § 1 Rn. 20f.

155 *Nolte* (Fn. 24), Art. 103 Rn. 137; *Kunig* (Fn. 4), Art. 103 Rn. 25 m.w.N.

156 BVerfGE 14, 245 (252); 22, 1 (18); 37, 201 (208f.); 75, 329 (342); 78, 374 (382); 87, 399 (407); 92, 191 (197f.); BVerfGK 17, 273 (292); BGHSt 37, 266 (272); *H.A. Wolff*, HGR V, § 134 Rn. 65ff.; *Schmidt-Aßmann* (Fn. 19), Art. 103 Rn. 201; *H. Otto*, Jura 2005, 538ff.

157 *Schmidt-Aßmann* (Fn. 19), Art. 103 Rn. 202ff.; ausf. *Kuhlen*, Gesetzlichkeitsprinzip (Fn. 57), S. 50ff.); *U.F.H. Rühl*, JuS 1999, 521ff.; *Felix*, Einheit (Fn. 57), S. 16ff.; *U. Weber*, in: H.-J. Koch/E. Pache/D.H. Scheuing (Hrsg.), GK-BImSchG (Losebl.), Vor § 62 (2011), Rn. 58ff.

158 *U. Volkmann*, ZRP 1995, 220 (221).

159 Vgl. BVerfGE 26, 338 (367); 47, 285 (311f.); 87, 399 (407); 92, 191 (197); *Schmidt-Aßmann*

streckt[160]; die Strafbarkeit darf nicht von einer Interessenabwägung der Verwaltung abhängen[161]. Keine Verweisung in diesem Sinne liegt darin, wenn bei der Auslegung eines Strafgesetzes an Tatbestände angeknüpft wird, deren rechtlicher Status sich nach anderen Rechtsgrundlagen bestimmt (z. B. der Begriff des Eigentums[162] oder der Ehe usw. nach BGB)[163].

32 Weithin unproblematisch sind **Verweisungen auf** ein anderes **parlamentarisches Gesetz**, etwa vom Nebenstrafrecht auf das StGB; hier genügt eine bloße Verweisung, sofern die verweisende Norm die ausfüllende Norm eindeutig bestimmt und auch die ausfüllende Norm ihrerseits die Voraussetzungen der Strafbarkeit i. S. von Art. 103 II GG hinreichend deutlich umschreibt[164] und im Übrigen die allgemeinen Zulässigkeitsvoraussetzungen für Verweisungen vorliegen (→ Art. 20 [Demokratie], Rn. 118; → Art. 20 [Rechtsstaat], Rn. 143 ff.).

33 Verweisungen auf (in der Verweisungsnorm eindeutig bestimmte) untergesetzliche Rechtsnormen wie **Verordnungen** oder Satzungen sind zwar grundsätzlich zulässig[165], doch fordert der Sinn und Zweck des Art. 103 II GG (→ Rn. 11 ff., 28) strafrechtstypisch strengere Maßstäbe, als sie Art. 80 I 2 GG für allgemeine belastende Gesetze formuliert[166] (→ Art. 80 Rn. 32 ff.). Vielmehr müssen die Voraussetzungen der Strafbarkeit (Straftatbestände, Schuldformen) und Art und Ausmaß der Strafe aus dem parlamentarischen Gesetz selbst ebenso eindeutig erkennbar sein[167] wie die gesetzliche Ermächtigung zur Strafandrohung[168] durch Verordnung bzw. Satzung. Art. 103 II GG schließt jede Rechtsanwendung aus, die über den Inhalt einer gesetzlichen Sanktionsnorm hinausgeht[169]. Die untergesetzlichen Rechtsnormen dürfen den Straftatbestand daher nur »spezifizieren«[170], indem sie z. B. den Anwendungsbereich einer Strafnorm durch eine Rechtsverordnung ändern, die die Liste der in der Anlage zum

---

(Fn. 19), Art. 103 Rn. 199 ff. (201); ausf. *T. Bode/S. Seiterle*, ZIS 2016, 91 ff., 173 ff.; *J. Bülte*, JuS 2015, 769 ff.; *U. Volkmann*, ZRP 1995, 220 (221 ff.).

160 BVerfGE 48, 48 (61 f.); 126, 170 (196, Rn. 73); *Radtke/Hagemeier* (Fn. 28), Art. 103 Rn. 29.1; ausf. *H. Otto*, Die Bedeutung des Bestimmtheitsgrundsatzes für die Auslegung nicht strafrechtlicher Bezugsnormen, in: FS Seebode, 2008, S. 81 ff. (83 ff.).

161 OLG München NJW 2007, 1152 (1154).

162 BVerfGE 78, 205 (213).

163 *Schmidt-Aßmann* (Fn. 19), Art. 103 Rn. 200.

164 BVerfGE 75, 329 (342); BVerfGK 18, 482 (489); BGHSt 37, 266 (272); Jarass/*Pieroth*, GG, Art. 103 Rn. 77; *Degenhart* (Fn. 2), Art. 103 Rn. 63; ausf. *F.P. Schuster*, Das Verhältnis von Strafnormen und Bezugsnormen aus anderen Rechtsgebieten, 2012, S. 258 ff.; *Ransiek*, Gesetz (Fn. 47), S. 106 ff.

165 Vgl. für Rechtsverordnungen BVerfGE 14, 174 (185); 51, 60 (70 ff.); 75, 329 (342); 78, 374 (382); BVerfG (K), NJW 1992, 2624; für Satzungen BVerfGE 32, 346 (362 f.); BVerfG (K), NVwZ 1990, 751; *H.A. Wolff*, HGR V, § 134 Rn. 72 ff.; *Schuster*, Verhältnis (Fn. 164), S. 263 ff.; krit. *R. Geitmann*, NJW 1972, 1856 ff.

166 BVerfG NJW 2016, 3648 (3652, Rn. 56); *Schmahl* (Fn. 35), Art. 103 Rn. 59; Jarass/*Pieroth*, GG, Art. 103 Rn. 78; *Degenhart* (Fn. 2), Art. 103 Rn. 64; *Kunig* (Fn. 4), Art. 103 Rn. 23; *Schmidt-Aßmann* (Fn. 19), Art. 103 Rn. 210; a.A. *Nolte* (Fn. 24), Art. 103 Rn. 153; *Schuster*, Verhältnis (Fn. 164), S. 269 ff., 279 ff.

167 BVerfGE 32, 346 (361 ff.); 75, 329 (342); 78, 374 (382); BVerfGK 11, 337 (350); 17, 273 (292); BVerfG (K), NVwZ 2009, 239 (239 f.); *Degenhart* (Fn. 2), Art. 103 Rn. 64.

168 BVerfGE 14, 174 (185).

169 BVerfGE 87, 399 (411).

170 BVerfGE 22, 21 (25) betr. § 6 StVO; 37, 201 (209); 75, 329 (342); 78, 374 (383); BVerfGE 143, 38 (57 f., Rn. 47); BVerfG (K), NJW 1992, 2624; Jarass/*Pieroth*, GG, Art. 103 Rn. 78; *Degenhart* (Fn. 2), Art. 103 Rn. 64; *Nolte* (Fn. 24), Art. 103 Rn. 152; *A.G. Debus*, Verweisungen in deutschen Rechtsnomen, 2008, S. 265 ff.

Gesetz aufgeführten verbotenen Stoffe und Zubereitungen ändert (§ 1 II BtMG)[171], nicht aber durch Rückverweisung auf den gesetzlichen Straftatbestand eine Strafbarkeit erst begründen[172]. Ändert sich auch nur die Numerierung der Paragraphen einer gesetzlichen Blankettnorm, so soll die zuvor geltende (und fortgeltende: → Art. 80 Rn. 57) Rechtsverordnung ebenfalls geändert werden müssen, soll sie nicht für einen durchschnittlichen Normadressaten zu unbestimmt sein[173], obwohl der Straftatbestand als solcher unverändert bestimmt erscheint.

Dieselben Grundsätze gelten auch für Verweisungen auf **internationale Rechtsakte**[174] **oder Rechtsakte der EU**[175]; selbst relativ pauschale Verweisungen u. a. auf sämtliche Rechtsakte der EU (wie in § 1 II MOG) sollen diesen Anforderungen genügen[176]. Wird der im Blankettstrafgesetz genannte Rechtsakt durch einen anderen ersetzt, so entfällt die Strafbarkeit, wenn der deutsche Gesetzgeber es unterlässt, durch Änderung des Blankettgesetzes auf die geänderte internationale Regelung zu verweisen[177]. Ist der internationale Rechtsakt, etwa strafrelevantes Völkerrecht[178], in seinem Aussagegehalt auslegungsbedürftig und umstritten, muss die innerstaatliche Strafbarkeit auf den ausreichend bestimmten Kerntatbestand reduziert werden[179]. 34

Im Falle einer Spezifizierung durch **Satzung** muss diese ebenso wie das zur Satzung ermächtigende Gesetz den Anforderungen des Art. 103 II GG genügen[180]; Art. 80 I 2 GG ist insoweit unanwendbar (→ Art. 80 Rn. 17). Die Satzung soll dann sogar selbst wieder dynamisch auf Ortsrecht verweisen dürfen[181]. 35

Grundsätzlich unzulässig ist eine Verweisung auf **Verwaltungsvorschriften**, die dem Zweck des Art. 103 II GG regelmäßig gerade zuwiderläuft. Eine Ausnahme kann allenfalls für normkonkretisierende Verwaltungsvorschriften im Umwelt- und Technikrecht gelten, weil und insoweit sie rechtsstaatlichen Publizitätserfordernissen entspre- 36

[171] So BVerfG (K), NJW 1998, 669f.; *Degenhart* (Fn. 2), Art. 103 Rn. 64; krit. *U. Volkmann*, ZRP 1995, 220 (222f.).

[172] BVerfGE 143, 38 (59, Rn. 51f.) m. Anm. *B. Hecker*, S. 3653; *G. Freund/F. Rostalski*, GA 2016, 443 (447ff.); *E. Hoven*, NStZ 2016, 377 (379ff.); *J. Bülte*, JuS 2015, 769 (772); *U. Volkmann*, ZRP 1995, 220 (221); LG Berlin NZWiSt 2016, 112ff.; anders BGH NJW 2016, 1251 (1255ff., Rn. 57ff.).

[173] So OLG Koblenz NJW 1999, 3136.

[174] BGHSt 59, 11 (15f., Rn. 14) m. (krit.) Anm. *G. Freund*, JZ 2014, 362ff.; *Brüning* (Fn. 63), Art. 103 Rn. 62f.; *Schmahl* (Fn. 35), Art. 103 Rn. 64.

[175] BVerfGE 29, 198 (210); BVerfG (Vorprüfungsausschuss), RIW 1979, 132f.; BVerfGK 17, 273 (293); *K.F. Gärditz*, Europäisierung des Strafrechts und nationales Verfassungsrecht, in: M. Böse (Hrsg.), Europäisches Strafrecht, 2013, § 6 Rn. 54ff.; *H.A. Wolff*, HGR V, § 134 Rn. 85f.; *M. Böse*, Verweisungen auf das EU-Recht und das Bestimmtheitsgebot (Art. 103 Abs. 2 GG), in: FS Krey, 2010, S. 7ff. (14ff.); ausf. *Schuster*, Verhältnis (Fn. 164), S. 323ff.; *K. Ambos*, Internationales Strafrecht, 2006, § 11 Rn. 15ff.; *D. Moll*, Europäisches Strafrecht durch nationale Blankettgesetzgebung?, 1998, S. 136ff., 189ff.; s. auch *I. Härtel*, JZ 2007, 431 (433ff.); *H.-U. Paeffgen*, StraFo 2007, 442 (446f.).

[176] BVerwGE 121, 382 (387ff.); a.A. *H. Niehaus*, Wistra 2004, 206 (209ff.); gleichsinnig BVerfGE 143, 38 (63f., Rn. 62ff.).

[177] Vgl. OLG Stuttgart NJW 1990, 657; *Schmahl* (Fn. 35), Art. 103 Rn. 64.

[178] BVerfG (K), NJW 2001, 1848 (1850) m. Anm. *S. Kadelbach*, JZ 2001, 981 (982f.); *Nolte* (Fn. 24), Art. 103 Rn. 155; zu völkergewohnheitsrechtlichen Straftatbeständen *S. Talmon*, JZ 2013, 12 (18f.).

[179] *Schmahl* (Fn. 35), Art. 103 Rn. 64; *C. Kreß*, JZ 2003, 911 (915f.); a.A. *H. Satzger*, JuS 2004, 943 (944ff.); *ders.*, Europäisierung des Strafrechts, 2001, S. 251ff., 260ff.

[180] BVerfGE 32, 346 (362f.); *Kunig* (Fn. 4), Art. 103 Rn. 24.

[181] So BGH NJW 1996, 1482 (1483); *Schmahl* (Fn. 35), Art. 103 Rn. 60.

chen und lediglich gesetzlich begründete Pflichten näher (regelmäßig auch für Gerichte) verbindlich spezifizieren[182].

37 Strafrechtsnormen dürfen grundsätzlich auch auf **Verwaltungsakte** Bezug nehmen[183], wie etwa im Ausländerrecht die straftatbestandsausschließende Wirkung (irgend-)einer formell existierenden Aufenthaltsgenehmigung[184] oder im Umweltstrafrecht auf durch Verwaltungsakt verbindlich konkretisierte Rechtspflichten, oder an **generelle verwaltungsrechtliche Pflichten** anknüpfen[185]. Voraussetzung ist auch hier, ebenso wie bei Verweisungen auf Verordnungen und Satzungen, dass die Voraussetzungen für den Erlass des Verwaltungsakts hinreichend genau im parlamentarischen Gesetz selbst festgelegt sind und nicht die erlassende Behörde über den Inhalt der Strafrechtsnorm entscheiden kann; eine pauschale Anknüpfung an Verstöße gegen inhaltlich nicht näher bestimmte Verwaltungsakte reicht jedenfalls nicht aus[186]. Knüpft die Strafrechtsnorm zulässigerweise an die Tatbestandswirkungen eines Verwaltungsakts an, darf dieser jedenfalls nicht nichtig sein[187], sondern muss wirksam, d.h. mindestens erlassen sein[188]; sollen auch zwar wirksame, aber rechtswidrige Verwaltungsakte die Anwendung der strafrechtlichen Sanktionsnorm ermöglichen, so ist das zulässig, bedarf aber einer eindeutigen Entscheidung in der Sanktionsnorm[189].

2. Das strafrechtliche Bestimmtheitsgebot

a) Die Bestimmtheit des Gesetzestextes

38 Art. 103 II GG nimmt **das allgemeine rechtsstaatliche Bestimmtheitsgebot** (→ Art. 20 [Rechtsstaat], Rn. 129ff.) für Strafgesetze auf (»lex scripta et certa«): Es dient wie der Gedanke des Gesetzesvorbehalts (→ Rn. 28) einem doppelten **Zweck**: Jeder einzelne soll »vorhersehen können, welches Verhalten verboten und mit Strafe bedroht ist«[190], damit er sein Verhalten darauf einrichten kann[191]; zum anderen soll gewährleistet sein, dass der Gesetzgeber selbst und nicht das rechtsanwendende Gericht über die Reichweite der Strafbarkeit entscheidet[192]. Der strafrechtliche Bestimmtheitsgrund-

---

182 So *Nolte* (Fn. 24), Art. 103 Rn. 154; *Kunig* (Fn. 4), Art. 103 Rn. 24a; *Schmidt-Aßmann* (Fn. 19), Art. 103 Rn. 215; ausf. *H.A. Wolff*, HGR V, § 134 Rn. 76ff.; s. auch *M. Schröder*, Verwaltungsrecht als Vorgabe für Zivil- und Strafrecht, VVDStRL 50 (1991), S. 196ff. (215ff.).

183 S. näher *H.A. Wolff*, HGR V, § 134 Rn. 78ff.; *U.F.H. Rühl*, JuS 1999, 521ff.; *Schmidt-Aßmann* (Fn. 19), Art. 103 Rn. 216ff.

184 BGH NJW 2005, 2095 (2096ff.).

185 BVerfG (K), NJW 2010, 754 (754ff.); *Degenhart* (Fn. 2), Art. 103 Rn. 66; ausf. *Schröder*, Verwaltungsrecht (Fn. 182), S. 210ff.

186 BVerfGE 78, 374 (382, 389); BVerfG (K), NVwZ 2012, 504 (505); BGHSt 58, 72 (74f., Rn. 18ff.); 58, 136 (137ff., Rn. 4ff.); Jarass/*Pieroth*, GG, Art. 103 Rn. 79; ausf. *Schuster*, Verhältnis (Fn. 164), S. 287ff., 290ff.

187 OLG Oldenburg NVwZ 1992, 607; *Nolte* (Fn. 24), Art. 103 Rn. 154; *Schröder*, Verwaltungsrecht (Fn. 182), S. 221ff.

188 Vgl. OLG Düsseldorf NJW 1996, 3020f.; *H.A. Wolff*, HGR V, § 134 Rn. 81.

189 So BVerfGE 87, 399 (411) betr. § 29 I Nr. 2 VersG.

190 BVerfGE 73, 206 (234f.) unter Verweis auf E 71, 108 (114ff.); st. Rspr., s. etwa BVerfGE 87, 399 (411); 92, 1 (12); 105, 135 (153, Rn. 64); 126, 170 (194f., Rn. 70); *Degenhart* (Fn. 2), Art. 103 Rn. 67; *Nolte* (Fn. 24), Art. 103 Rn. 140; *Gropp*, Bestimmtheitsgrundsatz (Fn. 14), S. 109; ausf. *Moll*, Strafrecht (Fn. 175), S. 122ff.

191 BVerfGE 25, 269 (285); s. auch E 78, 374 (381f.); 87, 363 (391); 92, 1 (12); 105, 135 (153, Rn. 64); BVerfGK 4, 323 (326); Jarass/*Pieroth*, GG, Art. 103 Rn. 72; *Kuhlen*, Gesetzlichkeitsprinzip (Fn. 57), S. 54f.; *Rudolphi/Jäger* (Fn. 57), § 1 Rn. 11.

192 BVerfGE 87, 399 (411); 124, 300 (338, Rn. 88); 126, 170 (194, Rn. 69); BVerfG (K), NJW 1995,

satz des Art. 103 II GG erstreckt sich auf alle Voraussetzungen der Strafbarkeit, mithin nicht nur auf Tatbestand, Rechtfertigungs- und Entschuldigungsgründe, sondern auch auf die Strafandrohung und den Strafrahmen[193] einschließlich der strafrechtlichen Sanktionen wie Nebenstrafen, Einziehung usw. (→ Rn. 19ff.), auch die Strafaussetzung zur Bewährung[194]; im Blick auf das Schuldprinzip (→ Rn. 12; → Art. 20 [Rechtsstaat], Rn. 194) muss der Strafrahmen nach Mindestmaß und Obergrenze festgelegt[195] und von Strafzumessungsregeln als Bedingung der Verwirklichung des Bestimmtheitsgebots begleitet sein[196]. Der Bestimmtheitsgrundsatz erstreckt sich **nicht** auf Behandlungsmaßnahmen im Vollzug einer Freiheitsstrafe[197].

Art. 103 II GG **scheint** das allgemeine Bestimmtheitsgebot **strafrechtsspezifisch zu verschärfen**[198]. Auch nach dessen Grundsätzen richtet sich aber das Ausmaß der gebotenen Bestimmtheit nach Regelungsmaterie und Regelungszweck und verlangt umso genauere Tatbestände, je belastender die Auswirkungen eines Gesetzes sind (→ Art. 20 [Rechtsstaat], Rn. 135). Art. 103 II GG unterstreicht lediglich dieses Prinzip im Blick auf das besonders eingriffsintensive Strafrecht. Dementsprechend sind die Strafbarkeitsvoraussetzungen umso präziser zu bestimmen, je schwerer die angedrohte Strafe ist[199], dürfen die Bestimmtheitsanforderungen im Disziplinar(straf)recht geringer sein als im Kriminalstrafrecht[200] und bei tatbestandlichen Korrektiven zugunsten des Täters geringer als bei strafbarkeitsbegründenden Merkmalen[201]; insoweit lässt sich nach Normbestandteilen differenzieren[202]. 39

Auch dieses strafrechtliche Bestimmtheitsgebot schließt zudem nicht aus, dass der Strafgesetzgeber **unbestimmte Rechtsbegriffe** und auslegungsfähige und auslegungsbedürftige Generalklauseln gebraucht[203] oder auch an verwaltungsrechtliche tatbestandsspezifizierende Entscheidungen anknüpft (→ Rn. 31ff.). Auch hier kann bei der 40

3050 (3051); *H. Reichenbach*, JR 2005, 405 (407f.); umfassend *Duttge*, Bestimmtheit (Fn. 114), S. 146ff.

[193] BVerfGE 45, 363 (371); 86, 288 (311); 105, 135 (153ff., Rn. 66ff.); *Schmahl* (Fn. 35), Art. 103 Rn. 69; *H.A. Wolff*, HGR V, § 134 Rn. 60, 94, 107; *Kunig* (Fn. 4), Art. 103 Rn. 31; krit. *R.D. Herzberg*, Wann ist die Strafbarkeit »gesetzlich bestimmt« (Art. 103 Abs. 2)?, in: Roland Hefendehl (Hrsg.), Empirische und dogmatische Fundamente, kriminalpolitischer Impetus. Symposium Schünemann, 2005, S. 31ff. (59ff.).

[194] *Kunig* (Fn. 4), Art. 103 Rn. 31; BVerfGE 86, 340 (342) – *Sondervotum Mahrenholz*; a.A. BVerfGE 86, 288 (311).

[195] BVerfGE 105, 135 (154f., Rn. 68f.); anders BGHSt 13, 190 (191); BVerfGE 105, 135 (176ff., Rn. 128ff.) – *Sondervotum Jentsch/Di Fabio/Mellinghoff*.

[196] BVerfGE 105, 135 (156f., Rn. 73); *Brüning* (Fn. 63), Art. 103 Rn. 68.

[197] BVerfGE 64, 261 (280).

[198] In diesem Sinne BVerfGE 49, 168 (181); 78, 374 (381ff.); 105, 135 (160f., Rn. 83ff.); *Schmahl* (Fn. 35), Art. 103 Rn. 65; *Degenhart* (Fn. 2), Art. 103 Rn. 67; Jarass/*Pieroth*, GG, Art. 103 Rn. 72; *Birkenstock*, Bestimmtheit (Fn. 1), S. 123ff.; *Kunig* (Fn. 4), Art. 103 Rn. 27; s. auch *ders.*, Das Rechtsstaatsprinzip, 1986, S. 401f.; *Maurer*, Staatsrecht, § 8 Rn. 38.

[199] BVerfGE 14, 245 (251f.); 41, 314 (320); 105, 135 (155ff., Rn. 71ff.); 117, 71 (111, Rn. 119); 126, 170 (196, Rn. 74); BVerfG (K), NJW 1993, 1909 (1910); *Schmidt-Aßmann* (Fn. 19), Art. 103 Rn. 189; *Nolte* (Fn. 24), Art. 103 Rn. 145; krit. *Roxin*, Grundsatz (Fn. 11), S. 134; *Kunig* (Fn. 4), Art. 103 Rn. 29; *Degenhart* (Fn. 2), Art. 103 Rn. 68; *Appel*, Verfassung (Fn. 44), S. 119f.; *Wassermann* (Fn. 2), Art. 103 Rn. 52.

[200] BVerfGE 66, 337 (355); BVerwGE 93, 269 (274).

[201] Vgl. BVerfGE 73, 206 (238); *Nolte* (Fn. 24), Art. 103 Rn. 147.

[202] Vgl. *H.A. Wolff*, HGR V, § 134 Rn. 59.

[203] Z.B. BVerfGE 26, 186 (204); 66, 337 (355); 84, 133 (149); 85, 69 (73); 92, 1 (12); 96, 68 (97f.); 104, 92 (101ff., Rn. 30ff.); 124, 300 (339, Rn. 89); 126, 170 (195f., Rn. 73); BVerfG (K), NJW 1995, 3050 (3051); *Radtke/Hagemeier* (Fn. 28), Art. 103 Rn. 24ff.; *H.A. Wolff*, HGR V, § 134 Rn. 55; ausf.

Auslegung eine langjährige einschlägige strafgerichtliche Judikatur die Unbestimmtheit eines seit langem bestehenden Gesetzesbegriffs kompensieren[204], während neue Gesetzesbegriffe aus sich heraus bestimmt sein müssen[205], darf das besondere Fachwissen des Adressatenkreises einer Norm berücksichtigt werden[206]. Ebenso ist auch eine Häufung unbestimmter Rechtsbegriffe mit Art. 103 II GG vereinbar, sofern mit Hilfe der üblichen Auslegungsmethoden eine hinreichend bestimmte Auslegung der Norm möglich ist[207], ggf. auch durch eine »verfassungskonforme Auslegung«[208]. Letztlich kommt es darauf an, dass die tatbestandliche Grenzziehung im Blick auf bestimmte Handlungen wesentlich vom Gesetzgeber geleistet wird[209] und nur im praktischen Ausnahmefall dem Auslegungsspielraum des Rechtsanwenders überlassen bleibt (→ Art. 20 [Rechtsstaat], Rn. 133). Deshalb muss ein tatbestandlicher Verweis auf »andere vergleichbare Handlungen« einer innertatbestandlichen Analogie zugänglich sein[210].

41 Pauschale Forderungen nach größtmöglicher Bestimmtheit durch deskriptive Begriffe[211] oder sonstige Quantifizierungen von Tatbestandsmerkmalen[212] zulasten wertausfüllungsbedürftiger Rechtsbegriffe dürften weithin schlicht nicht realisierbar sein, wohl aber die nach »möglichst« genauen Strafnormen i. S. eines relativen Maßstabes[213] einer »**Optimierung**« des Bestimmtheitsgrundsatzes[214], verstanden als Prinzip, das durch Gegenprinzipien der Verfassung begrenzt werden kann[215]: Schuldprinzip und Einzelfallgerechtigkeit müssen mit Rechtsfolgenbestimmtheit und Rechtssicherheit abgewogen und zum Ausgleich gebracht werden[216], wobei die Zulässigkeit des Grades an Unbestimmtheit in jedem Einzelfall anhand des gesetzgeberischen Zwecks begründbar sein muss[217]. Diese relative Unbestimmbarkeit der Bestimmtheit

---

Duttge, Bestimmtheit (Fn. 114), S. 174ff.; *Felix*, Einheit (Fn. 57), S. 197ff. → Art. 20 (Rechtsstaat), Rn. 133.

[204] BVerfGE 28, 175 (183ff.); 37, 201 (208); 73, 206 (243); 86, 288 (311); 96, 68 (98); 117, 71 (111f., Rn. 119); *Nolte* (Fn. 24), Art. 103 Rn. 139; ausf. *Felix*, Einheit (Fn. 57), S. 197ff.; krit. *Radtke/Hagemeier* (Fn. 28), Art. 103 Rn. 28; *Gropp*, Bestimmtheitsgrundsatz (Fn. 14), S. 113; *H.A. Wolff*, HGR V, § 134 Rn. 58.

[205] Vgl. BVerfGE 105, 135 (161, Rn. 86); *Kunig* (Fn. 4), Art. 103 Rn. 29; Jarass/*Pieroth*, GG, Art. 103 Rn. 73; *Nolte* (Fn. 24), Art. 103 Rn. 150; a.A. *H.A. Wolff*, HGR V, § 134 Rn. 57.

[206] BVerfGE 48, 48 (57); BVerfGK 17, 273 (292); *Radtke/Hagemeier* (Fn. 28), Art. 103 Rn. 25; *Nolte* (Fn. 24), Art. 103 Rn. 146; *H. Hill*, HStR VI, § 156 Rn. 63ff., 66.

[207] BVerfGE 87, 209 (225) betr. § 131 StGB; 96, 68 (97ff.) betr. § 13 I StGB; *Degenhart* (Fn. 2), Art. 103 Rn. 68.

[208] BVerfGE 85, 69 (76); 87, 399 (408ff., 411); *J. Adam*, Die verfassungsgerichtliche Kontrolldichte im materiellen Strafrecht, in: S. Emmenegger/A. Wiedmann (Hrsg.), Linien der Rechtsprechung des Bundesverfassungsgerichts, Band 2, 2011, S. 421 (435f.).

[209] *Roxin*, Grundsatz (Fn. 11), S. 134ff.; *Herzberg*, Strafbarkeit (Fn. 193), S. 50ff.

[210] Vgl. (am Beispiel von § 238 I StGB) *F. Neubacher/G. Seher*, JZ 2007, 1029 (1033); zur Kritik *S. Vander*, KritV 89 (2006), 81 (89ff.).

[211] So *T. Lenckner*, JuS 1968, 249ff., 305ff.

[212] So *Schünemann*, Nulla poena (Fn. 47), S. 35ff.

[213] Vgl. BVerfGE 71, 108 (116); 73, 206 (236); 105, 135 (155, Rn. 71; 160ff., Rn. 83ff.); *Gropp*, Bestimmtheitsgrundsatz (Fn. 14), S. 113ff.; *Nolte* (Fn. 24), Art. 103 Rn. 142.

[214] *G. Duttge*, JZ 2014, 261 (265) m.w.N.; *Kuhlen*, Verhältnis (Fn. 57), S. 95f.

[215] Vgl. in diesem Sinne *Dannecker* (Fn. 2), § 1 StGB Rn. 195f., 338; *Duttge*, Bestimmtheit (Fn. 114), S. 185ff. (einschränkend); allg. *E. Denninger*, Normbestimmtheit und Verhältnismäßigkeitsgrundsatz im Sächsischen Polizeigesetz, 1995, S. 13ff.

[216] So BVerfGE 105, 135 (155, Rn. 70).

[217] *Nolte* (Fn. 24), Art. 103 Rn. 143, unter Verweis auf *C. Roxin*, Strafrecht AT I, § 5 Rn. 75.

macht Art. 103 II GG zu einem der meistberufenen Verfassungssätze in strafrechtlicher Literatur und Forensik[218].

Die **Praxis der Verfassungsrechtsprechung** vermeidet dementsprechend zu rigorose Bestimmtheitsmaßstäbe und hat unbestimmte Rechtsbegriffe weitgehend für mit Art. 103 II GG vereinbar angesehen[219]. Verfassungsgemäß sind Formulierungen wie »rechtlich dafür einzustehen hat« als Umschreibung der Garantenstellung i. S. von § 13 StGB[220], vor allem aber auch Tatbestandsmerkmale aus dem Besonderen Teil des Strafrechts wie »besonders schwerer Fall« (i. V. m. einem Grundtatbestand)[221] und andere hochabstrakte, in jahrzehntelanger Strafrechtspraxis bewährte Begriffe: »grober Unfug«[222], »Gefahr für die öffentliche Sicherheit und Ordnung des Straßenverkehrs«[223], ebenso solche mit erheblichen Wertungen auszufüllende (»Gewalt«, »Drohung mit einem empfindlichen Übel«) Strafrechtstatbestände wie Nötigung i. S. des § 240 StGB[224], Bedrohung i. S. des § 241 I StGB[225] oder Beleidigung i. S. von § 185 StGB[226]. Verfassungsgemäß sind ferner solche Formulierungen, deren Auslegung ihre Bestimmtheit aus den spezifischen Sachverhaltsbesonderheiten des Delikts gewinnt, z. B. die Verwendung von Kennzeichen nationalsozialistischer Organisationen i. S. des § 86a StGB[227], Verherrlichung der nationalsozialistischen Gewalt- und Willkürherrschaft (§ 130 IV StGB)[228], Zerstörungsabsicht beim Völkermord i. S. von § 220a StGB[229], »verräterische Beziehungen« (gemäß § 100e StGB a. F.)[230], »bandenmäßiges Handeltreiben« (mit Betäubungsmitteln)[231], leichtfertige Geldwäsche[232], strafbare Geldwäsche durch Honorarannahme (bei sicherem Wissen um seine Herkunft)[233], 42

---

218 Vgl. *T. Fischer*, StV 2010, 95 (95).

219 Ausf. Jarass/*Pieroth*, GG, Art. 103 Rn. 83ff.; *Dannecker* (Fn. 2), § 1 StGB Rn. 74ff.; *Degenhart* (Fn. 2), Art. 103 Rn. 68; *Kuhlen*, Gesetzlichkeitsprinzip (Fn. 57), S. 55ff.; *H.A. Wolff*, HGR V, § 134 Rn. 62; *Birkenstock*, Bestimmtheit (Fn. 1), S. 118ff., 131ff.; *Rudolphi/Jäger* (Fn. 57), § 1 Rn. 14; *Tiedemann*, Verfassungsrecht (Fn. 135), S. 44ff.; s. auch *E. Schmidhäuser*, Strafrechtliche Bestimmtheit: eine rechtsstaatliche Utopie, in: GedS Martens, 1987, S. 231ff.; krit. *Krahl*, Rechtsprechung (Fn. 3), S. 277ff., 338ff.

220 BVerfGE 96, 68 (97f.); BVerfG (K), NJW 2003, 1030 (1030f.); *Schuster*, Verhältnis (Fn. 164), S. 257; krit. *Radtke/Hagemeier* (Fn. 28), Art. 103 Rn. 24.1; *M. Seebode*, JZ 2004, 305 (306ff.).

221 BVerfGE 45, 363 (372f.); a.A. für den »Generalklauselschub« im 6. Strafrechtsreformgesetz *R.-P. Calliess*, NJW 1998, 929 (934f.); krit. auch *M. Hettinger*, Entwicklungen im Strafrecht und Strafverfahrensrecht der Gegenwart, 1997, S. 39f.; ausf. *M. Krahl*, Tatbestand und Rechtsfolge, 1999, S. 123ff.

222 BVerfGE 26, 41 (43); a.A. *Nolte* (Fn. 24), Art. 103 Rn. 139; *Rüping* (Fn. 2), Art. 103 Abs. 2 Rn. 29; *F.-C. Schroeder*, JZ 1969, 775ff.

223 BVerfGE 14, 245 (253f.); 23, 265 (269).

224 BVerfGE 73, 206 (236ff.); 76, 211 (216); 92, 1 (13ff.); 104, 92 (101ff., Rn. 30ff.); BVerfGK 18, 365 (369); BGHSt 41, 231 (240f.); zu § 113 StGB BVerfG (K), NJW 2006, 136; zu § 316b StGB BVerfGK 6, 284 (286ff.); s. dazu auch BVerfGE 104, 92 (115ff., Rn. 70ff.) – *Sondervotum Haas*; BVerfGE 104, 92 (124ff., Rn. 95ff.) – *Sondervotum Jaeger/Bryde*; *J. Wolter*, NStZ 1986, 241ff.; *R.-P. Calliess*, NStZ 1987, 209ff.; *R. Scholz*, NStZ 1995, 417ff.; *B. Jeand'Heur*, NJ 1995, 465ff.; *K. Amelung*, NJW 1995, 2584 (2585); *C. Gusy*, JZ 1995, 782ff.; *F.-C. Schroeder*, JuS 1995, 875ff.; *K. Mittelsdorf*, JuS 2002, 1062ff.

225 BVerfG (K), NJW 1995, 2776f.; s. näher *W. Küper*, JuS 1996, 783ff.

226 BVerfGE 93, 266 (291f.).

227 BVerfG (K), NJW 2009, 2805 (2805f.); BGHSt 54, 61 (66ff.).

228 BVerfGE 124, 300 (338ff., Rn. 87ff.).

229 BVerfG (K), NJW 2001, 1848 (1849f.); zust. *S. Kadelbach*, JZ 2001, 981 (982).

230 BVerfGE 28, 175 (183ff.); zu geheimdienstlicher Agententätigkeit BVerfGE 57, 250 (262ff.).

231 BVerfG (K), NJW 1997, 1910 (1911); krit. *Radtke/Hagemeier* (Fn. 28), Art. 103 Rn. 28.2.

232 BGHSt 43, 158 (167f.).

233 BVerfGE 110, 226 (246ff., Rn. 88ff.).

»organisierte Kriminalität«[234], Förderung der Prostitution i.S. von § 180a I Nr. 2 StGB[235], Ausübung der verbotenen Prostitution i.S. von § 184d StGB[236], unbefugte Verwendung von Daten[237], Wahlfälschung (§ 107a I StGB)[238], Verbreitung pornographischer Schriften (§ 184 I StGB)[239], Aufstachelung zum Rassenhass »in einer die Menschenwürde verletzenden Weise« (§ 131 StGB)[240], Steuerhinterziehung[241], unrichtige oder unvollständige Angabe steuerlich erheblicher Tatsachen[242], der Untreuetatbestand des § 266 StGB[243] oder die Würdigkeit des Architekten[244] oder ähnliche Generalklauseln[245] als Umschreibung (strafbewährter) Berufspflichten[246]; aus dem Nebenstrafrecht der Tatbestand der sexuellen Handlungen an Tieren (§ 3 I Nr. 13 TierSchG)[247]; als Sanktionen auch die Auflage, gemeinnützige Leistungen zu erbringen[248] oder Arbeitsleistungen zu erbringen[249]; als Vollstreckungsregelung die Voraussetzungen für das Aussetzen der lebenslangen Freiheitsstrafe[250]; als Ordnungswidrigkeit etwa § 24a II StVG (betr. Teilnahme am Straßenverkehr als Kfz.-Führer unter Einwirkung berauschender Mittel)[251] oder § 11 S. 1 Nr. 9 GewAbfV (betr. Nichtnutzung eines Abfallbehälters)[252].

43 Verfassungsgemäß sind schließlich auch solche **Straftatbestände, die an eine verwaltungsrechtlich festgelegte Begrifflichkeit anknüpfen** wie z.B. das Betreiben einer genehmigungspflichtigen Anlage ohne Genehmigung[253], die außenwirtschaftliche Betätigung ohne erforderliche Genehmigung nach § 34 AWG[254] oder Zuwiderhandlungen gegen durch Bußgeld bewehrte, durch Rechtsverordnung verfügte Beschränkungen des Außenwirtschaftsverkehrs[255]. Insofern erscheinen gerade auch im Nebenstrafrecht die Straftatbestände weithin bestimmt, etwa der Begriff der (bedenklichen) Arz-

---

[234] BayVerfGHE 50, 226 (260).
[235] BVerfG (K), NJW 1993, 1911.
[236] BVerfG (K), NJW 2009, 239 (240).
[237] BGHSt 38, 120 (121).
[238] BVerfG (K), NVwZ 1993, 55f.
[239] BVerfG (Vorprüfungsausschuss), NJW 1982, 1512; *E.-W. Hanack*, JZ 1970, 41ff.
[240] BVerfGE 87, 209 (227f.); Jarass/*Pieroth*, GG, Art. 103 Rn. 84.
[241] BVerfGE 37, 201 (208ff.); zur »gewerbsmäßigen oder bandenmäßigen« Steuerhinterziehung in »großem Ausmaß« (§ 370a AO) BGH NJW 2004, 2990 (2991); krit. bilanzierend *E.C. Hild/P. Albrecht*, NJW 2005, 336ff. m.w.N.
[242] BVerfG (K), NJW 1992, 35f.; BGHSt 37, 266 (272).
[243] BVerfGE 126, 170 (200ff., Rn. 84ff.); BVerfGK 15, 193 (198ff.); s. näher *E. Kraatz*, JZ 2011, 434ff.; *L. Kuhlen*, JR 2011, 246ff.; *C. Safferling*, NStZ 2011, 376ff.; *M. Böse*, Jura 2011, 617ff.
[244] BVerfGE 45, 346 (348, 352f.).
[245] BVerfGE 94, 372 (394); zweifelnd BVerfGK 6, 254 (257) betr. Verstoß gegen Pflichten, die »zur Wahrung des Ansehens seines Berufes« bestehen.
[246] BVerfG (K), NJW 2014, 2019 (2020).
[247] BVerfG (K), NJW 2016, 1229 (1229).
[248] BVerfGE 83, 119 (128).
[249] BVerfGE 74, 102 (126) betr. § 10 I 3 Nr. 4 JGG.
[250] BVerfGE 117, 71 (112ff., Rn. 120ff.).
[251] BVerfGK 4, 323 (326).
[252] BVerwGE 123, 1 (6).
[253] BVerfGE 75, 329 (343ff.); ausf. *U. Weber*, in: H.-J. Koch/E. Pache/D.H. Scheuing (Hrsg.), GK-BImSchG (Losebl.), § 62 (2012), Rn. 28ff.; *H. Otto*, Jura 1991, 308ff.; *H.-P. Ensenbach*, Probleme der Verwaltungsaktsakzessorietät im Umweltstrafrecht, 1989.
[254] BVerfG (K), NJW 1993, 1909 (1910).
[255] BVerfG (K), NJW 1992, 2624.

neimittel[256], das Gebot, die Jahresbilanz innerhalb der einem ordnungsgemäßen Geschäftsgang entsprechenden Zeit zu ziehen[257] oder Listen nach dem Heimarbeitsgesetz zu führen[258]. Selbst der Verweis von § 26 Nr. 2 VersG auf § 14 VersG soll verfassungsmäßig sein, obwohl erst eine verfassungskonforme Auslegung des § 14 VersG durch den Rechtsanwender die Tatbestandsgrenzen genau festlegt[259], auch die Zuwiderhandlung gegen das Verbot einer Vereinstätigkeit (§ 20 I Nr. 4 VereinsG)[260].

Die **praktische Bedeutung** des strafrechtlichen Bestimmtheitsgrundsatzes scheint nur **gering** zu sein[261], insofern das Bundesverfassungsgericht, soweit ersichtlich, erst sechs strafrechtliche Normen für verfassungswidrig erklärt hat[262], weil nach ihnen die Strafbarkeit in ihren Voraussetzungen[263] oder hinsichtlich Auswahl und Bemessung der Strafe[264] unklar war bzw. sich erst aus einer Ermessensentscheidung der Exekutive ergab[265] oder weil sie als untergesetzliche Normen ihre (verkehrs- oder ordnungsstrafrechtliche) Blankettermächtigung verfehlten[266]. Das ist Symptom dafür, dass die Strafgesetzgebung insgesamt deutlich weniger vom Bundesverfassungsgericht beanstandet worden sein soll als die Zivilgesetzgebung[267]. Auch die fachgerichtliche Rechtsprechung ist eher zurückhaltend; allerdings ist etwa das Verbot, sich »nach Art eines Land- oder Stadtstreichers herumzutreiben«[268] oder »dem Anschluss- und Benutzungszwang zuwiderzuhandeln«[269], als zu unbestimmt angesehen worden, ebenso das Verbot der Verbrennung von Altölen und »ähnlichen kontaminierten Stoffen«[270]. 44

Gleichwohl entfaltet sich der Bestimmtheitsgedanke auch **präventiv** in der **regulativen Idee**, ob eine bestimmtere Gesetzesfassung unproblematisch praktisch möglich erscheint. Androhungen jeder zulässigen Strafe sind gewiss einer bestimmteren Fassung leicht zugänglich[271], ebenso Geldstrafen in unbestimmter Höhe[272]. Demgegenüber ist die Bestimmtheit der Klausel der »guten Sitten« (in § 226a StGB) zweifel- 45

[256] BVerfG (K), NJW 2000, 3417; BVerfG (K), NJW 2006, 2684 (2685f.); BGHSt 43, 336 (342f.); *Schmahl* (Fn. 35), Art. 103 Rn. 66.

[257] BVerfGE 48, 48 (57ff.).

[258] BVerfGE 41, 314 (320ff.).

[259] BVerfGE 85, 69 (72ff.); a.A. BVerfGE 85, 77ff. – *Sondervotum Seibert/Hentschel.*

[260] BVerfG (K), NVwZ 2002, 709 (711).

[261] Vgl. (krit.) *C. Roxin*, JöR 59 (2011), 1 (24f.); *H.-U. Paeffgen*, StraFo 2007, 442ff.; *Degenhart* (Fn. 2), Art. 103 Rn. 68; *Birkenstock*, Bestimmtheit (Fn. 1), S. 106ff.; *Kunig* (Fn. 4), Art. 103 Rn. 29; *Tiedemann*, Verfassungsrecht (Fn. 135), S. 39; *Schmidhäuser*, Bestimmtheit (Fn. 219), S. 238ff.

[262] Vgl. übersichtlich *Dannecker* (Fn. 2), § 1 StGB Rn. 72ff.; ferner *Gropp*, Bestimmtheitsgrundsatz (Fn. 14), S. 114ff.

[263] Vgl. BVerfGE 17, 306 (314f.) betr. §§ 1 II Nr. 1, 2 I, 46 II, 60 Personenbeförderungsgesetz a. F.

[264] BVerfGE 105, 135 (158ff., Rn. 79ff.) betr. § 43a StGB a. F.

[265] BVerfGE 78, 372 (383ff.) betr. § 15 II lit. a) FAG a. F.

[266] BVerfGE 14, 174 (185ff.) betr. § 71 StVZO a. F.; 14, 254 (256ff.); 16, 211 (213) betr. § 49 StVO a. F.; 23, 265 (270) betr. § 2 III PlakatVO a. F.

[267] Vgl. *Kunig* (Fn. 4), Art. 103 Rn. 27; *ders.*, Verfassungsrecht und einfaches Recht – Verfassungsgerichtsbarkeit und Fachgerichtsbarkeit, VVDStRL 61 (2002), S. 34ff. (48).

[268] VGH Baden-Württemberg NJW 1984, 507 (508).

[269] OLG Köln NuR 1995, 163f.

[270] VGH Baden-Württemberg NVwZ-RR 2004, 825 (828f.).

[271] *Wassermann* (Fn. 2), Art. 103 Rn. 53 und *Rüping* (Fn. 2), Art. 103 Abs. 2 Rn. 70, gegen BGHSt 13, 190 (191).

[272] *Rüping* (Fn. 2), Art. 103 Abs. 2 Rn. 73; a.A. BGHSt 3, 259 (262).

haft[273], aber praktisch nur begrenzt präzisierbar. Letztlich ist es unumgänglich, auch auf die Besonderheiten des jeweiligen Tatbestandes abzustellen[274].

b) Die Bestimmtheit der Gesetzesanwendung und das Analogieverbot

46 Das strafrechtliche Bestimmtheitsgebot erstreckt sich i. S. einer »Auslegungsbestimmtheit«[275] auch auf die **Anwendung des Gesetzes**, wie sie in der neueren Verfassungsjudikatur im Gegensatz zur Gesetzesbestimmtheit tendenziell verstärkt worden ist. Es erlaubt selbstverständlich die Auslegung und Interpretation auch von Strafgesetzen[276] nach Maßgabe der herkömmlichen anerkannten Methodik, selbst wenn sie für einen Angeklagten ungünstig ist[277]. Es verbietet insoweit aber jede ausdehnende Auslegung des Gesetzestextes über das hinaus, was der Wortsinn zulässt[278]; anderenfalls würde das Gebot der Bestimmtheit des Straftatbestands unterlaufen. Es gebietet, im Wege der Auslegung Unklarheiten über den Anwendungsbereich einer weit gefassten Norm durch Präzisierung und Konkretisierung nach Möglichkeit auszuräumen (**Präzisierungsgebot**)[279], und es verbietet eine Auslegung, bei der einzelne Tatbestandsmerkmale vollständig in anderen aufgehen (**Verschleifungs- und Entgrenzungsverbot**)[280]. Der **Wortsinn als Grenze der Auslegung**[281] ist dabei in seinem Textzusammenhang und aus der Sicht des Bürgers zu bestimmen[282], wobei auch ge-

---

[273] Für Verfassungswidrigkeit *Rüping* (Fn. 2), Art. 103 Abs. 2 Rn. 69; Jarass/*Pieroth*, GG, Art. 103 Rn. 87; s. auch *Degenhart* (Fn. 2), Art. 103 Rn. 68; zur Verfassungswidrigkeit der Strafbarkeit wegen Verstoßes gegen die »öffentliche Ordnung« BayVerfGHE 4, 194ff.

[274] So z. B. BVerfGE 41, 314 (319f.); zust. *Kunig* (Fn. 4), Art. 103 Rn. 30; s. auch für Verweisungen auf EU-Recht *Moll*, Strafrecht (Fn. 175), S. 193ff. i. V. m. S. 137ff.; krit. zur Anknüpfung an den »öffentlichen Anstand« in Art. 297 EGStGB *E. Gurlit*/*J. Oster*, GewArch. 2006, 361 (362f.); zum strafrechtlichen Verbot der §§ 7 I, 24 I PassG *M. Rossi*, AöR 127 (2002), 612 (647f.); zu § 13 Stammzellgesetz *J. Taupitz*, JZ 2007, 113 (119); *E. Hilgendorf*, ZRP 2006, 22 (23f.); *K.-A. Schwarz*, MedR 2003, 158 (163); anders für die Bestrafung »therapeutischen Klonens« (§ 8 I ESchG) *T. Hartleb*, JR 2006, 98ff.

[275] *Radtke/Hagemeier* (Fn. 28), Art. 103 Rn. 37; *Adam*, Kontrolldichte (Fn. 208), S. 439; s. auch *Dannecker* (Fn. 2), § 1 StGB Rn. 338f.

[276] Vgl. z. B. BVerfGE 82, 236 (269ff.); BVerfG (K), NJW 1995, 315f.; *H.A. Wolff*, HGR V, § 134 Rn. 90f.; s. auch *Krahl*, Rechtsprechung (Fn. 3), S. 351ff.

[277] *Degenhart* (Fn. 2), Art. 103 Rn. 70; ausf. *Rüping* (Fn. 2), Art. 103 Abs. 2 Rn. 49.

[278] BVerfGE 92, 1 (13); 126, 170 (197, Rn. 77); 130, 1 (43, Rn. 165); BVerfGK 8, 49 (50); BVerfG (K), NJW 1995, 2776f.; *Degenhart* (Fn. 2), Art. 103 Rn. 69; *Felix*, Einheit (Fn. 57), S. 204ff.; *M. Seebode*, JZ 1998, 781ff.; *W. Küper*, JuS 1996, 783 (784ff.); *Kunig* (Fn. 4), Art. 103 Rn. 26; *H. Hill*, HStR VI, § 156 Rn. 61.

[279] BVerfGE 126, 170 (198f., Rn. 80); BVerfG (K), NJW 2015, 2949 (2954); *R. Eschelbach/C. Krehl*, Art. 103 Abs. 2 GG und die Rechtsanwendung, in: FS Kargl, 2015, S. 81ff. (84ff.); *Kuhlen*, Gesetzlichkeitsprinzip (Fn. 57), S. 59ff.; *ders.*, Verhältnis (Fn. 57), S. 100ff.; *Adam*, Kontrolldichte (Fn. 208), S. 438ff.; *Schulz*, Neues (Fn. 53), S. 310ff.; krit. *Gropp*, Bestimmtheitsgrundsatz (Fn. 14), S. 122f.; *F. Saliger*, NJW 2010, 3195 (3196).

[280] BVerfGE 92, 1 (16); 126, 170 (198, Rn. 78; 211, Rn. 112); BVerfGK 20, 114 (120); BVerfG (K), NJW 2015, 2949 (2954); *F. Rostalski*, HRRS 2016, 73ff.; *Adam*, Kontrolldichte (Fn. 208), S. 433ff.; krit. *E. Kempf/H. Schilling*, NJW 2012, 1849 (1851f.).

[281] Vgl. BVerfGE 85, 69 (73); 92, 1 (12); 105, 135 (157, Rn. 75); 110, 226 (248, Rn. 94); 126, 170 (197, Rn. 77); 130, 1 (43f., Rn. 165); BVerfGK 2, 174 (174); 4, 69 (70); 6, 284 (286); 8, 49 (50); *H.A. Wolff*, HGR V, § 134 Rn. 92f.; *Roxin*, Grundsatz (Fn. 11), S. 120ff.; *W. Perron*, Die Unterscheidung zwischen Auslegung und Analogie aus deutscher Perspektive, in: Hilgendorf, Gesetzlichkeitsprinzip (Fn. 11), S. 211ff. (217ff.).

[282] BVerfGE 71, 108 (114f.); 82, 236 (269); 87, 209 (224); 92, 1 (12); BVerfGK 2, 174 (174); 3, 302 (303); 6, 284 (286); 18, 365 (369); BVerfG (K), NJW 1995, 3050 (3051); *Schmahl* (Fn. 35), Art. 103

setzessystematische und teleologische Erwägungen bedeutsam sein können[283]; er darf sich nicht kontraintuitiv gänzlich vom allgemeinen Sprachgebrauch lösen[284], sondern muss für den Bürger voraussehbar bleiben[285], auch wenn praktisch oft mehr auf den Regelungswillen des Gesetzgebers abgestellt wird[286]. Dabei kann auch der Wortsinn, wie er sich bei neueren Gesetzen in dem erkennbaren Horizont des historischen Gesetzgebers[287], bei älteren Gesetzen von einer jahrzehntelangen Rechtsprechung zugrundegelegt wurde, mitberücksichtigt werden[288], sofern deren Auslegung nicht dynamisch gerade auf eine Ausweitung des Straftatbestandes hinausläuft[289]. Das schließt eine weite Auslegung des Wortlauts einer Strafbestimmung ein, wenn der Normzweck eindeutig und offensichtlich ist[290].

Führt eine Auslegung, die über diesen erkennbaren Wortsinn hinausgeht, zu einer 47
Strafbarkeit, erlaubt das Gesetz keine Verurteilung – es ist Sache des Gesetzgebers, Strafwürdiges für strafbar zu erklären[291], Strafbarkeitslücken zu schließen[292] oder Fälle fehlender Strafwürdigkeit zu konturieren[293]; missglückte Strafbestimmungen hat er (für die Zukunft) zu korrigieren. Deshalb stößt die Anwendung der actio libera in causa bei Tätern in schuldunfähigem Zustand wegen § 20 StGB auf Grenzen[294], ist das richterrechtliche Institut der ungleichartigen Wahlfeststellung wohl verfassungswidrig[295]. Art. 103 II GG **verbietet** mithin jede Form einer strafbegründenden oder strafverschärfenden **Analogie**[296] (»nullum crimen sine lege stricta«), nicht nur die im engeren, technischen Sinn, sondern auch i. S. einer den Norminhalt überschreitenden Auslegung[297], insbesondere wenn sie objektiv unhaltbar und deshalb willkürlich er-

---

Rn. 68; *Nolte* (Fn. 24), Art. 103 Rn. 159; *H. Hill*, HStR VI, § 156 Rn. 66; ausf. *Schmidt-Aßmann* (Fn. 19), Art. 103 Rn. 225 ff.

283 BVerfGK 14, 177 (182 ff.); BVerfG (K), NJW 2011, 3778 (3779).

284 BVerfGE 73, 206 (244 f.); BVerfGK 14, 177 (182 ff.); *Degenhart* (Fn. 2), Art. 103 Rn. 70; *C. Becker/J. Martenson*, JZ 2016, 779 ff.; *U. Scheffler*, Jura 1996, 505 ff.

285 BVerfGE 92, 1 (13); *Degenhart* (Fn. 2), Art. 103 Rn. 70; *Kunig* (Fn. 4), Art. 103 Rn. 28.

286 *Adam*, Kontrolldichte (Fn. 208), S. 431 f.

287 Vgl. BVerfGE 82, 236 (269 ff.); *Nolte* (Fn. 24), Art. 103 Rn. 161; *B. Rüthers/C. Höpfner*, JZ 2005, 21 (24).

288 BVerfGE 26, 41 (43); 45, 363 (371); 57, 250 (262); 73, 206 (242 ff.); 93, 266 (292); 126, 170 (199, Rn. 82).

289 Vgl. BVerfGE 92, 1 (16 ff.); a.A. BVerfGE 92, 20 (23 ff.) – *Sondervotum Seidl/Söllner/Haas.*

290 BVerfGK 2, 174 (175).

291 BVerfGE 71, 108 (116); 92, 1 (13, 19); 126, 170 (197, Rn. 77); BVerfGK 8, 159 (161 f.); *H.A. Wolff*, HGR V, § 134 Rn. 87; *Nolte* (Fn. 24), Art. 103 Rn. 158; *H. Hill*, HStR VI, § 156 Rn. 60.

292 BVerfGE 92, 1 (13); 126, 170 (197, Rn. 77).

293 BVerfGE 120, 224 (272, Rn. 125 f.) – *Sondervotum Hassemer.*

294 Vgl. BGHSt 42, 235 (241); dazu *J. Hruschka*, JZ 1997, 22 ff.; *K. Ambos*, NJW 1997, 2296 ff.; anders *G. Jerouschek*, JuS 1997, 385 (388 f.); ausf. *M. Hettinger*, Die »actio libera in causa«, 1988; dazu zuletzt *F. Streng*, Art. 103 Abs. 2 GG zwischen allgemeinem Sprachgebrauch und juristischer Fachsprache, in: FS Landau, 2016, S. 471 ff. (477 ff.).

295 BGH NStZ 2014, 392 ff. (2. Senat); zust. *M. Wagner*, ZJS 2014, 436 ff; *B. v. Heintschel-Heinegg*, JA 2014, 710 ff.; *G. Freund/F. Rostalski*, JZ 2015, 164 ff.; *K.N. Katsoglou*, ZStW 127 (2015), 334 ff.; mit anderer Begründung *V. Haas*, HRRS 2016, 190 ff.; s. auch *J.C. Schuhr*, NStZ 2014, 137 ff.; a.A. aber die anderen Senate des BGH: BGH NStZ-RR 2014, 308; NStZ-RR 2015, 39; NStZ-RR 2015, 40; NStZ-RR 2014, 307; *C.-F. Stuckenberg*, ZIS 2014, 461 ff.; *ders.*, JZ 2015, 714 ff.

296 BVerfGK 4, 261 (265); *Nolte* (Fn. 24), Art. 103 Rn. 156 ff.; *Roxin*, Grundsatz (Fn. 11), S. 119 ff.; *Kuhlen*, Verhältnis (Fn. 57), S. 97; *Wassermann* (Fn. 2), Art. 103 Rn. 54; ausf. *Perron*, Unterscheidung (Fn. 281), S. 211 ff.; *Rudolphi/Jäger* (Fn. 57), § 1 Rn. 22 ff.; zum Begriff der Analogie *F. Reimer*, Juristische Methodenlehre, 2016, Rn. 555 ff.; *C. Luther*, Jura 2013, 449 ff.; *T.I. Schmidt*, VerwArch. 97 (2006), 139 (140 ff.).

297 BVerfGE 71, 108 (115); 73, 206 (235 f.); 87, 399 (411); 92, 1 (13 f.); 126, 170 (197, Rn. 77); 130,

scheint[298]; Art. 103 II GG lässt sich insoweit auch als spezielles Willkürverbot für die Strafgerichtsbarkeit verstehen[299]. Verfassungsrechtlich zulässig sind aber ggf. Analogien zugunsten des Täters[300].

48 **In der** Kasuistik der **Judikatur des Bundesverfassungsgerichts**, das insoweit eine höhere Kontrolldichte über eine bloße Vertretbarkeitskontrolle hinaus beansprucht[301], ist als in diesem Sinne **unzulässig** die tatbestandserweiternde Auslegung des Begriffs der »Gewalt« in § 240 StGB angesehen worden, die auch Zwangseinwirkungen allein infolge geistig-seelischer Einflüsse als Gewalt ansah[302], nicht aber, wenn körperliche Kraftentfaltung diese verstärkt, so dass die Zwangseinwirkungen auch körperlich so empfunden werden[303], oder wenn nachfolgende Fahrzeuge durch das durch psychische Zwangseinwirkung gestoppte erste Fahrzeug physisch gesperrt werden (sog. Zweite-Reihe-Rechtsprechung)[304]. Verfassungswidrig ist auch die Erstreckung des Begriffs »Mensch« in § 131 I StGB auf menschenähnliche Wesen (sog. Zombies)[305] und des Begriffs »nahestehende Person« in § 241 I StGB auch auf nicht existierende Personen[306], die Gleichsetzung von »unvorsätzlichem« mit dem »berechtigten oder unentschuldigten« Entfernen vom Unfallort in § 142 II Nr. 2 StGB[307] oder das Verständnis vom Pkw. als »Waffe« i. S. von § 113 II 2 Nr. 1 StGB[308]. Unzulässig sind etwa auch: die Anordnung von Jugendarrest neben der Aussetzung der Verhängung einer Jugendstrafe[309], die Anwendung des Strafvollzugsgesetzes auf Disziplinarmaßnahmen im Jugendstrafvollzug[310], die Erstreckung einer Berufshaftpflichtversicherungspflicht auf Arbeitslose[311] oder von Pflichten der Krankenhausapotheken auf öffentliche Apotheken[312], auch die Ausdehnung des Ordnungsgeldes in § 335 I 3 HGB auf die tatbestandlich vorverlagerte Pflicht zur Einrichtung eines Aufsichtsrats[313] oder ein Verzicht auf eine Präzisierung der »erheblichen Ruhestörung« unter Rückgriff auf das Empfinden

---

1 (43, Rn. 165); BVerfGK 3, 302 (303); 4, 261 (265); 6, 284 (286); 8, 49 (50); 8, 159 (161); 13, 345 (346); *H.A. Wolff*, HGR V, § 134 Rn. 87 ff.; *Adam*, Kontrolldichte (Fn. 208), S. 427 f.; *K. Amelung*, NJW 1995, 2584 (2587).

[298] BVerfG (K), NJW 1995, 187 (188); *Zierlein* (Fn. 8), Art. 103 Rn. 135.

[299] Vgl. BVerfGE 64, 389 (393 f.); 71, 108 (115); BVerfGK 2, 174 (174); BVerfG (K), NJW 2001, 1848 (1849); *Degenhart* (Fn. 2), Art. 103 Rn. 53; *Kunig* (Fn. 4), Art. 103 Rn. 33a; *Adam*, Kontrolldichte (Fn. 208), S. 425 f.; *H. Reichenbach*, JR 2005, 405 (407); *W. Küper*, JuS 1996, 783 (786 f.); krit. *Nolte* (Fn. 24), Art. 103 Rn. 171; *B. Rüthers/C. Höpfner*, JZ 2005, 21 (22 ff.).

[300] *Radtke/Hagemeier* (Fn. 28), Art. 103 Rn. 39; *T.I. Schmidt*, VerwArch. 97 (2006), 139 (162).

[301] BVerfGE 126, 170 (199, Rn. 81); 130, 1 (44, Rn. 166); BVerfG (K), NJW 2015, 2949 (2955); dazu näher *Adam*, Kontrolldichte (Fn. 208), S. 441 f.; *M. Krüger*, NStZ 2011, 369 ff.

[302] BVerfGE 92, 1 (13 ff.); zust. *B. Jeand'Heur*, NJ 1995, 465; *C. Gusy*, JZ 1995, 782 f.; krit. *Schmahl* (Fn. 35), Art. 103 Rn. 71; *Degenhart* (Fn. 2), Art. 103 Rn. 70; *Wassermann* (Fn. 2), Art. 103 Rn. 52; *K. Amelung*, NJW 1995, 2584 (2587 f.); *V. Krey*, JR 1995, 221 ff., 265 ff.; *F.-C. Schroeder*, JuS 1995, 875 ff.; zur Anti-Kritik *S. Braum*, KritV 78 (1995), 371 (381 ff.); übersichtlich *C. Swoboda*, JuS 2008, 862 f.

[303] BVerfGE 104, 92 (101 ff., Rn. 30 ff.); BVerfG (K), NJW 2007, 1669 (1669 f.).

[304] BGHSt 41, 182 (185 ff.); BVerfGK 18, 365 (369 ff.); krit. *D. Magnus*, NStZ 2012, 538 ff.

[305] BVerfGE 87, 209 (225); krit. zur Nichtbeachtung in der Praxis *D. Beisel*, AfP 1997, 514 f.

[306] BVerfG (K), NJW 1995, 2776 (2777); a.A. *W. Küper*, JuS 1996, 783 (787 ff.).

[307] BVerfGK 10, 442 (445 ff.); zust. *G. Laschewski*, NZV 2007, 444 ff.; *H.-U. Paeffgen*, StraFo 2007, 442 (444); krit. *W. Küper*, NStZ 2008, 597 ff.; *J. Dehne-Niemann*, Jura 2008, 135 ff.

[308] BVerfGK 14, 177 (182 ff.); *H. Kudlich*, JR 2009, 210 ff.; krit. *A. Koch/K. Wirth*, ZJS 2009, 90 ff.

[309] BVerfGK 4, 261 (265 f.).

[310] BVerfGE 116, 69 (82 f., Rn. 44 ff.).

[311] BVerfG (K), NJW 2002, 3163 (3163).

[312] BVerfG (K), DVBl. 2002, 1627 (1628).

[313] BVerfG (K), NJW 2014, 1431 (1432 f.).

eines Zeugen[314]. – Regelmäßig werden die Ergebnisse der Strafrechtsdogmatik und Strafrechtsprechung aber eher für **verfassungsgemäß** angesehen[315], gerade auch vor dem Hintergrund der Unvermeidbarkeit der Auslegung und Interpretation von deutungsbedürftigen Straftatbeständen[316], ggf. wie bei § 266 StGB durch begrenzende präzisierende Auslegung von Tatbestandsmerkmalen[317]; ein Sprachwandel zwischen Normerlass und Anwendung wie die neuere begriffliche Unterscheidung zwischen Pflanzen und Pilzen muss sich klar durchgesetzt haben[318]. Insoweit wird eine Verletzung nur in Fällen »handgreiflicher« Defizite bei der Anwendung des Strafrechts angenommen[319], etwa bei fehlender präzisierender Beschreibung und Bezifferung eines Vermögensschadens beim Eingehungsbetrug[320].

Auch **in der fachgerichtlichen Rechtsprechung** werden entsprechende **Grenzen** gesetzt, z.B. bei der Gleichsetzung der Betreiber einer Kabelanlage mit dem Besitzer 49
eines privaten Kabelanschlusses[321] oder von Schriften ohne Abbildungen als »Darstellungen« i.S. von § 176 IV Nr. 4 StGB[322]. Eine unzulässige Ausdehnung war auch mit der Bestrafung wegen Verunglimpfung der ersten beiden Strophen des Deutschlandliedes[323] oder bei einer Kettenbriefaktion wegen Glücksspiels[324] verbunden, auch mit der Sanktionierbarkeit der Handynutzung im Straßenverkehr im stehenden Auto bei abgeschaltetem Motor[325]. Missbilligt hat der Bundesgerichtshof weiterhin etwa die Auslegung des Begriffs »nicht geringe Menge« in Abhängigkeit vom Einzelfall[326], die Anwendung von Korruptionstatbeständen auf die Zeit vor der Ernennung des Amtsträgers[327] oder die Erstreckung der Haftung juristischer Personen nach § 30 OWiG auf Gesamtrechtsnachfolger ohne Identität der Vermögensbindung[328]. – Demgegenüber soll die Anwendung des vereinsrechtlichen Verbots, einem Vereinsverbot zuwiderzuhandeln, auch für Nichtmitglieder gelten[329], sollen Zahngoldbruchstücke in Verbren-

---

314 BVerfG (K), NJW 2010, 754 (756).

315 Vgl. BVerfGE 82, 236 (269f.); BVerfG (K), NJW 1998, 1135f. betr. § 265a I StGB mit krit. Anm. *U. Hinrichs*, NJW 2001, 932ff.; BVerfG (K), NJW 1998, 2587 (2589); BVerfG (K), NJW 1998, 2589f.; BVerfGK 4, 69 (70ff.); 6, 284 (286ff.); 8, 49 (50ff.); die Strafbarkeit der sukzessiven Beihilfe bei § 353b StGB jetzt offenlassend BVerfGE 117, 244 (264f., Rn. 59f.); BVerfGK 9, 169ff. betr. § 29 I 1 Nr. 1 BtMG.

316 Vgl. BVerfG (K), NVwZ 2006, 583 (584) betr. § 316b StGB; BVerfGK 3, 302 (304ff.) betr. § 177 I Nr. 3 StGB mit krit. Anm. *G.-F. Güntge*, NJW 2004, 3750ff.; s. auch *P. Reichenbach*, KritV 85 (2002), 242 (250ff.).

317 BVerfGE 126, 170 (200ff., Rn. 84ff.); BVerfGK 15, 193 (201ff.); *M. Jahn/S. Ziemann*, ZIS 2016, 552 (556ff.); *Adam*, Kontrolldichte (Fn. 208), S. 437f.; *M. Krüger*, NStZ 2011, 369ff.; *F. Saliger*, NJW 2010, 3195 (3196f.); krit. *Gropp*, Bestimmtheitsgrundsatz (Fn. 14), S. 121ff.

318 BVerfGK 16, 190 (194ff.); *Adam*, Kontrolldichte (Fn. 208), S. 430.

319 BVerfGK 20, 114 (121), mit Verweis auf BVerfGE 126, 170 (233, Rn. 157).

320 BVerfGE 130, 1 (47ff., Rn. 176ff.); *M. Steinsiek/P. Vollmer*, ZIS 2015, 586ff.; krit. *J. Schlösser*, NStZ 2012, 473 (474ff.).

321 BayObLG AfP 1997, 525 (526); *Degenhart* (Fn. 2), Art. 103 Rn. 70.

322 OLG Düsseldorf NJW 2000, 1129.

323 BVerfGE 81, 298 (309).

324 BGHSt 34, 171 (178); zur Ausdehnung des § 370 AO auf steuerliche Nebenleistungen BGHSt 43, 381 (406).

325 OLG Bamberg NJW 2006, 3732 (3733).

326 BGHSt 42, 1 (3).

327 BGHSt 49, 275 (291f.).

328 BGHSt 57, 193 (196f., Rn. 12ff.).

329 So BVerfG (K), NJW 2000, 3637; BGHSt 42, 30 (36); a.A. Jarass/*Pieroth*, GG, Art. 103 Rn. 81; krit. *F.-C. Schroeder*, NJW 1999, 89ff.; ausf. zu »Sündenfällen« der Strafrechtsprechung *U. Scheffler*, Jura 1996, 505 (507); *Schünemann*, Nulla poena (Fn. 47), S. 4.

nungsrückständen »Asche« i.S von § 168 I StGB sein[330] oder soll das Mitführen eines objektiv ungefährlichen Koffers die vergleichbare Drohwirkung wie eine Waffe oder ein gefährliches Werkzeug haben (§ 250 I Nr. 1 a, b StGB)[331].

3. Das strafrechtliche Rückwirkungsverbot

a) Das absolute Rückwirkungsverbot für den Gesetzgeber

50 Art. 103 II GG normiert schließlich einen Spezialfall des allgemeinen Rückwirkungsverbots (→ Art. 20 [Rechtsstaat], Rn. 151ff.), das er verschärft: Dem **Strafgesetzgeber** ist es – in Abweichung von internationalen Tendenzen (→ Rn. 7) – strikt (»absolut«), d.h. ausnahmslos **verboten, rückwirkende Strafgesetze zu erlassen** (»nulla poena sine lege praevia«)[332] und dadurch eine Tat zulasten des Bürgers nachträglich neu zu bewerten[333]. Der Gesetzgeber darf mithin in der Vergangenheit liegendes Verhalten nicht nachträglich neu mit Strafe bedrohen oder eine bestehende Strafdrohung verschärfen[334] oder auf sonstige Weise den Unrechtsgehalt einer Tat höher bewerten[335], z.B. auch nicht durch Änderung blankettausfüllender Normen[336] oder durch Wegfall von positivierten Rechtfertigungsgründen[337]. Dem **Strafrichter** ist es entsprechend verboten, eine Strafnorm rückwirkend **anzuwenden**[338]. Das Verbot der rückwirkenden materiellrechtlichen Begründung oder Verschärfung von Sanktionen gilt auch bei der Ahndung von Ordnungswidrigkeiten[339]. Es schließt die Rückwirkung milderen Rechts nicht aus[340].

51 Dieses Rückwirkungsverbot gründet letztlich in der Menschenwürde[341] und ist, anders als das allgemeine rechtsstaatliche Rückwirkungsverbot, **keiner Abwägung zugänglich**[342]. Es bezieht sich wie der Gesetzesvorbehalt und der Bestimmtheitsgrundsatz auf den Straftatbestand und die Straffolgen (→ Rn. 19ff., 23ff., 31, 38), nicht aber auf das Strafverfahrensrecht[343] und die Strafverfolgungsvoraussetzungen wie z.B. die Verjährungsregeln[344], da diese nach der im Strafrecht neuerdings h.M. ein prozessu-

---

[330] BGH NJW 2015, 2901ff.; zu Recht a.A. *C. Becker/J. Martenson*, JZ 2016, 779 (782ff.); *S. Stübinger*, ZIS 2016, 373ff.

[331] BGH NStZ 2016, 215 (216); krit. *C. Jäger*, JA 2016, 71ff.

[332] BVerfGE 30, 367 (385); 95, 96 (131).

[333] *H.A. Wolff*, HGR V, § 134 Rn. 103; *Dannecker*, Strafrecht (Fn. 1), S. 253ff.

[334] BVerfGE 25, 269 (286); 46, 188 (192f.); 81, 132 (135); 95, 96 (131); BVerfG (K), NJW 1993, 2167 (2168); BVerfG (K), NJW 1993, 2524f.

[335] BVerfGE 95, 96 (131f.).

[336] Ausf. *Schuster*, Verhältnis (Fn. 164), S. 220ff.

[337] BVerfGE 95, 96 (132); *Degenhart* (Fn. 2), Art. 103 Rn. 71; *H. Dreier*, JZ 1997, 421 (431) m.w.N.

[338] Jarass/*Pieroth*, GG, Art. 103 Rn. 74; *Schmahl* (Fn. 35), Art. 103 Rn. 74.

[339] BVerfG (K), NStZ 1996, 192 (193).

[340] Vgl. BVerfGE 95, 96 (137); s. auch E 92, 277 (324f.); *H.A. Wolff*, HGR V, § 134 Rn. 110; *Höfling/Burkiczak* (Fn. 60), Art. 103 Rn. 156.

[341] BVerfGE 109, 133 (171, Rn. 139); *Dannecker*, Strafrecht (Fn. 1), S. 260ff.; *Sax*, Grundsätze (Fn. 4), S. 998f.

[342] BVerfGE 109, 133 (172, Rn. 141); *H.A. Wolff*, HGR V, § 134 Rn. 102; *Höfling/Burkiczak* (Fn. 60), Art. 103 Rn. 132.

[343] BVerfGE 63, 343 (359); 112, 304 (315, Rn. 47); 113, 273 (308, Rn. 98); ausf. *Dannecker*, Strafrecht (Fn. 1), S. 316ff.; *J. Pföhler*, Zur Unanwendbarkeit des strafrechtlichen Rückwirkungsverbots im Strafprozeßrecht in dogmenhistorischer Sicht, 1988; vgl. auch für anhängige Verfahren BVerfGE 24, 33 (55) unter Verweis auf E 11, 139 (146f.); anders für Strafanträge *Roxin*, Grundsatz (Fn. 11), S. 129ff.

[344] BVerfGE 25, 269 (286ff.); *Reich*, GG, Art. 103 Rn. 2; *Roxin*, Grundsatz (Fn. 11), S. 130f.; *A.*

ales Institut sind[345] und nicht die Strafbarkeit, sondern die Verfolgbarkeit regeln (→ Rn. 25). Bestand schon in der Vergangenheit zum Tatzeitpunkt eine Strafandrohung, so ist eine Bestrafung nach einem neuen, das alte ablösenden Strafgesetz (**Normentausch) möglich**, wenn altes und neues Gesetz den Unrechtsgehalt der Tat gleich bewerten[346]. Eine vorübergehende Aufhebung oder Milderung der Norm im Zeitraum zwischen Tatbegehung und Bestrafung ist kein Anwendungsfall des Rückwirkungsverbots[347], auch nicht der Ausschluss einer Meistbegünstigungsregelung[348]. Eine Verschärfung der Strafandrohung während der Begehung einer Dauerstraftat kann sich nur auf die Teilakte erstrecken, die nach der Rechtsänderung begangen wurden[349].

Soweit aufgrund der Entscheidung des Art. 103 II GG »offensichtliche **unerträgliche Verstöße gegen** elementare Gebote der **Gerechtigkeit**« ungeahndet bleiben müssten, soll dieses der Rechtsprechung zufolge eine Durchbrechung des Art. 103 II GG erlauben[350]. Das ist abzulehnen: Es bleibt in solchen Fällen dem verfassungsändernden Gesetzgeber unbenommen, Art. 103 II GG zu ändern. Ein etwaiges Fehlen politischer Mehrheiten für eine solche Änderung ist ein sicheres Indiz dafür, dass diese Verstöße eben gerade nicht »offensichtlich unerträglich« sind (→ Rn. 57). 52

b) Das relative Rückwirkungsverbot für die Rechtsprechung

Nach h. M. gilt Art. 103 II GG nicht für **rückwirkende Rechtsprechungsänderungen**[351], auch im Rahmen einer neuen rahmenbeschlusskonformen Auslegung deutschen Strafrechts[352]. Wie allgemein bei rückwirkenden Rechtsprechungsänderungen (→ Art. 20 [Rechtsstaat], Rn. 177) muss indessen erst recht auch beim speziellen strafrechtlichen Rückwirkungsverbot gelten, dass die Maßstäbe zur Zulässigkeit einer Rückwirkung für den Gesetzgeber auch für die gesetzesergänzende Rechtsprechung gelten, wenn die (rückwirkende) Rechtsprechungsänderung einer Gesetzesänderung gleichkommt. Eine solche gesetzesergänzende Funktion hat das Richterrecht gerade bei der Auslegung generalklauselartiger Tatbestandsmerkmale; für die Strafverfolgungspraxis be- 53

Koch/V. Dorn, Jura 2011, 690 (692); ausf. *E.-W. Böckenförde*, ZStW 91 (1979), 888ff.; a.A. *Schünemann*, Nulla poena (Fn. 47), S. 25f.; (differenzierend) *Dannecker*, Strafrecht (Fn. 1), S. 323f., 332ff.; *B. Pieroth/T. Kingreen*, NJ 1993, 385 (392); s. auch *P. Burian*, GA 144 (1997), 162ff.; w. Nw. Fn. 135.

[345] Vgl. nur *Rudolphi/Jäger* (Fn. 57), § 1 Rn. 10ff.; *J. Schmid*, in: H.W. Laufhütte/R. Rissing-van Saan/K. Tiedemann (Hrsg.), Leipziger Kommentar zum StGB, Bd. 3, 12. Aufl. 2008, Vor § 78 Rn. 7ff. m.w.N.; krit. zum Abstellen auf diese systematische Einordnung als Entscheidungskriterium *H.-L. Schreiber*, ZStW 80 (1968), 348 (365); *G. Grünwald*, MDR 1965, 521 (522).

[346] BVerfGE 46, 188 (193); 81, 132 (136); Jarass/*Pieroth*, GG, Art. 103 Rn. 75; *H.A. Wolff*, HGR V, § 134 Rn. 106; *Schmidt-Aßmann* (Fn. 19), Art. 103 Rn. 237.

[347] BVerfGE 81, 132 (135); *Degenhart* (Fn. 2), Art. 103 Rn. 71; *B. Pieroth*, Rückwirkung und Übergangsrecht, 1981, S. 164.

[348] BVerfG (K), NJW 2008, 3769 (3770).

[349] BayObLG NJW 1996, 1422.

[350] BVerfGE 95, 96 (134f.); BGHSt 38, 168 (183f.); 40, 241 (249f.); 41, 101 (111ff.); BGH NJW 2000, 443ff.; *Degenhart* (Fn. 2), Art. 103 Rn. 72, 74; a.A. *H.A. Wolff*, HGR V, § 134 Rn. 103; *H. Dreier*, JZ 1997, 421 (431ff.); *J. Isensee*, HStR IX, § 202 Rn. 158ff.

[351] BayObLG NJW 1990, 2833; BGHSt 37, 89 (91ff.); *Rudolphi/Jäger* (Fn. 57), § 1 Rn. 8 m.w.N.; *Rüping* (Fn. 2), Art. 103 Abs. 2 Rn. 63; *Roxin*, Grundsatz (Fn. 11), S. 128f.; ausf. *Dannecker*, Strafrecht (Fn. 1), S. 364ff.; *U. Neumann*, ZStW 103 (1991), 331ff.; *Schünemann*, Nulla poena (Fn. 47), S. 27ff.; *B. Haffke*, Das Rückwirkungsverbot des Art. 103 Abs. 2 GG bei Änderung der Rechtsprechung zum materiellen Recht, 1970; offenlassend BVerfGK 13, 544 (550); 18, 430 (435); *Radtke/Hagemeier* (Fn. 28), Art. 103 Rn. 43.

[352] S. näher *A. Wehnert*, NJW 2005, 3760 (3760f.).

deutet eine gefestigte höchstrichterliche Rechtsprechung hier eine Richtschnur, die strafrechtliche Reaktionen vorhersehbar und berechenbar macht[353] und gerade dadurch dem Bestimmtheitsgrundsatz genügt[354]. Dann aber müssen Rechtsprechungsänderungen über die allgemeinen Grundsätze des Vertrauensschutzes hinaus in entsprechender Anwendung grundsätzlich auch an Art. 103 II GG gemessen werden[355]. Eine Rechtsprechungsänderung, die entgegen einer gefestigten Rechtsprechung durch Veränderung des strafrechtlichen Unwerturteils (etwa durch Einengung oder Wegfall eines richterrechtlich entwickelten Rechtfertigungsgrundes) die Strafbarkeit eines Verhaltens neu begründet, verschärft oder sonst belastend modifiziert, ist mithin nach Art. 103 II GG ebenfalls unzulässig (**Abweichungsverbot**)[356], soweit sie für vergangene Straftaten gelten soll; eine derartige Rechtsprechungsänderung ist nur für die Zukunft zulässig[357].

54 Soweit sich nicht das strafrechtliche Unwerturteil, sondern nur die **Tatsachenbasis** für das Unwerturteil (mit der Folge einer Verurteilung nur nach dieser neuen Beurteilung) **ändert**, liegt kein Fall der rückwirkenden Rechtsprechungsänderung vor. Deshalb soll die neue tatsächliche empirische Erkenntnis, nach der das Stadium der Fahruntüchtigkeit im Straßenverkehr schon bei einem niedrigeren Alkoholanteil im Blut eintritt als bislang angenommen, keine Änderung des strafrechtlichen Unwerturteils i. S. der §§ 315c I Nr. 1a, 316 StGB sein[358], ebenso die neue Erkenntnis, eine Schreckschusspistole als Waffe einzustufen[359].

c) Insbesondere: Die Bewältigung der »vorrechtsstaatlichen« Vergangenheit als Ausnahme?

55 Obwohl das Rückwirkungsverbot »absolut« gilt (→ Rn. 50) und bislang den »harten Kern des Art. 103 II GG« bildet[360], sollen im Falle von »**Mauerschützen**«, d. h. Grenzsoldaten der DDR, die einst befehlsgemäß auf Flüchtlinge schossen, positivierte Rechtfertigungsgründe des DDR-Rechts wegen offensichtlichen, unerträglichen Verstoßes gegen elementare Gebote der Gerechtigkeit und gegen völkerrechtlich geschützte Menschenrechte[361] trotz Art. 103 II GG nicht mehr anwendbar sein[362]. In gleicher Wei-

---

[353] BVerfGE 126, 170 (199, Rn. 80); Jarass/*Pieroth*, GG, Art. 103 Rn. 93.

[354] Vgl. BVerfGE 26, 41 (43); 37, 201 (208); 48, 48 (56); 73, 206 (243).

[355] BVerfGE 126, 170 (199, Rn. 80); *Degenhart* (Fn. 2), Art. 103 Rn. 73; *Brüning* (Fn. 63), Art. 103 Rn. 80; *Schmahl* (Fn. 35), Art. 103 Rn. 77; *Kuhlen*, Gesetzlichkeitsprinzip (Fn. 57), S. 62ff.; *G. Robbers*, in: BK, Art. 20 I (2009/2010/2014), Rn. 2467; *Zierlein* (Fn. 8), Art. 103 Rn. 148; *Wassermann* (Fn. 2), Art. 103 Rn. 51; ausf. *M. Hettinger/A. Engländer*, Täterbelastende Rechtsprechungsänderungen im Strafrecht, in: FS Meyer-Goßner, 2001, S. 145ff.

[356] Vgl. BVerfG (K), NJW 1990, 3140; BVerfGK 18, 430 (433ff.); Jarass/*Pieroth*, GG, Art. 103 Rn. 94; *Degenhart* (Fn. 2), Art. 103 Rn. 73; *H.A. Wolff*, HGR V, § 134 Rn. 18, 91, 101; *Schmidt-Aßmann* (Fn. 19), Art. 103 Rn. 241; *A. Leite*, GA 2014, 220ff.; einschränkend *Nolte* (Fn. 24), Art. 103 Rn. 120.

[357] Zu den strafprozessualen Folgerungen *U. Neumann*, ZStW 103 (1991), 331 (352ff.); krit. *H. Tröndle*, Rückwirkungsverbot bei Rechtsprechungswandel?, in: FS Dreher, 1977, S. 117ff.

[358] So BVerfG (K), NJW 1990, 3140; BVerfG (K), NJW 1995, 125 (126); Jarass/*Pieroth*, GG, Art. 103 Rn. 94; a.A. *M. Krahl*, NJW 1991, 808f.; zweifelnd *Degenhart* (Fn. 2), Art. 103 Rn. 73; *Nolte* (Fn. 24), Art. 103 Rn. 120.

[359] BGHSt 48, 197 (205); Jarass/*Pieroth*, GG, Art. 103 Rn. 94.

[360] So *Schünemann*, Nulla poena (Fn. 47), S. 6.

[361] Vgl. BVerfG (K), NJW 1998, 2585; *E. Denninger*, JZ 1998, 1129 (1134); ausf. *Buchner*, Rechtswidrigkeit (Fn. 21), S. 203ff.

[362] BVerfGE 95, 96 (133, 135ff.) in Bestätigung von BGHSt 39, 1 (29ff.); 39, 168 (183f.); 40, 241

se soll es in den Fällen der Rechtsbeugung durch DDR-Richter und Staatsanwälte darauf ankommen, ob diese aus nachträglicher Sicht auf unerträgliche offensichtliche Weise gegen die Gebote der materiellen Gerechtigkeit und gegen völkerrechtlich geschützte Menschenrechte verstießen[363].

Diese **Rechtsprechung**[364] ist so **schwerlich zu rechtfertigen**[365]: Sie unterläuft den 56
strikten Anspruch des Art. 103 II GG, Bürger nur zu bestrafen, wenn die Strafbarkeit für diese vorhersehbar war[366], und damit eine nachträgliche strafrechtliche Umwertung ggf. nur einer Entscheidung des verfassungsändernden Gesetzgebers über rückwirkendes Strafrecht zu überantworten, wie sie auch dem Vorbehalt der Bundesrepublik gegenüber Art. 7 II EMRK (→ Rn. 7) implizit entnommen werden konnte. Die Radbruchsche Formel[367] wird historisch einmalig zur positiven Begründung der Strafbarkeit herangezogen, Art. 103 II GG als Problem statt als Problemlösung des Grundgesetzes uminterpretiert.

Richtigerweise sind nur solche Straftaten aus der vorrechtsstaatlichen Vergangen- 57
heit strafbar, die schon nach den für die damaligen Gesetzesadressaten voraussehbaren Standards zu bestrafen waren, etwa **Exzesstäter**, deren Verhalten auch durch die Rechtfertigungsgründe des DDR-Rechts nicht gedeckt war[368], oder völkerrechtliche Verbrechen gegen die Menschlichkeit durch aktive Verfolgung einer Zivilbevölkerung, die das Grenzsystem der DDR nicht darstellte[369]. Auch die Strafbarkeit der Spionagetätigkeit von DDR-Agenten war zur Tatzeit eindeutig und erkennbar gegeben (§§ 3, 4, 9, 94, 95 StGB) und ist keine Frage von Art. 103 II GG[370]. Im Übrigen bliebe

---

(250); 41, 101 (111f.); bestätigend EGMR, 22.03.2001, NJW 2001, 3035ff. – *Streletz u.a.*; zust. *S. Kadelbach*, Jura 2002, 329 (332ff.); *G. Werle*, NJW 2001, 3001ff.; im Ergebnis gleichsinnig *C. Starck*, JZ 1997, 147; *Marxen/Werle*, Aufarbeitung (Fn. 34), S. 243f.; *Wassermann* (Fn. 2), Art. 103 Rn. 51a; übersichtlich *Zierlein* (Fn. 8), Art. 103 Rn. 156ff.; *H. Kirchner*, Jura 1998, 46ff.; s. auch ausf. *H. Kreikker*, Art. 7 EMRK und die Gewalttaten an der deutsch-deutschen Grenze, 2002, S. 12ff.; *Buchner*, Rechtswidrigkeit (Fn. 21), S. 257ff.; krit. *Schmahl* (Fn. 35), Art. 103 Rn. 79; Jarass/*Pieroth*, GG, Art. 103 Rn. 96; *Schmidt-Aßmann* (Fn. 19), Art. 103 Rn. 255c; *Kunig* (Fn. 4), Art. 103 Rn. 34 – »Mauerschützen«; *H. Dreier*, JZ 1997, 421 (424ff.); *G. Dannecker/K.F. Stoffers*, JZ 1996, 490 (494); *K. Gropp*, NJ 1996, 393ff.; *U. Homann*, KritJ 29 (1996), 494ff.; *B. Schlink*, NJ 1994, 433 (434ff.).

363 BVerfG (K), NJW 1998, 2585; BGHSt 40, 30 (41f.); 40, 272 (276f.); 41, 157 (164f.).

364 Bestätigend BVerfG (K), EuGRZ 1997, 413 (416); BVerfG (K), NJW 1998, 2585; BVerfG (K), NJW 2000, 1480; *H.-J. Papier/J. Möller*, NJW 1999, 3289 (3291f.) m.w.N. bis 1993.

365 Krit. etwa *Schmahl* (Fn. 35), Art. 103 Rn. 79; *Nolte* (Fn. 24), Art. 103 Rn. 124ff.; *Kunig* (Fn. 4), Art. 103 Rn. 34 – »Mauerschützen«; *R. Ogorek*, KritV 83 (2000), 323 (336ff.); *C.D. Classen*, GA 145 (1998), 215 (217ff.); *H. Dreier*, JZ 1997, 421 (428ff.); *J. Isensee*, HStR IX, § 202 Rn. 162ff.; *M. Krajewski*, JZ 1997, 1054f.; *J. Arnold*, JuS 1997, 400ff.

366 Jarass/*Pieroth*, GG, Art. 103 Rn. 95ff.; *G. Dannecker/K.F. Stoffers*, JZ 1996, 490 (492).

367 S. näher *F. Schwill*, KritV 85 (2002), 97ff.; *J.-R. Sieckmann*, ARSP 87 (2001), 496ff.; *H. Dreier*, JZ 1997, 421 (423f.) m.w.N.; ferner *C. Nill-Theobald*, JuS 1999, 1051ff.; *G. Sprenger*, NJ 1997, 3ff.; *A. Kaufmann*, NJW 1995, 81ff.; ausf. *K. Seidel*, Rechtsphilosophische Aspekte der »Mauerschützen«-Prozesse, 1999, S. 40ff., 153ff.; ebd. S. 37ff. umfassende Nachweise für die der Rechtsprechung zustimmende h. M.

368 Jarass/*Pieroth*, GG, Art. 103 Rn. 96; *Nolte* (Fn. 24), Art. 103 Rn. 125; s. auch *Schmidt-Aßmann* (Fn. 19), Art. 103 Rn. 255 (mit Fn. 375); krit. (und für weitergehende Einschränkung von Art. 103 II GG) *R. Wassermann*, NJW 2000, 403 (404).

369 *Nolte* (Fn. 24), Art. 103 Rn. 134; ausf. *Kreicker*, Art. 7 EMRK (Fn. 362), S. 81ff.; anders *G. Werle*, NJW 2001, 3001 (3005f.).

370 BVerfGE 92, 277 (323f.); BayObLG NStZ 1992, 281 (282); Jarass/*Pieroth*, GG, Art. 103 Rn. 97; *Degenhart* (Fn. 2), Art. 103 Rn. 74; ausf. *M. Gehrlein*, Die Strafbarkeit der Ost-Spione auf dem Prüfstand des Verfassungs- und Völkerrechts, 1996, S. 41ff., 47ff.; *Dannecker*, Strafrecht (Fn. 1), S. 284ff.; a.A. *H. Rittstieg*, NJW 1994, 912f.; *G. Widmaier*, NJW 1991, 2460 (2462ff.).

es dem verfassungsändernden Gesetzgeber unbenommen, für solche Fälle extremer Ausnahmesituationen die nachträgliche Strafbarkeit zu ermöglichen, ohne dass solches mit dem Rechtsstaatsprinzip unvereinbar wäre (vgl. Art. 7 II EMRK)[371]. Die dafür erforderlichen politischen Mehrheiten sind ein Filter für unberechtigte Annahmen von derartigen Ausnahmesituationen.

IV. Schranken

58 **Art. 103 II GG gilt** mangels ausdrücklicher Schrankenermächtigung **vorbehaltlos**[372]; Beschränkungen des Gesetzgebers ließen sich theoretisch allenfalls durch kollidierendes Verfassungsrecht rechtfertigen. Wie bei Durchbrechungen von Art. 103 II GG im Falle der »Mauerschützen« (→ Rn. 55 ff.) stünde ein solcher Versuch vor der wohl kaum zu leistenden Begründungslast, weshalb Art. 103 II GG schon selbst eine strikt anzuwendende, unabdingbare und unverzichtbare Kollisionsregel des Verfassungsgesetzgebers für eine solche Kollision[373] und einer Abwägung nicht zugänglich ist[374].

D. Verhältnis zu anderen GG-Bestimmungen

59 Art. 103 II GG ist für seinen Anwendungsbereich **lex specialis** zu anderen Verfassungsnormen, doch öffnen sich seine Regelungsgehalte dem Einfluss anderer Verfassungsnormen und ihren Auslegungen stärker, soweit sie (wie das Bestimmtheitsgebot) abstrakter gefasst sind, als dort, wo sie (wie beim Parlamentsvorbehalt und beim Rückwirkungsverbot) normativ stärker als Regel statt als Prinzip ausgeformt sind[375]. In diesem Sinne lässt sich allenfalls das Rückwirkungsverbot als **lex specialis zu Art. 1 I GG** interpretieren[376]; im Übrigen stehen die materiellen Freiheitsrechte neben Art. 103 II GG, können dessen Gehalte aber flankierend schützen[377], etwa durch Gewährleistung des Schuldprinzips (→ Rn. 12).

60 Deutlicher wird die Spezialität des Art. 103 II GG im **Verhältnis zu Art. 20 III GG** (→ Rn. 17) und zu Art. 3 I GG, aber auch zu allen anderen allgemeinen rechtsstaatlichen Garantien, von denen er strukturgleiche Elemente in sich enthält: Parlamentsvorbehalt, Bestimmtheit und Klarheit von Gesetzen, die Bindung an das Gesetz oder die Grundsätze von Rechtssicherheit und Vertrauensschutz[378] (→ Art. 20 [Rechtsstaat], Rn. 119 ff., 129 ff., 141 ff. bzw. 146 ff.).

61 In der Zuweisung der Strafgesetzgebung an den Gesetzgeber liegt auch eine Konkretisierung des **Demokratieprinzips** (→ Rn. 17), ohne dass damit praktische Konse-

---

[371] *J. Isensee*, HStR IX, § 202 Rn. 164; *H. Dreier*, JZ 1997, 421 (432 ff.); *J.C. Joerden*, GA 144 (1997), 201 (210 ff.); *Pieroth*, Rechtsstaat (Fn. 32), S. 104; a.A. *Krey*, Strafe (Fn. 4), Rn. 99.

[372] Jarass/*Pieroth*, GG, Art. 103 Rn. 76; *H.A. Wolff*, HGR V, § 134 Rn. 21; *Kunig* (Fn. 4), Art. 103 Rn. 17.

[373] *Nolte* (Fn. 24), Art. 103 Rn. 169; *I. Appel*, Jura 2000, 571 (577); *Schmidt-Aßmann* (Fn. 19), Art. 103 Rn. 191.

[374] BVerfGE 109, 133 (172, Rn. 141).

[375] Vgl. *Nolte* (Fn. 24), Art. 103 Rn. 166.

[376] *Nolte* (Fn. 24), Art. 103 Rn. 167.

[377] *Nolte* (Fn. 24), Art. 103 Rn. 168; *Schmidt-Aßmann* (Fn. 19), Art. 103 Rn. 168 ff.

[378] *Schmahl* (Fn. 35), Art. 103 Rn. 56; *Schmidt-Aßmann* (Fn. 19), Art. 103 Rn. 167.

quenzen verbunden wären, die über das hinausgingen, was Art. 103 II GG unmittelbar regelt[379].

Art. 103 II GG steht teilweise in Konkurrenz zum Schutz der Freiheit der Person: **Art. 104 I GG** ist gegenüber Art. 103 II GG insoweit die speziellere Norm, als er für die Freiheitsstrafe ein förmliches Gesetz verlangt[380]. 62

379 *Nolte* (Fn. 24), Art. 103 Rn. 170.

380 *Kunig* (Fn. 4), Art. 103 Rn. 22; anders (i. S. einer Idealkonkurrenz) *Schmidt-Aßmann* (Fn. 19), Art. 103 Rn. 169, 183.

Artikel 103 [Anspruch auf rechtliches Gehör; nulla poena sine lege; **ne bis in idem]**

(1) Vor Gericht hat jedermann Anspruch auf rechtliches Gehör.

(2) Eine Tat kann nur bestraft werden, wenn die Strafbarkeit gesetzlich bestimmt war, bevor die Tat begangen wurde.

(3) Niemand darf wegen derselben Tat auf Grund der allgemeinen Strafgesetze mehrmals bestraft werden.

Literaturauswahl

Appel, Ivo: Verfassung und Strafe, 1998.
Appel, Ivo: Grundrechtsgleiche Rechte, Prozessgrundrechte oder Schranken-Schranken, in: Jura 2000, S. 571–578.
Böse, Martin: Der Grundsatz »ne bis in idem« in der Europäischen Union (Art. 54 SDÜ), in: GA 150 (2003), S. 744–763.
Brodowski, Dominik: Grundfälle zu den Justizgrundrechten. Art. 103 II, III GG – nulla poena sine lege, ne bis in idem, in: JuS 2012, S. 892–896.
Dannecker, Gerhard: Die Garantie des Grundsatzes »ne bis in idem« in Europa, in: Festschrift für Günter Kohlmann, 2003, S. 593–615.
Ebensperger, Stefan: Strafrechtliches »ne bis in idem« in Österreich unter besonderer Berücksichtigung internationaler Übereinkommen, in: ÖJZ 1999, S. 171–185.
Hill, Hermann: Verfassungsrechtliche Gewährleistungen gegenüber der staatlichen Strafgewalt, in: HStR VI, § 156, S. 1305–1352.
Hochmayr, Gudrun (Hrsg.): »Ne bis in idem« in Europa. Praxis, Probleme und Perspektiven des Doppelverfolgungsverbots, 2015.
Kerner, Hans-Jürgen/Karnowski, Philipp A.: »Res Judicata« und »Ne Bis in Idem«, in: Festschrift für Hans-Heiner Kühne, 2013, S. 579–598.
Kniebühler, Roland Michael: Transnationales »ne bis in idem«, 2005.
Liebau, Tobias: »Ne bis in idem« in Europa, 2005.
Mansdörfer, Marco: Das Prinzip des ne bis in idem im europäischen Strafrecht, 2004.
Niemöller, Martin/Schuppert, Gunnar F.: Die Rechtsprechung des Bundesverfassungsgerichts zum Strafverfahrensrecht, in: AöR 107 (1982), S. 387–498.
Nolte, Georg: Jurisdiktionsübergreifende Wirkung des Mehrfachverfolgungsverbots (Art. 103 Abs. 3 GG)?, in: Festschrift für Dietrich Rauschning, 2001, S. 173–182.
Nolte, Georg: Ne bis in idem, in: HGR V, § 135, S. 1425–1445.
Radtke, Henning: Der Grundsatz »Ne bis in idem« und Jurisdiktionskonflikte, in: Böse, Martin (Hrsg.), Europäisches Strafrecht mit polizeilicher Zusammenarbeit, 2013, § 12, S. 459–493.
Schomburg, Wolfgang/Suominen-Picht, Irene: Verbot der mehrfachen Strafverfolgung, Kompetenzkonflikte und Verfahrenstransfer, in: NJW 2012, S. 1190–1194.
Schroeder, Friedrich-Christian: Die Rechtsnatur des Grundsatzes »ne bis in idem«, in: JuS 1997, S. 227–231.
Specht, Britta: Die zwischenstaatliche Geltung des Grundsatzes *ne bis in idem*, 1999.
Thomas, Herbert: Das Recht auf Einmaligkeit der Strafverfolgung, 2002.
Voulgaris, Dimitrios: Transnationales »ne bis in idem« zwischen staatlicher Schutz- und Achtungspflicht, 2016.

Leitentscheidungen des Bundesverfassungsgerichts

BVerfGE 3, 248 (250ff.) – Mehrfachbestrafung; 56, 22 (27ff.) – Kriminelle Vereinigung; 65, 377 (380ff.) – Strafbefehl; 75, 1 (18ff.) – Völkerrecht; BVerfGK 19, 265 (273ff.)

Gliederung

Stichwörter

A. Herkunft, Entstehung, Entwicklung

I. Ideen- und verfassungsgeschichtliche Aspekte

1 Der **Grundsatz des Verbots der Doppelbestrafung** (»ne bis in idem [crimen judicetur]«) lässt sich in Theorie und Praxis bis auf das römische Recht und dessen Rezeption durch die Kanonistik[1] sowie auf den Sachsenspiegel (I, 53 Nr. 4) zurückverfolgen[2]. Seine Geltung ging auf dem europäischen Kontinent (auch mit der Zunahme von Beweisschwierigkeiten infolge der Abschaffung der Folter) im Inquisitionsprozess des gemeinen Rechts verloren und fand im Institut der Instanzenentbindung (»absolutio ab instantia«) als Ausspruch richterlichen Zweifels über Schuld oder Nichtschuld des Betroffenen mit der Folge der Zulässigkeit eines neuen Verfahrens ein Gegenprinzip, das noch bis in das 19. Jahrhundert verbreitet kodifiziert war und wurde[3]. Vor allem **seit der Aufklärung** mit ihrer Betonung des individuellen Interesses gegenüber der Strafgewalt der Gesellschaft (→ Art. 103 II Rn. 1f.) und damit auch der Rechtssicherheit wurde der Grundsatz des ne bis in idem **neu begründet** und mit der Verfassungsbewegung politisch durchgesetzt[4]; er gehört zu den »maßgeblichen Errungenschaften liberal-rechtsstaatlicher Strafrechtspflege«[5].

2 Schon die **französische Revolution** nimmt das Verbot der Doppelbestrafung in den Katalog allgemeiner Grundfreiheiten der Verfassung von 1791 (Titel III, Kap. V, Art. 9), später in die Strafprozessordnung von 1808 auf. Auch in **Amerika** nimmt das 5. Amendment zur Verfassung (1791) das Verbot der »double jeopardy« auf, freilich eher in Anknüpfung an die ungeschriebene Tradition im englischen Recht[6], in der das Verbot eines mehrfachen Gerichtsverfahrens ungebrochen bis in das 13. Jahrhundert zurückführt[7]; über die vom common law beeinflussten Rechtsordnungen findet das Verbot internationale Anerkennung.

---

[1] Speziell dazu *P. Landau*, ZRG KA 56 (1970), 124 (138ff.).

[2] Vgl. *H. Rüping*, in: BK, Art. 103 Abs. 3 (Zweitb. 1982), Rn. 1f.; *W. Sellert*, Art. Ne bis in idem, in: HRG III, Sp. 940ff.; *F.-C. Schroeder*, JuS 1997, 227 (228); *B. Specht*, Die zwischenstaatliche Geltung des Grundsatzes *ne bis in idem*, 1999, S. 7ff. jeweils m.w.N.

[3] *G. Nolte*, in: v. Mangoldt/Klein/Starck, GG III, Art. 103 Rn. 176f.; *Rüping* (Fn. 2), Art. 103 Abs. 3 Rn. 3; *Specht*, Geltung (Fn. 2), S. 9f.; ausf. *G. Schwarplies*, Die rechtsgeschichtliche Entwicklung des Grundsatzes »ne bis in idem« im Strafprozess, Diss. jur. Zürich 1970, S. 22ff., 49ff.

[4] *G. Nolte*, HGR V, § 135 Rn. 4f.; *Rüping* (Fn. 2), Art. 103 Abs. 3 Rn. 4; *Schwarplies*, Entwicklung (Fn. 3), S. 65ff., 99ff.

[5] So *C. Degenhart*, in: Sachs, GG, Art. 103 Rn. 76; ähnlich *R. Wassermann*, in: AK-GG, Art. 103 (2001), Rn. 5.

[6] S. näher *J. Herrmann*, Die Wiederaufnahme des Strafverfahrens in den Vereinigten Staaten von Amerika. Landesbericht, in: H.-H. Jescheck/J. Meyer (Hrsg.), Die Wiederaufnahme des Strafverfahrens im deutschen und ausländischen Recht, 1974, S. 673ff. (676ff.).

[7] *Rüping* (Fn. 2), Art. 103 Abs. 3 Anm. II.2.; s. näher *S. Löhr*, Prozeßgrundrechte in Deutschland,

In Deutschland findet sich der Grundsatz des ne bis in idem bis 1946 **nicht in Verfassungsurkunden**. Trotz des Vorbildes verschiedener Territorialrechte wurde er auch nicht in die Strafprozessordnung des Reiches von 1877 aufgenommen, aber schon 1880 von der Rechtsprechung des Reichsgerichts der StPO als selbstverständlich zugrundegelegt[8] und auch von der Wissenschaft akzeptiert, indem eine materielle rechtskräftige Entscheidung als Verfahrenshindernis für ein erneutes Verfahren angesehen wurde[9]. 3

Wie bei den anderen Justizgrundrechten (→ Art. 103 I Rn. 5; → Art. 103 II Rn. 4) wertete auch insoweit der **Nationalsozialismus** diese »liberalistische« Vorstellung der Grenze staatlichen Strafanspruchs zugunsten der Gerechtigkeitsvorstellung des »gesunden Volksempfindens« um und entwickelte die sog. Urteilsergänzung als Durchbrechung der Rechtskraft für Fälle, in denen das Urteil den Belangen der Volksgemeinschaft widersprach; später konnte der Volksgerichtshof alle strafprozessualen Verfahrensgarantien faktisch unter den Vorbehalt vom »Schutz des Staates und des Volkes« stellen[10]. 4

In Antwort auf die Abkehr der Zeit des Nationalsozialismus von diesem Kernelement liberal-rechtsstaatlicher Tradition und teilweise unter Einfluss auch der amerikanischen Militärregierung haben zunächst einige **Nachkriegsverfassungen** der Länder dem Grundsatz des ne bis in idem Verfassungsrang verliehen (Art. 104 II Verf. Bayern 1946; Art. 22 III Verf. Hessen 1946; Art. 4 III Verf. Württemberg-Baden 1946; Art. 7 II Verf. Bremen 1947; Art. 17 III Verf. Württemberg-Hohenzollern 1947 sowie Art. 6 III 1 Verf. Rheinland-Pfalz 1947)[11], ehe es in Art. 103 III GG bundesverfassungsrechtlich konstitutionalisiert wurde. 5

II. Entstehung und Veränderung der Norm

Das Verbot der Doppelbestrafung durch Art. 103 III GG als Ausdruck des Bestrebens, Missbräuche der NS-Zeit für die Zukunft zu verhindern, folgte im Grundsatz dem Vorschlag von Art. 136 II HChE und war **im Parlamentarischen Rat** im Kern **unumstritten**; ausdrücklich wurde aber durch Einfügung des Hinweises auf die allgemeinen Strafgesetze klargestellt, dass durch Art. 103 III GG das Nebeneinander von gerichtlichen und disziplinarischen Strafen nicht ausgeschlossen werden solle[12]. Art. 103 III GG ist seit Inkrafttreten des Grundgesetzes nicht verändert worden[13]. 6

Frankreich und England, 2012, S. 266ff.; *G. Kielwein*, ZStW 68 (1956), 163ff.; ausf. *M. Friedland*, Double Jeopardy, Oxford 1969.

[8] RGSt 2, 347 (348f.); 8, 135 (137f.); *Rüping* (Fn. 2), Art. 103 Abs. 3 Rn. 5; *Specht*, Geltung (Fn. 2), S. 10ff.

[9] *Wassermann* (Fn. 5), Art. 103 Rn. 5; *H.-H. Kühne*, in: Löwe-Rosenberg, StPO[26], Einleitung K, Rn. 76.

[10] *R.M. Kniebühler*, Transnationales »ne bis in idem«, 2005, S. 18ff.; *Rüping* (Fn. 2), Art. 103 Abs. 3 Rn. 6 m.w.N.; *Specht*, Geltung (Fn. 2), S. 12ff.

[11] *Rüping* (Fn. 2), Art. 103 Abs. 3 Rn. 7; s. auch *Nolte* (Fn. 3), Art. 103 Rn. 178.

[12] Vgl. JöR 1 (1951), 741f., 744; *K.-G. Zierlein*, in: Umbach/Clemens, GG II, Art. 103 Rn. 25; *O. Fliedner*, AöR 99 (1974), 242 (247); *Specht*, Geltung (Fn. 2), S. 14f.

[13] Vgl. *A. Bauer/M. Jestaedt*, Das Grundgesetz im Wortlaut, 1997, S. 173.

B. Internationale, supranationale und rechtsvergleichende Bezüge

I. Internationale Aspekte

7 Der Grundsatz des ne bis in idem ist auch **im Völkerrecht** ein wichtiger Gesichtspunkt[14], auch wenn er in der AEMR nicht enthalten ist. Er ist aber z.T. in internationalen Rechtsakten anerkannt, so in Art. 4 des 7. Zusatzprotokolls zur EMRK (mit ausdrücklichen Ausnahmen für bestimmte Fälle der Wiederaufnahme des Verfahrens)[15] oder in Art. 14 VII IPbpR, jeweils bezogen auf eine erneute Strafverfolgung innerhalb desselben Staates[16] trotz vorherigem rechtskräftigem Urteil oder Freispruch. Überdies ist er auch Gegenstand völkerrechtlicher Vereinbarungen[17], etwa in Rechtshilfevereinbarungen auf europäischer Ebene, in Art. VII Abs. 8 des NATO-Truppenstatuts (1951) oder in Art. 54 des Schengener Abkommens (1990)[18], auch in den Statuten der Internationalen Gerichtshöfe[19], z.B. Art. 20 II, III IStGH-Statut (→ Art. 92 Rn. 10). Kernprobleme solcher Ne-bis-in-idem-Gewährleistungen im internationalen Bereich ist die Koordination verschiedener Rechtsordnungen[20]. Dabei ist im Völkerstrafrecht der 1990er Jahre eine Entwicklung erkennbar, die erneute Strafverfolgung sowohl im Verhältnis internationaler zur nationalen Gerichtsbarkeit[21] als auch (freilich nur im europäischen Rechtsbereich) im Verhältnis verschiedener Staaten zueinander[22] i.S.

---

[14] Vgl. BVerfGE 75, 1 (18ff.); BVerfGK 13, 7 (13ff.); 19, 265 (272ff.); *G. Nolte*, Jurisdiktionsübergreifende Wirkung des Mehrfachverfolgungsverbots (Art. 103 Abs. 3 GG)?, in: FS Rauschning, 2001, S. 173ff. (174ff.); *C.v.d. Wyngaert/G. Stessens*, ICLQ 48 (1999), 779ff.; *O. Lagodny*, NJW 1988, 2146ff.; *E. Schmidt-Aßmann*, in: Maunz/Dürig, GG, Art. 103 III (1992), Rn. 309ff.; *Specht*, Geltung (Fn. 2), S. 31ff., 39ff.; umfassend *Kniebühler*, »ne bis in idem« (Fn. 10), S. 329ff.

[15] S. näher *C. Grabenwarter/K. Struth*, in: Ehlers, Europäische Grundrechte, § 6 Rn. 66ff.; ausf. *H. Satzger*, in: H. Satzger/W. Schluckebier (Hrsg.), StPO, 2. Aufl. 2016, Art. 4 EMRK des 7. ZP Rn. 6ff.; *G. Nolte*, HGR V, § 135 Rn. 27ff. (vor allem zum Begriff »offence«/»infraction«); *S. Kadelbach*, Verbot der Mehrfachbestrafung, in: Dörr/Grote/Marauhn, EMRK/GG^2, Kap. 29 Rn. 2, 6ff.; *D. Voulgaris*, Transnationales »ne bis in idem« zwischen staatlicher Schutz- und Achtungspflicht, 2016, S. 156ff.; *M. Mansdörfer*, Das Prinzip des ne bis in idem im europäischen Strafrecht, 2004, S. 103ff.

[16] *Kadelbach* (Fn. 15), Kap. 29 Rn. 2; *Voulgaris*, »ne bis in idem« (Fn. 15), S. 163ff.; *R. Esser*, Das Doppelverfolgungsverbot in der Rechtsprechung des EGMR (Art. 4 des 7. ZP EMRK), in: G. Hochmayr (Hrsg.), »Ne bis in idem« in Europa, 2015, S. 27ff. (28f.); *Specht*, Geltung (Fn. 2), S. 44ff.; s. auch *M. Mayer*, Ne-bis-in-idem-Wirkung europäischer Strafentscheidungen, 1992, S. 42ff.; m.w.N. unten in Fn. 149.

[17] *G. Nolte*, HGR V, § 135 Rn. 44f.; *S. Ebensperger*, ÖJZ 1999, 171 (177f.); übersichtlich *W. Schomburg*, Ne bis in idem, in: Hochmayr, »Ne bis in idem« (Fn. 16), S. 9ff. (12ff.); ausf. *Kniebühler*, »ne bis in idem« (Fn. 10), S. 329ff.; *H. Thomas*, Das Recht auf Einmaligkeit der Strafverfolgung, 2002, S. 90ff.; *Specht*, Geltung (Fn. 2), S. 91ff.; speziell zu den Schwierigkeiten des ne bis in idem im Rahmen des Europäischen Auslieferungsübereinkommens vom 13.12.1957 (BGBl. 1964 II, S. 1369) s. *Specht*, ebd., S. 106ff.; *H. Epp*, ÖJZ 1979, 36ff.

[18] Vgl. *F.-C. Schroeder*, JuS 1997, 227 (230); zum Schengener Abkommen *Kadelbach* (Fn. 15), Kap. 29 Rn. 27ff.; *U. Sommer*, StraFo 1999, 37ff.; *S. Ebensperger*, ÖJZ 1999, 171 (181ff.); *O. Lagodny*, NStZ 1997, 265f.; *R. Endriß/J. Kinzig*, StV 1997, 665 (668); ausf. *Kniebühler*, »ne bis in idem« (Fn. 10), S. 169ff.; *S. Stein*, Zum europäischen *ne bis in idem* nach Artikel 54 des Schengener Durchführungsabkommens, 2004.

[19] *Nolte* (Fn. 3), Art. 103 Rn. 193; s. auch *G. Dannecker*, Die Garantie des Grundsatzes »ne bis in idem« in Europa, in: FS Kohlmann, 2003, S. 593ff. (596).

[20] *W. Schomburg/I. Suominen-Picht*, NJW 2012, 1190 (1192ff.); *A. Eser/C. Burchard*, Interlokales »ne bis in idem« in Europa?, in: FS Jürgen Meyer 2006, S. 499ff. (500ff.; 512ff.); *Dannecker*, Garantie (Fn. 19), S. 597ff.; *Specht*, Geltung (Fn. 2), S. 34ff.

[21] *Kniebühler*, »ne bis in idem« (Fn. 10), S. 374ff.; *Specht*, Geltung (Fn. 2), S. 54ff.

[22] *Kniebühler*, »ne bis in idem« (Fn. 10), S. 64ff.; *Specht*, Geltung (Fn. 2), S. 91ff.

eines Verbots der Doppelbestrafung verstärkt zu unterbinden; im europäischen Bereich ist das zwischenstaatliche ne bis in idem möglicherweise auf dem Weg zu einer Geltung als regionales Völkergewohnheitsrecht[23], ohne dass dieses Verbot als eine allgemeine Regel des Völkerrechts angesehen werden kann[24].

II. Europäisches Unionsrecht

Der Grundsatz des Verbots der Doppelbestrafung gilt nicht nur im internen Dienstrecht der EU, wo er gemäß Art. 86 § 3 des europäischen Beamtenstatuts eine zweifache Disziplinarstrafe für ein und dieselbe Verfehlung (und auch schon die Einleitung eines zweiten Disziplinarverfahrens aufgrund desselben Tatsachenkomplexes) ausschließt[25]; er hat **in der Rechtsprechung des EuGH** als Gebot eines allgemeinen Billigkeitsgedankens auch den Rang eines allgemeinen Rechtsgrundsatzes gewonnen[26] und ist nun (im Blick auf die Durchführung von Unionsrecht in den Mitgliedstaaten) ausdrücklich in Art. 50 GRCh kodifiziert worden[27]. Zwar sind zwei Parallelverfahren, die verschiedenen Zielen dienen, zulässig, doch muss dies bei der Möglichkeit einer Doppelsanktion dazu führen, dass die frühere Sanktion bei Bemessung der späteren berücksichtigt wird[28]. 8

Nach Art. 6 II EUV hat die Europäische Union und damit auch die Rechtsprechung des EuGH die Grundrechte der EMRK zu achten[29] und sich damit auch an dem in Art. 4 des 7. Zusatzprotokolls zur **EMRK** normierten Grundsatz des ne bis in idem[30] (→ Rn. 7) auszurichten. Die dort normierte Begrenzung des Grundsatzes auf die Strafverfolgung **innerhalb eines Staates**[31] harmoniert freilich nicht mit der gewachsenen grenzüberschreitenden Mobilität bei Minimierung von Grenzkontrollen[32] und mit 9

---

[23] So *S. Schmahl*, in: Schmidt-Bleibtreu/Hofmann/Henneke, GG, Art. 103 Rn. 8; *Kadelbach* (Fn. 15), Kap. 29 Rn. 2; *Specht*, Geltung (Fn. 2), S. 118; s. auch *D. Brodowski*, StV 2013, 339 (340f.); *Kniebühler*, »ne bis in idem« (Fn. 10), S. 354ff.; für eine Aktivierung der Regelungen zum Interlokalen Strafrecht *Eser/Burchard*, »ne bis in idem« (Fn. 20), S. 522ff.

[24] *H. Radtke*, Der Grundsatz »Ne bis in idem« und Jurisdiktionskonflikte, in: M. Böse (Hrsg.), Europäisches Strafrecht, 2013, § 12 Rn. 1; ausf. BVerfGK 13, 7 (13ff.); anders jetzt *Voulgaris*, »ne bis in idem« (Fn. 15), S. 170ff., 179ff. (allgemeiner Rechtsgrundsatz).

[25] EuGH v. 05.05.1966, Rs. 18/65 u. a. – *Gutmann*; *T. Schilling*, EuGRZ 2000, 3 (20f.).

[26] EuGH v. 14.12.1972, Rs. 7/73, Rn. 2f. – *Boehringer*; EuGH v. 15.10.2002, C-238/99 P u. a., Rn. 59ff. – *Limburgse Vinyl Maatschappij u. a.*; EuGH v. 11.02.2003, C-187/01 u. a., Rn. 48 – *Gözütok u. a.*; *T. Schilling*, EuGRZ 2000, 3 (20f.); *Rüping* (Fn. 2), Art. 103 Abs. 3 Rn. 89; ausf. *T. Liebau*, »Ne bis in idem« in Europa, 2005, S. 92ff.; *H.-W. Rengeling*, Grundrechtsschutz in der Europäischen Gemeinschaft, 1993, S. 161ff.; s. schon *I. Pernice*, Grundrechtsgehalte im Europäischen Gemeinschaftsrecht, 1979, S. 40f.; a.A. *Specht*, Geltung (Fn. 2), S. 76ff.

[27] S. näher EuGH v. 26.02.2013, C-617/10, Rn. 32ff. – *Åkerberg-Fransson*; *G. Dannecker*, JZ 2013, 616ff.; *O.J. Gstrein/S. Zeitzmann*, ZEuS 2013, 239ff.; *S. Magiera*, HGR VI/1, § 161 Rn. 85ff.; *H.P. Nehl*, Ne bis in idem (Doppelbestrafungsverbot), in: S.A. Heselhaus/C. Nowak (Hrsg.), Handbuch der Europäischen Grundrechte, 2006, § 58 Rn. 6ff.; *Kniebühler*, »ne bis in idem« (Fn. 10), S. 312ff.; *H.-W. Rengeling/P. Szczekalla*, Grundrechte in der Europäischen Union, 2004, Rn. 1214ff.

[28] EuGH v. 13.02.1969, Rs. 14/68, Rn. 11 – *Wilhelm*; *S. Ebensperger*, ÖJZ 1999, 171 (179).

[29] *C. Busse*, NJW 2000, 1074ff.; ferner *Oppermann/Classen/Nettesheim*, Europarecht, § 17 Rn. 38ff., 44.

[30] *C. Karakosta*, KritV 91 (2008), 73ff.; näher *M.E. Villiger*, Handbuch der Europäischen Menschenrechtskonvention (EMRK), 2. Aufl. 1999, Rn. 695f.; ausf. *J.-B. Ackermann/S. Ebensperger*, AJP 1999, 823ff.

[31] BVerfGK 19, 265 (273f.); *G. Nolte*, HGR V, § 135 Rn. 42; m.w.N. Fn. 149; krit. zur unterlassenen Vorlage *J. Griebel*, Der Staat 52 (2013), 371 (384f.).

[32] *Radtke* (Fn. 24), § 12 Rn. 4f.

dem Anspruch der EU, eine europaweite Bürgergemeinschaft zu bilden. Art. 50 GRCh weitet den Geltungsbereich des Verbots der Mehrfachbestrafung über den einzelstaatlichen Einflussbereich konsequenterweise auf alle Staaten innerhalb der Union aus[33], ohne dass der Umfang des Strafklageverbrauchs in den Mitgliedstaaten einheitlich geregelt wäre[34]; praktische Bedeutung wird dem erst bei Gebrauch der strafrechtlichen Gesetzgebungskompetenzen der EU zukommen[35]. Schon jetzt enthält **Art. 54 SDÜ** als praktisch weitestreichende jurisdiktionsübergreifende ne-bis-idem-Garantie[36] einen **transnational wirksamen, sachverhaltsbezogenen Strafklageverbrauch** hinsichtlich derselben tatsächlichen konkreten Handlungskomplexe[37] für die Vertragsstaaten des Schengener Übereinkommens (→ Rn. 7) und einige Nichtmitgliedstaaten bei Erledigung des Strafverfahrens[38], z. B. bei Einstellung durch die Staatsanwaltschaft[39] – sofern eingehende Ermittlungen durchgeführt wurden[40] – oder durch Gericht[41] oder bei Freispruch nach Verjährung[42] oder aufgrund eines Mangels an Beweisen[43], sofern die Sanktion vollstreckt ist oder wird[44]: Eine Person, die von ihrem Recht auf Freizügigkeit Gebrauch macht, soll nicht in mehreren Mitgliedstaaten verfolgt

---

[33] S. näher *H.-J. Blanke*, in: Calliess/Ruffert, EUV/AEUV, Art. 50 GRCh Rn. 1; *M. Heger*, Das europäisches Doppelbestrafungsverbot aus Art. 50 GRC, in: FS Kühne, 2013, S. 565 ff.; *H. Radtke*, NStZ 2012, 479 (481 ff.); *H.D. Jarass*, NStZ 2012, 611 (616); *T. Hackner*, NStZ 2011, 425 (426 f.); *H.-U. Paeffgen*, ZStW 118 (2006), 275 (307 ff.); *Mayer*, Ne-bis-in-idem-Wirkung (Fn. 16), S. 228 ff.

[34] *G. Nolte*, HGR V, § 135 Rn. 26; *Radtke* (Fn. 24), § 12 Rn. 9 ff.

[35] *H. Radtke/A. Hagemeier*, in: Epping/Hillgruber, GG, Art. 103 (2015), Rn. 50 m.w.N.; *Radtke* (Fn. 24), § 12 Rn. 2.

[36] *G. Nolte*, HGR V, § 135 Rn. 47; *J. Basedow*, JZ 2016, 269 (273); *M.A. Zöller*, Die transnationale Geltung des Grundsatzes ne bis in idem nach dem Vertrag von Lissabon, in: FS Krey, 2010, S. 501 ff. (507 ff.).; ausf. *W. Schomburg*, in: ders. (Hrsg.), Internationale Rechtshilfe in Strafsachen, 5. Aufl. 2012, Art. 54 SDÜ Rn. 27 ff.

[37] EuGH v. 16.11.2010, C 261/09, Rn. 39 – *Mantello*; EuGH v. 18.07.2007, C-367/05, Rn. 26 ff. – *Kraaijenbrink*; EuGH v. 18.07.2007, C-288/05, Rn. 29 ff. – *Kretzinger*; EuGH v. 09.03.2006, C-436/04, Rn. 27, 32, 36 – *Van Esbroeck*; BGHSt 59, 120 (125 f., Rn. 15 f.); ausf. *M. Heger*, Der Tatbegriff (»idem«) des EuGH in Strafsachen, in: Hochmayr, »Ne bis in idem« (Fn. 16), S. 65 (66 ff.); *B. Hecker*, StV 2014, 461 ff.; *Radtke* (Fn. 24), § 12 Rn. 26 ff., 47 ff.

[38] *G. Hochmayr*, Europäische Rechtskraft oder gegenseitige Anerkennung, in: Hochmayr, »Ne bis in idem« (Fn. 16), S. 89 ff. (90 ff.); *Radtke* (Fn. 24), § 12 Rn. 40 ff.

[39] EuGH v. 11.02.2003, C-187/01 u.a., Rn. 27 ff. – *Gözütok und Brügge*; *Radtke* (Fn. 24), § 12 Rn. 24, 44 f.; *S. Stein*, NJW 2003, 1162 ff.; *M. Böse*, GA 150 (2003), 744 ff.; *H.-H. Kühne*, JZ 2003, 305 ff.; *Dannecker*, Garantie (Fn. 19), S. 608 ff.; a.A. BayObLG NZV 2000, 421; *B. Hecker*, Schließt Art. 54 SDÜ die Strafverfolgung aus …?, in: FS v. Heintschel-Heinegg, 2015, S. 175 ff. (185 ff.); *H. Radtke/D. Busch*, NStZ 2003, 281 ff.; *J. Vogel/A.B. Norouzi*, JuS 2003, 1059 ff.; das gilt nicht bei einer fehlenden Prüfung in der Sache, so EuGH v. 10.03.1995, C-469/03, Rn. 30 – *Miraglia*.

[40] EuGH v. 29.02.2016, C-486/14, Rn. 54 – *Kossowski*.

[41] EuGH v. 05.06.2014, C-398/12 (M), Rn. 26 ff., 33 – *M*; zust. *B. Hecker*, JuS 2015, 1045 ff.; *K. Gaede*, NJW 2014, 2990 (2991 f.).

[42] S. näher EuGH v. 28.09.2006, C-467/04, Rn. 22 ff. – *Gasparini u. a.*; BGH NStZ-RR 2007, 179; s. auch EuGH v. 09.03.2006, C-436/04, Rn. 38 – *Van Esbroek* zu einzelnen tatbestandlichen Abgrenzungsfragen, etwa zum Begriff »derselben Tat«; *C. Brüning*, in: Stern/Becker, Grundrechte, Art. 103 Rn. 135.

[43] EuGH v. 28.09.2006, C-150/05, Rn. 54 ff. – *Van Straaten*.

[44] EuGH v. 27.05.2014, C-129/14 PPU, Rn. 51 ff. – *Spasic*; *Radtke* (Fn. 24), § 12 Rn. 52; krit. *M. Böse*, Einschränkungen des transnationalen ne bis in idem – notwendiges Korrektiv oder Anachronismus?, in: Hochmayr, »Ne bis in idem« (Fn. 16), S. 171 ff. (172 ff.); *K. Gaede*, NJW 2014, 2990 (2990 f.); zum Verhältnis zu Art. 50 GRCh noch *Radtke* (Fn. 24), § 12 Rn. 14, 18 f., 33 ff., 57 f.; *N. Nestler*, HRRS 2013, 337 ff.; *R. Merkel/J. Scheinfeld*, ZIS 2012, 206 ff.; *M. Böse*, GA 2011, 504 (505 ff.); *A. Koch/V. Dorn*, Jura 2011, 690 (693 f.).

werden[45]. Auch im Europäischen Netzwerk der Kartellbehörden darf ein Bußgeld durch die Kartellbehörden (wohl) nur einmal ausgeworfen werden[46], problematischerweise nicht aber im Verhältnis zu Drittstaaten[47]. Dennoch ist selbst ein weit gefasstes umfassendes europäisches Ne-bis-in-idem etwa wegen des zeitlichen Prioritätsprinzips und der Möglichkeit des Forum Shopping auf Dauer keine hinreichende Lösung[48].

III. Rechtsvergleichende Hinweise

Das Prinzip des Verbots der Doppelbestrafung ist **in ausländischen Verfassungen** nur in wenigen Staaten kodifiziert (z. B. in Europa nur in 10 Mitgliedstaaten der EU[49]). Es hat vor allem in den einfachgesetzlichen Strafrechtsordnungen seinen Niederschlag gefunden[50] und wird dort im Lichte von Art. 4 des 7. Zusatzprotokolls zur EMRK ausgelegt[51]; auch in das neue nachkommunistische russische StGB wurde es aufgenommen[52]. 10

Auch die **Landesverfassungen** der Bundesrepublik Deutschland mit eigenem Grundrechtskatalog kennen mit Ausnahme von Sachsen und dem Saarland eine ausdrückliche Normierung des Grundsatzes des ne bis in idem (Art. 104 II Verf. Bayern; Art. 53 III Verf. Brandenburg; Art. 7 II Verf. Bremen; Art. 22 III Verf. Hessen; Art. 6 IV 1 Verf. Rheinland-Pfalz; Art. 22 II Verf. Sachsen-Anhalt; Art. 88 III Verf. Thüringen)[53]. 11

C. Erläuterungen

I. Allgemeine Bedeutung

Das Verbot mehrmaliger Bestrafung (»ne bis in idem [crimen judicetur]«) in Art. 103 III GG begrenzt den staatlichen Strafanspruch im Interesse des Rechtsfriedens und um 12

---

[45] EuGH v. 11.02.2003, C-187/01 u. a., Rn. 38 – *Gözütok und Brügge*; *Radtke/Hagemeier* (Fn. 35), Art. 103 Rn. 49; für eine Erstreckung schon auf die Auslieferung an Drittstaaten *D. Brodowski*, StV 2013, 339 (344 ff.).

[46] *W. Frenz*, EWS 2014, 129 ff.; *S. Brammer*, EuZW 2013, 617 ff.; *T. Streinz*, Jura 2009, 412 (414 ff.); *U. Soltész/J. Marquier*, EuZW 2006, 102 (104 ff.); mit gleicher Zielrichtung *Liebau*, Europa (Fn. 26), S. 195 ff.; s. auch *T. Eilmannsberger*, Ne bis in idem und die Zuständigkeitsverteilung im Netzwerk der Wettbewerbsbehörden, in: FS Fischer, 2004, S. 33 ff.

[47] Vgl. EuGH v. 29.06.2006, C-308/04 P, Rn. 28 ff. – *SGL Carbon*; EuGH v. 09.07.2003, T-224/00, Rn. 87 ff. – *Archer Daniels Midland*; *W. Frenz*, EWS 2014, 129 (131 f.); *T. Streinz*, Jura 2009, 412 (418); krit. *T. Eilmannsberger*, EWS 2004, 49 ff.; ausf. *Liebau*, Europa (Fn. 26), S. 315 ff.

[48] *T. Vander Beken/G. Vermeulen/O. Lagodny*, NStZ 2002, 624 ff.; s. auch *Nolte* (Fn. 3), Art. 103 Rn. 199 ff.; *W. Schomburg*, Konkurrierende nationale und internationale Strafgerichtsbarkeit und der Grundsatz »Ne bis in idem«, in: FS Eser, 2005, S. 829 ff. (834 ff.); ausf. *Kniebühler*, »ne bis in idem« (Fn. 10), S. 86 ff., 361 ff.; *Thomas*, Recht (Fn. 17), S. 145 ff.

[49] *Radtke* (Fn. 24), § 12 Rn. 3; *A. Eser*, in: Meyer, GRCh, Art. 50 Rn. 3a.

[50] S. übersichtlich *Liebau*, Europa (Fn. 26), S. 74 ff.; *Mansdörfer*, Prinzip (Fn. 15), S. 53 ff.; *Thomas*, Recht (Fn. 17), S. 28 ff.; umfassend die Länderberichte u. a. über Belgien, Dänemark, England und Wales, Frankreich, Italien, Holland, Österreich, Polen, Portugal oder die Schweiz, in: Jescheck/Meyer, Wiederaufnahme (Fn. 6); für die Schweiz auch *J.-B. Ackermann/S. Ebensperger*, AJP 1999, 823 (833 ff.); *Schwarplies*, Entwicklung (Fn. 3), S. 10 ff.

[51] S. z. B. für Frankreich *Löhr*, Prozeßgrundrechte (Fn. 7), S. 147 ff., 158 ff.; für Österreich *R. Thienel/H. Hauenschild*, JBl. 2004, 69 ff., 153 ff.; *Berka*, Grundrechte, Rn. 860 f.; *S. Ebensperger*, ÖJZ 1999, 171 ff.

[52] Vgl. Art. 6 II und dazu *F.-C. Schroeder*, JuS 1997, 227 ff.

[53] Vgl. *M. Schröder*, HGR VIII, § 244 Rn. 29.

der Freiheit und Würde der Betroffenen willen[54]: Freigesprochene und Bestrafte sollen nicht ständig damit rechnen müssen, erneut belangt zu werden[55]. Der Gehalt des Art. 103 III GG lässt sich in **drei Bedeutungsebenen** abschichten: (1) das Verbot erneuter Bestrafung nach Ausschöpfung des Unrechts- und Schuldgehalts; (2) das Verbot erneuter Bestrafung innerhalb des Unrechts- und Schuldgehalts der Tat durch einen »Nachschlag«; (3) das Verbot erneuter Strafverfolgung nach Freispruch[56].

13 Art. 103 III GG entscheidet von Verfassung wegen **objektiv-rechtlich** zwei grundsätzliche **rechtsstaatliche In-Sich-Konflikte** zwischen Rechtssicherheit und materieller Gerechtigkeit[57] vorrangig (→ Art. 20 [Rechtsstaat], Rn. 44) für seinen spezifischen Anwendungsbereich: Soweit er vor einer weiteren Bestrafung nach Ausschöpfung des Unrechts- und Schuldgehalts (1) schützt, konkretisiert er das Gebot materieller (ausgleichender) Gerechtigkeit, dass eine Strafe der Schuld angemessen sein muss (→ Art. 20 [Rechtsstaat], Rn. 196) und diese nicht durch Mehrfachbestrafung übermäßig sanktioniert wird[58]; auch insoweit schafft Art. 103 III GG zugleich Rechtssicherheit. Soweit er vor einem »Nachschlag« (2) und über den Wortlaut hinaus auch vor weiterer Verfolgung (3) schützt (→ Rn. 25), entscheidet er den potentiellen Konflikt mit der materiellen Gerechtigkeit (nur) zugunsten der Rechtssicherheit[59].

14 Art. 103 III GG gibt dem einzelnen einen **subjektiven Rechtsanspruch** darauf, dass er sich nach einer rechtskräftigen strafgerichtlichen Entscheidung nicht wegen derselben Tat erneut verantworten muss. Dieses Abwehrrecht des einzelnen gegen den Staat[60] ist nach verbreiteter Ansicht ein grundrechtsgleiches Recht[61] in Gestalt eines Prozessgrundrechts[62], das nach Art. 93 I Nr. 4a GG jedenfalls durch Verfassungsbeschwerde mit der Behauptung ungerechtfertigter (→ Rn. 35) Beeinträchtigungen (→ Rn. 25 ff.) seines Schutzbereichs (→ Rn. 17 ff.) geltend gemacht werden kann. **Systematisch** wendet es sich aber gegen die Art und Weise staatlicher Eingriffe und wirkt als **Schranken-Schranke** (→ Vorb. Rn. 144 ff.) für strafrechtliche Eingriffe[63] durch Gerich-

---

[54] *G. Nolte*, HGR V, § 135 Rn. 7; *Radtke/Hagemeier* (Fn. 35), Art. 103 Rn. 44.

[55] *D. Brodowski*, JuS 2012, 892 (895); *Nolte* (Fn. 3), Art. 103 Rn. 179; *Schmidt-Aßmann* (Fn. 14), Art. 103 Rn. 260, im Anschluss an *G. Dürig*; ausf. *O. Fliedner*, AöR 99 (1974), 242 (252 ff.).

[56] So *F.-C. Schroeder*, JuS 1997, 227 (230 i. V. m. 227 f.); krit. *Specht*, Geltung (Fn. 2), S. 18 mit Anm. 47.

[57] BVerfGE 65, 377 (380); *Brüning* (Fn. 42), Art. 103 Rn. 103; *Nolte* (Fn. 3), Art. 103 Rn. 181; a. A. mit ausf. Kritik jetzt *Voulgaris*, »ne bis in idem« (Fn. 15), S. 52 ff., 60 ff., 65 ff.: Abwägung zwischen staatlicher Schutzpflicht und Achtungspflicht.

[58] *F.-C. Schroeder*, JuS 1997, 227 (227 f.); s. auch *J. Lücke*, DVBl. 2001, 1469 (1477). → Art. 20 (Rechtsstaat), Rn. 194.

[59] Jarass/*Pieroth*, GG, Art. 103 Rn. 98; *A. Uhle*, HGR V, § 129 Rn. 89; *Dannecker*, Garantie (Fn. 19), S. 601; *F.-C. Schroeder*, JuS 1997, 227 (228); *Rüping* (Fn. 2), Art. 103 Abs. 3 Rn. 11; *H. Hill*, HStR VI, § 156 Rn. 68; krit. *Nolte* (Fn. 3), Art. 103 Rn. 232; differenzierend auch *Schmidt-Aßmann* (Fn. 14), Art. 103 Rn. 259 ff.

[60] *W. Höfling/C. Burkiczak*, in: Friauf/Höfling, GG, Art. 103 (2009), Rn. 160; *G. Nolte*, HGR V, § 135 Rn. 9; *Specht*, Geltung (Fn. 2), S. 20 f.

[61] *Specht*, Geltung (Fn. 2), S. 21; Jarass/*Pieroth*, GG, Art. 103 Rn. 98; *Schmidt-Aßmann* (Fn. 14), Art. 103 Rn. 271; anders *Nolte* (Fn. 3), Art. 103 Rn. 183; *Badura*, Staatsrecht, H 39 f. (S. 826 f.): (klassisches) Grundrecht. → Vorb. Rn. 63 ff.

[62] So BVerfGE 56, 22 (32); *Nolte* (Fn. 3), Art. 103 Rn. 180, 183; *Degenhart* (Fn. 5), Art. 103 Rn. 76; *P. Kunig*, in: v. Münch/Kunig, GG III, Art. 103 Rn. 1, 35; *Schmidt-Aßmann* (Fn. 14), Art. 103 Rn. 271; *H. Hill*, HStR VI, § 156 Rn. 68; *Rüping* (Fn. 2), Art. 103 Abs. 3 Rn. 15. → Vorb. Rn. 77 f.

[63] Jarass/*Pieroth*, GG, Art. 103 Rn. 98; *Voulgaris*, »ne bis in idem« (Fn. 15), S. 38 f.; *I. Appel*, Jura 2000, 571 (576 ff.).

te, Gesetzgeber oder Strafverfolgungsbehörden wie Polizei und Staatsanwaltschaft als **Adressaten**[64].

Art. 103 III GG ist wie andere juristische Grundrechte in besonderer Weise normgeprägt[65]: Seine **inhaltliche Konkretisierung** und Ausgestaltung findet Art. 103 III GG vor allem **durch** das in Jahrhunderten gewachsene, zunächst einfachgesetzlich entfaltete und geprägte **Prinzip des Strafprozessrechts**[66], dass das Vorliegen einer rechtskräftigen Entscheidung ein Prozesshindernis für eine erneute Entscheidung ist[67]. An dieses knüpfte der Grundgesetzgeber 1949 an: Es ist in der StPO nicht ausdrücklich enthalten, wird von ihr aber unter den verfassungsgebotenen Voraussetzungen eines Schuldstrafrechts (→ Art. 20 [Rechtsstaat], Rn. 194) als selbstverständlich vorausgesetzt[68]. Die Rechtsprechung des Bundesverfassungsgerichts hat diese von der Rechtsprechung des Reichsgerichts geprägte Rechtslage in Bezug genommen[69]. 15

Andererseits gilt auch für Art. 103 III GG der **Selbststand des Verfassungsrechts**: Er übernimmt weder nur unmittelbar das vorverfassungsrechtliche Gesamtbild des Strafprozessrechts[70], noch lässt sich sein Gehalt durch Rezeption des jeweiligen Standes der Straf(prozess)rechtsdogmatik bestimmen[71]. Vielmehr bemisst sich die Verfassungsmäßigkeit des einfachen Rechts nach dem Garantiegehalt des Art. 103 III GG, der in seinem Minimalgehalt eigenständig zu bestimmen[72], auch im Lichte der Rechtsprechung des EGMR auszulegen[73] und doch auch für eine Weiterentwicklung auch durch den Gesetzgeber offen ist[74]. Insoweit kann die objektive Dimension auch auf Ermessensentscheidungen der Verwaltung einwirken, etwa bei der Ausweisung eines Ausländers in Ansehung einer drohenden erneuten strafgerichtlichen Verurteilung[75]. 16

II. Schutzbereich

1. Der Begriff »derselben Tat«

Die Anwendbarkeit des Art. 103 III GG hängt wesentlich von der Auslegung des Tatbestandselements »derselben Tat« ab. Diese wird anerkanntermaßen **definiert** als der »geschichtliche Vorgang, auf welchen Anklage und Eröffnungsbeschluss hinweisen und innerhalb dessen der Angeklagte als Täter oder Teilnehmer einen Straftatbestand 17

---

[64] *Brüning* (Fn. 42), Art. 103 Rn. 97; *Nolte* (Fn. 3), Art. 103 Rn. 226.

[65] *G. Nolte*, HGR V, § 135 Rn. 14; *Schmidt-Aßmann* (Fn. 14), Art. 103 Rn. 265.

[66] *Degenhart* (Fn. 5), Art. 103 Rn. 76; *Kingreen/Poscher*, Grundrechte, Rn. 1102; *Schmidt-Aßmann* (Fn. 14), Art. 103 Rn. 262; ausf. *Voulgaris*, »ne bis in idem« (Fn. 15), S. 41 ff.

[67] *Radtke/Hagemeier* (Fn. 35), Art. 103 Rn. 45; *Specht*, Geltung (Fn. 2), S. 21 f.; *Kühne* (Fn. 9), Einleitung K Rn. 77.

[68] *Kunig* (Fn. 62), Art. 103 Rn. 35; *Rüping* (Fn. 2), Art. 103 Abs. 3 Rn. 5; *C. Roxin/B. Schünemann*, Strafverfahrensrecht, 28. Aufl. 2014, § 52 Rn. 6 f.; *Kühne* (Fn. 9), Einleitung K Rn. 77.

[69] Vgl. BVerfGE 3, 248 (252); 12, 62 (66); 56, 22 (27 f.).

[70] *Degenhart* (Fn. 5), Art. 103 Rn. 76; *I. Appel*, Verfassung und Strafe, 1998, S. 133 f.; *Wassermann* (Fn. 5), Art. 103 Rn. 55; vgl. BVerfGE 9, 89 (96); 23, 191 (202); anders BVerfG (K), NJW 2004, 279 (279); *Brüning* (Fn. 42), Art. 103 Rn. 85.

[71] So auch BVerfGE 56, 22 (34); *Degenhart* (Fn. 5), Art. 103 Rn. 76; *Schmidt-Aßmann* (Fn. 14), Art. 103 Rn. 265; *Voulgaris*, »ne bis in idem« (Fn. 15), S. 31.

[72] Vgl. BVerfGE 23, 191 (202); 56, 22 (34 f.); *Nolte* (Fn. 3), Art. 103 Rn. 185 ff.; *Schmidt-Aßmann* (Fn. 14), Art. 103 Rn. 265 f.

[73] *G. Nolte*, HGR V, § 135 Rn. 15.

[74] BVerfGE 56, 22 (34); *Nolte* (Fn. 3), Art. 103 Rn. 175, 185, 221; *Specht*, Geltung (Fn. 2), S. 184 ff.; *Kunig* (Fn. 62), Art. 103 Rn. 37; *Rüping* (Fn. 2), Art. 103 Abs. 3 Rn. 18.

[75] So *Kunig* (Fn. 62), Art. 103 Rn. 44; *ders.*, DVBl. 1983, 38 f.

verwirklicht haben soll«[76]. Entscheidend dafür ist, ob nach natürlicher Lebensauffassung ein Lebensvorgang einheitlich zu bewerten ist[77], möglicherweise auch Vorgänge, die in einem Fortsetzungszusammenhang stehen[78], so sehr der Geschehenskomplex nicht ohne (rechtliche oder nichtrechtliche) Vorbewertungen bestimmt werden kann[79]. Auf die rechtliche Bewertung der Tat kommt es nicht an, auch wenn später erschwerende Umstände hinzutreten[80].

18 Der verfassungsrechtliche **Begriff der Tat** knüpft zwar an den strafprozessrechtlichen Tatbegriff an (vgl. §§ 155, 264 StPO)[81]. Er ist aber nicht identisch mit ihm[82], schon weil er in unterschiedlichen Zusammenhängen unterschiedlich verwendet wird und umstritten ist[83], ebensowenig wie mit dem strafrechtlichen Tatbegriff der §§ 52, 53 StGB[84]; Art. 103 III GG garantiert begrifflich selbständig[85] nur einen Kerninhalt des »ne bis in idem«-Satzes[86]. Dabei gibt es kein grundsätzliches Gebot eines weiten oder engen Tatbegriffs[87]. Deshalb kann Tatmehrheit i. S. des § 53 StGB durchaus auch dieselbe Tat i. S. von Art. 103 III GG sein[88], wie umgekehrt Gesetzesverletzungen, die i. S. von § 52 StGB tateinheitlich begangen worden sind, nicht stets auch eine einheitliche Tat i. S. von Art. 103 III GG sein müssen[89], weil beide Normen unterschiedliche Zwecke verfolgen[90], denen unterschiedliche verfassungsrechtliche Prüfungsmaßstäbe korrespondieren[91]. Maßgeblich ist auch das Vertrauen in der Sicht eines vernünftigen prozessbeteiligten Grundrechtsträgers[92].

---

[76] So BVerfGE 23, 191 (202); 45, 434 (435); 56, 22 (28); BVerfGK 5, 7 (8); 7, 417 (418); BGHSt 35, 318 (323); s. auch 43, 96 (98f.); 43, 252 (255ff.); zust. *Degenhart* (Fn. 5), Art. 103 Rn. 77; Jarass/*Pieroth*, GG, Art. 103 Rn. 99; *Nolte* (Fn. 3), Art. 103 Rn. 203ff.; *Kunig* (Fn. 62), Art. 103 Rn. 39; *Schmidt-Aßmann* (Fn. 14), Art. 103 Rn. 281; *H. Hill*, HStR VI, § 156 Rn. 68; ähnlich *Wassermann* (Fn. 5), Art. 103 Rn. 56.

[77] Jarass/*Pieroth*, GG, Art. 103 Rn. 99; zust. *Degenhart* (Fn. 5), Art. 103 Rn. 77; *Nolte* (Fn. 3), Art. 103 Rn. 203, 207; *H.-J. Kerner/P.A. Karnowski*, »Res Judicata« und »Ne Bis in Idem«, in: FS Kühne, 2013, S. 579ff. (583f.).

[78] *Degenhart* (Fn. 5), Art. 103 Rn. 78; *M. Aden*, JZ 1994, 1109f.; a.A. BGHSt 40, 138 (148ff.); BGH NJW 1994, 2966 (2967).

[79] *G. Nolte*, HGR V, § 135 Rn. 23.

[80] BVerfGE 56, 22 (31f.); 65, 377 (381); *Degenhart* (Fn. 5), Art. 103 Rn. 78.

[81] BVerfGE 45, 434 (435); 56, 22 (27f., 34); BGHSt 32, 146 (150); 38, 172 (173); ausf. *G. Steinberg/F. Stam*, Jura 2010, 907ff.; *E. Kraatz*, Jura 2007, 854ff.; *H. Detmer*, Der Begriff der Tat im strafprozessualen Sinn, Diss. jur. Bonn 1989; krit. *H. Radtke*, NStZ 2012, 479 (481); anders auch *Voulgaris*, »ne bis in idem« (Fn. 15), S. 230ff.

[82] BVerfGE 56, 22 (34); *Appel*, Verfassung (Fn. 70), S. 134f.; *Schmidt-Aßmann* (Fn. 14), Art. 103 Rn. 283; anders *H. Schlehofer*, GA 144 (1997), 101ff.

[83] Vgl. übersichtlich *Kühne* (Fn. 9), Einleitung K Rn. 48ff.

[84] BVerfGE 45, 434 (435); 56, 22 (29f., 34); BVerfGK 5, 7 (8); 7, 417 (418); BGHSt 35, 60 (61).

[85] BVerfGE 45, 434 (435f.); *Kunig* (Fn. 62), Art. 103 Rn. 39; *Schmidt-Aßmann* (Fn. 14), Art. 103 Rn. 283; s. auch *H. Hill*, HStR VI, § 156 Rn. 70.

[86] BVerfGE 56, 22 (34f.); *Schmahl* (Fn. 23), Art. 103 Rn. 82.

[87] *Nolte* (Fn. 3), Art. 103 Rn. 207.

[88] BVerfGE 45, 434 (435f.); *H. Hill*, HStR VI, § 156 Rn. 70; *Wassermann* (Fn. 5), Art. 103 Rn. 56; a.A. *D. Brodowski*, JuS 2012, 892 (895).

[89] BVerfGE 56, 22 (29ff., 34); BVerfG (K), NJW 2004, 279 (279f.); *H. Hill*, HStR VI, § 156 Rn. 69; *M. Niemöller/G.F. Schuppert*, AöR 107 (1982), 387 (473f.).

[90] BVerfGE 56, 22 (30ff.); BVerfGK 5, 7 (8); 7, 417 (418); *Nolte* (Fn. 3), Art. 103 Rn. 205; *W. Mitsch*, NStZ 2002, 159 (160), am Beispiel des Jugendstrafrechts unter Verweis auf *V. Erb*, NStZ 1998, 253 (254).

[91] BVerfGE 45, 434 (436); BVerfGK 5, 7 (9); 7, 417 (419).

[92] *G. Nolte*, HGR V, § 135 Rn. 24f.; ausf. *Nolte* (Fn. 3), Art. 103 Rn. 207ff.

19 **Im einzelnen** liegt eine einheitliche Tat vor, wenn ein einheitlicher Lebenssachverhalt wie unerlaubtes Überholen mit überhöhter Geschwindigkeit am selben Ort zur selben Zeit vorliegt[93], auch wenn er unter verschiedenen rechtlichen Gesichtspunkten in zwei Verfahren beurteilt werden kann. Auch wurde als dieselbe **einheitliche Tat** i. S. von Art. 103 III GG die wiederholte Nichtbefolgung einer Einberufung zum Ersatzdienst (Ersatzdienstverweigerung) aufgrund einer einheitlichen Gewissensentscheidung angesehen[94].

20 Demgegenüber wurden als **selbständige Taten** die wiederholte Befehlsverweigerung eines nicht anerkannten Kriegsdienstverweigerers angesehen, sofern nicht von einer fortwirkenden, sondern von einer erneuten Gewissensentscheidung ausgegangen werden muss[95], ferner das wiederholte Unterlassen der Eltern, ihre schulpflichtigen Kinder zum Schulbesuch anzuhalten[96], die Mitgliedschaft in einer kriminellen Vereinigung und Mord[97] oder Beihilfe zum Mord[98], auch bei der Einholung der Entscheidung eines Dritten zwischen zwei Handlungsabschnitten eines Tatgeschehens[99]. Durch die Art der strafrechtsdogmatischen Differenzierung in kriminalpolitischer Intention besteht die Gefahr, dass der Garantiegehalt des Art. 103 III GG in seiner formalen Strenge unterlaufen werden kann[100].

2. Sanktionen aufgrund »allgemeiner Strafgesetze«

21 Das Verbot der Mehrfachverfolgung erstreckt sich – anders als im Falle des Art. 103 II GG (→ Art. 103 II Rn. 19ff.) – unmittelbar nur auf eine Bestrafung aufgrund allgemeiner Strafgesetze, also nur aufgrund des Kriminalstrafrechts i. S. des **Kern- und Nebenstrafrechts**[101]. Früher gehörten nicht dazu vorherige Sanktionen aufgrund des **Ordnungswidrigkeitenrechts**[102]; indessen legt die Nähe von Strafrecht und Ordnungswidrigkeitenrecht, das sich oft im Zuge einer »Entkriminalisierung« aus früheren Straftatbeständen entwickelt hat, eine zumindest analoge Anwendung nahe[103], zumal das Gesetzesrecht Verfahrenshindernisse vorsieht, die dem Art. 103 III GG entsprechen (vgl. §§ 56 IV, 84, 85 OWiG), und auch aus allgemeinen rechtsstaatlichen Grund-

---

[93] Vgl. OLG Naumburg NJW 1995, 3332f.

[94] So BVerfGE 23, 191 (203ff.); krit. zur Begründung *M. Niemöller/G.F. Schuppert*, AöR 107 (1982), 387 (473); s. auch *G. Dürig*, JZ 1967, 426ff.; weiter BVerfG (K), NVwZ-RR 2002, 759; allg. zur Problematik der Unterlassungsdauerdelikte *E. Kraatz*, Jura 2007, 854 (857ff.).

[95] BVerfGE 28, 264 (279f.); BVerfG (Vorprüfungsausschuss), NJW 1984, 1675 (1676); s. auch BayObLG StV 1983, 369ff.

[96] BVerfG (K), NJW 2015, 44 (47f.).

[97] BVerfGE 56, 22 (29, 33ff.); zust. *Degenhart* (Fn. 5), Art. 103 Rn. 78; *Wassermann* (Fn. 5), Art. 103 Rn. 56; dazu näher *M. Niemöller/G.F. Schuppert*, AöR 107 (1982), 387 (474); *G. Werle*, NJW 1980, 2671ff.

[98] BVerfGE 45, 434 (435ff.).

[99] BVerfG (K), NJW 2004, 279 (279f.).

[100] Vgl. z. B. BGH StV 1998, 26ff.; dazu *W. Fürstenau*, StV 1998, 482 (484f.).

[101] BVerfGE 27, 180 (185); Jarass/*Pieroth*, GG, Art. 103 Rn. 101; *Degenhart* (Fn. 5), Art. 103 Rn. 80; *H. Hill*, HStR VI, § 156 Rn. 71; a.A. *O. Fliedner*, AöR 99 (1974), 242 (255ff.).

[102] BVerfGE 21, 391 (401); 43, 101 (105); *Degenhart* (Fn. 5), Art. 103 Rn. 80; so noch immer *G. Dannecker*, JZ 2013, 616 (619).

[103] OLG Naumburg NJW 1995, 3332; *Schmahl* (Fn. 23), Art. 103 Rn. 83; *Kingreen/Poscher*, Grundrechte, Rn. 1239; *Nolte* (Fn. 3), Art. 103 Rn. 215; Jarass/*Pieroth*, GG, Art. 103 Rn. 101; *Brüning* (Fn. 42), Art. 103 Rn. 83; *Schmidt-Aßmann* (Fn. 14), Art. 103 Rn. 289; *Appel*, Verfassung (Fn. 70), S. 531f.

sätzen Beschränkungen für wiederholende Sanktionen folgen (→ Rn. 23). Dem entspricht, dass der Begriff der Strafe in Art. 103 II und III GG identisch sein soll[104].

22 **Nicht zu den** allgemeinen **Strafgesetzen** zählen insoweit z. T. auch nach dem historisch eindeutigen Willen des Grundgesetzgebers[105] (→ Rn. 6) das Berufsstrafrecht[106], das Dienststrafrecht[107], das Disziplinarrecht[108], das Ordnungsstrafrecht[109], das Polizeistrafrecht[110], weiterhin etwa die Ungehorsamssanktionen im Jugendstrafvollzug[111], Maßregeln der Besserung und Sicherung[112] oder die Entscheidung über die Aussetzung der lebenslangen Freiheitsstrafe[113]. Ebensowenig rechnen **Maßnahmen der Verwaltung** aus Anlass strafbaren Verhaltens zu den allgemeinen Strafgesetzen wie z. B. die Versagung einer Fahrerlaubnis (§ 4 StVG)[114], der Entzug des Jagdscheins[115] oder der Entzug von Versorgungsbezügen[116], sitzungspolizeiliche Ordnungsmaßnahmen nach §§ 176ff. GVG[117], der Ausschluss aus dem Gemeinderat[118], oder die Maßnahmen des Bundestages zur Prüfung einer Stasi-Verstrickung nach § 44b AbgG[119]. In allen diesen Fällen wird eine qualitative Andersartigkeit der Sanktion im Vergleich zur Kriminalstrafe gesehen[120]: Während das Strafrecht die Störung des allgemeinen Rechtsfriedens sanktioniert, beziehen sich z. B. Disziplinarmaßnahmen auf den besonderen Rechts- und Pflichtenstatus des Angehörigen eines bestimmten Berufsstandes[121]. Keine Sanktionen i. S. von Art. 103 III GG sind auch die Auferlegung der Verfahrenskosten[122], die erneute Beitreibung einer Geldbuße nach Vollstreckung einer Erzwingungshaft (§§ 96ff. OWiG)[123], die Erhebung eines Verspätungszuschlags nach einer Kriminalstrafe[124] oder Ordnungsgelder bzw. Ordnungshaft nach § 890 ZPO[125].

---

104 So BVerfGE 128, 326 (392f., Rn. 142).

105 Krit. *O. Fliedner*, AöR 99 (1974), 242 (251f.); im Blick auf die Sportgerichtsbarkeit auch *M. Reinhart*, SpuRt 2001, 45 (46ff.); dazu krit. *C. Fahl*, SpuRt 2001, 181ff.

106 BVerfGE 66, 337 (357).

107 BVerfGE 21, 391 (401); 43, 101 (105); 66, 337 (357).

108 BVerfGE 27, 180 (184ff.); 28, 264 (276f.); 66, 337 (357); BVerwG NJW 1999, 3425 (3426); OVG NW OVGE 47, 98ff.; *Wassermann* (Fn. 5), Art. 103 Rn. 58; a.A. *O. Fliedner*, AöR 99 (1974), 242 (274); für § 16 WDO *P.O. Heinemann*, NZWehrR 2014, 11 (20ff.); nach dem Sanktionszweck differenzierend *Nolte* (Fn. 3), Art. 103 Rn. 214; *Rüping* (Fn. 2), Art. 103 Abs. 3 Rn. 29ff.

109 BVerfGE 21, 391 (401); 43, 101 (105).

110 BVerfGE 21, 391 (401); 43, 101 (105).

111 BVerfG (K), NJW 1989, 2529.

112 BVerfGK 14, 357 (364); 16, 98 (107); BGH NJW 2010, 1539 (1542); Jarass/*Pieroth*, GG, Art. 103 Rn. 102; *Degenhart* (Fn. 5), Art. 103 Rn. 85, im Anschluss an BVerfGE 109, 133 (167ff., Rn. 129ff.); krit. *T. Ullenbruch*, NJW 2006, 1377 (1378); *J.D. Jansing*, Nachträgliche Sicherungsverwahrung, 2004, S. 377ff. → Art. 103 II Rn. 21.

113 BVerfGE 117, 71 (115, Rn. 130); *Schmahl* (Fn. 23), Art. 103 Rn. 86.

114 BVerfGE 20, 365 (372); *Schmidt-Aßmann* (Fn. 14), Art. 103 Rn. 291.

115 *Degenhart* (Fn. 5), Art. 103 Rn. 85.

116 BVerfGE 22, 387 (420).

117 *Brüning* (Fn. 42), Art. 103 Rn. 84.

118 OVG Rheinland-Pfalz DVBl. 2013, 736 (736).

119 *Degenhart* (Fn. 5), Art. 103 Rn. 85; offenlassend BVerfGE 94, 351 (364f.).

120 Im Blick auf Disziplinarstrafen z. B. BVerfGE 21, 378 (384); 27, 180 (186); 32, 40 (48); *Degenhart* (Fn. 5), Art. 103 Rn. 80; *H. Hill*, HStR VI, § 156 Rn. 71; krit. *Appel*, Verfassung (Fn. 70), S. 136ff., 532ff.; ausf. *O. Fliedner*, AöR 99 (1974), 242 (248ff., 260ff.).

121 So BVerfGE 32, 40 (48); ähnlich BayVerfGH NVwZ 1990, 357 (358f.).

122 BVerfGK 8, 285 (298).

123 BVerfGE 43, 101 (105f.).

124 OLG Celle NJW 1971, 67.

125 OLG München NJW 1977, 909.

Auch privatrechtliche Geldentschädigungen für Verletzungen des Persönlichkeitsrechts sind keine einer Kriminalstrafe vergleichbaren Sanktionen[126].

Indessen können sich um so eher **allgemeine Grenzen für eine doppelte Sanktionierung** ohne Berücksichtigung der vorangegangenen Sanktion aus dem Gedanken der Rechtssicherheit und dem Übermaßverbot ergeben (→ Art. 20 [Rechtsstaat], Rn. 196), je mehr die unterschiedlichen Sanktionen nach Ziel und Art vergleichbar sind[127]; in solchen Fällen findet die vorrangige Regel des Art. 103 III GG als solche keine direkte Anwendung, doch kann aus solchen allgemeinen Grenzen z. B. die Anrechnung von Disziplinar- auf Kriminalstrafen geboten sein[128]. 23

3. Personeller Schutzbereich (»niemand«)

Art. 103 III GG gilt (»niemand«) für **jedermann**, also für Deutsche und Ausländer gleichermaßen; auf Wohnsitz oder ständigen Aufenthalt kann es nicht ankommen[129]. Wenn juristische Personen nach dem Vorbild ausländischer Rechtsordnungen selbst bestraft werden könnten[130], würden auch sie in den Genuss von Art. 103 III GG kommen[131]. 24

III. Beeinträchtigungen

1. Wiederholte Verfolgung, nicht nur wiederholte Bestrafung

Art. 103 III GG ist über seinen engen Wortlaut hinaus gemäß seinem Schutzzweck der Freiheit von Angst vor erneuter Verfolgung (→ Rn. 12) auch schon dann **verletzt**, **wenn** der Grundrechtsträger nur **mehrfach verfolgt**[132], nicht allein mehrfach bestraft wird: Entsprechend dem strafprozessrechtlichen Institut des Verbrauchs der Strafklage führt auch ein rechtskräftiger Freispruch[133] oder eine endgültige Einstellung des Verfahrens (nach §§ 153ff. StPO) dazu, dass danach eine erneute Verfolgung wegen des angeklagten Handelns nicht nur strafprozesswidrig[134], sondern auch verfassungswid- 25

---

[126] BVerfGK 8, 178 (181); BGH NJW 2005, 215 (216).

[127] BVerfGE 21, 378 (384); 27, 180 (185); Jarass/*Pieroth*, GG, Art. 103 Rn. 101; *G. Nolte*, HGR V, § 135 Rn. 12f., 34; *Kunig* (Fn. 62), Art. 103 Rn. 42; *H. Hill*, HStR VI, § 156 Rn. 71; *Schmidt-Aßmann* (Fn. 14), Art. 103 Rn. 288f., 292 i. V. m. 276; *H.R. Claussen*, ZBR 1976, 331ff.; ausf. *U. Lambrecht*, Strafrecht und Disziplinarrecht, 1997, S. 27ff.

[128] BVerfGE 21, 378 (388f.); dazu *H.H. Rupp*, NJW 1967, 1651f.; vgl. auch BVerfGE 27, 180 (189ff.); 29, 312 (316); *Brüning* (Fn. 42), Art. 103 Rn. 82; *Radtke/Hagemeier* (Fn. 35), Art. 103 Rn. 47; *Höfling/Burkiczak* (Fn. 60), Art. 103 Rn. 167.

[129] *Nolte* (Fn. 3), Art. 103 Rn. 225; *Kunig* (Fn. 62), Art. 103 Rn. 38; *Reich*, GG, Art. 103 Rn. 3.

[130] S. nur *G. Heine*, Plädoyer für ein Verbandsstrafrecht als »zweite Spur«, in: H. Alwart (Hrsg.), Verantwortung und Steuerung von Unternehmen in der Marktwirtschaft, 1998, S. 90ff. m.w.N.; ferner *H. Alwart*, Unternehmensethik durch Sanktion?, ebd., S. 75ff.

[131] *Brüning* (Fn. 42), Art. 103 Rn. 96; *W. Rüfner*, HStR³ IX, § 196 Rn. 71.

[132] BVerfGE 12, 62 (66); BVerfGK 4, 49 (52); *G. Nolte*, HGR V, § 135 Rn. 1, 31, 35, 39; *Schmahl* (Fn. 23), Art. 103 Rn. 85; *Kerner/Karnowski*, »Res Judicata« (Fn. 77), S. 581; *Schmidt-Aßmann* (Fn. 14), Art. 103 Rn. 301.

[133] BVerfGE 12, 62 (66); *Schmidt-Aßmann* (Fn. 14), Art. 103 Rn. 295; *Roxin/Schünemann*, Strafverfahrensrecht (Fn. 68), § 52 Rn. 6f.

[134] BGHSt 5, 323 (330); 20, 292 (293); 38, 54 (57); *Kunig* (Fn. 62), Art. 103 Rn. 35; *Roxin/Schünemann*, Strafverfahrensrecht (Fn. 68), § 52 Rn. 6, 13ff.; krit. *Höfling/Burkiczak* (Fn. 60), Art. 103 Rn. 171.

rig ist[135]. Das gilt nicht nur für eine Verurteilung, sondern schon für die erneute Einleitung eines Strafverfahrens[136] (→ Rn. 30ff.). Voraussetzung ist, dass das als selbständige Tat zu wertende Geschehen bereits Gegenstand des früheren Strafverfahrens war, weil aus der Schilderung des konkreten Geschehens in der Anklageschrift ein Verfolgungswille der Staatsanwaltschaft entnommen werden kann[137].

2. Die Sperrwirkung rechtskräftiger gerichtlicher Entscheidungen

26 Eine unzulässige Mehrfachbestrafung liegt dann vor, wenn über die Tat bereits einmal durch **rechtskräftige Entscheidung eines Gerichts** geurteilt worden ist. Entscheidungen in diesem Sinne sind nur solche, die einen Vorgang mit Rechtskraftwirkung vollständig erfassen und abschließend[138] entscheiden[139]. Dazu gehören zunächst alle freisprechenden und verurteilenden Urteile[140], die die Strafklagen unter jedem strafrechtlichen Gesichtspunkt verbrauchen[141], aber auch gerichtliche Einstellungsentscheidungen nach § 153 II StPO[142]. Dasselbe muss im Lichte des Schutzzweckes von Art. 103 III GG (→ Rn. 12f.) angesichts ihrer erheblich gewachsenen Bedeutung grundsätzlich auch für Strafbefehle gelten[143], obwohl die ältere Judikatur noch wegen des summarischen Charakters des Strafbefehlsverfahrens nur von einer eingeschränkten Rechtskraft ausgegangen war[144].

27 Nur eine **eingeschränkte Sperrwirkung** kommt demgegenüber Einstellungsbeschlüssen nach § 153 II StPO[145] und nach § 153a II StPO[146] sowie Beschlüssen nach § 211 StPO zu, die eine Eröffnung der Hauptverhandlung ablehnen[147], weil ihnen ungeachtet ihrer erheblichen praktischen Bedeutung letztlich keine vergleichbar vollständig erfassende und vergleichbar auf Dauer angelegte abschließende Entscheidung zugrundeliegt[148].

---

[135] BVerfGE 12, 62 (66); 65, 377 (381); Jarass/*Pieroth*, GG, Art. 103 Rn. 104, 107; *Nolte* (Fn. 3), Art. 103 Rn. 217; *F.-C. Schroeder*, JuS 1997, 227 (228); *Rüping* (Fn. 2), Art. 103 Abs. 3 Rn. 25, 61.

[136] BGHSt 10, 358 (363); 20, 292 (293); 38, 54 (57); *Kunig* (Fn. 62), Art. 103 Rn. 36; *H. Hill*, HStR VI, § 156 Rn. 72.

[137] BGHSt 43, 96 (99f.); BayObLG NJW 1991, 2360f.

[138] BVerfGE 94, 351 (364); BGHSt 48, 331 (336f.).

[139] *G. Nolte*, HGR V, § 135 Rn. 36; *Rüping* (Fn. 2), Art. 103 Abs. 3 Rn. 61; zust. Jarass/*Pieroth*, GG, Art. 103 Rn. 104.

[140] *Kerner/Karnowski*, »Res Judicata« (Fn. 77), S. 585; entscheidend ist der Schuldspruch, ohne dass es auf die Verhängung der Sanktion ankommt, *Höfling/Burkiczak* (Fn. 60), Art. 103 Rn. 168.

[141] *Degenhart* (Fn. 5), Art. 103 Rn. 79; *Schmidt-Aßmann* (Fn. 14), Art. 103 Rn. 295; *H. Hill*, HStR VI, § 156 Rn. 72.

[142] BGHSt 48, 331 (335ff.).

[143] So BVerfGE 65, 377 (382ff.), freilich in Anknüpfung an Art. 3 I GG; Jarass/*Pieroth*, GG, Art. 103 Rn. 105; *Nolte* (Fn. 3), Art. 103 Rn. 219; *Degenhart* (Fn. 5), Art. 103 Rn. 79; s. auch ausf. *Kerner/Karnowski*, »Res Judicata« (Fn. 77), S. 587ff.; *Schmidt-Aßmann* (Fn. 14), Art. 103 Rn. 297ff.; davon geht auch der Strafgesetzgeber in den §§ 373a bzw. 153a II StPO aus.

[144] BVerfGE 3, 248 (252ff.); BGHSt 3, 13ff.; 9, 10 (11ff.); s. auch *Appel*, Verfassung (Fn. 70), S. 140.

[145] *Rüping* (Fn. 2), Art. 103 Abs. 3 Rn. 65; anders aber BGHSt 48, 331 (335ff.); Jarass/*Pieroth*, GG, Art. 103 Rn. 104.

[146] Jarass/*Pieroth*, GG, Art. 103 Rn. 106; *Schmidt-Aßmann* (Fn. 14), Art. 103 Rn. 296; dazu ausf. *Kerner/Karnowski*, »Res Judicata« (Fn. 77), S. 593ff.

[147] BGH JZ 2004, 737 (738f.); Jarass/*Pieroth*, GG, Art. 103 Rn. 104; *Nolte* (Fn. 3), Art. 103 Rn. 217; *Schmidt-Aßmann* (Fn. 14), Art. 103 Rn. 296.

[148] Zur Skala der Abstufungen der Rechtskraft *F. Loos*, JZ 1978, 592ff.; für eine Ausdehnung des Anwendungsbereichs des Art. 103 III GG insoweit *Degenhart* (Fn. 5), Art. 103 Rn. 79.

Voraussetzung ist nach bisheriger Auffassung stets die Entscheidung eines **deutschen Gerichts**[149]. Ein ausländisches Gericht soll keine Sperrwirkung auslösen[150], auch wenn die Strafe einfachgesetzlich berücksichtigt wird (vgl. § 51 StGB). Die Entscheidungen von **DDR-Gerichten** gelten nach Art. 18 I EinigungsV als wirksam und müssen jedenfalls seit dem Beitritt[151] auch im Rahmen von Art. 103 III GG Sperrwirkung entfalten können[152]. Auch der **EuGH** gilt nicht als ausländisches Gericht[153], weil seine Entscheidungen »mittelbar« in Ausübung von der EU übertragener deutscher Staatsgewalt ergehen sollen[154], obwohl die Rechtsordnung der EU eigenständig neben der Staatsgewalt der Mitgliedstaaten steht. Hier wird deutlich, dass die Reduktion des rechtsstaatlichen Gehalts des Art. 103 III GG durch nationalstaatliche Grenzen mit der Europäisierung der Lebensverhältnisse disharmoniert: Im Einklang mit europarechtlichen Initiativen (→ Rn. 9) ist eine Ausdehnung seines Anwendungsbereichs – ggf. in völkerrechtskonformer Auslegung[155] – auch auf rechtsstaatlich zustande gekommene Entscheidungen von **Gerichten der Mitgliedstaaten** der EU angezeigt[156], deren Konturierung freilich in der Hand des Gesetzgebers liegt[157]. 28

Gar keine Sperrwirkung entfalten nichtige Urteile und solche Urteile, die auf Einstellung erkennen (§ 260 III StPO), weil sie als Prozessurteile nicht in der Sache entscheiden[158]. Keinesfalls mit gerichtlichen Entscheidungen gleichzusetzen sind Entscheidungen der Staatsanwaltschaft[159], wenn nicht die abweichende Spruchpraxis des EuGH zu Art. 54 SDÜ (→ Rn. 9) auch innerstaatlich rezipiert wird[160]. 29

3. Rechtsfolgen der Sperrwirkung

Die rechtskräftige gerichtliche Entscheidung (Urteil, Strafbefehl: → Rn. 26) hat nach Art. 103 III GG einen umfassenden Verbrauch der Strafklage unter jedem rechtlichen 30

---

149 BVerfGE 12, 62 (66); 75, 1 (15); BVerfGK 13, 7 (11f.); 19, 265 (273); Jarass/*Pieroth*, GG, Art. 103 Rn. 106; *G. Nolte*, HGR V, § 135 Rn. 48; *Kunig* (Fn. 62), Art. 103 Rn. 44; *J. Vogel/A.B. Norouzi*, JuS 2003, 1059 (1060); ausf. *Specht*, Geltung (Fn. 2), S. 24ff.; a.A. nur für den Fall einer Ausschöpfung des Unrechts- und Schuldgehalts im Ersturteil BGHSt 21, 186 (187); *F.-C. Schroeder*, JuS 1997, 227 (229); weitergehend i. S. eines partiellen transnationalen Doppelverfolgungsverbots *Voulgaris*, »ne bis in idem« (Fn. 15), S. 105ff., 118ff., 124ff., 141ff.

150 BGHSt 24, 54 (57); BGH StV 1986, 292; OLG Frankfurt NJW 1997, 1937; *Degenhart* (Fn. 5), Art. 103 Rn. 81; *Kadelbach* (Fn. 15), Kap. 29 Rn. 22ff., 33; ausf. *Nolte* (Fn. 3), Art. 103 Rn. 190ff., 199ff.; krit. *W. Schomburg*, NJW 2000, 1833ff.; *Specht*, Geltung (Fn. 2), S. 189ff.; *R. Endriß/J. Kinzig*, StV 1997, 665ff.; zur Rechtslage bei Sanktionen der US-amerikanischen Militärbehörden nach Art. VII NATO-Truppenstatut: BayObLG NJW 1997, 335.

151 Zur Rechtslage zuvor BVerfGE 12, 62 (66); *H. Roggemann*, NJW 1974, 1841ff.

152 *Degenhart* (Fn. 5), Art. 103 Rn. 81; *Nolte* (Fn. 3), Art. 103 Rn. 189.

153 BGHSt 24, 54 (57f.); *A. Bleckmann*, Europarecht, 6. Aufl. 1997, Rn. 1216.

154 So *Degenhart* (Fn. 5), Art. 103 Rn. 81; *Wassermann* (Fn. 5), Art. 103 Rn. 61; *Zierlein* (Fn. 12), Art. 103 Rn. 177.

155 *Specht*, Geltung (Fn. 2), S. 189ff.

156 *Rüping* (Fn. 2), Art. 103 Abs. 3 Rn. 70; *R. Endriß/J. Kinzig*, StV 1997, 665 (667); ausf. *Specht*, Geltung (Fn. 2), S. 195ff., 199ff., 206f.; *Mayer*, Ne-bis-in-idem-Wirkung (Fn. 16), S. 112ff., 152ff., 191ff.; krit. *Kunig* (Fn. 62), Art. 103 Rn. 44; *Nolte*, Wirkung (Fn. 14), S. 180ff.

157 *G. Nolte*, HGR V, § 135 Rn. 49.

158 *Radtke/Hagemeier* (Fn. 35), Art. 103 Rn. 46; *Nolte* (Fn. 3), Art. 103 Rn. 217; *Schmidt-Aßmann* (Fn. 14), Art. 103 Rn. 295.

159 Vgl. BGHSt 28, 119 (121); 29, 288 (292); 37, 10 (11f.); Jarass/*Pieroth*, GG, Art. 103 Rn. 106; *Schmidt-Aßmann* (Fn. 14), Art. 103 Rn. 296; *Rüping* (Fn. 2), Art. 103 Abs. 3 Rn. 64.

160 Vgl. dazu *Radtke/Hagemeier* (Fn. 35), Art. 103 Rn. 46; *Schmahl* (Fn. 23), Art. 103 Rn. 88; *Kadelbach* (Fn. 15), Kap. 29 Rn. 29f.; ausf. *Kniebühler*, »ne bis in idem« (Fn. 10), S. 238ff.

Gesichtspunkt zur Folge[161]. Art. 103 III GG verbietet nicht erst eine **erneute Verurteilung** durch ein Strafgericht, sondern – praktisch weit bedeutsamer – schon die Einleitung eines erneuten Strafverfolgungsverfahrens[162] (→ Rn. 25). Er bildet insoweit ein strafprozessrechtliches **Verfahrenshindernis**[163] (→ Rn. 15), das im Rechtsmittelverfahren von Amts wegen zu beachten ist[164]; erst recht sind in einem weiteren Strafverfahren strafprozessuale Zwangsmaßnahmen wie z. B. der Erlass eines Haftbefehls[165] oder Vollstreckungsmaßnahmen aufgrund einer erneuten Sachentscheidung unzulässig[166]. Die Sperrwirkung gilt auch für eine »Ergänzungsklage«, wenn die erschwerenden Folgen der Tat erst nach Rechtskraft eintreten[167]. In Zweifelsfällen ist auch hier zugunsten des Angeklagten zu entscheiden[168].

31 **Nicht ausgeschlossen** ist die Verhängung mehrerer (Folge-)Sanktionen im Rahmen eines Strafverfahrens, z. B. die Versagung einer Fahrerlaubnis durch die Verwaltungsbehörde nach gerichtlicher Entziehung der Fahrerlaubnis[169], Maßnahmen zur Besserung und Sicherung neben der Strafe[170] oder Sanktionen im Rahmen des Strafvollzugs[171], aber auch nicht, zugleich eine Vertragsstrafe und Ordnungssanktionen zu verlangen[172] sowie – in Konsequenz der nationalstaatlichen Begrenzung des Art. 103 III GG (→ Rn. 28) – eine Auslieferung[173] oder Ausweisung[174] ins Ausland trotz dort drohender Verfolgung nach rechtskräftigem Urteil im Inland[175].

32 Nicht ausgeschlossen ist auch die strafprozessrechtliche **Wiederaufnahme des Verfahrens** selbst zuungunsten des Angeklagten (gem. §§ 362 ff. StPO)[176], um schlechthin unerträgliche Ergebnisse bei Festhalten an der Rechtskraft des Urteils vermeiden zu können[177]. Der Grundgesetzgeber wollte das schon zuvor bestehende Institut der Wiederaufnahme nicht beseitigen, sondern knüpfte an das vorverfassungsrechtliche Ge-

---

[161] Jarass/*Pieroth*, GG, Art. 103 Rn. 107; *Degenhart* (Fn. 5), Art. 103 Rn. 79, 83.

[162] BGHSt 20, 292 (293); 44, 1 (3); *Nolte* (Fn. 3), Art. 103 Rn. 216; *Schmidt-Aßmann* (Fn. 14), Art. 103 Rn. 301; *Rüping* (Fn. 2), Art. 103 Abs. 3 Rn. 25.

[163] BVerfGE 56, 22 (31 f.); BGHSt 38, 37 (43); BayVerfGHE 11, 11 (13 f.); *Nolte* (Fn. 3), Art. 103 Rn. 216, 227; *Höfling/Burkiczak* (Fn. 60), Art. 103 Rn. 174; *Rüping* (Fn. 2), Art. 103 Abs. 3 Rn. 72 ff.

[164] BGHSt 38, 37 (43); *Nolte* (Fn. 3), Art. 103 Rn. 228; *Schmidt-Aßmann* (Fn. 14), Art. 103 Rn. 301; *Rüping* (Fn. 2), Art. 103 Abs. 3 Rn. 72.

[165] BGHSt 38, 54 (57 f.).

[166] Jarass/*Pieroth*, GG, Art. 103 Rn. 107; *Rüping* (Fn. 2), Art. 103 Abs. 3 Rn. 25.

[167] BVerfGE 65, 377 (381); Jarass/*Pieroth*, GG, Art. 103 Rn. 107; *Degenhart* (Fn. 5), Art. 103 Rn. 83; *Schmidt-Aßmann* (Fn. 14), Art. 103 Rn. 285.

[168] BayObLGSt 1968, 75 (76 f.); *Degenhart* (Fn. 5), Art. 103 Rn. 83.

[169] BVerfGE 20, 365 (372); *Schmahl* (Fn. 23), Art. 103 Rn. 84.

[170] BVerfGE 55, 28 (30) betr. Führungsaufsicht nach § 68f StGB; *Kunig* (Fn. 62), Art. 103 Rn. 45.

[171] Vgl. BVerfG (K), NJW 1989, 2529.

[172] BGHZ 138, 67 (70).

[173] OLG München StV 2013, 313 f.; OLG Frankfurt/M. NJW 1997, 1937; *D. Brodowski*, StV 2013, 339 ff.; einschränkend *O. Lagodny*, NJW 1988, 2146 (2149, 2151); *Schmidt-Aßmann* (Fn. 14), Art. 103 Rn. 305.

[174] OVG NW NVwZ 1982, 454; OVG Hamburg NVwZ 1986, 781; HessVGH NVwZ-RR 1990, 511; OVG Rheinland-Pfalz NVwZ-RR 1992, 660.

[175] *Degenhart* (Fn. 5), Art. 103 Rn. 86; ausf. *F. Gillmeister*, NJW 1991, 2245 ff.; zur Berücksichtigung der objektiven Dimension des Art. 103 III GG: → Rn. 16.

[176] *Degenhart* (Fn. 5), Art. 103 Rn. 84; *Kerner/Karnowski*, »Res Judicata« (Fn. 77), S. 586 ff.; *Schmidt-Aßmann* (Fn. 14), Art. 103 Rn. 270, 302; ausf. *A. Grünwald*, ZStW 120 (2008), 545 (566 ff.); *P. Deml*, Zur Reform der Wiederaufnahme des Strafverfahrens, 1979.

[177] *Brüning* (Fn. 42), Art. 103 Rn. 116; *Radtke/Hagemeier* (Fn. 35), Art. 103 Rn. 47; *Rüping* (Fn. 2), Art. 103 Abs. 3 Rn. 22; krit. *Nolte* (Fn. 3), Art. 103 Rn. 222.

samtbild an[178]; solche Grenzen des Art. 103 III GG lassen sich als dessen immanente Schranken interpretieren[179]. Gleichwohl ist eine Erweiterung der bestehenden Wiederaufnahmegründe am Maßstab von Art. 103 III GG nicht mehr zulässig[180]. Vielmehr ist ihre restriktive Handhabung geboten[181]; jedenfalls verlangt Art. 103 III GG eine genaue Normierung der Voraussetzungen, unter denen die Strafklage ausnahmsweise nicht verbraucht sein soll[182]. Insoweit ist auch die (eingeschränkte) Rechtskraftregelung bei Strafbefehlen verfassungsgemäß[183].

Ähnliches gilt für den sonstigen Stand des Prozessrechts und der herrschenden Rechtsprechung im Zeitpunkt des Inkrafttretens des Grundgesetzes[184], soweit sie den Kerngehalt des Art. 103 III GG betreffen; im Übrigen sind **Korrekturen** auf der Ebene **der Verfahrensgesetze nicht ausgeschlossen**[185]. Vielmehr ist im normgeprägten Schutzbereich des Art. 103 III GG die Ausgestaltung des Verfahrensrechts von hoher Bedeutung, ohne dass jede die Rechtskraft absichernde einfachgesetzliche Regelung zur verfassungsrechtlichen Mindestgarantie des Art. 103 III GG gehört[186]. Insoweit besteht ein Spielraum gesetzgeberischen Ermessens. 33

Ein unter **Verstoß gegen Art. 103 III GG** ergangenes **Urteil** ist **unwirksam**; seine Unvollstreckbarkeit kann nach § 458 StPO festgestellt werden[187]. Eine Beseitigung des Urteils kann aber nur im Wiederaufnahmeverfahren erreicht werden[188]. 34

IV. Schranken

Art. 103 III GG ist **vorbehaltlos garantiert**; Schranken können sich daher nur aus kollidierendem Verfassungsrecht ergeben[189]. In Betracht kommt allenfalls ein Widerspruch des Art. 103 III GG zum Gedanken der materiellen Gerechtigkeit[190] (z. B. durch Wiederaufnahmeregeln); doch gilt auch hier wie bei Art. 103 II GG (→ Art. 103 II Rn. 50f., 57): Art. 103 III GG ist eine Vorrangentscheidung zugunsten der Rechtssicherheit durch Aufrechterhaltung der Rechtskraft, die jenseits der vorgefundenen immanenten Beschränkungen in Form der Wiederaufnahme (→ Rn. 32) ohne Verfas- 35

---

178 Vgl. *Degenhart* (Fn. 5), Art. 103 Rn. 84; *H. Hill*, HStR VI, § 156 Rn. 72.

179 BVerfGE 3, 248 (251ff.); *Schmahl* (Fn. 23), Art. 103 Rn. 87; *Degenhart* (Fn. 5), Art. 103 Rn. 84; Jarass/*Pieroth*, GG, Art. 103 Rn. 109; *Nolte* (Fn. 3), Art. 103 Rn. 223.

180 *Degenhart* (Fn. 5), Art. 103 Rn. 84; *Kunig* (Fn. 62), Art. 103 Rn. 47; *Schmidt-Aßmann* (Fn. 14), Art. 103 Rn. 270; *M. Niemöller/G.F. Schuppert*, AöR 107 (1982), 387 (472); s. auch *I. Maier*, Rechtsstaatliches Denken und Wiederaufnahme des Verfahrens zuungunsten des Angeklagten, in: GedS Armin Kaufmann, 1989, S. 789ff.; anders *Rüping* (Fn. 2), Art. 103 Abs. 3 Rn. 22.

181 *Nolte* (Fn. 3), Art. 103 Rn. 224; *Höfling/Burkiczak* (Fn. 60), Art. 103 Rn. 175; *S. Pabst*, ZIS 2010, 126ff.; *K. Marxen/F. Tiemann*, ZIS 2008, 188 (191ff.).

182 Jarass/*Pieroth*, GG, Art. 103 Rn. 110; *Schmidt-Aßmann* (Fn. 14), Art. 103 Rn. 270; *Rüping* (Fn. 2), Art. 103 Abs. 3 Rn. 22.

183 *Schmahl* (Fn. 23), Art. 103 Rn. 92; *Kunig* (Fn. 62), Art. 103 Rn. 46f.; *Schmidt-Aßmann* (Fn. 14), Art. 103 Rn. 299; ausf. *H. J. Kirch*, Das Strafbefehlsverfahren nach dem Strafverfahrensänderungsgesetz, 1987, S. 64ff.

184 Vgl. BVerfGE 3, 248 (251ff.); 9, 89 (96); Jarass/*Pieroth*, GG, Art. 103 Rn. 109. → Art. 145 Rn. 10.

185 BVerfGE 56, 22 (34f.); Jarass/*Pieroth*, GG, Art. 103 Rn. 109; *F. Loos*, JZ 1978, 592 (593, 599).

186 *Schmidt-Aßmann* (Fn. 14), Art. 103 Rn. 268.

187 So OLG Koblenz JR 1981, 520 m. Anm. *P. Rieß*; *Kunig* (Fn. 62), Art. 103 Rn. 36; *Roxin/Schünemann*, Strafverfahrensrecht (Fn. 68), § 52 Rn. 6, 32f.

188 *F.-C. Schroeder*, JuS 1997, 227 (231); ausf. *C. Fahl*, JuS 1996, 63 (64f.).

189 Jarass/*Pieroth*, GG, Art. 103 Rn. 110; *Schmidt-Aßmann* (Fn. 14), Art. 103 Rn. 269.

190 Vgl. Jarass/*Pieroth*, GG, Art. 103 Rn. 110; *Schmidt-Aßmann* (Fn. 14), Art. 103 Rn. 270; *Kingreen/Poscher*, Grundrechte, Rn. 1246.

sungsänderung gerade nicht durchbrochen werden darf[191]. Die Möglichkeit eines Missbrauchs, etwa durch Selbstanzeige eines geringfügigen Delikts den Strafklageverbrauch für ein gleichzeitig begangenes schwereres Delikt zu provozieren, nimmt Art. 103 III GG in Kauf[192].

D. Verhältnis zu anderen GG-Bestimmungen

36 Soweit das Verbot mehrfacher Bestrafung Ausdruck des Schutzes der **Menschenwürde** ist[193] (→ Rn. 12), konkretisiert er diesen vorrangig.

37 Art. 103 III GG ist in seiner **rechtsstaatlichen Dimension** (→ Rn. 13) praktisch bedeutsamer[194]. Er kann allenfalls mit dem in Art. 20 III GG zu verortenden Prinzip materieller Gerechtigkeit in Konflikt geraten. Der Verfassungsgeber hat diesen Konflikt durch die eigenständige Vorrangregel des Art. 103 III GG entschieden, hinter der allgemeine Gerechtigkeitserwägungen oder die Berufung auf »rechtsstaatliche« Grundsätze de constitutione lata zurücktreten. Grenzen aus dem Rechtsstaatsprinzip werden gerade außerhalb des Anwendungsbereichs von Art. 103 III GG (→ Rn. 21 ff.) aktuell[195].

---

191 *Nolte* (Fn. 3), Art. 103 Rn. 181; *Höfling/Burkiczak* (Fn. 60), Art. 103 Rn. 173.

192 *Kunig* (Fn. 62), Art. 103 Rn. 40; *Schmidt-Aßmann* (Fn. 14), Art. 103 Rn. 284; zu Einschränkungen in der BGH-Rechtsprechung *F.-C. Schroeder*, JuS 1997, 227 (228).

193 *Brüning* (Fn. 42), Art. 103 Rn. 127; akzentuiert *Nolte* (Fn. 3), Art. 103 Rn. 231.

194 *Nolte* (Fn. 3), Art. 103 Rn. 232.

195 *Nolte* (Fn. 3), Art. 103 Rn. 233 f.

Artikel 104 [Freiheitsbeschränkung und Freiheitsentziehung]

(1) [1]Die Freiheit der Person kann nur auf Grund eines förmlichen Gesetzes und nur unter Beachtung der darin vorgeschriebenen Formen beschränkt werden. [2]Festgehaltene Personen dürfen weder seelisch noch körperlich mißhandelt werden.

(2) [1]Über die Zulässigkeit und Fortdauer einer Freiheitsentziehung hat nur der Richter zu entscheiden. [2]Bei jeder nicht auf richterlicher Anordnung beruhenden Freiheitsentziehung ist unverzüglich eine richterliche Entscheidung herbeizuführen. [3]Die Polizei darf aus eigener Machtvollkommenheit niemanden länger als bis zum Ende des Tages nach dem Ergreifen in eigenem Gewahrsam halten. [4]Das Nähere ist gesetzlich zu regeln.

(3) [1]Jeder wegen des Verdachtes einer strafbaren Handlung vorläufig Festgenommene ist spätestens am Tage nach der Festnahme dem Richter vorzuführen, der ihm die Gründe der Festnahme mitzuteilen, ihn zu vernehmen und ihm Gelegenheit zu Einwendungen zu geben hat. [2]Der Richter hat unverzüglich entweder einen mit Gründen versehenen schriftlichen Haftbefehl zu erlassen oder die Freilassung anzuordnen.

(4) Von jeder richterlichen Entscheidung über die Anordnung oder Fortdauer einer Freiheitsentziehung ist unverzüglich ein Angehöriger des Festgehaltenen oder eine Person seines Vertrauens zu benachrichtigen.

Literaturauswahl

Amelung, Knut: Die Entstehung des Grundrechtsschutzes gegen willkürliche Verhaftung, in: Jura 2005, S. 447–455.

Aschmann, Tjark Erich: Der Richtervorbehalt im deutschen Polizeirecht, 1999.

Brodowski, Dominik: Grundfälle zu den Justizgrundrechten. Art. 104 GG – Freiheit der Person, Folterverbot, Benachrichtigungsgebot, in: JuS 2012, S. 980–984.

Grabenwarter, Christoph: Androhung von Folter und faires Strafverfahren – Das (vorläufig) letzte Wort aus Straßburg, in: NJW 2010, S. 3128–3132.

Grabitz, Eberhard: Freiheit der Person, in: HStR VI, § 130, S. 109–135.

Guckelberger, Annette: Zulässigkeit von Polizeifolter?, in: VBlBW 2004, S. 121–127.

Guckelberger, Annette: Der präventiv-polizeiliche Gewahrsam, in: Jura 2015, S. 926–937.

Gusy, Christoph: Freiheitsentziehung und Grundgesetz, in: NJW 1992, S. 457–463.

Gusy, Christoph: Freiheit der Person, in: HGR IV, § 93, S. 389–415.

Hantel, Peter: Der Begriff der Freiheitsentziehung in Art. 104 Abs. 2 GG, 1988.

Hartlaub, Iris: Theorie und Praxis der Freiheitsentziehungen nach Strafverfahrens- und Polizeirecht – im Lichte des Habeas-Corpus-Artikels des Grundgesetzes, Art. 104 GG, 2000.

Heidebach, Martin: Grundrechtsschutz durch Verfahren bei gerichtlicher Freiheitsentziehung, 2014.

Hill, Hermann: Verfassungsrechtliche Gewährleistungen gegenüber der staatlichen Strafgewalt, in: HStR VI, § 156, S. 1305–1352.

Kazele, Norbert: Untersuchungshaft. Ein verfassungsrechtlicher Leitfaden für die Praxis, 2008.

Kieschke, Olaf: Die Praxis des Europäischen Gerichtshofs für Menschenrechte und ihre Auswirkungen auf das deutsche Strafverfahrensrecht, 2003.

Knösel, Peter: Die Abschiebung im Lichte des Verfassungsrechts, in: ZAR 1990, S. 75–83.

Krehl, Christoph: Der Richtervorbehalt, in: Die Polizei 2003, S. 337–343.

Lin, Yu-hsiung: Richtervorbehalt und Rechtsschutz gegen strafprozessuale Grundrechtseingriffe, 1998.

Lipp, Volker: Erwachsenenschutz und Verfassung – Betreuung, Unterbringung und Zwangsbehandlung, in: FamRZ 2013, S. 913–923.

Marschner, Rolf/Volckart, Bernd/Lesting, Wolfgang: Freiheitsentziehung und Unterbringung, 5. Aufl. 2010.

Ollinger, Thomas: Die Entwicklung des Richtervorbehalts im Verhaftungsrecht, von den Anfängen bis zur Paulskirchenverfassung, 1997.

Pentz, Adolf: Verfahrensfehler bei der Freiheitsentziehung, in: NJW 1990, S. 2777–2782.

Rottmann, Frank: Das Mißhandlungsverbot des Art. 104 Abs. 1 S. 2 GG als Maßstab verfassungskonformer Auslegung, in: Helmut Goerlich (Hrsg.), Staatliche Folter, 2007, S. 75–95.
Schieder, Alfons: Die richterliche Bestätigung polizeilich veranlasster Freiheitsentziehungen, in: KritV 83 (2000), S. 218–251.
Trautwein, Elke: Freiheitsentzug im Verwaltungsrecht, 2003.
Unfried, Eva: Die Freiheits- und Sicherheitsrechte nach Art. 5 EMRK, 2006.
Voßkuhle, Andreas: Präventive Richtervorbehalte, in: HGR V, § 131, S. 1193–1269.
Wittreck, Fabian: Freiheit der Person, in: HStR[3] VII, § 151, S. 281–307.

Leitentscheidungen des Bundesverfassungsgerichts

BVerfGE 10, 302 (309ff.) – Vormundschaft; 42, 1 (6ff.) – Sicherungsverwahrung I; 58, 208 (220ff.) – Baden-Württembergisches Unterbringungsgesetz; 70, 297 (307ff.) – Fortdauer der Unterbringung; 83, 24 (30ff.) – Polizeigewahrsam; 105, 239 (247ff., Rn. 21ff.) – Richtervorbehalt; 109, 133 (156ff., Rn. 94ff.) – Sicherungsverwahrung II; 117, 71 (110ff., Rn. 116ff.) – Strafrestaussetzung; 128, 326 (365ff., Rn. 83ff.) – Sicherungsverwahrung IV; 134, 33 (59ff., Rn. 66ff.) – Therapieunterbringungsgesetz.

Gliederung

Stichwörter

A. Herkunft, Entstehung, Entwicklung

I. Ideen- und verfassungsgeschichtliche Aspekte

Der in den Garantien zur Freiheit der Person angelegte **Gedanke des »habeas corpus«** 1
(»Du habest den Körper«, die Anfangsworte eines mittelalterlichen Haftbefehls) gehört zu den ältesten Grundrechtsgarantien überhaupt[1]. Er entfaltete sich als Grundsatz, dass niemand ohne richterliche Überprüfung und Anordnung nach Maßgabe rechtlicher Regeln in Haft genommen oder gehalten werden darf, in mehreren Entwicklungsstufen zu einem grundrechtlichen Kernelement im demokratischen Verfassungsstaat moderner Prägung (→ Rn. 12ff.).

---

[1] Vgl. übersichtlich *O. Dörr*, Freiheit der Person, in: Dörr/Grote/Marauhn, EMRK/GG[2], Kap. 13 Rn. 2ff.; *C. Gusy*, in: v. Mangoldt/Klein/Starck, GG III, Art. 104 Rn. 2; *C.-F. Stuckenberg*, JZ 2009, 85 (87ff.); *A. Podlech*, in: AK-GG, Art. 104 (2001), Rn. 1ff.; *P. Hantel*, JuS 1990, 865 (865f.); ausf. *K. Amelung*, Jura 2005, 447ff.; *I. Hartlaub*, Theorie und Praxis der Freiheitsentziehungen nach Strafverfahrens- und Polizeirecht – im Lichte des Habeas-Corpus-Artikels des Grundgesetzes, Art. 104 GG, 2000, S. 29ff.; *M. Kriele*, Habeas Corpus als Urgrundrecht (1973), in: ders., Recht, Vernunft, Wirklichkeit, 1990, S. 71ff.

2 Als ständische Verbriefungen von Rechten im Zuge von Auseinandersetzungen zwischen Königen und ihren Lehnsträgern diente der damit vertraglich gewährte Schutz vor willkürlicher Verhaftung zunächst eher der Festigung der Stellung des Herrschers als oberster Lehnsherr im europäischen Hochmittelalter[2]. Während die Konstitutionen von Melfi Friedrichs II. (1231) mit Hilfe von Zuständigkeits- und Verfahrensregeln, Inkompatibilitäten und habeas-corpus-ähnlichen Vorschriften (z.B. richterliche Haftprüfung, Urteilsbegründungspflicht) der Willkür der Feudalgerichtsbarkeit entgegenzuwirken suchten[3], war das berühmteste einschlägige vertragliche Dokument, Art. 39 der **Magna Charta Libertatum** von 1215, gegen Willkürakte der königlichen Gerichtsbarkeit gerichtet[4]. Sein Inhalt wurde in den späteren Auseinandersetzungen des 17. Jahrhunderts zwischen englischem Parlament und König zum berufenen Vorbild für die Ausbildung von Habeas-Corpus-Rechten für individuelle Untertanen gegenüber der Krone, wie sie das englische Parlament nach mehreren Anläufen (Petition of Right, 1628; Habeas-Corpus-Act von 1640/41) in der Habeas-Corpus-Akte von 1679 als Rechte endgültig durchgesetzt hat und wie sie durch die Bill of Rights 1689 bestätigt wurden: Das Habeas-Corpus-Recht diente dem Schutz vor willkürlichen Verhaftungen, verpflichtete den Gewahrsamsinhaber zur Angabe der wahren Ursachen des Gewahrsams oder der Haft aufgrund strafrechtlicher Verfolgung und schuf eine organisationsrechtliche Sicherung der Freiheit der Person gegen ungesetzliche Einwirkungen[5]. Es wurde im Prozess der Ausbildung der Gewaltenteilung durch die Verselbständigung der Judikative i.S. ihrer Unabhängigkeit auch praktisch verstärkt[6].

3 Diese doppelten, materiellen und verfahrensrechtlichen Gewährleistungen wurden – in unterschiedlichen Erscheinungsformen modifiziert oder ergänzt – von den amerikanischen **Menschenrechtserklärungen des 18. Jahrhunderts** aufgenommen (z.B. Abschnitt 8 Virginia Bill of Rights, 1776) und fanden so schnell Eingang in Art. 1 Abschnitt 9 Abs. 2 der Verfassung der USA von 1787[7], Art. 7–9 der französischen Menschenrechtserklärung von 1789[8] und auch in die Verfassungen des süddeutschen Frühkonstitutionalismus (§ 8 II Verf. Bayern 1818; § 15 II Verf. Baden 1818; § 26 III Verf. Württemberg 1819), später besonders ausführlich in den §§ 112ff. Verf. Hessen 1831, §§ 45ff. Verf. Sachsen 1831[9] sowie auch in der Paulskirchenverfassung, die in

---

[2] Vgl. *A. Voigt*, Art. Grundrechte. I. Geschichte, in: EvStL[3], Sp. 1211ff. (1214); *K. Amelung*, Jura 2005, 447 (449); *H. Rüping*, in: BK, Art. 104 (Zweitbearbeitung 2008), Rn. 2; s. auch *T. Ollinger*, Die Entwicklung des Richtervorbehalts im Verhaftungsrecht, 1997, S. 41ff., zu älteren Spuren im römischen Recht ebd. S. 32ff.

[3] *Podlech* (Fn. 1), Art. 104 Rn. 3; ausf. H. Conrad u.a. (Hrsg.), Die Konstitutionen Friedrichs II. von Hohenstaufen für sein Königreich Sizilien, 1973.

[4] Vgl. *Podlech* (Fn. 1), Art. 104 Rn. 2f.; *Ollinger*, Entwicklung (Fn. 2), S. 112ff.; zu Art. 39 als noch heute geltendes Recht *H. Goerlich*, AVR 54 (2016), 153 (157ff.).

[5] *Podlech* (Fn. 1), Art. 104 Rn. 5f.; *H. Goerlich*, AVR 54 (2016), 153 (170ff.); *K. Amelung*, Jura 2005, 447 (451f., 453f.); *E.H. Riedel*, EuGRZ 1980, 192 (193f.); ausf. *J. Hatschek*, Englische Verfassungsgeschichte (1913), 2. Aufl. 1978, S. 505ff.; *W.F. Duker*, A Constitutional History of Habeas Corpus, 1980, S. 52ff.; *Ollinger*, Entwicklung (Fn. 2), S. 199ff.; zum Stellenwert in der politischen Theorie der »Leveller« *M. Brocker*, Die Grundlegung des liberalen Verfassungsstaates, 1995, S. 115f.

[6] Ausf. *Ollinger*, Entwicklung (Fn. 2), S. 211ff., 218ff.

[7] Ausf. *Duker*, History (Fn. 5), S. 127ff.; *Ollinger*, Entwicklung (Fn. 2), S. 232ff.

[8] *A. Voßkuhle*, HGR V, § 131 Rn. 8; ausf. *Ollinger*, Entwicklung (Fn. 2), S. 252ff.

[9] *Podlech* (Fn. 1), Art. 104 Rn. 7f.; *K. Amelung*, Jura 2005, 447 (454f.); ausf. *P. Hantel*, Der Begriff der Freiheitsentziehung in Art. 104 Abs. 2 GG, 1988, S. 144ff.; s. auch *T.E. Aschmann*, Der Richtervorbehalt im deutschen Polizeirecht, 1999, S. 35ff.

§ 138 II, III einen Richtervorbehalt für Verhaftung und polizeiliche Verwahrung vorsah[10].

4 Seitdem lässt sich jedenfalls in **Deutschland** eine eher **retardierende** verfassungsgeschichtliche **Traditionslinie** beobachten. Schon Art. 5 der rev. Preußischen Verfassung von 1850 enthielt – anders noch als die detaillierten Regelungen in Art. 5 der oktroyierten von 1848 – nur noch die Forderung nach der Gesetzlichkeit der Bedingungen und Formen einer Verhaftung. Die »grundrechtslose« Reichsverfassung von 1871 (→ Vorb. Rn. 15) enthielt keine entsprechende Normierung, sondern der Schutz vor Verhaftung richtete sich allein nach einfachem Gesetzesrecht, das auch einen Richtervorbehalt normierte[11]. Während des Ersten Weltkrieges wurde Schutzhaft »zur Sicherheit des Reiches« gesetzlich ermöglicht, wenn auch mit der Möglichkeit nachträglicher richterlicher Kontrolle[12]. Art. 114 WRV erlaubte Eingriffe in die Freiheit der Person (nur) aufgrund von (materiellen, nicht notwendig parlamentarischen) Gesetzen, sah aber ebenfalls keinen Richtervorbehalt vor[13] und wurde in den Gründungskrisen der Weimarer Republik mehrfach suspendiert[14] und auch 1933 durch Notverordnung außer Kraft gesetzt. Damit war der Weg für das NS-Regime frei, durch Ausweitung der polizeilichen Befugnisse unbeschränkten Zugriff auf die Freiheit der Person des einzelnen zu nehmen, etwa durch »Schutzhaft« als gerichtlich nicht überprüfbares Instrument der Polizei[15], aber auch – ärztlich begleitet – Behinderte oder psychisch Kranke als »lebensunwertes Leben« in geschlossene Anstalten einzuweisen.

5 Demgegenüber liegen die Wurzeln des historisch jungen **Folterverbots** im humanitären Völkerrecht des frühen 20. Jahrhunderts[16], ehe es erstmals in Art. 5 der AEMR (→ Rn. 8) mit universellem, wenn auch noch nicht verbindlichem Anspruch kodifiziert und dann in zahlreichen weiteren menschenrechtlichen Abkommen verbindlich konkretisiert wurde (→ Rn. 11).

II. Entstehung und Veränderung der Norm

6 Die Entstehungsgeschichte des Art. 104 GG[17] wird (auch) durch diese Erfahrungen geprägt, wie auch die ausdrückliche Hervorhebung des Misshandlungsverbots (Art. 104 I 2 GG) und das neue Benachrichtigungsgebot (Art. 104 IV GG) verdeutlichen. Schon alle **Landesverfassungen der** amerikanischen und französischen **Besatzungszonen** enthielten teilweise sehr detaillierte Habeas-Corpus-Regelungen, aber

---

[10] *A. Voßkuhle*, HGR V, § 131 Rn. 11 f.; *Rüping* (Fn. 2), Art. 104 Rn. 4; s. näher *M. Rabe von Kühlenwein*, Der Richtervorbehalt im Polizei- und Strafprozessrecht, 2001, S. 37 ff.; *J.-D. Kühne*, Die Reichsverfassung der Paulskirche, 1985 (2. Aufl. 1998), S. 334 ff.; *Hantel*, Begriff (Fn. 9), S. 152 ff.; *Ollinger*, Entwicklung (Fn. 2), S. 371 ff.

[11] *A. Voßkuhle*, HGR V, § 131 Rn. 13.

[12] *Rüping* (Fn. 2), Art. 104 Rn. 5.

[13] Vgl. auch *Gusy* (Fn. 1), Art. 104 Rn. 4; *Rüping* (Fn. 2), Art. 104 Rn. 5; *Podlech* (Fn. 1), Art. 104 Rn. 9; *Hantel*, Begriff (Fn. 9), S. 161 ff.

[14] Vgl. *C. Gusy*, Weimar – Die wehrlose Republik?, 1991, S. 66 ff.

[15] *Gusy* (Fn. 1), Art. 104 Rn. 5; *Rüping* (Fn. 2), Art. 104 Rn. 6 f.

[16] Vgl. *R. Bank*, Das Verbot von Folter, unmenschlicher oder erniedrigender Behandlung oder Strafe, in: Dörr/Grote/Marauhn, EMRK/GG², Kap. 11 Rn. 1; s. auch *B.-R. Kern*, Die Folter in der rechtsgeschichtlichen Entwicklung, in: H. Goerlich (Hrsg.), Staatliche Folter, 2007, S. 41 ff. (45 ff.); *E. Peters*, Folter – Die Geschichte der peinlichen Befragung, 1991.

[17] Vgl. JöR 1 (1951), S. 745 ff.; *Podlech* (Fn. 1), Art. 104 Rn. 17 f.; *Rüping* (Fn. 2), Art. 104 Rn. 8 ff.; *Hantel*, Begriff (Fn. 9), S. 169 ff.; s. auch BVerfGE 10, 302 (318 ff.).

auch Art. 9 II Verf. Sachsen 1947[18]. Sie gingen z. T. durch die Pflicht zur fortlaufenden richterlichen Kontrolle der Fortdauer der Haft[19] und durch ausdrückliche Garantien von Verteidigerrechten[20] über das hinaus, was Art. 104 GG normiert hat; direktes Vorbild ist der weithin textidentische Art. 5 Verf. Rheinland-Pfalz geworden[21].

7 Art. 3 III HChE wollte ursprünglich – ganz den landesverfassungsrechtlichen Regelungen entsprechend – die heute in Art. 2 II und 104 GG enthaltenen Rechte der Unverletzlichkeit der Person und den Richtervorbehalt für die Anordnung und Fortdauer von Festnahmen im Grundrechtskatalog in einer Norm zusammengefasst regeln, ebenso noch Art. 3 i. d. F. des Grundsatzausschusses des **Parlamentarischen Rats**; indessen wurden die Verfahrensregeln für die richterliche Kontrolle schließlich als Ergebnis streitiger Diskussionen aus ästhetischen Gründen zusammen mit den anderen Justizgrundrechten in Art. 101 ff. GG im Abschnitt über die Rechtspflege konzentriert[22]. Umstritten war weiterhin, ob man im Einklang mit Art. 3 III HChE und über den traditionellen Anwendungsbereich polizei- und strafrechtlicher Beschränkungen hinaus auch Unterbringungen wie solche in der Psychiatrie richterlicher Kontrolle unterwerfen solle, und ob das Erfordernis eines förmlichen Gesetzes bzw. die Frist für die richterliche Entscheidung die Polizei nicht zu hohen Anforderungen unterwerfe; ungeachtet dessen fand Art. 104 GG in seiner jetzigen Fassung eine große Mehrheit[23].

B. Internationale, supranationale und rechtsvergleichende Bezüge

I. Internationale Dokumente

8 Auch die internationalen **Menschenrechtspakte** sind geprägt von der **Ausweitung des Habeas Corpus**[24] und gewährleisten bestimmte Einzelgarantien bei Freiheitsentziehungen, die der besonderen Schutzbedürftigkeit Inhaftierter einen hohen Rang zuweisen[25]. Art. 9 AEMR fordert eher programmatisch[26] und noch relativ allgemein, dass niemand willkürlich festgenommen oder in Haft gehalten werden darf; Art. 9 IPbpR (1966) nimmt diesen Grundsatz auf und ergänzt ihn – in Orientierung an die Präzisierung des Art. 5 EMRK (1950) – u. a. um die Verfahrensgarantien, dass jeder Festgenommene über die Gründe der Festnahme zu unterrichten (Abs. 2) und unverzüglich einem Richter vorzuführen und einer Aburteilung zuzuführen ist (Abs. 3, 4) sowie bei rechtswidriger Haft zu entschädigen ist (Abs. 5)[27]; diese Verfahrensgarantien reichen freilich weniger weit als Art. 104 GG[28]. Art. 10 I IPbpR normiert ein Gebot zur menschenwürdigen Behandlung Inhaftierter. Hinzu kommen die **Folterverbote** (Art. 5

[18] *Podlech* (Fn. 1), Art. 104 Rn. 10. → Rn. 13.

[19] Z. B. Art. 5 Verf. Württemberg-Baden 1947; Art. 19 II Verf. Hessen 1946; Art. 5 II Verf. Rheinland-Pfalz; Art. 18 Verf. Württemberg-Hohenzollern; Art. 5 IV Verf. Bremen 1947.

[20] Art. 5 II Verf. Rheinland-Pfalz; Art. 5 V Verf. Bremen 1947.

[21] So *Rüping* (Fn. 2), Art. 104 Rn. 95.

[22] *Gusy* (Fn. 1), Art. 104 Rn. 6; *Rüping* (Fn. 2), Art. 104 Rn. 10; s. auch *R. Wehowsky*, in: Umbach/Clemens, GG II, Art. 104 Rn. 5.

[23] *Gusy* (Fn. 1), Art. 104 Rn. 7; *Podlech* (Fn. 1), Art. 104 Rn. 18.

[24] *Podlech* (Fn. 1), Art. 104 Rn. 12.

[25] *S. Schmahl*, in: Schmidt-Bleibtreu/Hofmann/Henneke, GG, Art. 104 Rn. 6.

[26] *S. Müller-Franken*, in: Stern/Becker, Grundrechte, Art. 104 Rn. 6; *J. v. Bernsdorff*, in: Meyer, Charta, Art. 6 Rn. 3.

[27] S. näher dazu *R. Esser*, in: Löwe-Rosenberg, StPO[26], Bd. 11, Art. 5 EMRK/9, 10, 11 IPBPR Rn. 375 ff.

[28] S. nur *Müller-Franken* (Fn. 26), Art. 104 Rn. 11; *J.A. Frowein*, HStR VII, § 180 Rn. 3.

AEMR, Art. 3 EMRK, Art. 7 S. 1 IPbpR), die absolut gelten, d. h. auch im Falle eines Notstands nicht eingeschränkt werden dürfen (Art. 15 II EMRK)[29], und mittlerweile gewohnheitsrechtlich anerkannt als ius cogens qualifiziert werden[30]. Von praktischer Bedeutung kann auch die 2009 in Kraft getretene UN-Behindertenrechtskonvention[31] sein, namentlich bei der Zwangsbehandlung von Menschen mit Behinderungen (→ Rn. 66ff.).

II. Europarechtliche Aspekte

Während Art. 5 I 1 EMRK generalklauselartig ein Recht auf »Freiheit und Sicherheit« normiert und (nur) insoweit identisch in Art. 6 GRCh übernommen worden ist, enthält **Art. 5 I 2 a)–f) EMRK** darüber hinaus – anders als Art. 9 I IPbpR (→ Rn. 8) – **zusätzlich** einen detaillierten abschließenden **Katalog von Haftgründen**; allein aus ihnen darf auf gesetzlich vorgeschriebenem Wege dem Menschen seine Freiheit entzogen werden[32]. Sie sollen auch unter der Geltung des Art. 6, 51ff. GRCh die Voraussetzungen eines Eingriffs in den Schutzbereich des Art. 6 GRCh festlegen[33]. Als gesetzliche Vorschrift reicht – anders als etwa bei dem am Parlamentsgesetz orientierten Art. 104 GG (→ Rn. 29) – auch ungeschriebenes Recht aus, wie es in der Tradition des common law angelegt ist[34]. Art. 5 I 2 c) EMRK lässt im Übrigen Freiheitsentziehungen präventiver Art nur zur Verhinderung von konkreten und bestimmten Straftaten und Ordnungswidrigkeiten von erheblicher Bedeutung zu[35], Art. 5 I 2 b) EMRK mit Einschränkun- 9

[29] S. näher EGMR, 15.11.1996, NVwZ 1997, 1093 (1094, Rn. 79f.) – *Chahal*; EGMR, 28.7.1999, NJW 2001, 56 (59, Rn. 95) – *Selmouni*; *Berka*, Grundrechte, Rn. 376ff. m.w.N.; *J.P. Müller/M. Schefer*, Grundrechte in der Schweiz, 4. Aufl. 2008, S. 57, 116f.

[30] S. nur *Bank*, Verbot (Fn. 16), Kap. 11 Rn. 4 m.w.N.; ausf. *A.K. Weilert*, Grundlagen und Grenzen des Folterverbotes in verschiedenen Rechtskreisen, 2009, S. 7ff., 62ff.; *S. Kadelbach*, Zwingendes Völkerrecht, 1992, S. 291ff.

[31] BGBl. 2008 II, 1420; vgl. BVerfGE 128, 282 (306f., Rn. 52f.); zur Entstehung *L.P. Rothfritz*, Die Konvention der Vereinten Nationen zum Schutze der Rechte von Menschen mit Behinderungen, 2010, S. 103ff.; *S. Schmahl*, AVR 45 (2007), 517 (523ff.); übersichtlich zuletzt *R. Uerpmann-Wittzack*, Völker- und verfassungsrechtliche Vorgaben für die Gleichstellung und Teilhabe von Menschen mit Behinderungen, in: 50 Jahre Deutscher Sozialrechtsverband. Inklusion behinderter Menschen als Querschnittsaufgabe, 2016, S. 29ff. (38ff.); zur Praxis des Ausschusses nach Art. 34 BRK *ders.*, AVR 54 (2016), S. 181ff.

[32] Vgl. BVerfGE 131, 268 (296, Rn. 93); 134, 33 (67ff., Rn. 84ff.); *C. Grabenwarter/K. Struth*, Justiz- und Verfahrensgrundrechte, in: Ehlers, Europäische Grundrechte, § 6 Rn. 5ff.; *J. Bröhmer*, HGR VI/1, § 139 Rn. 59ff.; *M. Baldus*, Recht auf Freiheit und Sicherheit, in: S.A. Heselhaus/C. Nowak (Hrsg.), Handbuch der Europäischen Grundrechte, 2006, § 14 Rn. 34ff.; *E. Unfried*, Die Freiheits- und Sicherheitsrechte nach Art. 5 EMRK, 2006, S. 32ff.; ausf. *Dörr*, Freiheit (Fn. 1), Kap. 13 Rn. 133ff., 150ff.; *E. Trautwein*, Freiheitsentzug im Verwaltungsrecht, 2003, S. 45ff., 78ff.; *M.E. Villiger*, Handbuch der Europäischen Menschenrechtskonvention (EMRK), 2. Aufl. 1999, Rn. 329ff.

[33] *Jarass*, GRCh, Art. 6 Rn. 12ff.; *Bernsdorff* (Fn. 26), Art. 6 Rn. 13; *C. Calliess*, in: Calliess/Ruffert, EUV/AEUV, Art. 6 GRCh Rn. 14ff.

[34] *Villiger*, Handbuch (Fn. 32), Rn. 324; Frowein/*Peukert*, EMRK, Art. 5 Rn. 26; *Esser* (Fn. 27), Art. 5 EMRK/9, 10, 11 IPBPR Rn. 39; *S. Trechsel*, EuGRZ 1980, 514 (519).

[35] EGMR, 07.03.2013, NVwZ 2014, 43 (44, Rn. 66) – *Ostendorf*; OVG Niedersachsen NVwZ-RR 2014, 552 (556f.); VG Hannover, DVBl. 2012, 1323ff.; *R. Esser*, NJW 2016, 604 (604f.); *A. Guckelberger*, Jura 2015, 926ff.; *J.M. Hoffmann*, NVwZ 2015, 720 (721ff.); *ders.*, NVwZ 2013, 266 (267ff.); *D. Heinemann/J. Hilker*, DVBl. 2012, 1467ff.; *V. Götz*, Allgemeines Polizei- und Ordnungsrecht, 15. Aufl. 2013, § 8 Rn. 35; *A. Blankenagel*, DÖV 1989, 689 (696f.).

gen[36] auch polizeiliche Präventivhaft[37]. Zudem regeln Art. 5 II–IV EMRK sehr genau Modalitäten, die bei einer Festnahme oder Freiheitsentziehung einzuhalten sind[38] und deren Verletzung Schadensersatzpflichten begründen kann (Art. 5 V EMRK). Die aus Art. 5 EMRK entwickelten Rechtsprechungsgrundsätze des EGMR[39] sind mittelbar gemäß Art. 6 II EUV auch Grundlage für die Rechtspraxis der EU und ihrer Mitgliedstaaten.

10 Im einzelnen existiert eine ausführliche Rechtsprechung[40], die teilweise von der deutschen Rechtslage abweicht und diese nicht nur materiell anregen kann[41], sondern im Sinne der Grundsätze der völkerrechtsfreundlichen Auslegung des deutschen Rechts zu beachten ist[42], zumal Art. 5 I EMRK zuvörderst auf das nationale Recht des Inhaftierungsstaates verweist: Aus dem **Verstoß gegen das nationale Recht** folgt der **Konventionsverstoß**[43]. Der EGMR korrigiert die innerstaatliche Rechtsanwendung nur, wenn er den Schutz vor willkürlicher Verhaftung gefährdet sieht, nicht bei bloßen Redaktionsversehen (z. B. Schreibfehlern) und nicht bei willkürlicher oder grob unangemessener Rechtsanwendung[44].

11 Weiterhin bildet der vorbehaltlos formulierte **Art. 3 EMRK** (textidentisch Art. 4 GRCh) einen der grundlegenden Werte in der demokratischen Gesellschaft[45]; er gilt einschränkungslos[46]. Konkretisierend hat der EGMR im Falle von körperlichen Verletzungen im Polizeigewahrsam für Art. 3 EMRK schon früh den Grundsatz entwickelt, dass der Staat nachzuweisen hat, dass solche Verletzungen nicht durch polizeiliche Misshandlungen entstanden sind[47]. Als **verbotene Folter** i. S. von Art. 3 EMRK hat er in Anlehnung an Art. 1 I der UN-Folterkonvention[48] die absichtliche Zufügung schwerer physischer und psychischer Leiden durch staatliche Organe, als **unmenschliche**

---

[36] Vgl. EGMR, 01.12.2011, NVwZ 2012, 1089 (1091 f., Rn. 73, 82) – *Schwabe*; dazu *J. Renzikowski/R. Schmidt-De Caluwe*, JZ 2013, 289 ff.

[37] EGMR, 07.03.2013, NVwZ 2014, 43 (47, Rn. 92) – *Ostendorf*; BVerfG (K), NVwZ 2016, 1079 (1080); *M. Heidebach*, NVwZ 2014, 554 ff.; *N. Schaks/M. Schneider*, LKV 2014, 203 ff.; *K. Waechter*, NVwZ 2014, 995 ff.; *L.O. Michaelis*, JA 2014, 198 ff.

[38] Z.B. zu Art. 5 III EMRK: EGMR, 03.10.2006, NJW 2007, 3699 ff. – *McKay*; *Grabenwarter/Struth* (Fn. 32), § 6 Rn. 23 ff.; *J. Bröhmer*, HGR VI/1, § 139 Rn. 66 ff.; *J. Gundel*, HGR VI/1, § 146 Rn. 151 ff.; ausf. *N. Kazele*, Untersuchungshaft, 2008, S. 24 ff.

[39] *J. Bröhmer*, HGR VI/1, § 139 Rn. 45 ff.; ausf. *Dörr*, Freiheit (Fn. 1), Kap. 13 Rn. 27 ff. zum Gewährleistungsgehalt.

[40] Vgl. aus neuerer Zeit etwa noch EGMR, 07.03.2013, NVwZ 2014, 43 (44 f., Rn. 65 ff.) – *Ostendorf*; EGMR, 09.05.2007, NJW 2008, 2320 (2321) – *Homann*; s. auch EGMR, 16.06.2005, EuGRZ 2008, 582 (591 ff., Rn. 109 ff.) – *Storck*.

[41] Frowein/*Peukert*, EMRK, Art. 5 Rn. 24 ff., 90 ff.; ausf. *Unfried*, Freiheits- und Sicherheitsrechte (Fn. 32), S. 64 ff.; *Dörr*, Freiheit (Fn. 1), Kap. 13 Rn. 27 ff., 117 ff., 132 ff.; *Villiger*, Handbuch (Fn. 32), Rn. 313 ff.

[42] Ausf. BVerfGE 128, 326 (366 ff., Rn. 86 ff.).

[43] *O. Dörr*, JZ 2006, 1065 (1066); *ders.*, Freiheit (Fn. 1), Kap. 13 Rn. 141 ff., 211.

[44] *O. Dörr*, JZ 2006, 1065 (1067); *ders.*, Freiheit (Fn. 1), Kap. 13 Rn. 142.

[45] EGMR, 4.7.2006, EuGRZ 2007, 141 (143, Rn. 115 f.) – *Ramirez Sanchez*; EGMR, 6.2.2001, NVwZ 2002, 453 (453, Rn. 32) – *Bensaid*; EGMR, 28.7.1999, NJW 2001, 56 (59, Rn. 95) – *Selmouni*; *A. Guckelberger*, VBlBW 2004, 121 (123, 126 f.).

[46] EGMR, 01.06.2010, NJW 2010, 3145 (3146, Rn. 107) – *Gäfgen*.

[47] EGMR, 4.12.1995, EuGRZ 1996, 504 (511 f., Rn. 31 ff.) – *Ribitsch*; s. dazu näher *B. Rudolf*, EuGRZ 1996, 497 (499 ff.); s. bereits zuvor EGMR, 27.8.1992, EuGRZ 1994, 101 (104, Rn. 108 ff., 115) – *Tomasi*.

[48] Vgl. Übereinkommen der UN gegen Folter und andere grausame, unmenschliche oder erniedrigende Behandlung oder Strafe vom 10.12.1984 (BGBl. 1990 II, S. 247) und EGMR, 27.6.2000, NJW 2001, 2001 (2005, Rn. 114) – *Salman*; *Bank*, Verbot (Fn. 16), Kap. 11 Rn. 33 ff.

Behandlung solche Misshandlungen angesehen, die ohne Unterbrechungen über Stunden zugefügt werden und vorsätzlich intensives physisches oder psychisches Leid verursachen[49], u.U. auch die Bedrohung mit massiven Schmerzen[50]. Folter und unmenschliche Behandlung unterscheiden sich im Grad der Schwere der Handlungen[51]; gemeinsame Voraussetzung dafür ist jedenfalls ein gewisses Minimum an Schwere, deren Beurteilungskriterien sich nach den Umständen des Einzelfalls richten: Natur und Zusammenhang der Behandlung, Art und Weise der Durchführung, Dauer, physische und geistige Wirkungen, Geschlecht, Gesundheitszustand und Alter des Opfers[52]. Bei der **erniedrigenden Behandlung** als schwächster Stufe eines Verstoßes gegen Art. 3 EMRK steht das Element der Demütigung im Vordergrund[53], indem die Behandlungen beim Opfer Gefühle der Angst, Ohnmacht, Beklemmung, Unterlegenheit oder Minderwertigkeit erzeugen[54], die geeignet sind, zu demütigen und körperlichen oder moralischen Widerstand zu brechen. Das soll aber nicht bei einer über achtjährigen Einzelhaft der Fall sein, wenn sie nicht mit totaler sozialer Isolation verbunden ist[55]. Alle diese Grundentscheidungen sind in der EGMR-Judikatur in einer Vielzahl von Fallgruppen differenziert entfaltet[56] und wirken auf die Rechtspraxis der Mitgliedstaaten von EMRK und EU ein.

III. Rechtsvergleichende Hinweise

Verfahrensgarantien zum Schutz der persönlichen Freiheit im Falle von Freiheitsbeschränkungen, besonders Freiheitsentziehungen, finden sich im **internationalen Vergleich** in den meisten verfassungsstaatlichen Verfassungen der Gegenwart[57]. Hinter der Variantenvielfalt im einzelnen sind bestimmte Grundelemente erkennbar wie der Gesetzesvorbehalt (z.B. Art. 12 II Verf. Belgien 1994; Kap. VIII § 71 II Verf. Dänemark 1953; § 7 III Verf. Finnland 1999; Art. 40 IV Nr. 1 Verf. Irland 1937; Art. 13 II Verf. Italien 1947; Art. 12 II Verf. Luxemburg 1868; Art. 15 I Verf. Niederlande 1983; 12

[49] EGMR, 26.10.2000, NJW 2001, 2694 (2695, Rn. 92) – *Kudła*; *Grabenwarter/Pabel*, EMRK, § 20 Rn. 43ff.; *R. Uerpmann-Wittzack*, Höchstpersönliche Rechte und Diskriminierungsverbot, in: Ehlers, Europäische Grundrechte, § 3 Rn. 39ff.; ausf. *H. Satzger*, in: H. Satzger/W. Schluckebier (Hrsg.), StPO, 2. Aufl. 2016, Art. 3 EMRK Rn. 9ff.; *Bank*, Verbot (Fn. 16), Kap. 11 Rn. 39ff.

[50] EGMR, 01.06.2010, NJW 2010, 3145 (3146, Rn. 108) – *Gäfgen*; *H. Sauer*, JZ 2011, 23 (26); *C. Grabenwarter*, NJW 2010, 3128ff.

[51] *Grabenwarter/Pabel* (Fn. 49), § 20 Rn. 42; ausf. *M. Bungenberg*, Verbot der Folter und unmenschlicher oder erniedrigender Strafe oder Behandlung, in: Heselhaus/Nowak, Handbuch (Fn. 32), § 12 Rn. 12ff.; *Bank*, Verbot (Fn. 16), Kap. 11 Rn. 17ff.

[52] S. etwa EGMR, 11.7.2006, NJW 2006, 3117 (3119, Rn. 67f.) – *Jalloh*; EGMR, 26.10.2000, NJW 2001, 2694 (2695, Rn. 91) – *Kudła*; EGMR, 28.7.1999, NJW 2001, 56 (60, Rn. 100) – *Salman*; EGMR, 27.9.1999, NJW 2000, 2089 (2095, Rn. 120) – *Smith and Grady*; *Grabenwarter/Pabel* (Fn. 49), § 20 Rn. 48; *Uerpmann-Wittzack* (Fn. 39), § 3 Rn. 41; krit. *T. Irmscher*, EuGRZ 2007, 135 (137f.).

[53] *Grabenwarter/Pabel* (Fn. 49), § 20 Rn. 48.

[54] S. näher EGMR, 26.10.2000, NJW 2001, 2694 (2695, Rn. 92) – *Kudła*; EGMR, 27.9.1999, NJW 2000, 2089 (2095, Rn. 120) – *Smith and Grady*; EGMR, 18.1.1978, EuGRZ 1979, 149 (153, Rn. 162ff.) – *Irland*; *Berka*, Grundrechte, Rn. 381f.; *Müller/Schefer*, Grundrechte (Fn. 29), S. 57ff.; ausf. *Villiger*, Handbuch (Fn. 32), Rn. 271ff.; *Frowein*/Peukert, EMRK, Art. 3 Rn. 2ff.

[55] EGMR, 4.7.2006, EuGRZ 2007, 141 (145f., Rn. 136ff.) – *Ramirez Sanchez*; dazu *T. Irmscher*, EuGRZ 2007, 135ff.

[56] Umfassend *Bank*, Verbot (Fn. 16), Kap. 11 Rn. 48ff.

[57] *Rüping* (Fn. 2), Art. 104 Rn. 102, 106 m.w.N.; s. auch *H.-W. Rengeling*, Grundrechtsschutz in der Europäischen Gemeinschaft, 1993, S. 70ff.; zur Rechtslage in Österreich *Berka*, Grundrechte, Rn. 403ff.

Art. 26 III Verf. Portugal 1982; Art. 17 I Verf. Spanien 1978; Art. 19 II Verf. Türkei 1982; Art. 66 Verf. Frankreich 1958; Art. 9 Verf. Kanada 1982), der Richtervorbehalt (z. B. § 7 III Verf. Finnland; Art. 6 I Verf. Griechenland 1975; Art. 12 III Verf. Luxemburg; Art. 27 II Verf. Portugal; Kap. 2 § 9 I Verf. Schweden 1975; Art. 19 Verf. Türkei), Fristen für die Vorführung beim Richter (z. B. Art. 40 IV Nr. 2 Verf. Irland: sofort; Kap. 2 § 9 II Verf. Schweden: ohne unbilligen Verzug; Kap. VIII § 71 III Verf. Dänemark, Art. 6 II Verf. Griechenland, Art. 12 Verf. Luxemburg: 24 Stunden; Art. 13 III Verf. Italien, Art. 19 V Verf. Türkei: 48 Stunden; Art. 17 II Verf. Spanien: 72 Stunden; Art. 31 III Verf. Portugal: 8 Tage) oder Informationspflichten über die Gründe der Verhaftung (z. B. Kap. VIII § 71 III 2 Verf. Dänemark; Art. 27 IV Verf. Portugal; Art. 17 III Verf. Spanien; Art. 19 IV, VI Verf. Türkei; Art. 10a Verf. Kanada). Misshandlungsverbote kennen z. B. Art. 13 III Verf. Italien, Art. 10 III Verf. Schweiz 1999[58], entsprechende Beweisverwertungsverbote Art. 32 VI Verf. Portugal. Vereinzelt ist auch die Unterbringung Gefährdeter ausdrücklich einem Richtervorbehalt unterworfen (Art. 30 II Verf. Portugal).

13 Auch die **Länderverfassungen** der Bundesrepublik enthalten dem Art. 104 GG weithin entsprechende Verfahrensgarantien, die anders als auf der Ebene des Grundgesetzes (→ Rn. 7) regelmäßig mit dem materiellen Grundrecht der personalen Freiheit zusammengefasst werden. Auch sie normieren einen formellen Gesetzesvorbehalt (Art. 5 III Verf. Bremen; Art. 5 I 2 Verf. Rheinland-Pfalz; Art. 13 I Verf. Saarland), stellen Freiheitsentziehungen unter Richtervorbehalt (Art. 5 II 1 Verf. Rheinland-Pfalz; Art. 19 I, 21 I 1 Verf. Hessen, für Unterbringungen ebd. Art. 23 S. 2), verpflichten zur richterlichen Vorführung spätestens am Tag nach der Festnahme (Art. 102 II 1 Verf. Bayern, Art. 5 IV 1 Verf. Bremen, Art. 13 II 1 Verf. Saarland), binnen 24 Stunden (Art. 19 II 1 Verf. Hessen; Art. 4 III 2 Verf. Thüringen) oder binnen 48 Stunden (Art. 8 III Verf. Berlin), aber auch zur Information des Inhaftierten oder der Angehörigen über die Haftgründe (Art. 5 IV 4 Verf. Bremen, Art. 19 II 2 Verf. Hessen; Art. 8 II 1, 2 Verf. Berlin) oder zur monatlichen Prüfung der Fortdauer der Haft (Art. 19 II 1 Verf. Hessen; Art. 5 V 2 Verf. Rheinland-Pfalz, Art. 13 II 3 Verf. Saarland; zweimonatlich: Art. 5 IV 3 Verf. Bremen)[59].

14 Die nach 1949 entstandenen und heute geltenden Verfassungen lassen die **Vorbildfunktion des Art. 104 GG** deutlich werden, soweit sie nicht wie Schleswig-Holstein ganz auf eigene Grundrechte wegen der Geltung des Grundgesetzes verzichten oder soweit sie sich Art. 104 GG nicht ausdrücklich zu eigen machen (so Art. 5 III Verf. Mecklenburg-Vorpommern; Art. 3 II Verf. Niedersachsen; Art. 4 I Verf. Nordrhein-Westfalen): Gerade Verfassungen der neuen Länder folgen wörtlich (Art. 23 Verf. Sachsen-Anhalt) oder in der Sache (Art. 9 Verf. Brandenburg; Art. 16, 17 Verf. Sachsen; Art. 3, 4 Verf. Thüringen) dem vorbildgebenden Grundgesetz. Soweit die Landesverfassungen zusätzliche Garantien enthalten, die über Art. 104 GG hinausgehen, gelten diese gemäß Art. 142 GG weiter[60].

---

[58] Vgl. auch näher *Müller/Schefer*, Grundrechte (Fn. 29), S. 114ff., 119ff.

[59] Ausf. Übersicht bei *M. Schröder*, HGR VIII, § 244 Rn. 35ff.

[60] *M. Schröder*, HGR VIII, § 244 Rn. 37; *Rüping* (Fn. 2), Art. 104 Rn. 101; *P. Kunig*, in: v. Münch/Kunig, GG II, Art. 104 Rn. 33. → Art. 142 Rn. 46ff.

C. Erläuterungen

I. Allgemeine Bedeutung

1. Schutzgut

Art. 104 GG **ergänzt** und verstärkt damit das **Grundrecht auf Freiheit der Person** (Art. 2 II 2 GG), mit dem er sachlich in einem unlösbaren Zusammenhang steht[61]: Er gebietet über den allgemeinen Gesetzesvorbehalt des Art. 2 II 3 GG hinaus zusätzliche **verfahrensrechtliche Anforderungen**[62]. Für alle Formen von Freiheitsbeschränkungen normiert Art. 104 I 1 GG einen förmlichen Gesetzesvorbehalt als unmittelbar geltendes Recht, nicht nur als programmatischen Verfassungsauftrag[63]; für die speziellen Erscheinungsformen der Freiheitsentziehung werden als Ausdruck des hohen Ranges der Freiheit der Person[64] in Art. 104 II–IV GG zusätzliche Verfahrensgarantien, insbesondere ein Richtervorbehalt, festgelegt. Alle diese Garantien gelten der Entscheidung über das Ob und Wie einer Freiheitsbeschränkung[65] und sind in der neueren Rechtsprechung zumal der Kammern des BVerfG deutlich akzentuiert worden[66]. 15

Darüber hinaus **ergänzt** und verstärkt das Misshandlungsverbot des Art. 104 I 2 GG das **Grundrecht auf körperliche Unversehrtheit** (Art. 2 II 1 GG), indem es für die spezifische Situation von rechtmäßigen Freiheitsbeschränkungen die Form des Vollzuges (das »Wie«) beschränkt[67] und jede seelische oder körperliche Misshandlung strikt, d. h. vorbehaltlos verbietet. 16

Die **Rechte aus Art. 104 GG** gewährleisten in allen Einzelbestimmungen[68] **subjektive Rechte**, die als grundrechtsgleiche Rechte[69] oder Grundrechte[70] auch im Wege der Verfassungsbeschwerde durchgesetzt werden können (vgl. Art. 93 I Nr. 4a GG). Grundrechtsdogmatisch lassen sie sich als »Schranken-Schranken« ansehen[71], die die verfassungsrechtlich zulässigen Möglichkeiten des Gesetzgebers und der Exekutive zu 17

---

[61] BVerfGE 10, 302 (322); 58, 208 (220); 66, 191 (195); 109, 190, 244 (252, Rn. 190ff.) – *Sondervotum Broß/Osterloh/Gerhardt*; BVerfGK 7, 87 (98); 7, 239 (247); 15, 139 (149); *H. Hill*, HStR VI, § 156 Rn. 74. → Rn. 7.

[62] BVerfGE 10, 302 (322f.); 29, 183 (195); 58, 208 (220); 65, 317 (321); BVerfG (K), EuGRZ 1997, 519 (520); *C. Degenhart*, in: Sachs, GG, Art. 104 Rn. 1; *Jarass*/Pieroth, GG, Art. 104 Rn. 1; *Jarass*/Pieroth, GG, Art. 2 Rn. 110; *Müller-Franken* (Fn. 26), Art. 104 Rn. 119; *A. Uhle*, HGR V, § 129 Rn. 91. → Art. 2 II Rn. 106.

[63] BVerfGE 10, 302 (329); *Rüping* (Fn. 2), Art. 104 Rn. 14; *Kunig* (Fn. 60), Art. 104 Rn. 2; a.A. *Podlech* (Fn. 1), Art. 104 Rn. 26.

[64] BVerfGE 35, 185 (190); 109, 133 (157, Rn. 98); 109, 190 (239, Rn. 175); 128, 326 (372, Rn. 98); *Degenhart* (Fn. 62), Art. 104 Rn. 1; *Gusy* (Fn. 1), Art. 104 Rn. 11.

[65] *Jarass*/Pieroth, GG, Art. 104 Rn. 1; *C. Gusy*, HGR IV, § 93 Rn. 3.

[66] S. etwa in Anknüpfung vor allem an BVerfGE 10, 302 (322f.); 105, 239 (247, Rn. 22f.); BVerfGK 2, 55 (59ff.); 5, 67 (68ff.); 6, 119 (123ff.); 7, 239 (247ff.); 7, 421 (425ff.); 15, 139 (148ff.); BVerfG (K), NJW 2006, 427 (428f.); dazu auch *B. Reiter/C. Seban*, Richtervorbehalt und strafprozessuale Ermittlungsmaßnahmen, in: Y. Becker/F. Lange (Hrsg.), Linien der Rechtsprechung des Bundesverfassungsgerichts, Band 3, 2014, S. 337ff. (345ff.).

[67] BVerfGE 2, 118 (119); 64, 261 (280); *Degenhart* (Fn. 62), Art. 104 Rn. 1.

[68] BVerfGE 10, 302 (329).

[69] *Jarass*/Pieroth, GG, Art. 104 Rn. 1; *Müller-Franken* (Fn. 26), Art. 104 Rn. 3; *Degenhart* (Fn. 62), Art. 104 Rn. 3. → Vorb. Rn. 63.

[70] So *Rüping* (Fn. 2), Art. 104 Rn. 14; *E. Grabitz*, HStR VI, § 130 Rn. 20.

[71] So z.B. *Jarass*/Pieroth, GG, Art. 104 Rn. 1; *Müller-Franken* (Fn. 26), Art. 104 Rn. 4; *M. Heidebach*, Grundrechtsschutz durch Verfahren bei gerichtlicher Freiheitsentziehung, 2014, S. 203ff.; *A. Voßkuhle*, HGR V, § 131 Rn. 16; *C. Gusy*, NJW 1992, 457 (457).

Freiheitsbeschränkungen über die Grenze des Übermaßverbots hinaus (→ Art. 2 II Rn. 107 ff.) zusätzlich einschränken. Zugleich lassen sie sich **objektiv** als spezifische Ausformung von **Organisation und Verfahren** des Rechtsstaatsprinzips[72] interpretieren (→ Rn. 64).

18 Art. 104 GG gehört zu den »fundamentalen Freiheitsrechten«[73], deren praktische Geltung zwei wesentliche Fundamente grundgesetzlicher Freiheit begründet: Gesetzesvorbehalt und Richtervorbehalt. Erstens sollen im Falle von Freiheitsbeschränkungen durch Regelung der Einzelheiten im parlamentarischen, möglichst **bestimmten Gesetz** die staatlichen Eingriffe möglichst strikt formalisiert, berechenbar und messbar und damit auch kontrollierbar gehalten werden (Art. 104 I GG)[74]; damit reagiert das Grundgesetz besonders sensibel auf uralte Gefährdungslagen für die Freiheit des einzelnen durch den Missbrauch politischer oder gesellschaftlicher Macht (→ Rn. 1 ff.).

19 Zweitens soll der **Richtervorbehalt** bei Freiheitsentziehungen – Kern der verfahrensrechtlichen Regeln des Art. 104 II, III GG – den Richtern je nach den sachlichen Umständen präventiv die Befugnis zur Freiheitsentziehung oder nachträglich eine Kontrolle des vorgängigen freiheitsentziehenden Exekutivhandelns ermöglichen. Durch diese Kompetenzverteilung wird die verhaftende (Polizei-)**Behörde unter Begründungszwang** gestellt und den Verhafteten die Chance eröffnet, mit ihrer Ansicht gegenüber der Exekutive durchzudringen[75]. Diese Symmetrie gewährleistet unter den Rahmenbedingungen einer unparteilichen und unabhängigen Justiz (→ Art. 92 Rn. 25 ff.) individuellen Rechtsschutz unter der gebündelten Beteiligung aller drei Gewalten[76]: Sie gewährleistet für einen Fall besonders schweren Grundrechtseingriffs objektiv, dass die Verhaftungspraxis rechtsstaatlichen Standards genügt, dass insbesondere zu spät kommender Rechtsschutz kompensiert werden kann[77].

2. Aktueller Befund

20 Art. 104 I GG hat zu einem dichten Geflecht von Gesetzen geführt, die Freiheitsbeschränkungen detailliert regeln, auch wenn es gelegentlich noch Lücken oder vertiefungsfähige gesetzliche Grundlagen geben mag[78]. Die praktisch bedeutsamsten **öffentlich-rechtlichen** Gesetze[79] umfassen **vier Fallgruppen** und beziehen sich auf Freiheitsentziehungen vor allem **(1)** als Folgen von strafbarem Handeln wie z. B. Freiheitsstrafen bzw. -entziehungen nach den §§ 38, 63 ff. StGB oder §§ 7, 17 ff. JGG, ferner **(2)** zum Schutze vor Fremd- und Selbstgefährdung wie z. B. die Unterbringung nach § 30 InfSchG (wobei sich das Verfahren nach den §§ 415 ff. FamFG richtet) oder Maßnahmen z. B. gegenüber Geisteskranken und Behinderten nach den Unterbringungsgesetzen der Länder (z. B. Art. 7 III BayUnterbringungsG) oder nach Polizei-

---

[72] BVerwGE 1, 229 (231); 4, 196 (197 ff.).

[73] BVerfGE 10, 302 (322 f.); s. auch E 65, 317 (322); 66, 191 (195).

[74] BVerfGE 29, 183 (195 f.); *Kunig* (Fn. 60), Art. 104 Rn. 3; *E. Grabitz*, HStR VI, § 130 Rn. 20; *H. Hill*, HStR VI, § 156 Rn. 74.

[75] *Podlech* (Fn. 1), Art. 104 Rn. 15; ausf. zur grundrechtssichernden Funktion des Richtervorbehalts *Y. Lin*, Richtervorbehalt und Rechtsschutz gegen strafprozessuale Grundrechtseingriffe, 1998, S. 231 ff., 259 ff.

[76] *A. Voßkuhle*, HGR V, § 131 Rn. 16; *Michael/Morlok*, Grundrechte, Rn. 593.

[77] In diesem Sinne *A. Voßkuhle*, HGR V, § 131 Rn. 2 f.; *C. Gusy*, JZ 1998, 167 (169).

[78] Vgl. BVerfG (K), NJW 1995, 2215.

[79] Vgl. übersichtlich *F. Wittreck*, HStR³ VII, § 151 Rn. 19; *Dörr*, Freiheit (Fn. 1), Kap. 13 Rn. 139; *Rüping* (Fn. 2), Art. 104 Rn. 29, 64, 67, 75, 84; *E. Grabitz*, HStR VI, § 130 Rn. 21.

recht[80]; **(3)** Freiheitsentziehungen zur Sicherung von Strafverfahren wie Haft (§§ 112ff. StPO) oder vorläufige Festnahmen (§ 127 StPO) oder aufgrund sonstiger (bundes- oder landes-)polizeirechtlicher Ermächtigungen, sowie **(4)** zur Verwaltungsvollstreckung wie z.B. die Ersatzzwangshaft etwa nach § 16 VwVG, Abschiebungs-, Zurückschiebungs- oder Zurückweisungshaft nach §§ 15 V, 57 III, 62 AufenthG oder Erscheinungsformen der Zivilhaft wie z.B. Ersatzzwangshaft bzw. persönlicher Arrest in der Zwangsvollstreckung nach §§ 901, 933 ZPO. Hinzu kommen als **fünfte Fallgruppe** die **privatrechtlichen** Betreuungs- bzw. Unterbringungsregeln nach den §§ 1631b, 1906 BGB (i.V.m. §§ 312ff. FamFG), die ebenfalls durch Art. 104 GG mitgeprägt werden (→ Rn. 65ff.).

Die **Praxis der Richtervorbehalte** kann dem Schutzzweck der Richtervorbehalte nur gerecht werden, wenn die Haftrichter die erforderliche Distanz und Unabhängigkeit stets zu wahren suchen und Entscheidungen über Freiheitsentziehungen nicht nur als »lästige Formalie«[81] wahrnehmen. In diesem Sinne hat sich der Schutz vor willkürlicher staatlicher Verhaftung zwar bis in die Gegenwart insgesamt bewährt; Art. 104 GG hat hier durch das Gebot der grundrechtskonformen Auslegung auch bei der Anwendung von Einzelbestimmungen der StPO praktische Bedeutung gewonnen[82]. Allerdings führen die Rahmenbedingungen der Entscheidungen von allen Arten von Vorbehaltsrichtern tendenziell dazu, dass diese Richter oft nur punktuell mit der Sache befasst sind, unter Zeitdruck, mit unvollständigen Informationen über die Probleme des privaten oder sozialen Umfelds der Betroffenen, auf der Basis von »gefilterten« Sachverhaltsdarstellungen der Verwaltungsbehörden und pauschal begründeten Anträgen entscheiden müssen; auf diese Weise handeln Richter auch bei Art. 104 GG wohl nicht nur in Einzelfällen oft zu wenig distanziert bzw. nur routiniert[83] mit der Folge, dass die richterliche Kontrolle nicht immer mit optimalem Freiheitsschutz i.S. von Art. 104 GG gleichgesetzt werden darf, sondern die Schutzfunktion der Richtervorbehalte eher relativiert wird[84]. 21

Problematischer scheint sich die Durchsetzung des Richtervorbehalts in seinen modernen Anwendungsfeldern der **Unterbringung Gefährdeter** im Bereich der erzieherischen und fürsorgerischen Unterbringung[85] darzustellen; dort soll Art. 104 GG in der Alltagspraxis kaum als Orientierungsfaktor wahrgenommen werden[86]. Eine verbreitete Praxis von Sofortmaßnahmen unter Berufung auf Gefahr im Verzuge oder auf 22

---

[80] Übersichtlich zur Unterbringung psychisch Kranker *Trautwein*, Freiheitsentzug (Fn. 32), S. 252ff.; zum Polizeirecht *Aschmann*, Richtervorbehalt (Fn. 9), S. 240ff.; aus der älteren Literatur *H. Göppinger*, FamRZ 1980, 856ff.

[81] Vgl. *C. Gusy*, JZ 1998, 167 (168); dazu auch *E. Schmidt-Aßmann*, Richtervorbehalte, in: FS Schmidt-Jortzig, 2011, S. 433ff. (446f.).

[82] Vgl. als Beispiele BGHSt 36, 192 (195f.); OLG Braunschweig NStZ 1993, 604 betr. § 128 StPO; s. näher *Rüping* (Fn. 2), Art. 104 Rn. 23.

[83] Zur Kritik ausf. *M. Fornauf*, Die Marginalisierung der Unabhängigkeit der Dritten Gewalt im System des Strafrechts, 2010, S. 118ff.; *J. Krüger*, DRiZ 2004, 247ff.; *B. Asbrock*, ZRP 1998, 17ff.; *ders.*, KritV 80 (1997), 255ff.; anti-krit. *Rabe von Kühlenwein*, Richtervorbehalt (Fn. 10), S. 422ff.; allg. zum Problem der Richtervorbehalte im Polizeirecht auch *A. Schieder*, KritV 83 (2000), 218 (223f.); *H. Wolter*, DÖV 1997, 939ff.

[84] Vgl. allg. bilanzierend *C. Gusy*, Grundrechtssicherung durch Richtervorbehalte, in: FS Paeffgen, 2015, S. 407ff.; *A. Voßkuhle*, HGR V, § 131 Rn. 95ff., 98ff.

[85] Vgl. *R. Marschner*, in: A. Jürgens (Hrsg.), Betreuungsrecht, 5. Aufl. 2014, § 1906 BGB Rn. 10ff., 27.

[86] So *C. Ditzen*, NJW 1999, 2794 (2795); *Rüping* (Fn. 2), Art. 104 Rn. 24f.; *B. v. Eicken/E. Ernst/G. Zenz*, Fürsorglicher Zwang, 1990, S. 51ff., 89ff.

eine Zustimmung der Betroffenen scheint den Grundsatz vorheriger richterlicher Anordnungen zu unterlaufen[87]. Allerdings lässt die konkrete Gefahr aufgrund des Verhaltens etwa eines psychisch Kranken gegenüber sich selbst oder anderen (vgl. § 1906 I Nr. 1, II 1 BGB) oft nicht zu, vorher den Richter anzuhören; vor Eintritt der konkreten Gefahr greifen Behörden, Ärzte oder Richter in Orientierung an der grundrechtlichen Freiheitsvermutung des Grundgesetzes gar nicht erst zu freiheitsentziehenden Maßnahmen. Deshalb lässt sich eine verbreitete Praxis von Sofortmaßnahmen möglicherweise auch als Ausdruck vorherigen Respekts vor dem Vorrang der Freiheit i. S. von Art. 2 I und Art. 2 II 2 GG interpretieren, ohne dass damit die Möglichkeit und Existenz partiell missbräuchlicher Justizpraktiken[88] in Abrede gestellt werden sollen.

II. Schutzbereich und Adressaten

23 Der **Schutzbereich** des Art. 104 GG ist (mit Ausnahme von Abs. 1 S. 2, → Rn. 60) **identisch mit** dem von **Art. 2 II 2 GG**[89] und erfasst demgemäß **sachlich** alle Beeinträchtigungen der körperlichen Bewegungsfreiheit[90] (→ Art. 2 II Rn. 98). Der **personelle** Schutzbereich umfasst alle natürlichen Personen unabhängig von Staatsangehörigkeit, Alter und Geschäftsfähigkeit[91] (→ Art. 2 II Rn. 100), nicht aber ungeborenes Leben. Auf juristische Personen ist Art. 104 GG seinem Wesen nach nicht anwendbar (→ Art. 19 III Rn. 40). – Als **Adressaten** der Grundrechte des Art. 104 GG sind wie auch bei Art. 2 II 2 GG alle Träger staatlicher Gewalt i. S. von Art. 1 III GG unmittelbar[92] verpflichtet, auch wenn der vollziehenden Gewalt und der Strafgerichtsbarkeit hier besondere Bedeutung zukommt[93]. Die Bindung der deutschen Staatsgewalt besteht auch bei Sachverhalten mit Auslandsbezug, mag die Intensität der Bindung auch abgeschwächt sein können[94] (→ Rn. 48, 55).

III. Abwehrcharakter

1. Beeinträchtigungen durch Freiheitsbeschränkungen, insbesondere Freiheitsentziehungen

24 Auch für die Beeinträchtigungen gilt das für Art. 2 II 2 GG Gesagte: Gemeint sind in Art. 104 GG alle der öffentlichen Gewalt in allen ihren Erscheinungsformen zurechenbaren Maßnahmen, die die körperliche Bewegungsfreiheit für eine gewisse Mindestdauer allseitig bzw. auf einen engen Raum beschränken, weil physischer Zwang angewendet wird oder, bei Nichtbefolgung einer Anordnung, sehr wahrscheinlich soforti-

[87] Vgl. zur unterschiedlichen, fürsorgerisch motivierten Praxis aus ärztlicher Sicht *M. Bergener*, Die zwangsweise Unterbringung psychisch Kranker, 1986, S. 18ff.; krit. *Rüping* (Fn. 2), Art. 104 Rn. 25; *R. Coeppicus*, BtPrax 1994, 126 (127ff.).

[88] S. konkret *C. Ditzen*, NJW 1999, 2794 (2795).

[89] *Schmahl* (Fn. 25), Art. 104 Rn. 10, 17; *Degenhart* (Fn. 62), Art. 104 Rn. 4; *Müller-Franken* (Fn. 26), Art. 104 Rn. 21; *Gusy* (Fn. 1), Art. 104 Rn. 16; *F. Wittreck*, HStR^3 VII, § 151 Rn. 12; *G. Dürig*, in: Maunz/Dürig, GG, Art. 104 (1958), Rn. 1, 5.

[90] *Jarass*/Pieroth, GG, Art. 104 Rn. 2; *Degenhart* (Fn. 62), Art. 104 Rn. 4; *Kunig* (Fn. 60), Art. 104 Rn. 6; *E. Grabitz*, HStR VI, § 130 Rn. 4ff.; anders *D. Merten*, HGR IV, § 95 Rn. 5ff.

[91] *Degenhart* (Fn. 62), Art. 104 Rn. 3; *Gusy* (Fn. 1), Art. 104 Rn. 16; *Rüping* (Fn. 2), Art. 104 Rn. 96; *Kunig* (Fn. 60), Art. 104 Rn. 5; *E. Grabitz*, HStR VI, § 130 Rn. 31.

[92] *A. Voßkuhle*, HGR V, § 131 Rn. 17.

[93] *Müller-Franken* (Fn. 26), Art. 104 Rn. 52.

[94] *Müller-Franken* (Fn. 26), Art. 104 Rn. 54. → Art. 1 III Rn. 45ff.

ger Zwang unmittelbar zu erwarten ist (ausf. → Art. 2 II Rn. 101ff.) und dadurch die Ausübung der Bewegungsfreiheit erschwert oder unmöglich gemacht wird. Erfasst werden **alle Erscheinungsformen der Freiheitsbeschränkungen** – Freiheitsbeschränkungen nur kurzfristiger Natur wie auch insbesondere Freiheitsentziehungen, also die auf längere Dauer angelegte besonders intensive, schwerste Form der Freiheitsbeschränkungen[95] (→ Rn. 25). Während aber Art. 104 I 1 GG einen förmlichen Gesetzesvorbehalt für alle Formen der Freiheitsbeschränkungen normiert, verlangt Art. 104 II–IV GG spezifische Voraussetzungen nur für Freiheitsentziehungen.

Im Hinblick auf diese unterschiedlichen, den Anwendungsbereich des Art. 104 GG 25
im einzelnen bestimmenden Voraussetzungen ist die Eigenart von **Freiheitsentziehungen** hier (anders: → Art. 2 II Rn. 101ff.) näher zu bestimmen. Freiheitsentziehungen als der gravierendste Unterfall der Freiheitsbeschränkungen[96] sind Einschränkungen der körperlichen Bewegungsfreiheit örtlich umfassend nach jeder Richtung hin auf einen eng umgrenzten Raum[97]; beispielhaft seien genannt das Einschließen oder Einsperren in einer Justizvollzugsanstalt, einem Lager- oder Gebäudekomplex[98], einem geschlossenen Krankenhaus gegen oder ohne den Willen des Betroffenen[99] oder eine vergleichbar intensive Einwirkung auf die Freiheit der Person. Solche Einwirkungen müssen überdies zeitlich von einer gewissen (Mindest-)Dauer von mehreren Stunden sein, die ganz flüchtige Eingriffe überschreitet[100]. Auf das Motiv oder den (sei es repressiven, sei es präventiven, sei es fürsorgerischen) Zweck des Freiheitsentzugs kommt es nicht an[101]; entscheidend ist der Erfolg, die körperliche Bewegungsfreiheit aufzuheben, weil der Betroffene daran gehindert wird, den Raum oder Ort zu verlassen – ob durch mechanische, chemisch wirkende (z.B. Medikamente), psychische (z.B. Angst vor Sanktionen) oder organisatorische (z.B. Kontrollsysteme wie »elektronische Fußfesseln«[102]) Hindernisse[103], typischerweise durch Festhalten außerhalb der öffentlichen Sphäre[104].

---

[95] BVerfGE 105, 239 (248, Rn. 24); *Jarass*/Pieroth, GG, Art. 104 Rn. 10; *Gusy* (Fn. 1), Art. 104 Rn. 17, 19; *Wehowsky* (Fn. 22), Art. 104 Rn. 11; *Rüping* (Fn. 2), Art. 104 Rn. 19; *Kunig* (Fn. 60), Art. 104 Rn. 19; *P. Hantel*, JuS 1990, 865 (867ff.).

[96] BVerfGE 105, 239 (284, Rn. 25); *Müller-Franken* (Fn. 26), Art. 104 Rn. 32; ausf. *Heidebach*, Grundrechtsschutz (Fn. 71), S. 25.

[97] S. näher BVerfGE 94, 166 (198); 105, 239 (248, Rn. 24); BVerwGE 62, 325 (327f.); BGHZ 145, 297 (303); *Müller-Franken* (Fn. 26), Art. 104 Rn. 32f.; *F. Wittreck*, HStR³ VII, § 151 Rn. 18ff.; *A. Schieder*, KritV 83 (2000), 218 (220ff.); *Gusy* (Fn. 1), Art. 104 Rn. 19; *Podlech* (Fn. 1), Art. 104 Rn. 20; *E. Grabitz*, HStR VI, § 130 Rn. 5; ausf. *Heidebach*, Grundrechtsschutz (Fn. 71), S. 29ff.; *Hantel*, Begriff (Fn. 9), S. 64ff., 128ff.; *J. Koschwitz*, Die kurzfristige polizeiliche Freiheitsentziehung, 1969, S. 26ff.

[98] *Müller-Franken* (Fn. 26), Art. 104 Rn. 32; *Jarass*/Pieroth, GG, Art. 104 Rn. 11.

[99] *Kunig* (Fn. 60), Art. 104 Rn. 19; s. auch § 415 II FamFG.

[100] BVerfG (K), NVwZ 2011, 743 (746); BVerwGE 62, 325 (327f.); *Jarass*/Pieroth, GG, Art. 104 Rn. 11; *Müller-Franken* (Fn. 26), Art. 104 Rn. 33; *A. Schieder*, KritV 83 (2000), 218 (222); a.A. *Wehowsky* (Fn. 22), Art. 104 Rn. 11; *Gusy*, NJW 1992, 457 (458ff.), der dort noch auf die Eigenschaft als selbständige Hauptpflicht abstellte; ähnlich *Rüping* (Fn. 2), Art. 104 Rn. 58; *Hantel*, Begriff (Fn. 9), S. 128ff., zsfssd. 176ff.: zwangsweise hoheitliche Verwahrung einer Person; ausf. zu den Fallgruppen *S. Hanraths*, VR 1992, 243ff.

[101] *Müller-Franken* (Fn. 26), Art. 104 Rn. 33f.; *Kunig* (Fn. 60), Art. 104 Rn. 17, 19; auch *C. Gusy*, HGR IV, § 93 Rn. 16ff.; *Dürig* (Fn. 89), Art. 104 Rn. 6; ausf. *Heidebach*, Grundrechtsschutz (Fn. 71), S. 50ff.; a.A. *Rüping* (Fn. 2), Art. 104 Rn. 57; *R. Hoffmann*, DVBl. 1970, 473 (475).

[102] S. näher LG Frankfurt NJW 2001, 697ff.; *Müller-Franken* (Fn. 26), Art. 104 Rn. 36; *M. Niedzwicki*, NdsVBl. 2005, 257ff.

[103] *Degenhart* (Fn. 62), Art. 104 Rn. 7; *Rüping* (Fn. 2), Art. 104 Rn. 51.

[104] *Heidebach*, Grundrechtsschutz (Fn. 71), S. 65f.

26 In diesem Sinne sind Freiheitsentziehungen z.B. **alle Formen der Haft**, etwa als wichtigster Anwendungsfall die Untersuchungshaft[105], Abschiebe- und Auslieferungshaft[106], Zwangs-, Ersatzzwangs- bzw. Erzwingungshaft[107], Verbringung in einen Haftraum[108], Strafhaft[109], Sicherungsverwahrung[110], Unterbringung in einer Jugendhilfeeinrichtung[111], einer geschlossenen Anstalt[112] oder Entziehungsanstalt u.a., die zwangsweise – möglicherweise erzieherische oder fürsorgerische – Unterbringung zwecks medizinischer Zwangsbehandlung eines psychisch Kranken zum Schutz vor sich selbst oder der Allgemeinheit[113] auch in einem offenen Heim oder einer Familie[114], Disziplinararrest[115], Polizeigewahrsam[116] auch in Form des sog. Verbringungsgewahrsams[117] oder der vielstündigen Umschließung (Einkesselung) bei Versammlungen[118], Ordnungshaft wegen Fehlverhaltens gegenüber Gerichten, wie z.B. Beugehaft gegenüber Zeugen[119], das unmittelbare Festhalten in einer bestimmten Position durch Fixierung länger als nur für ganz kurze Zeit[120], Sicherheitsarrest nach der ZPO u.a.

27 **Keine Freiheitsentziehungen** (wohl aber Freiheitsbeschränkungen) sind demgegenüber kurzfristige **Freiheitsbeschränkungen** wie das Anhalten und kurzfristige Festhal-

---

105 BVerfGK 7, 421 (426ff.); 10, 544 (548ff.); 11, 286 (292ff.); *Degenhart* (Fn.62), Art.104 Rn.6; *P.-F. Graf*, JA 2012, 262ff.; *K.-A. Schwarz*, Jura 2007, 334 (338); *E. Grabitz*, HStR VI, §130 Rn.39ff.; ausf. *Kazele*, Untersuchungshaft (Fn.38), S.35ff.

106 Vgl. BVerfGE 61, 28 (34f.); 104, 220 (235, Rn.39); 105, 239 (250, Rn.29); BVerfGK 18, 63 (70ff.); BVerfG (K), NVwZ 2015, 1204 (1205f.); BGHZ 109, 104 (106); *Dörr*, Freiheit (Fn.1), Kap.13 Rn.205f.; *Degenhart* (Fn.62), Art.104 Rn.6; *Kunig* (Fn.60), Art.104 Rn.20 – Stichwort »Abschiebungshaft«; *H.A. Wolff*, ZAR 2003, 282ff.; ausf. *Trautwein*, Freiheitsentzug (Fn.32), S.356ff.

107 Vgl. BVerfGE 61, 126 (134ff.); 76, 363 (383ff.); *E. Grabitz*, HStR VI, §130 Rn.37f.; zur Ersatzzwangshaft OVG Bremen NVwZ-RR 2004, 658 (659); OVG NW NVwZ-RR 1999, 802; *P. Göbel*, VR 1993, 425ff.

108 BVerwGE 62, 317 (318).

109 BVerfGE 29, 312 (316f.); 86, 288 (311); *E. Grabitz*, HStR VI, §130 Rn.46ff.

110 BVerfGE 2, 118 (119f.); 42, 1 (5ff.); 128, 326 (372f., Rn.96ff.); zur nachträglichen Sicherungsverwahrung nach §66b StGB a.F. nur noch unter der Voraussetzung psychischer Störungen BVerfGE 128, 326 (405ff., Rn.171ff.); 133, 40 (50ff., Rn.24ff.); BVerfGK 20, 226 (230ff.); zust. EGMR, 07.01.2016, EuGRZ 2016, 352 (366ff., Rn.153ff.) – *Bergmann*; *T. Zimmermann*, JZ 2013, 1108 (1109ff.); *H. Schöch*, GA 2012, 14ff.; zur vorherigen Rechtslage BVerfGK 9, 108 (111ff.); *H. Rosenau/M. Peters*, JZ 2007, 584ff.; *T. Ullenbruch*, NStZ 2007, 62ff.

111 Vgl. VerfG Brandenburg NJW 2003, 2009 (2010).

112 BVerfGE 58, 208 (220f.); 63, 340 (342); 70, 297 (311ff.); VerfG Brandenburg JR 2003, 192; *Jarass*/Pieroth, GG, Art.104 Rn.12; *E. Grabitz*, HStR VI, §130 Rn.34ff.; *H. Hill*, HStR VI, §156 Rn.80.

113 BVerfGE 58, 208 (224ff.); 128, 282 (305, Rn.49); 129, 269 (280, Rn.37); 133, 112 (131ff., Rn.52ff.); 134, 33 (81ff., Rn.111ff.); *T. Henking/M. Mittag*, JR 2013, 341ff.

114 So wohl BVerfGE 22, 180 (219); s. auch E 10, 302 (323f.); a.A. *Hantel*, Begriff (Fn.9), S.192f.

115 BVerfGE 22, 311 (317); BGHSt 34, 365 (368).

116 BVerfG (K), DVBl. 2011, 623 (625); *Degenhart* (Fn.62), Art.104 Rn.6; *Götz*, Polizeirecht (Fn.35), §8 Rn.29ff.; *Hartlaub*, Theorie (Fn.1), S.162ff., 171ff.; im Blick auf Großlagen am Beispiel eines »Castoreinsatzes« *M. Dörschuck/B. Glaser*, VBlBW 2007, 90ff.; zum Unterbindungsgewahrsam VGH Baden-Württemberg, DVBl. 2011, 626 (627); BayVerfGH NVwZ 1991, 664ff.; *A. Blankenagel*, DÖV 1989, 689ff.; ausf. *Trautwein*, Freiheitsentzug (Fn.32), S.215ff. → Rn.33.

117 Ausf. LG Hamburg NVwZ-RR 1997, 537 (539f.) m. ausf. Nw.; *T. Finger*, NordÖR 2006, 423ff.; *Trautwein*, Freiheitsentzug (Fn.32), S.156ff.; *A.-M. Kappeler*, DÖV 2000, 227 (229ff.); a.A. *C. Schucht*, DÖV 2011, 553 (556).

118 *C. Trurnit*, VBlBW 2015, 186 (187f.), gegen EGMR, 15.03.2012, NVwZ-RR 2013, 785 (786f.) – *Austin u.a.*

119 Vgl. BVerfGK 6, 197ff.; 10, 216 (225f.); BVerfG (K), NJW 2000, 3775 (3776).

120 *Degenhart* (Fn.62), Art.104 Rn.6; *Rüping* (Fn.2), Art.104 Rn.54.

ten zur Identitätsfeststellung[121], Verkehrskontrollen nach § 36 V StVO[122], Sistierungen (Mitnehmen zur Dienststelle)[123] sowie die zwangsweise Vorführung in Vollstreckung hoheitlicher Gebote[124] (wie z. B. eine Vorführung von Zeugen oder Sachverständigen im Strafverfahren des Beschuldigten oder die Anwendung einfachen unmittelbaren Zwangs zur Durchführung einer Abschiebung) oder Maßnahmen zur Gefahrenabwehr wie die Verbringung zur Blutentnahme[125] oder die Vorführung zur amtsärztlichen Untersuchung[126], auch nicht die Unterbringung von Asylsuchenden im Flughafen während des Verfahrens nach § 18a AsylVfG, weil die Betroffenen das fremde Staatsgebiet nicht einfach betreten können[127], oder eine fünfstündige Straßenabsperrung, die daran hindert, eine Ortschaft zu verlassen[128].

Eine **Freiheitsentziehung** liegt **tatbestandlich** auch dann **nicht** vor, wenn es sich um Vorbereitungshandlungen (wie etwa ein Auslieferungsersuchen) handelt[129] oder wenn der Betroffene kraft autonomer Entscheidung **eingewilligt** hat (→ Art. 2 II Rn. 103). Im Unterbringungsrecht nach dem Verfahren des FamFG (→ Rn. 66 ff.) ist insoweit der sog. natürliche Wille des Betroffenen maßgeblich, der unabhängig von Alter, Behinderung oder Erkrankung die Bedeutung der Maßnahmen des Freiheitsentzugs soll erkennen können[130], auch wenn dieses schon im Regelfall sehr problematisch sein kann. 28

2. Voraussetzungen für (alle) Freiheitsbeschränkungen (Art. 104 I 1 GG)

a) Der Vorbehalt des Gesetzes

Art. 104 I 1 GG fordert für alle Formen von Freiheitsbeschränkungen ein **förmliches** (Bundes- oder Landes-)**Gesetz**[131]; das kann auch ein Zustimmungsgesetz zu völkerrechtlichen Verträgen sein, wenn die einschlägigen Vertragsbestimmungen »self-exe- 29

---

[121] *Jarass*/Pieroth, GG, Art. 104 Rn. 12; *G. Berner/G.M. Köhler/R. Käß*, PAG, 20. Aufl. 2010, Art. 13 Rn. 31; *W. Schmidbauer*, in: W. Schmidbauer/U. Steiner (Hrsg.), Bayerisches Polizeiaufgabengesetz, 4. Aufl. 2014, Art. 13 Rn. 26, 28; a.A. *Rüping* (Fn. 2), Art. 104 Rn. 57: Freiheitsentziehung; die Freiheitsbeschränkung beginnt mit der Aufforderung, sich nicht zu entfernen, so *Kunig* (Fn. 60), Art. 104 Rn. 20 – Stichwort »Identitätsfeststellung«.

[122] *T. Barczak*, NZV 2010, 598 (599 ff.).

[123] So wohl BVerfG (K), NVwZ 1992, 767 (767 f.); *Müller-Franken* (Fn. 26), Art. 104 Rn. 35; a.A. *Drews/Wacke/Vogel/Martens*, Gefahrenabwehr, S. 187 f.

[124] BGHZ 82, 261 (263, 265 ff.); BVerwGE 82, 243 (245); *Degenhart* (Fn. 62), Art. 104 Rn. 5a; *Müller-Franken* (Fn. 26), Art. 104 Rn. 35; *Rüping* (Fn. 2), Art. 104 Rn. 58; *Berner/Köhler/Käß* (Fn. 121), Art. 15 Rn. 13 f.; differenzierend *Gusy* (Fn. 1), Art. 104 Rn. 23.

[125] *Degenhart* (Fn. 62), Art. 104 Rn. 5a; *Kunig* (Fn. 60), Art. 104 Rn. 20 – Stichwort »Blutentnahme«.

[126] BGH NJW 1982, 753 (754 f.); krit. *H. Lisken*, NJW 1982, 1268 f.

[127] BVerfGE 94, 166 (198); *Rüping* (Fn. 2), Art. 104 Rn. 59; s. näher (und a.A.) *F. Wittreck*, HStR³ VII, § 151 Rn. 24; *J. Kokott*, EuGRZ 1996, 569 (570); anders für die Zeit nach Abschluss des Verfahrens OLG München NVwZ-RR 2006, 728 (729 f.); OLG Frankfurt/M. InfAuslR 1997, 47; s. ferner *G. Lehnguth/H.-G. Maaßen*, DÖV 1997, 316 ff.; *R. Göbel-Zimmermann/T. Masuch*, InfAuslR 1997, 171 ff.; *M. de Wyhl*, ZAR 1997, 82 ff.

[128] OVG Niedersachsen NVwZ-RR 2007, 103 (103 f.).

[129] BVerfGE 57, 9 (23 ff.); *Gusy* (Fn. 1), Art. 104 Rn. 18.

[130] BGH NJW 1964, 1177; BayObLGZ 1996, 34 (35); *Rüping* (Fn. 2), Art. 104 Rn. 62 f. m.w.N.; ausf. *ders.*, JZ 1982, 744 ff.; zur Kritik *K.-H. Schwab*, in: F.J. Säcker/R. Rixecker (Hrsg.), MüKo-BGB, 6. Aufl. 2012, Band 8, § 1906 Rn. 26 ff.

[131] BVerfGE 14, 174 (186); 78, 374 (383); 105, 239 (247, Rn. 23); 128, 282 (317 f., Rn. 72 f.); 133, 112 (132, Rn. 52); BGHZ 145, 297 (304); *Degenhart* (Fn. 62), Art. 104 Rn. 9; *B. Pieroth*, Jura 2013, 248 (251); *Rüping* (Fn. 2), Art. 104 Rn. 27.

cuting« sind, wie das bei einer Festnahme von Piraten nach Art. 105 SRÜ der Fall ist[132]. Weder Gewohnheitsrecht noch ein nur analog angewandtes Gesetz reichen dafür aus[133], auch nicht »haftrichterliche Rechtsfortbildung«[134], eine Satzung oder gar Verwaltungsvorschriften[135], wohl auch nicht Verfassungsrichterrecht[136]. Er enthält keine Aussagen darüber, aus welchen materiellen Gründen Freiheitsbeschränkungen zulässig sein können; insoweit ist allein Art. 2 II GG maßstäblich[137] (→ Art. 2 II Rn. 107 ff.), auch wenn es um die Umsetzung von EU-Rahmenbeschlüssen geht[138]. Wie bei Art. 103 II GG (→ Art. 103 II Rn. 28 ff.) sollen aber die wesentlichen Voraussetzungen der eingriffsintensiven Freiheitsbeschränkungen subjektiv für den einzelnen voraussehbar und objektiv von der Volksvertretung (und nicht von Exekutive oder Judikative) in einem parlamentarischen Gesetz festgelegt worden sein.

30 Art. 104 I 1 GG schließt in derselben Weise wie Art. 103 II GG[139] eine **Delegation der Spezifizierung** der Eingriffsvoraussetzungen an den **Verordnungsgeber** nicht aus, sofern dieselben strengen Voraussetzungen[140] (→ Art. 103 II Rn. 31 ff.) eingehalten werden: Die Grundzüge der Eingriffsvoraussetzungen müssen im Gesetz selbst festgelegt werden[141], so dass schon darauf ein Verwaltungsakt gestützt werden könnte[142], d. h. sie dürfen in der Verordnung nur in diesem engen Sinne »spezifiziert« werden[143]. Das die Freiheitsbeschränkungen auslösende Verhalten sowie Art und Maß der Freiheitsbeschränkungen müssen sich aus dem Gesetz selbst ergeben[144], damit jede Freiheitsbeschränkung berechenbar, messbar und kontrollierbar ist.

---

[132] VG Köln JZ 2012, 366 (367); *Müller-Franken* (Fn. 26), Art. 104 Rn. 58; *H.P. Aust*, DVBl. 2012, 484 (486 f.); *D. König*, Der Einsatz von Seestreitkräften zur Verhinderung von Terrorismus und Verbreitung von Massenvernichtungswaffen sowie zur Bekämpfung der Piraterie: Mandat und Ermittlungsmöglichkeiten, BDGVR 44 (2010), S. 203 ff. (234); a.A. *R. Esser/S. Fischer*, ZIS 2009, 771 (777 ff.); *A. Fischer-Lescano*, AVR 47 (2009), 481 (500 ff.).

[133] BVerfGE 29, 183 (195 f.); 83, 24 (32); BVerfGK 6, 119 (123 f.); 11, 208 (213); *Müller-Franken* (Fn. 26), Art. 104 Rn. 58; *F. Wittreck*, HStR³ VII, § 151 Rn. 27; *Schmahl* (Fn. 25), Art. 104 Rn. 15; *Jarass*/Pieroth, GG, Art. 104 Rn. 3; *Gusy* (Fn. 1), Art. 104 Rn. 24; *Wehowsky* (Fn. 22), Art. 104 Rn. 14.

[134] BVerfGK 6, 119 (124); krit. *A. Mosbacher*, NJW 2005, 3110 ff.

[135] BVerfGE 33, 1 (10 f.).

[136] BVerfGE 109, 190, 244 (253, Rn. 205) – *Sondervotum Broß/Osterloh/Gerhardt*; anders *P. Lerche*, Aktuelle Fragen zur verfassungsgerichtlichen Anordnung der Weitergeltung verfassungswidriger Normen, in: FS Ress, 2005, S. 1221 ff.

[137] *Jarass*/Pieroth, GG, Art. 104 Rn. 6; *Müller-Franken* (Fn. 26), Art. 104 Rn. 65; *Degenhart* (Fn. 62), Art. 104 Rn. 16.

[138] Vgl. BVerfGE 113, 273 (299 ff., Rn. 77 ff.) am Beispiel von Art. 16 II 2 GG; *Müller-Franken* (Fn. 26), Art. 104 Rn. 59.

[139] BVerfGE 51, 60 (70); 78, 374 (383); 88, 203 (337); BVerfG (K), NJW 1998, 669 (670); *Kunig* (Fn. 60), Art. 104 Rn. 10; *H. Hill*, HStR VI, § 156 Rn. 75.

[140] *Degenhart* (Fn. 62), Art. 104 Rn. 10; *Jarass*/Pieroth, GG, Art. 104 Rn. 3; *A.G. Debus*, Verweisungen in deutschen Rechtsnormen, 2008, S. 269 ff.

[141] BVerfGE 14, 174 (187); 51, 60 (70 f.); 75, 329 (342 f.); 78, 374 (383); BVerfG (K), NJW 1998, 669 (670); BGHZ 15, 61 (63 f.); *Gusy* (Fn. 1), Art. 104 Rn. 25; *Kunig* (Fn. 60), Art. 104 Rn. 8.

[142] So *Jarass*/Pieroth, GG, Art. 104 Rn. 4; *Müller-Franken* (Fn. 26), Art. 104 Rn. 58.

[143] Vgl. im Blick auf Art. 103 II GG: BVerfGE 22, 21 (25); 78, 374 (383); zurückhaltend *Kunig* (Fn. 60), Art. 104 Rn. 9. → Art. 103 II Rn. 33.

[144] BVerfGE 14, 174 (187 f.); 75, 329 (342); 109, 133 (188, Rn. 196 f.); *Degenhart* (Fn. 62), Art. 104 Rn. 10; *C. Gusy*, NJW 1992, 457 (461); generell gegen Verordnungen: *Rüping* (Fn. 2), Art. 104 Rn. 28.

b) Die Bestimmtheit des Gesetzes

Das zu Freiheitsbeschränkungen ermächtigende Gesetz muss (ebenso wie bei Art. 103 II GG für Freiheitsentziehungen im Vollzug von Strafen oder Maßregeln nach §§ 38, 61 Nr. 1–3 StGB, § 1 StVollzG) in seinem **Gesetzeswortlaut hinreichend bestimmt** sein[145] (→ Art. 103 II Rn. 37 ff.), d. h. Art. 104 I 1 und Art. 103 II GG gebieten dieselben Bestimmtheitsanforderungen[146]. Die Voraussetzungen für Freiheitsbeschränkungen müssen folglich um so deutlicher im Gesetzestext zum Ausdruck kommen, je belastender die möglichen Freiheitsbeschränkungen sind, namentlich Freiheitsentziehungen[147] (→ Rn. 25). Freiheitsstrafen[148] müssen nach auslösendem Verhalten, Art und Maß ebenso regelungsdicht normiert sein wie freiheitsbeschränkende Maßregeln der Sicherung und Besserung[149]. 31

Allerdings ist die Verwendung **unbestimmter Rechtsbegriffe** bis hin zu Generalklauseln nach allgemeinen rechtsstaatlichen Bestimmtheitsgrundsätzen (→ Art. 20 [Rechtsstaat], Rn. 129 ff.) auch hier ebenso unvermeidlich wie verfassungsrechtlich zulässig[150], etwa die freiheitsbeschränkenden Eingriffstatbestände des Polizei- und Ordnungsrechts mit seiner Anknüpfung an die – nach jahrzehntelanger Rechtsprechung ganz eindeutig bestimmten – Begriffe der »öffentlichen Sicherheit und Ordnung«[151], die Regelung des § 57a I 1 Nr. 3, 2 StGB über die Prüfung der Aussetzung der lebenslangen Freiheitsstrafe zur Bewährung[152] oder die Regelung des § 66a I StGB a. F. zum Vorbehalt der Sicherungsverwahrung[153]. 32

Zu unbestimmt ist aber eine Ausgestaltung des Gesetzes, die ohne tatbestandliche Differenzierungen für alle Fälle des polizeilichen Unterbindungsgewahrsams eine einheitliche (Höchst-)Dauer festsetzt, obwohl diese Fälle sich nach Voraussetzungen und Schutzzweck stark voneinander unterscheiden[154], oder gar keine Höchstdauer festlegt[155]. Dasselbe gilt für eine Freiheitsentziehung, die an einen Verwaltungsakt anknüpft, dessen Voraussetzungen im Gesetz nicht genügend bestimmt sind[156], etwa eine generalklauselartige Anordnung des Polizeigewahrsams zur Identitätsfeststellung[157], die Anordnung eines »Verbringungsgewahrsams« auf Grundlage eines Platz- 33

---

[145] BVerfGE 109, 133 (188, Rn. 196); 117, 71 (111 f., Rn. 119); 131, 268 (306, Rn. 117); 134, 33 (81, Rn. 111); *F. Wittreck*, HStR³ VII, § 151 Rn. 28; *Degenhart* (Fn. 62), Art. 104 Rn. 10; *Jarass*/Pieroth, GG, Art. 104 Rn. 4; *Gusy* (Fn. 1), Art. 104 Rn. 45.

[146] BVerfGE 78, 374 (383); 96, 68 (97); 131, 268 (306, Rn. 117); 134, 33 (81, Rn. 111).

[147] Vgl. BVerfGE 75, 329 (342); 109, 133 (188, Rn. 197); 117, 71 (111, Rn. 119); *Jarass*/Pieroth, GG, Art. 104 Rn. 4; *H. Radtke*, in: Epping/Hillgruber, GG, Art. 104 (Stand: 01.03.2015), Rn. 6; *Müller-Franken* (Fn. 26), Art. 104 Rn. 59; krit. *Kunig* (Fn. 60), Art. 104 Rn. 9.

[148] Vgl. BVerfGE 14, 245 (251).

[149] Vgl. BVerfG (K), NJ 1995, 583; BVerfG (K), NJW 1995, 3048 f.

[150] BVerfGE 33, 1 (11); s. auch E 78, 374 (383, 389); 86, 288 (311); 117, 71 (111 f., Rn. 119); 131, 268 (306 f., Rn. 118); *Degenhart* (Fn. 62), Art. 104 Rn. 11; *Rüping* (Fn. 2), Art. 104 Rn. 31.

[151] BVerfGE 86, 288 (311); *E. Grabitz*, HStR VI, § 130 Rn. 49; *Koschwitz*, Freiheitsentziehung (Fn. 97), S. 77 ff.; *Dürig* (Fn. 89), Art. 104 Rn. 16; ausf. *P. Häberle*, Öffentliches Interesse als juristisches Problem, 2. Aufl. 2006, S. 245 ff.

[152] BVerfGE 117, 71 (110 ff., Rn. 116 ff.); *J. Kinzig*, JR 2007, 165 ff.

[153] BVerfGE 131, 268 (306 ff., Rn. 118 ff.).

[154] SächsVerfGH SächsVBl. 1996, 160 (171); *Degenhart* (Fn. 62), Art. 104 Rn. 11; a. A. *Aschmann*, Richtervorbehalt (Fn. 9), S. 245; *F.-L. Knemeyer*, NVwZ 1990, 138 (141).

[155] Krit. und für Vereinheitlichung am Maßstab von Art. 104 II 3 GG: *H. Lisken*, ZRP 1996, 332 ff.

[156] BVerfGE 78, 374 (387 f.); *Degenhart* (Fn. 62), Art. 104 Rn. 11; *Jarass*/Pieroth, GG, Art. 104 Rn. 4.

[157] *Degenhart* (Fn. 62), Art. 104 Rn. 11.

verweises[158] oder eine nächtliche Ausgangssperre aufgrund der polizeilichen Generalklausel[159].

34 Die in Art. 104 I 1 GG mitenthaltenen Bestimmtheitsanforderungen erstrecken sich wie bei Art. 103 II GG auch auf die **Anwendung des Gesetzes** und verbieten eine ausdehnende Auslegung des Gesetzestextes über seinen Wortsinn hinaus (→ Art. 103 II Rn. 45ff.). Die gesetzlichen Regelungen, namentlich Inhalt und Reichweite der Formvorschriften, sind dabei verfassungskonform so auszulegen, dass sie eine der Bedeutung des Grundrechts angemessene freiheitssichernde Wirkung entfalten[160]. Insbesondere gilt auch für Freiheitsbeschränkungen i. S. von Art. 104 GG das **Analogieverbot**[161].

c) Die gesetzlichen Bindungen an bestimmte Formen

35 Die **Anwendung** des freiheitsbeschränkenden Gesetzes muss die im dazu ermächtigenden Gesetz vorgeschriebenen **Formen beachten** (Art. 104 I 1, 2. Hs. GG)[162]; darin kann man – zumal in Verbindung mit Abs. 2 S. 4 – einen Verfassungsauftrag zur Schaffung verfahrensrechtlicher Anforderungen sehen, die eine effektive Berücksichtigung der Freiheit Betroffener gewährleisten[163]. Dazu gehören insbesondere Verfahrensvorschriften wie z. B. Antragserfordernisse, Zuständigkeiten, Fristen oder vor allem Rechte des Betroffenen auf vorherige Anhörungen[164] – etwa bei Unterbringungsverfahren[165] oder Abschiebungshaftsachen[166] –, unabhängig davon, ob die jeweiligen Anhörungsrechte auch von Art. 103 I GG geboten sind oder nicht[167]; so ist z. B. auch ein per Haftbefehl Ergriffener dem Richter vorzuführen (§ 115 I StPO), also persönlich und ggf. in Anwesenheit eines Verteidigers[168] gegenüberzustellen, oder der Betroffene im Verfahren mit fürsorgerischer Unterbringung persönlich anzuhören (§ 319 I FamFG)[169]. Zu den Verfahrenserfordernissen gehört auch das Gebot, die Aussetzung des Vollzugs eines Haftbefehls nur bei Änderung der tatsächlichen Umstände zu widerrufen (§ 116 IV StPO)[170]. Art. 104 I 1 GG verpflichtet freilich nur zur Beachtung

---

[158] Vgl. *A.-M. Kappeler*, DÖV 2000, 227 (234) betr. Art. 17ff. BayPAG; ausf. *E.I. Gonzalez*, Verbringungsgewahrsam, 2014, S. 45ff., 63ff.; *A. Helmke*, Der polizeiliche Platzverweis im Rechtsstaat, 2002.

[159] *K. Herzmann*, DÖV 2006, 678 (680f.).

[160] BVerfGE 65, 317 (322); 96, 68 (97); 105, 239 (247, Rn. 23); BVerfGK 7, 239 (247, 250); 15, 287 (298f.); BVerfG (K), NJW 2014, 3294 (3295); BVerfG (K), NJW 2016, 148 (149).

[161] BVerfGE 29, 183 (196); 83, 24 (32); BVerfG (K), NStZ 1995, 399 (399f.); *Degenhart* (Fn. 62), Art. 104 Rn. 10; *A. Uhle*, HGR V, § 129, Rn. 91; *Gusy* (Fn. 1), Art. 104 Rn. 26; *G. Beaucamp*, AöR 134 (2009), 83 (87f.); *Rüping* (Fn. 2), Art. 104 Rn. 30.

[162] *Müller-Franken* (Fn. 26), Art. 104 Rn. 62; umfassend jetzt *Heidebach*, Grundrechtsschutz (Fn. 71), S. 198ff.

[163] So *C. Gusy*, HGR IV, § 93 Rn. 21, 24.

[164] BVerfG (K), NJW 2007, 3560 (3561); *Jarass*/Pieroth, GG, Art. 104 Rn. 5; *Rüping* (Fn. 2), Art. 104 Rn. 33; s. näher *P. Hantel*, JuS 1990, 865 (868).

[165] BVerfG (K), NJW 2007, 3560 (3561); *A. Pentz*, NJW 1990, 2777ff.; *V. Neumann*, NJW 1982, 2588 (2591f.).

[166] Vgl. BVerfGK 15, 139 (148ff.); 18, 125 (132ff.); OLG Düsseldorf InfAuslR 1996, 146 (147); BayObLGZ 1996, 180; übersichtlich *T. Roeser*, EuGRZ 2011, 445 (456ff.); *H. Heinold*, ZAR 2006, 360ff.; *S. Beichel-Benedetti/R. Gutmann*, NJW 2004, 3015ff.; *A. Pentz*, NJW 1990, 2777 (2780ff.).

[167] BVerfGE 58, 208 (221).

[168] Vgl. VerfGH Rheinland-Pfalz NJW 2006, 3341 (3343); VerfG Brandenburg NJW 2003, 2009 (2010).

[169] Vgl. BVerwGE 1, 229 (233); *Rüping* (Fn. 2), Art. 104 Rn. 33.

[170] BVerfGK 6, 295 (299f.); 12, 45 (52); 19, 439 (448); BVerfG (K), StV 2013, 96 (97f.); *Müller-Franken* (Fn. 26), Art. 104 Rn. 62; ausf. *Kazele*, Untersuchungshaft (Fn. 38), S. 106ff.

der positivierten gesetzlichen Form, nicht aber zum Erlass einer ganz bestimmten Form[171]. Schon Zweifel am Vorliegen sämtlicher gesetzlicher Voraussetzungen verbieten eine Anordnung von Freiheitsentziehungen[172].

36 Ein **Verstoß gegen** die **Formen des** freiheitsbeschränkenden **Gesetzes**, etwa eine Regelwidrigkeit der Strafvollstreckungsbehörden[173], ist nicht nur gesetzwidrig, sondern wird aufgrund von Art. 104 I 1 GG **zugleich verfassungswidrig**, indem und soweit dieser die einfachgesetzlichen Verfahrensgarantien mit grundrechtsgleichem Schutz versieht[174], etwa auch einfachgesetzliche Anhörungspflichten[175], das Erfordernis eines behördlichen Antrags[176] oder eine zureichende Begründung[177]. Er kann also im Wege der Verfassungsbeschwerde geltend gemacht werden[178], ohne dass es insoweit einer Verletzung »spezifischen Verfassungsrechts« bedürfte. Ein solcher einfachgesetzlicher Verfahrensverstoß kann nicht rückwirkend, sondern nur für die Zukunft geheilt werden[179]. Eine vertretbare Auslegung des Gesetzesrechts durch die Fachgerichte im Rahmen mehrerer möglicher Deutungen ist hinzunehmen, wenn sie nicht im grundsätzlichen Widerspruch zur Bedeutung und Tragweite des Individualrechts aus Art. 2 II i. V. m. 104 I GG steht – insoweit kehrt die Frage des »spezifischen Verfassungsrechts« doch wieder[180]. In gleicher Weise ist nicht jede – mitunter faktisch unvermeidbare – Fristüberschreitung bei der Überprüfung der weiteren Vollstreckung der Sicherungsverwahrung auch verfassungswidrig, aber eine solche, bei der ein Geschäftsgang keine Fristenkontrolle vorsieht und die Gründe der Fristüberschreitung nicht dargelegt werden[181]. Einfachgesetzliche Unbeachtlichkeits- und Heilungsvorschriften müssen sich durch kollidierendes Verfassungsrecht rechtfertigen lassen[182].

3. Spezielle Voraussetzungen für Freiheitsentziehungen (Art. 104 II–IV GG)

37 Art. 104 II 1 GG fordert als Grundsatz, dass jede Freiheitsentziehung (→ Rn. 25) einer vorherigen richterlichen Anordnung bedarf[183]; nur ausnahmsweise können Freiheits-

---

171 *Müller-Franken* (Fn. 26), Art. 104 Rn. 64; *Rüping* (Fn. 2), Art. 104 Rn. 33; *E. Grabitz*, HStR VI, § 130 Rn. 22; s. aber auch *Gusy* (Fn. 1), Art. 104 Rn. 28.

172 BVerfGE 63, 340 (342); *Jarass*/Pieroth, GG, Art. 104 Rn. 5; *Gusy* (Fn. 1), Art. 104 Rn. 26.

173 Vgl. BVerfG (K), EuGRZ 1997, 519 (520); BVerfG (K), NJW 2001, 2247 (2247 f.); *Degenhart* (Fn. 62), Art. 104 Rn. 14.

174 So BVerfGE 58, 208 (220 f.); 65, 317 (322); 105, 239 (247, Rn. 23); BVerfGK 7, 239 (247); 18, 125 (133); 19, 1 (6 ff.); BVerfG (K), NJW 2012, 516 (517 f.); BVerfG (K), NJW 2014, 3294 (3295); *F. Wittreck*, HStR³ VII, § 151 Rn. 29; *Jarass*/Pieroth, GG, Art. 104 Rn. 5; *Degenhart* (Fn. 62), Art. 104 Rn. 13; *T. Roeser*, EuGRZ 2013, 369 (377, 379); *Rüping* (Fn. 2), Art. 104 Rn. 32; *Kunig* (Fn. 60), Art. 104 Rn. 11.

175 BVerfGE 58, 208 (220 f.); BVerfG (K), NJW 2009, 2659 (2661 f.); BVerfGK 18, 125 (133 ff.).

176 BVerfG (K), NVwZ-RR 2009, 304 (305); *T. Roeser*, EuGRZ 2009, 177 (194).

177 BVerfGK 9, 306 (311); 10, 294 (303 ff.).

178 BVerfGE 58, 208 (220); am Beispiel von § 463 IV StPO BVerfGK 15, 287 (298); BVerfG (K), NJW 2014, 3294 (3295); *Degenhart* (Fn. 62), Art. 104 Rn. 15; *Kunig* (Fn. 60), Art. 104 Rn. 11; ausf. *Heidebach*, Grundrechtsschutz (Fn. 71), S. 206 ff., 211 ff.; vgl. zum Rechtsschutzbedürfnis nach Erledigung des Eingriffs BVerfG (K), NJW 2006, 427 (427); VerfGH Rheinland-Pfalz NJW 2006, 3341 (3342).

179 BVerfGE 58, 208 (222 f.); 61, 123 (125); BVerfGK 18, 125 (134); BVerfG (K), NJW 1990, 2309 (2310).

180 BVerfGE 65, 317 (322 f.); BVerfGK 15, 287 (296 f.); 18, 125 (132 f.); 19, 1 (6); *Degenhart* (Fn. 62), Art. 104 Rn. 15; *Müller-Franken* (Fn. 26), Art. 104 Rn. 129; *H. Hill*, HStR VI, § 156 Rn. 76.

181 BVerfGK 4, 176 (181); BVerfG (K), NJW 2012, 516 (517).

182 Ausf. *Heidebach*, Grundrechtsschutz (Fn. 71), S. 229 ff.

183 BVerfGE 42, 1 (6 f.); 42, 11 (12 ff.) – *Sondervotum Hirsch*; *Degenhart* (Fn. 62), Art. 104 Rn. 19;

entziehungen auch ohne vorherige richterliche Anordnung vorläufig erfolgen (Art. 104 II 2, 3, III GG), mag sich dieses Regel-Ausnahme-Verhältnis in der Praxis auch umgekehrt haben[184]; sie bedürfen dann aber jedenfalls einer richterlichen Bestätigung (→ Rn. 44ff.). In diesem **Richtervorbehalt** liegt zusätzlich zu den Anforderungen des Art. 104 I 1 GG (→ Rn. 29ff.) eine formelle Verfahrensgarantie, die der besonderen Eingriffsintensität von Freiheitsbeschränkungen Rechnung trägt[185], die herausgehobene Stellung der Justiz unter dem Grundgesetz (→ Art. 92 Rn. 9, 17, 53) unterstreicht[186], funktional den bei überraschenden Freiheitsentziehungen fehlenden oder zu spät kommenden Rechtsschutz kompensieren[187] und eine praktisch wirksame Grundrechtssicherung ermöglichen soll[188]. Sie bindet alle staatlichen Organe[189], auch den Gesetzgeber[190]; ihre Nichtbeachtung verletzt das Grundrecht der Freiheit der Person (Art. 2 II 2 GG) des Betroffenen[191].

a) Freiheitsentziehung aufgrund vorheriger richterlicher Anordnung (Art. 104 II 1 GG)

38 Der Richter hat eine vorgängige Entscheidung über das **Ob einer Freiheitsentziehung** zu treffen; materielle Bindungen ergeben sich allein aus Art. 2 II 2 GG[192]. Dieser Richtervorbehalt erstreckt sich jedenfalls auf die **erstmalige Anordnung** und die **Fortdauer** (vgl. Art. 104 IV GG) i.S. der Verlängerung einer befristeten Freiheitsentziehung[193] wie auch auf die Entscheidung über die Aussetzung einer Freiheitsentziehung, z.B. zur Bewährung gemäß § 57 I StGB[194] (mit besonderen Anforderungen an die gerichtliche Prognose[195]), oder einer Maßregel gemäß § 67d II StGB wie der Unterbringung in einem Psychiatrischen Krankenhaus[196]. Er soll allerdings nicht bei zweistufigen Verfahren gelten, in denen wie z.B. bei der Anordnung der späteren Sicherungsverwahrung neben der Freiheitsstrafe durch das erkennende Gericht der spätere Vollzug der Sicherungsverwahrung nach Strafende keiner erneuten richterlichen Überprüfung

---

Jarass/Pieroth, GG, Art. 104 Rn. 10, 15; *Rüping* (Fn. 2), Art. 104 Rn. 66; *A. Schieder*, KritV 83 (2000), 218 (232); *C. Gusy*, NJW 1992, 457 (462).

184 So *F. Wittreck*, HStR³ VII, § 151 Rn. 33; *Hartlaub*, Theorie (Fn. 1), S. 80ff., 103f.

185 BVerfGE 10, 302 (323); 105, 239 (248, Rn. 25); BVerfG (K), NVwZ 2007, 1044 (1045); *Gusy* (Fn. 1), Art. 104 Rn. 38.

186 Vgl. BVerfGE 9, 89 (97); 77, 1 (51); *A. Voßkuhle*, HGR V, § 131 Rn. 19; *Rüping* (Fn. 2), Art. 104 Rn. 40.

187 *Gusy* (Fn. 1), Art. 104 Rn. 38f., 60.

188 BVerfGE 105, 239 (248, Rn. 25); BVerfGK 7, 87 (98); 15, 432 (436); BVerfG (K), NVwZ 2011, 38 (38); *A. Voßkuhle*, HGR V, § 131 Rn. 21; *C. Gusy*, HGR IV, § 93 Rn. 23.

189 BVerfGE 105, 239 (248, Rn. 25); BVerfGK 19, 63 (70).

190 BVerfGE 10, 310 (312); BVerfGK 7, 87 (98); *H. Hill*, HStR VI, § 156 Rn. 77.

191 *E. Grabitz*, HStR VI, § 130 Rn. 24.

192 *Degenhart* (Fn. 62), Art. 104 Rn. 16, 30; *Müller-Franken* (Fn. 26), Art. 104 Rn. 65; → Art. 2 II Rn. 107ff.; a.A. *H. Hill*, HStR VI, § 156 Rn. 4, 77.

193 *Degenhart* (Fn. 62), Art. 104 Rn. 24; *Jarass*/Pieroth, GG, Art. 104 Rn. 14; *A. Voßkuhle*, HGR V, § 131 Rn. 19; *Kunig* (Fn. 60), Art. 104 Rn. 17.

194 BVerfGE 117, 71 (110ff., Rn. 117ff.); BVerfG (K), NJW 2000, 501f.; BVerfG (K), NJW 2000, 502 (503); BVerfG (K), StV 2016, 375 (375f.).

195 BVerfGE 117, 71 (112, Rn. 121f.); BVerfGK 15, 390 (396f.); 16, 44 (47ff.); 19, 209 (220ff.); 19, 460 (465); *Kazele*, Untersuchungshaft (Fn. 38), S. 122ff. → Rn. 40.

196 OLG Koblenz NJW 1999, 876 (877); ausf. zum Problem *K. Bernsmann*, Maßregelvollzug und Grundgesetz, in: G. Blau/H. Kammeier (Hrsg.), Straftäter in der Psychiatrie, 1984, S. 142ff. (147ff.).

bedarf[197], oder beim Arrest im Rahmen des Strafvollzuges[198], solange die Gesamtdauer der Freiheitsentziehung nicht verlängert wird[199]. Fehlen einfachgesetzliche Verfahrensfristen, in denen die Fortdauer der Haft von Amts wegen zu prüfen ist, so hat der Richter von Verfassung wegen die Fortsetzung der Haft in angemessenen Zeitabständen zu prüfen[200]. Der Richtervorbehalt erstreckt sich **in keinem Falle** auf die Form bzw. die **Art und Weise** des Vollzugs der Freiheitsentziehung[201], etwa auch bei Einschluss in einen enger begrenzten Teil der Unterbringungseinrichtung[202].

Richter i.S. von Art.104 II–IV GG ist nur ein **gesetzlicher Richter** i.S. von Art.101 I 2 GG (→ Art.101 Rn.18ff.), d.h. er muss u.a. hauptamtlich und planmäßig angestellt[203] und nach dem Geschäftsverteilungsplan zuständig[204] sein; eine Delegation auf den Rechtspfleger oder gar die Exekutive ist schlechthin unzulässig[205]. In einem Verstoß gegen Art.101 I 2 GG liegt bei Freiheitsentziehungen daher zugleich ein Verstoß gegen Art.104 II GG[206]. 39

Der Richter fällt eigenverantwortlich eine selbständige **konstitutive Entscheidung**[207] nach Maßgabe gesetzlicher Verfahrensregeln, die – anders als bei der Ermächtigung zur Freiheitsentziehung (→ Rn.34) – ggf. auch analog angewendet werden dürfen[208]. Dem Normzweck des Art.104 II 1 GG zufolge muss der Richter selbst den Sachverhalt prüfen, muss mithin auf Basis einer eigenen zureichenden richterlichen Sachaufklärung entscheiden[209] und darf sich – auch in Eilfällen[210] – nicht mit einer Überprüfung der von der Exekutive vorgetragenen Tatsachen und Bewertungen begnügen[211], indem er z.B. die polizeilicherseits vorgetragenen Tatsachen ohne eine Plausibilitätsprüfung 40

---

[197] BVerfGE 42, 1 (6ff.); *Degenhart* (Fn.62), Art.104 Rn.24; *E. Grabitz*, HStR VI, §130 Rn.36; zu Recht a.A. BVerfGE 42, 11 (12f.) – *Sondervotum Hirsch*; *Jarass*/Pieroth, GG, Art.104 Rn.14; *Schmahl* (Fn.25), Art.104 Rn.23; *Wehowsky* (Fn.22), Art.104 Rn.21; *Rüping* (Fn.2), Art.104 Rn.48; *Kunig* (Fn.60), Art.104 Rn.20 – Stichwort »Maßregeln der Sicherung und Besserung«.

[198] BVerfGE 2, 118 (119); 98, 169 (198, Rn.126); BVerfG (K), NJW 1994, 1339; *Müller-Franken* (Fn.26), Art.104 Rn.79; a.A. *G. Bemmann*, NJW 2000, 3116f.; *Rüping* (Fn.2), Art.104 Rn.56.

[199] Offenlassend BVerfG (K), NJW 2006, 427 (428).

[200] *Rüping* (Fn.2), Art.104 Rn.47; *E. Grabitz*, HStR VI, §130 Rn.36; zu weitergehendem Landesverfassungsrecht: → Rn.13f.

[201] BVerfGE 2, 118 (119); 64, 261 (280); BVerfG (K), NJW 2006, 427 (428); *E. Grabitz*, HStR VI, §130 Rn.22, 25; *Jarass*/Pieroth, GG, Art.104 Rn.14, 15; *Degenhart* (Fn.62), Art.104 Rn.18, 24; *Müller-Franken* (Fn.26), Art.104 Rn.78; *A. Uhle*, HGR V, §129 Rn.92.

[202] BVerfGE 130, 76 (111, Rn.132); BVerfGK 2, 318 (323); *Müller-Franken* (Fn.26), Art.104 Rn.79, 83.

[203] BVerfGE 14, 156 (162); *Jarass*/Pieroth, GG, Art.104 Rn.15; *Degenhart* (Fn.62), Art.104 Rn.20; *Gusy* (Fn.1), Art.104 Rn.41.

[204] *Rüping* (Fn.2), Art.104 Rn.44.

[205] *Gusy* (Fn.1), Art.104 Rn.41; *Rüping* (Fn.2), Art.104 Rn.42; vgl. betr. den Rechtspfleger LG Detmold Rechtspfleger 1995, 204f. m. Anm. *K. Meyer-Stolte*.

[206] BVerfGE 14, 156 (162); *Degenhart* (Fn.62), Art.104 Rn.20.

[207] BVerfGE 83, 24 (33); BVerfGK 5, 67 (68); *F. Wittreck*, HStR³ VII, §151 Rn.34; *Dörr*, Freiheit (Fn.1), Kap.13 Rn.147; *Degenhart* (Fn.62), Art.104 Rn.19; *K. Amelung/S. Wirth*, StV 2002, 161 (165); *Rüping* (Fn.2), Art.104 Rn.45; *Kunig* (Fn.60), Art.104 Rn.18, 22; *E. Grabitz*, HStR VI, §130 Rn.25; *A. Schieder*, KritV 83 (2000), 218 (225).

[208] BVerfGE 83, 24 (32); *Jarass*/Pieroth, GG, Art.104 Rn.16; *Müller-Franken* (Fn.26), Art.104 Rn.107.

[209] BVerfGE 70, 297 (308); 109, 133 (162, Rn.114); BVerfGK 7, 87 (100); 15, 287 (295); 15, 390 (397f.); 16, 304 (314); 18, 63 (71); BVerfG (K), NStZ-RR 2013, 115 (115f.); *A. Voßkuhle*, HGR V, §131 Rn.77.

[210] *Radtke* (Fn.147), Art.104 Rn.13; *Müller-Franken* (Fn.26), Art.104 Rn.91.

[211] BVerfGE 22, 311 (318f.); 83, 24 (33f.); 117, 71 (106f., Rn.110); BVerfGK 19, 209 (220ff.); KG InfAuslR 1997, 34 (36); *A. Voßkuhle*, HGR V, §131 Rn.75.

einfach übernimmt[212]; Entsprechendes gilt für Strafvollstreckungsrichter im Verhältnis zu den Entscheidungen der Vollzugsbehörde bei der Aussetzung der Strafvollstrekkung zur Bewährung[213] oder zur Unterbringung in einem psychiatrischen Krankenhaus[214] ebenso wie bei Prognosen von Sachverständigen hinsichtlich einer Sicherungsverwahrung[215] und die mit zunehmender Dauer steigenden Anforderungen an solche Prognosen[216]. Je länger der Freiheitsentzug dauert, desto höher sind die verfassungsrechtlichen Anforderungen an die Sachverhaltsaufklärung und Begründungstiefe der Überprüfungsentscheidung[217] mit der Folge, dass im Rahmen unbefristeten Freiheitsentzugs ein erfahrener Sachverständiger zu Rate zu ziehen ist[218] und bei langdauernder Unterbringung in demselben psychiatrischen Krankenhaus von Zeit zu Zeit externe Sachverständige heranzuziehen sind, um repetitiven Routinebeurteilungen vorzubeugen[219]. Bei einer Entscheidung über eine Haftanordnung sind regelmäßig die Akten etwa der Ausländerbehörde beizuziehen[220]. Dem korrespondiert eine Pflicht der jeweiligen Behörde zu effektiver Kooperation[221], die schon bei den Anforderungen an den Inhalt eines behördlichen Antrags beginnt[222].

41 Die Anordnung muss ausreichend bestimmt sein[223] und schon deshalb schriftlich erfolgen[224]. Der Richter hat die Entscheidung so zu **begründen**, dass sie unbeschadet der Zulässigkeit eines Rechtsbehelfs ihrerseits gerichtlich nachgeprüft werden kann[225]. Dabei sind der Tatvorwurf und der Haftgrund unter Angabe von Tatsachen im Blick auf den konkreten Einzelfall zu beschreiben[226]. Die Verwendung von Beschlussformularen kann einen Verstoß gegen das Gebot zu eigener Sachentscheidung indizieren[227]; jedenfalls dürfte die Verwendung von Hektographien bei Haftentscheidungen unzulässig sein[228], insoweit die Begründungen nicht präzise auf den Einzelfall eingehen (→ Rn. 52). Dabei ist es nicht Aufgabe des Richters, die Zweckmäßigkeit der beantragten Freiheitsentziehung zu überprüfen[229], den unsubstantiierten Antrag der Behörde

---

[212] BVerfGE 83, 24 (34); *Degenhart* (Fn. 62), Art. 104 Rn. 21; *Müller-Franken* (Fn. 26), Art. 104 Rn. 91; *Gusy* (Fn. 1), Art. 104 Rn. 43.

[213] BVerfGK 16, 304 (314ff.); BVerfG (K), StV 2012, 481 (482); w. Nw. oben in Fn. 194.

[214] BVerfGK 2, 55 (59ff.); 14, 514 (518ff.); 15, 287 (294ff.); BVerfG (K), NJW 2012, 516 (516f.); BVerfG (K), NJW 2013, 3228 (3229ff.).

[215] BVerfGE 109, 133 (164, Rn. 120); *Jarass*/Pieroth, GG, Art. 104 Rn. 19.

[216] BVerfGE 70, 297 (308ff.); 109, 133 (152, Rn. 80ff.; 164f., Rn. 119ff.); 107, 71 (106ff., Rn. 110ff.); 128, 326 (382, Rn. 117); BVerfGK 15, 287 (294ff.); 16, 304 (315ff.); 19, 209 (220ff.); 19, 241 (249f.).

[217] BVerfGE 109, 133 (162ff., Rn. 116ff.); BVerfGK 14, 254 (262ff.).

[218] BVerfGE 117, 71 (105f., Rn. 108f.); BVerfGK 5, 40 (43); 14, 514 (521ff.).

[219] BVerfGE 109, 133 (164, Rn. 119); 117, 71 (105f., Rn. 108f.); BVerfGK 15, 287 (295); BVerfG (K), NStZ 2013, 116 (117f.); BVerfG (K), NStZ-RR 2014, 222 (223f.); BVerfG (K), NJW 2014, 3294 (3294f.).

[220] BVerfG (K), NVwZ 2008, 304 (304f.); BVerfGK 19, 1 (5); *A. Voßkuhle*, HGR V, § 131 Rn. 78.

[221] *A. Voßkuhle*, HGR V, § 131 Rn. 69ff.

[222] *A. Voßkuhle*, HGR V, § 131 Rn. 73.

[223] *A. Voßkuhle*, HGR V, § 131 Rn. 81f.; *C. Gusy*, HGR IV, § 93 Rn. 28.

[224] *A. Voßkuhle*, HGR V, § 131 Rn. 83.

[225] *Müller-Franken* (Fn. 26), Art. 104 Rn. 92; *Gusy* (Fn. 1), Art. 104 Rn. 44.

[226] Vgl. BVerfGE 103, 142 (151f., Rn. 28; 155, Rn. 38); *Fornauf*, Marginalisierung (Fn. 83), S. 112ff.; *Wehowsky* (Fn. 22), Art. 104 Rn. 20.

[227] BVerfGE 83, 24 (35); *Degenhart* (Fn. 62), Art. 104 Rn. 21; *A. Voßkuhle*, HGR V, § 131 Rn. 84; für Unzulässigkeit *Rüping* (Fn. 2), Art. 104 Rn. 46; a.A. *Gusy* (Fn. 1), Art. 104 Rn. 44.

[228] *Gusy* (Fn. 1), Art. 104 Rn. 44; *Rüping* (Fn. 2), Art. 104 Rn. 46; *Kunig* (Fn. 60), Art. 104 Rn. 31; anders BVerfG (Vorprüfungsausschuss), NJW 1982, 29 (30).

[229] *A. Voßkuhle*, HGR V, § 131 Rn. 79.

nachzubessern oder die Argumentationslast dem am Verfahren unbeteiligten Betroffenen aufzubürden; lehnt der Richter den Antrag ab, genügt die Feststellung, dass die gesetzlichen Voraussetzungen nicht plausibel gemacht worden sind[230]. Soweit er zustimmt, sind Art und Intensität seiner positiven Begründung (namentlich der Verhältnismäßigkeit angesichts zukünftiger Gefahren) Bezugspunkte hoher Anforderungen der verfassungsgerichtlichen Judikatur[231].

Der Richter muss sich einen persönlichen Eindruck verschaffen, wie er in den die Freiheitsentziehung regelnden verfahrensrechtlichen Vorschriften durch **Anhörungspflichten** geboten ist[232]. Fehlt es an solchen einfachgesetzlichen Anhörungsregeln, so verpflichtet Art. 104 II 1, 2 GG seinem Normzweck nach unmittelbar den Richter zur Anhörung[233], die nur bei faktischer Unmöglichkeit vor der richterlichen Entscheidung unverzüglich nachzuholen ist[234]. Die Anhörungspflicht gilt auch für die Rechtsmittelinstanz[235], jedenfalls wenn eine erneute Anhörung zur Sachverhaltsklärung beitragen könnte[236]. Unterbleibt eine gesetzlich vorgesehene Anhörung, liegt darin ein Verstoß nicht nur gegen Art. 103 I GG[237], sondern auch gegen Art. 104 II 2 GG[238], der nicht rückwirkend, sondern nur für die Zukunft geheilt werden kann[239]. 42

Im Übrigen ergibt sich die Rechtsstellung des Betroffenen dem Richter gegenüber – etwa die Notwendigkeit eines Verteidigerbeistandes[240] oder die Pflicht zu hinreichender richterlicher Sachaufklärung[241] – aus dem allgemeinen **Anspruch auf** ein **faires** rechtsstaatliches **Verfahren**, der wie im Strafprozess, so auch im Verfahren der Freiheitsentziehung gilt (→ Art. 20 [Rechtsstaat], Rn. 216ff.). Der **Rechtsschutz** gegen die Entscheidungen des Richters namentlich bei strafprozessrechtlichen Grundrechtseingriffen erscheint de lege ferenda verbesserungsbedürftig[242], wird jedenfalls durch den Richtervorbehalt nicht ausgeschlossen[243]. Eine sog. prozessuale Überholung lässt auch bei Freiheitsentziehungen nicht das Rechtsschutzbedürfnis für Beschwerden auf die richterliche Entscheidung entfallen[244]. 43

---

[230] *Gusy* (Fn. 1), Art. 104 Rn. 44.

[231] Vgl. z. B. noch BVerfGE 70, 297 (311ff.); BVerfGK 15, 287 (299ff.); BVerfG (K), NJW 2012, 516 (516ff.); BVerfG (K), NStZ 2013, 116 (117f.); BVerfG (K), StraFo 2014, 114; BVerfG (K), StV 2014, 148 (150f.), alle betr. Fortdauer der Unterbringung; BVerfGK 19, 428 (433ff.) betr. Fortdauer der Untersuchungshaft; BVerfGK 14, 254 (264ff.); 19, 209 (220ff.); BVerfG (K), NStZ-RR 2007, 338 (338f.) betr. Strafrestaussetzung.

[232] BVerfGK 11, 323 (331); 18, 63 (70); *Müller-Franken* (Fn. 26), Art. 104 Rn. 86ff.

[233] *Degenhart* (Fn. 62), Art. 104 Rn. 23; *C. Gusy*, NJW 1992, 457 (462f.).

[234] BVerfGE 66, 191 (193ff.); *Degenhart* (Fn. 62), Art. 104 Rn. 23; *Müller-Franken* (Fn. 26), Art. 104 Rn. 88.

[235] OLG Schleswig NJW 1999, 222 (223).

[236] Vgl. BVerfGE 65, 317 (323f.); BVerfGK 11, 323 (334f.); *Wehowsky* (Fn. 22), Art. 104 Rn. 22.

[237] BVerfGE 83, 24 (35f.); *Jarass*/Pieroth, GG, Art. 104 Rn. 17; *Müller-Franken* (Fn. 26), Art. 104 Rn. 86; *Degenhart* (Fn. 62), Art. 104 Rn. 22. → Art. 103 I Rn. 59.

[238] Vgl. BVerfGE 58, 208 (223); 65, 317 (322ff.); 66, 191 (195, 197); OLG Schleswig NJW 1999, 222 (223); *Jarass*/Pieroth, GG, Art. 104 Rn. 17f.; *Degenhart* (Fn. 62), Art. 104 Rn. 22.

[239] BVerfGE 58, 208 (222f.); 61, 123 (125); BVerfGK 13, 400 (404f.); *Jarass*/Pieroth, GG, Art. 104 Rn. 5, 17.

[240] Vgl. BVerfGE 70, 297 (322f.); *Müller-Franken* (Fn. 26), Art. 104 Rn. 89.

[241] BVerfGE 70, 297 (308, 319f.); BVerfG (K), NJW 1995, 3048 (3049); BVerfG (K), NJW 2000, 3775 (3776).

[242] *A. Voßkuhle*, HGR V, § 131 Rn. 102ff.; *G. Fezer*, Jura 1982, 20ff., 126ff.; vgl. schon *K. Amelung*, Rechtsschutz gegen strafprozessuale Grundrechtseingriffe, 1976.

[243] *C. Gusy*, HGR IV, § 93 Rn. 25f.

[244] Vgl. BVerfGE 96, 27 (41f.) am Beispiel von Wohnungsdurchsuchungen in Aufgabe von E 49,

b) Vorläufige Freiheitsentziehung ohne vorherige richterliche Anordnung (Art. 104 II 2–4, III GG)

44 Art. 104 II 2–4, III GG enthält formelle Regeln für den Ausnahmefall, dass die **Freiheitsentziehung** durch die Exekutive **vor Einschaltung eines Richters** erfolgt ist; in diesem Fall muss stets ein Richter nachträglich angerufen werden. Der aufgrund verschiedener historischer Gefährdungslagen und Entstehungszusammenhänge (→ Rn. 1ff., 6f.) etwas heterogen formulierte Art. 104 II, III GG unterscheidet dabei vor allem zwischen den allgemeinen Freiheitsentziehungen ohne vorherige richterliche Anordnung (Art. 104 II 2–4 GG) und der speziellen Erscheinungsform der Gruppe der wegen des Verdachts einer strafbaren Handlung vorläufig Festgenommenen (Art. 104 III GG), ferner zwischen der richterlichen Entscheidung bzw. der Vorführung vor dem Richter als unterschiedlichen Bezugspunkten. Die rechtlichen Unterschiede zwischen beiden Gruppen sind bei genauer Betrachtung gleichwohl marginal (→ Rn. 54f.); denn in allen wesentlichen Fragen verlangt Art. 104 II 2–4, III GG, dass alle vorläufig ihrer Freiheit Genommenen in derselben Weise unverzüglich Anspruch auf eine richterliche Entscheidung haben[245] (→ Rn. 45ff.). Der Ausgestaltungsauftrag des Art. 104 II 4 GG an den Gesetzgeber, ein zur Grundrechtsverwirklichung angemessenes Verfahren zu schaffen[246], wird durch zahlreiche Anforderungen der verfassungsgerichtlichen Judikatur umrahmt. Materielle Bindungen ergeben sich im Übrigen auch hier allein aus Art. 2 II 2 GG[247].

aa) Die Pflicht zur unverzüglichen nachträglichen richterlichen Anordnung

45 In jedem Fall muss auch hier wie bei allen Freiheitsentziehungen der **gesetzliche Richter** (→ Rn. 39) nach **parlamentsgesetzlich geregelten Verfahren** (→ Rn. 29ff.) entscheiden, wobei Verfahrensregeln im Falle des Fehlens einer ausdrücklichen Regelung des gerichtlichen Verfahrens auch analoge Anwendung finden können[248]; nur muss die Ermächtigungsgrundlage zur Entziehung der Freiheit stets eindeutig bestimmt und dem ausdrücklichen Regelungsauftrag des Art. 104 II 4 GG zufolge in einem parlamentarischen Gesetz enthalten sein[249], das die Vorgaben des Art. 104 II 1–3 GG nicht beschränken, sondern nur konkretisieren kann[250].

329ff.; ebenso für Unterbringungen nach §§ 312ff. FamFG BVerfG (K), NJW 1998, 2432f.; OLG Schleswig NJW 1999, 222 (222f.); für polizeirechtliche Freiheitsentziehungen BVerfG (K), NJW 1999, 3773; für polizeirechtliche Richtervorbehalte *A. Schieder*, KritV 83 (2000), 218 (228); *Aschmann*, Richtervorbehalt (Fn. 9), S. 80ff.; für strafprozessuale Grundrechtseingriffe *Lin*, Richtervorbehalt (Fn. 75), S. 46ff., 299ff.

[245] Vgl. *D. Brodowski*, JuS 2012, 980 (982f.); *Gusy* (Fn. 1), Art. 104 Rn. 66ff., 69f.

[246] *C. Gusy*, HGR IV, § 93 Rn. 24. → Rn. 35.

[247] Vgl. die Gesichtspunkte bei *Degenhart* (Fn. 62), Art. 104 Rn. 32, 40. → Art. 2 II Rn. 107ff.

[248] Vgl. BVerfGE 10, 302 (329); 29, 183 (197); 83, 24 (32); *Rüping* (Fn. 2), Art. 104 Rn. 67; *E. Grabitz*, HStR VI, § 130 Rn. 27.

[249] *Degenhart* (Fn. 62), Art. 104 Rn. 32; *Kunig* (Fn. 60), Art. 104 Rn. 28; *Jarass*/Pieroth, GG, Art. 104 Rn. 23; übersichtlich zum Verfahren bei Freiheitsentziehungen nach §§ 415ff. FamFG *W. Lesting*, in: R. Marschner/B. Volckart/W. Lesting (Hrsg.), Freiheitsentziehung und Unterbringung, 5. Aufl. 2010, S. 413ff.; ausf. *C.A. Heinze*, in: R. Bork/F. Jacoby/D. Schwab (Hrsg.), FamFG, 2. Aufl. 2013, S. 1737ff.

[250] *Müller-Franken* (Fn. 26), Art. 104 Rn. 106; *Wehowsky* (Fn. 22), Art. 104 Rn. 27; Art. 104 II 4 GG regelt keine Kompetenzabgrenzung zwischen Bund und Ländern, vgl. *K.F. Gärditz*, Strafprozeß und Prävention, 2003, S. 300ff.

In jedem Fall darf eine Freiheitsentziehung ohne vorherige richterliche Anordnung zudem stets nur eine **Ausnahme** sein, wenn ohne eine vorherige richterliche Anordnung nach der Regel des Art. 104 II 1 GG der mit der Freiheitsentziehung verfolgte, verfassungsrechtlich zulässige tatsächliche oder rechtliche Zweck ausnahmsweise nicht erreicht werden könnte[251]. Die Behörde unterliegt dann im Blick auf die Möglichkeit einer gerichtlichen Kontrolle einer umfassenden Dokumentationspflicht hinsichtlich des Ergebnisses und des Zustandekommens der Entscheidung[252]. Dieser Ausnahmestatus gilt auch für Abschiebungshaft[253] oder für präventiv-polizeiliche Freiheitsentziehungen wie den Unterbindungsgewahrsam[254] ebenso wie ungeachtet der entgegenstehenden Praxis von Sofortmaßnahmen[255] auch im (öffentlichen) Recht der Unterbringung Gefährdeter[256], wenn nicht – wie regelmäßig in solchen Fällen der Bedrohung psychisch Kranker durch sich selbst – die Gefahrenlage ein vorgängiges Handeln der Behörde gebietet. Die Freiheitsentziehung darf deshalb auch stets nur **vorläufig** erfolgen und insoweit nur so lange aufrechterhalten werden, bis eine Entscheidung des Richters eingeholt werden kann[257] oder eine verfassungsrechtlich unmittelbar festgelegte zeitliche Höchstdauer (→ Rn. 54) überschritten worden ist. 46

Entscheidender Bezugspunkt ist stets die richterliche Entscheidung: Sie muss von der freiheitsentziehenden Behörde, die den Betroffenen festhält[258], in jedem Falle **unverzüglich herbeigeführt** werden (Art. 104 II 2 GG). Darunter wird hier von Verfassung wegen anderes verstanden als nur »ohne schuldhaftes Zögern« i. S. von § 121 I BGB[259]. Der Begriff ist strikt auszulegen und meint eine Entscheidung ohne jede Verzögerung, die sich nicht aus sachlichen Gründen rechtfertigen lässt[260]; dementsprechend sind alle staatlichen Organe verpflichtet, für die praktische Beachtung des Richtervorbehalts zu sorgen[261] und ggf. einen Dolmetscher baldmöglichst herbeizuziehen[262]. Regelmäßig beginnt der maßgebliche Zeitraum mit dem Zeitpunkt der Freiheitsentziehung[263] und soll unter normalen Umständen für eine polizeiliche Inge- 47

---

251 BVerfGE 22, 311 (317f.); 105, 239 (248f., Rn. 27); BVerfGK 7, 87 (99); 15, 432 (436); 18, 63 (70); BVerfG (K), NJW 2010, 670 (670f.); BVerfG (K), NVwZ 2016, 1079 (1079); *Jarass*/Pieroth, GG, Art. 104 Rn. 23; *A. Voßkuhle*, HGR V, § 131 Rn. 20; *Rüping* (Fn. 2), Art. 104 Rn. 66; *Kunig* (Fn. 60), Art. 104 Rn. 21; *M. Dörschuck/B. Glaser*, VBlBW 2007, 90 (91); *C. Krehl*, Die Polizei 2003, 337 (341); *M. Rabe von Kühlenwein*, DVBl. 2002, 1545 (1545); *C. Gusy*, NJW 1992, 457 (462). Im Polizeirecht ist die Ausnahme zum Regelfall mutiert, s. krit. *A. Schieder*, KritV 83 (2000), 218 (232ff.).

252 Vgl. BVerfGE 103, 142 (159f., Rn. 52f.); *Gusy* (Fn. 1), Art. 104 Rn. 47; *C. Krehl*, Die Polizei 2003, 337 (341f.).

253 S. etwa BVerfGE 105, 239 (250ff., Rn. 29ff.); OVG Berlin OVGE 12, 185 (189, 191).

254 *Degenhart* (Fn. 62), Art. 104 Rn. 31.

255 Vgl. *Bergener*, Unterbringung (Fn. 87), S. 21f.

256 Vgl. BVerfGK 11, 323 (331).

257 *Degenhart* (Fn. 62), Art. 104 Rn. 31; *Rüping* (Fn. 2), Art. 104 Rn. 66; *Dürig* (Fn. 89), Art. 104 Rn. 37.

258 *Gusy* (Fn. 1), Art. 104 Rn. 48; *Kunig* (Fn. 60), Art. 104 Rn. 22.

259 *D. Hömig*, in: Hömig/Wolff, GG, Art. 104 Rn. 9; zur Gegenansicht Nw. aus der älteren Lit. bei *A. Schieder*, KritV 83 (2000), 218 (235).

260 BVerfGE 105, 239 (249, Rn. 27); BVerfGK 7, 87 (99); BVerfG (K), NVwZ 2016, 1079 (1079); *Gusy* (Fn. 1), Art. 104 Rn. 47; *C. Krehl*, Die Polizei 2003, 337 (342); *Hartlaub*, Theorie (Fn. 1), S. 118ff.

261 BVerfGE 105, 239 (248, Rn. 25); w. Nw. Fn. 188; einschränkend für alkoholbedingten »Schutzgewahrsam« *U. Thewes*, FGPrax 2014, 109ff.; anders VGH Baden-Württemberg, NVwZ-RR 2012, 346f.

262 BVerfG (K), NVwZ 2007, 1044 (1045).

263 *Degenhart* (Fn. 62), Art. 104 Rn. 33; *Rüping* (Fn. 2), Art. 104 Rn. 69; *C. Gusy*, NJW 1992, 457 (462); *Hantel*, Begriff (Fn. 9), S. 39ff.

wahrsamnahme tagsüber mit zwei bis drei Stunden als ausreichend bemessen sein[264], wenn nicht besondere Umstände (z. B. mangelnde Fähigkeit des volltrunkenen Randalierenden zur individuellen Selbstbestimmung) anderes nahelegen. Der Staat hat die Erreichbarkeit eines zuständigen Richters zur Tageszeit stets, zur Nachtzeit bei Bedarf über Ausnahmefälle hinaus zu gewährleisten[265]. Eine richterliche Entscheidung ist auch geboten, wenn die Freiheitsentziehung vor Ablauf der Frist des Art. 104 II 3 GG endet[266]. Auf den Unterschied von Sonn- und Feiertagen und Arbeitstagen kommt es nicht an[267].

48 Eine **Verzögerung** i. S. einer Überschreitung dieser Frist muss nach **objektiven Maßstäben**[268] in tatsächlicher oder rechtlicher Hinsicht sachlich zwingend geboten sein[269], d. h. ein subjektives Verschulden ist kein Entscheidungskriterium[270]. Insoweit können je nach den Umständen des Einzelfalls eine Vielfalt von objektiven Schwierigkeiten zu einer Verzögerung beitragen[271] (bis zu einer absoluten, von Verfassung wegen nicht mehr überschreitbaren zeitlichen Höchstgrenze, → Rn. 54), etwa Verzögerungen aufgrund der Länge des Weges (etwa auch bei Festnahme von Piraten auf hoher See[272], → Rn. 55), Schwierigkeiten beim Transport, die notwendige Registrierung und Protokollierung, renitentes Verhalten des Betroffenen oder vergleichbare Umstände[273], die ggf. aus Gründen der Rechtsschutzsicherung von den beteiligten staatlichen Organen zu dokumentieren sind[274]. Ein Wechsel der Rechtsgrundlage ist ohne Einfluss auf diesen Zeitrahmen[275]. Alle diese rechtlichen Gesichtspunkte gelten auch für die wegen des Verdachts einer strafbaren Handlung vorläufig Festgenommenen i. S. von Art. 104 III GG[276].

49 In allen Fällen muss auch der Richter bei der weiteren Sachbehandlung dem Gebot der Unverzüglichkeit entsprechen[277] und möglichst bald den Inhaftierten **persönlich** anhören. Art. 104 II, III GG geht insoweit über die Minimalgarantie der Verfahrensbeteiligung in Art. 103 I GG hinaus[278]. Für Straftatverdächtige speziell ergibt sich

---

[264] So OVG NW NJW 1980, 138 (139); *Jarass*/Pieroth, GG, Art. 104 Rn. 25; *Podlech* (Fn. 1), Art. 104 Rn. 37; *C. Gusy*, HGR IV, § 93 Rn. 29; *Rüping* (Fn. 2), Art. 104 Rn. 69.

[265] BVerfGE 105, 239 (248, Rn. 25); BVerfGK 7, 87 (98); s. a. 2, 176 (178); 5, 74 (78ff.); 9, 287 (290); *T. Trück*, JZ 2010, 1106 (1116); *Gusy* (Fn. 1), Art. 104 Rn. 42 m.w.N.

[266] BVerfGE 105, 239 (249, Rn. 28); *C. Gusy*, HGR IV, § 93 Rn. 29.

[267] Vgl. *Jarass*/Pieroth, GG, Art. 104 Rn. 25; *Gusy* (Fn. 1), Art. 104 Rn. 48.

[268] *Jarass*/Pieroth, GG, Art. 104 Rn. 25; *Kunig* (Fn. 60), Art. 104 Rn. 23; *Degenhart* (Fn. 62), Art. 104 Rn. 33; *Müller-Franken* (Fn. 26), Art. 104 Rn. 97.

[269] BVerfGE 105, 239 (249, Rn. 27); BVerfGK 7, 87 (99); BVerwGE 45, 51 (63); *Degenhart* (Fn. 62), Art. 104 Rn. 33; *F. Wittreck*, HStR³ VII, § 151 Rn. 37; *Rüping* (Fn. 2), Art. 104 Rn. 68.

[270] BVerwGE 45, 51 (63); *Degenhart* (Fn. 62), Art. 104 Rn. 33; *Dürig* (Fn. 89), Art. 104 Rn. 38.

[271] Vgl. zur Festnahme auf Schiffen: *J. Merz*, NJW 1962, 96.

[272] VG Köln JZ 2012, 366 (368); *H.P. Aust*, DVBl. 2012, 484 (487f.); *S. Schmahl*, AöR 136 (2011), 44 (86f.); *König*, Einsatz (Fn. 132), S. 235ff.; krit. *M. Payandeh*, DVBl. 2016, 1073 (1075); *C. Walter/A. Ungern-Sternberg*, DÖV 2012, 861 (865ff.); *A. Fischer-Lescano/L. Kreck*, AVR 47 (2009), 481 (498); ausf. *J. Fournier*, Der Einsatz der Streitkräfte gegen Piraten auf See, 2014, S. 213ff.; *L. Koops*, Seeräuberbekämpfung durch die Bundeswehr im Einklang mit dem Grundgesetz, 2013, S. 310ff.

[273] So BVerfGE 105, 239 (249, Rn. 27); BVerfGK 7, 87 (99).

[274] BVerfG (K), NJW 2007, 1044 (1045); *Müller-Franken* (Fn. 26), Art. 104 Rn. 97.

[275] BGHSt 34, 365 (368f.); *Gusy* (Fn. 1), Art. 104 Rn. 67.

[276] So auch *Jarass*/Pieroth, GG, Art. 104 Rn. 24; *Degenhart* (Fn. 62), Art. 104 Rn. 35, 38; *Rüping* (Fn. 2), Art. 104 Rn. 74ff.

[277] BVerfGK 7, 87 (99); VGH Baden-Württemberg DÖV 2005, 165 (167ff.).

[278] BVerfGE 58, 208 (221); BVerfGK 11, 323 (331); *Rüping* (Fn. 2), Art. 104 Rn. 80; *A. Schieder*, KritV 83 (2000), 218 (235); s. aber auch *Gusy* (Fn. 1), Art. 104 Rn. 49; *Kunig* (Fn. 60), Art. 104 Rn. 30.

diese Pflicht zur persönlichen Gegenüberstellung ausdrücklich aus dem Wortlaut von Art. 104 III 1 GG (»vorzuführen«, »Gründe mitzuteilen«, »zu vernehmen«, »Gelegenheit zu Einwendungen zu geben«)[279], für den Fall sonstiger Freiheitsentziehungen aus den allgemeinen Grundsätzen einer Pflicht zur verfassungsunmittelbaren Anhörung für Freiheitsentziehungen aufgrund richterlicher Anordnung (→ Rn. 40f.), die hier bei nachträglichen richterlichen Entscheidungen nicht anders gelten (dürfen). Gegenstand der Anhörung sind die tatsächlichen und rechtlichen Voraussetzungen einer Freiheitsentziehung, ggf. (z. B. im Unterbringungsverfahren) unter Beiziehung unabhängiger medizinischer Sachverständigengutachten[280].

Auch hier ist eine **Heilung** durch Anhörung **nach der Entscheidung ausgeschlossen** 50
(→ Rn. 37). Der Verzicht auf eine unmittelbare persönliche Gegenüberstellung mit der Folge einer Entscheidung nach Aktenlage (sog. symbolische Vorführung) ist nur im Falle einer Verhinderung aus Krankheitsgründen zulässig[281]. Bei der Anhörung sind den Betroffenen die Gründe der Festnahme mitzuteilen, und es ist ihnen Gelegenheit zu Einwendungen zu geben (so ausdrücklich Art. 104 III 1 GG)[282]. Es kann mithin nicht statt des Festgenommenen einfach der festnehmende Polizeibeamte angehört werden[283].

Nach der Anhörung hat der **Richter** in allen Fällen i. S. einer Pflicht zur Beschleuni- 51
gung[284] **unverzüglich zu entscheiden**, d. h. die Freiheitsentziehung zu bestätigen oder aufzuheben, wie es für Straftatverdächtige in Art. 104 III 2 GG ausdrücklich hervorgehoben wird (»Haftbefehl zu erlassen oder die Freilassung anzuordnen«), aber auch in den sonstigen Fällen einer Freiheitsentziehung nicht anders gilt (gelten darf); denn Art. 104 II 2 GG verlangt, unverzüglich eine richterliche Entscheidung herbeizuführen, und dieses Gebot erstreckt sich auch auf das richterliche Verhalten selbst[285]. Der Richter hat deshalb regelmäßig noch am selben Tag zu entscheiden (zum Bereitschaftsdienst: → Rn. 64); für das Beschwerdeverfahren gilt dieses strikte Unverzüglichkeitsgebot ohne Rücksicht auf den Geschäftsgang des betreffenden Gerichts nicht mehr[286].

Der Richter hat auch hier wie bei einer vorherigen Entscheidung selbständig auf 52
Basis **eigener Tatsachenfeststellungen**, d. h. nicht in bloßer Plausibilitätsprüfung der Exekutiventscheidung[287] gar auf bloße telefonische Benachrichtigung hin[288] oder

---

[279] *Degenhart* (Fn. 62), Art. 104 Rn. 39–40; *Jarass*/Pieroth, GG, Art. 104 Rn. 18; *Rüping* (Fn. 2), Art. 104 Rn. 78; s. auch *U. Donat*, KritJ 31 (1998), 393 (397).

[280] *Gusy* (Fn. 1), Art. 104 Rn. 52.

[281] *Degenhart* (Fn. 62), Art. 104 Rn. 39; *Rüping* (Fn. 2), Art. 104 Rn. 81; *Kunig* (Fn. 60), Art. 104 Rn. 29; *E. Grabitz*, HStR VI, § 130 Rn. 28 betr. bettlägerige Gefangene; *B. Schmitt*, in: Meyer-Goßner, StPO, § 128 Rn. 6.

[282] So auch *Jarass*/Pieroth, GG, Art. 104 Rn. 18; s. auch zu weiteren »Grundpflichten des Richters« *C. Gusy*, HGR IV, § 93 Rn. 31; allg. *L. Wildhagen*, Persönlichkeitsschutz durch präventive Kontrolle, 2011, S. 158ff.

[283] BVerfGE 83, 24 (36); *Degenhart* (Fn. 62), Art. 104 Rn. 39; *Rüping* (Fn. 2), Art. 104 Rn. 81; *C. Gusy*, NJW 1992, 457 (463).

[284] In diesem Sinne z. B. BVerfGE 46, 194 (195); BVerfGK 7, 87 (99); 9, 339 (347ff.); 10, 544 (548ff.); 19, 241 (248); *Müller-Franken* (Fn. 26), Art. 104 Rn. 43; *B. Pieroth/B.J. Hartmann*, StV 2008, 276ff.; *H. Hill*, HStR VI, § 156 Rn. 30.

[285] BVerfGK 7, 87 (99); *Degenhart* (Fn. 62), Art. 104 Rn. 39; *A. Voßkuhle*, HGR V, § 131 Rn. 24; *Rüping* (Fn. 2), Art. 104 Rn. 72; *E. Grabitz*, HStR VI, § 130 Rn. 25.

[286] OLG Rostock NVwZ 2008, 240 (LS).

[287] BVerfGE 83, 24 (33f.); BVerfG (K), NVwZ 2008, 304 (305); *Jarass*/Pieroth, GG, Art. 104 Rn. 19; *Degenhart* (Fn. 62), Art. 104 Rn. 19.

[288] Vgl. OLG München NVwZ-RR 2006, 153 (154).

sonst ohne ausreichende Unterlagen[289] zu entscheiden (→ Rn. 40) und seine die Freiheitsentziehung bestätigende Entscheidung unter Berücksichtigung der Einwendungen des Betroffenen und in Bezugnahme auf die konkreten Umstände des Einzelfalls stets **schriftlich zu begründen**[290] (für Straftatverdächtige ausdrücklich Art. 104 III 2 GG); dabei kann bei einer Vielzahl von Fällen gleichzeitiger Festnahme eine zunächst provisorische Abfassung der Gründe eines Haftbefehls zulässig sein[291], nicht aber nur ihre mündliche Eröffnung[292]. Formularmäßige Begründungen oder die Verwendung vervielfältigter Haftbefehlsformulare ohne Ansehung der tatsächlichen Umstände des Einzelfalls sind grundsätzlich ausgeschlossen[293].

53 Der Betroffene kann auf eine richterliche Entscheidung oder die Einhaltung einer Frist grundsätzlich nicht verzichten, weil es sich um zwingendes Recht handelt[294]. Hat sich aber der Zweck der Freiheitsentziehung nach Beginn des Freiheitsentzuges und vor einer richterlichen Entscheidung – etwa wie im Fall einer kurzfristigen polizeilichen Ingewahrsamnahme – erledigt, dann ist ein **Verzicht auf** Einholung der **gerichtlichen Entscheidung** zulässig[295], aber nur, um eine Verlängerung der Freiheitsentziehung zu vermeiden[296]; das soll auch gelten, wenn schon die Prognose den Wegfall des Gewahrsamsgrunds vor einer möglichen richterlichen Entscheidung ergibt[297]. Eine nachträgliche gerichtliche Überprüfung der Ingewahrsamnahme bleibt auch bei prozessualer Überholung zulässig[298] (→ Rn. 43).

bb) Unterschiedliche zeitliche Fristen für die richterliche Anordnung?

54 Unterschiede zwischen den verschiedenen Formen der Freiheitsentziehung scheinen sich allenfalls im Blick auf die **Höchstdauer des Zeitraumes bis zu einer richterlichen Entscheidung** zu ergeben. Diese hat zwar in jedem Falle unverzüglich zu erfolgen (→ Rn. 47); kommt es aber zu Verzögerungen, so gilt im Falle von **wegen** des **Verdachts einer Straftat vorläufig Festgenommenen nach Art. 104 III 1 GG** als lex specialis gegenüber Art. 104 II 3 GG[299], dass sie spätestens am Tage nach der Festnahme dem Richter

---

289 BVerfG (K), InfAuslR 2012, 186 (187f.) betr. § 427 I FamFG; *T. Roeser*, EuGRZ 2013, 369 (377f.).

290 S. näher BVerfG (K), NJW 2000, 3775 (3776); BVerfG (K), NJW 2010, 670 (671). → Rn. 41.

291 *Degenhart* (Fn. 62), Art. 104 Rn. 38; *Kunig* (Fn. 60), Art. 104 Rn. 31; *E. Grabitz*, HStR VI, § 130 Rn. 28.

292 *Rüping* (Fn. 2), Art. 104 Rn. 82; a.A. *B. Schmitt*, in: Meyer-Goßner, StPO, § 128 Rn. 13.

293 *Degenhart* (Fn. 62), Art. 104 Rn. 39; *Gusy* (Fn. 1), Art. 104 Rn. 44, 70; *Kunig* (Fn. 60), Art. 104 Rn. 31; *Schmahl* (Fn. 25), Art. 104 Rn. 24; *A. Schieder*, KritV 83 (2000), 218 (248); *C. Gusy*, NJW 1992, 457 (463).

294 *Rüping* (Fn. 2), Art. 104 Rn. 73; *Dürig* (Fn. 89), Art. 104 Rn. 36.

295 VGH Baden-Württemberg NVwZ-RR 2005, 540 (541ff.); *Degenhart* (Fn. 62), Art. 104 Rn. 36; *P. Hantel*, JuS 1990, 865 (871); *C. Gusy*, HGR IV, § 93 Rn. 33; a.A. mit beachtlichen Gründen *A. Schieder*, KritV 83 (2000), 218 (244ff.).

296 BVerfGE 105, 239 (251, Rn. 32); *Müller-Franken* (Fn. 26), Art. 104 Rn. 97, 100; *Radtke* (Fn. 147), Art. 104 Rn. 25.

297 VGH Baden-Württemberg DVBl. 2011, 626 (627); krit. *S. Söllner*, DVBl. 2011, 628ff.

298 BVerfGE 96, 27 (39f.); 104, 220 (234f., Rn. 37); BVerfG (K), EuGRZ 1997, 374 (376); *Müller-Franken* (Fn. 26), Art. 104 Rn. 132f.; *Degenhart* (Fn. 62), Art. 104 Rn. 36; *Gusy* (Fn. 1), Art. 104 Rn. 62f.; zum fortwirkenden Rechtsschutzinteresse *Rüping* (Fn. 2), Art. 104 Rn. 97; *Lin*, Richtervorbehalt (Fn. 75), S. 169ff., 308ff.

299 *Wehowsky* (Fn. 22), Art. 104 Rn. 26; *Kunig* (Fn. 60), Art. 104 Rn. 29; *Degenhart* (Fn. 62), Art. 104 Rn. 34, 38; *Jarass*/Pieroth, GG, Art. 104 Rn. 26; *H. Hill*, HStR VI, § 156 Rn. 78: zusätzliche zeitliche Einschränkung; *Hantel*, Begriff (Fn. 9), S. 37ff.

vorzuführen sind, also bis spätestens 24 Uhr, und zwar auch dann, wenn ein Richter gemäß Art. 104 II 1 GG schon die Freiheitsentziehung angeordnet hatte (so dass dann zwei richterliche Entscheidungen nötig sind)[300]. Dabei handelt es sich um eine strikt einzuhaltende, absolute zeitliche Grenze[301], bei der es nicht darauf ankommt, ob sie an Sonn- oder Feiertagen endet[302]. Auch sollte bei der Fristberechnung der Zeitraum eines der vorläufigen Festnahme vorausgegangenen Freiheitsentzuges aufgrund polizeilicher Ingewahrsamnahme einberechnet werden[303]. Fristwahrend ist nur die persönliche Anhörung (→ Rn. 49), nicht etwa schon die bloße Einlieferung in das Gerichtsgebäude[304]. Der Richter kann ungeachtet seiner Pflicht zur unverzüglichen Entscheidung diese auch erst nach Ablauf der Frist zur Vorführung treffen[305].

Für **alle anderen Fälle** einer Freiheitsentziehung ohne vorherige richterliche Anord- **55**
nung gilt als zeitliche Obergrenze, dass die hier wohl zunächst einmal allein gemeinte (Vollzugs-)Polizei[306], aber auch die sonstigen Verwaltungsbehörden[307] aus »eigener Machtvollkommenheit«, d.h. nicht als Hilfsorgan für andere Staatsorgane[308], den Betroffenen ohne Einschaltung eines Richters nicht länger als bis um Mitternacht des der Verhaftung folgenden Tages[309] in Gewahrsam halten darf (Art. 104 II 3 GG); mit »eigenem Gewahrsam« sind nicht nur Räume unter unmittelbarer Sachherrschaft der Polizei, sondern auch Orte gemeint, bei denen ein anderer die tatsächliche Gewalt hat, die Polizei aber die rechtliche Herrschaft behält (z.B. polizeiliche Einweisung in psychiatrische Anstalt)[310]. Weil aber auch in diesen Fällen die Pflicht zur unverzüglichen Herbeiführung einer richterlichen Entscheidung nach Art. 104 II 2 GG besteht (→ Rn. 47), dürfte diese in historischen Erfahrungen gründende zusätzliche absolute zeitliche Schutzgrenze[311] zur Abwehr polizeilicher Willkür theoretisch und praktisch keine Bedeutung haben können[312]. Denn kommt es nicht noch zu einer unverzügli-

---

[300] *Müller-Franken* (Fn. 26), Art. 104 Rn. 110; *Schmahl* (Fn. 25), Art. 104 Rn. 20; *A. Voßkuhle*, HGR V, § 131 Rn. 22; *Gusy* (Fn. 1), Art. 104 Rn. 66. Darauf beschränkt sich letztlich die Sonderregelung des Art. 104 III GG.

[301] *Degenhart* (Fn. 62), Art. 104 Rn. 38; *Gusy* (Fn. 1), Art. 104 Rn. 48, 57, 67; *A. Voßkuhle*, HGR V, § 131 Rn. 22; *Kunig* (Fn. 60), Art. 104 Rn. 24; *H.C. Schaefer*, NJW 2000, 1996.

[302] *Jarass*/Pieroth, GG, Art. 104 Rn. 26; *Müller-Franken* (Fn. 26), Art. 104 Rn. 101; *H.-U. Paeffgen*, in: J. Wolter (Hrsg.), SK-StPO, § 115 (2015), Rn. 6.

[303] BGHSt 34, 365 (369); *Rüping* (Fn. 2), Art. 104 Rn. 77.

[304] *Rüping* (Fn. 2), Art. 104 Rn. 78; *Dürig* (Fn. 89), Art. 104 Rn. 42; *J. Baumann*, Die Bedeutung des Artikels 2 GG für die Freiheitsbeschränkungen im Strafprozeß, in: FS Eberhard Schmidt, 1961, S. 525ff. (534); anders BayVerfGHE 34, 162 (172).

[305] Zu den Besonderheiten der Entscheidungen nach Art. 104 III 1 *Gusy* (Fn. 1), Art. 104 Rn. 69; *A. Voßkuhle*, HGR V, § 131 Rn. 25; *Rüping* (Fn. 2), Art. 104 Rn. 79; einfachgesetzlich weitergehend § 129 StPO.

[306] OVG NW DÖV 1952, 408; *Degenhart* (Fn. 62), Art. 104 Rn. 34; *P. Hantel*, JuS 1990, 865 (870).

[307] *Schmahl* (Fn. 25), Art. 104 Rn. 29; *Jarass*/Pieroth, GG, Art. 104 Rn. 27; *Gusy* (Fn. 1), Art. 104 Rn. 56; *A. Schieder*, KritV 83 (2000), 218 (236); *Aschmann*, Richtervorbehalt (Fn. 9), S. 102; *Rüping* (Fn. 2), Art. 104 Rn. 70; *E. Grabitz*, HStR VI, § 130 Rn. 26; *Kunig* (Fn. 60), Art. 104 Rn. 24: (zumindest analog) auch die Ordnungsverwaltungsbehörden; differenzierend *Dürig* (Fn. 89), Art. 104 Rn. 40; dagegen *Koschwitz*, Freiheitsentziehung (Fn. 97), S. 10f.

[308] *Kunig* (Fn. 60), Art. 104 Rn. 25; a.A. *Gusy* (Fn. 1), Art. 104 Rn. 56.

[309] *Jarass*/Pieroth, GG, Art. 104 Rn. 26; *Kunig* (Fn. 60), Art. 104 Rn. 27; *Degenhart* (Fn. 62), Art. 104 Rn. 35.

[310] *Müller-Franken* (Fn. 26), Art. 104 Rn. 105; *C. Gusy*, HGR IV, § 93 Rn. 32.

[311] Vgl. näher BVerfGE 10, 302 (321); OVG Berlin DVBl. 1973, 701 (703); *Degenhart* (Fn. 62), Art. 104 Rn. 34; *Gusy* (Fn. 1), Art. 104 Rn. 57; *Kunig* (Fn. 60), Art. 104 Rn. 24; *P. Hantel*, JuS 1990, 865 (870).

[312] *Degenhart* (Fn. 62), Art. 104 Rn. 35; *A. Schieder*, KritV 83 (2000), 218 (238).

chen richterlichen Entscheidung bis zum Ablauf dieser Frist, dann müssen die Inhaftierten bzw. Festgenommenen sofort freigelassen werden[313] – sonst liegt eine rechtswidrige Freiheitsberaubung im Amt vor[314]. Gleiches gilt, wenn bereits feststeht, dass die richterliche Entscheidung nicht mehr rechtzeitig ergehen kann, auch weil z. B. die Polizei die Entscheidung nicht unverzüglich beantragt[315]; das gilt erst recht, wenn der Richter die Fortdauer für unzulässig erklärt. Es ist aber schon theoretisch bei Inlandssachverhalten kaum vorstellbar, dass eine unverzügliche richterliche Prüfung der Freiheitsentziehung zugleich unverzüglich angestrebt sein und dennoch erst nach Mitternacht des folgenden Tages herbeigeführt worden sein soll[316]. Auch Art. 115c II Nr. 2 GG, der im Verteidigungsfall für die Entscheidungen der Richter eine Verlängerung der Fristen auf bis zu vier Tagen ermöglicht[317], behandelt die unterschiedlichen Formen der Freiheitsentziehungen gleich. Anderes kann nur bei Sachverhalten mit Auslandsbezug gelten, etwa bei der Festnahme von Piraten auf hoher See (z. B. vor Somalia), die außerhalb der Regelungsintentionen des Verfassunggebers in Art. 104 GG angesiedelt sind; hier wird man die Anforderungen an die Unverzüglichkeit nicht überspannen und die Sachgesetzlichkeiten solcher Einsätze einschränkend berücksichtigen dürfen[318].

cc) Die Benachrichtigungspflicht des Richters (Art. 104 IV GG)

56 Für alle positiven (nicht: Haft ablehnenden oder beendenden[319]) Entscheidungen über die Freiheitsentziehung (oder die Fortdauer durch Zurückweisung einer Haftbeschwerde[320] oder im Rechtsmittelverfahren) durch den Richter gilt gleichermaßen die **objektive verfahrensrechtliche Verpflichtung** für den Richter, von Amts wegen und **unverzüglich** (→ Rn. 47) **einen Angehörigen** des Betroffenen oder eine Person seines Vertrauens von der Entscheidung zu **benachrichtigen** (Art. 104 IV GG), ob die gerichtliche Entscheidung nun vor oder nach der Festnahme gefallen ist[321]. Diese objektive Pflicht gilt ausnahmslos auch dann, wenn die Benachrichtigung den mit der Festnahme verfolgten Zweck gefährden würde[322]: Der Schutzzweck des Art. 104 IV GG, das

---

[313] *Jarass*/Pieroth, GG, Art. 104 Rn. 28; *Müller-Franken* (Fn. 26), Art. 104 Rn. 102; *Degenhart* (Fn. 62), Art. 104 Rn. 37; *Kunig* (Fn. 60), Art. 104 Rn. 27.

[314] *Dürig* (Fn. 89), Art. 104 Rn. 26.

[315] BVerfGE 105, 239 (250f., Rn. 30ff.); *Gusy* (Fn. 1), Art. 104 Rn. 55; *Kunig* (Fn. 60), Art. 104 Rn. 27.

[316] *Degenhart* (Fn. 62), Art. 104 Rn. 35.

[317] Vgl. *F. Wittreck*, HStR³ VII, § 151 Rn. 30; *Schmahl* (Fn. 25), Art. 104 Rn. 36; *Gusy* (Fn. 1), Art. 104 Rn. 59.

[318] *Müller-Franken* (Fn. 26), Art. 104 Rn. 85; *Schmahl* (Fn. 25), Art. 104 Rn. 27; *Kunig* (Fn. 60), Art. 104 Rn. 20 – »Auslandseinsätze«; *A. v. Arnauld*, AVR 47 (2009), 454 (472); w. Nw. oben Fn. 272; a.A. *A. Fischer-Lescano/L. Kreck*, AVR 47 (2009), 491 (497f.); s. auch *A. Zimmermann*, ZRP 2012, 116 (117f.).

[319] *Rüping* (Fn. 2), Art. 104 Rn. 89; *Dürig* (Fn. 89), Art. 104 Rn. 43; *H. Hilger*, in: Löwe-Rosenberg (Fn. 27), § 114b StPO Rn. 9.

[320] BVerfGE 16, 119 (123); 38, 32 (34); *Jarass*/Pieroth, GG, Art. 104 Rn. 20; *Degenhart* (Fn. 62), Art. 104 Rn. 25; *Rüping* (Fn. 2), Art. 104 Rn. 89; *Kunig* (Fn. 60), Art. 104 Rn. 36; s. auch § 114b I 1 StPO.

[321] *Degenhart* (Fn. 62), Art. 104 Rn. 25; *Kunig* (Fn. 60), Art. 104 Rn. 37; *C. Gusy*, HGR IV, § 93 Rn. 37; *E. Grabitz*, HStR VI, § 130 Rn. 29f.

[322] *Rüping* (Fn. 2), Art. 104 Rn. 86; *Degenhart* (Fn. 62), Art. 104 Rn. 20, 28; *Kunig* (Fn. 60), Art. 104 Rn. 38; *Hilger* (Fn. 319), § 114b StPO Rn. 13ff.; *E. Grabitz*, HStR VI, § 130 Rn. 29.

»spurlose« Verschwinden von Personen zu verhindern[323], gebietet eine strikte Handhabung. Unabhängig und neben Art. 104 IV GG haben festgenommene Ausländer nach Art. 36 I b) 1 des Wiener Übereinkommens über konsularische Beziehungen einen Anspruch auf Unterrichtung der zuständigen konsularischen Vertretung ihres Heimatlandes[324].

Der rechtlichen Pflicht entspricht ein **subjektives Recht des Festgenommenen**[325], nicht des zu Benachrichtigenden[326], auf Benachrichtigung durch den Richter (insoweit weitergehend aber § 114b II StPO); er kann es selbständig im Wege der Verfassungsbeschwerde geltend machen[327]. Diesem subjektiven Recht korrespondiert grundsätzlich ein Mitwirkungsrecht des Festgenommenen bei der Auswahl der zu benachrichtigenden Person[328], das im Einzelfall bei Gefährdung des Haftzweckes zugunsten einer alternativ genannten Person vom Richter ausnahmsweise nicht im Sinne einer strikten Bindung an einen einzigen Vorschlag verstanden werden muss[329]; im Regelfall darf der Richter dem Festgenommenen keine Vertrauensperson »aufzwingen«[330]. 57

Der Festgenommene kann im Interesse seines Persönlichkeitsschutzes auf sein Mitwirkungsrecht grundsätzlich verzichten[331], doch ist ein solcher **Verzicht** restriktiv auszulegen[332], um Missbrauchsmöglichkeiten auszuschließen[333]: Der Richter hat die Verzichtsgründe zu prüfen und mit dem öffentlichen Interesse an einer Benachrichtigung abzuwägen[334]. Bei Kindern müssen in jedem Falle die Eltern benachrichtigt werden (Art. 6 II GG)[335]. 58

---

323 *Gusy* (Fn. 1), Art. 104 Rn. 71; *J. Bröhmer*, Transparenz als Verfassungsprinzip, 2004, S. 247f.; *E. Grabitz*, HStR VI, § 130 Rn. 29; *Degenhart* (Fn. 62), Art. 104 Rn. 25; *Dürig* (Fn. 89), Art. 104 Rn. 43, im Anschluss an *H. v. Mangoldt*.

324 BVerfGK 9, 174 (186ff.); 18, 125 (137f.); *Müller-Franken* (Fn. 26), Art. 104 Rn. 117; *Schmahl* (Fn. 25), Art. 104 Rn. 38; *H. Meyer-Mews*, StraFo 2012, 7ff.

325 BVerfGE 16, 119 (122); *Sachs*, Grundrechte, S. 1115; *Rüping* (Fn. 2), Art. 104 Rn. 21, 85; *Kunig* (Fn. 60), Art. 104 Rn. 36; *E. Grabitz*, HStR VI, § 130 Rn. 30.

326 BVerwG DVBl. 1984, 1080 (1080); *Rüping* (Fn. 2), Art. 104 Rn. 96; *Kunig* (Fn. 60), Art. 104 Rn. 36.

327 *E. Grabitz*, HStR VI, § 130 Rn. 30.

328 *Podlech* (Fn. 1), Art. 104 Rn. 35; *P. Hantel*, JuS 1990, 865 (871); *Jarass*/Pieroth, GG, Art. 104 Rn. 21; *Gusy* (Fn. 1), Art. 104 Rn. 73; a.A. *E. Grabitz*, HStR VI, § 130 Rn. 30.

329 So *Rüping* (Fn. 2), Art. 104 Rn. 86, 92; *Kunig* (Fn. 60), Art. 104 Rn. 38; *C. Gusy*, HGR IV, § 93 Rn. 36; ausf. *Hilger* (Fn. 319), § 114b StPO Rn. 10f.

330 *Degenhart* (Fn. 62), Art. 104 Rn. 29.

331 BVerfGE 16, 119 (122); *Dörr*, Freiheit (Fn. 1), Kap. 13 Rn. 41; *Rüping* (Fn. 2), Art. 104 Rn. 87; *Kunig* (Fn. 60), Art. 104 Rn. 39; *E. Grabitz*, HStR VI, § 130 Rn. 29; a.A. *D. Herrmann*, in: Satzger/Schluckebier (Fn. 49), § 114c StPO Rn. 15; *Müller-Franken* (Fn. 26), Art. 104 Rn. 118; *Radtke* (Fn. 147), Art. 104 Rn. 18; *D. Brodowski*, JuS 2012, 980 (984); *H.-U. Paeffgen*, in: SK-StPO (Fn. 302), § 114b (2015), Rn. 4a.

332 BVerfGE 16, 119 (123f.); *F. Wittreck*, HStR³ VII, § 151 Rn. 39; *Gusy* (Fn. 1), Art. 104 Rn. 74; *Rüping* (Fn. 2), Art. 104 Rn. 88.

333 Gegen eine Verzichtsmöglichkeit *Schmahl* (Fn. 25), Art. 104 Rn. 39; *Degenhart* (Fn. 62), Art. 104 Rn. 26; *B. Schmitt*, in: Meyer-Goßner, StPO, § 114c Rn. 6; *P. Hantel*, JuS 1990, 865 (871); *J. Pietzcker*, Der Staat 17 (1978), 527 (549); *H. Dünnebier*, JZ 1963, 693 (694).

334 *Gusy* (Fn. 1), Art. 104 Rn. 74; *Wehowsky* (Fn. 22), Art. 104 Rn. 29; *Rüping* (Fn. 2), Art. 104 Rn. 88; *Dürig* (Fn. 89), Art. 104 Rn. 43; *Jarass*/Pieroth, GG, Art. 104 Rn. 21.

335 *Jarass*/Pieroth, GG, Art. 104 Rn. 21; *Degenhart* (Fn. 62), Art. 104 Rn. 29; *Gusy* (Fn. 1), Art. 104 Rn. 71; *Rüping* (Fn. 2), Art. 104 Rn. 92; *Podlech* (Fn. 1), Art. 104 Rn. 35.

59 Als **zu benachrichtigende Personen** kommen einerseits Angehörige (i. S. von § 52 I StPO) in Betracht[336], einschließlich Pflegeeltern und Pflegekinder[337] und Partner in eheähnlichen Gemeinschaften[338], bei festgenommenen Kindern oder Jugendlichen stets auch die Eltern (Art. 6 II 1 GG)[339], andererseits auch sonstige Personen des Vertrauens des Betroffenen wie der Wahlverteidiger[340], der Pflichtverteidiger, soweit die Bestellung vom Festgenommenen gebilligt wurde[341], aber auch Freunde und Kollegen[342], bei Ausländern u. U. auch konsularische Vertreter des Heimatlandes[343], **nicht** aber andere Behörden[344], geschiedene Ehepartner ohne vorherige Rücksprache mit dem Festgehaltenen[345] oder Personen, die nur der Richter als Vertrauenspersonen ansieht[346]. Maßgeblich ist das tatsächliche Vertrauen des Festgenommenen[347].

4. Das Misshandlungsverbot (Art. 104 I 2 GG)

60 Das **Misshandlungsverbot** (Art. 104 I 2 GG) normiert **zusätzliche Anforderungen an die Art und Weise** des Vollzugs jeder Freiheitsbeschränkung, ob sie nun durch den Richter oder die Exekutive angeordnet worden ist[348]. Art. 104 I 2 GG normiert über die Grenzen hinaus, die dem freiheitsbeschränkenden Gesetzgeber schon durch Grundrechte wie das Recht auf Persönlichkeitsentfaltung oder auf körperliche Unversehrtheit nach Art. 2 I, II GG gesetzt sind[349], ein zusätzliches Verbot aller körperlichen oder seelischen Misshandlungen (nur) für »festgehaltene Personen«[350]. Es richtet sich – auch (aber nicht nur) vor dem Hintergrund der Erfahrungen der NS-Zeit (→ Rn. 4) – gegen Beeinträchtigungen, die mit Beschränkungen der körperlichen Bewegungsfreiheit vor allem auch aufgrund von Freiheitsentziehungen aller Erfahrung nach leicht verbunden sein können[351]; deshalb trägt der freiheitsbeschränkende staatliche Gewahrsamsträger die Beweislast dafür, dass Verletzungen während des Gewahrsams nicht durch staatliche Misshandlung entstanden sind[352] (→ Rn. 10). Auf die subjektiven Motive der staatlichen Organwalter kommt es nicht an[353].

---

336 *Degenhart* (Fn. 62), Art. 104 Rn. 28; *Wehowsky* (Fn. 22), Art. 104 Rn. 28; *Kunig* (Fn. 60), Art. 104 Rn. 35.

337 *Rüping* (Fn. 2), Art. 104 Rn. 90; *Hilger* (Fn. 319), § 114b StPO Rn. 10.

338 *Gusy* (Fn. 1), Art. 104 Rn. 73; *Kunig* (Fn. 60), Art. 104 Rn. 35; a.A. *B. Schmitt*, in: Meyer-Goßner, StPO, § 52 Rn. 5.

339 *Wehowsky* (Fn. 22), Art. 104 Rn. 28; *Podlech* (Fn. 1), Art. 104 Rn. 35.

340 BVerfGE 16, 119 (124).

341 BVerfGE 16, 119 (124); 38, 32 (34); *Degenhart* (Fn. 62), Art. 104 Rn. 28.

342 *Rüping* (Fn. 2), Art. 104 Rn. 91.

343 *Dörr*, Freiheit (Fn. 1), Kap. 13 Rn. 44; *Rüping* (Fn. 2), Art. 104 Rn. 92; *Kunig* (Fn. 60), Art. 104 Rn. 36.

344 *Gusy* (Fn. 1), Art. 104 Rn. 72.

345 *Kunig* (Fn. 60), Art. 104 Rn. 35.

346 *Dürig* (Fn. 89), Art. 104 Rn. 43; *Degenhart* (Fn. 62), Art. 104 Rn. 29.

347 *Gusy* (Fn. 1), Art. 104 Rn. 73.

348 *Degenhart* (Fn. 62), Art. 104 Rn. 41.

349 Vgl. BVerfGE 33, 1 (10); 49, 24 (54ff.); *Kunig* (Fn. 60), Art. 104 Rn. 7; *Jarass*/Pieroth, GG, Art. 104 Rn. 7; a.A. *M. Sachs*, in: Stern, Staatsrecht IV/1, S. 174f.

350 *F. Rottmann*, Das Misshandlungsverbot des Art. 104 Abs. 1 S. 2 GG als Maßstab verfassungskonformer Auslegung, in: Goerlich, Folter (Fn. 16), S. 75ff. (76); weitergehend *Müller-Franken* (Fn. 26), Art. 104 Rn. 67.

351 *Gusy* (Fn. 1), Art. 104 Rn. 29, 31; *A. Guckelberger*, VBlBW 2004, 121 (122); *K. Kruis*, ZRP 2000, 1 (4).

352 *Jarass*/Pieroth, GG, Art. 104 Rn. 9.

353 *A. Guckelberger*, VBlBW 2004, 121 (124) m.w.N.

Das Misshandlungsverbot ist **vorbehaltlos garantiert**, d.h. eine Misshandlung lässt sich grundsätzlich nicht im Wege einer Abwägung rechtfertigen[354], ob im straf- oder im polizeirechtlichen Kontext[355]. Deshalb ist der Begriff der Misshandlung nicht so weit zu ziehen, dass er Formen der Gewaltanwendung gegenüber einzelnen umfasst, die sich in bestimmten Situationen nach Maßgabe von Verhältnismäßigkeitsüberlegungen rechtfertigen lassen können; er kann also nicht schon jede nicht völlig unerhebliche Beeinträchtigung der körperlichen Integrität oder der freien Willensentscheidung[356] umfassen[357]. Art. 104 I 2 GG verbietet elementare, durch nichts zu rechtfertigende Akte[358], die dem Opfer schwere körperliche oder seelische Qualen oder Leiden zufügen[359] und es demütigen und zwingen, gegen seine Überzeugung zu handeln[360]. In diesem Sinne schützt Art. 104 I GG gegen **körperliche Misshandlung** als »übles, unangemessenes Behandeln, das entweder das körperliche Wohlbefinden oder die körperliche Unversehrtheit nicht nur unerheblich beeinträchtigt«[361], wobei die gefestigte fachgerichtliche Rechtsprechung zu § 223 StGB herangezogen werden kann[362], und gegen **seelische Misshandlung** als jede erniedrigende und entehrende Behandlung wie z.B. schwere Beleidigungen, Maßnahmen zur Beeinträchtigung der freien Willensbildung u.a.[363], wobei die Rechtsprechung zum Begriff der Quälerei i.S. von § 136a StPO hilfreich für die Auslegung sein kann[364]. Bei der näheren Bestimmung wird man in völkerrechtskonformer Auslegung mindestens die Standards heranziehen müssen, die die Rechtsprechung der EGMR kasuistisch entfaltet hat (→ Rn. 11). Der Schutz vor Misshandlungen ist in Justizvollzugsanstalten nicht geringer als außerhalb[365]. 61

Art. 104 I 2 GG wird wohl überwiegend als deklaratorische **Konkretisierung des Menschenwürdesatzes** (Art. 1 I GG) angesehen[366]; er entscheidet insoweit auf Verfassungsebene den denkbaren Fall einer Würdekollision (→ Art. 1 I Rn. 133) zugunsten der Würde des potentiellen Folteropfers. Danach sind jedenfalls unzulässig: jede Form von Folter als finale Zufügung von physischen oder psychischen Leiden zur Brechung 62

---

354 *A. Uhle*, HGR V, § 129 Rn. 94; *Gusy* (Fn. 1), Art. 104 Rn. 34 (der inkonsistent den Anwendungsbereich auf einschränkbare Bedingungen des Festhaltens ausdehnt, Rn. 35f.); *Podlech* (Fn. 1), Art. 104 Rn. 40; *Rottmann*, Misshandlungsverbot (Fn. 350), S. 83f., 85ff.; *A. Guckelberger*, VBlBW 2004, 121 (124ff., 126f.); anders *F. Wittreck*, DÖV 2003, 873 (877ff.); *W. Brugger*, JZ 2000, 165ff.

355 *Schmahl* (Fn. 25), Art. 104 Rn. 19; *A. Guckelberger*, VBlBW 2004, 121 (122).

356 So aber *H.G. Bamberger/D. Moll*, RuP 43 (2007), 142 (142); *F. Saliger*, ZStW 116 (2004), 35 (41f.); *E. Grabitz*, HStR VI, § 130 Rn. 23; ausf. *Kunig* (Fn. 60), Art. 104 Rn. 15f.; krit. *E. Hilgendorf*, JZ 2004, 331 (334f.).

357 *Degenhart* (Fn. 62), Art. 104 Rn. 41; *Müller-Franken* (Fn. 26), Art. 104 Rn. 70; *Rüping* (Fn. 2), Art. 104 Rn. 37.

358 *Jarass*/Pieroth, GG, Art. 104 Rn. 8; *Degenhart* (Fn. 62), Art. 104 Rn. 41; a.A. *Gusy* (Fn. 1), Art. 104 Rn. 35.

359 Vgl. EGMR, 7.7.1989, NJW 1990, 2183 (2186, Rn. 100) – *Soering*.

360 Vgl. auch OLG Köln NJW 1963, 1748 (1749).

361 So BGHSt 14, 269 (271); *Jarass*/Pieroth, GG, Art. 104 Rn. 8; *Kunig* (Fn. 60), Art. 104 Rn. 14.

362 So *Wehowsky* (Fn. 22), Art. 104 Rn. 17; *M. Jahn*, JuS 2005, 1057ff.

363 So *Jarass*/Pieroth, GG, Art. 104 Rn. 8; *Gusy* (Fn. 1), Art. 104 Rn. 33; *Kunig* (Fn. 60), Art. 104 Rn. 15; ausf. *C. Hoffmeyer*, Grundrechte im Strafvollzug, 1979.

364 *Wehowsky* (Fn. 22), Art. 104 Rn. 18; Beispiele bei *Müller-Franken* (Fn. 26), Art. 104 Rn. 76.

365 *Jarass*/Pieroth, GG, Art. 104 Rn. 7; *Gusy* (Fn. 1), Art. 104 Rn. 33; *Kunig* (Fn. 60), Art. 104 Rn. 14; enger wohl *Rüping* (Fn. 2), Art. 104 Rn. 36ff.

366 BVerfGK 4, 283 (285); *Degenhart* (Fn. 62), Art. 104 Rn. 41; *Rüping* (Fn. 2), Art. 104 Rn. 36; *D. Brodowski*, JuS 2012, 980 (983); *Podlech* (Fn. 1), Art. 104 Rn. 40; *E. Grabitz*, HStR VI, § 130 Rn. 23; widersprüchlich *Gusy* (Fn. 1), Art. 104 Rn. 15 und 32 (mit Anm. 179).

des Willens des Betroffenen[367] ebenso wie aus sadistischen Motiven, wie es durch § 136a StPO im Blick auf Vernehmungen verfassungskonform konkretisiert worden sein dürfte[368], ferner jede Behandlung, die den Betroffenen zum bloßen Objekt staatlichen Handelns macht[369] und ihn i. S. eines »unmenschlichen Vollzugs«[370] objektiv überflüssigerweise physischer oder psychischer Gewaltanwendung aussetzt[371]. Das strikte **Folterverbot** darf nicht durch theoretische Beispielsfälle, die in der Wirklichkeit der Gefahrenabwehr unter relativer Ungewissheit gar nicht vorkommen (»ticking bomb scenario«), relativiert werden[372], ohne die Errungenschaft eines jahrhundertelangen Kampfes gegen die Folter nachhaltig zu gefährden: Die Rechtslage ist völlig eindeutig[373], Folter im Rechtsstaat ein Widerspruch in sich[374].

63 **Nicht** als **Misshandlung** in diesem Sinne hat die Judikatur eine nicht länger als drei Monate währende Kontaktsperre angesehen[375]; Gleiches dürfte für eine nach § 101 StVollzG mögliche Zwangsernährung von Gefangenen im »Hungerstreik« jedenfalls dann gelten, wenn diese nicht mehr selbstbestimmt handeln können[376]. Umstritten ist die Zulässigkeit einer elektronischen Personenortungsanlage bei Untergebrachten[377] und der Einsatz von Brechmitteln im Strafverfahren[378] (→ Rn. 10).

---

367 *Degenhart* (Fn. 62), Art. 104 Rn. 41; *Jarass*/Pieroth, GG, Art. 104 Rn. 9; *Gusy* (Fn. 1), Art. 104 Rn. 33 f.; *Rüping* (Fn. 2), Art. 104 Rn. 38; *Podlech* (Fn. 1), Art. 104 Rn. 42; a.A. *W. Brugger*, JZ 2000, 165 ff.

368 *Degenhart* (Fn. 62), Art. 104 Rn. 41; *Kunig* (Fn. 60), Art. 104 Rn. 12.

369 Vgl. BVerfGE 36, 137 (138); BVerfGK 4, 283 (285); *Jarass*/Pieroth, GG, Art. 104 Rn. 9.

370 BVerfGE 2, 118 (119); *Aschmann*, Richtervorbehalt (Fn. 9), S. 99.

371 Einzelfälle bei *Müller-Franken* (Fn. 26), Art. 104 Rn. 76.

372 *Gusy* (Fn. 1), Art. 104 Rn. 34; *ders.*, JZ 2005, 239 (240 f.); *F. Hufen*, JuS 2012, 1 (10); *H.G. Bamberger/D. Moll*, RuP 43 (2007), 142 (143 ff.); *M. Jahn*, KritV 87 (2004), 24 ff.

373 Vgl. etwa *G. Herbert*, EuGRZ 2014, 661 ff.; *Gusy* (Fn. 1), Art. 104 Rn. 34 m.w.N.; *V. Epping*, Grundrechte, 5. Aufl. 2012, Rn. 729; *H. Sauer*, JZ 2011, 23 (24); *S. Schmahl/H. Steiger*, AVR 43 (2005), 358 (362 f.); *U. Di Fabio*, in: Maunz/Dürig, GG, Art. 2 II (2004), Rn. 78 ff.; *R. Poscher*, JZ 2004, 756 ff.; *A. Guckelberger*, VBlBW 2004, 121 (126 f.); zum »Fall Daschner«: LG Frankfurt/M. NJW 2005, 692 ff.; *R.D. Herzberg*, JZ 2005, 321 ff.; *C. Roxin*, Kann staatliche Folter in Ausnahmefällen zulässig oder wenigstens straflos sein?, in: FS Eser, 2005, S. 461 ff.; *K. Ellbogen*, Jura 2005, 339 ff.; *H. Götz*, NJW 2005, 953 ff.; *C. Fahl*, Jura 2007, 743 ff.; anders wohl *Müller-Franken* (Fn. 26), Art. 104 Rn. 71 ff.

374 *H.G. Bamberger/D. Moll*, RuP 43 (2007), 142 (149); *E. Hilgendorf*, JZ 2004, 331 ff.; *F. Saliger*, ZStW 116 (2004), 35 (48); *P. Gebauer*, NVwZ 2004, 1405 ff.; eine Pflicht zur »Rettungsfolter« ist rechtsstaatlich abwegig, a.A. *Brugger*, JZ 2000, 165 (170 f.); *H. Götz*, NJW 2005, 953 (956); *H. Otto*, JZ 2005, 473 (480 f.); ausf. *G. Wagenländer*, Zur strafrechtlichen Beurteilung der Rettungsfolter, 2006, S. 176 ff.; s. auch differenzierend *R. Merkel*, Folter und Notwehr, in: FS Jakobs, 2007, S. 375 ff.; *W. Schmitt Glaeser*, Folter als Mittel staatlicher Schutzpflicht?, in: FS Isensee, 2007, S. 507 ff. (516 ff.); *F. Wittreck*, Achtungs- gegen Schutzpflicht?, in: U. Blaschke u.a. (Hrsg.), Sicherheit statt Freiheit?, 2004, S. 161 ff. (176 ff.).

375 BVerfGE 49, 24 (64); *C. Starck*, in: v. Mangoldt/Klein/Starck, GG I, Art. 1 Rn. 66.

376 *Jarass*/Pieroth, GG, Art. 104 Rn. 9; *Degenhart* (Fn. 62), Art. 104 Rn. 41; *Rüping* (Fn. 2), Art. 104 Rn. 39; a.A. *Podlech* (Fn. 1), Art. 104 Rn. 46 f.

377 Für Vereinbarkeit mit Art. 104 I 2 GG: AG Bielefeld BtPrax 1996, 232 (233); anders: AG Hannover BtPrax 1992, 113 (114).

378 Einzelfallabhängig dagegen EGMR, 11.7.2006, NJW 2006, 3117 (3120 f., Rn. 75 ff.) – *Jalloh*; zust. *C.J.M Safferling*, Jura 2008, 100 ff.; *K.H. Schumann*, StV 2006, 661 ff.; krit. *J.C. Schuhr*, NJW 2006, 3538 ff.; anders *T. Mushoff*, KritV 88 (2005), 83 ff.

IV. Objektiv-rechtliche Gehalte

1. Organisation und Verfahren

Die Regeln des Art. 104 GG setzen teilweise **ausreichende Organisations- und Verfahrensregeln** i. S. bestimmter formeller Mindeststandards voraus, damit seine Anforderungen zugunsten des in seiner Freiheit Betroffenen eingehalten werden können[379]. Insoweit gebietet Art. 104 II–IV GG eine funktionsfähige Gerichtsorganisation, die unverzügliche Entscheidungen des Haftrichters (→ Rn. 47) erlaubt, in den Hauptfällen der Verhaftung wie der Unterbringung also nach geltender Gesetzeslage eine Entscheidung des Amtsrichters (vgl. § 125 I StPO, §§ 312ff. FamFG). Zwar verpflichtet Art. 104 II 2 GG nicht dazu, einen gerichtlichen Bereitschaftsdienst während der Nachtstunden bereitzuhalten[380], solange es keinen praktischen Bedarf über Ausnahmefälle hinaus gibt (→ Rn. 47) und eine Entscheidung bis zum Ende des Tages nach Ergreifung ergehen kann (vgl. den Wertungsgesichtspunkt des Art. 104 II 3 GG)[381]; aber es muss ihn angesichts der zunehmend kürzer werdenden Dienststunden und damit der erschwerten Erreichbarkeit von Richtern tagsüber in den Stunden von 6 Uhr morgens bis 21 Uhr und an Sonn- und Feiertagen geben[382], so dass die Frist des Art. 104 II 3 GG gewahrt werden kann. Eine schlichte telefonische Erreichbarkeit eines Richters reicht nicht aus[383], ebensowenig nur eine Dienststunde an Sonn- und Feiertagen[384]. Die Einrichtung einer Rufbereitschaft im Verordnungswege durch die Landesjustizverwaltungen ist eine verfassungsrechtlich logische Konsequenz[385]. 64

2. Ausstrahlungswirkungen im Privatrecht

Art. 104 II–IV GG kommt auch dann zur Anwendung, wenn der Staat es – ob durch öffentlich-rechtliche oder durch privatrechtliche Normen – Privatpersonen ermöglicht, über Freiheitsentziehungen zu entscheiden[386]. Die **Verfahrensgarantien des Art. 104 II–IV GG strahlen** nach herkömmlicher Auffassung i. S. der mittelbaren Drittwirkung von Grundrechten[387] (→ Vorb. Rn. 98ff.) etwa auf eine Festnahme durch Private nach § 127 StPO[388], jedenfalls **auf** die Anwendung des **Privatrechts** aus[389], zumal der Staat sich hier materiell bei der Durchführung öffentlicher Fürsorgeverpflichtun- 65

---

[379] *Müller-Franken* (Fn. 26), Art. 104 Rn. 41; *Gusy* (Fn. 1), Art. 104 Rn. 64; ausf. *Heidebach*, Grundrechtsschutz (Fn. 71), S. 264ff.

[380] Dafür *G. Fickenscher/A. Dingelstadt*, NJW 2009, 3473ff.

[381] BVerwGE 45, 51 (64); *Müller-Franken* (Fn. 26), Art. 104 Rn. 98; *Degenhart* (Fn. 62), Art. 104 Rn. 33; *Kunig* (Fn. 60), Art. 104 Rn. 23; *A. Schieder*, KritV 83 (2000), 218 (235, 245) m. ausf. Nw.; anders OLG Hamm NJW 2009, 3109 (3110) für den Richtervorbehalt des Art. 13 II GG.

[382] BVerfGE 105, 239 (248, Rn. 25); *Degenhart* (Fn. 62), Art. 104 Rn. 33; *Reiter/Seban*, Richtervorbehalt (Fn. 66), S. 356ff.; *Gusy* (Fn. 1), Art. 104 Rn. 48; *M. Rabe von Kühlenwein*, DVBl. 2002, 1545 (1546ff.); *Rüping* (Fn. 2), Art. 104 Rn. 72; s. auch zum Erfordernis der entsprechenden Organisation der Dienstgeschäfte BVerfG (K), NJW 1990, 2309 (2310).

[383] *Schmahl* (Fn. 25), Art. 104 Rn. 28; *H. Kintzi*, DRiZ 2004, 83 (85).

[384] *Radtke* (Fn. 147), Art. 104 Rn. 22.

[385] *F. Wittreck*, Die Verwaltung der Dritten Gewalt, 2006, S. 451ff. m.w.N.; *D. Herrmann*, DRiZ 2004, 316ff.; anders (krit.) *T. Schulte-Kellinghaus*, NJW 2004, 477ff.

[386] *Jarass*/Pieroth, GG, Art. 104 Rn. 29.

[387] Krit. *Müller-Franken* (Fn. 26), Art. 104 Rn. 46, 53.

[388] *Gusy* (Fn. 1), Art. 104 Rn. 65; zust. *Jarass*/Pieroth, GG, Art. 104 Rn. 29.

[389] BVerfGE 10, 302 (322); *Degenhart* (Fn. 62), Art. 104 Rn. 8; *Gusy* (Fn. 1), Art. 104 Rn. 16; *Wehowsky* (Fn. 22), Art. 104 Rn. 9; *Kunig* (Fn. 60), Art. 104 Rn. 4; für unmittelbare Anwendung der Grundrechte BGHZ 166, 141 (148, Rn. 15); 193, 337 (347, Rn. 27).

gen Privatpersonen bedient[390]. Allgemein ist namentlich das bürgerliche Ehe-, Familien- und Vormundschaftsrecht ausgeprägt durch öffentlich-rechtliche Ordnungsgesichtspunkte nach Maßgabe einer staatlichen Schutzpflicht[391] durchwirkt[392], die auch Verfahrensgarantien wie Art. 104 II-IV GG bedeutsam erscheinen lassen.

66 Praktisch bedeutsam ist das bei der zwangsweisen **Unterbringung einer Person** in einer geschlossenen **Anstalt durch einen Vormund (vgl. §§ 1800 S. 1, 1631b BGB)**[393] **oder** einen **Betreuer** (§ 1906 BGB) im Interesse der Betroffenen[394], obwohl es sich dabei um eine privatrechtlich geordnete Aufenthaltsbestimmung handelt. Auch in einem solchen Fall bedarf es daher einer unverzüglichen richterlichen Genehmigung (vgl. § 1906 II 1 BGB)[395] nach Maßgabe des unverzichtbaren persönlichen Eindrucks des Richters durch Anhörung des Betroffenen[396] (→ Rn. 42; vgl. § 319 FamFG), damit der Betreute nicht der Gewalt von Dritten ohne Kontrolle ausgeliefert wird[397] (ohne dass es auf den – privaten oder öffentlichen – Träger der Anstalt ankommt[398]); Gleiches gilt für die richterliche Kontrolle einer Einwilligung durch einen Bevollmächtigten (§ 1905 BGB)[399]. Vor dem Hintergrund des Ziels von **Art. 12 und 14 UN-Behindertenrechtskonvention** als Auslegungshilfe (→ Rn. 8), statt einer stellvertretenden Entscheidung durch den Betreuer nach Maßgabe des eher paternalistischen § 1906 BGB den konkreten Willen des Betroffenen – ggf. im Sinne einer assistierenden Entscheidungsfindung – zu befördern[400], nehmen im Blick auf die Kontrolldichte auch die Pflichten des Richters bei einer Anhörung zu[401]. Gleiches gilt für eine stationäre **Zwangsbehandlung** des Betreuten[402] (vgl. jetzt § 1906 IIIa BGB), dessen Willen auch bei Selbstgefährdung soweit möglich zur Geltung kommen soll[403], so dass eine medizinische Zwangsbehandlung im Lichte von Art. 12 UN-Behindertenrechtskonvention grundsätzlich unzulässig ist[404], wenn nicht ausnahmsweise die Schutzpflicht des Staates vorrangig ist, nicht Einsichts- und Einwilligungsfähige auch gegen ihren natürli-

[390] So *Degenhart* (Fn. 62), Art. 104 Rn. 8.

[391] In diesem Sinne *Müller-Franken* (Fn. 26), Art. 104 Rn. 44ff.; *Kunig* (Fn. 60), Art. 104 Rn. 4; *Gusy* (Fn. 1), Art. 104 Rn. 16.

[392] BVerfGE 10, 302 (323f.); *Degenhart* (Fn. 62), Art. 104 Rn. 8.

[393] BVerfGE 10, 302 (323f.); 74, 236 (242); BGHZ 166, 141 (148); *Jarass*/Pieroth, GG, Art. 104 Rn. 29; *Degenhart* (Fn. 62), Art. 104 Rn. 8.

[394] Vgl. am Beispiel des Betreuungsrechts *V. Lipp*, Freiheit und Fürsorge: Der Mensch als Rechtsperson, 2000, S. 79ff. u. ö.

[395] BVerfGE 10, 302 (322ff.); 74, 236 (242); *Jarass*/Pieroth, GG, Art. 104 Rn. 29; *Degenhart* (Fn. 62), Art. 104 Rn. 8; krit. *H.-M. Pawlowski*, JZ 2004, 13 (15ff.).

[396] BVerfGE 58, 208 (222f.); BVerfGK 11, 323 (330f.); *Müller-Franken* (Fn. 26), Art. 104 Rn. 87; *A. Jürgens u. a.*, Betreuungsrecht kompakt, 8. Aufl. 2016, Rn. 644.

[397] Vgl. *Heidebach*, Grundrechtsschutz (Fn. 71), S. 80ff., 200; *Lipp*, Freiheit (Fn. 394), S. 140f.

[398] Vgl. aber *Müller-Franken* (Fn. 26), Art. 104 Rn. 27.

[399] BVerfG (K), EuGRZ 2015, 531 (533); *D. Schwab*, FamRZ 2015, 1357ff.

[400] *S. Schmahl*, BtPrax 2016, 51 (52); *V. Aichele/J. v. Bernstorff*, BtPrax 2010, 199 (202); *V. Lipp*, BtPrax 2010, 263 (265f.); s. aber auch *ders.*, FamRZ 2012, 669 (674ff.).

[401] Vgl. allg. BVerfGE 128, 282 (315ff., Rn. 68ff.); *Uerpmann-Wittzack*, Vorgaben (Fn. 31), S. 96f., 71f.; *S. Schmahl*, BtPrax 2016, 51 (53).

[402] Vgl. aber zuvor BGHZ 166, 141 (148, Rn. 15); *V. Lipp*, JZ 2006, 661 (663f.); *G. Dodegge*, NJW 2006, 1627ff.; ausf. *W. Popp*, Zwangsbehandlung von psychisch Kranken im Betreuungsrecht, 2003, S. 127ff.; s. auch zu Zwangsbefugnissen des Betreuers *ders.*, JZ 2001, 825ff.; *R. Marschner*, in: Marschner/Volckart/Lesting, Freiheitsentziehung (Fn. 249), S. 210ff.

[403] BVerfGE 128, 282 (308ff., Rn. 55ff.); BVerfGE 142, 313 (342f., Rn. 82); *Marschner* (Fn. 85), § 1906 BGB Rn. 30ff.; *V. Lipp*, FamRZ 2013, 913 (921).

[404] *S. Schmahl*, BtPrax 2016, 51 (52); *dies.*, Grund- und menschenrechtliche Anforderungen an den Erwachsenenschutz, in: Coester-Waltjen u. a. (Hrsg.), Perspektiven und Reform des Erwachse-

chen Willen zu schützen[405]; § 1906 I Nr. 2 BGB a. F. war insoweit keine ausreichende gesetzliche Ermächtigung[406]. Auch die Judikatur zu den Anforderungen an Gutachter zur Vermeidung repetitiver Routinebeurteilungen (→ Rn. 40) dürfte hier ein Anwendungsfeld finden, damit die Genehmigungen von Zwangsunterbringungen und -behandlungen diskriminierungsfrei erteilt werden können (vgl. die Soll-Vorschriften der §§ 321 I 5, 329 III, 331 S. 1 Nr. 2 FamFG).

Vergleichbares muss angesichts der Intensität der Grundrechtsbeeinträchtigung auch für die Unterbringung von **Kindern** durch die Eltern gelten[407], auch wenn in dieser Problemkonstellation die Aufgabenwahrnehmung eben nicht als eine solche der öffentlichen Fürsorge angesehen werden kann. Dem entspricht der Richtervorbehalt in § 1631b BGB[408], der die Freiheitsgefahren bei Personen, die in »totalen« geschlossenen Institutionen untergebracht werden sollen, grundrechtsangemessen – auch unter Berücksichtigung des Wächteramtes des Staates i. S. von Art. 6 II GG (→ Art. 6 Rn. 175 ff.) – aufnimmt. Dennoch sollen freiheitsentziehende Fixierungsmaßnahmen bei Kindern ohne weitere Rechtsgrundlage und ohne richterliche Genehmigung zulässig sein[409]. 67

Die primär auf staatliches Handeln zugeschnittenen Verfahrensgarantien des Art. 104 GG können insoweit aber nicht durchweg umstandslos unmittelbar angewendet werden. Hinsichtlich der **Reichweite der** vormundschafts- bzw. familiengerichtlichen **Entscheidung** über das Ob der Freiheitsentziehung sollen zusätzliche Eingriffe bei freiheitsentziehender Unterbringung (§§ 1631b, 1906 BGB) wie Fixierungen, Eingitterung, Bettgurte u.ä. selbst bei nicht nur gelegentlicher Verwendung und nicht nur geringer Dauer für geschlossen Untergebrachte schon von der richterlichen Anordnung freiheitsentziehender Unterbringung gedeckt sein[410]. Anders regelt das für offen Untergebrachte der Richtervorbehalt des § 1906 IV BGB, doch mehren sich die Stimmen für dessen analoge Anwendung auch für geschlossen Untergebrachte[411], so wie das auch in den öffentlich-rechtlichen Unterbringungsgesetzen einiger Länder vorgesehen ist. 68

Hinsichtlich der **Fristgerechtigkeit** der Entscheidungen haben zwar die Betreuer, Eltern, Pfleger, Vormünder usw. in solchen Fällen die jeweiligen Vormundschafts- 69

---

nenschutzes, 2013, S. 18 ff. (32 ff.); *P. Masuchi/C. Gmati*, NZS 2013, 521 (525); krit. *R. Rosenow*, BtPrax 2013, 39 (43).

[405] BVerfGE 142, 313 (340 ff., Rn. 78 ff.); *S. Schmahl*, BtPrax 2016, 51 (54); *R. Rosenow*, BtPrax 2013, 39 (42); s. auch *Jürgens u. a.*, Betreuungsrecht (Fn. 396), Rn. 596 ff.; *P. Kieß*, in: A. Jurgeleit (Hrsg.), Betreuungsrecht, 3. Aufl. 2013, § 1906 BGB Rn. 47 ff.

[406] Vgl. BGHZ 193, 337 (341 ff., Rn. 13 ff.); *Schmahl*, Anforderungen (Fn. 404), S. 35; anders noch BGHZ 166, 141 (148 ff., Rn. 16 ff.); vgl. auch BVerfGE 133, 112 (135 ff., Rn. 63 ff.); *V. Lipp*, FamRZ 2013, 913 (919 ff.).

[407] BVerfGK 11, 323 (334 ff.); *Degenhart* (Fn. 62), Art. 104 Rn. 8; *Jarass*/Pieroth, GG, Art. 104 Rn. 29; *E. Grabitz*, HStR VI, § 130 Rn. 33; *Podlech* (Fn. 1), Art. 104 Rn. 32; s. auch *Kunig* (Fn. 60), Art. 104 Rn. 4; in der Begründung a.A. *Hantel*, Begriff (Fn. 9), S. 195 f.; a.A. im Ergebnis qua Betonung des Elternrechts (Art. 6 II GG) *I. Kroll*, Personensorge und Freiheitsentzug, Diss. jur. Bonn 1967, S. 89 ff.

[408] Vgl. *H. Vogel*, FamRZ 2015, 1 ff.; *E. Grabitz*, HStR VI, § 130 Rn. 33; s. auch *Rüping* (Fn. 2), Art. 104 Rn. 17, 96; krit. aber *F. Czerner*, AcP 202 (2002), 72 ff.

[409] BGH NJW 2013, 2969 (2969 ff.); krit. *U. Engelfried*, Betr. Justiz 2014, 35 ff.

[410] KG NJW 1971, 1091; *B. Klüsener/H. Rausch*, NJW 1993, 617 (623); krit. und a.A. *Rüping* (Fn. 2), Art. 104 Rn. 54.

[411] AG Hannover BtPrax 1992, 113 (114); AG Bielefeld BtPrax 1996, 232 (233); *Marschner* (Fn. 85), § 1906 BGB Rn. 31; a.A. AG Stuttgart-Cannstatt BtPrax 1996, 35 (36).

bzw. Familiengerichte auch unverzüglich einzuschalten, und die Gerichte haben unverzüglich zu entscheiden, doch spielen in der Unterbringungspraxis die strengen Höchstfristen des an polizeilichen Verhaftungen orientierten Art. 104 II, III GG keine strikte Rolle[412]. Als unverzüglich gilt weithin das, was die Organisation der Gerichte als dauerhaft praktizierbar zulässt. Diese Abweichung lässt sich vielleicht dadurch rechtfertigen, dass – anders als bei einseitig hoheitlichen Freiheitsentziehungen im Bereich des Strafprozess- oder des Polizeirechts – im Bereich des Unterbringungsrechts die Entscheidung über die Freiheitsentziehung regelmäßig durch vorherige gerichtliche Entscheidungen (z.B. Bestellung eines Betreuers nach § 1896 BGB, Einschaltung von ärztlichen oder auch sonstigen Gutachtern nach § 321 FamFG[413]) vorbereitet wurde und so einer mehrstufigen Kontrolle unterliegt, zumal auch die Prüfung durch Betreuer bzw. von den betroffenen nahestehenden Personen in Rechnung gestellt werden kann.

D. Verhältnis zu anderen GG-Bestimmungen

70 Verstöße gegen gesetzlich vorgeschriebene Formen i. S. von Art. 104 I 1 GG können in **Idealkonkurrenz** zugleich gegen andere Verfassungsnormen verstoßen, z.B. die Verletzung von Anhörungsrechten gegen das Recht auf Gehör i. S. von Art. 103 I GG, mit dem sie nicht identisch sind[414], auch wenn ihnen gemeinsam der Gedanke der Grundrechtssicherung durch Verfahren zugrundeliegt[415]: Art. 104 GG geht in Einzelfällen über das Recht auf Gehör in Art. 103 I GG (und auch Art. 101 I 2 GG) hinaus[416] und kann teilweise mit Art. 103 II GG konkurrieren[417].

71 **Verstöße gegen Art. 104 I III GG** sind **immer** auch **zugleich Verstöße gegen Art. 2 II 2 GG**, mit dem sie zusammen zu sehen sind[418] (→ Rn. 15); deshalb gilt für Einschränkungen das Zitiergebot des Art. 19 I 2 GG[419].

72 Art. 104 I 2 GG überschneidet sich tatbestandlich sowohl mit Art. 2 II 2 GG wie mit Art. 2 II 1 GG; er überlagert insoweit beide Schutzbereiche als **lex specialis**.

73 **Art. 104 II, III GG** ergänzen die materiellen Grundrechtsschranken in Art. 2 II 2, 104 I 1 GG in verfahrensrechtlicher Hinsicht[420] und stellen Freiheitsentziehungen (→ Rn. 25ff.) unter einen **Richtervorbehalt**[421] und gewährleisten damit einen spezifischen **Grundrechtsschutz durch die Justiz** mit ihrer institutionellen und persönlichen Distanz

412 *Jarass*/Pieroth, GG, Art. 104 Rn. 27, 29; *Müller-Franken* (Fn. 26), Art. 104 Rn. 48.

413 Vgl. *Marschner* (Fn. 85), § 1906 BGB Rn. 34ff.; *W. Lesting*, in: Marschner/Volckart/Lesting, Freiheitsentziehung (Fn. 249), S. 285ff.

414 Vgl. BVerfGE 9, 89 (100); 58, 208 (221); 66, 191 (195); *Degenhart* (Fn. 62), Art. 104 Rn. 14; *Gusy* (Fn. 1), Art. 104 Rn. 77; *Kunig* (Fn. 60), Art. 104 Rn. 11; ausf. *Lin*, Richtervorbehalt (Fn. 75), S. 274ff.; s. auch *A. Schieder*, KritV 83 (2000), 218 (230).

415 *Gusy* (Fn. 1), Art. 104 Rn. 13.

416 Vgl. *Heidebach*, Grundrechtsschutz (Fn. 71), S. 263; *Schmahl* (Fn. 25), Art. 104 Rn. 9, 24, 32; *Dörr*, Freiheit (Fn. 1), Kap. 13 Rn. 228.

417 BVerfGE 117, 71 (110f., Rn. 117); 134, 33 (80f., Rn. 110).

418 BVerfGE 58, 208 (220); *Müller-Franken* (Fn. 26), Art. 104 Rn. 119; *Gusy* (Fn. 1), Art. 104 Rn. 11; *Rüping* (Fn. 2), Art. 104 Rn. 95.

419 *Jarass*/Pieroth, GG, Art. 104 Rn. 4; *Müller-Franken* (Fn. 26), Art. 104 Rn. 60; *Gusy* (Fn. 1), Art. 104 Rn. 26; *Kunig* (Fn. 60), Art. 104 Rn. 10.

420 *Gusy* (Fn. 1), Art. 104 Rn. 76.

421 *Gusy* (Fn. 1), Art. 104 Rn. 11.

und Neutralität[422]. Insoweit steht Art. 104 GG auch in engem Zusammenhang mit Art. 19 IV GG[423].

Art. 13 II GG enthält ebenfalls einen Richtervorbehalt für Wohnungsdurchsuchungen. Beide Regelungen stehen **nebeneinander**, doch führt die Gewichtung des Richtervorbehalts bei Art. 13 II GG[424] zu einer rechtsdogmatischen Parallelführung bei der Auslegung des Art. 104 II–IV GG[425]. Bei Vollstreckung eines Haftbefehls in einer Wohnung sind grundsätzlich zwei selbständige Anordnungen erforderlich[426]. **74**

[422] *Gusy* (Fn. 1), Art. 104 Rn. 12.
[423] S. näher *Schmahl* (Fn. 25), Art. 104 Rn. 8; ausf. *Heidebach*, Grundrechtsschutz (Fn. 71), S. 160ff.
[424] BVerfGE 103, 142 (157f., Rn. 44ff.).
[425] *C. Krehl*, Die Polizei 2003, 337 (338f.); *K. Amelung/S. Wirth*, StV 2002, 161 (162); *M. Rabe von Kühlenwein*, DVBl. 2002, 1545ff.; s. auch *Kunig* (Fn. 60), Art. 104 Rn. 2.
[426] *A. Voßkuhle*, HGR V, § 131 Rn. 90.

X. Das Finanzwesen

Vorbemerkungen zu Art. 104a–115 GG

Literaturauswahl

Benz, Arthur: Staatsorganisation, Föderalismusentwicklung und kommunale Selbstverwaltung: neue Herausforderungen, eingeschränkte Leistungsfähigkeit, horizontaler und vertikaler Koordinationsbedarf, in: ZSE 15 (2017), S. 395–416.

Carl, Dieter: Bund-Länder-Finanzausgleich im Verfassungsstaat, 1995.

Dreier, Horst: Verfassungsänderung, leicht gemacht, in: ZSE 6 (2008), S. 399–407.

Federer-Meyer, Christina: Finanzielle Solidarität im Bundesstaat. Der horizontale Länderfinanzausgleich des Grundgesetzes und die bundesstaatliche Solidargemeinschaft, 2017.

Friauf, Karl-Heinrich: Der Staatshaushaltsplan im Spannungsfeld zwischen Parlament und Regierung, 1968.

Gröpl, Christoph: Haushaltsrecht und Reform, 2001.

Häde, Ulrich: Finanzausgleich, 1996.

Haltern, Ulrich: Die künftige Ausgestaltung der bundesstaatlichen Finanzordnung, VVDStRL 73 (2014), S. 103–151.

Heintzen, Markus: Staatshaushalt, in: HStR[3] V, § 120, S. 1175–1225.

Henneke, Hans-Günter: »Die wilden 13«: Orientiert sich der übergreifende informationstechnische Zugang zu Verwaltungsleistungen nach Notifikation beim Bundespräsidenten bis zu seiner Aufhebung an gesamtstaatlich bedeutsamen Investitionen finanzschwacher Gemeinden im Bereich der kommunalen Bildungsinfrastruktur?, in: DVBl. 2017, S. 214–222.

Hesse, Joachim Jens: Die deutsche Politik vor der Bundestagswahl: Überprüfungsbedürftige Binnenstruktur – europäischer Führungsauftrag, in: ZSE 15 (2017), S. 201–243.

Heun, Werner: Staatshaushalt und Staatsleitung, 1989.

Heun, Werner: Strukturprobleme des Finanzausgleichs, in: Der Staat 31 (1992), S. 205–232.

Heun, Werner: Reform der Finanzverfassung – Grundlagen, Optionen, Perspektiven, in: Hermann Hill/Karl-Peter Sommermann/Joachim Wieland/Jan Ziekow (Hrsg.), Brauchen wir eine neue Verfassung? Zur Zukunftsfähigkeit des Grundgesetzes, 2014, S. 115–133.

Hey, Johanna: Finanzautonomie und Finanzverflechtung in gestuften Rechtsordnungen, VVDStRL 66 (2007), S. 277–334.

Hidien, Jürgen W.: Der bundesstaatliche Finanzausgleich in Deutschland, 1999.

Junkernheinrich, Martin/Korioth, Stefan/Lenk, Thomas/Scheller, Henrik/Woisin, Matthias (Hrsg.): Verhandlungen zum Finanzausgleich, 2016.

Kahl, Wolfgang (Hrsg.): Nachhaltige Finanzstrukturen im Bundesstaat, 2011.

Kesper, Irene: Bundesstaatliche Finanzordnung, 1998.

Kirchhof, Ferdinand: Grundsätze der Finanzverfassung des vereinten Deutschlands, VVDStRL 52 (1993), S. 71–110.

Kisker, Gunter: Staatshaushalt, in: HStR IV, § 89, S. 235–293.

Kloepfer, Michael: Finanzverfassungsrecht mit Haushaltsverfassungsrecht, 2014.

Kommission für Finanzreform: Gutachten über die Finanzreform in der Bundesrepublik Deutschland, 1966.

Korioth, Stefan: Der Finanzausgleich zwischen Bund und Ländern, 1997.

Kube, Hanno: Finanzgewalt in der Kompetenzordnung, 2004.

Lenk, Thomas/Glinka, Philipp: Die Bund-Länder-Finanzbeziehungen – Zur Neuregelung und ihren Zukunftsperspektiven, in: ZSE 15 (2017), S. 417–442.

Mußgnug, Reinhard: Der Haushaltsplan als Gesetz, 1976.

Pagenkopf, Hans: Der Finanzausgleich im Bundesstaat, 1981.

Reimer, Ekkehart: Die künftige Ausgestaltung der bundesstaatlichen Finanzordnung, VVDStRL 73 (2014), S. 153–186.

Schweisfurth, Tilman/Voß, Wolfgang (Hrsg.): Haushalts- und Finanzwirtschaft der Länder in der Bundesrepublik Deutschland, 2017.

Seer, Roman: Zukunft des Steuerföderalismus, in: Festschrift für Friedrich E. Schnapp, 2008, S. 303–318.

Selmer, Peter: Grundsätze der Finanzverfassung des vereinten Deutschlands, VVDStRL 52 (1993), S. 10–62.
Tappe, Henning/Wernsmann, Rainer: Öffentliches Finanzrecht, 2015.
Tappe, Henning: Die künftige Ausgestaltung der bundesstaatlichen Finanzordnung, in: DVBl. 2013, S. 1079–1086.
Thiele, Alexander: Finanzaufsicht. Der Staat und die Finanzmärkte, 2014.
Vogel, Klaus: Grundzüge des Finanzrechts des Grundgesetzes, in: HStR IV, § 87, S. 3–86.
Waldhoff, Christian: Finanzautonomie und Finanzverflechtung in gestuften Rechtsordnungen, VVDStRL 66 (2007), S. 216–276.
Waldhoff, Christian: Grundzüge des Finanzrechts des Grundgesetzes, in: HStR[3] V, § 116, S. 813–933.
Wendt, Rudolf: Finanzhoheit und Finanzausgleich, in: HStR[3] VI, § 139, S. 875–963.

Die hier aufgenommenen Literaturangaben werden in der jeweiligen Literaturauswahl der einzelnen Artikel nicht noch einmal aufgeführt.

Gliederung Rn.

A. Herkunft, Entstehung, Entwicklung

I. Ideen- und verfassungsgeschichtliche Aspekte

1 Die Normierung der **föderativen Finanzbeziehungen**, die in Art. 104a–109a GG erfolgt, und die **Haushaltsverfassung** des Bundes, wie sie sich in Art. 110–115 GG darstellt, sind zwei vor allem über die Regelung der Steuerkompetenzen eng untereinander verbundene, sachlich aber durchaus **unterschiedliche Regelungskomplexe**, die dementsprechend auf verschiedene Traditionsstränge zurückblicken.

2 Die bundesstaatliche **Finanzverfassung**, deren Funktion in der Verteilung der finanzrelevanten Kompetenzen auf Bund und Länder besteht[1], setzt eine Aufgliederung des Gemeinwesens in zumindest zwei Ebenen mit unterschiedlichen Befugnissen voraus. Eine solche Ausdifferenzierung läßt sich nach einem längeren Entwicklungsprozeß sinnvoll erst am Ende des 15. Jahrhunderts für das **Hl. Römische Reich** konstatieren, als sich die Reichsverfassung der Neuzeit im Zuge der Reichsreform herausbildete[2]. Seitdem war das Reich bis zu seinem Ende im Jahre 1806 im wesentlichen für seine Einnahmen auf die einzelnen Bewilligungen der jeweiligen Mittel durch die im Reichstag versammelten Stände angewiesen[3], die zugleich die Territorialherren der

[1] Vgl. *J. Wieland*, Notwendigkeit einer Föderalismusreform III – Wie kann die Finanzverfassung zukunftsfest gemacht werden?, in: T. Schweisfurth/W. Voß (Hrsg.), Haushalts- und Finanzwirtschaft der Länder in der Bundesrepublik Deutschland, 2017, S. 247 ff. (247).
[2] Dazu *H. Angermeier*, Die Reichsreform 1410–1555, 1984, S. 150 ff.
[3] Die Gelder wurden in der Form der Römermonate bewilligt, die nach der Reichsmatrikel von 1521 auf die Stände umgelegt wurden; vgl. *P. Schmid*, Reichssteuern, Reichsfinanzen und Reichsge-

weitgehend verselbständigten Territorialherrschaften waren[4]. Die ursprüngliche Hauptquelle der Reichsfinanzen, das Reichsgut, stellte seit dem Mittelalter keine ausreichende Finanzquelle mehr dar[5]. Die Finanzierung des Reichskammergerichts durch den unmittelbar erhobenen Kammerzieler war die einzige dauerhafte Ausnahme von dieser Finanzierungsform[6]. Die Territorien waren hingegen in keiner Weise finanziell vom Reich abhängig. Auch der Deutsche Bund war als Staatenbund völlig auf die Finanzierung durch die Beiträge der Mitgliedstaaten angewiesen[7].

3 Im **Deutschen Kaiserreich von 1871** standen dem Reich nach der Verfassung erhebliche Steuergesetzgebungskompetenzen zur Verfügung, aufgrund des Widerstandes der Einzelstaaten wurde dem Reich jedoch bis auf wenige Ausnahmen die Erhebung direkter Steuern verwehrt[8]. Die Finanzierung des Reiches erfolgte daher in beträchtlichem Umfang durch die als vorläufiges Provisorium gedachten Matrikularbeiträge, die aus Gründen der Sicherung des Budgetrechts des Reichstags, der sie jeweils der Höhe nach festzusetzen hatte, auch dann beibehalten wurden, als die Zolleinnahmen eine ausreichende Finanzierung des Reiches gewährleistet hätten (Franckensteinsche Klausel)[9]. Die Ertragshoheit war dabei jeweils an die Gesetzgebungskompetenz geknüpft[10], die Verwaltungshoheit lag gem. Art. 36 I RVerf. 1871 bei den Ländern. Diese starke Abhängigkeit des Reiches von den Ländern wurde in der **Weimarer Republik** in ihr Gegenteil verkehrt, ohne daß der Verfassungstext allein dies unmittelbar erkennen ließe. Zwar wurden die Gesetzgebungskompetenzen nur geringfügig erweitert, tatsächlich machte das Reich nunmehr von seinen Kompetenzen aber umfassend Gebrauch und verdrängte die Länder aus der Steuergesetzgebung[11]. Für die Dominanz des Reiches wurde zudem die Schaffung einer einheitlichen und beherrschenden Reichsfinanzverwaltung durch die Erzbergersche Finanzreform von 1919 maßgebend, die in der Verfassung wiederum nur partiell angelegt war[12].

4 Die Entwicklung der **Haushaltsverfassung** ist durch den anfänglichen Vorrang der Herrschaftsfinanzierung durch die eigenen Einnahmen des jeweiligen Landesherrn geprägt, der seit Ende des 15. Jahrhunderts aber zunehmend auf die Bewilligung ur-

---

walt in der ersten Hälfte des 16. Jahrhunderts, in: H. Angermeier (Hrsg.), Säkulare Aspekte der Reformationszeit, 1983, S. 153ff. (163ff.).

[4] Zur Überlagerung der Territorien durch das Reich in dieser Hinsicht vgl. *W. Heun*, Staatshaushalt und Staatsleitung, 1989, S. 47ff.

[5] Vgl. *E. Schubert*, König und Reich, 1979, S. 147ff.; *E. Isenmann*, ZHF 7 (1980), 1ff., 129ff.

[6] Der Kammerzieler wurde 1507 zur Finanzierung des Reichskammergerichts eingeführt; vgl. dazu *H. Conrad*, Deutsche Rechtsgeschichte, Bd. II, 1966, S. 135; der 1495 beschlossene Gemeine Pfennig war dagegen ein Fehlschlag; vgl. dazu *P. Schmid*, Der Gemeine Pfennig von 1495, 1989, S. 83ff.

[7] *S. Korioth*, Der Finanzausgleich zwischen Bund und Ländern, 1997, S. 288ff.

[8] Art. 35, 4 Nr. 2 RVerf. 1871; vgl. dazu *Korioth*, Finanzausgleich (Fn. 7), S. 310ff.; *J. W. Hidien*, Der bundesstaatliche Finanzausgleich in Deutschland, 1999, S. 142ff.

[9] Vgl. dazu *H. Pagenkopf*, Der Finanzausgleich im Bundesstaat, 1981, S. 90ff.; *Korioth*, Finanzausgleich (Fn. 7), S. 313ff.; *Hidien*, Finanzausgleich (Fn. 8), S. 164ff.

[10] *K. Vogel/C. Waldhoff*, in: BK, Vorb. z. Art. 104a–115 (Zweitb. 1997/98), Rn. 135.

[11] Vgl. dazu *Pagenkopf*, Finanzausgleich (Fn. 9), S. 111ff.; *R. Becker*, Der Reich-Länder-Finanzausgleich im Bismarckreich und in der Weimarer Republik, Diss. rer. pol. Kiel 1980, S. 158ff.; *Korioth*, Finanzausgleich (Fn. 7), S. 379ff.; *Hidien*, Finanzausgleich (Fn. 8), S. 217ff.

[12] Vgl. dazu *Pagenkopf*, Finanzausgleich (Fn. 9), S. 113ff.; *E. Neukamm*, Der vertikale bundesstaatliche Finanzausgleich seit 1871 im Widerstreit von Verfassungsrecht und Verfassungswirklichkeit, Diss. jur. Tübingen 1966, S. 57ff.; *Becker*, Finanzausgleich (Fn. 11), S. 85ff.; *Hidien*, Finanzausgleich (Fn. 8), S. 232ff.

sprünglich nur als Nothilfe konzipierter Steuern angewiesen war[13]. Deshalb war er im **Finanzstaat der frühen Neuzeit**[14] auf die Mitwirkung der Stände bzw. ihrer Vertretungen angewiesen, die teilweise zugleich die Steuerverwaltung übernahmen[15]. Vor allem weil die ständische Bewilligung indirekter Steuern nur einmal bei deren Einführung erforderlich war und der Militär- und Beamtenstaat erstarkte, konnten sich die Landesherren teilweise von der Mitwirkung der Stände lösen[16].

Im **19. Jahrhundert** war die monarchische Exekutive zunehmend auf eine Einbezie- 5
hung des Bürgertums im Rahmen der konstitutionellen Struktur angewiesen, um die Staatsschuld zu fundieren und Steuern erheben zu können[17]. Folglich wurde den Vertretungen in den frühkonstitutionellen Verfassungen ein Bewilligungsrecht für Steuern und für das Eingehen von Staatsschulden eingeräumt, aus dem sich allmählich zuerst ein Budgetprüfungsrecht und dann ein Budgetbewilligungsrecht entwickelte[18]. Gleichwohl konnte die monarchische Exekutive noch bis in die 2. Hälfte des 19. Jahrhunderts im Kampf um Reichweite und Bindungswirkung der Etatbewilligung gegenüber den Volksvertretungen ein Übergewicht wahren[19]. Zudem blieben ihr in erheblichem Umfang Notrechte erhalten, zumal der Fall des fundamentalen Budgetkonflikts zwischen den auf eigenständigen Legitimationen beruhenden Kontrahenten verfassungsrechtlich kaum lösbar war[20]. Die **Reichsverfassung von 1871** räumte allerdings dem Reichstag ein umfassendes Budgetrecht ein, das durch die Festlegung der Mannschaftsstärken der Armee für mehrere Jahre im voraus nur unwesentlich beeinträchtigt wurde[21]. Das Normengefüge der Haushaltsverfassung ist seitdem nicht mehr prinzipiell umgestaltet worden. Stellenwert und Bedeutung haben sich allerdings durch die partielle Parlamentarisierung der Regierung in der Weimarer Republik und die Umwandlung in ein rein parlamentarisches Regierungssystem unter dem Grundgesetz gravierend verändert, indem das Budget aus dem zentralen Machtkonfliktfeld zwischen Parlament und Regierung herausgerückt ist[22].

---

[13] Vgl. *K.H. Friauf*, Der Staatshaushaltsplan im Spannungsfeld zwischen Parlament und Regierung, 1968, S. 28f.; *R. Mußgnug*, Der Haushaltsplan als Gesetz, 1976, S. 40ff.; *Heun*, Staatshaushalt (Fn. 4), S. 38ff.; allgemeiner historischer Überblick auch bei *W. Patzig*, Haushaltsrecht des Bundes und der Länder, Bd. I, 1981, S. 27ff.

[14] *G. Oestreich*, Der Staat 6 (1967), 61ff.

[15] *Friauf*, Staatshaushaltsplan (Fn. 13), S. 29ff.; *Mußgnug*, Haushaltsplan (Fn. 13), S. 48ff.; *Heun*, Staatshaushalt (Fn. 4), S. 42ff.

[16] *Heun*, Staatshaushalt (Fn. 4), S. 45ff.; zur Entwicklung seit dem 18. Jh. jetzt auch *H.-P. Ullmann*, Der deutsche Steuerstaat, 2005, S. 13ff.

[17] *Heun*, Staatshaushalt (Fn. 4), S. 52.

[18] Eingehend *Friauf*, Staatshaushaltsplan (Fn. 13), S. 37ff.; vgl. ferner *Mußgnug*, Haushaltsplan (Fn. 13), S. 90ff.; *Heun*, Staatshaushalt (Fn. 4), S. 52ff.

[19] *Friauf*, Staatshaushaltsplan (Fn. 13), S. 91ff.; *Mußgnug*, Haushaltsplan (Fn. 13), S. 113ff.; *Heun*, Staatshaushalt (Fn. 4), S. 68ff.

[20] *Friauf*, Staatshaushaltsplan (Fn. 13), S. 229ff.; *Heun*, Staatshaushalt (Fn. 4), S. 73ff. → Art. 110 Rn. 1 m. w. N.

[21] *Mußgnug*, Haushaltsplan (Fn. 13), S. 179ff.; *Heun*, Staatshaushalt (Fn. 4), S. 76ff.; eingehend *W. Voth*, Die Reichsfinanzen im Bismarckreich und ihre Bedeutung für die Stellung des Reichstages, Diss. jur. Kiel 1966.

[22] *Heun*, Staatshaushalt (Fn. 4), S. 82f.

II. Die Entwicklung der Finanz- und Haushaltsverfassung seit 1949

6 Während die **Haushaltsverfassung** in ihren normativen Grundzügen weder auf dem Herrenchiemseer Konvent noch im Parlamentarischen Rat sonderlich umstritten war[23] und **im wesentlichen unverändert** von der Reichsverfassung 1871[24] in die Weimarer Reichsverfassung[25] und von dort um einzelne Elemente der Preußischen Verfassung von 1920[26] angereichert in das Grundgesetz übernommen wurde[27], war die **bundesstaatliche Finanzverfassung** von vornherein **stark umstritten**[28]; auch ihre Ausgestaltung hob sich deutlich von ihren Vorgängerinnen ab. Die grundgesetzliche Finanzverfassung suchte von Anfang an den Kompromiß[29] zwischen den Extremen der früheren Verfassungen, die 1871 das Reich zum Kostgänger der Länder[30] und 1919 umgekehrt die Länder zu Kostgängern des Reiches[31] gemacht hatten. In Herrenchiemsee war man sich über den Grundsatz getrennter Finanzwirtschaft (Art. 37 HChE) einig und wollte die Verteilung der Finanzmassen an den Aufgabenbereichen ausrichten, aber Bund und Ländern durchaus gesonderte Einnahmequellen zuweisen. Die Gesetzgebungshoheit war dem Bund zugedacht, für die Verwaltung wurden vier Alternativmodelle unterbreitet[32]. Im Parlamentarischen Rat war die Entstehung der Finanzverfassung vornehmlich von dem »harten Kampf«[33] mit den Militärgouverneuren geprägt, die gegenüber den stärker unitarischen Tendenzen der Mehrheit des Parlamentarischen Rates auf eine deutlichere Dezentralisierung der Finanzkompetenzen drängten[34]. Die Militärgouverneure forderten vor allem eine Beschränkung der Gesetzgebungskompetenzen des Bundes, lehnten eine einheitliche Bundesfinanzverwaltung ab und erhoben Bedenken gegen den Finanzausgleich. Die Einwände konnten durch die Einführung von horizontalen Ausgleichsmechanismen zwischen den Ländern aufgefangen werden. Das Ergebnis war ein weitgehendes Trennsystem und im Hinblick auf den Finanzausgleich ein explizites Provisorium (Art. 107 GG a. F.)[35].

---

[23] *Stern*, Staatsrecht II, S. 1069 f.; zur Vorgeschichte der einzelnen Vorschriften jeweils dort unter A. Siehe auch *M. Heintzen*, in: v. Münch/Kunig, GG II, Vorb. Art. 104a–115 Rn. 15.

[24] Dazu hier nur *Heun*, Staatshaushalt (Fn. 4), S. 76 ff. m. w. N.

[25] Dazu hier nur *Huber*, Verfassungsgeschichte VI, S. 499 ff.

[26] Dazu vor allem *H. Möller*, Parlamentarismus in Preußen, 1919–1932, 1985, S. 454 ff.

[27] Art. 111, 112, 113 GG gehen im wesentlichen darauf zurück; s. auch *Heun*, Staatshaushalt (Fn. 4), S. 83 f.

[28] Siehe auch *H.-G. Henneke*, DVBl. 2017, 214 (214).

[29] Vgl. explizit in diese Richtung Parl. Rat II, S. 534. Siehe auch *M. Kloepfer*, Finanzverfassungsrecht mit Haushaltsverfassungsrecht, 2014, § 1 Rn. 11 (»Synthese«). Siehe auch *Heintzen* (Fn. 23), Art. 104a–115 Rn. 15.

[30] *J. Hatschek*, Deutsches und Preußisches Staatsrecht, Bd. 2, 1923, S. 397; *Stern*, Staatsrecht II, S. 1068; *K.-H. Hansmeyer/M. Kops*, Blätter für deutsche Landesgeschichte 125 (1989), 63 (71 f.).

[31] *O. Bühler*, Die Zuständigkeitsverteilung auf dem Gebiet des Finanzwesens, in: HdbDStR I, S. 321 ff. (336).

[32] Vgl. im einzelnen Parl. Rat II, S. 533 ff.; *Vogel/Waldhoff* (Fn. 10), Vorb. z. Art. 104a–115 Rn. 184 ff.; *W. Renzsch*, Finanzverfassung und Finanzausgleich, 1991, S. 55 ff.

[33] *H. Höpker-Aschoff*, AöR 75 (1949), 306 (331).

[34] Knappe Darstellung bei *Vogel/Waldhoff* (Fn. 10), Vorb. z. Art. 104a–115 Rn. 192 ff.; JöR 1 (1951), S. 748 ff.; *Renzsch*, Finanzverfassung (Fn. 32), S. 63 ff.; eingehend jetzt Parl. Rat VIII mit Abdruck der Dokumente, insb. S. 18 ff., 37 ff., 131 ff., 206 ff., 211, 244 ff., 248 ff.

[35] Vgl. die ursprüngliche Kommentierung des X. Abschnitts von *H. v. Mangoldt*, Das Bonner Grundgesetz, 1953, S. 552 ff.

Die weitere Entwicklung[36] ist Ausdruck der Labilität der perfektionistischen verfassungsrechtlichen Festlegungen, welche die Finanzverfassung zum **meistgeänderten Abschnitt des Grundgesetzes** gemacht hat[37]. Außerdem ist eine Tendenz zur allmählichen Zentralisierung zu beobachten, die erst jüngst auf Bestrebungen zu stärkerer Dezentralisierung trifft[38], die den allgemeinen Trend indes nur kurz bremsen, aber nicht stoppen konnte, wie die letzte Reform aus dem Jahre 2017 belegt. Das ursprüngliche Gebot des Art. 107 GG, bis zum 31.12.1952 eine neue Steuerverteilungsregelung zu schaffen, wurde nach zweimaliger Fristverlängerung erst durch das Finanzverfassungsgesetz vom 23.12.1955[39] erfüllt, das vor allem für die Einkommen- und Körperschaftsteuer erstmals das Verbundsystem einführte und den horizontalen Finanzausgleich verbindlich vorschrieb. Das Änderungsgesetz vom 24.12.1956[40] bezog die kommunale Ebene in die Finanzverfassung ein. 7

Auf der Grundlage des Gutachtens der von der Bundesregierung eingesetzten Sachverständigenkommission (**Troeger-Kommission**)[41] wurde angesichts des Reformbedarfs im Bereich der bundesstaatlichen Finanzverfassung wie der Haushaltsverfassung eine umfassende Reform des gesamten X. Abschnitts in Angriff genommen[42]. Nach langen parlamentarischen Verhandlungen und dank der günstigen politischen Umstände der Großen Koalition[43] wurde **die Finanz- und Haushaltsreform durch drei Verfassungsänderungen von 1967 bis 1969** durchgesetzt[44]. Das Änderungsgesetz vom 8.6.1967[45] verpflichtete Bund und Länder zur Beachtung des gesamtwirtschaftlichen Gleichgewichts. Die Haushaltsreform erfolgte durch das Änderungsgesetz vom 12.5.1969[46], welches Art. 110, 112–115 GG teilweise erheblich umgestaltete und den modernen ökonomischen Erkenntnissen anpaßte sowie Art. 109 III GG noch einmal ergänzte und präzisierte. Das Finanzreformgesetz vom gleichen Datum[47] fügte neben 8

---

[36] Eingehende historische Darstellung bei *Renzsch*, Finanzverfassung (Fn. 32), S. 75 ff.; vgl. ferner *Vogel/Waldhoff* (Fn. 10), Vorb. z. Art. 104a–115 Rn. 199 ff.

[37] 16 der bis 2017 erfolgten Verfassungsänderungen oder sogar 17 von 62, wenn man die Übergangsregelungen des Einigungsvertrages einbezieht, betrafen die bundesstaatliche Finanzverfassung. Siehe auch die Auflistung bei *Heintzen* (Fn. 23), Vorb. Art. 104a–115 Rn. 17, die allerdings nur bis zur Föderalismusreform II reicht.

[38] Vgl. *K.-H. Hansmeyer/M. Kops*, Blätter für deutsche Landesgeschichte 125 (1989), 63 (76 ff.); *R. Wendt*, Finanzverfassung im Spannungsfeld zwischen Zentralstaat und Gliedstaaten, in: W. W. Pommerehne/G. Ress (Hrsg.), Finanzverfassung im Spannungsfeld zwischen Zentralstaat und Gliedstaaten, 1996, S. 17 ff. (21); zu der Debatte um das Popitzsche Gesetz der stärkeren Anziehungskraft des zentralen Etats vgl. *H. C. Recktenwald*, Die Verwaltung 16 (1983), 1 (5 ff.); *K. H. Hansmeyer/K. Zimmermann*, Das Popitz'sche Gesetz und die Entwicklung der Ausgabenverteilung zwischen Bund und Ländern in den 60er und 70er Jahren, in: FS Kolms, 1984, S. 297 ff.

[39] BGBl. I S. 817; die beiden Änderungen des Art. 107 GG erfolgten durch Gesetz v. 20.4.1953 (BGBl. I S. 130) und Gesetz v. 25.12.1954 (BGBl. I S. 517). Zur Entwicklung bis 1955 und zur Finanzreform 1955 näher *Renzsch*, Finanzverfassung (Fn. 32), S. 101 ff., 130 ff.

[40] BGBl. I S. 1077.

[41] *Kommission für die Finanzreform*, Gutachten über die Finanzreform in der Bundesrepublik Deutschland, 1966 (Troeger-Gutachten).

[42] Siehe auch *H.-G. Henneke*, DVBl. 2017, 214 (214): »großer Wurf«.

[43] Vgl. *Renzsch*, Finanzverfassung (Fn. 32), S. 209 ff., 232 ff.

[44] Dazu auch *Heintzen* (Fn. 23), Vorb. Art. 104a–115 Rn. 34 f.

[45] BGBl. I S. 581.

[46] BGBl. I S. 357; zur Haushaltsreform *H. Rehm*, Analyse und Kritik der Bundeshaushaltsreform, 1973; *W. Dreißig*, FinArch. 29 (1970), 499 ff.; *BMF*, Finanzbericht 1968, S. 209 ff.; *W. Henle*, DÖV 1970, 289 ff.; *W. Patzig*, VerwArch. 58 (1967), 1 ff., 97 ff.

[47] BGBl. I S. 359; *BMF*, Finanzbericht 1968, S. 209 ff.; *W. Henle*, DÖV 1966, 608 ff.; *F. Klein*, BayVBl. 1967, 406 ff.; *T. Maunz*, NJW 1968, 2033 ff.; *H. Meyer*, DÖV 1969, 261 ff.; *W. Patzig*, VerwArch.

Art. 91a, 91b GG insbesondere Art. 104a GG ein und gestaltete Art. 105–108 GG nochmals um.

9 Wenngleich die Reformdiskussion nie verstummt war[48], schien die deutsche **Wiedervereinigung** definitiv eine erneute Reform der Finanzverfassung zu verlangen, da die gewaltigen Finanzausstattungsunterschiede zwischen den alten und neuen Bundesländern eine Absenkung des Ausgleichsniveaus nahelegten[49]. Der entsprechende **Reformauftrag**[50] wurde durch das föderale Konsolidierungsprogramm vom 23.6.1993[51] **unterlaufen**[52], indem der Finanzausgleich völlig im Rahmen des überkommenen Systems geregelt wurde[53]. Allein die Sonderregelung des Art. 106a GG mußte durch das Änderungsgesetz vom 20.12.1993[54] verfassungsrechtlich abgesichert werden. Der Verteilungskampf zwischen Bund und Ländern provozierte schnell Reformforderungen[55], die Neuregelung des Kindergeldes hatte ebenfalls eine Verfassungsänderung

---

58 (1967), 1 ff., 97 ff.; *ders.*, DVBl. 1969, 429 ff.; *K. Stadler*, BayVBl. 1969, 297 ff., 341 ff.; *H. Wagner*, DÖV 1968, 604 ff.

[48] Vgl. nur die Vorschläge der Enquête-Kommission Verfassungsreform BT-Drs. 7/5924, S. 148 ff., 194 ff.; *O. Barbarino*, Kritische Gedanken zur Finanzverfassung, in: FS Hanauer, 1978, S. 160 ff.; *H. Donner*, ZRP 1985, 327 ff.

[49] Vgl. zur Situation nach der Wiedervereinigung und den daraus resultierenden Reformüberlegungen *R. Peffekoven*, StWStP 1 (1990), 485 ff.; *ders.*, Widi 1990, 346 ff.; *J. Fiedler*, DVBl. 1990, 1263 ff.; *G. Milbradt*, StWStP 2 (1991), 304 ff.; *P. Selmer*, Die bundesstaatliche Finanzverfassung und die Kosten der deutschen Einheit, in: K. Stern (Hrsg.), Deutsche Wiedervereinigung, Bd. I, 1991, S. 189 ff.; *O.-E. Geske*, Widi 1991, 33 ff.; *S. F. Franke*, VerwArch. 82 (1991), 526 ff.; *M. Kilian*, JZ 1991, 425 ff.; *S. Korioth*, DVBl. 1991, 1048 ff.; *W. Heun*, Der Staat 31 (1992), 205 ff.; *J. Wieland*, DVBl. 1992, 1181 ff.; *P. Gottfried/W. Wiegard*, Widi 1991, 451 ff.; *H. Fischer*, Hat der Länderfinanzausgleich im vereinten Deutschland Zukunft?, in: E. Wegner (Hrsg.), Finanzausgleich im vereinten Deutschland, 1992, S. 17 ff.; *M. Heilmann*, Vorschläge zur Neuordnung des Bund-Länder-Finanzausgleichs im vereinten Deutschland – eine kritische Bestandsaufnahme, ebd., S. 45 ff.; eingehende Darstellung der Interimsregelungen bis 1994 und der Reformdebatte bei *H. Bauer*, HStR IX, § 206 Rn. 8 ff., 47 ff.; vgl. ferner *P. Selmer*, Grundsätze der Finanzverfassung des vereinten Deutschlands, VVDStRL 52 (1993), S. 11 ff.; *T. Schüz*, Integration der neuen Bundesländer in den bundesstaatlichen Länderfinanzausgleich, in: P. Neumann/R. Tillmanns (Hrsg.), Verfassungsrechtliche Probleme der neuen Bundesländer, 1997, S. 305 ff.

[50] Vgl. Art. 31 § 2 II des Gesetzes zum Staatsvertrag vom 18.5.1990 (BGBl. II S. 518) sowie Art. 5, 7 Einigungsvertrag vom 31.8.1990 (BGBl. II S. 889).

[51] BGBl. I S. 944 (976 ff.); vgl. dazu *R. Eckertz*, ZRP 1993, 297 ff.; *R. Peffekoven*, FinArch. 51 (1994), 281 ff.; *P. Selmer*, FinArch. 51 (1994), 331 (335 ff.); *G. Färber*, Widi 1993, 305 ff.; *C. Esser*, Widi 1994, 358 ff.; *U. Häde*, JZ 1994, 76 ff.; *W. Renzsch*, ZParl. 25 (1994), 116 ff.; *P. Badura*, Die Finanzverfassung im wiedervereinten Deutschland, in: J. Ipsen (Hrsg.), Verfassungsrecht im Wandel, 1995, S. 3 ff. (17 ff.); *H. Grossekettler*, Die deutsche Finanzverfassung nach der Finanzausgleichsreform. Eine ökonomische Analyse des ab 1995 geltenden Rechts, Hamburger Jahrbuch für Wirtschafts- und Gesellschaftspolitik 39 (1994), S. 83 ff.; *H. Bauer*, HStR IX, § 206 Rn. 50 ff.; zu den verschiedenen, zuvor unterbreiteten Vorschlägen der Länder und des BMF *D. Carl*, Bund-Länder-Finanzausgleich im Verfassungsstaat, 1995, S. 152 ff.

[52] Die Gemeinsame Verfassungskommission hat den Reformauftrag daher nicht weiterverfolgt: BT-Drs. 12/6000, S. 114 f.; vgl. auch *R. Sannwald*, ZRP 1993, 103 ff.

[53] *H.-G. Henneke*, DVBl. 2017, 214 (215); *Heintzen* (Fn. 23), Vorb. Art. 104a–115 Rn. 38. Zu den Kosten und den Transfers zugunsten der neuen Länder vgl. *A. Boss/A. Rosenschon*, Öffentliche Finanzen im Dienste der deutschen Einheit – Bestandsaufnahme, Bewertung und wirtschaftspolitische Überlegungen, 1995, S. 30 ff.; *dies.*, Öffentliche Transferleistungen zur Finanzierung der deutschen Einheit: Eine Bestandsaufnahme, 1996, S. 19 ff.; *Deutsche Bundesbank*, Berichte 4/1995, 35 ff.; *U. Andersen*, Finanzierung der Einheit, in: W. Weidenfeld/K.-R. Korte (Hrsg.), Handbuch der deutschen Einheit 1949–1989–1999, 1999, S. 368 ff.

[54] BGBl. I S. 2089.

[55] DJT 1996: Empfehlen sich Maßnahmen, um in der Finanzverfassung Aufgaben- und Ausgabenverantwortung von Bund, Ländern und Gemeinden stärker zusammenzuführen?, Gutachten von *F.*

zur Folge[56]. Eine weitere Änderung wurde im Zuge der Stärkung der Stellung der Gemeinden vorgenommen[57]. Im Jahr 2001 wurde durch eine Änderung des Art. 108 GG die Einrichtung einer lediglich zweistufigen Finanzverwaltung ermöglicht[58].

Anfang der 2000er Jahre wurde dann der allgemeine Reformauftrag erneut aufgegriffen und in einem ersten, freilich in erster Linie durch die problematischen Entwicklungen im Bereich der Gesetzgebungskompetenzen ausgelösten Schritt zur **Föderalismusreform I** am Rande auch die Finanzverfassung berührt, indem die Gemeinschaftsaufgaben (Art. 91a, 91b, Einfügung und Folgeänderung 125c, 143c GG) reduziert, die Lastenverteilungsregelung modifiziert (Art. 104a, 104b GG) sowie die Bestimmung des Steuersatzes bei der Grunderwerbsteuer den Ländern überlassen (Art. 105 IIa, 107 GG) und die Umsetzung von Sanktionsmaßnahmen gem. Art. 104 EGV (jetzt Art. 126 AEUV) in Art. 109 V GG geregelt wurden[59]. Insgesamt wurde die Finanzverfassung jedoch lediglich punktuell modifiziert[60], auch die Mischfinanzierungen wurden nur begrenzt abgebaut. Diese erste Föderalismusreform wurde nach umfassender Positionsbestimmung der Beteiligten[61] und dem Scheitern der ersten Föderalismuskommission[62] erst durch die damalige Große Koalition (2005–2009) ermöglicht[63] und trat am 1.9.2006 in Kraft. Bald darauf wurde eine weitere Föderalismuskommission eingesetzt[64], um die Finanzverfassung im Sinne einer noch stärkeren Entflechtung zu reformieren[65]. Daneben sollten auch die Verschuldungsregeln verschärft werden, die sich nach Ansicht zahlreicher Stimmen als ineffektiv erwiesen hatten[66]. Die Aussichten für eine entsprechende grundlegende Verfassungsänderung **10**

Kirchhof; vgl. ferner *P. Selmer*, NJW 1996, 2062 ff.; *W. Heun*, DVBl. 1996, 1020 ff.; *H.-G. Henneke*, DÖV 1996, 713 ff.; *R. Grote*, JZ 1996, 832 ff.; sowie *B. Stamm/G. Merkl*, ZRP 1998, 467 ff.; *H.-P. Schneider*, NJW 1998, 3757 ff.

[56] 43. Gesetz zur Änderung des Grundgesetzes v. 3.11.1995 (BGBl. I S. 1492).

[57] 44. Gesetz zur Änderung des Grundgesetzes v. 20.10.1997 (BGBl. I S. 2470). → Art. 28 Rn. 22.

[58] 49. Gesetz zur Änderung des Grundgesetzes v. 26.11.2001 (BGBl. I S. 3219).

[59] 52. Gesetz zur Änderung des Grundgesetzes v. 28.8.2006 (BGBl. I S. 2034); vgl. *I. Kesper*, NdsVBl. 2006, 145 ff.; *U. Häde*, JZ 2006, 930 ff.; *M. Nierhaus/S. Rademacher*, LKV 2006, 385 ff.; *R. Peffekoven*, Widi 2006, 215 ff.; *P. Selmer*, JuS 2006, 1052 ff.; vgl. auch die Kommentierungen zur Föderalismusreform C. Starck (Hrsg.), Föderalismusreform 2007; W. Kluth (Hrsg.), Föderalismusreformgesetz, 2007; zur Entstehungsgeschichte vgl. auch R. Holtschneider/W. Schön (Hrsg.), Die Reform des Bundesstaates, 2007.

[60] Vgl. auch *R. Seer*, Zukunft des Steuerföderalismus, in: FS Schnapp, 2008, S. 303 ff. (303): »nur am Rande gestreift.«

[61] Die Erklärungen der Regierungschefs der Länder (Leitlinien v. 27.3.2003); der Länderparlamente v. 31.3.2003 und der Bundesregierung v. 9.4.2003 sind abgedruckt in: *R. Hrbek/A. Eppler* (Hrsg.), Deutschland vor der Föderalismusreform – Eine Dokumentation, 2003, S. 26 ff.

[62] Vgl. zur Sache 1/2005, S. 5.

[63] Die Entwürfe des Gesetzes zur Änderung des Grundgesetzes (BT-Drs. 16/813) und des Föderalismusreform-Begleitgesetzes (BT-Drs. 16/814) wurden am 7.3.2006 auf der Grundlage der Verhandlungen der Föderalismuskommission eingebracht und wurden in dem Koalitionsvertrag der Großen Koalition vereinbart.

[64] BT-Drs. 16/3885.

[65] In diese Richtung gerade auch die neuere Literatur vgl. jeweils m.w.N. *C. Waldhoff/J. Hey*, Finanzautonomie und Finanzverflechtung in gestuften Rechtsordnungen, VVDStRL 66 (2007), S. 216 ff., 277 ff.; zur geplanten Föderalismusreform II vgl. eher eine grundlegende Reform bejahend *F. Kirchhof*, ZG 21 (2006), 280 ff.; *D. Braun*, ZSE 5 (2007), 235 ff.; *F. Ekardt/D. Buscher*, DÖV 2007, 89 ff.; vorsichtiger *S. Korioth*, ZG 22 (2007), 1 ff.; *J. Deubel*, ZSE 5 (2007), 218 ff.

[66] Vgl. die Agenda des Einsetzungsbeschlusses der Föderalismuskommission BT-Drs. 16/3885 v. 14.12.2006; s. auch *S. Korioth*, ZG 22 (2007), 1 (16 f.); *F. Kirchhof*, ZG 21 (2006), 288 (299 f.); überzogen die Kritik des »kontinuierlichen Rechtsbruchs« bei *G. Kirchhof*, Generationengerechtigkeit – Nationengerechtigkeit, in: A. Koch/M. Rossi (Hrsg.), Gerechtigkeitsfragen in Gesellschaft und Wirt-

der Finanzbeziehungen zwischen Bund und Ländern waren zunächst allerdings weiterhin eher schlecht[67], da sich kein Land auf gravierende Verluste an Finanzmitteln durch eine wirkliche Finanzreform einlassen wollte. Für eine Totalrevision bestand allerdings – entgegen manchen anderslautenden Stimmen – ohnehin kein Anlaß[68]. Während eine wesentliche Änderung der bundesstaatlichen Finanzverteilung sich nicht ohne Verfassungsänderung erreichen ließ, vollzogen sich die teilweise erheblichen Reformen des öffentlichen Haushalts- und Rechnungswesens im übrigen unterhalb der Verfassungsebene[69].

11 Die neue Föderalismuskommission nahm eingehende Beratungen[70] auf, die mit einem Entwurf vom März 2009[71] schlossen. Bereits dieser Entwurf sah zwar ein prinzipielles Verschuldungsverbot für Bund und Länder vor, beschränkte sich aber weitgehend darauf und auf damit zusammenhängende Regelungen[72], während die eigentlich projektierte grundlegende Neuordnung der Bund-Länder-Beziehungen im Rahmen der **Föderalismusreform II** praktisch aufgegeben wurde. Der erarbeitete Entwurf der Verschuldensregelungen wurde – auch aufgrund einer allgemein geteilten und in ihrem Ausmaß kaum gerechtfertigten Aversion gegen staatliche Verschuldung im Allgemeinen[73] – bereits nach vier Monaten unverändert verabschiedet[74] und durch ein parallel erlassenes Bundesgesetz ergänzt[75]. Die Vorschriften der Art. 109, 115 GG wurden erheblich umgestaltet und um Art. 109a, 143d GG ergänzt. Schon der Wortlaut dieser bis heute gültigen Verfassungsänderung ist wenig gelungen, da Art. 115 GG in erheblichem Umfang denjenigen des Art. 109 GG wiederholt und der Text teilweise schlicht verunglückt ist[76]. Die Reformdebatte setzte sich auch deshalb ungebremst fort[77]. Eine substantielle Föderalismusreform (III) war gleichwohl lange nicht in Sicht, da geradezu unvermeidlich entweder der Bund und/oder einzelne Länder erhebliche finanzielle Nachteile erleiden würden und deshalb eine derartige Reform blockier-

---

schaft, 2013, S. 127 ff. (133 ff.). Tatsächlich war die Staatsverschuldung auch aufgrund der Ölkrise und der Wiedervereinigung zuvor stetig angestiegen. Zu den Gründen für diese Entwicklung, die sich auch in anderen OECD-Ländern zeigte, siehe *L. P. Feld*, Nachhaltige Finanzverfassung aus ökonomischer Perspektive, in: W. Kahl (Hrsg.), Nachhaltige Finanzstrukturen im Bundesstaat, S. 45 ff. (49 ff.).

[67] So auch *U. Häde*, JZ 2006, 930 (939).

[68] *S. Korioth*, ZG 22 (2007), 1 (20).

[69] Vgl. dazu *K. Lüder*, DÖV 2000, 837 ff.; *H. Kube*, DÖV 2000, 810 ff.; *H. Hill*, DÖV 2001, 793 ff.; *D. Engels*, ZG 16 (2001), 101 ff.; *C. Gröpl*, DÖV 2003, 231 ff.; *ders.*, Haushaltsrecht und Reform, 2001, S. 183 ff.; *ders.*, Die Verwaltung 39 (2006), 215 ff.; *D. Budäus*, Die Verwaltung 39 (2006), 187 ff.; *K. Lüder*, DÖV 2006, 641 ff.; BT-Drs. 16/2400.

[70] Vgl. dazu *S. Korioth*, JZ 2009, 729 (729 f.); *P. Selmer*, NVwZ 2009, 1255 (1256); *H.-G. Henneke*, NdsVBl. 2009, 121 (123 ff.).

[71] BT-Drs. 16/12410.

[72] *Heintzen* (Fn. 23), Vorb. Art. 104a–115 Rn. 40.

[73] Dazu auch *A. Thiele*, EuConst 11 (2015), 30 (31 ff.).

[74] 57. Gesetz zur Änderung des Grundgesetzes v. 29.7.2009 (BGBl. I S. 2248).

[75] Gesetz zur Ausführung von Art. 115 des Grundgesetzes (G 115) v. 10.8.2009 (BGBl. I S. 2702); Entwurf BT-Drs. 16/1240.

[76] Näher: → Art. 109 Rn. 35.

[77] S. die Vorschläge in *L. P. Feld/H. Kube/J. Schnellenbach*, Optionen für eine Reform des bundesdeutschen Finanzausgleichs, Gutachten, 2013; ferner *H. Tappe*, DVBl. 2013, 1079 ff.; *S. Kempny/E. Reimer*, Beilage 2/2014 (zu NJW 24/2014), 39 ff.; *U. Haltern*, Die künftige Ausgestaltung der bundesstaatlichen Finanzordnung, VVDStRL 73 (2014), S. 103 ff.; *E. Reimer*, Die künftige Ausgestaltung der bundesstaatlichen Finanzordnung, VVDStRL 73 (2014), S. 153 ff. sowie die Beiträge in: Schriftenreihe der Akademie der öffentlichen Verwaltung des Freistaates Sachsen, Themenheft »Föderalismusreform II«, 2008.

ten[78]. Die sogenannte Föderalismusreform III aus dem Jahr 2014[79] betraf denn auch lediglich eine Änderung des Art. 91b I GG, die jedenfalls im vorliegenden Zusammenhang die Bezeichnung einer Föderalismus*reform* damit auch nicht verdiente.

Ende 2016 kam jedoch schließlich – erneut begünstigt durch eine weitere Große Koalition[80] – eine politische Einigung über eine grundlegende Neugestaltung der Bund-Länder-Finanzbeziehungen zustande[81], der angesichts des Auslaufens des Maßstäbegesetzes sowie des Finanzausgleichsgesetzes am 31.12.2019 eine gewisse Dringlichkeit auch nicht abgesprochen werden konnte[82]. Sie führte zu zahlreichen, wenngleich nicht zwingend erforderlichen[83], Verfassungsänderungen, wurde am 19.7.2017 verkündet[84] und trat am **20.7.2017** in Kraft. **Kern der Neuregelung** bildete dabei die **Abschaffung des sekundären**[85] **horizontalen Länderfinanzausgleichs**[86], der von Seiten der sog. Geberländer (nicht zuletzt Bayern[87]) immer wieder deutlich und öffentlichkeitswirksam kritisiert worden war[88]. Dieser wurde allerdings keineswegs ersatzlos gestrichen[89], von einer **generellen Abschaffung** des Länderfinanzausgleichs **zu sprechen** wäre daher **verfehlt**[90]. An dessen Stelle treten nach Art. 107 II 2 GG vielmehr (allerdings erst ab 2020, vgl. Art. 143g GG) Zuschläge zu und Abschläge von der jeweiligen Finanzkraft bei der Verteilung der Länderanteile am Aufkommen der Umsatzsteuer nach Art. 107 I GG[91] (also im Rahmen des primären horizontalen Finanzausgleichs), um auf diesem Wege die Finanzkraft der Länder – so wie zuvor – angemessen auszugleichen (Art. 107 II 1 GG)[92]. Die **finanzschwächeren Länder werden** durch diesen Wechsel des Ausgleichsmechanismus von der sekundär horizontalen auf 12

[78] Zu möglichen weiteren Gründen siehe *Haltern*, Ausgestaltung (Fn. 77), S. 142ff.

[79] 60. Gesetz zur Änderung des Grundgesetzes v. 23.12.2014 (BGBl. I S. 2438).

[80] Für Verfassungsreformen kann sich eine Große Koalition insofern als günstig erweisen. Im übrigen kann eine zu lange Phase entsprechender Koalitionen jedoch eine Gefahr für die demokratische Streitkultur begründen, vgl. *A. Thiele*, Verlustdemokratie, 2016, S. 117ff.

[81] Zur Entstehung s. Referentenentwurf der BReg., 12.12.2016; BRat, Empfehlungen, Drs. 814/1/16 und 814/16; BRat, Gesetzentwurf, Drs. 18/11133; BTag, Unterrichtung, Drs 18/11186; BTag, Beschlußempfehlung, Drs. 18/12588 sowie *A. Benz*, ZSE 15 (2017), 395 (402ff.) und *T. Lenk/P. Glinka*, ZSE 15 (2017), 417 (421f.); kritisch insbesondere zum Verhandlungsformat *H.-G. Henneke*, DVBl. 2017, 214 (216).

[82] Vgl. auch *W. Heun*, Reform der Finanzverfassung – Grundlagen, Optionen und Perspektiven, in: H. Hill/K.-P. Sommermann/J. Wieland/J. Ziekow (Hrsg.), Brauchen wir eine neue Verfassung? Zur Zukunftsfähigkeit des Grundgesetzes, 2014, S. 115ff. (115); *A. Benz*, ZSE 15 (2017), 395 (402).

[83] So auch *H.-G. Henneke*, DVBl. 2017, 214 (215f.).

[84] BGBl. I S. 2347.

[85] Der primäre horizontale Finanzausgleich nach Art. 107 I GG wird lediglich für den Bereich der Umsatzsteuer modifiziert, bleibt im übrigen aber bestehen.

[86] *H.-G. Henneke*, DVBl. 2017, 214 (217). Sehr kritisch *S. Korioth*, ifo Schnelldienst 24/2016, 5 (7f.).

[87] Siehe dazu auch *W. Brechmann*, Politische Interessenlagen und Zustandekommen des MPK-Beschlusses vom 3. Dezember 2015 – Die Perspektive Bayerns, in: M. Junkernheinrich u.a. (Hrsg.), Verhandlungen zum Finanzausgleich, 2016, S. 19ff.

[88] Vgl. auch *T. Lenk/P. Glinka*, ZSE 15 (2017), 417 (441).

[89] *U. Häde*, Abschied vom geschwisterlichen Finanzausgleich? Die Länder einigen sich – der Bund soll zahlen, in: Junkernheinrich, Finanzausgleich (Fn. 87), S. 111ff. (113): »Dies alles führt zu der Folgerung, dass die horizontale Umverteilung zwischen den Ländern nicht ganz, sondern nur in ihrer ›jetzigen Form abgeschafft‹ werden soll.«

[90] Im Ergebnis ähnlich auch *A. Benz*, ZSE 15 (2017), 395 (404).

[91] Siehe dazu auch §§ 4ff. FAG in der ab dem 1.1.2020 geltenden Fassung.

[92] Überblick bei *T. Lenk/P. Glinka*, ZSE 15 (2017), 417 (424f.).

die primär horizontale Ebene[93] im Ergebnis allerdings stärker als bisher **zu Kostgängern des Bundes**, vor allem weil in diesem Zusammenhang auch die Bedeutung der Bundesergänzungszuweisungen signifikant erhöht wurde[94]. Möglich wurde diese Einigung letztlich nur, weil dadurch kein Bundesland im Vergleich zur vorherigen Situation absolut schlechter gestellt wird und der Bund zu beachtlichen finanziellen Zusagen bereit war[95], die sich allerdings nur bedingt den verfassungsrechtlichen Neuregelungen und letztlich erst der einfach-rechtlichen Konkretisierung entnehmen lassen, die Teil der umfassenden politischen Einigung darstellte. So verpflichtete er sich dazu, den Ländern ab 2020 insgesamt rund 9,7 Mrd. Euro jährlich zusätzlich zuzuweisen[96]. Als Kompensation[97] hat der Bund jedoch neue Kompetenzen im Bereich der Bundesauftragsverwaltung (Art. 90 GG), der informationstechnischen Systeme (Art. 91c GG) sowie der Steuerverwaltung (Art. 108 GG) erhalten[98]. Darüber hinaus wurden dem Bund weitergehende Befugnisse im Rahmen des Art. 104b GG eingeräumt, zudem hat er nach dem neu eingefügten Art. 104c GG nunmehr das Recht, den Ländern Finanzhilfen für gesamtstaatlich bedeutsame Investitionen der finanzschwachen Gemeinden (Gemeindeverbände) im Bereich der kommunalen Bildungsinfrastruktur zu gewähren. In beiden Fällen sind auch die Kompetenzen des Bundesrechnungshofs erweitert worden (Art. 114 II GG). Insbesondere bei der Regelung des Art. 104c GG handelt es sich um eine weitere und angesichts der ausschließlichen Länderzuständigkeit im Bildungsbereich durchaus gravierende und vor allem nicht systemkonforme Ausnahme vom grundlegenden Konnexitätsprinzip des Art. 104a I GG[99] (→ Art. 104a Rn. 5ff.), die sich insoweit allerdings in die bereits seit einigen Jahrzehnten festzustellenden **Unitarisierungstendenzen** der bundesstaatlichen Ordnung einfügt[100].

13 Die gesamte Reform wurde im Rahmen der politischen Beratungen auch aus diesem Grund von einigen durchaus prominenten Stimmen[101] als unvereinbar mit dem bundesstaatlichen Prinzip bezeichnet, da sie – in Verbindung mit den bereits zuvor begründeten Einflußmöglichkeiten der letzten Jahre – zu einer zu starken Stellung des Bundes, einer nicht zu rechtfertigenden Beeinträchtigung der (Finanz-)Autonomie der Bundesländer und damit auch zu einer Vermischung der Verantwortlichkeiten füh-

---

[93] Siehe auch *J. J. Hesse*, ZSE 15 (2017), 201 (212).

[94] *J. Wieland*, ifo Schnelldienst, 24/2016, 16 (17); *B.-I. Hoff/S. Freye*, Der neue Finanzausgleich: Der Anfang vom Ende der bundesstaatlichen Solidarität?, in: Junkernheinrich, Finanzausgleich (Fn. 87), S. 77ff. (85).

[95] *E. Janeba*, ZSE 15 (2017), 368 (388); kritisch *S. Korioth*, ifo Schnelldienst, 24/2016, 5 (8): »Nur der kurzsichtige, wenn auch insoweit berechtigte Blick auf das Verteilungsergebnis brachte die Länder dazu, die Formel ›mehr Geld gegen Selbstentmachtung‹ konsequent zu verfechten.« Siehe auch die Tabelle bei *T. Lenk/P. Glinka*, ZSE 15 (2017), 417 (423).

[96] Insbesondere verzichtet der Bund ab 2020 auf rund 6,7 Mrd. Euro des ihm an sich zustehenden Umsatzsteueraufkommens, vgl. § 1 II FAG in der ab1.1.2020 geltenden Fassung, siehe Art. 2 des Gesetzes v. 14.8.2017 (BGBl. I S. 3122ff.).

[97] Siehe auch *J. J. Hesse*, ZSE 15 (2017), 201 (212f.) sowie *A. Benz*, ZSE 15 (2017), 395 (407ff.).

[98] Siehe auch *Wieland*, Notwendigkeit (Fn. 1), S. 256ff.

[99] Drastisch insoweit *H.-G. Henneke*, DVBl. 2017, 214 (220), der von einem »eklatanten Bruch mit der Verantwortungsverteilung im Bundesstaat« spricht.

[100] *S. Korioth*, Die finanzverfassungsrechtliche Problematik des Beschlusses der Ministerpräsidentenkonferenz vom 3. Dezember 2015 – eine erste Einschätzung, in: Junkernheinrich, Finanzausgleich (Fn. 87), S. 121ff. (125); generell kritisch *J. J. Hesse*, ZSE 15 (2017), 201 (213ff.).

[101] Zu den Kritikern gehörte mit Norbert Lammert nicht zuletzt der damalige Bundestagspräsident, der als Mitglied der CDU/CSU-Fraktion im übrigen einer der Regierungsfraktionen angehörte; siehe dazu auch *A. Benz*, ZSE 15 (2017), 395 (409f.).

re[102]. Die artikulierten Bedenken waren dabei gut begründet[103], im Ergebnis allerdings nicht durchschlagend. Normativ waren die Neuerungen insofern trotz zahlreicher aufgrund des machtpolitischen Charakters des vorangehenden Einigungsprozesses allerdings bisweilen erwartbarer[104] verfassungspolitisch und -dogmatisch verfehlter Bestimmungen[105] **mit** dem **Bundesstaatsprinzip vereinbar**; ein Verstoß gegen die Vorgaben der Ewigkeitsklausel des Art. 79 III GG liegt nicht vor.

Mit der umstrittenen[106] Reform wird das **bestehende System** entgegen teilweise anders lautenden Stimmen[107] dabei allenfalls partiell aber **nicht** wesentlich **transparenter und vereinfacht**[108]; Transparenz und Einfachheit sind allerdings Kategorien, die in diesem notwendig hochkomplexen Bereich, der sich anders als etwa die Grundrechte weniger an die Allgemeinheit als vielmehr einen kleinen Kreis an Experten richtet, ohnehin wenig über dessen Qualität aussagen[109]. Im wesentlichen unverändert bleibt insoweit auch das relativ hohe Ausgleichsniveau zwischen den Ländern (auch aufgrund der erweiterten Möglichkeit von Bundesergänzungszuweisungen und der Sanierungshilfen für Bremen und das Saarland nach Art. 143d IV GG)[110], das freilich nicht nur systembedingt sinnvoll erscheint[111], sondern auch einem entsprechenden Bedürfnis auf Seiten der Bevölkerung entspricht[112]. Art. 107 II 1 GG **hält** insoweit richtigerweise unverändert **am** allgemeinen **Ziel eines** angemessenen **Ausgleichs der unterschiedlichen Finanzkraft der Länder** fest und verlagert allein den Weg, auf dem dieser zu erreichen ist, von der sekundär horizontalen auf die primär horizontale Ebene. Lediglich insoweit läßt sich also von einem »Systemwechsel« sprechen[113]. Die- **14**

[102] Kritisch auch *J. J. Hesse*, ZSE 15 (2017), 201 (213); *E. Janeba*, ZSE 15 (2017), 368 (388): »nicht ungefährliche Abhängigkeit vom Bund«.

[103] Siehe erneut *S. Korioth*, ifo Schnelldienst 24/2016, 5 (6): »Ohne Not willigen die Länder in eine Selbstverkleinerung und Selbstentmachtung gegen mehr Geld vom Bund ein.«

[104] Siehe auch *Heun*, Reform (Fn. 82), S. 116: »Die deutsche Finanzverfassung ist eine historisch gewachsene Struktur, deren Eigenheiten gelegentlich stärker in überkommenen Besitzständen, historischen Zufälligkeiten, tagespolitischen Kompromissen und langen Traditionen wurzeln als in ökonomisch rationalen und ordnungs- und finanzpolitisch sinnvollen Überlegungen.« Die jüngste Reform reiht sich insoweit nahtlos in diese Historie ein; siehe auch *A. Benz*, ZSE 15 (2017), 395 (414).

[105] Siehe zu Kritik im einzelnen jeweils bei der Kommentierung der Neuregelungen.

[106] Siehe insbesondere *H.-G. Henneke*, DVBl. 2017, 214 (217); *S. Korioth*, ifo Schnelldienst 24/2016, 5 (6); *E. Janeba*, ZSE 15 (2017), 368 (388ff.); *A. Benz*, ZSE 15 (2017), 395 (406): »kein großer Wurf« sowie kein »normativ überzeugendes System der Finanzverteilung«.

[107] In diesem Sinne aber wohl *J. Wieland*, ifo Schnelldienst 24/2016, 16 (17); *E. Janeba*, ZSE 15 (2017), 368 (388); wie hier *A. Benz*, ZSE 15 (2017), 395 (406).

[108] So bedarf insbesondere die Neuregelung des Art. 107 GG weiterhin komplexer einfach-rechtlicher Konkretisierungen und ist ohne diese letztlich kaum zu erfassen. Gleiches gilt auch für den neu eingefügten Art. 104c GG. Beide Normen fügen dem bisherigen System zudem neue und dogmatisch fragwürdige Begrifflichkeiten hinzu, vgl. *H.-G. Henneke*, DVBl. 2017, 214 (217ff.); hinzu kommen zahlreiche neue Sonderregelungen etwa in Art. 125c und 143d IV GG; siehe auch *L. Hummel*, Verfassungsvertrags-Mathematik – kündbare Verfassungsgebung nach Maßgabe von Zahlenreihen und Kommastellen, in: Junkernheinrich, Finanzausgleich (Fn. 87), S. 181ff. (186f.); zur Komplexität des bisherigen Systems auch *Seer*, Zukunft (Fn. 60), S. 312f.

[109] Vgl. auch *H. Tappe*, DVBl. 2013, 1079 (1081).

[110] Siehe auch *A. Benz*, ZSE 15 (2017), 395 (405).

[111] Vgl. auch *Korioth*, Problematik (Fn. 100), S. 125.

[112] Siehe auch *E. Janeba*, ZSE 15 (2017), 368 (391) mit Verweis auf eine jüngere Studie.

[113] Vgl. *Hoff/Freye*, Finanzausgleich (Fn. 94), S. 85; siehe auch *Häde*, Abschied (Fn. 89), S. 113, der insoweit von einem möglichen Wechsel vom »brüderlichen zum väterlichen Finanzausgleich« spricht, dies letztlich aber zu recht stark relativiert; *A. Benz*, ZSE 2017, 395 (404) spricht zutreffend davon, daß es sich bei der Reform »eher um eine formale als eine substantielle Korrektur« handele.

ses neue **System** dürfte aber mit der Abschaffung des sekundären horizontalen Länderfinanzausgleichs letztlich **weniger streitanfällig** sein, da »die finanzstarken Länder künftig kein eigenes Geld mehr abgeben müssen«[114], der Endowment-Effekt mithin nicht greift, was finanzpsychologisch vorteilhaft erscheint[115]. Dadurch werden allerdings (leider) zugleich die »bündische Komponente des aktiven Einstehens füreinander als sichtbares föderales Band«[116] sowie die mit einem entsprechenden (politischen) Ringen einhergehende gegenseitige Kontrolle der Länder zwar nicht vollständig beseitigt[117] aber doch eingeschränkt[118], auch weil die Rolle der Bundesergänzungszuweisungen bei der Herstellung des angemessenen Ausgleichs noch einmal gesteigert worden ist. Die Neuregelungen gelten denn auch unbefristet, in Art. 143f GG ist jedoch vorgesehen, daß Art. 143d GG[119], das Gesetz über den Finanzausgleich und sonstiges auf Grundlage von Art. 107 II GG erlassenes Bundesrecht fünf Jahre nach Notifikation eines Verhandlungsverlangens von Bund oder Ländern beim Bundespräsidenten außer Kraft tritt, sofern zuvor keine »gesetzliche Neuordnung der bundesstaatlichen Finanzbeziehungen« in Kraft tritt; eine entsprechende Neuverhandlung kann allerdings nicht vor Ablauf des 31.12.2030 verlangt werden.

15 Insgesamt waren **neun bestehende Artikel**[120] des Grundgesetzes von den Änderungen betroffen, **vier** Artikel wurden **neu eingeführt**[121]. Dabei weist die Reform unabhängig von ihrer inhaltlichen Bewertung auch **in handwerklicher und sprachlicher Sicht erhebliche Defizite** auf. Das gilt nicht zuletzt für die Neuregelungen des Art. 104b, des Art. 108, des Art. 109a, 125c und 143f GG[122]. Auch insoweit reiht sich die Reform freilich in diejenigen der letzten Jahre ein[123]. Um einen geordneten Übergang zu ermöglichen, ist im neuen Art. 143g GG vorgesehen, daß die Änderungen des Art. 107 GG (und damit insbesondere die Abschaffung des sekundären horizontalen Finanzausgleichs) erst ab dem 1.1.2020 – also mit Auslaufen des Solidarpaktes II – Geltung

---

114 *J. Wieland*, ifo Schnelldienst 24/2016, 16 (17). Kritisch insoweit *S. Korioth*, ifo Schnelldienst 24/2016, 5 (7).

115 Nach dem Endowment-Effekt ist der subjektive Wert eines Gutes höher, wenn man es bereits besitzt; vgl. insoweit auch *V. Ratzmann*, Entsolidarisierung? Selbstentmachtung? Vertikalisierung? Kritik ohne praktische Relevanz! Zur Kritik am Konzept der Länder für die Neuordnung des Länderfinanzausgleichs, in: Junkernheinrich, Finanzausgleich (Fn. 87), S. 51 ff. (58 f.); insofern ist die Konsequenz der geringeren Streitanfälligkeit weniger verblüffend als von *C. Gröpl*, Staatsrecht I, 9. Aufl. 2017, Rn. 731 vermutet.

116 *H.-G. Henneke*, DVBl. 2017, 214 (217); umfassend zur bündischen Komponente nun auch *C. Federer-Meyer*, Finanzielle Solidarität im Bundesstaat, 2017, passim.

117 Vgl. *Ratzmann*, Entsolidarisierung? (Fn. 115), S. 58; *T. Lenk/P. Glinka*, ZSE 15 (2017), 417 (426, 440); zu kritisch daher *Korioth*, Problematik (Fn. 100), S. 125 f.

118 Das politische Ringen wird nicht dauerhaft beendet, wird vielmehr früher oder später nach 2030 wieder aufgenommen werden (müssen). Und auch die bündische Komponente fällt keineswegs vollständig weg, da sie auch bei den Zuschlägen zu und den Abschlägen von der Umsatzsteuer eine Rolle spielen muß, da das Ziel eines angemessenen Ausgleichs der Finanzkraft der Länder unverändert bestehen bleibt. Faktisch gibt es daher auch weiterhin »Geberländer«, die auf gewisse Anteile an der Umsatzsteuer zugunsten anderer Länder verzichten und »Nehmerländer«. Die jeweilige Rolle ist lediglich sehr viel weniger sichtbar; vgl. auch *Häde*, Abschied (Fn. 89), S. 112 ff.; siehe zum Erfordernis der Angemessenheit auch *Federer-Meyer*, Finanzielle Solidarität (Fn. 116), S. 15 ff.

119 Mithin eine Norm des Grundgesetzes, vgl. auch *H.-G. Henneke*, DVBl. 2017, 214 (219): »absolutes Neuland«; kritisch auch *Hummel*, Verfassungsvertrags-Mathematik (Fn. 108), S. 185 f.

120 Art. 90, 91c, 104b, 107, 108, 109a, 114, 125c.

121 Art. 104c, 143e, 143f, 143g.

122 Siehe zur Kritik im einzelnen jeweils bei der jeweiligen Kommentierung.

123 Siehe *H. Dreier*, ZSE 6 (2008), 399 (404 ff.).

beanspruchen. Bis dahin ist Art. 107 GG in seiner bisherigen Form anzuwenden[124]. Für die übrigen Änderungen ist eine entsprechende allgemeine Übergangsregelung nicht vorgesehen (siehe aber die Fortgeltungsanordnung für bestimmte Regelungen in Art. 125c GG, die erneut erweitert worden ist). Insbesondere die systemfremde Gewährung von Finanzhilfen im Bereich der kommunalen Bildungsinfrastruktur nach Art. 104c GG ist damit bereits seit dem Inkrafttreten der Änderungen am 20.7.2017 zulässig.

Der sich auch in dieser letzten Reform bestätigende häufige **Änderungsbedarf** der Finanzverfassung ist **Ausdruck der Spannung zwischen** den hohen **Flexibilitäts- und Anpassungsbedürfnissen** einer bundesstaatlichen Finanzordnung, in der Ausgaben und Einnahmen der verschiedenen Ebenen stetigem Wandel unterworfen sind und permanent neu aufeinander abgestimmt werden müssen[125], und der **Normierungssucht des Verfassungsgebers**[126], der durch materielle Bestimmungen und Verfahrensregeln Planungssicherheit, materiell-rechtliche Garantien und formellen Rechtsschutz zu erzielen sucht. Dieses Bemühen reibt sich an dem politischen Machtcharakter der Finanzfrage[127]. Diese Gesichtspunkte würden dabei an sich eine Reduzierung der verfassungsrechtlichen zugunsten einer stärker einfachrechtlichen Normierungsdichte nahelegen[128]. 16

Die Änderungen der Finanzverfassung haben bisher weitgehend nur nachträglich verfassungsrechtlich das vollzogen und systematisch geordnet, was sich in der politischen Wirklichkeit längst durchgesetzt hatte. Gerade auch die **Entwicklung zu einem unitarisierenden und zentralisierenden kooperativen Föderalismus**[129] hatte sich in der Staatspraxis durch eine Vielzahl von Formen des Zusammenwirkens, der Kooperation und Koordination schon lange abgespielt, bevor die Finanzreform von 1969 das Verbund- und Kooperationsprinzip institutionalisierte und kanalisierte[130]. Die auch im Rahmen der neuerlichen Änderungen deutlich zu vernehmende Kritik an dieser Entwicklung, die zu einer partiellen Entmachtung der Parlamente und Einengung der gliedstaatlichen Gestaltungsfreiheiten geführt hat, welche wiederum durch die Erweiterung des Einflusses des Bundesrates allenfalls zum Teil kompensiert werden, ist im Ansatz zweifellos berechtigt[131]. Auf der anderen Seite beruht die Entwicklung auf einem starken politischen **Bedürfnis** in der Bevölkerung **nach Angleichung der Lebensverhältnisse**[132], auf einem generellen Trend zur Stärkung größerer politischer Einhei- 17

---

[124] Die Regelung des Art. 107 GG wird im vorliegenden Band daher sowohl in seiner neuen als auch seiner alten Form kommentiert.

[125] *J. Hidien*, Finanzausgleichsgesetz, 3. Aufl. 2015, Einleitung Rn. 4.

[126] Siehe auch *Heintzen* (Fn. 23), Vorb. Art. 104a–115 Rn. 19: »Perfektionsdrang des verfassungsändernden Gesetzgebers«.

[127] Siehe auch *Kloepfer*, Finanzverfassungsrecht (Fn. 29), § 1 Rn. 11.

[128] Vgl. auch *H. Fischer-Menshausen*, in: I. v. Münch/P. Kunig (Hrsg.), Grundgesetz-Kommentar, Bd. III, 3. Aufl. 1996, Vorb. zu Art. 104a–109 Rn. 12.

[129] Troeger-Gutachten (Fn. 41), Tz. 77; *K. Hesse*, Aspekte des kooperativen Föderalismus in der Bundesrepublik, in: FS Müller, 1970, S. 141 ff.; *F. W. Scharpf/B. Reissert/F. Schnabel*, Politikverflechtung, 1976; *dies.*, Politikverflechtung II, 1977; *J. J. Hesse*, Politikverflechtung im föderativen Staat, 1978; *W. Rudolf*, HStR³ VI, § 141 Rn. 1 ff.; *A. Benz/F. W. Scharpf/R. Zintl*, Horizontale Politikverflechtung, 1992; *J.-P. Schneider*, Der Staat 40 (2001), 272 (282 f.). → Art. 91a Rn. 6 ff.

[130] *Fischer-Menshausen* (Fn. 128), Vorb. zu Art. 104a–109 Rn. 9. → Art. 91a Rn. 2.

[131] → Art. 91a Rn. 9; *G. Kisker*, Kooperation im Bundesstaat, 1971, S. 280 f. Diese Kritik ist im Zusammenhang mit der Reform des Jahres 2017 bisweilen sehr deutlich formuliert worden. Vgl. etwa *S. Korioth*, ifo Schnelldienst 24/2016, 5 (6): (»föderales Desaster«).

[132] Überzogen insofern *Reimer*, Ausgestaltung (Fn. 77), S. 159, wenn dieser davon spricht, daß das

ten und auch auf Gesichtspunkten allokativer Effizienzsteigerung, mit denen die Nachteile abgewogen werden müssen[133]. Gerade die Einführung des ansonsten in mehrfacher Sicht verfehlten Art. 104c GG[134] erweist sich vor diesem Hintergrund und aufgrund der angespannten finanziellen Situation vieler Kommunen zumindest rechtspolitisch als nachvollziehbar; das Ziel hätte systemkonform allerdings auf anderem Wege ohne weiteres erreicht werden können (→ Art. 104c Rn. 10). Bisher ist der unitarisierende Trend, ungeachtet der Eingliederungsprobleme der neuen Länder im Bereich der Finanzverfassung damit weiterhin ungebrochen. Daran haben auch die kleineren Verfassungsänderungen im Rahmen der 1. Stufe der Föderalismusreform I wenig geändert. Von einer wirklichen Entflechtung der beiden Ebenen konnte jedenfalls im Bereich der Finanzen schon vor Inkrafttreten der letzten Neuerungen am 20.7.2017 keine Rede (mehr) sein – seitdem haben die Überlappungen noch einmal beträchtlich zugenommen[135]. Die Einführung eines freien Trennsystems[136] wäre angesichts der Gesamtstruktur des deutschen Bundesstaats verfassungspolitisch allerdings auch verfehlt.

B. Internationale, supranationale und rechtsvergleichende Bezüge

18 Durch die **Europäischen Verträge** wird über der nationalen Finanz- und Haushaltsverfassung eine eigenständige Finanzordnung[137] etabliert, die teilweise die bundesstaatliche Finanzverfassung überlagert und im Bereich der Haushaltsverfassung vornehmlich zusätzliche Staatsverschuldungsbegrenzungen begründet[138]. Die **Finanzierung** der Europäischen Union erfolgt grundsätzlich **nicht mehr nach** dem für internationale Organisationen typischen **Modell der Beitragsfinanzierung**[139], sondern beruht nach Art. 311 II AEUV auf einer Eigenmittelfinanzierung, die prinzipiell nicht oder jeden-

Anliegen einer Wahrung einheitlicher Lebensverhältnisse im Bereich der Finanzen der Länder »irrational übersteigert« sei. Insofern ist auch richtig, daß die Ausgleichsmesszahl auf eine möglichst ähnliche Finanzausstattung in allen Ländern abzielt. Skeptisch insoweit *Haltern*, Ausgestaltung (Fn. 77), S. 106 f. und wohl auch *Seer*, Zukunft (Fn. 60), S. 313.

[133] *H. Fischer-Menshausen*, Widi 1968, 498 (502); *K. Stern*, Die föderative Ordnung im Spannungsfeld der Gegenwart, in: Politikverflechtung zwischen Bund und Ländern und Gemeinden (Schriftenreihe der Deutschen Universität für Verwaltungswissenschaften Speyer, Bd. 55), 1975, S. 15 ff. (36).

[134] Siehe insbesondere *H.-G. Henneke*, DVBl. 2017, 214 (220).

[135] Generell kritisch *C. Waldhoff*, Nachhaltige Finanzverfassung und Kompetenzverteilung, in: Kahl, Finanzstrukturen (Fn. 66), S. 166 ff. Siehe auch *H.-G. Henneke*, DVBl. 2017, 214 (222).

[136] So *J. Sanden*, Die Weiterentwicklung der föderalen Strukturen der Bundesrepublik Deutschland, 2005, S. 963 ff.; vgl. auch umfassende Reformvorschläge von *D. Buscher*, Der Bundesstaat im Zeichen der Finanzkrise, 2010, S. 227 ff.

[137] *Vogel/Waldhoff* (Fn. 10), Vorb. z. Art. 104a–115 Rn. 645 schlagen diesen Begriff in Abgrenzung zur Finanzverfassung vor.

[138] Art. 126 AEUV i. V. m. 20. Protokoll (1992). → Art. 115 Rn. 5. Hinzu kommt der sog. Stabilitäts- und Wachstumspakt aus dem Jahre 1997 sowie – in Reaktion auf die Finanz- und Eurokrise – der Vertrag über Stabilität, Koordinierung und Steuerung in der Wirtschafts- und Währungsunion (sog. Fiskalpakt), der allerdings außerhalb des Unionsrahmens und ohne Beteiligung des Vereinigten Königreichs und Tschechiens geschlossen wurde. Zum Fiskalpakt siehe *F. Schorkopf*, ZSE 2012, 1 ff. sowie *A. Thiele*, EuConst 11 (2015), 30 ff. Umfassend zu den europarechtlichen Vorgaben in diesem Bereich auch *C. Herrmann/A. Thiele*, Internationales und Europäisches Finanz- und Währungsrecht, 2018, Kapitel 6.4 (i. E.).

[139] So etwa noch in den Römischen Verträgen, vgl. Art. 200 I EWGV sowie Art. 172 I EAGV. Die Beitragsfinanzierung wurde mit dem Eigenmittelbeschluß aus dem Jahre 1970 abgelöst. Siehe allgemein *R. Peffekoven*, Eigene Einnahmen internationaler Organisationen: Zu einem Problem des internationalen Finanzausgleichs, in: FS Kolms, 1984, S. 315 ff.

falls nur noch eingeschränkt der Kontrolle der Mitgliedstaaten unterliegen soll[140]. Gleichwohl verfügt die Europäische Union nur über eine geringe Finanzautonomie[141] und kaum über autonom regelbare Gemeinschaftsteuern[142]. Neben den allerdings auch finanziell bedeutsamen Abschöpfungen und Zöllen[143] gehören nur die Steuern auf die Bezüge der Bediensteten der Europäischen Union[144] zu diesen Abgaben; im Rahmen der bis 2002 bestehenden EGKS wurde zudem eine Montanumlage erhoben[145]. Die gegenwärtige Finanzierung beruht daher zu einem wesentlichen Teil auf der Partizipation der Europäischen Union an einem bestimmten Anteil der Mehrwertsteuereinnahmen sowie des Bruttonationaleinkommens der Mitgliedstaaten[146], ohne daß es sich insoweit allerdings bereits um eine Ertragshoheit im Sinne der deutschen Finanzverfassung handeln würde[147].

Die **Möglichkeiten eigenständiger Kreditfinanzierung** der Europäischen Union sind 19
außerordentlich beschränkt[148]; eine ausdrückliche Ermächtigung zur Kreditaufnahme findet sich nur noch in Art. 172 IV EAGV und damit weder im EUV noch im AEUV. Zum Teil bestehen jedoch (umstrittene) sekundärrechtliche »Selbstermächtigungen« der Union[149]. Freilich beeinflußt das Unionsrecht durch seine Vorschriften die nationale Steuergesetzgebung[150]. Die beschränkte Rolle der Europäischen Union im Finanzsektor zeigt sich auch darin, daß die Verwaltungshoheit für die Abgaben zur Finanzierung der Europäischen Union bei den Mitgliedstaaten liegt[151]. Die Ausgaben-

---

[140] Siehe dazu *R. Messal*, Das Eigenmittelsystem der Europäischen Gemeinschaft, 1991, S. 45ff.; *U. Häde*, Finanzausgleich, 1996, S. 482ff.; *M. Lienemeyer*, Die Finanzverfassung der Europäischen Union, 2002, S. 179ff.; *Oppermann/Classen/Nettesheim*, Europarecht, § 8 Rn. 19ff.; *H. Tappe/R. Wernsmann*, Öffentliches Finanzrecht, 2015, Rn. 807ff. Umfassend jetzt auch *A. Wenz-Temming*, Die Einnahmen der Europäischen Union. Zwischen supranationaler Autonomie und intergouvernementaler Kontrolle, 2017.

[141] *Vogel/Waldhoff* (Fn. 10), Vorb. z. Art. 104a–115 Rn. 649. Siehe dazu insgesamt auch *Tappe/Wernsmann*, Finanzrecht (Fn. 140), Rn. 781ff.

[142] *Vogel/Waldhoff* (Fn. 10), Vorb. z. Art. 104a–115 Rn. 647; *Lienemeyer*, Finanzverfassung (Fn. 140), S. 112ff. Siehe auch *A. Thiele*, ZEuS 9 (2006), 41 (44ff).

[143] Dazu *D. Birk*, Verteilung der Finanzhoheit, in: ders. (Hrsg.), Handbuch des Europäischen Steuer- und Abgabenrechts, 1995, § 5 Rn. 35ff.

[144] *Messal*, Eigenmittelsystem (Fn. 140), S. 60ff.; *D. Birk*, Gemeinschaftssteuern, in: ders., Handbuch (Fn. 140), § 10 Rn. 11ff.

[145] *U. Häde*, Die Finanzordnung der Europäischen Union, in: A. Hatje/P.-C. Müller-Graff (Hrsg.), Europäisches Organisations- und Verfahrensrecht (EnzEuR Bd. 1), § 14 Rn. 3.

[146] Ausführlich *Häde*, Finanzordnung (Fn. 145), Rn. 31ff.

[147] *Vogel/Waldhoff* (Fn. 10), Vorb. z. Art. 104a–115 Rn. 648, die aber (Rn. 649) von einer supranationalen Ertragshoheit sprechen; ähnlich *Lienemeyer*, Finanzverfassung (Fn. 140), S. 179ff.

[148] Dazu *C. Waldhoff*, in: Calliess/Ruffert, EUV/AEUV, Art. 311 AEUV, Rn. 17ff. sowie *Häde*, Finanzordnung (Fn. 145), Rn. 68ff.

[149] Siehe etwa Verordnung (EEG) Nr. 397/75 des Rates vom 17.2.1975 über Gemeinschaftsanleihen, ABl. (EWG) Nr. L 47 vom 20.2.1975, S. 1. Kritsch dazu insgesamt *Häde*, Finanzausgleich (Fn. 140), S. 463ff. Siehe auch *Waldhoff* (Fn. 148), Art. 311 AEUV, Rn. 18ff. Zuletzt wurden im Zusammenhang mit der Finanzkrise anleihefinanzierte Kredite an Ungarn, Litauen und Rumänien vergeben, die auf die Verordnung (EG) Nr. 332/2002 des Rates vom 18.2.2002 zur Einführung einer Fazilität des mittelfristigen finanziellen Beistands zur Stützung der Zahlungsbilanzen der Mitgliedstaaten, ABl. EU Nr. L 53 vom 23.2.2002, S. 1 gestützt waren.

[150] Knapp *A. Thiele*, ZEuS 9 (2006), 41 (49ff.). Eingehend *Vogel/Waldhoff* (Fn. 10), Vorb. z. Art. 104a–115 Rn. 659, 663ff. → Art. 105 Rn. 4. Speziell für die Körperschaftsteuer nunmehr *S. A. Zajicek*, Körperschaftsteuersysteme in der Europäischen Union. Möglichkeiten und Grenzen einer Harmonisierung, 2017.

[151] *H. W. Arndt/M. Haas*, RIW 1989, 710 (715ff.); *Vogel/Waldhoff* (Fn. 10), Vorb. z. Art. 104a–115 Rn. 655.

kompetenz der Europäischen Union ist nicht allgemein geregelt[152]; die primärrechtlich vorgesehenen Strukturfonds[153], bestimmte Einzelvorschriften[154] und die prinzipielle Förderungsbefugnis im Rahmen ihrer Aufgaben[155] begründen indessen die nach dem Prinzip der begrenzten Einzelermächtigung notwendigen Zuständigkeiten. Das Europäische Unionsrecht hat außerdem ein eigenständiges Haushaltsverfahren[156] einschließlich unionsrechtlicher Haushaltsgrundsätze[157] ausgebildet.

20 Unter **rechtsvergleichenden Aspekten**[158] ist scharf zwischen bundesstaatlicher Finanzverfassung und (zentralstaatlicher) Haushaltsverfassung zu differenzieren: Die Grundstrukturen der Haushaltsverfassung unterscheiden sich in den modernen Verfassungsstaaten nur in Details und Nuancen. Unterschiede folgen hier allenfalls aus der Struktur des Regierungssystems. Aber selbst die parlamentarischen Regierungssysteme des Grundgesetzes sowie etwa Großbritanniens[159] und das präsidentielle System der USA[160] als schärfste Gegensätze haben **kaum unterschiedliche Haushaltssysteme** ausgebildet. Auch Frankreich[161] und die Schweiz[162] zeichnen sich durch ähnliche Haushaltssysteme aus. Angesichts der unterschiedlichen Regierungssysteme ist die Übereinstimmung sogar erstaunlich. Der Budgetkreislauf von der Aufstellung des Budgets bis zur abschließenden Kontrolle ist in allen Systemen ein kooperativer Prozeß, in dem Parlament und Exekutive in vielfältig abgestufter Form zusammenwirken. Die Institute und rechtlichen Konstruktionen des amerikanischen Budgetrechts weisen indes erhebliche Differenzen zum deutschen Haushaltsrecht auf[163]. Größere Unterschiede lassen sich auch hier im Maß der verfassungsrechtlichen Fixierung feststellen. Das grundgesetzliche System zeichnet sich insoweit durch eine relativ weitgehen-

---

[152] *Vogel/Waldhoff* (Fn. 10), Vorb. z. Art. 104a–115 Rn. 654. Siehe auch *Tappe/Wernsmann*, Finanzrecht (Fn. 140), Rn. 781 ff.

[153] Ausrichtungs- und Garantiefonds für die Landwirtschaft Art. 40 III AEUV; Europäischer Sozialfonds gem. Art. 162 AEUV; Europäischer Regionalfonds gem. Art. 176 AEUV.

[154] Z.B. Art. 310 II AEUV; Art. 165 IV AEUV.

[155] *H.D. Jarass*, AöR 121 (1996), 173 (183).

[156] *U. Bux*, ZfRV 2013, 54ff; *Häde*, Finanzordnung (Fn. 145), Rn. 113 ff.; *T. von der Vring*, Die Verteilung der budgetären Kompetenzen in der Europäischen Union, in: Jahrbuch für Staats- und Verwaltungswissenschaft 8 (1995), S. 203 ff.; *M. Rossi*, Europäisches Parlament und Haushaltsverfassungsrecht, 1997, S. 72 ff.; *W. Schenk*, Strukturen und Rechtsfragen der gemeinschaftlichen Leistungsverwaltung, 2006, S. 75 ff.; *Tappe/Wernsmann*, Finanzrecht (Fn. 140), Rn. 800 ff. → Art. 110 Rn. 4 m. w. N.

[157] Art. 310 ff. AEUV; vgl. dazu *Häde*, Finanzordnung (Fn. 145), Rn. 114; *D. Birk*, Das Haushaltsrecht in der EG, in: ders., Handbuch (Fn. 143), § 6 Rn. 12 ff.; *Rossi*, Parlament (Fn. 156), S. 177 ff.; *Schenk*, Strukturen (Fn. 156), S. 58 ff.

[158] Denen *Heintzen* (Fn. 23), Vorb. Art. 104a–115 Rn. 24 für den Bereich der Finanzverfassung freilich eine generell geringe Rolle zusprechen will.

[159] *O. Hood Phillips/P. Jackson*, O. Hood Phillips' Constitutional and Administrative Law, 8. Aufl., London 2001, S. 251 ff.; zum parlamentarischen Verfahren *T. Erskine May*, Parliamentary Practice, 22. Aufl., London 1997, S. 741 ff.; vgl. auch *C. Jahndorf*, Grundlagen der Staatsfinanzierung durch Kredite und alternative Finanzierungsformen im Finanzverfassungs- und Europarecht, 2003, S. 377 ff.; allgemein zum britischen Verfassungssystem *R. Sturm*, Das politische System Großbritanniens, 2. Aufl. 2017.

[160] Dazu im einzelnen *W. Heun*, Das Budgetrecht im Regierungssystem der USA, 1989, S. 25 ff.

[161] Vgl. dazu *R. Grote*, Das Regierungssystem der V. französischen Republik, 1995, S. 157 ff.; vgl. auch *Jahndorf*, Grundlagen (Fn. 159), S. 343 ff.

[162] *H. Koller*, Der öffentliche Haushalt als Instrument der Staats- und Wirtschaftslenkung, 1983, S. 322 ff.

[163] *Heun*, Budgetrecht (Fn. 160), S. 91 ff.; zu den Differenzen im einzelnen die rechtsvergleichenden Hinweise bei Art. 110–115 GG.

de Festschreibung der wesentlichen Strukturelemente des Budgetprozesses in der Verfassung aus.

Im Bereich der **bundesstaatlichen Finanzverfassung** gilt ähnlich wie bei der Haushaltsverfassung, daß das Grundgesetz im Vergleich zu anderen Verfassungen eine hohe Regelungsdichte aufweist[164]. Die deutsche wird hier nur von der brasilianischen[165] und hinsichtlich der Besteuerung von der insoweit wenig systematischen Schweizer[166] Verfassung übertroffen. Demgegenüber sind die föderativen Finanzbeziehungen vor allem in den Vereinigten Staaten[167], aber auch in Österreich[168] kaum verfassungsrechtlich geregelt. Darüber hinaus ist eine föderative Finanzverfassung der Natur der Sache nach auf Bundesstaaten beschränkt und findet sich daher ohnehin nur in einem Teil der Verfassungsstaaten; Spanien ist zwar kein Bundesstaat, gewährt seinen Regionen jedoch eine besondere (auch finanzielle) Autonomie und kennt daher vor allem in den Autonomiestatuten geregelte Bestimmungen zu den Finanzbeziehungen – einschließlich politisch hoch umstrittener partieller Ausgleichsregelungen. Außerdem weisen – anders als bei der Haushaltsverfassung – die Bundesstaaten **große Unterschiede in der Struktur der Finanzverfassung** auf. Unter den traditionellen Bundesstaaten erreicht den höchsten Zentralisierungsgrad Österreich, wo der Bund kraft seiner weitgehenden Gesetzgebungskompetenzen und aufgrund geringer verfassungsrechtlicher Determinierung Objekthoheit und Ertragshoheit weitgehend für sich in Anspruch nimmt[169]. Demgegenüber ist in den meisten anderen klassischen Bundesstaaten von der Schweiz[170] über die USA bis zu Kanada und Australien die Finanzautonomie der Gliedstaaten durch das dortige Trennsystem regelmäßig stärker ausgeprägt als in der vom Verbundsystem dominierten Bundesrepublik[171]. Auch ist der Grad der Angleichung der Finanzkraft in der Regel wesentlich geringer, zumal die angelsächsischen Bundesstaaten einen Finanzausgleich ohnehin allenfalls über ein unterschiedlich ausgeformtes System von Finanzzuweisungen erzielen[172]. 21

---

[164] Vgl. auch *Korioth*, Finanzausgleich (Fn. 7), S. 409, 419; *Vogel/Waldhoff* (Fn. 10), Vorb. z. Art. 104a–115 Rn. 735; *Heintzen* (Fn. 23), Vorb. Art. 104a–115 Rn. 21.

[165] Zur Verfassung von 1988 *P. M. Huf*, Die Entwicklung des bundesstaatlichen Systems in Brasilien, 1991, S. 228 ff.; *C. Roschmann*, Vergleich des föderativen Aufbaus Bundesrepublik Deutschland – Föderative Republik Brasilien mit Schwerpunkt auf dem Bund-Länder Verhältnis, Diss. jur. Kiel 1991, S. 132 ff.

[166] Vgl. *T. Jaag*, Grundsätze der Finanzverfassung in der Schweiz, VVDStRL 52 (1993), S. 123 ff.; *H. Mäder/K. Schedler* (Hrsg.), Perspektiven des Finanzausgleichs in der Schweiz, 1995; *Vogel/Waldhoff* (Fn. 10), Vorb. z. Art. 104a–115 Rn. 686 ff., 735; siehe jetzt Art. 126 ff., 196 nBV.

[167] *W. Heun*, StWStP 5 (1994), 97 (98 ff.) zu den verfassungsrechtlichen Grundlagen.

[168] Umfassend *P. Pernthaler*, Österreichische Finanzverfassung, 1984, S. 49 ff.; vgl. ferner *H. Schäffer*, Die österreichische Finanzverfassung, in: W. Weigel u. a. (Hrsg.), Handbuch der österreichischen Finanzpolitik (zugleich FS Weber), 1986, S. 87 ff.; *H. Haller*, Grundsätze der Finanzverfassung in Österreich, VVDStRL 52 (1993), S. 111 ff.; *U. Häde*, ZVglRWiss 92 (1994), 379 ff.; *Vogel/Waldhoff* (Fn. 10), Vorb. z. Art. 104a–115 Rn. 673 ff.

[169] *Vogel/Waldhoff* (Fn. 10), Vorb. z. Art. 104a–115 Rn. 734.

[170] Vgl. auch *G. Biaggini*, Nachhaltigkeit und bundesstaatliche Finanzordnung in der Schweiz, in: Kahl, Finanzstrukturen (Fn. 66), S. 106 ff. (113 ff.).

[171] *Vogel/Waldhoff* (Fn. 10), Vorb. z. Art. 104a–115 Rn. 734. → Art. 105 Rn. 5.

[172] Zu den USA *W. Heun*, StWStP 5 (1994), 97 (106 ff.); zu Australien *H. Fischer*, Finanzzuweisungen, 1988, S. 155 ff.; zu Kanada vgl. *R. W. Boadway/P. A. R. Hobson*, Intergovernmental Fiscal Relations in Canada, Toronto 1993, S. 42 ff., 97 ff.; *J. E. Magnet*, Constitutional Law of Canada, 5. Aufl., Cowansville 1993, S. 380 ff.

C. Erläuterungen

22 Der Abschnitt über das Finanzwesen umfaßt zwei unterschiedliche Komplexe. **Art. 104a–108 GG** haben die **bundesstaatliche Verteilung der finanziellen Kompetenzen und Einnahmen** (Ausgabenverantwortung, Steuergesetzgebung, Finanzverwaltung, Einnahmen) zum Gegenstand und werden staatsrechtlich als Finanzverfassung bezeichnet[173]. **Art. 110–115 GG** haben demgegenüber die **Haushaltswirtschaft des Bundes zum Gegenstand**[174], während **Art. 109 und 109a GG** gewissermaßen als Scharniernormen Haushaltswirtschaft und bundesstaatliche Finanzbeziehungen berühren[175].

I. Finanzverfassung im Bundesstaat

23 Die Ordnung der finanziellen Kompetenzen und Beziehungen des Gesamtstaates und seiner Gliedstaaten ist ein elementarer und unabdingbarer Bestandteil jedes bundesstaatlichen Systems[176] und bildet auch im Grundgesetz einen der »**tragenden Pfeiler der bundesstaatlichen Ordnung**«[177]. Im modernen Sozial- und Wohlfahrtsstaat, der unter Einschluß der Sozialversicherungen etwa die Hälfte des Bruttosozialprodukts in Anspruch nimmt und verausgabt[178] und allein infolge dieser Größenordnung durch sein Finanzgebaren die gesamtwirtschaftliche Entwicklung maßgebend beeinflußt, muß die föderative Finanzverfassung einen Ordnungsrahmen bereitstellen. Dieser Rahmen hat die Abgrenzung der Kompetenzen vorzunehmen, die divergierenden Interessen auszugleichen und Möglichkeiten zur Konfliktlösung zu enthalten, um Bund und Länder zur sachgerechten Wahrnehmung ihrer verfassungsmäßigen Aufgaben in finanzieller Hinsicht zu befähigen[179].

24 Die bundesstaatliche Finanzverfassung muß daher eine klare Zuordnung der Kompetenzen und Verantwortlichkeiten vornehmen, um im innerstaatlichen Gefüge eine rationale und rechtsstaatliche Funktionenteilung zu erreichen. Zugleich sollen die Bürger und die Volkswirtschaft im ganzen vor einem ungeregelten Zugriff unterschiedlicher Abgabengläubiger geschützt werden[180]. Damit erfüllt die Finanzverfas-

---

[173] Zur Begrifflichkeit eingehend *Stern*, Staatsrecht II, S. 1056 ff.; teilweise wird auch zwischen der Finanzverfassung i.w.S., die den gesamten X. Abschnitt umfaßt und der Finanzverfassung i. e. S. differenziert; s. *Jahndorf*, Grundlagen (Fn. 159), S. 22 f.; vgl. im übrigen *K. Ulsenheimer*, Untersuchungen zum Begriff »Finanzverfassung«, 1969, S. 6 ff. Der ökonomische Begriff des Finanzausgleichs umfaßt auch die bundesstaatliche Aufgabenverteilung: *W. Heun*, Der Staat 31 (1992), 205 (207 f.); *Häde*, Finanzausgleich (Fn. 140), S. 4 ff.

[174] Zur Abgrenzung auch *H. Fischer-Menshausen*, in: v. Münch/Kunig, Grundgesetz-Kommentar (Fn. 128), Vorb. zu Art. 110–115 Rn. 1.

[175] *Heintzen* (Fn. 23), Vorb. Art. 104a–115 Rn. 1; *Stern*, Staatsrecht II, S. 1052; Art. 109 GG und jetzt auch Art. 109a GG werden deshalb teils zur Finanzverfassung (*Fischer-Menshausen* [Fn. 128], Vorb. zu Art. 104a–109 Rn. 1; *H. Siekmann*, in: Sachs, GG, Vor Art. 104a Rn. 6), teils zur Haushaltsverfassung (*Stern*, a. a. O.) gerechnet.

[176] *Hidien*, Finanzausgleichsgesetz (Fn. 125), Einleitung Rn. 4.

[177] BVerfGE 72, 330 (388). Siehe auch *Wieland*, Notwendigkeit (Fn. 1), S. 247 f.

[178] Die Staatsquote betrug 1997 49,5%, ist seitdem allerdings deutlich zurückgegangen und betrug 2016 44,3%. Die höchste Staatsquote wies im Jahr 2016 Frankreich auf (56,2%), der Durchschnitt der Eurozone lag bei 47,7%.

[179] Vgl. *Fischer-Menshausen* (Fn. 128), Vorb. zu Art. 104a–109 Rn. 4.

[180] *Heintzen* (Fn. 23), Vorb. Art. 104a–115 Rn. 26.

sung rechtsstaatliche Sicherungs- und wirtschaftspolitische Ordnungsfunktionen[181]. Außerdem hat die Finanzverfassung für eine hinreichende Finanzausstattung von Bund und Ländern als Basis ihrer eigenen Staatlichkeit[182] und als Grundlage der Wahrnehmung ihrer staatlichen Aufgaben[183] zu sorgen. Damit erfüllt die Finanzverfassung neben einer **bundesstaatlichen Garantiefunktion ebenso rechts- und sozialstaatliche Funktionen**. Schließlich dient die bundesstaatliche Finanzordnung den teilweise widerstreitenden **ökonomischen Zielen** der Optimierung wohlfahrtsökonomischer Allokationseffizienz, der Herstellung interregionaler sozialökonomischer Gerechtigkeit und Gleichheit (Distribution) sowie gesamtwirtschaftlicher Stabilisierung[184]. Während über die grundsätzlichen Ziele insoweit Einigkeit besteht, divergieren die Auffassungen über die jeweilige Gewichtung der widerstreitenden Ziele. Lange hat das auf eine weitgehende Egalisierung angelegte System der deutschen Finanzverfassung breite Zustimmung gefunden. In letzter Zeit mehren sich jedoch die Stimmen, die eine Hinwendung zu einem Wettbewerbsföderalismus[185] mit deutlicher Betonung des Zieles der Allokationseffizienz befürworten[186].

Jede bundesstaatliche Finanzverfassung muß unter Beachtung der verschiedenen 25
Funktionen und Anforderungen einen **Kompromiß zwischen den gegenläufigen Bestrebungen der Einheitlichkeit und der Dezentralisierung** finden[187]. Da der Umfang der Finanzautonomie und die Finanzausstattung eines Gemeinwesens dessen Freiheits- und Gestaltungsspielraum entscheidend mitbestimmen[188], ist die Verteilung der Finanzgewalt und der Finanzmittel im Bundesstaat stets auch eine **brisante Machtfrage[189], deren sachgerechte Lösung ein Kernproblem der föderativen Ordnung darstellt[190]**.

Im Bundesstaat bedarf es einer angemessenen Verteilung der Aufgaben, der Ausga- 26
ben bzw. Lasten sowie der Einnahmen auf die föderativen Ebenen. Anders als im ökonomischen Sprachgebrauch[191] umfaßt die Finanzverfassung des Grundgesetzes nur die Verteilung der Ausgaben und der Einnahmen. Die Regelung der Aufgabenver-

---

[181] *Fischer-Menshausen* (Fn. 128), Vorb. zu Art. 104a–109 Rn. 4; zur rechtsstaatlichen Funktion vgl. auch *R. Prokisch*, Die Justiziabilität der Finanzverfassung, 1993, S. 44 ff.

[182] BVerfGE 72, 330 (388). → Art. 20 (Bundesstaat), Rn. 41 f. Siehe auch *A. Thiele*, NdsVBl. 2010, 89 (92 ff.).

[183] *Fischer-Menshausen* (Fn. 128), Vorb. zu Art. 104a–109 Rn. 4.

[184] Zur ökonomischen Theorie des Föderalismus vgl. nur *E. Thöni*, Ökonomische Theorie des Föderalismus, 1986, S. 35 ff.; *C. B. Blankart*, Öffentliche Finanzen in der Demokratie, 6. Aufl. 2006, S. 595 ff.; generell zu diesen drei Funktionen grundlegend *R. Musgrave/P. B. Musgrave*, Public Finance in Theory and Practice, 4. Aufl., New York 1984, S. 7 ff.; aus juristischer Sicht *Korioth*, Finanzausgleich (Fn. 7), S. 197 ff.

[185] Siehe dazu *Seer*, Zukunft (Fn. 60), S. 314 ff. sowie umfassend und allgemein zuletzt *S. Korte*, Standortfaktor öffentliches Recht – Föderalismus zwischen Integration und Wettbewerb, 2016.

[186] Vgl. z. B. *C. Esser*, Strukturprobleme des bundesstaatlichen Finanzausgleichs (Inst. f. Finanzen und Steuern), 1992, S. 28 ff.; *G. F. Schuppert*, StWStP 4 (1993), 26 (29 ff.); *K.-D. Henke/G. F. Schuppert*, Rechtliche und finanzwissenschaftliche Probleme der Neuordnung der Finanzbeziehungen von Bund und Ländern im vereinten Deutschland, 1993, S. 35 ff.; *Sachverständigenrat zur Begutachtung der gesamtwirtschaftlichen Entwicklung*, Jahresgutachten 1990/91, BT-Drs. 11/8472, S. 210 ff.; für eine lediglich ergänzende und korrigierende Umsetzung des kompetitiven Gedankens *Seer*, Zukunft (Fn. 60), S. 317; generell kritisch demgegenüber etwa *H. P. Bull*, DÖV 1999, 269 ff.

[187] Prägnant *Fischer-Menshausen* (Fn. 128), Vorb. zu Art. 104a–109 Rn. 5.

[188] BVerfGE 32, 333 (338); 39, 96 (108).

[189] *Fischer-Menshausen* (Fn. 128), Vorb. zu Art. 104a–109 Rn. 5; vgl. auch *I. Kesper*, Bundesstaatliche Finanzordnung, 1998, S. 67 ff.; *Kloepfer*, Finanzverfassungsrecht (Fn. 29), § 1 Rn. 11.

[190] BVerfGE 55, 274 (301); vgl. auch *Korioth*, Finanzausgleich (Fn. 7), S. 92 ff.

[191] *W. Heun*, Der Staat 31 (1992), 205 (207 f.).

teilung bleibt im wesentlichen anderen Funktionsbestimmungen vorbehalten. Diese Regelungstechnik und der sachliche Vorrang der Verteilung der Aufgaben[192], deren Erfüllung wesentliche Voraussetzung der Legitimität des demokratischen Verfassungsstaates ist[193], degradieren die Finanzverfassung indes **nicht**[194] zur **bloßen »Folgeverfassung«**[195]. Diese Begrifflichkeit reduziert die Ausgaben- und Einnahmenverteilung auf die Finanzierungsfunktion, übersieht die Vielfalt der Funktionen und verkennt, daß die Finanzverfassung ein integraler Bestandteil der bundesstaatlichen Ordnung mit eigenständigem Charakter[196] ist, deren Ausgestaltung auf die Aufgabenverteilung zurückwirkt und in erheblichem Maß selbständige Elemente staatlicher Steuerung und Aufgabenerfüllung enthält. Damit ist die Finanzverfassung zugleich Teil der Aufgabenverteilung[197]. Richtig ist daher nur, daß Staatsverfassung und Finanzverfassung miteinander strukturell kompatibel sein müssen[198].

27 Weder der Gegenstand noch die gesonderte Regelung der Finanzverfassung geben Veranlassung, diesen Vorschriftenkomplex insgesamt oder in Teilen »als Recht von minderer Geltungskraft«, als »soft law«, anzusehen[199]. Rechtsstaatliche und bundesstaatliche Ordnungs- und Sicherungsfunktionen **verbieten** eine pauschale **Einstufung der finanzverfassungsrechtlichen Normen als Recht minderer Geltungskraft**[200]. Das schließt indes nicht aus, daß im einzelnen die Auslegung von Normen ergibt, daß den Beteiligten Entscheidungs- und Beurteilungsspielräume eingeräumt werden oder die Justiziabilität zweifelhaft ist[201]. Im übrigen ist die Finanzverfassung trotz der gelegentlichen Bezeichnung als Rahmenordnung[202] im ganzen eher durch eine Tendenz zu hoher Regelungsdichte[203] und zu verfassungsrechtlicher Detailwut geprägt.

---

192 *Stern*, Staatsrecht II, S. 1129f.; *W. Heun*, Der Staat 31 (1992), 205 (208) m.w.N.

193 Zur zugrundeliegenden Legitimitätskonzeption *W. Heun*, Das Mehrheitsprinzip in der Demokratie 1983, S. 32ff. Siehe auch *Thiele*, Verlustdemokratie (Fn. 80), S. 20.

194 *W. Heun*, DVBl. 1996, 1020 (1021); *J.-P. Schneider*, Der Staat 40 (2001), 272 (277); *C. Waldhoff*, Die Verwaltung 30 (2006), 155 (155f.); *ders.*, HStR³ V, § 116 Rn. 58ff.; *P. Selmer*, JuS 2006, 1052 (1056); vgl. auch *Hey*, Finanzautonomie (Fn. 65), S. 281 mit Fn. 14.

195 So aber *Heintzen* (Fn. 23), Vorb. Art. 104a–115 Rn. 29; *F. Kirchhof*, Grundsätze der Finanzverfassung des vereinten Deutschlands, VVDStRL 52 (1993), S. 71ff. (80); *F. Schoch/J. Wieland*, Finanzierungsverantwortung für gesetzgeberisch veranlaßte kommunale Aufgaben, 1995, S. 92f.; *Korioth*, Finanzausgleich (Fn. 7), S. 87ff.; *ders.*, Klarere Verantwortungsteilung zwischen Bund, Ländern und Kommunen, DJT 65 (2004), Bd. II/1, P 89ff. (91f.).

196 Vgl. auch *Vogel/Waldhoff* (Fn. 10), Vorb. z. Art. 104a–115 Rn. 71; freilich keine Eigenständigkeit, welche der Finanzgewalt im Verhältnis zu den anderen Staatsgewalten eine Sonderstellung gibt, s. *Fischer-Menshausen* (Fn. 128), Vorb. zu Art. 104a–109 Rn. 1; zu weitgehend *G. Wacke*, Das Finanzwesen der Bundesrepublik, 1950, S. 11ff.; *Prokisch*, Justiziabilität (Fn. 181), S. 26ff.

197 Zu den Lenkungsfunktionen der Steuern: → Art. 105 Rn. 16.

198 *W. Heun*, DVBl. 1996, 1020 (1021); ähnlich, aber noch zu strikt ist der Begriff der »strukturellen Homogenität« zwischen Finanz- und Staatsverfassung, so *K.H. Friauf*, Öffentlicher Haushalt und Wirtschaft, VVDStRL 27 (1968), S. 1ff. (6); *Stern*, Staatsrecht II, S. 1055; *Fischer-Menshausen* (Fn. 128), Vorb. zu Art. 104a–109 Rn. 5; *Vogel/Waldhoff* (Fn. 10), Vorb. z. Art. 104a–115 Rn. 12.

199 BVerfGE 72, 330 (388); *Siekmann* (Fn. 175), Vor Art. 104a Rn. 26; eingehend *Prokisch*, Justiziabilität (Fn. 181), S. 74ff.; *Korioth*, Finanzausgleich (Fn. 7), S. 60ff.; *Vogel/Waldhoff* (Fn. 10), Vorb. z. Art. 104a–115 Rn. 622ff.; *A. Thiele*, Finanzaufsicht. Der Staat und die Finanzmärkte, 2014, S. 283.

200 Vgl. BVerfGE 72, 330 (388f.).

201 → Art. 109 Rn. 26; → Art. 115 Rn. 21, 27, 31. Siehe auch *Heintzen* (Fn. 23), Vorb. Art. 104a–115 Rn. 20ff.

202 BVerfGE 67, 256 (288); *J. Wieland*, Jura 1989, 410 (418); *Kesper*, Finanzordnung (Fn. 189), S. 66f.; *Heintzen* (Fn. 23), Vorb. Art. 104a–115, Rn. 21.

203 BVerwGE 96, 45 (54); *Siekmann* (Fn. 175), Vor Art. 104a Rn. 24; *Vogel/Waldhoff* (Fn. 10), Vorb. z. Art. 104a–115 Rn. 640.

Die bundesstaatliche Finanzverfassung des Grundgesetzes[204] ist durch einen **komplizierten Stufenbau** gekennzeichnet. Dabei legt die Finanzverfassung die gegebene Aufgabenverteilung zugrunde. Zunächst wird die generelle Ausgabenverteilung, also die Verantwortung für die anfallenden Kosten, in Art. 104a GG festgelegt. Das darin normierte Konnexitätsprinzip wird mittlerweile allerdings durch zahlreiche Ausnahmen eingeschränkt, die 2017 erneut erweitert worden sind[205]. Die folgenden Regelungen normieren die verschiedenen **Elemente der Einnahmenverteilung**[206], die sich in **drei Kategorien** einteilen lassen: **Erstens** müssen die Gesetzgebungskompetenzen für die Erhebung der Abgaben, auch Objekthoheit genannt, auf Bund und Länder verteilt werden. Art. 105 GG weist die entsprechenden Kompetenzen zu, beschränkt sich aber auf die Steuergesetzgebungskompetenzen. Dabei setzt Art. 105 GG den Steuerbegriff implizit voraus, der verfassungsrechtlich in Abgrenzung zu den anderen Abgabenarten gewonnen wird[207]. Durch diese Beschränkung auf die Steuern wird die Bundesrepublik verfassungsrechtlich nicht auf den Steuerstaat festgelegt[208], so sehr sie sich faktisch als ein Beispiel dieses Staatstypus beschreiben läßt[209]. **Zweitens** müssen die Erträge aus den Abgaben auf die beiden föderativen Ebenen verteilt werden. Die Regelung der Ertragshoheit findet sich dementsprechend in Art. 106 GG. Schließlich müssen **drittens** die aufgrund der Ertragshoheit auf die Länder entfallenden Einnahmen zwischen den Ländern verteilt werden (Art. 107 I GG) sowie gegebenenfalls Korrekturen an der Einnahmenverteilung vorgenommen werden. Das Grundgesetz sieht dafür mehrere Korrekturmöglichkeiten vor. Der noch bis 2020 anzuwendende Art. 107 I 4, 2. Hs. GG erlaubt dabei bereits im Rahmen der allgemeinen Umsatzsteuerverteilung die Zuweisung von Ergänzungsanteilen (→ Art. 107 Rn. 53). Der Schwerpunkt der Angleichung der unterschiedlichen Finanzausstattung der Länder liegt dann jedoch im sog. horizontalen Finanzausgleich der Länder untereinander gem. Art. 107 II 1, 2 GG (→ Art. 107 Rn. 55 ff.). Eine abschließende Korrektur kann dann noch fakultativ durch die vertikalen Ergänzungszuweisungen des Bundes gem. Art. 107 II 3 GG erfolgen (→ Art. 107 Rn. 59 f.). Die ab 2020 anzuwendende Neuregelung modifiziert dieses System insoweit, als daß sowohl die Umsatzsteuerergänzungsanteile als auch der sekundäre horizontale Länderfinanzausgleich abgeschafft werden. Stattdessen erfolgt die grundsätzliche Verteilung auf die Länder durch Zuschläge zu und Abschläge von der jeweiligen Finanzkraft bei der Verteilung der Länderanteile am Aufkommen der Umsatzsteuer (→ Art. 107 Rn. 6, 29 ff.). Hinzu kommen nach der Neuregelung erweiterte und partiell systemwidrige Ergänzungszuweisungen des Bundes nach Art. 107 II 5 und 6 GG, die nunmehr auch solchen leistungsschwachen Ländern gewährt werden können, deren Gemeinden (Gemeindeverbände) eine besonders geringe Steuerkraft aufweisen (Gemeindesteuerkraftzuweisungen) oder deren Anteile an 28

[204] Zur Einführung vgl. *K. Vogel*, JA 1980, 577 ff.; *D. Birk*, SteuerStud 1987, 328 ff.; *U. Häde*, JA 1994, 1 ff.; *K. Vogel*, HStR IV, § 87 Rn. 11 ff.; *I. Kesper*, NdsVBl. 2002, 1 ff.; *H.-G. Henneke*, DVBl. 2009, 561 ff.; *C. Waldhoff*, HStR³ V, § 116 Rn. 57 ff.; in englischer Sprache *A.B. Gunlicks*, German Studies Review 23 (2000), 533 ff.

[205] Siehe insbesondere Art. 91b, Art. 104b, Art. 104c GG.

[206] Vgl. dazu *R. Wendt*, HStR³ VI, § 139 Rn. 16 ff.

[207] Zu den verschiedenen Steuern und Abgaben im einzelnen *P. Kirchhof*, HStR³ V, § 118 Rn. 230 ff.; *ders.*, HStR³ V, § 119 Rn. 17 ff. → Art. 105 Rn. 10 ff.

[208] Vgl. auch *Thiele*, Finanzaufsicht (Fn. 199), S. 439 m. w. N.

[209] Zum Steuerstaat vgl. hier nur *W. Heun*, Die Entwicklung des Steuerstaatskonzepts in theoretischer und tatsächlicher Hinsicht, in: U. Sacksofsky/J. Wieland (Hrsg.), Vom Steuerstaat zum Gebührenstaat, 2000, S. 10 ff. → Art. 105 Rn. 11 m. w. N.

den Fördermitteln nach Art. 91b GG ihre Einwohneranteile unterschreiten (→ Art. 107 Rn. 40 ff.). Als letztes Element der Kompetenzverteilung regelt die Verfassung in Art. 108 GG schließlich noch die Zuordnung der Verwaltungs- und der Gerichtshoheit für die Steuern.

II. Haushaltsverfassung im parlamentarischen Regierungssystem

29 Im Unterschied zu den bundesstaatlichen Regelungen der Art. 104a–109a GG gelten die Haushaltsvorschriften der Art. 110–115 GG ausschließlich für den Bund. Die Bestimmungen **regeln** den **Haushaltskreislauf des Bundes einschließlich der Staatsschulden**, beschränken sich insoweit aber auf Grundsatzregelungen[210] und überlassen die Details dem Haushaltsgrundsätzegesetz gem. Art. 109 III GG[211], der Bundeshaushaltsordnung[212] und dem Stabilitätsgesetz[213]. Die grundgesetzliche Haushaltsverfassung besteht aus zwei Normenschichten[214], deren erste seit 1949 im wesentlichen unverändert die Entscheidungskompetenzen im Rahmen des Budgetkreislaufs auf Bundesregierung und Bundestag verteilt (Art. 110–114 GG)[215]. Die zweite Normenschicht ist durch die Haushaltsreformen von 1967 und 1969 hinzugefügt worden (Art. 109 II-IV, 115 GG). Sie hat vor allem dem Funktionszuwachs des Bundeshaushalts, der schon an seinem seit 1949 enorm gewachsenen Umfang ablesbar ist, und der daraus resultierenden Bedeutung der staatlichen Finanzgebarung für die gesamtwirtschaftliche Entwicklung durch eine materielle Ausrichtung der Haushaltspolitik am gesamtwirtschaftlichen Gleichgewicht[216] zu entsprechen gesucht. Weiterhin hat sie die zunehmende Etatverflechtung zwischen Bund, Ländern und Gemeinden und das Bedürfnis nach längerfristiger Abstimmung im Bundesstaat durch eine Angleichung und Koordination der Haushaltsvorschriften und durch das neue Instrument der Finanzplanung zu bewältigen unternommen.

30 Das **Budget** hat einen **Bedeutungswandel** von einer bloßen Begrenzung staatlicher Ausgabengebarung zu umfassender Steuerung des Staatshandelns erfahren. Parallel dazu haben die Funktionen der allgemeinen Gesetzgebung ihre bloße Begrenzungsfunktion verloren und **umfassende Steuerungsfunktionen** gewonnen. Schließlich hat sich die dualistische Struktur der konstitutionellen Monarchie zum parlamentarischen Regierungssystem entwickelt. Diese Systemverschiebungen haben auch in Deutschland das institutionelle Gefüge, die Entscheidungsformen der Haushaltsgewalt und die Verfahrensweisen des Haushaltskreislaufs gegenüber dem klassischen, konstitutionellen Budgetrecht, das die Normen des Grundgesetzes und ihre Dogmatik noch lange geprägt hat, grundlegend umgewandelt. Dieser gerade auch in der Praxis eingetretene

---

[210] *Fischer-Menshausen* (Fn. 174), Vorb. zu Art. 110–115 Rn. 1.

[211] Gesetz über die Grundsätze des Haushaltsrechts des Bundes und der Länder v. 19.8.1969 (BGBl. I S. 1273); zuletzt geändert durch Gesetz v. 14.8.2017 (BGBl. I S. 3122).

[212] Bundeshaushaltsordnung v. 19.8.1969 (BGBl. I S. 1284), zuletzt geändert durch Gesetz v. 14.8.2017 (BGBl. I S. 3122).

[213] Gesetz zur Förderung der Stabilität und des Wachstums der Wirtschaft v. 8.6.1967 (BGBl. I S. 582), zuletzt geändert durch Gesetz v. 14.9.1994 (BGBl. I S. 2325) sowie 10. ZuständigkeitsanpassungsVO v. 31.8.2015 (BGBl. I S. 1474).

[214] *Heun*, Staatshaushalt (Fn. 4), S. 15 ff.

[215] Als einführende Überblicke zur Haushaltsverfassung vgl. *H.-W. Arndt*, JuS 1990, 343 ff.; *U. Häde*, JA 1994, 80 ff.; *G. Kisker*, HStR IV, § 89 Rn. 30 ff.; *S. Stüber*, JA 2004, 932 ff.; *M. Heintzen*, HStR³ V, § 120 Rn. 22 ff. sowie *Tappe/Wernsmann*, Finanzrecht (Fn. 140), Rn. 519 ff.

[216] Zum Begriff siehe *Thiele*, Finanzaufsicht (Fn. 199), S. 289 ff.

Wandel ist in der Theorie erst allmählich nachvollzogen worden. Die **Haushaltsgewalt unter dem Grundgesetz** ist heute durch **zwei grundlegende Merkmale geprägt**[217], die in den Normen des Grundgesetzes nur unvollkommen unmittelbaren Ausdruck finden, nämlich durch eine **Ausdifferenzierung der Haushaltsgewalt** und durch die **enge Kooperation zwischen Parlament und Regierung** im Budgetprozeß. Der allgemeine Funktionswandel des Gesetzes und die nahezu universale Haushaltsrelevanz aller staatlichen Entscheidungen haben bewirkt, daß die Haushaltsgewalt in drei Entscheidungsformen ausgeübt wird, die funktional im Sinne einer Arbeitsteilung aufeinander abgestimmt sind, nämlich durch die haushaltswirksame allgemeine Gesetzgebung, die Finanzplanung und die Haushaltsgesetzgebung[218]. Die Haushaltsverfassung des Grundgesetzes regelt lediglich die Haushaltsgesetzgebung detailliert, normiert die mittelfristige Finanzplanung hingegen rudimentär und nimmt die Haushaltsrelevanz der allgemeinen Gesetzgebung lediglich partiell zur Kenntnis.

Sehr viel genauer als diese funktionale Ausdifferenzierung ist im Grundgesetz die Ausgestaltung der Haushaltsgewalt als **kooperativer Prozeß** angelegt. Im Bereich des Budgetprozesses verteilt das Grundgesetz die Entscheidungskompetenzen abgestuft und mehrfach ineinander verschränkt auf Parlament und Regierung. Art. 110 III GG weist die Budgetinitiative der Exekutive zu, während die Entscheidung über den Haushaltsplan gem. Art. 110 II GG dem Parlament vorbehalten ist. Art. 111 GG sieht ein Nothaushaltsrecht der Exekutive im budgetlosen Zustand vor. Art. 112 GG gibt dem Finanzminister ein Notbewilligungsrecht und Art. 114 GG regelt Rechnungslegung, Rechnungskontrolle und Entlastung der Regierung. Der Entscheidungsprozeß stellt sich als enge Kooperation[219] **durch mehrfach verzahnte, funktional differenzierte und klar voneinander geschiedene Entscheidungsbeiträge** dar. Diese Kooperation wird von der Verfassung vorgezeichnet, durch einfachgesetzliche und informelle Formen des Zusammenwirkens ausgefüllt und durch das Zusammenspiel der Regierung und der sie tragenden Parlamentsmehrheit im parlamentarischen Regierungssystem noch ergänzt und verstärkt. Das ursprüngliche Spannungsverhältnis zwischen Parlament und Exekutive wird teilweise durch die Frontstellung zwischen Parlamentsmehrheit mit Regierung einerseits und Opposition andererseits abgelöst, ohne aber die institutionelle Eigenständigkeit des Parlaments und die dualistische Struktur zwischen Parlament und Regierung gänzlich aufzuheben[220]. Der gesamte Entscheidungsprozeß läßt sich deskriptiv-analytisch als ein kooperativer Prozeß der gemeinsamen Staatsleitung im Bereich der Haushaltsgewalt verstehen[221]. Die These einer »Staatsleitung zur gesamten Hand«[222] hingegen ist verfassungsrechtlich unpräzise und eher irreführend, weil sie aufgrund ihrer pauschalen Formulierung einen einheitlichen 31

[217] Vgl. dazu zusammenfassend *Heun*, Staatshaushalt (Fn. 4), S. 517 ff.

[218] Eingehend *Heun*, Staatshaushalt (Fn. 4), S. 151 ff.; vgl. auch *E. Moeser*, Die Beteiligung des Bundestages an der staatlichen Haushaltsgewalt, 1978, S. 69 ff.

[219] Der kooperative Prozeß wird auch betont von *Fischer-Menshausen* (Fn. 174), Vorb. zu Art. 110–115 Rn. 5.

[220] Vgl. allgemein *S. Magiera*, Parlament und Staatsleitung in der Verfassungsordnung des Grundgesetzes, 1979, S. 276; *T. Oppermann*, Das parlamentarische Regierungssystem des Grundgesetzes, VVDStRL 33 (1975), S. 7 ff. (64); *H. Meyer*, ebd., S. 69 ff. (101, 113).

[221] *Heun*, Staatshaushalt (Fn. 4), S. 521 ff.; zu den Einzelheiten vgl. die Kommentierung der Art. 110–115 GG.

[222] *E. Friesenhahn*, Parlament und Regierung im modernen Staat, VVDStRL 16 (1958), S. 9 ff. (37 f.); *Stern*, Staatsrecht I, S. 966, 1008 m. w. N.; *ders.*, Staatsrecht II, S. 454, 1198; *Fischer-Menshausen* (Fn. 174), Vorb. zu Art. 110–115 Rn. 5.

Funktionsbereich, der unterschiedslos beiden Funktionsträgern zugewiesen ist, suggeriert[223]. Die Verteilung der Funktionen zwischen Parlament und Regierung im Bereich des Haushaltswesens entspricht im wesentlichen den allgemeinen Prinzipien der Zuweisung von Kompetenzen und wird weitgehend von der Verfassung selbst unmittelbar vorgenommen. Budgetinitiative und Budgetvollzug sind danach grundsätzlich der Regierung, die verbindliche Entscheidung über die Haushaltsgesetzgebung, Haushaltskontrolle und Entlastung dem Parlament zugewiesen. Soweit die Verfassung, wie etwa im Bereich der Finanzplanung, keine Zuordnung enthält, wird man die Kompetenzzuweisung nach dem Gesichtspunkt der Funktionsgerechtigkeit vornehmen müssen[224].

D. Verhältnis zu anderen GG-Bestimmungen

32 Der Abschnitt X durchbricht die Gliederung des Grundgesetzes nach Organen und Funktionen, indem ein bestimmter Bereich staatlichen Handelns gegenständlich zusammengefaßt wird[225]. Das Finanzwesen bildet innerhalb der Verfassung einen **eigenständigen Regelungskomplex.** Gegenstand der Vorschriften der Art. 104a–115 GG ist die öffentliche Finanzwirtschaft, unter der alle wirtschaftlichen Aktivitäten des Staates verstanden werden[226]. Dieser Sachbereich des Finanzwesens wird indes in diesem Abschnitt nicht vollständig und abschließend geregelt, vielmehr finden sich auch vereinzelt und im übrigen Grundgesetz verstreut finanzrechtliche Regelungen wie insbesondere diejenigen über die Gemeinschaftsaufgaben (**Art. 91a, 91b GG**), über die Kriegsfolgelasten (**Art. 120, 120a GG**) sowie Übergangsvorschriften (**Art. 134, 135 GG**)[227]. Die in der Verfassung ohnehin nur rudimentär geregelte Ordnung des Geld- und Währungswesens[228] (Art. 73 I Nr. 4, 88 GG) gehört ungeachtet der engen Wirkungszusammenhänge zwischen beiden Bereichen nicht zur öffentlichen Finanzwirtschaft und damit auch verfassungsrechtlich nicht zum Sachbereich des im X. Abschnitt geregelten Finanzwesens[229].

33 Sowohl im Verhältnis zu den anderen Regelungen der bundesstaatlichen Kompetenzordnung als auch im Verhältnis zu den Vorschriften über die staatliche Funktionenordnung sind Art. 104a–115 GG jeweils **leges speciales**[230]. Insbesondere die Gesetzgebungskompetenzen für die Erhebung von Steuern richten sich dementsprechend aus-

[223] *Heun*, Staatshaushalt (Fn. 4), S. 26f., 528 m. w. N.

[224] BVerfGE 68, 1 (86); eingehend *Heun*, Staatshaushalt (Fn. 4), S. 95ff. m. w. N.

[225] *Stern*, Staatsrecht II, S. 1049; *Siekmann* (Fn. 175), Vor Art. 104a Rn. 4; vgl. auch *Vogel/Waldhoff* (Fn. 10), Vorb. z. Art. 104a–115 Rn. 8ff.

[226] Vgl. *G. Bombach*, Die öffentliche Finanzwirtschaft im Wirtschaftskreislauf, in: F. Neumark u. a. (Hrsg.), Handbuch der Finanzwissenschaft, Bd. 1, 3. Aufl. 1977, S. 53ff.

[227] *Stern*, Staatsrecht II, S. 1049; *Siekmann* (Fn. 175), Vor Art. 104a Rn. 4.

[228] Zur »Währungsverfassung« nur *C. Herrmann*, Währungshoheit, Währungsverfassung und subjektive Rechte, 2010, S. 150ff.

[229] *Stern*, Staatsrecht II, S. 1061; *Siekmann* (Fn. 175), Vor Art. 104a Rn. 4; a. A. *K. M. Hettlage*, Die Finanzverfassung im Rahmen der Staatsverfassung, VVDStRL 14 (1956), S. 2ff. (3); *Ulsenheimer*, Untersuchungen (Fn. 173), S. 132.

[230] *Fischer-Menshausen* (Fn. 128), Vorb. zu Art. 104a–109 Rn. 1; *Siekmann* (Fn. 175), Vor Art. 104a Rn. 12.

schließlich nach der Regelung des Art. 105 GG und nicht nach den allgemeinen Bestimmungen der Art. 70 ff. GG[231].

[231] Dieser Vorrang gilt jedoch nur, soweit die Art. 105 ff. GG eine ausdrückliche Regelung enthalten. Das ist praktisch allein für die Steuern der Fall, so daß sich insbesondere die Zuständigkeit für nichtsteuerliche Abgaben (Vorzugslasten, Sonderabgaben) wiederum nach den allgemeinen Regeln richtet. Siehe auch *Tappe/Wernsmann*, Finanzrecht (Fn. 140), Rn. 268.

Artikel 104a [Ausgabenzuständigkeit, Finanzhilfen, Haftung]

(1) Der Bund und die Länder tragen gesondert die Ausgaben, die sich aus der Wahrnehmung ihrer Aufgaben ergeben, soweit dieses Grundgesetz nichts anderes bestimmt.

(2) Handeln die Länder im Auftrage des Bundes, trägt der Bund die sich daraus ergebenden Ausgaben.

(3) [1]Bundesgesetze, die Geldleistungen gewähren und von den Ländern ausgeführt werden, können bestimmen, daß die Geldleistungen ganz oder zum Teil vom Bund getragen werden. [2]Bestimmt das Gesetz, daß der Bund die Hälfte der Ausgaben oder mehr trägt, wird es im Auftrage des Bundes durchgeführt.

(4) Bundesgesetze, die Pflichten der Länder zur Erbringung von Geldleistungen, geldwerten Sachleistungen oder vergleichbaren Dienstleistungen gegenüber Dritten begründen und von den Ländern als eigene Angelegenheit oder nach Absatz 3 Satz 2 im Auftrag des Bundes ausgeführt werden, bedürfen der Zustimmung des Bundesrates, wenn daraus entstehende Ausgaben von den Ländern zu tragen sind.

(5) [1]Der Bund und die Länder tragen die bei ihren Behörden entstehenden Verwaltungsausgaben und haften im Verhältnis zueinander für eine ordnungsmäßige Verwaltung. [2]Das Nähere bestimmt ein Bundesgesetz, das der Zustimmung des Bundesrates bedarf.

(6) [1]Bund und Länder tragen nach der innerstaatlichen Zuständigkeits- und Aufgabenverteilung die Lasten einer Verletzung von supranationalen oder völkerrechtlichen Verpflichtungen Deutschlands. [2]In Fällen länderübergreifender Finanzkorrekturen der Europäischen Union tragen Bund und Länder diese Lasten im Verhältnis 15 zu 85. [3]Die Ländergesamtheit trägt in diesen Fällen solidarisch 35 vom Hundert der Gesamtlasten entsprechend einem allgemeinen Schlüssel; 50 vom Hundert der Gesamtlasten tragen die Länder, die die Lasten verursacht haben, anteilig entsprechend der Höhe der erhaltenen Mittel. [4]Das Nähere regelt ein Bundesgesetz, das der Zustimmung des Bundesrates bedarf.

Literaturauswahl

Erichsen, Hans-Uwe: Die Konnexität von Aufgabe und Finanzierungskompetenz im Bund-Länderverhältnis, 1968.

Erichsen, Hans-Uwe: Zur Haftung im Bund-Länder-Verhältnis, 1986.

Heun, Werner: Die Zusammenführung der Aufgaben- und Ausgabenverantwortung von Bund, Ländern und Gemeinden als Aufgabe einer Reform der Finanzverfassung – Probleme und Risiken, in: DVBl. 1996, S. 1020–1027.

Kirchhof, Ferdinand: Empfehlen sich Maßnahmen, um in der Finanzverfassung Aufgaben- und Ausgabenverantwortung von Bund, Ländern und Gemeinden stärker zusammenzuführen?, Gutachten D zum 61. DJT 1996.

Klein, Franz: Die Ausgabenabgrenzung zwischen Bund und Ländern nach Art. 104a GG, in: Festschrift für Willi Geiger, 1989, S. 501–517.

Luther, Siegfried: Die Lastenverteilung zwischen Bund und Ländern nach der Finanzreform, Diss. jur. Münster 1974.

Rudisile, Richard: Die Haftung für ordnungsgemäße Verwaltung zwischen Bund und Ländern (Art. 104a Abs. 5 GG), in: DÖV 1985, S. 909–916.

Schoch, Friedrich/Wieland, Joachim: Finanzierungsverantwortung für gesetzgeberisch veranlaßte kommunale Aufgaben, 1995.

Trapp, Georg: Das Veranlassungsprinzip in der Finanzverfassung der Bundesrepublik Deutschland, 1997.

Waiblinger, Jörg: Die »Aufgabe« im Finanzverfassungsrecht des Grundgesetzes, 2000.

Siehe auch die Angaben zu Vorb. zu Art. 104a–115 GG.

Leitentscheidungen des Bundesverfassungsgerichts

BVerfGE 39, 96 (107ff.) – Städtebauförderungsgesetz; 41, 291 (304ff.) – Strukturförderung; 86, 148 (215, 248) – Finanzausgleich II; 116, 271 (298ff., Rn. 106ff.) – Anlastung von EU-Agrarsubventionen.

Gliederung

Stichwörter

A. Herkunft, Entstehung, Entwicklung

Ein bundesstaatlicher Lastenverteilungsgrundsatz setzt die Existenz eines Bundes- 1
staates mit einer abgegrenzten klaren Aufgabenverteilung voraus. Eine solche fehlte noch im Heiligen Römischen Reich Deutscher Nation, in der Regel mußte der Kaiser sogar einen erheblichen Teil der Reichsausgaben aus seinem Hausgut finanzieren[1]. Eine vergleichsweise klare **allgemeine Lastenverteilungsregel** kann erst in der Zuweisung der Ausgabenverantwortung für »alle Maßregeln und Einrichtungen« des Reiches durch **Art. X, § 48 Paulskirchenverfassung** gesehen werden. Die Reichsverfassung von 1871 enthielt demgegenüber keine allgemeine Lastenverteilungsregel, sondern nur einzelne Lastentragungsregeln im Bereich des Kriegswesens und eine implizite Regelung der Ausgabenverantwortung für die Steuerverwaltung[2]. Die Weimarer Reichsverfassung war noch zurückhaltender[3] und überließ die Regelung der Finanzbeziehungen nahezu vollständig dem Finanzausgleich[4].

---

[1] Vgl. nur *H. Conrad*, Deutsche Rechtsgeschichte, Bd. II, 1966, S. 132ff.

[2] Art. 53 III (Kriegsflotte), 58 I (Kriegswesen), 38 II (Verwaltungsausgaben für Abgabenerhebung) RVerf. 1871; vgl. auch *S. Luther*, Die Lastenverteilung zwischen Bund und Ländern nach der Finanzreform, Diss. jur. Münster 1974, S. 34f.; *H. Pagenkopf*, Der Finanzausgleich im Bundesstaat, 1981, S. 87f.; *R. Prokisch*, in: BK, Art. 104a (2003), Rn. 16ff.

[3] Lediglich Art. 84 IV WRV enthielt eine Verweisung auf das einfache Gesetz.

[4] FAG v. 27.4.1926 (RGBl. I S. 203); s. insbes. §§ 54–56 FAG; vgl. *Luther*, Lastenverteilung (Fn. 2), S. 35f.; *Prokisch* (Fn. 2), Art. 104a Rn. 19ff.

2 Auch das Grundgesetz übte sich zunächst in Abstinenz. Zwar hatte der **Entwurf von Herrenchiemsee** eine Zuständigkeitsvermutung zugunsten der Länder auch für die Ausgaben in Art. 30 Satz 2 begründet und eine Garantie gegen Dotationsauflagen (Art. 42 III HChE) sowie eine Kostenregelung für Verwaltungsausgaben (Art. 121 I Nr. 1 HChE) vorgesehen[5]; der **Parlamentarische Rat** hatte aber darauf verzichtet, allgemeine Lastenverteilungsregeln in das Grundgesetz aufzunehmen[6]. Lediglich die Finanzierungslast für die Kriegsfolgelasten wurde dem Bund in Art. 120 GG zugewiesen. Indirekt knüpften allerdings Art. 107 Satz 3 GG a. F., Art. 29 I GG die Ausgabenlast an die Aufgaben[7]. Der Regierungsentwurf des Finanzverfassungsgesetzes von 1955 enthielt eine Normierung dieses Konnexitätsgrundsatzes, die der Bundesrat aber ablehnte[8]. Der Grundsatz fand gleichwohl als **Teil der Revisionsklausel** Eingang in **Art. 106 IV Nr. 1 GG a. F.**[9] und wurde alsbald als Prinzip verstanden, das allgemeine Geltung beanspruchen könne[10], so daß Art. 104a I GG später nur noch als Klarstellung erschien[11].

3 Die Grundgedanken der heutigen Regelung wurden im Troeger-Gutachten entwickelt[12]. Daran orientierte sich der Entwurf der Bundesregierung zur **Finanzreform von 1969**, der im wesentlichen nur die Investitionshilfekompetenz des Art. 104a IV GG a. F. hinzufügte[13]. Die gegenwärtige Regelung des Art. 104a III GG für Geldleistungsgesetze war im Entwurf noch als Art. 87e GG in der Form vorgesehen, daß fakultativ die Bundesauftragsverwaltung mit der Rechtsfolge des Art. 104a II GG bestimmt werden konnte[14]. Der Rechtsausschuß wollte jedoch eine beweglichere Lastenverteilung und fügte seine Version als dritten Absatz ein[15]. Neben der Finanzierungskompetenz des früheren Absatzes 4 war diese Bestimmung am heftigsten umstritten[16], während die anderen Regelungen nahezu unverändert und unangefochten den Gesetzgebungsprozeß passierten und 1969 im Zuge der Großen Finanzreform in die Verfassung inkorporiert wurden[17]. Bis 2006 ist Art. 104a GG trotz anhaltender Kritik (→ Rn. 5) unverändert geblieben.

4 Die **Föderalismusreform 2006**[18] hat Art. 104a GG erheblich umgestaltet, indem zum einen der Absatz 4 in den neugeschaffenen Art. 104b GG ausgegliedert und neu gefasst worden ist und zum anderen das bisherige Zustimmungsrecht des Bundesrates in Art. 104a III 3 GG a. F. erweitert und nunmehr in Art. 104a IV GG n. F. normiert worden ist. Außerdem ist die Norm um einen neuen Absatz 6 ergänzt worden, der die

---

[5] Vgl. Parl. Rat II, insbes. S. 566ff.; knapper Überblick auch bei *K. Vogel/P. Kirchhof*, in: BK, Art. 104a (Erstb. 1971), Rn. 1.

[6] Zur Streichung von Art. 42 III HChE: JöR 1 (1951), S. 628.

[7] *Vogel/Kirchhof* (Fn. 5), Art. 104a Rn. 3.

[8] BT-Drs. II/480, S. 2 (Art. 106 II); vgl. dazu auch Tz. 53, 59, 62, 64, 156; Ablehnung des Bundesrats ebd., S. 198.

[9] Finanzverfassungsgesetz v. 23.12.1955 (BGBl. I S. 817).

[10] BVerfGE 9, 305 (328f.); 14, 221 (233f.); 26, 338 (389ff.).

[11] *Kommission für Finanzreform*, Gutachten über die Finanzreform in der Bundesrepublik Deutschland, 1966 (Troeger-Gutachten), Tz. 200; BT-Drs. V/2861, Tz. 60, 113.

[12] Troeger-Gutachten (Fn. 11), Tz. 198ff.

[13] BT-Drs. V/2861, S. 6.

[14] BT-Drs. V/2861, S. 6 sowie Tz. 124.

[15] BT-Drs. V/3605, S. 7.

[16] *Vogel/Kirchhof* (Fn. 5), Art. 104a Rn. 9; *J. Hellermann*, in: v. Mangoldt/Klein/Starck, GG III, Art. 104a Rn. 30.

[17] 21. Gesetz zur Änderung des Grundgesetzes v. 12.5.1969 (BGBl. I S. 359).

[18] 52. Gesetz zur Änderung des Grundgesetzes v. 28.6.2006 (BGBl. I S. 2034).

Lastenverteilung aus den supranationalen und völkerrechtlichen Verpflichtungen regelt. Während die vorsichtige Einschränkung der Finanzhilfekompetenz des neuen Art. 104b GG auf die allgemeine Kritik an den Mischfinanzierungen im deutschen Finanzsystem reagiert[19], trägt die Erweiterung des Zustimmungsrechts des Bundesrates der umfassenden Kritik an der grundsätzlichen Lastenverteilungsregel im Fall der vom Bund gesetzlich veranlassten Ausgaben der Länder lediglich partiell Rechnung[20].

Vor allem von **kommunaler Seite** ist nämlich lange eine **Reform des Art. 104a GG** 5
gefordert worden, da die Länder und Gemeinden die Ausgabenverantwortung für eine Reihe bundesgesetzlich vorgeschriebener Sozialleistungen tragen, ohne daß der Bund zur Kostenerstattung der von ihm veranlaßten Ausgaben verpflichtet ist. Insbesondere die auch infolge der Kürzungen der Sozialversicherungsleistungen stark gestiegenen Sozialhilfeausgaben[21] sowie die Folgekosten des bundesgesetzlichen Anspruchs auf einen Kindergartenplatz[22] sind die unmittelbaren Auslöser der allenfalls partiell gerechtfertigten Reformforderungen gewesen, die 1996 auch den 61. Deutschen Juristentag beschäftigt hatten und vor allem auf eine stärkere Anbindung der Ausgabenlast an die Gesetzgebungsverantwortung hinausliefen[23]. Immerhin kann sich jetzt die Mehrheit der Länder einer Kostenüberwälzung widersetzen. Außerdem untersagt Art. 84 I 7, 85 I 2 GG n. F. eine unmittelbare Aufgabenübertragung auf die Gemeinden und Gemeindeverbände durch Bundesgesetz.

B. Internationale, supranationale und rechtsvergleichende Bezüge

Aus der Mitgliedschaft der Bundesrepublik Deutschland in der Europäischen Union 6
ergeben sich unmittelbar Finanzierungslasten, deren Verteilung auf Bund und Länder teilweise immer noch unklar ist, da Art. 104a VI GG nur die Lastentragung bei Pflichtverletzungen regelt. Die **Europäische Union** kommt für die **Kosten ihrer Organe** und den unmittelbaren Vollzug des Unionsrechts durch die **Unionsverwaltung** aus dem mit den sog. Eigenmitteln gem. Art. 311 AEUV gespeisten Haushalt gem. Art. 310 AEUV auf[24]. Während die Abschöpfungen und Zölle der Europäischen Union von der Bundesfinanzverwaltung für die Europäische Union erhoben werden, werden die Anteile

---

[19] Vgl. etwa *G. Werner*, ZG 17 (2002), 14ff.; *H. Pfost/T. Franz*, ZG 18 (2003), 339ff.

[20] Vgl. *W. Kluth*, in: ders. (Hrsg.), Föderalismusreformgesetz, 2007, Art. 104a Rn. 10.

[21] Vgl. zu dieser Thematik hier nur W. Kitterer (Hrsg.), Sozialhilfe und Finanzausgleich, 1990; *A. Prinz*, FinArch. 41 (1983), 431ff.; *J. Hofmann-Hoeppel*, Die (finanz-) verfassungsrechtliche Problematik des BSHG-Vollzugs durch kommunale Gebietskörperschaften, 1992; *S. Korioth*, DVBl. 1993, 356ff.; Niedersachsen hatte bereits 1988 eine hälftige Teilung der Sozialhilfelasten zwischen Bund und Ländern vorgeschlagen, s. *B. Breuel*, Widi 1988, 231ff.; *W. Patzig*, DÖV 1989, 330ff.

[22] Dazu *J. Isensee*, DVBl. 1995, 1ff.; *H. Mohl*, KStZ 1993, 86ff.; *H. Karrenberg*, Widi 1993, 571 (576).

[23] Empfehlen sich Maßnahmen, um in der Finanzverfassung Aufgaben- und Ausgabenverantwortung von Bund, Ländern und Gemeinden stärker zusammenzuführen?, Gutachten von *F. Kirchhof* D 1ff.; Begleitaufsätze *P. Selmer*, NJW 1996, 2062ff.; *W. Heun*, DVBl. 1996, 1020ff.; *H.-G. Henneke*, DÖV 1996, 713ff.; *G. Trapp*, ZRP 1996, 339ff.; *H.P. Bull/F. Welti*, NVwZ 1996, 838ff.; *R. Grote*, JZ 1996, 832ff.; vgl. ferner *J. Karstendiek*, ZRP 1995, 49ff.; *H.-G. Henneke*, ZG 13 (1998), 1 (9f.); *ders.*, Reform der Aufgaben- und Finanzbeziehungen von Bund, Ländern und Kommunen, 1999, S. 129ff.; *R. Wendt*, Finanzierungsverantwortung für gesetzgeberisch veranlaßte kommunale Aufgaben, in: FS Stern, 1997, S. 603ff.; kritisch *S. Korioth*, NVwZ 2005, 503ff.

[24] Zur Finanzordnung der EU vgl. *Oppermann/Classen/Nettesheim*, Europarecht, § 8 Rn. 1ff. m. w. N.; EU-Kommission (Hrsg.), European Union Public Finance, 5. Aufl. 2014.

an der Mehrwertsteuer und die Mittel aufgrund des Bruttosozialproduktes unmittelbar vom Mitgliedstaat geleistet, wofür allein der Bund zuständig ist[25].

7 Weitaus schwieriger gestaltet sich die Verteilung der Finanzierungslast zwischen Bund und Ländern beim **Vollzug des Unionsrechts durch die nationale Verwaltung**, sofern die Europäische Union nicht die Finanzierungslast selbst trägt. Grundsätzlich richtet sich die Lastenverteilung nach den allgemeinen Regeln, solange jedenfalls die wünschenswerte verfassungsrechtliche Klarstellung[26] noch nicht erfolgt ist. Danach ist zu differenzieren: Bei transformationsbedürftigen EU-Richtlinien (Art. 288 III AEUV), die durch Bundesgesetz umgesetzt werden, gilt unproblematisch Art. 104a GG i. V. m. Art. 83 ff. GG[27]. Erfolgt die Transformation aufgrund ausschließlicher Gesetzgebungskompetenz der Länder durch Landesgesetze, kann die Ausgabenverantwortung nur den Ländern zufallen, da der Bund für die Finanzierung von Landesgesetzen in keiner Weise zuständig ist[28]. Bei fehlender gesetzlicher Transformation, etwa bei bloßer Bewilligung der Ausgaben im Haushalt, richtet sich die Kostentragung nach der Verwaltungskompetenz, der gem. Art. 104a I GG insoweit die Finanzierungskompetenz folgt[29]. Im Falle einer Transformation im Bereich der Gemeinschaftsaufgaben gem. Art. 91a GG, etwa der Verbesserung der Agrarstruktur, gilt der Kostenverteilungsschlüssel der betreffenden Gemeinschaftsaufgabe[30]. Im Fall der EU-Richtlinien, die aufgrund der Rechtsprechung des Europäischen Gerichtshofs ohne Transformation innerstaatlich unmittelbar anwendbar sind, sowie der EU-Verordnungen (Art. 288 II AEUV), die prinzipiell in den Mitgliedstaaten unmittelbar gelten, greifen Art. 83 ff. GG jedenfalls nicht unmittelbar[31]. Die Verwaltungskompetenz der Länder folgt jedoch aus Art. 30 GG[32], so daß sie gem. Art. 104a I GG auch die Ausgaben zu tragen haben[33]. Im Hinblick auf Art. 104a IV GG kann dies bei Verordnungen und unmittelbar anwendbaren Richtlinien, die Geldleistungen gewähren, zumindest nicht ohne weiteres gelten, da danach die Länder ohne Zustimmung des Bundesrates nicht die Kosten tragen sollen. Nach der früheren Norm des Art. 104a III GG sollten nach wohl zutreffender Auffassung die Länder allenfalls bis zu einem Viertel der

---

[25] Vgl. *E. Biskup*, Die vierte Ebene, in: O. E. Geske/BMF (Hrsg.), Die Finanzbeziehungen zwischen Bund, Ländern und Gemeinden aus finanzverfassungsrechtlicher und finanzwirtschaftlicher Sicht, 1982, S. 581 ff. (588); für eine Beteiligung der Länder de lege ferenda *F. Kirchhof*, Empfehlen sich Maßnahmen, um in der Finanzverfassung Aufgaben- und Ausgabenverantwortung von Bund, Ländern und Gemeinden stärker zusammenzuführen?, Gutachten D zum 61. DJT 1996, D 80 ff.; *R. Sannwald*, ZRP 1993, 103 (107 f.).

[26] Enquête-Kommission Verfassungsreform, BT-Drs. 7/5924, S. 196; *Kirchhof*, Gutachten (Fn. 25), D 86; *R. Sannwald*, ZRP 1993, 103 (107 ff.); *W. Heun*, DVBl. 1996, 1020 (1027).

[27] *F. Nopper*, Bund-Länder-Haftung beim fehlerhaften Verwaltungsvollzug von Gemeinschaftsrecht durch die deutschen Länder, 1998, S. 101 f. → Rn. 12.

[28] *H.-G. Henneke*, in: Schmidt-Bleibtreu/Hofmann/Henneke, GG, Art. 104a Rn. 17.

[29] *T. Maunz*, in: Maunz/Dürig, GG, Art. 104a (1977), Rn. 19; *Henneke* (Fn. 28), Art. 104a Rn. 5.

[30] *Henneke* (Fn. 28), Art. 104a Rn. 17. → Art. 91a Rn. 5.

[31] *Maunz* (Fn. 29), Art. 104a Rn. 20; analoge Anwendung offengelassen bei *Henneke* (Fn. 28), Art. 104a Rn. 18.

[32] *Maunz* (Fn. 29), Art. 104a Rn. 20; *H. Fischer-Menshausen*, in: I. v. Münch/P. Kunig (Hrsg.), Grundgesetz-Kommentar, Bd. III, 3. Aufl. 1996, Art. 104a Rn. 7, 20; *Henneke* (Fn. 28), Art. 104a Rn. 18; *Nopper*, Haftung (Fn. 27), S. 103 f.; a. A. *C. Sasse*, Wirtschaftsrecht 1973, 308 (314 ff.); wohl auch *K. Petersen*, DVBl. 1975, 291 (294).

[33] *Fischer-Menshausen* (Fn. 32), Art. 104a Rn. 7; *Henneke* (Fn. 28), Art. 104a Rn. 18; *Nopper*, Haftung (Fn. 27), S. 105; s. auch *R. Sannwald*, ZRP 1993, 103 (108); unklar *Maunz* (Fn. 29), Art. 104a Rn. 20 ff.

Zweckausgaben tragen[34]. Da die Vorschriften hauptsächlich den Agrarsektor betreffen, haben sich in der Praxis Bund und Länder auf den Kompromiß geeinigt, diese Geldleistungsvorschriften generell im Rahmen der Gemeinschaftsaufgabe zur Verbesserung der Agrarstruktur nach dem dafür geltenden Verteilungsschlüssel zu finanzieren[35]. Freilich sind die Vorschriften nicht auf den Agrarsektor beschränkt. Zudem handelt es sich regelmäßig nicht um Anwendungsfälle des Art. 91a GG, da der dort vorausgesetzte Planungsspielraum fehlt[36]. Die Praxis bewegte sich daher insoweit verfassungsrechtlich auf höchst dünnem Eis. Nach der Änderung des Art. 104a GG muß man wohl davon ausgehen, daß der Bund die Zweckausgaben insgesamt zu tragen hat.

Unklar und umstritten war lange, ob die Haftungsregelung des Art. 104a V 1, 2. Hs. GG auch bei der **Verletzung von Unionsrecht** anwendbar sein sollte. Da Art. 104a V 1 GG eine Haftung für »ordnungsgemäße Verwaltung« normiert, war zu differenzieren. Eine Haftung für Entschädigungsansprüche wegen fehlerhafter Umsetzung von EU-Richtlinien oder bei Verhängung von Zwangsgeldern wegen Nichtbeachtung von Urteilen des EuGH nach Art. 260 AEUV ließ sich ebensowenig auf Art. 104a V 1 GG stützen[37] wie Sanktionen nach Art. 104 EGV a. F.[38]. Demgegenüber wurde überwiegend[39] zu Recht eine unmittelbare oder analoge Anwendung[40] in Fällen der fehlerhaften Verausgabung von EU-Mitteln durch die Länder bejaht, die dem Bund von der EU angelastet wurden. Die Einfügung des Art. 104a VI GG durch die Föderalismusreform hat die Streitfragen zumindest teilweise geklärt. 8

Explizite **Lastentragungsregeln** finden sich **in anderen Verfassungen** regelmäßig **nicht**. Das erklärt sich schon daraus, daß überhaupt erst die im Grundgesetz verankerte komplizierte Verteilung der Gesetzgebungs- und Verwaltungskompetenzen nach Sachgebieten und Funktionen auf verschiedene Ebenen eine derartige Lastenvertei- 9

---

[34] *S. Magiera*, Bundesstaat und EG-Finanzordnung, in: FS Menzel, 1975, S. 621ff. (642f.); für alleinige Kostentragung des Bundes: *C. Sasse*, Wirtschaftsrecht 1973, 308 (308); *L. Funke*, ZfZ 1976, 336 (336); *Nopper*, Haftung (Fn. 27), S. 107ff.; für Anwendung des Art. 30 GG mit Kostentragungspflicht der Länder BT-Drs. 7/5671, S. 8; *Fischer-Menshausen* (Fn. 32), Art. 104a Rn. 20; *U. Häde*, Die innerstaatliche Verteilung gemeinschaftsrechtlicher Zahlungspflichten, 2006, S. 21; noch anders *Maunz* (Fn. 29), Art. 104a Rn. 22ff., der Art. 104a III GG a. F. für unanwendbar hält und eine Einvernehmenspflicht postuliert; für hälftige Teilung *P. Selmer*, Zur bundesstaatlichen Lastenverteilung bei der Anwendung von Leistungspflichten der EG, in: GedS Sasse, 1981, S. 229ff. (241f.); *H. H. v. Arnim*, HStR IV, § 103 Rn. 40; ebenso de lege ferenda *R. Sannwald*, ZRP 1993, 103 (108).

[35] *Maunz* (Fn. 29), Art. 104a Rn. 24.

[36] *Maunz* (Fn. 29), Art. 104a Rn. 24 mit Fn. 3; vgl. auch *Nopper*, Haftung (Fn. 27), S. 120ff. → Art. 91a Rn. 5.

[37] *M. Böhm*, JZ 2000, 382 (385f.); *dies.*, in: S. Magiera/K.-P. Sommermann (Hrsg.), Verwaltung und Governance im Mehrebenensystem der Europäischen Union, 2002, S. 89ff. (102ff.); *H.-G. Dederer*, NVwZ 2001, 258 (260f.); *Prokisch* (Fn. 2), Art. 104a Rn. 331; *M. Heintzen*, in: v. Münch/Kunig, GG II, Art. 104a Rn. 58; *Hellermann* (Fn. 16), Art. 104a Rn. 175; a. A. *A. Fisahn*, DÖV 2002, 239 (245).

[38] *Heintzen* (Fn. 37), Art. 104a Rn. 58; *C. Koenig/J.-D. Braun*, NJ 2004, 97 (101); a. A. *Häde*, Verteilung (Fn. 34), S. 65ff.

[39] A. A. *F. Littwin*, DVBl. 1997, 151 (156).

[40] BVerfGE 116, 271 (309ff., Rn. 135ff.); *Hellermann* (Fn. 16), Art. 104a Rn. 175; *Heintzen* (Fn. 37), Art. 104a Rn. 58; *Henneke* (Fn. 28), Art. 104a Rn. 53ff.; *Prokisch* (Fn. 2), Art. 104a Rn. 330; vgl. auch BVerwGE 116, 234 (241f.); *H.-G. Dederer*, NVwZ 2001, 258 (260); *C. Koenig/J.-D. Braun*, NJ 2004, 97 (100f.); *Häde*, Verteilung (Fn. 34), S. 23ff.; *H. Wollgast*, Das haftende Subjekt der gemeinschaftsrechtlich gebotenen Staatshaftung in der Bundesrepublik Deutschland, Diss. jur. Köln 1998, S. 177ff.; zur Nichtübertragbarkeit des Art. 104a V 1, 2. Hs. GG auf das Verhältnis zwischen Land und Kommunen *H. Meyer/M. Luttmann*, NVwZ 2006, 144 (146).

lungsregel erforderlich macht[41]. In Bundesstaaten, die nach Sachgebieten getrennt die Gesetzgebungs-, Verwaltungs- und Rechtsprechungsfunktionen einheitlich einer Ebene zuweisen, ergibt sich daraus auch geradezu selbstverständlich die Kostentragung[42].

C. Erläuterungen

I. Allgemeine Bedeutung und aktueller Befund

10 Die dezentrale Organisationsstruktur des Bundesstaates bedingt eine verfassungsrechtlich verbindliche Verteilung der Aufgaben. Angesichts der Finanzwirksamkeit nahezu aller staatlicher Aufgabenerfüllung bedarf es einer möglichst klaren, eindeutigen und verbindlichen Festlegung der Lastenverteilung. Da nach Art. 109 I GG Bund und Länder in ihrer Haushaltsführung rechtlich selbständig und voneinander unabhängig sind (→ Art. 109 Rn. 14) und aus der Verfassung auch keine Rangordnung der Aufgaben folgt, muß das bundesstaatliche Finanzsystem eine angemessene Beteiligung der beiden Ebenen an den staatlichen Einnahmen sicherstellen, um eine optimale Erfüllung der staatlichen Aufgaben nach Maßgabe der Ausgabenverantwortung zu erreichen. Die Lastenverteilungsregeln bilden daher das **Scharnier zwischen Aufgabenerfüllung und Einnahmenzuordnung** und sind Ausdruck des inneren Zusammenhangs von Aufgaben-, Lasten- und Einnahmenverteilung[43]. Die Abgrenzung der finanziellen (Ausgaben-)Verantwortung ist folglich elementarer Bestandteil einer funktionsfähigen föderativen Verfassungsordnung.

11 Die **Funktionen** und die daraus resultierenden **Beurteilungskriterien einer Lastenverteilungsregelung** sind vielfältig[44]. Zunächst muß die Lastenverteilung nach sachgerechten Kriterien vorgenommen und langfristig definitiv festgelegt werden; auch darf sie nicht von Ermessensentscheidungen abhängig sein, um für alle Beteiligten berechenbar zu bleiben. Die Regelung sollte die Kompetenzen klar und eindeutig voneinander abgrenzen und zugleich praktikabel sein, so daß Verantwortlichkeit und Kontrollierbarkeit ermöglicht werden. Eine klare Kompetenzabgrenzung schützt auch Länder und Gemeinden vor einer ungeregelten Fondswirtschaft des Bundes und bildet damit eine Barriere gegenüber einer Vermehrung der Mischfinanzierungen. Maßgebende **Kriterien einer Lastenverteilung** sind ferner der Gedanke, die Kosten jeweils möglichst dem Verursacher[45] zuzuordnen, der Grundsatz der fiskalischen Äquivalenz[46] und die Sicherung und Förderung der Effektivität, Wirtschaftlichkeit und Sparsamkeit der Haushaltsführung[47]. Schließlich ist die Lastenverteilung ein wesentliches Element der bundesstaatlichen Machtverteilung.

---

[41] *W. Heun*, Der Staat 31 (1992), 205 (210); zur Verankerung des Konnexitätsprinzips in den Bundesländern vgl. *E. M. Schnelle*, DVBl. 2015, 1141ff.

[42] Vgl. zu den USA *W. Heun*, StWStP 5 (1994), 97ff.

[43] Vgl. *Fischer-Menshausen* (Fn. 32), Art. 104a Rn. 1; *H. H. v. Arnim*, HStR IV, § 103 Rn. 7ff.; *W. Heun*, Der Staat 31 (1992), 205 (208); auch *A. Schmehl*, in: Friauf/Höfling, GG, Art. 104a (2009), Rn. 1.

[44] Vgl. auch *Vogel/Kirchhof* (Fn. 5), Art. 104a Rn. 37ff.; *Fischer-Menshausen* (Fn. 32), Art. 104a Rn. 1; *W. Heun*, DVBl. 1996, 1020 (1022); *Hellermann* (Fn. 16), Art. 104a Rn. 33f.

[45] Einseitig darauf abstellend *Kirchhof*, Gutachten (Fn. 25), D 15f., D 40.

[46] Danach sollen Nutznießer und Kostenträger öffentlicher Leistungen nicht auseinanderfallen, um externe Effekte zu vermeiden; vgl. dazu hier nur *W. Heun*, Der Staat 31 (1992), 205 (219) m. w. N.

[47] Vgl. auch Troeger-Gutachten (Fn. 11), Tz. 201.

II. Der allgemeine Lastenverteilungsgrundsatz gem. Art. 104a I GG

Art. 104a I GG normiert die bereits vor der Finanzreform als ungeschriebener Grundsatz geltende[48] allgemeine Lastenverteilungsregel, nach der die **Ausgaben**verantwortung der Wahrnehmung der zugewiesenen **Aufgaben** folgt. Nach diesem sog. **Konnexitätsprinzip** entscheidet die Aufgabenverteilung zugleich über die Ausgabenverteilung. Da der verfassungsrechtliche Begriff der Aufgabe nicht sonderlich bestimmt ist[49], muß der Begriff interpretativ konkretisiert werden, wobei es kaum weiterführt, wenn man auf die unmittelbar kostenverursachenden Funktionen abstellt[50]. Im Ergebnis besteht weitgehend Übereinstimmung, daß unter Aufgabenverantwortung die **verfassungsrechtlich zugewiesene Verwaltungszuständigkeit** zu verstehen ist[51]. Das ergibt sich aus dem Willen des historischen Verfassungsgesetzgebers[52] und führt zu einer klaren Kompetenzabgrenzung unter Vermeidung von Doppelarbeit und Reibungsverlusten[53]. Die Koppelung der Ausgabenverantwortung an die Verwaltungszuständigkeit entspricht ferner »einer anerkannten verwaltungsökonomischen Forderung«[54], da die Art des Aufgabenvollzugs über die Höhe der aufzuwendenden Haushaltsmittel mitbestimmt und eine effektive parlamentarische Kontrolle voraussetzt, daß die kontrollierte Exekutive in gleicher Weise für die Aufgabenerfüllung wie für die Verausgabung der dafür erforderlichen Mittel verantwortlich ist. Die Anknüpfung der Lastentragung an den Verwaltungsvollzug hat bisher immer noch die deutlich besseren Argumente für sich[55] als die vielfach propagierte Gesetzeskausalität[56]. 12

Die Lastenverteilungsregel knüpft folgerichtig ausschließlich an die verfassungsrechtlich zugewiesene Verwaltungszuständigkeit an. Die allgemeinen Kompetenzverteilungsregeln der Art. 30, 83ff. GG begründen deshalb zugleich eine **umfassende Finanzverantwortung der Länder**, die durch den verfassungsrechtlichen Anspruch auf eine angemessene Finanzausstattung[57] grundsätzlich aufgefangen wird und werden 13

---

[48] BVerfGE 26, 338 (389f.); Troeger-Gutachten (Fn. 11), Tz. 200.

[49] *H.H. v. Arnim*, HStR³ VI, § 138 Rn. 12; *H.-U. Erichsen*, Die Konnexität von Aufgaben und Finanzierungskompetenz im Bund-Länderverhältnis, 1968, S. 20ff.; *Maunz* (Fn. 29), Art. 104a Rn. 10; *Stern*, Staatsrecht II, S. 1136f.

[50] So *Vogel/Kirchhof* (Fn. 5), Art. 104a Rn. 56; *Heintzen* (Fn. 37), Art. 104a Rn. 17.

[51] BVerfGE 26, 338 (390); BVerwGE 44, 351 (365); 98, 18 (21ff.); BVerwG JZ 1992, 460 (461); *Erichsen*, Konnexität (Fn. 49), S. 37ff.; *Fischer-Menshausen* (Fn. 32), Art. 104a Rn. 4; *Stern*, Staatsrecht II, S. 1138; *Heintzen* (Fn. 37), Art. 104a Rn. 13; Jarass/*Pieroth*, GG, Art. 104a Rn. 3; *H. Siekmann*, in: Sachs, GG, Art. 104a Rn. 4; *Hellermann* (Fn. 16), Art. 104a Rn. 40; *Schmehl* (Fn. 43), Art. 104a Rn. 16; aus dem Wortlaut wird man dies aber kaum ableiten können, so jedoch *Prokisch* (Fn. 2), Art. 104a Rn. 86; eingehend auch zu früheren und neueren Auffassungen *G. Trapp*, Das Veranlassungsprinzip in der Finanzverfassung der Bundesrepublik Deutschland, 1997, S. 60ff., 178ff.; zum Kommunalrecht *T. Ammermann*, Das Konnexitätsprinzip im kommunalen Finanzverfassungsrecht, 2007; grundsätzliche Kritik an der Verknüpfung der Lastentragung mit dem durch die Verwaltungskompetenz konkretisierten Aufgabenbegriff bei *J. Waiblinger*, Die »Aufgabe« im Finanzverfassungsrecht des Grundgesetzes, 2000, S. 57ff.

[52] *Stern*, Staatsrecht II, S. 1138 m. w. N. → Rn. 2.

[53] *Fischer-Menshausen* (Fn. 32), Art. 104a Rn. 4; *Erichsen*, Konnexität (Fn. 49), S. 26; *Vogel/Kirchhof* (Fn. 5), Art. 104a Rn. 38.

[54] Troeger-Gutachten (Fn. 11), Tz. 199; ebenso *Fischer-Menshausen* (Fn. 32), Art. 104a Rn. 4; kritisch *Trapp*, Veranlassungsprinzip (Fn. 51), S. 85ff.

[55] Vgl. die Zusammenfassung der Argumente bei *S. Korioth*, Klarere Verantwortungsteilung zwischen Bund, Ländern und Kommunen, DJT 65 (2004), Bd. II/1, P. 89ff. (100ff.).

[56] Haltlos daher die Qualifizierung als »föderaler Aberwitz« von *C. Gröpl*, DVBl. 2006, 1079 (1083).

[57] BVerfGE 72, 330 (383).

muß[58]. Negativ wird dadurch für den Bund eine Schranke errichtet, sich nicht durch die Vergabe von Bundesmitteln (zentrale Fondsverwaltung) neue Verwaltungskompetenzen zu verschaffen. Die Verwaltungskompetenzen begrenzen daher zugleich die Finanzierungskompetenzen[59], so daß der Bund die Länder oder Kommunen ebensowenig zur Mitfinanzierung von Bundesaufgaben heranziehen darf[60].

14 Da die staatlichen Aufgaben nicht lediglich von der Verwaltung erfüllt werden, sondern Gesetzgebung und Rechtsprechung ebenfalls staatliche Funktionen zur Erfüllung öffentlicher Aufgaben sind, wird durch die Anknüpfung an die Verwaltungszuständigkeit noch keine einheitliche und klare Zuordnung der Ausgaben erreicht. Vielmehr bedarf es einer differenzierten Zuordnung der Ausgaben. Unproblematisch sind die Ausgaben im Bereich der sog. gesetzesfreien Verwaltung dem betreffenden Verwaltungsträger zuzuordnen[61]. Übereinstimmung besteht ferner darüber, daß die unmittelbaren Kosten der Funktionen Gesetzgebung und Rechtsprechung dem jeweiligen Kompetenzträger zur Last fallen. Dazu gehören die Kosten für die Unterhaltung der betreffenden Apparate und für die Durchführung der Verfahren[62]; diese schließen vor allem die Kosten der Parlaments- und Justizverwaltung[63] ein, umfassen aber mehr, so daß insoweit zur Begründung der Kostentragung auch auf die allgemeine Formulierung des Art. 104a I GG, wonach die Ausgaben- der Aufgabenverantwortung folgt, zurückgegriffen werden muß. Da in der bundesstaatlichen Ordnung des Grundgesetzes Gesetzgebung und Verwaltung im Gegensatz etwa zu den Vereinigten Staaten[64] weitgehend von verschiedenen Kompetenzträgern wahrgenommen werden, wäre allerdings eine ausschließliche Anknüpfung an die Verwaltungszuständigkeit, wenngleich möglich, unangemessen. Art. 104a II–V GG modifizieren die Grundregel deswegen erheblich. Soweit die Ausnahmetatbestände der Art. 104a II–V GG nicht eingreifen, bleibt es bei der **Grundregel des Art. 104a I GG**, die insoweit zugleich **eine Auffangfunktion erfüllt**. Die allgemeine Lastenverteilungsregel gilt auch für die sog. ungeschriebenen Zuständigkeiten des Bundes aus der »Natur der Sache«, aufgrund einer Annexkompetenz oder »kraft Sachzusammenhangs«[65]. Durch Art. 22 I 2 GG ist die gesamtstaatliche Repräsentation in der Hauptstadt Berlin nunmehr ausdrücklich zur Bundesaufgabe erklärt und damit zugleich eine Finanzierungskompetenz und -verantwortung des Bundes begründet worden[66]. Darüber hinaus gibt es jedoch keine

---

[58] In diese Richtung auch *Fischer-Menshausen* (Fn. 32), Art. 104a Rn. 4.

[59] *Fischer-Menshausen* (Fn. 32), Art. 104a Rn. 4; *Maunz* (Fn. 29), Art. 104a Rn. 15.

[60] BVerfGE 26, 338 (2. LS); BVerwGE 44, 351 (364); *Fischer-Menshausen* (Fn. 32), Art. 104a Rn. 5. → Rn. 19 mit Fn. 87ff.

[61] *Stern*, Staatsrecht II, S. 1146; *H.H. v. Arnim*, HStR[3] VI, § 138 Rn. 18; *Siekmann* (Fn. 51), Art. 104a Rn. 4.

[62] *Stern*, Staatsrecht II, S. 1138.

[63] Darauf stellen ab *Fischer-Menshausen* (Fn. 32), Art. 104a Rn. 4; *Siekmann* (Fn. 51), Art. 104a Rn. 4; Jarass/*Pieroth*, GG, Art. 104a Rn. 4.

[64] Zur dortigen Finanzverfassung *W. Heun*, StWStP 5 (1994), 97ff.

[65] BVerfGE 4, 74 (83f.); 22, 180 (217); *Fischer-Menshausen* (Fn. 32), Art. 104a Rn. 9ff.; *Stern*, Staatsrecht II, S. 1146; *J. Müller-Volbehr*, Fonds- und Investitionshilfekompetenz des Bundes, 1975, S. 85ff., 103ff.; *Heintzen* (Fn. 37), Art. 104a Rn. 28ff.; generell ablehnend *Siekmann* (Fn. 51), Art. 104a Rn. 4; zur Problematik im einzelnen *U. Häde*, Finanzausgleich, 1996, S. 104ff.; *H.B. Brockmeyer*, Ungeschriebene Finanzierungszuständigkeiten des Bundes, in: FS Klein, 1994, S. 633ff.; zu den verschiedenen Formen der Gesetzgebungskompetenz: → Art. 70 Rn. 45ff.

[66] → Art. 22 Rn. 32ff.; als überflüssig kritisiert die Regelung *M. Heintzen*, Der Bund und die Finanzen seiner neuen Hauptstadt, in: FS Raue, 2006, S. 83ff. (91, 93f.); zur Historie *H. Engler*, Die Finanzierung der Reichshauptstadt, 2006.

selbständigen ungeschriebenen Finanzierungskompetenzen, da insoweit die Sperrwirkungen des Konnexitätsprinzips eintreten[67].

Art. 104a I GG begründet **ausschließlich** das **Konnexitätsprinzip, nicht** das **Verursacher-, Kausalitäts- oder Veranlassungsprinzip**[68]. Es kommt nicht darauf an, welcher Kompetenzträger die Kosten verursachenden Regelungen getroffen oder sonst die Ausgaben veranlaßt hat[69]. Art. 104a I GG begründet die kompetentielle Verantwortung für die »Ausgaben«. Der **Ausgabenbegriff** wird nicht näher festgelegt. Sachlich sind nicht die finanziellen Mittel, die für die staatliche Tätigkeit erforderlich sind[70], gemeint, da diese den Finanzbedarf umschreiben[71]. Im Hinblick auf das der Haushaltswirtschaft zugrundeliegende kameralistische Rechnungswesen, das eine rein finanzwirtschaftlich orientierte Einnahmen- und Ausgabenregelung vornimmt[72], sind unter Ausgaben auch nicht Kosten im betriebswirtschaftlichen Sinn zu verstehen, die insbesondere Abschreibungen begrifflich umfassen[73]. Wenn im Zusammenhang des Art. 104a I GG allgemein von Kosten und Kostentragung gesprochen wird, sind darunter ebenfalls nur Kosten, die Ausgaben sind, zu verstehen[74]. Ausgaben sind damit allein kassenwirksame Geldzahlungen an Dritte, wobei der Geldausgang entscheidend ist[75]. 15

Der Grundsatz des Art. 104a I GG differenziert nicht zwischen Verwaltungsausgaben und Zweckausgaben, sondern weist die Ausgabenverantwortung einheitlich zu. Diese **Unterscheidung zwischen den Ausgabenarten** liegt jedoch den folgenden Regelungen der Art. 104a II–IV GG von Anfang an zugrunde. Das ergibt sich aus der Regelung des Art. 104a V GG, die zur Lastentragung hinsichtlich der Verwaltungsausgaben den jeweiligen Verwaltungsträger verpflichtet[76] und damit die Grundregel des Art. 104a I GG für Verwaltungsausgaben ausnahmslos bestätigt[77]. **Abweichungen** von der Grundregel des Art. 104a I GG **betreffen folglich ausschließlich die Zweckausgaben**[78]. 16

---

[67] *B. Tiemann*, Gemeinschaftsaufgaben von Bund und Ländern in verfassungsrechtlicher Sicht, 1970, S. 142ff.; *Siekmann* (Fn. 51), Art. 104a Rn. 4 m. w. N.

[68] So aber *Kirchhof*, Gutachten (Fn. 25), D 15f., D 40; wohl auch *H.-P. Schneider*, StWStP 4 (1993), 3 (7); zur Konkretisierung des Veranlassungsprinzips de lege ferenda *Trapp*, Veranlassungsprinzip (Fn. 51), S. 222ff.; schon gar nicht wird die »Gesetzeskausalität« in Art. 104a I GG verankert, insoweit zutreffend *S. Mückl*, Finanzverfassungsrechtlicher Schutz der kommunalen Selbstverwaltung, 1998, S. 152ff.

[69] BVerfGE 26, 338 (390); BVerwGE 44, 351 (365); *F. Sturm*, DÖV 1968, 466 (468); *F. Schoch/ J. Wieland*, Finanzierungsverantwortung für gesetzgeberisch veranlaßte kommunale Aufgaben, 1995, S. 130; *Heintzen* (Fn. 37), Art. 104a Rn. 13; damit wird nicht geleugnet, daß für die Zurechnung zur Verwaltungskompetenz natürlich auch Verursachungszusammenhänge maßgebend waren, wie *Prokisch* (Fn. 2), Art. 104a Rn. 97 offenbar unterstellt.

[70] So aber Jarass/*Pieroth*, GG, Art. 104a Rn. 4.

[71] Zutreffend *Siekmann* (Fn. 51), Art. 104a Rn. 7.

[72] Dazu *C. Reichard*, Betriebswirtschaftslehre der öffentlichen Verwaltung, 2. Aufl. 1987, S. 293ff.; *N. Steinebach*, Verwaltungsbetriebslehre, 4. Aufl. 1991, Rn. 256, 270.

[73] *Steinebach*, Verwaltungsbetriebslehre (Fn. 72), Rn. 278; vgl. auch *P. Eichhorn*, VerwArch. 62 (1971), 38 (41).

[74] *Siekmann* (Fn. 51), Art. 104a Rn. 8.

[75] *Reichard*, Betriebswirtschaftslehre (Fn. 72), S. 293; *Siekmann* (Fn. 51), Art. 104a Rn. 8.

[76] Vgl. BT-Drs. V/2861, Tz. 292, 301; zu Abs. 5: → Rn. 35.

[77] Klarstellung: BVerwGE 96, 45 (51); *Vogel/Kirchhof* (Fn. 5), Art. 104a Rn. 155; *Maunz* (Fn. 29), Art. 104a Rn. 59; *Fischer-Menshausen* (Fn. 32), Art. 104a Rn. 39; *Siekmann* (Fn. 51), Art. 104a Rn. 9; Troeger-Gutachten (Fn. 11), Tz. 212.

[78] OVG NW DÖV 1992, 1066 (1067); *Maunz* (Fn. 29), Art. 104a Rn. 61; *Siekmann* (Fn. 51), Art. 104a Rn. 13.

17 **Verwaltungsausgaben** sind allgemein die »Kosten des Verwaltungspersonals und der Verwaltungseinrichtungen«[79] oder anders formuliert, die Kosten für die Unterhaltung und den Betrieb des administrativen Apparates, vor allem Personalkosten, Ausgaben für die Dienstgebäude, Reise- und Umzugskosten, welche die Tätigkeit der Verwaltung ermöglichen[80]. **Zweckausgaben** sind demgegenüber die Kosten, die bei der Erfüllung der eigentlichen Sachaufgaben, der Verwirklichung des Verwaltungszwecks, entstehen wie Sozialleistungen oder Subventionen[81].

18 Die **Abgrenzung** im einzelnen ist **schwierig** und daher nach Art. 104a V 2 GG einem Ausführungsgesetz überlassen worden, das indes bis heute nicht ergangen ist[82]. Ein Rückgriff auf die Begriffe der Gemeinkosten, die nur indirekt der Aufgabenerfüllung zugerechnet werden (Verwaltungsausgaben), und die Einzelkosten, die direkt der Verwaltungsleistung zugerechnet werden (Zweckausgaben)[83], führt allerdings kaum zu einer weiteren Präzisierung. Zuwendungen aufgrund von Geldleistungsgesetzen sind danach ebenso Zweckausgaben wie die Bau- und Erhaltungskosten beim Fernstraßenbau. Die insoweit anfallenden Baunebenkosten, wie solche für Entwurfsbearbeitung, Aufsicht und ähnliche Leistungen, werden allgemein als Zweckausgaben angesehen, obwohl es sich um Personalausgaben handelt[84]. Sonstige Personalausgaben sind allerdings Verwaltungsausgaben[85].

19 Die Finanzierungsverantwortung als Rechtsfolge umfaßt sowohl die **Pflicht zur Lastentragung** als auch die **Befugnis zur Finanzierung**[86]. Ferner enthält das Prinzip des Art. 104a I GG nicht nur das Gebot, die Ausgaben im Bereich der eigenen Aufgabenzuständigkeit zu tragen, sondern auch das **Verbot, fremde Aufgaben zu finanzieren**[87]. Dadurch sollen kompetenzwidrige Einflußnahmen vornehmlich des Bundes mit Hilfe finanzieller Zuwendungen verhindert werden. Einer Gebietskörperschaft erwachsen außerhalb ihrer Aufgabenzuständigkeit keine Finanzierungskompetenzen. Insbesondere ist der Bund nicht befugt, im Aufgabenbereich der Länder Zuwendungen zu vergeben[88]. Ferner ist jede Form der Mischfinanzierung unter Einschluß der Fondswirtschaft nur in den verfassungsrechtlich vorgesehenen Fällen zulässig[89]. Insoweit begründen die Vorschriften über den Finanzausgleich auch Finanzierungsbefugnisse des Bundes (Art. 106 IV, 2, 3, VIII, 106a, 107 II 3, 120 GG)[90]. Teilweise wird aus Art. 104a

---

[79] BT-Drs. V/2861, Tz. 292, 301.

[80] *Fischer-Menshausen* (Fn. 32), Art. 104a Rn. 40; Jarass/*Pieroth*, GG, Art. 104a Rn. 16; *J.P. Schneider*, in: AK-GG, Art. 104a (2001), Rn. 7.

[81] *Fischer-Menshausen* (Fn. 32), Art. 104a Rn. 40; *Schneider* (Fn. 80), Art. 104a Rn. 7; Jarass/*Pieroth*, GG, Art. 104a Rn. 16.

[82] Das Finanzanpassungsgesetz v. 30.8.1971 (BGBl. I S. 1426) leistet dies nur partiell.

[83] So *Siekmann* (Fn. 51), Art. 104a Rn. 9.

[84] *Fischer-Menshausen* (Fn. 32), Art. 104a Rn. 40; *Siekmann* (Fn. 51), Art. 104a Rn. 11; vgl. auch BT-Drs. V/2861, Tz. 302, wo dies offengelassen wurde.

[85] Vgl. BT-Drs. V/2861, Tz. 292, 301; *Schmehl* (Fn. 43), Art. 104a Rn. 32; anders *Siekmann* (Fn. 51), Art. 104a Rn. 11, der abgrenzbare Personalausgaben als Zweckausgaben qualifizieren will.

[86] *H.H. v. Arnim*, HStR³ VI, § 138 Rn. 10; *Siekmann* (Fn. 51), Art. 104a Rn. 2.

[87] BVerwGE 81, 312 (314); *Maunz* (Fn. 29), Art. 104a Rn. 25; *Schneider* (Fn. 80), Art. 104a Rn. 5; *H.H. v. Arnim*, HStR³ VI, § 138 Rn. 53f.; *Henneke* (Fn. 28), Art. 104a Rn. 21; *Siekmann* (Fn. 51), Art. 104a Rn. 12.

[88] BGH NJW 1987, 1625 (1627); *Siekmann* (Fn. 51), Art. 104a Rn. 12; *Hellermann* (Fn. 16), Art. 104a Rn. 56.

[89] *Vogel/Kirchhof* (Fn. 5), Art. 104a Rn. 66; *Fischer-Menshausen* (Fn. 32), Art. 104a Rn. 5; *Stern*, Staatsrecht II, S. 1138, 1141; Jarass/*Pieroth*, GG, Art. 104a Rn. 5; *Siekmann* (Fn. 51), Art. 104a Rn. 12.

[90] Vgl. *Waiblinger*, Begriff (Fn. 52), S. 187ff., der daraus aber verquere Folgerungen zieht.

I GG ein Verbot gegenseitiger[91] Besteuerung hoheitlicher Tätigkeit zwischen Bund und Ländern abgeleitet. Das Verbot folgt indes kaum aus Art. 104a GG[92], sondern aus Art. 109 I GG und dem Gesamtsystem der Finanzverfassung.[93]

Die **kommunalen Gebietskörperschaften und Verbände** werden von Art. 104a I GG **als Teil der Länder** erfaßt[94]. Im Verhältnis zwischen dem jeweiligen Land und seinen Gemeinden gilt Art. 104a I GG nicht, auch nicht analog[95], zumal das Konnexitätsprinzip ohnehin nicht gegen finanzwirksame Aufgabenzuweisungen durch Bund oder Länder schützt[96]. Die Föderalismusreform hat deswegen systematisch zutreffend die Aufgabenübertragungen auf die Kommunen nach Art. 84 I 7, 85 I 2 GG begrenzt[97]. Einrichtungen der mittelbaren Verwaltung und die Sondervermögen werden dem jeweiligen Träger zugeordnet, so daß sie nur innerhalb der Aufgabenzuständigkeiten des Trägers Finanzierungskompetenzen besitzen[98]. Vornehmlich aus historischen Gründen wird hiervon eine Ausnahme für das ERP-Sondervermögen anerkannt[99]. 20

Die Lastenverteilungsregel des **Art. 104a I GG gilt auch für das Verhältnis der Länder untereinander**, so daß insoweit eine finanzielle Beteiligung eines Landes an Aufgaben eines anderen Landes untersagt ist[100]. Das schließt eine gemeinsame Finanzierung gemeinsamer Aufgaben der Länder dagegen nicht aus[101]. Auch im Bereich faktischer Überschneidungen von Aufgaben, etwa bei Verkehrswegekreuzungen im Personenverkehr oder bei Großforschungseinrichtungen, ist eine anteilmäßige Finan- 21

---

91 *T. Maunz*, in: Maunz/Dürig, GG, Art. 105 (1979), Rn. 25.

92 Etwas anders *Prokisch* (Fn. 2), Art. 104a Rn. 104: »nicht allein aus Art. 104a I«; ähnlich Jarass/*Pieroth*, GG, Art. 104a Rn. 8.

93 Auf die »Geschlossenheit des Finanzausgleichssystems« stellen unter anderem ab *K. Vogel*, HStR IV, § 87 Rn. 27; *Hellermann* (Fn. 16), Art. 104a Rn. 64; *Prokisch* (Fn. 2), Art. 104a Rn. 8; vgl. auch BVerfGE 31, 314 (323 ff.).

94 BVerfGE 86, 148 (215); *Schoch/Wieland*, Finanzierungsverantwortung (Fn. 69), S. 137; *W. Heun*, DVBl. 1996, 1022 (1026) m. w. N.; *Heintzen* (Fn. 37), Art. 104a Rn. 24.

95 *W. Heun*, DVBl. 1996, 1022 (1026) m. w. N.; *W. Patzig*, DÖV 1985, 645 ff.; *P. Kirchhof*, DVBl. 1980, 711 (713); *Fischer-Menshausen* (Fn. 32), Art. 104a Rn. 3; *Trapp*, Veranlassungsprinzip (Fn. 51), S. 211 ff.; *Hellermann* (Fn. 16), Art. 104a Rn. 54 ff.; a. A. *W. Hoppe*, DVBl. 1992, 117 (121 ff.); *E. Schmidt-Jortzig*, DÖV 1981, 393 (395 f.); *ders./J. Makswit*, JuS 1980, 641 (642 f.); *Hofmann-Hoeppel*, Problematik (Fn. 21), S. 148 ff.; zum landesverfassungsrechtlichen Konnexitätsprinzip *S. Mückl*, DÖV 1999, 841 (843 ff.); *H. Meyer*, NVwZ 1999, 843 ff.

96 Es ist eben kein Verursachungsprinzip wie Kommunalrechtler immer wieder sachwidrig behaupten; s. auch jetzt deutlich *Siekmann* (Fn. 51), Art. 104a Rn. 16.

97 Vgl. *J. Ipsen*, NJW 2006, 2801 (2805); vgl. bereits *F. Schoch*, NVwZ 2004, 1273 (1277); *ders.*, Schutz der kommunalen Selbstverwaltung durch das finanzverfassungsrechtliche Konnexitätsprinzip, in: FS v. Arnim, 2004, S. 411 ff. (427).

98 *Maunz* (Fn. 29), Art. 104a Rn. 12 f.; *F. Klein*, Die Ausgabenabgrenzung zwischen Bund und Ländern nach Art. 104a GG, in: FS Geiger, 1989, S. 501 ff. (503); *Siekmann* (Fn. 51), Art. 104a Rn. 14; vgl. auch *H.-J. v. Einem*, DVBl. 1987, 979 ff.

99 *Henneke* (Fn. 28), Art. 104a Rn. 19; kritisch *Hellermann* (Fn. 16), Art. 104a Rn. 150; *Prokisch* (Fn. 2), Art. 104a Rn. 119; *Siekmann* (Fn. 51), Art. 104a Rn. 14; *Heintzen* (Fn. 37), Art. 104a Rn. 22; *Schmehl* (Fn. 43), Art. 104a Rn. 24.

100 *Fischer-Menshausen* (Fn. 32), Art. 104a Rn. 8; *Vogel/Kirchhof* (Fn. 5), Art. 104a Rn. 67; *P. Selmer*, Zur verfassungsrechtlichen Zulässigkeit von Zwischen-Länderfinanzhilfen, in: FS Thieme, 1993, S. 353 ff. (367 ff.); a. A. *Maunz* (Fn. 29), Art. 104a Rn. 26; *Stern*, Staatsrecht II, S. 1146; *Siekmann* (Fn. 51), Art. 104a Rn. 15; *Hellermann* (Fn. 16), Art. 104a Rn. 53; Jarass/*Pieroth*, GG, Art. 104a Rn. 5, die sich auf die Praxis und – zu Unrecht – auf den Wortlaut berufen; offen *Schmehl* (Fn. 43), Art. 104a Rn. 22.

101 *Fischer-Menshausen* (Fn. 32), Art. 104a Rn. 8; *Prokisch* (Fn. 2), Art. 104a Rn. 67.

zierung zulässig[102], die zudem durch Vereinbarungen über die Aufteilung der Lasten nach Maßgabe der jeweiligen Aufgabenzuständigkeit näher geregelt werden kann[103]. Die Ausgaben für eine kompetenzwidrige Tätigkeit fallen grundsätzlich der handelnden Körperschaft zur Last[104]. Problematisch und teilweise umstritten sind die Fälle, in denen an sich die Zuständigkeit einer Körperschaft gegeben ist, eine andere Körperschaft aber die Aufgabe in rechtlich zulässiger Weise erfüllt oder erfüllen muß. Art. 104a I, V GG regeln diese Fälle nicht abschließend. Im Fall zulässiger Amts- (→ Art. 35 Rn. 15ff.) und Katastrophenhilfe (Art. 35, 91 GG) oder zulässiger Organleihe (z. B. Art. 96 V GG, Übertragung von Bauaufgaben des Bundes auf die Baubehörden der Länder gem. § 8 VII Finanzverwaltungsgesetz) wird die helfende Körperschaft auch kraft eigener Zuständigkeit tätig und ist zunächst mindestens zur Tragung der Verwaltungsausgaben verpflichtet[105]. Indes ist in diesen Fällen die Begründung von Erstattungspflichten durch Gesetz oder Verwaltungsvereinbarung zulässig[106]. In Eil- und Notfällen kann ansonsten ausnahmsweise auch ein Aufwendungsersatzanspruch im Rahmen einer öffentlich-rechtlichen Geschäftsführung ohne Auftrag begründet sein, sofern das erforderliche Interesse der erstattungspflichtigen Körperschaft bejaht werden kann[107]. Im übrigen wirken Art. 104a I, V GG als Sperre auch für Erstattungsansprüche.

III. Bundesauftragsverwaltung gem. Art. 104a II GG

22 Sofern die Länder eine Aufgabe im Auftrag des Bundes verwalten, müßten sie nach der allgemeinen Lastenverteilungsregel des Art. 104a I GG die Ausgaben vollständig selbst tragen, da es sich um Landesverwaltung handelt (Art. 85 GG). Art. 104a II GG ordnet demgegenüber an, daß der Bund die Ausgaben der Auftragsverwaltung zu tragen hat, was allerdings wegen Art. 104a V 1 GG **auf die Zweckausgaben beschränkt** ist[108]. Die Verwaltungskosten trägt in jedem Fall das Land. Nur wenn Bundesgesetze teils im Auftrag des Bundes durch Landesbehörden, teils durch Bundesoberbehörden

---

[102] BVerwGE 81, 312 (314); *Siekmann* (Fn. 51), Art. 104a Rn. 18; a. A. Jarass/*Pieroth*, GG, Art. 104a Rn. 6; *K. Vogel*, HStR IV, § 87 Rn. 25f.

[103] BVerwGE 81, 312 (314); 102, 119 (124f.); kritisch *G. Fromm*, NVwZ 1992, 536 (538); *Siekmann* (Fn. 51), Art. 104a Rn. 18; *M. Morlok*, DVBl. 1989, 1147f.; der Anlaßfall ist allerdings problematisch: → Art. 106a Rn. 3.

[104] *Schneider* (Fn. 80), Art. 104a Rn. 8; *Siekmann* (Fn. 51), Art. 104a Rn. 19; anders *Hellermann* (Fn. 16), Art. 104a Rn. 63; im Ergebnis unklar *Heintzen* (Fn. 37), Art. 104a Rn. 35, wonach dem Handelnden die Finanzierungskompetenz fehlt (was ja richtig ist), aber der Zuständige nicht die Finanzierungslast trägt.

[105] *Schneider* (Fn. 80), Art. 104a Rn. 8; *Siekmann* (Fn. 51), Art. 104a Rn. 19.

[106] BVerwG NJW 1976, 1468 (Organleihe); *Fischer-Menshausen* (Fn. 32), Art. 104a Rn. 39; Jarass/*Pieroth*, GG, Art. 104a Rn. 9; vgl. auch *Maunz* (Fn. 29), Art. 104a Rn. 60; *Hellermann* (Fn. 16), Art. 104a Rn. 59ff.; nur eine gesetzliche Regelung halten dagegen für zulässig *Vogel/Kirchhof* (Fn. 5), Art. 104a Rn. 155; *Siekmann* (Fn. 51), Art. 104a Rn. 21.

[107] BVerwGE 80, 170 (174ff.); BVerwG JZ 1992, 460 (461); BGHZ 40, 28 (29); 63, 167 (168); 65, 354 (356); 65, 384 (389); OVG NW NJW 1976, 1956f.; *Maunz* (Fn. 29), Art. 104a Rn. 59f.; *Maurer*, Allg. Verwaltungsrecht, § 29 Rn. 11; *F. Schoch*, Jura 1994, 241 (244) m. w. N.; *Siekmann* (Fn. 51), Art. 104a Rn. 19; a. A. wohl *Fischer-Menshausen* (Fn. 32), Art. 104a Rn. 39; *K. Vogel*, HStR IV, § 87 Rn. 37.

[108] → Rn. 16; zu denkbaren Erlöschensgründen *F. Kirchhof*, Das Erlöschen von Ansprüchen nach Art. 104a Abs. 2 GG zwischen Bund und Ländern infolge Zeitablaufs, in: FS Selmer, 2004, S. 725ff.

ausgeführt werden (Art. 87b II, 120a I GG), tragen Bund und Länder die jeweils bei ihnen anfallenden Verwaltungskosten[109].

23 Da Art. 104a I GG auf die Wahrnehmung der Verwaltungskompetenz abstellt, stellt Art. 104a II GG eine **Durchbrechung der allgemeinen Lastenverteilungsregel** dar[110]. Als Bestätigung oder Klarstellung der allgemeinen Lastenverteilungsregel kann demgegenüber Art. 104a II GG nur ansehen, wer auf die – indes wenig klare – Verwaltungsverantwortung abstellt[111]. Die weitgehenden Weisungsbefugnisse und Aufsichtsrechte des Bundes rechtfertigen aber aus verwaltungsökonomischer Sicht die Durchbrechung der Grundregel, da der Bund auf die Höhe des Sachaufwandes auch verwaltungstechnisch Einfluß nehmen kann[112].

24 Der Bund hat aber nicht nur dann die Ausgabenverantwortung zu tragen, wenn die Länder Bundesgesetze in Auftragsverwaltung ausführen, sondern auch, wenn die Länder unmittelbar kraft sonstiger verfassungsrechtlicher Anordnung (z. B. Art. 90 II GG) im Auftrag des Bundes tätig werden[113]. Die Regel des Art. 104a II GG gilt ferner **unabhängig davon, ob die Auftragsverwaltung vom Grundgesetz zwingend vorgeschrieben oder durch Gesetz angeordnet** worden ist[114]. Der Bund ist den Ländern ebenso zur Erstattung der Zweckausgaben verpflichtet, wenn Aufgaben von Gemeinden oder anderen öffentlich-rechtlichen Verbänden der Länder in Auftragsverwaltung durchgeführt werden. Die Länder trifft dann aber eine entsprechende Pflicht zur Weiterleitung[115].

IV. Geldleistungsgesetze gem. Art. 104a III GG

25 Die Regelung des Art. 104a III GG sieht als weitere **Durchbrechung** des Konnexitätsgrundsatzes des Art. 104a I GG die (bloße) Möglichkeit einer völligen oder teilweisen **Übernahme der Zweckausgaben durch den Bund bei Geldleistungsgesetzen** vor. Die ursprüngliche Intention der Finanzreform, eine Entlastung der Länder auf solche Fälle zu beschränken, in denen durch die detaillierte Festlegung der Voraussetzungen, Höhe und Modalitäten der Geldleistungen dem Vollzug kein eigenverantwortlicher Spielraum mehr bleibt[116], hat im Verfassungstext keinen Ausdruck gefunden[117].

26 **Geldleistungen** sind **einmalige oder laufende Zuwendungen** aus öffentlichen Mitteln an Dritte, die **nicht von einer Gegenleistung abhängig** sind[118]. Dritte in diesem Sinne

---

[109] *Fischer-Menshausen* (Fn. 32), Art. 104a Rn. 12.

[110] BayVGH NVwZ 1993, 794 (795); *Vogel/Kirchhof* (Fn. 5), Art. 104a Rn. 72; *Luther*, Lastenverteilung (Fn. 2), S. 86 f.; *Hellermann* (Fn. 16), Art. 104a Rn. 70; *Prokisch* (Fn. 2), Art. 104a Rn. 176 ff.

[111] BT-Drs. V/2861, Tz. 116, 290; Troeger-Gutachten (Fn. 11), Tz. 205; *Schoch/Wieland*, Finanzierungsverantwortung (Fn. 69), S. 132 f.; *Siekmann* (Fn. 51), Art. 104a Rn. 22; *Heintzen* (Fn. 37), Art. 104a Rn. 36.

[112] *Fischer-Menshausen* (Fn. 32), Art. 104a Rn. 13.

[113] BT-Drs. V/2861, Tz. 291; *Siekmann* (Fn. 51), Art. 104a Rn. 23.

[114] *Stern*, Staatsrecht II, S. 1140; *Schneider* (Fn. 80), Art. 104a Rn. 10; *Siekmann* (Fn. 51), Art. 104a Rn. 23.

[115] *Fischer-Menshausen* (Fn. 32), Art. 104a Rn. 14; *Prokisch* (Fn. 2), Art. 104a Rn. 185; a. A. *Hellermann* (Fn. 16), Art. 104a Rn. 74; *Heintzen* (Fn. 37), Art. 104a Rn. 36.

[116] BT-Drs. V/2861, Tz. 124 f.

[117] Kritisch *Fischer-Menshausen* (Fn. 32), Art. 104a Rn. 15; *Heintzen* (Fn. 37), Art. 104a Rn. 41 sieht darin aber die ratio legis, die auch die Auslegung bestimme.

[118] Allg. Ansicht: *Fischer-Menshausen* (Fn. 32), Art. 104a Rn. 16; *Vogel/Kirchhof* (Fn. 5), Art. 104a Rn. 81; Jarass/*Pieroth*, GG, Art. 104a Rn. 10; *Stern*, Staatsrecht II, S. 1141; *Siekmann* (Fn. 51), Art. 104a Rn. 27; *Schmehl* (Fn. 43), Art. 104a Rn. 36.

sind nur private oder gleichzubehandelnde öffentlich-rechtliche Zuwendungsempfänger[119]. Der haushaltsrechtliche Zuwendungsbegriff des § 23 BHO, wonach Dritte alle Stellen außerhalb der Bundesverwaltung sind, läßt sich nach Sinn und Zweck der Lastenverteilungsregel nicht übertragen[120], da für Zuwendungen des Bundes an Länder und Gemeinden der Bund ohnehin zwingend die Ausgabenverantwortung trägt und Art. 104a III GG die Lastenverteilung für Geldleistungen an Leistungsempfänger außerhalb der gem. Art. 106, 107 GG am Finanzausgleich beteiligten Körperschaften regeln will. Typische Geldleistungen i. S. d. Art. 104a III GG sind daher etwa Wohngeld (Finanzierungsanteil des Bundes 50%), Ausbildungsförderung (100%), Wohnungsbauprämien (50%), Entschädigung für Opfer von Gewalttaten (50%)[121].

27 **Keine Geldleistungen** im Sinne des Art. 104a III GG sind demgegenüber Sach- und Dienstleistungen[122], Bürgschaften, Garantien oder sonstige Gewährleistungen sowie andere Geldleistungen, zu denen der Staat rechtlich verpflichtet ist, wie etwa Aufwendungsersatz, Entschädigung, Schadensersatz, Kaufpreiszahlung[123]. Darunter fallen auch die Kriegsfolgelasten gem. Art. 120 GG[124]. Hier fehlt es an der »Gewährung« der Geldleistungen[125]. Ebenfalls keine Geldleistungen sind Steuervergünstigungen, auf die die steuerlichen Verteilungsregeln unmittelbar Anwendung finden[126]. Hiervon wird teilweise eine Ausnahme für solche Steuersubventionen gemacht, die unabhängig davon gewährt werden, ob den Begünstigten eine Steuerschuld trifft[127], wie nach dem Bergmannsprämiengesetz oder dem Investitionszulagengesetz[128]. In der Praxis werden diese **Steuersubventionen** als Bestandteile der Steuergesetzgebung von der Finanzverwaltung (Art. 108 GG) ausgeführt, so daß sich die Lastenverteilung in der Form der Steuermindereinnahmen nach den Steueranteilen von Bund, Ländern und Gemeinden richtet, was im Hinblick auf die Beteiligung der Gemeinden im Rahmen der Einkommensteuermindereinnahmen problematisch erscheint. Daneben treten budgetrechtliche Bedenken aufgrund des Bruttoprinzips und der Haushaltsklarheit[129].

---

119 *Fischer-Menshausen* (Fn. 32), Art. 104a Rn. 16; Jarass/*Pieroth*, GG, Art. 104a Rn. 10; *Vogel/Kirchhof* (Fn. 5), Art. 104a Rn. 82; *Prokisch* (Fn. 2), Art. 104a Rn. 193.

120 So aber *Siekmann* (Fn. 51), Art. 104a Rn. 27.

121 Wohngeldgesetz v. 14.12.1970 (BGBl. I S. 1637) i. d. F. v. 7.7.2005 (BGBl. I S. 2039), zuletzt geändert durch Gesetz v. 26.7.2016 (BGBl. I S. 1836); Bundesausbildungsförderungsgesetz v. 26.8.1971 (BGBl. I S. 1409) i. d. F. v. 6.6.1983 (BGBl. I S. 645), zuletzt geändert durch Gesetz v. 27.7.2016 (BGBl. I S. 1398); Wohnungsbau-Prämiengesetz v. 17.3.1952 (BGBl. I S. 319) i. d. F. v. 30.10.1997 (BGBl. I S. 2678), zuletzt geändert durch Gesetz v. 18.7.2014 (BGBl. I S. 1042); Opferentschädigungsgesetz v. 11.5.1976 (BGBl. I S. 1181) i. d. F. v. 7.1.1985 (BGBl. I S. 1), zuletzt geändert durch Gesetz v. 20.6.2011 (BGBl. I S. 1114) (Finanzierungsanteil des Bundes jeweils 65%).

122 *Maunz* (Fn. 29), Art. 104a Rn. 33; *Fischer-Menshausen* (Fn. 32), Art. 104a Rn. 16; Jarass/*Pieroth*, GG, Art. 104a Rn. 10; *Siekmann* (Fn. 51), Art. 104a Rn. 28.

123 *Henneke* (Fn. 28), Art. 104a Rn. 25; Jarass/*Pieroth*, GG, Art. 104a Rn. 11; *Siekmann* (Fn. 51), Art. 104a Rn. 28; *Schmehl* (Fn. 43), Art. 104a Rn. 37.

124 *Maunz* (Fn. 29), Art. 104a Rn. 37.

125 *Henneke* (Fn. 28), Art. 104a Rn. 24f.

126 *Fischer-Menshausen* (Fn. 32), Art. 104a Rn. 16; *Siekmann* (Fn. 51), Art. 104a Rn. 29.

127 *Maunz* (Fn. 29), Art. 104a Rn. 38; *Henneke* (Fn. 28), Art. 104a Rn. 37; Jarass/*Pieroth*, GG, Art. 104a Rn. 10; *Siekmann* (Fn. 51), Art. 104a Rn. 29.

128 BergmannsprämienG i. d. F. v. 12.5.1969 (BGBl. I S. 434), zuletzt geändert durch Gesetz v. 24.12.2003 (BGBl. I S. 2954); InvestitionszulagenG v. 15.7.2006 (BGBl. I S. 1614); 5. VermögensbildungsG v. 1.7.1965 (BGBl. I S. 585) i. d. F. der Bekanntmachung v. 4.3.1994 (BGBl. I S. 406), zuletzt geändert durch Gesetz v. 18.7.2016 (BGBl. I S. 1679).

129 → Art. 110 Rn. 18, 21; zur Kritik vgl. *K. Vogel*, DÖV 1977, 837 (841); *Maunz* (Fn. 29), Art. 104a Rn. 38.

Gleichwohl fallen diese Vergünstigungen **nicht** unter **Art. 104a III GG**, weil es sich um steuerrechtliche Regelungen und nicht um Geldleistungsgesetze i. S. d. Art. 104a III GG handelt[130]. Da Geldleistungen und Steuervergünstigungen ohnehin funktional äquivalent sind, kann es im Sinne einer Regelung der Ausgabenverantwortung nur auf die formale Qualifikation als Geldleistung ankommen.

Das Bundesgesetz oder die darauf beruhende Rechtsverordnung des Bundes muß 28
selbst die Geldleistung gewähren. Deshalb darf die **Leistung nicht dem freien Ermessen der Verwaltung überlassen** bleiben. Andererseits ist nicht erforderlich, daß das Gesetz einen Rechtsanspruch des Empfängers begründet[131]. Ansonsten enthält die Vorschrift aber keine sachlichen Beschränkungen.

Die **Lastenverteilungsregelung** steht nach der expliziten Regelung des Art. 104a III 29
GG insoweit in der **freien Entscheidung des Bundesgesetzgebers**. Das Gesetz kann neben Geldleistungen auch andere Leistungen wie Sach- und Dienstleistungen vorsehen[132]. In diesem Fall muß eine Abgrenzung der Geldleistungen jedenfalls ex post möglich sein, um die Quoten darauf bezogen berechnen zu können. Andernfalls muß eine gemeinsame Finanzierung unterbleiben[133]. Insofern ist eine Kostenbeteiligung des Bundes an den Geldleistungen der Sozialhilfe zulässig[134] und wird seit 2009 praktiziert[135]. Die Rechtsfolgenregelung des Art. 104a III 2 GG setzt voraus, daß der Gesetzgeber eine ausdrückliche Regelung der Lastenverteilung trifft. Der Gesetzgeber ist dazu jedoch nicht explizit verpflichtet. **Enthält das Gesetz keine Regelung, gilt** auch für die Geldleistungen der allgemeine Lastenverteilungsgrundsatz des **Art. 104a I GG**, wonach die Länder die Zweckausgaben bei Ausführung der Bundesgesetze als eigene Angelegenheit in voller Höhe zu tragen haben[136]. Anders als nach der bisherigen Rechtslage ist ein solches Gesetz aber nach Art. 104a IV GG n. F. zustimmungspflichtig.

Wenn der Bund kraft ausdrücklicher Kostenregelung des Gesetzes **mindestens die** 30
Hälfte der Ausgaben trägt, wird es gem. Art. 104a III 2 GG im Wege der **Auftragsverwaltung** gem. Art. 85 GG ausgeführt. Die Vorschrift ist gegenüber Art. 104a II GG lex specialis[137], gilt aber nicht für Kriegsfolgelasten, da insoweit die Art. 120, 120a GG

130 *Fischer-Menshausen* (Fn. 32), Art. 104a Rn. 16; *Hellermann* (Fn. 16), Art. 104a Rn. 83; *Heintzen* (Fn. 37), Art. 104a Rn. 40; *Prokisch* (Fn. 2), Art. 104a Rn. 197; a. A. *Maunz* (Fn. 29), Art. 104a Rn. 38; *Henneke* (Fn. 28), Art. 104a Rn. 37; *Siekmann* (Fn. 51), Art. 104a Rn. 29f.; die budgetrechtliche Problematik berührt jedenfalls die Einordnung als Geldleistungsgesetz nach Art. 104a III GG nicht.

131 *Maunz* (Fn. 29), Art. 104a Rn. 36; *Vogel/Kirchhof* (Fn. 5), Art. 104a Rn. 83, 85; *Fischer-Menshausen* (Fn. 32), Art. 104a Rn. 17; *Henneke* (Fn. 28), Art. 104a Rn. 26; *Stern*, Staatsrecht II, S. 1142; *Siekmann* (Fn. 51), Art. 104a Rn. 31; Beispiel für ein Gesetz, das nicht unter Art. 104a III GG fällt, ist deshalb das MarktstrukturG i. d. F. v. 26.9.1990 (BGBl. I S. 2134), zuletzt geändert durch Gesetz v. 26.6.1992 (BGBl. I S. 1159).

132 *Vogel/Kirchhof* (Fn. 5), Art. 104a Rn. 84.

133 *Maunz* (Fn. 29), Art. 104a Rn. 40; *Henneke* (Fn. 28), Art. 104a Rn. 29; *Siekmann* (Fn. 51), Art. 104a Rn. 33; a. A. *Vogel/Kirchhof* (Fn. 5), Art. 104a Rn. 84; *Fischer-Menshausen* (Fn. 32), Art. 104a Rn. 19; *Hellermann* (Fn. 16), Art. 104a Rn. 89, die eine pauschalierende Berücksichtigung für zulässig halten.

134 *W. Heun*, DVBl. 1996, 1020 (1024) m. w. N.; a. A. die Bundesregierung, BT-Drs. 12/1374, S. 8.

135 Kritisch noch *W. Heun*, DVBl. 1996, 1020 (1024ff.); a. A. *Kirchhof*, Gutachten (Fn. 25), D 62ff.; *Schoch/Wieland*, Finanzierungsverantwortung (Fn. 69), S. 43ff., 139ff.

136 Das ist im Ergebnis unstreitig: *Fischer-Menshausen* (Fn. 32), Art. 104a Rn. 19.

137 *Vogel/Kirchhof* (Fn. 5), Art. 104a Rn. 73; *Fischer-Menshausen* (Fn. 32), Art. 104a Rn. 21; Jarass/*Pieroth*, GG, Art. 104a Rn. 7; *Siekmann* (Fn. 51), Art. 104a Rn. 32.

vorgehen[138]. Inhaltlich und der inneren Systematik nach ist die Regelung des Art. 104a III GG schwerlich mit Art. 104a II GG vereinbar, wonach der Bund im Fall der Auftragsverwaltung die Zweckausgaben in voller Höhe trägt. Außerdem ist die Anbindung des Verwaltungstyps an die finanzielle Beteiligung im bundesstaatlichen System des Grundgesetzes singulär[139].

V. Zustimmung des Bundesrates gem. Art. 104a IV GG

31 Die durch die **Föderalismusreform 2006**[140] eingefügte Vorschrift ersetzt und erweitert das bisherige Zustimmungsrecht des Bundesrates nach Art. 104a III 3 GG a.F. maßgeblich. Indem sie anders als bisher[141] die Zustimmungspflichtigkeit gerade auch dann begründet, wenn das Gesetz keine Regelung über die Lastenverteilung trifft, wirkt sie nach der Intention des Gesetzgebers als »Schutzrecht vor kostenbelastenden Bundesgesetzen« im Interesse der Länder[142].

32 Die umfassend erweiterte Zustimmungspflichtigkeit knüpft an die **Kostenbelastung der Länder** an, auf deren Höhe es nicht ankommt[143]. Das bedeutet allerdings umgekehrt, daß (Geld-) Leistungsgesetze zustimmungsfrei sind, wenn der Bund die Ausgaben nach Art. 104a III 1 GG kraft ausdrücklicher Regelung oder im Fall der Bundesauftragsverwaltung nach Art. 104a II GG vollständig trägt. Die spätere Änderung und Ergänzung des Entwurfs um den Halbsatz »wenn daraus entstehende Ausgaben von den Ländern zu tragen sind«, verdeutlicht diese doppelte Zielrichtung[144].

33 Die Regelung erweitert den Kreis der zustimmungspflichtigen Gesetze nicht nur auf alle Geldleistungsgesetze, die für die Länder mit Kostenbelastungen verbunden sind, sondern auch den **Kreis der Leistungspflichten**. Erstens werden Geldleistungsgesetze im Sinne des Art. 104a III GG erfasst, für die auch Art. 104a III 3 GG a.F. in bestimmten Fällen die Zustimmungspflichtigkeit begründete. Dabei kommt es wie bei Art. 104a III GG a.F. entscheidend darauf an, daß den Ländern im Verwaltungsvollzug kein Ermessenspielraum hinsichtlich der Höhe der zu verausgabenden Mittel zukommt[145]. Darüber hinaus sind jedoch nunmehr auch Bundesgesetze zustimmungsbedürftig, die eine Verpflichtung der Länder zur Gewährung von »geldwerten Sachleistungen oder vergleichbaren Dienstleistungen« begründen, weil die Länder hier »zwar einen gewissen, aber letztlich doch nur beschränkten Einfluss auf den Umfang der anfallenden Zweckausgaben« hätten[146]. Die Änderung orientiert sich dabei ausdrücklich an dem umfassenden Begriff der Sozialleistungen im Bereich der Sozialversicherung, der ebenfalls Geld-, Sach- und Dienstleistungen umfaßt[147]. Diese Tatbestandsvoraussetzungen entfalten daher angesichts ihrer Konturenlosigkeit kaum Begrenzungswir-

---

[138] BT-Drs. V/2861, Tz. 289; *Henneke* (Fn. 28), Art. 104a Rn. 35; *Maunz* (Fn. 29), Art. 104a Rn. 37; *Siekmann* (Fn. 51), Art. 104a Rn. 26.

[139] Vgl. auch *Fischer-Menshausen* (Fn. 32), Art. 104a Rn. 21.

[140] 52. Gesetz zur Änderung des Grundgesetzes v. 28.8.2006 (BGBl. I S. 2034).

[141] → Bd. III[1], Art. 104a Rn. 29 m. w. N. zum Streitstand; die Gegenauffassung setzte sich über den eindeutigen Wortlaut hinweg.

[142] BT-Drs. 16/813, S. 18.

[143] *Siekmann* (Fn. 51), Art. 104a Rn. 37.

[144] BT-Drs. 16/2010 Antrag des Rechtsausschusses, s. auch BT-Drs. 16/813, S. 18.

[145] So explizit BT-Drs. 16/813, S. 18. → Rn. 28.

[146] BT-Drs. 16/813, S. 18; *Henneke* (Fn. 28), Art. 104a Rn. 45.

[147] BT-Drs. 16/813, S. 18.

kung[148]. Auch die Erläuterung, daß die Vergleichbarkeit einer Dienstleistung dann gegeben sei, »wenn sie unter vergleichbar engen Voraussetzungen wie dies bei Sachleistungen der Fall ist, einem Dritten Vorteile gewährt oder sonstige Maßnahmen gegenüber Dritten veranlasst, zu einer erheblichen Kostenbelastung der Länder führen«[149], trägt wenig zur Präzisierung bei. Ausschließen von den Sachleistungen wollte der verfassungsändernde Gesetzgeber allerdings »reine Genehmigungen, Erkenntnisse oder sonstige Verwaltungsakte, die keine darüber hinausgehenden Leistungen bestimmen, sondern nur die Vereinbarkeit mit materiellen Vorschriften feststellen«[150]. Ob die dem Gesetzgeber vorschwebenden Beispielsfälle wie Schuldnerberatungsstellen, Tagesbetreuungsplätze und die Unterbringung von Asylsuchenden die Verwendung derart vager Begrifflichkeit rechtfertigen, darf bezweifelt werden, zumal die Intention der Reform, die Zustimmungspflichtigkeit von Gesetzen zu reduzieren, dadurch erheblich konterkariert wird.

Art. 104a IV GG knüpft die Zustimmungsbedürftigkeit ferner an die Voraussetzung, daß das Bundesgesetz von den Ländern als **eigene Angelegenheit gem. Art. 84 I GG ausgeführt** wird. Während Fälle der Bundesauftragsverwaltung, in denen der Bund nach Art. 104a II GG alle Zweckausgaben trägt, nicht erfaßt sind, werden die Fälle der Auftragsverwaltung, in denen die Länder nach Art. 104a III 2 GG einen Teil der Kosten übernehmen, ausdrücklich ebenfalls der Zustimmungspflicht unterworfen. 34

VI. Verwaltungsausgaben und Verwaltungshaftung gem. Art. 104a V GG

Art. 104a V 1, 1. Alt. GG bestimmt, daß die allgemeine Lastenverteilungsregel des Art. 104a I GG für Verwaltungsausgaben ausnahmslos gilt, und **beschränkt** damit die Ausnahmeregelungen des **Art. 104a II–IV GG auf die Zweckausgaben** (→ Rn. 16). Das schließt Vereinbarungen über die Verteilung der Verwaltungsausgaben im Fall des Zusammenwirkens von Bund und Ländern zur Vermeidung von Abgrenzungsstreitigkeiten nicht aus[151]. 35

Art. 104a V 1, 2. Alt. GG enthält darüber hinaus eine **Haftungsregelung**, wonach der Verwaltungsträger die Mehrkosten für fehlerhaftes Verwaltungshandeln im eigenen Bereich zu tragen und dafür auch dem anderen Teil gegenüber einzustehen hat, wenn diesem dadurch finanzielle Nachteile entstehen. Diese Lastenverteilungsregel entspricht der Regelung für die Verwaltungsausgaben auch im Hinblick auf den zugrundeliegenden Gedanken, daß allein der Verwaltungsträger durch Aufsicht und Kontrolle die entsprechenden Einwirkungsmöglichkeiten besitzt, um derartige Schäden zu verhindern[152], erfaßt aber gerade auch die Zweckausgaben[153]. Die Haftungsregelung greift vor allem, wenn die Ausgabenverantwortung für die Zweckausgaben nicht bei dem Verwaltungsträger liegt wie etwa im Fall der Bundesauftragsverwal- 36

---

148 »Auslegungsprobleme« befürchten insoweit *U. Häde*, JZ 2006, 930 (935); *Siekmann* (Fn. 51), Art. 104a Rn. 52; s. auch *Schmehl* (Fn. 43), Art. 104a Rn. 47.

149 BT-Drs. 16/813, S. 18.

150 BT-Drs. 16/813, S. 18.

151 BVerwGE 81, 312 (314); *G. Fromm*, NVwZ 1992, 536 (538); *Fischer-Menshausen* (Fn. 32), Art. 104a Rn. 39; a. A. *Siekmann* (Fn. 51), Art. 104a Rn. 21, 50; *Vogel/Kirchhof* (Fn. 5), Art. 104a Rn. 155. → Rn. 21.

152 BT-Drs. V/2861, Tz. 303; *Fischer-Menshausen* (Fn. 32), Art. 104a Rn. 41; BVerwGE 96, 45 (51f.); BVerwG NVwZ 1995, 991 (992); *Stern*, Staatsrecht II, S. 1139; *Siekmann* (Fn. 51), Art. 104a Rn. 45; *Prokisch* (Fn. 2), Art. 104a Rn. 305.

153 Vgl. *U. Schwenke*, NVwZ 2003, 1430 (1433f.).

tung[154]. Sie gilt allerdings nur für das grundgesetzlich geregelte System der Bundes- und Landesverwaltung, nicht jedoch für sonstiges Verwaltungshandeln wie die vertragliche Übertragung von Bundesaufgaben auf Landesbehörden[155]. Art. 104a V 1, 2. Alt. GG ist indes bei nichtrechtsfähigen Sondervermögen des Bundes oder der Länder anwendbar[156].

37 Obwohl Art. 104a V 2 GG eine nähere Konkretisierung der Haftung durch ein zustimmungsbedürftiges Gesetz vorsieht – das bisher noch nicht ergangen ist – begründet Art. 104a V 1 GG nach überwiegender Auffassung auch ohne dieses Gesetz bereits **unmittelbar Ersatzansprüche**[157], die allerdings auf die Bereiche der vorangehenden Vorschriften des Art. 104a I–IV GG beschränkt sind[158]. Die unmittelbare Haftung folgt aus dem Wortlaut und der Systematik[159] ebenso wie aus dem historischen Willen des verfassungsändernden Gesetzgebers[160]. Das entspricht zudem Sinn und Zweck der Haftungsnorm[161] und widerspricht dem rechtsstaatlichen Bestimmtheitserfordernis nicht[162]. Andere Anspruchsgrundlagen (Amtshaftung, öffentlich-rechtliche Erstattung, Haftung aus Bundestreue) greifen neben Art. 104a V 1, 2. Hs. GG im übrigen nicht[163].

38 Da ein Ausführungsgesetz fehlt, ist die **verfassungsunmittelbare Haftung auf den Kernbereich der Norm** beschränkt, den das Bundesverwaltungsgericht in »schwerwiegenden Verletzungen der dienst- und arbeitsrechtlichen Hauptpflichten« sieht[164] und soll nur eine verschuldensabhängige Haftung begründen[165]. Dem Ausführungsgesetz bleibt die nähere Ausgestaltung des Begriffs der ordnungsmäßigen Verwaltung ebenso wie des Verfahrens sowie der Einzelheiten der Voraussetzungen und Rechtsfolgen der Haftung einschließlich einer verschuldensunabhängigen Haftung vorbehalten[166]. Eine Verwaltungsvereinbarung kann das Ausführungsgesetz nicht ersetzen[167]. Im

---

154 *N. Achterberg*, DVBl. 1970, 125ff.; *D. Birk*, BayVBl. 1981, 673 (676); *Fischer-Menshausen* (Fn. 32), Art. 104a Rn. 42; *Siekmann* (Fn. 51), Art. 104a Rn. 45.

155 BVerwG BayVBl. 1980, 473f.; *Fischer-Menshausen* (Fn. 32), Art. 104a Rn. 42; *Hellermann* (Fn. 16), Art. 104a Rn. 159.

156 *Vogel/Kirchhof* (Fn. 5), Art. 104a Rn. 168f.; *Fischer-Menshausen* (Fn. 32), Art. 104a Rn. 42.

157 BVerfGE 116, 271 (309ff., Rn. 135ff.); BVerwGE 96, 45 (50); 100, 56 (60); BVerwG NVwZ 1995, 991 (992); *Vogel/Kirchhof* (Fn. 5), Art. 104a Rn. 159f.; *Maunz* (Fn. 29), Art. 104a Rn. 67; Jarass/*Pieroth*, GG, Art. 104a Rn. 18; *Siekmann* (Fn. 51), Art. 104a Rn. 47; *H.-U. Erichsen*, Zur Haftung im Bund-Länder-Verhältnis, 1986, S. 34f.; *D. Jeddeloh*, Die Frage der Haftung bei fehlerhafter Ausführung von Bundesgesetzen durch die Länder, 1970, S. 130; *F. Kirchhof*, NVwZ 1994, 105 (107); *R. Rudisile*, DÖV 1985, 909 (912ff.); *Häde*, Finanzausgleich (Fn. 65), S. 58ff.; nicht ganz eindeutig *Fischer-Menshausen* (Fn. 32), Art. 104a Rn. 43; *H. Bauer/H.-P. Zirbes*, JuS 1997, 511 (514f.); kritisch *A. Saipa*, DVBl. 1974, 188 (189ff.); *Hellermann* (Fn. 16), Art. 104a Rn. 187.

158 BVerwG BayVBl. 1980, 473 (475); *Siekmann* (Fn. 51), Art. 104a Rn. 47.

159 BVerwGE 96, 45 (51).

160 BT-Drs. V/2861, Tz. 123, 303 sowie S. 94; BVerwGE 96, 45 (52f.); zur Rechtslage vor Einfügung des Art. 104a V GG vgl. *Jeddeloh*, Frage (Fn. 157), S. 107ff.

161 *Siekmann* (Fn. 51), Art. 104a Rn. 49.

162 BVerwGE 96, 45 (54); *Henneke* (Fn. 28), Art. 104a Rn. 69.

163 BVerwGE 96, 45 (50); *Siekmann* (Fn. 51), Art. 104a Rn. 48.

164 BVerwGE 96, 45 (55ff.); insoweit zustimmend *Prokisch* (Fn. 2), Art. 104a Rn. 335ff.

165 Dabei ist in der Rspr. unklar, ob nur für Vorsatz (BVerwGE 104, 29 [33ff.]) oder auch für grobe Fahrlässigkeit gehaftet wird (BVerwGE 96, 45 [58]; 100, 56 [60]); – unentschieden E 116, 234 (242); s. auch *Heintzen* (Fn. 37), Art. 104a Rn. 55; *Hellermann* (Fn. 16), Art. 104a Rn. 186; *Henneke* (Fn. 28), Art. 104a Rn. 71; kritisch *Prokisch* (Fn. 2), Art. 104a Rn. 334, der aber (Rn. 335ff.) die Haftung auf evidente Rechtswidrigkeit beschränken will.

166 BVerwGE 96, 45.

167 *Siekmann* (Fn. 51), Art. 104a Rn. 50; a. A. Jarass/*Pieroth*, GG, Art. 104a Rn. 18.

Verhältnis zum Bund haften die Länder auch für die Verwaltungstätigkeit der Kommunalkörperschaften schon deswegen, weil die Kommunen finanzverfassungsrechtlich Teil der Länder sind[168].

Im **Fall einer gerichtlichen Auseinandersetzung** kommt prinzipiell ein Bund-Länder-Streit gem. Art. 93 I Nr. 3 **GG** als auch eine öffentlich-rechtliche Streitigkeit nichtverfassungsrechtlicher Art gem. §§ 40 I, 50 I Nr. 1 **VwGO**, über die das Bundesverwaltungsgericht in erster und letzter Instanz entscheidet, in Betracht. Da der Schwerpunkt in derartigen Fällen in den Fragen des Vollzugs einfachen Bundesrechts liegt, wurde überwiegend die Zuständigkeit des Bundesverwaltungsgerichts bejaht[169]. Das Bundesverfassungsgericht hat aber jetzt maßgebend darauf abgestellt, ob das **streitige Rechtsverhältnis im verfassungsrechtlichen Grundverhältnis** wurzelt und eine verwaltungsgerichtliche Zuordnung nur für Fälle bejaht, in denen die Ansprüche im einfachrechtlichen Rechtsverhältnis wurzeln, wie über die Höhe eines Verwaltungshaftungsanspruchs oder dessen Verzinsung[170]. 39

VII. Haftung für Verletzungen des EU-Rechts und Völkerrechts gem. Art. 104a VI GG

Die durch die **Föderalismusreform 2006** eingefügte Vorschrift[171] regelt die bis dahin zwischen Bund und Ländern heftig umstrittene Frage der Lastentragung finanzwirksamer Entscheidungen der Europäischen Union oder anderer zwischenstaatlicher Einrichtungen wegen Verletzung supranationaler oder völkerrechtlicher Pflichten, wie Anlastungen der EU, Verhängung von Zwangsgeldern nach Art. 260 II AEUV oder Verurteilungen durch den Europäischen Gerichtshof für Menschenrechte[172]. 40

Art. 104a VI 1 GG normiert die grundsätzliche Regel, daß die **Lastentragung** zwischen Bund und Ländern sowie zwischen den Ländern **der innerstaatlichen Zuständigkeits- und Aufgabenverteilung folgt**, so daß diejenige Gebietskörperschaft haftet, in deren Verantwortungsbereich die Verletzung erfolgt. Entscheidend ist, daß anders als bei Art. 104a V GG die Haftungsregelung des Abs. 6 vertikal und horizontal für alle Fälle legislativen, judikativen und exekutiven Fehlverhaltens gilt[173]. Wegen der Sonderregelung des Art. 109 V GG n. F. sind davon nur die Sanktionen nach Art. 126 AEUV ausgenommen[174]. Die prinzipielle Verankerung des Verursacherprinzips[175] bei der Haftung und ihre Erstreckung über die Verwaltungstätigkeit hinaus durchbrechen zwar das übrige System des Art. 104a GG, sind aber angesichts des begrenzten Anwendungsbereichs und der Notwendigkeit einer Klarstellung gerechtfertigt[176]. 41

---

168 *Siekmann* (Fn. 51), Art. 104a Rn. 53; *Heintzen* (Fn. 37), Art. 104a Rn. 54; generell a. A., aber für den Fall der Bundesauftragsverwaltung mit verquerer Begründung gleichwohl im Ergebnis bejahend BVerwGE 96, 45 (55f.); 100, 58 (60).

169 Insbes. BVerwGE 96, 45 (49); BVerwG NVwZ 1995, 991 (992); s. auch: → Bd. III[1], Art. 104a Rn. 50 m. w. N.; s. jetzt *Schmehl* (Fn. 43), Art. 104a Rn. 58f.

170 BVerfGE 109, 1 (6f., Rn. 14ff.); 116, 271 (298, Rn. 105ff.); BVerwGE 116, 234ff.; so jetzt auch *Siekmann* (Fn. 51), Art. 104a Rn. 54.

171 52. Gesetz zur Änderung des Grundgesetzes v. 28.8.2006 (BGBl. I S. 2034).

172 BT-Drs. 16/813, S. 19. → Rn. 8.

173 BT-Drs. 16/813, S. 19; *Henneke* (Fn. 28), Art. 104a Rn. 86f.; *Schmehl* (Fn. 43), Art. 104a Rn. 64

174 *Siekmann* (Fn. 51), Art. 104a Rn. 62. →Art. 109 Rn. 42ff.

175 So auch BT-Drs. 16/813, S. 19.

176 Dagegen kritisiert *Siekmann* (Fn. 51), Art. 104 Rn. 58 die Regelung als »schwerwiegenden Systembruch«.

42 Das **Fehlverhalten** wird jeweils **der Körperschaft zugerechnet**, die den fehlerhaften legislativen oder judikativen Akt erlassen oder pflichtwidrig nicht erlassen hat oder deren exekutives Verhalten beanstandet worden ist. Bei einem gleichartigen legislativen Verstoß mehrerer Länder wird die Haftung nach dem Königssteiner Schlüssel verteilt[177]. Bei einer Verurteilung wegen überlanger Dauer eines bei Landes- und Bundesgerichten anhängigen Verfahrens ist die Haftung nach den Anteilen der Verfahrensdauer zu bestimmen[178]. Bei exekutivem Fehlverhalten sieht Satz 2 in Fällen länderübergreifender Finanzkorrektur der Europäischen Union explizit eine Aufteilung vor, die eine Ausnahme vom Verursacherprinzip darstellt[179]. Die Regelung sieht zum einen eine Solidarhaftung[180] sowohl des Bundes in Höhe von 15% als auch der Länder in Höhe von 35% der Gesamtlasten vor, wobei der Länderanteil gem. § 2 II LastG nach dem Königssteiner Schlüssel aufgeteilt wird, während zum anderen die restlichen 50% des Korrekturbetrages von den Ländern, die den Nachweis ordnungsgemäßer Verausgabung der Mittel nicht erbringen können, anteilig entsprechend der Höhe der erhaltenen Mittel zu tragen sind. Während die letztere Regelung als Pauschalisierung sachgerecht erscheint, ist die Solidarhaftung mit ihren Fehlanreizen ohne jeden rationalen Grund verankert worden[181].

43 Art. 104a VI GG sieht eine **Konkretisierung** der Haftung **durch Bundesgesetz** vor, das der Zustimmung des Bundesrates bedarf. Das entsprechende Gesetz zur Lastentragung im Bund-Länder-Verhältnis bei Verletzung von supranationalen oder völkerrechtlichen Verpflichtungen (Lastentragungsgesetz – LastG) ist als Teil der Föderalismusreform-Begleitgesetzes[182] praktisch parallel erlassen worden.

D. Verhältnis zu anderen GG-Bestimmungen

44 Sachliche Überschneidungen und Abgrenzungsprobleme ergeben sich allein im Verhältnis zu den Gemeinschaftsaufgaben nach Art. 91a, 91b GG. Nach richtiger Auffassung ist **Art. 104a V 1 GG Spezialnorm gegenüber Art. 91a, 91b GG** mit der Folge, daß die Gemeinschaftsaufgaben ebenfalls nur die Zweckausgaben betreffen[183]. Insoweit stellen aber Art. 91a, 91b wie auch Art. 120 I GG eine Durchbrechung des Art. 104a I GG dar[184]. Art. 104a VI GG gilt nicht für Sanktionsmaßnahmen der EU nach Art. 126 AEUV, da insoweit zugleich eine spezielle Haftungsregelung in Art. 109 V GG geschaffen wurde[185].

---

[177] Jährliche Aufteilung für 2007 in BAnz. 2007, S. 2944; s. dazu auch *Henneke* (Fn. 28), Art. 104a Rn. 93.

[178] *Siekmann* (Fn. 51), Art. 104a Rn. 60.

[179] BT-Drs. 16/813, S. 19.

[180] BT-Drs. 16/813, S. 19.

[181] Kritisch auch *Siekmann* (Fn. 51), Art. 104a Rn. 63.

[182] Art. 15 Föderalismusreform-BegleitG v. 5.9.2006 (BGBl. I S. 2098, 2105); dazu auch *Schmehl* (Fn. 43), Art. 104a Rn. 66ff.

[183] *Luther*, Lastenverteilung (Fn. 2), S. 131; *Prokisch* (Fn. 2), Art. 104a Rn. 299; zur Anwendbarkeit der Verwaltungshaftung auf Art. 91a GG vgl. bejahend *H.-J. Seelmaecker*, Die Verwaltungshaftung nach Art. 104a V GG und ihre Anwendbarkeit auf die Gemeinschaftsaufgaben der Art. 91a GG, 1998, S. 135ff. → Art. 91a Rn. 23.

[184] *Luther*, Lastenverteilung (Fn. 2), S. 105ff., 119ff.

[185] *Siekmann* (Fn. 51), Art. 104a Rn. 62; *Henneke* (Fn. 28), Art. 104a Rn. 100. → Art. 109 Rn. 42ff.

Artikel 104b [Finanzhilfen für Investitionen]

(1) [1]Der Bund kann, soweit dieses Grundgesetz ihm Gesetzgebungsbefugnisse verleiht, den Ländern Finanzhilfen für besonders bedeutsame Investitionen der Länder und der Gemeinden (Gemeindeverbände) gewähren, die
1. zur Abwehr einer Störung des gesamtwirtschaftlichen Gleichgewichts oder
2. zum Ausgleich unterschiedlicher Wirtschaftskraft im Bundesgebiet oder
3. zur Förderung des wirtschaftlichen Wachstums
erforderlich sind.

[2]Abweichend von Satz 1 kann der Bund im Falle von Naturkatastrophen oder außergewöhnlichen Notsituationen, die sich der Kontrolle des Staates entziehen und die staatliche Finanzlage erheblich beeinträchtigen, auch ohne Gesetzgebungsbefugnisse Finanzhilfen gewähren.

(2) [1]Das Nähere, insbesondere die Arten der zu fördernden Investitionen, wird durch Bundesgesetz, das der Zustimmung des Bundesrates bedarf, oder auf Grund des Bundeshaushaltsgesetzes durch Verwaltungsvereinbarung geregelt. [2]Das Bundesgesetz oder die Verwaltungsvereinbarung kann Bestimmungen über die Ausgestaltung der jeweiligen Länderprogramme zur Verwendung der Finanzhilfen vorsehen. [3]Die Festlegung der Kriterien für die Ausgestaltung der Länderprogramme erfolgt im Einvernehmen mit den betroffenen Ländern. [4]Zur Gewährleistung der zweckentsprechenden Mittelverwendung kann die Bundesregierung Bericht und Vorlage der Akten verlangen und Erhebungen bei allen Behörden durchführen. [5]Die Mittel sind befristet zu gewähren und hinsichtlich ihrer Verwendung in regelmäßigen Zeitabständen zu überprüfen. [6]Die Finanzhilfen sind im Zeitablauf mit fallenden Jahresbeträgen zu gestalten.

(3) Bundestag, Bundesregierung und Bundesrat sind auf Verlangen über die Durchführung der Maßnahmen und die erzielten Verbesserungen zu unterrichten.

Literaturauswahl

Carl, Dieter: Förderung von Investitionen Privater durch Finanzhilfen nach Art. 104a IV GG, in: DVBl. 1989, S. 589–594.

Franke, Peter: Verfassungsprobleme der Investitionshilfekompetenz des Bundes, in: FinArch. 36 (1977/78), S. 93–106.

Hellermann, Johannes: Bundesstaatliche Lastenverteilung (Art. 104a, 104b), in: Christian Starck (Hrsg.), Föderalismusreform, 2007, Rn. 314–362 (S. 145–164).

Henneke, Hans-Günter: Der Entwurf eines Art. 104c GG: Ein Sündenfall in der bundesstaatlichen Finanzverfassung, in: Martin Junkernheinrich/Stefan Korioth/Thomas Lenk/Henrik Scheller/Matthias Woisin (Hrsg.), Jahrbuch für öffentliche Finanzen 2017, 2017, S. 361–384.

Kesper, Irene: Reform des Föderalismus in der Bundesrepublik Deutschland, in: NdsVBl. 2006, S. 145–158.

Kirste, Ulrike: Finanzhilfen des Bundes an die neuen Länder nach Art. 104a IV GG, 1995.

Kluth, Winfried (Hrsg.): Föderalismusreformgesetz. Einführung und Kommentierung, 2007.

Meyer, Hubert/Freese, Herbert: Konjunkturpaket II: Art. 104b GG als Ärgernis und Garant des Föderalismus, in: NVwZ 2009, S. 608–615.

Müller-Volbehr, Jörg: Fonds- und Investitionshilfekompetenz des Bundes, 1975.

Petersen, Hans-Georg/Anton, Stefan/Bork, Christhart: Mischfinanzierungen im deutschen Länderfinanzausgleich, 2001.

Siekmann, Helmut: Finanzzuweisungen des Bundes an die Länder auf unklarer Kompetenzgrundlage, in: DÖV 2002, S. 629–639.

Thiele, Alexander: Zivile Sicherheit im Katastrophenrecht, in: Christoph Gusy/Dieter Kugelmann/Thomas Würtenberger (Hrsg.), Rechtshandbuch Zivile Sicherheit, 2017, § 27, S. 539–562.

Siehe auch die Angaben zu Vorb. zu Art. 104a–115 GG.

Leitentscheidungen des Bundesverfassungsgerichts

BVerfGE 39, 96 (107ff.) – Städtebauförderungsgesetz; 41, 291 (304ff.) – Strukturförderung; 86, 148 (215, 248) – Finanzausgleich II.

Gliederung

Stichwörter

A. Herkunft, Entstehung, Entwicklung

1 Die Norm ist **2006** durch Ausgliederung und Erweiterung des Art. 104a GG a.F. im Zuge der **Föderalismusreform I** geschaffen worden[1]. Art. 104a IV GG war 1969 als Element der Finanzreform in das Grundgesetz eingefügt worden und schon damals umstritten[2]. Nachdem sich aber in der Staatspraxis nach 1949 ein wild wucherndes Zuschußwesen in Form der Fondswirtschaft und anderer Mischfinanzierungen entwikkelt hatte[3], das in dem ursprünglichen Art. 106 III GG i.d.F. von 1949 eine allenfalls

---

[1] 52. Gesetz zur Änderung des Grundgesetzes v. 28.8.2006 (BGBl. I S. 2034); siehe auch *H. Meyer/H. Freese*, NVwZ 2009, 609 (610); *M. Heintzen*, in: v. Münch/Kunig, GG II, Art. 104b Rn. 1; *U. Battis/B. Klein/B. Rusteberg*, DVBl. 2009, 682 (682).

[2] 21. Gesetz zur Änderung des Grundgesetzes v. 12.5.1969 (BGBl. I S. 359); vgl. auch *R. Prokisch*, in: BK, Art. 104a (2003), Rn. 225ff. → Art. 104a Rn. 3.

[3] Vgl. dazu *A. Köttgen*, Fondswirtschaft in der Bundesrepublik, 1965, S. 25ff.; *G. Kisker*, Kooperation im Bundesstaat, 1971, S. 34ff.; zur Vorgeschichte vor 1949 vgl. *J. Müller-Volbehr*, Fonds- und Investitionshilfekompetenz des Bundes, 1975, S. 8ff.; *H.J. Büsselberg*, Die Investitionshilfekompetenz des Bundes gemäß Art. 104a Abs. 4 GG – Chancen und Risiken, 1996, S. 15ff.

partielle und nur kurzfristige verfassungsrechtliche Grundlage fand[4], sollte die Norm des Art. 104a IV GG a. F. diese unklare und dubiose Situation bereinigen und die Finanzhilfen auf eine tragfähige verfassungsrechtliche Grundlage stellen, aber zugleich begrenzen[5]. Auch angesichts der Weite zulässiger Zwecke hat die Norm allerdings keine sehr starke Begrenzungsfunktion entfalten können, zumal der Bund sich auch außerhalb der Finanzhilfekompetenz beispielsweise nicht von einer extensiven Kulturförderung abhalten läßt[6]. Vielmehr sind die Finanzhilfen zu dauerhaften Finanzierungsinstrumenten mit der Gefahr struktureller Verfestigung geworden. Deswegen und wegen der allgemeinen Kritik an den Formen der Mischfinanzierung, die zur Einflußnahme des Bundes auf die Länderangelegenheiten und zu Machteinbußen der Länderparlamente führen[7], entschloß sich der **verfassungsändernde Gesetzgeber** zwar nicht zur Abschaffung[8], aber zu einer schärferen Eingrenzung der Kautelen[9]. Bereits in der Föderalismuskommission hatte man sich im Konsens auf die Befristung und Degression der Finanzhilfen sowie das Unterrichtungsrecht der Bundesorgane geeinigt[10]. Der Textvorschlag der beiden Vorsitzenden enthielt darüber hinaus die bis dahin nicht erörterte Begrenzung, daß der Bund Finanzhilfen nur für Vorbehalte gewähren kann, »die nicht Gegenstand der ausschließlichen Gesetzgebung der Länder sind.«[11] Der aufgrund des Koalitionsvertrages der Großen Koalition vom 11.11.2005 eingebrachte Gesetzesvorschlag griff diese Anregung in Form eines Satzes 2 des Art. 104b I GG auf: »Satz 1 gilt nicht für Gegenstände der ausschließlichen Gesetzgebung der Länder.«[12] Nach Diskussionen über diese Klausel[13] wurde auf Vorschlag des Rechtsausschusses[14] schließlich dieser Gedanke in der Form übernommen, daß dem Bund positiv die Gesetzgebungsbefugnisse verliehen sein müssen[15]. Die Finanzhilfen setzen seitdem eine entsprechende Gesetzgebungskompetenz voraus, müssen befristet und degressiv ausgestaltet sein und sind zur Verbesserung von Transparenz und Kontrolle der Mittelverwendung an ein Unterrichtungsrecht der Bundesorgane gebunden.

Ausgangspunkt der bereits **drei Jahre später** erfolgten **Modifizierung** des Art. 104b 2
GG[16] war der Umstand, daß die Norm in der Föderalismusreform I im Jahr 2006 die alte großzügige Regelung der Finanzhilfen in Art. 104a IV GG in Art. 104b I 1 GG deutlich restriktiver ausgestaltete. Die strikte Beschneidung der Finanzhilfekompe-

---

4 Art. 106 III GG a. F. sah die Möglichkeit von »Zuschüssen, welche Ländern zur Deckung von Ausgaben« auf bestimmten Gebieten »zu gewähren« waren, vor.

5 BVerfGE 39, 96 (113); *Stern*, Staatsrecht II, S. 1143; *Müller-Volbehr*, Investitionshilfekompetenz (Fn. 3), S. 46 ff.

6 Vgl. *Bundesbeauftragter für Wirtschaftlichkeit (D. Engels)*, Modernisierung der Verwaltungsbeziehungen von Bund und Ländern, Gutachten v. 27.9.2007, S. 197 ff.

7 Vgl. *U. Kirste*, Finanzhilfen des Bundes an die neuen Länder nach Art. 104a IV GG, 1995, S. 43 f.; *U. Häde*, Finanzausgleich, 1996, S. 122 f.

8 Vgl. BT-Drs. 16/813, S. 10; dafür aber *O. Barbarino*, DÖV 1973, 19 (21); dagegen aber auch Enquête-Kommission Verfassungsreform BT-Drs. 7/5924.

9 In diese Richtung auch frühere Stellungnahmen *J. Wieland*, DVBl. 1992, 1181 (1185); *R. Grote*, JZ 1996, 832 (839 f.); *H. Pfost/T. Franz*, ZG 18 (2003), 339 (350 ff.); zur Entstehungsgeschichte s. auch *H. Butzer*, in: W. Kluth (Hrsg.), Föderalismusreformgesetz, 2007, Art. 104b Rn. 3 ff.

10 Dokumentation der Kommission von Bundestag und Bundesrat zur Modernisierung der bundesstaatlichen Ordnung, Zur Sache 1/2005, S. 683 ff.

11 Dokumentation (Fn. 10), S. 705.

12 BT-Drs. 16/813, S. 4.

13 Vgl. Bericht des Rechtsausschusses BT-Drs. 16/2069, S. 24 f., 42.

14 BT-Drs. 16/2010, S. 7; BT-Drs. 16/2069, S. 42.

15 Siehe auch *U. Häde*, JZ 2006, 930 (935).

16 Vgl. auch *Heintzen* (Fn. 1), Art. 104b Rn. 4.

tenz des Bundes durch Art. 104b I 1 GG auf Fälle, in denen der Bund zugleich über die Gesetzgebungskompetenz verfügt, blockierte jede Form von Finanzhilfen oder Subventionen im Fall von Naturkatastrophen oder sonstigen außergewöhnlichen Notsituationen für die Länder. Das dringende Bedürfnis der Länder nach finanzieller Unterstützung[17] veranlaßte die Föderalismuskommission II[18] daher bereits, kaum daß die Norm im August 2006 geändert worden war, die nächste Änderung vorzuschlagen[19], die in den Bundestag eingebracht[20] und unverändert im Rahmen der **Föderalismusreform II** verabschiedet wurde[21], freilich die Probleme im Bereich der Finanzhilfen im Katastrophenfall nur unzureichend löste (→ Rn. 29 f.).

3 Im Rahmen der im **Jahr 2017** erfolgten grundlegenden Änderungen im Bereich der Finanz- und Haushaltsverfassung (→ Vorb. zu Art. 104a–115 Rn. 12 ff.) ist auch Art. 104b GG erneut modifiziert worden, indem **dem zweiten Absatz die Sätze 2 bis 4 eingefügt** wurden[22]. Der neue **Satz 2** stellt danach zunächst klar, daß das Bundesgesetz bzw. die Verwaltungsvereinbarung nach Absatz 2 Satz 1 nunmehr auch Bestimmungen über die Ausgestaltung der jeweiligen Länderprogramme zur Verwendung der Finanzhilfen vorsehen kann, was zuvor in der reinen Länderzuständigkeit lag. Der Entwurf der Bundesregierung hatte insoweit noch lediglich eine Regelung der Grundzüge der Ausgestaltung der Länderprogramme gestattet. Diese Beschränkung wurde jedoch im Rahmen der Beratungen im Haushaltsausschuß gestrichen, der im Gegenzug den **Satz 3** einfügte, der zumindest die »Festlegung der Kriterien für die Ausgestaltung« der Länderprogramme nur einvernehmlich mit den betroffenen Ländern erlaubt[23]. Auch **Satz 4** wurde durch den Haushaltsausschuß ergänzt[24] und erlaubt der Bundesregierung zur Gewährleistung der zweckentsprechenden Mittelverwendung Bericht und Vorlage der Akten zu verlangen und Erhebungen bei allen Behörden durchführen. Insgesamt ist der Einfluß des Bundes hinsichtlich der konkreten Verwendung der Finanzhilfen dadurch noch einmal deutlich erweitert worden[25].

4 Der **Umfang der Finanzhilfen** ist nach der Finanzreform ständig **gewachsen**[26]. Auch werden die Finanzhilfen nach Art. 104b GG zur Finanzierung der neuen Bundesländer in erheblichem Umfang eingesetzt[27]. Noch vor wenigen Jahren waren zwar gewisse Bemühungen um einen Abbau der Mischfinanzierung erkennbar[28]. So liefen nach der letzten Föderalismusreform die Finanzhilfen nach dem Gemeindefinanzierungs-

---

[17] Vgl. *A. Thiele*, Zivile Sicherheit im Katastrophenrecht, in: C. Gusy/D. Kugelmann/T. Würtenberger (Hrsg.), Handbuch Zivile Sicherheit, 2017, § 27 Rn. 10.

[18] Einsetzung BT-Drs. 16/3885. → Vorb. zu Art. 104a–115 Rn. 11.

[19] Kommissions-Drs. 174; zur Einschätzung der Förderungsmöglichkeiten und zur Reform *H. Meyer/H. Freese*, NVwZ 2009, 609 (613 ff.).

[20] BT-Drs. 16/12410; s. auch BR-Drs. 262/09.

[21] 57. Gesetz zur Änderung des Grundgesetzes v. 20.7.2009 (BGBl. I S. 2248); zur Entstehung vgl. auch *H.-G. Henneke*, NdsVBl. 2009, 121 (122 f.), ablehnend zu jeglicher Mischfinanzierung dagegen *C. Waldhoff*, KritV 91 (2008), 213 (228 ff.).

[22] Gesetz zur Änderung des Grundgesetzes v. 13.7.2017 (BGBl. I S. 2347).

[23] Siehe BT-Drs. 18/12588, S. 6 f.

[24] BT-Drs. 18/12588, S. 7.

[25] Vgl. auch die Begründung des Gesetzentwurfs Drs. 18/11131, S. 17, die insoweit von einem verbesserten Steuerungsrecht des Bundes spricht.

[26] Vgl. *H.-G. Petersen/S. Anton/C. Bork*, Mischfinanzierungen im deutschen Länderfinanzausgleich, 2001, S. 14, 42 ff.

[27] Vgl. dazu umfassend *U. Kirste*, Die Finanzhilfen des Bundes an die neuen Länder nach Art. 104a IV GG, 1995, S. 121 ff., 201 ff.

[28] Vgl. *BMF*, Finanzbericht 2008, S. 158 f. Siehe auch *U. Häde*, JZ 2006, 930 (934 f.).

verkehrsgesetz und für den sozialen Wohnungsbau gem. Art. 125c GG zum 31.12.2006 aus. Als Kompensation leistet der Bund aber gem. Art. 143c GG noch bis zum 31.12.2019 Ausgleichszahlungen. Im Zusammenhang mit der letzten Reform der Finanzverfassung im Jahre 2017 wurde allerdings das Sondervermögen »Kommunalinvestitionsförderungsfonds« auf insgesamt sieben Milliarden verdoppelt[29]. Hintergrund bildet die Einfügung des Art. 104c GG, der eine neue bedeutende und zudem überaus problematische **Mischfinanzierungsmöglichkeit** schafft, die zwar formal an Art. 104b GG anknüpft, sich im übrigen von diesem aber deutlich unterscheidet. Darüber hinaus gelten nach Art. 125c II 2 GG die im Bereich der Gemeindeverkehrsfinanzierung für die besonderen Programme nach § 6 I des Gemeindeverkehrsfinanzierungsgesetzes sowie die mit dem Gesetz über Finanzhilfen des Bundes nach Art. 104a IV GG an bestimmte Länder für Seehäfen geschaffenen Regelungen nunmehr bis zu ihrer Aufhebung (und nicht lediglich befristet bis zum 31.12.2019) fort; eine Änderung des Gemeindeverkehrsfinanzierungsgesetzes ist nach Art. 125c II 3 GG dabei erst ab dem 1.1.2025 zulässig. Von einem Trend zum Abbau der Mischfinanzierung wird man daher kaum noch sprechen können.

B. Internationale, supranationale und rechtsvergleichende Bezüge

Ähnlich wie bei Finanzhilfen im Rahmen der Gemeinschaftsaufgaben nach Art. 91a GG können zwar nicht die Finanzhilfen an die Länder selbst[30], wohl aber die damit finanzierten Maßnahmen für den Privatsektor unter Umständen der **Beihilfenaufsicht nach Art. 107, 108 AEUV** unterliegen (→ Art. 91a Rn. 4 f.). Soweit es sich danach um Beihilfen im Sinne des Art. 107 I AEUV handelt, was keineswegs zwingend ist und insofern für jeden Einzelfall zu ermitteln ist[31], unterliegt die letztlich von den Ländern gewährte finanzielle Unterstützung damit im Grundsatz der unionalen Beihilfenkontrolle nach Art. 108 AEUV. Beruht die gewährte Beihilfe danach auf einer Finanzhilfe nach Art. 104b I 2 GG wird sie dabei in der Regel nach Art. 107 II lit. b) AEUV als mit dem Binnenmarkt vereinbar anzusehen sein. Für die sonstigen Fälle kann sich eine Vereinbarkeit vor allem aus der im Ermessen der Kommission stehenden Ausnahme des Art. 107 III lit. c) AEUV in Verbindung mit den umfangreichen Leitlinien und ggf. der Allgemeinen Gruppenfreistellungsverordnung ergeben. Entgegen dem ersten Anschein spielt die Ausnahme des Art. 107 II lit. c) AEUV – die sog. »Deutschland-Klausel« – in diesen Fällen allerdings praktisch keine Rolle, da diese nach der Rechtsprechung des EuGH nur solche Nachteile erfasst, die durch die Isolierung aufgrund der Errichtung oder Aufrechterhaltung der physischen innerdeutschen Grenze entstanden sind[32]. 5

Auf der Ebene der **Europäischen Union** findet sich zunächst mit **Art. 122 II AEUV** eine Regelung, die Art. 104b I 2 GG erkennbar bis auf die Formulierung als Vorbild 6

[29] Vgl. § 4 KInvFErrG.

[30] Empfänger der Finanzhilfen nach Art. 104b GG sind allein die Länder und damit weder die jeweiligen Gemeinden oder Gemeindeverbände noch sonstige (private) Dritte, vgl. auch *H. Meyer/H. Freese*, NVwZ 2010, 609 (610).

[31] Umfassend zum Beihilfenbegriff *W. Cremer*, in: Calliess/Ruffert, EUV/AEUV, Art. 107 AEUV Rn. 10 ff.

[32] EuGH, Urt. v. 30.9.2003, verb. Rs. C-57/00 P und C-61/00 P – *Sachsen und VW/Kommission*. Siehe auch *V. Götz/M. Ludwigs/A. Thiele*, Beihilfenrecht (2018), in: M. Dauses/M. Ludwigs (Hrsg.), Handbuch des EU-Wirtschaftsrechts, Rn. 178 (i. E.).

gedient hat. Danach kann der Rat auf Vorschlag der Kommission unter bestimmten Bedingungen einen finanziellen Beistand der Union gewähren, sofern der betreffende Mitgliedstaat »aufgrund von Naturkatastrophen oder außergewöhnlichen Ereignissen, die sich seiner Kontrolle entziehen, von Schwierigkeiten betroffen oder von gravierenden Schwierigkeiten ernstlich bedroht« ist[33]. Denkbar sind grundsätzlich alle Formen der Hilfeleistung (insbesondere Kredite). Umstritten ist dabei die Frage, inwieweit es der Union in diesem Zusammenhang gestattet ist, entsprechende Hilfeleistungen ihrerseits durch die Aufnahme von Krediten zu finanzieren. Von der überwiegenden Ansicht wird eine entsprechende Kompetenz verneint[34]. Im Rahmen der Finanz- und Eurokrise erfolgte nicht zuletzt die Finanzierung der Kredite des Europäischen Finanzstabilisierungsmechanismus (EFSM) gleichwohl auf diesem Wege[35]. **Art. 143 AEUV** enthält zudem eine Rechtsgrundlage für gegenseitigen auch finanziellen Beistand für Mitgliedstaaten außerhalb der Eurozone[36] sofern diese hinsichtlich ihrer Zahlungsbilanz von Schwierigkeiten betroffen oder ernstlich bedroht sind. Auch diese Regelung spielte im Zusammenhang mit der Finanz- und Eurokrise eine Rolle, entsprechende (erneut kreditfinanzierte) Finanzhilfen wurden danach zwischen 2008 und 2009 Ungarn, Litauen und Rumänien gewährt. Als Rechtsgrundlage fungierte dabei neben Art. 143 AEUV die Verordnung 332/2002[37].

7 Das Instrument der Finanzhilfen für bundesstaatliche Untergliederungen findet sich regelmäßig auch in **anderen Bundesstaaten** wie den USA, Kanada und Australien, ist aber dort regelmäßig nicht in der Verfassung geregelt[38] und damit zugleich sehr viel stärker politisiert. Das bestätigt die im Vergleich hohe Regelungsdichte der deutschen Finanzverfassung (→ Vorb. zu Art. 104a–115 Rn. 20 f.).

C. Erläuterungen

I. Allgemeine Bedeutung und aktueller Befund

8 Allein aufgrund ihres Volumens können die Finanzhilfen des Bundes nach Art. 104b GG erhebliche horizontale **Ausgleichswirkungen** entfalten[39], so daß sie das normale System des Finanzausgleichs jedenfalls teilweise durchbrechen[40]. Freilich ist dieser Effekt noch kein Ausweis dafür, daß die Finanzhilfen einen »Fremdkörper« im Fi-

---

[33] Zum Rückgriff auf diese Regelung im Rahmen der Eurokrise siehe *C. Calliess*, ZEuS 14 (2011), 213 (241 ff.); *M. Ruffert*, Der rechtliche Rahmen für die gegenseitige Nothilfe innerhalb des Euro-Raumes, in: Bitburger Gespräche Jahrbuch 2011/1, 2012, S. 15 ff. (19 ff.); *H. Siekmann*, Missachtung rechtlicher Vorgaben des AEUV durch die Mitgliedstaaten und die EZB in der Schuldenkrise, in: T. M. J. Möllers/F.-C. Zeitler (Hrsg.), Europa als Rechtsgemeinschaft – Währungsunion und Schuldenkrise, 2013, S. 101 ff. (129 ff.).

[34] Vgl. *U. Häde*, in: Calliess/Ruffert, EUV/AEUV, Art. 122 AEUV Rn. 9; *ders.*, Finanzausgleich, 1996, S. 463 ff.; *C. Calliess*, ZEuS 14 (2011), 213 (244 ff.).

[35] Siehe Art. 2 der VO Nr. 407/2010 vom 11. Mai 2010 zur Errichtung eines Europäischen Stabilisierungsmechanismus, ABl. (EU) 2010 Nr. L 118/1. Vgl. auch *C. Herrmann*, in: H. Siekmann (Hrsg.), EWU, 2013, Art. 144 AEUV Rn. 31.

[36] Sog. Mitgliedstaaten mit Ausnahmeregelung, vgl. Art. 139 AEUV.

[37] ABl. (EG) 2002 Nr. L 53/1.

[38] Vgl. *W. Heun*, StWStP 5 (1994), 94 (106 f.) m. w. N. zu den USA.

[39] BVerfGE 72, 330 (388); *R. Wendt*, HStR³ VI, § 139 Rn. 127 f.; *H. Fischer-Menshausen*, FinArch. 40 (1982), 167 (172); *U. Battis/B. Klein/B. Rusteberg*, DVBl. 2009, 682 (684).

[40] *K. Vogel/P. Kirchhof*, in: BK, Art. 104a (1971), Rn. 101; deshalb für eine restriktive Auslegung *H.-G. Sokolish*, DVBl. 1997, 848 ff.; *Heintzen* (Fn. 1), Art. 104b Rn. 4.

nanzausgleichssystem darstellen und ein Indiz für das Versagen der Ausgleichsmechanismen sind[41]. Als typische **Zweckzuweisungen** verfolgen die Finanzhilfen vielmehr **allokative und konjunkturstabilisierende sowie strukturpolitische Ziele**, die allenfalls als Nebeneffekt Finanzierungslücken der Länder und Gemeinden schließen sollen[42]. Zwar spielt der Ausgleich sog. spillover-Effekte im Rahmen des Art. 104b GG eine marginale Rolle[43]. Die Zweckzuweisungen erlauben jedoch eine zielgerichtete Beeinflussung von Strukturproblemen durch den Bund und erfüllen stabilisierende Funktionen, was beides am besten der Bundesebene funktional zugeordnet sein sollte und durch ungebundene Zuweisungen nicht in gleicher Weise erfüllt werden kann[44]. Die Problematik derartiger Zuweisungen liegt daher auch vielmehr in der Gefahr der allgemeinen Einnahmensubstitution und damit der Zweckverfehlung, der allerdings die erforderliche Selbstbeteiligung der Finanzhilfeempfänger entgegenwirkt, sowie in dem Anreizeffekt, der einen suboptimalen Mitteleinsatz über das erforderliche Maß hinaus fördert[45]. Die Steuerungsfunktionen, nicht die Finanzierungsfunktionen sind daher der maßgebliche Regelungszweck des Art. 104b GG[46].

Da die Finanzhilfekompetenz des Bundes in den Kompetenzbereich der Länder und Gemeinden eingreift und insoweit von den allgemeinen Regeln der Zuständigkeitsverteilung abweicht, sollen Finanzhilfen nach Art. 104b GG die Ausnahme bleiben[47]. Art. 104b GG erfüllt durch die Normierung der Voraussetzungen, der Förderungsziele und des Verfahrens eine ausgesprochene **Begrenzungsfunktion**[48], was allerdings in der Praxis bisweilen dazu führt, daß dessen Vorgaben schlicht nicht eingehalten werden (nicht zuletzt im Bereich der Katastrophenhilfen). 9

Art. 104b GG ist folglich zunächst eine Ermächtigung für den Bund, in Abweichung vom Konnexitätsprinzip des Art. 104a I GG[49] Ausgaben außerhalb seines Zuständigkeitsbereiches zu finanzieren[50]. Diese kann sich aufgrund der Finanzkraft des Bundes im Einzelfall[51] und aufgrund der Bedeutung der Investitionen für den Gesamtstaat zu einer Pflicht verdichten[52]. Daraus folgt ferner, daß **dem Bund** über Art. 104b GG prin- 10

---

[41] So aber *H. Siekmann*, in: Sachs, GG, Art. 104b Rn. 7.

[42] Vgl. *H. Fischer-Menshausen*, in: I. v. Münch/P. Kunig (Hrsg.), Grundgesetz-Kommentar, Bd. III, 3. Aufl. 1996, Art. 104a Rn. 23; das muß freilich auch durch die Ausgestaltungsregelungen sichergestellt werden, was in der Praxis nicht immer der Fall ist, vgl. auch *H.-G. Henneke*, Der Landkreis 2017, 91 (94).

[43] Zur Kompensation externer Effekte *Fischer-Menshausen* (Fn. 42), Art. 104a Rn. 24; *W. Heun*, Der Staat 31 (1992), 205 (219 f.).

[44] *W. Heun*, Der Staat 31 (1992), 205 (221).

[45] *W. Heun*, Der Staat 31 (1992), 205 (220).

[46] Vgl. *Fischer-Menshausen* (Fn. 42), Art. 104a Rn. 36: »programmatische Steuerungsfunktion«; *Prokisch* (Fn. 2), Art. 104a Rn. 234.

[47] *Fischer-Menshausen* (Fn. 42), Art. 104a Rn. 23; *Siekmann* (Fn. 41), Art. 104b Rn. 6; *H.-G. Henneke*, Der Entwurf eines Art. 104c GG: Ein Sündenfall in der bundesstaatlichen Finanzverfassung, in: M. Junkernheinrich u. a. (Hrsg.), Jahrbuch für öffentliche Finanzen 2017, 2017, S. 361 ff. (369 f.).

[48] *Fischer-Menshausen* (Fn. 42), Art. 104a Rn. 23; *J. Hellermann*, in: v. Mangoldt/Klein/Starck, GG III, Art. 104b Rn. 7.

[49] *Heintzen* (Fn. 1), Art. 104b Rn. 1. Zum Konnexitätsprinzip als Kompetenzschranke: → Art. 104a Rn. 12 ff.

[50] *Siekmann* (Fn. 41), Art. 104b Rn. 6; vgl. aber auch *D. Carl*, AöR 114 (1989), 450 (461 f.); *ders.*, DÖV 1986, 581 (587 f.), der die sektorale Wirtschaftsförderung als genuine Bundesaufgabe ansieht.

[51] Eine pauschale Verpflichtung zu Finanzhilfen ergibt sich aus Art. 104b GG nicht; das unterstellt aber die Kritik von *Prokisch* (Fn. 2), Art. 104a Rn. 243; s. auch ebd. Rn. 253, wo er eine Pflicht anerkennt.

[52] BVerfGE 39, 96 (113); *Siekmann* (Fn. 41), Art. 104b Rn. 5; *T. Maunz*, in: Maunz/Dürig, GG,

zipiell **nur begrenzt Planungs- und Einwirkungsbefugnisse eröffnet** werden. Da die Vorhaben selbst im Kompetenzbereich der Länder und Gemeinden verbleiben, denen auch die Folgekosten zur Last fallen, kommt daher zunächst einmal ihnen die Entscheidung über die Ausgestaltung ihrer Programme, die Auswahl der Projekte und selbst innerhalb des Rahmens des Art. 104b GG auch über die Verwendung der Mittel zu[53]. Das schließt auch die Konzentration auf ein einzelnes Projekt innerhalb eines Landes nicht von vornherein aus[54]. Durch die Einfügung des Satzes 2 in Absatz 2 im Rahmen der Reform des Jahres 2017 sind die Einflußmöglichkeiten des Bundes insoweit allerdings erweitert worden, indem dieser nun auch Regelungen zur Ausgestaltung der jeweiligen Länderprogramme erlassen darf. Auch wenn die Festlegung der Kriterien für die Ausgestaltung der Länderprogramme das Einvernehmen der betroffenen Länder voraussetzt, liegt darin ein durchaus erheblicher Eingriff in die bestehende Finanzautonomie auf Länderseite (→ Rn. 32). Die programmwidrige Inanspruchnahme der Mittel durch einen Empfänger erlaubt dem Bund auch den gezielten Ausschluß einzelner Projekte aus der Förderung[55]. Aus dem Begriff der »Finanzhilfen« wird ferner eine Beschränkung des Bundes auf eine Teilfinanzierung der Projekte abgeleitet[56], was auch der Verhinderung einer Einnahmensubstitution und einer damit einhergehenden Zweckverfehlung der Förderung dient. Schließlich dürfen die Finanzhilfen **nicht** von **Bedingungen und Dotationsauflagen** abhängig gemacht werden, die nicht von den Förderungszielen gedeckt sind[57].

11 Das **bundesstaatliche Gleichheitsprinzip** (→ Art. 3 Rn. 41; → Art. 20 [Bundesstaat], Rn. 25) **verbietet** eine **willkürliche Differenzierung zwischen einzelnen Ländern**[58]. Eine regionale Differenzierung aus sachlichen Gründen, die dem Förderungszweck entsprechen, ist allerdings zulässig[59]. Eine Haushaltsnotlage soll nach Auffassung des Bundesverfassungsgerichts ein zulässiger Differenzierungsgrund sein, der auch zur Auferlegung eines entsprechenden Sanierungsprogramms berechtigt[60].

Art. 104a (1977), Rn. 53; *Fischer-Menshausen* (Fn. 42), Art. 104a Rn. 24; *D. Carl*, AöR 114 (1989), 450 (478 ff.). Das hat sich entgegen *U. Battis/B. Klein/B. Rusteberg*, DVBl. 2009, 682 (684) mit der Neuregelung auch nicht geändert, obwohl diese nunmehr eine Befristung und eine degressive Gestaltung vorsieht, da die gesamtstaatliche Bedeutung der Investitionen bestehen bleibt.

[53] BVerfGE 39, 96 (115, 117 ff.); 41, 291 (310 ff.); 86, 148 (268); *Fischer-Menshausen* (Fn. 42), Art. 104a Rn. 9; *Siekmann* (Fn. 41), Art. 104b Rn. 9; vgl. auch *Vogel/Kirchhof* (Fn. 40), Art. 104a Rn. 104.

[54] BVerfGE 39, 96 (121).

[55] BVerfGE 39, 96 (118); 41, 291 (313).

[56] BVerfGE 39, 96 (116); *Maunz* (Fn. 52), Art. 104a Rn. 52; *Fischer-Menshausen* (Fn. 42), Art. 104a Rn. 24; Jarass/*Pieroth*, GG, Art. 104b Rn. 5; *Siekmann* (Fn. 41), Art. 104a Rn. 9; *Prokisch* (Fn. 2), Art. 104a Rn. 245; a. A. *D. Birk*, in: R. Wassermann u. a. (Hrsg.), Alternativ-Kommentar zum Grundgesetz für die Bundesrepublik Deutschland, Bd. 2, 2. Aufl. 1989, Art. 104a Rn. 21; für ein Verbot langfristiger Finanzhilfen *C. Starck*, JZ 1975, 363 (364); die gegenwärtige Regelung des § 6 I KInvFG sieht insoweit vor, daß sich der Bund mit bis zu 90% und die Länder und Gemeinden mit mindestens 10% an dem Projekt beteiligen. Ob bei einem Finanzierungsanteil des Bundes von 90% noch von einer Finanzhilfe gesprochen werden kann, erscheint allerdings fraglich.

[57] BVerfGE 39, 96 (120 f.); 41, 291 (313); *Siekmann* (Fn. 41), Art. 104b Rn. 10.

[58] BVerfGE 39, 96 (113, 117 ff.); 41, 291 (308); *Fischer-Menshausen* (Fn. 42), Art. 104a Rn. 24; *Maunz* (Fn. 52), Art. 104a Rn. 54; *Siekmann* (Fn. 41), Art. 104b Rn. 10.

[59] BVerfGE 86, 148 (267 f.); *Fischer-Menshausen* (Fn. 42), Art. 104a Rn. 24; *Siekmann* (Fn. 41), Art. 104b Rn. 10.

[60] BVerfGE 86, 148 (268); *Siekmann* (Fn. 41), Art. 104b Rn. 11; zur Problematik im Finanzausgleich: → Art. 107 Rn. 36.

Finanzhilfen für kommunale Investitionen müssen an die Länder vergeben werden, die sie weiterzuleiten haben, die Kommunen sind mithin keine unmittelbaren Adressaten der Finanzhilfen und dürfen es schon nach dem Wortlaut der Norm nicht sein[61]. Auch sonstige Finanzhilfen, die letztlich (privaten) Dritten zugute kommen sollen, sind stets an die Länder auszuzahlen, die mit diesen Mitteln nur (private) Investitionen im öffentlichen Interesse fördern dürfen[62]. Die Finanzhilfen gem. Art. 104b GG sind daher Zuwendungen an Stellen außerhalb der Bundesverwaltung zur Erfüllung bestimmter Zwecke im Sinne des Haushaltsrechts (§§ 14 HGrG, 23 BHO)[63]. Da die Zahlungen nur an die Länder erfolgen, handelt es sich nicht um Subventionen, sondern um Zuweisungen, die sich von den anderen Finanzzuweisungen gem. Art. 106 VIII, 107 I 4, 107 II 3 GG durch ihre enge Zweckbindung unterscheiden[64]. 12

Naturkatastrophen und **außergewöhnliche Notsituationen** sind auch in den entwikkelten Industriestaaten keinesfalls zu verhindern, im Gegenteil steigert die Interdependenz der technischen Systeme und der hohe Entwicklungsgrad sogar die Anfälligkeit der technisierten Zivilisation gegenüber Katastrophen[65]. Größere Naturkatastrophen und Notsituationen übersteigen indes schnell die finanzielle Leistungsfähigkeit einzelner Bundesländer, zumal die Unterschiede zwischen kleinen finanzschwachen und großen finanzstarken Ländern unverändert hoch sind. Umso verfehlter war der übersteigerte Eifer bei der Beschränkung der Finanzhilfen auf diesem Feld durch die Föderalismusreform I. Finanzhilfen und Subventionen wie bei dem Elbehochwasser 2002, die durch den nationalen Solidaritätsfonds »Aufbauhilfe« als Sondervermögen des Bundes aufgrund des Flutopfersolidaritätsgesetzes geleistet wurden[66] und sogar im Rahmen der alten Fassung des Art. 104b GG vor der Föderalismusreform I als problematisch angesehen wurden, waren zunächst und vor der erneuten Änderung des Art. 104b GG verfassungsrechtlich kategorisch ausgeschlossen, da der **Bund im Bereich des Katastrophenschutzes prinzipiell über keine Gesetzgebungs- und Verwaltungskompetenz** verfügt[67]. Es bestand daher ein überwältigendes Bedürfnis für die Neuregelung gerade auf Seiten der Länder. Zweck der Freistellung von der Bindung des Art. 104b I 1 GG durch die Ergänzung des Satzes 2 ist es, sicherzustellen, daß »zur Bewältigung solcher Notsituationen erforderliche Programme zur Belebung der Investitionstätigkeit der öffentlichen Hand mit Unterstützung des Bundes in allen Investitionsbereichen durchgeführt werden können«[68]. 13

---

[61] BVerfGE 39, 96 (122); 41, 291 (313); *Fischer-Menshausen* (Fn. 42), Art. 104a Rn. 24; *Siekmann* (Fn. 41), Art. 104b Rn. 11; *Heintzen* (Fn. 1), Art. 104b Rn. 8; *H. Meyer/H. Freese*, NVwZ 2010, 609 (610).

[62] BVerfGE 83, 363 (381); *Maunz* (Fn. 52), Art. 104a Rn. 45; *Stern*, Staatsrecht II, S. 1143, 1145; Jarass/*Pieroth*, GG, Art. 104b Rn. 2; *D. Carl*, DVBl. 1989, 589 (594); etwas offener *Fischer-Menshausen* (Fn. 42), Art. 104a Rn. 24; *Siekmann* (Fn. 41), Art. 104b Rn. 11.

[63] *Fischer-Menshausen* (Fn. 42), Art. 104a Rn. 24; *Siekmann* (Fn. 41), Art. 104b Rn. 12.

[64] Vgl. *Siekmann* (Fn. 41), Art. 104b Rn. 12.

[65] *A. Thiele*, Katastrophenschutzrecht, in: I. Härtel (Hrsg.), Handbuch Föderalismus, Bd. III, 2012, § 54 Rn. 1.

[66] BGBl. 2002 I S. 3651.

[67] Die Ausnahmen betreffen ganz spezielle Felder: Art. 73 I Nr. 1 GG Zivilschutz, Nr. 9a Internationaler Terrorismus, Nr. 14 Kernenergie, Nr. 19 Seuchenbekämpfung; vgl. *Thiele*, Katastrophenschutzrecht (Fn. 65), § 54 Rn. 21 ff.

[68] BT-Drs. 16/12410, S. 10.

II. Investitionsbegriff

14 Die Finanzhilfen sind auf die Finanzierung von besonders bedeutsamen Investitionen beschränkt. Der im Grundgesetz mehrfach verwendete Investitionsbegriff (Art. 91a I a.F., 104b, 115 I GG) ist nicht einheitlich zu verstehen, sondern gewinnt seine jeweilige Bedeutung aus dem systematischen und funktionalen Zusammenhang der Norm, so daß im vorliegenden Fall insbesondere nicht auf den Investitionsbegriff des Art. 115 I 2 GG abzustellen ist[69]. Aufgrund des Regelungszwecks sind unter Investitionen im Sinne des Art. 104b GG nur **Sachinvestitionen der Länder und Gemeinden** oder die von ihnen geförderten Sachinvestitionen Dritter[70] zu verstehen, nicht hingegen Darlehen, Kapitalzuweisungen oder sonstige Finanzinvestitionen[71]. Gemeint sind damit in erster Linie Infrastrukturinvestitionen. Die besondere Bedeutsamkeit der Investitionen setzt voraus, daß sie in Ausmaß und Wirkung gesamtstaatliche Relevanz besitzen, die an den überregionalen Zusammenhängen und an der den Rahmen normaler Landes- und Kommunalvorhaben sprengenden Höhe des Finanzbedarfs sowie an der Langfristigkeit der Projekte erkennbar ist[72], wobei es nicht auf das einzelne Investitionsvorhaben, sondern auf die Gesamtheit der geförderten Investitionen ankommt[73]. Das gilt exemplarisch für Infrastrukturvorhaben, aber nur noch eingeschränkt für den sozialen Wohnungsbau[74]. Die Voraussetzung entfaltet im Ergebnis kaum begrenzende Wirkung[75].

III. Förderungsziele

15 Die Finanzhilfen müssen in der gegebenen Situation **erforderlich** sein, um eines der in Art. 104b I GG genannten drei konjunktur- und strukturpolitischen Ziele zu fördern. Angesichts der Weite dieser Zielsetzungen dürfte das Verbot einer »Durchsetzung allgemeiner wirtschafts-, währungs-, raumordnungs- oder strukturpolitischer Ziele des Bundes in den Ländern«[76] dem Entscheidungsspielraum des Bundes kaum nennenswerte Grenzen setzen[77]. Die Erforderlichkeitsklausel führt ebenfalls kaum weiter[78].

---

[69] Vgl. *Fischer-Menshausen* (Fn. 42), Art. 104a Rn. 25; *Maunz* (Fn. 52), Art. 104a Rn. 43; *Siekmann* (Fn. 41), Art. 104b Rn. 14; *A. Schmehl*, in: Friauf/Höfling, GG, Art. 104b (2009), Rn. 10; *H. Meyer/H. Freese*, NVwZ 2010, 609 (611). → Art. 91a Rn. 15; → Art. 115 Rn. 21f.

[70] Einschränkend *D. Carl*, DVBl. 1989, 589ff.: nur soweit die Investitionen Privater im öffentlichen Interesse liegen.

[71] Im Ergebnis übereinstimmend *Maunz* (Fn. 52), Art. 104a Rn. 43; *Fischer-Menshausen* (Fn. 42), Art. 104a Rn. 25; *Stern*, Staatsrecht II, S. 1143; Jarass/*Pieroth*, GG, Art. 104b Rn. 2; *H.-G. Henneke*, in: Schmidt-Bleibtreu/Hofmann/Henneke, GG, Art. 104b Rn. 13; *Siekmann* (Fn. 41), Art. 104b Rn. 14; *Hellermann* (Fn. 48), Art. 104b Rn. 26.

[72] In unterschiedlicher Nuancierung BT-Drs. V/2861, Tz. 297; BVerfGE 39, 96 (115); *Fischer-Menshausen* (Fn. 42), Art. 104a Rn. 25; *Vogel/Kirchhof* (Fn. 40), Art. 104a Rn. 106; *Maunz* (Fn. 52), Art. 104a Rn. 44; *Stern*, Staatsrecht II, S. 1143; *Siekmann* (Fn. 41), Art. 104b Rn. 14.

[73] *Prokisch* (Fn. 2), Art. 104a Rn. 249; *Schmehl* (Fn. 69), Art. 104b Rn. 10.

[74] BT-Drs. V/2861, Tz. 298; Art. 143c I 1 GG sieht bis zum 31.12.2019 eine Teilfinanzierung für den sozialen Wohnungsbau durch den Bund vor.

[75] *Heintzen* (Fn. 1), Art. 104b Rn. 6.

[76] BVerfGE 39, 96 (111); ebenso *Siekmann* (Fn. 41), Art. 104b Rn. 15.

[77] Vgl. die unterschiedlichen Abgrenzungsversuche von *Maunz* (Fn. 52), Art. 104a Rn. 51; *Vogel/Kirchhof* (Fn. 40), Art. 104a Rn. 136; *Stern*, Staatsrecht II, S. 1144.

[78] Anders *Prokisch* (Fn. 2), Art. 104a Rn. 277ff., der hierin eine explizite Anordnung des Verhältnismäßigkeitsprinzips sieht.

1. Abwehr einer Störung des gesamtwirtschaftlichen Gleichgewichts

Die »Abwehr einer Störung des gesamtwirtschaftlichen Gleichgewichts« ist außer in Art. 104b GG auch in Art. 109 IV, 115 I 2 GG Voraussetzung und Ziel staatlicher Maßnahmen. Die Beachtung der »Erfordernisse des gesamtwirtschaftlichen Gleichgewichts« in Art. 109 II GG (→ Art. 109 Rn. 21 ff.) stellt daneben die Grundnorm haushaltswirtschaftlichen Handelns dar. Anders als der Investitionsbegriff sind diese Begriffe in den verschiedenen Vorschriften des Grundgesetzes **einheitlich zu verstehen**[79]. 16

Der im Grundgesetz nicht näher definierte und insoweit »unbestimmte Verfassungsbegriff«[80] des gesamtwirtschaftlichen Gleichgewichts wird nach wohl herrschender Meinung durch die vier Teilziele des magischen Vierecks in § 1 StabG vorbehaltlich neuer gesicherter Erkenntnisse der Wirtschaftswissenschaft hinreichend konkretisiert[81]. Eine neuere, vordringende und überzeugende Auffassung greift demgegenüber auf ein umfassenderes Verständnis des ökonomischen Begriffs zurück, das neben den konjunkturpolitischen auch allokationspolitische Elemente einbezieht[82]. Der Einsatz der Finanzhilfen setzt – anders als Art. 109 II GG – eine Störung des gesamtwirtschaftlichen Gleichgewichts voraus. In erster Linie zielt dieser Begriff auf eine **konjunkturell bedingte Abschwächung** der allgemeinen Wirtschaftstätigkeit, der durch staatliche Investitionstätigkeit als zentralem Instrument konjunkturpolitischer Steuerung entgegengewirkt werden soll[83]. Gerade ein umfassenderes Verständnis des ökonomischen Gleichgewichtsbegriffs erlaubt indes auch **bei gravierenden allokativen Fehlentwicklungen** eine Gegensteuerung durch staatliche Investitionen[84]. In jedem Fall steht dem Bund bei der Beurteilung, ob eine Störung des gesamtwirtschaftlichen Gleichgewichts vorliegt oder unmittelbar droht, ein Einschätzungs- und Beurteilungsspielraum zu, der nur eingeschränkt verfassungsgerichtlich überprüfbar ist[85]. Die Bundeskompetenz rechtfertigt sich daraus, daß die Stabilisierungsfunktionen der zentralstaatlichen Ebene zugeordnet sein sollten und Länder wie Kommunen auch aus strukturellen Gründen weniger zur konjunkturellen Gegensteuerung in der Lage sind[86]. 17

---

[79] Ähnlich *Schmehl* (Fn. 69), Art. 104b Rn. 12; abweichend *Prokisch* (Fn. 2), Art. 104a Rn. 258.

[80] BVerfGE 79, 311 (338). Zum Begriff auch *A. Thiele*, Finanzaufsicht. Der Staat und die Finanzmärkte, 2014, S. 286 ff.

[81] BVerfGE 79, 311 (338 f.); *H. Kube*, in: Maunz/Dürig, GG, Art. 109 (2011), Rn. 99; *M. Heintzen*, in: v. Münch/Kunig, GG II, Art. 109 Rn. 20; *Siekmann* (Fn. 41), Art. 104b Rn. 18 f. → Art. 109 Rn. 22 m. w. N.

[82] *E. Moeser*, Die Beteiligung des Bundestages an der Haushaltsgewalt, 1978, S. 55 ff.; *W. Heun*, Staatshaushalt und Staatsleitung, 1989, S. 122 ff.; *W. Höfling*, Staatsschuldenrecht, 1993, S. 227 ff.; *Thiele*, Finanzaufsicht (Fn. 80), S. 289 ff. Im einzelnen zur Problematik: → Art. 109 Rn. 22.

[83] Die Literatur beschränkt sich weithin auf konjunkturelle Störungen, s. *Henneke* (Fn. 71), Art. 104b Rn. 24; *Siekmann* (Fn. 41), Art. 104b Rn. 22; vgl. demgegenüber aber auch *Fischer-Menshausen* (Fn. 42), Art. 104a Rn. 26 f.

[84] Die Investitionshilfen für Infrastrukturmaßnahmen in den neuen Bundesländern fallen unter diesem Aspekt auch unter dieses Förderungsziel.

[85] BVerfGE 79, 311 (343) im Hinblick auf Art. 115 GG; *Siekmann* (Fn. 41), Art. 104b Rn. 23; *Thiele*, Finanzaufsicht (Fn. 80), S. 297 (zur vergleichbaren Regelung des Art. 109 II GG); a. A. *Prokisch* (Fn. 2), Art. 104a Rn. 290.

[86] Vgl. *Fischer-Menshausen* (Fn. 42), Art. 104a Rn. 26; generell *R.A. Musgrave/P.B. Musgrave*, Public Finance in Theory and Practice, 4. Aufl., New York u. a. 1984, S. 6 ff.

18 Die Finanzhilfen in ihrer Gesamtsumme, nicht die geförderten Einzelvorhaben[87], müssen **zur Abwehr** der Störung **geeignet und erforderlich** sein[88]. Die Investitionshilfen müssen daher in der Lage sein, der drohenden oder bereits eingetretenen Gleichgewichtsstörung entgegenzuwirken. Auch insoweit ist ein weiter Einschätzungs- und Beurteilungsspielraum des Bundes anzuerkennen. Der Zweck der Vorschrift gebietet allerdings eine Beschränkung auf vorübergehende Maßnahmen[89].

2. Ausgleich unterschiedlicher Wirtschaftskraft

19 Der Ausgleich unterschiedlicher Wirtschaftskraft konkretisiert als Ziel das sozialstaatliche Postulat der Wahrung und Sicherung gleichwertiger Lebensverhältnisse, dem nicht zuletzt von Seiten der Bevölkerung eine hohe Bedeutung beigemessen wird[90]. Gerade auch im Bundesstaat kommt dem Bund eine **distributive Ausgleichsfunktion** dahingehend zu, einer regional ungleichgewichtigen Wirtschaftsentwicklung entgegenzuwirken[91], die unter Umständen sogar negative Rückwirkungen auf das gesamtwirtschaftliche Gleichgewicht haben kann. In erster Linie eignen sich Maßnahmen zur Verbesserung der Infrastruktur für derartige regionalpolitische Investitionshilfen, um wirtschaftsgeographische Standortnachteile zu kompensieren und in strukturschwachen Gebieten Leistungsfähigkeit, Einkommensniveau und Effizienz der Ressourcennutzung zu steigern[92].

20 Im Unterschied zu der allgemeinen Angleichung der Bedarfs- und Finanzkraftunterschiede im Rahmen des Finanzausgleichs ermöglichen die Zweckzuweisungen nach Art. 104b GG eine **gezielte Einwirkung auf die strukturellen Ursachen der Unterschiede** und erfüllen insoweit eine wichtige Komplementärfunktion[93]. Die Investitionshilfen dürfen sich daher aber auch nicht in der Stärkung der Finanzkraft erschöpfen und sind kein Ersatz für angemessene Ausgleichsleistungen nach Art. 106, 107 GG[94]. Die Regelung erlaubt Finanzhilfen ausschließlich für **Gebiete**, deren nach aussagekräftigen Kriterien ermittelte Wirtschaftskraft hinter dem Bundesdurchschnitt zurückbleibt. Die Finanzhilfen dürfen ferner nur für **Investitionsvorhaben** eingesetzt werden, die prinzipiell zur Steigerung der Wirtschaftskraft beizutragen geeignet sind, was eine schematische, nach festen Schlüsseln vorgenommene Verteilung der Bundesmittel ausschließt[95]. Die Beschränkung der Förderung auf wirtschaftsbezogene Investitionen[96] entfaltet angesichts der Vielfalt der die Wirtschaft eines Gebietes konstituieren-

[87] *Hellermann* (Fn. 48), Art. 104b Rn. 27.

[88] BVerfGE 41, 291 (312); *Fischer-Menshausen* (Fn. 42), Art. 104a Rn. 27; *Siekmann* (Fn. 41), Art. 104b Rn. 24; tatsächlich ist der konjunkturpolitische Effekt offenbar gering: vgl. *G. Schwarting*, Konjunkturpolitik 25 (1979), 297ff.

[89] *Fischer-Menshausen* (Fn. 42), Art. 104a Rn. 27; *G. Holch*, DÖV 1973, 115 (118).

[90] *Fischer-Menshausen* (Fn. 42), Art. 104a Rn. 28; *Siekmann* (Fn. 41), Art. 104b Rn. 27; a. A. *Prokisch* (Fn. 2), Art. 104a Rn. 264, der hier keinen Bezug sehen will; anders aber ebd. Rn. 268.

[91] *Fischer-Menshausen* (Fn. 42), Art. 104a Rn. 28.

[92] *Fischer-Menshausen* (Fn. 42), Art. 104a Rn. 28.

[93] *Fischer-Menshausen* (Fn. 42), Art. 104a Rn. 29.

[94] BVerfGE 39, 96 (108); *Fischer-Menshausen* (Fn. 42), Art. 104a Rn. 29; das spricht auch gegen eine Instrumentalisierung zur Beseitigung von Haushaltsnotlagen, wie sie *Henneke* (Fn. 71), Art. 104b Rn. 31 offenbar intendiert.

[95] *Fischer-Menshausen* (Fn. 42), Art. 104a Rn. 30.

[96] *Müller-Volbehr*, Investitionshilfekompetenz (Fn. 3), S. 58.

den Faktoren nur geringe Restriktionen, obwohl nicht jede Investition im Gesundheits- und Freizeitbereich dem Abbau regionaler Strukturschwächen dient[97].

3. Förderung des wirtschaftlichen Wachstums

Obwohl es sich sachlich zunächst nur um eines der vier von der herrschenden Meinung (→ Rn. 17) angenommenen Teilziele des gesamtwirtschaftlichen Gleichgewichts handelt, eröffnet die Förderung des wirtschaftlichen Wachstums dem Bund **nahezu unbegrenzte Möglichkeiten der Investitionshilfen**, da der Kreis der investitionshilfefähigen Projekte tatbestandsmäßig nicht zu begrenzen ist[98]. Die Zulässigkeit einer Finanzhilfe setzt weder eine Wachstumsstörung[99] noch die Ausrichtung auf bestimmte Wachstumsziele voraus[100]. Jede ökonomisch vertretbare Sachinvestition kann als wachstumsfördernd angesehen werden. Weder aus der angeblichen Subsidiarität der Finanzhilfen[101] noch aus dem Ausnahmecharakter des Art. 104b GG[102] lassen sich praktikable Restriktionen für konkrete Investitionshilfeprojekte gewinnen[103]. Das Förderungsziel ist in seiner Allgemeinheit daher verfassungspolitisch verfehlt, aber damit noch nicht unwirksam[104]. 21

IV. Gesetzgebungskompetenz des Bundes

Ein wichtiges Element der Neuregelung der Finanzhilfen durch die **Föderalismusreform I** ist die Einfügung der zusätzlichen, als Begrenzung konzipierten Förderungsvoraussetzung, daß dem Bund insoweit Gesetzgebungsbefugnisse zugewiesen sein müssen. Damit sind in jedem Fall Finanzhilfen des Bundes ausgeschlossen bei Gegenständen der ausschließlichen Gesetzgebungsbefugnis der Länder[105]. Ursprünglich war die Regelung auch genau so formuliert[106]. Im weiteren wurde die negative Abgrenzung jedoch durch das positive Erfordernis einer Gesetzgebungsbefugnis des Bundes ersetzt, was eigentlich eine Einschränkung darstellt[107]. Der Rechtsausschuß wollte aber im Gegenteil mit dieser Klarstellung Anwendungsmöglichkeiten absichern[108] und die Begründung will zudem explizit die gemeinsame Kulturförderung von Bund und 22

---

[97] In diese Richtung aber *Vogel/Kirchhof* (Fn. 40), Art. 104a Rn. 136; *Fischer-Menshausen* (Fn. 42), Art. 104a Rn. 31; vgl. auch *Hellermann* (Fn. 48), Art. 104b Rn. 37.

[98] Dezidiert auch *Fischer-Menshausen* (Fn. 42), Art. 104a Rn. 33; s. ferner *Müller-Volbehr*, Investitionshilfekompetenz (Fn. 3), S. 61.

[99] *Vogel/Kirchhof* (Fn. 40), Art. 104a Rn. 140; *Fischer-Menshausen* (Fn. 42), Art. 104a Rn. 33; a. A. *G. Holch*, DÖV 1973, 115 (116).

[100] *Fischer-Menshausen* (Fn. 42), Art. 104a Rn. 33.

[101] Dahingehend *C. Starck*, JZ 1975, 363 (364); *P. Selmer*, AöR 101 (1976), 238 (246).

[102] *Henneke* (Fn. 71), Art. 104b Rn. 29; *H.H. v. Arnim*, HStR[3] VI, § 138 Rn. 65 ff.; *Siekmann* (Fn. 41), Art. 104b Rn. 30.

[103] So auch *Fischer-Menshausen* (Fn. 42), Art. 104a Rn. 33; *Hellermann* (Fn. 48), Art. 104b Rn. 38; a. A. *Prokisch* (Fn. 2), Art. 104a Rn. 272 ff., der aber auch keine operationablen Kriterien präsentieren kann.

[104] *Fischer-Menshausen* (Fn. 42), Art. 104a Rn. 33; *H.H. v. Arnim*, HStR[3] VI, § 138 Rn. 65 f.; *Siekmann* (Fn. 41), Art. 104b Rn. 29 f.; *Hellermann* (Fn. 48), Art. 104b Rn. 38 f.; a. A. *C. Starck*, StuW 1974, 271 (273 ff.): verfassungswidrige Verfassungsnorm.

[105] So auch BT-Drs. 16/813, S. 19.

[106] BT-Drs. 16/813, S. 4. → Rn. 1.

[107] Vgl. *U. Häde*, JZ 2006, 930 (935); *Siekmann* (Fn. 41), Art. 104b Rn. 31.

[108] BT-Drs. 16/2069, S. 42.

Ländern dadurch »unberührt« lassen[109]. Die Signale der Entstehungsgeschichte sind daher widersprüchlich[110]. Zweifellos ist nicht notwendig, daß der Bund die Gesetzgebungsbefugnisse auch tatsächlich ausgeschöpft hat[111]. Unklar ist indes, inwieweit es auf die **Erforderlichkeit nach Art. 72 II GG** ankommt[112]. Einerseits wird nicht mehr auf die »Gegenstände der Gesetzgebung«, sondern auf die Befugnis zur Gesetzgebung abgestellt[113], andererseits läßt sich die Erforderlichkeit jeweils nur auf konkrete Gesetzesregelungen beziehen, so daß der Bezugspunkt einer solchen Erforderlichkeitsprüfung bei Finanzhilfen im Einzelfall ziemlich nebulös ist. Je nachdem, wie man das fiktive Gesetz formuliert, wird man die Erforderlichkeit bejahen oder verneinen können, so daß der Willkür Tür und Tor geöffnet werden. Insoweit wird man lediglich darauf abstellen können, ob eine gesetzliche Regelung in dem Bereich der Finanzhilfen überhaupt erforderlich sein kann, so daß es im Ergebnis doch allein auf den bloßen Gegenstand der Gesetzgebung ohne Erforderlichkeitsprüfung hinausläuft[114].

23 Die einschränkende Voraussetzung will vornehmlich im **Schul- und Bildungswesen** die Finanzierungskompetenzen des Bundes reduzieren[115]. Ein neues Ganztagsschul-Investitionsprogramm[116] wollte der verfassungsändernde Gesetzgeber in jedem Fall ausschließen. Zugleich sollen dort, wo der Bund im Bildungsbereich Gesetzgebungskompetenzen hat, weiterhin Finanzhilfen zulässig sein[117]. Ein Hochschulpakt zur Verbesserung der Zulassungszahlen soll auch gedeckt sein[118]. Die Finanzierung der Kindertagesstätten fällt in den Bereich der öffentlichen Fürsorge gem. Art. 74 I Nr. 7 GG[119], so daß eine Finanzierung von Investitionen ebenfalls möglich ist[120]. Darüber hinaus gelten bisherige Regelungen nach dem heutigen Art. 125c II 4 GG ggfs. sogar bis zum 31.12.2019 fort, was etwa für die Verwaltungsvereinbarung Investitionsprogramm »Zukunft, Bildung und Betreuung 2003–2007« anzunehmen ist (→ Art. 125c Rn. 8f.). Andere Förderungen wie der Bau von Studentenwohnheimen und die berufliche Bildung fallen in Zukunft aber fort[121]. Mit Art. 104c GG ist im Jahr 2017 nun allerdings für den Bund ausdrücklich die Möglichkeit geschaffen worden, Finanzhilfen für gesamtstaatlich bedeutsame Investitionen der finanzschwachen Gemeinden (Gemeindeverbände) im Bereich der kommunalen Bildungsinfrastruktur zu gewähren. Die ursprüngliche angedachte Begrenzung ist dadurch partiell wieder rückgängig gemacht worden.

---

[109] BT-Drs. 16/813, S. 19.

[110] Vgl. auch *Butzer* (Fn. 9), Art. 104b Rn. 25.

[111] *Siekmann* (Fn. 41), Art. 104b Rn. 31.

[112] Das darin liegende Problem wurde in den Beratungen offenbar von niemandem erkannt.

[113] Darauf hebt *Siekmann* (Fn. 41), Art. 104b Rn. 31 ab.

[114] Im Ergebnis ebenso *I. Kesper*, NdsVBl. 2006, 145 (152f.), die allerdings noch von der ursprünglichen Fassung des Entwurfs ausgeht, wonach keine Gegenstände ausschließlicher Ländergesetzgebungskompetenz berührt werden dürfen; *J. Hellermann*, Bundesstaatliche Lastenverteilung (Art. 104a, 104b), in: C. Starck (Hrsg.), Föderalismusreform, 2007, Rn. 314ff. (352); *Henneke* (Fn. 71), Art. 104b Rn. 16; vgl. jetzt auch *Schmehl* (Fn. 69), Art. 104b Rn. 23.

[115] Vgl. auch *Heintzen* (Fn. 1), Art. 104b Rn. 13.

[116] Zu dessen umstrittener Verfassungsmäßigkeit: → Art. 125c Rn. 9 m. Fn. 10.

[117] BT-Drs. 16/813, S. 19; s. aber *F. Hufen*, RdJB 53 (2005), 323 (326ff.).

[118] Vgl. BT-Drs. 16/2069, S. 42.

[119] Vgl. BVerfGE 97, 332 (341f., Rn. 35ff.).

[120] Vgl. auch *H. Siekmann*, DÖV 2002, 629 (630, 636ff.); auf der Grundlage von Art. 104b GG soll insoweit nunmehr ein Sondervermögen errichtet werden, s. BT-Drs. 16/6596.

[121] *Siekmann* (Fn. 41), Art. 104b Rn. 32.

V. Naturkatastrophen und außergewöhnliche Notsituationen als Tatbestandsvoraussetzungen gem. Art. 104b I 2 GG

Die **alternativen Tatbestandsvoraussetzungen** der Finanzhilfen nach Art. 104b I 2 GG 24
stimmen mit den **Voraussetzungen der Überschreitung der Verschuldensgrenzen** nach Art. 109 III 2, 115 II 6 GG **wörtlich überein** und sind ihrerseits mit der deutschen Fassung des Art. 122 II AEUV identisch. Der Begriff der Naturkatastrophe stimmt zudem mit der Voraussetzung der Art. 35 II, III GG überein (→ Art. 35 Rn. 29). Naturkatastrophen sind danach unmittelbar drohende Gefahrenzustände oder Schädigungen von erheblichem Ausmaß, die durch Naturereignisse wie Erdbeben, Hochwasser, Unwetter, Großbrände infolge von Selbstentzündung oder Blitzen, Dürre oder Massenerkrankungen ausgelöst werden. Das erhebliche Ausmaß wird durch die Gefahren bzw. Schädigungen für Leben und Gesundheit einer Vielzahl von Menschen oder für Sachgüter von bedeutendem Wert oder existentieller Bedeutung charakterisiert[122]. Die Naturkatastrophe muß auch die staatliche Finanzlage erheblich beeinträchtigen. Dagegen entzieht sich eine Naturkatastrophe schon per definitionem der Kontrolle des Staates. Deswegen kann man zweifeln, ob sich der Relativsatz des Art. 104b I 2 GG überhaupt auf die Naturkatastrophen bezieht[123], ohne daß sich daraus irgendwelche relevanten Folgerungen ergeben würden.

Der Begriff der **außergewöhnlichen Notsituationen** ist wesentlich weniger klar um- 25
rissen[124] und zudem neu. Art. 104b I 2 GG grenzt die Tatbestandsvoraussetzung außerdem noch dadurch ein, daß sie sich der Kontrolle des Staates entziehen und die staatliche Finanzlage erheblich beeinträchtigen muß. Notsituationen unterliegen nicht der staatlichen Kontrolle, wenn der Staat sie nicht beherrschen kann. Dagegen ist es durchaus möglich, daß der Staat das zukünftige Geschehen beeinflussen kann, andernfalls wäre sein Eingreifen, das mit Finanzhilfen des Bundes gesichert werden soll, von vornherein nicht sinnvoll. Der Begriff der außergewöhnlichen Notsituationen schließt besonders schwere Unglücksfälle infolge technischen oder menschlichen Versagens oder aufgrund absichtlicher Herbeiführung (etwa bei terroristischen Anschlägen) wie Störfälle in Kernreaktoren, Flugzeugabstürze oder Großbrände ein[125]. Im Rahmen von Art. 109 II, 115 II GG ist als exemplarischer Fall auch die Deutsche Wiedervereinigung angegeben worden. Dieser Gedanke ist auch auf Art. 104b I 2 GG zu übertragen[126].

Vor allem im Zusammenhang der Art. 109 III, 115 II GG, aber explizit auch im 26
Rahmen des Art. 104b I 2 GG hat der verfassungsändernde Gesetzgeber in der Entwurfsbegründung[127] auch auf der Grundlage der Beratungen der Föderalismuskommission II[128] die **»gegenwärtige Finanz- und Wirtschaftskrise« als außergewöhnliche Notsituation qualifiziert**. Mit der Regelung sollte insbesondere das »bereits verabschiedete Zukunftsinvestitionsgesetz« vom 2.3.2009[129] noch nachträglich verfas-

[122] Zum Begriff s. auch *H. Sattler*, Gefahrenabwehr im Katastrophenfall, 2008, S. 23 ff.; *Thiele*, Katastrophenschutzrecht (Fn. 65), § 54 Rn. 7 ff.; *ders.*, Zivile Sicherheit (Fn. 17), § 27 Rn. 30 ff.
[123] Im Ergebnis ohne Zweifel bejahend *H. Kube*, in: Epping/Hillgruber, GG, Art. 104b Rn. 10.
[124] Eingehend jetzt *Schmehl* (Fn. 69), Art. 104b Rn. 32 ff.
[125] Vgl. auch BVerfGE 115, 118 (143, Rn. 98).
[126] Vgl. auch *Kube* (Fn. 123), Art. 104b Rn. 9.
[127] BT-Drs. 16/12410, S. 10.
[128] Kommissions-Drs. 174.
[129] Art. 7 des Gesetzes zur Sicherung von Beschäftigung und Stabilität v. 2.3.2009 (BGBl. I S. 416, 428).

sungsrechtlich legitimiert werden – was zugleich als ausdrückliches Eingeständnis des damaligen offenen Verfassungsverstoßes verstanden werden darf. Das entspricht der unionsrechtlichen Interpretation des Art. 122 II AEUV, die ebenfalls generell exogene Schocks als derartige Notsituationen ansieht[130]. Freilich gehören auch derartige Schocks zum typischen Erscheinungsbild der Konjunkturentwicklung[131]. Allein die Schwere der Krise kann hier als Maßstab für die Qualifizierung als außergewöhnliche Notsituation dienen.

27 Das **Erfordernis der erheblichen Beeinträchtigung der staatlichen Finanzlage** wird durch den Finanzbedarf zur Beseitigung der Schäden und zur Bewältigung und Überwindung der Notsituationen bestimmt[132].

28 Die Naturkatastrophe oder außergewöhnliche Notsituation **muß bereits eingetreten** sein bzw. unmittelbar bevorstehen **und darf noch nicht beendet sein**. Streng genommen gestattet Art. 104b I 2 GG damit keine Finanzhilfen für den Bereich der Katastrophenvorsorge, der Katastrophenvermeidung und auch der Katastrophennachsorge und ist damit auf die unmittelbare Katastrophenbekämpfung begrenzt[133]. Allerdings bestehen zwischen der unmittelbaren Katastrophenbekämpfung und der Katastrophennachsorge gewisse Überschneidungen, so daß eine trennscharfe Abgrenzung nicht möglich ist. Längerfristige Aufbauprojekte werden von der Norm allerdings nicht erfasst, wenngleich Finanzhilfen gerade für diesen Bereich in der Regel benötigt würden. Das erscheint auch deshalb verfehlt, weil Art. 104b I 2 GG Finanzhilfen generell nur für bedeutende Investitionen erlaubt (→ Rn. 29), die aber bei der unmittelbaren Katastrophenbekämpfung zunächst keine Rolle spielen. Auch wenn die Praxis diese formalen Begrenzungen kaum zur Kenntnis nehmen dürfte, erweist sich die Formulierung der Norm insoweit als verunglückt.

29 Art. 104b I 2 GG begründet eine Kompetenz des Bundes zur **Abweichung von der Voraussetzung** des Art. 104b I 1 GG, daß die Gewährung einer Finanzhilfe an die Länder für Investitionen eine **entsprechende Gesetzgebungskompetenz** des Bundes voraussetzt[134]. Von anderen Voraussetzungen dispensiert Art. 104b I 2 GG nicht, verlangt aber auch über die Tatbestandsvoraussetzungen hinaus keine weiteren rechtlichen Bedingungen. Insoweit ist eine Verwaltungskompetenz des Bundes in jedem Fall nicht notwendig. Allerdings bedeutet dies auch, daß Art. 104b I 2 GG nicht etwa direkte Subventionen des Bundes an private Dritte legitimiert, wie im Fall des Elbehochwassers gesetzlich vorgesehen wurde[135], da Adressaten der Finanzhilfen allein die Länder sind; gerade solche wären freilich im Katastrophenfall in der Regel besonders sinnvoll. Auch die Kommunen können nicht selbst unmittelbar vom Bund Finanzhilfen erhalten, die vielmehr an die Länder vergeben werden müssen (→ Rn. 12). Schließlich verzichtet Art. 104b I 2 GG auch nicht auf die Zweckbestimmung der Finanzhilfen, die nach Art. 104b I 1 GG nur für besonders bedeutsame **Investitionen** der Länder und Gemeinden gewährt werden dürfen. Allgemeine, nicht zweckgebundene Finanzhilfen an die Länder zur Überwindung von Naturkatastrophen und Notsituationen (etwa in Form von Darlehen für konsumtive Zwecke) dürfen deshalb nicht auf der

[130] *Häde* (Fn. 34), Art. 122 AEUV Rn. 9.
[131] Zu vereinfacht daher *Kube* (Fn. 123), Art. 104b Rn. 9, der generell »zyklische Konjunkturverläufe« ausschließen will.
[132] Vgl. auch *Kube* (Fn. 123), Art. 104b Rn. 10. → Art. 109 Rn. 46; → Art. 115 Rn. 41.
[133] *Thiele*, Zivile Sicherheit (Fn. 17), § 27 Rn. 16.
[134] *Heintzen* (Fn. 1), Art. 104b Rn. 14.
[135] Vgl. auch *Thiele*, Katastrophenschutzrecht (Fn. 65), § 54 Rn. 32.

Grundlage des Art. 104b I 2 GG gewährt werden, obwohl gerade solche bei der Katastrophenbekämpfung regelmäßig benötigt werden[136].

VI. Ausführungsregelungen gem. Art. 104b II GG

Die Regelung der Einzelheiten der Finanzhilfen, namentlich die Festlegung der zu fördernden Investitionsarten und die Modalitäten der zentralstaatlichen Mitbestimmung und Mitfinanzierung, ist einem **zustimmungsbedürftigen Bundesgesetz oder** einer aufgrund des Haushaltsgesetzes ergehenden **Verwaltungsvereinbarung** vorbehalten, die freilich die zwingenden Vorgaben des Art. 104b GG nicht zuletzt im Hinblick auf die Verteilungskriterien beachten müssen und die daher so ausgestaltet werden müssen, daß es sich tatsächlich um Investitionshilfen und nicht um neben den allgemeinen Finanzausgleich tretende reine Finanzhilfen handelt[137]. Das Gesetz oder die Verwaltungsvereinbarung muß zudem alles Wesentliche normieren und darf entsprechende Punkte nicht der administrativen Verständigung oder der einseitigen Bestimmung durch die Bundesexekutive überlassen[138]. Die Vorschrift sichert also eine maßgebende Mitentscheidungsbefugnis der Länder und den Schutz vor Übergriffen des Bundes verfahrenstechnisch ab[139]. 30

Wesentliche Elemente einer solchen Regelung sind die Bestimmung der Investitionsprogramme, ggfs. sogar der Investitionsprojekte, die Festlegung der Höhe des Bundesanteils, die verfahrensmäßigen Voraussetzungen der Finanzhilfegewährung einschließlich eines einheitlichen Verteilungsmaßstabs sowie die Grundzüge des Zusammenwirkens zwischen Bund und Ländern[140]. Mitwirkungsbefugnisse können dem Bund allenfalls begrenzt eingeräumt werden, soweit dies zur Verwirklichung des Förderungszieles erforderlich ist, so daß der Bund im Grundsatz auf eine Finanzierungs- und Kontrollfunktion beschränkt bleibt[141]. 31

Durch den **neu eingeführten Satz 2** erhält der Bund nunmehr jedoch ausdrücklich auch die Möglichkeit (keineswegs die Pflicht), in dem Bundesgesetz bzw. der Verwaltungsvereinbarung nicht nur Bestimmungen über die Investitionsbereiche und -arten, sondern auch solche über die **Ausgestaltung der jeweiligen Länderprogramme** aufzunehmen. Diese konkrete Ausgestaltung fiel bisher in die ausschließliche Kompetenz der Länder; die Neuregelung greift insoweit durchaus erheblich in deren Finanzautonomie ein. In ihr kommt dabei auch ein gewisses Misstrauen des Bundes gegen die wirtschaftspolitische Kompetenz der Länder zum Ausdruck, denen offenkundig eine angemessene Ausgestaltung ihrer Länderprogramme nicht (mehr) zugetraut wird. Im Entwurf der Bundesregierung war insoweit zunächst auch nur von den »Grundzügen der Ausgestaltung« die Rede, die endgültige und weitergehende Fassung erhielt Satz 2 aufgrund der Beschlußempfehlung des zuständigen Haushaltsausschusses. Eine entsprechend restriktive Interpretation wird man daher aber nicht mehr annehmen kön- 32

[136] *Thiele*, Zivile Sicherheit (Fn. 17), § 27 Rn. 16.

[137] Siehe auch *Häde*, Finanzausgleich (Fn. 7), S. 252 bezogen auf das damalige Strukturhilfegesetz; skeptisch im Hinblick auf das heutige KInvFG auch *H.-G. Henneke*, Der Landkreis 2017, 91 (94).

[138] BVerfGE 39, 96 (116); 41, 291 (310); *Fischer-Menshausen* (Fn. 42), Art. 104a Rn. 34; *Maunz* (Fn. 52), Art. 104a Rn. 56; *Siekmann* (Fn. 41), Art. 104b Rn. 39.

[139] Vgl. BVerfGE 39, 96 (116); *Heintzen* (Fn. 1), Art. 104b Rn. 18.

[140] Vgl. mit unterschiedlicher Nuancierung BVerfGE 39, 96 (116); 41, 291 (306 f.); *Fischer-Menshausen* (Fn. 42), Art. 104a Rn. 34; *Siekmann* (Fn. 41), Art. 104b Rn. 39.

[141] BVerfGE 39, 96 (117 ff.); 41, 291 (312); *Fischer-Menshausen* (Fn. 42), Art. 104a Rn. 37; vgl. auch *Schmehl* (Fn. 69), Art. 104b Rn. 47 verlangt ein »Gleichordnungsverhältnis«.

nen, so daß auch Detailregelungen des Bundes bzgl. der Ausgestaltung der Länderprogramme nicht von vornherein ausgeschlossen sein dürften.

33 Immerhin wurde aufgrund der genannten Beschlußempfehlung (gewissermaßen als Kompensation) auch der neue Satz 3 eingefügt, der die Festlegung der Kriterien für die Ausgestaltung der Länderprogramme an das **Einvernehmen** (mithin die vollständige Willensübereinstimmung[142]) der betroffenen Länder knüpft. Damit geben die Länder ihre Finanz- und Gestaltungsautonomie in diesem Bereich zumindest nicht gänzlich auf, wenngleich der politische Druck, sich auf die Vorgaben des Bundes einzulassen im Einzelfall durchaus erheblich sein kann. Dem Einvernehmen unterliegen nach dem Wortlaut dabei allerdings nicht die Ausgestaltungen als solche, sondern lediglich die »Festlegung der Kriterien für die Ausgestaltung« (!), die der konkreten Ausgestaltung wohl vorangehen soll – jedenfalls gehen die »Kriterien für die Ausgestaltung« der »Ausgestaltung« selbst zumindest sprachlich notwendig vor. Völlig eindeutig ist dies allerdings nicht, die Begründung des Gesetzentwurfs und auch die Beschlußempfehlung des Haushaltsausschusses enthalten keine näheren Erläuterungen. Die Reform reiht sich insofern in die sprachlich und handwerklich bisweilen wenig überzeugenden der vergangenen Jahre ein. Angesichts des Umstands, daß der Bund und das betroffene Land hinsichtlich der Ausgestaltung des jeweiligen Länderprogramms zwangsläufig eng zusammenarbeiten müssen – der Bund kann ohne die enge Kooperation mit dem Land eine passende Ausgestaltung praktisch nicht entwickeln – wirkt diese formale Differenzierung zwischen »Festlegung der Kriterien für die Ausgestaltung« und der Ausgestaltung selbst ohnehin eher künstlich und dürfte in der Praxis vermutlich keine Rolle spielen. Faktisch jedenfalls geht es bei der Erteilung des Einvernehmens damit stets um die konkrete Ausgestaltung der Länderprogramme als solche.

34 Im Rahmen einer **Verwaltungsvereinbarung** wird dieses **Einvernehmen** dadurch sichergestellt, daß die betroffenen Länder (sämtlich) diese mit dem Bund abschließen. Unklar ist hingegen wie dieses Einvernehmen der betroffenen Länder bei Erlaß eines **Bundesgesetzes** sichergestellt wird, welches entsprechende Ausgestaltungsregelungen enthält. Wie auch bei dem neu eingefügten Art. 108 IVa GG resultiert diese Schwierigkeit daraus, daß mit dem Einvernehmen ein verwaltungsrechtliches Institut mit dem förmlichen Gesetzgebungsverfahren verklammert wird (→ Art. 108 Rn. 20 ff.). Jedenfalls ausreichend sollte es insoweit sein, wenn das Einvernehmen durch die ausdrückliche Zustimmung der betroffenen Länder bei der Gesetzesabstimmung im Bundesrat dokumentiert wird. Sollte das Gesetz hingegen ohne Zustimmung eines der betroffenen Länder zustande kommen, müsste das vorherige Einvernehmen bzgl. der »Festlegung der Kriterien für die Ausgestaltung« auf andere förmliche Weise dokumentiert sein (ggf. durch eine vorherige förmliche Verwaltungsvereinbarung zwischen dem Bund und dem jeweiligen Land). Sofern dies nicht der Fall ist, dürfte das betreffende Gesetz wohl insgesamt als verfassungswidrig anzusehen sein, da das Vorliegen des Einvernehmens eine zwingende verfassungsrechtliche Voraussetzung darstellt[143]. In der Praxis dürften sich entsprechende Probleme gleichwohl kaum stellen, da konkrete Ausgestaltungsregelungen bzgl. der Länderprogramme wohl auch in Zukunft ausschließlich in Verwaltungsvereinbarungen zwischen Bund und Ländern geregelt

---

[142] Siehe *M. Sachs*, in: Sachs, GG, Art. 89 Rn. 35.

[143] Dessen Vorliegen dementsprechend auch vom Bundespräsidenten vor der Ausfertigung überprüft werden müßte.

werden dürften, auf die das jeweilige Bundesgesetz dann verweist (siehe etwa § 16 KInvG[144]). Dogmatisch bleibt die Regelung gleichwohl fragwürdig.

Der Inhalt der Verwaltungsvereinbarung muß förmlich, also schriftlich, aber richtigerweise nicht notwendig in einer einzigen Urkunde[145] fixiert werden[146]. **Vereinbarungen** sind regelmäßig **mit allen gleichermaßen betroffenen Ländern** abzuschließen, sofern nicht ein Land sich der Beteiligung aus sachfremden Erwägungen verweigert[147]. **35**

VII. Erhebungen der Bundesregierung, Befristung, Überprüfung und degressive Ausgestaltung nach Art. 104b II 4–6 GG

Der im Jahr 2017 **neu eingefügte Satz 4** ermöglicht der Bundesregierung zur Gewährleistung der zweckentsprechenden Mittelverwendung Bericht und Vorlage der Akten zu verlangen und Erhebungen bei allen Behörden (auch Landesbehörden) durchzuführen. Im Referentenentwurf vom 15.11.2016[148] waren darüber hinaus sogar Weisungsrechte der Bundesregierung gegenüber der obersten Landesbehörde vorgesehen, was jedoch zu einer »massiven Ausweitung einer Form der Mischverwaltung«[149] geführt hätte, die von den Regierungschefs der Länder daher zu Recht strikt abgelehnt worden war. Die Erhebungsbefugnisse selbst wurden zunächst ebenfalls gestrichen, fanden über die Beschlußempfehlung des Haushaltsausschusses dann jedoch Eingang in das Grundgesetz. Tatsächlich waren entsprechende Befugnisse des Bundes (nicht nur der Bundesregierung) zuvor bereits einfachrechtlich vorgesehen (vgl. § 6a ZuInvG). Diese stießen verfassungsrechtlich mangels ausdrücklicher Grundlage indes auf erhebliche Bedenken[150], die jetzt durch Satz 4 für die **Bundesregierung** ausgeräumt worden sind. Dieser ist nunmehr also auch eine aktive Informationserhebung gestattet. Das gilt nach Satz 4 jedoch nicht für den Bundesrechnungshof, für den sich eine entsprechende Kompetenzerweiterung allerdings im neu eingefügten Art. 114 II 2 GG findet. Danach kann der **Bundesrechnungshof** nunmehr auch bei Stellen außerhalb der Bundesverwaltung Erhebungen vornehmen, was ausdrücklich auch in den Fällen gilt, in denen der Bund den Ländern zweckgebundene Finanzierungsmittel zur Erfüllung von Länderaufgaben zuweist (wie im Falle des Art. 104b GG). Zuvor hatte dieser nur die Möglichkeit zu überprüfen, ob die obersten Finanzbehörden der Länder die Finanzhilfen bestimmungsgemäß verwendet haben; ihm standen dabei jedoch allein die nach Absatz 3 beigebrachten allgemeinen Informationen zur Verfügung, während Vorortprüfungen (etwa bei den betroffenen Kommunen) ausgeschlossen waren[151]. Die Neuregelung ergänzt damit die bereits bestehende Unterrichtungspflicht der Länder nach Absatz 3 und ermöglicht im Zusammenspiel mit Art. 114 II 2 GG der Bundesregierung und dem Bundesrechnungshof eine umfassende eigene Prüfung, ohne auf die Informationen aus dem jeweiligen Land angewiesen zu sein. Die betroffenen Landesbehörden sind damit allerdings gleich mehreren Prüfungsinstanzen unterworfen, was **36**

---

144 Art. 7 des Gesetzes zur Neuregelung des bundestaatlichen Finanzausgleichssystems ab dem Jahr 2020 und zur Änderung haushaltsrechtlicher Vorschriften v. 14.8.2017 (BGBl. I S. 3122, 3127).

145 Wie hier auch *Henneke* (Fn. 71), Art. 104b, Rn. 32.

146 BVerfGE 41, 291 (305); *Maunz* (Fn. 52), Art. 104a Rn. 57.

147 BVerfGE 39, 96 (121); *Fischer-Menshausen* (Fn. 42), Art. 104a Rn. 35.

148 Dazu *H.-G. Henneke*, Der Landkreis 2016, 709 (709 f.).

149 *H.-G. Henneke*, DVBl. 2017, 214 (219).

150 Vgl. *H. Meyer/H. Freese*, NVwZ 2009, 609 (612 f.); *Henneke* (Fn. 71), Art. 104b Rn. 59.

151 *Henneke* (Fn. 71), Art. 104b Rn. 52 f.

durchaus problematisch erscheint[152]. Sofern die Mittel nach Ansicht der Bundesregierung nicht ordnungsgemäß eingesetzt worden sein sollten, kommt deren Rückforderung (gegenüber dem betreffenden Land) in Betracht. Entsprechende Möglichkeiten werden im Gesetz bzw. der Verwaltungsvereinbarung nach Absatz 2 auch regelmäßig vorgesehen sein (vgl. etwa § 8 KInvFG).

37 Die Vorgaben des Art. 104b II 5, 6 GG über die **Befristung, Überprüfung und degressive Ausgestaltung** sollen schematisch verfestigte Förderungen vermeiden[153]. Erstens müssen die Mittel zeitlich befristet gewährt werden. Die maximale Frist kann dabei nicht zu kurz bemessen werden, da andernfalls eine sinnvolle Finanzierung ebenso wenig möglich ist wie eine degressive Ausgestaltung. Eine Frist von zehn Jahren ist daher ohne weiteres möglich[154]. Allerdings wird man der Norm ein Wiederholungsverbot für eine unmittelbar anschließende Finanzhilfe entnehmen müssen[155], eine spätere Neuauflage wird man indes zulassen müssen, ohne daß sich ein zwingend einzuhaltender »finanzhilfefreier Zeitraum« angeben ließe; hier kommt es insoweit auf die Umstände des Einzelfalls an, die zu keiner Umgehung des Befristungserfordernisses führen dürfen.

38 Art. 104b II 5 GG erzwingt außerdem eine **Überprüfung** der Verwendung der Finanzhilfen in regelmäßigen Zeitabständen, die die zweckentsprechende Verwendung ebenso wie die Zielerreichung kontrollieren soll[156]. Insoweit kommt der Bundesregierung nach dem neu eingefügten Satz 4 nunmehr auch eine aktive Informationsbefugnis zu; sie ist insoweit nicht mehr allein auf die ordnungsgemäße Informationsübermittlung nach Absatz 3 angewiesen. Die Häufigkeit der Überprüfung hängt von der Ausgestaltung der konkreten Programme und möglichen Veränderungen der wirtschaftlichen Gesamtumstände ab. In der Regel dürften jährliche, ggf. halbjährliche Überprüfungen ausreichend sein.

39 Die **Jahresbeiträge sind** schließlich nach Art. 104b II 6 GG **degressiv auszugestalten**, um einer Verfestigung der Finanzhilfen ebenfalls entgegenzuwirken[157]. Man wird aber auch hier im Interesse einer sinnvollen Finanzhilfestruktur nicht bereits im zweiten Jahr, sondern erst in einem gewissen Zeitabstand von bis zu fünf Jahren das Einsetzen degressiver Staffelung verlangen können. Eine linear degressive Ausgestaltung ist insofern nicht erforderlich[158].

VIII. Unterrichtungspflicht gem. Art. 104b III GG

40 Die Regelung des Art. 104b III GG begründet ein **Unterrichtungsrecht** von Bundestag, Bundesrat und Bundesregierung mit einer korrespondierenden **Informationspflicht** für die Empfänger der Hilfen, die die Bundesorgane auf Verlangen über die Durchführung der Maßnahmen zu unterrichten haben[159]. Zweck ist die Verbesserung von Transpa-

---

[152] Vgl. auch *Henneke* (Fn. 71), Art. 104b Rn. 51.

[153] BT-Drs. 16/813, S. 19; *Hellermann*, Lastenverteilung (Fn. 114), Rn. 355.

[154] Vgl. *Butzer* (Fn. 9), Art. 104b Rn. 27, der eine Limitierung auf 10 Jahre für besser gehalten hätte.

[155] Zustimmend *Schmehl* (Fn. 69), Art. 104b Rn. 49; anders *Butzer* (Fn. 9), Art. 104b Rn. 27; *Hellermann*, Lastenverteilung (Fn. 114), Rn. 355.

[156] BT-Drs. 16/813, S. 19.

[157] BT-Drs. 16/813, S. 19.

[158] *U. Battis/B. Klein/B. Rusteberg*, DVBl. 2009, 682 (688).

[159] Teilweise sind entsprechende Unterrichtungspflichten auch einfachgesetzlich näher konkretisiert und automatisiert, vgl. etwa § 7 II 1 KInvFG.

renz und Kontrolle. Die Informationspflicht erstreckt sich auf die »Einzelheiten der geförderten Investitionsmaßnahmen« sowie »die erzielten Verbesserungen«, um die »eigentliche Zielrichtung« der Finanzhilfen, »Bundesmittel gezielt und flexibel zur Behebung konkreter Problemlagen einzusetzen«, zu erreichen[160]. Die Informationspflicht trifft die empfangenden Länder, und dort die Landesregierungen, die sich ggf. von den Gemeinden und Gemeindeverbänden ihrerseits informieren lassen müssen[161].

D. Verhältnis zu anderen GG-Bestimmungen

41 Eine regelrechte Überschneidung ist zwischen der Gemeinschaftsaufgabe der »Verbesserung der regionalen Wirtschaftsstruktur« gem. **Art. 91a I Nr. 1 GG** und der Finanzierungskompetenz gem. Art. 104b GG zum Ausgleich unterschiedlicher Wirtschaftskraft im Bundesgebiet gegeben[162], da alle Maßnahmen zur regionalen Strukturverbesserung tatbestandlich unter beide Mitwirkungsbefugnisse des Bundes fallen können. Angesichts der völligen Parallelität kann keine der beiden Normen Vorrang beanspruchen[163], so daß Bund und Länder sich über die Form des Zusammenwirkens praktisch frei verständigen können[164]. Außerdem lässt Art. 104b GG **ungeschriebene Fondskompetenzen** des Bundes **unberührt**[165]. Die Ausgaben des Bundes für die Finanzhilfen sind als notwendige Ausgaben gem. Art. 106 III 4 GG bei der Umsatzsteuerverteilung anzusetzen, nicht jedoch als Einnahmen der Länder zu berücksichtigen[166].

42 Die Vorschrift des Art. 104b I 2 GG steht in engem **Zusammenhang mit Art. 109 III 3, 115 II 6 GG**, da sie in denselben Grundkonstellationen wie dort die Erweiterung der Verschuldungsmöglichkeiten durch zusätzliche Ausgaben für Investitionen zu flankieren erlaubt, was ansonsten durch die Finanzverfassung versperrt wäre.

43 Im übrigen erlaubt der im Jahr 2017 neu eingefügte **Art. 114 II GG** nunmehr Erhebungen bei Stellen außerhalb der Bundesverwaltung auch in den Fällen, in denen der Bund den Ländern wie im Rahmen des Art. 104b GG zweckgebundene Finanzierungsmittel zur Erfüllung von Länderaufgaben zuweist.

---

160 BT-Drs. 16/813, S. 19.

161 *Butzer* (Fn. 9), Art. 104b Rn. 29; *Hellermann*, Lastenverteilung (Fn. 114), Rn. 362.

162 Vgl. auch *Heintzen* (Fn. 1), Art. 104b Rn. 24.

163 Anders *Heintzen* (Fn. 1), Art. 104b Rn. 24 (Vorrang des Art. 91a GG vor Art. 104b I Nr. 2 und 3 GG).

164 *Fischer-Menshausen* (Fn. 42), Art. 104a Rn. 32; *Müller-Volbehr*, Investitionshilfekompetenz (Fn. 3), S. 81 f.; *Büsselberg*, Investitionshilfekompetenz (Fn. 3), S. 60 ff.; *Hellermann* (Fn. 48), Art. 104b Rn. 17; a. A. *Maunz* (Fn. 52), Art. 104a Rn. 49; *Henneke* (Fn. 71), Art. 104b Rn. 26; *Prokisch* (Fn. 2), Art. 104a Rn. 265.

165 *Müller-Volbehr*, Investitionshilfekompetenz (Fn. 3), S. 103 ff.

166 *Hellermann* (Fn. 48), Art. 104b Rn. 20 f.

Artikel 104c [Finanzhilfen im Bereich kommunaler Infrastruktur]

[1]Der Bund kann den Ländern Finanzhilfen für gesamtstaatlich bedeutsame Investitionen der finanzschwachen Gemeinden (Gemeindeverbände) im Bereich der kommunalen Bildungsinfrastruktur gewähren. [2]Artikel 104b Absatz 2 und 3 gilt entsprechend.

Literaturauswahl

Henneke, Hans-Günter: Der Entwurf eines Art. 104c GG: Ein Sündenfall in der bundesstaatlichen Finanzverfassung, in: Martin Junkernheinrich/Stefan Korioth/Thomas Lenk/Henrik Scheller/Matthias Woisin (Hrsg.), Jahrbuch für öffentliche Finanzen 2017, 2017, S. 361–384.

Henneke, Hans-Günter: Irrweg: »Und führe uns nicht in Versuchung, sondern erlöse uns von dem Übel« (Matth. 6.13), in: Der Landkreis 2017, S. 91–97.

Siehe auch die Angaben zu Vorb. zu Art. 104a–115 GG.

Leitentscheidungen des Bundesverfassungsgerichts

Diese liegen zu Art. 104c GG bislang nicht vor.

Gliederung

Stichwörter

A. Herkunft, Entstehung, Entwicklung

1 Die **Regelung** des Art. 104c GG **wurde** im Zusammenhang mit der am **20.7.2017** in Kraft getretenen grundlegenden Reform der bundesstaatlichen Finanzbeziehungen **in das Grundgesetz aufgenommen**[1] und erlaubt dem Bund die Gewährung von Finanzhilfen an die Länder für gesamtstaatlich bedeutsame Investitionen finanzschwacher Kommunen im Bereich der kommunalen Infrastruktur. Hintergrund bildete der auch

[1] Gesetz zur Änderung des Grundgesetzes v. 13.7.2017 (BGBl. I S. 2347).

in der Öffentlichkeit immer wieder lautstark diskutierte erhebliche Sanierungs- und Modernisierungsbedarf in diesem Bereich[2], der nicht zuletzt auf eine finanziell stark angespannte Situation nicht weniger Kommunen im gesamten Bundesgebiet zurückzuführen war. Um eine gewisse Abhilfe zu schaffen, wurde daher bereits **Mitte 2015** das **Gesetz zur Förderung von Investitionen finanzschwacher Kommunen** (KInvFG) erlassen[3], das in seinem § 3 Nr. 2 die Gewährung von Finanzhilfen des Bundes für »Investitionen mit Schwerpunkt Bildungsinfrastruktur« erlaubte. Seine verfassungsrechtliche Grundlage fand dieses (umstrittene[4]) Gesetz in Art. 104b GG. In diesem Zusammenhang wurde auch der Begriff »finanzschwache Kommunen« erstmals verwandt, der später in Art. 104c GG übernommen werden sollte.

Im nachfolgenden **Beschluß der Ministerpräsidentenkonferenz vom 3.12.2015**[5], der 2
den Ausgangspunkt für die letztlich beschlossene Neuordnung darstellte und bereits zahlreiche der verabschiedeten Regelungen vorwegnahm, war eine ausdrückliche Ausweitung der Finanzhilfen des Bundes im Bereich der kommunalen Bildungsinfrastruktur möglicherweise auch wegen dieses kurz zuvor verabschiedeten KInvFG indes noch nicht vorgesehen. Im Rahmen der Neuordnung der Bund-Länder-Finanzbeziehungen sollte danach lediglich über einen Transferweg für die weitere Entlastung der Kommunen um jährlich fünf Milliarden Euro entschieden werden; die kommunale Bildungsinfrastruktur wurde auch an anderer Stelle des Beschlusses nicht näher thematisiert.

Zurück geht die konkrete Regelung damit auf die **Einigung des Bundes und der Län-** 3
der vom 14.10.2016, in der dem Bund neben dieser auch noch weitere Befugnisse eingeräumt wurden, die in dem Beschluß der Ministerpräsidentenkonferenz noch nicht vorgesehen waren. Sie erhielt ihre endgültige Fassung anschließend bereits im Gesetzentwurf der Bundesregierung vom 13.2.2017[6]. Haushaltsausschuß[7] und Bundesrat[8] sahen insoweit offenkundig keinen sachlichen Änderungs- oder Beratungsbedarf. Das erscheint auch deshalb bemerkenswert, da es sich bei Art. 104c GG um eine grundlegende und zugleich systemwidrige Erweiterung der Finanzierungsmöglichkeiten des Bundes handelt und der Bundesrat noch im Rahmen der Einführung des KInvFG betont hatte, daß eine Finanzierung allgemeiner kommunaler Aufgaben durch zweckbestimmte Zuweisungen des Bundes »allenfalls ausnahmsweise erfolgen« sollte, da die angemessene Ausstattung der Kommunen mit Finanzmitteln »primär im Rahmen der Steuerverteilung sicherzustellen« sei[9]. Im Jahr 2017 waren diese in der Sache zutreffenden Mahnungen der Länderkammer offenkundig bereits wieder in Vergessenheit geraten.

---

[2] Vgl. BT-Drs. 18/11131, S. 17.
[3] Gesetz v. 24.6.2015 (BGBl. I S. 974).
[4] Vgl. etwa *H.-G. Henneke*, Der Landkreis 2015, 92 ff.
[5] Abgedruckt in M. Junkernheinrich u.a. (Hrsg.), Verhandlungen zum Finanzausgleich, 2016, S. 325 ff.
[6] BT-Drs. 18/11131, S. 8.
[7] BT-Drs. 18/12588, S. 7.
[8] BT-Drs. 18/11131, S. 25.
[9] BRat-Drs. 120/15, S. 2.

B. Internationale, supranationale und rechtsvergleichende Bezüge

4 Finanzhilfen des Bundes an die Länder und auch deren Weitergabe an die finanzschwachen Gemeinden und Gemeindeverbände werden sich in der Regel **nicht als beihilferelevant** im Sinne des Art. 107 AEUV darstellen, wenngleich dies im Falle der Beteiligung an privaten Investitionen in diesem Bereich auch nicht gänzlich ausgeschlossen ist. Im übrigen kann bzgl. der internationalen, supranationalen und rechtsvergleichenden Bezüge auf die entsprechenden **Ausführungen zu Art. 104b GG** verwiesen werden (→ Art. 104b Rn. 5 ff.).

C. Erläuterungen

I. Allgemeine Bedeutung und systematische Stellung

5 Die Begründung des Gesetzentwurfs sieht Art. 104c GG in einem engen Zusammenhang zu Art. 104b GG, der lediglich »aufgrund der insoweit gegebenen ausschließlichen Gesetzgebungskompetenz der Länder« für den Bereich der kommunalen Bildungsinfrastruktur vom Erfordernis der Gesetzgebungskompetenz nach Art. 104b I 1 GG entbinde. Art. 104c GG sei insoweit ein »Ausnahmetatbestand zu Art. 104b GG«[10]. Ein näherer Blick offenbart jedoch, daß sich Art. 104c GG in seiner Struktur und Intention von Art. 104b GG signifikant unterscheidet und damit – anders als Art. 104b GG – tatsächlich einen dogmatisch verfehlten **Fremdkörper im System des bundesstaatlichen Finanzausgleichs** darstellt. Art. 104c GG ist insofern keine begrenzte »Ausnahme von der Ausnahme« des Art. 104b GG, sondern eine weitere allerdings systemwidrige und weitreichende »Ausnahme von der Regel« des Konnexitätsprinzips des Art. 104a I GG[11], was offenkundig aber weder vom Bund noch von den Ländern zur Kenntnis genommen, geschweige denn näher thematisiert worden zu sein scheint.

6 Während nämlich bei den Finanzhilfen des Art. 104b GG die sinnvollerweise der Bundesebene zugewiesenen allokativen, konjunkturstabilisierenden und strukturpolitischen Steuerungsfunktionen im Fokus stehen und allgemeine Finanzierungsfunktionen allenfalls als Nebeneffekt eine Rolle spielen (→ Art. 104b Rn. 8), ist es bei den Finanzhilfen nach Art. 104c GG praktisch umgekehrt. Vorrangiges **Ziel** ist das **Schließen** möglicher **Finanzlücken** »finanzschwacher Gemeinden und Gemeindeverbände« **im Bereich der kommunalen Bildungsinfrastruktur**, hinter das allgemeine zentralstaatliche Steuerungsfunktionen letztlich vollständig zurücktreten[12]. Art. 104c GG verzichtet insoweit nämlich – anders als die Begründung des Gesetzentwurfs suggeriert – keineswegs allein auf das Erfordernis der Gesetzgebungskompetenz des Bundes[13], sondern auch auf die weiteren in Art. 104b I 1 GG genannten Voraussetzungen einer Finanzhilfe des Bundes. Art. 104c GG verlangt mithin nicht, daß die Finanzhilfen Investitionen dienen, die zur Abwehr einer Störung des gesamtwirtschaftlichen

---

[10] BT-Drs. 18/11131, S. 17.

[11] Ähnlich auch *H.-G. Henneke*, Der Entwurf eines Art. 104c GG: Ein Sündenfall in der bundesstaatlichen Finanzverfassung, in: M. Junkernheinrich u. a. (Hrsg.), Jahrbuch für öffentliche Finanzen 2017, 2017, S. 361 ff. (375).

[12] Siehe auch *H.-G. Henneke*, Der Landkreis 2017, 91 (94).

[13] Das gilt nach Art. 104b I 2 GG im übrigen bereits für den Bereich der Finanzhilfen für Naturkatastrophen.

Gleichgewichts, zum Ausgleich unterschiedlicher Wirtschaftskraft im Bundesgebiet oder zur Förderung des wirtschaftlichen Wachstums erforderlich sind. Gerade aus diesen besonderen Voraussetzungen ergab sich jedoch im Rahmen des Art. 104b GG die (gleichwohl umstrittene) Rechtfertigung für die teilweise Durchbrechung des Systems des bundesstaatlichen Finanzausgleichs (→ Art. 104b Rn. 8)[14]. Art. 104c GG erlaubt Finanzhilfen zwar lediglich für »gesamtstaatlich bedeutsame Investitionen«. Die genaue Bedeutung dieser Voraussetzung ist jedoch unklar und rechtfertigt für sich eine solche Durchbrechung nicht, zumal sie – ebenso wie das Erfordernis der »bedeutenden Investitionen« in Art. 104b GG (→ Art. 104b Rn. 14) – eine wirkliche Begrenzungswirkung für die Finanzhilfen des Bundes im Ergebnis nicht zu entfalten vermag (→ Rn. 20).

Erstmalig eröffnet Art. 104c GG folglich eine von sonstigen Voraussetzungen praktisch losgelöste **Finanzierungskompetenz des Bundes im Bereich einer ausschließlichen Zuständigkeit der Länder** und geht damit über die bisherigen Gemeinschaftsaufgaben in Art. 91a und 91b GG noch einmal hinaus, bei denen stets ein besonderer länderübergreifender Bezug erforderlich ist[15]. Der schlichte Hinweis der Begründung des Gesetzentwurfs, wonach die Bildungsinfrastruktur ein wesentlicher Faktor ist, »um die Zukunftsfähigkeit des Staates zu gewährleisten«[16], vermag im Rahmen des bundesstaatlichen Gefüges einen solchen Bezug keinesfalls herzustellen. Die Bedeutung einer Aufgabe allein begründet insofern keine Rechtfertigung für Durchbrechungen der grundgesetzlichen Kompetenzordnung, vielmehr sind selbstverständlich auch die Bundesländer zur Wahrnehmung »gesamtstaatlich« bedeutender Aufgaben in der Lage, die ihnen daher im Rahmen der geltenden Kompetenzordnung denn auch zugewiesen sind. Voraussetzung ist allerdings, daß sie mit ausreichend Finanzmitteln ausgestattet werden, was freilich nicht durch selektive und die Verantwortungsbereiche vermischende Finanzhilfen des Bundes, sondern durch einen angemessenen allgemeinen Finanzausgleich nach Art. 106 f. GG sicherzustellen ist. 7

In diesem Rahmen sind es dann auch die **Länder allein**, die nach der grundgesetzlichen Konzeption für die **ausreichende Finanzausstattung ihrer Kommunen verantwortlich** zeichnen. Den Kommunen steht im Gegenzug ein in Art. 28 II i. V. m. Art. 106 VII GG wurzelnder **Anspruch auf eine solche Finanzausstattung gegen das jeweilige Land**[17], nicht aber gegen den Bund zu. Verfassungsrechtlich dürfte es vor diesem Hintergrund die in Art. 104c GG nunmehr ausdrücklich anerkannten »finanzschwachen Gemeinden« also streng genommen schon gar nicht geben, da die Länder verpflichtet wären, entsprechende finanzielle Engpässe umgehend auszugleichen[18]. Zwar ist es zutreffend, daß diese dogmatische Argumentation nicht verdecken darf, daß es solche finanzschwachen Kommunen gegenwärtig gleichwohl gibt. Mit der über Art. 104c GG erfolgten verfassungsrechtlichen Anerkennung dieses zuvor zumindest auf dem Papier verfassungswidrigen Zustands werden die Länder aber wenigstens partiell von ihrer bisherigen Pflicht befreit, eine angemessene Finanzausstattung aus eigener Kraft 8

[14] Ebenso *H.-G. Henneke*, Der Landkreis 2017, 91 (95).

[15] So erlaubt Art. 91a GG eine Mitwirkung des Bundes nur wenn die Aufgaben für die »Gesamtheit bedeutsam sind und die Mitwirkung des Bundes zur Verbesserung der Lebensverhältnisse erforderlich ist«. Art. 91b GG begrenzt die Kooperation auf »Fälle mit überregionaler Bedeutung«.

[16] BT-Drs. 18/11131, S. 17.

[17] Siehe auch *H.-G. Henneke*, in: Schmidt-Bleibtreu/Hofmann/Henneke, GG, Art. 106 Rn. 137 ff. → Art. 28 Rn. 146 ff.

[18] Zutreffend *H.-G. Henneke*, Der Landkreis 2017, 91 (92).

sicherzustellen; die Existenz finanzschwacher Gemeinden wandelt sich dadurch von einer verfassungsrechtlich missbilligten und zu beseitigenden zu einer verfassungsrechtlich akzeptierten Realität. Art. 104c GG **untergräbt** damit zugleich den bisherigen verfassungsrechtlich fundierten **Anspruch der Kommunen auf angemessene Finanzausstattung gegen die Länder**, indem die Länder bei entsprechenden Engpässen nunmehr jedenfalls zum Teil auch auf den Bund verweisen können.

9 Dadurch werden schließlich auch die **notwendigen Verantwortlichkeiten im Bundesstaat vermischt**. Gerade der Bereich der Bildungspolitik gehört im Rahmen von Landtagswahlen regelmäßig zu den umstrittensten. Verantwortungsvermischungen und Politikverflechtungen zwischen Bund und Ländern erweisen sich insofern gerade hier auch aus demokratietheoretischer Perspektive als hoch problematisch, da die Zuweisung von Verantwortlichkeit für einen bestimmten Zustand (hier denjenigen der kommunalen Bildungsinfrastruktur) notwendig auch eindeutige Verantwortungssubjekte (also Bund *oder* Land) voraussetzt[19].

10 Insgesamt erhält der Bund mit Art. 104c GG damit erhebliche finanzielle Einwirkungsmöglichkeiten, die das »**fein austarierte föderale Gesamtsystem**«[20] **empfindlich stören**. Die Verflechtungen und finanziellen Abhängigkeiten nehmen zu, ohne daß das zur Lösung der finanziellen Schwierigkeiten der Kommunen in dieser Form auch nur im Ansatz notwendig gewesen wäre. Anstatt das zutreffend erkannte real existierende Problem finanzschwacher Kommunen nämlich durch Art. 104c GG verfassungsrechtlich dauerhaft zu perpetuieren, hätte dieses im Rahmen der generellen Neuordnung der bundesstaatlichen Finanzbeziehungen schlicht durch eine zusätzliche **Aufstockung des Gemeindeanteils an der Umsatzsteuer** (vgl. § 1 FAG) bzw. eine generelle **Erhöhung des Länderanteils an den Steuereinnahmen** gelöst werden sollen bzw. müssen. Die zweckentsprechende Verwendung der Mittel für die Kommunen wäre dann im Streitfalle durch diese selbst unter Berufung auf ihren Anspruch auf angemessene Finanzausstattung nach Art. 28 II GG ggf. auch gerichtlich gegen das jeweilige Land durchzusetzen gewesen.

II. Finanzhilfen des Bundes an die Länder

11 Art. 104c GG ist (wie auch Art. 104b GG) zunächst eine **Ermächtigung für den Bund**, in Abweichung vom Konnexitätsprinzip des Art. 104a I GG[21] **Ausgaben außerhalb seines Zuständigkeitsbereiches** durch Finanzhilfen zu finanzieren[22]. Angesichts der allgemeinen Finanzierungsfunktion, die Art. 104c GG im Gegensatz zu Art. 104b GG zu Grunde liegt und die eine letztlich systemwidrige Konkurrenz zum allgemeinen bundesstaatlichen Finanzausgleich begründet, wird man anders als dort (→ Art. 104b Rn. 10) aber wohl nicht annehmen können, daß sich daraus in Verbindung mit der Finanzkraft des Bundes im Einzelfall eine verfassungsrechtliche Pflicht zur Gewährung entsprechender Finanzhilfen ergeben kann. Die Entscheidung über die Ausgestaltung der konkreten Programme und damit auch darüber, welche Projekte der fi-

[19] Siehe auch *A. Thiele*, Finanzaufsicht, 2014, S. 242 f.: »Tatsächlich verliert jede Form von Verantwortung dort ihren Wert, wo sie im Hinblick auf ihren Gegenstand nicht genau umrissen und bezogen auf das Subjekt nicht eindeutig zugewiesen ist. Verantwortung wird dann undurchsichtig und diffus und resultiert nicht selten in kollektiver, weil nicht mehr zurechenbarer Unverantwortlichkeit.«

[20] *H.-G. Henneke*, Der Landkreis 2015, 92 (94); *ders.*, Der Landkreis 2017, 91 (96).

[21] Zum Konnexitätspinzip als Kompetenzschranke: → Art. 104a Rn. 12 ff.

[22] Zu Art. 104b GG siehe *H. Siekmann*, in: Sachs, GG, Art. 104b Rn. 6.

nanzschwachen Gemeinden und Gemeindeverbände im einzelnen gefördert werden sollen, kommt zunächst einmal den Ländern zu. Im Bundesgesetz oder der Verwaltungsvereinbarung nach Art. 104c S. 2 i. V. m. Art. 104b II 1 GG sind aber die wesentlichen **Kriterien für die** Bestimmung der **in Frage kommenden finanzschwachen Gemeinden und Gemeindeverbände bundeseinheitlich** festzulegen, die damit nicht autark und individuell von den Ländern bestimmt werden können (→ Rn. 15). Auch darüber hinaus kann der **Bund** nach Art. 104c S. 2 i. V. m. Art. 104b II 2 GG auch **erheblichen Einfluß auf die Ausgestaltung der jeweiligen Länderprogramme** nehmen. (siehe auch → Art. 104b Rn. 10). Im übrigen ist der Begriff der Finanzhilfen wie in Art. 104b GG zu interpretieren. Der Bund ist daher (auch zur Verhinderung einer Zweckverfehlung) auf eine **Teilfinanzierung** der Projekte beschränkt, die Finanzhilfen dürfen nicht von Bedingungen und Dotationsauflagen abhängig gemacht werden, die nicht von den Förderzielen gedeckt sind.

Die **Finanzhilfen** werden stets **an die Länder** vergeben, die sie entsprechend weiterzuleiten haben, die finanzschwachen Gemeinden oder Gemeindeverbände bzw. sonstige (private) Dritte sind insoweit niemals unmittelbare Adressaten der Finanzhilfen des Bundes (→ Art. 104b Rn. 12). Das **bundesstaatliche Gleichheitsprinzip** verbietet dabei erneut eine willkürliche Differenzierung des Bundes zwischen den Ländern (→ Art. 104b Rn. 11), wobei hier aber noch zu berücksichtigen ist, daß das **interkommunale Gleichbehandlungsgebot** den Spielraum des Bundes bei der Zuweisung der Finanzhilfen an die einzelnen Länder zusätzlich begrenzt (→ Rn. 14). 12

III. Finanzschwache Gemeinden und Gemeindeverbände

Die **Finanzhilfen** sind zwar **an die Länder** zu vergeben, sollen letztlich aber **Investitionen finanzschwacher Gemeinden bzw. Gemeindeverbänden** dienen. Solche Gemeinden kannte die Finanzverfassung bisher nicht, angesichts des gemeindlichen Anspruchs auf angemessene Finanzausstattung aus Art. 28 II i. V. m. Art. 106 VII GG durfte es sie strenggenommen auch gar nicht geben. Art. 107 II 1 GG stellt im Rahmen des Finanzausgleichs bisher u. a. auf die »Finanzkraft« und den »Finanzbedarf« der Gemeinden und Gemeindeverbände ab, im Rahmen der Reform des Jahres 2017 ist in Art. 107 II 6 GG zudem die Gemeinde bzw. der Gemeindeverband »mit einer besonders geringen Steuerkraft« hinzugekommen. Art. 104c GG fügt dem Grundgesetz damit eine zusätzliche im weiteren Sinne auf die finanzielle Ausstattung der Kommunen bezogene Begrifflichkeit hinzu, ohne daß jedoch deren Verhältnis zu den sonstigen unmittelbar ersichtlich wäre. Was darunter im einzelnen zu verstehen ist, bedarf insoweit notwendig der näheren **Konkretisierung durch Bundesgesetz oder Verwaltungsvereinbarung** gem. Art. 104c S. 2 i. V. m. Art. 104 II 1 GG[23]. Verfassungsrechtlich dürfte insoweit ein weiter **Beurteilungsspielraum** bestehen, solange die herangezogenen Kriterien zur Bestimmung finanzschwacher Gemeinden und Gemeindeverbände einen erkennbaren Bezug zur finanziellen Ausstattung der Gemeinden und Gemeindeverbände insgesamt aufweisen. 13

Diese **Konkretisierung** durch Bundesgesetz oder Verwaltungsvereinbarung darf dabei allerdings die Kriterien für die Ermittlung der finanzschwachen Gemeinden und 14

[23] Eine solche Konkretisierungsbedürftigkeit erweist sich dabei nicht per se als Problem, erscheint gerade im Bereich der Finanzbeziehungen angesichts sich verändernder Umstände letztlich sogar unvermeidlich. Anders wohl *H.-G. Henneke*, Der Landkreis 2017, 91 (96).

Gemeindeverbände nicht vollständig den Ländern überlassen, muß vielmehr die **wesentlichen Aspekte** in dieser Hinsicht **selbst und bundeseinheitlich** vorgeben. An diesen einheitlichen Kriterien muß sich der Bund dann auch bei der Verteilung der Finanzhilfen auf die einzelnen Länder orientieren. Daß diese bundeseinheitlichen Vorgaben möglicherweise von bereits bestehenden Kriterien der einzelnen Länder abweichen, spielt entgegen der Ansicht des Bundesrates[24] hingegen keine Rolle, ist vielmehr eine zwingende Folge der Neuregelung selbst. Indem Art. 104c GG nämlich eine Differenzierung zwischen verschiedenen Gemeindetypen auf der Verfassungsebene vorgibt, liegt eine nicht willkürliche Verteilung der Finanzhilfen an die Länder durch den Bund im Ergebnis nur dann vor, wenn bereits in diesem Rahmen auch das **interkommunale Gleichbehandlungsgebot** (→ Art. 28 Rn. 95) beachtet wird. Strukturell ähnelt dies insoweit der durch Art. 91e II GG eröffneten Möglichkeit zur Schaffung sog. Optionskommunen. Hier hatte das Bundesverfassungsgericht denn auch bereits festgehalten, daß Bund und Länder, soweit sie Verteilungsentscheidungen zwischen Gemeinden und Gemeindeverbänden vorsehen und durchführen, nicht willkürlich differenzieren dürfen. Öffne der Gesetzgeber den Kommunen eine Chance[25], müsse er mithin sicherstellen, daß die **Verteilung** willkürfrei, transparent und nachvollziehbar bewältigt und dem Gebot interkommunaler Gleichbehandlung entspreche[26]. Entscheidend ist mithin, daß die Finanzhilfen sowohl auf die Länder als auch anschließend von den Ländern an die Gemeinden nach **Kriterien** vergeben werden, die tatsächlich einen Bezug zur finanziellen Ausstattung der Gemeinden und Gemeindeverbände aufweisen und insoweit als transparent und nachvollziehbar angesehen werden können.

15 Vor diesem Hintergrund bestehen **erhebliche verfassungsrechtliche Bedenken hinsichtlich der** im KInvFG in den §§ 10ff. enthaltenen **Ausführungsbestimmungen** zu Art. 104c GG. So findet sich dort zunächst keine nähere Konkretisierung des Begriffs der finanzschwachen Gemeinde oder des finanzschwachen Gemeindeverbands. Zumindest in der Verwaltungsvereinbarung, die nach § 16 KInvFG zu erlassen ist, müssen daher entsprechende einheitliche Kriterien festgelegt werden, da diese nicht vollständig der Entscheidung der einzelnen Länder überlassen werden dürfen. Darüber hinaus sieht § 11 KInvFG eine **Aufteilung des gesamten Förderbetrags nach Prozentsätzen** auf die einzelnen Länder vor, ohne daß sich dem Gesetz selbst eine nähere Begründung für diese konkrete Verteilungsentscheidung entnehmen ließe. Das wirft offenkundig bereits Fragen hinsichtlich der notwendigen Transparenz auf. Nach der Begründung des Gesetzentwurfs wurde der Verteilungsschlüssel letztlich aus **drei Kriterien**, nämlich der Anzahl der Einwohner, der Höhe der Kassenkreditbestände der Länder und Kommunen sowie der Anzahl der Arbeitslosen im Jahresdurchschnitt gebildet. Die Berücksichtigung der Einwohnerzahl sichert dabei zwar jedem Land einen gewissen Anteil an den Finanzhilfen – hier dürfte denn auch der Grund für dieses Kriterium liegen –, weist allerdings keinerlei Bezug zur finanziellen Ausstattung gerade der jeweiligen Gemeinden und Gemeindeverbände in dem Land auf und ist insofern ein schlicht untaugliches und damit zugleich nicht gerechtfertigtes Verteilungskriterium. Gleiches gilt auch für die Berücksichtigung der Kassenkreditbestände der Länder. Es verbleiben die Berücksichtigung der Kassenkredite der Kommunen sowie die Arbeitslosenquote, die wenigstens prinzipiell als taugliche Kriterien in Betracht kom-

---

[24] BT-Drs. 18/11131, S. 25.
[25] Hier die Chance auf den Erhalt entsprechender Finanzhilfen.
[26] BVerfGE 137, 108 (154f., Rn. 106ff.).

men, wenngleich das erste stark manipulationsanfällig erscheint und zudem rechtswidriges Verhalten der Kommunen fördern könnte[27]. Insgesamt wird man daher jedenfalls die Regelung des **§ 11 KInvFG nicht** als **verfassungskonforme Konkretisierung** des Art. 104c GG ansehen können.

IV. Gesamtstaatlich bedeutsame Investitionen im Bereich der kommunalen Bildungsinfrastruktur

Finanzhilfen dürfen nur für gesamtstaatlich bedeutsame Investitionen der finanzschwachen Gemeinden und Gemeindeverbände im Bereich der kommunalen Bildungsinfrastruktur gewährt werden. Der **Investitionsbegriff** ist zwar **im Grundsatz wie in Art. 104b GG** und nicht wie in Art. 115 I 2 GG **zu interpretieren**, wird durch den Wortlaut des Art. 104c GG aber **zusätzlich beschränkt.** 16

So werden **erstens** keine Investitionen der Länder, sondern nur solche der finanzschwachen Gemeinden und Gemeindeverbände erfaßt, wobei freilich auch von diesen geförderte Sachinvestitionen (privater) Dritter im Bereich der kommunalen Bildungsinfrastruktur (wie im Rahmen des Art. 104b GG) unter Art. 104c GG fallen (etwa Förderung einer im übrigen privat errichteten und betriebenen Schulmensa). 17

Die Investitionen müssen **zweitens** den Bereich der Bildungsinfrastruktur betreffen. Dieser Begriff ist denkbar weit und erfaßt alle Schulgebäude allgemeinbildender, berufsbildender sowie weiterbildender Schulformen einschließlich sonstiger mit diesen funktionell verbundener Nebengebäude und Gebäudeteile (etwa Fahrradunterstand, schulische Sporthalle, Mensa). Die funktionelle Verknüpfung dürfte etwa bei der Errichtung einer allgemeinen Bushaltestelle fehlen, die lediglich auch von Schülerinnen und Schülern genutzt wird, kann aber bei einer zentralen Bushaltestelle für eine bestimmte Schule bzw. einen Schulkomplex durchaus noch vorhanden sein. Kindergärten und Kindertagesstätten werden hingegen nicht erfaßt, da es sich dabei nicht um Bildungseinrichtungen handelt. Die Investitionen können sowohl Sanierungsmaßnahmen vorhandener Infrastruktur einschließlich Modernisierungen aufgrund der voranschreitenden Digitalisierung als auch den vollständigen Neubau entsprechender Infrastruktur betreffen. 18

Drittens muß es sich um kommunale Bildungsinfrastruktur handeln. Die Bedeutung dieser Einschränkung ist allerdings nicht ganz klar, die Begründung des Gesetzentwurfs enthält dazu keine näheren Angaben. Zwei Interpretationen sind denkbar. So könnte der Begriff »kommunal« einerseits räumlich interpretiert werden, so daß sämtliche Bildungsinfrastruktur auf dem Gebiet der jeweiligen Gemeinde bzw. des Gemeindeverbands erfaßt wäre. Damit wären auch Investitionen in Bildungsinfrastruktur in privater Trägerschaft für Finanzhilfen taugliche Investitionen, wofür auch das in Art. 7 IV 1 GG wurzelnde Diskriminierungsverbot privater Ersatzschulen[28] ein Indiz sein könnte. Andererseits will Art. 104c GG gerade die finanzielle Situation der Kommunen verbessern, was wiederum dafür spricht, allein Bildungsinfrastruktur in kommunaler Trägerschaft, für die letztlich die jeweilige Kommune auch die volle finanzielle Verantwortung trägt, unter die Norm zu subsumieren. § 12 KInvFG bestimmt eine trägerneutrale Gewährung der Finanzhilfen, was letztlich nur verfassungsgemäß ist, sofern man der ersten Ansicht folgt. 19

---

[27] Siehe auch *H.-G. Henneke*, Der Landkreis 2017, 91 (97).

[28] → Art. 7 Rn. 107.

20 Die Investitionen müssen zudem »**gesamtstaatlich bedeutsam**« sein, während Art. 104b GG lediglich »bedeutsame Investitionen« verlangt. Erneut läßt sich der Begründung des Gesetzentwurfs nicht entnehmen, worin diese Abweichung im einzelnen wurzelt. Diese führt lediglich aus, daß die Bildungsinfrastruktur ein wesentlicher Faktor sei, um die »Zukunftsfähigkeit des Staates« zu gewährleisten, weshalb sie auch gesamtstaatlich von »besonderer Bedeutung« sei[29]. Insoweit liegt die **Vermutung** nahe, daß mit der Einfügung des Wortes »gesamtstaatlich« letztlich eine **Rechtfertigung für Finanzhilfen gerade des Bundes** geliefert werden sollte, der danach gewissermaßen für den Gesamtstaat und dessen Entwicklung umfassend verantwortlich zeichnet. Eine solche Argumentation erwiese sich allerdings aus mehrfacher Sicht verfehlt. Denn erstens vermag der Umstand allein, daß einer Aufgabe eine solche Bedeutung »für die Zukunftsfähigkeit des Staates« zukommt, eine finanzielle Intervention von Seiten des Bundes außerhalb seines Kompetenzbereiches gerade nicht zu rechtfertigen. Die Verantwortung für den Gesamtstaat tragen insoweit Bund und Länder gemeinsam im Rahmen der grundgesetzlichen Kompetenzordnung – und für den Bildungsbereich sind danach die Länder zuständig. Insofern ist im Rahmen des allgemeinen Finanzausgleichs dafür Sorge zu tragen, daß die Länder die ihnen zugewiesenen für den Gesamtstaat bedeutenden Aufgaben – und davon gibt es neben dem Bildungsbereich etliche, wenn man etwa an den Bereich der Polizei (Sicherheit) denkt – auch in angemessener Form wahrnehmen können. Und zweitens wäre nach dieser Argumentation letztlich jede Investition in die kommunale Bildungsinfrastruktur automatisch »gesamtstaatlich bedeutsam« – zumindest ist nicht erkennbar, welche Investition in diesem Bereich nicht in diesem allgemeinen Sinn zur Zukunftsfähigkeit des Gesamtstaates beitragen sollte. So liest sich denn auch die Begründung des Gesetzentwurfs. Argumentieren ließe sich allenfalls, daß die zugewiesenen Finanzmittel einen gewissen Umfang erreichen müssen, zwingend erscheint das aber keineswegs. Im Ergebnis wäre dieses Tatbestandsmerkmal damit praktisch bedeutungslos. Interpretiert man den Begriff »gesamtstaatlich bedeutsam« hingegen ähnlich wie in Art. 104b GG, was zunächst einmal auch nahe liegt, und verlangt daher, daß die Investitionen in Ausmaß und Wirkung gesamtstaatliche Relevanz bzw. eine »Bedeutsamkeit für die Gesamtheit«[30] besitzen müssen, was sich insbesondere an der den Rahmen normaler Kommunalvorhaben sprengenden Höhe des Finanzbedarfs erkennen ließe, wird man bei einer kommunalen Investition in die Bildungsinfrastruktur gewisse Schwierigkeiten haben, eine solche gesamtstaatliche Bedeutsamkeit überhaupt jemals zu begründen – die Finanzhilfen dienen ja gerade der Finanzierung an sich »normaler« kommunaler Vorhaben. Letztlich zeigt dieses Tatbestandsmerkmal damit noch einmal die **systemfremde Struktur** des gesamten Art. 104c GG auf, der eine schlicht **verfehlte Finanzierungskompetenz** des Bundes begründet. Will man diese gleichwohl nicht leerlaufen lassen, wird man sich notwendigerweise der ersten Ansicht anschließen müssen. Das Erfordernis der gesamtstaatlichen Bedeutsamkeit entfaltet damit letztlich keinerlei begrenzende Wirkung. Dem entspricht auch der Befund, daß dieses Erfordernis in den §§ 10ff. KInvFG an keiner Stelle erwähnt wird.

---

[29] BT-Drs. 18/11131, S. 17.

[30] *M. Heintzen*, in: v. Münch/Kunig, GG II, Art. 104b Rn. 6.

V. Ausführungsregelungen gem. Art. 104c S. 2 i. V. m. Art. 104b II 1, 2 GG

Art. 104c S. 2 GG verweist umfassend auf den Art. 104b II und III GG. Die Regelung der Einzelheiten der Finanzhilfen, insbesondere die Arten der zu fördernden Investitionen, ist dementsprechend einem **zustimmungsbedürftigen Bundesgesetz oder** einer aufgrund des Haushaltsgesetzes ergehenden **Verwaltungsvereinbarung** vorbehalten. Das Gesetz oder die Verwaltungsvereinbarung muß alles Wesentliche normieren und darf entsprechende Punkte nicht der administrativen Verständigung oder der einseitigen Bestimmung durch die Bundesexekutive überlassen. Neben den üblichen wesentlichen Elementen (→ Art. 104b Rn. 31) kommt im Rahmen des Art. 104c GG noch die Bestimmung der wesentlichen Kriterien für die Ermittlung der finanzschwachen Gemeinden und Gemeindeverbände hinzu, um dem interkommunalen Gleichbehandlungsgebot Rechnung zu tragen, an denen sich auch die Zuweisung der Finanzhilfen durch den Bund an die einzelnen Länder orientieren muß. Die gegenwärtige Regelung des § 11 KInvFG wird diesen Erfordernissen nicht gerecht (→ Rn. 15). Im übrigen kann auf die Kommentierung zu Art. 104b II 1 und 2 GG verwiesen werden (→ Art. 104b Rn. 30 ff.). 21

Ausführungsregelungen finden sich gegenwärtig in **§§ 10 ff. KInvFG**. Dabei wird in § 10 KInvFG zunächst das Förderziel, nämlich die Verbesserung der Schulinfrastruktur allgemeinbildender und berufsbildender Schulen[31], definiert und das Fördervolumen bestimmt, das danach bei insgesamt 3,5 Milliarden Euro liegt. Die Finanzierung erfolgt aus dem **Kommunalinvestitionsförderungsfonds**, dessen Volumen in diesem Zusammenhang von 3,5 auf insgesamt sieben Milliarden Euro verdoppelt worden ist. § 11 KInvFG regelt die (in dieser Form verfassungswidrige (→ Rn. 15) Verteilung dieser Summe auf die einzelnen Länder nach bestimmten Prozentsätzen. Die folgenden Regelungen enthalten Vorgaben zum Förderbereich und den Fördervoraussetzungen (§ 12), dem Förderzeitraum (§ 13), der Förderquote[32], Bewirtschaftung und Prüfung der Mittelverwendung (§ 14) und der Rückforderung im Falle nicht ordnungsgemäßer Verwendung der Finanzmittel (§ 15). § 16 KInvFG schließlich sieht den Abschluß einer obligatorischen Verwaltungsvereinbarung vor, die weitere erforderliche Einzelheiten, insbesondere hinsichtlich der konkreten Länderprogramme, enthalten muß. 22

VI. Erhebung, Befristung , Überprüfung und degressive Ausgestaltung gem. Art. 104c S. 2 i. V. m. Art. 104b II 4–6 GG

Bezüglich der Erhebung, Befristung, Überprüfung und degressiven Ausgestaltung der Finanzhilfen ergeben sich **gegenüber Art. 104b GG keine Besonderheiten**. Es kann daher auf die entsprechende Kommentierung verwiesen werden (→ Art. 104b Rn. 36 ff.). 23

[31] Die Begrenzung auf diese beiden Schultypen ist dabei verfassungsrechtlich ohne weiteres zulässig.

[32] § 14 KInvFG verweist bzgl. der Förderquote insoweit auf die Regelung des § 6 I KInvFG, wonach sich der Bund mit bis zu 90%, die Länder bzw. Gemeinden mit mindestens 10% an dem jeweiligen Projekt beteiligen. Ob bei einem Finanzierungsanteil des Bundes von 90% noch von einer Finanzhilfe gesprochen werden kann, erscheint allerdings fraglich.

VII. Unterrichtungspflicht gem. Art. 104c S. 2 i. V. m. Art. 104b III GG

24 Auch insoweit sei auf die Ausführungen zu **Art. 104b III GG verwiesen**; Besonderheiten ergeben sich im Hinblick auf Art. 104c GG keine (→ Art. 104b Rn. 40).

D. Verhältnis zu anderen GG-Bestimmungen

25 Art. 104c GG begründet eine Ausnahme vom allgemeinen Konnexitätsprinzip in **Art. 104a I GG** und steht insoweit in einem gewissen Spannungsverhältnis zu diesem wie auch zu den Regelungen des allgemeinen bundestaatlichen Finanzausgleichs (insbesondere **Art. 107 GG**), die durch solch losgelösten Finanzierungskompetenzen des Bundes systemwidrig unterlaufen werden.

26 Im übrigen erlaubt der im Jahr 2017 neu eingefügte **Art. 114 II GG** nunmehr Erhebungen des **Bundesrechnungshofes** bei Stellen außerhalb der Bundesverwaltung auch in den Fällen, in denen der Bund den Ländern wie im Rahmen des Art. 104c GG zweckgebundene Finanzierungsmittel zur Erfüllung von Länderaufgaben zuweist. Entsprechende Erhebungen des Bundesrechnungshofs sind damit insbesondere bei den finanzschwachen Gemeinden und Gemeindeverbänden möglich, die Finanzhilfen über ihre Länder erhalten haben, die sich damit unter Umständen allerdings Erhebungen sowohl vom Bundes- also auch vom jeweiligen Landesrechnungshof ausgesetzt sehen.

Artikel 105 [Gesetzgebungskompetenzen]

(1) Der Bund hat die ausschließliche Gesetzgebung über die Zölle und Finanzmonopole.

(2) Der Bund hat die konkurrierende Gesetzgebung über die übrigen Steuern, wenn ihm das Aufkommen dieser Steuern ganz oder zum Teil zusteht oder die Voraussetzungen des Artikels 72 Abs. 2 vorliegen.

(2a) [1]Die Länder haben die Befugnis zur Gesetzgebung über die örtlichen Verbrauch- und Aufwandsteuern, solange und soweit sie nicht bundesgesetzlich geregelten Steuern gleichartig sind. [2]Sie haben die Befugnis zur Bestimmung des Steuersatzes bei der Grunderwerbsteuer.

(3) Bundesgesetze über Steuern, deren Aufkommen den Ländern oder den Gemeinden (Gemeindeverbänden) ganz oder zum Teil zufließt, bedürfen der Zustimmung des Bundesrates.

Literaturauswahl

Arndt, Hans-Wolfgang: Steuern, Sonderabgaben und Zwangsanleihen – Zur Abgabenerfindungskompetenz des Bundesgesetzgebers, 1983.
Barthelmann, Ralf: Der gestaltende Steuergesetzgeber im Konflikt mit dem Sachgesetzgeber, 2006.
Bodenheim, Dieter G.: Der Zweck der Steuer, 1979.
Hendler, Reinhard: Finanzverfassungsreform und Steuergesetzgebungshoheit, in: DÖV 1993, S. 292–299.
Henseler, Paul: Begriffsmerkmale und Legitimation von Sonderabgaben, 1984.
Heun, Werner: Die Sonderabgaben als verfassungsrechtlicher Abgabentypus, in: DVBl. 1990, S. 666–676.
Holst, Berend: Das Gleichartigkeitsverbot in Art. 105 Abs. 2 und 2a GG, 1990.
Kirchhof, Paul: Besteuerungsgewalt und Grundgesetz, 1973.
Kirchhof, Paul: Die Steuern, in: HStR³ V, § 118, S. 959–1099.
Kirchhof, Paul: Nichtsteuerliche Abgaben, in: HStR³ V, § 119, S. 1101–1173.
Knies, Wolfgang: Steuerzweck und Steuerbegriff, 1976.
Korte, Anja: Die konkurrierende Steuergesetzgebung des Bundes im Bereich der Finanzverfassung, 2008.
Küssner, Martin: Die Abgrenzung der Kompetenzen des Bundes und der Länder im Bereich der Steuergesetzgebung sowie der Begriff der Gleichartigkeit von Steuern, 1992.
Meßerschmidt, Klaus: Umweltabgaben als Rechtsproblem, 1986.
Puwalla, Wolfgang: Qualifikation von Abgaben, 1987.
Richter, Wolfgang: Zur Verfassungsmäßigkeit von Sonderabgaben, 1977.
Sacksofsky, Ute: Umweltschutz durch nichtsteuerliche Abgaben, 2000.
Schaefer, Horst: Der verfassungsrechtliche Steuerbegriff, 1997.
Selmer, Peter: Steuerinterventionismus und Verfassungsrecht, 1972.
Staudacher, Richard: Verfassungsrechtliche Zulässigkeit von Sonderabgaben, 2004.
Thiemann, Christian: Die Dogmatik der Sonderabgaben im Umbruch, in: AöR 138 (2013), S. 60–107.
Ubber, Theo: Der Beitrag als Institut der Finanzverfassung, Diss. jur. Köln 1993.
Wendt, Rudolf: Finanzhoheit und Finanzausgleich, in: HStR³ VI, § 139, S. 875–963.
Wernsmann, Rainer: Verhaltenslenkung in einem rationalen Steuersystem, 2005.

Siehe auch die Angaben zu Vorb. zu Art. 104a–115 GG.

Leitentscheidungen des Bundesverfassungsgerichts

BVerfGE 8, 260 (268ff.) – Helgoland-Gesetz; 14, 105 (111f.) – Branntweinmonopol; 16, 64 (73ff.) – Einwohnersteuer; 40, 56 (60ff.) – Vergnügungsteuer I; 49, 343 (352ff.) – Abgaben wegen Änderung der Gemeindeverhältnisse; 55, 274 (298ff.) – Berufsausbildungsabgabe; 65, 325 (343ff.) – Zweitwohnungsteuer I; 69, 174 (183f.) – Getränkesteuer; 82, 159 (179ff.) – Absatzfonds; 91, 186 (201ff.) –

Kohlepfennig; 92, 91 (113ff.) – Feuerwehrabgabe; 93, 319 (338ff.) – Wasserpfennig; 98, 83 (97ff., Rn. 135ff.) – Landesrechtliche Abfallabgabe; 98, 106 (117ff., Rn. 58ff.) – Kommunale Verpackungsteuer; 105, 73 (112f., Rn. 176ff.) – Pensionsbesteuerung; 105, 185 (193ff., Rn. 38ff.) – UMTS-Erlöse; 108, 1 (15ff., Rn. 46ff.) – Rückmeldegebühr I; 108, 186 (212ff., Rn. 109ff.) – Informationspflichten bei Sonderabgaben; 110, 370 (384ff., Rn. 74ff.) – Klärschlamm; 113, 128 (145ff., Rn. 107ff.) – Solidarfonds Abfallrückführung; 114, 316 (334f., Rn. 99ff.) – Zweitwohnungsteuer II; 122, 316 (332ff., Rn. 94ff.) – Sonderabgabe Absatzfonds; 125, 141 (153ff., Rn. 49ff.) – Kommunales Hebesatzrecht.

Gliederung

Stichwörter

A. Herkunft, Entstehung, Entwicklung

I. Ideen- und verfassungsgeschichtliche Aspekte

1 Art. 105 GG setzt die Besteuerungsgewalt als zentralen Bestandteil der Staatshoheit voraus. Steuern als Instrument der Mittelbeschaffung gehen in ihren Ursprüngen bis auf das Mittelalter zurück[1]. Der zunehmende Finanzbedarf des Staates läßt die Steuern vom Ausnahmetatbestand allmählich zum ständigen Finanzierungsinstrument werden[2], bis der Staat im 19. Jahrhundert auf die allgemeine Steuerpflicht als Grund-

[1] Zur Steuer als außerordentlicher Hilfe vgl. *O. Brunner*, Land und Herrschaft, 5. Aufl. 1965, S. 291ff.

[2] Zur Verteilung zwischen den verschiedenen Einnahmequellen im 18. Jh. im europäischen Vergleich: *P. C. Hartmann*, Das Steuersystem der europäischen Staaten am Ende des Ancien Régime, 1979, S. 317ff.

lage seiner Aufgabenerfüllung essentiell angewiesen ist und zum **Steuerstaat** wird[3]. Einer Verteilung der Hoheitsbefugnisse hinsichtlich der Steuern bedarf es freilich nur im Bundesstaat[4], so daß die verfassungsgeschichtlichen Ursprünge des Art. 105 GG erst in den Kompetenzverteilungsnormen der **Paulskirchenverfassung** zu finden sind. Sie behielt gem. §§ 34, 37 die Gesetzgebungskompetenz für Zölle dem Reich vor, gab dem Reich in §§ 34, 36 auch die Befugnis zur Gesetzgebung über »gemeinschaftliche Produktions- und Verbrauchs-Steuern« und sah in § 51 sogar eine Generalklausel zum Erlaß von Reichssteuern »in außerordentlichen Fällen« vor[5]. An diesem Vorbild orientierte sich auch weitgehend die **Reichsverfassung von 1871**, die dem Reich sowohl die Gesetzgebungskompetenzen für das Zollwesen und eine Reihe von Verbrauchsteuern zuwies (Art. 4 Nr. 2, 35 RVerf. 1871) als auch die konkurrierende Zuständigkeit über »die für die Zwecke des Reiches zu verwendenden Steuern« (Art. 4 Nr. 2 RVerf. 1871) überließ[6]. In der Staatspraxis blieben dem Reich wegen des Widerstandes der Bundesstaaten und aus Gründen der Bewahrung des parlamentarischen Budgetbewilligungsrechts direkte Reichssteuern bis zur Revolution von 1919 weitgehend vorenthalten[7]. Formal ging die **Weimarer Reichsverfassung** mit der Zuweisung der entsprechenden Steuergesetzgebungskompetenz in Art. 8, 11 darüber nur begrenzt hinaus, tatsächlich setzte sich aber von Anfang an ein System durch, das die Steuergewalt der Länder weitgehend ausschloß[8].

II. Entstehung und Veränderung der Norm

Die ausschließliche Gesetzgebungskompetenz des Bundes für Zölle war im Anschluß 2
an die Regelungen der Verfassungen von 1871 und 1919 im Parlamentarischen Rat ebenso unumstritten wie die erstmalige Hinzufügung der Finanzmonopole[9]. Die Regelung des Art. 105 I GG ist dementsprechend bis heute unverändert geblieben. Hoch **umstritten** war dagegen die **konkurrierende Gesetzgebungskompetenz**, für die der

---

[3] Vgl. grundlegend *L. v. Stein*, Lehrbuch der Finanzwissenschaft, 5. Aufl. 1885, Theil II, Abth. 1, S. 133f., 346f.; Begriff erstmals bei *R. Goldscheid*, Staatssozialismus oder Staatskapitalismus (1917), und *J. Schumpeter*, Die Krise des Steuerstaates (1918), beide abgedruckt in: R. Hickel/R. Goldscheid/J. Schumpeter (Hrsg.), Die Finanzkrise des Steuerstaats, 1976; eingehend zum Steuerstaat ferner *J. Isensee*, Steuerstaat als Staatsform, in: FS Ipsen, 1977, S. 409ff.; *K. Vogel*, HStR³ II, § 30 Rn. 51ff.; *K. Vogel/C. Waldhoff*, in: BK, Vorb. z. Art. 104a–115 (Zweitb. 1997/98), Rn. 327ff.; *C. Gramm*, Der Staat 36 (1997), 267ff. → Rn. 11 m. w. N.

[4] Das Heilige Römische Reich Deutscher Nation verfügte eben auch noch nicht über eine Verfassung, die Voraussetzung der Bundesstaatskonstruktion ist.

[5] Zur Kompetenzverteilung in der Paulskirchenverfassung allgemein *Huber*, Verfassungsgeschichte II, S. 863f.

[6] Vgl. hierzu *P. Laband*, Direkte Reichssteuern, 1908, S. 6ff.; auch zur Entstehungsgeschichte *A. Haenel*, Deutsches Staatsrecht, Bd. I, 1892, S. 372ff.; *Huber*, Verfassungsgeschichte III, S. 947ff.

[7] Vgl. im einzelnen *P. Laband*, Das Staatsrecht des Deutschen Reiches, Bd. IV, 5. Aufl. 1914, S. 379ff.; *H. Pagenkopf*, Der Finanzausgleich im Bundesstaat, 1981, S. 90ff.; *W. Gerloff*, Die Finanz- und Zollpolitik des Deutschen Reiches, 1913; *K. Vogel/P. Kirchhof/H. Walter*, in: BK, Vorb. zu Art. 104a–115 (Erstb. 1971), Rn. 9; *S. Korioth*, Der Finanzausgleich zwischen Bund und Ländern, 1997, S. 309ff.

[8] *O. Bühler*, Die Zuständigkeitsverteilung auf dem Gebiete des Finanzwesens, in: HdbDStR I, S. 371ff.; *Huber*, Verfassungsgeschichte VI, S. 494f.; *Pagenkopf*, Finanzausgleich (Fn. 7), S. 111ff.; *Vogel/Kirchhof/Walter* (Fn. 7), Vorb. zu Art. 104a–115 Rn. 143; *R. Wendt*, HStR IV, § 104 Rn. 12; zur Zeit nach 1933 *R. Voß*, Steuern im Dritten Reich, 1995.

[9] Vgl. bereits Art. 38 HChE; ferner JöR 1 (1951), S. 751, 756; vgl. ebd. generell S. 750ff. zur Beratung des Art. 105 GG.

Herrenchiemseer Konvent bereits zwei Alternativvorschläge unterbreitet hatte[10]. Der zunächst als Kompromiß vorgesehene Katalog der konkurrierenden Steuergesetzgebungskompetenzen[11] fand den Widerspruch der Alliierten[12], welcher aber durch die Bindung der Kompetenzausübung an die Voraussetzungen des Art. 72 II GG, die Art. 105 II GG vorsieht, und durch die Begründung der Zustimmungsbedürftigkeit gem. Art. 105 III GG überwunden werden konnte[13]. Im Zuge der **Finanzreform**[14] wurden die enumerierten Steuern durch eine **Generalklausel** ersetzt[15], wobei auf Vorschlag des Bundesrats[16] eine Absicherung des Steuererfindungsrechts der Gemeinden in Art. 105 IIa GG eingefügt wurde, die allerdings erst nach der Klarstellung, daß gleichartige Bundessteuern eine Kompetenzsperre darstellen, auch die Zustimmung des Vermittlungsausschusses fand[17]. Die **Föderalismusreform** hat **2006** Art. 105 IIa GG um einen Satz ergänzt, der den Gemeinden auch das Bestimmungsrecht über den Steuersatz der Grunderwerbsteuer verleiht[18]. Seit einiger Zeit nehmen die Bestrebungen zu, den Ländern eine größere Steuerautonomie zu verleihen[19]. Sie bildeten jedenfalls auch einen Hintergrund für die damaligen Beratungen über eine Föderalismusreform II[20]. Im deutschen System der Finanzverfassung sind jedoch allenfalls Zuschlagsrechte der Länder für die Einkommensteuer sinnvoll[21].

B. Internationale, supranationale und rechtsvergleichende Bezüge

3 Die Kompetenzen des Art. 105 GG werden durch das europäische Unionsrecht in mehrfacher Hinsicht modifiziert. Die Kompetenz zur **Erhebung von Zöllen** ist für den Bund rechtlich und finanziell[22] nach Vollendung der Zollunion ab 1.7.1968[23] **bedeutungslos geworden**, da innerhalb der Zollunion gem. Art. 28ff. AEUV sämtliche Binnenzölle und zollgleiche Abgaben abgeschafft[24] worden sind und durch die Aufstel-

[10] Art. 38 Nr. 1 HChE, abgedruckt in: Parl. Rat II, S. 586; vgl. auch ebd. S. 241 (Vorschläge der Finanzsachverständigen), eingehend zur Entstehung jetzt *C. Seiler*, in: Maunz/Dürig, GG, Art. 105 (2015), Rn. 16ff.; s. auch *S. Müller-Franken*, in: Friauf/Höfling, GG, Art. 105 (2008), Rn. 17ff.

[11] JöR 1 (1951), S. 756, 758.

[12] Memoranden vom 22.11.1948 (Parl. Rat VIII, S. 37ff. [38]) und vom 2.3.1949 (ebd., S. 131ff. [133f.]: Art. 122a, 122b). → Vorb. zu Art. 104a–115 Rn. 6.

[13] Vgl. JöR 1 (1951), S. 759ff.; *K. Vogel/H. Walter*, in: BK, Art. 105 (Drittb. 2004), Rn. 5.

[14] Finanzreformgesetz vom 12.5.1969 (BGBl. I S. 359). → Vorb. zu Art. 104a–115 Rn. 8.

[15] Vgl. *Kommission für die Finanzreform*, Gutachten über die Finanzreform in der Bundesrepublik Deutschland, 1967, Tz. 303ff.

[16] BT-Drs. V/2861, S. 87.

[17] BT-Drs. V/3896; vgl. auch *Vogel/Walter* (Fn. 13), Art. 105 Rn. 6ff.

[18] 52. Gesetz zur Änderung des Grundgesetzes v. 28.8.2006 (BGBl. I S. 2034); s. auch BT-Drs. 16/813; 16/2010; 16/2069. → Vorb. zu Art. 104a–115 Rn. 11.

[19] Vgl. insb. *C. Waldhoff/J. Hey*, Finanzautonomie und Finanzverflechtung in gestuften Rechtsordnungen, VVDStRL 66 (2007), S. 216ff., 277ff.; sowie ferner *F. Ekardt/D. Buscher*, DÖV 2007, 89 (92f.); → Rn. 9; *A. Janssen*, Klarere Verantwortungsteilung von Bund, Ländern und Kommunen, DJT 65 (2004), Bd. II/1, P 9ff. (36f.).

[20] BT-Drs. 16/3885 (Einsetzung der Föderalismuskommission). → Vorb. zu Art. 104a–115 Rn. 11.

[21] *S. Korioth*, Klarere Verantwortungsteilung zwischen Bund, Ländern und Kommunen, DJT 65 (2004), Bd. II/1, P 89ff. (110ff.) m. w. N.

[22] Vgl. *BMF*, Finanzbericht 2008, S. 82.

[23] Entscheidung 66/532/EWG (ABl. 1966 S. 2971) – Abschaffung Binnenzölle; VO 950/68 v. 28.6.1968 (ABl. 1968 L 172/1ff.) – Anwendung des Gemeinsamen Zolltarifs; zur Errichtung der Zollunion und Vorverlegung vom 1.1.1970 auf 1.7.1968 *D. Ehle*, NJW 1969, 1509ff.

[24] Zum Verbot der Erhebung von Binnenzöllen EuGHE 1978, 927ff.; s. auch EuGHE 1963, 7 (25ff.); 1975, 281 (290f.); vgl. ferner *Oppermann/Classen/Nettesheim*, Europarecht, § 22 Rn. 23ff.

lung des Gemeinsamen Zolltarifs gegenüber Drittstaaten gem. Art. 18ff. EGV a. F. die Zolltarifhoheit endgültig auf die Union übergegangen ist[25]. Die Zolleinnahmen fließen dementsprechend seit 1988 in vollem Umfang in den Haushalt der Europäischen Union[26].

Im übrigen bleibt die Steuergewalt zwar ein Kernbereich mitgliedstaatlicher Souveränität[27], ist aber inhaltlich europarechtlichen Einwirkungen insofern unterworfen, als mit dem Ziel der Beseitigung der innergemeinschaftlichen Steuergrenzen[28] ein **Verbot der Steuerdiskriminierung**[29] und das **Gebot der** (allmählichen) **Steuerharmonisierung**[30] gelten, die sich fast ausschließlich auf indirekte Steuern beziehen[31]. Außerdem ermöglicht Art. 311 AEUV in engen Grenzen die Erhebung eigener Unionssteuern[32]. Bisher finanzierte sich die Europäische Union indes im wesentlichen durch die Zölle und Agrarabschöpfungen[33], die Mittel aufgrund des Bruttosozialprodukts sowie den EU-Anteil an den Mehrwertsteueraufkommen der Mitgliedstaaten[34]. 4

In anderen Verfassungsstaaten muß eine Aufteilung der Steuerkompetenzen ebenfalls nur in föderativen Gebilden vorgenommen werden[35], wobei das deutlichste **Ge-** 5

---

[25] Zu den Einzelheiten *Oppermann/Classen/Nettesheim*, Europarecht, § 22 Rn. 22ff.

[26] Ratsbeschluß über das System der Eigenmittel der Gemeinschaften 88/376 v. 24.6.1988, ABl. L 185/24ff. mit DurchführungsVO 1552/89 v. 29.5.1989, ABl. L 155/1ff.; vgl. näher EG-Kommission (Hrsg.), Die öffentlichen Finanzen der Gemeinschaft, 1989; s. *U. Häde*, Finanzausgleich, 1996, S. 441f.

[27] EuGHE 1985, 683 (694f.); zu den äußerst geringen völkerrechtlichen Schranken *S. Müller-Franken* (Fn. 10), Art. 105 Rn. 28f.

[28] Vgl. *A. J. Easson*, The Elimination of fiscal frontiers, in: European University Institute (Hrsg.), One European Market?, 1988, S. 241ff.; EG-Kommission (Hrsg.), Die Angleichung der nationalen Steuersysteme, 1986.

[29] Art. 90ff. EGV; vgl. EuGHE 1962, 867 (884); EuGHE 1980, 347 (359ff.); *Oppermann/Classen/Nettesheim*, Europarecht, § 35 Rn. 2ff.; *Vogel/Waldhoff* (Fn. 3), Vorb. z. Art. 104a–115 Rn. 663 m. w. N.

[30] Harmonisierung, nicht Vereinheitlichung; Ermächtigungsgrundlage: Art. 113 AEUV für indirekte Steuern; für direkte Steuern gelten die allgemeinen Rechtsangleichungsvorschriften, insb. Art. 115 AEUV; vgl. *H.-D. Höppner*, EuR 1977, 122ff.; *F. Hellinger*, RIW 1976, 363ff.; *Oppermann/Classen/Nettesheim*, Europarecht, § 35 Rn. 6ff.; *Vogel/Waldhoff* (Fn. 3), Vorb. z. Art. 104a–115 Rn. 664ff.; *A. Thiele*, ZEuS 9 (2006), 41 (49ff.); zur umstrittenen Zulässigkeit der Einführung neuer Steuern im Wege der Harmonisierung insb. durch Umweltabgaben vgl. *R. Breuer*, DVBl. 1992, 485 (494ff.); *M. Hilf*, NVwZ 1992, 105ff.; *D. Birk*, Steuern der Mitgliedstaaten auf gemeinschaftsrechtlicher Grundlage, in: ders. (Hrsg.), Handbuch des Europäischen Steuer- und Abgabenrechts, 1995, § 11 Rn. 4ff.; gute Übersicht über die verschiedenen Steuersysteme: *European Commission*, Structures of the taxation systems in the European Union, 2004.

[31] Nur indirekte Steuern können den freien Warenverkehr nachhaltig stören, vgl. *Oppermann/Classen/Nettesheim*, Europarecht, § 35 Rn. 6f.; vgl. auch *Müller-Franken* (Fn. 10), Art. 105 Rn. 35f.

[32] Es bedarf insoweit eines einstimmigen Beschlusses der Mitgliedstaaten im Ministerrat und der Zustimmung der nationalen Parlamente; Art. 311 AEUV i. V. m. dem Ratsbeschluß vom 24.6.1988, ABl. L 185/24ff.

[33] Die ebenfalls als Zölle gelten, s. § 3 I 2 AO 1977.

[34] *Oppermann/Classen/Nettesheim*, Europarecht, § 8 Rn. 19ff.; eingehende Übersicht über die sog. Eigenmittel und ihre Rechtsgrundlage *Häde*, Finanzausgleich (Fn. 26), S. 427ff.; *B. Meermagen*, Beitrags- und Eigenmittelsystem, 2002, S. 130ff.; s. auch *Vogel/Waldhoff* (Fn. 3), Vorb. zu Art. 104a–115 Rn. 651ff. → Vorb. zu Art. 104a–115 Rn. 14; → Art. 106 Rn. 7.

[35] Zu den verschiedenen theoretisch denkbaren Modellen *M. Bothe*, Die Kompetenzstruktur des modernen Bundesstaates in rechtsvergleichender Sicht, 1977, S. 236ff.; vgl. auch die Hinweise bei *Müller-Franken* (Fn. 10), Art. 105 Rn. 39ff.

genmodell die Vereinigten Staaten mit ihrem **völligen Trennsystem** bilden, das dem Bund und den Einzelstaaten nahezu in vollem Umfang die Steuerhoheit überläßt[36].

C. Erläuterungen

I. Allgemeine Bedeutung

6 Die Vorschrift setzt die Steuerhoheit des Staates als Bestandteil der Staatshoheit voraus. Art. 105 GG selbst regelt nur einen gewichtigen Ausschnitt der Steuerhoheit, nämlich die **bundesstaatliche Verteilung der Gesetzgebungskompetenzen**[37]. Die Regelung weist damit die Kompetenz zur Einführung, Abschaffung und Ausgestaltung der Steuern zu. Diese Befugnis umfaßt auch die Festlegung der Steuersätze, die Regelungen des materiellen allgemeinen Steuerrechts[38] sowie die Einräumung von Steuervergünstigungen[39]. Die Begrenzung auf die Steuergesetzgebungskompetenz läßt alle nichtsteuerlichen Abgaben aus der Regelung des Art. 105 GG herausfallen, so daß darauf die allgemeinen Kompetenzvorschriften der Art. 70ff. GG Anwendung finden[40].

7 Die verfassungsmäßigen **Beschränkungen der Steuerhoheit** ergeben sich nicht aus Art. 105 GG. Die Rechtfertigung der Steuern, die verfassungsrechtlichen Maßstäbe der Besteuerung und ihre Grenzen folgen vielmehr aus anderen Vorschriften, vornehmlich aus Art. 3 GG, aber auch aus Art. 14 GG und dem Rechtsstaatsprinzip[41]. Auch die Verteilung der Erträge ist durch Art. 106 GG anderweitig im Detail vorgegeben, die Ertragshoheit ist nicht an die Gesetzgebungskompetenz gebunden[42]. Trotz ihrer vorrangig bundesstaatlichen und staatswirtschaftlichen Funktion erfüllt die Kompetenznorm des Art. 105 GG aber auch eine staatsbürgerliche, rechtsstaatliche Schutzfunktion, indem sie die Ausübung der Besteuerungskompetenz von der Erfüllung bestimmter Voraussetzungen abhängig macht und durch die Festlegung des Umfangs der Regelungsbefugnis die Bürger vor dem ungeordneten Zugriff konkurrierender Hoheitsträger schützt[43]. Dies wird durch die Konstruktion, daß ein gegen

---

[36] *W. Heun*, StWStP 5 (1994), 97 (98ff.) m. w. N.; *S. Lämmer*, Die bundesstaatliche Verteilung der Staatseinnahmen in der Bundesrepublik Deutschland und in den Vereinigten Staaten von Amerika, Diss. jur. Heidelberg 1997, S. 109ff.; *M. Haag*, Die Aufteilung steuerlicher Befugnisse im Bundesstaat, 2011, S. 39ff. mit Vergleich des deutschen, des US-amerikanischen und des kanadischen Systems.

[37] Zu den begrifflichen Differenzierungen zwischen Finanzhoheit, Steuerhoheit, Ertragshoheit, Verwaltungshoheit, Rechtsprechungshoheit, Finanzgewalt etc. vgl. *Stern*, Staatsrecht II, S. 1089f.

[38] Das Verfahrensrecht wird von Art. 108 V GG erfaßt, s. *Vogel/Walter* (Fn. 13), Art. 105 Rn. 12, 14; Art. 105 i. V. m. Art. 108 GG bildet insofern die Grundlage der Abgabenordnung; *H. Fischer-Menshausen*, in: I. v. Münch/P. Kunig (Hrsg.), Grundgesetzkommentar, Bd. III, 3. Aufl. 1996, Art. 105 Rn. 18; Jarass/*Pieroth*, GG, Art. 105 Rn. 33; *H. Siekmann*, in: Sachs, GG, Art. 105 Rn. 1 mit Fn. 2; *M. Heintzen*, in: v. Münch/Kunig, GG II, Art. 105 Rn. 43f. → Art. 108 Rn. 24.

[39] Vgl. BVerfGE 8, 51 (62); 72, 200 (245); *Siekmann* (Fn. 38), Art. 105 Rn. 1; Jarass/*Pieroth*, GG, Art. 105 Rn. 33.

[40] BVerfGE 55, 274 (297); *Fischer-Menshausen* (Fn. 38), Art. 105 Rn. 4, 6b, 9; *J. Isensee*, Nichtsteuerliche Abgaben – Ein weißer Fleck in der Finanzverfassung, in: Staatsfinanzierung im Wandel (Schriften des Vereins für Socialpolitik N. F. 134), 1983, S. 435ff. (437f.); *R. Wendt*, HStR IV, § 104 Rn. 44; *Siekmann* (Fn. 38), Art. 105 Rn. 1; *Seiler* (Fn. 10), Art. 105 Rn. 116ff.; zu den Sonderabgaben: → Rn. 24ff.

[41] Vgl. hierzu den knappen Überblick von *Fischer-Menshausen* (Fn. 38), Art. 105 Rn. 5; *P. Kirchhof/H. H. v. Arnim*, Besteuerung und Eigentum, VVDStRL 39 (1981), S. 213ff., 286ff. → Art. 3 Rn. 75; → Art. 14 Rn. 66, 68.

[42] *Siekmann* (Fn. 38), Art. 105 Rn. 2; im einzelnen: → Art. 106 Rn. 12.

[43] BVerfGE 55, 274 (302); 67, 256 (288f.); *Fischer-Menshausen* (Fn. 38), Art. 105 Rn. 5; *R. Wendt*,

Kompetenzvorschriften verstoßendes Gesetz die berührten Grundrechte verletzt, verfassungsrechtlich weiter abgesichert[44].

8 Die Verteilung der Steuergesetzgebungskompetenzen durch Art. 105 GG bestimmt das Ausmaß finanzieller Selbständigkeit der Glieder des Bundesstaats sowie den Grad der Einheitlichkeit des Steuerrechts und der Steuerbelastung[45]. Art. 105 GG hat dem Bund den Weg zu einer fast durchgehenden bundeseinheitlichen Steuergesetzgebung eröffnet, indem er zwar nur die Zölle und Finanzmonopole der ausschließlichen Gesetzgebungskompetenz des Bundes zugeordnet hat, aber dem **Bund** zugleich eine **kaum begrenzte konkurrierende Gesetzgebungskompetenz** für alle wichtigen Steuern eingeräumt hat[46], die der Bund weidlich ausgenutzt hat[47]. Bundesstaatlich war dies nur durch die Entkoppelung der Ertragshoheit von der Gesetzgebungskompetenz gerechtfertigt. Es hat jedoch die Länderhaushalte in eine nahezu vollständige Abhängigkeit von der Steuergesetzgebungskompetenz des Bundes gebracht, die durch die Zustimmungsbedürftigkeit seitens des Bundesrats nur partiell aufgefangen wird[48]. Finanz- und wirtschaftspolitisch werden dadurch, trotz der bundesstaatlichen Strukturen die Rechts- und Wirtschaftseinheit, die Einheitlichkeit der Lebensverhältnisse und die Rationalität der Steuergesetzgebung sowie die flexible Steuerungsfähigkeit des Interventionsstaats in besonderem Maß gesichert[49].

9 Im Hinblick auf die hochgradige Abhängigkeit der Länder von den Einnahmen aus Bundessteuern und dem Finanzausgleich sind in den letzten Jahren vielfach **Reformvorschläge** unterbreitet worden, die den Ländern wieder stärker eigenständige Besteuerungskompetenzen, etwa ein Hebesatzrecht oder Zuschlagsrecht zur Einkommensteuer, übertragen oder sogar ein freies Trennsystem einführen wollen, um auf diese Weise deren Autonomie zu stärken. Beweggründe sind vor allem die Verdeutlichung des Zusammenhangs von Ausgaben und Abgabebelastung, die Eigenverantwortlichkeit der Länder, der föderale Wettbewerb und die damit verbundenen allokativen Effizienzsteigerungen[50]. Die Verstärkung der autonomen Steuerkompetenzen würde allerdings zum gegenwärtigen Zeitpunkt das (Wohlstands-) Gefälle zwischen westlichen und östlichen bzw. südlichen und nördlichen Bundesländern eher verschärfen und beruht wohl auch – jedenfalls in der Bundesrepublik Deutschland – auf nicht

HStR IV, § 104 Rn. 17; *K. H. Friauf*, Zur Zulässigkeit von außersteuerlichen Sonderabgaben, in: FS Haubrichs, 1977, S. 103ff. (107f.).

[44] Vgl. im vorliegenden Zusammenhang *C. Starck*, Überlegungen zum verfassungsrechtlichen Steuerbegriff, in: FS Wacke, 1972, S. 193ff. (194, 206); *Fischer-Menshausen* (Fn. 38), Art. 105 Rn. 5; generell: → Art. 2 I Rn. 42.

[45] *Fischer-Menshausen* (Fn. 38), Art. 105 Rn. 2; *R. Wendt*, HStR³ VI, § 139 Rn. 17; *Müller-Franken* (Fn. 10), Art. 105 Rn. 6.

[46] Vgl. die Diagnose mit kritischem Unterton bei *Heintzen* (Fn. 38), Art. 105 Rn. 6ff.

[47] Auflistung der Steuergesetze des Bundes in Fn. 155.

[48] Vgl. *Häde*, Finanzausgleich (Fn. 26), S. 167; *I. Kesper*, Bundesstaatliche Finanzordnung, 1998, S. 235.

[49] Vgl. *W. Heun*, Der Staat 31 (1992), 205 (214); *Fischer-Menshausen* (Fn. 38), Art. 105 Rn. 2; allgemein zu den ökonomischen Zielen der Steuerverteilung *J. Hinnendahl*, Die Steuerverteilung zwischen Bund und Ländern in der Bundesrepublik Deutschland, 1974, S. 42ff.

[50] Vgl. *Sachverständigenrat*, Gutachten 1990/91, BT-Drs. 11/8472, Tz. 438ff.; *R. Wendt*, HStR IV, § 104 Rn. 43; *R. Peffekoven*, StWStP 1 (1990), 485 (505f.); *K. Littmann*, StWStP 2 (1991), 31 (40ff.); *R. Hendler*, DÖV 1993, 292 (298); *K.-D. Henke*, StWStP 4 (1993), 10ff.; *M. Junkernheinrich*, Beihefte zur Konjunkturpolitik 41 (1993), 167 (178); *Fischer-Menshausen* (Fn. 38), Art. 105 Rn. 3 m. w. N.; *Kesper*, Finanzordnung (Fn. 48), S. 236f.; *Bertelsmann-Kommission »Verfassungspolitik & Regierungsfähigkeit«*, Entflechtung 2005, 2000, S. 19f.

ganz unzweifelhaften Annahmen über die Reaktionen und die Mobilität der Bürger bei unterschiedlichen Steuersätzen in verschiedenen Gebietskörperschaften[51].

II. Die Abgabenarten nach dem Grundgesetz

1. Der verfassungsrechtliche Steuerbegriff

10 **Art. 105 GG** verteilt die Steuergesetzgebungskompetenzen und **setzt** dabei den **Steuerbegriff voraus**[52]. Die Schutzfunktion der Kompetenznorm verlangt dabei, daß der Steuerbegriff eindeutig bestimmbar und die Steuern von anderen hoheitlichen Abgaben klar abgrenzbar sind[53], damit die finanzverfassungsrechtlichen Kompetenz- und Verteilungsregeln nicht unterlaufen werden. Darüber hinaus gelten für Steuern und für andere Abgaben verschiedene Rechtfertigungsgründe[54]. Für die Abgrenzung ist im übrigen der materielle Gehalt der Abgabe, nicht die Bezeichnung durch den Gesetzgeber maßgebend[55].

11 Vielfach wird ein verfassungsrechtlicher Vorrang der Steuerfinanzierung vor anderen Finanzierungsformen angenommen. Ein solcher Vorrang ist dem Begriff des Steuerstaats, der den modernen Staat deskriptiv zutreffend charakterisiert, jedoch nicht zu entnehmen[56]. Allerdings ist aus den Regelungen der Finanzverfassung in Art. 105ff. GG, die nahezu ausschließlich auf die Steuern abstellen, zu erschließen, daß der Verfassunggeber eine Grundsatzentscheidung für die Finanzierung des Staates durch **Steuern als Regeltypus** der Geldlast getroffen hat[57]. Die Finanzierung der allgemeinen Staatsaufgaben[58] muß daher in der Regel durch Steuern und darf nur aufgrund besonderer Rechtfertigung durch andere Abgaben erfolgen[59]. Unmittelbar folgt daraus indes nur, daß die Auferlegung nichtsteuerlicher Abgaben einer besonderen Legitimation bedarf[60]. Eine qualifizierende Festlegung dahingehend, daß der Staatsbedarf im

---

[51] *W. Heun*, Der Staat 31 (1992), 205 (215).

[52] Vgl. *Vogel/Waldhoff* (Fn. 3), Vorb. z. Art. 104a–115 Rn. 360; *Fischer-Menshausen* (Fn. 38), Art. 105 Rn. 6a.

[53] *Starck*, Überlegungen (Fn. 44), S. 193; *Friauf*, Zulässigkeit (Fn. 43), S. 103f.; *Fischer-Menshausen* (Fn. 38), Art. 105 Rn. 6.

[54] Vgl. hier nur BVerfGE 78, 249 (266f.); 82, 159 (181).

[55] Unstr.: BVerfGE 7, 244 (251f.); 14, 312 (319); 49, 343 (353); 55, 274 (304f.); 93, 319 (345); *D. Wilke*, Gebührenrecht und Grundgesetz, 1973, S. 135; *Heintzen* (Fn. 38), Art. 105 Rn. 11.

[56] In diese Richtung aber BVerfGE 78, 249 (266f.); *Isensee*, Steuerstaat (Fn. 3), S. 420ff.; *K. Vogel*, HStR³ II, § 30 Rn. 69f.; *ders.*, HStR IV, § 87 Rn. 43; *M. Wienbracke*, Bemessungsgrenzen der Verwaltungsgebühr, 2004, S. 68ff. m.w.N.; *ders.*, StuW 2005, 81ff.; *Seiler* (Fn. 10), Art. 105 Rn. 41ff.; kritisch *H. Siekmann*, in: Sachs, GG, Vor Art. 104a Rn. 69; *R. Hendler*, AöR 115 (1990), 577 (595ff.); *W. Heun*, Die Entwicklung des Steuerstaatskonzepts in theoretischer und tatsächlicher Hinsicht, in: U. Sacksofsky/J. Wieland (Hrsg.), Vom Steuerstaat zum Gebührenstaat, 2000, S. 10ff. (19ff.); *U. Sacksofsky*, Umweltschutz durch nichtsteuerliche Abgaben, 2000, S. 126ff., 161ff.; wohl auch *Heintzen* (Fn. 38), Art. 105 Rn. 2f.; *C. v. Stockhausen*, Gesetzliche Preisintervention zur Finanzierung öffentlicher Aufgaben, 2007, S. 234ff.; *A. Schmehl*, Das Äquivalenzprinzip im Recht der Staatsfinanzierung, 2004, S. 71ff.; *M. Droege*, Die Verwaltung 46 (2013), 313 (321ff.).

[57] Vgl. *P. Kirchhof*, HStR IV, § 88 Rn. 45; *Siekmann* (Fn. 56), Vor Art. 104a Rn. 71f.; *F. Weyreuther*, UPR 1988, 161 (167).

[58] Vgl. den Vorbehalt von *L. Osterloh*, NJW 1982, 1617 (1619f.) im Hinblick auf die Sozialversicherungsbeiträge.

[59] BVerfGE 78, 249 (266f.); 82, 159 (178); *K. Vogel*, HStR³ II, § 30 Rn. 71; *ders.*, HStR IV, § 87 Rn. 43; *Siekmann* (Fn. 56), Vor Art. 104a Rn. 72f.

[60] BVerfGE 78, 249 (267); 82, 159 (181). → Rn. 24.

Gesamtergebnis tatsächlich zum allergrößten Teil durch Steuern finanziert werden muß[61], erscheint dagegen schon nicht mehr haltbar.

Ungeachtet der weitgehenden Orientierung des grundgesetzlichen Steuerbegriffs an der traditionellen einfachgesetzlichen Definition in § 1 I RAO, § 3 I AO 1977[62] ist der **verfassungsrechtliche Steuerbegriff eigenständig** aus der Verfassung zu entwickeln[63]. Er ist auch nicht vollständig deckungsgleich mit dem einfachgesetzlichen Begriff[64], der ohnehin für die Verfassung nicht verbindlich sein kann[65]. 12

Die **Begriffselemente** sind im wesentlichen unstreitig. »Steuern im Sinne des Grundgesetzes sind einmalige und laufende Geldleistungen, die nicht Gegenleistung für eine besondere Leistung darstellen und von einem öffentlich-rechtlichen Gemeinwesen zur Erzielung von Einkünften allen auferlegt werden, bei denen der Tatbestand zutrifft, an den das Gesetz die Leistungspflicht knüpft«[66]. Die Abgabe muß daher **Geldleistungen** und darf nicht Natural- oder Dienstleistungen fordern[67]. Die Geldleistung darf ferner nicht Gegenleistung oder Entgelt für eine besondere Leistung des Staates sein. Das unterscheidet die Steuer von den Kausalabgaben[68]. Rechtlich besteht nicht einmal ein Zusammenhang mit den allgemeinen Leistungen des Staates im Sinne der Steuerrechtfertigung[69]. Steuern werden vielmehr **voraussetzungslos** geschuldet[70]. Auch deshalb sind Steuern einseitig hoheitlich auferlegte Belastungen[71]. Schließlich müssen Steuern der **Erzielung von Einnahmen** zur Deckung des allgemeinen Finanzbedarfs mit dem Ziel der Erfüllung öffentlicher Aufgaben dienen[72]. Die Erzielung der Einnah- 13

---

61 So *Siekmann* (Fn. 56), Vor Art. 104a Rn. 73.

62 Zunächst wurde allgemein angenommen, daß der Verfassunggeber von dieser Definition ausging (Rezeptionsthese), BVerfGE 3, 407 (435); 7, 244 (251); 38, 61 (79f.); 49, 343 (372); 67, 256 (282); BVerwGE 32, 257 (259); BFHE 78, 116 (124); 141, 369 (371); *Fischer-Menshausen* (Fn. 38), Art. 105 Rn. 6a; *H. W. Kruse*, Lehrbuch des Steuerrechts I, 1991, S. 30; später wurde immer mehr die Eigenständigkeit des verfassungsrechtlichen Steuerbegriffs betont, zur Entwicklung der Diskussion vgl. *P. Selmer*, Steuerinterventionismus und Verfassungsrecht, 1972, S. 76ff., 80ff.; *ders.*, AöR 101 (1976), 238 (247ff.); *W. Knies*, Steuerzweck und Steuerbegriff, 1976, S. 42ff.; *K. H. Friauf*, Die Finanzverfassung in der Rechtsprechung des Bundesverfassungsgerichts, in: Festgabe BVerfG, Bd. II, S. 300ff. (303f.); *H. Schaefer*, Der verfassungsrechtliche Steuerbegriff, 1997, S. 13ff., 53ff.

63 Wobei die AO als Auslegungshilfe herangezogen werden kann: *Vogel/Walter* (Fn. 13), Art. 105 Rn. 33; *Stern*, Staatsrecht II, S. 1098; *K. Vogel*, HStR IV, § 87 Rn. 44; *Siekmann* (Fn. 56), Vor Art. 104a Rn. 75; *Häde*, Finanzausgleich (Fn. 26), S. 141; *M. Jachmann*, in: v. Mangoldt/Klein/Starck, GG III, Art. 105 Rn. 3.

64 BVerfGE 55, 274 (299); 67, 256 (282); *Heintzen* (Fn. 38), Art. 105 Rn. 12; eingehend zum Rezeptionsargument *Schaefer*, Steuerbegriff (Fn. 62), S. 13ff.

65 Vgl. *Vogel/Waldhoff* (Fn. 3), Vorb. zu Art. 104a–115 Rn. 367ff.; zum Problem *W. Leisner*, Von der Verfassungsmäßigkeit der Gesetze zur Gesetzmäßigkeit der Verfassung, 1964, S. 35.

66 BVerfGE 49, 343 (353); 65, 325 (344); 72, 330 (433).

67 Vgl. BVerfGE 13, 137 (171f.); *P. Kirchhof*, Jura 1983, 505 (506); *D. Birk*, Steuerrecht I, 2. Aufl. 1994, § 4 Rn. 6.

68 → Rn. 19, 25.

69 Vgl. hier nur *K. Vogel*, HStR³ II, § 30 Rn. 64ff.; zur Reichweite des finanzwissenschaftlichen Äquivalenzprinzips *H. Haller*, Die Steuern, 3. Aufl. 1981, S. 13ff., 16ff.; *P. Bohley*, Gebühren und Beiträge, 1977, S. 103ff.

70 Vgl. BVerfGE 67, 256 (274f.); 78, 249 (267); eine erhebliche Überschreitung der Kosten oder des Nutzwertes der korrespondierenden Leistungen hebt die Gegenleistungsabhängigkeit nicht auf und macht eine Abgabe daher nicht zur Steuer; so aber *G. Kreft*, DVBl. 1977, 369 (373); *ders.*, Die begriffliche Abgrenzung von Steuer und Gebühr, Diss. jur. Göttingen 1968, S. 46ff.; *Fischer-Menshausen* (Fn. 38), Art. 105 Rn. 6a.

71 *Birk*, Steuerrecht I (Fn. 67), § 4 Rn. 6.

72 Hier liegt der Unterschied zu solchen Kausalabgaben wie Säumniszuschlägen, Zwangsgeldern, Geldbußen oder -strafen, aber auch bestimmten Sonderabgaben: → Rn. 24ff.

men kann Nebenzweck sein[73]; ist die Erfüllung des Abgabentatbestandes aber praktisch unmöglich, wirkt die Abgabe also wie ein Verbot, liegt keine Steuer vor[74]. Die Einnahmenerzielung hebt den verfassungsrechtlichen auch von dem finanzwissenschaftlichen Steuerbegriff ab[75]. Das Begriffsmerkmal der Einnahmenerzielung erfordert außerdem, daß die gezahlten Geldleistungen endgültig bei den öffentlichen Gemeinwesen verbleiben, so daß (rückzahlbare) Zwangsanleihen keine Steuern sind[76].

14 Nicht völlig geklärt und umstritten ist dagegen, was genau unter der Voraussetzung der »**Auferlegung**« durch ein öffentlich-rechtliches Gemeinwesen zu verstehen ist. Vereinzelt wird unter Auferlegung die gesetzliche Begründung der Abgabepflicht verstanden, mit der Folge, daß sich der Steuerbegriff auf die von Bund, Ländern, Gemeinden und Kirchen erhobenen Abgaben beschränkt[77]. Überwiegend wird dagegen auf die Erhebung durch Einzelakt abgestellt, wobei es nach zutreffender und überwiegender Auffassung nicht darauf ankommt, welche juristische Person des öffentlichen Rechts Gläubiger der Abgabeschuld ist[78]. Davon zu unterscheiden ist die Frage[79], inwieweit die Ertragsberechtigung Qualifikationsmerkmal des verfassungsrechtlichen Steuerbegriffs ist. Nach wiederum zutreffender Auffassung ist die **Ertragsberechtigung für den Steuerbegriff unerheblich**[80], da der Gesetzgeber durch die Zuweisung des Ertrages an selbständige juristische Personen eine Abgabe von vorneherein der Steuerverfassung entziehen könnte und sich im übrigen kaum lösbare Abgrenzungsprobleme stellen würden[81].

15 Die **Verfolgung anderer Zwecke** neben der Einnahmenerzielung durch eine Abgabe ist für die Einordnung als Steuer nicht maßgeblich. Eine Zweckbindung des Steueraufkommens wie bei der Mineralölsteuer ändert nichts an der Qualifikation als Steuer[82],

---

[73] Vgl. BVerfGE 30, 250 (264); 36, 66 (70); 38, 61 (79); explizit dann § 3 I 1 2. HS AO 1977; auf die Ertragsrelevanz, nicht den Ertragszweck stellt ab *Knies*, Steuerzweck (Fn. 62), S. 123ff.

[74] Die »Erdrosselungssteuer« ist begrifflich keine Steuer, BVerfGE 38, 61 (81, 85ff.); 87, 153 (169); 98, 106 (118, Rn. 59); BVerwGE 6, 247 (267); vgl. bereits Preuß. OVG PrVBl. 38 (1917), 116f.; s. auch *R. Scholz/J. Aulehner*, BB 1991, 73 (74ff.); *Fischer-Menshausen* (Fn. 38), Art. 105 Rn. 6a; kritisch *Heintzen* (Fn. 38), Art. 105 Rn. 14. → Art. 12 Rn. 71.

[75] *G. Schmölders/K. H. Hansmeyer*, Allgemeine Steuerlehre, 1980, S. 68ff.

[76] BVerfGE 4, 7 (14f.); 67, 256 (281ff.); vgl. dazu auch *H. Beckmann*, Verfassungsrechtsfragen im Grenzbereich zwischen Steuern und besonderen Abgaben, Diss. jur. Köln 1976, S. 56ff.; *D. Birk*, BB 1982, 2121ff.; *ders.*, Jura 1985, 143ff.; *H.-W. Arndt*, Steuern, Sonderabgaben und Zwangsanleihen, 1983, S. 45ff.; *P. Henseler*, NVwZ 1985, 398ff.; *J. Hofmann*, DVBl. 1986, 537ff.; zum Fall des Körperschaftsteuermoratoriums *D. Birk*, Rückzahlbare Steuern und hinausgeschobene Steuererstattungen, in: GedS C. Trzaskalik, 2005, S. 345ff.

[77] So *W. Richter*, Zur Verfassungsmäßigkeit von Sonderabgaben, 1977, S. 24f., 50ff.; dadurch werden allerdings nur körperschaftliche Verbandslasten aus dem Steuerbegriff eliminiert, s. auch *P. Henseler*, Begriffsmerkmale und Legitimation von Sonderabgaben, 1984, S. 28f.

[78] Vgl. *Selmer*, Steuerinterventionismus (Fn. 62), S. 192f.; *J. Isensee*, Umverteilung durch Sozialversicherungsbeiträge, 1973, S. 38f.; *Henseler*, Begriffsmerkmale (Fn. 77), S. 29; *Fischer-Menshausen* (Fn. 38), Art. 105 Rn. 6a; dagegen Beschränkung auf Bundes-, Landes- oder Kommunalbehörden bei BVerfGE 10, 141 (176); zusätzlich Einbeziehung nur der Kirchen bei *Vogel/Waldhoff* (Fn. 3), Vorb. z. Art. 104a–115 Rn. 378.

[79] So jetzt auch *Siekmann* (Fn. 56), Vor Art. 104a Rn. 81.

[80] *T. Maunz*, in: Maunz/Dürig, GG, Art. 105 (1979), Rn. 4; *Fischer-Menshausen* (Fn. 38), Art. 105 Rn. 6a; *W. Heun*, DVBl. 1990, 666 (668f.); a. A. *Vogel/Waldhoff* (Fn. 3), Vorb. z. Art. 104a–115 Rn. 378; *Jachmann* (Fn. 63), Art. 105 Rn. 5; differenzierend *Henseler*, Begriffsmerkmale (Fn. 77), S. 30ff.

[81] Vgl. im einzelnen *W. Heun*, DVBl. 1990, 666 (668f.); s. auch *Fischer-Menshausen* (Fn. 38), Art. 105 Rn. 6a.

[82] BVerfGE 7, 244 (254); 9, 291 (300); 49, 343 (354); *R. Mußgnug*, Die zweckgebundene öffentliche Abgabe, in: FS Forsthoff, 1972, S. 259ff. (288f.); *Heintzen* (Fn. 38), Art. 105 Rn. 15.

steht aber im Widerspruch zum Haushaltsgrundsatz der Gesamtdeckung[83]. Derartige Zwecksteuern sind deshalb problematisch, aber nicht prinzipiell unzulässig[84].

Angesichts der vielfältigen politischen, wirtschaftlichen, ökologischen und sozialen **16** Auswirkungen aller Steuern erfüllt eine Steuer immer zugleich auch nichtfiskalische Funktionen. Der moderne Interventionsstaat setzt die Steuern dementsprechend auch bewußt als **Steuerungs- und Lenkungsinstrument** ein[85]. Die Verfolgung derartiger Zwecke ist grundsätzlich zulässig[86] und läßt sich schon begrifflich kaum auf Nebenzwecke beschränken[87]. Der Lenkungszweck muß jedoch mit hinreichender Bestimmtheit tatbestandlich vorgezeichnet sein[88]. Im Fall einer Kollision mit dem Grundsatz der Leistungsfähigkeit und anderen verfassungsrechtlichen Maßstäben bedürfen sie freilich der besonderen Rechtfertigung[89]. In kompetenzrechtlicher Hinsicht umfaßt die steuerliche Gesetzgebungskompetenz angesichts des Einschlußes nichtfiskalischer Zwecksetzungen in den Steuerbegriff auch die Zuständigkeit für die entsprechenden Lenkungs- und Gestaltungsziele[90]. Die mißbräuchliche Umgehung der allgemeinen

---

[83] *Fischer-Menshausen* (Fn. 38), Art. 105 Rn. 6a; *Siekmann* (Fn. 38), Art. 105 Rn. 58; zum Non-Affektationsprinzip: → Art. 110 Rn. 17; eine überwiegende Zweckbindung der gesamten Steuereinnahmen wäre deshalb – nicht wegen Verstoßes gegen das parlamentarische Budgetrecht (so aber Jarass/*Pieroth*, GG, Art. 105 Rn. 6) – unzulässig, zutreffend *Siekmann*, ebd. Rn. 61; vgl. auch *P. Kirchhof*, Besteuerungsgewalt und Grundgesetz, 1973, S. 65 ff.; generell ablehnend *A. Musil*, DVBl. 2007, 1526 ff.

[84] BVerfGE 36, 66 (70 f.); 49, 343 (353 f.); 65, 325 (344); wobei der Kreis der Abgabepflichtigen nicht auf Personen beschränkt ist, die aus dem Zweck einen Vorteil ziehen. Zweckuntaugliche Zwecksteuern sind unzulässig, BVerwGE 66, 140 (144); in der Finanzwissenschaft wird dagegen im Hinblick auf das Äquivalenzprinzip wieder verstärkt für eine Ausweitung zweckgebundener Einzelsteuern plädiert, vgl. *B. Hansjürgens*, Äquivalenzprinzip und Staatsfinanzierungsrecht, 2001, S. 218 ff. m. w. N.; vgl. dagegen wiederum *C. Waldhoff*, HStR³ V, § 116 Rn. 133 ff.; s. auch *ders.*, StuW 2002, 285 ff.; zum Problem vgl. auch *L. Hummel*, Verfassungsrechtsfragen der Verwendung staatlicher Einnahmen, 2008, S. 283 ff.

[85] Dezidiert BVerfGE 55, 274 (299); 67, 256 (282); 98, 106 (117, Rn. 58); vgl. umfassend jetzt *R. Wernsmann*, Verhaltenslenkung in einem rationalen Steuersystem, 2005, S. 5 ff.

[86] BVerfGE 84, 239 (274); 93, 121 (147); 98, 106 (117, Rn. 58); *R. Breuer*, DVBl. 1992, 485 (489 ff.); *H. Weber-Grellet*, NJW 2001, 3657 ff.; *M. Rodi*, JZ 2000, 827 ff.; *Wernsmann*, Verhaltenslenkung (Fn. 85), S. 176 ff.; *K. Vogel*, Neue Diskussion über die Gesetzgebungszuständigkeit für Lenkungssteuern, in: FS Badura, 2004, S. 589 ff. (592 ff.); eher kritisch dagegen *F. Kirchhof*, DVBl. 2000, 1166 ff.; *P. Kirchhof*, Lenkungssteuern, in: GedS C. Trzaskalik, 2005, S. 395 ff.; sowie aus ökonomischer Sicht *P. Bareis*/*T. Elser*, DVBl. 2000, 1176 ff.; umfassende Analyse bei *C. Trzaskalik*, Inwieweit ist die Verfolgung ökonomischer, ökologischer und anderer öffentlicher Zwecke durch Instrumente des Abgabenrechts zu empfehlen?, DJT 63 (2000), Bd. I, E 16 ff., 65 ff.; historischer Überblick bei *A. Musil*, Der Staat 46 (2007), 420 ff.; *Wernsmann*, Verhaltenslenkung (Fn. 85), S. 19 ff.; überspannte Rechtfertigung verlangt *Seiler* (Fn. 10), Art. 105 Rn. 61 ff.

[87] Vgl. *Selmer*, Steuerinterventionismus (Fn. 62), S. 124 ff.; *Knies*, Zweckbegriff (Fn. 62), S. 78 ff., 87 ff., 123 ff.; *D. G. Bodenheim*, Der Zweck der Steuer, 1979, S. 211 ff.; *Fischer-Menshausen* (Fn. 38), Art. 105 Rn. 8.

[88] BVerfGE 93, 121 (148); 99, 280 (296, Rn. 73); *M. Rodi*, JZ 2000, 827 (832); *E. Haas*, Ist die sogenannte Ökosteuer verfassungsgemäß?, in: FS Mußgnug, 2005, S. 205 ff. (208).

[89] Vgl. *G. F. Schuppert*, Verfassungsrechtliche Prüfungsmaßstäbe bei der verfassungsgerichtlichen Überprüfung von Steuergesetzen, in: FS Zeidler, 1987, Bd. I, S. 691 ff. (706 ff.); *K. Tipke*, StuW 1994, 58 (59); *L. Schemmel*, StuW 1995, 39 (43 ff.); *M. Rodi*, Die Rechtfertigung von Steuern als Verfassungsproblem, 1994, S. 82 ff., 98 ff. → Art. 3 Rn. 76.

[90] BVerfGE 13, 181 (196 f.); 14, 76 (99); 16, 147 (160 ff.); 36, 66 (70 f.); 38, 61 (79 f.); 98, 106 (118, Rn. 60); BVerwGE 96, 272 (287 f.) mit zustimmender Anm. *C. Müller-Dehn*, JZ 1995, 200 ff.; *Heintzen* (Fn. 38), Art. 105 Rn. 34; *Jachmann* (Fn. 63), Art. 105 Rn. 26; ablehnend *A. Gern*, NVwZ 1995, 771 f.; *Fischer-Menshausen* (Fn. 38), Art. 105 Rn. 9; *Maunz* (Fn. 80), Art. 105 Rn. 24; *Starck*, Überlegungen (Fn. 44), S. 206 ff.; *H. W. Rengeling*, HStR³ VI, § 135 Rn. 224; *B. Sipp-Mereier*, KStZ 1993,

Kompetenznormen durch steuerliche Regelungen ist allerdings unzulässig[91]; wenn die steuerliche Lenkung nach Gewicht und Auswirkung in eine reine Verwaltungsfunktion mit Verbotscharakter umschlägt, bedarf der Steuergesetzgeber vielmehr auch der Sachkompetenz[92]. Nach neuerer Rechtsprechung des Bundesverfassungsgerichts soll der Abgabengesetzgeber aufgrund des Rechtsstaatsprinzips auch dazu verpflichtet sein, keine (steuerlichen) Lenkungswirkungen zu erzeugen, die im Widerspruch zu den Regelungen des Sachgesetzgebers stehen, was nicht nur im konkreten Fall der Verpackungsabgaben zweifelhaft ist und heftige Kritik erfahren hat[93]. Die Lösung eines Konflikts zwischen Sach- und Steuergesetzgebung ist im Einzelfall schwierig[94], sollte sich aber vornehmlich an den allgemeinen Kollisionsregeln ausrichten. Auf derselben Ebene, also jeweils Bundes- und Länderebene, gilt hier ohne Einschränkung die lex-posterior Regel. Im Verhältnis zwischen Bundes- und Landesgesetzgeber wird man prinzipiell ebenfalls auf die allgemeinen Regeln, also den Vorrang des Bundesrechts abstellen müssen, der nur in engen Grenzen durch die Bundestreue beschränkt sein kann[95].

17 Die **Steuergesetzgebungskompetenz umfaßt** prinzipiell auch die **Gewährung von Steuervergünstigungen**, die mit Subventionsausgaben funktional äquivalent sind. Durch diese Kompetenz, vornehmlich des Bundes, droht keine Aushöhlung der Sach- und Verwaltungskompetenzen der Länder, da die Regelung des Art. 104a III GG für entsprechende Leistungsgesetze mit überwiegendem Finanzierungsanteil des Bundes die Bundesauftragsverwaltung vorsieht und bei erheblicher Länderbeteiligung der Zustimmungsvorbehalt des Bundesrats eingreift. Damit bestehen zwischen Leistungsgesetzen (Art. 104a III GG) und Steuersubventionen (Art. 105 III, 108 III GG) kompetenzrechtlich im Hinblick auf Auftragsverwaltung und Zustimmungsbedürftigkeit keine wesentlichen Unterschiede[96]. Die Steuergesetzgebungszuständigkeit ist nur

---

227ff.; zur Einwirkung auf die jeweiligen anderen Kompetenzbereiche BVerfGE 13, 181 (196f.); 61, 149 (204ff.).

[91] Generell für Doppelzuständigkeit daher *Selmer*, Steuerinterventionismus (Fn. 62), S. 164; *Knies*, Steuerzweck (Fn. 62), S. 140ff.; *Stern*, Staatsrecht II, S. 1105; *K. Vogel*, HStR IV, § 87 Rn. 52; *R. Wendt*, HStR³ VI, § 139 Rn. 20; Jarass/*Pieroth*, GG, Art. 105 Rn. 4; *W. Kluth*, DVBl. 1992, 1261 (1265); wohl auch *Siekmann* (Fn. 56), Vor Art. 104a Rn. 15f.; unklar *P. Kirchhof*, HStR³ V, § 118 Rn. 53ff.; vgl. auch *R. Barthelmann*, Der gestaltende Steuergesetzgeber im Konflikt mit dem Sachgesetzgeber, 2006, S. 48ff.

[92] BVerfGE 38, 61 (81); 98, 106 (117f., Rn. 59); BVerwGE 96, 272 (288); *Fischer-Menshausen* (Fn. 38), Art. 105 Rn. 9.

[93] BVerfGE 98, 106 (118ff., Rn. 61ff.); 98, 83 (98, Rn. 141); sowie dazu *W. Kluth*, DStR 1998, 892f.; *M. Bothe*, NJW 1998, 2333; *H. Krüger*, EWiR 1998, 653f.; *H. Sendler*, NJ 1998, 365f.; *ders.*, NJW 1998, 2875ff.; *C. Schrader*, ZUR 1998, 152f.; *M. Führ*, KritJ 31 (1998), 483f.; *J. Eschenbach*, ZKF 1998, 246ff.; *A. T. Jobs*, DÖV 1998, 1039ff.; *C. Weidemann*, DVBl. 1999, 73ff.; *R. Schmidt/L. Diederichsen*, JZ 1999, 37ff.; *H. D. Jarass*, AöR 126 (2001), 588ff.; *J. Wieland*, Finanzverfassung, Steuerstaat und föderaler Ausgleich, in: FS 50 Jahre BVerfG, Bd. II, S. 771ff. (785f.); zustimmend jedoch *M. M. Kohl*, Das Prinzip der widerspruchsfreien Normgebung, 2007, S. 74ff.

[94] Vgl. zum Problem und den möglichen Konfliktlösungen *R. Barthelmann*, Der gestaltende Steuergesetzgeber im Konflikt mit dem Sachgesetzgeber, 2006, S. 48ff.; verfehlt ist die dogmatische Konstruktion einer Trennung der Kompetenzen für Einnahmen, Aufgaben und Ausgaben, wie sie *H. Kube*, Finanzgewalt in der Kompetenzordnung, 2004, S. 110ff. unterstellt; dem aber auch folgend *Stockhausen*, Preisintervention (Fn. 56), S. 246ff.

[95] Vgl. auch *Wernsmann*, Verhaltenslenkung (Fn. 85), S. 183ff.; *Barthelmann*, Steuergesetzgeber (Fn. 94), S. 120ff.; ein generelles Gebot widerspruchsfreier Normgebung (so *M. Kloepfer/K. T. Bröker*, DÖV 2001, 1ff.) ist verfassungsrechtlich nicht haltbar.

[96] Eingehend dazu *Selmer*, Steuerinterventionismus (Fn. 62), S. 175ff.; *Fischer-Menshausen* (Fn. 38), Art. 105 Rn. 10.

dann keine ausreichende Kompetenzgrundlage, wenn Subventionen von Finanzämtern verwaltet und unmittelbar aus dem örtlichen Steueraufkommen ausgezahlt werden, die Subventionen trotz ihrer formalen Regelung im Rahmen von Steuergesetzen aber mit den steuerlichen Erhebungstatbeständen in keinem inneren Zusammenhang stehen und sogar ohne Rücksicht auf die Steuerpflichtigkeit des Begünstigten gewährt werden[97]. Soweit die Sachkompetenzen vor allem des Art. 74 GG die Subvention tragen, liegt in diesen Fällen zwar ein Verstoß gegen die insoweit nicht verfassungsrechtlich abgesicherten haushaltsrechtlichen Grundsätze der Haushaltsklarheit und des Bruttoprinzips vor[98], indes kein Verfassungsverstoß gegen Art. 104a III GG, so daß sich die fehlende Fundierung in der Steuergesetzgebungskompetenz nicht auswirkt[99].

Die **Kompetenzverteilung** für die Steuern und die Zulässigkeitsvoraussetzungen der Steuererhebung gelten **nicht für die nichtsteuerlichen Abgaben**, die deswegen aber eindeutig von den Steuern abgegrenzt werden müssen. Die Abgrenzung setzt an unterschiedlichen Merkmalen an. 18

2. Vorzugslasten: Gebühren und Beiträge

Die Vorzugslasten unterscheiden sich von den Steuern durch das Merkmal der **Gegenleistungsabhängigkeit** im weiteren Sinn und unterfallen daher nicht den Steuervorschriften der Finanzverfassung. Für sie gelten die allgemeinen Sachkompetenzregelungen. Das Grundgesetz definiert den Gebührenbegriff nicht selbst; die Abgrenzungsnotwendigkeit von den Steuern verlangt indes eine eindeutige Bestimmung. **Gebühren** sind »öffentliche Geldleistungen, die in Abgrenzung zur Steuer aus Anlaß individuell zurechenbarer öffentlicher Leistungen dem Gebührenschuldner durch eine öffentlich-rechtliche Norm oder sonstige hoheitliche Maßnahme auferlegt werden und dazu bestimmt sind, in Anknüpfung an diese Leistung deren Kosten ganz oder teilweise zu decken«[100]. Die Gegenleistungsabhängigkeit ist nicht als synallagmatisches Austauschverhältnis zu verstehen[101], sondern bedeutet nur, daß die Gebühr im Gegensatz zur voraussetzungslos geschuldeten Steuer als Aufwandsausgleich an eine individuell zurechenbare Leistung oder Kostenverantwortlichkeit anknüpft[102]. Der Gebührengesetzgeber verfügt »über einen weiten Gestaltungsspielraum bei der Ent- 19

---

[97] *Fischer-Menshausen* (Fn. 38), Art. 105 Rn. 11; z. B. Leistungen nach dem BergmannsprämienG, nach dem 3. VermögensbildungsG sowie dem InvestitionszulagenG; für eine Abgrenzung von Subvention und Steuervergünstigung jeweils im Einzelfall aus den einschlägigen Normen *Heintzen* (Fn. 38), Art. 105 Rn. 18.

[98] Vgl. *K. Vogel*, DÖV 1977, 837 ff.; *H. Timm*, Steuervergünstigungen und Transferzahlungen als Instrumente der staatlichen Allokationspolitik, in: FS Schneider, 1980, S. 237 ff. → Art. 110 Rn. 18, 21.

[99] *Fischer-Menshausen* (Fn. 38), Art. 105 Rn. 11; a. A. *Selmer*, Steuerinterventionismus (Fn. 62), S. 182.

[100] BVerfGE 20, 257 (269); 50, 217 (226); 91, 207 (223); vgl. auch *Wienbracke*, Bemessungsgrenzen (Fn. 56), S. 133 ff.

[101] Vgl. *Wilke*, Gebührenrecht (Fn. 55), S. 105, 109; *P. Kirchhof*, HStR³ V, § 119 Rn. 26; *Siekmann* (Fn. 56), Vor Art. 104a Rn. 95.

[102] BVerfGE 91, 207 (223); sog. »doppelgliedriger Gebührenbegriff«: *K. Vogel*, Vorteil und Verantwortlichkeit. Der doppelgliedrige Gebührenbegriff des Grundgesetzes, in: FS Geiger, 1989, S. 518 ff. (531 ff.); *Vogel/Waldhoff* (Fn. 3), Vorb. z. Art. 104a–115 Rn. 411 ff., bes. 414; *R. Wendt*, Die Gebühr als Lenkungsmittel, 1975, S. 47 ff.; *Wilke*, Gebührenrecht (Fn. 55), S. 55 ff.; *W. Patzig*, DÖV 1981, 729 (734 f.); *F. Kirchhof*, Die Höhe der Gebühr, 1981, S. 16; *Seiler* (Fn. 10), Art. 105 Rn. 81; in der Finanzwissenschaft wird nicht so scharf zwischen Steuern und Vorzugslasten differenziert, vgl. hier nur *Bohley*, Gebühren (Fn. 69), S. 62 ff.

scheidung, welche individuell zurechenbaren Leistungen er einer Gebührenpflicht unterwerfen will«[103]. Neben den herkömmlichen Verwaltungsgebühren[104] und Benutzungsgebühren[105] wird neuerdings auch der Typ einer Verleihungsgebühr für die Einräumung eines subjektiven Rechts, das einen wirtschaftlichen Vorteil begründet, vorgeschlagen[106]. Die Konnexität mit einem staatlichen Aufwand würde dadurch jedoch gelöst und eine völlig konturlose neue Abgabe geschaffen, die als bloßer »Preis der Freiheit« verfassungsrechtlich aus kompetenziellen und rechtsstaatlichen Gründen inakzeptabel ist[107].

20 Der **Beitrag** unterscheidet sich von der Gebühr nur durch die weitere Lockerung zwischen besonderem staatlichen Aufwand und der Geldleistungspflicht. Die bloße Möglichkeit des Sondervorteils reicht zur Begründung der Abgabepflicht aus[108], wird im Hinblick auf die Abgrenzbarkeit zur voraussetzungslosen Steuer jedoch auf die Inanspruchnahme staatlicher Einrichtungen beschränkt[109].

21 Die Vorzugslasten unterliegen aufgrund ihrer Gegenleistungsabhängigkeit dem **Äquivalenzprinzip**[110] und dem **Kostendeckungsprinzip**[111], die jeweils im Verhältnismäßigkeitsprinzip und im Gleichheitssatz verfassungsrechtlich fundiert sind[112]. Eine soziale Abstufung ist nach überwiegender Auffassung zulässig[113]. Die engeren Bin-

---

[103] BVerfGE 91, 207 (223); vgl. zu Sondernutzungserlaubnissen und Parkgebühren als »eine Art ›Miete‹ des öffentlichen Straßenraums« BVerwGE 80, 36 (40).

[104] Für individuell gewidmete Amtshandlungen, vgl. § 4 Nds. KAG.

[105] Für Inanspruchnahme einer öffentlichen Einrichtung, vgl. § 5 Nds. KAG; dazu wird man auch die Studiengebühren rechnen müssen: *C. Waldhoff*, JuS 2005, 391 (393); a. A. *I.-J. Tegebauer*, DÖV 2007, 600 (601ff.): Sonderabgaben.

[106] *Kirchhof*, Höhe (Fn. 102), S. 29; *ders.*, DVBl. 1987, 554ff.; *R. Stober*, JA 1988, 250 (254); *J. Wieland*, Die Konzessionsabgaben, 1991, S. 298ff.; *J. Heimlich*, Die Verleihungsgebühr als Umweltabgabe, 1996; *H. Schimpf*, Die Verleihungsgebühr, Diss. jur. Heidelberg 1999; *Heintzen* (Fn. 38), Art. 105 Rn. 21; in diese Richtung geht auch das Konzept einer Umweltnutzungsgebühr bei *Sacksofsky*, Umweltschutz (Fn. 56), S. 196ff.

[107] *K. H. Friauf*, »Verleihungsgebühren als Finanzierungsinstrument für öffentliche Aufgaben?«, in: FS 600 Jahre Universität Köln, 1988, S. 679ff., bes. 683f.; *J. Pietzcker*, DVBl. 1987, 774 (777ff.); *P. Kirchhof*, HStR³ V, § 119 Rn. 37; *W. Heun*, DVBl. 1990, 666 (673f.); *Jachmann* (Fn. 63), Art. 105 Rn. 10; *Müller-Franken* (Fn. 10), Art. 105 Rn. 95; eine Abschöpfung ist jedoch durch eine Sonderabgabe zulässig: → Rn. 27; BVerfGE 93, 319 (345f.) läßt die Qualifikation derartiger Abgaben explizit offen.

[108] BVerfGE 91, 207 (224); vgl. auch E 42, 223 (228); BVerwGE 25, 147 (149); 72, 212 (219); eingehend *T. Ubber*, Der Beitrag als Institut der Finanzverfassung, Diss. jur. Köln 1993, S. 168ff., 201ff.; vgl. auch § 6 Nds. KAG; *Seiler* (Fn. 10), Art. 105 Rn. 82.

[109] BVerfGE 7, 244 (254f.); BVerwGE 39, 5 (6f.); *Richter*, Verfassungsmäßigkeit (Fn. 77), S. 45f.; *Wilke*, Gebührenrecht (Fn. 55), S. 117ff.; *W. Patzig*, DÖV 1981, 729 (735f.); *Ubber*, Beitrag (Fn. 108), S. 275f.

[110] BVerfGE 20, 257 (270); 50, 217 (226f.); vgl. auch E 91, 207 (223ff.); *G. Clausen*, Das gebührenrechtliche Kostendeckungsprinzip, 1978, S. 70ff.; *Kirchhof*, Höhe (Fn. 102), S. 77ff. → Art. 3 Rn. 81; allgemein zum Äquivalenzprinzip *Schmehl*, Äquivalenzprinzip (Fn. 56), S. 13ff.; *ders.*, ZG 20 (2005), 123ff.; in der Ökonomie wird teilweise eine generelle Fundierung der Staatsfinanzierung durch das Äquivalenzprinzip vorgeschlagen, s. *Hansjürgens*, Äquivalenzprinzip (Fn. 84), S. 33ff.

[111] BVerfGE 50, 217 (226); 97, 332 (345f., Rn. 46ff.); vgl. ferner BVerwGE 12, 162 (164ff.); 87, 154 (168f.); *Kirchhof*, Höhe (Fn. 102), S. 93ff.; *Wieland*, Konzessionsabgaben (Fn. 106), S. 314ff.; *Wienbracke*, Bemessungsgrenzen (Fn. 56), S. 177ff.

[112] Vgl. *M. Kloepfer*, AöR 97 (1972), 232ff.; *J. K. Rogosch*, Verfassungsrechtliche Bindung des Staates bei der Erhebung von Benutzungsgebühren und privatrechtlichen Entgelten, 1985, S. 63ff., 90ff.; der Grad der verfassungsrechtlichen Garantie der beiden Prinzipien ist im einzelnen umstritten.

[113] BVerfGE 97, 332 (344ff., Rn. 44ff.); BVerwG NVwZ 1995, 173; BVerwG NVwZ 1995, 790; *Vogel/Waldhoff* (Fn. 3), Vorb. z. Art. 104a–115 Rn. 420 m. w. N.

dungen der Gebührenerhebung begrenzen auch die Verwendung als Lenkungsinstrument[114].

3. Verbandslasten

In einer Vielzahl von öffentlich-rechtlichen Zwangsverbänden werden die Mitglieder zur Finanzierung der Verbandsaufgaben zu Abgaben herangezogen (z. B. Kammerbeiträge). Derartige Verbandslasten unterscheiden sich nur geringfügig von den Beiträgen[115], werden überwiegend aber als **eigenständiger Abgabentypus** angesehen[116], der sich aus der mitgliedschaftlichen Struktur der öffentlichen Einrichtung und den daraus resultierenden Mitwirkungsrechten der zahlungspflichtigen Mitglieder ergibt[117]. Die Rechtfertigung der Verbandslast nach Grund und Höhe folgt allerdings erst aus der begrenzten sachlichen Aufgabenstellung des Verbandes[118]. 22

4. Sozialversicherungsbeiträge

Die vom Verfassunggeber bereits vorgefundenen, durch Art. 74 I Nr. 12 GG verankerten und legitimierten[119] Sozialversicherungsbeiträge sind an die Träger der gesetzlichen Sozialversicherung zur Finanzierung der Kranken-, Unfall-, Renten- und Arbeitslosenversicherung zu entrichten. Sie sind keine Steuern, da sie nach Schuldnerkreis und Finanzierungszweck gruppenbezogene Sonderlast, nicht Gemeinlast sind[120]. Sie stellen auch keine Vorzugslast dar, weil sie nicht abstrakte oder konkrete Gegenleistungen der Versicherungsträger kompensieren[121], sondern mit Umverteilungseffekten dem Solidarausgleich unter den versicherten Arbeitnehmern dienen[122]. Zu Recht werden sie überwiegend als **Abgabe eigenständiger Art**[123] **und nicht als Sonderabgabe**[124] qualifiziert. Der Gesetzgeber kann durchaus neue Sozialversicherungen mit 23

---

114 Vgl. *S. Meyer*, NVwZ 2000, 1000ff.; *A. Wohlfeil/C. Kaeser*, Lenkung durch Gebühren, in: GedS Trzaskalik, 2005, S. 431ff.

115 Tendenz zur Einordnung als Beitrag daher BVerwGE 39, 100 (107); 92, 24 (26); vgl. BVerwGE 66, 330 (333f.); OVG NW NJW 1960, 214f.; *P. Kirchhof*, Jura 1983, 505 (514).

116 BVerwGE 42, 210 (217); *Fischer-Menshausen* (Fn. 38), Art. 105 Rn. 7; *Siekmann* (Fn. 56), Vor Art. 104a Rn. 121; *A. Rapsch*, DÖV 1987, 793 (797); *W. Junge*, GewArch. 1986, 153ff.; *P. Kirchhof*, HStR³ V, § 119 Rn. 116; *J. Isensee*, Äquivalenz, Kostenausgleich, Verbandssolidarität im Abgabenrecht, in: GedS Geck, 1989, S. 355ff. (373ff.); dagegen Qualifizierung als Beitrag bei BVerfGE 38, 281 (311); BVerwGE 39, 100 (107); *Ubber*, Beitrag (Fn. 108), S. 304ff. m. w. N.; s. auch *A. Merkt*, Die mitgliedschaftsbezogene Abgabe des öffentlichen Rechts, 1990, S. 36ff.; *H. V. Bauersfeld*, Die Verbandslast, 2011.

117 Vgl. auch *P. Kirchhof*, HStR³ V, § 119 Rn. 113; *Siekmann* (Fn. 56), Vor Art. 104a Rn. 122f.; *Vogel/Waldhoff* (Fn. 3), Vorb. z. Art. 104a–115 Rn. 427f.

118 *P. Kirchhof*, HStR³ V, § 119 Rn. 114f.

119 BVerfGE 75, 108 (148).

120 *F. Kirchhof*, Die Verwaltung 21 (1988), 137 (144); *Siekmann* (Fn. 56), Vor Art. 104a Rn. 126; *P. Kirchhof*, HStR³ V, § 119 Rn. 111; *Heintzen* (Fn. 38), Art. 105 Rn. 23.

121 S. auch BVerfGE 11, 105 (117); 14, 312 (317); 51, 115 (124); *Siekmann* (Fn. 56), Vor Art. 104a Rn. 126.

122 *P. Kirchhof*, HStR³ V, § 119 Rn. 110ff.; *Siekmann* (Fn. 56), Vor Art. 104a Rn. 126.

123 BVerfGE 14, 312 (317f.); 75, 108 (147f., 158); *Isensee*, Umverteilung (Fn. 78), S. 42; *F. Kirchhof*, HStR³ V, § 125 Rn. 23; *Siekmann* (Fn. 56), Vor Art. 104a Rn. 127, 131.

124 So aber vor allem *Henseler*, Begriffsmerkmale (Fn. 77), S. 91, 125ff.; *ders.*, NJW 1987, 3103 (3105); *Arndt*, Steuern (Fn. 76), S. 71f.; *H. Jochum*, StuW 2006, 134 (144f.); ablehnend BVerfGE 75, 108 (147f.); 78, 249 (267); *Isensee*, Nichtsteuerliche Abgaben (Fn. 40), S. 446f.; *L. Osterloh*, NJW 1982, 1617 (1619); *P. Krause*, VSSR 1980, 115 (129); *W. Heun*, DVBl. 1990, 666 (669).

entsprechenden Abgabepflichten begründen[125], darf das Institut aber nicht überdehnen[126].

5. Sonderabgaben

24 Eine Reihe von Abgaben lassen sich nicht als Steuern, Gebühren oder Beiträge sowie Verbandslasten oder Sozialversicherungsbeiträge einordnen. **Die Einführung neuer Abgabenformen ist verfassungsrechtlich nicht prinzipiell ausgeschlossen**[127], wie die UMTS-Versteigerung schlagend demonstriert hat[128]. Doch sind konkrete verfassungsrechtliche Einwände gegen einzelne Abgaben denkbar, die das Abgabenerfindungsrecht des modernen Steuer- und Finanzstaats begrenzen können[129]. Das gilt auch für die heftig umstrittenen Umweltabgaben, die sich häufig schwer einordnen lassen[130]. Problematisch sind die inzwischen wildwüchsigen **Sonderabgaben** vornehmlich deswegen, weil sie vielfach nicht im allgemeinen Haushalt veranschlagt werden, sie der finanzverfassungsrechtlichen Kompetenz- und Einnahmenverteilung entzogen sind und Sonderlasten begründen[131]. Aus diesen Gründen sind die Sonderabgaben indes noch nicht von vornherein unzulässig[132], bedürfen aber einer präzisen Umgrenzung und spezifischer, besonderer Rechtfertigung[133]. Dementsprechend ist exakt zwischen

---

[125] BVerfGE 75, 108 (146); vgl. etwa die Einführung der gesetzlichen Pflegeversicherung.

[126] Zu weitgehend BVerfGE 75, 108 (159) – Künstlersozialabgabe; 89, 132 (144) – Konkursausfallgeldversicherung; kritisch *Siekmann* (Fn. 56), Vor Art. 104a Rn. 132.

[127] BVerfGE 82, 159 (181); 93, 319 (342); 108, 186 (215, Rn. 117); *P. Kirchhof*, HStR³ V, § 119 Rn. 107f.; *Richter*, Verfassungsmäßigkeit (Fn. 77), S. 92; *F. Kirchhof*, Die Verwaltung 21 (1988), 137 (143); *U. Karpen*, AöR 109 (1984), 417 (423); a. A. *Siekmann* (Fn. 56), Vor Art. 104a Rn. 175f.

[128] BVerfGE 105, 185 (193ff., Rn. 38ff.); dazu *U. Hufeld*, JZ 2002, 871ff.; *K. Ritgen*, AöR 127 (2002), 351ff.; *P. Selmer*, NVwZ 2003, 1304ff.; zur Qualifizierung der staatlichen Veräußerung von Emmissionshandelszertifikaten *W. Frenz*, DVBl. 2007, 1385ff.

[129] Vgl. *F. Kirchhof*, Die Verwaltung 21 (1988), 137 (143).

[130] Aus der umfangreichen Literatur *K. Meßerschmidt*, Umweltabgaben als Rechtsproblem, 1986; *B. Hansjürgens*, Umweltabgaben im Steuersystem, 1992; *W. Köck*, Die Sonderabgabe als Instrument des Umweltschutzes, 1991; *ders.*, JZ 1993, 59ff.; *R. Hendler*, NuR 1989, 22ff.; *L. Osterloh*, NVwZ 1991, 823ff.; *S. F. Franke*, ZRP 1991, 24ff.; *M. Jachmann*, NVwZ 1992, 932ff.; *F. Kirchhof*, DVBl. 1994, 1101ff.; *B. Hansjürgens*, StuW 1993, 20ff.; *F. R. Balmes*, Verfassungsmäßigkeit und rechtliche Systematisierung von Umweltsteuern, 1997, S. 52ff., 74ff., 105ff.; *E. Gawel*, Umweltabgaben zwischen Steuer- und Gebührenlösung, 1999; *Sacksofsky*, Umweltschutz (Fn. 56), S. 196ff.

[131] BVerfGE 91, 186 (201f.); *K. H. Friauf*, Öffentliche Sonderlasten und Gleichheit der Bürger, in: FS Jahrreiß, 1974, S. 45ff. (48f.); *Fischer-Menshausen* (Fn. 38), Art. 105 Rn. 6b; *P. Kirchhof*, HStR³ V, § 119 Rn. 71ff.; *Siekmann* (Fn. 56), Vor Art. 104a Rn. 158; jüngst *C. Thiemann*, AöR 138 (2013), 60 (74ff.); eingehend *Richter*, Verfassungsmäßigkeit (Fn. 77), S. 75ff.; zu den haushaltsrechtlichen Problemen: *F. Rottländer*, Haushaltspolitische Bedeutung und Verfassungsmäßigkeit von Sonderabgaben, 1988, S. 49ff., 65ff.; zur Rechtslage in der Schweiz *R. Auer*, Sonderabgaben, 1980, S. 136ff.

[132] So aber *Siekmann* (Fn. 56), Vor Art. 104a Rn. 152; kritisch auch *L. Schemmel*, Quasisteuern, 1980, S. 39ff.; zutreffend demgegenüber *W. Jakob*, Sonderabgaben – Fremdkörper im Steuerstaat?, in: FS Klein, 1994, S. 663ff. (679f.).

[133] Allg. Auffassung: BVerfGE 55, 274 (303f.); 78, 249 (266f.); 82, 159 (181); 90, 60 (105); *K. H. Friauf*, DVBl. 1978, 517 (520); *Isensee*, Steuerstaat (Fn. 3), S. 430; *P. Selmer/C. Brodersen/G. Nicolaysen*, Straßenbenutzungsabgaben für den Schwerverkehr, 1989, S. 47; *L. Osterloh*, NVwZ 1991, 823 (825); *Fischer-Menshausen* (Fn. 38), Art. 105 Rn. 6; *W. Schmidt*, NVwZ 1991, 36 (38); beim Wasserpfennig hat BVerfGE 93, 319 (338ff.) die Rechtfertigungsbedürftigkeit betont, aber die nähere Einordnung der Abgabe offengelassen; zur Einordnung aus der Literatur vgl. *F. Kirchhof*, NVwZ 1987, 1031ff.; *J. Pietzcker*, DVBl. 1987, 774ff.; *E. Sander*, DVBl. 1990, 18ff.

der begrifflichen Abgrenzung und den Zulässigkeitskriterien der Abgaben zu unterscheiden, was das Bundesverfassungsgericht häufig nicht beachtet hat[134].

25 Der Begriff der Sonderabgaben umfaßt eine ziemlich heterogene Vielfalt unterschiedlicher Abgaben, für die sich eine einheitliche Kategorisierung noch nicht durchgesetzt hat. Im wesentlichen wird man jedoch **drei Typen von Sonderabgaben** unterscheiden können[135], die sich durchgehend vor allem dadurch abheben, daß es sich nicht um Steuern[136], sondern um Kausalabgaben im weitesten Sinn handelt[137]. Für Sonderabgaben wie für alle außersteuerlichen Abgaben ergibt sich die Zuständigkeit aus den allgemeinen Sachkompetenzregeln der Art. 72ff. GG und nicht aus den besonderen Kompetenzvorschriften der Finanzverfassung in Art. 104a ff. GG[138].

26 Eine **erste Gruppe** von Sonderabgaben zeichnet sich durch ihre **Antriebs- und Ausgleichsfunktion** aus, indem sie die Abgabepflichtigen zur Erfüllung einer öffentlichrechtlichen Verhaltenspflicht antreiben, gegebenenfalls deren Nichterfüllung ausgleichen oder beide Funktionen verbinden[139]. Im Unterschied zu Steuern dienen diese Abgaben nicht – in erster Linie – der Erzielung von Einnahmen, wobei es angesichts der Unmöglichkeit einer exakten Feststellung der verfolgten Zwecke (Finanzierungs- oder Lenkungsfunktion)[140] allein die rechtspflichtbezogenen Antriebs- und Ausgleichsfunktionen sind, die damit konstituierendes Begriffsmerkmal und Legitimationsvoraussetzung zugleich sind[141].

27 Eine **zweite Gruppe** von Sonderabgaben wird durch ihre, wenn auch nur lockere, Gegenleistungsabhängigkeit von der Steuer abgegrenzt, die sie jedoch noch nicht zur Vorzugslast macht. Typus und Rechtfertigung dieser Sonderabgaben werden dadurch bestimmt, daß dem Abgabepflichtigen ein wirtschaftliches Äquivalent für eine individualnützige Staatsaktion abgefordert wird, indem die Abgabe meist einen nicht auf

---

[134] Vgl. *Henseler*, Begriffsmerkmale (Fn. 77), S. 25; *L. Osterloh*, JuS 1982, 421 (424); *P. Selmer*, Finanzierung des Umweltschutzes und Umweltschutz durch Finanzierung, in: W. Thieme (Hrsg.), Umweltschutz im Recht, 1988, S. 25ff. (38f.); *W. Heun*, DVBl. 1990, 666 (667); *R. Staudacher*, Verfassungsrechtliche Zulässigkeit von Sonderabgaben, 2004, S. 35f.

[135] Vgl. im einzelnen *W. Heun*, DVBl. 1990, 666 (669ff.); ähnlich *Fischer-Menshausen* (Fn. 38), Art. 105 Rn. 6c ff.

[136] So aber *T. Kieser*, Sonderabgaben als Steuern, 2000, S. 183ff.

[137] *Selmer*, Finanzierung (Fn. 134), S. 41; *W. Heun*, DVBl. 1990, 666 (669); *K. Waechter*, ZG 20 (2005), 97 (103ff.); *C. Waldhoff*, JuS 2005, 391 (393); vgl. *W. Puwalla*, Qualifikation von Abgaben, 1987, S. 121ff.

[138] BVerfGE 4, 7 (13); 8, 274 (317); 18, 315 (328f.); 29, 402 (409); 37, 1 (16f.); 55, 274 (304); 67, 256 (274f.); 81, 156 (186); 89, 132 (144); 98, 106 (118, Rn. 60); 108, 186 (212, Rn. 109); *P. Kirchhof*, HStR[3] V, § 119 Rn. 75; *A. Gern*, NVwZ 1995, 771 (772); *G. Schiller*, Sonderabgaben mit einer wirtschaftslenkenden Antriebs- und Sanktionsfunktion in der Wirtschafts- und Finanzverfassung des Grundgesetzes, 2000, S. 91ff.; zur Rspr. des BVerwG zu den Sonderabgaben vgl. *K. Meßerschmidt*, DVBl. 1987, 925ff.

[139] BVerfGE 57, 139 (167); 67, 256 (278); vgl. auch E 55, 274 (276ff.); *Henseler*, Begriffsmerkmale (Fn. 77), S. 60ff.; *P. Kirchhof*, Verfassungsrechtliche Beurteilung der Abwasserabgabe des Bundes, 1983, S. 31; *M. Schröder*, DÖV 1983, 667 (670); *W. Heun*, DVBl. 1990, 666 (669ff.); *Müller-Franken* (Fn. 10), Art. 105 Rn. 166ff.; kritisch *H.D. Jarass*, DÖV 1989, 1013 (1019); nach Auffassung des BVerfG grenzt dieses Merkmal allerdings nur die Sonderabgaben untereinander ab; vgl. auch *Puwalla*, Qualifikation (Fn. 137), S. 80ff.

[140] Vgl. auch *C. Brodersen*, Nichtfiskalische Abgaben und Finanzverfassung, in: FS Wacke, 1972, S. 103ff. (112).

[141] *W. Heun*, DVBl. 1990, 666 (670f.); *Fischer-Menshausen* (Fn. 38), Art. 105 Rn. 6e; *Staudacher*, Zulässigkeit (Fn. 134), S. 114ff.; vgl. auch *M. Kloepfer/M. Schulte*, UTR 1992, 201 (203ff.); *S.-S. Kim*, Rechtfertigung von Sonderabgaben, 1990, S. 91f.; weiter dagegen *Schiller*, Sonderabgaben (Fn. 138), S. 17ff.

eigener Leistung beruhenden und daher unbeabsichtigten oder unverdienten **Vorteil einer staatlichen Handlung oder Leistung abschöpft**. Das Bundesverfassungsgericht scheidet sie allerdings begrifflich aus dem Kreis der Sonderabgaben aus[142].

28 Den eigentlichen Schwerpunkt der Sonderabgaben und zugleich die problematischste dritte Gruppe bildet der **Typus der gruppennützigen Sonderabgaben**[143]. Sie werden zunächst einmal wie Steuern voraussetzungslos geschuldet[144] und dienen auch der Erzielung von Einnahmen[145]. Der Unterschied zur Steuer wird erst durch die **gruppennützige Mittelverwendung** begründet, die letztlich auch eine Form der nachträglichen Gegenleistungsabhängigkeit darstellt[146]. Dieses Typusmerkmal liegt auch den drei Elementen der besonderen Rechtfertigung dieser Sonderabgaben zugrunde, deren Zusammenspiel den Gegenleistungscharakter konkretisiert. Die mit der Sonderabgabe belasteten Abgabepflichtigen müssen (1) eine homogene Gruppe bilden[147], die sich (2) durch eine spezifische Sachnähe zu der finanzierten Aufgabe auszeichnet[148]. Das Aufkommen der Sonderabgabe muß (3) gruppennützig, also zugunsten der belasteten Gruppe verwendet werden[149]. Entgegen einer Auffassung in der Literatur[150] ist eine fremdnützige Mittelverwendung auch nicht ausnahmsweise zulässig, da andernfalls die typusbegründende nachträgliche Gegenleistungsbeziehung durchbrochen würde[151]. Außerdem unterliegt der Gesetzgeber einer andauernden Prüfungs- und Anpassungspflicht, um einer grenzenlosen Ausweitung der Sonderabgaben vorzubeugen[152]. Jüngst hat das Bundesverfassungsgericht für diese Sonderabgaben noch besondere

---

[142] BVerfGE 78, 249 (266, 268); 93, 319 (345f.); vgl. auch BVerfGE 28, 119 (150); 18, 315 (328); *Heintzen* (Fn. 38), Art. 105 Rn. 30; ferner *Henseler*, Begriffsmerkmale (Fn. 77), S. 80ff.; *Maunz* (Fn. 80), Art. 105 Rn. 15; *W. Heun*, DVBl. 1990, 666 (673f.); *H. Jochum*, StuW 2006, 134 (143f.); vielfach als Verleihungsgebühr qualifiziert; s. auch *G. Nicolaysen*, Bewilligung und Förderabgabe nach dem BBergG, 1982, S. 34f.

[143] Aus der umfangreichen Literatur: *Henseler*, Begriffsmerkmale (Fn. 77), S. 87ff.; *P. Kirchhof*, HStR³ V, § 119 Rn. 69ff.; *Vogel/Waldhoff* (Fn. 3), Vorb. z. Art. 104a–115 Rn. 436ff.; *W. Kluth*, JA 1996, 260ff.; *F. Ossenbühl*, DVBl. 2005, 667ff.

[144] BVerfGE 67, 256 (274ff.); 78, 249 (267); 91, 186 (201ff.); *W. Heun*, DVBl. 1990, 666 (675).

[145] *W. Heun*, DVBl. 1990, 666 (675).

[146] BVerfGE 55, 274 (316), wo ausdrücklich diese »gewisse Gegenleistungsabhängigkeit« konstatiert wird; vgl. *P. Selmer*, GewArch. 1981, 41 (43); *Henseler*, Begriffsmerkmale (Fn. 77), S. 87ff.; *P. Kirchhof*, Jura 1983, 505 (509); *M. Kloepfer*, JZ 1983, 742 (748); *R. Caesar*, FinArch. 38 (1980), 385 (401); *W. Heun*, DVBl. 1990, 666 (675); deswegen bejaht einen Erstattungsanspruch bei nicht gruppennütziger Verwendung *S. Simon*, DÖV 2001, 63 (66ff.).

[147] BVerfGE 55, 274 (305f.); 67, 256 (276); 82, 159 (180); 91, 186 (205f.); *P. Kirchhof*, HStR³ V, § 119 Rn. 79f.

[148] BVerfGE 55, 274 (306f.); 67, 256 (276); 82, 159 (180); 91, 186 (205f.); *K.H. Friauf*, JA 1981, 261 (264f.); *P. Kirchhof*, HStR³ V, § 119 Rn. 81ff.; zur Finanzierungsverantwortung *L. Hummel*, DVBl. 2009, 874ff.

[149] BVerfGE 55, 274 (307f.); 67, 256 (276f.); 82, 159 (180f.); 91, 186 (205f.); *P. Kirchhof*, HStR³ V, § 119 Rn. 84; zur daraus resultierenden Anwendbarkeit des EG-Beihilfe- und Wettbewerbsrechts *U. J. Nussbaum*, DVBl. 1994, 1174 (1176ff.); Beispiel für gegensätzliche Einschätzung der Voraussetzungen bei einer Abgabe: *P. Selmer*, Sonderabfallabgaben und Verfassungsrecht, 1996, S. 61ff. (verneinend); *R. Hendler*, Die Sonderabfallabgabe, 1996, S. 77ff. (bejahend).

[150] *Mußgnug*, Abgabe (Fn. 82), S. 290ff.; *Henseler*, Begriffsmerkmale (Fn. 77), S. 121ff.; *P. Kirchhof*, HStR³ V, § 119 Rn. 85; vgl. auch BVerfGE 55, 274 (307).

[151] Vgl. BVerfGE 57, 139 (167); 67, 256 (276f.); *W. Heun*, DVBl. 1990, 666 (675f.).

[152] BVerfGE 55, 274 (308); 82, 159 (181); 108, 186 (218, Rn. 125); 110, 370 (392, Rn. 108); *P. Kirchhof*, Die Sonderabgaben, in: FS Friauf, 1996, S. 669ff. (675).

haushaltsrechtliche Informationspflichten begründet, damit ihr Bestand und ihre Entwicklung aus dem Haushaltsplan erkennbar sind[153].

III. Ausschließliche Gesetzgebungskompetenz des Bundes gem. Art. 105 I GG

Seit der Finanzreform 1969, welche die enumerative Aufzählung der Gesetzgebungsmaterien mit der Formel von den übrigen Steuern in Abs. 2 durch eine Generalklausel ersetzt hat[154], verfügt der Bund durch die Kombination der ausschließlichen und konkurrierenden Gesetzgebungskompetenzen über **umfassende Steuergesetzgebungsbefugnisse**. Diese werden nur durch den Vorbehalt der Länderkompetenz für die in Art. 105 IIa GG aufgeführten örtlichen Steuern und die landesrechtlichen Kirchensteuern (Art. 140 GG i. V. m. 137 VI WRV) begrenzt. Der Bund hat diese Kompetenzen auch umfassend in Anspruch genommen[155], so daß es kaum noch nennenswerte Ländersteuern gibt[156]. 29

Die ausschließliche Gesetzgebungskompetenz des Bundes beschränkt sich auf alle Zölle (→ Rn. 31) und Finanzmonopole (→ Rn. 32) und **sperrt** in diesem Bereich **jegliche Gesetzgebung seitens der Länder**. Auch der Bund kann diese nicht gem. Art. 71 GG zur Gesetzgebung ermächtigen, da die Finanzverfassung den Rückgriff auf die allgemeinen Regeln ebenfalls sperrt[157]. 30

Zölle sind »Abgaben, die nach Maßgabe des Zolltarifs von der Warenbewegung über die Zollgrenzen erhoben werden«[158]; sie erfüllen steuertheoretisch und verfassungssystematisch den Steuerbegriff[159]. Entsprechende Landes- oder Gemeindesteuern sind folglich unzulässig. Ohnehin ist die Zollkompetenz inzwischen auch für den Bund wegen des Übergangs der Kompetenz auf die Europäische Union in der Praxis nahezu irrelevant (→ Rn. 3). 31

Finanzmonopole sind der Sache nach Unternehmen oder öffentliche Einrichtungen[160], die ihrer Wirkung nach eine »besondere Form der Erhebung von Abgaben« 32

---

[153] BVerfGE 108, 186 (218f., Rn. 126ff.); 110, 370 (389, Rn. 95); 113, 128 (150, Rn. 124).

[154] *Siekmann* (Fn. 38), Art. 105 Rn. 5; zur Finanzreform: → Vorb. zu Art. 104a–115 Rn. 8.

[155] Zu nennen sind in alphabetischer Reihenfolge: BewertungsG, BiersteuerG, Gesetz über das Branntweinmonopol, EinkommensteuerG, Erbschaftsteuer- und SchenkungsteuerG, FeuerschutzsteuerG, GewerbesteuerG, GrunderwerbsteuerG, GrundsteuerG, KaffeesteuerG, KörperschaftsteuerG, KraftfahrzeugsteuerG, LastenausgleichsabgabenG, MineralölsteuerG, Gesetz zur Besteuerung von Schaumwein und Zwischenerzeugnissen, SolidaritätszuschlagsG, StromsteuerG, TabaksteuerG, UmsatzsteuerG, VersicherungsteuerG; das VermögensteuerG ist wegen BVerfGE 93, 121 seit dem 1.1.1997 zumindest unanwendbar.

[156] Ländersteuern aufgrund der Kompetenz des Art. 105 II GG außerhalb der Verbrauch- und Aufwandsteuern nach Art. 105 IIa GG werden, soweit ersichtlich, zur Zeit nicht erhoben.

[157] Im Ergebnis zutreffend *Vogel/Walter* (Fn. 13), Art. 105 Rn. 72; *Fischer-Menshausen* (Fn. 38), Art. 105 Rn. 13; *Seiler* (Fn. 10), Art. 105 Rn. 134; a.A. *Stern*, Staatsrecht II, S. 1114; *Siekmann* (Fn. 38), Art. 105 Rn. 14; *Heintzen* (Fn. 34), Art. 105 Rn. 41; allenfalls ist es denkbar, die Delegation zuzulassen, dann aber die Ertragshoheit durch eine restriktive Auslegung des Art. 106 I GG (→ Rn. 33) den Ländern zuzuweisen, so *Maunz* (Fn. 80), Art. 105 Rn. 28; Jarass/*Pieroth*, GG, Art. 105 Rn. 30ff.

[158] BVerfGE 8, 260 (269).

[159] Allg. Auffassung: *Jachmann* (Fn. 63), Art. 105 Rn. 44; *Siekmann* (Fn. 38), Art. 105 Rn. 15 mit Ausnahme der Prohibitivzölle mangels Ertragsrelevanz.

[160] *Fischer-Menshausen* (Fn. 38), Art. 105 Rn. 15; Jarass/*Pieroth*, GG, Art. 105 Rn. 32; *Siekmann* (Fn. 38), Art. 105 Rn. 16; Beschränkung auf die Ausschließlichkeitsfunktion bei *P. Badura*, Das Verwaltungsmonopol, 1963, S. 2.

darstellen[161]. Begrifflich lassen sich Finanzmonopole definieren als Recht des Staates, Wirtschaftsgüter zur Erzielung von Einnahmen unter Ausschluß Dritter herzustellen, zu beziehen oder zu vertreiben[162]. Neue Monopole sind heute nicht mehr mit Art. 12 I GG vereinbar[163] und spielen nach Abschaffung des Zündwarenmonopols[164] auch praktisch keine bedeutsame Rolle mehr, zumal Art. 106 II AEUV die Anwendung der Wettbewerbsregeln auf Finanzmonopole erstreckt[165]. Nur das Branntweinmonopol hat bis heute überlebt[166].

IV. Konkurrierende Gesetzgebungskompetenz des Bundes gem. Art. 105 II GG

33 Seit die Finanzreform 1969 auf die enumerative Aufzählung der Steuerarten verzichtet hat (→ Rn. 2), verfügt der Bund über eine **umfassende konkurrierende Gesetzgebungskompetenz für alle »übrigen Steuern«** mit Ausnahme der örtlichen Verbrauch- und Aufwandsteuern (Art. 105 IIa GG) und Kirchensteuern (Art. 140 GG i. V. m. Art. 137 VI WRV)[167], sofern ihm das Aufkommen der Steuern ganz oder zum Teil zusteht oder die Voraussetzungen des Art. 72 II GG erfüllt sind. Damit wird dem Bund und im Rahmen ihrer subsidiären Zuständigkeiten auch den Ländern ein allgemeines **Steuererfindungsrecht** eingeräumt[168]. Die Tatsache, daß der Norm des Art. 105 II GG bei ihrer Verabschiedung das damalige Steuersystem zugrunde lag, hat dieses System nicht verfassungsrechtlich abschließend festgelegt[169]. Die umfassende Gesetzgebungskompetenz gem. Art. 105 II GG wird in der Literatur teilweise wegen des Zusammenhangs mit der Verteilung der Ertragshoheit auf den Katalog der in Art. 106 GG genannten Steuern und Steuerarten begrenzt[170]. Diese Einschränkung läßt sich jedoch weder durch den Wortlaut oder die Entstehungsgeschichte noch durch Sinn und Zweck

---

[161] BVerfGE 14, 105 (111); s. auch JöR 1 (1951), S. 767.

[162] *Stern*, Staatsrecht II, S. 1115f.; *Fischer-Menshausen* (Fn. 38), Art. 105 Rn. 15; *Siekmann* (Fn. 38), Art. 105 Rn. 16.

[163] → Art. 12 Rn. 59f.; ferner *D. Jockel*, Öffentlich-rechtliche Monopole, Diss. jur. Köln 1968, S. 134ff.; *Siekmann* (Fn. 38), Art. 105 Rn. 17; für prinzipielle Zulässigkeit dagegen *C. Pestalozza*, Der Staat 11 (1972), 161 (187).

[164] Gesetz v. 2.9.1982 (BGBl. I S. 1241).

[165] Vgl. dazu *Oppermann/Classen/Nettesheim*, Europarecht, § 22 Rn. 47.

[166] Vgl. § 101 Nr. 2 GWB; *Badura*, Verwaltungsmonopol (Fn. 160), S. 228ff.; *H.J. Horn*, Das deutsche Branntweinmonopol unter EWG-Vertrag und Grundgesetz, 1987, S. 50ff.

[167] Zu den Kirchensteuern vgl. hier nur *M. Gehm*, StuW 1999, 243ff.; *F. Hammer*, Rechtsfragen der Kirchensteuer, 2002.

[168] *Fischer-Menshausen* (Fn. 38), Art. 105 Rn. 16.; verfehlte Gegenauffassung bei *Seiler* (Fn. 10), Art. 105 Rn. 123; s. *A. Korte*, Die konkurrierende Steuergesetzgebung des Bundes im Bereich der Finanzverfassung, 2008, S. 46ff. m. w. N.; *S. Möckel*, DÖV 2012, 265ff.

[169] BVerfGE 16, 64 (78); *Selmer*, Steuerinterventionismus (Fn. 62), S. 154f.; *Fischer-Menshausen* (Fn. 38), Art. 105 Rn. 16.

[170] *Vogel/Walter* (Fn. 13), Art. 105 Rn. 66; *Maunz* (Fn. 80), Art. 105 Rn. 46; *C. Starck*, StuW 1974, 271 (278); *Stern*, Staatsrecht II, S. 1119, 1159; *Arndt*, Steuern (Fn. 76), S. 58; *K. Vogel*, HStR IV, § 87 Rn. 32; *M. Küssner*, Die Abgrenzung der Kompetenzen des Bundes und der Länder im Bereich der Steuergesetzgebung sowie der Begriff der Gleichartigkeit von Steuern, 1992, S. 54ff.; *S.F. Franke*, StuW 1994, 26 (31); *C. Waldhoff*, Verfassungsrechtliche Vorgaben für die Steuergesetzgebung im Vergleich Deutschland-Schweiz, 1997, S. 184ff.; *Heintzen* (Fn. 34), Art. 105 Rn. 46f.; *Jachmann* (Fn. 63), Art. 105 Rn. 32; *Müller-Franken* (Fn. 10), Art. 105 Rn. 206; vgl. jetzt auch *R. Wernsmann*, Möglichkeiten und Grenzen der gemeindlichen Steuerautonomie: Steuererfindungsrechte sowie örtliche Aufwand- und Verbrauchsteuern, in: R. Wieland (Hrsg.), Kommunalsteuern und -abgaben, 2012, S. 95ff. (96ff.); *ders.*, NVwZ 2011, 1367 (1367f.); *A. Leisner-Egensperger*, Gesetzgebungs- und

der Kompetenzregelung begründen oder aus dem systematischen Zusammenhang der Finanzverfassung ableiten. Insbesondere das flexible Finanzausgleichssystem rechtfertigt keine derartige gegenständliche Beschränkung der Steuergesetzgebungskompetenzen[171]. Schließlich würde eine Weiterentwicklung des gegenwärtigen Steuersystems dadurch völlig unnötig beeinträchtigt oder blockiert[172]. Allenfalls bildet die Funktionsfähigkeit eine äußerste verfassungsrechtliche Schranke[173]. Das Bundesverfassungsgericht hat sich jüngst mit wenig überzeugender Begründung allerdings für die gegenteilige Auffassung entschieden und die Steuern und Steuerarten nunmehr auf die in Art. 105, 106 GG erfaßten Fälle beschränkt[174].

Die Zuständigkeit nach der **ersten Alternative des Art. 105 II GG** (»wenn ihm das … zusteht«) knüpft an die Ertragsverteilung des Art. 106 I, III GG an und befreit die Kompetenz von den Voraussetzungen des Art. 72 II GG. Die Bedeutung der Qualifizierung als »in Wahrheit« ausschließliche Bundeskompetenz[175] oder als konkurrierende Zuständigkeit mit der Möglichkeit einer subsidiären Regelung durch die Länder[176] hängt praktisch davon ab, ob man die Ertragshoheit des Bundes auf bundesrechtlich geregelte Steuern beschränkt[177] oder auch bei landesrechtlich geregelten Steuern für denkbar hält[178]. Die Ertragshoheit des Bundes bei Ländersteuern ist jedoch widersinnig, so daß man zwar wegen des eindeutigen Wortlauts des Art. 105 II GG eine subsidiäre Zuständigkeit der Länder zur Steuergesetzgebung nicht verneinen kann[179], in diesen Fällen aber den Ländern die Ertragshoheit zuweist, indem Art. 106 I GG restriktiv ausgelegt und auf bundeseinheitlich geregelte Steuern beschränkt wird[180]. 34

Nach der **zweiten Alternative des Art. 105 II GG** kann der Bund Steuern bundeseinheitlich regeln, deren Ertrag den Ländern zufließt, »wenn **die Voraussetzungen des Art. 72 II GG vorliegen**«. Die Verschärfung der Anforderungen des Art. 72 II GG durch die Verfassungsreform von 1994 gilt zwar grundsätzlich auch nach der Föderalismusreform[181] für Art. 105 II GG, kann aber aus systematischen Gründen nicht ohne weiteres auf Art. 105 II GG übertragen werden. Das ganze System des Finanzausgleichs setzt praktisch eine einheitliche Steuergesetzgebung voraus[182]. Die Wahrung 35

Verwaltungskompetenzen von Bund und Ländern im Bereich der Steuern, in: I. Härtel (Hrsg.), Handbuch Föderalismus, Bd. II, 2012, S. 365ff., Rn. 22.

171 *Selmer*, Steuerinterventionismus (Fn. 62), S. 144; *R. Wendt*, HStR³ VI, § 139 Rn. 30; *ders.*, StWStP 4 (1993), 56 (72); *L. Osterloh*, NVwZ 1991, 823 (828); *H. G. Henneke*, in: Schmidt-Bleibtreu/Hofmann/Henneke, GG, Art. 105 Rn. 34f.; *Fischer-Menshausen* (Fn. 38), Art. 105 Rn. 17; *Häde*, Finanzausgleich (Fn. 26), S. 160ff. → Art. 106 Rn. 15.

172 *Fischer-Menshausen* (Fn. 38), Art. 105 Rn. 17.

173 *C. Sasse*, AöR 85 (1960), 423 (453); *Fischer-Menshausen* (Fn. 38), Art. 105 Rn. 17.

174 BVerfG, Beschluß v. 13.4.2017, 2 BvL 6/13, Rn. 70ff.; anders und überzeugend hingegen das Sondervotum der Richter Huber und Müller Rn. 2–36.

175 *Fischer-Menshausen* (Fn. 38), Art. 105 Rn. 19; *R. Mußgnug*, Konkurrierende Gesetzgebungskompetenz der Länder für Bundessteuern? – Zur Auslegung des Art. 105 Abs. 2 GG, in: FS Klein, 1994, S. 651ff. (657f.).

176 *Siekmann* (Fn. 38), Art. 105 Rn. 20.

177 Jarass/*Pieroth*, GG, Art. 105 Rn. 34.

178 *Stern*, Staatsrecht II, S. 1114; *Siekmann* (Fn. 38), Art. 105 Rn. 20; *Heintzen* (Fn. 38), Art. 105 Rn. 49.

179 Jarass/*Pieroth*, GG, Art. 105 Rn. 34; a.A. *Vogel/Walter* (Fn. 13), Art. 105 Rn. 77; *H. Meyer*, DÖV 1969, 261 (262); *W. Jakob*, BayVBl. 1972, 141 (142); *K. Vogel*, StuW 1971, 308 (308).

180 Jarass/*Pieroth*, GG, Art. 105 Rn. 30; vgl. jetzt auch *Seiler* (Fn. 10), Art. 105 Rn. 149.

181 *R. Seer/K.-D. Drüen*, in: W. Kluth (Hrsg.), Föderalismusreformgesetz, 2007, Art. 105 GG Rn. 4f.

182 Vgl. im einzelnen *W. Heun*, Der bundesgesetzliche Mindeststeuerhebesatz für die Gewerbe-

der Rechts- und Wirtschaftseinheit wird im gesamtstaatlichen Interesse im Falle von Steuern wohl regelmäßig eine bundeseinheitliche Regelung erfordern[183]. Dies gilt ebenso für die Regelung des allgemeinen Steuerrechts, da Art. 105 II GG i. V. m. Art. 108 GG seit 1969 auch die verfassungsrechtliche Grundlage für eine einheitliche Regelung des Verfahrens und der allgemeinen Grundsätze des Steuerrechts vor allem in der Abgabenordnung darstellt[184]. Das Bundesverfassungsgericht hat sich allerdings für eine uneingeschränkte Anwendung des Art. 72 II GG entschieden, im konkreten Fall dessen Voraussetzungen aber bejaht[185].

36 Sobald und soweit der Bund von seiner konkurrierenden Gesetzgebungskompetenz Gebrauch gemacht hat (→ Art. 72 Rn. 17), fehlt den Ländern die Kompetenz zum Erlaß eines entsprechenden Steuergesetzes. Die **Sperrwirkung** kann sinnvoll nur im Falle einer Kollision eintreten und **setzt** im Bereich der Steuergesetzgebung deshalb die **Gleichartigkeit der bundesgesetzlich und der landesgesetzlich geregelten Steuer voraus**. Dieses schon aus der Weimarer Republik stammende[186] Gleichartigkeitsverbot erfüllt eine doppelte Funktion: einerseits werden die Staatsbürger gegen eine übermäßige und unabgestimmte Mehrfachbelastung desselben Steuerobjekts geschützt; andererseits wird die Inanspruchnahme ein und derselben Steuerquelle unterbunden, die einem öffentlichen Verband als Ertragsberechtigtem zugewiesen ist, damit durch den anderen Verband die Steuerquelle nicht entwertet und außerdem die daran anknüpfenden wirtschafts- und sozialpolitischen Funktionen nicht durchkreuzt werden[187].

37 Die **Gleichartigkeit** von Steuern wird **nach unterschiedlichen Kriterien bestimmt**[188]. Das Bundesverfassungsgericht stellt darauf ab, ob die Steuern in ihren wesentlichen Merkmalen übereinstimmen, wobei allgemein an die »steuerbegründenden Tatbestände«[189] angeknüpft wird. Dabei wird im einzelnen an den Steuergegenstand[190], den

---

steuer im Kompetenzgeflecht zwischen Bund, Ländern und Gemeinden, in: FS Starck, 2007, S. 245ff. (246ff.); ähnlich *P. Selmer/L. Hummel*, NVwZ 2006, 14 (16); vgl. auch *L. Osterloh*, Die Einheitlichkeit der Lebensverhältnisse als offene Frage der Finanzverfassung, in: GedS Trzaskalik, 2005, S. 181ff. (191), die (lediglich) auf die (sonst) dysfunktionalen Folgen der Änderung des Art. 72 II GG hinweist. Gerade sie lassen sich durch die hier dargelegte Auslegung jedoch vermeiden; das Problem wird auch von der Föderalismuskommission erkannt, s. Dokumentation der Kommission von Bundestag und Bundesrat zur Modernisierung der bundesstaatlichen Ordnung. Zur Sache 1/2005, S. 892; für volle Übertragbarkeit dagegen *Seer/Drüen* (Fn. 180), Art. 105 GG Rn. 8; *Müller-Franken* (Fn. 10), Art. 105 Rn. 202f.

183 Zweifelnd *Siekmann* (Fn. 38), Art. 105 Rn. 21; restriktiv auch *Seer/Drüen* (Fn. 180), Art. 105 GG Rn. 8.

184 *Fischer-Menshausen* (Fn. 38), Art. 105 Rn. 18. → Rn. 6 mit Fn. 38.

185 BVerfGE 125, 141 (153ff., Rn. 49ff.), s. auch *Korte*, Steuergesetzgebung (Fn. 168), S. 65ff.; *Leisner-Egensperger*, Verwaltungskompetenzen (Fn. 170), Rn. 30 hält Art. 72 II GG bei Art. 105 GG für keine wirksame Sperre.

186 § 2 I FinanzausgleichsG v. 23.6.1923 (RGBl. I S. 494); vgl. dazu und zur damaligen Rspr. *B. Holst*, Das Gleichartigkeitsverbot in Art. 105 Abs. 2 und 2a GG, 1990, S. 24ff.; *Küssner*, Abgrenzung (Fn. 170), S. 80ff.

187 *Fischer-Menshausen* (Fn. 38), Art. 105 Rn. 20; *K. Tipke/J. Lang*, Steuerrecht, 22. Aufl. 2015, § 2 Rn. 50; *Siekmann* (Fn. 38), Art. 105 Rn. 25; *R. Wendt*, HStR³ VI, § 139 Rn. 41; die individualschützende Funktion ablehnend *Holst*, Gleichartigkeitsverbot (Fn. 185), S. 159ff.

188 Überblick über die verschiedenen Ansätze bei *Küssner*, Abgrenzung (Fn. 170), S. 86ff., 95ff.

189 BVerfGE 7, 244 (260); 13, 181 (193); 16, 64 (75); 16, 306 (316); 40, 56 (62); 65, 325 (351); 98, 106 (125, Rn. 81).

190 BVerfGE 7, 244 (262f.); 13, 181 (193); 16, 64 (75f.); 40, 56 (62); 65, 325 (351); hierfür plädiert insb. *Holst*, Gleichartigkeitsverbot (Fn. 185), S. 179ff.

Besteuerungsmaßstab[191], den Steuerschuldner[192], die Art der Steuererhebung oder Erhebungstechnik[193] sowie die wirtschaftlichen Auswirkungen[194], namentlich die Belastungswirkung, angeknüpft. Die wirtschaftlichen Auswirkungen werden danach festgestellt, ob die gleiche Quelle wirtschaftlicher Leistungsfähigkeit beansprucht wird[195], was im Hinblick darauf, daß alle Steuern letztlich aus dem Einkommen oder Vermögen aufzubringen sind, als zweifelhaftes Kriterium erscheint[196]. Wenn eine Landessteuer nur einen Ausschnitt der vom Bund geregelten Materie erfaßt oder nur einen räumlich begrenzten Wirkungsbereich hat, ändert diese bloße Teilidentität nichts an der Gleichartigkeit[197]. Trotz ähnlichem Steuergegenstand kollidieren aber beispielsweise nicht die Abgabe der Finanzierung des Wohnungsbaus mit der Grundsteuer[198], die Schankerlaubnissteuer mit der Gewerbe- und der Umsatzsteuer[199] oder Bürgersteuern mit der Einkommensteuer[200]. Die Sperrwirkung aufgrund des Gleichartigkeitsverbots gilt jedoch uneingeschränkt für Hebesätze oder Zuschläge zu bundesgesetzlich geregelten Steuern wie insbesondere zu der Einkommen- und Körperschaftsteuer, da der Bund diese Steuern im Sinne einer Kodifikation abschließend und erschöpfend geregelt hat[201].

Noch schwieriger ist die **Reichweite der Sperrwirkung** in den Fällen zu bestimmen, 38
in denen der Bund eine bestehende Steuer ganz oder zum Teil abschafft oder eine Steuer gar nicht eingeführt hat. Wenn der Bundesgesetzgeber aus Gründen der Steuervereinfachung, der Zweckmäßigkeit, der wirtschafts-, sozial- oder konjunkturpolitischen Steuerung bestimmte Tatbestände von der Besteuerung ausnimmt oder eine Steuer ersatzlos abschafft, wird man selbst bei Steuern, deren Ertrag den Ländern nach Art. 106 II GG zusteht, eine Kompetenzsperre für die Länder annehmen müssen[202]. Die bloße Nichtregelung wird im Hinblick auf die Wertung des Art. 72 II GG für eine Kompetenzsperre nicht ausreichen[203], selbst wenn die Besteuerung den erkennbaren Vorstellungen des Bundesgesetzgebers zuwiderlaufen sollte[204]. Sofern andere Steuergesetze des Bundes keine Anhaltspunkte für eine Kompetenzsperre ergeben, muß der Bund gegebenenfalls explizit eine Besteuerung ausschließen.

---

[191] BVerfGE 7, 244 (262f.); 16, 64 (76); 16, 306 (316); 49, 343 (356); 65, 325 (351).

[192] BVerfGE 49, 343 (356); 65, 325 (351).

[193] BVerfGE 7, 244 (264); 65, 325 (351).

[194] BVerfGE 7, 244 (258, 263f.); 65, 325 (351); *Fischer-Menshausen* (Fn. 38), Art. 105 Rn. 21; eingehend *Küssner*, Abgrenzung (Fn. 170), S. 112ff.

[195] BVerfGE 13, 181 (193); 16, 64 (76); 49, 343 (356); 65, 325 (351ff.); 98, 106 (124f., Rn. 81f.); so auch *K. Tipke*, StuW 1975, 242ff.; *R. Wendt*, HStR³ VI, § 139 Rn. 41; *M. Csisnik*, DÖV 1989, 1065ff.; *C.E. Haury*, StuW 1979, 51 (58); *Fischer-Menshausen* (Fn. 38), Art. 105 Rn. 21; *Jachmann* (Fn. 63), Art. 105 Rn. 144.

[196] *Fischer-Menshausen* (Fn. 38), Art. 105 Rn. 20; vgl. dazu *K. Tipke*, DÖV 1995, 1027 (1029).

[197] *K. Vogel*, StuW 1971, 308 (315); *Fischer-Menshausen* (Fn. 38), Art. 105 Rn. 20.

[198] BVerfGE 49, 344 (355ff.) mit *Sondervotum Hirsch*, 363ff.

[199] BVerfGE 13, 181 (192ff.); zum Problem der Gleichartigkeit der Belastungswirkung bei der Umsatzsteuer *Fischer-Menshausen* (Fn. 38), Art. 105 Rn. 22.

[200] BVerfGE 16, 64 (75).

[201] Vgl. BVerfGE 20, 238 (248); 24, 367 (386); 32, 319 (327); *Siekmann* (Fn. 38), Art. 105 Rn. 32f.

[202] *Maunz* (Fn. 80), Art. 105 Rn. 42; *Heintzen* (Fn. 38), Art. 105 Rn. 51; *Siekmann* (Fn. 38), Art. 105 Rn. 29; *Selmer*, Steuerinterventionismus (Fn. 62), S. 152; wohl auch *Häde*, Finanzausgleich (Fn. 26), S. 171f., 173; a. A. *Mußgnug*, Gesetzgebungskompetenz (Fn. 174), S. 660ff.

[203] Vgl. BT-Drs. 12/6000, S. 33; *Siekmann* (Fn. 38), Art. 105 Rn. 31.

[204] BVerfGE 49, 343 (359); *P. Selmer*, DÖV 1974, 374 (378f.); *Fischer-Menshausen* (Fn. 38), Art. 105 Rn. 19.

V. Ausschließliche Gesetzgebungskompetenz der Länder für örtliche Verbrauch- und Aufwandsteuern gem. Art. 105 IIa GG

39 Die örtlichen Verbrauch- und Aufwandsteuern sind gem. Art. 105 IIa GG der ausschließlichen[205] Gesetzgebungskompetenz der Länder[206] vorbehalten. **Gegenstand der Verbrauch- und Aufwandsteuern** sind Vorgänge des Verbrauchs von Gütern und Diensten oder des Haltens von Gegenständen. Besteuerungsobjekt sind daher zunächst bestimmte Arten der Einkommensverwendung für den persönlichen Bedarf, mit deren Besteuerung aber letztlich die in der Einkommensverwendung zum Ausdruck kommende wirtschaftliche Leistungsfähigkeit belastet werden soll[207]. Beide Steuerarten bilden eine gemeinsame Kategorie mit unterschiedlichen Schattierungen, aber fließenden Übergängen[208]. Verbrauchsteuern knüpfen an einen tatsächlichen Vorgang, ein einmaliges oder fortdauerndes Geschehen an. Der steuerbegründende Tatbestand einer Aufwandsteuer ist dagegen ein tatsächlicher oder rechtlicher Zustand, wobei dem Begriff des Aufwandes eine über die normale Bedarfsdeckung hinausgehende Einkommensverwendung inhärent ist[209].

40 Die **Örtlichkeit der Steuern** wird trotz der grundlegenden Umgestaltung der Vorschrift nach den gleichen Kriterien wie das frühere Merkmal des »örtlich bedingten Wirkungskreises« bestimmt[210]. Negativ kann festgehalten werden, daß die Örtlichkeit allein nicht schon die Ungleichartigkeit einer Steuer im obigen Sinn bewirkt, so daß eine Kollision nicht schon dadurch ausgeschlossen wird[211]. Allgemein werden Steuern als »örtlich« angesehen, wenn sie »an örtliche Gegebenheiten, vor allem die Belegenheit einer Sache oder an einen Vorgang im Gebiet der steuererhebenden Gemeinde anknüpfen und wegen der Begrenzung ihrer unmittelbaren Wirkungen auf das Gemeindegebiet nicht zu einem die Wirtschaftseinheit berührenden Steuergefälle führen können«[212]. Die flächendeckende Erhebung allein hebt die Örtlichkeit nicht auf[213]. Völlig unschädlich ist die Erhebung derselben Steuer durch mehrere Gemeinden[214].

41 Das **Gleichartigkeitsverbot des Art. 105 IIa GG** muß angesichts der ohnehin nach Art. 105 II GG verbleibenden, wenn auch bloß konkurrierenden Zuständigkeit jeden-

---

[205] BVerfGE 40, 56 (60); *Heintzen* (Fn. 38), Art. 105 Rn. 58.

[206] Zum kommunalen Steuerfindungsrecht vgl. *C. Flach*, Kommunales Steuerfindungsrecht und Kommunalaufsicht, 1998, S. 21ff. → Art. 28 Rn. 145.

[207] BVerfGE 16, 64 (74); 49, 343 (354); 65, 325 (346); 98, 106 (122, Rn. 70); BVerwGE 96, 272 (281f.); Jarass/*Pieroth*, GG, Art. 105 Rn. 38; *Siekmann* (Fn. 38), Art. 105 Rn. 38f.; *Fischer-Menshausen* (Fn. 38), Art. 105 Rn. 24; zu den einzelnen Besteuerungsobjekten s. *D. Müller*, Struktur, Entwicklung und Begriff der Verbrauchsteuer, 1997, S. 35ff.; zur Stromsteuer *C. Gröpl*, DÖV 2001, 199ff.

[208] *D. Bökelmann*, Die örtlichen Steuern und das Gleichartigkeitsverbot in Art. 105 Abs. 2a GG, 1974, S. 214; *Stern*, Staatsrecht II, S. 1121; *Fischer-Menshausen* (Fn. 38), Art. 105 Rn. 24; *Siekmann* (Fn. 38), Art. 105 Rn. 35; vgl. auch eingehend zur Abgrenzung *Jachmann* (Fn. 63), Art. 105 Rn. 55ff.

[209] *Fischer-Menshausen* (Fn. 38), Art. 105 Rn. 24.

[210] BVerfGE 40, 56 (60); 65, 325 (349); BVerwGE 96, 272 (283); *Küssner*, Abgrenzung (Fn. 170), S. 235f.; kritisch *Stern*, Staatsrecht II, S. 1122.

[211] BVerfGE 40, 56 (61); *Tipke/Lang*, Steuerrecht (Fn. 186), § 2 Rn. 47; *K. Tipke*, StuW 1975, 242 (248f.); *Stern*, Staatsrecht II, S. 1122; *Siekmann* (Fn. 38), Art. 105 Rn. 39; BVerwGE 58, 230 (239) gegen BVerwGE 45, 264 (274).

[212] BVerfGE 16, 306 (327); 65, 325 (349); s. auch BVerfGE 98, 106 (124, Rn. 80); BVerwGE 96, 272 (283); *Fischer-Menshausen* (Fn. 38), Art. 105 Rn. 24.

[213] *Küssner*, Abgrenzung (Fn. 170), S. 262ff.; *Siekmann* (Fn. 38), Art. 105 Rn. 40; wohl a. A. BVerfGE 3, 407 (437); 7, 244 (258); Jarass/*Pieroth*, GG, Art. 105 Rn. 28.

[214] BFHE 160, 61 (64f.); Jarass/*Pieroth*, GG, Art. 105 Rn. 28; *Siekmann* (Fn. 38), Art. 105 Rn. 43; *Jachmann* (Fn. 63), Art. 105 Rn. 65.

falls eine etwas **andere Bedeutung** als dort haben. Gerade wegen der Einführung der Umsatzsteuer wäre ansonsten nahezu allen kommunalen Steuern der Boden entzogen[215]. Klar ist, daß zumindest die bis zum 1.1.1970 üblicherweise bestehenden, herkömmlichen landesrechtlich geregelten örtlichen Verbrauch- und Aufwandsteuern nicht dem Gleichartigkeitsverbot unterfallen[216]. Umstritten[217] bleibt aber, wie das Gleichartigkeitsverbot bei der Einführung neuer örtlicher Steuern abzugrenzen ist. Nach dem Willen des Verfassungsgesetzgebers war neben der Sicherung des bisherigen Zustandes der kommunalen Kompetenzen und Ertragshoheit durchaus auch die Garantie eines begrenzten kommunalen Steuererfindungsrechts beabsichtigt[218]. Insofern wird durch Art. 105 IIa GG zweifellos nicht nur die weitere Erhebung[219], sondern auch die Einführung neuer Verbrauch- und Aufwandsteuern garantiert, die zu dem historisch gewachsenen Typ der kleineren Kommunalsteuern gehören[220]. Nur ausnahmsweise[221] kann daher die Gleichartigkeit und damit Kollision mit einer bundesgesetzlichen Steuer bestehen, wenn die wesentlichen Steuermerkmale einschließlich der wirtschaftlichen Auswirkungen übereinstimmen[222]. Daher werden überwiegend folgende kommunale Verbrauch- und Aufwandsteuern mangels Verstoßes gegen das Gleichartigkeitsverbot anerkannt[223]: Getränkesteuer[224], Hundesteuer[225], Jagdsteuer[226], Spielgerätesteuer[227], Speiseeissteuer[228], Vergnügungsteuer[229], Zweitwohnungsteuer[230] und Verpackungsteuer beim Verkauf von Speisen und Getränken zum sofortigen Verzehr[231].

---

[215] BVerfGE 40, 56 (63); *Fischer-Menshausen* (Fn. 38), Art. 105 Rn. 25; *Heintzen* (Fn. 38), Art. 105 Rn. 61; deshalb hält *O. Lorenz*, DVBl. 1970, 539 (541), die Verankerung des Gleichartigkeitsverbots in Art. 105 IIa GG für verfehlt.

[216] BVerfGE 40, 56 (64); 44, 216 (226f.); 65, 325 (350f.); 69, 174 (183); 98, 106 (124, Rn. 81); BVerwGE 96, 272 (285); *Stern*, Staatsrecht II, S. 1123; *P. Selmer*, DÖV 1974, 374 (378); *Siekmann* (Fn. 38), Art. 105 Rn. 44; *Küssner*, Abgrenzung (Fn. 170), S. 286ff.; *J. E. Rosenschon*, Gemeindefinanzierungssystem und Selbstverwaltungsgarantie, 1980, S. 63; *Häde*, Finanzausgleich (Fn. 26), S. 175ff.; *Jachmann* (Fn. 63), Art. 105 Rn. 66.

[217] Ausdrücklich offengelassen von BVerfGE 40, 56 (64); 69, 174 (183f.); s. auch *Siekmann* (Fn. 38), Art. 105 Rn. 44.

[218] BT-Drs. V/2861, S. 33; V/3608, S. 8; V/3650, S. 7.

[219] BVerfGE 40, 56 (63f.).

[220] *P. Selmer*, DÖV 1974, 374 (375); *Fischer-Menshausen* (Fn. 38), Art. 105 Rn. 26; ein Steuererfindungsrecht ablehnend *Rosenschon*, Gemeindefinanzierungssystem (Fn. 215), S. 24ff. → Rn. 33.

[221] So *Siekmann* (Fn. 38), Art. 105 Rn. 44; auf eine Beeinträchtigung von Bundesinteressen stellt ab *Holst*, Gleichartigkeitsverbot (Fn. 185), S. 259ff., 269ff.

[222] Etwas anders *Siekmann* (Fn. 38), Art. 105 Rn. 26.

[223] Vgl. auch *Seiler* (Fn. 10), Art. 105 Rn. 17.

[224] BVerfGE 44, 216 (226f.) – Gunzenhausen; 69, 174 (183f.) – Hamburg.

[225] BFHE 151, 285 (286); zur Kampfhundesteuer vgl. *T. Karst*, NVwZ 1999, 244ff.

[226] BVerfG (K), NVwZ 1989, 1152f.; BVerwG NVwZ-RR 1991, 423.

[227] BFHE 160, 61 (65f.).

[228] BVerfGE 16, 306 (326ff.) – noch zu Art. 105 GG a. F.

[229] BVerfGE 40, 52 (55) – Hessen; 40, 56 (61ff.) – Nordrhein-Westfalen; 42, 38 (41) – Niedersachsen.

[230] BVerfGE 65, 325 (349ff.); BVerfG BB 1995, 2047; BVerwGE 58, 230 (234); BayVerfGH NVwZ 1993, 164.

[231] BVerwGE 96, 272 (285ff.) mit Anm. *C. Müller-Dehn*, JZ 1995, 200ff.; *H. Sendler*, WiVerw. 1996, 83ff.; *T. Gas*, SächsVBl. 1998, 229ff.; HessVGH NVwZ 1993, 1018; HessVGH GewArch. 1996, 233ff.; *B. Pieroth*, WiVerw 1996, 65 (71f.); *K. Konrad*, BB 1995, 1109 (1113f.); *W. Kluth*, DVBl. 1992, 1261 (1264); einen Verstoß verneint auch BVerfGE 98, 106 (123ff., Rn. 76ff.); das BVerfG hält die Verpackungsteuer aber wegen eines Verstoßes gegen die bundesrechtlichen Vorgaben des Abfallrechtes für verfassungswidrig: → Rn. 16; s. auch *R. Jahn*, GewArch. 1995, 312 (315); die Verbrauchsteu-

42 Der im Zuge der Föderalismusreform eingefügte **Satz 2 soll** als ein erster Schritt die **Steuerautonomie der Länder stärken**[232], **die zur Bestimmung des Steuersatzes der Grunderwerbsteuer** ermächtigt werden. Angesichts des geringen Aufkommens der Grunderwerbsteuer erweitert die Norm die Gestaltungsbefugnisse der Länder lediglich marginal[233], so daß ein ernsthafter Steuerwettbewerb nicht ausgelöst wird. Im Hinblick auf die Ertragshoheit der Länder für Verkehrsteuern[234] ist die Regelung gerechtfertigt[235], bedurfte aber noch einer Folgeänderung des Art. 107 GG[236].

VI. Zustimmungsvorbehalt des Bundesrats gem. Art. 105 III GG

43 Der Zustimmungsvorbehalt des Bundesrats für alle Bundesgesetze über Steuern, deren Aufkommen den Ländern oder Gemeinden ganz oder zum Teil zufließt, kompensiert die Dominanz des Bundes bei der Steuergesetzgebung nur unvollständig, **sichert Länder und Gemeinden** aber **prinzipiell vor einem Entzug ihrer Finanzquellen** ohne die mehrheitliche Zustimmung der Länder[237].

44 Gesetze über neue, im Katalog des Art. 106 GG nicht enthaltene Steuern sind ebenfalls zustimmungsbedürftig, da jeweils über die Ertragshoheit mitentschieden wird[238]. Mittelbare Auswirkungen auf die Länderfinanzen begründen die Zustimmungsbedürftigkeit nicht[239]. Außerdem gilt das **Zustimmungserfordernis nur für das materielle Recht**, nicht für organisations- oder verfahrensrechtliche Regelungen, sofern diese getrennt erlassen werden[240].

D. Verhältnis zu anderen GG-Bestimmungen

45 Die Sonderregelung des **Art. 105 GG verdrängt** prinzipiell die allgemeinen Gesetzgebungskompetenzregeln der **Art. 70ff. GG**[241]. Insbesondere gilt die Grundregel des Art. 70 GG nicht, da auch Art. 105 IIa GG eine ausdrückliche Kompetenzzuweisung zugunsten der Länder vornimmt[242]. Auch die Bedürfnisklausel des Art. 72 II GG gilt nur nach Maßgabe des Art. 105 II GG. Die Verdrängungswirkung kann selbstver-

---

erqualität verneint *K.H. Friauf*, GewArch. 1996, 265ff.; aus der älteren Literatur *L. Osterloh/C. Brodersen*, JuS 1986, 53 (56f.).

[232] Vgl. *Siekmann* (Fn. 38), Art. 105 Rn. 47; *M. Nierhaus/S. Rademacher*, LKV 2006, 385 (393); *K.-A. Schwarz*, Die Änderung des Art. 105 GG, in: C. Starck (Hrsg.), Föderalismusreform, 2007, Rn. 384ff. (386); *Seer/Drüen* (Fn. 180), Art. 105 GG Rn. 10.

[233] *Schwarz*, Art. 105 GG (Fn. 231), Rn. 399; *Siekmann* (Fn. 38), Art. 105 Rn. 47.

[234] Zur Qualifizierung als Verkehrsteuer *Schwarz*, Art. 105 GG (Fn. 231), Rn. 388.

[235] Vgl. *Siekmann* (Fn. 38), Art. 105 Rn. 47.

[236] *Schwarz*, Art. 105 GG (Fn. 231), Rn. 402; *Siekmann* (Fn. 38), Art. 105 Rn. 47.

[237] *Siekmann* (Fn. 38), Art. 105 Rn. 11.

[238] *Fischer-Menshausen* (Fn. 38), Art. 105 Rn. 27; *ders.*, in: v. Münch/Kunig, Grundgesetz-Kommentar (Fn. 38), Art. 106 Rn. 14a; a. A. diejenigen, die die Steuergesetzgebungskompetenz auf den Katalog des Art. 106 GG beschränken wie z.B. *Heintzen* (Fn. 38), Art. 105 Rn. 57 m.w.N.

[239] *Fischer-Menshausen* (Fn. 38), Art. 105 Rn. 27.

[240] *Fischer-Menshausen* (Fn. 38), Art. 105 Rn. 17; *Siekmann* (Fn. 38), Art. 105 Rn. 11; a. A. *Maunz* (Fn. 80), Art. 105 Rn. 63.

[241] *Vogel/Walter* (Fn. 13), Art. 105 Rn. 62; *Fischer-Menshausen* (Fn. 38), Art. 105 Rn. 4 (Art. 72 II GG gilt); *R. Wendt*, HStR[3] VI, § 139 Rn. 17; *Siekmann* (Fn. 38), Art. 105 Rn. 4; a. A. BVerfGE 16, 64 (78f.) zu Art. 105 GG a. F.

[242] *W. Jakob*, BayVBl. 1971, 249 (250); *Stern*, Staatsrecht II, S. 1120; *Siekmann* (Fn. 38), Art. 105 Rn. 4.

ständlich nur eintreten, soweit der sachliche Regelungsbereich des Art. 105 GG reicht[243]. Für das allgemeine Steuerrecht tritt hinsichtlich des Verfahrens **Art. 108 V GG** als Kompetenzgrundlage für den Erlaß der Abgabenordnung hinzu (→ Art. 108 Rn. 24; → Rn. 6 mit Fn. 38). Schließlich berücksichtigt nunmehr Art. 107 I 4 GG lediglich die Steuerkraft hinsichtlich der Grunderwerbsteuer, da deren Höhe von den Ländern autonom festgesetzt werden kann (→ Art. 107 Rn. 21).

243 *Stern*, Staatsrecht II, S. 1111; *Siekmann* (Fn. 38), Art. 105 Rn. 4.

Artikel 106 [Ertragshoheit, Finanzzuweisungen]

(1) Der Ertrag der Finanzmonopole und das Aufkommen der folgenden Steuern stehen dem Bund zu:

1. die Zölle,
2. die Verbrauchsteuern, soweit sie nicht nach Absatz 2 den Ländern, nach Absatz 3 Bund und Ländern gemeinsam oder nach Absatz 6 den Gemeinden zustehen,
3. die Straßengüterverkehrsteuer, die Kraftfahrzeugsteuer und sonstige auf motorisierte Verkehrsmittel bezogene Verkehrsteuern,
4. die Kapitalverkehrsteuern, die Versicherungsteuer und die Wechselsteuer,
5. die einmaligen Vermögensabgaben und die zur Durchführung des Lastenausgleichs erhobenen Ausgleichsabgaben,
6. die Ergänzungsabgabe zur Einkommensteuer und zur Körperschaftsteuer,
7. Abgaben im Rahmen der Europäischen Gemeinschaften.

(2) Das Aufkommen der folgenden Steuern steht den Ländern zu:

1. die Vermögensteuer,
2. die Erbschaftsteuer,
3. die Verkehrsteuern, soweit sie nicht nach Absatz 1 dem Bund oder nach Absatz 3 Bund und Ländern gemeinsam zustehen,
4. die Biersteuer,
5. die Abgabe von Spielbanken.

(3) [1]Das Aufkommen der Einkommensteuer, der Körperschaftsteuer und der Umsatzsteuer steht dem Bund und den Ländern gemeinsam zu (Gemeinschaftsteuern), soweit das Aufkommen der Einkommensteuer nicht nach Absatz 5 und das Aufkommen der Umsatzsteuer nicht nach Absatz 5a den Gemeinden zugewiesen wird. [2]Am Aufkommen der Einkommensteuer und der Körperschaftsteuer sind der Bund und die Länder je zur Hälfte beteiligt. [3]Die Anteile von Bund und Ländern an der Umsatzsteuer werden durch Bundesgesetz, das der Zustimmung des Bundesrates bedarf, festgesetzt. [4]Bei der Festsetzung ist von folgenden Grundsätzen auszugehen:

1. [1]Im Rahmen der laufenden Einnahmen haben der Bund und die Länder gleichmäßig Anspruch auf Deckung ihrer notwendigen Ausgaben. [2]Dabei ist der Umfang der Ausgaben unter Berücksichtigung einer mehrjährigen Finanzplanung zu ermitteln.
2. Die Deckungsbedürfnisse des Bundes und der Länder sind so aufeinander abzustimmen, daß ein billiger Ausgleich erzielt, eine Überbelastung der Steuerpflichtigen vermieden und die Einheitlichkeit der Lebensverhältnisse im Bundesgebiet gewahrt wird.

[5]Zusätzlich werden in die Festsetzung der Anteile von Bund und Ländern an der Umsatzsteuer Steuermindereinnahmen einbezogen, die den Ländern ab 1. Januar 1996 aus der Berücksichtigung von Kindern im Einkommensteuerrecht entstehen. [6]Das Nähere bestimmt das Bundesgesetz nach Satz 3.

(4) [1]Die Anteile von Bund und Ländern an der Umsatzsteuer sind neu festzusetzen, wenn sich das Verhältnis zwischen den Einnahmen und Ausgaben des Bundes und der Länder wesentlich anders entwickelt; Steuermindereinnahmen, die nach Absatz 3 Satz 5 in die Festsetzung der Umsatzsteueranteile zusätzlich einbezogen werden, bleiben hierbei unberücksichtigt. [2]Werden den Ländern durch Bundesgesetz zusätzliche Ausgaben auferlegt oder Einnahmen entzogen, so kann die Mehrbelastung durch Bundesgesetz, das der Zustimmung des Bundesrates bedarf, auch mit Finanzzuweisungen des Bundes ausgeglichen werden, wenn sie auf einen kurzen Zeitraum begrenzt ist. [3]In

dem Gesetz sind die Grundsätze für die Bemessung dieser Finanzzuweisungen und für ihre Verteilung auf die Länder zu bestimmen.

(5) [1]Die Gemeinden erhalten einen Anteil an dem Aufkommen der Einkommensteuer, der von den Ländern an ihre Gemeinden auf der Grundlage der Einkommensteuerleistungen ihrer Einwohner weiterzuleiten ist. [2]Das Nähere bestimmt ein Bundesgesetz, das der Zustimmung des Bundesrates bedarf. [3]Es kann bestimmen, daß die Gemeinden Hebesätze für den Gemeindeanteil festsetzen.

(5a) [1]Die Gemeinden erhalten ab dem 1. Januar 1998 einen Anteil an dem Aufkommen der Umsatzsteuer. [2]Es wird von den Ländern auf der Grundlage eines orts- und wirtschaftsbezogenen Schlüssels an ihre Gemeinden weitergeleitet. [3]Das Nähere wird durch Bundesgesetz, das der Zustimmung des Bundesrates bedarf, bestimmt.

(6) [1]Das Aufkommen der Grundsteuer und Gewerbesteuer steht den Gemeinden, das Aufkommen der örtlichen Verbrauch- und Aufwandsteuern steht den Gemeinden oder nach Maßgabe der Landesgesetzgebung den Gemeindeverbänden zu. [2]Den Gemeinden ist das Recht einzuräumen, die Hebesätze der Grundsteuer und Gewerbesteuer im Rahmen der Gesetze festzusetzen. [3]Bestehen in einem Land keine Gemeinden, so steht das Aufkommen der Grundsteuer und Gewerbesteuer sowie der örtlichen Verbrauch- und Aufwandsteuern dem Land zu. [4]Bund und Länder können durch eine Umlage an dem Aufkommen der Gewerbesteuer beteiligt werden. [5]Das Nähere über die Umlage bestimmt ein Bundesgesetz, das der Zustimmung des Bundesrates bedarf. [6]Nach Maßgabe der Landesgesetzgebung können die Grundsteuer und Gewerbesteuer sowie der Gemeindeanteil vom Aufkommen der Einkommensteuer und der Umsatzsteuer als Bemessungsgrundlagen für Umlagen zugrunde gelegt werden.

(7) [1]Von dem Länderanteil am Gesamtaufkommen der Gemeinschaftsteuern fließt den Gemeinden und Gemeindeverbänden insgesamt ein von der Landesgesetzgebung zu bestimmender Hundertsatz zu. [2]Im übrigen bestimmt die Landesgesetzgebung, ob und inwieweit das Aufkommen der Landessteuern den Gemeinden (Gemeindeverbänden) zufließt.

(8) [1]Veranlaßt der Bund in einzelnen Ländern oder Gemeinden (Gemeindeverbänden) besondere Einrichtungen, die diesen Ländern oder Gemeinden (Gemeindeverbänden) unmittelbar Mehrausgaben oder Mindereinnahmen (Sonderbelastungen) verursachen, gewährt der Bund den erforderlichen Ausgleich, wenn und soweit den Ländern oder Gemeinden (Gemeindeverbänden) nicht zugemutet werden kann, die Sonderbelastungen zu tragen. [2]Entschädigungsleistungen Dritter und finanzielle Vorteile, die diesen Ländern oder Gemeinden (Gemeindeverbänden) als Folge der Einrichtungen erwachsen, werden bei dem Ausgleich berücksichtigt.

(9) Als Einnahmen und Ausgaben der Länder im Sinne dieses Artikels gelten auch die Einnahmen und Ausgaben der Gemeinden (Gemeindeverbände).

Literaturauswahl

Bayer, Detlef: Staatliche Gemeindefinanzierung und Verfassungsrecht, in: DVBl. 1993, S. 1287–1292.

Elsner, Hermann: Gemeindehaushalte, Konjunktur und Finanzausgleich, 1978.

Friedrich, Klaus: Der Begriff der Ertragshoheit im Finanzverfassungsrecht, in: DÖV 1976, S. 761–765.

Gaddum, Johann Wilhelm: Die Verteilung der Steuern nach Art. 106 GG, in: BayVBl. 1977, S. 585–588.

Hettlage, Karl Maria: Die Revisionsklausel der Finanzverfassung, in: Festschrift für Theodor Maunz, 1981, S. 119–135.

Hidien, Jürgen W.: Der Mehrbelastungsausgleich (Art. 106 Abs. 4 S. 2, 3) – ein staatsrechtliches Mauerblümchen im bundesstaatlichen Finanzausgleich, in: AöR 122 (1997), S. 583–609.
Hidien, Jürgen W.: Die Verteilung der Umsatzsteuer zwischen Bund und Ländern, 1998.
Kluth, Winfried: Umlagen nach Art. 106 Abs. 6 S. 6 GG als Instrumente zwischengemeindlichen Finanzausgleichs, in: DÖV 1994, S. 456–464.
Rosenschon, Jürgen Ekkehard: Gemeindefinanzierungssystem und Selbstverwaltungsgarantie, 1980.
Wendt, Rudolf: Finanzhoheit und Finanzausgleich, in: HStR³ VI, § 139 (S. 875–963).
Wendt, Rudolf: Umsatzsteuerverteilung zwischen Bund und Ländern, 2002.

Siehe auch die Angaben zu Vorb. zu Art. 104a–115 GG.

Leitentscheidungen des Bundesverfassungsgerichts

BVerfGE 83, 363 (389ff.) – Krankenhausumlage; 101, 158 (214ff., Rn. 271ff.) – Finanzausgleich III; 125, 141 (158ff., Rn. 63ff.) – Kommunales Hebesatzrecht.

Gliederung

Stichwörter

A. Herkunft, Entstehung, Entwicklung

I. Ideen- und verfassungsgeschichtliche Aspekte

Eine verfassungsrechtliche Regelung der Ertragshoheit von Steuern setzt einen Bundesstaat voraus. Das Heilige Römische Reich Deutscher Nation kannte zwar einzelne Steuern, deren Ertrag dem Reich unmittelbar zustand[1]; die Finanzausstattung beruhte ansonsten aber auf der jeweiligen reichsständischen Bewilligung von Mitteln, die von den Reichsständen intern selbständig erhoben wurden[2]. Eine **Verteilung der Ertragshoheit** im Sinne der heutigen Regelung findet sich folglich erst in der **Reichsverfassung von 1849**, die dem Reich aus den Erträgen der Zölle sowie der Produktions- und Verbrauchsteuern einen Vorwegbetrag zuwies (§§ 35, 49 Paulskirchenverf.), ihm in außerordentlichen Fällen ein die Ertragshoheit umschließendes Besteuerungsrecht zubilligte (§ 51 Paulskirchenverf.), es im übrigen aber auf Matrikularbeiträge verwies (§ 50 Paulskirchenverf.)[3]. 1

Die **Reichsverfassung von 1871** stellte das Reich demgegenüber etwas schlechter, indem Art. 38 RVerf. 1871 die Erträge aus Zöllen und einzelnen Verbrauchsteuern dem Reich zuwies, im übrigen Art. 70 RVerf. 1871[4] das Reich aber nahezu vollständig von den Matrikularbeiträgen der einzelnen Bundesstaaten abhängig machte[5]. Die **Weimarer Reichsverfassung** gab in Art. 8 WRV umgekehrt dem Reich eine nahezu uneingeschränkte, die Ertragshoheit umfassende Gesetzgebungskompetenz[6], während das **Grundgesetz zwischen den beiden vorangegangenen Extremen die Mitte zu halten versucht**[7]. 2

II. Entstehung und Veränderung der Norm

Die heutige Fassung des Art. 106 GG blickt auf eine **ungewöhnlich verwickelte Entstehungsgeschichte** zurück. Nachdem der Herrenchiemseer Konvent noch drei unterschiedliche Vorschläge zur Verteilung des Steueraufkommens unterbreitet hatte[8], einigte man sich im Parlamentarischen Rat zunächst auf eine vorläufige, durch Bundes- 3

---

[1] Der 1495 eingeführte, aber bald gescheiterte Gemeine Pfennig und der Kammerzieler zur Finanzierung des Reichskammergerichts, s. *W. Heun*, Staatshaushalt und Staatsleitung, 1989, S. 48.

[2] Vgl. dazu *Heun*, Staatshaushalt (Fn. 1), S. 48ff. m.w.N.

[3] Die Regelungen der Paulskirchenverfassung werden jetzt behandelt von *S. Kempny*, Die Staatsfinanzierung nach der Paulskirchenverfassung, 2011. Der Begriff der Ertragshoheit wird erst von *A. Hensel*, Der Finanzausgleich im Bundesstaat, 1922, S. 20 geprägt; vgl. auch *K. Friedrich*, DÖV 1976, 761 (761f.).

[4] Die Änderung durch Gesetz betr. Änderungen im Finanzwesen v. 14.5.1904 (RGBl. S. 169) hat daran nichts Grundlegendes geändert, vielmehr die Matrikularbeiträge erst als Dauereinrichtung institutionalisiert.

[5] Vgl. dazu im ganzen *H. Pagenkopf*, Der Finanzausgleich im Bundesstaat, 1981, S. 90ff.; *Huber*, Verfassungsgeschichte III, S. 947ff.; *J. W. Hidien*, in: BK, Art. 106 (Drittb. 2001), Rn. 16ff.

[6] Vgl. *Pagenkopf*, Finanzausgleich (Fn. 5), S. 111ff.; *Huber*, Verfassungsgeschichte VI, S. 494; *O. Bühler*, Die Zuständigkeitsverteilung auf dem Gebiete des Finanzwesens, in: HdbDStR I, S. 321ff. (327); *Hidien* (Fn. 5), Art. 106 Rn. 29ff.

[7] Vgl. den Bericht über den Verfassungskonvent, Parl. Rat II, S. 568: »Ziel, [...] daß weder der Bund Kostgänger der Länder ist, noch die Länder Kostgänger des Bundes sind«.

[8] Art. 122 HChE; vgl. Parl. Rat II, S. 607f. sowie 236, 241f., 271, 486f., 533f., 568ff.; allgemein zur Entstehungsgeschichte auch *K. Vogel/H. Walter*, in: BK, Art. 106 (Zweitb. 1972), Rn. 1ff.; *H. Höpker-Aschoff*, AöR 75 (1949), 306 (323ff.); *K.-A. Schwarz*, in: v. Mangoldt/Klein/Starck, GG III, Art. 106 Rn. 36ff.; *Hidien* (Fn. 5), Art. 106 Rn. 44ff.

gesetz zu konkretisierende Regelung, die den Ländern das Aufkommen einiger weniger Steuern sowie einen gesetzlichen Anspruch auf die Zuteilung bestimmter Bundessteuern zuerkannte, die vom Bund erhoben und verwaltet werden sollten[9].

4 Der Widerstand der Alliierten gegen eine reine Bundesfinanzverwaltung[10] führte zu der **Erstfassung des Art. 106 GG**, die in den beiden ersten Absätzen die Steuerverteilung zwischen Bund und Ländern im wesentlichen zugunsten der Länder, aber mit der Möglichkeit des Bundes gem. Art. 106 III GG a. F., einen Teil der Einkommen- und Körperschaftsteuer in Anspruch zu nehmen, regelte[11]. Außerdem sollte gem. Art. 107 GG a. F. die endgültige Verteilung der der konkurrierenden Gesetzgebung unterliegenden Steuern durch ein späteres Bundesgesetz bis 31.12.1952 erfolgen[12]. Neben der Anordnung des Übergangs der Umsatzsteuer auf den Bund gem. Art. 106 I GG a. F. nahm der Bund zunehmend Anteile an Einkommen- und Körperschaftsteuer in Anspruch[13]. Nach mehrfacher Verlängerung der Neuregelungsfrist[14] nahm das **Finanzverfassungsgesetz von 1955**[15] eine Neuverteilung vor, die vor allem das Einkommen- und Körperschaftsteueraufkommen Bund und Ländern gemeinsam zuwies und auch in Art. 106 IV GG a. F. einen Verteilungsschlüssel vorsah, der jedoch einer mehrfach wahrgenommenen[16] Änderungsmöglichkeit gem. Art. 106 IV GG unterworfen wurde[17]. Durch eine **erneute Verfassungsänderung** wurde **1956** die finanzielle Ausstattung der Gemeinden dadurch abgesichert, daß diesen die Realsteuern sowie ein nicht näher bestimmter Anteil an Einkommen- und Körperschaftsteuer zugewiesen und die Möglichkeit eines Sonderbelastungsausgleichs geschaffen wurden[18].

5 Das **Finanzreformgesetz von 1969** hat schließlich die heutige **Kombination von Trenn- und Verbundsystem** trotz der erheblichen Einwände des Bundesrates[19] geschaffen[20]. Die verfassungsrechtliche Festlegung der hälftigen Anteile an Einkommen- und Körperschaftsteuer und die Beschränkung der beweglichen Verteilungsmasse auf die Umsatzsteuer wurden ebenso wie auch die Lösung der Weiterleitungspflicht der Län-

---

[9] Vgl. JöR 1 (1951), S. 772ff.; *H. Höpker-Aschoff*, AöR 75 (1949), 306 (323).

[10] Vgl. vor allem Parl. Rat VIII, S. 122f., 133f., 138, 165ff., 176ff., 209f.; zusammenfassend JöR 1 (1951), S. 784f.

[11] Text auch bei *Vogel/Walter* (Fn. 8), Art. 106 Rn. 4.

[12] Zu dieser Ausnahmeregelung von Art. 79 GG vgl. BT-Drs. II/480, Tz. 47ff.; *Vogel/Walter* (Fn. 8), Art. 106 Rn. 5.

[13] § 3 Erstes Überleitungsgesetz v. 28.11.1950 (BGBl. I S. 773); Zweites Überleitungsgesetz v. 21.8.1951 (BGBl. I S. 774) zur Umsatzsteuer; zur Inanspruchnahme der Einkommen- und Körperschaftsteuer: Gesetz v. 23.10.1951 (BGBl. I S. 864); Gesetz v. 25.7.1952 (BGBl. I S. 389); Gesetz v. 24.6.1953 (BGBl. I S. 413); Gesetz v. 25.4.1955 (BGBl. I S. 182); vgl. auch *Vogel/Walter* (Fn. 8), Art. 106 Rn. 7; *W. Renzsch*, Finanzverfassung und Finanzausgleich, 1991, S. 75ff.

[14] Gesetz v. 20.4.1953 (BGBl. I S. 130): bis 31.12.1954; Gesetz v. 25.12.1954 (BGBl. I S. 517): bis 31.12.1955.

[15] Gesetz v. 23.12.1955 (BGBl. I S. 817); zur Entstehungsgeschichte s. BT-Drs. II/480; II/960; II/1042; II/1043; II/1254; II/1326; II/1352; II/1819; II/1917; II/1938; → Vorb. zu Art. 104a–115 Rn. 7; sowie *Renzsch*, Finanzverfassung (Fn. 13), S. 130ff.

[16] Gesetz v. 11.3.1964 (BGBl. I S. 137); Gesetz v. 9.3.1967 (BGBl. I S. 265); Gesetz v. 3.3.1969 (BGBl. I S. 173).

[17] Text bei *Vogel/Walter* (Fn. 8), Art. 106 Rn. 9.

[18] ÄnderungsG v. 24.12.1956 (BGBl. I S. 1077). → Art. 28 Rn. 21.

[19] Vgl. BR-Drs. 14/69; 155/69.

[20] Gesetz zur Änderung des Grundgesetzes v. 12.5.1969 (BGBl. I S. 359); vgl. *Kommission für die Finanzreform*, Gutachten über die Finanzreform in der Bundesrepublik Deutschland, 1966 (Troeger-Gutachten), Tz. 227ff.; BT-Drs. V/2861, Tz. 134ff., 311ff.; BT-Drs. V/3605, S. 7f.; s. auch *Hidien* (Fn. 5), Art. 106 Rn. 68ff.; *Renzsch*, Finanzverfassung (Fn. 13), S. 209ff.

der für die Einkommensteueranteile der Gemeinden erst vom Vermittlungsausschuß vorgenommen[21]. Art. 106 GG ist seither noch mehrfach geändert worden. 1995 wurde Art. 106 III 4 u. 5 und IV 1, 2. Hs. GG eingefügt, um die Kinderlasten durch die Steuerreform zu berücksichtigen[22]. 1997 wurde den Gemeinden ein Umsatzsteueranteil durch Art. 106 Va GG eingeräumt[23].

Durch die Verfassungsänderung vom 19. März 2009[24] wurde Art. 106 GG dahingehend geändert, daß die **Ertragshoheit** für »die Kraftfahrzeugsteuer und sonstige auf motorisierte Verkehrsmittel bezogene Verkehrsteuern« **von den Ländern auf den Bund verlagert** wurde. Technisch erfolgte dies, indem in Art. 106 I Nr. 3 GG die genannten Steuern aufgenommen wurden, in Art. 106 II GG die Ziffer 3 (die Kraftfahrzeugsteuer) gestrichen wurde und die bisherigen Ziffern 4 bis 6 zu Ziffer 3 bis 5 aufrückten. Als unmittelbare Konsequenz wurde die Kompensationsregelung des **Art. 106b** in das Grundgesetz eingefügt[25] sowie **Art. 107 I 4** und **Art. 108 I GG** entsprechend geändert. Die Verlagerung der früher allein den Ländern zustehenden Ertragskompetenz auf den Bund ist indirekt auf Harmonisierungsbestrebungen der Europäischen Union (→ Art. 106b Rn. 2) und auf das Interesse an einer einheitlichen Mobilitätsbesteuerung (→ Art. 106b Rn. 3) zurückzuführen. Der Charakter der Kfz-Steuer als Aufwand- oder Verkehrsteuer (→ Art. 106 Rn. 17 m. w. N.) bleibt unberührt. 6

B. Internationale, supranationale und rechtsvergleichende Bezüge

Als interne Finanzverteilungsregel zwischen Bund und Ländern wird Art. 106 GG **durch das Europäische Unionsrecht nicht berührt**. Da die Ertragshoheit für die inzwischen maßgeblichen europäischen Zölle indes bei der Europäischen Union liegt, ist die Ertragshoheit für Zolleinnahmen gem. Art. 106 I Nr. 1 GG praktisch nur noch ein leeres Recht[26]. Außerdem ist der Europäischen Union unmittelbar ein Anteil an dem Aufkommen der Umsatzsteuer zugewiesen[27], der im Verhältnis zwischen Bund und Ländern allerdings dem Bundesanteil zugerechnet wird[28]. Im Hinblick auf die Einnahmenordnung der Europäischen Union wäre eine verfassungsrechtliche Zuordnung in Art. 106 GG wünschenswert, steht aber nicht in Aussicht. 7

Der komplizierten Mischung aus Trenn- und Verbundsystem in der Bundesrepublik lassen sich eine Reihe anderer **Modelle aus anderen Bundesstaaten** gegenüberstellen[29]. Das klarste Alternativsystem ist das weitgehend freie Trennsystem in den Vereinigten Staaten von Amerika, das die Finanzautonomie der einzelnen Gebietskör- 8

[21] BT-Drs. V/3896.

[22] 43. Gesetz zur Änderung des Grundgesetzes v. 3.11.1995 (BGBl. I S. 1492); s. auch BT-Drs. 13/2245.

[23] Gesetz zur Änderung des Grundgesetzes vom 20.10.1997 (BGBl. I S. 2470); BT-Drs. 13/1685. → Art. 28 Rn. 22.

[24] 54. Gesetz zur Änderung des Grundgesetzes vom 19.3.2009 (BGBl. I S. 606). → Art. 106b Rn. 1.

[25] → Art. 106b Rn. 1 ff.; dort näher zu den Zusammenhängen und Konsequenzen.

[26] Vgl. die Übersicht über die Zoll- und Agrarabschöpfungseinnahmen der EU aus der Bundesrepublik im Finanzbericht 2008, S. 82, sowie ebd. S. 202. → Art. 105 Rn. 3.

[27] Beschluß des Rates v. 21.4.1970, der jetzt durch den neuen Eigenmittelbeschluß des Rates v. 7.6.2007 überlagert wird; s. auch *BMF*, Finanzbericht 2008, S. 82f.

[28] *BMF*, Finanzbericht 2008, S. 82, 202; *H. Fischer-Menshausen*, in: I. v. Münch/P. Kunig (Hrsg.), Grundgesetz-Kommentar, Bd. III, 3. Aufl. 1996, Art. 106 Rn. 23.

[29] Vgl. BT-Drs. V/2861, S. 74ff.; *M. Bothe*, Die Kompetenzstruktur des modernen Bundesstaates in

perschaften zu Lasten distributiver Kriterien besonders stärkt[30]. An diesem Modell orientieren sich in unterschiedlicher Manier auch Kanada[31] und Australien, wobei in Australien die Länder in hohem Maß in ihrer Finanzausstattung von Bundeszuweisungen abhängen[32].

C. Erläuterungen

I. Allgemeine Bedeutung

9 In einem Bundesstaat müssen die Einnahmen zum einen vertikal zwischen dem Bund und den Ländern und zum anderen horizontal zwischen den verschiedenen Ländern verteilt werden. Diese Verteilung kann auf verschiedene Weise vorgenommen werden, indem entweder der Ertrag bestimmter Einnahmequellen (primärer Finanzausgleich) den verschiedenen Trägern der Finanzhoheit zugewiesen wird oder aus den jeweiligen Gesamteinnahmen Ausgleichsansprüche sowie Zuweisungen gewährt werden (sekundärer Finanzausgleich)[33]. Gegenstand der Regelung des **Art. 106 GG** ist mit der Verteilung der Steuerertragshoheit allein ein **Ausschnitt des primären vertikalen Finanzausgleichs**. Das Grundgesetz regelt nämlich trotz aller Detailbesessenheit im wesentlichen, d.h. von unbedeutenden Ausnahmen abgesehen, nur die Verteilung der Steuererträge als der bei weitem wichtigsten Einkunftsart der öffentlichen Hand[34]. Alle sonstigen öffentlich-rechtlichen Abgaben und privatrechtlichen Einnahmen bleiben unberücksichtigt. Das gilt selbst für quantitativ bedeutende Einnahmen wie die UMTS-Erlöse, die aus dem System des Art. 106 GG herausfallen[35]. Die steuerlichen Nebenleistungen werden gem. § 3 IV AO 1977 so aufgeteilt, daß die Zinserträge dem Träger der Ertragshoheit, das Aufkommen der übrigen Nebenleistungen dem Träger der Verwaltungshoheit zufließen. Die Ertragshoheit für die Sonderabgaben (→ Art. 105 Rn. 24ff.), die auch rechtlich verselbständigten Einrichtungen zugewiesen werden kann, folgt dagegen der Gesetzgebungskompetenz[36]. Die Ertragshoheit für die übrigen nichtsteuerlichen Einnahmen, vor allem für die Gebühren und Beiträge, steht mit Ausnahme der Fälle des Art. 74 I Nr. 22 GG durchweg dem Träger der Verwaltungskompetenz zu[37].

10 Im Rahmen des vertikalen Finanzausgleichs sind die beiden Ebenen des Bundes und der Länder in dem Sinne prinzipiell gleichberechtigt, als sie an den gesamtstaatlichen Einnahmen entsprechend ihrer finanziellen Ausgabenverantwortung (→ Art. 104a Rn. 12ff.) zu beteiligen sind. Die **Aufgaben von Bund und Ländern**, deren Verteilung

---

rechtsvergleichender Sicht, 1977, S. 232ff.; Überblick über die denkbaren Techniken *Hidien* (Fn. 5), Art. 106 Rn. 371ff.

[30] Vgl. *Bothe*, Kompetenzstruktur (Fn. 29), S. 238ff.; *W. Heun*, StWStP 5 (1994), 97ff.

[31] Vgl. *Bothe*, Kompetenzstruktur (Fn. 29), S. 245ff.

[32] Dazu *Bothe*, Kompetenzstruktur (Fn. 29), S. 249ff.; zu dem Zuweisungssystem insbes. *H. Fischer*, Finanzzuweisungen, 1988, S. 165ff.

[33] Die Terminologie ist nicht immer ganz einheitlich: vgl. *Fischer-Menshausen* (Fn. 28), Art. 106 Rn. 7; *H. Siekmann*, in: Sachs, GG, Vor Art. 104a Rn. 47.

[34] Zum Steuerbegriff: → Art. 105 Rn. 10ff.

[35] BVerfGE 105, 185 (194, Rn. 44); *P. Selmer*, NVwZ 2003, 1304 (1306).

[36] *Vogel/Walter* (Fn. 8), Art. 106 Rn. 32ff.; *Fischer-Menshausen* (Fn. 28), Art. 106 Rn. 2; Jarass/*Pieroth*, GG, Art. 106 Rn. 1a.

[37] *Fischer-Menshausen* (Fn. 28), Art. 106 Rn. 2; *Stern*, Staatsrecht II, S. 1160; Jarass/*Pieroth*, GG, Art. 106 Rn. 1a; *Siekmann* (Fn. 33), Vor Art. 104a Rn. 53.

im wesentlichen Grundlage der jeweiligen Ausgabenverantwortung ist, **sind grundsätzlich gleichrangig** und demzufolge auch die Deckungsbedürfnisse bei gleicher sachlicher Dringlichkeit[38].

Im bundesstaatlichen System des Grundgesetzes muß Bund und Ländern ein Kern eigener Aufgaben als Voraussetzung ihrer Eigenstaatlichkeit verbleiben. Dies schließt »die Garantie der verfassungskräftigen Zuweisung eines angemessenen Anteils am Gesamtsteueraufkommen im Bundesstaat«[39], eine »angemessene Finanzausstattung«[40] ein. Es darf **keine einseitige finanzielle Abhängigkeit der beiden Ebenen** in dem Sinne geben, daß eine Kostgänger der anderen ist[41]. Das verbietet generell auch diskretionäre Zuweisungen außerhalb des Systems der grundgesetzlichen Finanzverfassung. Allenfalls zur Überwindung akuter und unvorhergesehener Notsituationen oder zur Überbrückung eines Regelungsvakuums sind Zuweisungen außerhalb dieses Systems ausnahmsweise zulässig[42]. Im übrigen sind die **Regelungen** gerade des **Art. 106 GG zwingend** und erlauben über die Ausnahmen der Art. 91a, 91b, 104b GG hinaus **keine vertraglich vereinbarten Abweichungen**[43]. Die Überweisung eines Teils des Steuerertrags aus der Spielbankenabgabe aufgrund von Verwaltungsvereinbarungen an den Bund läßt die Ertragshoheit des Art. 106 GG unberührt, ist aber als Abweichung von den finanzverfassungsrechtlichen Regelungen insgesamt unzulässig[44]. 11

Die **Verteilung der Steuererträge kann theoretisch in sehr verschiedener Weise erfolgen**. Die Steuererträge können entweder bei gleichzeitiger Einräumung der entsprechenden Objekthoheit, d.h. der Steuergesetzgebungskompetenz, allen Ebenen gleichermaßen, parallel zugewiesen werden (**freies Trennsystem oder Konkurrenzsystem**) oder nach Steuerarten bzw. einzelnen Steuern differenziert jeweils einer Ebene, also dem Bund oder der Ländergesamtheit (**gebundenes Trennsystem**), zugeordnet werden. Außerdem können die Steuererträge den Ertragsberechtigten gemeinsam, aber anteilmäßig aufgeteilt zufließen (**Verbundsystem**). Schließlich lassen sich gebundenes Trennsystem und Verbundsystem noch kombinieren. Ein solches **Mischsystem** ist in Art. 106 GG verankert, indem in Absatz 1 und 2 ein gebundenes Trennsystem und in Absatz 3 ein Verbundsystem vorgesehen ist. 12

Leitender Gesichtspunkt für die Verteilung der Steuererträge ist **einerseits** die Sicherung der finanzwirtschaftlichen Autonomie, die dem Grundsatz der haushaltswirtschaftlichen Selbständigkeit von Bund und Ländern gem. Art. 109 I GG (→ Art. 109 Rn. 14ff.) entspricht und die das Trennsystem stützt. **Andererseits** beruht die Ordnung des Trennsystems auf steuersystematischen Kriterien, berücksichtigt aber weder den an den Aufgaben orientierten Finanzbedarf, der sich auch unterschiedlich entwickeln kann, noch die struktur- und konjunkturpolitischen Steuerungsfunktionen der Steuern im modernen Interventionsstaat. Auch durchgehend starre Anteile in einem Verbundsystem widersprechen den Anpassungsbedürfnissen der bundesstaatlichen Verteilung der Aufgabenerfüllung. Durch die differenzierte Kombination teilweise ge- 13

[38] Vgl. § 24 I StabG; *Fischer-Menshausen* (Fn. 28), Art. 106 Rn. 4.

[39] BVerfGE 34, 9 (20); 39, 96 (108).

[40] BVerfGE 72, 330 (383); vgl. auch E 86, 148 (215f.). → Art. 20 (Bundesstaat), Rn. 42, 49.

[41] Zur Entstehungsgeschichte: → Rn. 3ff.; ferner *Fischer-Menshausen* (Fn. 28), Art. 106 Rn. 5.

[42] *Vogel/Walter* (Fn. 8), Art. 106 Rn. 100ff.; *T. Maunz*, in: Maunz/Dürig, GG, Art. 109 (1979), Rn. 7; *Fischer-Menshausen* (Fn. 28), Art. 106 Rn. 5.

[43] Jarass/*Pieroth*, GG, Art. 106 Rn. 3; *H. Siekmann*, in: Sachs, GG, Art. 106 Rn. 3; *M. Heintzen*, in: v. Münch/Kunig, GG II, Art. 106 Rn. 9.

[44] Jarass/*Pieroth*, GG, Art. 106 Rn. 3; *Siekmann* (Fn. 43), Art. 106 Rn. 11; *Schwarz* (Fn. 8), Art. 106 Rn. 58; *Heintzen* (Fn. 43), Art. 106 Rn. 9.

trennter Steuererträge mit der teils starren, teils anpassungsfähigen Festlegung der Anteile im Verbundsystem **versucht Art. 106 GG** diesen **widerstreitenden Anforderungen ausreichender Stabilität und Flexibilität zugleich Rechnung zu tragen**[45]. Im Rahmen des Trennsystems orientiert sich die Zuweisung an Bund oder Länder an spezifischen Eigenschaften der jeweiligen Steuern, wobei die wirtschaftsgeographische Bedeutung, die regionale Aufkommensstreuung und Belastungswirkung sowie die finanzwirtschaftlichen und wirtschaftspolitischen Funktionen maßgebende Kriterien darstellen[46]. Überregionale Belastungswirkungen, regionale Zuordnungsschwierigkeiten hinsichtlich des Aufkommens, regional ungleiches Pro-Kopf-Aufkommen, hohe Aufkommenselastizität bei Konjunkturschwankungen und Eignung zur Konjunktursteuerung sowie distributive Effekte sprechen für eine Zuordnung zum Bund. Dagegen lassen enge Verknüpfung mit der regionalen Wirtschaftsstruktur und geringe Aufkommenselastizität wie bei Realsteuern und örtlichen Verbrauchsaufwandsteuern eine Zuordnung zu den unteren Ebenen der Länder oder Gemeinden als sinnvoll erscheinen[47]. Im Verbundsystem kann die Verbindung mehrerer Steuern mit unterschiedlicher Schwankungsintensität zudem zur Verstetigung und Stabilisierung der finanziellen Beziehungen zwischen Bund und Ländern und ihrer jeweiligen Finanzausstattung beitragen[48]. Während das Trennsystem eine Affinität zum Prinzip staatlicher Autonomie aufweist, verwirklicht das Verbundsystem stärker das bündische Prinzip.

14 Art. 106 III GG sieht für die **drei aufkommenstärksten Einzelsteuern**, nämlich Einkommen-, Körperschaft- und Umsatzsteuer, das **Verbundsystem** vor, während die **übrigen Steuern nach dem Trennsystem** ungeteilt entweder dem Bund (Art. 106 I GG) oder den Ländern (Art. 106 II GG) oder auch den Gemeinden und Gemeindeverbänden (Art. 106 VIII GG) **zugewiesen werden**. Bezeichnungen und Unterscheidungsmerkmale der Steuern und Steuerarten beruhen auf traditionellem deutschen Steuerrecht[49], das insoweit auch für die verfassungsrechtliche Abgrenzung maßgebend ist. Die in Art. 106 GG aufgeführten Steuern und Steuerarten werden jedoch nicht in ihrer konkreten Gestalt oder in ihrem Bestand zugunsten der jeweiligen Träger der Ertragshoheit garantiert. Notwendig ist nur, daß das Ziel einer angemessenen Finanzausstattung der beiden Ebenen gewahrt bleibt[50]. Als bloße Verteilungsvorschrift[51] schränkt Art. 106 GG die Gestaltungsfreiheit des Steuergesetzgebers nicht ein, sondern begründet die Notwendigkeit einer Revision der Steuerverteilung gem. Art. 106 IV GG. Allenfalls die Umsatzsteuer wird vor einer völligen Abschaffung geschützt[52].

---

[45] Zum Ganzen vgl. *Fischer-Menshausen* (Fn. 28), Art. 106 Rn. 6, 9; *W. Heun*, Der Staat 31 (1992), 205 (212ff.).

[46] *Fischer-Menshausen* (Fn. 28), Art. 106 Rn. 10.

[47] Vgl. *Fischer-Menshausen* (Fn. 28), Art. 106 Rn. 10.

[48] *Fischer-Menshausen* (Fn. 28), Art. 106 Rn. 11.

[49] BVerfGE 7, 244 (252); 16, 306 (317); *Fischer-Menshausen* (Fn. 28), Art. 106 Rn. 12, 14; *Heintzen* (Fn. 43), Art. 106 Rn. 10.

[50] *Fischer-Menshausen* (Fn. 28), Art. 106 Rn. 13; *T. Maunz*, in: Maunz/Dürig, GG, Art. 106 (1978), Rn. 21; *K. Vogel*, HStR IV, § 87 Rn. 31; Jarass/*Pieroth*, GG, Art. 106 Rn. 1; *U. Häde*, Finanzausgleich, 1996, S. 190; *H. Siekmann*, in: Sachs, GG, Art. 105 Rn. 53f.; *Heintzen* (Fn. 43), Art. 106 Rn. 10; *Schwarz* (Fn. 8), Art. 106 Rn. 20, 62; a.A. auch für Realsteuern *Stern*, Staatsrecht II, S. 1152; zur Einkommensteuer: → Rn. 19.

[51] *K. Tipke*, StuW 1975, 242 (244); *ders.*, Die Steuerrechtsordnung, 1993, S. 529, 1100.

[52] So die wohl h.M.: *H. Fischer-Menshausen*, in: v. Münch/Kunig, Grundgesetz-Kommentar (Fn. 28), Art. 105 Rn. 17; *K. Vogel*, HStR IV, § 87 Rn. 31; Jarass/*Pieroth*, GG, Art. 106 Rn. 1; *Siekmann*

Entgegen der wohl herrschenden Auffassung in der Literatur[53] enthält der ohnehin nicht systematische[54] Katalog des Art. 106 GG **keine abschließende und vollständige Enumerierung der zulässigen Steuern**, die auch die Kompetenzen aus Art. 105 GG einschränken würde. Art. 106 GG ist eine Regelung des bundesstaatlichen vertikalen Finanzausgleichs, aber keine verfassungsrechtliche Schranke für den Steuergesetzgeber hinsichtlich der Erfindung neuer Steuern. Die Norm entfaltet keine Schutzwirkung für den Bürger. Auch entstehungsgeschichtlich besteht kein Anhaltspunkt für eine derartige Sperrfunktion[55]. Die Ertragshoheit einer nicht in Art. 106 GG aufgeführten Steuer folgt der verfassungsrechtlich zulässigen Inanspruchnahme der Steuergesetzgebungskompetenz (Objekthoheit) nach Art. 105 GG[56]. 15

II. Ausschließliche Ertragshoheit des Bundes gem. Art. 106 I GG

Art. 106 I GG führt im einzelnen die **Steuern** auf, **deren Ertrag allein dem Bund zufließt**. Der Ertrag der **Zölle**[57] steht zwar nach Nr. 1 nominell dem Bund zu, fließt aber fast in voller Höhe der Europäischen Union zu (→ Rn. 7); das übriggebliebene Branntweinmonopol schlägt im Gegensatz zur Branntweinsteuer nur noch negativ zu Buche[58]. Die weitgehend im Wege der Überwälzung vom Verbraucher getragenen **Verbrauchsteuern** i. S. d. Nr. 2 sind Abgaben, die den Verbrauch bestimmter Güter des ständigen Bedarfs belasten und auf Grund eines äußeren Vorgangs von demjenigen erhoben werden, in dessen Bereich der Vorgang stattfindet[59]. Die teilweise als Verbrauchsteuer qualifizierte Umsatzsteuer (Art. 106 III GG)[60] wird in Art. 106 I Nr. 2 GG von der alleinigen Ertragshoheit des Bundes explizit ebenso ausgenommen wie die Biersteuer (Art. 106 II Nr. 5 GG) und die den Gemeinden zufließenden örtlichen Verbrauch- und Aufwandsteuern gem. Art. 106 VI GG (→ Art. 105 Rn. 39ff.). Bundessteuern im Sinne des Art. 106 I Nr. 2 GG sind die Mineralölsteuer, die Kaffee-, Tabak- und Schaumweinsteuer sowie die Branntweinsteuer[61]. Von den **Verkehrsteuern**, die an 16

(Fn. 50), Art. 105 Rn. 58; *S. Korioth*, Der Finanzausgleich zwischen Bund und Ländern, 1997, S. 428f.; *Schwarz* (Fn. 8), Art. 106 Rn. 64.

[53] *K. Vogel*, Finanzverfassung und politisches Ermessen, 1972, S. 9ff.; *C. Starck*, StuW 1974, 271 (276, 278); *K. Friedrich*, DÖV 1976, 761 (764); *Maunz* (Fn. 50), Art. 106 Rn. 22; *C. Seiler*, in: Maunz/Dürig, GG, Art. 105 (2015), Rn. 121ff.; *Stern*, Staatsrecht II, S. 1119f.; *H. W. Arndt*, Steuern, Sonderabgaben und Zwangsanleihen, 1983, S. 59f.; *Siekmann* (Fn. 50), Art. 105 Rn. 50; *Schwarz* (Fn. 8), Art. 106 Rn. 17ff.; *M. Heintzen*, in: v. Münch/Kunig, GG II, Art. 105 Rn. 47f.; *ders.* (Fn. 43), Art. 106 Rn. 8.

[54] *Fischer-Menshausen* (Fn. 28), Art. 106 Rn. 12.

[55] Ebenso *P. Selmer*, Steuerinterventionismus und Verfassungsrecht, 1972, S. 154f.; *Brockmeyer* (Fn. 50), Art. 106 Rn. 7; *R. Wendt*, HStR³ VI, § 139 Rn. 30f.; *Fischer-Menshausen* (Fn. 28), Art. 106 Rn. 13ff.; *J. W. Gaddum*, BayVBl. 1977, 585 (585); *L. Osterloh*, NVwZ 1991, 823 (828); *J.-P. Schneider*, in: AK-GG, Art. 106 (2001), Rn. 3.

[56] *Selmer*, Steuerinterventionismus (Fn. 55), S. 154f.; *R. Wendt*, HStR IV, § 104 Rn. 29; *Fischer-Menshausen* (Fn. 28), Art. 106 Rn. 14f. → Art. 105 Rn. 33.

[57] Zur Abgrenzung von Zöllen und Finanzmonopolen: → Art. 105 Rn. 31f.

[58] Vgl. dazu *H.-J. Horn*, Das deutsche Branntweinmonopol unter EWG-Vertrag und Grundgesetz, 1987, S. 73ff.

[59] Vgl. BVerfGE 14, 76 (96); 27, 375 (384); *Fischer-Menshausen* (Fn. 28), Art. 106 Rn. 16. → Art. 105 Rn. 39ff.; vgl. jetzt BVerfG, Beschluß v. 13.4.2017, 2 BvL 6/13, Rn. 112ff. insbesondere zur Abgrenzung der Verbrauchsteuer von einer Steuer auf Produktionsmittel.

[60] Vgl. *Stern*, Staatsrecht II, S. 1154.

[61] Dazu BVerfGE 27, 375 (383) – auch zur Schaumweinsteuer; BFHE 141, 369 (372ff.).

Vorgänge des Rechtsverkehrs oder an Wirtschaftsvorgänge anknüpfen[62], sind wegen ihrer überregionalen Belastungswirkung als Bundessteuern die Straßengüterverkehrsteuer und die Kraftfahrzeugsteuer[63] gem. Nr. 3, die Kapitalverkehr- und die Wechselsteuer sowie die zur Zeit als einzige erhobene Versicherungsteuer gem. Nr. 4 vorgesehen[64]. Die Ertragshoheit des Bundes für die **Ausgleichsabgaben** gem. Nr. 5 korrespondiert der Ausgabenverantwortung des Bundes für die Kriegsfolgelasten gem. Art. 120 GG, ohne deswegen auf Abgaben zugunsten des (Kriegsfolge-) Lastenausgleichs beschränkt zu sein[65]. Daneben tritt die Ertragshoheit für **Vermögensabgaben** gem. Nr. 5. Auch einmalige Vermögensabgaben fallen darunter und sind zulässig: Voraussetzung ist lediglich, daß es sich um Steuern handeln muß, die nicht die Vermögensteuern der Länder aushöhlen[66]. Die mit der Finanzreform 1956 eingefügte[67] neuartige **Ergänzungsabgabe** zur Einkommen- und Körperschaftsteuer gem. Nr. 6 steht im Unterschied zu diesen Steuern allein dem Bund als subsidiäres Finanzierungsmittel zur Deckung eines anderweitig nicht auszugleichenden Fehlbedarfs des Bundeshaushaltes zu. Derartige Ergänzungsabgaben dürfen die den Ländern anderweitig zustehenden Gemeinschaftsteuern (Einkommen- und Körperschaftsteuer) nicht aushöhlen[68]. Nach ihrer zeitweiligen Erhebung[69] ist sie im Solidaritätszuschlag seit 1.1.1995 wiederbelebt worden[70]. Schließlich stehen dem Bund formal auch die von den Europäischen Gemeinschaften (Art. 31f. EGV) erhobenen Abgaben zu, bei denen es sich aber seit der Eigenmittelfinanzierung der Europäischen Union bloß um durchlaufende Mittel handelt[71].

III. Ausschließliche Ertragshoheit der Länder gem. Art. 106 II GG

17 Trotz ihrer ähnlichen sozialen Funktionen und ihres ergänzenden Charakters zur Einkommen- und Körperschaftsteuer sind die **Vermögensteuer** gem. Nr. 1[72] und die **Erbschaftsteuer** gem. Nr. 2 in ihrem Ertrag allein den Ländern zugewiesen worden, was wohl auf ihre geringe Konjunkturreagibilität und ihren regionalen Bezug zurückzuführen ist[73]. Die **Kraftfahrzeugsteuer** (Nr. 3), deren Qualifizierung als Aufwand- oder

---

[62] BVerfGE 16, 64 (73); *Fischer-Menshausen* (Fn. 28), Art. 106 Rn. 17.

[63] Zur Straßengüterverkehrsteuer BVerfGE 38, 61; sie wurde von 1969–71 erhoben, um einen Teil des Massengüterverkehrs von der Straße auf die Schiene zu verlagern; das Kraftfahrzeugsteuergesetz wird vom Bund seit 1.7.2014 angewendet (§ 12 II FVG, Gesetz v. 26.6.2013 [BGBl. I S. 1837]).

[64] Aufhebung des KapitalverkehrsteuerG und WechselsteuerG durch Gesetz v. 22.2.1990 (BGBl. I S. 266).

[65] *Maunz* (Fn. 50), Art. 106 Rn. 27; Jarass/*Pieroth*, GG, Art. 106 Rn. 4b; *Fischer-Menshausen* (Fn. 28), Art. 106 Rn. 18; zurückhaltend *Siekmann* (Fn. 43), Art. 106 Rn. 6; *Schneider* (Fn. 55), Art. 106 Rn. 5; a. A. *Vogel/Walter* (Fn. 8), Art. 106 Rn. 237.

[66] Vgl. *H.-G. Henneke*, in: Schmidt-Bleibtreu/Hofmann/Henneke, GG, Art. 106 Rn. 30; *Siekmann* (Fn. 43), Art. 106 Rn. 6.

[67] BT-Drs. II/480, Tz. 105; II/484, S. 4. → Vorb. zu Art. 104a–115 Rn. 7.

[68] BVerfGE 32, 333 (338ff.); *Henneke* (Fn. 66), Art. 106 Rn. 31; *Fischer-Menshausen* (Fn. 28), Art. 106 Rn. 19; *Siekmann* (Fn. 43), Art. 106 Rn. 7.

[69] Erstmals 1968 erhoben, 1975 teilweise und 1977 gänzlich abgeschafft.

[70] Art. 33 des Gesetzes zur Umsetzung des föderalen Konsolidierungsprogramms (BGBl. I S. 944).

[71] *Fischer-Menshausen* (Fn. 28), Art. 106 Rn. 20; *Schwarz* (Fn. 8), Art. 106 Rn. 50. → Rn. 7.

[72] Kritisch zur verfassungsrechtlichen Zulässigkeit der wegen BVerfGE 93, 121 nicht mehr erhobenen Vermögensteuer *Siekmann* (Fn. 43), Art. 106 Rn. 10; vgl. eingehend *N. Vieten*, Die verfassungsrechtliche Zulässigkeit der Wiedereinführung einer Vermögensteuer, 2005; *M. Anzensberger*, Die Ertrags- und Gesetzgebungskompetenzen für die Vermögensbesteuerung, 2015.

[73] *Fischer-Menshausen* (Fn. 28), Art. 106 Rn. 21; zur Erbschaftsteuer vgl. *M. J. E. Reinisch*, Erb-

Verkehrsteuer kraft ausdrücklicher Zuweisung irrelevant ist[74], wird ebenfalls wegen ihres Bezugs zur regionalen Verkehrsintensität und wegen geringer Konjunkturempfindlichkeit den Ländern zugewiesen[75]. Zu den **Verkehrsteuern**[76], die den Ländern gem. Nr. 4 zufließen, gehören die Grunderwerbsteuer, deren Steuersatz seit der Föderalismusreform nach Art. 105 IIa 2 GG von den Ländern bestimmt wird[77], die Feuerschutzsteuer sowie die Steuern nach §§ 10ff. Rennwett- und Lotteriegesetz[78]. Die **Biersteuer** ist aus traditionellen Gründen (Süddeutschland) gem. Nr. 5 eine Landessteuer[79]. Die **Spielbankabgabe**[80] fließt nach Nr. 6 ausschließlich den Ländern zu, das Aufkommen wird aber aufgrund von Verwaltungsvereinbarungen in unzulässiger Weise zum Teil an den Bund weitergeleitet (→ Rn. 11).

IV. Ertragshoheit der Gemeinschaftsteuern gem. Art. 106 III, IV GG

1. Das Verbundsystem (Art. 106 III GG)

Das **Verbundsystem umfaßt die Einkommen-, Körperschaft- und Umsatzsteuer**. Zur 18
Einkommensteuer zählen auch der Stabilitätszuschlag[81], die Besteuerung von Veräußerungsgewinnen[82] und der Zinsabschlag, wegen der Regelung des Art. 106 I Nr. 6 GG aber nicht die Ergänzungsabgaben[83]. Die Körperschaftsteuer ist die von den juristischen Personen zu zahlende Einkommensteuer[84]. Die Umsatzsteuer ist gegenüber der früheren Allphasenbruttoumsatzsteuer[85] als Nettoumsatzsteuer in der Form der Mehrwertsteuer ausgestaltet[86]. Die Gemeinschaftsteuern machen über 70% des Gesamtsteueraufkommens und fast 90% des Ländersteueraufkommens aus[87]. Die Aufteilung der Einkommen- und Körperschaftsteuer erfolgt starr, die Umsatzsteuerverteilung ist das flexible und damit zugleich politisch prekärste Element des vertikalen Finanzausgleichs.

---

schaftsteuer und Verfassungsrecht, Diss. jur. 1999; *F. Friz*, Das Verhältnis der Erbschafts- und Schenkungsteuer zur Einkommensteuer, 2014.

[74] *Siekmann* (Fn. 43), Art. 106 Rn. 5; für Aufwandsteuer *Vogel/Walter* (Fn. 8), Art. 106 Rn. 242; Jarass/*Pieroth*, GG, Art. 106 Rn. 5; für Verkehrsteuer BFHE 110, 213 (217); *Maunz* (Fn. 50), Art. 106 Rn. 31.

[75] *Fischer-Menshausen* (Fn. 28), Art. 106 Rn. 21.

[76] Zum Begriff *K. Tipke/J. Lang*, Steuerrecht, 22. Aufl. 2015, § 2 Rn. 49, § 18 Rn. 1ff.

[77] Zur Föderalismusreform allgemein: → Vorb. zu Art. 104a–115 Rn. 10; zu Art. 105 IIa 2 GG → Art. 105 Rn. 42.

[78] Vom 8.4.1922 (RGBl. I S. 293); nach Art. 123 I GG fortgeltendes Bundesrecht gem. Art. 125 GG; vgl. BVerwG DVBl. 1995, 353.

[79] *Fischer-Menshausen* (Fn. 28), Art. 106 Rn. 21.

[80] Qualifizierung als Steuer: BFHE 58, 556 (558f.); Jarass/*Pieroth*, GG, Art. 106 Rn. 5a; *Siekmann* (Fn. 43), Art. 106 Rn. 11; offengelassen in BVerfGE 28, 119 (150f.).

[81] BVerfGE 36, 66 (70f.).

[82] BVerfGE 26, 302 (312); 27, 111 (126).

[83] → Rn. 16; allg. Auffassung, s. nur Jarass/*Pieroth*, GG, Art. 106 Rn. 6.

[84] Sie wurde erst 1920 aus dem EStG ausgegliedert.

[85] Vgl. die dagegen gerichteten verfassungsrechtlichen Bedenken bei BVerfGE 31, 314 (331ff.); 37, 38 (45f.).

[86] Inzwischen treten auch gemeinschaftsrechtliche Gründe einschließlich der Beteiligung der EU an ihrem Aufkommen hinzu. → Rn. 7.

[87] 2006: von 488 Mrd. € Gesamtsteuereinnahmen entfielen 329,3 Mrd. € auf die Gemeinschaftsteuern einschließlich Zinsabschlag s. *BMF*, Finanzbericht 2008, S. 288.

2. Die Aufteilung der Einkommen- und Körperschaftsteuer

19 An der Einkommen- und Körperschaftsteuer haben **Bund und Länder** aufgrund des starren, verfassungsrechtlich festgelegten Schlüssels in Art. 106 III GG **je zur Hälfte Anteil**. Allerdings berechnen sich die hälftigen Anteile erst nach Abzug des gem. Art. 106 V GG einfachgesetzlich auf 15% festgelegten Gemeindeanteils an der Einkommensteuer[88], so daß Bund und Länder zur Zeit je 42,5% des Aufkommens der Lohnsteuer und der veranlagten Einkommensteuer und je 50% des Aufkommens der Körperschaftsteuer und der Steuer vom nicht veranlagten Ertrag erhalten. Diese Verteilungsregelung macht angesichts der hohen Konjunkturreagibilität dieser Steuern auch die Länder in starkem Maß von der allgemeinen Einkommensentwicklung und vom gesamtwirtschaftlichen Konjunktur- und Wachstumsablauf abhängig. Während die Schwankungsbreite und sogar überproportionale Ertragsabhängigkeit dieser Steuern in Aufschwung- und Rezessionsphasen für eine ausschließliche Zuordnung zum Bund als Träger der Konjunkturpolitik spricht, sind die Länder, abgesehen von der Ertragsstärke dieser Steuern, vor allem im Hinblick auf die damit verbundenen Anreizwirkungen zur Pflege der regionalen Wirtschaftskraft an dem Ertrag beteiligt worden[89]. Zugleich bedürfen die Länderfinanzen allerdings um so mehr eines kompensatorischen Ausgleichs durch den Anteil an der stabileren Umsatzsteuer, die sich durch hohe Ergiebigkeit und geringere Aufkommenselastizität auszeichnet[90].

3. Die Aufteilung der Umsatzsteuer gem. Art. 106 III, IV GG

20 Die Verteilungsregelung der **Umsatzsteuer** ist das **bewegliche Element im vertikalen Finanzausgleich**, das überhaupt erst eine Anpassung an eine divergierende Einnahmen- und Ausgabenentwicklung im sonst starren Verteilungssystem des Grundgesetzes erlaubt[91], während das Aufkommen der Umsatzsteuer zu den stabilisierenden Elementen der Einnahmen gehört. Im dynamischen Bundesstaat ist die Finanzierung der öffentlichen Aufgaben der verschiedenen Ebenen stets unter Berücksichtigung der jeweiligen Dringlichkeit aufeinander abzustimmen, wobei die Prioritätensetzung nur begrenzt ökonomischer Rationalität folgen kann und deshalb regelmäßig politischer Entscheidung bedarf, die im Bundesstaat obendrein nur durch mehrpolige Verhandlungen, Verständigungen und Kompromisse zu erreichen ist[92]. Hier liegt der tiefere Grund dafür, daß die Kriterien und Steuerungsvorgaben der Verfassung nur höchst begrenzte Wirkung haben können.

21 Die Festlegung der Anteile nach Abzug des Gemeindeanteils gem. Art. 106 Va GG erfolgt gem. Art. 106 III 3 GG durch **Bundesgesetz, das der Zustimmung des Bundesrates** bedarf und dadurch den Bund zu einer Einigung mit den Ländern, jedenfalls mit der Bundesratsmehrheit, zwingt. De facto handelt es sich deswegen um ein Abkommen der Regierungen der Finanzausgleichspartner[93].

---

88 § 1 GemeindefinanzreformG. → Rn. 32.

89 Vgl. *Fischer-Menshausen* (Fn. 28), Art. 106 Rn. 22.

90 Vgl. *Fischer-Menshausen* (Fn. 28), Art. 106 Rn. 22.

91 Vgl. *W. Heun*, Der Staat 31 (1992), 205 (215f.).

92 Vgl. *Fischer-Menshausen* (Fn. 28), Art. 106 Rn. 25; s. auch *J. W. Gaddum*, BayVBl. 1977, 585 (586f.); zu den Verhandlungen *G. Wolf*, Zur Umsatzsteuerverteilung zwischen Bund und Ländern, in: BMF (Hrsg.), Die Finanzbeziehungen zwischen Bund, Ländern und Gemeinden in finanzverfassungsrechtlicher und finanzwirtschaftlicher Sicht, 1982, S. 251ff. (273ff., 295ff.).

93 *Vogel/Walter* (Fn. 8), Art. 106 Rn. 69; *Fischer-Menshausen* (Fn. 28), Art. 106 Rn. 25; *J. Isensee*, NJW 1993, 2583 (2586); *Schwarz* (Fn. 8), Art. 106 Rn. 60.

Die Verfassung versucht, den politischen Verhandlungen durch die Aufstellung der in Art. 106 III 4 GG enthaltenen Grundsätze Leitlinien zu geben und Grenzen zu setzen, um die Kompromißfindung zu versachlichen und zu erleichtern[94]. Die verwendeten unbestimmten Rechtsbegriffe können aber dem Finanzausgleichsgesetzgeber nichts anderes als **weite Beurteilungs- und Entscheidungsspielräume** eröffnen, die kaum normativ wirksam und allenfalls äußerst begrenzt justitiabel sind[95]. Daran ändert im Ergebnis wenig, daß der Gesetzgeber nunmehr durch das Bundesverfassungsgericht dazu verpflichtet worden ist, ein Maßstäbegesetz zu erlassen, das den konkreten Verteilungsentscheidungen vorgelagert ist und auch die Maßstäbe des Art. 106 III 4 GG gesetzlich konkretisieren soll[96]. 22

Gem. Art. 106 III 4 Nr. 1 GG wird in der Staatspraxis mit Billigung der Rechtslehre eine **Deckungsquotenberechnung**[97] auf vergleichender Grundlage vorgenommen, wobei die Deckungsansprüche auf »notwendige Ausgaben« im Rahmen der »laufenden Einnahmen« beschränkt sein sollen[98]. Da für die Notwendigkeit einer Ausgabe allgemeingültige, justitiable Maßstäbe fehlen, ist die Bewertung der Dringlichkeit einer Aufgabe und der betreffenden Ausgaben der politisch zu verantwortenden Entscheidung des Gesetzgebers überlassen[99]. Das Bundesverfassungsgericht hat hierfür aber eine generelle Konkretisierung in einem der Verteilung vorgelagerten Maßstäbegesetz verlangt[100]. Auf Abstufungen nach rechtlicher Bindung oder Zulässigkeit kommt es nicht an[101]. Als laufende Einnahmen sind alle regelmäßig wiederkehrenden Einkünfte einschließlich der Einnahmen aus Wirtschaftstätigkeit (auch Nettoeinnahmen von Unternehmen) sowie Einnahmen aus Gebühren und Beiträgen[102] zu berücksichtigen; 23

---

[94] Vgl. BT-Drs. V/2861, Tz. 144f., 327.

[95] *H. Fischer-Menshausen*, Unbestimmte Rechtsbegriffe in der bundesstaatlichen Finanzverfassung, in: W. Dreißig (Hrsg.), Probleme des Finanzausgleichs I (Schriften des Vereins für Socialpolitik 96, I), 1978, S. 135ff. (138ff.); *R. Wendt*, HStR³ VI, § 139 Rn. 67ff.; *Schneider* (Fn. 55), Art. 106 Rn. 15; *Stern*, Staatsrecht II, S. 1159; *K.M. Hettlage*, Die Revisionsklausel der Finanzverfassung, in: FS Maunz, 1981, S. 119ff. (135); *F. Klein*, Die Finanzverfassung als Gegenstand gerichtlicher Auseinandersetzungen insbesondere zwischen Bund und Ländern, in: FS Döllerer, 1988, S. 285ff. (291f.); andere Tendenz bei *J. W. Hidien*, Die Verteilung der Umsatzsteuer zwischen Bund und Ländern, 1998, S. 134ff.; kritisch zum Ganzen *I. Kesper*, Bundesstaatliche Finanzordnung, 1998, S. 240ff.

[96] BVerfGE 101, 158 (214ff., Rn. 271ff.; 227, Rn. 306).

[97] Quotient der Ausgaben und Einnahmen; der Überhang der Ausgaben wird durch Kredite finanziert; zur Problematik eingehend *Korioth*, Finanzausgleich (Fn. 52), S. 481ff.; kritisch *R. Peffekoven*, Zur Problematik der Umsatzsteuerverteilung, in: FS Ehrlicher, 1985, S. 53ff.

[98] Vgl. eingehend *Hidien*, Verteilung (Fn. 95), S. 165ff. (Ausgaben), 230ff. (Einnahmen); zum Einnahmebegriff auch *C. Trzaskalik*, Marginalien zum Einnahmebegriff im Sinne von Art. 106 Grundgesetz, in: K.G. Adam/W. Franz (Hrsg.), Instrumente der Finanzpolitik, 2003, S. 252ff.

[99] *Maunz* (Fn. 50), Art. 106 Rn. 49; *Hettlage*, Revisionsklausel (Fn. 95), S. 127, 135; *Sachverständigenkommission*, Maßstäbe und Verfahren zur Verteilung der Umsatzsteuer nach Art. 106 Abs. 3 und Abs. 4 Satz 1 GG, Gutachten, 1981, Tz. 112; *Fischer-Menshausen* (Fn. 28), Art. 106 Rn. 26a; der Versuch einer Konkretisierung bei *Schwarz* (Fn. 8), Art. 106 Rn. 75ff. oder *Hidien* (Fn. 5), Art. 105 Rn. 777ff. führt kaum weiter.

[100] BVerfGE 101, 158 (214ff., Rn. 271ff.; 227, Rn. 306ff.).

[101] *Sachverständigenkommission*, Gutachten (Fn. 99), Tz. 102f.; *Fischer-Menshausen* (Fn. 28), Art. 106 Rn. 26a; a.A. *W. Geiger*, Zur Auslegung des Begriffs »notwendige Ausgaben« in Art. 106 Abs. 3 Satz 4 Nr. 1 GG, in: FS Maunz, 1981, S. 89ff. (97); vermittelnd *Korioth*, Finanzausgleich (Fn. 52), S. 488ff. Verfassungswidrige Ausgaben bleiben ebenfalls unberücksichtigt: *D. Birk*, BayVBl. 1981, 673 (674ff.), der aber diese Regel auf den Landesvollzug verfassungswidriger Bundesgesetze nicht erstrecken will; *Hidien*, Verteilung (Fn. 95), S. 203f.

[102] *Sachverständigenkommission*, Gutachten (Fn. 99), Tz. 143f.; *G. Kisker*, Der bergrechtliche Förderzins im bundesstaatlichen Finanzausgleich, 1983, S. 39; *Schwarz* (Fn. 8), Art. 106 Rn. 73; a.A.

für den Bund zählen auch Münzgewinne und die jährlichen Ablieferungen der Bundesbank dazu[103]. Durchlaufende Finanzvorgänge (z. B. Mehrwertsteueranteil der EU), unregelmäßige Einkünfte sowie vermögensumschichtende Einnahmen wie insbesondere die Krediteinnahmen bleiben unberücksichtigt[104].

24 Die (notwendigen) Ausgaben sollen darüber hinaus »unter **Berücksichtigung einer mehrjährigen Finanzplanung**« ermittelt werden, um rationale Prioritätsentscheidungen im Rahmen mittelfristiger Planungen treffen zu können. Angesichts des Fehlens einer integrierten Finanzplanung von Bund und Ländern und der bloßen Fortschreibung der Haushaltspläne[105] kommt dieser Klausel bisher kaum praktische Relevanz zu[106]. Das Bundesverfassungsgericht hat jetzt die Erfüllung dieses Verfassungsauftrages mit Nachdruck angemahnt[107].

25 Die Abstimmung der beiderseitigen Deckungsbedürfnisse wird in Art. 106 III 4 Nr. 2 GG ferner **drei Zielsetzungen** unterstellt, die nunmehr ebenfalls in dem genannten Maßstäbegesetz konkretisiert und gesetzlich fixiert werden sollen[108]. Erstens soll ein **billiger Ausgleich der divergierenden Finanzinteressen** erzielt werden, wodurch in erster Linie der politische Kompromißcharakter der Umsatzsteuerverteilung betont wird[109]. Die Pflicht, zweitens eine **Überlastung der Steuerpflichtigen zu vermeiden**, weist letztlich nur auf den systematischen Zusammenhang von bundesstaatlichem Finanzausgleich und Schutz der Bürger hin (→ Vorb. zu Art. 104a–115 Rn. 19), ohne daß dieser Klausel über den Grundrechtsschutz hinaus Bedeutung zukäme[110]. Das dritte Postulat der **Wahrung der Einheitlichkeit der Lebensverhältnisse** ist Ausfluß sozialstaatlicher Überlegungen, verfolgt aber mit der Ausrichtung auf einen Ausgleich regionaler Strukturschwächen zugleich das Ziel einer Verbesserung allokativer Effizienz und der gesamtwirtschaftlichen Wachstumschancen[111]. Das Postulat, das seltsamerweise nur bei der Umsatzsteuerverteilung, nicht jedoch im Rahmen des ho-

---

Hidien, Verteilung (Fn. 95), S. 273ff.; *ders.* (Fn. 5), Art. 106 Rn. 892ff.; *Korioth*, Finanzausgleich (Fn. 52), S. 493.

[103] *Fischer-Menshausen* (Fn. 28), Art. 106 Rn. 26b; *Sachverständigenkommission*, Gutachten (Fn. 99), Tz. 137f.; *Hidien*, Verteilung (Fn. 95), S. 260ff.; *ders.* (Fn. 5), Art. 106 Rn. 888; *Schwarz* (Fn. 8), Art. 106 Rn. 73.

[104] Andernfalls wäre die Feststellung von Deckungslücken gar nicht möglich, vgl. auch *Fischer-Menshausen* (Fn. 28), Art. 106 Rn. 26b; *Hidien*, Verteilung (Fn. 95), S. 247f.; *D. Carl*, Bund-Länder-Finanzausgleich im Verfassungsstaat, 1995, S. 30ff.; *Schwarz* (Fn. 8), Art. 106 Rn. 74.

[105] Vgl. *Heun*, Staatshaushalt (Fn. 1), S. 239ff.

[106] Vgl. bereits *Fischer-Menshausen* (Fn. 28), Art. 106 Rn. 27, der die gegenwärtige Praxis im Widerspruch zum Verfassungsauftrag sieht, aber daraus keine Konsequenzen für die Verteilungsgesetze ableitet; ebenso *Hidien*, Verteilung (Fn. 95), S. 178f.; s. auch *Häde*, Finanzausgleich (Fn. 50), S. 197ff., 205ff.

[107] BVerfGE 101, 158 (214ff., Rn. 271ff.; 227, Rn. 306ff.).

[108] BVerfGE 101, 158 (214ff., Rn. 271ff.; 227, Rn. 306ff.); vgl. hierzu *K. Maciejewski*, Verfassungskonkretisierung durch Maßstäbegesetzgebung, in: H. Rensen/S. Brink (Hrsg.), Linien der Rechtsprechung des Bundesverfassungsgerichts, Bd. I, 2009, S. 391ff.; *H. Kube*, Der bundesstaatliche Finanzausgleich, 2011, S. 39ff.

[109] Ähnlich *Fischer-Menshausen* (Fn. 28), Art. 106 Rn. 26c; s. auch *Hidien*, Verteilung (Fn. 95), S. 308ff.

[110] Vgl. aber *C. Waldhoff*, Verfassungsrechtliche Vorgaben für die Steuergesetzgebung im Vergleich Deutschland – Schweiz, 1997, S. 254ff., ohne daß dessen These (objektive Geltung ohne subjektive Durchsetzbarkeit) weiterführen würde; s. ferner *Hidien*, Verteilung (Fn. 95), S. 311ff. → Art. 3 Rn. 74ff. → Art. 14 Rn. 65ff.

[111] Vgl. auch *Fischer-Menshausen* (Fn. 28), Art. 106 Rn. 26e.

rizontalen Finanzausgleichs gem. Art. 107 GG zu beachten ist[112], ist kein eigenständiges Verfassungsgebot[113]. Es fordert vielmehr allein bei der Umsatzsteuerverteilung die Rücksichtnahme auf die überregionalen sozialstaatlichen Aufgaben des Bundes[114], ohne daß sich daraus präzise, justitiable Maßstäbe für die Höhe des Bundesanteils ableiten ließen, zumal für die gleiche Zielsetzung im Rahmen des horizontalen Finanzausgleichs noch genügend Verteilungsmasse zur Verfügung stehen muß[115].

Der Versuch des Bundesverfassungsgerichts, dem Verteilungsprozeß durch die Vorgabe eines zwischen die Verfassung und die konkrete Verteilungsentscheidung geschalteten, inzwischen erlassenen, **Maßstäbegesetzes**[116] zu rationalisieren, ist praktisch gescheitert[117] und war von vorneherein illusionär, da sich keiner der beteiligten Verhandlungspartner einen »Schleier des Nichtwissens« im Sinne von John Rawls überziehen lassen will und wird. Die detaillierten Anweisungen des Gerichts über die Maßstabsbildung[118] hat der Gesetzgeber folglich souverän ignoriert[119]. Im übrigen war auch die gesetzestheoretische Einordnung des Maßstäbegesetzes unklar und fragwürdig, da ihm im System des GG kein Vorrang zukommen kann[120]. 26

Die Einbeziehung der Steuermindereinnahmen aus der **Berücksichtigung von Kinderlasten** im Einkommensteuerrecht zugunsten der Länder und Gemeinden, die die durch die Verfassungsänderung vom 3.11.1995 eingefügten Sätze 5 und 6 in Art. 106 III GG vorsehen[121], ist schon deswegen verfehlt, weil dies ohnehin bei der Deckungsquotenberechnung zu berücksichtigen ist[122]. Hier ist die Verfassung nur zur Ermögli- 27

---

112 Vgl. *Vogel/Walter* (Fn. 8), Art. 106 Rn. 184; *P. Lerche*, Finanzausgleich und Einheitlichkeit der Lebensverhältnisse, in: FS Berber, 1973, S. 299ff. (302); *H. Schneider*, Die Grenzen der Leistungsfähigkeit des bundesstaatlichen Finanzausgleichs, in: GedS Geck, 1989, S. 701ff. (724f.). → Art. 107 Rn. 11.

113 So aber *M. Kilian*, JZ 1991, 425 (426); zur Rechtsnatur vgl. *Lerche*, Finanzausgleich (Fn. 112), S. 299ff.; *Fischer-Menshausen*, Rechtsbegriffe (Fn. 95), S. 147ff.; *H. Hohmann*, DÖV 1991, 191 (194ff.). → Art. 107 Rn. 11.

114 Zur ökonomischen Begründung dieses Grundsatzes vgl. *F. Neumark*, Bemerkungen zu einigen ökonomischen Aspekten der grundsätzlichen Vorschriften über die Einheitlichkeit der Lebensverhältnisse in der Bundesrepublik Deutschland, in: Dreißig, Probleme (Fn. 95), S. 165ff.; *H. Zimmermann*, Föderalismus und Einheitlichkeit der Lebensverhältnisse, in: K. Schmidt (Hrsg.), Beiträge zu ökonomischen Problemen des Föderalismus, 1987, S. 35ff.; s. auch *W. Heun*, Der Staat 31 (1992), 205 (214); *D. Merten*, DÖV 1993, 368 (373).

115 *Fischer-Menshausen* (Fn. 28), Art. 106 Rn. 26e; vgl. zum Ganzen auch *Hidien*, Verteilung (Fn. 95), S. 314ff.

116 Maßstäbegesetz v. 9.9.2001 (BGBl. I S. 2302); dazu eingehend *S. v. Schweinitz*, Das Maßstäbegesetz, 2003. → Art. 107 Rn. 12.

117 Das konstatiert auch *C. Waldhoff*, Die Verwaltung 39 (2006), 155 (163f.); *Siekmann* (Fn. 43), Art. 106 Rn. 18 mit Fn. 81; vgl. auch *P. Selmer*, NVwZ 2003, 1304 (1309); *W. Weiß*, ZG 16 (2001), 210 (228): »verfassungsgerichtlich, nicht verfassungsrechtlich gefordert«.

118 BVerfGE 101, 158 (215ff., Rn. 273ff.); vgl. auch *E. Röper*, ZRP 2001, 216 (217f.).

119 Man vergleiche diesen Anforderungskatalog des Bundesverfassungsgerichts mit den nichtsagenden Formulierungen des § 4 MaßstG für die Umsatzsteuerverteilung; in der Sache so auch *Siekmann* (Fn. 43), Art. 106 Rn. 18.

120 Zur Problematik vgl. *Schwarz* (Fn. 8), Art. 106 Rn. 27ff. mit leicht positiver Tendenz; ferner *v. Schweinitz*, Maßstäbegesetz (Fn. 116), S. 204ff.; *C. Waldhoff*, ZG 15 (2000), 193 (209f.); ablehnend auch *J. Wieland*, DVBl. 2000, 1310 (1313f.); demgegenüber ohne jede Begründung die Verfassungswidrigkeit abweichender Regelungen des FAG behauptend *K. Vogel*, Maßstäbegesetze, Rückwirkungsverbot und Völkerrechtliche Verträge – Ausnahmen der lex posterior Regel, in: FS Schiedermair, 2001, S. 113ff. (118); extensiv *Hidien* (Fn. 5), Art. 106 Rn. 121ff.

121 43. Gesetz zur Änderung des Grundgesetzes vom 3.11.1995 (BGBl. I S. 1492). → Rn. 5, 30.

122 So auch *Siekmann* (Fn. 43), Art. 106 Rn. 17; *Fischer-Menshausen* (Fn. 28), Art. 106 Rn. 42; anders *R. Wendt*, Umsatzsteuerverteilung zwischen Bund und Ländern, 2002, S. 6ff., 18.

chung eines tagespolitischen Kompromisses in einer einfachrechtlichen Streitfrage mißbraucht worden[123].

4. Revision der Umsatzsteuerverteilung gem. Art. 106 IV 1 GG

28 Infolge der dynamischen Entwicklung von Aufgaben, Ausgaben und Einnahmen, die keineswegs parallel verläuft, bedarf die Steuerverteilung ständiger **Überprüfung** und gegebenenfalls **flexibler Anpassung**. Da bei einer divergierenden Entwicklung der Relation von Ausgaben und Einnahmen in Bund und Ländern der bevorteilte Partner kein Interesse an einer Anpassung haben wird, statuiert Art. 106 IV GG für den Fall einer **erheblichen und nachhaltigen Divergenz**[124] eine entsprechende **verfassungsrechtliche Revisionsverpflichtung**. Die Voraussetzung einer Revisionsverpflichtung wird durch den Vergleich der Deckungsquoten von Bund und Ländern festgestellt, also aufgrund der Relation zwischen notwendigen Ausgaben und Einnahmen die jeweilige Kreditfinanzierungsquote (Verhältnis Nettokreditaufnahme zu den notwendigen Ausgaben) ermittelt[125]. Die Änderung bemißt sich an dem Vergleich der beiderseitigen Deckungsquoten zu dem Zeitpunkt der früheren Festsetzung und des jeweiligen Überprüfungszeitpunktes. Bei gleichmäßiger Verschlechterung oder Verbesserung der Finanzlage von Bund und Ländern entsteht kein Revisionsanspruch. Das Vorliegen einer wesentlich anderen Entwicklung ist eine in vollem Umfang vom Bundesverfassungsgericht nachprüfbare Rechtsfrage[126]. Liegen die Voraussetzungen der Revisionsverpflichtung nicht vor, entfällt nur die Verpflichtung, nicht aber das Recht zur jederzeitigen Änderung der Umsatzsteueranteile[127]. Steuermindereinnahmen aufgrund des Kinderlastenausgleichs sind nach Art. 106 IV 1, 2. Hs. GG als Konsequenz der Berücksichtigung in Art. 106 III 5 u. 6 GG im Rahmen der Revisionsklausel nicht zu berücksichtigen (→ Rn. 30).

5. Die gesetzlichen Verteilungsregelungen

29 Die Umsatzsteueranteile sind bisher jeweils befristet für ein bis drei Jahre festgesetzt worden[128]. Derartige **befristete Verteilungsregelungen** wird man entgegen einer ver-

---

[123] Zu Recht kritisch *Fischer-Menshausen* (Fn. 28), Art. 106 Rn. 42; *Heintzen* (Fn. 43), Art. 106 Rn. 39.

[124] *Sachverständigenkommission*, Gutachten (Fn. 99), Tz. 169f.; *Schneider* (Fn. 55), Art. 106 Rn. 11; Jarass/*Pieroth*, GG, Art. 106 Rn. 11; *Siekmann* (Fn. 43), Art. 106 Rn. 21; vgl. ferner *Hidien*, Verteilung (Fn. 95), S. 340ff.; *ders.* (Fn. 5), Art. 106 Rn. 974ff.

[125] *Maunz* (Fn. 50), Art. 106 Rn. 43; *Hettlage*, Revisionsklausel (Fn. 95), S. 125; *Fischer-Menshausen* (Fn. 28), Art. 106 Rn. 29; *Sachverständigenkommission*, Gutachten (Fn. 99), Tz. 61ff.; die Dekkungsquote, nicht die Deckungslücke ist Vergleichsmaßstab.

[126] *Siekmann* (Fn. 43), Art. 106 Rn. 21; *Hidien*, Verteilung (Fn. 95), S. 358; *R. Prokisch*, Die Justiziabilität der Finanzverfassung, 1993, S. 226ff.; *Schwarz* (Fn. 8), Art. 106 Rn. 93.

[127] *Vogel/Walter* (Fn. 8), Art. 106 Rn. 66; Jarass/*Pieroth*, GG, Art. 106 Rn. 10; *Fischer-Menshausen* (Fn. 28), Art. 106 Rn. 30; *Siekmann* (Fn. 43), Art. 106 Rn. 21; a. A. *Maunz* (Fn. 50), Art. 106 Rn. 64; *Hidien*, Verteilung (Fn. 95), S. 361ff.

[128] Übersicht bis 1980 in: *Stern*, Staatsrecht II, S. 1159; seitdem ist der Bundesanteil von 67,5% kontinuierlich gesunken, lag 1986–1992 bei 65%, 1993 und 1994 bei 63%; 1995–97 bei 56%, 1998/99 bei 50,5%; 2000/2001 bei 50,25%, sank 2002–2004 auf 49,6%, um für den Zeitraum 2005–2009 auf 50,5% zu steigen; *Siekmann* (Fn. 43), Art. 106 Rn. 24 mit Fn. 91; vgl. auch *Hidien*, Verteilung (Fn. 95), S. 375ff.

breiteten Auffassung[129] **nicht als verfassungswidrig** ansehen dürfen[130], da auf diese Weise die notwendige Revision wesentlich wirksamer erreicht wird als aufgrund der Revisionsverpflichtung des Art. 106 IV 1 GG. Es reicht aus, daß die Aufteilung jederzeit gesetzlich festliegt. Dies wird auch dadurch gesichert, daß die Verteilungsregelung nach Ablauf der Frist unverändert weitergilt, bis rückwirkend ab Fristablauf die Anschlußregelung getroffen worden ist[131] oder sich die Beteiligten vorläufig einigen[132].

Im Rahmen des Föderalen Konsolidierungsprogramms hat der Bund auf sieben Prozentpunkte seines Anteils von damals 63% verzichtet. Seit dem 1.1.1995 waren daher zunächst ein Bundesanteil von 56% und ein Länderanteil von 44% vorgesehen, um auf diese Weise die neuen Bundesländer in den Länderfinanzausgleich integrieren zu können[133]. Im Gegensatz zu den früheren Regelungen und zum Nachteil seiner künftigen Verhandlungsposition hat der Bund einer **unbefristeten Verteilungsregelung** zugestimmt[134]. Seit 1996 wird der Länderanteil zur Berücksichtigung der Belastungen aus dem Familienlastenausgleich gem. Art. 106 III 5 u. 6, IV 1, 2. Hs. GG um 5,5 Vomhundertpunkte (auf 49,5%) erhöht, wobei umständliche Anpassungs- und Ausgleichsverpflichtungen gelten, deren Details sich aus § 1 FAG ergeben[135]. Seit 1998 ist die Verteilung außerdem immer komplizierter geworden. Erst wurde dem Bund ein Vorweganteil von 3,64%, seit 1999 von 5,63% als Ausgleich für Belastungen aus dem erhöhten Zuschuß für die gesetzliche Rentenversicherung, ebenfalls mit Anpassungsklausel zugebilligt. Mit dem Haushaltsbegleitgesetz 2006[136] erhielt der Bund ein weiteres Vorab als Ausgleich für die Belastungen infolge der Senkung des Beitragssatzes zur Arbeitslosenversicherung, wiederum mit Anpassungspflichten[137]. Die Prozentanteile werden zudem für den Bund noch durch Zuweisungen von Festbeträgen erhöht[138]. Ab 2009 steht dem Bund ein Vorab in Höhe von 4,45% vom Umsatzsteuereinkommen zu. Im übrigen stehen dem Bund 50,5%, den Ländern 49,5% zuzüglich erheblicher Millionenbeträge für den Bund zu[139]. Hinter den sich über zwei Druckseiten erstrekkenden Detailregelungen des § 1 FAG sind rationale Maßstäbe und die vom Bundesverfassungsgericht eingeforderte Transparenz nicht zu erkennen[140]. **30**

---

129 *Vogel/Walter* (Fn. 8), Art. 106 Rn. 54; *Maunz* (Fn. 50), Art. 106 Rn. 41; *D. Birk*, in: R. Wassermann (Hrsg.), Kommentar zum Grundgesetz für die Bundesrepublik Deutschland, Bd. 2, 2. Aufl. 1989, Art. 106 Rn. 30; s. auch *J. W. Gaddum*, BayVBl. 1977, 585 (586).

130 So auch Jarass/*Pieroth*, GG, Art. 106 Rn. 8a; *Stern*, Staatsrecht II, S. 1158; *Siekmann* (Fn. 43), Art. 106 Rn. 15; *Schwarz* (Fn. 8), Art. 106 Rn. 68; mit Vorbehalt rechtzeitiger Anschlußregelung *Fischer-Menshausen* (Fn. 28), Art. 106 Rn. 30.

131 So die h.M.: *Vogel/Walter* (Fn. 8), Art. 106 Rn. 59; *Stern*, Staatsrecht II, S. 1158; *R. Wendt*, HStR³ VI, § 139 Rn. 77; *Siekmann* (Fn. 43), Art. 106 Rn. 15; *Schwarz* (Fn. 8), Art. 106 Rn. 68; a. A. *Maunz* (Fn. 50), Art. 106 Rn. 41.

132 So ist die Praxis verfahren. *Maunz* (Fn. 50), Art. 106 Rn. 41 hält diese Lösung für die einzig zulässige.

133 Art. 33 des Gesetzes zur Umsetzung des Föderalen Konsolidierungsprogramms – FKPG v. 23.6.1993 (BGBl. I S. 944); zu diesem Verzicht vgl. *P. Selmer*, FinArch. 51 (1994), 331 (342).

134 Kritisch *Korioth*, Finanzausgleich (Fn. 52), S. 470ff.

135 Die Kinderlastenausgleichsregelung im Jahressteuergesetz 1996 v. 20.11.1995 (BGBl. I S. 1250) ist insoweit durch die Änderung des § 1 I FAG durch Gesetz v. 13.11.1995 (BGBl. I S. 1506) ergänzt worden.

136 Art. 3 HBeglG 2006 v. 29.6.2006 (BGBl. I S. 1402).

137 § 1 I 1 FAG.

138 § 1 I 4 FAG; die Festbeträge werden für jedes Jahr anders festgesetzt.

139 § 1 I FAG in der zuletzt am 20.10.2015 geänderten Fassung (BGBl. I S. 1722).

140 Vgl. auch die kritischen Darstellungen und Bemerkungen von *Siekmann* (Fn. 43), Art. 106 Rn. 25ff.; *Henneke* (Fn. 66), Art. 106 Rn. 75ff.

6. Der Mehrbelastungsausgleich gem. Art. 106 IV 2 u. 3 GG

31 Eine **kurzfristige Mehrbelastung** der Länder oder Gemeinden infolge der Zuweisung von Aufgaben oder der Entziehung von Einnahmen durch Bundesgesetz kann der Bund durch **befristete Finanzzuweisungen** ausgleichen. Die Ermächtigung des Bundes erstarkt zur Verpflichtung, wenn die zusätzliche Belastung unzumutbar ist[141]. Sinn der Regelung ist es, nur vorübergehende Änderungen der Beteiligungsverhältnisse an der Umsatzsteuer zu vermeiden und die langfristige Revisionsverpflichtung des Art. 106 IV 1 GG auf diese Weise zu ergänzen[142]. Die Finanzzuweisungen werden durch zustimmungsbedürftiges Bundesgesetz gewährt. Praktische Relevanz hat die Regelung des Mehrbelastungsausgleichs bisher kaum erlangt[143]. Eine vorübergehende Mehrbelastung des Bundeshaushalts ist nicht geregelt und bleibt daher ohne Kompensationsmöglichkeit, da eine analoge Anwendung ebenso wie eine vorübergehende Änderung der Umsatzsteueranteile ausgeschlossen ist[144].

V. Ertragshoheit der Gemeinden (Art. 106 V–VII, IX GG)

32 Eine angemessene, also aufgabengerechte Finanzausstattung der Gemeinden gehört als Teil der Finanzhoheit auch zum Kerngehalt der gemeindlichen Selbstverwaltungsgarantie gem. Art. 28 II GG[145]. Anfangs wurden die Gemeinden nur nach Maßgabe der Landesgesetze an der Ertragshoheit beteiligt, seit 1956 wurde ihnen lediglich das Aufkommen der Realsteuern zugewiesen[146]. Erst das **Gemeindefinanzreformgesetz von 1969**[147] hat die durch die einseitige Abhängigkeit von der extrem konjunktur- und strukturabhängigen Gewerbesteuer bestehende Ungleichmäßigkeit der örtlichen Steuereinnahmen[148] weitgehend beseitigt, indem Bund und Länder an den Realsteuereinnahmen und die **Gemeinden an der Einkommensteuer beteiligt** wurden[149]. Die Beteiligung an der Umsatzsteuer ab 1998 durch Art. 106 Va GG ergänzt dies lediglich. Die Beteiligung der Gemeinden ändert indes nichts an der prinzipiellen Zweistufigkeit der Finanzverfassung[150]. Art. 106 IX GG bestimmt deshalb folgerichtig, daß die Einnahmen und Ausgaben der Gemeinden (Gemeindeverbände) auch als Einnahmen und Ausgaben der Länder im Sinne des Art. 106 GG gelten. In Ländern, die keine ge-

---

141 Jarass/*Pieroth*, GG, Art. 106 Rn. 11; *Fischer-Menshausen* (Fn. 28), Art. 106 Rn. 31; *Siekmann* (Fn. 43), Art. 106 Rn. 29; *J. W. Hidien*, AöR 122 (1997), 583 (596f.); *Schwarz* (Fn. 8), Art. 106 Rn. 95.

142 *Stern*, Staatsrecht II, S. 1161; *J. W. Hidien*, AöR 122 (1997), 583 (584ff.).

143 Vgl. aber die Zuweisungen nach § 19 VolkszählungsG v. 8.11.1986 (BGBl. I S. 2078); s. auch *J. W. Hidien*, AöR 122 (1997), 583 (584).

144 *Fischer-Menshausen* (Fn. 28), Art. 106 Rn. 31; Länderbeiträge zum Bundeshaushalt halten dagegen für zulässig *Vogel/Walter* (Fn. 8), Art. 106 Rn. 105f.

145 Offengelassen in: BVerfGE 26, 172 (181); 71, 25 (36f.); vgl. *D. Bayer*, DVBl. 1993, 1287ff. → Art. 28 Rn. 146ff.

146 Art. 106 II GG i. d. F. von 1949; Art. 106 VI 3 GG i. d. F. von 1956.

147 Gesetz v. 8.9.1969 (BGBl. I S. 1587) i. d. F. der Bek. vom 6.2.1995 (BGBl. I S. 189).

148 Troeger-Gutachten (Fn. 20), Tz. 412; zu den Nachteilen der Gewerbesteuer vgl. die Nachweise bei *Fischer-Menshausen* (Fn. 28), Art. 106 Rn. 34a.

149 Zur Entwicklung der Gemeindefinanzverfassung vgl. *Pagenkopf*, Finanzausgleich (Fn. 5), S. 170ff., 188ff., 223ff., 262ff. → Art. 28 Rn. 143ff.

150 → Vorb. zu Art. 104a–115 Rn. 23; s. auch *Siekmann* (Fn. 43), Art. 106 Rn. 30; *Schwarz* (Fn. 8), Art. 106 Rn. 99, 111.

meindliche Untergliederung kennen (Hamburg, Berlin), stehen die Beteiligungsansprüche generell den Ländern analog Art. 106 VI 3 GG zu[151].

1. Beteiligung der Gemeinden an der Einkommensteuer (Art. 106 V GG)

Gem. Art. 106 V 1 GG steht den Gemeinden ein, der Höhe nach verfassungsrechtlich nicht festgelegter, Anteil an der Einkommensteuer zu, um das Übergewicht der Gewerbesteuer zurückzudrängen und den Gemeinden stetigere und gleichmäßigere Einnahmen zu sichern sowie die unmittelbare Beziehung zwischen dem (Steuer-)Bürger und seiner Gemeinde zu stärken[152]. Der Gesamtanteil der Gemeinden ist dem Aufkommen der Einkommensteuer zu entnehmen, bevor es nach Art. 106 III GG auf **Bund und Länder** aufgeteilt wird, die somit **jeweils hälftig von der Abzweigung des Gemeindeanteils betroffen** sind[153]. Der Beteiligungsanspruch der einzelnen Gemeinden ist »auf der Grundlage der Einkommensteuerleistungen ihrer Einwohner«, also der örtlichen Steuerkraft, zu bemessen, wodurch es dem Bundesgesetzgeber weitgehend überlassen bleibt, den genauen Verteilungsmaßstab auch nach Praktikabilitätsgesichtspunkten zu bestimmen[154]. Trotz der Formulierung »weiterleiten« wird den Gemeinden aber eine eigenständige Beteiligung an der Ertragshoheit und nicht nur ein Anspruch auf eine Finanzzuweisung eingeräumt[155]. 33

Die Ausgestaltung der Höhe des Anteils und des Verteilungsmaßstabs erfolgt durch **zustimmungsbedürftiges Bundesgesetz**[156]. Aus Art. 106 V GG folgt nur der Anspruch auf eine Ertragsbeteiligung überhaupt, solange die Einkommensteuer erhoben wird[157], aber keine Garantie der Existenz der Einkommensteuer selbst[158]. Außerdem ermächtigt Art. 106 V 3 GG den Bundesgesetzgeber, den Gemeinden auch ein Hebesatzrecht auf die Gemeindeanteile an der Einkommensteuer einzuräumen, was vielfach gefordert wird, ohne bisher verwirklicht worden zu sein[159]. Das Hebesatzrecht würde im übrigen nichts daran ändern, daß die Einkommensteuer in vollem Umfang eine staatliche Steuer bleibt, die von den Landesbehörden im Auftrag des Bundes verwaltet wird (Art. 108 III 1 GG)[160]. 34

Nach der derzeit geltenden Fassung des Gemeindefinanzreformgesetzes beträgt der **Einkommensteueranteil der Gemeinden** 15% des Aufkommens der Lohnsteuer und der veranlagten Einkommensteuer sowie 12% des Aufkommens aus dem Zinsab- 35

---

[151] *Vogel/Walter* (Fn. 8), Art. 106 Rn. 81; Jarass/*Pieroth*, GG, Art. 106 Rn. 12; *Siekmann* (Fn. 43), Art. 106 Rn. 30; *Fischer-Menshausen* (Fn. 28), Art. 106 Rn. 32.

[152] Zu den Zielsetzungen vgl. auch *Fischer-Menshausen* (Fn. 28), Art. 106 Rn. 35.

[153] → Rn. 19; vgl. auch *Fischer-Menshausen* (Fn. 28), Art. 106 Rn. 36.

[154] *Birk* (Fn. 129), Art. 106 Rn. 37.

[155] *H. Meyer*, DÖV 1969, 261 (264); *Pagenkopf*, Finanzausgleich (Fn. 5), S. 267; *Maunz* (Fn. 50), Art. 106 Rn. 38, 85; *Stern*, Staatsrecht II, S. 1158, 1172; *Schwarz* (Fn. 8), Art. 106 Rn. 118; *Heintzen* (Fn. 43), Art. 106 Rn. 46; *Siekmann* (Fn. 43), Art. 106 Rn. 32; *Fischer-Menshausen* (Fn. 28), Art. 106 Rn. 36; *J. E. Rosenschon*, Gemeindefinanzierungssystem und Selbstverwaltungsgarantie, 1980, S. 77f.

[156] Gemeindefinanzreformgesetz i. d. F. v. 4.4.2001 (BGBl. I S. 482); zuletzt geändert durch Ges. v. 26.4.2006 (BGBl. I S. 1090).

[157] *Vogel/Walter* (Fn. 8), Art. 106 Rn. 201, 203; *Siekmann* (Fn. 43), Art. 106 Rn. 33.

[158] *Siekmann* (Fn. 50), Art. 105 Rn. 53; *Heintzen* (Fn. 43), Art. 106 Rn. 46; a. A. *Maunz* (Fn. 50), Art. 106 Rn. 21 mit Fn. 4. → Art. 105 Rn. 33.

[159] Vgl. *K. H. Hansmeyer/H. Zimmermann*, AfK 32 (1993), 221ff.; *W. Schnorr*, Das Hebesatzrecht der Gemeinden, Diss. jur. Münster 1972, S. 170ff., 247ff.; *Heintzen* (Fn. 43), Art. 106 Rn. 47.

[160] *Fischer-Menshausen* (Fn. 28), Art. 106 Rn. 36.

schlag[161]. Der Gemeindeanteil wird für jedes Land entsprechend den Grundsätzen der Zerlegung nach Art. 107 I GG ermittelt. Die Aufteilung auf die einzelnen Gemeinden wird nach einem Schlüssel vorgenommen, der aufgrund der Steuerstatistik ermittelt wird, wobei insoweit lediglich die auf die unteren Steuerstufen entfallenden Steuereinnahmen berücksichtigt werden[162].

2. Umsatzsteueranteil (Art. 106 Va GG)

36 Der im Jahr 1997 eingefügte Art. 106 Va GG garantiert den Gemeinden ab dem 1.1.1998 einen Anteil an der Umsatzsteuer (Satz 1), den die Länder auf der Grundlage eines orts- und wirtschaftsbezogenen Schlüssels an ihre Gemeinden weiterzuleiten verpflichtet sind (Satz 2). Abgesehen von der Vorgabe eines allgemeinen Verteilungsmaßstabes wird den **Gemeinden** damit ebenfalls, wie beim Einkommensteueranteil, eine **eingeständige (Mit-)Ertragshoheit eingeräumt**[163]. Zur Einführung eines Hebesatzrechts wird anders als bei der Einkommensteuer aber nicht ermächtigt. Im übrigen wird auch hier die nähere Ausgestaltung einem Gesetz übertragen, das der Zustimmung des Bundesrates bedarf (Satz 3). Die betreffende Regelung ist durch das Finanzausgleichsgesetz erfolgt, das den Gemeinden einen Anteil von 2,2% gewährt, der vor der Verteilung auf Bund und Länder nach Art. 106 III GG abgezweigt wird[164].

3. Sonstige Gemeindesteuern (Art. 106 VI GG)

37 Art. 106 VI 1 GG weist den Gemeinden nach dem Trennsystem das **Aufkommen der – seit 1997 genau bestimmten – Realsteuern und der örtlichen Verbrauch- und Aufwandsteuern** (→ Art. 105 Rn. 39ff.) zu; letztere kann der Landesgesetzgeber ganz oder zum Teil auch den Gemeindeverbänden überlassen. Realsteuern stellen im Unterschied zu den Personalsteuern nicht auf die persönlichen Verhältnisse der Steuerpflichtigen (insbes. Leistungsfähigkeit) ab, sondern belasten das Steuerobjekt unter Anknüpfung an objektive Gegebenheiten[165]. Die einzigen Realsteuern sind (§ 3 II AO 1977) gegenwärtig die Grundsteuer (A und B)[166] sowie die als Gewerbeertragsteuer erhobene Gewerbesteuer, während die Lohnsummensteuer und die Gewerbekapitalsteuer[167] nicht mehr erhoben werden[168], so daß die Ersetzung des Begriffs der Realsteuern durch Grundsteuer und Gewerbesteuer lediglich Klarstellungsfunktion hat[169].

---

[161] § 1 GemeindefinanzreformG. → Fn. 147.

[162] §§ 2–5 GemeindefinanzreformG; vgl. auch BT-Drs. V/2861, Tz. 336.

[163] *Siekmann* (Fn. 43), Art. 106 Rn. 39; *Schwarz* (Fn. 8), Art. 106 Rn. 122; *Schneider* (Fn. 55), Art. 106 Rn. 22.

[164] § 1 I 3 FAG; vgl. dazu *J. W. Hidien*, KStZ 1998, 101 (103f.).

[165] BVerfGE 13, 331 (345); 16, 64 (73); 25, 28 (38); 46, 224 (237); kritisch deswegen zur Einfügung sozialpolitischer Elemente *Fischer-Menshausen* (Fn. 28), Art. 106 Rn. 37.

[166] Kritisch zur mehrfachen steuerlichen Erfassung des Grundbesitzes *Birk* (Fn. 129), Art. 106 Rn. 41a.

[167] BVerfGE 3, 407 (438).

[168] Aufhebung der Lohnsummensteuer durch Art. 2 des Gesetzes v. 30.11.1978 (BGBl. I S. 1849); vgl. dazu Finanzbericht 1980, S. 133; Aufhebung der Gewerbekapitalsteuer ab Erhebungszeitraum 1998 durch Gesetz v. 29.10.1997 (BGBl. I S. 2590).

[169] *Siekmann* (Fn. 43), Art. 106 Rn. 41; *H.-G. Henneke*, Die Kommunen in der Finanzverfassung des Bundes und der Länder, 3. Aufl. 1998, S. 108.

Art. 106 VI 2 GG garantiert den Gemeinden das **Recht, die Realsteuerhebesätze** im Rahmen der Gesetze **selbst festzusetzen**[170]. Hebesätze sind Vomhundertsätze, die an gesetzlich bestimmte Steuermeßbeträge angelegt werden, so daß sich die konkrete Steuerschuld erst aus der Kombination beider Elemente ergibt[171]. Die Realsteuerhebesätze der einzelnen Gemeinden differieren erheblich[172]. Die Festlegung eines Mindeststeuerhebesatzes durch Bundesgesetz verstößt aber nicht gegen Art. 106 VI 2 GG[173]. 38

Die **alleinige Ertragshoheit der Gemeinden** bedeutet, daß das Aufkommen nicht in ein interkommunales Verbund- oder Ausgleichsystem einbezogen werden darf und zwingend nach dem örtlichen Aufkommen verteilt werden muß[174]. Art. 106 VI GG garantiert den Gemeinden nur die Ertragshoheit der Grund- und Gewerbesteuern, soweit und solange die Steuern erhoben werden, sichert aber nicht den institutionellen Fortbestand der Steuern[175] oder ein bestimmtes Steueraufkommen[176]. Die Abschaffung der einzelnen Gewerbesteuern wäre daher zulässig[177]. Allerdings kann der Gesetzgeber wegen der Garantie einer wirtschaftskraftbezogenen Steuerquelle in Art. 28 II 3 GG die Gewerbesteuer nicht ersatzlos aufheben. Es ist daher mit Art. 106 VI 2 GG vereinbar, zur Vermeidung von Steueroasen, in denen der Hebesatz auf Null festgelegt wird, bundesgesetzlich[178] einen Mindesthebesatz festzulegen[179]. Folgerichtig können aus Art. 106 VI GG auch grundsätzlich keine konkreten Teilhabeansprüche an Erträgen von Abgaben wie der Spielbankenabgabe abgeleitet werden, wenn bei Erhebung der Abgabe auf alle anderen Steuern verzichtet wird[180]. 39

Art. 106 VI 4 GG ermöglicht es, daß **Bund und Länder** durch eine von den Gemeinden erhobene Umlage bundesgesetzlich **am Aufkommen der Gewerbesteuer beteiligt** werden. Die Beteiligung dient zum einen dem Ausgleich des Einnahmeverlusts infolge der Abzweigung des Einkommensteueranteils an die Gemeinden und zum anderen der weiteren Abschwächung der negativen Auswirkungen der Gewerbesteuer auf die 40

---

170 *Schnorr*, Hebesatzrecht (Fn. 159), S. 91ff.; Art. 106 VI 2 GG ist aber nicht Ermächtigungsnorm, ebd., S. 27ff.; zu den materiellen Schranken vgl. BVerwG KStZ 1969, 139 (140); BayVGH BayVBl. 1982, 752f.

171 Vgl. im einzelnen *Schnorr*, Hebesatzrecht (Fn. 159), S. 10ff.

172 Vgl. *Institut für Finanzen und Steuern*, Entwicklung der Realsteuerhebesätze der Gemeinden mit mehr als 50.000 Einwohnern in 1989 gegenüber 1988, Brief 288, 1989, S. 5ff., 20ff.

173 BVerfGE 125, 141 (158ff., Rn. 63ff.); s. auch *Henneke* (Fn. 66), Art. 106 Rn. 41f.

174 *W. Jakob*, BayVBl. 1972, 141 (144); *Hidien* (Fn. 5), Art. 106 Rn. 1077f.

175 *Rosenschon*, Gemeindefinanzierungssystem (Fn. 155), S. 79f.; *K. Vogel*, HStR IV, § 87 Rn. 31; Jarass/*Pieroth*, GG, Art. 106 Rn. 1, 13; *Fischer-Menshausen* (Fn. 28), Art. 106 Rn. 13, 37; differenzierend: dem Grunde nach, nicht in den Einzelheiten *Stern*, Staatsrecht II, S. 1152. → Rn. 14.

176 BFHE 168, 350 (360); *Maunz* (Fn. 50), Art. 106 Rn. 88; *Heintzen* (Fn. 43), Art. 106 Rn. 51.

177 Vgl. auch *R. Wendt*, BB 1987, 1677ff.; zur Lohnsummensteuer: → Rn. 37.

178 So Art. 2 Nr. 1 u. Nr. 5 Ges. z. Änd. d. GewStG vom 23.12.2003, BGBl. I S. 2922.

179 *W. Heun*, Der bundesgesetzliche Mindeststeuerhebesatz für die Gewerbesteuer im Kompetenzgeflecht zwischen Bund, Ländern und Gemeinden, in: FS Starck, 2007, S. 245ff. (255ff.); *P. Selmer/L. Hummel*, NVwZ 2006, 14 (21); *Siekmann* (Fn. 43), Art. 106 Rn. 45; a.A. *S. Walz/S. Süß*, DStR 2003, 1638ff.; zwar Ablehnung einer einstweiligen Anordnung durch BVerfGE 112, 216 (221, Rn. 18), aber Verfassungsbeschwerde nicht offensichtlich unbegründet; BVerfGE 21, 54 (60) hält einen Mindesthebesatz unter der früheren Verfassungsrechtslage für verfassungsgemäß.

180 VG Oldenburg, Urt. v. 8.7.2005, Beck RS 2005, 28401; a.A. *T. Koch*, NdsVBl. 2001, 305 (307ff.); aus Praktikabilitätsgründen und wegen des »exorbitant hohen Steuersatzes« von 80% wird bei der Spielbankenabgabe auf die Erhebung aller anderen Steuern, auch der Gemeindesteuern, verzichtet s. BFH NV 2001, 1294 (1296); vgl. zum Ganzen auch *Siekmann* (Fn. 43), Art. 106 Rn. 42; die Umsatzsteuerbefreiung ist aber europarechtswidrig EuGH EuZW 2005, 210ff. mit Anm. *D. Thym/U. Heckeler*.

Gemeindefinanzen[181]. Umlagen sind Finanzierungslasten, die einer Gebietskörperschaft zur Finanzierung einer anderen öffentlichen Gebietskörperschaft höherer Ordnung auferlegt werden[182]. Die Gewerbesteuerumlage begründet keine eigene Ertragskompetenz von Bund und Ländern, sondern beläßt die Ertragshoheit bei den Gemeinden und gibt Bund und Ländern nur einen Anspruch gegen die Gemeinden (und Gemeindeverbände)[183]. Die Umlage wird nach Maßgabe der gemeindlichen Steuerkraft errechnet, wobei das örtliche Istaufkommen durch den örtlichen Hebesatz dividiert und anschließend mit einem jeweils bundesgesetzlich bestimmten Faktor multipliziert wird[184]. Auf diese Weise bleibt die Steueranspannung unberücksichtigt. Die Umlage fließt Bund und Ländern prinzipiell je zur Hälfte zu, für die alten und neuen Bundesländer gelten dann jedoch unterschiedliche Regelungen[185].

41 Art. 106 VI 6 GG erlaubt zusätzlich die Einführung weiterer Umlagen durch Landesgesetz sowohl als allgemeines Finanzierungsinstrument[186] als auch zur Finanzierung besonderer Aufgaben (**Zweckumlagen**)[187]. Bemessungsgrundlage können das Realsteueraufkommen und der Gemeindeanteil am Einkommensteueraufkommen sein. Umlagen sind zulässig, wenn ihr Aufkommen im kommunalen Raum verbleibt oder dahin zurückfließt[188]. Art. 106 VI 6 GG bildet die Grundlage für die **Kreisumlage**.

4. Die Beteiligung der Gemeinden an den Gemeinschaftsteuern gem. Art. 106 VII GG

42 Über die Beteiligung an der Einkommensteuer gem. Art. 106 V GG hinaus schreibt Art. 106 VII 1 GG vor, daß die Gemeinden und Gemeindeverbände durch die Landesgesetzgebung **an dem Länderanteil der Gemeinschaftsteuern prozentual zu beteiligen** sind, überläßt die **Bestimmung von Prozentsätzen** aber der Landesgesetzgebung[189]. Im übrigen stellt Art. 106 VII 2 GG es den Ländern frei, ob die Gemeinden (Gemeindeverbände) auch am Aufkommen der Landessteuern überhaupt beteiligt werden und gegebenenfalls inwieweit ihnen ein Teil des Ertrages zufließen soll. Art. 106 VII GG eröffnet damit über eine Verpflichtung zu einer Minimalbeteiligung hinaus für die Beteiligung der kommunalen Ebene an den Gemeinschafts- und Landessteuern dem Landesgesetzgeber einen umfassenden Gestaltungsspielraum[190]. Die Vorschrift bildet damit die Grundlage für die sog. **Schlüsselzuweisungen** im kommunalen Finanzaus-

---

181 Vgl. *Fischer-Menshausen* (Fn. 28), Art. 106 Rn. 39. → Rn. 32.

182 Mit unterschiedlicher Nuancierung des Begriffes ebenso: BVerfGE 83, 363 (389); BVerwGE 106, 280 (283f.); *Vogel/Walter* (Fn. 8), Art. 106 Rn. 82; *Pagenkopf*, Finanzausgleich (Fn. 5), S. 63ff.; Jarass/*Pieroth*, GG, Art. 106 Rn. 17.

183 BVerwG DVBl. 1983, 137; *Siekmann* (Fn. 43), Art. 106 Rn. 34ff.

184 § 6 II GemeindefinanzreformG; s. *Henneke* (Fn. 66), Art. 106 Rn. 47f.

185 Zur komplizierten Regelung von § 6 III–VIII GemeindefinanzreformG kritisch *Siekmann* (Fn. 43), Art. 106 Rn. 36ff.; vgl. auch *H. Karrenberg*, Widi 1993, 571 (574).

186 BVerfGE 83, 363 (391f.); *W. Kluth*, DÖV 1994, 456 (458); *D. Fürst*, Die Kreisumlage, 1969, S. 10ff., 22ff.; nach BVerwGE 106, 280 (284ff.) ist auch der interkommunale Finanzausgleich zulässiger Zweck.

187 BVerfGE 83, 363 (390f.); *Fürst*, Kreisumlage (Fn. 186), S. 25ff.; vgl. auch BVerwG, Buchholz 11, Art. 28 GG Nr. 53, S. 29f.

188 BVerfGE 83, 363 (391); Jarass/*Pieroth*, GG, Art. 106 Rn. 17a; *Siekmann* (Fn. 43), Art. 106 Rn. 35.

189 *Rosenschon*, Gemeindefinanzierungssystem (Fn. 155), S. 83: »pflichtgemäßes Ermessen«; vgl. auch *Schnorr*, Hebesatzrecht (Fn. 159), S. 141ff.; *Schwarz* (Fn. 8), Art. 106 Rn. 143ff.

190 *Hidien* (Fn. 5), Art. 106 Rn. 1142ff.; s. auch *F. Schoch*, Verfassungsrechtlicher Schutz der kommunalen Finanzautonomie, 1997, S. 183f.

gleich, dessen Ausgestaltung zwischen den verschiedenen Ländern aber außerordentlich stark variiert[191].

VI. Der Sonderbelastungsausgleich gem. Art. 106 VIII GG

Im Anschluß an eine entsprechende Weimarer Regelung[192] begründet Art. 106 VIII GG im Gegensatz zu den Verteilungsregelungen gem. Art. 106 I-VII GG einzelnen Ländern oder Gemeinden einen **unmittelbaren Ausgleichsanspruch gegen den Bund**[193], um vom Bund in Wahrnehmung seiner verfassungsmäßigen Aufgaben verursachte Standardlasten zu kompensieren. Die den Finanzausgleich ergänzende Vorschrift des Art. 106 VIII GG hat **Ausnahmecharakter**[194]. Die Entschädigungspflicht des Bundes soll atypische Sonderbelastungen, die der Bund veranlaßt hat und die ihrer Höhe nach unzumutbar sind, ausgleichen[195]. Deshalb sind auch nur Belastungen ausgleichsfähig, die vom Finanzausgleichssystem ansonsten nicht erfaßt werden[196]. **43**

Voraussetzung der Ausgleichspflicht ist, daß der Bund durch die Errichtung, Erweiterung oder Unterhaltung von Bundesbehörden oder Bundesbetrieben sowie sonstigen Einrichtungen seinerseits Einrichtungen, Anlagen oder Maßnahmen veranlaßt, die für die Gemeinden (so meistens) oder Länder eine Sonderbelastung darstellen. »**Einrichtungen**« i. S. d. Art. 106 VIII GG sind nicht die (primären) Bundeseinrichtungen wie Kasernen oder Forschungseinrichtungen[197], sondern die durch sie veranlaßten (sekundären) Einrichtungen der Gemeinde[198]. Hierzu können auch Folgeeinrichtungen oder zeitlich begrenzte Mehrausgaben gehören[199], während die normalen Betriebs- und Unterhaltskosten einer Einrichtung nicht ausgleichsfähig sind[200]. Gem. Art. 106 VIII GG sind nicht nur Mehrausgaben, sondern auch Einnahmeausfälle wie beispielsweise Grundsteuermindereinnahmen und sonstige Einbußen zu berücksichtigen[201]. Nicht anders als bei Mehrausgaben müssen auch die Ausfälle von Einnahmen, die mit hinreichender Sicherheit erzielt worden wären, »unmittelbar« auf die Bundeseinrichtung zurückzuführen sein[202]. Nicht erforderlich ist, daß der Bund der alleinige Veranlasser oder der Rechtsträger der die Sonderbelastung verursachenden Einrichtung ist[203]. **44**

---

[191] Vgl. dazu im einzelnen *Pagenkopf*, Finanzausgleich (Fn. 5), S. 276ff.; *H. Elsner*, Gemeindehaushalte, Konjunktur und Finanzausgleich, 1978, S. 36ff. mit Überblick über die Rspr. S. 275ff.

[192] § 62 FAG v. 23.6.1923 (RGBl. I S. 494); s. auch *Hidien* (Fn. 5), Art. 106 Rn. 1194.

[193] *Vogel/Walter* (Fn. 8), Art. 106 Rn. 131; *Schneider* (Fn. 55), Art. 106 Rn. 30; Jarass/*Pieroth*, GG, Art. 106 Rn. 19; *Rosenschon*, Gemeindefinanzierungssystem (Fn. 155), S. 85; *Schwarz* (Fn. 8), Art. 106 Rn. 147; eingehend *C. Meis*, Verfassungsrechtliche Beziehungen zwischen Bund und Gemeinden, 1989, S. 106ff.

[194] *Maunz* (Fn. 50), Art. 106 Rn. 98f.; *Birk* (Fn. 129), Art. 106 Rn. 46; *Siekmann* (Fn. 43), Art. 106 Rn. 47.

[195] BVerfGE 86, 148 (268); *Fischer-Menshausen* (Fn. 28), Art. 106 Rn. 40; *Siekmann* (Fn. 43), Art. 106 Rn. 47.

[196] *Schwarz* (Fn. 8), Art. 106 Rn. 147; *Heintzen* (Fn. 43), Art. 106 Rn. 55.

[197] Vgl. *Meis*, Beziehungen (Fn. 193), S. 112ff.

[198] *Vogel/Walter* (Fn. 8), Art. 106 Rn. 143; *Schneider* (Fn. 55), Art. 106 Rn. 30; anders *Heintzen* (Fn. 43), Art. 106 Rn. 57; *Hidien* (Fn. 5), Art. 106 Rn. 1216ff.; *Maunz* (Fn. 50), Art. 106 Rn. 100, 102; im Ergebnis unterscheiden sich die beiden Auffassungen aber kaum.

[199] *W. Heckt*, DÖV 1957, 164 (168); *Fischer-Menshausen* (Fn. 28), Art. 106 Rn. 40.

[200] *Maunz* (Fn. 50), Art. 106 Rn. 105.

[201] *Fischer-Menshausen* (Fn. 28), Art. 106 Rn. 40.

[202] OVG NW DÖV 1982, 907 (908); BVerwG DÖV 1994, 437; *Siekmann* (Fn. 43), Art. 106 Rn. 49; *Fischer-Menshausen* (Fn. 28), Art. 106 Rn. 40.

[203] *K.H. Friauf*, VerwArch. 66 (1975), 99 (117); *Fischer-Menshausen* (Fn. 28), Art. 106 Rn. 40.

45 Die Regelungen der Art. 91a und 91b sowie 104b GG müssen aber als leges speciales angesehen werden und schließen einen Sonderbelastungsausgleich insoweit aus[204]. Der Sonderbelastungsausgleich setzt ferner schon begrifflich voraus, daß der Bund nicht allen Gemeinden (oder Ländern) gleichmäßig Mehrbelastungen auferlegt, sondern daß eine **Gebietskörperschaft ungleich und unzumutbar betroffen** ist[205]. Außerdem ist kraft der expliziten Regelung des Art. 106 VIII 2 GG ein etwaiger Vorteil ausgleichend zu berücksichtigen[206]. Ohnehin bedarf es jeweils einer eingehenden Würdigung des konkreten Einzelfalls[207]. Der herausragendste Fall war der Ausgleich hauptstadtbedingter Sonderlasten[208] wie auch kurioserweise der Sonderlasten infolge des Entzugs der Hauptstadtfunktion[209]. Die Einfügung der Hauptstadtklausel des Art. 22 I 2 GG durch die Föderalismusreform 2006 hat diesen Rückgriff auf Art. 106 VIII GG für die Übernahme der Finanzierungslasten erübrigt und soll auch die Förderung der Stadt Bonn nicht berühren[210].

D. Verhältnis zu anderen GG-Bestimmungen

46 Art. 106 GG ergänzt die Steuergesetzgebungskompetenzen des **Art. 105 GG** um die notwendigen Regelungen der Ertragshoheit, die sich nicht zwingend aus den Gesetzgebungskompetenzen selbst ergeben. Die Regelungen der Ertragshoheit für die in Art. 106 GG explizit aufgeführten Steuern beschränken jedoch das Steuererfindungsrecht des Steuergesetzgebers nicht (→ Rn. 15). **Art. 91a, 91b** und **104b GG** enthalten **erlaubte Durchbrechungen**, sind insoweit aber abschließend (→ Rn. 11). Die Ausgleichsregelungen der Art. 91a, 91b, 104b GG sind auch leges speciales gegenüber Art. 106 VIII GG (→ Rn. 45).

---

204 Jarass/*Pieroth*, GG, Art. 106 Rn. 20; *Maunz* (Fn. 50), Art. 106 Rn. 103; *Siekmann* (Fn. 43), Art. 106 Rn. 48; a. A. *Vogel/Walter* (Fn. 8), Art. 106 Rn. 136, 142; *R. Wimmer*, DVBl. 1970, 921 ff.; *K. H. Friauf*, VerwArch. 66 (1975), 99 (106 f.); *Fischer-Menshausen* (Fn. 28), Art. 106 Rn. 40.

205 *Fischer-Menshausen* (Fn. 28), Art. 106 Rn. 40.

206 Dazu OVG NW DÖV 1982, 907 (908 f.); *Vogel/Walter* (Fn. 8), Art. 106 Rn. 148.

207 *A. Bleckmann*, DVBl. 1970, 913 (920); *Fischer-Menshausen* (Fn. 28), Art. 106 Rn. 40.

208 *Schneider* (Fn. 55), Art. 106 Rn. 30; *Siekmann* (Fn. 43), Art. 106 Rn. 48.

209 Eingehend *Fischer-Menshausen* (Fn. 28), Art. 106 Rn. 40a; vgl. dazu das Berlin-Bonn-Gesetz v. 26.4.1994 (BGBl. I S. 918); differenziert *Heintzen* (Fn. 43), Art. 106 Rn. 56.

210 Vgl. auch *Siekmann* (Fn. 43), Art. 106 Rn. 48.

Artikel 106a [Länderanteil für den Personennahverkehr]

[1]Den Ländern steht ab 1. Januar 1996 für den öffentlichen Personennahverkehr ein Betrag aus dem Steueraufkommen des Bundes zu. [2]Das Nähere regelt ein Bundesgesetz, das der Zustimmung des Bundesrates bedarf. [3]Der Betrag nach Satz 1 bleibt bei der Bemessung der Finanzkraft nach Artikel 107 Abs. 2 unberücksichtigt.

Literaturauswahl

Hidien, Jürgen W.: Der spezielle Finanzierungsausgleich gem. Art. 106a GG, in: DVBl. 1997, S. 595–603.

Waldhoff, Christian: Maßstäbe zur Verteilung der Regionalisierungsmittel für den ÖPNV nach Art. 106a GG, in: DVBl. 2013, S. 677–687.

Leitentscheidungen des Bundesverfassungsgerichts

Diese liegen zu Art. 106a GG bislang nicht vor.

Gliederung

Stichwörter

A. Herkunft, Entstehung, Entwicklung

Der Schienenpersonennahverkehr wurde nach der Verstaatlichung der Eisenbahnen im 19. Jahrhundert zunächst vom Reich und dann nach 1945 bis zu ihrer erneuten Privatisierung 1993 im wesentlichen vom Bund durch die Bundesbahn betrieben. Mit der **Neuordnung der Bundesbahn und des Eisenbahnverfassungsrechts** wurde zugleich eine **Regelung der finanzverfassungsrechtlichen Konsequenzen erforderlich**. Infolgedessen wurde Art. 106a GG zusammen mit einer Reihe anderer Bestimmungen durch die 40. Verfassungsänderung vom 20.12.1993 eingefügt[1], da die Länder ihre Zustimmung zur Bahnstrukturreform von entsprechenden Zahlungen des Bundes zum Ausgleich der Kostenlasten abhängig gemacht hatten, die infolge der Regionalisierung durch Art. 87e i. V. m. Art. 143a III GG auf sie zukommen würden[2]. 1

---

[1] 40. Gesetz zur Änderung des Grundgesetzes v. 20.12.1993 (BGBl. I S. 2089); allgemein dazu *C. Heinze*, BayVBl. 1994, 266ff.; *C. Waldhoff*, DVBl. 2013, 677ff.

[2] Vgl. BT-Drs. 12/6280, S. 9; BT-Drs. 12/5015, S. 14 und Anlage 2 S. 9; s. auch *J. W. Hidien*, DVBl. 1997, 595 (598). → Rn. 3, 6 zu den betreffenden Kostenlasten.

B. Internationale, supranationale und rechtsvergleichende Bezüge

2 Die **Eisenbahnstrukturreform** ist durch die **Vorgaben des EU-Rechts** zwar nicht erzwungen, aber doch **zumindest angeregt** worden, weil danach den Eisenbahnunternehmen Unabhängigkeit gewährt werden muß und ein eigenwirtschaftliches Denken beim Betrieb der Bahnen gesichert werden soll[3]. Der Nah- und Regionalverkehr kann allerdings von der sonst geltenden Verpflichtung des Staates, gemeinwirtschaftlich für notwendig erachtete, d.h. im öffentlichen Interesse liegende Leistungen eigenständig anzufordern und zu entgelten, aber nicht ohne Kompensation rechtlich zu oktroyieren[4], explizit ausgenommen werden[5]. Über diese allgemeinen Vorgaben der Eisenbahnstruktur hinaus enthält das Europarecht freilich keine Regelungen, die Art. 106a GG unmittelbar berühren. Parallele Vorschriften in anderen Verfassungsordnungen gibt es ohnehin nicht.

C. Erläuterungen

I. Allgemeine Bedeutung und aktueller Befund

3 Die verfassungsrechtlich durch Art. 87e III GG vorgeschriebene Führung der Eisenbahnen als Wirtschaftsunternehmen in privatrechtlicher Form (→ Art. 87e Rn. 25ff.) zwingt diese zu einer Wirtschaftsführung nach kaufmännischen Gesichtspunkten[6]. Der Personennahverkehr, der mit einem Kostendeckungsgrad von 20–30% stark defizitär ist, muß nur noch fortgeführt werden, wenn dieses Defizit von den interessierten staatlichen Einheiten auch bezahlt wird. Da Art. 143a i.V.m. Art. 30 GG die **Aufgabenverantwortung** für den Schienenpersonennahverkehr ab 1.1.1996 **den Ländern** überträgt[7] und die Länder und kommunalen Gebietskörperschaften aus regional- und strukturpolitischen sowie ökologischen Gründen daran ein erhebliches Interesse haben, müssen sie auch nach Art. 104a I GG dafür **die Kosten tragen** (→ Art. 104a Rn. 14), die bisher weitgehend der Bund übernommen hatte[8]. Durch Art. 106a GG hat der **Bund** trotz der geänderten Ausgabenverantwortung durch zweckgebundene Zuweisungen weiter **die Finanzierung für die Zukunft** übernommen. Allerdings kann sich der Bund als Eigentümer der Deutschen Bahn AG einen Teil der Kosten wieder erstatten lassen, indem die Bahn den neuen Trägern des Nahverkehrs schwer objektivierbare Trassenpreise für ihre Leistungen in Rechnung stellt, zumal der Bund auch noch gem. Art. 73 Nr. 6a GG die ausschließliche Gesetzgebungskompetenz zur Regelung derartiger Entgelte besitzt[9].

---

[3] Art. 4, 5 Richtlinie 91/440 EWG, ABl. 1991 L 237/25ff.; zu den Vorgaben des EU-Rechts *E. Schmidt-Aßmann/H. C. Röhl*, DÖV 1994, 577 (579f.).

[4] Verordnung 1191/69/EWG i.d.F. der VO 1893/91/EWG, ABl. 1969 L 156/1 und 1991 L 169/1; dazu *H. Schmuck*, TranspR 1992, 41ff. (49ff.).

[5] Art. 1 I 2, V VO 1191/69/EWG (Fn. 4); s. § 4 RegG (BGBl. I 1993, S. 2378, 2395).

[6] *E. Schmidt-Aßmann/H. C. Röhl*, DÖV 1994, 577 (581).

[7] § 1 RegG schreibt die Bereitstellung von Nahverkehrsleistungen als Aufgabe der Daseinsvorsorge fest.

[8] BT-Drs. 12/6280, S. 9; entgegen der Auffassung von BVerwGE 81, 312 standen die häufigen vertraglichen Zahlungen an die Bahn im Widerspruch zu Art. 104a I GG, s. *G. Fromm*, NVwZ 1992, 536 (538); *ders.*, DVBl. 1994, 187 (193); *M. Morlok*, DVBl. 1989, 1147f. → Art. 104a Rn. 14.

[9] *H. Siekmann*, in: Sachs, GG, Art. 106a Rn. 5.

II. Der Tatbestand des Art. 106a GG und seine gesetzliche Ausgestaltung

4 Den Ländern steht »ein Betrag aus dem Steueraufkommen des Bundes« zu. Damit wird ein **Finanzierungsanspruch der Länder auf vollen Ausgleich des Defizitrisikos des öffentlichen Schienennahverkehrs** im Zeitpunkt der Regionalisierung dem Grunde nach gewährt, der durch einen zusätzlichen Ausgleich für Kosten des gesamten öffentlichen Personennahverkehrs durch den Bund fakultativ ergänzt werden kann[10]. Die Zahlungspflicht des Bundes beginnt am 1.1.1996. Die Formulierung, daß ein Betrag aus dem Steueraufkommen gewährt wird, ist ein verunglücktes Relikt der ursprünglichen Bundesratsforderung nach einer Beteiligung am Ertrag der Mineralölsteuer[11]. Der Sache nach handelt es sich um eine vertikale Finanzzuweisung zum Ausgleich der durch die Dezentralisierung bewirkten Übertragung der Ausgabenverantwortung für den Personennahverkehr[12].

5 Die **Leistungen des Bundes** nach Art. 106a GG sind **zweckgebunden für den öffentlichen Personennahverkehr**[13]. Ihre zweckentsprechende Verwendung kann aber im Unterschied zu Art. 104b GG nicht im einzelnen nachgeprüft werden[14]. Die Länder verfügen hier auch über einen erheblichen Spielraum, da ungeachtet des Anlasses der Bahnreform die Finanzmittel nicht (nur) für den Defizitausgleich des öffentlichen Schienenpersonennahverkehrs ausgegeben werden müssen, sondern auch für Defizite anderer Verkehrsträger und sogar für jeden anderen Finanzierungszweck des öffentlichen Personennahverkehrs verwendet werden dürfen[15]. Unter dem öffentlichen Personennahverkehr ist entsprechend der einfachgesetzlichen Konkretisierung in § 1 RegionalisierungsG »die allgemein zugängliche Beförderung von Personen mit Verkehrsmitteln im Linienverkehr, die überwiegend dazu bestimmt sind, die Verkehrsnachfrage im Stadt-, Vorort- oder Regionalverkehr zu befriedigen«, zu verstehen[16].

6 Die nähere **Ausgestaltung** der Zuweisung hat gem. Art. 106a Satz 2 GG zwingend **durch Bundesgesetz** zu erfolgen, das der **Zustimmung des Bundesrates** bedarf. Das Gesetz muß sowohl die Höhe des verfassungsrechtlich nicht vorgegebenen Ausgleichsbetrags als auch die horizontale Verteilung auf die Länder bestimmen[17]. Der Verteilungsschlüssel muß sach- und aufgabengerecht sein, wofür der Gesetzgeber einen Konkretisierungsspielraum besitzt[18]. Im Regionalisierungsgesetz war der Gesamtbetrag aus dem Mineralölsteueraufkommen für 1996 auf 8,7 Mrd. DM und ab 1997 auf 12 Mrd. DM jährlich festgelegt, wobei die Beträge entsprechend dem Wachstum der Umsatzsteuer ab 1998 zu steigern waren (§ 5). Aufgrund der Neuregelung durch das

---

[10] *J. W. Hidien*, DVBl. 1997, 595 (599).

[11] *J. W. Hidien*, DVBl. 1997, 595 (597).

[12] Vgl. *U. Häde*, Finanzausgleich, 1996, S. 254f.

[13] *H.-G. Henneke*, in: Schmidt-Bleibtreu/Hofmann/Henneke, GG, Art. 106a Rn. 8; *J. W. Hidien*, DVBl. 1997, 595 (597f., 601); *F. Kiepe*, Städtetag 1994, 78 (79f.); *M. Heintzen*, in: v. Münch/Kunig, GG II, Art. 106a Rn. 3; *P. M. Huber*, in: v. Mangoldt/Klein/Starck, GG III, Art. 106a Rn. 10.

[14] *Siekmann* (Fn. 9), Art. 106a Rn. 9; *J. W. Hidien*, DVBl. 1997, 595 (601).

[15] *Siekmann* (Fn. 9), Art. 106a Rn. 9; *Heintzen* (Fn. 13), Art. 106a Rn. 2; s. auch *J. W. Hidien*, DVBl. 1997, 595 (598, 601).

[16] So auch *Siekmann* (Fn. 9), Art. 106a Rn. 9; *J. W. Hidien*, DVBl. 1997, 595 (598); *Heintzen* (Fn. 13), Art. 106a Rn. 2; vgl. auch die Legaldefinition des Schienenpersonennahverkehrs in § 2 V AEG; s. ferner *Henneke* (Fn. 13), Art. 106a Rn. 11ff. zur einfachgesetzlichen Ausgestaltung.

[17] Jarass/*Pieroth*, GG, Art. 106a Rn. 1; *Siekmann* (Fn. 9), Art. 106a Rn. 10; s. auch *C. Waldhoff*, DVBl. 2013, 677 (680) sowie ebd., 682ff. zu den Verteilungsmaßstäben.

[18] Zu den Verteilungskriterien vgl. *J. W. Hidien*, DVBl. 1997, 595 (600).

Haushaltsbegleitgesetz 2006[19] werden den Ländern nunmehr jährlich sinkende Beträge zugewiesen (§ 5)[20]. Zudem enthält § 6 eine Revisionsklausel für das Jahr 2007. Die Verteilung erfolgt dadurch, daß zunächst den einzelnen Ländern absolute Beträge zugewiesen werden, während anschließend der Rest nach prozentualen Anteilen aufgeteilt wird (§ 8)[21].

7 Gem. Art. 106a Satz 3 GG bleiben die **Zahlungen bei der Bemessung der Finanzkraft der Länder** (→ Art. 107 Rn. 26ff.) im Rahmen des sekundären horizontalen Finanzausgleichs gem. Art. 107 II GG **unberücksichtigt**. Da die horizontale Mittelverteilung bedarfsorientiert erfolgt und bei der Ermittlung des Ausgleichsbedarfs nach Art. 107 II GG Sonderbedarfe außer Ansatz bleiben, würde ansonsten trotz der Lasten des Personennahverkehrs die Finanzkraft der einzelnen Länder unterschiedlich erhöht und damit der Ausgleichsbedarf modifiziert. Die verfassungsrechtliche Regelung enthält zumindest eine Klarstellung, die eine entsprechende Einbeziehung in die Finanzkraftberechnung unabhängig von der Qualifizierung dieser Leistungen als Zweckzuweisungen verhindert[22].

D. Verhältnis zu anderen GG-Bestimmungen

8 **Art. 106a GG korrigiert** die Ausgabenverantwortungsregelung des **Art. 104a I GG** durch eine im Grunde systemfremde Ausgleichsregelung, da ohne Art. 106a GG die Verlagerung der Aufgaben- und Ausgabenverantwortung im Rahmen der vertikalen Umsatzsteuerverteilung gem. Art. 106 III GG durch eine Revision der Umsatzsteuerverteilung hätte berücksichtigt werden müssen[23]. Außerdem enthält Art. 106a Satz 3 GG eine explizite Ausnahmeregelung zur Berechnung der Finanzkraft nach **Art. 107 II GG** (→ Rn. 7).

---

[19] Art. 13 HBeglG 2006 v. 29.6.2006 (BGBl. I S. 1402).

[20] 7053,1 Mio € 2006; 6709,9 Mio € 2007; 6609,9 Mio € ab 2008; zum Einsparungszweck vgl. auch BT-Drs. 16/752, S. 29.

[21] Vgl. BT-Drs. 12/6312; *F. Kiepe*, Städtetag 1994, 78 (79).

[22] Für konstitutiven Charakter, da es sich nicht um Zweckzuweisungen handele, *Siekmann* (Fn. 9), Art. 106a Rn. 11; *A. Kienemund*, in: Hömig/Wolff, GG, Art. 106a Rn. 6; anders *J. W. Hidien*, DVBl. 1997, 595 (601f.).

[23] *J. W. Hidien*, DVBl. 1997, 595 (596); kritisch auch *Heintzen* (Fn. 13), Art. 106a Rn. 7; *Huber* (Fn. 13), Art. 106a Rn. 3; für Abschaffung daher zu Recht *Bundesbeauftragter für Wirtschaftlichkeit (D. Engels)*, Modernisierung der Verwaltungsbeziehungen von Bund und Ländern, Gutachten v. 27.9. 2007, S. 109.

Artikel 106b [Ausgleich für die Übertragung der Kraftfahrzeugsteuer]

[1]Den Ländern steht ab dem 1. Juli 2009 infolge der Übertragung der Kraftfahrzeugsteuer auf den Bund ein Betrag aus dem Steueraufkommen des Bundes zu. [2]Das Nähere regelt ein Bundesgesetz, das der Zustimmung des Bundesrates bedarf.

Literaturauswahl

Selmer, Peter/Hummel, Lars: Vertrauensschaffende Funktion der Finanzverfassung? – Kritische Bemerkungen am Beispiel der finanzausgleichsrelevanten Reform der Kraftfahrzeugsteuer, in: Jahrbuch für öffentliche Finanzen 2009, S. 477–513.

Leitentscheidungen des Bundesverfassungsgerichts

Diese liegen zu Art. 106b GG bislang nicht vor.

Gliederung

Rn.

Stichwörter

A. Herkunft, Entstehung, Entwicklung

Entstanden ist Art. 106b GG im Rahmen der Verlagerung der Ertrags- und Verwaltungskompetenz für die Kraftfahrzeugsteuer von den Ländern auf den Bund durch die **Verfassungsänderung vom 19.3.2009**[1]. Hierüber bestand im Grundsatz schon länger Einigkeit zwischen Bund und Ländern[2]. Die Große Koalition eröffnete kurz vor ihrem Ende die Möglichkeit, das Anliegen durch eine Verfassungsänderung auch tatsächlich durchzusetzen. Der jährliche Festbetrag für die Länder aus dem Steueraufkommen des Bundes kompensiert finanziell den Verlust der Ertragskompetenz, entschädigt aber auch für den Verlust der Zustimmungsbefugnis des Bundesrates, die Art. 105 III GG für Bundessteuern, deren Ertrag den Ländern zusteht, gewährt. Verbunden mit der Einfügung des Art. 106b GG sind die Änderungen des Art. 106 I, II und 108 I GG, welche die Übertragung vornehmen, sowie des Art. 107 I 4 GG, der aus der Übertragung die Konsequenzen für die horizontale Steuerverteilung zieht. 1

---

[1] 54. Gesetz zur Änderung des Grundgesetzes v. 19.3.2009 (BGBl. I S. 606). Zur Entstehungsgeschichte *P. Selmer/L. Hummel*, Jahrbuch für Öffentliche Finanzen 2009, 477 (480ff.).

[2] BT-Drs. 16/11741, S. 4.

B. Internationale, supranationale und rechtsvergleichende Bezüge

2 Die Vereinbarung von Kompensationszahlungen durch Art. 106b GG ist nicht durch internationales oder supranationales Recht unmittelbar beeinflußt. Die Verlagerung der Kompetenzen für die Kraftfahrzeugsteuer und sonstige verkehrsbezogene Steuern ist aber indirekt auch auf die **Harmonisierungsbestrebungen der Europäischen Union** im Bereich der Kraftfahrzeug- und Energiesteuern[3] zurückzuführen, die sich einerseits aus den Auswirkungen dieser Steuern auf die Niederlassungsfreiheit, die Kapitalverkehrsfreiheit und die gemeinsame Verkehrspolitik rechtfertigen, aber ebenso eine ökologisch orientierte Energiebesteuerung durchsetzen wollen[4].

C. Erläuterungen

I. Allgemeine Bedeutung

3 Bis 2009 war die Kraftfahrzeugsteuer wegen ihres Bezugs zur regionalen Verkehrsintensität und wegen ihrer geringen Konjunkturempfindlichkeit den Ländern zugewiesen (→ Art. 106 Rn. 17). Der Verlagerung auf den Bund liegt ein Konzeptionswechsel zugrunde. Zum einen soll die **Mobilitätsbesteuerung einheitlich beim Bund konzentriert** werden, dem bereits die Energiesteuer auf Kraftstoffe zugewiesen ist. Die bisherige Aufteilung des Ertrags wurde als Erschwerung der »Entwicklung eines in sich geschlossenen, in seinen einzelnen Elementen abgestimmten Konzepts zur Verkehrsbesteuerung« angesehen[5]. Die Kraftfahrzeugsteuer soll so besser auf andere steuerliche Instrumente des Bundes im Verkehrsbereich wie die Energiesteuer auf Kraftstoffe und Straßenbenutzungsgebühren abzustimmen sein. Zum anderen wird der Bund in die Lage versetzt, »die Kraftfahrzeugsteuer künftig in Eigenverantwortung, d.h. zustimmungsfrei, zu modernisieren und nachhaltig aufkommensstabil zu halten«[6]. Im Interesse »größtmöglicher Flexibilität« wurden daher durch Art. 106 I, II, 108 I GG nicht lediglich die Kompetenzen für die Kraftfahrzeugsteuer, sondern allgemeiner formuliert die Ertrags- und Verwaltungskompetenzen für »sonstige auf motorisierte Verkehrsmittel bezogene Verkehrsteuern« ab dem 1.7.2009 auf den Bund übertragen. Indirekt wird dadurch die **zustimmungsfreie Gesetzgebungskompetenz des Bundes erweitert**[7], da diese Steuern nunmehr Art. 105 II Alt. 1 GG unterfallen und das bisherige Zustimmungserfordernis des Art. 105 III GG entfällt. Die verfassungsrechtliche Zusicherung eines jährlichen Festbetrags aus dem Steueraufkommen des Bundes soll den Verlust der Länder ab dem 1.7.2009 kompensieren. Der Zusammenhang legt eine Festlegung des durch Art. 106b GG nicht näher bestimmten Betrages in der Höhe des (bisherigen) Aufkommens der Kraftfahrzeugsteuer nahe. Die Norm des Art. 106b GG gehört damit zu den inzwischen immer zahlreicher werdenden Vorschriften des Grundgesetzes, die **kleinteilige finanzielle Kompromisse** zwischen Bund und Ländern verfassungsrechtlich festschreiben, um eine gewünschte Reform der Kompetenzver-

---

[3] Vgl. Rl. 80/1268/EWG v. 16.12.1980 zur Angleichung der Rechtsvorschriften über den Kraftstoffverbrauch von Kfz mit Änderungen Rl. 93/116/EG v. 17.12.1993 u. 1999/100/EG v. 15.12.1999 sowie Rl. 2003/96/EG v. 27.10.2003 zur Besteuerung von Energieerzeugnissen.

[4] Vgl. *Oppermann/Classen/Nettesheim*, Europarecht, § 35 Rn. 42f.

[5] BT-Drs. 16/11741, S. 1.

[6] BT-Drs. 16/11741, S. 4.

[7] So auch explizit BT-Drs. 16/11741, S. 4.

teilung zu ermöglichen. **In einer Verfassung**, die eine dauerhafte Grundordnung des Gemeinwesens konstituieren soll, sind sie **deplaziert**[8].

II. Jährlicher Festbetrag aus dem Steueraufkommen des Bundes gem. Art. 106b S. 1 GG

Die Regelung des Art. 106b S. 1 GG gewährt den Ländern einen verfassungsrechtli- 4
chen Anspruch auf einen Betrag aus dem Steueraufkommen des Bundes ab dem 1.7.2009. Anders als im Fall der Kompensationsregelung des Art. 106a GG sind die **Leistungen** des Bundes nicht zweckgebunden, sondern **werden den Ländern zur freien Verfügung** überlassen[9]. Ihre Verwendung kann deshalb auch nicht durch den Bund überprüft werden. Der Betrag steht den Ländern **jährlich** zu. Das ist zwar im Text der Norm nicht unmittelbar festgehalten, ergibt sich indes aus dem Zusammenhang, dem Regelungszweck und der Gesetzesbegründung[10]. Die Garantie der Kompensationszahlung ist nicht befristet[11]. Die Verfassungsregelung garantiert auch nicht einen bestimmten Betrag, sondern überläßt die Festlegung des jährlichen Betrags dem einfachen Gesetzgeber. Angesichts des Kompensationszwecks für den Verlust der Ertragshoheit wird man allerdings eine Verpflichtung des Bundes annehmen müssen, den Betrag an der Höhe der bisherigen Einnahmen der Länder zu orientieren, die in der Gesetzesbegründung für 2010 bis 2014 mit 8,89 Mrd. angegeben werden[12].

III. Konkretisierung durch Gesetz gem. Art. 106b S. 2 GG

Die Ausgestaltung der Kompensationsleistung des Bundes soll gem. Art. 106b S. 2 GG 5
durch ein Bundesgesetz erfolgen, das der Zustimmung des Bundesrates bedarf. Art. 106b S. 2 GG ist ein **Fall ausschließlicher Bundesgesetzgebungskompetenz**. Das **Gesetz** muß vor allem die **Höhe des jährlichen Betrages** bestimmen und die **Verteilung auf die einzelnen Länder** vornehmen[13]. Art. 106b S. 2 GG geht von der Sicherstellung einer »länderscharfen« Zuwendung der Kompensationszahlungen aus[14]. Aufgrund der Ermächtigung des Art. 106b S. 2 GG hat der Bund das Gesetz zur Regelung der finanziellen Kompensation zugunsten der Länder infolge der Übertragung der Ertragshoheit der Kraftfahrzeugsteuer auf den Bund vom 29.5.2009 erlassen[15]. Danach stand den Ländern für 2009 ein Betrag von 4,5 Mrd. € und ab 2010 jährlich ein Betrag von 8,99 Mrd. zu (§ 1). Die Aufteilung wird gem. § 2 nach Prozentsätzen mit fünf Stellen hinter dem Komma »länderscharf« vorgenommen. Die Zahlungen sollen in vierteljährlichen Raten (§ 3) überwiesen werden. Das Gesetz sieht weder eine zeitliche Befristung noch eine Revision der Beträge vor. Der Wegfall des Vollzugsaufwandes für

---

[8] Jetzt auch *H. Siekmann*, in: Sachs, GG, Art. 106b Rn. 7; *P. M. Huber*, in: v. Mangoldt/Klein/Starck, GG III, Art. 106b Rn. 3; vgl. auch *Selmer/Hummel*, Funktion (Fn. 1), S. 505: »Systembruch«.

[9] *H. Kube*, in: Epping/Hillgruber, GG, Art. 106b Rn. 2; *Siekmann* (Fn. 8), Art. 106b Rn. 3.

[10] BT-Drs. 16/11741, S. 4.

[11] *Kube* (Fn. 9), Art. 106b Rn. 2; *Siekmann* (Fn. 8), Art. 106b Rn. 3.

[12] BT-Drs. 16/11741, S. 2.

[13] *Kube* (Fn. 9), Art. 106b Rn. 4.

[14] BT-Drs. 16/11741, S. 4.

[15] Art. 1 des Gesetzes zur Neuregelung der Kraftfahrzeugsteuer und Änderung anderer Gesetze v. 29.5.2009 (BGBl. I S. 1170).

die Länder zu Lasten des Bundes[16] wird bei der Festlegung des Betrags nicht berücksichtigt.

IV. Berücksichtigung im Länderfinanzausgleich

6 Die Kompensationszahlungen gem. Art. 106b GG sind »vollumfänglich in den horizontalen Finanzausgleich einzubeziehen«[17]. Das gilt sowohl für die horizontale Steuerertragsverteilung als auch für den Finanzausgleich. Art. 107 I 4 GG ist dementsprechend dahingehend ergänzt worden, daß die **Einnahmen aus Art. 106b GG** bei der Berechnung der Ergänzungsanteile aus dem Länderanteil an der Umsatzsteuer einbezogen werden[18]. Diese Regelung ist auch bereits durch eine entsprechende Änderung des § 5 MaßstäbeG umgesetzt worden[19]. Bei der Bemessung der **Finanzkraft** der Länder nach Art. 107 II GG sind die **Einnahmen aus Art. 106b GG vollumfänglich zu berücksichtigen**[20], da prinzipiell alle relevanten Einnahmen bei der Berechnung der Finanzkraft einzubeziehen sind. Einer Änderung des Art. 107 II GG bedurfte es insoweit nicht[21]. Die notwendige einfach-gesetzliche Konsequenz hat die Änderung des § 7 I FAG gezogen[22]. Die vollumfängliche Berücksichtigung im Finanzausgleich ist notwendig und sachlich gerechtfertigt, da die Zuweisungen des Bundes nicht zweckgebunden sind und frei von den Ländern verwendet werden dürfen[23].

D. Verhältnis zu anderen GG-Bestimmungen

7 Art. 106b GG wurde als Kompensationsregelung zur Übertragung der Ertrags- und Verwaltungskompetenz für die Kraftfahrzeugsteuer und damit indirekt der zustimmungsfreien Gesetzgebungskompetenz in das Grundgesetz eingefügt. Die Regelung steht insofern **in engem sachlichen Zusammenhang mit** den geänderten Vorschriften **Art. 106 I Nr. 3, 107 I 4, 108 I 1 GG**. Anders als Art. 106a GG korrigiert Art. 106b GG aber nicht die Ausgabenverantwortungsregelung des Art. 104a I GG, weil die Vorschrift nicht die Finanzierung einer bestimmten Verwaltungsaufgabe der Länder regelt, sondern Finanzmittel ohne Zweckbestimmung zuweist[24].

---

[16] Vgl. BT-Drs. 16/11741, S. 2.
[17] BT-Drs. 16/11741, S. 4.
[18] Ungenau BT-Drs. 16/11741, S. 4; *Kube* (Fn. 9), Art. 106b Rn. 5; s. auch *Siekmann* (Fn. 8), Art. 106b Rn. 5.
[19] Art. 8 des Gesetzes v. 29.5.2009 (BGBl. I S. 1170, 1176).
[20] *Kube* (Fn. 9), Art. 106b Rn. 5.
[21] BT-Drs. 16/11741, S. 4.
[22] Art. 7 des Gesetzes v. 29.5.2009 (BGBl. I S. 1170, 1175).
[23] *Kube* (Fn. 9), Art. 106b Rn. 5.
[24] Vgl. auch *Kube* (Fn. 9), Art. 106b Rn. 2.

Artikel 107 [Steuerertragsverteilung, Länderfinanzausgleich, Ergänzungszuweisungen]

(1) [1]Das Aufkommen der Landessteuern und der Länderanteil am Aufkommen der Einkommensteuer und der Körperschaftsteuer stehen den einzelnen Ländern insoweit zu, als die Steuern von den Finanzbehörden in ihrem Gebiet vereinnahmt werden (örtliches Aufkommen). [2]Durch Bundesgesetz, das der Zustimmung des Bundesrates bedarf, sind für die Körperschaftsteuer und die Lohnsteuer nähere Bestimmungen über die Abgrenzung sowie über Art und Umfang der Zerlegung des örtlichen Aufkommens zu treffen. [3]Das Gesetz kann auch Bestimmungen über die Abgrenzung und Zerlegung des örtlichen Aufkommens anderer Steuern treffen. [4]Der Länderanteil am Aufkommen der Umsatzsteuer steht den einzelnen Ländern, vorbehaltlich der Regelungen nach Absatz 2, nach Maßgabe ihrer Einwohnerzahl zu.

(2) [1]Durch Bundesgesetz, das der Zustimmung des Bundesrates bedarf, ist sicherzustellen, dass die unterschiedliche Finanzkraft der Länder angemessen ausgeglichen wird; hierbei sind die Finanzkraft und der Finanzbedarf der Gemeinden (Gemeindeverbände) zu berücksichtigen. [2]Zu diesem Zweck sind in dem Gesetz Zuschläge zu und Abschläge von der jeweiligen Finanzkraft bei der Verteilung der Länderanteile am Aufkommen der Umsatzsteuer zu regeln. [3]Die Voraussetzungen für die Gewährung von Zuschlägen und für die Erhebung von Abschlägen sowie die Maßstäbe für die Höhe dieser Zuschläge und Abschläge sind in dem Gesetz zu bestimmen. [4]Für Zwecke der Bemessung der Finanzkraft kann die bergrechtliche Förderabgabe mit nur einem Teil ihres Aufkommens berücksichtigt werden. [5]Das Gesetz kann auch bestimmen, dass der Bund aus seinen Mitteln leistungsschwachen Ländern Zuweisungen zur ergänzenden Deckung ihres allgemeinen Finanzbedarfs (Ergänzungszuweisungen) gewährt. [6]Zuweisungen können unabhängig von den Maßstäben nach den Sätzen 1 bis 3 auch solchen leistungsschwachen Ländern gewährt werden, deren Gemeinden (Gemeindeverbände) eine besonders geringe Steuerkraft aufweisen (Gemeindesteuerkraftzuweisungen), sowie außerdem solchen leistungsschwachen Ländern, deren Anteile an den Fördermitteln nach Artikel 91b ihre Einwohneranteile unterschreiten.

Artikel 107 [nach Art. 143g GG bis zum 31.12.2019 anzuwendende Fassung]

(1) [1]Das Aufkommen der Landessteuern und der Länderanteil am Aufkommen der Einkommensteuer und der Körperschaftsteuer stehen den einzelnen Ländern insoweit zu, als die Steuern von den Finanzbehörden in ihrem Gebiet vereinnahmt werden (örtliches Aufkommen). [2]Durch Bundesgesetz, das der Zustimmung des Bundesrates bedarf, sind für die Körperschaftsteuer und die Lohnsteuer nähere Bestimmungen über die Abgrenzung sowie über Art und Umfang der Zerlegung des örtlichen Aufkommens zu treffen. [3]Das Gesetz kann auch Bestimmungen über die Abgrenzung und Zerlegung des örtlichen Aufkommens anderer Steuern treffen. [4]Der Länderanteil am Aufkommen der Umsatzsteuer steht den einzelnen Ländern nach Maßgabe ihrer Einwohnerzahl zu; für einen Teil, höchstens jedoch für ein Viertel dieses Länderanteils, können durch Bundesgesetz, das der Zustimmung des Bundesrates bedarf, Ergänzungsanteile für die Länder vorgesehen werden, deren Einnahmen aus den Landessteuern, aus der Einkommensteuer und der Körperschaftsteuer und nach Artikel 106b

je Einwohner unter dem Durchschnitt der Länder liegen; bei der Grunderwerbsteuer ist die Steuerkraft einzubeziehen.

(2) [1]Durch das Gesetz ist sicherzustellen, daß die unterschiedliche Finanzkraft der Länder angemessen ausgeglichen wird; hierbei sind die Finanzkraft und der Finanzbedarf der Gemeinden (Gemeindeverbände) zu berücksichtigen. [2]Die Voraussetzungen für die Ausgleichsansprüche der ausgleichsberechtigten Länder und für die Ausgleichsverbindlichkeiten der ausgleichspflichtigen Länder sowie die Maßstäbe für die Höhe der Ausgleichsleistungen sind in dem Gesetz zu bestimmen. [3]Es kann auch bestimmen, daß der Bund aus seinen Mitteln leistungsschwachen Ländern Zuweisungen zur ergänzenden Deckung ihres allgemeinen Finanzbedarfs (Ergänzungszuweisungen) gewährt.

Literaturauswahl

Arzoz, Xabier: Das Autonomiestatut für Katalonien von 2006 als erneuter Vorstoß für die Entwicklung eines spanischen Autonomiestatuts, in: ZaöRV 69 (2009), S. 155–193.
Bauer, Hartmut: Die finanzverfassungsrechtliche Integration der neuen Länder, in: HStR IX, § 206, S. 259–304.
Blanke, Hermann-Josef/Pilz, Stefan: Solidarische Finanzhilfen als Lackmustest föderaler Balance in der Europäischen Union, in: EuR 49 (2014), S. 541–567.
Dietrich, Bernhard: Das Prinzip der Einwohnerveredelung in dem Finanzausgleichssystem der Bundesrepublik Deutschland, Diss. jur. Bonn 1996.
Förster, Wolfgang/Krönert, Enrico: Die Neuregelung des bundesstaatlichen Finanzausgleichs: Über die Kunst des Möglichen, in: ZG 32 (2017), S. 228–246.
Heun, Werner: Strukturprobleme des Finanzausgleichs, in: Der Staat 31 (1992), S. 205–232.
Hidien, Jürgen W.: Die horizontale Steuerverteilung gem. Art. 107 Absatz 1 des Grundgesetzes, 1997.
Hidien, Jürgen W.: Ergänzungszuweisungen des Bundes gem. Art. 107 Absatz 2 Satz 3 GG, 1997.
Hidien, Jürgen W.: Handbuch Länderfinanzausgleich, 1999.
Hidien, Jürgen W.: Die Berücksichtigung der Finanzkraft und des Finanzbedarfs der Gemeinden (Gemeindeverbände) im Finanzausgleich nach Art. 107 Abs. 2 Satz 1 Grundgesetz, 2001.
Hidien, Jürgen W.: Finanzausgleichsgesetz, 3. Aufl. 2015.
Ingenlath, Peter: Die Ergänzungszuweisungen des Bundes nach Art. 107 II 3 GG, Diss. jur. Bonn 1984.
Lenk, Thomas: Reformbedarf und Reformmöglichkeiten des deutschen Finanzausgleichs, 1993.
Lenk, Thomas/Glinka, Philipp: Der bundesstaatliche Finanzausgleich – Zerlegung fragwürdig?, in: ifo Schnelldienst 24/2015, S. 13–16.
Lenk, Thomas/Glinka, Philipp: Nach der Reform: Die Steuerzuordnung und Steuerzerlegung im horizontalen Verhältnis der Länder – Diskussions- und Forschungsfeld für die nächsten Jahre, in: Martin Junkernheinrich/Stefan Korioth/Thomas Lenk/Henrik Scheller/Matthias Woisin (Hrsg.), Jahrbuch für öffentliche Finanzen 2017, 2017, S. 385–399.
Maier, Moritz: Die Stellung Berlins im föderalen Finanzausgleich, 2017.
Ossenbühl, Fritz: Verfassungsrechtliche Grundfragen des Länderfinanzausgleichs gem. Art. 107 II GG, 1984.
Prokisch, Rainer: Die Justiziabilität der Finanzverfassung, 1993.
Renzsch, Wolfgang: Finanzverfassung und Finanzausgleich, 1991.
Schuppert, Gunnar Folke/Dahrendorf, Frank: Verfassungsrechtliche und finanzwissenschaftliche Aspekte des Länderfinanzausgleichs, 1985.
Der Senator für Finanzen der Freien Hansestadt Bremen (Hrsg.): Neuordnung des Finanzausgleichs zwischen Bund und Ländern und ihre Auswirkungen auf das Land Bremen, 1993.
Weiß, Reinhold/Münzenmaier, Werner: Auswirkungen einer Lohnsteuerzerlegung nach Arbeitsort im Länderfinanzausgleich, in: Wirtschaftsdienst 2014, S. 732–739.
Wieland, Joachim: Finanzverfassung, Steuerstaat und föderaler Ausgleich, in: Festschrift 50 Jahre BVerfG, Bd. 2, S. 771–801.

Siehe auch die Angaben zu Vorb. zu Art. 104a–115 GG.

Leitentscheidungen des Bundesverfassungsgerichts

BVerfGE 72, 330 (383 ff.) – Finanzausgleich I; 86, 148 (211 ff.) – Finanzausgleich II; 101, 158 (214 ff., Rn. 271 ff.) – Finanzausgleich III; 116, 327 (377 ff., Rn. 171 ff.) – Berliner Haushalt.

Gliederung

Stichwörter

A. Herkunft, Entstehung, Entwicklung

I. Ideen- und verfassungsgeschichtliche Aspekte

1 Die drei Regelungselemente des Art. 107 GG[1] lassen sich unterschiedlich weit zurückverfolgen. Die **primäre horizontale Verteilung der Ertragshoheit nach dem örtlichen Aufkommen** entspricht für die örtlich radizierten Steuern, wie Einkommen-, Körperschaft-, Vermögen- und Realsteuern, in Deutschland der Tradition[2] und findet sich im Kaiserreich von 1871 ebenso wie in der Weimarer Republik[3]. Sie ergab sich allerdings nicht unmittelbar aus der Verfassung, sondern – sofern überhaupt – aus einfachgesetzlichen Regelungen[4]. Für die Umsatzsteuer sah das Finanzausgleichsgesetz in der Weimarer Republik bereits eine Aufteilung zu einem Drittel nach dem örtlichen Aufkommen, zu zwei Dritteln nach der Bevölkerungszahl vor[5]. Der **sekundäre horizontale Finanzausgleich**, der mit der Neuregelung[6] in seiner bisherigen Form abgeschafft und in die primäre horizontale Verteilung der Länderanteile der Umsatzteuer integriert wird, sowie als drittes Element die zuletzt noch einmal erweiterten **Ergänzungszuweisungen des Bundes sind** demgegenüber nicht nur als verfassungsrechtliche Normen, sondern auch **sachlich neu**[7].

II. Entstehung und Veränderung der Norm

2 Die Geschichte der Entstehung und Veränderung der Norm ist außerordentlich kompliziert, was angesichts der von ihr geregelten Materie letztlich allerdings kaum überrascht. In **Herrenchiemsee** wurde zunächst die Verteilung nach dem örtlichen Auf-

---

[1] In der Norm werden diese drei Regelungsbereiche allerdings nicht unmittelbar sichtbar. Sinnvoll wäre es daher gewesen, im Rahmen der Reform des Jahres 2017 (BGBl. I S. 2347) die Ergänzungszuweisungen des Bundes in einen eigenständigen dritten Absatz auszugliedern. Ähnlich auch *H.-G. Henneke*, Der Landkreis 2016, 709 (711), der freilich zusätzlich auch Teile des ersten Absatzes in den zweiten Absatz integrieren möchte, was angesichts der faktisch fortbestehenden Unterscheidung zwischen primärem und sekundärem horizontalen Ausgleich nicht sinnvoll wäre (→ Rn. 13).

[2] *Stern*, Staatsrecht II, S. 1168; *S. Korioth*, Der Finanzausgleich zwischen Bund und Ländern, 1997, S. 400.

[3] *O. Bühler*, Die Zuständigkeitsverteilung auf dem Gebiete des Finanzwesens, in: HdbDStR I, S. 321 ff. (335 ff.); zur Entwicklung vgl. auch *H. Stumpp*, Die Entwicklung des Finanzausgleichs in Deutschland von 1871 bis zur Gegenwart, Diss. jur. Würzburg 1965, S. 21 ff.; *T. Lenk*, Reformbedarf und Reformmöglichkeiten des deutschen Finanzausgleichs, 1993, S. 89 ff.; *J. W. Hidien*, Der bundesstaatliche Finanzausgleich in Deutschland, 1999, S. 135 ff.

[4] §§ 23 ff. Gesetz über den Finanzausgleich v. 27.4.1926 (RGBl. I S. 203); zum Finanzausgleich in der Weimarer Republik näher *A. Jessen*, Vierteljahresschrift für Steuer- und Finanzrecht 6 (1932), 559 ff.; *Institut »Finanzen und Steuern«*, Finanzverwaltung und Finanzausgleich in der Weimarer Republik, 1956, S. 43 ff.; *Hidien*, Finanzausgleich (Fn. 3), S. 206 ff.; vgl. auch *R. Becker*, Der Reich-Länder-Finanzausgleich im Bismarckreich und in der Weimarer Republik, Diss. oec. Kiel 1980, S. 34 ff. (auch zum Kaiserreich).

[5] § 40 II FAG v. 1926; *Bühler*, Zuständigkeitsverteilung (Fn. 3), S. 336; *Institut*, Finanzverwaltung (Fn. 4), S. 52 f.

[6] Gesetz zur Änderung des Grundgesetzes vom 13.7.2017 (BGBl. I S. 2347). Bis einschließlich 31.12.2019 ist aber gem. Art. 143g die bis zum 20.7.2017 gültige Fassung des Art. 107 GG weiter anzuwenden.

[7] Vgl. *R. Wendt*, HStR[3] VI, § 139 Rn. 9, 13; ein horizontaler Finanzausgleich erübrigte sich in der Weimarer Republik auch deswegen, weil mit der vertikalen Steuerverteilung infolge der Zentralisierung der Finanzkompetenzen beim Reich bereits horizontale Ausgleichswirkungen erzielt wurden.

kommen als selbstverständlich vorausgesetzt[8]; im übrigen sah der Herrenchiemseer Entwurf einen Finanzausgleich für die Länder allein über den Bundeshaushalt vor[9]. Im **Parlamentarischen Rat** wurde dann erstmals ein aus den Landeshaushalten zu finanzierender »Lastenausgleich« ins Auge gefaßt, der zuallererst vom Bundesgesetzgeber allein geschaffen werden sollte[10]. Auf Intervention der Alliierten[11] sollte vom Bundesgesetzgeber mit Zustimmung des Bundesrates eine Verrechnung ermöglicht werden[12], die aber ebenfalls im Hinblick auf alliierte Vorbehalte gegen die einheitliche Bundesfinanzverwaltung aufgegeben wurde[13]. In der vom Parlamentarischen Rat verabschiedeten Fassung sah das Grundgesetz daher in Art. 106 III GG die Möglichkeit der Gewährung von Zuschüssen für bestimmte Verwaltungsaufgaben (spezielle Lastenbeteiligung)[14], in Art. 106 IV GG Zuweisungen des Bundes an steuerschwache Länder aus der Gesamtfinanzmasse der Länder (genereller Lastenausgleich)[15] sowie in Art. 107 GG eine endgültige Regelung des Finanzausgleichs und damit eine Abänderung des Art. 106 GG durch einfaches Gesetz bis spätestens zum 31.12.1952 vor[16].

Die Frist bis 1952 mußte zweimal, nämlich bis 1954 und dann bis 1955, durch Ver- 3
fassungsänderungen verlängert werden[17]. Das schließlich **1955 ergangene Gesetz zur Änderung der Finanzverfassung**[18] nahm die als einfaches Bundesgesetz avisierte Regelung allerdings auf der Verfassungsebene vor und differenzierte genauer zwischen dem in Art. 106 GG geregelten vertikalen und dem in Art. 107 GG normierten horizontalen Finanzausgleich[19], der bereits in Absatz 2 einen angemessenen Ausgleich sowie die Möglichkeit von Ergänzungszuweisungen vorsah. In Absatz 1 wurde nunmehr auch das Verteilungsprinzip des örtlichen Aufkommens explizit aufgenommen, das bisher nur stillschweigend galt[20].

Erst im Zuge der großen **Finanzreform** (→ Vorb. zu Art. 104a–115 Rn. 10) erhielt 4
Art. 107 GG im Jahre **1969** strukturell seine **heutige Fassung**[21]. Im Änderungsverfahren konnten sich weder die von der Bundesregierung vorgeschlagene Beibehaltung der Regelungen des damaligen Art. 107 GG[22] noch der Vorschlag einer Aufhebung des

---

[8] Vgl. *K. Vogel/P. Kirchhof*, in: BK, Art. 107 (Zweitbearbeitung 1971), Rn. 1 ff. zur Entstehungsgeschichte, hier Rn. 1; s. ferner *Hidien*, Finanzausgleich (Fn. 3), S. 349 ff.; *R. Wernsmann*, in: BK, GG, Art. 107 (Drittbearbeitung 2011), Rn. 1 ff.

[9] Art. 122 III des Alternativvorschlags b des HChE; s. besonders Parl. Rat II, S. 607 f. (Text), 568 ff. (Bericht).

[10] 50. Sitzung des Hauptausschusses v. 10.2.1949, Parl. Rat XIV/2, S. 1604; *H. Höpker-Aschoff*, AöR 75 (1949), 306 (322 f.); BVerfGE 1, 117 (127 f.); *Vogel/Kirchhof* (Fn. 8), Art. 107 Rn. 2.

[11] Vgl. Parl. Rat VIII, S. 133 ff., 159, 165; s. auch *H. Höpker-Aschoff*, AöR 75 (1949), 306 (323); *Hidien*, Finanzausgleich (Fn. 3), S. 357 ff.

[12] Absatz 3 in der Fassung des Siebenerausschusses, JöR 1 (1951), S. 785; Parl. Rat VII, S. 460 f.

[13] JöR 1 (1951), S. 788 f.; Parl. Rat XI, S. 246 ff.

[14] Vgl. dazu *H. Fischer-Menshausen*, DÖV 1949, 401 (401); *H. Höpker-Aschoff*, AöR 75 (149), 306 (325).

[15] *H. Fischer-Menshausen*, DÖV 1949, 401 (401 f.); *H. Höpker-Aschoff*, AöR 75 (1949), 306 (326); *G. Wacke*, Das Finanzwesen der Bundesrepublik, 1950, S. 45 ff. (»Steuerausgleich«).

[16] *H. Höpker-Aschoff*, AöR 75 (1949), 306 (327 f.); *Vogel/Kirchhof* (Fn. 8), Art. 107 Rn. 5.

[17] Gesetz zur Änderung des Grundgesetzes v. 20.4.1953 (BGBl. I S. 130); Gesetz zur Änderung des Grundgesetzes v. 25.12.1954 (BGBl. I S. 517).

[18] Gesetz zur Änderung des Grundgesetzes v. 23.12.1955 (BGBl. I S. 817).

[19] *Vogel/Kirchhof* (Fn. 8), Art. 107 Rn. 6.

[20] *Vogel/Kirchhof* (Fn. 8), Art. 107 Rn. 7.

[21] 21. Gesetz zur Änderung des Grundgesetzes v. 12.5.1969 (BGBl. I S. 359); speziell zur Änderung des Art. 107 GG im Zuge der Finanzreform *Vogel/Kirchhof* (Fn. 8), Art. 107 Rn. 8 ff.

[22] BT-Drs. V/2861, S. 56.

Art. 107 GG und einer Regelung des Finanzausgleichs durch einfaches Bundesgesetz[23] durchsetzen, so daß im Ergebnis der Kompromiß einer Verteilung nach dem örtlichen Aufkommen und des Umsatzsteueranteils nach der Einwohnerzahl verbunden mit der Option der Ergänzungsanteile, den der Vermittlungsausschuß ins Spiel brachte, die notwendigen Mehrheiten fand[24]. Die Regelung wurde freilich durch den Einigungsvertrag in einigen Elementen zeitweise außer Kraft gesetzt[25]. Da die angestrebte Finanzverfassungsreform scheiterte und das Föderale Konsolidierungsprogramm die finanzielle Wiedervereinigung in den Bahnen der überkommenen Finanzverfassung regelte (→ Vorb. zu Art. 104a–115 Rn. 11), ist die 1969 beschlossene Fassung auch heute noch Grundlage des Finanzausgleichs. Im Rahmen der **Föderalismusreform 2006** löste die Ergänzung des Art. 105 IIa GG, die den Ländern das Bestimmungsrecht über den Steuersatz der Grunderwerbsteuer einräumt, eine Folgeänderung bei Art. 107 I GG aus[26], indem bei der Berechnung des Umsatzsteueranteils hinsichtlich dieser Steuer die Steuerkraft einzubeziehen ist, da die tatsächlichen Einnahmen von dem jeweiligen Land beeinflußt werden.

5 Durch die **Verfassungsänderung vom 19. März 2009**[27] wurde Art. 107 I 4 GG in der Weise geändert, daß nach dem Wort »Körperschaftsteuer« die Wörter »und nach Art. 106b GG« eingefügt wurden. Die Regelung zieht die Konsequenz aus der Ergänzung des Grundgesetzes um die Kompensationsregelung des **Art. 106b GG**, die ihrerseits eine Folge der Verlagerung der Ertragskompetenz für die Kraftfahrzeugsteuer von den Ländern auf den Bund ist (→ Art. 106b Rn. 1 ff.). Da die erheblichen Kompensationszahlungen generell finanzausgleichsrelevant sind, müssen sie bei der Berechnung der Finanzkraft und damit der Zuweisung von Ergänzungsanteilen an der Umsatzsteuer notwendigerweise berücksichtigt werden.

6 Im Rahmen der **Reform** der bundesstaatlichen Finanzbeziehungen **im Jahr 2017** (→ Vorb. zu Art. 104a–115 Rn. 12 ff.) wurde auch Art. 107 GG in seiner bisherigen Struktur verändert, ohne allerdings das grundsätzlich bestehende System umzuwerfen. Den Kern der Neuerungen bildet die **Abschaffung des bisherigen sekundären horizontalen Finanzausgleichs** nach Art. 107 II 2 GG a. F. Dieser wird freilich **nicht ersatzlos** gestrichen, vielmehr treten an dessen Stelle gesetzlich zu regelnde Zuschläge zu und Abschläge von der jeweiligen Finanzkraft bei der Verteilung der Länderanteile am Aufkommen der Umsatzteuer. Von einer generellen Abschaffung des horizontalen Länderfinanzausgleichs zu sprechen wäre daher verfehlt. Aber auch in ihren Auswirkungen bleibt diese Reform schon deshalb zunächst einmal begrenzt, weil die Neuregelung gänzlich unverändert am verfassungsrechtlichen Ziel eines angemessenen Ausgleichs der Finanzkraft der Länder festhält (Art. 107 II 1 GG). Es kommt damit im Ergebnis allein zu einer Modifizierung des Verfahrens, durch das ein solchermaßen angemessener Ausgleich zu erzielen ist, indem dieser von der sekundär horizontalen auf die primäre horizontale Ebene verschoben bzw. in diese integriert wird. Diese auf den ersten Blick eher technische Veränderung erweist sich dabei als finanz-

---

[23] BT-Drs. *zu* V/3605, S. 8 f.

[24] BT-Drs. V/3896, S. 6 f.

[25] Art. 7 III 1 EV (BGBl. 1990 II, S. 889); zu den Interimsregelungen bis Ende 1994 im einzelnen *H. Bauer*, HStR IX, § 206 Rn. 8 ff.; *J. W. Hidien*, Handbuch Länderfinanzausgleich, 1999, S. 558 ff.

[26] 52. Gesetz zur Änderung des Grundgesetzes v. 28.8.2006 (BGBl. I S. 2034). → Vorb. zu Art. 104a–115 Rn. 10.

[27] 54. Gesetz zur Änderung des Grundgesetzes vom 19.3.2009 (BGBl. I S. 606); *Wernsmann* (Fn. 8), Art. 107 Rn. 17. → Art. 106b Rn. 1.

psychologisch sinnvoll, weil dadurch der sog. **Endowment-Effekt** reduziert wird, weshalb das Verteilungssystem nunmehr insgesamt weniger streitanfällig sein dürfte (→ Vorb. zu Art. 104a–115 Rn. 14). Die bündische Komponente des bisherigen Länderfinanzausgleichs wird damit zwar nicht gänzlich beseitigt[28], sie tritt aber aufgrund der veränderten Begrifflichkeiten – insbesondere werden die Begriffe »ausgleichsberechtigte« und »ausgleichpflichtige« Länder gestrichen – und des damit einhergehenden Wegfalls direkter Solidarität zwischen den Ländern[29] sowie der letztlich vor allem einfach-rechtlich umgesetzten stärkeren Rolle des Bundes[30] sehr viel weniger deutlich zu Tage[31].

Die Neuregelungen sind aus der verfassungsrechtlichen Perspektive **nicht notwendigerweise mit** einem stärkeren finanziellen **Engagement des Bundes verknüpft**. Jedenfalls von der neuen verfassungsrechtlichen Ausgangslage her wäre eine einfachrechtliche Umsetzung denkbar, die praktisch zu keiner Veränderung der finanziellen Zuweisungen an die einzelnen Länder geführt hätte. Allenfalls läßt sich aus der (in problematischer Weise) erweiterten Möglichkeit des Bundes, nach Art. 107 II GG bestimmten vermeintlich leistungsschwachen Ländern Ergänzungszuweisungen zukommen zu lassen (→ Rn. 46 ff.), möglicherweise auf eine auch verfassungsrechtlich intendierte stärkere finanzielle Rolle des Bundes schließen[32]. Zwingend ist das aber keineswegs. Die die Reform letztlich allein möglich machende, aber gleichwohl problematische[33] stärkere finanzielle Beteiligung des Bundes (→ Vorb. zu Art. 104a–115 Rn. 12) und die damit einhergehende finanzielle Besserstellung letztlich aller Länder[34] ergibt sich vielmehr im Kern aus der modifizierten einfach-rechtlichen Umsetzung der neuen verfassungsrechtlichen Vorgaben (insbesondere des Finanzausgleichsgesetzes), ohne die diese Vorgaben allerdings auch nicht vollziehbar wären. 7

Im Zusammenhang mit der Reform des Jahres **2017** von einem grundlegenden **Systemwechsel** zu sprechen, erscheint insofern allenfalls hinsichtlich der Integration des bisherigen sekundären in den primären horizontalen Länderfinanzausgleich gerechtfertigt. Ob diese Änderung den Begriff »Systemwechsel« oder gar »Paradigmenwechsel«[35] verdient, sei insofern allerdings dahingestellt[36]. Aus den sonstigen Veränderungen, namentlich der Abschaffung der Umsatzsteuerergänzungsanteile (Art. 107 II 4 GG a. F.), der vor allem auf Einwand von Niedersachsen und Schleswig-Holstein erfolgten partiellen Berücksichtigung der bergrechtlichen Förderabgabe für Zwecke der Bemessung der Finanzkraft (Art. 107 II 4 GG) sowie der erweiterten Möglichkeit für die Gewährung von Ergänzungszuweisungen des Bundes (Art. 107 II 6 GG) wird man 8

[28] Vgl. auch *T. Lenk/P. Glinka*, ZSE 15 (2017), 417 (426): »Die bundesstaatliche Solidarität bleibt somit auch im neuen Ausgleichssystem erhalten, sie nimmt aber eine neue, in der Geschichte der Bundesrepublik bisher unbekannte Form an.«; siehe auch *W. Förster/E. Krönert*, ZG 32 (2017), 228 (240 f.).

[29] Zutreffend *T. Lenk/P. Glinka*, ZSE 15 (2017), 417 (425 f.).

[30] Kritisch *E. Janeba*, ZSE 15 (2017), 368 (388); siehe auch *T. Lenk/P. Glinka*, ZSE 15 (2017), 417 (425).

[31] Vgl. auch *T. Lenk/P. Glinka*, Wirtschaftsdienst 2017, 6 (6).

[32] So wohl auch *T. Lenk/P. Glinka*, ZSE 15 (2017), 417 (425).

[33] Ähnlich *T. Lenk/P. Glinka*, Wirtschaftsdienst 2017, 6 (6).

[34] *E. Janeba*, ZSE 15 (2017), 368 (388); *T. Lenk/P. Glinka*, ZSE 15 (2017), 417 (432).

[35] So der Begriff bei *T. Lenk/P. Glinka/O. Rottmann*, Behördenspiegel, Februar 2017; *T. Lenk/P. Glinka*, ZSE 15 (2017), 417 (422) sprechen auch von einer »grundsätzlich anderen Umverteilungslogik«.

[36] Zu recht skeptisch *A. Benz*, ZSE 15 (2017), 395 (404): »eher formale als eine substantielle Korrektur«; siehe auch *W. Förster/E. Krönert*, ZG 32 (2017), 228 (239 f.).

einen **generellen Systemwechsel** jedenfalls **nicht ableiten können**. Ein stärker auf Wettbewerb zwischen den Ländern ausgerichtetes freies Trennsystem wird dadurch jedenfalls nicht eingeführt, auch das letztlich erzielte hohe Ausgleichsniveau wird bei einer stärkeren Rolle des Bundes im Ergebnis beibehalten. Damit wird allerdings die Abhängigkeit der finanzschwachen Länder vom Bund erhöht. Ob dieser Weg richtig ist, erscheint fraglich[37], zumal anzumerken ist, daß dieser Einfluß über den ebenfalls eingeführten systemfremden Art. 104c GG zusätzlich erweitert worden ist und für den Bildungsbereich bereits über weitere Lockerungen des Kooperationsverbots offen nachgedacht wird.

9 Dieser Überblick zeigt, daß das gesamte **System** des Länderfinanzausgleichs jedenfalls **nicht signifikant vereinfacht** oder wesentlich transparenter ausgestaltet worden ist. Der sekundäre horizontale Länderfinanzausgleich wird nun zwar bereits in den horizontalen Länderfinanzausgleich integriert, bleibt in seiner konkreten Ausgestaltung aber unverändert komplex. Darin begründete partielle Vereinfachungen werden zumindest durch die erweiterten Möglichkeiten zur Gewährung von Ergänzungszuweisungen und die Sonderregelung bezüglich der bergrechtlichen Förderabgabe wieder kompensiert. Insgesamt mag damit die verfassungsrechtliche Regelung vordergründig etwas kürzer geworden sein, die eigentliche Komplexität des Ausgleichssystems ergab sich aber schon bisher vornehmlich aus den einfach-rechtlichen Konkretisierungen. Daran ändert sich insofern nichts[38]. Es wäre im übrigen auch nicht zu erwarten, daß die politisch notwendig hoch umstrittene angemessene Verteilung sämtlicher Finanzen im Bundesstaat außerhalb eines für das Grundgesetz nicht in Frage kommenden freien Trennungssystems überhaupt einfach und völlig transparent gestaltet werden könnte. Einfachheit und Transparenz sind insoweit nur bedingt geeignete Kriterien zur Bestimmung der Qualität des Finanzausgleichssystems (→ Vorb. zu Art. 104a–115 Rn. 14).

B. Internationale, supranationale und rechtsvergleichende Bezüge

10 Da Art. 107 GG die interne Verteilung der Ertragshoheit zwischen den Ländern regelt, wirken **weder internationale Regelungen** noch das Europäische **Unionsrecht** unmittelbar rechtlich auf die Norm ein. Freilich ergeben sich indirekte faktische Wirkungen insofern, als der Union zufließende Finanzmittel nicht mehr für die interne Verteilung zur Verfügung stehen[39].

11 Die **Europäische Union** selbst kennt ein ähnliches »intermitgliedstaatliches finanzielles Ausgleichssystem« bisher nicht. Zur Zeit der Gründung der EU erschien ein solches nachgerade abwegig, die EU wurde jedenfalls von den Gründungsvätern als zwar dichte, aber gleichwohl »normale« internationale Organisation angesehen. Mit

---

[37] Kritisch auch *E. Janeba*, ZSE 15 (2017), 368 (388) sowie *S. Korioth*, Die finanzverfassungsrechtliche Problematik des Beschlusses der Ministerpräsidentenkonferenz vom 3. Dezember 2015 – eine erste Einschätzung, in: M. Junkernheinrich u. a. (Hrsg.), Verhandlungen zum Finanzausgleich, 2016, S. 121 ff. (125 f.).

[38] Vgl. auch *H.-G. Henneke*, DVBl. 2017, 214 (217): »Die Regelungen zur horizontalen Umsatzsteuerverteilung sind ohne Hinzunahme der Ausgestaltung im Finanzausgleichsgesetz nur schwer zu erfassen.«

[39] Vgl. auch *K. Vogel/C. Waldhoff*, in: BK, Vorb. zu Art. 104a–115 (1997/1998), Rn. 658; *C. Carl*, NVwZ 1994, 947 ff.

der vor allem durch den EuGH vorangetriebenen Supranationalisierung[40] veränderte die EU ihren Charakter dann zwar relativ schnell, wurde im Maastricht-Urteil vom Bundesverfassungsgericht auch als zwischen Staatenbund und Bundesstaat stehender **Staatenverbund** eingeordnet[41]. Dieser Wandel führte im Hinblick auf die Finanzierung der EU selbst zu einem Wechsel von einem Beitragsfinanzierungs- zu einem Eigenmittelsystem (→ Vorb. zu Art. 104a–115 Rn. 18). Die stetig zunehmende Verflechtung der Mitgliedstaaten untereinander hatte aber nicht zur Konsequenz, ihre finanzielle Autonomie im Sinne eines prinzipiell freien Trennsystems anzutasten oder auch nur ernsthaft zu thematisieren. Im Zusammenhang mit der Finanz- und Eurokrise trat allerdings die Frage auf, ob bzw. inwieweit nicht zumindest die Funktionsfähigkeit der Europäischen Währungsunion (EWU) mittel- bis langfristig die Etablierung eines (partiellen) Ausgleichssystems erfordert – eine Frage, die vor allem in Deutschland unter dem Schlagwort »**Transferunion**« bisweilen sehr emotional diskutiert wurde und wird. Bisher sieht die EWU entsprechend verpflichtende (und nicht zurückzuzahlende) Ausgleichszahlungen nicht vor, etabliert in Art. 125 AEUV sogar ein gegenseitiges Haftungsverbot, das allerdings freiwillige (solidarische[42]) Hilfsleistungen in Form von Krediten nicht pauschal ausschließt[43]. Entsprechende Zahlungen zur Unterstützung sog. Krisenstaaten sind ab 2010 denn auch erfolgt, da es sich um rückzahlbare Hilfen handelt, kommt diesen jedoch außerhalb einer Insolvenz der betreffenden Mitgliedstaaten keine Transferwirkung zu. Auch den zum Teil als unkonventionell bezeichneten Maßnahmen der EZB, die diese seit 2010 ergriffen hat[44], wird bisweilen eine zumindest faktische Transferwirkung zugesprochen. Richtigerweise ist dies aufgrund ihrer zeitlichen Begrenzung aber erneut allenfalls im Insolvenzfall zutreffend, zudem würde die Transferwirkung selbst dann aufgrund der bestehenden Haftungsregelungen – die Haftung insbesondere für Anleihekäufe trifft zu über 90% die jeweilige nationale Zentralbank und wird nur im übrigen auf das restliche Eurosystem verteilt – nur sehr gering ausfallen. Im Rahmen der seit einigen Jahren diskutierten Reformvorschläge ist die Errichtung eines formellen Transfersystems auch weiterhin nicht vorgesehen. Vielmehr soll die für eine Währungsunion erforderliche ökonomische Homogenität durch eine verstärkte wirtschaftspolitische Koordinierung sichergestellt werden, die möglicherweise – so jedenfalls nicht zuletzt der Vorschlag des 2017 neu gewählten französischen Präsidenten Emanuel Macron – um einen besonderen Euro-Haushalt zur Förderung europaweiter Investitionen ergänzt wird[45]. Abhängig von der Finanzierung eines solchen Haushalts kann einem solchen aber durchaus eine gewisse Transferwirkung zukommen.

Das deutsche Finanzverfassungsrecht ist in Umfang und Dichte seiner Finanzausgleichsregelungen auch im übrigen eine Besonderheit des deutschen Verfassungsrechts, so daß gerade auch die Norm des Art. 107 GG **im ganzen** praktisch **keine Parallele in anderen Verfassungen** findet. Sofern Verteilungsregeln und Finanzausgleichsmechanismen normiert werden, geschieht dies in der Regel nicht auf der Ver- 12

[40] Dazu knapp *A. Thiele*, Europarecht, 14. Aufl. 2017, S. 45 ff.
[41] BVerfGE 89, 155 (184 f.).
[42] Zu diesem Zusammenhang *H.-J. Blanke/S. Pilz*, EuR 49 (2014), 751 ff.
[43] Zur Auslegung des Art 125 TFEU siehe nur *W. Heun/A. Thiele*, JZ 2012, 973 (978 ff.).
[44] Zur rechtlichen Einordnung *A. Thiele*, Das Mandat der EZB und die Krise des Euro, 2013, S. 57 ff. sowie *A. Thiele*, ZBB 2015, 295 ff.
[45] Zu weiteren Reformideen siehe *C. Herrmann/A. Thiele*, Internationales und Europäisches Finanz- und Währungsrecht, 2018, Kap. 7.2.

fassungsebene. Allein die Schweiz kennt hier detailliertere Verfassungsregeln[46]. Sachlich hängt die Notwendigkeit von Verteilungsregeln für den Ertrag von Steuern von deren gemeinsamer, einheitlicher Erhebung ab[47], während sich sonst nur Überschneidungsprobleme stellen, die meist nicht durch den Bund, sondern in Vereinbarungen zwischen den Ländern gelöst werden[48]. Der bisherige sekundäre horizontale Finanzausgleich, der heute in den primären horizontalen Finanzausgleich integriert ist, ist in dieser Form nicht zu finden, allenfalls gewährt der Zentralstaat durch Zuweisungen unterschiedlichster Art einen beschränkten Finanzausgleich, wie etwa in den USA[49] oder stärker in der Schweiz[50] oder auch in Australien[51] und Kanada[52]. Eine gewisse Sonderkonstellation ergibt sich in Spanien, das zwar kein Bundesstaat ist, jedoch seinen Regionen eine besondere auch finanzielle Autonomie gewährt und daher auch als Autonomiestaat bezeichnet wird[53]. Die spanische Verfassung kennt daher in Art. 158 I einerseits Zuweisungen der Zentralebene an die autonomen Gemeinschaften, die jeweiligen Autonomiestatuten sehen andererseits aber auch gewisse Ausgleichspflichten der Gemeinschaften an die Zentralebene vor, die insbesondere im vergleichsweise finanzstarken Katalonien immer wieder heftig kritisiert werden und Unabhängigkeitsbestrebungen unterfüttern[54].

C. Erläuterungen

I. Allgemeine Bedeutung und aktueller Befund

13 Art. 107 GG regelt in erster Linie die Verteilung der Steuereinnahmen aus den Landessteuern und des Länderanteils an den Gemeinschaftsteuern, die nach Art. 106 II und III GG zur Länderfinanzmasse gehören, auf die einzelnen Länder. Art. 107 GG normiert damit den **horizontalen Finanzausgleich**, der auf dem vertikalen Finanzausgleich zwischen den verschiedenen Ebenen des Bundes und der Gesamtheit der Länder aufbaut. Insofern ist Art. 107 GG eng mit Art. 106 GG verknüpft[55] und erweist sich auch nach der Neuregelung als »Teil eines mehrstufigen Systems zur Verteilung des

---

[46] Art. 135 Schweiz. BV 1999 (Art. 42ter BV a. F.). Vgl. zur dortigen Finanzverfassung *H. Millinger*, Bundesstaatliche Finanzverfassung – Aufgezeigt am Beispiel der Bundesrepublik Deutschland, Diss. jur. Würzburg 1969, S. 166 ff.

[47] In Deutschland wird dies durch die einheitliche Finanzverwaltung gewährleistet, während ansonsten jeder Hoheitsträger seine Steuern selbständig erhebt.

[48] Vgl. dazu für die USA, wo sich das Problem am schärfsten stellt, *W. Heun*, StWStP 5 (1994), 97 (104 ff.) m. w. N.

[49] *W. Heun*, StWStP 5 (1994), 97 (106 ff.).

[50] Vgl. *T. Jaag*, Grundsätze der Finanzverfassung in der Schweiz, VVDStRL 52 (1993), S. 123 ff. (126 ff.); für Reformüberlegungen siehe: Der neue Finanzausgleich zwischen Bund und Kantonen, Bericht der vom Eidg. Finanzdepartement und der Konferenz der kantonalen Finanzdirektoren gemeinsam getragenen Projektorganisation, 1. Febr. 1996, S. 36 ff.

[51] *Vogel/Waldhoff* (Fn. 39), Vorb. zu Art. 104a–115 Rn. 718; *H. Fischer*, Finanzzuweisungen, 1988, S. 165 ff.; *S. J. H. Hunter*, Fiscal Federalism in Australia, in: W. W. Pommerehne/G. Ress (Hrsg.), Finanzverfassung im Spannungsfeld zwischen Zentralstaat und Gliedstaaten, 1996, S. 77 ff. (79 ff.).

[52] *Vogel/Waldhoff* (Fn. 39), Vorb. zu Art. 104a–115 Rn. 716; vgl. auch die Hinweise in *Wernsmann* (Fn. 8), Art. 107 Rn. 229 ff.

[53] *X. Arzoz*, ZaöRV 69 (2009), 155 (158).

[54] *X. Arzoz*, ZaöRV 69 (2009), 155 (178 ff.).

[55] *H. Siekmann*, in: Sachs, GG, Art. 107 Rn. 4; diese Verknüpfung wird auch unmittelbar aus der Entstehungsgeschichte deutlich.

Finanzaufkommens im Bundesstaat«[56]. Der horizontale Finanzausgleich zerfiel dabei bisher in **zwei prinzipiell auch formal unterscheidbare Stufen**. Auf der ersten Stufe wurden die Steuererträge nach dem örtlichen Aufkommen und der Einwohnerzahl, also im wesentlichen nach dem Maßstab der Steuerkraft, zugewiesen (primärer horizontaler Finanzausgleich). Auf der zweiten Stufe wurden die damit verbundenen regionalen Steuerkraftunterschiede auch unter dem Aspekt des Finanzbedarfs ausgeglichen (sekundärer horizontaler Finanzausgleich)[57]. Der Ausgleichszweck wurde schließlich noch durch die wiederum vertikalen Ergänzungszuweisungen des Bundes an finanzschwache Länder zusätzlich gefördert[58]. Diese **formale Zweiteilung** des horizontalen Finanzausgleichs ist in der seit 20.7.2017 gültigen (aber erst ab 1.1.2020 anwendbaren) neuen Fassung **aufgegeben worden**. Danach wird der bisherige sekundäre horizontale Finanzausgleich in den primären horizontalen Finanzausgleich, namentlich in die Verteilung der Länderanteile am Aufkommen der Umsatzsteuer, integriert. Er wird also keineswegs ersatzlos gestrichen, was angesichts des unveränderten Ziels eines angemessenen Ausgleichs der Finanzkraft der Länder auch nur schwer möglich wäre. Formal besteht der horizontale Finanzausgleich damit nur noch aus einer Stufe, **materiell** sind die beiden bisherigen Stufen des horizontalen Finanzausgleichs aber **weiterhin zu unterscheiden**[59], die sich daher nicht nur dem Art. 107 GG selbst[60], sondern auch dem ab 2020 geltenden und die Vorgaben des Art. 107 GG konkretisierenden Finanzausgleichsgesetz entnehmen lassen[61]. Die zusätzliche Förderung des Ausgleichszwecks durch Ergänzungszuweisungen bleibt erhalten. Hinzu treten nun aber noch weitere und unabhängig vom primären Ausgleichszweck zu gewährende Ergänzungszuweisungen nach Art 107 II 6 GG (→ Rn. 46 ff.).

Der horizontale Finanzausgleich, der die endgültige Finanzausstattung der einzelnen Länder bestimmt, steht – unabhängig davon, auf wie vielen formalen Stufen er beruht – unter einer Reihe von rechtlichen und ökonomischen Anforderungen, die mitunter gegenläufig sind. Im Rahmen des horizontalen Finanzausgleichs sind die bundesstaatlich gewollte **Autonomie und Eigenständigkeit der Länder** einerseits und die **bundesstaatliche Solidarität und Mitverantwortung** andererseits, die durch das Postulat der Einheitlichkeit der Lebensverhältnisse noch sozialstaatlich unterfangen werden[62], einem Kompromiß zuzuführen. Diese Grundprinzipien geben freilich hochabstrakte Ziele vor und begründen prinzipielle Rechte und Pflichten, bedürfen aber **14**

[56] BVerfGE 72, 330 (383).

[57] Zu den Begriffen des primären und sekundären Finanzausgleichs *Wernsmann* (Fn. 8), Art. 107 Rn. 42 ff. Teilweise wird bezüglich des sekundären horizontalen Finanzausgleichs auch vom Finanzausgleich im engeren Sinne gesprochen, vgl. *M. Maier*, Die Stellung Berlins im föderalen Finanzausgleich, 2017, S. 127.

[58] Die Ergänzungszuweisungen dienen insoweit dem horizontalen Finanzausgleich, sind aber sachlich ein Teilelement des vertikalen Finanzausgleichs, vgl. *W. Heun*, Der Staat 31 (1992), 205 (218 f.); → Rn. 40; zu den drei Stufen auch *Wernsmann* (Fn. 8), Art. 107 Rn. 25 ff.

[59] Zu strikt insoweit *H.-G. Henneke*, DVBl. 2017, 214 (217) sowie *H.-G. Henneke*, Der Landkreis 2016, 709 (711); wie hier auch *W. Förster/E. Krönert*, ZG 32 (2017), 228 (232).

[60] So findet sich in Art. 107 I der primäre horizontale und in Art. 107 II der materiell bestehen bleibende sekundäre horizontale Finanzausgleich.

[61] Siehe insoweit § 2 FAG, überschrieben mit »Verteilung der Umsatzsteuer unter den Ländern« und § 4 FAG, überschrieben mit »Finanzkraftausgleich«, jeweils in der ab 1.1.2020 geltenden Fassung (s. BGBl. 2017 I S. 3122, 3124).

[62] BVerfGE 72, 330 (386 f.); 101, 158 (222, Rn. 291 f.); *K.H. Friauf*, JA 1984, 618 (619 f.); *F. Ossenbühl*, Verfassungsrechtliche Grundfragen des Länderfinanzausgleichs gem. Art. 107 II GG, 1984, S. 21 ff.; *H. Fischer-Menshausen*, in: I. v. Münch/P. Kunig (Hrsg.), Grundgesetz-Kommentar, Bd. III,

der Konkretisierung. Dabei können die Erkenntnisse der ökonomischen Theorie zur Präzisierung und Rationalisierung der Ziele und der Verteilungskriterien herangezogen werden[63]. Im Rahmen des horizontalen Finanzausgleichs spielen vornehmlich das Ziel optimaler Allokation und die Distributionsfunktion eine maßgebliche Rolle, während die Stabilisierungsfunktion zurücktritt, da sie Aufgabe des Zentralstaats ist und sich durch einen Einnahmeausgleich nur beschränkt stabilisierende Effekte erreichen lassen[64].

15 **Ausgangspunkt** der Verteilung ist die **Autonomie der Länder**, die sich vor allem in der Verteilung des Steuerertrags nach dem örtlichen Aufkommen verwirklicht, da hier die Steuerkraftunterschiede in vollem Maße auf die Einnahmeverteilung durchschlagen[65]. Die erheblichen Ertragsunterschiede bedürfen jedoch aus mehreren Gründen eines Ausgleichs. Zunächst können sich kompensierungsbedürftige sog. externe Effekte oder spillovers daraus ergeben, daß der territoriale Zuständigkeitsbereich der Länder sich nicht mit dem Wirkungsbereich der durch ihre Tätigkeit verursachten Belastungen und Leistungen deckt. Kosten und Nutzen der Tätigkeit der Länder können daher außerhalb ihrer Grenzen anfallen und einen finanziellen Ausgleich erfordern[66]. Allerdings gleichen sich in der Praxis die regelmäßig auftretenden spillover-Effekte im großen und ganzen aus, so daß nur in Ausnahmefällen bei überdurchschnittlichen Belastungen oder entsprechender Nutzenstreuung Kompensationsleistungen notwendig sind[67]. Das Grundgesetz sieht unmittelbar einen Ausgleich derartiger externer Effekte auch nicht vor.

16 Der Finanzausgleich nach Art. 107 GG wird weiterhin vorrangig von dem **Distributionsziel** und dem **Gedanken fiskalischer Gleichheit** beherrscht[68]. Schon der Autonomiegedanke verbietet es, daß leistungsschwache Länder in finanzielle Abhängigkeitsverhältnisse zum Bund oder zu anderen finanzstarken Ländern geraten, da sie andernfalls ihre Aufgaben nicht eigenständig erfüllen und eine stabilitätsgerechte, autonome Haushaltspolitik nicht betreiben können[69]. Die Steuerkraftunterschiede sind auch al-

---

3. Aufl. 1996, Art. 107 Rn. 2 ff.; *W. Heun*, Der Staat 31 (1992), 205 (222); zur Solidaritätspflicht bereits BVerfGE 12, 205 (254).

[63] *W. Heun*, Der Staat 31 (1992), 205 (223 f.); vgl. auch *Korioth*, Finanzausgleich (Fn. 2), S. 241 ff., 263.

[64] *W. Heun*, Der Staat 31 (1992), 205 (223); eingehend *H. Zimmermann*, Allgemeine Probleme und Methoden des Finanzausgleichs, in: F. Neumark (Hrsg.), Handbuch der Finanzwissenschaft, Bd. IV, 3. Aufl. 1983, S. 1 ff. (11 ff.); zu den Funktionen des Staates vgl. aus der Finanzwissenschaft klassisch: *R.A. Musgrave*, Finanztheorie, 2. Aufl. 1969, S. 5 ff.; zu den Anforderungen an die Finanzverfassung im ganzen *I. Kesper*, Bundesstaatliche Finanzordnung, 1998, S. 145 ff.; *Lenk*, Reformbedarf (Fn. 3), S. 299 ff.

[65] Vgl. *Vogel/Kirchhof* (Fn. 8), Art. 107 Rn. 17; *Fischer-Menshausen* (Fn. 62), Art. 107 Rn. 1; *Wernsmann* (Fn. 8), Art. 107 Rn. 31.

[66] Vgl. *W. Heun*, Der Staat 31 (1992), 205 (223); *Fischer-Menshausen* (Fn. 62), Art. 107 Rn. 4.

[67] Vgl. *R. Peffekoven*, Finanzausgleich I, in: HdWW, Bd. II, 1980, S. 608 ff. (627); *R. Peffkoven*, Sonderbedarfe und Finanzausgleich, in: FS Pohmer, 1990, S. 323 ff. (329 ff.); *Fischer-Menshausen* (Fn. 62), Art. 107 Rn. 4.

[68] *W. Heun*, Der Staat 31 (1992), 205 (223 f.); zu diesem Grundsatz *Peffekoven*, Finanzausgleich I (Fn. 67), S. 627 ff.; sowie grundlegend *R.A. Musgrave*, Approaches to a Fiscal Theory of Political Federalism, in: National Bureau of Economic Research (Hrsg.), Public Finances: Needs, Sources and Utilization, Princeton 1961, S. 97 ff.; zum föderativen Gleichbehandlungsgebot auch *Wernsmann* (Fn. 8), Art. 107 Rn. 68 f.

[69] *Fischer-Menshausen* (Fn. 62), Art. 107 Rn. 4; zum Aufgabenerfüllungsbezug des Finanzausgleichs s. *P. Selmer*, Grundsätze der Finanzverfassung des vereinten Deutschlands, VVDStRL 52 (1993), S. 11 ff. (43). Die zunehmende Rolle von Ergänzungszuweisungen des Bundes und die Ermög-

lenfalls partiell durch die Politik der Länder selbst bedingt, beruhen vielmehr auf dem Nebeneinander von Flächen- und Stadtstaaten, auf der geographischen Lage und auf der unausgeglichenen Wirtschafts-, Verkehrs- und Siedlungsstruktur, die historisch gewachsen und nur begrenzt steuer- und änderbar ist. Das Sozialstaatsprinzip gebietet aber jedenfalls, daß den Bürgern grundsätzlich in Umfang und Qualität sich annähernd entsprechende öffentliche Leistungen angeboten werden[70]. Der Länderfinanzausgleich muß dafür die finanziellen Voraussetzungen zu schaffen suchen. Auf der anderen Seite ergibt sich aus dem Grundgesetz kein Verfassungsauftrag, (völlig) einheitliche Lebensverhältnisse herzustellen[71].

Der horizontale Finanzausgleich darf außerdem **nicht** zu einer völligen **Nivellierung** 17
und Egalisierung der Länderfinanzen führen[72]. Der Grundsatz der Länderautonomie, Pluralismus und bundesstaatlicher Wettbewerb sowie der Gedanke allokativer Effizienz stehen dem entgegen. Lediglich im Bereich der Ergänzungszuweisungen des Bundes sind nach der Rechtsprechung unter Umständen partielle Durchbrechungen dieser Grundsätze denkbar, für die neu eingefügten besonderen Ergänzungszuweisungen nach Art. 107 II 6 GG wird eine solche Konsequenz in § 11 III MaßStG in seiner ab 1.1.2020 geltenden Fassung einfach-rechtlich sogar ausdrücklich für zulässig angesehen, was nicht unproblematisch erscheint (→ Rn. 47). Außerdem dürfen die bis 31.12.2019 ausgleichspflichtigen und ab 1.1.2020 von Abschlägen ihres Umsatzsteueranteils betroffenen Länder nicht übermäßig geschwächt werden[73]. Der Finanzausgleichsgesetzgeber hat innerhalb dieses verfassungsrechtlich vorgegebenen Rahmens

---

lichung finanzieller Beteiligungen des Bundes in Bereichen ausschließlicher Zuständigkeiten der Länder erweist sich vor diesem Hintergrund als nicht unproblematisch, da dadurch die Abhängigkeit finanzschwacher Länder vom Bund erheblich ausgedehnt wird.

[70] Vgl. *P. Lerche*, Finanzausgleich und Einheitlichkeit der Lebensverhältnisse, in: FS Berber, 1973, S. 299 ff.; *H. Pagenkopf*, DÖV 1979, 613 (617); *Ossenbühl*, Grundfragen (Fn. 62), S. 25; *Fischer-Menshausen* (Fn. 62), Art. 107 Rn. 2.

[71] *Lerche*, Finanzausgleich (Fn. 70), S. 304; *H. Fischer-Menshausen*, Unbestimmte Rechtsbegriffe in der bundesstaatlichen Finanzverfassung, in: W. Dreißig (Hrsg.), Probleme des Finanzausgleichs, Bd. I, 1978, S. 135 ff. (147 ff.); *Ossenbühl*, Grundfragen (Fn. 62), S. 25 ff.; *S. Korioth*, DVBl. 1991, 1048 (1056 f.); *W. Heun*, Der Staat 31 (1992), 205 (214); *H. W. Arndt*, JuS 1993, 360 (361); *P. Selmer*, Einheit der Rechtsordnung und Einheitlichkeit der Lebensverhältnisse nach Wiederherstellung der deutschen Einheit, in: K. Schmidt (Hrsg.), Vielfalt des Rechts – Einheit der Rechtsordnung?, 1994, S. 199 ff.; *ders.*, Grundsätze (Fn. 69), S. 19 ff.; *ders.*, JuS 1995, 978 (979); *Fischer-Menshausen* (Fn. 62), Art. 107 Rn. 2; vgl. ferner *B. Reissert*, Die finanzielle Beteiligung des Bundes an Aufgaben der Länder und das Postulat der Einheitlichkeit der Lebensverhältnisse im Bundesgebiet, 1975, S. 18 f.; a. A. *M. Kilian*, JZ 1981, 425 (426); *F. Kirchhof*, Grundsätze der Finanzverfassung des vereinten Deutschlands, VVDStRL 52 (1993), S. 71 ff. (83 f.): »ungeschriebener Verfassungsgrundsatz«; *W. Däubler*, Die Einheitlichkeit der Lebensverhältnisse als Verfassungsgebot, in: FS Mahrenholz, 1994, S. 455 ff.; etwas einschränkend *H. Hohmann*, Die Einheitlichkeit der Lebensverhältnisse als Verfassungsgebot, in: FS Mahrenholz, 1994, S. 455 ff.; *H. Hohmann*, DÖV 1991, 191 (194 f.); wohl auch *H. Schneider*, Die Grenzen der Leistungsfähigkeit des bundesstaatlichen Finanzausgleichs, in: GedS Geck, 1989, S. 701 ff. (723 ff.); unklar *C. Waldhoff*, Die Verwaltung 39 (2006), 155 (167): kein allgemeiner Satz des Verfassungsrechts, sondern Einzelfallregelung. → Art. 106 Rn. 26.

[72] BVerfGE 1, 117 (131); 72, 330 (398); 101, 158 (222, Rn. 292); BT-Drs. II/480, Tz. 119, 175; *Fischer-Menshausen* (Fn. 62), Art. 107 Rn. 5; vgl. auch *H. Pagenkopf*, DÖV 1979, 613 (615); *J. W. Hidien*, DÖV 1998, 501 ff.; *J. W. Hidien*, ZRP 1998, 274 ff.; *ders.*, Handbuch (Fn. 25), S. 301 ff.; *Wernsmann* (Fn. 8), Art. 107 Rn. 57 ff.; → Rn. 31; der Begriff der Subsidiarität bei *Fischer-Menshausen* und BVerfGE 72, 330 (386) führt hier aber wenig weiter; vgl. kritisch auch *Hidien*, Handbuch (Fn. 25), S. 48 f.

[73] *Fischer-Menshausen* (Fn. 62), Art. 107 Rn. 2; *J. W. Hidien*, DÖV 1998, 501 ff.; *ders*, Handbuch (Fn. 25), S. 312 ff.; *Wernsmann* (Fn. 8), Art. 107 Rn. 63 f.

für die Regelungen des Finanzausgleichs einen durchaus beachtlichen Gestaltungsspielraum[74]. Dabei hat er die verschiedenen widerstreitenden Gebote der sozialen Gerechtigkeit sowie der föderativen Solidarität und Mitverantwortung einerseits und der finanziellen Eigenständigkeit, der Selbstverantwortung für das Finanzgebaren im Positiven wie Negativen und der Gestaltungsfreiheit andererseits zu berücksichtigen und in einem Kompromiß zusammenzuführen[75]. In seiner dritten Finanzausgleichsentscheidung hat das Bundesverfassungsgericht zudem dem Gesetzgeber eine gestufte Konkretisierung vorgeschrieben[76]. Zunächst müssen in einem, von den konkreten Verteilungsentscheidungen gelösten, **Maßstäbegesetz** die abstrakten Verteilungskriterien fixiert werden. Die jeweilige konkrete Verteilung ist dann in einem zweiten Ausgleichsgesetz vorzunehmen[77]. Die dahinterstehende Absicht, die Verteilungsentscheidung nicht einem Kuhhandel der beteiligten Länder zu überlassen, ist verständlich. Die Konstruktion ist gleichwohl sachlich und dogmatisch zweifelhaft. Erstens wird die Entscheidung über die abstrakten Kriterien immer im Hinblick auf die daraus resultierenden finanziellen Ergebnisse getroffen werden, auf einen »Schleier des Nichtwissens« werden sich die Beteiligten jedenfalls nicht einlassen[78]. Daher wird in der **Praxis** eine wirklich **zweistufige Entscheidung** auch gar **nicht stattfinden**, was durch die letzte Reform des Jahres 2017 bestätigt wird, in der sämtliche Verteilungsfragen in einem einzigen politischen Kompromiß gebündelt wurden. Zweitens ist die Schaffung einer im Rang zwischen Verfassung und einfachem Gesetz angesiedelten neuen Gesetzeskategorie mit der grundgesetzlichen Normenordnung kaum vereinbar[79] und wird vom Bundesverfassungsgericht auch nicht dogmatisch näher erklärt oder begründet[80]. Das Gericht beschränkt sich auf die apodiktische Behauptung, die Finanzverfassung verlange »eine gesetzliche Maßstabgebung, die den rechtsstaatlichen Auftrag eines gesetzlichen Vorgriffs in die Zukunft in der Weise erfüllt, daß die Maßstäbe der Steuerzuteilung und des Finanzausgleichs bereits gebildet sind, bevor deren spätere Wirkungen konkret bekannt werden«[81]. Ohne anderweitige explizite verfassungsrechtliche

---

[74] BVerfGE 72, 331 (391); *Ossenbühl*, Grundfragen (Fn. 62), S. 28; *H. W. Arndt*, JuS 1993, 360 (363); *Selmer*, Einheit (Fn. 71), S. 206; *Fischer-Menshausen* (Fn. 62), Art. 107 Rn. 2.

[75] BVerfGE 72, 330 (398).

[76] Vgl. auch *Maier*, Stellung (Fn. 57), S. 127.

[77] BVerfGE 101, 158 (214 ff., Rn. 271 ff.); zu dieser Entscheidung vgl. auch *W. Renzsch*, Widi 1999, 716 ff.; *H. P. Bull/V. Mehde*, DÖV 2000, 305 ff.; *T. Christmann*, DÖV 2000, 315 ff.; *J. Linck*, DÖV 2000, 325 ff.; *C. Waldhoff*, ZG 15 (2000), 193 ff., bes. 207 ff.; *T. Kroll*, StuW 2000, 45 ff., bes. 67 ff.; *H.-P. Schneider/U. Berlit*, NVwZ 2000, 841 ff.

[78] Siehe auch *H. Tappe*, DVBl. 2013, 1079 (1082): »Den politisch verantwortlichen Akteuren und demokratisch gewählten Repräsentanten ist es nicht zuzumuten, die Finanzausstattung von Bund und Ländern quasi blind auszugestalten und sich (und die Bürger) von den konkreten Ergebnissen in ›Geld‹ überraschen zu lassen.«

[79] Kritisch auch *H. H. Rupp*, JZ 2000, 269 (270 f.); *B. Pieroth*, NJW 2000, 1086 f.; *J. Wieland*, DVBl. 2000, 1310 (1313 f.); *ders.*, Finanzverfassung, Steuerstaat und föderaler Ausgleich, in: FS 50 Jahre BVerfG, Bd. 2, S. 771 ff. (775 f., 793 ff.); im Ergebnis zustimmend *C. Degenhart*, ZG 15 (2000), 79 (84, 86 ff.); *S. v. Schweinitz*, Das Maßstäbegesetz, 2003, S. 204 ff.; *F. Ossenbühl*, Das Maßstäbegesetz – dritter Weg oder Holzweg des Finanzausgleichs, in: FS Vogel, 2000, S. 227 ff. (233 f., 240); zu dem vergleichbaren Problem der Rangordnung des Haushaltsgrundsätzegesetzes: → Art. 109 Rn. 30 ff.; allenfalls läßt sich eine eingeschränkte Bindung an die abstrakten Maßstäbe mit dem Gedanken der Folgerichtigkeit (→ Art. 3 Rn. 37) begründen.

[80] *Wieland*, Finanzverfassung (Fn. 79), S. 794 f.

[81] BVerfGE 101, 158 (217, Rn. 280); das ist auch keine Herleitung der Bindung aus dem Rechtsstaatsprinzip; so aber *A. Hanebeck*, KritJ 33 (2000), 262 (268 ff.).

Anordnung gilt weiterhin die **lex posterior-Regel**[82]. Der Gesetzgeber hat sich dementsprechend wie in den bis 31.12.2019 geltenden §§ 6 ff. MaßstG auch in den ab 2020 geltenden §§ 5 ff. MaßstG faktisch auf die Wiedergabe der verfassungsrechtlichen Grundelemente und Vorgaben beschränkt, so daß im Ergebnis die Intention des Bundesverfassungsgerichts leerläuft[83]. Eine »entpolitisierende« Wirkung kommt dem Maßstäbegesetz in dieser Form jedenfalls nicht zu.

Freilich ändert dieser Gestaltungsspielraum nichts daran, daß die Verfassung nicht **18** zuletzt durch die differenzierte und materiell weiterhin bestehende Stufenfolge der Ausgleichsmechanismen gerade im internationalen Vergleich ein sehr **hohes Ausgleichsniveau** und damit ein hohes Maß fiskalischer Gleichheit vorschreibt[84], das der Gesetzgeber im Rahmen seines Gestaltungsspielraumes bis an eine nahezu völlige Nivellierung herangeführt hat[85]; auch die Reform des Jahres 2017 hat hier vornehmlich das Verfahren modifiziert, durch das ein solcher Ausgleich zu erzielen ist, das hohe Ausgleichsniveau aber mehr oder weniger unverändert gelassen. Das Problem wird zudem durch die finanziellen Folgen der Wiedervereinigung verschärft, die den Bund und die alten Bundesländer dazu verpflichten, den Angleichungsprozeß in den neuen Bundesländern weiterhin voranzutreiben[86]. Eine den wirtschaftsgeographischen Erfordernissen entsprechende Neugliederung des Bundesgebietes, die auch westliche und östliche Bundesländer weiterhin verklammern könnte, würde die Ausgleichserfordernisse und -probleme stark reduzieren[87]; die Aussicht ihrer politischen Durchsetzung tendiert aber gegen Null[88]. Angesichts der prekären Finanzausgleichsfragen, die sich in Art. 107 GG konzentrieren, ist die Norm, wie schon in den beiden früheren Verfahren[89], mehrfach erneut Gegenstand verfassungsgerichtlicher Auseinandersetzungen geworden[90], die von den unterschiedlichsten Reformvorschlägen begleitet worden sind[91]. Art. 107 GG ist daher nicht nur eine der am häufigsten geänder-

---

[82] Unhaltbar daher *K. Vogel*, Maßstäbegesetz, Rückwirkungsverbote und völkerrechtliche Verträge – Ausnahmen von der lex posterior Regel, in: FS Schiedermair, 2001, S. 113 ff. (118); *P. M. Huber*, in: v. Mangoldt/Klein/Starck, GG III, Art. 107 Rn. 58, die das FAG bei Verstoß gegen das MaßstG für nichtig halten. → Art. 106 Rn. 27.

[83] Vgl. auch den kritischen Überblick von *J. A. Kämmerer*, JuS 2003, 214 ff., sowie *Wernsmann* (Fn. 8), Art. 107 Rn. 81 ff.

[84] *W. Heun*, Der Staat 31 (1992), 205 (224 ff., 229). Das ergibt sich aus dem Zusammenspiel der grundgesetzlichen Normen, nicht der tatsächlichen Ausgestaltung, wie *J. W. Hidien*, ZRP 1998, 274 (276) fälschlich unterstellt.

[85] Vgl. auch *G. Milbradt*, ZG 11 (1996), 25 (33); *Korioth*, Finanzausgleich (Fn. 2), S. 175.

[86] Zum tatsächlichen Umfang und dem politischen Prozeß vgl. *O. Schwinn*, Die Finanzierung der deutschen Einheit, 1997, S. 19 ff., 93 ff.

[87] *Sachverständigenkommission für die Neugliederung des Bundesgebiets* (Ernst-Kommission), Vorschläge zur Neugliederung des Bundesgebiets gemäß Art. 29 des Grundgesetzes, 1972, Tz. 262 ff.; *H. Wick*, DÖV 1971, 109 ff.; *F. Scharpf*, StWStP 1 (1990), 579 (583); *Fischer-Menshausen* (Fn. 62), Art. 107 Rn. 3, 22.

[88] Vgl. *H. Klatt*, VerwArch. 82 (1991), 430 (447 ff.); das Scheitern der Fusion von Berlin und Brandenburg hat dies nur erneut bestätigt; s. aber *E. Janeba*, ZSE 15 (2017), 368 (391). → Art. 29 Rn. 4; → Art. 118 Rn. 7 ff.

[89] BVerfGE 22, 330; 86, 148.

[90] BVerfGE 101, 158; 116, 327.

[91] *BMF*, Symmetrische Finanzpolitik 2010, 1998, S. 25 ff.; *Bertelsmann-Kommission »Verfassungspolitik & Regierungsfähigkeit«*, Entflechtung 2005, 2000, S. 20 f.; vgl. zur Kritik daneben vor allem *Wissenschaftlicher Beirat beim Bundesfinanzministerium*, Gutachten zum Länderfinanzausgleich in der Bundesrepublik Deutschland, 1992, insbes. S. 92 ff.; *Kesper*, Finanzordnung (Fn. 64), S. 246 ff.; *D. Carl*, Bund-Länder-Finanzausgleich im Verfassungsstaat, 1995, S. 83 ff.; siehe auch *Maier*, Stellung (Fn. 57), S. 287 ff.

ten, sondern auch eine der umstrittensten Normen des Grundgesetzes. Es bleibt abzuwarten, ob die formale Abschaffung des sekundären horizontalen Finanzausgleichs daran etwas ändern wird.

19 Art. 107 GG und die zu seiner Konkretisierung ergangenen gesetzlichen Bestimmungen stellen eine **abschließende Regelung** dar[92]. Prinzipiell sind daher ergänzende horizontale Ausgleichsregelungen, auch in Form von Vereinbarungen über eine finanzielle Beteiligung einzelner Länder an den Ausgaben anderer Länder, unzulässig. Aufgaben, Befugnisse und Verpflichtungen sind auf das eigene Staatsgebiet beschränkt, sofern das Grundgesetz nichts anderes vorsieht[93]. Das folgt zudem aus den Grundsätzen der haushaltswirtschaftlichen Selbständigkeit der Länder gem. Art. 109 I GG (→ Art. 109 Rn. 14 ff.) und der Konnexität gem. Art. 104a I GG (→ Art. 104a Rn. 12 ff.)[94]. Die Kompetenz des Art. 107 GG muß daher allerdings zugleich als verfassungsrechtliche Verpflichtung zu einer angemessenen **Ausgleichsregelung** verstanden werden[95].

20 Nur die **verfassungsrechtlichen Ausnahmefälle** einer gemeinsamen Aufgabenerfüllung (→ Art. 104a Rn. 21; → Art. 109 Rn. 20, 48) und der Organleihe oder der Amtshilfe gem. Art. 35 GG (→ Art. 104a Rn. 21; → Art. 109 Rn. 20, 48) erlauben eine Durchbrechung des Grundsatzes. Hinzu kommen die ausdrücklich in Art. 104b, Art. 104c und Art. 143 IV GG aufgeführten Möglichkeiten des Bundes, den Ländern unter bestimmten Voraussetzungen Finanz- bzw. Sanierungshilfen zu gewähren. Außerdem wurden für die besondere Notsituation im Gefolge der Wiedervereinigung bis zur Eingliederung der neuen Länder in den horizontalen Finanzausgleich besondere aufgabenbezogene und zweckgebundene Zuweisungen aus dem Gedanken der föderativen Solidarität und Mitverantwortung zu Recht überwiegend als gerechtfertigt angesehen[96]. Im übrigen betreffen die Regelungen des Art. 107 GG allein das staatliche Binnenverhältnis; Rechte der Steuerpflichtigen werden ebensowenig berührt wie die Rechtmäßigkeit eines Steuerbescheids[97].

II. Die Steuerertragsverteilung (ehemals primärer horizontaler Finanzausgleich) gem. Art. 107 I GG

1. Der Grundsatz der Verteilung nach dem örtlichen Aufkommen gem. Art. 107 I 1 GG

21 Art. 107 I GG regelt die Beteiligung der einzelnen Länder an dem Ertrag der bundesgesetzlich geregelten Steuern, die nach dem Trennsystem gem. Art. 106 II GG den Ländern zugewiesen sind, sowie an den Länderanteilen an den Gemeinschaftsteuern im Verbundsystem gem. Art. 106 III GG. Nicht erfaßt werden die landesgesetzlich

---

[92] *K. Vogel/H. Walter*, in: BK, Art. 106 (Zweitb. 1972), Rn. 93; *Fischer-Menshausen* (Fn. 62), Art. 107 Rn. 6.

[93] *Vogel/Walter* (Fn. 92), Art. 106 Rn. 92 f.; *Fischer-Menshausen* (Fn. 62), Art. 107 Rn. 6; a. A. *F. Kirchhof*, Finanztransfers aus Separathaushalten im Bundesstaat, in: FS Dürig, 1990, S. 447 ff. (455).

[94] *Vogel/Walter* (Fn. 92), Art. 106 Rn. 93; *Fischer-Menshausen* (Fn. 62), Art. 107 Rn. 6.

[95] *Lerche*, Finanzausgleich (Fn. 70), S. 314 Fn. 40; *Vogel/Kirchhof* (Fn. 8), Art. 107 Rn. 54 f.; *Fischer-Menshausen* (Fn. 62), Art. 107 Rn. 6; *J. W. Hidien*, DStZ 1998, 373 ff.

[96] *T. Maunz*, in: Maunz/Dürig, GG, Art. 107 (1983), Rn. 5; *S. Korioth*, DVBl. 1991, 1048 (1056); *P. Selmer*, Zur verfassungsrechtlichen Zulässigkeit von Zwischenländerfinanzhilfen, in: FS Thieme, 1993, S. 353 ff.; *Fischer-Menshausen* (Fn. 62), Art. 107 Rn. 6a.

[97] BFH NJW 1971, 1335 (1336); *Siekmann* (Fn. 55), Art. 107 Rn. 9; *M. Heintzen*, in: v. Münch/Kunig, GG II, Art. 107 Rn. 1; s. auch BVerwGE 110, 237 (245).

geregelten Steuern, deren Aufkommen ohne besondere Zuweisung den jeweiligen Ländern zusteht[98], und die Gemeindesteuern, über deren Aufkommen durch Art. 106 V, VI GG verfügt ist[99]. Mit Ausnahme der Umsatzsteuer werden die Landessteuern nach Art. 106 II GG und die Steueranteile an den Gemeinschaftsteuern als regional radizierbar angesehen. Deshalb wird die Zuweisung der Ertragshoheit nach dem **Prinzip des örtlichen Aufkommens** (sog. Forensalprinzip[100]) vorgenommen, welches innerhalb des Hoheitsgebietes des einzelnen Landes von den Bundes- oder Landesfinanzbehörden erzielt worden ist. Dadurch soll jedes einzelne Land an den wirtschaftlichen Leistungen partizipieren, die auf seinem Hoheitsgebiet erbracht worden sind[101].

»**Aufkommen**« ist die Summe der Steuererträge, die von den nach dem Steuerrecht 22 (§§ 17f. AO 1977) örtlich zuständigen Finanzbehörden rechtmäßig[102] vereinnahmt worden sind[103]. »**Vereinnahmt**« ist der jeweilige Geldbetrag dann, wenn er in die Verfügungsmacht staatlicher Behörden übergegangen ist[104], unabhängig davon, ob durch (freiwilliges) Rechtsgeschäft oder durch einseitige hoheitliche zwangsweise Beitreibung[105]. Erstreckt sich der Bezirk der Finanzbehörde auf mehrere Länder, kommt es auf den Ort an, in dem der steuerliche Tatbestand verwirklicht worden ist[106]. Sachlich ist die primäre Steuerverteilung nach dem örtlichen Aufkommen kein zwingendes Element der Staatsqualität der Länder und könnte daher ohne Verstoß gegen Art. 79 III GG abgeändert werden, zumal der Grundsatz ohnehin vor allem für die Umsatzsteuer durch Art. 107 I GG durchbrochen und nach Art. 107 II GG im Ergebnis erheblich modifiziert wird, so daß sogar der Gesetzgeber hier über einen gewissen Regelungsspielraum verfügt[107].

2. Die Zerlegung und Abgrenzung des örtlichen Aufkommens gem. Art. 107 I 2, 3 GG

Die Steuerverteilung nach dem örtlichen Aufkommen bedarf schon im Hinblick auf 23 den ihr zugrunde liegenden Autonomiegedanken einer technischen Korrektur[108], da

[98] *Vogel/Kirchhof* (Fn. 8), Art. 107 Rn. 71; *Fischer-Menshausen* (Fn. 62), Art. 107 Rn. 8; *J. W. Hidien*, Die horizontale Steuerverteilung gem. Art. 107 Absatz 1 des Grundgesetzes, 1997, S. 24; *Wernsmann* (Fn. 8), Art. 107 Rn. 116.

[99] *Vogel/Kirchhof* (Fn. 8), Art. 107 Rn. 73ff.; *Fischer-Menshausen* (Fn. 62), Art. 107 Rn. 8; *Hidien*, Steuerverteilung (Fn. 98), S. 31; *Wernsmann* (Fn. 8), Art. 107 Rn. 118.

[100] *H. Tappe/R. Wernsmann*, Öffentliches Finanzrecht, 2015, Rn. 350.

[101] *Vogel/Kirchhof* (Fn. 8), Art. 107 Rn. 39; *Fischer-Menshausen* (Fn. 62), Art. 107 Rn. 8; *Siekmann* (Fn. 55), Art. 107 Rn. 7; *R. Wendt*, HStR³ VI, § 139 Rn. 86.

[102] *Vogel/Kirchhof* (Fn. 8), Art. 107 Rn. 83; zu den Behörden *Wernsmann* (Fn. 8), Art. 107 Rn. 127f.

[103] *Vogel/Kirchhof* (Fn. 8), Art. 107 Rn. 81f.; *Fischer-Menshausen* (Fn. 62), Art. 107 Rn. 8; *Stern*, Staatsrecht II, S. 1169; *Siekmann* (Fn. 55), Art. 107 Rn. 8; *H. Söhn*, FR 1971, 411ff.; kritisch: *J. Hinnendahl*, Die Steuerverteilung zwischen Bund und Ländern in der Bundesrepublik Deutschland, 1974, S. 182ff.

[104] *Tappe/Wernsmann* (Fn. 100), Rn. 351.

[105] *Vogel/Kirchhof* (Fn. 8), Art. 107 Rn. 85; *Siekmann* (Fn. 55), Art. 107 Rn. 8; *Hidien*, Steuerverteilung (Fn. 98), S. 35f.; *Heintzen* (Fn. 97), Art. 107 Rn. 13; eingehend *Wernsmann* (Fn. 8), Art. 107 Rn. 123ff.

[106] *Fischer-Menshausen* (Fn. 62), Art. 107 Rn. 8; *Stern*, Staatsrecht II, S. 1169 m. Fn. 202; *Vogel/Kirchhof* (Fn. 8), Art. 107 Rn. 95ff.; zu den einzelnen Varianten länderübergreifender Besteuerung *Hidien*, Steuerverteilung (Fn. 98), S. 67ff.

[107] *Fischer-Menshausen* (Fn. 62), Art. 107 Rn. 9; *Maunz* (Fn. 96), Art. 107 Rn. 8; vgl. auch *Hidien*, Steuerverteilung (Fn. 98), S. 54ff.; *Heintzen* (Fn. 97), Art. 107 Rn. 12; s. noch *Wernsmann* (Fn. 8), Art. 107 Rn. 59.

[108] *Fischer-Menshausen* (Fn. 62), Art. 107 Rn. 10; *Heintzen* (Fn. 97), Art. 107 Rn. 14; *Siekmann*

die Orientierung an der örtlichen Vereinnahmung zu Verzerrungen der wirklichen Steuerkraft führen kann. Vielfältige Verflechtungen in der arbeitsteiligen Wirtschaft durchbrechen den dem örtlichen Aufkommensprinzip zugrunde liegenden Nexus zwischen regionaler Wirtschaftsleistung und regionalem Steueraufkommen: Regionale Aufkommensverlagerungen werden namentlich bewirkt durch Pendlerströme, durch die Einrichtung zentraler Lohnbüros, deren Lohnsteuerzahlungen nur dem Sitz der Zentrale und nicht den Wohnsitzländern der Personalkräfte zufließen, durch Konzentrationsprozesse und Konzernbildungen, die zur Folge haben, daß die Ertragsteuern dem Land des Unternehmenssitzes zufallen, die wirtschaftlichen Leistungen aber von den Betriebsstätten in anderen Ländern erbracht werden[109]. Da insbesondere die Körperschaftsteuer und die Lohnsteuer von derartigen, durch die Technik des Erhebungsverfahrens bedingten Verfälschungen der Steuerkraft betroffen sind, sieht **Art. 107 I 2 GG** für diese Steuern zwingend **Korrekturen durch zustimmungsbedürftiges Bundesgesetz vor**[110]. Vertragliche Vereinbarungen zwischen den Ländern sind insoweit unzulässig[111]. Art. 107 I 3 GG eröffnet darüber hinaus die (bloße) Möglichkeit, auch für andere Steuern solche Korrekturen vorzusehen. Die Korrekturen erfolgen durch Abgrenzung und Zerlegung. **Abgrenzung** bedeutet, daß der gesamte Ertrag aus einem Steuertatbestand einem der beteiligten Länder zugewiesen wird, während **Zerlegung** die Verteilung der Einnahmen aus einem Steuertatbestand auf die Länder beinhaltet[112]. Die Zerlegung läßt folglich Ausgleichsansprüche zwischen den Ländern entstehen.

24 Für die Abgrenzung und Zerlegung gibt Art. 107 I 2 GG lediglich implizit das Ziel der Erfassung der wirklichen Steuerkraft und die Verpflichtung vor, auf dieses Ziel hinzuwirken und vereinnahmensbedingte Verzerrungen abzubauen. Der Gesetzgeber verfügt bei der Bestimmung von Art und Umfang der Zerlegung über einen **Gestaltungsspielraum**, der nur dadurch begrenzt ist, daß obiges Ziel verfolgt und überhaupt eine dahingehende Wirkung erzielt wird, die nicht nur marginal sein darf, sondern die Verzerrungen in relevanter Weise vermindern muß[113]. Dabei entscheidet die Verfassung nicht über das Gewicht der beiden sachlichen Anknüpfungspunkte des Erarbeitungsortes oder des Wohnsitzprinzips, die mit dem Doppelcharakter des Staates als

---

(Fn. 55), Art. 107 Rn. 11; auch BVerfGE 72, 330 (384) spricht von einer Korrektur. Anders Jarass/*Pieroth*, GG, Art. 107 Rn. 3, wonach hierdurch »der Grundsatz des örtlichen Aufkommens (...) verwirklicht« werde.

[109] Vgl. *Stern*, Staatsrecht II, S. 1169 f.; *Fischer-Menshausen* (Fn. 62), Art. 107 Rn. 10; *Siekmann* (Fn. 55), Art. 107 Rn. 10; *Vogel/Kirchhof* (Fn. 8), Art. 107 Rn. 101; *Hidien*, Steuerverteilung (Fn. 98), S. 78.

[110] *Fischer-Menshausen* (Fn. 62), Art. 107 Rn. 10; *Heintzen* (Fn. 97), Art. 107 Rn. 14; *Siekmann* (Fn. 55), Art. 107 Rn. 10; ablehnend *Wernsmann* (Fn. 8), Art. 107 Rn. 138, 142; zur historischen Entwicklung siehe *T. Lenk/P. Glinka*, Nach der Reform: Die Steuerzuordnung und Steuerzerlegung im horizontalen Verhältnis der Länder – Diskussions- und Forschungsfeld für die nächsten Jahre, in: M. Junkernheinrich u. a. (Hrsg.), Jahrbuch für öffentliche Finanzen 2017, 2017, S. 385 ff. (388 ff.).

[111] *Vogel/Kirchhof* (Fn. 8), Art. 107 Rn. 108; *Maunz* (Fn. 96), Art. 107 Rn. 34; Jarass/*Pieroth*, GG, Art. 107 Rn. 3; *Siekmann* (Fn. 55), Art. 107 Rn. 11; *J.-P. Schneider*, in: AK-GG, Art. 107 (2001), Rn. 8. Allgemein: → Rn. 19.

[112] *Vogel/Kirchhof* (Fn. 8), Art. 107 Rn. 99 f.; *Maunz* (Fn. 96), Art. 107 Rn. 35 f.; *Siekmann* (Fn. 55), Art. 107 Rn. 11; Jarass/*Pieroth*, GG, Art. 107 Rn. 3; *Hidien*, Steuerverteilung (Fn. 98), S. 88 ff., 92 ff.

[113] BVerfGE 72, 330 (395); Jarass/*Pieroth*, GG, Art. 107 Rn. 3; *Siekmann* (Fn. 55), Art. 107 Rn. 12; vgl. auch *Hidien*, Steuerverteilung (Fn. 98), S. 97 ff.; *Schneider* (Fn. 111), Art. 107 Rn. 9; *Wernsmann* (Fn. 8), Art. 107 Rn. 146.

Gebietskörperschaft und Personenverband korrespondieren[114]. Der Gestaltungsspielraum ist jedoch geringer als bei Art. 107 I 1 GG[115].

Dem Gesetzgebungsauftrag des Art. 107 I 2 GG ist der Bundesgesetzgeber durch das im Ergebnis verfassungsrechtlich nicht zu beanstandende[116] **Zerlegungsgesetz**[117] nachgekommen, das die Körperschaftsteuer (§§ 2–6) nach dem **Betriebsstättenprinzip**[118] und die Lohnsteuer nach dem **Wohnsitzprinzip**[119] (§ 7) zerlegt[120]. Für Streitigkeiten ist nach § 11 ZerlG der Finanzrechtsweg eröffnet. Gemäß Art. 107 I 3 GG hat der Gesetzgeber auch für weitere Steuern Zerlegungsbestimmungen getroffen[121]. Durch die Zerlegung wurden 1993 etwa 5,4% des Länderanteils an der Körperschaftsteuer und etwa 3,6% des Länderanteils an der Lohnsteuer umgeschichtet[122]. Das Zerlegungsverfahren begünstigt die steuerschwachen Länder[123] und hat damit bereits horizontale Ausgleichswirkungen. Außerdem benachteiligt das Wohnsitzprinzip Länder, namentlich die Stadtstaaten[124], in denen zahlreiche Pendler beschäftigt sind, die deren öffentliche Einrichtungen ohne entsprechende Kostenbeteiligung in Anspruch nehmen[125], was das Bundesverfassungsgericht aber akzeptiert hat[126]. **25**

---

[114] BVerfGE 72, 330 (392); *Siekmann* (Fn. 55), Art. 107 Rn. 12; vgl. auch *Hidien*, Steuerverteilung (Fn. 98), S. 97 ff.

[115] BVerfGE 72, 330 (392); *Siekmann* (Fn. 55), Art. 107 Rn. 12; *Huber* (Fn. 82), Art. 107 Rn. 71.

[116] *Siekmann* (Fn. 55), Art. 107 Rn. 13.

[117] Zerlegungsgesetz (ZerlG) v. 6.8.1998 (BGBl. I S. 1998), zuletzt geändert durch Art. 17 des Gesetzes v. 20.12.2016 (BGBl. I S. 3000).

[118] Kritisch zu den bestehenden Regelungen insbesondere im Hinblick auf die Auswirkungen auf die ostdeutschen Länder *T. Lenk/P. Glinka*, ifo Schnelldienst 24/2015, 13 ff.; siehe auch *T. Lenk/P. Glinka*, Nach der Reform (Fn. 110), S. 385 ff.

[119] Für eine stärkere Berücksichtigung des Arbeitsorts des Lohnsteuerpflichtigen wohl *R. Weiß/W. Münzenmaier*, Wirtschaftsdienst 2014, 732 ff.

[120] Siehe dazu auch die knappen Hinweise auf von ökonomischer Seite geäußerte Kritik bei *Tappe/Wernsmann*, Finanzrecht (Fn. 100), Rn. 354.

[121] Etwa für die Feuerschutzsteuer in § 11 FeuerschStG sowie für den Zinsabschlag in § 8 ZerlG.

[122] *Fischer-Menshausen* (Fn. 62), Art. 107 Rn. 10; für die neuen Länder galten bis 1994 Übergangsvorschriften (§ 8).

[123] *E. Thiel/H. Nuppnau/H. Tesch/M. Weilepp*, Raumordnungspolitische Bedeutung von Finanzausgleichsmaßnahmen und Verteilungsschlüsseln des Steueraufkommens in der Bundesrepublik Deutschland, HWWA-Gutachten, 1975, S. 12; s. auch *Hidien*, Steuerverteilung (Fn. 98), S. 168; beispielhafte Verteilung der Steuereinnahmen auf die Länder bei *H.-G. Henneke*, in: Schmidt-Bleibtreu/Hofmann/Henneke, GG, Art. 107 Rn. 37.

[124] *Henneke* (Fn. 123), Art. 107 Rn. 35.

[125] Vgl. näher *P. Renner*, Finanzausgleich unter den Ländern und Bundesergänzungszuweisungen, in: BMF (Hrsg.), Die Finanzbeziehungen zwischen Bund-Ländern-Gemeinden in finanzverfassungsrechtlicher und finanzwirtschaftlicher Sicht, 1982, S. 327 ff. (377 ff.); *R. Mußgnug*, JuS 1986, 872 (873); *R. Peffekoven*, FinArch. 45 (1987), 181 (186); *Fischer-Menshausen* (Fn. 62), Art. 107 Rn. 10, 21c; *Sachverständigenrat*, Jahresgutachten 1990/91, BT-Drs. 11/8472, Tz. 443; *W. Kitterer*, Finanzausgleich im vereinten Deutschland, in: Der Senator für Finanzen der Freien Hansestadt Bremen (Hrsg.), Neuordnung des Finanzausgleichs zwischen Bund und Ländern und ihre Auswirkungen auf das Land Bremen, 1993, S. 271 ff. (278 ff.); zum Wertungsmoment *W. Heun*, Der Staat 31 (1992), 205 (222); für hälftige Zerlegung nach Wohnsitz- und Betriebsstätte für die Einkommensteuer daher *Korioth*, Finanzausgleich (Fn. 2), S. 521 ff.

[126] BVerfGE 72, 330 (406 f.).

3. Die Verteilung des Umsatzsteueraufkommens gem. Art. 107 I 4 GG

a) Einwohnerschlüssel

26 Für die Verteilung der Umsatzsteuereinnahmen der Länder[127] ist das örtliche Aufkommen als Maßstab untauglich, weil diese Steuer infolge ihrer Erhebungstechnik vielfach nicht dort vereinnahmt wird, wo die wirtschaftliche Leistung erbracht wird oder der Verbrauch stattfindet. Während der wirtschaftliche Wertschöpfungsbeitrag an mehreren Orten erarbeitet worden sein kann, die bei längeren Transportwegen weit auseinanderfallen können, wird die Steuerlast infolge der Überwälzungstechnik vom Endverbraucher getragen. Die Belastungswirkung rechtfertigt partiell auch die Grundregel des Art. 107 I 4, 1. Hs. GG, wonach der **Länderanteil** des Umsatzsteueraufkommens vorbehaltlich der Regelungen nach Absatz 2 **nach der Einwohnerzahl** zu verteilen ist[128]. Die Verteilung geht damit von dem Kriterium der örtlichen Vereinnahmung ab[129]. Der Verteilungsschlüssel der Einwohnerzahl legt außerdem – und das ist wichtiger – den Gedanken einer gleichmäßigen Pro-Kopf-Versorgung mit öffentlichen Leistungen zugrunde und führt damit bereits in die primäre horizontale Steuerverteilung einen **pauschalen Bedarfsmaßstab**[130] ein[131], der beträchtliche horizontale Ausgleichswirkungen erzeugt, die (erneut) tendenziell die steuerschwachen Länder begünstigen. Der Verteilungseffekt ist insoweit sogar höher als derjenige, der nach der Neuregelung über die Zuschläge zu und Abschläge von der Finanzkraft bei der Verteilung der Länderanteile an der Umsatzsteuer nach Art. 107 II GG (dem bisherigen sekundären horizontalen Finanzausgleich) erzielt wird[132]. Stichtag für die der Verteilung zugrunde zu legende Einwohnerzahl ist gem. § 2 FAG in der ab 1.1.2020 geltenden Fassung (wie bisher[133]) jeweils der 30.6. eines Jahres. Da die Beteiligungsansprüche der einzelnen Länder erst nach Abschluß der Abrechnungsperiode endgültig ermittelt werden können, werden Ausgleichszahlungen auf vorläufigen Bemessungs-

[127] Der Länderanteil an der Umsatzsteuer beträgt nach § 1 I FAG in der ab 1.1.2020 geltenden Fassung 45,19541378% (!). Allerdings wird dieser Wert noch vor Inkrafttreten an die im November 2019 von der Bundesregierung zu veröffentlichende Schätzung des Gesamtaufkommens an der Umsatzsteuer nach einem nur politisch erklärbaren Verfahren angepaßt. Darüber hinaus ergibt sich auch aus § 1 II FAG, daß die ermittelten Anteile schon ab 2020 um bestimmte feststehende Beträge reduziert werden. Als transparent wird man diese Regelung kaum bezeichnen können.

[128] *Fischer-Menshausen* (Fn. 62), Art. 107 Rn. 11; vgl. auch *Hidien*, Steuerverteilung (Fn. 98), S. 207ff.; *Wernsmann* (Fn. 8), Art. 107 Rn. 150.

[129] *G. Kisker*, Der bergrechtliche Förderzins im bundesstaatlichen Finanzausgleich, 1983, S. 33f.; *W. Heun*, Der Staat 31 (1992), 205 (225); ähnlich *Vogel/Kirchhof* (Fn. 8), Art. 107 Rn. 111: »Ausnahme«; dagegen *P. Kirchhof*, Der Verfassungsauftrag zum Länderfinanzausgleich als Ergänzung fehlender und Garant vorhandener Finanzautonomie, 1982, S. 5; wohl auch *Siekmann* (Fn. 55), Art. 107 Rn. 14; *Huber* (Fn. 82), Art. 107 Rn. 80.

[130] *Fischer-Menshausen* (Fn. 62), Art. 107 Rn. 11; *Heintzen* (Fn. 97), Art. 107 Rn. 17; Jarass/*Pieroth*, GG, Art. 107 Rn. 4; *W. Heun*, Der Staat 31 (1992), 205 (225); ähnlich *Vogel/Kirchhof* (Fn. 8), Art. 107 Rn. 112: »pauschalisierende Bedarfsvermutung«; zweifelnd *Siekmann* (Fn. 55), Art. 107 Rn. 15; etwas relativierend auch *Hidien*, Steuerverteilung (Fn. 98), S. 210ff.; klar a. A.: *Carl*, Finanzausgleich (Fn. 91), S. 40ff.

[131] Gehört also nicht zum sekundären Finanzausgleich, BVerfGE 72, 330 (385); sachlich ebenso, aber unpräzise formuliert *Fischer-Menshausen* (Fn. 62), Art. 107 Rn. 11.

[132] Zur bisherigen Regelung siehe *Fischer-Menshausen* (Fn. 62), Art. 107 Rn. 11.

[133] § 2 III FAG in der bis zum 31.12.2019 geltenden Fassung.

grundlagen vorgenommen; das Aufkommen steht vorerst aber allen Beteiligten zur gesamten Hand zu[134].

b) Abschaffung der Ergänzungsanteile

27 Die als Sonderausgleich zugunsten finanzschwacher Länder möglichen **Umsatzsteuerergänzungsanteile** gem. Art. 107 I 4, 2. Hs. GG a. F. sind mit der Neuregelung der bundesstaatlichen Finanzbeziehungen im Jahr 2017 **abgeschafft worden** (→ Rn. 53 f.). Diesen kam bisher eine durchaus bedeutende Ausgleichswirkung zu, da der Gesetzgeber diese noch bis 2019 bestehende verfassungsrechtliche Möglichkeit voll ausgeschöpft hat. Die damit ab 2020 wegfallende Ausgleichswirkung wird jedoch durch die weiteren Modifizierungen des Ausgleichssystems in Verbindung mit ihrer einfachrechtlichen Konkretisierung praktisch vollständig kompensiert.

c) Zuweisung vorbehaltlich der Regelungen nach Absatz 2

28 Die Zuweisung des Umsatzsteueranteils der Länder nach der Einwohnerzahl gem. Art. 107 I 4 GG erfolgt »vorbehaltlich der Regelungen nach Abs. 2« und stellt damit **nur den ersten Zuweisungsschritt** dar. Bevor es zu einer tatsächlichen Auszahlung der Umsatzsteueranteile an die einzelnen Länder kommt, ist vielmehr über Zuschläge zu und Abschläge von der jeweiligen Finanzkraft ein angemessener Ausgleich der unterschiedlichen Finanzkraft der Länder gem. Art. 107 II 1–4 GG durchzuführen. Diese Vorläufigkeit der Zuweisung nach Art. 107 I GG belegt auch die Regelung des § 4 FAG in der ab 1.1.2020 geltenden Fassung, wonach die Verteilung der Umsatzsteuer *nach* der Hinzurechnung von Zuschlägen zu und Abschlägen von der Finanzkraft erfolgt. Dieser Befund bestätigt zugleich, daß die **Zweistufigkeit** des bisherigen horizontalen Finanzausgleichs lediglich formal abgeschafft wurde, der Sache nach aber erhalten bleibt. An einer solchen Zweistufigkeit führt auch schon deshalb kein Weg vorbei, da die Ermittlung der jeweiligen Zu- und Abschläge nach Art. 107 II 2 GG zumindest gedanklich die vorherige Ermittlung der »unverfälschten« Finanzkraft der Länder (also derjenigen, die sich bei einer Verteilung allein nach den Vorgaben des Art. 107 I GG ergibt) notwendig voraussetzt.

III. Der angemessene Ausgleich der Finanzkraft der Länder gem. Art. 107 II 1–4 GG

1. Bedeutung und Funktion

29 Bundesverfassungsgericht und herrschende Lehre trennten nach der bisherigen Regelung des Art. 107 GG a. F. scharf zwischen primärer Steuerertragsverteilung und sekundärem horizontalen Finanz(kraft)ausgleich. Danach gehörten die im Wege der **Steuerertragsverteilung** zugewiesenen Finanzmittel einschließlich der Ergänzungsanteile nach Art. 107 I GG a. F. an der Umsatzsteuer zur eigenen Finanzausstattung der einzelnen Bundesländer[135]. Angesichts des abgestimmten Ineinandergreifens der Verteilung der Aufgaben, der Ausgaben, der – weitgehend dem Bund zugewiesenen – Be-

[134] §§ 13 ff. FAG (sowohl in der bis 31.12.2019 als auch der ab 1.1.2020 geltenden Fassung); *Fischer-Menshausen* (Fn. 62), Art. 107 Rn. 11; *Hidien*, Steuerverteilung (Fn. 98), S. 271 ff.

[135] BVerfGE 72, 330 (386 f.); für die h. M. *Siekmann* (Fn. 55), Art. 107 Rn. 20 f.; *Huber* (Fn. 82), Art. 107 Rn. 83 ff., 88; *Wernsmann* (Fn. 8), Art. 107 Rn. 163.

steuerungskompetenzen, der Ertragshoheit in einem teilweisen Verbundsystem sowie der darauf aufbauenden und partiell damit bereits verzahnten Ausgleichsregelungen war diese These eine **fragwürdige Fiktion**, die das innere Gefüge des Gesamtsystems verfehlte[136], auch wenn sich dies im Einzelfall nicht sonderlich auswirkte[137]. Mit der Neuregelung und der damit verbundenen Integration des sekundären in den primären horizontalen Finanzausgleich, läßt sich diese Ansicht ohnehin nicht mehr aufrechterhalten. Jedenfalls läßt sich nicht vertreten, daß die »reinen« Umsatzsteueranteile nach Art. 107 I GG, die kein Land in dieser Form jemals erhält, zur eigenen Finanzausstattung der Länder zu zählen wären. In diesem jedenfalls formalen Wechsel liegt gerade der Grund für die anzunehmende geringere Streitanfälligkeit des neuen Verteilungssystems (→ Rn. 6).

30 Art. 107 II GG konstituiert eine **Rechtspflicht zu einer wirksamen Ausgleichsregelung**, solange die Finanzausstattung der verschiedenen Länder nach Durchführung des vorläufigen Finanzausgleichs nach Art. 107 I GG (→ Rn. 28) noch unangemessen große Unterschiede aufweist[138], zumal ein Ausgleich auf anderem Wege wegen des abschließenden Charakters des Art. 107 II GG unzulässig ist[139].

31 In der Ausgleichsverpflichtung werden **bundesstaatliche und sozialstaatliche Prinzipien konkretisiert**. Zum einen wird dadurch der »bundesstaatliche Gedanke der Solidargemeinschaft, des bündischen Einstehens füreinander«, das »bündische Prinzip« verwirklicht[140]. Dieses **bündische Prinzip** bleibt dabei auch in der Neuregelung weiterhin enthalten, tritt allenfalls durch die Integration in den primären horizontalen Finanzausgleich weniger deutlich zu Tage. Formal gibt es danach zwar keine »ausgleichsberechtigten« und »ausgleichspflichtigen« Länder mehr, der Sache nach bleibt diese Unterscheidung aber mit den Ländern, die einen Zuschlag zu und den Ländern die einen Abschlag von ihrem Umsatzsteueranteil erfahren, bestehen. Daß die bündische Komponente zusätzlich durch eine stärkere finanzielle Beteiligung des Bundes beschränkt wird – bisweilen wird auch von einem Wechsel vom »brüderlichen« zum »väterlichen« Finanzausgleich gesprochen – ist demgegenüber keine unmittelbare Folge der verfassungsrechtlichen Neuregelung, als vielmehr der einfach-rechtlichen Konkretisierung im Finanzausgleichsgesetz geschuldet. Zum anderen ist die Ausgleichspflicht **Konsequenz des Sozialstaatsgebots**, indem die finanziellen Voraussetzungen für eine gleichmäßige Versorgung der Bevölkerung mit öffentlichen Leistungen geschaffen werden sollen[141]. Der darin zum Ausdruck kommende Gedanke fiskalischer Gleichheit muß freilich immer mit dem Gedanken der Autonomie der Länder austa-

---

[136] *W. Heun*, Der Staat 31 (1992), 205 (226); *U. Häde*, Finanzausgleich, 1996, S. 214ff.; vgl. jetzt auch *R. Wendt*, Die »eigene« Finanzausstattung der Länder im System der Steuerverteilung und des Finanzausgleichs, in: GedS Burmeister, 2005, S. 457ff.

[137] Eine Übertragung des ohnehin fragwürdigen steuerrechtlichen Halbteilungsgrundsatzes auf den Finanzausgleich scheidet daher schon im Ansatz aus, vgl. auch *J. W. Hidien*, JZ 1998, 607ff.; *Huber* (Fn. 82), Art. 107 Rn. 133a.

[138] BVerfGE 86, 148 (214f.); *Vogel/Kirchhof* (Fn. 8), Art. 107 Rn. 54; *Lerche*, Finanzausgleich (Fn. 70), S. 314; *Schneider*, Grenzen (Fn. 71), S. 724; *Fischer-Menshausen* (Fn. 62), Art. 107 Rn. 14; *Siekmann* (Fn. 55), Art. 107 Rn. 21; Jarass/*Pieroth*, GG, Art. 107 Rn. 6. → Rn. 13ff.

[139] BVerfGE 72, 330 (396f.); *Fischer-Menshausen* (Fn. 62), Art. 107 Rn. 14; *Heintzen* (Fn. 97), Art. 107 Rn. 21. → Rn. 19.

[140] BVerfGE 72, 330 (386f.); 86, 148 (214); *Siekmann* (Fn. 55), Art. 107 Rn. 22; *U. Häde*, JA 1994, 1, 33 (33); *Heintzen* (Fn. 97), Art. 107 Rn. 20; ausführlich nunmehr *C. Federer-Meyer*, Finanzielle Solidarität im Bundesstaat, 2017, S. 15ff. → Rn. 14.

[141] *Siekmann* (Fn. 55), Art. 107 Rn. 22. → Rn. 14.

riert werden und darf insoweit nicht zu einer völligen Nivellierung führen[142]. Der Finanzausgleich darf folglich nicht »allein vom Gedanken der finanziellen Gleichheit aller Länder geprägt« sein[143].

2. Finanzkraft, Finanzbedarf und angemessener Ausgleich

Inhalt und Umfang des (bisher sekundären) horizontalen Finanzausgleichs zwischen den Ländern gem. Art. 107 II GG werden weiterhin von den drei aufeinander bezogenen, aber nicht gleichermaßen in der Norm selbst niedergelegten Elementen der **Finanzkraft, des Finanzbedarfs und des angemessenen Ausgleichs** bestimmt. Art. 107 II GG versteht zunächst einmal den sekundären Finanzausgleich als Finanzkraftausgleich[144]. Finanzkraft ist ein unbestimmter Rechtsbegriff, der vom Gesetzgeber in Ausübung seiner begrenzten Gestaltungs- und Abgrenzungsbefugnis auch unter Verwendung von Indikatoren bestimmt werden kann, sofern diese verläßlich sind und auch das Volumen der Finanzkraft zuverlässig erfassen[145]. 32

Entgegen der früheren Staatspraxis wird der **Begriff der Finanzkraft** heute zu Recht **umfassend** verstanden und darf nicht auf die Steuerkraft reduziert werden[146]. Vielmehr sind alle Abgaben einzubeziehen, soweit sie von ihrem Volumen her bedeutsam sind und nicht gleichmäßig anfallen[147]. Maßgebend ist die »Ausgleichsrelevanz«[148]. Nichtsteuerliche Einnahmen (nichtsteuerliche Abgaben, Einnahmen aus wirtschaftlicher Tätigkeit und sonstige Ertragszuführungen)[149] dürfen daher bei der Ermittlung der Finanzkraft nur unberücksichtigt bleiben, wenn sie ihrem Volumen nach nicht ausgleichsrelevant sind, wenn sie in allen Ländern verhältnismäßig gleich anfallen oder wenn der Aufwand für die Ermittlung zu dem möglichen Ausgleichseffekt außer Verhältnis steht[150]. Die bergrechtliche Förderabgabe gem. § 31 BBergG war daher bisher auch unabhängig von ihrer abgabenrechtlichen Qualifikation bei der Ermittlung zu berücksichtigen[151]. Die Neuregelung sieht in Art. 107 II 4 GG nunmehr jedoch 33

[142] → Rn. 14, 17; zur weitgehenden Nivellierung und den geringen Anreizwirkungen des gegenwärtigen Systems vgl. *S. Homburg*, FinArch. 51 (1994), 312 (313 ff.); *W. Ebert/S. Meyer*, Widi 1999, 106 (107 ff.); zum Abschöpfungstarif s. *IFO-Institut*, Die Neuordnung des bundesstaatlichen Finanzausgleichs im Spannungsfeld zwischen Wachstums- und Verteilungszielen, 1994, S. 69 ff.; vgl. ferner *V. Kröning*, ZRP 1997, 442 (442).

[143] BVerfGE 86, 148 (214); bei *Siekmann* (Fn. 55), Art. 107 Rn. 23, wird durch Weglassen des Wortes »allein« der Sinn dieses Satzes nahezu in sein Gegenteil verkehrt.

[144] Vgl. z. B. auch *Vogel/Kirchhof* (Fn. 8), Art. 107 Rn. 133; *Siekmann* (Fn. 55), Art. 107 Rn. 31; vgl. auch aus finanzwissenschaftlicher Sicht: *H.-G. Metz*, Der Ausgleich von Finanzkraft- und Bedarfsunterschieden im föderalistischen Staat, 1979, S. 50 ff.

[145] BVerfGE 72, 330 (399 f.); 86, 148 (216); 101, 158 (216, Rn. 276 f.; 228, Rn. 312 f.); *Siekmann* (Fn. 55), Art. 107 Rn. 26.

[146] BVerfGE 72, 330 (397 ff.); 86, 148 (216); 101, 158 (222 f., Rn. 293 ff.); *R. Grawert*, Die Kommunen im Länderfinanzausgleich, 1989, S. 61; *Siekmann* (Fn. 55), Art. 107 Rn. 26; *Fischer-Menshausen* (Fn. 62), Art. 107 Rn. 15; Jarass/*Pieroth*, GG, Art. 107 Rn. 7; *Heintzen* (Fn. 97), Art. 107 Rn. 22 f.; *W. Heun*, Der Staat 31 (1992), 205 (226); *Wernsmann* (Fn. 8), Art. 107 Rn. 166 ff.; a. A. *Sondervotum Niebler*, BVerfGE 72, 330 (426 ff.); s. auch *Ossenbühl*, Grundfragen (Fn. 62), S. 119 f.

[147] BVerfGE 72, 330 (400).

[148] BVerfGE 72, 330 (400).

[149] Vgl. im einzelnen *Kirchhof*, Verfassungsauftrag (Fn. 129), S. 101 ff.; zur Einbeziehung der Sonderabgaben *J. W. Hidien*, DÖV 1997, 990 (991 ff.).

[150] BVerfGE 72, 330 (400); 86, 148 (216); tatsächlich divergieren die sonstigen Einnahmen, die nicht in die Finanzkraftberechnung eingehen, beträchtlich und sind auch ganz erheblich, s. *T. Müller-Overheu*, Der bundesstaatliche Finanzausgleich im Rahmen der deutschen Einheit, 1994, S. 71.

[151] BVerfGE 72, 330 (410 f.); s. auch *Maier*, Stellung (Fn. 57), S. 141 f.; dagegen zuvor *Ossenbühl*,

ausdrücklich vor, daß diese bei der Bemessung der Finanzkraft nur zu einem Teil berücksichtigt werden darf – eine letztlich systemwidrige Bestimmung, die offenkundig ein politisches Zugeständnis an die betroffenen Länder (insbesondere Niedersachsen) darstellt[152]. Kraft ausdrücklicher Anordnung sind nur die Zahlungen des Bundes für den öffentlichen Personennahverkehr gem. Art. 106a Satz 3 GG ausgenommen. Der Gesetzgeber hat diese Vorgaben ebenfalls in dem Maßstäbegesetz zu konkretisieren[153]. Die umfassende Ermittlung der Finanzkraft ist gegenüber der ebenfalls denkbaren Heranziehung des Volkseinkommens vorzugswürdig[154].

34 Bei der **Ermittlung der Finanzkraft** wird vom Finanzausgleichsgesetz auch in seiner ab dem 1.1.2020 geltenden Fassung fast ausschließlich auf das tatsächliche Aufkommen abgestellt, die Steueranspannung bleibt weitgehend unberücksichtigt[155]. Allein bei der Berücksichtigung der Realsteuern der Gemeinden werden die Steuereinnahmen auf einheitliche Hebesätze umgerechnet, da die Steueranspannung in den Kommunen erhebliche Unterschiede aufweist[156]. Prinzipiell stellt der Begriff der Finanzkraft indes auf die finanzielle Fähigkeit ab, die verfassungsrechtlich zugewiesenen Aufgaben zu erfüllen[157]. Sofern die betreffenden Gebietskörperschaften eigenverantwortlich über die Inanspruchnahme und Ausschöpfung der zur Verfügung stehenden Finanzquellen entscheiden können, dürfen diese Entscheidungen nicht zu faktischen Ausgleichspflichten oder Ausgleichsansprüchen führen[158]. In dem gegenwärtigen System ist folglich die nahezu ausschließliche Heranziehung des tatsächlichen Aufkommens nur deswegen zu rechtfertigen, weil die Steuergesetzgebungskompetenzen fast ausnahmslos vom Bund wahrgenommen werden und demzufolge auch von einer im wesentlichen übereinstimmenden Steueranspannung ausgegangen werden kann[159].

35 Die **Finanzkraft der Gemeinden und Gemeindeverbände** ist gem. Art. 107 II 1 2. Hs. GG bei dem betreffenden Land zu berücksichtigen. Deshalb sind grundsätzlich auch die gemeindlichen Einnahmen in die Ermittlung einzubeziehen. Allerdings war es schon für die bisherige Regelung zu rechtfertigen, die kommunalen Einnahmen, die »einen speziellen Bezug zu Angelegenheiten der örtlichen Gemeinschaften aufweisen, nicht voll in die Finanzkraft des Landes einzubeziehen«[160]. Deshalb ist es auch

---

Grundfragen (Fn. 62), S. 119f.; vgl. auch die anderen befürwortenden Gutachten in diesem Verfahren: *G. Kisker*, Der bergrechtliche Förderzins im bundesstaatlichen Finanzausgleich, 1983; *P. Lerche/C. Pestalozza*, Die bergrechtliche Förderabgabe im System des horizontalen Finanzausgleichs und der Bundesergänzungszuweisungen nach Art. 107 II GG, 1984; *P. Selmer/C. Brodersen*, Finanzverfassungsrechtliche Grundfragen des horizontalen Finanzausgleichs, 1984.

[152] Sehr kritisch *H.-G. Henneke*, DVBl. 2017, 214 (217). Das FAG sieht in seiner ab dem 1.1.2020 geltenden Fassung in § 7 II vor, daß die bergrechtliche Förderabgabe nur zu 33% des Aufkommens zu berücksichtigen ist.

[153] BVerfGE 101, 158 (223, Rn. 294); zur Problematik des MaßstäbeG: → Rn. 17; → Art. 106 Rn. 26.

[154] *W. Heun*, Der Staat 31 (1992), 205 (226f.).

[155] Vgl. *W. Heun*, Der Staat 31 (1992), 205 (227); zu den unterschiedlichen theoretischen Ansätzen einer Ermittlung der Finanzkraft vgl. *Department of Treasury*, Federal-State-Local Fiscal Relations, 1985, S. 207ff.; anders nur bei der Berechnung des Umsatzsteueranteils hinsichtlich der Grunderwerbsteuer nach Art. 107 I 4 3. Hs. GG: → Rn. 53.

[156] § 8 FAG; BVerfGE 86, 148 (230).

[157] BVerfGE 86, 148 (217); vgl. zuvor bereits *R. Mußgnug*, JuS 1986, 872 (879): »potentielle Finanzkraft«; *W. Heun*, Der Staat 31 (1992), 205 (227).

[158] Formal kennt Art. 107 II GG zwar keine solchen Ausgleichspflichten und Ausgleichsansprüche mehr, faktisch bestehen sie aber mit den Zuschlägen zu und den Abschlägen von der Finanzkraft bei der Verteilung des Umsatzsteueranteils fort.

[159] BVerfGE 86, 148 (217); *W. Heun*, Der Staat 31 (1992), 205 (227).

[160] BVerfGE 86, 148 (221); *Siekmann* (Fn. 55), Art. 107 Rn. 29; *J. W. Hidien*, Die Berücksichtigung

für die bisherige Regelung für zulässig erachtet worden, Realsteuern mit örtlichem Bezug[161], die örtlichen Verbrauch- und Aufwandsteuern[162] sowie die Konzessionsabgaben, die von Versorgungsunternehmen an die Kommunen gezahlt werden[163], (teilweise) außer Ansatz zu lassen[164]. Das ist denn auch weiterhin in § 8 III FAG in der ab 1.1.2020 geltenden Fassung vorgesehen, allerdings ist der Anteil der zu berücksichtigenden Steuereinnahmen von 64% auf 75% erhöht worden[165]. Dem ausdrücklichen Auftrag des Bundesverfassungsgerichts zur Prüfung und Maßstabsbildung[166] war und ist der Gesetzgeber gleichwohl nur sehr unvollkommen gefolgt[167]. Eine Verpflichtung gemeindliche Einnahmen teilweise außer Ansatz zu lassen, bestand bisher richtigerweise nicht[168]. Das dürfte sich aber aus systematischen Gründen mit der Neuregelung wohl geändert haben. Da diese nämlich in Art. 107 II 6 GG Ergänzungszuweisungen des Bundes für Gemeinden und Gemeindeverbände mit besonders geringer Steuerkraft erlaubt und die Finanzkraft maßgeblich von der Steuerkraft bestimmt wird, käme es andernfalls zu einer unzulässigen Doppelberücksichtigung der kommunalen Steuerkraft[169].

Der **Finanzbedarf**, also die Finanzierungsnotwendigkeiten zur Erfüllung der zugewiesenen Aufgaben, wird nach dem Wortlaut der Regelung prima facie **nicht in die Ermittlung des Ausgleichsbedarfs einbezogen**. Eine Ausnahme ist explizit in Art. 107 II 1 2. Hs. GG lediglich für den Finanzbedarf der Gemeinden vorgesehen[170]. Sachlich läßt sich die Ausblendung des Bedarfs im Ergebnis gar nicht durchhalten, weil letztlich ein Ausgleichsbedarf nur im Hinblick auf einen entsprechenden Finanzbedarf zu rechtfertigen ist[171]. Richtig ist freilich, daß der Finanzbedarf durch autonome, frei gestaltbare politische Entscheidungen maßgebend beeinflußt und die Solidarität der anderen Länder dadurch strapaziert wird[172]. Außerdem stellt sich die Frage einer Feststellbarkeit des Finanzbedarfs, die frei von voluntativen subjektiven Elementen ist[173]. Zwingend muß daher bei der Ermittlung des Finanzbedarfs auf objektivierbare Maß- 36

---

der Finanzkraft und des Finanzbedarfs der Gemeinden (Gemeindeverbände) im Finanzausgleich nach Art. 107 Abs. 2 Satz 1 Grundgesetz, 2001, S. 103 ff.; für volle Einbeziehung demgegenüber *R. Wendt/M. Elicker*, DÖV 2001, 762 ff. sowie *H.-G. Henneke*, DVBl. 2017, 214 (218).

161 Sie dürfen teilweise außer Ansatz gelassen werden; BVerfGE 86, 148 (231 f.); das gilt vor allem im Hinblick auf den Finanzbedarf der Kommunen.

162 BVerfGE 86, 148 (225).

163 BVerfGE 86, 148 (225 ff.): »unter den derzeit gegebenen Umständen«; *J. Wieland*, Die Konzessionsabgaben, 1991, S. 321 f.

164 Vgl. auch *Fischer-Menshausen* (Fn. 62), Art. 107 Rn. 15; *Siekmann* (Fn. 55), Art. 107 Rn. 29; *Hidien*, Handbuch (Fn. 25), S. 219 ff.; *Schneider* (Fn. 111), Art. 107 Rn. 14; s. auch *Henneke* (Fn. 123), Art. 107 Rn. 61; *Wernsmann* (Fn. 8), Art. 107 Rn. 172 ff.; speziell zu den Konsequenzen für das Land Berlin *Maier*, Stellung (Fn. 57), S. 170 ff.

165 Art. 2 des Gesetzes v. 14.8.2017 zur Neuregelung des bundesstaatlichen Finanzausgleichssystems ab dem Jahr 2020 und zur Änderung haushaltsrechtlicher Vorschriften, BGBl. I S. 3122, 3124.

166 BVerfGE 101, 158 (229, Rn. 316 ff.).

167 Vgl. § 7 IV MaßstG in der ab 1.1.2020 geltenden Fassung (§ 8 IV MaßstG in der bis 31.12.2019 geltenden Fassung); kritisch auch *Siekmann* (Fn. 55), Art. 107 Rn. 29 f.

168 So aber *Huber* (Fn. 82), Art. 107 Rn. 36, 104.

169 So auch *H.-G. Henneke*, DVBl. 2017, 214 (218).

170 Eingehend *Hidien*, Berücksichtigung (Fn. 160), S. 142 ff.

171 Vgl. auch *Ossenbühl*, Grundfragen (Fn. 62), S. 42; insofern kann die Berücksichtigung des Finanzbedarfs vernünftigerweise gar kein »Fremdkörper im System des vom GG vorgesehenen Finanzkraftausgleichs« sein, so aber *Siekmann* (Fn. 55), Art. 107 Rn. 31.

172 *Siekmann* (Fn. 55, Art. 107 Rn. 31.

173 *Fischer-Menshausen* (Fn. 62), Art. 107 Rn. 16.

stäbe und abstrakte, pauschale Bedarfsgesichtspunkte abgestellt werden. Dem wird allgemein zunächst dadurch entsprochen, daß durch die Umrechnung der absoluten Erträge aller ausgleichsrelevanten Einnahmen auf die Länder durch den **Einwohnermaßstab** in den Begriff der Finanzkraft ein Kriterium des Mittelbedarfs der Länder hineingelesen und auf diese Weise der Finanzbedarf berücksichtigt wird[174]. Auch für besondere Finanzbedarfe, die auf vorgegebenen strukturellen Eigenarten der Länder beruhen, läßt das Bundesverfassungsgericht eine Modifizierung dieses abstrakten Bedarfskriteriums nach objektiven Indikatoren zu[175]. Ansonsten dürfen Sonderbedarfe grundsätzlich nicht berücksichtigt werden[176]. Allerdings darf von den Einnahmen ein besonderer Aufwand abgesetzt werden, der zu ihrer Gewinnung erforderlich war[177]. Diese **Ausblendung von Sonderbedarfen** ist ökonomisch vernünftig, da ohnehin nur solche Sonderbedarfe infolge externer Effekte und auf Grund nicht selbst zu verantwortender Strukturschwächen ausgleichswürdig sind und für letztere vertikale Zuweisungen ohnehin die angemessenere Ausgleichsmethode darstellen[178]. Aus dem föderativen Gleichbehandlungsgebot läßt sich dies jedoch nicht ableiten[179].

37 Als **Sonderbedarfe** hat das Bundesverfassungsgericht die Kosten für die Unterhaltung und Erneuerung der Seehäfen (§ 7 III FAG a. F.) zunächst für **berücksichtigungsfähig** gehalten[180] und die Veredelung der Einwohnerzahlen der Stadtstaaten mit 135% (§ 9 II FAG) sowie eine gestaffelte Veredelung bei der Ermittlung des Gemeindefinanzbedarfs (§ 9 III FAG) als gerechtfertigt angesehen[181]. Beide Sonderbedarfe sind indes richtigerweise nicht ausgleichswürdig. Die Anrechnung der Hafenlasten wird nur hi-

---

[174] BVerfGE 72, 330 (400); 86, 148 (239); 101, 158 (223, Rn. 295; 228 f., Rn. 314); *W. Heun*, Der Staat 31 (1992), 205 (227); *Fischer-Menshausen* (Fn. 62), Art. 107 Rn. 16; *Huber* (Fn. 82), Art. 107 Rn. 110; *E. Röper*, ZRP 2001, 216 ff.; *Wernsmann* (Fn. 8), Art. 107 Rn. 177; kritisch *Selmer*, Grundsätze (Fn. 69), S. 48 f.: verfeinerungsbedürftig.

[175] BVerfGE 72, 330 (400 f.); ähnlich *Fischer-Menshausen* (Fn. 62), Art. 107 Rn. 16.

[176] BVerfGE 72, 330 (400, 413); 86, 148 (238); *Vogel/Kirchhof* (Fn. 8), Art. 107 Rn. 150a; *Kirchhof*, Verfassungsauftrag (Fn. 129), S. 30 ff., 90 ff.; *Siekmann* (Fn. 55), Art. 107 Rn. 33; a. A. *H. Schiedermair*, Der Härteausgleich im Gesetz über den Finanzausgleich zwischen Bund und Ländern, 1986, S. 11 ff., 22; seinerzeit noch für Gestaltungsfreiheit des Gesetzgebers *Ossenbühl*, Grundfragen (Fn. 62), S. 49, 54, 56 f.; weitergehend auch *Fischer-Menshausen* (Fn. 62), Art. 107 Rn. 16.

[177] *Siekmann* (Fn. 55), Art. 107 Rn. 33.

[178] *W. Heun*, Der Staat 31 (1992), 205 (228); vgl. auch *Peffekoven*, Sonderbedarfe (Fn. 67), S. 326 ff.; *M. Kops*, Möglichkeiten und Restriktionen einer Berücksichtigung von Sonderbedarfen im Länderfinanzausgleich, 1989; a. A. *P. Selmer*, Sonderbedarfe und Bedarfe aus Sonderlasten der Länder im bundesstaatlichen Finanzausgleich, in: FS Friauf, 1996, S. 683 ff. (692 ff.).

[179] S. auch *Heintzen* (Fn. 97), Art. 107 Rn. 30; a. A. *J. Wieland*, Jura 1988, 410 (419); *Siekmann* (Fn. 55), Art. 107 Rn. 33.

[180] BVerfGE 72, 330 (413 f.); 86, 148 (236 ff.); Jarass/*Pieroth*, GG, Art. 107 Rn. 7a; *Ossenbühl*, Grundfragen (Fn. 62), S. 135 f.; *G. F. Schuppert/F. Dahrendorf*, Verfassungsrechtliche und finanzwissenschaftliche Aspekte des Länderfinanzausgleichs, 1985, S. 87 ff.; *Fischer-Menshausen* (Fn. 62), Art. 107 Rn. 16; dagegen *Kirchhof*, Verfassungsauftrag (Fn. 129), S. 109 ff.; das FAG 2001 sieht eine Kompensation der Seehafenlasten nicht mehr vor. Allerdings werden sie nunmehr nach Art. 104a IV GG a. F./104b GG n. F. kompensiert, so daß sich im Ergebnis wieder einmal nichts ändert: Ges. über Finanzhilfen des Bundes nach Art. 104a Abs. 4 des Grundgesetzes an die Länder Bremen, Hamburg, Mecklenburg-Vorpommern, Niedersachsen sowie Schleswig-Holstein für Seehäfen vom 20.12.2001 (BGBl. I S. 3955, 3962); kritisch *Siekmann* (Fn. 55), Art. 107 Rn. 34; positiv dagegen *Huber* (Fn. 82), Art. 107 Rn. 124.

[181] BVerfGE 72, 330 (415 ff.); 86, 148 (239 ff.); *Maunz* (Fn. 96), Art. 107 Rn. 57; Jarass/*Pieroth*, GG, Art. 107 Rn. 7; eingehend dazu *B. Dietrich*, Das Prinzip der Einwohnerveredelung in den Finanzausgleichssystemen der Bundesrepublik Deutschland, Diss. jur. Bonn 1996, S. 9 ff.; vgl. ferner *Grawert*, Kommunen (Fn. 146), S. 88 ff.; *Hidien*, Handbuch (Fn. 25), S. 388 ff., 463 ff.; *Schuppert/Dahrendorf*, Aspekte (Fn. 180), 52 ff.; dagegen *Kirchhof*, Verfassungsauftrag (Fn. 129), S. 114 ff.

storisch begründet und ist im Ergebnis nicht plausibel, da den Kosteneffekten auch erhebliche Nutzengewinne gegenüberstehen, die eine Kompensierung bewirken[182]. Zu Recht hat das Bundesverfassungsgericht später die nötige Rechtfertigung vermißt[183]. Der Gesetzgeber hat sich der Kritik anschließend dadurch entzogen, daß er diesen Sonderbedarf zwar im Finanzausgleichsgesetz gestrichen, jedoch durch Finanzhilfen nach Art. 104a IV GG a.F. ausgeglichen hat, deren Fortsetzung durch Art. 125c II 2 GG nunmehr nicht nur bis Ende 2019, sondern sogar prinzipiell dauerhaft gesichert worden ist[184]. Die **Einwohnerveredelung** setzt einen mit zunehmender Einwohnerzahl progressiv steigenden Finanzbedarf voraus[185], der empirisch so kaum nachweisbar ist und auch Kompensationseffekte außer acht läßt[186]. Ferner wird dadurch eine raumordnungspolitisch unerwünschte Bevölkerungskonzentration unnötig gefördert[187]. Umgekehrt wird nunmehr aus ökologischen Gründen ein besonderer Bedarf der dünn besiedelten Flächenländer behauptet[188]. Nachdem das Gericht bereits früher Zweifel an der Tragfähigkeit der Argumentation geäußert und eine Überprüfung gefordert hatte[189], hat es mit Nachdruck die Überprüfung angemahnt und die bisherige Regelung als »frei gegriffen« und damit nicht haltbar angesehen[190], ohne daß der Gesetzgeber dem ernsthaft gefolgt wäre[191]. Kraft expliziter Anordnung in Art. 107 II 1 2. Hs. GG ist allerdings der Finanzbedarf der Gemeinden über die Einwohnerzahl hinaus zu berücksichtigen, wobei es aber ebenfalls nicht auf einen Sonderbedarf ankommen kann, sondern lediglich der generelle und gemeinsame Bedarf aller Kommunen in die Berechnung eingehen darf[192]. Das Gericht hält eine hälftige Kürzung der Steuereinnahmen für mit dem Grundgesetz vereinbar[193].

Schließlich fordert Art. 107 II 1 GG weiterhin einen »**angemessenen Ausgleich**«. Für die Vornahme des angemessenen Ausgleichs ist der Bund verantwortlich. Die Länder 38

---

[182] Kritisch auch *R. Peffekoven*, FinArch. 46 (1988), 397 (404 ff.); *F. Klein*, Die Finanzverfassung als Gegenstand gerichtlicher Auseinandersetzungen insbesondere zwischen Bund und Ländern, in: FS Döllerer, 1988, S. 285 ff. (297); *Carl*, Finanzausgleich (Fn. 91), S. 83 ff.; *R. Wendt*, HStR³ VI, § 139 Rn. 107; *Siekmann* (Fn. 55), Art. 107 Rn. 34; *Lenk*, Reformbedarf (Fn. 3), S. 265 ff.; *Kesper*, Finanzordnung (Fn. 64), S. 250 f.; *Hidien*, Handbuch (Fn. 25), S. 154 ff.

[183] BVerfGE 101, 158 (230 f., Rn. 319 ff.); vgl. dazu auch *R. Peffekoven*, Widi 1999, 709 (712 f.).

[184] Art. 9 des Solidarpaktfortführungsgesetzes v. 20.12.2001 (BGBl. I S. 3955).

[185] Begründet von *A. Brecht*, Internationaler Vergleich der öffentlichen Ausgaben, 1932, S. 6 ff.; *J. Popitz*, Der künftige Finanzausgleich zwischen Reich, Ländern und Gemeinden, 1932, S. 266, 279 ff.

[186] Kritik bei *R. Peffekoven*, FinArch. 45 (1987), 181 (200 ff.); *J. Kaehler*, FinArch. 40 (1982), 445 ff.; *W. Heun*, Der Staat 31 (1992), 205 (228); *Carl*, Finanzausgleich (Fn. 91), S. 85 ff.; *Lenk*, Reformbedarf (Fn. 3), S. 268 ff.; *Siekmann* (Fn. 55), Art. 107 Rn. 34, 35; *Kesper*, Finanzordnung (Fn. 64), S. 255 ff. (zu § 9 III) und 258 (zu § 9 II); *Wernsmann* (Fn. 8), Art. 107 Rn. 189 ff.; vgl. auch vorsichtig *Dietrich*, Prinzip (Fn. 181), S. 90 ff., 136 ff.; empirisch ist ein gesicherter Zusammenhang nicht nachweisbar, s. *C. Baretti u. a.*, Die Einwohnergewichtung auf Länderebene im Länderfinanzausgleich, 2001, zusammenfassend S. 188; *T. Büttner u. a.*, Einwohnergewichtung, Siedlungsdichte und Mehrbedarf (2000), ebd., S. 273 ff. (353); die derzeitigen Auswirkungen sind angeführt bei *Henneke* (Fn. 123), Art. 107 Rn. 87; ebd. Rn. 88 zur kritischen Rechtsprechung, insbesondere LVerfG S-A DVBl. 2012, 1494 (1495 ff.).

[187] *Fischer-Menshausen* (Fn. 62), Art. 107 Rn. 16; *Siekmann* (Fn. 55), Art. 107 Rn. 41.

[188] *D. Czybulka/M. Luttmann*, NuR 2005, 79 ff.

[189] BVerfGE 86, 148 (233 ff.).

[190] BVerfGE 101, 158 (230, Rn. 319).

[191] Vgl. § 7 III 2 MaßstG, § 9 III FAG jeweils in der ab 1.1.2020 geltenden Fassung (§ 8 III 2 MaßstG, § 9 III FAG in der bis 31.12.2019 geltenden Fassung); kritisch auch *Siekmann* (Fn. 55), Art. 107 Rn. 37 mit Fn. 107.

[192] BVerfGE 86, 148 (232 f.).

[193] BVerfGE 86, 148 (231 ff.); 101, 158 (230, Rn. 318).

können diesen Ausgleich nicht frei aushandeln, und der Bundesgesetzgeber darf auch nicht nur das Verhandlungsergebnis der Länder absegnen und ratifizieren, wie es frühere Staatspraxis war. Dies schließt politische Verhandlungen nicht aus[194]. Indes unterliegt der Ausgleich nicht der freien politischen Gestaltung[195]. Der Gesetzgeber darf etwa keine Garantie für eine absolute oder relative Finanzkraft geben[196]. Als Leitformel für die inhaltliche Ausgestaltung hat das Bundesverfassungsgericht formuliert, der Länderfinanzausgleich habe »die richtige Mitte zu finden zwischen der Selbständigkeit, Eigenverantwortlichkeit und Bewahrung der Individualität der Länder auf der einen und der solidargemeinschaftlichen Mitverantwortung für die Existenz und Eigenständigkeit der Bundesgenossen auf der anderen Seite«[197]. Diese Grundsätze der **Autonomie** und der **Solidarität** gelten weiterhin und sind unmittelbar Ausfluß des Bundesstaatsprinzips, so daß der angemessene Ausgleich nichts anderes als eine **Ausprägung des Bundesstaatsprinzips** darstellt[198]. Die Offenheit dieser Zielsetzung, die richtige Mitte zwischen Hilfeleistungspflicht und Autonomie zu finden, provoziert auch Zweifel an der Justitiabilität[199], die das Bundesverfassungsgericht allerdings deutlich mit den Worten zurückgewiesen hat, daß die Regelungen der Finanzverfassung und insbesondere Art. 107 II GG nicht als »Recht minderer Geltungskraft« zu qualifizieren sind[200]. Immerhin sind dem Gesetzgeber jedoch beachtliche Einschätzungs- und Gestaltungsspielräume bei der Festlegung des angemessenen Ausgleichs zuzubilligen[201], die auch durch eine stärkere Betonung der bundesstaatlichen Solidaritätsgemeinschaft kaum stärker begrenzt werden[202]. Aus der Systematik und der Stufenfolge der verfassungsrechtlichen Finanzausgleichsvorschriften ergibt sich freilich ein hohes Maß an fiskalischer Gleichheit[203], dem das tatsächliche hohe Ausgleichsniveau entspricht, auch wenn dies durch das bis 31.12.2019 geltende FAG von zuvor 95% auf 93,415% abgesenkt und ab dem 1.1.2020 noch einmal reduziert worden ist, was dann aber vor allem durch die erweiterten Möglichkeiten zur Gewährung von Ergänzungszuweisungen kompensiert wird. Andererseits lassen sich aus diesen Grundsätzen unmittelbar

---

194 BVerfGE 72, 330 (396).

195 BVerfGE 72, 330 (396); *Federer-Meyer*, Solidarität (Fn. 140), S. 17; anders noch *Ossenbühl*, Grundfragen (Fn. 62), S. 80ff.; vgl. aber auch *Schneider* (Fn. 111), Art. 107 Rn. 17: »letztlich politisch zu beantwortende Grundsatzfrage«.

196 BVerfGE 72, 330 (419); *Siekmann* (Fn. 55), Art. 107 Rn. 40; *Hidien*, Finanzausgleichsgesetz, 3. Aufl. 2015, § 10 Rn. 4.

197 BVerfGE 72, 330 (398); 101, 158 (222, Rn. 291).

198 BVerfGE 72, 330 (398); vgl. auch *Selmer*, Grundsätze (Fn. 69), S. 50; s. auch *Federer-Meyer*, Solidarität (Fn. 140), S. 15ff., die vor allem auf die auch vom Bundesverfassungsgericht genannte und aus dem Bundesstaatsprinzip folgende Solidargemeinschaft abstellt.

199 Vgl. namentlich *F. Ossenbühl*, Zur Justitiabilität der Finanzverfassung, in: FS Carstens, 1984, Bd. II, S. 743ff. (753f.); *ders.*, Grundfragen (Fn. 62), S. 92ff.; s. auch *Maier*, Stellung (Fn. 57), S. 129ff.

200 BVerfGE 72, 330 (388ff.); dem folgt die h. M.: *Korioth*, Finanzausgleich (Fn. 2), S. 63ff. m. w. N.; *R. Prokisch*, Die Justiziabilität der Finanzverfassung, 1993, S. 74ff., 228ff.; *Federer-Meyer*, Solidarität (Fn. 140), S. 17f.

201 BVerfGE 72, 330 (390); *H. Fischer-Menshausen*, Unbestimmte Rechtsbegriffe in der bundesstaatlichen Finanzverfassung, in: Probleme des Finanzausgleichs I (Schriften des Vereins für Socialpolitik 96/I), 1978, S. 135ff. (137); *Schuppert/Dahrendorf*, Aspekte (Fn. 180), S. 13; *Korioth*, Finanzausgleich (Fn. 2), S. 77ff.; *Maier*, Stellung (Fn. 57), S. 210.

202 So letztlich auch das Ergebnis von *Federer-Meyer*, Solidarität (Fn. 140), S. 191, die die bundesstaatliche Solidargemeinschaft als Grund und Grenze des angemessenen Ausgleichs ansieht.

203 *W. Heun*, Der Staat 31 (1992), 205 (229); s. auch *Schneider* (Fn. 111), Art. 107 Rn. 17.

das **Nivellierungsverbot**[204] und das **Verbot der Veränderung der Finanzkraftreihenfolge** ableiten[205].

Die grundsätzlich verfahrenstechnische **Berechnung** der konkreten Zuschläge zu bzw. Abschläge von der Finanzkraft bei der Verteilung der Umsatzsteuer hat sich im Vergleich zur vorherigen Regelung des FAG nicht verändert. Sie erfolgt also weiterhin durch einen Vergleich der **Finanzkraftmeßzahl** und der **Ausgleichsmeßzahl**, die jeweils für ein jedes Land ermittelt werden (§ 5 FAG). Ob es beim jeweiligen Land zu Zuschlägen oder zu Abschlägen kommt, hängt davon ab, ob und inwieweit die Finanzkraftmeßzahl die Ausgleichsmeßzahl über- oder unterschreitet. Die Finanzkraftmeßzahl ergibt sich im wesentlichen aus den Landessteuereinnahmen, den nunmehr nur noch mit 33% zu berücksichtigenden Einnahmen der bergbaurechtlichen Förderabgabe und 75% (bis 31.12.2019 64%) der Kommunalsteuereinnahmen (§§ 7, 8 FAG)[206]. Die in der Ausgleichsrechnung enthaltenen Pro-Kopf-Einnahmen der Länder und Gemeinden multipliziert mit der Einwohnerzahl des jeweiligen Landes bilden seine Ausgleichsmeßzahl, die den Bezug zum durchschnittlichen Finanzaufkommen herstellt (§§ 6 II, 9 FAG). Während die konkreten Ausgleichsleistungen bis zum 31.12.2019 in gestaffelter Form nach § 10 FAG in ihrer bis dahin geltenden Fassung verringert wurden, je näher die Ausgleichsmeßzahl der Finanzkraftmeßzahl kam, sieht § 10 FAG ab 1.1.2020 generell vor, daß die Höhe des Zuschlags bzw. des Abschlags, der einem Land zu gewähren bzw. von einem Land zu erheben ist, 63% des Betrags beträgt, um den die Ausgleichsmeßzahl des jeweiligen Landes seine Finanzkraftmeßzahl übersteigt. Dadurch ist das durch diesen Teil des Finanzausgleichs herbeigeführte Ausgleichsniveau im Vergleich zur vorherigen Regelung abgesunken. Im Ergebnis wird gleichwohl ein ähnliches Ausgleichsniveau wie bisher erzielt, da diese geringeren Zuweisungen auf Seiten der finanzschwachen Länder durch die neu strukturierten Bundesergänzungszuweisungen nach Art. 107 II 5, 6 GG praktisch vollständig kompensiert werden[207]. Die bündische Komponente des bisherigen Systems ist durch diese einfach-rechtliche Regelung damit tatsächlich reduziert, allerdings nicht abgeschafft worden, was die Regelung des Art. 107 II 2 GG allerdings auch nicht zulassen würde. Nach § 14 FAG wird der Zahlungsverkehr während des Ausgleichsjahres in der Weise abgewickelt, daß die Ablieferung des Bundesanteils an der durch die Landesfinanzbehörden verwalteten Umsatzsteuer um die Beträge erhöht oder ermäßigt wird, die nach der vorläufigen Bemessung der nach dem Verhältnis der Einwohnerzahlen der Länder verteilten Länderanteile an der Umsatzsteuer sowie der vorläufig erhobenen Abschläge und der vorläufig gewährten Zuschläge zu verrechnen sind. Insgesamt erfährt damit die Struktur des bisherigen Ausgleichssystems in der bis zum 31.12.2019 gültigen Fassung durch die Neuregelung keine wesentlichen Veränderungen. Auch das bestätigt noch einmal den Eindruck, daß von einem grundlegenden Systemwechsel durch 39

[204] BVerfGE 1, 117 (131); 72, 330 (404); 86, 148 (254); 101, 158 (222, Rn. 292); *Huber* (Fn. 82), Art. 107 Rn. 128ff.; *Hidien*, Finanzausgleichsgesetz (Fn. 196), § 10 Rn. 3. → Rn. 17.

[205] BVerfGE 72, 330 (418f.); 86, 148 (250, 254); 101, 158 (222, Rn. 292); vgl. auch *J. W. Hidien*, BayVBl. 1998, 133ff., der das strikte Gebot auf die bisher ausgleichspflichtigen Länder (heute Länder mit Abschlägen von der Finanzkraft bei der Verteilung der Umsatzsteuer) beschränkt; *ders.*, Finanzausgleichsgesetz (Fn. 196), § 10 Rn. 3.

[206] Zum bisherigen und in der Neuregelung praktisch unveränderten Verfahren nach § 8 FAG und den Gemeindeanteilen am Einkommen- und Realsteueraufkommen s. *Henneke* (Fn. 123), Art. 107 Rn. 70ff.

[207] *A. Benz*, ZSE 15 (2017), 395 (405).

die am 20.7.2017 in Kraft getretene Reform der bundesstaatlichen Finanzbeziehungen letztlich keine Rede sein kann.

IV. Die Ergänzungszuweisungen des Bundes gem. Art. 107 II 5, 6 GG

40 Art. 107 II 5 und 6 GG eröffnen die dauerhaft genutzte Möglichkeit des Bundes, leistungsschwachen Ländern durch Gesetz **Ergänzungszuweisungen aus Bundesmitteln** zu gewähren (sekundärer vertikaler Finanzausgleich). Art. 107 II 6 GG ist dabei durch die Reform des Jahres 2017 eingefügt worden und hat die Möglichkeiten des Bundes in diesem Bereich noch einmal (systemwidrig) erweitert. Seitdem ist zwischen den Ergänzungszuweisungen nach Satz 5 und Satz 6 zu unterscheiden. Neben der Ausweitung der Möglichkeiten des Bundes zur Gewährung von Finanzhilfen (Art. 104c GG) zeigt sich auf verfassungsrechtlicher Ebene damit vor allem an dieser Stelle die stärkere Rolle des Bundes im Rahmen der Ausstattung der Länder mit den notwendigen finanziellen Ressourcen. Die Ergänzungszuweisungen verlieren dadurch zugleich ihren schon vom Wortlaut her an sich bestehenden »ergänzenden Charakter«[208], und wandeln sich entgegen der eigentlichen Intention zu einem dauerhaften und wesentlichen Element des bundesstaatlichen Finanzausgleichs[209] – eine vor dem Hintergrund der prinzipiell vorgesehenen auch finanziellen Autonomie bedenkliche Tendenz, deren Grundstein freilich bereits vor der Reform des Jahres 2017 gelegt wurde.

1. Die Ergänzungszuweisungen gem. Art. 107 II 5 GG

41 Art. 107 II 5 GG eröffnet zunächst die Möglichkeit des Bundes, **leistungsschwachen Ländern Zuweisungen** zur ergänzenden Deckung ihres allgemeinen Finanzbedarfs zu gewähren. Diese Möglichkeit bestand in exakt dieser Form bereits vor der Reform des Jahres 2017 und wurde lediglich sprachlich angepasst und um zwei Sätze nach hinten verschoben.

42 Als **leistungsschwach** gelten Länder, die nach Vollzug des in Art. 107 II 1–4 GG vorgesehenen Finanzkraftausgleichs noch als finanzschwach (Fehlbetragszuweisungen) oder als übermäßig belastet (Sonderbedarfszuweisungen) anzusehen sind[210]. In einer Entscheidung aus dem Jahre 1999 hat das Bundesverfassungsgericht die Leistungsschwäche durch die Relation des Finanzaufkommens zu den Aufgaben- bzw. Ausgabenlasten **definiert**. »Danach ist Leistungsschwäche die mangelnde Fähigkeit eines Landes, mit den nach dem horizontalen Finanzausgleich vorhandenen Mitteln die von der Verfassung zugewiesenen Aufgaben wahrzunehmen«, die insoweit »außerhalb des autonomen landespolitischen Gestaltungsraumes« liegen, wobei Gründe für die Leistungsschwäche entweder eine unterdurchschnittliche Finanzkraft nach Durchführung des horizontalen Finanzausgleichs oder Sonderbedarfe bzw. Sonderlasten sein können[211], selbst wenn das Land keine unterdurchschnittliche Finanzkraft aufweist[212]. Der Begriff sollte im Maßstäbegesetz vorweg festgelegt werden[213], was

208 *T. Lenk/P. Glinka*, ZSE 15 (2017), 417 (425).

209 Siehe auch *A. Benz*, ZSE 15 (2017), 395 (405), der von einem »essentiellen Bestandteil des Finanzausgleichssystems« spricht.

210 Zur früheren Diskussion *P. Ingenlath*, Die Ergänzungszuweisungen des Bundes gem. Art. 107 II 3 GG, Diss. jur. Bonn 1984, S. 90ff.

211 BVerfGE 116, 327 (384, Rn. 186).

212 BVerfGE 116, 327 (380f., Rn. 178).

213 BVerfGE 101, 158 (233, Rn. 332).

der Gesetzgeber aber mit seiner schlichten, lediglich auf das Ergebnis des Finanzkraftausgleichs verweisenden Definition praktisch unterlassen hat, ohne daß das Gericht dies jedoch in einer späteren Entscheidung gerügt hätte[214]. Mit diesem bis zum 31.12.2019 abschließenden und ab 1.1.2020 noch um die Ergänzungszuweisungen nach Satz 6 komplementierten Ausgleichsinstrument sollen gegebenenfalls Finanzlücken aufgefüllt werden, die nach Vollzug der vorgeschalteten Ausgleichsstufen noch verblieben sind[215]. Aus der systematischen Stellung und der Ausgestaltung als Kann-Vorschrift folgt der ergänzende, subsidiäre Charakter[216]. Daraus folgt zudem, daß Ergänzungszuweisungen den horizontalen Finanzausgleich nicht lediglich mit Bundesmitteln fortsetzen dürfen[217]. Die Ergänzungszuweisungen sind **fakultativ** und stehen **im Ermessen** des Bundesgesetzgebers[218]. Das Ermessen ist jedoch nicht unbegrenzt, vielmehr verdichtet es sich immer mehr zur Rechtspflicht, je weniger die leistungsschwachen Länder im horizontalen Finanzausgleich an den Länderdurchschnitt herangeführt worden sind[219]. Umgekehrt erübrigen sich bei einem bereits hohen Ausgleichsniveau gegebenenfalls Ergänzungszuweisungen. Jedenfalls sind sie auch wegen des föderalen Gleichbehandlungsgebots begründungsbedürftig[220]. Wegen des inneren Zusammenhangs mit den anderen Stufen des Finanzausgleichs sollten die Bundesergänzungszuweisungen mit den anderen Regelungen in einem einheitlichen Gesetz ergehen[221]. Insofern erübrigt sich für die Praxis auch die Frage nach einer möglichen Rechtspflicht des Bundes zur Gewährung von Ergänzungszuweisungen, da deren Umfang in der Praxis Teil des jeweils ausgehandelten Kompromisses zwischen Bund und Ländern darstellen wird.

In der inhaltlichen Ausgestaltung verfügt der Bundesgesetzgeber über erhebliche Gestaltungsspielräume, die das Bundesverfassungsgericht in seiner jüngsten Entscheidung verengt hat[222]. Zum einen kann der Gesetzgeber durch die Ergänzungszuweisungen die **Finanzkraft** der leistungsschwachen Länder **allgemein anheben**[223]. Dabei ist er jedoch »im Wesentlichen an die Maßstäbe des horizontalen Finanzausgleichs **43**

---

214 BVerfGE 116, 327 (327ff., Rn. 1ff.); vgl. § 9 I 3 u. 4 MaßstG in der ab 1.1.2020 geltenden Fassung (§ 10 I 3 u. 4 MaßstG in der bis 31.12.2019 geltenden Fassung); s. auch *Siekmann* (Fn. 55), Art. 107 Rn. 46.

215 *Fischer-Menshausen* (Fn. 62), Art. 107 Rn. 19; *Siekmann* (Fn. 55), Art. 107 Rn. 47.

216 BVerfGE 72, 330 (402f.); 86, 148 (261); *Vogel/Kirchhof* (Fn. 8), Art. 107 Rn. 175f.; *Stern*, Staatsrecht II, S. 1162; *Fischer-Menshausen* (Fn. 62), Art. 107 Rn. 19; *Heintzen* (Fn. 97), Art. 107 Rn. 33; *Huber* (Fn. 82), Art. 107 Rn. 134; *Siekmann* (Fn. 55), Art. 107 Rn. 47; *Ingenlath*, Ergänzungszuweisungen (Fn. 210), S. 161ff.; *J. W. Hidien*, Ergänzungszuweisungen des Bundes gem. Art. 107 Abs. 2 Satz 3 des Grundgesetzes, 1997, S. 21ff.; *Wernsmann* (Fn. 8), Art. 107 Rn. 200f.; im Unterschied zu Art. 107 II 1, 2 GG ist hier der Begriff der Subsidiarität angemessen; s. auch § 10 III 1 MaßstG.

217 BVerfGE 101, 158 (224, Rn. 296).

218 BVerfGE 72, 330 (403); *Ingenlath*, Ergänzungszuweisungen (Fn. 210), S. 87ff.; *Siekmann* (Fn. 55), Art. 107 Rn. 42; *Hidien*, Ergänzungszuweisungen (Fn. 216), S. 37ff.; *Wernsmann* (Fn. 8), Art. 107 Rn. 208ff.

219 BVerfGE 72, 330 (403); *Siekmann* (Fn. 55), Art. 107 Rn. 49; s. auch *Fischer-Menshausen* (Fn. 62), Art. 107 Rn. 19; *Schneider*, Grenzen (Fn. 71), S. 725, 733; *Ingenlath*, Ergänzungszuweisungen (Fn. 210), S. 89; vgl. auch allgemein *Hidien*, Ergänzungszuweisungen (Fn. 216), S. 41ff.

220 BVerfGE 101, 158 (225, Rn. 301); *Huber* (Fn. 82), Art. 107 Rn. 134.

221 Jarass/*Pieroth*, GG, Art. 107 Rn. 10; *Siekmann* (Fn. 55), Art. 107 Rn. 62; *Hidien*, Ergänzungszuweisungen (Fn. 216), S. 114f.

222 BVerfGE 116, 327 (377ff., Rn. 171ff.).

223 BVerfGE 72, 330 (404); 101, 158 (224, Rn. 297); zu den beiden Typen eingehend *Hidien*, Ergänzungszuweisungen (Fn. 216), S. 61ff., 72ff.

gebunden« und darf nur solchen Ländern Ergänzungszuweisungen gewähren, »deren Finanzausstattung [...] in einem Maße unter dem Länderdurchschnitt geblieben ist, das unangemessen erscheint, aus den Mitteln der übrigen Länder jedoch nicht ausgeglichen werden könnte«[224]. In diesem Fall dürfen sie die Finanzkraft nicht über den Länderdurchschnitt erhöhen, weil dies dem Nivellierungsverbot und dem Verbot der Veränderung der Finanzkraftreihenfolge widersprechen würde[225]. Zum anderen kann der Gesetzgeber Ergänzungszuweisungen zum **Ausgleich von Sonderlasten** einzelner Länder vorsehen. Ihre Zulässigkeit folgt aus dem Begriff der Leistungsschwäche, der sich von dem Begriff der Finanzkraft abhebt[226]. Diese Zuweisungen dürfen zwar im Regelfall ebenfalls nicht die Finanzkraft über den Länderdurchschnitt erhöhen, im Einzelfall ist dies jedoch zulässig[227]. Allerdings gelten dann erhöhte Anforderungen an die Rechtfertigung[228]. Auch hier versucht das Bundesverfassungsgericht die Kriterien zu verschärfen, um Fehlanreizen entgegenzuwirken. Insofern dürfen die Ergänzungszuweisungen nicht dazu dienen, »augenblicksbedingte finanzielle Notstände zu beheben, aktuelle Projekte zu finanzieren oder finanziellen Schwächen abzuhelfen, die eine unmittelbare und vorhersehbare Folge von politischen Entscheidungen eines Landes bilden«, da »die Eigenständigkeit und politische Autonomie der Länder« ihre Verantwortlichkeit und Einstandspflicht für die Entscheidungsfolgen beinhalte[229]. Der Gesetzgeber kann auch beide Formen der Ergänzungszuweisungen miteinander kombinieren[230]. Bei beiden Formen ist der Bund an das föderale Gleichbehandlungsgebot gebunden, so daß beispielsweise der Sonderlastenausgleich auch allen Ländern zukommen muß, die gleichermaßen davon betroffen sind[231]. Auch deswegen muß umgekehrt der Gesetzgeber die Zuweisungen in angemessenen Abständen auf ihren Fortbestand hin überprüfen[232]. Prinzipiell dürfen die Ergänzungszuweisungen keiner Zweckbindung unterworfen werden[233].

44 Die tatsächliche Ausgestaltung der Ergänzungszuweisungen ist seit jeher problematisch[234]. Der Gesetzgeber hat gem. § 11 II FAG zunächst **allgemeine Fehlbetragsergänzungszuweisungen** vorgesehen, die früher auch im Ergebnis die Finanzausstattung der finanzschwachen Länder bis auf 99,5% der durchschnittlichen Finanzkraft anhoben, während die bis 31.12.2019 geltende Regelung nur noch vorsieht, daß die Fehlbeträge,

---

[224] BVerfGE 116, 327 (381, Rn. 179); s. auch BVerfGE 101, 158 (224, Rn. 297).

[225] BVerfGE 72, 330 (404); 101, 158 (224, Rn. 297); *Hidien*, Ergänzungszuweisungen (Fn. 216), S. 65 ff.

[226] BVerfGE 72, 330 (402 f.); 101, 158 (224 f., Rn. 299); *U. Häde*, JA 1994, 1 ff., 33 (37); *Wernsmann* (Fn. 8), Art. 107 Rn. 215; dazu auch *Hidien*, Ergänzungszuweisungen (Fn. 216), S. 43 ff.; kritisch *Carl*, Finanzausgleich (Fn. 91), S. 69.

[227] BVerfGE 72, 330 (404 f.); vgl. auch *Ossenbühl*, Grundfragen (Fn. 62), S. 114; *Hidien*, Ergänzungszuweisungen (Fn. 216), S. 86 ff.

[228] BVerfGE 72, 330 (405); 116, 327 (382, Rn. 180).

[229] BVerfGE 116, 327 (382, Rn. 181); s. auch E 72, 330 (405); 86, 148 (260); 101, 158 (225, Rn. 300).

[230] BVerfGE 72, 330 (404).

[231] BVerfGE 72, 330 (404); 86, 148 (261); *Fischer-Menshausen* (Fn. 62), Art. 107 Rn. 19b; *Ingenlath*, Ergänzungszuweisungen (Fn. 210), S. 53 ff.; *Hidien*, Ergänzungszuweisungen (Fn. 216), S. 63 ff., 84 ff.; zum föderalen Gleichbehandlungsgebot: → Art. 20 (Bundesstaat), Rn. 37.

[232] BVerfGE 72, 330 (406); *Hidien*, Ergänzungszuweisungen (Fn. 216), S. 119 f.

[233] Vgl. BVerfGE 86, 148 (269); *Stern*, Staatsrecht II, S. 1162; *Fischer-Menshausen* (Fn. 62), Art. 107 Rn. 19; *Siekmann* (Fn. 55), Art. 107 Rn. 44.

[234] Überblick über die Ausführungsgesetze seit der erstmaligen Einführung im Gesetz v. 15.3.1967 (BGBl. I S. 281) bei *Ingenlath*, Ergänzungszuweisungen (Fn. 210), S. 37 ff.; *Hidien*, Ergänzungszuweisungen (Fn. 216), S. 148 ff.

die zur Erreichung des Niveaus von 99,5% fehlen, zu 77,5% ausgeglichen werden. Das Finanzausgleichsgesetz in seiner ab 1.1.2020 geltenden Fassung hält an diesem System fest, erhöht die relevanten Prozentzahlen jedoch auf 99,75% bzw. 80%.

Das Bundesverfassungsgericht hat dem Gesetzgeber darüber hinaus in seiner 2. 45
Entscheidung sogar die Verpflichtung auferlegt, im Falle einer **extremen Haushaltsnotlage** den betreffenden Ländern Sonderbedarfszuweisungen zur Behebung dieser Notlage zukommen zu lassen, wobei Bund und Länder gemeinsam die finanziellen Lasten zu tragen haben[235]. In diesem Fall kann der Gesetzgeber zwar eigentlich keine unmittelbare Zweckbindung, aber ein Haushaltssanierungsprogramm, das praktisch einer Zweckbindung gleichkommt, zur Auflage machen[236]. Da derartige Haushaltsnotlagen zumindest zu einem erheblichen Teil auch auf politisch-autonomen Entscheidungen beruhen, sind diese Sonderbedarfszuweisungen mehr als fragwürdig[237]. In seinem Urteil zum Antrag des Landes **Berlin** auf Unterstützung wegen seiner Haushaltsnot hat das Gericht diesen Anspruch stark eingeschränkt und den konkreten Antrag abgelehnt[238], und »grundsätzliche verfassungsrechtliche Bedenken«[239] geäußert, die sich im Grunde gegen seine eigenen Konstruktionen richten. Es bezeichnet nun die Sanierungspflichten des Bundes als »Fremdkörper«[240] und verlangt kumulativ eine relative, im Verhältnis zu den anderen Ländern, und eine absolute, auf die Fähigkeit zur Erfüllung der verfassungsgebotenen Aufgaben bezogene extreme Haushaltsnotlage[241] und betont ein strenges ultima-ratio Prinzip, das einen »bundesstaatlichen Notstand« voraussetzt[242]. Die Erschöpfung der eigenen Handlungsmöglichkeiten bedürfe der Darlegung und Begründung[243]. Die prinzipielle Fragwürdigkeit der in § 12 IV MaßstG weiterhin vorgesehenen Sanierungspflichten mit den damit verbundenen Fehlanreizen wird durch die einfachrechtlich entsprechend vorgesehene Eingrenzung allerdings nicht beseitigt[244], zumal die Zahlungen an Bremen und das Saarland die Haushalts-

---

[235] BVerfGE 86, 148 (260 ff.); *J. Wieland*, Gutachten zur Neugestaltung der Finanzbeziehungen zur Stärkung des Föderalismus im vereinten Deutschland unter besonderer Berücksichtigung des Landes Bremen, in: Senator, Neuordnung (Fn. 125), S. 161 ff. (204 ff.); *U. Häde*, DÖV 1993, 461 (467 f.); *Fischer-Menshausen* (Fn. 62), Art. 107 Rn. 19a; *Schneider*, Grenzen (Fn. 71), S. 709, 718 ff., 731 f.; *M. Stauch*, Haushaltsnotlage und Sanierung von Ländern der Bundesrepublik Deutschland, in: FS Mahrenholz, 1994, S. 487 ff.; *Wiss. Beirat beim BMF*, Haushaltskrisen im Bundesstaat, 2005, S. 10 ff.; Regelung früher in § 11 VI FAG a. F.; BVerfGE 101, 158 (235, Rn. 337) bestand auf ihrer Beendigung.

[236] BVerfGE 86, 148 (269) führt hier einen Eiertanz auf; zur Idee des Sparkommissars vgl. *W. Pauly/C. Pagel*, DÖV 2006, 1028 ff.

[237] Kritisch z. B. *Peffekoven*, Finanzausgleich (Fn. 67), S. 339; *W. Höfling*, Die sog. extreme Haushaltsnotlage, in: FS v. Arnim, 2004, S. 259 ff., bes. 267: Überschreitung der Grenzen der Verfassungsinterpretation; vgl. auch unentschieden *Hidien*, Ergänzungszuweisungen (Fn. 216), S. 123 ff.; zurückhaltend bereits BVerfGE 101, 158 (235, Rn. 336 f.); dagegen einen Anspruch prinzipiell bejahend *D. Birk/R. Wernsmann*, DÖV 2004, 868 ff. (871 ff.); *A. Musil/J. Kroymann*, DVBl. 2004, 1204 ff.; für umfassende gesetzliche Regelung: *G. F. Schuppert/M. Rossi*, Bausteine eines bundesstaatlichen Haushaltsnotlagenregimes, Hertie School of Governance-Working Papers Nr. 3, 2006.

[238] BVerfGE 116, 327 (377 ff., Rn. 171 ff.; 394 ff., Rn. 205 ff.); vgl. dazu *M. Rossi*, JZ 2007, 394 ff.; *M. C. Kerber*, Der Staat 46 (2007), 229 ff.; *S. Homburg/K. Röhrbein*, Der Staat 46 (2007), 183 ff.

[239] BVerfGE 116, 327 (382, Rn. 182; 383, Rn. 184).

[240] BVerfGE 116, 327 (384, Rn. 185).

[241] BVerfGE 116, 327 (377, Rn. 172; 387 ff., Rn. 191 ff.); kritisch zu den Kriterien der Feststellung *S. Homburg/K. Röhrbein*, Der Staat 46 (2007), 183 (189 ff.); *Beirat*, Haushaltskrisen (Fn. 235), S. 31 ff.

[242] BVerfGE 116, 327 (377, Rn. 172; 390, Rn. 198); vgl. zuvor auch *P. Selmer*, NordÖR 2006, 221 ff.

[243] BVerfGE 116, 327 (390 f., Rn. 199 ff.).

[244] Vgl. auch BVerfGE 116, 327 (385 f., Rn. 188 f.); die Kritik ist daher auch nicht verstummt; vgl. *Siekmann* (Fn. 55), Art. 107 Rn. 60 ff.; aus der Diskussion vor BVerfGE 116, 327 vgl. hier die Sammelbände: K. A. Konrad/B. Jochimsen (Hrsg.), Finanzkrise im Bundesstaat, 2006; G. Dannemann/S.

notlage nicht wirklich behoben haben[245], was auch die 2017 neu eingefügte Regelung des 143d IV GG belegt. Diese Fragwürdigkeit teilen sie mit den ab 1.1.2020 jedenfalls für Brandenburg noch einmal erhöhten Ergänzungszuweisungen zur Abdeckung der Kosten politischer Führung[246] und den Übergangszuweisungen zum Ausgleich überproportionaler Belastungen, die den Entzug der bisherigen Zuweisungen der empfangsberechtigten alten Bundesländer abfedern sollten[247]. Wirklich gerechtfertigt sind allein die Ergänzungszuweisungen zum Abbau teilungsbedingter Sonderlasten für die neuen Bundesländer[248], und selbst hier wären gebundene Zweckzuweisungen vorzuziehen[249]. Diese Zuweisungen sind zudem allmählich zurückzuführen[250], weshalb die bis zum 31.12.2019 bestehende Regelung des § 11 III FAG ab dem 1.1.2020 auch ersatzlos gestrichen wird[251].

2. Die Ergänzungszuweisungen gem. Art. 107 II 6 GG

46 Art. 107 II 6 GG ist im Rahmen der Reform der bundesstaatlichen Finanzbeziehungen im Jahr 2017 in das Grundgesetz eingefügt worden und **erweitert die Möglichkeit des Bundes**, leistungsschwachen Ländern Ergänzungszuweisungen zu gewähren. An dieser Stelle wird damit zugleich die ab 2020 gestiegene Bedeutung des Bundes im Hinblick auf die Ausstattung der Länder mit den erforderlichen Finanzmitteln auch verfassungsrechtlich sichtbar, wenngleich sich diese veränderte Rolle im Kern nur aus den einfach-rechtlichen Konkretisierungen ableiten läßt.

47 Art. 107 II 6 GG unterscheidet dabei zwischen **zwei** sachlich nicht zusammenhängenden **Ergänzungszuweisungen**, enthält jedoch für beide auch gewisse gemeinsame Anforderungen. So können Ergänzungszuweisungen zunächst stets nur leistungsschwachen Ländern gewährt werden, wobei dieser Begriff wie in Satz 5 zu verstehen ist und nach der ab 1.1.2020 gültigen (fragwürdigen) Legaldefinition in § 9 II MaßstG solche Länder erfaßt, denen im Rahmen des Finanzkraftausgleichs Zuschläge gewährt wurden[252]. Darüber hinaus erfolgen Ergänzungszuweisungen in beiden Fällen aus-

---

Luft (Hrsg.), Die Zukunft der Stadtstaaten, 2006 (v. a. Beiträge von *M. Stauch*, S. 119 ff. und *J. Wieland*, S. 191 ff.); ferner *R. Weiß/K. Hofmann/E. Daum*, Widi 2003, 251 ff.; *J. Wieland*, ZSE 1 (2003), 527 ff.; *S. Korioth*, ZSE 2 (2004), 212 ff.; *G. Kathstede*, VR 2006, 50 ff.; *R. Wendt/W. Förster*, Widi 2006, 299 ff.

[245] Vgl. *W. Höfling*, Jahrbuch der Juristischen Gesellschaft Bremen, 2006, S. 56 ff.; vgl. aber auch die abwehrenden Bemerkungen vom BVerfGE 116, 327 (383, Rn. 183); weitere Ansprüche bejahend *M. Stauch*, NordÖR 2006, 138 ff.

[246] § 11 IV FAG; zulässig nach BVerfGE 72, 330 (405); 86, 148 (274 ff.); s. auch *Kitterer*, Finanzausgleich (Fn. 125), S. 328 ff.; kritisch *Kesper*, Finanzordnung (Fn. 64), S. 268; BT-Drs. 13/1891, S. 9; *Carl*, Finanzausgleich (Fn. 91), S. 107 ff., der sie aber dem Grunde nach anerkennt; *P. M. Huber*, Klarere Verantwortungsteilung von Bund, Ländern und Kommunen?, Gutachten D, DJT 65 (2004), D 1 ff. (100); BVerfGE 101, 158 (235, Rn. 336) erklärte die damalige Ausgestaltung für nicht nachvollziehbar, was aber nichts gefruchtet hat.

[247] § 11 V FAG a. F.; s. *R. Eckertz*, DÖV 1993, 281 (290); *Korioth*, Finanzausgleich (Fn. 2), S. 678 f.; *Hidien*, Ergänzungszuweisungen (Fn. 216), S. 187 ff.; sie mußten bis 2002 auslaufen: BVerfGE 101, 158 (237, Rn. 342).

[248] § 11 III, IIIa FAG in der bis zum 31.12.2019 geltenden Fassung; vgl. *Korioth*, Finanzausgleich (Fn. 2), S. 656 ff.; *Huber* (Fn. 82), Art. 107 Rn. 149 f.

[249] *Fischer-Menshausen* (Fn. 62), Art. 107 Rn. 19c.

[250] BVerfGE 101, 158 (233, Rn. 331).

[251] Ebenfalls gestrichen wird ab dem 1.1.2020 die Regelung des bis zum 31.12.2019 gütigen § 12 V MaßStG.

[252] Das entspricht der bis zum 31.12.2019 gültigen Regelung des § 10 II MaßstG, die leistungsschwach mit ausgleichsberechtigt gleichsetzt.

drücklich »**unabhängig von den Maßstäben nach den Sätzen 1–3**«. Damit werden für diese Ergänzungszuweisungen im Ergebnis sowohl das grundsätzliche Nivellierungsverbot als auch das Verbot der Veränderung der Finanzkraftreihenfolge aufgehoben. In der ab 1.1.2020 geltenden Fassung des MaßstG wird diese Konsequenz in § 11 III ausdrücklich zugelassen. Das erscheint angesichts der Verwurzelung dieser Verbote im Bundesstaatsprinzip keineswegs unproblematisch und wird man nur dann als mit Art. 79 III GG vereinbar ansehen können, wenn durch die einfach-rechtliche Konkretisierung sichergestellt ist, daß diese Durchbrechung die Ausnahme darstellt und zugleich in ihrem Ausmaß begrenzt bleibt. Das dürfte bei der in § 11 V und VI FAG gefundenen Lösung wohl der Fall sein. Schließlich besteht in beiden Fällen des Satzes 6 verfassungsrechtlich keine ausdrückliche Verpflichtung des Bundes entsprechende Ergänzungszuweisungen zu gewähren, sie sind also ebenfalls fakultativ und stehen im Ermessen des Bundes. Ähnlich wie bei den Ergänzungszuweisungen nach Satz 5 dürfte sich dieses Ermessen aber jedenfalls hinsichtlich der Ergänzungszuweisungen betreffend die Gemeinden und Gemeindeverbände mit besonders geringer Steuerkraft immer mehr zu einer Rechtspflicht verdichten, je weniger die leistungsschwachen Länder im horizontalen Finanzausgleich an den Länderdurchschnitt herangeführt worden sind. Im übrigen ist zu berücksichtigen, daß der Umfang der Ergänzungszuweisungen Bestandteil der umfassenden Einigung von Bund und Ländern darstellen wird. Unabhängig von einer verfassungsrechtlichen Verpflichtung besteht damit zumindest eine politische Verpflichtung Ergänzungszuweisungen im vereinbarten Umfang auch tatsächlich zu gewähren. Auch im Rahmen der letzten Reform wurde dieser Umfang daher abschließend bereits in der politischen Einigung festgelegt. Die Vorstellung, daß der Bund frei über die Gewährung entsprechender Ergänzungszuweisungen entscheidet, hat mit der politischen Realität insofern wenig zu tun.

Art. 107 II 6 1. Alt. GG erlaubt zunächst Finanzhilfen an leistungsschwache Länder, **48**
deren Gemeinden oder Gemeindeverbände eine besonders geringe Steuerkraft aufweisen und führt damit eine **weitere** auf die finanzielle Ausstattung bezogene **kommunale Kategorie** ein, die sich allerdings nicht reibungslos in die bisherigen einfügt[253]. Letztlich wird die Steuerkraft der Gemeinden bereits bei der horizontalen Verteilung der Umsatzsteuer auf die Länder nach Art. 107 II 1 GG berücksichtigt, da diese ein zentrales Element der kommunalen Finanzkraft darstellt. Ergänzungszuweisungen rechtfertigen sich daher nur insoweit, als die Steuerkraft der Gemeinden im Rahmen des Art. 107 II 1 GG nicht bereits vollständig berücksichtigt wird. Aus diesen systematischen Erwägungen wird man nun daher wohl schließen können, daß die Finanzkraft der Kommunen im Rahmen des Art. 107 II 1 GG nicht mehr vollständig berücksichtigt werden darf, wenn Ergänzungszuweisungen nach Art. 107 II 6 GG gewährt werden sollen. Insgesamt wird dadurch aber jedenfalls die Rolle des Bundes im Rahmen der finanziellen Ausstattung der Kommunen erheblich ausgeweitet, wodurch – ähnlich wie bei den neuen Finanzhilfen nach Art. 104c GG – Verantwortlichkeiten vermischt und der Anspruch der Kommunen gegen das jeweilige Land auf eine aufgabenangemessene Finanzausstattung partiell unterlaufen werden[254]. Wann eine besonders geringe Steuerkraft vorliegt, ist notwendig vom Gesetzgeber zu konkretisieren, der dieser Aufgabe in § 11 V FAG nachgekommen ist. Dabei muß er berücksichtigen,

---

[253] Siehe *H.-G. Henneke*, DVBl. 2017, 214 (218).

[254] Kritisch daher auch *H.-G. Henneke*, DVBl. 2017, 214 (218) sowie *ders.*, Der Landkreis 2017, 91 (96).

daß Ergänzungszuweisungen nur im Einzelfall und nur in geringem Ausmaß zu einer Durchbrechung des Nivellierungsverbots und des Verbots der Veränderung der Finanzkraftreihenfolge führen dürfen. § 11 V FAG stellt insoweit auf die kommunalen Steuereinnahmen ab und sieht Ergänzungszuweisungen vor, wenn diese weniger als 80% des Durchschnitts aller ermittelten Steuereinnahmen der Gemeinden betragen. Die Zuweisungen erfolgen in Höhe von 53,5% des zu 80% des Durchschnitts bestehenden Fehlbetrags. Diese Konkretisierung dürfte den verfassungsrechtlichen Anforderungen damit genügen.

49 **Art. 107 II 6 2. Alt. GG** erlaubt schließlich Ergänzungszuweisungen an solche leistungsschwachen Länder, deren Anteile an Fördermitteln nach Art. 91b GG ihre Einwohneranteile unterschreiten. Diese **Regelung** erweist sich dabei nicht nur als systematisch völlig **verfehlt**[255], sie wirft auch ernsthafte verfassungsrechtliche Bedenken auf. Art. 91b GG enthält eine Regelung zur aufgabenbezogenen Mitfinanzierung des Bundes, die – wie dies im übrigen auch bei den anderen Mitfinanzierungsbestimmungen der Fall ist – keinerlei Bezug zu den Einwohnern des jeweiligen Landes aufweist und zudem auch nicht mit der allgemeinen Finanzierungssituation des betreffenden Landes zusammenhängt. Eine nach Einwohnern bemessene partielle Kompensation »unterdurchschnittlicher« Mittel nach Art 91b GG im Rahmen der Ergänzungszuweisungen nach Satz 6 verknüpft also zwei völlig unabhängige Sachverhalte miteinander und reduziert damit zugleich den Anreiz leistungsschwacher Länder, sich an entsprechenden Mischfinanzierungen überhaupt zu beteiligen, da die Verwendung der Ergänzungszuweisungen nach Satz 6 GG nicht an die Vorgaben des Art. 91b GG geknüpft ist, die Mittel also auch für andere Aufgaben eingesetzt werden können. Wie bei den Ergänzungszuweisungen nach Satz 5 dürfen auch diejenigen nach Satz 6 prinzipiell keiner Zweckbindung unterworfen werden (→ Rn. 43); eine Forschungsförderung im Sinne des Art. 91b GG ist mit diesen Mitteln daher nicht notwendig verbunden. Damit aber stellen sich auch Fragen im Hinblick auf die bundesstaatlich geforderte Gleichbehandlung der Länder, da auch leistungsstarke Länder unter Umständen »unterdurchschnittliche« Forschungsmittel nach Art. 91b GG erhalten können. Für die Gewährung von Ergänzungszuweisungen an leistungsschwache Länder ein Kriterium heranzuziehen, welches mit der allgemeinen finanziellen Ausstattung dieser Länder in keinerlei Zusammenhang steht, erscheint auch unter Berücksichtigung des durch Art. 79 III GG begrenzten Prüfungsmaßstabes im Ergebnis hoch problematisch. Richtigerweise hätte auf die Regelung des Art. 107 II 6 2. Alt. GG im Rahmen der Reform verzichtet und stattdessen entweder das allgemeine Ausgleichsniveau nach Art. 107 II 1–4 GG bzw. dasjenige der allgemeinen Ergänzungszuweisungen nach Art. 107 II 5 GG auf einfach-rechtlicher Ebene erhöht werden sollen. Die einfach-rechtliche Konkretisierung des Satzes 6 sieht in § 11 VI FAG Zuweisungen für solche Länder vor, die einen »Forschungsnettozufluß« von weniger als 95% des den Ländern durchschnittlich gewährten Forschungsnettozuflusses erhalten haben. Diese Länder erhalten dann pro Einwohner Ergänzungszuweisungen des Bundes in Höhe von 35% des zu 95% des durchschnittlich von den Ländern vereinnahmten Forschungsnettozufluss fehlenden Betrages. Sieht man die Regelung des Art. 107 II 6 GG als verfassungskonform an, dürfte dies wohl auch für diese Konkretisierung gelten.

[255] *H.-G. Henneke*, DVBl. 2017, 214 (218).

V. Art. 107 a. F. (gem. Art. 143g GG bis zum 31.12.2019 anzuwenden)

Die Neuregelung des Art. 107 GG ist zwar bereits zum 20.7.2017 in Kraft getreten, nach der in ihrer Struktur zumindest unglücklichen Regelung des Art. 143g GG (→ Art. 143g Rn. 8) ist jedoch noch **bis einschließlich 31.12.2019** Art. 107 GG in seiner bis zum 20.7.2017 gültigen Fassung (Art. 107 GG a. F.) anzuwenden. Dem Grundgesetz selbst läßt sich die bis zu diesem Zeitpunkt anzuwendende Norm damit nicht unmittelbar entnehmen; sie ist denn auch in dieser Kommentierung im Anschluß an die ab dem 1.1.2020 anzuwendende abgedruckt worden. 50

Art. 107 GG a. F. unterscheidet im **Gegensatz zur Neuregelung** auch formal und damit zugleich strenger zwischen dem primären horizontalen Finanzausgleich nach Art. 107 I GG a. F. und dem sekundären horizontalen Finanzausgleich nach Art. 107 II 1 u. 2 GG a. F., weist im übrigen allerdings in seinem Regelungszweck und seiner grundsätzlichen Struktur starke Ähnlichkeiten zu dieser auf. Im Hinblick auf die allgemeine Bedeutung der Norm kann daher auf die obigen Ausführungen verwiesen werden. Soweit sich für Art. 107 GG a. F. Besonderheiten ergeben, werden diese dort unmittelbar jeweils im Vergleich zur Neuregelung angesprochen (→ Rn. 13 ff.). Im folgenden ist daher lediglich auf die Unterschiede einzugehen, die sich in den drei Regelungsbereichen der Norm (primärer horizontaler Finanzausgleich, sekundärer horizontaler Finanzausgleich, Ergänzungszuweisungen) im Vergleich zur Neuregelung ergeben (→ Rn. 1). 51

1. Der primäre horizontale Finanzausgleich gem. Art. 107 I GG a. F.

Die Regelung des primären horizontalen Finanzausgleichs entspricht im Hinblick auf die **Verteilung des Aufkommens der Landessteuern sowie des Länderanteils am Aufkommen der Einkommen- und der Körperschaftsteuer** vollständig der Neuregelung. Auch die grundsätzliche Verteilung des Länderanteils am Aufkommen der Umsatzsteuer ist unverändert geblieben. Es kann daher insoweit auf die entsprechenden obigen Ausführungen verwiesen werden (→ Rn. 21 ff.). 52

Art. 107 I 4 2. Hs. GG a. F. ermächtigt jedoch den Bundesgesetzgeber mit Zustimmung des Bundesrates im Gegensatz zur Neuregelung dazu, als Variante zur Verteilung der Umsatzsteuer nach dem Einwohnerschlüssel bereits einen **Sonderausgleich zugunsten finanzschwacher Länder** vorzusehen: Danach können bis zu 25% des Gesamtländeranteils vorweg abgezweigt und als Ergänzungsanteile denjenigen Ländern zugewiesen werden, deren tatsächliche Pro-Kopf-Einnahmen aus den übrigen bundesgesetzlich geregelten Steuern unter dem Länderdurchschnitt liegen. Seit der Neufassung des Art. 107 I 4 2. HS GG durch die Föderalismusreform im Jahre 2006 (→ Rn. 4) muß bei der **Grunderwerbsteuer die Steuerkraft** zur Vermeidung von Fehlanreizen einbezogen werden, da die Länder aufgrund ihres Bestimmungsrechtes nach Art. 105 IIa 2 GG frei über die Höhe des Steuersatzes und damit das Aufkommen entscheiden können[256]. § 5 I MaßstG und § 7 I FAG in der bis zum 31.12.2019 geltenden Fassung sind daher entsprechend angepaßt worden[257]. Die Ergänzungsanteile sind folglich ex- 53

---

[256] BT-Drs. 16/813, S. 20; vgl. auch *R. Seer/K.-D. Grüen*, in: W. Kluth (Hrsg.), Föderalismusreformgesetz, 2007, Art. 107 Rn. 3; *K.-A. Schwarz*, Die Änderung des Art. 107 GG, in: C. Starck (Hrsg.), Föderalismusreform, 2007, Rn. 402 ff. (411).

[257] Art. 16, 17 Föderalismusreform-BegleitG v. 5.9.2006 (BGBl. I S. 2098); vgl. auch BT-Drs. 16/814, S. 23.

plizit für finanzschwache Länder reserviert[258]. Allein der verbleibende Länderanteil an der Umsatzsteuer wird dann nach dem Pro-Kopf-Maßstab verteilt. Trotz der horizontalen Ausgleichswirkungen rechnet das Bundesverfassungsgericht – konzeptionell fragwürdig – die zugewiesenen Ergänzungsanteile zur originären Finanzausstattung des jeweiligen Landes[259] (→ Rn. 29).

54 Der Bundesgesetzgeber hat die **Ausgleichsermächtigung** des Art. 107 I 4, 2. Hs. GG in vollem Umfang **ausgeschöpft**. Bis zum 31.12.2019 wird daher ein Viertel der Ergänzungsanteile an die finanzschwachen Länder ausgeschüttet, während lediglich drei Viertel nach der Einwohnerzahl verteilt werden. Die Ergänzungsanteile werden gem. § 2 FAG den Ländern, deren Einnahmen je Einwohner unter denen der Ländergesamtheit liegen, zugewiesen. Die Anteile werden nach unterschiedlichen Formeln berechnet, je nachdem, ob die Pro-Kopf-Einnahmen unter oder über 97% der Ländergesamtheit liegen, so daß die Länder degressiv gestaffelt an den Länderdurchschnitt bis maximal 99,325% angenähert werden[260].

2. Der sekundäre horizontale Finanzausgleich gem. Art. 107 II 1 u. 2 GG a.F.

55 Der sekundäre horizontale Finanzausgleich nach Art. 107 II 1 u. 2 GG a.F. **unterscheidet sich** in seiner Bedeutung und Funktion **nicht von dem nunmehr in Art. 107 II 1–4 GG geregelten Finanzkraftausgleich**. Insbesondere sieht auch die bisherige Regelung in Art. 107 II 1 GG a.F. vor, daß die unterschiedliche Finanzkraft der Länder angemessen auszugleichen ist und dabei die Finanzkraft und der Finanzbedarf der Gemeinden und Gemeindeverbände zu berücksichtigen sind. Insoweit kann umfassend auf die obigen Ausführungen verwiesen werden (→ Rn. 55ff.), die in diesem Zusammenhang auch die im Detail abweichende einfach-rechtliche Umsetzung (soweit erforderlich) thematisieren.

56 Die Unterschiede zur Neuregelung betreffen damit praktisch ausschließlich das **Verfahren** auf dem ein solch angemessener Ausgleich der Finanzkraft zu erzielen ist. Während die Neuregelung diesen in den primären horizontalen Finanzausgleich integriert, sieht Art. 107 II 2 GG a.F. unmittelbare Ausgleichsansprüche zwischen den Ländern selbst vor, sofern zwischen diesen nach Durchführung des primären horizontalen Finanzausgleichs (einschließlich der Umsatzsteuerergänzungsanteile) noch unangemessene Unterschiede hinsichtlich der Finanzkraft bestehen sollten. Die Länder werden in der Norm daher dieser Konstruktion entsprechend entweder als »ausgleichspflichtig« oder »ausgleichsberechtigt« bezeichnet, was auf Seiten der ausgleichspflichtigen Länder immer wieder auf Kritik gestoßen ist, weshalb diese Differenzierung in der Neuregelung zumindest in formaler Sicht (nicht aber der Sache nach) entfallen ist (→ Rn. 6, 13). Darüber hinaus kennt Art. 107 II GG a.F. jedoch **keine Sonderregelung zur bergrechtlichen Förderabgabe**, die daher nach der Rechtsprechung des Bundesverfassungsgerichts bei der Ermittlung der Finanzkraft der Länder voll-

---

[258] *Siekmann* (Fn. 55), Art. 107 Rn. 17; zum Verteilungs- und Gestaltungsermessen *Wernsmann* (Fn. 8), Art. 107 Rn. 158.

[259] BVerfGE 72, 330 (385); ebenso *Maunz* (Fn. 96), Art. 107 Rn. 2f.; *Siekmann* (Fn. 55), Art. 107 Rn. 16; *Fischer-Menshausen* (Fn. 62), Art. 107 Rn. 13; widersprüchlich *Hidien*, Steuerverteilung (Fn. 98), S. 224f. m.w.N.; zur Fragwürdigkeit dieses Konzepts: → Rn. 29.

[260] Zur Kritik an der früheren Ausgestaltung, die eine ähnliche Angleichung erreichte, *Kesper*, Finanzordnung (Fn. 64), S. 248ff.; zur aktuellen Verteilung s. *Henneke* (Fn. 123), Art. 107 Rn. 44ff.

ständig zu berücksichtigen ist (→ Rn. 33). Das ist in § 7 II FAG in der bis zum 31.12.2019 geltenden Fassung denn auch ausdrücklich vorgesehen.

Im übrigen unterscheidet sich die **Berechnung** der jeweiligen Ausgleichsansprüche in ihrer Struktur nicht von derjenigen der Neuregelung. Allenfalls fällt das auf dieser Stufe erzielte Ausgleichsniveau nach der bisherigen Regelung etwas höher aus, was sich allerdings ausschließlich aus der einfach-rechtlichen Konkretisierung im Finanzausgleichsgesetz ergibt. Darin zeigt sich zugleich die im Vergleich zur Neuregelung reduzierte Rolle des Bundes bei der Ausstattung der Länder mit den erforderlichen Finanzmitteln (→ Rn. 7). 57

Verfahrenstechnisch wird der Ausgleich also wie im Rahmen der Neuregelung in der Weise vorgenommen, daß die Ausgleichsleistungen rechnerisch durch einen **Vergleich** der **Finanzkraftmeßzahl** und der **Ausgleichsmeßzahl** eines jeden Landes ermittelt werden (§ 5 FAG). Ausgleichspflicht und Ausgleichsanspruch hängen davon ab, ob und inwieweit die Finanzkraftmeßzahl die Ausgleichsmeßzahl über- oder unterschreitet. Die Finanzkraftmeßzahl ergibt sich im wesentlichen aus den Landessteuereinnahmen, den Einnahmen der Förderabgabe und 64% der Kommunalsteuereinnahmen (§§ 7, 8 FAG)[261]. Die in der Ausgleichsrechnung enthaltenen Pro-Kopf-Einnahmen der Länder und Gemeinden multipliziert mit der Einwohnerzahl des jeweiligen Landes bilden seine Ausgleichsmeßzahl, die den Bezug zum durchschnittlichen Finanzaufkommen herstellt (§§ 6 II, 9 FAG). Die Ausgleichsleistungen werden, je näher die Auffüllungsquote rückt, in gestaffelter Form verringert. Insgesamt soll durch die komplizierten Vorkehrungen des § 10 FAG auch die verfassungsrechtliche Vorgabe erreicht werden, daß die relativen Finanzkraftpositionen unter den Ländern nicht verändert werden. Zahlungstechnisch wird der Ausgleich in der Weise vollzogen, daß die Überweisungen des Bundesanteils an der nach Art. 108 II GG von den Ländern verwalteten Umsatzsteuer durch die einzelnen Länder an den Bund um die Ausgleichsbeträge erhöht und um die Ausgleichszuweisungen gekürzt werden (§ 14 FAG)[262]. 58

3. Ergänzungszuweisungen gem. Art. 107 II 3 GG a. F.

Die Regelung zu den Ergänzungszuweisungen in Art. 107 II 3 GG a. F. **entspricht vollständig** derjenigen des **Art. 107 II 5 GG**. Auf die entsprechenden Ausführungen kann daher verwiesen werden (→ Rn. 41 ff.). Ein Unterschied ergibt sich allein bei der Definition der Leistungsschwäche. § 10 I MaßstG stellt insoweit, der Regelung des Art. 107 II GG a. F. entsprechend, nicht auf die Umsatzsteuerzuschläge, sondern auf die Ausgleichsberechtigung ab, was in der Sache freilich keinen Unterschied bewirkt. Im übrigen ergeben sich ebenfalls keine Besonderheiten. 59

Weitere Ergänzungszuweisungen kennt Art. 107 II a. F. GG im Gegensatz zur Neuregelung **nicht** (→ Rn. 46 ff.). Darin zeigt sich erneut die gegenüber der Neuregelung verminderte Rolle des Bundes bei der angemessenen finanziellen Ausstattung der Länder (→ Rn. 46). 60

[261] Zum Verfahren nach § 8 FAG und den Gemeindeanteilen am Einkommen- und Realsteueraufkommen s. *Henneke* (Fn. 123), Art. 107 Rn. 70 ff.

[262] Zum Verfahren näher *Renner*, Finanzausgleich (Fn. 125), S. 339 ff., 368 ff.; Bundesbank, Monatsbericht 4/1995, S. 49 ff.; *Fischer-Menshausen* (Fn. 62), Art. 107 Rn. 18; zur Kritik vgl. *G. Färber*, Widi 1993, 305 ff.; *C. Esser*, Widi 1994, 358 ff.; *Kesper*, Finanzordnung (Fn. 64), S. 269 ff.

D. Verhältnis zu anderen GG-Bestimmungen

61 Art. 107 GG ist **Teil des mehrstufigen Finanzausgleichssystems** des Grundgesetzes und baut unmittelbar auf dem vertikalen Finanzausgleich auf (→ Rn. 13), ohne eine Fortsetzung des vertikalen Finanzausgleichs mit anderen Mitteln darzustellen[263]. Die Bundesergänzungszuweisungen, die dem vertikalen, aber zugleich dem sekundären Finanzausgleich zuzurechnen sind, treten im übrigen neben die anderen Bundesleistungen nach **Art. 91a, 91b, 104b, 104c und 106 III, VIII, 106a GG**, die ebenfalls horizontale Ausgleichswirkungen erzielen können[264]. Außerdem bestimmt **Art. 106a Satz 3 GG** explizit, daß die Zuweisungen für den öffentlichen Personennahverkehr nicht in die Berechnung der Finanzkraft nach Art. 107 II GG eingehen.

263 BVerfGE 72, 330 (386).

264 Vgl. *W. Heun*, Der Staat 31 (1992), 205 (218 ff.); *Fischer-Menshausen* (Fn. 62), Art. 107 Rn. 19b.

Artikel 108 [Finanzverwaltung, Finanzgerichtsbarkeit]

(1) [1]Zölle, Finanzmonopole, die bundesgesetzlich geregelten Verbrauchsteuern einschließlich der Einfuhrumsatzsteuer, die Kraftfahrzeugsteuer und sonstige auf motorisierte Verkehrsmittel bezogene Verkehrsteuern ab dem 1. Juli 2009 sowie die Abgaben im Rahmen der Europäischen Gemeinschaften werden durch Bundesfinanzbehörden verwaltet. [2]Der Aufbau dieser Behörden wird durch Bundesgesetz geregelt. [3]Soweit Mittelbehörden eingerichtet sind, werden deren Leiter im Benehmen mit den Landesregierungen bestellt.

(2) [1]Die übrigen Steuern werden durch Landesfinanzbehörden verwaltet. [2]Der Aufbau dieser Behörden und die einheitliche Ausbildung der Beamten können durch Bundesgesetz mit Zustimmung des Bundesrates geregelt werden. [3]Soweit Mittelbehörden eingerichtet sind, werden deren Leiter im Einvernehmen mit der Bundesregierung bestellt.

(3) [1]Verwalten die Landesfinanzbehörden Steuern, die ganz oder zum Teil dem Bund zufließen, so werden sie im Auftrage des Bundes tätig. [2]Artikel 85 Abs. 3 und 4 gilt mit der Maßgabe, daß an die Stelle der Bundesregierung der Bundesminister der Finanzen tritt.

(4) [1]Durch Bundesgesetz, das der Zustimmung des Bundesrates bedarf, kann bei der Verwaltung von Steuern ein Zusammenwirken von Bundes- und Landesfinanzbehörden sowie für Steuern, die unter Absatz 1 fallen, die Verwaltung durch Landesfinanzbehörden und für andere Steuern die Verwaltung durch Bundesfinanzbehörden vorgesehen werden, wenn und soweit dadurch der Vollzug der Steuergesetze erheblich verbessert oder erleichtert wird. [2]Für die den Gemeinden (Gemeindeverbänden) allein zufließenden Steuern kann die den Landesfinanzbehörden zustehende Verwaltung durch die Länder ganz oder zum Teil den Gemeinden (Gemeindeverbänden) übertragen werden. [3]Das Bundesgesetz nach Satz 1 kann im Bereich der Informationstechnik für ein Zusammenwirken von Bund und Ländern bestimmen, dass bei Zustimmung einer im Gesetz genannten Mehrheit Regelungen für den Vollzug von Steuergesetzen für alle Länder verbindlich werden.

(4a) [1]Durch Bundesgesetz, das der Zustimmung des Bundesrates bedarf, können bei der Verwaltung von Steuern, die unter Absatz 2 fallen, ein Zusammenwirken von Landesfinanzbehörden und eine länderübergreifende Übertragung von Zuständigkeiten auf Landesfinanzbehörden eines oder mehrerer Länder im Einvernehmen mit den betroffenen Ländern vorgesehen werden, wenn und soweit dadurch der Vollzug der Steuergesetze erheblich verbessert oder erleichtert wird. [2]Die Kostentragung kann durch Bundesgesetz geregelt werden.

(5) [1]Das von den Bundesfinanzbehörden anzuwendende Verfahren wird durch Bundesgesetz geregelt. [2]Das von den Landesfinanzbehörden und in den Fällen des Absatzes 4 Satz 2 von den Gemeinden (Gemeindeverbänden) anzuwendende Verfahren kann durch Bundesgesetz mit Zustimmung des Bundesrates geregelt werden.

(6) Die Finanzgerichtsbarkeit wird durch Bundesgesetz einheitlich geregelt.

(7) Die Bundesregierung kann allgemeine Verwaltungsvorschriften erlassen, und zwar mit Zustimmung des Bundesrates, soweit die Verwaltung den Landesfinanzbehörden oder Gemeinden (Gemeindeverbänden) obliegt.

Literaturauswahl

Bonsels, Johannes: Einwirkungs- und Mitwirkungsrechte des Bundes bei der Verwaltung der Steuern durch die Länder, 1995.
Buchbinder, Norbert: Die Kontrolle der Finanzverwaltung durch den Bundesrechnungshof, Diss. jur. Erlangen-Nürnberg 1985.
Bundesministerium der Finanzen (Hrsg.): Von der Reichsschatzkammer zum Bundesfinanzministerium, 1969.
Desens, Marc: Bindung der Finanzverwaltung an die Rechtsprechung, 2011.
Dittmann, Armin: Die Bundesverwaltung, 1983.
Höppner, Horst Dieter: Das Bundesamt für Finanzen, in: FinArch. 43 (1985), S. 106–118.
Kirchhof, Paul: Finanzverwaltung und Grundgesetz, in: Horst Vogelsang (Hrsg.), Perspektiven der Finanzverwaltung, 1992, S. 1–25.
Klein, Franz: Das Bundesministerium der Finanzen, 3. Aufl. 1970.
Löwer, Wolfgang: Verfassungsrechtsfragen der Steuerauftragsverwaltung, 2001.
Nose, Dorit: Die Schreiben des Bundesministers der Finanzen (BMF-Schreiben), 2006.
Oeter, Stefan: Die Finanzverwaltung im System der bundesstaatlichen Kompetenzverteilung, in: ThürVBl. 1997, S. 1–5, 28–32.
Orlopp, Gerd L.: Auftragsverwaltung im Steuerrecht, in: Festschrift für Franz Klein, 1994, S. 597–610.
Riegler, Bernhard: Das Bundesamt für Finanzen – Aufgaben der Steuerabteilung, in: DStR 1993, S. 347–352.
Weyhausen, Heiko: Steuerverwaltung und bundesstaatliche Verfassungsordnung, 1982.

Siehe auch die Angaben zu Vorb. zu Art. 104a–115 GG.

Leitentscheidungen des Bundesverfassungsgerichts

BVerfGE 32, 145 (152 ff.) – Beförderungsteuer; 106, 1 (20 ff., Rn. 83 ff.) – Oberfinanzdirektionen.

Gliederung

Stichwörter

A. Herkunft, Entstehung, Entwicklung

I. Ideen- und verfassungsgeschichtliche Aspekte

Im **Kaiserreich von 1871** hatte das Reich zwar die Gesetzgebungshoheit über die Zölle und Verbrauchsteuern gem. Art. 35 RVerf., die Erhebung und Verwaltung dieser Abgaben lag gleichwohl bei den einzelnen Bundesstaaten. Das Reich verfügte, ganz ähnlich wie nach § 35 der Paulskirchenverfassung, nur über begrenzte Aufsichtsbefugnisse gem. Art. 36 RVerf. Die Reichsfinanzverwaltung wurde insoweit vom Reichsschatzamt und einigen selbständigen Reichsfinanzbehörden wahrgenommen[1]. Erst durch die Finanzreform 1918 kurz vor dem Zusammenbruch des Reiches wurden der Reichsfinanzhof errichtet[2] und die Aufgaben der Reichsfinanzverwaltung erweitert, die Einrichtung von Reichsaufsichtsbehörden aber gleichwohl zurückgestellt[3]. Im Zuge der **Reichsfinanzreform Erzbergers**[4] wurde dann, nachdem die Weimarer Reichsverfassung noch dem Reich nur die Verwaltung der Zölle und Verbrauchsteuern (Art. 83 WRV), im übrigen die Steuerverwaltung den Ländern zugewiesen hatte (Art. 84 WRV)[5], dem Reich im Ergebnis die Steuer- und Finanzverwaltung durch das Gesetz über die Reichsfinanzverwaltung vom 10.9.1919 übertragen[6], was in zweifelhafter Weise auf die allgemeinen Kompetenznormen der Art. 8, 14 WRV gestützt wurde[7]. Diese Zentralisierung der Finanzverwaltung, die im Reichsfinanzministerium als oberster Reichsbehörde ihre Verwaltungsspitze fand, wurde noch zusätzlich dadurch verstärkt, daß die meisten Länder – mit Ausnahme vor allem Preußens – später den Reichsfinanzbehörden auch die Einziehung der Landessteuern überließen[8]. 1

II. Entstehung und Veränderung der Norm

Die gegensätzlichen Vorbilder des Kaiserreichs und der Weimarer Republik spiegelten sich bei der Entstehung des Grundgesetzes in dem **Konflikt zwischen unitarischen und föderalistischen Kräften**[9]. Der Verfassungskonvent von Herrenchiemsee konnte sich zu einem einheitlichen Vorschlag nicht durchringen, sondern präsentierte drei gleichwertige Alternativen einheitlicher Finanzverwaltung, nämlich: landeseigene 2

---

[1] Begründung des Reichsschatzamtes durch Erlaß v. 14.7.1879 (RGBl. S. 196); dazu und zu den selbständigen Reichsfinanzbehörden *P. Laband*, Das Staatsrecht des Deutschen Reiches, Bd. I, 5. Aufl. 1911, S. 400, 405 ff.; *H. Leidel*, Die Begründung der Reichsfinanzverwaltung, 1964, S. 37 ff.; BMF (Hrsg.), Von der Reichsschatzkammer zum Bundesfinanzministerium, 1969, S. 86 ff.

[2] Gesetz v. 26.7.1918 (RGBl. S. 959); der Reichsfinanzhof war nicht nur Gericht, sondern übte auch Aufsichtsbefugnisse aus.

[3] *H.B. Brockmeyer*, in: B. Schmidt-Bleibtreu/Hans Hofmann/A. Hopfauf (Hrsg.), 11. Aufl. 2008, GG, Art. 108 Rn. 3.

[4] Dazu *Leidel*, Begründung (Fn. 1), S. 65 ff.

[5] *Leidel*, Begründung (Fn. 1), S. 74 ff., 88 ff.

[6] RGBl. I S. 1591; dessen Inhalt wurde dann in die Reichsabgabenordnung v. 13.12.1919 (RGBl. I S. 1993) übernommen; vgl. *E. Becker*, Die Reichsabgabenordnung, 7. Aufl. 1930, S. XIV ff. (Entstehungsgeschichte), 150 ff. (zu den Behördenregelungen); *Leidel*, Begründung (Fn. 1), S. 81 ff., 100 ff., 122 ff.; vgl. ferner *Institut »Finanzen und Steuern«*, Finanzverwaltung und Finanzausgleich in der Weimarer Republik, 1956, S. 20 ff., 25 ff.; BMF, Reichsschatzkammer (Fn. 1), S. 104.

[7] Vgl. *O. Bühler*, Die Zuständigkeitsverteilung auf dem Gebiete des Finanzwesens, in: HdbDStR I, S. 321 ff. (324).

[8] Vgl. *Stern*, Staatsrecht II, S. 1176.

[9] Vgl. *H. Höpker-Aschoff*, AöR 75 (1949), 306 (328); zur Finanzverwaltung unmittelbar nach Kriegsende BMF, Reichsschatzkammer (Fn. 1), S. 117 ff.

Verwaltung, bundeseigene Verwaltung oder nach Weisungen des Bundes zu führende Landesfinanzverwaltungen sowie noch die zusätzliche Konzeption einer gespaltenen Steuerverwaltung für Bundes- und Länderabgaben[10]. Nach kontroverser Debatte setzte sich der Vorschlag einer einheitlichen Bundesfinanzverwaltung von Höpker-Aschoff im Finanzausschuß, dann im Hauptausschuß und schließlich auch im Plenum des Parlamentarischen Rates zunächst durch[11]. Der nachdrückliche Einspruch der Alliierten verhinderte dieses Konzept[12]. Der **Parlamentarische Rat** lenkte nach einigem Widerstand ein und fand nach einer interfraktionellen Absprache und redaktionellen Änderungen in Art. 108 GG a. F. zu der Lösung einer nach Abgaben geteilten und sogar für Einkommen- und Körperschaftsteuer gespaltenen Verwaltung durch Bund und Länder[13].

3 Im Zuge der **Finanzreform von 1969**[14] mußte zum einen die unpraktikable Aufspaltung der Verwaltung der Einkommen- und Körperschaftsteuer beseitigt[15] und zum anderen die Steuerverwaltung generell an die Neuregelung der Steuerverteilung angepaßt werden[16]. Bereits der Regierungsentwurf enthielt bis auf Absatz 3 Satz 2 im wesentlichen die heutige Fassung des Art. 108 GG[17], die auch trotz der Gegenvorstellungen des Bundesrates beibehalten wurde[18]. Die Verwaltungskompetenz wurde lediglich noch auf die Abgaben der EU erstreckt[19]. 2001 wurden durch eine Änderung von Art. 108 I 3, II 3 GG die Voraussetzungen geschaffen, daß der Aufbau der Finanzverwaltung nicht mehr zwingend dreistufig sein muß[20], um die Mittelbehörden partiell abschaffen zu können.

4 Art. 108 I GG wurde durch die Verfassungsänderung vom 19. März 2009[21] in der Weise ergänzt, daß nach dem Wort »Einfuhrumsatzsteuer« die Worte »die Kraftfahrzeugsteuer und sonstige auf motorisierte Verkehrsmittel bezogene Verkehrsteuern ab dem 1. Juli 2009« eingefügt wurden. Die Regelung bewirkt, daß nunmehr die **Verwaltungskompetenz** für diese Steuern auch dem Bund zusteht, und zieht die Konsequenz aus der Verlagerung der Ertragskompetenz für die Kraftfahrzeugsteuer von den Ländern auf den Bund in Art. 106 I Nr. 3 GG, da der Bund durchgehend die Verwaltungskompetenz für die Steuern hat, deren gesetzliche Regelung und Ertragshoheit in seiner Befugnis liegen. Die Beibehaltung der Länderkompetenz für die Steuererhebung und

---

[10] Art. 123 HChE (Parl. Rat II, S. 608, mit den Erläuterungen, ebd. S. 570 f.); zur Entstehungsgeschichte vgl. auch *R. Seer*, in: BK, Art. 108 (Viertb. 2011), Rn. 17 ff.; *Stern*, Staatsrecht II, S. 1176 ff.; *S. Oeter*, ThürVBl. 1997, 1 (2 f.).

[11] JöR 1 (1951), S. 799 ff.; zur Debatte und Abstimmung im Plenum s. insbes. Parl. Rat IX, S. 100, 253, 260, 264 f., 271, 486.

[12] Vgl. insbes. Parl. Rat VIII, S. 133 f. (Memorandum v. 2.3.1949).

[13] *K. Vogel/C. Waldhoff*, in: BK, Vorb. z. Art. 104a–115 (1997/98), Rn. 193; *Seer* (Fn. 10), Art. 108 Rn. 20 f. mit Abdruck des Textes; zu den interfraktionellen Absprachen vgl. Parl. Rat XI, S. 190 f., 249 f.

[14] 21. Gesetz zur Änderung des Grundgesetzes v. 12.5.1969 (BGBl. I S. 359).

[15] *Kommission für Finanzreform*, Gutachten über die Finanzreform in der Bundesrepublik Deutschland, 1966, Tz. 307 ff.

[16] BT-Drs. V/2861, Tz. 158 (Regierungsentwurf.); s. auch *Seer* (Fn. 10), Art. 108 Rn. 26.

[17] BT-Drs. V/2861, S. 8; Änderung durch Rechtsausschuß zu BT-Drs. V/3605, S. 9.

[18] BT-Drs. V/2861, Anl. 2, S. 91 f.; Gegenäußerung der BReg. ebd., Anl. 3, S. 99 f.; Rechtsausschuß BT-Drs. V/3605, S. 11.

[19] BT-Drs. V/3605, S. 11.

[20] 49. Gesetz zur Änderung des Grundgesetzes v. 26.11.2001 (BGBl. I S. 3219); vgl. auch BT-Drs. 14/6144 (Entwurf); 14/6470; 14/6698; entsprechende Änderung des FVG v. 14.12.2001 (BGBl. I S. 3714).

[21] 54. Gesetz zur Änderung des Grundgesetzes v. 19.3.2009 (BGBl. I S. 606). → Art. 106b Rn. 1.

-verwaltung wäre demnach systemwidrig gewesen. Wichtigste Folge der Verlagerung der Ertragskompetenz ist freilich die Kompensationsregelung des Art. 106b GG (→ Art. 106b Rn. 1 ff.).

5 Im Zusammenhang mit der erneuten und am **20.7.2017** in Kraft getretenen Änderung der Finanzverfassung[22] (→ Vorb. Art. 104–115 Rn. 12 ff.) ist auch die Regelung des **Art. 108 GG ergänzt** worden[23]. So wurde einerseits in Absatz 4 ein dritter Satz eingefügt. Danach kann das Bundesgesetz nach Absatz 4 S. 1 im Bereich der Informationstechnik für ein Zusammenwirken von Bund und Ländern bestimmen, daß bei Zustimmung einer im Gesetz genannten Mehrheit Regelungen für den Vollzug von Steuergesetzen für alle Länder verbindlich werden. Zudem wurde ein neuer Absatz 4a eingefügt, der die Möglichkeit eröffnet, ein Zusammenwirken von Landesbehörden bzw. eine länderübergreifende Übertragung von Zuständigkeiten auf Landesfinanzbehörden eines oder mehrerer Länder durch zustimmungspflichtiges Bundesgesetz im Einvernehmen mit den betroffenen Ländern vorzusehen. Entsprechende Kooperationen waren zuvor nur durch Vereinbarungen der Länder untereinander möglich. Da dieser neue Absatz 4a allein die Verwaltung durch Landesfinanzbehörden betrifft, hätte er systematisch allerdings besser als Absatz 2a bzw. 3a eingefügt werden sollen.

B. Internationale, supranationale und rechtsvergleichende Bezüge

6 Art. 108 GG enthält die interne Kompetenzverteilung zwischen Bund und Ländern für den Bereich der Finanzverwaltung, auf die das **Unionsrecht** nicht direkt Einfluß nimmt. Vielmehr greift Art. 108 I GG das Unionsrecht unmittelbar selbst auf, indem die Verwaltung der Abgaben der Europäischen Union den Bundesfinanzbehörden zugewiesen wird[24], da die Abgaben der Europäischen Union[25] generell durch die Mitgliedstaaten verwaltet werden[26]. Allenfalls wirkt das Unionsrecht auf das Steuerverfahrensrecht gem. Art. 108 V GG ein[27].

7 Die komplexe Verschränkung des deutschen Finanzverwaltungssystems wird in anderen Bundesstaaten meist vermieden. In dem **Trennsystem der USA** etwa fallen deshalb die Steuerverwaltungshoheit und die Finanzgerichtsbarkeit mit der betreffenden Gesetzgebungs- und Ertragshoheit zusammen[28]. Ebenso folgt in der **Schweiz** die Verwaltungshoheit regelmäßig der Gesetzgebungshoheit für die einzelnen Steuern[29], was mit geringen Modifikationen auch für **Kanada** gilt[30], wobei jeweils den Ländern wesentlich weitergehende Gesetzgebungskompetenzen eingeräumt sind als in Deutschland.

---

[22] Gesetz zur Änderung des Grundgesetzes v. 13.7.2017 (BGBl. I S. 2347).

[23] Kritisch *A. Benz*, ZSE 15 (2017), 395 (408).

[24] Vgl. auch *U. Häde*, Finanzausgleich, 1996, S. 38. → Rn. 12.

[25] Generell zu den Eigenmitteln der Europäischen Union *H. Tappe/R. Wernsmann*, Öffentliches Finanzrecht, 2015, Rn. 812 ff.

[26] *Vogel/Waldhoff* (Fn. 13), Vorb. z. Art. 104a–115 Rn. 655; vgl. auch *Tappe/Wernsmann*, Finanzrecht (Fn. 25), Rn. 816; *C. Waldhoff*, Steuern, in: B. Wegener (Hrsg.), Europäische Querschnittspolitiken (EnzEur Bd. 8), § 10 Rn. 20.

[27] Vgl. EuGH EuGRZ 1995, 57 (60 f.); *H. Siekmann*, in: Sachs, GG, Art. 108 Rn. 33.

[28] *Vogel/Waldhoff* (Fn. 13), Vorb. z. Art. 104a–115 Rn. 705; *W. Heun*, StWStP 5 (1996), 97 ff.

[29] *Vogel/Waldhoff* (Fn. 13), Vorb. z. Art. 104a–115 Rn. 687.

[30] *Vogel/Waldhoff* (Fn. 13), Vorb. z. Art. 104a–115 Rn. 713.

C. Erläuterungen

I. Allgemeine Bedeutung

8 Art. 108 GG regelt neben der einheitlichen Finanzgerichtsbarkeit (Absatz 6) die Zuständigkeiten auf dem Gebiet der Verwaltung aller Steuern, Zölle und Finanzmonopole sowie der später hinzugefügten Abgaben im Rahmen der Europäischen Union und verteilt diese Kompetenzen auf Bund und Länder. Jedenfalls werden alle in Art. 106 GG genannten Abgaben erfaßt[31]. Die allgemeine Formulierung von Bundes- und Landesfinanzbehörden täuscht über diese **Begrenzung des Regelungsgegenstandes** etwas hinweg. Sie bedeutet, daß die Verwaltung aller anderen Abgaben sich nach den allgemeinen Regeln der Art. 30, 83 ff. GG, also nach den entsprechenden materiellen Verwaltungskompetenzen richtet[32]. Folglich ist Art. 108 GG auch nicht anwendbar, wenn die Finanzbehörden andere Aufgaben wahrnehmen[33].

9 Die Sonderregelung der Steuerverwaltung gewinnt ihre verfassungspolitische Bedeutung[34] daraus, daß die Abgabenerhebung ein Kernelement moderner Staatlichkeit ist[35]. Zugleich wird durch die Ausgestaltung der Steuerverwaltungshoheit über die (gleichmäßige) interregionale Verteilung der Steuerlast im Bundesgebiet über die Ländergrenzen hinweg entschieden, da ein **einheitliches Steuererhebungsverfahren** wesentliche Voraussetzung für die Durchsetzung der Steuergleichheit, sozialer Gerechtigkeit und einer Angleichung der Lebensverhältnisse ist[36], denen gerade auch von Seiten der Bevölkerung eine hohe Bedeutung zugemessen wird. Neben der einheitlichen Steuergesetzgebung kommt der Auslegung der gesetzlichen Vorschriften, der Verwaltungspraxis, der Ausübung des administrativen Ermessens und dem formalen Verfahren maßgebliche Bedeutung zu. Die Finanzverwaltung erfüllt durch die Beachtung und Wahrung der Grundrechte sowie die Sicherung der Sachgerechtigkeit und der gleichmäßigen Durchsetzung der Besteuerung eine unentbehrliche rechtsstaatliche Garantiefunktion[37], die zugleich der Wettbewerbsneutralität und allokativen Effizienz dient.

10 Diese Erfordernisse der Gleichmäßigkeit und Einheitlichkeit zwingen indes nicht zu einer zentralisierten, durchgängigen Bundesfinanzverwaltung[38]. Vielmehr haben die-

---

[31] Vgl. *Stern*, Staatsrecht II, S. 1179; *Siekmann* (Fn. 27), Art. 108 Rn. 3.

[32] Vgl. BVerwG NVwZ-RR 1990, 44 (45); *T. Maunz*, in: Maunz/Dürig, GG, Art. 108 (1983), Rn. 5; *K. Vogel*, HStR IV, § 87 Rn. 42; *R. Wendt*, HStR³ VI, § 139 Rn. 135; *P. Kirchhof*, Jura 1983, 505 (513); *Siekmann* (Fn. 27), Art. 108 Rn. 3; *V. Schlette*, in: v. Mangoldt/Klein/Starck, GG III, Art. 108 Rn. 8.

[33] Vgl. BVerwG NVwZ-RR 1990, 44 (45); *Maunz* (Fn. 32), Art. 108 Rn. 5; *Stern*, Staatsrecht II, S. 1179; *Siekmann* (Fn. 27), Art. 108 Rn. 3; *H. Fischer-Menshausen*, in: I. v. Münch/P. Kunig (Hrsg.), Grundgesetz-Kommentar, Bd. III, 3. Aufl. 1996, Art. 108 Rn. 6.

[34] *Fischer-Menshausen* (Fn. 33), Art. 108 Rn. 1.

[35] Für Deutschland siehe auch *A. Thiele*, Finanzaufsicht. Der Staat und die Finanzmärkte, 2014, S. 439 ff.

[36] Vgl. auch *Fischer-Menshausen* (Fn. 33), Art. 108 Rn. 1; *M. Heintzen*, in: v. Münch/Kunig, GG II, Art. 108 Rn. 3; zu den Vollzugsproblemen vgl. *Bundesbeauftragter für Wirtschaftlichkeit*, Probleme beim Vollzug der Steuergesetze (Schriftenreihe Nr. 13), 2006.

[37] *P. Kirchhof*, Finanzverwaltung und Grundgesetz, in: H. Vogelsang (Hrsg.), Perspektiven der Finanzverwaltung, 1992, S. 1 ff. (8 f.); *N. Buchbinder*, Die Kontrolle der Finanzverwaltung durch den Rechnungshof, Diss. jur. Erlangen-Nürnberg 1985, S. 105 f.; *Fischer-Menshausen* (Fn. 33), Art. 108 Rn. 1.

[38] In diese Richtung aber das Gutachten des Präsidenten des Bundesrechnungshofes als Bundesbeauftragter für Wirtschaftlichkeit in der Verwaltung über die Probleme beim Vollzug der Steuergesetze, 2006; siehe dazu auch *M. Heintzen*, DÖV 2015, 780 (783).

se Erfordernisse und die Vorzüge eines dezentralisierten Verwaltungssystems zur heutigen **Kombination von Elementen der Bundes- und der Landesverwaltung** in Art. 108 GG geführt, der zwischen drei Formen der Verwaltung, nämlich Bundesverwaltung (Absatz 1), Landeseigenverwaltung (Absatz 2) und Landesauftragsverwaltung (Absatz 3) unterscheidet und zudem noch Elemente der seit 2001 fakultativen Mischverwaltung damit verbindet (Absatz 2 Satz 2). Die Kompetenzverteilung wird ferner von steuerverwaltungspragmatischen Gründen bestimmt, die etwa wegen des engen veranlagungstechnischen Zusammenhangs zwischen Einkommen-, Vermögen-, Gewerbe- und Umsatzsteuer eine verwaltungsmäßige Vereinigung der Besteuerung in einer Hand gebieten[39]. Deshalb wird den Landesfinanzbehörden auch die Erhebung von Steuern übertragen, die ganz oder teilweise dem Bund zufließen, während dem Bund zur Sicherung der Einheitlichkeit der Besteuerung und seiner Interessen unmittelbare Einwirkungsrechte gewährt werden. Vor allem aus derartigen verwaltungspraktischen Gründen sind **Verwaltungshoheit und Ertragshoheit** partiell entkoppelt. Schließlich erlaubt Art. 108 IV GG deswegen auch noch eine bewegliche Übertragung von Steuerverwaltungsbefugnissen zwischen Bund und Ländern. Insgesamt werden dadurch ein unrationelles Nebeneinander von Bundes- und Landesfinanzbehörden für gleiche oder ähnliche Steuern vermieden und Gleichmäßigkeit der Besteuerung unter Wahrung der Bundes- und Landesinteressen sowie ein zweckmäßiges und anpassungsfähiges Steuerverwaltungssystem geschaffen[40].

Art. 108 GG ist eine **zwingende und erschöpfende Regelung** insofern, als außer in 11
den ausdrücklich vorgesehenen Fällen von den in Art. 108 GG vorgesehenen Typen und Kompetenzzuweisungen weder durch Gesetz noch durch Vertrag, auch nicht privatrechtlicher Natur, abgewichen werden darf[41]. Das schließt indes einen ergänzenden Rückgriff auf allgemeine Regelungen der Art. 83 ff. GG nicht aus, sofern nicht eindeutig etwas anderes gelten soll[42]. Im übrigen wird auch die Möglichkeit der Länder Vereinbarungen zu treffen, sofern sie für den Verwaltungsvollzug zuständig sind, prinzipiell nicht berührt. Mit dem neuen Absatz 4a wird nunmehr allerdings die Möglichkeit des Bundes geschaffen, ein solches Zusammenwirken der Länderfinanzbehörden bzw. eine länderübergreifende Übertragung von Zuständigkeiten auf Landesfinanzbehörden eines oder mehrerer Länder auch durch Bundesgesetz zu regeln, das etwaigen Vereinbarungen der Länder dann vorgeht.

II. Die Finanzverwaltung des Bundes gem. Art. 108 I GG

Die **Verwaltungskompetenz der Bundesfinanzbehörden** erstreckt sich gem. Art. 108 I 12
1 GG auf die Zölle und Finanzmonopole (→ Art. 105 Rn. 8, 31 f.) sowie auf die bundesgesetzlich geregelten Verbrauchsteuern unter Einschluß der Einfuhrumsatzsteuern (→ Art. 105 Rn. 8, 33), und zwar unabhängig davon, ob ihr **Ertrag** dem Bund oder den Ländern zusteht. Deshalb zählen dazu auch die in ihrem Ertrag den Ländern zuflie-

---

39 Vgl. auch BVerfGE 32, 145 (155).

40 Vgl. zum Ganzen insbes. *Fischer-Menshausen* (Fn. 33), Art. 108 Rn. 3 f.

41 *Stern*, Staatsrecht II, S. 1179; *Siekmann* (Fn. 27), Art. 108 Rn. 7; BFHE 158, 120 (125); s. auch *Seer* (Fn. 10), Art. 108 Rn. 35.

42 *Seer* (Fn. 10), Art. 108 Rn. 35; *Maunz* (Fn. 32), Art. 108 Rn. 2; *Fischer-Menshausen* (Fn. 33), Art. 108 Rn. 7; *Stern*, Staatsrecht II, S. 1179; *Siekmann* (Fn. 27), Art. 108 Rn. 7; Jarass/*Pieroth*, GG, Art. 108 Rn. 1; *Heintzen* (Fn. 36), Art. 108 Rn. 9; vgl. auch BVerfGE 32, 145 (154 f.).

ßende Biersteuer[43] sowie die Kaffee-, Tabak-, Branntwein-, Schaumwein- und Mineralölsteuer. Hinzugekommen ist noch die Stromsteuer[44]. Dagegen fällt die Umsatzsteuer als Gemeinschaftsteuer und trotz ihres Charakters als Verbrauchsteuer nicht darunter[45]. Ebenfalls in die Zuständigkeit der Bundesfinanzbehörden fallen seit dem 1.7.2009 die Kraftfahrzeugsteuer und sonstige auf motorisierte Verkehrsmittel bezogene Verkehrsteuern; die Kraftfahrzeugsteuer wurde dabei aber noch bis zum Jahre 2014 von den Ländern im Wege der Organleihe verwaltet[46]. Schließlich fallen noch die Abgaben im Rahmen der Europäischen Union in die Verwaltungskompetenz des Bundes. Der Verwaltungsbegriff entspricht dem der Art. 83ff. GG[47] und umfaßt folglich die betreffenden Kompetenzen (Erlaß von Verwaltungsakten und Verwaltungsvorschriften etc.).

13 Aus Art. 87 I 1 GG ergibt sich, daß die in Art. 108 GG zugrunde gelegte Bundesfinanzverwaltung **in bundeseigener Verwaltung mit eigenem Verwaltungsunterbau** geführt wird. Daraus folgt erstens, daß die Finanzverwaltung zum Bereich der unmittelbaren Verwaltung des Bundes gehören muß und nicht auf Einrichtungen mittelbarer Verwaltung übertragen oder privatisiert werden darf[48]. Zweitens ist der Bund als Folge der Anordnung obligatorischer Bundesverwaltung verpflichtet, Bundesfinanzbehörden einzurichten[49]. Drittens muß die Finanzverwaltung in ihrem Aufbau mehrstufig gegliedert sein, wobei die Verwendung des Begriffs der Mittelbehörden in Absatz 1 Satz 3 a.F. früher einen Aufbau in mindestens drei Stufen voraussetzte[50], während nach der Neufassung der Aufbau auch zweistufig sein kann und die Einrichtung von Mittelbehörden lediglich optional ist[51]. Einige Bundesländer haben seitdem denn auch auf die Oberfinanzdirektionen als Mittelbehörden[52] verzichtet, gemeinsame Mittelbehörden (→ Rn. 29) bestehen zudem seit dem 1.1.2008 nicht mehr. Auch der Bund hat zum 1.1.2016 auf einen Mittelbau verzichtet und die noch bestehenden Bundesfinanzdirektionen in die Generalzolldirektion als oberste Bundesbehörde integriert. Bundesoberbehörden können daneben durch Gesetz – und nicht durch einen exekutiven Organisationsakt – eingerichtet werden[53]. An der Spitze der Behördenhierarchie muß der Bundesminister der Finanzen stehen, was sich aus Art. 108 III 2 GG ergibt[54]. Seine Weisungsbefugnisse sind aber durch Art. 108 VII GG beschränkt (→ Rn. 31).

---

[43] *Maunz* (Fn. 32), Art. 108 Rn. 22; *Seer* (Fn. 10), Art. 108 Rn. 35; *Siekmann* (Fn. 27), Art. 108 Rn. 8.

[44] *Seer* (Fn. 10), Art. 108 Rn. 68; *Siekmann* (Fn. 27), Art. 108 Rn. 8.

[45] *Schlette* (Fn. 32), Art. 108 Rn. 33; *J. Kemmler*, in: Schmidt-Bleibtreu/Hofmann/Henneke, GG, Art. 108 Rn. 5.

[46] Vgl. den ehemaligen § 18a FVG; siehe auch *Kemmler* (Fn. 45), Art. 108 Rn. 5.

[47] *Maunz* (Fn. 32), Art. 108 Rn. 23. → Art. 83 Rn. 16ff.

[48] *Maunz* (Fn. 32), Art. 108 Rn. 12; *Seer* (Fn. 10), Art. 108 Rn. 77; *Fischer-Menshausen* (Fn. 33), Art. 108 Rn. 10; *Schlette* (Fn. 32), Art. 108 Rn. 38f.; *Siekmann* (Fn. 27), Art. 108 Rn. 15; eingehend *A. Dittmann*, Die Bundesverwaltung, 1983, S. 151f.

[49] *Maunz* (Fn. 32), Art. 108 Rn. 14; *Siekmann* (Fn. 27), Art. 108 Rn. 15; *Seer* (Fn. 10), Art. 108 Rn. 75; *Heintzen* (Fn.), Art. 108 Rn. 17.

[50] Zur alten Rechtslage noch *Seer* (Fn. 10), Art. 108 Rn. 78; differenzierend *Maunz* (Fn. 32), Art. 108 Rn. 24; *Stern*, Staatsrecht II, S. 1180.

[51] *Kemmler* (Fn. 45), Art. 108 Rn. 14; *Siekmann* (Fn. 27), Art. 108 Rn. 15.

[52] Siehe § 2 FVG.

[53] *Maunz* (Fn. 32), Art. 108 Rn. 25; *Siekmann* (Fn. 27), Art. 108 Rn. 16; Jarass/*Pieroth*, GG, Art. 108 Rn. 3.

[54] *Maunz* (Fn. 32), Art. 108 Rn. 13; *Kemmler* (Fn. 45), Art. 108 Rn. 17; *Siekmann* (Fn. 27), Art. 108 Rn. 16; *Kirchhof*, Grundgesetz (Fn. 37), S. 8; *F. Klein*, DVBl. 1962, 573 (574); zu den einzelnen Ge-

Soweit auf Bundesebene **Mittelbehörden** eingerichtet sind (gegenwärtig ist das seit dem 1.1.2016 nicht mehr der Fall), werden deren Leiter gem. Art. 108 I 3 GG im Benehmen mit den jeweiligen **Landesregierungen** bestellt. Benehmen bedeutet lediglich beratende Anhörung und Würdigung der Stellungnahme mit verbleibendem eigenständigen Entscheidungsspielraum. Die Anforderungen sind damit geringer als bei dem erforderlichen Einvernehmen nach Art. 108 II 2 GG, das Zustimmung, d.h. Mitentscheidung, verlangt[55]. Die fehlende Mitentscheidungskompetenz läßt die Regelung der Mitwirkung der Länder bei der Bestellung der Leiter der Bundesmittelbehörden in Art. 108 I 3 GG noch nicht als Fall der Mischverwaltung erscheinen[56]. 14

Gemäß Art. 108 I 2 GG ist der Aufbau dieser Behörden durch **zustimmungsfreies Bundesgesetz** zu regeln. Im Unterschied zur ansonsten weitgehend der Exekutive überlassenen Organisationsgewalt über Errichtung, Aufbau und Einrichtung der Behörden[57] normiert Art. 108 I 2 GG explizit einen **organisationsrechtlichen Gesetzesvorbehalt**[58], der zugleich einen **verbindlichen Gesetzgebungsauftrag** für den Bund enthält[59], dem der Gesetzgeber durch Erlass des **Finanzverwaltungsgesetzes** nachgekommen ist[60]. Die Organisationsgewalt der Exekutive wird insoweit verdrängt und kann nur noch ergänzend ausgeübt werden[61]. Die von anderen Normen des Grundgesetzes, in denen von Einrichtung (Art. 84 I, 85 I, 86 S. 2, 87 I 2 GG) oder Errichtung (Art. 87 III GG) die Rede ist, etwas abweichende Terminologie beruht wohl darauf, daß Art. 108 I GG die Verpflichtung zur Errichtung einer Bundesfinanzverwaltung schon voraussetzt[62], teilweise wird auch angenommen, daß der Begriff »Aufbau« ein Weniger gegenüber »Einrichtung« in dem Sinne darstelle, daß vom Gesetzgeber nur die Grundentscheidungen zu treffen seien[63]. Zuzustimmen ist dieser Ansicht insoweit, als das Gesetz letztlich schon aus faktischen Gründen[64] nicht sämtliche Einzelheiten 15

---

schäftsbereichen und der internen Organisationsstruktur des Ministeriums *F. Klein*, Das Bundesministerium der Finanzen, 3. Aufl. 1970, S. 44ff.

[55] *Stern*, Staatsrecht II, S. 1182 in Anlehnung an *H.J. Wolff/O. Bachof*, Verwaltungsrecht II, 4. Aufl. 1976, § 77 V c 3 und e 2; s. auch *Siekmann* (Fn. 27), Art. 108 Rn. 17; *Seer* (Fn. 10), Art. 108 Rn. 79f., 86; § 9 II 2 FVG a.F. erforderte allerdings, außer im Sonderfall des § 9 III 3–5 FVG a.F., sogar beiderseitiges Einvernehmen und geht damit über Art. 108 I 3 GG hinaus, da die Oberfinanzdirektionen regelmäßig zugleich die Mittelbehörden der Länder sind, vgl. auch *Maunz* (Fn. 32), Art. 108 Rn. 32; *Seer* (Fn. 10), Art. 108 Rn. 82.

[56] Jarass/*Pieroth*, GG, Art. 108 Rn. 3; *Siekmann* (Fn. 27), Art. 108 Rn. 17; *J.-P. Schneider*, in: AK-GG (2001), Art. 108 Rn. 8; zum Begriff der Mischverwaltung insoweit: BVerfGE 39, 96 (120).

[57] Dazu vgl. hier nur *A. Köttgen/F. Ermacora*, Die Organisationsgewalt, VVDStRL 16 (1958), S. 154ff., 191ff.; *E.-W. Böckenförde*, Die Organisationsgewalt im Bereich der Regierung, 1964; *H. Butzer*, Die Verwaltung 27 (1994), 157ff.

[58] BVerfGE 106, 1 (22, Rn. 87ff.); *Schlette* (Fn. 32), Art. 108 Rn. 42; vgl. dazu allgemein *Köttgen/Ermacora*, Organisationsgewalt (Fn. 57), S. 161ff.; *Böckenförde*, Organisationsgewalt (Fn. 57), S. 95ff.; *G.C. Burmeister*, Herkunft, Inhalt und Stellung des institutionellen Gesetzesvorbehalts, 1991.

[59] *Siekmann* (Fn. 27), Art. 108 Rn. 19; s. auch *Maunz* (Fn. 32), Art. 108 Rn. 30.

[60] Gesetz über die Finanzverwaltung v. 6.9.1950 (BGBl. I S. 448), das vielfach geändert worden ist und heute i.d.F. der Bekanntmachung vom 4.4.2006 (BGBl. I S. 845, 1202), zuletzt geändert durch Gesetz v. 14.08.2017 (BGBl. I S. 3122, 3129), gilt.

[61] Soweit der Gesetzesvorbehalt gilt und das Gesetz Regelungen trifft, wird die Kompetenz nach Art. 86 Satz 2 GG verdrängt, s. auch *Maunz* (Fn. 32), Art. 108 Rn. 28; *Seer* (Fn. 10), Art. 108 Rn. 76; zur Zulässigkeit einer Rechtsverordnung BVerfGE 106, 1 (22ff., Rn. 87ff.).

[62] *Seer* (Fn. 10), Art. 108 Rn. 75, 77; *Maunz* (Fn. 32), Art. 108 Rn. 26.

[63] Vgl. *Heintzen* (Fn. 36), Art. 108 Rn. 20; *Seer* (Fn. 10), Art. 108 Rn. 76; *Maunz* (Fn. 32), Art. 108 Rn. 26.

[64] *Heintzen* (Fn. 36), Art. 108 Rn. 20.

der internen Verwaltungsorganisation regeln kann und daher auch nicht regeln muß[65]. Im übrigen hat das Gesetz aber die Errichtung der Bundesfinanzbehörden einschließlich verfassungsrechtlich nicht vorgeschriebener Bundesoberbehörden sowie die nähere Ausgestaltung der (auch schon vorhandenen) Bundesfinanzbehörden unter Einschluß der organisatorisch-personellen Ausstattung und der ihnen zugewiesenen Kompetenzen zum Gegenstand[66].

III. Die Finanzverwaltung der Länder gem. Art. 108 II, III, IVa GG

16 Die Landesfinanzbehörden verwalten (obligatorisch[67]) gem. Art. 108 II 1 GG alle **übrigen Steuern,** die nicht gem. Art. 108 I 1 GG vom Bund verwaltet werden. Diese Auffangkompetenz weist im Ergebnis die Verwaltung der Steuern ganz überwiegend den Ländern zu[68]. Zu den übrigen Steuern gehören auch die bundesrechtlich geregelten Steuern, die Gemeindesteuern sowie die Kirchensteuern, soweit sie nicht vom Bund gem. Art. 108 I 2 GG verwaltet werden[69]. Grundsätzlich verwalten die Länder die Steuern als eigene Angelegenheit, nur wenn der Ertrag der Steuern ganz oder teilweise dem Bund zufließt, werden sie im Auftrag des Bundes gem. Art. 108 III GG verwaltet (→ Rn. 18).

17 Die Länder sind nach Art. 108 II 1 GG ebenso wie der Bund nach Art. 108 I GG verpflichtet, Finanzbehörden in der Form **unmittelbarer Verwaltung** zu errichten[70], die darüber hinaus wie die Bundesfinanzverwaltung **ursprünglich dreistufig gegliedert** sein mußte[71]. Die Verfassungsänderung von 2001 (→ Rn. 3) hat auch hier die obligatorische Dreistufigkeit abgeschafft und die Möglichkeit eines zweistufigen Aufbaus eröffnet[72], da die Länder sich davon eine Effizienzsteigerung erhofften; von dieser Option haben einige, jedoch nicht alle Länder durch Abschaffung der jeweiligen Oberfinanzdirektion mittlerweile auch Gebrauch gemacht. Gem. Art. 108 II 3 GG sind, soweit Mittelbehörden eingerichtet sind, deren **Leiter im Einvernehmen** mit der Bundesregierung zu bestellen[73], so daß wegen der damit eingeräumten Mitentscheidungsbefugnis ein Fall verfassungsrechtlich legitimierter Mischverwaltung vorliegt[74]. Insgesamt korrespondieren die Organisations- und Verfahrensvorschriften für die Finanzverwaltungen des Bundes und der Länder weitgehend[75]. Das gilt auch für die

---

[65] So auch *Siekmann* (Fn. 27), Art. 108 Rn. 18.

[66] *Siekmann* (Fn. 27), Art. 108 Rn. 18; *Stern*, Staatsrecht II, S. 1180; vgl. auch *J. Bonsels*, Einwirkungs- und Mitwirkungsrechte des Bundes bei der Verwaltung der Steuern durch die Länder, 1995, S. 56 ff.

[67] *Heintzen* (Fn. 36), Art. 108 Rn. 27.

[68] Vgl. *Fischer-Menshausen* (Fn. 33), Art. 108 Rn. 10 (»Schwergewicht«); *Seer* (Fn. 10), Art. 108 Rn. 84 (»Übergewicht«).

[69] *Fischer-Menshausen* (Fn. 33), Art. 108 Rn. 10; Übersicht über die einzelnen von Bundes- und Landesbehörden verwalteten Steuern bei *Stern*, Staatsrecht II, S. 1184; eingehend *K. Vogel/M. Wachenhausen*, in: BK, Art. 108 (Zweitb. 1971), Rn. 40 ff.

[70] Vgl. *Fischer-Menshausen* (Fn. 33), Art. 108 Rn. 10; *Maunz* (Fn. 32), Art. 108 Rn. 34; *Kemmler* (Fn. 45), Art. 108 Rn. 9; *Siekmann* (Fn. 27), Art. 108 Rn. 20; *Seer* (Fn. 10), Art. 108 Rn. 84.

[71] Zur alten Rechtslage noch *Maunz* (Fn. 32), Art. 108 Rn. 35; *Fischer-Menshausen* (Fn. 33), Art. 108 Rn. 10.

[72] *Siekmann* (Fn. 27), Art. 108 Rn. 20.

[73] Zur Abgrenzung von Einvernehmen und Benehmen: → Rn. 14.

[74] Jarass/*Pieroth*, GG, Art. 108 Rn. 5; *Siekmann* (Fn. 27), Art. 108 Rn. 20.

[75] *Fischer-Menshausen* (Fn. 33), Art. 108 Rn. 10; zu den gemeinsamen Grundsätzen von 1975 kritisch *A. Schmid*, FR 1977, 295 ff.

Nuancierungen der Regelungskompetenz für den Aufbau der Finanzbehörden der Länder, der durch zustimmungspflichtiges Bundesgesetz bestimmt werden kann. Während der Begriff des Aufbaus hier wie bei der Bundesfinanzverwaltung zu verstehen ist[76], normiert Art. 108 II 2 GG allerdings lediglich eine Ermächtigung, keinen verbindlichen Gesetzgebungsauftrag[77] oder Gesetzesvorbehalt[78]. Außerdem erstreckt sich die Befugnis nach Satz 2 explizit auch auf die einheitliche Ausbildung der Beamten. Von dieser Befugnis hat der Bund ebenfalls durch das Finanzverwaltungsgesetz und das Steuerbeamten-Ausbildungsgesetz Gebrauch gemacht[79].

Für Steuern, deren Ertrag nach Art. 106 I oder III GG ganz oder teilweise dem Bund zufließt, die aber von den Ländern nach Art. 108 II GG verwaltet werden, schreibt **Art. 108 III GG Bundesauftragsverwaltung** vor. Davon werden die Gemeinschaftsteuern (→ Art. 106 Rn. 19) und wichtigen Verkehrsteuern, also die nach dem Ertrag weitaus bedeutendsten Steuern, erfaßt. Die Auftragsverwaltung dient der Sicherung der finanziellen Interessen des Bundes ebenso wie der Einheitlichkeit und Gleichmäßigkeit der Besteuerung[80]. Obwohl Art. 108 III GG den Begriff der Auftragsverwaltung des Art. 85 GG aufgreift, ist Art. 85 GG gerade nicht generell anwendbar. Vielmehr wird Art. 85 I, II GG durch die Sonderregeln des Art. 108 II, VII GG ausgeschlossen, während Art. 108 III 2 GG die Geltung der Art. 85 III, IV GG explizit in modifizierter Form, nämlich mit der Maßgabe anordnet, daß an die Stelle der Bundesregierung der Bundesminister der Finanzen tritt[81]. 18

Unklar und **umstritten** ist, **ob** das **Weisungsrecht** gem. Art. 108 III 2 i. V. m. Art. 85 III GG lediglich **Einzelweisungen** oder auch **allgemeine Weisungen** umfaßt[82]. Der Formulierungsunterschied zu Art. 84 V 1 GG, wo explizit zu »Einzelweisungen« ermächtigt wird, spricht für die Zulässigkeit allgemeiner Weisungen[83], die Sonderregelung für allgemeine Verwaltungsvorschriften in Art. 108 VII GG spricht dagegen[84]. Entscheidend ist, ob eine Abgrenzung allgemeiner Weisungen von Verwaltungsvorschriften 19

---

[76] *Maunz* (Fn. 32), Art. 108 Rn. 37; *Seer* (Fn. 10), Art. 108 Rn. 91; *Siekmann* (Fn. 27), Art. 108 Rn. 21; enger *L. Müller/F. C. Zeitler*, DStZ (A) 1975, 467 (469); zum Bund: → Rn. 13.

[77] *Maunz* (Fn. 32), Art. 108 Rn. 37; *Siekmann* (Fn. 27), Art. 108 Rn. 21.

[78] *Seer* (Fn. 10), Art. 108 Rn. 90.

[79] FVG (wie Fn. 59); StBAG i. d. F. der Bekanntmachung vom 14.9.1976 (BGBl. I S. 2793), zuletzt geändert durch Gesetz v. 8.12.2010 (BGBl. I S. 1768).

[80] *Fischer-Menshausen* (Fn. 33), Art. 108 Rn. 13.

[81] Klare Darlegung bei *Seer* (Fn. 10), Art. 108 Rn. 104; s. auch *Siekmann* (Fn. 27), Art. 108 Rn. 23; verwirrend dagegen *Stern*, Staatsrecht II, S. 1185.

[82] Vgl. näher *Seer* (Fn. 10), Art. 108 Rn. 116; *Weyhausen*, Steuerverwaltung (Fn. 60), S. 126 ff.; *H.-G. Henneke*, in: E. Heuer (Hrsg.), Kommentar zum Haushaltsrecht, Art. 108 (1997), Anm. 5; *G. L. Orlopp*, Auftragsverwaltung im Steuerrecht, in: FS Klein, 1994, S. 597 ff.; *W. Löwer*, Verfassungsrechtsfragen der Steuerauftragsverwaltung, 2001, S. 90 ff.; zum Weisungsrecht nach Art. 85 III GG vgl. *M. Schulte*, VerwArch. 81 (1990), 415 (425 ff.) m. w. N. → Art. 85 Rn. 43. Zur Rechtsnatur der Nichtanwendungserlasse im Steuerrecht *M. Desens*, Bindung der Finanzverwaltung an die Rechtsprechung, 2011, S. 39 ff.

[83] Vgl. *Stern*, Staatsrecht II, S. 813; *W. Blümel*, HStR IV, § 101 Rn. 60; bejahend auch *C. Brodersen*, Weisungen des Bundes in der Steuerauftragsverwaltung, in: FS Selmer, 2004, S. 601 ff. (607 ff., 612 ff.); *Löwer*, Verfassungsrechtsfragen (Fn. 82), S. 130 ff.

[84] Dezidiert *Seer* (Fn. 10), Art. 108 Rn. 116; s. auch *F. Kirchhof*, in: Maunz/Dürig, GG, Art. 85 (2012), Rn. 58 f.; *H. P. Bull*, in: AK-GG, Art. 85 (2001), Rn. 16; *S. Oeter*, ThürVBl. 1997, 1, 28 (30); *Bonsels*, Mitwirkungsrechte (Fn. 66), S. 107 ff.; *Schlette* (Fn. 32), Art. 108 Rn. 71 f.; *Heintzen* (Fn. 36), Art. 108 Rn. 34; *D. Nose*, Die Schreiben des Bundesministers der Finanzen (BMF-Schreiben), 2006, S. 164 ff.; *Kemmler* (Fn. 45), Art. 108 Rn. 17.

überhaupt möglich ist, was überaus zweifelhaft erscheint[85]. Die Bedürfnisse der Praxis hatten allerdings zu der – pragmatischen – Vereinbarung vom 15.1.1970 zwischen Bund und Ländern geführt[86], daß der Bundesminister der Finanzen derartige allgemeine Weisungen erst herausgibt, wenn die Länder zuvor Gelegenheit zur Stellungnahme hatten und die Mehrheit der Länder keine Einwendungen erhoben hat. In diesem Fall hielten sich die Länderfinanzbehörden an die Erlasse. Die verfassungsrechtliche Streitfrage wurde dadurch indes nicht entschieden oder gelöst, sondern nur pragmatisch umgangen[87]. Im Jahr 2006 hat der Gesetzgeber dem Bundesminister der Finanzen in § 21a FVG ausdrücklich ein allgemeines Weisungsrecht eingeräumt, das deshalb nur von der zweiten Auffassung gedeckt ist[88]. Es ist an die Zustimmung der Länder geknüpft, die freilich als erteilt gilt, wenn nicht mindestens elf Länder widersprechen.

20 In ihrem Zuständigkeitsbereich steht es den Ländern prinzipiell frei durch Vereinbarungen Kooperationen und sonstige Formen der Zusammenarbeit ihrer Landesfinanzbehörden zu vereinbaren. Mit der Einführung des **neuen Art. 108 IVa GG** wird es dem Bund nunmehr ermöglicht, ein **Zusammenwirken** von Landesfinanzbehörden und eine länderübergreifende **Übertragung** von Zuständigkeiten auf Landesfinanzbehörden eines oder mehrerer Länder im Einvernehmen mit den betroffenen Ländern durch **zustimmungspflichtiges Bundesgesetz** vorzusehen, was zuvor ausgeschlossen war. Da sich der neue Absatz allerdings ausschließlich auf Zuständigkeiten der Landesfinanzbehörden bezieht, wäre eine Einfügung als Art. 108 IIa bzw. IIIa systematisch passender gewesen. Eine solche Regelung ist – wie auch beim Gesetz nach Art. 108 IV 1 GG – nur zulässig, wenn und soweit dadurch der Vollzug der Steuergesetze erheblich verbessert oder erleichtert wird. Insoweit wird man allerdings einen weiten Einschätzungs- und Beurteilungsspielraum des Bundesgesetzgebers annehmen müssen; die Länderinteressen werden durch das Zustimmungs- und Einvernehmenserfordernis hinreichend geschützt, subjektive Rechte sind ohnehin nicht berührt.

21 Dem Wortlaut nach ist allerdings nicht eindeutig, ob sich dieses **Einvernehmenserfordernis** auf beide Alternativen (also das Zusammenwirken der Landesfinanzbehörden sowie die länderübergreifende Übertragung von Zuständigkeiten) oder nur auf die letztere bezieht. Da es insoweit um den Schutz der Verwaltungshoheit der Länder geht, wird man das Einvernehmen in beiden Fällen fordern müssen, da einem Land andernfalls ein Zusammenwirken (das keineswegs stets alle Länder umfassen muß) gegen seinen Willen aufgezwungen werden könnte. Davon geht offenkundig auch die Begründung des Gesetzentwurfs aus[89]. Nicht klar ist im übrigen auch die Frage, wie im Rahmen eines zustimmungspflichtigen Gesetzes ein solches Einvernehmen der be-

---

[85] In diese Richtung aber *Stern*, Staatsrecht II, S. 813; *Siekmann* (Fn. 27), Art. 108 Rn. 24. Wie hier auch *Seer* (Fn. 10), Art. 108 Rn. 116 (»unüberwindliche Schwierigkeiten«).

[86] Abgedruckt bei *L. Müller/F. C. Zeitler*, DStZ (A) 1975, 467 (474); zur Entstehung und Durchführung *Orlopp*, Auftragsverwaltung (Fn. 82), S. 601 ff.; *Schlette* (Fn. 32), Art. 108 Rn. 73 ff.; zur Qualifikation *Bonsels*, Mitwirkungsrechte (Fn. 66), S. 120 ff., der sie als bloße politische Absprache ansieht.

[87] *Kemmler* (Fn. 45), Art. 108 Rn. 19; vgl. auch *Maunz* (Fn. 32), Art. 108 Rn. 44; Jarass/*Pieroth*, GG, Art. 108 Rn. 6, die aber zu weitgehend von einer Beilegung des Streits sprechen, kritisch *Siekmann* (Fn. 27), Art. 108 Rn. 25; s. ferner *Bonsels*, Mitwirkungsrechte (Fn. 66), S. 115 ff.; *S. Oeter*, ThürVBl. 1997, 1, 28 (30 f.); *A. Uelner*, Die Finanzminister im System der sogenannten Gewaltenteilung, in: FS Friauf, 1996, S. 217 ff. (224 ff.).

[88] Kritisch daher *R. Seer/K.-D. Drüen*, in: W. Kluth (Hrsg.), Föderalismusreformgesetz, 2007, Art. 108 Rn. 21 ff.

[89] BT-Drs. 18/11131, S. 19.

troffenen Länder gesichert und dokumentiert werden soll, was letztlich daran liegt, daß (ähnlich wie bei den neu eingefügten Satz 2 u. 3 des Art. 104b II GG) mit dem Einvernehmen ein an sich verwaltungsrechtliches Institut systemwidrig auf den Bereich der förmlichen Gesetzgebung ausgedehnt wird. Letztlich wird es wohl darauf ankommen, daß alle betroffenen Länder im Bundesrat mit ja gestimmt haben – entsprechend hätte die Norm denn auch formuliert werden können, wenngleich auch eine solche Voraussetzung ein Novum dargestellt hätte. Sollte eine solche Zustimmung ausbleiben, wäre das Gesetz damit auch dann nicht ordnungsgemäß zustande gekommen (und folglich verfassungswidrig), wenn die gewöhnlichen Mehrheitsverhältnisse im Bundesrat erzielt worden sein sollten.

Nach **Art. 108 IVa 2 GG** kann die **Kostentragung** durch Bundesgesetz und damit abweichend von der allgemeinen Regelung des Art. 104a I GG geregelt werden. Vom Wortlaut her ist damit allerdings nicht das Gesetz nach S. 1, sondern ein weiteres Bundesgesetz gemeint – eine Auslegung, für die auch der neu eingeführte Art. 108 IV 3 GG spricht, der explizit auf ein »Bundesgesetz nach Satz 1« verweist. Mangels ausdrücklicher Regelung wäre dieses Kostentragungsgesetz des Satz 2 dann allerdings nicht als zustimmungspflichtig anzusehen und folglich ein Einspruchsgesetz. Das wiederum dürfte kaum gewollt gewesen sein und wäre insgesamt auch nicht zweckmäßig. Die Begründung des Gesetzentwurfs hat diese relevanten Unterschiede in der Formulierung im Vergleich zum Satz 3 des vorherigen Absatzes schlicht nicht erkannt und hält lapidar fest, daß Satz 2 vorsehe, daß »*das* Bundesgesetz auch die Frage der Kostentragung [...] regeln kann«[90]. Genau das allerdings läßt sich dem Wortlaut gerade nicht entnehmen. Ob der an sich eindeutige Wortlaut letztlich teleologisch überspielt und das in Satz 2 genannte Bundesgesetz als das »Bundesgesetz nach Satz 1« oder zumindest als generell zustimmungspflichtig interpretiert werden kann, erweist sich vor diesem systematischen Hintergrund als äußerst fraglich und letztlich nur schwer vertretbar. In der Praxis dürfte das Gesetz nach Satz 1 zwar zumeist zugleich die Kostenfrage regeln, so daß dieses einheitliche Gesetz nach der Rechtsprechung des Bundesverfassungsgerichts dann auch umfassend zustimmungspflichtig wäre. Zumindest theoretisch läßt Satz 2 nach hier vertretener Auffassung jedoch auch eine Aufspaltung in ein zustimmungspflichtiges und ein Einspruchsgesetz zu. Erneut zeigt sich damit, daß die letzte Reform auch in handwerklicher Sicht nicht mit der erforderlichen Sorgfalt angegangen wurde[91]. 22

IV. Zusammenwirken, Übertragung von Aufgaben und Gemeindesteuerverwaltung gem. Art. 108 IV

Die **Kompetenzverteilung des Art. 108 I–III GG** ist nicht starr, sondern kann in erheblichem Umfang durch zustimmungsbedürftiges Bundesgesetz **modifiziert und ergänzt** werden. Die Regelung bringt eine ungewöhnliche Flexibilität in die Ordnung der Kompetenzverteilung hinein. Art. 108 IV 1 GG ermächtigt zu drei Formen der Modifikation, nämlich zur Regelung des Zusammenwirkens von Bundes- und Landesfinanzbehörden bis hin zur Mischverwaltung, zur Übertragung von Verwaltungskompetenzen des Bundes auf die Länder und umgekehrt von den Ländern auf den Bund. Die 1969 neu eingeführten Vorschriften sollten bereits bestehende Regelungen verfassungs- 23

[90] BT-Drs. 18/11131, S. 19.

[91] Siehe allgemein auch die Kritik bei *H. Dreier*, ZSE 6 (2008), 399 (404ff.).

rechtlich absichern und zugleich künftige Zusammenarbeit und technische Rationalisierungsmaßnahmen (zentrale Betriebsprüfungen, Datenverarbeitung) ermöglichen[92]. Trotz ihrer organisatorischen Gesetzesvorbehalte begründen Art. 108 I, II, IV GG keine Parlamentsvorbehalte im Sinne genereller Delegationsverbote[93].

24 **Modifikationen** nach Art. 108 IV 1 GG dürfen allerdings nicht die Grundstruktur der Zuständigkeitsverteilung des Art. 108 I–III GG umstoßen, vielmehr müssen Durchbrechungen **auf Teilbereiche beschränkt** bleiben[94]. Die verfassungsrechtliche Zulässigkeit derartiger Regelungen ist zudem an die Bedingung geknüpft, daß der Vollzug der Steuergesetze dadurch erheblich verbessert oder vereinfacht wird. Richtigerweise und entgegen der Auffassung in der Vorauflage ist dabei ein Beurteilungs- und Einschätzungsspielraum des Bundesgesetzgebers anzuerkennen, der der Kontrolle durch das Bundesverfassungsgericht entzogen ist[95].

25 **Gemeinden und Gemeindeverbände** sind finanzverfassungsrechtlich Teil der Länder und **verfügen** insofern über keine **selbständige Steuerverwaltungskompetenz**[96]. Allerdings ermächtigt – ohne korrespondierende Verpflichtung[97] – Art. 108 IV 2 GG die Länder, nicht den Bund, dazu[98], die Verwaltungskompetenz für Steuern, deren Ertrag ausschließlich (»allein«) der kommunalen Ebene zusteht, von den Landesfinanzbehörden auf die Gemeinden oder Gemeindeverbände zu übertragen[99]. Eine Übertragung von den Bundesfinanzbehörden auf die Kommunen ist dadurch nicht gedeckt. Die Übertragung ist daher für die bundesgesetzlich geregelten Realsteuern, die landesgesetzlich vorgesehenen Verbrauch- und Aufwandsteuern sowie – trotz der Gewerbesteuerumlage – die Gewerbesteuer zulässig[100]. Die Übertragung der Verwaltungskompetenzen auf die kommunale Ebene kann ganz oder teilweise, aber zwingend nur durch förmliches nachkonstitutionelles Landesgesetz vorgenommen werden[101]. Für die örtlichen Verbrauch- und Aufwandsteuern haben durchgehend die Kommunalabgabengesetze, für die bundesgesetzlich geregelten Realsteuern haben außer in den Stadtstaaten besondere Übertragungsgesetze die Verwaltungskompetenz auf die Kommunen übertragen[102].

26 Durch die im Jahr **2017** erfolgte **Ergänzung des Artikels 108 IV GG** um einen dritten Satz wird die Gesetzgebungskompetenz des Bundes bezüglich des Zusammenwirkens von Bund und Ländern im Bereich der Informationstechnik in der Steuerverwaltung dahingehend erweitert, daß entsprechende Gesetze nunmehr auch vorsehen können, daß bei Zustimmung einer im Gesetz genannten Mehrheit Regelungen für den Vollzug von Steuergesetzen für alle Länder verbindlich werden; entsprechende verbindliche

[92] BT-Drs. V/2861, Tz. 173 f., 357; *Kemmler* (Fn. 44), Art. 108 Rn. 22.

[93] BVerfGE 106, 1 (22 ff., Rn. 87 ff.).

[94] *Maunz* (Fn. 32), Art. 108 Rn. 10, 47 ff.; *Kemmler* (Fn. 45), Art. 108 Rn. 22; Jarass/*Pieroth*, GG, Art. 108 Rn. 10; *Siekmann* (Fn. 27), Art. 108 Rn. 11; *Schlette* (Fn. 32), Art. 108 Rn. 88; *Heintzen* (Fn. 36), Art. 108 Rn. 36; *R. Seer*, Finanzverfassungsrechtliche Grundlagen der Steuerrechtsordnung, in: K. Tipke/J. Lang (Hrsg.), Steuerrecht, 22. Aufl. 2015, § 2 Rn. 54.

[95] Wie hier *Maunz* (Fn. 32), Art. 108 Rn. 50 sowie BVerfGE 106, 1 (16 f., Rn. 69 ff.); a. A. *Siekmann* (Fn. 27), Art. 108 Rn. 11; *Seer* (Fn. 10), Art. 108 Rn. 132.

[96] *Siekmann* (Fn. 27), Art. 108 Rn. 12; *Heintzen* (Fn. 36), Art. 108 Rn. 39. → Art. 104a Rn. 20.

[97] Jarass/*Pieroth*, GG, Art. 108 Rn. 11.

[98] VGH BW DÖV 1981, 636 f.; BVerwG DVBl. 1983, 137 (137); *Seer* (Fn. 10), Art. 108 Rn. 145; a. A. *Kemmler* (Fn. 45), Art. 108 Rn. 27.

[99] *Siekmann* (Fn. 27), Art. 108 Rn. 13.

[100] *Siekmann* (Fn. 27), Art. 108 Rn. 13; s. auch BVerwG DVBl. 1983, 137 (138).

[101] BVerwGE 66, 178 (181); BVerwG DVBl. 1983, 137 (138); *Siekmann* (Fn. 27), Art. 108 Rn. 14.

[102] *Seer*, Finanzverfassungsrechtliche Grundlagen (Fn. 94), § 2 Rn. 54.

Vollzugsvereinheitlichungen treten also nicht schon durch das Gesetz, sondern erst durch eine darauf beruhende nachfolgende Mehrheitsentscheidung ein. Das betrifft nach der Begründung des Gesetzentwurfs sowohl das Zusammenwirken bei der Entwicklung als auch beim Einsatz von automatischen Einrichtungen in der Steuerverwaltung, ist allerdings nicht auf diese Bereiche begrenzt. Entsprechende allgemeinverbindliche Vollzugsregelungen waren bisher allein durch eine Vereinbarung unter den Ländern und damit einstimmig möglich. Auch diese Regelung wirft allerdings in sprachlicher Hinsicht wiederum einige Fragen auf. So lässt sie zunächst offen, welche **Art der Mehrheitsentscheidung** durch Bundesgesetz vorgesehen werden darf (einfache, absolute, qualifizierte). Die Begründung des Gesetzentwurfs spricht von einem »kleine(n) Kreis aus Bund und einer begrenzten Anzahl an Ländern«[103]. Abgesehen davon, daß der Begriff »kleiner Kreis« an dieser Stelle wenig glücklich erscheint – da es sich um eine Mehrheit handelt, muß jedenfalls der Kreis der explizit nicht Zustimmenden zwangsläufig noch kleiner sein –, spricht diese Aussage für die Zulässigkeit der einfachen Mehrheit, die auch Enthaltungen zulässt. Der Bundesgesetzgeber dürfte aber auch andere Mehrheiten (absolute, qualifizierte) vorsehen. Unklar ist zudem, ob es sich um eine Mehrheit der Länder allein oder des Bundes und der Länder zusammen handeln muß, ob also der **Bund an der Mehrheitsentscheidung beteiligt** ist. Erneut weist die Begründung des Gesetzentwurfs hier in Richtung einer Beteiligung des Bundes. Auch der Umstand, daß es insgesamt um ein Zusammenwirken von Bund und Ländern geht, spricht für diese Ansicht. Andererseits geht es um gemeinsame Vollzugsregelungen der Länder, an denen der Bund zuvor ebenfalls nicht beteiligt gewesen wäre. Durch die Bezugnahme auf das Bundesgesetz nach Satz 1 sind entsprechende Mehrheitsregeln in dem Bundesgesetz im übrigen nur zulässig, wenn und soweit der Vollzug der Steuergesetze dadurch erheblich verbessert oder erleichtert wird.

V. Die Organisation der Finanzverwaltung

Auf Grund der Ermächtigungen des Art. 108 I, II, IV, V GG hat der Gesetzgeber im **Finanzverwaltungsgesetz** die Organisation der Finanzbehörden des Bundes und der Länder vereinheitlicht und Aufbau, Aufgaben und gegenseitiges Zusammenwirken im einzelnen geregelt. Das Gesetz regelt dabei in § 1 zunächst den **Aufbau der Bundesfinanzbehörden**, der seit dem 1.1.2016 unterhalb des Bundesministeriums der Finanzen nur noch zweistufig (also ohne Mittelbehörden) ausgestaltet ist, was seit der Verfassungsänderung im Jahre 2001 möglich ist. Als Oberbehörden fungieren danach die Generalzolldirektion, in die die Bundesfinanzdirektionen als bisherige Mittelbehörden integriert worden sind, sowie die Bundesmonopolverwaltung für Branntwein und das Bundeszentralamt für Steuern. Örtliche Behörden sind die Hauptzollämter einschließlich ihrer Dienststellen (Zollämter) und die Zollfahndungsämter. Für die **Landesfinanzbehörden** sieht § 2 weiterhin einen dreistufigen Behördenaufbau vor, auf die Oberfinanzdirektionen als Mittelbehörden kann jedoch nach § 2a ebenfalls verzichtet werden, wovon einige, jedoch nicht alle Länder Gebrauch gemacht haben. 27

Regelungen zum **Zusammenwirken von Bund und Ländern** finden sich in den **§§ 18 ff. FVG**. Das betrifft etwa die Verwaltung der Umsatzsteuer (§ 18), den Einsatz automatischer Datenverarbeitung gem. § 20 FVG[104] und die gegenseitige Unterrichtung über 28

[103] BT-Drs. 18/11131, S. 19.
[104] Dazu näher *Brockmeyer* (Fn. 3), Art. 108 Rn. 13.

steuerlich erhebliche Vorgänge gem. § 21 FVG. Besonders bedeutsam für die Gleichmäßigkeit der Besteuerung ist die Einrichtung der zentralen Betriebsprüfung, die gem. § 19 FVG dem Bundesamt für Finanzen übertragen worden ist[105]. Im Zusammenhang mit der Reform der Finanzverfassung im Jahr 2017 ist auch das FVG partiell modifiziert worden. Betroffen waren insoweit die §§ 17, 20 und 21a FVG[106]. Darüber hinaus wurde mit dem Gesetz zur Koordinierung der Entwicklung und des Einsatzes neuer Software der Steuerverwaltung (KONSENS-G)[107] ein bereits zuvor bestehendes Verwaltungsabkommen des Bundes und der Länder in den Bereichen der Gremienstruktur, der Entscheidungsregeln und der operativen Steuerung des Gesamtvorhabens KONSENS inhaltlich angepasst und auf die Gesetzesebene angehoben. Damit sind Änderungen zukünftig nicht mehr an das Erfordernis der Einstimmigkeit geknüpft, wodurch technologische Entwicklungen oder Anforderungen, die sich aus der europäischen und nationalen Rechtsordnung ergeben, flexibler und zügiger umgesetzt werden können[108].

29 Eine ungewöhnliche Besonderheit der Organisation der Finanzverwaltung war die bis zum 31.12.2007 bestehende Einrichtung der **Oberfinanzdirektionen** als gemeinsame Mittelinstanz für Bundes- und Landesbehörden gem. §§ 1 Nr. 3, 2 Nr. 2 FVG mit entsprechender doppelter Leitungsaufgabe gem. § 8 I FVG a. F. Innerhalb der Oberfinanzdirektionen wurden die Bundesaufgaben von Bundesbediensteten, die Landesaufgaben von Landesbediensteten wahrgenommen[109]. Der Leiter der Oberfinanzdirektion, der im gegenseitigen Einvernehmen von Bund und Land bestellt wurde (→ Rn. 17), nahm eine Doppelstellung ein, die auch darin zum Ausdruck kam, daß er gem. § 9 II 1 FVG a. F. regelmäßig zugleich Bundes- und Landesbeamter war[110]. Diese Form der Mischverwaltung[111] galt als elastisch und zweckmäßig, sie diente auch der Einheitlichkeit und Effizienz der Besteuerung[112]. Sie ließ sich aber nur mühsam als extreme Form des Zusammenwirkens von Bundes- und Landesbehörden i. S. d. Art. 108 IV 1 GG verfassungsrechtlich rechtfertigen[113] und wurde zum 1.1.2008 abgeschafft. Mit der Zweistufigkeit des Behördenaufbaus des Bundes entfällt auch die besondere doppelte Stellung des Leiters der Oberfinanzdirektion, sofern in dem jeweiligen Land eine solche noch vorgesehen sein sollte. Es handelt sich seitdem mithin um reine Landesbehörden.

---

[105] Eingehender *Brockmeyer* (Fn. 3), Art. 108 Rn. 15; *H. D. Höppner*, FinArch. 43 (1985), 106 (112 ff.).

[106] Art. 8 des Gesetzes zur Neuregelung des bundesstaatlichen Finanzausgleichssystems ab dem Jahr 2020 und zur Änderung haushaltsrechtlicher Vorschriften v. 14.8.2017 (BGBl. I S. 3122, 3129).

[107] Art. 8a des Gesetzes zur Neuregelung des bundesstaatlichen Finanzausgleichssystems ab dem Jahr 2020 und zur Änderung haushaltsrechtlicher Vorschriften v. 14.8.2017 (BGBl. I S. 3122, 3129).

[108] BT-Drs. 18/12589, S. 132.

[109] *Fischer-Menshausen* (Fn. 33), Art. 108 Rn. 12; *R. Wendt*, HStR³ VI, § 139 Rn. 138.

[110] Für Verfassungswidrigkeit dieses Status: *Dittmann*, Bundesverwaltung (Fn. 48), S. 156 f.; *Siekmann* (Fn. 27), Art. 108 Rn. 28; für Verfassungsmäßigkeit *Maunz* (Fn. 32), Art. 108 Rn. 11; *Stern*, Staatsrecht II, S. 1183; *R. Wendt*, HStR IV, § 104 Rn. 98; die Statusfrage erscheint gegenüber der behördenorganisationsrechtlichen Frage indes sekundär.

[111] Eine verfassungsrechtliche Verpflichtung zu dieser Kooperationsform besteht allerdings nicht: BVerfGE 106, 1 (21 f., Rn. 86).

[112] *R. Wendt*, HStR³ VI, § 139 Rn. 140; *Fischer-Menshausen* (Fn. 33), Art. 108 Rn. 12.

[113] *K. Vogel*, HStR IV, § 87 Rn. 42; vgl. auch *Seer* (Fn. 10), Art. 108 Rn. 72; *S. Oeter*, ThürVBl. 1997, 1, 28 (28); zu Recht kritisch vor allem im Hinblick auf Art. 108 I 3 GG: *Stern*, Staatsrecht II, S. 1182; Jarass/*Pieroth*, GG, Art. 108 Rn. 3; *Siekmann* (Fn. 27), Art. 108 Rn. 28; bejahend aber BVerfGE 106, 1 (21, Rn. 85 f.).

VI. Das Verwaltungsverfahren gem. Art. 108 V GG

Die Regelungskompetenz für das beim Vollzug der Steuergesetze von den Bundesfinanzbehörden anzuwendende Verfahren folgt schon aus der Organisationsgewalt des Bundes. Art. 108 V 1 GG normiert hier aber zusätzlich einen ausdrücklichen Gesetzesvorbehalt durch zustimmungsfreies Bundesgesetz, der ansonsten auch aus der Verbindlichkeit der Verfahrensvorschriften für den Bürger und aus dem Eingriffscharakter der Steuerverwaltung abzuleiten ist[114]. Art. 108 V 2 GG ermächtigt den Bund zusätzlich dazu, durch zustimmungsbedürftiges Bundesgesetz (zugleich) das steuerliche Erhebungsverfahren für die Finanzbehörden der Länder und Gemeinden zu regeln[115], wobei es für die Zustimmungsbedürftigkeit allein auf die Verwaltungskompetenz der Länder, nicht die Gesetzgebungs- oder Ertragshoheit ankommt[116]. Diese Ermächtigungen des Art. 108 V 1 u. 2 GG bilden in Verbindung mit Art. 105 II GG die **verfassungsrechtliche Grundlage** für die von der Abgabenordnung 1977[117] getroffene einheitliche Regelung des allgemeinen Steuerrechts und des entsprechenden Verfahrensrechts (→ Art. 105 Rn. 6 mit Fn. 38 sowie Rn. 45). Sie gilt für alle von Bundes- oder Landesfinanzbehörden verwalteten, bundeseinheitlich geregelten Steuern (§ 1 I AO) sowie im wesentlichen ebenfalls für die von den Gemeinden verwalteten Realsteuern (§ 1 II AO). 30

VII. Allgemeine Verwaltungsvorschriften gem. Art. 108 VII GG

Art. 108 VII GG **ermächtigt die Bundesregierung** zum Erlaß allgemeiner Verwaltungsvorschriften im Bereich der Finanzverwaltung, die der Zustimmung des Bundesrates bedürfen, soweit sie für die Verwaltung der Landesfinanzbehörden oder der Gemeinden und Gemeindeverbände gelten. Zweck der Ermächtigung ist die Sicherung der finanziellen Interessen des Bundes und der Einheitlichkeit der Besteuerung[118]. Die Norm entzieht dem Bundesminister der Finanzen zugunsten der Bundesregierung die **Befugnis** zum Erlaß solcher Verwaltungsvorschriften, was indes faktisch in einem erheblichen Maß durch die im Einverständnis der Länder geübte Praxis der allgemeinen Weisungen des Finanzministers unterlaufen wird (→ Rn. 19). Auch eine subsidiäre Zuständigkeit des Bundesministers der Finanzen ist nicht anzuerkennen[119]. Im übrigen stünde der Bundesregierung aber ohnehin nach Art. 84 III, 85 II, 86 S. 1 GG bereits die Kompetenz zum Erlaß allgemeiner Verwaltungsvorschriften zu. Art. 108 VII GG normiert diese Kompetenz aber speziell für die Finanzverwaltung und verdrängt daher die genannten Normen[120]. Macht die Bundesregierung von der ihr erteilten Ermächtigung Gebrauch, verdrängen ihre Verwaltungsvorschriften etwaige Parallel- 31

---

[114] Vgl. *Fischer-Menshausen* (Fn. 33), Art. 108 Rn. 15.

[115] *Siekmann* (Fn. 27), Art. 108 Rn. 32.

[116] BVerfGE 1, 76 (79 f.); *Brockmeyer* (Fn. 3), Art. 108 Rn. 17.

[117] Vom 16.3.1976 (BGBl. I S. 613, berichtigt 1977 I S. 269), neu bekannt gemacht 2002 (BGBl. I S. 3866, berichtigt 2003 I S. 61), zuletzt geändert durch Gesetz v. 18.7.2017 (BGBl. I S. 2745, 2751).

[118] Vgl. *Stern*, Staatsrecht II, S. 1185; *Siekmann* (Fn. 27), Art. 108 Rn. 34; *Bonsels*, Mitwirkungsrechte (Fn. 66), S. 83 ff.; zum Problem unterschiedlichen Steuervollzugs *H. W. Hidien*, Bundesstaatlicher Finanzausgleich und Vollzug der Steuerverwaltungszuständigkeit, in: P. Bornfelder (Hrsg.), Steuergerechtigkeit und Steuervereinfachung, 1997, S. 79 ff. (80 ff.); allgemein: → Art. 3 Rn. 49 m. w. N.

[119] *Heintzen* (Fn. 36), Art. 108 Rn. 48.

[120] *Maunz* (Fn. 32), Art. 108 Rn. 43; Jarass/*Pieroth*, GG, Art. 108 Rn. 5, 7.

vorschriften der Länder, und zwar auch im Bereich der landeseigenen und kommunalen Steuerverwaltung. Eine Ausnahme gilt nur dann, wenn die Bundesregelungen für ergänzende Vorschriften der Länder Raum lassen[121]. Sofern die Bundesregierung keinen Gebrauch von ihrer Befugnis gemacht hat, bleibt die Länderkompetenz ebenfalls erhalten[122]. Die Bundeskompetenz besteht dagegen nicht für die Ausführung von Landessteuergesetzen durch die Landesfinanzverwaltung[123].

32 Die **Steuerrichtlinien** (u. a. Veranlagungs- und Bewertungsrichtlinien) sind als allgemeine Verwaltungsvorschriften auf dem Gebiet des Steuerrechts nach überwiegender, aber umstrittener Auffassung verwaltungsinterne Anordnungen, denen dogmatisch Außenwirkung nur über das verfassungsrechtliche Gleichbehandlungsgebot gem. Art. 3 I GG im Wege der Selbstbindung der Verwaltung zukommt[124]. Sie sind deshalb zu veröffentlichen und allgemein zugänglich zu machen[125]. Norminterpretierende Verwaltungsvorschriften binden die Finanzgerichte nicht, da diese nur an Gesetz und Recht gebunden sind[126]. Verwaltungsvorschriften, die der Sachverhaltsermittlung oder -deutung dienen (Vereinfachungsregelungen), sollen dagegen von den Finanzgerichten zu beachten sein, da andernfalls die Anrufung der Gerichte zu einer verfahrensmäßigen Schlechterstellung führen könnte, was dem Grundsatz der Gleichmäßigkeit der Besteuerung widersprechen würde[127]. Soweit der Gesetzesvorbehalt reicht, ist im übrigen ohnehin kein Raum für den Erlaß von Verwaltungsvorschriften[128].

VIII. Die Finanzgerichtsbarkeit gem. Art. 108 VI GG

33 Art. 108 VI GG begründet in Abweichung von Art. 74 I Nr. 1 GG eine **ausschließliche Gesetzgebungskompetenz des Bundes**[129] zur Regelung der Finanzgerichtsbarkeit, insbesondere des Gerichtsverfassungs- und Verfahrensrechts[130]. Die Vorschrift enthält zugleich einen Gesetzgebungsauftrag und die Verpflichtung, Finanzgerichtsbarkeit

[121] *Seer* (Fn. 10), Art. 108 Rn. 177 f.; *Fischer-Menshausen* (Fn. 33), Art. 108 Rn. 17.

[122] *Seer* (Fn. 10), Art. 108 Rn. 178; *Maunz* (Fn. 32), Art. 108 Rn. 62; *Stern*, Staatsrecht II, S. 1185; Jarass/*Pieroth*, GG, Art. 108 Rn. 5; unklar *Siekmann* (Fn. 27), Art. 108 Rn. 37.

[123] *Seer* (Fn. 10), Art. 108 Rn. 181; *Maunz* (Fn. 32), Art. 108 Rn. 58; *Schneider* (Fn. 56), Art. 108 Rn. 18; *Fischer-Menshausen* (Fn. 33), Art. 108 Rn. 17; unentschieden *Siekmann* (Fn. 27), Art. 108 Rn. 39.

[124] Zur Problematik allgemein vgl. hier nur *F. Ossenbühl*, Rechtsquellen und Rechtsbindungen der Verwaltung, in: H.-U. Erichsen (Hrsg.), Allg. Verwaltungsrecht, 11. Aufl. 1998, § 6 Rn. 42 ff. m. w. N.; speziell zum Steuerrecht *L. Osterloh*, Gesetzesbindung und Typisierungsspielräume bei der Anwendung der Steuergesetze, 1992, insbes. S. 451 ff.; vgl. auch BVerfGE 100, 249 (258, Rn. 31 ff.).

[125] *Fischer-Menshausen* (Fn. 33), Art. 108 Rn. 16; s. auch *A. Wittling*, Die Publikation der Rechtsnormen einschließlich der Verwaltungsvorschriften, 1991, S. 164 ff.; a. A. *Schlette* (Fn. 32), Art. 108 Rn. 114.

[126] Speziell im Hinblick auf die Finanzgerichte; BStBl. II 1976, 795 (796); *G. U. Jaehnike*, StuW 1979, 293 (298 f.); s. auch BFH BStBl. II 1986, 852.

[127] BFH FR 1986, 158 (159); BFH BStBl. II 1986, 200 (205); BStBl. II 1990, 777 (779); *Osterloh*, Gesetzesbindung (Fn. 124), S. 456 m. w. N.; a. A. *G. U. Jaehnike*, StuW 1979, 293 (300 ff.).

[128] *Fischer-Menshausen* (Fn. 33), Art. 108 Rn. 16; *Schlette* (Fn. 32), Art. 108 Rn. 120 f.

[129] *Maunz* (Fn. 32), Art. 108 Rn. 67; *Seer* (Fn. 10), Art. 108 Rn. 160; *Siekmann* (Fn. 27), Art. 108 Rn. 44; *Fischer-Menshausen* (Fn. 33), Art. 108 Rn. 19.

[130] Da sich die Norm des Art. 108 GG im übigen ausschließlich mit der Finanzverwaltung beschäftigt, wird Art. 108 VI GG teilweise auch als deplaziert angesehen, vgl. *Heintzen* (Fn. 36), Art. 108 Rn. 45; *Seer* (Fn. 10), Art. 108 Rn. 145.

und Finanzprozeßrecht einheitlich und erschöpfend zu regeln[131]. Ergänzend gelten auch die allgemeinen Vorschriften über die Rechtsprechung (Art. 92 ff. GG)[132].

Aus Art. 95 I GG folgt, daß für die Finanzgerichtsbarkeit ein mindestens zweistufiger **Instanzenzug** vorgesehen werden muß[133], der beim **Bundesfinanzhof** als dem für Bund und Länder zuständigen obersten Bundesgericht endet[134]. Wegen des Gebots der Einheitlichkeit der Regelung ist es dem Bund entgegen Art. 71 GG nicht gestattet, die Länder zu Gesetzen auf dem Gebiet der Finanzgerichtsbarkeit zu ermächtigen[135]. Andererseits kann dem Bundesfinanzhof wegen Art. 99 2. Alt. GG nur durch Landesgesetz die Entscheidung in Streitigkeiten über die Anwendung von Landessteuerrecht zugewiesen werden[136]. Will man diese besondere Regelung nicht praktisch leer laufen lassen, wird man sie als lex specialis zu Art. 108 VI GG ansehen müssen[137]. Entgegen der Ansicht aus der Vorauflage ist dann aber auch der Begriff der Finanzgerichtsbarkeit in Art. 108 VI GG einschränkend dahingehend zu interpretieren, daß er lediglich Streitigkeiten über bundesgesetzlich geregelte Steuern umfasst, soweit sie von Bundes- oder Landesfinanzbehörden verwaltet werden[138], da der Bund seinen Gesetzgebungsauftrag andernfalls nicht erfüllen könnte. Im übrigen besteht dann nur eine konkurrierende Gesetzgebungszuständigkeit des Bundes[139]. 34

Dem Gesetzgebungsauftrag ist der Gesetzgeber durch den Erlaß der **Finanzgerichtsordnung**[140] nachgekommen, die lediglich einen zweistufigen Gerichtsaufbau mit den Finanzgerichten als obere Landesgerichte in erster Instanz und dem Bundesfinanzhof als Gericht zweiter Instanz[141] vorgesehen hat[142]. 35

---

[131] *Fischer-Menshausen* (Fn. 33), Art. 108 Rn. 19; *Siekmann* (Fn. 27), Art. 108 Rn. 44; vgl. *Maunz* (Fn. 32), Art. 108 Rn. 68.

[132] *Fischer-Menshausen* (Fn. 33), Art. 108 Rn. 19; Jarass/*Pieroth*, GG, Art. 108 Rn. 12; *Siekmann* (Fn. 27), Art. 108 Rn. 44. Eine Besonderheit im Verhältnis der Steuerverwaltung zur Rechtsprechung stellen die sog. Nichtanwendungserlasse des Bundesministeriums der Finanzen dar. Siehe dazu *Desens*, Bindung (Fn. 82), S. 5 ff. sowie (knapp) *N. Braun Binder*, DVBl. 2017, 1066 (1069 f.).

[133] *Heintzen* (Fn. 36), Art. 108 Rn. 46.

[134] *Fischer-Menshausen* (Fn. 33), Art. 108 Rn. 19; *Schlette* (Fn. 32), Art. 108 Rn. 107; *Siekmann* (Fn. 27), Art. 108 Rn. 45.

[135] Jarass/*Pieroth*, GG, Art. 108 Rn. 12; *Siekmann* (Fn. 27), Art. 108 Rn. 46; *Seer* (Fn. 10), Art. 108 Rn. 161.

[136] *Maunz* (Fn. 32), Art. 108 Rn. 65; *Fischer-Menshausen* (Fn. 33), Art. 108 Rn. 20; Jarass/*Pieroth*, GG, Art. 108 Rn. 12; *Schlette* (Fn. 32), Art. 108 Rn. 112; *Seer* (Fn. 10), Art. 108 Rn. 149; a. A. Jarass/*Pieroth*, GG, Art. 99 Rn. 4; unklar *Siekmann* (Fn. 27), Art. 108 Rn. 47.

[137] Wie hier auch *Heintzen* (Fn. 36), Art. 108 Rn. 47; *Seer* (Fn. 10), Art. 108 Rn. 164; a. A. Jarass/*Pieroth*, GG, Art. 99 Rn. 4.

[138] So ausdrücklich *Seer* (Fn. 10), Art. 108 Rn. 164; *Heintzen* (Fn. 36), Art. 108 Rn. 47. Mit Bedenken auch *Siekmann* (Fn. 27), Art. 108 Rn. 47.

[139] *Siehmann* (Fn. 27), Art. 108 Rn. 47.

[140] Vom 6.10.1965 (BGBl. I S. 1477), neu bekannt gemacht 2001 (BGBl. I S. 442, berichtigt 2001 BGBl. I S. 2262, erneut berichtigt 2002 BGBl. I S. 679), zuletzt geändert durch Gesetz v. 18.7.2017 (BGBl. I S. 2745, 2754); zur Umsetzung nach der Wiedervereinigung vgl. *D. Steinhauff*, Der Aufbau der Finanzgerichtsbarkeit in den fünf jungen Bundesländern, in: FS Klein, 1994, S. 195 ff.

[141] BVerfGE 23, 321 (322 f.).

[142] Unberechtigte Zweifel an der Verfassungsmäßigkeit bei *D. Birk*, in: R. Wassermann (Hrsg.), Kommentar zum Grundgesetz für die Bundesrepublik Deutschland, Bd. 2, 2. Aufl. 1989, Art. 108 Rn. 19; *Siekmann* (Fn. 27), Art. 108 Rn. 48. Umfassend zum Rechtsschutz siehe *R. Seer*, Rechtsschutz in Steuersachen, in: Tipke/Lang, Steuerrecht (Fn. 94), § 22 Rn. 1 ff.; Überblick bei *S. Schaz*, JuS 2014, 803 ff.

D. Verhältnis zu anderen GG-Bestimmungen

36 Art. 108 I–V, VII GG ist **lex specialis zu Art. 83 ff. GG**, auf deren Regelungen nur ergänzend zurückgegriffen werden darf, soweit sich aus Art. 108 GG nichts anderes ergibt[143]. So folgt aus Art. 87 I 1 GG, daß die Finanzverwaltung des Bundes in bundeseigener Verwaltung zu führen ist[144]. Art. 108 VI GG ist lex specialis zu **Art. 74 I Nr. 1 GG**[145], aber nachrangig zu **Art. 99 2. Alt. GG**. Andererseits ist die Regelung der Verwaltung der Kirchensteuern in Art. 140 GG i. V. m. **Art. 137 VI WRV** lex specialis gegenüber Art. 108 GG und geht insoweit vor[146]. Umstritten ist insofern lediglich, ob die Verfahrensregelungen gem. Art. 108 V 2 GG sowie Art. 108 VI GG schon deswegen bei Erhebung der Kirchensteuer durch die Landesfinanzbehörden gelten, weil die Kirchensteuern zu den übrigen Steuern gem. **Art. 105 II GG** zählen[147], oder ob es eines Landesgesetzes bedarf, das dieses Verfahren für anwendbar erklärt[148].

---

143 → Rn. 8, 10; BVerfGE 106, 1 (20, Rn. 83); *Heintzen* (Fn. 36), Art. 108 Rn. 9; *Schlette* (Fn. 32), Art. 108 Rn. 13; *Maunz* (Fn. 32), Art. 108 Rn. 6.

144 → Rn. 13; *Fischer-Menshausen* (Fn. 33), Art. 108 Rn. 7.

145 → Rn. 33; *Seer* (Fn. 10), Art. 108 Rn. 57; *Schlette* (Fn. 32), Art. 108 Rn. 15.

146 Jarass/*Pieroth*, GG, Art. 108 Rn. 1; *Siekmann* (Fn. 27), Art. 108 Rn. 7; *Maunz* (Fn. 32), Art. 108 Rn. 9; *Heintzen* (Fn. 36), Art. 108 Rn. 11.

147 So *Vogel/Wachenhausen* (Fn. 69), Art. 108 Rn. 24, 27; vgl. auch *Fischer-Menshausen* (Fn. 33), Art. 108 Rn. 9.

148 So *Maunz* (Fn. 32), Art. 108 Rn. 9; vgl. jetzt auch *Seer* (Fn. 10), Art. 108 Rn. 40.

Artikel 109 [Haushaltswirtschaft in Bund und Ländern]

(1) Bund und Länder sind in ihrer Haushaltswirtschaft selbständig und voneinander unabhängig.

(2) Bund und Länder erfüllen gemeinsam die Verpflichtungen der Bundesrepublik Deutschland aus Rechtsakten der Europäischen Gemeinschaft auf Grund des Artikels 104 des Vertrags zur Gründung der Europäischen Gemeinschaft zur Einhaltung der Haushaltsdisziplin und tragen in diesem Rahmen den Erfordernissen des gesamtwirtschaftlichen Gleichgewichts Rechnung.

(3) [1]Die Haushalte von Bund und Ländern sind grundsätzlich ohne Einnahmen aus Krediten auszugleichen. [2]Bund und Länder können Regelungen zur im Auf- und Abschwung symmetrischen Berücksichtigung der Auswirkungen einer von der Normallage abweichenden konjunkturellen Entwicklung sowie eine Ausnahmeregelung für Naturkatastrophen oder außergewöhnliche Notsituationen, die sich der Kontrolle des Staates entziehen und die staatliche Finanzlage erheblich beeinträchtigen, vorsehen. [3]Für die Ausnahmeregelung ist eine entsprechende Tilgungsregelung vorzusehen. [4]Die nähere Ausgestaltung regelt für den Haushalt des Bundes Artikel 115 mit der Maßgabe, dass Satz 1 entsprochen ist, wenn die Einnahmen aus Krediten 0,35 vom Hundert im Verhältnis zum nominalen Bruttoinlandsprodukt nicht überschreiten. [5]Die nähere Ausgestaltung für die Haushalte der Länder regeln diese im Rahmen ihrer verfassungsrechtlichen Kompetenzen mit der Maßgabe, dass Satz 1 nur dann entsprochen ist, wenn keine Einnahmen aus Krediten zugelassen werden.

(4) Durch Bundesgesetz, das der Zustimmung des Bundesrates bedarf, können für Bund und Länder gemeinsam geltende Grundsätze für das Haushaltsrecht, für eine konjunkturgerechte Haushaltswirtschaft und für eine mehrjährige Finanzplanung aufgestellt werden.

(5) [1]Sanktionsmaßnahmen der Europäischen Gemeinschaft im Zusammenhang mit den Bestimmungen in Artikel 104 des Vertrages zur Gründung der Europäischen Gemeinschaft zur Einhaltung der Haushaltsdisziplin tragen Bund und Länder im Verhältnis 65 zu 35. [2]Die Ländergesamtheit trägt solidarisch 35 vom Hundert der auf die Länder entfallenden Lasten entsprechend ihrer Einwohnerzahl; 65 vom Hundert der auf die Länder entfallenden Lasten tragen die Länder entsprechend ihrem Verursachungsbeitrag. [3]Das Nähere regelt ein Bundesgesetz, das der Zustimmung des Bundesrates bedarf.

Literaturauswahl

Badura, Peter: Verfassungsfragen der Finanzplanung, in: Festschrift für Theodor Maunz, 1971, S. 1–18.

Brockhausen, Jürgen: Die rechtliche Bedeutung des gesamtwirtschaftlichen Gleichgewichts und seine Komponenten in § 1 StabG unter Berücksichtigung der Entstehungsgeschichte, Diss. jur. Köln 1974.

Deubel, Ingolf: Die Föderalismusreform II: eine sinnvolle Weiterentwicklung der Verschuldungsgrenzen, in: ZSE 7 (2009), S. 231–249.

Fassbender, Bardo: Eigenstaatlichkeit und Verschuldungsfähigkeit der Länder, in: NVwZ 2009, S. 737–741.

Fischer-Menshausen, Herbert: Mittelfristige Finanzplanung im Bundesstaat, in: Joseph H. Kaiser (Hrsg.), Planung III, 1968, S. 73–109.

Fischer-Menshausen, Herbert: Mittelfristige Finanzplanung und Haushaltsrecht, in: Heinz Haller (Hrsg.), Probleme der Haushalts- und Finanzplanung (Schriften des Vereins für Socialpolitik 52), 1969, S. 56–76.

Fischer-Menshausen, Herbert: Unbestimmte Rechtsbegriffe in der bundesstaatlichen Finanzverfassung, in: Wilhelmine Dreißig (Hrsg.), Probleme des Finanzausgleichs I (Schriften des Vereins für Socialpolitik 96, I), 1978, S. 135–163.
Giesecke, Werner: Zur Koordinierung der Haushalts- und Finanzplanungen von Bund, Ländern und Gemeinden, in: BMF (Hrsg.), Die Finanzbeziehungen zwischen Bund, Ländern und Gemeinden aus finanzverfassungsrechtlicher und finanzwirtschaftlicher Sicht, 1982, S. 190–250.
Gresser, Klaus: Probleme der mehrjährigen öffentlichen Finanzplanung, 1974.
Häde, Ulrich: Die innerstaatliche Verteilung gemeinschaftsrechtlicher Zahlungspflichten, 2006.
Hancke, Johannes: Defizitbegrenzung im Bundesstaat – Verfassungsmäßigkeit einer verbindlichen Verschuldungsregel für die Bundesländer, in: DVBl. 2009, S. 621–627.
Hartmann, Uwe: Europäische Union und Budgetautonomie der deutschen Länder, 1994.
Höfling, Wolfram: Staatsschuldenrecht, 1993.
Hollmann, Hermann H.: Rechtsstaatliche Kontrolle der Globalsteuerung, 1980.
Klepzig, Marion Eva: Die »Schuldenbremse« im Grundgesetz – Ein Erfolgsmodell?, 2015.
Knop, Katleen: Verschuldung im Mehrebenensystem, 2008.
Koemm, Maxi: Eine Bremse für die Staatsverschuldung?, 2011.
Möller, Alex (Hrsg.)*:* Kommentar zum Gesetz zur Förderung der Stabilität und des Wachstums der Wirtschaft, 2. Aufl. 1969.
Neidhardt, Hilde: Staatsverschuldung und Verfassung, 2010.
Rehhahn, Hans Ulrich: Die verfassungsrechtliche Problematik konjunkturpolitischer Regelbindungen, 1981.
Ryczewski, Christoph: Die Schuldenbremse im Grundgesetz, 2011.
Scheuner, Ulrich: Die Erhaltung des gesamtwirtschaftlichen Gleichgewichts. Der verfassungsrechtliche Auftrag zu einer aktiven Konjunkturpolitik, in: Festschrift für Hans Schäfer, 1975, S. 109–128.
Stern, Klaus/Münch, Paul/Hansmeyer, Karl-Heinrich: Gesetz zur Förderung der Stabilität und des Wachstums der Wirtschaft, 2. Aufl. 1972.
Thiele, Alexander: Das Ende der Länder? Zur Verfassungsmäßigkeit der »Schuldenbremse« nach Art. 109 Abs. 3 S. 5 GG, in: NdsVBl. 2010, S. 89–94.
Tiemann, Burkhard: Die Grundsatzgesetzgebung im System der verfassungsrechtlichen Gesetzgebungskompetenzen, in: DÖV 1974, S. 229–237.
Vitzthum, Wolfgang Graf: Parlament und Planung, 1978.
Zunker, Albrecht: Finanzplanung und Bundeshaushalt, 1972.

Siehe auch die Angaben zu Vorb. zu Art. 104a–115 GG.

Leitentscheidungen des Bundesverfassungsgerichts

BVerfGE 79, 311 (331ff.) – Staatsverschuldung I; 86, 148 (264ff.) – Finanzausgleich II; 119, 96 (137ff., Rn. 120ff.) – Staatsverschuldung II; 123, 267 (361f., Rn. 255ff.) – Lissabon; 127, 165, (191ff., Rn. 78ff.) – Finanzhilfen des Bundes; 129, 108 (115ff., Rn. 30ff.) – Legislativstreit Schuldenbremse; 130, 318 (324ff., Rn. 29ff.) – Stabilisierungsmechanismusgesetz; 132, 195 (238ff., Rn. 103ff.) – ESM- und Fiskalvertrag e.A.; 134, 366 (379ff., Rn. 16ff.) – OMT-Beschluß; 135, 317 (399ff., Rn. 159ff.) – ESM- und Fiskalvertrag.

Gliederung

Stichwörter

Begriff der Haushaltswirtschaft 16f. – Bundesstaatsprinzip des Art. 79 III GG 22 – Einschätzungsprärogative 31 – Finanzplanung 60f. – Fiskalpakt 7 – Föderalismusreform 5f. – Gemeinden 18 – gesamtwirtschaftliches Gleichgewicht 26ff. – Globalsteuerung 26 – Grundsatzgesetzgebungskompetenz des Bundes 53ff. – Haushaltsgrundsätzegesetz 54 – Juristische Personen 36 – Konjunkturkomponente 41f. – lex posterior-Regel 57 – Mischfinanzierung 20f. – Nachfragesteuerung 29 – Naturkatastrophen und Notsituationen 43ff. – Nettoneuverschuldung 38 – Sanktionen 62ff. – Schuldenbremse 35ff. – Selbständigkeit und Unabhängigkeit der Haushaltswirtschaft von Bund und Ländern 15ff. – soziale Marktwirtschaft 33 – Staatsversagen 30 – Staatszielbestimmung 26 – Stabilitätsgesetz 54, 60 – Stabilitätsrat 60 – unionsrechtliche Verpflichtungen zur Haushaltsdisziplin 7ff., 24f., 62ff. – verfahrensrechtliches Berücksichtigungsgebot 31.

A. Herkunft, Entstehung, Entwicklung

I. Ideen- und verfassungsgeschichtliche Aspekte

Die Regelung des Art. 109 GG ist weitgehend **ohne historisches Vorbild**[1]. Das Konzept konjunkturpolitischer Steuerung und die damit verbundenen Begriffe des gesamtwirtschaftlichen Gleichgewichts und seiner Störung entstammen der modernen Wirtschaftstheorie, deren Erkenntnisse erst nach dem Zweiten Weltkrieg allgemeine Verbreitung gefunden haben, wenngleich der Staat auch früher schon vielfach steuernd in den Wirtschaftsablauf eingegriffen hat[2]. Auch die Ideen einer Grundsatzgesetzgebung sowie einer mehrjährigen mittelfristigen Finanzplanung über die Haushaltsperioden hinaus[3] sind eine **Entwicklung der Nachkriegszeit**. Allein die Trennung der Haushaltswirtschaft innerhalb der bundesstaatlichen Ordnung zwischen Reich und Ländern bestand faktisch bereits im Kaiserreich von 1871 und in der Weimarer Republik[4]. Die Verfassungen enthielten gleichwohl keine expliziten Regelungen über die föderative Haushaltsautonomie, sondern setzten die Trennung als selbstverständlich voraus. Die im Jahre 2009 neben Art. 115 GG auch in Art. 109 III GG eingeführten Staatsschuldenregeln sind in ihrer derzeitigen Ausgestaltung zwar neu, verfügen aber über eine Tradition (→ Art. 115 Rn. 1ff.). Die Regeln über die Berücksichtigung der Vorgaben 1

---

[1] Vgl. *H.B. Brockmeyer*, in: B. Schmidt-Bleibtreu/H. Hofmann/A. Hopfauf, GG, 11. Aufl. 2008, Art. 109 Rn. 5.

[2] Zur historischen Entwicklung der Konjunktursteuerung in Deutschland vgl. *H.H. Hollmann*, Rechtsstaatliche Kontrolle der Globalsteuerung, 1980, S. 31ff.

[3] Die mehrjährigen Haushaltsperioden des Konstitutionalismus sind qualitativ etwas anderes. → Art. 110 Rn. 28.

[4] Vgl. *Brockmeyer* (Fn. 1), Art. 109 Rn. 5.

des Rechts der Europäischen Union sind erst eine Konsequenz der Entwicklung des heutigen Unionsrechts nach Maastricht und entbehren damit ebenfalls verfassungsgeschichtlicher Vorbilder.

II. Entstehung und Veränderung der Norm

2 Das Grundgesetz in seiner **ursprünglichen Fassung** enthielt in Art. 109 GG **ausschließlich die im Wortlaut mit dem heutigen Absatz 1 übereinstimmende Regelung** über die Trennung und Autonomie der Haushaltswirtschaft des Bundes und der Länder. Bereits Art. 37 HChE – allerdings im allgemeinen Kompetenzteil – sah eine »gesonderte Finanzwirtschaft« von Bund und Ländern vor, wobei man von dieser Regelung auch die eigenverantwortliche Haushaltsführung von Gemeinden und Gemeindeverbänden umschlossen sah[5]. Der Parlamentarische Rat übernahm die Vorschrift als Art. 121 und setzte ihn später vom Anfang des Abschnitts über das Finanzwesen als Art. 123a vor das Haushaltsrecht[6]. Neben der vollständigen Streichung wurde ebenfalls eine gesonderte Aufnahme der Gemeinden in die Vorschrift abgelehnt, da die Regelung des kommunalen Finanzwesens der Landesgesetzgebung überlassen bleiben sollte[7]. Nach längeren Debatten über den Charakter der Vorschrift als materielle, einen Finanzausgleich eventuell ausschließende, oder als bloß formale Regelung wurde ihr vom Finanzausschuß nur deklaratorischer Charakter beigelegt[8]. In Anknüpfung an einen Änderungsantrag der SPD[9] wurde der Begriff der Finanz- durch den der Haushaltswirtschaft ersetzt. Die Vorschrift erhielt ihre endgültige Fassung auf Vorschlag des Fünferausschusses in der dritten Lesung des Hauptausschusses[10].

3 **1967** wurde Art. 109 GG um die Absätze 2, 3 und 4 a. F. **ergänzt**[11]**, vornehmlich um eine antizyklische Finanzpolitik** konstitutionell abzusichern[12] und die Grundlage für eine moderne **Finanzplanung** zu schaffen[13]. Während Absatz 2 des Regierungsentwurfs endgültig übernommen wurde[14], erfuhren die beiden letzten Absätze eine erhebliche Umgestaltung. Der Regierungsentwurf sah eine verfassungsrechtliche Verordnungsermächtigung in Absatz 3 und in Absatz 4 eine Ermächtigung zu einem Ausführungsgesetz vor[15]. Der Bundesrat schlug demgegenüber eine sachlich der späteren

[5] Parl. Rat II, S. 586 (Art. 37); S. 533f. (Bericht); zur Entstehungsgeschichte eingehend *K. Vogel/M. Wiebel*, in: BK, Art. 109 (1971), Rn. 1ff.; *M. Rodi*, in: BK, Art. 109 (2004), Rn. 5ff.; *H. Kube*, in: Maunz/Dürig, GG, Art. 109 (2011), Rn. 16ff.

[6] JöR 1 (1951), S. 809; 14. Sitzung des Hauptausschusses v. 2.12.1948, Parl. Rat XI/1, S. 416.

[7] JöR 1 (1951), S. 807; 13. Sitzung des Finanzausschusses v. 6.10.1948, Parl. Rat XII, S. 406ff.

[8] JöR 1 (1951), S. 807f.; zu den Beratungen im Finanzausschuß vgl. Parl. Rat XII, S. 3ff.; 406ff.; 510ff.; *G. Wacke*, Das Finanzwesen der Bundesrepublik, 1950, S. 80; vgl. auch *Vogel/Wiebel* (Fn. 5), Art. 109 Rn. 3.

[9] JöR 1 (1951), S. 808; 14. Sitzung des Hauptausschusses v. 2.12.1948, Parl. Rat XI/1, S. 409ff.

[10] JöR 1 (1951), S. 809; 50. Sitzung des Hauptausschusses v. 10.2.1949, Parl. Rat XIV/2, S. 1606; Parl. Rat VII, S. 378.

[11] 15. Gesetz zur Änderung des Grundgesetzes v. 8.6.1967 (BGBl. I S. 581); zur vorangehenden Reformdiskussion und Entstehungsgeschichte *M. Sinewe*, Die Veränderungen des Art. 109 Grundgesetz, insbesondere im Hinblick auf die Beziehungen von Bund und Ländern zueinander, Diss. jur. Mainz 1974, S. 40ff., 56ff.; *Rodi* (Fn. 5), Art. 109 Rn. 3ff. → Vorb. zu Art. 104a–115 Rn. 11.

[12] Vgl. Finanzbericht 1961, S. 85ff.; *Kommission für Finanzreform*, Gutachten über die Finanzreform in der Bundesrepublik Deutschland (Troeger-Gutachten), 1966, Tz. 509ff.

[13] Troeger-Gutachten (Fn. 12), Tz. 477ff.

[14] BT-Drs. V/890, S. 2; BT-Drs. V/1686, S. 2.

[15] BT-Drs. V/890, S. 2.

Regelung entsprechende Ermächtigung zum Erlaß der Grundsatzgesetzgebung vor, die ihrerseits erst die Verordnungsermächtigung enthalten und konkretisieren sollte[16]. Der Rechtsausschuß des Bundestages übernahm diesen Vorschlag, dem auch die Bundesregierung zugestimmt hatte, in der Sache und spaltete in Absatz 4 nur die Grundsatzgesetzgebungskompetenz zur Abwehr von Störungen – nicht mehr Gefahren – des gesamtwirtschaftlichen Gleichgewichts ab[17].

Die **Verfassungsänderung** im Jahre **1969** erweiterte Art. 109 III GG noch einmal dahingehend, daß die Kompetenz hinzugefügt wurde, Grundsätze für das Haushaltsrecht des Bundes und der Länder aufzustellen[18]. Die Formulierung, »**gemeinsam geltende**« **Grundsätze** geht dabei auf einen Vorschlag des Bundesrates zurück, wodurch die Bindung auch des Bundesgesetzgebers an die Grundsätze sichergestellt werden sollte[19]. 4

Im Rahmen der **Föderalismusreform 2006**[20] ist die Norm um einen neuen Absatz 5 erweitert worden, der die nunmehr unionsrechtliche Verpflichtung, übermäßige Defizite zu vermeiden, Bund und Ländern gemeinsam auferlegt und die Aufteilung von eventuellen Sanktionslasten zwischen Bund und Ländern regelt, für die das Grundgesetz bisher keine Handhabe bot. 5

Da die Föderalismusreform 2006 bewußt die bundesstaatlichen Finanzbeziehungen ausgeklammert hatte, wurde alsbald die Einsetzung einer neuerlichen gemeinsamen Kommission zur Modernisierung der Bund-Länder-Beziehungen beschlossen, die sowohl die föderativen Finanzbeziehungen als auch die Regeln über die Staatsverschuldung beraten und Vorschläge erarbeiten sollte[21]. Die eingehenden Beratungen[22] schlossen mit einem Entwurf vom März 2009[23], der ein prinzipielles Verschuldungsverbot für Bund und Länder vorsah, sich aber weitgehend darauf und auf damit zusammenhängende Regelungen beschränkte und die eigentlich projektierte Neuordnung der Bund-Länder-Beziehungen im Rahmen der **Föderalismusreform II** praktisch aufgab. Eine Föderalismusreform III ist jüngst am 14.10.2016 zwischen den Regierungen des Bundes und der Länder vereinbart worden (→ Vorb. zu Art. 104a-115 GG Rn. 11). Der Entwurf wurde nach vier Monaten unverändert verabschiedet[24] und durch ein parallel erlassenes Bundesgesetz ergänzt[25]. Die Vorschrift des Art. 109 GG wurde dadurch erheblich umgestaltet. Unverändert beibehalten wurden Absatz 1 und Absatz 3, der lediglich zu Absatz 4 wurde. Die generelle Verpflichtung von Bund und Ländern zur Einhaltung des früheren Art. 104 EGV, jetzt 126 AEUV ist aus Satz 1 des Absatzes 5 in den Absatz 2 übernommen worden und steht dort nunmehr in Verbin- 6

---

[16] BT-Drs. V/890, S. 237; zur Debatte, ob die konjunkturelle Steuerung nicht durch Staatsverträge oder Verwaltungsvereinbarungen erreicht werden kann, *Vogel/Wiebel* (Fn. 5), Art. 109 Rn. 15.

[17] BT-Drs. V/1686, S. 3.

[18] 20. Gesetz zur Änderung des Grundgesetzes v. 12.5.1969 (BGBl. I S. 357).

[19] BT-Drs. V/3040, S. 73; vgl. auch ebd., S. 31 zur Auffassung der Bundesregierung.

[20] 52. Gesetz zur Änderung des Grundgesetzes v. 28.8.2006 (BGBl. I S. 2034); zu dessen Entstehungsgeschichte: → Vorb. zu Art. 104a–115 Rn. 11.

[21] BT-Drs. 16/3885; zum Konzept der Föderalismusreform II vgl. *Ch. Ryczewski*, Die Schuldenbremse im Grundgesetz, 2011, S. 139ff. → Vorb. zu Art. 104a–115 Rn.11.

[22] Vgl. dazu *S. Korioth*, JZ 2009, 729 (729f.); *P. Selmer*, NVwZ 2009, 1255 (1256); *H.-G. Henneke*, NdsVBl. 2009, 121 (123ff.).

[23] BT-Drs. 16/12410; zum Konzept der Föderalismusreform *Ch. Ryczewski*, Die Schuldenbremse im Grundgesetz, 2011, S 139ff.

[24] 57. Gesetz zur Änderung des Grundgesetzes v. 29.7.2009 (BGBl. I S. 2248).

[25] Gesetz zur Ausführung von Artikel 115 des Grundgesetzes (G 115) v. 10.8.2009 (BGBl. I S. 2702); Entwurf BT-Drs. 16/12400.

dung mit der Verpflichtung zur Beachtung der Erfordernisse des gesamtwirtschaftlichen Gleichgewichts. Absatz 5 regelt fortan allein die Lastentragung für die Sanktionsmaßnahmen. Die entscheidende Neuerung, die auch die Verlegung des Satzes 1 des Absatzes 5 veranlaßt hat, ist der **vollständig neue Absatz 3**, der die Schuldenregelung für Bund und Länder enthält und in erheblichen Teilen in Art. 115 II GG für den Bund noch einmal wiederholt wird. Der frühere Absatz 4 ist im Hinblick auf die Einfügung der Schuldenbremse ersatzlos entfallen.

B. Internationale, supranationale und rechtsvergleichende Bezüge

7 Die Bestimmungen des Art. 109 GG über die Unabhängigkeit der Haushaltswirtschaft von Bund und Ländern sowie über die Berücksichtigung der Erfordernisse des gesamtwirtschaftlichen Gleichgewichts werden **seit dem Eintritt in die Währungsunion** in erheblichem Umfang **durch europarechtliche Vorgaben beeinflußt und überlagert**[26]. Namentlich Art. 126 AEUV, das betreffende Protokoll[27] und die konkretisierenden Durchführungsverordnungen, die irreführend »Stabilitäts- und Wachstumspakt für Europa« (SWP) genannt werden[28], gebieten die Vermeidung »übermäßiger öffentlicher Defizite« und sehen bei Überschreitung Sanktionen vor[29]. Der Pakt ist durch den europavölkerrechtlichen Vertrag über Stabilität, Koordinierung und Steuerung in der Wirtschafts- und Währungsunion (SKSV) für die beteiligten Länder noch einmal modifiziert worden[30]. Da das Grundgesetz bisher nicht angepasst wurde, kann es in der

---

[26] *K. Vogel/C. Waldhoff*, in: BK, Vorb. zu Art. 104a–115 (1998), Rn. 661; eingehend *Rodi* (Fn. 5), Art. 109 Rn. 527ff.; *V. Mehde*, DÖV 1997, 616 (618); *H. Siekmann*, in: Sachs, GG, Art. 109 Rn. 3; vgl. auch *M. J. Herdegen*, Common Market Law Review 35 (1998), 9ff.; dagegen verneinte explizit einen Einfluß *H. D. Jarass*/B. Pieroth, Grundgesetz für die Bundesrepublik Deutschland. Kommentar, 5. Aufl. 2000, Art. 109 Rn. 2, was jedoch unhaltbar war; wie hier jetzt *Jarass*/Pieroth, GG, Art. 109 Rn. 6ff.

[27] 12. (früher 5.) Protokoll über das Verfahren bei einem übermäßigen Defizit (BGBl. 1992 II S. 1251 [1309]), das gem. Art. 51 EUV (ex Art. 311 EGV) Bestandteil der Verträge ist. Daneben spielte Art. 121 EGV i. V. m. dem 6. Protokoll über die Konvergenzkriterien (BGBl. 1992 II S. 1251 [1309]) für den Eintritt in die Währungsunion eine Rolle (jetzt verändert Art. 140 AEUV i. V. m. Protokoll Nr. 13).

[28] Es handelt sich rechtlich um Verordnungen des Rates: VO EG Nr. 1466/97 v. 7. 7. 97 und VO EG Nr. 1467/97 v. 7. 7. 97 Abl. L 209/1; vgl. hierzu nur *U. Häde*, EuZW 1996, 138ff.; geändert durch VO EG Nr. 1055/2005 und 1056/2005 v. 27.6.2005 Abl. L 174/1 u. 174/5; die das mittelfristige Ziel eines nahezu ausgeglichenen Haushalts noch einmal auf die Spanne zwischen minus 1% des BIP und einem völlig ausgeglichenen Haushalt konkretisieren, aber auch die 3%-Grenze als »Sicherheitsmarge« belassen und die Entscheidungsspielräume der EU bei den Sanktionen erweitern; allgemein *Chr. Konow*, Der Stabilitäts- und Wachstumspakt, 2002; *F. Bark*, Das gemeinschaftsrechtliche Defizitverfahren, 2004; *C. Engel*, Das Europäische Defizitverfahren und der Europäische Stabilitäts- und Wachstumspakt im Lichte der Entscheidung des Europäischen Gerichtshofes vom 13. Juli 2004, 2007, S. 84ff.; F. Breuss (Hrsg.), The Stability and Growth Pact, 2007; *G. Kirchhof*, in: v. Mangoldt/Klein/Starck, GG III, Art. 109 Rn. 38ff.; *T. Niechof*, ZSE 8 (2010), 59 (65ff.).

[29] Art. 126 II–IX, XI–XIII sowie Art. 126 XIV AEUV i. V. m. dem 2. Protokoll (s. o.); dies verstößt nicht gegen Art. 79 III GG; s. BVerfGE 123, 267 (361f., Rn. 256); s. ferner *H.-G. Henneke*, in: Schmidt-Bleibtreu/Hofmann/Henneke, GG, Art. 109 Rn. 46. → Art. 115 Rn. 6.

[30] Vertrag von 2.3.2012, in Kraft seit 1.1.2013; deutsches Gesetz BGBl. II, S. 1006; vgl. hierzu *Henneke* (Fn. 29), Art. 109 Rn. 47ff.; innerstaatliche Umsetzung Gesetz vom 15.7.2013 (BGBl. I, S. 2398); dazu *H.-G. Henneke*, Der europäische Fiskalpakt und seine Umsetzung in Deutschland, 2013, S. 111ff.; *A. Glaeser*, DÖV 2012, 901ff.; der Vertrag ist verfassungskonform BVerfGE 132, 195 (244ff., Rn. 117ff.); 135, 317 (403ff., Rn. 168ff.); zum SKSV *A. Thiele*, EuConst 2015, 30 (45ff.).

Übergangsphase bis 2020 zu Konflikten zwischen Vertrag und Grundgesetz führen[31]. Infolge der vielzitierten »Landes-Blindheit« des europäischen Rechts[32] ist im Außenverhältnis allein der Gesamtstaat bzw. der Bund verpflichtet. Das wird durch Art. 3 des 12. Protokolls bestätigt; danach sind die Regierungen der Mitgliedstaaten für die Defizite des gesamten öffentlichen Sektors, also aller Gebietskörperschaften sowie der Sozialversicherungsträger verantwortlich und verpflichtet, zu »gewährleisten, daß die innerstaatlichen Verfahren im Haushaltsbereich sie in die Lage versetzen, diese Verpflichtung zu erfüllen«. Die abstrakte Verpflichtung von Bund und Ländern hat schon 2001 der damals neu geschaffene § 51a HGrG a. F. konstatiert.

Die Zulässigkeit und die denkbaren verfassungsrechtlichen Grundlagen einer **Umsetzung dieser Verpflichtung** waren und sind hoch umstritten. Die Trennung und die Unabhängigkeit der Haushaltswirtschaft der Länder gem. Art. 109 I GG steht Eingriffen des Bundes zunächst entgegen. Die klarste Lösung war von Anfang an eine Änderung des Art. 109 GG, für die verschiedene Vorschläge vorlagen[33], die aber nicht die Zustimmung der Länder gefunden hatten[34]. Art. 2 des Zustimmungsgesetzes zum Maastricht-Vertrag enthielt zwar eine grundsätzliche Anerkennung des Anwendungsvorrangs des Europarechts gerade im Hinblick auf die Verpflichtungen des früheren Art. 104 EGV (jetzt 126 AEUV), stellte diese aber zugleich unter den Vorbehalt »einer Abstimmung zwischen Bund und Ländern«[35] und führte daher bei der praktischen Umsetzung überhaupt nicht weiter. Letzteres gilt auch für die sich aus der Bundestreue ergebende Verpflichtung der Länder, die europarechtlichen Vorgaben insoweit ebenfalls einzuhalten und die Bemühungen des Bundes nicht zu konterkarieren[36]. 8

Entgegen einer mehrfach geäußerten Auffassung, daß das Grundgesetz keine geeigneten verfassungsrechtlichen Grundlagen für bundesrechtliche, durchsetzbare Vorgaben enthalte[37], wird man in Anknüpfung an das Bundesverfassungsgericht[38] in **Art. 109 IV GG** (früher 109 III GG) **eine ausreichende Ermächtigungsgrundlage** sehen können, die europarechtlichen Defizitbegrenzungen für Bund und Länder durch entsprechende Kennziffern und Kreditobergrenzen umzusetzen. Die Entscheidung des Bundesverfassungsgerichts bezog sich zwar insoweit auf die Beachtung der Erforder- 9

[31] Vgl. BT-Drs. 17/12058, S. 8; *Henneke* (Fn. 29), Art. 109 Rn. 75ff.

[32] *H. P. Ipsen*, Als Bundesstaat in der Gemeinschaft, in: FS Hallstein, 1966, S. 248ff. (256).

[33] *Wiss. Beirat beim BMF*, Zur Bedeutung der Maastricht-Kriterien für die Verschuldungsgrenzen von Bund und Ländern, 1994, S. 9ff.; jedenfalls führte Art. 104 EGV (jetzt 126 AEUV) nicht schon per se zu einer Verfassungsänderung, so aber *U. Häde*, JZ 1997, 269 (274).

[34] Vgl. *U. Häde*, JZ 1997, 269 (271).

[35] Zum Anwendungsvorrang allg. BVerfGE 73, 339 (375); 75, 223 (244); 85, 191 (202); EuGH v. 10.4.1984, Rs. 14/83, Rn. 24ff. – *Colson u. Kamann/NRW*.

[36] *H.-J. Blanke*, Föderalismus und Integrationsgewalt, 1991, S. 338ff.; *H. Bauer*, Die Bundestreue, 1992, S. 198ff.; *R. Streinz*, HStR VII, § 182 Rn. 6ff., 45; *W. Kössinger*, Die Durchführung des Europäischen Gemeinschaftsrechts im Bundesstaat, 1989, S. 68ff.; im Hinblick auf den vormaligen Art. 104c EGV a. F. (jetzt 126 AEUV) s. *V. Mehde*, DÖV 1997, 616 (616f.); *Vogel/Waldhoff* (Fn. 26), Vorb. zu Art. 104a–115 Rn. 661; *W. Höfling*, ZRP 1997, 231 (233); *H.-G. Henneke*, ZG 11 (1996), 299 (307).

[37] *W. Höfling*, StWStP 6 (1995), 421 (441f.); *ders.*, ZRP 1997, 231 (233f.); *P. J. Glauben*, ZG 12 (1997), 233 (235ff.); *Vogel/Waldhoff* (Fn. 26), Vorb. zu Art. 104a–115 Rn. 661; *Siekmann* (Fn. 26), Art. 109 Rn. 91; *F. Littwin*, ZRP 1997, 325 (327); *V. Mehde*, DÖV 1997, 616 (618ff.); *J. Hellermann*, EuR 35 (2000), 24 (32ff.); *C. Gaitanides*, NJW 2007, 3112 (3114); *K. Knop*, Verschuldung im Mehrebenensystem, 2008, S. 375ff.; unklar *H. Fischer-Menshausen*, in: I. v. Münch/P. Kunig (Hrsg.), Grundgesetzkommentar, Bd. III, 3. Aufl. 1996, Vorb. zu Art. 110–115 Rn. 7: von Art. 109 GG nicht gedeckt, aber grundgesetzlich legitimiert.

[38] BVerfGE 86, 148 (266f.).

nisse des gesamtwirtschaftlichen Gleichgewichts nach Art. 109 II GG a. F.[39], die ihrerseits durch das Europarecht nicht unmittelbar modifiziert werden[40], ist darauf aber nicht zwingend beschränkt[41]. Die selbständige Einführung der Schuldenbremse, die jetzt in Art. 109 III GG verankert ist, durch einfaches Bundesgesetz allein aufgrund des Art. 109 IV GG, wäre sicher nicht von der Ermächtigung gedeckt gewesen. Für die Konkretisierung einer bestehenden unionsrechtlichen Verpflichtung reicht Art. 109 IV GG jedoch aus, obwohl es sich um materielle Vorgaben von substantieller Bedeutung handelt.

10 Da durch die Umsetzung nur Kreditobergrenzen festgelegt werden, läßt sich eine solche Umlegung der europäischen Vorgaben auf die Länder durchaus in das System der Haushaltsgrundsätze einfügen[42]. Eine derartige Regelung entspricht auch den besonderen Modalitäten und Rechtsfolgen der Grundsatzgesetzgebung gem. Art. 109 IV GG, die Bund und Länder gleichermaßen bindet (→ Rn. 57). Demgegenüber stellte der entfallene **Art. 109 IV GG a. F. keine geeignete Grundlage** dar, da diese Norm spezifische konjunkturpolitische Stabilisierungsmaßnahmen vorsah, die nach Anlaß, Zweck und Inhalt hier nicht gegeben waren[43]. Die Umlegung eventuell auferlegter Sanktionen vom Bund auf die Länder konnte allerdings nicht auf Art. 109 III GG a. F. (jetzt 109 IV GG) gestützt werden[44]. Die Ergänzung des Art. 109 GG um Abs. 5 durch die Föderalismusreform I hat für die zuvor ungeklärte Verteilung von Sanktionszahlungen[45] eine Lösung gefunden (→ Rn. 62ff.), während die Unsicherheiten über die präventiven Regelungskompetenzen des Bundes jedenfalls nicht definitiv ausgeräumt wurden[46]. Da die Regelungen insoweit unverändert beibehalten wurden – die Verschiebung hat keine sachliche Modifizierung bewirkt –, hat sich die Rechtslage praktisch nicht geändert. Der Verfassungsgesetzgeber hat offenbar keine Veranlassung gesehen, eine eindeutige Klarstellung vorzunehmen.

11 Die Vorschrift des Art. 109 GG findet **kaum Parallelen und Vorbilder** in anderen Verfassungen. Die Berücksichtigung der Erfordernisse des gesamtwirtschaftlichen Gleichgewichts ist zwar in zwei Verfassungen der neuen Bundesländer aufgegriffen worden[47], bildet aber ansonsten wie auch die Kompetenzen zur Haushaltsgrundsätzegesetzgebung und zur gemeinsamen Finanzplanung[48] eine Besonderheit des Grundge-

---

[39] *W. Höfling*, ZRP 1997, 231 (233); *Vogel/Waldhoff* (Fn. 26), Vorb. zu Art. 104a–115 Rn. 661.

[40] Vgl., wenn auch unklar *U. Häde*, JZ 1997, 269 (274ff.); *L. Müller*, DVBl. 1992, 1249 (1251).

[41] So aber wohl *Vogel/Waldhoff* (Fn. 26), Vorb. zu Art. 104a–115 Rn. 661; *Rodi* (Fn. 5), Art. 109 Rn. 599.

[42] So auch *M. Heintzen*, in: v. Münch/Kunig, GG II, Art. 109 Rn. 46; differenzierend *Rodi* (Fn. 5), Art. 109 Rn. 599f.; eingehend zu Art. 109 III GG a. F. als Ermächtigungsgrundlage *U. Hartmann*, Europäische Union und die Budgetautonomie der deutschen Länder, 1994, S. 178ff.; *U. Häde*, Die innerstaatliche Verteilung gemeinschaftsrechtlicher Zahlungspflichten, 2006, S. 53ff.; a. A. *V. Mehde*, DÖV 1997, 616 (619f.).

[43] *Hartmann*, Union (Fn. 42), S. 172; *W. Höfling*, ZRP 1997, 231 (234); *K. Stern*, Die Konvergenzkriterien des Vertrages von Maastricht und ihre Umsetzung in der bundesstaatlichen Finanzverfassung, in: FS Everling, 1995, Bd. II, S. 1469ff. (1485ff.); *V. Mehde*, DÖV 1997, 616 (620ff.); *J. Hellermann*, EuR 35 (2000), 24 (32ff.); a. A. *U. Häde*, JZ 1997, 269 (275f.); *A. Bleckmann*, DVBl. 1992, 335 (340).

[44] *U. Häde*, JZ 1997, 269 (275f.).

[45] Art. 104a V GG bot dafür keine Handhabe; s. *Siekmann* (Fn. 26), Art. 109 Rn. 112; *M. Heintzen*, in: v. Münch/Kunig, GG II, Art. 104a Rn. 60.

[46] Vgl. auch *C. Gaitanides*, NJW 2007, 3112 (3115); *I. Kemmler*, LKV 2006, 529 (532); die Einzelkommentierung erfolgt unten: → Rn. 24f.

[47] Art. 101 II Brandb. Verf.; Art. 94 II Sächs. Verf.

[48] Eine mittelfristige Finanzplanung als solche gibt es freilich auch in anderen Staaten; vgl. *H. Ei-*

setzes. Demgegenüber ist der Grundsatz der Autonomie der Haushaltswirtschaft von Bund und Ländern in Bundesstaaten, wie in den USA, in der Schweiz oder in Österreich und Kanada, selbstverständlich, ohne jeweils speziell in der Verfassung abgesichert zu sein[49].

C. Erläuterungen

I. Allgemeine Bedeutung und aktueller Befund

Art. 109 GG bildet das **Scharnier zwischen** den föderativen Regelungen der **Finanzverfassung** (Art. 104a–108 GG) und den allein den Bund betreffenden Vorschriften der **Haushaltsverfassung** (Art. 110–115 GG)[50]. Die Norm schließt die föderative Finanzverfassung durch die haushaltswirtschaftliche Absicherung der bundesstaatlichen Dezentralisierung und Autonomie ab, ohne die verschiedenen Haushalte deswegen als isolierte, hermetisch abgetrennte Haushaltsräume ohne föderative Interdependenzen zu konstituieren. Vielmehr läßt sich schon aus den Einschränkungen der Haushaltsautonomie in Art. 109 II–V GG, aber auch aus den Grundprinzipien des Bundesstaates die Verpflichtung zu gegenseitiger Rücksichtnahme, Kooperation und Solidarverantwortung für das gesamte Gemeinwesen ableiten[51]. Die Haushaltsautonomie – sowohl die des Bundes als auch die der Länder – ist gerade nicht schrankenlos gewährleistet. 12

Die Unabhängigkeit der Haushaltswirtschaften schließt die Betrachtung der verschiedenen Haushaltswirtschaften als **staatswirtschaftliche Einheit** nicht aus[52]. Diese findet institutionellen Ausdruck in der Einheit des Währungs- und Zollsystems, der Einheitlichkeit der wichtigsten Steuern sowie der Verbindung der Finanzverwaltungen und dem Finanzausgleich einschließlich der Gemeinschaftsaufgaben[53], ohne daß sich daraus eine Rechtfertigung für Durchbrechungen ergibt. Als »Fundamentalnorm der bundesstaatlichen Finanz-, Haushalts- und Anleihepolitik«[54] weist Art. 109 GG damit zugleich auf die Regelungen der Haushaltsverfassung voraus. 13

Die Norm ist mehrfach reformiert worden, obwohl der Bedarf dafür gering war, da insbesondere die Regelung über die Berücksichtigung des gesamtwirtschaftlichen Gleichgewichts für inhaltliche Weiterentwicklungen und neue wirtschaftswissenschaftliche Erkenntnisse offen war und ist. Durch die Ergänzung, die in dem nunmehr auf Absatz 2 und 5 aufgeteilten früheren, aber auch erst 2006 eingefügten Art. 109 V GG erfolgt ist, ist den ursprünglichen Reformforderungen hinsichtlich der **Umsetzung der europarechtlichen Vorgaben** weitgehend entsprochen worden[55]. Die jüngste Ver- 14

---

cher, Die Problematik der mehrjährigen Finanzplanung, in: FS Schäfer, 1975, S. 129ff. (141ff.); zu Österreich vgl. *C. Brünner*, Politische Planung im parlamentarischen Regierungssystem, 1978, S. 217ff.; zur Finanzplanung in den Ländern vgl. *G. Jooss*, FinArch. 40 (1982), 44ff.

[49] In Belgien garantiert Art. 174 Verf. nur die Haushaltsautonomie des Zentralstaats, die der Gemeinschaften und Regionen wird lediglich einfachgesetzlich festgelegt, s. *Vogel/Waldhoff* (Fn. 26), Vorb. zu Art. 104a–115 Rn. 696; allgemein auch *Rodi* (Fn. 5), Art. 109 Rn. 651ff.

[50] Vgl. *Vogel/Wiebel* (Fn. 5), Art. 109 Rn. 27; *Kube* (Fn. 5), Art. 109 Rn. 3.

[51] BVerfGE 4, 115 (140); 72, 330 (386); *H. Fischer-Menshausen*, in: v. Münch/Kunig, Grundgesetz-kommentar (Fn. 37), Art. 109 Rn. 1; ebenso *Heintzen* (Fn. 42), Art. 109 Rn. 5.

[52] Vgl. auch BVerfGE 101, 158 (220, Rn. 287); *Siekmann* (Fn. 26), Art. 109 Rn. 4.

[53] Troeger-Gutachten (Fn. 12), Tz. 517.

[54] *Fischer-Menshausen* (Fn. 51), Art. 109 Rn. 2.

[55] Vgl. *BMF*, Innerstaatliche Umsetzung von EG-rechtlichen Vorgaben zur Vermeidung übermäßiger öffentlicher Defizite (Diskussionspapier), 1996 (unveröffentlicht).

fassungsänderung, die das prinzipielle Schuldenverbot begründet, ist dagegen ökonomisch angreifbar (→ Art. 115 Rn. 8ff.) und zudem technisch in vielerlei Hinsicht mißglückt.

II. Der Grundsatz der Selbständigkeit und Unabhängigkeit der Haushaltswirtschaft von Bund und Ländern gem. Art. 109 I GG

15 Die Selbständigkeit und die Unabhängigkeit der Haushaltswirtschaft des Bundes und der Länder werden von Art. 109 I GG als Ausprägung und Konkretisierung des Bundesstaatsprinzips garantiert. Sie gehören zum **Kernbereich der Staatlichkeit** von Bund und Ländern[56]. Sie sichern die politische Autonomie haushaltswirtschaftlich ab[57] und sind zugleich Voraussetzung eigenständiger Ausgabenverantwortung als Grundlage des Finanzausgleichs[58]. Art. 109 I GG gewährleistet aber **allein rechtliche Autonomie** und schützt nicht vor ökonomischen oder politischen Abhängigkeiten[59].

16 Der **Begriff der Haushaltswirtschaft** umfaßt die Gesamtheit der auf die staatlichen Einnahmen und Ausgaben bezogenen[60] Vorgänge, soweit sie nach dem geltenden bundesstaatlichen Verfassungsrecht eigenständiger haushaltspolitischer Entscheidung unterliegen[61]. Auf die haushaltspolitische Funktion (Bedarfsdeckung, Produktion öffentlicher Güter, Verteilung, Stabilisierung) kommt es nicht an. Zur Haushaltswirtschaft gehört das gesamte Haushalts-, Kassen- und Rechnungswesen, d.h. im einzelnen die Aufstellung, Verabschiedung und Ausführung des Haushaltsplans und Entlastung mit Rechnungsprüfung sowie die Vermögens- und Schuldenverwaltung einschließlich der wirtschaftlichen Betätigung in privaten und öffentlich-rechtlichen Betrieben und Einrichtungen. Auch die **Sondervermögen** fallen unter die Haushaltswirtschaft[62]. Die Haushaltswirtschaft schließt außerdem die Befugnis ein, durch Rechts- und Verwaltungsvorschriften das eigene Haushalts-, Kassen- und Rechnungswesen zu regeln[63].

17 Zur **Haushaltswirtschaft zählen dagegen nicht** ihre Voraussetzungen und Rahmenbedingungen, die aber zum Bereich der öffentlichen Finanzwirtschaft gehören[64]. Das System des Währungs-, Geld- und Münzwesens fällt aus der Haushaltswirtschaft ebenso heraus[65] wie das System der föderativen Finanzbeziehungen, namentlich der

---

[56] *Siekmann* (Fn. 26), Art. 109 Rn. 4; *Fischer-Menshausen* (Fn. 51), Art. 109 Rn. 5; *T. Maunz*, in: Maunz/Dürig, GG, Art. 109 (1979), Rn. 21; *H.-W. Arndt*, JuS 1990, 343 (343); *Rodi* (Fn. 5), Art. 109 Rn. 61, 66 (auch zur Absicherung durch Art. 79 III GG); *Kube* (Fn. 5), Art. 109 Rn. 28; allgemein zum Kernbereich der Staatlichkeit: → Art. 20 (Bundesstaat) Rn. 24; → Art. 28 Rn. 38.

[57] BVerfGE 86, 148 (264).

[58] Vgl. *K. Littmann*, StWStP 2 (1991), 31 (34); *W. Heun*, Der Staat 31 (1992), 205 (208 Fn. 23).

[59] *K. Vogel*, HStR IV, § 87 Rn. 15; *Siekmann* (Fn. 26), Art. 109 Rn. 4.

[60] Nicht auf die Ausgaben beschränkt, so aber *A. Möller*, Kommentar zum Gesetz zur Förderung der Stabilität und des Wachstums der Wirtschaft, 2. Aufl. 1969, Art. 109 Rn. 5.

[61] Präzise *Fischer-Menshausen* (Fn. 51), Art. 109 Rn. 3; s. auch *Kirchhof* (Fn. 28), Art. 109 Rn. 6; zu weit (ohne Beschränkung des soweit-Satzes) *Maunz* (Fn. 56), Art. 109 Rn. 3; *A. Nebel*, in: E. A. Piduch (Hrsg.), Bundeshaushaltsrecht, Art. 109 (2011), Rn. 5; *Jarass*/Pieroth, GG, Art. 109 Rn. 1; zu eng *Siekmann* (Fn. 26), Art. 109 Rn. 5; s. auch *Kube* (Fn. 5), Art. 109 Rn. 32ff.

[62] Vgl. *Fischer-Menshausen* (Fn. 51), Art. 109 Rn. 3; *Maunz* (Fn. 56), Art. 109 Rn. 3.

[63] *Fischer-Menshausen* (Fn. 51), Art. 109 Rn. 3; *Kube* (Fn. 5), Art. 109 Rn. 40.

[64] *Fischer-Menshausen* (Fn. 51), Art. 109 Rn. 4; zur Begrifflichkeit vgl. *Vogel/Wiebel* (Fn. 5), Art. 109 Rn. 34; *Siekmann* (Fn. 26), Art. 109 Rn. 6.

[65] *Fischer-Menshausen* (Fn. 51), Art. 109 Rn. 4, der auch zutreffend die Anlagepflichten der Kassenmittel im Zentralbankensystem (§§ 16, 17 BBankG) als von Art. 109 I GG nicht erfaßt ansieht; s. auch *Nebel* (Fn. 61), Art. 109 Rn. 5; anders wohl *Maunz* (Fn. 56), Art. 109 Rn. 3.

Finanzausgleich[66]. Der Grundsatz des Art. 109 I GG ist aber insofern ein Leitgesichtspunkt für die Ausgestaltung des Finanzausgleichs, als die Selbständigkeit der Haushaltsführung eine bedarfsgerechte Finanzausstattung voraussetzt[67].

Der **Grundsatz gilt für den Bund und für alle Länder**. Die Gemeinden werden als Teil der jeweiligen Länder erfaßt[68], so daß sie durch Art. 109 I GG gegenüber Eingriffen des Bundes, nicht aber gegenüber Eingriffen ihres Landes in ihrer Finanzautonomie geschützt werden[69]. Gegenüber letzteren können die Gemeinden lediglich Art. 28 II GG sowie gegebenenfalls die betreffenden Regelungen des Landesverfassungsrechts geltend machen (→ Art. 28 Rn. 44, 132, 145ff.)[70]. 18

Der Grundsatz des Art. 109 I GG bedeutet, daß Bund und Länder ihre Haushaltsentscheidungen im Rahmen ihrer Verfassungen unbeeinflußt voneinander in eigener Verantwortung treffen. Unabhängigkeit beinhaltet daher sowohl eine **formale Trennung der Haushalte** als auch **materiell eigenständige Entscheidungsspielräume**[71], Schutz vor Kontrolle und Einwirkung von außen sowie Freiheit gegenüber der Abhängigkeit von Unterstützungsleistungen und Dotationen anderer Gebietskörperschaften[72]. Das schließt die Finanzierung des Bundes durch Matrikularbeiträge der Länder[73] ebenso aus[74] wie die Subventionierung der Länder durch (Ermessens-)Zuweisungen des Bundes[75]. 19

Aus Art. 109 I GG ist folglich auch ein allgemeines **Verbot der Mischfinanzierung** abzuleiten[76]. Der Grundsatz eigener Haushaltsverantwortung meint allerdings nicht nur Freiheit von äußeren Einflüssen einschließlich äußerer Finanz- und Haushaltskon- 20

---

[66] BVerfGE 1, 117 (131); *Vogel/Wiebel* (Fn. 5), Art. 109 Rn. 34ff.; *Fischer-Menshausen* (Fn. 51), Art. 109 Rn. 3; *Siekmann* (Fn. 26), Art. 109 Rn. 6.

[67] BVerfGE 34, 9 (20); *Fischer-Menshausen* (Fn. 51), Art. 109 Rn. 4; *Heintzen* (Fn. 42), Art. 109 Rn. 13.

[68] *Siekmann* (Fn. 26), Art. 109 Rn. 7; *J.-P. Schneider*, in: AK-GG, Art. 109 (2001), Rn. 5; *Kube* (Fn. 5), Art. 109 Rn. 31; *Kirchhof* (Fn. 28), Art. 109 Rn. 5; *Henneke* (Fn. 29), Art. 109 Rn. 37. → Vorb. zu Art. 104a–115 Rn. 23.

[69] *Vogel/Wiebel* (Fn. 5), Art. 109 Rn. 68; *Maunz* (Fn. 56), Art. 109 Rn. 22; *Brockmeyer* (Fn. 1), Art. 109 Rn. 2; *Heintzen* (Fn. 42), Art. 109 Rn. 7; *Siekmann* (Fn. 26), Art. 109 Rn. 7; a.A. *Möller* (Fn. 60), Art. 109 Rn. 9; *K. Stern/P. Münch/K.-H. Hansmeyer*, Gesetz zur Förderung der Stabilität und des Wachstums der Wirtschaft, 2. Aufl. 1972, S. 298f.; nach Ausgaben und Einnahmen differenzierend *P. Tettinger*, Ingerenzprobleme staatlicher Konjunktursteuerung auf kommunaler Ebene, 1973, S. 186, 192, 205, 216f., 227f.

[70] BVerfGE 26, 228 (244); 71, 25 (36f.).

[71] *Rodi* (Fn. 5), Art. 109 Rn. 65; nicht dagegen garantiert Art. 109 I GG ein Mindestmaß an Eigenmitteln, so aber *Schneider* (Fn. 68), Art. 109 Rn. 6; BVerfGE 86, 148 (264) stellt insoweit gerade nicht auf Art. 109 I GG, sondern auf die Finanzverfassung insgesamt ab.

[72] *Fischer-Menshausen* (Fn. 51), Art. 109 Rn. 5; *Jarass*/Pieroth, GG, Art. 109 Rn. 1ff.

[73] Vgl. dazu *S. Korioth*, Der Finanzausgleich zwischen Bund und Ländern, 1997, S. 288ff.

[74] *Fischer-Menshausen* (Fn. 51), Art. 109 Rn. 5; *Siekmann* (Fn. 26), Art. 109 Rn. 10; *Maunz* (Fn. 56), Art. 109 Rn. 7; *Kirchhof* (Fn. 28), Art. 109 Rn. 23.

[75] BVerfGE 39, 96 (108); *Maunz* (Fn. 56), Art. 109 Rn. 6; *Fischer-Menshausen* (Fn. 51), Art. 109 Rn. 5; *Siekmann* (Fn. 26), Art. 109 Rn. 10; insbesondere ist die Fondswirtschaft damit unvereinbar, *Vogel/Wiebel* (Fn. 5), Art. 109 Rn. 47; *J. Müller-Volbehr*, Fonds- und Investitionshilfekompetenz des Bundes, 1974, S. 8ff., 43f. → Art. 104a Rn. 10f., 13, 20.

[76] Vgl. *Maunz* (Fn. 56), Art. 109 Rn. 12ff.; *Fischer-Menshausen* (Fn. 51), Art. 109 Rn. 5; *Heintzen* (Fn. 42), Art. 109 Rn. 15; s. auch *Rodi* (Fn. 5), Art. 109 Rn. 118ff.

trolle[77], sondern auch Verpflichtung zur Wahrnehmung dieser Verantwortung, also zur wirtschaftlichen Haushaltsführung und zum Vorrang der Selbsthilfe[78].

21 Der **Grundsatz** des Art. 109 I GG ist nicht als uneingeschränkter Freiheitsraum konzipiert, sondern in das Gesamtgefüge des bundesstaatlichen Finanzwesens eingebettet und wird dementsprechend **vielfältig modifiziert und eingeschränkt**[79]. So erfährt das Grundprinzip in den folgenden Absätzen (Art. 109 II–V GG) sowie durch die Regeln der Finanzverfassung (Art. 91a, 91b, 91c, 91d, 104a, 104b, 105–108 GG) Einschränkungen. Vor allem die Mischfinanzierungstatbestände, das System des Finanzausgleichs und die im Rahmen des Art. 104b GG zulässigen Möglichkeiten der Finanzierung sowie der Überwälzung von Kosten[80] modifizieren den allgemeinen Grundsatz ganz erheblich. Darüber hinaus verstoßen Durchbrechungen aber gegen Art. 109 I GG. Im Ergebnis sind dadurch die Entscheidungsspielräume der Länder im Bereich der Einnahmen relativ gering, während sie auf der Ausgabenseite außerhalb der Personalkosten deutlich größer sind[81]. Immerhin haben die Länder durch die Föderalismusreform I infolge der Streichung des 1971 eingeführten Art. 74a GG wiederum die volle Gesetzgebungskompetenz für die Beamtenbesoldung zurückerlangt.

22 Die Einführung des prinzipiellen **Verschuldungsverbots** für die Länder nach Art. 109 III GG ist mehrfach **als Verstoß gegen Art. 79 III GG kritisiert** worden[82], weil die selbständige Kreditaufnahme als Bestandteil der Finanzhoheit und damit notwendiges Element der Eigenstaatlichkeit der Länder geschützt sei. Die Haushaltsautonomie der Länder als »Grundpfeiler des Föderalismus«[83] habe »Anteil« am von Art. 79 III GG erfaßten Bundesstaatsprinzip[84]. Diese **Kritik verkennt die Grundstruktur** der grundgesetzlichen Ausgestaltung der bundesstaatlichen Finanzverfassung, die durch eine vielfältige Verflechtung und ganz erhebliche Einschränkungen der Haushaltsautonomie von Bund und Ländern charakterisiert ist. Gerade die Einnahmenautonomie ist

---

[77] BVerfGE 1, 117 (133); *Siekmann* (Fn. 26), Art. 109 Rn. 10; zu den Grenzen der Verbandskompetenz der Rechnungskontrolle: → Art. 114 Rn. 24.

[78] *Fischer-Menshausen* (Fn. 51), Art. 109 Rn. 5.

[79] BVerfGE 4, 115 (140); 72, 330 (386f.); 86, 148 (214); zu den Einschränkungen im einzelnen vgl. *Vogel/Wiebel* (Fn. 5), Art. 109 Rn. 58ff.; *Maunz* (Fn. 56), Art. 109 Rn. 9ff.

[80] → Art. 104a Rn. 22ff.; → Art. 104b Rn. 4ff. zu den Finanzierungsmöglichkeiten; → Art. 104a Rn. 25ff. zu der Problematik der Kostentragung der Länder für die Ausführung bundesgesetzlicher Regelungen.

[81] *Kube* (Fn. 5), Art. 109 Rn. 48ff., 64; deswegen ist die Einnahmenseite aber nicht schon begrifflich aus der Haushaltswirtschaft herauszunehmen: → Rn. 16 mit Fn. 60.

[82] Anstoß durch: Offener Brief der Vertreter der Landtage und der unterzeichneten Stellvertreter in der Föderalismusreform II v. 1.4.2008, Kommissions-Drs. 100; *H.-P. Schneider*, Schuldenregelungen des Bundes für die Haushaltswirtschaft der Länder. Verfassungsrechtliche Möglichkeiten und Grenzen, Rechtsgutachten Juli 2008 (Kommissions-Drs. 134); *B. Fassbender*, NVwZ 2009, 737ff.; *J. Hancke*, DVBl. 2009, 621ff.; **dagegen** die ganz überwiegende Auffassung: *C. Lenz/E. Burgbacher*, NJW 2009, 2561 (2565f.); *R. Schmidt*, DVBl. 2009, 1274 (1277); *C. Seiler*, JZ 2009, 721 (727f.); *S. Korioth*, JZ 2009, 729 (731f.); *C. Waldhoff/P. Dietrich*, ZG 24 (2009), 97 (113ff.); *J. Christ*, NVwZ 2009, 1333 (1338f.); *I. Kemmler*, DÖV 2009, 549 (555f.); *A. Wilczek*, VBlBW 2009, 325 (327); *C. Ohler*, DVBl. 2009, 1265 (1273f.); *W. Heun*, ZSE 7 (2009), 552 (569); *B. Scholl*, DÖV 2010, 160 (168f.); eingehend *A. Thiele*, NdsVBl. 2010, 89ff.; vgl. auch *J. Hancke*, DVBl. 2009, 621ff.; *U. Kramwer/ T. Hinrickseon/ Th. Lauterbach*, JuS 2012, 896 (901f.); *U. Häde*, Das Recht zur Kreditaufnahme und das Hausgut der Länder, in: FS v. Brunneck, 2011, S. 130ff. (135ff.); *Kube* (Fn. 5), Art. 109 Rn. 118; BVerfGE 135, 317 (432, Rn. 243) unterstellt die Vereinbarkeit von 109 GG mit 79 III GG.

[83] *E. G. Mahrenholz*, in: R. Wassermann (Gesamthrsg.), Kommentar zum Grundgesetz für die Bundesrepublik Deutschland (Reihe Alternativ-Kommentare), Bd. II, 2. Aufl. 1989, Art. 109 Rn. 2.

[84] *J. Hancke*, DVBl. 2009, 621 (621).

außerordentlich begrenzt[85]. Art. 79 III GG ist schließlich auch im Hinblick auf die Depossedierung des demokratischen Souveräns und parlamentarischen Gesetzgebers restriktiv auszulegen (→ Art. 79 III Rn. 17, 19). Art. 79 III GG schützt daher lediglich eine angemessene Finanzausstattung zur Erfüllung der Aufgaben[86] und einen Bereich eigenständiger Gestaltung im Rahmen der Haushaltsführung[87]. Beides wird aber durch die Schuldenbremse im Kern nicht berührt, da die Kreditfinanzierung nicht völlig ausgeschlossen wird, der Anspruch auf Finanzausstattung erhalten bleibt und die Gestaltungsspielräume gerade bei der Ausgabenentscheidung nicht prinzipiell in Frage gestellt werden. Eine unlimitierte Kreditaufnahme gehört nicht zu den Essentialen der Haushaltsautonomie.

III. Die Berücksichtigung der Erfordernisse des gesamtwirtschaftlichen Gleichgewichts im Rahmen des Unionsrechts gem. Art. 109 II GG

Die Neufassung des Art. 109 II GG fügt die bisherigen Vorschriften des Art. 109 V 1 23
GG a. F. und Art. 109 II GG a. F. in einem Satz zusammen. Das Vorziehen der Norm des Art. 109 V 1 GG a. F. findet seinen Grund darin, daß diese generelle Verpflichtung zur Einhaltung der unionsrechtlichen Schuldenregelungen durch Bund und Länder der nationalen Regelung der Schuldengrenze auch redaktionell vorgeschaltet und »in den unmittelbaren Kontext der in Absatz 2 geregelten Bindung der Haushaltswirtschaft von Bund und Ländern an die Erfordernisse des gesamtwirtschaftlichen Gleichgewichts« gestellt werden sollte[88]. Danach sollen die unionsrechtlichen Vorgaben »den Rahmen für die Haushaltswirtschaft von Bund und Ländern« bilden[89], was der Wortlaut in der zweiten Satzhälfte aufgreift. Wegen des Vorrangs des **Unionsrechts** sind die betreffenden Regelungen allerdings **unabhängig von ihrer Normierung im Grundgesetz ein verbindlicher Rahmen**[90]. Erst recht vermittelt die Verschiebung von Art. 109 IV GG a. F. in Art. 109 II GG dem Rahmen keinen anderen Status, so daß die **Verfassungsänderung insoweit unnötig** war und auch kaum zu größerer Klarheit beiträgt[91]. Die »Hochzonung« ist lediglich redaktionell, nicht substantiell[92]. Es ist ein grundlegendes, vom Text des Art. 109 II GG nicht gedecktes Mißverständnis, daß das gesamtwirtschaftliche Gleichgewicht die Rücksicht auf die wirtschaftlichen Belange der Mitgliedstaaten der Union und die Einhaltung der Stabilitätsvorgaben beinhaltet, das gesamtwirtschaftliche Gleichgewicht deshalb nur »symbolische« Bedeutung habe und die Bindung des Haushaltsgesetzgebers durch das gesamtwirtschaftliche Gleichge-

---

[85] Vgl. *I. Kemmler*, DÖV 2009, 549 (555); *A. Thiele*, NdsVBl. 2010, 89 (92 f.); *H. Tappe*, Jahrbuch für öffentliche Finanzen 2009, 417 (429); *H. Neidhardt*, Staatsverschuldung und Grundgesetz, 2010, S. 377 ff.

[86] Vgl. BVerfGE 34, 9 (20); *J. Kramer*, Grenzen der Verfassungsänderung im Bereich der bundesstaatlichen Finanzverfassung, 2008, S. 42 ff.; *A. Thiele*, NdsVBl. 2010, 89 (91 ff.).

[87] *Kramer*, Grenzen (Fn. 86), S. 69 ff.; *A. Thiele*, NdsVBl. 2010, 89 (93 f.); vgl. ferner m. w. N. *I. Härtel*, Die Schuldenbremse im föderalen Deutschland, Jahrbuch für Föderalismus, 2013, 228 ff. (232 ff.); *M. E. Klepzig*, Die »Schuldenbremse« im Grundgesetz – Ein Erfolgsmodell?, 2015, S. 125 ff.; *M. Koemm*, Eine Bremse für die Staatsverschuldung, 2011, S. 135 ff.

[88] BT-Drs. 16/12410, S. 10.

[89] BT-Drs. 16/12410, S. 10.

[90] Vgl. auch zur früheren Rechtslage *Knop*, Verschuldung (Fn. 37), S. 362 ff.

[91] Vgl. auch *S. Korioth*, Jahrbuch für öffentliche Finanzen 2009, 389 (394).

[92] So aber das Verständnis von *E. Reimer*, in: Epping/Hillgruber, GG, Art. 109 Rn. 36, 46, der in Rn. 32 schon den Text des Art. 109 II GG falsch zitiert.

wicht »beendet« sei[93]. Die Rechtslage hat sich durch die Verschiebung des Satzes in keiner Weise geändert. Reduziert wird die Bedeutung des Berücksichtigungsgebots allein durch die Etablierung des weitaus strikteren Verschuldungsverbots, das den bisherigen Anwendungsbereich im Rahmen der Verschuldungspolitik stark einengt[94]. Ebensowenig wird das Gebot durch den in Art. 127 AEUV normierten Vorrang der Preisstabilität modifiziert[95], da dieser Vorrang nur für das ESZB, nicht für den deutschen Gesetzgeber gilt.

1. Gemeinsame Verpflichtung von Bund und Ländern zur Einhaltung der europarechtlichen Verpflichtungen

24 Die Verpflichtung zur Einhaltung der Haushaltsdisziplin nach Art. 126 AEUV, der in Art. 109 II GG noch als Art. 104 EGV firmiert, und seiner Ausführungsregelungen trifft unmittelbar den Gesamtstaat und bedarf im bundesstaatlichen System des Grundgesetzes daher der Umsetzung für die weiteren dezentralisierten Ebenen, die ebenso zum gesamtstaatlichen Defizit maßgebend beitragen[96]. Schon vor der Verfassungsänderung 2006 hatte der 2001 eingefügte § 51a HGrG a. F. die abstrakte Verpflichtung des Bundes und der Länder normiert, eine konkrete Aufteilung der Lasten aber vermieden[97]. Vielmehr waren danach **nur unverbindliche Empfehlungen des Finanzplanungsrates** über die Aufteilung vorgesehen[98]. Der damalige Finanzplanungsrat hat auf dieser Grundlage eine Aufteilung im Verhältnis 45% für den Bund unter Einschluß der Sozialversicherungsträger und 55% für die Länder inklusive der kommunalen Ebene vorgeschlagen[99]. Darüber geht die nunmehrige verfassungsrechtliche Verankerung der gemeinsamen Verpflichtung von Bund und Ländern in Art. 109 II GG nicht hinaus, sondern bleibt hier ebenso vage[100] wie § 51a I HGrG a. F. Die Regelung stellt die Verpflichtung lediglich verfassungsrechtlich verbindlich fest, es wird aber weder eine unmittelbare Aufteilung vorgenommen noch eine Ermächtigung an den Gesetzgeber erteilt. Die empirische Bezeichnung der Norm als »Nationaler Stabilitätspakt«[101] ist daher nicht gerechtfertigt.

25 Es ist freilich sinnvoll, die Umsetzung einer anpassungsfähigen einfachgesetzlichen Regelung zu überlassen, die jedoch bisher nicht erlassen worden ist. Sie müßte sich **aber auf Art. 109 IV GG** (früher 109 III GG) **stützen** (→ Rn. 8f.). Die Gelegenheit zu einer Klarstellung angesichts der Strittigkeit dieser Ermächtigungsgrundlage hat der Verfassungsgesetzgeber versäumt. In der Begründung des Entwurfs wird nur ergänzend festgehalten, daß dem Bund die Verantwortung für etwaige Defizite der Sozialversicherungen obliegt, während die Länder die Verantwortung für die Haushaltsde-

[93] *Reimer* (Fn. 92), Art. 109 Rn. 46.

[94] Vgl. auch *Reimer* (Fn. 92), Art. 109 Rn. 46f.

[95] So die unhaltbare Behauptung von *P. M. Huber*, Stellungnahme Anhörung Rechtsausschuß des BT vom 4.5.2009, S. 6.

[96] Vgl. BT-Drs. 16/813, S. 20.

[97] Mit Wirkung v. 1.7.2002 eingefügt durch Art. 7 des Gesetzes v. 20.12.2001 (BGBl. I S. 3955 [3961]); inzwischen abgeschafft durch Gesetz v. 27.5.2010 (BGBl. I S. 671); vgl. auch die indirekte Berücksichtigung in Art. 4 III MaßstG.

[98] § 51a II, III HGrG a. F.; s. auch *L. Micker*, ZRP 2004, 229 (230f.); *C. D. Classen*, Hauptstadtfrage und Verbesserung der Europatauglichkeit, in: C. Starck (Hrsg.), Föderalismusreform, 2007, Rn. 191ff. (256); *Knop*, Verschuldung (Fn. 37), S. 386ff.

[99] Beschluß v. 21.3.2002; s. *W. Ebert*, WiSt 2002, 588 (590); *L. Micker*, ZRP 2004, 229 (230).

[100] *H. Siekmann*, in: M. Sachs (Hrsg.), Grundgesetz. Kommentar, 4. Aufl. 2007, Art. 109 Rn. 61.

[101] BT-Drs. 16/813, S. 10.

fizite der Gemeinden und Gemeindeverbände tragen[102]. Das ist jedoch selbstverständlich und löst nicht die eigentlichen Probleme. Deshalb sind die unionsrechtlichen Pflichten in dieser Hinsicht bisher noch nicht in vollem Umfang innerstaatlich umgesetzt und erfüllt worden[103].

2. Begriff des gesamtwirtschaftlichen Gleichgewichts

Die mit der Haushaltsreform von 1967 in das Grundgesetz eingefügte Norm[104] richtet **26**
die Haushaltswirtschaft auf das ökonomische Ziel des gesamtwirtschaftlichen Gleichgewichts aus und enthält eine als echte Rechtspflicht ausgestaltete[105] **Staatszielbestimmung**[106]. Die geforderte Rücksichtnahme auf das gesamtwirtschaftliche Gleichgewicht beruht auf der Erkenntnis, daß die öffentlichen Haushalte einschließlich der Parafiski[107] etwa die Hälfte des Sozialprodukts in Anspruch nehmen und umverteilen[108] und damit maßgeblich die gesamtwirtschaftliche Entwicklung, also Konjunkturverlauf, Strukturentwicklung, Wirtschaftswachstum und sekundäre Einkommensverteilung beeinflussen. Dadurch wächst den öffentlichen Haushalten eine entscheidende wirtschaftspolitische Lenkungsfunktion zu[109], der Art. 109 II GG Richtung und Ziel gibt. Allerdings folgt die Verantwortung des modernen Interventionsstaates für die Sicherung der wirtschaftlichen Grundlagen der Gesellschaft und für wirtschaftliche Stabilität, gesellschaftliche Wohlfahrt und soziale Gerechtigkeit unter dem Grundgesetz auch schon unmittelbar aus dem Sozialstaatsprinzip und zugleich aus dem Rechtsstaatsprinzip[110]. Art. 109 II GG konkretisiert diese Aufgabenstellung für die Haushaltswirtschaft über die klassische Bedarfsdeckungsfunktion hinaus[111]. Die Norm geht davon aus, daß der Staat steuernd, ausgleichend und gestaltend auf die Wirtschaftsentwicklung einwirkt und sich dabei vor allem der Globalsteuerung bedient. Sie versucht, die gesamtwirtschaftliche Entwicklung ohne direkte Eingriffe in die wirtschaftliche Individualsphäre durch generelle Beeinflussung der Marktdaten und

---

[102] BT-Drs. 16/12410, S. 10.

[103] *U. Häde*, JZ 2006, 930 (938).

[104] → Rn. 3 mit Fn. 11; → Vorb. zu Art. 104a–115 Rn. 8.

[105] *K.-H. Friauf*, Öffentlicher Haushalt und Wirtschaft, VVDStRL 27 (1969), S. 1ff. (37); *Stern/Münch/Hansmeyer*, StabG (Fn. 69), S. 103f.; *Fischer-Menshausen* (Fn. 51), Art. 109 Rn. 9a; *Vogel/Wiebel* (Fn. 5), Art. 109 Rn. 69; *Möller* (Fn. 60), Art. 109 Rn. 8; *W. Heun*, Staatshaushalt und Staatsleitung, 1989, S. 120.

[106] *U. Scheuner*, Die Erhaltung des gesamtwirtschaftlichen Gleichgewichts, in: FS Schäfer, 1975, S. 109ff. (113); *P. Badura*, Wachstumsvorsorge und Wirtschaftsfreiheit, in: FS Ipsen, 1977, S. 367ff. (376f.); *G. Nicolaysen*, Wohlstandsvorsorge, in: FS Ipsen, 1977, S. 485ff. (498); *Nebel* (Fn. 61), Art. 109 Rn. 11; *Heun*, Staatshaushalt (Fn. 105), S. 120; *Fischer-Menshausen* (Fn. 51), Art. 109 Rn. 8; *Heintzen* (Fn. 42), Art. 109 Rn. 17; *Rodi* (Fn. 5), Art. 109 Rn. 147; *C. Fahr-Becker*, Zur Frage der Justitiabilität des Art. 109 Abs. 2 Grundgesetz, Diss. jur. München 1975, S. 66ff.; *Kube* (Fn. 5), Art. 109 Art. 109 Rn. 86.

[107] Nach h.M. in den Finanzwissenschaften sind die Parafiski autonome Träger der Finanzgewalt, die öffentliche Aufgaben erfüllen und sich durch eigene Quellen mit Zwangscharakter finanzieren: vgl. *T. Puhl*, Budgetflucht und Haushaltsverfassung, 1996, S. 23ff. m.w.N.

[108] Die Staatsquote umfaßt sowohl den Anteil der Staatsausgaben für Güter und Dienstleistungen am BIP als auch die Umverteilungsaktivitäten, s. näher *W. Scherf*, Öffentliche Finanzen, 2009, S. 16ff.

[109] *Stern/Münch/Hansmeyer*, StabG (Fn. 69), S. 99f.; *Fischer-Menshausen* (Fn. 51), Art. 109 Rn. 9a; s. auch BVerfGE 79, 311 (332).

[110] *Fischer-Menshausen* (Fn. 51), Art. 109 Rn. 8; *Badura*, Wachstumsvorsorge (Fn. 106), S. 375; *J. Müller-Volbehr*, JZ 1982, 132 (136f.); *R. Herzog*, BayVBl. 1976, 161 (162); *Heun*, Staatshaushalt (Fn. 105), S. 119f.; zur Garantie materieller Gerechtigkeit: → Art. 20 (Rechtsstaat), Rn. 48f.

[111] BVerfGE 79, 311 (332); *Fischer-Menshausen* (Fn. 51), Art. 109 Rn. 9a.

durch die Einwirkung auf die allgemeinen Aggregate des Wirtschaftskreislaufs (Konsum, Investitionen, Spartätigkeit) indirekt zu lenken[112].

27 Der **Begriff des gesamtwirtschaftlichen Gleichgewichts** entstammt der ökonomischen Theorie. Er wird im Grundgesetz bewußt **nicht näher definiert**[113]. Es handelt sich um einen unbestimmten Verfassungsbegriff[114], der unter dem »in die Zeit hinein offenen Vorbehalt« steht, daß sich keine gesicherten neuen Erkenntnisse der Wirtschaftswissenschaften ergeben haben[115]. Da das gesamtwirtschaftliche Gleichgewicht als solches kein operationales Ziel darstellt, aus dem sich legislative oder exekutive Handlungsanweisungen unmittelbar ableiten lassen, hat der Gesetzgeber in § 1 StabG den Begriff durch die vier Teilziele der Stabilität des Preisniveaus, eines hohen Beschäftigungsstandes (nicht: Vollbeschäftigung), des außenwirtschaftlichen Gleichgewichts und des stetigen und angemessenen Wirtschaftswachstums konkretisiert[116], ohne den Begriff dadurch abschließend festzulegen oder authentisch zu interpretieren[117]. Die herrschende Auffassung beschränkt sich darauf, diese vier gleichwertigen Teilziele als allein maßgebend zu betrachten, da sie als meßbare Teilziele dem Staatshandeln ein nachvollziehbares und kontrollierbares Zielsystem vorgeben[118]. Dagegen sieht eine im Vordringen befindliche Auffassung darin eine zu enge Begrenzung und stellt zu Recht auf die zugrunde liegende ökonomische Problematik ab[119], wobei namentlich die Keynesianische Theorie angesichts ihrer Bedeutung für die Entstehung des Art. 109 II GG zu beachten ist[120].

28 Der ökonomische Gleichgewichtsbegriff bezeichnet die (ausgewogene) **Relation zwischen gesamtwirtschaftlicher Nachfrage und gesamtwirtschaftlichem Angebot**, das durch das volkswirtschaftliche Produktionspotential bestimmt wird. Das statische Modell des Gleichgewichts muß durch eine dynamische Wachstumskomponente ergänzt werden, welche die Schwierigkeiten des permanenten Anpassungsprozesses

---

[112] *Fischer-Menshausen* (Fn. 51), Art. 109 Rn. 9.

[113] BT-Drs. V/1686, S. 3; BVerfGE 79, 311 (338); *H. Siekmann*, in: Sachs, GG, Art. 104b Rn. 17.

[114] BVerfGE 79, 311 (338); 119, 96 (140, Rn. 130); vgl. auch BVerfGE 39, 96 (114f.); *Maunz* (Fn. 56), Art. 109 Rn. 38; *Siekmann* (Fn. 113), Art. 104b Rn. 18; *Kube* (Fn. 5), Art. 109 Rn. 98; *Kirchhof* (Fn. 28), Art. 109 Rn. 42; zu den Rechtswirkungen noch: → Rn. 26, 31.

[115] BVerfGE 79, 311 (338); 119, 96 (140, Rn. 130); *Siekmann* (Fn. 113), Art. 104b Rn. 18; das beinhaltet jedoch keine Delegation der Interpretation an die Wirtschaftswissenschaften, s. *K. Vogel*, HStR IV, § 87 Rn. 17; *Vogel/Wiebel* (Fn. 5), Art. 109 Rn. 81; *G. Rinck*, Wirtschaftswissenschaftliche Begriffe in Rechtsnormen, in: FS Heymanns Verlag, 1965, S. 361ff. (367ff.); *Heun*, Staatshaushalt (Fn. 105), S. 121.

[116] *Fischer-Menshausen* (Fn. 51), Art. 109 Rn. 10; *Vogel/Wiebel* (Fn. 5), Art. 109 Rn. 111.

[117] *Scheuner*, Erhaltung (Fn. 106), S. 114; *Fischer-Menshausen* (Fn. 51), Art. 109 Rn. 10; *Maunz* (Fn. 56), Art. 109 Rn. 25; *K. Vogel*, HStR IV, § 87 Rn. 16; *Siekmann* (Fn. 113), Art. 104b Rn. 18; *Heun*, Staatshaushalt (Fn. 105), S. 121; vgl. eingehend auch *H.-M. Häusch*, Gesamtwirtschaftliche Stabilität als Verfassungsprinzip, 2002, S. 138ff.

[118] BVerfGE 79, 311 (338f.); *K. Vogel*, HStR IV, § 87 Rn. 16; *Siekmann* (Fn. 113), Art. 104b Rn. 18f.; *Jarass*/Pieroth, GG, Art. 109 Rn. 10; *Heintzen* (Fn. 42), Art. 109 Rn. 22; etwas vorsichtiger und abwägend *Fischer-Menshausen* (Fn. 51), Art. 109 Rn. 10: »nicht erschöpfend«.

[119] *E. Moeser*, Die Beteiligung des Bundestages an der staatlichen Haushaltsgewalt, 1978, S. 54ff.; *Heun*, Staatshaushalt (Fn. 105), S. 121ff.; *W. Höfling*, Staatsschuldenrecht, 1993, S. 225ff.; *ders.*, StWStP 6 (1995), 421 (424f.); s. auch *Fischer-Menshausen* (Fn. 51), Art. 109 Rn. 10; *Schneider* (Fn. 68), Art. 109 Rn. 11.

[120] BVerfGE 79, 311 (331); *Stern/Münch/Hansmeyer*, StabG (Fn. 69), S. 31ff.; die keynesche Theorie hält dagegen für gescheitert *Kube* (Fn. 5), Art. 109 Rn. 102 und leitet verfehlt aus Art. 109 II GG die Pflicht zum Abbau der Staatsverschuldung ab.

beider variabler und interdependenter Größen zusätzlich verschärft[121]. Ohnehin sind die beiden Größen von einer Vielzahl ihrerseits wiederum interdependenter Faktoren, darunter insbesondere dem Geldangebot, abhängig. Diese Komplexität wird durch die außenwirtschaftliche Dimension noch einmal erheblich verstärkt[122].

Die Unzulänglichkeiten der über den Marktmechanismus gesteuerten Anpassungs- 29
prozesse und die spezifische staatliche Steuerungsfähigkeit legitimieren eine **staatliche Nachfragesteuerung**[123]. Die staatliche Stabilisierungspolitik kann sich dabei stärker der Geldpolitik durch die Zentralbank oder der Fiskalpolitik durch die öffentlichen Haushalte bedienen, wobei das Grundgesetz normativ keine Präferenz erkennen läßt[124]. Die geldpolitische Steuerung obliegt ohnehin mittlerweile der Europäischen Zentralbank[125]. Immerhin geht das Berücksichtigungsgebot des Art. 109 II GG von der Möglichkeit und Angemessenheit antizyklischer Fiskalpolitik aus, die neben einer Verstetigung der Nachfrage auch die diskretionäre (expansive oder kontraktive) Variation der Ausgaben erlaubt[126], aber nicht zu antizyklischer Fiskalpolitik verpflichtet[127]. Das prinzipielle Verschuldungsverbot engt die Spielräume allerdings nun über die Vorgaben des Unionsrechts hinaus weiter ein. Auch wenn der Staat die Bereitstellung des erforderlichen Angebotspotentials in erster Linie dem Marktmechanismus überläßt, beeinflußt er durch die Bereitstellung öffentlicher Güter das gesamtwirtschaftliche Gleichgewicht auch auf der Angebotsseite. Insoweit darf Art. 109 II GG nicht auf eine bloße staatliche Nachfragesteuerung beschränkt bleiben[128].

Die Komplexität der Komponenten des ökonomischen Gleichgewichts begründet 30
kaum überwindbare Diagnose-, Prognose- und Entscheidungsschwierigkeiten, die durch zeitliche Verzögerungswirkungen der staatlichen wie der privaten Entscheidungen und Maßnahmen noch erhöht werden[129]. Die Praxis der staatlichen Konjunkturpolitik vor allem in den siebziger Jahren hat dem Marktversagen auch die Erfahrung eines komplementären **Staatsversagens** hinzugefügt[130]. Schließlich besteht in der ökonomischen Wissenschaft überhaupt keine Einigkeit über Ziele und Konzepte der Ziel-

[121] Vgl. im einzelnen *Heun*, Staatshaushalt (Fn. 105), S. 122ff.; s. ferner *Fischer-Menshausen* (Fn. 51), Art. 109 Rn. 10.

[122] Vgl. BVerfGE 79, 311 (356); *W. Hankel*, Die außenwirtschaftliche Absicherung der Globalsteuerung – Eine Amfortaswunde, in: FS Schiller, 1986, S. 229ff.

[123] *Heun*, Staatshaushalt (Fn. 105), S. 124.

[124] Vgl. einführend zu dem Streit *G. Haberler*, Wirtschaftswachstum und Stabilität, 1975, S. 84ff.; *A. Woll*, Wirtschaftspolitik, 2. Aufl. 1992, S. 155ff.; *P. J. J. Welfens*, Theorie und Praxis angebotsorientierter Stabilitätspolitik, 1985, S. 64ff.; zur Offenheit des Grundgesetzes gegenüber diesen Ansätzen *Heun*, Staatshaushalt (Fn. 105), S. 126; unzutreffend *Maunz* (Fn. 56), Art. 109 Rn. 24, der einen Rückzug der Fiskalpolitik für unzulässig hält; vgl. auch *Fischer-Menshausen* (Fn. 51), Art. 109 Rn. 11.

[125] Vgl. dazu nur *W. Heun*, Die Europäische Zentralbank in der Europäischen Währungsunion, in: K. Beckmann u. a. (Hrsg.), Eine Verfassung für Europa, 2. Aufl. 2005, S. 403ff. → Art. 88 Rn. 8.

[126] BVerfGE 79, 311 (335); *Fischer-Menshausen* (Fn. 51), Art. 109 Rn. 11; eine verfassungsrechtliche Pflicht zu einer antizyklischen Haushaltsgestaltung lehnt ab *Kirchhof* (Fn. 28), Art. 109 Rn. 43.

[127] *Jarass*/Pieroth, GG, Art. 109 Rn. 11; *Siekmann* (Fn. 26), Art. 109 Rn. 44; a. A. *Maunz* (Fn. 56), Art. 109 Rn. 24; *R. Lappin*, Kreditäre Finanzierung des Staates unter dem Grundgesetz, 1994, S. 76; zur Problematik einer nicht diskretionären, sondern regelgeleiteten Konjunkturpolitik, vgl. *H. U. Rehhahn*, Die verfassungsrechtliche Problematik konjunkturpolitischer Regelbindungen, 1981, S. 53ff., 119ff.

[128] *Moeser*, Beteiligung (Fn. 119), S. 61ff.; *Heun*, Staatshaushalt (Fn. 105), S. 132ff.

[129] Vgl. *T. Winter*, Handlungs- und Wirkungsverzögerungen in der Wirtschaftspolitik, 1971; *Heun*, Staatshaushalt (Fn. 105), S. 130.

[130] Dazu eingehend *Heun*, Staatshaushalt (Fn. 105), S. 129ff., 138ff. m. w. N.

verwirklichung[131], sondern eine pluralistische Vielfalt kontroverser Positionen, so daß sich daraus keinerlei verbindliche Vorgaben für politische Entscheidungen ableiten lassen.

31 Angesichts der Komplexität der Aufgabe werden den entscheidenden Verfassungsorganen eine **Einschätzungsprärogative** und Gestaltungsspielräume eingeräumt[132], die allerdings vielfach noch in Anlehnung an verwaltungsrechtliche Kategorien zu eng gezogen werden[133]. Entgegen der Auffassung des Bundesverfassungsgerichts[134] folgt inhaltlich aus Art. 109 II GG nur eine Bindung an äußerste Willkürgrenzen, da der Norm das erforderliche Minimum an konkretisierbarem Rechtsgehalt fehlt[135]. Darüber hinaus enthält Art. 109 II GG aber ein **verfahrensrechtliches Berücksichtigungsgebot**, das die staatlichen Organe dazu verpflichtet, die gesamte Einnahme- und Ausgabepolitik auf ihre gesamtwirtschaftlichen Auswirkungen zu prüfen und diese bei ihren Entscheidungen zu berücksichtigen[136]. In dieser verfahrensrechtlichen, nicht in der inhaltlichen Direktionswirkung liegt vornehmlich der justitiable Gehalt der Norm[137].

3. Geltungsbereich

32 Art. 109 II GG a. F. beschränkte die Geltung des Gleichgewichtsgebots auf den Bereich der Haushaltswirtschaft, wobei dieser Begriff in demselben Sinn wie in Art. 109 I GG (→ Rn. 15) zu verstehen war[138]. Aufgrund der untrennbaren Verflechtung der Haushaltswirtschaft mit der allgemeinen Wirtschafts- und Finanzpolitik wurde das Gebot überwiegend auch als Verpflichtung für diesen Bereich oder sogar für alle Politikbereiche angesehen[139], was indes zu weit ging. Nur soweit die Haushaltswirtschaft durch finanzwirksame wirtschafts- und finanzpolitische Entscheidungen betroffen war, galt das Gleichgewichtsgebot mittelbar auch für diese Bereiche. Die ursprüngliche explizite Beschränkung auf die Haushaltswirtschaft ist im Zuge der Verfassungsreform ent-

---

131 Darauf weist zu Recht hin *Rodi* (Fn. 5), Art. 109 Rn. 191ff.

132 BVerfGE 79, 311 (343); 119, 96 (140, Rn. 131); *Fischer-Menshausen* (Fn. 51), Art. 109 Rn. 15; *ders.*, Unbestimmte Rechtsbegriffe in der bundesstaatlichen Finanzverfassung, in: W. Dreißig (Hrsg.), Probleme des Finanzausgleichs I (Schriften des Vereins für Socialpolitik 96, I), 1978, S. 135ff. (156); *Kirchhof* (Fn. 61), Art. 109 Rn. 55.

133 Vgl. *J. Brockhausen*, Die rechtliche Bedeutung des gesamtwirtschaftlichen Gleichgewichts und seine Komponenten in § 1 StabG unter Berücksichtigung der Entstehungsgeschichte, Diss. jur. Köln 1974, S. 93ff.; *P. Tettinger*, Ingerenzprobleme staatlicher Konjunkturpolitik auf kommunaler Ebene, 1973, S. 143ff.; *Maunz* (Fn. 56), Art. 109 Rn. 38; *M. Wiebel*, DVBl. 1968, 899 (904); *Stern/Münch/Hansmeyer*, StabG (Fn. 69), S. 76f., 146; *Heintzen* (Fn. 42), Art. 109 Rn. 10; zur Kritik *Heun*, Staatshaushalt (Fn. 105), S. 142f. m. w. N.

134 BVerfGE 79, 311 (343f.); 119, 96 (140f., Rn.131); wirklichkeitsfremd *K. Vogel/P. Kirchhof*, in: BK, Art. 104a (1971), Rn. 122, die den Zielkonflikt des Art. 109 II GG mit dem Zielkonflikt zwischen der Sicherheit und der Leichtigkeit des Straßenverkehrs vergleichen, was der Komplexität des Problems auch nicht im entferntesten gerecht wird.

135 *Heun*, Staatshaushalt (Fn. 105), S. 144ff.; a. A. *Rodi* (Fn. 5), Art. 109 Rn. 175ff., 290ff.

136 *Heun*, Staatshaushalt (Fn. 105), S. 145f.; *Höfling*, Staatsschuldenrecht (Fn. 119), S. 241ff.; *ders.*, StWStP 6 (1995), 421 (425); *Schneider* (Fn. 68), Art. 109 Rn. 12; *Rodi* (Fn. 5), Art. 109 Rn. 273f., 280ff.

137 Für eine bloße Evidenzkontrolle *Höfling*, Staatsschuldenrecht (Fn. 119), S. 243ff.

138 *Vogel/Wiebel* (Fn. 5), Art. 109 Rn. 79; *Fischer-Menshausen* (Fn. 51), Art. 109 Rn. 3; *Rodi* (Fn. 5), Art. 109 Rn. 271f.

139 *Scheuner*, Erhaltung (Fn. 106), S. 112; *Vogel/Wiebel* (Fn. 5), Art. 109 Rn. 122ff.; *K. Vogel*, HStR IV, § 87 Rn. 16; wohl auch *Siekmann* (Fn. 26), Art. 109 Rn. 35; auf generell alle Politikbereiche erstreckend *Fischer-Menshausen* (Fn. 51), Art. 109 Rn. 14.

fallen. Sie folgt auch nicht aus den Vorgaben des europäischen Rechts. Das Berücksichtigungsgebot gilt daher generell, ohne daß daraus gravierende Änderungen gegenüber bisher resultieren, da der Geltungsbereich auch nach altem Recht weit interpretiert worden ist. Der Hauptanwendungsbereich wird weiterhin die Haushaltswirtschaft bleiben. Auswirkungen auf die Haushaltswirtschaft sind in Zukunft lediglich nicht mehr Voraussetzung dafür, daß das gesamtwirtschaftliche Gleichgewicht zu berücksichtigen ist. Mit anderen Worten: **Alle Entscheidungen, die Auswirkungen auf das gesamtwirtschaftliche Gleichgewicht haben, müssen diese Folgen berücksichtigen**[140].

Im übrigen setzt das Gleichgewichtsgebot zwar sachlich eine marktwirtschaftliche 33
Ordnung voraus. Gleichwohl ist aus Art. 109 II GG **keine verfassungsrechtliche Garantie der sozialen Marktwirtschaft** abzuleiten, da Regelungsgegenstand allein die Finanzpolitik des Staates und nicht das Verhältnis zwischen Staat und Wirtschaft ist[141]. Auch ergibt sich aus Art. 109 II GG keine Rechtfertigung für Grundrechtseingriffe durch etwaige Preis- und Lohnkontrollen, imperative Lohn- und Preisdirektiven oder Investitionslenkungsmaßnahmen[142].

Die Verpflichtung des **Art. 109 II GG richtet sich an alle staatlichen Organe des Bun-** 34
des und der Länder. Die kommunalen Körperschaften sind als Teil der Länder ebenfalls in die Verpflichtung einbezogen[143], was § 16 StabG noch einmal klarstellt und konkretisiert[144]. Die Länder können auch die Kommunalaufsicht und den kommunalen Finanzausgleich unter diesem Gesichtspunkt ausgestalten[145]. Dagegen gilt Art. 109 II GG nicht für Privatrechtssubjekte, auch nicht für privatrechtlich organisierte öffentliche Unternehmen[146]. Die Berücksichtigung des Gleichgewichtsgebots ist grundsätz-

---

140 *Jarass*/Pieroth, GG, Art. 109 Rn. 5; durch die Neufassung wird das Berücksichtigungsgebot auch keineswegs auf den Bereich des Unionsrechts beschränkt: → Rn. 23.

141 *Fischer-Menshausen* (Fn. 51), Art. 109 Rn. 13; *Maunz* (Fn. 56), Art. 109 Rn. 42; *Scheuner*, Erhaltung (Fn. 106), S. 117; *Stern/Münch/Hansmeyer*, StabG (Fn. 69), S. 78f.; *Rodi* (Fn. 5), Art. 109 Rn. 151; s. auch den Grundsatz der wirtschaftspolitischen Neutralität in der Rspr.: BVerfGE 4, 7 (17); 7, 377 (400); 50, 290 (338); a. A. *Vogel/Wiebel* (Fn. 5), Art. 109 Rn. 100; *Nebel* (Fn. 61), Art. 109 Rn. 13; *K. Vogel*, Finanzverfassung und politisches Ermessen, 1972, S. 32; *R. Zuck*, Wirtschaftsverfassung und Stabilitätsgesetz, 1975, S. 85f., 94ff.; *Heintzen* (Fn. 42), Art. 109 Rn. 17. Allenfalls läßt sich aus dem Gesamtsystem der Grundrechte und Grundprinzipien des Grundgesetzes ein Verbot extremer Wirtschaftssysteme und eine freiheitlich-wettbewerbliche Tendenz für die Ausgestaltung der Wirtschaftsordnung erschließen, s. *Fischer-Menshausen* (Fn. 51), Art. 109 Rn. 13; *Hollmann*, Kontrolle (Fn. 2), S. 81ff.; vgl. ferner mit unterschiedlicher Akzentuierung *A. Bleckmann*, JuS 1991, 536 (539); *K. H. Fezer*, JuS 1991, 889ff.

142 *Stern/Münch/Hansmeyer*, StabG (Fn. 69), S. 105; *R. Pitschas*, ZHR 143 (1979), 433 (444); *M. Schmidt-Preuß*, Verfassungsrechtliche Zentralfragen staatlicher Lohn- und Preisdirigismen, 1977, S. 190f., 194f.; *Fischer-Menshausen* (Fn. 51), Art. 109 Rn. 13.

143 *Maunz* (Fn. 56), Art. 109 Rn. 39; *Fischer-Menshausen* (Fn. 51), Art. 109 Rn. 14; *Heintzen* (Fn. 42), Art. 109 Rn. 17; a. A. *Stern/Münch/Hansmeyer*, StabG (Fn. 69), S. 299f.; *Möller* (Fn. 60), Art. 109 Rn. 9; unklar *Vogel/Wiebel* (Fn. 5), Art. 109 Rn. 129f.; *Siekmann* (Fn. 26), Art. 109 Rn. 40; *Kirchhof* (Fn. 28), Art. 109 Rn. 58: nicht unmittelbar, aber mittelbar.

144 Soweit eine unmittelbare Verpflichtung durch Art. 109 II GG abgelehnt wird, wird aber die Verpflichtung aufgrund des § 16 StabG wegen Art. 109 III GG a. F. für zulässig gehalten: *Möller* (Fn. 60), Art. 109 Rn. 9; *Stern/Münch/Hansmeyer*, StabG (Fn. 69), S. 105, 299f.; *Siekmann* (Fn. 26), Art. 109 Rn. 40; a. A. *C. Böckenförde*, DÖV 1969, 744f.; vgl. zum Ganzen auch *Tettinger*, Ingerenzprobleme (Fn. 133), S. 12ff.

145 Vgl. *Tettinger*, Ingerenzprobleme (Fn. 133), S. 132ff.; *Fischer-Menshausen* (Fn. 51), Art. 109 Rn. 14 m. w. N.

146 *Vogel/Wiebel* (Fn. 5), Art. 109 Rn. 131; *Möller* (Fn. 60), Art. 109 Rn. 9; *Heintzen* (Fn. 42), Art. 109 Rn. 8; *Rodi* (Fn. 5), Art. 109 Rn. 260; dagegen für eine Bindung öffentlicher Unternehmen wohl *Stern/Münch/Hansmeyer*, StabG (Fn. 69), S. 105; *Siekmann* (Fn. 26), Art. 109 Rn. 40.

lich auch Gegenstand der Rechnungsprüfung und des Entlastungsverfahrens nach Art. 114 GG, obwohl die einzelnen Entscheidungen kaum die notwendige ökonomische Relevanz erreichen werden[147].

IV. Die Schuldenbremse gem. Art. 109 III GG

1. Grundstruktur

35 Art. 109 III GG ist das **Kernstück der Föderalismusreform**[148], das ein prinzipielles Verbot struktureller Neuverschuldung für Bund und Länder zugleich begründet. Für die Länder ist allein Art. 109 III GG maßgeblich, während für den Bund ergänzend Art. 115 II GG hinzutritt, der freilich die Regelungen des Art. 109 III GG weithin lediglich wiederholt und kaum einen zusätzlichen Gehalt hat. Die unsinnigen Wiederholungen sind ein Armutszeugnis der Technik der Verfassungsgesetzgebung. Die Neuregelung will »Nachhaltigkeit und Generationengerechtigkeit«[149] erzielen, verfehlt aber das Anforderungsprofil an eine angemessene Schuldenregelung deutlich[150]. Die Lastenverschiebungsproblematik (→ Art. 115 Rn. 8ff.) wird nicht adäquat verarbeitet. Der Fiskalpakt verschärft allerdings wiederum die Haushaltskontrolle. Die Norm soll sich angeblich an den europäischen Stabilitätspakt anlehnen[151], geht aber in Wirklichkeit deutlich darüber hinaus und ist gerade insoweit verfehlt. Die Norm erlaubt im Folgenden Abweichungen von dem Verbot im Rahmen einer Konjunkturkomponente und in außergewöhnlichen Notsituationen, da ein absolutes Verbot unrealistisch und noch mehr verfehlt wäre. Außerdem wird dem Bund im Gegensatz zu den Ländern ein schmaler, konzeptionell aber verfehlter Spielraum zur strukturellen Neuverschuldung eröffnet.

2. Das prinzipielle Verbot struktureller Neuverschuldung gem. Art. 109 III 1 GG

36 **Adressaten** der Verpflichtung des Art. 109 III 1 GG sind **nur Bund und Länder**, die jeweils gesondert erfaßt werden. Juristisch unselbständige Nebenhaushalte, insbesondere Sondervermögen werden von der Verpflichtung mit umfaßt, wie sich auch aus der Streichung der früheren Ausnahmeregelung des Art. 115 II GG a. F. entnehmen läßt. **Juristisch selbständige Personen des öffentlichen Rechts** werden dagegen **nicht gebunden**[152]. Das ergibt sich schon aus allgemeinen Grundsätzen des Haushaltsrechts, die bisher auch unbestritten sind[153]. Der Verfassungsgesetzgeber hat diese Intention zudem explizit zum Ausdruck gebracht: Der Grundsatz »bezieht sich auf den Haushalt des Bundes und die jeweiligen Haushalte der Länder; eine Einbeziehung etwaiger

[147] *Stern/Münch/Hansmeyer*, StabG (Fn. 69), S. 104; *H. Karehnke*, DVBl. 1979, 102ff.; *Fischer-Menshausen* (Fn. 51), Art. 109 Rn. 15.

[148] So jetzt auch *Henneke* (Fn. 29), Art. 109 Rn. 95; allgemein zur Schuldenbremse jüngst auch *Ch. Klotz*, DÖV 2012, S. 504ff.; *W. Kahl*, DVBl. 2013, 197ff.; *F. Ekardt/D. Buscher*, AöR 137 (2015), 42 (44ff.).

[149] *G. H. Oettinger*, Jahrbuch des Föderalismus 10 (2009), 15ff. schon im Titel.

[150] Vgl. *W. Heun*, ZSE 7 (2009), 552 (571); s. ferner *Kirchhof* (Fn. 28), Art. 109 Rn. 76. → Art. 115 Rn. 8ff.

[151] So das *BMF*, Kommissions-Drs. 96, S. 3; ferner *B. Scholl*, DÖV 2010, 160 (165).

[152] *C. Hillgruber*, in: v. Mangoldt/Klein/Starck, GG III, Art. 110 Rn. 21ff. → Art. 115 Rn. 24 m. w. N.; für Art. 109 auch *Reimer* (Fn. 92), Art. 109 Rn. 51.

[153] Die gegenteilige Auffassung von *Reimer* (Fn. 92), Art. 109 Rn. 52f. ist in dieser Form unhaltbar und nimmt die Literatur zur Problematik auch nicht ansatzweise zur Kenntnis.

Defizite von Sozialversicherungen und Gemeinden bei der Haushaltsaufstellung in die Regelung würde, sowohl inhaltlich als auch in der zeitlichen Abfolge unerfüllbare Informationsanforderungen an die Aufstellung der Haushalte von Bund und Ländern stellen«[154]. Die Abkehr von einem allgemeinen und einhellig anerkannten Haushaltsgrundsatz hätte eine explizite Regelung und einen ausdrücklichen Willen für eine Änderung erfordert. Daran fehlt es. Die Begründung ist zwar jedenfalls für den Bund – weniger für die Einbeziehung der Kommunen in die Haushalte der Länder[155] – schwach. Das ändert freilich nichts am eindeutigen Willen des verfassungsändernden Gesetzgebers. In dieser Begrenzung des Anwendungsbereichs liegt eine entscheidende Schwäche der Regelung (→ Art. 115 Rn. 24) und zugleich eine maßgebende Differenz zum europäischen Recht, das auch die Defizite der Sozialversicherungen und Kommunen einbezieht. Das war dem Verfassungsgesetzgeber auch bewußt, wie aus der Begründung hervorgeht: »Die Verantwortung des Bundes für Defizite der Sozialversicherungen bzw. der Länder für Defizite der Haushalte der Gemeinden und Gemeindeverbände mit Blick auf die gesamtstaatlichen Vorgaben des europäischen Stabilitäts- und Wachstumspaktes bleibt davon unberührt«[156].

Das Verschuldungsverbot des Art. 109 III GG knüpft in der Formulierung, daß die Haushalte auszugleichen sind, an das rein **formelle Haushaltsausgleichsgebot** des Art. 110 I 2 GG an (→ Art. 110 Rn. 25f.). Die in Art. 115 II GG vorgesehene – ohnehin weitgehend sinnlose (→ Art. 115 Rn. 26) – Bereinigung der Einnahmen und Ausgaben um finanzielle Transaktionen trifft nur den Bund, aber nicht die Länder, da dieses Erfordernis in Art. 109 III GG nicht aufgenommen worden ist. 37

Die materielle Vorgabe über das formale Ausgleichsgebot hinaus folgt erst aus dem Verbot der Kreditaufnahme zur Erreichung des formalen Ausgleichs. Der Kreditbegriff des Art. 109 III GG entspricht dem in Art. 115 II GG verwendeten Begriff, der auch schon der bisherigen Regelung des Art. 115 I 2 GG a.F. zugrunde lag (→ Art. 115 Rn. 25). Entscheidend ist, daß Einnahmen aus Krediten in diesem Sinne nur die nach Abzug der Tilgung verbleibenden Nettoerlöse aus den aufgenommenen Krediten, die sog. **Nettoneuverschuldung**, sind[157]. Sachlicher Grund ist auch hier, daß eine Zukunftsbelastung allein durch die Nettoneuverschuldung bewirkt wird. Ebenso wie bei Art. 115 II GG bleiben daher auch für die Länder Kassenverstärkungskredite,[158] Kredite bei öffentlich-rechtlichen juristischen Personen sowie neuartige Finanzierungsinstrumente außer Ansatz. Erlöse aus der Veräußerung staatlichen Vermögens sind entgegen der Intention bei Art. 115 II GG (→ Art. 115 Rn. 26) mangels expliziter Regelung ebenfalls keine Einnahmen aus Krediten im Sinne des Art. 109 III 1 GG[159]. Abwegig ist die Berücksichtigung sogenannter impliziter Staatsschulden wie zukünftige Pensionslasten[160], Art. 109 III GG ebenso wie Art. 115 II 4 GG beziehen sich auf 38

[154] BT-Drs. 16/12410, S. 10f.; kritisch *Kirchhof* (Fn. 28), Art. 109 Rn. 83, der einen materiellen Ausgleich dieser Defizite fordert.

[155] Für Erstreckung des Art. 109 III GG auf die Kommunen aber *S. Korioth*, Jahrbuch für öffentliche Finanzen 2009, 389 (396) mit dem unzureichenden Argument, die Gemeinden seien verfassungsrechtlich Teil der Länder.

[156] BT-Drs. 16/12410, S. 11.

[157] BVerfGE 79, 311 (347); → Art. 115 Rn. 25 mit Fn. 145 m. w. N.; für Art. 109 III GG jetzt BT-Drs. 16/12410, S. 10; *Reimer* (Fn. 92), Art. 109 Rn. 54f.; *R. Schmidt*, DVBl. 2009, 1274 (1275); *Kube* (Fn. 5), Art. 109 Rn. 132; *Kirchhof* (Fn. 28), Art. 109 Rn. 82.

[158] *Kube* (Fn. 5), Art. 109 Rn. 136.

[159] Ebenso im Ergebnis *Reimer* (Fn. 92), Art. 109 Rn. 56.

[160] *Kube* (Fn. 5), Art. 109 Rn. 144ff.; s. auch *H. Pünder*, HStR³ V, § 123 Rn. 13.

die tatsächliche Neuverschuldung, so daß die frühere Differenzierung zwischen der Bindung des Gesetzgebers und der Exekutive obsolet ist[161].

3. Ausnahmen vom Neuverschuldungsverbot gem. Art. 109 III 2, 3 GG

39 Da ein absolutes Verschuldungsverbot von vornherein unrealistisch und sachlich unhaltbar wäre[162], hat der Verfassungsgesetzgeber von Anfang an auch **Ausnahmen** vorgesehen. Satz 2 (und 3) regeln **abschließend**[163] die für Bund und Länder gleichermaßen geltenden Ausnahmetatbestände, die jeweils vom Bund sowie von den einzelnen Ländern vorgesehen und ausgestaltet werden können, während im übrigen für Bund und Länder nach Satz 4 und 5 unterschiedliche Grenzen gelten. Satz 2 enthält eine Ermächtigung, von der theoretisch kein Gebrauch gemacht werden müßte, was freilich kaum realistisch ist. Von einer Ausnahme im strengen Sinn spricht der Text allerdings nur bei den Notsituationen, während bei der Berücksichtigung der konjunkturellen Entwicklung von einer gewissen Regelmäßigkeit ausgegangen wird, die durch das ökonomisch fragwürdige Symmetriegebot kompensiert werden soll.

40 Art. 109 III 2 1. Fall GG sieht vor, daß der Bund und die Länder »Regelungen zur im Auf- und Abschwung symmetrischen Berücksichtigung der Auswirkungen einer von der Normallage abweichenden konjunkturellen Entwicklung« erlassen können. Diese Konstruktion, daß eine Art von **Selbstermächtigung des Bundes zum Erlaß von Bundesverfassungsrecht** in einer Norm des Grundgesetzes ausgesprochen wird, ist außerordentlich **seltsam**. In diesem Sinne müßte nämlich Art. 115 II 3 GG als Norm angesehen werden, die von der Ermächtigung Gebrauch macht und darauf beruht. Angesichts der Tatsache, daß beide Normen gleichzeitig mit derselben Verfassungsänderung in das Grundgesetz eingefügt wurden, die Vorschriften also derselben Normebene angehören, ist der Ansatz prinzipiell verfehlt. Die »Ermächtigung« in Art. 109 III 2 GG für den Bund ist deshalb ebenso überflüssig wie **dogmatisch unsinnig**. Von der Zulässigkeit von Durchbrechungen des Verschuldungsverbots ist in Art. 109 III 2 GG nicht ausdrücklich die Rede, sie ergibt sich allerdings aus der Sache. Der strukturelle Kreditspielraum für den Bund wird entweder erweitert oder verringert[164]. Für die Länder wird angesichts des strikten Verschuldungsverbots eine Kreditmöglichkeit überhaupt erst eröffnet oder sogar unmittelbar eine Abbauverpflichtung begründet. Entscheidend ist die verbindliche Vorgabe, »dass entsprechende Regelungen eine im Auf- und Abschwung symmetrische Berücksichtigung sicherstellen müssen.«[165] Letztlich soll »ein prozyklisches Verhalten« vermieden werden[166]. »Das heißt, einer Zulassung zusätzlicher konjunkturbedingter Defizite im Abschwung muss eine entsprechende Verpflichtung zur Einbeziehung konjunkturbedingter Überschüsse im Aufschwung gegenüber stehen, so dass mittel- bis langfristig gewährleistet sein sollte, daß Kreditaufnahmen im Abschwung durch Überschüsse im Aufschwung ausgeglichen werden.«[167]

---

[161] Dazu *Kube* (Fn. 5), Art. 109 Rn. 190ff.
[162] *C. Waldhoff/P. Dieterich*, ZG 24 (2009), 97 (112).
[163] BT-Drs. 16/12410, S. 11.
[164] Vgl. für Art. 115 II GG BT-Drs. 16/12410, S. 12. → Art. 115 Rn. 31ff.
[165] BT-Drs. 16/12410, S. 11.
[166] BT-Drs. 16/12410, S. 12.
[167] BT-Drs. 16/12410, S. 11.

Grundsätzlich bestand auch schon bisher, und zwar nicht nur für den Bund, sondern auch für die Länder, die **Pflicht zur Berücksichtigung von Aufschwung und Abschwung der Konjunktur** als Konsequenz der Verpflichtung zur Berücksichtigung des gesamtwirtschaftlichen Gleichgewichts in Art. 109 II GG a. F. Diese allgemeine Verpflichtung zur Berücksichtigung des gesamtwirtschaftlichen Gleichgewichts bleibt auch erhalten, da sie weiterhin in Art. 109 II GG verankert ist[168]. Das bringt der verfassungsändernde Gesetzgeber im Hinblick auf Art. 115 II GG selbst zum Ausdruck[169]. Neu ist lediglich die eher wirklichkeitsferne Vorstellung der Symmetrie von (anormalem) Auf- und Abschwung, deren einzelne Phasen in Dauer und Intensität außerordentlich verschieden sind. Die Idee eines quasi automatischen mittel- bis langfristigen Ausgleichs des konjunkturell veranlaßten Defizits ist deshalb sehr zweifelhaft, selbst wenn man hier keine »Spiegelsymmetrie« sondern nur eine »Regelsymmetrie« erwartet[170]. 41

Die Anwendung der Norm wird auch dadurch erschwert, daß die »**Konjunkturkomponente**«[171] nicht immer und durchgehend, sondern allein im Fall »einer von der Normallage abweichenden konjunkturellen Entwicklung« überhaupt zu einer Modifizierung der Kreditgrenzen führen soll. Der Begriff ist unklar[172] und wird in der Verfassung nicht definiert. Das Bundesverfassungsgericht hat diesen Begriff zwar in seinen Staatsverschuldungsentscheidungen verwendet[173], die Neuregelungen weichen davon aber ab[174]. Die in der Literatur offerierten Interpretationsansätze sind bisher wenig überzeugend. Nach der statistischen Mehrheit der letzten Jahre[175] kann der Begriff ebenso wenig bestimmt werden wie eine »angemessene restriktive Interpretation«[176] zur Klärung beiträgt. Maßstab kann im Wesentlichen nur die Auslastung des Produktionspotentials sein, was aber nichts über das notwendige Ausmaß der Über- oder Unterauslastung besagt, bei dem die »Normallage« verlassen wird. Die spezifische Ausgestaltung durch den Bund im Ausführungsgesetz zu Art. 115 GG (→ Art. 115 Rn. 33) ist nicht das einzig mögliche Verständnis und insofern auch nicht für die Länder maßgebend. Deshalb wird man dem jeweiligen Gesetzgeber hier einen erheblichen Entscheidungsspielraum einräumen müssen[177]. Die Technik der Berechnung der Konjunkturkomponente sollte in den Ländern nicht zu sehr von der des Bundes abweichen, ohne daß die Norm insoweit nähere Vorgaben erkennen läßt. Vermutlich werden sich die Länder ohnehin rein faktisch an der Ausgestaltung durch den Bund (→ Art. 115 Rn. 33) weitgehend orientieren. 42

Neben der Konjunkturkomponente ist nach Art. 109 III 2 2. Fall GG auch eine **Überschreitung** der Regelgrenze der Kreditaufnahmen im Fall von **Naturkatastrophen oder außergewöhnlichen Notsituationen zulässig**, die sich der Kontrolle des Staates entziehen und die staatliche Finanzlage erheblich beeinträchtigen. An die Stelle des Symme- 43

---

[168] Verfehlt *Reimer* (Fn. 92), Art. 109 Rn. 60 (»ohne insoweit [...] noch an die früheren Vorgaben [...] gehalten zu sein«); zum zugrundeliegenden Mißverständnis: → Rn. 23.

[169] BT-Drs. 16/12410, S. 12. → Art. 115 Rn. 32.

[170] *Reimer* (Fn. 92), Art. 109 Rn. 72; eine »einheitliche Formel« wird das kaum sichern; vgl. auch *Kirchhof* (Fn. 28), Art. 109 Rn. 91.

[171] Ausdruck in § 2 II G 115; s. auch BT-Drs. 16/12410, S. 11.

[172] Vgl. auch *C. Seiler*, JZ 2009, 721 (724); *S. Korioth*, JZ 2009, 729 (732).

[173] BVerfGE 79, 311 (333f.); 119, 96 (138, Rn. 124).

[174] Zustimmend *R. Schmidt*, DVBl. 2009, 1274 (1279); ablehnend *C. Lenz/E. Burgbacher*, NJW 2009, 2561 (2563).

[175] *C. Lenz/E. Burgbacher*, NJW 2009, 2561 (2563).

[176] *H. Kube*, in: Maunz/Dürig, GG, Art. 115 (2009), Rn. 157.

[177] Eine hinreichende Ergründung und Darlegung fordert *Kirchhof* (Fn. 28), Art. 109 Rn. 96.

triegebots bei der Konjunkturkomponente tritt als Ausgleichspflicht das Erfordernis einer korrespondierenden Tilgungsregelung nach Art. 109 II 3 GG. Diese Voraussetzungen werden für den Bund in Art. 115 II 6–8 GG wiederholt (→ Art. 115 Rn. 38ff.). Zweck dieser Notkompetenz ist die Gewährleistung der Handlungsfähigkeit des Staates zur Krisenbewältigung[178]. Angesichts der Unmöglichkeit einer abschließenden enumerativen Aufzählung möglicher Notsituationen wegen der Vielzahl und Unterschiedlichkeit denkbarer Anwendungsfälle wird die Notkompetenz »durch drei Kriterien, die gleichzeitig erfüllt sein müssen«, eingegrenzt[179]. Bedenken wegen inhaltlicher Unbestimmtheit[180] sind unangebracht, zumal der Begriff der Naturkatastrophe auch in Art. 35 II, III GG verwendet wird und die Begriffe in der Begründung näher erläutert werden[181]. Die Annahme einer Notsituation ist bei Anerkennung eines Einschätzungsspielraums des Gesetzgebers aber durchaus gerichtlicher Kontrolle zugänglich[182] – jedenfalls mehr als die Feststellung einer Störung des gesamtwirtschaftlichen Gleichgewichts oder einer Abweichung von der Normallage (→ Rn. 42).

44 **Naturkatastrophen** sind in Übernahme entsprechender Definitionen »unmittelbar drohende Gefahrenzustände oder Schädigungen von erheblichem Ausmaß, die durch Naturereignisse ausgelöst werden (z.B. Erdbeben, Hochwasser, Unwetter, Dürre, Massenerkrankungen)«[183]. Sie entziehen sich qua definitionem der Kontrolle des Staates und sind auch ohne ausdrückliche Nennung des Adjektivs per se »außergewöhnlich«, wenn man die erhebliche Beeinträchtigung der staatlichen Finanzlage zusätzlich berücksichtigt.

45 Hinsichtlich der anderen **außergewöhnlichen Notsituationen** wird abstrakt vor allem darauf abgestellt, »daß sie sich der Kontrolle des Staates entziehen, mithin auf äußeren Einflüssen beruhen, die nicht oder im wesentlichen nicht der staatlichen Kontrolle unterliegen«[184]. Die Regelung greift damit eine Formulierung in Art. 122 II AEUV auf, wonach in einer derartigen Situation die Union dem Mitgliedstaat finanziellen Beistand leisten kann. Darüber hinaus konkretisiert die Gesetzesbegründung die Notsituation durch drei Fallkonstellationen[185]. Erstens sollen darunter besonders schwere Unglücksfälle im Sinne des Art. 35 II 2, III GG, d.h. Schadensereignisse von großem Ausmaß und von Bedeutung für die Öffentlichkeit, die durch Unfälle, technisches oder menschliches Versagen ausgelöst oder von Dritten absichtlich herbeigeführt werden, zu verstehen sein. Als zweite Konstellation betrachtet die Begründung »eine plötzliche Beeinträchtigung der Wirtschaftsabläufe in einem extremen Ausmaß aufgrund eines exogenen Schocks, wie beispielsweise der weltweiten Finanzkrise ab 2008, die aus Gründen des Gemeinwohls aktive Stützungsmaßnahmen des Staates zur Aufrechterhaltung und Stabilisierung der Wirtschaftsabläufe gebietet«. Dabei wird zu Recht die Notwendigkeit der Abgrenzung zur Berücksichtigung der Konjunkturkomponente nach Art. 109 II 2 1. Fall GG gesehen. Deshalb sollen zyklische Konjunkturverläufe im Sinne von Auf- und Abschwung keine außergewöhnlichen Ereignisse sein,

---

[178] BT-Drs. 16/12410, S. 11.
[179] BT-Drs. 16/12410, S. 11; *S. Korioth*, JZ 2009, 729 (731).
[180] So für die Parallelvorschrift des Art. 115 II GG *Kube* (Fn. 176), Art. 115 Rn. 194.
[181] BT-Drs. 16/12410, S. 11.
[182] Ablehnend *C. Seiler*, JZ 2009, 721 (726); wohl auch *C. Ohler*, DVBl. 2009, 1265 (1272).
[183] BT-Drs. 16/12410, S. 11; vgl. auch *Kube* (Fn. 176), Art. 115 Rn. 186.
[184] BT-Drs. 16/12410, S. 11.
[185] BT-Drs. 16/12410, S. 11; dem ebenso folgend *Kube* (Fn. 176), Art. 115 Rn. 187; vgl. auch *I. Deubel*, ZSE 7 (2009), 231 (239).

ihnen soll im Rahmen der Schuldenregel allein durch die Konjunkturkomponente Rechnung getragen werden. Da auch die gegenwärtige Finanzkrise nichts anderes als ein Abschwung im Rahmen der Konjunkturzyklen ist, der nur besonders gravierend, aber auf lange Sicht nicht völlig außergewöhnlich ist, sind die Grenzen nicht nur »fließend«[186], sondern theoretisch gar nicht zu ziehen. Als Kriterium bleibt nur die Schwere der Krise. Insoweit wird man wohl dem Gesetzgeber eine Entscheidungsprärogative zubilligen müssen. Schließlich nennt die Begründung als dritten Anwendungsfall »ein Ereignis von positiver historischer Tragweite, wie die Deutsche Wiedervereinigung, das einen erheblichen Finanzbedarf auslöst«. Eine bundesstaatliche extreme Haushaltslage ist jedenfalls keine derartige Notsituation[187].

Das Erfordernis der **erheblichen Beeinträchtigung der Finanzlage** »bezieht sich auf 46
den Finanzbedarf zur Beseitigung der aus einer Naturkatastrophe resultierenden Schäden«, aber auch auf die »etwaigen vorbeugenden Maßnahmen«, wobei dasselbe für die Bewältigung oder Überwindung der Notsituation gelten soll[188]. Die Notsituation muß insoweit den erhöhten Finanzbedarf und damit die zusätzliche Verschuldung verursachen[189]. Ein Einschätzungsspielraum ist dem Gesetzgeber für die Beurteilung des Verursachungszusammenhangs nicht einzuräumen[190], wohl aber für die Höhe des Bedarfs. Insoweit ist die Forderung nach einem »Selbstbehalt der betroffenen Gebietskörperschaft«[191] ebenso unklar wie ungerechtfertigt.

Nach Art. 109 III 3 GG hat der jeweilige Gesetzgeber »die Beschlussfassung über 47
eine erhöhte Nettokreditaufnahme mit einem **Tilgungsplan** zu versehen, der die Rückführung der oberhalb der Regelgrenzen liegenden Kreditaufnahme verbindlich regelt«[192]. Die Rückführungspflicht soll ein weiteres Anwachsen der Staatsschulden verhindern[193]. Die Konkretisierung wird den jeweiligen (Verfassungs-) Gesetzgebern überlassen. Soweit Art. 115 II 8 GG eine Rückführung »binnen eines angemessenen Zeitraums« vorschreibt, gilt dies zwar nicht unmittelbar für die Länder, sinngemäß wird man dies von den Ländern auch verlangen können, wobei die konjunkturelle Lage zu berücksichtigen ist (→ Art. 115 Rn. 43ff.). Ebenso wird man in Parallele zu Art. 115 II 8 GG den Landesgesetzgebern auferlegen müssen, daß die Tilgungspläne verbindlich sind und tatsächlich umgesetzt werden (→ Art. 115 Rn. 44). Insgesamt wird das Erfordernis des Tilgungsplans in der Praxis vermutlich auf erhebliche Schwierigkeiten stoßen (→ Art. 115 Rn. 46). Die Verbindlichkeit kann aber nicht zu einem höheren Rang einer etwaigen gesetzlichen Feststellung des Tilgungsplans in der Normenhierarchie führen, die eine Bindungswirkung für den späteren Haushaltsgesetzgeber zur Folge hat[194], zumal nicht einmal die Gesetzesform durch Art. 109 III 3 GG vorgeschrieben ist[195]. Verbindlichkeit bedeutet nicht zwingend allein Gesetzesform[196].

---

[186] *Kube* (Fn. 176), Art. 115 Rn. 195.
[187] *Kube* (Fn. 176), Art. 115 Rn. 196.
[188] BT-Drs. 16/12410, S. 11 i. V. m. S. 13.
[189] *Reimer* (Fn. 92), Art. 109 Rn. 67.
[190] So aber *Reimer* (Fn. 92), Art. 109 Rn. 67.
[191] *Reimer* (Fn. 92), Art. 109 Rn. 67.
[192] BT-Drs. 16/12410, S. 11.
[193] BT-Drs. 16/12410, S. 13 für die Parallelregelung des Art. 115 II GG.
[194] So aber *Reimer* (Fn. 92), Art. 109 Rn. 76, der diesen Vorrang nicht nachvollziehbar mit dem Bepackungsverbot begründet.
[195] Zu der entsprechenden Kontroverse bei Art. 115 II GG: → Art. 115 Rn. 44.
[196] Allgemeine verfehlte Kritik an Art. 109 III 2 u. 3 GG bei *Kube* (Fn. 5), Art. 109 Rn. 212ff.

48 Die Regelung des Art. 109 III GG **schließt** nunmehr auch für die Länder die Annahme einer zusätzlichen **ungeschriebenen Notkompetenz** im Fall einer Haushaltsnotlage **aus**. Die waghalsige Konstruktion und Erfindung des Berliner Verfassungsgerichtshofs[197] ist damit bundesverfassungsrechtlich untersagt, war aber schon zuvor aus prinzipiellen und systematischen Gründen verfehlt[198].

4. Regelgrenze für den Bund gem. Art. 109 III 4 GG

49 Die Vorschrift des Art. 109 III 4 GG verweist auf die Regelung der Verschuldung in Art. 115 GG »mit der Maßgabe«, daß für den Bund eine Regelgrenze in Höhe **von 0,35 v.H. im Verhältnis zum BIP gilt**[199]. Gesetzestechnisch ist diese Form der Regelung einigermaßen absurd, da der interne Verweis auf eine andere Verfassungsvorschrift des gleichen Inhalts, die mit derselben Verfassungsänderung beschlossen worden ist, mit »Maßgaben« völlig überflüssig und irrelevant ist. Wenn Art. 115 GG etwas anderes regeln würde, könnte Art. 109 GG auch keinen Vorrang beanspruchen. Ein Widerspruch müßte vielmehr nach den Grundsätzen systematischer Auslegung zu beseitigen versucht werden.

50 Im Ergebnis erlaubt Art. 109 III 4 GG dem Bund genauso wie Art. 115 II 2 GG eine Nettokreditaufnahme – ungeachtet der Konjunkturkomponenten – im Regelfall in Höhe von 0,35 vom Hundert im Verhältnis zum nominalen Bruttoinlandsprodukt. Im Fall der Einhaltung dieser Grenze fingiert Art. 109 III 4 GG – wie Art. 115 II 2 GG – den materiellen Haushaltsausgleich, weil damit dem Grundsatz des kreditlosen Haushaltsausgleichs »entsprochen« werde. Die in Art. 115 II 5 GG zur »Regelgrenze« erklärte Limitierung der zulässigen strukturellen Verschuldung soll diese auf ein »langfristig tragfähiges Maß« begrenzen[200], ist aber zu rigide und wird vermutlich zu Verwerfungen führen[201]. Die Vorstellung des verfassungsändernden Gesetzgebers, daß hierdurch ein vermutetes Mindestniveau dauerhafter Zukunftsinvestitionen unterstellt werde[202], entbehrt näherer Anhaltspunkte, zumal Investitionen in dieser Höhe gar nicht eingefordert werden und der Regierungsentwurf die durch die Entkoppelung gewonnene »Flexibilität« preist[203]. **Die Kreditaufnahme ist vielmehr in keiner Weise zweckgebunden** oder an die Erfüllung irgendwelcher Voraussetzungen geknüpft. Die Norm des Art. 109 III 4 GG spricht nur allgemein vom nominalen BIP und läßt offen, von welchem Jahr das BIP zugrundegelegt werden soll. Sachlich maßgebend kann allerdings sinnvollerweise nur dasjenige »des der Aufstellung des Haushalts vorangegangenen Jahres« sein, wie das Ausführungsgesetz des Bundes es auch vorsieht[204]. Dies wird sich auch für Doppelhaushalte, die es bisher nur in einzelnen Ländern gibt, trotz des begrenzten Umgehungspotenzials nicht sinnvoll anders regeln lassen (→ Art. 115 Rn. 28).

---

197 VerfGH Berlin DVBl. 2004, 308 (311f.).

198 Zur Kritik: → Art. 115 Rn. 46.

199 Daraus ist keine Darlegungspflicht für besondere Gründe abzuleiten, so aber *Kirchhof* (Fn. 28), Art. 109 Rn. 105f.

200 BT-Drs. 16/12410, S. 11.

201 Diese strukturelle Staatsverschuldung hält *Kube* (Fn. 5), Art. 109 Rn. 158ff. für »nicht zu legitimieren«. Das ist abwegig.

202 BR-Drs. 262/09, S. 9; *C. Seiler*, JZ 2009, 721 (723); *Reimer* (Fn. 92), Art. 109 Rn. 69.

203 BT-Drs. 16/12410, S. 11.

204 § 4 S. 2 G 115. → Art. 115 Rn. 28 (Suppl. 2010).

5. Rigides Verschuldungsverbot für die Länder gem. Art. 109 III 5 GG

Im Gegensatz zur Regelung des Art. 109 III 4 GG ist die parallele Formulierung der Ermächtigung zur gesetzgeberischen Ausgestaltung für die Länder mit der »Maßgabe«, daß keine Einnahmen aus Krediten zugelassen werden, zumindest gesetzestechnisch nachvollziehbar und sinnvoll. Inhaltlich enthält die Vorschrift damit zwei Komponenten. Erstens werden **die Länder zur näheren Ausgestaltung ermächtigt**, wobei diese sowohl durch die Länderverfassungen als auch durch Landesgesetze erfolgen kann. Das läßt das Grundgesetz offen. Im Hinblick auf die überkommenen Regelungen in den Landesverfassungen, die weitgehend der früheren Vorschrift des Art. 115 I 2 GG entsprachen[205], wird sich in der Regel eine Verfassungsänderung empfehlen. Eine entsprechende Verfassungsänderung ist bisher lediglich in acht Ländern erfolgt[206]. Das entgegenstehende Landesverfassungsrecht wird allerdings in jedem Fall durch das Grundgesetz derogiert. 51

Sachlich begründet die Vorschrift **ein vollständiges rigides Verbot jeglicher strukturellen Neuverschuldung**, dessen durchgehende Verwirklichung zumindest in einigen Ländern zweifelhaft ist[207]. Lediglich im Rahmen der Konjunkturkomponente oder von Notsituationen ist überhaupt eine Nettokreditaufnahme zulässig. Ursprünglich war eine begrenzte Kreditaufnahme parallel zur Bundesermächtigung in Art. 109 III 4 GG in Höhe von 0,25 v.H. des BIP für die Ländergesamtheit ins Auge gefaßt[208], dann aber bereits von der Föderalismuskommission aufgegeben worden[209]. Bei der Verschuldung der Länder sind nur die Kreditaufnahme durch das Land selbst, nicht aber diejenige durch die Kommunen und sonstigen juristisch selbständigen Körperschaften einzubeziehen. Der Fiskalpakt erstreckt allerdings die Unionsregelen auch auf die Kommunen. Aus der noch früher beabsichtigten Zulässigkeit von 0,15 v.H. des BIP für die Ländergesamtheit, die sich mit den 0,35 v.H. des BIP für den Bund zu den 0,5 v.H. des BIP des Gesamtstaats summieren, die das Unionsrecht als Mittelwert anvisiert hat und läßt sich auch angesichts der Abkehr von dieser Regelung und vor allem aus allgemeinen Grundsätzen des Haushaltsrechts nichts anderes ableiten[210] (→ Art. 115 Rn. 24). 52

V. Die Grundsatzgesetzgebungskompetenz des Bundes gem. Art. 109 IV GG

Die durch die Haushaltsreform von 1967 (→ Vorb. zu Art. 104a–115 Rn. 8) angestrebte Neuorientierung der Haushaltswirtschaft an einer ökonomischen Zielsetzung statt an bloßer Bedarfsdeckung bedurfte einer grundlegenden und für Bund und Länder einheitlichen Umgestaltung des Haushaltsrechts, die in umfassender Weise durch Art. 109 IV GG (vormals 109 III GG) ermöglicht wurde[211]. Die einheitliche Regelung der Grundsätze für die Haushaltswirtschaft von Bund und Ländern zielt auf die Herstellung der Vergleichbarkeit der Haushalte, die Koordination und die längerfristige 53

[205] Vgl. im einzelnen *Knop*, Verschuldung (Fn. 37), S. 112ff.

[206] Vier durch einfache Gesetze, s. *C.-L. Holtfrerich/L.P. Feld/W. Heun u.a.*, Staatsschulden. Ursachen, Wirkungen und Grenzen, 2015, S. 66; *Henneke* (Fn. 29), Art. 109 Rn. 114ff. zu den einzelnen Bundesländern.

[207] Vgl. auch *G. Kirchgässner*, Widi 2014, 721ff.

[208] So der Vorschlag in Kommissions-Drs. 132, Pkt. 2.2.

[209] Vgl. *Reimer* (Fn. 92), Art. 109 Rn. 69.

[210] So aber *Reimer* (Fn. 92), Art. 109 Rn. 52; zur europäischen Vorgabe: → Rn. 7.

[211] Vgl. BT-Drs. V/3040, S. 33, 36.

Planung sowie auf die Transparenz der ökonomischen Auswirkungen und sonstigen Funktionen der haushaltswirtschaftlichen Entscheidungen[212]. **Zweck der Regelung** war vor allem die Einführung einer grundlegend neuen und einheitlichen Haushaltssystematik[213].

54 Art. 109 IV GG enthält eine verfassungsrechtliche **Ermächtigung**, keine Verpflichtung, auch wenn faktisch eine einheitliche Regelung als zwingend empfunden wurde[214]. Insoweit schränkt Art. 109 IV GG die Haushaltsautonomie nach Art. 109 I GG ein[215]. Die Gesetze bedürfen deshalb auch der Zustimmung des Bundesrates. Von der Ermächtigung hat der Bundesgesetzgeber durch das **Haushaltsgrundsätzegesetz**[216] und das **Stabilitäts- und Wachstumsgesetz**[217] Gebrauch gemacht.

55 Die Gesetzgebungskompetenz ist für alle drei Gegenstände (Haushaltsrecht, konjunkturgerechte Haushaltswirtschaft, mittelfristige Finanzplanung) auf die **Regelung von Grundsätzen** beschränkt. Da das Grundgesetz in unterschiedlichen Zusammenhängen an verschiedenen Stellen[218] von Grundsätzen spricht, wird zu Recht allgemein ein einheitliches Verständnis abgelehnt und eine lediglich auf die jeweilige Norm bezogene Interpretation befürwortet[219]. Wegen der unterschiedlichen Begrifflichkeit und Funktionen ist die Grundsatzgesetzgebung trotz einer gewissen Ähnlichkeit auch nicht mit der früheren Rahmengesetzgebung identisch[220]. Inhaltlich sind die Unterschiede allerdings gering. Die Beschränkung auf Grundsätze verbietet eine erschöpfende Regelung, die den Adressaten insgesamt keinen Spielraum mehr läßt[221], schließt aber im einzelnen Detailregelungen nicht aus. Wie schon die Funktion und Entstehungsgeschichte, aber auch die ergangenen Gesetze demonstrieren, wird man die Grundsätze allerdings nicht mit »Prinzipien, allgemeinen Leitlinien für die Gesetzgebung« gleichsetzen und darauf begrenzen können[222].

56 Deutlicher als im Inhalt unterscheidet sich die Grundsatzgesetzgebung von der früheren Rahmengesetzgebung in Adressatenkreis und Bindungswirkung. Adressaten sind ausschließlich Bund und Länder einschließlich der Gemeinden und Einrichtungen der mittelbaren Verwaltung[223], nicht aber der einzelne Bürger, so daß den Vorschriften der Grundsatzgesetzgebung **keine unmittelbare Außenwirkung** zukommen darf[224]. Soweit in das Haushaltsgrundsätzegesetz oder die Haushaltsordnungen außenwirksa-

---

[212] Vgl. auch *Vogel/Wiebel* (Fn. 5), Art. 109 Rn. 143.

[213] Vgl. BT-Drs. V/3040, S. 36ff.

[214] *Siekmann* (Fn. 26), Art. 109 Rn. 87; *Heintzen* (Fn. 42), Art. 109 Rn. 42; *Kirchhof* (Fn. 28), Art. 109 Rn. 115.

[215] *Vogel/Wiebel* (Fn. 5), Art. 109 Rn. 142.

[216] HGrG v. 19.08.1969 (BGBl. I S. 1273); letzte grundlegende Änderung durch G. v. 31.07.2009 (BGBl. I S. 2580); Gesetzentwurf Drs. 16/12060; dazu *K. Lüder*, DÖV 2009, 567ff.

[217] Gesetz zur Förderung der Stabilität und des Wachstums der Wirtschaft (StabG) v. 8.6.1967 (BGBl. I S. 582) i. d. F. v. 30.8.1971 (BGBl. I S. 1426) und v. 18.3.1975 (BGBl. I S. 705, 710).

[218] Art. 75 I 1 Nr. 1a, 91a II 2 a. F., 106 IV 3 GG sowie 140 GG i. V. m. Art. 138 I 2 WRV.

[219] *Vogel/Wiebel* (Fn. 5), Art. 109 Rn. 155f.; *Siekmann* (Fn. 26), Art. 109 Rn. 97.

[220] *Siekmann* (Fn. 26), Art. 109 Rn. 98; a. A. *Vogel/Wiebel* (Fn. 5), Art. 109 Rn. 157; zur früheren Rahmengesetzgebung: → *Stettner*, Bd. II², Art. 75 Rn. 6ff.

[221] *Fischer-Menshausen* (Fn. 51), Art. 109 Rn. 17.

[222] A. A. *Siekmann* (Fn. 26), Art. 109 Rn. 98; *P. J. Glauben*, ZG 12 (1997), 233 (236).

[223] Vgl. *Vogel/Wiebel* (Fn. 5), Art. 109 Rn. 161, 173ff.; *Maunz* (Fn. 56), Art. 109 Rn. 51; *Jarass*/Pieroth, GG, Art. 109 Rn. 22f.; *Fischer-Menshausen* (Fn. 51), Art. 109 Rn. 17; a. A. (Ausschluß der Gemeinden) *Möller* (Fn. 60), Art. 109 Rn. 12.

[224] Zutreffend *Siekmann* (Fn. 26), Art. 109 Rn. 107; a. A. ohne Begründung *Maunz* (Fn. 56), Art. 109 Rn. 51; *H.-W. Rengeling*, HStR³ VI, § 135 Rn. 324.

me Vorschriften eingefügt werden, bedarf der Gesetzgeber einer anderen Kompetenzgrundlage als Art. 109 IV GG. Regelungen über die Gewährung von Subventionen[225] oder die Vergabe öffentlicher Aufträge[226] im Haushaltsrecht sind insoweit systematisch verfehlt und nicht von Art. 109 IV GG gedeckt.

Der Grundsatzgesetzgeber kann für Bund und Länder **unmittelbar geltendes Recht** setzen **oder** sich auf **Richtlinien** oder umsetzungsbedürftige Regelungen beschränken, deren Adressaten der Bundes- und die Landesgesetzgeber sind, wobei der Rang des gesetzten Rechts sich nach dem erlassenden Gesetzgeber richtet (Bundesrecht/Landesrecht)[227]. Aus Funktion und Entstehungsgeschichte des Art. 109 IV GG ergibt sich daher für den Bund eine Selbstbindung, so daß die lex posterior-Regel jedenfalls nicht uneingeschränkt gilt[228]. Da die Gesetze nach Art. 109 IV GG zustimmungsbedürftig sind, können die nicht zustimmungsbedürftigen Bundesgesetze, also die Bundeshaushaltsordnung und die jährlichen Bundeshaushaltsgesetze, das Haushaltsgrundsätzegesetz und das Stabilitätsgesetz nicht wirksam ändern. Ein Verstoß gegen die Gesetze nach Art. 109 IV GG kann wegen der gemeinsamen Geltung für Bund und Länder weder als Änderung verstanden werden noch die Zustimmungspflichtigkeit der betreffenden Regelung beseitigen. Wegen des vertragsähnlichen Charakters können folglich **Vorrang- und Bindungswirkung** der Gesetze nach Art. 109 IV GG trotz der ungewöhnlichen Konstruktion nicht verneint werden. Das entspricht auch der Intention der Verfassungsnorm[229]. Entgegenstehendes Landesrecht ist im übrigen wegen unmittelbaren Verstoßes gegen Art. 109 IV GG unwirksam[230]. 57

Als Gegenstände der Grundsatzgesetzgebung nennt Art. 109 IV GG das Haushaltsrecht, eine konjunkturgerechte Haushaltswirtschaft und eine mehrjährige Finanzplanung. Das **Haushaltsrecht** umfaßt alle rechtlichen Regeln, welche sich auf die Haushaltswirtschaft öffentlichrechtlicher Rechtsträger beziehen. Dadurch werden sowohl die Verfahrensregeln des gesamten Budgetkreislaufs als auch materielle Direktiven über die Qualität und Gestaltung der Haushaltsführung wie der Wirtschaftlichkeitsgrundsatz und das Gleichgewichtsgebot erfaßt[231]. Gegenständlich werden die beson- 58

---

[225] Vgl. z. B. § 44a BHO a. F., inzwischen durch § 49a VwVfG ersetzt.

[226] §§ 57a–57c HGrG a. F. – Das Vergaberechtsänderungsgesetz v. 26.8.1998 (BGBl. I S. 2512) hat diese Normen durch eine vollständige Neuregelung im GWB (§§ 97ff.) ersetzt, auch um den europarechtlichen Bedenken Rechnung zu tragen, vgl. zur Problematik näher *F. Rittner*, NVwZ 1995, 313 (316ff.); *W. v. Meibom/J. Byok*, EuZW 1995, 629ff.; *H. Eidenmüller*, EuZW 1995, 632 (633); *M. Dreher*, EuZW 1998, 197ff.; *Siekmann* (Fn. 26), Art. 109 Rn. 109 m. w. N.

[227] *Fischer-Menshausen* (Fn. 51), Art. 109 Rn. 17.

[228] *Vogel/Wiebel* (Fn. 5), Art. 109 Rn. 162, 170ff.; *Fischer-Menshausen* (Fn. 51), Art. 109 Rn. 17; *Nebel* (Fn. 61), Art. 109 Rn. 24; *Maunz* (Fn. 56), Art. 109 Rn. 52; *Jarass*/Pieroth, GG, Art. 109 Rn. 23; *H.-W. Rengeling*, HStR³ VI, § 135 Rn. 324; *Brockmeyer* (Fn. 1), Art. 109 Rn. 10; *G. Kisker*, HStR IV, § 89 Rn. 11; *B. Tiemann*, DÖV 1974, 229 (234f.); *W. Patzig*, Haushaltsrecht des Bundes und der Länder, Bd. II, Art. 109 (1982), Rn. 27; *N. Hauser*, Kommentar zum Haushaltsrecht, Art. 109 (2010), Rn. 59; *Heun*, Staatshaushalt (Fn. 105), S. 165f.; *Maurer*, Staatsrecht, § 17 Rn. 44f.; teilweise a. A., aber unklar *Siekmann* (Fn. 26), Art. 109 Rn. 100ff.; s. auch *Kube* (Fn. 5), Art. 109 Rn. 239ff.

[229] Eingehender *Heun*, Staatshaushalt (Fn. 105), S. 165f.

[230] *E. Wiederin*, Bundesrecht und Landesrecht, 1995, S. 328ff.; → Art. 31 Rn. 27; a. A.: Verstoß gegen Art. 31 GG, so *Fischer-Menshausen* (Fn. 51), Art. 109 Rn. 17; *Heintzen* (Fn. 42), Art. 109 Rn. 44; *W. März*, Bundesrecht bricht Landesrecht, 1989, S. 164ff.

[231] *Fischer-Menshausen* (Fn. 51), Art. 109 Rn. 18; *Siekmann* (Fn. 26), Art. 109 Rn. 91; *Vogel/Wiebel* (Fn. 5), Art. 109 Rn. 145; *Maunz* (Fn. 56), Art. 109 Rn. 44; *Rodi* (Fn. 5), Art. 109 Rn. 366f.; *Kube* (Fn. 5), Art. 109 Rn. 252ff.

ders genannten Materien der konjunkturgerechten Haushaltswirtschaft und der mehrjährigen Finanzplanung vom Begriff des Haushaltsrechts ebenfalls abgedeckt[232].

59 Der Regelungsgegenstand der **konjunkturgerechten Haushaltswirtschaft** gibt dem Bundesgesetzgeber die notwendige gesetzliche Konkretisierungs- und Umsetzungskompetenz im Hinblick auf das Gebot des Art. 109 II GG. Vor allem im Stabilitätsgesetz hat der Gesetzgeber daher ein darauf ausgerichtetes, differenziertes Instrumentarium der Information, Koordination und Einwirkung vorgesehen[233], das in der letzten Zeit aber in der Praxis nicht mehr umgesetzt wurde.

60 Die Finanzreform von 1969 (→ Vorb. zu Art. 104a–115 Rn. 8) hat auch das Institut der **mehrjährigen Finanzplanung** eingeführt, um die kurzfristige und punktuelle Betrachtung des jährlichen Budgets durch längerfristige und umfassendere Perspektiven zu ergänzen und zu verbessern. Nach §§ 9, 14 StabG und § 50 HGrG ist der Haushaltswirtschaft in Bund und Ländern eine fünfjährige Finanzplanung zugrunde zu legen, die Umfang und Zusammensetzung der voraussichtlichen Ausgaben und ihre Dekkungsmöglichkeiten im Rahmen der gesamtwirtschaftlichen Entwicklung darstellen soll und jährlich[234] fortzuschreiben ist. Der von der Regierung zu beschließende Finanzplan ist dem Parlament vorzulegen, bedarf aber keiner parlamentarischen Bewilligung. Die mehrjährige Finanzplanung soll durch analytische, prognostische und programmatische Elemente[235] vor allem Informations-, Transparenz-, Koordinations- und Rationalisierungsfunktionen erfüllen[236]. Dabei sollte die mehrjährige Finanzplanung Aufgaben- und Finanzplanung verbinden[237]. In der **Praxis** haben sich die in die Finanzplanung gesetzten Hoffnungen freilich kaum erfüllt, vielmehr ist die **Finanzplanung** mehr oder weniger **zur bloßen Fortschreibung der jährlichen Haushaltsplanung degeneriert**, die allenfalls Informations-, aber keine Programmfunktionen erfüllt und auch kaum zur föderativen Koordination durch den Stabilitätsrat gem. § 51 HGrG beiträgt[238].

61 Zwar ist die Finanzplanung **nicht »sachlogisch gouvernemental«**[239]. Angesichts der im Gegensatz zu manchen Befürchtungen und Hoffnungen geringen rechtlichen und

---

232 *Vogel/Wiebel* (Fn. 5), Art. 109 Rn. 146; *Fischer-Menshausen* (Fn. 51), Art. 109 Rn. 18.

233 Vgl. *Fischer-Menshausen* (Fn. 51), Art. 109 Rn. 20.

234 Zur Jährlichkeit der Vorlagepflicht vgl. *S.-C. Lenski*, DVBl. 2006, 544ff.

235 *H. Fischer-Menshausen*, Mittelfristige Finanzplanung und Haushaltsrecht, in: H. Haller (Hrsg.), Probleme der Haushalts- und Finanzplanung (Schriften des Vereins für Socialpolitik 52), 1969, S. 56ff. (58); *Heun*, Staatshaushalt (Fn. 105), S. 234.

236 Zu den Funktionen im einzelnen *Heun*, Staatshaushalt (Fn. 105), S. 236ff.; *Fischer-Menshausen* (Fn. 51), Art. 109 Rn. 22f.; *ders.*, Mittelfristige Finanzplanung im Bundesstaat, in: J. H. Kaiser (Hrsg.), Mittel und Methoden planender Verwaltung, Bd. 3, 1968, S. 73ff. (78ff.).

237 Vgl. *K. Gresser*, Probleme der mehrjährigen öffentlichen Finanzplanung, 1974, S. 54ff.; *Heun*, Staatshaushalt (Fn. 105), S. 235f.

238 Eingehend *Heun*, Staatshaushalt (Fn. 105), S. 239ff.; *W. Graf Vitzthum*, Parlament und Planung, 1978, S. 164ff.; s. ferner *A. Zunker*, Finanzplanung und Bundeshaushalt, 1972, S. 97ff.; *K.-H. Hansmeyer*, Die mittelfristige Finanzplanung – ein neues Instrument der Wirtschaftspolitik, in: E. Dürr (Hrsg.), Neue Wege der Wirtschaftspolitik (Schriften des Vereins für Socialpolitik 67), 1972, S. 125ff.; *K. Schmidt/E. Wille*, Die mehrjährige Finanzplanung – Wunsch und Wirklichkeit, 1970, S. 48ff., 71ff.; *H. H. Nachtkamp*, Mehrjährige Finanzplanung und mittelfristige Zielprojektionen der Bundesregierung, 1978, S. 49ff.; *O.-E. Geske*, Der Staat 22 (1983), 83ff.; zum früheren Finanzplanungsrat *W. Giesecke*, Zur Koordinierung der Haushalts- und Finanzplanung von Bund, Ländern und Gemeinden, in: BMF (Hrsg.), Die Finanzbeziehungen zwischen Bund, Ländern und Gemeinden, 1982, S. 190ff. (209ff.); *H.-G. Fabritius*, Die mehrjährige Finanzplanung des Bundes, 1976, S. 52ff.

239 *K.-H. Friauf/B. Stephan*, Die verfassungsrechtliche Problematik einer politischen Ziel- und Mittelplanung der Bundesregierung im Hinblick auf das Verhältnis zum Deutschen Bundestag, Gut-

faktischen Wirkungen der Finanzplanung ist indes die Zuordnung der Finanzplanung zur Exekutive verfassungsrechtlich nicht zu beanstanden[240].

VI. Innerstaatliche Aufteilung der Sanktionsmaßnahmen der Europäischen Union (Art. 109 V GG)

Im Gegensatz zur offenen Regelung der unionsrechtlichen Verschuldungsgrenzen von Bund und Ländern in Art. 109 II GG **normiert Art. 109 V GG die Verteilung der Sanktionslasten verbindlich** und präzise, wobei Satz 1 die vertikale Aufteilung zwischen Bund und Ländern und Satz 2 die horizontale Aufteilung zwischen den Ländern normiert[241]. 62

Bund und Länder haben die Sanktionslasten in der Form unverzinslicher Einlagen oder Geldbußen nach Satz 1 im Verhältnis 65 zu 35 zu tragen. Die **starre Regelung** gilt unabhängig von dem tatsächlichen Verursachungsbeitrag der beiden Ebenen, während eine Berücksichtigung des jeweiligen Ausmaßes, in dem die beiden Ebenen zum Überschreiten der gesamtstaatlichen Überschuldungsgrenze beigetragen haben, angemessener gewesen wäre und Fehlanreize stärker vermieden hätte[242]. Außerdem ist die starre prozentuale Aufteilung in dieser Höhe nicht frei von Willkür[243], sorgt aber jedenfalls für Klarheit und vermeidet fortwährende Querelen, die bei einer flexiblen, anpassungsfähigen Lösung unausweichlich wären[244]. 63

Die zweistufige horizontale Aufteilung des auf die Gesamtheit der Länder entfallenden Betrages **kombiniert** demgegenüber **Solidarhaftung und Haftung nach Verursachungsbeitrag**. Die Länder tragen 35% des Länderanteils, also 12,25% des Gesamtbetrages, solidarisch im Verhältnis ihrer Einwohnerzahl (1. Halbs.). Die übrigen 65% des Länderanteils, also 22,75% des Gesamtbetrages, werden auf die Länder nach ihrem Verursachungsbeitrag verteilt. Die konkretisierende einfachgesetzliche Regelung des § 2 I 2 SZAG definiert den Verursachungsbeitrag als Anteil des Finanzierungsdefizits des jeweiligen Landes an der Summe der Finanzierungsdefizite aller Länder. Die Finanzierungssalden der kommunalen Ebene sind dabei mit einzubeziehen. Bei ausgeglichenem oder positivem Finanzierungssaldo entfällt folglich eine Beteiligung an diesem Anteil. Der Finanzierungssaldo aller Körperschaften wird durch § 2 II SZAG bestimmt als der Finanzierungssaldo in haushaltsrechtlicher Abgrenzung abzüglich der Einnahmen aus der Veräußerung von Beteiligungen, aus der Kreditaufnahme beim öffentlichen Bereich sowie aus Darlehensrückflüssen von Dritten, zuzüglich der Ausgaben für den Erwerb von Beteiligungen, der Tilgungsausgaben an den öffentlichen Bereich und der Darlehensvergabe an Dritte. 64

Trotz der teilweise schon detaillierten Vorgaben des Art. 109 V GG enthält Satz 3 einen **Gesetzgebungsauftrag** zur Regelung weiterer Einzelheiten. Die Reichweite des 65

achten, in: BMI (Hrsg.), Erster Bericht zur Reform der Struktur von Bundesregierung und Bundesverwaltung, 1969, Anlagenband, S. 607ff. (638, 648f., 653); dagegen *Stern/Münch/Hansmeyer*, StabG (Fn. 69), S. 268; vgl. auch *P. Badura*, Verfassungsfragen der Finanzplanung, in: FS Maunz, 1971, S. 1ff. (11ff.); *T. Würtenberger*, Staatsrechtliche Probleme politischer Planung, 1979, S. 292ff.

[240] Im einzelnen *Heun*, Staatshaushalt (Fn. 105), S. 250ff. m. w. N.; *Rodi* (Fn. 5), Art. 109 Rn. 403ff.

[241] *Kirchhof* (Fn. 28), Art. 109 Rn. 133, 135.

[242] *Siekmann* (Fn. 26), Art. 109 Rn. 113; kritisch auch *I. Kemmler*, LKV 2006, 529 (530f.); eher die Regelung verteidigend *W. Kluth*, in: ders. (Hrsg.), Föderalismusreformgesetz, 2007, Art. 109 Rn. 10f.

[243] So läßt sich über die Aufteilung von 65 zu 35 ebenso streiten wie über die qualitativen Unterschiede von Länder- und Bundeshaushalt, s. *Siekmann* (Fn. 26), Art. 109 Rn. 113, 115.

[244] Vgl. auch *Kirchhof* (Fn. 28), Art. 109 Rn. 134.

Regelungsauftrags ist im Gegensatz zu bisher[245] nunmehr eindeutig allein auf die Verteilung der Sanktionslasten bezogen. Für eine Aufteilung der unionsrechtlichen Verschuldungsgrenzen auf die einzelnen Länder müßte die Kompetenz Art. 109 II i. V. m. 109 IV GG entnommen werden. Die Schuldenbremse des Art. 109 III GG macht dies aber praktisch obsolet.

66 Der Gesetzgeber hat sich von vorneherein mit dem **Sanktionszahlungs-Aufteilungsgesetz** (SZAG)[246] auf eine gesetzliche Konkretisierung der Sanktionslastenverteilung beschränkt, die ohnehin durch Art. 109 V GG schon in seiner früheren Fassung weitgehend vorgegeben war, was aber wohl zugleich die rasche Regelung erklärt. Abgesehen von Konkretisierungen des Finanzierungssaldos, der Einwohnerzahlen und der Rückerstattung von Einlagen enthält § 1 III SZAG auch eine problematische Stundungsregelung für die prinzipiell mithaftenden Länder in einer vom Bundesverfassungsgericht festgestellten extremen Haushaltsnotlage[247].

D. Verhältnis zu anderen GG-Bestimmungen

67 Die **Haushaltsautonomie** gem. Art. 109 I GG wird nicht nur durch die folgenden Absätze der Regelung, sondern auch **durch eine Reihe anderer Vorschriften**, nämlich die Mischfinanzierungstatbestände der Art. 91a, 91b, 104b GG, durch die Steuergesetzgebungskompetenzen des Bundes (Art. 105 GG), den Steuerverbund und den Finanzausgleich (Art. 106, 107 GG) sowie den Verwaltungsverbund gem. Art. 108 GG empfindlich **eingeschränkt** (→ Rn. 21).

68 Das **Berücksichtigungsgebot des Art. 109 II GG** steht in engem Zusammenhang mit der Regelung des Art. 104b GG (→ Art. 104b Rn. 14ff.) einerseits, aufgrund der Neufassung aber weniger mit der Begrenzung der Staatsverschuldung in Art. 115 GG andererseits[248]. Während früher im Zusammenwirken von Art. 109 II GG und Art. 115 GG die verfassungsrechtliche Steuerung der Staatsverschuldung zu erschließen war[249], erfolgt die Berücksichtigung des gesamtwirtschaftlichen Gleichgewichts nahezu vollständig im Rahmen der in Art. 109 III, 115 GG geregelten Konjunkturkomponente (→ Rn. 41). Art. 109 II GG wird insofern für den Bund von **Art. 115 II GG** überlagert (→ Art. 115 Rn. 51).

---

[245] Zur Kontroverse zum alten Art. 109 V GG: → Art. 109 Rn. 46.

[246] Sanktionszahlungs-Aufteilungsgesetz (SZAG): Art. 14 des Föderalismusreform-Begleitgesetzes v. 5.9.2006 (BGBl. I S. 2098, 2104); vgl. näher *Kube* (Fn. 5), Art. 109 Rn. 280ff.

[247] Zur Kritik vgl. *Siekmann* (Fn. 26), Art. 109 Rn. 69; *M. Nierhaus/S. Rademacher*, LKV 2006, 385 (394).

[248] BVerfGE 79, 311 (335); *W. Heun*, Die Verwaltung 18 (1985), 1 (20ff.); *Siekmann* (Fn. 26), Art. 109 Rn. 14: keine Ausweitung der Kreditaufnahmespielräume.

[249] Dazu im einzelnen: → Art. 115 Rn. 24ff.

Artikel 109a [Stabilitätsrat]

(1) Zur Vermeidung von Haushaltsnotlagen regelt ein Bundesgesetz, das der Zustimmung des Bundesrates bedarf,

1. die fortlaufende Überwachung der Haushaltswirtschaft von Bund und Ländern durch ein gemeinsames Gremium (Stabilitätsrat),

2. die Voraussetzungen und das Verfahren zur Feststellung einer drohenden Haushaltsnotlage,

3. die Grundsätze zur Aufstellung und Durchführung von Sanierungsprogrammen zur Vermeidung von Haushaltsnotlagen.

(2) [1]Dem Stabilitätsrat obliegt ab dem Jahr 2020 die Überwachung der Einhaltung der Vorgaben des Artikels 109 Absatz 3 durch Bund und Länder. [2]Die Überwachung orientiert sich an den Vorgaben und Verfahren aus Rechtsakten auf Grund des Vertrages über die Arbeitsweise der Europäischen Union zur Einhaltung der Haushaltsdisziplin.

(3) Die Beschlüsse des Stabilitätsrats und die zugrunde liegenden Beratungsunterlagen sind zu veröffentlichen.

Literaturauswahl

Henneke, Hans-Günter: Gemeinschaftsorgan Stabilitätsrat, in: NdsVBl. 2010, S. 315–318.

Hildebrandt, Achim: Ein Jahr Stabilitätsrat – erste Ergebnisse und ihre Bewertung. Jahrbuch für Öffentliche Finanzen 2011, 2011, S. 369–383.

Janeba, Eckhard: Deutschland vor der Wahl: Aktuelle Herausforderungen für die Finanzpolitik und mittelfristiger Reformbedarf, in: ZSE 15 (2017), S. 368–394.

Seiler, Christian: Konsolidierung der Staatsfinanzen mithilfe der neuen Schuldenregel, in: JZ 2009, S. 721–728.

Thye, Marius: Der Stabilitätsrat, 2014.

Waldhoff, Christian/Dieterich, Peter: Die Föderalismusreform II – Instrument zur Bewältigung der staatlichen Finanzkrise oder verfassungsrechtliches Placebo?, in: ZG 24 (2009), S. 97–123.

Siehe auch die Angaben zu Vorb. zu Art. 104a–115 GG.

Leitentscheidungen des Bundesverfassungsgerichts

Diese liegen zu Art. 109a GG bislang nicht vor.

Gliederung

Stichwörter

Ausführungsgesetz 8 – Entscheidungsspielräume 20f., 36 – Finanzplanungsrat 1, 9, 10 – Fiskalpakt 18f., 37, 40 – Frühwarnsystem 6 – Funktionen 16ff. – Haushaltsnotlage 28f. – Haushaltswirtschaft 20, 22ff. – Informationsfreiheit 44 – Nebenhaushalte 28 – Normenkontrolle 45 – Parität 13 – Publizitätspflicht 42ff. – Rechtsschutz 45ff. – Sanierungsverfahren 31ff. – Schuldenbremse 36ff. – Überwachung 22f., 34 – Unabhängigkeit 12, 15 – weitere Aufgaben 41 – Zusammensetzung 13ff.

A. Herkunft, Entstehung, Entwicklung

1 Die Einrichtung des Stabilitätsrates greift zum einen das institutionelle Vorbild des Finanzplanungsrates und zum anderen die Forderung des Bundesverfassungsgerichts auf, verfahrensrechtliche Vorkehrungen gegen Haushaltsnotlagen zu treffen[1], und verbindet beide Elemente zu einer **neuen Institution mit eigenständiger Funktion**. Der **Finanzplanungsrat** war schon durch § 51 HGrG 1969 als gemeinsames Gremium von Bund, Ländern und Gemeinden für die Koordination der Finanzplanungen (→ Art. 109 Rn. 60) aller drei Ebenen gegründet worden[2]. 2001 war dem Finanzplanungsrat durch § 51a HGrG a. F. auch bereits die Aufgabe übertragen worden, »Empfehlungen zur Haushaltsdisziplin« und ihrer »Wiederherstellung« zu geben, um die Einhaltung der europäischen Stabilitätsvorgaben zu sichern[3]. Dem Finanzplanungsrat fehlte aber jede Befugnis zu verbindlichen Anordnungen. Andererseits verlangte die vom Gericht freilich selbst erst kreierte bundesstaatliche Einstandspflicht bei Haushaltsnotlagen nach institutionellen und verfahrensrechtlichen Regelungen, die der Versuchung entgegenwirken sollten, bundesstaatliche Finanzhilfen durch unbedenkliche Verschuldungspolitik willentlich herbeizuführen (moral hazard). Das Gericht hielt insoweit § 51a HGrG a. F. für unzureichend[4].

2 Das **Konzept** eines Stabilisierungsrates wurde bereits in der 2007 eingerichteten[5] gemeinsamen Kommission von Bundestag und Bundesrat zur Modernisierung der Bund-Länder-Finanzbeziehungen, der sog. **Föderalismuskommission II, entwickelt**[6]. Deshalb enthielt der Entwurf zur Verfassungsänderung[7] einen neuen Art. 109a GG. Ohne weitere Änderung im folgenden Gesetzgebungsverfahren wurde die Vorschrift

[1] BVerfGE 86, 148 (266); 116, 327 (393, Rn. 204).
[2] Vgl. dazu *H.P. Schechinger*, Konjunkturrat und Finanzplanungsrat, Diss. jur. München 1973, S. 96ff., 167ff., 192ff., 196ff.; *O.E. Geske*, Der Staat 22 (1983), 83 (94ff.).
[3] Das ursprünglich vorgesehene Inkrafttreten zum 1.1.2005 war mit Gesetz v. 21.6.2002 auf den 1.7.2002 vorgezogen worden, vgl. näher *K. Knop*, Verschuldung im Mehrebenensystem, 2008, S. 383ff.; s. auch *K. Bur*, in: E. Heuer (Hrsg.), Kommentar zum Haushaltsrecht, § 51a HGrG (2004), Anm. 1 sowie Anm. 3 zu den Aufgaben.
[4] BVerfGE 116, 327 (393, Rn. 204).
[5] BT-Drs. 16/3885. → Vorb. zu Art. 104a–115 Rn. 11.
[6] Beschlüsse der Kommission von Bundestag und Bundesrat zur Modernisierung der Bund-Länder-Finanzbeziehungen (Kommissions-Drs. 174), S. 12ff.
[7] BT-Drs. 16/12410.

im Rahmen der Föderalismusreform II vier Monate später verabschiedet[8]. Die Einzelheiten regelt das Gesetz zur Errichtung eines Stabilitätsrates und zur Vermeidung von Haushaltsnotlagen, das als Art. 1 des parallel erlassenen Begleitgesetzes zur zweiten Föderalismusreform erlassen wurde[9].

Im Rahmen der zum **20.7.2017** in Kraft getretenen Änderungen der Finanzverfassung wurde Art. 109a GG auf **insgesamt drei Absätze erweitert**[10]. Die sachlichen Änderungen fallen allerdings geringer aus, als das auf den ersten Blick erscheinen mag und erschöpfen sich im neuen Absatz 2, durch den der Stabilitätsrat ab 2020 das ausdrückliche Mandat für die Überwachung der Vorgaben des Art. 109 III durch Bund und Länder erhält. Im übrigen werden der bisherige Satz 1 zu Absatz 1 und der ehemalige Satz 2 zu Absatz 3, ohne inhaltlich geändert zu werden. Das Stabilitätsratsgesetz wurde entsprechend angepasst[11]. 3

B. Internationale, supranationale und rechtsvergleichende Bezüge

Die Einrichtung des Stabilitätsrates durch die Föderalismusreform II ist zwar unmittelbar durch die Änderung des Art. 109 GG und die Gefahr weiterer Haushaltsnotlagen in den Ländern veranlaßt, der Stabilitätsrat verdankt seine Etablierung aber ebenso den **europarechtlichen Stabilitätsvorgaben** des **Art. 126 AEUV**, die der gemeinsamen Umsetzung durch Bund und Länder und damit zugleich einer gewissen Koordinierung bedürfen. Echte Haushaltsnotlagen berühren insoweit zugleich auch die Verpflichtungen des Art. 126 AEUV, des Stabilitätspaktes und des Fiskalpaktes[12]. Diese treffen im Außenverhältnis allein den Bund, zu einer entsprechenden Koordinierung mit dem Bund sind die Bundesländer aber aus dem Grundsatz der Bundestreue verpflichtet[13]. Zwar sind die für Bund und Länder geltenden allgemeinen Vorgaben des Art. 109 GG zeitweise ohnehin strenger als die unionsrechtlichen, das gilt allerdings nicht umfassend. So kennt das deutsche Recht in Art. 109 GG etwa keine ausdrücklichen Grenzen der Verschuldungsquote. Die Vorgaben des Art. 109 III GG gelten zudem allein für den Bund und die Länder, während das Europarecht auch selbständige juristische Personen (Gemeinden, Gemeindeverbände und Sozialversicherungsträger) umfasst. Auch der Fiskalpakt ist zumindest partiell strenger als die deutsche Schuldenbremse in Art. 109 III GG. Im übrigen dürften vermutlich die Regelungen über die Überwachung der nationalen Defizite durch die Europäische Kommission Pate für Art. 109a GG und das Ausführungsgesetz gestanden haben. 4

Ausländische Institutionen, die **als Vorbilder** oder Paralleleinrichtungen angesehen werden könnten, sind **nicht ersichtlich**. Ohnehin kommen lediglich andere Bundesstaa- 5

---

[8] 57. Gesetz zur Änderung des Grundgesetzes v. 29.7.2009 (BGBl. I S. 2248).

[9] Gesetz v. 10.8.2009 (BGBl. I S. 2702); Entwurf in BT-Drs. 16/12400, zuletzt geändert durch Gesetz v. 14.8.2017, BGBl. I S. 3122, 3126.

[10] Gesetz zur Änderung des Grundgesetzes v. 13.7.2017 (BGBl. I S. 2347).

[11] S. die neuen § 2 S. 2 sowie § 5a StabRG.

[12] Vgl. auch *H. Kube*, in: Maunz/Dürig, GG, Art. 109a (2012), Rn. 11; zu den Regelungen des Art. 126 AEUV, des Stabilitätspaktes und des Fiskalpaktes näher: → Art. 109 Rn. 7; → Art. 115 Rn. 6 sowie demnächst *C. Herrmann/A. Thiele*, Internationales und Europäisches Finanz- und Währungsrecht, 2018, Kap. 6.4 (i. E.).

[13] Im Innenverhältnis sieht § 1 SZAG allerdings eine Übernahme möglicher Sanktionen durch Bund und Länder entsprechend ihrer jeweiligen Anteile vor.

ten in Betracht, die aber außer der Schweiz[14] keine ähnlich rigiden Verschuldungsgrenzen kennen und außerdem auch auf verfassungsrechtliche Beistandspflichten im Fall von Haushaltsnotlagen der Mitgliedstaaten verzichtet haben.

C. Erläuterungen

I. Allgemeine Bedeutung und aktueller Befund

6 Die Einrichtung des Stabilitätsrates durch Art. 109a GG und das betreffende Ausführungsgesetz soll die **rigiden Verschuldungsgrenzen der Verfassung institutionell flankieren** und ihre **Einhaltung sicherstellen**. Zugleich ist die Regelung eine **Reaktion auf die Haushaltsnotlagen einiger Bundesländer,** die entsprechend Beistand mittels Finanzhilfen durch den Bund und die Solidargemeinschaft der Länder mit Verfassungsklagen eingefordert hatten[15], denen das Bundesverfassungsgericht erst zu weitgehend nachgekommen ist[16], um die Anforderungen in der Berlin-Entscheidung wieder zu verschärfen[17]. Es soll ein **kooperatives Frühwarnsystem**[18] installiert werden, das bereits vorbeugend Haushaltsnotlagen verhindert[19]. Die stärkere Eigenverantwortlichkeit der Länder und die Tatsache, daß die betreffenden Länder sich der Notlage bewußt sind, macht die Regelung nicht obsolet[20]. Außerdem bleibt eine Überwachung im Hinblick auf die gesamtstaatliche Verantwortung für die Einhaltung des Unionsrechts sinnvoll[21].

7 Die **Errichtung** eines Stabilitätsrates und die Zuweisung der Kompetenzen bedarf einer **verfassungsrechtlichen Legimitation**, da der Stabilitätsrat ein gemeinsames Gremium von Bund und Ländern ist und damit den prinzipiellen Grundsatz der Haushaltsautonomie von Bund und Ländern gem. Art. 109 I GG durchbricht. Zwar wird das Budgetrecht als Kernkompetenz des Parlaments dadurch berührt, angesichts der bloßen Überwachung und Aufstellung von Grundsätzen zur Durchführung von Sanierungsprogrammen zur Vermeidung von Haushaltsnotlagen durch den Stabilitätsrat bzw. einer Überwachung der Vorgaben des Art. 109 III GG ist aber trotz aller faktischen Vorwirkungen entsprechender Beschlüsse eine Verletzung der Grundsätze des Demokratieprinzips des Art. 20 III GG im Sinne von Art. 79 III GG auch nicht ansatzweise erkennbar[22].

8 Die Vorschrift des Art. 109a GG enthält in **Absatz 1** hauptsächlich eine **Ermächtigung** zum Erlaß eines konkretisierenden Gesetzes. Art. 109a I GG macht insoweit institutionelle und materielle Vorgaben, die jedoch vornehmlich auf eine gesetzliche Konkretisierung angelegt und angewiesen sind[23]. Ohne das Ausführungsgesetz sind die Regelungen nicht zu vollziehen, da schon die Zusammensetzung des Rates nicht im einzelnen vorgegeben ist. Demgegenüber findet sich im neuen **Absatz 2** ein **unmit-**

---

[14] Art. 126 BV.

[15] So ausdrücklich das Motiv des Verfassungsgesetzgebers BT-Drs. 16/12410, S. 12.

[16] BVerfGE 86, 148.

[17] BVerfGE 116, 327.

[18] *I. Deubel*, ZSE 7 (2009), 231 (242).

[19] Im Grundsatz positiv *A. Benz*, ZSE 15 (2017), 395 (401).

[20] So aber *S. Korioth*, Widi 2008, 559 (561); *ders.*, ZG 22 (2007), 1 (19).

[21] Vgl. auch *C. Waldhoff/P. Dieterich*, ZG 24 (2009), 97 (119).

[22] Zutreffend *C. Waldhoff/P. Dieterich*, ZG 24 (2009), 97 (119ff.); zur Verfassungsmäßigkeit des Ausführungsgesetzes: → Rn. 14.

[23] *E. Reimer*, in: Epping/Hillgruber, GG, Art. 109a Rn. 3.

telbarer verfassungsrechtlicher Prüfauftrag des nach Absatz 1 installierten Stabilitätsrats ab dem Jahr 2020. Für diesen erweist sich eine einfachrechtliche Konkretisierung insoweit nicht als zwingend erforderlich, wenngleich als sinnvoll. Nicht zuletzt die »Vorgaben und Verfahren«, an denen sich der Stabilitätsrat im Rahmen seiner Überwachung nach Satz 2 zu orientieren hat, wären zweckmäßigerweise einfach-rechtlich aufzuführen, was durch den neuen § 5a StabiRatG jedoch nicht erfolgt ist, der im wesentlichen lediglich den Wortlaut des Satz 2 wiederholt.

II. Rechtsstellung und Organisation des Stabilitätsrates

1. Verfassungsrechtliche Stellung

Der durch Bundesgesetz zu errichtende Stabilitätsrat ist nach Art. 109a I Nr. 1 GG ein **gemeinsames Organ des Bundes und der Länder**, aber **kein Verfassungsorgan**[24]. Anders als der Bundesrat oder die Bundesversammlung, deren Mitglieder auch (teilweise) von den Ländern bestimmt werden, stellt der Stabilitätsrat kein reines Bundesorgan dar, sondern ist das einzige in der Verfassung selbst angelegte institutionelle Pendant einer Gemeinschaftsaufgabe[25]. Unterhalb der Verfassungsebene gab es mit dem Finanzplanungsrat bereits einen Vorläufer, dessen Zusammensetzung und Aufgabenstellung ebenso durch das bundesstaatliche Zusammenwirken gekennzeichnet war. Der Finanzplanungsrat ist 2010 gesetzlich abgeschafft worden[26]. 9

Der Stabilitätsrat ist deshalb in seiner Eigenschaft als gemeinsames Organ von Bund und Ländern zwar ein verfassungsrechtliches, aber **kein materiellrechtliches Novum**. Ernsthafte verfassungsrechtliche Bedenken aus **Art. 79 III GG** lassen sich wegen der schon bisher bestehenden engen Verflechtung, der allgemeinen Akzeptanz des Finanzplanungsrates und der Koordinationsnotwendigkeit auch gegenüber der Europäischen Union nicht erheben[27], zumal das Bundesverfassungsgericht sachlich entsprechende Regelungen geradezu positiv und nachdrücklich gefordert und die Ermächtigung des heutigen Art. 109 IV GG (ehemals Art. 109 III GG) für ausreichend erachtet hat[28]. 10

Die Stellung als gemeinsames Organ schließt einen organisatorischen Anschluß des Stabilitätsrates an die Bundesebene nicht aus[29]. Der Stabilitätsrat wird deshalb funktional sinnvoll gem. § 1 I 3 StabRG »**bei der Bundesregierung** eingerichtet«[30]. Ansonsten wird die Besetzung einschließlich des Sekretariats (§ 1 IV StabRG) paritätisch vorgenommen. 11

Als gemeinsames Organ von Bund und Ländern genießt der Stabilitätsrat notwendigerweise **Eigenständigkeit und Unabhängigkeit**. Das Organ als Ganzes ist an Gesetz und Recht gem. Art. 20 III GG gebunden und unterliegt keinen Weisungen von Bun- 12

---

[24] *M. Heintzen*, in: v. Münch/Kunig, GG II, Art. 109a Rn. 4; *Kube* (Fn. 12), Art. 109a Rn. 20.

[25] Vgl. auch *Reimer* (Fn. 23), Art. 109a Rn. 8; *Kube* (Fn. 12), Art. 109a Rn. 19f.; *H. Siekmann*, in: Sachs, GG, Art. 109a Rn. 5.

[26] Gesetz vom 27.5.2010 (BGBl. I S. 671). Die Koordinierung der Finanzplanung hat der Stabilitätsrat übernommen, s. *Kube* (Fn. 12), Art. 109a Rn. 32; *ders.*, in: Maunz/Dürig, GG, Art. 109 (2012), Rn. 271 ff.

[27] Im Ergebnis auch *Reimer* (Fn. 23), Art. 109a Rn. 10; vgl. jetzt *M. Thye*, Der Stabilitätsrat, 2014, S. 41 ff.

[28] BVerfGE 86, 148 (266); 116, 327 (393, Rn. 204).

[29] *Reimer* (Fn. 23), Art. 109a Rn. 12.

[30] *G. Kirchhof*, in: v. Mangoldt/Klein/Starck, GG III, Art. 109a Rn. 5.

des- oder Landesorganen[31]. Die Unabhängigkeit erstreckt sich aber nicht notwendigerweise auf seine einzelnen Mitglieder (→ Rn. 15).

2. Zusammensetzung

13 Art. 109a I Nr. 1 GG ermächtigt zur Schaffung eines Stabilitätsrates, sagt aber weder etwas zu seiner Zusammensetzung oder zur Bestellung und Abberufung noch zur Stellung seiner Mitglieder. Letztlich lassen sich allenfalls wenige Vorgaben aus der Qualifizierung als gemeinsames Gremium ableiten. Beide Ebenen müssen danach Vertreter in das Gremium entsenden können und zugleich muß im Ergebnis eine **gewisse Parität** eingehalten werden[32]. Die Einzelheiten sind aber ansonsten völlig dem Bundesgesetzgeber vorbehalten. Der Verfassungstext schließt auch keineswegs die Entsendung stimmberechtigter kommunaler Vertreter aus[33], die schon dem Finanzplanungsrat angehörten. Das gilt umso mehr, als die Kommunen finanzverfassungsrechtlich Teil der Länder sind. Genauso wenig verbietet Art. 109a I Nr. 1 GG die Mitgliedschaft externer Sachverständiger[34] oder von Fachbeamten[35]. Der Begriff »gemeinsames Gremium« trägt solche Schlußfolgerungen nicht.

14 Die einfachgesetzliche Regelung hält diesen ohnehin weiten Rahmen ein. Nach § 1 I 2 StabRG setzt sich der Stabilitätsrat aus zwei Bundesministern, nämlich dem Bundesminister der Finanzen sowie dem Bundesminister für Wirtschaft und Technologie, und daneben aus den Finanzministern der Länder zusammen. Wie sich aus der Gesetzesbegründung ergibt, soll die Hinzuziehung von »Vertretern der kommunalen Spitzenverbände oder der Bundesbank« als »Gäste« zu den Beratungen möglich sein[36]. Die Festlegung der **Vertretung der Länder durch die Finanzminister** der Länder verstößt auch nicht gegen Art. 20 I, 28 I GG[37], da Art. 109a GG explizit den Bundesgesetzgeber zur Regelung der Zusammensetzung des gemeinsamen Gremiums ermächtigt und damit einen entsprechenden Eingriff in die Organisationshoheit der Länder voraussetzt. Ein Verstoß gegen Art. 79 III GG ist insofern auch nicht im entferntesten erkennbar. Auch sachlich ist gegen die Regelung nichts einzuwenden. Selbstverständlich wäre eine andere Zusammensetzung denkbar, etwa eine (stärkere) Beteiligung von Sachverständigen oder eine Bestellung durch Wahlen seitens des Bundes und der Länder. Die Entscheidungsfreiheit des Bundesgesetzgebers ist hier aber weit gezogen. Die Besetzung des Gremiums mit den zuständigen Finanzministern ist sachlich gerechtfertigt und keinesfalls unplausibel.

15 Anders als die Unabhängigkeit des Organs als Ganzem, die sich aus der Konstruktion als gemeinsames Gremium ergibt (→ Rn. 12), ist die **persönliche Unabhängigkeit**

---

[31] So ist wohl *Reimer* (Fn. 23), Art. 109a Rn. 21 zu verstehen; anders *Thye*, Stabilitätsrat (Fn. 27), S. 67 ff., der von der Möglichkeit ausgeht, den Stabilitätsrat durch einen einstimmigen Beschluß des Bundes und der Länder zu einem bestimmten Tun oder Unterlassen anzuweisen.

[32] Ähnlich *Reimer* (Fn. 23), Art. 109a Rn. 14: »paritätische Besetzung, zumindest aber die prinzipielle Stimmengewichtsgleichheit beider Seiten«; *Heintzen* (Fn. 24), Art. 109a Rn. 5; vgl. auch *Thye*, Stabilitätsrat (Fn. 27), S. 75 ff.

[33] *H.-G. Henneke*, in: Schmidt-Bleibtreu/Hofmann/Henneke, GG, Art. 109a Rn. 8; *ders.*, NdsVBl. 2010, 313 (317); *Thye*, Stabilitätsrat (Fn. 27), S. 91; so aber *Reimer* (Fn. 23), Art. 109a Rn. 14.

[34] So aber ohne weitere Begründung *Reimer* (Fn. 23), Art. 109a Rn. 14; vgl. dagegen *Kirchhof* (Fn. 30), Art. 109a Rn. 18 sowie *Thye*, Stabilitätsrat (Fn. 27), S. 91.

[35] *Kube* (Fn. 12), Art. 109a Rn. 21; a. A. Bund und Länder nur durch politische Entscheidungsträger zu vertreten *Heintzen* (Fn. 24), Art. 109a Rn. 5.

[36] BT-Drs. 16/12400, S. 18.

[37] So aber *Reimer* (Fn. 23), Art. 109a Rn. 15: »verfassungsrechtlich bedenklich«.

der einzelnen Mitglieder[38] durch Art. 109a I Nr. 1 GG in keiner Weise vorgegeben[39]. Der Gesetzgeber kann die Mitglieder mit persönlicher Unabhängigkeit ausstatten, muß dies aber nicht. Die tatsächliche Ausgestaltung, die eine Mitgliedschaft ausschließlich von Regierungsmitgliedern im Ministerrang vorsieht, wählt tatsächlich auch einen gewissen Mittelweg, da die Finanzminister kraft des Ressortprinzips einen Bereich eigenständiger Verantwortung wahrnehmen, andererseits aber in ihre jeweiligen Kabinette eingebunden sind und parlamentarischer Verantwortung unterliegen. Sichergesellt werden muß aber stets, daß dem Stabilitätsrat ein »Mindestmaß an Handlungsfähigkeit« verbleibt, woraus sich gewisse Beschränkungen der Weisungspraxis ergeben können[40].

III. Funktionen und Verfahren

1. Allgemeine Grundlagen

Im Hinblick auf die Funktionen des Stabilitätsrats ist nach der Neuregelung zwischen 16
Absatz 1 und 2 zu differenzieren. Art. 109a I GG weist dem Stabilitätsrat insoweit unmittelbar lediglich die Aufgabe zu, (1) die **Haushaltswirtschaft von Bund und Ländern fortlaufend zu überwachen**. Die beiden anderen durch das Bundesgesetz zu regelnden Fragen, nämlich (2) die **Feststellung einer drohenden Haushaltsnotlage** sowie (3) die **Aufstellung und Durchführung von Sanierungsprogrammen**, werden dem Stabilitätsrat gar nicht explizit zugewiesen. Gleichwohl intendiert Art. 109a I GG, wie auch das gleichzeitig erlassene Ausführungsgesetz und die Begründung[41] erkennen lassen, genau dies. Der Normtext hätte freilich durchaus präziser verfaßt werden können. Es kommt hinzu, daß die Formulierung der allgemeinen Aufgabenzuweisung in § 2 S. 1 StabRG wiederum anders gefaßt ist und dem Stabilitätsrat zunächst nur zwei Funktionen überträgt, nämlich die »Überwachung der Haushalte« und die »Durchführung von Sanierungsprogrammen«, während sich §§ 3–5 StabRG anschließend jedoch wiederum weitgehend an Art. 109a GG halten.

Sachlich werden dem Stabilitätsrat in Absatz 1 damit letztlich die **drei Aufgaben** 17
zugewiesen, die sich aus Art. 109a I GG erschließen lassen[42]. Art. 109a I GG bestimmt zwar nicht ausdrücklich, in welchem Verhältnis die drei Funktionen zueinander stehen, gibt allerdings durch die Reihenfolge der Aufzählung bereits ein gewisses Stufenverhältnis zu erkennen. Der (verfassungsändernde) Gesetzgeber wollte auch ersichtlich ein konsistentes und geschlossenes System regelmäßiger und effektiver Haushaltsüberwachung errichten[43], das insgesamt Haushaltsnotlagen vermeiden soll[44]. In den Augen des Gesetzgebers ist das Verfahren in vier Schritte aufgeteilt: 1. kontinuierliche Überwachung, 2. Feststellung der Gefahr einer Haushaltsnotlage, 3. Verein-

---

[38] Zu möglichen Inkompatibilitäten s. *Thye*, Stabilitätsrat (Fn. 27), S. 86 ff.

[39] Vgl. auch *Reimer* (Fn. 23), Art. 109a Rn. 19; *Kube* (Fn. 12), Art. 109a Rn. 28; *Heintzen* (Fn. 24), Art. 109a Rn. 5; *Thye*, Stabilitätsrat (Fn. 27), S. 67 ff.

[40] *Thye*, Stabilitätsrat (Fn. 27), S. 93.

[41] BT-Drs. 16/12410, S. 12; danach werden alle drei Aufgaben vom Stabilitätsrat wahrgenommen.

[42] S. auch *Kube* (Fn. 12), Art. 109a Rn. 30; *Heintzen* (Fn. 24), Art. 109a Rn. 6; *Siekmann* (Fn. 25), Art. 109a Rn. 9; umfassend zu den Aufgaben *Thye*, Stabilitätsrat (Fn. 27), S. 125 ff.; zur faktischen Wahrnehmung der Aufgaben s. *A. Hildebrandt*, Ein Jahr Stabilitätsrat – erste Ergebnisse und ihre Bewertung, Jahrbuch für Öffentliche Finanzen 2011, S. 369 ff. (371 ff.).

[43] Vgl. *Reimer* (Fn. 23), Art. 109a Rn. 25; vgl. auch *Siekmann* (Fn. 25), Art. 109a Rn. 14.

[44] BT-Drs. 16/12410, S. 12.

barung eines Sanierungsprogramms, 4. Durchführung und Überwachung des Sanierungsprogramms[45]. Allein die Logik spricht für diese Abfolge. Insofern setzt die Aufstellung eines Sanierungsprogramms selbstverständlich die Feststellung der Gefahr einer Haushaltsnotlage voraus[46].

18 Mit dem neuen Absatz 2 erhält der Stabilitätsrat – allerdings erst ab 2020 – zusätzlich und ausdrücklich die **vierte Aufgabe**, die Einhaltung der Vorgaben des Artikels 109 III GG (sog. Schuldenbremse) durch Bund und Länder zu überwachen. Dabei soll er sich nach Satz 2 an den Vorgaben und Verfahren aus Rechtsakten auf Grund des Vertrages über die Arbeitsweise der Europäischen Union zur Einhaltung der Haushaltsdisziplin orientieren. Die betreffenden Rechtsakte werden nicht explizit genannt. Es handelt sich damit um eine **dynamische Verweisung auf alle europäischen Rechtsakte**, die diese Voraussetzungen erfüllen. Für den **Fiskalpakt** ist das allerdings – entgegen den Erwartungen der Begründung des Gesetzentwurfs[47] – gerade nicht der Fall. Eine solch dynamische Verweisung erscheint nicht unproblematisch, verstößt aber auch aufgrund des Vorrangs des Europarechts und der begrenzten Befugnisse des Stabilitätsrats im Ergebnis nicht gegen Art. 79 III GG.

19 Angesichts der wenig präzisen Formulierungen in Absatz 1 ist letztlich **unklar, ob** die Aufgaben des Art. 109a GG **abschließend** verstanden werden sollen. § 2 S. 4 StabRG sieht explizit vor, daß dem Stabilitätsrat weitere Aufgaben durch (Bundes-) Gesetz übertragen werden können. Dieser Wille des Gesetzgebers spricht gegen ein generelles Übertragungsverbot. Allein aufgrund seiner Stellung als Gemeinschaftsorgan wird man auch kaum auf ein Verbot schließen können[48], soweit die Aufgabenzuweisung eine verfassungsrechtliche Legitimation etwa in Art. 109 IV GG findet oder lediglich informell-beratende Funktionen zugeordnet werden. Eine solche Zuweisung ist denn auch in **§ 51 I HGrG** erfolgt, wonach der Stabilitätsrat über die zugrundeliegenden volks- und finanzwirtschaftlichen Annahmen zur Koordinierung der Haushalts- und Finanzplanungen des Bundes, der Länder und der Gemeinden und Gemeindeverbände berät. Diese Zuweisung steht dabei in engen Zusammenhang zur in §§ 2 S. 3, 6 StabiRatG normierten Aufgabe des Stabilitätsrats zur **Überwachung der Vorgaben des Fiskalpakts** nach § 51 II HGrG. Demgegenüber ist die Aufgabenzuweisung in § 2 II KonsHilfG in Art. 143d II GG verfassungsrechtlich fundiert und damit zugleich in jedem Fall verfassungsgemäß.

20 **Nicht eindeutig** geregelt ist, **ob** und inwieweit der Stabilitätsrat bei seinen Feststellungen, aber auch hinsichtlich seines konkreten Prüfungsumfangs über **Entscheidungsspielräume** verfügt. Insoweit wird man zwischen den Aufgaben nach Absatz 1 und 2 differenzieren müssen. Teilweise wird bzgl. der Aufgaben nach **Absatz 1** generell von »gebundenen Entscheidungen« ausgegangen und dem Stabilitätsrat »kein Ermessensspielraum« zugestanden[49]. Diese allgemeine These verfehlt die Aufgabenstellung des Stabilitätsrates. Erstens wäre eine umfassende Überwachung der gesamten Haushaltswirtschaft des Bundes und der Länder weder sonderlich sinnvoll (Ziel ist primär die Verhinderung von Haushaltsnotlagen), noch durch ein entsprechendes Gremium vollständig zu leisten. Eine entsprechende verfassungsrechtliche Verpflichtung anzuneh-

---

45 S. auch *Thye*, Stabilitätsrat (Fn. 27), S. 126, der als fünfte Phase noch die Abschlußphase nennt.
46 *Reimer* (Fn. 23), Art. 109a Rn. 25.
47 BT-Drs. 18/11131, S. 19.
48 So aber *Reimer* (Fn. 23), Art. 109a Rn. 23. Wie hier wohl *Henneke* (Fn. 33), Art. 109a Rn. 19.
49 *Reimer* (Fn. 23), Art. 109a Rn. 26.

men erweist sich insofern als verfehlt[50], wenngleich es dem Gesetzgeber freistünde, eine solche vorzusehen. Zweitens handelt es sich nicht um klassische Subsumtionen unter eindeutige Tatbestandsvoraussetzungen, wofür man auch kaum ein mit Ministern besetztes politisches Gremium benötigen würde. Drittens geht es insgesamt ohnehin weniger um Ermessensentscheidungen, die Rechtsfolgen betreffen, als um eine Einschätzungsprärogative des Stabilitätsrates, ob eine Haushaltsnotlage vorliegt, zumal die »Kennziffern«, nach denen dies beurteilt werden soll, nicht vom Gesetzgeber vorgegeben sind, sondern vom Stabilitätsrat selbst erarbeitet werden. Der Stabilitätsrat hat vier allgemein geltende Kennziffern, nämlich struktureller Finanzierungssaldo, Kreditfinanzierungsquote, Schuldenstand und Zins-Steuer-Quote festgelegt und allgemein geltende Schwellen für die einzelnen Kennziffern beschlossen[51]. Auch kann der Stabilitätsrat gar nicht einseitig ein Sanierungsprogramm auferlegen, vielmehr bedarf dies der Vereinbarung nach §5 I StabRG. Eine solche Vereinbarung ist aber gar nicht als »gebundene Entscheidung« denkbar. Auch bei der abschließenden Feststellung nach §5 IV StabRG, ob nach Abschluß des Sanierungsprogramms immer noch eine Haushaltsnotlage droht, wird man dem Stabilitätsrat eine (vergleichsweise weite) Einschätzungsprärogative zubilligen müssen. Anders ist möglicherweise hinsichtlich des Überwachungsauftrags nach **Absatz 2** zu entscheiden, da es insoweit tatsächlich um die Subsumtion unter eine konkrete Norm (Art. 109 III GG) geht. Hinsichtlich des Prüfungsumfangs besteht damit (anders als im Bereich der Haushaltswirtschaft nach Absatz 1) tatsächlich kein Einschätzungsspielraum des Stabilitätsrats. Auch diese Norm kennt freilich im Bereich der Ausnahmen unbestimmte Rechtsbegriffe, bei denen man eine gewisse Einschätzungsprärogative des Stabilitätsrats wird annehmen müssen. Dafür spricht auch die Formulierung in Satz 2, wonach sich der Stabilitätsrat im Rahmen seiner Überwachung an den unionsrechtlichen Vorgaben lediglich »orientiert« und der Umfang dieser Orientierung zwangsläufig in einem gewissen Rahmen der Entscheidung des Stabilitätsrats selbst obliegt, soweit dies nicht durch den Gesetzgeber näher ausgestaltet wird (was gegenwärtig allerdings nicht der Fall ist).

Art. 109a III GG enthält außer dem Publizitätsgebot (→ Rn. 42ff.) keine weiteren allgemeinen Verfahrensregeln, so daß der **Gesetzgeber** über einen erheblichen **Gestaltungsspielraum** verfügt. Im Sinne der Parität sieht §1 II StabRG einen gemeinsamen Vorsitz des Bundesfinanzministers und des Vorsitzenden der Fachministerkonferenz vor. Die Beschlüsse werden nach §1 IV 1 StabRG mit der Stimme des Bundes, die vom Bundesfinanzminister abgegeben wird (§1 IV 2 StabRG), und zwei Dritteln der Länder gefaßt. Bei Betroffenheit eines Landes ist das Land nicht stimmberechtigt, bei Betroffenheit des Bundes wird der Beschluß mit Zwei-Drittel-Mehrheit aller Stimmberechtigten – also einschließlich der des Bundes – getroffen (§1 IV 3 StabRG). Im übrigen trifft der Stabilitätsrat ergänzende Regelungen in einer Geschäftsordnung (§1 V StabRG). Den betroffenen Gebietskörperschaften ist rechtliches Gehör zu gewähren, ohne daß dies einer besonderen Regelung im Stabilitätsratsgesetz bedürfte[52]. 21

2. Überwachung der Haushaltswirtschaft

Die **Überwachung** der Haushaltswirtschaft des Bundes und der Länder ist die **zentrale Kernaufgabe des Stabilitätsrates**, die er gem. §3 I StabRG »regelmäßig«, d.h. fortlau- 22

[50] S. auch *Thye*, Stabilitätsrat (Fn. 27), S. 127ff.
[51] Dazu im einzelnen *Henneke* (Fn. 33), Art. 109a Rn. 23; *ders.*, NdsVBl. 2010, 313 (315f.).
[52] In diesem Sinne aber *Reimer* (Fn. 23), Art. 109a Rn. 29.

fend zu erfüllen hat. Dementsprechend tritt der Stabilitätsrat »nach Bedarf«, »jedoch mindestens zweimal jährlich« zusammen (§ 1 III StabRG), wobei die Haushaltswirtschaft des Bundes und jedes Landes mindestens einmal jährlich beraten werden muß (§ 3 II 1 StabRG). Ziel der Überwachung ist es, daß die Gefahr einer Haushaltsnotlage so rechtzeitig erkannt wird, daß sie durch entsprechende Sicherungsmaßnahmen abgewendet werden kann[53]; da die »Verschuldungsfalle« nicht plötzlich zuschnappt[54] erweist sich die bestehende gesetzliche Regelung damit aber als verfassungsgemäß, präsentiert sich aber wohl als das verfassungsrechtliche Minimum[55].

23 **Gegenstand** der Überwachung ist nach Art. 109a I Nr. 1 GG die **Haushaltswirtschaft des Bundes und jedes einzelnen Landes**, deren Haushaltslage gem. § 3 II 1 StabRG jährlich beraten wird. Haushaltswirtschaft ist in Übereinstimmung mit Art. 109, 115 GG umfassend zu verstehen und umfaßt auch die Sondervermögen. Nicht Gegenstand der Überwachung sind die Haushalte der juristisch selbständigen Personen des öffentlichen Rechts[56] – auch nicht der Kommunen, deren Haushalte allenfalls in ihren Auswirkungen auf die Länderhaushalte berücksichtigt werden können[57]. Im übrigen wäre der Stabilitätsrat auch damit überfordert, die Haushaltslage aller Kommunen zu überwachen. Aus diesem Grund ist der Stabilitätsrat nach Art. 109a GG auch nicht unmittelbar verpflichtet, stets die gesamte Haushaltswirtschaft von Bund und Ländern umfassend zu überwachen; insoweit bestehen vielmehr ein Gestaltungsspielraum des einfachen Gesetzgebers[58] und – sofern einfach-rechtlich nicht abschließend determiniert – ein Entscheidungsspielraum des Stabilitätsrats selbst, der sich danach auf die Aspekte, die für eine eventuelle Haushaltsnotlage maßgebend sind, fokussieren kann. Haushaltswirtschaft i. S. d. Art. 109a I GG und Haushaltslage i. S. d. § 3 II StabRG umfassen im übrigen alle Stadien des Haushaltskreislaufs von der mittelfristigen Finanzplanung über die jährliche Haushaltsplanung bis hin zur tatsächlichen Lage im Vollzug. Soweit längerfristige Trends beobachtet werden, kann auch auf die Daten vergangener Jahre zurückgegriffen werden, ohne daß diese noch sinnvollerweise Gegenstand der Überwachung sind[59]. § 3 II 2 StabRG normiert explizit die Pflicht des Bundes und der Länder, über die wesentlichen Elemente der Haushaltswirtschaft zu berichten. Die Verpflichtung kann auch unmittelbar aus der Verfassung, Art. 109 III, 109a, 115 II GG, abgeleitet werden. Im Interesse der Vergleichbarkeit wird der Stabilitätsrat beauftragt, allgemein geltende geeignete Kennziffern festzulegen (§ 3 II 3 StabRG), wobei verschiedene Indikatoren berücksichtigt werden sollen, die die Haushaltslage »umfassend und zielgenau« charakterisieren sollen[60].

24 Mit der Neuregelung des Absatz 2 ist freilich **unklar, ob** bzw. inwieweit der Stabilitätsrat im Rahmen der Überwachung der Haushaltswirtschaft **auch über die Einhaltung der verfassungsmäßigen Kreditaufnahmegrenzen**, namentlich des Art. 109 III GG, **beraten darf**. Nach § 3 II 2 StabiRatG enthält der den Beratungen zugrunde liegende Bericht der jeweiligen Gebietskörperschaft zwar zwingend entsprechende An-

---

[53] BT-Drs. 16/12400, S. 18.

[54] *Heintzen* (Fn. 24), Art. 109a Rn. 8.

[55] *Reimer* (Fn. 23), Art. 109a Rn. 35; s. auch *Heintzen* (Fn. 24), Art. 109a Rn. 8, der davor warnt an den Begriff fortlaufend übertriebene Erwartungen zu knüpfen.

[56] Vgl. *Kube* (Fn. 12), Art. 109a Rn. 42 ff.; *Siekmann* (Fn. 25), Art. 109a Rn. 10; unklar *Reimer* (Fn. 23), Art. 109a Rn. 32: »Inbegriff der Nebenhaushalte« erfaßt.

[57] So auch *Siekmann* (Fn. 25), Art. 109a Rn. 10.

[58] *Thye*, Stabilitätsrat (Fn. 27), S. 127 ff.

[59] So aber offenbar *Reimer* (Fn. 23), Art. 109a Rn. 34.

[60] BT-Drs. 16/12400, S. 18.

gaben[61] und tatsächlich besteht insoweit auch ein enger Zusammenhang zur Haushaltswirtschaft. Allerdings sieht die Neuregelung eine ausdrückliche Überwachung der Einhaltung der Vorgaben des Art. 109 III GG erst ab 2020 vor, so daß der bisherige Überwachungsauftrag entsprechend eingeschränkt worden sein könnte; der bisherige § 3 II 2 StabiRatG wäre dann als verfassungswidrig anzusehen. Eine solche Einschränkung dürfte von der Neuregelung jedoch nicht intendiert worden sein. Hintergrund bildet vielmehr der Umstand, daß die Schuldenbremse jedenfalls für die Länder erst ab dem Jahr 2020 verbindlich wird. Eine vom allgemeinen Überwachungsauftrag nach Absatz 1 eigenständige Prüfung der Einhaltung der Vorgaben des Art. 109 III GG durch Bund und Länder ist zuvor also gar nicht möglich. Absatz 2 verpflichtet den Stabilitätsrat mithin ab 2020 lediglich zu einer solchermaßen losgelösten, auf Art. 109 III GG fokussierten Überwachung, ohne die zuvor bestehenden Überwachungsaufträge zu modifizieren oder einzuschränken.

3. Feststellung einer drohenden Haushaltsnotlage gem. Art. 109a I Nr. 2 GG

a) Verfahren

Art. 109a I Nr. 2 GG ermächtigt den Gesetzgeber zur gesetzlichen **Regelung der Voraussetzungen und des Verfahrens** zur Feststellung einer drohenden Haushaltslage, ohne diese Aufgabe explizit dem Stabilitätsrat zuzuweisen. Ausweislich der Begründung ist der verfassungsändernde Gesetzgeber davon indes ausgegangen[62] und hat in § 4 StabRG diese Aufgabe auch dem Stabilitätsrat übertragen. Der Verfassungstext gibt das aber nicht zwingend vor. Folglich hat der Gesetzgeber in dieser wie auch in verfahrensrechtlicher Hinsicht einen weiten Gestaltungsspielraum. 25

Die derzeitige gesetzliche Ausgestaltung sieht vor, daß der Stabilitätsrat gem. § 4 I StabRG »**allgemein geltende Schwellenwerte** für die einzelnen Kennziffern nach § 3 II StabRG« beschließt, »deren Überschreitung auf eine drohende Haushaltsnotlage hinweisen kann«, wobei die Schwellenwerte für Bund und Länder differieren. Diese Werte sind die Grundlage einer Prüfung durch den Stabilitätsrat gem. § 4 II StabRG, die entweder durch einen Antrag der betroffenen Gebietskörperschaft (Nr. 1) oder von Amts wegen eingeleitet wird, wenn die betroffene Gebietskörperschaft »bei der Mehrzahl der betroffenen Kennziffern ... die Schwellenwerte überschreitet oder die Projektion eine entsprechende Entwicklung ergibt« (Nr. 2). Die Prüfung der Haushalte erfolgt umfassend (§ 4 III 1 StabRG) und wie im Rahmen der Überwachung sind die betroffenen Gebietskörperschaften entsprechend zur Auskunft und Mitteilung verpflichtet (§ 4 III 2 StabRG). 26

Die Ergebnisse der Prüfung finden Niederschlag in einem **Bericht**, der auch eine **Beschlußempfehlung** gibt (§ 4 IV StabRG). Dieses Verfahrensstadium wird mit einem Beschluß beendet, in dem festgestellt wird, ob eine Haushaltsnotlage droht (§ 4 V StabRG). Auch ohne gesetzliche Normierung gilt, daß der Beschluß der betroffenen Gebietskörperschaft unverzüglich bekanntzugeben ist[63], auch wenn die jeweiligen Finanzminister naturgemäß in der Sitzung selbst von dem Beschluß erfahren werden. Auch in diesem Fall steht dem Stabilitätsrat zwar kein Ermessen[64], wohl aber eine 27

[61] S. auch *Thye*, Stabilitätsrat (Fn. 27), S. 169 ff.
[62] BT-Drs. 16/12410, S. 12.
[63] *Reimer* (Fn. 23), Art. 109a Rn. 39.
[64] So *Reimer* (Fn. 23), Art. 109a Rn. 39.

Einschätzungsprärogative zu, da bereits das Vorliegen einer Haushaltsnotlage selbst bei Zugrundelegen von Kennziffern und Schwellenwerten nicht durch bloße Subsumtion festgestellt werden kann und zudem dem Begriff selbst wie auch der Komponente des »Drohens« ein starkes Element der Prognose zu eigen ist. Die Überschreitung der Schwellenwerte der Mehrzahl der Kennziffern löst eine Prüfung aus, ist aber nicht schon gleichbedeutend mit einer Haushaltsnotlage.

b) Begriff der drohenden Haushaltsnotlage

28 Die **Feststellung** der Haushaltsnotlage **betrifft** allein die **öffentlichen Haushalte des Bundes und der Länder**. Nicht als juristisch selbständige Personen ausgegliederte **Nebenhaushalte**, insbesondere Sondervermögen, werden als Bestandteil der Haushaltswirtschaft des Bundes und der Länder mit erfaßt, da auch die Verschuldensgrenzen für sie gelten. Das gilt aber nicht für selbständige juristische Personen wie Sozialversicherungsträger und Gemeinden (→ Rn. 23)[65]. Deren Haushalte sind grundsätzlich auch keine »relevanten Bereiche des betroffenen Haushalts« i. S. d. § 4 III StabRG[66].

29 Der **Begriff der Haushaltsnotlage** wird weder in der Verfassung noch im Stabilitätsratsgesetz definiert, sondern vielmehr vorausgesetzt[67] und ist nicht mit dem Begriff der Notsituation oder der von der Normallage abweichenden konjunkturellen Entwicklung in Art. 109 III 2 GG gleichzusetzen[68]. Verfassung und Ausführungsgesetz knüpfen damit aber an die Begrifflichkeit des Bundesverfassungsgerichts an[69], das als Indikator die Finanzierungsquote (Verhältnis Nettokreditaufnahme zu Einnahmen oder Ausgaben) und die Belastungsquote (Verhältnis Zinsausgaben zu [steuerlichen] Einnahmen oder Ausgaben) ausgemacht hat. Auf eine genaue Definition hat allerdings auch das Bundesverfassungsgericht verzichtet, indes bei einer Kreditfinanzierungsquote von 14,1% und einer Zinsquote von 19,8% eine solche Haushaltsnotlage »jedenfalls« angenommen. Eine genaue Festlegung der Grenze, ab der eine Haushaltsnotlage vorliegt, enthält ein erhebliches Maß an Dezision, zumal diese Quoten lediglich Indikatoren darstellen[70]. Sicher ist die bloße Überschreitung der Kreditobergrenze des Art. 109 III, 115 II GG keine Haushaltsnotlage[71]. Im Sinne der bisherigen akzeptierten Begriffsverwendung des Bundesverfassungsgerichts ist sachlich mit einer Haushaltsnotlage allein eine **nicht mehr ohne weiteres beherrschbare Neuverschuldung** gemeint. Die derzeitige Rechtslage überläßt die Konkretisierung weitgehend dem Stabilitätsrat[72]. Der Konkretisierungsspielraum wird sogar dadurch zusätzlich erweitert, daß der Stabilitätsrat nicht das Eintreten einer Haushaltsnotlage, sondern allein eine »drohende Haushaltsnotlage« feststellen soll. Diese Feststellung bedarf einer Prognose, die sich an der Überschreitung bestimmter Schwellenwerte als Indikator orientieren soll. Es ist daher unumgänglich, daß der Stabilitätsrat damit erhebliche Einschätzungs- und Prognosespielräume eingeräumt erhält.

---

[65] *Siekmann* (Fn. 25), Art. 109a Rn. 10.

[66] A. A. *Reimer* (Fn. 23), Art. 109a Rn. 73; differenzierend *Siekmann* (Fn. 25), Art. 109a Rn. 11 (Berücksichtigung sofern sich deren finanzielle Entwicklung auf den Haushalt eines Landes oder des Bundes unmittelbar auswirkt).

[67] *Kube* (Fn. 12), Art. 109a Rn. 50; vgl. ausführlich auch *Thye*, Stabilitätsrat (Fn. 27), S. 138 ff.

[68] *Siekmann* (Fn. 25), Art. 109a Rn. 15.

[69] BVerfGE 86, 148 (258 ff.); 116, 327 (382 ff., Rn. 182 ff.).

[70] Wie hier *Siekmann* (Fn. 25), Art. 109a Rn. 15.

[71] Das hält *Reimer* (Fn. 23), Art. 109a Rn. 78 für denkbar.

[72] Vgl. auch *Heintzen* (Fn. 24), Art. 109a Rn. 11 zu den Unsicherheiten.

Angesichts der insoweit geringen gesetzlichen Vorgaben ist die Verfassungsmäßigkeit der betreffenden Regelungen der §§ 3 II, 4 I StabRG bezweifelt worden, weil die Normen nicht den »erhöhten« (?) Bestimmtheitsanforderungen genügten[73]. Hohe oder erhöhte Bestimmtheitsanforderungen sind hier aber nicht begründbar (→ Rn. 29), sie werden in vorliegendem Zusammenhang auch lediglich behauptet. Verlangt werden kann allein, daß die **Prognose auf einer umfassenden Analyse beruht**, in die auch allgemeinwirtschaftliche bis hin zu demographischen Entwicklungen sowie implizite Staatsschulden und zukünftige Bedarfe eingehen, ohne daß der Gesetzgeber diese Elemente im einzelnen auch nur sinnvoll bestimmen könnte. Gerade deswegen bedarf es eines Gremiums, das aus parlamentarisch verantwortlichen Ministern zusammengesetzt ist. 30

4. Sanierungsverfahren gem. Art. 109a I Nr. 3 GG

Art. 109a I Nr. 3 GG enthält wiederum nur eine **Ermächtigung an den Bundesgesetzgeber**, »die Grundsätze zur Aufstellung und Durchführung von Sanierungsprogrammen zur Vermeidung von Haushaltsnotlagen« gesetzlich zu regeln. Der Verfassungsgesetzgeber intendierte dabei allerdings von Anfang an, daß der Stabilitätsrat mit der betroffenen Gebietskörperschaft das Sanierungsprogramm vereinbaren und anschließend die Durchführung des Sanierungsprogramms überwachen sollte. Zugleich wollte der Verfassungsgesetzgeber nach der Feststellung der drohenden Haushaltsnotlage die Verpflichtung der betreffenden Gebietskörperschaft begründen, »in eigener Verantwortung alle Konsolidierungsspielräume auszuschöpfen und ein entsprechendes Sanierungsprogramm mit dem Stabilitätsrat zu vereinbaren«[74]. Diese Aufgabenzuweisungen und Verpflichtungen finden im Grundgesetz selbst kaum Ausdruck[75], sondern werden erst durch das Bundesgesetz begründet. Auch dort bleibt freilich einiges offen. Dabei verfügt der Gesetzgeber über einen weiten Gestaltungsspielraum[76]. Ziel des Sanierungsprogramms ist es, »die drohende Haushaltsnotlage abzuwenden und den Haushalt nachhaltig zu sanieren«[77]. Das Sanierungsverfahren zerfällt nach der Konzeption des Gesetzes in vier Abschnitte. 31

Der erste Verfahrensabschnitt schließt an die Feststellung einer drohenden Haushaltsnotlage durch den Stabilitätsrat unmittelbar an, da diese Feststellung die Pflicht zum Abschluß einer Vereinbarung zwischen Stabilitätsrat und betroffener Gebietskörperschaft gem. § 5 I 1 StabRG auslöst[78]. Das Initiativrecht für das jeweils auf fünf Jahre angelegte (§ 5 I 3 StabRG) Sanierungsprogramm liegt bei der betroffenen Gebietskörperschaft (§ 5 I 2 StabRG). Das entspricht der Haushaltsautonomie gem. Art. 109 I GG. Dem Stabilitätsrat obliegt danach in erster Linie eine **Kontrollfunktion**, die freilich die Befugnis zur Unterbreitung von Vorschlägen zur Modifizierung, Ergänzung und Erweiterung der Sanierungsvorschläge einschließt. Der Stabilitätsrat ist demnach eindeutig nicht auf bloße Beratung, Anhörung und Konsultation beschränkt[79]. Diese Befugnis folgt letztlich aus der Vereinbarungspflicht. Allerdings 32

[73] *Reimer* (Fn. 23), Art. 109a Rn. 75 ff.; in diese Richtung auch *Kube* (Fn. 12), Art. 109a Rn. 95.
[74] BT-Drs. 16/12410, S. 12.
[75] Vgl. auch *Reimer* (Fn. 23), Art. 109a Rn. 41.
[76] *Reimer* (Fn. 23), Art. 109a Rn. 42.
[77] BT-Drs. 16/12400, S. 18.
[78] S. auch *Thye*, Stabilitätsrat (Fn. 27), S. 188; die Rechtsnatur dieser Vereinbarung ist unklar, vgl. *Siekmann* (Fn. 25), Art. 109a Rn. 18.
[79] *C. Waldhoff/P. Dieterich*, ZG 24 (2009), 97 (120); *C. Seiler*, JZ 2009, 721 (727).

kann auch der Stabilitätsrat keine Vereinbarung erzwingen. § 5 III 1 StabRG sieht im Fall unzureichender Vorschläge oder Durchführung der Sanierung lediglich eine verschärfte »Aufforderung zur verstärkten Haushaltskonsolidierung« sowie bei Erfolglosigkeit eine weitere Aufforderung vor (§ 5 III 3 StabRG). Weitere bzw. andere Sanktionsmöglichkeiten stehen weder dem Stabilitätsrat noch einem anderen Bundesorgan zur Verfügung. Letztlich ist ein Sanierungsprogramm daher einseitig nicht durchsetzbar. Die Durchführung vereinbarter Sanierungsprogramme liegt allein »in eigener Verantwortung« der betroffenen Gebietskörperschaft (§ 5 II 1 StabRG). Bei Abweichungen der tatsächlichen von der geplanten Kreditaufnahme »prüft der Stabilitätsrat nur geeignete weitere Maßnahmen« (§ 5 II 2 StabRG) und kann weitere »Aufforderungen« an die jeweilige Gebietskörperschaft gem. § 5 III StabRG richten. Auch insoweit berücksichtigt der Gesetzgeber die verfassungsrechtliche Garantie der Haushaltsautonomie gem. Art. 109 I GG, freilich auf Kosten der Durchsetzungsfähigkeit der Sanierungsprogramme.

33 Die Regelung erweckt auch **keine ernsthaften verfassungsrechtlichen Bedenken**. Ein Verstoß des Art. 109a I Nr. 3 GG gegen Art. 79 III GG ist angesichts der vagen Gesetzesermächtigung fernliegend und wäre selbst dann ausgeschlossen, wenn Art. 109a GG eine Pflicht zur kooperativen Aufstellung von Entschuldungsplänen eingeführt hätte[80]. Die Einrichtung des Stabilitätsrates und die Vereinbarungspflicht des § 5 StabRG stellen ebensowenig einen unzulässigen Eingriff in Grundprinzipien des Bundesstaates dar. Das gilt auch dann, wenn man die faktischen Bindungswirkungen der Vereinbarungen berücksichtigt. Die gegenteiligen Bedenken[81] überschätzen die Einflußmöglichkeiten des Stabilitätsrates.

34 Dem Stabilitätsrat kommt danach auch bei der Durchführung vornehmlich die Aufgabe der **Überwachung und Kontrolle zu**. Zu diesem Zweck begründet das Gesetz eine halbjährliche Berichtspflicht der Gebietskörperschaft gem. § 5 II 1, 2. HS StabRG. Diese Sanierungsüberwachung steht in engem Zusammenhang mit der allgemeinen Haushaltsüberwachung gem. § 3 StabRG, ohne daß dem Stabilitätsrat über die Prüfungs- und Aufforderungsbefugnisse hinaus Sanktionskompetenzen eingeräumt worden sind[82]. Auch im Fall einer Kooperationsverweigerung oder offensichtlicher Verzögerung oder Sabotage der Sanierung sind dem Stabilitätsrat die Hände gebunden[83].

35 Das **Sanierungsprogramm** ist regelmäßig nach dem regulären **Zeitablauf** von fünf Jahren **abgeschlossen**. Nach dem Abschluß hat der Stabilitätsrat die Haushaltslage der betroffenen Gebietskörperschaft zu prüfen (§ 5 IV 1 StabRG) und wird verpflichtet, bei einer immer noch drohenden Haushaltsnotlage ein weiteres Sanierungsprogramm zu vereinbaren (§ 5 IV 2 StabRG)[84]; bei der Einschätzung, ob eine Haushaltsnotlage weiterhin droht, besteht erneut ein Beurteilungsspielraum des Stabilitätsrats[85]. Eine »förmliche Feststellung, daß das Sanierungsprogramm beendet ist«, ist als »ungeschriebene Annexkompetenz«[86] im Gesetz nicht vorgesehen. Freilich wird der Stabi-

---

[80] Stärkere Bedenken äußern *C. Waldhoff/P. Dieterich*, ZG 24 (2009), 97 (120).

[81] *C. Waldhoff/P. Dieterich*, ZG 24 (2009), 97 (121).

[82] Kritisch *E. Janeba*, ZSE 15 (2017), 368 (377); positiv hinsichtlich dieser »weichen Steuerung« hingegen *A. Benz*, ZSE 15 (2017), 395 (401).

[83] Vgl. auch *Kube* (Fn. 12), Art. 109a Rn. 63; *Reimer* (Fn. 23), Art. 109a Rn. 47 sieht das – ohne Bezugnahme auf das konkrete Gesetz – offenbar als Verletzung des Untermaßverbots an, mit welchen Konsequenzen bleibt aber unklar.

[84] *Heintzen* (Fn. 24), Art. 109a Rn. 17; *Kube* (Fn. 12), Art. 109a Rn. 70.

[85] *Thye*, Stabilitätsrat (Fn. 27), S. 203.

[86] *Reimer* (Fn. 23), Art. 109a Rn. 52; ähnlich *Kube* (Fn. 12), Art. 109a Rn. 70.

litätsrat das Ergebnis seiner Prüfung den Beteiligten mitteilen, ohne daß es sich hierbei um ein förmliches Beendigungsverfahren handelt. Das Gesetz enthält keine Regelung für den Fall eines – faktisch eher unwahrscheinlichen – vorzeitigen Erfolgs des Sanierungsprogramms. Der Verfassung lassen sich dafür ebenfalls keine unmittelbaren Vorgaben entnehmen[87]. Nach Sinn und Zweck der Regelungen der Art. 109 III, 109a GG und im Hinblick auf die Haushaltsautonomie der jeweiligen Gebietskörperschaften wird man allerdings diesen auch die vorzeitige Beendigung des Sanierungsprogramms jedenfalls im Einvernehmen mit dem Stabilitätsrat und nach dessen Prüfung erlauben müssen[88].

5. Überwachungsauftrag gem. Art. 109a II GG

Der neue Absatz 2 begründet für den Stabilitätsrat in Satz 1 den verfassungsrechtlichen Auftrag zur **Überwachung der Vorgaben des Art. 109 III GG** (Schuldenbremse) durch Bund und Länder. Diese Aufgabe obliegt dem Stabilitätsrat allerdings erst ab dem 1.1.2020, gilt damit erstmals in dem Jahr, in dem nach Art. 143g GG auch der neue Art. 107 GG erstmals anzuwenden ist. Hintergrund bildet die Regelung des Art. 143d I GG, der die Geltung des Art. 109 III GG (der Schuldenbremse) jedenfalls für die Länder bis zum Jahre 2020 suspendiert. Eine Überprüfung der Einhaltung der Vorgaben des Art. 109 III GG durch Bund und Länder ist vor diesem Zeitraum also schon nicht denkbar. Mit der Neuregelung wird der verfassungsrechtliche Überwachungsauftrag des Stabilitätsrats damit ausdrücklich auf die Einhaltung der Schuldenbremse nicht nur im Bund, sondern in allen Ländern erweitert. Tatsächlich dürften sich die Neuerungen insoweit allerdings in Grenzen halten, da die Einhaltung der Schuldenbremse bereits zuvor unter die fortlaufende Überwachung der Haushaltswirtschaft subsumiert werden konnte und in diesem Zusammenhang auch weiterhin Berücksichtigung finden darf. Nach dem neu eingefügten § 5a StabiRatG erfolgt die Überprüfung regelmäßig im Herbst eines Jahres für das jeweils abgelaufene, das aktuelle und das darauffolgende Jahr. Gewisse **Einschätzungsspielräume** des Stabilitätsrats sind aufgrund der zum Teil erforderlichen Prognosen und der in Art. 109 III GG bzgl. der Ausnahmen bestehenden unbestimmten Rechtsbegriffe anzuerkennen; sie dürften freilich nicht so weit reichen wie im Rahmen des Überwachungsauftrags nach Absatz 1 und erfassen anders als dort insbesondere nicht den konkreten Prüfungsumfang. 36

Im Rahmen der Überwachung hat der Stabilitätsrat sich nach Satz 2 an den Vorgaben und Verfahren aus Rechtsakten auf Grund des **Vertrages über die Arbeitsweise der Europäischen Union zur Einhaltung der Haushaltsüberwachung** zu orientieren. Zu diesen Vorgaben gehört dabei der bereits am 17.6.1997 auf Drängen Deutschlands erlassene Stabilitäts- und Wachstumspakt, der aufgrund der Erfahrungen mit der Finanz- und Eurokrise zuletzt wieder etwas verschärft worden ist[89]. Entgegen der Auffassung der Begründung des Gesetzentwurfs ist der Vertrag über die Stabilität, Koordinierung und Steuerung in der Wirtschafts- und Währungsunion (sog. Fiskalpakt) von diesem Verweis jedoch nicht erfasst, da dieser nicht auf Grundlage des AEUV, sondern auf völkerrechtlicher Grundlage erlassen wurde und zudem nicht sämtliche Mitgliedstaa- 37

---

[87] Nicht nachvollziehbar die gegenteilige Behauptung von *Reimer* (Fn. 23), Art. 109a Rn. 55.

[88] Wie hier jetzt auch *Thye*, Stabilitätsrat (Fn. 27), S. 203; anders wohl *Reimer* (Fn. 23), Art. 109a Rn. 55.

[89] Dazu auch *Herrmann/Thiele* (Fn. 12), Kap. 6.4 (i. E.).

ten der Union an diesem beteiligt sind[90]. Sachlich ist dieser Unterschied durchaus von Relevanz, da der Fiskalpakt strengere Vorgaben als der Stabilitäts- und Wachstumspakt und auch des Art. 109 III GG enthält. Auf einfachrechtlicher Ebene ist dem Stabilitätsrat allerdings die Überwachung der Einhaltung der Vorgaben des Fiskalpakts zugewiesen worden, wozu auch eine völkerrechtliche Verpflichtung bestand (siehe § 2 S. 2 StabiRatG). Diese Aufgabe wird damit allerdings auch mit dem neuen Absatz 2 nicht verfassungsrechtlich fundiert.

38 Der Stabilitätsrat hat sich im Rahmen seiner Überwachung an den **Vorgaben** und **Verfahren** der entsprechenden Rechtsakte zu »**orientieren**«. Was darunter genau zu verstehen sein soll, bleibt freilich unklar und wird auch durch die Regelung des § 5a II StabiRatG nicht erhellt. An dieser Stelle wäre eine einfach-rechtliche Konkretisierung allerdings sinnvoll gewesen. Ohne eine solche dürfte dem Stabilitätsrat erneut ein großer Spielraum bei der Frage zukommen, wie er diese Orientierung im einzelnen ausgestaltet. Fest steht insoweit lediglich, daß dieser weder an die materiellen Vorgaben des Stabilitäts- und Wachstumspakts noch an die verfahrensrechtlichen Regelungen unmittelbar gebunden ist, wenngleich die unionsrechtlich freilich ebenfalls nicht absolut geltenden Grenzen für die Neuverschuldung (3% des BIP) sowie die Verschuldungsquote (60% des BIP) sicherlich eine gewisse Rolle spielen müssen (zumal das Grundgesetz eine ausdrückliche Grenze für die Verschuldungsquote nicht kennt). § 5a II 2 StabiRatG verweist ansonsten lediglich auf ein einheitliches Konjunkturbereinigungsverfahren, welches als Grundlage dienen muß. Im übrigen ist der Stabilitätsrat indes weitgehend frei.

39 Die **Beschlüsse** und **Berichte** des Stabilitätsrats sind nach § 5a II 3 StabiRatG **zu veröffentlichen**. Konsequenzen im Falle der Nichteinhaltung der Vorgaben des Art. 109 III GG werden jedoch weder im Grundgesetz noch im StabiRatG genannt. Insoweit wird mit der Veröffentlichung erneut lediglich ein politischer Druck erzeugt, der angesichts der auch in der Öffentlichkeit bestehenden erhöhten Sensibilität bzgl. staatlicher Verschuldung allerdings durchaus erheblich sein kann.

6. Überwachung der Vorgaben des Fiskalpakts/weitere Aufgaben

40 Nach § 2 S. 3 StabiRatG überwacht der Stabilitätsrat auch die **Einhaltung der Obergrenze** des strukturellen gesamtstaatlichen Finanzierungsdefizits **nach § 51 II HGrG**. Diese Obergrenze liegt danach bei 0,5% des nominalen BIP; sie erfasst allerdings nicht nur Bund und Länder, sondern die gesamte staatliche Verschuldung einschließlich selbständiger juristischer Personen (insbesondere Gemeinden und Gemeindeverbände sowie Sozialversicherungsträger) und Sondervermögen und reicht damit sehr viel weiter als die allgemeine Schuldenbremse des Art. 109 III GG. Eine solche **Überwachung** ist dabei nicht unions- oder verfassungs-, sondern **völkerrechtlich** durch den Fiskalpakt **gefordert**. Die Zuweisung dieser Aufgabe an den Stabilitätsrat begegnet insoweit keinen Bedenken. Sofern der Stabilitätsrat im Rahmen seiner Prüfung zu dem Ergebnis kommt, daß die Obergrenze des strukturellen gesamtstaatlichen Finanzierungsdefizits überschritten wird, empfiehlt er Maßnahmen, die geeignet sind, das überhöhte Finanzierungsdefizit zu beseitigen, wobei er die Empfehlungen des Rates der Europäischen Union berücksichtigt (§ 6 II StabiRatG). Die Empfehlungen werden

---

[90] Zum Fiskalpakt und dessen Rechtscharakter s. *F. Schorkopf*, ZSE 11 (2012), 1 ff. S. auch *S. Pilz*, Der Europäische Stabilitätsmechanismus, 2016, S. 60 ff. Zur Kritik an diesem auch *A. Thiele*, EuConst 11 (2015), 30 (53 f.).

der Bundesregierung und den Landesregierungen zur Weiterleitung an die jeweiligen Parlamente zugeleitet. Sollte kein Beschluß zustande kommen, leiten die Vorsitzenden des Stabilitätsrats der Bundesregierung und den Landesregierungen einen Bericht zur Weiterleitung an die jeweiligen Parlamente zu, in dem das Ergebnis der Prüfung und die im Stabilitätsrat erörterten Maßnahmen darzulegen sind. Diesem Bericht sind die Einschätzungen des unabhängigen Beirats nach § 7 III StabiRatG beizufügen. Die Zusammensetzung dieses Beirats ergibt sich aus § 7 II StabiRatG[91].

Nach § 2 S. 4 StabiRatG können dem Stabilitätsrat **weitere Aufgaben** durch Gesetz übertragen werden. Diese Regelung erweist sich als verfassungsgemäß[92]. Von ihr ist etwa in **§ 51 I HGrG** Gebrauch gemacht worden[93]. Die Überwachung der Konsolidierungshilfen nach **§ 2 II KonsHilfG** ist im übrigen in Art. 143d II GG ausdrücklich vorgesehen und daher in jedem Fall verfassungsgemäß. 41

7. Publizitätspflicht gem. Art. 109a III GG

Art. 109a III GG begründet unmittelbar eine **Publizitätspflicht für die Beschlüsse und Beratungsunterlagen des Stabilitätsrates**[94]. Die Verfassungsvorschrift wird in § 1 IV 4 StabRG noch einmal wiederholt. Die Veröffentlichungspflicht erfüllt mehrere Funktionen[95]. Für den Verfassungsgesetzgeber stand im Vordergrund die »erhebliche Bedeutung für das Funktionieren des präventiven Verfahrens, da hierdurch öffentlicher Druck auf Gebietskörperschaften mit unterdurchschnittlichen Ergebnissen entstehen kann«[96]. Auch der Stabilitätsrat selbst wird dadurch unter Druck gesetzt. Daneben treten auch die generellen Funktionen von Publizität. Sie erfüllt ein allgemeines Informationsinteresse der Öffentlichkeit an der Stabilität der Finanzen und unterwirft damit den Stabilitätsrat wie das gesamte Verfahren öffentlicher Kontrolle. Schließlich dient die Öffentlichkeit der Rationalität und Rechtsstaatlichkeit des Verfahrens. 42

Gegenstand der Publizitätspflicht sind allein die Beschlüsse und die ihnen zugrunde liegenden Beratungsunterlagen des Stabilitätsrates. Das Verfahren und der Verlauf der Beratungen werden davon nicht erfaßt, so daß die Regelung über die Nichtöffentlichkeit und Vertraulichkeit der Sitzungen (§ 1 III 2 StabRG) verfassungsrechtlich unbedenklich ist. Der **Begriff der Beschlüsse** ist weit zu verstehen und erstreckt sich auf alle sachlichen Entscheidungen in den drei Verfahren einschließlich ablehnender Beschlüsse. Ausgenommen sind organisations- und verfahrensrechtliche Beschlüsse, die das Beratungsverfahren im Stabilitätsrat betreffen[97]. Auch im Hinblick auf die Pflicht zur Veröffentlichung der Beratungsunterlagen erstreckt sich die Publizitätspflicht nicht nur auf den Beschluß(tenor) selbst, sondern ebenfalls auf ggf. beigegebene Begründungen. Angaben über die jeweilige tragende Mehrheit oder abweichende Sondervoten sind nicht erforderlich[98]. Der Gesetzgeber wollte die Entscheidung über die Veröf- 43

---

[91] Dazu eingehender *Henneke* (Fn. 33), Art. 109a Rn. 38ff.; die Änderung des StabRG erfolgte durch Gesetz zur innerstaatlichen Umsetzung des Fiskalvertrags, Art. 2 (BGBl. I S. 2998).

[92] Wie hier wohl auch *Henneke* (Fn. 33), Art. 109a Rn. 19; a. A. *Reimer* (Fn. 23), Art. 109a Rn. 23.

[93] Dazu *Henneke* (Fn. 33), Art. 109a Rn. 18.

[94] Ausführlich *Thye*, Stabilitätsrat (Fn. 27), S. 110ff.

[95] Vgl. auch *Reimer* (Fn. 23), Art. 109a Rn. 57 sowie *Heintzen* (Fn. 24), Art. 109a Rn. 18ff.

[96] BT-Drs. 16/12400, S. 18.

[97] *Heintzen* (Fn. 24) Art. 109a Rn. 18.

[98] A. A. ohne Begründung *Reimer* (Fn. 23), Art. 109a Rn. 59. Wie hier auch *Henneke* (Fn. 33), Art. 109a Rn. 37.

fentlichung von Minderheitsmeinungen den Betroffenen überlassen[99], was bedeutet, daß sie weder von der Publizitätspflicht noch von dem Gebot der Vertraulichkeit erfaßt werden[100]. Der Begriff der zugrunde liegenden **Beratungsunterlagen** ist ebenfalls weit zu interpretieren. Dazu gehören interne Stellungnahmen, Vorlagen und Texte der Mitglieder ebenso wie externe Gutachten, Stellungnahmen und Erklärungen anderer öffentlicher Stellen wie der Zentralbank, der Regierungen des Bundes und der Länder, von Rechnungshöfen oder auch unabhängigen Sachverständigen[101]. Auf die **Form** der Verschriftlichung kommt es nicht an (auch elektronische Texte), aber mündliche Äußerungen im Verfahren, selbst wenn sie schriftlich protokolliert werden, sind auch wegen § 1 III 2 StabRG keine Beratungsunterlagen. Es spielt ferner keine Rolle, ob sie vom Stabilitätsrat angefordert wurden oder nicht, entscheidend ist allein, ob sie den Beratungen zugrunde gelegt wurden. Ihre objektive Eignung zur Förderung der Beratungen ist kein Kriterium[102]. Ausreichend, aber auch notwendig ist die tatsächliche Einbeziehung der Unterlagen in den Prozeß der Entscheidungsfindung[103]. Schließlich kann die Publizität nicht auf die Unterlagen beschränkt werden, die für die jeweiligen Beschlüsse kausal waren, die Öffentlichkeit muß ebenso über einbezogene Unterlagen informiert werden, die die Entscheidung nicht tragen.

44 Art. 109a III GG begründet ein **objektives Publizitätsgebot**. Als ergänzende Regelung des durch Art. 109 III GG konstituierten Verschuldungsverbots gewährleistet es zugleich einen Anspruch von Bund und Ländern auf Einhaltung, dessen prozessuale Durchsetzung aber zumindest zweifelhaft ist (→ Rn. 45 ff.). Einen **Individualanspruch** des Bürgers auf Veröffentlichung vermittelt Art. 109a III GG **nicht**. Die Informationsfreiheit des Art. 5 I 1 GG transformiert das im Allgemeininteresse erlassene Publizitätsgebot wohl auch nicht in ein prozessual mit der Verfassungsbeschwerde durchsetzbares subjektives Recht[104]. Die **Informationsfreiheit** gewährt kein Recht auf Eröffnung einer Informationsquelle[105]. Zwar besteht »ein gegen den Staat gerichtetes Recht auf Zugang in Fällen, in denen eine in staatlichem Verantwortungsbereich liegende Informationsquelle aufgrund rechtlicher Vorgaben zur öffentlichen Zugänglichkeit bestimmt ist, der Staat den Zugang aber verweigert«[106]. Dies eröffnet im vorliegenden Fall aber nicht den Anspruch auf Veröffentlichung, sondern lediglich den Zugang zu veröffentlichten Unterlagen. Der Einzelne kann deshalb nicht unter Berufung auf die Informationsfreiheit die Veröffentlichung einzelner Unterlagen verlangen. In jedem Fall hängt die Beantwortung dieser Frage nicht vom Verständnis des Art. 109a III GG, sondern von der Interpretation der Informationsfreiheit des Art. 5 I GG ab (→ Art. 5 I, II Rn. 244). Der Rechtsschutz hängt dementsprechend davon ab, ob die Informationsfreiheit des Art. 5 I 1 GG insoweit ein subjektives Recht auf Einhaltung des Veröffentlichungsgebots vermittelt. Bejaht man dies, wird wohl zunächst der Verwaltungsrechtsweg nach § 40 I VwGO eröffnet sein. Gegen das letztinstanzliche Urteil ist dann die Verfassungsbeschwerde nach allgemeinen Regeln zulässig.

---

[99] BT-Drs. 16/12400, S. 18.

[100] Wie hier jetzt auch *Thye*, Stabilitätsrat (Fn. 27), S. 114 sowie *Siekmann* (Fn. 25), Art. 109a Rn. 13.

[101] Weit auch *Reimer* (Fn. 23), Art. 109a Rn. 61.

[102] A. A. *Reimer* (Fn. 23), Art. 109a Rn. 63.

[103] *Reimer* (Fn. 23), Art. 109a Rn. 64.

[104] A. A. *Reimer* (Fn. 23), Art. 109a Rn. 67.

[105] BVerfGE 103, 44 (60, Rn. 58); 119, 309 (319, Rn. 28). → Art. 5 I, II Rn. 244.

[106] BVerfGE 103, 44 (60, Rn. 59); 119, 309 (319, Rn. 28).

8. Rechtsschutz

Eine Überprüfung des Bundesgesetzes gem. Art. 109a GG auf seine Verfassungsmäßigkeit ist im Wege einer **abstrakten Normenkontrolle** gem. Art. 93 I Nr. 2 GG oder eines Bund-Länder-Streits nach Art. 93 I Nr. 3 GG möglich. Im übrigen ist **verfassungsgerichtlicher Rechtsschutz** gegen Beschlüsse und Maßnahmen des Stabilitätsrats außerordentlich problematisch, da der Stabilitätsrat als gemeinsames Organ von Bund und Ländern durch alle prozessualen Raster fällt[107]. 45

Für **Bund und Länder** existiert insoweit **keine rechtliche Überprüfungsmöglichkeit**. 46
In jedem Fall scheidet ein Organstreit von vornherein aus, da der Stabilitätsrat kein »anderer Beteiligter« ist. Der Stabilitätsrat wird (erst) durch Bundesgesetz, zu dem Art. 109a GG ermächtigt, geschaffen und ist weder im Grundgesetz noch in der Geschäftsordnung eines obersten Bundesorgans mit eigenen Rechten ausgestattet[108]. Auch ein Bund-Länder-Streit kommt nicht in Betracht, da der Stabilitätsrat weder ein Bundes- noch ein Landesorgan, sondern ein gemeinsames Organ beider Ebenen ist (→ Rn. 9). Eine Analogie ist nach Auffassung des Bundesverfassungsgerichts ausgeschlossen[109]. Es besteht insoweit aber auch kein Rechtsschutzbedürfnis, da bei dem einschneidenden Sanierungsprogramm der Stabilitätsrat ohnehin auf den Konsens mit den Betroffenen angewiesen ist. Hinsichtlich der Publizität ist zudem jeweils ein Vertreter der Bundes- wie der Landesregierung an den Beratungen beteiligt. Die Zulässigkeit verfassungsrechtlicher Streitigkeiten, die auf Maßnahmen des Stabilitätsrats beruhen und an denen ausschließlich Bund und Länder (bzw. nur die Länder) beteiligt sind, werden dadurch nicht berührt[110].

Möglich bleibt nach allgemeinen Regeln jedoch **verwaltungsrechtlicher Rechtsschutz**, da Streitigkeiten mit dem Stabilitätsrat angesichts seiner soeben beschriebenen Stellung grds. öffentlich-rechtlicher Natur und zugleich nicht-verfassungsrechtlicher Art im Sinne des § 40 I VwGO sind[111]. 47

D. Verhältnis zu anderen GG-Bestimmungen

Art. 109a GG ist im Rahmen der Föderalismusreform II als institutionelle und verfahrensrechtliche **Durchführungsvorschrift für das Verschuldungsverbot des Art. 109 III GG** erlassen worden. Im Hinblick auf die Vermeidung von Haushaltsnotlagen steht die Vorschrift zugleich in engem Zusammenhang mit den bundesstaatlichen Finanzausgleichsregeln des (ab 2020 neu gefassten) Art. 107 GG. Die Regelung soll schon im Vorfeld die spätere solidarische Haftung des Bundes und der anderen Länder verhindern. **Art. 143d GG** enthält für Art. 109a GG **keine Übergangsregelung**, so daß die Norm unmittelbar Anwendung findet und der Stabilitätsrat sofort eingesetzt werden konnte; der Verfassungsauftrag nach Absatz 2 gilt bereits seinem Wortlaut nach erst ab 2020. 48

---

[107] Eine umfassende Untersuchung bei *Thye*, Stabilitätsrat (Fn. 27), S. 53 ff.

[108] Das übersieht *Reimer* (Fn. 23), Art. 109a Rn. 85, der wenig überzeugend sogar einen Organstreit innerhalb des Stabilitätsrates für zulässig hält; wie hier *Thye*, Stabilitätsrat (Fn. 27), S. 54 f.

[109] BVerfGE 1, 396 (408 f.); 2, 341 (346); 22, 293 (298); 38, 121 (127).

[110] S. auch *Thye*, Stabilitätsrat (Fn. 27), S. 61 ff.

[111] *Thye*, Stabilitätsrat (Fn. 27), S. 57 ff. auch zu möglichen Klagekonstellationen.

Artikel 110 [Haushaltsgesetzgebung]

(1) [1]Alle Einnahmen und Ausgaben des Bundes sind in den Haushaltsplan einzustellen; bei Bundesbetrieben und bei Sondervermögen brauchen nur die Zuführungen oder die Ablieferungen eingestellt zu werden. [2]Der Haushaltsplan ist in Einnahme und Ausgabe auszugleichen.

(2) [1]Der Haushaltsplan wird für ein oder mehrere Rechnungsjahre, nach Jahren getrennt, vor Beginn des ersten Rechnungsjahres durch das Haushaltsgesetz festgestellt. [2]Für Teile des Haushaltsplanes kann vorgesehen werden, daß sie für unterschiedliche Zeiträume, nach Rechnungsjahren getrennt, gelten.

(3) Die Gesetzesvorlage nach Absatz 2 Satz 1 sowie Vorlagen zur Änderung des Haushaltsgesetzes und des Haushaltsplanes werden gleichzeitig mit der Zuleitung an den Bundesrat beim Bundestage eingebracht; der Bundesrat ist berechtigt, innerhalb von sechs Wochen, bei Änderungsvorlagen innerhalb von drei Wochen, zu den Vorlagen Stellung zu nehmen.

(4) [1]In das Haushaltsgesetz dürfen nur Vorschriften aufgenommen werden, die sich auf die Einnahmen und die Ausgaben des Bundes und auf den Zeitraum beziehen, für den das Haushaltsgesetz beschlossen wird. [2]Das Haushaltsgesetz kann vorschreiben, daß die Vorschriften erst mit der Verkündung des nächsten Haushaltsgesetzes oder bei Ermächtigung nach Artikel 115 zu einem späteren Zeitpunkt außer Kraft treten.

Literaturauswahl

Birk, Dieter: Steuerung der Verwaltung durch Haushaltsrecht und Haushaltskontrolle, in: DVBl. 1983, S. 865–873.

Dreier, Horst: Der Kampf um das Budgetrecht als Kampf um die staatliche Steuerungsherrschaft – Zur Entwicklung des modernen Haushaltsrechts, in: Wolfgang Hoffmann-Riem/Eberhard Schmidt-Aßmann (Hrsg.), Effizienz als Herausforderung an das Verwaltungsrecht, 1998, S. 59–105.

Heintzen, Markus: Staatshaushalt, in: HStR³ V, § 120, S. 1175–1225.

Hettlage, Karl Maria: Zur Rechtsnatur des Haushaltsplanes, in: Festschrift für Werner Weber, 1974, S. 391–404.

Isensee, Josef: Budgetrecht des Parlaments zwischen Schein und Sein, in: JZ 2005, S. 971–981.

Lange, Klaus: Die Abhängigkeit der Ausgabenwirtschaft der Bundesregierung von der parlamentarischen Budgetbewilligung, in: Der Staat 11 (1972), S. 313–330.

Moeser, Ekkehard: Die Beteiligung des Bundestages an der staatlichen Haushaltsgewalt, 1978.

v. Mutius, Albert: Die Steuerung des Verwaltungshandelns durch Haushaltsrecht und Haushaltskontrolle, VVDStRL 42 (1984), S. 147–215.

Neumark, Fritz: Der Reichshaushaltsplan, 1929.

v. Portatius, Alexander: Das haushaltsrechtliche Bepackungsverbot, 1975.

Puhl, Thomas: Budgetflucht und Haushaltsverfassung, 1996.

Rehm, Hannes: Analyse und Kritik der Bundeshaushaltsreform, 1975.

Schuppert, Gunnar Folke: Die Steuerung des Verwaltungshandelns durch Haushaltsrecht und Haushaltskontrolle, VVDStRL 42 (1984), S. 216–266.

Tappe, Henning: Das Haushaltsgesetz als Zeitgesetz, 2008.

Siehe auch die Angaben zu Vorb. zu Art. 104a–115 GG.

Leitentscheidungen des Bundesverfassungsgerichts

BVerfGE 20, 56 (89ff.) – Parteienfinanzierung I; 70, 324 (355ff.) – Haushaltskontrolle der Nachrichtendienste; 79, 311 (328ff.) – Staatsverschuldung I; 119, 96 (118ff., Rn. 74ff.) – Staatsverschuldung II; 130, 318 (342ff., Rn. 101ff.) – Stabilisierungsmechanismusgesetz.

Gliederung Rn.

Stichwörter

A. Herkunft, Entstehung, Entwicklung

I. Ideen- und verfassungsgeschichtliche Aspekte

Das Ausgabenbewilligungsrecht in der Form der parlamentarischen Verabschiedung 1
eines verbindlichen Haushaltsplanes ist auf zwei Wurzeln im ständischen Finanzstaat der frühen Neuzeit zurückzuführen, die erst im 19. Jahrhundert zusammenwachsen: die **Entwicklung des Budgets** als Instrument der Veranschlagung von Ausgaben und Einnahmen sowie das **Steuerbewilligungsrecht**. Das Budget hat sich innerhalb des Reiches aufgrund der absolutistischen einheitlichen Finanzverwaltung zuerst in Preußen durchgesetzt[1]. Aber erst im 19. Jahrhundert wurde die einer umfassenden Veranschlagung entgegenstehende Fondswirtschaft überwunden[2] und konnte das Budget über-

[1] Zur Entstehung des Budgets näher *W. Heun*, Staatshaushalt und Staatsleitung, 1989, S. 33ff.
[2] Dazu *Heun*, Staatshaushalt (Fn. 1), S. 35f. m. w. N.

haupt rechtliche Verbindlichkeit erlangen[3]. Zu Beginn des 19. Jahrhunderts verbindet sich auch die Veranschlagung der Ausgaben mit der anderen Wurzel des Ausgabenbewilligungsrechts, dem Steuerbewilligungsrecht, das im Konstitutionalismus in den einzelnen Staaten des Deutschen Bundes allmählich in unterschiedlicher Form, Umfang und Zeit zum Ausgabenbewilligungsrecht erstarkt[4]. In diese Zeit fallen auch die Durchsetzung der wichtigsten Budgetgrundsätze wie der Budgeteinheit (→ Rn. 16f.), der Budgetöffentlichkeit (→ Rn. 22) und der Jährlichkeit (→ Rn. 28). Für die heutige Form der Zustimmung des Parlaments zum Budget durch das förmliche Haushaltsgesetz wird erst die ihrerseits auf die Belgische Verfassung von 1831 rückführbare Regelung der Preußischen Verfassung von 1850 zum wirkungsmächtigen Vorbild[5]. Der **preußische Verfassungskonflikt** als Kulminationspunkt der verfassungsrechtlichen Auseinandersetzung um das parlamentarische Budgetrecht im 19. Jahrhundert[6] wirkt mit der dadurch provozierten Differenzierung von formellem und materiellem Gesetz bis heute nach[7]. Auch das Bepackungsverbot des Art. 110 IV GG ist nur aus seiner Entstehung in der konstitutionalistischen Konfliktlage zwischen Monarch und Parlament zu verstehen, da es die Umgehung des monarchischen Vetorechts über das Bewilligungsrecht blockieren sollte[8].

2 Auf der Reichsebene enthält die Paulskirchenverfassung eine besonders detaillierte Regelung des Budgetrechts, übernimmt aber noch das bis dahin überwiegende Modell einer Verabschiedung des Haushalts durch Beschluß[9]. Die **Reichsverfassung von 1871** folgt dagegen mit ihrer knappen Regelung dem preußischen Vorbild einer **Zustimmung durch Gesetz**[10], dem sich auch die **Weimarer Verfassung** anschließt[11]. Durch die Parlamentarisierung der Regierung erfährt das Budgetrecht trotz seiner prinzipiell unveränderten Übernahme einen entscheidenden Funktionswandel, indem es einerseits seine Rolle als einziges herrschaftliches Kontrollinstrument des Parlaments gegenüber der Exekutive und damit auch an Konfliktpotential und Bedeutung verliert, andererseits aber an Steuerungsfunktionen gewinnt[12]. Deshalb ist es geradezu anachroni-

---

[3] Vgl. auch *R. Mußgnug*, Der Haushaltsplan als Gesetz, 1976, S. 75ff.; *Heun*, Staatshaushalt (Fn. 1), S. 38.

[4] Eingehend *Heun*, Staatshaushalt (Fn. 1), S. 38ff., 52ff.; grundlegend zur Entwicklung im Konstitutionalismus *K.-H. Friauf*, Der Staatshaushaltsplan im Spannungsfeld zwischen Parlament und Regierung, 1968, S. 37ff.; ergänzend auch *Mußgnug*, Haushaltsplan (Fn. 3), S. 90ff.

[5] Art. 99 Preuß.Verf. 1850; Art. 115 Belg. Verf. 1831; s. *Friauf*, Staatshaushaltsplan (Fn. 4), S. 76ff.; *Heun*, Staatshaushalt (Fn. 1), S. 62ff.

[6] Vgl. dazu *Huber*, Verfassungsgeschichte III, S. 333ff.; *Friauf*, Staatshaushaltsplan (Fn. 4), S. 235ff.; eingehend m. w. N. *H. Dreier*, Der Kampf um das Budgetrecht als Kampf um die staatliche Steuerungsherrschaft – Zur Entwicklung des modernen Haushaltsrechts, in: W. Hoffmann-Riem/E. Schmidt-Aßmann (Hrsg.), Effizienz als Herausforderung an das Verwaltungsrecht, 1998, S. 59ff. (60ff.).

[7] *P. Laband*, Das Budgetrecht nach den Bestimmungen der Preußischen Verfassungsurkunde unter Berücksichtigung der Verfassung des Norddeutschen Bundes, Separatdruck 1871 (ND 1978), S. 11ff.; *ders.*, Das Staatsrecht des Deutschen Reiches, Bd. IV, 5. Aufl. 1914, S. 522ff.; dazu *Friauf*, Staatshaushaltsplan (Fn. 4), S. 251ff.; *E.-W. Böckenförde*, Gesetz und gesetzgebende Gewalt, 2. Aufl. 1981, S. 226ff.; zum heutigen Gesetzesbegriff s. unten Fn. 30.

[8] *A. v. Portatius*, Das haushaltsrechtliche Bepackungsverbot, 1975, S. 18ff.; *Friauf*, Staatshaushaltsplan (Fn. 4), S. 200ff.

[9] §§ 102 Ziff. 2, 103 Paulskirchenverf.; vgl. *Heun*, Staatshaushalt (Fn. 1), S. 65ff.

[10] Art. 69 RVerf. 1871; zum Budgetrecht des Kaiserreiches *Heun*, Staatshaushalt (Fn. 1), S. 76ff.

[11] Art. 85 WRV; vgl. insbesondere *J. Heckel*, Einrichtung und rechtliche Bedeutung des Reichshaushaltsgesetzes, in: HdbDStR II, S. 374ff.; *Huber*, Verfassungsgeschichte VI, S. 499ff.

[12] *Heun*, Staatshaushalt (Fn. 1), S. 79, 83; *Dreier*, Kampf (Fn. 6), S. 87ff. → Vorb. zu Art. 104a–115 Rn. 5.

stisch, daß in Art. 85 WRV erstmals auf Reichsebene das Bepackungsverbot verankert wurde[13]. Demgegenüber ist es seit der Paulskirchenverfassung bei der Haushaltsperiode von einem Jahr geblieben[14].

II. Entstehung und Veränderung der Norm

3 Die **Ursprungsfassung** des Art. 110 GG orientierte sich in ihren beiden ersten Absätzen nahezu wörtlich an Art. 85 WRV, der nur in Art. 110 III, IV GG a. F. um das Erfordernis eines Nachweises des Vermögens und der Schulden des Bundes (Abs. 3) und um die Ermöglichung einer Veranschlagung nach dem Nettoprinzip (Abs. 4) ergänzt wurde; die Ergänzungen wurden erst in einem langwierigen Diskussionsprozeß im Parlamentarischen Rat dem Herrenchiemseer Entwurf hinzugefügt[15]. Die **heutige Fassung** ist durch die im Zuge der **Bundeshaushaltsreform 1969** vorgenommene Verfassungsänderung bestimmt worden, die allerdings durch Umstellungen und Neuformulierungen Art. 110 GG in erster Linie nur eine neue, wenn auch etwas präzisere äußere Gestalt verliehen hat[16]. Eine sachliche Neuerung stellt allein die aus Beschleunigungsgründen eingefügte Vorschrift des Art. 110 III GG n. F. dar[17]. Seitdem ist die Regelung des Art. 110 GG unverändert geblieben.

B. Internationale, supranationale und rechtsvergleichende Bezüge

4 Da Art. 110 GG im wesentlichen Inhalt, Verfahren und Kompetenzen für die Verabschiedung des Bundeshaushaltsplans regelt und damit dem internen Staatsorganisationsrecht des Bundes zuzurechnen ist, wirkt das **internationale und supranationale Recht** auf die Norm selbst **nicht** ein. Allenfalls ergeben sich Auswirkungen auf den Inhalt des Budgets, also auf die Ausgabebewilligungen im einzelnen, was jedoch keine verfassungsrechtliche Frage darstellt. Im übrigen kennt die Europäische Union ein eigenständiges Haushaltsverfahren[18].

5 Die **parlamentarische Ausgabenbewilligung** durch Verabschiedung eines Haushaltsplans ist in der Sache **Gemeingut aller Verfassungsstaaten.** Schon die Begrifflichkeit Budget und Etat deutet auf die historischen Vorbilder England und Frankreich hin[19]. Die Ausgestaltung im einzelnen variiert allerdings erheblich. Schon die Struktur der Haushaltspläne differiert: Frankreich kennt kein einheitliches, sondern ein dreigeteil-

---

[13] Zum Anachronismus dieser Regelung vgl. auch *v. Portatius*, Bepackungsverbot (Fn. 8), S. 35ff., 49ff.; *Heun*, Staatshaushalt (Fn. 1), S. 265.

[14] § 103 Ziff. 3 Paulskirchenverf.; Art. 71 RVerf. 1871; Art. 85 WRV; zur Entwicklung des Jährlichkeitsprinzips vgl. *W. Mößle*, Regierungsfunktionen des Parlaments, 1986, S. 71ff.

[15] Art. 124 I, II HChE; zur Entstehungsgeschichte vgl. JöR 1 (1951), S. 810ff.; *C. Gröpl*, in: BK, Art. 110 (2015), Rn. 1ff.

[16] Der Entwurf der BReg. hatte noch eine etwas andere Gestalt s. BT-Drs. V/3040, S. 2, 44f. auch zu den Änderungsvorschlägen im einzelnen.

[17] Vgl. *Kommission für die Finanzreform*, Gutachten über die Finanzreform in der Bundesrepublik Deutschland (Troeger-Gutachten), 1966, Tz. 181; BT-Drs. V/3040, S. 42f.; diese Regelung wurde in Abänderung des Art. 110 IV des Entwurfs erst im Beratungsverfahren eingefügt s. BT-Drs. V/3605, S. 12 und *zu* BT-Drs. V/3605, S. 10f.

[18] Vgl. dazu *D.R. Theato/R. Graf*, Das Europäische Parlament und der Haushalt der Europäischen Gemeinschaft, 1994, S. 21ff.; *S. Hölscheidt*, DÖV 1989, 537ff. → Vorb. zu Art. 104a–115 Rn. 14.

[19] Zur Entstehung des Etats in Frankreich und des Budgets in England *Heun*, Staatshaushalt (Fn. 1), S. 34f. (Frankreich), 51f. (England) m.w.N.

tes Budget[20]. In den USA legt der Präsident zwar ein einheitliches Budget vor, im Kongreß wird dieses jedoch in einzelne Ausgabenbewilligungsgesetze aufgespalten, die nur verfahrenstechnisch und kongreßintern durch eine Budgetresolution koordiniert werden[21]. Der Budgetkreislauf mit seinen Stadien der Budgetinitiative der Exekutive, der parlamentarischen Bewilligung, des Vollzugs durch die Exekutive und der nachträglichen Kontrolle auch durch unabhängige Prüfungsinstitutionen sowie der Entlastung ist allerdings in seinem Kern bei aller Nuancierung im Detail in allen westlichen Verfassungsstaaten das Regelverfahren der Haushaltswirtschaft[22].

C. Erläuterungen

I. Allgemeine Bedeutung und aktueller Befund

6 Art. 110 GG regelt als **Zentralnorm des Haushaltsrechts**[23] den Inhalt des Haushaltsplans und das parlamentarische Budgetbewilligungsrecht. Die Haushaltsgesetzgebung ist allerdings nur ein Teil der Haushaltsgewalt, die daneben die haushaltswirksame Gesetzgebung und Finanzplanung umfaßt (→ Vorb. zu Art. 104a–115 Rn. 25). Vor allem die allgemeine Gesetzgebung prägt maßgebend den Inhalt der Haushaltsgesetzgebung, ohne daß dies in der Verfassung hinreichend Ausdruck findet[24]. Gleichwohl bleibt das parlamentarische Budgetbewilligungsrecht ein wesentliches Element der demokratischen und rechtsstaatlichen Verfassungsordnung. Die **parlamentarische Bewilligung** ist aufgrund ihrer legitimatorischen und kontrollierenden Funktionen das **wichtigste Stadium des Budgetkreislaufs**, der durch die vier Phasen der Aufstellung, der parlamentarischen Beratung und Feststellung, des Vollzugs und zuletzt der Rechnungslegung und -prüfung einschließlich der Entlastung gebildet wird[25]. Die periodischen Budgetzyklen sind ein sich überschneidender Prozeß, der durch den Jahresrhythmus der Haushaltsperiode geprägt wird, sich aber auch an der übergreifenden mehrjährigen Finanzplanung orientieren soll.

7 Bedeutung und **Funktionen der Haushaltsgesetzgebung** und des Budgetrechts werden durch die Rolle des Staatshaushalts in der modernen Wirtschaftsordnung bestimmt. Die Haushaltspolitik verfolgt in diesem Rahmen grundsätzlich drei ökonomische Hauptziele, nämlich erstens die Versorgung der Volkswirtschaft mit Gütern und Dienstleistungen, die der Markt nicht oder nicht in hinreichendem Maß zur Verfügung stellt (**Allokationsfunktion**), zweitens eine gerechte Verteilung der Einkommen, Bela-

---

[20] Vgl. dazu *W. Kitterer*, Das moderne Budget, 1976, S. 40ff.; *R. Cros*, Finances Publiques, 1994, S. 48ff.

[21] Neben die Budgetresolution und die Appropriation Bills treten noch die Authorization Bills, dazu im einzelnen *W. Heun*, Das Budgetrecht im Regierungssystem der USA, 1989, S. 33ff.

[22] Vgl. zu den USA *Heun*, Budgetrecht (Fn. 21), S. 25ff.; zu Frankreich *R. Grote*, Das Regierungssystem der V. französischen Republik, 1995, S. 157ff.; zu Großbritannien *I. Jennings*, Parliament, 2. Aufl. 1957, S. 283ff.; *O. Hood Phillips/P. Jackson*, Constitutional Law and Administrative Law, 8. Aufl. 2001, S. 251ff.; zur Schweiz *H. Koller*, Der öffentliche Haushalt als Instrument der Staats- und Wirtschaftslenkung, 1983. Hinweise auf Parallelnormen auch bei *Gröpl* (Fn. 15), Art. 110 Rn. 211ff.

[23] *T. Maunz*, in: Maunz/Dürig, GG, Art. 110 (1981), Rn. 1: »Kernvorschrift«; so auch BVerfGE 79, 311 (329): »Kernbestimmung«; *C. Hillgruber*, in: v. Mangoldt/Klein/Starck, GG III, Art. 110 Rn. 14; *Gröpl* (Fn. 15), Art. 110 Rn. 1.

[24] Zur Bindungswirkung für den Haushalt: → Rn. 31.

[25] Vgl. im einzelnen *Heun*, Staatshaushalt (Fn. 1), S. 291ff.; s. auch *Gröpl* (Fn. 15), Art. 110 Rn. 107ff.

stungen und Entwicklungschancen (**Distributionsfunktion**) sowie drittens einen Ausgleich der Schwankungen des Wirtschaftsablaufs und des Preisniveaus (**Stabilisierungsfunktion**)[26]. Aus diesen Zielen ergeben sich die über die bloße Bedarfsdeckung hinausreichenden Steuerungszwecke des modernen Sozial- und Interventionsstaates, die im Prinzip des sozialen Rechtsstaates fundiert sind.

II. Inhalt und Bedeutung der Haushaltsgesetzgebung (Art. 110 I, II GG)

1. Inhalt der Haushaltsgesetzgebung – Haushaltsplan und Haushaltsgesetz

Der Haushaltsplan ist gem. Art. 110 II 1 GG **durch Gesetz festzustellen**. Die Feststellung des Haushaltsplans durch das parlamentarische Haushaltsgesetz verschmilzt beide zu einer Einheit, so daß der Haushaltsplan unter Einschluß aller Einzelpläne integraler Bestandteil des Gesetzes wird[27]. Die Einheit von Haushaltsplan und Haushaltsgesetz wird auch nicht durch die aus Zweckmäßigkeitsgründen entstandene Praxis widerlegt, nur den Gesamtplan im Bundesgesetzblatt, den Haushaltsplan im ganzen aber gesondert zu veröffentlichen[28]. 8

Die frühere Qualifizierung des Haushaltsplans als bloß formelles Gesetz[29] hat mit der Abkehr von dem ihr zugrundeliegenden doppelten Gesetzesbegriff und der Hinwendung zu einem inhaltlich entleerten, offenen formalen Verfahrensbegriff des Gesetzes[30] ihren Sinn verloren[31]. Außerdem hat die antiparlamentarische Stoßrichtung dieser dogmatischen Qualifizierung, die im dualistischen System des Konstitutionalismus die monarchische Exekutive weitgehend von den Folgen der parlamentarischen Bewilligung freistellen sollte[32], im parlamentarischen Regierungssystem jede verfassungsrechtliche Berechtigung eingebüßt. Haushaltsplan und Haushaltsgesetz sind deshalb unter dem Aspekt des Gesetzesbegriffs ein **Gesetz wie jedes andere**[33]. Die Qualifizierung als Gesetz vermittelt der Haushaltsentscheidung die Geltung eines Geset- 9

[26] Grundlegend dazu *R.A. Musgrave/P.B. Musgrave*, Public Finance in Theory and Practice, 4. Aufl. 1984, S. 6ff.

[27] BVerfGE 20, 56 (91); 38, 121 (126); *Maunz* (Fn. 23), Art. 110 Rn. 9; *H. Fischer-Menshausen* in: I. v. Münch/P. Kunig (Hrsg.), GG-Kommentar, Bd. III, 3. Aufl. 1996, Art. 110 Rn. 3; *H. Siekmann*, in: Sachs, GG, Art. 110 Rn. 22; *Jarass*/Pieroth, GG, Art. 110 Rn. 7, 13; *U. Häde*, JA 1994, 80 (83); *Heun*, Staatshaushalt (Fn. 1), S. 163; *M. Heintzen*, in: v. Münch/Kunig, GG II, Art. 110 Rn. 3; a.A. *A. v. Mutius*, Die Steuerung des Verwaltungshandelns durch Haushaltsrecht und Haushaltskontrolle, VVDStRL 42 (1984), S. 147ff. (161f.); s. auch *Gröpl* (Fn. 15), Art. 110 Rn. 240; *ders.*, Haushaltsrecht und Reform, 2001, S. 77f.

[28] Vgl. BVerfGE 20, 56 (93); *Fischer-Menshausen* (Fn. 27), Art. 110 Rn. 3; *Heun*, Staatshaushalt (Fn. 1), S. 163f.; verfehlt die Überlegungen von *Mußgnug*, Haushaltsplan (Fn. 3), S. 303f., 345.

[29] Zu *Laband* Nachweise oben Fn. 7; heute noch etwa *Maunz* (Fn. 23), Art. 110 Rn. 10; *G. Kisker*, HStR IV, § 89 Rn. 25.

[30] Dazu *Böckenförde*, Gesetz (Fn. 7), S. 377ff.; *Heun*, Staatshaushalt (Fn. 1), S. 151ff.

[31] *Friauf*, Staatshaushaltsplan (Fn. 4), S. 263; *K.M. Hettlage*, Zur Rechtsnatur des Haushaltsplanes, in: FS Weber, 1974, S. 391ff. (404); *Mußgnug*, Haushaltsplan (Fn. 3), S. 31, 355; *Fischer-Menshausen* (Fn. 27), Art. 110 Rn. 6; *W. Patzig*, Haushaltsrecht des Bundes und der Länder, Bd. I, 1981, Rn. 186f.; *Jarass*/Pieroth, GG, Art. 110 Rn. 14; *Siekmann* (Fn. 27), Art. 110 Rn. 23; *Heun*, Staatshaushalt (Fn. 1), S. 161f.; dagegen betont *M. Kloepfer*, Das begrenzte Budgetrecht des Gesetzgebers, in: FS Jarass, 2015, S. 217ff. (222ff.) die »juristische Distanz zwischen Sachgesetz und Haushaltsgesetz«.

[32] *Friauf*, Staatshaushaltsplan (Fn. 4), S. 258; *Heun*, Staatshaushalt (Fn. 1), S. 161.

[33] *Mußgnug*, Haushaltsplan (Fn. 3), S. 355.

zes, also Gesetzeskraft und Gesetzesrang[34]. Das Gesetz stellt eine verbindliche und konstitutive Regelung für die Exekutive dar[35].

10 Inhaltlich, nicht in der Form, unterscheiden sich **Haushaltsplan und Haushaltsgesetz**. Während der Haushaltsplan die einzelnen Ausgabenbewilligungen sowie die Einnahmenschätzungen enthält[36], treten die Vorschriften des Haushaltsgesetzes ergänzend hinzu und regeln Materien, die der Haushaltsplan aufgrund seiner besonderen Struktur nicht regeln kann, oder treffen Bestimmungen, die übergreifend für mehrere Einzelpläne oder Budgetansätze gelten[37]. Dazu gehören insbesondere neben der Feststellung des Haushaltsplans auch Bürgschafts- und Kreditermächtigungen.

2. Budgetfunktionen

11 Herkömmlich werden die **Funktionen in der Finanzwissenschaft nach** den **Wirkungsbereichen** des Budgets bezeichnet. Danach werden eine politische, eine juristische, eine finanzpolitische Funktion, eine Kontrollfunktion sowie eine wirtschaftspolitische Funktion unterschieden[38]. Dem schließt sich das juristische Schrifttum weitgehend mehr oder weniger unbesehen an[39]. Aus staatsrechtlicher Sicht ist diese Differenzierung indes wenig fruchtbar, da kein Bezug zu den Funktionen des Budgets im Rahmen des Regierungssystems hergestellt wird.

12 Unter **staatsrechtlichen Aspekten** ist daher besser zwischen anderen **Funktionen** zu differenzieren[40]. Der Haushaltsplan erfüllt durch die Zusammenstellung und Abstimmung sämtlicher Einnahmen und Ausgaben des Staates eine **Koordinationsfunktion**[41], die verfassungsrechtlich durch die Prinzipien der Vollständigkeit und Einheit des Budgets (→ Rn. 14ff.) vorgezeichnet und garantiert wird. Die Haushaltsgesetzgebung dient durch die Ausgabenbewilligungen der Binnensteuerung des Staates (**Staatslenkungsfunktion**). Die Steuerungswirkung hängt von mehreren Faktoren ab: der Ausgabenintensität staatlicher Aufgabenerfüllung[42], der Vorbindung durch materielle Gesetze[43] und der Dichte und Präzision der Ausgabebewilligungen, die durch das Spezialitätsprinzip bestimmt werden (→ Rn. 23f.). Bei der Außensteuerung (-sfunktion) ist der Haushalt mangels unmittelbarer Außenwirkung der Bewilligungen auf indirek-

---

[34] *Heun*, Staatshaushalt (Fn. 1), S. 161ff.

[35] *Fischer-Menshausen* (Fn. 27), Art. 110 Rn. 6; zur Ermächtigungsfunktion: → Rn. 30.

[36] Näher zum Inhalt *Heun*, Staatshaushalt (Fn. 1), S. 260ff.

[37] *Heun*, Staatshaushalt (Fn. 1), S. 259 zu dem gegenseitigen Ergänzungsverhältnis.

[38] Grundlegend *F. Neumark*, Der Reichshaushaltsplan, 1929, S. 15ff.; *ders.*, Theorie und Praxis der Budgetgestaltung, Handbuch der Finanzwissenschaft, Bd. I, 2. Aufl. 1952, S. 554ff. (558f.); *P. Senf*, Kurzfristige Haushaltsplanung, Handbuch der Finanzwissenschaft, Bd. I, 3. Aufl. 1977, S. 371ff. (374ff.).

[39] *Stern*, Staatsrecht II, S. 1195ff.; *M. Kloepfer*, Art. Staatshaushalt, Haushaltsverfassung, in: EvStL³, Sp. 3409ff. (3411ff.); *G. Kisker*, HStR IV, § 89 Rn. 12; *Siekmann* (Fn. 27), Art. 110 Rn. 6ff.; *G. F. Schuppert*, in: Umbach/Clemens, GG, Art. 110 Rn. 15ff.; *Gröpl* (Fn. 15), Art. 110 Rn. 131ff.; s. aber auch ebd. Rn. 136ff.; *ders.*, Haushaltsrecht (Fn. 27), S. 83ff.; *M. Heintzen*, HStR³ V, § 120, Rn. 15ff.; *H. Kube*, in: Maunz/Dürig, GG, Art. 110 (2013), Rn. 23; etwas anders *Fischer-Menshausen* (Fn. 27), Art. 110 Rn. 2.

[40] *Heun*, Staatshaushalt (Fn. 1), S. 269ff.; *T. Puhl*, Budgetflucht und Haushaltsverfassung, 1996, S. 3ff.

[41] Vgl. auch *E. Moeser*, Die Beteiligung des Bundestags an der staatlichen Haushaltsgewalt, 1978, S. 41ff., der von Re-Integrationsfunktion spricht; ferner *H.-M. Rösinger*, Grundlagen des modernen Budgetmanagements, 1970, S. 25; *Koller*, Haushalt (Fn. 22), S. 252.

[42] Vgl. *H. Zimmermann*, FinArch. 32 (1973/74), 1ff.

[43] Als Konsequenz mangelnder Außenwirkung des Budgets: → Rn. 31.

te Steuerungsmaßnahmen beschränkt, so daß die wirtschaftspolitische Einflußnahme vor allem auf Globalgrößen einwirkt[44]. Durch die parlamentarische Verabschiedung kommt dem Budget eine maßgebende **Legitimationsfunktion** zu[45], die aufgrund der Öffentlichkeit des Budgets durch eine **Informationsfunktion** ergänzt wird[46]. Dies kommt in der Bezeichnung des Budgets als Regierungsprogramm in Zahlen zum Ausdruck[47]. Außerdem erfüllt der Staatshaushaltsplan eine **doppelte Kontrollfunktion**, indem das Ausgabenbewilligungsrecht dem Parlament eine politische Kontrolle des gesamten Staatsapparats und Staatshandelns eröffnet und das Budget zugleich die Grundlage der umfassenden Finanzkontrolle hinsichtlich der Durchführung der parlamentarischen Haushaltsentscheidungen bildet[48].

3. Haushaltsgrundsätze

a) Allgemeine Bedeutung

Wissenschaft und Praxis haben für die formale Budgetgestaltung und das Haushalts- 13
verfahren spätestens seit dem 19. Jahrhundert **allgemeine Budgetprinzipien** entwikkelt, die den Charakter von allgemeinen, auf praktische Erfahrungen gegründeten Rechtsregeln gewonnen haben und das parlamentarische Budgetrecht und die Budgetfunktionen sichern sollen[49]. Sie sind heute weitgehend **im Haushaltsgrundsätzegesetz** niedergelegt, haben jedoch zu einem erheblichen Teil ausdrücklich oder implizit auch durch die Verfassung Anerkennung erfahren. Während das Wirtschaftlichkeitsprinzip in Art. 114 II GG eine gesonderte Regelung findet (→ Art. 114 Rn. 29), sind die anderen Prinzipien im wesentlichen in Art. 110 GG in unterschiedlicher Weise verankert.

b) Vollständigkeit und Einheit

Das Budget kann seine Aufgaben nur erfüllen, wenn es einen lückenlosen und ge- 14
schlossenen Überblick über die im Haushaltsjahr zu erwartenden Finanzvorgänge gibt. Insbesondere die umfassende Finanzkontrolle ist darauf angewiesen, daß sämtliche Einnahmen und Ausgaben im Haushaltsplan nachgewiesen werden[50], denn ohne ein umfassendes und einheitliches Budget läßt sich die **notwendige Koordination** der verschiedenen Ausgaben und Einnahmen nicht verwirklichen.

---

[44] Zur Globalsteuerung: → Art. 109 Rn. 21.

[45] Vgl. auch *Friauf*, Staatshaushaltsplan (Fn. 4), S. 280; *Gröpl*, Haushaltsrecht (Fn. 27), S. 88.

[46] Vgl. *Rösinger*, Grundlagen (Fn. 41), S. 25; *Koller*, Haushalt (Fn. 22), S. 252; *Gröpl*, Haushaltsrecht (Fn. 27), S. 88.

[47] Vgl. BVerfGE 79, 311 (329); *Heckel*, Einrichtung (Fn. 11), S. 392; *Neumark*, Theorie (Fn. 38), S. 558; *Stern*, Staatsrecht II, S. 1198 m. w. N.; *Heintzen* (Fn. 27), Art. 110 Rn. 4; vgl. ferner *B. Rürup*, Die Programmfunktion des Bundeshaushaltsplanes, 1971.

[48] Diese doppelte Kontrollrichtung wird meist nicht präzise gesehen, vgl. *Neumark*, Reichshaushaltsplan (Fn. 38), S. 21; *Stern*, Staatsrecht II, S. 1197; *Siekmann* (Fn. 27), Art. 110 Rn. 9; vgl. außerdem *G. F. Schuppert*, Die Steuerung des Verwaltungshandelns durch Haushaltsrecht und Haushaltskontrolle, VVDStRL 42 (1984), S. 216ff. (220ff.).

[49] Vgl. *Fischer-Menshausen* (Fn. 27), Art. 110 Rn. 7; *Siekmann* (Fn. 27), Art. 110 Rn. 45f.; *G. Kisker*, HStR IV, § 89 Rn. 57ff.; der Einordnungsversuch von *Gröpl*, Haushaltsrecht (Fn. 27), S. 97ff. endet ohne klares Ergebnis.

[50] BVerfGE 55, 274 (303); *P. Kirchhof*, NVwZ 1983, 505 (509); *Heintzen* (Fn. 27), Art. 110 Rn. 11: Sicherung der Budgethoheit des Parlaments; s. auch *H. Tappe*, Das Haushaltsgesetz als Zeitgesetz, 2008, S. 42f.

15 Art. 110 I 1 GG bestimmt daher, daß alle (erwarteten) Einnahmen und alle (geplanten) Ausgaben in den Haushaltsplan einzustellen sind, und garantiert damit das **Vollständigkeitsprinzip** verfassungsrechtlich[51]. Der Haushaltsplan hat folglich »alle haushaltsmäßig zu Buche schlagenden staatlichen Aktivitäten«[52] zu umfassen. Das gilt nicht nur für die Ausgaben, sondern auch für die Einnahmen[53]. Schwarze Kassen sind ebenso unzulässig[54] wie Ausgaben für nicht vom Haushaltsplan gedeckte Zwecke[55]. Die Dokumentation aller Ausgaben und ihre Deckung durch alle von allen Bürgern nach gleichen Maßstäben erbrachten Einnahmen bringt auch den rechtsstaatlichen Grundsatz der Lastengleichheit zum Ausdruck[56] und dient letztlich ebenso der Haushaltsklarheit[57].

16 Die[57] Finanzvorgänge sind in einen einzigen Haushaltsplan aufzunehmen (**Budgeteinheit**). Dieses von dem Vollständigkeitsgrundsatz zu unterscheidende Prinzip[58] richtet sich historisch gegen die Fondswirtschaft[59] und aktuell gegen die Etablierung von Nebenhaushalten[60]. Es schränkt auch die Zulässigkeit von Teilhaushalten ein[61].

17 Der Grundsatz der **Gesamtdeckung** (Non-Affektationsprinzip), wonach alle Einnahmen als Deckungsmittel für alle Ausgaben dienen (§ 7 HGrG), ist damit eng verbunden, nimmt aber nicht am Verfassungsrang teil[62]. Der Grundsatz soll eine Aufsplitterung der Haushaltswirtschaft in einzelne Fonds und eine Zweckbindung von Einnahmen zugunsten bestimmter Aufgaben oder Bedarfe verhindern. Dadurch soll die Flexibilität und Wirtschaftlichkeit des Mitteleinsatzes gefördert und einer Tendenz zu prozyklischer Verausgabung (→ Art. 109 Rn. 24f.) und Verfestigung von Gruppeninteressen entgegengewirkt werden[63]. Seit dem Wegfall des außerordentlichen Haus-

---

[51] BVerfGE 55, 274 (303); 91, 186 (201); 93, 319 (353); 101, 141 (147, Rn. 27f.); 108, 186 (216f., Rn. 121); VerfGH NW NVwZ 1995, 160; VerfGH Rh-Pf. AS 25, 387 (392); *Stern*, Staatsrecht II, S. 1239; *Siekmann* (Fn. 27), Art. 110 Rn. 48; *Kube* (Fn. 39), Art. 110 Rn. 92; aus finanzwissenschaftlicher Sicht: *K. Heinig*, Das Budget, 3 Bde. 1949/1951, Bd. II, S. 291ff.

[52] BVerfGE 70, 324 (357).

[53] BVerfGE 55, 274 (302); zur daraus resultierenden Informationspflicht über Sonderabgaben 108, 186 (218f.); zum Begriff der Einnahmen und Ausgaben: → Rn. 26.

[54] *Stern*, Staatsrecht II, S. 1239; *G. Kisker*, HStR IV, § 89 Rn. 63; *Siekmann* (Fn. 27), Art. 110 Rn. 48; *Heintzen* (Fn. 27), Art. 110 Rn. 11; *ders.*, HStR³ V, § 120 Rn. 26.

[55] *Fischer-Menshausen* (Fn. 27), Art. 110 Rn. 9.

[56] BVerfGE 55, 274 (303); 82, 159 (178f.); 91, 186 (202f.); *Siekmann* (Fn. 27), Art. 110 Rn. 48; *Heintzen* (Fn. 27), Art. 110 Rn. 11; kritisch *P. Henseler*, Begriffsmerkmale und Legitimation von Sonderabgaben, 1984, S. 38ff.; *Gröpl* (Fn. 15), Art. 110 Rn. 163f.; vgl. dazu m. w. N. *Heun*, Staatshaushalt (Fn. 1), S. 264 mit Fn. 24.

[57] VerfGH Rh.-Pf. AS 25, 386 (392); *Siekmann* (Fn. 27), Art. 110 Rn. 48.

[58] *Fischer-Menshausen* (Fn. 27), Art. 110 Rn. 9; *Stern*, Staatsrecht II, S. 1241; *Siekmann* (Fn. 27), Art. 110 Rn. 52; *Neumark*, Reichshaushaltsplan (Fn. 38), S. 194ff.

[59] Dazu *Mußgnug*, Haushaltsplan (Fn. 3), S. 44ff.; *Heun*, Staatshaushalt (Fn. 1), S. 35f. m. w. N.; *K. Burmeister*, Außerbudgetäre Aktivitäten des Bundes, 1997, S. 27ff.

[60] *Puhl*, Budgetflucht (Fn. 40), S. 114ff.; *Kube* (Fn. 39), Art. 110 Rn. 106. → Rn. 20.

[61] *Heun*, Staatshaushalt (Fn. 1), S. 316ff.; für ausnahmsweise Zulässigkeit BVerfGE 45, 1 (34); *Maunz* (Fn. 23), Art. 110 Rn. 66; *Heintzen* (Fn. 27), Art. 110 Rn. 7; *Hillgruber* (Fn. 23), Art. 110 Rn. 82; *T. Kroll*, DÖV 2004, 986ff. → Art. 111 Rn. 5.

[62] *Stern*, Staatsrecht II, S. 1244; *G. Kisker*, HStR IV, § 89 Rn. 77; *Heintzen* (Fn. 27), Art. 110 Rn. 6; *Siekmann* (Fn. 27), Art. 110 Rn. 47; *Gröpl* (Fn. 15), Art. 110 Rn. 219f.; unter dem Vorbehalt einer unvertretbaren Einengung der Dispositionsfreiheit des Haushaltsgesetzgebers zustimmend BVerfGE 93, 319 (348); *K. Vogel/C. Waldhoff*, in: BK, Vorb. z. Art. 104a–115 (1999), Rn. 383; für Verfassungsrang jetzt *M. Heintzen*, HStR³ V, § 120 Rn. 47; *A. Musil*, DVBl. 2007, 1526 (1530f.); *Kube* (Fn. 39), Art. 110 Rn. 144f.; *Tappe*, Haushaltsgesetz (Fn. 50), S. 44ff.

[63] *Fischer-Menshausen* (Fn. 27), Art. 110 Rn. 13.

halts gilt der Grundsatz auch für Krediteinnahmen[64]. Wegen der fehlenden verfassungsrechtlichen Absicherung kann bei sachlicher Rechtfertigung von dem Grundsatz abgewichen werden[65].

Aus dem Grundsatz der Vollständigkeit folgt aber mittelbar das **Bruttoprinzip**, das **18**
deswegen nicht unmittelbar und uneingeschränkt[66], sondern nur soweit verfassungsrechtlich garantiert ist, wie es das Vollständigkeitsprinzip erfordert[67]. Das Bruttoprinzip bedeutet, daß alle Einnahmen und Ausgaben in voller Höhe und getrennt voneinander (§ 12 I HGrG) zu veranschlagen sind. Saldierung und Nettoveranschlagung werden dadurch ausgeschlossen[68]. Sachlich begründete Ausnahmen sind infolge der bloß mittelbaren verfassungsrechtlichen Absicherung zulässig[69]. Die Nettoveranschlagung der Kreditaufnahme (§ 15 I 2 BHO) ist als sachlich begründete Ausnahme verfassungsrechtlich zulässig, zumal die Bruttoerlöse aus Kreditaufnahmen und alle Tilgungsausgaben einschließlich der Umschuldungsmaßnahmen in der Kreditfinanzierungsübersicht (§ 10 IV Nr. 2 HGrG) und im Kreditfinanzierungsplan (§ 10 IV Nr. 3 HGrG) ausgewiesen werden[70]. Erstattungen und ähnliche Vorgänge, mit denen Einnahmen rückgängig gemacht werden, oder zulässige Abzüge von Steuerschulden sind keine Ausgaben und können daher netto als Mindereinnahmen verrechnet werden[71]. Auch die Ergänzungszuweisungen des Bundes nach Art. 107 II 3 GG, die von den Umsatzsteuereinnahmen des Bundes abgesetzt werden, gelten haushaltstechnisch nicht als Ausgaben[72]. Durchlaufende Posten sind zudem keine Einnahmen im Sinne des Haushaltsrechts[73]. Einen unzulässigen Verstoß gegen das Bruttoprinzip bedeuten die in die Form von Steuervergünstigungen gekleideten, mit Steuertatbeständen indes gar nicht verbundenen Subventionen, die als Mindereinnahmen veranschlagt werden, in Wahrheit aber versteckte Ausgaben darstellen[74].

---

[64] *Fischer-Menshausen* (Fn. 27), Art. 110 Rn. 13. → Art. 115 Rn. 4.

[65] *Fischer-Menshausen* (Fn. 27), Art. 110 Rn. 13; vgl. ferner *W. Patzig*, Hauhaltsrecht des Bundes und der Länder, Bd. II, § 8 BHO (1982), Rn. 2; *P. Kirchhof*, NVwZ 1983, 505 (509).

[66] So aber *K. Vogel*, DÖV 1977, 837 (842); *Siekmann* (Fn. 27), Art. 110 Rn. 49; wohl auch *Heintzen* (Fn. 27), Art. 110 Rn. 17; *ders.*, HStR³ V, § 120 Rn. 31; *Gröpl* (Fn. 15), Art. 110 Rn. 185; *Kube* (Fn. 39), Art. 110 Rn. 97; a. A. ist die h. M.: *Maunz* (Fn. 23), Art. 110 Rn. 33; *Fischer-Menshausen* (Fn. 27), Art. 110 Rn. 10; *A. Nebel*, in: E. A. Piduch (Hrsg.), Bundeshaushaltsrecht, Art. 110 (2004), Rn. 20; die h. M. kann sich auch auf die Entstehungsgeschichte berufen, s. BT-Drs. V/3605, S. 10; offengelassen von *Stern*, Staatsrecht II, S. 1240f.

[67] *Heun*, Staatshaushalt (Fn. 1), S. 428f.; in diese Richtung auch *E. G. Mahrenholz*, in: AK-GG, Art. 110 (2002), Rn. 50; jegliche verfassungsrechtliche Bindung abstreitend *Hillgruber* (Fn. 23), Art. 110 Rn. 42; *H. B. Brockmeyer*, in: Schmidt-Bleibtreu/Hofmann/Henneke, GG, Art. 110 Rn. 24 erkennt bloß Gesetzgebung an.

[68] *Nebel* (Fn. 66), Art. 110 Rn. 20; *Stern*, Staatsrecht II, S. 1240; *Fischer-Menshausen* (Fn. 27), Art. 110 Rn. 10.

[69] Im Ergebnis ähnlich *Mahrenholz* (Fn. 67), Art. 110 Rn. 50; *Siekmann* (Fn. 27), Art. 110 Rn. 49; *Puhl*, Budgetflucht (Fn. 40), S. 255ff.; *Heintzen* (Fn. 27), Art. 110 Rn. 17.

[70] *Heintzen* (Fn. 27), Art. 110 Rn. 20; *Heun*, Staatshaushalt (Fn. 1), S. 429f. mit Fn. 122; *E.A. Piduch*, DÖV 1969, 190ff., 705; dagegen *T. Sponheuer*, DÖV 1969, 486ff., 784; *M. Heintzen*, HStR³ V, § 120 Rn. 31; *Siekmann* (Fn. 27), Art. 110 Rn. 51. → Art. 115 Rn. 20.

[71] *Fischer-Menshausen* (Fn. 27), Art. 110 Rn. 10.

[72] *Fischer-Menshausen* (Fn. 27), Art. 110 Rn. 10; kritisch *M. Heintzen*, HStR³ V, § 120 Rn. 31.

[73] BVerfGE 4, 7 (14, 26); *Siekmann* (Fn. 27), Art. 110 Rn. 51; im Hinblick auf den EU-Anteil an der Mehrwertsteuer auch *Fischer-Menshausen* (Fn. 27), Art. 110 Rn. 10.

[74] Vgl. *Fischer-Menshausen* (Fn. 27), Art. 110 Rn. 10; *Patzig*, Haushaltsrecht II (Fn. 65), Art. 110 GG (1982), Rn. 4; *H. Timm*, Steuervergünstigungen und Transferzahlungen als Instrumente der staatlichen Allokations- und Stabilitätspolitik, in: FS Schneider, 1980, S. 237ff. (247f.); *H. Rehm*, Analyse

19 Eine explizite **Ausnahme** sieht Art. 110 I 1 2. Hs. GG für nicht rechtsfähige **Betriebe und Sondervermögen** vor, die nur mit ihren Zuführungen und Ablieferungen (Salden ihrer Einnahmen und Ausgaben) im Haushaltsplan erscheinen. Die Bundesbetriebe, wie insbesondere die Bundesdruckerei, sind als rechtlich unselbständige, abgesonderte Teile der Bundesverwaltung wegen ihrer erwerbswirtschaftlichen Ausrichtung von dem Bruttoprinzip ausgenommen. Die Sondervermögen, die gleichfalls rechtlich unselbständige, aber wirtschaftlich abgesonderte Teile der Bundesverwaltung darstellen[75], unterliegen in unterschiedlichem Umfang der Haushaltskontrolle. Weitgehend[76] werden die Haushalts- oder Wirtschaftspläne nicht vom Parlament, sondern von eigenen Organen festgestellt[77]. Zu diesen Sondervermögen gehörten bis zu ihrer Privatisierung auch Bundesbahn und Bundespost[78].

20 Neben die Bundesbetriebe und Sondervermögen tritt als dritter Bereich die Ausgliederung und Übertragung öffentlicher Aufgaben entweder auf selbständige Personen des öffentlichen Rechts oder andere Rechtsträger, deren Wirtschaftspläne ebenfalls in die Erläuterungen oder als Anlage in den Haushaltsplan aufgenommen werden, sofern sie wenigstens teilweise vom Bund finanziert werden (§ 26 III BHO)[79]. Daraus ergibt sich aber auch, daß Sondervermögen und selbständige Träger der Kontrolle des Haushaltsgesetzgebers völlig entzogen sind, wenn sie sich ausschließlich aus eigenen Einnahmen finanzieren, was insbesondere für Sonderabgaben gilt, die haushaltsrechtlich deshalb besonders problematisch sind[80]. Folglich sind solche parafiskalischen **Nebenhaushalte** als »Flucht aus dem Budget«[81] eine Beeinträchtigung der Haushaltshoheit des Parlaments, der Vollständigkeit, Transparenz und Öffentlichkeit des Budgets[82]. Nebenhaushalte bedürfen insofern besonderer Rechtfertigung[83], ungeachtet dessen, daß derartig verselbständigte Rechtsträger formal von Art. 110 I 1 GG nicht erfaßt[84]

---

und Kritik der Bundeshaushaltsreform, 1975, S. 125f.; *K. Vogel*, DÖV 1977, 837 (843); *Heintzen* (Fn. 27), Art. 110 Rn. 17.

[75] Zum Begriff eingehend *Puhl*, Budgetflucht (Fn. 40), S. 126ff.; vgl. auch *Burmeister*, Aktivitäten (Fn. 59), S. 215ff., und *H. Kube*, ZG 25 (2010), 105 (109ff.).

[76] Das ERP-Sondervermögen wird allerdings einem regulären Gesetzgebungsverfahren unterworfen, dazu *E. Pauker*, Das ERP-Sondervermögen, 1986; *C. Waldhoff*, DÖV 2005, 674ff.

[77] Dazu *Heun*, Staatshaushalt (Fn. 1), S. 383f.; generell sollten hier die Wirtschaftspläne einer Genehmigung durch den Bundestag unterworfen werden.

[78] Bei der Bundesbahn besteht das Sondervermögen unter der Bezeichnung Bundeseisenbahnvermögen unter geänderten Funktionen fort, s. § 1 ENeuOG vom 27.12.1993 (BGBl. I S. 2378). → Art. 87e Rn. 8, 13.

[79] *Heun*, Staatshaushalt (Fn. 1), S. 384.

[80] BVerfGE 82, 159 (178f.); 91, 186 (202); 108 (218f., Rn. 125ff.); *Heun*, Staatshaushalt (Fn. 1), S. 384f.; *F. Rottländer*, Haushaltspolitische Bedeutung und Verfassungsmäßigkeit von Sonderabgaben, 1988, S. 49ff., 65ff.

[81] *Heinig*, Budget (Fn. 51), Bd. I, S. 447ff.; Bd. II, S. 338ff.; *Smekal*, Flucht aus dem Budget, 1977 (zu Österreich); *Patzig* (Fn. 74), Art. 110 Rn. 6; *G. Kisker*, HStR IV, § 89 Rn. 65; *M. Kilian*, Nebenhaushalte des Bundes, 1993, S. 59, 65, 85; *Puhl*, Budgetflucht (Fn. 40), passim, eingehend zur historischen Entwicklung *Burmeister*, Aktivitäten (Fn. 59), S. 27ff.; vgl. aus politökonomischer Sicht auch *I. S. Kim*, Ökonomische Theorie der Nebenhaushalte, 1996, S. 9ff.

[82] *Fischer-Menshausen* (Fn. 27), Art. 110 Rn. 10; vgl. auch *J. Isensee*, JZ 2005, 971 (979): Selbstentmachtung des Parlaments; *M. Heintzen*, HStR³ V, § 120 Rn. 28.

[83] *Kilian*, Nebenhaushalte (Fn. 81), S. 556ff.; *Puhl*, Budgetflucht (Fn. 40), S. 158f., 174; *Siekmann* (Fn. 27), Art. 110 Rn. 92; *Fischer-Menshausen* (Fn. 27), Art. 110 Rn. 10; aber keine quantitativen Grenzen *Heintzen* (Fn. 27), Art. 110 Rn. 14; a. A. *Hillgruber* (Fn. 23), Art. 110 Rn. 21ff., 26: keine materiellen Begrenzungen für verselbständigte Rechtsträger und (Rn. 51) bloß formeller Gesetzesvorbehalt für Sondervermögen.

[84] Ausführlich *Hillgruber* (Fn. 23), Art. 110 Rn. 17ff., 23; s. auch *Gröpl* (Fn. 15), Art. 110 Rn. 166f.

werden. Das folgt weniger aus dem Demokratieprinzip als dem systematischen Gehalt der Art. 110ff. GG, da völlige Ausgestaltungsfreiheit das Budgetrecht aushöhlen würde. Die Privatisierung hat dementsprechend eine Ausweitung der parlamentarischer Budgethoheit entzogenen Bereiche zur Folge[85]. Allerdings gehören Wirtschaftspläne, auf die die Zweckbestimmung einzelner Titel hinweist, zum Haushaltsplan und verstoßen daher auch nicht gegen das Vollständigkeitsprinzip[86].

c) Budgetwahrheit und Budgetklarheit

21 Die **Grundsätze** der Budgetwahrheit und Budgetklarheit sind verfassungs- und haushaltsrechtlich **nicht unmittelbar normiert**, sie sind aber aus dem System des Budgetrechts ableitbar und insofern auch verfassungsrechtlich fundiert[87]. Die Grundsätze sollen die haushaltsrechtlichen Verantwortlichkeiten der staatlichen Organe und Behörden umgrenzen, eine wirksame Finanzkontrolle ermöglichen und die notwendigen Informationen für das Parlament und die Öffentlichkeit bereitstellen. Daraus ergibt sich für die Einnahmen die Pflicht zur Schätzgenauigkeit[88]. Die seit Jahren im Zeichen der Haushaltskonsolidierung verbreitete Praxis, sog. globale Minderausgaben auszuweisen, verstößt gegen diese Prinzipien, sofern sie pauschale Ausgabenkürzungen enthalten, die über den erfahrungsgemäß am Jahresende nicht verausgabten »Bodensatz« hinausgehen[89]. Auch verdeckte Reserven können einen Verstoß gegen diese Grundsätze darstellen[90].

d) Öffentlichkeit

22 Der erst im 19. Jahrhundert durchgesetzte Grundsatz[91] der Budgetöffentlichkeit bedeutet, daß Planung, Entscheidung, Vollzug und Kontrolle des Haushalts nicht nur dem Parlament, sondern auch der allgemeinen Öffentlichkeit zugänglich sein müssen. Durch diesen Grundsatz erhalten die Prinzipien der Budgetwahrheit und -klarheit eine gesteigerte politische Bedeutung. Das Öffentlichkeitsprinzip hat auch ohne explizite Normierung **Verfassungsrang**, da es aus dem allgemeinen demokratischen Öffentlichkeitsgrundsatz (→ Art. 20 [Demokratie], Rn. 77) folgt[92]. Vom Grundsatz der Öf-

---

[85] Positive Bewertung bei *Heintzen* (Fn. 27), Art. 110 Rn. 5.

[86] BVerfGE 70, 324 (357f.); mit *Sondervotum Mahrenholz* (366 [379]). → Rn. 15.

[87] *Stern*, Staatsrecht II, S. 1245; *Siekmann* (Fn. 27), Art. 110 Rn. 54; *Gröpl* (Fn. 15), Art. 110 Rn. 191; *Heun*, Staatshaushalt (Fn. 1), S. 264; *Kube* (Fn. 39), Art. 110 Rn. 111; ähnlich VerfGH Rh.-Pf. AS 25, 386 (392); 26, 4 (10); a. A. *G. Schmölders*, Finanzpolitik, 3. Aufl. 1970, S. 76; *Tappe*, Haushaltsgesetz (Fn. 50), S. 51.

[88] *Heun*, Staatshaushalt (Fn. 1), S. 264; *Heintzen* (Fn. 27), Art. 110 Rn. 26; *F.-R. Grabau/I. Hundt*, DStZ 2004, 783ff.

[89] *Maunz* (Fn. 23), Art. 110 Rn. 58; *Rehm*, Analyse (Fn. 74), S. 131; *E.A. Piduch*, in: ders. (Hrsg.), Bundeshaushaltsrecht, § 11 BHO (1984), Rn. 7; *E. Heuer*, in: ders. (Hrsg.), Kommentar zum Haushaltsrecht, Art. 110 (1990/96), Rn. 10; *Heintzen* (Fn. 27), Art. 110 Rn. 25; *H. Karehnke*, DVBl. 1980, 542 (543f.); *G.-F. Borrmann*, VR 1981, 307 (309); *Siekmann* (Fn. 27), Art. 110 Rn. 55; *Heun*, Staatshaushalt (Fn. 1), S. 437; *Brockmeyer* (Fn. 67), Art. 110 Rn. 34; *C. Gröpl*, Zur verfassungsrechtlichen Problematik globaler Minderausgaben, 2005, S. 20ff.; keine Bedenken bei *Stern*, Staatsrecht II, S. 1250; *K. M. Hettlage*, DÖV 1980, 461; *Moeser*, Beteiligung (Fn. 41), S. 122f.; *K.-P. Dolde/W. Porsch*, DÖV 2002, 232 (237f.); vgl. a. *S. Bajohr*, DÖV 2004, 949ff.; *P. Marcus*, DÖV 2000, 675ff.; *M. Möstl*, ZG 20 (2005), 144ff.; *Gröpl*, Haushaltsrecht (Fn. 27), S. 164f.

[90] Vgl. dazu *P. Kreibohm*, LKV 2005, 143ff.

[91] *Heun*, Staatshaushalt (Fn. 1), S. 38; s. auch *F. Wollenschläger*, AöR 135 (2010), 363 (364f.).

[92] BVerfGE 70, 324 (358); *Kube* (Fn. 39), Art. 110 Rn. 146; vgl. auch *F. Wollenschläger*, AöR 135 (2010), 363 (366ff.).

fentlichkeit darf nur aus zwingenden Gründen des Allgemeinwohls abgewichen werden[93], was vornehmlich die Wirtschaftspläne der Geheimdienste von der Offenlegung befreit (→ Rn. 37).

e) Spezialität

23 Die **Steuerungsdichte des Haushaltsplans** und damit die Wirksamkeit des parlamentarischen Budgetrechts wird hauptsächlich durch den Grundsatz der sachlichen und zeitlichen Spezialität oder Bindung bestimmt[94], der zugleich ein Prinzip für die Ausgestaltung des Haushaltsplans (§ 17 I BHO) und eine Begrenzung für die Mittelverausgabung (§ 27 I 1 HGrG) ist. Im Hinblick auf die Entscheidungs- und Kontrollfunktion des Parlaments kommt dem Grundsatz der Spezialität Verfassungsrang zu[95], ohne daß damit allerdings der Grad der Spezialität festgelegt wäre.

24 Der **sachliche Spezialitätsgrundsatz** besagt, daß die bewilligten Mittel nur zu einem bestimmten Zweck (qualitative Komponente) und in einer bestimmten Höhe (quantitative Komponente) verausgabt werden dürfen[96]. Der Grundsatz der **zeitlichen Spezialität** ergänzt die Periodizität der Bewilligungen aufgrund des Jährlichkeitsprinzips durch die Begrenzung ihrer Geltungsdauer auf das Haushaltsjahr[97]. Freilich sprechen Gründe der Elastizität und Wirtschaftlichkeit der Mittelbewirtschaftung gegen eine zu weitgehende Spezialisierung[98]. Dem trägt die Neufassung des Haushaltsgrundsätzegesetzes seit dem 1.1.1998 verstärkt Rechnung[99]. Der Grundsatz der zeitlichen Spezialität wird durch die Übertragbarkeit vor allem von Investitionsausgaben (§ 15 I, 27 II HGrG), der Grundsatz der sachlichen Spezialität durch die einseitige oder gegenseitige Deckungsfähigkeit (§ 15 II HGrG) durchbrochen[100]. Die Durchbrechungen dürfen der Exekutive im Ergebnis keine »unangemessene Verfügungsmacht« über die bewilligten Mittel einräumen[101]. Insofern sind einer allzu weitreichenden Globalisierung der Haushaltsansätze verfassungsrechtliche Grenzen gesetzt[102]. Haushaltstitel mit Zweckbestimmung, aber ohne betragsmäßig bezifferten Ansatz (sog. Leertitel nach

---

[93] BVerfGE 70, 324 (358); *Heintzen* (Fn. 27), Art. 110 Rn. 27; *Stern*, Staatsrecht II, S. 1247.

[94] Vgl. dazu *Neumark*, Reichshaushaltsplan (Fn. 38), S. 297ff.; *ders.*, Theorie (Fn. 38), S. 587ff.; *Senf*, Haushaltsplanung (Fn. 38), S. 409ff.; *Schmölders*, Finanzpolitik (Fn. 87), S. 72ff.; *Fischer-Menshausen* (Fn. 27), Art. 110 Rn. 12; *Nebel* (Fn. 66), Art. 110 Rn. 22f.; *Patzig*, Haushaltsrecht I (Fn. 31), Rn. 102ff.; *Heun*, Staatshaushalt (Fn. 1), S. 434ff.; *Kube* (Fn. 39), Art. 110 Rn. 119ff.; *Gröpl*, Haushaltsrecht (Fn. 27), S. 96 will Spezialität und Bindung trennen, was zwar logisch denkbar, aber weder vom Gesetz so vorgesehen noch sachlich irgendwie sinnvoll ist.

[95] VerfGH NW NVwZ 1992, 470 (471); VerfGH NW NVwZ 1995, 159 (160); VerfGH NW NWVBl. 1996, 291 (295); *Siekmann* (Fn. 27), Art. 110 Rn. 62; *Heintzen* (Fn. 27), Art. 110 Rn. 21.

[96] § 27 I HGrG; vgl. auch zu dem unterschiedlichen Spezialisierungsgrad *Heun*, Staatshaushalt (Fn. 1), S. 434ff.; zur zweckwidrigen Verwendung und (Strafbarkeits-) Folgen s. *E.-M. Münz*, Haushaltsuntreue, 2001, S. 7ff., 23ff.

[97] *Heun*, Staatshaushalt (Fn. 1), S. 438ff.

[98] *Fischer-Menshausen* (Fn. 27), Art. 110 Rn. 12.; kritisch *Gröpl*, Haushaltsrecht (Fn. 27), S. 172ff.

[99] Haushaltsrechts-Fortentwicklungsgesetz v. 22.12.1997 (BGBl. I S. 3251); dazu *K. Lüder*, DÖV 1998, 285ff.; *C. Gröpl*, NVwZ 1998, 1251 (1254ff.); *ders.*, Haushaltsrecht (Fn. 27), S. 219ff.

[100] Dazu *Heun*, Staatshaushalt (Fn. 1), S. 439f., 435ff.; *Gröpl*, Haushaltsrecht (Fn. 27), S. 201ff.

[101] BVerfGE 70, 324 (357); *M. Heintzen*, HStR³ V, § 120 Rn. 34f.

[102] Auch im Hochschulbereich sollte das Kind nicht mit dem Bade ausgeschüttet werden: vgl. *C. Rollmann*, DÖV 1987, 675ff. einerseits und *H. Breitmaier*, DÖV 1988, 165ff.; *J. Harms/T. Naumann*, DÖV 1992, 822ff. andererseits; vgl. allgemein zur staatlichen Steuerung durch Haushaltsrecht *C. Tomerius*, Die Hochschulautonomie und ihre Einschränkungen beim Zusammenwirken von Land und Hochschule, 1998, S. 98ff.; zu verschiedenen Flexibilisierungsoptionen *Gröpl*, Haushaltsrecht (Fn. 27), S. 226ff.

Vorl. VV zu § 11, Nr. 2) sind ausnahmsweise zulässig für durchlaufende Posten oder im Fall unüberwindlicher Prognoseschwierigkeiten, wie etwa bei § 8 StabWG[103].

f) Ausgleich von Einnahmen und Ausgaben

Art. 110 I 2 GG bestimmt, daß der Haushalt in Einnahmen und Ausgaben ausgeglichen sein muß. Das **Ausgleichsgebot** ist ausschließlich **formal** als rein rechnerische Übereinstimmung von veranschlagten Einnahmen und Ausgaben zu verstehen[104]. Ein materieller Haushaltsausgleich, der bei den Einnahmen Rücklagenentnahmen, Kreditерlöse, Münzeinnahmen, bei den Ausgaben Rücklagenbildung und Schuldentilgung außer Ansatz läßt, wird von dem Ausgleichsgebot nicht gefordert[105]. Eine materielle Ausgleichspflicht stünde im Widerspruch zur grundsätzlich durch Art. 115 I GG legitimierten Kreditfinanzierung[106]. Die Vorschrift kann daher die ihr zugedachte Disziplinierungs- und Ordnungsfunktion[107] ebensowenig erfüllen wie die Erzielung des rechnerischen Ausgleichs irgendwelche ökonomische Aussagekraft besitzt[108]. Eine materielle Direktive für die inhaltliche Ausgestaltung des Haushalts enthält neben Art. 115 I GG vielmehr allein Art. 109 II GG (→ Art. 109 Rn. 21 ff.), der im Gleichgewichtszustand aber auch kein Verbot der Staatsverschuldung errichtet, sondern einen konjunkturneutralen Haushalt verlangt[109]. 25

Aus dem formalen Verständnis folgt ein entsprechender Begriff der Einnahmen und Ausgaben i. S. d. Art. 110 I GG. **Einnahmen** sind die im Rechnungsjahr kassenmäßig zu erwartenden Deckungsmittel ohne Rücksicht auf ihre Art und Herkunft[110]. Angesichts des Wegfalls der früheren, in Art. 115 GG a. F. fundierten (→ Art. 115 Rn. 4) Unterscheidung zwischen ordentlichen und außerordentlichen Einnahmen sowie der Beschränkung des Haushaltsausgleichs auf die ordentlichen Einnahmen durch die Haushaltsreform von 1969[111] sind Einnahmen aus Vermögensveräußerungen, Rücklagenentnahmen, Darlehen, Münzgewinnen und der Gewinnabführung der Zentralbank 26

---

[103] Vgl. *Puhl*, Budgetflucht (Fn. 40), S. 229 ff.; *Hillgruber* (Fn. 23), Art. 110 Rn. 55 ff.; *Heintzen* (Fn. 27), Art. 110 Rn. 22.

[104] *Fischer-Menshausen* (Fn. 27), Art. 110 Rn. 14 f., 18; *Siekmann* (Fn. 27), Art. 110 Rn. 65; *Jarass*/ Pieroth, GG, Art. 110 Rn. 5; *Mahrenholz* (Fn. 67), Art. 110 Rn. 59; *Wissenschaftlicher Beirat beim BMF*, Stellungnahme zur Haushaltsreform und Stellungnahme zu dem Entwurf eines Gesetzes über Steuererleichterungen bei Änderungen der Unternehmensform, in: Stellungnahmen und Gutachten 1949–1973, 1974, S. 445 ff.; *W. Höfling*, Staatsschuldenrecht, 1993, S. 311; *Puhl*, Budgetflucht (Fn. 40), S. 495 ff.; *Heintzen* (Fn. 27), Art. 110 Rn. 28; *Kube* (Fn. 39), Art. 110 Rn. 142; kritisch *Gröpl* (Fn. 15), Art. 110 Rn. 200; verfehlt dagegen *Maunz* (Fn. 23), Art. 110 Rn. 49; *Stern*, Staatsrecht II, S. 1249 f.; *G. Kisker*, HStR IV, § 89 Rn. 75; *J. Hanreich*, Konjunkturpolitik des Bundes in finanzverfassungsrechtlicher Sicht, Diss. jur. München 1969, S. 82 ff.; *R. Lappin*, Kreditäre Finanzierung des Staates unter dem Grundgesetz, 1994, S. 94 ff., die mehr als einen formalen Ausgleich verlangen. → Art. 115 Rn. 37.

[105] *Fischer-Menshausen* (Fn. 27), Art. 110 Rn. 18.

[106] *Siekmann* (Fn. 27), Art. 110 Rn. 65.

[107] BT-Drs. V/3040, S. 39 f., 44.

[108] *P. Senf*, Budgetüberschüsse und Budgetdefizite, in: Schriften des Vereins für Socialpolitik 31, 1964, S. 11 ff.; *W. Dreißig*, Probleme des Haushaltsausgleichs, in: Schriften des Vereins für Socialpolitik 52, 1969, S. 9 ff. (11, 35); *W. Albers*, Anforderungen an eine moderne Haushaltswirtschaft, in: FS Neumark, 1970, S. 347 ff. (365); *Rehm*, Analyse (Fn. 74), S. 65; *Fischer-Menshausen* (Fn. 27), Art. 110 Rn. 18.

[109] Vgl. dazu *Fischer-Menshausen* (Fn. 27), Art. 110 Rn. 19a; *Heun*, Staatshaushalt (Fn. 1), S. 128 f. m. w. N.

[110] Vgl. dazu auch *Fischer-Menshausen* (Fn. 27), Art. 110 Rn. 16; *Gröpl*, Haushaltsrecht (Fn. 27), S. 61 ff.

[111] BT-Drs. V/3040, S. 39. → Vorb. zu Art. 104a Rn. 8.

Deckungsmittel i.S.d. Art. 110 I GG (§ 13 III Nr. 1 BHO). Auf die Herkunft aus dem Geldkreislauf oder aus Geldschöpfungsvorgängen kommt es nicht an. Nur Erlöse aus Kassenverstärkungskrediten stellen keine Einnahmen in diesem Sinne dar (§ 18 II Nr. 2 BHO)[112]. **Ausgaben** sind die nach dem Fälligkeitsprinzip im Rechnungsjahr kassenmäßig zu erwartenden Geldleistungen und Finanztransaktionen, zu denen auch Aufwendungen für Vermögenserwerb, Zuführung von Rücklagen und Schuldentilgung gehören (§ 13 III Nr. 2 BHO). Keine Ausgaben sind dagegen die Tilgung von Kassenkrediten und die Übernahme von Verpflichtungen zur Leistung von Ausgaben in künftigen Rechnungsjahren[113], die durch das Institut der Verpflichtungsermächtigung abgedeckt werden[114].

g) Vorherigkeit

27 Art. 110 II 1 GG schreibt die Feststellung des Haushaltsplans vor Beginn der Haushaltsperiode vor. Das entspricht der Funktion des Budgets, der Exekutive und allen mittelbewirtschaftenden Stellen einen verbindlichen Rahmen zu setzen. Deshalb sind alle beteiligten Verfassungsorgane verfassungsrechtlich verpflichtet, zur **rechtzeitigen Verabschiedung** beizutragen[115]. In der Praxis ist das bis 1980 nicht ein einziges Mal gelungen[116]. Erst die Mahnung des Bundesverfassungsgerichts[117] hat zu einer Besserung geführt, die aber Verstöße gegen diese Regel nicht völlig hat ausschließen können[118]. Vor allem führen der Aufwand der Entwurfsvorbereitung, parlamentarische Beratungen, wirtschaftliche Veränderungen oder sonstige Umstände immer wieder zu Verzögerungen, für die Art. 111 GG auch explizit Vorsorge trifft (→ Art. 111 Rn. 4). Außerdem liegt die Kompetenz zur Feststellung des Etats allein beim Parlament, mit der Folge, daß Verletzungen der Pflicht im Ergebnis letztlich sanktionslos bleiben[119]. Das nicht rechtzeitig verabschiedete Haushaltsgesetz ist deshalb selbstverständlich auch wirksam[120]. Im übrigen schließt das Vorherigkeitsgebot die Verabschiedung von Nachtragshaushalten nicht aus[121].

h) Periodizität

28 Das parlamentarische Ausgabenbewilligungsrecht setzt zur Wirksamkeit der Kontrolle des staatlichen Haushaltsgebarens die Periodizität der Bewilligung voraus. Im 19. Jahrhundert haben die Parlamente erst mühsam und allmählich die **Jährlichkeit** der Etatbewilligung durchgesetzt[122]. Im Gegensatz zu den Verfassungen von 1849 und

---

112 *Heintzen* (Fn. 27), Art. 110 Rn. 12.

113 *Heintzen* (Fn. 27), Art. 110 Rn. 12; näher zum Ausgabenbegriff *Gröpl*, Haushaltsrecht (Fn. 27), S. 53ff.

114 Dazu *Heun*, Staatshaushalt (Fn. 1), S. 260ff.; *Gröpl*, Haushaltsrecht (Fn. 27), S. 467ff.

115 BVerfGE 45, 1 (33); 66, 26 (38); *E. Fricke*, DVBl. 1975, 604ff.; *Kube* (Fn. 39), Art. 110 Rn. 129.

116 Vgl. *E.A. Piduch/W. Gatzer*, in: E.A. Piduch (Hrsg.), Bundeshaushaltsrecht, Art. 111 (1985/2004), Rn. 7.

117 BVerfGE 45, 1 (33).

118 1981, 1982, 1991 und 1995 sowie dann wieder 1999, 2003 bis 2006 sind die Haushaltsgesetze verspätet verabschiedet worden (Nachweise bei *Siekmann* [Fn. 27], Art. 110 Rn. 57).

119 Vgl. BVerfGE 45, 1 (32); *Fischer-Menshausen* (Fn. 27), Art. 110 Rn. 8 spricht sogar nur von einer Soll-Vorschrift.

120 *Siekmann* (Fn. 27), Art. 110 Rn. 59.

121 *Siekmann* (Fn. 27), Art. 110 Rn. 58. → Rn. 34.

122 Vgl. dazu vor allem *Mößle*, Regierungsfunktionen (Fn. 14), S. 71ff.; *Dreier*, Kampf (Fn. 6), S. 81f.; in England setzte sich das Jährlichkeitsprinzip bereits 1802 durch.

1871 haben nach der Parlamentarisierung der Regierung die Weimarer Verfassung und das Grundgesetz die Jährlichkeit nicht zwingend vorgeschrieben[123]. Obwohl auch Art. 110 II 1 GG die Feststellung des Haushaltsplans für mehrere Jahre, allerdings nach Haushaltsjahren getrennt, und Art. 110 II 2 GG die Verabschiedung einzelner Teile mit unterschiedlicher Geltungsdauer erlaubt (z. B. Trennung von Verwaltungs- und Finanzhaushalt § 9 II HGrG), ist in der Praxis das Jährlichkeitsprinzip ausnahmslos beibehalten worden. Nur in einzelnen Bundesländern finden sich inzwischen auch Zweijahreshaushaltspläne[124]. Bei darüber hinausreichenden Haushaltsperioden würde das Budget aber sehr schnell seine Aussagekraft und Verbindlichkeit verlieren, so daß der Grundsatz der Haushaltswahrheit und das parlamentarische Budgetrecht im Kern berührt wären[125].

4. Rechtswirkungen des Haushaltsplans

Die Feststellung des Haushaltsplans durch das Haushaltsgesetz schafft für die Exeku- 29
tive **verbindliches Recht**[126]. Die Exekutive darf die im Haushaltsplan veranschlagten Ansätze prinzipiell nicht überschreiten und hat die dort niedergelegten Zweckbestimmungen, Vermerke und Erläuterungen zu beachten[127]. Haushaltsplan und Haushaltsgesetz sind auch für die Gerichte verbindlich[128]. Zugleich werden die haushaltsbewirtschaftenden Stellen ermächtigt, die im Budget vorgesehenen Ausgaben zu leisten. Insofern hat der Etat konstitutive Wirkung (→ Rn. 9) und umschreibt das politische **Handlungsprogramm des Staates in Zahlen**[129].

Umstritten ist, ob die Ausgabenbewilligungen die Exekutive auch zur Verausga- 30
bung der bewilligten Mittel verpflichten. Die Frage ist differenziert zu beantworten[130]. Eine Ausgabenverpflichtung ergibt sich in der Regel allein aus außenwirksamen Gesetzen, die dem Budget vorgehen und von dem Haushaltsplan nicht abgeändert werden dürfen (→ Rn. 31). Darüber hinaus begründen die Ausgabenbewilligungen einen Gestaltungs- und Verantwortungsspielraum der Exekutive, der auch von dem Wirtschaftlichkeitsgebot des Art. 114 II GG mit konstituiert wird[131]. Dies steht einer

---

[123] Vgl. § 103 Nr. 3 Paulskirchenverf.; Art. 69 RVerf. 1871; Art. 85 III WRV; Art. 110 II 3 GG a. F.

[124] Z. B. in Niedersachsen und Berlin.

[125] Vgl. *Siekmann* (Fn. 27), Art. 110 Rn. 61; *Heintzen* (Fn. 27), Art. 110 Rn. 9; *Gröpl* (Fn. 15), Art. 110 Rn. 254; vgl. auch *Kube* (Fn. 39), Art. 110 Rn. 135; *Tappe*, Haushaltsgesetz (Fn. 50), S. 64f.

[126] *Fischer-Menshausen* (Fn. 27), Art. 110 Rn. 3; *Siekmann* (Fn. 27), Art. 110 Rn. 25.

[127] BVerfGE 20, 56 (91); 45, 1 (34); *Siekmann* (Fn. 27), Art. 110 Rn. 25; *Jarass*/Pieroth, GG, Art. 110 Rn. 15; *Fischer-Menshausen* (Fn. 27), Art. 110 Rn. 5.

[128] *Siekmann* (Fn. 27), Art. 110 Rn. 25.

[129] BVerfGE 79, 311 (329, 340); *Neumark*, Theorie (Fn. 38), S. 558; *Fischer-Menshausen* (Fn. 27), Art. 110 Rn. 3; *Siekmann* (Fn. 30), Art. 110 Rn. 30; erstmals wohl *G. Jèze*, Allgemeine Theorie des Budgets, 1927, S. VII, 38ff. → Rn. 12.

[130] Vgl. im einzelnen zu den verschiedenen Auffassungen *Heun*, Staatshaushalt (Fn. 1), S. 409ff.

[131] Eine rechtliche Verpflichtung generell verneinend daher *Hettlage*, Rechtsnatur (Fn. 31), S. 393; *E. Fricke*, DÖV 1980, 317 (321f.); *C. Tomuschat*, Der Staat 19 (1980), 1 (10f.); *Mußgnug*, Haushaltsplan (Fn. 3), S. 315ff.; *D. Birk*, DVBl. 1983, 865 (872); *Maunz* (Fn. 23), Art. 110 Rn. 14; *Fischer-Menshausen* (Fn. 27), Art. 110 Rn. 5; *Brockmeyer* (Fn. 67), Art. 110 Rn. 8; *Heuer* (Fn. 89), Art. 110 Rn. 6; *Nebel* (Fn. 66), Art. 110 Rn. 25; *Patzig*, Haushaltsrecht I (Fn. 31), Rn. 234ff.; *Stern*, Staatsrecht II, S. 1207; *G. Kisker*, HStR IV, § 89 Rn. 28; *Jarass*/Pieroth, GG, Art. 110 Rn. 9, 15; *Siekmann* (Fn. 27), Art. 110 Rn. 28 (allerdings in gewissem Widerspruch zu Rn. 89); *M. Pechstein*, VerwArch. 24 (1995), 359 (364ff.); *v. Mutius*, Steuerung (Fn. 27), S. 167f.; *K. H. Friauf*, Funktion, Inhalt und Grenzen des sogenannten Notbewilligungsrechts des Bundesministers der Finanzen nach Art. 112 GG, in: GedS Klein, 1977, S. 162ff. (175); *K. Schaefer*, Das Haushaltsgesetz jenseits der Kreditfinanzierungsgren-

generellen oder auch im Einzelfall im voraus bestehenden **Verpflichtungswirkung**[132] entgegen. Andererseits ist die Exekutive durch die Bewilligung auch im Sinne einer Ausgabeverpflichtung insofern grundsätzlich gebunden, als der Wille des Haushaltsgesetzgebers nicht systematisch konterkariert werden darf[133]. Für die Abgabenerhebung folgen demgegenüber aus den bloßen Schätzungen des Haushaltsplans keine Erhebungspflichten[134].

31 Die Rechtswirkungen des Haushaltsplans sind auf den **organschaftlichen Rechtskreis beschränkt**[135]. Dementsprechend werden gem. § 3 II HGrG, § 3 II BHO Ansprüche oder Verbindlichkeiten gegenüber Dritten durch den Haushaltsplan weder begründet noch aufgehoben, was die verfassungsrechtlichen Festlegungen aber nur noch einmal bestätigt[136]. Diese Beschränkung gilt entgegen einer teilweise vertretenen Auffassung[137] aber nicht für das Haushaltsgesetz, das durchaus auch außenwirksame, materiellrechtliche Regelungen – unter den Beschränkungen des Bepackungsverbots – aufnehmen kann[138]. Daraus folgt, daß der einzelne Bürger aus dem Haushaltsplan nicht unmittelbar Ansprüche, auch nicht auf Subventionen, ableiten kann[139]. Die Ausgabenbewilligungen stellen aber eine ausreichende Ermächtigungsgrundlage dar[140]. Umgekehrt können Ausgabenbewilligungen bestehende, durch außenwirksames Gesetz begründete Ansprüche und Verbindlichkeiten nicht aufheben oder beschneiden[141]. Deswegen ist der Gestaltungsspielraum des Haushaltsgesetzgebers durch die allgemeinen Gesetze weitgehend reduziert (Vorrang der außenwirksamen allgemeinen Gesetze)[142]. Von den materiell-rechtlichen Bindungen kann sich der Gesetzgeber folglich nur dadurch befreien, daß er durch entsprechende Gesetze, die häufig als Artikelgesetze zu sog. Haushaltsbegleitgesetzen zusammengeführt werden, die materiell-rechtlichen Ausgabeverpflichtungen seinem finanziellen Leistungsvermögen anpaßt[143].

---

zen, 1996, S. 22ff.; *Heintzen* (Fn. 27), Art. 110 Rn. 32; *Gröpl* (Fn. 15), Art. 110 Rn. 129; *ders.*, Haushaltsrecht (Fn. 27), S. 78ff.; *Hillgruber* (Fn. 23), Art. 110 Rn. 61; *M. Heintzen*, HStR³ V, § 120 Rn. 56.

[132] Dafür aber *E. Friesenhahn*, Parlament und Regierung im modernen Staat, VVDStRL 16 (1958), S. 7ff. (70 LS II, 2); *R. Hoffmann*, Haushaltsvollzug und Parlament, 1972, S. 43ff.; *Moeser*, Beteiligung (Fn. 41), S. 120ff.; *ders.*, DVBl. 1977, 479ff.; *R. Frömel*, DVBl. 1974, 65 (67f.); Brem. StGH DÖV 1955, 21f.; offen gelassen in Berl. VerfGH NVwZ 1994, 263f. – vorläufiger Rechtsschutz und NJW 1995, 858 (860) – endgültige Entscheidung.

[133] *Heun*, Staatshaushalt (Fn. 1), S. 415f.; der Fall kann in erster Linie bei einer Minderheitsregierung relevant werden; vgl. auch BVerfGE 45, 1 (38).

[134] Verfehlt insoweit die Überlegungen von *Siekmann* (Fn. 27), Art. 110 Rn. 29.

[135] BVerfGE 38, 121 (126); 79, 311 (327); BVerwG DVBl. 1958, 142 (142); *Heintzen* (Fn. 27), Art. 110 Rn. 33; *ders.*, HStR³ V, § 120 Rn. 53; *Siekmann* (Fn. 27), Art. 110 Rn. 24.

[136] *H.-W. Arndt*, JuS 1990, 343 (344); *Siekmann* (Fn. 27), Art. 110 Rn. 35.

[137] *Siekmann* (Fn. 27), Art. 110 Rn. 24f. unter Berufung auf *Stern*, Staatsrecht II, S. 1205; unklar BVerfGE 79, 311 (327); *Jarass*/Pieroth, GG, Art. 110 Rn. 16. Die Feststellung des Haushaltsplans als solche kann allerdings keine Außenwirkung erzielen.

[138] BSGE 37, 144 (145ff.); *Heintzen* (Fn. 27), Art. 110 Rn. 34; *Heun*, Staatshaushalt (Fn. 1), S. 267f.; *B. C. Elles*, Die Grundrechtsbindung des Haushaltsgesetzgebers 1996, S. 24f., 169ff.

[139] BVerfGE 1, 299 (307); 38, 121 (126); BVerwG DVBl. 1998, 142 (142); a. A. *A. Bleckmann*, DVBl. 2004, 333ff.

[140] BVerwGE 58, 45 (48); *Patzig*, Haushaltsrecht I (Fn. 31), Rn. 228f.; *Fischer-Menshausen* (Fn. 27), Art. 110 Rn. 5; zu den Rechtswirkungen im einzelnen m. w. N. *Heun*, Staatshaushalt (Fn. 1), S. 416ff.

[141] BAGE 46, 394 (400f.); *Stern*, Staatsrecht II, S. 1209; *Siekmann* (Fn. 27), Art. 110 Rn. 38.

[142] *Heun*, Staatshaushalt (Fn. 1), S. 167ff.; zu den dadurch bewirkten finanziellen Bindungen ebd. S. 176ff.

[143] Vgl. dazu *Moeser*, Beteiligung (Fn. 41), S. 95ff.; *Heun*, Staatshaushalt (Fn. 1), S. 212ff.; Aufzählung in *Siekmann* (Fn. 27), Art. 110 Rn. 19.

III. Das Haushaltsverfahren

1. Allgemeines

Für das Budget gilt ein **besonderes Verfahren**, das gegenüber dem sonstigen Gesetzgebungsverfahren **Modifizierungen** enthält. Die Vorschrift des Art. 110 III GG ist insofern lex specialis gegenüber den allgemeinen Regeln der Art. 76ff. GG, auf die (nur) zurückgegriffen werden kann, sofern sich aus Art. 110ff. GG nichts anderes ergibt[144]. Art. 80 I GG ist deshalb nicht anwendbar[145]. Außerdem enthält Art. 110 II, III GG besondere Vorschriften für die Budgetinitiative und das Bewilligungsrecht; die Phasen des Budgetvollzugs und der Finanzkontrolle bis hin zur Entlastung werden dagegen rudimentär in Art. 114 GG geregelt. 32

2. Die Budgetinitiative

Schon vor Einleitung des parlamentarischen Haushaltsverfahrens beginnt innerhalb der Exekutive das **Aufstellungsverfahren** für den Etat[146]. Auf Anforderung übersenden die jeweiligen Beauftragten für den Haushalt (§ 9 II BHO) dem Bundesfinanzminister und zugleich dem Bundesrechnungshof (§ 27 II BHO) die Voranschläge. Der Finanzminister koordiniert und kürzt die Vorlagen und führt sie zu einem einheitlichen Budget zusammen[147]. Der Entwurf wird dann vom Kabinett beschlossen[148]. 33

Das Recht der Budgetinitiative steht abweichend von Art. 76 I GG lediglich der Bundesregierung zu[149], da sie allein über den administrativen Apparat zur Aufstellung des Haushaltsentwurfs verfügt. Das ergibt sich nur indirekt aus dem Zuleitungsverfahren nach Art. 110 III GG, der insoweit auf Art. 76 II 1 GG Bezug nimmt. Das **Initiativmonopol der Regierung** erstreckt sich auch auf Nachtragshaushalte[150], aber wegen der unbeschränkten Änderungskompetenz des Bundestages nicht auf Ergänzungsvorlagen[151]. Aus dem Initiativmonopol resultiert zugleich eine **Initiativpflicht**[152]. Diese Verpflichtung ist auf eine rechtzeitige Einbringung des Haushaltsentwurfs gerichtet, 34

---

144 *Nebel* (Fn. 66), Art. 110 Rn. 66; *Siekmann* (Fn. 27), Art. 110 Rn. 70.

145 BVerfGE 106, 1 (22, Rn. 90); *Maunz* (Fn. 23), Art. 110 Rn. 20; *Jarass*/Pieroth, GG, Art. 110 Rn. 10; *Hillgruber* (Fn. 23), Art. 110 Rn. 69; *Heintzen* (Fn. 27), Art. 110 Rn. 36; *Gröpl* (Fn. 15), Art. 110 Rn. 274.

146 Im einzelnen zu dem Verfahren *Heun*, Staatshaushalt (Fn. 1), S. 291ff.; ferner *A. Zucker*, Finanzplanung und Bundeshaushalt, 1972, S. 97ff., 145ff.; *H. C. Korff*, Haushaltspolitik, 1975, S. 106ff.; *Kube* (Fn. 39), Art. 110 Rn. 162ff.

147 Zur Bedeutung der Koordination im Finanzministerium *Heun*, Staatshaushalt (Fn. 1), S. 293ff.; *Schuppert* (Fn. 39), Art. 110 Rn. 47.

148 § 29 I BHO.

149 BVerfGE 45, 1 (29, 46); 70, 324 (357); *Maunz* (Fn. 23), Art. 110 Rn. 21; *Nebel* (Fn. 66), Art. 110 Rn. 15, 60, 75; *Brockmeyer* (Fn. 67), Art. 110 Rn. 10f.; *Stern*, Staatsrecht II, S. 1212f.; *Siekmann* (Fn. 27), Art. 110 Rn. 75; *Fischer-Menshausen* (Fn. 27), Art. 110 Rn. 20; *M. Oldiges*, Die Bundesregierung als Kollegium, 1983, S. 264ff.; *Heun*, Staatshaushalt (Fn. 1), S. 302f. m. w. N.; *J. Isensee*, JZ 2005, 971 (975f.); *Kube* (Fn. 39), Art. 110 Rn. 158; für eine Entmonopolisierung *A. Müller-Osten*, Der öffentliche Haushalt als Institution parlamentarischer Kontrolle, 2007, S. 315ff.; zum Verhältnis zwischen exekutiver Budgetinitiative und parlamentarischen Informationsrechten *M. Droege*, DVBl. 2015, 937ff.

150 BVerfGE 70, 324 (357); *Stern*, Staatsrecht II, S. 1212; *Siekmann* (Fn. 27), Art. 110 Rn. 75; *Jarass*/Pieroth, GG, Art. 110 Rn. 11; *Heun*, Staatshaushalt (Fn. 1), S. 304.

151 *Heun*, Staatshaushalt (Fn. 1), S. 303f. mit näherer Begründung; a. A. *Stern*, Staatsrecht II, S. 1212; *Siekmann* (Fn. 27), Art. 110 Rn. 75; *Jarass*/Pieroth, GG, Art. 110 Rn. 11; *Heintzen* (Fn. 27), Art. 110 Rn. 39.

152 Vgl. BVerfGE 45, 1 (29); *Stern*, Staatsrecht II, S. 1212; *Siekmann* (Fn. 27), Art. 110 Rn. 71; *E.*

damit eine Verabschiedung des Haushalts nach angemessener parlamentarischer Beratung vor Beginn der neuen Haushaltsperiode ermöglicht wird[153]. Außerdem muß der Entwurf hinreichend konkrete Angaben über Einnahmen und Ausgaben enthalten[154]. Die Initiativpflicht lebt nach einer etwaigen parlamentarischen Etatverweigerung wieder auf[155].

35 Abweichend von Art. 76 II GG sind die Haushaltsvorlagen gleichzeitig dem Bundestag und dem Bundesrat zuzuleiten (Art. 110 III 1 GG). Diese Maßgabe dient der **Beschleunigung des Verfahrens** ebenso wie die Verkürzung der Äußerungsfrist des Bundesrates von den regulären sechs Wochen für den Jahreshaushalt auf drei Wochen für Änderungsvorlagen gem. Art. 110 III 2 GG[156].

3. Das Budget im Parlament

36 Parlamentarische Beratung und Verabschiedung erfüllen eine besondere »**Kontroll- und Legitimationsfunktion**«[157], der der Gesetzesvorbehalt des Art. 110 II GG entspricht[158]. Deshalb müssen nicht nur das Parlament als Ganzes oder jede Fraktion, sondern auch die einzelnen Abgeordneten ihre Vorstellungen in die Beratung einbringen und die Entscheidungen über die Ausgabenbewilligungen beeinflussen können[159]. Die Rechte der einzelnen Abgeordneten ergeben sich aus Art. 39 I i. V. m. Art. 77 I 1, 110 II 1 GG und können im Organstreitverfahren geltend gemacht werden[160]. Die Konzentration der tatsächlichen Entscheidungsbefugnisse im Haushaltsausschuß durch die Praxis stehen dem nicht entgegen[161]. Der Bundestag verfügt über ein unbeschränktes Änderungsrecht[162]. Selbst eine Etatverweigerung kann dem Parlament unbeschadet seiner Pflicht zu einer rechtzeitigen Entscheidung nicht versagt werden[163].

37 Der Grundsatz der **Budgetöffentlichkeit**, der auch aus dem allgemeinen demokratischen Öffentlichkeitsprinzip folgt, gilt mit Verfassungsrang[164] auch bereits für die Beratung[165]. Allerdings darf dieses Prinzip aus zwingenden Gründen des Allgemein-

---

Fricke, DVBl. 1975, 604 (605); *Fischer-Menshausen* (Fn. 27), Art. 110 Rn. 20; *Maunz* (Fn. 23), Art. 110 Rn. 20; *Kube* (Fn. 39), Art. 110 Rn. 159; *Heun*, Staatshaushalt (Fn. 1), S. 304 f. m. w. N.

153 BVerfGE 45, 1 (32 f.); 66, 26 (38); *Siekmann* (Fn. 27), Art. 110 Rn. 76.

154 BVerfGE 70, 324 (355).

155 *Fischer-Menshausen* (Fn. 27), Art. 110 Rn. 20; *Stern*, Staatsrecht II, S. 1212; *E. Fricke*, DVBl. 1975, 604 (605); *Heun*, Staatshaushalt (Fn. 1), S. 305; *Heintzen* (Fn. 27), Art. 110 Rn. 38; *Gröpl* (Fn. 15), Art. 110 Rn. 163; zweifelnd *Hillgruber* (Fn. 23), Art. 110 Rn. 91.

156 Vgl. *zu* BT-Drs. V/3605, S. 11 zu der beabsichtigten Beschleunigung.

157 BVerfGE 79, 311 (344).

158 *Fischer-Menshausen* (Fn. 27), Art. 110 Rn. 21. Der Haushalt kann auch deswegen nicht durch Rechtsverordnung verabschiedet werden. → Rn. 32.

159 BVerfGE 45, 1 (38); 70, 324 (356); 92, 130 (137).

160 BVerfGE 70, 324 (349 f., 356).

161 Zur Bedeutung des Haushaltsausschusses im einzelnen *Heun*, Staatshaushalt (Fn. 1), S. 335 ff.; vgl. ferner *S. Hölscheidt*, Der Haushaltsausschuß des Deutschen Bundestages, 1988.

162 BVerfGE 70, 324 (355); *Kube* (Fn. 39), Art. 110 Rn. 174; für eine Verpflichtung zur Bewilligung bestimmter Ausgaben dagegen *K. Lange*, Der Staat 11 (1972), 313 (317 ff.).

163 *Heun*, Staatshaushalt (Fn. 1), S. 321 ff.; *Hillgruber* (Fn. 23), Art. 110 Rn. 99; *J. Isensee*, JZ 2005, 971 (975); *Heintzen* (Fn. 27), Art. 110 Rn. 31; a. A. die (früher) h. M.: *Fischer-Menshausen* (Fn. 27), Art. 110 Rn. 20; *Nebel* (Fn. 66), Art. 110 Rn. 15, 60; *E. Fricke*, DVBl. 1975, 604 (604); *Moeser*, Beteiligung (Fn. 41), S. 115; *Mußgnug*, Haushaltsplan (Fn. 3), S. 365 f.; *Patzig*, Haushaltsrecht I (Fn. 31), Rn. 213; *H. Trossmann*, JöR 28 (1979), 1 (52); offen BVerfGE 45, 1 (33).

164 BVerfGE 70, 324 (358). → Rn. 22.

165 Allerdings nicht für jede Phase: die Ausschußberatungen sind nicht öffentlich.

wohls durchbrochen werden, wenn etwa eine »Offenlegung von Detailangaben bestimmter geheimer Fonds« nicht erfolgen darf[166]. Deshalb dürfen Wirtschaftspläne zu geheimhaltungsbedürftigen Haushaltstiteln ausnahmsweise durch einen Unterausschuß des Haushaltsausschusses beraten werden, der besonderen Geheimschutzregeln unterliegt[167]. Auch die Einrichtung eines besonderen Kontrollgremiums wird man für zulässig halten können[168], nicht jedoch den Ausschluß einzelner Fraktionen durch eine reine Mehrheitsentscheidung des Bundestages, solange wegen der Vielzahl der Fraktionen ein solches Gremium nicht zur Funktionsunfähigkeit verurteilt ist[169].

Das Haushaltsgesetz ist ein bloßes **Einspruchsgesetz**, das nicht der Zustimmung des 38
Bundesrates bedarf[170]. Allenfalls können materiellrechtliche Vorschriften im Haushaltsgesetz die Zustimmungsbedürftigkeit nach den allgemeinen Regeln auslösen[171]. Im allgemeinen hält sich der Bundesrat bei der Beratung außerordentlich zurück[172].

Das Haushaltsgesetz wird wie jedes andere Gesetz im Bundesgesetzblatt gem. 39
Art. 82 I GG **verkündet**. Der Haushaltsplan als ganzes mit den Einzelplänen wird dagegen in der Praxis gesondert veröffentlicht; nur der sog. Gesamtplan wird im Bundesgesetzblatt veröffentlicht. Darin liegt kein Verstoß gegen das Öffentlichkeitsprinzip, da der Haushaltsplan allgemein zugänglich ist. Der prima facie-Verstoß gegen den Wortlaut des Art. 82 I GG ist als sachlich begründete, althergebrachte Übung, die dem Verfassunggeber bekannt war, nach zutreffender herrschender Auffassung legitimiert[173].

Der Vollzug des Haushalts obliegt der Exekutive, die dabei aber den rechtlichen 40
Bindungen der Haushaltsgesetzgebung unterworfen ist. Die **Lenkungswirkungen des Budgets** werden wesentlich von den Haushaltsgrundsätzen, vor allem vom Spezialitätsprinzip bestimmt[174]. Art. 112 GG[175] und das Stabilitätsgesetz[176] erlauben unter besonderen Voraussetzungen eine Durchbrechung der Lenkungswirkungen der Haushaltsgesetzgebung. Die verbleibenden Ausgabenspielräume werden durch qualifizier-

---

166 BVerfGE 70, 324 (358), zu den Aufgaben eines Geheimdienstes *Th. Siems*, DÖV 2012, 425ff.

167 BVerfGE 70, 324 (365f.); *Gröpl* (Fn. 15), Art. 110 Rn. 269; dem entsprach die frühere Praxis; zu den Grenzen der Öffentlichkeit: → Art. 38 Rn. 178.

168 § 4 IX HG 1984 v. 22.12.1983 (BGBl. I S. 1516) und § 4 IX HG 1985 v. 20.12.1984 (BGBl. I S. 1658); BVerfGE 70, 324 (356); jetzt § 10a II BHO.

169 BVerfGE 70, 324 (381ff.) – *Sondervotum Böckenförde* und (367ff.) – *Sondervotum Mahrenholz*; *Heun*, Staatshaushalt (Fn. 1), S. 376f.; *H. Dreier*, JZ 1990, 310 (319f.); anders aber BVerfGE 70, 324 (362ff.); → Art. 40 Rn. 30; zur wiederum anderen Stellung einer Gruppe BVerfGE 80, 188 (226f.); 84, 304 (328); 96, 264 (280).

170 BVerfGE 70, 324 (361); *Stern*, Staatsrecht II, S. 1204; *Siekmann* (Fn. 27), Art. 110 Rn. 84; *U. Häde*, JA 1994, 80 (84); *Heun*, Staatshaushalt (Fn. 1), S. 401; *Heintzen* (Fn. 27), Art. 110 Rn. 41; *Gröpl* (Fn. 15), Art. 110 Rn. 284.

171 *Maunz* (Fn. 23), Art. 110 Rn. 26; *Heintzen* (Fn. 27), Art. 110 Rn. 41.

172 Vgl. *Heun*, Staatshaushalt (Fn. 1), S. 404f.

173 BVerfGE 20, 56 (93); s. auch E 65, 283 (291); BVerwGE 25, 104 (107); *Fischer-Menshausen* (Fn. 27), Art. 110 Rn. 3; *H. Maurer*, in: BK, Art. 82 (1988), Rn. 102; *Heun*, Staatshaushalt (Fn. 1), S. 163f.; a. A. *Siekmann* (Fn. 27), Art. 110 Rn. 43f.; *M. Nierhaus*, in: Sachs, GG, Art. 82 Rn. 22 Fn. 14; *W. Höfling/S. Rixen*, in: BK, Art. 115 (2003), Rn. 173ff.; kritisch auch *Gröpl* (Fn. 15), Art. 110 Rn. 285. → Art. 82 Rn. 19.

174 Zu den Lenkungswirkungen und Ausgabenspielräumen eingehend *Heun*, Staatshaushalt (Fn. 1), S. 427ff.

175 → Art. 112 Rn. 4f., 17.

176 Dazu *Heun*, Staatshaushalt (Fn. 1), S. 481ff.

te Sperrvermerke[177] und Zustimmungsvorbehalte des Parlaments[178], durch Informations- und Konsultationspflichten der Exekutive[179] sowie informelle Kontrollen des Parlaments[180] weiter eingeengt. Qualifizierte Sperrvermerke und Zustimmungsvorbehalte verstoßen nicht gegen das Gewaltenteilungsprinzip, da es sich jeweils um Konkretisierungen des Budgetbewilligungsrechts handelt, indem nachträglich eine Ausgabe bewilligt oder eine Zweckänderung genehmigt wird[181]. Auch die wesentlich problematischere Delegation der Entsperrung und der Zustimmung an den Haushaltsausschuß[182] stellt keinen Verfassungsverstoß dar, sofern die Vorgaben der Haushaltsgesetzgebung so bestimmt sind, daß dem Ausschuß keine wesentlichen Gestaltungsspielräume eingeräumt werden[183].

IV. Das Bepackungsverbot (Art. 110 IV GG)

41 Das traditionelle Bepackungsverbot grenzt den zulässigen Inhalt des Haushaltsgesetzes sachlich und zeitlich ein: Die Vorschriften des Haushaltsgesetzes dürfen nur die Einnahmen und Ausgaben des Bundes betreffen und sich auf den Zeitraum beziehen, für den der Haushalt beschlossen ist[184]. Da das Bepackungsverbot seinen ursprünglichen Sinn im konstitutionellen System verloren hat[185], verbleiben ihm als verfassungsrechtliche Restfunktionen lediglich der Zweck der **Normenklarheit** sowie der **Verfahrensbeschleunigung** durch die Freihaltung des Haushaltsgesetzes von budgetfremden Materien[186]. Die Wahrung der Rechte des Bundesrates ist dagegen nicht bezweckt[187]. Verfehlt ist auch die Umdeutung des sachlichen Bepackungsverbots in ein Verbot der Aufnahme außenwirksamer, abstrakt-genereller Regelungen[188], wofür Art. 110 IV GG keinen Anhaltspunkt gibt. Vielmehr erhält Art. 110 IV GG überhaupt nur einen Sinn, weil die Aufnahme derartiger Regelungen prinzipiell möglich ist[189]. Ein Verstoß

---

[177] §§ 22 Satz 3, 36 Satz 1 BHO; die Verausgabung der im Haushaltsplan ausgebrachten Ansätze wird hier von einer Einwilligung (Entsperrung) des Parlaments abhängig gemacht, s. *Heun*, Staatshaushalt (Fn. 1), S. 349 ff.; *Moeser*, Beteiligung (Fn. 41), S. 163 ff.; *H. Mandelartz*, Das Zusammenwirken von Parlament und Regierung beim Haushaltsvollzug, 1980, S. 40 ff.; zu den verschiedenen Formen der Sperren *Gröpl*, Haushaltsrecht (Fn. 27), S. 124 ff.

[178] Sie wurden jeweils in den Haushaltsgesetzen ausgebracht und machen die Bindung des Verwendungszwecks von der Zustimmung des Parlaments abhängig, s. *Moeser*, Beteiligung (Fn. 41), S. 173 ff.; *K. Kröger*, DÖV 1973, 439 (440 f.); *Heun*, Staatshaushalt (Fn. 1), S. 365 ff.

[179] Dazu *Moeser*, Beteiligung (Fn. 41), S. 182 ff.; *Heun*, Staatshaushalt (Fn. 1), S. 461 ff.

[180] Dazu *Heun*, Staatshaushalt (Fn. 1), S. 466 ff.

[181] Zum Verstoß gegen die Gewaltenteilung vgl. *Mandelartz*, Zusammenwirken (Fn. 177), S. 198 ff.; *Moeser*, Beteiligung (Fn. 41), S. 168 f.; *Mußgnug*, Haushaltsplan (Fn. 3), S. 370 ff.; eingehend *Heun*, Staatshaushalt (Fn. 1), S. 361 ff. (Sperrvermerke), 367 ff. (Zustimmungsvorbehalte) m. w. N.

[182] Daneben werden z. T. auch weitere Ausschüsse, insbes. der Verteidigungsausschuß, beteiligt, s. *Heun*, Staatshaushalt (Fn. 1), S. 457 ff.

[183] *Heun*, Staatshaushalt (Fn. 1), S. 358 ff. für Sperrvermerke, S. 371 für Zustimmungsvorbehalte; a. A. *Moeser*, Beteiligung (Fn. 41), S. 181 für Zustimmungsvorbehalte.

[184] Vgl. eingehend zum sachlichen und zeitlichen Bepackungsverbot *Kube* (Fn. 39), Art. 110 Rn. 184 ff.; zu den Bepackungsverboten in den Ländern *E. M. Frenzel*, DÖV 2006, 158 (159 f.).

[185] Nämlich eine Umgehung des Sanktions- und Vetorechts des Monarchen im Gesetzgebungsverfahren durch die Verweigerung von Ausgaben zu vermeiden. → Rn. 1.

[186] Vgl. *v. Portatius*, Bepackungsverbot (Fn. 8), S. 85 ff.; *Heun*, Staatshaushalt (Fn. 1), S. 265 f.; s. auch *Kube* (Fn. 39), Art. 110 Rn. 182.

[187] *Heun*, Staatshaushalt (Fn. 1), S. 266 f.; a. A. *v. Portatius*, Bepackungsverbot (Fn. 8), S. 63 ff.

[188] So *Stern*, Staatsrecht II, S. 1204 f.; s. auch *R. Grawert*, DVBl. 1981, 1029 (1031); *Siekmann* (Fn. 27), Art. 110 Rn. 88, 25; restriktiv auch *Gröpl* (Fn. 15), Art. 110 Rn. 300.

[189] So im Ergebnis die h. M.: BSGE 37, 144 ff.; OVG Lüneburg DÖV 1989, 317; NdsStGH DVBl.

gegen das Bepackungsverbot hat die Nichtigkeit der unzulässigen Bestimmung zur Konsequenz[190].

D. Verhältnis zu anderen GG-Bestimmungen

Art. 110 III GG ist **lex specialis zu Art. 76 GG** (→ Rn. 32ff.). Im übrigen sind die Vorschriften der Art. 76ff. GG ergänzend für das Haushaltsgesetzgebungsverfahren heranzuziehen, soweit Art. 110 GG keine Sonderregelungen enthält. Das Publizitätserfordernis des **Art. 82 I GG** wird aus pragmatischen Gründen für den Haushaltsplan modifiziert (→ Rn. 39). Eine spezielle Regelung des Inhalts des Haushaltsplans enthält **Art. 87a I 2 GG**, der auch eine partielle Durchbrechung des Bepackungsverbots des Art. 110 IV GG bedeutet (→ Art. 87a Rn. 14)[191]. 42

1997, 119; VerfGH NW NWVBl. 1996, 291 (296f.); *Maunz* (Fn. 23), Art. 110 Rn. 27; *Fischer-Menshausen* (Fn. 27), Art. 110 Rn. 25; *Heun*, Staatshaushalt (Fn. 1), S. 267f. m.w.N. aus der älteren Lit.; *Hillgruber* (Fn. 23), Art. 110 Rn. 114.

[190] *Maunz* (Fn. 23), Art. 110 Rn. 45; *Brockmeyer* (Fn. 67), Art. 110 Rn. 21; *Heintzen* (Fn. 27), Art. 110 Rn. 44; *Stern*, Staatsrecht II, S. 1253; *Siekmann* (Fn. 27), Art. 110 Rn. 87; a.A. OVG Lüneburg DÖV 1989, 316f.

[191] Anders *Gröpl* (Fn. 15), Art. 110 Rn. 300f.: keine Durchbrechung des Art. 110 IV GG, sondern Ergänzung.

Artikel 111 [Nothaushalt]

(1) Ist bis zum Schluß eines Rechnungsjahres der Haushaltsplan für das folgende Jahr nicht durch Gesetz festgestellt, so ist bis zu seinem Inkrafttreten die Bundesregierung ermächtigt, alle Ausgaben zu leisten, die nötig sind,

a) um gesetzlich bestehende Einrichtungen zu erhalten und gesetzlich beschlossene Maßnahmen durchzuführen,

b) um die rechtlich begründeten Verpflichtungen des Bundes zu erfüllen,

c) um Bauten, Beschaffungen und sonstige Leistungen fortzusetzen oder Beihilfen für diese Zwecke weiter zu gewähren, sofern durch den Haushaltsplan eines Vorjahres bereits Beträge bewilligt worden sind.

(2) Soweit nicht auf besonderem Gesetze beruhende Einnahmen aus Steuern, Abgaben und sonstigen Quellen oder die Betriebsmittelrücklage die Ausgaben unter Absatz 1 decken, darf die Bundesregierung die zur Aufrechterhaltung der Wirtschaftsführung erforderlichen Mittel bis zur Höhe eines Viertels der Endsumme des abgelaufenen Haushaltsplanes im Wege des Kredits flüssig machen.

Literaturauswahl

Feuchte, Paul: Der Nothaushalt – ein Instrument der Politik?, in: AöR 97 (1972), S. 538–567.

Fischer, Roger: Handeln im fremden Interesse, in: VerwArch. 98 (2007), S. 543–560.

Karehnke, Helmut: Parlamentarisches Budgetrecht, vorläufige Haushaltsführung durch die Bundesregierung und Notbewilligungsrecht des Bundesministers der Finanzen für Haushaltsüberschreitungen. Zur Zuständigkeitsfolge der Art. 110 bis 112 GG, in: DÖV 1976, S. 361–371.

Krumpa, Rainald: Haushaltsüberschreitungen bei Verzögerungen des Haushaltsplanes und im Haushaltskonflikt, Diss. jur. Heidelberg 1977.

Sasse, Christoph: Haushaltsvollzug ohne Haushalt?, in: JZ 1973, S. 189–192.

Theiß, Hermann: Das Nothaushaltsrecht des Bundes, 1975.

Siehe auch die Angaben zu Vorb. zu Art. 104a–115 GG.

Leitentscheidung des Bundesverfassungsgerichts

BVerfGE 45, 1 (32f.) – Haushaltsüberschreitung.

Gliederung

Stichwörter

A. Herkunft, Entstehung, Entwicklung

I. Ideen- und verfassungsgeschichtliche Aspekte

Eines Budgetnotrechts bedarf es erst, wenn die Exekutive an eine parlamentarische Ausgabenbewilligung gebunden ist. Im konstitutionellen System, in dem die Machtfrage zwischen Parlament und Monarch letztlich unentschieden bleibt, wird der im etatlosen Zustand kulminierende Konfliktfall zwischen Parlament und monarchischer Exekutive zum Angelpunkt des Budgetrechts[1]. Vor allem im Frühkonstitutionalismus sicherten die Verfassungen der Exekutive teilweise ein umfassendes Budgetnotrecht[2], während die Preußische Verfassung von 1850 den budgetlosen Zustand nicht regelte und damit bekanntlich den preußischen **Budgetkonflikt** provozierte[3]. In der Reichsverfassung von 1871 konnte die Exekutive den Etat nicht mehr scheitern lassen, nur ein Konflikt zwischen Reichstag und Bundesrat konnte den budgetlosen Zustand hervorrufen, für den die Verfassung keine Lösung vorsah, während die Lehre ein Notetatrecht annahm[4]. Mit der Parlamentarisierung der Regierung in der Weimarer Republik war dem Budgetkonflikt der Boden entzogen[5]. Die heutige Regelung des Art. 111 GG greift deshalb auf die Preußische Regelung von 1920, die schon in ein parlamentarisches Regierungssystem eingebettet war[6], und nicht auf die Weimarer Reichsverfassung zurück[7]. 1

II. Entstehung und Veränderung der Norm

Schon der **Herrenchiemseer Entwurf** enthielt fast wörtlich die heutige Regelung des Art. 111 I GG[8]. Art. 111 II GG wurde auf Vorschlag des Rechnungshofs vom Allgemeinen Redaktionsausschuß eingefügt, nachdem Höpker-Aschoff bereits einen ähnlichen Vorschlag im Finanzausschuß eingebracht hatte[9]. Seit der Verabschiedung durch den Parlamentarischen Rat ist die **Vorschrift unverändert** geblieben. 2

B. Internationale, supranationale und rechtsvergleichende Bezüge

Internationales und supranationales Recht wirken auf die interne Organisationsregelung des Art. 111 GG nicht ein. Das Europäische Unionsrecht normiert für das eigene 3

---

[1] *K.H. Friauf*, Der Staatshaushaltsplan im Spannungsfeld zwischen Parlament und Regierung, 1968, S. 250.

[2] Z.B. § 156 Verf. für das Königreich Hannover v. 1840.

[3] Dazu *H. Dreier*, Der Kampf um das Budgetrecht als Kampf um die staatliche Steuerungsherrschaft – Zur Entwicklung des modernen Haushaltsrechts, in: W. Hoffmann-Riem/E. Schmidt-Aßmann (Hrsg.), Effizienz als Herausforderung an das Verwaltungsrecht, 1998, S. 59ff. (60ff.) m.w.N.

[4] *P. Laband*, Das Staatsrecht des Deutschen Reiches, Bd. IV, 5. Aufl. 1914, S. 549ff.; s. auch *H. Theiß*, Das Nothaushaltsrecht des Bundes, 1975, S. 24ff.; *W. Heun*, Staatshaushalt und Staatsleitung, 1989, S. 76 mit Fn. 235.

[5] *Heun*, Staatshaushalt (Fn. 4), S. 310.

[6] Art. 64 Preuß. Verf. v. 1920; s. auch *Theiß*, Nothaushaltsrecht (Fn. 4), S. 40.

[7] Unter der Weimarer Reichsverfassung wurden Budgets dagegen als Notverordnung gem. Art. 48 II WRV erlassen, sofern das Parlament keine Notgesetze verabschiedete, s. *Theiß*, Nothaushaltsrecht (Fn. 4), S. 34ff.

[8] Art. 124 III HChE.

[9] Vgl. JöR 1 (1951), S. 810ff.

Haushaltswesen ein exekutivisches Nothaushaltsrecht, jedoch unter Beteiligung des Parlaments[10]. Andere parlamentarische Regierungssysteme kennen ebenfalls Regeln für den etatlosen Zustand[11], die aber meist eine stärkere Beteiligung des Parlaments vorsehen. Die deutschen Landesverfassungen orientieren sich vielfach ebenfalls am Grundgesetz[12]. Das präsidentielle System der **USA** hat sich dagegen für die radikale Lösung ohne jegliches Nothaushaltsrecht entschieden: Ohne Ausgabenbewilligung durch den Kongreß darf kein Cent den öffentlichen Kassen entnommen werden[13].

C. Erläuterungen

I. Allgemeine Bedeutung und aktueller Befund

4 Im parlamentarischen Regierungssystem ist das Nothaushaltsrecht weitgehend von dem Konfliktstoff des konstitutionellen Systems entlastet. Es gewinnt daher eine **doppelte Funktion**[14]. Einerseits soll das Nothaushaltsrecht bloße Verzögerungen bei der Haushaltsverabschiedung trotz stabiler Regierungsmehrheit mit dem Ziel der Sicherung einer geordneten Haushaltswirtschaft überbrücken. Für diese Überbrückungsfunktion müssen die Ermächtigungen des Art. 111 GG so knapp gehalten sein[15], daß der notwendige Druck auf Parlament und Regierung erhalten bleibt[16], ihrer verfassungsrechtlichen Pflicht zur rechtzeitigen Entscheidung über einen Etat nachzukommen (→ Art. 110 Rn. 27). Andererseits soll das Nothaushaltsrecht im Fall eines Konfliktes zwischen Parlament und Regierung, für den Art. 111 GG auch gilt[17], den Fortbestand der Staatsmaschinerie sichern und das Übergreifen einer Krise zwischen Parlament und Regierung auf den gesamten Staat verhindern.

5 Art. 111 GG ist gegenüber der rechtzeitigen Verabschiedung des Haushaltsplans nach Art. 110 GG als **Ausnahme** konzipiert[18], versperrt aber Regierung und Parlament nicht die Möglichkeit, auf andere Ausgabenbewilligungsformen zurückzugreifen[19]. Dabei kann die Regierung weniger über das Notbewilligungsrecht des Art. 112

---

[10] Art. 315 AEUV; eingehender *K.-A. Schwarz*, in: v. Mangoldt/Klein/Starck, GG III, Art. 111 Rn. 7ff.

[11] Fortgeltung des Vorjahreshaushaltsplans: Art. 134 IV Span. Verf. und Art. 79 V Griech. Verf.; vorläufige Gesetze sehen vor §§ 45 II, 46 Dän. Verf.; Art. 17 II Irische Verf.; Art. 109 II Port. Verf.; s. auch Art. 47 IV Frz. Verf. von 1958; s. auch die Hinweise in *C. Gröpl*, in: BK, Art. 111 (2015), Rn. 4ff.

[12] Vgl. *Gröpl* (Fn. 11), Art. 111 Rn. 12ff.; *R. Krumpa*, Haushaltsüberschreitungen bei Verzögerungen des Haushaltsplans und im Haushaltskonflikt, Diss. jur. Heidelberg 1977, S. 32ff.

[13] Art. I Sect. 9 cl. 7 U.S. Const.; *W. Heun*, Das Budgetrecht im Regierungssystem der USA, 1989, S. 47f. mit Fn. 191.

[14] *Heun*, Staatshaushalt (Fn. 4), S. 310f.

[15] Im Sinne einer Minimierung des Vorgriffs *E. G. Mahrenholz*, in: AK-GG, Art. 111 (2002), Rn. 7; *G. F. Schuppert*, in: Umbach/Clemens, GG, Art. 111 Rn. 13.

[16] Vgl. *Theiß*, Nothaushaltsrecht (Fn. 4), S. 45f.

[17] *E.A. Piduch/W. Gatzer*, in: E.A. Piduch (Hrsg.), Bundeshaushaltsrecht, Art. 111 (1985/2004), Rn. 1; *C. Sasse*, JZ 1973, 189 (190f.); *G. Kisker*, HStR IV, § 89 Rn. 44; *Theiß*, Nothaushaltsrecht (Fn. 4), S. 68; *W. Patzig*, Haushaltsrecht des Bundes und der Länder, Bd. I, 1981, Rn. 213; *H. Siekmann*, in: Sachs, GG, Art. 111 Rn. 6; *Schwarz* (Fn. 10), Art. 111 Rn. 12; *Gröpl* (Fn. 11), Art. 111 Rn. 44; *M. Heintzen*, in: v. Münch/Kunig, GG II, Art. 111 Rn. 6; a. A. *T. Maunz*, in: Maunz/Dürig, GG, Art. 111 (1982), Rn. 14ff.; *H.B. Brockmeyer*, in: Schmidt-Bleibtreu/Hofmann/Henneke, GG, Art. 111 Rn. 5.

[18] BVerfGE 45, 1 (31, 33); *Stern*, Staatsrecht II, S. 1218; *Siekmann* (Fn. 17), Art. 111 Rn. 2.

[19] *W. Patzig*, Haushaltsrecht des Bundes und der Länder, Bd. II, Art. 111 (1982), Rn. 8; *Siekmann* (Fn. 17), Art. 111 Rn. 4.

GG, der hier anwendbar ist[20], als vielmehr über Art. 81 GG, der auch für das Haushaltsgesetz gilt[21], und das Instrument des sog. Teilhaushalts[22] Ausgabenspielräume gewinnen.

II. Voraussetzungen und Grenzen des Nothaushaltsrechts

Einzige Voraussetzung für das Eingreifen der Ermächtigungen des Art. 111 GG ist das 6
Fehlen eines gesetzlich verabschiedeten Haushaltsplans, dessen Bewilligungen die Regelung ersetzen soll[23], ohne die Budgethoheit des Parlaments zu verdrängen[24]. Auf die Gründe für das Fehlen des Etats kommt es nicht an, da die Norm für bloße Verzögerungen ebenso wie für den Fall des Haushaltskonflikts nach dem Muster des Jahres 1972 gilt[25]. Art. 111 GG greift auch ein, wenn das Bundesverfassungsgericht ein Haushaltsgesetz für nichtig erklärt, die bloße Überzeugung oder Behauptung der Verfassungswidrigkeit durch Verfassungsorgane reicht dafür selbstverständlich nicht aus[26].

Die Ermächtigung ist entsprechend ihrem provisorischen Charakter **zeitlich be-** 7
grenzt. Zwar gilt Art. 111 GG notfalls auch für das gesamte Haushaltsjahr[27], aber mit der Verkündung des verzögerten Haushaltsgesetzes erlöschen die Ermächtigungen. Die Ermächtigungen erlöschen nicht mit dem Inkrafttreten, wie Art. 111 I GG formuliert[28], da das Feststellungsgesetz jeweils rückwirkend zum Beginn des Haushaltsjahres in Kraft gesetzt wird. Wird ein Teilhaushalt verabschiedet, beschränkt sich die Ermächtigung des Art. 111 GG auf den von dem Teilhaushalt nicht erfaßten Bereich[29]. Fortbestehende Ermächtigungen, insbesondere Kreditermächtigungen (§ 18 III BHO) und Verpflichtungsermächtigungen (§ 45 BHO), verdrängen die Ermächtigungen des Art. 111 GG ebenfalls; Art. 111 GG ist insoweit **subsidiär**[30].

Die Befugnisse aus Art. 111 GG erlöschen auch, wenn die durch ein (Not-) Haus- 8
haltsgesetz verabschiedeten Ausgabenermächtigungen (teilweise) enger sind als diejenigen aus Art. 111 I GG[31]. Der Vorrang der allgemeinen außenwirksamen Gesetze

---

[20] → Rn. 13 sowie → Art. 112 Rn. 10, 17.

[21] H.M.: *R. Mußgnug*, Der Haushaltsplan als Gesetz, 1976, S. 363ff.; *Theiß*, Nothaushaltsrecht (Fn. 4), S. 82ff.; *P. Feuchte*, AöR 97 (1972), 538 (561ff.); *K. Lange*, Der Staat 11 (1972), 313 (329); *Stern*, Staatsrecht II, S. 1213; *Heun*, Staatshaushalt (Fn. 4), S. 315f. m.w.N.; *M. Heintzen*, in: v. Münch/Kunig, GG II, Art. 110 Rn. 39; *H. Kube*, in: Maunz/Dürig, GG, Art. 111 (2007), Rn. 10; a.A. *C. Hillgruber*, in: v. Mangoldt/Klein/Starck, GG III, Art. 110 Rn. 103; *Gröpl* (Fn. 11), Art. 111 Rn. 101f.; *Mahrenholz* (Fn. 15), Art. 111 Rn. 6.

[22] BVerfGE 45, 1 (34); *Heun*, Staatshaushalt (Fn. 4), S. 316ff.; vgl. auch *E. Fricke*, DÖV 1978, 486ff.; *G.-F. Borrmann*, VR 1983, 380ff.; *C.-D. Totz*, DÖV 1985, 706ff.; *T. Puhl*, Die Minderheitsregierung nach dem Grundgesetz, 1986, S. 219f.; *T. Kroll*, DÖV 2004, 986ff.; *Kube* (Fn. 21), Art. 111 Rn. 11ff.; für Unzulässigkeit *M. Rossi*, DÖV 2003, 313 (318ff.).

[23] Vgl. aber BVerfGE 45, 1 (33); 20, 56 (90); *Siekmann* (Fn. 17), Art. 111 Rn. 3.

[24] BVerfGE 45, 1 (32f.); 66, 26 (38); *Jarass*/Pieroth, GG, Art. 111 Rn. 1.

[25] *Mahrenholz* (Fn. 15), Art. 111 Rn. 5f.; *G. Kisker*, HStR IV, § 89 Rn. 54; *Jarass*/Pieroth, GG, Art. 111 Rn. 1; zur Geltung im Haushaltskonflikt vgl. Fn. 17.

[26] *Heintzen* (Fn. 17), Art. 111 Rn. 6; zu knapp *Siekmann* (Fn. 17), Art. 111 Rn. 7; *Schwarz* (Fn. 10), Art. 111 Rn. 12.

[27] Vgl. *Kube* (Fn. 21), Art. 111 Rn. 38; *Stern*, Staatsrecht II, S. 1218; *Siekmann* (Fn. 17), Art. 111 Rn. 7; *Heintzen* (Fn. 17), Art. 111 Rn. 8; *Schwarz* (Fn. 10), Art. 111 Rn. 13.

[28] *Heintzen* (Fn. 17), Art. 111 Rn. 8.

[29] *H. Fischer-Menshausen*, in: I. v. Münch/P. Kunig (Hrsg.), GG-Kommentar, Bd. III, 3. Aufl. 1996, Art. 111 Rn. 2; *Kube* (Fn. 21), Art. 111 Rn. 16ff.

[30] Vgl. *Puhl*, Minderheitsregierung (Fn. 22), S. 219.

[31] *Jarass*/Pieroth, GG, Art. 111 Rn. 1; *Siekmann* (Fn. 17), Art. 111 Rn. 10; *R. Fischer*, VerwArch. 98

bleibt ohnehin unberührt (→ Art. 110 Rn. 30f.). Die **vorläufigen Ermächtigungen** werden von den Ausgabenbewilligungen des inkrafttretenden Haushaltsplans, soweit sie in dessen Rahmen liegen, absorbiert. Andernfalls bleiben sie als eigenständige, unmittelbar auf die Verfassung gestützte Ermächtigungen für die Rechnungslegung und Entlastung rechtswirksam[32]. Wenn das Haushaltsgesetz bei Ablauf des Rechnungsjahres noch nicht verabschiedet ist, setzt Art. 111 GG erneut ein[33]. Im übrigen kann das Haushaltsgesetz bestimmte Ausgaben, z.B. globale Haushaltsansätze, dem Regime des Art. 111 GG unterwerfen, wenn diese Ausgaben noch nicht endgültig beraten sind und deswegen bis zur Freigabe durch einen Ausschuß gesperrt sind[34].

9 Die Ermächtigung des Art. 111 GG ist auch **sachlich beschränkt**. Die Ausgaben müssen prinzipiell nötig sein im Sinne von sachlich notwendig, zeitlich unaufschiebbar und zur Zweckerreichung geeignet[35]. Vor allem die einzelnen Ermächtigungen des Art. 111 I lit. a und I lit. b GG, die es erlauben, »gesetzlich bestehende Einrichtungen zu erhalten«, »gesetzlich beschlossene Maßnahmen durchzuführen« und »rechtlich begründete Verpflichtungen des Bundes zu erfüllen«, lassen eine scharfe Trennung kaum zu, überschneiden sich vielmehr[36]. Sie bringen auch den Vorrang der allgemeinen Gesetze zum Ausdruck[37]. Dagegen eröffnet die Ermächtigung des Art. 111 I lit. c GG erhebliche Spielräume, indem sie es erlaubt, bereits in früheren Haushaltsplänen, nicht nur dem Vorjahresplan, dotierte Bauten, Beschaffungen und sonstige Leistungen fortzuführen oder Beihilfen für diese Zwecke zu gewähren. Fort- oder Weiterführung setzt begrifflich voraus, daß mit den Maßnahmen bereits begonnen worden ist. Darüber hinausgehende Begrenzungen sind nicht erkennbar[38], obwohl häufig eine enge Auslegung angenommen wird[39]. Intensität und Ausmaß der Weiterführungen dürfen über die Vorjahre hinausgehen[40]. Außerdem weitet Art. 109 II GG die Spielräume zusätzlich aus[41], ohne insoweit die Regelungen des Stabilitätsgesetzes (s. z.B. § 6 StabG) zu überspielen. Faktisch werden die Projekte i.S. des Art. 111 I GG allerdings durch die Verpflichtungsermächtigungen (→ Art. 110 Rn. 26) abgedeckt und gesteuert, so daß die Spielräume tatsächlich kleiner sind, als die Norm erkennen läßt[42].

(2007), 543 (554); a.A. *Maunz* (Fn. 17), Art. 111 Rn. 7; *Fischer-Menshausen* (Fn. 29), Art. 111 Rn. 1; Mißverständnis bei *Gröpl* (Fn. 11), Art. 111 Rn. 92.

[32] *H. Karehnke*, DÖV 1976, 361 (365); *Heintzen* (Fn. 17), Art. 111 Rn. 8; *Stern*, Staatsrecht II, S. 1218; *Siekmann* (Fn. 17), Art. 111 Rn. 11; *Gröpl* (Fn. 11), Art. 111 Rn. 88ff.; rechtmäßige Ermächtigungen kann der Bundestag nicht für die Vergangenheit zurücknehmen, s. *R. Fischer*, VerwArch. 98 (2007), 543 (549).

[33] *Heintzen* (Fn. 17), Art. 111 Rn. 8.

[34] BVerfGE 70, 324 (360); *Siekmann* (Fn. 17), Art. 111 Rn. 8.

[35] Vgl. *Heun*, Staatshaushalt (Fn. 4), S. 311; *Kube* (Fn. 21), Art. 111 Rn. 56f.; *Gröpl* (Fn. 11), Art. 111 Rn. 47.

[36] Vgl. *Theiß*, Nothaushaltsrecht (Fn. 4), S. 47ff.; *Gröpl* (Fn. 11), Art. 111 Rn. 48, 57.

[37] Nicht aber *begründen* sie den Vorrang, vgl. *Heun*, Staatshaushalt (Fn. 4), S. 311 mit Fn. 112.

[38] *Heun*, Staatshaushalt (Fn. 4), S. 312.

[39] *G. Kisker*, HStR IV, § 89 Rn. 42; *Siekmann* (Fn. 17), Art. 111 Rn. 13; *Schwarz* (Fn. 10), Art. 111 Rn. 21; anders aber *Piduch/Gatzer* (Fn. 17), Art. 111 Rn. 10.

[40] *Kube* (Fn. 21), Art. 111 Rn. 53; *Siekmann* (Fn. 17), Art. 111 Rn. 13; *Fischer-Menshausen* (Fn. 29), Art. 111 Rn. 3.

[41] *Fischer-Menshausen* (Fn. 29), Art. 111 Rn. 6; *Heun*, Staatshaushalt (Fn. 4), S. 312 m.w.N.; a.A. *Kube* (Fn. 21), Art. 111 Rn. 8; *Jarass*/Pieroth, GG, Art. 111 Rn. 4; *Schwarz* (Fn. 10), Art. 111 Rn. 26; *Gröpl* (Fn. 11), Art. 111 Rn. 103.

[42] Dazu näher *Heun*, Staatshaushalt (Fn. 4), S. 312; neue Verpflichtungsermächtigungen sind allenfalls ausnahmsweise gedeckt; noch enger *Gröpl* (Fn. 11), Art. 111 Rn. 58ff.; a.A. offenbar *Schwarz*

Neue Aufgaben und Planungen oder eine Ausweitung des Stellenplanes dürfen freilich nicht in Angriff genommen werden[43]. Zweifelhaft ist, ob der tatsächliche oder mutmaßliche Wille des Parlaments bestimmte Ausgaben sperrt[44], da das Parlament ja durch die Verabschiedung von (Teil-)Haushaltsplänen die Bewilligungen steuern kann. 10

III. Verfahren

Die Ausgabenermächtigungen des Art. 111 I GG werden der Bundesregierung erteilt. Damit ist die **gesamte Bundesverwaltung** und nicht die Regierung als Kollegialorgan (→ Art. 65 Rn. 17ff.) gemeint[45]. Im einzelnen wird die Bewirtschaftung während der vorläufigen Haushaltsführung durch Verwaltungsvorschriften des Finanzministers bestimmt[46]. Meinungsverschiedenheiten über die Zulässigkeit einzelner Ausgaben werden nach § 26 I GOBReg. durch Kabinettsbeschluß entschieden, bei dem der Finanzminister im Fall des Beitritts seitens des Bundeskanzlers nicht überstimmt werden kann[47]. Faktisch führt das alles zur Fortführung des Vorjahreshaushalts[48]. Maßnahmen gegenüber Dritten, die über die Ermächtigung des Art. 111 GG Mittel in Anspruch nehmen, bleiben rechtswirksam, da Art. 111 GG nur im Verhältnis Parlament und Exekutive[49] Wirkung entfaltet. 11

IV. Einnahmewirtschaft (Art. 111 II GG)

Die Einnahmen des Bundes beruhen ganz überwiegend auf Gesetzen oder rechtsgeschäftlichen Verpflichtungen und sind daher im Gegensatz zu früheren und ausländischen Regelungen nicht von jährlicher Bewilligung (im Haushaltsgesetz) abhängig. Sie fließen automatisch, so daß insoweit eine Notregelung entbehrlich ist[50]. Etwas anderes gilt nur für die einer gesetzlichen Ermächtigung (Art. 115 I GG) bedürftige **Kreditaufnahme**, für die **Art. 111 II GG eine gesonderte Regelung trifft**. Voraussetzung ist lediglich, daß die anderen Einnahmequellen zur Abdeckung der Ausgaben nach Art. 111 I GG ausgeschöpft und etwaige Rücklagemittel oder noch nicht ausgenutzte Kreditermächtigungen früherer Jahre in Anspruch genommen worden sind[51]. Die Aufnahme 12

(Fn. 10), Art. 111 Rn. 22; *Jarass*/Pieroth, GG, Art. 111 Rn. 4; *R. Fischer*, VerwArch. 98 (2007), 543 (556f.).

[43] *E. Fricke*, DVBl. 1975, 604ff.; *Piduch/Gatzer* (Fn. 17), Art. 111 Rn. 10ff.; *Stern*, Staatsrecht II, S. 1219; *G. Kisker*, HStR IV, § 89 Rn. 42; *Siekmann* (Fn. 17), Art. 111 Rn. 13; *Heintzen* (Fn. 17), Art. 111 Rn. 9; vgl. auch *E. Fricke*, VR 1981, 256 (259).

[44] So *Fischer-Menshausen* (Fn. 29), Art. 111 Rn. 3; *Siekmann* (Fn. 17), Art. 111 Rn. 14; *Jarass*/Pieroth, GG, Art. 111 Rn. 4; *Schwarz* (Fn. 10), Art. 111 Rn. 17.

[45] *Fischer-Menshausen* (Fn. 29), Art. 111 Rn. 4; *Gröpl* (Fn. 11), Art. 111 Rn. 45; wirklichkeitsfremd dagegen die These, daß allein die Bundesregierung ermächtigt sei, so aber *Siekmann* (Fn. 17), Art. 111 Rn. 1; *Heintzen* (Fn. 17), Art. 111 Rn. 7; *Schwarz* (Fn. 10), Art. 111 Rn. 1.

[46] § 5 BHO.

[47] *Fischer-Menshausen* (Fn. 29), Art. 111 Rn. 4.

[48] *Heun*, Staatshaushalt (Fn. 4), S. 312f.

[49] *Fischer-Menshausen* (Fn. 29), Art. 111 Rn. 4; verfehlt die Überlegungen von *Gröpl* (Fn. 11), Art. 111 Rn. 96ff.: völlig rätselhaft bleibt, wie ein vom Parlament verabschiedetes Bundesgesetz gegen Art. 111 GG verstoßen soll.

[50] *Siekmann* (Fn. 17), Art. 111 Rn. 15. → Art. 110 Rn. 26.

[51] *P. Feuchte*, AöR 97 (1972), 538 (553); *Fischer-Menshausen* (Fn. 29), Art. 111 Rn. 7; *Gröpl* (Fn. 11), Art. 111 Rn. 68.

muß durch die Regierung beschlossen werden[52]. Die Kreditaufnahme ist mittlerweile zum einen durch die sogenannte Schuldenbremse gemäß Art. 109 III und 115 II GG begrenzt[53]. Zum anderen wird die Kreditaufnahme durch Art. 111 II GG absolut auf ein Viertel der Abschlußsumme des abgelaufenen Haushaltsplans beschränkt, was großzügig bemessen ist[54]. Die Ermächtigung bezieht sich auf die Bruttokreditaufnahme[55]. Bürgschaften und Garantieleistungen werden dagegen nicht von Art. 111 II GG erfaßt und dürfen nur aufgrund früher erteilter und weitergeltender Ermächtigungen gewährt werden[56].

D. Verhältnis zu anderen GG-Bestimmungen

13 Die Norm des Art. 111 GG ergänzt die Regelungen des **Art. 110 GG**, indem sie einerseits die Folgen einer Verzögerung oder des Scheiterns der Verabschiedung des Haushaltsplans auffängt und andererseits durch die Ausgestaltung der vorläufigen Haushaltsführung den Druck auf die rechtzeitige Verabschiedung aufrechterhält[57]. Im übrigen verschließt die Regelung nicht den Rückgriff auf **Art. 81 GG**[58]. Ferner bleibt **Art. 112 GG** anwendbar[59], freilich unter Verschärfung des Erfordernisses sachlicher Notwendigkeit[60].

---

[52] *Kube* (Fn. 21), Art. 111 Rn. 36; *Gröpl* (Fn. 11), Art. 111 Rn. 85.

[53] *Gröpl* (Fn. 11), Art. 111 Rn. 76, 82 ff.; s. auch *Siekmann* (Fn. 17), Art. 111 Rn. 16.

[54] *Jarass*/Pieroth, GG, Art. 111 Rn. 5, *Gröpl* (Fn. 11), Art. 111 Rn. 77 ff.

[55] *Fischer-Menshausen* (Fn. 29), Art. 111 Rn. 7.

[56] *Fischer-Menshausen* (Fn. 29), Art. 111 Rn. 7.

[57] Zu den Funktionen des Art. 111 GG: → Rn. 4.

[58] → Rn. 5 mit Fn. 21.

[59] BVerfGE 45, 1 (56); *M. Heintzen*, HStR³ V, § 120 Rn. 67; *R. Fischer*, VerwArch. 98 (2007), 543 (550) mwN.; a. A. *C. Sasse*, JZ 1973, 189 (191 f.); *Gröpl* (Fn. 11), Art. 111 Rn. 62 f.; differenzierend für die Verzögerung der Budgetvorlage und für den Haushaltskonflikt *Krumpa*, Haushaltsüberschreitungen (Fn. 12), S. 106 ff. → Art. 112 Rn. 10, 17.

[60] Vgl. im einzelnen *Heun*, Staatshaushalt (Fn. 4), S. 477 ff.; ähnlich *Schwarz* (Fn. 10), Art. 111 Rn. 32 ff.

Artikel 112 [Haushaltsüberschreitungen]

[1]Überplanmäßige und außerplanmäßige Ausgaben bedürfen der Zustimmung des Bundesministers der Finanzen. [2]Sie darf nur im Falle eines unvorhergesehenen und unabweisbaren Bedürfnisses erteilt werden. [3]Näheres kann durch Bundesgesetz bestimmt werden.

Literaturauswahl

Bienert, Kurt/Caesar, Rolf/Hansmeyer, Karl Heinrich: Das Ausgabenbewilligungsrecht des Bundesfinanzministers nach Art. 112 GG, 1982.

Därr, Manfred: Das Notbewilligungsrecht des Bundesministers der Finanzen nach Art. 112 GG im Schnittpunkt zwischen Demokratie und Effektivität, 1973.

Dorn, Martin: Das Notbewilligungsrecht der Finanzminister des Bundes und der Länder – Geltung und Grenzen, in: DÖV 1989, S. 707–713.

Eichenauer, Thorsten: Das Notbewilligungsrecht des Bundesministers der Finanzen, Diss. jur. Kiel 1983.

Franke, Peter: Funktion und Grenzen des Notbewilligungsrechts des Bundesministers der Finanzen, in: ZParl. 9 (1978), S. 43–49.

Friauf, Karl Heinrich: Funktion, Inhalt und Grenzen des sogenannten Notbewilligungsrechts des Bundesministers der Finanzen nach Art. 112 GG, in: Gedächtnisschrift für Friedrich Klein, 1977, S. 162–189.

Jahndorf, Christian: Das Notbewilligungsrecht des Bundesministers der Finanzen nach Art. 112 GG, in: DVBl. 1998, S. 75–81.

Kalb, Moritz/Roßner, Sebastian: Das Notbewilligungsrecht des Finanzministers als Mittel der Gouvernementalisierung von Budgetentscheidungen, in: NVwZ 2012, S. 1071–1075.

Leibinger, Hans-Bodo/Jordan, Bernd: Das Notbewilligungsrecht des Bundesfinanzministers nach Art. 112 GG, in: DÖV 1989, S. 16–21.

Patzig, Werner: Nochmals: Erweitertes Notbewilligungsrecht für die Exekutive, in: DÖV 1979, S. 896–899.

Püttner, Günter/Janson, Bernd: Notbewilligungsrecht des Finanzministers und Etathoheit des Parlaments, in: NJW 1978, S. 2016–2018.

v. Zezschwitz, Friedrich: Erweitertes Notbewilligungsrecht für die Exekutive, in: DÖV 1979, S. 489–496 mit Schlußwort S. 899–900.

Siehe auch die Angaben zu Vorb. zu Art. 104a–115 GG.

Leitentscheidung des Bundesverfassungsgerichts

BVerfGE 45, 1 (31ff.) – Haushaltsüberschreitung.

Gliederung

Stichwörter

Gegenstände der Notbewilligung 9f. – Geheimdienstfonds 10 – Informationspflicht 7 – informelle Abstimmungspflicht 7 – Justitiabilität 11 – Nachtragshaushalt 8 – parlamentarische Ausgabenbewilligung 5 – Planstellen 10 – Richtlinienkompetenz des Bundeskanzlers 8 – Stellung des Bundesfinanzministers 7f. – Tatbestandsvoraussetzungen der Notbewilligung 11ff.

A. Herkunft, Entstehung, Entwicklung

I. Ideen- und verfassungsgeschichtliche Aspekte

1 Das Notbewilligungsrecht setzt die grundsätzliche Bindung der Exekutive an ein parlamentarisches Ausgabenbewilligungsrecht logisch voraus. Andernfalls kann es höchstens exekutivinterne Einwilligungserfordernisse geben[1]. Zur Absicherung des parlamentarischen Budgetbewilligungsrechts bildeten sich daher im Konstitutionalismus frühzeitig zwischen Parlament und Exekutive im einzelnen umstrittene Kriterien heraus, bei deren Vorliegen die Regierung zu Mehrausgaben berechtigt sein sollte und die im Kern bereits auf die Unvorhergesehenheit und Unabweisbarkeit abstellten[2]. Art. 104 I Preuß. Verfassung von 1850 sah sogar eine nachträgliche Bewilligung durch die Kammern vor[3], während die Reichsverfassung von 1871 auf jegliche Notbewilligung verzichtete[4]. In der Weimarer Republik war ein Notbewilligungsrecht auf Reichsebene nur einfachgesetzlich abgesichert[5]. Unmittelbares **Vorbild** der grundgesetzlichen Regelung war deshalb die Vorschrift des **Art. 67 Preuß. Verfassung von 1920**[6].

II. Entstehung und Veränderung der Norm

2 Der Herrenchiemseer Entwurf enthielt noch kein Notbewilligungsrecht. Auf Vorschlag des ehemaligen preußischen Finanzministers Höpker-Aschoff wurde eine der preußischen Regelung bis auf den fehlenden Begriff »unvorhergesehen« wörtlich entsprechende Regelung in den Entwurf durch den Finanzausschuß des Parlamentarischen Rates aufgenommen. Im Zuge der weiteren Beratungen wurde dann noch der Begriff »unvorhergesehen« eingefügt, so daß Identität mit Art. 67 Preuß. Verfassung von 1920 hergestellt war[7]. Im Zuge der **Haushaltsreform** von **1969** (→ Vorb. zu Art. 104a–115 Rn. 8) wurden nur der Begriff der Haushaltsüberschreitungen durch

[1] § 26 der Instruktionen für die Kgl. Oberrechnungskammer v. 18.12.1824 in Preußen ordnete dementsprechend eine grundsätzliche Bindung an die Etat-Titel an, billigte den Verwaltungsbehörden aber einen Überschreitungsspielraum von 5% des jeweiligen Titels im Falle anderer Deckung zu; darüber hinausgehende Mehrausgaben bedurften der Einwilligung des Königs, s. *G. Golz*, Der öffentliche Haushalt 1955, 41 (41).

[2] Vgl. im einzelnen *K.H. Friauf*, Der Staatshaushaltsplan im Spannungsfeld zwischen Parlament und Regierung, 1968, S. 155ff.; *W. Heun*, Staatshaushalt und Staatsleitung, 1989, S. 71; zum Teil wurden dafür spezielle Reservefonds eingerichtet, s. auch § 103 Ziff. 4 Paulskirchenverf.

[3] Vgl. *K. Bienert/R. Caesar/K.-H. Hansmeyer*, Das Ausgabenbewilligungsrecht des Bundesfinanzministers nach Art. 112 GG, 1982, S. 10f.

[4] *Bienert/Caesar/Hansmeyer*, Ausgabenbewilligungsrecht (Fn. 3), S. 23ff.

[5] § 33 RHO 1922; s. auch *T. Eichenauer*, Das Notbewilligungsrecht des Bundesministers der Finanzen, Diss. jur. Kiel 1983, S. 13.

[6] Vgl. *Heun*, Staatshaushalt (Fn. 2), S. 83f.

[7] Vgl. JöR 1 (1951), S. 814f.; *Eichenauer*, Notbewilligungsrecht (Fn. 5), S. 14f.

das Wort »überplanmäßige« (Ausgaben) ersetzt und der **Regelungsvorbehalt des Satzes 3 hinzugefügt**[8]. Ansonsten ist die Vorschrift seit 1949 unverändert geblieben.

B. Internationale, supranationale und rechtsvergleichende Bezüge

Als Kompetenzverteilungsregel zwischen Parlament und Exekutive bleibt die Regelung von internationalen oder europarechtlichen Einflüssen unberührt. Im übrigen kennen **andere Verfassungen regelmäßig kein Notbewilligungsrecht** der Exekutive. Das präsidentielle Regierungssystem der USA kommt ebenso ohne jedes Notbewilligungsrecht aus[9] wie die europäischen parlamentarischen Regierungssysteme[10]. 3

C. Erläuterungen

I. Allgemeine Bedeutung und aktueller Befund

Die Ausgabenbewilligungen konstituieren und begrenzen das Ausgabegebaren der Exekutive. Da die Titelansätze über einen längeren Planungszeitraum im voraus festgelegt werden müssen, ergibt sich infolge der Dynamik der Haushaltsentwicklung ein erheblicher Bedarf an flexiblen Anpassungen, denen das Budget nur teilweise Rechnung tragen kann[11]. Auch das Instrument des Nachtragshaushalts, das wegen des komplexen Gesetzgebungsverfahrens erheblichen Aufwand verursacht, ist lediglich bei gewichtigen Abweichungen vom ursprünglichen Haushaltsplan geeignet, diesem Bedürfnis zu entsprechen[12]. Art. 112 GG weist daher dem Bundesfinanzminister als Mitglied der aktionsfähigen, ständig präsenten Regierung eine subsidiäre Notbewilligungskompetenz zu, die einerseits hinreichende Flexibilität gewährleisten soll, um die Handlungsfähigkeit der Exekutive und eine angemessene Aufgabenerfüllung zu sichern, andererseits aber an bestimmte, eng umrissene Tatbestandsvoraussetzungen gebunden ist, um das parlamentarische Ausgabenbewilligungsrecht nicht auszuhöhlen[13]. Wegen der funktionalen Unterordnung unter das parlamentarische Ausgabenbewilligungsrecht ist die Notbewilligungskompetenz eine **Ausnahmeregelung**, die 4

[8] 20. Gesetz zur Änderung des GG v. 12.5.1969 (BGBl. I S. 357); BT-Drs. V/3605, S. 11; die Änderung war auch durch die exekutivfreundliche Entscheidung des VerfGH NW OVGE 24, 296ff. veranlaßt worden, s. auch *Eichenauer*, Notbewilligungsrecht (Fn. 5), S. 15f.

[9] *W. Heun*, Das Budgetrecht im Regierungssystem der USA, 1989, S. 48f., 58.

[10] In Dänemark wird explizit das Erfordernis eines Nachtragshaushalts normiert (§ 46 II Dän. Verf.), die anderen Verfassungen der EU-Mitgliedstaaten enthalten überhaupt keine Regelung.

[11] Vgl. *Heun*, Staatshaushalt (Fn. 2), S. 470f.; *F. Voss*, BayVBl. 1987, 257 (260); zu den Ausgabenspielräumen (Übertragbarkeit, Deckungsfähigkeit): → Art. 110 Rn. 24; zum Bedingungsverhältnis von Ausgabenspielräumen und Bedarf für Notbewilligungen vgl. *A. Nebel*, in: E. A. Piduch (Hrsg.), Bundeshaushaltsrecht, Art. 112 GG (2008), Rn. 1; *G. Püttner/B. Janson*, NJW 1978, 2016 (2018).

[12] *H. Fischer-Menshausen*, in: I. v. Münch/P. Kunig (Hrsg.), Grundgesetz-Kommentar, Bd. III, 3. Aufl. 1996, Art. 112 Rn. 1; *Heun*, Staatshaushalt (Fn. 2), S. 470; der abstrakte Vorrang eines Nachtragshaushalts (*G. F. Schuppert*, in: Umbach/Clemens, GG, Art. 112 Rn. 12) gibt für die Praxis daher wenig her.

[13] Vgl. *Fischer-Menshausen* (Fn. 12), Art. 112 Rn. 2. → Rn. 11ff., 17.

als solche eng auszulegen ist[14]. Von einer Selbständigkeit[15] oder Gleichberechtigung[16] des Notbewilligungsrechts gegenüber der parlamentarischen Budgetbewilligung kann keine Rede sein[17]. Eine eigenständige oder die parlamentarische Haushaltspolitik korrigierende, wenn nicht konterkarierende Haushaltspolitik ist dem Finanzminister[18] ebenso versagt wie ein originäres Ausgabenbewilligungsrecht[19].

5 Das Notbewilligungsrecht stellt vielmehr eine **Durchbrechung der Bindung der Exekutive an das Budget** dar, ändert aber nichts an dem Vorrang des Parlaments und bleibt auch der parlamentarischen Kontrolle und dem Entlastungserfordernis nach Art. 114 GG unterworfen[20]. Allerdings sind die Rechtsfolgen parlamentarischer und exekutiver Ausgabenbewilligungen, insbesondere ihre Ermächtigungswirkung, gleichartig, so daß die Notbewilligung die parlamentarische Ausgabenbewilligung in vollem Umfang ersetzt[21].

6 In der **Staatspraxis** herrschte lange, auch infolge der regelmäßig verspäteten Verabschiedung des Haushalts, eine überaus großzügige Handhabung des Notbewilligungsrechts durch den Finanzminister vor[22], bis das Bundesverfassungsgericht dem einen Riegel vorgeschoben hat[23]. Seitdem nimmt der Finanzminister immer noch eine beträchtliche Anzahl von Bewilligungen vor, deren Volumen aber meist gering war[24],

---

[14] BVerfGE 45, 1 (37f.); *Stern*, Staatsrecht II, S. 1227; *ders.*, FinArch. 37 (1979), 94 (104); *K.H. Friauf*, Funktion, Inhalt und Grenzen des sogenannten Notbewilligungsrechts des Bundesministers der Finanzen nach Art. 112 GG, in: GedS Klein, 1977, S. 162ff. (175f.); *H. Siekmann*, in: Sachs, GG, Art. 112 Rn. 2; *E.G. Mahrenholz*, in: AK-GG, Art. 112 (2002), Rn. 2a; *K.-A. Schwarz*, in: v. Mangoldt/Klein/Starck, GG III, Art. 112 Rn. 4; vgl. auch *U. Karpen*, WiR 1974, 220 (222); *P. Franke*, ZParl. 9 (1978), 43 (44); *M. Heintzen*, in: v. Münch/Kunig, GG II, Art. 112 Rn. 1.

[15] VerfGH NW OVGE 24, 296 (308); *M. Därr*, Das Notbewilligungsrecht des Bundesministers der Finanzen nach Art. 112 GG im Schnittpunkt zwischen Demokratie und Effektivität, 1973, S. 51.

[16] *C. Arndt*, DVBl. 1975, 601 (602); vgl. auch *M. Rosenfeld*, Stellung und Aufgabe des Bundesfinanzministers im Haushaltsrecht, Diss. jur. Münster 1974, S. 155f.; *T. Puhl*, Die Minderheitsregierung nach dem Grundgesetz, 1986, S. 231.

[17] BVerfGE 45, 1 (31, 37f.); später auch VerfGH NW DÖV 1992, 576 (579f.); VerfGH NW DVBl. 1994, 862 (863); VerfGH Rh.-Pf. AS 26, 4 (10); *W. Henle*, DÖV 1969, 50 (59); *Fischer-Menshausen* (Fn. 12), Art. 112 Rn. 2; *Siekmann* (Fn. 14), Art. 112 Rn. 2; *Heun*, Staatshaushalt (Fn. 2), S. 472; *G. Kisker*, HStR IV, § 89 Rn. 46; *Jarass*/Pieroth, GG, Art. 112 Rn. 1; *C. Jahndorf*, DVBl. 1998, 75 (77).

[18] BVerfGE 45, 1 (34, 38, 49); VerfGH Rh.-Pf. AS 26, 4 (10); *H. Kube*, in: Maunz/Dürig, GG, Art. 112 (2007), Rn. 4, 38; *H.B. Brockmeyer*, in: Schmidt-Bleibtreu/Hofmann/Henneke, GG, Art. 112 Rn. 1; *Siekmann* (Fn. 14), Art. 112 Rn. 3; *C. Gröpl*, in: BK, Art. 112 (2016), Rn. 18.

[19] *Heun*, Staatshaushalt (Fn. 2), S. 471; *Friauf*, Funktion (Fn. 14), S. 167; mißverständlich insoweit *Schwarz* (Fn. 14), Art. 112 Rn. 4: Verlagerung der »Haushaltsgesetzgebungskompetenz im Einzelfall auf den BMF«, s. aber auch andererseits ebd. Rn. 11.

[20] Vgl. auch *Heintzen* (Fn. 14), Art. 112 Rn. 1, 10; *Gröpl* (Fn. 18), Art. 112 Rn. 101; *H. Karehnke*, DÖV 1976, 361 (368).

[21] BVerfGE 45, 1 (90); *Heintzen* (Fn. 14), Art. 112 Rn. 12; *Nebel* (Fn. 11), Art. 112 Rn. 12; *Kube* (Fn. 18), Art. 112 Rn. 58; *Friauf*, Funktion (Fn. 14), S. 179; *Heun*, Staatshaushalt (Fn. 2), S. 472 m. w. N.

[22] Zur früheren Praxis vgl. *Därr*, Notbewilligungsrecht (Fn. 15), S. 118, 158; *H. Rehm*, Analyse und Kritik der Bundeshaushaltsreform, 1975, S. 184ff.; *Bienert/Caesar/Hansmeyer*, Ausgabenbewilligungsrecht (Fn. 3), S. 77ff.

[23] BVerfGE 45, 1. Dazu Anmerkungen von *C. Arndt*, JuS 1978, 19ff.; *D. Grimm*, JZ 1977, 682ff.; *K.M. Hettlage*, DÖV 1977, 519ff.; *G. Püttner/B. Janson*, NJW 1978, 2016ff.; *P. Selmer*, JuS 1977, 759ff.; *K. Stern*, FinArch. 37 (1979), 94ff.; zu weiterer Rechtsprechung der Landesverfassungsgerichte *N. Gumboldt*, LKV 2007, 356 (357f.).

[24] *H. Leibinger/B. Jordan*, DÖV 1989, 16 (18f.).

mit einer extrem hohen Ausgabenhöhe 2005 teilweise wieder gestiegen ist, um dann wieder auf eine geringe Höhe abzusinken[25].

II. Die Stellung des Bundesfinanzministers

Art. 112 GG verleiht dem Bundesfinanzminister eine verfassungsrechtlich abgesicherte Rechtsstellung, die in ihrem Kernbereich auch vor Eingriffen des Gesetzgebers geschützt ist[26]. Die **Entscheidungen** nach Art. 112 GG trifft der **Bundesfinanzminister eigenverantwortlich und endgültig** (§§ 37 I, 116 I BHO)[27]. Der entscheidende Unterschied zum parlamentarischen Ausgabenbewilligungsrecht liegt darin, daß der Bundesfinanzminister inhaltlich keine Entscheidungsfreiheit genießt, sondern an die engen Tatbestandsvoraussetzungen des Art. 112 GG gebunden ist und nur im Verfahren der Entscheidung weitgehend unabhängig ist[28]. Er bedarf nicht der vorherigen oder nachträglichen Zustimmung des Haushaltsgesetzgebers. Er handelt vielmehr unbeschadet der nachträglichen parlamentarischen Kontrolle und Entlastung an dessen Stelle[29]. Andererseits gebietet die Rücksichtnahme auf die Befugnisse des Parlaments dem Bundesfinanzminister, sich gegebenenfalls vor Genehmigung der Haushaltsüberschreitung mit dem Parlament informell abzustimmen und zu klären, ob noch eine fristgerechte parlamentarische Bewilligung möglich ist[30]. Im Zweifel dürfte eine dezidierte Ablehnung einer Ausgabe durch das Parlament ohne gravierende Änderung der Umstände ebenfalls einer Zustimmung des Bundesfinanzministers entgegenstehen[31]. Aus Gründen der Praktikabilität kann unterhalb bestimmter, gesetzlich festgelegter Bagatellgrenzen auf jegliche Konsultation verzichtet werden[32]. Im übrigen ist das Parlament jeweils nachträglich – auch im Hinblick auf Art. 114 GG – zu informieren (§ 37 IV BHO)[33]. 7

Das Notbewilligungsrecht ist dem **Bundesfinanzminister innerhalb der Regierung** als institutionellem und funktionalem Gegengewicht zu den vorwiegend ausgabenorientierten Fachressorts, von denen weitgehend die Initiative zu Haushaltsüberschreitungen ausgeht, zur Wahrung der fiskalischen Interessen eingeräumt[34]. Der Bundesfinanzminister hat insofern eine gesicherte **Sonderstellung**, die ihn indes nicht völlig aus den Bindungen an die Richtlinienkompetenz des Bundeskanzlers (→ Art. 65 Rn. 17ff.) und an die Kollegialentscheidungen der Bundesregierung (→ Art. 65 8

---

[25] 12,82 Mrd. € 2005, vgl. mit Übersicht über die Entwicklung 1992–2005 BT-Drs. 16/3200, S. 56ff.; vgl. jüngst BT-Drs. 18/10200, S. 8, 114ff.

[26] *Heintzen* (Fn. 14), Art. 112 Rn. 10; *Schwarz* (Fn. 14), Art. 112 Rn. 29.

[27] *Fischer-Menshausen* (Fn. 12), Art. 112 Rn. 3; *Heun*, Staatshaushalt (Fn. 2), S. 473.

[28] *Friauf*, Funktion (Fn. 14), S. 178ff.; *Heun*, Staatshaushalt (Fn. 2), S. 473.

[29] BVerfGE 20, 56 (90); 45, 1 (36); *Friauf*, Funktion (Fn. 14), S. 179; *Jarass*/Pieroth, GG, Art. 112 Rn. 1; *Mahrenholz* (Fn. 14), Art. 112 Rn. 3; *C. Jahndorf*, DVBl. 1998, 75 (75); *Fischer-Menshausen* (Fn. 12), Art. 112 Rn. 3; *Siekmann* (Fn. 14), Art. 112 Rn. 1.

[30] BVerfGE 45, 1 (1, 39); *Siekmann* (Fn. 14), Art. 112 Rn. 16; *Heintzen* (Fn. 14), Art. 112 Rn. 11; *Kube* (Fn. 18), Art. 112 Rn. 49, 72.

[31] *Fischer-Menshausen* (Fn. 12), Art. 112 Rn. 3.

[32] BVerfGE 45, 1 (39); VerfGH Rh.-Pf. AS 26, 4 (20); *Kube* (Fn. 18), Art. 112 Rn. 51; *Nebel* (Fn. 11), Art. 112 Rn. 3; *G. Püttner/B. Janson*, NJW 1978, 2016 (2018); *H. Patzig*, DÖV 1979, 896 (897); *Heintzen* (Fn. 14), Art. 112 Rn. 11; kritisch *F. v. Zezschwitz*, DÖV 1979, 489 (492).

[33] *Kube* (Fn. 18), Art. 112 Rn. 93.

[34] *Fischer-Menshausen* (Fn. 12), Art. 112 Rn. 3; *P. Franke*, ZParl. 9 (1978), 43 (48f.); *Stern*, Staatsrecht II, S. 1226 m.w.N. aus der älteren Literatur; *Heun*, Staatshaushalt (Fn. 2), S. 473; zweifelnd *Siekmann* (Fn. 14), Art. 112 Rn. 1.

Rn. 32ff.) entläßt. Angesichts der parlamentarischen Gesamtverantwortung der Regierung für die Haushaltsführung hat der Bundesfinanzminister die Bundesregierung vor Finanzentscheidungen von grundsätzlicher Bedeutung oder besonderem finanziellen Gewicht zu unterrichten und diese mit ihr abzustimmen. Insbesondere die Entscheidung, ob ein Nachtragshaushalt vorzulegen ist oder die Verausgabung auf das nächste Haushaltsjahr verschoben werden soll, bleibt der Regierung vorbehalten[35]. Die Bundesregierung kann somit den Bundesfinanzminister an der Zustimmung hindern[36]. Das Bundesverfassungsgericht geht aber zu weit, wenn es einen positiven Entscheid der Regierung zur Voraussetzung der Zustimmung des Bundesfinanzministers erhebt[37]. Richtig ist vielmehr, daß der Bundesfinanzminister aufgrund der ihm verfassungsrechtlich zugewiesenen besonderen Ressortverantwortung und Entscheidungskompetenz zur Ablehnung nicht der Zustimmung des Kabinetts bedarf[38] und umgekehrt durch einen positiven, eine Überschreitung billigenden Kabinettsbeschluß nicht gebunden wird. Die Ressortminister können auch nicht das Gesamtkabinett nach § 116 I BHO und § 26 I GOBReg. (→ Art. 65 Rn. 29) anrufen, wonach der Bundesfinanzminister sich nur im Verein mit dem Bundeskanzler durchsetzen kann. Ebensowenig kann der Bundeskanzler den Bundesfinanzminister kraft Richtlinienkompetenz zur Zustimmung zwingen[39]. Allenfalls kann der Bundeskanzler den Bundesfinanzminister entlassen[40].

III. Die Gegenstände der Notbewilligung

9 Dem Zustimmungsvorbehalt nach Art. 112 GG unterliegen überplanmäßige und außerplanmäßige Ausgaben. Die Differenzierung beruht auf dem Budgetprinzip der **sachlichen Spezialität**[41].

10 **Überplanmäßig** sind Ausgaben, die zwar dem Grunde nach in einem Ausgabenansatz mit entsprechender Zweckbestimmung im Haushaltsplan veranschlagt sind, aber den dort vorgesehenen Betrag unter Einbeziehung etwaiger Vorjahresreste überschreiten und die auch nicht durch einen für deckungsfähig erklärten anderen Ausgabenansatz gedeckt werden können (§§ 20, 46 BHO)[42]. **Außerplanmäßig** sind solche Ausgaben, für die überhaupt kein Ausgabenansatz mit entsprechender Zweckbestim-

---

[35] BVerfGE 45, 1 (48f.); *Kube* (Fn. 18), Art. 112 Rn. 67; *Fischer-Menshausen* (Fn. 12), Art. 112 Rn. 4.

[36] *Kube* (Fn. 18), Art. 112 Rn. 67; *Fischer-Menshausen* (Fn. 12), Art. 112 Rn. 4; a. A. *Schwarz* (Fn. 14), Art. 112 Rn. 31ff.; *Gröpl* (Fn. 18), Art. 112 Rn. 53.

[37] So wohl BVerfGE 45, 1 (48ff.); zustimmend *Jarass*/Pieroth, GG, Art. 112 Rn. 5; vgl. kritisch dazu *K. Stern*, FinArch. 37 (1979), 94 (106).

[38] *Fischer-Menshausen* (Fn. 12), Art. 112 Rn. 4; *Kube* (Fn. 18), Art. 112 Rn. 68 unter der Einschränkung, daß der Bundeskanzler die Zustimmung nicht zum Gegenstand einer Richtlinienentscheidung macht; so auch *Brockmeyer* (Fn. 18), Art. 112 Rn. 19.

[39] *Nebel* (Fn. 11), Art. 112 Rn. 12; *Fischer-Menshausen* (Fn. 12), Art. 112 Rn. 4; BVerfGE 45, 1, 52 (57, 60) – *Sondervotum Niebler*; *Heun*, Staatshaushalt (Fn. 2), S. 473f.; *P. Franke*, FinArch. 33 (1974), 143 (146); a. A. *Kube* (Fn. 18), Art. 112 Rn. 71; *Siekmann* (Fn. 14), Art. 112 Rn. 25; *Brockmeyer* (Fn. 18), Art. 112 Rn. 19; *Heintzen* (Fn. 14), Art. 112 Rn. 10.

[40] *Fischer-Menshausen* (Fn. 12), Art. 112 Rn. 4; *Gröpl* (Fn. 18), Art. 112 Rn. 53.

[41] *Fischer-Menshausen* (Fn. 12), Art. 112 Rn. 5; *Gröpl* (Fn. 18), Art. 112 Rn. 29. → Art. 110 Rn. 24.

[42] *Kube* (Fn. 18), Art. 112 Rn. 24; *Fischer-Menshausen* (Fn. 12), Art. 112 Rn. 5; *Gröpl* (Fn. 18), Art. 112 Rn. 32f.; *Schwarz* (Fn. 14), Art. 112 Rn. 14; vgl. im Hinblick auf laufende Geschäfte *G. Fährmann*, DÖV 1981, 667ff.

mung im Haushaltsplan veranschlagt ist[43]. Haushaltsüberschreitungen im Sinne des Art. 112 GG sind neben den effektiven Ausgaben auch Verpflichtungen und sonstige Maßnahmen, die periodenübergreifender Verpflichtungsermächtigungen bedürfen[44]. Nicht nach Art. 112 GG bewilligungsfähig sind Überschreitungen von Ausgabenansätzen ohne nähere Zweckbestimmung, da es hier auch an einem Beurteilungsmaßstab fehlt (§ 37 V BHO); dies gilt vor allem für die Fonds für Geheimdienstzwecke[45]. Auch Planstellen für Beamte können nicht nach Art. 112 GG geschaffen werden[46]. Während der etatlosen Periode, auf die Art. 112 GG entsprechend anwendbar ist[47], ist nicht der letzte festgestellte Haushaltsplan Maßstab, sondern Art. 111 GG[48].

IV. Die Tatbestandsvoraussetzungen der Notbewilligung (Art. 112 Satz 2 GG)

Wegen der Durchbrechung des parlamentarischen Bewilligungsrechts rechtfertigt nur ein unvorhergesehener und unabweisbarer Ausgabenbedarf eine Zulassung der Haushaltsüberschreitung. Zweck und Höhe eines Finanzbedarfs anzuerkennen, obliegt der politischen Entscheidung der zuständigen Instanzen; diese Entscheidung ist verfassungsgerichtlicher Kontrolle nur insoweit zugänglich, als die Grenzen offensichtlicher Unvertretbarkeit überschritten sind[49]. Unabweisbarkeit und Unvorhergesehenheit des Bedarfs sind dagegen in vollem Umfang **verfassungsgerichtlich überprüfbar**[50]. 11

Das Merkmal »**unvorhergesehen**« soll funktional das parlamentarische Bewilligungsrecht sichern und bedeutet daher nicht nur, daß der Finanzbedarf objektiv nicht vorhersehbar war; es reicht vielmehr aus, daß die am Zustandekommen des Budgets beteiligten Organe, vornehmlich der Bundestag, den Finanzbedarf in der nunmehrigen Höhe tatsächlich nicht vorhergesehen haben, wobei es auf die Gründe nicht ankommt[51]. Ein bei der Haushaltsberatung nicht anerkannter Bedarf kann allenfalls bei 12

---

[43] *Kube* (Fn. 18), Art. 112 Rn. 30; *Fischer-Menshausen* (Fn. 12), Art. 112 Rn. 5; *Gröpl* (Fn. 18), Art. 112 Rn. 34.

[44] *Kube* (Fn. 18), Art. 112 Rn. 33; *Heintzen* (Fn. 14), Art. 112 Rn. 3; *Schwarz* (Fn. 14), Art. 112 Rn. 16; zum Sonderfall der Übernahme von Zahlungspflichten nach dem ESM s. *M. Kalb/S. Roßner*, NVwZ 2012, 1071 (1074 f.).

[45] *Heintzen* (Fn. 14), Art. 112 Rn. 3; *Siekmann* (Fn. 14), Art. 112 Rn. 8.

[46] BVerfGE 45, 1 (56); *Fischer-Menshausen* (Fn. 12), Art. 112 Rn. 5; *Heintzen* (Fn. 14); Art. 112 Rn. 12; *Gröpl* (Fn. 18), Art. 112 Rn. 97.

[47] BVerfGE 45, 1 (56); *Fischer-Menshausen* (Fn. 12), Art. 112 Rn. 5; *Kube* (Fn. 18), Art. 112 Rn. 8; *Jarass*/Pieroth, GG, Art. 112 Rn. 2; *Stern*, Staatsrecht II, S. 1219; *Siekmann* (Fn. 14), Art. 112 Rn. 15; *Heun*, Staatshaushalt (Fn. 2), S. 477 ff.; *Heintzen* (Fn. 14), Art. 112 Rn. 4; a. A. *Kisker*, HStR IV, § 89 Rn. 47; *C. Sasse*, JZ 1973, 189 (191 f.); wohl auch *Schwarz* (Fn. 14), Art. 112 Rn. 24. → Art. 111 Rn. 13.

[48] *Jarass*/Pieroth, GG, Art. 112 Rn. 2; *Siekmann* (Fn. 14), Art. 112 Rn. 15; *Heun*, Staatshaushalt (Fn. 2), S. 478 Fn. 392; a. A. *Fischer-Menshausen* (Fn. 12), Art. 112 Rn. 5; *Därr*, Notbewilligungsrecht (Fn. 15), S. 36.

[49] BVerfGE 45, 1 (1, 39); VerfGH NW DÖV 1992, 579; VerfGH NW NVwZ 1995, 163; *R. Mußgnug*, Der Haushaltsplan als Gesetz, 1976, S. 223 f.; *Fischer-Menshausen* (Fn. 12), Art. 112 Rn. 6; *Siekmann* (Fn. 14), Art. 112 Rn. 11; *Schwarz* (Fn. 14), Art. 112 Rn. 20.

[50] BVerfGE 45, 1 (1, 38 f.); VerfGH NW DÖV 1992, 579; VerfGH NW NVwZ 1995, 163; StGH BW DÖV 2008, 70 (71); *Siekmann* (Fn. 14), Art. 112 Rn. 12; *Heintzen* (Fn. 14), Art. 112 Rn. 6; kritisch zur Differenzierung der Justitiabilität *Gröpl* (Fn. 18), Art. 112 Rn. 37.

[51] BVerfGE 45, 1 (2, 35); VerfGH Rh.-Pf. AS 26, 4 (11); *Fischer-Menshausen* (Fn. 12), Art. 112 Rn. 7; *Siekmann* (Fn. 14), Art. 112 Rn. 13; *Heun*, Staatshaushalt (Fn. 2), S. 477; *Gröpl* (Fn. 18), Art. 112 Rn. 38 f.; s. auch *M. Dorn*, DÖV 1989, 707 (710); anders *Därr*, Notbewilligungsrecht (Fn. 15), S. 108.

Änderung der Umstände, die mit gewichtigen Gründen zu einer neuen Beurteilung führen, als unvorhergesehen qualifiziert werden[52].

13 Der sachliche Schwerpunkt der Voraussetzungen liegt bei der **Unabweisbarkeit**. Eine Ausgabe ist unabweisbar, wenn sie sachlich unbedingt notwendig und zugleich zeitlich unaufschiebbar ist. Unabweisbarkeit ist vor allem bei Mehrausgaben zu bejahen, die ohne Beeinträchtigung schwerwiegender politischer, wirtschaftlicher oder sozialer Staatsbelange nicht unterbleiben oder aufgeschoben werden können[53]. Gerade im Hinblick auf die Option eines Nachtragshaushalts ist die Dringlichkeit mit der Beeinträchtigung des parlamentarischen Bewilligungsrechts abzuwägen[54]. Im übrigen findet in der Staatspraxis insoweit eine weitgehende Abstimmung mit den zuständigen parlamentarischen Ausschüssen statt[55]. Insbesondere Kapitalerhöhungen für Unternehmen des Bundes oder aufschiebbare Kreditgewährungen entsprechen nicht diesen Anforderungen[56].

14 Die **Zustimmung** des Bundesfinanzministers ist regelmäßig einzuholen, **bevor** die **Ausgabe geleistet** oder die Verpflichtung eingegangen wird[57]. Eine nachträgliche Erteilung mit heilender Wirkung ist allenfalls in Extremfällen bei Gefahr im Verzuge möglich (§ 116 II BHO)[58]. Entgegen der früheren Regelung des § 83 RHO ist aber eine nachträgliche Genehmigung durch den Bundestag nicht erforderlich[59].

15 Die Zustimmung ist nur unter den genannten Voraussetzungen zulässig. Sind diese erfüllt, wird der **Bundesfinanzminister** allerdings auch **verpflichtet** sein, der Haushaltsüberschreitung zuzustimmen, wenn keine gewichtigen, in der Haushaltslage begründeten Gründe dagegen sprechen, zumal der Bundesfinanzminister durch seine haushaltsrechtlichen Befugnisse (Ausgabesperren gem. § 41 BHO, verzögerte Freigabe von Betriebsmitteln gem. § 43 BHO sowie das Verlangen angemessener Deckungsmaßnahmen gem. § 37 III BHO) über hinreichende Steuerungs- und Kompensationsmöglichkeiten verfügt[60].

V. Der Regelungsvorbehalt gem. Art. 112 Satz 3 GG

16 Durch Gesetz können nähere Einzelheiten geregelt werden. Eine **Pflicht** zum Erlaß eines solchen Gesetzes **besteht aber nicht**[61]. Ein spezielles Gesetz ist auch nicht erlassen worden. Die Ermächtigung deckt aber auch Regelungen in der Bundeshaushalts-

---

[52] *Heintzen* (Fn. 14), Art. 112 Rn. 7; vgl. auch BVerfGE 45, 1 (36); VerfGH Rh.-Pf. AS 26, 4 (11); StGH BW DÖV 2008, 70 (72).

[53] BVerfGE 45, 1 (2, 37); *Friauf*, Funktion (Fn. 14), S. 186; *Fischer-Menshausen* (Fn. 12), Art. 112 Rn. 8.

[54] § 37 I BHO; *Därr*, Notbewilligungsrecht (Fn. 15), S. 115 f.; *Fischer-Menshausen* (Fn. 12), Art. 112 Rn. 8; ablehnend zur Abwägung *Heintzen* (Fn. 14), Art. 112 Rn. 7.

[55] *Fischer-Menshausen* (Fn. 12), Art. 112 Rn. 8; vgl. dazu auch *Heun*, Staatshaushalt (Fn. 2), S. 481.

[56] BVerfGE 45, 1 (43); weitere Beispiele ebd., 41 ff.; VerfGH NW NVwZ 1995, 163; VerfGH Rh.-Pf. AS 26, 4 (12); *Siekmann* (Fn. 14), Art. 112 Rn. 29 ff.; *Schwarz* (Fn. 14), Art. 112 Rn. 26.

[57] *Siekmann* (Fn. 14), Art. 112 Rn. 26; *Heintzen* (Fn. 14), Art. 112 Rn. 8; *Schwarz* (Fn. 14), Art. 112 Rn. 37; *Gröpl* (Fn. 18); Art. 112 Rn. 57.

[58] *Heun*, Staatshaushalt (Fn. 2), S. 475 f.; *Schwarz* (Fn. 14), Art. 112 Rn. 38; *Siekmann* (Fn. 14), Art. 112 Rn. 26: »kaum denkbar«; großzügiger *Fischer-Menshausen* (Fn. 12), Art. 112 Rn. 6.

[59] *Siekmann* (Fn. 14), Art. 112 Rn. 27.

[60] *Fischer-Menshausen* (Fn. 12), Art. 112 Rn. 9; vgl. auch *C. Arndt*, DVBl. 1975, 601 (603); anders *Heintzen* (Fn. 14), Art. 112 Rn. 9; *Schwarz* (Fn. 14), Art. 112 Rn. 35; *Gröpl* (Fn. 18), Art. 112 Rn. 59.

[61] BVerfGE 79, 311 (352); *Siekmann* (Fn. 14), Art. 112 Rn. 32.

ordnung, insbesondere § 37 BHO[62]. Auch die Einführung von Bagatellgrenzen, die § 37 I 4 BHO vorsieht und die seit 1979 in den Haushaltsgesetzen festgelegt werden, werden von der Ermächtigung gedeckt[63].

D. Verhältnis zu anderen GG-Bestimmungen

Art. 112 GG ist eine **Durchbrechung** der Regelung **des Art. 110 I 1 GG** und insoweit eine Ausnahmekompetenz (→ Rn. 4f.). Im Rahmen des etatlosen Zustandes (**Art. 111 GG**) gilt Art. 112 GG nach zutreffender Auffassung entsprechend (→ Rn. 10). Art. 112 GG berechtigt nicht zu Mehrausgaben, die durch konjunkturelle Erfordernisse bedingt sind[64]. Vielmehr sind Mehrausgaben gem. **Art. 112 GG** i. V. m. §§ 37, 116 BHO prinzipiell und systematisch von Mehrausgaben gem. Art. 109 II GG i. V. m. §§ 6 II, 8 StabG abzugrenzen und zu unterscheiden. Die beiden Arten von Mehrausgaben dienen jeweils unterschiedlichen Zwecken und beruhen auf unterschiedlichen verfassungsrechtlichen und einfachgesetzlichen Grundlagen[65]. 17

---

[62] *Stern*, Staatsrecht II, S. 1228; *Siekmann* (Fn. 14), Art. 112 Rn. 32; *Fischer-Menshausen* (Fn. 12), Art. 112 Rn. 10; a. A. *C. Arndt*, DVBl. 1975, 601 (603f.).

[63] BVerfGE 45, 1 (39); *Kube* (Fn. 18), Art. 112 Rn. 86; *Fischer-Menshausen* (Fn. 12), Art. 112 Rn. 10; *Siekmann* (Fn. 14), Art. 112 Rn. 32; *Schwarz* (Fn. 14), Art. 112 Rn. 45ff.; vgl. auch die Kontroverse zwischen *F. v. Zezschwitz*, DÖV 1979, 489ff. und *W. Patzig*, DÖV 1979, 896ff. mit Replik *v. Zezschwitz* ebd., 899f.; zur Praxis s. auch *Gröpl* (Fn. 18), Art. 112 Rn. 69ff.

[64] *Heintzen* (Fn. 14), Art. 112 Rn. 5; *Siekmann* (Fn. 14), Art. 112 Rn. 31; *Kube* (Fn. 18), Art. 112 Rn. 11; *Jarass*/Pieroth, GG, Art. 112 Rn. 2; *Schwarz* (Fn. 14), Art. 112 Rn. 17f.; *Gröpl* (Fn. 18), Art. 112 Rn. 112.

[65] *Heun*, Staatshaushalt (Fn. 2), S. 481ff.; *Heintzen* (Fn. 14), Art. 112 Rn. 5.

Artikel 113 [Ausgabenerhöhende und einnahmemindernde Gesetze]

(1) [1]Gesetze, welche die von der Bundesregierung vorgeschlagenen Ausgaben des Haushaltsplanes erhöhen oder neue Ausgaben in sich schließen oder für die Zukunft mit sich bringen, bedürfen der Zustimmung der Bundesregierung. [2]Das gleiche gilt für Gesetze, die Einnahmeminderungen in sich schließen oder für die Zukunft mit sich bringen. [3]Die Bundesregierung kann verlangen, daß der Bundestag die Beschlußfassung über solche Gesetze aussetzt. [4]In diesem Fall hat die Bundesregierung innerhalb von sechs Wochen dem Bundestage eine Stellungnahme zuzuleiten.

(2) Die Bundesregierung kann innerhalb von vier Wochen, nachdem der Bundestag das Gesetz beschlossen hat, verlangen, daß der Bundestag erneut Beschluß faßt.

(3) [1]Ist das Gesetz nach Artikel 78 zustande gekommen, kann die Bundesregierung ihre Zustimmung nur innerhalb von sechs Wochen und nur dann versagen, wenn sie vorher das Verfahren nach Absatz 1 Satz 3 und 4 oder nach Absatz 2 eingeleitet hat. [2]Nach Ablauf dieser Frist gilt die Zustimmung als erteilt.

Literaturauswahl

Henrichs, Wilhelm: Art. 113 des Grundgesetzes und verwandte Bestimmungen. Ein Versuch über das Verhältnis von Legislative und Exekutive bei der Finanzgesetzgebung, Diss. jur. Bonn 1958.

Kammler, Hans/Wallenhorst, Ellen/Wiesner, Joachim: Standing Order 78 und Art. 113 GG, in: Verfassung und Verfassungswirklichkeit 2 (1967), S. 46–62.

Karehnke, Helmut: Die Einschränkung des parlamentarischen Budgetrechts bei finanzwirksamen Gesetzen durch Art. 113 des Grundgesetzes, in: DVBl. 1972, S. 811–817.

Malorny, Stefan: Exekutive Vetorechte im deutschen Verfassungssystem, 2011.

Weis, Burkhard Josef: Art. 113 Grundgesetz, Diss. jur. Tübingen 1991.

Siehe auch die Angaben zu Vorb. zu Art. 104a–115 GG.

Leitentscheidungen des Bundesverfassungsgerichts

Diese liegen zu Art. 113 GG bislang nicht vor.

Gliederung

Stichwörter

A. Herkunft, Entstehung, Entwicklung

Die Vorschrift des Art. 113 GG findet ihr Vorbild in der Standing Order 48 des englischen Parlaments, die aus dem Jahr 1713 stammt[1]. An den zugrundeliegenden Vorstellungen orientierte sich bereits § 103 Nr. 2 **Paulskirchenverfassung** von 1849, wonach Ausgabenbewilligungen nur »auf Antrag der Reichsregierung und bis zum Belauf dieses Antrags« erfolgen durften. Art. 85 WRV wies demgegenüber dem Reichsrat die entsprechende Kontrollfunktion zu, indem Ausgabenerhöhungen von seiner – allerdings nach Art. 74 WRV ersetzbaren – Zustimmung abhängig gemacht wurden[2]. **Unmittelbares Vorbild** der grundgesetzlichen Regelung ist vielmehr die Regelung des **Art. 42 IV Preuß. Verf. 1920**, die über den exekutiven Budgetentwurf hinausgehende Bewilligungen an die Zustimmung des preußischen Staatsrates band[3]. 1

An dieser preußischen Regelung orientierte sich bereits der **Herrenchiemseer Entwurf in Art. 124 IV–VI**, wonach der Bundesrat zu Ausgabenerhöhungen seine Zustimmung geben mußte, auf Verlangen der Bundesregierung erneut im Bundestag zu beraten war und gleichzeitig Deckungsbeschlüsse zu fassen waren[4]. Die Wendung zu einem Zustimmungsrecht der Bundesregierung geht auf einen Vorschlag des ehemaligen preußischen Finanzministers zurück[5]. Art. 113 GG wird deshalb auch nach ihm als »**lex Höpker-Aschoff**« bezeichnet[6]. Der Vorschlag wurde vom Finanzausschuß angenommen und trotz heftiger Kritik an diesem Eingriff in das Recht der Legislative dort und im Hauptausschuß[7] schließlich unverändert vom Parlamentarischen Rat akzeptiert[8]. In dieser ursprünglichen Fassung des Art. 113 GG, die alle Beschlüsse des Bundestages und Bundesrates, welche die von der Bundesregierung vorgeschlagenen Ausgaben erhöhten, an die Zustimmung der Bundesregierung knüpfte, kam noch ein überkommenes konstitutionelles Budgetverständnis als genuin exekutiver Angelegenheit zum Ausdruck[9], das durch die vollständige **Neuregelung** des Art. 113 GG im Zuge der **Haushaltsreform**[10] überholt worden ist[11]. Die Neuregelung sollte vor allem durch eine frühzeitige Beteiligung der Bundesregierung und durch detaillierte Verfahrensregeln die Wirkungslosigkeit und Nachteilhaftigkeit der bisherigen Regelung 2

[1] Sie geht ihrerseits auf eine Resolution von 1706 zurück; die frühere Numerierung wies sie außerdem als Standing Order 78, später 89, jetzt 48 aus; vgl. näher *T. Erskine May*, Treatise on the Law, Privileges, Proceedings and Usage of Parliament, 22. Aufl. 1997, S. 737f., 762ff.; *H. Kammler/E. Wallenhorst/J. Wiesner*, Verfassung und Verfassungswirklichkeit 2 (1967), 46 (48ff.). → Rn. 3.

[2] Dazu *Anschütz*, WRV, Art. 85 Anm. 9 (S. 438f.).

[3] Daneben auch Art. 66 Preuß. Verf. 1920, wonach auch eine Deckung vorgesehen werden muß; vgl. zu den preußischen und anderen früheren landesrechtlichen Regelungen *F. Klein*, StuW 1950, 762 (772ff.).

[4] Parl. Rat, Bd. II, S. 609; zur Entstehungsgeschichte vgl. auch *F. Klein*, StuW 1950, 762 (764ff.); *B. J. Weis*, Art. 113 Grundgesetz, Diss. jur. Tübingen 1991, S. 22ff.; *C. Gröpl*, in: BK, Art. 113 (2015), Rn. 13ff.

[5] Art. 124b, vgl. JöR 1 (1951), S. 816.

[6] *G. Wacke*, Das Finanzwesen der Bundesrepublik Deutschland, 1950, S. 93.

[7] JöR 1 (1951), S. 816f.

[8] JöR 1 (1951), S. 818; Parl. Rat IX, S. 486.

[9] Vgl. *W. Heun*, Staatshaushalt und Staatsleitung, 1989, S. 187.

[10] 20. Gesetz zur Änderung des Grundgesetzes v. 12.5.1969 (BGBl. I S. 357).

[11] Vgl. *Heun*, Staatshaushalt (Fn. 9), S. 197f.; vgl. auch *K.-U. Meyn*, Kontrolle als Verfassungsprinzip, 1982, S. 358ff.

überwinden, ohne das Grundkonzept zu verändern[12]. Seitdem ist die Vorschrift unverändert geblieben.

B. Internationale, supranationale und rechtsvergleichende Bezüge

3 Internationale oder europarechtliche Einflüsse können sich auf die das Verhältnis zwischen Parlament und Regierung regelnde Vorschrift nicht ergeben. Allerdings enthält Art. 23 V 3 GG für ausgabenerhöhende und einnahmemindernde Maßnahmen der EU das Erfordernis einer Zustimmung der Regierung (→ Art. 23 Rn. 149). Bedeutsamer sind die rechtsvergleichenden Bezüge, da Art. 113 GG sich an einem **englischen Vorbild** orientiert[13]. Freilich ist schon bei der Übernahme die grundsätzlich andere Konzeption der englischen Regelung verkannt worden. Diese beschränkt verfahrenstechnisch das Initiativrecht des Parlaments, ist als bloßes – durch Mehrheitsbeschluß änderbares – Geschäftsordnungsrecht gerade keine Verfassungsvorschrift und ist ferner eingebettet in ein ganz anderes, nämlich als Redeparlament strukturiertes Parlament[14]. Auch andere Verfassungsordnungen kennen vergleichbare exekutive Zustimmungs- oder Kontrollrechte bei Ausgabenerhöhungen oder Einnahmeminderungen[15]. Noch rigoroser ist das Verbot jeglicher ausgabenerhöhender oder einnahmemindernder parlamentarischer Initiativen in Art. 40 Frz. Verf. 1958, das auch die starke Stellung der Exekutive im semi-präsidentiellen Regierungssystem der V. Republik widerspiegelt[16].

C. Erläuterungen

I. Allgemeine Bedeutung und aktueller Befund

4 Die Norm des **Art. 113 GG** ist eine **einzigartige Fehlkonzeption**[17], als deren Ausdruck ihre völlige Wirkungslosigkeit gelten kann[18]. Schon die ihr zugrundeliegende Vorstellung, daß zwischen Parlament und Exekutive gegenüber der konstitutionellen Frontstellung ein Rollentausch stattgefunden habe und die Regierung Sachwalter finanzwirtschaftlicher Sachkompetenz und Sparsamkeit gegenüber einem von Verbandseinflüssen und Sonderinteressen abhängigen und ausgabefreudigen Parlament sei[19], ist im

---

[12] Vgl. BT-Drs. V/3040, S. 43, 45f.; *zu* BT-Drs. V/3605, S. 11f.; vgl. auch *S. Malorny*, Exekutive Vetorechte im deutschen Verfassungsstaat, 2011, S. 240.

[13] Standing Order 48: → Rn. 1.

[14] Vgl. *H. Kammler/E. Wallenhorst/J. Wiesner*, Verfassung und Verfassungswirklichkeit 2 (1967), 46 (51f.); *Heun*, Staatshaushalt (Fn. 9), S. 188f.

[15] Vgl. z.B. Art. 75 III Griech. Verf.; Art. 17 II Irische Verf.; Art. 134 V, VI Span. Verf.

[16] Vgl. auch BT-Drs. V/3040, S. 43; *Weis*, Art. 113 (Fn. 4), S. 173ff.; ähnlich Art. 170 II Port. Verf.

[17] *Heun*, Staatshaushalt (Fn. 9), S. 183ff.; vgl. *H. Siekmann*, in: Sachs, GG, Art. 113 Rn. 8; *K.-A. Schwarz*, in: v. Mangoldt/Klein/Starck, GG III, Art. 113 Rn. 3, der sie aber gleichwohl auch als »Verfassungsbestimmung von fundamentaler Bedeutung« bezeichnet; ferner *Gröpl* (Fn. 4), Art. 113 Rn. 44.

[18] Der einzige Anwendungsfall stammt aus der 1. Legislaturperiode: BT-Drs. I/3971 und 4175; s. *A. Nebel*, in: E. A. Piduch (Hrsg.), Bundeshaushaltsrecht, Art. 113 GG (2015), Rn. 3.

[19] Vgl. z.B. *K. M. Hettlage*, Die Finanzverfassung im Rahmen der Staatsverfassung, VVDStRL 14 (1956), S. 2ff. (12); *B. Belau*, DVBl. 1951, 429 (429); *Nebel* (Fn. 18), Art. 113 Rn. 2; *H. Fischer-Menshausen*, in: I. v. Münch/P. Kunig (Hrsg.), GG-Kommentar, Bd. III, 3. Aufl. 1996, Art. 113 Rn. 2; *Stern*, Staatsrecht II, S. 1219, 1222; *W. Patzig*, Haushaltsrecht des Bundes und der Länder, Bd. I, 1981,

Ansatz verfehlt. Hier werden die durch das parlamentarische Regierungssystem erzwungene Einheit von Regierung und Parlamentsmehrheit, die Budgetmaximierungstendenzen der Exekutive, die Kanäle des Verbandseinflusses und die Struktur moderner Wahlmechanismen verkannt[20]. Sachwalter der Sparsamkeit sind vielmehr innerhalb der Exekutive der Finanzminister und innerhalb des Parlaments der Haushaltsausschuß, aber gerade nicht die Einzelressorts und die von ihnen gestellte Regierung im ganzen und ebensowenig das gesamte Parlament[21]. Schon deswegen ist die **Zuerkennung des Einspruchsrechts** an die Regierung **sachlich verfehlt** und **praktisch wirkungslos**. Es kommt hinzu, daß die Norm das parlamentarische Regierungssystem in seiner Wirkungsweise verkennt, wenn der Regierung ein Widerspruchsrecht gegenüber der sie tragenden Parlamentsmehrheit eingeräumt wird. Weder kann sich die Regierung insofern gegen das Parlament durchsetzen[22] noch wird sie ein derartiges formelles Recht mit einer entsprechenden Desavouierung des Parlaments einsetzen, wenn Differenzen ohnehin im vorhinein informell abgestimmt und bereinigt werden können. Die folgenden Ausführungen können daher, vielleicht vom Sonderfall einer Minderheitsregierung abgesehen[23], als l'art pour l'art angesehen werden, fördern indes weitere Unstimmigkeiten zutage.

II. Gegenstand und Vergleichsmaßstab des Einspruchsrechts

Nach Art. 113 I GG bedürfen **ausgabenerhöhende und einnahmemindernde Gesetzesbeschlüsse**, nicht sonstige Beschlüsse[24], der Zustimmung der Bundesregierung. Art. 113 GG unterscheidet dabei **drei Varianten ausgabenerhöhender Gesetze**, nämlich solche, die **erstens** die von der Bundesregierung vorgeschlagenen Ausgaben des Haushaltsplans erhöhen, **zweitens** neue Ausgaben in sich schließen und **drittens** neue Ausgaben mit sich bringen. Ferner nennt die Norm **zwei Varianten einnahmemindernder Gesetze**, nämlich **erstens** Gesetze, die Einnahmeminderungen in sich schließen, und **zweitens** Gesetze, die Einnahmeminderungen für die Zukunft mit sich bringen. Die begründete Wahrscheinlichkeit einer entsprechenden Finanzwirksamkeit soll ausreichen[25]. Um einer Hypertrophierung des Zustimmungsrechts zu begegnen, wird die Zustimmungsbedürftigkeit überwiegend auf solche finanzwirksamen Gesetze beschränkt, die eine gewisse Erheblichkeit für den materiellen Haushaltsausgleich besitzen[26], so daß jeden- 5

Rn. 218, 222; *F. Kirchhof*, Grundsätze der Finanzverfassung des vereinten Deutschlands, VVDStRL 52 (1993), S. 71ff. (85).

[20] *Heun*, Staatshaushalt (Fn. 9), S. 186f. m. w. N.; vgl. auch *Siekmann* (Fn. 17), Art. 113 Rn. 8; *E. G. Mahrenholz*, in: AK-GG, Art. 113 (2002), Rn. 2a.

[21] Dazu *Heun*, Staatshaushalt (Fn. 9), S. 187.

[22] Darauf hauptsächlich abstellend *Siekmann* (Fn. 17), Art. 113 Rn. 8; s. auch *M. Heintzen*, in: v. Münch/Kunig, GG II, Art. 113 Rn. 1; *H. Kube*, in: Maunz/Dürig, GG, Art. 113 (2008), Rn. 4.

[23] Darauf macht zu Recht aufmerksam *T. Puhl*, Die Minderheitsregierung nach dem Grundgesetz, 1986, S. 125; s. auch *Heun*, Staatshaushalt (Fn. 9), S. 320.

[24] Das hat die Haushaltsreform klargestellt, vgl. *W. Henrichs*, Art. 113 des Grundgesetzes und verwandte Bestimmungen, Diss. jur. Bonn 1958, S. 247ff. (auf die Kurzfassung Art. 113 des Grundgesetzes [Inst. f. Finanzen und Steuern, Heft 55] sei hier nur pauschal hingewiesen); eingehend *Gröpl* (Fn. 4), Art. 113 Rn. 49ff.

[25] *Fischer-Menshausen* (Fn. 19), Art. 113 Rn. 4.

[26] In Anlehnung an die Kriterien des § 96 I GOBT *Fischer-Menshausen* (Fn. 19), Art. 112 Rn. 4; *Patzig*, Haushaltsrecht I (Fn. 19), Art. 113 Rn. 4; *Heun*, Staatshaushalt (Fn. 9), S. 184; *Puhl*, Minderheitsregierung (Fn. 23), S. 126; *G. F. Schuppert*, in: Umbach/Clemens, GG, Art. 113 Rn. 14; vgl. auch bereits *Henrichs*, Art. 113 (Fn. 24), S. 272ff.; a. A. *H. B. Brockmeyer*, in: Schmidt-Bleibtreu/Hofmann/

falls Bagatellbeträge ausgeschlossen sind[27]. Die Finanzwirksamkeit bezieht sich aber nur auf den Bundeshaushalt, nicht auf die Länderhaushalte, die durch Bundesgesetze gleichfalls betroffen sein können (Art. 104a GG)[28]. Im übrigen ist das gesamte Gesetz zustimmungsbedürftig, auch wenn nur einzelne Bestimmungen finanzwirksam sind[29].

6 **Vergleichsmaßstab** für die Beurteilung der Ausgabenerhöhung sind nach h.M. die korrespondierenden Ausgabenansätze im verabschiedeten Haushaltsplan oder im von der Bundesregierung vorgeschlagenen Haushaltsentwurf einschließlich etwaiger Nachtrags- oder Ergänzungsvorlagen und für Einnahmeminderungen die Haushaltsansätze in Verbindung mit den Steuergesetzen und einnahmebegründenden Regelungen[30]. Wenn man den Zweck der Vorschrift mit der h.M. in der Sicherung des Haushaltsausgleichs sieht, wird man allerdings in erster Linie auf die objektiv ausgabenerhöhende Wirkung eines Gesetzes im Vergleich zu der geänderten oder ergänzten Regelung abstellen müssen, für die sich aus den Haushaltsansätzen, die insoweit wegen des Vorrangs der außenwirksamen Gesetze gem. § 3 II BHO (→ Art. 110 Rn. 31) bloße Schätzungen darstellen, nichts ergibt[31]. Ansonsten sollte – gegen den Wortlaut – nach Verabschiedung des Haushaltsgesetzes der festgestellte Haushaltsplan Maßstab sein, da wegen der informellen Abstimmung zwischen Regierung und Parlament der Haushaltsentwurf ohnehin regelmäßig überholt sein wird – auch aus der Sicht der Regierung.

7 Die h.M. unterwirft auch das **Haushaltsgesetz** dem Vetorecht nach Art. 113 GG[32]. Dem ist aus systematischen und teleologischen Gründen zu widersprechen.[33] Schon der Prüfungsmaßstab ist unklar, da der Regierungsentwurf laufend durch Regierungsinitiativen auch auf informellem Wege ergänzt wird und der verabschiedete Haushaltsplan nicht Prüfungsgegenstand und Prüfungsmaßstab zugleich sein kann. Daneben ist, anders als bei sonstigen Gesetzen, die Beteiligung des exekutiven Sachverstands als einzig sinnvolle Funktion des Art. 113 GG durch die zwingende Einbringung des Haushaltsentwurfs durch die Regierung, die sich aus Art. 110 III GG ergibt (→ Art. 110 Rn. 34f.), ohnehin gesichert. Schließlich ist Art. 113 GG als Ausnahmeregelung und Einschränkung des parlamentarischen Budgetbewilligungsrechts eng auszulegen, was ebenfalls eine Erstreckung auf das Haushaltsgesetz verbietet. Eine Erstrek-

---

Henneke, GG, Art. 113 Rn. 5; *Nebel* (Fn. 18), Art. 113 Rn. 11; Siekmann (Fn. 17), Art. 113 Rn. 11; *Heintzen* (Fn. 22), Art. 113 Rn. 7; *Schwarz* (Fn. 17), Art. 113 Rn. 18f.

[27] *Stern*, Staatsrecht II, S. 1222; aber auch *Siekmann* (Fn. 17), Art. 113 Rn. 11; *Gröpl* (Fn. 4), Art. 113 Rn. 71f.

[28] *Heintzen* (Fn. 22), Art. 113 Rn. 4; *Fischer-Menshausen* (Fn. 19), Art. 113 Rn. 4, der davon bei möglichen Revisionsansprüchen der Länder nach Art. 106 IV GG verfehlt eine Ausnahme machen will; ähnlich *Schwarz* (Fn. 17), Art. 113 Rn. 9f.; *Gröpl* (Fn. 4), Art. 113 Rn. 68ff.

[29] *H. Karehnke*, DVBl. 1972, 811 (816); *Siekmann* (Fn. 17), Art. 113 Rn. 12; *Heintzen* (Fn. 22), Art. 113 Rn. 4.

[30] *Fischer-Menshausen* (Fn. 19), Art. 113 Rn. 5; *Stern*, Staatsrecht II, S. 1221; *Mahrenholz* (Fn. 20), Art. 113 Rn. 9; *Siekmann* (Fn. 17), Art. 113 Rn. 10; für strikte Beschränkung auf die von der Regierung vorgeschlagenen Haushaltsansätze *Nebel* (Fn. 18), Art. 113 Rn. 8.

[31] *Heun*, Staatshaushalt (Fn. 9), S. 184.

[32] *Henrichs*, Art. 113 (Fn. 24), S. 247ff.; *B. Belau*, DVBl. 1951, 429 (429f.); *Nebel* (Fn. 18), Art. 113 Rn. 9; *Heintzen* (Fn. 22), Art. 113 Rn. 4; *Stern*, Staatsrecht II, S. 1221; *E. Moeser*, Die Beteiligung des Bundestages an der Haushaltsgewalt, 1978, S. 118ff.; *Kube* (Fn. 22), Art. 113 Rn. 21; eingehend *Weis*, Art. 113 (Fn. 4), S. 69ff., 110ff.; *Schwarz* (Fn. 17), Art. 113 Rn. 13; *Gröpl* (Fn. 4), Art. 113 Rn. 59f.

[33] *R. Mußgnug*, Der Haushaltsplan als Gesetz, 1976, S. 206ff.; *M. Oldiges*, Die Bundesregierung als Kollegium, 1983, S. 269ff.; eingehend zum Folgenden *Heun*, Staatshaushalt (Fn. 9), S. 306ff.

kung auf finanzwirksame Entscheidungen von Verfassungsgerichten ist schon im Ansatz eine verfehlte Idee[34].

III. Die Entscheidung der Bundesregierung

Die Bundesregierung trifft die Entscheidungen nach Art. 113 GG in eigenständiger Verantwortung und verfügt dabei über einen **weiten Entscheidungsspielraum**; sie darf die Zustimmung aber nur aus fachlichen Gründen versagen, die entweder finanzwirtschaftlich im Haushaltsausgleich oder in der Verantwortung für das gesamtwirtschaftliche Gleichgewicht nach Art. 109 II GG wurzeln[35]. Eine Ablehnung aus anderen politischen Gründen wäre zwar rechtsmißbräuchlich[36], angesichts der Komplexität der Ziele des Haushaltsausgleichs und des gesamtwirtschaftlichen Gleichgewichts aber kaum kontrollierbar[37], obgleich prinzipiell die Einhaltung der Voraussetzungen des Art. 113 GG verfassungsgerichtlich überprüfbar ist[38]. Erst recht besteht keine Pflicht zum Widerspruch[39]. 8

Erforderlich ist die Zustimmung der Bundesregierung, **nicht nur** die des **Bundesfinanzministers**[40]. Sofern der Bundesfinanzminister mit seinem ablehnenden Votum im Kabinett auch vom Bundeskanzler überstimmt worden ist, kann er allerdings im Fall von Mehrausgaben im Rahmen von Art. 112 GG unter Umständen seine Zustimmung versagen, da Art. 112 GG und Art. 113 GG selbständig nebeneinander stehen[41]. 9

IV. Das Verfahren

Ihre **Zustimmung** bringt die Bundesregierung **durch die Gegenzeichnung im Rahmen der Ausfertigung und Verkündung** des Gesetzes (→ Art. 82 Rn. 15) zum Ausdruck. Eine ausdrückliche Erklärung gegenüber dem Bundestag ist aufgrund der Neufassung des Art. 113 III 2 GG ebensowenig erforderlich[42] wie ein entsprechender Vermerk in der Verkündungsformel[43]. 10

---

[34] *K.-A. Schwarz*, NdsVBl. 2000, 181 (185); *ders.* (Fn. 17), Art. 113 Rn. 15ff.; *Gröpl* (Fn. 4), Art. 113 Rn. 80; *Heintzen* (Fn. 22), Art. 113 Rn. 4; a.A. *T. Maunz*, in: Maunz/Dürig, GG, Art. 110 (1981), Rn. 53.

[35] *Moeser*, Beteiligung (Fn. 32), S. 73f.; *Fischer-Menshausen* (Fn. 19), Art. 113 Rn. 6; *Nebel* (Fn. 18), Art. 113 Rn. 13; *Patzig*, Haushaltsrecht I (Fn. 19), Art. 113 Rn. 3; *Siekmann* (Fn. 17), Art. 113 Rn. 13; vgl. auch *Malorny*, Vetorechte (Fn. 12), S. 238f.; für eine Begründungspflicht bei Zustimmungsverweigerung *Schwarz* (Fn. 17), Art. 113 Rn. 20ff.; *Kube* (Fn. 22), Art. 113 Rn. 53.

[36] *Moeser*, Beteiligung (Fn. 32), S. 73f.; *Fischer-Menshausen* (Fn. 19), Art. 113 Rn. 6.

[37] *Moeser*, Beteiligung (Fn. 32), S. 74; *Fischer-Menshausen* (Fn. 19), Art. 113 Rn. 7; *Heun*, Staatshaushalt (Fn. 9), S. 185.

[38] *Heintzen* (Fn. 22), Art. 113 Rn. 8; *Siekmann* (Fn. 17), Art. 113 Rn. 13.

[39] *Stern*, Staatsrecht II, S. 1223; *Siekmann* (Fn. 17), Art. 113 Rn. 13; *Meyn*, Kontrolle (Fn. 11), S. 359; *Heun*, Staatshaushalt (Fn. 9), S. 185; a.A. *Fischer-Menshausen* (Fn. 19), Art. 113 Rn. 7; *Schwarz* (Fn. 17), Art. 113 Rn. 19.

[40] *H. Karehnke*, DVBl. 1972, 811 (812); *Siekmann* (Fn. 17), Art. 113 Rn. 15; *Kube* (Fn. 22), Art. 113 Rn. 29.

[41] *Jarass*/Pieroth, GG, Art. 113 Rn. 1; *Fischer-Menshausen* (Fn. 19), Art. 113 Rn. 7a; *Siekmann* (Fn. 17), Art. 113 Rn. 21; *Gröpl* (Fn. 4), Art. 113 Rn. 87; allerdings dürfte der Finanzminister in diesen Fällen i.d.R. weder rechtlich noch faktisch die Sonderbewilligung versagen können; im Ergebnis ebenso *Heintzen* (Fn. 22), Art. 113 Rn. 5, der aber meint, daß Art. 112 und 113 nicht selbständig nebeneinander stehen.

[42] *Heintzen* (Fn. 22), Art. 113 Rn. 9; *Siekmann* (Fn. 17), Art. 113 Rn. 15.

[43] *Siekmann* (Fn. 17), Art. 113 Rn. 15; a.A. *B. Belau*, DVBl. 1951, 429 (434); zwiespältig (nötig,

11 Im Fall der Zustimmungsversagung sieht Art. 113 GG aufgrund der Neufassung ein Vorverfahren vor, das zwingende Voraussetzung für die **Ausübung des Vetorechts** ist. Die Vorverlagerung der Intervention soll das Vetorecht, das früher erst nachträglich ausgeübt werden konnte, effektuieren[44] und gibt der Regelung durch die Möglichkeit der Einführung des exekutiven Sachverstands in das Gesetzgebungsverfahren überhaupt erst einen Sinn[45]. Art. 113 GG sieht dabei zwei alternative Vorverfahren vor, die auch nacheinander mit verschiedenen Begründungen eingeschlagen werden können[46].

12 In dem einen Verfahren kann die Bundesregierung den Bundestag ersuchen, die **Beratung auszusetzen** (Art. 113 I 3 GG), und hat ihm dann innerhalb von sechs Wochen ihre Stellungnahme mit der Begründung ihrer Auffassung zuzuleiten (Art. 113 I 4 GG)[47]. Nach § 87 GOBT ist dem Ersuchen zu entsprechen und die Beratung zurückzustellen.

13 In dem anderen Verfahren kann die Bundesregierung innerhalb von vier Wochen nach dem Gesetzesbeschluß des Bundestags eine **erneute Beratung und Beschlußfassung** verlangen (→ Art. 113 II GG)[48]. Dieses Verfahren ist vor allem für Fälle gedacht, in denen der Bundestag sich über Bedenken der Bundesregierung hinwegsetzt oder nachträglich Einwände auftreten[49]. Auch hier kann die Auffassung der Regierung begründet werden[50]. Gem. § 87 GOBT gilt der Gesetzentwurf als an die Ausschüsse zurückverwiesen und in den Zustand vor der letzten Abstimmung zurückversetzt[51].

14 Das **abschließende Verfahren der Zustimmungsversagung** setzt die Durchführung eines der beiden Vorverfahren voraus. Die Ablehnung ist dann binnen sechs Wochen nach Zustandekommen des Gesetzes auszusprechen (Art. 113 III 1 GG). Mit der Ablehnung ist das Gesetz endgültig gescheitert und, falls es gleichwohl verkündet wird, nichtig[52]. Trifft die Regierung keine Entscheidung oder gibt sie keine Erklärung ab, gilt das Gesetz nach sechs Wochen endgültig als zustandegekommen (Art. 113 III 2 GG). Ansonsten wird das Gesetz mit Zustimmung oder dann wirksam, wenn die Bundesregierung weder die Aussetzung der Beschlußfassung noch die erneute Beratung verlangt hat[53].

D. Verhältnis zu anderen GG-Bestimmungen

15 Das Vetorecht nach Art. 113 GG ist neben dem Initiativrecht nach **Art. 76 I GG** und der Gegenzeichnungsbefugnis nach **Art. 82 I 1 GG** das einzige weitere verfassungsrechtlich garantierte formelle Beteiligungsrecht der Bundesregierung am Gesetzge-

---

aber Verstoß folgenlos) *Fischer-Menshausen* (Fn. 19), Art. 113 Rn. 8; s. auch *H. Karehnke*, DVBl. 1972, 811 (816).

[44] *Zu* BT-Drs. V/3605, S. 11f.; *Fischer-Menshausen* (Fn. 19), Art. 113 Rn. 3.

[45] *Heun*, Staatshaushalt (Fn. 9), S. 190f.

[46] *Heintzen* (Fn. 22), Art. 113 Rn. 10.

[47] Zur Begründungspflicht näher *Hauser* (Fn. 32), Art. 113 Rn. 22.

[48] *Mahrenholz* (Fn. 20), Art. 113 Rn. 2; *Gröpl* (Fn. 4), Art. 113 Rn. 93; *Schwarz* (Fn. 17), Art. 113 Rn. 29; *Nebel* (Fn. 18), Art. 113 Rn. 18.

[49] *Zu* BT-Drs. V/3605, S. 12; *Fischer-Menshausen* (Fn. 19), Art. 113 Rn. 11.

[50] a. A. *Heintzen* (Fn. 22), Art. 113 Rn. 11.

[51] Vgl. *Nebel* (Fn. 18), Art. 113 Rn. 19; *H. Karehnke*, DVBl. 1972, 811 (814).

[52] *Heintzen* (Fn. 22), Art. 113 Rn. 12; *Gröpl* (Fn. 4), Art. 113 Rn. 107; vgl. auch *Malorny*, Vetorechte (Fn. 12), S. 256: »absolutes Vetorecht«.

[53] Ebenfalls drei Varianten der Wirksamkeit unterscheiden *Jarass*/Pieroth, GG, Art. 113 Rn. 6; *Siekmann* (Fn. 17), Art. 113 Rn. 20.

bungsverfahren und als Einschränkung der parlamentarischen Gesetzgebungshoheit eng auszulegen (→ Rn. 7). Seit 1992 unterwirft Art. 23 V 3 GG das Mitwirkungsrecht des Bundesrates einem parallelen Zustimmungsvorbehalt der Bundesregierung, der freilich dort einen ganz anderen systematischen, funktional sinnvollen Gehalt besitzt[54]. Im übrigen steht das Vetorecht der Bundesregierung **selbständig neben** der Sonderbewilligungsbefugnis des Bundesfinanzministers nach **Art. 112 GG** (→ Rn. 9). Im etatlosen Zustand nach Art. 111 GG soll Art. 113 GG ebenfalls anwendbar sein[55].

[54] Vgl. dazu *Schwarz* (Fn. 17), Art. 113 Rn. 35f.; *Gröpl* (Fn. 4), Art. 113 Rn. 125ff. → Art. 23 Rn. 115.

[55] *Mahrenholz* (Fn. 20), Art. 113 Rn. 11; *Heintzen* (Fn. 22), Art. 113 Rn. 5; *Schwarz* (Fn. 17), Art. 113 Rn. 37; *Gröpl* (Fn. 4), Art. 113 Rn. 122.

Artikel 114 [Rechnungskontrolle, Entlastung]

(1) Der Bundesminister der Finanzen hat dem Bundestage und dem Bundesrate über alle Einnahmen und Ausgaben sowie über das Vermögen und die Schulden im Laufe des nächsten Rechnungsjahres zur Entlastung der Bundesregierung Rechnung zu legen.

(2) [1]Der Bundesrechnungshof, dessen Mitglieder richterliche Unabhängigkeit besitzen, prüft die Rechnung sowie die Wirtschaftlichkeit und Ordnungsmäßigkeit der Haushalts- und Wirtschaftsführung des Bundes. [2]Zum Zweck der Prüfung nach Satz 1 kann der Bundesrechnungshof auch bei Stellen außerhalb der Bundesverwaltung Erhebungen vornehmen; dies gilt auch in den Fällen, in denen der Bund den Ländern zweckgebundene Finanzierungsmittel zur Erfüllung von Länderaufgaben zuweist. [3]Er hat außer der Bundesregierung unmittelbar dem Bundestage und dem Bundesrate jährlich zu berichten. [4]Im übrigen werden die Befugnisse des Bundesrechnungshofes durch Bundesgesetz geregelt.

Literaturauswahl

v. Arnim, Hans Herbert: Grundprobleme der Finanzkontrolle, in: DVBl. 1983, S. 664–675.
v. Arnim, Hans Herbert: Wirtschaftlichkeit als Rechtsprinzip, 1988.
v. Arnim, Hans Herbert (Hrsg.): Finanzkontrolle im Wandel, 1989.
v. Böning, Wolfgang/v. Mutius, Albert (Hrsg.): Finanzkontrolle im repräsentativ-demokratischen System, 1990.
Degenhart, Christoph: Kontrolle der Verwaltung durch Rechnungshöfe, VVDStRL 55 (1996), S. 190–230.
Greifeld, Andreas: Der Rechnungshof als Wirtschaftlichkeitsprüfer, 1981.
Gröpl, Christoph: Wirtschaftlichkeit und Sparsamkeit staatlichen Handelns, in: HStR[3] V, § 121, S. 1227–1264.
Grupp, Klaus: Die Stellung der Rechnungshöfe in der Bundesrepublik Deutschland, 1972.
Hufeld, Ulrich: Der Bundesrechnungshof und andere Hilfsorgane des Bundestages, in: HStR[3] III, § 56, S. 909–941.
Krebs, Walter: Kontrolle in staatlichen Entscheidungsprozessen, 1984.
v. Mutius, Albert: Die Steuerung des Verwaltungshandelns durch Haushaltsrecht und Haushaltskontrolle, VVDStRL 42 (1984), S. 147–215.
Rischer, Herbert: Finanzkontrolle staatlichen Handelns, 1995.
Rogge, Philipp Laurenz: Staatliche Finanzkontrolle freier Wohlfahrtspflege, 2001.
Schulze-Fielitz, Helmuth: Kontrolle der Verwaltung durch Rechnungshöfe, VVDStRL 55 (1996), S. 231–277.
Schulze-Fielitz, Helmuth (Hrsg.): Fortschritte der Finanzkontrolle in Theorie und Praxis (= Die Verwaltung, Beiheft 3), 2000.
Schuppert, Gunnar Folke: Die Steuerung des Verwaltungshandelns durch Haushaltsrecht und Haushaltskontrolle, VVDStRL 42 (1984), S. 216–266.
Schwarz, Kyrill-Alexander: Finanzkontrolle im föderalen Mehrebenensystem, in: DVBl. 2011, S. 135–139.
Sigg, Wolfgang: Die Stellung der Rechnungshöfe im politischen System der Bundesrepublik Deutschland, 1983.
Störring, Jens Michael: Die Beratungsfunktion des Bundesrechnungshofes und seiner Präsidenten, 2013.
Tettinger, Peter J.: Rechtsfragen der Entlastung nach Rechnungslegung (Art. 114 Abs. 1 GG), in: StuW 1978, S. 58–67.
Tiemann, Susanne: Die staatsrechtliche Stellung der Finanzkontrolle des Bundes, 1974.
Vogt, Martin J.: Zur Informationstätigkeit des Bundesrechnungshofes, 2013.
Wieland, Joachim: Rechnungshofkontrolle im demokratischen Rechtsstaat, in: DVBl. 1995, S. 894–904.

Zavelberg, Heinz Günter (Hrsg.): Die Kontrolle der Staatsfinanzen: Geschichte und Gegenwart, 1714–1989, 1989.

Siehe auch die Angaben zu Vorb. zu Art. 104a–115 GG.

Leitentscheidung des Bundesverfassungsgerichts

BVerfGE 127, 165 (211 ff., Rn. 128 ff.) – Finanzhilfen des Bundes.

Gliederung

Stichwörter

A. Herkunft, Entstehung, Entwicklung

I. Ideen- und verfassungsgeschichtliche Aspekte

Die Institution einer unabhängigen **Rechnungskontrolle** geht in Deutschland auf absolutistische Bestrebungen zur Rationalisierung der Haushaltswirtschaft und zur Durchsetzung einer sparsamen Haushaltsführung zurück, die vor allem mit der **Preußischen General-Rechenkammer** im Jahr 1714 eine traditionsbildende Einrichtung schufen[1]. Ihre Unabhängigkeit war nach wechselvoller Geschichte 1824 durch eine Kgl. Instruc- 1

[1] Kurz zuvor (1707) war bereits die kursächsische Ober-Rechen-Kammer errichtet worden; zur historischen Entwicklung vgl. *F. v. Pfuhlstein*, Der Weg von der Preußischen Generalrechenkammer zum Bundesrechnungshof, in: BRH (Hrsg.), 250 Jahre Rechnungsprüfung, 1964, S. 7 ff.; *T. v. Ditfurth*, Zur Geschichte der Königlich-Preußischen Oberrechnungskammer, 1909, S. 1 ff.; *S. Glaser-Gallion*, Der Bundesrechnungshof als unabhängiges Kontrollorgan in der Bundesrepublik Deutschland, Diss. phil. Stuttgart 1980, S. 4 ff.; *K. Wittrock*, Rechnungsprüfung 1713–1918, in: Dt. VerwGesch, Bd. III, S. 931 ff.; *K. Grupp*, Die Stellung der Rechnungshöfe in der Bundesrepublik Deutschland, 1972, S. 14 ff.; *H. G. Zavelberg*, 275 Jahre staatliche Rechnungsprüfung in Deutschland, in: ders. (Hrsg.), Die Kontrolle der Staatsfinanzen, 1989, S. 43 ff.; *N. B. Wagner*, AöR 126 (2001), 93 ff.

tion endgültig gesichert, während andernorts erst viel später, teilweise erst nach 1945, die Unabhängigkeit durchgesetzt werden konnte[2].

2 Die Pflicht zur **Rechnungslegung** entstand als notwendiges Korrelat parlamentarischer Haushaltsgesetzgebung erst im **Konstitutionalismus**, um dem Parlament die Prüfung des Haushaltsgebarens der Exekutive im Haushaltsvollzug zu ermöglichen, an deren Ende die Entlastung der Regierung steht[3]. In Preußen[4] und dann im Reich von 1871[5], in dem die Preußische Oberrechnungskammer auch die Funktionen der Reichsfinanzkontrolle übernahm[6], wurde die Oberrechnungskammer von Anfang an in diese parlamentarische Kontrolle einbezogen. Ihre Bemerkungen mußten auch dem Parlament zugeleitet werden, obwohl eine unmittelbare Kommunikation lange zu verhindern versucht wurde[7].

3 In der **Weimarer Republik** trat schließlich die verfassungsrechtliche Ermächtigung zur gesetzlichen Regelung der Rechnungsprüfung neben die Verankerung der Pflicht zur Rechnungslegung mit anschließender Entlastung[8]. Die Reichshaushaltsordnung von 1922 füllte die Ermächtigung aus[9]. Danach wurden Vertreter des Reichsrechnungshofs auch zu den Sitzungen der Rechnungsprüfungskommission des Reichstags hinzugezogen und dem Reichstag die Anforderung gutachtlicher Stellungnahmen des Rechnungshofs zugestanden[10]. Das nationalsozialistische Regime beseitigte die Erforderlichkeit einer parlamentarischen Entlastung, es modifizierte und reduzierte Stellung und Kompetenzen des Rechnungshofs, schaffte die Institution jedoch nicht ab[11].

4 Nach dem faktischen Ende des Reichsrechnungshofes 1945 wurden zunächst Rechnungshöfe in den Ländern, dann auch durch Gesetz vom 3.11.1948 vom Wirtschaftsrat ein **Rechnungshof für das Vereinigte Wirtschaftsgebiet** errichtet, der 1950 im Bundesrechnungshof aufging[12].

II. Entstehung und Veränderung der Norm

5 Der **Entwurf von Herrenchiemsee** übernahm in Art. 125 im wesentlichen die Formulierungen des Art. 86 WRV, die nur durch die Verankerung der richterlichen Unabhängigkeit ergänzt wurden[13]. Der Parlamentarische Rat modifizierte die Fassung dieses

---

[2] Dazu *Grupp*, Stellung (Fn. 1), S. 35 ff.

[3] In § 103 Ziff. 8 Paulskirchenverf. ist nur von der »Nachweisung« ihrer Prüfung und ihres Abschlusses die Rede.

[4] Art. 103 PreußVerf. 1848; Art. 104 Preuß. Verf. 1850; dazu *H. Kube*, in: Maunz/Dürig, GG, Art. 114 (2008), Rn. 11; s. auch OberrechnungskammerG vom 27.3.1872 (GS S. 278).

[5] Art. 72 RVerf. 1871; hier wie in Art. 104 Preuß. Verf. 1850 wird auch der Begriff der Entlastung verwendet.

[6] Unter der Benennung »Rechnungshof des Norddeutschen Bundes« und dann »Rechnungshof des Deutschen Reiches«; vgl. § 1 ReichskontrollG vom 21.3.1910 (RGBl. I S. 521); *Grupp*, Stellung (Fn. 1), S. 58 ff.

[7] Vgl. dazu *K. Wittrock*, ZParl. 17 (1986), 414 (416 ff.).

[8] Art. 86 WRV; zur Entwicklung im 20. Jahrhundert vgl. den Sammelband T. Pirker (Hrsg.), Rechnungshöfe als Gegenstand zeitgeschichtlicher Forschung, 1987.

[9] RGBl. II 1923, S. 17; vgl. *Grupp*, Stellung (Fn. 1), S. 66 ff.; *F.E.M. Saemisch*, Die Kontrolle der staatlichen Finanzwirtschaft, 1931, S. 27 ff., 38 ff.

[10] § 101 RHO; *R. Schulze/E. Wagner*, Reichshaushaltsordnung, 3. Aufl. 1934, § 101 Anm. 2, § 118 Anm. 3.

[11] Im einzelnen *Grupp*, Stellung (Fn. 1), S. 79 ff.

[12] Dazu näher *K. Wittrock*, DÖV 1986, 329 ff.

[13] Parl. Rat II, S. 609, s. auch S. 274 f.

Artikels mehrfach, ohne daß sich am Ende des Entscheidungsprozesses an der Substanz maßgeblich etwas änderte[14]. Im Finanzausschuß war zunächst der Hinweis auf die richterliche Unabhängigkeit gestrichen worden[15]. Der Hauptausschuß machte dies wieder rückgängig und bezog die richterliche Unabhängigkeit nunmehr auf die einzelnen Mitglieder des Rechnungshofs[16]. Im übrigen wurde der Begriff der »Verwendung der Bundeseinnahmen« durch die Prüfung »aller Einnahmen und Ausgaben« ersetzt und damit präzisiert[17] sowie ergänzend die Vorlage und Prüfung einer Übersicht über das Vermögen und die Schulden zur Pflicht erhoben[18].

Im Zuge der **Haushaltsreform** wurde Art. 114 GG im Jahre **1969** noch einmal geändert[19]. Die Änderungen waren teilweise redaktioneller Natur[20]. Eine wesentliche Neuerung stellte allein die Erweiterung der Prüfungskompetenz des Rechnungshofs auf die Wirtschaftlichkeit und Ordnungsmäßigkeit der (gesamten) Haushalts- und Wirtschaftsführung dar[21]. Danach ist die Norm lange unverändert geblieben. 6

Im Rahmen der **Neuordnung der Finanzbeziehungen im Jahr 2017**[22] ist Art. 114 GG allerdings erneut ergänzt worden. So wurde in Art. 114 II 1 GG am Ende des Satzes »des Bundes« eingefügt, wodurch klargestellt wird, daß geprüftes Rechtssubjekt stets der Bund und nicht die konkreten Erhebungsadressaten sind. Diese Klarstellung war vor allem aufgrund des neu eingefügten Art. 114 II 2 GG erforderlich, durch den dem Bundesrechnungshof »zum Zwecke der Prüfung nach Satz 1« weitreichende Befugnisse eingeräumt werden, Prüfungen auch bei Stellen außerhalb der Bundesverwaltung vorzunehmen. Die Reichweite entsprechender Befugnisse war zuvor umstritten. 7

B. Internationale, supranationale und rechtsvergleichende Bezüge

Weder die Stellung des Bundesrechnungshofs noch die Kontrollmaßstäbe der Rechnungsprüfung werden durch internationales oder supranationales Recht modifiziert. Dasselbe gilt für Rechnungslegungspflicht und Entlastung der Regierung durch das Parlament, auch wenn auf der Ebene der Europäischen Union dieselben Einrichtungen einschließlich eines Europäischen Rechnungshofs, mit dem der Bundesrechnungshof 8

---

[14] Vgl. im übrigen zur Entstehungsgeschichte JöR 1 (1951), S. 818 ff.; eingehend *D. Engels*, in: BK, Art. 114 (2010), Rn. 1 ff.

[15] 14. Sitzung des Finanzausschusses v. 7.10.1948, Parl. Rat XII, S. 460, 468 (Vorschlag Höpker-Aschoff).

[16] 15. Sitzung des Hauptausschusses v. 2.12.1948, Parl. Rat XIV/1, S. 462 f.

[17] 14. Sitzung des Finanzausschusses v. 7.10.1948, Parl. Rat XII, S. 460.

[18] Übersicht über die Bundesschulden bereits im Vorschlag Höpker-Aschoff v. 7.10.1948, Parl. Rat XII, S. 460, die Ergänzung auch um das Vermögen in der 14. Sitzung des Hauptausschusses, Parl. Rat XIV/1, S. 462.

[19] 20. Gesetz zur Änderung des Grundgesetzes v. 12.5.1969 (BGBl. I S. 357); → Vorb. zu Art. 104a–115 Rn. 8; eingehend zur Entwicklung bis 1970 und ab 1979 *J. M. Störring*, Die Beratungsfunktion des Bundesrechnungshofes und seines Präsidenten, 2013, S. 76 ff., 165 ff.

[20] Art. 114 II 2 GG statuiert nunmehr allein eine jährliche Berichtspflicht gegenüber Bundesregierung, Bundestag und Bundesrat, statt unnötigerweise den Umfang dieser Berichtspflicht, der sich bereits aus Abs. 1 ergibt, zu wiederholen, und verdeutlicht damit auch die Anbindung an das Parlament.

[21] Vgl. BT-Drs. V/3605, S. 13; in der Regierungsvorlage (V/3040) war gar keine Änderung des Art. 114 GG vorgesehen.

[22] Gesetz zur Änderung des Grundgesetzes v. 13.7.2017 (BGBl. I S. 2347).

kooperiert, zu finden sind[23]. Allerdings verfügt der **Europäische Rechnungshof** auch über die Kompetenz, Prüfungen in den Mitgliedstaaten vorzunehmen[24].

9 Finanzkontrolle ist eine nahezu **universale staatliche Funktion**, die sich dementsprechend in den meisten Staaten in irgendeiner Form finden läßt[25]. Im Rahmen eines Systems der Gewaltenteilung bestehen indes große Unsicherheiten der Zuordnung zu einer der drei klassischen Gewalten, so daß die Kontrollinstitutionen völlig unterschiedlich den einzelnen drei Gewalten zugerechnet oder auch als Gewalt sui generis betrachtet werden[26]. In der Schweiz ist die »Eidgenössische Finanzkontrolle« als Abteilung des Finanz- und Zolldepartments Teil der Exekutive[27], in den USA ist das General Accounting Office der Legislative zugeordnet[28] wie auch der österreichische Rechnungshof[29]. Der französische Rechnungshof »la Cour des Comptes« wird wegen seiner gerichtsähnlichen Ausgestaltung vornehmlich der Judikative, aber auch der

---

[23] Art. 285–287 (Rechnungshof), 318, 319 (Rechnungslegung und Entlastung) AEUV; dazu eingehend *F. Schmitz*, Die Finanzkontrolle durch den Europäischen Rechnungshof, in: D. Engels/M. Eibelshäuser (Hrsg.), Kommentar zum Haushaltsrecht, VII/2 (2006); *C. Waldhoff*, in: Calliess/Ruffert, EUV/AEUV, Art. 285 AEUV Rn. 1 ff.; *G. Schlicker-Schweighofer*, Haushaltskontrolle in der Europäischen Gemeinschaft, in: W. Brauneder (Hrsg.), Internationalität der Finanzkontrolle, 1995, S. 43 ff.; *A. J. Middelhoek*, Rechnungsprüfung aus der Sicht des Rechnungshofes der Europäischen Gemeinschaften, ebd., S. 67 ff.; *I. Harden/F. White/K. Donnelly*, European Public Law 1 (1995), 599 ff.; *B. Friedmann* (Hrsg.), Der europäische Rechnungshof und die Wirtschafts- und Finanzhilfen der EU für Mittel- und Westeuropa, 1994; *H. O. Ries*, DÖV 1992, 293 ff.; *S. Magiera*, Finanzkontrolle in der Europäischen Gemeinschaft, in: H. H. v. Arnim (Hrsg.), Finanzkontrolle im Wandel, 1989, S. 221 ff.; *M. Mart*, Die Finanzkontrolle der Europäischen Gemeinschaften, in: Zavelberg, Kontrolle (Fn. 1), S. 469 ff.; *C.-D. Ehlermann*, Der Europäische Rechnungshof, 1976; zur Zusammenarbeit des Bundesrechnungshofs mit dem Europäischen Rechnungshof gem. Art. 287 III AEUV s. Bemerkungen des BRH 1999, BT-Drs. 14/1667, S. 8; *J. Isensee*, Außenvertretung der deutschen Rechnungshöfe in der Europäischen Union, 2001, S. 1 ff.; *W. Schenk*, Strukturen und Rechtsfragen der gemeinschaftlichen Leistungsverwaltung, 2006, S. 300 f.; *Engels* (Fn. 14), Art. 114 Rn. 338 ff.; *P. Bergel*, Rechnungshöfe als vierte Staatsgewalt, 2010, S. 145 ff.; Überblick auch bei *A. Hatje/S. v. Förster*, Organordnung der Europäischen Union, in: A. Hatje/P.-C. Müller-Graff (Hrsg.), Europäisches Organisations- und Verfassungsrecht (EnzEuR Bd. 1), 2014, § 10 Rn. 180 ff. sowie *R. Bieber*, Institutionen, in: Schulze/Zuleeg/Kadelbach, Europarecht, § 1 Rn. 97 f.

[24] Zur Kontrolle in den Mitgliedstaaten gem. Art. 287 III AEUV s. *Schmitz*, Finanzkontrolle (Fn. 23), Rn. 75 ff.; s. auch *M. Mähring*, DÖV 2006, 195 ff.

[25] Vgl. die rechtsvergleichenden Überblicke bei *E. Menzel*, DÖV 1968, 593 (599 ff.); *P. Berau/Z. Konvicka*, Finanzkontrolle international gesehen. Versuch einer rechtsvergleichenden Darstellung, 1967; *B. Tiemann/S. Tiemann*, Der Staat 13 (1974), 497 ff.; *Bergel*, Rechnungshöfe (Fn. 23), S. 95 ff. zu Frankreich, Österreich, Spanien, Großbritannien; eine international vereinheitlichende Wirkung erzeugt die Deklaration von Lima (1977), die vom IX. Kongress der seit 1953 tagenden, seit 1968 durch Satzung formell gegründeten Internationalen Organisation der Obersten Rechnungskontrollbehörden (INTOSAI) verabschiedet worden ist; vgl. dazu *F. Fiedler*, Die Deklaration von Lima. Finanzkontrolle international gesehen, in: Brauneder, Internationalität (Fn. 23), S. 9 ff.; s. auch *T. Broesigke*, Die internationale Zusammenarbeit der Obersten Rechnungskontrollbehörden, in: Zavelberg, Kontrolle (Fn. 1), S. 435 ff. (Text ebd., S. 516 ff., sowie in: Brauneder, a. a. O., S. 135 ff.); zur informellen internationalen Zusammenarbeit s. auch *A. Nawrath*, DÖV 2000, 861 ff.

[26] *B. Tiemann/S. Tiemann*, Der Staat 13 (1974), 497 ff.; zur Einordnung des Bundesrechnungshofs: → Rn. 21.

[27] Art. 85 Nr. 10, 102 Nr. 14 Schweiz. BV, vgl. jetzt Art. 183 Schweiz. BV 1999; vgl. *B. Tiemann/S. Tiemann*, Der Staat 13 (1974), 497 (506 ff.).

[28] *S. E. Pelny*, Die legislative Finanzkontrolle in der Bundesrepublik Deutschland und in den Vereinigten Staaten von Amerika, 1972, S. 55 ff., 89 ff., 100 ff.; *W. Heun*, Das Budgetrecht im Regierungssystem der USA, 1989, S. 22, 78 m. w. N.

[29] *J. Hengstschläger*, Der Rechnungshof, 1982; vgl. auch *J. Isensee*, ZÖR 63 (2008), 29 ff. mit Vergleich Österreich und Deutschland.

Administrative zugerechnet[30]. In Taiwan ist die Finanzkontrolle Teil der eigenständigen Kontrollgewalt des Kontroll-Yuan[31]. Prüfungsumfang und Kontrollfunktionen schwanken im einzelnen erheblich.

C. Erläuterungen

I. Allgemeine Bedeutung und aktueller Befund

10 Art. 114 GG regelt mit der Rechnungslegung durch den Bundesfinanzminister, der parlamentarischen Entlastung der Regierung und der vorangehenden Rechnungsprüfung durch den Bundesrechnungshof das **abschließende Stadium des Haushaltskreislaufs**. Die Vorschrift dient damit der Realisierung des Prinzips der Verantwortlichkeit der Regierung gegenüber dem Parlament, das ein Kernelement des parlamentarischen Regierungssystems (→ Art. 63 Rn. 7ff.) darstellt[32]. Die daraus resultierende ständige Rechenschaftspflicht[33] wird durch Art. 114 I GG für die Haushaltswirtschaft konkretisiert. Die besonderen Regelungen der haushaltswirtschaftlichen Rechenschaftspflicht wie der Rechnungsprüfung und des Entlastungserfordernisses beruhen auf den in der Eigenart der Haushaltsgesetzgebung begründeten Kontrollschwierigkeiten, die sich markant von den Problemen der Durchführungskontrolle allgemeiner Gesetze unterscheiden. Vor allem bedarf das weitgehende Fehlen gerichtlicher Außenkontrollen einer Kompensation durch spezifische Kontrollen des Rechnungshofs und des Parlaments[34].

11 Art. 114 GG enthält eine **institutionelle und funktionale Verfassungsgarantie der Finanzkontrolle**, die allerdings auf Vorgänge mit finanziellen Auswirkungen beschränkt ist[35]. Kontrollobjekt ist vornehmlich, aber nicht ausschließlich die Exekutive des Bundes[36]. Der Prüfungsmaßstab der Finanzkontrolle ist nicht auf Haushaltsgesetz und Haushaltsplan begrenzt[37]. Vor allem greifen die Rechnungshofkontrollen und die allgemeine politische Kontrolle keineswegs überschneidungsfrei ineinander[38]. Dies ist gerade Ziel der stärkeren Anbindung des Rechnungshofs an die Legislative, der Erwei-

---

[30] *Tiemann/S. Tiemann*, Der Staat 13 (1974), 497 (518f.); *R. Léonard*, La Cour des Comptes de France et la Cour des Comptes fédérale d'Allemagne, in: BRH, 250 Jahre (Fn. 1), S. 190ff.; *J. Magnet*, La Cour des Comptes, 4. Aufl. 1997; *O.M. Gaudemet/J. Molinier*, Finances publiques, Bd. 1, 7. Aufl. 1996, S. 405ff., 435ff.

[31] Vgl. dazu: *G. Brunner*, Kontrolle in Deutschland, 1972, S. 293ff.; *P. Truhart*, Drei Systeme der Kontrolle der Staatsverwaltung durch besondere Organe der Verfassung, Diss. jur. Bonn, 1970, S. 95ff.; *O. Weggel*, Verfassung und Recht in Übersee 1 (1968), 391 (399f.); *B. Tiemann/S. Tiemann*, Der Staat 13 (1974), 497 (517ff.); zur koreanischen Finanzkontrolle *S.-C. Yi*, Moderne Finanzkontrolle, 1987, S. 168ff.

[32] Vgl. *S. Magiera*, Parlament und Staatsleitung in der Verfassungsordnung des Grundgesetzes, 1979, S. 270ff.

[33] Vgl. *W. Krebs*, Kontrolle in staatlichen Entscheidungsprozessen, 1984, S. 153.

[34] Vgl. näher *W. Heun*, Staatshaushalt und Staatsleitung, 1989, S. 488f.

[35] *H. Fischer-Menshausen*, in: I. v. Münch/P. Kunig (Hrsg.), Grundgesetz-Kommentar, Bd. III, 3. Aufl. 1996, Art. 114 Rn. 1a f.; vgl. auch *K. Stern*, Der verfassungsrechtliche Status der Rechnungshöfe des Bundes und der Länder, in: W. v. Böning/A. v. Mutius (Hrsg.), Finanzkontrolle im repräsentativ-demokratischen System, 1990, S. 11ff. (19ff.).

[36] Enger BVerfGE 79, 311 (328); *H. Siekmann*, in: Sachs, GG, Art. 114 Rn. 4; in der Tendenz anders *C. Degenhart*, Kontrolle der Verwaltung durch Rechnungshöfe, VVDStRL 55 (1996), S. 190ff. (205f.).

[37] So aber BVerfGE 20, 56 (96); *Siekmann* (Fn. 36), Art. 114 Rn. 4.

[38] Striktere Trennung bei *Siekmann* (Fn. 36), Art. 114 Rn. 4, 28; wie hier *M. Heintzen*, in: v. Münch/Kunig, GG II, Art. 114 Rn. 5; *K.-A. Schwarz*, in: v. Mangoldt/Klein/Starck, GG III, Art. 114 Rn. 50.

terung der Prüfungsmaßstäbe durch die Haushaltsreform sowie der Verschränkung von Rechnungslegung, Rechnungsprüfung und parlamentarischer Kontrolle mit dem Ziel der Entlastung. Auch erschöpft sich die Finanzkontrolle durch Rechnungshof und Parlament nicht in retrospektiver Kritik, sondern sie gewinnt aus ihrer präventiven, zukunftsgerichteten Funktion im Rahmen der Haushaltsentscheidungen sogar ihre eigentliche finanz- und staatspolitische Bedeutung[39], die zu einer »schleifenartigen und zyklischen«[40] Verschränkung der Kontrolle mit den Entscheidungen führt. Damit eng verbunden ist die **Erweiterung der Maßstäbe der Finanzkontrolle** weit über die verwaltungstechnische Ordnungsmäßigkeit, die materielle Rechtmäßigkeit und die Sparsamkeit des Haushaltsvollzugs hinaus auf eine allgemeine Wirtschaftlichkeit und Zweckmäßigkeit bis hin zu einer Erfolgskontrolle[41]. Zeitlich lassen sich vorbereitende, begleitende und nachträgliche Kontrollen unterscheiden[42]. Gleichwohl darf die Bedeutung der Finanzkontrolle nicht überschätzt werden, selbst wenn die überbordende Literatur zu den Rechnungshofkontrollen dazu in einem deutlichen, nicht ganz gerechtfertigten Kontrast steht[43]. In einzelnen Bundesländern wurde das Rechnungswesen grundlegend reformiert[44], im Bund dagegen bisher nicht.

II. Die Rechnungslegung durch den Bundesfinanzminister gem. Art. 114 I GG

12 Das abschließende Stadium des Budgetzyklus wird eingeleitet durch die Rechnungslegung, zu der der Bundesfinanzminister nach Art. 114 I GG verpflichtet ist. Unbeschadet der bisher nicht realisierten Möglichkeit, den Haushaltsplan gem. Art. 110 II GG für mehrere Jahre festzustellen, ist die **Haushaltsrechnung für jedes Jahr gesondert** vorzulegen. Das ergibt sich aus der Formulierung »im Laufe des nächsten Rechnungsjahres«[45], womit zugleich die Frist für die Rechnungslegung gesetzt ist.

13 **Gegenstand der Rechnungslegungspflicht** sind einerseits »alle Einnahmen und Ausgaben«, die in der Haushaltsrechnung erfaßt werden, sowie andererseits das Vermögen und die Schulden, die die Vermögensrechnung bilden (§ 80 III BHO). Beide ergeben zusammengefaßt die Jahresrechnung.

14 Die **Haushaltsrechnung** ist kein politischer Rechenschaftsbericht[46], sondern allein eine zahlenmäßige Darstellung des Haushaltsvollzugs auf der Grundlage des kameralistischen Rechnungswesens[47]. Um den notwendigen Soll-Ist-Vergleich zu ermöglichen, werden die Ist-Beträge in der systematischen Gliederung des Haushaltsplans den Sollbeträgen gegenübergestellt[48]. Wegen des Vollständigkeitsgrundsatzes sind alle

---

[39] Vgl. *O. R. Pulch*, Kontrolle und/oder Beratung, in: H. Mäding (Hrsg.), Haushaltsplanung – Haushaltsvollzug – Haushaltskontrolle, 1987, S. 230ff. (234ff.); *Fischer-Menshausen* (Fn. 35), Art. 114 Rn. 3; jetzt auch *Heintzen* (Fn. 38), Art. 114 Rn. 8; *Schwarz* (Fn. 38), Art. 114 Rn. 95.

[40] *B. Rürup*, Widi 1980, 299 (304).

[41] Zu diesem Zusammenhang *Fischer-Menshausen* (Fn. 35), Art. 114 Rn. 3; zu den Prüfungsmaßstäben im einzelnen: → Rn. 31ff.

[42] Vgl. *K. v. Lewinski*, in: Friauf/Höfling, GG, Art. 114 (2016), Rn. 10ff.

[43] Vgl. auch *Siekmann* (Fn. 36), Art. 114 Rn. 4.

[44] Dazu eingehend m. w. N. *Engels* (Fn. 14), Art. 114 Rn. 134ff. insbesondere auch zur Doppik.

[45] *Fischer-Menshausen* (Fn. 35), Art. 114 Rn. 8; *Jarass*/Pieroth, GG, Art. 114 Rn. 1.

[46] *Heintzen* (Fn. 38), Art. 114 Rn. 11; *Schwarz* (Fn. 38), Art. 114 Rn. 20.

[47] Zur Kritik vgl. *Siekmann* (Fn. 36), Art. 114 Rn. 6f. m. w. N.; Gegenüberstellung von Kameralistik und Doppik in *H. C. Brixner/J. Harms/H. W. Noe*, Verwaltungs-Kontenrahmen, 2003, S. 10ff., 17ff.

[48] §§ 81ff. BHO; vgl. *K. Vogel/P. Kirchhof*, in: BK, Art. 114 (1973), Rn. 38f.; *T. Maunz*, in: Maunz/Dürig, GG, Art. 114 (1984), Rn. 12; *v. Lewinski* (Fn. 42), Art. 114 Rn. 34f.; *Engels* (Fn. 14), Art. 114 Rn. 58.

Einnahmen und Ausgaben einschließlich der Ausgabereste (§ 45 II BHO) und der gesondert darzustellenden und zu begründenden Vorgriffe (§ 37 VI BHO) und außer- sowie überplanmäßigen Ausgaben[49] des Bundes aufzunehmen. Über die Haushalts- und Wirtschaftsführung der Sondervermögen und der Bundesbetriebe wird gesondert Rechnung gelegt[50]. Andererseits gehen die Rechnungen der rechtlich verselbständigten Rechtsträger und der öffentlichen wie privaten Zuwendungsempfänger nicht in die Jahresrechnung ein. Vielmehr werden die Ist-Ergebnisse nur im nächsten Haushaltsplan nachrichtlich mitgeteilt[51]. Der Abschluß ist in einem Bericht zu erläutern (§ 84 BHO). Der Finanzierungsübersicht des Haushaltsplans, die dessen realen Saldo (Überschuß oder Fehlbetrag) und dessen Einfluß auf die gesamtwirtschaftliche Entwicklung erkennen lassen soll, entspricht die aus dem kassenmäßigen Jahresergebnis (§ 82 Nr. 2 BHO) abzuleitende Finanzierungsrechnung, die den realen Finanzierungssaldo des Rechnungsjahres wiedergibt.

Die **Vermögensrechnung** soll den Anfangsbestand, die Entwicklung und den Endbestand des Aktiv- und Passivvermögens unter Einschluß der rechtlich unselbständigen Sondervermögen innerhalb eines Rechnungsjahres darstellen (§ 86 BHO). Infolge der Bewertungsschwierigkeiten, des kameralistischen Rechnungswesens und der mangelhaften Verklammerung von Haushalts- und Vermögensrechnung ist dieser Teil der Jahresrechnung wenig befriedigend[52]. Aber auch die Haushaltsrechnung erlaubt aufgrund ihrer kameralistischen Struktur kaum Aussagen über die Wirtschaftlichkeit und die praktischen Leistungserfolge[53]. Die Jahresrechnung ist funktional weitgehend auf die nachträgliche Kontrolle der Haushaltsführung nach den Maßgaben des Budgets ausgerichtet und erfüllt nur wenige Informations- und Koordinationsfunktionen, wodurch auch Ausgestaltung und Rechtfertigung der Rechnungslegung bestimmt sind[54]. 15

Die Rechnungslegung hat – auch bei mehrjährigen Haushaltsplänen – jährlich zu erfolgen[55]. Sie ist **fristgebunden** und muß spätestens bis Ablauf des Rechnungsjahres vorgelegt werden, das auf das Jahr folgt, in dem der Haushaltsplan vollzogen wurde (Art. 114 I GG). Verfahren und Ausgestaltung der Haushalts- und Vermögensrechnung sind näher in der Bundeshaushaltsordnung, in ergänzenden Verwaltungsvorschriften und teilweise sogar immer noch in reichsrechtlichen Vorschriften geregelt[56]. 16

---

[49] S. auch näher *Heun*, Staatshaushalt (Fn. 34), S. 489; ferner *Heintzen* (Fn. 38), Art. 114 Rn. 11.

[50] Vgl. *Maunz* (Fn. 48), Art. 114 Rn. 14; *Kube* (Fn. 4), Art. 114 Rn. 27ff.

[51] Zur Problematik eingehend *T. Puhl*, Budgetflucht und Haushaltsverfassung, 1996, S. 284ff.; s. auch *Schwarz* (Fn. 38), Art. 114 Rn. 29ff.

[52] Vgl. *E.A. Piduch*, DÖV 1973, 228 (230); vgl. generell *P. Leimich*, Die Vermögensrechnung der öffentlichen Hand, 1968; jüngst vgl. *v. Lewinski* (Fn. 42), Art. 114 Rn. 37ff.; für umfassende Bewertung *Engels* (Fn. 14), Art. 114 Rn. 80ff.

[53] *Fischer-Menshausen* (Fn. 35), Art. 114 Rn. 5.

[54] *Heun*, Staatshaushalt (Fn. 34), S. 490f.; verfehlt dagegen die Heranziehung des Auftragsdenkens bei *Vogel/Kirchhof* (Fn. 48), Art. 114 Rn. 10; *A. Greifeld*, Der Rechnungshof als Wirtschaftlichkeitsprüfer, 1981, S. 80f., da die Regierung nicht (nur) als Auftragnehmer des Parlaments bei der Haushaltsführung handelt; die Rechenschaftspflicht ist vielmehr in die weiteren Verantwortungszusammenhänge des parlamentarischen Regierungssystems eingebettet; s. dazu auch *Schwarz* (Fn. 38), Art. 114 Rn. 4ff.

[55] *Jarass*/Pieroth, GG, Art. 114 Rn. 1; *Siekmann* (Fn. 36), Art. 114 Rn. 8; *v. Lewinski* (Fn. 42), Art. 114 Rn. 40.

[56] §§ 80ff. BHO und die betreffenden Vorl. VV BHO; zur Weitergeltung reichsrechtlicher Vorschriften § 119 BHO und Vorl. VV zu § 119 BHO.

17 Die **Pflicht** zur Rechnungslegung **obliegt** allein dem **Bundesfinanzminister** als eigenständige Aufgabe. Der sachliche Grund für die Zuweisung ist die fachliche Kompetenz und besondere institutionelle Verantwortung des Finanzministers für die gesamte Finanzwirtschaft des Bundes[57]. Der Finanzminister kann zur Erfüllung seiner Aufgabe von allen anderen Staatsorganen sachdienliche Auskünfte anfordern[58]. Obwohl der Finanzminister stellvertretend für die gesamte Bundesregierung nur eine technische Aufgabe wahrnimmt, unterliegt er dabei weder der Richtlinienkompetenz des Bundeskanzlers (→ Art. 65 Rn. 17ff., 25f.) noch Kabinettsbeschlüssen[59].

18 **Adressat der Rechnungslegung** sind Bundestag und Bundesrat, die beide gesondert Entlastung erteilen[60]. Die Publizität der Rechnungslegung bezieht zugleich die allgemeine Öffentlichkeit in den Adressatenkreis ein[61].

III. Finanzkontrolle durch den Bundesrechnungshof gem. Art. 114 II GG

19 Der Rechnungslegung folgt im zeitlichen Ablauf die **Rechnungsprüfung durch den Bundesrechnungshof**. Dieser übt darüber hinaus umfassend die Funktion der Finanzkontrolle aus. Deshalb und infolge der Anbindung des Rechnungshofs an das Parlament ist die Qualifizierung als Verwaltungsprüfung[62] inadäquat. Die Prüfungsergebnisse werden in einem Bericht (§ 97 BHO) niedergelegt.

1. Die Stellung des Bundesrechnungshofs

20 Der Bundesrechnungshof ist ein gegenüber den anderen Staatsorganen **unabhängiges und selbständiges**, nur Gesetz und Verfassung unterworfenes und nicht in politischer Verantwortung eingebundenes **oberstes Bundesorgan**[63], das im Organstreitverfahren parteifähig ist[64]. Er ist aber weder Verfassungsorgan[65] noch schlichte Bundesbehörde, auch wenn § 1 BRHG den Bundesrechnungshof als oberste Bundesbehörde bezeichnet[66]. Sitz ist zur Zeit gem. § 2 I BRHG Bonn.

---

[57] Vgl. *Fischer-Menshausen* (Fn. 35), Art. 114 Rn. 9; *Heun*, Staatshaushalt (Fn. 34), S. 491.

[58] *Heintzen* (Fn. 38), Art. 114 Rn. 13.

[59] *Siekmann* (Fn. 36), Art. 114 Rn. 9; *Heintzen* (Fn. 38), Art. 114 Rn. 13.

[60] S. auch *v. Lewinski* (Fn. 42), Art. 114 Rn. 47; *Kube* (Fn. 4), Art. 114 Rn. 33.

[61] Näher *Vogel/Kirchhof* (Fn. 48), Art. 114 Rn. 11ff., 60ff.; *Heun*, Staatshaushalt (Fn. 34), S. 491f.

[62] Z.B. *Fischer-Menshausen* (Fn. 35), Art. 114 Rn. 10; kritisch *Siekmann* (Fn. 36), Art. 114 Rn. 10.

[63] *K. Stern*, DÖV 1990, 261 (264); *Jarass*/Pieroth, GG, Art. 114 Rn. 4; *Siekmann* (Fn. 36), Art. 114 Rn. 25; *v. Lewinski* (Fn. 42), Art. 114 Rn. 83; *Kube* (Fn. 4), Art. 114 Rn. 62; vgl. auch *U. Hufeld*, HStR³ III, § 56 Rn. 12: »Staatsorgan mit Selbststand«.

[64] *Stern*, Staatsrecht II, S. 449f.; *ders.*, in: BK, Art. 93 (1982), Rn. 98; *Vogel/Kirchhof* (Fn. 48), Art. 114 Rn. 79; *Siekmann* (Fn. 36), Art. 114 Rn. 25; *Heintzen* (Fn. 38), Art. 114 Rn. 17; *Kube* (Fn. 4), Art. 114 Rn. 62; *Engels* (Fn. 14), Art. 114 Rn. 313f.; a. A. *Maunz* (Fn. 48), Art. 114 Rn. 26; *G. Ulsamer*, in: Maunz/Schmidt-Bleibtreu/Klein/Bethge, BVerfGG, § 63 (1987), Rn. 8; *H.B. Brockmeyer*, in: Schmidt-Bleibtreu/Hofmann/Henneke, GG, Art. 114 Rn. 9, der aber widersprüchlich ein Organstreitverfahren mit dem Bundesrechnungshof als Antragsgegner für zulässig hält; offengelassen von BVerfGE 92, 130 (133); BbgVerfG DÖV 1998, 200.

[65] *Maunz* (Fn. 48), Art. 114 Rn. 25; *Brockmeyer* (Fn. 64), Art. 114 Rn. 9; *Schwarz* (Fn. 38), Art. 114 Rn. 77; *Heintzen* (Fn. 38), Art. 114 Rn. 17; *v. Lewinski* (Fn. 42), Art. 114 Rn. 84; *Engels* (Fn. 14), Art. 114 Rn. 309.

[66] *Siekmann* (Fn. 36), Art. 114 Rn. 25; die Formulierung des Gesetzes verwenden dagegen *Fischer-Menshausen* (Fn. 35), Art. 114 Rn. 11; *Brockmeyer* (Fn. 64), Art. 114 Rn. 8; *Heintzen* (Fn. 38), Art. 114 Rn. 17; *Schwarz* (Fn. 38), Art. 114 Rn. 78.

Dem Bundesrechnungshof ist eine **umfassende Finanzkontrolle** des Bundes als Aufgabe zugewiesen. Er verfügt über eine besondere Organstruktur, die durch Art. 114 II GG in wesentlichen Elementen vorgegeben ist. Die hoch umstrittene Frage, welcher Gewalt im Sinne der klassischen **Gewaltenteilungslehre** der Bundesrechnungshof zuzurechnen ist (Legislative, Exekutive, Judikative)[67], ist unfruchtbar. Im Sinne der Funktionsgerechtigkeitslehre ergibt sich seine besondere Stellung vielmehr ganz zwanglos unmittelbar aus Art. 114 II GG, der im Interesse einer sachgerechten Aufgabenerfüllung im Rahmen eines funktionell differenzierten Entscheidungsprozesses den Bundesrechnungshof institutionell und strukturell verselbständigt, um Effizienz und Machtkontrolle im Budgetprozeß zu steigern[68]. 21

Art. 114 II GG enthält **mehrere Garantien** für die Institution des Bundesrechnungshofs. Erstens wird die Institution des Bundesrechnungshofs als solche garantiert[69]. Zweitens wird die Grundfunktion der Finanzkontrolle, nämlich die Rechnungsprüfung und die Prüfung der gesamten Haushalts- und Wirtschaftsführung des Bundes am Maßstab der Wirtschaftlichkeit und Ordnungsmäßigkeit, gewährleistet[70]. Drittens sichert Art. 114 II 1 GG explizit die richterliche Unabhängigkeit der Mitglieder des Bundesrechnungshofs[71] und damit mittelbar die Unabhängigkeit der Institution als Voraussetzung ihrer Wirkungskraft[72]. 22

Die **richterliche Unabhängigkeit** erhebt die Mitglieder des Bundesrechnungshofs[73] allerdings nicht zu Richtern[74], sondern garantiert die sachliche und persönliche Unabhängigkeit in entsprechender Weise wie bei Richtern. Anders als in der Gerichtsbarkeit umfaßt die **sachliche Unabhängigkeit** neben der Weisungsfreiheit insbesondere auch die freie Wahl des Prüfungsgegenstandes und die selbständige Schwerpunktsetzung[75]. Die **persönliche Unabhängigkeit** meint namentlich Unabsetzbarkeit und Un- 23

---

[67] Vgl. *H. Schäfer*, DÖV 1971, 542ff.; *W. Sigg*, Die Stellung der Rechnungshöfe im politischen System der Bundesrepublik Deutschland, 1983, S. 21ff.; *Grupp*, Stellung (Fn. 1), S. 137ff.; *Vogel/Kirchhof* (Fn. 48), Art. 114 Rn. 172ff.; *Stern*, Staatsrecht II, S. 447ff.; *Yi*, Finanzkontrolle (Fn. 31), S. 48ff.; *Krebs*, Kontrolle (Fn. 33), S. 178ff.; *Degenhart*, Kontrolle (Fn. 36), S. 192ff.; *Schwarz* (Fn. 38), Art. 114 Rn. 75f.; *T. Groß*, VerwArch. 95 (2004), 194 (200ff.); *v. Lewinski* (Fn. 42), Art. 114 Rn. 85f.; *Kube* (Fn. 4), Art. 114 Rn. 59ff.; *Bergel*, Rechnungshöfe (Fn. 23), S. 43ff.; *M.J. Vogt*, Zur Informationstätigkeit des Bundesrechnungshofes, 2013, S. 86ff.; *Brockmeyer* (Fn. 64), Art. 114 Rn. 12 (»Hilfsorgan der Exekutive und Legislative«).

[68] *Heun*, Staatshaushalt (Fn. 34), S. 504f.; vgl. jetzt auch *U. Hufeld*, HStR^3 III, § 56 Rn. 11; insofern ist aber der heute in der Literatur überwiegende Verzicht auf eine Zuordnung zu einer der drei Gewalten allein wenig hilfreich; für die h. M. s. *H. Karehnke*, DÖV 1971, 441 (442); *H. Reger*, VerwArch. 66 (1975), 195 (217); *H. H. v. Arnim*, DVBl. 1983, 664 (673f.); *G. Kisker*, HStR IV, § 89 Rn. 98; *Degenhart*, Kontrolle (Fn. 36), S. 194.

[69] *Siekmann* (Fn. 36), Art. 114 Fn. 26; *Fischer-Menshausen* (Fn. 35), Art. 114 Rn. 11; *Kube* (Fn. 4), Art. 114 Rn. 46.

[70] *K. Stern*, DÖV 1990, 261 (263); *Siekmann* (Fn. 36), Art. 114 Rn. 27; *Fischer-Menshausen* (Fn. 35), Art. 114 Rn. 11; *Kube* (Fn. 4), Art. 114 Rn. 46.

[71] Zu ihren Komponenten im einzelnen: → Art. 97 Rn. 19ff., 48ff.

[72] Vgl. *H. Schulze-Fielitz*, Kontrolle der Verwaltung durch Rechnungshöfe, VVDStRL 55 (1996), S. 231ff. (237f.); *Maunz* (Fn. 48), Art. 114 Rn. 18; *Stern*, Staatsrecht II, S. 418ff.; *ders.*, DÖV 1990, 261 (263f.); *Grupp*, Stellung (Fn. 1), S. 165ff.; *Yi*, Finanzkontrolle (Fn. 31), S. 106ff.; *K. Wittrock*, DVBl. 1984, 823 (824f.); *H.-E. Folz/R. Herrmann*, JZ 1973, 769ff.; *v. Mutius/Nawrath* (Fn. 64), Art. 114 Rn. 15ff.; *Vogel/Kirchhof* (Fn. 48), Art. 114 Rn. 180ff.; *Engels* (Fn. 14), Art. 114 Rn. 156; zu den Gefährdungen *H. Weber*, DÖV 1981, 128ff.

[73] Dazu näher *Engels* (Fn. 14), Art. 114 Rn. 150ff.

[74] *Siekmann* (Fn. 36), Art. 114 Rn. 32.

[75] *K. Stern*, DÖV 1990, 261 (264); *Siekmann* (Fn. 36), Art. 114 Rn. 33; *Heintzen* (Fn. 38), Art. 114

versetzbarkeit, was wohl Regelungen der Dienstzeiten ausschließt[76]. Aus der richterlichen Unabhängigkeit wird man auch eine nicht-hierarchische Organisationsstruktur ableiten können, die jedoch nicht notwendig die Verankerung einer Kollegialverfassung bedeutet[77]. Schließlich verlangt die Unabhängigkeit des Bundesrechnungshofs eine Mindestausstattung mit Personal- und Sachmitteln, indes nicht zwingend einen eigenen Einzelplan im Budget[78].

2. Prüfungsgegenstände

24 Gegenstand der Rechnungshofkontrollen sind die in der Jahresrechnung erfaßten staatlichen Maßnahmen, die im Rahmen der Vorbereitung der Entlastung geprüft werden. Dies umfaßt die Rechnungsprüfung im engeren Sinn[79], die vor allem durch die Prüfungsämter gem. § 100 BHO in einem ersten Stadium vorbereitet wird[80], sowie die sonstigen, vielfach als rechnungsunabhängige Finanzkontrolle (im weiteren Sinn) bezeichneten Prüfungen[81]. Insofern unterliegt die **gesamte Haushalts- und Wirtschaftsführung** des Bundes der Prüfung durch den Bundesrechnungshof[82]. Davon werden nicht nur die Bundesverwaltung, sondern auch die Sondervermögen[83] und Betriebe, ferner auch die bundesunmittelbaren juristischen Personen des öffentlichen Rechts[84]

Rn. 18; *Schwarz* (Fn. 38), Art. 114 Rn. 111; *U. Hufeld*, HStR³ III, § 56 Rn. 16; zum Problem des Datenschutzes insoweit *U. Hockenbrinck*, DÖV 1991, 50 ff.

[76] BGHZ 113, 36 (39 ff.); *Siekmann* (Fn. 36), Art. 114 Rn. 33; a. A. *H. Blasius*, VR 1990, 124 (128 f.).

[77] Vgl. *H. Blasius*, JZ 1990, 954 ff.; *A. Fuchs*, Wesen und Wirken der Kontrolle, 1966, S. 87 ff.; *H. Reger*, VerwArch. 66 (1975), 195 (229); *Grupp*, Stellung (Fn. 1), S. 104 f.; *O. Rundel*, BWVP 1990, 246 ff.; *Stern*, Status (Fn. 35), S. 33 f.; *Schwarz* (Fn. 38), Art. 114 Rn. 113; für verbindliche Kollegialverfassung dagegen *Vogel/Kirchhof* (Fn. 48), Art. 114 Rn. 192; *E. A. Piduch/A. Nebel*, in: E. A. Piduch (Hrsg.), Bundeshaushaltsrecht, Art. 114 (1984/2003), Rn. 30; allgemein auch zur historischen Entwicklung *W. Klappstein*, Die Verwaltung, Beiheft 3 (2000), 25 ff.; zum Verhältnis zwischen Kollegialverfassung und der Stellung des Präsidenten *J. Wieland*, DVBl. 1995, 894 (899 ff.); zur Organisation allgemein *Glaser-Gallion*, Bundesrechnungshof (Fn. 1), S. 130 ff.; zur internen Geschäftsverteilung *H. G. Zavelberg*, DÖV 1992, 681 ff.

[78] So aber *Siekmann* (Fn. 36), Art. 114 Rn. 36; ohnehin ändert dies nichts am Budgetrecht des Parlaments, kritisch dazu *Schulze-Fielitz*, Kontrolle (Fn. 72), S. 238 Fn. 32.

[79] *Fischer-Menshausen* (Fn. 35), Art. 114 Rn. 13.

[80] Vgl. zur früheren verwaltungsinternen Vorprüfung *S. Tiemann*, Die staatsrechtliche Stellung der Finanzkontrolle des Bundes, 1974, S. 52 ff.; *Sigg*, Stellung (Fn. 67), S. 62 ff.; *H. Thomsen*, DÖV 1968, 479 ff.; *N. Buchbinder*, Die Kontrolle der Finanzverwaltung durch den Bundesrechnungshof, Diss. jur. Erlangen-Nürnberg 1985, S. 176 ff., 337 ff.; *Heun*, Staatshaushalt (Fn. 34), S. 503 f.; zu den der Fachaufsicht des BRH unterstellten Prüfungsämtern die Kommentierungen zu § 100 BHO; *Schwarz* (Fn. 38), Art. 114 Rn. 85.

[81] *Vogel/Kirchhof* (Fn. 48), Art. 114 Rn. 78; *Fischer-Menshausen* (Fn. 35), Art. 114 Rn. 15 f., die Bezeichnung ist etwas mißverständlich, weil letztlich jeder finanzwirksame Vorgang seinen Niederschlag in der Jahresrechnung findet, manche Vorgänge nur *noch* nicht darin eingegangen sind.

[82] § 42 I HGrG; § 88 I BHO; eingehend *Engels* (Fn. 14), Art. 114 Rn. 179 ff.; speziell zur Kontrolle der Abgabenerhebung: *Buchbinder*, Kontrolle (Fn. 80), S. 258 ff.; *H. G. Zavelberg*, Die Kontrolle der Steuer- und Abgabenerhebung durch den Bundesrechnungshof, in: FS Klein, 1994, S. 1141 ff.

[83] § 48 I HGrG, §§ 88 I, 113 BHO; vgl. *Vogel/Kirchhof* (Fn. 48), Art. 114 Rn. 48, 114; nach ihrer Privatisierung werden Post und Bahn in erster Linie von Wirtschaftsprüfern kontrolliert (s. §§ 22, 23 Satzung der Postunternehmen, Anlage zum PostumwandlungsG, BGBl. 1994 I, 2346, sowie § 27 Deutsche Bahn GründungsG, BGBl. 1993 I, 2386), ohne völlig aus dem Zuständigkeitsbereich des BRH herauszufallen.

[84] § 111 BHO; *Vogel/Kirchhof* (Fn. 48), Art. 114 Rn. 130 f.; *W. Weber*, Zu Fragen der Rechnungsprüfung juristischer Personen des öffentlichen Rechts, in: FS Schäfer, 1975, S. 275 ff.; *T. Oppermann*, Zur Finanzkontrolle der Stiftung Volkswagenwerk, 1972, S. 66 ff.; *F. Knöpfle*, Die Zuständigkeit der

sowie die Sozialversicherungsträger unter besonderen Voraussetzungen[85] und die selbständigen Unternehmen erfaßt, an denen der Bund beteiligt ist[86]. Die Prüfung erstreckt sich ebenso auf die Legislative[87] und die Justiz[88]. Bei den Prüfungen ist allerdings der Grundsatz der Unabhängigkeit der Justiz zu beachten. Nach diesem Vorbild schreibt auch § 53 II AbgG für die Prüfung der Fraktionsfinanzierung die Beachtung der Rechtsstellung und Aufgaben der Fraktionen vor und entzieht die politische Erforderlichkeit den Prüfungen. Einerseits werden damit Selbstverständlichkeiten normiert, andererseits ist die pauschale Ausklammerung der politischen Erforderlichkeit im Hinblick auf die Prüfungsmaßstäbe der Rechnungsprüfung zweifelhaft[89]. Hier wie auch in anderen Zusammenhängen gilt, daß die Prüfung nicht die geprüfte Sachkompetenz als solche berührt[90], da gerade keine Sanktionskompetenzen daran geknüpft sind.

Zur **Vermeidung prüfungsfreier Räume**[91] ist jedes finanzwirksame staatliche Handeln des Bundes der Finanzkontrolle des Rechnungshofs unterworfen[92]. Die staatliche Finanz- und Haushaltswirtschaft wird umfassend und »lückenlos«[93] von der Prüfungsbefugnis des Rechnungshofs abgedeckt[94]. Schließlich dehnt der Bundesrechnungshof seine Kontrollen auf andere Zuwendungsempfänger aus[95], was mittlerweile 25

Rechnungshöfe für die Prüfung der Körperschaften des öffentlichen Rechts, 1988, S. 44ff.; *Heintzen* (Fn. 38), Art. 114 Rn. 32; *Kube* (Fn. 4), Art. 114 Rn. 76ff.

85 § 112 BHO, § 55 I 1 HGrG; für Krankenkassen § 274 IV SGB V; vgl. auch *U. Hufeld*, HStR³ III, § 56 Rn. 9.

86 § 44 HGrG; § 92 BHO; *Vogel/Kirchhof* (Fn. 48), Art. 114 Rn. 133; *G. Haverkate*, Prüfungsfreie Räume, in: H. G. Zavelberg (Hrsg.), Die Kontrolle der Staatsfinanzen, 1989, S. 197ff. (198ff.); vgl. auch *G. F. Schuppert/F. Meirich*, VerwArch. 102 (2011), 459ff.; *A. Reus/P. Mühlhausen*, DÖV 2010, 170ff.

87 *Heintzen* (Fn. 38), Art. 114 Rn. 21, 30; einschränkend bei privatwirtschaftlichen Unternehmen *Kube* (Fn. 4), Art. 114 Rn. 80f.; s. auch *Engels* (Fn. 14), Art. 114 Rn. 198ff. nur gemischte Unternehmen.

88 *H. Blasius/B. Stadtmann*, DÖV 2002, 12ff.; *T. Franz*, Die Verwaltung, Beiheft 3 (2000), 75ff.

89 In der Tendenz wie hier *H. H. v. Arnim*, Staatliche Fraktionsfinanzierung ohne Kontrolle?, 1987, S. 55ff.; *U. Müller*, NJW 1990, 2046ff.; *W. Schmidt-Bens*, ZRP 1992, 281 (283); VerfGH Rh.-Pf., AS 29, 362ff.; anders dagegen *J. Jekewitz*, ZRP 1993, 344 (349); *H. Martin*, Staatliche Fraktionsfinanzierung in Rheinland Pfalz, 1995, S. 120ff.; *G. C. Schneider*, Die Finanzierung der Parlamentsfraktionen als staatliche Aufgabe, 1997, S. 186f.; *H.-J. Papier*, BayVBl. 1998, 513 (520); *S. Hölscheidt*, DÖV 2000, 712 (719ff.); *Heintzen* (Fn. 38), Art. 114 Rn. 30; *B. Pieroth/K. Neukamm*, Fraktionsfinanzierung und Rechnungshofkontrolle, 2005 (Rechtsgutachten NRW).

90 Vgl. *Schulze-Fielitz*, Kontrolle (Fn. 72), S. 253; *Heintzen* (Fn. 38), Art. 114 Rn. 27 (in gewissem Widerspruch zu seiner Rn. 30).

91 BT-Drs. V/4378, 4379, S. 7; *Tiemann*, Stellung (Fn. 80), S. 78; *E. R. Huber*, Die institutionelle Verfassungsgarantie der Rechnungsprüfung, in: FS Nikisch, 1958, S. 331ff. (334); *E. Kollyris*, Die »prüfungsfreien Räume« in der Rechnungshofkontrolle, 2008; *v. Lewinski* (Fn. 42), Art. 114 Rn. 112ff.

92 *H. H. v. Arnim*, DVBl. 1983, 664 (664); *H. Sauer/H. Blasius*, DÖV 1986, 554 (554f.); *Krebs*, Kontrolle (Fn. 33), S. 182; *Heun*, Staatshaushalt (Fn. 34), S. 506; *Schulze-Fielitz*, Kontrolle (Fn. 72), S. 241; zu weitgehend *M. Heintzen*, HStR³ V, § 120 Rn. 86: »Grundsatz der Universalität«.

93 *E. A. Piduch*, DÖV 1965, 334ff.; *H. Reger*, VerwArch. 66 (1975), 195 (238ff.); *Tiemann*, Stellung (Fn. 80), S. 77ff.; BVerwG DVBl. 1995, 1091; zum Sonderfall der Einbindung in Disziplinarverfahren *K. v. Lewinski/D. Immermann*, VerwArch. 105 (2014), 441 (447f.).

94 Die tatsächliche Kontrollkapazität ist jedoch begrenzt, s. auch *Krebs*, Kontrolle (Fn. 33), S. 182f. zum Zusammenhang mit der Selektionsbefugnis.

95 § 43 HGrG, §§ 91, 104 BHO; *Vogel/Kirchhof* (Fn. 48), Art. 114 Rn. 134; *K.-H. Hansmeyer/H. König/T. Oppermann*, Öffentliche Finanzkontrolle bei externen Dienstleistungen, 1982, S. 53ff.; *K. Vogel*, DÖV 1970, 193 (198ff.); *Heintzen* (Fn. 38), Art. 114 Rn. 33; *D. Behrendt*, Die Prüfungstätigkeit

durch die Einfügung des S. 2 ausdrücklich gestattet wird. Die Prüfungen können im einzelnen zu Konflikten mit der Wissenschaftsfreiheit[96], der Rundfunkfreiheit[97] und dem kirchlichen Selbstbestimmungsrecht führen[98], um die wichtigsten Konfliktfelder zu nennen[99].

26 **Umstritten war** bis zur letzten Reform des Jahres 2017 (→ Rn. 7), **inwieweit** der Bundesrechnungshof aufgrund seiner Funktionszuweisung in Art. 114 II GG auch zu einer **Prüfung von Landes- und Gemeindebehörden** und sonstigen Stellen außerhalb der Bundesverwaltung befugt ist. Einfach-rechtlich war insoweit in § 91 BHO vorgesehen, daß der Bundesrechnungshof berechtigt ist, Stellen außerhalb der Bundesverwaltung zu prüfen, wenn diese Teile des Bundeshaushaltsplans ausführen oder vom Bund Ersatz der Aufwendungen erhalten oder Bundesmittel verwalten oder vom Bund Zuwendungen erhalten. Die genaue Reichweite dieser Zuständigkeit war vor dem Hintergrund der verfassungsrechtlichen Funktion des Bundesrechnungshofs jedoch umstritten[100], nicht zuletzt im Hinblick auf den heutigen Art. 104b GG hatte das Bundesverfassungsgericht festgehalten, daß die »parlamentarische Kontrolle des Bundestages und die des Bundesrechnungshofes nur bis zur Hingabe der Finanzhilfen an die Länder reicht«[101], eine weitergehende Kontrolle etwa hinsichtlich der ordnungsgemäßen Mittelverwendung durch die Länder also nicht möglich ist.

27 Der 2017 **eingefügte Satz 2 bringt** hier die **notwendige Klarheit** und **dehnt** dabei die **Zuständigkeit** des Bundesrechnungshofes zugleich **erheblich aus**. Dieser ist danach befugt zum Zweck der Prüfung nach Satz 1 auch bei Stellen außerhalb der Bundesverwaltung Erhebungen vorzunehmen. Das gilt dabei ausdrücklich auch in den Fällen, in denen der Bund den Ländern zweckgebundene Finanzierungsmittel zur Erfüllung von Länderaufgaben zuweist. Der ursprüngliche Entwurf der Bundesregierung war hier noch sehr viel restriktiver formuliert[102] und erlaubte lediglich eine Prüfung der zweck-

---

des Bundesrechnungshofs außerhalb der unmittelbaren Bundesverwaltung, 2004, S. 22 ff.; kritisch zu § 91 II 2 BHO *E. Heuer*, FinArch. 49 (1992), 248 (255).

[96] Vgl. *Sigg*, Stellung (Fn. 67), S. 100 ff.; *K. M. Hettlage*, Erfolgskontrolle für Forschungsaufwendungen, in: FS Wacke 1972, S. 117 ff.; *H. Karehnke*, DÖV 1976, 84 ff.; *H. Sauer*, DÖV 1986, 941 ff.; *K. Redeker*, DÖV 1986, 946 ff.; *U. Karpen*, Zur Problematik von Wirtschaftlichkeitskontrollen im Hochschulbereich, in: G. Engelhardt/H. Schulze/W. Thieme (Hrsg.), Stellung und Funktion der Rechnungshöfe im Wandel?, 1993, S. 86 ff.; *H. H. Trute*, Die Forschung zwischen grundrechtlicher Freiheit und staatlicher Institutionalisierung, 1994, S. 474 ff.; *M. Sierig*, Die Grenzen der staatlichen Finanzkontrolle, 1998, S. 170 ff.; BVerwGE 74, 58; *U. Karpen*, DVBl. 2013, 894 (898 f.).

[97] *F. Ossenbühl*, RuF 21 (1973), 31 (43 ff.); *ders.*, Rundfunkfreiheit und Rechnungsprüfung, 1984; *H. Sauer/H. Blasius*, DÖV 1986, 554 (555 ff.); *P. Badura*, Rundfunkfreiheit und Finanzautonomie, 1986, S. 24 ff., 67 ff.; *P. Selmer*, Die Verwaltung 23 (1990), 1 (15 ff.); aus der Rspr. OVG Rh. Pf. DVBl. 1995, 1372; VG Stuttgart VBlBW 1994, 458 mit Anm. *U. Karpen*, S. 461 f.

[98] *T. Brenner*, NVwZ 1995, 454 f.; *ders.*, Diakonie im Sozialstaat, 1994, S. 100 ff.; *J. Delbrück*, ZevKR 40 (1995), 21 ff.; *R. Mainusch*, NVwZ 1994, 736 ff.; *W. Leisner*, Staatliche Rechnungsprüfung kirchlicher Einrichtungen unter besonderer Berücksichtigung der karitativen Tätigkeit, 1991; allgemein zur Prüfung der Wohlfahrtsverbände *N. Stackmann*, DVBl. 1994, 383 ff.; *P.-L. Rogge*, Staatliche Finanzkontrolle freier Wohlfahrtspflege, 2001, S. 98 ff.

[99] Vgl. *Schulze-Fielitz*, Kontrolle (Fn. 72), S. 251 ff. m. w. N.; zur Kontrolle im Bereich kommunaler Selbstverwaltung restriktiv *J. Wieland*, DVBl. 1999, 1470 ff.; Gegenposition: *W. Wallmann*, DVBl. 2000, 1185 ff.

[100] Umfassend zum Streitstand *Brockmeyer* (Fn. 64), Art. 114 Rn. 17 ff.; siehe auch *K.-A. Schwarz*, DVBl. 2011, 135 ff.

[101] BVerfGE 39, 96 (127); s. auch *Schwarz* (Fn. 38), Art. 114 Rn. 57 f.; *Brockmeyer* (Fn. 64), Art. 114 Rn. 17 ff.; eingehend zur Prüfung bei den Ländern *Engels* (Fn. 14), Art. 114 Rn. 207.

[102] BT-Drs. 18/11131, S. 9.

entsprechenden Verwendung der den Ländern vom Bund im Bereich der Mischfinanzierungstatbeständen zugewiesenen Finanzierungsmittel und der Erreichung der mit der Zuweisung verbundenen gesamtstaatlichen Zielsetzung. Die Prüfung war zudem auf die mit der Mittelbewirtschaftung beauftragten Dienststellen der Landesverwaltung begrenzt und mußte – zur Vermeidung von Doppelkontrollen – im Benehmen mit den zuständigen Landesrechnungshöfen erfolgen. In der Beschlußempfehlung wurden diese Begrenzungen zugunsten der letztlich beschlossenen Version gestrichen[103]. Einzig verbliebene Begrenzung für den Bundesrechnungshof ist damit das Erfordernis, daß die Prüfung »zum Zweck der Prüfung nach Satz 1« erfolgen muß; geprüftes Rechtssubjekt ist also stets der Bund, geprüft wird nur dessen Haushalts- und Wirtschaftsführung. Von der **neuen Prüfungsbefugnis** umfaßt sind damit nur aber alle Fälle, bei denen Stellen außerhalb der Bundesverwaltung Mittel aus dem Bundeshaushalt erhalten bzw. verwalten (siehe insoweit § 91 BHO) oder Einnahmen erheben, die ganz oder teilweise dem Bundeshaushalt zufließen (etwa die Verwaltung der Steuern durch die Länder gem. 108 III GG). Ersteres betrifft neben den Bereichen der Mischfinanzierungen (Artikel 91a, 91b, 104b, 104c und 125c GG) auch die Kostenerstattung bei der Mitfinanzierung von Geldleistungsgesetzen nach Art. 104a III GG sowie die Zuweisung von Bundesmitteln nach Art. 106a GG (sog. Regionalisierungsmittel) und nach Art. 143c GG (sog. Entflechtungsmittel)[104]. Eine Prüfung ausschließlicher Landesmittel ist folglich weiterhin nicht möglich. Das ausdrückliche Erfordernis, sich im Rahmen einer Prüfung außerhalb der Bundesverwaltung mit den jeweiligen Landesrechnungshöfen zu koordinieren besteht nicht, erweist sich aber zur Verhinderung aufwendiger Doppelprüfungen weiterhin als zweckmäßig. Gegen eine entsprechende Vorgehensweise von Seiten des Bundesrechnungshofs bestehen insoweit auch keine verfassungsrechtlichen Bedenken. Nach § 93 I 1 BHO soll denn auch eine gemeinsame Prüfung erfolgen, soweit für die Prüfung sowohl der Bundesrechnungshof als auch ein Landesrechnungshof zuständig ist. Als Konkretisierung der Befugnisse des Bundesrechnungshof nach S. 4 erweist sich diese Regelung damit weiterhin als verfassungsgemäß.

Stellen außerhalb der Verwaltung des Bundes sind sämtliche Stellen, die nicht zur 28 unmittelbaren Verwaltung des Bundes gehören. Das umfaßt neben den Ländern und der gesamten Landesverwaltung auch sonstige öffentliche rechtliche juristische Personen (auch Universitäten) einschließlich der Kommunen (Gemeinden, Gemeindeverbände, Landkreise) aber auch natürliche und juristische Personen des Privatrechts, sofern diese Mittel aus dem Bundeshaushalt erhalten bzw. verwalten oder Einnahmen erheben, die ganz oder teilweise dem Bundeshaushalt zufließen. Wenngleich geprüftes Rechtssubjekt stets der Bund bleibt, ist der potenzielle Adressatenkreis von Prüfungen durch den Bundesrechnungshof damit praktisch unbegrenzt.

Die Kompetenzen des Bundesrechnungshofs zur Kontrolle staatlichen Handelns 29 sind auch ansonsten **weder gegenständlich noch zeitlich begrenzt**. Weder sind politische Entscheidungen generell dem Zugriff entzogen[105], noch ist eine Beschränkung

103 BT-Drs. 18/12588, S. 9.

104 BT-Drs. 18/12588, S. 34.

105 *Krebs*, Kontrolle (Fn. 33), S. 201 ff.; *H. Sauer/H. Blasius*, DVBl. 1985, 548 ff.; *Vogel/Kirchhof* (Fn. 48), Art. 114 Rn. 91; *Heun*, Staatshaushalt (Fn. 34), S. 506 f. m. w. N.; *Fischer-Menshausen* (Fn. 35), Art. 114 Rn. 11a; a. A. *Maunz* (Fn. 48), Art. 114 Rn. 51; *Tiemann*, Stellung (Fn. 80), S. 111 f.; *Fuchs*, Wesen (Fn. 77), S. 63; *G. Brunner*, Möglichkeiten und Grenzen der öffentlichen Finanzkontrol-

auf abgeschlossene Vorgänge durchzuhalten[106]. Nur für die Geheimfonds bestehen Restriktionen[107].

30 Der zentrale Aufgabenbereich des Rechnungshofs gem. Art. 114 II 1–3 GG kann gem. **Art. 114 II 4 GG durch formelles Bundesgesetz konkretisiert und ergänzt** werden; die zwingenden Vorgaben der S. 1–3 müssen dabei selbstverständlich beachtet werden. Unzulässig wäre daher nicht zuletzt eine einfach-rechtliche Ausweitung der Befugnisse nach S. 2. Neben der Regelung der Befugnisse, der Organisation und des Verfahrens des Bundesrechnungshofs im Rechnungshofgesetz[108] weist das Haushaltsrecht dem Rechnungshof weitere Aufgaben zu. Nach § 99 BHO kann der Rechnungshof Parlament und Regierung jederzeit über Angelegenheiten von besonderer Bedeutung unterrichten, andererseits ist er gem. § 102 BHO über eine Reihe von Maßnahmen von erheblicher finanzieller Tragweite (auf Verlangen) zu unterrichten. Ferner können dem Rechnungshof nach § 88 II BHO beratende und gutachterliche Funktionen übertragen werden[109], wobei der Rechnungshof parlamentarischen Kontrollersuchen angesichts des damit verbundenen politischen Drucks regelmäßig nachkommt, ohne dazu allerdings rechtlich gezwungen zu sein[110]. Eine im Jahr 2013 erfolgte Änderung der BHO hat dem Bundesrechnungshof eigenständige Zugänge zur Öffentlichkeit durch Auskunfts- und Veröffentlichungsrechte verschafft[111]. Unabhängig von den Prüfungen des Rechnungshofs fungiert der Präsident des Bundesrechnungshofs als Beauftragter der Bundesregierung für Fragen der Wirtschaftlichkeit und Sparsamkeit (Sparkommissar)[112].

---

le, in: FS Schäfer, 1975, S. 169 ff. (179 f.); die Gegner unterscheiden allerdings meist nicht klar zwischen Prüfungsgegenstand und Prüfungsmaßstab.

[106] *Krebs*, Kontrolle (Fn. 33), S. 203 ff.; *Heun*, Staatshaushalt (Fn. 34), S. 506 f.; *C. Degenhart*, Die Verwaltung, Beiheft 3 (2000), 55 ff.; *J. Hyckel*, VR 2015, 289 ff., 325 ff. (326 ff.); a. A.: Prinzip der Nachherigkeit; zu BT-Drs. V/3605, S. 13; V/3040, S. 56; *U. Müller*, DVBl. 1994, 1276 (1278); *Leisner*, Rechnungsprüfung (Fn. 98), S. 40 ff.; *Heintzen* (Fn. 38), Art. 114 Rn. 26; die Übergänge sind fließend; vgl. auch *Fischer-Menshausen* (Fn. 35), Art. 114 Rn. 13, 15; zu den zeitlichen Dynamisierungstendenzen der Finanzkontrolle *Schulze-Fielitz*, Kontrolle (Fn. 72), S. 248 ff.

[107] § 10a I BHO i. V. m. § 19 BRHG; zur Problematik *W. Weber*, Die Rechnungsprüfung und die Geheimfonds, in: GedS Peters, 1967, S. 599 ff.; *H. Schäfer*, Die Rechnungsprüfung der sogenannten Geheimfonds, in: FS Weber, 1974, S. 405 ff.; *Heun*, Staatshaushalt (Fn. 34), S. 507; *E. Kaltenbach*, Int. Zeitschrift f. Staatliche Finanzkontrolle, Juli 1993, S. 12 ff.

[108] Gesetz v. 11.7.1985 (BGBl. I S. 1445); dazu *P. Eickenboom/E. Heuer*, DÖV 1985, 997 ff.

[109] *K. Wittrock*, DÖV 1984, 649 (651 f.); *ders.*, DÖV 1989, 346 ff.; *H. Blasius*, DÖV 1989, 298 (302); *Fischer-Menshausen* (Fn. 35), Art. 114 Rn. 11; *U. Hufeld*, HStR³ III, § 56 Rn. 40 f.; *Kube* (Fn. 4), Art. 114 Rn. 112 ff.; *Engels* (Fn. 14), Art. 114 Rn. 267 ff.; kritisch *Brockmeyer* (Fn. 64), Art. 114 Rn. 16, weil dadurch Verantwortlichkeiten verwischt würden; umfassend nunmehr *J. M. Störring*, Die Beratungsfunktion des Bundesrechnungshofes und seiner Präsidenten, 2013.

[110] Vgl. *Krebs*, Kontrolle (Fn. 33), S. 207 f.; *D. Keller*, DÖV 1979, 705 ff.; *P. Kirchhof*, NVwZ 1983, 505 (515); *Fischer-Menshausen* (Fn. 35), Art. 114 Rn. 11; *Heun*, Staatshaushalt (Fn. 34), S. 515; *S. Bajohr*, VerwArch. 91 (2000), 507 (534 ff.); *K. Grupp*, Parlamentarische Informationsverlangen über Prüfungen der Rechnungshöfe, in: FS Mußgnug, 2005, S. 163 ff. (182 ff.).

[111] Vgl. § 96 IV, 97 V, 99 3 BHG (Gesetz v. 15.7.2013, BGBl. I S. 2395); vgl. dazu *M. Rossi*, DVBl. 2014, 676 ff.; die Regelungen gehen dem ITG vor, das damit insoweit überholt ist; zur Lage davor s. *A. Reus/P. Mühlhauser*, NVwZ 2010, 616 f.; BVerwG NVwZ 2013, 431 ff.; eingehend auch *Vogt*, Informationstätigkeit (Fn. 67), S. 207 ff., 262 ff.

[112] Dazu *F. v. Pfuhlstein*, Über die Institution des Bundesbeauftragten für Wirtschaftlichkeit in der Verwaltung, in: FS Schäfer, 1975, S. 375 ff.; *Vogel/Kirchhof* (Fn. 48), Art. 114 Rn. 206; *J. H. Treuner*, DVBl. 1992, 421 ff.; jetzt auch: 50 Jahre Bundesbeauftragte für Wirtschaftlichkeit in der Verwaltung, Sonderband, 2002; *Kube* (Fn. 4), Art. 114 Rn. 50 ff.; *U. Hufeld*, HStR³ III, § 56 Rn. 57 ff.; *Engels* (Fn. 14), Art. 114 Rn. 274 ff.; *T. Franz*, DÖV 2008, 1042 ff.

3. Prüfungsmaßstäbe

Die Weite des Kontrollbereichs der Finanzkontrolle findet ihr Gegengewicht in einer **Verengung der Kontrollmaßstäbe**[113]. Dies sind allein die Grundsätze der Rechtmäßigkeit, Ordnungsmäßigkeit, Wirtschaftlichkeit und Sparsamkeit[114], die in Art. 114 II 1 GG zu den beiden Grundsätzen der Ordnungsmäßigkeit und Wirtschaftlichkeit zusammengezogen werden[115]. Daneben werden teilweise noch die Grundsätze der Wirksamkeit, Zweckmäßigkeit und Verhältnismäßigkeit genannt[116], die aber letztlich nur Konkretisierungen der oben genannten Prinzipien darstellen. Sie zielen als Handlungsgebot und Kontrollmaßstab auf die Rationalität staatlichen Finanzgebarens und Handelns[117]. Dabei kann sich auch der (Haushalts-) Gesetzgeber diesen Grundsätzen nicht völlig entziehen[118]. 31

Die Grundsätze der **Ordnungsmäßigkeit und Rechtmäßigkeit**, die auch infolge der weitgehend positiv-rechtlichen Normierung der Regeln der Ordnungsmäßigkeit der Haushalts- und Wirtschaftsführung »praktisch ineinander übergehen«[119], sichern die Lenkungswirkungen der Haushaltsgesetzgebung und zugleich die der finanzwirksamen allgemeinen Gesetzgebung[120]. Die Prüfung der Ordnungsmäßigkeit erstreckt sich in erster Linie auf die rechnerische Richtigkeit des Rechnungsnachweises und die haushaltsrechtliche Rechtmäßigkeit, also die Einhaltung der Verfahrensregeln des Haushalts-, Kassen- und Rechnungswesens, des Haushaltsrechts, insbesondere des Haushaltsgesetzes, sowie des sonstigen Finanzrechts[121]. Grundsätzlich kann das staatliche Handeln aber auch an der gesamten Rechtsordnung gemessen werden, selbst wenn dies faktisch selten der Fall ist[122]. Freilich hat der Rechnungshof – auch im Hinblick auf die Verfassungswidrigkeit des Haushaltsgesetzes – nur ein Beanstandungsrecht und kann die Verfassungswidrigkeit nicht verbindlich feststellen[123]. 32

Die Prinzipien der **Wirtschaftlichkeit und Sparsamkeit** gehen weit über eine Rechtskontrolle hinaus. Der Maßstab der Wirtschaftlichkeit[124] umfaßt zwei Teilelemente, die 33

---

113 *Heun*, Staatshaushalt (Fn. 34), S. 509; vgl. auch *Krebs*, Kontrolle (Fn. 33), S. 183.

114 Vgl. hier vorerst nur *Stern*, Staatsrecht II, S. 433; *Krebs*, Kontrolle (Fn. 33), S. 183; *H. Schäfer*, Kontrolle der öffentlichen Finanzwirtschaft, in: F. Neumark (Hrsg.), Handbuch der Finanzwissenschaft, Bd. I, 3. Aufl. 1977, S. 520 ff. (527 f.); zur Gemeinwohlbindung; *D. Schulte*, Die Gemeinwohlaufgabe von Rechnungshöfen, 2014, S. 162 ff.

115 Vgl. *Fischer-Menshausen* (Fn. 35), Art. 114 Rn. 17.

116 Vgl. § 90 BHO; *Fischer-Menshausen* (Fn. 35), Art. 114 Rn. 17; zur Berücksichtigung von Wirtschaftlichkeitserwägungen bei Ermessensentscheidungen *A. Peters*, DÖV 2001, 749 ff.; *U. Schliesky*, DVBl. 2007, 1453 (1461 f.).

117 *Schulze-Fielitz*, Kontrolle (Fn. 72), S. 254; *Fischer-Menshausen* (Fn. 35), Art. 114 Rn. 17.

118 Vgl. *Fischer-Menshausen* (Fn. 35), Art. 114 Rn. 17; *H. H. v. Arnim*, Wirtschaftlichkeit als Rechtsprinzip, 1988, S. 65 ff., 70 ff.; VerfGH NW DÖV 2004, 121; *C. Gröpl*, HStR³ V, § 121 Rn. 17 ff. zur Bindungswirkung gegenüber den verschiedenen Staatsgewalten.

119 *Krebs*, Kontrolle (Fn. 33), S. 184.

120 *Heun*, Staatshaushalt (Fn. 34), S. 509; ebd., S. 406 ff. zu den Lenkungswirkungen der Haushaltsgesetzgebung.

121 *Fischer-Menshausen* (Fn. 35), Art. 114 Rn. 20; vgl. auch *H. Blasius/H. Kühne*, DÖV 1991, 393 (395 ff.).

122 *Fischer-Menshausen* (Fn. 35), Art. 114 Rn. 20; abweichend *Grupp*, Stellung (Fn. 1), S. 153; *K. Stern*, DÖV 1990, 261 (263); *Siekmann* (Fn. 36), Art. 114 Rn. 28; *Kube* (Fn. 4), Art. 114 Rn. 98.

123 BVerfGE 20, 56 (96).

124 Vgl. hierzu generell *M.-P. Büch*, Zur Bestimmung der Grundsätze der Wirtschaftlichkeit und Sparsamkeit im öffentlichen Haushalt der Bundesrepublik, 1976; *H. Siedentopf*, Wirtschaftlichkeit in der öffentlichen Verwaltung, 1969, S. 14 ff.; *R. Salmen*, Das Wirtschaftlichkeitsprinzip in der kommunalen Finanzhaushaltsplanung, 1980, S. 23 ff.; *Greifeld*, Rechnungshof (Fn. 54), S. 4 ff.; *v. Arnim*,

Nutzenmaximierung und die **Kostenminimierung**[125], die auf eine Optimierung des Verhältnisses zwischen Aufwand und Ertrag bzw. Kosten und Nutzen zielen. Während bei dem Nutzenmaximierungsgrundsatz die finanziellen Mittel vorgegeben sind und der Erfolg maximiert werden soll[126], liegen bei dem mit dem **Sparsamkeitsgrundsatz** identischen Kostenminimierungsprinzip die Zwecke fest und soll der Mitteleinsatz minimiert werden[127]. Vor allem das Wirtschaftlichkeitsprinzip ist ein formales, inhaltsarmes und offenes Optimierungsgebot[128], das angesichts des prinzipiell uferlosen Zweckregresses und der vielfach konfligierenden unterschiedlichen Zwecke[129] letztlich eine jeweils umfassende Berücksichtigung aller denkbaren Entscheidungsgesichtspunkte verlangt[130]. Eine klare Abgrenzung von politischen Wertungen ist daher praktisch gar nicht möglich[131]. Faktisch ist die Finanzkontrolle deswegen bisher überwiegend auf die Einhaltung des Sparsamkeitsgrundsatzes ausgerichtet[132]. Das entspricht der herkömmlichen Verwaltungskontrolle, die an den vorgegebenen Zwecken der Rechtsordnung und der Haushaltsgesetzgebung einen festen Orientierungspunkt hat[133]. Neuere Prüfungsformen und Maßstabsmodifikationen[134] suchen hier einen

---

Wirtschaftlichkeit (Fn. 118), S. 18 ff.; *K. Walther*, BayVBl. 1990, 231 ff.; *ders.*, VR 1993, 14 ff.; *K. Grupp*, JZ 1982, 231 ff.; *K. Reding*, Die Effizienz staatlicher Aktivitäten, 1981, S. 75 ff.; *J. Schmidt*, Wirtschaftlichkeit in der öffentlichen Verwaltung, 7. Aufl. 2006, S. 21 ff.; *Engels* (Fn. 14), Art. 114 Rn. 250 ff.; zur gesetzeshistorischen Entwicklung *H. Rischer*, Finanzkontrolle staatlichen Handelns, 1995, S. 348 ff.; zur allgemein-historischen Entwicklung der Kontrollmaßstäbe, ebd., S. 156 ff.

[125] *A. Hüttl*, Das Wirtschaftlichkeitsprinzip in der öffentlichen Verwaltung, in: BRH, 250 Jahre (Fn. 1), S. 205 ff. (214); *Siedentopf*, Wirtschaftlichkeit (Fn. 124), S. 15; *Greifeld*, Rechnungshof (Fn. 54), S. 7; *Büch*, Bestimmung (Fn. 124), S. 36, 61 ff.; *Stern*, Staatsrecht II, S. 436; *P. Eichhorn*, Verwaltungshandeln und Verwaltungskosten, 1979, S. 14 ff.; *Schulze-Fielitz*, Kontrolle (Fn. 72), S. 255.

[126] *Greifeld*, Rechnungshof (Fn. 54), S. 7 f., 9; *K. Grupp*, JZ 1982, 231 (233); *G.F. Schuppert*, Die Steuerung des Verwaltungshandelns durch Haushaltsrecht und Haushaltskontrolle, VVDStRL 42 (1984), S. 216 ff. (259 f.); *Krebs*, Kontrolle (Fn. 33), S. 185; *v. Arnim*, Wirtschaftlichkeit (Fn. 118), S. 19 f.; *K. Walther*, BayVBl. 1990, 231 (232 f.); *H. G. Zavelberg*, Die Verwaltung 28 (1995), 513 (522).

[127] Für Identität die h. M.: *G. Kisker*, HStR IV, § 89 Rn. 112; *v. Arnim*, Wirtschaftlichkeit (Fn. 118), S. 49 f.; *Krebs*, Kontrolle (Fn. 33), S. 185; *K. Grupp*, DÖV 1983, 661 (662); *Greifeld*, Rechnungshof (Fn. 54), S. 36 f.; *Salmen*, Wirtschaftlichkeit (Fn. 124), S. 23; *Heun*, Staatshaushalt (Fn. 34), S. 509; *C. Gröpl*, HStR³ V, § 121 Rn. 9; a. A. *Büch*, Bestimmung (Fn. 124), S. 71 ff.; *B. Fischer*, JZ 1982, 6 (9 ff.); *Rischer*, Finanzkontrolle (Fn. 124), S. 250 ff., 256 ff.; *H.-H. Dreßler*, in: E. A. Piduch (Hrsg.), Bundeshaushaltsrecht, Einf., VI (1998), S. 39 f.

[128] *Greifeld*, Rechnungshof (Fn. 54), S. 9; *H. Reinermann*, Die Verwaltung 14 (1981), 483 (492); *v. Arnim*, Wirtschaftlichkeit (Fn. 118), insbes. S. 36 ff.; *Heun*, Staatshaushalt (Fn. 34), S. 509 f.; *P. Selmer*, Die Verwaltung 23 (1990), 1 (6); *Krebs*, Kontrolle (Fn. 33), S. 186, 189 f.; *Schulze-Fielitz*, Kontrolle (Fn. 72), S. 255.

[129] *Greifeld*, Rechnungshof (Fn. 54), S. 12 f.; *Krebs*, Kontrolle (Fn. 33), S. 186 f.; *Heun*, Staatshaushalt (Fn. 34), S. 510.

[130] *Greifeld*, Rechnungshof (Fn. 54), S. 10, 13 f.; *N. Luhmann*, VerwArch. 51 (1960), 97 (98); *Krebs*, Kontrolle (Fn. 33), S. 186; *Heun*, Staatshaushalt (Fn. 34), S. 510.

[131] Vgl. *U. Battis*, DÖV 1976, 721 ff.; *S. Tiemann*, DÖV 1977, 240 ff.; *B. Rürup/H. Seidler*, Die Verwaltung 14 (1981), 501 (515 ff.); *Heun*, Staatshaushalt (Fn. 34), S. 513; *Fischer-Menshausen* (Fn. 35), Art. 114 Rn. 17 m. w. N.; *Schulze-Fielitz*, Kontrolle (Fn. 72), S. 258; vgl. auch *E. Hoffmann*, ZParl. 31 (2000), 116 (120 ff.); *S. Bajohr*, VerwArch. 91 (2000), 507 (521 ff.); anders jetzt *v. Lewinski* (Fn. 42), Art. 114 Rn. 133; vgl. auch *Kube* (Fn. 4), Art. 114 Rn. 102 f.

[132] *K. Grupp*, DÖV 1983, 661 (666 f.); *B. Rürup/H. Seidler*, Die Verwaltung 14 (1981), 501 (506); *Schuppert*, Steuerung (Fn. 126), S. 258; *Heun*, Staatshaushalt (Fn. 34), S. 511 ff.; vgl. auch *D. Carl*, JA 1991, 126 (129).

[133] Vgl. *Fischer-Menshausen* (Fn. 35), Art. 114 Rn. 17.

[134] Übersicht bei *Schulze-Fielitz*, Kontrolle (Fn. 72), S. 259 ff. m. w. N.; vgl. ferner *R. Dieckmann*, DÖV 1992, 893 (898 ff.); *P. Eichhorn*, Innovative Konzepte für Prüfung und Organisation von Rech-

Ausweg aus dem Dilemma zwischen zu enger Sparsamkeits- und zu weiter Wirtschaftlichkeitsprüfung zu finden. Dazu zählen insbesondere Erfolgskontrollen[135]. Infolge der Offenheit der Zwecke im Rahmen der Wirtschaftlichkeitsprüfung muß der Bundesrechnungshof ohnehin weitgehend eigenständig die Kontrollmaßstäbe bilden, selektieren, konkretisieren und operationalisieren[136].

Die jährliche Rechnungsprüfung durch den Bundesrechnungshof findet ihren Ab- **34**
schluß in dem immer noch als »Bemerkungen« bezeichneten **Bericht**, zu dem der Rechnungshof gem. Art. 114 II 3 GG, §§ 46 HGrG, 97 BHO rechtlich verpflichtet ist[137]. Im übrigen stehen die Initiativfreiheit des Rechnungshofs hinsichtlich der Prüfungen und seine Dispositionsbefugnis über die Kontrollergebnisse in einem engen Korrespondenzverhältnis[138]. Gleichwohl beschäftigt sich heute nur noch ein geringer Teil der Jahresberichte des Bundesrechnungshofs mit der Jahresrechnung und der weitaus größere Teil mit den wesentlich effektiveren laufenden Prüfungen[139].

Die Schlußfolgerungen und **Empfehlungen** des Rechnungshofs erwachsen nicht in **35**
Rechtsverbindlichkeit und sind **nicht unmittelbar durchsetzbar**[140]. Demgegenüber kann der Rechnungshof seine Prüfungsrechte unmittelbar durchsetzen[141], dem Betroffenen stehen dagegen wie gegen Feststellungen entsprechende Rechtsschutzmöglichkeiten vor den Verwaltungsgerichten offen[142]. Die Kontrollergebnisse sind auf die Umsetzung durch Parlament und Exekutive angewiesen. Seinen Einfluß übt der Bundesrechnungshof daher durch die Mitteilung an die betroffenen Stellen[143], die Beteili-

nungshöfen, in: U. Müller (Hrsg.), Haushaltsreform und Finanzkontrolle, 1997, S. 53ff.; *A. Mennicken/H. G. Zavelberg*, DÖV 1999, 986ff.; *W. Hoffmann-Riem*, DÖV 1999, 221 (224f.); *A. Freihr. v. Gall*, DÖV 2000, 845ff.; *G. Korthals*, DÖV 2000, 855ff.; s. auch *U. Hufeld*, HStR³ III, § 56 Rn. 36ff.

[135] Vorl. VV zu § 7 BHO; *D. Brümmerhoff/H. Wolff*, ZStW 130 (1974), 477 (482ff.); *H. Dorn*, Erfolgskontrolle durch den Bundesrechnungshof, in: G.M. Hellstern/H. Wollmann (Hrsg.), Handbuch zur Evaluierungsforschung, Bd. I, 1984, S. 463ff.; *H. G. Zavelberg*, Staatliche Rechnungsprüfung und Erfolgskontrolle, in: P. Eichhorn/G. v. Kortzfleisch (Hrsg.), Erfolgskontrolle bei der Verausgabung öffentlicher Mittel, 1986, S. 103ff.; *G. Korthals*, Wirtschaftlichkeitskontrollen unter besonderer Berücksichtigung von Erfolgskontrollen, in: H. H. v. Arnim/K. Lüder (Hrsg.), Wirtschaftlichkeit in Staat und Verwaltung, 1993, S. 87ff.; *N. Diederich u. a.*, Die diskreten Kontrolleure, 1990, S. 66ff.; *P. Jakobs-Woltering*, RiA 1994, 280ff.; *ders.*, NVwZ 1995, 561ff.; *R. Diekmann*, Auf dem Weg zu neuen Ufern? Zum Stand der Erfolgskontrolluntersuchungen bei Rechnungshöfen in: Engelhardt u. a., Stellung (Fn. 96), S. 43ff.; kritisch etwa *Sigg*, Stellung (Fn. 67), S. 65ff.

[136] *Krebs*, Kontrolle (Fn. 33), S. 190; *Heun*, Staatshaushalt (Fn. 34), S. 511; *Diederich u. a.*, Kontrolleure (Fn. 135), S. 234; *Schulze-Fielitz*, Kontrolle (Fn. 72), S. 261.

[137] Zuletzt BT-Drs. 16/3200 (Bemerkungen 2006); zur Berichterstattung s. auch *U. Hufeld*, HStR³ III, § 56 Rn. 42ff.

[138] *Krebs*, Kontrolle (Fn. 33), S. 212f.; *Heun*, Staatshaushalt (Fn. 34), S. 515; für Publizitätspflicht de lege ferenda *H. Blasius*, DÖV 2002, 415ff.

[139] *K. Wittrock*, Die Verwaltung 19 (1986), 1 (3f.). → Rn. 26.

[140] *G. Kisker*, NJW 1983, 2167 (2169); *Schulze-Fielitz*, Kontrolle (Fn. 72), S. 242f.; zum Rechtsschutz insoweit vgl. *G. Haverkate*, AöR 107 (1982), 539 (552ff., 556ff.); *G. D. Belemann*, DÖV 1990, 58 (58ff.).

[141] *D. Fittschen*, VerwArch. 83 (1992), 165ff.; *T. Groß*, VerwArch. 95 (2004), 194 (205ff.).

[142] BVerfGE 74, 69 (75); *G. Haverkate*, AöR 107 (1982), 539 (545ff., 556ff.); *G. D. Belemann*, DÖV 1990, 58 (61ff.); BayVGH BayVBl. 1992, 655 (655, 657); BVerwG NVwZ 1995, 889 (889); *W. Krebs*, VerwArch. 71 (1980), 77ff.; *Schwarz* (Fn. 38), Art. 114 Rn. 78, 117f.; *Heintzen* (Fn. 38), Art. 114 Rn. 35; *T. Groß*, VerwArch. 95 (2004), 194 (212ff.).

[143] *Heun*, Staatshaushalt (Fn. 34), S. 516.

gung im Aufstellungsprozeß[144], die laufende Beratung des Haushaltsausschusses[145] sowie die allgemeine oder gezielte Information des Parlaments und der Öffentlichkeit[146] aus. Die **rechtliche Sanktionslosigkeit der Entscheidungen** des Rechnungshofes ist indes notwendiges Korrelat der umfassenden Kontrollkompetenzen[147].

IV. Die Entlastung durch Bundestag und Bundesrat gem. Art. 114 I GG

36 Mit der Berichterstattung gem. § 97 BHO an die Bundesregierung und die gesetzgebenden Körperschaften endet die Prüfung durch den Rechnungshof und beginnt die **parlamentarische Rechnungsprüfung**, die selbst wiederum nur ein Teilvorgang innerhalb der fortlaufenden Beobachtung und Kontrolle des Haushaltsvollzugs ist[148]. Erst durch die vorgeschaltete parlamentarische Rechnungsprüfung erhält die Entlastung ihren Sinn. Dabei ist das Parlament nicht an die Kontrollmaßstäbe des Art. 114 II GG gebunden, vielmehr werden diese um die politische Dimension erweitert[149]. Im übrigen dient die durch den Rechnungsprüfungsausschuß als Unterausschuß des Haushaltsausschusses durchgeführte[150] Finanzkontrolle vor allem der Integration der Kontrollergebnisse in den budgetären Entscheidungsprozeß[151].

37 Die eigentliche **Entlastung schließt formal den Haushaltszyklus ab**[152]. Die Entlastung erfolgt grundsätzlich gleichberechtigt und selbständig durch Bundestag und Bundesrat[153], praktisch tritt der Bundesratsbeschluß ganz zurück[154]. Die Entlastung durch den Bundestag erfolgt durch schlichten Parlamentsbeschluß ohne rechtliche Verbind-

---

[144] Vgl. § 27 II BHO; mit offenbar geringen Wirkungen s. *A. Schreiner*, Finanzkontrolle als Instrument rationaler Haushaltsführung, in: H.H. v. Arnim/K. Littmann (Hrsg.), Finanzpolitik im Umbruch, 1984, S. 223 ff. (225 f.).

[145] Vgl. *K. Wittrock*, ZParl. 13 (1982), 209 (214); *Heun*, Staatshaushalt (Fn. 34), S. 374; *U. Hufeld*, HStR³ III, § 56 Rn. 26.

[146] Vgl. *Krebs*, Kontrolle (Fn. 33), S. 214 f.; *H.H. v. Arnim*, Wirksamere Finanzkontrolle bei Bund, Ländern und Gemeinden, 1978, S. 27 ff.; *W. Klappstein*, Jura 1990, 232 (235 ff.); *Schulze-Fielitz*, Kontrolle (Fn. 72), S. 239 f.; *J. Wieland*, DVBl. 1995, 894 (902 f.); *H. Blasius*, DÖV 1993, 642 (645 ff.).

[147] *A. v. Mutius*, Kontrollbedarf und Instrumentarium der Rechnungshöfe in der dezentralisierten Staatsorganisation, in: W. Böning/A. v. Mutius/H. Schlegelberger (Hrsg.), Finanzkontrolle im föderativen Staat, 1982, S. 26 ff. (32 f.); *Krebs*, Kontrolle (Fn. 33), S. 217 f.; *Heun*, Staatshaushalt (Fn. 34), S. 516; *Schulze-Fielitz*, Kontrolle (Fn. 72), S. 243; zu Haftungsfragen des BRH s. aber *A. Reus/P. Mühlhausen*, DVBl. 2010, 286 ff.

[148] *Vogel/Kirchhof* (Fn. 48), Art. 114 Rn. 76; *Fischer-Menshausen* (Fn. 35), Art. 114 Rn. 14; *Heun*, Staatshaushalt (Fn. 34), S. 499; vgl. dazu generell ferner *S. Tiemann*, DVBl. 1976, 323 ff.; *dies.*, ZParl. 8 (1977), 93 ff.; *C. Tomuschat*, Der Staat 19 (1980), 1 (20 ff.); *S. Bajohr*, VerwArch. 91 (2000), 507 ff.; zu den Beratungen im Bundesrat und Bundestag *Engels* (Fn. 14), Art. 114 Rn. 118 ff.

[149] *Heun*, Staatshaushalt (Fn. 34), S. 500; zur Diskussion s. jetzt *v. Lewinski* (Fn. 42), Art. 114 Rn. 51 f.

[150] Eingehend *S. Hoffmann*, Die Kontrolle der Regierung durch parlamentarische Rechnungsprüfung im Deutschen Bundestag, 1970, S. 35 ff.; *Heun*, Staatshaushalt (Fn. 34), S. 501 ff.; am Beispiel Baden-Württembergs *J. Welz*, Parlamentarische Finanzkontrolle in den Bundesländern, 1982, S. 148 ff.; vgl. auch *E.A. Piduch*, FinArch. 30 (1972), 516 ff.

[151] *Krebs*, Kontrolle (Fn. 33), S. 176; *Heun*, Staatshaushalt (Fn. 34), S. 500 f.

[152] In unterschiedlicher Formulierung *Vogel/Kirchhof* (Fn. 48), Art. 114 Rn. 149; *Fischer-Menshausen* (Fn. 35), Art. 114 Rn. 21 f.; *P.J. Tettinger*, StuW 1978, 58 (59); *Heun*, Staatshaushalt (Fn. 34), S. 493.

[153] *Heintzen* (Fn. 38), Art. 114 Rn. 36; *Maunz* (Fn. 48), Art. 114 Rn. 60; *Siekmann* (Fn. 36), Art. 114 Rn. 20.

[154] Vgl. allg. zum Entlastungsverfahren des Bundesrats *Tiemann*, Stellung (Fn. 80), S. 192 ff.; *Pelny*, Finanzkontrolle (Fn. 28), S. 50 ff.; *Heun*, Staatshaushalt (Fn. 34), S. 499.

lichkeit[155]. Die Entlastung ist der **Bundesregierung** (des betreffenden Rechnungsjahres) **insgesamt** zu erteilen[156]. Das schließt es nicht aus, im einzelnen im Rahmen des Entlastungsverfahrens Maßnahmen zu beschließen, Berichtspflichten zu begründen und bestimmte Sachverhalte explizit zu mißbilligen[157]. Hierin kommt die Rückkoppelungsfunktion der Entlastung im Budgetprozeß zum Ausdruck[158]. Auch kann die Entlastung zunächst verweigert werden, um dann nach der Klärung von Meinungsverschiedenheiten und nach der Beseitigung der Verweigerungsgründe doch noch erteilt zu werden[159].

Die Entlastungsentscheidung ist eine »**politische Entscheidung**«[160] sowohl im Hinblick auf ihre Wirkung[161] als auch hinsichtlich der Bewertungsmaßstäbe. Das Parlament ist deshalb nicht auf die Kontrollmaßstäbe des Art. 114 II GG beschränkt[162]. Ein Verbot, die Entlastung aus unsachlichen oder unverhältnismäßigen Gründen zu verweigern[163], ist deswegen verfassungsrechtlich nicht haltbar und wäre auch gar nicht justitiabel. Deshalb hat die Regierung keinen Anspruch auf eine positive, sondern nur auf die Entlastungsentscheidung überhaupt[164]. Gegen die Verweigerung der Entlastung kann sie folglich auch nicht im Wege des Organstreits vorgehen[165]. Es fehlt insoweit an einem Recht der Regierung, das durch die Verweigerung der Entlastung verletzt sein könnte. Die Entlastung befreit die betreffenden Amtswalter nicht von zivil-, straf- oder öffentlich-rechtlicher Verantwortlichkeit[166] und läßt Schadensersatzansprüche unberührt[167]. 38

D. Verhältnis zu anderen GG-Bestimmungen

Die **Norm** des Art. 114 GG mit ihrer Regelung der Entlastung und Rechnungsprüfung **ergänzt das parlamentarische Budgetrecht** um die notwendigen nachträglichen Kon- 39

[155] *Vogel/Kirchhof* (Fn. 48), Art. 114 Rn. 163; *Stern*, Staatsrecht II, S. 459f.

[156] *Fischer-Menshausen* (Fn. 35), Art. 114 Rn. 21; *Siekmann* (Fn. 36), Art. 114 Rn. 20.

[157] Vgl. § 114 II, IV, V BHO; im einzelnen dazu *A. Sollmann*, Die Maßnahme-, Berichts- und Mißbilligungsbeschlüsse des Parlaments im Entlastungsverfahren, 1986, insbes. S. 94ff.; *Heun*, Staatshaushalt (Fn. 34), S. 498f.

[158] Vgl. dazu *Krebs*, Kontrolle (Fn. 33), S. 196; *B. Rürup/G. Färber*, Die Verwaltung 18 (1985), 173 (176, 179f.); *Heun*, Staatshaushalt (Fn. 34), S. 493f.

[159] *Maunz* (Fn. 48), Art. 114 Rn. 60; *Schwarz* (Fn. 38), Art. 114 Rn. 43.

[160] BVerfGE 45, 1 (50); *Engels* (Fn. 14), Art. 114 Rn. 128.

[161] Vgl. auch *Heintzen* (Fn. 38), Art. 114 Rn. 37; *v. Lewinski* (Fn. 42), Art. 114 Rn. 59ff.; *Kube* (Fn. 4), Art. 114 Rn. 42f.; weitergehend *E. Bouwmann*, Die Bedeutung der staatsrechtlichen Entlastung, Diss. jur. Hamburg 1969, S. 80ff.

[162] Näher *Heun*, Staatshaushalt (Fn. 34), S. 495f.; *Krebs*, Kontrolle (Fn. 33), S. 193ff.; a. A. *Vogel/Kirchhof* (Fn. 48), Art. 114 Rn. 154; *Greifeld*, Rechnungshof (Fn. 54), S. 81f.; widersprüchlich *Siekmann* (Fn. 36), Art. 114 Rn. 21 u. 23.

[163] So aber *Heintzen* (Fn. 38), Art. 114 Rn. 36; vorsichtiger *Schwarz* (Fn. 38), Art. 114 Rn. 39f.

[164] *Heun*, Staatshaushalt (Fn. 34), S. 496; a. A. die h. M.: *Maunz* (Fn. 48), Art. 114 Rn. 61; *Vogel/Kirchhof* (Fn. 48), Art. 114 Rn. 156; *P. J. Tettinger*, StuW 1978, 58 (65); *Fischer-Menshausen* (Fn. 35), Art. 114 Rn. 21; *Siekmann* (Fn. 36), Art. 114 Rn. 23.

[165] So aber die h. M., die indes nur Rechtsfragen, nicht politische Wertungen für überprüfbar hält: *Vogel/Kirchhof* (Fn. 48), Art. 114 Rn. 160; *P. J. Tettinger*, StuW 1978, 58 (65); *Heintzen* (Fn. 38), Art. 114 Rn. 38; *Schwarz* (Fn. 38), Art. 114 Rn. 45f.; *v. Lewinski* (Fn. 42), Art. 114 Rn. 66; in diesen Fällen ist der Prüfungsmaßstab völlig unklar, vgl. *Siekmann* (Fn. 36), Art. 114 Rn. 23.

[166] *Siekmann* (Fn. 36), Art. 114 Rn. 23; *Heun*, Staatshaushalt (Fn. 34), S. 494 m. w. N.; *Kube* (Fn. 4), Art. 114 Rn. 42; *Engels* (Fn. 14), Art. 114 Rn. 126.

[167] *Jarass*/Pieroth, GG, Art. 114 Rn. 2.

trollrechte, ohne die das Bewilligungsrecht des Parlaments im Haushaltsvollzug unterlaufen werden könnte[168]. Insofern besteht ein generell enger Zusammenhang zum Haushaltsverfahren des Bundes. Die Ausweitung der Prüfungsbefugnisse in Art. 114 II 2 GG begründet zudem eine Verknüpfung insbesondere zu den zahlreichen Mischfinanzierungstatbeständen des Grundgesetzes (**Art. 91a, 91b, 104b, 104c, 125c GG**).

40 Im übrigen wirkt das Gebot der Beachtung des gesamtwirtschaftlichen Gleichgewichts des **Art. 109 II GG** (→ Art. 109 Rn. 21 ff., 29) auf die Norm des Art. 114 GG insofern ein, als dieser Gesichtspunkt sowohl für die Finanzkontrolle des Rechnungshofs als auch für die parlamentarische Finanzkontrolle und die Entlastung zu berücksichtigen ist und die Kontrollmaßstäbe beeinflußt[169]. Ansonsten steht Art. 114 GG jedoch in keiner besonderen Beziehung zu anderen Bestimmungen des Grundgesetzes.

[168] *Maunz* (Fn. 48), Art. 114 Rn. 1.
[169] *Fischer-Menshausen* (Fn. 35), Art. 114 Rn. 20.

Artikel 115 [Kreditaufnahme, Gewährleistungsübernahme, Schuldenbremse]

(1) Die Aufnahme von Krediten sowie die Übernahme von Bürgschaften, Garantien oder sonstigen Gewährleistungen, die zu Ausgaben in künftigen Rechnungsjahren führen können, bedürfen einer der Höhe nach bestimmten oder bestimmbaren Ermächtigung durch Bundesgesetz.

(2) [1]Einnahmen und Ausgaben sind grundsätzlich ohne Einnahmen aus Krediten auszugleichen. [2]Diesem Grundsatz ist entsprochen, wenn die Einnahmen aus Krediten 0,35 vom Hundert im Verhältnis zum nominalen Bruttoinlandsprodukt nicht überschreiten. [3]Zusätzlich sind bei einer von der Normallage abweichenden konjunkturellen Entwicklung die Auswirkungen auf den Haushalt im Auf- und Abschwung symmetrisch zu berücksichtigen. [4]Abweichungen der tatsächlichen Kreditaufnahme von der nach Satz 1 bis 3 zulässigen Kreditobergrenze werden auf einem Kontrollkonto erfasst; Belastungen, die den Schwellenwert von 1,5 vom Hundert im Verhältnis zum nominalen Bruttoinlandsprodukt überschreiten, sind konjunkturgerecht zurückzuführen. [5]Näheres, insbesondere die Bereinigung der Einnahmen und Ausgaben um finanzielle Transaktionen und das Verfahren zur Berechnung der Obergrenze der jährlichen Nettokreditaufnahme unter Berücksichtigung der konjunkturellen Entwicklung auf der Grundlage eines Konjunkturbereinigungsverfahrens sowie die Kontrolle und den Ausgleich von Abweichungen der tatsächlichen Kreditaufnahme von der Regelgrenze, regelt ein Bundesgesetz. [6]Im Falle von Naturkatastrophen oder außergewöhnlichen Notsituationen, die sich der Kontrolle des Staates entziehen und die staatliche Finanzlage erheblich beeinträchtigen, können diese Kreditobergrenzen auf Grund eines Beschlusses der Mehrheit der Mitglieder des Bundestages überschritten werden. [7]Der Beschluss ist mit einem Tilgungsplan zu verbinden. [8]Die Rückführung der nach Satz 6 aufgenommenen Kredite hat binnen eines angemessenen Zeitraumes zu erfolgen.

Literaturauswahl

v. Arnim, Hans Herbert/Weinberg, Dagmar: Staatsverschuldung in der Bundesrepublik Deutschland, 1986.

Bröcker, Klaus T.: Grenzen staatlicher Verschuldung im System des Verfassungsstaates, 1997.

Droege, Michael: Notruf nach Karlsruhe – Die Begrenzung der Staatsverschuldung und das Heraufziehen des Jurisdiktionsstaates im Haushaltsverfassungsrecht, in: VerwArch. 98 (2007), S. 101–115.

Duwendag, Dieter: Staatsverschuldung – Notwendigkeit und Gefahren, 1983.

Henseler, Paul: Verfassungsrechtliche Aspekte zukunftsbelastender Parlamentsentscheidungen, in: AöR 108 (1983), S. 489–560.

Heun, Werner: Staatsverschuldung und Grundgesetz, in: Die Verwaltung 18 (1985), S. 1–28.

Heun, Werner: Steuerung der Staatsverschuldung durch Verfassungsrecht im Widerstreit, in: ZSE 7 (2009), S. 552–571.

Höfling, Wolfram: Staatsschuldenrecht, 1993.

Jahndorf, Christian: Grundlagen der Staatsfinanzierung durch Kredite und alternative Finanzierungsformen im Finanzverfassungs- und Europarecht, 2003.

Kaeser, Christian Daniel: Alternative Finanzierungsmodelle der öffentlichen Hand und Kreditschranken des Art. 115 GG, 2002.

Korioth, Stefan: Das neue Staatsschuldenrecht – zur zweiten Stufe der Föderalismusreform, in: JZ 2009, S. 729–737.

Lappin, Roland: Kreditäre Finanzierung des Staates unter dem Grundgesetz, 1994.

Neidhardt, Hilde: Staatsverschuldung und Verfassung, 2010.

Ohler, Christoph: Maßstäbe der Staatsverschuldung nach der Föderalismusreform II, in: DVBl. 2009, S. 1265–1274.

Pünder, Hermann: Staatsverschuldung, in: HStR[3] V, § 123, S. 1323–1393.
Puhl, Thomas: Budgetflucht und Haushaltsverfassung, 1996.
Schmidt, Rolf: Die neue Schuldenregel und die weiteren Finanzthemen der zweiten Föderalismusreform, in: DVBl. 2009, S. 1274–1288.
Seiler, Christian: Konsolidierung der Staatsfinanzen mit Hilfe der neuen Schuldenregel, in: JZ 2009, S. 721–728.
Tappe, Henning: Die neue Schuldenbremse im Grundgesetz, in: DÖV 2009, S. 881–890.
Wucherpfennig, Lutz: Staatsverschuldung in Deutschland, 2007.

Siehe auch die Angaben zu Vorb. zu Art. 104a–115 GG.

Leitentscheidungen des Bundesverfassungsgerichts

BVerfGE 67, 256 (280f.) – Investitionshilfegesetz; 79, 311 (328ff.) – Staatsverschuldung I; 119, 96 (137ff., Rn. 120) – Staatsverschuldung II; 123, 267 (361f., Rn. 255ff.) – Lissabon; 127, 165 (191ff., Rn. 78ff.) – Finanzhilfen des Bundes; 129, 108 (115ff., Rn. 30ff.) – Legislativstreit Schuldenbremse; 130, 318 (324ff., Rn. 29ff.) – Stabilisierungsmechanismusgesetz; 132, 195 (238ff., Rn. 103ff.) – ESM- und Fiskalvertrag e.A.; 134, 366 (379ff., Rn. 16ff.) – OMT-Beschluß; 135, 317 (399ff., Rn. 159ff.) – ESM- und Fiskalvertrag.

Gliederung

Stichwörter

A. Herkunft, Entstehung, Entwicklung

I. Ideen- und verfassungsgeschichtliche Aspekte

Die Verschuldung politischer Gemeinwesen ist eine ebenso universale wie zeitlose Erscheinung[1]. Sie hat die ökonomischen und politischen Wissenschaften seit alters her beschäftigt[2]. Die rechtliche Begründung eines parlamentarischen Zustimmungsvorbehalts und materieller Bindungen der Staatsverschuldung ist indes im wesentlichen **konstitutionelles Gedankengut**. Zwar gab es im frühneuzeitlichen Ständestaat auch Ansätze, die Eingehung von Staatsschulden von Seiten des Landesherrn durch die Ständevertretungen zu begrenzen[3], regelmäßig konnten die Stände die Verschuldung jedoch nur dadurch indirekt steuern, daß sie die Steuern für die Ablösung der vom Landesherrn eingegangenen Verbindlichkeiten bewilligen mußten[4]. Gerade aufgrund dieser Erfahrungen banden schon die frühkonstitutionellen Verfassungen die Staatsverschuldung durch Anleihen an eine formlose Zustimmung der Stände oder an eine gesetzliche Ermächtigung[5]. 1

Von der Preußischen Verfassung[6] über die Reichsverfassungen von 1871[7] und 1919[8] bis zum Grundgesetz ist die Zustimmung des Parlaments durch einen **Gesetzesvorbehalt** gesichert worden, dessen Beschränkung auf Anleihen erst 1919 entfiel. Bereits mit dem Erfordernis der parlamentarischen Zustimmung war eine Begrenzung der Staatsverschuldung intendiert. Daneben sahen die Verfassungen des Konstitutionalismus teilweise auch materielle Beschränkungen dergestalt vor, daß ein dringendes oder außerordentliches Staatsbedürfnis[9] als »rechtfertigende Ursache«[10] zur Voraussetzung erhoben wurde. Dieses Erfordernis wurde von Art. 73 RVerf. 1871 übernommen[11] und in Art. 87 WRV – sowie damit übereinstimmend in Art. 65 Preuß. Verf. 1920 – dahingehend verschärft, daß ein außerordentlicher Bedarf gegeben sein mußte und die aufgenommenen Geldmittel nur zu »**werbenden Zwecken**« verwendet werden durften[12]. 2

---

[1] Vgl. *J. Landmann*, Geschichte des öffentlichen Kredits, in: W. Gerloff/F. Neumark (Hrsg.), Handbuch der Finanzwissenschaft, Bd. III, 2. Aufl. 1958, S. 1ff.

[2] Vgl. hier nur als klassische Stellen: *Sir James Steuart*, Untersuchungen über die Grundsätze der Volkswirtschaftslehre (1767), dt. 3 Bde. 1913/14, III, S. 159ff.; *A. Smith*, Der Wohlstand der Nationen (1776, 5. Aufl. 1789), V, 3, dt. 1978, S. 798f.; *K. S. Zachariä*, Vierzig Bücher vom Staate, 2. Aufl. 1843, VII, S. 150ff.; *J. St. Mill*, Grundsätze der politischen Ökonomie (2. Aufl. 1849), I, 5; V, 7; dt. Bd. 1, 1869, S. 81ff.; Bd. 3, 1869, S. 186ff.

[3] Der Tübinger Vertrag von 1514 band Verpfändungen an die Zustimmung der Stände; weitergehend die Verpflichtung des sächs. Kurfürsten von 1570, s. *W. Höfling*, Staatsschuldenrecht, 1993, S. 12f.

[4] Näher *W. Heun*, Staatshaushalt und Staatsleitung, 1989, S. 40ff.; etwas ausführlicher auch *H. Pünder*, in: Friauf/Höfling, GG, Art. 115 (2010), Rn. 6ff.

[5] § 57 Bad. Verf. 1818; Tit. VII, § 11 Bay. Verf. 1818; s. auch die preußische Staatsschuldenverordnung v. 17.1.1820; vgl. *Höfling*, Staatsschuldenrecht (Fn. 3), S. 13f.

[6] Art. 103 Preuß. Verf. 1850; s. auch § 51 Paulskirchenverf.

[7] Art. 73 RVerf. 1871; entsprechend Art. 73 Verf. Norddt. Bund.

[8] Art. 87 Satz 2 WRV.

[9] Tit. VII, § 12 Bay. Verf. 1818; nicht dagegen die Preuß. Verf. 1850.

[10] *J.L. Klüber*, Öffentliches Recht des Teutschen Bundes und der Bundesstaaten, 4. Aufl. 1840, S. 531.

[11] *P. Laband*, Das Staatsrecht des Deutschen Reiches, Bd. IV, 5. Aufl. 1914, S. 365ff. erwähnt die Beschränkung, ohne ihr offenbar materielle Wirkung beizumessen.

[12] Zur Entwicklung dieser Deckungsregel bei C. Drietzel, A. Wagner und L. v. Stein eingehend

II. Entstehung und Veränderung der Norm

3 Der Herrenchiemseer Entwurf übernahm die **Regelung des Art. 87 WRV** bzw. Art. 65 Preuß. Verf. 1920 mit leichten Modifizierungen, indem vor allem der Gesetzesvorbehalt auf Kreditgewährungen erstreckt und die Begrenzung des Verwendungszwecks auf werbende Ausgaben gestrichen wurde[13]. Im Parlamentarischen Rat wurde diese Begrenzung des Verwendungszwecks wieder eingefügt und außerdem zusätzlich bestimmt, daß die gesetzliche Ermächtigung auch die Höhe des Kredits und den Umfang der übernommenen Haftungsverpflichtungen festlegen muß[14].

4 Im Zuge der **Haushaltsreform**[15] wurde **Art. 115 GG vollständig umgestaltet**, um die Durchführung einer antizyklischen Finanzpolitik und generell die Berücksichtigung gesamtwirtschaftlicher Erfordernisse im Rahmen der Verschuldung zu ermöglichen sowie einige interpretatorische Schwierigkeiten durch eine redaktionelle Überarbeitung zu beseitigen[16]. So wurden die unklaren Begriffe der »Kreditgewährungen und Sicherheitsleistungen zu Lasten des Bundes« durch die präzisere Formulierung »Bürgschaften, Garantien und sonstige Gewährleistungen« ersetzt[17]. Der Regierungsentwurf begründete daneben eine neue Kreditbegrenzungsregel, wonach anstelle des bisherigen objektbezogenen Deckungsgrundsatzes (»werbende Zwecke«) die Investitionsausgaben in der Regel die Obergrenze der Höhe der Krediteinnahmen bilden sollten[18]. Außerdem entfiel das Erfordernis des außerordentlichen Bedarfs, das auch Grundlage der Trennung von ordentlichem und außerordentlichem Haushalt[19] war, die damit beendet wurde. Im Beratungsverfahren wurde die Klausel »in der Regel« gestrichen und stattdessen der Halbsatz eingefügt, daß Ausnahmen nur zur Abwehr einer Störung des gesamtwirtschaftlichen Gleichgewichts zulässig sind[20]. Darin lag der »situationsbezogene« Gehalt der Neufassung der Kreditbegrenzung[21]. Die Bestimmung des Absatzes 2 des Regierungsentwurfs, derzufolge die Vorschrift des Art. 115 I GG auf die Deutsche Bundespost keine Anwendung finden sollte, wurde auf alle Sondervermögen des Bundes ausgedehnt[22]. Die damit gefundenen Formulierungen des Art. 115 GG sind bis 2009 unverändert geblieben.

5 Angesichts der nach der Wiedervereinigung stark angestiegenen Verschuldung[23] wurden vielfach die bisherige Bindung der Verschuldungshöhe an die Investitionsaus-

---

Höfling, Staatsschuldenrecht (Fn. 3), S. 107ff.; zur zeitgenössischen Interpretation s. *F. E. M. Saemisch*, Das Staatsschuldenwesen, in: HdbDStR II, S. 435ff. (437f.).

[13] Art. 126 HChE; s. Parl. Rat II, S. 275, 572, 609; s. auch *W. Höfling/S. Rixen*, in: BK, Art. 115 (2003), Rn. 1ff.

[14] JöR 1 (1951), S. 820ff.; *Höfling/Rixen* (Fn. 13), Art. 115 Rn. 8ff.

[15] 20. Gesetz zur Änderung des Grundgesetzes v. 12.5.1969 (BGBl. I S. 357); → Vorb. zu Art. 104a–115 Rn. 8; zur Entwicklung der Defizitbegrenzung seit 1949 *F. Bark*, Das gemeinschaftsrechtliche Defizitverfahren, 2004, S. 27ff.

[16] Vgl. im einzelnen die Begründung des Regierungsentwurfs BT-Drs. V/3040, S. 31ff.; ferner *Höfling/Rixen* (Fn. 13), Art. 115 Rn. 28ff.

[17] BT-Drs. V/3040, S. 46.

[18] Vgl. *zu* BT-Drs. V/3040, S. 39; s. auch *zu* BT-Drs. V/3605, S. 13.

[19] § 3 RHO; vgl. *W. Dreißig*, Probleme des Haushaltsausgleichs, in: H. Haller (Hrsg.), Probleme der Haushalts- und Finanzplanung (Schriften des Vereins für Socialpolitik 52), 1969, S. 9ff. (15f.).

[20] *zu* BT-Drs. V/3605, S. 13.

[21] *W. Kitterer*, DÖV 1975, 23 (24f.).

[22] *zu* BT-Drs. V/3605, S. 14; s. dagegen Regierungsentwurf BT-Drs. V/3040, S. 47.

[23] Vgl. zur tatsächlichen Entwicklung *S. Weltring*, Staatsverschuldung als Finanzierungsinstrument des deutschen Vereinigungsprozesses, 1997, S. 37ff.; sowie BT-Drs. 16/3200, S. 55.

gaben heftig als verfehlt kritisiert und andere Begrenzungsmechanismen[24] ebenso wie die Streichung des Art. 115 II GG[25] vorgeschlagen. Der Kritik schloß sich auch das Bundesverfassungsgericht an und forderte 2007 in seiner zweiten Entscheidung zur Staatsverschuldung eine grundlegende Revision[26]. Bundestag und Bundesrat hatten zu diesem Zeitpunkt bereits die Einsetzung einer neuerlichen gemeinsamen Kommission zur Modernisierung der Bund-Länder-Beziehungen beschlossen, die neben der ausstehenden Reform der föderativen Finanzbeziehungen auch die Vorschriften über die Staatsverschuldung verschärfen sollte, nachdem diese Fragen bei der ersten Föderalismuskommission und -reform offengeblieben waren[27]. Die Beratungen[28] mündeten in einem Entwurf zur **Föderalismusreform II** vom März **2009**[29], der auf der Grundlage eines Vorschlags des Bundesfinanzministeriums[30] ein prinzipielles Verschuldungsverbot begründete, während die Neuordnung der Bund-Länder-Finanzbeziehungen weitgehend unterblieb und in die Zukunft verschoben wurde. Der Entwurf wurde unverändert vier Monate später verabschiedet[31] und durch ein parallel erlassenes Begleitgesetz ergänzt[32]. Von der alten Vorschrift des Art. 115 GG wurde lediglich der Gesetzesvorbehalt des Art. 115 I 1 GG beibehalten, die Sätze 2 und 3 des Absatzes 1 ebenso wie die Ausnahmevorschrift des Art. 115 II GG a. F. für Sondervermögen wurden gestrichen. Die völlige Neuregelung des Verschuldungsverbots mit eng begrenzten Ausnahmen enthält die neue Fassung des Art. 115 II GG, die durch ebenfalls geänderte und hinzugefügte Vorschriften der Art. 109, 109a GG sowie die bis in das Jahr 2020 reichende Übergangsregelung des Art. 143d GG modifiziert und ergänzt wird.

B. Internationale, supranationale und rechtsvergleichende Bezüge

Zwar wirken internationale Regelungen auf die rechtliche Zulässigkeit der Kreditfinanzierung nicht ein, aber das **Europarecht entfaltet** seit dem Maastricht-Vertrag auch für die nationale Staatsverschuldung **erhebliche Bedeutung**. Die Notwendigkeit der Erfüllung der Konvergenzkriterien für den seinerzeit erfolgten Eintritt in die Währungsunion gem. Art. 121 EGV a. F. (jetzt verändert **Art. 140 AEUV**) sowie die dauerhaft geltende **Regelung** des **Art. 126 AEUV zur Vermeidung von Defiziten gelten unmittelbar** und **haben Anwendungsvorrang** vor den Regelungen des Art. 115 GG[33]. Auch die Konkretisierungen der Verschuldungsgrenzen durch das 12. Protokoll zu 6

---

[24] Vgl. z. B. *F. Halstenberg*, DVBl. 2001, 1405 (1405 f.); *W. Göke*, ZG 21 (2006), 1 (19 ff.); *W. Kitterer/M. Groneck*, Widi 2006, 559 ff.; *D. Engels/D. Hugo*, DÖV 2007, 445 (454 ff.); *Sachverständigenrat*, Gutachten »Staatsverschuldung wirksam begrenzen« v. 12.3.2007, S. 57 ff.; *W. Höfling*, Der Staat 46 (2007), 163 (172 ff.); *Wissenschaftlicher Beirat beim Bundesministerium für Wirtschaft und Technologie*, Zur Begrenzung der Staatsverschuldung nach Art. 115 GG und zur Aufgabe des Stabilitäts- und Wachstumsgesetzes, 2008, S. 19 ff.

[25] *H. W. Weinzen*, DÖV 2007, 509 ff.

[26] BVerfGE 119, 96 (141 ff., Rn. 133 ff.); dazu *C. Waldhoff*, JZ 2008, 200 ff.

[27] BT-Drs. 16/3885. → Vorb. zu Art. 104a–115 Rn. 10.

[28] Vgl. dazu *S. Korioth*, JZ 2009, 729 (729 f.); *C. Lenz/E. Burgbacher*, NJW 2009, 2561 ff.

[29] BT-Drs. 16/12410.

[30] Kommissions-Drs. 96; vgl. auch *C. Kastrop/M. Snelting*, Widi 2008, 375 ff.

[31] 57. Gesetz zur Änderung des Grundgesetzes v. 29.7.2009 (BGBl. I S. 2248).

[32] Art. 2 Ges. v. 10.8.2009 (BGBl. I S. 2702); Entwurf BT-Drs. 16/12400.

[33] Allgemein zum Anwendungsvorrang BVerfGE 75, 223 (244); 85, 191 (204).

den Verträgen[34] (3% des BIP als Obergrenze des öffentlichen Defizits und 60% des BIP als Obergrenze des öffentlichen Schuldenstandes) und durch den sog. Stabilitätspakt mit seiner Zielsetzung eines nahezu ausgeglichenen (close to balance) Haushalts[35], der inzwischen schon reformiert und abgeschwächt und 2012 erneut durch völkerrechtlichen Vertrag modifiziert worden ist[36], betreffen nur die Neuverschuldung des Gesamtstaates, enthalten also gerade noch keine verbindliche Konkretisierung für den Bund oder die Länder[37]. Insoweit bedarf die Begrenzung der Aufteilung zwischen Bund und Ländern sowie zwischen den einzelnen Ländern der normativen Umsetzung, die nach hier vertretener Auffassung schon bisher gem. Art. 109 III GG a. F., jetzt 109 IV GG durch den Bund erfolgen konnte[38]. Inzwischen normiert Art. 109 II GG n. F. die Verbindlichkeit, ohne eine Aufteilung vorzunehmen, so daß die Umsetzungsfrage weiterhin nicht geklärt ist. Ohnehin würde ein Verstoß gegen die europarechtlichen Vorschriften weder zur Nichtigkeit der gesetzlichen Kreditermächtigung[39] noch zur Unanwendbarkeit[40] führen. Die speziellen Sanktionen gem. Art. 126 II–VIII, X, XI–XIII AEUV haben insoweit Vorrang[41] und lassen außerdem erhebliche Spielräume auch für die Einschätzung der Verletzung der Vorgaben[42]. Gerade gegenüber den großen Mitgliedstaaten wie Deutschland scheuen die zuständigen Organe vor Sanktionen zurück[43]. Gegenüber der exzessiven **Verschuldung Griechenlands**, die durch Fälschungen der Statistik verschleiert wurde, wurde allerdings eine härtere Gangart eingeschlagen[44] und zuletzt eine Verschärfung der Überwachung und des Sanktions-

---

[34] Früher 5. Protokoll zum Maastricht-Vertrag (BGBl. 1992 II, S. 1309), jetzt Protokoll Nr. 12; das Protokoll ist gem. Art. 51 EUV (ex Art. 311 EGV) Bestandteil der Verträge.

[35] Rechtlich handelt es sich um Verordnungen der EU: VO 1466 und 1467/97 v. 7.7.1997, Abl. L 209/1 u. 6; geändert durch VO 1055 und 1056/2005 v. 27.6.2005, Abl. L 174/1 u. 174/5; vgl. dazu *M. Sutter*, Der Stabilitäts- und Wachstumspakt in der Europäischen Währungsunion, 2000; überdimensioniert jetzt *K. Hentschelmann*, Der Stabilitäts- und Wachstumspakt, 2009, S. 205ff.; vgl. auch *M. Hüpertz/A. Verdun*, The Dog that Would Never Bite?, MPIfG Working Paper 03/12, 2003, S. 3ff.; *F. Breuss* (Hrsg.), The Stability and Growth Pact, 2007; *Pünder* (Fn. 4), Art. 115 Rn. 34ff. → Art. 88 Rn. 38.

[36] Vgl. *A. Hatje*, DÖV 2006, 597ff.; *U. Häde*, in: Calliess/Ruffert, EUV/AEUV, Art. 126 AEUV Rn. 90ff.; zum Vertrag von 2012: → Art. 109 Rn. 7.

[37] Vgl. *H. Siekmann*, in: Sachs, GG, Art. 109 Rn. 31.

[38] Das war hoch umstritten: → Art. 109 Rn. 7ff.; zu den denkbaren Verteilungskriterien *Wiss. Beirat beim BMF*, Zur Bedeutung der Maastricht-Kriterien für die Verschuldungsgrenzen von Bund und Ländern, 1994, S. 23ff.; zur Auswirkung auf die Gemeinden: *H.A. Wolff*, DÖV 2006, 908ff.; zur grundsätzlichen Bindungswirkung für die Länder s. *M. Kloepfer/M. Rossi*, VerwArch. 94 (2003), 319 (335ff.).

[39] *H.D. Jarass*, Grundfragen der innerstaatlichen Bedeutung des EG-Rechts, 1994, S. 3; *Siekmann* (Fn. 37), Art. 109 Rn. 31.

[40] Unklar *Siekmann* (Fn. 37), Art. 109 Rn. 32: »nicht sicher«.

[41] Wohl auch *Siekmann* (Fn. 37), Art. 109 Rn. 24.

[42] Vgl. *U. Häde*, JZ 1997, 269 (270); *A. Hering*, Die Kreditfinanzierung des Bundes über Nebenhaushalte, 1998, S. 125ff.; allgemein zum Defizitverfahren *F. Bark*, Das gemeinschaftsrechtliche Defizitverfahren, 2004, S. 27ff.

[43] Das haben die Verfahren zu Frankreich und gerade auch Deutschland gezeigt: zu den Ratsbeschlüssen vom 25.11.2003 vgl. insb. *U. Palm*, EuZW 2004, 71ff.; *O. Singer*, Der Europäische Stabilitäts- und Wachstumspakt, Wiss. Dienste des BT, 2005, S. 40ff.; *Häde* (Fn. 36), Art. 126 AEUV Rn. 89; der EuGH hat die Beschlüsse zwar aus formalen Gründen für europarechtswidrig erklärt, in der Substanz aber wenig ändern können: EuGH v. 13.7.2004, JLI-06649; dazu *U. Häde*, EuR 2004, 750ff.; *G. Nicolaysen*, DVBl. 2004, 1321ff.; *M. Kotzur*, JZ 2004, 1072ff.; *P. Buchmüller/A. Marte*, Widi 2004, 261ff.

[44] Vgl. Kommissionsbeschluß v. 3.2.2010, press release JP 10 116.

regimes zuletzt durch den Fiskalpakt umgesetzt[45]. Der drohende Staatsbankrott Griechenlands warf zugleich die Frage nach Ansprüchen der Mitgliedstaaten auf Hilfen durch die Union bzw. anderer Mitgliedstaaten und der rechtlichen Zulässigkeit von Unterstützungsmaßnahmen auf. Während Art. 125 AEUV jeglichen Anspruch auf Hilfe und eine Haftung der Union oder der Mitgliedstaaten eindeutig und definitiv ausschließt (**no bail out**), ist die Zulässigkeit von Hilfen zur Abwendung eines Staatsbankrotts umstritten[46]. Die Beschlüsse der Union vom 2.5.2010 und die Umsetzung durch das Währungsunion-Finanzstabilitätsgesetz[47] stellen aber weder eine Haftungsübernahme noch ein Eintreten für vergangene Verbindlichkeiten Griechenlands dar, sondern sind an Auflagen gebundene Finanzhilfen, die in der Form von Bürgschaften für zukünftige private Bankkredite gewährt werden[48]. Gegen die Annahme, daß dadurch Art. 125 I AEUV umgangen wird, spricht zudem, daß Art. 122 II AEUV explizit einen finanziellen Beistand durch die Union im Fall von außergewöhnlichen Ereignissen an Mitgliedstaaten aus eigenen Haushaltsmitteln erlaubt. Ein derartiger Beistand – im eigenen Interesse – ist auch bei partiell selbstverschuldeten Krisen zulässig[49]. Der neu beschlossene Mechanismus für zukünftige Krisen beruht insoweit sowohl auf Art. 122 II AEUV[50] als auch auf einer eigenständigen multilateralen Unterstützung der Mitgliedstaaten. Außerhalb der Währungsunion ist ein **Beistand** ohnehin **nach Art. 143 AEUV** zulässig und schon mehrfach gewährt worden[51]. Die Verträge schließen derartige Stützungsmaßnahmen eben nicht kategorisch aus, sondern erlauben an dieser Stelle eine vor allem aus ökonomischer Perspektive sinnvolle flexible Handhabung. Deutsches Verfassungsrecht wird durch die Hilfe ohnehin nicht verletzt[52]. Angesichts des neuen prinzipiellen Verschuldungsverbots des Grundgesetzes verloren die Regeln des Unionsrechts theoretisch jedenfalls ab 2016 ihre Bedeutung, da sie weniger rigide waren[53]. Nicht zuletzt durch den Fiskalpakt ist das Unionsrecht aber zumindest teilweise auch gegenüber dem Grundgesetz verschärft worden.

Die **deutschen Landesverfassungen** orientierten sich bisher weitgehend an Art. 115 GG a. F.[54], müssen aber nunmehr die Änderungen der Art. 109, 109a, 115 sowie 143d GG nachvollziehen. In anderen Verfassungen finden sich kaum verbindliche materielle Vorgaben für die Staatsverschuldung. Die Verabschiedung eines **balanced budget amendment** in den Vereinigten Staaten ist auf Bundesebene mehrfach gescheitert[55]. Auf einzelstaatlicher Ebene haben in den USA zahlreiche Verfassungen ein Verbot der Staatsverschuldung verankert, was allerdings angesichts der Umgehungsmöglichkei- 7

---

45 Zum Stabilitäts- und Wachstumspakt sowie zum Fiskalpakt: → Art. 109 Rn. 7 m. w. N.

46 Vgl. kritisch *L. Knopp*, NJW 2010, 1777ff.; ablehnend *W. Frenz/C. Ehlenz*, EWS 2010, 65 (67).

47 Erklärungen der Finanzminister der Währungsunion vom 2.5.2010 und 11.4.2010, PCE 80/10 v. 2.5.2010; Gesetzentwurf in BT-Drs. 17/1544.

48 *C. Herrmann*, EuZW 2010, 413 (415).

49 Vgl. *U. Häde*, EuZW 2009, 399 (401ff.); *C. Herrmann*, EuZW 2010, 413 (416).

50 BT-Drs. 17/1685; Gesetz v. 22.5.2010 (BGBl. I S. 627); dazu jetzt – geradezu abwegig – *H. Kube/E. Reimer*, NJW 2010, 1911ff.; verfehlt auch *K. Faßbender*, NVwZ 2010, 799ff.

51 *U. Häde*, EuZW 2009, 399 (401).

52 Vgl. BVerfGE 125, 385; s. auch *L. Knopp*, NJW 2010, 1777 (1781f.).

53 Vgl. auch zur früheren Rechtslage *Hering*, Kreditfinanzierung (Fn. 42), S. 131ff.

54 Vgl. im einzelnen *Höfling/Rixen* (Fn. 13), Art. 115 Rn. 487ff.; *K. Knop*, Verschuldung im Mehrebenensystem, 2008, S. 112ff.; zur Rechtsprechung der Landesverfassungsgerichte *H. Neidhardt*, Staatsverschuldung und Verfassung, 2010, S. 90ff.

55 Senate Joint Resolution 106, 104. Cong. 1 sess. 1995; vgl. zu früheren Versuchen *U. S. Congress, House Committee on the Budget*, The Balanced Budget Amendment, Hearings, 2 Vols., 102. Cong. 2 sess. 1992; *Note*, Harvard Law Review 96 (1982/83), 1600ff.

ten im Ergebnis die tatsächliche Verschuldung auch in diesen Einzelstaaten kaum nennenswert eingeschränkt hat[56]. Neuerdings werden die jüngst eingeführten **Schuldenbremsen** in den Schweizer Kantonsverfassungen sowie der Bundesverfassung gepriesen[57], die teilweise als Vorbild für die neue deutsche Schuldenbremse fungiert haben. Allerdings ist die verfassungsrechtliche Regelung des Art. 121 Schweizer Bundesverfassung weniger rigide, nicht justiziabel und überläßt die Konkretisierung dem einfachen Bundesgesetz[58]. Demgegenüber ist ein Gesetzesvorbehalt für Kreditermächtigungen in vielen Ländern verfassungsrechtlich normiert[59].

C. Erläuterungen

I. Allgemeine Bedeutung

8 Der Staat kann sich die notwendigen Finanzmittel prinzipiell entweder durch die Erhebung von öffentlichen Abgaben, also Steuern, Gebühren, Beiträgen, Leistungsentgelten etc., oder durch die Aufnahme von Schulden beschaffen. Anders als die Erhebung von Abgaben, die den Bürger gegenwärtig belasten und eine endgültige Deckung der Ausgaben bewirken, gilt die **staatliche Kreditaufnahme** spätestens seit Adam Smith als – rechtfertigungsbedürftige – **Zukunftsbelastung**[60]. Entgegen gerade in der Rechtswissenschaft verbreiteten common sense-Vorstellungen einer Lastenverschiebung auf die künftigen Steuerzahler[61] bedarf die These der Zukunftsbelastung der

---

[56] Vgl. *Congressional Budget Office*, Balancing the Federal Budget and Limiting Federal Spending: Constitutional and Statutory Approaches, 1982, S. 117ff.; *J. Hagen*, Journal of Public Economics 44 (1991), 199ff.; partiell etwas positiver *H. Bohn/R.P. Inman*, Balanced Budget Rules and Public Deficits. Evidence from the U.S. States, NBER Working Paper Nr. 5533, 1996.

[57] Vgl. hierzu *G. Kirchgässer*, Die Wirksamkeit von Schuldenbremsen, in: C. und S. Schaltegger (Hrsg.), Perspektiven der Schweizer Wirtschaftspolitik, 2004, S. 107ff.; *M. Masoni*, Ausgabenbremse: Der neue Weg des Kantons Tessin, ebd. S. 125ff.; s. auch *A. Glaser*, DÖV 2002, 98ff.; *Sachverständigenrat*, Gutachten (Fn. 24), S. 82ff., aber auch ebd. S. 157ff.; ferner *Neidhardt*, Staatsverschuldung (Fn. 54), S. 279ff.

[58] Näher *W. Heun*, ZSE 7 (2009), 552 (567f.).

[59] Vgl. Art. 21 i.V.m. Art. 22 I Irische Verf.; Art. 99 II Luxemb. Verf.; Art. 108 IV Port. Verf.; Art. 135 Span. Verf.; s. auch *Höfling/Rixen* (Fn. 13), Art. 115 Rn. 589ff.

[60] *Smith*, Wohlstand (Fn. 2), S. 798f.; zur historischen Entwicklung der Staatsschuldenlehre vgl. *Stern*, Staatsrecht II, S. 1264ff.; K. Diehl/P. Mombert (Hrsg.), Das Staatsschuldenproblem mit Einführung von *R. Hickel*, 1980; *H. Rybinski*, Der Grundsatz des Haushaltsgleichgewichts in historischer und dogmengeschichtlicher Hinsicht, Diss. rer. pol. Berlin 1964; *B. Kampmann*, Staatsverschuldung – Begrenzungskonzepte in der Kritik, 1997, S. 8ff.; *L. Wucherpfennig*, Staatsverschuldung in Deutschland, 2007, S. 54ff.; guter Überblick über die ökonomische Diskussion: *D. Duwendag*, Staatsverschuldung – Notwendigkeit und Gefahren, 1983; umfassende Sammlung maßgebender Aufsätze: C.K. Rowley/W.F. Shughart II/R.D. Tollison (Hrsg.), The Economics of Budget Deficits, 2 Bde., Cheltenham 2002.

[61] Siehe etwa *R. Mußgnug*, Gesetzesgestaltung und Gesetzesanwendung im Leistungsrecht, VVDStRL 47 (1989), S. 113ff. (130f.); *K.-A. Schwarz*, DÖV 1998, 721 (722); *P. Kirchhof*, Verfassungsrechtliche Grenzen der Steuerlast und der Staatsverschuldung, in: Frankfurter Institut – Stiftung Marktwirtschaft und Politik (Hrsg.), Schranken gegen Staatsverschuldung und Steuerlast, 1996, S. 51ff. (74f.); *J. Isensee*, Verfassungsrechtliche Würdigung der Schuldengrenze nach Art. 115 GG – Implikationen der Finanzkontrolle, in: U. Müller (Hrsg.), Haushaltsreform und Finanzkontrolle, 1997, S. 111ff. (113f.); *C. Gröpl*, Haushaltsrecht und Reform, 2001, S. 442, 444; kritisch wie hier hingegen auch *Höfling*, Staatsschuldenrecht (Fn. 3), S. 169f.; die Vorstellung ist aber offensichtlich nicht auszurotten, wie jetzt wieder *H. Kube*, in: Maunz/Dürig, GG, Art. 115 (2009), Rn. 140f. demonstriert.

Differenzierung und einer erheblichen **Relativierung**. Zunächst ist zwischen den gesamtwirtschaftlichen Wirkungen sowie Belastungen der Bürger einerseits und den Auswirkungen auf die künftigen Haushalte des Staates andererseits scharf zu unterscheiden[62]. Jede längerfristige staatliche Kreditaufnahme bedeutet einen Vorgriff auf Dispositionsmöglichkeiten des jeweiligen Haushaltsgesetzgebers künftiger Legislaturperioden, der entsprechende Zins- und Tilgungslasten zu finanzieren hat[63]. Die Budgetspielräume zukünftiger Haushaltsperioden im Vergleich zu den bisherigen Haushaltsperioden werden durch eine potentialorientierte Staatsverschuldung[64] indes allein durch die zunehmenden Zinszahlungen, nicht durch die Tilgungsleistungen eingeschränkt[65]. In der damit und mit einer Ausweitung der Staatsverschuldung über die Wachstumsrate des Bruttosozialprodukts hinaus verbundenen Zukunftsbelastung künftiger Haushalte liegt jedoch kein Verstoß gegen das Demokratieprinzip[66]. Vielmehr handelt es sich insoweit um eine weitgehend politische, rechtlich nicht vorgeprägte Entscheidung.

Maßgeblich für die Beurteilung der Staatsverschuldung sind die **gesamtwirtschaftlichen Wirkungen**; daran orientierte sich auch die Regelung des Art. 115 I GG a.F. 9
Angesichts der Notwendigkeit der Finanzierung staatlicher Aufgaben sind die positiven oder negativen Effekte der Staatsverschuldung aus dem Vergleich zur Staatsfinanzierung durch Steuern zu erschließen[67]. Unsoziale interpersonelle Verteilungswirkungen der Staatsverschuldung sind im Ergebnis nicht feststellbar[68]. Die Diskussi-

---

62 *W. Heun*, Die Verwaltung 18 (1985), 1 (24).

63 Vgl. *H. Fischer-Menshausen*, in: I. v. Münch/P. Kunig (Hrsg.), GG-Kommentar, Bd. III, 3. Aufl. 1996, Art. 115 Rn. 1.

64 Potentialorientierte Staatsverschuldung bedeutet, daß die Wachstumsrate der Staatsverschuldung derjenigen des Produktionspotentials entspricht. Zur potentialorientierten Verschuldung und dem Konzept eines konjunkturneutralen Haushalts des Sachverständigenrates *H.J. Barth*, Potentialorientierte Verschuldung, in: D.B. Simmert/K.-D. Wagner (Hrsg.), Staatsverschuldung kontrovers, 1981, S. 58ff.; s. auch *W. Ehrlicher*, Grenzen der öffentlichen Verschuldung, ebd., S. 103ff. (110f.); kritisch zu diesem sog. Normaldefizit *ders.*, Grenzen der Staatsverschuldung, in: FS Haller, 1979, S. 27ff. (38ff.); s. auch *M. Feldsieper*, Gibt es eine normale Staatsverschuldung?, in: F.-H. Hansmeyer (Hrsg.), Staatsfinanzierung im Wandel, 1983, S. 311ff.; *D. Biehl* u. a., Konjunkturelle Wirkungen öffentlicher Haushalte, 1978, S. 44ff.; *J. Meister*, Budget und Konjunktur, 1981, S. 130ff.; *F. Jaeger/B. Schips*, Zur ökonomischen Analyse einer Staatsverschuldung, 1983, S. 29ff.

65 *W. Heun*, Die Verwaltung 18 (1985), 1 (24f.); bei potentialorientierter Verschuldung strebt der Anteil der Zinsausgaben einem Grenzwert zu, s. klassisch *E.D. Domar*, American Economic Review 34 (1944), 798ff.

66 Vgl. aber *G. Püttner*, Staatsverschuldung als Rechtsproblem, 1980, S. 10f.; vgl. neuerdings auch *C. Jahndorf*, Grundlagen der Staatsfinanzierung durch Kredite und alternative Finanzierungsformen im Finanzverfassungs- und Europarecht, 2003, S. 109ff. (Demokratieprinzip begründe ein »staatsschuldenrechliches Erdrosselungsverbot«) sowie *H. Pünder*, HStR^3 V, § 123 Rn. 58f.; **dagegen** zutreffend *Fischer-Menshausen* (Fn. 63), Art. 115 Rn. 1; *P. Henseler*, AöR 108 (1983), 489 (497ff.); *W. Heun*, Die Verwaltung 18 (1985), 1 (25f.); *H. Donner*, ZParl. 18 (1987), 436 (445ff.); *Höfling*, Staatsschuldenrecht (Fn. 3), S. 94ff.; *Höfling/Rixen* (Fn. 13), Art. 115 Rn. 71ff.; *M. Heintzen*, in: v. Münch/Kunig, GG II, Art. 115 Rn. 1.

67 Sog. Differentialwirkungen; s. *O. Gandenberger*, Theorie der öffentlichen Verschuldung, in: F. Neumark (Hrsg.), Handbuch der Finanzwissenschaft, Bd. III, 3. Aufl. 1981, S. 3ff. (6f.); *Höfling*, Staatsschuldenrecht (Fn. 3), S. 160f.

68 *W. Heun*, Die Verwaltung 18 (1985), 1 (26f.); aus dem ökonomischen Schrifttum s. *N. Andel*, Public Finance 24 (1969), 68ff.; *O. Gandenberger*, FinArch. 29 (1970), 1ff.; *H.-J. Hauser*, Verteilungswirkungen der Staatsverschuldung, 1979, S. 101ff.; *R. Kurz/L. Rall*, Interpersonelle und intertemporale Verteilungswirkungen öffentlicher Verschuldung, 1983, S. 5ff., 25ff.; vgl. jetzt allerdings auch *W. Scherf*, Öffentliche Finanzen, 2009, S. 417ff.; a. A. ohne jede Bezugnahme auf die ökonomischen Untersuchungen *P. Kirchhof*, Grenzen der Staatsverschuldung in einem demokratischen Rechtsstaat,

on und die Regelung des Art. 115 I GG a.F. stellten deshalb maßgeblich auf die **differentiellen intertemporalen Verteilungswirkungen** ab[69]. Anders als im 18. und 19. Jahrhundert angenommen, kann die zeitliche Lastenverschiebung nicht mit der Höhe der Zins- und Tilgungslast in der Zukunft gleichgesetzt werden, weil dafür erst die zukünftigen Steuerzahler aufkommen müßten[70]. Die »Neue Orthodoxie«[71] hat vielmehr darauf hingewiesen, daß eine zeitliche Lastenverschiebung in geschlossenen Volkswirtschaften[72] in dieser Form nicht eintreten kann, da Tilgungs- und Zinsleistungen jeweils von Mitgliedern (Steuerzahlern) derselben Gesellschaft aufgebracht werden, deren Mitglieder auch die Empfänger der Zahlungen als Kreditgläubiger sind[73]. Demgegenüber macht der sog. **Utility Approach** geltend, daß eine Zukunftsbelastung dadurch eintrete, daß der Einzelne eine individuelle Nutzeneinbuße durch die zukünftige Zwangsbelastung durch Steuern erleide, wohingegen der Kreditgeber in der Gegenwart sein Kapital freiwillig zur Verfügung stelle[74]. Dieser Ansatz leidet daran, daß die Nutzeneinbuße nicht intersubjektiv vergleichbar und damit nicht operationabel ist; er wies zudem keinen Bezug zu der verfassungsrechtlichen Regelung des Art. 115 I GG a.F. auf[75].

10 Der sog. **Aggregate Investment Approach** hebt im Unterschied dazu auf **differentielle Wachstumseffekte** ab, die durch die Verdrängung privater Investitionen (crowding-out) infolge der Anhebung des Zinsniveaus durch die staatliche Kreditaufnahme entstehen[76]. Allerdings gilt dies nur im Fall der völligen Auslastung des Produktionspotentials und der Vollbeschäftigung. Außerdem ist die Verdrängungswirkung von

in: H.H. v. Arnim/K. Littmann (Hrsg.), Finanzpolitik im Umbruch, 1984, S. 271ff. (278); *S. Bajohr*, KritJ 31 (1998), 433 (438f.).

[69] Überblicke bei *O. Gandenberger*, Intertemporale Verteilungswirkungen der Staatsverschuldung, in: H. Haller (Hrsg.), Probleme der Staatsverschuldung, 1972, S. 189ff.; *W. Heun*, Die Verwaltung 18 (1985), 1 (7ff.); *Höfling*, Staatsschuldenrecht (Fn. 3), S. 159ff.; *C.B. Blankart*, Öffentliche Finanzen in der Demokratie, 8. Aufl. 2011, S. 373ff.; *Sachverständigenrat*, Gutachten (Fn. 24), S. 31ff.; *Scherf*, Finanzen (Fn. 68), S. 424ff.; vgl. jetzt *C.-L. Holtfrerich* u.a., Staatsschulden: Ursachen, Wirkungen und Grenzen, 2015, S. 36ff.; die Methode des intergenerational accounting (vgl. dazu *Deutsche Bundesbank*, Monatsbericht Nov. 1997, S. 17ff. sowie die Kontroverse von *A. Auerbach* u.a. einerseits und *R. Hoevemann* andererseits in Journal of Economic Perspectives 8 [1994], 73ff., 95ff.) mißt etwas anderes, nämlich die Verteilung der Abgabebelastungen über längere Zeiträume und ist insofern für die Bemessung der Zukunftsbelastung durch Staatsverschuldung nicht aussagekräftig.

[70] *Smith*, Wohlstand (Fn. 2), S. 798f.

[71] So die kritische Bezeichnung dieser Richtung durch *J.M. Buchanan*, Public Principles of Public Debt, 1958, S. 4.

[72] Im Fall der Auslandsverschuldung tritt eine entsprechende Lastenverschiebung ein; s. schon *Smith*, Wohlstand (Fn. 2), S. 800; zu den außenwirtschaftlichen Aspekten der Staatsverschuldung *E.-M. Lipp*, Steigende Staatsverschuldung in offener Wirtschaft, in: Hansmeyer, Staatsfinanzierung (Fn. 64), S. 401ff.

[73] *A.P. Lerner*, The Burden of the National Debt (1948), gekürzt in: J.M. Ferguson (Hrsg.), Public Debt and Future Generations, 1964, S. 16ff.; vgl. auch *T. Thormählen*, Konjunkturpolitik 26 (1980), 77 (81ff.).

[74] *Buchanan*, Principles (Fn. 71), insb. S. 31ff.; vgl. dazu *C.S. Shoup*, The Economic Journal 72 (1962), 887ff.; dem jetzt folgend *R. Wendt*, in: v. Mangoldt/Klein/Starck, GG III, Art. 115 Rn. 4.

[75] Vgl. *W. Heun*, Die Verwaltung 18 (1985), 1 (8ff.); *Höfling*, Staatsschuldenrecht (Fn. 3), S. 168; ohne jedes Verständnis für die Zusammenhänge und ohne Auseinandersetzung mit den Gegenargumenten jetzt aber diesen Ansatz zugrundelegend *Wendt* (Fn. 74), Art. 115 Rn. 4; *R. Wendt/M. Elicker*, DVBl. 2001, 497 (498); sowie *H. Pünder*, HStR³ V, § 123 Rn. 6.

[76] Grundlegend *F. Modigliani*, The Economic Journal 71 (1961), 730ff.; *W. Vickrey*, American Economic Review 51 (1961), 132ff., beide auch in: Ferguson, Debt (Fn. 73), S. 107ff., 74ff.; s. ferner die Darstellung bei *Gandenberger*, Verteilungswirkungen (Fn. 69), S. 202ff.

einer Reihe weiterer Bedingungen abhängig, die in der Realität nur eingeschränkt zutreffen[77]. Im Falle uneingeschränkt rationaler Erwartungen sind Steuern und Staatsverschuldung sogar äquivalent (Ricardo-Barro-Äquivalenztheorem)[78]. Schließlich sind Verdrängungseffekte empirisch kaum nachzuweisen[79]. Gleichwohl lag der Norm des Art. 115 I GG a. F. der Wachstumsansatz prinzipiell zugrunde, da sowohl die Beschränkung auf die Höhe der Investitionsausgaben als auch die Ausnahmeregelung des Art. 115 I 2 GG a. F. auf die Voraussetzungen des Wachstumsansatzes zugeschnitten waren[80].

Angesichts der Gefahr, daß die zukünftige Belastung mit zusätzlichen Steuern zum Zeitpunkt der Kreditaufnahme von den Bürgern nicht in vollem Umfang antizipiert wird (Fiskal- oder Finanzierungsillusion)[81] und in bestimmten Situationen jedenfalls in gewissem Umfang Verdrängungseffekte ausgelöst werden können, war die frühere Regelung des **Art. 115 I GG a.F.** trotz aller Unvollkommenheiten eine **angemessene normativ-institutionelle Sicherung** vor einer übersteigerten Staatsverschuldung, zumal als zusätzliche Beschränkung die europarechtlichen Grenzen hinzutraten. Sie war und ist einer starren, absoluten Begrenzung oder gar einem vollständigen Verbot jeglicher Staatsverschuldung, das gerade in jüngster Zeit nach dem Vorbild der Vereinigten Staaten propagiert[82] und jetzt in der Neuregelung umgesetzt wurde, vorzuziehen. Dies gilt umso mehr, als auch in der Normallage eine im Verhältnis zum Brutto- **11**

---

[77] Neben der Vollbeschäftigung liegen weitere Annahmen zugrunde: lineare Anhebung der Einkommensteuer als Vergleichsmaßstab, vollkommene Zinsunempfindlichkeit des Kreditangebots und vollkommene Zinselastizität privater Kreditnachfrage; letztlich auch Fiskalillusion der Steuerzahler, also die Annahme, daß die Steuerzahler die zukünftigen Belastungen nicht antizipieren (s. unten Fn. 81); vgl. *W. Heun*, Die Verwaltung 18 (1985), 1 (10ff.) m. w. N.

[78] *D. Ricardo*, Über die Grundsätze der Politischen Ökonomie und der Besteuerung (1817), dt. 1972, S. 123ff., 182ff.; *R. J. Barro*, Journal of Political Economy 82 (1974), 1095ff.; s. auch *ders.*, Macroeconomics, 4. Aufl. 1993, S. 372ff.; vgl. ferner *B. D. Bernheim*, NBER Macroeconomics Annual 1987, 263ff.; *W. Kitterer*, Kredit und Kapital 19 (1986), 271ff.; *J. J. Seater*, Journal of Economic Literature 31 (1993), 142ff.; *S. D. Josten*, Jahrbuch für Wirtschaftswissenschaften 53 (2002), 180ff.; zu Einschränkungen bei begrenzter Lebenserwartung *A. Ando/F. Modigliani*, American Economic Review 53 (1963), 55ff.; auf dieser These baut auch die Steuerglättungsthese *Barro's* auf, s. *K. J. Barro*, Journal of Political Economy 87 (1979), 940ff.

[79] *C. I. Plosser*, Journal of Monetary Economics 9 (1982), 325ff.; *P. Evans*, Journal of Monetary Economics 20 (1987), 281ff.; s. auch *G. P. Dwyer*, Journal of Money, Credit and Banking 17 (1985), 655ff.; etwas andere Tendenz bei *R. G. Holcombe/J. D. Jackson/A. Zardkoohi*, Kyklos 34 (1981), 186ff.; nicht einmal bei den Zinseffekten gibt es einen Konsens, empirisch sind die Zinseffekte eher gering: vgl. *E. M. Engen/R. G. Hubbard*, Federal Government Debt and Interest Rates, NBER Working Paper 10681, 2004; *N. Kinoshita*, Government Debt and Long-Term Interest Rates, IMF Working Paper 2006/63.

[80] Vgl. *W. Heun*, Die Verwaltung 18 (1985), 1 (13); *Höfling*, Staatsschuldenrecht (Fn. 3), S. 169ff.; *Höfling/Rixen* (Fn. 13), Art. 115 Rn. 259f.

[81] Vgl. bereits *D. Ricardo*, Untersuchung über das Anleihesystem (1824), in: Diehl/Mombert, Staatsschuldenproblem (Fn. 60), S. 94ff. (130ff.); s. dazu auch *Gandenberger*, Verteilungswirkungen (Fn. 69), S. 208ff.; eine derartige Fiskalillusion ist weitgehend Voraussetzung einer zeitlichen Lastenverschiebung.

[82] Vgl. den Vorschlag der FDP, in: G. Westerwelle (Hrsg.), Wiesbadener Grundsätze, 1997, S. 51ff.; zu den Reformvorschlägen *W. Göke*, NdsVBl. 1996, 1 (6ff.); vgl. ferner *L. Schemmel/R. Borell*, Verfassungsgrenzen für Steuerstaat und Staatshaushalt, 1992, S. 159ff.; *H. H. v. Arnim*, DVBl. 1985, 1286 (1292f.); *F. Kirchhof*, Wege aus der Staatsverschuldung, in: FS Vogel, 2000, S. 241ff. (249); *Kirchhof*, DVBl. 2002, 1569ff.; *H. A. Wolff*, Die Änderungsbedürftigkeit des Art. 115 GG, in: FS v. Arnim, 2004, S. 313ff. (323); *P. Kirchhof*, Die Staatsverschuldung als Ausnahmeinstrument, in: FS Mußgnug, 2005, S. 131ff.; jeweils ohne jede Beachtung ökonomischer Probleme und Zusammenhänge.

inlandsprodukt gleichbleibende Verschuldung verstetigende Wirkung entfalten[83] und die Kreditfinanzierung in Fällen der Störung des gesamtwirtschaftlichen Gleichgewichts ein sinnvolles fiskalpolitisches Instrument der Konjunktursteuerung sein und damit konjunktureller Stabilisierung dienen kann[84]. Die Gefahren wachsender Staatsverschuldung, die auch durch die anscheinend geringeren politischen Kosten gesteigert werden[85], sollen damit nicht geleugnet werden, sind aber mit den Vorteilen jeweils politisch abzuwägen. Mittel- und langfristig sollte die Finanzpolitik das **Ziel der Nachhaltigkeit** verfolgen[86], ohne daß dies einer Verfassungsänderung bedurfte, da bereits die Regelungen des Art. 126 AEUV cum grano salis die Nachhaltigkeit sicherten. Der Staatsbankrott[87] liegt für Deutschland – anders als vielleicht für Griechenland – jedenfalls trotz der jüngsten Explosion der Staatsverschuldung noch in ziemlicher Ferne[88], die Beschwörung einer »Apokalypse«[89] ist abwegig. Trotz der in absoluten Zahlen gemessen hohen Staatsverschuldung, die indes in Relation zum Bruttoinlandsprodukt zu setzen ist, war gerade auch im Hinblick auf die Sondersituation der Deutschen Wiedervereinigung der Vorwurf des Steuerungsversagens[90] oder einer »Systemschwäche«[91] deutlich überzogen.

12 Die **Neuregelung** wendet sich von diesem Konzept grundlegend ab[92] und **normiert** erstmals ein nur durch wenige, eng begrenzte Ausnahmen durchbrochenes **rigides**

---

[83] Vgl. *Fischer-Menshausen* (Fn. 63), Art. 115 Rn. 1a; *W. Heun*, Die Verwaltung 18 (1985), 1 (13f.).

[84] Auch dies hängt wiederum von einer Reihe von Bedingungen ab; insbesondere kommt es auf das Verhältnis zur Geldpolitik an, das wiederum u.a. vom Wechselkursregime abhängt; zur Verteidigung antizyklischer Fiskalpolitik vgl. auch *W. Klauder*, Widi 2003, 72ff.; *Sachverständigenrat*, Jahresgutachten 2005/06 (BT-Drs. 16/65), S. 209ff.

[85] Aus der Sicht der Politiker ist eine erhöhte Kreditaufnahme mit geringeren politischen Widerständen als eine Steuererhöhung verbunden; vgl. insb. *J.M. Buchanan/R. Wagner*, Democracy in Deficit, 1977; generell zur politischen Ökonomie der Staatsverschuldung zusammenfassend *A. Alesina/R. Perotti*, The Political Economy of Budget Deficits, IMF Staff Papers 42 (1995), S. 1ff.; vgl. aber *C.J. Schneider*, PVS 48 (2007), 221ff.

[86] Vgl. dazu *Wiss. Beirat beim BMF*, Nachhaltigkeit in der Finanzpolitik, 2001; *O. Blanchard/J.-C. Chouraqui* u.a., The Sustainability of Fiscal Policy, OECD-Economic Studies 15, 1990, S. 7ff.; vgl. auch *B. Jochimsen*, DÖV 2004, 511 (515f.); *B. Huber/B. Milbrandt/U. Runkel*, Widi 2002, 395ff.; verkürzt und irreführend jetzt *M. Möstl*, Nachhaltigkeit und Haushaltsrecht, in: W. Kahl (Hrsg.), Nachhaltigkeit als Verbundbegriff, 2008, S. 569ff. (576f.); der finanzpolitische Nachhaltigkeitsbegriff hat eine präzise Bedeutung, die sich von dem vor allem in der Ökologie verwendeten unterscheidet, vgl. dazu hier nur *W. Kahl*, DÖV 2009, 2ff. m.w.N.

[87] Zur Problematik vgl. *C.G. Paulus*, WM 2002, 725ff.; *C. Ohler*, JZ 2005, 590ff. m.w.N.; *C. Waldhoff*, $HStR^3$ V, § 116 Rn. 32ff.; historische Perspektiven in: G. Lingelbach (Hrsg.), Staatsfinanzen – Staatsverschuldung – Staatsbankrotte in der europäischen Staaten- und Rechtsgeschichte, 2000.

[88] Zu den Konsolidierungsmöglichkeiten vgl. *Deutsche Bundesbank*, Monatsbericht März 2004, S. 15ff. (27ff.); *Bertelsmann Stiftung*, Erfolgreiche Budgetkonsolidierungen im internationalen Vergleich, 2006, jetzt als Buch *U. Wagschal/G. Wenzelburger*, Haushaltskonsolidierung, 2008; *Sachverständigenrat*, Jahresgutachten 2005/06 (Fn. 84), S. 296ff.; bis 2011 sollte die Nettoneuverschuldung auf Null zurückgeführt werden, *BMF*, Finanzbericht 2008, S. 81, bis die Finanzkrise die Planung umwarf; vgl. aber auch die langfristige Projektion bei *C. Fuest/M. Thöne*, Staatsverschuldung in Deutschland: Wende oder Anstieg ohne Ende? FiFO-CPE Discussion Paper 68–2, 2008.

[89] *M.C. Kerber*, Der verdrängte Finanznotstand, 2002, S. 132ff.

[90] So *J. Wieland*, JZ 2006, 751 (752f.); übersteigert auch die Kritik, die Staatsverschuldung wirke wie »Opium«, so *J. Isensee*, Schuldenbarriere für Legislative und Exekutive, in: FS Friauf, 1996, S. 705ff. (708); *Pünder* (Fn. 4), Art. 115 Rn. 31; s. auch *G. Kirchhof*, Die Allgemeinheit des Gesetzes, 2009, S. 577.

[91] *C. Gröpl*, AöR 133 (2008), 1 (32); s. auch *Pünder* (Fn. 4), Art. 115 Rn. 15.

[92] Unverständlich insoweit *C. Ohler*, DVBl. 2009, 1265 (1265), der »keine Revolution«, sondern lediglich »eine Fortschreibung des bisherigen Rechtsstandes« erkennen will.

Verschuldungsverbot. Dies stößt weithin und im Prinzip auf Zustimmung[93], wenngleich die sprachlich-normative Umsetzung mit ihren Details, unnötigen Wiederholungen und Umständlichkeiten zu Recht heftige Kritik erfahren hat[94]. Vereinzelt wird die Inpflichtnahme der Bundesländer durch den Bund als unzulässiger Eingriff in die Staatlichkeit der Länder nach Art. 79 III GG qualifiziert[95]. Das überzeugt indes nicht[96]. Man wird schon die unbegrenzte Verschuldungsfähigkeit kaum zum irreversiblen Kernbestand der Finanzautonomie der Länder rechnen können. Außerdem bestanden bereits bisher in Art. 109 II, III GG a. F. und jetzt Art. 109 II, IV GG weitreichende Vorgaben des Bundes, die durch das Haushaltsgrundsätzegesetz konkretisiert und nie ernsthaft angezweifelt wurden, zumal den Ländern weiterhin hinreichende Entscheidungsspielräume verbleiben. Man kann sogar in der Reduzierung der Verschuldung eine langfristige Erweiterung der autonomen Spielräume sehen.

Mißglückt ist die **Neuregelung** vielmehr in ökonomischer und politischer Hinsicht 13
sowie wegen der Gefahr weitgehender Wirkungslosigkeit. **Die drei legitimen Ziele materieller verfassungsrechtlicher Verschuldungsregeln werden verfehlt**. Das langfristige Ziel fiskalischer Nachhaltigkeit verlangt kein prinzipielles Verbot, sondern lediglich eine relative Beschränkung der Kreditaufnahme bezogen auf das Bruttoinlandsprodukt. Hier schießt die Neuregelung über das Ziel hinaus und ist zu rigide, während das Unionsrecht insoweit eine angemessene Vorgabe enthält. Zweitens sollte die intertemporale Lastenverschiebung infolge des crowding out durch staatliche Investitionen kompensiert werden. Anders als die bisherige Regelung fehlt nunmehr jede Kompensationsregel, so daß staatlichen Investitionen jeglicher verfassungsrechtlicher Anreiz genommen wird. Schließlich sollte eine antizyklische Budgetpolitik möglich bleiben, was nunmehr zu rigide verhindert wird, zumal die europäische Geldpolitik am Inflationsziel orientiert ist und das Gegengewicht europäischer Wirtschaftspolitik fehlt. Schließlich spricht viel für eine geringe Wirkungskraft der zu rigiden Vorgaben[97]. Die langen Übergangsfristen, die geringen Sanktionsmöglichkeiten und die Erhaltung der bis zum 31.12.2010 bestehenden Kreditermächtigungen für Sondervermögen schränken die Reichweite des Verschuldungsverbots ein. Vor allem aber werden juristisch selbständige Einrichtungen, auch wenn sie vom Bund finanziert werden und der Bund für deren Verbindlichkeiten haftet, überhaupt nicht erfaßt[98], so daß dem Bund rechtlich eine Umgehung der Schuldenbremse in erheblichem Umfang ermöglicht wird.

---

[93] *C. Seiler*, JZ 2009, 721ff.; *H. Pünder*, DVBl. 2009, 946 (949): »Ideallösung«; *M. Koemm*, Eine Bremse für die Staatsverschuldung, 2011, S. 176ff.; *U. Häde*, AöR 135 (2010), 541 (547ff.); *C. Ryczewski*, Die Schuldenbremse im Grundgesetz, 2011, S. 196ff.; *M. Thye*, Die neue Schuldengrenze im Grundgesetz, 2010, S. 23ff.

[94] Bereits prominent Bundestagpräsident *N. Lammert*, FAZ Nr. 94 v. 23.4.2009, S. 1; *H. H. Klein*, FAZ Nr. 105 v. 7.5.2009, S. 8; *H. Tappe*, DÖV 2009, 881 (889); *P. Selmer*, NVwZ 2009, 1255 (1259ff.); *S. Korioth*, JZ 2009, 729 (736f.).

[95] *B. Fassbender*, NVwZ 2009, 737ff.; *J. Hancke*, DVBl. 2009, 621 (626); *N.A. Wilczek*, VBlBW 2009, 729 (731f.).

[96] *A. Thiele*, NdsVBl. 2010, 89ff.; *S. Korioth*, JZ 2009, 729 (731f.). → Art. 109 Rn. 22 m. w. N.

[97] Vgl. auch *W. Heun*, ZSE 7 (2009), 552 (570f.); *S. Korioth*, JZ 2009, 729 (736); *H. Tappe*, DÖV 2009, 880 (889f.); *J. Wieland*, KritV 91 (2008), 117 (126); *ders.*, ZSE 6 (2008), 204 (218f.); *C. Magin*, Widi 2010, 262ff.; *C. Mayer*, AöR 136 (2011), 266 (306ff.); *M.E. Klepzig*, Die Schuldenbremse im Grundgesetz – Ein Erfolgsmodell?, 2015, S. 210ff.

[98] Vgl. auch VerfGH Berlin NVwZ-RR 2003, 537 (538ff.); *H. Tappe*, DÖV 2009, 880 (889).

II. Das Erfordernis gesetzlicher Ermächtigung gem. Art. 115 I GG

14 Das Erfordernis einer gesetzlichen Ermächtigung für Kredite ergänzt das Ausgabenbewilligungsrecht des Parlaments und gehört zum Kern des parlamentarischen Budgetrechts. Dadurch wird der Geltungsbereich der Norm bestimmt. Die Vorschrift des Art. 115 I GG **erfaßt** deshalb **allein die Aufnahme von Krediten**, nicht dagegen die unter das Ausgabenbewilligungsrecht (Art. 110 GG) fallende Kreditgewährung[99]. Die Aufnahme von Krediten ist danach die Beschaffung von Geldmitteln, die zurückgezahlt werden müssen[100]. Ausreichend ist, daß der Bund sich Ausgaben erspart, indem er Schuldurkunden hingibt[101] oder (private) Finanzierungsinstitute einschaltet, die im eigenen Namen Kredite aufnehmen[102]. Kassenverstärkungskredite bedürfen ebenfalls der gesetzlichen Ermächtigung, die allerdings wiederholt in Anspruch genommen werden kann[103]. Verwaltungsschulden, d.h. im Rahmen der laufenden Verwaltung eingegangene Verbindlichkeiten, stellen dagegen keine Kredite i.S.d. Art. 115 I GG dar, sondern fallen unter das Ausgabenbewilligungsrecht (Ausgaben oder Verpflichtungsermächtigungen)[104]. Zwangsanleihen sind eine besondere Form öffentlicher Abgaben und werden insoweit nicht von Art. 115 I GG erfaßt[105]. Zwangsanleihen des Bundes sind aber als Sonderabgaben (→ Art. 105 Rn. 24ff.) aus kompetentiellen Gründen unzulässig[106].

15 **Bürgschaften, Garantien und sonstige Gewährleistungen** bedürfen in Höhe des Haftungsrahmens ebenfalls einer gesetzlichen Ermächtigung, sofern sie zu »Ausgaben in künftigen Rechnungsjahren«, nicht künftigen Haushaltsperioden, führen. Bei Belastungen im laufenden Rechnungsjahr bedarf es keiner Ermächtigung nach Art. 115 I GG[107]. Die sonstigen Gewährleistungen i.S.d. Art. 115 I GG dienen denselben Zwekken wie Bürgschaften und Garantien und stellen insoweit ebenfalls eine Übernahme der Haftung für bestimmte Risiken Dritter dar[108]. Zu den sonstigen Gewährleistungen gehören insbesondere die Hermes-Bürgschaften; sie stellen ein wichtiges Instrument

---

[99] *T. Maunz*, in: Maunz/Dürig, GG, Art. 115 (1981), Rn. 14; *Siekmann* (Fn. 37), Art. 115 Rn. 14; *Kube* (Fn. 61), Art. 115 Rn. 66.

[100] *Höfling/Rixen* (Fn. 13), Art. 115 Rn. 124; *K.H. Friauf*, HStR IV, § 91 Rn. 26; *Höfling*, Staatsschuldenrecht (Fn. 3), S. 29f.

[101] Im Ergebnis ebenso *Höfling/Rixen* (Fn. 13), Art. 115 Rn. 127, nach theoretischer Kritik an der hier gewählten Formulierung in Rn. 126.

[102] *Höfling/Rixen* (Fn. 13), Art. 115 Rn. 132f.; *Fischer-Menshausen* (Fn. 63), Art. 115 Rn. 8; a.A. *A. Nebel*, in: E.A. Piduch (Hrsg.), Bundeshaushaltsrecht, Art. 115 GG (2011), Rn. 11.

[103] § 18 II Nr. 2 BHO; *Nebel* (Fn. 102), Art. 115 Rn. 10; *Höfling/Rixen* (Fn. 13), Art. 115 Rn. 141ff.; *Heintzen* (Fn. 66), Art. 115 Rn. 10; *K.H. Friauf*, HStR IV, § 91 Rn. 26; *Höfling*, Staatsschuldenrecht (Fn. 3), S. 49; *Siekmann* (Fn. 37), Art. 115 Rn. 20; a.A. *Maunz* (Fn. 99), Art. 115 Rn. 11; *Stern*, Staatsrecht II, S. 1268; *Wendt* (Fn. 74), Art. 115 Rn. 23; *Kube* (Fn. 61), Art. 115 Rn. 72; *E. Reimer*, in: Epping/Hillgruber, GG, Art. 115 Rn. 15; *H. Pünder*, $HStR^3$ V, § 123 Rn. 23; *ders.* (Fn. 4), Art. 115 Rn. 52.

[104] H.M.: *Maunz* (Fn. 99), Art. 115 Rn. 13; *Stern*, Staatsrecht II, S. 1267; *K.H. Friauf*, HStR IV, § 91 Rn. 26; *H. Pünder*, $HStR^3$ V, § 123 Rn. 20; *ders.* (Fn. 4), Art. 115 Rn. 42; *Jarass*/Pieroth, GG, Art. 115 Rn. 3; *Heintzen* (Fn. 66), Art. 115 Rn. 10; *Kube* (Fn. 61), Art. 115 Rn. 70; *Reimer* (Fn. 103), Art. 115 Rn. 17ff.; differenzierend und mit eingehender Kritik *Höfling*, Staatsschuldenrecht (Fn. 3), S. 29ff.; ebenso *Siekmann* (Fn. 37), Art. 115 Rn. 15; *Wendt* (Fn. 74), Art. 115 Rn. 22.

[105] *Fischer-Menshausen* (Fn. 63), Art. 115 Rn. 1c; a.A. *Höfling*, Staatsschuldenrecht (Fn. 3), S. 56f.; *Höfling/Rixen* (Fn. 13), Art. 115 Rn. 155f.; offengelassen in BVerfGE 67, 256 (280f.); *Siekmann* (Fn. 37), Art. 115 Rn. 15; *Heintzen* (Fn. 66), Art. 115 Rn. 10; *Wendt* (Fn. 74), Art. 115 Rn. 24.

[106] BVerfGE 67, 256 (274ff.).

[107] *Maunz* (Fn. 99), Art. 115 Rn. 25; *Kube* (Fn. 61), Art. 115 Rn. 82f.

[108] In der Praxis wird zwischen den verschiedenen Formen nicht klar differenziert; vgl. *Maunz* (Fn. 99), Art. 115 Rn. 20ff.; *M. Wiebel*, in: BK, Art. 115 (Zweitb. 1978), Rn. 46ff.

der (Außen-)Wirtschaftspolitik dar[109]. Art. 115 I GG setzt voraus, daß es sich um eine Risikoübernahme handelt, die Hauptzweck des Vertrages ist[110]. Eine sofortige, unbedingte Schuldübernahme ist keine Risikoübernahme und muß daher im Budget als Ausgabe oder Verpflichtungsermächtigung ausgewiesen werden[111]. Die sog. impliziten Staatsschulden, d.h. vor allem die Anwartschaften in den nicht-kapitalgedeckten Altersversorgungssystemen, sind weder als Gewährleistungen noch als Kreditaufnahme i.S.d. Art. 115 I GG zu qualifizieren[112].

Im Unterschied zur Einschaltung privater Finanzierungsinstitutionen sind die anderen **Modelle privater Vorfinanzierung** von Infrastrukturvorhaben (Autobahnen etc.) durch Leasing oder Mietkauf keine Kreditaufnahme i.S.d. Art. 115 I GG[113]. Zwar kommt es auch in diesen Fällen zu einer längerfristigen Bindung des Haushaltsgesetzgebers, die jedoch durch die insoweit notwendigen Verpflichtungsermächtigungen abgedeckt wird[114]. 16

Auch nach Eingliederung in das Europäische Zentralbankensystem hat die Bundesbank gem. § 27 Nr. 4 BBankG den nicht den Rücklagen zuzuführenden Gewinn an den Bund abzuführen. Derartige Zahlungen weiten die Geldmenge aus und bedürfen ggf. einer Gegensteuerung durch geldpolitische Maßnahmen seitens des Europäischen Zentralbankensystems[115]. Die **Gewinnabführung** ist trotz ähnlicher stabilitätspolitischer Wirkungen keine Kreditaufnahme i.S.d. Art. 115 I GG[116]. Im Gegensatz dazu sind Notenbankkredite nach Art. 123 AEUV unzulässig. 17

Art. 115 I 1 GG verlangt eine Ermächtigung durch ein **formelles Parlamentsgesetz**, da die Regelung die Sicherung des parlamentarischen Budgetrechts und des Öffentlichkeitsprinzips bezweckt. Eine Rechtsverordnung nach Art. 80 GG reicht nicht 18

---

[109] Das Gesamtvolumen der Gewährleistungen betrug 2008 313,61 Mrd. € (Ermächtigung), ausgenutzt wurden 259,99 Mrd. €; die außenwirtschaftlichen Gewährleistungen betrugen dabei knapp 100 Mrd. €, s. *BMF*, Finanzbericht 2010, S. 358f.

[110] *Nebel* (Fn. 102), Art. 115 Rn. 14; *Fischer-Menshausen* (Fn. 63), Art. 115 Rn. 15.

[111] *Fischer-Menshausen* (Fn. 63), Art. 115 Rn. 15.

[112] *Siekmann* (Fn. 37), Art. 115 Rn. 18f.; *Kube* (Fn. 61), Art. 115 Rn. 77, 88; zum Umfang s. *Sachverständigenrat*, Staatsverschuldung (Fn. 24), S. 24f.

[113] *F. Edinger*, ZG 12 (1997), 242 (250); *M. Droege*, VerwArch. 98 (2007), 101 (104ff.); eingehend *C.D. Kaeser*, Alternative Finanzierungsmodelle der öffentlichen Hand und Kreditschranken des Art. 115 GG, 2002, S. 3ff., 64ff.; a.A. *Jarass*/Pieroth, GG, Art. 115 Rn. 3; *Siekmann* (Fn. 37), Art. 115 Rn. 20f.; *Heintzen* (Fn. 66), Art. 115 Rn. 10; *Wendt* (Fn. 74), Art. 115 Rn. 25; *C. Jahndorf*, NVwZ 2001, 620ff.; *Jahndorf*, Grundlagen (Fn. 66), S. 261ff.; *H. Pünder*, HStR³ V, § 123 Rn. 21; *Kube* (Fn. 61), Art. 115 Rn. 71; *H.G. Henneke*, in: Schmidt-Bleibtreu/Hofmann/Henneke, GG, Art. 115 Rn. 18; VerfGH Rh.-Pf. NVwZ-RR 1998, 147f.; tendenziell wohl auch BVerfGE 99, 57 (67, Rn. 34), obwohl es die Frage im Zuge der einstweiligen Anordnung offen läßt; differenzierend *W. Höfling*, DÖV 1995, 141ff. (Kreditaufnahme, wenn getarntes Umgehungsgeschäft); *Höfling/Rixen* (Fn. 13), Art. 115 Rn. 134f.; zur Problematik des »sale and lease back« von Verwaltungsgebäuden durch die Regierung von Schleswig-Holstein *F. Kirchhof*, DÖV 1999, 242 (245ff.); *Kaeser*, ebd., S. 56ff.; *Jahndorf*, Grundlagen (Fn. 66), S. 321ff.; vgl. allgemein auch *K. Burmeister*, Schattenhaushalte des Bundes, 1997, S. 83ff.

[114] Vgl. *Kaeser*, Finanzierungsmodelle (Fn. 113), S. 98ff.

[115] Vgl. *Fischer-Menshausen* (Fn. 63), Art. 115 Rn. 8a; *Siekmann* (Fn. 37), Art. 115 Rn. 16; *Siekmann*, Die Verwendung des Gewinns der Europäischen Zentralbank und der Bundesbank, Institute for Law and Finance, Frankfurt/M., Working Paper 38, 2005, S. 2ff.; s. auch *Höfling*, Staatsschuldenrecht (Fn. 3), S. 269ff., 464ff.

[116] BT-Drs. 11/6939, S. 8; *Höfling*, Staatsschuldenrecht (Fn. 3), S. 181ff.; *Siekmann*, Verwendung (Fn. 115), S. 16f.; *Kube* (Fn. 61), Art. 115 Rn. 76; vgl. auch BVerfGE 79, 311 (356).

aus[117]. Auch die bloße Einstellung in den Haushaltsplan genügt nicht[118]. In der Regel wird die Ermächtigung daher im Haushaltsgesetz ausgesprochen, daneben treten spezialgesetzliche Kreditermächtigungen[119].

19 Die Ermächtigung kann befristet (z.B. im Haushaltsgesetz) oder unbefristet sein (z.B. § 6 III StabG)[120], sie muß aber ausdrücklich erfolgen[121]. Die Ermächtigungen bestimmen den Höchstbetrag der Kredite und Gewährleistungen. Der Höchstbetrag der Kredite bezieht sich nicht nur auf die Nettokreditaufnahme, sondern schließt auch die Kredite zur Tilgung früherer Kredite ein (**Bruttokreditaufnahme**)[122]. Die Ermächtigung muß in der Regel bestimmt, zumindest aber bestimmbar sein. Bestimmbarkeit bedeutet, daß die Tatbestandsvoraussetzungen der künftigen Verbindlichkeiten so festgelegt sein müssen, daß daraus der Höchstbetrag ableitbar ist[123]. Gewährleistungsermächtigungen müssen hingegen gem. § 39 I BHO der Höhe nach immer bestimmt sein, können allerdings wiederholt ausgenutzt werden[124]. Der Kreditrahmen kann theoretisch innerhalb der Geltungsdauer der Ermächtigung ebenfalls wiederholt ausgeschöpft werden, wenn die Kredite zurückgezahlt werden, praktisch ist dies angesichts steigender Verschuldung nicht realistisch. Allerdings ist die wiederholte Ausschöpfung der Ermächtigung zur Aufnahme von Krediten zur Deckung von Ausgaben (§ 13 I Nr. 1 HGrG; § 18 II Nr. 1 BHO; § 1 S. 1 Nr. 1 G 115) im Gegensatz zu Kassenverstärkungskrediten einfachgesetzlich aufgrund eines Umkehrschlusses unzulässig[125]. In der Praxis wird die Nettokreditaufnahme betragsmäßig, die übrige Bruttokreditaufnahme zur Tilgung fällig werdender Beträge indes nur pauschal festgelegt[126]. Nach §§ 13 II 1 HGrG, 18 III 1 BHO gelten die Kreditermächtigungen regelmäßig bis zum Ende des nächsten Haushaltsjahres fort, was bei geringerer Inanspruchnahme im folgenden Jahr zu erheblichen Kreditpolstern führen kann. Art. 109 II GG, Wirtschaftlichkeitsgebot und die Zwecke des Art. 115 II GG stehen allerdings einer unbegrenzten Inanspruchnahme entgegen, nicht jedoch das Ermächtigungserfordernis des Art. 115 I GG[127].

---

117 *Maunz* (Fn. 99), Art. 115 Rn. 7; *K.H. Friauf*, HStR IV, § 91 Rn. 25; *Stern*, Staatsrecht II, S. 1276; *Jarass*/Pieroth, GG, Art. 115 Rn. 5; *Siekmann* (Fn. 37), Art. 115 Rn. 23; *Fischer-Menshausen* (Fn. 63), Art. 115 Rn. 2; *Kube* (Fn. 61), Art. 115 Rn. 65; *H. Pünder*, HStR³ V, § 123 Rn. 15.

118 *Höfling/Rixen* (Fn. 13), Art. 115 Rn. 69; *Siekmann* (Fn. 37), Art. 115 Rn. 23; *H.H. v. Arnim/D. Weinberg*, Staatsverschuldung in der Bundesrepublik Deutschland, 1986, S. 105f.; *K.H. Friauf*, HStR IV, § 91 Rn. 25; *Stern*, Staatsrecht II, S. 1276; *Heintzen* (Fn. 66), Art. 115 Rn. 13; *H. Pünder*, HStR³ V, § 123 Rn. 16; wegen der Einheit von Haushaltsgesetz und Haushaltsplan ist dies zweifelhaft, aber angesichts der besonderen Regelung des Art. 115 I GG wohl zutreffend.

119 Z.B. § 6 III StabG; § 17 ENeuOG; dies wird auch generell für zulässig gehalten: *Maunz* (Fn. 99), Art. 115 Rn. 8; *K.H. Friauf*, HStR IV, § 91 Rn. 25.

120 Vgl. auch *Fischer-Menshausen* (Fn. 63), Art. 115 Rn. 6f.

121 *Maunz* (Fn. 99), Art. 115 Rn. 8f.; *Siekmann* (Fn. 37), Art. 115 Rn. 24; *Jarass*/Pieroth, GG, Art. 115 Rn. 5; *Heintzen* (Fn. 66), Art. 115 Rn. 13; *Wendt* (Fn. 74), Art. 115 Rn. 17.

122 *Maunz* (Fn. 99), Art. 115 Rn. 17; *Heintzen* (Fn. 66), Art. 115 Rn. 13; *K. Stern*, Steuerberater-Jahrbuch 1982/83, 41 (52); *Wendt* (Fn. 74), Art. 115 Rn. 20, *Pünder* (Fn. 4), Art. 115 Rn. 46.

123 BT-Drs. V/3040, S. 46; *Heintzen* (Fn. 66), Art. 115 Rn. 13; *Maunz* (Fn. 99), Art. 115 Rn. 26 i.V.m. Rn. 16; *Kube* (Fn. 61), Art. 115 Rn. 91; eingehend auch *Höfling/Rixen* (Fn. 13), Art. 115 Rn. 201ff.

124 *Fischer-Menshausen* (Fn. 63), Art. 115 Rn. 6; *Heintzen* (Fn. 66), Art. 115 Rn. 12; *Kube* (Fn. 61), Art. 115 Rn. 115; kritisch *Siekmann* (Fn. 37), Art. 115 Rn. 26.

125 *Kube* (Fn. 61), Art. 115 Rn. 14.

126 Vgl. § 2 HG 1998 (BGBl. 1997 I, S. 3256); kritisch *Siekmann* (Fn. 37), Art. 115 Rn. 26f.; *Kube* (Fn. 61), Art. 115 Rn. 92.

127 Restriktiver noch *Höfling/Rixen* (Fn. 13), Art. 115 Rn. 219ff.; *BRH*, Bemerkungen 2004, BT-

Von dieser haushaltsjahrübergreifenden Fortgeltung der Kreditermächtigungen sind die ebenfalls haushaltsjahrübergreifenden **Vorrats- oder Vorgriffskreditermächtigungen** zu unterscheiden, bei denen der Bundesfinanzminister regelmäßig seit 1983 in § 2 III HG ermächtigt wird, ab Oktober des Haushaltsjahres in Vorgriff auf die Kreditermächtigung des nächsten Haushaltsjahres Kredite bis zur Höhe von 4% des Nettokreditaufnahmebetrages aufzunehmen, welche auf die Kreditermächtigung des nächsten Haushaltsjahres anzurechnen sind. Dies ist zwar mit einer gewissen Intransparenz verbunden, aber wohl verfassungsrechtlich nicht unzulässig[128]. Das Erfordernis der Kreditermächtigung des Art. 115 I GG wird auch in den weiteren Varianten haushaltsjahrübergreifender Kreditfinanzierung eingehalten, bei denen die Ermächtigung ausgeschöpft wird, um Überschüsse am Ende des Jahres in das nächste Jahr zu übertragen[129] oder um Rücklagen[130] wie im Fall der Konjunkturausgleichsrücklage gem. § 7 I StabG oder der Versorgungsrücklage[131] zu bilden. Beides ist allenfalls im Hinblick auf die Verschuldungsgrenzen problematisch (→ Rn. 25). 20

Der Bund kann sich in verschiedenen Formen verschulden und hat die Wahl zwischen Schuldverschreibungen, Schatzbriefen, Schatzanweisungen, Wechseln, Schuldscheindarlehen, Bankkrediten und weiteren Finanzierungsinstrumenten[132]. Die Vielfalt der Formen der Staatsverschuldung und der Emmissionstechniken ist auf die Mannigfaltigkeit der Kreditzwecke, der Laufzeiten, der Gläubigergruppen und der Marktsituationen zurückzuführen und erlaubt dem Bund eine auch an die gesamtwirtschaftlichen Zwecke angepaßte Schuldenstrukturpolitik (Debt Management)[133]. Die Aufgabe wird seit dem Jahr 2000 durch die der Rechts- und Fachaufsicht des Bundesfinanzministeriums unterstehende **Bundesrepublik Deutschland-Finanzagentur GmbH** wahrgenommen[134]. Der Bund ist alleiniger Gesellschafter und hat aufgrund der gesetzlichen Ermächtigung des § 1 I BSchuWG durch Rechtsverordnung[135] der Finanzagentur die Aufnahme von Krediten für den Bund und seine Sondervermögen, die Verwaltung der Schulden, die Führung des Bundesschuldenbuches und den Ab- 21

Drs. 15/4200, 1.4.2.1; *H. Tappe*, Das Haushaltsgesetz als Zeitgesetz, 2008, S. 314ff.; offener dagegen *D. Birk/H.-M. Wolfgang*, Verfassungsmäßigkeit der Inanspruchnahme der nach § 18 Abs. 3 Satz 1 LHO NW fortgeltenden Kreditermächtigungen, 1984; *Kube* (Fn. 61), Art. 115 Rn. 97; vgl. auch BVerfGE 119, 96 (153f., Rn. 120ff.); *Jahndorf*, Grundlagen (Fn. 66), S. 179ff.; Überblick über die tatsächliche Inanspruchnahme der Kreditermächtigungen in BT-Drs. 16/3200, S. 53f.

128 Vgl. hierzu *K. D. Diller*, FinArch. 44 (1986), 55ff.; *Höfling/Rixen* (Fn. 13), Art. 115 Rn. 234ff.; *Kube* (Fn. 61), Art. 115 Rn. 101f.; *Tappe*, Haushaltsgesetz (Fn. 127), S. 344ff.

129 Dazu eingehend *D. Birk*, Sparen auf Pump, in: FS Selmer, 2004, S. 589ff.; *Tappe*, Haushaltsgesetz (Fn. 127), S. 349ff.

130 *Tappe*, Haushaltsgesetz (Fn. 127), S. 365ff.; *N. Gumboldt*, NVwZ 2005, 36ff.

131 Ges. über die Versorgungsrücklage des Bundes v. 9.7.1998 i. d. F. v. 27.3.2007 (BGBl. I S. 482).

132 § 4 BSchuWG (s. dazu Fn. 118); Überblick auf: http://www.deutsche-finanzagentur.de.

133 *Fischer-Menshausen* (Fn. 63), Art. 115 Rn. 1a; eingehend *Höfling*, Staatsschuldenrecht (Fn. 3), S. 336ff.; grundlegend *J. Tobin*, An Essay on the Principles of Debt Management (1963), in: ders. (Hrsg.), Essays in Economics, Macroeconomics, The Papers of J. Tobin, Vol. I (1971), ND 1987, S. 378ff.

134 Zur früheren Bundesschuldenverwaltung näher *Höfling*, Staatsschuldenrecht (Fn. 3), S. 376ff.; sie wurde zunächst durch die Bundeswertpapierverwaltung ersetzt (Bundeswertpapierverwaltungsgesetz v. 11.12.2001 (BGBl. I S. 3519); erst jüngst hat das Gesetz zur Regelung des Schuldenwesens des Bundes (BSchuWG) v. 12.7.2006 (BGBl. I S. 1466) das debt management erneut anders ausgestaltet.

135 Verordnung über die Übertragung von Aufgaben nach dem Bundesschuldenwesengesetz (BSchuWV) v. 19.7.2006 (BGBl. I S. 1700).

schluß von Geschäften zur Steuerung der Liquidität übertragen[136]. Im Außenverhältnis wird allein die Agentur tätig, so daß eine fehlende Ermächtigung die privatrechtliche Wirksamkeit nicht berühren würde[137]. Auch ansonsten beschränkt sich die Wirkung der Ermächtigung allein auf den organschaftlichen Rechtskreis des Bundes[138]. Das Bundesministerium der Finanzen nimmt gem. § 2 I BSchuWG die Rechts- und Fachaufsicht wahr[139], während gem. § 3 BSchuWG ein Gremium aus Mitgliedern des Haushaltsausschusses eine besondere parlamentarische Kontrolle ausübt.

III. Die Schuldenbremse

1. Systematik und Geltungsbereich

22 Die nach Schweizer Vorbild als Schuldenbremse bezeichnete Neuregelung des Art. 115 II GG begründet in Satz 1 ein prinzipielles Gebot, Einnahmen und Ausgaben ohne Einnahmen aus Krediten auszugleichen und damit ein **grundsätzliches Verbot der strukturellen Neuverschuldung**. Die Regel ist als zwingendes Gebot und nicht als Sollvorschrift zu verstehen[140]. Die Vorschrift läßt allerdings Abweichungen in den folgenden Sätzen zu, die aber den gesetzgeberischen Spielraum gegenüber der bisherigen Regelung spürbar einengen sollen[141]. Demzufolge wird beim Bund ein Ausgleich fingiert, sofern das Defizit 0,35% des BIP nicht überschreitet, während die Länder nach Art. 109 III 5 GG strikt an die Nullgrenze gebunden werden. Außerdem sieht Satz 3 in engen Grenzen eine symmetrische Berücksichtigung der konjunkturellen Entwicklung außerhalb der Normallage vor. Satz 6 erlaubt im Fall von »Naturkatastrophen oder außergewöhnlichen Notsituationen« eine Überschreitung der Defizitgrenzen, allerdings mit der Verpflichtung zur Rückführung der Verschuldung nach einem Tilgungsplan gem. Satz 7. Die Einzelheiten werden einem Ausführungsgesetz überlassen (Satz 5).

23 **Art. 115 II GG konkretisiert** die nach **Art. 109 III GG für Bund** und Länder gemeinsam geltenden **Grundsätze allein für den Bund**, wobei der Wortlaut des Art. 109 III GG in Art. 115 II GG über erhebliche Strecken unnötig wortwörtlich wiederholt wird[142]. Dadurch wird die gesamte Haushaltsführung des Bundes erfaßt und damit auch diejenige der Sondervermögen des Bundes, die rechtlich unselbständige Teile des Bundesvermögens bilden, welche besonderen materiellen Zwecken gewidmet und wirtschaftlich abgesondert sind[143]. Die bisher durch Art. 115 II GG a. F. eröffnete und umfassend genutzte aber problematische Möglichkeit, diese Sondervermögen von den formellen

---

136 Knapp auch *H. Pünder*, HStR³ V, § 123 Rn. 25; *ders.* (Fn. 4), Art. 115 Rn. 57.

137 *Fischer-Menshausen* (Fn. 63), Art. 115 Rn. 7; *Heintzen* (Fn. 66), Art. 115 Rn. 14.

138 BVerfGE 67, 256 (281); *Siekmann* (Fn. 37), Art. 115 Rn. 15; *Kube* (Fn. 61), Art. 115 Rn. 231; *Pünder* (Fn. 4), Art. 115 Rn. 56.

139 Zur Notwendigkeit der Eingliederung in die Ministerialverwaltung im Gegensatz zur Tradition bis zur Weimarer Republik *Kube* (Fn. 61), Art. 115 Rn. 219.

140 *Kube* (Fn. 61), Art. 115 Rn. 120.

141 Vgl. BT-Drs. 16/12410, S. 6f.

142 *P. Selmer*, NVwZ 2009, 1255 (1259).

143 Vgl. eingehend zur Begrifflichkeit *T. Puhl*, Budgetflucht und Haushaltsverfassung, 1996, S. 126ff.; s. ferner *Heun*, Staatshaushalt (Fn. 4), S. 382.

und materiellen Voraussetzungen und Grenzen des Art. 115 I GG a. F. zu befreien[144], ist durch die Föderalismusreform II bewußt abgeschafft worden[145].

Selbständige juristische Personen des öffentlichen oder privaten Rechts werden dagegen wie bisher[146] **weder von Art. 115 I GG noch von Art. 115 II GG erfaßt**, selbst wenn sie vom Bund finanziert werden oder der Bund kraft ausdrücklicher Garantie oder seiner Anstaltslast für ihre Verbindlichkeiten haftet[147]. Diese Trennung verschiedener Rechtsträger gilt im Haushaltsrecht auch generell und uneingeschränkt[148]. Auch aus Art. 109 III GG ergibt sich insoweit nichts anderes (→ Art. 109 Rn. 36). Allenfalls eine offensichtlich mißbräuchliche Umgehung wird man den haushaltsrechtlichen Anforderungen an eine Integration in den Bundeshaushalt nach Art. 110 I GG sowie an die Einhaltung der schuldenrechtlichen Vorschrift des Art. 115 I, II GG unterwerfen können – und selbst das ist zweifelhaft und umstritten[149]. Deswegen wird man die Fälle einer Kreditaufnahme durch private Dritte im Auftrag und für Rechnung des Bundes oder im Auftrag des Bundes, aber auf eigenen Namen und eigene Rechnung allein zur Finanzierung von Bundesaufgaben den Schranken des Art. 115 II GG unterwerfen müssen[150]. Diesen Grundsatz wird man auch auf juristische Personen des öffentlichen Rechts erstrecken können, wenn diese keine eigenen Sachaufgaben wahrnehmen, sondern allein der Finanzierung des Bundes und der Umgehung des Art. 115 I, II GG dienen[151]. Eine darüber hinausgehende allgemeine Erweiterung ist nicht begründbar. Diese Grundsätze erlauben es insbesondere, daß die Sozialversicherungsträger[152] von den Bindungen des Art. 115 II GG völlig befreit sind. Außerdem muß der Bund den selbständigen juristischen Personen nur hinreichend Sachaufgaben zuweisen, um der Schuldenbremse zu entgehen. Hier liegt die offene Flanke der verfassungsrechtlichen Schuldenregelung, die auch zur Anwendung und Relevanz des Unionsrechts führen kann. 24

2. Einnahmen aus Krediten

Einnahmen aus Krediten sind nur die nach Abzug der Tilgung verbleibenden Nettoerlöse aus den aufgenommenen Krediten, die sog. Neuverschuldung[153]. Dementspre- 25

---

[144] Es war freilich umstritten, ob die Befreiung nur für die formellen oder auch die materiellen Grenzen galt: → Art. 115 Rn. 33 m. w. N.

[145] Vgl. BT-Drs. 16/12410, S. 7.

[146] Zur früheren Lage hier nur *H. Siekmann,* in: Sachs, GG, 5. Aufl. 2009: Art. 115 Rn. 61. → Art. 115 Rn. 36.

[147] VerfGH Berlin NVwZ-RR 2003, 537ff.; *Kube* (Fn. 61), Art. 115 Rn. 60; *H. Tappe*, DÖV 2009, 881 (889).

[148] Vgl. *C. Gröpl*, in: BK, Art. 110 (2001), Rn. 101; *C. Hillgruber*, in: v. Mangoldt/Klein/Starck, GG III, Art. 110 Rn. 21ff.

[149] VerfGH Berlin NVwZ-RR 2003, 537 (540): »dogmatisch unklar«; im Ergebnis wohl ablehnend *Hillgruber* (Fn. 148), Art. 110 Rn. 21ff.

[150] *Siekmann* (Fn. 146), Art. 115 Rn. 61; *Kube* (Fn. 61), Art. 115 Rn. 61; wohl auch VerfGH Berlin NVwZ-RR 2003, 537 (540).

[151] *Puhl*, Budgetflucht (Fn. 143), S. 533f.; *R. Lappin*, Kreditäre Finanzierung des Staates unter dem Grundgesetz, 1994, S. 194; *Kube* (Fn. 61), Art. 115 Rn. 61; *Siekmann* (Fn. 37), Art. 115 Rn. 73.

[152] Vgl. auch *S. Korioth*, JZ 2009, 729 (731); *C. Seiler*, JZ 2009, 721 (723); *Pünder* (Fn. 4), Art. 109 Rn. 86.

[153] BVerfGE 79, 311 (347); *Wiss. Beirat beim BMF*, Gutachten zum Begriff der öffentlichen Investitionen, 1980, S. 45; *Maunz* (Fn. 99), Art. 115 Rn. 41; *Stern*, Staatsrecht II, S. 1240f.; *Heintzen* (Fn. 66), Art. 115 Rn. 12; *K.H. Friauf*, HStR IV, § 91 Rn. 41; *Nebel* (Fn. 102), Art. 115 Rn. 20; *E.G. Mahrenholz*, in: AK-GG, Art. 115 (2002), Rn. 15; *Jarass*/Pieroth, GG, Art. 115 Rn. 3; *Siekmann*

chend sieht § 15 I 2 BHO abweichend vom sonst geltenden Bruttoprinzip die Nettoveranschlagung der Krediteinnahmen im Haushaltsplan vor[154]. Die Differenz zur Bruttoermächtigung nach Art. 115 I GG kann zwar auch aus der abweichenden Formulierung »Einnahmen aus Krediten« statt »Aufnahme von Krediten« abgeleitet werden[155], maßgebend ist aber vornehmlich der sachliche Gesichtspunkt, daß eine Zukunftsbelastung allein durch die **Nettoneuverschuldung** bewirkt wird[156]. Die Zufälligkeit des jeweiligen Tilgungsbedarfs[157] ist dagegen kein wesentlicher Grund, sondern allenfalls ein Nebenaspekt. Kassenverstärkungskredite bleiben ebenfalls außer Betracht, weil sie schon formal keine Einnahmen im haushaltsrechtlichen Sinn[158] und keine Zukunftsbelastung darstellen. Außerdem betrifft Art. 115 II GG **nur die Einnahmen aus am Kapitalmarkt aufgenommenen Krediten**, nicht Schuldaufnahmen bei öffentlich-rechtlichen Gebietskörperschaften, gebietskörperschaftlichen Zusammenschlüssen und Sondervermögen[159]. Nur Kapitalmarktkredite erzeugen eine Zukunftsbelastung, was die Gegenauffassung verkennt. Die Kreditaufnahme am Kapitalmarkt durch Sondervermögen unterfällt aber Art. 115 II GG, da die alte Regelung des Art. 115 II GG a. F. aufgehoben wurde, wobei allerdings für bestehende Körperschaften die erhöhte Kreditaufnahme bis 2010 gem. Art. 143d I GG erlaubt bleibt. Ebensowenig unterfallen neuartige Finanzierungsinstrumente wie Leasing, sale and lease back und andere der materiellen Verschuldungsgrenze des Art. 115 II GG[160], da sie in gesamtwirtschaftlicher Hinsicht nicht mit staatlicher Kreditaufnahme am Kapitalmarkt gleichzusetzen und nicht zukunftsbelastend sind[161]. Zudem ist unklar, in welcher Höhe die Leasing- oder Mietraten angesetzt werden sollten, wenn die Verträge nicht befristet sind. Ebenfalls umstritten ist, ob eine Kreditfinanzierung allein zur Finanzierung übertragbarer Überschüsse oder allgemeiner, nicht gesetzlich vorgeschriebener Rücklagen zulässig ist. Ein Verstoß gegen Art. 115 II GG kann darin nicht gesehen werden, solange ledig-

---

(Fn. 37), Art. 115 Rn. 34f.; *Wendt* (Fn. 74), Art. 115 Rn. 35; *H. Pünder*, HStR³ V, § 123 Rn. 30; ferner *W. Patzig*, DÖV 1985, 293 (301); *Heun*, Staatshaushalt (Fn. 4), S. 429; *ders.*, Die Verwaltung 18 (1985), 1 (4, 24f.); *Puhl*, Budgetflucht (Fn. 143), S. 487; *K. T. Bröcker*, Grenzen staatlicher Verschuldung im System des Verfassungsstaates, 1997, S. 59f.; *Reimer* (Fn. 103), Art. 115 Rn. 28; a. A. *Lappin*, Finanzierung (Fn. 151), S. 139ff.

[154] Mißverständlich *Fischer-Menshausen* (Fn. 63), Art. 115 Rn. 12, wonach sich aus § 15 I 2 BHO die Begründung der Nettoveranschlagung ergibt.

[155] *H. Rehm*, Analyse und Kritik der Bundeshaushaltsreform, 1975, S. 87; *Siekmann* (Fn. 37), Art. 115 Rn. 34; *Heintzen* (Fn. 66), Art. 115 Rn. 12.

[156] *W. Heun*, Die Verwaltung 18 (1985), 1 (24f.); *Höfling*, Staatsschuldenrecht (Fn. 3), S. 173; *Höfling/Rixen* (Fn. 13), Art. 115 Rn. 269; abwegig insofern die von keiner ökonomischen Sachkenntnis getrübte Polemik von *H. Meyer*, Solidität und Verantwortung – Einige Bemerkungen zur Staatsverschuldung, in: K. A. Konrad/B. Jochimsen (Hrsg.), Föderalismuskommission II. Neuordnung von Autonomie und Verantwortung, 2008, S. 91ff. (96ff.).

[157] So *K. H. Friauf*, HStR IV, § 91 Rn. 41; *Siekmann* (Fn. 37), Art. 115 Rn. 34; *Kube* (Fn. 61), Art. 115 Rn. 125.

[158] *Heintzen* (Fn. 66), Art. 115 Rn. 10; ferner *K. Stern*, Steuerberater-Jahrbuch 1982/83, 41 (54); *Nebel* (Fn. 102), Art. 115 Rn. 27; *K.H. Friauf*, HStR IV, § 91 Rn. 42; *Höfling*, Staatsschuldenrecht (Fn. 3), S. 178f.; *Wendt* (Fn. 74), Art. 115 Rn. 35; *H. Pünder*, HStR³ V, § 123 Rn. 29; *ders.* (Fn. 4), Art. 115 Rn. 78f.

[159] *Höfling*, Staatsschuldenrecht (Fn. 3), S. 174ff.; *W. Patzig*, DÖV 1985, 293 (302); *Pünder* (Fn. 4), Art. 115 Rn. 83; a. A. *E. Fricke*, FinArch. 48 (1990), 222 (234); *Siekmann* (Fn. 37), Art. 115 Rn. 31; *Kube* (Fn. 61), Art. 115 Rn. 130.

[160] So die Nachweise in Fn. 113; *Kube* (Fn. 61), Art. 115 Rn. 118.

[161] Das wird zu wenig beachtet von *Siekmann* (Fn. 37), Art. 115 Rn. 20f.; *Höfling/Rixen* (Fn. 13), Art. 115 Rn. 134f.

lich die Kreditermächtigung innerhalb der Grenzen des Art. 115 II GG ausgeschöpft wird. Die Kreditaufnahme verstößt aber im Regelfall gegen das Wirtschaftlichkeitsgebot des Art. 114 II GG[162].

Art. 115 II 5 GG sieht eine »Bereinigung der Einnahmen und Ausgaben« vor, die durch das Ausführungsgesetz vorgenommen werden soll. **Ziel dieser Bereinigung** ist ausweislich der Begründungen »eine Annäherung des Haushaltssaldos an den Finanzierungssaldo der Maastricht-Rechnung, der dem Konzept der Volkswirtschaftlichen Gesamtrechnungen (VGR) folgt«[163], um so »einen Gleichklang der nationalen Schuldenbegrenzungsregel mit der Systematik des europäischen Stabilitäts- und Wachstumspaktes«[164] herzustellen. Folglich sind gem. § 2 I 2 G 115 »Einnahmen und Ausgaben (...) um finanzielle Transaktionen zu bereinigen«. § 3 G 115 sieht dementsprechend vor, daß »aus den Ausgaben (...) die Ausgaben für den Erwerb von Beteiligungen, für Tilgungen an den öffentlichen Bereich und für die Darlehensvergabe herauszurechnen« sind, »aus den Einnahmen (...) diejenigen aus der Veräußerung von Beteiligungen, aus der Kreditaufnahme beim öffentlichen Bereich sowie aus Darlehensrückflüssen«. Das entspricht der bisherigen Rechtslage, soweit die Darlehensrückflüsse und die Kredite bei anderen öffentlichen Trägern berührt sind. Prinzipiell erscheint auch der Ausschluß der Beteiligungen und Erlöse aus Beteiligungsverkäufen, die nicht (mehr) kreditersetzend wirken sollen, plausibel. Technisch ist die Regelung aber mißlungen, da die Schuldenbremse im Gegensatz zum europäischen Recht nicht das Haushaltsdefizit, das sich aus der Differenz von (bereinigten) Ausgaben und Einnahmen ergibt, sondern die tatsächlichen Einnahmen aus Krediten durch ein exogenes Limit begrenzt[165]. Da die »finanziellen Transaktionen« zu tatsächlichen Einnahmen oder Ausgaben führen, kann der tatsächliche Kreditbedarf größer oder kleiner sein als das rechnerisch bereinigte, fingierte Defizit verlangt. Die Kreditobergrenze trägt dem jedoch gar nicht Rechnung. Vielmehr ist die **Kreditobergrenze völlig unabhängig von der Bereinigung um finanzielle Transaktionen**, da sie sich allein am Bruttoinlandsprodukt orientiert. Die Bereinigung erfolgt deshalb im Ergebnis allein zu statistischen Zwecken. Die Regelung bezweckt eigentlich, daß »Haushaltslöcher nicht noch mit Privatisierungserlösen gestopft werden können, da Letztere wie Einnahmen aus Krediten zu werten sind«[166]. Der (verfassungsändernde) **Gesetzgeber hat jedoch sein Anliegen technisch falsch umgesetzt**. Die Bereinigung müßte bei der Kreditaufnahme ansetzen, die entsprechend fiktiv erhöht (bei Privatisierungserlösen) oder verringert (bei der Vergabe von Darlehen) werden müßte, stattdessen ist bei dem Finanzierungssaldo angesetzt worden. Eine bloß einfachgesetzliche Korrektur dieses Fehlers scheidet angesichts seiner Verankerung in der Verfassung aus. 26

---

162 VerfGH NW NVwZ 2004, 217ff.; *Birk*, Sparen (Fn. 129), S. 589ff.; *Tappe*, Haushaltsgesetz (Fn. 127), S. 370ff.; *ders.*, NWVBl. 2005, 209ff.; a. A. *R. Wendt/M. Elicker*, VerwArch. 95 (2004), 471ff.; *Wendt* (Fn. 74), Art. 115 Rn. 25f.; *N. Gumboldt*, NVwZ 2005, 36 (38f., 42); *Siekmann* (Fn. 37), Art. 115 Rn. 20f.; *Kube* (Fn. 61), Art. 115 Rn. 18.

163 BT-Drs. 16/12400, S. 19.

164 BT-Drs. 16/12410, S. 13.

165 *H. Tappe*, DÖV 2009, 880 (886) mit Beispiel.

166 So der verantwortliche Ministerialrat im Finanzministerium *R. Schmidt*, DVBl. 2009, 1274 (1279), der das zugrundeliegende Mißverständnis (unfreiwillig) offenlegt (ebd., 1275f., 1278f.).

3. Die Kreditobergrenze des Art. 115 II 2 GG

27 Der zweite Satz modifiziert den Grundsatz des materiellen Haushaltsausgleichs und absoluten Verbots der Kreditaufnahme in der Normallage der konjunkturellen Entwicklung ausschließlich für den Bund, wie es auch Art. 109 III 4 GG vorgibt. Danach ist ungeachtet der weiteren Modifizierung durch die Konjunkturkomponente nach Art. 115 II 3 GG im Regelfall eine **Nettoneuverschuldung in Höhe von 0,35 vom Hundert im Verhältnis zum nominalen Bruttoinlandsprodukt zulässig**. Art. 115 II 2 GG fingiert bei Unterschreitung dieser Grenze den materiellen Haushalts-ausgleich, wenn der Wortlaut formuliert, daß bei Einhaltung dieser Grenze dem »Grundsatz« des Satzes 1 »entsprochen werde«. Sachlich wird dadurch eine Abweichung erlaubt[167] und in Satz 5 auch zur »Regelgrenze« erklärt, die freilich zu rigide ist und voraussichtlich eine prozyklische Budgetpolitik bewirken wird, sofern die Norm überhaupt eingehalten werden sollte. Die teilweise von juristischer Seite geäußerte Kritik[168] an dieser begrenzten Ermächtigung zur Kreditaufnahme als noch zu weitgehend läßt jede Kenntnis ökonomischer Zusammenhänge vermissen.

28 Konkreter Maßstab für die verfassungsrechtlich noch zulässige strukturelle Verschuldung ist gem. § 4 S. 2 G 115 das »**nominale Bruttoinlandsprodukt des der Aufstellung des Haushalts vorangegangenen Jahres**«, das durch das Statistische Bundesamt ermittelt wird[169]. Bei Doppelhaushalten, die sich bisher lediglich in einzelnen Ländern, nicht jedoch auf Bundesebene finden, ist die BIP-Grenze für das erste Haushaltsjahr auch für das zweite maßgeblich[170]. Die Regelung eröffnet ein – faktisch wohl äußerst begrenztes – Umgehungspotenzial, da bei einem prognostizierten Abschwung ein Doppelhaushalt verabschiedet werden kann, um die höhere BIP-Grenze in das zweite Jahr zu übertragen[171].

29 Die Regelgrenze der strukturellen Nettoneuverschuldung soll nach § 8 G 115 bei **Nachträgen zum Haushaltsgesetz und zum Haushaltsplan** überraschenderweise bis zu einem Betrag in Höhe von 3 vom Hundert im Verhältnis zu den veranschlagten Steuereinnahmen überschritten werden dürfen. Die Erhöhung soll auf dem Kontrollkonto nach § 7 G 115 mit der Konsequenz der Rückführungspflicht erfaßt werden. Die Ermächtigung wird in Satz 2 dadurch eingeschränkt, daß in dem Nachtrag keine neuen Maßnahmen veranschlagt werden dürfen, die zu Mehrausgaben oder zu Mindereinnahmen führen. Diskretionäre Maßnahmen sollen die Kreditobergrenze nicht erhöhen können[172]. Begründet wird die Ermächtigung zur Überschreitung damit, daß dies »aufgrund einer nicht vorhergesehenen Entwicklung der Einnahmen oder Ausgaben erforderlich werden« könne, ohne daß eine Ausnahmesituation nach Art. 115 II 6 GG vorliege, wobei vorausgesetzt wird, daß »der Entwicklung durch Bewirtschaftungsmaßnahmen nicht entgegengewirkt werden« könne[173].

---

[167] Vgl. *S. Korioth*, JZ 2009, 729 (731); *Kube* (Fn. 61), Art. 115 Rn. 136; s. auch *G. Kirchhof*, Die Allgemeinheit des Gesetzes, 2009, S. 589f.

[168] *Kube* (Fn. 61), Art. 115 Rn. 140ff.

[169] Für die Annahme einer Manipulation der Statistiken nach dem Vorbild Griechenlands fehlt in der Bundesrepublik bisher jeder Anlaß; vgl. auch *C. Seiler*, JZ 2009, 721 (723 m. Fn. 22); *Kube* (Fn. 61), Art. 115 Rn. 148; BVerfGE 116, 327 (396, Rn. 210).

[170] BT-Drs. 16/12400, S. 19; s. auch *Kube* (Fn. 61), Art. 115 Rn. 147.

[171] *H. Tappe*, DÖV 2009, 880 (887).

[172] BT-Drs. 16/12400, S. 21.

[173] BT-Drs. 16/12400, S. 21.

Die **Regelung** ist in mehrfacher Hinsicht mißglückt und **verfassungsrechtlich zweifelhaft**. Erstens ist unklar, warum Haushaltsgesetz und Haushaltsplan gesondert genannt werden, da eine Änderung des Haushaltsplans stets eine Änderung des Haushaltsgesetzes darstellt[174]. Unverständlich ist auch der Maßstabwechsel für die Erhöhung der Kreditgrenze, indem plötzlich die Steuereinnahmen statt dem BIP zugrunde gelegt werden[175]. Dagegen ist die Erfassung auf dem Kontrollkonto im Hinblick auf die Kreditbegrenzung jedenfalls dann notwendig und sinnvoll, wenn man die Regelung überhaupt für zulässig hält, obwohl der Nachtragshaushalt, der durch den Gesetzgeber verabschiedet wird, verfassungsrechtlich etwas anderes ist als gesetzwidriger Vollzug[176]. Wenn nämlich eine Überschreitung erlaubt wird, muß die erhöhte Kreditaufnahme wieder zurückgeführt werden, was durch die Buchung auf dem Kontrollkonto sichergestellt wird. Die Probleme setzen sich auch in der Regelung des § 8 S. 2 G 115 fort[177], da sich der Sinn eines Nachtragshaushaltes, der keine neuen Maßnahmen – richtigerweise Ausgaben oder Einnahmen – veranschlagt, nicht erschließt. Ein Nachtragshaushalt nach § 8 G 115 könnte nur Entwicklungen nachvollziehen, die sich durch Abweichungen der Vorausschätzungen für Steuereinnahmen oder für durch außenwirksame Gesetze festgelegte Ausgabenverpflichtungen ergeben. Neue Maßnahmen müßten durch einen davon gesonderten Nachtragshaushalt, der die Kreditgrenze nicht erhöht, beschlossen werden. Außerdem stellt sich die Frage, ob nicht bei Abweichungen jedes Nachtragshaushaltsgesetz § 8 G 115 als lex posterior derogiert, da letzteres jedenfalls nicht als Grundsätzegesetz gem. Art. 109 IV GG erlassen wird. Noch zweifelhafter ist aber die Verfassungsmäßigkeit der Regelung, soweit sie außerhalb der, wenn nicht gegen die Verfassung eine Erhöhung der Kreditobergrenze vorsieht. Prinzipiell ändert das Nachtragshaushaltsgesetz das ursprüngliche Haushaltsgesetz und ist dann an die Grenze des Art. 115 II 2 GG gebunden, so daß die darüber hinausgehende Erhöhung der Kreditaufnahme verfassungswidrig ist. Lediglich im Haushaltsvollzug können sich Abweichungen ergeben, die im Kontrollkonto erfaßt werden. Ein Nachtragshaushalt ist aber kein Haushaltsvollzug, sondern selbst ein Haushaltsgesetz, was der Gesetzgeber aufgrund einer grundlegenden Fehlvorstellung vom Nachtragshaushaltsgesetz hier offenbar verkannt hat. 30

4. Modifizierung durch die Konjunkturkomponente gem. Art. 115 II 3 GG

Art. 115 II 3 GG modifiziert die Regelgrenze des Art. 115 II 2 GG durch eine »**Konjunkturkomponente**«[178]. Danach sind »bei einer von der Normallage abweichenden konjunkturellen Entwicklung die Auswirkungen auf den Haushalt im Auf- und Abschwung symmetrisch zu berücksichtigen«. Die Vorschrift wiederholt insoweit wiederum völlig unnötig die Vorgabe des Art. 109 III 2 GG noch einmal für den Bund. Sachlich wird dadurch der »strukturelle Kreditspielraum« in Abhängigkeit von den erwarteten Auswirkungen einer von der Normallage abweichenden konjunkturellen Entwicklung auf den Haushalt entweder erweitert oder verringert[179]. Die Konjunktur- 31

---

174 So auch *H. Tappe*, DÖV 2009, 880 (887 Fn. 65).
175 *H. Tappe*, DÖV 2009, 880 (887).
176 So aber die Kritik von *H. Tappe*, DÖV 2009, 880 (887).
177 Vgl. zum Folgenden auch *H. Tappe*, DÖV 2009, 880 (887f.), der die Probleme hier allesamt zu Recht aufspießt; vgl. danach auch *Henneke* (Fn. 113), Art. 115 Rn. 37.
178 Ausdruck in § 2 II G 115; BT-Drs. 16/12410, S. 11.
179 BT-Drs. 16/12410, S. 12.

komponente modifiziert damit die zunächst einmal fixe Regelgrenze von 0,35% des BIP, die dadurch erhöht bzw. abgesenkt wird. Im Sinne einer »atmenden Grenze«[180] soll die konjunkturelle Entwicklung symmetrisch in ihren Auswirkungen auf den Haushalt berücksichtigt werden. »In besonders guten Zeiten kann sich die Verpflichtung zur Erwirtschaftung echter Überschüsse (d.h. Tilgungen) ergeben«. Zweck dieser symmetrischen Berücksichtigung ist, »ein prozyklisches Verhalten zu vermeiden und die durch das Wirkenlassen der automatischen Stabilisatoren bedingte Kreditaufnahme in Abschwungphasen durch entsprechende Überschüsse in Aufschwungsphasen auszugleichen«[181].

32 Die bisherige Erweiterung des Kreditspielraumes bei der »Abwehr einer Störung des gesamtwirtschaftlichen Gleichgewichts« wird ersetzt durch die **symmetrische Berücksichtigung einer von der Normallage abweichenden konjunkturellen Entwicklung**. Grundsätzlich bestand auch schon bisher die Pflicht zur Berücksichtigung von Aufschwung und Abschwung der Konjunktur als Konsequenz der Verpflichtung zur Berücksichtigung des gesamtwirtschaftlichen Gleichgewichts in Art. 109 II GG a.F., aus der teilweise sogar die Pflicht zur Rückführung der Verschuldung abgeleitet wurde[182]. Freilich bleibt die allgemeine Verpflichtung zur Berücksichtigung des gesamtwirtschaftlichen Gleichgewichts bestehen, da sie weiterhin in Art. 109 II GG normiert ist, sie verliert aber weitgehend ihre Steuerungswirkung[183] für die Verschuldung infolge der spezielleren Regelung des Art. 115 II GG (→ Rn. 50). Nach Auffassung des verfassungsändernden Gesetzgebers soll gerade durch die Konjunkturkomponente »insbesondere auch den Erfordernissen des gesamtwirtschaftlichen Gleichgewichts Rechnung getragen werden«[184]. Neu ist allerdings die Vorstellung der Symmetrie von anormalem Auf- und Abschwung, die indes ziemlich realitätsfern ist. Auf- und Abschwungphasen sind hinsichtlich ihrer Dauer und Intensität außerordentlich verschieden. Deshalb steht auch die Vorstellung eines symmetrischen Ausgleichs des konjunkturellen Defizits auf reichlich tönernen Füßen[185].

33 Die konkretisierende Umsetzung durch das Ausführungsgesetz spiegelt die Probleme. So ist schon **unklar**, was die sog. **Normallage** denn sein soll[186]. Das Bundesverfassungsgericht hat zwar bereits den Begriff verwendet[187], die Neuregelungen weichen davon jedoch ab[188]. Sicher kann nicht nach einem »ganz unbefangenen Begriffsverständnis« auf die konjunkturelle Lage abgestellt werden, »die normalerweise, also in einer klaren Mehrheit der Fälle greift«[189]. Die Bedeutung der Normallage ist keine Frage reiner Statistik. Die unklare Bestimmung wird auch durch eine »angemessen restriktive Interpretation«[190], deren Kriterien und Maßstäbe völlig offen bleiben,

---

180 *Kirchhof*, Allgemeinheit (Fn. 167), S. 592.

181 BT-Drs. 16/12410, S. 12.

182 Vgl. BVerfGE 79, 311 (339f.); 119, 96 (138, Rn. 125); *C. Waldhoff/P. Dietrich*, ZG 24 (2009), 97 (111).

183 Übersteigerung der früheren Steuerungswirkung zugunsten einer antizyklischen Finanzpolitik bei *Wucherpfennig*, Staatsverschuldung (Fn. 60), S. 16ff., 183ff.

184 BT-Drs. 16/12410, S. 12.

185 Skeptisch zur Erreichbarkeit auch *Kube* (Fn. 61), Art. 115 Rn. 158.

186 Vgl. auch *C. Seiler*, JZ 2009, 721 (724); *S. Korioth*, JZ 2009, 729 (732).

187 BVerfGE 79, 311 (333f.); 119, 96 (138, Rn. 125).

188 Das kritisieren *C. Lenz/E. Burgbacher*, NJW 2009, 2561 (2563) und verteidigt *R. Schmidt*, DVBl. 2009, 1274 (1279).

189 So *C. Lenz/E. Burgbacher*, NJW 2009, 2561 (2563).

190 So *Kube* (Fn. 61), Art. 115 Rn. 157.

nicht präzisiert. Die Ausgestaltung und Interpretation durch § 5 G 115 versucht daher erst gar nicht eine objektive Definition der Normallage, sondern geht gewissermaßen subjektiv vor, indem allein die Abweichung der tatsächlichen von der erwarteten Entwicklung in einem Doppelschritt zugrunde gelegt wird. Erstens wird die Abweichung von der Normallage dadurch definiert, daß eine Unter- oder Überauslastung der gesamtwirtschaftlichen Produktionskapazitäten, eine Produktionslücke, erwartet wird. Zweitens wird eine Produktionslücke angenommen, wenn das auf der Grundlage eines Konjunkturbereinigungsverfahrens zu schätzende Produktionspotenzial vom erwarteten Bruttoinlandsprodukt für das Haushaltsjahr, für das der Haushalt aufgestellt wird, abweicht (§ 5 II G 115). Die eigentliche Konjunkturkomponente ergibt sich in einem weiteren Schritt aus dem Produkt aus der Produktionslücke und der Budgetsensitivität, die ihrerseits wiedergibt, wie sich die Einnahmen und Ausgaben des Bundes bei einer Veränderung der gesamtwirtschaftlichen Aktivität verändern (§ 5 III G 115)[191].

Im übrigen sollen die **Einzelheiten des Verfahrens** zur Bestimmung der Konjunkturkomponente in Übereinstimmung mit dem im Rahmen des Europäischen Stabilitäts- und Wachstumspaktes angewandten Konjunkturbereinigungsverfahren[192] durch Rechtsverordnung ohne Zustimmung des Bundesrates festgelegt und das Verfahren auch regelmäßig dem Stand der Wissenschaft angepaßt werden (§ 5 IV G 115). Wie im Rahmen von § 3 G 115 soll hierdurch »die Konsistenz mit dem Regelwerk des europäischen Stabilitäts- und Wachstumspaktes sichergestellt« werden[193]. Jedenfalls eröffnen die Normen dem Gesetzgeber insoweit erhebliche Einschätzungs- und Prognosespielräume, die zudem weitgehend von Verfahren und Berechnungen der Exekutive abhängig sind. Allerdings dürfte die Verordnungsermächtigung nicht die Bestimmtheitsanforderungen des Art. 80 I 2 GG (→ Art. 80 Rn. 31ff.) verletzen. Weder ist die Bestimmtheit erst durch den Rückgriff auf die europäischen Konjunkturbereinigungsverfahren möglich noch handelt es sich um eine – sei es statische, sei es dynamische – Verweisung[194], da hier nur die Übereinstimmung oder negativ die Widerspruchsfreiheit im Verhältnis zum europäischen Recht eingefordert wird. Schließlich sind die Berechnungsverfahren auf den organschaftlichen Rechtskreis beschränkt, so daß keine Grundrechte berührt sind. Das reduziert maßgebend die Anforderungen an die gesetzliche Regelung. 34

5. Kontrollkonto und Rückführungspflicht gem. Art. 115 II 4 GG

Da im Haushaltsvollzug realistischerweise Abweichungen der tatsächlichen Kreditaufnahme von der Soll-Kreditaufnahme »in der Praxis kaum zu vermeiden« sind[195], sollen **Abweichungen auf einem als Kontrollkonto bezeichneten Berechnungskonto erfaßt werden**, das über das jeweilige Haushaltsjahr hinaus die Beträge verbucht. Zugleich wird aber eine nachträgliche Anpassung der Kreditobergrenze vorgenommen, da die tatsächliche Kreditaufnahme an der Obergrenze gemessen wird, die sich auf der 35

[191] Zu § 5 II, III, IV G 115 s. *Pünder* (Fn. 4), Art. 115 Rn. 101ff.

[192] Specifications on the implementation of the Stability and Growth Pact and Guidelines on the format and content of Stability and Convergence Programmes, verabschiedet durch Ratsbeschluß am 11.10.2005.

[193] BT-Drs. 16/12400, S. 19, wobei inzwischen auch der Vertrag über Stabilität, Koordinierung und Steuerung in der Wirtschafts- und Währungsunion von 2012 zu beachten ist. → Art. 109 Rn. 7.

[194] So aber *C. Seiler*, JZ 2009, 721 (724f.); vorsichtiger *Kube* (Fn. 61), Art. 115 Rn. 164.

[195] BT-Drs. 16/12410, S. 12.

Grundlage der tatsächlichen Wirkung der konjunkturellen Entwicklung auf den Haushalt ergibt, nachdem diese Grenze ja zunächst nur prognostisch ermittelt werden konnte. Ferner – und nur daraus erschließt sich der Sinn des Kontrollkontos – wird zum einen eine generelle Ausgleichspflicht begründet, die allerdings lediglich im Ausführungsgesetz (§ 7 II G 115) verankert ist. Sie ist zudem weich formuliert[196], da »bei negativem Saldo (...) auf einen Ausgleich des Kontrollkontos hinzuwirken« ist. Zum anderen wird ein absoluter wenngleich dynamischer Schwellenwert in Höhe von 1,5% des BIP eingezogen, der indes lediglich nicht überschritten werden »soll« (§ 7 II 2 G 115). Zusätzlich wird in § 7 III G 115 bestimmt, daß ein automatischer Ausgleich durch eine Verringerung der Kreditermächtigung nach § 2 I 2 G 115 im nächsten Jahr eintritt, soweit der Negativsaldo des Kontrollkontos 1% des BIP übersteigt. Dieser automatische Ausgleich steht jedoch wiederum unter dem Vorbehalt, daß die Verringerung nur »in Jahren mit positiver Veränderung der Produktionslücke wirksam wird«. Im Ergebnis wird dadurch der Kreditspielraum im Vollzug ähnlich einem »Dispokredit«[197] erweitert. Die Regelung beruht auf der Überlegung, daß »die tatsächlichen Auswirkungen der konjunkturellen Entwicklung sich anders gestaltet haben, als bei Aufstellung des Haushalts angenommen«. Deshalb soll der konjunkturelle Verschuldungsspielraum anhand der tatsächlichen Entwicklung nachträglich neu berechnet werden[198]. Durch diese explizite Regelung der tatsächlichen Kreditaufnahme ist die frühere Debatte über die Geltung der Kreditgrenze des Art. 115 I 2 GG a. F. im Haushaltsvollzug (→ Bd. III², Art. 115 Rn. 23 m. w. N.) obsolet.

36 **Unklar** ist der **Geltungsbereich dieser Neuberechnung** der Kreditobergrenze. Prima facie gilt diese Neuberechnung nur bei einer »konjunkturellen Ausnahmelage«[199]. Zwar spricht für diese Auffassung die Gesetzesbegründung, die jeweils allein auf den »konjunkturellen Verschuldungsspielraum« abstellt[200]. Auch läßt sich § 7 I 1 G 115 so lesen. Dieses Verständnis hätte freilich die seltsame Konsequenz, daß nach dem Wortlaut des § 7 I 1 G 115 tatsächliche Abweichungen in der konjunkturellen Normallage gar nicht erfaßt würden und im Haushaltsvollzug die Kreditgrenze frei überschritten werden könnte. Dagegen spricht die Verfassung in Art. 115 II 4 GG davon, daß jede tatsächliche Abweichung von der nach Satz 1 bis 3 zulässigen Kreditobergrenze auf dem Kontrollkonto erfaßt werden muß. Dann ist es aber unplausibel, daß sich die Kreditobergrenze bei einer Normallage auch nachträglich nach dem Plan richten soll, obwohl das BIP sich anders als im Plan vorgesehen entwickelt hat, im Fall der Abweichung von der Normallage aber die tatsächliche Entwicklung maßgeblich sein soll. Das gilt umso mehr, als die Normallage gar nicht objektiv, sondern im Hinblick auf die Differenz von erwarteter und tatsächlicher Konjunkturentwicklung bestimmt wird (→ Rn. 33). Deshalb ist generell – in der Normal- und der Ausnahmelage – die Kreditobergrenze nachträglich nach der tatsächlichen Entwicklung des BIP und der Konjunktur zu ermitteln[201].

37 Soweit es weiter heißt, daß danach »ein Abgleich« mit der zulässigen strukturellen Verschuldung »unter Einbeziehung der finanziellen Transaktionen« erfolge, hat der

[196] Vgl. *S. Korioth*, JZ 2009, 729 (732).
[197] *C. Lenz/E. Burgbacher*, NJW 2009, 2561 (2564).
[198] BT-Drs. 16/12410, S. 13.
[199] So *Kube* (Fn. 61), Art. 115 Rn. 170ff.
[200] BT-Drs. 16/12410, S. 13; BT-Drs. 16/12400, S. 20.
[201] So im Ergebnis – ohne Problematisierung – auch *C. Seiler*, JZ 2009, 721 (725); vgl. noch *Pünder* (Fn. 4), Art. 115 Rn. 125.

Gesetzgeber seine eigene verwirrende Regelung mißverstanden, da die finanziellen Transaktionen für die Ermittlung der Kreditobergrenze im Haushaltsplan wie im Haushaltsvollzug irrelevant bleiben (→ Rn. 26). Zweck der Regelung ist es, durch die ab Erreichen des Schwellenwertes wirkende (einfachgesetzliche) Rückführungspflicht sicherzustellen, daß »die Regelgrenzen für die strukturelle Verschuldung weder erheblich noch dauerhaft überschritten werden«, zumal auch unterhalb dieser Schwelle eine (weiche) Rückführungspflicht besteht[202]. Diese **Rückführungspflicht und die Pflicht zur Verbuchung auf dem Kontrollkonto gelten** auch **nur für Abweichungen der tatsächlichen von der zulässigen Neuverschuldung**, nicht dagegen für die weiterhin zulässige strukturelle Neuverschuldung oder gar für die bisherigen Altschulden[203]. In keiner Weise wird zudem die Symmetrie von Erhöhung der Verschuldung und Rückführung der Schulden gesichert, was freilich ohnehin unmöglich ist.

6. Überschreitung der Kreditobergrenze in Notsituationen gem. Art. 115 II 6–8 GG

38 Art. 115 II 6–8 GG ermächtigen zu einer **nicht betragsmäßig limitierten Überschreitung der Kreditobergrenze** im Fall von Naturkatastrophen oder außergewöhnlichen Notsituationen, die sich der Kontrolle des Staates entziehen und die staatliche Finanzlage erheblich beeinträchtigen. Die Vorschrift wiederholt insoweit für den Bund die drei Kriterien für die Inanspruchnahme der Überschreitungskompetenz, die Art. 109 III 2 GG bereits vorschreibt. Auch das Erfordernis eines Tilgungsplans ergibt sich bereits aus Art. 109 III 3 GG und wird in Art. 115 II 7 GG wiederholt. Art. 115 II 6 GG fügt der Regelung des Art. 109 III GG lediglich das verfahrenstechnische Erfordernis der absoluten Mehrheit der Mitglieder des Bundestages für die Beschlußfassung hinzu. Die Vorschrift soll, wie Art. 109 II 2 GG, die Handlungsfähigkeit des Staates zur Krisenbewältigung gewährleisten[204]. Der Verfassungsgesetzgeber hat die Notkompetenz völlig zu Recht durch **drei abstrakte Kriterien** eingegrenzt, »da eine abschließende enummerative verfassungsrechtliche Benennung möglicher Notsituationen wegen der Vielzahl und Unterschiedlichkeit denkbarer Anwendungsfälle nicht möglich ist«[205]. Bedenken wegen inhaltlicher Unbestimmtheit[206] sind unangebracht, zumal der Begriff der Naturkatastrophe auch in Art. 35 II, III GG verwendet wird und die Begriffe in der Begründung näher erläutert werden[207]. Die Annahme einer Notsituation ist bei Anerkennung eines Einschätzungsspielraums des Gesetzgebers aber durchaus gerichtlicher Kontrolle zugänglich[208] – jedenfalls mehr als die Feststellung einer Störung des gesamtwirtschaftlichen Gleichgewichts.

39 **Naturkatastrophen** sind in Übernahme entsprechender Definitionen »unmittelbar drohende Gefahrenzustände oder Schädigungen von erheblichem Ausmaß, die durch Naturereignisse ausgelöst werden (z.B. Erdbeben, Hochwasser, Unwetter, Dürre, Massenerkrankungen)«[209]. Sie entziehen sich qua definitionem der Kontrolle des Staa-

---

202 BT-Drs. 16/12410, S. 13.

203 Das beklagen *C. Waldhoff/P. Dieterich*, ZG 24 (2009), 97 (117f.).

204 BT-Drs. 16/12410, S. 11 i.V.m. S. 13.

205 BT-Drs. 16/12410, S. 11 i.V.m. S. 13; *S. Korioth*, JZ 2009, 729 (733).

206 *Kube* (Fn. 61), Art. 115 Rn. 194.

207 BT-Drs. 16/12410, S. 11 i.V.m. S. 13; auch eine enge und restriktive Auslegung (so *Pünder* [Fn. 4], Art. 115 Rn. 137f.) ist nicht geboten.

208 Vgl. auch *Pünder* (Fn. 4), Art. 115 Rn. 159, 138; ablehnend *C. Seiler*, JZ 2009, 721 (726); wohl auch *C. Ohler*, DVBl. 2009, 1265 (1272).

209 BT-Drs. 16/12410, S. 11 i.V.m. S. 13; *Kube* (Fn. 61), Art. 115 Rn. 186.

tes und sind auch ohne ausdrückliche Nennung des Adjektivs per se »außergewöhnlich«, wenn man die erhebliche Beeinträchtigung der staatlichen Finanzlage zusätzlich berücksichtigt.

40 Hinsichtlich **der anderen außergewöhnlichen Notsituationen** wird abstrakt vor allem darauf abgestellt, »daß sie sich der Kontrolle des Staates entziehen, mithin auf äußeren Einflüssen beruhen, die nicht oder im Wesentlichen nicht der staatlichen Kontrolle unterliegen«[210]. Darüber hinaus konkretisiert die Gesetzesbegründung die Notsituation durch **drei Fallkonstellationen**[211]. **Erstens** sollen darunter besonders schwere Unglücksfälle im Sinne des Art. 35 II 2, III GG, d.h. Schadensereignisse von großem Ausmaß und von Bedeutung für die Öffentlichkeit, die durch Unfälle, technisches oder menschliches Versagen ausgelöst oder von Dritten absichtlich herbeigeführt werden, zu verstehen sein. Als **zweite Konstellation** betrachtet die Begründung »eine plötzliche Beeinträchtigung der Wirtschaftsabläufe in einem extremen Ausmaß aufgrund eines exogenen Schocks, wie beispielsweise der Finanzkrise, die aus Gründen des Gemeinwohls aktive Stützungsmaßnahmen des Staates zur Aufrechterhaltung und Stabilisierung der Wirtschaftsabläufe gebietet«. Dabei wird zu Recht die Notwendigkeit der Abgrenzung zur Berücksichtigung der Konjunkturkomponente nach Art. 115 II 3 GG gesehen. Deshalb sollen zyklische Konjunkturverläufe im Sinne von Auf- und Abschwung keine außergewöhnlichen Ereignisse sein, ihnen soll im Rahmen der Schuldenregel allein durch die Konjunkturkomponente Rechnung getragen werden[212]. Da auch die gegenwärtige Finanzkrise nichts anderes als ein Abschwung im Rahmen der Konjunkturzyklen ist, der nur besonders gravierend, aber auf lange Sicht nicht völlig außergewöhnlich ist, sind die Grenzen nicht nur fließend[213], sondern theoretisch gar nicht zu ziehen. Als Kriterium bleibt nur die Schwere der Krise. Insoweit wird man wohl dem Gesetzgeber eine Entscheidungsprärogative zubilligen müssen. Schließlich nennt die Begründung als **dritten Anwendungsfall** »ein Ereignis von positiver historischer Tragweite, wie die Deutsche Wiedervereinigung, das einen erheblichen Finanzbedarf auslöst«. Eine bundesstaatliche extreme Haushaltslage ist jedenfalls keine derartige Notsituation[214]. Das Ausführungsgesetz geht in § 6 über die abstrakten Definitionen des Art. 115 II 6–8 GG im übrigen nicht hinaus, kann es wegen der Unvorhersehbarkeit der denkbaren Notsituationen sinnvollerweise auch gar nicht. Vor diesem Hintergrund ist auch das Verhältnismäßigkeitsprinzip nicht anwendbar und fordert nicht eine Überprüfung aller Konsolidierungsakte zur Reduzierung der Neuverschuldung[215].

41 Das **Erfordernis** der **erheblichen Beeinträchtigung der Finanzlage** »bezieht sich auf den Finanzbedarf zur Beseitigung der aus einer Naturkatastrophe resultierenden Schäden«, aber auch auf die »etwaigen vorbeugenden Maßnahmen«, wobei dasselbe für die Bewältigung oder Überwindung der Notsituation gelten soll[216].

42 Die Überschreitung der Kreditobergrenze bedarf eines legitimierenden **Bundestagsbeschlusses**, der in Ergänzung des Art. 109 III 2 GG der absoluten Mehrheit der Mitglieder des Bundestages im Sinne des Art. 121 GG bedarf. Der Beschluß kann als

[210] BT-Drs. 16/12410, S. 11 i.V.m. S. 13.
[211] BT-Drs. 16/12410, S. 11 i.V.m. S. 13; dem ebenso folgend *Kube* (Fn. 61), Art. 115 Rn. 187.
[212] BT-Drs. 16/12410, S. 11; *S. Korioth*, JZ 2009, 729 (733); *B. Scholl*, DÖV 2010, 160 (167).
[213] *Kube* (Fn. 61), Art. 115 Rn. 195.
[214] *Kube* (Fn. 61), Art. 115 Rn. 196.
[215] So aber *Pünder* (Fn. 4), Art. 115 Rn. 145 f.
[216] BT-Drs. 16/12410, S. 11 i.V.m. S. 13.

formeller Gesetzesbeschluß sowie als Parlamentsbeschluß ergehen. In diesem Fall wird er »in der Regel im Zusammenhang mit der Beschlussfassung über das Haushaltsgesetz« erfolgen, das zur erweiterten Kreditaufnahme ermächtigt[217], denn der Überschreitungsbeschluß ermächtigt als solcher noch nicht zur Kreditaufnahme gem. Art. 115 I GG[218], sondern ist zusätzlich notwendig. Eine Zweckbindung ist mit der Kreditaufnahme nicht verbunden[219].

Schließlich hat der Bundestag den Überschreitungsbeschluß gem. Art. 115 II 7 GG mit einem **Tilgungsplan** zu verbinden, der die Rückführung der oberhalb der Regelgrenze liegenden Kreditaufnahme regelt. Die Rückführungspflicht »soll ein weiteres Anwachsen der Staatsschulden verhindern«[220]. Art. 115 II 8 GG schreibt vor, daß die Rückführung »binnen eines angemessenen Zeitraumes zu erfolgen« hat. Welcher Zeitraum angemessen ist, »hat das Parlament in Ansehung der Größenordnung der erhöhten Kreditaufnahme sowie der konkreten konjunkturellen Situation zu entscheiden«[221]. Das soll eine »konjunkturgerechte Rückführung« ermöglichen[222] und entspricht damit dem schon in der Konjunkturkomponente verankerten Anliegen[223]. 43

Die zwingende Formulierung des Art. 115 II 8 GG verlangt, daß der Tilgungsplan verbindlich ist und tatsächlich befolgt[224] wird. Aufgrund des Erfordernisses der **Verbindlichkeit** wird **der Tilgungsplan** wohl regelmäßig auch in rechtlich bindender Form als **Gesetz** – und zwar im Rahmen des Haushaltsgesetzes – verabschiedet werden. Zwingend ist dies aber nicht[225]. Die Verfassung sieht den Tilgungsplan als Teil des Überschreitungsbeschlusses an, der unstrittig als (schlichter) Parlamentsbeschluß ergehen kann. Die Verbindlichkeit des Tilgungsplans resultiert nicht (erst) aus der rechtlichen Bindungswirkung eines förmlichen Gesetzesbeschlusses, sondern folgt unmittelbar aus der Verfassung, die insoweit frei ist, auch einem Parlamentsbeschluß, der nicht der Gesetzesform genügt, Verbindlichkeit zuzusprechen. 44

Art. 115 II 6–8 GG enthalten für die Kreditaufnahme eine **abschließende Sonderregelung**[226]. Deshalb wird diese zusätzliche, die Regelgrenze überschreitende Kreditaufnahme gem. § 7 I 2 G 115 für Notsituationen nicht auf dem Kontrollkonto verbucht und berücksichtigt. Vielmehr wird die Nettokreditaufnahme um die zusätzliche Kreditaufnahme für die Notsituation »bereinigt«[227]. **In der Praxis** dürfte die Regelung **Schwierigkeiten** aufwerfen, da zum Zeitpunkt des Beschlusses der Überschreitung ein konjunkturgerechter Tilgungsplan noch gar nicht möglich sein wird, da dieser ja gerade konjunktur- und damit zeitabhängig ist. Die genaue weitere Entwicklung der Konjunktur wird – wie etwa 2008/2009 – noch gar nicht absehbar sein, so daß ein zukunftsgerichteter Tilgungsplan über einen längeren Zeitraum kaum »konjunkturgerecht« erlassen werden kann. Außerdem wird möglicherweise die tatsächliche Kreditaufnahme in diesen Notsituationen auch von der Ermächtigung noch einmal 45

217 BT-Drs. 16/12410, S. 13.
218 *Reimer* (Fn. 103), Art. 115 Rn. 57; *Kube* (Fn. 61), Art. 115 Rn. 189.
219 Kritisch *S. Korioth*, JZ 2009, 729 (733).
220 BT-Drs. 16/12410, S. 13.
221 BT-Drs. 16/12410, S. 13.
222 BT-Drs. 16/12410, S. 7.
223 Vgl. auch *C. Seiler*, JZ 2009, 721 (726); *Kube* (Fn. 61), Art. 115 Rn. 190.
224 *Kube* (Fn. 61), Art. 115 Rn. 191.
225 So aber *Reimer* (Fn. 103), Art. 115 Rn. 58; *Kube* (Fn. 61), Rn. 190.
226 *Kube* (Fn. 61), Art. 115 Rn. 192.
227 BT-Drs. 16/12400, S. 20; die »Bereinigungs«-Terminologie des Gesetzgebers ist eher verwirrend.

abweichen, so daß entweder die Regelung des Art. 115 II 4 GG greift oder aber im Rahmen eines Nachtragshaushalts eine weitere Kreditaufnahme nach Art. 115 II 6–8 GG erfolgen muß.

46 Angesichts der expliziten Regelung einer Kreditaufnahme in Notsituationen ist die **Annahme** einer **zusätzlichen ungeschriebenen Notkompetenz** im Fall einer Haushaltsnotlage, die der Berliner Verfassungsgerichtshof mit viel politischer Phantasie kreieren zu müssen meinte[228], **völlig ausgeschlossen**. Eine derartige Notkompetenz war auch schon zuvor aus prinzipiellen und systematischen Gründen verfehlt[229].

7. Konkretisierung durch Bundesgesetz

47 Schon bisher enthielt Art. 115 I 3 GG a. F. die Ermächtigung zu einer näheren gesetzlichen Ausgestaltung. Dem Auftrag kam der Gesetzgeber aber erst nach einer Mahnung des Bundesverfassungsgerichts im Jahr 2001 nach[230]. Die Regelung des Art. 115 II 4 GG erteilt jetzt für die Neuordnung der Kreditaufnahme ebenfalls **einen gesetzlichen Ausgestaltungsauftrag**, den der Gesetzgeber durch das parallel erlassene G 115 erfüllt hat[231]. Die bisher punktuell im Haushaltsgrundsätzegesetz und in der Bundeshaushaltsordnung normierten Regelungen wurden unverändert beibehalten (§§ 12 I 2 HGrG, 15 I 2 BHO; §§ 13 HGrG, 18 BHO; §§ 23 HGrG, 39 BHO). Das Ausführungsgesetz beschränkt sich auf die spezifischen Neuregelungen, unter denen Art. 115 II 4 GG explizit die (folgenlose) Bereinigung um finanzielle Transaktionen (→ Rn. 35, 37), die Berechnung der Konjunkturkomponente (→ Rn. 31ff.) und das Kontrollkonto (→ Rn. 35) aufführt. Das Ausführungsgesetz wiederholt teilweise lediglich das Grundgesetz (§ 6; → Rn. 40) oder ist unklar und problematisch (§ 8 Nachtragshaushalte; → Rn. 30). Im Ganzen ist das Ausführungsgesetz ebenso missraten wie die Grundgesetznorm.

8. Justiziabilität und Rechtsfolgen von Verfassungsverstößen

48 Die **Einhaltung der Regelgrenze** des Art. 115 II 1–2 GG ist wie bisher die durch die Investitionen gezogene Kreditgrenze (→ Bd. III², Art. 115 Rn. 21 m. w. N.) **in vollem Umfang justiziabel**[232]. Dem Gesetzgeber kam allerdings bisher bei der Beurteilung, ob eine Störung des gesamtwirtschaftlichen Gleichgewichts vorlag, ein **Einschätzungsspielraum** zu[233]. Die **Neuregelung verengt diese Spielräume**[234] durch eine stärkere Verrechtlichung[235], beseitigt sie aber nicht völlig. So eröffnet schon die Beurteilung, ob eine Abweichung von der Normallage vorliegt, einen wenngleich engeren Einschätzungsspielraum (→ Rn. 34). Ähnliches gilt für einzelne Notsituationen (→ Rn. 38, 40) sowie die Angemessenheit des Rückführungszeitraums (→ Rn. 43). Die Überprüfung

[228] VerfGH Berlin DVBl. 2004, 308 (311f.).

[229] Die Kritik an dem Berliner Urteil war zu Recht einhellig: *C. Pestalozza*, LKV 2004, 63ff.; *M. T. Kerber*, DÖV 2004, 691 (694f.); *C. Waldhoff*, NVwZ 2004, 1062 (1063f.); *M. Rossi*, DVBl. 2005, 269 (273f.); *W. Höfling*, DVBl. 2006, 934 (934, 938f.); zur Idee eines Haushaltsnotlagengesetzes *M. Rossi/G. F. Schuppert*, ZRP 2006, 8ff. → Art. 115 Rn. 29.

[230] BVerfGE 79, 311 (352). → Art. 115 Rn. 32.

[231] Art. 2 des Begleitgesetzes zur zweiten Föderalismusreform: → Fn. 32.

[232] *Kube* (Fn. 61), Art. 115 Rn. 234; *Reimer* (Fn. 103), Art. 115 Rn. 11.

[233] → Art. 115 Rn. 27 m. w. N., was nach BVerfGE 79, 311 (343) durch die Darlegungslast aufgefangen werden sollte.

[234] *Kube* (Fn. 61), Art. 115 Rn. 234: »gewisse Berechenbarkeit«.

[235] *C. Seiler*, JZ 2009, 721 (723).

durch das Bundesverfassungsgericht kann angesichts des spezifischen Charakters der Kreditermächtigung als »Ermächtigungsvorschrift im organschaftlichen Rechtskreis«[236] im wesentlichen nur im abstrakten Normenkontrollverfahren erfolgen, das faktisch bei einer Großen Koalition ausscheidet[237]. Ein Organstreitverfahren kommt wohl praktisch lediglich bei einer Prüfung der Überschreitung der Kreditermächtigung durch die Exekutive in Betracht[238], die aber kaum vorkommen wird. Die Entscheidung des Bundesverfassungsgerichts kann freilich im wesentlichen nur mit erheblicher zeitlicher Verspätung nachträglich die Verfassungswidrigkeit der Überschreitung der Kreditobergrenze feststellen[239]. Darüber hinausgehende Sanktionen sind damit nicht verbunden[240]. Das Haushaltsgesetz ist nicht unwirksam[241].

Auch die **Kreditaufnahme** oder Gewährleistungsübernahmen **durch** die **Exekutive ohne gesetzliche Ermächtigung** oder über die Ermächtigung hinaus sind **verfassungswidrig**, was das Bundesverfassungsgericht ebenfalls feststellen kann. Solange die gesetzliche Ermächtigung gilt, ist sie für die Exekutive maßgebend. Wenn sich – was angesichts der meist zu optimistischen Prognosen der Regierung ohnehin äußerst unwahrscheinlich ist – abzeichnet, daß die zulässige konjunkturbedingte Neuverschuldung wegen einer günstigeren Konjunkturentwicklung niedriger als prognostiziert ausfällt, ist die Exekutive gleichwohl zur Ausschöpfung der Ermächtigung befugt[242]. Erstens wäre die genaue Grenze für die Exekutive unklar und zweitens werden die Abweichungen auf dem Kontrollkonto erfaßt. 49

D. Verhältnis zu anderen GG-Bestimmungen

Hinsichtlich **Art. 110 GG** ist Art. 115 GG sowohl Spezialbestimmung als auch komplementäre Regelung. Ein materielles Ausgleichsgebot folgt schon deswegen nicht aus Art. 110 I 2 GG[243]. Im etatlosen Zustand ist **Art. 111 II GG** lex specialis[244]. In wesentlichen Teilen ist die Norm des Art. 115 II GG Wiederholung und zudem Konkretisierung des für Bund und Länder prinzipiell gleichermaßen geltenden **Art. 109 III GG** für den Bund. Angesichts der spezifischeren Regelungen steht Art. 115 II GG aber nicht mehr wie früher (→ Art. 115 Rn. 37) gleichrangig neben der Verpflichtung zur Berücksichtigung des gesamtwirtschaftlichen Gleichgewichts nach Art. 109 II GG. Vielmehr überlagert Art. 115 II GG insoweit als lex specialis **Art. 109 II GG**[245]. Die durch Art. 109 II GG n. F. nunmehr bestätigte Bindung an Art. 126 AEUV (ex Art. 104 EGV) ist davon schon wegen des Vorrangs des Unionsrechts unberührt. Aus dem Zusam- 50

---

[236] BVerfGE 79, 311 (326).

[237] *C. Lenz/E. Burgbacher*, NJW 2009, 2561 (2566), die deshalb ein Sonderverfahren vor dem Bundesverfassungsgericht vorschlagen. → Art. 93 Rn. 17a, 57a.

[238] Vgl. *C. Lenz/E. Burgbacher*, NJW 2009, 2561 (2566); *Kube* (Fn. 61), Art. 115 Rn. 233.

[239] Vgl. *H. Tappe*, DÖV 2009, 881 (890); *W. Heun*, ZSE 7 (2009), 552ff.; zur Effektivität gerichtlicher Kontrolle in diesem Bereich generell jetzt *Neidhardt*, Staatsverschuldung (Fn. 54), S. 151ff., 229ff.

[240] *C. Waldhoff/P. Dieterich*, ZG 24 (2009), 97 (118) wollen deshalb Sanktionen einführen.

[241] *Heintzen* (Fn. 66), Art. 115 Rn. 27; a. A. *Kube* (Fn. 61), Art. 115 Rn. 229; *K. Schaefer*, Das Haushaltsgesetz jenseits der Kreditgrenzen, 1995, S. 114ff.; vgl. auch *I. Härtel*, ZG 22 (2007), 399 (406ff.).

[242] Zweifel bei *Kube* (Fn. 61), Art. 115 Rn. 230.

[243] *Siekmann* (Fn. 37), Art. 115 Rn. 1; a. A. *Lappin*, Finanzierung (Fn. 151), S. 94ff. → Art. 110 Rn. 25.

[244] *Fischer-Menshausen* (Fn. 63), Art. 115 Rn. 7. → Art. 111 Rn. 12.

[245] Vgl. auch *Kube* (Fn. 61), Art. 115 Rn. 7.

menhang mit dem auch in **Art. 114 II GG** verankerten Wirtschaftlichkeitsgebot ist im übrigen zu Recht ein Verbot der Kreditfinanzierung von bloßen Rücklagen abgeleitet worden[246].

[246] VerfGH NW NVwZ 2004, 217ff.; a.A. *R. Wendt/M. Elicker*, VerwArch. 95 (2004), 471ff.; *Wendt* (Fn. 74), Art. 115 Rn. 25. → Rn. 25 mit Fn. 153.

Xa. Verteidigungsfall
Vorbemerkungen zu Art. 115a–115l GG

Literaturauswahl

Böckenförde, Ernst-Wolfgang: Der verdrängte Ausnahmezustand, in: NJW 1978, S. 1881–1890.
Boldt, Hans: Rechtsstaat und Ausnahmezustand, 1967.
Epping, Volker: Wehrverfassung, in: Bodo Pieroth (Hrsg.), Verfassungsrecht und soziale Wirklichkeit in Wechselwirkung, 2000, S. 183–208.
Esklony, Daniel: Das Recht des inneren Notstands. Verfassungsgeschichtliche Entwicklung unter besonderer Berücksichtigung der tatbestandlichen Voraussetzungen von Notstandsmaßnahmen und ihrer parlamentarischen Kontrolle, Diss. jur. Göttingen 2000.
Folz, Hans Ernst: Staatsnotstand und Notstandsrecht, 1962.
Fraenkel, Ernst (Hrsg.): Der Staatsnotstand, 1965.
Klein, Eckart: Der innere Notstand, in: HStR VII, § 169, S. 387–414.
Lenz, Carl O.: Notstandsverfassung des Grundgesetzes, 1971.
Max-Planck-Institut für ausländisches öffentliches Recht und Völkerrecht (Hrsg.): Das Staatsnotrecht in Belgien, Frankreich, Großbritannien, Italien, den Niederlanden, der Schweiz und den Vereinigten Staaten von Amerika, 1955.
Oberreuter, Heinrich: Notstand und Demokratie. Vom monarchischen Obrigkeits- zum demokratischen Rechtsstaat, 1978.
Vitzthum, Wolfgang Graf: Der Spannungs- und Verteidigungsfall, in: HStR VII, § 170, S. 415–454.
Wieland, Joachim: Die Entwicklung der Wehrverfassung, in: NZWehrR 48 (2006), S. 133–139.

Gliederung Rn.

A. Herkunft, Entstehung, Entwicklung

I. Ideen- und verfassungsgeschichtliche Aspekte

Ihr historisches Vorbild finden alle Notstandsregelungen in der zeitlich begrenzten **römischen Diktatur** zur Zeit der Republik, die bereits an die heute noch grundlegenden Situationen der Kriegsgefahr (dictatura rei gerundae causa) und der inneren Unruhen (dictatura seditionis sedandae causa) anknüpfte[1]. In den monarchischen Herrschaftssystemen spielte angesichts der Konzentration der Machtbefugnisse in der Hand des Herrschers die Frage besonderer Befugnisse in Notstandssituationen bis in die Zeit des modernen Absolutismus keine Rolle[2]. Abgesehen von Ansätzen zur Be- 1

[1] Vgl. *U. v. Lübtow*, Die römische Diktatur, in: E. Fraenkel (Hrsg.), Der Staatsnotstand, 1965, S. 91ff., bes. 113ff.; *T. Mommsen*, Römisches Staatsrecht, Bd. II/1, 3. Aufl. 1887 (Neudruck o. J.), S. 156; vgl. auch *C. Schmitt*, Die Diktatur, 2. Aufl. 1928, S. 1ff.
[2] S. auch *Stern*, Staatsrecht II, S. 1296f.

grenzung kriegsrechtlicher Befugnisse des englischen Monarchen im Jahre 1628[3] setzt der Prozeß der Regelung und Konstitutionalisierung des Notstandes im Gefolge der **Französischen Revolution** mit der Differenzierung zwischen dem militärischen und dem politischen Belagerungszustand ein[4], die begriffsprägend wurde.

2 In Deutschland wird der Notstand im wesentlichen[5] nach französischem Vorbild erst nach 1848 verfassungsrechtlich durch die Regelung von Tatbestand und Handlungsvollmachten präzisiert und eingehegt[6]. § 197 der **Paulskirchenverfassung**[7] und Art. 111 Preuß. Verfassung von 1850[8] sind auch für Art. 68 **Reichsverfassung 1871**[9] prägend. Mit Ausnahme des Notverordnungsrechts nach Art. 63 Preuß. Verfassung 1850[10] wird das Notstandsrecht nur konstitutionalisiert, im Gegensatz zur Regelung des § 197 Paulskirchenverfassung jedoch nicht parlamentarisiert[11]. Die Regelung des **Art. 48 WRV**[12] sah zwar einerseits eine partielle Parlamentarisierung des Notstandsrechts vor, da der Reichstag die Notstandsmaßnahmen jederzeit aufheben konnte[13], jedoch entfiel der Formalakt der ausdrücklichen Verhängung des Belagerungszustandes ebenso wie die frühere Umgrenzung der Tatbestandsvoraussetzungen[14]. Art. 48 I, II WRV ermächtigten deshalb den Reichspräsidenten zu weitreichenden Notstandsmaßnahmen, die zudem erhebliche Grundrechtseinschränkungen zuließen. Auch wenn die Bedeutung des Art. 48 WRV für den Untergang der Weimarer Republik nicht

---

[3] Petition of Right Nr. 7–10 wenden sich gegen königliche Anordnungen »by martial law«, die ohne Zustimmung des Parlaments ergangen waren.

[4] *État de siège militaire* und *état de siège politique*; erste verfassungsrechtliche Regelung: Art. 92 der Konsulatsverfassung von 1799; vgl. näher zur Entstehung in der Franz. Revolution *G. Ziebura*, Der Staatsnotstand in Frankreich, in: Fraenkel, Staatsnotstand (Fn. 1), S. 165 ff. (171 ff.); *Schmitt*, Diktatur (Fn. 1), S. 179 ff.; *H. Boldt*, Rechtsstaat und Ausnahmezustand, 1967, S. 28 ff.

[5] Einzelne Verfassungen (§ 89 Verf. Württ. 1819; Art. 73 Verf. Großherzogtum Hessen v. 1820) wiesen dem Monarchen umfassende Vollmachten zu, andernfalls lagen die Notstandsbefugnisse aufgrund des monarchischen Prinzips ohnehin beim Monarchen, vgl. auch *Huber*, Verfassungsgeschichte I, S. 337 f.

[6] Zum projet Barthe von 1832 und der weiteren Entwicklung *Boldt*, Rechtsstaat (Fn. 4), S. 33 ff.; vgl. ferner *Ziebura*, Staatsnotstand (Fn. 4), S. 172 ff.

[7] Dazu *Huber*, Verfassungsgeschichte II, S. 840.

[8] Vgl. dazu und zum Gesetz v. 4.6.1851 eingehend *Boldt*, Rechtsstaat (Fn. 4), S. 60 ff. mit Abdruck des Gesetzes auf S. 258 ff.; *D. Esklony*, Das Recht des inneren Notstands, Diss. jur. Göttingen 2000, S. 4 ff.

[9] Da das vorgesehene Reichsgesetz nicht erging, galt mit Besonderheiten für Bayern und Württemberg das preuß. Gesetz v. 1851 mit gewissen Modifikationen fort; vgl. näher *Huber*, Verfassungsgeschichte III, S. 1043 ff.; *Esklony*, Recht (Fn. 8), S. 16 ff.

[10] Notverordnungen bedurften der nachträglichen Genehmigung der Kammern. Das allgemeine Verordnungsrecht gem. Art. 14 Charte Constitutionnelle v. 1814 war 1830 als Staatsnotstandsrecht mißbraucht worden und wurde daher nach der dadurch ausgelösten Julirevolution gegen Mißbrauch gesichert, vgl. *Ziebura*, Staatsnotstand (Fn. 4), S. 169 ff.

[11] Vgl. auch *Stern*, Staatsrecht II, S. 1305 ff.

[12] Vgl. insbesondere *C. Schmitt/E. Jacoby*, Die Diktatur des Reichspräsidenten nach Art. 48 der Reichsverfassung, VVDStRL 1 (1924), S. 63 ff., 105 ff.; *R. Thoma*, DJZ 1924, 654 ff.; *R. Grau*, Die Diktaturgewalt des Reichspräsidenten und der Landesregierungen auf Grund des Art. 48 der Reichsverfassung, 1922; *Huber*, Verfassungsgeschichte VI, S. 687 ff.; *Esklony*, Recht (Fn. 8), S. 68 ff.

[13] Daneben vor allem durch das Gegenzeichnungserfordernis gem. Art. 50 WRV.

[14] Kritisch zu der Entformalisierung *Anschütz*, WRV, Art. 48 Anm. 7 (S. 277); *R. Thoma*, DJZ 1924, 654 (656 f.); *R. Grau*, Die Diktaturgewalt des Reichspräsidenten, in: HdbDStR II, S. 274 ff. (275); *E. R. Huber*, Zur Lehre vom Verfassungsnotstand in der Staatstheorie der Weimarer Zeit, in: ders. (Hrsg.), Bewahrung und Wandlung, 1975, S. 193 ff. (193 f.).

überschätzt werden darf[15], hat diese weitreichende Entgrenzung des Notstandsrechts die Entwicklung der grundgesetzlichen Notstandsverfassung maßgeblich beeinflußt[16].

II. Entstehung und Veränderung der Notstandsverfassung

Der Herrenchiemseer Konvent hatte in seinem Entwurf zunächst eine Regelung des Notstandes vorgesehen, die das Notverordnungsrecht aus der Weimarer Zeit in leicht modifizierter Form beibehielt[17]. Der Parlamentarische Rat erörterte ebenfalls eingehend Regelungen des Notstandsrechts und legte mehrere Fassungen vor, bis der Hauptausschuß auf Vorschlag des Allgemeinen Redaktionsausschusses am 5. Mai 1949 die **Streichung der Vorschriften** der Art. 111, 111a ohne weitere Erörterung beschloß[18]. Vermutlich war hierfür eine Intervention der Besatzungsmächte verantwortlich[19]. 3

Bis 1956 enthielt das Grundgesetz daher außer rudimentären Ansätzen in Art. 81, 91 a.F. und 143 GG i.d.F. von 1949 keine Notstandsregelung[20]. Die Einführung der **Wehrverfassung** brachte erstmals Regelungen, die für den äußeren Notstand, den Verteidigungsfall, Vorkehrungen trafen[21]. Angesichts der umfassenden Vorbehaltsrechte der Besatzungsmächte in Art. 5 II Deutschlandvertrag[22], der den Notstandsfall unter 4

[15] Vgl. *U. Scheuner*, Die Anwendung des Art. 48 der Weimarer Reichsverfassung unter den Präsidentenschaften von Ebert und Hindenburg, in: FS Brüning, 1967, S. 249ff.; *Stern*, Staatsrecht II, S. 1311ff.; Gegenposition bei *K.D. Bracher*, Die Auflösung der Weimarer Republik, 5. Aufl. 1971, S. 47ff.; vgl. auch *G. Schulz*, Art. 48 in politisch-historischer Sicht, in: Fraenkel, Staatsnotstand (Fn. 1), S. 39ff.; *H.H. Gather*, Das Notstandsrecht nach der Weimarer Reichsverfassung und dem Bonner Grundgesetz, Diss. jur. Köln 1963, S. 95ff.

[16] Vgl. *F.K. Fromme*, Von der Weimarer Verfassung zum Bonner Grundgesetz, 1960, S. 112ff.; *ders.*, DÖV 1960, 730 (732f.); *Stern*, Staatsrecht II, S. 1322.

[17] Parl. Rat II, S. 604f. (Art. 111) und dazu der darstellende Teil, S. 559ff.; zur Diskussion des Notverordnungsrechts in der Plenarsitzung v. 23.8.1948, ebd., S. 421ff.; vgl. im übrigen zur gesamten Entstehungsgeschichte *Stern*, Staatsrecht II, S. 1315ff.; s. ferner *V. Epping*, Wehrverfassung, in: B. Pieroth (Hrsg.), Verfassungsrecht und soziale Wirklichkeit in Wechselwirkung, 2000, S. 182ff. (185ff.); *D. Wiefelspütz*, Das Parlamentsheer, 2005, S. 12ff.; umfassend zum Hintergrund eines eigenen Wehrbeitrags der Bundesrepublik das Monumentalwerk: Militärgeschichtliches Forschungsamt (Hrsg.), Anfänge Westdeutscher Sicherheitspolitik 1945–1956, 4 Bde. 1982/1990/1993/1997; zu den Auseinandersetzungen um die Wehrverfassung *H. Ehlert*, Innenpolitische Auseinandersetzungen um die Pariser Verträge und die Wehrverfassung 1954 bis 1966, ebd. Bd. 3, S. 235ff. (430ff.).

[18] Vgl. JöR 1 (1951), S. 605ff. mit den verschiedenen Fassungen sowie Diskussionen im Hauptausschuß; 13. Sitzung v. 1.12.1948, Parl. Rat XIV/1, S. 376f.; 16. Sitzung v. 3.12.1948, Parl. Rat XIV/1, S. 469ff.; 36. Sitzung v. 12.1.1949, Parl. Rat XIV/2, S. 1119ff.; 50. Sitzung v. 10.2.1949, Parl. Rat. XIV/2, S. 1591ff.; 51. Sitzung v. 10.2.1949, Parl. Rat XIV/2, S. 1629ff.; 57. Sitzung v. 5.5.1949, Parl. Rat XIV/2, S. 1807f.

[19] Memorandum der alliierten Militärgouverneure vom 2.3.1949, abgedruckt in: Parl. Rat VIII, S. 131ff. (133); vgl. dazu *H. Oberreuter*, Notstand und Demokratie, 1978, S. 183f.; einen Einfluß verneinend *W. Laforet*, Diskussionsbeitrag, VVDStRL 8 (1950), S. 57; vgl. auch *Stern*, Staatsrecht II, S. 1315.

[20] *W. Weber*, Spannungen und Kräfte im westdeutschen Verfassungssystem, 3. Aufl. 1970, S. 27 sprach von einer »Attrappe« und einer »blechernen Rüstung« für den Notstand.

[21] Das 7. Gesetz zur Ergänzung des GG v. 19.3.1956 (BGBl. I S. 111) fügte insbesondere Art. 59a GG, der den Verteidigungsfall regelte, und Art. 65a GG ein, dessen Absatz 2 dem heutigen Art. 115b GG entspricht. Vgl. dazu *H.E. Folz*, Staatsnotstand und Notstandsrecht, 1962, S. 108f.; zur Vorgeschichte vgl. *N. Tönnies*, Der Weg zu den Waffen. Die Geschichte der deutschen Wiederbewaffnung 1945–1957, 1957, S. 59ff.; *P. Barth/G. Pfau/K. Streif*, Sicherheitspolitik und Bundeswehr 1981; *D. Gosewinkel*, Adolf Arndt, 1991, S. 364ff.

[22] Vgl. dazu *R. Smend*, Bemerkungen zu Art. 5 des Deutschlandvertrages, 1952; *Folz*, Staatsnotstand (Fn. 21), S. 143ff.; *W. Weber* und *H.-U. Evers*, Rechtsgutachten, in: DGB-Bundesvorstand

der »Sicherheitsglocke«[23] der Alliierten hielt, blieb es zunächst bei der bisherigen Rechtslage, die aber als unbefriedigend[24] empfunden wurde.

5 Die **Bemühungen um eine Notstandsverfassung**, die im 17. Gesetz zur Ergänzung des Grundgesetzes vom 24.6.1968[25] mündeten, setzten bereits Mitte der fünfziger Jahre ein[26]. Nach ersten Vorentwürfen[27] und Beratungen mit den Ländern kam es 1960 zum sog. Schröder-Entwurf, der erstmals eine Ergänzung des Grundgesetzes vorsah[28]. Der Entwurf, der sowohl den Verteidigungsfall als auch einen inneren »Ausnahmezustand« regelte und sich noch stark an Art. 48 WRV orientierte, stieß wegen seiner einseitigen Betonung des Ausnahmezustands als »Stunde der Exekutive«[29] auf Kritik und Ablehnung[30]. Dies veranlaßte die 1961 neugebildete Bundesregierung zu einer Überarbeitung, die als Höcherl-Entwurf bekannt wurde[31]. Diese überarbeitete Version unterschied zwischen den Zuständen der äußeren und inneren Gefahr sowie dem Katastrophenfall und griff vor allem den Vorschlag des Bundesrates[32] auf, einen Notstandsausschuß einzurichten. Die eingehenden Beratungen dieses Entwurfs im Rechtsausschuß brachten einen weiteren, den sog. Benda-Entwurf hervor[33], der im Parlament am Erfordernis der Zwei-Drittel-Mehrheit gem. Art. 79 II GG scheiterte[34].

6 In der **fünften Wahlperiode** wurden die Beratungen auf der Grundlage des Benda-Entwurfs durch eine interfraktionelle Zwölferkommission fortgesetzt[35] und mündeten in einem neuen Vorschlag der von der Großen Koalition gebildeten Bundesregierung vom 6.4.1967, dem. sog. Lücke-Entwurf[36]. Diese Überarbeitung trug den bisherigen Bedenken Rechnung, indem sie die Möglichkeiten der Grundrechtseinschränkung verminderte und die Tätigkeit des Gemeinsamen Ausschusses fast ganz auf den Notstandsfall beschränkte. Schließlich wurde als Kompensation für die Notstandsverfas-

---

(Hrsg.), Materialien zur Notstandsgesetzgebung, 1966, S. 36ff., 68ff.; *Oberreuter*, Notstand (Fn. 19), S. 190ff. – Art. 5 II ist durch Erklärung v. 27.5.1968 erloschen (BGBl. I S. 714).

[23] So *G. Schröder*, in: Bulletin v. 31.10.1958, S. 2021.

[24] Vgl. die Bemerkungen von *H. Schmidt* anläßlich der Hamburger Flutkatastrophe, in: Dt. BT, 5. WP, Sten. Ber. S. 9444; dazu auch *Stern*, Staatsrecht II, S. 1320; s. ferner die Äußerungen von *C. Schmid* und *A. Arndt*, zitiert in: *F. Schäfer*, Die Notstandsgesetze, 1966, S. 23ff.; zur Diskussion um ein extrakonstitutionelles Staatsnotrecht vgl. *J. Twenhöven*, Die Stellung der Legislative im Staatsnotstand, Diss. jur. Freiburg (Schweiz) 1972, S. 10ff.; *M. Krenzler*, An den Grenzen der Notstandsverfassung, 1974, S. 59ff.

[25] BGBl. I S. 709; zur Entstehungsgeschichte vgl. *Oberreuter*, Notstand (Fn. 19), S. 201ff.; *D. Sterzel*, Zur Entstehungsgeschichte der Notstandsgesetze, in: ders. (Hrsg.), Kritik der Notstandsgesetze, 1968, S. 7ff.; *Schäfer*, Notstandsgesetze (Fn. 24), S. 44ff.; *V. H. Lohse*, Streik und Staatsnotstand, 1969, S. 124ff.; *Stern*, Staatsrecht V, S. 1463ff.

[26] Vgl. *G. Schröder*, zitiert in *E. Benda*, Die Notstandsverfassung, 4./5. Aufl. 1966, S. 54f.; *G. Flor*, JR 1954, 125ff.

[27] Ein Entwurf, den *G. Schröder* 1958 den Ländern vorlegte, wird bei *Oberreuter*, Notstand (Fn. 19), S. 204 erwähnt.

[28] BT-Drs. III/1800 (Entwurf v. 5.2.1960); dazu *H. Schäfer*, NJW 1960, 1129ff.; *K. Hesse*, JZ 1960, 105ff.

[29] So *G. Schröder*, Dt. BT, Sten. Ber. 3. WP, S. 7177 (124. Sitzung v. 28.9.1960).

[30] *Oberreuter*, Notstand (Fn. 19), S. 205; sowie Nachweise in Fn. 82.

[31] BT-Drs. IV/891; dazu *K.A. Bettermann*, Die Notstandsentwürfe der Bundesregierung, in: Fraenkel, Staatsnotstand (Fn. 1), S. 190ff. (193ff.).

[32] BT-Drs. III/1800, S. 6 (Anlage 2).

[33] BT-Drs. IV/3494 mit Begründung (zu BT-Drs. IV/3494); dazu insbes. *H.-U. Evers*, AöR 91 (1966), 1ff., 193ff.

[34] Dt. BT, Sten. Ber. 4. WP, S. 9737 (Sitzung v. 24.6.1965).

[35] Dazu *Oberreuter*, Notstand (Fn. 19), S. 209f.

[36] BT-Drs. V/1879; dazu *H. Schäfer*, AöR 93 (1968), 37ff.

sung noch das Widerstandsrecht in Art. 20 IV GG verankert[37]. Die innerparlamentarischen Widerstände und Gegenpositionen[38] wurden im Verlauf der Beratungen jedenfalls dadurch so weit überwunden, daß am 30.5.1968 die Änderung des Grundgesetzes mit der erforderlichen Zwei-Drittel-Mehrheit verabschiedet werden konnte[39].

Die Wehr- und Notstandsverfassung des Grundgesetzes ist seit 1968 nicht mehr geändert worden, gleichzeitig hat sich jedoch das außen- und sicherheitspolitische Umfeld nach der **Wiederherstellung der Deutschen Einheit**[40] und dem Ende des Kalten Krieges dramatisch verändert. Während sich vor 1989 die Frage eines Auslandseinsatzes kaum stellte und zudem von den Bundesregierungen immer kategorisch abgelehnt wurde[41], hat sich die Bundesrepublik seitdem den Anfragen nach einer Beteiligung der Bundeswehr bei Auslandseinsätzen nicht mehr verwehrt. Die Bundeswehr ist in der ganzen Welt im Einsatz[42]. Der offizielle Auftrag der Bundeswehr ist dieser neuen Lage mittlerweile angepaßt worden: Nach den Verteidigungspolitischen Richtlinien vom 21. Mai 2003[43] und dem Weißbuch 2006[44] hat die Bundeswehr nicht einmal mehr vorrangig die Aufgabe der Gewährleistung der nationalen Sicherheit, sondern der Sicherung der außenpolitischen Handlungsfähigkeit Deutschlands und des Erbringens eines Beitrages zur Stabilität im europäischen und globalen Rahmen. Der seinerzeitige Verteidigungsminister Struck hat die neue Aufgabenstellung plakativ mit seinem gewagten Satz zum Ausdruck gebracht: »Die Sicherheit der Bundesrepublik wird auch am Hindukusch verteidigt«[45]. Das Bundesverfassungsgericht hat dieser Entwicklung die notwendige verfassungsrechtliche Grundlage verschafft, indem es vor allem auch Bündnisse kollektiver Selbstverteidigung wie die **NATO als System kollektiver Sicherheit** im Sinne des Art. 24 II GG anerkannt und damit die Handlungsmöglichkeiten der Bundeswehr wesentlich erweitert hat, zugleich als Gegengewicht jedoch einen umfassenden Parlamentsvorbehalt begründet hat[46], der inzwischen durch das Parlamentsbeteiligungsgesetz aus dem Jahr 2005[47] einfachgesetzlich konkretisiert und ausgestaltet worden ist. Der Anwendungsbereich des Parlamentsvorbehalts ist vom Bun- 7

---

[37] Zur Entstehungsgeschichte *C. Böckenförde*, JZ 1970, 168ff. → Art. 20 IV Rn. 7.

[38] Vgl. den Gegenentwurf der FDP, BT-Drs. V/2130; sowie die »Änderungsvorschläge aus der SPD-Fraktion zur Regierungsvorlage einer Notstandsgesetzgebung«, in: Vorgänge 1967, 315ff.; vgl. zur parlamentarischen Willensbildung auch *Oberreuter*, Notstand (Fn. 19), S. 212ff. m. w. N.

[39] Dt. BT, Sten. Ber. 5. WP, S. 9653f.

[40] Zur Integration der Nationalen Volksarmee in die Bundeswehr *G. Schattschneider/F. Weniger*, NZWehrR 46 (2004), 233ff.; *G. Digutsch*, Das Ende der Nationalen Volksarmee und der Aufbau der Bundeswehr in den neuen Ländern, 2004.

[41] Vgl. *N. K. Riedel*, Der Einsatz deutscher Streitkräfte im Ausland – verfassungs- und völkerrechtliche Schranken, 1989, S. 3f.; s. auch Staatminister Frau Dr. *Hamm-Brücher*, in: BT-Drs. 8/2115, S. 6 (unter Nr. 10).

[42] Bundesministerium der Verteidigung, Einsätze der Bundeswehr im Ausland, Stand April 2007, S. 4ff.; zur Entwicklung der Bundeswehr insgesamt vgl. auch Presse- und Informationsamt der Bundesregierung, Chronologie der Bundeswehr (Stand Juli 2004 – soll nicht mehr fortgeschrieben werden).

[43] Bundesministerium der Verteidigung, Verteidigungspolitische Richtlinien für den Geschäftsbereich des Bundesministers der Verteidigung vom 21.5.2003, Ziff. 71; auch abgedruckt in: Blätter f. dt. u. intern. Politik 2003, S. 888ff.

[44] Bundesministerium der Verteidigung, Weißbuch 2006, S. 70ff.

[45] Zitiert nach *M. Kutscha*, KritJ 37 (2004), 228 (228); ebd., S. 238ff. kritisch zu diesen Ausweitungstendenzen.

[46] BVerfGE 90, 286 (381ff.); s. auch E 89, 38 (39, 46f.). → Art. 87a Rn. 19.

[47] BGBl. I S. 775.

desverfassungsgericht allerdings inzwischen auch wieder etwas eingeengt worden[48]. Insgesamt klaffen aber trotz dieser Anpassungsleistungen der Rechtsprechung der normative Gehalt der Wehrverfassung und die politische Realität nicht unerheblich auseinander, so daß ein gewisser Reformbedarf zu konstatieren ist[49], der durch die neuartigen Bedrohungen eines weltumspannenden fundamentalistischen Terrorismus vor dem Hintergrund des 11. September 2001 noch deutlicher geworden ist. Die Lösung des Luftsicherheitsgesetzes, die Bundeswehr auch zur Abwehr terroristischer Luftangriffe heranzuziehen, hat das Bundesverfassungsgericht aus kompetentiellen Gründen zu Recht für verfassungswidrig erklärt[50]. Die dadurch entstandene verfassungsrechtliche Unsicherheit versuchen deshalb schon vereinzelte Vorschläge zu einer Verfassungsreform zu beseitigen[51], ohne daß ihnen in der derzeitigen politischen Situation viel Erfolg beschieden sein dürfte. Die Bundeswehr wird auch nach ihrem 50jährigen Bestehen[52] folglich voraussichtlich in der nächsten Zeit weiter in einer verfassungsrechtlichen Grauzone operieren müssen.

B. Internationale, supranationale und rechtsvergleichende Bezüge

8 Die Notstandsverfassung regelt die Konsequenzen des äußeren Notstandes für das innerstaatliche Recht, läßt die völkerrechtliche Frage der Zulässigkeit von Abwehrmaßnahmen indes unberührt. Insoweit ist vor allem das **Selbstverteidigungsrecht des Art. 51 UN-Charta** maßgebend[53]. Jedenfalls sind die Regelungen des Grundgesetzes über den äußeren Notstand völkerrechtskonform, zumal Art. 26 GG das Angriffsverbot auch verfassungsrechtlich verankert[54]. Darüber hinaus wirkt das allgemeine Völkerrecht nicht speziell auf die Notstandsverfassung ein. Erhebliche Auswirkungen hat allerdings die **Integration der Bundesrepublik in die NATO**. Zwar werden dadurch die verfassungsrechtlichen Regelungen nicht überlagert. Insbesondere löst auch nach dem NATO-Vertrag der Angriff auf einen Vertragspartner nicht automatisch den Bündnis- und Verteidigungsfall in der Bundesrepublik aus. Vielmehr bleibt die Feststellung des Verteidigungsfalls den zuständigen Gremien vorbehalten[55]. Aber die Einbeziehung der Bundesrepublik Deutschland in die militärische Kommandostruktur der NATO

[48] BVerfGE 104, 151 (199ff., Rn. 130ff.); vgl. auch *J. Wieland*, NZWehrR 48 (2006), 133 (137): »Spannungsverhältnis«.

[49] *C. Gramm*, NZWehrR 47 (2005), 133 (143ff.); zur Problematik von Evakuierungen deutscher Staatsbürger: → Art. 87a Rn. 17.

[50] BVerfGE 115, 118 (140ff., Rn. 89ff.).

[51] Das Innenministerium strebt nach einer Ministerialvorlage vom 27.9.2006 vor allem eine Ergänzung des Art. 35 GG, die einen Einsatz mit militärischer Bewaffnung ermöglichen soll, sowie des Art. 87a GG, die eine Abwehr terroristischer Angriffe erlauben sowie die Auslandseinsätze der Bundeswehr legitimieren soll, an. Kritisch zu den Plänen *C. Pestalozza*, NJW 2007, 492ff.; *U. Sittard/M. Ulbrich*, NZWehrR 49 (2007), 60ff.

[52] Zur Entwicklung der Bundeswehr insgesamt vgl. Presse- und Informationsamt der Bundesregierung: Chronologie der Bundeswehr, Stand Juli 2004; K.J. Baum/H.H. Mack/M. Rink (Hrsg.), Entschieden für den Frieden – 50 Jahre Bundeswehr 1955 bis 2005, 2005.

[53] Vgl. dazu hier nur *W. Heintschel von Heinegg*, in: Ipsen, Völkerrecht, § 52 Rn. 1ff.; *A. Randelzhofer*, in: B. Simma (Hrsg.), The Charter of the United Nations. A Commentary, 2. Aufl. 2002, Art. 51 Rn. 9ff.

[54] Zur Bindung an das Gewaltverbot als zwingendes Völkerrecht: → Art. 25 Rn. 7 i.V.m. 18; zum Verbot des Angriffskrieges im einzelnen: → Art. 26 Rn. 16ff.

[55] Vgl. BVerfGE 90, 286 (381ff.). → Art. 115a Rn. 3; für die Beistandspflicht nach dem WEU-Vertrag gilt nichts anderes.

hat gerade im Notstandsfall Konsequenzen für die operative Führung der Bundeswehr. Allerdings bleibt auch hier der Oberbefehl des Bundeskanzlers nach Art. 115b GG rechtlich erhalten[56]. Im Unterschied zur Integration in die NATO ist die Beteiligung der Bundesrepublik Deutschland an der WEU ohne Einfluß auf die Notstandsverfassung geblieben, zumal sie inzwischen aufgelöst wurde[57].

Mit dem **Vertrag von Lissabon** ist die **Zusammenarbeit** der Mitgliedstaaten in der Verteidigungspolitik **deutlich verstärkt** worden. Im Fall eines bewaffneten Angriffs begründet Art. 42 VI EUV eine rechtlich verbindliche Beistandspflicht der Mitgliedstaaten[58]. Außerdem erlaubt Art. 42 EUV die schrittweise Festlegung einer gemeinsamen Verteidigungspolitik der Union, die auch zu einer gemeinsamen Verteidigung führen kann. Art. 42 II UAbs. 1 Satz 2 und 3 EUV sehen insoweit ein vereinfachtes Verfahren der Vertragsänderung vor, das allerdings Einstimmigkeit des Europäischen Rates und Ratifikation der Vertragsänderung durch die Mitgliedstaaten vorsieht[59]. Der Aufbau integrierter Streitkräfte oder Kommandostrukturen der Union ist aber nicht von der Evolutivklausel erfaßt[60]. Schon vor Lissabon hat die EU eine Reihe von Gremien geschaffen, die die Strukturen der WEU ersetzen, nämlich das Politische und Sicherheitspolitische Komitee, das dem Rat und nun auch dem Hohen Vertreter der Union für Außen- und Sicherheitspolitik zuzuordnen ist, sowie den Militärausschuss und den Militärstab[61]. Außerdem bestehen weiter eigene operative Kapazitäten[62] mit dem Eurokorps[63] als Kern, die nach Scheitern der schnellen Eingreiftruppe[64] durch Gefechtsverbände in Bataillon-Stärke (EU-Battle-Groups) ersetzt worden sind[65]. Neben dem teilweise mit dem bisherigen Art. 17 EUV a.F. übereinstimmenden Art. 42 EUV hat der Lissabon-Vertrag weitere Regelungen der militärischen Zusammenarbeit aufgenommen. Art. 43 EUV konkretisiert die Aufgaben der in Art. 42 I EUV genannten Missionen, die insbesondere auch zur Bekämpfung des Terrorismus eingesetzt werden sollen (Art. 43 I 3 EUV).[66] Gemäß Art. 44 I EUV kann der Rat die Durchführung einer Mission auch einer Gruppe von Mitgliedstaaten übertragen. Art. 45 EUV konkretisiert 9

[56] → Art. 65a Rn. 3; → Art. 115b Rn. 2; vgl. generell zur Integration der Bundeswehr in die NATO *J. Gerber*, Die Bundeswehr im Nordatlantischen Bündnis (Die Bundeswehr. Eine Gesamtdarstellung Bd. II), 1985; zur Einordnung der nationalen militärischen Befehlsgewalt in internationalen Organisationen und Verbände *R. Schmidt-Radefeldt*, Parlamentarische Kontrolle der internationalen Streitkräfteintegration, 2005, S. 47ff.

[57] S. Decision of the Council of the Western European Union on the Residual Rights and Obligations of the WEU, 27. May 2011.

[58] *H.-J. Cremer*, in: Calliess/Ruffert, EUV/AEUV, Art. 42 EUV Rn. 8, 16ff.

[59] *Cremer* (Fn. 58), Art. 42 EUV Rn. 10; vgl. auch *S. Graf von Kielmannsegg*, Die Verteidigungspolitik der Europäischen Union, 2005, S. 116f. für die gleichlautenden Art. 17 EUV a.F.; a.A. *D. Thym*, DVBl. 2000, 676 (679).; zur Verteidigungspolitik vor Lissabon umfassend *Kielmannsegg*, aaO., S. 105ff.

[60] *Cremer* (Fn. 58), Art. 42 EUV Rn. 12; vgl. auch generell zu integrierten europäischen Streitkräften *S. Persch*, NZWehrR 2011, 193ff.

[61] *Cremer* (Fn. 58), Art. 42 EUV Rn. 22; Art. 38 EUV Rn. 1, 4; *Kielmannsegg*, Verteidigungspolitik (Fn. 59), S. 275ff., 308ff., 350.

[62] *Cremer* (Fn. 58), Art. 42 Rn. 23; zu multinationalen Verbänden vgl. *D. Fleck*, Befehls- und Kommandogewalt über deutsche Streitkräfte in multinationalen Verbänden, in: R. Geiger (Hrsg.), Völkerrechtlicher Vertrag und staatliches Recht vor dem Hintergrund zunehmender Verdichtung der internationalen Beziehungen, 2005, S. 163ff.

[63] Dazu *Fleck*, Kommandogewalt (Fn. 62), S. 164.

[64] *Kielmannsegg*, Verteidigung (Fn. 59), S. 319ff.

[65] *Cremer* (Fn. 58), Art. 42 Rn. 21.

[66] *Cremer* (Fn. 58), Art. 43 Rn. 3.

die Aufgaben der in Art. 42 III EUV genannten Europäischen Verteidigungsagenturen. Im übrigen begründet Art. 15 EMRK konkrete Mitteilungspflichten für den Fall der notstandsbedingten Einschränkung von Grundrechten, denen Art. 15 EMRK[67] ebenso wie andere Menschenrechtsverpflichtungen äußerste Grenzen setzen[68].

10 Vorkehrungen für den Notstandsfall treffen nahezu alle Rechtsordnungen anderer Verfassungsstaaten. Die Regelungen variieren indes außerordentlich[69]. In **Großbritannien** sind die Ausnahmebefugnisse einfachgesetzlich geregelt[70], die königliche Prärogative erfüllt im wesentlichen nur noch eine Auffangfunktion[71]. Gegebenenfalls wird wie im 2. Weltkrieg eine weitreichende gesetzliche Ermächtigung geschaffen[72] oder nachträglich vom Parlament die Indemnität erteilt, wie beispielsweise nach dem 1. Weltkrieg[73]. In den **USA** findet sich außer dem Recht des Kongresses zur Kriegserklärung (Art. I sec. 8, cl. 11 US-Const.) keine spezifische Notstandsregelung. Allerdings verfügt der Präsident als Commander-in-Chief gem. Art. II sec. 2, cl. 1 US-Const. auch über Notstandsbefugnisse im äußeren Notstandsfall[74], deren Reichweite in jüngster Zeit, vor allem im Hinblick auf den »war on terrorism«, heftig umstritten ist[75]. Die Möglichkeit der Bundesintervention im Fall inneren Notstands ist lediglich einfachgesetzlich geregelt[76]. In präsidentiellen wie gemischt parlamentarisch-präsidentiellen Systemen liegt die Übertragung der Notstandsbefugnisse auf den Präsidenten nahe. In **Frankreich** weist Art. 16 Verf. von 1958 dementsprechend dem Präsidenten umfassen-

---

[67] Zu Art. 9 EMRK vgl. *C. Grabenwarter*, Europäische Menschenrechtskonvention, 6. Aufl. 2016, S. 10ff.

[68] Vgl. dazu umfassend *A.-L. Svensson-McCarthy*, The International Law of Human Rights and States of Exception, Den Haag 1998.

[69] Vgl. auch die Übersicht in BT-Drs. V/1879, S. 8ff.; Hinweise auf die vormals kommunistischen Staaten zudem auch bei *H. Kaschkat*, Deutschland Archiv 16 (1983), 288ff.; europäischer Rechtsvergleich im Hinblick auf die Stellung des Militärs in: G. Nolte/H. Krieger (Hrsg.), European Military Law Systems, Berlin 2003, dessen Generalbericht vorab auf deutsch als Europäische Wehrrechtssysteme 2002 publiziert worden ist.

[70] Emergency Powers Act 1920 as amended in 1964; vgl. dazu *O. Hood Phillips/P. Jackson*, O. Hood Phillips' Constitutional and Administrative Law, 7th ed., London 1987, S. 360ff.; *A. W. Bradley/K. D. Ewing*, Constitutional and Administrative Law, 12th ed., London 1997, S. 677ff.; hinzu treten spezielle Gesetze für Nordirland und gegen Terrorismus, ebd. S. 681ff.; zur früheren Rechtslage vgl. *G. Jaenicke*, Das Staatsnotrecht in Großbritannien, in: Max-Planck-Institut für ausländisches öffentliches Recht und Völkerrecht (Hrsg.), Das Staatsnotrecht, 1955, S. 59ff. (97ff.); speziell zu Nordirland auch *W. Karl*, Menschenrechte im Notstand, in: J.J. Hagen (Hrsg.), Gewalt und Recht, 1997, S. 95ff. (98ff.).

[71] Vgl. *Bradley/Ewing*, Law (Fn. 70), S. 278f.

[72] Vgl. *Hood Phillips/Jackson*, Law (Fn. 70), S. 364f.

[73] *Hood Phillips/Jackson*, Law (Fn. 70), S. 363f.

[74] Vgl. dazu *L.H. Tribe*, American Constitutional Law, 3rd ed., vol. I, New York 2000, S. 657ff.; *A.D. Sofaer*, War, Foreign Affairs and Constitutional Power, 1976; zu den Befugnissen des Kongresses eingehend *F.D. Wormuth/E.B. Firmage*, To chain the dogs of war. The War Powers of Congress in History and Law, 2. ed. 1989. → Art. 115a Rn. 4 mit Fn. 22; insbesondere zum martial law vgl. auch *E. Fraenkel*, »Martial Law« und der Staatsnotstand in England und USA, in: ders., Staatsnotstand (Fn. 1), S. 138ff.; zu den »war powers« des Präsidenten einführend auch *W. Brugger*, Einführung in das öffentliche Recht der USA, 1993, S. 78ff.

[75] Die Übersteigerung der Präsidialbefugnisse durch *J. Yoo*, The Powers of War and Peace, Chicago 2005 ist vielfach kritisiert worden, vgl. hier nur *M.D. Ramsey*, Chicago Law Review 69 (2002), 1543ff.; *C.A. Bradley/J.L. Goldsmith*, Harvard Law Review 118 (2005), 2047ff.; *R. Goodman*, Harvard Law Review 118 (2005), 2653ff. jeweils m.w.N.

[76] 10 USC §§ 331ff.; vgl. dazu *H.G. Reiners*, Das Notstandsrecht der Vereinigten Staaten von Nordamerika unter besonderer Berücksichtigung des inneren Notstandes, Diss. jur. Freiburg 1973, S. 148ff.

de Notstandsbefugnisse zu, wahrt aber zugleich die Rechte der Nationalversammlung, indem diese im Ausnahmezustand nicht aufgelöst werden darf[77]. In der **Schweiz** wurde der Bundesversammlung bis 1999 eine besondere Ermächtigung für Staatsnotstandsregelungen zugebilligt, die auch die Übertragung besonderer Vollmachten an den Bundesrat einschloß[78]. In parlamentarischen Regierungssystemen wird die Rolle des Parlaments stärker zu bewahren versucht oder – wie in Schweden – ein Notstandsparlament (→ Art. 53a Rn. 3) geschaffen. Gleichwohl werden der Regierung bestimmte Eilkompetenzen zugewiesen. Das gilt beispielsweise für die relativ detaillierten Notstandsregeln der **Spanischen Verfassung**, die auch zwischen drei verschiedenen Notstandssituationen differenziert[79]. Eine vergleichbar differenzierte Ausformung von Notstandssituationen findet sich in der **Niederländischen Verfassung**[80]. Auch ohne verfassungsrechtliche Regelung hat die Staatspraxis der jeweiligen Exekutive Notstandsbefugnisse, insbesondere normativer Art, eingeräumt, um aktuelle Notstandssituationen zu bewältigen: Als Beispiel sei **Belgien** genannt[81].

C. Erläuterungen

I. Zur Konstitutionalisierung des Notstandes

Die Verabschiedung der Notstandsverfassung wurde hauptsächlich in ihrer Schluß- **11**
phase während der Großen Koalition von massiven **außerparlamentarischen Protesten und Widerständen** seitens der Gewerkschaften, der Universitäten und zahlreicher Schriftsteller begleitet[82]. Die Notstandsgesetzgebung bildete damit einen Kristallisationspunkt der Studentenrevolte und der erstmals politisch hervortretenden außerparlamentarischen Opposition. Sie entfaltete insofern nicht nur im politischen Raum, sondern darüber hinausgehend enorme gesellschaftliche Wirkungen, die für die Bundesrepublik prägend geworden sind. Bis in juristische Fachkreise hinein wurden schwerwiegende Bedenken geäußert und alarmierende Gefahren für Demokratie und Rechtsstaat bis zum schleichenden Staatsstreich gewittert und beschworen[83]. Die juristische Publizistik befürwortete dagegen ganz überwiegend eine Notstandsregelung im Grundsatz und konzentrierte sich auf eine Kritik an einzelnen Regelungen, wobei

[77] Vgl. *R. Grote*, Das Regierungssystem der V. französischen Republik, 1995, S. 263ff.; *M.C. Kerber*, Der Staat 34 (1995), 527 (545ff.); vgl. ferner *Ziebura*, Staatsnotstand (Fn. 4), S. 165ff.

[78] Art. 89bis III BV a.F.; vgl. dazu *V.H. Lohse*, Streik und Staatsnotstand unter Berücksichtigung der Rechtslage in der Schweiz, 1969, S. 225ff.; ebd., S. 220ff. auch zur Frage, ob sich aus anderen Regelungen Staatsnotstandsbefugnisse ergeben; etwas anders jetzt Art. 173 I, 185 III BV.

[79] Vgl. dazu *R. Hofmann*, ZaöRV 42 (1982), 349ff.

[80] Art. 202f. Niederl. Verf.; vgl. *G. Weiss*, Das Staatsnotrecht in den Niederlanden, in: Max-Planck-Institut, Staatsnotrecht (Fn. 70), S. 139ff. (146ff.).

[81] Vgl. zu Belgien BT-Drs. V/1879, S. 9; *H. Ballreich*, Das Staatsnotrecht in Belgien, in: Max-Planck-Institut, Staatsnotrecht (Fn. 70), S. 1ff. (5ff.).

[82] Vgl. allg. *E. Waldman*, Notstand und Demokratie, 1968, S. 169ff.; *M. Krohn*, Die gesellschaftlichen Auseinandersetzungen um die Notstandsgesetze, 1981, S. 26ff. In dem Kuratorium »Notstand und Demokratie« fanden sich etwa *H. Böll, H.M. Enzensberger, E. Kästner* und *M. Walser*. Zum Verhältnis von Parlament und Öffentlichkeit *Oberreuter*, Notstand (Fn. 19), S. 216ff.

[83] Vgl. insbes. die folgenden kritischen Publikationen auch mit Beiträgen juristischer Autoren; *H. Ridder u.a.*, Notstand der Demokratie, 1967; *E. Kogon u.a.*, Der totale Notstandsstaat, 1965; Vereinigung Deutscher Wissenschaftler e.V., Der permanente Notstand, 1963; IG Metall (Hrsg.), Notstandsgesetze – Notstand der Demokratie, 1967; *J. Seifert*, Gefahr im Verzuge, 1963, 3. Aufl. 1965; D. Sterzel (Hrsg.), Kritik der Notstandsgesetze, 1968.

auch eine übersteigerte Verrechtlichung und zu starke Parlamentarisierung moniert wurden[84].

12 Zu Recht hat sich das Grundgesetz gegen eine seit der Weimarer Republik vertretene Auffassung entschieden, die den Notstand für nicht normierbar hält[85]. Zum einen muß eine Verfassung Vorkehrungen treffen, daß im äußeren und inneren Notstand, auch wenn dessen Einzelheiten nicht voraussehbar sind, die rechts- und sozialstaatlichen Funktionen wenigstens prinzipiell gewährleistet werden[86] und die **Staatsorganisation grundsätzlich funktionsfähig** bleibt. Zum anderen kann eine verfassungsrechtliche Regelung dazu beitragen, daß im Notstandsfall prinzipiell **rechtsstaatliche Beschränkungen** beibehalten werden, wenngleich die Regeln des Normalzustandes teilweise außer Kraft gesetzt sind oder werden müssen. So kann die Notstandsverfassung durch Vergesetzlichung[87] dazu beitragen, zu verhindern, daß sich aus den im Interesse der Krisenbewältigung notwendigen Sonderformen staatlicher Herrschaft dauerhafte Umformungen der demokratischen Ordnung entwickeln[88]. Ob die Regelungen des Grundgesetzes die rechtsstaatliche Begrenzungsfunktion durch einen allzu großen »Perfektionismus im Detail«[89] nicht auf Kosten der Effizienz und Schlagkraft staatlicher Organe zur Krisenbewältigung überbetont haben[90], ist eine weitgehend hypothetische Frage geblieben, da der Notstandsverfassung die Probe aufs Exempel erspart geblieben ist. Ein Übermaß an Detailregelungen und Mißbrauchssicherungen kann im Krisenfall jedenfalls gerade auch die Kontrollmechanismen schwächen, wenn sich die Notwendigkeit ihrer Durchbrechung als allzu dringend erweist.

II. Das System der Notstandsverfassung

13 Das Notstandsrecht unterscheidet traditionell scharf zwischen dem inneren und dem äußeren Notstand[91]. Während das Grundgesetz für den inneren Notstand bereits 1949 Vorkehrungen traf, geht die Einführung der Regelungen für den äußeren Notstand auf die Grundgesetzänderung von 1968 zurück (→ Rn. 5). Die **Regelung des inneren Notstands**[92] findet sich im Kern in Art. 91 GG, der besondere Notstandsbefugnisse der Länder in Abs. 1 und Anordnungsbefugnisse der Bundesregierung in Abs. 2 begrün-

[84] Vgl. z.B. *K. Hesse*, DÖV 1955, 741ff.; *ders.*, JZ 1960, 105ff.; *H.-U. Evers*, AöR 91 (1966), 1ff., 193ff.; *H. Schäfer*, NJW 1960, 1129ff.; *G. Flor*, DVBl. 1958, 149ff.; *Bettermann*, Notstandsentwürfe (Fn. 31), S. 193ff.; *Folz*, Staatsnotstand (Fn. 21), S. 193ff.; *D. Blumenwitz*, Der demokratische Rechtsstaat und die Regelung des Notstandes, in: ders. (Hrsg.), Freiheit und Autorität als Grundlage der modernen Demokratie, 1982, S. 103ff. (106ff.).

[85] Vgl. vor allem *C. Schmitt*, Politische Theologie, 2. Aufl. 1934, S. 19ff.; s. aber auch *H. Heller*, Staatslehre, 3. Aufl. 1970, S. 255, vgl. auch *D. Sterzel*, in: AK-GG, Abschn. Xa (2001), Rn. 20 m. w. N. zur Diskussion anläßlich der Notstandsgesetze.

[86] Nicht nur die sozialstaatlichen Funktionen, so aber *Stern*, Staatsrecht II, S. 1302.

[87] Vgl. *E.-W. Böckenförde*, Ausnahmerecht und demokratischer Rechtsstaat, in: FS Hirsch, 1981, S. 259ff. (260).

[88] Vgl. auch *E.-W. Böckenförde*, NJW 1978, 1881 (1885ff.); *U. Scheuner*, Einleitung, in: C.O. Lenz (Hrsg.), Notstandsverfassung des Grundgesetzes, 1971, S. 11ff.; *H. Krüger*, Allgemeine Staatslehre, 2. Aufl. 1966, S. 837; *Hesse*, Verfassungsrecht, Rn. 723ff.; *Sterzel*, Abschn. Xa (Fn. 85), Rn. 21; kritisch zu diesem Argument *G. Lübbe-Wolff*, ZParl. 11 (1980), 110 (119ff.).

[89] *Stern*, Staatsrecht II, S. 1326.

[90] Zur Diskussion vgl. *Stern*, Staatsrecht II, S. 1326ff.

[91] Zur Abgrenzung vgl. *K. Windthorst*, Der Notstand, in: M. Thiel (Hrsg.), Wehrhafte Demokratie, 2003, S. 365ff. (371f.); *R. Reiner*, VR 2011, 253ff.

[92] Vgl. dazu den Überblick bei *E. Klein*, HStR³ XII, § 280 Rn. 15ff.

det. Davon zu unterscheiden sind die Fälle der Gefährdung der öffentlichen Sicherheit und Ordnung von besonderer Bedeutung gem. Art. 35 II 1 GG (→ Art. 35 Rn. 25) und der Katastrophennotstand gem. Art. 35 II 2, III GG. Beide lösen spezielle Anforderungsrechte der Länder aus (→ Art. 35 Rn. 27ff.), der Katastrophennotstand begründet auch besondere Befugnisse der Bundesregierung (→ Art. 35 Rn. 35). Ferner erlaubt das Grundgesetz im Ausnahmefall den Einsatz der Streitkräfte gem. Art. 87a IV GG (→ Art. 87a Rn. 28) und gem. Art. 35 II 2, III GG (→ Art. 35 Rn. 53) sowie bestimmte Grundrechtsbeschränkungen im inneren Notstand (→ Art. 11 Rn. 26; → Art. 10 Rn. 53; → Art. 9 Rn. 96). Wesentlicher Unterschied des Einsatzes der Streitkräfte nach Art. 35 GG zum Streitkräfteeinsatz nach Art. 87a IV GG ist, daß ein Kampfeinsatz mit spezifisch militärischen Waffen unzulässig ist[93].

Die **Regelungen des äußeren Notstandsfalls**[94] finden sich im wesentlichen im Abschnitt Xa (Art. 115a–115l GG) zusammengefaßt, daneben aber auch über das Grundgesetz verstreut in Art. 12a III–VI, 53a, 80a, 87a III GG. Die Notstandsverfassung differenziert dabei zwischen vier Stufen fortschreitender Eskalation, in denen sich bei einer äußeren Bedrohung der Bundesrepublik Deutschland ein Konflikt theoretisch entwickeln könnte[95]. Die erste Stufe ist der Spannungsfall, der in Art. 80a I GG geregelt ist (→ Art. 80a Rn. 5). Ergänzende Regelungen finden sich in Art. 12a III–VI (→ Art. 12a Rn. 25) und 17a II GG (→ Art. 17a Rn. 15). Außerdem können im Spannungsfall die Streitkräfte gem. Art. 87a III GG zum zivilen Objektschutz eingesetzt werden (→ Art. 87a Rn. 23). Als zweite Stufe kommt der sog. Zustimmungsfall, der durch einen entsprechenden Beschluß des Bundestages gem. Art. 80a I GG ausgelöst wird und in den Rechtsfolgen im wesentlichen dem Spannungsfall gleichgestellt ist (→ Art. 80a Rn. 6). Die dritte Stufe bildet der Bündnisfall gem. Art. 80a III 1 GG, in dem bei einem Angriff auf einen Bündnispartner von einem zuständigen Bündnisorgan der Bündnisfall festgestellt wird und entsprechende koordinierte Verteidigungsmaßnahmen beschlossen werden, sofern – als weitere notwendige Voraussetzung – die Bundesregierung dem Beschluß des Bündnisorgans zustimmt (→ Art. 80a Rn. 12). Die vierte Stufe ist der Verteidigungsfall, der eingehend in Art. 115a–l GG sowie ergänzend in Art. 12a III–VI, 80a, 87a III GG geregelt ist und das Zentrum der Notstandsverfassung darstellt. Der in Art. 115a I GG definierte Verteidigungsfall (→ Art. 115a Rn. 6) erlaubt einen umfassenden Einsatz der Streitkräfte (Art. 87a, 115b GG) und erhebt gegebenenfalls den Gemeinsamen Ausschuß zum Notparlament (Art. 53a, 115a II, 115e, 115h II GG), ohne damit Bundestag und Bundesrat ihrer Kompetenzen zu berauben (Art. 115d, 115l GG). Außerdem führt der Verteidigungsfall zu einer Unitarisierung der Befugnisse und einer Konzentration von Regierung und Verwaltung, indem die Gesetzgebungskompetenzen des Bundes (Art. 115c GG) und die Kompetenzen der Bundesregierung (Art. 115f GG) erweitert werden und subsidiär die Landesregierungen die erweiterten Kompetenzen nach Art. 115f GG wahrnehmen können (Art. 115i **14**

[93] BVerfGE 115, 118 (143ff., Rn. 96ff.).

[94] Vgl. dazu im Überblick *W. März*, HStR³ XII, § 281 Rn. 8ff.

[95] Ob sich die Wirklichkeit an dieses Modell halten würde, ist durchaus zweifelhaft; zum modernen Kriegsbild vgl. hier nur *K. Ipsen*, Zum modernen Kriegsbild, in: G. Bluhm u. a. (Hrsg.), Abschrekkung und Entspannung, 1977, S. 71ff.; *ders.*, in: Ipsen, Völkerrecht, § 57 Rn. 3ff.; *J.A. Graf Kielmansegg*, Probleme eines kriegerischen Konflikts, in: G. Kaiser (Hrsg.), Sicherheitspolitik vor neuen Aufgaben, 1979, S. 295ff.; vgl. ferner *R. Woller*, Der unwahrscheinliche Krieg, 1970, S. 137ff.; *C. Bretherton*, Contemporary Sources of Armed Conflict, in: C. Bretherton/G. Ponton (Hrsg.), Global Politics, 1996, S. 100ff.; *H. Münkler*, Die neuen Kriege, 2002; *G. Nolte*, Art. Krieg, in: EvStL⁴, Sp. 1334ff.

GG). Bestand und Funktion des Bundesverfassungsgerichts werden im Verteidigungsfall gem. Art. 115g GG besonders gesichert.

D. Verhältnis zu anderen GG-Bestimmungen

15 Die Notstandsverfassung hat insgesamt 28 Verfassungsartikel in das Grundgesetz eingefügt, geändert oder gestrichen, unter denen die Art. 115a–115l GG den größten zusammenhängenden Komplex, aber lediglich einen Teil darstellen. Die Regelungen der Notstandsverfassung, die sachlich kaum von der **Wehrverfassung** zu trennen ist[96], sind über das gesamte Grundgesetz verstreut, was den unsystematischen Eindruck dieser beiden Materien verstärkt. Diese Regelungsweise ist aber auch auf den historischen Umstand zurückzuführen, daß das Grundgesetz Wehr- und Notstandsregelungen im Jahr 1949 ausgespart hat und die nachträgliche Einfügung eine derartige Geschlossenheit nur schwerlich erreichen kann. Im einzelnen sind mehrere **Schwerpunkte** der Auswirkungen der Notstandsverfassung unter Einschluß der Wehrverfassung auf das Grundgesetz zum damaligen Zeitpunkt auszumachen[97].

16 Ein erster Schwerpunkt wird von Modifikationen und Ergänzungen der **Grundrechte** gebildet. Art. 9 III GG wurde um Satz 3 ergänzt (→ Art. 9 Rn. 11), das Post- und Fernmeldegeheimnis modifiziert (→ Art. 10 Rn. 5) und zur Abstützung dieser Regelung Art. 19 IV 3 GG eingefügt (→ Art. 19 IV Rn. 8). Ferner wurden weitere Einschränkungen der Freizügigkeit in Art. 11 II GG zugelassen (→ Art. 11 Rn. 6). Die Regelungen des Wehr- und Ersatzdienstes wurden aus Art. 12 GG ausgegliedert und im neuen Art. 12a GG geregelt (→ Art. 12a Rn. 3). Die Einschränkungen des Art. 17a GG waren dagegen schon 1956 im Zuge der Einfügung der ersten Wehrverfassung in das Grundgesetz gelangt (→ Art. 17a Rn. 2). Schließlich enthält Art. 115c GG noch Einschränkungen der Art. 14 III 2 GG sowie des Art. 104 II 3, III 1 GG (→ Art. 115c Rn. 6f.). Die Regelung des Widerstandsrechts in Art. 20 IV GG läßt sich ebenfalls zu diesem Bereich zählen.

17 Ein weiterer Schwerpunkt betrifft Modifikationen des **Bund-Länder-Verhältnisses** im Notstand. Dazu zählen außerhalb der Art. 115a–l GG die Regelungen des Art. 35 GG n. F. sowie die Änderungen des Art. 91 GG (→ Art. 91 Rn. 2f.). Ein erheblicher Teil dieses Komplexes wird indes in den Art. 115a–l GG geregelt.

18 Einen dritten Schwerpunkt bilden spezielle Regelungen, die den **Willensbildungs- und Entscheidungsprozeß des Bundes** modifizieren. An erster Stelle ist in diesem Zusammenhang die Schaffung des Gemeinsamen Ausschusses durch Art. 53a GG zu nennen, dessen Kompetenzen allerdings teilweise in Art. 115c, 115k GG zu finden sind. Der Übergang der Befehls- und Kommandogewalt auf den Bundeskanzler war zwar schon im Rahmen der Wehrverfassung in Art. 65a GG normiert worden, doch wurde die Regelung im Zuge der Notstandsverfassung durch Art. 115b GG übernommen (→ Art. 115b Rn. 1).

19 Schließlich wurde als vierter Schwerpunkt eine **Erweiterung der Machtmittel des Staates** geregelt, indem die teilweise schon durch die Wehrverfassungsnovelle von 1956 eingefügten Art. 87a, 87b GG noch modifiziert (Art. 87a III, IV GG), die Einsatzmöglichkeiten von Polizei, »Bundesgrenzschutz« bzw. heute Bundespolizei und Streit-

[96] Zur Abgrenzung vgl. *H. Neumann*, NZWehrR 41 (1999), 142ff.

[97] Vgl. auch *R. Herzog*, in: Maunz/Dürig, GG, Art. 115a (1969), Rn. 9ff.

kräften teilweise erweitert (Art. 35 II, III, 91 GG) und spezifische Regelungsmöglichkeiten eröffnet (Art. 80a GG) wurden. Hinzu tritt noch Art. 115f I Nr. 1 GG. Die Notstandsverfassung hat außerdem den 1956 eingefügten Art. 143 GG a. F., der eine gesetzliche Regelung der Inanspruchnahme der Streitkräfte im Notstandsfall den Anforderungen des Art. 79 GG unterwarf, ebenso wieder aufgehoben[98] wie die besondere Zulassungsklausel des Art. 142a GG, welche den Abschluß des Deutschlandvertrages und des Vertrages über die Europäische Verteidigungsgemeinschaft mit dem Grundgesetz kompatibel erklärte[99].

Wehr- und Notstandsverfassung stellen im ganzen einen **eigenständigen Regelungskomplex** innerhalb des Grundgesetzes, aber »keine Gegenverfassung zur Normalverfassung«[100] dar. Die Verstreutheit der Regelungen mag partiell darüber hinwegtäuschen, die Zusammenführung eines gewichtigen[101] Teils in den Art. 115a–l GG akzentuiert die Eigenständigkeit jedoch. Ähnlich wie bei der Regelung des Finanzwesens (→ Vorb. zu Art. 104a–115 Rn. 27) liegt die Materie der Wehr- und Notstandsverfassung quer zu der sonstigen Gliederung des Grundgesetzes und hat ein Sachgebiet zum Gegenstand, das von den Grundrechten über das Bund-Länder-Verhältnis bis zu den Organen und Funktionen alle wesentlichen Gliederungselemente des Grundgesetzes berührt. Dies erklärt jedenfalls partiell die Verstreutheit der Regelungen, an der die Zusammenfassung im Abschnitt Xa kaum etwas ändert. 20

Die detaillierten Regelungen des inneren und äußeren Notstands lassen **keine**n Raum für die **Anerkennung eines ungeschriebenen Notstandsrechts**, und zwar weder extra noch contra constitutionem[102]. Es ist auch nicht erkennbar, daß die gegenwärtigen Regelungen einen solchen Verstoß gegen Gerechtigkeitsgrundsätze darstellen, um sie außer acht lassen zu können[103]. 21

---

[98] Einführung durch Gesetz zur Ergänzung des Grundgesetzes v. 19.3.1956 (BGBl. I S. 111); aufgehoben durch 17. Gesetz zur Änderung des Grundgesetzes v. 24.6.1968 (BGBl. I S. 709).

[99] Eingefügt durch Gesetz zur Ergänzung des Grundgesetzes vom 26.3.1954 (BGBl. I S. 45); aufgehoben durch 17. Gesetz zur Änderung des Grundgesetzes v. 24.6.1968 (BGBl. I S. 709); s. dazu auch *H. Rumpf*, DÖV 1968, 673ff. → Art. 79 I Rn. 5.

[100] *A. Hopfauf*, in: Schmidt-Bleibtreu/Hofmann/Henneke, GG, Vorb. v. Art. 115a Rn. 66.

[101] *Hopfauf* (Fn. 100), Vorb. v. Art. 115a Rn. 49 bezeichnet die Art. 115aff. GG als den »wichtigsten Teil«.

[102] So aber *Windhorst*, Notstand (Fn. 91), S. 380ff.

[103] Die Anwendung der Radbruchschen Formel durch *Windhorst*, Notstand (Fn. 91), S. 381 verfehlt deren Zielrichtung, die im vorliegenden Fall die Normen des Grundgesetzes als Gerechtigkeitsverstoß qualifizieren müßte.

Artikel 115a [Feststellung des Verteidigungsfalles]

(1) [1]Die Feststellung, daß das Bundesgebiet mit Waffengewalt angegriffen wird oder ein solcher Angriff unmittelbar droht (Verteidigungsfall), trifft der Bundestag mit Zustimmung des Bundesrates. [2]Die Feststellung erfolgt auf Antrag der Bundesregierung und bedarf einer Mehrheit von zwei Dritteln der abgegebenen Stimmen, mindestens der Mehrheit der Mitglieder des Bundestages.

(2) Erfordert die Lage unabweisbar ein sofortiges Handeln und stehen einem rechtzeitigen Zusammentritt des Bundestages unüberwindliche Hindernisse entgegen oder ist er nicht beschlußfähig, so trifft der Gemeinsame Ausschuß diese Feststellung mit einer Mehrheit von zwei Dritteln der abgegebenen Stimmen, mindestens der Mehrheit seiner Mitglieder.

(3) [1]Die Feststellung wird vom Bundespräsidenten gemäß Artikel 82 im Bundesgesetzblatte verkündet. [2]Ist dies nicht rechtzeitig möglich, so erfolgt die Verkündung in anderer Weise; sie ist im Bundesgesetzblatte nachzuholen, sobald die Umstände es zulassen.

(4) [1]Wird das Bundesgebiet mit Waffengewalt angegriffen und sind die zuständigen Bundesorgane außerstande, sofort die Feststellung nach Absatz 1 Satz 1 zu treffen, so gilt diese Feststellung als getroffen und als zu dem Zeitpunkt verkündet, in dem der Angriff begonnen hat. [2]Der Bundespräsident gibt diesen Zeitpunkt bekannt, sobald die Umstände es zulassen.

(5) [1]Ist die Feststellung des Verteidigungsfalles verkündet und wird das Bundesgebiet mit Waffengewalt angegriffen, so kann der Bundespräsident völkerrechtliche Erklärungen über das Bestehen des Verteidigungsfalles mit Zustimmung des Bundestages abgeben. [2]Unter den Voraussetzungen des Absatzes 2 tritt an die Stelle des Bundestages der Gemeinsame Ausschuß.

Literaturauswahl

Amann, Hermann: Verfassungsrechtliche Probleme des Gemeinsamen Ausschusses nach Art. 53a Abs. 1 Grundgesetz, 1971.

Fuchs, Rainer: Die Entscheidung über Krieg und Frieden, Friedensordnung und Kriegsrecht nach dem Bonner Grundgesetz, Diss. jur. Bonn 1981.

Ipsen, Knut: Bündnisfall und Verteidigungsfall, in: DÖV 1971, S. 583–588.

Rieder, Bruno: Die Entscheidung über Krieg und Frieden nach deutschem Verfassungsrecht, 1984.

Seifert, Jürgen: Der Notstandsausschuß, 1968.

Thomsen, Andreas: Der Parlamentsvorbehalt für den Einsatz der Streitkräfte zur Verteidigung, Diss. jur. Bonn 1988.

Leitentscheidung des Bundesverfassungsgerichts

BVerfGE 90, 286 (386f.) – Out-of-area-Einsätze.

Gliederung

Stichwörter

A. Herkunft, Entstehung, Entwicklung

I. Ideen- und verfassungsgeschichtliche Aspekte

Die Entscheidung über den Kriegseintritt gehört zu den grundlegenden und existentiellen Entscheidungen eines Gemeinwesens. Die Kompetenz steht daher grundsätzlich den höchsten Organen zu, wobei sich von Anfang an, vornehmlich für den Fall des Verteidigungskrieges, auch jeweils die Frage nach einer Eilzuständigkeit gestellt hat[1]. Im Reich und den deutschen Territorien stand deshalb in erster Linie Kaiser und Monarch die Entscheidung über das ius belli zu. Sie bedurften jedoch in unterschiedlichem Maß einer Mitwirkung der (Reichs-)Stände, die innerhalb der Territorien im Absolutismus fast ganz zurückgedrängt wurde[2]. Nachdem die französischen Revolutionsverfassungen den Vorrang der gesetzgebenden Körperschaften in dieser Frage festgelegt hatten[3], gingen die deutschen konstitutionellen Monarchien des 19. Jahrhunderts wiederum von einer ausschließlichen **Kompetenz der Monarchen zur Kriegserklärung** aus[4], die allenfalls indirekt durch das parlamentarische Budgetrecht beeinflußt werden konnte[5]. Das gilt auch für die Paulskirchenverfassung[6]. Die Reichsverfassung von 1871 sah das Recht der Kriegserklärung ebenfalls als monarchische Prärogative an. Die Zustimmung des Bundesrates gem. Art. 11 II RVerf. 1871 brachte insoweit nur die föderative Komponente des Reiches zum Ausdruck[7]. Die Weimarer Reichsverfassung wies demgegenüber durch das Erfordernis der Gesetzesform allein dem **Reichstag das** 1

---

[1] Zur Rechtslage in der römischen Republik *T. Mommsen*, Römisches Staatsrecht 1, 4. Aufl. 1952, S. 687ff.

[2] Vgl. näher *B. Rieder*, Die Entscheidung über Krieg und Frieden nach deutschem Verfassungsrecht, 1984, S. 33ff. (zum Reich), 72ff. (zu den Territorien).

[3] Tit. III, Kap. III, Abschn. I, Art. 2 Verf. 1791; Art. 54 Verf. 1793; Art. 326ff. Verf. 1795; vgl. dazu auch *Rieder*, Entscheidung (Fn. 2), S. 110ff.

[4] Nach dem Vorbild des Art. 14 Charte Constitutionnelle 1814; Art. 48 Preuß. Verf. 1850; weitgehend blieb dies aber ungeregelt, so daß nach dem monarchischen Prinzip der Monarch zuständig war, vgl. näher *Rieder*, Entscheidung (Fn. 2), S. 139ff.; s. auch *Huber*, Verfassungsgeschichte III, S. 942f.

[5] Vgl. im Hinblick auf die Fragestellung für Preußen und das Reich *Rieder*, Entscheidung (Fn. 2), S. 148ff., 213ff.; sowie *Huber*, Verfassungsgeschichte III, S. 943 zum Reich.

[6] § 76 Paulskirchenverfassung; vgl. dazu *Rieder*, Entscheidung (Fn. 2), S. 191ff.

[7] Vgl. *Rieder*, Entscheidung (Fn. 2), S. 204ff.; *E. Busch*, NZWehrR 34 (1992), 191 (195); zu Recht hebt *Huber*, Verfassungsgeschichte III, S. 943 daneben das Erfordernis der Zustimmung des Reichskanzlers hervor.

Recht der Kriegserklärung zu[8]; die Staatsrechtslehre erkannte freilich für den Verteidigungsfall dem Reichspräsidenten eine Notkompetenz zu[9].

II. Entstehung und Veränderung der Norm

2 Während der Parlamentarische Rat das Verbot des Angriffskrieges (Art. 26 I GG) verankerte, blieb der Verteidigungsfall völlig ohne Regelung[10]. Erst im Rahmen der Wehrnovelle von 1956[11] wurde der **Verteidigungsfall in Art. 59a GG a. F.** unter teilweise erheblicher Modifizierung der Weimarer Rechtslage normiert. Danach stellte allein der Bundestag durch Beschluß den Verteidigungsfall fest (Art. 59a I GG a. F.); nicht zuletzt aufgrund der damaligen Kriegskonzeption eines atomaren Schlagabtausches[12] sah Art. 59a II GG indes eine Eilkompetenz des Bundespräsidenten, infolge der Gegenzeichnungspflicht praktisch des Bundeskanzlers, für die Feststellung vor[13]. Diese außergewöhnliche Krisenkompetenz des Bundeskanzlers wurde durch die auf Anregung des Bundestages vorgenommene Übertragung dieser Kompetenz auf das Notparlament gem. Art. 53a GG[14] im Rahmen der Notstandsverfassung[15] beseitigt. Dies stärkte das parlamentarische wie das föderative Element. Darüber hinaus wurde in Art. 115a GG nunmehr im Gegensatz zu Art. 59a GG der Verteidigungsfall näher konkretisiert[16] und das durchgehende Erfordernis qualifizierter Mehrheit für die Feststellung eingeführt[17]. Seitdem sind keine Veränderungen eingetreten.

B. Internationale, supranationale und rechtsvergleichende Bezüge

3 Die Integration der Bundesrepublik in EU und NATO begründet vertragliche Konsultationspflichten und läßt den Angriff auf einen Bündnispartner zugleich zum Angriff auf die Bundesrepublik werden[18]. Gleichwohl löst ein derartiger Angriff rechtlich nicht automatisch die Bündnisverpflichtungen aus, und ein gemeinsames Organ wie

---

[8] Art. 45 II WRV; vgl. auch *Rieder*, Entscheidung (Fn. 2), S. 266ff.; *Huber*, Verfassungsgeschichte VI, S. 463f.

[9] Vgl. nur *Anschütz*, WRV, Art. 45 Anm. 8 (S. 262) m. w. N. Eine Rechtsverordnung nach Art. 48 II WRV konnte das Gesetz dagegen nach h. M. nicht ersetzen.

[10] Während die Bundesregierung für die Errichtung der Bundeswehr dennoch keiner verfassungsrechtlichen Ermächtigung zu bedürfen glaubte, war deren Notwendigkeit für den Einsatz im Verteidigungsfall unstrittig, vgl. Dt. BT, Sten. Prot. 2. WP, S. 5215 (92. Sitzung v. 27.6.1955).

[11] Gesetz zur Ergänzung des Grundgesetzes v. 19.3.1956 (BGBl. I S. 111).

[12] Vgl. dazu die einflußreiche Studie von *H. Kissinger*, Kernwaffen und Auswärtige Gewalt, 1959 (engl. 1957) sowie im vorliegenden Zusammenhang m. w. N. *E. Menzel*, in: BK, Art. 115a (1968), Anm. I.3.d); *Rieder*, Entscheidung (Fn. 2), S. 294.

[13] Vgl. dazu *Menzel* (Fn. 12), Art. 115a Anm. I.3.e); *Rieder*, Entscheidung (Fn. 2), S. 293f.

[14] BT-Drs. III/1800, S. 6ff.; der neue Entwurf der BReg. BT-Drs. IV/891, S. 2 sah zunächst freilich eine dreistufige Kompetenz (Bundestag, Gemeinsamer Ausschuß, Bundeskanzler) vor, die dann erst in BT-Drs. V/1879 zugunsten der heutigen Regelung aufgegeben wurde.

[15] 17. Gesetz zur Ergänzung des Grundgesetzes v. 24.6.1968 (BGBl. I S. 709); generell zur Entstehungsgeschichte: → Vorb. zu Art. 115a–115l Rn. 5f.

[16] Eine nähere Definition des »Zustandes äußerer Gefahr« erstmals in BT-Drs. IV/891; die Ersetzung durch den Begriff Verteidigungsfall erfolgte in BT-Drs. V/2873.

[17] In das Verfahren auf Anregung der SPD in BT-Drs. V/1879 eingeführt.

[18] Art. 4, 5 Nordatlantikvertrag; vgl. dazu *K. Ipsen*, Rechtsgrundlagen und Institutionalisierung der atlantisch-westeuropäischen Verteidigung, 1967, S. 37ff.; zur Bedeutung der EU: → Vorb. zu Art. 115a–115l Rn. 8.

der NATO-Rat kann ebensowenig gegen den Willen der Bundesrepublik einen verbindlichen Beschluß über die Kriegsführung treffen. Vielmehr liegt die **Entscheidung** nach wie vor **bei den nationalen Entscheidungsinstanzen** der Bundesrepublik[19]. Ebenso bedürfen Entscheidungen der Organe der UNO zum Einsatz militärischer Streitkräfte der jeweiligen Zustimmung der nationalen Organe[20]. Das Selbstverteidigungsrecht nach Art. 51 UN-Charta bleibt unberührt.

Die demokratischen Verfassungsstaaten weisen die Kompetenz zur **Kriegserklärung** 4
prinzipiell den Parlamenten zu, auch wenn häufig die außenwirksame Erklärung durch das Staatsoberhaupt erfolgt[21]. Daneben ist vielfach für den Fall eines plötzlichen Angriffskrieges und die Ergreifung der erforderlichen Verteidigungsmaßnahmen eine Notkompetenz der Exekutive vorgesehen[22].

C. Erläuterungen

I. Allgemeine Bedeutung

Im Verbund mit den nachfolgenden Vorschriften regelt Art. 115a GG nur die im Ver- 5
teidigungsfall notwendigen Änderungen des Organisationsverfahrensrechts. Art. 115a GG selbst normiert seinerseits allein die **Feststellung des Verteidigungsfalles und** den entsprechenden **Ablauf des Verfahrens** einschließlich der diesbezüglich vom Normalfall abweichenden Kompetenzen der betreffenden Verfassungsorgane. Im Verhältnis zu den nachfolgenden Vorschriften und zu der Notstandsverfassung im ganzen normiert Art. 115a GG – mit einer gewissen Einschränkung für Art. 115a V 1 GG – allein die Tatbestandsvoraussetzungen und Verfahrensbedingungen des äußeren Notstands, während Art. 115b–l, 12a, 87a III GG, die jeweils den Eintritt des Verteidigungsfalles voraussetzen, die Rechtsfolgen enthalten[23].

II. Der Verteidigungsfall

Im Gegensatz zur Vorgängervorschrift des Art. 59a GG a.F. enthält Art. 115a I GG 6
jedenfalls in Ansätzen eine **Legaldefinition** des Verteidigungsfalles[24], die zwei Varianten umfaßt. Nach der ersten muß das Bundesgebiet mit Waffengewalt angegriffen werden, nach der zweiten muß ein entsprechender Angriff unmittelbar drohen. Nach der Wiedervereinigung ist unter Bundesgebiet ohne Einschränkung das gesamte Territorium der Bundesrepublik Deutschland zu verstehen[25], das das Gebiet aller Bundes-

---

[19] Vgl. *Ipsen*, Rechtsgrundlagen (Fn. 18), S. 195f.; *G. Robbers*, in: Sachs, GG, Art. 115a Rn. 3; auch BVerfGE 90, 286 (381ff.). → Art. 80a Rn. 2.

[20] Vgl. BVerfGE 90, 286 (381ff.); zum diesbezüglichen Parlamentsvorbehalt: → Art. 87a Rn. 19.

[21] Vgl. z.B. Art. I, Sec. 8, cl. 11 US-Verf.; Art. 35 frz. Verf. 1958; Art. 68 Belg. Verf. 1831; vgl. die Länderliste in *V. Epping*, in: Maunz/Dürig, GG, Art. 115a (2012), S. 2ff.

[22] In den USA ist der Präsident aufgrund seiner Stellung als Commander-in-Chief (Art. II, Sec. 2, cl. 1 US-Verf.) auch in der Lage »to repel sudden attacks«; vgl. auch *Rieder*, Entscheidung (Fn. 2), S. 106ff.; *E. S. Corwin*, The President, 5th ed. 1984, S. 228ff.

[23] Vgl. *L.-A. Versteyl*, in: v. Münch/Kunig, GG II, Art. 115a Rn. 8: »systematisch […] vor der Klammer stehend«; *R. Herzog*, in: Maunz/Dürig, GG, Art. 115a (1969), Rn. 15ff.; *Jarass*/Pieroth, GG, Art. 115a Rn. 7. → Rn. 22.

[24] Das heben hervor *Menzel* (Fn. 12), Art. 115a Rn. 1; *Herzog* (Fn. 23), Art. 115a Rn. 20; *W. März*, HStR³ XII, § 281 Rn. 48.

[25] Zur insoweit überholten Berlinproblematik noch *Herzog* (Fn. 23), Art. 115a Rn. 24; *Versteyl* (Fn. 23), Art. 115a Rn. 10.

länder sowie den im Rahmen des Völkerrechts dazugehörenden Luftraum und das Küstenmeer umfaßt[26]. Demgegenüber stellen Angriffe auf Bündnisstaaten der NATO nur völkerrechtlich, nicht aber im Sinne des Art. 115a I GG einen Angriff auf das Bundesgebiet dar[27], ohne daß damit der Streitkräfteeinsatz im Bündnisfall versperrt wird[28], da insoweit Art. 87a II GG eingreift. Auch ein isolierter Angriff auf deutsche Streitkräfte im Ausland löst nicht den Verteidigungsfall aus[29].

7 Ein **Angriff mit Waffengewalt** setzt die Verwendung von Waffen im technischen Sinn voraus[30]; es kann sich um konventionelle, nukleare oder sonstige Waffen handeln. Unmaßgeblich ist auch, ob bewaffnete Kräfte die Bundesgrenze überschreiten oder ob der Waffeneinsatz über die Grenze etwa durch Raketenbeschuß erfolgt[31]. Ein militärischer Angriff i. S. d. Art. 115a I GG kann nicht bei bloßer Agententätigkeit oder Sabotage selbst durch äußere Gegner angenommen werden, während ein Guerillaeinsatz mit einer gewissen Intensität die nicht allzu hoch anzusetzenden Voraussetzungen erfüllt[32]. Unstrittig ist, daß für die Guerillatätigkeit Deutscher, im Gegensatz zur Guerillatätigkeit Angehöriger fremder Staaten, allenfalls die Vorschriften über den inneren Notstand Anwendung finden[33]. Terroristische Angriffe begründen regelmäßig nicht den Verteidigungsfall, wenn sie mit konventionellen Waffen durchgeführt werden[34], obwohl sie einen bewaffneten Angriff im Sinne des Art. 51 UN-Charta darstellen können[35]. Auch Informationsoperationen, mit denen ein Staat die zivilen und militärischen Informationssysteme eines anderen Staates gezielt beeinträchtigt, sind wohl noch kein bewaffneter Angriff, können aber Indiz für einen unmittelbar drohenden Angriff sein[36]. Aufkommende schwerwiegende Cyber-Angriffe und Angriffe mit anderen modernen Technologien können aber nach zunehmender Auffassung als bewaffneter Eingriff qualifiziert werden, wenn sie in ihren

---

[26] Zum Begriff des Bundesgebiets vgl. *R. Scholz*, in: Maunz/Dürig, GG, Art. 23 a. F. (1996), Rn. 71ff.; *W. Graf Vitzthum*, HStR³ II, § 18 Rn. 16ff., s. auch *Epping* (Fn. 21), Art. 115a Rn. 30ff.

[27] *Epping* (Fn. 21), Art. 115a Rn. 39; *Versteyl* (Fn. 23), Art. 115a Rn. 11; *R. Grote*, in: v. Mangoldt/Klein/Starck, GG III, Art. 115a Rn. 10; vgl. auch *K. Kersting*, Bündnisfall und Verteidigungsfall, Diss. jur. Bochum 1979, S. 191ff., der Angriffsbegriff selbst entspricht aber dem des Völkerrechts, ebd. S. 6ff., 129ff. → Rn. 7.

[28] So aber *R. Fuchs*, Die Entscheidung über Krieg und Frieden, Friedensordnung und Kriegsrecht nach dem Bonner Grundgesetz, Diss. jur. Bonn 1981, S. 243ff., der den Bündnisfall allerdings dann als »drohenden« Angriff interpretiert; vgl. demgegenüber *Kersting*, Bündnisfall (Fn. 27), S. 194ff.; *K. Ipsen*, DÖV 1971, 583ff.; *A. Thomsen*, Der Parlamentsvorbehalt für den Einsatz der Streitkräfte zur Verteidigung, Diss. jur. Bonn 1988, S. 65ff.

[29] *Grote* (Fn. 27), Art. 115a Rn. 8; *A. Hopfauf*, in: Schmidt-Bleibtreu/Hofmann/Henneke, GG, Art. 115a Rn. 12; *T. M. Spranger*, in: BK, Art. 115a (2010), Rn. 30.

[30] Ob hier der strafrechtliche Begriff maßgebend ist, erscheint eher zweifelhaft, so aber *Herzog* (Fn. 23), Art. 115a Rn. 28; *Versteyl* (Fn. 23), Art. 115a Rn. 12. Sinnvoller ist die Anknüpfung an das Kriegswaffengesetz, so »praktisch« *Herzog*, ebd.

[31] *Herzog* (Fn. 23), Art. 115a Rn. 25; *Menzel* (Fn. 12), Art. 115a Rn. 4.

[32] Vgl. in unterschiedlicher Nuancierung *Menzel* (Fn. 12), Art. 115a Rn. 10ff.; *Herzog* (Fn. 23), Art. 115a Rn. 26f.; *Versteyl* (Fn. 23), Art. 115a Rn. 12; *Grote* (Fn. 27), Art. 115a Rn. 14f.

[33] *Versteyl* (Fn. 23), Art. 115a Rn. 12.

[34] *Grote* (Fn. 27), Art. 115a Rn. 16; *Epping* (Fn. 21), Art. 115a Rn. 51; *Spranger* (Fn. 29), Art. 115a Rn. 43; weitergehend *D. Deiseroth*, in: Umbach/Clemens, GG, Art. 115a Rn. 9.

[35] Vgl. *C. Tomuschat*, EUGRZ 2001, 535ff.; *S. Murphy*, Harvard International Law Journal 43 (2002), 41ff.; vgl. ferner generell auch *M. Ladiges*, DÖV 2011, 621ff.

[36] Etwas weitergehend *M. Schmitt*, NZWehrR 1999, 177 (194); *T. Stein/T. Marauhn*, ZaöRV 60 (2000), 1 (8); *Grote* (Fn. 27), Art. 115a Rn. 17; zur völkerrechtlichen Einordnung auch *W. Heintschel v. Heinegg*, Informationenkrieg und Völkerrecht, in: FS Ipsen, 2000, S. 129ff.

Auswirkungen einem Angriff mit herkömmlichen Waffen vergleichbar sind[37]. Schließlich muß der Angriff im Rahmen der ersten Variante gegenwärtig sein, wofür das »Anlegen der Waffe« kaum ausreichen kann[38]. Das folgt nicht zuletzt aus der zweiten Variante, nach der ein Verteidigungsfall schon dann vorliegt, wenn ein »solcher Angriff«, der in Zielrichtung, Intensität, Bewaffnung und Trägerschaft mit der ersten Variante identisch ist[39], »**unmittelbar droht**«. Zur Konkretisierung dieses Tatbestandsmerkmals wird man kaum sinnvoll auf den Gefahrenbegriff des Polizeirechts zurückgreifen können[40]. Sicher stellt auch die permanente Bedrohung durch faktische Überlegenheit und hohe Waffenkonzentration an den Grenzen zur Bundesrepublik noch keine unmittelbare Angriffsdrohung dar[41], schon um durch Art. 115a I GG nicht das Tor zum Präventivkrieg zu öffnen. Allgemein wird deshalb darauf abgestellt, ob mit an Sicherheit grenzender Wahrscheinlichkeit ein Angriff auf das Bundesgebiet innerhalb von wenigen Tagen zu erwarten ist[42]. Als unstrittige Indizien dafür können etwa gelten die Generalmobilmachung, eine Kriegserklärung, der Abbruch einer Krisenkonferenz unter Androhung eines militärischen Angriffs oder sichere nachrichtendienstliche Erkenntnisse über einen bevorstehenden Angriff[43]. Der Verhältnismäßigkeitsgrundsatz kann in diesen Kontexten allenfalls eingeschränkt Anwendung finden[44].

Der Verteidigungsfall bedarf der **Feststellung**, die nicht deklaratorisch, sondern 8
konstitutiv ist[45]. Die Feststellung gehört zu den grundlegenden Akten der Staatsleitung, die nicht zur Kategorie der Gesetze zählen[46].

III. Die Feststellungskompetenz

An der **Feststellungsentscheidung wirken bis zu fünf verschiedene Verfassungsorgane** 9
in unterschiedlichem Maß mit: Bundesregierung, Bundestag, Bundesrat, Gemeinsamer Ausschuß, Bundespräsident.

Die Feststellung erfolgt gem. Art. 115a I 2 GG auf **Antrag der Bundesregierung**, die 10
als Kollegium handelt und mit der Mehrheit der Stimmberechtigten entscheidet (Art. 65

---

[37] *Epping* (Fn. 21), Art. 115a Rn. 44; *F. Dittmar*, Angriffe auf Computernetzwerke, 2005, S. 153f.; *Spranger* (Fn. 29), Art. 115a Rn. 44ff.; zu einem Cyber-Abwehrzentrum vgl. *T. Linke*, DÖV 2015, 128ff.; *A. Dietz*, DÖV 2011, 465 (470ff.).

[38] So aber *Herzog* (Fn. 23), Art. 115a Rn. 21 im Anschluß an *G. Dürig* in: Maunz/Dürig, GG, Art. 59a (aufgehoben), Rn. 2ff.; zutreffend demgegenüber *Versteyl* (Fn. 23), Art. 115a Rn. 13.

[39] *Herzog* (Fn. 23), Art. 115a Rn. 31; *Versteyl* (Fn. 23), Art. 115a Rn. 14.

[40] *Epping* (Fn. 21), Art. 115a Rn. 56; *Versteyl* (Fn. 23), Art. 115a Rn. 15; *Spranger* (Fn. 29), Art. 115a Rn. 59.

[41] *Versteyl* (Fn. 23), Art. 115a Rn. 15.

[42] *Spranger* (Fn. 29), Art. 115a Rn. 58.

[43] *Herzog* (Fn. 23), Art. 115a Rn. 33ff.; *Versteyl* (Fn. 23), Art. 115a Rn. 15; *Stern*, Staatsrecht II, S. 1401; *Grote* (Fn. 27), Art. 115a Rn. 18ff.; *Menzel* (Fn. 12), Art. 115a Rn. 16ff. setzt einen »politischen Spannungszustand« voraus, was indes kaum weiterhilft; zum völkerrechtlichen Hintergrund *Epping* (Fn. 21), Art. 115a Rn. 57; zum Prognoserisiko *Spranger* (Fn. 29), Art. 115a Rn. 60ff.; ebd., Rn. 67f. auch ablehnend zu preventive und preemptive strikes.

[44] Für uneingeschränkte Anwendung dagegen *Robbers* (Fn. 19), Art. 115a Rn. 8; *Versteyl* (Fn. 23), Art. 115a Rn. 13; *Grote* (Fn. 27), Art. 115a Rn. 8, 23.

[45] *Epping* (Fn. 21), Art. 115a Rn. 64; *Versteyl* (Fn. 23), Art. 115a Rn. 9; vgl. auch *Menzel* (Fn. 12), Art. 115a Rn. 45.

[46] »Materieller Regierungsakt«: *Versteyl* (Fn. 23), Art. 115a Rn. 9; *Herzog* (Fn. 23), Art. 115a Rn. 38; *Menzel* (Fn. 12), Art. 115a Rn. 47.

S. 1 GG, §§ 22, 24 GOBReg.)[47]. Unklar ist, was im Falle der Unfähigkeit (z. B. Tod) der Bundesregierung gilt und geschehen soll[48]. Wegen der Vorrangigkeit der Entscheidung des Bundestages wird in diesen Fällen ein formeller Antrag zu Recht für entbehrlich gehalten[49]. Auch im Fall des Unwillens (Dissens zwischen Bundesregierung und Bundestag) wird man ebenso verfahren müssen, da eine Neuwahl oder ein konstruktives Mißtrauensvotum in dieser Situation keinen sinnvollen Ausweg bietet[50].

11 Die **Entscheidung** über die Feststellung des Verteidigungsfalles liegt **beim Bundestag** als dem auch personell unmittelbar demokratisch legitimierten Verfassungsorgan (→ Art. 20 [Demokratie], Rn. 98, 119). Die Entscheidung ergeht in der Form eines Beschlusses mit genau definierten Rechtsfolgen, nicht als formelles Gesetz[51]. Die aufwendige Prozedur des Gesetzgebungsverfahrens entfällt. Im Gegenzug wird die Entscheidung gem. Art. 115a I 2 GG an das Quorum der Mitgliedermehrheit (Art. 121 GG) und zugleich an das Erfordernis der qualifizierten Mehrheit von zwei Dritteln der abgegebenen Stimmen gebunden. Für diese Regelung war der Gedanke maßgebend, angesichts der weitreichenden Folgen für Staat und Bürger einen Mißbrauch im Ansatz verhindern zu wollen[52].

12 Anders als noch Art. 59a GG a. F. fordert Art. 115a I 1 GG die **Zustimmung des Bundesrates**, um die Entscheidung zusätzlich föderativ abzustützen und ein weiteres Element der Mißbrauchskontrolle einzufügen. Allerdings reicht eine Zustimmung durch die einfache Stimmenmehrheit der Mitglieder (§ 13 II GOBR) aus[53]. Eine Zustimmungsverweigerung des Bundesrates ist vom Grundgesetz nicht vorgesehen[54], so daß die Rechtsfolgen unklar sind. Die Anrufung des Vermittlungsausschusses wird man wohl für zulässig halten müssen[55], ohne daß dies für den Fall der erneuten Ablehnung durch den Bundesrat das Problem beseitigt. Das Übergehen des Bundesrates wäre aber ein klarer Verstoß gegen Art. 115a I GG[56]. Die unklare Rechtslage für den Fall der Beschlußunfähigkeit des Bundesrates (§ 9 I GOBR) wird man allerdings durch einen Kompetenzübergang auf den Gemeinsamen Ausschuß lösen können[57].

---

[47] *Stern*, Staatsrecht II, S. 1403; *Versteyl* (Fn. 23), Art. 115a Rn. 21; *Herzog* (Fn. 23), Art. 115a Rn. 39; zur Kollegialstruktur der Regierung: → Art. 62 Rn. 10ff.

[48] Der Verfassungsgesetzgeber hielt diese Möglichkeit für ausgeschlossen, *C. O. Lenz*, Notstandsverfassung des Grundgesetzes, 1971, Art. 115a Rn. 4.

[49] *Menzel* (Fn. 12), Art. 115a Rn. 54; *Versteyl* (Fn. 23), Art. 115a Rn. 21; *Robbers* (Fn. 19), Art. 115a Rn. 11; *Hopfauf* (Fn. 29), Art. 115a Rn. 18; *Epping* (Fn. 21), Art. 115a Rn. 66; *Spranger* (Fn. 29), Art. 115a Rn. 76ff.

[50] Vgl. *Stern*, Staatsrecht II, S. 1403 (allerdings widersprüchlich); a. A. *Grote* (Fn. 27), Art. 115a Rn. 29; *Deiseroth* (Fn. 34), Art. 115a Rn. 17; *Epping* (Fn. 21), Art. 115a Rn. 67; *Spranger* (Fn. 29), Art. 115a Rn. 81.

[51] *Stern*, Staatsrecht II, S. 1402 bezeichnet den Beschluß als »qualifizierten Parlamentsakt«; dagegen *W. März*, HStR³ XII, § 281 Rn. 52: schlichter Parlamentsbeschluß.

[52] *Versteyl* (Fn. 23), Art. 115a Rn. 18; *Epping* (Fn. 21), Art. 115a Rn. 68; *Spranger* (Fn. 29), Art. 115a Rn. 87; im Ergebnis auch *Stern*, Staatsrecht II, S. 1402; die Qualifizierungen sind auf Anregung der SPD eingefügt worden; kritisch *H. Schäfer*, AöR 93 (1968), 37 (45f.).

[53] Kritisch zur Inkonsequenz der Differenzierung zwischen Bundestag und Bundesrat *Versteyl* (Fn. 23), Art. 115a Rn. 19.

[54] *Versteyl* (Fn. 23), Art. 115a Rn. 20: »Gesetzeslücke«.

[55] *Herzog* (Fn. 23), Art. 115a Rn. 46; *Stern*, Staatsrecht II, S. 1402.

[56] Zutreffend *Versteyl* (Fn. 23), Art. 115a Rn. 20 gegen *Menzel* (Fn. 12), Art. 115a Rn. 50.

[57] *Menzel* (Fn. 12), Art. 115a Rn. 51; *Versteyl* (Fn. 23), Art. 115a Rn. 20; *Herzog* (Fn. 23), Art. 115a Rn. 63f.; a. A. *Robbers* (Fn. 19), Art. 115a Rn. 14, der in diesem Fall die Zustimmung des Bundesrates als entbehrlich ansieht; so auch *Grote* (Fn. 27), Art. 115a Rn. 27; *Jarass*/Pieroth, GG, Art. 115a Rn. 4; s. auch *Epping* (Fn. 21), Art. 115a Rn. 70ff.; demgegenüber hält *Stern*, Staatsrecht II, S. 1402f. den Fall

IV. Die Feststellung durch den Gemeinsamen Ausschuß (Art. 115a II GG)

Im Sinne einer »strikt subsidiären«[58] »Reservezuständigkeit«[59] trifft Art. 115a II GG für den Fall der Aktionsunfähigkeit des Bundestages dadurch Vorsorge, daß der **Gemeinsame Ausschuß** gem. Art. 53a GG als Notparlament die Entscheidung ebenfalls auf Antrag der Bundesregierung[60] zu treffen hat. Diese Kompetenz ist freilich an eine **Reihe von Voraussetzungen** gebunden. Erstens gelten auch für die Feststellungskompetenz die materiellen Kriterien für das Vorliegen des Verteidigungsfalles gem. Art. 115a I 1 GG[61]. Zweitens muß die Lage gem. Art. 115a II GG unabweisbar sofortiges Handeln verlangen, was rechtstechnisch meist als »Gefahr im Verzuge« interpretiert wird[62]. Bei Vorliegen der materiellen Kriterien kann dies freilich allenfalls dann, wenn ein Angriff unmittelbar droht, eine Barriere für den Kompetenzübergang sein. Drittens muß der Bundestag aktionsunfähig sein, wofür Art. 115a II GG zwei Varianten nennt[63]. Bei der ersten Variante müssen einem rechtzeitigen Zusammentritt des Bundestages unüberwindliche Hindernisse entgegenstehen. Für die Beurteilung der Rechtzeitigkeit ist maßgebend, ob aus der Zeitdifferenz zwischen dem Eintritt des Verteidigungsfalles und der Feststellung des Bundestages für die Bundesrepublik ein erheblicher Schaden entsteht[64]. Außerdem ist »unüberwindlich« im Hinblick auf den Vorrang des Bundestages restriktiv auszulegen[65]. Bei der zweiten Variante muß der Bundestag beschlußunfähig sein i. S. d. § 45 GOBT. Auf die jeweilige Regelung der Geschäftsordnung kann dabei zurückgegriffen werden, da die Verfassung insoweit keine Festlegung trifft. Auch wegen des Quorums des Art. 115a I 2 GG muß daher mindestens die Mehrheit der Mitglieder des Bundestages i. S. d. Art. 121 GG anwesend sein[66]. Die Feststellung der Beschlußunfähigkeit muß vom Bundestag gem. § 45 GOBT selbst getroffen werden und ist dem Gemeinsamen Ausschuß gem. § 9 GOGemA vom Bundestagspräsidenten mitzuteilen. Ein Verzicht auf das Feststellungs- und Mitteilungserfordernis ist indes in offenkundigen Fällen (parlamentarische Sommerpause oder Zerstörung der Verkehrsverbindungen) zulässig[67]. Anwendungsbereich und Verhältnis der beiden Varianten sind unklar und umstritten. Der Begriff des Zusammentritts bezieht sich nach zutreffender Auffassung auf den gleichen Begriff des konstituierenden Zusammentritts des neugewählten Bundestages nach Art. 39 I 2, II GG[68], hat insoweit aber durch dessen Neufassung 1976 seinen Sinn verloren, da die Legislatur- 13

---

wegen der Anwesenheitspflicht der Mitglieder des Gemeinsamen Ausschusses für ausgeschlossen; *Spranger* (Fn. 29), Art. 115a Rn. 92ff. verzichtet dagegen auf die Zustimmung des Bundesrats.

58 *Stern*, Staatsrecht II, S. 1404.

59 *Herzog* (Fn. 23), Art. 115a Rn. 57; s. auch *Grote* (Fn. 27), Art. 115a Rn. 30.

60 *Spranger* (Fn. 29), Art. 115a Rn. 105; *Deiseroth* (Fn. 34), Art. 115a Rn. 31; dagegen hält dies nicht für zwingend *Epping* (Fn. 21), Art. 115a Rn. 76f.

61 *Versteyl* (Fn. 23), Art. 115a Rn. 22. → Rn. 6f.

62 *Stern*, Staatsrecht II, S. 1404; *Versteyl* (Fn. 23), Art. 115a Rn. 22; *Grote* (Fn. 27), Art. 115a Rn. 32; *Spranger* (Fn. 29), Art. 115a Rn. 113.

63 Vgl. im einzelnen *H. Amann*, Verfassungsrechtliche Probleme des Gemeinsamen Ausschusses nach Art. 53a Abs. 1 Grundgesetz, 1971, S. 77ff. m. w. N.; *Grote* (Fn. 27), Art. 115a Rn. 32f. → Art. 115e Rn. 5.

64 Mit etwas unterschiedlichen Anforderungen *Herzog* (Fn. 23), Art. 115a Rn. 60; *Stern*, Staatsrecht II, S. 1404; *Versteyl* (Fn. 23), Art. 115a Rn. 23.

65 Mit anderer Begründung auch *Versteyl* (Fn. 23), Art. 115a Rn. 23.

66 *Stern*, Staatsrecht II, S. 1404; *Versteyl* (Fn. 23), Art. 115a Rn. 24.

67 Zu pauschal *Lenz*, Notstandsverfassung (Fn. 48), Art. 115a Rn. 8; restriktiver *Stern*, Staatsrecht II, S. 1405; *Versteyl* (Fn. 23), Art. 115a Rn. 24; s. auch *Epping* (Fn. 21), Art. 115a Rn. 82f.

68 *G. Robbers*, in: Sachs, GG, Art. 115e Rn. 5.

perioden prinzipiell lückenlos aufeinander folgen[69]. Eine neue Auffassung will die erste Variante auf die Fälle anwenden, in denen sich der Bundestag im Sinne von Art. 39 III GG nicht in Sitzung befindet[70], während ansonsten vertreten wird, daß auch der Beschlußfähigkeit immer objektive unüberwindliche Hindernisse entgegenstehen müssen[71], ohne daß dies durch überzeugende sachliche oder systematische Gründe gestützt wird.

14 Der Gemeinsame Ausschuß muß gem. Art. 115a II GG die **Feststellung mit demselben Quorum und derselben qualifizierten Mehrheit wie der Bundestag** treffen, also **mit zwei Dritteln der abgegebenen Stimmen, mindestens der Mehrheit der Mitglieder** des Gemeinsamen Ausschusses, wobei die Bundesratsmitglieder anders als im Bundesrat jeweils nur über eine Stimme verfügen[72]. Die vielfach beschworene Gefahr einer Selbstermächtigung des Gemeinsamen Ausschusses, also eines Staatsstreiches, kann zwar verfassungsrechtlich durch die Aufhebungsbefugnis des Bundestages und Bundesrates gem. Art. 115l II 1 GG und das Prüfungsrecht des Bundespräsidenten nicht völlig ausgeschlossen werden[73], erscheint aber aufgrund der Zusammensetzung des Gemeinsamen Ausschusses als wenig realistisch. Eine demokratischere und zugleich noch funktionsfähige Lösung ist außerdem nicht erkennbar.

V. Die Verkündung des Verteidigungsfalles (Art. 115a III GG)

15 Durch das Erfordernis der Verkündung gem. Art. 115a III GG wird schließlich noch der Bundespräsident in das Verfahren einbezogen[74]. Die **Verkündung durch den Bundespräsidenten** hat sowohl bei der Feststellung nach Art. 115a I GG als auch bei der Feststellung nach Art. 115a II GG zu erfolgen, und zwar »gemäß Artikel 82 GG im Bundesgesetzblatte«[75]. Dadurch wird zugleich die Gegenzeichnungspflicht gem. Art. 58 GG begründet[76] und eine andere Publikation im Regelfall ausgeschlossen[77]. Die Überlegung, angesichts der hohen Eilbedürftigkeit das formelle und materielle Prüfungsrecht (→ Art. 82 Rn. 12ff.) zu verneinen, kann wegen des Verweises auf das Gesetzgebungsverfahren sowie im Hinblick auf die Legalitätsreservefunktionen des Bundespräsidenten in keiner Weise überzeugen[78]. Im übrigen sieht Art. 115a III 2 GG die Möglichkeit einer Notverkündung »in anderer Weise« (also etwa durch Rundfunk und Presse) vor, wenn die Verkündung im Bundesgesetzblatt angesichts ihrer Schwer-

[69] *D. Sterzel*, in: AK-GG, Abschn. Xa (2001), Rn. 42.

[70] *Grote* (Fn. 27), Art. 115a Rn. 33.

[71] *Robbers* (Fn. 19), Art. 115a Rn. 12; *Sterzel* (Fn. 69), Abschn. Xa Rn. 42; im Ergebnis ebenso, aber mit anderer Begründung *G. Frank*, in: R. Wassermann (Hrsg.), Alternativkommentar zum Grundgesetz, 2. Aufl. 1989, Abschn. Xa Rn. 75.

[72] *Versteyl* (Fn. 23), Art. 115a Rn. 27; zu diesem Erfordernis im vorliegenden Zusammenhang *J. Seifert*, Der Notstandsausschuß, 1968, S. 198ff.

[73] Vgl. dazu *Herzog* (Fn. 23), Art. 115a Rn. 61f.; *Versteyl* (Fn. 23), Art. 115a Rn. 26; *Stern*, Staatsrecht II, S. 171f.

[74] Das galt schon nach Art. 59 I, II GG a.F.; vgl. *W. Martens*, Grundgesetz und Wehrverfassung, 1961, S. 156ff.

[75] Die Karenzzeit des Art. 82 II GG gilt aber nicht, s. nur *Spranger* (Fn. 29), Art. 115a Rn. 145 m.w.N.

[76] Näher dazu *Epping* (Fn. 21), Art. 115a Rn. 106ff.; *Spranger* (Fn. 29), Art. 115a Rn. 140ff.

[77] *Herzog* (Fn. 23), Art. 115a Rn. 47f.; *Stern*, Staatsrecht II, S. 1405. → Art. 82 Rn. 15f.

[78] Vgl. auch *Stern*, Staatsrecht II, S. 1405f.; *Versteyl* (Fn. 23), Art. 115a Rn. 28; *Robbers* (Fn. 19), Art. 115a Rn. 18; *Deiseroth* (Fn. 34), Art. 115a Rn. 39; *Hopfauf* (Fn. 29), Art. 115a Rn. 31; *Epping* (Fn. 21), Art. 115a Rn. 104f.; *Spranger* (Fn. 29), Art. 115a Rn. 150ff.

fälligkeit nicht rechtzeitig erfolgen könnte[79]. In diesem Fall ist allerdings die reguläre Verkündung nachzuholen, sobald die Umstände dies zulassen. Mit der Verkündung wird der Eintritt des Verteidigungsfalles mit den daran anknüpfenden Rechtsfolgen wirksam. Die Rechtswirkungen sind aber auf das Staatsinnere beschränkt[80], die politischen reichen dagegen weit darüber hinaus.

VI. Feststellungsfiktion gem. Art. 115a IV GG

Anders als Art. 59a GG a. F. trifft Art. 115a IV GG eine **Regelung für den Fall der völligen Funktionsunfähigkeit aller an der Feststellungsentscheidung beteiligten Verfassungsorgane**, wenn das Bundesgebiet im Sinne des Art. 115a I GG mit Waffengewalt tatsächlich angegriffen worden ist, also nicht, falls nur ein Angriff droht[81]. Ferner müssen die zuständigen Bundesorgane zur Feststellung außerstande sein. Das bedeutet tatsächliche Unmöglichkeit zur Feststellung, nicht Unwillen, »mangelnde Entschlußfreudigkeit« oder gar das Scheitern der Feststellung an den qualifizierten Mehrheitserfordernissen[82]. Zweifelhaft kann allenfalls sein, ob die Fiktion bereits bei Funktionsunfähigkeit eines der zuständigen oder erst aller zuständigen Organe eintritt. Dem Zweck der Vorschrift und der dort vorgesehenen Stufenfolge wird man entnehmen können, daß es auf die Funktionsunfähigkeit von Bundestag und Bundesrat sowie des an deren Stelle tretenden Ausschusses maßgeblich ankommt[83]. 16

Unter den vorgenannten Voraussetzungen tritt die Fiktion gem. Art. 115a IV 1 GG ein, die sich auf Feststellung und Verkündung des Verteidigungsfalles erstreckt und auf den Zeitpunkt des Angriffsbeginns zurückwirkt. Die Stadien des Art. 115a I–III GG werden dadurch allesamt ersetzt. Wegen dieser weitreichenden Verdrängung der an sich zuständigen Verfassungsorgane durch die Feststellungsfiktion und wegen der Unwiderruflichkeit der Rechtsfolgen, die allein im Wege des Art. 115l II GG aufgehoben werden können, müssen an die Voraussetzungen allerstrengste Anforderungen gestellt werden. Die **Fiktion ist nur ein letzter Notbehelf** und auf den extremen Ausnahmefall eines unerwarteten, massiven Angriffs beschränkt[84]. Hier stand und steht vor allem der umfassende Nuklearkrieg vor Augen. Gegenüber dieser denkbaren Notsituation treten die Bedenken zurück, die in der Unsicherheit über den Eintritt der Fiktion und der daran anknüpfenden Rechtsfolgen begründet sind[85]. 17

Der Klarstellung und der Rechtssicherheit dient die **nachträgliche Bekanntgabe des Zeitpunkts des Fiktionseintritts**[86] **durch den Bundespräsidenten**, die nach Art. 115a IV 2 GG zu erfolgen hat, sobald die Umstände es zulassen. Die gegenzeichnungspflichti- 18

[79] Vgl. Gesetz über vereinfachte Verkündungen v. 18.7.1975 (BGBl. I S. 1919); vgl. auch *Epping* (Fn. 21), Art. 115a Rn. 103; *Spranger* (Fn. 29), Art. 115a Rn. 146.

[80] *Lenz*, Notstandsverfassung (Fn. 48), Art. 115a Rn. 14.

[81] *Versteyl* (Fn. 23), Art. 115a Rn. 31; *Stern*, Staatsrecht II, S. 1407; *Robbers* (Fn. 19), Art. 115a Rn. 22.

[82] *Herzog* (Fn. 23), Art. 115a Rn. 75; *Versteyl* (Fn. 23), Art. 115a Rn. 33; *Stern*, Staatsrecht II, S. 1407; *Spranger* (Fn. 29), Art. 115a Rn. 124.

[83] *Stern*, Staatsrecht II, S. 1407; *Herzog* (Fn. 23), Art. 115a Rn. 76; *Versteyl* (Fn. 23), Art. 115a Rn. 32 stellt auf die Kollegialorgane ab und verlangt daher zusätzlich die Funktionsunfähigkeit der Bundesregierung; wieder anders *Epping* (Fn. 21), Art. 115a Rn. 87.

[84] *Stern*, Staatsrecht II, S. 1408; *Versteyl* (Fn. 23), Art. 115a Rn. 34; *Hopfauf* (Fn. 29), Art. 115a Rn. 30.

[85] Vgl. *Stern*, Staatsrecht II, S. 1408f.

[86] *Versteyl* (Fn. 23), Art. 115a Rn. 36; *Stern*, Staatsrecht II, S. 1408.

ge[87] Bekanntgabe, der nur deklaratorische Bedeutung zukommt[88], ist zum frühestmöglichen Zeitpunkt vorzunehmen und kann auch in anderer Weise erfolgen (→ Rn. 15).

VII. Folgen der Feststellung gem. Art. 115a V GG

19 Im innerstaatlichen Bereich löst die Feststellung des Verteidigungsfalles eine Fülle von Rechtsfolgen aus, die sich teils aus der Verfassung und teils aus einfachgesetzlichen Regelungen ergeben[89]. Die **Feststellung** löst als innerstaatlicher Akt völkerrechtlich keine unmittelbaren Rechtsfolgen aus, sie ist jedoch **Voraussetzung für wirksame völkerrechtliche Erklärungen**, namentlich die Kriegserklärung. Art. 115a V GG regelt daher im einzelnen die innerstaatlichen Voraussetzungen derartiger völkerrechtlicher Erklärungen, wobei die Kriegserklärung allgemein als an Fremdstaaten gerichtete Mitteilung verstanden wird, daß sich die Bundesrepublik Deutschland völkerrechtlich im Kriegszustand befindet[90].

20 Die **Kriegserklärung** und damit verbundene Erklärungen setzen nach Art. 115a V 1 GG die Feststellung des Verteidigungsfalles und seine Verkündung voraus, so daß die Fiktion nach Art. 115a IV 1 GG nicht ausreicht[91]. Im Fall der Feststellungsfiktion muß gegebenenfalls eine förmliche Feststellung auch wegen der besonderen Mehrheitserfordernisse nachgeholt werden. Zudem gilt die Ermächtigung des Art. 115a V GG nur für den Fall des unmittelbar drohenden Angriffs. Die Erklärungen können ausschließlich vom Bundespräsidenten selbst oder seinem Stellvertreter, also ohne Delegationsmöglichkeit, abgegeben werden[92], wobei ihm kein Entscheidungsspielraum eingeräumt ist; er muß vielmehr in seiner staatsnotariellen Funktion tätig werden[93]. Das ergibt sich auch aus der Notwendigkeit der Zustimmung des Bundestages, die nur mit einfacher Mehrheit erfolgen muß[94]. Unter den Voraussetzungen des Art. 115a II GG tritt allenfalls gem. Art. 115a V 2 GG der Gemeinsame Ausschuß an die Stelle des Bundestages.

21 Die Feststellung des Verteidigungsfalles unterliegt sowohl hinsichtlich der Tatbestandsvoraussetzungen als auch hinsichtlich des Verfahrens der **Kontrolle durch das Bundesverfassungsgericht** vor allem im Organstreitverfahren, wobei hinsichtlich der materiellen Voraussetzungen den politischen Organen ein Beurteilungs- und Einschät-

---

[87] *Grote* (Fn. 27), Art. 115a Rn. 46; *Spranger* (Fn. 29), Art. 115a Rn. 129, 164ff.

[88] *Stern*, Staatsrecht II, S. 1408; *Grote* (Fn. 27), Art. 115a Rn. 46; *Epping* (Fn. 21), Art. 115a Rn. 92.

[89] Insbesondere Art. 115b–l GG; zu den einfachgesetzlichen Regelungen: → Art. 80a Rn. 7; s. ferner *Spranger* (Fn. 29), Art. 115a Rn. 157ff.

[90] *Menzel* (Fn. 12), Art. 115a Rn. 79; *Herzog* (Fn. 23), Art. 115a Rn. 88; *Stern*, Staatsrecht II, S. 1410; zur völkerrechtlichen Bindung der Bundesrepublik an das III. Haager Abkommen über die Notwendigkeit einer Kriegserklärung s. *Deiseroth* (Fn. 34), Art. 115a Rn. 53f.

[91] Abgesehen vom Wortlaut folgt dies auch aus dem Zustimmungserfordernis durch Bundestag und Gemeinsamen Ausschuß, s. *Versteyl* (Fn. 23), Art. 115a Rn. 37; *Epping* (Fn. 21), Art. 115a Rn. 112; *Spranger* (Fn. 29), Art. 115a Rn. 199; *Grote* (Fn. 27), Art. 115a Rn. 48; a. A. *Robbers* (Fn. 19), Art. 115a Rn. 28.

[92] *Menzel* (Fn. 12), Art. 115a Rn. 78; *Herzog* (Fn. 23), Art. 115a Rn. 90; *Stern*, Staatsrecht II, S. 1410; *Versteyl* (Fn. 23), Art. 115a Rn. 38.

[93] *Herzog* (Fn. 23), Art. 115a Rn. 92; *Versteyl* (Fn. 23), Art. 115a Rn. 38; *Stern*, Staatsrecht II, S. 1410; *Grote* (Fn. 27), Art. 115a Rn. 50; *Spranger* (Fn. 29), Art. 115a Rn. 210. → Art. 54 Rn. 21.

[94] Art. 42 II GG, § 54 GOBT; *Stern*, Staatsrecht II, S. 1410f.; *Versteyl* (Fn. 23), Art. 115a Rn. 39; *Spranger* (Fn. 29), Art. 115a Rn. 211.

zungsspielraum überlassen bleibt. Das ergibt sich letztlich auch aus Art. 115g GG[95]. Im übrigen kommen auch eine Verfassungsbeschwerde sowie eine Individualbeschwerde beim Europäischen Gerichtshof für Menschenrechte nach Art. 34 EMRK in Betracht[96].

D. Verhältnis zu anderen GG-Bestimmungen

Die Feststellung des Verteidigungsfalles ist **Voraussetzung für die Anwendbarkeit der folgenden Regelungen der Notstandsverfassung** sowie anderer Notstandsregelungen (**Art. 115b ff. GG**), da und soweit diese den Eintritt des Verteidigungsfalles voraussetzen. **Art. 115a GG** kann daher mit anderen Regelungen nicht kollidieren, sondern ist gewissermaßen die vor die Klammer gezogene Grundlage aller den Tatbestand des Verteidigungsfalles voraussetzenden Verfassungsnormen[97]. Im übrigen ist der Verteidigungsfall nicht identisch mit der Verteidigung i. S. d. **Art. 87a GG** (→ Art. 87a Rn. 17), so daß der Streitkräfteeinsatz von anderen Voraussetzungen abhängt, aber jedenfalls im Verteidigungsfall zulässig ist[98]. 22

---

[95] *Grote* (Fn. 27), Art. 115a Rn. 39ff.; *Epping* (Fn. 21), Art. 115a Rn. 125; auch *Versteyl* (Fn. 23), Art. 115a Rn. 41, der insoweit in zweifelhafter Weise auch Art. 19 IV GG heranzieht; allgemein zur Überprüfbarkeit der Feststellungen nach Art. 80a, 115a I GG *F.-B. v. Wehrs*, Zur Anwendbarkeit des Notstandsrechts der Bundesrepublik Deutschland, Diss. jur. Mainz 1971, S. 50ff.

[96] *Spranger* (Fn. 29), Art. 115a Rn. 219.

[97] → Rn. 5 mit Fn. 23.

[98] BVerfGE 90, 286 (387); *Jarass*/Pieroth, GG, Art. 115a Rn. 7.

Artikel 115b [Übergang der Befehlsgewalt]

Mit der Verkündung des Verteidigungsfalles geht die Befehls- und Kommandogewalt über die Streitkräfte auf den Bundeskanzler über.

Literaturauswahl

Busch, Eckart: Die Stellung des Bundesverteidigungsministers nach Verkündung des Verteidigungsfalles, in: JZ 1961, S. 439–443.
Busch, Eckart: Der Oberbefehl, seine rechtliche Struktur in Preußen und Deutschland seit 1848, 1967.

Leitentscheidungen des Bundesverfassungsgerichts

Diese liegen zu Art. 115b GG bislang nicht vor.

Gliederung

Stichwörter

Rechtsfolgen des Übergangs 6 – Verteidigungsminister als Mandatar des Bundeskanzlers 7 – Voraussetzungen des Übergangs 5 – ziviler Geschäftsbereich des Verteidigungsministers 6.

A. Herkunft, Entstehung, Entwicklung

1 Der Übergang der Befehls- und Kommandogewalt auf den Bundeskanzler im Verteidigungsfall war ursprünglich in Art. 65a II GG geregelt[1]. Erst im Zuge der Einfügung der **Notstandsverfassung**[2] **wurde Art. 65a II GG** gestrichen und aus systematischen Gründen[3], nur um den Zusatz »über die Streitkräfte« erweitert[4], **als Art. 115b GG** in den Abschnitt Xa eingegliedert[5].

---

[1] Eingefügt durch 7. Gesetz zur Ergänzung des Grundgesetzes v. 19.3.1956 (BGBl. I S. 111); zur Verfassungs- und Entstehungsgeschichte dieser Regelung: → Art. 65a Rn. 1ff.
[2] Erst BT-Drs. V/1879, S. 4 enthielt einen entsprechenden Vorschlag.
[3] BT-Drs. V/1879, S. 22, 25.
[4] Zu der verschlungenen Geschichte der Formulierungen *K. Ipsen*, in: BK, Art. 115b (Erstb. 1969), Anm. I.
[5] 17. Gesetz zur Ergänzung des Grundgesetzes v. 24.6.1968 (BGBl. I S. 709). → Vorb. zu Art. 115a–115l Rn. 5f.

B. Internationale, supranationale und rechtsvergleichende Bezüge

2 Aufgrund der Eingliederung der Bundesrepublik in die **NATO** können im Verteidigungsfall die alliierten Kommandobehörden die operative Führung übernehmen und erhalten unmittelbare Befehlsgewalt, die sich jedoch auf den Truppeneinsatz beschränkt[6]. Der Bundeskanzler bleibt weiterhin Inhaber der Befehls- und Kommandogewalt, und rechtlich kann die **Unterstellung unter die NATO** jederzeit **wieder aufgehoben** werden[7].

3 **In den meisten Verfassungen** ist ein besonderer Übergang oder eine **Übertragung der Kommandogewalt im Verteidigungsfall nicht vorgesehen**; sie ist vielmehr in Krieg und Frieden gleich geregelt[8]. In der Schweiz wurde ausschließlich in Zeiten der Gefahr ein General der eidgenössischen Armee zum Oberbefehlshaber bestellt, der freilich dem Bundesrat unmittelbar unterstellt blieb[9].

C. Erläuterungen

I. Allgemeine Bedeutung

4 Art. 115b GG ordnet den Übergang der Befehls- und Kommandogewalt auf den Bundeskanzler im Verteidigungsfall an, »damit für diesen Fall eine Konzentration aller Entscheidungen gewährleistet bleibt«[10]. **Zweifel an dem verfassungspolitischen Sinn** einer derartigen Konzentration durch eine »lex Churchill«[11] sind angebracht. Die Regelung führt zu einer in ihrem Umfang problematischen und unklaren Verdrängung des Verteidigungsministers und ist den komplexen Aufgaben moderner Führung im Kriege, die eher auf die Einbeziehung verschiedener Personen und Institutionen angelegt sind, wenig angemessen[12]. Freilich ist die Regelung einer Bewährungsprobe bisher nicht ausgesetzt worden.

II. Voraussetzungen des Übergangs

5 Der Übergang der Befehls- und Kommandogewalt ist **ausschließlich für den Verteidigungsfall** i. S. d. Art. 115a I 1 GG vorgesehen. Dementsprechend löst der Bündnisfall nach Art. 6 NATO-Vertrag nicht den Übergang der Befehls- und Kommandogewalt aus[13], sondern nur die Feststellung des Verteidigungsfalles durch den Bundestag oder den Gemeinsamen Ausschuß sowie die Feststellungsfiktion im Fall des Art. 115a IV GG. Der Zeitpunkt des Übergangs wird bei der Feststellung durch förmliche Beschlüs-

---

[6] Zur Integration deutscher Soldaten in internationale (NATO-)Verbände vgl. *D. Wiefelspütz*, ZaöRV 64 (2004), 363 (364ff.); *A. Poretschkin*, NZWehrR 47 (2005), 247ff.

[7] Genauer: → Art. 65a Rn. 3 m. w. N.; s. auch *G. Dürig*, in: Maunz/Dürig, GG, Art. 115b (1969), Rn. 17; *J. Rusnak*, Der Nato-Oberbefehl und die Befehls- und Kommandogewalt des Bundeskanzlers im Verteidigungsfall, Diss. jur. Würzburg 1963, S. 51ff.

[8] Rechtsvergleichende Hinweise bei *V. Epping*, in: Maunz/Dürig, GG, Art. 115b (2009), S. 1ff.

[9] Art. 85 Ziff. 4 Schweiz. BV; jetzt Art. 58ff., 168 I, 185 Schweiz. BV 1999.

[10] BT-Drs. II/2150, S. 4; *v. Mangoldt/Klein*, GG, Art. 65a Anm. III. 3. a).

[11] So *Dürig* (Fn. 7), Art. 115b Rn. 5.

[12] Vgl. die eingehende Kritik von *Ipsen* (Fn. 4), Art. 115b Rn. 71ff.; Antikritik bei *Dürig* (Fn. 7), Art. 115b Rn. 5; *R. Grote*, in: v. Mangoldt/Klein/Starck, GG III, Art. 115b Rn. 1.

[13] *K.-A. Hernekamp*, in: v. Münch/Kunig, GG II, Art. 115b Rn. 3; zum Verhältnis von Verteidigungs- und Bündnisfall: → Art. 115a Rn. 6.

se durch die Verkündung, bei der fingierten Feststellung durch den Angriffsbeginn festgelegt[14]. Sollte im Rahmen der Fiktion nach Art. 115a IV GG der Angriffsbeginn unklar sein, wird man dem Bundeskanzler insofern Vorrang bei der Lagebeurteilung einräumen müssen[15], was durch die Gegenzeichnungspflicht gesichert wird[16]. In allen drei Varianten tritt der **Übergang der Befehls- und Kommandogewalt** aufgrund Art. 115b GG **automatisch** ein, ohne daß es noch eines zusätzlichen förmlichen Übertragungsaktes bedarf[17]. Mit Beendigung des Verteidigungsfalls fällt die Befehls- und Kommandogewalt wieder vom Bundeskanzler auf den Verteidigungsminister ebenso automatisch zurück[18].

III. Rechtsfolgen des Übergangs

6 Im Verteidigungsfall geht die **Befehls- und Kommandogewalt** über die Streitkräfte in dem Umfang, in dem sie nach Art. 65a GG dem Bundesverteidigungsminister zusteht[19], **vollständig auf den Bundeskanzler** über. Die bisherige Beschränkung des Bundeskanzlers auf seine Richtlinienkompetenz[20] endet. Er wird anstelle des Verteidigungsministers zum obersten Truppenkommandeur und direkten Vorgesetzten. Der Verteidigungsminister bildet nicht qua Weisungsabhängigkeit ein weiteres Glied in der Befehlskette[21], sondern wird im Geltungsbereich des Art. 115b GG völlig verdrängt. Die Kommando-Hierarchie wird nicht aufgestockt, sondern ihre Spitze wird auf eine andere Institution verlagert[22]. Diese »Depossedierung«[23] des Bundesverteidigungsministers erstreckt sich allerdings **ausschließlich auf die Streitkräfte**. Der gesamte übrige – weitgehend zivile – Geschäftsbereich des Verteidigungsministers (Administration, Rüstungsplanung und -beschaffung, Haushalt, Rechtspflege, Militärseelsorge), bleibt gem. Art. 87b i.V.m. Art. 65 S. 2 GG der Ressortgewalt des Verteidigungsministers unterworfen[24]. Auf diesen Bereich kann der Bundeskanzler allein aufgrund seiner Richtlinienkompetenz einwirken. Eine enge Abstimmung zwischen Bundeskanzler

---

[14] *Ipsen* (Fn. 4), Art. 115b Rn. 88f.

[15] *Hernekamp* (Fn. 13), Art. 115b Rn. 5, s. auch *V. Busse*, in: Friauf/Höfling, GG, Art. 115b (2003), Rn. 4.

[16] *Grote* (Fn. 12), Art. 115b Rn. 2.

[17] *Dürig* (Fn. 7), Art. 115b Rn. 8; *Ipsen* (Fn. 4), Art. 115b Rn. 90; *Hernekamp* (Fn. 13), Art. 115b Rn. 5.

[18] *Grote* (Fn. 12), Art. 115b Rn. 3; *Busse* (Fn. 15), Art. 115b, Rn. 5.

[19] → Art. 65a Rn. 7, 9ff.; dort im einzelnen zu den Begriffen der Befehls- und Kommandogewalt sowie der Streitkräfte.

[20] Zur Richtlinienkompetenz im Bereich der Verteidigung: → Art. 65a Rn. 7, 13.

[21] So *M. Erhardt*, Die Befehls- und Kommandogewalt, 1969, S. 69; *M. Lepper*, Die verfassungsrechtliche Stellung der militärischen Streitkräfte im gewaltenteilenden Rechtsstaat, 1962, S. 165; *E.-W. Böckenförde*, Die Organisationsgewalt im Bereich der Regierung, 1964, S. 165f.; *U. de Maizière*, Führen im Frieden, 1974, S. 40.

[22] Prägnant *Hernekamp* (Fn. 13), Art. 115b Rn. 8; ebenso *Epping* (Fn. 8), Art. 115b Rn. 11; *Ipsen* (Fn. 4), Art. 115b Rn. 115; *Hamann/Lenz*, GG, Art. 115b Bem. A; *E. Busch*, JZ 1961, 439 (441); *ders.*, Der Oberbefehl, 1967, S. 152f.; *Stern*, Staatsrecht II, S. 878f.; *H.-J. Rungweber*, Kompetenzverschiebungen im Bereich der Exekutive im Rahmen der Notstandsverfassung, Diss. jur. Bochum 1979, S. 172; *V. Süßmann*, Kompetenzen und Strukturen der Exekutive auf dem Gebiet der nationalen militärischen Landesverteidigung im Verfassungssystem der Bundesrepublik Deutschland und der 5. französischen Republik, Diss. jur. Würzburg 1972, S. 113ff.; *Grote* (Fn. 12), Art. 115b Rn. 5f.; *A. Hopfauf*, in: Schmidt-Bleibtreu/Hofmann/Henneke, GG, Art. 115b Rn. 4f.

[23] *Dürig* (Fn. 7), Art. 115b Rn. 9; s. auch *Epping* (Fn. 8), Art. 115b Rn. 11.

[24] *E. Busch*, JZ 1961, 439 (441); *ders.*, Oberbefehl (Fn. 22), S. 151f.; *Epping* (Fn. 8), Art. 115b

und Verteidigungsminister ist deshalb praktisch und verfassungsrechtlich erforderlich[25]. Im übrigen ist diese bedauerliche Kompetenzspaltung zwischen den verschiedenen Bereichen nicht interpretativ korrigierbar, sondern kraft zwingender Anordnung hinzunehmen[26].

Die im Ernstfall eines bewaffneten Konflikts sinnwidrige[27] und »denkbar entbehrliche«[28] **Kompetenzaufsplitterung** und völlige Ausschließung des Verteidigungsministers aus der Leitung der Streitkräfte wird durch drei verschiedene Lösungsvorschläge einfach-rechtlich[29] **zu korrigieren** versucht. Ein Modell sieht eine Unterstellung des Verteidigungsministers unter den Bundeskanzler vor[30]. Dieser Überlegung ist entgegenzuhalten, daß sie den Verteidigungsminister in eine konfliktträchtige Doppelstellung zwischen militärischer und ziviler Leitung hineindrängt und die Reibungsverluste nicht vermindert[31]. Die vorgeschlagene Unterstellung auch des Verwaltungsbereiches unter den Bundeskanzler[32] würde zwar die Aufsplitterung beseitigen, widerspricht aber der Regelung der Art. 65a, 115b und 87b GG und würde den Posten des Verteidigungsministers nun in der Tat völlig obsolet machen[33]. In verfassungsrechtlicher wie praktischer Hinsicht erscheint das Mandats-Modell am überzeugendsten[34]: Der Bundeskanzler bleibt uneingeschränkt Inhaber der Befehls- und Kommandogewalt, kraft seiner Organisationskompetenz überträgt der Bundeskanzler jedoch dem Verteidigungsminister die Befehls- und Kommandogewalt über die Streitkräfte zur Ausübung unter dem Vorbehalt der jederzeitigen unmittelbaren eigenen Wahrnehmung. Der **Verteidigungsminister** übt die Kompetenz nunmehr als **Mandatar im Namen und Auftrag des Bundeskanzlers** aus. Diese Lösung bewahrt die vom Verfassungsgesetzgeber intendierte Konzentration militärischer und politischer Leitung, beläßt aber die militärische und administrative Führung einheitlich weitgehend in der Hand des dafür zuständigen Verteidigungsministers und seines Ministeriums, während der Bundes- 7

Rn. 15f.; *Ipsen* (Fn. 4), Art. 115b Rn. 103; *Hernekamp* (Fn. 13), Art. 115b Rn. 9; *D. Deiseroth*, in: Umbach/Clemens, GG, Art. 115b Rn. 20; *Busse* (Fn. 15), Art. 115b Rn. 8.

[25] Eine »elastischere Handhabung« der Richtlinienkompetenz (so *Hernekamp* [Fn. 13], Art. 115b Rn. 10) hilft hier kaum weiter, da die Konflikte zwischen militärischer und ziviler Leitung entstehen, vgl. dazu *Ipsen* (Fn. 4), Art. 115b Rn. 96ff.

[26] *Ipsen* (Fn. 4), Art. 115b Rn. 115; *Hernekamp* (Fn. 13), Art. 115b Rn. 10; *Grote* (Fn. 12), Art. 115b Rn. 9.

[27] *Ipsen* (Fn. 4), Art. 115b Rn. 104: »Sinnwidrigkeit«.

[28] *K.-A. Hernekamp*, in: I. v. Münch/P. Kunig (Hrsg.), GG-Kommentar, Bd. III, 3. Aufl. 1996, Art. 115b Rn. 11.

[29] Hier kommt prinzipiell sowohl das noch nicht ergangene Gesetz gem. § 90 SoldG als auch ein Organisationsakt in Betracht. In der Regel ist der Organisationsakt freilich die flexiblere Lösung, vgl. *Ipsen* (Fn. 4), Art. 115b Rn. 128f.; *de Maizière*, Führen (Fn. 21), S. 42.

[30] *G. Dürig*, in: Maunz/Dürig, GG, Art. 65a (1969), Rn. 43; *Busch*, Oberbefehl (Fn. 22), S. 153ff.; vgl. auch *Böckenförde*, Organisationsgewalt (Fn. 21), S. 165f.; *Deiseroth* (Fn. 24), Art. 115b Rn. 22; ebd. Rn. 23 auch zur Überlagerungslösung nach Weimarer Vorbild.

[31] Vgl. *Ipsen* (Fn. 4), Art. 115b Rn. 116.

[32] So *D. Paulus*, Die militärische Spitzengliederung im Verfassungsleben von Bonn und Weimar, Diss. jur. Tübingen 1959, S. 92ff.; *U. Traut*, Die Spitzengliederung der deutschen Streitkräfte von 1921 bis 1964, Diss. jur. Würzburg 1965, S. 268f. noch zu Art. 65a II GG a. F.

[33] *Ipsen* (Fn. 4), Art. 115b Rn. 118; indes könnte der Bundeskanzler wohl ausnahmsweise in dieser Situation (→ Art. 65a Rn. 6) das gesamte Ressort des Verteidigungsministers übernehmen.

[34] *Ipsen* (Fn. 4), Art. 115b Rn. 120ff.; vgl. auch *E. Busch*, JZ 1961, 439 (441); *E. Barth*, DÖV 1966, 153 (160); *Hernekamp* (Fn. 13), Art. 115b Rn. 12; *Jarass*/Pieroth, GG, Art. 115b Rn. 1; *G. Robbers*, in: Sachs, GG, Art. 115b Rn. 9; *Hopfauf* (Fn. 22), Art. 115b Rn. 8; einschränkend *Grote* (Fn. 12), Art. 115b Rn. 10; *Busse* (Fn. 15), Art. 115b Rn. 9; *Deiseroth* (Fn. 24), Art. 115b Rn. 10, 24; *Epping* (Fn. 8), Art. 115b Rn. 22f.; kritisch *G. Frank*, in: AK-GG, nach Art. 87 (2001), Rn. 71.

kanzler weiterhin die militärisch-politische oberste Leitung wahrnehmen und sich auf grundlegende Entscheidungen und Richtlinien beschränken kann[35].

D. Verhältnis zu anderen GG-Bestimmungen

8 Das **Verhältnis** von Befehls- und Kommandogewalt des Bundeskanzlers **zu Richtlinienkompetenz** (→ Art. 65 Rn. 17ff.) **und Kollegialprinzip** (→ Art. 65 Rn. 11, 32ff.) des **Art. 65 GG** ist umstritten. Wer Art. 115b GG nur als Übertragung der Kompetenz des **Art. 65a GG** vom Verteidigungsminister auf den Bundeskanzler versteht, muß den Inhaber der Befehls- und Kommandogewalt als der Richtlinienkompetenz und im Konfliktfall der Kollegialentscheidung der Bundesregierung unterworfen ansehen[36]. Demgegenüber dürfte es richtig sein, in **Art. 115b GG** eine spezielle Regelung für den Verteidigungsfall zu sehen, die konstitutiv die Befehls- und Kommandogewalt zu einem Element der Leitungsgewalt des Bundeskanzlers erhebt und damit aus dem System des Art. 65 GG herausbricht[37], während die zivile Ressortgewalt des Verteidigungsministers gem. **Art. 87b GG** weiterhin in das System des Art. 65 GG eingeordnet bleibt und folglich der Richtlinienkompetenz und gegebenenfalls Kollegialentscheidungen unterworfen ist[38].

9 **Art. 73 I Nr. 1 GG** i. V. m. § 90 SoldG erlaubt es, **organisationsrechtliche Details** des Kommandowechsels nach Art. 115b GG **gesetzlich festzulegen**[39]. Die Notwendigkeit der Anpassung an die Umstände des jeweiligen Verteidigungsfalles und Effizienzüberlegungen lassen eine Handhabung kraft der Organisationsgewalt des Bundeskanzlers durch einfachen Organisationsakt als die flexiblere und bessere Lösung erscheinen[40].

---

[35] Vgl. auch *U. Scheuner*, Wehrwiss. Rundschau 1962, 196 (198); *Hernekamp* (Fn. 13), Art. 115b Rn. 12; *Ipsen* (Fn. 4), Art. 115b Rn. 124f.; s. auch *Busse* (Fn. 15), Art. 115b Rn. 9.

[36] *Ipsen* (Fn. 4), Art. 115b Rn. 92f.; wohl auch *Frank* (Fn. 34), nach Art. 87 Rn. 70; jetzt auch *Epping* (Fn. 8), Art. 115b Rn. 13; zur Kollegialstruktur der Regierung: → Art. 62 Rn. 10ff.

[37] *Dürig* (Fn. 7), Art. 115b Rn. 13f.; *Hernekamp* (Fn. 13), Art. 115b Rn. 15.

[38] → Rn. 7.

[39] *Busch*, Oberbefehl (Fn. 22), S. 155f.; *ders.*, JZ 1961, 439 (441).

[40] *Ipsen* (Fn. 4), Art. 115b Rn. 128; *Jarass*/Pieroth, GG, Art. 115b Rn. 1; *Robbers* (Fn. 34), Art. 115b Rn. 7; *Busse* (Fn. 15), Art. 115b Rn. 9; s. ferner *Hernekamp* (Fn. 13), Art. 115b Rn. 17; vgl. auch *de Maizière*, Führen (Fn. 21), S. 42.

Artikel 115c [Gesetzgebungs- und Verwaltungskompetenzen, Finanzwesen]

(1) [1]Der Bund hat für den Verteidigungsfall das Recht der konkurrierenden Gesetzgebung auch auf den Sachgebieten, die zur Gesetzgebungszuständigkeit der Länder gehören. [2]Diese Gesetze bedürfen der Zustimmung des Bundesrates.

(2) Soweit es die Verhältnisse während des Verteidigungsfalles erfordern, kann durch Bundesgesetz für den Verteidigungsfall

1. bei Enteignungen abweichend von Artikel 14 Abs. 3 Satz 2 die Entschädigung vorläufig geregelt werden,

2. für Freiheitsentziehungen eine von Artikel 104 Abs. 2 Satz 3 und Abs. 3 Satz 1 abweichende Frist, höchstens jedoch eine solche von vier Tagen, für den Fall festgesetzt werden, daß ein Richter nicht innerhalb der für Normalzeiten geltenden Frist tätig werden konnte.

(3) Soweit es zur Abwehr eines gegenwärtigen oder unmittelbar drohenden Angriffs erforderlich ist, kann für den Verteidigungsfall durch Bundesgesetz mit Zustimmung des Bundesrates die Verwaltung und das Finanzwesen des Bundes und der Länder abweichend von den Abschnitten VIII, VIIIa und X geregelt werden, wobei die Lebensfähigkeit der Länder, Gemeinden und Gemeindeverbände, insbesondere auch in finanzieller Hinsicht, zu wahren ist.

(4) Bundesgesetze nach den Absätzen 1 und 2 Nr. 1 dürfen zur Vorbereitung ihres Vollzuges schon vor Eintritt des Verteidigungsfalles angewandt werden.

Literaturauswahl

Schäfer, Hans: Die lückenhafte Notstandsverfassung, in: AöR 93 (1968), S. 37–80.

Leitentscheidungen des Bundesverfassungsgerichts

Diese liegen zu Art. 115c GG bislang nicht vor.

Gliederung

Stichwörter

A. Herkunft, Entstehung, Entwicklung

1 Die Vorschrift ist im Zuge der Einfügung der **Notstandsverfassung** in das Grundgesetz aufgenommen worden[1]. Nachdem die früheren Entwürfe noch weitreichende Grundrechtseinschränkungen[2] und Kompetenzzuweisungen für gesetzesvertretende Rechtsverordnungen an den Bund[3] enthalten hatten, beruhte die Verfassungsänderung im wesentlichen auf dem **Entwurf von 1967**[4], der im Beratungsverfahren praktisch nur noch im Hinblick auf die Freiheitsentziehung[5] geändert und durch das Erfordernis der Zustimmung des Bundesrates in Art. 115c III GG[6] ergänzt worden ist. Im Zuge der Finanzverfassungsreform von 1969 mußte nachträglich auch noch der Bezug in Art. 115c III GG auf die betreffenden Abschnitte angepaßt werden[7].

B. Internationale, supranationale und rechtsvergleichende Bezüge

2 Angesichts der Zielrichtung der Norm, die bundesstaatliche Kompetenzordnung für den Verteidigungsfall zu modifizieren und einige spezielle Grundrechte einzuschränken, sind **keine Einwirkungen** internationalen oder supranationalen Rechts zu konstatieren. Auch finden sich **keine Parallelen** in anderen Verfassungen.

C. Erläuterungen

I. Allgemeine Bedeutung

3 Art. 115c GG erlaubt in **Durchbrechung der bundesstaatlichen Kompetenzverteilung** eine Konzentration der Gesetzgebungs-, Verwaltungs- und Finanzkompetenzen beim Bund, um den Zentralisierungserfordernissen im Kriegsfall Rechnung tragen zu können. Zudem sieht Art. 115c GG auch eine – außerordentlich begrenzte – Einschränkung von Grundrechten vor. Durch das Institut der »Bundesgesetze für den Verteidigungsfall« verbindet Art. 115c GG das Anliegen, ohne Druck durch Zeitnot und die kriegsbedingten äußeren Umstände in Ruhe und Abgewogenheit gesetzliche Vorsorge für den Ernstfall treffen zu können[8], mit dem Versuch, eine Aushöhlung der bundesstaatlichen Kompetenzverteilung sowie der grundrechtlichen Garantien durch eine »Reserveordnung« zu verhindern[9].

---

[1] 17. Gesetz zur Ergänzung des Grundgesetzes v. 24.6.1968 (BGBl. I S. 709); zu deren Entstehung allgemein: → Vorb. zu Art. 115a–115l Rn. 5f.

[2] Vgl. BT-Drs. III/1800: Art. 115a IV Nr. 2 a, b; BT-Drs. IV/891: Art. 115b II a–d; BT-Drs. IV/3494: Art. 115d II a–c; zur Entstehungsgeschichte des Art. 115c vgl. auch *D. Rauschning*, in: BK, Art. 115c (1968), Anm. I.

[3] BT-Drs. III/1800: Art. 115a IV Nr. 1; konkurrierende Gesetzgebungskompetenz schon in Art. 115b I Entwurf 1962, BT-Drs. IV/891.

[4] BT-Drs. V/1879.

[5] BT-Drs. V/1879, Anl. 2; BT-Drs. V/2130; BT-Drs. V/2873.

[6] BT-Drs. V/1879, Anl. 2; BT-Drs. V/2873.

[7] 21. Gesetz zur Änderung des Grundgesetzes v. 12.5.1969 (BGBl. I S. 359).

[8] Vgl. BT-Drs. V/1879, S. 26.

[9] Vgl. *R. Herzog*, in: Maunz/Dürig, GG, Art. 115c (1970), Rn. 5; *V. Epping*, in: Maunz/Dürig, GG Art. 115c (2014), Rn. 13.

II. Die konkurrierende Gesetzgebungszuständigkeit gem. Art. 115c I GG

Art. 115c I GG erweitert die Gesetzgebungskompetenzen des Bundes nicht erst im Verteidigungsfall, sondern zeitlich bereits zuvor[10]. Die Erweiterung wird aber durch die Zwecksetzung des Art. 115c I GG beschränkt auf Gesetze »für den Verteidigungsfall«[11], deren Rechtswirksamkeit an Beginn und Ende des Verteidigungsfalls gebunden ist[12]. Durch die Eröffnung einer konkurrierenden Gesetzgebungszuständigkeit verweist Art. 115c I GG auf die Voraussetzungen der Inanspruchnahme dieser Kompetenz, also auf die Erforderlichkeit gem. Art. 72 II GG[13], deren mittlerweile modifizierte Anforderungen allerdings kaum noch auf die Fälle des Art. 115c I GG passen[14]. Man wird den Begriff der Erforderlichkeit des Art. 72 II GG im Hinblick auf Art. 115c I GG daher als **Erforderlichkeit einer bundeseinheitlichen Regelung für den Verteidigungsfall** interpretieren müssen[15]. Außerdem schreibt Art. 115c I 2 GG zwingend das Erfordernis der Zustimmung des Bundesrates fest[16]. Die Einhaltung des Gesetzgebungsverfahrens im übrigen ist ohnedies Voraussetzung[17]. Eine Verpflichtung zur Wahrnehmung dieser Kompetenz zur angemessenen Vorsorge für den Verteidigungsfall besteht nicht[18]. 4

III. Einschränkungen von Grundrechten (Art. 115c II GG)

Art. 115c II GG erlaubt bestimmte **Einschränkungen des verfahrensrechtlichen Grundrechtsschutzes im Verteidigungsfall**[19]. Er knüpft die Möglichkeiten der Einschränkung an die Voraussetzung einer speziell auf die Verhältnisse des Verteidigungsfalles zugeschnittenen Erforderlichkeit, die über das allgemeine Verhältnismäßigkeitsprinzip hinaus wohl vor allem auf eine möglichst genaue Konkretisierung der jeweiligen Grundrechtseinschränkungen zielt[20]. Wie bei Art. 115c I GG können die Gesetze vor, aber auch im Verteidigungsfall erlassen werden, ihre Rechtswirksamkeit ist aber auf den Zeitraum des Verteidigungsfalles begrenzt[21]. 5

Art. 115c II Nr. 1 GG erlaubt allein eine vorläufige Regelung der Entschädigung und schränkt explizit nur Art. 14 III 2 GG ein. Damit läßt die Norm die anderen Garantien 6

---

[10] Vgl. *Rauschning* (Fn. 2), Art. 115c Rn. 10; *Jarass*/Pieroth, GG, Art. 115c Rn. 1; *D. Deiseroth*, in: Umbach/Clemens, GG, Art. 115c Rn. 6.

[11] *Herzog* (Fn. 9), Art. 115c Rn. 17; *G. Robbers*, in: Sachs, GG, Art. 115c Rn. 2.

[12] Dazu *Herzog* (Fn. 9), Art. 115c Rn. 10ff.; *Epping* (Fn. 9), Art. 115c Rn. 15; dementsprechend ist auch die Sperrwirkung des Bundesgesetzes nur sehr begrenzt, s. *Rauschning* (Fn. 2), Art. 115c Rn. 13.

[13] *Herzog* (Fn. 9), Art. 115c Rn. 18; *Rauschning* (Fn. 2), Art. 115c Rn. 8; *L.-A. Versteyl*, in: v. Münch/Kunig, GG II, Art. 115c Rn. 3.

[14] Während früher vor allem Art. 72 II Nr. 1 GG a. F. in Betracht kam; zustimmend *R. Grote*, in: v. Mangoldt/Klein/Starck, GG III, Art. 115c Rn. 6.

[15] Vgl. noch für Art. 72 II GG a. F. *Rauschning* (Fn. 2), Art. 115c Rn. 6; *C. O. Lenz*, Notstandsverfassung des Grundgesetzes, 1971, Art. 115c Rn. 2f.; auch für die Neufassung des Art. 72 II GG: *Versteyl* (Fn. 13), Art. 115c Rn. 3; *Grote* (Fn. 14), Art. 115c Rn. 6; *A. Hopfauf*, in: Schmidt-Bleibtreu/Hofmann/Henneke, GG, Art. 115c Rn. 7; *Epping* (Fn. 9), Art. 115c Rn. 19ff.

[16] *Epping* (Fn. 9), Art. 115c Rn. 21; die Klausel war in BT-Drs. IV/3494 noch nicht enthalten.

[17] Nicht erst durch Art. 115c I 2 GG vorgeschrieben, so jetzt auch *Versteyl* (Fn. 13), Art. 115c Rn. 4. Im übrigen gilt für Rechtsverordnungen Art. 80 GG, s. *Rauschning* (Fn. 2), Art. 115c Rn. 12.

[18] A. A. *Robbers* (Fn. 11), Art. 115c Rn. 3.

[19] *Herzog* (Fn. 9), Art. 115c Rn. 27.

[20] Vgl. *Herzog* (Fn. 9), Art. 115c Rn. 30; *Grote* (Fn. 14), Art. 115c Rn. 12.; *Epping* (Fn. 9), Art. 115c Rn. 25.

[21] *Herzog* (Fn. 9), Art. 115c Rn. 11ff., 29.

des Art. 14 III GG prinzipiell unberührt[22] und betrifft auch enteignungsgleiche Eingriffe nicht[23]. Die Vorläufigkeit ist dahingehend zu verstehen, daß nach Beendigung des Verteidigungsfalles unverzüglich die endgültige Entschädigungsregelung zu treffen ist[24]. Die Vorschrift will in erster Linie **kurzfristige Enteignungen** ermöglichen, die im Verteidigungsfall etwa im Bereich der Transportmittel nötig werden können.

7 Art. 115c II Nr. 2 GG läßt die **gesetzliche Verlängerung der Fristen des Art. 104 II 3, III 1 GG** für die Vorführung vor den Richter bei Freiheitsentzug zu, da im Verteidigungsfall eventuell infolge unterbrochener Verkehrsverbindungen oder anderweitig eingesetzter Richter eine Vorführung innerhalb von 24 Stunden nach dem Festnahmetag nicht vorgenommen werden kann, die Freilassung Verdächtiger (z. B. Plünderer, Spione, Saboteure) aber nicht vertretbar wäre[25]. Die Verlängerung der Frist ist auf vier Tage begrenzt. Die Frist darf nur ausgeschöpft werden, sofern und solange ein Richter im konkreten Fall nicht erreicht werden kann[26]. Wegen der Abweichung von der in Art. 5 III EMRK geregelten Pflicht zur unverzüglichen Vorführung ist ggf. eine Mitteilung gem. Art. 15 III EMRK an den Generalsekretär des Europarates zu machen[27].

IV. Die Modifikation der Verwaltungs- und Finanzkompetenzen nach Art. 115c III GG

8 Art. 115c III GG erlaubt unter Durchbrechung der ansonsten geltenden bundesstaatlichen Kompetenzverteilung vor allem eine **Zentralisierung der Verwaltungs- und Finanzkompetenzen beim Bund** durch Gesetze »für den Verteidigungsfall«[28]. In Parallele zu Art. 115c II GG enthält Art. 115c III GG eine Erforderlichkeitsklausel[29], die auf den Verteidigungsfall ausgerichtet ist, indem mit dem »gegenwärtigen oder unmittelbar drohenden Angriff« die Legaldefinition des Verteidigungsfalles gem. Art. 115a I 1 GG aufgegriffen wird[30]. Dabei kommt dem Gesetzgeber ein ganz erheblicher Prognose- und Einschätzungsspielraum zu[31]. Wie für Gesetze nach Art. 115c I GG ist die Zustimmungsbedürftigkeit durch den Bundesrat zwingend vorgeschrieben (→ Rn. 4).

9 Zum einen kann für den Verteidigungsfall eine Abänderung der Zuständigkeitsverteilung zwischen Bund und Ländern **im Bereich der Verwaltung** gesetzlich vorgesehen werden. Daneben läßt Art. 115c III GG aber auch eine Änderung der Bundesorganisation zu[32]. Art. 115c III GG begründet ausdrücklich eine Kompetenz, von den Vorschriften der Art. 83–91b GG (Abschn. VIII und VIIIa) abzuweichen, ohne insoweit

---

[22] *Herzog* (Fn. 9), Art. 115c Rn. 33; *Versteyl* (Fn. 13), Art. 115c Rn. 6; *Hopfauf* (Fn. 15), Art. 115c Rn. 19.

[23] *Stern*, Staatsrecht II, S. 1358; *Versteyl* (Fn. 13), Art. 115c Rn. 6; *Grote* (Fn. 14), Art. 115c Rn. 10; a. A. *Rauschning* (Fn. 2), Art. 115c Rn. 17, der freilich noch nicht von der neuen Rspr. des Bundesverfassungsgerichts ausgehen konnte.

[24] In leicht unterschiedlicher Nuancierung *Rauschning* (Fn. 2), Art. 115c Rn. 14; *Versteyl* (Fn. 13), Art. 115c Rn. 6 (unverzüglich); *Herzog* (Fn. 9), Art. 115c Rn. 36 (angemessene Frist); *Epping* (Fn. 9), Art. 115c Rn. 27 (vernachlässigungsfähige Frage).

[25] BT-Drs. V/1879, S. 27; *Herzog* (Fn. 9), Art. 115c Rn. 41.

[26] *Herzog* (Fn. 9), Art. 115c Rn. 43; *Versteyl* (Fn. 13), Art. 115c Rn. 7; *Rauschning* (Fn. 2), Art. 115c Rn. 18; *Lenz*, Notstandsverfassung (Fn. 15), Art. 115c Rn. 7; *Deiseroth* (Fn. 10), Art. 115c Rn. 20.

[27] *Epping* (Fn. 9), Art. 115c Rn. 30.

[28] Zu den Einzelheiten: → Rn. 3ff.

[29] Zur Erforderlichkeit: → Rn. 5; s. auch *Rauschning* (Fn. 2), Art. 115c Rn. 30f.

[30] Vgl. auch *Herzog* (Fn. 9), Art. 115c Rn. 50; *Versteyl* (Fn. 13), Art. 115c Rn. 8. → Art. 115a Rn. 6.

[31] *Grote* (Fn. 14), Art. 115c Rn. 15.

[32] *Herzog* (Fn. 9), Art. 115c Rn. 54.

irgendeine Beschränkung vorzusehen. Obwohl Art. 87a, 91 n.F. gleichzeitig mit Art. 115c in das Grundgesetz eingefügt wurden, kann man daraus nicht auf eine Exemtion von der Abweichungskompetenz des Art. 115c III GG schließen[33]. Ebenso kann zum anderen eine abweichende Regelung gegenüber der gesamten **Haushalts- und Finanzverfassung** getroffen werden, die im X. Abschnitt des Grundgesetzes (Art. 104a–115) geregelt ist[34].

Beide Änderungskompetenzen stehen über das Zustimmungserfordernis des Bundesrates und die Voraussetzung der Erforderlichkeit hinaus unter dem **Vorbehalt**, daß die **Lebensfähigkeit der Länder, Gemeinden und Gemeindeverbände** zu wahren ist. Im Blick auf die Garantie der föderalen Gliederung (→ Art. 79 III Rn. 21f.) soll durch diese Klausel der völligen Aushöhlung der bundesstaatlichen Struktur vorgebeugt werden, indem der Zentralisierung eine absolute Schranke gezogen wird, die freilich angesichts ihres vagen Inhalts[35] kaum mehr als einen Richtpunkt[36] zu setzen vermag[37]. 10

V. Vorbereitung des Vollzugs vor Eintritt des Verteidigungsfalles (Art. 115c IV GG)

Diese ebenso überflüssige wie in einer Verfassung unangebrachte Vorschrift[38] hat **vornehmlich verwaltungsinterne Bedeutung**[39] und legitimiert keine Rechtsakte gegenüber dem Bürger[40]. Art. 115c IV GG soll eine notwendige Vorbereitung des Vollzuges etwa durch Erlaß von Verwaltungsvorschriften, durch Vervielfältigung und Lagerung von Gesetzen und Erläuterungen oder durch die Schulung des Verwaltungspersonals ermöglichen, damit im Ernstfall ein Vollzug auch praktisch stattfinden kann[41]. Die Vorbereitungskompetenz ist außerdem explizit auf die Fälle des Art. 115c I und II Nr. 1 GG beschränkt. 11

D. Verhältnis zu anderen GG-Bestimmungen

Die Grundrechtseinschränkungen nach Art. 115c II GG treten neben die Einschränkungen der materiellen Grundrechte in **Art. 12a, 17a GG. Ansonsten bleiben die Grundrechte auch im Verteidigungsfall uneingeschränkt anwendbar**[42]. Abgesehen von 12

[33] *Versteyl* (Fn. 13), Art. 115c Rn. 9; *Grote* (Fn. 14), Art. 115c Rn. 13; *Epping* (Fn. 9), Art. 115c Rn. 33; a. A. *Herzog* (Fn. 9), Art. 115c Rn. 55; *Jarass*/Pieroth, GG, Art. 115c Rn. 4; *Robbers* (Fn. 11), Art. 115c Rn. 11; *Deiseroth* (Fn. 10), Art. 115c Rn. 27.

[34] *Epping* (Fn. 9), Art. 115c Rn. 34; Art. 115c III GG a.F. sah nur eine Abweichung von Art. 106–115 GG vor; geändert 1969 (vgl. Fn. 7).

[35] *Herzog* (Fn. 9), Art. 115c Rn. 61: »Dunkel ist allerdings der Inhalt«; s. auch *Epping* (Fn. 9), Art. 115c Rn. 38.

[36] *Versteyl* (Fn. 13), Art. 115c Rn. 11, der indes darin wohl eher eine Konkretisierung der Erforderlichkeit sieht, so auch *Herzog* (Fn. 9), Art. 115c Rn. 67; vgl. auch *Grote* (Fn. 14), Art. 115c Rn. 16f.

[37] Dagegen hält *Epping* (Fn. 9), Art. 115c Rn. 39ff. eine zeitweise vollständige Zentralisierung für zulässig.

[38] *H. Schäfer*, AöR 93 (1968), 37 (43).

[39] Vgl. BT-Drs. V/2873, S. 16; *Rauschning* (Fn. 2), Art. 115c Rn. 36; *Lenz*, Notstandsverfassung (Fn. 15), Art. 115c Rn. 16; *Herzog* (Fn. 9), Art. 115c Rn. 24f.

[40] *Stern*, Staatsrecht II, S. 1423; *Grote* (Fn. 14), Art. 115c Rn. 19; *Hopfauf* (Fn. 15), Art. 115c Rn. 31.

[41] Vgl. *Herzog* (Fn. 9), Art. 115c Rn. 26; *Versteyl* (Fn. 13), Art. 115c Rn. 12.

[42] Vgl. auch *Robbers* (Fn. 11), Art. 115c Rn. 5.

den ausdrücklich genannten Vorschriften des Grundgesetzes, von denen nach Art. 115c GG abgewichen werden kann, sind andere Vorschriften nicht tangiert. Im übrigen stellt Art. 115c GG das kompetentielle Pendant zur verfahrensrechtlichen Vorschrift des **Art. 115d GG** dar.

Artikel 115d [Gesetzgebungsverfahren im Verteidigungsfall]

(1) Für die Gesetzgebung des Bundes gilt im Verteidigungsfalle abweichend von Artikel 76 Abs. 2, Artikel 77 Abs. 1 Satz 2 und Abs. 2 bis 4, Artikel 78 und Artikel 82 Abs. 1 die Regelung der Absätze 2 und 3.

(2) [1]Gesetzesvorlagen der Bundesregierung, die sie als dringlich bezeichnet, sind gleichzeitig mit der Einbringung beim Bundestage dem Bundesrate zuzuleiten. [2]Bundestag und Bundesrat beraten diese Vorlagen unverzüglich gemeinsam. [3]Soweit zu einem Gesetze die Zustimmung des Bundesrates erforderlich ist, bedarf es zum Zustandekommen des Gesetzes der Zustimmung der Mehrheit seiner Stimmen. [4]Das Nähere regelt eine Geschäftsordnung, die vom Bundestage beschlossen wird und der Zustimmung des Bundesrates bedarf.

(3) Für die Verkündung der Gesetze gilt Artikel 115a Abs. 3 Satz 2 entsprechend.

Literaturauswahl

Röttger, Heinrich-Eckart: Gesetzgebung im Verteidigungsfall, Diss. jur. Münster 1973.

Leitentscheidungen des Bundesverfassungsgerichts

Diese liegen zu Art. 115d GG bislang nicht vor.

Gliederung

Stichwörter

A. Herkunft, Entstehung, Entwicklung

1 Die Vorschrift wurde im Zuge der Beratungen der **Notstandsverfassung** auf Anregung der FDP[1] vom Rechtsausschuß des Bundestages aufgenommen[2] und vom verfassungsändernden Gesetzgeber auch in dieser Form gebilligt[3].

---

[1] BT-Drs. V/2130.

[2] BT-Drs. V/2873, S. 16; zur Entstehung vgl. auch mit Verweisen auf die betreffenden Protokolle *D. Rauschning*, in: BK, Art. 115d (1968), Anm. I.; *H.-E. Röttger*, Gesetzgebung im Verteidigungsfall, Diss. jur. Münster 1973, S. 21ff.

[3] 17. Gesetz zur Ergänzung des Grundgesetzes v. 24.6.1968 (BGBl. I S. 709). → Vorb. zu Art. 115a–115l Rn. 5f.

B. Internationale, supranationale und rechtsvergleichende Bezüge

2 Als rein organisatorische und verfahrensrechtliche Regelung des Gesetzgebungsprozesses unterliegt die Vorschrift keinen Einwirkungen des internationalen oder supranationalen Rechts. Im Vergleich mit anderen Verfassungen stellt sich die Vorschrift als **deutsche Besonderheit** einer Übernormierung des Notstandes (→ Vorb. zu Art. 115a–115l Rn. 10, 12) dar[4].

C. Erläuterungen

I. Allgemeine Bedeutung

3 Die Vorschrift ermöglicht unter Abänderung einiger Vorschriften zum Gesetzgebungsverfahren eine **vereinfachte** und damit **beschleunigte Verabschiedung von Gesetzen**, um im Verteidigungsfall ohne eine unerträgliche zeitliche Verzögerung die notwendigen gesetzgeberischen Maßnahmen rechtzeitig treffen zu können[5]. Art. 115d GG schafft damit eine »Zwischenstufe« zwischen dem normalen Gesetzgebungsverfahren nach Art. 76ff. GG und der Gesetzgebung durch den Gemeinsamen Ausschuß nach Art. 115e GG[6].

II. Das vereinfachte Gesetzgebungsverfahren

4 Trotz seiner mißverständlichen Formulierung (»gilt«) eröffnet Art. 115d GG **nur die Möglichkeit**, im Verteidigungsfall Gesetze in diesem vereinfachten Verfahren zu erlassen, begründet aber **nicht die Notwendigkeit**, dies zu tun[7]. Das vereinfachte Verfahren nach Art. 115d und das Tätigwerden des Gemeinsamen Ausschusses nach Art. 115e GG sind im Sinne einer Stufenfolge subsidiär gegenüber dem normalen Gesetzgebungsverfahren[8].

5 Art. 115d I GG nennt die Vorschriften des normalen Gesetzgebungsverfahrens, von denen im Verfahren nach Art. 115d II GG abgewichen werden kann. Nicht erwähnt wird Art. 79 GG, so daß **verfassungsändernde Gesetze** schon nach dem Wortlaut **nicht** im vereinfachten Verfahren erlassen werden können. Darüber hinaus sind Notstandsvorschriften restriktiv auszulegen; außerdem besteht kein sachlicher Grund für eine Eilverfassungsänderung[9]. Auch Art. 110 GG, insbesondere Art. 110 III GG, ist in den Katalog nicht aufgenommen. Diese Auslassung beruht darauf, daß die heutige Fassung des Art. 110 GG erst nach Erlaß der Notstandsverfassung im Zuge der Reform des Haushaltsrechts 1969 eingefügt wurde und bei dieser Gelegenheit die eigentlich angebrachte Anpassung des Art. 115d I GG »schlicht übersehen« wurde[10]. Dem Sinn und

---

[4] Rechtsvergleichende Hinweise jetzt bei *V. Epping*, in: Maunz/Dürig, GG, Art. 115d (2014), Rn. 2ff.

[5] BT-Drs. V/1879, S. 27; vgl. auch *Röttger*, Gesetzgebung (Fn. 2), S. 28ff.; *Epping* (Fn. 4), Art. 115d Rn. 1.

[6] *R. Herzog*, in: Maunz/Dürig, GG, Art. 115d (1969), Rn. 5; kritisch dazu *Röttger*, Gesetzgebung (Fn. 2), S. 30ff.

[7] Vgl. *Herzog* (Fn. 6), Art. 115d Rn. 3.

[8] *L.-A. Versteyl*, in: v. Münch/Kunig, GG II, Art. 115d Rn. 2; *Röttger*, Gesetzgebung (Fn. 2), S. 91.

[9] Hier besteht auch Einigkeit, s. *Herzog* (Fn. 6), Art. 115d Rn. 34; *Stern*, Staatsrecht II, S. 1427; *Versteyl* (Fn. 8), Art. 115d Rn. 3; *G. Robbers*, in: Sachs, GG, Art. 115d Rn. 5.

[10] *C. O. Lenz*, Notstandsverfassung des Grundgesetzes, 1971, Art. 115d Rn. 3.

Zweck des Art. 115d GG, dem systematischen Zusammenhang mit Art. 115c III GG sowie der Entstehungsgeschichte ist daher zu entnehmen, daß insbesondere etwaige Nachtragshaushalte gegebenenfalls im vereinfachten Verfahren nach Art. 115d GG verabschiedet werden können[11].

Das vereinfachte Gesetzgebungsverfahren ist nur bei **Gesetzesvorlagen der Bundesregierung**, nicht bei Initiativen von Bundestag oder Bundesrat anwendbar[12], obwohl sich dies praktisch kaum auswirken wird. Die Gesetzesvorlage muß von der Bundesregierung in Parallele zur Regelung des Art. 81 I 1 GG als dringlich bezeichnet werden. Wie bei Art. 81 I GG kommt der Bundesregierung, die hier insgesamt als Kollegialorgan (→ Art. 62 Rn. 10ff.) entscheidet, ein weiter Entscheidungsspielraum zu, der sich allerdings an den Notwendigkeiten des Verteidigungsfalles ausrichten muß[13]. Die Einhaltung des Entscheidungsspielraumes kann im Organstreitverfahren vom Bundesverfassungsgericht kontrolliert werden[14]. Der Streit darüber, ob Bundestag und Bundesrat einer mißbräuchlich als dringlich bezeichneten Vorlage die Befassung versagen dürfen[15], erscheint angesichts der Zulässigkeit einer Ablehnung des Gesetzesantrags als reichlich akademisch. 6

Die Gesetzesvorlage ist gleichzeitig Bundestag und Bundesrat zuzuleiten. **Gleichzeitigkeit** bedeutet nicht exakte Zeitgleichheit, sondern nur, daß das übliche Verfahren nach Art. 77 I 2 GG durchbrochen wird[16]. 7

Abweichend vom Selbstversammlungsrecht des Bundestages gem. Art. 39 III 1 GG und des Bundesrates gem. Art. 52 II GG[17] haben beide Organe gemeinsam die Vorlage »**unverzüglich**« zu beraten. Unverzüglich heißt wie stets »ohne schuldhaftes Zögern«[18]. Die Pflicht, die beiden Organe einzuberufen und den Gesetzesentwurf vorzulegen, kann im Wege des Organstreits ebenfalls vor dem Bundesverfassungsgericht geltend gemacht werden[19]. 8

Die zur Beschleunigung vorgesehene **gemeinsame Beratung** in einem Raum und unter Gleichberechtigung aller Mitglieder beider Organe[20] soll vor allem das Vermittlungsverfahren überflüssig machen[21]. Wie sich eindeutig aus Art. 115d II 3 GG ergibt, mündet die gemeinsame Beratung nicht in eine einheitliche Abstimmung. Die Abstim- 9

---

[11] Zutreffend *Versteyl* (Fn. 8), Art. 115d Rn. 3; *Stern*, Staatsrecht II, S. 1427f.; *Jarass*/Pieroth, GG, Art. 115d Rn. 2; *R. Grote*, in: v. Mangoldt/Klein/Starck, GG III, Art. 115d Rn. 1; *A. Hopfauf*, in: Schmidt-Bleibtreu/Hofmann/Henneke, GG, Art. 115d Rn. 9; *Epping* (Fn. 4), Art. 115d Rn. 5.

[12] *Versteyl* (Fn. 8), Art. 115d Rn. 4; *Röttger*, Gesetzgebung (Fn. 2), S. 46; *Epping* (Fn. 4), Art. 115d Rn. 8.

[13] *Herzog* (Fn. 6), Art. 115d Rn. 10; *Versteyl* (Fn. 8), Art. 115d Rn. 4; *Grote* (Fn. 11), Art. 115d Rn. 2.

[14] *Epping* (Fn. 4), Art. 115d Rn. 9; *Versteyl* (Fn. 8), Art. 115d Rn. 4; *Grote* (Fn. 11), Art. 115d Rn. 2; a.A. *Lenz*, Notstandsverfassung (Fn. 10), Art. 115d Rn. 7; *Röttger*, Gesetzgebung (Fn. 2), S. 53f.

[15] Verneinend *Rauschning* (Fn. 2), Art. 115d Rn. 1; *Versteyl* (Fn. 8), Art. 115d Rn. 4; *Röttger*, Gesetzgebung (Fn. 2), S. 54ff.; bejahend dagegen *Herzog* (Fn. 6), Art. 115d Rn. 10 mit Fn. 3; wohl auch *Grote* (Fn. 11), Art. 115d Rn. 2.

[16] *Herzog* (Fn. 6), Art. 115d Rn. 11; *Epping* (Fn. 4), Art. 115d Rn. 12.

[17] Vgl. *Stern*, Staatsrecht II, S. 1426, Fn. 160; anders *Röttger*, Gesetzgebung (Fn. 2), S. 57f.

[18] § 121 I 1 BGB; übereinstimmend *Herzog* (Fn. 6), Art. 115d Rn. 13; *Versteyl* (Fn. 8), Art. 115d Rn. 5; *Robbers* (Fn. 9), Art. 115d Rn. 2; zur Konkretisierung durch § 1 III 1 GO 115d näher *Epping* (Fn. 4), Art. 115d Rn. 15.

[19] *Herzog* (Fn. 6), Art. 115d Rn. 13.

[20] *Herzog* (Fn. 6), Art. 115d Rn. 15; Art. 43 II GG dürfte für Bundesratsmitglieder daher hier nicht gelten.

[21] *Herzog* (Fn. 6), Art. 115d Rn. 15; s. auch *Röttger*, Gesetzgebung (Fn. 2), S. 76ff.

mung erfolgt vielmehr in einer itio in partes[22] getrennt nach Bundestag und Bundesrat[23]. Der Mehrheitsbegriff in Art. 115d II 3 GG richtet sich nach Art. 121 GG[24].

10 Die Ermächtigung zum Erlaß einer **Geschäftsordnung** in Art. 115d II 4 GG ist mit der Bekanntmachung der Geschäftsordnung für das Verfahren nach Art. 115d GG vom 23.7.1969 wahrgenommen worden[25].

III. Die Notverkündung nach Art. 115d III GG

11 Der beschleunigten Durchführung des Gesetzgebungsverfahrens gem. Art. 115d II GG stellt Art. 115d III GG eine **beschleunigte Verkündung** zur Seite, indem die Möglichkeit einer Notverkündung entsprechend Art. 115a III 2 GG eröffnet wird[26]. Die Hervorhebung der Notverkündung in einem gesonderten Absatz und die Entstehungsgeschichte[27] stützen die Auslegung, daß die Möglichkeit der Notverkündung nicht nur für Gesetze nach Art. 115d II GG, sondern im Verteidigungsfall für alle, also nach Art. 115e GG sowie im normalen Gesetzgebungsverfahren (Art. 76ff. GG) erlassene, Gesetze gilt[28], auch wenn Art. 115d III GG »der Gesetze« formuliert[29]. Teilweise wird die Ermächtigung auf alle materiellen Gesetze, also auch auf Rechtsverordnungen, erstreckt[30].

D. Verhältnis zu anderen GG-Bestimmungen

12 Art. 115d I GG ändert explizit eine Reihe von Vorschriften ab, die Abänderung **erfaßt aber auch Art. 110 III GG** (→ Rn. 3). Im übrigen ist das Verfahren nach Art. 115d GG gegenüber dem normalen Gesetzgebungsverfahren nach Art. 76ff. GG subsidiär, hat jedoch Vorrang vor der Gesetzgebung nach **Art. 115e GG** (→ Rn. 4f.).

---

[22] Im Reichstag des Hl. Römischen Reiches berieten die beiden Konfessionen in Religionsfragen seit 1648 getrennt; vgl. dazu nur *K. Schlaich*, Maioritas–protestatio–itio in partes–corpus Evangelicorum (1977/1978), in: ders., Gesammelte Aufsätze, hrsgg. von M. Heckel und W. Heun, 1997, S. 68ff. (102ff.).

[23] *Herzog* (Fn. 6), Art. 115d Rn. 23; *Versteyl* (Fn. 8), Art. 115d Rn. 6; nach *Rauschning* (Fn. 2), Art. 115d Rn. 5 stimmen die Bundesratsmitglieder bei Einspruchsgesetzen gar nicht ab; demgegenüber kann allenfalls richtig sein, daß sie nur bei Zustimmungsgesetzen abstimmen müssen, bei Einspruchsgesetzen aber abstimmen können. Aus Gründen der Klarheit und der Beschleunigung wird man jedoch eine Abstimmungspflicht auch bei Einspruchsgesetzen annehmen müssen. Der Einspruch kann dann sofort vom Bundestag überstimmt werden. Vgl. *Herzog* (Fn. 6), Art. 115d Rn. 27ff.; *Grote* (Fn. 11), Art. 115d Rn. 7; *Hopfauf* (Fn. 11), Art. 115d Rn. 8; s. auch § 5 III, V GeschO n. Art. 115d GG; ein Einspruchsrecht und damit eine Abstimmung des Bundesrates lehnt völlig ab *Röttger*, Gesetzgebung (Fn. 2), S. 80ff.; wohl auch *Jarass*/Pieroth, GG, Art. 115d Rn. 2.

[24] Absolute Mehrheit mit Quorum der Mitglieder. → Art. 121 Rn. 10ff.

[25] BGBl. I S. 1100.

[26] Zu den Einzelheiten und der Nachholung der Verkündung: → Art. 115a Rn. 15.

[27] BT-Drs. V/2873, S. 17f.

[28] H.M.: *Rauschning* (Fn. 2), Art. 115d Rn. 13; *Herzog* (Fn. 6), Art. 115d Rn. 35; *Lenz*, Notstandsverfassung (Fn. 10), Art. 115d Rn. 11; *Grote* (Fn. 11), Art. 115d Rn. 9.

[29] Zweifelnd deshalb *Versteyl* (Fn. 8), Art. 115d Rn. 8.

[30] *Hopfauf* (Fn. 11), Art. 115d Rn. 10; *Robbers* (Fn. 9), Art. 115d Rn. 9; *Jarass*/Pieroth, GG, Art. 115d Rn. 2; *Grote* (Fn. 11), Art. 115d Rn. 9; *Epping* (Fn. 4), Art. 115d Rn. 26.

Artikel 115e [Ersetzung von Bundestag und Bundesrat]

(1) Stellt der Gemeinsame Ausschuß im Verteidigungsfalle mit einer Mehrheit von zwei Dritteln der abgegebenen Stimmen, mindestens mit der Mehrheit seiner Mitglieder fest, daß dem rechtzeitigen Zusammentritt des Bundestages unüberwindliche Hindernisse entgegenstehen oder daß dieser nicht beschlußfähig ist, so hat der Gemeinsame Ausschuß die Stellung von Bundestag und Bundesrat und nimmt deren Rechte einheitlich wahr.

(2) [1]Durch ein Gesetz des Gemeinsamen Ausschusses darf das Grundgesetz weder geändert noch ganz oder teilweise außer Kraft oder außer Anwendung gesetzt werden. [2]Zum Erlaß von Gesetzen nach Artikel 23 Abs. 1 Satz 2, Artikel 24 Abs. 1 oder Artikel 29 ist der Gemeinsame Ausschuß nicht befugt.

Literaturauswahl

Amann, Hermann: Verfassungsrechtliche Probleme des Gemeinsamen Ausschusses nach Art. 53a Abs. 1 Grundgesetz, 1971.

Delbrück, Jost: Kritische Bemerkungen zur Geschäftsordnung des Gemeinsamen Ausschusses, in: DÖV 1970, S. 229–234.

Emmelius, Hans-Hermann: Der Gemeinsame Ausschuß, in: Dieter Sterzel (Hrsg.), Kritik der Notstandsgesetze, 1968, S. 118–160.

Fritz, Gernot: Handlungsbereich und Tätigkeitsdauer des Gemeinsamen Ausschusses im Verteidigungsfall, in: BayVBl. 1983, S. 72–76.

Röttger, Heinrich-Eckart: Gesetzgebung im Verteidigungsfall, Diss. jur. Münster 1973.

Schick, Rupert: Der Gemeinsame Ausschuß, in: Schneider/Zeh, § 58, S. 1579–1597.

Seifert, Jürgen: Der Notstandsausschuß, 1968.

Leitentscheidungen des Bundesverfassungsgerichts

Diese liegen zu Art. 115e GG bislang nicht vor.

Gliederung

Stichwörter

Konstitutiver Charakter der Feststellung 6 – Notgesetzgebungsrecht 9 – Notparlament 3 – Selbstinvestitur 4 – Wahl und Sturz der Bundesregierung 9, 11.

A. Herkunft, Entstehung, Entwicklung

Zusammen mit der Institution des Gemeinsamen Ausschusses (Art. 53a GG)[1] wurde auch die Kompetenzregelung des Art. 115e GG 1968 als Teil der Notstandsverfassung 1

[1] Zu dessen historischen Vorläufern und Entstehungsgeschichte: → Art. 53a Rn. 1ff.

in das Grundgesetz eingefügt[2]. Die darin enthaltene **Notgesetzgebungskompetenz trat an die Stelle des** ursprünglich einmal vorgesehenen **Notverordnungsrechts**[3]. Anfangs sahen die Entwürfe nur zwei Fälle der Notgesetzgebung vor, von denen eine Variante aufgrund einer Ermächtigung durch den Bundestag und die andere im Falle der Funktionsunfähigkeit der gesetzgebenden Organe in Kraft treten sollte[4]. Nach verschiedenen Änderungen im Detail[5] ist erst 1968 die Ermächtigungslösung vom Rechtsausschuß nicht zuletzt im Hinblick auf Art. 115d GG ausgeschieden worden[6]. Vor allem in den Beratungen des Rechtsausschusses zum Zweiten Regierungsentwurf im Jahre 1965 wurden die wichtigsten Änderungen vorgenommen, wie die vorherige Feststellung der Funktionsunfähigkeit anstelle eines automatischen Kompetenzübergangs, die Einschränkungen des Art. 115e II GG sowie der umfassende Eintritt des Gemeinsamen Ausschusses in die Stellung von Bundestag und Bundesrat anstelle einer bloßen Notgesetzgebungskompetenz[7]. 1992 wurde Art. 115e II 2 GG dann noch im Zuge der Neufassung des Art. 23 GG entsprechend angepaßt[8].

B. Internationale, supranationale und rechtsvergleichende Bezüge

2 Das internationale und supranationale Recht nimmt keinen Einfluß auf die organisatorisch-funktionalen Regelungen des Art. 115e GG. Die Einsetzung des Gemeinsamen Ausschusses in die Stellung der Organe des Bundestages und des Bundesrates findet **Parallelen** in den vergleichbaren Institutionen der Tschechoslowakischen Republik von 1921 und Schwedens (→ Art. 53a Rn. 3). Im übrigen sehen andere Verfassungen meist eine Stärkung der Exekutive und insbesondere die Zuweisung eines Notverordnungsrechts vor[9].

C. Erläuterungen

I. Allgemeine Bedeutung

3 Art. 115e GG ist die zentrale **funktionelle Ergänzung** der institutionellen Regelung **des Art. 53a GG**, indem die materiellen und verfahrensmäßigen Voraussetzungen der Funktionsübernahme durch den Gemeinsamen Ausschuß sowie seine hauptsächlichen Kompetenzen festgelegt werden. Die Eigentümlichkeit der Stellung des Gemeinsamen Ausschusses besteht darin, daß er als Notparlament[10] Bundestag und Bundes-

---

[2] 17. Gesetz zur Ergänzung des Grundgesetzes v. 24.6.1968 (BGBl. I S. 709). → Vorb. zu Art. 115a–115l Rn. 5f.

[3] Art. 115a IV Nr. 1 Entwurf 1960, BT-Drs. III/1800; zu früheren Vorschlägen eines Notverordnungsrechts: → Vorb. zu Art. 115a–115l Rn. 3, 5.

[4] BT-Drs. IV/891.

[5] Zur Entstehungsgeschichte eingehend *J. Delbrück*, in: BK, Art. 115e (1969), Anm. I.; s. auch *H. H. Emmelius*, Der Gemeinsame Ausschuß, in: D. Sterzel (Hrsg.), Kritik der Notstandsgesetze, 1968, S. 118ff.

[6] Vgl. BT-Drs. V/2873, S. 17f.; *Delbrück* (Fn. 5), Art. 115e Anm. I. m. w. N.

[7] BT-Drs. IV/3494; zu BT-Drs. IV/3494, S. 22f.

[8] 38. Gesetz zur Änderung des Grundgesetzes v. 21.12.1992 (BGBl. I S. 2086); BT-Drs. 12/3338.

[9] Z.B. Art. 16 I, 38 I frz. Verf. 1958, Art. 35 II griech. Verf. 1952, beide mit der Möglichkeit zu verstärkten Grundrechtseinschränkungen; § 23 Dän. Verf., Art. 77 II Ital. Verf.; Art. 18 III Österr. Verf.; vgl. auch zu BT-Drs. IV/3494, S. 28ff.

[10] → Art. 53a Rn. 5 (auch zur Kritik an der Konzeption als Einkammersystem).

rat nicht verdrängt, sondern subsidiär und quasi treuhänderisch neben die beiden Organe tritt[11].

II. Voraussetzungen der Funktionsübernahme (Art. 115e I GG)

Erste Voraussetzung einer Funktionsübernahme ist das **Vorliegen des Verteidigungsfalles** i. S. d. Art. 115a I GG[12], dessen Feststellung nach Art. 115a I 1 GG zunächst Bundestag und Bundesrat obliegt. Nicht ganz unproblematisch[13] ist allerdings der Fall, daß Bundestag und Bundesrat zu dieser Feststellung nicht in der Lage sind, so daß der Gemeinsame Ausschuß bereits diese Feststellung gem. Art. 115a II GG selbst treffen muß. In dieser Konstellation bestimmt der Gemeinsame Ausschuß daher selbst über das Vorliegen aller Voraussetzungen seiner eigenen Funktionsübernahme im Sinne einer Selbstinvestitur[14]. 4

Zweite Voraussetzung der Funktionsübernahme ist die **Funktionsunfähigkeit des Bundestages**. Die Voraussetzung entspricht grundsätzlich derjenigen in Art. 115a II GG[15]. Im Hinblick auf die Beurteilung der Rechtzeitigkeit des Zusammentritts in der 1. Alternative gilt, daß diese sich nicht abstrakt, sondern nur bezogen auf die jeweilige Situation und Konstellation bestimmen läßt[16]. Es kommt nicht darauf an, daß der Bundestag nicht sofort oder nicht mit der wünschenswerten Schnelligkeit zusammentreten kann; die Unaufschiebbarkeit der Maßnahme muß vielmehr das sofortige Handeln des Gemeinsamen Ausschusses gebieten[17]. Die Unmöglichkeit des Zusammentritts bezieht sich nur auf die Konstituierung des neugewählten Bundestages gem. Art. 39 I 2, II GG und ist insoweit praktisch funktionslos[18]. Für die Beschlußunfähigkeit ist eine Beschlußunwilligkeit nicht ausreichend, da es allein auf das Erreichen des 5

[11] *R. Herzog/R. Scholz*, in: Maunz/Dürig, GG, Art. 115e (1969/1996), Rn. 4; s. auch *G. Fritz*, BayVBl. 1983, 72ff.

[12] → Art. 115a Rn. 6.

[13] Freilich wird die Problematik einer Selbstinvestitur meist eher überzeichnet. Angesichts der Voraussetzung des Verteidigungsfalles und der Möglichkeit des Bundestages, jederzeit die Kompetenzen wieder an sich zu ziehen, und der Herkunft der Mitglieder des Gemeinsamen Ausschusses aus Bundestag und Bundesrat erscheint diese Gefahr eines staatsstreichähnlichen Mißbrauchs eher gering; vgl. auch *W. Graf Vitzthum*, HStR VII, § 170 Rn. 45.

[14] *Herzog/Scholz* (Fn. 11), Art. 115e Rn. 10, 16ff.; *Stern*, Staatsrecht II, S. 1413; *L.A. Versteyl*, in: v. Münch/Kunig, GG II, Art. 115e Rn. 2; *R. Grote*, in: v. Mangoldt/Klein/Starck, GG III, Art. 115e Rn. 2; *D. Sterzel*, in: AK-GG, Abschn. Xa (2001), Rn. 76; *A. Hopfauf*, in: Schmidt-Bleibtreu/Hofmann/Henneke, GG, Art. 115e Rn. 1.

[15] → Art. 115a Rn. 13. Eine analoge Anwendung auf den Bundesrat scheidet aus, *H.-E. Röttger*, Gesetzgebung im Verteidigungsfall, Diss. jur. Münster 1973, S. 149; *H. Amann*, Verfassungsrechtliche Probleme des Gemeinsamen Ausschusses nach Art. 53a Abs. 1 Grundgesetz, 1971, S. 201f.; vgl. *G. Fritz*, BayVBl. 1983, 72 (73f.); a. A. *R. Herzog*, in: Maunz/Dürig, GG, Art. 115a (1969), Rn. 63f.; *Jarass*/Pieroth, GG, Art. 115e Rn. 2.

[16] *C. O. Lenz*, Notstandsverfassung des Grundgesetzes, 1971, Art. 115e Rn. 4; *Versteyl* (Fn. 14), Art. 115e Rn. 4; *Delbrück* (Fn. 5), Art. 115e Rn. 7; insofern ist die Situation, auf die sich Art. 115e GG bezieht, eine andere als in Art. 115a II GG, s. *Lenz*, a. a. O., Rn. 3; vgl. auch *Amann*, Probleme (Fn. 15), S. 199f.

[17] Vgl. *Lenz*, Notstandsverfassung (Fn. 16), Art. 115e Rn. 4; zu sehr die Gefahrenabwehr betonend *Versteyl* (Fn. 14), Art. 115e Rn. 4.

[18] *G. Robbers*, in: Sachs, GG, Art. 115e Rn. 5; *Jarass*/Pieroth, GG, Art. 115e Rn. 2; auch *Sterzel* (Fn. 14), Abschn. Xa Rn. 42; anders *Grote* (Fn. 14), Art. 115e Rn. 3. → Art. 115a Rn. 13; → Rn. 11 zum Verhältnis zu Art. 115h I GG.

notwendigen Quorums ankommt[19]. Wohl aber ist es nicht ausgeschlossen, daß die Beschlußunfähigkeit durch das vorsätzliche Fernbleiben einer Gruppe künstlich hergestellt und damit die Funktionsübernahme herbeigeführt wird[20]. Im übrigen verliert der Gemeinsame Ausschuß im Moment des Zusammentritts des beschlußfähigen Bundestages sofort seine Funktionsberechtigung. Das Bemühen darum ist eine permanente Pflicht des Parlaments[21], wobei der Bundestag die Arbeit des Gemeinsamen Ausschusses unmittelbar fortsetzen oder auch von Anfang an wiederholen kann[22]. Darüber hinaus verbleibt dem Bundestag die Aufhebungsbefugnis nach Art. 115l GG[23]. Auf die Funktionsfähigkeit des Bundesrates kommt es weder positiv noch negativ an[24].

6 Drittens erfordert die Funktionsübernahme nicht nur das Vorliegen der objektiven Voraussetzungen, sondern auch eine entsprechende **förmliche Feststellung mit der qualifizierten Mehrheit** des Art. 115e I GG, die konstitutiven Charakter hat[25]. Die einheitliche, nicht nach Bundesrat und Bundestag getrennte, Abstimmung läßt auch eine Majorisierung der Bundestagsmitglieder durch die vollständig anwesenden Bundesratsmitglieder zu, wenn das Quorum der Mitgliedermehrheit eingehalten oder nur knapp überschritten wird[26]. Die Forderung nach einer Verkündung entsprechend Art. 115a III GG[27] erscheint angesichts der jederzeit möglichen Beendigung der Funktionsübernahme wenig sinnvoll[28]. Der Feststellungsbeschluß begründet die Funktionsübernahme durch den Gemeinsamen Ausschuß bis zur Wiederherstellung der Funktionsfähigkeit des Bundestages[29]. Der Beschluß ist daher nicht vor jedem Tagesordnungspunkt[30] oder vor jeder Sitzung[31] erneut zu fassen. Außerdem endet die Kompetenzübernahme, wenn der Gemeinsame Ausschuß seinen Feststellungsbeschluß aufhebt[32].

7 Die Regelungen der Notstandsverfassung gehen davon aus, daß zumindest der Gemeinsame Ausschuß handlungsfähig sein wird und sehen keine subsidiäre Ersatzzu-

---

[19] *Delbrück* (Fn. 5), Art. 115e Rn. 10; *Robbers* (Fn. 18), Art. 115e Rn. 3; *Jarass*/Pieroth, GG, Art. 115e Rn. 2.

[20] Vgl. *Delbrück* (Fn. 5), Art. 115e Rn. 8ff.; *Versteyl* (Fn. 14), Art. 115e Rn. 5; *G. Fritz*, BayVBl. 1983, 72 (74f.); *Grote* (Fn. 14), Art. 115e Rn. 5; restriktiver *Emmelius*, Ausschuß (Fn. 5), S. 152ff.; das bloße Verlassen einer Sitzung wird allerdings nicht ausreichen; noch anders *Amann*, Probleme (Fn. 15), S. 77ff., 179ff.; vgl. auch *Röttger*, Gesetzgebung (Fn. 15), S. 131ff.

[21] *Versteyl* (Fn. 14), Art. 115e Rn. 5; vgl. auch *Delbrück* (Fn. 5), Art. 115e Rn. 27ff.; *Vitzthum* (Fn. 13), § 170 Rn. 44 mit Fn. 187.

[22] *Herzog/Scholz* (Fn. 11), Art. 115e Rn. 59.

[23] → Art. 115l Rn. 6ff.

[24] *Robbers* (Fn. 18), Art. 115e Rn. 8f.; *Jarass*/Pieroth, GG, Art. 115e Rn. 2.

[25] *Delbrück* (Fn. 5), Art. 115e Rn. 23; *Versteyl* (Fn. 14), Art. 115e Rn. 3; *Lenz*, Notstandsverfassung (Fn. 16), Art. 115e Rn. 2; *Grote* (Fn. 14), Art. 115e Rn. 6.

[26] *Lenz*, Notstandsverfassung (Fn. 16), Art. 115e Rn. 2; *Stern*, Staatsrecht II, S. 1412f.; *Versteyl* (Fn. 14), Art. 115e Rn. 3.

[27] So *Herzog/Scholz* (Fn. 11), Art. 115e Rn. 19; *Stern*, Staatsrecht II, S. 1413; *D. Deiseroth*, in: Umbach/Clemens, GG, Art. 115e Rn. 6.

[28] Vgl. auch *Robbers* (Fn. 18), Art. 115e Rn. 13; *Jarass*/Pieroth, GG, Art. 115e Rn. 2.

[29] *Amann*, Probleme (Fn. 15), S. 202ff.; *Röttger*, Gesetzgebung (Fn. 15), S. 143ff.; *Grote* (Fn. 14), Art. 115e Rn. 20; einen expliziten Beschluß des Bundestages fordert *G. Fritz*, BayVBl. 1983, 72 (75).

[30] So *Emmelius*, Ausschuß (Fn. 5), S. 153f.

[31] So *Delbrück* (Fn. 5), Art. 115e Rn. 29ff.; *Achterberg*, Parlamentsrecht, S. 549f.; *Robbers* (Fn. 18), Art. 115e Rn. 11; *Jarass*/Pieroth, GG, Art. 115e Rn. 2; *Grote* (Fn. 14), Art. 115e Rn. 8.

[32] *Jarass*/Pieroth, GG, Art. 115e Rn. 3; kritisch hierzu *H. H. Klein*, in: Maunz/Dürig, GG, Art. 53a (2009), Rn. 72.

ständigkeit für den Fall vor, daß auch der **Gemeinsame Ausschuß funktionsunfähig** ist. Diese Lücke kann jedoch nicht durch eine Art. 115e GG entsprechende Kompetenz der Bundesregierung etwa im Sinne eines Notverordnungsrechts gefüllt werden[33]. Für eine derartige extrakonstitutionelle Ergänzung der Notstandsverfassung gibt das Grundgesetz keinen Anhaltspunkt, ein Notverordnungsrecht wurde gerade abgelehnt. Auch ist ein derartiges Bedürfnis nicht zu erkennen. Faktisch wird freilich die Bundesregierung in einer solchen Situation die notwendigen Anordnungen auch ohne Gesetzgebungsrecht erlassen können.

III. Rechtsfolgen der Funktionsübernahme (Art. 115e I GG)

Liegen die genannten Voraussetzungen vor, **rückt** der Gemeinsame Ausschuß **unmittelbar in die Stellung von Bundestag und Bundesrat** ein und übernimmt deren Rechte und Pflichten[34], soweit sie nicht explizit ausgenommen sind (Art. 115e II, 115g Satz 2, 115h I 3 GG)[35]. Außerdem nimmt der Gemeinsame Ausschuß ohne Aufteilung in eine Bundestags- und eine Bundesratsbank einheitlich und damit additiv[36] deren Rechte wahr. 8

Der Gemeinsame Ausschuß erlangt dadurch in erster Linie ein **Notgesetzgebungsrecht** in den Grenzen des Art. 115e II GG. Das Notgesetzgebungsrecht gilt ansonsten aber umfassend und schließt insbesondere auch Regelungen nach Art. 115c GG ein[37], während das Friedensgesetz gem. Art. 115l III GG nicht erfaßt wird[38]. Die vorübergehende Reduzierung der Mitwirkung der Länder im Verteidigungsfall infolge der einheitlichen Aufgabenwahrnehmung verstößt trotz ihrer gravierenden Änderung der föderalistischen Kompetenzstruktur nicht gegen die Garantie der bundesstaatlichen Ordnung durch Art. 79 III GG[39]. Das nichtöffentliche[40] Verfahren ist durch eine gem. Art. 53a I 4 GG erlassene Geschäftsordnung geregelt, die ergänzend auf die Geschäftsordnung des Bundestages verweist[41]. Auf die Verkündung wird man Art. 115a III GG entsprechend anwenden können[42]. Im übrigen stehen dem Gemeinsamen Ausschuß auch die politischen Leitungs- und Kontrollbefugnisse des Bundes- 9

---

[33] So jetzt *Grote* (Fn. 14), Art. 115e Rn. 9.

[34] *Herzog/Scholz* (Fn. 11), Art. 115e Rn. 38ff.

[35] *Grote* (Fn. 14), Art. 115e Rn. 10ff.

[36] *Herzog/Scholz* (Fn. 11), Art. 115e Rn. 28; s. auch *Delbrück* (Fn. 5), Art. 115e Rn. 36ff. zu dem Fall, daß der Bundesrat, nicht aber der Bundestag handlungsfähig ist.

[37] BT-Drs. V/2873; *Lenz*, Notstandsverfassung (Fn. 16), Art. 115e Rn. 15; *Delbrück* (Fn. 5), Art. 115e Rn. 41; *Herzog/Scholz* (Fn. 11), Art. 115e Rn. 41, 53; *D. Rauschning*, in: BK, Art. 115c (1969), Rn. 11.

[38] *Delbrück* (Fn. 5), Art. 115e Rn. 57; *Amann*, Probleme (Fn. 15), S. 237ff.

[39] *Delbrück* (Fn. 5), Art. 115e Rn. 42f.; *Grote* (Fn. 14), Art. 115e Rn. 14; Bedenken bei *Emmelius*, Ausschuß (Fn. 5), S. 156ff.

[40] § 10 GOGemA; *R. Herzog*, in: Maunz/Dürig, GG, Art. 53a (1971), Rn. 48ff.; *Vitzthum* (Fn. 13), § 170 Rn. 42; → Art. 53a Rn. 13; kritisch dazu *Emmelius*, Ausschuß (Fn. 5), S. 137ff.; *J. Seifert*, Der Notstandsausschuß 1968, S. 224ff.; *Delbrück* (Fn. 5), Art. 115e Rn. 61ff.; *ders.*, DÖV 1970, 229 (233f.); *Sterzel* (Fn. 14), Abschnitt Xa Rn. 72; *R. Schick*, Der Gemeinsame Ausschuß, in: Schneider/Zeh, § 58 Rn. 28ff.; *Deiseroth* (Fn. 27), Art. 115e Rn. 9.

[41] Geschäftsordnung für den Gemeinsamen Ausschuß gemäß Art. 53a GG i. d. F. v. 23.7.1969 (BGBl. I S. 1102), v. 25.3.1991 (BGBl. I S. 868), v. 27.5.1993 (BGBl. I S. 1500); dazu *J. Delbrück*, DÖV 1970, 229ff.; zum Verfahren s. auch *Röttger*, Gesetzgebung (Fn. 15), S. 164ff.; *Herzog/Scholz* (Fn. 11), Art. 115e Rn. 42ff.

[42] *Herzog/Scholz* (Fn. 11), Art. 115e Rn. 46; *Röttger*, Gesetzgebung (Fn. 15), S. 180f.

tages bis hin zu Wahl und Sturz der Bundesregierung, letztere nach Maßgabe des Art. 115h II GG, zu[43].

IV. Die Beschränkung der Notgesetzgebungskompetenz gem. Art. 115e II GG

10 Die sachlichen Kompetenzeinschränkungen des Art. 115e II GG **untersagen** in Satz 1 vor allem, das **Grundgesetz** gem. Art. 79 I GG zu **ändern** oder auch nur zeitweise außer Kraft oder außer Anwendung zu setzen[44], da durch die Notstandsverfassung verfassungsrechtlich bereits ausreichend Vorsorge für den Verteidigungsfall getroffen worden ist. Das bedeutet allerdings auch, daß die Notstandsgesetzgebungskompetenzen nach Art. 115e GG vom Gemeinsamen Ausschuß wahrgenommen werden dürfen[45]. Art. 115e II 2 GG verbietet darüber hinaus **Kompetenzübertragungen nach Art. 23 I 2, 24 I GG** sowie eine **Änderung der föderalistischen Gebietsstruktur nach Art. 29 GG**. Art. 115e II GG ist auch eine Konsequenz der Begrenzung des Gemeinsamen Ausschusses auf vorübergehende Regelungen zur Gefahrenabwehr[46].

D. Verhältnis zu anderen GG-Bestimmungen

11 Die grundlegende Funktionszuweisung des Art. 115e GG zu der in **Art. 53a GG** geregelten Institution des Gemeinsamen Ausschusses wird durch eine Reihe von Vorschriften in zeitlicher und sachlicher Hinsicht beschränkt, da die Gesetze des Gemeinsamen Ausschusses nur eine vorübergehende Notordnung schaffen sollen[47]. In zeitlicher Hinsicht wird die Normgeltung durch **Art. 115k II, III GG** begrenzt. Zudem unterliegen die Gesetze nach Art. 115e GG der jederzeitigen Aufhebungskompetenz durch den Bundestag mit Zustimmung des Bundesrates gem. **Art. 115l I GG**. In sachlicher Hinsicht darf das Bundesverfassungsgericht mit seinen Kompetenzen nur nach Maßgabe des **Art. 115g GG** durch Maßnahmen und Regelungen berührt werden. Neuwahlen von Richtern des Bundesverfassungsgerichts sind nach **Art. 115h I 3 GG** in der Regel[48] ausgeschlossen, die Neuwahl des Bundeskanzlers und die Möglichkeit des Mißtrauensvotums werden durch **Art. 115h II GG** modifiziert. Da **Art. 115h I 1 GG** eine Verlängerung der Wahlperiode bei Eintritt des Verteidigungsfalles nur bis zum Zeitpunkt der Neuwahl erlaubt, kann eine Kollision zwischen Art. 115h I GG und Art. 115e I GG bei Unmöglichkeit des Zusammentritts des neuen Bundestages und gleichzeitiger Funktionsfähigkeit des alten Bundestages nicht eintreten, so daß Art. 115h I 1 GG auch nicht Art. 115e I GG vorgeht[49].

---

[43] Vgl. im einzelnen *Herzog/Scholz* (Fn. 11), Art. 115e Rn. 26ff.; *Delbrück* (Fn. 5), Art. 115e Rn. 44ff.; *Grote* (Fn. 14), Art. 115e Rn. 12f.

[44] Vgl. *Amann*, Probleme (Fn. 15), S. 225ff.

[45] Vgl. *Robbers* (Fn. 18), Art. 115e Rn. 18.

[46] Vgl. auch *Amann*, Probleme (Fn. 15), S. 234; *Herzog/Scholz* (Fn. 11), Art. 115e Rn. 54f.

[47] Vgl. auch *Delbrück* (Fn. 5), Art. 115e Rn. 55ff.; *Grote* (Fn. 14), Art. 115e Rn. 21f.

[48] *Stern*, Staatsrecht II, S. 1429. → Art. 115h Rn. 8.

[49] A.A. *Robbers* (Fn. 18), Art. 115e Rn. 6; *Jarass*/Pieroth, GG, Art. 115e Rn. 2.

Artikel 115f [Kompetenzausweitung der Bundesregierung]

(1) Die Bundesregierung kann im Verteidigungsfalle, soweit es die Verhältnisse erfordern,

1. den Bundesgrenzschutz im gesamten Bundesgebiet einsetzen;

2. außer der Bundesverwaltung auch den Landesregierungen und, wenn sie es für dringlich erachtet, den Landesbehörden Weisungen erteilen und diese Befugnis auf von ihr zu bestimmende Mitglieder der Landesregierungen übertragen.

(2) Bundestag, Bundesrat und der Gemeinsame Ausschuß sind unverzüglich von den nach Absatz 1 getroffenen Maßnahmen zu unterrichten.

Literaturauswahl

Keidel, Dieter: Polizei und Polizeigewalt im Notstandsfall, Diss. jur. München 1971.

Rungweber, Hans-Joachim: Kompetenzverschiebungen im Bereich der Exekutive im Rahmen der Notstandsverfassung, Diss. jur. Bochum 1979.

Leitentscheidungen des Bundesverfassungsgerichts

Diese liegen zu Art. 115f GG bislang nicht vor.

Gliederung

Stichwörter

A. Herkunft, Entstehung, Entwicklung

1 Die Konzentration bundesstaatlicher Kompetenzen im Bereich der vollziehenden Gewalt in der Hand der Bundesregierung durch Art. 115f GG ist **ohne verfassungsgeschichtliches Vorbild**. Art. 68 i. V. m. Art. 63 I RVerf. 1871 konzentrierte die vollziehende Gewalt beim Monarchen dadurch, daß diese während des Belagerungszustandes im Kriegs- wie im Friedensfall auf die Militärbefehlshaber überging und der Kaiser den Oberbefehl innehatte. Ebenfalls unabhängig vom Kriegs- oder Friedenszustand gab Art. 48 II WRV dem Reichspräsidenten bei einer erheblichen Störung der öffentli-

chen Sicherheit und Ordnung umfassende Vollmachten, die auch eine Durchbrechung der bundesstaatlichen Kompetenzverteilung gestatteten[1].

2 Entstehungsgeschichtlich geht Art. 115f GG, der mit der **Notstandsverfassung** in das Grundgesetz eingefügt wurde[2], auf Regelungen in den ersten Entwürfen zurück, die neben dem Einsatz von Polizeikräften des Bundes auch den Einsatz von Streitkräften sowie die Bestellung eines Beauftragten zur einheitlichen Führung aller eingesetzten bewaffneten Kräfte[3] vorsahen. Außerdem war für die Dauer des Ausnahmezustandes ein umfassendes, von der sonstigen bundesstaatlichen Kompetenzordnung abweichendes Regelungsrecht für den Gesetzesvollzug[4] geplant. Letzteres wurde bereits im zweiten Regierungsentwurf zugunsten eines Weisungsrechts aufgegeben[5]. Der Rechtsausschuß ließ dann den allgemeinen Bundesbeauftragten entfallen und beschränkte das Weisungsrecht schon im wesentlichen auf den heutigen Umfang[6]. Erst in den letzten Beratungen wurde der Einsatz der Streitkräfte aus dieser Vorschrift ausgeschieden und in geänderter Form in Art. 87a III GG aufgenommen[7]. Ganz zuletzt wurde in Absatz 1 Ziffer 1 die Möglichkeit, die Polizeikräfte der Länder einzusetzen, im Hinblick auf Ziffer 2 gestrichen und allein der Einsatz des Bundesgrenzschutzes in Ziffer 1 geregelt[8].

B. Internationale, supranationale und rechtsvergleichende Bezüge

3 Während Einwirkungen des internationalen oder supranationalen Rechts auf die interne Kompetenzverteilung zwischen Bund und Ländern im Verteidigungsfall nicht zu verzeichnen sind, kennen auch **andere bundesstaatliche Ordnungen** im Ausnahmezustand eine Konzentration von exekutiven Befugnissen beim Bund[9] oder eine Zubilligung von Weisungsrechten gegenüber Einzelstaaten[10]. Teilweise sind die Notstandsbefugnisse aber auch sehr allgemein gehalten und nicht speziell auf eine Durchbrechung der bundesstaatlichen Kompetenzverteilung ausgerichtet[11].

---

[1] Näher: → Art. 91 Rn. 1.

[2] 17. Gesetz zur Ergänzung des Grundgesetzes v. 24.6.1968 (BGBl. I S. 709); allgemein zu dessen Entstehungsgeschichte: → Vorb. zu Art. 115a–l Rn. 5f.

[3] BT-Drs. III/1800 (Art. 115a IV Ziff. 4); BT-Drs. IV/891 (Art. 115b III a).

[4] BT-Drs. III/1800 (Art. 115a IV Ziff. 5).

[5] BT-Drs. IV/891 (Art. 115b III b).

[6] BT-Drs. IV/3494; die Übertragung der Weisungsbefugnis ausschließlich auf Mitglieder der Landesregierung wurde durch BT-Drs. V/1879 vorgenommen.

[7] BT-Drs. V/2873; → Art. 87a Rn. 4.

[8] BT-Drs. V/2873; zur Entstehungsgeschichte eingehend *K. Ipsen*, in: BK, Art. 115f (1970), Anm. I.

[9] Vgl. Art. 103 II Niederl. Verf.; Art. 89bis III Schweiz. BV (dazu *V. H. Lohse*, Streik und Staatsnotstand unter Berücksichtigung der Rechtslage in der Schweiz, 1969, S. 225ff.); mittlerweile Art. 165 Schweiz. BV 1999.

[10] Vgl. Art. 353 lit. a Verf. Indien; Art. 150 Verf. Malaysia.

[11] So in den USA Art. II, Sec. 1–3 US-Verf.; Unterstellung der National Guard unter den Präsidenten 50 USC § 202.

C. Erläuterungen

I. Allgemeine Bedeutung

Art. 115f GG ermöglicht eine weitgehende Konzentration der vollziehenden Gewalt bei der Bundesregierung[12], indem in **Durchbrechung der** in Friedenszeiten geltenden **bundesstaatlichen Ordnung**, die überwiegend den Ländern die Polizei- und Vollzugskompetenzen zuweist, die Kompetenzen der Bundesregierung dadurch erweitert[13] werden, daß sie die polizeiliche Vollzugsgewalt im gesamten Bundesgebiet mit eigenen Vollzugsorganen wahrnehmen kann und ihr Weisungsgewalt für den gesamten Bereich der Exekutive übertragen wird. Die Vorschrift bewirkt eine weitreichende Vereinheitlichung[14] und Zentralisierung[15] der Exekutive im Verteidigungsfall. 4

II. Befugnisse der Bundesregierung (Art. 115f I GG)

1. Die Bundesregierung als Inhaber der Befugnisse

Sowohl die Entscheidung über den Einsatz des Bundesgrenzschutzes als auch die Weisungsbefugnis steht allein der **Bundesregierung als Kollegialorgan** i. S. d. Art. 62 GG zu[16]. Eine Übertragung der Einsatzbefugnis ist weder in der Form der Delegation noch in der eines Mandats zulässig[17]. Das bedeutet jedoch nicht, daß jeder einzelne Einsatzbefehl und jede taktische Weisung von der Bundesregierung ausgehen muß[18]. Die Weisungsbefugnis kann von der Bundesregierung gem. Art. 115f I Ziff. 2 GG durch Beschluß als Kollegialorgan auf Mitglieder der Landesregierungen – wohl in der Form des Mandats – übertragen werden[19]. Angesichts der gegenüber der Bundesverwaltung bestehenden Weisungsgewalt der einzelnen Ressortminister wird man auch eine Übertragung an Bundesminister zulassen müssen[20]. Im Verteidigungsfall tritt aber aufgrund Art. 115f I Ziff. 2 GG gegenüber der Bundesverwaltung in Ergänzung zu Art. 86 GG auch eine Einzelweisungsbefugnis der Bundesregierung neben die Weisungsgewalt der Ressortminister[21]. 5

---

[12] *Ipsen* (Fn. 8), Art. 115f Rn. 1ff.; mit kritischer Tendenz *D. Sterzel*, in: AK-GG, Abschn. Xa (2001), Rn. 85.

[13] Vgl. *Stern*, Staatsrecht II, S. 1415.

[14] *L.-A. Versteyl*, in: v. Münch/Kunig, GG II, Art. 115f Rn. 1: Unitarismus; s. auch *R. Herzog*, in: Maunz/Dürig, GG, Art. 115f (1970), Rn. 6: vorübergehende und nur funktionale Annäherung an den Organisationstyp des Einheitsstaates.

[15] *A. Hopfauf*, in: Schmidt-Bleibtreu/Hofmann/Henneke, GG, Art. 115f Rn. 1; *H.-J. Rungweber*, Kompetenzverschiebungen im Bereich der Exekutive im Rahmen der Notstandsverfassung, Diss. jur. Bochum 1979, S. 179.

[16] Allg. Meinung: *Ipsen* (Fn. 8), Art. 115f Rn. 21, 25; *Herzog* (Fn. 14), Art. 115f Rn. 13; *Versteyl* (Fn. 14), Art. 115f Rn. 2; zur Kollegialstruktur: → Art. 62 Rn. 10ff.

[17] *Ipsen* (Fn. 8), Art. 115f Rn. 21ff.; *D. Deiseroth*, in: Umbach/Clemens, GG, Art. 115f Rn. 6.

[18] *Herzog* (Fn. 14), Art. 115f Rn. 14; vgl. auch *Ipsen* (Fn. 8), Art. 115f Rn. 68; *R. Grote*, in: v. Mangoldt/Klein/Starck, GG III, Art. 115f Rn. 5.

[19] Eingehend *Ipsen* (Fn. 8), Art. 115f Rn. 25ff. → Rn. 14.

[20] *C. O. Lenz*, Notstandsverfassung des Grundgesetzes, 1971, Art. 115f Rn. 6; *Versteyl* (Fn. 14), Art. 115f Rn. 2; *Hopfauf* (Fn. 15), Art. 115f Rn. 4; a. A. *Ipsen* (Fn. 8), Art. 115f Rn. 32; auch *Grote* (Fn. 18), Art. 115f Rn. 18: Ausschluß eines Bundesstatthalters.

[21] *Herzog* (Fn. 14), Art. 115f Rn. 27f.; *Ipsen* (Fn. 8), Art. 115f Rn. 85f.; *Versteyl* (Fn. 14), Art. 115f Rn. 7. → Art. 86 Rn. 52.

2. Der Verteidigungsfall als Voraussetzung

6 Die Kompetenzerweiterung setzt die Feststellung des Verteidigungsfalles gem. Art. 115a I 1 GG voraus[22]. Art. 115f I GG **begründet** keine **Befugnisse** »für den Verteidigungsfall«, sondern **erst im bereits eingetretenen und nicht beendeten Verteidigungsfall**[23].

3. Die Erforderlichkeitsklausel

7 Erstens ist die Bundesregierung nicht zwingend verpflichtet, die Rechte aus Art. 115f I GG wahrzunehmen. Die Entscheidung bleibt vielmehr ihrem **politischen Ermessen** überlassen, da Art. 115f I GG als Kann-Vorschrift ausgestaltet ist[24].

8 Zweitens hat die Bundesregierung das **Erforderlichkeitsgebot** zu beachten, das in der Formel Ausdruck gefunden hat, »soweit es die Verhältnisse erfordern«. Obwohl der verfassungsändernde Gesetzgeber damit eine Verankerung des Verhältnismäßigkeitsprinzips intendierte[25], geht es in der Sache um die Frage, ob die tatsächliche Situation eine Wahrnehmung der Rechte erfordert; die Bewertung der Zweck-Mittel-Relation ist schon durch die Verfassung vorgenommen worden[26]. Davon unberührt bleibt die allgemeine Geltung des Verhältnismäßigkeitsprinzips (→ Art. 20 [Rechtsstaat] Rn. 179ff.) im Vollzug[27]. Folglich findet eine Prüfung der grundsätzlichen Erforderlichkeit für die Inanspruchnahme der Befugnisse nach Art. 115f I GG durch die Bundesregierung statt, was auch verfassungsgerichtlicher Prüfung im Bund-Länder Streit zugänglich ist[28]. Auf einer zweiten Stufe ist das allgemeine, nicht in Art. 115f I GG verankerte Verhältnismäßigkeitsprinzip bei der Durchführung der Einsatzentscheidung oder der Weisung, also der angeordneten Ausführungsakte, durch die Ausführungsorgane zu beachten, was generell gerichtlicher Überprüfung unterliegt[29].

4. Der Einsatz des Bundesgrenzschutzes nach Art. 115f I Ziff. 1 GG

9 Wird der »Bundesgrenzschutz« auf der Grundlage eines kollegialen Regierungsbeschlusses nach Art. 115f I Ziff. 1 GG eingesetzt, wird er trotz seines militärischen Status ausschließlich im Bereich polizeilicher Aufgaben tätig[30] und erfährt dadurch eine örtliche und sachliche Kompetenzerweiterung[31]. Der Bund übt folglich hier **polizeirechtliche Vollzugsgewalt** als eigene Aufgabe mit eigenen Vollzugsorganen

---

[22] Allg. Auffassung: *Herzog* (Fn. 14), Art. 115f Rn. 11; *Ipsen* (Fn. 8), Art. 115f Rn. 33ff.; auf die Verkündung kommt es nicht an.

[23] *Herzog* (Fn. 14), Art. 115f Rn. 11; *Versteyl* (Fn. 14), Art. 115f Rn. 3; *G. Robbers*, in: Sachs, GG, Art. 115f Rn. 3, *Grote* (Fn. 18), Art. 115f Rn. 6; unzutreffend läßt *Lenz*, Notstandsverfassung (Fn. 20), Art. 115f Rn. 2 bereits ausreichen, daß ein Angriff unmittelbar droht.

[24] *Ipsen* (Fn. 8), Art. 115f Rn. 42; *Versteyl* (Fn. 14), Art. 115f Rn. 3.

[25] BT-Drs. V/2873, S. 18.

[26] *Ipsen* (Fn. 8), Art. 115f Rn. 43ff., insbes. 48; zu eng allerdings die Beschränkung des BGS-Einsatzes auf den Fall, daß die landeseigenen Polizeikräfte zur Aufrechterhaltung der öffentlichen Sicherheit nicht ausreichen (ebd., Rn. 58). → Art. 91 Rn. 12f.

[27] Vgl. § 15 BPolG.

[28] *Hopfauf* (Fn. 15), Art. 115f Rn. 13; *Versteyl* (Fn. 14), Art. 115f Rn. 4.

[29] *Ipsen* (Fn. 8), Art. 115f Rn. 65f.; *Versteyl* (Fn. 14), Art. 115f Rn. 4.

[30] *D. Keidel*, Polizei und Polizeigewalt im Notstandsfall, Diss. jur. München 1971, S. 34ff.; s. auch *Herzog* (Fn. 14), Art. 115f Rn. 15; *Versteyl* (Fn. 14), Art. 115f Rn. 6; *Rungweber*, Kompetenzverschiebungen (Fn. 15), S. 182.

[31] *Sterzel* (Fn. 12), Abschn. Xa Rn. 86; *Rungweber*, Kompetenzverschiebungen (Fn. 15), S. 180.

aus[32]. Die notwendige bundesgesetzliche Ermächtigungsgrundlage liegt im Bundespolizeigesetz, früher Bundesgrenzschutzgesetz vor[33]. Angesichts der geringen Stärke des »Bundesgrenzschutzes« dürfte der Einsatz des »Bundesgrenzschutzes« in der Praxis allenfalls äußerst begrenzt und schwerpunktmäßig erfolgen[34]. Im übrigen können Bundeswehr, Landespolizeien und »Bundesgrenzschutz« wohl unter ein zumindest koordinierendes gemeinsames Kommando des Bundeskanzlers gestellt werden[35].

5. Die Weisungsbefugnis der Bundesregierung gegenüber den Landesregierungen und Landesbehörden (Art. 115f I Ziff. 2 GG)

Die Formulierung des Art. 115f I Ziff. 2 GG unterstellt, daß die Bundesregierung auch der Bundesverwaltung Weisungen erteilen kann. Da Art. 86 GG indes in Friedenszeiten die Bundesregierung ausschließlich zum Erlaß von allgemeinen Verwaltungsvorschriften ermächtigt, begründet erst Art. 115f I Ziff. 2 GG im Verteidigungsfall ein **Weisungsrecht der Bundesregierung gegenüber der Bundesverwaltung**, das neben das Weisungsrecht des jeweiligen Ressortministers tritt[36]. Adressat des Weisungsrechts können die unmittelbare sowie die mittelbare Bundesverwaltung sein[37]. 10

Adressat der Weisungen kann in grundlegender Abweichung von der bestehenden bundesstaatlichen Ordnung darüber hinaus jedoch auch eine **Landesregierung** als Kollegialorgan sein[38], welche die Weisungen im Rahmen ihrer Befugnisse umzusetzen hat. 11

Daneben kann die Bundesregierung auch den **Landesbehörden** Weisungen erteilen. Darunter fallen nicht nur die unmittelbaren Landesbehörden einschließlich der Minister als oberste Landesbehörden, sondern auch die Behörden der mittelbaren Landesverwaltung wie Kreis- und Gemeindebehörden[39]. Insbesondere zählen die Landespolizeibehörden dazu, die auch in anderen Ländern eingesetzt werden können[40]. Dieses Weisungsrecht gegenüber den Landesbehörden steht der Bundesregierung allerdings nur unter der subjektiv formulierten Voraussetzung zu, daß sie dies für dringlich erachtet, was neben der Erforderlichkeitsklausel die Subsidiarität dieses Weisungsrechts noch einmal betonen soll[41]. Eine verfassungsgerichtliche Überprüfung der Dringlichkeit ist allenfalls in beschränktem Umfang möglich[42]. 12

---

[32] *Ipsen* (Fn. 8), Art. 115f Rn. 69; *Grote* (Fn. 18), Art. 115f Rn. 4.

[33] Vgl. § 7 II i.V.m. § 7 I BPolG; → Art. 91 Rn. 20; zur früheren Problematik eingehend *Ipsen* (Fn. 8), Art. 115f Rn. 70ff.; terminologisch besteht derzeit das Problem, daß das Grundgesetz weiterhin vom Bundesgrenzschutz spricht, einfachgesetzlich aber der Begriff der Bundespolizei maßgebend ist.

[34] So auch *Ipsen* (Fn. 8), Art. 115f Rn. 67.

[35] *Herzog* (Fn. 14), Art. 115f Rn. 20ff.; zustimmend *Versteyl* (Fn. 14), Art. 115f Rn. 6.

[36] *Ipsen* (Fn. 8), Art. 115f Rn. 85f.; *Herzog* (Fn. 14), Art. 115f Rn. 27f.; *Versteyl* (Fn. 14), Art. 115f Rn. 7; *Grote* (Fn. 18), Art. 115f Rn. 10.

[37] *Herzog* (Fn. 14), Art. 115f Rn. 29ff.; s. auch *Rungweber*, Kompetenzverschiebungen (Fn. 15), S. 187f.; *Robbers* (Fn. 23), Art. 115f Rn. 8f.; *Hopfauf* (Fn. 15), Art. 115f Rn. 7.

[38] *Ipsen* (Fn. 8), Art. 115f Rn. 87; *Versteyl* (Fn. 14), Art. 115f Rn. 8; darüber hinaus will *Herzog* (Fn. 14), Art. 115f Rn. 47f. im Widerspruch zur 3. Variante auch Weisungen gegenüber einzelnen Ministern zulassen.

[39] *Ipsen* (Fn. 8), Art. 115f Rn. 88; *Herzog* (Fn. 14), Art. 115f Rn. 50; *Versteyl* (Fn. 14), Art. 115f Rn. 10; *Lenz*, Notstandsverfassung (Fn. 20), Art. 115f Rn. 3.

[40] *Keidel*, Polizei (Fn. 30), S. 125f.; *Versteyl* (Fn. 14), Art. 115f Rn. 10.

[41] *Ipsen* (Fn. 8), Art. 115f Rn. 89.

[42] *Versteyl* (Fn. 14), Art. 115f Rn. 9; vgl. auch *Herzog* (Fn. 14), Art. 115f Rn. 45, der zu Recht auf die Parallele zu Art. 85 III GG verweist.

13 Art. 115f I Ziff. 2 GG begründet ein originäres Weisungsrecht der Regierung als zentrales Steuerinstrument und leitet nicht anderweitig bestehende Weisungsrechte auf die Regierung über[43]. Die **Weisungsbefugnis** wird teilweise auf konkrete Anordnungen[44] oder sogar noch enger auf Einzelweisungen[45] **beschränkt**. Eine Erstreckung auf allgemeine Verwaltungsvorschriften ist anders als bei Art. 85 III GG wohl nicht prinzipiell ausgeschlossen[46], im Hinblick auf die Erforderlichkeitsklausel[47] aber allenfalls in Ausnahmefällen denkbar. Die Weisungen sind ansonsten auf den Bereich der vollziehenden Gewalt beschränkt und dem Gesetzmäßigkeits- wie dem Verhältnismäßigkeitsgrundsatz unterworfen[48]. Auf die Zusammensetzung der Länderregierungen erstreckt sich die Befugnis jedoch nicht[49].

14 Die Weisungsbefugnis der Bundesregierung kann von ihr auch auf bestimmte **Mitglieder der Landesregierung übertragen** werden, um auf diese Weise eine Konzentration der Weisungsbefugnis zu erreichen und zugleich die Bundesregierung zu entlasten[50]. Die Weisungsbefugnis der Bundesregierung bleibt daneben erhalten und beansprucht Vorrang vor den Weisungen des Beauftragten[51]. Die Auswahl dieser Bundesbeauftragten[52] ist gegenüber früheren Vorstellungen (→ Rn. 2) auf den Kreis der Mitglieder der jeweiligen Landesregierungen begrenzt. Die Zugehörigkeit zur Landesregierung bestimmt sich nach Art. 51 GG i. V. m. der jeweiligen Landesverfassung[53]. Die Entlassung aus der Landesregierung beseitigt zugleich die Stellung als Beauftragter[54]. Die Inanspruchnahme der Übertragungskompetenz unterliegt nicht der Erforderlichkeitsklausel[55]. Im übrigen kann die Bundesregierung die Weisungsbefugnisse des Beauftragten in örtlicher und sachlicher Hinsicht einschränken[56].

III. Die Informationspflicht gegenüber dem Parlament (Art. 115f II GG)

15 Die Informationspflicht des Art. 115f II GG besteht **gegenüber Bundestag und Bundesrat** sowie **dem Gemeinsamen Ausschuß,** auch schon vor dessen Funktionsübernahme nach Art. 115e I GG[57]. Die Informationspflicht trifft allein die Bundesregierung, nicht etwa die nach Art. 115f I Ziff. 2 GG Bevollmächtigten[58]. Zweck der Informationspflicht ist es nach allgemeiner Ansicht, den parlamentarischen und föderalistischen

---

[43] *Herzog* (Fn. 14), Art. 115f Rn. 56; *Grote* (Fn. 18), Art. 115f Rn. 14.

[44] Als allgemeine Weisung wie als Einzelweisung: *Ipsen* (Fn. 8), Art. 115f Rn. 91.

[45] *Stern*, Staatsrecht II, S. 1416.

[46] *Herzog* (Fn. 14), Art. 115f Rn. 49; *Versteyl* (Fn. 14), Art. 115f Rn. 10; *Grote* (Fn. 18), Art. 115f Rn. 17.

[47] Deshalb eine Erstreckung generell verneinend *Ipsen* (Fn. 8), Art. 115f Rn. 92; verneinend auch *Rungweber*, Kompetenzverschiebungen (Fn. 11), S. 195ff.

[48] *Ipsen* (Fn. 8), Art. 115f Rn. 93f.

[49] Vgl. *Herzog* (Fn. 14), Art. 115f Rn. 58f.; a. A. *Robbers* (Fn. 23), Art. 115f Rn. 13.

[50] Zur ratio vgl. auch *Herzog* (Fn. 14), Art. 115f Rn. 54.

[51] *Ipsen* (Fn. 8), Art. 115f Rn. 25ff.; *Grote* (Fn. 18), Art. 115f Rn. 20.

[52] Von *Herzog* (Fn. 14), Art. 115f Rn. 52 als Landesverteidigungskommissar tituliert.

[53] *Versteyl* (Fn. 14), Art. 115f Rn. 11.

[54] *Herzog* (Fn. 14), Art. 115f Rn. 59; *Versteyl* (Fn. 14), Art. 115f Rn. 11.

[55] *Ipsen* (Fn. 8), Art. 115f Rn. 102.

[56] Vgl. dazu *Ipsen* (Fn. 8), Art. 115f Rn. 99f.

[57] *Ipsen* (Fn. 8), Art. 115f Rn. 108; *Hopfauf* (Fn. 15), Art. 115f Rn. 12; vgl. auch die Parallelvorschrift des Art. 53a II GG: → Art. 53a Rn. 14.

[58] *Lenz*, Notstandsverfassung (Fn. 20), Art. 115f Rn. 10; *Stern*, Staatsrecht II, S. 1417; *Versteyl* (Fn. 14), Art. 115f Rn. 12; a. A. *Ipsen* (Fn. 8), Art. 115f Rn. 109; *Grote* (Fn. 18), Art. 115f Rn. 21.

Organen auch während des Verteidigungsfalles eine zumindest nachträgliche Kontrolle zu ermöglichen, nicht zuletzt um die Voraussetzungen für die Wahrnehmung der Aufhebungskompetenz nach Art. 115l I 3 GG zu schaffen[59]. Unverzüglich meint auch hier ohne schuldhaftes Zögern[60], so daß die Bundesregierung informieren muß, sobald die Umstände es zulassen.

16 Die Informationspflicht **gilt für beide Maßnahmeformen des Art. 115f I GG**, also für die Entscheidung über den Bundesgrenzschutzeinsatz ebenso wie für die Inanspruchnahme der Weisungskompetenzen. Was den Umfang der Informationspflicht betrifft, ist unstreitig, daß die Bundesregierung über die Inanspruchnahme der Kompetenzen nach Art. 115f I GG unterrichten muß. Richtig dürfte es darüber hinaus sein, daß Inhalt und Dauer der jeweiligen Regierungsbeschlüsse mitzuteilen sind; es muß aber nicht über jede einzelne taktische Einsatzentscheidung oder jede Einzelweisung im Detail informiert werden[61]. Daneben ist die Bundesregierung auf Verlangen des Parlaments zur Auskunft verpflichtet. Sanktionen für die Verletzung der Informationspflichten sind nicht vorgesehen und bleiben daher dem politischen Prozeß überlassen.

D. Verhältnis zu anderen GG-Bestimmungen

17 Im Hinblick auf den »Bundesgrenzschutz« beseitigt Art. 115f I Ziff. 1 GG im Verteidigungsfall die Schranken des Art. 87 I 2 GG[62]. Darüber hinaus tritt Art. 115f I Ziff. 1 GG im Verteidigungsfall als **Ergänzung zu** den Regelungen der **Art. 87a III, IV und 91 II GG**[63] hinzu. Die Weisungsbefugnisse nach Art. 115f I Ziff. 2 GG ergänzen im Hinblick auf die Bundesverwaltung die Befugnisse nach **Art. 86 GG** und **modifizieren** im Hinblick auf die Länder die Zuständigkeitsregeln der **Art. 83, 84 V, 85 III GG**[64]. Im übrigen besteht eine partielle **Überschneidung mit Art. 115c III GG**[65].

---

[59] *Ipsen* (Fn. 8), Art. 115f Rn. 105f.; *Herzog* (Fn. 14), Art. 115f Rn. 24; *Versteyl* (Fn. 14), Art. 115f Rn. 12.

[60] § 121 I 1 BGB; *Stern*, Staatsrecht II, S. 1417; *Versteyl* (Fn. 14), Art. 115f Rn. 13. → Art. 115d Rn. 8.

[61] Vgl. mit jeweils unterschiedlicher Akzentuierung *Ipsen* (Fn. 8), Art. 115f Rn. 109; *Herzog* (Fn. 14), Art. 115f Rn. 25f., 60; *Versteyl* (Fn. 14), Art. 115f Rn. 13; *Lenz*, Notstandsverfassung (Fn. 20), Art. 115f Rn. 11; *Grote* (Fn. 18), Art. 115f Rn. 22.

[62] *Herzog* (Fn. 14), Art. 115f Rn. 2; zur Stellung des »Bundesgrenzschutzes« nach Art. 87 I 2 GG: *M. Willich*, Historische und aktuelle Probleme der Rechtsstellung des Bundesgrenzschutzes, seiner Aufgaben und Befugnisse, Diss. jur. Hamburg 1978; zur Zulässigkeit des Aufgabenspektrums des »BGS«: BVerfGE 97, 198 (214ff., Rn. 80ff.).

[63] *Herzog* (Fn. 14), Art. 115f Rn. 3ff.

[64] Im einzelnen *Herzog* (Fn. 14), Art. 115f Rn. 35ff.

[65] *Herzog* (Fn. 14), Art. 115f Rn. 7.

Artikel 115g [Bestand und Funktion des Bundesverfassungsgerichts]

[1]Die verfassungsmäßige Stellung und die Erfüllung der verfassungsmäßigen Aufgaben des Bundesverfassungsgerichtes und seiner Richter dürfen nicht beeinträchtigt werden. [2]Das Gesetz über das Bundesverfassungsgericht darf durch ein Gesetz des Gemeinsamen Ausschusses nur insoweit geändert werden, als dies auch nach Auffassung des Bundesverfassungsgerichtes zur Aufrechterhaltung der Funktionsfähigkeit des Gerichtes erforderlich ist. [3]Bis zum Erlaß eines solchen Gesetzes kann das Bundesverfassungsgericht die zur Erhaltung der Arbeitsfähigkeit des Gerichtes erforderlichen Maßnahmen treffen. [4]Beschlüsse nach Satz 2 und Satz 3 faßt das Bundesverfassungsgericht mit der Mehrheit der anwesenden Richter.

Literaturauswahl

Benda, Ernst: Verteidigungsfall und Bundesverfassungsgericht, in: Festschrift für August Freiherr v. d. Heydte, Bd. II, 1977, S. 793–808.
Böhm, Jürgen K.: Staatsnotstand und Bundesverfassungsgericht, Diss. jur. Würzburg 1963.
Spanner, Hans: Notstandsrecht und Bundesverfassungsgericht, in: DÖV 1963, S. 648–652.

Leitentscheidungen des Bundesverfassungsgerichts

Diese liegen zu Art. 115g GG bislang nicht vor.

Gliederung

Stichwörter

A. Herkunft, Entstehung, Entwicklung

1 Die mit der **Notstandsverfassung** in das Grundgesetz eingefügte Vorschrift[1] geht auf den **Regierungsentwurf 1963** zurück[2] und ist auch im weiteren Verlauf eng mit dem Bundesverfassungsgericht abgestimmt worden[3]. Die nachfolgenden Modifikationen

---

[1] 17. Gesetz zur Ergänzung des Grundgesetzes v. 24.6.1968 (BGBl. I S. 709). → Vorb. zu Art. 115a–115l Rn. 5f.
[2] BT-Drs. IV/891: Art. 115e.
[3] Vgl. BT-Drs. IV/3494, S. 23.

waren teils redaktioneller Art[4], teils eine Anpassung an die Ersetzung des Notverordnungsrechts durch das Notgesetzgebungsrecht des Gemeinsamen Ausschusses[5]. Bereits im Regierungsentwurf 1967 erhielt Art. 115g GG weitgehend seine heutige Fassung[6]. Insbesondere wurde die vorläufige Regelungsbefugnis des Bundesverfassungsgerichts auf seinen Vorschlag dort aufgenommen[7]. Später wurde Art. 115g GG auf Vorschlag des Bundesrates nur noch um den heutigen Satz 4 ergänzt[8].

B. Internationale, supranationale und rechtsvergleichende Bezüge

Die Norm wird durch internationales oder supranationales Recht nicht berührt. Eine explizite **Garantie** der Stellung der **Verfassungsgerichtsbarkeit im Notstand** findet sich in Verfassungen anderer Staaten **nicht**, was indes keine Einschränkung der jeweiligen Verfassungsgerichtsbarkeit bedeuten muß[9]. Im übrigen ist eine Kompetenz zur Regelung des eigenen Verfahrens zwar dem deutschen Recht, aber nicht ausländischen und insbesondere internationalen Gerichtsbarkeiten fremd[10]. 2

C. Erläuterungen

I. Allgemeine Bedeutung

Die Regelung des Art. 115g GG will die **Funktionsfähigkeit des Bundesverfassungsgerichts im Verteidigungsfall** so wirkungsvoll wie möglich sichern, um eine rechtsstaatliche Bewältigung dieser Krisensituation zu ermöglichen und verfassungsrechtlich zu garantieren. Die Aufrechterhaltung verfassungsgerichtlicher Kontrolle ist gerade umso mehr geboten, als andere institutionelle und sachliche Elemente rechtsstaatlicher Einhegung staatlicher Gewalt wie Gewaltenteilung, bundesstaatliche Ordnung und parlamentarische Kontrollen zugunsten einer Effektivierung und Straffung der staatlichen Organisation und der Entscheidungsprozesse im Verteidigungsfall vermindert oder ausgesetzt werden[11]. Die Regelungen des Art. 115g GG suchen die Funktionsfähigkeit gegenüber zwei Gefährdungen abzusichern: zum einen gegen äußere, verteidigungsfallbedingte Beeinträchtigungen (z.B. Ausfall oder Verhinderung von Richtern, Besetzung oder Zerstörung des Gerichtsorts), zum anderen gegen interne, staatsstreichartige Begrenzungs- oder Ausschaltungsversuche der verfassungsgerichtlichen Kontrolle durch andere staatliche Entscheidungsorgane und -träger[12]. 3

---

[4] Absatz 2 wird zunächst Absatz 1 (BT-Drs. IV/3494) und dann zum heutigen Satz 1; die heutige Bindung der Änderung in Satz 2 an die Auffassung des BVerfG ersetzt eine frühere förmliche Feststellung des BVerfG (BT-Drs. IV/3494, S. 6: Art. 115g III).

[5] BT-Drs. IV/3494.

[6] BT-Drs. V/1879, S. 4: Art. 115g.

[7] BT-Drs. V/1879, S. 29.

[8] BT-Drs. V/1879, S. 34 (Änderungsvorschlag des Bundesrates), s. auch BT-Drs. V/2873, S. 18.

[9] Vgl. allgemein zur gerichtlichen Kontrolle von Notstandsmaßnahmen in anderen Ländern *J.K. Böhm*, Staatsnotstand und Bundesverfassungsgericht, Diss. jur. Würzburg 1963, S. 75ff.

[10] Vgl. bereits BT-Drs. V/1879, S. 29; meist fälschlich im Zusammenhang mit Satz 2 zitiert: *Stern*, Staatsrecht II, S. 1367; *L.-A. Versteyl*, in: v. Münch/Kunig, GG II, Art. 115g Rn. 5; richtig dagegen *R. Herzog*, in: Maunz/Dürig, GG, Art. 115g (1969), Rn. 24.

[11] Vgl. *Versteyl* (Fn. 10), Art. 115g Rn. 1.

[12] Vgl. auch *Herzog* (Fn. 10), Art. 115g Rn. 2ff.; *R. Grote*, in: v. Mangoldt/Klein/Starck, GG III, Art. 115g Rn. 2.

4 Aus der Verankerung des Art. 115g GG in der grundgesetzlichen Notstandsverfassung wird man die Schlußfolgerung ziehen können, daß das Grundgesetz im Notstandsfall nicht nur die gerichtliche Kontrolle des sonstigen Staatshandelns beibehalten, sondern prinzipiell gerade auch eine **verfassungsgerichtliche Kontrolle der Notstandsmaßnahmen** garantieren wollte, deren Umfang jeweils normbezogen bestimmt werden muß[13]. Das ändert allerdings nichts daran, daß das Bundesverfassungsgericht trotz seiner Befugnisse nach § 35 BVerfGG bei der Durchsetzung seiner Entscheidungen auf die Loyalität der anderen Staats- und Verfassungsorgane angewiesen ist[14], und daß eine Norm wie Art. 115g GG eine faktische Abschaffung oder Beschränkung des Bundesverfassungsgerichts letztlich nicht verhindern kann[15]. Insofern kann Art. 115g GG nur die Entstehung einer Scheinlegalität sperren und die Berufung auf Art. 20 IV GG eröffnen[16].

II. Das Beeinträchtigungsverbot des Art. 115g Satz 1 GG

5 Satz 1 begründet eine umfassende **Bestandsgarantie** der Institution des Bundesverfassungsgerichts und seiner Funktionen[17] im Verteidigungsfall[18]. Die Wahrnehmung der Aufgaben und Befugnisse des Bundesverfassungsgerichts darf nur eingeschränkt werden, sofern die unmittelbaren Kriegsverhältnisse dies zwingend erfordern[19]. Diese Garantie geht über »eine besondere Ausprägung des allgemeinen Verfassungsgrundsatzes« der Verfassungsorgantreue[20] hinaus, deren verfassungsrechtliche Verankerung in Art. 94 GG dann angemessener gewesen wäre[21]. Eine verfassungsrechtliche Normierung der Verfassungsorgantreue ist indes zu Recht abgelehnt worden.

6 Die verfassungsmäßige Stellung des Bundesverfassungsgerichts umfaßt dessen im Grundgesetz niedergelegte **Rechtsstellung,** seine dort fixierten **Aufgaben und Befugnisse** sowie die Rechtsstellung seiner Mitglieder. Art. 115g S. 1 GG verbietet Verfassungsdurchbrechungen, nicht reguläre Verfassungsänderungen[22].

7 Das Beeinträchtigungsverbot **richtet sich gegen sämtliche Staatsorgane des Bundes und der Länder** und ebenso gegen alle Formen der Ausübung staatlicher Gewalt[23], ohne damit Änderungen des Gesetzgebers am Bundesverfassungsgerichtsgesetz völ-

---

[13] Vgl. *Herzog* (Fn. 10), Art. 115g Rn. 28ff.; *D. Sterzel*, in: AK-GG, Abschn. Xa (2001), Rn. 121ff.

[14] Vgl. *E. Benda*, Verteidigungsfall und Bundesverfassungsgericht, in: FS v. d. Heydte, Bd. II, 1977, S. 793ff. (797); *Sterzel* (Fn. 13), Abschn. Xa Rn. 122; *Herzog* (Fn. 10), Art. 115g Rn. 6f.; *Versteyl* (Fn. 10), Art. 115g Rn. 7.

[15] *H. Spanner*, DÖV 1963, 648 (652).

[16] *Herzog* (Fn. 10), Art. 115g Rn. 8; eher skeptisch *Versteyl* (Fn. 10), Art. 115g Rn. 7.

[17] *Herzog* (Fn. 10), Art. 115g Rn. 10ff.; *Versteyl* (Fn. 10), Art. 115g Rn. 2.

[18] Auch ohne ausdrückliche Erwähnung in Art. 115g GG ergibt sich der ausschließliche Bezug auf den Verteidigungsfall eindeutig aus Entstehungsgeschichte und Systematik, *Herzog* (Fn. 10), Art. 115g Rn. 9; *G. Robbers*, in: Sachs, GG, Art. 115g Rn. 1.

[19] Vgl. *Herzog* (Fn. 10), Art. 115g Rn. 12.

[20] BT-Drs. V/1879, S. 28; *C. O. Lenz*, Notstandsverfassung des Grundgesetzes, 1971, Art. 115g Rn. 2; dagegen *Stern*, Staatsrecht II, S. 1361ff.; zu weitgehend *Benda*, Verteidigungsfall (Fn. 14), S. 795ff.; undeutlich *Versteyl* (Fn. 10), Art. 115g Rn. 2.

[21] Dahin ging der Vorschlag des BVerfG, s. BT-Drs. IV/ 3494, S. 24; V/1879, S. 28.

[22] *Herzog* (Fn. 10), Art. 115g Rn. 14ff.; *Grote* (Fn. 12), Art. 115g Rn. 4.

[23] *Herzog* (Fn. 10), Art. 115g Rn. 17; *Grote* (Fn. 12), Art. 115g Rn. 5; *A. Hopfauf*, in: Schmidt-Bleibtreu/Hofmann/Henneke, GG, Art. 115g Rn. 5; unklar *Versteyl* (Fn. 10), Art. 115g Rn. 3, der das Verbot einerseits »gegen jedermann« gerichtet sieht, andererseits sich sonst aber nur auf Äußerungen staatlicher Gewalt bezieht.

lig auszuschließen. Die einfachgesetzliche Strukturierung ist insofern nicht unantastbar[24]. Aus dem Beeinträchtigungsverbot können sich ggfs. auch Handlungspflichten, etwa zur militärischen Sicherung des Gerichts, ergeben[25].

III. Einschränkung des Notgesetzgebungsrechts durch Art. 115g Satz 2 GG

Satz 2 schränkt die Notgesetzgebungskompetenzen des Gemeinsamen Ausschusses nach Art. 115e I GG über die daneben bestehenden Schranken des Art. 115e II GG hinaus[26] ein. Diese Schranke betrifft erstens nur **Änderungen des Bundesverfassungsgerichtsgesetzes** und zweitens **ausschließlich Gesetze des Gemeinsamen Ausschusses**. Bundestag und Bundesrat können in ihrer Funktion als normaler Gesetzgeber unstreitig selbst im vereinfachten Gesetzgebungsverfahren nach Art. 115d GG das Bundesverfassungsgerichtsgesetz in jeder Hinsicht ändern, soweit die Verfassung dem nicht entgegensteht[27]. Das bei der Verabschiedung der Notstandsverfassung verbreitete Mißtrauen gegen alle Verfassungsorgane[28] hat seinerzeit sogar eine später abgelehnte Initiative provoziert, die Schranke auch auf die Gesetzgebung nach Art. 115d GG zu erstrecken[29], und bewirkt, daß die bis dahin nur im Bundesverfassungsgerichtsgesetz verankerte Verfassungsbeschwerde nunmehr in das Grundgesetz aufgenommen wurde[30], um einen entsprechenden Coup durch Bundestag und Bundesrat schon im Ansatz zu verhindern. 8

Die Beschränkung erfolgt durch die Bindung der Gesetze an zwei Voraussetzungen. Erstens wird die gesetzliche Änderung an die **vorherige Zustimmung des Bundesverfassungsgerichts** gebunden. Die Zustimmungspflicht durchbricht[31] das sonst zwischen der Rechtsprechung und den anderen Staatsfunktionen strikt durchgehaltene Prinzip der Gewaltentrennung[32]. Diese Durchbrechung rechtfertigt sich aus dem Schutz der Verfassung, da sie einen Machtmißbrauch durch den Gemeinsamen Ausschuß erschwert[33]. Sie knüpft auch an die Praxis der Anhörung des Bundesverfassungsgerichts vor Änderungen des Bundesverfassungsgerichtsgesetzes an[34]. Zweitens beschränkt Satz 2 das Notgesetzgebungsrecht dahingehend, daß das Gesetz[35] nach seiner Zielrichtung **»zur Aufrechterhaltung der Funktionsfähigkeit des Gerichts« erforderlich** sein muß. Die Erforderlichkeit muß objektiv und auch subjektiv nach Auffassung des Bundesverfassungsgerichts vorliegen. In Betracht kommen als möglicherweise ände- 9

---

[24] Mißverständlich *Robbers* (Fn. 18), Art. 115g Rn. 2.

[25] *Robbers* (Fn. 18), Art. 115g Rn. 7; *Grote* (Fn. 12), Art. 115g Rn. 5.

[26] Vgl. *Robbers* (Fn. 18), Art. 115g Rn. 4. → Art. 115e Rn. 10.

[27] *Lenz*, Notstandsverfassung (Fn. 20), Art. 115g Rn. 4; *Herzog* (Fn. 10), Art. 115g Rn. 19; *Versteyl* (Fn. 10), Art. 115g Rn. 4.

[28] Vgl. *H. Schäfer*, AöR 93 (1961), 37 (57).

[29] *Lenz*, Notstandsverfassung (Fn. 20), Art. 115g Rn. 4.

[30] Art. 93 I Nr. 4a GG, 19. Gesetz zur Änderung des Grundgesetzes v. 29.1.1969 (BGBl. I S. 97); Empfehlung in BT-Drs. V/2873, S. 18.

[31] *Lenz*, Notstandsverfassung (Fn. 20), Art. 115g Rn. 3; *Versteyl* (Fn. 10), Art. 115g Rn. 5; *Hopfauf* (Fn. 23), Art. 115g Rn. 12; schief *Herzog* (Fn. 10), Art. 115g Rn. 21, der hierin die Etablierung »einer Art Zweikammersystem« erblickt; dem folgend *Grote* (Fn. 12), Art. 115g Rn. 8.

[32] Vgl. zur Einordnung des Bundesverfassungsgerichts in das System der Gewaltenteilung *W. Heun*, Funktionell-rechtliche Schranken der Verfassungsgerichtsbarkeit, 1992, S. 12ff. Zur Gewaltenteilung: → Art. 20 (Rechtsstaat), Rn. 67.

[33] *Versteyl* (Fn. 10), Art. 115g Rn. 5.

[34] *Herzog* (Fn. 10), Art. 115g Rn. 21; *Stern*, Staatsrecht II, S. 1367.

[35] Mißverständlich *Versteyl* (Fn. 10), Art. 115g Rn. 5; zutreffend *Herzog* (Fn. 10), Art. 115g Rn. 22.

rungsbedürftige Vorschriften § 1 II BVerfGG über den Sitz des Gerichts, §§ 5ff. BVerfGG über das Wahlverfahren oder § 12 BVerfGG über die Entlassung auf Verlangen[36].

IV. Die Notkompetenz des Bundesverfassungsgerichts nach Art. 115g Satz 3 GG

10 Die auf eine Anregung des Bundesverfassungsgerichts zurückgehende[37] Regelung soll sicherstellen, daß im Fall einer Handlungsunfähigkeit der gesetzgebenden Organe einschließlich des Gemeinsamen Ausschusses das Gericht jedenfalls **vorläufig seine eigene Handlungsfähigkeit zu sichern** oder wiederherzustellen vermag. Das Gericht kann indes nicht seine Kompetenzen etwa durch neue Verfahren erweitern[38]. Auch wenn der Gemeinsame Ausschuß aus Prioritätsgründen oder destruktiver Böswilligkeit nicht handelt, greift die Notkompetenz ein[39]. Die Inanspruchnahme dieser Kompetenz setzt aber voraus, daß ein Gesetz des Gemeinsamen Ausschusses gem. Art. 115g Satz 2 GG noch nicht zustande gekommen bzw. in Kraft getreten ist und beschränkt sich ebenfalls auf Maßnahmen zur Erhaltung der Arbeitsfähigkeit. Zweifelhaft ist, ob die Notkompetenz des Art. 115g Satz 3 GG auch begründet ist, wenn die ordentlichen Gesetzgebungsorgane untätig bleiben, was der Wortlaut ausschließt, Sinn und Zweck aber gebieten[40].

V. Das Entscheidungsverfahren des Bundesverfassungsgerichts nach Art. 115g Satz 4 GG

11 Aufgrund der Aufteilung des Bundesverfassungsgerichts auf zwei Senate und im Hinblick auf die Notstandssituation bedurfte das Entscheidungsverfahren des Gerichts zumindest einer rudimentären Regelung. Satz 4 regelt das Beschlußverfahren für die Zustimmung nach Satz 2 ebenso wie für die Maßnahmen nach Satz 3. Danach entscheidet das Bundesverfassungsgericht als **Plenum mit der Mehrheit der anwesenden Richter**. Das Quorum gem. § 16 II BVerfGG gilt im Hinblick auf die Gefahren der Verhinderung der Richter nicht. Mehrheit bedeutet hier wegen des Gerichtscharakters absolute Mehrheit[41]. Danach ist eine Entscheidung mit 2:1 Stimmen theoretisch denkbar[42].

D. Verhältnis zu anderen GG-Bestimmungen

12 Art. 115g GG erlaubt im Verteidigungsfall notstandsbedingte Änderungen des Bundesverfassungsgerichtsgesetzes, aber gerade **nicht Durchbrechungen der den Status des Gerichts regelnden Verfassungsnormen**. Art. 115g GG läßt damit die Normen der **Art. 92–94 GG unberührt**, ja sichert sie zusätzlich im Verteidigungsfall ab (→ Rn. 3),

---

[36] Vgl. auch die Beispiele bei *Versteyl* (Fn. 10), Art. 115g Rn. 5; *Herzog* (Fn. 10), Art. 115g Rn. 23.
[37] BT-Drs. V/1879, S. 29.
[38] *Benda*, Verteidigungsfall (Fn. 14), S. 801; *Robbers* (Fn. 18), Art. 115g Rn. 14; *Hopfauf* (Fn. 23), Art. 115g Rn. 13.
[39] *Lenz*, Notstandsverfassung (Fn. 20), Art. 115g Rn. 6; *Versteyl* (Fn. 10), Art. 115g Rn. 6; *Herzog* (Fn. 10), Art. 115g Rn. 24; *Grote* (Fn. 12), Art. 115g Rn. 10.
[40] Bejahend *Grote* (Fn. 12), Art. 115g Rn. 10; verneinend *Versteyl* (Fn. 10), Art. 115g Rn. 6.
[41] *Herzog* (Fn. 10), Art. 115g Rn. 27.
[42] Kritisch *Versteyl* (Fn. 10), Art. 115g Rn. 8.

bedeutet andererseits aber keine Machterweiterung des Bundesverfassungsgerichts[43] und sichert nicht völlig gegen einfachgesetzliche Manipulationen[44], jedenfalls soweit nicht das Beeinträchtigungsverbot nach Satz 1 eingreift.

---

43 *Benda*, Verteidigungsfall (Fn. 14), S. 803.

44 Vgl. hierzu *H. Spanner*, DÖV 1963, 648 (649f.); überzogene Kritik bei *E. Gottschling*, Neue Justiz 19 (1965), 176 (181).

Artikel 115h [Verlängerte Wahlperioden und Amtszeiten]

(1) [1]Während des Verteidigungsfalles ablaufende Wahlperioden des Bundestages oder der Volksvertretungen der Länder enden sechs Monate nach Beendigung des Verteidigungsfalles. [2]Die im Verteidigungsfalle ablaufende Amtszeit des Bundespräsidenten sowie bei vorzeitiger Erledigung seines Amtes die Wahrnehmung seiner Befugnisse durch den Präsidenten des Bundesrates enden neun Monate nach Beendigung des Verteidigungsfalles. [3]Die im Verteidigungsfalle ablaufende Amtszeit eines Mitgliedes des Bundesverfassungsgerichtes endet sechs Monate nach Beendigung des Verteidigungsfalles.

(2) [1]Wird eine Neuwahl des Bundeskanzlers durch den Gemeinsamen Ausschuß erforderlich, so wählt dieser einen neuen Bundeskanzler mit der Mehrheit seiner Mitglieder; der Bundespräsident macht dem Gemeinsamen Ausschuß einen Vorschlag. [2]Der Gemeinsame Ausschuß kann dem Bundeskanzler das Mißtrauen nur dadurch aussprechen, daß er mit der Mehrheit von zwei Dritteln seiner Mitglieder einen Nachfolger wählt.

(3) Für die Dauer des Verteidigungsfalles ist die Auflösung des Bundestages ausgeschlossen.

Literaturauswahl

Brandt, Edmund: Die Bedeutung parlamentarischer Vertrauensregelungen, 1981.
Seifert, Jürgen: Der Notstandsausschuß, 1968.

Leitentscheidungen des Bundesverfassungsgerichts

Diese liegen zu Art. 115h GG bislang nicht vor.

Gliederung

Stichwörter

A. Herkunft, Entstehung, Entwicklung

Die als **Element der Notstandsverfassung** in das Grundgesetz eingefügte Norm[1] geht auf verschiedene Stadien der Notstandsentwürfe zurück, die im einzelnen jeweils im weiteren Verlauf wenige Änderungen erfahren haben. Eine Verlängerung der Wahlperiode des Bundestages sah bereits der erste Regierungsentwurf vor[2], nur die Frist wurde später verlängert und die Verlängerung zudem auf die Landtage erstreckt[3]. Auch die anfangs sechsmonatige Verlängerung der Amtszeit des Bundespräsidenten wurde vom Rechtsausschuß auf neun Monate ausgedehnt[4], der außerdem erstmals die Regelung über die Amtszeit der Mitglieder des Bundesverfassungsgerichts einfügte[5]. Die Norm des Art. 115h II GG setzte die Einführung des Gemeinsamen Ausschusses voraus und wurde daher ebenfalls erstmalig durch den Rechtsausschuß in der vierten Wahlperiode vorgeschlagen[6], später allerdings noch einmal erheblich vereinfacht[7]. Die Regelung des Art. 115h III GG findet sich zuerst im dritten Regierungsentwurf[8]. 1

B. Internationale, supranationale und rechtsvergleichende Bezüge

Die Regelung ist Einflüssen des internationalen und supranationalen Rechts im Grunde nicht zugänglich. Eine Verlängerung der Wahlperioden des Parlaments oder der Amtszeiten anderer Verfassungsorgane findet auch in ausländischen Verfassungen **Vorbilder und Parallelen**[9]. Eine explizite Regelung über die Neuwahl des Regierungschefs durch die seltene Institution eines besonderen Ausschusses gibt es jedoch nicht[10]. 2

C. Erläuterungen

I. Allgemeine Bedeutung

Die Begrenzung der jeweiligen Amtsdauer und die periodische Erneuerung der demokratischen Legitimation des Parlaments sowie der anderen Verfassungsorgane gehört zu den elementaren Bestandteilen des Demokratieprinzips, was vielfach auf die Kurzformel der Herrschaft auf Zeit gebracht wird[11]. Im Verteidigungsfall ist der Staat indes 3

---

[1] 17. Gesetz zur Ergänzung des Grundgesetzes v. 24.6.1968 (BGBl. I S. 709); zur Entstehungsgeschichte s. auch *D. Rauschning*, in: BK, Art. 115h (1974), Anm. I. → Vorb. zu Art. 115a–115l Rn. 5f.

[2] Art. 115a V: BT-Drs. III/1800; Art. 115g III: BT-Drs. IV/891.

[3] BT-Drs. IV/3494; die Frist sollte zunächst noch vom Bundestag verkürzt werden können; aufgegeben in BT-Drs. V/1879.

[4] Art. 115a V: BT-Drs. III/1800; geändert durch BT-Drs. IV/3494; invariable Verlängerung in BT-Drs. V/1879.

[5] BT-Drs. IV/3494.

[6] BT-Drs. IV/3494; nachdem in den Beratungen des Bundestages das Fehlen einer Regelung über eine Neubestellung des Bundeskanzlers kritisiert worden war.

[7] BT-Drs. V/1879.

[8] BT-Drs. V/1879.

[9] Vgl. Kap. 13, § 11 Schwed. Reg.form; Art. 48 III Griech. Verf. 1975; Art. 60 Ital. Verf.; früher auch Art. 85 Portug. Verf. 1933; Art. 10 Span. StaatsorganisationsG v. 1967; Art. 74 I Türk. Verf. 1961.

[10] In Schweden besitzt die Kriegsdelegation aber umfassend die Kompetenzen des Parlaments, so daß eine parallele Regelung zu Art. 115h II GG entbehrlich ist, s. Kap. 13, § 3 Schwed. Reg.form.

[11] Vgl. hier nur *Stern*, Staatsrecht II, S. 1428; allgemein zur Herrschaft auf Zeit *Stern*, Staatsrecht I, S. 608f. m.w.N. → Art. 20 (Demokratie), Rn. 73, 75.

auf permanent funktionsfähige Organe angewiesen. Zudem ist die Vorbereitung und **Durchführung von demokratischen Wahlen** in dieser Situation in hohem Maß erschwert, wenn nicht **unmöglich**. Außerdem drohen jedenfalls gravierende Manipulationsmöglichkeiten oder Verzerrungen der demokratischen Willensbildung. Diesen Gefahren will die Norm des Art. 115h GG vorbeugen[12] und darüber hinaus den Bestand der Bundesregierung durch die Ermöglichung einer Neuwahl und die Erschwerung eines Regierungssturzes besonders sichern.

II. Die Verlängerung der Amtsperioden der obersten Verfassungsorgane im Verteidigungsfall gem. Art. 115h I GG

1. Die Parlamente

4 Art. 115h I 1 GG sieht eine invariable **sechsmonatige Verlängerung der** während des Verteidigungsfalles ablaufenden **Wahlperioden des Bundestages** (Art. 39 I GG) **und der Länderparlamente** vor, um eine entsprechende, ungestörte Vorbereitung der Wahlen zu ermöglichen. Aus diesem Grund ist die Vorschrift dahingehend zu interpretieren, daß in jedem Fall erst sechs Monate nach Beendigung des Verteidigungsfalls gewählt werden soll, obwohl nach dem Wortlaut die Wahlperiode nicht verlängert wird, wenn sie regulär kurz nach Beendigung des Verteidigungsfalles ausläuft[13]. Gerade im Hinblick auf die erst später, nämlich 1976, erfolgte Neufassung des Art. 39 I, II GG[14] ist aus Gründen der Klarheit bei der Bestimmung des Ablaufs der Wahlperiode vor oder nach Eintritt des Verteidigungsfalls auf den **Zeitpunkt der Neuwahl**, nicht auf den formellen Ablauf der Wahlperiode nach Art. 39 I 2 GG abzustellen[15]. Die Verlängerung der Amtsperiode der Volksvertretungen der Länder stellt nicht nur deren Funktionsfähigkeit, sondern indirekt auch die Fortdauer der Amtsperiode der Bundesratsmitglieder sicher[16]. Auf diese Weise wird letztlich zudem der Fortbestand des Gemeinsamen Ausschusses in seiner bisherigen Zusammensetzung garantiert[17]. Die Verlängerung der Wahlperioden gilt im übrigen wohl auch für die kommunalen Vertretungen, die unter den Begriff der Volksvertretungen (nicht Parlamente) der Länder subsumiert werden können[18]. Ist der Bundestag allerdings vor Eintritt des Verteidigungsfalles aufgelöst und noch nicht neugewählt worden, greift Art. 115h I GG nicht, so daß ausnahmsweise auch im Notstandsfall gewählt werden muß[19].

---

[12] Vgl. auch *L.-A. Versteyl*, in: v. Münch/Kunig, GG II, Art. 115h Rn. 1; *R. Herzog*, in: Maunz/Dürig, GG, Art. 115h (1969), Rn. 1; *Stern*, Staatsrecht II, S. 1428.

[13] *Stern*, Staatsrecht II, S. 1428; *Herzog* (Fn. 12), Art. 115h Rn. 10; *Jarass*/Pieroth, GG, Art. 115h Rn. 1; im Ergebnis etwas verwirrend *Versteyl* (Fn. 12), Art. 115h Rn. 2; a. A. *G. Robbers*, in: Sachs, GG, Art. 115h Rn. 3; *D. Deiseroth*, in: Umbach/Clemens, GG, Art. 115h Rn. 4.

[14] 33. Gesetz zur Änderung des Grundgesetzes v. 23.8.1976 (BGBl. I S. 2381); → Art. 39 Rn. 6; die Streitfragen hinsichtlich der parlamentslosen Zeit sind damit obsolet.

[15] Für die Rechtslage vor 1976 vgl. entsprechend *Herzog* (Fn. 12), Art. 115h Rn. 10; *C. O. Lenz*, Notstandsverfassung des Grundgesetzes, 1971, Art. 115h Rn. 4; *Rauschning* (Fn. 1), Art. 115h Rn. 3; jetzt auch *R. Grote*, in: v. Mangoldt/Klein/Starck, GG III, Art. 115h Rn. 3, 5.

[16] Vgl. auch *Stern*, Staatsrecht II, S. 1428; *Versteyl* (Fn. 12), Art. 115h Rn. 3.

[17] Sowohl auf seiten des Bundestages wie auch des Bundesrates.

[18] *Stern*, Staatsrecht II, S. 1428; *Versteyl* (Fn. 12), Art. 115h Rn. 3; a. A. *Grote* (Fn. 15), Art. 115h Rn. 6. → Art. 28 Rn. 65.

[19] *Grote* (Fn. 15), Art. 115h Rn. 5; a. A. *Deiseroth* (Fn. 13), Art. 115h Rn. 5, der dann ebenfalls Art. 115h I GG anwenden will.

Die Verlängerung der Amtsperioden der Parlamente in der Sondersituation des Verteidigungsfalles – und auf diesen begrenzt – **verstößt nicht gegen das Demokratieprinzip**[20]. Der Eingriff in die Verfassungsautonomie der Länder (→ Art. 28 Rn. 42ff.) durch die Erstreckung auf deren Volksvertretungen stößt sowohl im Hinblick auf den sachlich und zeitlich begrenzten Verteidigungsfall als auch im Hinblick auf die Sicherung der Funktionsfähigkeit der föderalistischen Verfassungsorgane nicht auf durchgreifende verfassungsrechtliche Bedenken[21]. 5

2. Der Bundespräsident und sein Stellvertreter

Die fünfjährige Amtsperiode des Bundespräsidenten soll gleichfalls aus Gründen der Kontinuität der Staatsführung[22] im Verteidigungsfall verlängert werden. Die **Verlängerung um insgesamt neun Monate** soll der Bundesversammlung nach einer Neukonstituierung des Bundestages und der Ländervertretungen weitere drei Monate Wahlvorbereitung erlauben[23]. Entsprechend der Verlängerung der parlamentarischen Wahlperioden verlängert sich auch eine innerhalb der neunmonatigen Frist nach Beendigung des Verteidigungsfalls ablaufende Amtszeit bis zum Ablauf der neun Monate[24]. Entgegen ihrem Wortlaut findet die Regelung jedoch auf die Amtszeit eines Bundespräsidenten keine Anwendung, wenn diese zwar erst im Verteidigungsfall abläuft, die Bundesversammlung aber zuvor bereits gem. Art. 54 GG einen (neuen) Bundespräsidenten gewählt hat, für den dann freilich wiederum Art. 115h I 2 GG gilt[25]. 6

Art. 115h I 2 GG sieht auch eine mißverständlich formulierte **Verlängerung der Stellvertretung des Bundespräsidenten** gem. Art. 57 GG vor. Erstens ist mit »Erledigung des Amtes« gemeint, daß der bisherige Amtsinhaber infolge Todes, Verzichts, einer Amtsenthebung durch das Bundesverfassungsgericht, durch Verlust des Wahlrechts, der deutschen Staatsangehörigkeit oder der Berechtigung zur Bekleidung öffentlicher Ämter sein Amt verliert[26]. Zweitens soll dadurch wohl auch nicht die Möglichkeit einer Neuwahl vor Ablauf der Frist versperrt[27], sondern nur – freilich in überflüssiger Weise – eine Stellvertretung gem. Art. 57 GG gesichert werden[28]. 7

3. Mitglieder des Bundesverfassungsgerichts

Die Amtszeit der Richter am Bundesverfassungsgericht, die während des Verteidigungsfalles abläuft, endet ebenfalls erst sechs Monate nach Beendigung des Verteidigungsfalls, was wie bei den beiden vorhergehenden Regelungen auch für die Amts- 8

---

[20] *Herzog* (Fn. 12), Art. 115h Rn. 5; *Stern*, Staatsrecht II, S. 1428.

[21] *Lenz*, Notstandsverfassung (Fn. 15), Art. 115h Rn. 3; *Herzog* (Fn. 12), Art. 115h Rn. 5; *Rauschning* (Fn. 1), Art. 115h Rn. 15; *Stern*, Staatsrecht II, S. 1428; *Versteyl* (Fn. 12), Art. 115h Rn. 3.

[22] *Rauschning* (Fn. 1), Art. 115h Rn. 18.

[23] *Stern*, Staatsrecht II, S. 1429; *Versteyl* (Fn. 12), Art. 115h Rn. 4.

[24] *Herzog* (Fn. 12), Art. 115h Rn. 10; *Versteyl* (Fn. 12), Art. 115h Rn. 4.

[25] *Rauschning* (Fn. 1), Art. 115h Rn. 19; *Versteyl* (Fn. 12), Art. 115h Rn. 4; *Grote* (Fn. 15), Art. 115h Rn. 7.

[26] Vgl. *Versteyl* (Fn. 12), Art. 115h Rn. 4.

[27] *Herzog* (Fn. 12), Art. 115h Rn. 16f.; *Achterberg*, Parlamentsrecht, S. 558; *A. Hopfauf*, in: Schmidt-Bleibtreu/Hofmann/Henneke, GG, Art. 115h Rn. 10; a.A. *Rauschning* (Fn. 1), Art. 115h Rn. 22; *Grote* (Fn. 15), Art. 115h Rn. 8, der im Hinblick auf die demokratische Legitimation eine Neuwahl nur nach Ablauf der Neun-Monatsfrist zulassen will, es sei denn die Stellvertretung ist (kurz) vor dem Verteidigungsfall eingetreten, was dann aber inkonsequent ist.

[28] Vgl. auch *Versteyl* (Fn. 12), Art. 115h Rn. 4.

zeiten gilt, die innerhalb der sechs Monate nach Beendigung des Verteidigungsfalls ablaufen[29]. Die Verlängerung tritt nicht ein, wenn bereits vor Eintritt des Verteidigungsfalles die Neuwahl des nachfolgenden Richters stattgefunden hat[30]. Die **Kontinuität und Funktionsfähigkeit des Bundesverfassungsgerichts** soll gerade auch in den sechs Monaten nach Beendigung des Verteidigungsfalles gesichert werden, weswegen dem Vorschlag des Bundesverfassungsgerichts, die Amtszeit nur bis zur Beendigung des Verteidigungsfalles zu verlängern, zu Recht nicht gefolgt worden ist[31]. Anderweitige Vakanzfälle (z.B. Tod eines Richters) müssen durch Neuwahlen durch die zuständigen Verfassungsorgane, also gegebenenfalls durch den Gemeinsamen Ausschuß (→ Art. 53a Rn. 4f.), geregelt werden[32].

III. Neuwahl und Sturz des Bundeskanzlers im Verteidigungsfall gem. Art. 115h II GG

9 Im Verteidigungsfall ist der Verfassungsstaat noch stärker als in Friedenszeiten auf ein aktionsfähiges Zentrum der Staatsleitung angewiesen. Die Regierung mit dem Bundeskanzler an ihrer Spitze, in dem sich nach Art. 115b GG auch die militärische Befehls- und Kommandogewalt konzentriert, ist dieses Zentrum. Die Verlängerung der Wahlperiode des Bundestages sichert in Verbindung mit der Regelung des Art. 69 II GG zugleich eine Verlängerung der Amtszeit des Bundeskanzlers[33]. Wegen des Verbots einer Auflösung des Bundestages in Art. 115h III GG kann auch die **Vertrauensfrage nach Art. 68 GG nicht** gestellt werden und bleibt andernfalls sanktionslos[34]. Gleichwohl kann aufgrund Todes, Rücktritts, Gefangenschaft oder aus ähnlichen Gründen eine Vakanz eintreten, die eine Neuwahl erforderlich macht. In diesen Fällen hat zunächst weiterhin der Bundestag gem. Art. 63 GG die Aufgabe und Kompetenz, den Bundeskanzler neu zu wählen[35]. Wie unmittelbar aus der Formulierung des Art. 115h II 1 GG hervorgeht, **wählt der Gemeinsame Ausschuß** den Bundeskanzler **nur subsidiär**, also wenn der Bundestag an seinem Zusammentritt gem. Art. 115e I GG gehindert ist[36].

10 In Entsprechung zu Art. 63 I GG erfolgt die Wahl gem. Art. 115h II 1 2. Hs. GG aufgrund eines **Vorschlags des Bundespräsidenten**, über den der Gemeinsame Ausschuß abstimmt. Erst wenn der Vorschlag des Bundespräsidenten nicht die notwendige Mehrheit auf sich vereinigt, kann der Gemeinsame Ausschuß selbst einen eigenen

---

29 *Herzog* (Fn. 12), Art. 115h Rn. 5; *Versteyl* (Fn. 12), Art. 115h Rn. 5; a. A. *Rauschning* (Fn. 1), Art. 115h Rn. 25.

30 *Rauschning* (Fn. 1), Art. 115h Rn. 24.

31 BT-Drs. V/1879, S. 29; *Versteyl* (Fn. 12), Art. 115h Rn. 5.

32 *Rauschning* (Fn. 1), Art. 115h Rn. 26; *Stern*, Staatsrecht II, S. 1429; *Versteyl* (Fn. 12), Art. 115h Rn. 5; *Hamann/Lenz*, GG, Art. 115h Anm. B. 3.

33 *Rauschning* (Fn. 1), Art. 115h Rn. 27; *Herzog* (Fn. 12), Art. 115h Rn. 23.

34 *E. Brandt*, Die Bedeutung parlamentarischer Vertrauensregelungen, 1981, S. 58; *Stern*, Staatsrecht II, S. 1429 Fn. 169; *Versteyl* (Fn. 12), Art. 115h Rn. 6; *Herzog* (Fn. 12), Art. 115h Rn. 38f.; a. A. *Grote* (Fn. 15), Art. 115h Rn. 13: Vertrauensfrage kann gestellt werden, Bundestag aber nicht aufgelöst werden. Das ist dann aber eben keine Vertrauensfrage nach Art. 68 GG.

35 *Herzog* (Fn. 12), Art. 115h Rn. 24.

36 Allg. Auffassung: *Rauschning* (Fn. 1), Art. 115h Rn. 28; *Lenz*, Notstandsverfassung (Fn. 15), Art. 115h Rn. 7; *Versteyl* (Fn. 12), Art. 115h Rn. 7.

Vorschlag zur Abstimmung stellen und eine andere Person als die vom Bundespräsidenten vorgeschlagene wählen[37].

Die **Wahl** durch den Gemeinsamen Ausschuß **erfolgt einheitlich**; auch hier wird nicht nach Bänken getrennt, obwohl dadurch der Bundeskanzler mehrheitlich durch Bundesratsmitglieder gewählt werden kann[38]. Der Gemeinsame Ausschuß ist ein einheitliches, eigenständiges Verfassungsorgan, das die Kompetenzen des Bundestages als Ganzem wahrnimmt[39]. Das Erfordernis der Mehrheit der Mitglieder (Art. 121 GG) entspricht der Regelung des Art. 63 II GG für die Wahl durch den Bundestag. Die dafür vorgesehene Erleichterung nach Art. 63 IV 1 GG ist für die Wahl durch den Gemeinsamen Ausschuß allerdings mit Bedacht nicht vorgesehen. Die Beibehaltung des qualifizierten Mehrheitserfordernisses soll nämlich »einen Zwang zur Einigung ausüben«[40]. Die Regelung steht damit freilich im Widerspruch zur Intention der Notstandsverfassung, möglichst eine handlungs- und funktionsfähige Regierung zu erhalten oder zu installieren, wenn hier höhere Anforderungen an die Mehrheitsbildung als im Normalfall gestellt werden[41]. Unabhängig von den Modalitäten ist der gewählte Bundeskanzler in vollem Umfang Amtsinhaber und kein »Notkanzler«[42]. Seine Amtszeit endet ebenfalls regulär mit dem Zusammentritt eines neuen Bundestages[43]. 11

Art. 115h II 2 GG modifiziert darüber hinaus die dem Gemeinsamen Ausschuß aufgrund der Regelung des Art. 115e I GG ohnehin zustehende Kompetenz zum Regierungssturz im Wege des konstruktiven Mißtrauensvotums nach Art. 67 GG[44], indem das **Mißtrauensvotum zusätzlich an die qualifizierte Mehrheit von zwei Dritteln seiner Mitglieder** gebunden wird. Durch die Zwei-Drittel-Mehrheit soll gesichert werden, daß der Bundeskanzler jedenfalls nicht gegen den Willen der Mehrheit der Bundestagsmitglieder im Gemeinsamen Ausschuß ausgewechselt werden kann[45], was schon im Hinblick auf die daneben weiter bestehende Möglichkeit des Bundestages, seinerseits durch konstruktives Mißtrauensvotum den Kanzler zu stürzen, sinnvoll erscheint[46]. Als parlamentarisches Gegengewicht zur Machtkonzentration beim Bundeskanzler ist die Möglichkeit der Regierungsablösung auch ein insgesamt notwendiges Element der Notstandsverfassung[47]. Die Frist des Art. 67 II GG wird durch Art. 115h II GG nicht außer Kraft gesetzt[48]. 12

---

[37] *Herzog* (Fn. 12), Art. 115h Rn. 26; *Versteyl* (Fn. 12), Art. 115h Rn. 9; nur eine kurze Abwartefrist für den Vorschlag des Bundespräsidenten hält *Rauschning* (Fn. 1), Art. 115h Rn. 30 für erforderlich; eine weitergehende Entscheidungsfreiheit nimmt offenbar *Robbers* (Fn. 13), Art. 115h Rn. 10 an.

[38] Vgl. auch *Versteyl* (Fn. 12), Art. 115h Rn. 7; *Rauschning* (Fn. 1), Art. 115h Rn. 32; *Herzog* (Fn. 12), Art. 115h Rn. 28; *Stern*, Staatsrecht II, S. 1429; *Grote* (Fn. 15), Art. 115h Rn. 11.

[39] BT-Drs. V/1879, S. 30; vgl. auch *J. Seifert*, Der Notstandsausschuß, 1968, S. 156f. m. w. N. aus den Beratungen und mit kritischem Akzent s. auch *H. Schäfer*, AöR 93 (1968), 37 (59).

[40] BT-Drs. V/1879, S. 29.

[41] Zutreffende Kritik bei *Versteyl* (Fn. 12), Art. 115h Rn. 8.

[42] *Herzog* (Fn. 12), Art. 115h Rn. 30; *Stern*, Staatsrecht II, S. 1429; *Hopfauf* (Fn. 27), Art. 115h Rn. 18.

[43] *Hamann/Lenz*, GG, Art. 115h Anm. B. 5; *Versteyl* (Fn. 12), Art. 115h Rn. 11.

[44] *Herzog* (Fn. 12), Art. 115h Rn. 33; *Rauschning* (Fn. 1), Art. 115h Rn. 33; freilich war die Befugnis im Rechtsausschuß umstritten gewesen: *Lenz*, Notstandsverfassung (Fn. 15), Art. 115h Rn. 9.

[45] *Rauschning* (Fn. 1), Art. 115h Rn. 33; *Herzog* (Fn. 12), Art. 115h Rn. 35; vgl. auch *Seifert*, Notstandsausschuß (Fn. 39), S. 157f.

[46] Zum Ausschluß des Art. 68 GG: → Rn. 13.

[47] In diesem Sinne auch *Versteyl* (Fn. 12), Art. 115h Rn. 10.

[48] So aber *Herzog* (Fn. 12), Art. 115h Rn. 37; *Deiseroth* (Fn. 13), Art. 115h Rn. 15; *Grote* (Fn. 15), Art. 115h Rn. 12.

IV. Der Ausschluß der Auflösung des Bundestages gem. Art. 115h III GG

13 Art. 115h III GG **schließt** die Möglichkeiten zur **Auflösung des Bundestages gem. Art. 63 IV, 68 GG** für die Zeit des Verteidigungsfalles **aus**. Die Regelung ist eine Konsequenz der Intention des Art. 115h I GG, keine Neuwahlen während der Zeit des Verteidigungsfalles sowie in den anschließenden sechs Monaten durchzuführen[49]. Dementsprechend sollte die Vorschrift in Übereinstimmung mit Art. 115h I GG (→ Rn. 4) so ausgelegt werden, daß auch im Falle einer Auflösung erst nach dem Ablauf der sechs Monate nach Beendigung des Verteidigungsfalles Neuwahlen abgehalten werden dürfen, so daß die Auflösung im Hinblick auf Art. 39 I 4 GG frühestens 60 Tage vor Ablauf der sechs Monate erfolgen darf[50].

D. Verhältnis zu anderen GG-Bestimmungen

14 Art. 115h I GG **modifiziert die allgemeinen Regelungen über die Amtszeiten** des Bundestages (**Art. 39 I GG**), des Bundespräsidenten (**Art. 54 II GG**) und der Mitglieder des Bundesverfassungsgerichts (§ 4 BVerfGG) im Verteidigungsfall, indem die betreffenden Amtsperioden bis zum Ablauf von sechs bzw. neun Monaten nach Beendigung des Verteidigungsfalls verlängert werden. Art. 115h II GG ändert die Regelungen über die Neuwahl des Bundeskanzlers (**Art. 63 GG**) und über das konstruktive Mißtrauensvotum (**Art. 67 GG**) im Verteidigungsfall allein für den Gemeinsamen Ausschuß ab. Art. 115h III GG schließt die Auflösungsmöglichkeiten nach **Art. 63 IV, 68 GG** aus.

---

[49] BT-Drs. V/1879, S. 30; *Versteyl* (Fn. 12), Art. 115h Rn. 12; a. A. *Grote* (Fn. 15), Art. 115h Rn. 14, der das Auflösungsverbot auf die Dauer des Verteidigungsfalls beschränken will; ebenso *Hopfauf* (Fn. 27), Art. 115h Rn. 18.

[50] *Versteyl* (Fn. 12), Art. 115h Rn. 12 läßt eine Auflösung bereits drei Monate nach Beendigung des Verteidigungsfalles zu, weil er offenbar die Frist des Art. 39 II GG noch hinzurechnet, was aber jedenfalls nicht mit der Verschiebung der Neuwahlen auf einen Zeitpunkt nach Ablauf der sechs Monate vereinbar ist.

Artikel 115i [Besondere Kompetenzen der Landesregierungen]

(1) Sind die zuständigen Bundesorgane außerstande, die notwendigen Maßnahmen zur Abwehr der Gefahr zu treffen, und erfordert die Lage unabweisbar ein sofortiges selbständiges Handeln in einzelnen Teilen des Bundesgebietes, so sind die Landesregierungen oder die von ihnen bestimmten Behörden oder Beauftragten befugt, für ihren Zuständigkeitsbereich Maßnahmen im Sinne des Artikels 115f Abs. 1 zu treffen.

(2) Maßnahmen nach Absatz 1 können durch die Bundesregierung, im Verhältnis zu Landesbehörden und nachgeordneten Bundesbehörden auch durch die Ministerpräsidenten der Länder, jederzeit aufgehoben werden.

Literaturauswahl

Rungweber, Hans-Joachim: Kompetenzverschiebungen im Bereich der Exekutive im Rahmen der Notstandsverfassung, Diss. jur. Bochum 1979.

Leitentscheidungen des Bundesverfassungsgerichts

Diese liegen zu Art. 115i GG bislang nicht vor.

Gliederung

Stichwörter

A. Herkunft, Entstehung, Entwicklung

Die als **Teil der Notstandsverfassung** in das Grundgesetz eingefügte Vorschrift[1], die in Art. 48 IV WRV ein weniger restriktiv gefaßtes Vorbild hat, geht im Ansatz bereits auf den ersten Regierungsentwurf zurück, der eine regionale Ersatzzuständigkeit im Verteidigungsfall vorsah[2]. Der Umfang der Sonderzuständigkeiten ist durchgehend durch eine Verweisung auf Notzuständigkeiten der Bundesregierung bestimmt und hat dementsprechend vom Notverordnungsrecht[3] zur heutigen Verweisung auf Art. 115f I GG 1

[1] 17. Gesetz zur Ergänzung des Grundgesetzes v. 24.6.1968 (BGBl. I S. 709). → Vorb. zu Art. 115a–115l Rn. 5f.

[2] BT-Drs. III/1800: Art. 115a VI, VII; zur Entstehungsgeschichte vgl. auch *D. Rauschning*, in: BK, Art. 115i (1972), Anm. I.

[3] BT-Drs. III/1800: Art. 115a IV, aufgegeben im Rechtsausschuß BT-Drs. IV/3494; dem entsprach ein Aufhebungsrecht auch des Bundestages.

gewechselt[4]. Auf diese Weise verschwand auch das Weisungsrecht gegenüber den Streitkräften[5] ebenso wie eine Unterrichtungspflicht gegenüber Bundestag, Bundesrat, Gemeinsamem Ausschuß und Bundesregierung[6]. Die Änderung der Zuweisung der Ersatzzuständigkeiten von den Ministerpräsidenten auf die Landesregierungen nach Absatz 1[7] ist indes aufgrund eines redaktionellen Versehens nicht in die Fassung des Absatzes 2 übernommen worden[8], während die Tatbestandsvoraussetzung der Kompetenzverlagerung im wesentlichen schon dem zweiten Regierungsentwurf entstammt[9].

B. Internationale, supranationale und rechtsvergleichende Bezüge

2 Internationale und supranationale rechtliche Einwirkungen sind ebensowenig ersichtlich wie Parallelregelungen in anderen Verfassungen.

C. Erläuterungen

I. Allgemeine Bedeutung

3 Während die Notstandsverfassung für den Verteidigungsfall zur Bewältigung der Krisensituation in der Regel eine Zentralisierung und Konzentration der Staatsleitung vorsieht, um Effizienz und Schnelligkeit der Reaktionen auf den äußeren Angriff zu steigern, muß für den umgekehrten Fall einer »Enthauptung« der zentralen Staatsleitung oder die Abschnürung verschiedener Teile des Staates und seiner Organe ebenfalls Vorsorge getroffen werden. Art. 115i GG versucht durch eine **subsidiäre Verlagerung** der zunächst zentralisierten Notstandskompetenzen **auf dezentrale Entscheidungszentren**, die Kupierung oder Isolierung der zentralen Entscheidungsorgane aufzufangen. Die Ausgangssituation für die Verlagerung wird meist plastisch mit dem Zustand der Insellage umschrieben[10], während der oft mißverständlich auf die Ausgangssituation bezogene[11] »Kataraktfall« zutreffend die Rechtsfolgen des Art. 115i GG[12] für die Insellage malerisch beschreibt.

---

[4] BT-Drs. V/1879: Art. 115i I.

[5] Aufgegeben durch Art. 115i I 2 in BT-Drs. IV/3494

[6] Noch enthalten in BT-Drs. V/1879 als Art. 115i II 1, gestrichen vom Rechtsausschuß, s. BT-Drs. V/2873, S. 19, 31.

[7] BT-Drs. V/1879.

[8] Vgl. BT-Drs. V/1879, S. 34, 37 (Korrektur) und BT-Drs. V/2873, S. 19, 31 (endgültige unkorrigierte Fassung); s. auch *Rauschning* (Fn. 2), Art. 115i Anm. I. → Rn. 10.

[9] BT-Drs. IV/891: Art. 115f.

[10] *C. O. Lenz*, Notstandsverfassung des Grundgesetzes, 1971, Art. 115i Rn. 1; *Rauschning* (Fn. 2), Art. 115i Rn. 7; *R. Herzog*, in: Maunz/Dürig, GG, Art. 115i (1970), Rn. 12; *L.-A. Versteyl*, in: v. Münch/Kunig, GG II, Art. 115i Rn. 1; *H.-J. Rungweber*, Kompetenzverschiebungen im Bereich der Exekutive im Rahmen der Notstandsverfassung, Diss. jur. Bochum 1979, S. 201.

[11] Vgl. *Rauschning* (Fn. 2), Art. 115i Rn. 7; *Versteyl* (Fn. 10), Art. 115i Rn. 1, der die Bezeichnung daher als »sprachlich nicht ganz zutreffend« charakterisiert; *Rungweber*, Kompetenzverschiebungen (Fn. 10), S. 201.

II. Die Kompetenzverlagerung auf die Landesregierungen gem. Art. 115i I GG

4 Die Kompetenzverlagerung nach Art. 115i I GG setzt zunächst den **Eintritt des Verteidigungsfalls** voraus[12], ohne daß dies angesichts der systematischen Stellung der Norm besonderer Hervorhebung in der Vorschrift selbst bedürfte[13].

5 Die Ersatzzuständigkeit setzt ferner die entsprechende **Handlungsunfähigkeit der »zuständigen Bundesorgane«** voraus. Im Hinblick auf die Übertragung der Kompetenzen des Art. 115f I GG auf die Landesregierungen durch Art. 115i I GG besteht freilich Einigkeit darüber, daß hiermit allein die Bundesregierung und ihre Mitglieder sowie deren nachgeordnete Behörden gemeint sein können, nicht jedoch die ebenfalls im Verteidigungsfall zuständigen anderen Verfassungsorgane des Bundestages, des Bundesrates, des Gemeinsamen Ausschusses oder des Bundespräsidenten[14].

6 Die Bundesregierung muß darüber hinaus **außerstande** sein, die **notwendigen Maßnahmen zur Abwehr der Gefahr** zu treffen. Mit der Gefahr ist hier die äußere Gefahr gemeint, womit noch an die ursprüngliche Überschrift des Abschnitts Xa angeknüpft wird[15]. Die notwendigen Maßnahmen sind polizeiliche und sonstige Verwaltungsmaßnahmen und erstrecken sich nicht auf den Einsatz der Streitkräfte[16]. Die Bundesregierung muß objektiv nicht in der Lage sein, die Maßnahmen zu treffen, also funktionsunfähig sein[17]. Dies ist vor allem im Fall der sog. Insellage anzunehmen, wenn die Bundesregierung etwa infolge einer Unterbrechung der Nachrichtenverbindungen isoliert ist, aber auch in anderen Fällen, wenn sie aus physischen (Tod, Gefangenschaft) oder organisatorischen (Verhinderung des Zusammentritts) Gründen keine Entscheidungen treffen kann[18]. Nicht ausreichend ist die bloße Rat- oder Entschlußlosigkeit[19].

7 Schließlich muß die Lage **unabweisbar ein sofortiges selbständiges Handeln** in einzelnen Teilen des Bundesgebietes verlangen. Die Unabweisbarkeit ist nicht als Ausprägung des Verhältnismäßigkeitsprinzips[20], sondern als Voraussetzung der Zuständigkeitsverlagerung zu verstehen, um Kompetenzkonfusionen und widerstreitende Kompetenzwahrnehmung zu verhindern[21]. Der Satzbestandteil »in einzelnen Teilen des Bundesgebietes« ist überflüssig, da eine Kompetenzverlagerung auch dann anzunehmen ist, wenn im ganzen Bundesgebiet ein sofortiges Handeln erforderlich ist[22].

---

12 Vgl. *Lenz*, Notstandsverfassung (Fn. 10), Art. 115i Rn. 1.

13 Allg. Auffassung: *Herzog* (Fn. 10), Art. 115i Rn. 8; *Rauschning* (Fn. 2), Art. 115i Rn. 1; *Versteyl* (Fn. 10), Art. 115i Rn. 2; *G. Robbers*, in: Sachs, GG, Art. 115i Rn. 2; *R. Grote*, in: v. Mangoldt/Klein/Starck, GG III, Art. 115i Rn. 2; man wird deshalb nicht einmal ein Redaktionsversehen annehmen können, so aber *K. Ipsen*, in: BK, Art. 115f (1970), Rn. 9.

14 *Lenz*, Notstandsverfassung (Fn. 10), Art. 115i Rn. 2; *Rauschning* (Fn. 2), Art. 115i Rn. 3 f.; *Herzog* (Fn. 10), Art. 115i Rn. 10 f.; *Versteyl* (Fn. 10), Art. 115i Rn. 3; *Stern*, Staatsrecht II, S. 1418; *Grote* (Fn. 13), Art. 115i Rn. 2.

15 *Rauschning* (Fn. 2), Art. 115i Rn. 5; *Herzog* (Fn. 10), Art. 115i Rn. 9; *D. Deiseroth*, in: Umbach/Clemens, GG, Art. 115i Rn. 6; vgl. auch BT-Drs. IV/891; IV/3494.

16 *Rauschning* (Fn. 2), Art. 115i Rn. 6; *Grote* (Fn. 13), Art. 115i Rn. 2.

17 *Versteyl* (Fn. 10), Art. 115i Rn. 5; *Grote* (Fn. 13), Art. 115i Rn. 4.

18 *Herzog* (Fn. 10), Art. 115i Rn. 12; *Rauschning* (Fn. 2), Art. 115i Rn. 7 ff.

19 *Grote* (Fn. 13), Art. 115i Rn. 4; a. A. *Lenz*, Notstandsverfassung (Fn. 10), Art. 115i Rn. 5.

20 So aber vor allem *Herzog* (Fn. 10), Art. 115i Rn. 16; *Versteyl* (Fn. 10), Art. 115i Rn. 7.

21 In diesem Sinn auch *Rauschning* (Fn. 2), Art. 115i Rn. 11 f.; vgl. ferner *D. Sterzel*, in: AK-GG, Abschn. Xa (2001), Rn. 94.

22 *Rauschning* (Fn. 2), Art. 115i Rn. 11; *Versteyl* (Fn. 10), Art. 115i Rn. 7.

8 **Inhaber der Ersatzzuständigkeit** sind die Landesregierungen oder die von ihnen bestimmten Behörden oder Beauftragten. Unter Landesregierungen sind die Kollegialorgane, nicht einzelne Minister zu verstehen[23]. Die Zugehörigkeit zur Landesregierung bestimmt sich nach Landesverfassungsrecht. Die Landesregierungen können die Kompetenz auch auf Behörden oder Beauftragte übertragen. Anders als bei Art. 115f I Nr. 2 GG sind die Landesregierungen hierbei in ihrer Wahl frei[24]. Die Übertragung kann bereits vorsorglich vor Eintritt der Voraussetzungen des Art. 115i I GG vorgenommen werden[25], wodurch Unsicherheiten über die Ersatzzuständigkeit bei einem Ausfall der Landesregierung vermieden werden können[26].

9 In ihrem **Inhalt** ist die **Ersatzzuständigkeit** räumlich und sachlich beschränkt. Räumlich ist die Befugnis auf den Zuständigkeitsbereich der Landesregierungen beschränkt, während sich eine sachliche oder funktionale Beschränkung daraus gerade nicht ergibt[27]. Eine grenzübergreifende einheitliche Führung läßt sich nur durch eine einheitliche Bestellung derselben Beauftragten durch mehrere Landesregierungen herstellen[28]. In sachlicher Hinsicht gelten die Voraussetzungen, Grenzen und Modalitäten der Kompetenz nach Art. 115f I GG, auf den Art. 115i I GG verweist. Das erlaubt Weisungen an die gesamte (Bundes-, Landes- und Kommunal-)Verwaltung und den »Bundesgrenzschutz«, also die heutige Bundespolizei, im Landesgebiet, jedoch nicht an die Streitkräfte, deren Einsatz durch Art. 87a GG abschließend geregelt wird[29]. Das schließt auch die Bestellung eines Offiziers zum Beauftragten aus[30]. Die Weisungsbefugnis eines Beauftragten kann sich nach dem Sinn der Vorschrift nicht auf die Landesregierungen erstrecken[31].

III. Die Aufhebung der Kompetenzverlagerung gem. Art. 115i II GG

10 Die **Ersatzzuständigkeit endet automatisch**, wenn die Voraussetzungen des Art. 115i I GG entfallen, also der Verteidigungsfall endet, die zuständigen Bundesorgane wieder

---

[23] *Rauschning* (Fn. 2), Art. 115i Rn. 13; *Grote* (Fn. 13), Art. 115i Rn. 6; a. A. *Herzog* (Fn. 10), Art. 115i Rn. 19; *Versteyl* (Fn. 10), Art. 115i Rn. 8; dafür spricht schon die Delegationsmöglichkeit nach Art. 115i I GG.

[24] *Herzog* (Fn. 10), Art. 115i Rn. 21; *Rauschning* (Fn. 2), Art. 115i Rn. 14; unzutreffender Verweis auf Art. 115f I Nr. 2 GG bei *Versteyl* (Fn. 10), Art. 115i Rn. 8.

[25] *Herzog* (Fn. 10), Art. 115i Rn. 22; *Rauschning* (Fn. 2), Art. 115i Rn. 16; *Versteyl* (Fn. 10), Art. 115i Rn. 8; *Sterzel* (Fn. 21), Abschn. Xa Rn. 95.

[26] Noch BT-Drs. IV/3494 hatte für diesen Fall weitere Ersatzzuständigkeiten vorgesehen; ein entsprechender Übergang auf »das der Landesregierung am nächsten stehende Amt« (*Lenz*, Notstandsverfassung [Fn. 10], Art. 115i Rn. 6) ist deshalb noch zweifelhafter als ein Übergang auf einen Landesminister (→ Fn. 3).

[27] *Rauschning* (Fn. 2), Art. 115i Rn. 20; s. auch *Rungweber*, Kompetenzverschiebungen (Fn. 10), S. 206.

[28] *Rauschning* (Fn. 2), Art. 115i Rn. 21; *Versteyl* (Fn. 10), Art. 115i Rn. 9; *Stern*, Staatsrecht II, S. 1417.

[29] Allg. Auffassung: *Herzog* (Fn. 10), Art. 115i Rn. 29; *Rauschning* (Fn. 2), Art. 115i Rn. 25; *Versteyl* (Fn. 10), Art. 115i Rn. 10; *Lenz*, Notstandsverfassung (Fn. 10), Art. 115i Rn. 8; *Rungweber*, Kompetenzverschiebungen (Fn. 10), S. 206; *Sterzel* (Fn. 21), Abschn. Xa Rn. 96; *Robbers* (Fn. 13), Art. 115 Rn. 5; *Jarass*/Pieroth, GG, Art. 115i Rn. 1; *A. Hopfauf*, in: Schmidt-Bleibtreu/Hofmann/Henneke, GG, Art. 115i Rn. 11.

[30] *Versteyl* (Fn. 10), Art. 115i Rn. 10; *Grote* (Fn. 13), Art. 115i Rn. 12; a. A. *Herzog* (Fn. 10), Art. 115i Rn. 30.

[31] So aber *Herzog* (Fn. 10), Art. 115i Rn. 33; dagegen zu Recht *Rauschning* (Fn. 2), Art. 115i Rn. 27; *Grote* (Fn. 13), Art. 115i Rn. 11.

handlungsfähig sind oder die Erforderlichkeit zum Handeln wegfällt[32]. Art. 115i II GG sieht daneben aber auch die Möglichkeit zur **Aufhebung einzelner Maßnahmen** vor[33], der eine Informationspflicht der Ersatzorgane[34] korrespondiert. Die Aufhebungsbefugnis steht zunächst der Bundesregierung zu. Wortlaut und das Gewicht der Aufhebungsbefugnis verbieten eine Erstreckung auf die zuständigen Bundesbehörden[35]. Darüber hinaus weist Art. 115i II GG auch den Ministerpräsidenten der Länder eine Aufhebungsbefugnis zu, die in jeder Hinsicht unklar ist. So muß schon die in ihrem Wortlaut eindeutige Kompetenzzuweisung an die Ministerpräsidenten wohl als Redaktionsversehen angesehen werden[36], das zu dem sinnwidrigen Ergebnis einer Aufhebungsbefugnis und damit praktisch eines Vetorechts des Ministerpräsidenten gegenüber den Maßnahmen seiner Landesregierung führen würde[37]. Zumindest insoweit steht dem Ministerpräsidenten keine Aufhebungsbefugnis zu[38]. Unklar ist ferner, was mit einer Aufhebung »im Verhältnis zu Landesbehörden und nachgeordneten Bundesbehörden« gemeint sein kann. Maßnahmen dieser Behörden[39] lassen sich darunter deshalb schwerlich verstehen, weil Maßnahmen nach Art. 115i I GG von Bundesbehörden nur dann getroffen werden können, wenn ihnen von den Landesregierungen die Ersatzzuständigkeit außerhalb ihrer normalen Befugnisse übertragen worden ist, was eine außerordentlich unwahrscheinliche Konstellation darstellt[40]. Die Vorschrift ist insofern völlig mißglückt. Die Aufhebung kann im übrigen jederzeit erfolgen, setzt also weder sofortiges Handeln voraus noch wird überhaupt ein Zeitlimit gesetzt. Aus der Aufhebungsbefugnis folgt entsprechend zu Art. 115f II GG die Verpflichtung der handelnden Organe und Behörden, die aufhebungsberechtigten Organe (Bundesregierung, Ministerpräsidenten) über die Maßnahmen zu unterrichten[41].

D. Verhältnis zu anderen GG-Bestimmungen

Die Vorschrift des Art. 115i GG begründet Kompetenzen der Landesregierungen, die neben die Kompetenzen der Bundesregierung nach **Art. 115f I GG** treten, diese also gerade nicht verdrängen. Im übrigen weicht die Regelung durch die subsidiäre Übertragung von Weisungsbefugnissen gegenüber Bundesbehörden auf die Landesregierungen und ihre Bevollmächtigten von der ansonsten geltenden prinzipiellen Überordnung der Bundesbehörden über die Landesbehörden gem. **Art. 83 ff. GG** ab. 11

[32] Vgl. auch *Rauschning* (Fn. 2), Art. 115i Rn. 29 ff.; *Rungweber*, Kompetenzverschiebungen (Fn. 10), S. 205; *Hopfauf* (Fn. 29), Art. 115i Rn. 14.

[33] Ein Kassationsrecht (*Rungweber*, Kompetenzverschiebungen [Fn. 10], S. 208), kein Suspensionsrecht (so aber *Herzog* [Fn. 10], Art. 115i Rn. 37).

[34] *Versteyl* (Fn. 10), Art. 115i Rn. 13; *Grote* (Fn. 13), Art. 115i Rn. 18.

[35] *Rauschning* (Fn. 2), Art. 115i Rn. 35; *Versteyl* (Fn. 10), Art. 115i Rn. 11; a. A. *Lenz*, Notstandsverfassung (Fn. 10), Art. 115i Rn. 9.

[36] *Rauschning* (Fn. 2), Art. 115i Rn. 36; vgl. auch *Lenz*, Notstandsverfassung (Fn. 10), Art. 115i Rn. 10; zweifelnd *Versteyl* (Fn. 10), Art. 115i Rn. 12.

[37] Vgl. auch *Herzog* (Fn. 10), Art. 115i Rn. 40 ff.; *Rauschning* (Fn. 2), Art. 115i Rn. 36; *Grote* (Fn. 13), Art. 115i Rn. 17; vgl. andererseits die Rechtfertigung dieser Regelung bei *Versteyl* (Fn. 10), Art. 115i Rn. 12.

[38] So *Rauschning* (Fn. 2), Art. 115i Rn. 36; *Stern*, Staatsrecht II, S. 1418 f.; *Rungweber*, Kompetenzverschiebungen (Fn. 10), S. 208; a. A. *Lenz*, Notstandsverfassung (Fn. 10), Art. 115i Rn. 10.

[39] So *Herzog* (Fn. 10), Art. 115i Rn. 39.

[40] Vgl. *Rauschning* (Fn. 2), Art. 115i Rn. 37.

[41] *Lenz*, Notstandsverfassung (Fn. 10), Art. 115i Rn. 11; *Versteyl* (Fn. 10), Art. 115i Rn. 13.

Artikel 115k [Normgeltung]

(1) [1]Für die Dauer ihrer Anwendbarkeit setzen Gesetze nach den Artikeln 115c, 115e und 115g und Rechtsverordnungen, die auf Grund solcher Gesetze ergehen, entgegenstehendes Recht außer Anwendung. [2]Dies gilt nicht gegenüber früherem Recht, das auf Grund der Artikel 115c, 115e und 115g erlassen worden ist.

(2) Gesetze, die der Gemeinsame Ausschuß beschlossen hat, und Rechtsverordnungen, die auf Grund solcher Gesetze ergangen sind, treten spätestens sechs Monate nach Beendigung des Verteidigungsfalles außer Kraft.

(3) [1]Gesetze, die von den Artikeln 91a, 91b, 104a, 106 und 107 abweichende Regelungen enthalten, gelten längstens bis zum Ende des zweiten Rechnungsjahres, das auf die Beendigung des Verteidigungsfalles folgt. [2]Sie können nach Beendigung des Verteidigungsfalles durch Bundesgesetz mit Zustimmung des Bundesrates geändert werden, um zu der Regelung gemäß den Abschnitten VIIIa und X überzuleiten.

Literaturauswahl

Amann, Hermann: Verfassungsrechtliche Probleme des Gemeinsamen Ausschusses nach Art. 53a Abs. 1 Grundgesetz, 1971.
Perels, Joachim: Die Beendigung des Notstandsfalls, in: Dieter Sterzel (Hrsg.), Kritik der Notstandsgesetze, 1968, S. 181–186.
Wilke, Dieter: Notstandsverfassung und Verordnungsrecht, in: DVBl. 1969, S. 917–924.

Leitentscheidungen des Bundesverfassungsgerichts

Diese liegen zu Art. 115k GG bislang nicht vor.

Gliederung

Stichwörter

A. Herkunft, Entstehung, Entwicklung

1 Die **im Rahmen der Notstandsverfassung** in das Grundgesetz eingefügte Vorschrift[1] geht in ihren beiden Regelungskomplexen auf unterschiedliche Stadien des Verfassungsänderungsprozesses zurück. Die Regelung des Art. 115k I GG ist erst durch den Entwurf des Rechtsausschusses eingeführt worden, um dem Problem zu entgehen, daß

[1] 17. Gesetz zur Ergänzung des Grundgesetzes v. 24.6.1968 (BGBl. I S. 709). → Vorb. zu Art. 115a–115l Rn. 5f.

durch nur vorübergehend geltende Gesetze außer Kraft gesetztes Recht gleichwohl nur schwer wieder aufleben kann[2]. Demgegenüber gehen die Regelungen der Art. 115k II, III GG über die befristete Geltung der Notgesetze und der darauf beruhenden Rechtsverordnungen im Ansatz bereits auf die frühesten Entwürfe zurück, die freilich noch im wesentlichen eine Begrenzung auf die Zeit des Verteidigungsfalles vorsahen[3]. Der Regierungsentwurf von 1967 enthielt dann insgesamt schon – von redaktionellen Veränderungen abgesehen – die heutige Fassung des Art. 115k GG[4]. Im Zuge der Finanzverfassungsreform mußte Art. 115k III GG dann noch angepaßt werden[5].

B. Internationale, supranationale und rechtsvergleichende Bezüge

Einwirkungen des internationalen und supranationalen Rechts sind nicht zu verzeichnen. Eine unterschiedliche **Befristung** des im Notstand gesetzten Rechts findet sich indes vereinzelt auch **in Verfassungen anderer Staaten**[6]. 2

C. Erläuterungen

I. Allgemeine Bedeutung

Die Norm des Art. 115k GG will durch eine **Doppelstrategie** sicherstellen, daß die in Friedenszeiten geltende Rechtsordnung soweit wie möglich intakt bleibt und zeitlich so kurz wie möglich verdrängt wird. Zum einen wird die normale Rechtsordnung durch Rechtsnormen, die aufgrund außerordentlicher Zuständigkeiten gesetzt werden, nach Art. 115k I GG »nur suspendiert, nicht aufgehoben«[7]. Zum anderen wird das vom Gemeinsamen Ausschuß gesetzte Recht in seiner Geltungsdauer durch Art. 115k II GG begrenzt; ebenso werden Abweichungen von der Finanzverfassung nach Art. 115c III GG durch Art. 115k III GG in ihrer Geltungsdauer beschränkt. Die **suspensive Wirkung** des Absatz 1 bildet dabei eine notwendige Ergänzung zum **transitorischen Charakter** nach Absatz 2 und 3[8]. 3

II. Die Suspensionswirkung nach Art. 115k I GG

Die aufgrund außerordentlicher Zuständigkeiten erlassenen Rechtsnormen setzen entgegenstehendes Recht **nur »außer Anwendung«**, aber **nicht außer Kraft**. Die Vorschrift beseitigt also für dieses Notrecht den normalerweise geltenden Grundsatz[9] 4

---

[2] BT-Drs. IV/3494: schon als Art. 115k; zur Entstehungsgeschichte vgl. auch *D. Rauschning*, in: BK, Art. 115k (1968), Anm. I.; im übrigen galt dies im Grundsatz auch für die Diktaturmaßnahmen unter der WRV, vgl. *R. Grau*, Die Diktaturgewalt des Reichspräsidenten, in: HdbDStR II, S. 274 ff. (280).

[3] BT-Drs. III/1800: Art. 115a IV Ziff. 5; BT-Drs. IV/891: Art. 115b II a, b, d, e; für Finanzgesetze galt eine Begrenzung bis zum Ende des betreffenden Rechnungsjahres; eine 6-Monatsfrist wie heute war vorgesehen in Art. 115g II, 115d II a, c, d, e, 115m II; ferner BT-Drs. IV/3494: Art. 115e III.

[4] BT-Drs. V/1879.

[5] 21. Gesetz zur Änderung des Grundgesetzes v. 12.5.1969 (BGBl. I S. 359).

[6] Art. 48 Griech. Verf. 1975; Art. 77 Ital. Verf.

[7] BT-Drs. V/1879, S. 30.

[8] *H. Amann*, Verfassungsrechtliche Probleme des Gemeinsamen Ausschusses nach Art. 53a Abs. 1 Grundgesetz, 1971, S. 247.

[9] Dieser in seiner Selbstverständlichkeit heute kaum noch in seiner Geltung hinterfragte Grund-

»lex posterior derogat legi priori«. Die Geltung dieser Regel auch für das Notrecht hätte zur Konsequenz, daß das frühere Recht aus Friedenszeiten dadurch beseitigt und nach Beendigung des Verteidigungsfalls im regulären Gesetzgebungsverfahren neu erlassen werden müßte. Die durch Art. 115k I GG stattdessen vorgesehene bloße Suspensionswirkung läßt das frühere Recht demgegenüber prinzipiell intakt und nach Beseitigung des Notrechts rechtlich wieder aufleben[10]. Die Regelung des Art. 115k I GG beruht auf der praktischen Unmöglichkeit, unmittelbar nach Beendigung des Verteidigungsfalles das gesamte zwischenzeitlich suspendierte Recht im Gesetzgebungswege neu zu verabschieden. Sie verfolgt daher den Zweck, nicht entweder eine Fortgeltung des Notrechts oder – bei beschränkter Geltungsdauer im Sinne der Art. 115k II, III GG – einen gesetzlosen Zustand hinnehmen zu müssen. Außerdem werden durch die Beschränkung der Geltungs- und Derogationskraft des Notrechts gegenüber dem »normalen« Recht die Notkompetenzen des Bundes und des Notparlaments rechtlich auf dem erforderlichen Minimum gehalten[11].

5 Die Suspensionswirkung ist **gegenständlich** auf die Gesetze nach Art. 115c GG, welche die bundesstaatliche Kompetenzverteilung durchbrechen oder dort genannte Grundrechte einschränken, und auf Gesetze des Gemeinsamen Ausschusses nach Art. 115e GG **beschränkt**, einschließlich derjenigen, die unter den einengenden Voraussetzungen des Art. 115g GG ergehen[12]. Art. 115k I GG schließt ferner explizit Rechtsverordnungen ein, zu deren Erlaß die genannten Gesetze ermächtigen[13]. Diese Rechtsverordnungen können aus demokratischen Gründen allerdings nur andere Rechtsverordnungen oder niederrangigeres Recht außer Anwendung setzen, da ihnen gerade kein gesetzesvertretender Charakter zukommt[14].

6 Die **Suspensionswirkung gilt nur für die Dauer der Anwendbarkeit des Notrechts.** Die Anwendbarkeit beginnt auch bei den bereits zuvor erlassenen Gesetzen für den Verteidigungsfall gem. Art. 115c I–III GG frühestens mit dem Eintritt des Verteidigungsfalles und wird gegebenenfalls durch die Erforderlichkeitsklausel gem. Art. 115c II, III GG noch weiter hinausgeschoben[15], andernfalls zu dem im Gesetz bzw. in der Rechtsverordnung bestimmten Zeitpunkt mit oder nach Erlaß, wobei auch bei Art. 115e GG der Verteidigungsfall bereits eingetreten sein muß. Einer Anwendung nach Art. 115c IV GG kommt jedoch keine Suspensionswirkung nach Art. 115k I GG zu[16]. Das Ende der Anwendbarkeit tritt ein durch Aufhebung nach Art. 115l I GG

---

satz beruht unter dem Grundgesetz vornehmlich auf dem Demokratieprinzip, vgl. *W. Heun*, Staatshaushalt und Staatsleitung, 1989, S. 165. → Art. 31 Rn. 15, 18, 37, 47.

[10] *R. Herzog*, in: Maunz/Dürig, GG, Art. 115k (1969/70), Rn. 19; *L.-A. Versteyl*, in: v. Münch/Kunig, GG II, Art. 115k Rn. 5; *Amann*, Probleme (Fn. 8), S. 247; *D. Deiseroth*, in: Umbach/Clemens, GG, Art. 115k Rn. 6; *A. Hopfauf*, in: Schmidt-Bleibtreu/Hofmann/Hennecke, GG, Art. 115k Rn. 2f.; *R. Grote*, in: v. Mangoldt/Klein/Starck, GG III, Art. 115k Rn. 5.

[11] Zur Zielsetzung vgl. auch *Herzog* (Fn. 10), Art. 115k Rn. 27f.; *Rauschning* (Fn. 2), Art. 115k Rn. 3; *Versteyl* (Fn. 10), Art. 115k Rn. 5.

[12] Die Erwähnung von Art. 115g GG ist deswegen überflüssig und hat allenfalls klarstellende Bedeutung, so zu Recht *Rauschning* (Fn. 2), Art. 115k Rn. 1; *Grote* (Fn. 10), Art. 115k Rn. 3.

[13] Mißverständlich *Versteyl* (Fn. 10), Art. 115k Rn. 4, der nur Rechtsverordnungen darunter versteht, zu denen »im abgekürzten Gesetzesverfahren« ermächtigt wurde.

[14] BT-Drs. V/1879, S. 31; *Herzog* (Fn. 10), Art. 115k Rn. 35ff.; *Versteyl* (Fn. 10), Art. 115k Rn. 4; *Stern*, Staatsrecht II, S. 1425; *N. Achterberg*, Parlamentsrecht, 1984, S. 556; *Amann*, Probleme (Fn. 8), S. 248ff.

[15] *Rauschning* (Fn. 2), Art. 115k Rn. 6.

[16] *Rauschning* (Fn. 2), Art. 115k Rn. 7; a. A. wohl *C. O. Lenz*, Notstandsverfassung des Grundgesetzes, 1971, Art. 115k Rn. 5.

seitens des Bundestages oder des Bundesrates oder nach Art. 115e I GG seitens des Gemeinsamen Ausschusses[17]. Daneben setzen Art. 115k II, III GG der Geltungsdauer ebenso äußerste Grenzen wie die Vorschrift des Art. 115c II, III GG den betreffenden Gesetzen durch die Bindung an die Dauer des Verteidigungsfalles[18], sofern das Gesetz selbst nicht noch engere Grenzen zieht.

Die Vorschrift des Art. 115k I 1 GG gilt kraft expliziter Regelung in Art. 115k I 2 GG **nicht im Verhältnis zwischen den Rechtsnormen gem. Art. 115c, 115e, 115g GG untereinander**. Hierfür installiert Art. 115k I 2 GG gewissermaßen als »Ausnahme von der Ausnahme«[19] wieder die lex posterior-Regel. Späteres Notrecht kann früheres Notrecht ohne weiteres ändern oder aufheben. Die Gründe, die die Regelung des Art. 115k I 1 GG tragen, gelten im Verhältnis zwischen den Normen des verteidigungsfallbedingten Notrechts gerade nicht[20]. Die Konsequenz, daß im Verteidigungsfall erlassene Notgesetze auch zuvor für den Verteidigungsfall erlassene Gesetze derogieren können, läßt sich durch die größere Praxisnähe und die Bedeutung unmittelbarer Notstandserfahrungen rechtfertigen[21]. 7

III. Die Geltungsdauer des Notrechts gem. Art. 115k II, III GG

Gesetze, die der Gemeinsame Ausschuß gem. Art. 115e GG erlassen hat, und Rechtsverordnungen, die aufgrund einer Ermächtigung in diesen Gesetzen ergangen sind, treten gem. Art. 115l II GG **sechs Monate nach Beendigung des Verteidigungsfalles außer Kraft** und werden nicht lediglich unanwendbar[22]. Damit wird die Rückkehr zum Normalzustand zwingend vorgeschrieben[23]. Aus der Formulierung »spätestens« ergibt sich, daß die Rechtsnormen schon früher außer Kraft treten können, wenn sie selbst etwa bereits eine kürzere Frist vorsehen[24]. Soweit es sich um Gesetze nach Art. 115c GG handelt, verlieren sie ebenso wie die darauf gestützten Rechtsverordnungen ihre Wirksamkeit bereits mit Beendigung des Verteidigungsfalles[25] und treten, sofern sie zudem nach Art. 115e GG erlassen worden sind, gem. Art. 115k II GG erst spätestens sechs Monate danach außer Kraft. 8

Art. 115k III GG modifiziert mit mißverständlichen Formulierungen die Geltungsdauer von Gesetzen des Bundestages gem. Art. 115c III GG, die von den Art. 91a, 91b, 9

---

[17] *Rauschning* (Fn. 2), Art. 115k Rn. 5; insoweit gilt Art. 115k I 1 nach Satz 2 ja gerade nicht: → Rn. 7.

[18] Vgl. *Herzog* (Fn. 10), Art. 115k Rn. 20. → Art. 115c Rn. 4; → Rn. 8 ff.

[19] *Versteyl* (Fn. 10), Art. 115k Rn. 6; ähnlich *D. Sterzel*, in: AK-GG, Abschn. Xa (2001), Rn. 81: »Rückausnahme«.

[20] *Herzog* (Fn. 10), Art. 115k Rn. 29; s. auch BT-Drs. V/2873, S. 19; *Amann*, Probleme (Fn. 8), S. 247 f.; *D. Wilke*, DVBl. 1969, 917 (924); *Grote* (Fn. 10), Art. 115k Rn. 8; *Hopfauf* (Fn. 10), Art. 115k Rn. 4.

[21] Vgl. die Einwände von *Versteyl* (Fn. 10), Art. 115k Rn. 6 gegen die Kritik von *Herzog* (Fn. 10), Art. 115k Rn. 30.

[22] *Rauschning* (Fn. 2), Art. 115k Rn. 12; *Jarass*/Pieroth, GG, Art. 115k Rn. 6; *Sterzel* (Fn. 19), Abschn. Xa Rn. 80 sieht die Regelung als Ausdruck des Erforderlichkeitsprinzips.

[23] A. A. fälschlich *J. Perels*, Die Beendigung des Notstandsfalls, in: D. Sterzel (Hrsg.), Kritik der Notstandsgesetze, 1968, S. 181 ff. (186).

[24] *Lenz*, Notstandsverfassung (Fn. 16), Art. 115k Rn. 8; *Rauschning* (Fn. 2), Art. 115k Rn. 13; *Herzog* (Fn. 10), Art. 115k Rn. 42; *Versteyl* (Fn. 10), Art. 115k Rn. 8; *Hopfauf* (Fn. 10), Art. 115k Rn. 8.

[25] *Herzog* (Fn. 10), Art. 115k Rn. 44 f.; mißverstanden von *Versteyl* (Fn. 10), Art. 115k Rn. 7; *Rauschning* (Fn. 2), Art. 115k Rn. 13 spricht unklar von »erloschen«; s. auch *Amann*, Probleme (Fn. 8), S. 241 f.

104a, 106, 107 GG abweichende Regelungen enthalten. Da diese Gesetze gem. Art. 115c III GG an sich bereits mit Beendigung des Verteidigungsfalles ihre Wirksamkeit verlieren, eine Rückführung der Finanzverteilung aber schwerlich sofort möglich ist, **lockert** Art. 115k III GG diese sonst **strikte Wirksamkeitsbegrenzung**[26]. Aus diesem Grund ist die Verlängerung auch auf entsprechende Gesetze des Gemeinsamen Ausschusses zu erstrecken[27].

10 Im Hinblick auf die Formulierung »**gelten**« in Art. 115k III GG wird man nach dem jeweiligen Gesetz differenzieren müssen. Da nach Art. 115c III GG die betreffenden Gesetze prinzipiell nur unanwendbar werden, ist »gelten« ebenfalls in diesem Sinne auszulegen, es sei denn, das Gesetz selbst sieht explizit oder – etwa bei Übergangsregelungen – implizit ein Außerkrafttreten vor[28].

11 Art. 115k III GG **gilt** nach seinem eindeutigen Wortlaut **nur für Gesetze, nicht für Rechtsverordnungen**. Dies hat zur Konsequenz, daß Rechtsverordnungen unmittelbar mit Beendigung des Verteidigungsfalles nach Art. 115c III GG ihre Wirksamkeit verlieren[29]. Sofern dadurch weiter geltende Gesetze die notwendigen Ausführungsvorschriften verlieren, muß ggf. eine Übergangsregelung nach Art. 115k III 2 GG (→ Rn. 13) geschaffen werden[30].

12 Mit der Formulierung »längstens« setzt die Regelung wie mit der Formulierung »spätestens« in Absatz 2 der **Geltungsdauer eine Höchstgrenze**, die der Gesetzgeber ohne weiteres jeweils durch kürzere Fristen unterschreiten kann[31]. Im übrigen kann die Geltungsdauer aufgrund dieser Regelung unter Umständen fast bis zu drei vollen Jahren hinausgeschoben werden, da gem. § 4 BHO das Rechnungsjahr dem Kalenderjahr entspricht[32].

13 Wegen der Schwierigkeiten des Übergangs zur **Finanzverfassung** im Frieden sieht Art. 115k III 2 GG noch zusätzlich vor, daß derartige Gesetze entgegen Art. 115c III GG auch für die Zeit nach Beendigung des Verteidigungsfalles noch abweichend von Art. 91a, 91b, 104a, 106, 107 GG durch Bundesgesetz geändert werden dürfen, wenn die Änderungen zur Normalverfassung überleiten, also im Normalisierungsprozeß Schritte in die Richtung der Normalverfassung bedeuten[33]. Ein derartiges Änderungsgesetz bedarf der Zustimmung des Bundesrates.

---

[26] Vgl. *Herzog* (Fn. 10), Art. 115k Rn. 20; *G. Robbers*, in: Sachs, GG, Art. 115k Rn. 6f.; *Grote* (Fn. 10), Art. 115k Rn. 10f.

[27] *Grote* (Fn. 10), Art. 115k Rn. 10; *Hopfauf* (Fn. 10), Art. 115k Rn. 10; a.A. *Versteyl* (Fn. 10), Art. 115k Rn. 11.

[28] *Herzog* (Fn. 10), Art. 115k Rn. 46 mit Fn. 2; unentschieden *Rauschning* (Fn. 2), Art. 115k Rn. 14f.; unklar *Versteyl* (Fn. 10), Art. 115k Rn. 11.

[29] Art. 115k II GG gilt dagegen nur für Gesetze und Rechtsverordnungen nach Art. 115e GG und ist daher für das Problem hier gar nicht einschlägig; allenfalls treten die betreffenden Rechtsnormen zusätzlich nach Art. 115k II GG auch noch außer Kraft; verwirrend deswegen *Lenz*, Notstandsverfassung (Fn. 16), Art. 115k Rn. 11; *Versteyl* (Fn. 10), Art. 115k Rn. 9.

[30] *Grote* (Fn. 10), Art. 115k Rn. 12.

[31] *Versteyl* (Fn. 10), Art. 115k Rn. 11; *Herzog* (Fn. 10), Art. 115k Rn. 48; *Rauschning* (Fn. 2), Art. 115k Rn. 16. Handelt es sich zugleich um ein Gesetz nach Art. 115e GG, wird man wohl ebenfalls eine Fristenverlängerung nach Art. 115k III GG zulassen können, für das Außerkrafttreten aber Absatz 2 zur Anwendung bringen, s. *Amann*, Probleme (Fn. 8), S. 242ff.

[32] Wenn etwa der Verteidigungsfall am Anfang eines Kalenderjahres beendet wird, s. auch *Versteyl* (Fn. 10), Art. 115k Rn. 11.

[33] Vgl. auch *Lenz*, Notstandsverfassung (Fn. 16), Art. 115k Rn. 11; *Versteyl* (Fn. 10), Art. 115k Rn. 12; *Herzog* (Fn. 10), Art. 115k Rn. 49; *Robbers* (Fn. 26), Art. 115k Rn. 10.

D. Verhältnis zu anderen GG-Bestimmungen

Art. 115k I GG ergänzt explizit die Regelungen der Art. 115c, 115e, 115g GG durch die Beschränkung der Geltungskraft der danach erlassenen Rechtsnormen. Dagegen werden die nach **Art. 115d GG** im verkürzten Gesetzgebungsverfahren erlassenen Gesetze davon nicht berührt; für sie gilt der Grundsatz der lex posterior. Sie unterliegen auch nicht den Regeln der Art. 115k II, III GG über eine verkürzte Geltungsdauer[34]. Ansonsten bezieht sich die Begrenzung der Geltungsdauer gem. Art. 115k II GG allein auf Rechtsnormen gem. **Art. 115e GG**, während Art. 115k III GG ausschließlich Gesetze, die aufgrund der Regelung des **Art. 115c III GG** erlassen werden, betrifft; auf welche Kompetenz- oder Verfahrensvorschriften die Rechtsnormen daneben jeweils gestützt werden, ist unerheblich. 14

[34] *Herzog* (Fn. 10), Art. 115k Rn. 14; *Sterzel* (Fn. 19), Abschn. Xa Rn. 81.

Artikel 115l [Aufhebung von Gesetzen des Gemeinsamen Ausschusses, Beendigung des Verteidigungsfalles]

(1) [1]Der Bundestag kann jederzeit mit Zustimmung des Bundesrates Gesetze des Gemeinsamen Ausschusses aufheben. [2]Der Bundesrat kann verlangen, daß der Bundestag hierüber beschließt. [3]Sonstige zur Abwehr der Gefahr getroffene Maßnahmen des Gemeinsamen Ausschusses oder der Bundesregierung sind aufzuheben, wenn der Bundestag und der Bundesrat es beschließen.

(2) [1]Der Bundestag kann mit Zustimmung des Bundesrates jederzeit durch einen vom Bundespräsidenten zu verkündenden Beschluß den Verteidigungsfall für beendet erklären. [2]Der Bundesrat kann verlangen, daß der Bundestag hierüber beschließt. [3]Der Verteidigungsfall ist unverzüglich für beendet zu erklären, wenn die Voraussetzungen für seine Feststellung nicht mehr gegeben sind.

(3) Über den Friedensschluß wird durch Bundesgesetz entschieden.

Literaturauswahl

Amann, Hermann: Verfassungsrechtliche Probleme des Gemeinsamen Ausschusses nach Art. 53a Abs. 1 Grundgesetz, 1971.

Grießel, Gerald: Der Friedensschluß im Deutschen Verfassungsrecht (Art. 115l Abs. 3 GG), Diss. jur. München 1973.

Perels, Joachim: Die Beendigung des Notstandsfalls, in: Dieter Sterzel (Hrsg.), Kritik der Notstandsgesetze, 1968, S. 181–186.

Rieder, Bruno: Die Entscheidung über Krieg und Frieden nach deutschem Verfassungsrecht, 1984.

Leitentscheidungen des Bundesverfassungsgerichts

Diese liegen zu Art. 115l GG bislang nicht vor.

Gliederung

Stichwörter

A. Herkunft, Entstehung, Entwicklung

I. Verfassungsgeschichtliche Aspekte

Während die Aufhebungsbefugnis des Parlaments nach Art. 115l I GG allenfalls in dem Aufhebungsrecht des Reichstages gem. Art. 48 III WRV einen Vorläufer findet[1], geht die **Parlamentskompetenz zur Entscheidung über den Frieden** schon auf die ständischen Mitwirkungsrechte bei der **Ausübung des ius pacis** im Reich[2] wie in den Landesherrschaften[3] zurück. Dieses im Absolutismus zurückgedrängte Recht der Mitwirkung gelangt im Konstitutionalismus erst allmählich in die Hände der Parlamente zurück, da das Recht zum Friedensschluß zunächst dem Monarchen vorbehalten bleibt[4]. Auch die **Paulskirchenverfassung** spiegelt noch das monarchische Vorrecht wider[5]. Selbst die Reichsverfassung von 1871 erkannte Reichstag und Bundestag das Zustimmungsrecht zu Friedensverträgen erst in Art. 11 III i. d. F. v. 28.10.1918 ohne Einschränkung zu[6]. **Art. 45 II WRV** bestimmte schließlich in sachlicher Übereinstimmung mit der heutigen Regelung des Art. 115l III GG, daß der Friedensschluß durch Reichsgesetz erfolgt[7]. 1

II. Entstehungsgeschichte

Während **Art. 115l III GG** nur die Übernahme der Regelung des **Art. 59a IV GG von 1956**[8] durch die **Notstandsverfassung**[9] darstellt, haben sich die heutigen Vorschriften über die Aufhebungskompetenzen des **Art. 115l I GG** und die Beendigung des Verteidigungsfalls nach **Art. 115l II GG** erst in einem **schwierigen Entwicklungsprozeß** herauskristallisiert. Die Aufhebungskompetenz war zunächst in Anlehnung an Art. 48 III 2, IV 2 WRV allein dem Bundestag zugebilligt worden[10] und ist auf einen Gegenvorschlag des Bundesrates[11] bereits im zweiten Regierungsentwurf im wesentlichen mit dem heutigen Regelungsinhalt aufgenommen worden[12]. Die zeitweilig vorgesehene Pflicht zur Unterrichtung von Bundestag und Bundesrat ist indes bald entfallen[13]. Die formelle Beendigung des Verteidigungsfalles alternativ durch Bundestag und Bundes- 2

---

[1] Vgl. dazu und zur Praxis *Huber*, Verfassungsgeschichte VI, S. 721ff.

[2] Vgl. *B. Rieder*, Die Entscheidung über Krieg und Frieden nach deutschem Verfassungsrecht, 1984, S. 43ff.

[3] *Rieder*, Entscheidung (Fn. 2), S. 83f.

[4] *Rieder*, Entscheidung (Fn. 2), S. 141ff., 153ff.; zur Verbindung des Friedens mit dem Vertragsgedanken vgl. *W. Janssen*, Art. Friede, in: Geschichtliche Grundbegriffe, Bd. 2, S. 543ff. (565f.).

[5] §§ 10, 76 Paulskirchenverfassung; dazu *Rieder*, Entscheidung (Fn. 2), S. 197ff.

[6] RGBl. I 1918 S. 1274; *Rieder*, Entscheidung (Fn. 2), S. 218ff.

[7] *Rieder*, Entscheidung (Fn. 2), S. 266ff.

[8] 7. Gesetz zur Ergänzung des Grundgesetzes v. 19.3.1956 (BGBl. I S. 111); BT-Drs. IV/3494, S. 3 (Art. 59a VI).

[9] 17. Gesetz zur Ergänzung des Grundgesetzes v. 24.6.1968 (BGBl. I S. 709). → Vorb. zu Art. 115a–115l Rn. 5f.

[10] BT-Drs. III/1800, S. 5 (Art. 115a VII).

[11] BT-Drs. III/1800, S. 7 (Art. 115a IX).

[12] BT-Drs. IV/891, S. 3 (Art. 115g I); BT-Drs. IV/3494 (Art. 115l I); auf einen Vorschlag des Bundesrates (BT-Drs. IV/891, S. 20) geht auch der heutige Art. 115l I 2 zurück (s. auch BT-Drs. IV/3494, S. 7: Art. 115l III; BT-Drs. V/2873, S. 32).

[13] BT-Drs. III/1800, S. 7 (Art. 115a IX); BT-Drs. IV/3494, S. 7 (Art. 115l I); nicht mehr in BT-Drs. V/1879; s. auch BT-Drs. IV/891, S. 26.

rat[14] ist schon im zweiten Regierungsentwurf zugunsten der heutigen Lösung aufgegeben worden[15]. Der Rechtsausschuß[16] hat das entsprechende Initiativrecht des Bundesrates zugleich mit der Verpflichtung nach Art. 115l II 3 GG[17] aufgenommen.

B. Internationale, supranationale und rechtsvergleichende Bezüge

3 Die Regelungen des Art. 115l GG **unterliegen keinen unmittelbaren Einwirkungen** durch das internationale oder supranationale Recht, da die außenpolitischen Kompetenzen zum Friedensschluß noch nicht auf die Europäische Union übergegangen sind[18]. Allenfalls ist die Begrenzung des Selbstverteidigungsrechts durch Art. 51 UN-Charta, auf den auch Art. 5 II 2 des Nordatlantikvertrages verweist, zu erwähnen[19].

4 Das Recht zum Friedensschluß gehört **in allen demokratischen Staaten** zu den **klassischen Prärogativen des Parlaments**[20], während ein Aufhebungsrecht von Notgesetzen oder Notverordnungen ohnehin nur in den seltenen Fällen vorgesehen sein kann, in denen die Verfassung ein entsprechendes Notrecht kennt[21].

C. Erläuterungen

I. Allgemeine Bedeutung

5 Art. 115l GG **sichert den Vorrang der gesetzgebenden Organe Bundestag und Bundesrat**, indem diesen sowohl eine Aufhebungskompetenz gegenüber allen getroffenen Notmaßnahmen des Gemeinsamen Ausschusses wie der Bundesregierung als auch das Recht zur Beendigung des Verteidigungsfalles als der Voraussetzung aller Notmaßnahmen eingeräumt, ja sogar eine entsprechende Pflicht beim Wegfall von dessen Voraussetzungen auferlegt wird[22]. Hinzu tritt die Verankerung des traditionellen Rechts des Parlaments zum Friedensschluß. Entgegen mancher Kritik[23] ist es nicht verfassungspolitisch verfehlt, die Kompetenzen an ein übereinstimmendes Votum von Bundestag und Bundesrat zu binden, anstatt im Sinne des Erfordernisses des Fortbestehens des Konsenses zwischen beiden Organen eine einseitige Aufkündung eines der Organe ausreichen zu lassen. Im Interesse einer angemessenen Bewältigung der

---

[14] So der Vorschlag des Bundesrates BT-Drs. III/1800, S. 7 (Art. 115a IX 2).

[15] BT-Drs. IV/891, S. 3 (Art. 115g I 1); s. dann BT-Drs. IV/3494, S. 7 (Art. 115m I 1); heutige Fassung des gesamten Art. 115l I in BT-Drs. V/1879.

[16] BT-Drs. IV/3494, S. 7 (Art. 115m I 2).

[17] BT-Drs. IV/3494, S. 7 (Art. 115m I 3).

[18] Vgl. Art. 24ff. EUV; dazu *E. Zoller*, in: V. Constantinesco/R. Kovar/D. Simon (Hrsg.), Traité sur l'Union Européenne. Commentaire, 1995, S. 786ff.; *E. Regelsberger* (Hrsg.), Die Gemeinsame Außen- und Sicherheitspolitik der Europäischen Union, 1993, insbes. S. 127ff.; vgl. speziell auch *W. Kaufmann-Bühler*, in: Grabitz/Hilf/Nettesheim, EUV/AEUV, Art. 24 EUV (2010), Rn.12; *H.-J. Cremer*, in: Calliess/Ruffert, EUV/AEUV, Art. 24 EUV Rn. 12.

[19] Zu dieser Begrenzung vgl. nur *Verdross/Simma*, Völkerrecht, § 474.

[20] Vgl. § 19 I Dän. Verf.; Art. 53 I Frz. Verf. 1958, Art. 96 IV Niederl. Verf.; Art. 138c Portug. Verf. 1976; Art. 63 III Span. Verf. 1978; früher auch Art. 85 Ziff. 6 Schweiz. BV; teilweise ist diese Kompetenz im Recht des Vertragsschlusses implizit enthalten s. Art. II, § 2, cl. 2 US-Verf. (2/3 des Senats).

[21] Vgl. Art. 48 II 2 Griech. Verf. 1975; Art. 18 IV Österr. Verf.

[22] *L.-A. Versteyl*, in: v. Münch/Kunig, GG II, Art. 115l Rn. 1.

[23] *R. Herzog*, in: Maunz/Dürig, GG, Art. 115l (1969), Rn. 13; *Versteyl* (Fn. 22), Art. 115l Rn. 14; *J. Perels*, Die Beendigung des Notstandsfalls, in: D. Sterzel (Hrsg.), Kritik der Notstandsgesetze, 1968, S. 181ff. (182f., 185f.).

Krisensituation dürfen auch die Aufhebungsentscheidungen und die Beendigung des Verteidigungsfalls nur im Konsens der beiden Organe getroffen werden.

II. Die Aufhebung von Notstandsmaßnahmen gem. Art. 115l I GG

Art. 115l I GG enthält **zwei gegenständlich und modal verschiedene Aufhebungskompetenzen** der regulären Gesetzgebungsorgane. Nach Art. 115l I 1 GG kann der Bundestag mit Zustimmung des Bundesrates **Gesetze des Gemeinsamen Ausschusses** unmittelbar aufheben, also außer Kraft setzen[24]. Gegenstand sind Gesetze, die der Gemeinsame Ausschuß gem. Art. 115e GG verabschiedet hat[25]. Da der Bundestag die Möglichkeit, aber nicht die Pflicht zur Aufhebung hat, können die Gesetze nach Art. 115e GG auch beibehalten werden, bis sie nach Art. 115k II GG sechs Monate nach Beendigung des Verteidigungsfalls automatisch erlöschen. Eine darüber hinausreichende Übernahme dieser Gesetze ist nur dadurch möglich, daß das Gesetz erneut im regulären Gesetzgebungsverfahren verabschiedet wird[26]. 6

Gegenstand der Aufhebungskompetenz nach Art. 115l I 3 GG sind **sonstige Notstandsmaßnahmen des Gemeinsamen Ausschusses oder der Bundesregierung**, die nicht Gesetzgebung sind. Anders als die mißverständliche Formulierung »zur Abwehr der Gefahr getroffene Maßnahmen« nahelegt, erfaßt die Aufhebungskompetenz nicht nur die speziell zur Gefahrenabwehr getroffenen Maßnahmen, sondern alle aufgrund der Notstandskompetenzen getroffenen Maßnahmen, gerade auch wenn sie etwa mißbräuchlich ergangen sind[27]. Im Unterschied zur Aufhebung nach Art. 115l I 1 GG bewirkt ein Aufhebungsbeschluß jedoch nicht unmittelbar die Außerkraftsetzung der Maßnahmen, sondern begründet im Hinblick auf die Gewaltenteilung[28] nur die Pflicht des Gemeinsamen Ausschusses und der Bundesregierung zur Aufhebung der betreffenden Maßnahmen[29]. Für den Gemeinsamen Ausschuß kann das der Sache nach nicht gelten[30], weil dieser seine Kompetenzen nach wiedererlangter Handlungsfähigkeit des Bundestages gem. Art. 115e I GG verliert. Da Bundestag und Bundesrat durch den Gemeinsamen Ausschuß auch im Verteidigungsfall nicht verdrängt, sondern nur bis zu ihrer neuerlichen Beschlußfähigkeit ersetzt werden, können sie bei Erlangung der Handlungsfähigkeit jederzeit – auch im Verteidigungsfall – wieder tätig werden[31]. Die **Aufhebung** der bereits ergangenen Gesetze des Gemeinsamen Ausschusses **bedarf des übereinstimmenden Beschlusses beider Organe**, da auch im Gemeinsamen Ausschuß die Mitglieder aus Bundestag und Bundesrat gemeinsam und nicht getrennt abstimmen 7

---

[24] *Herzog* (Fn. 23), Art. 115l Rn. 15; *Versteyl* (Fn. 22), Art. 115l Rn. 2f.; eingehend zur Frage, ob die Aufhebung in Gesetzesform erfolgt: *H. Amann*, Verfassungsrechtliche Probleme des Gemeinsamen Ausschusses nach Art. 53a Abs. 1 Grundgesetz, 1971, S. 250ff.

[25] *Versteyl* (Fn. 22), Art. 115l Rn. 3. → Art. 115e Rn. 9.

[26] *Versteyl* (Fn. 22), Art. 115l Rn. 2.

[27] *Herzog* (Fn. 23), Art. 115l Rn. 16; vgl. auch *Versteyl* (Fn. 22), Art. 115l Rn. 5; *G. Robbers*, in: Sachs, GG, Art. 115l Rn. 6.

[28] BT-Drs. V/2873, S. 20; kritisch *Herzog* (Fn. 23), Art. 115l Rn. 17.

[29] *Herzog* (Fn. 23), Art. 115l Rn. 15; *Versteyl* (Fn. 22), Art. 115l Rn. 6.

[30] *R. Grote*, in: v. Mangoldt/Klein/Starck, GG III, Art. 115l Rn. 8; *A. Hopfauf*, in: Schmidt-Bleibtreu/Hofmann/Henneke, GG, Art. 115l Rn. 10; etwas anders *Versteyl* (Fn. 22), Art. 115l Rn. 6: »wenn der Gem. Ausschuß nicht mehr tagt«. Das ist indes immer der Fall, wenn Bundestag und Bundesrat wieder funktionsfähig sind.

[31] *Versteyl* (Fn. 22), Art. 115l Rn. 3; s. auch *C. O. Lenz*, Notstandsverfassung des Grundgesetzes, 1971, Art. 115l Rn. 3. → Art. 115e Rn. 5.

und entscheiden[32]. Für eine teleologische Reduktion in den eher marginalen Fällen, daß nach der Normalverfassung nur Bundestag oder Bundesrat zuständig sind, besteht kein Bedarf[33]. Ist nur eines der beiden Organe handlungsfähig, kann eine Aufhebung nicht erfolgen[34]. Gleiches gilt für eine Aufhebung nach Art. 115l I 3 GG. Im übrigen ist in beiden Fällen bei beiden Organen nur eine einfache Mehrheit erforderlich[35].

8 Der Bundesrat kann darüber hinaus gem. Art. 115l I 2 GG einen Beschluß des Bundestages nach Art. 115l I 2 GG erzwingen. Das **Erzwingungsrecht** geht über ein bloßes Initiativrecht[36] hinaus. Dieser Eingriff in die Parlamentsautonomie ist indes nur ein relativ schwaches Machtmittel des Bundesrates, da nur die Abstimmung, aber nicht die Aufhebung verlangt werden kann[37]. Eine Erstreckung auf Art. 115l I 3 GG erscheint sinnvoll[38]. Im übrigen steht ein bloßes Initiativrecht für eine Aufhebung auch der Bundesregierung zu[39].

III. Die Beendigung des Verteidigungsfalles gem. Art. 115l II GG

9 Art. 115l II 1 GG eröffnet dem Bundestag mit Zustimmung des Bundesrates die Möglichkeit, **jederzeit den Verteidigungsfall zu beenden**. Im Hinblick auf Art. 115l II 3 GG entspricht der Befugnis auch eine materiell-rechtliche Verpflichtung, wenn die Voraussetzungen entfallen sind[40]. Eine Kann-Vorschrift ist Art. 115l II 1 GG daher nur, solange die Voraussetzungen noch nicht entfallen sind. Daraus folgt allerdings auch, daß der Verteidigungsfall durchaus beendet werden kann, obwohl die Voraussetzungen des Verteidigungsfalles noch vorliegen. Die Entscheidung steht insoweit im politischen Ermessen der beiden Organe[41]. Schon deshalb dürfte diese Kompetenz – abgesehen von der praktischen Unwahrscheinlichkeit – nicht dem Gemeinsamen Ausschuß zustehen[42]. Der Gemeinsame Ausschuß darf den Verteidigungsfall aber vor allem deswegen nicht beenden, weil andernfalls kein parlamentarisches Organ mehr bestünde, da Bundestag und Bundesrat noch funktionsunfähig sind und die Kompetenzen des Gemeinsamen Ausschusses den Verteidigungsfall voraussetzen[43]. Ein förmliches In-

---

[32] BT-Drs. V/2873, S. 20; *Lenz*, Notstandsverfassung (Fn. 31), Art. 115l Rn. 2; *Versteyl* (Fn. 22), Art. 115l Rn. 3.

[33] Anders aber *Grote* (Fn. 30), Art. 115l Rn. 9.

[34] *Grote* (Fn. 30), Art. 115l Rn. 4; die Rechtslage ist insoweit nicht ungeklärt, so aber *Versteyl* (Fn. 22), Art. 115l Rn. 3.

[35] Art. 42 II, 53 III 1 GG; *Versteyl* (Fn. 22), Art. 115l Rn. 6; unzutreffend von »absoluter Mehrheit« spricht *Herzog* (Fn. 23), Art. 115l Rn. 18.

[36] So aber *Robbers* (Fn. 27), Art. 115l Rn. 3; *Jarass*/Pieroth, GG, Art. 115l Rn. 1; wohl auch *D. Deiseroth*, in: Umbach/Clemens, GG, Art. 115l Rn. 8.

[37] *Versteyl* (Fn. 22), Art. 115l Rn. 4; s. auch *Herzog* (Fn. 23), Art. 115l Rn. 20.

[38] *Herzog* (Fn. 23), Art. 115l Rn. 21.

[39] *Deiseroth* (Fn. 36), Art. 115l Rn. 5; a. A. *Robbers* (Fn. 27), Art. 115l Rn. 3.

[40] *Versteyl* (Fn. 22), Art. 115l Rn. 7. → Rn. 5.

[41] *Versteyl* (Fn. 22), Art. 115l Rn. 8; *Grote* (Fn. 30), Art. 115l Rn. 11; einschränkend *D. Sterzel*, in: AK-GG, Abschn. Xa (2001), Rn. 46.

[42] A. A. die h. M.: *Herzog* (Fn. 23), Art. 115l Rn. 25; *Lenz*, Notstandsverfassung (Fn. 31), Art. 115l Rn. 14; *Versteyl* (Fn. 22), Art. 115l Rn. 11; *H.-U. Evers*, AöR 91 (1966), 193 (215f.); *Stern*, Staatsrecht II, S. 1432; *Sterzel* (Fn. 41), Abschn. Xa Rn. 47; *Achterberg*, Parlamentsrecht, S. 544; *Deiseroth* (Fn. 36), Art. 115l Rn. 15f., 18; V. Epping, in: Maunz/Dürig, GG, Art. 115b (2009), Rn. 28; wie hier *Hopfauf* (Fn. 30), Art. 115l Rn. 18.

[43] Diese Konsequenz wird offenbar von der Literatur nicht bedacht; *Grote* (Fn. 30), Art. 115l Rn. 15 will dann Art. 115e I GG entsprechend anwenden, was jedoch eine bloße Krücke darstellt. Warum dafür nicht die Funktionsfähigkeit des Parlaments abgewartet werden soll, ist nicht einsichtig.

itiativrecht der Bundesregierung besteht nicht, was jedoch informelle Anträge nicht ausschließt[44].

Entsprechend zur Aufhebungskompetenz des Art. 115l I GG bedarf die Entscheidung des Bundestages der **Zustimmung des Bundesrates**, wobei beide Organe ebenfalls mit einfacher Mehrheit entscheiden[45]. Auch hier kann der Bundesrat gem. Art. 115l II 2 GG einen Beschluß des Bundestages erzwingen[46]. Ferner hat der Bundespräsident nach Gegenzeichnung (Art. 58 GG)[47] den Beschluß auszufertigen und im Bundesgesetzblatt zu verkünden (Art. 82 GG). Eine Notverkündung entsprechend Art. 115a III 1 GG ist zulässig, da eine Beendigung des Verteidigungsfalles ja auch bereits vor dem Wegfall der Voraussetzungen denkbar ist und in diesem Fall eine Verkündung nach Art. 82 GG eventuell nicht durchführbar ist[48]. Der Beschluß über die Beendigung des Verteidigungsfalls wirkt konstitutiv[49]. Das folgt wiederum nicht zuletzt daraus, daß objektiv die Voraussetzungen des Verteidigungsfalles noch bestehen können. Die Beendigung beseitigt die besonderen Notstandskompetenzen[50]. 10

Art. 115l II 3 GG legt ausdrücklich eine **materiell-rechtliche Verpflichtung der beteiligten Organe** fest, den Verteidigungsfall für beendet zu erklären, wenn dessen Voraussetzungen nicht mehr vorliegen. Art. 115l II 3 GG konkretisiert damit freilich nur das der gesamten Notstandsverfassung zugrundeliegende Erforderlichkeitsprinzip[51]. Die Verpflichtung ist auch im Organstreitverfahren verfassungsrechtlich nachprüfbar[52]. Im übrigen gilt für den Begriff »unverzüglich« wie in den anderen Normen der Notstandsverfassung die Regel des § 121 I 1 BGB, wonach keine schuldhafte Verzögerung vorliegen darf[53]. 11

IV. Der Friedensschluß gem. Art. 115l III GG

Die ausdrückliche Regelung des Friedensschlusses in Art. 115l III GG neben der Beendigung des Verteidigungsfalles in Art. 115l II GG bringt die rechtlichen Unterschiede zwischen beiden Entscheidungen zum Ausdruck[54]. Die **Beendigung des Verteidigungsfalls** hat ausschließlich **innerstaatliche Bedeutung**, indem die speziellen Kompetenzen der Notstandsverfassung außer Kraft gesetzt werden, während der **Friedensschluß ein** 12

---

[44] Vgl. auch *Deiseroth* (Fn. 36), Art. 115l Rn. 14.

[45] *Herzog* (Fn. 23), Art. 115l Rn. 24; *Hopfauf* (Fn. 30), Art. 115l Rn. 4, bzgl. des einfachen Mehrheitserfordernisses im Bundestag.

[46] Auch dies geht über ein bloßes Initiativrecht (so aber *Robbers* [Fn. 27], Art. 115l Rn. 10) hinaus: → Rn. 8.

[47] Nicht der Bundespräsident hat gegenzuzeichnen, sondern der Bundeskanzler, so jetzt auch zutreffend *Versteyl* (Fn. 22), Art. 115l Rn. 9; anders noch *ders.* in der Vorauflage. Als zuständiger Minister kommt allenfalls der Bundesverteidigungsminister in Betracht, s. *Lenz*, Notstandsverfassung (Fn. 31), Art. 115l Rn. 11.

[48] *Versteyl* (Fn. 22), Art. 115l Rn. 9; *Herzog* (Fn. 23), Art. 115l Rn. 19; a. A. *Lenz*, Notstandsverfassung (Fn. 31), Rn. 11.

[49] *Lenz*, Notstandsverfassung (Fn. 31), Art. 115l Rn. 13; *Herzog* (Fn. 23), Art. 115l Rn. 23; *Versteyl* (Fn. 22), Art. 115l Rn. 9; *Sterzel* (Fn. 41), Abschn. Xa Rn. 47.

[50] Vgl. die Auflistung bei *Lenz*, Notstandsverfassung (Fn. 31), Art. 115l Rn. 15.

[51] *Herzog* (Fn. 23), Art. 115l Rn. 26, 11; *Versteyl* (Fn. 22), Art. 115l Rn. 11; *Stern*, Staatsrecht II, S. 1432; *Sterzel* (Fn. 41), Abschn. Xa Rn. 21.

[52] *Lenz*, Notstandsverfassung (Fn. 31), Art. 115l Rn. 13; *Herzog* (Fn. 23), Art. 115l Rn. 26 Fn. 3; *Versteyl* (Fn. 22), Art. 115l Rn. 7; *Perels*, Beendigung (Fn. 23), S. 184f.; *Hopfauf* (Fn. 30), Art. 115l Rn. 13.

[53] *Versteyl* (Fn. 22), Art. 115l Rn. 11. → Art. 115d Rn. 8; → Art. 115f Rn. 15.

[54] *Lenz*, Notstandsverfassung (Fn. 31), Rn. 17.

völkerrechtlicher Vertrag zwischen zwei oder mehreren Staaten mit dem Ziel der Kriegsbeendigung ist[55]. Keinen Friedensschluß stellen demgegenüber militärische Abmachungen wie eine Waffenstillstandsvereinbarung oder eine Kapitulation dar[56].

13 Der Friedensschluß wird gem. Art. 115l III GG **durch Bundesgesetz** entschieden. Danach ist das ordentliche Gesetzgebungsverfahren nach Art. 76ff. GG einzuhalten, da die verkürzten Verfahren und Sonderregelungen der Notstandsverfassung wegen des Wegfalls des Verteidigungsfalls von vornherein ausscheiden. Der Friedensschluß setzt die Beendigung des Verteidigungsfalles voraus[57]. Art. 115l III GG schreibt die Entscheidung durch Bundesgesetz vor, ohne damit unmittelbare völkerrechtliche Konsequenzen des »Beschlusses des Bundestages« zu intendieren[58]. Es gelten vielmehr ansonsten die allgemeinen Regeln über den Abschluß völkerrechtlicher Verträge[59] mit der Besonderheit, daß der Bundespräsident zur Ratifikation verpflichtet ist[60]. Die Behauptung, daß der Friedensschluß von anderen völkerrechtlichen Verträgen grundsätzlich abweiche, die Legislative zum eigentlichen Entscheidungsträger, zum dominus negotii, werde[61], erscheint etwas wirklichkeitsfremd – auch Friedensverträge müssen durch die Exekutive ausgehandelt werden – und weder vom Wortlaut noch von Sinn und Zweck der Norm her geboten.

D. Verhältnis zu anderen GG-Bestimmungen

14 Während Art. 115l II GG den actus contrarius zur Feststellung des Verteidigungsfalles gem. **Art. 115a GG** regelt[62], bildet Art. 115l I GG das Gegengewicht zu der Verleihung der Notkompetenzen an den Gemeinsamen Ausschuß in **Art. 115e GG** und an die Bundesregierung in Art. 115f GG. Die Kompetenzen des Art. 115l I GG erstrecken sich dagegen **nicht** auf Entscheidungen nach **Art. 115i GG**[63]. Im übrigen ist Art. 115l III GG eine Spezialvorschrift zu **Art. 59 II GG**[64] und bildet das Gegenstück zu **Art. 115a V GG**.

---

[55] *Versteyl* (Fn. 22), Art. 115l Rn. 12; *Rieder*, Entscheidung (Fn. 2), S. 361; *G. Grießel*, Der Friedensschluß im Deutschen Verfassungsrecht (Art. 115l Abs. 3 GG), Diss. jur. München 1973, S. 43ff.

[56] *Herzog* (Fn. 23), Art. 115l Rn. 32; *Grote* (Fn. 30), Art. 115l Rn. 18; unentschieden *Versteyl* (Fn. 22), Art. 115l Rn. 12.

[57] *Versteyl* (Fn. 22), Art. 115l Rn. 13.

[58] So aber *Versteyl* (Fn. 22), Art. 115l Rn. 13; a. A. *Herzog* (Fn. 23), Art. 115l Rn. 31; *Stern*, Staatsrecht II, S. 1434; *Grote* (Fn. 30), Art. 115l Rn. 19; eingehend *Rieder*, Entscheidung (Fn. 2), S. 364ff.

[59] Verwirrend *Herzog* (Fn. 23), Art. 115l Rn. 30f., der hierin zugleich einen Vertrag und einen materiellen Regierungsakt sieht sowie eine Ratifikation durch den Bundespräsidenten für erforderlich hält. Zum Problem der Zustimmungsbedürftigkeit *Rieder*, Entscheidung (Fn. 2), S. 368ff., der auch insoweit auf die allgemeinen Regeln verweist; richtigerweise ist Art. 59 II GG anzuwenden; *Grote* (Fn. 30), Art. 115l Rn. 20; *W. Graf Vitzthum*, HStR VII, § 170 Rn. 52; *Robbers* (Fn. 27), Art. 115l Rn. 13; *Jarass*/Pieroth, GG, Art. 115l Rn. 3; a. A. *Grießel*, Friedensschluß (Fn. 55), S. 99: Einspruchsgesetz.

[60] Allg. Auffassung: *Herzog* (Fn. 23), Art. 115l Rn. 31; *Rieder*, Entscheidung (Fn. 2), S. 366f.; *Sterzel* (Fn. 41), Abschn. Xa Rn. 49; *Grießel*, Friedensschluß (Fn. 55), S. 87ff.

[61] *Grießel*, Friedensschluß (Fn. 55), S. 84f.; *Rieder*, Entscheidung (Fn. 2), S. 366; *Grote* (Fn. 30), Art. 115l Rn. 19; *Hopfauf* (Fn. 30), Art. 115l Rn. 22.

[62] *Lenz*, Notstandsverfassung (Fn. 31), Art. 115l Rn. 14; *Versteyl* (Fn. 22), Art. 115l Rn. 11; daraus läßt sich aber gerade nicht gegen den Wortlaut des Art. 115l II GG eine Kompetenz des Gemeinsamen Ausschusses ableiten: → Rn. 9.

[63] *Herzog* (Fn. 23), Art. 115l Rn. 9.

[64] *Herzog* (Fn. 23), Art. 115l Rn. 30. → Rn. 13; → Art. 59 Rn. 56.

XI. Übergangs- und Schlußbestimmungen

Artikel 116 [Deutsche im Sinne des Grundgesetzes, Wiedereinbürgerung]

(1) Deutscher im Sinne dieses Grundgesetzes ist vorbehaltlich anderweitiger gesetzlicher Regelung, wer die deutsche Staatsangehörigkeit besitzt oder als Flüchtling oder Vertriebener deutscher Volkszugehörigkeit oder als dessen Ehegatte oder Abkömmling in dem Gebiete des Deutschen Reiches nach dem Stande vom 31. Dezember 1937 Aufnahme gefunden hat.

(2) [1]Frühere deutsche Staatsangehörige, denen zwischen dem 30. Januar 1933 und dem 8. Mai 1945 die Staatsangehörigkeit aus politischen, rassischen oder religiösen Gründen entzogen worden ist, und ihre Abkömmlinge sind auf Antrag wieder einzubürgern. [2]Sie gelten als nicht ausgebürgert, sofern sie nach dem 8. Mai 1945 ihren Wohnsitz in Deutschland genommen haben und nicht einen entgegengesetzten Willen zum Ausdruck gebracht haben.

Literaturauswahl

Alexy, Hans: Rechtsfragen des Aussiedlerzuzugs, in: NJW 1989, S. 2850–2859.

Alexy, Hans: Zur Neuregelung des Aussiedlerzuzugs, in: NVwZ 1993, S. 1171–1173.

Bund, Eva/Kohls, Martin/Worbs, Susanne: Zuwanderung und Integration von (Spät-)Aussiedlern in Deutschland, in: ZAR 2014, S. 349–354.

Conrad, Christoph/Kocka, Jürgen (Hrsg.): Staatsbürgerschaft in Europa. Historische Erfahrungen und aktuelle Debatten, 2001.

Douglas, R[ay] M.: »Ordnungsgemäße Überführung«. Die Vertreibung der Deutschen nach dem Zweiten Weltkrieg, 2012.

Eichmann, Daniel/Siehr, Sabine: Das Recht auf die deutsche Staatsangehörigkeit für ausgebürgerte deutsche Juden und ihre Nachkommen, in: ZAR 2002, S. 89–94.

Ernst, Alexander: Das Staatsangehörigkeitsrecht im Deutschen Reich unter der Herrschaft der Nationalsozialisten und seine Auswirkungen auf das Recht der Bundesrepublik Deutschland, Diss. jur. Münster 1999.

Gärditz, Klaus Ferdinand: Der Bürgerstatus im Lichte von Migration und europäischer Integration, VVDStRL 72 (2013), S. 49–163.

Gans, Chaim: Nationalism and Immigration, in: Ethical Theory and Moral Practice 1 (1998), S. 159–180.

Gornig, Gilbert/Murswiek, Dietrich (Hrsg.): Das Recht auf die Heimat, 2006.

Gosewinkel, Dieter: Einbürgern und Ausschließen. Die Nationalisierung der Staatsangehörigkeit vom Deutschen Bund bis zur Bundesrepublik Deutschland, 2001.

Grawert, Rolf: Staatsvolk und Staatsangehörigkeit, in: HStR³ II, § 16, S. 107–141.

Hailbronner, Kay/Maaßen, Hans-Georg/Hecker, Dirk/Kau, Marcel: Staatsangehörigkeitsrecht. 6. Aufl. 2017.

Herzog, Thomas: Die Neuerungen im Vertriebenenrecht durch das Zehnte Gesetz zur Änderung des Bundesvertriebenengesetzes (10. BVFGÄndG), in: ZAR 2014, S. 400–404.

Kesby, Alison: The Right to Have Rights. Citizenship, Humanity, and International Law, Oxford 2012.

Kossert, Andreas: Kalte Heimat. Die Geschichte der deutschen Vertriebenen nach 1945, 4. Aufl. 2009.

Kuhnen, Jan Drees: Die Zukunft der Nationen in Europa. Ist das Zeitalter der Nationen und Nationalstaaten in Europa vorüber?, 2009.

Leopold, Anders: Einführung in das Staatsangehörigkeitsrecht, in: JuS 2006, S. 126–130.

Makarov, Alexander N./v. Mangoldt, Hans: Deutsches Staatsangehörigkeitsrecht. Kommentar, Loseblatt (Stand November 1997).

v. Mangoldt, Hans: Die deutsche Staatsangehörigkeit als Voraussetzung und Gegenstand der Grundrechte, in: HStR V, § 119, S. 617–662.

Mann, Frederick Alexander: Ausbürgerung und Wiedereinbürgerung nach Art. 116 Abs. 2 GG in der Rechtsprechung des Bundesverfassungsgerichts und des Auslands, in: Festschrift für Helmut Coing, Bd. 2, 1982, S. 323–340.
Marx, Reinhard: Kommentar zum Staatsangehörigkeitsrecht, 1997.
Masing, Johannes: Wandel im Staatsangehörigkeitsrecht vor den Herausforderungen moderner Migration, 2001.
Mertens, Karsten: Das neue deutsche Staatsangehörigkeitsrecht – eine verfassungsrechtliche Untersuchung, 2004.
v. Münch, Ingo: Die deutsche Staatsangehörigkeit. Vergangenheit – Gegenwart – Zukunft, 2007.
Renck, Ludwig: Staatsangehörigkeit und Art. 116 Abs. 2 GG, in: JZ 1979, S. 752–754.
Renner, Günter: Vom Wandel des Staatsangehörigkeitsrechts, in: Festgabe 50 Jahre Bundesverwaltungsgericht, 2003, S. 913–933.
Roellecke, Gerd: Zum Problem der Nation, in: Festschrift für Josef Isensee, 2007, S. 29–42.
Schätzel, Walter: Der heutige Stand des deutschen Staatsangehörigkeitsrechts, in: AöR 42 (1956), S. 265–300.
v. Schenckendorff, Max: Art. 116 Abs. 1 GG – das »Tor« nach Deutschland?, in: IFLA 1992, S. 137–142.
Schönberger, Christoph: Unionsbürger. Europas föderales Bürgerrecht in vergleichender Sicht, 2005.
Schwill, Florian: Zur Anwendung der Radbruchschen Formel in der Rechtsprechung des Bundesverfassungsgerichts, in: KritV 95 (2002), S. 79–97.
Seidl-Hohenveldern, Ignaz: Die Staatsbürgerschaft der Volksdeutschen, in: ZÖR 2 (1950), S. 305–340.
Shachar, Ayelet: Citizenship, in: Michel Rosenfeld/András Sajó (Hrsg.), Comparative Constitutional Law, Oxford 2012, S. 1002–1019.
Silagi, Michael: Von der heutigen Bedeutung des Art. 116 GG, in: ROW 1986, S. 160–165.
Silagi, Michael: Das Vertriebenenrecht – ein Auslaufmodell, in: Festschrift für Hans-Ernst Folz, 2003, S. 317–328.
Walter, Christian: Der Bürgerstatus im Lichte von Migration und europäischer Integration, VVDStRL 72 (2013), S. 7–48.
Weizsäcker, Esther: Jüdische Migranten im geltenden deutschen Staatsangehörigkeits- und Ausländerrecht, in: ZAR 2004, S. 93–101.
Zimmermann, Andreas/Bäumler, Jelena: Art. 116 Abs. 2 GG – ein verfassungsrechtliches Auslaufmodell?, in: DÖV 2016, S. 97–104.

Leitentscheidungen des Bundesverfassungsgerichts

BVerfGE 1, 322 (327 ff.) – Czastka; 2, 98 (98 ff.) – Rubesch; 8, 81 (85 ff.) – Wohnsitz im Sinne des Art. 116 II 2 GG; 17, 224 (226 ff.) – Vertriebenenbegriff; 23, 98 (104 ff.) – Ausbürgerung I; 54, 53 (66 ff.) – Ausbürgerung II; 59, 128 (150 ff.) – Bekenntnis zum deutschen Volkstum; 77, 137 (147 ff.) – Teso; 83, 37 (51) – Ausländerwahlrecht I; 83, 60 (71) – Ausländerwahlrecht II; 144, 20 (264 ff., Rn. 690 ff.) – NPD-Verbotsverfahren II.

Gliederung

Stichwörter

A. Herkunft, Entstehung, Entwicklung

I. Ideen- und verfassungsgeschichtliche Bezüge

1 Art. 116 GG vereint unter der zunächst technisch anmutenden Klammer der Klärung von Fragen der Staatsangehörigkeit (→ Rn. 2) zwei historisch hochangereicherte Normkomplexe, denen sonst nur noch gemeinsam ist, daß sie sich im weitesten Sinne der Regelung der Folgen des Zweiten Weltkrieges und des NS-Unrechtsregimes zuordnen lassen[1]. Absatz 1 betritt in Ermangelung einer völkervertraglichen Friedensregelung staatsangehörigkeitsrechtliches Neuland[2], indem er die Rechtsfigur des Statusdeutschen kreiert (→ Rn. 52 ff.). Dieser ethnokulturell radizierte Zugehörigkeitstitel stellt die wohl ungeschützteste Selbstbeschreibung des durch das Grundgesetz begründeten Gemeinwesens als Nationalstaat dar (→ Rn. 3). Indem Art. 116 I GG die **Bundesrepublik als Heimstatt aller Deutschen** konstituiert[3], zieht er zugleich einen Schlußstrich unter die deutsche Ostsiedlung (→ Rn. 4) und die nationalsozialistische Volkstumspolitik (→ Rn. 6). Absatz 2 hingegen geht es darum, den von den Nationalsozialisten zu Unrecht Ausgebürgerten wieder Zugang zur deutschen Staatsangehörigkeit zu verschaffen (→ Rn. 8 ff.); die Norm reiht sich insofern in eine ganze Kette von grundgesetzlichen Wiedergutmachungsvorschriften ein (→ Rn. 112).

2 Beide Absätze des Art. 116 GG unterstreichen die **schlechthin existentielle Bedeutung der Staatsangehörigkeit** für die Rechtsposition des einzelnen[4], indem sie in der Notsituation der Nachkriegszeit zwei besonders schwer beeinträchtigten Gruppen den (Wieder-)Erwerb der deutschen Staatsangehörigkeit bzw. eines funktionalen Äquivalents dazu ermöglichen (→ Rn. 52 ff., 81 ff.)[5]. Die Norm steht insofern in der ideengeschichtlichen Tradition der Forderung der festen Zuordnung jedes Menschen zu (wenigstens) einer staatlichen Gemeinschaft (bzw. der Vermeidung von Staatenlosigkeit; → Art. 16 Rn. 19)[6] sowie in der verfassungsgeschichtlichen Tradition einer Regelung der Staatsangehörigkeit bzw. ihres Erwerbs, wie sie sich spätestens seit dem Frühkonstitutionalismus in Deutschland und anderen Verfassungsstaaten weltweit herausgebildet hat (→ Art. 16 Rn. 4 ff.). Allerdings läßt sich Art. 116 GG in die letztgenannte Überlieferung nicht bruchlos einfügen[7], verzichtet er doch unter dem Eindruck der ungeklärten Rechtslage Deutschlands gerade auf eine Regelung der Staatsangehörig-

---

[1] *T. Giegerich*, in: Maunz/Dürig, GG, Art. 116 (Zweitb. 2011), Rn. 9.

[2] *D. Gosewinkel*, Staatsangehörigkeit in Deutschland und Frankreich im 19. und 20. Jahrhundert, in: C. Conrad/J. Kocka (Hrsg.), Staatsbürgerschaft in Europa, 2001, S. 48 ff. (57); *G. Renner/H.-G. Maaßen*, in: K. Hailbronner/G. Renner/H.-G. Maaßen, Staatsangehörigkeitsrecht, 5. Aufl. 2010, Art. 116 Rn. 1.

[3] Zu den notwendigen Einschränkungen *J. Masing*, in: v. Mangoldt/Klein/Starck, GG, Art. 116 Rn. 86: erfaßt sind weder Deutschschweizer noch Österreicher.

[4] Pointiert BVerfGE 113, 273 (294 f., Rn. 67); dazu *U. Hufeld*, JA 2007, 41 (41); eindringlich auch *I. v. Münch*, Die deutsche Staatsangehörigkeit, 2007, S. 6 f.

[5] Unterstrichen von *A. Zimmermann/J. Bäumler*, in: Friauf/Höfling, GG, Art. 116 (2015), Rn. 5.

[6] Zur Frage, ob es ein »moralisches Recht auf Staatsbürgerschaft« gibt, etwa *J.H. Carens*, Wer gehört dazu?, Migration und Rekonzeptualisierung der Staatsbürgerschaft, in: S. Zurbuchen (Hrsg.), Bürgerschaft und Migration, 2007, S. 25 ff. (29 ff.; Zitat S. 29). Eher kritisch *C. Gans*, Ethical Theory and Moral Practice 1 (1998), 159 (160 ff.).

[7] Streng genommen sind §§ 131 f. Paulskirchenverfassung, Art. 3 I RVerf. von 1871 oder Art. 110 WRV daher keine »Vorläuferbestimmungen« des Art. 116 GG. Siehe zu diesen Regelungen *H. v. Mangoldt*, HStR V, § 119 Rn. 2 ff.

keit als solcher (→ Rn. 48)[8]. Statt dessen beschränkt sich die Norm darauf, zwei jeweils auf spezifische Bedürfnisse zugeschnittene Wege der Aufnahme in das Staatsvolk der Bundesrepublik zu öffnen.

Mit dem Kriterium der »deutsche[n] Volkszugehörigkeit« (→ Rn. 63) sucht Absatz 1 3
des Art. 116 GG Anschluß an die **Idee einer deutschen Kulturnation**[9]. Diesem offenen Rekurs auf nationalstaatliche Semantik liegt im Kern die insbesondere im 18. Jahrhundert formulierte Vorstellung einer durch gemeinsame Abstammung, Sprache, Tradition und Geschichte geprägten Gemeinschaft zugrunde, die sich teils in bewußter Abgrenzung, teils im Dialog mit dem französischen Konzept einer Staats- oder Willensnation entwickelt[10]. Ganz zu recht betont die neuere Forschung die Kontingenz, Offenheit und Wandelbarkeit des Nationenbegriffs, der keineswegs auf eine rein ethnische Fundierung reduziert werden darf[11]. Dementsprechend legt Art. 116 I GG die Bundesrepublik nicht auf »einen ausschließlich an ethnischen Kategorien orientierten Begriff des Volkes« fest (→ Rn. 41)[12].

Art. 116 I GG ist nur verständlich vor dem Hintergrund eines historischen Phäno- 4
mens, das gemeinhin verkürzt als **deutsche Ostsiedlung** bezeichnet wird[13]. Umschrieben ist damit ein im 11. Jahrhundert einsetzender Prozeß, der sowohl zu einer generellen Verschiebung der deutschen Sprach- und Siedlungsgrenze in Mittel- und Osteuropa führt als auch die Bildung zahlreicher vorgelagerter »Siedlungsinseln« nach sich zieht. Umfaßt sind Vorgänge, die von der Anwerbung durch örtliche Obrigkeiten über die sukzessive gegenseitige kulturelle Durchdringung bis hin zu blutigen Eroberungskriegen reichen. Die deutsche Ostsiedlung läßt sich mit anderen Worten weder umstandslos auf einen Nenner i. S. v. »friedlich« oder »aggressiv« bringen noch ist sie ei-

---

[8] Einhellige Auffassung: statt aller *T. Maunz*, in: Maunz/Dürig, GG, Art. 116 (Erstb. 1966), Rn. 2.

[9] *T. Gnatzy*, in: Schmidt-Bleibtreu/Hofmann/Henneke, GG, Art. 116 Rn. 10. – Dazu im kompakten Überblick *R. Koselleck*, Art. Volk, Nation, Nationalismus, Masse (Einleitung), in: Geschichtliche Grundbegriffe, Bd. 7, S. 141 ff.; *D. Richter*, Nation als Form, 1996, S. 152 ff.; *R.-U. Kunze*, Nation und Nationalismus, 2005; aus dem staatsrechtlichen Schrifttum ferner *J. Isensee*, Nationalstaat und Verfassungsstaat – wechselseitige Bedingtheit, in: FS Roellecke, 1997, S. 137 ff. (141 ff.); *G. Roellecke*, Zum Problem der Nation, in: FS Isensee, 2007, S. 29 ff. (31 ff.) sowie *J. D. Kuhnen*, Die Zukunft der Nationen in Europa, 2009, S. 142 ff.

[10] Auf die Ambivalenz beider vermeintlich konträren Konstruktionen und ihre gegenseitige Abhängigkeit weist insbesondere *Gosewinkel*, Staatsangehörigkeit (Fn. 2), S. 50 ff. hin. – Weitere Einflußfaktoren untersucht *S. Conrad*, Globalisierung und Nation im Deutschen Kaiserreich, 2006, S. 316 ff.; instruktive vergleichende Perspektive bei *S. Donati*, A Political History of National Citizenship and Identity in Italy, 1861–1950, Stanford 2013.

[11] *J. Masing*, Wandel im Staatsangehörigkeitsrecht vor den Herausforderungen moderner Migration, 2001, S. 76. – Art. 116 I GG propagiert in diesem Sinne keineswegs eine »ethnische Determiniertheit der Rechtsordnung« (dieser Begriff bei *M. Silagi*, Das Vertriebenenrecht – ein Auslaufmodell, in: FS Folz, 2003, S. 317 ff. [317]); vergleichbare Befürchtungen aber bei *H. Rittstieg*, NJW 1991, 1383 (1386); *J. Delbrück*, Das Staatsvolk und die »Offene Republik«, in: FS Bernhardt, 1995, S. 777 ff. (780); *R. Marx*, Kommentar zum Staatsangehörigkeitsrecht, 1997, Art. 116 Rn. 9, 12 u. passim.

[12] BVerfGE 144, 20 (264, Rn. 690); vgl. ebd., Rn. 693 (S. 265): »Dies führt aber nicht dazu, dass der Volksbegriff des Grundgesetzes sich vor allem oder auch nur überwiegend nach ethnischen Zuordnungen bestimmt. Vielmehr erhält Art. 116 GG als Kriegsfolgenrecht erst dadurch Sinn, dass der Träger der deutschen Staatsgewalt im Ausgangspunkt durch die Gesamtheit der deutschen Staatsangehörigen zu definieren ist«.

[13] Treffend zu diesem für das Verständnis der Norm unabdingbaren historischen Kontext *Lübbe-Wolff* → Bd. III[1], Art. 116 Rn. 11. – Aus der reichhaltigen Literatur: *C. Higounet*, Die deutsche Ostsiedlung im Mittelalter, 1990; *W. Irrgang*, Art. Ostsiedlung, deutsche, in: Lexikon des Mittelalters, Bd. VI, 1993, Sp. 1545 f.; *C. Lübke*, Das östliche Europa, 2004, S. 276 ff., 365 ff.; instruktiv auch *Conrad*, Globalisierung (Fn. 10), S. 140 ff.

ner eindeutigen historischen Bewertung zugänglich. Art. 116 I GG steht aber insofern in einer nicht unproblematischen Tradition, als die selbstverständliche landsmannschaftliche Verbundenheit mit den Deutschen jenseits der Reichsgrenzen spätestens seit der Niederlage im Ersten Weltkrieg zu einer massiven Indienstnahme dieser Minderheiten im Zeichen der »**Volkstumspolitik**« mutiert[14]. Diese Entwicklung kulminiert nach 1933 in der maßlosen ideologischen Überhöhung eines vermeintlichen deutschen »Drangs nach Osten« einerseits[15] sowie der vollständigen Instrumentalisierung der »Volksdeutschen« andererseits, die als Kriegsauslöser und Rekrutierungsreservoir herhalten müssen und zugleich als *nucleus* einer späteren »Germanisierung« des eroberten Ostraumes bereitstehen sollen[16].

5 Reaktion auf diesen nationalistisch und rassenideologisch überhöhten Eroberungs- und Vernichtungsfeldzug sind in der Endphase des Krieges und in der Nachkriegszeit die millionenfache **Flucht und Vertreibung** von Deutschen aus ihren ehemaligen Siedlungsgebieten in Mittel- und Osteuropa[17]: Die sprichwörtliche »Rache der Opfer«[18] entwurzelt ca. 12–14 Mio. Deutsche, die entweder vor der Roten Armee oder verbündeten Partisaneneinheiten fliehen, den »wilden Vertreibungen« der ersten Nachkriegsmonate ausgesetzt sind oder zuletzt in einem mehr oder minder geordneten Verfahren enteignet, ausgewiesen und zwangsweise außer Landes verfrachtet werden. Ihre Ankunft in der ihrerseits weitgehend verheerten Bundesrepublik schafft die prekäre Situation, derer sich Art. 116 I GG annimmt[19].

6 Absatz 1 der Norm soll aber nicht allein auf die geschilderten faktischen Verwerfungen reagieren, sondern auch die Rechtsunsicherheit hinsichtlich des Status' der in

[14] Erste Anzeichen eines militanten »Heimatland-Nationalismus« finden sich schon in der wilhelminischen Epoche namentlich in Gestalt der Propaganda des Alldeutschen Verbandes; siehe dazu wie zur staatlichen und gesellschaftlichen Forcierung solcher Bestrebungen nach 1919 eingehend *R. Brubaker*, Zufällige Diasporas und externe ›Heimatländer‹ in Mittel- und Osteuropa, in: Conrad/Kocka, Staatsbürgerschaft (Fn. 2), S. 115 ff. (127 ff.); detailliert *C.-Y. Ludwig*, Die nationalpolitische Bedeutung der Ostsiedlung in der Weimarer Republik und die öffentliche Meinung, 2004.

[15] Sinnfällig die Schriften von *A. Forstreuter*, Deutsches Ringen um den Osten, 1940; *O. Schmidt*, Volkstumsarbeit als politische Aufgabe, 1943, S. 13 ff.; *M.H. Boehm*, Der deutsche Osten und das Reich, in: C. Thalheim/A.H. Ziegfeld (Hrsg.), Der deutsche Osten, 1936, S. 1 ff.; vgl. zum gesamten Ideologem *W. Wippermann*, Der »deutsche Drang nach Osten«, 1981, S. 12 ff. – Zum eng verknüpften Topos vom »Lebensraum« im Osten statt aller *H. Dreier*, Wirtschaftsraum – Großraum – Lebensraum. Facetten eines belasteten Begriffs, in: FS 600 Jahre Würzburger Juristenfakultät, 2002, S. 47 ff. (73 ff.).

[16] *M. Silagi*, StAZ 1999, 3 (4). – Zu denken ist hier an die Forderung nach Abtretung des Sudetenlandes ebenso wie an die Repressalien nach dem »Bromberger Blutsonntag« im Zuge des Überfalls auf Polen 1939, vgl. *H.-A. Jacobsen*, Nationalsozialistische Außenpolitik 1933–1938, 1968, S. 90 ff., 160 ff., 441 ff.; *H. Buchheim*, Die SS – das Herrschaftsinstrument, in: Anatomie des SS-Staates, Bd. 1, 4. Aufl. 1984, S. 15 ff. (182 ff.); *A.M. de Zayas*, Die Anglo-Amerikaner und die Vertreibung der Deutschen, 3. Aufl. 1985, S. 26 ff., 40 ff.

[17] Neuere Darstellungen: *G. Böddeker*, Die Flüchtlinge, 5. Aufl. 1995; *P. Glotz*, Die Vertreibung, 2004; *W. Halder*, »in ordnungsgemäßer und humaner Weise« – Vertreibung aus den ehemaligen Ostgebieten des Deutschen Reiches und dem Sudetenland 1945–1947, in: F.-L. Kroll/M. Niedobitek (Hrsg.), Vertreibung und Minderheitenschutz in Europa, 2005, S. 15 ff.; *A. Kossert*, Kalte Heimat. Die Geschichte der deutschen Vertriebenen nach 1945, 4. Aufl. 2009, S. 27 ff. sowie *R.M. Douglas*, »Ordnungsgemäße Überführung«, 2012; siehe ferner die Beiträge in P. Rösgen (Hrsg.), Flucht, Vertreibung, Integration, 2. Aufl. 2006 sowie *v. Münch*, Staatsangehörigkeit (Fn. 4), S. 110 ff.

[18] Vgl. *H. Hirsch*, Die Rache der Opfer. Deutsche in polnischen Lagern 1944–1950, 2. Aufl. 1998, S. 72 ff.

[19] Daß die Integration der Vertriebenen keineswegs von Anfang an eine »Erfolgsgeschichte« war, zeichnet deutlich nach *Kossert*, Heimat (Fn. 17), S. 43 ff.

die Bundesrepublik Geflohenen oder Deportierten zumindest verringern[20]. Während an der deutschen Staatsangehörigkeit der aus dem Reichsgebiet in den Grenzen von 1937 stammenden Flüchtlinge[21] in der Regel kein Zweifel bestand, zeichnete sich einige Unsicherheit in der staatsbürgerschaftsrechtlichen Erfassung derjenigen **NS-Einbürgerungsmaßnahmen** ab, in deren Rahmen sog. Volksdeutsche ihren Status als Reichsbürger entweder im Gefolge der nationalsozialistischen Expansionspolitik (Annexion des Sudetenlandes und Österreichs 1938 u.s.f.)[22] oder im Zuge der Umsiedlungen im Rahmen der »Heim ins Reich«-Kampagnen[23] erhalten hatten; hinzu kamen weitere summarische Einbürgerungen für den Dienst in uniformierten Einheiten (Wehrmacht, Waffen-SS, Organisation Todt, u.v.a.m.)[24] sowie die regelmäßig aufgenötigte Verleihung der deutschen Staatsangehörigkeit im Rahmen der »Eindeutschung« annektierter Gebiete[25].

Verfassungsgeschichtliche Vorläufer des Art. 116 I GG sucht man hingegen vergebens; selbst die großen Revirements der Staatsgrenzen Mitteleuropas im Anschluß an die Napoleonischen Kriege oder den Ersten Weltkrieg hinterlassen mitsamt den einhergehenden Bevölkerungsverschiebungen keine vergleichbaren Spuren in den Verfassungsurkunden der frühkonstitutionellen Phase oder der Zwischenkriegszeit. Denn die rechtlichen Reaktionen auf diese kaum weniger schweren Erschütterungen des Grenzgefüges sind durchweg **völkerrechtlicher Natur**[26]. Die Friedensverträge von 1814/15 führen regelmäßig mehrjährige Optionsfristen ein: nach deren Ablauf erwerben die Bürger die Staatsangehörigkeit des Staates, in dem sie sich niedergelassen haben (bspw. Art. XX der Schlußakte des Wiener Kongresses)[27]. Auch die Pariser Vorortverträge sehen 1919/20 den automatischen Erwerb der Staatsangehörigkeit desjenigen Staates vor, der in dem Gebiet die Souveränität ausübt, in dem der einzelne bislang das Heimatrecht besitzt; ein Optionsrecht nimmt wiederum Rücksicht auf 7

[20] Diese Zwecksetzung wird regelmäßig überbetont. Als einziges oder doch vorrangiges Regelungsziel fungiert sie etwa in BVerwGE 90, 173 (174f.) sowie bei *E. Menzel*, in: BK, Art. 116 (1956), S. 4, 6ff. u. passim; wie er ferner *C. Vedder/S. Lorenzmeier*, in: v. Münch/Kunig, GG, Art. 116 Rn. 1. Zurückhaltender *J. Kokott*, in: Sachs, GG, Art. 116 Rn. 1.

[21] Konkret aus den preußischen Provinzen Ostpreußen, Pommern und Schlesien: *Marx* (Fn. 11), Art. 116 Rn. 10.

[22] Zur staatsangehörigkeitsrechtlichen Eingliederung beider und weiterer Gebiete sowie der Handhabung nach dem Kriege materialreich *I. Seidl-Hohenveldern*, ZÖR 2 (1950), 305 (307ff., 316ff.); *Menzel* (Fn. 20), Art. 116 S. 6ff.; *A. Ernst*, Das Staatsangehörigkeitsrecht im Deutschen Reich unter der Herrschaft der Nationalsozialisten und seine Auswirkungen auf das Recht der Bundesrepublik Deutschland, Diss. jur. Münster 1999, S. 72ff.; *Masing* (Fn. 3), Art. 116 Rn. 32, 48; siehe ferner die älteren Beiträge von *W. Hoffmann*, NJW 1950, 815f.; *W. v. Borries*, NJW 1951, 584ff. sowie *W. Schätzel*, AöR 81 (1956), 265 (283ff.). → Rn. 85.

[23] Dazu *M.H. Kater*, Das »Ahnenerbe« der SS 1935–1945, 3. Aufl. 2001, S. 159ff.; zuletzt eingehend *M. Leniger*, Nationalsozialistische »Volkstumsarbeit« und Umsiedlungspolitik 1933–1945, 2006. – Zur Würdigung aus der Sicht des Staatsangehörigkeitsrechts *Menzel* (Fn. 20), Art. 116 S. 16ff.; *Masing* (Fn. 3), Art. 116 Rn. 54. → Rn. 85.

[24] Näher *Menzel* (Fn. 20), Art. 116 S. 18f.; *v. Münch*, Staatsangehörigkeit (Fn. 4), S. 72, 74f.; *Masing* (Fn. 3), Art. 116 Rn. 53. → Rn. 51, 67.

[25] Vgl. die Verordnung über die Deutsche Volksliste und die deutsche Staatsangehörigkeit in den eingegliederten Ostgebieten v. 4.3.1941, RGBl. I S. 118 und dazu *G. Geilke*, DÖV 1954, 545ff.; *H. Alexy*, NJW 1989, 2850 (2852ff.); *Ernst*, Staatsangehörigkeitsrecht (Fn. 22), S. 79ff.; *Masing* (Fn. 3), Art. 116 Rn. 50 m. Fn. 129. → Rn. 51, 67.

[26] *A. Makarov*, Allgemeine Lehren des Staatsangehörigkeitsrechts, 2. Aufl. 1962, S. 141.

[27] Näher *H. Gosewinkel*, Einbürgern und Ausschließen, 2001, S. 27ff.

seine nationale Loyalität, mutet ihm aber regelmäßig die Auswanderung zu[28]. Art. 116 I GG ist danach zuallererst dem Fehlen einer solchen friedensvertraglichen Korrektur nach dem Zweiten Weltkrieg geschuldet; er stellt sich in dieser Perspektive als notwendig hinkendes **unilaterales Substitut für eine völkervertragliche Regelung** der grenzübergreifenden Staatsangehörigkeitsfragen dar[29]. Vorbildwirkung haben hingegen auf der Ebene des einfachen Rechts Flüchtlingsgesetze der Länder (vornehmlich der US-Besatzungszone) entfaltet, die bereits eine weitgehende Gleichstellung der Vertriebenen mit den deutschen Staatsangehörigen zum Ziel hatten (Behandlung, »als ob sie Deutsche wären«)[30].

8 Art. 116 II GG sucht durchaus symbolträchtig Anschluß an die Tradition der **Rückkehr aus dem Exil** nach dem Ende des Krieges, der Gewalt- oder Fremdherrschaft. Die Heimholung der Verbannten oder Expatriierten begegnet seit alters her als fundamentale Forderung der ausgleichenden Gerechtigkeit und kann sich auf zahlreiche historische Präzedenzfälle stützen, die über die klassische Antike[31] bis auf alttestamentarische Überlieferungen zurückreichen[32].

9 Wohl berühmtestes Beispiel für eine von dieser Maxime motivierte Maßnahme und zugleich direkter Vorläufer des Art. 116 II GG ist das französische **Restitutionsgesetz vom 15. Dezember 1790**, dessen Art. 22 gut einhundert Jahre nach der Vertreibung der Hugenotten durch Ludwig XIV. (Aufhebung des Edikts von Nantes 1685) ihren Nachkommen einen Anspruch auf die französische Staatsbürgerschaft gibt, sofern sie sich in Frankreich niederlassen und den Bürgereid schwören[33]. Noch weiter greifen die seit 1924 erlassenen und teils bis heute geltenden spanischen Regelungen zugunsten der Nachfahren der im Spätmittelalter von der iberischen Halbinsel vertriebenen se-

---

[28] Im Detail Art. 70ff. des Vertrags von St. Germain (1919: Friedensschluß mit Österreich) sowie Art. 61ff. des Vertrags von Trianon (1920: Friedensschluß mit Ungarn). Siehe auch Art. 84f., 91 sowie Art. 99, 105 u. 112 des Versailler Vertrages und dazu zeitgenössisch *J. L. Kunz*, Die völkerrechtliche Option, Bd. 1, 1925, S. 171ff.; *W. Schätzel*, Die Regelung der Staatsangehörigkeit nach dem Weltkrieg, 1927, S. 5ff.

[29] Unterstrichen von *Menzel* (Fn. 20), Art. 116 S. 4f.

[30] Diese vielzitierte Wendung stammt vom LG Berlin NJ 1947, 63. Vgl. die Flüchtlingsgesetze von Bayern (19.2.1947, GVBl. S. 51), Hessen (19.2.1947, GVBl. S. 15 u. 34) und Württemberg-Baden (14.2.1947, Reg.-Bl. S. 15); dazu *A. N. Makarov/H. v. Mangoldt*, Deutsches Staatsangehörigkeitsrecht, Kommentar, Art. 116 GG (1997), Rn. 1 sowie *Masing* (Fn. 3), Art. 116 Rn. 7. Zur parallelen Entwicklung bei Absatz 2: → Rn. 11.

[31] Klassische Textzeugen sind hier der Rechenschaftsbericht *Solons* über die Rückführung der in die Fremde verkauften Athener (Text und Deutung in *E. Doblhofer*, Exil und Emigration, 1987, S. 119f.; dort auch zahlreiche weitere Hinweise zur antiken Tradition), das Restitutionsedikt *Alexanders des Großen* (324 v.Chr.; siehe dazu *F. Brunner*, Die politischen Flüchtlinge in der Zeit von der Tyrannis bis zum Rückberufungsdekret Alexanders des Großen, Diss. phil. Wien 1961, S. 50ff.; *E. L. Grasmück*, Exilium, 1978, S. 25f.) sowie *Ciceros* Beschreibung seiner Rückkehr aus der Verbannung (Paradoxa Stoicorum IV [28]; dazu *M. Fuhrmann*, Cicero und die römische Republik, 4. Aufl. 1997, S. 128ff.).

[32] Die Heimholung des Volkes Israel aus dem babylonischen Exil belegt nach dem Verständnis des Alten Testaments die Allmacht und Gerechtigkeit Gottes: vgl. nur Jes. 45, 13; Esra 1 und dazu statt aller *R. Albertz*, Die Exilszeit, 2001, S. 324ff. u. passim.

[33] Im Wortlaut: »Toutes personnes qui, nées en pays étranger, descendant, en quelque degré que ce soit, d'un Français ou d'une Française expatriés pour cause de religion, sont déclarés naturels français et jouiront des droits attachés à cette qualité s'ils reviennent en France, y fixent leur domicile, et prêtent le serment civique.« – Die Regelung wurde in die Verfassung von 1791 (Titel II, Art. 2) aufgenommen und galt in unterschiedlicher Gestalt bis zur Neufassung des Staatsangehörigkeitsrechts nach dem Zweiten Weltkrieg (13.10.1946) fort: dazu *E. Mengin*, Der Deutsche Hugenott 25 (1961), 98ff.; *E. Birnstiel*, Comparativ 1997, 95 (105ff.).

phardischen Juden zurück, die sich anschicken, historisches Unrecht nach mittlerweile mehr als 500 Jahren wieder gutzumachen (→ Rn. 39).

Negative historische Folie des Art. 116 II GG ist demgegenüber die **NS-Ausbürgerungspolitik**, die sich vornehmlich gegen deutsche Juden, aber auch alle anderen echten oder vermeintlichen Gegner des Regimes richtet[34]; ihr fallen nach allerdings nicht vollständig gesicherten Angaben über 40.000 Menschen zum Opfer[35]. Als Grundlage fungieren das Gesetz über den Widerruf von Einbürgerungen und die Aberkennung der deutschen Staatsangehörigkeit vom 14.7.1933[36], die 11. Verordnung zum Reichsbürgergesetz vom 25.11.1941[37], einzelne Bestimmungen der damaligen Fassung des Reichs- und Staatsangehörigkeitsgesetzes[38] sowie die 12. Verordnung zum Reichsbürgergesetz vom 25.4.1943[39]. Nach dem Ende der NS-Diktatur folgt zwar die ausdrückliche Aufhebung dieser Bestimmungen durch die alliierte Kontrollratsgesetzgebung; diese legt sich aber weder Rückwirkung bei noch enthält sie Vorgaben, wie mit den aufgrund der aufgehobenen Regelungen erlassenen Einzelakten zu verfahren sei[40]. 10

Die eigentliche **Verfassungsgeschichte des Art. 116 II GG** ist wiederum denkbar kurz: nicht anders als bei Absatz 1 (→ Rn. 7) sind in der deutschen Verfassungstradition unmittelbare Vorläuferbestimmungen nicht zu verzeichnen. Allerdings kann die Norm gleichfalls an einfachgesetzliche Vorläufer in einzelnen Ländern anschließen: In der US-amerikanischen Besatzungszone sahen gleichlautende »Gesetze über die Staatsangehörigkeit der Ausgebürgerten« vor, daß die Entziehung der Staatsbürgerschaft von Naziverfolgten auf Antrag hin rückwirkend für nichtig zu erklären sei[41]. 11

---

[34] Im Überblick *D. Majer*, »Fremdvölkische« im Dritten Reich, 1981, S. 195 ff.; *Makarov/v. Mangoldt* (Fn. 30), Art. 116 Rn. 67; *Ernst*, Staatsangehörigkeitsrecht (Fn. 22), S. 26 ff., 60 ff.; *Gosewinkel*, Einbürgern (Fn. 27), S. 369 ff.; *D. Eichmann/S. Siehr*, ZAR 2002, 89 (89 f.); *R. Grawert*, HStR³ II, § 16 Rn. 44; *E. Weizsäcker*, ZAR 2004, 93 (93 f.); *v. Münch*, Staatsangehörigkeit (Fn. 4), S. 61 ff.

[35] Zahlen bei *Marx* (Fn. 11), Art. 116 Rn. 3 (38.789 ausgebürgerte Juden). Ein (vollständiges?) Ausbürgerungsregister wird beim Einwohnerzentralamt in Hamburg geführt: *Renner/Maaßen* (Fn. 2), Art. 116 Rn. 100.

[36] RGBl. I S. 480; mit Ausführungsvorschrift abgedruckt bei *M. Lichter*, Das Staatsangehörigkeitsrecht im Großdeutschen Reich, 1943, S. 50 ff.: Das Gesetz zielt offen darauf, insbesondere die von der NS-Propaganda perhorreszierte Einbürgerung von Juden aus Ost- und Mitteleuropa rückgängig zu machen.

[37] RGBl. I S. 722; abgedruckt bei *Lichter*, Staatsangehörigkeitsrecht (Fn. 36), S. 147 ff.: § 1 S. 1 der VO bestimmt »Ein Jude, der seinen gewöhnlichen Aufenthalt im Ausland hat, kann nicht deutscher Staatsangehöriger sein.«

[38] Konkret §§ 26, 27 RuStAG (zeitgenössische Fassung bei *Lichter*, Staatsangehörigkeitsrecht [Fn. 32], S. 40 ff.); s. *Makarov/v. Mangoldt* (Fn. 30), Art. 116 Rn. 67.

[39] RGBl. I S. 268 (siehe *Lichter*, Staatsangehörigkeitsrecht [Fn. 36], S. 186): Die Verordnung schafft die Rechtsfigur der Staatsangehörigkeit auf Widerruf; Juden und »Zigeuner« sind davon ausgeschlossen (§ 4).

[40] Näher *Makarov/v. Mangoldt* (Fn. 30), Art. 116 Rn. 68 f. (dort auch Nachweise zu nicht verwirklichten Plänen des Kontrollrates, ein Gesetz über die Wiederannahme der deutschen Staatsangehörigkeit zu erlassen).

[41] Bayerisches Gesetz v. 27.3.1948 (GVBl. S. 52); Hessisches Gesetz v. 23.3.1948 (GVBl. S. 45); Württemberg-Badisches Gesetz v. 11.3.1948 (Reg.-Bl. S. 50) sowie Bremisches Gesetz v. 15.4.1948 (GBl. S. 65). Vgl. dazu aus der zeitgenössischen Literatur *A. Makarov*, DRZ 1948, 280 ff.; *W. Schätzel*, AöR 81 (1956), 265 (277 f.); siehe ferner *Makarov/v. Mangoldt* (Fn. 30), Art. 116 Rn. 71 ff. sowie *Masing* (Fn. 3), Art. 116 Rn. 141.

II. Entstehung und Veränderung der Norm

1. Das Zustandekommen des Art. 116 GG im Parlamentarischen Rat

12 Die Entstehungsgeschichte des **Art. 116 I GG** im Parlamentarischen Rat ist vergleichsweise unspektakulär, belastet die Norm und ihre Interpretation aber mit einem schwer entwirrbaren Motivbündel (→ Rn. 13)[42]. Ihren Ursprung hat die Vorschrift in einem Vorschlag des Allgemeinen Redaktionsausschusses, der bis auf die Worte »oder Vertriebener« bereits der endgültigen Fassung entsprach[43]. Die anschließenden Beratungen belegen zweierlei: Erstens verstand der Verfassunggeber die Bestimmung als zukunftsgerichtet; auch solche deutsche Volkszugehörige, die nach Inkrafttreten des Grundgesetzes nach Deutschland kommen würden, sollten Aufnahme finden[44]. Offenbar einhelliger Ausgangspunkt dieser Überlegungen war zweitens die selbstverständliche **Einstandspflicht der Bundesrepublik für alle Deutschen**[45]. Von außen trat noch der Druck der alliierten Besatzungsmächte hinzu, die eine reibungslose Aufnahme der Flüchtlinge und ihre Gleichbehandlung verlangten[46].

13 Verkompliziert wird die Deutung des Art. 116 I GG durch die in die Norm projizierten und teils **widersprüchlichen Erwartungen** der Verfassunggeber; der Absatz 1 sollte bildlich gesprochen gleich mehrere Türen offenhalten: Im Vordergrund stand zunächst die Möglichkeit für noch in den Vertreibungsgebieten befindliche Volksdeutsche, in die Bundesrepublik zu gelangen und einen verläßlichen staatsangehörigkeitsrechtlichen Status zu erlangen, der in allen Belangen die **Gleichbehandlung** mit deutschen Staatsangehörigen gewährleistete (→ Rn. 57). Gleichzeitig sollte ihnen die Tür zurück in ihre angestammte Heimat nicht verschlossen werden; die bloße Kennzeichnung als Statusdeutsche war danach auch Ausdruck der Überzeugung, daß der Aufenthalt in der Bundesrepublik ein vorübergehender sein würde[47]. Die umstandslose Verleihung der Staatsbürgerschaft hätte mit anderen Worten deren Rückkehr- oder **Heimatrecht** beeinträchtigt und die Zwangsausbürgerungen nachträglich legitimiert[48]. Offen gehalten werden sollte damit zugleich die **Deutsche Frage**: der Parlamentarische Rat wollte weder eine endgültige Abtretung der unter sowjetischer und polnischer Verwaltung stehenden Gebiete noch die sich abzeichnende deutsche Teilung präjudizieren, wes-

[42] Im Überblick JöR 1 (1951), S. 823 ff.; Entwurfsfassungen in Parl. Rat VII, S. 128, 191, 281, 333, 385, 436, 454, 490, 525 f., 563, 602; vgl. ferner die Darstellungen von *Menzel* (Fn. 20), Art. 116 S. 1 ff.; *Lübbe-Wolff* → Bd. III[1], Art. 116 Rn. 2 f.; *Masing* (Fn. 3), Art. 116 Rn. 1 ff., 143 ff.; *Giegerich* (Fn. 1), Art. 116 Rn. 11 ff.; *Zimmermann/Bäumler* (Fn. 5), Art. 116 Rn. 14 f.

[43] *Menzel* (Fn. 20), Art. 116 S. 1; *Makarov/v. Mangoldt* (Fn. 30), Art. 116 Rn. 3.

[44] Abg. *Seebohm* (DP), 1. Lesung im Hauptausschuß v. 7.12.1948 (JöR 1 [1951], S. 824 f.; Parl. Rat XIV/1, S. 564): »Ich wollte nur ausdrücklich festgestellt haben, daß die Bestimmung so gemeint ist, daß jeder Angehörige deutscher Volkszugehörigkeit, der auch in Zukunft als Vertriebener zu uns kommt, diese Staatsangehörigkeit erwirbt.« Die Zukunftsgerichtetheit der Norm betonen auch BVerwGE 119, 172 (179); *Makarov/v. Mangoldt* (Fn. 30), Art. 116 Rn. 4 sowie *Masing* (Fn. 3), Art. 116 Rn. 114.

[45] Unterstrichen in der zeitgenössischen Darstellung von *W. Grabendorff*, DÖV 1951, 268 (268); vgl. auch *W. Schätzel*, AöR 81 (1956), 265 (284) und *v. Münch*, Staatsangehörigkeit (Fn. 4), S. 110.

[46] *W. Schätzel*, AöR 81 (1956), 265 (271).

[47] *M. Antoni*, in: Hömig/Wolff, GG, Art. 116 Rn. 1; deutlicher *M. Silagi*, IFLA 2005, 1 (2 f.).

[48] Zentral ist dieser Gedanke für *W. Schätzel*, Das deutsche Staatsangehörigkeitsrecht, 2. Aufl. 1958, S. 314; siehe ferner *M. Silagi*, ROW 1986, 160 (161: Hinweis auf § 25 des 1. StARegG); *dens.*, IFLA 2005, 1 (3). Zur völkerrechtlichen Würdigung der Ausbürgerungsregelungen *I. Seidl-Hohenveldern*, ZÖR 2 (1950), 305 (327 ff.).

halb die zunächst erwogene »Bundesangehörigkeit« rasch wieder verworfen wurde[49]. Art. 116 I GG hält praktisch durch Verzicht auf eine partikulare Regelung implizit an der einheitlichen Reichsangehörigkeit fest[50]. Schließlich hätte die Zuerkennung der deutschen Staatsbürgerschaft zumindest einzelnen Volksdeutschen nicht unbeträchtliche Nachteile gebracht, da sie nach den Bestimmungen der Feindgesetzgebung einerseits die Konfiskation ihres im Ausland belegenen Vermögens zu fürchten hätten, andererseits in vielfältiger Hinsicht von internationalen Flüchtlingshilfsmaßnahmen ausgeschlossen gewesen wären[51].

Ganz im Gegensatz zu Absatz 1 ist **Art. 116 II GG** Gegenstand eingehender Erörte- 14
rungen, die dem Interpreten einen vergleichsweise klaren und eindeutigen Blick auf die Intention des Verfassunggebers gestatten[52]. Ausgangspunkt ist die Debatte über das Verbot der Entziehung der deutschen Staatsangehörigkeit im Grundsatzausschuß (→ Art. 16 Rn. 11)[53]. Als korrespondierende Wiedergutmachungsvorschrift schlägt zunächst der Allgemeine Redaktionsausschuß eine Wiedereinbürgerung auf Antrag vor, die nach nurmehr stilistischen Änderungen den heutigen Art. 116 II 1 GG bildet[54]; verbunden ist diese Regelung mit der parteiübergreifend vorgetragenen Beteuerung, damit sei **keine Anerkennung der NS-Ausbürgerungen** ausgesprochen[55]. Ungeachtet dessen wird in der weiteren Debatte ein solches Antragserfordernis als Zumutung für die Betroffenen bezeichnet[56]. Gegenläufige Hinweise auf Betroffene, die eine Wiedereinbürgerung nicht wünschten oder davon sogar Nachteile zu befürchten hätten[57], führen nach einer ganzen Reihe von Formulierungsvorschlägen bis hin zu einem Gesetzesvorbehalt nach dem Muster von Absatz 1[58] schließlich im Hauptausschuß zur Endfassung, die maßgeblich auf Carlo Schmid zurückgeht[59].

Ganz dominierend ist danach das Bestreben, die einhellig als schreiendes Unrecht 15
empfundenen Ausbürgerungen rückgängig zu machen, die Expatriierten zu rehabilitieren und ihnen den Weg zurück nach Deutschland zu ebnen[60]. Die teils eher taktisch motivierten Erwägungen, ob dieses Ziel am besten im Wege der (konstitutiven oder deklaratorischen) Nichtigerklärung *ex tunc* oder im Wege eines Antragsverfahrens *ex*

---

49 Siehe Parl. Rat VII, S. 4f. und dazu *Makarov/v. Mangoldt* (Fn. 30), Art. 116 Rn. 3 sowie *C. Schönberger*, Unionsbürger, 2005, S. 119.

50 *Renner/Maaßen* (Fn. 2), Art. 116 Rn. 1.

51 Zu diesem Motivstrang näher *Masing* (Fn. 3), Art. 116 Rn. 18 sowie *Kokott* (Fn. 20), Art. 116 Rn. 21, 30. Zur Feindgesetzgebung anhand des englischen Beispiels *F.A. Mann*, NJW 1950, 250ff.; zur sog. Feindstaatenklausel als völkerrechtlicher Grundlage *B. Simma*, Charta der Vereinten Nationen, 1991, Art. 107 Rn. 7.

52 Detailreich *Makarov/v. Mangoldt* (Fn. 30), Art. 116 Rn. 76ff.; vgl. auch *E. Weizsäcker*, ZAR 2004, 93 (96). – Für »verworren« hält die Beratungen *F.A. Mann*, Ausbürgerung und Wiedereinbürgerung nach Art. 116 Abs. 2 GG in der Rechtsprechung des Bundesverfassungsgerichts und des Auslands, in: FS Coing, Bd. 2, 1982, S. 323ff. (330).

53 Parl. Rat V/2, S. 714ff.; näher *Makarov/v. Mangoldt* (Fn. 30), Art. 116 Rn. 76.

54 *Menzel* (Fn. 20), Art. 116 S. 2; *Lübbe-Wolff* → Bd. III[1], Art. 116 Rn. 3.

55 So etwa der Abg. *Katz* (SPD): Parl. Rat XIII/2, S. 924 (27. Sitzung des Organisationsausschusses v. 6.12.1948).

56 Insbesondere durch den Abg. *Renner* (KPD), 1. Lesung im Hauptausschuß v. 7.12.1948 (JöR 1 [1951], S. 824f.; Parl. Rat XIV/1, S. 566).

57 Namentlich von *Carlo Schmid* (SPD), 1. Lesung im Hauptausschuß v. 7.12.1948 (JöR 1 [1951], S. 824f.; Parl. Rat XIV/1, S. 568).

58 Detailliert dokumentiert in JöR 1 (1951), S. 824f. sowie bei *Menzel* (Fn. 20), Art. 116 S. 2ff.

59 3. Lesung im Hauptausschuß v. 10.2.1949 (JöR 1 [1951], S. 826; Parl. Rat XIV/2, S. 1635ff.).

60 *Menzel* (Fn. 20), Art. 116 S. 2: »selbstverständlicher Akt der Wiedergutmachung« (vgl. *dens.*, ebd., S. 41).

nunc erreicht werden könne, prägen bis heute die Deutung der Norm (→ Rn. 81ff.)[61]. Die resultierende und nicht besonders glückliche Kombination beider Alternativen beruht dabei im Kern auf der Erwägung, daß die Ausbürgerung auf die für die Betroffenen denkbar einfachste Weise rückgängig gemacht und dieser Prozeß mit keinerlei bürokratischen Hürden belastet werden sollte; insbesondere besteht Konsens darüber, daß eine **doppelte Staatsangehörigkeit** der Ausgebürgerten **in Kauf genommen** werden sollte[62]. Das Grundmodell ist danach die Behandlung als »nicht ausgebürgert« (Nichtausbürgerungsfiktion nach Art. 116 II 2 GG: → Rn. 100ff.). Bestimmend für das daneben vorgesehene Antragsverfahren (Wiedereinbürgerung nach Art. 116 II 1 GG: → Rn. 91ff.) ist demgegenüber die Erfahrung, daß nicht alle in das Exil oder den Untergrund getriebenen Deutschen überhaupt in ihr Heimatland zurückkehren wollten; ihnen sollte die Staatsangehörigkeit nicht ohne oder gar gegen ihren Willen aufgenötigt werden[63]. Als Gründe für eine solche (vorübergehende oder dauernde) Abkehr von Deutschland stellte der Parlamentarische Rat neben der individuellen Verfolgungserfahrung wohlgemerkt auch wirtschaftliche Erwägungen in Rechnung: die Rückkehr in das daniederliegende Land mochte gerade für Expatriierte in den USA wenig attraktiv erscheinen, zumal ihnen im Falle der Zuerkennung der deutschen Staatsangehörigkeit ebenfalls die Sanktionen der Feindgesetzgebung (→ Rn. 13) gedroht hätten[64].

2. Funktionsmetamorphosen des Art. 116 GG

16 Beide Absätze des Art. 116 GG sind **normtextlich unverändert** geblieben[65]. Allerdings ist insbesondere Abs. 1 der Norm in seinem Kontext, seiner Interpretation und letztlich auch seinem Telos einschneidenden Veränderungen ausgesetzt gewesen. Zurückzuführen sind diese Metamorphosen im Steuerungsprogramm auf die in der Vorschrift spannungsvoll miteinander verknüpften Motive des Normgebers (→ Rn. 13), die jeweils nacheinander für eine gewisse Zeit die Oberhand gewonnen haben (→ Rn. 17ff.). Aber auch der deutlich homogenere Abs. 2 verändert in Abhängigkeit von der historischen Entwicklung seinen normativen Gehalt wie seine Bedeutung (→ Rn. 20).

17 Zunächst dominiert bis in die Mitte der fünfziger Jahre die **Bewältigung der unmittelbaren Flüchtlingsnot**; Art. 116 I GG dient der Integration der Vertriebenen, indem er ihre Gleichbehandlung unabhängig vom formellen Besitz der deutschen Staatsbürgerschaft garantiert, sie etwa insbesondere in den Genuß der (Deutschen-)Grundrechte aus Art. 11 und 12 GG bringt. Zugleich deckt er im Zusammenspiel mit den einfachgesetzlichen Normen des Bundesvertriebenengesetzes von 1953 (→ Rn. 60ff.) die Einwanderung der letzten geschlossenen Gruppen deutscher Volkszugehörigkeit

[61] Kritisch *L. Renck*, JZ 1979, 752 (752) sowie *Kokott* (Fn. 20), Art. 116 Rn. 30, 32f.

[62] Prägnant Abg. *v. Mangoldt* (CDU), in: 2. Lesung im Hauptausschuß v. 14.1.1949 (JöR 1 [1951], S. 825f.; Parl. Rat XIV/2, S. 1189). Weitere Stellungnahmen quer durch die Parteien in JöR 1 (1951), S. 825f.; siehe auch *Makarov/v. Mangoldt* (Fn. 30), Art. 116 Rn. 78; *Marx* (Fn. 11), Art. 116 Rn. 4; *E. Weizsäcker*, ZAR 2004, 93 (95) sowie *Masing* (Fn. 3), Art. 116 Rn. 144.

[63] Wiederum einhellige Auffassung: *Renner/Maaßen* (Fn. 2), Art. 116 Rn. 3; *Antoni* (Fn. 47), Art. 116 Rn. 6. → Rn. 81.

[64] Der Hinweis auf denkbare Fälle beim Abg. *Zinn*, 1. Lesung im Hauptausschuß v. 7.12.1948 (JöR 1 [1951], S. 824f.; Parl. Rat XIV/1, S. 566f.); vgl. *W. Schätzel*, AöR 81 (1956), 265 (279); *Menzel* (Fn. 20), Art. 116 S. 2; *Renner/Maaßen* (Fn. 2), Art. 116 Rn. 3. – Instruktiv zur rechtlichen Würdigung der Ausbürgerungen außerhalb Deutschlands *Mann*, Ausbürgerung (Fn. 52), S. 332ff.

[65] Zu polnischen Änderungswünschen *Zimmermann/Bäumler* (Fn. 5), Art. 116 Rn. 6.

ab, die teils aus jahrelanger Verbannung und Haft in die Bundesrepublik gelangen[66]. Schon in dieser Phase schiebt sich aber die Bedeutung einer einheitlichen deutschen Staatsangehörigkeit für die **Offenhaltung der Deutschen Frage** (→ Rn. 13) merklich in den Vordergrund[67]. Schließlich erweist sich das mit der Norm ebenfalls implizierte Beharren auf den Grenzen von 1937 in dieser Phase noch nicht als so evident illusionär, wie es heute aus der ex-post-Perspektive erscheinen mag (→ Rn. 25)[68].

Spätestens seit der vollen Integration der Bundesrepublik in die NATO und der weitgehenden Wiedergewinnung der Souveränität durch die Deutschlandverträge nimmt die dem Art. 116 I GG ohnehin inhärente Ausrichtung nach Osten (→ Rn. 4) eine neue Qualität an: die Bundesrepublik schwingt »sich zum **Fürsprecher deutscher Minderheiten im Ostblock**«[69] auf. Art. 116 I GG soll in dieser Perspektive nicht mehr die Folgen von Flucht erträglicher, sondern eine Flucht überhaupt erst möglich machen, indem er Volksdeutschen das Entkommen aus dem kommunistischen Machtbereich durch Übersiedlung in die Bundesrepublik ermöglicht. Der weiterhin angenommene Vertreibungsdruck (§ 1 II BVFG; → Rn. 62) wird zur Camouflage für unerträgliche Lebensverhältnisse in der Einparteiendiktatur[70]. 18

Seit der Wiedervereinigung schließlich reduziert sich die Bedeutung des Art. 116 I GG immer mehr auf die einer **privilegierten Zuwanderungsregelung für Deutschstämmige aus Osteuropa**[71]. Die damit verbundene Hoffnung, aufgrund der angenommenen kulturellen und sprachlichen Homogenität der »Volksdeutschen« einen Bevölkerungszuwachs ohne die mit der Einwanderung von »Ausländern« verbundenen Integrationsaufgaben und -probleme zu erzielen, hat sich allerdings in der jüngeren Entwicklung als ebenso naive wie potentiell »gefährliche Illusion« erwiesen[72]. 19

Art. 116 II GG ist schon aufgrund seiner präziseren Zielsetzung (→ Rn. 14) weniger interpretations- und entwicklungsoffen als Absatz 1. Gleichwohl läßt sich auch hier eine **Bedeutungsverschiebung** nachzeichnen. In der unmittelbaren Nachkriegszeit erfüllt die Bestimmung zunächst die ihr zugedachte Funktion, den vom NS-Regime Ausgebürgerten wieder den Besitz der deutschen Staatsbürgerschaft zu verschaffen; wie vorhergesehen, sinkt nach dieser ersten Bereinigung der Rechtslage die Inanspruch- 20

---

[66] Zu diesen Gruppen, die von den Ostblockländern teils aus wirtschaftlichen Erwägungen erst von der Vertreibung ausgespart, dann regelrecht festgehalten wurden, siehe *Masing* (Fn. 3), Art. 116 Rn. 2, 70.

[67] So die Einschätzung von *Vedder/Lorenzmeier* (Fn. 20), Art. 116 Rn. 2; vgl. auch *Giegerich* (Fn. 1), Art. 116 Rn. 25 ff.

[68] Instruktiv *J.-D. Kühne*, Zu Veränderungsmöglichkeiten der Oder-Neiße-Linie nach 1945, 2006, S. 13 ff.

[69] Die plastische Wendung noch bei *J. Kokott*, in: M. Sachs (Hrsg.), Grundgesetz, 4. Aufl. 2007, Art. 116 Rn. 2; sie findet sich nicht mehr in der aktuellen Auflage; ähnlich der Tenor von *Giegerich* (Fn. 1), Art. 116 Rn. 29 sowie von *Jarass*/Pieroth, GG, Art. 116 Rn. 1. – Kritisch *K. Rennert*, in: Umbach/Clemens, GG, Art. 116 Rn. 12 a. E.

[70] *Masing* (Fn. 3), Art. 116 Rn. 1, 83; kritisch *H. Alexy*, NJW 1989, 2850 (2855).

[71] So auch *H. Alexy*, NVwZ 1993, 1171 (1173); *Lübbe-Wolff* → Bd. III[1], Art. 116 Rn. 15; *M. Zuleeg*, in: AK-GG, Art. 116 (2001), Rn. 16; *Masing* (Fn. 3), Art. 116 Rn. 22. – Vgl. dazu näher *R. Münz/R. Oliger*, Privilegierte Migration – Deutsche aus Ostmittel- und Osteuropa, in: Tel Aviver Jahrbuch für deutsche Geschichte 27 (1998), S. 401 ff. (403 ff., 417 ff.); Zahlen bei *E. Bund/M. Kohls/S. Worbs*, ZAR 2014, 349 (350 ff.) sowie bei *K. Hailbronner*, in: ders./H.-G. Maaßen/P. Hecker/M. Kau, Staatsangehörigkeitsrecht, 6. Aufl. 2017, Art. 116 Rn. 4.

[72] *Masing* (Fn. 3), Art. 116 Rn. 113 (vgl. noch ebd., Rn. 130 ff.). – Siehe die Daten bei *Münz/Oliger*, Migration (Fn. 71), S. 421 ff. sowie die materialreiche Darstellung von *K. Reich*, Integrations- und Desintegrationsprozesse junger männlicher Aussiedler aus der GUS, 2005. Positiver im Fazit jetzt *E. Bund/M. Kohls/S. Worbs*, ZAR 2014, 349 (354): »ausgeprägte soziale Aufstiegsorientierung«.

nahme spätestens seit den sechziger Jahren spürbar[73]. Hingegen erweist sich die Prognose, die Norm werde »schnell voranschreitenden gegenstandsverzehrenden Abschmelzungsprozessen« ausgesetzt sein[74], als Fehleinschätzung. Ganz im Gegenteil läßt sich etwa seit 2000 ein **merkliches Anwachsen der** Zahl der **israelischen Staatsbürger** verzeichnen, die unter Berufung auf Art. 116 II GG die deutsche Staatsbürgerschaft erwerben[75]. Neben der allgemeinen Renaissance eines jüdischen religiösen wie kulturellen Lebens in Deutschland und der latent krisenhaften Entwicklung im Nahen Osten dürfte als Grund hierfür auch die größere zeitliche Entfernung zum Holocaust verantwortlich sein: während zahlreiche Juden der Erlebensgeneration bewußt alle Bande nach Deutschland gekappt haben, nehmen ihre Nachkommen die deutsche Herkunft wieder verstärkt als Teil ihrer Identität wahr[76].

B. Internationale, supranationale und rechtsvergleichende Bezüge

I. Staatsangehörigkeit und Deutschenstatus (Art. 116 I GG)

1. Völkerrechtliche Vorgaben

21 Bei der in Gestalt des Art. 116 I GG unternommenen Umschreibung der Zugehörigkeit (im weitesten Sinne) mußte die im Entstehen begriffene Bundesrepublik die völkerrechtlichen **Vorgaben für die Zirkumskription der Staatsangehörigkeit** beachten. Danach ist jeder Staat zwar grundsätzlich frei in der Bestimmung derjenigen Personen, die er als seine Staatsangehörigen für sich reklamiert[77]. Allerdings ist es ihm verwehrt, die Belange anderer Staaten zu tangieren, indem er deren Staatsangehörige ohne hinreichenden Grund für sich vereinnahmt (→ Art. 16 Rn. 16f.). Konsentiert ist daher, daß die Bundesrepublik bei der Umschreibung der Staatsangehörigkeit nicht an sachfremde Kriterien bzw. an Sachverhalte anknüpfen darf, die keine hinreichende Verbindung zu ihr aufweisen[78]. Diesen Vorgaben genügt die Regelung des Art. 116 I GG: Sie bietet zwar für Angehörige anderer Staaten einen zumindest staatsangehörigkeitsanalogen Status an[79], doch liegt in Gestalt der deutschen Volkszugehörigkeit (→ Rn. 63) ein sachlicher Grund für dieses Übergreifen auf fremdes Territorium vor[80].

22 Stellt man die ursprüngliche Intention des Art. 116 I GG in Rechnung, zugunsten der Flüchtlinge und Vertriebenen eine Rückkehroption in ihre angestammte Heimat offenzuhalten (→ Rn. 13), so sucht er Anschluß an die völkerrechtliche Debatte um ein

---

[73] Bis zum Jahr 1980 sind ca. 43.000 Personen nach Art. 116 II GG (wieder) in den Besitz der deutschen Staatsbürgerschaft gelangt: *D. Eichmann/S. Sichr*, ZAR 2002, 89 (90f.).

[74] *H. Ridder*, in: Alternativ-Kommentar zum GG, 1. Aufl., Bd. 2, 1984, Art. 116 Rn. 1. Ähnlich *Marx* (Fn. 11), Art. 116 Rn. 5; *Masing* (Fn. 3), Art. 116 Rn. 138 sowie *Renner/Maaßen* (Fn. 2), Art. 116 Rn. 4.

[75] Zahlen bei *E. Weizsäcker*, ZAR 2004, 93 (93); dort auch w.N.

[76] So auch *Masing* (Fn. 3), Art. 116 Rn. 138.

[77] Für diesen Grundsatz statt aller *Zuleeg* (Fn. 71), Art. 116 Rn. 9; *Giegerich* (Fn. 1), Art. 116 Rn. 17f. sowie *Zimmermann/Bäumler* (Fn. 5), Art. 116 Rn. 16f.

[78] BVerfGE 1, 322 (329); 77, 137 (153); *Maunz* (Fn. 8), Art. 116 Rn. 6; *O. Kimminich*, DÖV 1971, 577 (578); *Zuleeg* (Fn. 71), Art. 116 Rn. 9; *R. Grawert*, HStR³ II, § 16 Rn. 51; *Vedder/Lorenzmeier* (Fn. 20), Art. 116 Rn. 62f.; *Kokott* (Fn. 20), Art. 116 Rn. 14.

[79] Der bloße Hinweis, daß Art. 116 I GG gerade keine Staatsangehörigkeit verleihe, dürfte allerdings zu kurz greifen: so aber *Kokott* (Fn. 20), Art. 116 Rn. 14.

[80] Statt aller *Lübbe-Wolff* → Bd. III¹, Art. 116 Rn. 6.

Recht auf die Heimat[81]. In diesen Kontext gehört auch die sich abzeichnende Neuinterpretation des Art. 12 IV IPbpR, demzufolge niemandem willkürlich das Recht verwehrt werden darf, in sein eigenes Land einzureisen[82]. Hier wird das »eigene« Land zunehmend nicht nach dem formalen Kriterium der Staatsangehörigkeit, sondern im Sinne eines besonderen Näheverhältnisses gedeutet[83].

Sofern Art. 116 I GG zwischenzeitlich faktisch zum Vehikel der Einwanderung in das Bundesgebiet geworden ist (→ Rn. 19), korrespondiert er mit der neueren Tendenz im Völkerrecht, in Anlehnung an Art. 12 II IPbpR ein **Menschenrecht auf Ausreise** anzuerkennen[84]. Die weitergehende Forderung, ein spiegelbildliches Menschenrecht auf Immigration (und in letzter Konsequenz Verleihung der Staatsbürgerschaft) anzuerkennen, wird inzwischen auch in genuin rechtswissenschaftlichen Debatten erörtert (→ Art. 16 Rn. 23; → Art. 16a Rn. 30)[85]. 23

Als zumindest faktisches Instrument zum Schutz deutscher Minderheiten in Osteuropa (→ Rn. 18) steht Art. 116 I GG mehr oder minder unverbunden neben dem geläufigen Regime des völkerrechtlichen **Minderheitenschutzes**[86]. Die von Art. 116 I GG insoweit erfüllte Funktion wird allerdings mittlerweile von Partnerschaftsverträgen mit den osteuropäischen Staaten übernommen, die sich explizit dem Schutz der verbliebenen Deutschen widmen[87]. 24

Die heute so realitätsfern und vergangenheitsbehaftet wirkende Bezugnahme auf die Grenzen des Deutschen Reiches nach dem Stande vom 31. Dezember 1937 (→ Rn. 76) steht schließlich in keinem Spannungsverhältnis zur völkerrechtlich wirksamen **Anerkennung der Oder-Neiße-Grenze** in den Verträgen zur Schaffung der Deutschen Einheit und dem damit einhergehenden Verzicht auf die ehemaligen »Ostgebiete«[88]. Mag Art. 116 I GG auch Ausdruck des unter den Mitgliedern des Parlamentarischen Rates überwiegenden Beharrens auf den historischen Grenzen gewesen sein, so enthält er doch heute keinen Normbefehl, dieses Territorium aktuell oder 25

---

[81] Einige Hinweise bei *K. Rabl*, Recht auf Heimat und Recht auf Rückkehr, in: W. Schätzel/T. Veiter (Hrsg.), Handbuch des Internationalen Flüchtlingsrechts, 1960, S. 189ff.; *O. Kimminich*, Das Recht auf die Heimat, 3. Aufl. 1989; *C. Tomuschat*, Das Recht auf die Heimat, in: FS Partsch, 1989, S. 183ff.; *S.R. Roos*, GYIL 44 (2001), 517ff.; *B. Parameswaram*, AVR 41 (2003), 1 (22ff.); *D. Murswiek*, Die völkerrechtliche Geltung eines »Rechts auf die Heimat«, in: G.-H. Gornig/D. Murswiek (Hrsg.), Das Recht auf die Heimat, 2006, S. 17ff. (23ff.).

[82] Statt aller *M. Nowak*, CCPR Commentary, 2. Aufl. 2005, Art. 12 Rn. 58 (S. 287).

[83] In diesem Sinne etwa der UN-Menschenrechtsausschuß, GC 27 (1999), 4; siehe dazu *B. Parameswaram*, AVR 41 (2003), 1 (26ff.); *Nowak* (Fn. 82), Art. 12 Rn. 58, 61.

[84] Dazu der Überblick von *C. Harvey/R.P. Barnidge*, IJRL 19 (2007), 1 (5ff.).

[85] Siehe *M. Kirloskar-Steinbach*, Gibt es ein Menschenrecht auf Immigration?, 2007 (mit bejahendem Fazit S. 236ff.); ähnlich *S. Zurbuchen*, Gibt es ein Recht auf Bürgerschaft?, in: dies., Bürgerschaft (Fn. 6), S. 113ff. (126ff.). Siehe die neueren Beiträge von *A. Shachar*, Citizenship, in: M. Rosenfeld/A. Sajó (Hrsg.), Comparative Constitutional Law, Oxford 2012, S. 1002ff. (1010ff., 1016ff.); *A. Kesby*, The Right to Have Rights, Oxford 2012, S. 13ff.; *C. Walter*, Der Bürgerstatus im Lichte von Migration und europäischer Integration, VVDStRL 72 (2013), S. 7ff. (27f.) sowie *M. Krajewski*, Status als Instrument des Migrationsrechts, VVDStRL 76 (2017), S. 123ff. (161f.).

[86] Einen Überblick verschaffen hier *R. Uerpmann*, Völkerrechtliche Grundlagen des Minderheitenschutzes, in: G. Manssen/B. Banaszak (Hrsg.), Minderheitenschutz in Mittel- und Osteuropa, 2001, S. 9ff.; *M. Krugmann*, Das Recht der Minderheiten, 2004. – Kritisch *R. Nichelmann/A. Paquée*, ZRSoz 28 (2007), 49ff.

[87] Näher am Beispiel des Deutsch-Polnischen Nachbarschaftsvertrages vom 17.6.1991 (BGBl. II S. 1314) *J. Berger*, Osteuroparecht 2001, 35 (47) sowie *Vedder/Lorenzmeier* (Fn. 20), Art. 116 Rn. 56.

[88] *W. Graf Vitzthum*, HStR[3] II, § 18 Rn. 16, 22; *H. Dreier*, IPE I, § 1 Rn. 60; *Masing* (Fn. 3), Art. 116 Rn. 46; *Vedder/Lorenzmeier* (Fn. 20), Art. 116 Rn. 30.

in der Zukunft für die Bundesrepublik zu beanspruchen[89]. Interpretationsleitend muß vielmehr die Einsicht sein, daß aus Rücksicht auf die offene Deutsche Frage 1949 praktisch keine andere Beschreibung des Aufnahmegebietes möglich war, wollte man nicht entweder die eigene Position gegenüber der entstehenden DDR kompromittieren oder Interventionen der Besatzungsmächte provozieren (→ Rn. 12 f.).

2. Europäisches Recht

26 Die **Unionsbürgerschaft** als unionsrechtliches Analogon zur Staatsangehörigkeit (Art. 20 ff. AEUV)[90] bleibt ohne unmittelbare Auswirkungen auf das Staatsangehörigkeitsregime des Art. 116 I GG, das sie ausdrücklich ergänzen, nicht ersetzen soll (Art. 20 I 3 AEUV)[91]. Unstrittig gelten die Statusdeutschen i. S. v. Art. 116 I GG (→ Rn. 52 ff.) ungeachtet ihrer formell fehlenden Staatsangehörigkeit als Unionsbürger i. S. v. Art. 20 I 2 AEUV[92]. Die Unionsbürgerschaft stellt in dieser Perspektive einen keinesfalls zu unterschätzenden »Zusatzvorteil« für potentielle Erwerber der deutschen Staatsbürgerschaft wie der Rechtsstellung als Statusdeutscher dar[93]. Sofern das deutsche Recht im Einzelfall Statusdeutsche aufgrund ihres Vertriebenenschicksals begünstigt, sind diese Regelungen nicht schematisch auf Unionsbürger zu übertragen[94].

27 Auch im übrigen sind **Vorgaben des Unionsrechts** für die Staatsbürgerschaft bzw. speziell für den Anwendungsbereich des Art. 116 I GG nicht ersichtlich[95]. Die individualschützenden Vorschriften des europäischen Rechts gehen mit der Norm konform, ohne ihr an Detaillierungsgrad nahezukommen. So harmonieren einzelne Gehalte des Art. 116 I GG in ihrer Zielsetzung mit den Gewährleistungen in Art. 2 und 3 des 4. Zusatzprotokolls zur **EMRK**[96], aber auch den Bestimmungen der Grundrechtecharta[97].

28 Zumindest als Verstoß gegen den Gedanken der Gemeinschaftstreue (Art. 4 III EUV) dürfte es allerdings zu werten gewesen sein, daß die einfachgesetzliche Ergänzung des Art. 116 I GG in § 4 I BVFG (→ Rn. 60) für die drei **baltischen Staaten** als

---

89 *Giegerich* (Fn. 1), Art. 116 Rn. 48. – Andere Akzentsetzung bei *Vedder/Lorenzmeier* (Fn. 20), Art. 116 Rn. 53: die Norm ist zwar nicht völkerrechtswidrig, sollte aber an die geänderte völker- und verfassungsrechtliche Lage angepaßt werden (vgl. ebd., Rn. 93).

90 Grundlegend *Schönberger*, Unionsbürger (Fn. 49), S. 272 ff.; vgl. ferner *J. Kokott*, Die Freizügigkeit der Unionsbürger als neue Grundfreiheit, in: FS Tomuschat, 2006, S. 207 ff.; *C. Calliess*, EuR 2007, Beiheft 1, 7 ff. (alle m. w. N.); *v. Münch*, Staatsangehörigkeit (Fn. 4), S. 296 ff. sowie *K. F. Gärditz*, Der Bürgerstatus im Lichte von Migration und europäischer Integration, VVDStRL 72 (2013), S. 49 ff. (140 ff.).

91 *Zuleeg* (Fn. 71), Art. 116 Rn. 10; vgl. noch *Walter*, Bürgerstatus (Fn. 85), S. 29.

92 *A. Zimmermann*, EuR 30 (1995), 54 (55 f.), *Lübbe-Wolff* → Bd. III[1], Art. 116 Rn. 8; *Schönberger*, Unionsbürger (Fn. 49), S. 277 f.; *Zimmermann/Bäumler* (Fn. 5), Art. 116 Rn. 21.

93 *D. Eichmann/S. Siehr*, ZAR 2002, 89 (93).

94 Lt. VGH Mannheim NVwZ 2006, 360 (361) kann sich eine polnische Juristin für den Zugang zum Referendariat nicht auf die für Spätaussiedler geltenden Anerkennungsregeln berufen (vgl. § 10 II BVFG).

95 *Zuleeg* (Fn. 71), Art. 116 Rn. 10; vgl. noch *Schönberger*, Unionsbürger (Fn. 49), S. 284 ff. sowie *Vedder/Lorenzmeier* (Fn. 20), Art. 116 Rn. 67 ff. → Art. 16 Rn. 27.

96 Konkret: Der Gedanke des Rechts auf die Heimat (→ Rn. 13, 22) findet sich in Art. 3 I u. II des 4. ZP wieder; die Möglichkeit der Einreise Deutscher in die Bundesrepublik (→ Rn. 19, 58) ist durch Art. 2 II (Ausreise) und Art. 3 II (Einreise) des 4. ZP gewährleistet. Näher *T. Giegerich*, in: Dörr/Grote/Marauhn, EMRK/GG[2], Kap. 26 Rn. 58 ff.

97 Hier findet sich in Art. 45 das Freizügigkeitsrecht gewährleistet; vgl. *B. Schöbener*, in: Tettinger/Stern, GRCh, Art. 45 Rn. 9 ff.

»Republiken der ehemaligen Sowjetunion« weiterhin Vertreibungsdruck fingierte und damit diesen Mitgliedern der Europäischen Union eine Vielzahl von Verstößen gegen Unions- und Gemeinschaftsrecht unterstellte[98]; die Regelung ist folgerichtig im Zuge der Novelle durch Einfügung von § 100a BVFG modifiziert worden[99].

3. Verfassungsvergleichende Hinweise

Als Gesamtensemble ist Art. 116 I GG im internationalen wie im intraföderalen Verfassungsvergleich ohne Parallele[100]. Lediglich **Teilgehalte** begegnen auch in anderen Verfassungsurkunden. Am nächsten kommt der Norm nach Kontext und Zielsetzung die griechische Regelung der Aufnahme der aus Kleinasien und Thrakien 1923 stammenden hellenischen Flüchtlinge[101]. In der Bestimmung des Art. 113 der Verfassung v. 29.9.1925, die die einschlägigen Maßnahmen der Revolutionsregierung aufrechterhält, stehen allerdings bereits die finanziellen Hilfen im Mittelpunkt, während die vorläufige Gleichstellung der Vertriebenen mit den griechischen Staatsangehörigen nicht mehr ausdrücklich erwähnt wird (→ Art. 119 Rn. 5)[102]. 29

Die Art. 116 I GG innewohnende **Maxime der erleichterten Einbürgerung von Angehörigen der Staatsnation** (→ Rn. 19) begegnet in einer Vielzahl von Rechtsordnungen[103]. Überwiegend erfolgt eine entsprechende Regelung auf einfachgesetzlicher Ebene in Bestimmungen über die Staatsangehörigkeit, teils auch implizit in den Flüchtlings- oder Asylvorschriften[104]. Verfassungsrang räumen der vereinfachten Einreise, Einbürgerung oder Niederlassung von Personen, die von der »eigenen« Nation abstammen, hingegen die Republik Armenien (Art. 14 S. 2 Verf. v. 5.7.1995)[105], Bulgarien (Art. 25 II Verf. v. 12.7.1991)[106], Litauen (Art. 32 IV Verf. v. 25.10.1992)[107], Polen (Art. 52 V Verf. v. 2.4.1997)[108] sowie die Volksrepublik China (Art. 50 u. 89 Nr. 12 30

---

[98] Skeptisch auch *G. Renner*, ZAR 2004, 176 (181); *Vedder/Lorenzmeier* (Fn. 20), Art. 116 Rn. 42, 57.

[99] Besprochen von *W. Peters*, NVwZ 2007, 1028 (1028).

[100] Instruktiv *P. Weil*, Zugang zur Staatsbürgerschaft. Ein Vergleich von 25 Staatsangehörigkeitsgesetzen, in: Conrad/Kocka, Staatsbürgerschaft (Fn. 2), S. 92 ff. (m. w. N.).

[101] Konkret waren die ca. 1,6 Mio. griechischen Flüchtlinge aufgenommen und als Quasi-Staatsangehörige behandelt worden, bevor eine endgültige Regelung ihrer Staatsangehörigkeit durch Art. 7 der Konvention betr. den Austausch Griechischer und Türkischer Bevölkerungsanteile v. 30.1.1923 erfolgte (*H. Kraus*, Das Recht der Minderheiten, 1927, S. 165 ff.). Näher zu den Vorgängen *C. B. Eddy*, Greece and the Greek Refugees, London 1931, S. 47 ff.; *C. Meindersma*, IJRL 9 (1997), 335 (338 ff.); *H. Sundhausen*, Unerwünschte Staatsbürger, in: Conrad/Kocka, Staatsbürgerschaft (Fn. 2), S. 193 ff. (205 ff.).

[102] Text in: D. Gosewinkel/J. Masing (Hrsg.), Die Verfassungen in Europa 1789–1949, 2006, S. 1080 (1100).

[103] Plädoyer für eine solche Privilegierung bei *C. Gans*, Ethical Theory and Moral Practice 1 (1998), 159 ff.

[104] Beispiele sind Finnland, Griechenland, Irland, Kroatien, Norwegen, Serbien, Tschechien sowie Ungarn (zu Rechtslage und -praxis *M. Fullerton*, IJRL 8 [1996], 499 [501 ff., 515 ff.]).

[105] »Individuals of Armenian origin shall acquire citizenship of the Republic of Armenia through a simplified procedure.« – Zum Kontext der Bestimmung *B. Frelick*, IJRL 6 (1994), 581 ff.

[106] »A person of Bulgarian origin shall acquire Bulgarian citizenship through a facilitated procedure.«

[107] »Everyone who is ethnically Lithuanian has the right to settle in Lithuania« (A. Kimmel/C. Kimmel [Hrsg.], Verfassungen der EU-Mitgliedstaaten, 6. Aufl. 2005, S. 329 [333]).

[108] »Eine Person, deren polnische Herkunft dem Gesetz gemäß festgestellt worden ist, darf sich im Gebiet der Republik Polen auf Dauer niederlassen.« (Kimmel/Kimmel, Verfassungen [Fn. 107], S. 545 [552]).

Verf. v. 4.12.1982)[109] ein. Die weitergehende Vorstellung des **Staat**es **als Heimstatt** (→ Rn. 13) eines in diesem Falle nach religiösen Kriterien bestimmten Volkes liegt dem »Law of Return« zugrunde, das in Israel als Verfassungsgesetz gilt und jedem Juden die Einreise nach Israel sowie den Erwerb der Staatsbürgerschaft garantiert[110]. Der **Sorge um** ausländische **Minderheiten** der eigenen Ethnie (→ Rn. 18) gibt schließlich Art. D der Ungarischen Verf. v. 25.4.2011 Ausdruck, der die Republik Ungarn in die Verantwortung für die außerhalb ihrer Grenzen lebenden Magyaren nimmt[111]; die Norm geht damit weit über geläufige Vorschriften über die Förderung der Beziehungen zu im Ausland lebenden Staatsangehörigen hinaus (bspw. Art. 40 BV[112]) und sorgt für entsprechende Spannungen mit den Nachbarn[113]. Ähnliches gilt für die vergleichbar ambitionierte Regelung in Art. 8 I der Albanischen Verf. v. 21.10.1998, die dem Staat den Schutz der »nationalen Rechte« der jenseits der Grenzen lebenden Albaner aufgibt[114], sowie für Art. 10 II der Kroatischen Verf. v. 22.12.1992[115].

31 Hinter diesen disparaten und sich nur in einzelnen Aspekten überschneidenden Regelungen stehen regelmäßig traumatische historische Ereignisse: die armenische und erst recht die israelische Regelung fußen etwa auf der doppelten Erfahrung einer jahrhundertelangen Diaspora wie des Versuches, die physische Existenz eines ganzen Volkes im Wege des Genozids zu beenden[116]; sie konstituieren den Staat mithin weniger als Heim- denn als prononcierte **Zufluchtsstätte** eines sich als latent bedroht empfindenden und definierenden Volkes[117]. Hingegen ist die ungarische Situation der deut-

---

[109] Art. 50: »The People's Republic of China protects the legitimate rights and interests of Chinese nationals residing abroad and protects the lawful rights and interests of returned overseas Chinese and of the family members of Chinese nationals residing abroad.« Art. 89 Nr. 12 erklärt diese Sorge zur Aufgabe des Staatsrates. Näher *G. Liu*, The Right to Leave and Return and Chinese Migration Law, Leiden 2007, S. 207 ff.

[110] Text zugänglich in: *J. Gera-Grünbaum/A. Zwergbaum*, Das Staatsangehörigkeitsrecht von Israel, 2. Aufl. 1974, S. 51 f. (dazu *dies.*, ebd., S. 15 ff.); näher *C. Klein*, Tel Aviv University Studies in Law 13 (1997), 53 ff. sowie *C. Gans*, Ethical Theory and Moral Practice 1 (1998), 159 (177 ff.).

[111] »Ungarn trägt unter Berücksichtigung des Zusammenhalts der einheitlichen ungarischen Nation Verantwortung für das Schicksal der jenseits seiner Grenzen lebenden Ungarn, fördert den Erhalt und die Entwicklung ihrer Gemeinschaften, unterstützt ihre auf Bewahrung ihrer ungarischen Identität gerichteten Bestrebungen, die Durchsetzung ihrer individuellen und kollektiven Rechte, die Schaffung ihrer gemeinschaftlichen Selbstverwaltungen und ihr Wohlergehen in ihrer Heimat sowie fördert ihre Zusammenarbeit untereinander und mit Ungarn.« (Text zugänglich in: *H. Küpper*, Ungarn [2014], in: A. Bergmann/M. Ferid/D. Henrich [Hrsg.], Internationales Ehe- und Kindschaftsrecht, S. 11).

[112] Siehe *P. Mahon*, La citoyenneté active en droit public suisse, in: Thürer/Aubert/Müller, Verfassungsrecht, § 20 Rn. 25 ff.

[113] Vgl. zur Vorgängerbestimmung *M. Vlad*, Minderheitenschutz und Demokratie in Rumänien, in: D. Blumenwitz/G.H. Gornig/D. Murswiek (Hrsg.), Minderheitenschutz und Demokratie, 2004, S. 153 ff. (159 f.); vgl. ferner *K. Voigt*, Der Schutz nationaler ungarischer Minderheiten durch ihren Ursprungsstaat aufgrund des ungarischen Statusgesetzes und dessen Vereinbarkeit mit dem Völkerrecht, 2005. – Instruktiv jetzt die Beiträge in E. Dácz (Hrsg.), Minderheitenfragen in Ungarn und in den Nachbarländern im 20. und 21. Jahrhundert, 2013.

[114] Siehe *G. Frankenberg*, JöR 49 (2001), 443 (446); Verfassungstext ebd., S. 450 (451): »The Republic of Albania shall protect the national rights of the Albanian people who live outside its borders.«

[115] »Parts of the Croatian nation in other states shall be guaranteed special concern and protection by the Republic of Croatia.«

[116] Siehe aus der reichhaltigen Literatur nur die Beiträge in der vergleichenden Darstellung von H.-L. Kieser/D.J. Schaller (Hrsg.), Der Völkermord an den Armeniern und die Shoah, 2002.

[117] *C. Gans*, Ethical Theory and Moral Practice 1 (1998), 159 (160); *G. Seufert*, Die Türkei, der Libanon und Israel, in: Conrad/Kocka, Staatsbürgerschaft (Fn. 2), S. 216 ff. (220 ff.).

schen insofern vergleichbar, als sich hier nach einer katastrophalen Kriegsniederlage und massiven Gebietsverlusten substantielle Gruppen der eigenen Staatsnation im Ausland wiederfinden, die nach ihrem Selbstverständnis bislang bevorrechtigte **Mitglieder einer hegemonialen Ethnie** waren und gerade deshalb in ihrer Minderheitensituation Repressionen ausgesetzt sind[118]. Die Situation Griechenlands nach dem Scheitern der eigenen Expansionspläne und der Vernichtung oder Vertreibung der kleinasiatischen und thrakischen Griechen vereint Elemente beider Konstellationen[119].

Im deutschen **Landesverfassungsrecht** fehlen Parallelen zu Art. 116 I GG praktisch ganz; tatsächlich bleibt namentlich in den vorgrundgesetzlichen Landesverfassungen der Problemkomplex »Flucht und Vertreibung« seltsam unterbelichtet. Zu den Ausnahmen zählen einzelne Verfassungen der sowjetischen Besatzungszone, die das Staatsziel der **Flüchtlingsfürsorge** (→ Rn. 17) zum Gegenstand haben: So sehen Art. 76 S. 3 Verf. der Provinz Sachsen-Anhalt v. 10.1.1947 sowie Art. 77 S. 2 Verf. des Landes Mecklenburg v. 16.1.1947 vor, daß bei der Verteilung des Bodens bzw. der Gewährleistung einer Heimstätte neben den Opfern des Faschismus auch »**Umsiedler**« besonders zu berücksichtigen sind[120]. Diese Regelung mitsamt dem systemtypischen Euphemismus für Flüchtlinge und Vertriebene findet auch Eingang in Art. 26 II DDR-Verf. v. 7.10.1949, wird aber in die Verfassungen von 1967 und 1974 nicht mehr übernommen[121]. 32

Unter den nachgrundgesetzlichen Landesverfassungen nimmt sich Baden-Württemberg der **Anliegen der Flüchtlinge** mit dem Bekenntnis zu einem »Menschenrecht auf die Heimat« an (Art. 2 II), das erkennbar mit der Art. 116 I GG ursprünglich zugrundeliegenden Weigerung korreliert, den Verlust der deutschen Ostgebiete anerkennen zu wollen (→ Rn. 13)[122]. Die fast gleichlautende Anerkennung des Rechts auf die Heimat in Art. 5 I 2 SächsVerf. steht hingegen im Kontext des Schutzes der sorbischen Minderheit[123]. Direkten Bezug auf den **Deutschenbegriff** des Art. 116 I GG (→ Rn. 52 ff.) nehmen die Verfassungen von Brandenburg, Hessen, Sachsen und Thüringen. Während Art. 104 ThürVerf. den Begriff des Bürgers lediglich in deutlicher sprachlicher Anlehnung an Art. 116 I GG bestimmt[124], beziehen sich Art. 3 I Branden- 33

118 Im Friedensvertrag von Trianon blieb der Republik Ungarn von der ehemaligen »Ungarischen Reichshälfte« der Doppelmonarchie Österreich-Ungarn knapp ein Drittel des Gebietsbestandes; ca. 3,2 Mio. ethnische Ungarn wurden Staatsbürger von Nachbarstaaten und machen dort bis heute nationale Minderheiten in der Größenordnung von 600.000 (Slowakei), 300.000 (Serbien) oder 1.600.000 Magyaren (Rumänien) aus. Zur historischen Entwicklung knapp und m. w. N. *M. Fullerton*, IJRL 8 (1996), 499 (503 ff.).

119 Näher *H. Tsirkinidis*, Der Völkermord an den Griechen Kleinasiens (1914–1923), in: T. Hofmann (Hrsg.), Verfolgung, Vertreibung und Vernichtung der Christen im Osmanischen Reich 1912–1922, 2004, S. 135 ff.

120 Verfassungstexte in: *W. Wegener*, Die neuen deutschen Verfassungen, 1947, S. 182 (192: Sachsen-Anhalt) bzw. 195 (205: Mecklenburg). – Beide Bestimmungen gehen auf einen einheitlichen Entwurf der SED für die Landesverfassungen in der sowjetisch besetzten Zone zurück (Art. 81): *G. Braas*, Die Entstehung der Länderverfassungen in der Sowjetischen Besatzungszone Deutschlands 1946/47, 1987, S. 63 ff. (Text S. 445).

121 Das Staatsziel »Heimstätte« wird in diesen Verfassungen in das Recht auf Wohnraum (Art. 37 I) überführt.

122 Zur symbolischen Thematisierung der Anliegen der Vertriebenen durch Art. 2 II B-WVerf. *C. Degenhart*, Das Recht auf die Heimat im deutschen Verfassungsrecht, in: Gornig/Murswiek, Heimat (Fn. 81), S. 65 ff. (69 f.).

123 Nochmals *Degenhart*, Recht auf die Heimat (Fn. 122), S. 68 f.

124 »Bürger im Sinne dieser Verfassung ist, wer die deutsche Staatsangehörigkeit besitzt oder als Flüchtling oder Vertriebener deutscher Volkszugehörigkeit oder als dessen Ehegatte oder Abkömm-

bVerf. sowie Art. 115 SächsVerf. ausdrücklich auf diese Norm[125]. Art. 73 I HessVerf. schließlich knüpft das Wahlrecht ausdrücklich an Art. 116 I GG.

II. Wiedereinbürgerung und Nichtausbürgerungsfiktion (Art. 116 II GG)

1. Völkerrechtliche Vorgaben

34 Art. 116 II GG geht vollkommen konform mit der sich nach dem Zweiten Weltkrieg langsam herausbildenden Überzeugung, daß **willkürliche Ausbürgerungen** generell **völkerrechtswidrig** sind (→ Art. 16 Rn. 19)[126].

35 Die Frage, ob darüber hinaus ein generelles Rückkehrrecht in die angestammte Heimat bzw. ein »**Right of Return**« zu den anerkannten Sätzen des Völkergewohnheitsrechts zählt, ist nach wie vor umstritten (→ Rn. 22)[127]. Belastet ist diese Diskussion in erster Linie durch die hochbrisante Frage eines Rückkehrrechts für palästinensische Flüchtlinge nach Israel[128].

36 Art. 116 II GG fügt sich schließlich auch nahtlos in die völker-, insbesondere vertragsvölkerrechtlichen Regelungen ein, die auf die **Vermeidung von Staatenlosigkeit** abzielen (→ Art. 16 Rn. 19). Daß die Bestimmung nach der Intention des Verfassunggebers Mehrstaatigkeit ausdrücklich in Kauf nimmt (→ Rn. 15, 98), steht zwar in einer gewissen Spannung zu völkerrechtlichen Abkommen, die auf die Vermeidung solcher mehrfacher Staatsangehörigkeit zielen (→ Art. 16 Rn. 18), hält sich mit seinem vergleichsweise engen Anwendungsbereich und der einer historischen Sondersituation entsprungenen Zwecksetzung aber im Rahmen der in vergleichbaren Abkommen regelmäßig anerkannten Ausnahmen[129].

2. Europäisches Recht

37 Europarechtliche Regelungen, die sich auf das Wiedergutmachungsregime des Art. 116 II GG unmittelbar auswirken, sind nicht ersichtlich. In ihrer Zielrichtung entspricht die Norm dem **Verbot der Einzel- und Kollektivausweisung** nach Art. 3 des 4. Zusatz-

---

ling in dem Gebiet der Bundesrepublik Deutschland Aufnahme gefunden hat.« – Vgl. *H.-J. Blanke*, in: J. Linck/M. Baldus/J. Lindner u. a. (Hrsg.), Die Verfassung des Freistaates Thüringen, 2013, Art. 104 Rn. 4 ff.

[125] Art. 3 II BrandenbVerf. gewährleistet ferner Rechte für »Deutsche im Sinne des Grundgesetzes« ohne Wohnsitz im Land; Art. 3 III ordnet schließlich im Einklang mit der auf »Öffnung« der Staatlichkeit bedachten Gesamttendenz der Verfassungsurkunde die Gleichstellung von Angehörigen anderer Staaten und Staatenlosen an. Näher dazu *H. Lieber*, in: H. Lieber/S. J. Iwers/M. Ernst, Verfassung des Landes Brandenburg, 2012, Art. 3 Anm. 3 f. (S. 81 f.).

[126] Näher *Lübbe-Wolff* → Bd. III[1], Art. 116 Rn. 10.

[127] Siehe zur Debatte *B. Frelick*, IJRL 2 (1990), 581 ff.; R. Black/K. Koser (Hrsg.), The End of the Refugee Cycle?, New York/Oxford 1999; *Murswiek*, Geltung (Fn. 81), S. 29 f. (für die Geltung eines als »Sekundärrecht zum Recht auf die Heimat« ausgewiesenen Rückkehrrechts); *G. Renner*, Das Recht auf die Heimat und das internationale Flüchtlingsrecht, in: Gornig/Murswiek, Heimat (Fn. 81), S. 37 ff.

[128] Dazu eingehend *T. Miller*, Die Frage der Rückkehr palästinensischer Flüchtlinge unter Berücksichtigung der Lösungsansätze der Vereinten Nationen, 2007.

[129] So im Ergebnis auch *K. Hailbronner*, NVwZ 1999, 1273 (1278); *Lübbe-Wolff* → Bd. III[1], Art. 116 Rn. 10. Ohnehin neigt das neuere Völker- wie Verfassungsrecht zur Hinnahme mehrfacher Staatsangehörigkeit: *Masing*, Wandel (Fn. 11), S. 55 ff.; *v. Münch*, Staatsangehörigkeit (Fn. 4), S. 162 ff.

protokolls zur EMRK[130]. Gleichsinnig bestimmt Art. 19 EuGrCH, daß Kollektivausweisungen unzulässig sind[131].

3. Verfassungsvergleichende Hinweise

Art. 116 II GG entsprechende Spezialregelungen, die im Anschluß an die Überwindung eines Unrechtsregimes dessen Ausbürgerungen entweder für nichtig erklären (Art. 116 II 2 GG; → Rn. 100 ff.) oder den Expatriierten einen Anspruch auf Wiedereinbürgerung verschaffen (Art. 116 II 1 GG; → Rn. 95 ff.), sind auf Verfassungsebene extrem selten. Selbst in den europäischen Verfassungen, die wie die südeuropäischen der siebziger und der mittel- und osteuropäischen der neunziger Jahre unter dem frischen Eindruck einer Militärdiktatur bzw. des Kommunismus entstanden sind, findet sich nur eine einschlägige Vorschrift in Gestalt von Art. 111 V der Griechischen Verfassung[132]. Überwiegend erfolgt die **Wiedereinbürgerung** etwa expatriierter Gegner und Opfer des Regimes entweder **auf einfachgesetzlichem Wege**[133] oder sie fallen unter die erleichterten Zugangsregeln für Angehörige der eigenen Nationalität (→ Rn. 30). 38

Die wohl bemerkenswerteste Parallele findet Art. 116 II GG in dem spanischen Gesetz von 1924, das den Nachkommen der 1492 vertriebenen spanischen Juden (**Sephardim**) einen **Anspruch auf Einbürgerung in Spanien** verleiht[134]. Zwar dürfte für die auf den Diktator Primo de Rivera zurückgehende Bestimmung nicht allein der Gedanke bestimmend gewesen sein, historisches Unrecht wieder gutzumachen[135]; gleichwohl konnten sich unter Berufung darauf während des Zweiten Weltkrieges und erneut während des Bosnienkrieges Juden nach Spanien retten[136]. 2015 ist diese Möglichkeit der Einbürgerung nochmals vereinfacht worden[137]. 2013 hat auch Portugal eine entsprechende Klausel in sein Staatsangehörigkeitsrecht aufgenommen[138]. 39

---

[130] BGBl. 1968 II S. 423. Vgl. dazu *Frowein/Peukert*, EMRK, Art. 3 des 4. ZP (S. 696 f.); *Grabenwarter/Pabel*, EMRK, § 21 Rn. 69 ff.

[131] Im Detail dazu *G. Jochum*, in: Tettinger/Stern, GRCh, Art. 19 Rn. 13 ff.; nach weiteren »Anknüpfungspunkte[n]« für ein Heimatrecht im Europarecht fahndet *H. Wilms*, Das Recht auf die Heimat im Recht der Europäischen Union, in: Gornig/Murswiek, Heimat (Fn. 81), S. 51 ff. (57 ff.); sein Ergebnis ist negativ: ebd., S. 63 f.

[132] Die Vorschrift bestimmt, daß ausgebürgerte Griechen die Staatsangehörigkeit nach Maßgabe eines Gesetzes durch Entscheidung besonderer Spruchkörper wiedererwerben.

[133] Einige Hinweise zur Repatriierung insbesondere jüdischer Ausgebürgerter bei *H. Hecker*, in: I. v. Münch (Hrsg.), Grundgesetz-Kommentar, Bd. 3, 1. Aufl. 1978, Art. 116 Rn. 4.

[134] Näher, auch zu weiteren Gesetzgebungsakten, *F. Rico*, La nacionalidad española de los sefardíes, in: FS Vallet de Goytisolo, Bd. 2, Madrid 1988, S. 681 ff. sowie *C. Rogel Vide*, Sefardíes y nacionalidad española: la ley 12/2015, Madrid 2015, S. 23 ff. – Zur Vertreibung der spanischen Juden nur *W. P. Eckert*, Hoch- und Spätmittelalter. Katholischer Humanismus, in: K. H. Rengstorf/S. v. Kortzfleisch (Hrsg.), Kirche und Synagoge, Bd. 1, 1988, S. 210 ff. (261 ff.).

[135] Anlaß war offenbar der Kontakt mit Nachkommen sephardischer Juden in den umkämpften nordafrikanischen Kolonien, so daß der Verdacht naheliegt, daß der Gewinn geeigneter Kollaborateure und internationaler Prestigezuwachs zu den Beweggründen zählten.

[136] Hier haben spanische Muslime eine entsprechende Regelung zugunsten der nach der Eroberung Granadas vertriebenen *Moriscos* gefordert: *v. Münch*, Staatsangehörigkeit (Fn. 4), S. XXXII.

[137] Gesetz Nr. 12 v. 24.6.2015 über Verleihung der spanischen Staatsangehörigkeit an Sephardim, zugänglich in: *U. Daum*, Spanien (2016), in: Bergmann/Ferid/Henrich, Kindschaftsrecht (Fn. 111), S. 13 ff. – Vgl. dazu *Rogel Vide*, Sefardíes (Fn. 134), S. 29 ff., 65 ff. sowie knapp *U. Daum*, ebd., S. 7.

[138] Organisches Gesetz Nr. 1/2013, Diário da República I Série-A Nr. 144 v. 29.7.2013; vgl. dazu knapp *C. F. Nordmeier*, Portugal (2016), in: Bergmann/Ferid/Henrich, Kindschaftsrecht (Fn. 111), S. 6 (Normtext ebd., S. 9).

40 Auf **Landesebene** finden sich in den Verfassungsurkunden der Nachkriegszeit allenfalls Bestimmungen, die generell die Wiedergutmachung nationalsozialistischen Unrechts bezwecken, ohne die Ausbürgerung aus rassischen oder politischen Gründen explizit zu thematisieren (etwa Art. 183 BayVerf. oder Art. 139 R-PVerf.). Vereinzelt adressieren einzelne Bestimmungen aber bereits das Art. 116 II GG zugrundeliegende Sachproblem, indem etwa für die Wahl der verfassunggebenden Versammlungen auch solche Personen als berechtigt eingestuft werden, die von den NS-Machthabern ausgebürgert worden sind[139].

C. Erläuterungen

I. Deutsche im Sinne des Grundgesetzes (Art. 116 I GG)

1. Allgemeine Bedeutung und Rechtsnatur

41 Die rechtliche Bedeutung des Art. 116 I GG reicht über seinen praktischen Anwendungsbereich der Bewältigung von Staatsangehörigkeits- und Flüchtlingsproblemen (→ Rn. 12 f., 17 ff.) hinaus und manifestiert sich in seiner Funktion bei der Konstituierung des deutschen Volkes als **Staatsvolk der Bundesrepublik Deutschland**[140]. Dieses besteht der Norm zufolge aus den Deutschen mit deutscher Staatsangehörigkeit und solchen (ethnisch) Deutschen, denen diese Staatsangehörigkeit fehlt[141]. Der »Deutsche im Sinne des Grundgesetzes« ist dabei nach ganz herrschender Auffassung ein Rechtsbegriff[142], der allerdings nicht ohne Rekurs auf den vorrechtlichen ethnisch-kulturellen Volksbegriff auskommt (→ Rn. 3). Art. 116 I GG prädiziert die Bundesrepublik mithin im Zusammenspiel mit der Präambel, dem Demokratieprinzip und Art. 146 GG *de constitutione lata* als Nationalstaat (→ Pmbl. Rn. 85 f.; → Art. 20 [Demokratie], Rn. 82 ff.; → Art. 146 Rn. 14), ohne sie auf ein solches Konzept unabänderlich festzulegen[143].

42 Art. 116 I GG gilt – schon aufgrund seines Standortes im XI. Abschnitt – nach ganz einhelliger Auffassung als **Übergangsbestimmung**[144]. Allerdings endet der Konsens abrupt, wenn es um die rechtsdogmatischen Konsequenzen dieser Kennzeichnung geht. Hier lassen sich verschiedene Deutungsversuche beobachten, denen gemein ist,

---

139 So namentlich § 4 I lit. c des Wahlgesetzes für die verfassungsberatende Groß-Hessische Landesversammlung (GVBl. 1946 S. 139): »Als deutsche Staatsangehörige gelten für die Wahl auch die Personen, die zu irgend einem Zeitpunkt vor dem 1. September 1939 die Reichsangehörigkeit besessen und seither keine andere Staatsangehörigkeit erworben haben, auch wenn sie die Reichsangehörigkeit auf Grund von nationalsozialistischen Gesetzen verloren haben sollten.«

140 BVerfGE 83, 37 (51); 83, 60 (71); *Makarov/v. Mangoldt* (Fn. 30), Art. 116 Rn. 11 a. E.; *Lübbe-Wolff* → Bd. III[1], Art. 116 Rn. 5, 14; *Rennert* (Fn. 69), Art. 116 Rn. 3; *Masing* (Fn. 3), Art. 116 Rn. 14; *Vedder/Lorenzmeier* (Fn. 20), Art. 116 Rn. 7, 88; *Antoni* (Fn. 47), Art. 116 Rn. 1. – In der Rechtspraxis ist der »Deutsche im Sinne des Grundgesetzes« daher der Gegenbegriff zum »Ausländer«; vgl. § 2 I AufenthG und dazu *C. Thiele*, DÖV 2007, 58 (59).

141 Diese Wendung in Anlehnung an *O. Kimminich*, DÖV 1971, 577 (577).

142 *T. Wewel*, NVwZ 1991, 757 (758); *Marx* (Fn. 11), Art. 116 Rn. 8, 39; *Renner/Maaßen* (Fn. 2), Art. 116 Rn. 5.

143 Pointiert *Giegerich* (Fn. 1), Art. 116 Rn. 33; a. A. *C. Hillgruber*, in: Epping/Hillgruber, GG, Art. 116 Rn. 3.1.

144 *C. Geisler*, NJW 1990, 3059 (3060); *G. Wolf*, Die Deutschen, Diss. jur. Mainz 1978, S. 17 f.; *Lübbe-Wolff* → Bd. III[1], Art. 116 Rn. 12; *Masing* (Fn. 3), Art. 116 Rn. 1, 23; *Vedder/Lorenzmeier* (Fn. 20), Art. 116 Rn. 2; *Gärditz*, Bürgerstatus (Fn. 90), S. 134. – Kritisch *Zimmermann/Bäumler* (Fn. 5), Art. 116 Rn. 23: »Fremdkörper«.

daß sie – unbewußt oder zumindest unausgewiesen – mit dem Etikett des Transitorischen die Konnotation der eingeschränkten Geltungskraft verbinden[145]. Dem ist entgegenzuhalten, daß Art. 116 I GG gleich den übrigen Bestimmungen des letzten Abschnitts keine Norm minderen Ranges ist: sofern und soweit sein Anwendungsbereich eröffnet ist, stehen seine Normbefehle denen der übrigen Verfassungsbestimmungen in nichts nach. Streng genommen folgt daher aus dem Charakter als Übergangsvorschrift nur, daß eine Zuordnung einzelner oder aller Inhalte des Art. 116 I GG zum Garantiebereich des Art. 79 III GG fernliegend ist (→ Rn. 109).

Erwogen wird ferner, Art. 116 I GG eine **institutionelle Garantie der deutschen** 43
Staatsangehörigkeit zu entnehmen[146]. Diese Annahme ist methodisch nicht zu beanstanden, jedoch folgen aus dem Vorbehalt anderweitiger Regelung (→ Rn. 47) und dem transitorischen Charakter der Norm (→ Rn. 42) inhaltliche wie zeitliche Grenzen für die Reichweite einer solchen Garantie. Die Stützung auf Art. 16 I GG ist daher vorzugswürdig (→ Art. 16 Rn. 59).

Vorsicht ist schließlich geboten, wenn Art. 116 I GG darüber hinaus noch weitere 44
objektiv-rechtliche Gehalte entnommen werden sollen. Die Vorstellung eines Art. 116 I GG innewohnenden **Integrationsprinzips** etwa benennt zwar zutreffend eines der für den Parlamentarischen Rat bestimmenden Motive (→ Rn. 13), sucht aber insbesondere dann vergeblich verbalen Anschluß an die Verfassungsprinzipien des Art. 20 GG (→ Art. 20 [Einführung], Rn. 12), wenn sie in Stellung gebracht wird, um konkrete rentenpolitische Forderungen zu unterfüttern[147]. Ferner legt Art. 116 I GG die Bundesrepublik auch weder auf ein Staatsangehörigkeitsrecht fest, das auf dem **Abstammungsprinzip** (*ius sanguinis*) basiert[148], noch läßt sich ihm ein verfassungskräftiges Votum gegen die Hinnahme doppelter Staatsangehörigkeit entnehmen[149]. Für die erste Streitfrage ist zwar unabweisbar, daß Art. 116 I GG mit der deutschen Volkszugehörigkeit auf ein Kriterium abstellt, für das die Abstammung eine maßgebliche Rolle spielt (→ Rn. 63). Eine andere Umschreibung des Deutschenstatus war aber 1949 für die Mitglieder des Parlamentarischen Rates schwer vorstellbar und hätte auch kaum dem erklärten Zweck der Norm entsprochen, die Volksdeutschen vorläufig als gleichberechtigt aufzunehmen, gerade weil sie wegen ihrer (von außen zugeschriebenen) deutschen Abstammung Verfolgung und Vertreibung ausgesetzt waren (→ Rn. 5). Noch grundsätzlicher ist darauf hinzuweisen, daß die geläufige Gleichsetzung von *ius sanguinis* mit Nationalstaat bzw. *ius soli* mit (ethnisch) indifferentem Territorialstaat sich

---

[145] In diese Richtung namentlich *Ridder* (Fn. 74), Art. 116 Rn. 1, 5; *Marx* (Fn. 11), Art. 116 Rn. 5.

[146] *Makarov/v. Mangoldt* (Fn. 30), Art. 116 Rn. 13 a. E.; *Lübbe-Wolff* → Bd. III[1], Art. 116 Rn. 16.

[147] Zu recht hat sich daher BSG SozVers 2003, 216 (217f.) einem aus Art. 116 I GG folgenden sozialrechtlichen Anspruch versagt, »in der gesetzlichen Rentenversicherung FRG-Zeiten wie im Bundesgebiet zurückgelegte Beitragszeiten anzurechnen«; vgl. auch BVerfGE 43, 213 (226f.) sowie BSGE 88, 274 (287).

[148] So aber prominent *B. Ziemske*, ZRP 1994, 229 (231); *R. Scholz/A. Uhle*, NJW 1999, 1510 (1514); *P.M. Huber/K. Butzke*, NJW 1999, 2769 (2771); *Hans Hofmann*, in: B. Schmidt-Bleibtreu/Hans Hofmann/A. Hopfauf (Hrsg.), Grundgesetz, 12. Aufl. 2011, Art. 116 Rn. 7, 10; ihm folgend *Gnatzy* (Fn. 9), Art. 116 Rn. 11. – Wie hier *A. Wallrabenstein*, Das Verfassungsrecht der Staatsangehörigkeit, 1999, S. 155f.; *K. Hailbronner*, NVwZ 1999, 1273 (1275); *B. Schlüter*, ZAR 2000, 210 (212); *Lübbe-Wolff* → Bd. III[1], Art. 116 Rn. 13; *Zuleeg* (Fn. 71), Art. 116 Rn. 7; *Kuhnen*, Zukunft (Fn. 9), S. 185f.; *Rennert* (Fn. 69), Art. 116 Rn. 10a; *Vedder/Lorenzmeier* (Fn. 20), Art. 116 Rn. 34.

[149] In diese Richtung allerdings die Argumentation von *K. Mertens*, Das neue deutsche Staatsangehörigkeitsrecht – eine verfassungsrechtliche Untersuchung, 2004, S. 181f. – Zutreffend *M. Wollenschläger/A. Schraml*, ZRP 1994, 225 (226); *Zuleeg* (Fn. 71), Art. 116 Rn. 6; *Rennert* (Fn. 69), Art. 116 Rn. 10a; *Vedder/Lorenzmeier* (Fn. 20), Art. 116 Rn. 34.

als klassischer Kurzschluß erweist[150]. Für die zweite Streitfrage gilt es zu beachten, daß bereits Art. 116 I GG und erst recht Art. 116 II GG in zahlreichen Konstellationen die Kumulation von Staatsangehörigkeiten ausdrücklich in Kauf nehmen (→ Rn. 15, 78, 98), weshalb die Stützung eines strikten Verbots der Mehrstaatigkeit auf Art. 116 GG schon im Ansatz wenig plausibel erscheint. Beide Fragen sind daher als primär rechtspolitische dem einfachen Gesetzgeber anheimgestellt und sollten diesem nicht unter Überanstrengung der Verfassungsurkunde entwunden werden[151].

2. Bedeutung und Reichweite des Vorbehalts anderweitiger gesetzlicher Regelung

45 Der in Art. 116 I GG aufgenommene Vorbehalt anderweitiger gesetzlicher Regelung gilt als **Unikat** innerhalb des Grundgesetzes[152], weil er im Gegensatz zu anderen Gesetzesvorbehalten keinerlei tatbestandliche Voraussetzungen für seine Inanspruchnahme benennt und damit nach verbreiteter Ansicht Art. 116 I GG – so weit sein Anwendungsbereich reicht (→ Rn. 47) – vollständig zur **Disposition des Gesetzgebers** stellt[153]. Begründet wird diese Deutung mit dem Übergangscharakter des Art. 116 I GG (→ Rn. 42); dem Gesetzgeber werde von der Verfassung ausdrücklich *charte blanche* gewährt, um ohne eine starre Bindung an Fristen die weitere Entwicklung zu beobachten und nötigenfalls das Übergangsregime im Staatsangehörigkeitsrecht zu beenden[154]. Dem ist grundsätzlich zuzustimmen; insbesondere überzeugt die Gegenansicht eines **»Kernbestands« des Art. 116 I GG** nicht, der zufolge weder deutsche Staatsangehörige noch Flüchtlinge und Vertriebene aus dem Begriff des »Deutschen« ausgeklammert werden dürften[155]. In methodischer Hinsicht ist sie wie alle Kernbereichs- oder Wesensgehaltsdoktrinen mit der Unmöglichkeit belastet, trennscharf und auch nur notdürftig geschützt gegen ideologische Aufladungen aller Art eine Grenze zwischen der – Einschränkungen unterworfenen – Peripherie und dem – sakrosankten – Kern abzugrenzen (→ Art. 19 II Rn. 15 ff.; → Art. 28 Rn. 115 f.). Zudem findet sie keinen Anhalt im Wortlaut.

46 Eine Einschränkung der gesetzgeberischen Zugriffsbefugnis kann hier lediglich aus dem Art. 116 I GG implizit zugrundeliegenden **Beobachtungs- und Anpassungsauftrag** im Zusammenspiel mit dem Verhältnismäßigkeitsgrundsatz, dem Rückwirkungsverbot sowie dem Erfordernis eines formellen Gesetzes[156] folgen: Unzweifelhaft wäre danach eine Abschaffung der Figur des Statusdeutschen Anfang der fünfziger Jahre unvereinbar mit Art. 116 I GG gewesen, also zu einem Zeitpunkt, als die chaotische Situation der Nachkriegszeit noch andauerte und der Vertreibungsdruck auf Angehö-

---

[150] Näher anhand der Entwicklung in Deutschland und Frankreich *Gosewinkel*, Staatsangehörigkeit (Fn. 2), S. 50 ff. sowie *B. Aláez Corral*, Der Staat 46 (2007), 349 (359).

[151] Das Plädoyer für eine »Entbündelung« der Statusrechte bei *Walter*, Bürgerstatus (Fn. 85), S. 33 ff.

[152] Unterstrichen von *Kokott* (Fn. 20), Art. 116 Rn. 2.

[153] Eine vollständige Streichung der Norm müßte allerdings die Formen des Art. 79 GG wahren: *v. Münch*, Staatsangehörigkeit (Fn. 4), S. 115 Fn. 351.

[154] *Zuleeg* (Fn. 71), Art. 116 Rn. 12; *Giegerich* (Fn. 1), Art. 116 Rn. 89 ff.; *Vedder/Lorenzmeier* (Fn. 20), Art. 116 Rn. 9; *Kokott* (Fn. 20), Art. 116 Rn. 2; *Jarass*/Pieroth, GG, Art. 116 Rn. 3.

[155] Prominent *Maunz* (Fn. 8), Art. 116 Rn. 3 a. E.; wie er *M. v. Schenckendorff*, IFLA 1992, 137 (140 f.); *Hillgruber* (Fn. 143), Art. 116 Rn. 7 sowie *Zimmermann/Bäumler* (Fn. 5), Art. 116 Rn. 28.

[156] Hinweis darauf bei *Maunz* (Fn. 8), Art. 116 Rn. 3; *Masing* (Fn. 3), Art. 116 Rn. 26 *sowie Renner/ Maaßen* (Fn. 2), Art. 116 Rn. 14. *Vedder/Lorenzmeier* (Fn. 20), Art. 116 Rn. 9 macht daneben noch mögliche völkerrechtliche Grenzen geltend (→ Rn. 21).

rige deutscher Minderheiten mit Händen zu greifen war[157]. Und ebenso unzweifelhaft hätte der Gesetzgeber spätestens nach der deutschen Wiedervereinigung diesen Schritt vollziehen können (nicht: müssen)[158]. Und falls sich schließlich nach einer solchen (hypothetischen) Abschaffung der augenblicklich erkennbare autoritär-nationalistische Kurs Rußlands oder anderer Nachfolgestaaten der Sowjetunion gegen die verbliebenen deutschen Volkszugehörigen richten sollte, wäre der Gesetzgeber wiederum gehalten, zu ihren Gunsten tätig zu werden. Im Ergebnis unterliegt der Gesetzesvorbehalt danach keinem starren Kernbereichsvorbehalt, sondern einer flexiblen Grenze in Abhängigkeit von der tatsächlichen Entwicklung.

Nach wohl überwiegender Auffassung soll sich der Gesetzesvorbehalt lediglich auf 47
den **Status des Deutschen ohne deutsche Staatsangehörigkeit** erstrecken, erfasse m.a.W. nicht die Staatsangehörigkeit als solche[159]. Das vermag nicht zu überzeugen[160]. Die Differenzierung strapaziert bereits den Wortlaut der Norm über Gebühr[161] und vermag der Existenz der Gesetzgebungskompetenz für das Staatsangehörigkeitsrecht in Art. 73 I Nr. 2 GG (→ Art. 73 Rn. 17ff.) nichts abzugewinnen[162]. Ferner bleibt ausgeblendet, daß für den Parlamentarischen Rat gerade die schnelle Reaktionsmöglichkeit des RuStAG-Gesetzgebers auf etwaige Veränderungen der deutschlandpolitischen Großwetterlage zentral gewesen sein dürfte[163]. Im übrigen sollte die Debatte mittlerweile von der Hypothek des Streits um den Fortbestand des Deutschen Reiches und der einheitlichen deutschen Staatsangehörigkeit befreit werden[164]. Die ohnehin eher hypothetische Sorge schließlich, der Gesetzgeber könnte auf dem Umweg über eine gesetzliche Regelung i. S. v. Art. 116 I GG den persönlichen Schutzbereich der Deutschengrundrechte (→ Vorb. Rn. 73) manipulieren, also etwa nach nationalsozialistischem Vorbild (→ Rn. 10; → Art. 16 Rn. 6) Staatsangehörige minderen Rechts schaffen, die nicht mehr als »Deutsche« gelten[165], zwingt nicht dazu, Art. 116 I GG gegen seinen Wortlaut auszulegen. Vielmehr ist die formale Frage nach der Reichweite des Gesetzesvorbehalts von der materiellen zu trennen, ob der Gesetzgeber von ihm in einer

[157] Treffend *Masing* (Fn. 3), Art. 116 Rn. 27 mit der Figur der »verfassungsrechtlichen Garantie eines Übergangsinstituts«.

[158] Wie hier im Ergebnis *Maunz* (Fn. 8), Art. 116 Rn. 2; *Makarov/v. Mangoldt* (Fn. 30), Art. 116 Rn. 12; *Kokott* (Fn. 20), Art. 116 Rn. 2; ähnlich auch *Vedder/Lorenzmeier* (Fn. 20), Art. 116 Rn. 9. – In Richtung einer Pflicht des Gesetzgebers zur Abwicklung des »Statusdeutschen« *Schätzel*, Staatsangehörigkeitsrecht (Fn. 48), S. 97 sowie *Marx* (Fn. 11), Art. 116 Rn. 92; deutliches rechtspolitisches Votum in diese Richtung bei *Masing* (Fn. 3), Art. 116 Rn. 27, 29 u. passim; ähnlich *H. Alexy*, NJW 1989, 2850 (2859) sowie *G. Renner*, ZAR 2004, 176 (181ff.: Auslaufen bis 2020).

[159] So *Makarov/v. Mangoldt* (Fn. 30), Art. 116 Rn. 13; *H. v. Mangoldt*, HStR V, § 119 Rn. 15; *Marx* (Fn. 11), Art. 116 Rn. 16, 20; *Lübbe-Wolff* → Bd. III[1], Art. 116 Rn. 16, 43; *Masing* (Fn. 3), Art. 116 Rn. 25; *Kokott* (Fn. 20), Art. 116 Rn. 2; *Jarass*/Pieroth, GG, Art. 116 Rn. 2.

[160] Wie hier im Ergebnis *Zuleeg* (Fn. 71), Art. 116 Rn. 5; *Rennert* (Fn. 69), Art. 116 Rn. 10; *Renner/Maaßen* (Fn. 2), Art. 116 Rn. 10; *Vedder/Lorenzmeier* (Fn. 20), Art. 116 Rn. 9 sowie *Zimmermann/Bäumler* (Fn. 5), Art. 116 Rn. 25.

[161] Dies konzedieren selbst *Makarov/v. Mangoldt* (Fn. 30), Art. 116 Rn. 13.

[162] *Rennert* (Fn. 69), Art. 116 Rn. 10a; *Renner/Maaßen* (Fn. 2), Art. 116 Rn. 10.

[163] So *Renner/Maaßen* (Fn. 2), Art. 116 Rn. 10, die zugleich darauf hinweisen, daß die Problematik der Statusdeutschen sich aus der Sicht des Jahres 1949 »größtenteils von selbst ihre Lösung finden« würde.

[164] Tatsächlich speiste sich die Debatte um die Reichweite des Gesetzesvorbehalts vornehmlich aus der Sorge, der Bundesgesetzgeber könne die deutsche Staatsangehörigkeit der DDR-Bürger (→ Rn. 50) abschaffen: vgl. dazu nur *Stern*, Staatsrecht I, § 8 II 1 (S. 260ff.) sowie die Nw. bei *Renner/Maaßen* (Fn. 2), Art. 116 Rn. 12.

[165] Sie begegnet bei *Makarov/v. Mangoldt* (Fn. 30), Art. 116 Rn. 13.

Weise Gebrauch macht, die anderen Wertungen der Verfassung widerspricht. Danach könnte sich der gesetzliche Ausschluß bundesdeutscher Staatsbürger, die keine ethnischen »Volkszugehörigen« i.S.v. Art. 116 I GG sind, aus dem Kreis der »Deutschen« zwar auf den Gesetzesvorbehalt stützen, müßte aber an Art. 16 I 1 GG oder spätestens an Art. 3 III 1 GG scheitern. Umgekehrt ist nicht ersichtlich, daß Art. 116 I GG einer behutsamen Erweiterung des Deutschenbegriffs etwa in Richtung einer Anerkennung von weiteren Elementen des Territorialitätsprinzips entgegensteht (→ Rn. 44, 49)[166].

3. Deutsche Staatsangehörigkeit

48 Art. 116 I GG setzt eine deutsche Staatsangehörigkeit voraus, regelt sie aber nicht[167]. Auf die Schaffung einer »Bundesangehörigkeit« wurde im Parlamentarischen Rat bewußt verzichtet (→ Rn. 13), vielmehr an der **einheitlichen deutschen Staatsangehörigkeit** als einigendem Band deutscher Gesamtstaatlichkeit festgehalten[168]. Praktisch bedeutete das die Fortgeltung des Reichs- und Staatsangehörigkeitsgesetzes von 1913 (RuStAG)[169]. Staatsangehöriger der Bundesrepublik Deutschland wurde danach, wer einen der Erwerbstatbestände dieses Gesetzes erfüllte[170].

49 Eine grundlegende Neuregelung hat das deutsche Staatsangehörigkeitsrecht durch das Gesetz zur **Reform des Staatsangehörigkeitsrechts** zum 1.1.2000 erfahren[171]. Das neue StAG nahm das im RuStAG dominierende Abstammungsprinzip (*ius sanguinis*) zurück und ergänzte es um Elemente des Territorialitätsprinzips (*ius soli*): Kernstück war der Erwerb der deutschen Staatsangehörigkeit durch Geburt im Inland, sofern ein Elternteil seit acht Jahren rechtmäßig seinen gewöhnlichen Aufenthalt hier hatte (§ 4 III StAG) und der Erwerber nach Vollendung des 18. Lebensjahres seiner Optionspflicht im Sinne einer Entscheidung gegen die ursprüngliche Staatsangehörigkeit der Eltern nachkam (§ 29 StAG)[172]. Im Gegenzug fiel der automatische Erwerb der deutschen Staatsangehörigkeit für die Kinder von Auslandsdeutschen fort, sofern die Eltern nach dem 31.12.1999 außerhalb des Bundesgebiets geboren sind und dort auch ihren gewöhnlichen Aufenthalt haben (§ 4 IV StAG). Diese Abschwächung des *ius sanguinis*-Prinzips hat gravierende Konsequenzen insbesondere für Art. 116 II GG (→ Rn. 92)[173]. 2014 ist die Optionspflicht für im Inland Aufgewachsene praktisch abgeschafft worden (§ 29 Ia StAG)[174], wobei gegenwärtig über den Fortbestand dieses Modells diskutiert und u.a. der Gegenentwurf eines »Generationenschnitts« erwogen wird[175].

[166] Davon abzugrenzen ist die Frage, ob dem Gesetzgeber eine Erweiterung des Einzugsbereichs des *Statusdeutschen* offen steht: → Rn. 60.

[167] *Maunz* (Fn. 8), Art. 116 Rn. 4; *Rennert* (Fn. 69), Art. 116 Rn. 10a, *A. Leopold*, JuS 2006, 126 (126); *Vedder/Lorenzmeier* (Fn. 20), Art. 116 Rn. 1.

[168] BVerfGE 77, 137 (150); *K. Stern*, DVBl. 1982, 165 (166ff.); *H. v. Mangoldt*, HStR V, § 119 Rn. 25ff.; *Rennert* (Fn. 69), Art. 116 Rn. 7; *Vedder/Lorenzmeier* (Fn. 20), Art. 116 Rn. 11.

[169] RGBl. S. 583, zuletzt in der Fassung v. 16.12.1997, BGBl. I S. 2942.

[170] *Renner/Maaßen* (Fn. 2), Art. 116 Rn. 17, 19.

[171] Dazu *K. Hailbronner*, NVwZ 1999, 1273ff.; *Lübbe-Wolff* → Bd. III[1], Art. 116 Rn. 17ff.; *B. Schlüter*, ZAR 2000, 210 (210f.); *Masing*, Wandel (Fn. 11), S. 5ff.; *R. Grawert*, HStR[3] II, § 16 Rn. 53; *v. Münch*, Staatsangehörigkeit (Fn. 4), S. 128ff.; eingehend und kritisch *Mertens*, Staatsangehörigkeitsrecht (Fn. 149), S. 113ff., 151ff.

[172] Zum Streit um die Verfassungsmäßigkeit dieser Optionslösung: → Art. 16 Rn. 49, 71f.

[173] Eingehend *A. Zimmermann/J. Bäumler*, DÖV 2016, 97 (100ff.).

[174] BGBl. I S. 1714. – Im Vorfeld kritisch *A. Schulte*, Migration und soziale Arbeit 2014, 357ff.

[175] Siehe dazu m.w.N. *M. Weinmann*, ZAR 2016, 317ff.

Deutsche Staatsangehörige waren nach im Westen praktisch unwidersprochenem Konsens auch die **Staatsbürger der DDR**[176]. Diese Konsequenz des von westdeutscher Seite stets betonten Fortlebens einer einheitlichen deutschen Staatsangehörigkeit war zur Zeit der deutschen Teilung in praktischer Hinsicht vielfachen Einschränkungen unterworfen[177], weil die Bundesrepublik die DDR-Bürger erst dann als Staatsangehörige behandeln konnte, wenn diese den faktischen Machtbereich der DDR durch Flucht oder Aufsuchen einer bundesdeutschen diplomatischen Vertretung im Ausland verlassen hatten[178]. Nach mittlerweile ganz überwiegender Ansicht führte hingegen die Einbürgerung in der DDR zum Erwerb der deutschen Staatsangehörigkeit, der auch nach 1990 fortgalt[179]. **50**

Bedeutsam für den Regelungsgegenstand des Art. 116 I GG war ferner der Verbleib einzelner **deutscher Staatsangehöriger** i. S. d. RuStAG **in den Vertreibungsgebieten**, namentlich in Polen (sog. Autochthone)[180]. Als unzweifelhaft nach Deutschland Einreiseberechtigte[181] machten sie bis in die achtziger Jahre die größte Gruppe der Aussiedler aus[182]. Problematisch wurde die auf diese Weise ermöglichte Konkurrenz von Staatsangehörigkeit und Deutschenstatus *sub specie* Einwanderungsmöglichkeit infolge der zweifelhaften Einbürgerungsmaßnahmen der NS-Zeit (→ Rn. 6): Bewerber konnten sich hier alternativ auf die durch die Eintragung in die sog. Volksliste III (resp. den Dienst in der Wehrmacht) erworbene Staatsangehörigkeit oder die dabei von den NS-Machthabern unterstellte deutsche Volkszugehörigkeit ihrer Vorfahren berufen[183]. Seit der Reform des Staatsangehörigkeitsrechts von 2000 ist die weitere Vermittlung der deutschen Staatsangehörigkeit durch diese ohnehin immer kleiner werdende Gruppe durch § 4 IV StAG zwar nicht ausgeschlossen, aber praktisch befristet (→ Rn. 49). **51**

---

[176] BVerfGE 36, 30 (32); 77, 137 (147 ff.); *Maunz* (Fn. 8), Art. 116 Rn. 4; *Makarov/v. Mangoldt* (Fn. 30), Art. 116 Rn. 15; *G. Renner*, Vom Wandel des Staatsangehörigkeitsrechts, in: Festgabe 50 Jahre BVerwG, 2003, S. 913 ff. (924); *R. Grawert*, HStR³ II, § 16 Rn. 45; *v. Münch*, Staatsangehörigkeit (Fn. 4), S. 90 ff.; *Vedder/Lorenzmeier* (Fn. 20), Art. 116 Rn. 17 ff.; *Giegerich* (Fn. 1), Art. 116 Rn. 40 ff.; *Zimmermann/Bäumler* (Fn. 5), Art. 116 Rn. 33. – A. A. das ostdeutsche Schrifttum; dazu reichhaltige Nachweise bei *Masing* (Fn. 3), Art. 116 Rn. 37.

[177] Dies galt namentlich für Wahlrecht sowie Wehr- und Steuerpflicht: *Maunz* (Fn. 8), Art. 116 Rn. 4; *Vedder/Lorenzmeier* (Fn. 20), Art. 116 Rn. 15.

[178] Zum Problem des diplomatischen bzw. konsularischen Schutzes für DDR-Bürger durch die Bundesrepublik siehe nur *K. Stern*, DVBl. 1982, 165 (171 f.).

[179] BVerfGE 77, 137 (147, 150); *Maunz* (Fn. 8), Art. 116 Rn. 4; *Marx* (Fn. 11), Art. 116 Rn. 25; *R. Grawert*, HStR³ II, § 16 Rn. 46; *Vedder/Lorenzmeier* (Fn. 20), Art. 116 Rn. 22; kritisch allerdings *K. Stern*, DVBl. 1982, 165 (172) sowie *J. Kokott*, NVwZ 1988, 799 ff. – Die in die sowjetische Besatzungszone gelangten Flüchtlinge und Vertriebenen wurden dort in der Regel eingebürgert: *M. Silagi*, ROW 1986, 160 (160 f.); *Makarov/v. Mangoldt* (Fn. 30), Art. 116 Rn. 2 sowie *Masing* (Fn. 3), Art. 116 Rn. 18 m. Fn. 42.

[180] Zu dieser Personengruppe näher *O. Kimminich*, DÖV 1987, 577 ff.; für ihre Anerkennung als Staatsangehörige i. S. v. Art. 116 I GG statt aller BVerfGE 40, 141 (162 f.) sowie *Renner/Maaßen* (Fn. 2), Art. 116 Rn. 18.

[181] Siehe BVerwGE 122, 313 (316 f.).

[182] § 1 I 1, II BVFG gelten ausdrücklich für Staatsangehörige wie dt. Volkszugehörige: Näher *O. Kimminich*, DÖV 1971, 577 (578 f.); *H. Alexy*, NJW 1989, 2850 (2851 f.).

[183] Zum Problem m. w. N. *H. Alexy*, NJW 1989, 2850 (2852 ff.).

4. Statusdeutsche

52 Die vorbildlose Rechtsfigur des Statusdeutschen ist eigentlicher **normativer Kern des Art. 116 I GG**[184]. Sie richtet sich an Flüchtlinge und Vertriebene deutscher Volkszugehörigkeit (→ Rn. 60ff., 63ff.) einschließlich ihrer Ehegatten und Abkömmlinge (→ Rn. 70ff.), die entweder Staatenlose oder Staatsangehörige fremder Staaten sind[185]. Ihnen stellt Art. 116 I GG nach seiner ursprünglichen Intention nicht die Verleihung der deutschen Staatsangehörigkeit (→ Rn. 48ff.), sondern die bloße Gleichstellung in staatsbürgerlicher Hinsicht in Aussicht[186].

53 Deutsche Staatsangehörigkeit und die Einstufung als Statusdeutscher stehen demzufolge in einem strengen **Alternativverhältnis**[187]. Die Stellung als Statusdeutscher stellt erst recht keine zweite Form der deutschen Staatsangehörigkeit dar[188]. Auch als Anwartschaft auf die deutsche Staatsangehörigkeit läßt sie sich in rechtsdogmatischer Betrachtung nicht einordnen. Die Einstufung als Statusdeutscher mag zwar in rechtstatsächlicher Perspektive regelmäßig ein Durchgangsstadium auf dem Weg zum Erwerb der Staatsangehörigkeit gewesen sein[189], weshalb die nunmehr in §§ 7, 40a StAG angeordnete Überführung in »normale« Staatsangehörigkeitsverhältnisse (→ Rn. 54) nur konsequent ist[190]. Einen Anspruch auf Erwerb der Staatsangehörigkeit vermittelte (und vermittelt in den verbleibenden Ausnahmefällen) Art. 116 I GG den Statusdeutschen nach richtiger Auffassung allerdings nicht[191].

54 Seit der Reform des Staatsangehörigkeitsrechts von 2000 (→ Rn. 49) ist die Rechtsstellung des Statusdeutschen **weitgehend bedeutungslos**[192]. Zum einen erwarben alle aufgenommenen, aber noch nicht eingebürgerten Deutschen i. S. v. Art. 116 I GG *ex lege* gem. § 40a StAG zum 1.8.1999 die deutsche Staatsangehörigkeit (sog. Überleitung)[193]. Zum anderen sieht § 7 S. 1 StAG seitdem vor, daß ein Statusdeutscher mit der Ausstellung der Bescheinigung gemäß § 15 I o. II BVFG die deutsche Staatsangehörigkeit erwirbt[194]. Mit Ausnahme der Fälle, in denen eine solche Bescheinigung nicht beantragt wurde, kann die Rechtsstellung des Statusdeutschen damit nicht mehr

---

[184] *Zimmermann/Bäumler* (Fn. 5), Art. 116 Rn. 40; *Lübbe-Wolff* → Bd. III[1], Art. 116 Rn. 22.

[185] *Rennert* (Fn. 69), Art. 116 Rn. 11; *Vedder/Lorenzmeier* (Fn. 20), Art. 116 Rn. 36. – Als »Staatenlose besonderer Art« bezeichnet die Volksdeutschen *I. Seidl-Hohenveldern*, ZÖR 2 (1950), 305 (340).

[186] *Marx* (Fn. 11), Art. 116 Rn. 7.

[187] *Makarov/v. Mangoldt* (Fn. 30), Art. 116 Rn. 6; *v. Münch*, Staatsangehörigkeit (Fn. 4), S. 112; *Masing* (Fn. 3), Art. 116 Rn. 11; *Renner/Maaßen* (Fn. 2), Art. 116 Rn. 9; *Giegerich* (Fn. 1), Art. 116 Rn. 57; *Vedder/Lorenzmeier* (Fn. 20), Art. 116 Rn. 36. – Das schließt nicht aus, daß in Einzelfällen zunächst die Zuordnung zu beiden Gruppen in Betracht zu kommen scheint (→ Rn. 51).

[188] So aber *Zuleeg* (Fn. 71), Art. 116 Rn. 3; wie hier *Jarass*/Pieroth, GG, Art. 116 Rn. 9.

[189] Siehe zu der seit 1955 vorgesehenen Einbürgerungsmöglichkeit nach §§ 6ff. 1. StARegG a. F. *W. Schätzel*, AöR 81 (1956), 265 (272f.); wie hier auch *Marx* (Fn. 11), Art. 116 Rn. 92 sowie *Masing* (Fn. 3), Art. 116 Rn. 12.

[190] *Vedder/Lorenzmeier* (Fn. 20), Art. 116 Rn. 52.

[191] Wie hier *Maunz* (Fn. 8), Art. 116 Rn. 17; *Kokott* (Fn. 20), Art. 116 Rn. 18; *Jarass*/Pieroth, GG, Art. 116 Rn. 9. – Davon zu unterscheiden ist die Frage, ob der einfache Gesetzgeber einen solchen Anspruch einräumen kann, wie er es bereits 1955 in § 6 I 1. StARegG getan hat (im Detail *Menzel* [Fn. 20], Art. 116 S. 35ff.); → Rn. 54.

[192] Statt aller *v. Münch*, Staatsangehörigkeit (Fn. 4), S. 114.

[193] Voraussetzung ist die Erteilung einer Bescheinigung nach § 15 I o. II BVFG: vgl. BVerwGE 124, 95 (98) sowie *v. Münch*, Staatsangehörigkeit (Fn. 4), S. 113. Näher *Hofmann* (Fn. 148), Art. 116 Rn. 13f.

[194] Näher *v. Münch*, Staatsangehörigkeit (Fn. 4), S. 114; *Renner/Maaßen* (Fn. 2), Art. 116 Rn. 4, 8, 16; siehe auch BVerwGE 124, 95 (97f.).

länger als eine juristische Sekunde lang aufrechterhalten werden[195]; sie ist endgültig zum bloßen **Durchgangsinstitut** auf dem Weg zur vollgültigen Staatsangehörigkeit der Bundesrepublik Deutschland geworden. In der Sache ist die Rechtsfigur damit weitgehend überholt[196]; ihre Überleitung etwa in eine privilegierte einfachgesetzliche Regelung im Zuwanderungsgesetz nach dem Vorbild anderer Staaten (→ Rn. 30) wäre zulässig[197].

Die **Entstehung der Rechtsstellung** als Statusdeutscher ist an die Aufnahme (→ Rn. 75 ff.) geknüpft[198]. Der Wille zu ihrem Erwerb wird vermutet, so daß der sich um Aufnahme bemühende Volksdeutsche einen etwa entgegenstehenden Willen ausdrücklich und zweifelsfrei bekunden müßte[199]. In gleicher Weise ist ein anschließender Verzicht möglich; im übrigen richtet sich der **Verlust** nach den Regeln über die deutsche Staatsangehörigkeit (→ Rn. 59; → Art. 16 Rn. 62 ff.)[200]. Diese gelten auch für den abgeleiteten Erwerb des Status durch Abkömmlinge und Ehegatten[201]. Abgesehen davon ist die Rechtsstellung als Statusdeutscher weder übertragbar noch rechtsnachfolgefähig[202]. 55

Seit 1993 sieht § 5 BVFG n. F. Ausschlußtatbestände für den Erwerb des Deutschenstatus durch Spätaussiedler i. S. v. § 4 III BVFG vor, zu denen insbesondere die Verstrickung in die nationalsozialistische oder kommunistische Diktatur (Nr. 1 lit. a, Nr. 2 lit. b), die Mitgliedschaft in terroristischen Vereinigungen oder Bestrebungen gegen die freiheitliche demokratische Grundordnung (beide Nr. 1 lit. e) zählen (sog. **vertriebenenrechtliche Unwürdigkeit**)[203]. Diese negativen Tatbestandsmerkmale sind 2007 nochmals verschärft worden[204]. 56

An die Stelle anfänglich noch zu verzeichnender oder doch diskutierter Rechtsminderungen[205] ist mittlerweile die Überzeugung getreten, daß die Statusdeutschen **voll-** 57

---

[195] Hinweis auf diese Konstellation bei *Masing* (Fn. 3), Art. 116 Rn. 21.

[196] *Lübbe-Wolff* → Bd. III[1], Art. 116 Rn. 23; *Rennert* (Fn. 69), Art. 116 Rn. 8, 12; *Antoni* (Fn. 47), Art. 116 Rn. 5; *Zimmermann/Bäumler* (Fn. 5), Art. 116 Rn. 30; *Jarass*/Pieroth, GG, Art. 116 Rn. 3. – Kritisch *M. Silagi*, ZAR 2000, 3 (4 u. passim).

[197] *Renner/Maaßen* (Fn. 2), Art. 116 Rn. 16.

[198] Statt aller *Marx* (Fn. 11), Art. 116 Rn. 94.

[199] *Marx* (Fn. 11), Art. 116 Rn. 94; *Vedder/Lorenzmeier* (Fn. 20), Art. 116 Rn. 51; *Jarass*/Pieroth, GG, Art. 116 Rn. 10. – A. A. *Makarov/v. Mangoldt* (Fn. 30), Art. 116 Rn. 55: keine Ausschlagungsmöglichkeit.

[200] BVerwGE 8, 340; *Maunz* (Fn. 8), Art. 116 Rn. 17, 20; *Makarov/v. Mangoldt* (Fn. 30), Art. 116 Rn. 61 ff.; *Marx* (Fn. 11), Art. 116 Rn. 96; *Vedder/Lorenzmeier* (Fn. 20), Art. 116 Rn. 51; *Kokott* (Fn. 20), Art. 116 Rn. 19; *Jarass*/Pieroth, GG, Art. 116 Rn. 10. Details bei *Menzel* (Fn. 20), Art. 116 S. 39 f. – Bsp.: OVG Hamburg NVwZ-RR 2005, 658.

[201] BVerwGE 71, 301 (304 f.); *Makarov/v. Mangoldt* (Fn. 30), Art. 116 Rn. 56 ff.; *Marx* (Fn. 11), Art. 116 Rn. 97 f.; *Lübbe-Wolff* → Bd. III[1], Art. 116 Rn. 41; *Masing* (Fn. 3), Art. 116 Rn. 16; *Jarass*/Pieroth, GG, Art. 116 Rn. 10.

[202] BVerwG NVwZ 2001, 209 und *Jarass*/Pieroth, GG, Art. 116 Rn. 10. – Zur anfangs noch vertretenen Gegenansicht siehe die Nw. bei *Menzel* (Fn. 20), Art. 116 S. 32 f.

[203] Vgl. dazu BVerwGE 124, 95 (95: Tätigkeit als Sowchos-Parteisekretär); 125, 344 (345 ff.: ein einfaches Tötungsdelikt stellt keinen Verstoß gegen die »Grundsätze der Menschlichkeit oder Rechtsstaatlichkeit« i. S. v. § 5 Nr. 1 lit. b BVFG dar). Die Regelung ist vom Gesetzesvorbehalt des Art. 116 I GG gedeckt: *B. Gaa-Unterpaul*, NJW 1993, 2080 (2081); kritisch hingegen *Silagi*, Vertriebenenrecht (Fn. 11), S. 325 Fn. 50.

[204] 7. ÄndG zum BVFG v. 16.5.2007, BGBl. I S. 748 und dazu *W. Peters*, NVwZ 2007, 1028 (1029).

[205] A. A. noch (nur Einbeziehung in den personellen Schutzbereich der Deutschengrundrechte) *Ridder* (Fn. 74), Art. 116 Rn. 6. Siehe ferner *Menzel* (Fn. 20), Art. 116 S. 31 zum Gesetz über die Notaufnahme von Deutschen in der Bundesrepublik v. 22.8.1950 (BGBl. I S. 367), das auf Art. 11 II GG bzw. Art. 117 II GG gestützt war.

ständige Gleichbehandlung mit deutschen Staatsangehörigen genießen[206]. Erfaßt sind das aktive wie passive Wahlrecht[207], der Zugang zu öffentlichen Ämtern (vgl. Art. 54 I 2 GG)[208], die Deutschengrundrechte (→ Rn. 108), das Personalstatut nach dem Internationalen Privatrecht[209], aber auch das Strafrecht[210]. Das Recht auf diplomatischen Schutz wird ebenfalls anerkannt[211]. In völkerrechtlichen Verträgen wird die Einbeziehung der Statusdeutschen von der Bundesrepublik regelmäßig ausdrücklich zur Bedingung gemacht[212]; überwiegend werden diese Klauseln inzwischen für deklaratorisch gehalten[213].

58 Entgegen der wohl h. M. gewährleistet Art. 116 I GG den (potentiellen) Statusdeutschen auch dem Grunde nach einen **Anspruch auf Einreise in das Bundesgebiet**[214]. Für dieses Ergebnis spricht bereits die Entstehungsgeschichte: Der Verfassunggeber verstand Art. 116 I GG durchaus als »Tor« nach Deutschland (→ Rn. 12). Dem läßt sich auch nicht das Erfordernis einer (behördlichen) Aufnahme (→ Rn. 75 ff.) entgegenhalten[215]. Denn es wäre inkonsequent, wenn der Staat einerseits in Gestalt des Art. 116 I GG die an bestimmte Kriterien geknüpfte Rechtsstellung eines Statusdeutschen anbietet, den Zugang zu dieser Position aber ungeachtet der Erfüllung aller Kautelen durch bloße Nichtaufnahme verwehren könnte. Etwas anderes kann nur dann gelten, falls die Prüfung der Kriterien wie im geltenden Spätaussiedlerrecht vom Vertreibungsgebiet aus betrieben werden muß (→ Rn. 61)[216].

59 Einzig einhellig anerkannte Ausnahme von der Gleichbehandlung von deutschen Staatsangehörigen und Statusdeutschen ist das **Entziehungsverbot** des **Art. 16 I 1 GG,** dessen Gewährleistungsbereich sich nicht auf den Status nach Art. 116 I 2. Alt. erstreckt (→ Art. 16 Rn. 42)[217].

---

206 *Makarov/v. Mangoldt* (Fn. 30), Art. 116 Rn. 10 f.; *Menzel* (Fn. 20), Art. 116 S. 5; *Lübbe-Wolff* → Bd. III¹, Art. 116 Rn. 14; *Rennert* (Fn. 69), Art. 116 Rn. 29. Einschränkend *Vedder/Lorenzmeier* (Fn. 20), Art. 116 Rn. 5: Gleichstellung »allein hinsichtlich der Regelungen des GG«; ähnlich *Renner/Maaßen* (Fn. 2), Art. 116 Rn. 7.

207 Vgl. § 12 I, II BWahlG; *Kokott* (Fn. 20), Art. 116 Rn. 16; *Jarass*/Pieroth, GG, Art. 116 Rn. 9. Betroffen sind Bundes-, Landes- und Kommunalebene sowie das Europäische Parlament: *Vedder/Lorenzmeier* (Fn. 20), Art. 116 Rn. 6, 7.

208 *Vedder/Lorenzmeier* (Fn. 20), Art. 116 Rn. 5.

209 Vgl. Art. 5 I 2 EGBGB und dazu *Menzel* (Fn. 20), Art. 116 S. 32 sowie *Marx* (Fn. 11), Art. 116 Rn. 93.

210 *Masing* (Fn. 3), Art. 116 Rn. 15 (m. w. N.).

211 So *Makarov/v. Mangoldt* (Fn. 30), Art. 116 Rn. 8; *Lübbe-Wolff* → Bd. III¹, Art. 116 Rn. 5; *Vedder/Lorenzmeier* (Fn. 20), Art. 116 Rn. 65 sowie (mit Einschränkungen) *Kokott* (Fn. 20), Art. 116 Rn. 15, a. A. *H. Hecker*, in: I. v. Münch (Hrsg.), Grundgesetz-Kommentar, Bd. 3, 2. Aufl. 1983, Art. 116 Rn. 6a.

212 Näher m. N. *Vedder/Lorenzmeier* (Fn. 20), Art. 116 Rn. 65; *Makarov/v. Mangoldt* (Fn. 30), Art. 116 Rn. 11.

213 So im Ergebnis *Makarov/v. Mangoldt* (Fn. 30), Art. 116 Rn. 7; *Lübbe-Wolff* → Bd. III¹, Art. 116 Rn. 7; *Vedder/Lorenzmeier* (Fn. 20), Art. 116 Rn. 65; *Kokott* (Fn. 20), Art. 116 Rn. 15.

214 Wie hier *M. v. Schenckendorff*, IFLA 1992, 137 (141); *Lübbe-Wolff* → Bd. III¹, Art. 116 Rn. 40; *v. Münch*, Staatsangehörigkeit (Fn. 4), S. 119; *Masing* (Fn. 3), Art. 116 Rn. 119; *Kokott* (Fn. 20), Art. 116 Rn. 11; starke Sympathie auch bei *Menzel* (Fn. 20), Art. 116 S. 29 f. – Für die Gegenauffassung BVerwGE 122, 313 (315 f.); *H. v. Mangoldt*, HStR V, § 119 Rn. 73; *Makarov/v. Mangoldt* (Fn. 30), Art. 116 Rn. 49; *Marx* (Fn. 11), Art. 116 Rn. 68, 71, 75; *Giegerich* (Fn. 1), Art. 116 Rn. 60: *Vedder/Lorenzmeier* (Fn. 20), Art. 116 Rn. 48; *Antoni* (Fn. 47), Art. 116 Rn. 4; *Jarass*/Pieroth, GG, Art. 116 Rn. 8.

215 So etwa *Jarass*/Pieroth, GG, Art. 116 Rn. 8.

216 Wie hier *Renner/Maaßen* (Fn. 2), Art. 116 Rn. 16; *Kokott* (Fn. 20), Art. 116 Rn. 11 u. 12.

217 *Maunz* (Fn. 8), Art. 116 Rn. 18; *H. v. Mangoldt*, HStR V, § 119 Rn. 19; *Makarov/v. Mangoldt*

a) Flüchtling oder Vertriebener

Zur Bestimmung des Flüchtlings- bzw. Vertriebenenbegriffs wird regelmäßig auf die **Bestimmungen des Bundesvertriebenengesetzes (BVFG)** rekurriert[218]. Nach dessen § 1 I geltender Fassung ist Vertriebener, »wer als deutscher Staatsangehöriger oder deutscher Volkszugehöriger seinen Wohnsitz in den ehemals unter fremder Verwaltung stehenden deutschen Ostgebieten oder in den Gebieten außerhalb der Grenzen des Deutschen Reiches nach dem Gebietsstande vom 31. Dezember 1937 hatte und diesen im Zusammenhang mit den Ereignissen des zweiten Weltkrieges infolge Vertreibung, insbesondere durch Ausweisung oder Flucht, verloren hat.« Eine Zugrundelegung dieser Bestimmung als Arbeitsgrundlage ist unschädlich, solange gegenwärtig bleibt, daß die Verfassung nicht durch das einfache Gesetz letztverbindlich konkretisiert werden kann[219], der Vertriebenenbegriff des BVFG und des Art. 116 I GG also auseinanderfallen können[220]. Eine derartige *abschließende* Bestimmung des von der Verfassung Gewollten durch den Gesetzgeber wird auch nicht vom **Vorbehalt anderweitiger Regelung** (→ Rn. 45 f.) gedeckt[221], da dieser lediglich die Rechtsfolgenseite erfaßt, dem Bundesgesetzgeber also die Möglichkeit einräumt, volksdeutsche Flüchtlinge und Vertriebene nicht mehr als Statusdeutsche einzustufen. Nicht umfaßt ist hingegen die Option, beide Gruppen »wegzudefinieren«[222]. In umgekehrter Perspektive ist der Gesetzgeber wiederum nicht daran gehindert, im Wege einer erweiternden Interpretation auch solchen Personengruppen den Status als Flüchtling oder Vertriebener (und damit als Statusdeutscher) einzuräumen, die nicht unter den *verfassungsrechtlichen* Begriff fallen (→ Rn. 61)[223]. Für diesen dürften die folgenden Elemente konstitutiv sein: ein Wohnsitz außerhalb des Aufnahmegebietes (→ Rn. 76)[224], der in unmittelbarem oder mittelbarem Zusammenhang mit dem Zweiten Weltkrieg[225] entweder infolge von Vertreibungsmaßnahmen oder aus Angst vor Repressalien verlas- 60

(Fn. 30), Art. 116 Rn. 14; *Renner/Maaßen* (Fn. 2), Art. 116 Rn. 6; *Vedder/Lorenzmeier* (Fn. 20), Art. 116 Rn. 8; *Kokott* (Fn. 20), Art. 116 Rn. 16. – A. A. noch *W. Grabendorff*, DÖV 1951, 268 (269); zweifelnd *W. Schätzel*, AöR 81 (1956), 265 (269, 273 f.).

[218] Gesetz über die Angelegenheiten der Vertriebenen und Flüchtlinge (Bundesvertriebenengesetz – BVFG), BGBl. 2007 I S. 1902. Vgl. dazu nur die einschlägige Kommentierung von *M. v. Schenckendorff*, Vertriebenen- und Flüchtlingsrecht, 2. Aufl. 1989 ff.

[219] So *Maunz* (Fn. 8), Art. 116 Rn. 24; *M. v. Schenckendorff*, IFLA 1992, 137 (138); *Vedder/Lorenzmeier* (Fn. 20), Art. 116 Rn. 38; *M. Sachs*, in: *Stern*, Staatsrecht III/1, S. 599; *Jarass*/Pieroth, GG, Art. 116 Rn. 4. – A. A. *Rennert* (Fn. 69), Art. 116 Rn. 12a; *R. Grawert*, HStR³ II, § 16 Rn. 38; *Masing* (Fn. 3), Art. 116 Rn. 62; *Renner/Maaßen* (Fn. 2), Art. 116 Rn. 23; *Kokott* (Fn. 20), Art. 116 Rn. 3; *Antoni* (Fn. 47), Art. 116 Rn. 4.

[220] So ausdrücklich BVerwGE 8, 340 (343); BVerwG NVwZ-RR 1990, 658 (658). – Für sachliche Abweichungen auch *Lübbe-Wolff* → Bd. III¹, Art. 116 Rn. 25 f.; *Masing* (Fn. 3), Art. 116 Rn. 63; *Jarass*/Pieroth, GG, Art. 116 Rn. 4.

[221] So aber BVerfGE 17, 224 (227 ff.); BVerwGE 38, 224 (226 f.); *Marx* (Fn. 11), Art. 116 Rn. 27; *Rennert* (Fn. 69), Art. 116 Rn. 12a; *Zuleeg* (Fn. 71), Art. 116 Rn. 13.

[222] *Jarass*/Pieroth, GG, Art. 116 Rn. 4.

[223] *H. v. Mangoldt*, HStR V, § 119 Rn. 53; *Marx* (Fn. 11), Art. 116 Rn. 14. – A. A. *Rennert* (Fn. 69), Art. 116 Rn. 5; *Lübbe-Wolff* → Bd. III¹, Art. 116 Rn. 26, 44 sowie *Vedder/Lorenzmeier* (Fn. 20), Art. 116 Rn. 9.

[224] A. A. *Kokott* (Fn. 20), Art. 116 Rn. 4, die auf einen Wohnsitz außerhalb des heutigen Bundesgebiets abstellt; ähnlich *Jarass*/Pieroth, GG, Art. 116 Rn. 4.

[225] Konkret geht es um den Zusammenhang von deutschem Eroberungs- und Vernichtungskrieg und der anschließenden Reaktion der Angegriffenen, die sich gegen alles als »deutsch« Erkannte oder auch nur Etikettierte richtete: präzise *Jarass*/Pieroth, GG, Art. 116 Rn. 1.

sen wurde (→ Rn. 78)[226]; gleichzustellen ist der Verzicht auf die Rückkehr zum Wohnsitz im sog. Vertreibungsgebiet[227].

61 Mit dem auf diese Weise nur umrissenen verfassungsrechtlichen Begriff des Flüchtlings bzw. Vertriebenen lassen sich weder die in der bewegten **Entwicklungsgeschichte des BVFG**[228] noch die in der nicht weniger unsteten Rechtsprechung[229] dazu geprägten Begriffe vollständig zur Deckung bringen. Schon die Ursprungsfassung des BVFG von 1953 kennt lediglich den »Vertriebenen« (§ 1), während der Flüchtling nur noch in Gestalt des »Sowjetzonenflüchtlings« begegnet (§ 3)[230]. Charakteristisch für den bis zur Wiedervereinigung dominierenden Trend zur extensiven Auslegung der Norm ist die Erstreckung des Vertriebenenbegriffs auf Um- und Aussiedler (§ 1 II Nr. 2 u. 3 BVFG). Diese Tendenz setzt sich in der richterrechtlichen Erstreckung dieser Kriterien auf sog. Früh- und Spätgeborene fort (→ Rn. 68); diese vom Gesetz nicht vorgesehenen Kategorien erlauben der Rechtsprechung die Einstufung auch der zweiten und dritten Generation deutscher Volkszugehöriger als »Vertriebene« i. S. d. BVFG[231]. Die schiere Zahl der unter Berufung auf diese Handhabung ins Land strömenden Deutschstämmigen und die resultierenden Probleme ziehen nach der Wiedervereinigung eine klare Tendenz zur Restriktion des Aussiedlerzuzugs nach sich[232]. Im Anschluß an erste Einschränkungen beim Aufnahmeverfahren im Jahre 1990 (→ Rn. 75)[233] kommt es 1993 zur Einfügung des § 4 BVFG n. F.[234]: Für die neu geschaffene **Kategorie des Spätaussiedlers** wählt der Gesetzgeber nicht mehr den problematischen Umweg über den Vertriebenen bzw. als vertrieben Geltenden, sondern greift zur unmittelbaren Zuerkennung des Deutschenstatus i. S. v. Art. 116 I GG (§ 4 III BVFG)[235]. Einen weiteren Schritt hat der Bundesgesetzgeber 2007 mit der Neufassung des § 100a II BVFG getan (→ Rn. 28)[236].

62 Auch der geforderte sachliche **Kausalzusammenhang zwischen Vertreibungsmaßnahme und Flucht**[237] ist vom Gesetzgeber und der Rechtsprechung weitgehend über-

---

[226] Ähnlich *Masing* (Fn. 3), Art. 116 Rn. 60; *Kokott* (Fn. 20), Art. 116 Rn. 4; *Jarass*/Pieroth, GG, Art. 116 Rn. 4.

[227] BVerfGE 17, 224 (230 f.); *Marx* (Fn. 11), Art. 116 Rn. 29; *Renner/Maaßen* (Fn. 2), Art. 116 Rn. 36; *Kokott* (Fn. 20), Art. 116 Rn. 4; *Jarass*/Pieroth, GG, Art. 116 Rn. 4.

[228] Eingehend *Makarov/v. Mangoldt* (Fn. 30), Art. 116 Rn. 17 ff.; *Silagi*, Vertriebenenrecht (Fn. 11), S. 317 ff. sowie *Renner/Maaßen* (Fn. 2), Art. 116 Rn. 27 ff.; zur letzten Reform (10. BVFÄndG v. 2013, BGBl. I S. 3554) *T. Herzog*, ZAR 2014, 400 ff. sowie *Hailbronner* (Fn. 71), Art. 116 Rn. 46 ff.

[229] Instruktive Übersicht bei *W. Meyer*, NVwZ 1987, 15 (17 f.); *G.-H. Kemper*, NVwZ 1993, 746 (753); *Marx* (Fn. 11), Art. 116 Rn. 31 ff. sowie *S. Becker*, Kultur oder Sprache?, in: H.-W. Retterath (Hrsg.), Russlanddeutsche Kultur: eine Fiktion, 2006, S. 109 ff.; vgl. auch die kritische Kommentierung von *Renner/Maaßen* (Fn. 2), Art. 116 Rn. 38 ff.

[230] Text bei *Renner/Maaßen* (Fn. 2), Art. 116 Rn. 27; dazu auch *Marx* (Fn. 11), Art. 116 Rn. 28

[231] Zusammenfassend m.N. *Masing* (Fn. 3), Art. 116 Rn. 106. – Kritisch zu dieser Rechtsfortbildung *contra legem H. Alexy*, NVwZ 1993, 1171 (1172); *Marx* (Fn. 11), Art. 116 Rn. 49; *Lübbe-Wolff* → Bd. III[1], Art. 116 Rn. 26 sowie *H. Kind/M. Niemeier*, ZAR 2002, 188 (188).

[232] Kritisch *Silagi*, Vertriebenenrecht (Fn. 11), S. 317.

[233] Gesetz zur Regelung des Aufnahmeverfahrens für Aussiedler v. 28.6.1990 (BGBl. I S. 1247); vgl. dazu nur *Silagi*, Vertriebenenrecht (Fn. 11), S. 318.

[234] Art. 1 Kriegsfolgenbereinigungsgesetz v. 21.12.1992 (BGBl. I S. 2094); siehe *H. Alexy*, NVwZ 1993, 1171 ff.; *B. Gaa-Unterpaul*, NJW 1993, 2080 (2081).

[235] Näher *Marx* (Fn. 11), Art. 116 Rn. 57 f.; vgl. auch *Renner/Maaßen* (Fn. 2), Art. 116 Rn. 33.

[236] 7. ÄndG zum BVFG v. 16.5.2007 (BGBl. I S. 748); dazu als erste Anmerkung *W. Peters*, NVwZ 2007, 1028 f.

[237] BVerfGE 2, 98 (100 f.); *Vedder/Lorenzmeier* (Fn. 20), Art. 116 Rn. 40; *Zimmermann/Bäumler* (Fn. 5), Art. 116 Rn. 49; *Kokott* (Fn. 20), Art. 116 Rn. 5.

formt worden. Für den sog. Vertreibungsdruck soll danach eine in § 1 BVFG a.F. niedergelegte unwiderlegbare Vermutung gesprochen haben[238], die in zeitlicher Perspektive sukzessive auf Aussiedler ausgedehnt wurde[239]. Das geltende BVFG in der Form des KfbG differenziert seit 1999 bei der Aufnahme von Spätaussiedlern nach deren Herkunftsgebiet[240]: Während für die Nachfolgestaaten der ehemaligen Sowjetunion – seit 2007 abzüglich der baltischen Republiken (→ Rn. 28) – weiterhin Vertreibungsdruck angenommen wird (§§ 4 I, 100a BVFG), müssen Spätaussiedler aus den übrigen Ostgebieten nachweisen, daß sie aufgrund ihrer deutschen Volkszugehörigkeit Benachteiligungen ausgesetzt sind (§§ 1 II Nr. 3, 4 II BVFG)[241].

b) Deutsche Volkszugehörigkeit

Die Zugehörigkeit zum deutschen Volk i. S. v. Art. 116 I GG wird regelmäßig in erneuter Anlehnung an das Bundesvertriebenengesetz als (subjektives) **Bekenntnis** zum deutschen Volkstum definiert, das sich anhand der (objektiven) **Merkmale** Abstammung, Sprache, Erziehung und Kultur bestätigen läßt (§ 6 I BVFG)[242]. 63

Diese **Anknüpfung an das einfache Recht** ist gleich **dreifach problematisch**. Sie ist nicht nur generell methodisch unbefriedigend (→ Rn. 60), sondern greift auch eine historisch belastete Definition auf, entspricht § 6 BVFG doch bis in den Wortlaut hinein dem Runderlaß des Reichsministers des Innern vom 29.3.1939, der zur Bestimmung der »Deutschstämmigkeit« im Rahmen der NS-Umsiedlungskampagnen zugrundegelegt wurde[243]. Gleichwohl dürfte schon deshalb an der Verwendung dieser Definition kein Weg vorbeiführen, weil sie in der Nachkriegszeit der Sache nach als Grundlage der Vertreibungs- und sonstigen Maßnahmen gegen Deutsche diente[244]. Es kommt hinzu, daß die Sprachregelung von 1939 ihrerseits an zumindest weniger belastete Vorbilder aus der Zwischenkriegszeit anknüpfte[245]. 64

Am schwersten wiegt der Einwand, daß infolge wiederholter Eingriffe des Gesetzgebers der Verweis auf § 6 BVFG streng genommen ins Leere ging, lag dieser Norm doch zwischenzeitlich ein **gespaltener Volkszugehörigkeitsbegriff** zugrunde: Nur für vor dem 31.12.1923 Geborene blieb es bei der Begriffsbestimmung in **§ 6 I BVFG** (→ Rn. 63)[246]. Für die nach diesem Stichtag auf die Welt gekommenen Bewerber um die Rechtsstellung eines Statusdeutschen wurde 2001 das Zusammenspiel der »Deut- 65

---

238 BVerfGE 17, 224 (229); *Masing* (Fn. 3), Art. 116 Rn. 68.

239 Nachgezeichnet bei *Renner/Maaßen* (Fn. 2), Art. 116 Rn. 38 ff.; siehe auch *Masing* (Fn. 3), Art. 116 Rn. 71 ff., 80 ff.

240 Siehe *H. Alexy*, NVwZ 1993, 1171 (1171 f.); *Renner/Maaßen* (Fn. 2), Art. 116 Rn. 48 ff.

241 Näher *Masing* (Fn. 3), Art. 116 Rn. 77 f.

242 BVerwGE 5, 239 (240 f.); 9, 231 (232); *Maunz* (Fn. 8), Art. 116 Rn. 13; *Makarov/v. Mangoldt* (Fn. 30), Art. 116 Rn. 23; *Marx* (Fn. 11), Art. 116 Rn. 28; *R. Grawert*, HStR³ II, § 16 Rn. 38 f.; *v. Münch*, Staatsangehörigkeit (Fn. 4), S. 116; *Vedder/Lorenzmeier* (Fn. 20), Art. 116 Rn. 43; *Kokott* (Fn. 20), Art. 116 Rn. 6; *Jarass*/Pieroth, GG, Art. 116 Rn. 4a.

243 »Deutscher Volkszugehöriger ist, wer sich selbst als Angehöriger des dtsch. Volkes bekennt, sofern dieses Bekenntnis durch bestimmte Tatsachen wie Sprache, Erziehung, Kultur usw. bestätigt wird. Personen artfremden Blutes, insbesondere Juden, sind niemals dtsch. Volkszugehörige, auch wenn sie sich bisher als solche bezeichnet haben.« – Zurückhaltend auch *Zuleeg* (Fn. 71), Art. 116 Rn. 13 sowie *H. Alexy*, NJW 1989, 2850 (2855).

244 Ebenso im Ergebnis *Menzel* (Fn. 20), Art. 116 S. 27; *H. Alexy*, NJW 1989, 2850 (2855); *Masing* (Fn. 3), Art. 116 Rn. 91.

245 Siehe *H. Alexy*, NJW 1989, 2850 (2855).

246 Deutlich herausgearbeitet von *H. Alexy*, NVwZ 1993, 1171 (1172); vgl. auch *Masing* (Fn. 3), Art. 116 Rn. 96 ff.

schenmerkmale« in einschneidender Weise modifiziert: **§ 6 II BVFG** benannte als erstes notwendiges Kriterium die (biologische) Abstammung von einem deutschen Staats- oder Volkszugehörigen[247]; zweites notwendiges Kriterium war entweder das *ausschließliche* Bekenntnis zum deutschen Volkstum[248] oder die Zurechnung zur deutschen Nationalität nach dem Recht des Herkunftsstaates (S. 1)[249]. 2013 ist der Gesetzgeber davon wieder abgerückt und verlangt nunmehr nur noch das **Bekenntnis *auch* zur deutschen Nationalität** oder die Zurechnung (§ 6 II BVFG n. F.)[250]. Beide Alternativen müssen weiterhin durch die »familiäre Vermittlung der deutschen Sprache« bestätigt werden (S. 2)[251], die nur durch die Fähigkeit zur Führung eines einfachen Gespräches auf Deutsch festgestellt werden kann (S. 3)[252].

66 Diese Neukonfiguration des »Volkszugehörigen« ist ungeachtet einzelner Bedenken vom Gesetzesvorbehalt des Art. 116 I GG gedeckt (→ Rn. 45 f.) und in ihrer restriktiven Tendenz auch realitätsnah (→ Rn. 19)[253]. Sie gerade in ihrer zeitlichen Staffelung wie ihrer normativen Volatilität weiterhin als authentische Interpretation des Verfassungsbegriffs der deutschen Volkszugehörigkeit anzusprechen, ist allerdings kaum mehr vermittelbar[254]. Vielmehr ist im folgenden von einem Art. 116 I GG zugrundeliegenden **Verfassungsbegriff der deutschen Volkszugehörigkeit** auszugehen, der praktisch deckungsgleich mit § 6 I BVFG ist. Die Bedeutung von § 6 II BVFG beschränkt sich danach darauf, unter legitimem Rückgriff auf den Vorbehalt anderweitiger gesetzlicher Regelung auch solchen Spätaussiedlerbewerbern die Rechtsstellung eines Statusdeutschen und damit die Einbürgerung zu versagen, die an sich unter den verfassungsrechtlichen Begriff des deutschen Volkszugehörigen fallen[255].

67 Konkret setzt die deutsche Volkszugehörigkeit danach als subjektives Element ein **Bekenntnis zum deutschen Volkstum** sowie als objektive Elemente die Einstufung als »deutsch« im Sinne von Abstammung, Sprache, Kultur oder Erziehung voraus (→ Rn. 69)[256]. Das Bekenntnis läßt sich dann am einfachsten nachweisen, wenn der Heimatstaat des deutschen Volkszugehörigen bei Volkszählungen oder bei der Ausstellung von Pässen die Angabe der Nationalität verlangt bzw. freistellt und der Betroffe-

---

247 Die Regelung geht zurück auf Art. 1 des Kriegsfolgenbereinigungsgesetzes vom 21.12.1992 (BGBl. I S. 2094); für das Erfordernis der biologischen Abstammung BVerwGE 119, 192 (193). – Kritisch *Silagi*, Vertriebenenrecht (Fn. 11), S. 320 f. sowie *Renner/Maaßen* (Fn. 2), Art. 116 Rn. 56.

248 Eingeführt durch das Spätaussiedlerstatusgesetz v. 30.8.2001 (BGBl. I S. 2266). – Kritisch zu diesem »nur-Bekenntnis« einmal mehr *Silagi*, Vertriebenenrecht (Fn. 11), S. 322 f.; wie er zuvor *H. Alexy*, NVwZ 1993, 1171 (1172). Zur Handhabung in der Rechtsprechung BVerwGE 119, 192 (194 ff.); BVerwG NVwZ-RR 2007, 283.

249 Sog. Bekenntnissurrogat; eingeführt 1993 durch Art. 1 des KfbG (Fn. 247). Vgl. *H. Kind/M. Niemeier*, ZAR 2002, 188 (189); *Masing* (Fn. 3), Art. 116 Rn. 104.

250 Näher *T. Herzog*, ZAR 2014, 400 (400 f.).

251 Dazu BVerwG NVwZ 2007, 1087 (1088): die familiäre Sprachvermittlung muß nicht der einzige Grund für die Fähigkeit sein, ein einfaches Gespräch auf Deutsch zu führen.

252 Die Regelung geht zurück auf Art. 1 des KfbG v. 1993 (Fn. 247) und ist mehrfach modifiziert worden, zuletzt durch das 7. ÄndG zum BVFG; siehe *W. Peters*, NVwZ 2007, 1028 (1029) sowie *Masing* (Fn. 3), Art. 116 Rn. 110 f.

253 *Masing* (Fn. 3), Art. 116 Rn. 112 f. – A. A. in rechtspolitischer Perspektive *v. Münch*, Staatsangehörigkeit (Fn. 4), S. 120 f., der auf ca. 1,3 Mio. Menschen deutscher Abstammung allein in den Nachfolgestaaten der UdSSR verweist; er schlägt lediglich eine Anpassung des Aufnahmegebietes vor (→ Rn. 76).

254 A. A. wohl *Masing* (Fn. 3), Art. 116 Rn. 64, 89.

255 So im Ergebnis auch BVerwGE 120, 292 (295); *H. Kind/M. Niemeier*, ZAR 2002, 188 (190).

256 *Makarov/v. Mangoldt* (Fn. 30), Art. 116 Rn. 24; *Vedder/Lorenzmeier* (Fn. 20), Art. 116 Rn. 43.

ne sich bei solcher Gelegenheit für andere erkennbar als Deutscher bezeichnet hat[257]. Aus gutem Grund skeptischer beurteilt werden die Eintragung in eine sog. Liste der heimattreuen Bevölkerung[258], die III. Abteilung der verschiedenen »Deutschen Volkslisten«[259] oder der Eintritt in die Wehrmacht bzw. eine andere bewaffnete Formation[260]. Das Bekenntnis muß bereits im Vertreibungsgebiet vor dem Beginn von Flucht oder Vertreibung erfolgt sein[261]. Es ist zu verneinen, wenn eine in der NS-Zeit verliehene deutsche Staatsbürgerschaft nach dem Kriege verleugnet wird[262]. Für Spätaussiedler wird ein Bekenntnis dann unterstellt, wenn es mit Gefahren oder Nachteilen verbunden gewesen wäre (§ 6 II 5 BVFG)[263].

Nach der Rechtsprechung des Bundesverwaltungsgerichts zu § 6 BVFG a. F. wurde **68** sog. **Frühgeborenen**, also noch nicht selbst bekenntnisfähigen Minderjährigen, das Bekenntnis der Eltern zugerechnet[264]. Personen hingegen, die nach dem Beginn der Vertreibungsmaßnahmen geboren sind (»**Spätgeborene**«), mußten einen Bekenntniszusammenhang darlegen, der vom Bekenntnis der Eltern oder Vorfahren bis zur eigenen Selbständigkeit reicht[265]. Die für den Erwerb des Spätaussiedlerstatus nunmehr maßgebliche einfachgesetzliche Rechtslage nach § 6 II BVFG n. F. schließt eine solche Zurechnung aus[266]. Weiterhin ist aber zumindest für nicht bekenntnisfähige Minderjährige aus gemischt-nationalen Ehen davon auszugehen, daß eine »Vertretung im Bekenntnis« durch die Eltern möglich ist[267].

Die objektiven Kriterien für die deutsche Volkszugehörigkeit müssen nicht kumula- **69** tiv vorliegen[268]. Sie bezeichnen Gegebenheiten, die unabhängig vom (momentanen) freien Willen des Betroffenen vorliegen müssen[269]. **Abstammung** ist die »natürliche biologische Beziehung eines Menschen zu seinen Vorfahren«[270]. Sofern der Betroffene nicht von einem deutschen Staatsangehörigen i. S. d. RuStAG abstammt, verweist die Abstammung daher ihrerseits auf die übrigen objektiven Kriterien (Sprache und Kul-

---

257 BVerwGE 98, 367 (369); *Makarov/v. Mangoldt* (Fn. 30), Art. 116 Rn. 25, 30; *Marx* (Fn. 11), Art. 116 Rn. 42. – Dieses Kriterium wird auch von § 6 II 1 BVFG aufgenommen: BVerwG NVwZ-RR 2007, 283.

258 Dagegen etwa *Maunz* (Fn. 8), Art. 116 Rn. 13; vgl. noch *Makarov/v. Mangoldt* (Fn. 30), Art. 116 Rn. 25 a. E.

259 Zum Erwerb der Staatsangehörigkeit durch Eintragung in die »Deutsche Volksliste Ukraine« eingehend und materialreich BVerwGE 126, 283 (284 ff.); → Rn. 6.

260 Ein Bekenntnis scheitert hier in der Regel daran, daß der Dienst nicht freiwillig geleistet wurde: *Marx* (Fn. 11), Art. 116 Rn. 44. Anerkannt hat die Rechtsprechung hingegen den Dienst in Einheiten, die allein aus deutschen Volkszugehörigen bestanden: BVerwG DÖV 1990, 894; zustimmend *Renner/Maaßen* (Fn. 2), Art. 116 Rn. 58.

261 BVerfGE 59, 128 (150 f.); BVerwGE 79, 73 (73 f.); *Makarov/v. Mangoldt* (Fn. 30), Art. 116 Rn. 26; *Marx* (Fn. 11), Art. 116 Rn. 45; *Jarass*/Pieroth, GG, Art. 116 Rn. 4a.

262 BVerfGE 2, 98 (100) zum Fall eines zunächst nach Österreich geflohenen Sudetendeutschen. Zustimmend *W. Schätzel*, AöR 81 (1956), 265 (286 f.).

263 Treffend *v. Münch*, Staatsangehörigkeit (Fn. 4), S. 117: »Art. 116 Abs. 1 GG verlangt für das Bekenntnis zum deutschen Volkstum keinen Heldenmut.«

264 BVerwGE 79, 73 (75 ff.); näher *H. v. Mangoldt*, HStR V, § 119 Rn. 61; *Makarov/v. Mangoldt* (Fn. 30), Art. 116 Rn. 28; *Marx* (Fn. 11), Art. 116 Rn. 46.

265 BVerwGE 95, 311 (312 ff.); 98, 367 (377 f.) sowie nochmals *H. v. Mangoldt*, HStR V, § 119 Rn. 62; *Makarov/v. Mangoldt* (Fn. 30), Art. 116 Rn. 29; *Marx* (Fn. 11), Art. 116 Rn. 50 ff.

266 Deutlich BVerwGE 122, 249 (252).

267 BVerwGE 122, 249 (253 ff.).

268 *Makarov/v. Mangoldt* (Fn. 30), Art. 116 Rn. 30.

269 *Makarov/v. Mangoldt* (Fn. 30), Art. 116 Rn. 30 (S. 56/10).

270 BVerfGE 9, 124 (128); *Makarov/v. Mangoldt* (Fn. 30), Art. 116 Rn. 30 (S. 56/11).

tur, aber auch Familienname und -geschichte). Die bloße Beherrschung der deutschen **Sprache** tritt als Merkmal hinter ihrem Gebrauch im Vertreibungsgebiet zurück; zentral ist die Vermittlung und Pflege in der Familie[271]. Das nach § 6 II BVFG nunmehr erforderliche einfache Gespräch auf Deutsch setzt »die Fähigkeit zu einem einigermaßen flüssigen, in ganzen Sätzen erfolgenden Austausch in Rede und Gegenrede« voraus[272].

c) Ehegatten und Abkömmlinge

70 Die Erstreckung des Deutschenstatus auf Ehegatten und Abkömmlinge des Volksdeutschen dient der **Sicherung der Familieneinheit** und belegt den engen Konnex von Art. 116 I GG mit dem Schutz von Ehe und Familie (Art. 6 I GG; → Rn. 111): Der Statusdeutsche soll nicht vor die Wahl zwischen dem weiteren Zusammenleben mit seiner Familie oder der Aufnahme in Deutschland gestellt werden[273]. Zugleich folgt aus diesem Schutzzweck der Norm, daß die Aufnahme gerade mit Blick auf diese familiären Bindungen betrieben werden muß[274].

71 **Ehegatten** im Sinne des Art. 116 I GG sind allein Verheiratete aufgrund staatlichen Rechts[275]; entsprechend dem Wortlaut der Norm sind eheähnliche Verhältnisse nach Art der Lebenspartnerschaft ebensowenig erfaßt (→ Art. 6 Rn. 57)[276] wie Ehen allein auf religiöser Rechtsgrundlage[277]. Die Ehe muß im Zeitpunkt der Aufnahme (→ Rn. 75 ff.) bestehen[278]; für Spätaussiedler wird seit 1993 zusätzlich gefordert, daß sie beim Verlassen des Aussiedlungsgebietes drei Jahre bestanden hat (§ 27 II 1 BVFG)[279]. Zugleich geht Art. 116 I GG vom Normalbild der gemeinsamen oder doch in einem engen zeitlichen Zusammenhang erfolgenden Aufnahme beider Ehegatten aus[280], schließt aber die spätere Übersiedlung eines Gatten zum Zwecke der Familienzusammenführung nicht kategorisch aus[281]. Unzulässig ist hingegen die Aufnahme lediglich

---

[271] BVerwGE 102, 214 (220 ff.); BVerwG NVwZ 2007, 1087 (1088); siehe *H. v. Mangoldt*, HStR V, § 119 Rn. 60; *Makarov/v. Mangoldt* (Fn. 30), Art. 116 Rn. 30 (S. 56/13); vgl. noch *Renner*, Wandel (Fn. 176), S. 923.

[272] BVerwGE 119, 6 (6, 8 ff. [Zitat S. 6]). – Zahlen zum Ausfall dieser Tests bei *Hofmann* (Fn. 148), Art. 116 Rn. 15.

[273] BVerwGE 90, 173 (176); BVerwG NJW 2007, 937 (938); *Rennert* (Fn. 69), Art. 116 Rn. 24; *Vedder/Lorenzmeier* (Fn. 20), Art. 116 Rn. 45; *Giegerich* (Fn. 1), Art. 116 Rn. 80; *Kokott* (Fn. 20), Art. 116 Rn. 7.

[274] BVerwGE 90, 173 (176 f.); 90, 181 (183 ff.); *Marx* (Fn. 11), Art. 116 Rn. 82; *Kokott* (Fn. 20), Art. 116 Rn. 8. – Anderes gilt jetzt für die Ehegatten (und Abkömmlinge) von Spätaussiedlern, da § 7 II i. V. m. § 15 II BVFG nur noch verlangt, daß sie im Aufnahmeverfahren aufgenommen worden sind: BVerwGE 115, 10 (12 f.).

[275] Näher *Makarov/v. Mangoldt* (Fn. 30), Art. 116 Rn. 37; siehe auch *Renner/Maaßen* (Fn. 2), Art. 116 Rn. 87.

[276] Anders jetzt der Einbürgerungsanspruch für Ehegatten und Lebenspartner Deutscher gem. § 9 I StAG.

[277] Sofern das staatliche Recht des Ausreiselandes diesem nicht ausnahmsweise Gültigkeit beilegt und das Ergebnis vor dem deutschen Kollisionsrecht Bestand hat: *H. v. Mangoldt*, HStR V, § 119 Rn. 65.

[278] BVerwGE 90, 181 (185); *Makarov/v. Mangoldt* (Fn. 30), Art. 116 Rn. 39; *Kokott* (Fn. 20), Art. 116 Rn. 8; *Jarass*/Pieroth, GG, Art. 116 Rn. 7.

[279] *H. Alexy*, NVwZ 1993, 1171 (1172); *Masing* (Fn. 3), Art. 116 Rn. 123.

[280] BVerwGE 90, 173 (176 f.); *Lübbe-Wolff* → Bd. III[1], Art. 116 Rn. 35; *Jarass*/Pieroth, GG, Art. 116 Rn. 7.

[281] BVerwGE 90, 173 (177); vgl. auch E 115, 10 (12 f.) sowie *Marx* (Fn. 11), Art. 116 Rn. 84; *Rennert* (Fn. 69), Art. 116 Rn. 24, 26; *Vedder/Lorenzmeier* (Fn. 20), Art. 116 Rn. 45; *Jarass*/Pieroth, GG, Art. 116 Rn. 7.

des nichtdeutschen Ehegatten, während der potentielle Statusdeutsche auf Dauer im Herkunftsgebiet verbleibt[282].

Abkömmlinge sind in Anlehnung an die Begrifflichkeit des BGB sämtliche Verwandte absteigender Linie, also Kinder und Kindeskinder[283]. Die Abstammung von einem Elternteil deutscher Volkszugehörigkeit reicht aus[284]. Mit Blick auf die Art. 6 V GG innewohnende Wertentscheidung sind auch nichteheliche Abkömmlinge erfaßt (→ Art. 6 Rn. 229)[285]. 72

Eine **zeitliche Grenze**, die eine Vermittlung der Deutscheneigenschaft auf eine bestimmte Zahl von Generationen beschränkt, ist Art. 116 I GG nicht zu entnehmen[286], kann aber vom Gesetzgeber kraft des Vorbehalts anderweitiger Regelung gezogen werden (→ Rn. 45 f.). Dies ist mittlerweile in Gestalt des § 4 I Nr. 3 BVFG geschehen, der nur vor dem 1.1.1993 Geborenen den originären Erwerb des Deutschenstatus ermöglicht[287]. Zugleich können Abkömmlinge seit diesem Zeitpunkt nur noch dann Aufnahme finden, wenn ihre Bezugsperson Spätaussiedler im Sinne dieser Vorschrift ist[288]. 73

Nach mittlerweile vorherrschender und richtiger Auffassung kann der Status als Abkömmling schließlich über die biologische Abstammung hinaus auch durch allein rechtlich begründete Kindschaftsverhältnisse vermittelt werden[289]. Insbesondere im Wege der **Adoption** durch einen Flüchtling oder Vertriebenen deutscher Volkszugehörigkeit kann der Adoptierte in entsprechender Anwendung der Regelung des § 6 S. 1 StAG zum Statusdeutschen werden[290]. Dies gilt allerdings nur für die Adoption minderjähriger Kinder; bei der sog. Volljährigenadoption fehlt es wenigstens dann an der notwendigen Familieneinheit (→ Rn. 70), wenn sie deutlich jenseits der Grenze zum Erwachsenwerden erfolgt[291]. 74

d) Aufnahme in dem Gebiete des Deutschen Reiches

Nach herrschender Auffassung setzt die »Aufnahme« einen **Aufnahmeakt** in Gestalt einer hoheitlichen Äußerung voraus; geläufig ist die Definition der höchstrichterlichen Rechtsprechung, der zufolge es zwingend sein soll, daß »der Betroffene mit dem Zuzug einen ständigen Aufenthalt im Bundesgebiet erstrebt und aufgrund eines Tätigwerdens oder sonstigen Verhaltens der Behörden der Schluß berechtigt ist, daß ihm 75

---

282 BVerwG NVwZ-RR 1990, 658 (659); BWVGH DÖV 1990, 793 (793 f.); *Jarass*/Pieroth, GG, Art. 116 Rn. 7.

283 *M. Sachs*, in: Stern, Staatsrecht III/1, S. 600; *Makarov/v. Mangoldt* (Fn. 30), Art. 116 Rn. 43; *Lübbe-Wolff* → Bd. III¹, Art. 116 Rn. 35; *Rennert* (Fn. 69), Art. 116 Rn. 25; *Vedder/Lorenzmeier* (Fn. 20), Art. 116 Rn. 46; *Kokott* (Fn. 20), Art. 116 Rn. 9; vgl. *G. Brudermüller*, in: Palandt, BGB, vor 1591 Rn. 1.

284 *Jarass*/Pieroth, GG, Art. 116 Rn. 5.

285 BVerfGE 37, 217 (252); BVerwGE 85, 108 (116); *Kokott* (Fn. 20), Art. 116 Rn. 9; *Jarass*/Pieroth, GG, Art. 116 Rn. 5.

286 Statt aller *Masing* (Fn. 3), Art. 116 Rn. 114.

287 Siehe *H. Alexy*, NVwZ 1993, 1171 (1172) sowie (kritisch) *Silagi*, Vertriebenenrecht (Fn. 11), S. 318 f., 321 f.

288 BVerwGE 114, 332 (334); 120, 292 (292, 296 f.); vgl. *B. Gaa-Unterpaul*, NJW 1993, 2080 (2081).

289 *Marx* (Fn. 11), Art. 116 Rn. 88; *Rennert* (Fn. 69), Art. 116 Rn. 25; *Renner/Maaßen* (Fn. 2), Art. 116 Rn. 67; *Vedder/Lorenzmeier* (Fn. 20), Art. 116 Rn. 45 f.; *Kokott* (Fn. 20), Art. 116 Rn. 9, 9a. A. A. noch *Makarov/v. Mangoldt* (Fn. 30), Art. 116 Rn. 44 (»sehr zweifelhaft«).

290 BVerwG NJW 2007, 937 (938).

291 BVerwG NJW 2007, 937 (938 f.) für den Fall der Adoption im Alter von 55 Jahren.

die Aufnahme nicht verweigert wird«[292]. Diese Engführung auf eine wie auch immer geartete behördliche Sanktion[293] ist möglicherweise praxisgerecht und entspricht unter den Bedingungen durchgehend bürokratisierter Staatlichkeit dem Normalfall, ist aber vom Verfassungstext nicht ohne weiteres gefordert. Gerade unter den regelmäßig chaotischen Bedingungen der letzten Kriegstage und angesichts massenhafter Flüchtlingsschicksale ist nicht unmittelbar einsichtig, daß eine rein faktische Obdachgewährung (auch durch Private) nicht als »Aufnahme« ausgereicht haben soll. In dieser Perspektive muß es buchstäblich genügen, daß sich der deutsche Volkszugehörige in das Aufnahmegebiet hat retten können. Erst mit Inkrafttreten des Grundgesetzes wird man fordern dürfen, daß ihm gegenüber eine behördliche Aufnahmehandlung ergeht. Dem entspricht, daß der Erwerb des Deutschenstatus seit 1990 nur noch in einem stark formalisierten Verfahren möglich ist (Aufnahmeverfahren gem. §§ 26 ff. BVFG)[294]. Dieses ist ebenso vom Gesetzesvorbehalt des Art. 116 I GG (→ Rn. 45 f.) gedeckt[295] wie die seit 1993 geltende **Kontingentierung** (vgl. jetzt § 27 IV BVFG)[296].

76 Als **Aufnahmegebiet** bestimmt Art. 116 I GG das Deutsche Reich nach dem Stande vom 31.12.1937. Diese zunächst befremdlich anmutende Umschreibung ist dem Bestreben des Verfassunggebers geschuldet, vorläufig jede implizite Anerkennung der deutschen Teilung wie des Verlustes der Gebiete jenseits von Oder und Neiße zu vermeiden (→ Rn. 13)[297]. Dieser Wortlaut ist ernst zu nehmen, das Aufnahmegebiet m.a.W. zumindest nicht vorschnell im Wege der teleologischen Reduktion auf das Bundesgebiet zu reduzieren[298]. Vielmehr ist eine Differenzierung in zeitlicher Perspektive notwendig[299]: Zunächst sollte unstreitig sein, daß Flüchtlinge deutscher Volkszugehörigkeit auf der Flucht vor der Roten Armee solange »Aufnahme« im Reichsgebiet finden konnten, wie dieses bis Ende 1944/Anfang 1945 noch effektiv deutscher Staatsgewalt unterstand[300]. Aber auch in einer zweiten Phase wenigstens bis zur Gründung der Bundesrepublik konnten Volksdeutsche etwa aus dem Baltikum oder Bessarabien noch durch die behördliche Registrierung in den unter polnischer oder sowjetischer Verwaltung stehenden Ostgebieten des Reiches zu Statusdeutschen werden, sofern sie in den Wirren des Kriegsendes dorthin gelangten[301]. Erst nach Inkrafttreten des Grundgesetzes konnte die Aufnahme dann realistischerweise nur noch im Gebiet der

---

[292] BVerwGE 90, 173 (175); gleichsinnig E 119, 172 (175) sowie *Makarov/v. Mangoldt* (Fn. 30), Art. 116 Rn. 46 (S. 56/31); *Rennert* (Fn. 69), Art. 116 Rn. 20 f.; *Vedder/Lorenzmeier* (Fn. 20), Art. 116 Rn. 48; *Kokott* (Fn. 20), Art. 116 Rn. 10.

[293] Eine förmliche Zuzugsgenehmigung soll wiederum unnötig sein: BVerwGE 9, 231 (234); *Jarass*/Pieroth, GG, Art. 116 Rn. 6. – Im Detail zur möglichen Wertung der verschiedenen Verwaltungsakte nach dem BVFG als »Aufnahme« *Rennert* (Fn. 69), Art. 116 Rn. 21 sowie *Vedder/Lorenzmeier* (Fn. 20), Art. 116 Rn. 49.

[294] Aussiedleraufnahmegesetz v. 28.6.1990, BGBl. I S. 1247; dazu *T. Wewel*, NVwZ 1991, 757 (757); *H. Alexy*, NVwZ 1993, 1171 (1173); *Marx* (Fn. 11), Art. 116 Rn. 64 ff. sowie *Renner/Maaßen* (Fn. 2), Art. 116 Rn. 29.

[295] *Marx* (Fn. 11), Art. 116 Rn. 65; *Renner* (Fn. 2), Art. 116 Rn. 72.

[296] Wie hier *Renner/Maaßen* (Fn. 2), Art. 116 Rn. 16, 31; vgl. auch *H. Alexy*, NVwZ 1993, 1171 (1171, 1173).

[297] *Giegerich* (Fn. 1), Art. 116 Rn. 75. Vgl. ferner den Hinweis bei *v. Münch*, Staatsangehörigkeit (Fn. 4), S. 118 f.: die Norm wiederholt wörtlich alliierte Umschreibungen Deutschlands.

[298] Diese Tendenz aber bei *Marx* (Fn. 11), Art. 116 Rn. 63.

[299] Differenzierend auch *Masing* (Fn. 3), Art. 116 Rn. 120 f.; »ungeklärt« lt. *Menzel* (Fn. 20), Art. 116 S. 29.

[300] So auch implizit *Antoni* (Fn. 47), Art. 116 Rn. 4.

[301] Wie hier *Lübbe-Wolff* → Bd. III[1], Art. 116 Rn. 36; *Masing* (Fn. 3), Art. 116 Rn. 120.

Bundesrepublik Deutschland oder dem der DDR[302] erfolgen. Und seit der Wiedervereinigung und der endgültigen Anerkennung der deutschen Ostgrenze ist die Aufnahme ausschließlich im Bundesgebiet möglich[303].

Als **Aufnahmezeitraum** kommt die gesamte Spanne vom Beginn von Flucht und 77
Vertreibung im Osten bis zur Gegenwart in Betracht, angefangen wohl mit dem endgültigen Scheitern des deutschen Eroberungskrieges im Sommer 1943 (Unternehmen »Zitadelle«[304]) und dem sich daran anschließenden sukzessiven Zurückweichen der Ostfront[305]. Hingegen wird man die Umsiedlung sog. Volksdeutscher im Rahmen der »Heim ins Reich«-Kampagnen (→ Rn. 6) weder als Flucht noch als Aufnahme i. S. v. Art. 116 I GG werten können[306]. Eine solche Aufnahme ist nach der klaren Intention des Verfassunggebers allerdings auch noch nach Inkrafttreten des Grundgesetzes möglich[307]. Sie muß entgegen der Rechtsprechung des Bundesverwaltungsgerichts auch nicht bis zu diesem Termin angedauert haben[308].

Die Aufnahme muß in einem engen zeitlichen oder sachlichen **Zusammenhang mit** 78
Flucht oder Vertreibung erfolgen[309]. Daran fehlt es, wenn der deutsche Volkszugehörige zwischenzeitlich in einem anderen Staat endgültig Aufnahme gefunden hat und dort leben konnte, ohne Vertreibungsdruck ausgesetzt zu sein; das gilt namentlich für die (vorübergehende) Niederlassung in Österreich[310]. Die bloße Möglichkeit wiederum, den Schutz eines anderen Staates in Anspruch zu nehmen, muß sich der deutsche Volkszugehörige ebensowenig entgegenhalten lassen[311] wie den Besitz einer weiteren Staatsangehörigkeit[312].

---

302 Die Aufnahme durch Behörden der DDR halten für ausreichend etwa *Makarov/v. Mangoldt* (Fn. 30), Art. 116 Rn. 52; *Marx* (Fn. 11), Art. 116 Rn. 63; *Lübbe-Wolff* → Bd. III[1], Art. 116 Rn. 36; *Vedder/Lorenzmeier* (Fn. 20), Art. 116 Rn. 50 (auf dem Umweg über die Verleihung der DDR-Staatsbürgerschaft); *Jarass*/Pieroth, GG, Art. 116 Rn. 6. → Rn. 50.

303 Für den heutigen Rechtszustand ganz einhellige Meinung: *Lübbe-Wolff* → Bd. III[1], Art. 116 Rn. 38; *Vedder/Lorenzmeier* (Fn. 20), Art. 116 Rn. 50; *Kokott* (Fn. 20), Art. 116 Rn. 12; *Jarass*/Pieroth, GG, Art. 116 Rn. 6.

304 Dazu jetzt *R. Töppel*, Kursk 1943, 2017.

305 Ebenso *Menzel* (Fn. 20), Art. 116 S. 30; anders hingegen noch *M. Lichter*, StAZ 1954, 241 (243) mit der Auffassung, die Aufnahme müsse vor Inkrafttreten des Grundgesetzes erfolgt sein.

306 So implizit auch BVerwGE 119, 172 (173, 177) für eine Aufnahme im sog. Warthegau 1944. Vgl. *Giegerich* (Fn. 1), Art. 116 Rn. 44 ff.

307 BVerfGE 8, 81 (86); 17, 224 (231); *Vedder/Lorenzmeier* (Fn. 20), Art. 116 Rn. 47; *Kokott* (Fn. 20), Art. 116 Rn. 10; *Jarass*/Pieroth, GG, Art. 116 Rn. 6; → Rn. 13. – Emphatisch a. A. *Ridder* (Fn. 74), Art. 116 Rn. 8.

308 BVerwGE 119, 172 (177 ff.) verneint den Statuserwerb eines Volksdeutschen, der zunächst nach Sachsen-Anhalt geflohen, von dort aber zur Zwangsarbeit in die Sowjetunion deportiert worden war.

309 BVerfGE 2, 98 (100 f.); BVerwG NJW 1971, 2003 (2004); *Marx* (Fn. 11), Art. 116 Rn. 60; *Jarass*/Pieroth, GG, Art. 116 Rn. 6, 7.

310 BVerfGE 2, 98 (100); BVerwGE 9, 321 (232 f.): der Betroffene muß »in zumutbarer Weise in das Land eingegliedert« gewesen sein; zustimmend *Marx* (Fn. 11), Art. 116 Rn. 60; *Rennert* (Fn. 69), Art. 116 Rn. 19; *Vedder/Lorenzmeier* (Fn. 20), Art. 116 Rn. 47; *Antoni* (Fn. 47), Art. 116 Rn. 4.

311 Gegen diese »Schutzmachttheorie« BVerwGE 5, 239 (243); 23, 272 (273); vgl. *Rennert* (Fn. 69), Art. 116 Rn. 11.

312 *Maunz* (Fn. 8), Art. 116 Rn. 22: die resultierende Quasi-Doppelstaaterstellung sei »wahrscheinlich« ein Motiv für die Schaffung des Status als Deutscher i. S. v. Art. 116 I GG gewesen. – Lt. *Masing* (Fn. 3), Art. 116 Rn. 22 stellt die Einbürgerung von Statusdeutschen die Hauptquelle von Mehrstaatigkeit in Deutschland dar.

5. Einzelfragen

79 Es ist kennzeichnend für die Entwicklung seit der Wiedervereinigung, daß Art. 116 I GG mit einer **Fülle von Detailfragen** belastet wird, auf die die Norm weder Antwort geben kann noch will. Weder gewährt die Bestimmung qua Verfassung einen Anspruch auf Kindergeld[313] noch auf Übernahme von Krankenkosten[314]. Auch die Grundsatzfrage einer rechnerischen Kappung der Rente von Spätaussiedlern[315] sowie erst recht konkrete Probleme der Anrechnung von Versicherungszeiten nach dem Fremdrentengesetz[316] sind ohne Rekurs auf Art. 116 I GG zu lösen. Der Versuch schließlich, Art. 116 I GG ein verfassungsrechtliches Verbot der »Auslieferung« ostdeutscher Archivalien oder Kirchenbücher an Polen zu entnehmen[317], muß die Norm vollends überdehnen. Gleiches gilt in prozeßrechtlicher Perspektive für die unmittelbar auf Art. 116 I GG gestützte Begründung eines Feststellungsinteresses i. S. v. § 43 I VwGO[318], um nur einige Beispiele aus der Rechtsprechung und Literatur zu nennen.

80 **Mittelbare Relevanz** entfaltet Art. 116 I GG hingegen etwa für die Gewährung von Sozialhilfe für Deutsche im Ausland (§ 24 SGB XII)[319] oder die Erteilung einer Arbeitserlaubnis (vgl. § 284 SGB III). Von Bedeutung ist er auch für das Recht zur Namensanpassung gem. § 94 I BVFG, das sich auf den nichtdeutschen Ehegatten eines Spätaussiedlers erstreckt[320].

II. Wiedereinbürgerung und Nichtausbürgerungsfiktion (Art. 116 II GG)

1. Allgemeine Bedeutung

81 Art. 116 II GG zählt zum Kreis der Vorschriften, die sich die **Wiedergutmachung nationalsozialistischen Unrechts** zum Ziel gesetzt haben (→ Art. 120 Rn. 7; → Art. 132 Rn. 2, 8, 12, 14; → Art. 139 Rn. 1 ff., 5, 7, 9)[321]. Der Bestimmung liegt dabei die Überzeugung des Verfassunggebers zugrunde, daß die verschiedenen Ausbürgerungsmaßnahmen des NS-Regimes (→ Rn. 87) als Unrechtsakte *par excellence* von Anfang an nichtig waren[322]. Daß Art. 116 II 1 GG einen Antrag auf Wiedereinbürgerung vorsieht und damit implizit die Wirksamkeit der Ausbürgerungsakte anerkennt (→ Rn. 95 ff.), ist allein dem Bestreben geschuldet, solchen Expatriierten die deutsche Staatsangehörigkeit nicht wieder aufzudrängen, die unter dem Eindruck der Verfolgung an einer

---

313 In diese Richtung aber FG BW EFG 2004, 764 (765 f.): Aus Art. 116 I GG folge ein Anspruch auf Gleichbehandlung mit Deutschen, der eine analoge Anwendung des § 62 II EStG nahelege.

314 In diese Richtung aber VG Schleswig, Urteil v. 25.7.2006, Az. 7 A 43/03, Rn. 30 ff.

315 Sie verstößt lt. BVerfG NZS 2007, 27 (27 ff.) weder gegen Art. 14, 6 I, 3 I GG noch gegen das rechtsstaatliche Vertrauensschutzprinzip.

316 BSG NZS 2007, 157 (158 ff.); BSG NJOZ 2007, 4427 (4430 ff.).

317 So *M. Silagi*, IFLA 2005, 1 (1), 13 ff.

318 Dagegen zu recht BVerwG NVwZ 2005, 465 (465 f.).

319 Näher *F. Baur*, NVwZ 2004, 1322 (1322).

320 BayObLG StAZ 2004, 167 (167).

321 Einhellige Auffassung: BVerfGE 8, 81 (86); 54, 53 (69 f.); *Vedder/Lorenzmeier* (Fn. 20), Art. 116 Rn. 1, 71; *Kokott* (Fn. 20), Art. 116 Rn. 20; *Antoni* (Fn. 47), Art. 116 Rn. 6; *Jarass*/Pieroth, GG, Art. 116 Rn. 11.

322 BVerfGE 23, 98 (108); 54, 53 (68); *Marx* (Fn. 11), Art. 116 Rn. 104; *D. Eichmann/S. Siehr*, ZAR 2002, 89 (91); *Kokott* (Fn. 20), Art. 116 Rn. 32; *Jarass*/Pieroth, GG, Art. 116 Rn. 11. → Rn. 14. – A. A. noch *W. Schätzel*, AöR 81 (1956), 265 (277); *Maunz* (Fn. 8), Art. 116 Rn. 27; *L. Renck*, JZ 1979, 752 (752).

Rückkehr nach Deutschland kein Interesse hatten (→ Rn. 15)[323]. Insofern stellt die **Nichtausbürgerungsfiktion** des Art. 116 II 2 GG die **Kernaussage** der Regelung dar (→ Rn. 100 ff.): der massenhafte Entzug der Staatsangehörigkeit durch das nationalsozialistische Regime war nach Auffassung des Verfassunggebers als schwerstes Unrecht von Anfang an unwirksam.

Art. 116 II GG sucht damit der Sache nach Anschluß an die Lehre vom »gesetzlichen Unrecht« sowie dem damit korrespondierenden »übergesetzlichen Recht« im Sinne der **Radbruchschen Formel**[324]. Konkreter stellt er den Versuch einer Teilpositivierung ihres naturrechtlichen Normverwerfungsprogramms dar: Art. 116 II 2 GG unternimmt es, den Fall eines »unerträglichen« Widerspruchs zur Gerechtigkeit namhaft zu machen[325]. Dem der Formel innewohnenden Dilemma der bloß punktuellen rückwirkenden Korrektur einer komplexen Rechtslage (die noch dazu zwischenzeitlich zum Anknüpfungspunkt weiterer Rechtsakte geworden ist), entrinnt der Verfassunggeber jedoch nicht, wie nicht nur Art. 116 II 1 GG, sondern auch die zahlreichen Einschränkungen der so einhellig angenommenen *ex-tunc*-Wirkung des Art. 116 II 2 GG belegen (→ Rn. 105). Der scheinbar so eindeutige Sachverhalt der nationalsozialistischen Ausbürgerungen führt eindrucksvoll vor, daß die vollständige Rückabwicklung eines über einen längeren Zeitraum effektiv in Geltung befindlichen Rechtsregimes zu ungewollten, teils grotesken Ergebnissen führen kann, weshalb das schneidige Nichtigkeitsverdikt mit einer Fülle von Vorbehalten und Fiktionen umkleidet werden muß[326]. 82

Daß Art. 116 II GG »dogmatische Unstimmigkeiten«[327] produziert, illustriert nicht zuletzt der **Staatsangehörigkeitsbeschluß** des Bundesverfassungsgerichts vom 14.2. 1968, der sich für die Nichtigerklärung der 11. Verordnung zum Reichsbürgergesetz (→ Rn. 10) ausdrücklich nicht auf diese Norm stützt, sondern bis in die Wortwahl hinein an die Radbruchsche Unerträglichkeitsformel anlehnt[328]. Denn dieses Ergebnis steht allzu offensichtlich in Widerspruch zu den Einschränkungen, die das Gericht vornehmen muß, um Art. 116 II 1 GG nicht zu desavouieren[329]. 83

2. Deutsche Staatsangehörigkeit und Entziehung aus politischen, rassischen oder religiösen Gründen

Voraussetzung für die Anwendung beider Alternativen des Art. 116 II GG ist zunächst, daß der oder die Betroffene im Besitz der deutschen Staatsangehörigkeit war (→ Rn. 85) und sie ihm oder ihr aus politischen, rassischen oder religiösen Gründen ent- 84

---

[323] *Kokott* (Fn. 20), Art. 116 Rn. 21; *Jarass*/Pieroth, GG, Art. 116 Rn. 11.

[324] *G. Radbruch*, SJZ 1946, 105 (107). Vgl. dazu nur *H. Dreier*, Die Radbruchsche Formel – Erkenntnis oder Bekenntnis?, in: FS Robert Walter, 1991, S. 117 ff.; *H. Adachi*, Die Radbruchsche Formel, 2006, S. 77 ff.; *C. M. Scheuren-Brandes*, Der Weg von Nationalsozialistischen Rechtslehren zur Radbruchschen Formel, 2006, S. 22 ff.; *F. Wittreck*, Ad Legendum 2008, 128 ff., 186 ff.

[325] Näher zur »Unerträglichkeitsformel« *F. Saliger*, Radbruchsche Formel und Rechtsstaat, 1995, S. 16 ff.; *B. Bix*, Rechtstheorie 37 (2007), 139 (140 f.).

[326] Von einem »Lehrstück« spricht treffend *Masing* (Fn. 3), Art. 116 Rn. 137.

[327] *Kokott* (Fn. 20), Art. 116 Rn. 33.

[328] BVerfGE 23, 98 (106). – Siehe aus der reichhaltigen Kritik dazu nur *Makarov/v. Mangoldt* (Fn. 30), Art. 116 Rn. 98 ff.; *F. Schwill*, KritV 95 (2002), 79 (80 ff.) sowie *Masing* (Fn. 3), Art. 116 Rn. 145 ff. (m.N. in Fn. 16). – Zustimmend hingegen *Mann*, Ausbürgerung (Fn. 52), S. 324 ff.

[329] BVerfGE 23, 98 (108): die Bedeutung des Art. 116 II GG liege darin, daß der deutsche Staat die Ausgebürgerten ungeachtet der Nichtigkeit ihrer Ausbürgerung »nicht als Deutsche betrachtet«; Kritik an dieser Einschränkung bei *Mann*, Ausbürgerung (Fn. 52), S. 326.

zogen worden ist (→ Rn. 87ff.). Einem Sonderregime unterliegen die gleichfalls in den Anwendungsbereich beider Absätze einbezogenen Abkömmlinge der von den NS-Machthabern Expatriierten (→ Rn. 89ff.).

85 Anwendbar ist Art. 116 II GG nur auf solche Personen, die zu einem beliebigen Zeitpunkt zwischen dem 30.1.1933 (dem Tag der »Machtergreifung« oder besser Machtübergabe) und dem 8.5.1945 (Tag des Inkrafttretens der deutschen Kapitulation gegenüber den Westmächten) **Staatsangehörige** des Deutschen Reiches **i.S.d. RuStAG** von 1913 bzw. des Reichsbürgergesetzes von 1935 waren[330]. Das gilt grundsätzlich auch in den Fällen, in denen die Reichsangehörigkeit erst während dieser Zeit erworben wurde (um anschließend wieder entzogen zu werden). Als problematisch erweist sich in diesem Zusammenhang die Beurteilung der verschiedenen nationalsozialistischen Sammeleinbürgerungen, die im Rahmen der »Heim ins Reich«-Kampagnen (→ Rn. 4), des »Anschlusses« des Sudetenlandes und Österreichs sowie der Eindeutschungspolitik in den besetzten Gebieten erfolgten (→ Rn. 6)[331]. Hier ist davon auszugehen, daß diese überwiegend als völkerrechtswidrig eingestuften Einbürgerungen dennoch innerstaatlich wirksam waren und der Entzug einer solchen Position Art. 116 II GG unterfällt[332]. Nicht anwendbar ist Art. 116 II GG hingegen auf solche Personen, die zwar ihre Staatsangehörigkeit nach dem RuStAG a.F. verloren haben, aber nach 1945 wieder als Staatsbürger der Republik Österreich in Anspruch genommen worden sind[333].

86 Der Verlust der Staatsangehörigkeit der Betroffenen muß aus politischen, rassischen oder religiösen Gründen erfolgt sein[334]. In Übereinstimmung mit den Diskriminierungsmerkmalen des Art. 3 III 1 GG lassen sich **politische Gründe** als solche beschreiben, die in den dem NS-Regime nicht genehmen politischen Anschauungen des Expatriierten wurzeln (→ Art. 3 Rn. 134)[335]. **Rassische Gründe** beziehen sich auf Gruppen mit gemeinsamen Merkmalen, die wirklich oder vermeintlich biologisch vererbbar sind[336]; der Entzug der Staatsbürgerschaft beruht hier auf der verqueren Überzeugung der NS-Machthaber, einige »Rassen« verfügten über minderwertige oder sogar gefährliche Merkmale. **Religiöse Gründe** schließlich hat die Ausbürgerung, wenn sie die bloße Zugehörigkeit des Betroffenen zu einer religiösen Gruppe oder seine religiösen Überzeugungen zum Anlaß nimmt[337]. Im Falle der Juden als der größten Opfergruppe überschneiden sich typischerweise die rassischen und religiösen Gründe, weil dem

---

[330] Klar herausgestellt bei *Masing* (Fn. 3), Art. 116 Rn. 148. Zu den Anforderungen an den Nachweis der Staatsangehörigkeit siehe m.w.N. *Makarov/v. Mangoldt* (Fn. 30), Art. 116 Rn. 85 sowie *D. Eichmann/S. Siehr*, ZAR 2002, 89 (92). → Rn. 103.

[331] Dazu m.w.N. *Vedder/Lorenzmeier* (Fn. 20), Art. 116 Rn. 16.

[332] BVerfGE 1, 322 (327ff.); 2, 98 (99); *Maunz* (Fn. 8), Art. 116 Rn. 9; *H. Alexy*, NJW 1989, 2850 (2853); *Renner/Maaßen* (Fn. 2), Art. 116 Rn. 19. Näher *I. Seidl-Hohenveldern*, ZÖR 2 (1950), 305 (331ff.); *W. Schätzel*, AöR 81 (1956), 265 (293ff.); instruktiv auch *M. Pape*, Ungleiche Brüder. Deutschland und Österreich 1945–1965, 2000, S. 99ff.

[333] BVerfGE 4, 322 (325ff.); BVerwG DVBl. 1966, 115 (115); BVerwGE 85, 108 (118); *Rennert* (Fn. 69), Art. 116 Rn. 32; *Masing* (Fn. 3), Art. 116 Rn. 52, 181; *Antoni* (Fn. 47), Art. 116 Rn. 7; *Jarass*/Pieroth, GG, Art. 116 Rn. 12. – Gleiches gilt für die anderen (meist westlichen) Staaten, die nach dem Krieg wieder Anspruch auf ihre in der NS-Zeit »eingedeutschten« Bürger erhoben haben: Nachweise bei *Maunz* (Fn. 8), Art. 116 Rn. 8f.

[334] Dazu knapp *Vedder/Lorenzmeier* (Fn. 20), Art. 116 Rn. 73.

[335] Näher BVerwGE 1, 234 (235).

[336] In Anlehnung an *Jarass*/Pieroth, GG, Art. 3 Rn. 121. → Art. 3 Rn. 128.

[337] Erfaßt sind auch weltanschauliche Gruppenzugehörigkeit oder Anschauungen: *Jarass*/Pieroth, GG, Art. 3 Rn. 127. → Art. 3 Rn. 132.

NS-Regime bis zuletzt keine »rassische« Definition des Judentums gelingt, die nicht mittelbar doch auf die Religion der Opfer abstellen muß[338].

Eine Vermutung für eine Ausbürgerung aus politischen, rassischen oder religiösen Motiven begründet die Stützung der Maßnahme auf solche Rechtsnormen des Regimes, die offen zum Ziel haben, typischen Zielvorstellungen der NS-Rechts- und Rassenlehre zur Durchsetzung zu verhelfen. Konkret erfaßt ist damit der Verlust der Staatsangehörigkeit aufgrund derjenigen **Rechtsvorschriften des NS-Systems**, die wie das Gesetz über den Widerruf von Einbürgerungen und die Aberkennung der deutschen Staatsangehörigkeit bzw. die 11. und 12. Verordnung zum Reichsbürgergesetz gezielt die Ausbürgerung all derer bezwecken, die den rassischen und politischen Kriterien des Regimes nicht genügen (→ Rn. 10). 87

Zum **Kreis der nach Art. 116 II GG Berechtigten** zählen danach alle Personen, die zwischen dem 30.1.1933 und dem 8.5.1945 ihre deutsche Staatsbürgerschaft unter Berufung auf die genannten Vorschriften verloren haben[339]. Unerheblich ist, in welcher Form dies geschehen ist[340]; die »Entziehung« umfaßt sowohl administrative Einzelakte als auch rechtssatzförmige Ausbürgerungsmaßnahmen[341]. Sofern der Verlust der Staatsbürgerschaft nicht ausdrücklich auf diese Bestimmungen gestützt worden ist, muß im Einzelfall geprüft werden, ob sie politisch, rassisch oder religiös begründet war (→ Rn. 86). Aussagekräftige Indizien sind weitere Verfolgungsmaßnahmen gegen den oder die Betroffenen (»Schutzhaft«, Deportation, Enteignung etc.) sowie seine oder ihre Zugehörigkeit zu einer der Gruppen, die typischerweise nationalsozialistischen Repressalien ausgesetzt waren (Juden, »Zigeuner«, Zeugen Jehovas, Kommunisten u.v.a.m.)[342]. Strittig war hier lange Zeit die Behandlung der Ausbürgerung wegen Nichterfüllung der Wehrpflicht[343]; unter Berücksichtigung der vom Bundestag im Jahre 2002 der pauschalen Aufhebung aller Strafurteile gegen Deserteure zugrundegelegten Wertung wird man sie als politisch motiviert werten müssen[344]. 88

Von Art. 116 II GG dem Wortlaut nach nicht erfaßt sind Fälle, in denen aus politischen, rassischen oder religiösen Gründen eine **Einbürgerung versagt** wurde[345]. Gleichwohl herrscht Konsens, daß die der Norm zugrundeliegende Wertung (→ Rn. 81) bei der Prüfung eines Einbürgerungsbegehrens zu berücksichtigen ist[346]; es steht der Bundesrepublik schlecht zu Gesicht, Entscheidungen aufrechtzuerhalten, die nach den Wertmaßstäben der NS-Rassenideologie getroffen worden sind[347]. 89

---

[338] Näher *R. Hilberg*, Die Vernichtung der europäischen Juden, 2. Aufl. 1990, Bd. 1, S. 69ff.

[339] *Makarov/v. Mangoldt* (Fn. 30), Art. 116 Rn. 83; *Vedder/Lorenzmeier* (Fn. 20), Art. 116 Rn. 73; *Kokott* (Fn. 20), Art. 116 Rn. 22.

[340] *Lübbe-Wolff* → Bd. III[1], Art. 116 Rn. 48; *Vedder/Lorenzmeier* (Fn. 20), Art. 116 Rn. 72; *Jarass*/Pieroth, GG, Art. 116 Rn. 12. Kritisch *Makarov/v. Mangoldt* (Fn. 30), Art. 116 Rn. 82.

[341] BVerfGE 116, 24 (36ff.; Rn. 32ff.); dazu *S. Schmahl*, ZAR 2007, 174 (175); BVerfG (K), BayVBl. 2007, 175 (176).

[342] Ähnlich *Kokott* (Fn. 20), Art. 116 Rn. 22.

[343] Sie war möglich nach § 26 II RuStAG a.F.; siehe zur Diskussion *Menzel* (Fn. 20), Art. 116 S. 45f.; *Marx* (Fn. 11), Art. 116 Rn. 99 sowie *Masing* (Fn. 3), Art. 116 Rn. 151.

[344] Vgl. BGBl. 2002 I S. 2714; zur vorausgegangenen Debatte nur *K. Brümmer-Pauly*, Desertion im Recht des Nationalsozialismus, 2006, S. 1ff.

[345] Ganz einhellige Ansicht: statt aller *Jarass*/Pieroth, GG, Art. 116 Rn. 12. Zur »Siedlerauslese« bei den NS-Umsiedlungsaktionen instruktiv *Leniger*, Volkstumsarbeit (Fn. 23), S. 161ff.

[346] BVerwGE 114, 195 (204f.); *Jarass*/Pieroth, GG, Art. 116 Rn. 12.

[347] Vgl. die auf vergleichbare Fälle zugeschnittene einfachgesetzliche Einbürgerungsvorschrift in § 11 1. StARegG und dazu *Menzel* (Fn. 20), Art. 116 S. 27, 43f. sowie *E. Weizsäcker*, ZAR 2004, 93 (94).

3. Abkömmlinge

90 Abkömmlinge im Sinne des Art. 116 II GG sind die Kinder, Enkel sowie die weiteren Nachkommen des Ausgebürgerten[348], so daß die Norm dem Grunde nach eine **staatsbürgerschaftsrechtliche Ewigkeitshaftung** der Bundesrepublik für das Systemunrecht der NS-Zeit konstituiert[349]. Träger des Rechts ist jeder Abkömmling selbst, so daß die Nichtgeltendmachung des Anspruchs selbst über mehrere Generationen hinweg unschädlich ist[350]. Anderes gilt nur, wenn der ausgebürgerte Vorfahre auf seinen Anspruch rechtswirksam verzichtet hat[351].

91 Voraussetzung für einen Einbürgerungsanspruch des Abkömmlings nach Art. 116 II 1 GG (→ Rn. 95ff.) bzw. für seine Behandlung als nicht ausgebürgert i. S. v. Art. 116 II 2 GG (→ Rn. 100ff.) ist jedoch, daß er ohne die Ausbürgerung des Vorfahren die deutsche Staatsangehörigkeit erworben haben würde[352]. Diese **Kausalität** zwischen Ausbürgerung und Nichterwerb bestimmt sich nach den Erwerbsregeln, die zum Zeitpunkt der Ausbürgerung galten, vorbehaltlich späterer Veränderungen bis zum Zeitpunkt der Antragstellung[353]. Hier kann im Einzelfall problematisch sein, daß im Rahmen der Prüfung der Wiedereinbürgerung bzw. der Behandlung als nicht ausgebürgert Regelungen des Staatsangehörigkeitsrechts perpetuiert werden, die zwar nicht von der NS-Ideologie infiziert sind, gleichwohl aber den Wertentscheidungen des Grundgesetzes zuwiderlaufen[354]. Konkret sah das RuStAG a. F. bei gemischtnationalen Ehen den Erwerb der deutschen Staatsangehörigkeit nur vom Vater vor (§ 4), so daß gem. Art. 117 I GG in diesen Fällen vor dem 1.4.1953 kein Einbürgerungsanspruch entstanden ist (→ Art. 117 Rn. 7 f.)[355]. In entsprechender Spannung zu Art. 3 II und Art. 6 V GG steht die Vorschrift des § 4 I RuStAG a. F., wonach uneheliche Kinder die deutsche Staatsangehörigkeit allein von der Mutter erwerben konnten[356]. In beiden Fällen ist in Anlehnung an die Handhabung der aus rassischen Gründen verweigerten Einbürgerung (→ Rn. 89) eine großzügige Prüfung angezeigt[357]. Mit Blick auf

---

[348] BVerwGE 95, 36 (37f.); *M. Silagi*, StAZ 1987, 142 (144); *Makarov/v. Mangoldt* (Fn. 30), Art. 116 Rn. 90 a. E.; *v. Münch*, Staatsangehörigkeit (Fn. 4), S. 202f.; *Masing* (Fn. 3), Art. 116 Rn. 154; *Kokott* (Fn. 20), Art. 116 Rn. 23f.; *Jarass*/Pieroth, GG, Art. 116 Rn. 13; a. A. *L. Renck*, JZ 1979, 752 (754): ausschließlich die Kinder.

[349] *D. Eichmann/S. Siehr*, ZAR 2002, 89 (91). Kritisch *Vedder/Lorenzmeier* (Fn. 20), Art. 116 Rn. 71, der statt dessen eine privilegierte Einwanderungsregelung befürwortet; zur aktuellen Entwicklung: → Rn. 20.

[350] *Kokott* (Fn. 20), Art. 116 Rn. 23; *Jarass*/Pieroth, GG, Art. 116 Rn. 14.

[351] BVerwGE 95, 36 (42); zustimmend *Marx* (Fn. 11), Art. 116 Rn. 125; *Masing* (Fn. 3), Art. 116 Rn. 161, 169ff.; *Jarass*/Pieroth, GG, Art. 116 Rn. 14.

[352] BVerwGE 68, 220 (234); 85, 108 (110f.); 95, 36 (37f.); *E. Weizsäcker*, ZAR 2004, 93 (94, 98f.); *Kokott* (Fn. 20), Art. 116 Rn. 25; *Jarass*/Pieroth, GG, Art. 116 Rn. 13.

[353] Streng genommen ungenau daher das Abstellen auf das »jeweils geltende deutsche Staatsangehörigkeitsrecht«. Präziser *Makarov/v. Mangoldt* (Fn. 30), Art. 116 Rn. 90 (S. 56/61).

[354] Zusammenfassend zum folgenden *Renner*, Wandel (Fn. 176), S. 915f.

[355] BVerwGE 85, 108 (110f.); 95, 36 (40f.) unter Anknüpfung an BVerfGE 37, 217 (239ff.); zustimmend *Vedder/Lorenzmeier* (Fn. 20), Art. 116 Rn. 76; *Antoni* (Fn. 47), Art. 116 Rn. 7; *Jarass*/Pieroth, GG, Art. 116 Rn. 13; kritisch *M. Silagi*, ROW 1986, 160 (163); *E. Weizsäcker*, ZAR 2004, 93 (98f.) sowie *Kokott* (Fn. 20), Art. 116 Rn. 25.

[356] BVerwGE 68, 220 (234) hat konsequent eine Einbürgerung abgelehnt; ebenso E 85, 108 (114). Zustimmend *Kokott* (Fn. 20), Art. 116 Rn. 25; *Antoni* (Fn. 47), Art. 116 Rn. 7; *Jarass*/Pieroth, GG, Art. 116 Rn. 13. – Sympathie für eine entsprechende Anwendung von Art. 6 V GG bei *Vedder/Lorenzmeier* (Fn. 20), Art. 116 Rn. 76; explizite Forderung danach, daß Art. 116 II 1 GG »grundrechtskonform ausgelegt« wird (?), bei *E. Weizsäcker*, ZAR 2004, 93 (99).

[357] Ähnlich *Marx* (Fn. 11), Art. 116 Rn. 122.

den Wiedergutmachungscharakter des Art. 116 II GG und den klaren Willen des historischen Verfassunggebers (→ Rn. 15) muß ferner der Verlustgrund des Erwerbs einer anderen Staatsangehörigkeit (§ 25 RuStAG a. F. bzw. § 25 StAG) unberücksichtigt bleiben, weil andernfalls dem Abkömmling ein Verhalten seines Vorfahren angelastet würde, zu dem die deutsche Staatsgewalt diesen durch die Ausbürgerung quasi genötigt hatte[358].

Eine nicht unwesentliche Modifikation hat Art. 116 II GG durch die Reform des deutschen Staatsangehörigkeitsrechts 2000 erfahren, da gem. **§ 4 IV StAG** im Ausland geborene Kinder deutscher Staatsbürger die deutsche Staatsangehörigkeit in der Regel nur noch erwerben, wenn die Geburt der deutschen Auslandsvertretung angezeigt wird (→ Rn. 49)[359]. Diese als Einschränkung des *iussanguinis*-Prinzips gedachte Neuregelung setzt praktisch einen Schlußtermin für den hypothetischen Erwerb der deutschen Staatsangehörigkeit durch Abkömmlinge. Das ist verfassungsrechtlich – anders als die grundsätzliche Entscheidung für den Systemwechsel im Staatsangehörigkeitsrecht (→ Rn. 44) – keineswegs unbedenklich, entleert hier doch der einfache Gesetzgeber eine verfassungsrechtliche Gewährleistung nahezu vollständig (und ohne den Anhalt eines Gesetzesvorbehalts nach dem Muster von Absatz 1), indem er ihr das einfachrechtliche Fundament entzieht. Das Auslaufen des Art. 116 II GG mag rechtspolitisch gut vertretbar sein; die Einführung der vom Verfassunggeber bewußt unterlassenen **Befristung** wäre aber nicht Sache des Gesetzgebers gewesen. Die Regelung des § 4 IV StAG ist daher verfassungskonform dahingehend auszulegen, daß entweder die entsprechende Anwendung der Anzeigeregelung ermöglicht oder – wahrscheinlich praktikabler – gegenüber den Abkömmlingen der NS-Ausgebürgerten der Erwerb nach dem Abstammungsprinzip bis zu einer evtl. Verfassungsänderung fortgeschrieben wird. 92

Den **Antrag** auf Wiedereinbürgerung nach Art. 116 II 1 GG (→ Rn. 97) muß jeder Abkömmling in Person stellen[360]. Während diese Wiedereinbürgerung ohnehin erst *ex nunc* wirkt (→ Rn. 95), unterliegt die Nichtausbürgerungsfiktion in Beziehung auf Abkömmlinge nach richtiger Auffassung einer Modifikation: Abweichend von der grundsätzlich angenommenen Wirkung *ex tunc* (→ Rn. 100) erwerben sie die deutsche Staatsangehörigkeit erst mit Wohnsitznahme[361]. 93

Im Gegensatz zu Art. 116 I GG (→ Rn. 71) bezieht Art. 116 II GG **Ehegatten nicht** ein[362]. Diese können sich dementsprechend nur dann auf die Vorschrift berufen, wenn sie ihre Voraussetzungen in eigener Person erfüllen[363]. 94

---

[358] *Masing* (Fn. 3), Art. 116 Rn. 157; *Vedder/Lorenzmeier* (Fn. 20), Art. 116 Rn. 76; *Jarass*/Pieroth, GG, Art. 116 Rn. 13, 17. Im Detail *Makarov/v. Mangoldt* (Fn. 30), Art. 116 Rn. 90.

[359] Hinweis auf diese Konsequenz bei *Giegerich* (Fn. 1), Art. 116 Rn. 110; *Vedder/Lorenzmeier* (Fn. 20), Art. 116 Rn. 76 sowie *Masing*, Wandel (Fn. 11), S. 8; vgl. *dens.* (Fn. 3), Art. 116 Rn. 47, 158. – Unproblematisch soll dies sein *H. Heilbronner* (Fn. 71), Art. 116 Rn. 99 ff.

[360] *Maunz* (Fn. 8), Art. 116 Rn. 28; *Masing* (Fn. 3), Art. 116 Rn. 164; *Antoni* (Fn. 47), Art. 116 Rn. 7; *Jarass*/Pieroth, GG, Art. 116 Rn. 17. – Lt. *Kokott* (Fn. 20), Art. 116 Rn. 24 entspricht dies nicht dem Zweck des Art. 116 II GG, wohl aber der völkerrechtlichen Tendenz, dem Willen des einzelnen im Staatsangehörigkeitsrecht mehr Raum einzuräumen.

[361] *Vedder/Lorenzmeier* (Fn. 20), Art. 116 Rn. 85; *Kokott* (Fn. 20), Art. 116 Rn. 29; *Jarass*/Pieroth, GG, Art. 116 Rn. 16.

[362] BVerwGE 68, 220 (226); *Maunz* (Fn. 8), Art. 116 Rn. 28; *Makarov/v. Mangoldt* (Fn. 30), Art. 116 Rn. 86; *Lübbe-Wolff* → Bd. III[1], Art. 116 Rn. 49; *Renner/Maaßen* (Fn. 2), Art. 116 Rn. 95; *Vedder/Lorenzmeier* (Fn. 20), Art. 116 Rn. 74; *Kokott* (Fn. 20), Art. 116 Rn. 23; *Jarass*/Pieroth, GG, Art. 116 Rn. 12. Eine Einbürgerung kann daher nur nach den allgemeinen Vorschriften erfolgen (§ 9 StAG).

[363] Siehe nur *Antoni* (Fn. 47), Art. 116 Rn. 7.

4. Wiedereinbürgerung auf Antrag (Art. 116 II 1 GG)

95 Art. 116 II 1 GG sieht vor, daß die Betroffenen unter den genannten Voraussetzungen auf ihren Antrag wieder einzubürgern sind. Aus dem Wortlaut folgt, daß die Einbürgerung **ex nunc** erfolgt[364]. Der Expatriierte wird also wenigstens mit Bezug auf den Wiedereinbürgerungsanspruch so behandelt, als sei er zunächst wirksam ausgebürgert worden. Dahinter steckt keine inhaltliche Anerkennung der Ausbürgerungen, sondern die Sorge, man könnte die deutsche Staatsbürgerschaft NS-Verfolgten gegen ihren Willen aufnötigen (→ Rn. 15).

96 Voraussetzung ist zunächst der Verlust der deutschen Staatsangehörigkeit aus politischen, rassischen oder religiösen Gründen (→ Rn. 85 ff.). Ferner besteht ein **ungeschriebener Vorrang des Art. 116 II 2 GG**[365]: liegen dessen engere Voraussetzungen vor, gilt der Betroffene ohne Antrag als niemals ausgebürgert (→ Rn. 100 ff.). Die Antragseinbürgerung nach S. 1 spielt also vornehmlich dann eine Rolle, wenn einzelne der für die Nichtausbürgerungsfiktion nach S. 2 maßgeblichen Kriterien nicht erfüllt sind. Das gilt etwa für den Fall, daß der Expatriierte (zunächst) ausdrücklich einen entgegenstehenden Willen i. S. v. Art. 116 II 2 GG bekundet hat[366] oder es an einem Wohnsitz in Deutschland fehlt. Auch der Erwerb einer fremden Staatsbürgerschaft ist nur dann schädlich, wenn er vor der Ausbürgerung stattgefunden hat und kein Zusammenhang zu den Verfolgungsmaßnahmen des NS-Regimes besteht[367].

97 Das Begehren muß nicht als förmlicher **Antrag** gefaßt sein, und darf auch nicht zu strengen Anforderungen unterworfen werden; »es genügt eine entsprechend auslegungsfähige Erklärung, wenn in ihr der Wille, Deutscher zu sein, hinreichend deutlich zum Ausdruck kommt«[368].

98 Auf die Wiedereinbürgerung besteht nach dem Wortlaut des Art. 116 II 1 GG ein **Rechtsanspruch** (»sind […] wieder einzubürgern«)[369]. Es ist daher unzulässig, sie von in Art. 116 II 1 GG nicht genannten Voraussetzungen abhängig zu machen, etwa der Aufgabe einer zwischenzeitlich erworbenen anderweitigen Staatsangehörigkeit[370]. Auch gibt es keinen geschriebenen oder ungeschriebenen Vorbehalt zugunsten der

---

[364] BVerfGE 54, 53 (67 ff.); BSGE 50, 21 (23 f.); *Makarov/v. Mangoldt* (Fn. 30), Art. 116 Rn. 97; *Renner/Maaßen* (Fn. 2), Art. 116 Rn. 96; *Giegerich* (Fn. 1), Art. 116 Rn. 112; *Vedder/Lorenzmeier* (Fn. 20), Art. 116 Rn. 79; *Jarass*/Pieroth, GG, Art. 116 Rn. 18. – A. A. *Mann*, Ausbürgerung (Fn. 52), S. 328 f.: die Redeweise sei ungenau, *ex nunc* wirke nur die Übergabe des Reisepasses als »äußeres Beweismittel«.

[365] *Marx* (Fn. 11), Art. 116 Rn. 101; *Vedder/Lorenzmeier* (Fn. 20), Art. 116 Rn. 81; *Jarass*/Pieroth, GG, Art. 116 Rn. 17.

[366] BVerwGE 94, 185 (195); *Kokott* (Fn. 20), Art. 116 Rn. 33; *Jarass*/Pieroth, GG, Art. 116 Rn. 17.

[367] BVerfGE 23, 98 (108); *Vedder/Lorenzmeier* (Fn. 20), Art. 116 Rn. 80; *Jarass*/Pieroth, GG, Art. 116 Rn. 17. – Der Erwerb der sog. Mandatszugehörigkeit in Palästina gilt nicht als Erwerb einer Staatsangehörigkeit: BVerwGE 94, 185 (188 ff.).

[368] *Lübbe-Wolff* → Bd. III[1], Art. 116 Rn. 50 Fn. 169 im Anschluß an BVerfGE 54, 53 (71). Gleichsinnig *Antoni* (Fn. 47), Art. 116 Rn. 7; *Jarass*/Pieroth, GG, Art. 116 Rn. 17. Näher *Makarov/v. Mangoldt* (Fn. 30), Art. 116 Rn. 111.

[369] *Menzel* (Fn. 20), Art. 116 S. 41 f.; *Maunz* (Fn. 8), Art. 116 Rn. 28; *Lübbe-Wolff* → Bd. III[1], Art. 116 Rn. 50; *Kokott* (Fn. 20), Art. 116 Rn. 26; *Jarass*/Pieroth, GG, Art. 116 Rn. 11.

[370] BVerwGE 94, 185 (195); *Maunz* (Fn. 8), Art. 116 Rn. 28; *Makarov/v. Mangoldt* (Fn. 30), Art. 116 Rn. 95; *Lübbe-Wolff* → Bd. III[1], Art. 116 Rn. 50; *Renner/Maaßen* (Fn. 2), Art. 116 Rn. 96.

freiheitlichen demokratischen Grundordnung oder gar »nationaler Belange«[371]. Diese Großzügigkeit kann selbst ehemaligen Nationalsozialisten zugute kommen[372].

Art. 116 II 1 GG erzeugt ein subjektives Recht der Betroffenen, jedoch **kein Grundrecht** oder grundrechtsgleiches Recht[373]. Verfassungsgerichtlicher Rechtsschutz muß daher über den Umweg einer auf Art. 3 I GG gestützten Verfassungsbeschwerde gesucht werden[374]. 99

5. Nichtausbürgerungsfiktion (Art. 116 II 2 GG)

Unter den in Art. 116 II 2 GG genannten Voraussetzungen »gelten« die Betroffenen »als nicht ausgebürgert«; sie sind demzufolge ungeachtet ihrer Ausbürgerung durch die NS-Machthaber deutsche Staatsbürger geblieben[375]. Dieser grundsätzlich mit **Wirkung ex tunc** eintretende Nichtverlust erfordert eine Wohnsitznahme (→ Rn. 101) in Deutschland (→ Rn. 102) nach dem 8.5.1945 (→ Rn. 103), ohne daß der Betroffene einen entgegengesetzten Willen zum Ausdruck gebracht hat (→ Rn. 104). 100

Als **Wohnsitz** gilt grundsätzlich der räumliche Schwer- oder Mittelpunkt der Lebensverhältnisse im Sinne von § 7 BGB[376]. Da die Wohnsitznahme eine statusbegründende Entscheidung für das Leben in Deutschland bzw. die ungeachtet der erfahrenen Verfolgung fortbestehende Bindung an dieses Land dokumentiert, kann eine bloße Meldung i. S. eines »Briefkastenwohnsitzes« nicht ausreichen; notwendig ist vielmehr ein Aufenthalt von einer gewissen Dauer und Regelmäßigkeit[377]. Hingegen verlangt Art. 116 II 2 GG keine ausschließliche Entscheidung für das Leben in Deutschland, so daß die Begründung eines (Neben-)Wohnsitzes genügt, sofern er nur in einem gewissen Umfang genutzt wird. Auf die Wohnsitznahme besteht ein Anspruch, der das Recht auf Einreise in die Bundesrepublik umfaßt[378]. 101

Deutschland i. S. v. Art. 116 II 2 GG umfaßt unstrittig Gesamt-Deutschland, so daß auch eine Wohnsitznahme in der ehemaligen DDR die Unwirksamkeit der Ausbürgerung nach sich zieht[379]. Problematisch ist hingegen die Bewertung einer Wohnsitznahme in den zunächst unter polnischer oder sowjetischer Verwaltung stehenden Ostgebieten jenseits von Oder und Neiße[380]. In Anlehnung an die Überlegungen zu Art. 116 I GG (→ Rn. 76) sollte auch hier die – und sei es vorübergehende – Niederlassung im 102

[371] Letztere macht in der Nachkriegszeit ausgerechnet der führende Kommentator des NS-Staatsangehörigkeitsrechts *M. Lichter* geltend (Die Staatsangehörigkeit nach deutschem und ausländischem Recht, 1955, S. 43), falls sich der Ausgebürgerte »in die gegnerische Auslandspropaganda habe einspannen lassen« oder gar eine »Aversion gegenüber dem Deutschtum überhaupt« an den Tag lege.

[372] BVerwGE 1, 234 (235 ff.) – *Strasser*. Vgl. dazu *Menzel* (Fn. 20), Art. 116 S. 46; *Makarov/v. Mangoldt* (Fn. 30), Art. 116 Rn. 83 sowie *Masing* (Fn. 3), Art. 116 Rn. 167.

[373] *Lübbe-Wolff* → Bd. III[1], Art. 116 Rn. 46; *Jarass*/Pieroth, GG, Art. 116 Rn. 11.

[374] Vgl. BVerfGE 23, 98 (104); 54, 53 (66 f.); BVerfG (K), DVBl. 2001, 1748. – Aus der Literatur *Rennert* (Fn. 69), Art. 116 Rn. 9 sowie *Jarass*/Pieroth, GG, Art. 116 Rn. 11.

[375] Deutlich *R. Grawert*, HStR[3] II, § 16 Rn. 37; *Jarass*/Pieroth, GG, Art. 116 Rn. 15. – Zur faktischen Ausnahme für Abkömmlinge → Rn. 93.

[376] Zu dieser Anlehnung des Staatsangehörigkeitsrechts an das BGB BVerfG (K), NJW 1990, 2193 (2194); BVerwGE 71, 309 (309, 312 ff.); wie hier *Makarov/v. Mangoldt* (Fn. 30), Art. 116 Rn. 117.

[377] Das Beziehen eines Hotelzimmers reicht aus: BVerfGE 8, 81 (85); zustimmend *Giegerich* (Fn. 1), Art. 116 Rn. 119 sowie *Kokott* (Fn. 20), Art. 116 Rn. 34.

[378] *Makarov/v. Mangoldt* (Fn. 30), Art. 116 Rn. 116; *Lübbe-Wolff* → Bd. III[1], Art. 116 Rn. 54; *Vedder/Lorenzmeier* (Fn. 20), Art. 116 Rn. 83; *Jarass*/Pieroth, GG, Art. 116 Rn. 15.

[379] *Rennert* (Fn. 69), Art. 116 Rn. 97; *Lübbe-Wolff* → Bd. III[1], Art. 116 Rn. 54; *Masing* (Fn. 3), Art. 116 Rn. 177; *Jarass*/Pieroth, GG, Art. 116 Rn. 15.

[380] Dazu bislang vornehmlich *Makarov/v. Mangoldt* (Fn. 30), Art. 116 Rn. 122 ff.

Reichsgebiet nach den Grenzen von 1937 ausreichen[381]. Dies gilt um so mehr, als die vom NS-Regime Verfolgten dort zunächst plausiblerweise hoffen durften, einer anderen Behandlung als die in Kollektivhaftung genommenen übrigen Deutschen unterworfen zu werden[382]. Unstreitig kommt seit der Wiedervereinigung nur noch das Territorium der Bundesrepublik in Frage[383].

103 Als **Stichtag** der Wohnsitznahme bestimmt Art. 116 II 2 GG mit dem **8.5.1945** den Tag der deutschen Kapitulation (→ Art. 144 Rn. 16 m. Fn. 104). Der Betroffene oder seine Abkömmlinge können daher auch noch nach Inkrafttreten des Grundgesetzes jederzeit und selbst in Zukunft ihren Wohnsitz in Deutschland nehmen[384]. Bei wortlautgetreuer Auslegung führt diese Stichtagsregelung freilich zu Härten für diejenigen Verfolgten des NS-Regimes, die Deutschland gar nicht verlassen haben, weil sie entweder gefangen waren oder sich verborgen hielten (»U-Boote«). Hier ist eine teleologische Reduktion der Regelung dahingehend geboten, daß auch diese NS-Opfer von Art. 116 II 2 GG erfaßt sind; sie haben danach ihre Staatsbürgerschaft nie verloren, sofern sie nicht einen entsprechenden Willen geäußert haben (→ Rn. 104)[385].

104 Die Möglichkeit, einen **entgegengesetzten Willen** zu äußern, dient in Parallele zu Art. 116 II 1 GG dazu, niemandem die deutsche Staatsbürgerschaft aufzudrängen, der ungeachtet seiner (womöglich vorübergehenden) Rückkehr nach Deutschland an einer solchen Bindung nicht mehr interessiert ist (→ Rn. 15, 81). Der entgegengesetzte Wille muß vor oder bei der Wohnsitznahme (→ Rn. 101) zweifelsfrei geäußert werden[386]. Die Annahme einer fremden Staatsbürgerschaft allein ist nicht als solche Willensäußerung zu werten[387]. Ist der Betroffene vor dem Stichtag **verstorben**, so besteht die Staatsangehörigkeit fort, sofern nicht konkrete Anhaltspunkte dafür vorliegen, daß er in ein freies und demokratisches Deutschland nicht zurückzukehren gedachte[388].

105 Die **Wirkung** der Nichtausbürgerungsfiktion erstreckt sich grundsätzlich auf alle an die Staatsangehörigkeit im deutschen Recht geknüpften Rechtsfolgen, erfaßt also etwa auch das anzuwendende Personalstatut nach dem Internationalen Privatrecht[389]. Ausnahmen erleidet dieser Grundsatz namentlich im Staatsangehörigkeitsrecht selbst: weder wirken sich zwischenzeitlich gesetzte Verlusttatbestände nach Art von § 25 StAG aus noch ist ein abgeleiteter Erwerb der fiktiven Staatsangehörigkeit möglich[390].

---

[381] Wie hier im Ergebnis *Makarov/v. Mangoldt* (Fn. 30), Art. 116 Rn. 123, 125; *Vedder/Lorenzmeier* (Fn. 20), Art. 116 Rn. 83; *Antoni* (Fn. 47), Art. 116 Rn. 8.

[382] Die Rückkehr einer ausgebürgerten jüdischen Familie bspw. nach Breslau wird man in der unmittelbaren Nachkriegszeit durchaus als Bekundung des Willens, in Deutschland zu leben, ansehen dürfen. A. A. allerdings *E. Menzel*, DÖV 1972, 1 (4).

[383] Statt aller *Vedder/Lorenzmeier* (Fn. 20), Art. 116 Rn. 83.

[384] Einhellige Auffassung: BVerfGE 8, 81 (86); BGHZ 27, 375 (377); *Kokott* (Fn. 20), Art. 116 Rn. 34; *Jarass*/Pieroth, GG, Art. 116 Rn. 15.

[385] Gleichsinnig *Menzel* (Fn. 20), Art. 116 S. 42; *Masing* (Fn. 3), Art. 116 Rn. 176; *Vedder/Lorenzmeier* (Fn. 20), Art. 116 Rn. 83; *Kokott* (Fn. 20), Art. 116 Rn. 28; *Antoni* (Fn. 47), Art. 116 Rn. 8.

[386] BVerfGE 8, 81 (87); *Kokott* (Fn. 20), Art. 116 Rn. 35; *Jarass*/Pieroth, GG, Art. 116 Rn. 15.

[387] *Maunz* (Fn. 8), Art. 116 Rn. 29; *Lübbe-Wolff* → Bd. III[1], Art. 116 Rn. 51; *Vedder/Lorenzmeier* (Fn. 20), Art. 116 Rn. 84; *Kokott* (Fn. 20), Art. 116 Rn. 27.

[388] BVerfGE 23, 98 (111 f.); *Vedder/Lorenzmeier* (Fn. 20), Art. 116 Rn. 86; *Antoni* (Fn. 47), Art. 116 Rn. 9; *Jarass*/Pieroth, GG, Art. 116 Rn. 15. Lt. *Kokott* (Fn. 20), Art. 116 Rn. 30 wäre das Abstellen auf den hypothetischen Willen des Verstorbenen sinnvoller; teils kritisch auch *Makarov/v. Mangoldt* (Fn. 30), Art. 116 Rn. 132 ff.

[389] Beachte den primär erbrechtlichen Hintergrund von BVerfGE 23, 98 (→ Rn. 83).

[390] BVerfGE 8, 81 (86 f.); *Makarov/v. Mangoldt* (Fn. 30), Art. 116 Rn. 129 f.; *Marx* (Fn. 11), Art. 116 Rn. 113; *Vedder/Lorenzmeier* (Fn. 20), Art. 116 Rn. 82 sowie *Kokott* (Fn. 20), Art. 116 Rn. 29.

Auch eine rückwirkende Unterwerfung unter die deutsche Strafgewalt wird schließlich mit Recht ausgeschlossen[391].

III. Verhältnis beider Absätze des Art. 116 GG

106 Art. 116 I und II GG sind **nebeneinander anwendbar**. Gerade im Falle von Vertriebenen i. S. v. § 1 II Nr. 1 BVFG (deutsche Volkszugehörige, die nach der Machtergreifung die Ostgebiete verlassen haben, weil gegen sie Gewaltmaßnahmen ergriffen wurden oder drohten) kommt sowohl die Berufung auf die Eigenschaft als Statusdeutscher als auch der (Wieder-)Erwerb nach Art. 116 II GG in Betracht[392].

D. Verhältnis zu anderen GG-Bestimmungen

107 Art. 116 I 1. Alt. GG regelt nicht die deutsche Staatsangehörigkeit, sondern knüpft lediglich Rechtsfolgen an sie (→ Rn. 48). Die Ausfüllung des Gesetzesvorbehalts in Abs. 1 obliegt nach **Art. 73 I Nr. 2** GG ausschließlich dem Bundesgesetzgeber, sofern die Staatsangehörigkeit betroffen ist (→ Rn. 47; → Art. 73 Rn. 17 ff.); seine konkurrierende Gesetzgebungskompetenz zur Regelung der Angelegenheiten der Flüchtlinge und Vertriebenen (**Art. 74 I Nr. 6** GG) hat der Bund aber gleichfalls praktisch ausgeschöpft (→ Rn. 60 ff.; → Art. 74 Rn. 34 f.). Die deutsche Staatsangehörigkeit ist gemäß **Art. 16 I 1** GG entziehungsfest (→ Art. 16 Rn. 45 ff.); dieser Schutz erstreckt sich nicht auf die durch Art. 116 I 2. Alt. GG konstituierte Eigenschaft als Statusdeutscher (→ Rn. 59; → Art. 16 Rn. 42).

108 Die in Art. 116 I GG definierte Eigenschaft als Deutscher ist in erster Linie relevant für die sogenannten **Deutschengrundrechte** (→ Vorb. Rn. 73)[393]: Versammlungs-, Vereinigungs- und Berufsfreiheit, Freizügigkeit und Schutz vor Auslieferung (Art. 8 I, 9 I, 12 I, 11 I, 16 II 1 GG) sowie für die grundrechtsgleichen Rechte aus Art. 20 IV, 33 I und II GG (Widerstandsrecht, staatsbürgerliche Rechte und Pflichten, Zugang zu öffentlichen Ämtern; → Art. 20 IV Rn. 14; → Art. 33 Rn. 53, 73). Art. 116 I GG steht einer partiellen Ausdehnung dieser Rechte auf Nichtdeutsche im Wege der einfachgesetzlichen Einräumung von Rechtspositionen (→ Art. 8 Rn. 50, 54; → Art. 9 Rn. 31) sowie insbesondere im Zuge der Europäisierung der Rechtsordnung (→ Vorb. Rn. 53 ff., 74, 115 f.) nicht entgegen (→ Rn. 46).

109 Deutsche Staatsangehörige und Statusdeutsche i. S. v. Art. 116 I GG konstituieren gemeinsam das **Staatsvolk** der Bundesrepublik Deutschland (→ Rn. 41); die Bestimmung ist insofern eng mit der Präambel, Art. 1 II GG, dem Demokratieprinzip sowie Art. 146 GG verknüpft (→ Pmbl. Rn. 63 ff.; → Art. 1 II Rn. 17; → Art. 20 [Demokratie], Rn. 90 ff.; → Art. 146 Rn. 14). Ausdruck dieses Konnexes ist Art. 54 I 2 GG, der nur Deutsche für das Amt des Bundespräsidenten als obersten Repräsentanten des so verstandenen Staatsvolkes zuläßt (→ Art. 54 Rn. 25). Darüber hinaus ist Art. 116 I GG

[391] So *Marx* (Fn. 11), Art. 116 Rn. 113; *Makarov/v. Mangoldt* (Fn. 30), Art. 116 Rn. 130; *Kokott* (Fn. 20), Art. 116 Rn. 29. – Zu zivilrechtlichen Grenzen BGHZ 27, 375 (380).

[392] Im Detail *Makarov/v. Mangoldt* (Fn. 30), Art. 116 Rn. 131, die von einem Vorrang des Art. 116 II GG ausgehen.

[393] Näher *H. v. Mangoldt*, HStR V, § 119 Rn. 9, 77 f.; *R. Grawert*, HStR[3] II, § 16 Rn. 41; *Vedder/Lorenzmeier* (Fn. 20), Art. 116 Rn. 5, 89; *Zimmermann/Bäumler* (Fn. 5), Art. 116 Rn. 66 sowie *A. Siehr*, Die Deutschenrechte des Grundgesetzes, 2001, S. 327.

zwar ein Indiz dafür, daß das **Grundgesetz** nach wie vor legitimerweise als **Verfassung eines Nationalstaates** interpretiert werden kann, legt eine solche Auslegung aber nicht auf Dauer und unabhängig von der tatsächlichen Entwicklung fest (→ Rn. 41). Erst recht ist Art. 116 I GG nicht einer Verfassungsänderung i. S. v. Art. 79 III GG entzogen (→ Rn. 42).

110 Art. 116 II GG erweitert den Schutz des **Art. 16 I 1** GG in zeitlicher Perspektive (→ Art. 16 Rn. 51), indem er Entziehungen der deutschen Staatsbürgerschaft aus der Zeit vor Geltung des Grundgesetzes seinem Normprogramm unterwirft und folgerichtig als unrechtmäßig brandmarkt (→ Rn. 11, 14, 34, 81). Eng verwoben ist Art. 116 II GG ferner mit dem **Rechtsstaat**sprinzip: Die Bestimmung sanktioniert die Verletzung grundlegender Gerechtigkeitspostulate (→ Rn. 15, 81 f.; → Art. 20 [Rechtsstaat], Rn. 50 f., 94) und aktualisiert gegenüber den zu Unrecht Ausgebürgerten das Postulat des Vertrauensschutzes (→ Art. 20 [Rechtsstaat], Rn. 146 ff.)[394].

111 In Gestalt der Erstreckung des Gewährleistungsbereichs auf Ehegatten und Abkömmlinge (Art. 116 I GG; → Rn. 70 ff.) bzw. Abkömmlinge (Art. 116 II GG; → Rn. 90) weisen beide Absätze des Art. 116 GG enge Bezüge zum Schutz von **Ehe und Familie** (Art. 6 I GG; → Art. 6 Rn. 42 ff., 98 ff.) auf. Ein ambivalentes Verhältnis besteht hingegen zu den speziellen **Diskriminierungsverboten** des Art. 3 III 1 GG: Im Gleichlauf mit diesen erstrebt Art. 116 I GG die Gleichberechtigung und Integration der Flüchtlinge und Vertriebenen ungeachtet ihrer Herkunft und Heimat (→ Rn. 17; → Art. 3 Rn. 131 f.); Art. 116 II GG zielt auf die Wiedergutmachung von Benachteiligungen aufgrund der Rasse, des Glaubens oder der politischen Anschauungen (→ Rn. 86 ff.; → Art. 3 Rn. 129, 133 f.). Die Bestimmung ist hinsichtlich der Nachteile durch die Ausbürgerung insofern *lex specialis* zu Art. 3 III 1 GG. Konträr zu Art. 3 III 1 GG knüpft Art. 116 I GG aber auch an das Kriterium der Abstammung an (→ Art. 3 Rn. 128), indem er Personen deutscher Volkszugehörigkeit gegenüber anderen Nichtstaatsangehörigen privilegiert (→ Rn. 19).

112 Sofern und soweit sich Art. 116 GG ein Recht auf die Einreise in das Bundesgebiet entnehmen läßt (→ Rn. 58, 101), besteht weiterhin ein Spezialitätsverhältnis zur **Freizügigkeit** (→ Art. 11 Rn. 30 f.). Schließlich sind die Gedanken der Integration von Flüchtlingen und Vertriebenen (→ Rn. 13, 17) sowie der Wiedergutmachung von Unrecht (→ Rn. 14 f., 38 f., 81, 91) Ausdruck des **Sozialstaat**sprinzips (→ Art. 20 [Sozialstaat], Rn. 28 f., 34)[395]. Art. 116 GG ist in dieser Hinsicht nur ein Teil eines ganzen Ensembles von Grundgesetzbestimmungen, die sich der Bewältigung des Flüchtlingselends (→ Art. 74 Rn. 34 f.; → Art. 117 Rn. 3; → Art. 119 Rn. 1 ff., 9; → Art. 120 Rn. 7 f.; → Art. 131 Rn. 5, 12) sowie der Folgen des nationalsozialistischen Unrechtsregimes verschreiben (→ Art. 74 Rn. 42 ff.; → Art. 120 Rn. 1 f., 5, 7, 9; → Art. 132 Rn. 2, 8, 12, 14; → Art. 139 Rn. 3, 10 ff.).

---

[394] *Makarov/v. Mangoldt* (Fn. 30), Art. 116 Rn. 14 (S. 14).

[395] *H. v. Mangoldt*, HStR V, § 119 Rn. 20; *Makarov/v. Mangoldt* (Fn. 30), Art. 116 Rn. 14 (S. 14).

Artikel 117* [Übergangsregelungen zu Art. 3 II und Art. 11]

(1) Das dem Artikel 3 Absatz 2 entgegenstehende Recht bleibt bis zu seiner Anpassung an diese Bestimmung des Grundgesetzes in Kraft, jedoch nicht länger als bis zum 31. März 1953.

(2) Gesetze, die das Recht der Freizügigkeit mit Rücksicht auf die gegenwärtige Raumnot einschränken, bleiben bis zu ihrer Aufhebung durch Bundesgesetz in Kraft.

Literaturauswahl

Bosch, Friedrich W.: Entwicklungslinien des Familienrechts in den Jahren 1947 bis 1987, in: NJW 1987, S. 2617–2630.

Krüger, Hildegard: Die verfassungsrechtliche Bedeutung des Art. 117 GG, in: NJW 1953, S. 964–967.

Schlüter, Wilfried/Liedmeier, Norbert: Die Neugestaltung des Familienrechts nach Inkrafttreten des Grundgesetzes, in: JA 1991, S. 145–150.

Schneider, Hans: Verfassungsrechtliche Vorfragen zur Gleichberechtigung von Mann und Frau, in: NJW 1953, S. 889–891.

Leitentscheidungen des Bundesverfassungsgerichts

BVerfGE 3, 225 (229 ff.) – Gleichberechtigung; 17, 1 (13) – Waisenrente I.

Gliederung

Stichwörter

A. Herkunft, Entstehung, Entwicklung

Die zwei sehr unterschiedlichen Übergangsbestimmungen in Art. 117 GG zur Gleichberechtigung von Männern und Frauen nach Art. 3 II 1 GG und zur Freizügigkeit nach Art. 11 I GG beruhen auf der **Divergenz von grundrechtlichem Ideal und praktischer Notwendigkeit** bei Erlass des Grundgesetzes. So enthielt das vorkonstitutionelle Recht dem Gleichberechtigungsgebot widersprechende Regelungen etwa im Familienrecht, die auch nach Inkrafttreten des Grundgesetzes wegen andernfalls bestehender Regelungslücken (vorübergehend) fortgelten sollten; ebenso bestanden der Raumnot in der Nachkriegszeit geschuldete und für weiterhin notwendig erachtete Beschränkungen 1

* Bei der vorliegenden Kommentierung handelt es sich um eine Überarbeitung und Aktualisierung der Vorauflage von Ingolf Pernice. Diese wurde geprüft und teils verändert, so dass die volle Verantwortung für die vorliegende Fassung nunmehr allein bei dem neuen Bearbeiter liegt.

der Freizügigkeit (näher → Rn. 2f., 8). Art. 117 GG ist **nahezu ohne verfassungsrechtliches Vorbild**[1]. Indessen folgt die mit dem EV 1990 eingeführte Übergangsregelung des Art. 143 I, II GG einer vergleichbaren Logik, freilich in den Grenzen der Art. 19 II und 79 III GG (→ Art. 143 Rn. 7).

2 Historisch betrachtet stellte sich die Übergangsfrage hinsichtlich der Gleichberechtigung von Männern und Frauen bei **Art. 109 II, 119 I 2 und 128 I und II WRV** nicht in gleicher Weise, da diese Bestimmungen nur begrenzte Wirkung entfalten konnten[2]. Der Parlamentarische Rat hat dagegen die Frage der Verankerung des Gleichberechtigungsgebots als unmittelbar geltendes Grundrecht im Blick auf die **Rechtssicherheit** lebhaft diskutiert[3]: Eine Vielzahl von Vorschriften insbesondere des bürgerlichen Rechts, die mit ihm in Widerspruch standen[4], wären vom Richter ohne weiteres wegen des Verstoßes gegen die Verfassung als nichtig zu behandeln gewesen. Der befürchtete »rechtschaotisch[e] Zustand«[5] könne nur durch legislative Anpassungen der betreffenden Bestimmungen vermieden werden. Die Derogation von Art. 3 II GG war anfänglich auf das bürgerliche Recht beschränkt und wurde erst vom Hauptausschuss in dritter Lesung verallgemeinert[6]. Streitig war, ob ein automatisches Außerkrafttreten des diskriminierenden Rechts überhaupt verantwortet werden könne (Abg. Süsterhenn) und welche Frist für die nötige Anpassung vorgesehen werden solle. Auch bestanden Zweifel, ob der durch eine Anpassungsfrist gesetzte Zwang für den Gesetzgeber ausreiche (Abg. Zinn, Katz, Becker, Renner)[7]. Die nachfolgende Praxis bestätigte die Bedenken (→ Rn. 4), nachdem bei Fristende gerade nur ein Regierungsentwurf zur Gleichstellung vorlag[8]; das befürchtete »Rechtschaos« ist aber nicht eingetreten[9].

3 Die Verbindung mit der Übergangsvorschrift für die **Freizügigkeit** hat erst die letzte Lesung des Hauptausschusses geschaffen[10]. Die Wohnungsnot aufgrund der Kriegszerstörungen sowie die großen Flüchtlingsströme hatten den Kontrollrat veranlasst, ein **Zuzugsverbot** zu verhängen[11]; praktische Erwägungen schlossen auch in der Folge

---

[1] Ähnlichkeiten wies jedoch Art. 33 VI des StGG Oldenburg 1849 auf, nach dem »[d]ie für die verschiedenen Stände bestehenden privatrechtlichen Bestimmungen über die Güterverhältnisse der Eheleute […] bis zur demnächstigen gesetzlichen Regelung in Kraft« bleiben; zur Parallelität *M. Sachs*, Grenzen des Diskriminierungsverbotes, 1987, S. 108.

[2] Näher dazu *M. Sachs*, Der Staat 23 (1984), 549 (571f.), m.w.N.; allg. *Stern*, Staatsrecht IV/2, S. 1605f. Zur unmittelbaren Geltung des Art. 128 II WRV *Anschütz*, WRV, Art. 128 Anm. 4. Bewertung der Art. 109 und 119 I WRV nur als nicht justitiable Programmsätze: ebd., Art. 109 Anm. 3 und Art. 119 Anm. 2, 3. Indes die Geltungskraft der WRV-Grundrechte betonend → Vorb. Rn. 16; *M. Stolleis*, Geschichte des öffentlichen Rechts in Deutschland, Bd. III, 1999, S. 109ff. S. auch *W. Schlüter/N. Liedmeier*, JA 1991, 145 (145).

[3] Exemplarisch die Diskussion zu den Auswirkungen im Familienrecht, Parl. Rat XIV/1, S. 510ff.; *H. Holtkotten*, in: BK, Art. 117 (Erstbearbeitung 1950), Anm. I. A) (S. 2).

[4] Zur Lage des Familienrechts 1947 zusammenfassend: *F. W. Bosch*, NJW 1987, 2617 (2617f.).

[5] So die Abg. *Selbert* (Hauptausschuss, 20. Sitzung v. 7.12.1948, Parl. Rat XIV/1, S. 591); vgl. auch den Überblick bei *Holtkotten* (Fn. 3), Art. 117, Anm. I.A) (S. 2f.).

[6] Parl. Rat XIV/2, S. 1486, 1639; *M. Eckertz-Höfer*, in: AK-GG, Art. 117 (2001), Rn. 3.

[7] Parl. Rat XIV/2, S. 1193f.

[8] BT-Drs. 1/3802; vgl. auch *F. W. Bosch*, NJW 1987, 2617 (2618ff.); *S. Boysen*, in: v. Münch/Kunig, GG II, Art. 117 Rn. 5; *J. Masing*, in: v. Mangoldt/Klein/Starck, GG III, Art. 117 Rn. 5; *K.-J. Ruhl*, APuZ 1992 Nr. 45, 31ff.

[9] *E. Arnold*, Angewandte Gleichberechtigung im Familienrecht, 1954, S. 9f.; *M. Gubelt*, in: I. v. Münch/P. Kunig, Grundgesetz-Kommentar, Bd. III, 5. Aufl. 2003, Art. 117 Rn. 22. Vgl. auch BVerfGE 3, 225 (245); 25, 167 (182).

[10] Parl. Rat XIV/2, S. 1819, 1828.

[11] Art. XI des Kontrollratsgesetzes Nr. 18 (Wohnungsgesetz), KRABl. Nr. 5 v. 31.3.1946; vgl. auch

eine unbeschränkte Geltung des Freizügigkeitsrechts vorübergehend aus. Ein entsprechender Vorbehalt sollte aber in den Augen des Grundsatzausschusses nicht in das Grundrecht selbst, sondern in die Übergangsbestimmungen eingefügt werden[12]. Nachdem in den anfänglichen Entwürfen eine bis zum 31.12.1951 (Abg. v. Mangoldt)[13], dann bis zur Neuregelung durch Bundesgesetz (Abg. Lehr, Mücke)[14] befristete allgemeine Einschränkung der Freizügigkeit durch bestehendes Recht vorgesehen war, wurde die Übergangsregelung schließlich auf die bestehenden Regelungen zur **Raumnot** beschränkt[15], während ein Vorbehalt für andere, auch künftige Einschränkungen, unmittelbar in Art. 11 GG eingefügt wurde (→ Art. 11 Rn. 7, 50ff.). Da die bestehenden Beschränkungen der Freizügigkeit, insbesondere das oben genannte Zuzugsverbot, auf Besatzungsrecht beruhten, auf das das Grundgesetz keine Anwendung fand (→ Rn. 9), war die **praktische Bedeutung des Art. 117 II GG** von Anfang an **gering**[16].

Weder Absatz 1 noch Absatz 2 des Art. 117 GG erfuhren seit dem Inkrafttreten des Grundgesetzes Änderungen. Der Versuch, angesichts der befürchteten Rechtsunsicherheit im Blick auf Art. 117 II GG einen Beschluss des Bundesverfassungsgerichts herbeizuführen, der diese Norm als »**verfassungswidriges Verfassungsrecht**« (→ Rn. 11) für nichtig erklärte, schlug fehl[17]. Die Gleichstellung der Frau blieb nach Ablauf der Frist zunächst den Gerichten überlassen; mit dem Gleichberechtigungsgesetz, das am 1.7.1958 in Kraft trat, begann die schrittweise Anpassung des Familienrechts an die Vorgaben des Art. 3 II GG[18]. Die Ergänzung des Art. 3 II GG im Oktober 1994 um einen Verfassungsauftrag zur Förderung der tatsächlichen Gleichstellung in Satz 2 (→ Art. 3 Rn. 7, 105, 116) gab der Entwicklung einen neuen Schub[19]. 4

B. Internationale, supranationale und rechtsvergleichende Bezüge

Anders als im **internationalen Recht** findet Art. 117 GG eine Parallele im Unionsrecht[20]. So sah der **EWG-Vertrag von 1957** eine gestufte Verwirklichung des Gemeinsamen Marktes vor (s. namentlich Art. 8 EWGV), die auch für den Grundsatz des 5

G. Dürig, in: Maunz/Dürig, GG, Art. 117 (Erstbearbeitung 1973), Rn. 1; *H. Hofmann*, HStR³ I, § 9 Rn. 5; *D. Merten*, HGR IV, § 94 Rn. 107.

[12] Vgl. den Bericht des Abg. *v. Mangoldt* in Parl. Rat V/2, S. 614.

[13] Parl. Rat V/2, S. 846f.

[14] Parl. Rat XIII/2, S. 931f., 1066ff.

[15] S. im einzelnen Parl. Rat VII, S. 282, 212; Parl. Rat XIV/2, S. 1639.

[16] Vgl. *M. Sachs*, in: Sachs, GG, Art. 117 Rn. 20. Zur Gültigkeit des § 8 I Landeswohnungsgesetz NRW 1950, das eine Durchführungsverordnung des Wohnungsgesetzes des Kontrollrats von 1946 fortführte, nach Art. 117 II GG bis zum Inkrafttreten des Wohnraumbewirtschaftungsgesetzes des Bundes vgl. immerhin BVerfGE 8, 95 (98). Nach *H. Hofmann*, HStR³ I, § 9 Rn. 5, verlor Art. 117 II GG infolge der Aufhebung der besatzungsrechtlichen Beschränkungen durch das Gesetz Nr. A-9 der Alliierten Hohen Kommission (AHK) v. 15.6.1950, ABl. der AHK Nr. 24 v. 24.6.1950, S. 414, seine praktische Bedeutung; ähnl. schon *Dürig* (Fn. 11), Art. 117 Rn. 7; ferner *Boysen* (Fn. 8), Art. 117 Rn. 7.

[17] BVerfGE 3, 225 (231ff., 237ff.); zum Problem vgl. auch das Gutachten des BGH in BGHZ 11, Anhang S. 34; allgemein → Art. 79 III Rn. 14. Zur Verfassungswidrigkeit aus dem entgegengesetzten Grund, d.h. wegen »Verstoß[es] gegen den ›übergesetzlichen Gleichheitssatz‹«, vgl. *H. Krüger*, NJW 1953, 964 (966).

[18] BGBl. I 1957, S. 609; zum weiteren Verlauf vgl. *F. W. Bosch*, NJW 1987, 2617 (2618ff.); *W. Schlüter/N. Liedmeier*, JA 1991, 145 (146ff.).

[19] *O. Shin*, Das neue Verständnis des Gleichberechtigungssatzes des Art. 3 Abs. 2 GG, 2008, S. 139ff.

[20] Zur Entwicklung des Unionsrechts auf dem Gebiet der Gleichberechtigung: → Art. 3 Rn. 12.

gleichen Entgelts für Männer und Frauen (Art. 119 EWGV = Art. 157 AEUV) galt. Dieser Grundsatz war nämlich gemäß Art. 119 I EWGV »während der ersten Stufe« anzuwenden, was der EuGH als Übergangsfrist bis zu deren Ende verstand[21]. Im Übrigen konnte das Fehlen von Anpassungsrecht nach Ablauf der Übergangsfrist der unmittelbaren Anwendbarkeit etwa der Dienstleistungs- oder Niederlassungsfreiheit nicht entgegengehalten werden[22]. Weiterhin wird **neuen Mitgliedstaaten** in den jeweiligen Beitrittsverträgen bei Bedarf mit Blick auf Rechtssicherheit und praktische Gegebenheiten eine Anpassungsfrist gewährt[23], bei deren Verstreichen gemäß der allgemeinen Regel das Unionsrecht unmittelbar und mit Vorrang vor widersprechendem innerstaatlichen Recht (→ Art. 23 Rn. 12ff., 30) anwendbar wird. Ähnlich kann die Rechtsprechung des EuGH zur unmittelbaren Anwendbarkeit individualschützender Bestimmungen von EU-Richtlinien nach Ablauf der Umsetzungsfrist gedeutet werden[24].

6 Im **Verfassungsvergleich** fällt auf, dass nur die Verfassung Griechenlands von 1975 mit Art. 116 I eine – offenbar Art. 117 I GG nachgebildete – Übergangsregelung zur Gleichberechtigung mit einer Frist von allerdings sieben Jahren enthält; drei Jahre beträgt die Anpassungsfrist in Art. 116 II Verf. Griechenlands hinsichtlich des Verbots der Lohndiskriminierung. Andere Verfassungen legen lediglich allgemein die Nichtigkeit verfassungswidriger früherer Gesetze fest[25], wobei dies, wie in Art. 123 I GG, in den post-kommunistischen Verfassungen Mittel- und Osteuropas häufig mit der Feststellung der Fortgeltung des alten Rechts im Übrigen verbunden ist[26]. Zuweilen ist die Regelung mit einem Prüfauftrag an ein besonderes Organ in einer bestimmten Frist verbunden, das dazu geeignete Vorschläge vorlegen soll[27], oder mit einem Gerichtsentscheid für Streitfälle[28]. Als »für eine unbestimmte Übergangszeit gedachter (verschleierter) Vorbehalt zum Grundsatz der Geschlechtergleichheit« lässt sich Art. 4 II 2 der schweizerischen Bundesverfassung a. F. (= Art. 8 III 2 BV) interpretieren[29]. Allein die Verfassung Sloweniens (1991) verbindet die Fortgeltungsanordnung für altes Recht mit einem befristeten Gesetzgebungsauftrag zur Anpassung, wobei innerhalb

---

[21] EuGH v. 8.4.1976, C-43/75, Rn. 13, 41ff., 65 – *Defrenne II*; *C. Langenfeld*, in: Grabitz/Hilf/Nettesheim, EUV/AEUV, Art. 157 AEUV (2015), Rn. 4. Im Urteil, Rn. 4, 6ff., auch zur unmittelbaren Anwendbarkeit des Art. 119 EWGV.

[22] So ausdrücklich EuGH v. 21.6.1974, C-2/74, Rn. 3ff., 29/31 – *Reyners*; EuGH v. 3.12.1974, C-33/74, Rn. 18ff. – *van Binsbergen*; vgl. *G. Meier*, NJW 1970, 969 (971f.).

[23] *H.-J. Cremer*, in: Calliess/Ruffert, EUV/AEUV, Art. 49 EUV Rn. 6; *W. Meng*, in: Groeben/Schwarze/Hatje, EUV/AEUV/GRC, Art. 49 EUV Rn. 19; *C. Ohler*, in: Grabitz/Hilf/Nettesheim, EUV/AEUV, Art. 49 EUV (2011), Rn. 50ff.; *M. Pechstein*, in: Streinz, EUV/AEUV, Art. 49 EUV Rn. 10.

[24] Zu dieser Rechtsprechung vgl. EuGH v. 19.1.1982, C-8/81, Rn. 20ff. – *Becker*; dazu BVerfGE 75, 223 (234ff.); s. auch *Streinz*, Europarecht, Rn. 488ff.

[25] Vgl. Art. 290 II Verf. Portugals, Art. 117 Verf. Luxemburgs, Art. 50 Verf. Irlands.

[26] S. etwa Art. 154 I Verf. Rumäniens (1991); Titel VII Art. II Abs. 1 Verf. Moldaus (1994); Art. 2 I des Einführungsgesetzes zur Verf. Estlands (1992); § 3 I der Schlussbestimmungen der Verf. Bulgariens (1991); Art. 152 I Verf. der Slowakei; Art. 152 Verf. Litauens i. V. m. Art. 2 des Gesetzes über das Verfahren für die Durchsetzung der Verf. Litauens (1992); Titel 2 (Schlussbestimmungen) Ziff. 2 der Verf. Russlands (1993).

[27] Vgl. etwa Art. 154 II Verf. Rumäniens (1991): Legislativrat; Titel VII Art. II Abs. 2 Verf. Moldaus (1994): Parlamentsausschuss und Regierung.

[28] So Art. 2 II des Einführungsgesetzes zur Verf. Estlands (1992); nach § 3 II der Schlussbestimmungen der Verf. Bulgariens (1991) hebt die Volksversammlung diejenigen Gesetze auf, die nicht aufgrund der unmittelbaren Wirkung der Verfassung nichtig sind.

[29] *Y. Hangartner*, Grundzüge des schweizerischen Staatsrechts, Bd. II, 1982, S. 190. Ebenso *Sachs*, Grenzen (Fn. 1), S. 179.

der Frist die Rüge von Verstößen gegen Menschenrechte und Grundfreiheiten nicht ausgeschlossen ist[30]. In den deutschen **Landesverfassungen** finden sich durch die »gegenwärtige Notlage« bedingte Parallelen zu Art. 117 II GG in Bremen (Art. 153) und Hessen (Art. 157 I 1 lit. a). Zwischenzeitlich weggefallen sind die ebenfalls Absatz 2 entsprechende Regelung in Sachsen (Art. 25 I Verf. 1947) sowie die umfassenden Kriegsfolgebewältigungsklauseln in Baden (Art. 128), Württemberg-Baden (Art. 104) und Württemberg-Hohenzollern (Art. 124). Eine generelle Zwei- (seit 1949: Drei-)Jahresfrist zur Umsetzung von Verfassungsaufträgen räumte schließlich Art. 143 a.F. Verf. Rheinland-Pfalz dem Gesetzgeber ein.

C. Erläuterungen

I. Allgemeine Bedeutung

Nach der Grundregel des Art. 123 I GG gilt »Recht aus der Zeit vor dem Zusammentritt des Bundestages [...] fort, soweit es dem Grundgesetze nicht widerspricht.« Als Sonderregelung[31] ordnet Art. 117 GG demgegenüber die zeitlich begrenzte Fortgeltung desjenigen vorkonstitutionellen Rechts an, das ansonsten mit dem Inkrafttreten des Grundgesetzes wegen Verstoßes gegen den Gleichberechtigungsgrundsatz in Art. 3 II 1 GG und insoweit auch gegen Art. 3 III GG[32] bzw. gegen das Freizügigkeitsrecht des Art. 11 I GG außer Kraft getreten wäre (→ Art. 123 Rn. 30). Überdies enthält Art. 117 GG eine temporäre Ausnahme von der unmittelbaren Grundrechtsbindung nach Art. 1 III GG (→ Art. 79 III Rn. 62; speziell zu Art. 117 I GG → Art. 1 III Rn. 88; → Art. 3 Rn. 106)[33]. Art. 117 GG unterstreicht damit mittelbar auch den **Vorrang der Verfassung** (→ Pmbl. Rn. 72 f.; → Art. 1 III Rn. 1) und die Bedeutung der betreffenden Grundrechte. Ihre reale Geltung wird durch den **Verfassungsauftrag**[34] und den speziell mit der Fristsetzung in Absatz 1 intendierten Zwang sowie dem in Absatz 2 implizierten Auftrag zur Aufhebung der Beschränkungen durch Bundesgesetz bekräftigt[35]. 7

Motiv für die Übergangsregelung war bei Art. 117 I GG die Wahrung der **Rechtssicherheit** dadurch, dass dem Gesetzgeber die Anpassung der Vielzahl von diskriminierenden Regeln im geltenden Recht aufgegeben wurde; die Bürde der Korrektur sollte nach Möglichkeit nicht dem Richter aufgeladen werden[36]. Art. 117 II GG seiner- 8

[30] Art. 173 f. der Verf. Sloweniens i.V.m. Art. 1 des Verfassungsgesetzes zur Durchführung der Verf. Sloweniens.

[31] *Boysen* (Fn. 8), Art. 117 Rn. 1: »spezielle Sonderregelungen«; *T. Giegerich*, in: Maunz/Dürig, GG, Art. 123 (2012), Rn. 19, 50: »Sonderregelungen«; *U. Kischel*, in: Epping/Hillgruber, GG, Art. 117 Rn. 1: »Ausnahme«; *D. Merten*, HGR IV, § 94 Rn. 106: »Ausnahmevorschrift«; *H.A. Wolff*, in: v. Mangoldt/Klein/Starck, GG III, Art. 123 Abs. 1 Rn. 39: »Sonderregelung«.

[32] Vgl. BVerfGE 6, 389 (421); a.A. *H. Krüger*, NJW 1953, 964 (965).

[33] BVerfGE 3, 225 (229). Speziell zu Art. 117 I GG: E 25, 167 (179); 26, 44 (63); anders akzentuierend *Eckertz-Höfer* (Fn. 6), Art. 117 Rn. 4: »keine Durchbrechung des Art. 1 Abs. 3«.

[34] So BVerfGE 10, 129 (133).

[35] Ähnl. *Sachs* (Fn. 16), Art. 117 Rn. 5; *C. Langenfeld*, in: Maunz/Dürig, GG, Art. 117 (2016), Rn. 7; krit. *Gubelt* (Fn. 9), Art. 117 Rn. 1 f., der letztlich aber unter Bezugnahme auf *Dürig* (Fn. 11), Art. 117 Rn. 1, in Art. 117 GG eine Verstärkung des Grundrechtsschutzes sah.

[36] Vgl. auch *Eckertz-Höfer* (Fn. 6), Art. 117 Rn. 5; zur Frage der Rechtssicherheit ausführlich unter Betonung der Kompetenz des Richters auch zu »rechtsfindender Lückenfüllung«: BVerfGE 3, 225 (237 ff., 242); für eine im Blick auf Rechtssicherheit und Gewaltenteilung vom Wortlaut abweichende Auslegung nur als »eine den Gesetzgeber bindende Weisung« noch *H. Schneider*, NJW 1953, 889 (890 f.); dagegen *H. Krüger*, NJW 1953, 964 (965 ff.).

seits beruht auf der Überzeugung, dass die **kriegsbedingte Wohnungsnot** in der Zeit nach 1945 ohne Beschränkung der Freizügigkeit vorläufig nicht zu bewältigen war (→ Rn. 3). Nach Ablauf der Frist des Art. 117 I GG bzw. nach Aufhebung des Art. XI WohnungsG 1950 durch die Alliierte Hohe Kommission[37] hat die Vorschrift vorwiegend **rechtshistorische Bedeutung**[38]. Die Bestandskraft von Rechtsakten, die aufgrund von Normen nach Art. 117 I GG bis zum 31.3.1953 erlassen wurden, bleibt indessen auch nach Ablauf der Frist unberührt[39].

II. Einzelfragen

9 Art. 117 GG **betrifft** als Übergangsregelung **nur das** im Zeitpunkt des Inkrafttretens des Grundgesetzes (→ Art. 145 Rn. 10, 11) **bereits geltende Recht** und gestattet keine neuen Diskriminierungen oder Beschränkungen. Innerhalb der Frist des Art. 117 I GG neu eingeführte Diskriminierungen fielen damit unmittelbar unter Art. 3 II 1 GG[40]. Dass eine hiergegen verstoßende Norm erst später als zum 31.3.1953 förmlich aufgehoben wurde, lässt die Nichtigkeit ab diesem Zeitpunkt unberührt.[41] »**Gegenwärtig**« im Sinne der Norm war nur die Raumnot in der Nachkriegszeit; neue Beschränkungen der Freizügigkeit aus Gründen der Raumnot sind allein nach Art. 11 II GG zu beurteilen (→ Art. 11 Rn. 7, 49ff.)[42]. Nicht betroffen war auch das **Besatzungsrecht**, das dem Grundgesetz nicht unterlag[43].

10 »**Gesetze**«, deren Geltung nach Art. 117 II GG bis zur Aufhebung durch Bundesgesetz aufrechterhalten bleibt, können **auch Landesgesetze** sein, welche vorkonstitutionelles Recht inhaltsgleich fortschreiben[44]. Eher theoretisch ist dabei die Frage, ob deren Aufhebung mit der gleichen Rechtsfolge auch durch Landesrecht möglich ist[45]. Dagegen spricht der Wortlaut des Art. 117 II GG von einer »**Aufhebung durch Bundesgesetz**«[46]. Dass der Landesgesetzgeber ein Landesgesetz aufhebt, kann jedoch Art. 117 II GG nicht ausschließen; es wäre widersinnig, die Rechtsfolge des Art. 117 II GG in diesem Falle nicht eintreten zu lassen[47].

---

[37] Art. 1 und 2 Gesetz Nr. A-9 der AHK (Fn. 16); vgl. auch *Sachs* (Fn. 16), Art. 117 Rn. 20 mit Fn. 27.

[38] So auch *Boysen* (Fn. 8), Art. 117 Rn. 3: »ein Stück juristischer Zeitgeschichte«; *Dürig* (Fn. 11), Art. 117 Rn. 2: »inzwischen überholt«; *Eckertz-Höfer* (Fn. 6), Art. 117 Rn. 10: »historisch begrenzt(e) Funktion«; s. auch *Masing* (Fn. 8), Art. 117 Rn. 3. A.A. *D. Merten*, HGR IV, § 94 Rn. 106: »Klarstellung, daß Art. 11 Abs. 2 GG in der jetzigen Fassung keine Freizügigkeitsbeschränkungen mit Rücksicht auf eine ›Raumnot‹ gestattet, wobei das Recht auf Wohnraum ohnehin vom Schutzbereich des Art. 11 Abs. 1 GG nicht erfaßt wird«; ebenso *Langenfeld* (Fn. 35), Art. 117 Rn. 12.

[39] In diesem Sinne BVerfGE 43, 327 (340); zu den Anpassungspflichten des Gesetzgebers im Bereich des Staatsangehörigkeitsrechts für die Zukunft: BVerfGE 37, 217 (262ff.); s. auch *Sachs* (Fn. 16), Art. 117 Rn. 15 m.w.N.

[40] Ebenso *Sachs* (Fn. 16), Art. 117 Rn. 11; *Boysen* (Fn. 8), Art. 117 Rn. 4. Zur sofortigen Geltung eines durch Art. 3 II 1 GG bedingten Begriffswandels (Unterhaltsbegriff) für neu geschaffene Normen in diesem Sinne auch BVerfGE 17, 1 (13).

[41] So jetzt BVerwGE 127, 196 (197f.) zum früheren § 17 Nr. 5 RuStAG 1913, der erst mit Wirkung zum 1.1.1975 aufgehoben wurde.

[42] → Rn. 3, 8; *Boysen* (Fn. 8), Art. 117 Rn. 7; *H. Krieger*, in: Schmidt-Bleibtreu/Hofmann/Henneke, GG, Art. 117 Rn. 3; *Langenfeld* (Fn. 35), Art. 117 Rn. 12.

[43] *Eckertz-Höfer* (Fn. 6), Art. 117 Rn. 7; *Sachs* (Fn. 16), Art. 117 Rn. 8 m.w.N.

[44] So etwa § 8 I Landeswohnungsgesetz NRW 1950: BVerfGE 8, 95 (98).

[45] Im positiven Sinne *Sachs* (Fn. 16), Art. 117 Rn. 26.

[46] *H.-W. Rengeling*, HStR³ IV, § 135 Rn. 149, zählt Art. 117 II GG daher zu den ausschließlichen Kompetenzen des Bundes. → Art. 71 (Suppl. 2007), Rn. 7.

[47] Vgl. auch *Sachs* (Fn. 16), Art. 117 Rn. 26.

Die Frage, ob Art. 117 I GG im Blick auf Art. 79 III GG, den Grundsatz der Rechtssicherheit und die Gewaltenteilung, **verfassungswidriges Verfassungsrecht** und damit unwirksam sei, hat das Bundesverfassungsgericht in einem Normenkontrollverfahren im Jahre 1953 verneint, dabei aber die theoretische Möglichkeit verfassungswidrigen Verfassungsrechts bejaht[48]. Die den Richtern mit Art. 3 II und 117 I GG übertragene Aufgabe, dem absoluten Differenzierungsverbot (→ Art. 3 Rn. 100, 108 ff.) mangels Anpassung durch den Gesetzgeber selbst unmittelbare Geltung zu verschaffen, entspreche der richterlichen Funktion und damit auch dem Grundsatz der Gewaltenteilung, wie ihn das Grundgesetz konkretisiere[49]. 11

D. Verhältnis zu anderen GG-Bestimmungen

Art. 117 I GG konstituiert eine **Ausnahme** zur unmittelbaren Geltung (Art. 1 III GG) des Grundrechts aus Art. 3 II 1 GG und hinsichtlich des Diskriminierungsverbots aufgrund des Geschlechts auch zu Art. 3 III GG; Selbiges gilt für Art. 117 II GG (→ Rn. 7; → Art. 1 III Rn. 88). Art. 117 II GG ordnet die Fortgeltung vorkonstitutioneller Beschränkungen der Freizügigkeit aus Gründen der Raumnot an, erweitert aber nicht den Gesetzesvorbehalt des Art. 11 II GG für neue Grundrechtseinschränkungen dieser Art; diese unterliegen ausschließlich dem qualifizierten Gesetzesvorbehalt des Art. 11 II GG (→ Rn. 9; → Art. 11 Rn. 7, 49 ff.). Art. 117 GG stellt eine **Sonderregelung gegenüber Art. 123 I GG** dar (→ Rn. 7). 12

[48] BVerfGE 3, 225 (237 ff.), wonach »die theoretische Möglichkeit originärer ›verfassungswidriger Verfassungsnormen‹ einer praktischen Unmöglichkeit nahezu gleichkommt« (ebd., S. 233). Zum Problem: → Art. 79 III Rn. 14 f.: nur spätere Verfassungsänderungen können verfassungswidrig sein, m.w.N. zum Streitstand.

[49] BVerfGE 3, 225 (237 ff., 247 f.); ausführlich *Masing* (Fn. 8), Art. 117 Rn. 10 ff. Zur Gegenauffassung noch *H. Schneider*, NJW 1953, 889 (890 f.).

Artikel 118* [Neugliederung Baden-Württemberg]

[1]Die Neugliederung in dem die Länder Baden, Württemberg-Baden und Württemberg-Hohenzollern umfassenden Gebiete kann abweichend von den Vorschriften des Artikels 29 durch Vereinbarung der beteiligten Länder erfolgen. [2]Kommt eine Vereinbarung nicht zustande, so wird die Neugliederung durch Bundesgesetz geregelt, das eine Volksbefragung vorsehen muß.

Literaturauswahl

Biewer, Ludwig: Reichsreformbestrebungen in der Weimarer Republik. Fragen zur Funktionalreform und zur Neugliederung im Südwesten des Deutschen Reiches, 1980.
Feuchte, Paul: Verfassungsgeschichte von Baden-Württemberg, 1983.
Glaser, Gerhard: Die rechtlichen Probleme im Zusammenhang mit der Entstehung des Landes Baden-Württemberg, Diss. jur. Würzburg 1976.
Greulich, Susanne: Länderneugliederung und Grundgesetz. Entwicklungsgeschichte und Diskussion der Länderneugliederungsoption nach dem Grundgesetz, 1995.
Held, Kurt: Kann der Südweststaat auf Grund des Art. 29 des Grundgesetzes wieder beseitigt werden?, in: DÖV 1954, S. 737–739.
Hennings, Almuth: Der unerfüllte Verfassungsauftrag. Die Neugliederung des Bundesgebietes im Spannungsfeld politischer Interessengegensätze, 1983.
Müllenbach, Bernhard: Föderalismus – Finanzausgleich – Neugliederung, in: JöR 63 (2015), S. 251–310.
Schiffers, Reinhard: Weniger Länder – mehr Föderalismus? Die Neugliederung des Bundesgebietes im Widerstreit der Meinungen 1948/49–1990, 1996.

Leitentscheidungen des Bundesverfassungsgerichts

BVerfGE 1, 14 (32ff.) – Südweststaat; 5, 34 (43ff.) – Baden-Abstimmung.

Gliederung

Stichwörter

A. Herkunft, Entstehung, Entwicklung

1 Für Art. 118 GG gibt es keine direkte Vorgängervorschrift. Immerhin enthielt die WRV seit der Verfassungsänderung v. 27.11.1920[1] mit Art. 167 II, III WRV eine Spezialvorschrift für **Oberschlesien**, die eine von der allgemeinen Neugliederungsnorm

* Bei der vorliegenden Kommentierung handelt es sich um eine Überarbeitung und Aktualisierung der Vorauflage von Ingolf Pernice. Diese wurde geprüft und teils verändert, so dass die volle Verantwortung für die vorliegende Fassung nunmehr allein bei dem neuen Bearbeiter liegt.

[1] RGBl. S. 1987.

(Art. 18 WRV; → Art. 29 Rn. 2) abweichende Regelung traf. Danach sollte zwei Monate nach einer Rückgliederung der bis dahin unter alliierter Verwaltung stehenden oberschlesischen Gebiete eine Volksabstimmung zu der Frage stattfinden, ob diese bei Preußen verbleiben oder ein eigenes Land Oberschlesien bilden sollten. Die Vorschrift wurde gegenstandslos, nachdem in der Abstimmung v. 3.9.1922 eine Mehrheit für die erste Option votiert hatte[2].

2 Bereits in der Weimarer Republik gab es jedoch Überlegungen, im Rahmen einer umfassenden »Reichsreform« die Länder Baden und Württemberg sowie die preußische Exklave der hohenzollernschen Lande zu einem neuen Land »**Groß-Schwaben**« zu vereinigen[3]. Diese Neugliederungspläne scheiterten jedoch ebenso wie entsprechende Vorhaben in der Zeit des Nationalsozialismus. Im Gefolge der Aufteilung Württembergs in eine französische und eine US-amerikanische Besatzungszone entstanden 1945/47 auf diesem Gebiet die zwei »französischen« Länder (Süd-)Baden und (Süd-)Württemberg-Hohenzollern sowie das »US-amerikanische« Württemberg-Baden[4]. Diese Zersplitterung wurde schon früh als unhaltbar empfunden; strittig war nur, ob die früheren Länder Baden und Württemberg (letzteres dann unter Einschluss Hohenzollerns) restauriert oder das gesamte Gebiet in einem »**Südweststaat**« vereinigt werden sollte. Hierfür stellte das Grundgesetz in Art. 118 GG ein vereinfachtes Verfahren zur Verfügung. Er sollte die Neugliederung erleichtern und auch von der allgemeinen Neugliederungsvorschrift des Art. 29 GG ausnehmen, die die Westalliierten zunächst nicht akzeptiert hatten (→ Rn. 5; → Art. 29 Rn. 4)[5].

3 Nachdem sich die Länderregierungen nicht auf eine Vereinbarung i. S. v. Art. 118 S. 1 GG hatten einigen können[6] und auch die »informatorische« Volksbefragung v. 24.9.1950 infolge der Mehrheit in (Süd-)Baden für die Wiederherstellung Gesamtbadens keine Klärung herbeigeführt hatte, zog der Bund durch die **Neugliederungsgesetze** v. 4.5.1951[7] die Sache nach Art. 118 S. 2 GG an sich. Mit Urteil v. 23.10.1951 hat das Bundesverfassungsgericht eines dieser Gesetze ganz und das andere teilweise für nichtig erklärt[8]. Immerhin blieb die vorgesehene Fusion der drei Länder bestehen. Die Volksabstimmung v. 9.12.1951 im Gesamtgebiet des neuen Südweststaates hat sie bestätigt, obwohl in (Süd-)Baden die Mehrheit (62,2% der Stimmen) dagegen votierte[9]. Die Neuregelung trat 1952 in Kraft[10].

---

[2] *Huber*, Verfassungsgeschichte, Bd. VII, S. 249.

[3] Näher *L. Biewer*, Reichsreformbestrebungen in der Weimarer Republik. Fragen zur Funktionalreform und zur Neugliederung im Südwesten des Deutschen Reiches, 1980, S. 41f.

[4] Vgl. *G. Glaser*, Die rechtlichen Probleme im Zusammenhang mit der Entstehung des Landes Baden-Württemberg, Diss. jur. Würzburg 1976, S. 3f. Vgl. zur Aufteilung der Länder in den Besatzungszonen auch *R. Schiffers*, Weniger Länder – mehr Föderalismus? Die Neugliederung des Bundesgebietes im Widerstreit der Meinungen 1948/49–1990, 1996, S. 26ff.

[5] Vgl. *P. Kunig*, in: v. Münch/Kunig, GG II, Art. 118 Rn. 2.

[6] Näher zu den Verhandlungen *S. Greulich*, Länderneugliederung und Grundgesetz, 1995, S. 60f.; s. auch *J. Dietlein*, in: BK, Art. 118 (2011), Rn. 9ff.; *P. Feuchte*, Verfassungsgeschichte von Baden-Württemberg, 1983, S. 143ff.

[7] BGBl. I S. 283f.; näher zu ihrer Entstehungsgeschichte *Dietlein* (Fn. 6), Art. 118 Rn. 18ff., und *A. Hennings*, Der unerfüllte Verfassungsauftrag. Die Neugliederung des Bundesgebietes im Spannungsfeld politischer Interessengegensätze, 1983, S. 73ff.

[8] BVerfGE 1, 14; zu den Einzelheiten vgl. *H. Hofmann*, HStR³ I, § 9 Rn. 23.

[9] Tabellarische Übersicht bei *Kunig* (Fn. 5), Art. 118 Rn. 5. Zur Verfassungsmäßigkeit der Majorisierung eines Vorgängerlandes BVerfGE 1, 14 (47ff.).

[10] Zu den positiven finanziellen Folgen dieser Neugliederung *B. Müllenbach*, JöR 63 (2015), 251 (283).

4 Im Regierungsbezirk Südbaden fanden 1956 und 1970 erneut Volksabstimmungen nach Art. 29 GG zur Bereinigung der »**Baden-Frage**« statt. Sie führten indessen in beiden Fällen zur Bestätigung der Zugehörigkeit Südbadens zu Baden-Württemberg. Auch in der Folgezeit hat sich an der Gliederung im südwestdeutschen Raum nichts mehr geändert[11]. Aus der Präambel des Grundgesetzes ist die Erwähnung der drei Vorgängerländer erst durch die Neufassung der Präambel infolge der deutschen Wiedervereinigung (→ Pmbl. Rn. 9ff.)[12] gestrichen worden.

5 **Hintergrund** des Art. 118 GG war die ablehnende Haltung der Westalliierten gegenüber der von deutscher Seite ins Auge gefassten Neugliederung, wie sie sich dann in der Suspendierung des Art. 29 GG im Genehmigungsschreiben v. 12.5.1949[13] niederschlug (→ Art. 29 Rn. 4)[14]. Da diese Vorbehalte sich jedoch nicht auf die im Parlamentarischen Rat für dringlich erachtete Bereinigung der Südwest-Frage erstreckten, konnte hierfür eine Sonderregelung in den Übergangs- und Schlussvorschriften getroffen werden[15].

6 Art. 118 GG blieb **bislang unverändert**. Im Rahmen der Verfassungsdebatte 1993/94 schlugen die Länder Berlin und Brandenburg sowie die Kommission Verfassungsreform des Bundesrates vor, die Norm zu streichen und die Lücke mit dem späteren Art. 118a GG zu füllen[16]. Dagegen setzte sich in der GVK die Auffassung durch, den alten Art. 118 GG aus verfassungshistorischen Gründen bestehen zu lassen und für die Erleichterung der Neugliederung im Raum Berlin/Brandenburg mit Art. 118a GG eine neue Vorschrift einzufügen (→ Art. 118a Rn. 1)[17]. Seit der Bildung Baden-Württembergs 1952 hat Art. 118 GG keinerlei normative/regulative Bedeutung mehr (→ Rn. 8).

B. Internationale, supranationale und rechtsvergleichende Bezüge

7 **Europarecht**, das im Übrigen keine Anforderungen an die territoriale Struktur der Mitgliedstaaten formuliert (→ Art. 29 Rn. 8), spielte für die Neugliederung Baden-Württembergs keine Rolle. Aus **völkerrechtlicher Warte** umstritten ist, ob und inwieweit das **Selbstbestimmungsrecht der Völker** (Art. 1 Nr. 2 SVN) für die Binnengliederung von Bundesstaaten relevant ist (→ Art. 29 Rn. 7; → Art. 25 Rn. 18)[18]. Freilich dürfte die in Art. 118 GG vorgesehene Möglichkeit der Neugliederung durch Vereinbarung zwischen den beteiligten Ländern dem Grundgedanken der Selbstbestimmung Rechnung tragen. Sie weicht indessen von Art. 29 GG und auch von der in anderen

---

[11] Im Rundfunkwesen ist die alte Zonengrenze erst durch die im Zuge des zum 1.1.1998 in Kraft getretenen Rundfunkstaatsvertrags zwischen Baden-Württemberg und Rheinland-Pfalz (Bad.-Württ. GBl. 1997 S. 300) erfolgte Bildung des Südwestrundfunks (SWR) am 1.10.1998 überwunden worden.

[12] BGBl. II 1990, S. 885, 890; vgl. Art. 3 und 4 EV.

[13] Abgedr. bei I. v. Münch (Hrsg.), Dokumente des geteilten Deutschland, 1968, S. 130; vgl. auch *K. Held*, DÖV 1954, 737ff.

[14] Vgl. *Kunig* (Fn. 5), Art. 118 Rn. 2; *Schiffers*, Länder (Fn. 4), S. 45.

[15] Näher zur Entstehungsgeschichte *Dietlein* (Fn. 6), Art. 118 Rn. 5; vgl. auch Parl. Rat XIV/2, S. 1819f., 1828; Parl. Rat IX, S. 486; erschöpfend Schneider, GG-Dokumentation IX, S. 369ff.; vgl. ferner BVerfGE 1, 14 (22ff.); *Hennings*, Verfassungsauftrag (Fn. 7), S. 66ff.; *Schiffers*, Länder (Fn. 4), S. 48.

[16] Vgl. BR-Drs. 360/92, S. 15 Rn. 93.

[17] Bericht der GVK, BT-Drs. 12/6000, S. 45f.

[18] Vgl. *Glaser*, Probleme (Fn. 4), S. 46ff.

Bundesstaaten geltenden Regel ab, dass interne Gebietsveränderungen nicht ohne Mitwirkung des Gesamtstaates erfolgen[19].

C. Erläuterungen

Art. 118 GG sollte gegenüber Art. 29 GG (→ Rn. 11) speziell die Klärung der als besonders drängend empfundenen **Südwest-Frage** erleichtern[20]. Er ist seit der Bildung Baden-Württembergs **gegenstandslos**[21]. Für die seit 1994 in Art. 29 VIII GG vorgesehene Staatsvertragslösung hatte Art. 118 S. 1 GG eine gewisse Vorbildfunktion (→ Art. 29 Rn. 6, 35 f.). 8

Art. 118 GG sieht **zwei Neugliederungsverfahren** vor. Nach Satz 1 können die beteiligten Länder von sich aus durch eine Vereinbarung, d.h. einen Staatsvertrag, eine Neugliederung herbeiführen; Fristen sind dabei nicht vorgesehen. Kommt eine Einigung nicht zustande, folgt aus Satz 2 eine entsprechende – naturgemäß ausschließliche[22] – Gesetzgebungskompetenz des Bundes. In diesem Fall war eine Volksbefragung durchzuführen; hierbei handelt es sich im Gegensatz zu Art. 29 IV, V GG (→ Art. 29 Rn. 28 ff.) um eine **Volksabstimmung mit verbindlichem Votum** (zur demokratischen respektive föderalen Deutung der Volksbeteiligung → Art. 29 Rn. 11 ff. und → Art. 20 [Demokratie] Rn. 20 ff., 66 ff., 93, 99 ff.)[23]. Die Staatsvertragslösung sieht indessen keine unmittelbare Volksbeteiligung vor, da man den Vorgängerländern freie Hand bei der Verfahrensgestaltung lassen wollte. 9

Die Gründung des Landes **Baden-Württemberg** ist nach Art. 118 S. 2 GG durch Bundesgesetz und Volksentscheid in den Ländern Baden, Württemberg-Baden und Württemberg-Hohenzollern[24] herbeigeführt worden, da die Vorgängerländer sich in den Verhandlungen 1949/50 nicht hatten einigen können (→ Rn. 3)[25]. 10

D. Verhältnis zu anderen GG-Bestimmungen

Wie sich aus dem Wortlaut des Art. 118 S. 1 GG ergibt, enthält Art. 118 GG eine **Spezialregelung** gegenüber dem seit 1955 »entsperrten« Art. 29 GG[26]; er betrifft nur das Verfahren, nicht jedoch die materiellen Voraussetzungen der Neugliederung[27]. Seit 11

---

[19] → Art. 118a Rn. 5; zum Rechtsvergleich: → Art. 29 Rn. 9; s. auch *Glaser*, Probleme (Fn. 4), S. 48 ff.

[20] Vgl. auch *Glaser*, Probleme (Fn. 4), S. 53; *Kunig* (Fn. 5), Art. 118 Rn. 2.

[21] Vgl. *Greulich*, Länderneugliederung (Fn. 6), S. 40; *M. Bothe*, in: AK-GG, Art. 118 (2002), Rn. 2; *H. Hofmann*, HStR³ I, § 9 Rn. 25; *Jarass*/Pieroth, GG, Art. 118 Rn. 1; *Kunig* (Fn. 5), Art. 118 Rn. 4; *K.G. Meyer-Teschendorf*, in: v. Mangoldt/Klein/Starck, GG III, Art. 118 Rn. 5; *B. Remmert*, in: Maunz/Dürig, GG, Art. 118 (2016), Rn. 1; *R. Sannwald*, in: Schmidt-Bleibtreu/Hofmann/Henneke, GG, Art. 118 Rn. 2.

[22] Für die im Ersten Neugliederungsgesetz vorgesehene – verfassungswidrige – Verlängerung der Legislaturperioden der Landtage der drei Vorgängerländer hat das BVerfG eine konkurrierende Zuständigkeit angenommen: BVerfGE 1, 14 (35).

[23] BVerfGE 1, 14 (41); *Greulich*, Länderneugliederung (Fn. 6), S. 41; *Remmert* (Fn. 21), Art. 118 Rn. 18.

[24] Zur Gültigkeit des Volksentscheids im ehemaligen Land Baden: BVerfGE 37, 84 (89 ff.).

[25] Zum Gang der Verhandlungen *Dietlein* (Fn. 6), Art. 118 Rn. 9 ff.

[26] S. auch *K. Held*, DÖV 1954, 737 ff.

[27] *Glaser*, Probleme (Fn. 4), S. 53 ff., hinsichtlich Art. 29 II GG.

1955 ist Art. 29 GG auch auf Baden-Württemberg anwendbar, das mithin nicht »neugliederungsfest« ist[28].

[28] BVerfGE 5, 34 (44f.) – *Baden-Abstimmung*; *Bothe* (Fn. 21), Art. 118 Rn. 2; *Remmert* (Fn. 21), Art. 118 Rn. 20; *Sannwald* (Fn. 21), Art. 118 Rn. 3; *T. Würtenberger*, HStR³ VI, § 132 Rn. 37; a.A. *K. Held*, DÖV 1954, 737 (738ff.); näher zum Streit in den 1950er Jahren *Greulich*, Länderneugliederung (Fn. 6), S. 66ff.

Artikel 118a* [Neugliederung von Berlin und Brandenburg]

Die Neugliederung in dem die Länder Berlin und Brandenburg umfassenden Gebiet kann abweichend von den Vorschriften des Artikels 29 unter Beteiligung ihrer Wahlberechtigten durch Vereinbarung beider Länder erfolgen.

Literaturauswahl

Berlit, Uwe: Die Reform des Grundgesetzes nach der staatlichen Einigung Deutschlands, in: JöR 44 (1996), S. 17–89.

Dietlein, Johannes: Länderfusion und verfassunggebende Gewalt »in statu nascendi«. Ein Beitrag zur Auslegung der Art. 29 Abs. 8 und Art. 118a GG, in: Der Staat 38 (1999), S. 547–567.

Gärtner, Wolfram: Die Bildung des Bundeslandes Berlin-Brandenburg, in: NJW 1996, S. 88–91.

Jung, Otmar: Die Volksabstimmungen über die Länderfusion Berlin-Brandenburg. Was hat sich bewährt – was ist gescheitert?, in: ZParl. 28 (1997), S. 13–20.

Keunecke, Ulrich: Die gescheiterte Neugliederung Berlin-Brandenburg, Diss. jur. Greifswald 2001.

Klein, Eckart/Klimms, Frank: Die finanziellen Voraussetzungen für die Neugliederung der Länder Berlin und Brandenburg, in: LKV 1995, S. 341–344.

Meyer-Teschendorf, Klaus G.: Territoriale Neugliederung nicht nur durch Bundesgesetz, sondern auch durch Staatsvertrag – Empfehlungen der Gemeinsamen Verfassungskommission zu Art. 29 und 118a GG, in: DÖV 1993, S. 889–895.

Meyer-Teschendorf, Klaus G.: Neugliederung und Bundesverfassung, in: Nomos und Ethos, Hommage an Josef Isensee, 2002, S. 341–355.

Rüß, Gisela: Die Neugliederung der Region Berlin-Brandenburg, in: LKV 1995, S. 337–341.

Tripke, Daniel: Sind die Länder Berlin und Brandenburg neugliederungsreif nach Art. 118a GG?, Diss. jur. Potsdam 2009.

Leitentscheidung des Bundesverfassungsgerichts

BVerfG (K), LKV 1996, 333 (333f.) – Vereinigung Berlin-Brandenburg.

Gliederung

Stichwörter

* Bei der vorliegenden Kommentierung handelt es sich um eine Überarbeitung und Aktualisierung der Vorauflage von Ingolf Pernice. Diese wurde geprüft und teils verändert, so dass die volle Verantwortung für die vorliegende Fassung nunmehr allein bei dem neuen Bearbeiter liegt.

A. Herkunft, Entstehung, Entwicklung

1 Art. 5 EV (»Künftige Verfassungsänderungen«) gab dem **gesamtdeutschen Verfassunggeber** auf, sich mit der »Möglichkeit einer Neugliederung für den Raum Berlin/Brandenburg abweichend von den Vorschriften des Artikels 29 des Grundgesetzes durch Vereinbarung der beteiligten Länder« zu befassen[1]. Die hierfür vorgesehene Zweijahresfrist hat er nicht eingehalten. Erst mit dem Änderungsgesetz v. 27.10.1994[2] fand die – seitdem unveränderte – Norm unter Übernahme des **Vorschlags der GVK**[3] Aufnahme in das Grundgesetz. Art. 118a GG sollte angesichts »der historischen Verbundenheit von Berlin und Brandenburg« eine Neugliederung im Vergleich zu den strengeren Voraussetzungen des Art. 29 GG erleichtern[4]. Die GVK konnte auf die textidentische Empfehlung der **Kommission Verfassungsreform des Bundesrates** aufbauen, die sich indes (zusätzlich und erfolglos) für eine Ersetzung des für obsolet erachteten Art. 118 GG durch die Neuregelung aussprach[5]. Ob die gemäß Art. 118a GG für eine Neugliederung notwendige **Beteiligung der Wahlberechtigten** weiter konkretisiert werden sollte, etwa durch das Erfordernis einer Bestätigung durch Volksentscheid (vgl. Art. 29 II GG) oder eines Mindestquorums für das Plebiszit (vgl. Art. 29 VI 1 GG), hat die GVK in ihren Beratungen diskutiert, diese Frage dann aber aufgrund entsprechender Vorstöße der Länder Berlin und Brandenburg einer künftigen staatsvertraglichen Regelung überantwortet; gerechtfertigt sah die GVK dies dadurch, dass »es sich bei der Neuregelung des Raumes Berlin/Brandenburg um einen bereits im Einigungsvertrag angelegten ›Sonderfall‹ handelt«[6].

2 Der bisher einzige Versuch einer Durchführung des in Art. 118a GG vorgesehenen Verfahrens der **Neugliederung** ist **1996 gescheitert** (→ Rn. 15ff.). Die Debatte um einen Zusammenschluss geht allerdings weiter (→ Rn. 9). Diesen nimmt die Zusammenlegung von Behörden beider Länder durch Staatsvertrag punktuell vorweg[7].

3 Die **Regelungsidee** einer speziellen, von der allgemeinen (Art. 29 GG) abweichenden Neugliederungsvorschrift hat bereits im verfassungshistorisch älteren Art. 118 GG Ausdruck gefunden, an den Art. 118a GG insofern anknüpft (→ Art. 118 Rn. 1, 11).

B. Internationale, supranationale und rechtsvergleichende Bezüge

4 Die mit Art. 118a GG verbundenen Erwartungen (allgemein zu den EU- und völkerrechtlichen sowie rechtsvergleichenden Aspekten der Neugliederung → Art. 29 Rn. 7ff.) sind u. a. auch darauf gerichtet, das betreffende Gebiet durch die Zusammen-

---

[1] Vgl. *T. Wurtenberger*, HStR[3] VI, § 132 Rn. 43 und *R. Scholz*, ZG 9 (1994), 1 (15). Zu den sonstigen Grundgesetzänderungen nach der Wiedervereinigung *U. Berlit*, JöR 44 (1996), 17ff.

[2] BGBl. I S. 3146.

[3] Bericht der GVK, BT-Drs. 12/6000, S. 45.

[4] Bericht der GVK, BT-Drs. 12/6000, S. 45.

[5] BR-Drs. 360/92, S. 15 Rn. 93; Bericht der GVK, BT-Drs. 12/6000, S. 45f. → Art. 118 Rn. 6.

[6] Bericht der GVK, BT-Drs. 12/6000, S. 46.

[7] S. etwa den Staatsvertrag über die Errichtung eines Gemeinsamen Juristischen Prüfungsamtes der Länder Berlin und Brandenburg v. 2.4.2004, Berl. GVBl. S. 219 bzw. Brandenb. GVBl. I S. 280; zuletzt: Staatsvertrag zwischen dem Land Berlin und dem Land Brandenburg über die Einrichtung und den Betrieb eines klinischen Krebsregisters nach § 65c des Fünften Buches Sozialgesetzbuch v. 12.4.2016, Berl. GVBl. S. 294 bzw. Brandenb. GVBl. I Nr. 17 (Anlage). Vgl. zu den übrigen zwischen Berlin und Brandenburg seit 1992 abgeschlossenen Staatsverträgen *R. Sannwald*, in: Schmidt-Bleibtreu/Hofmann/Henneke, GG, Art. 118a Rn. 9f.

fassung zu einem Bundesland im **Wettbewerb der europäischen Regionen** zu stärken; außerdem soll diesem Land die Funktion einer Brücke zu Polen zukommen[8]. Die Vorschrift ist somit nicht nur auf die innerdeutsche Lage gerichtet, sondern enthält auch eine europäische Komponente.

Art. 118a GG ist Tendenzen in **anderen Bundesstaaten** insofern entgegengesetzt, als diese dazu neigen, die Hauptstadt als Gliedstaat – so die Verfassungen von Österreich (Art. 2 II), Russland (Art. 5, 65.1), Belgien (Art. 3) – oder Bundesdistrikt – so die Verfassungen der USA (XXIII. Amendment), von Argentinien (Art. 129), Mexiko (Art. 44), Brasilien (Art. 18), Australien (Art. 125) und Indien (Art. 239AA.) – staatsrechtlich zu verselbstständigen (zum Verbot bundesunmittelbarer Territorien → Art. 29 Rn. 16). Wie in Art. 29 GG (→ Art. 29 Rn. 10, 18) legt das Grundgesetz auch hier den Akzent offenbar eher auf die Bildung von Großterritorien. Ebenso wie Art. 118 GG weicht Art. 118a GG von der in anderen Bundesstaaten geltenden Regel ab, dass interne Gebietsveränderungen nicht ohne **Mitwirkung des Gesamtstaats** erfolgen (→ Art. 118 Rn. 7; → Art. 29 Rn. 9). 5

In den **Landesverfassungen** von Berlin und Brandenburg finden sich entsprechende, die Neugliederung regelnde Vorschriften (Art. 97 Verf. Berl., Art. 116 Verf. Brandenb.). Beide Verfassungen sehen die Vereinigung der Länder durch Staatsvertrag vor, der einer Mehrheit von zwei Dritteln der Mitglieder des Abgeordnetenhauses bzw. des Landtages sowie der Zustimmung durch Volksabstimmung bzw. Volksentscheid bedarf. 6

C. Erläuterungen

I. Allgemeine Bedeutung

Art. 118a GG ist neben Art. 118 GG eine **zweite Sonderregelung** gegenüber Art. 29 GG, die eine Neugliederung in Vergleich zu jenem erleichtert (vgl. → Art. 118 Rn. 8; → Rn. 1). Sie »trägt« – in den Worten der Gemeinsamen Verfassungskommission – »der historischen Verbundenheit von Berlin und Brandenburg Rechnung, die auch durch eine 40jährige politische Trennung nicht zerstört worden ist«[9]. 7

Als »Kann«-Bestimmung enthält Art. 118a GG nur eine »**Option**« zur vereinfachten Neugliederung[10]. Trotz oder auch gerade wegen der Sonderverhältnisse im Raum Berlin/Brandenburg sollte dieser Vereinigung eine **Pilotfunktion** zukommen, da ein erfolgreicher Zusammenschluss auch den weiteren Verlauf der mit der Wiedervereinigung erneut ausgelösten Neugliederungsdiskussion hätte beeinflussen können (→ Art. 29 Rn. 6, 14). Umgekehrt gibt das Scheitern der Länderfusion 1996 (→ Rn. 15ff.) zu erkennen, dass die Bevölkerung einer Änderung der bestehenden Länderstruktur eher ablehnend gegenübersteht und sich mit »ihren« Ländern identifiziert. 8

Die gescheiterte »Länderehe« hat **Art. 118a GG nicht verbraucht**; vielmehr ermöglicht dieser auch weiterhin Neugliederungen unter im Vergleich zu Art. 29 GG erleich- 9

---

[8] *W. Gärtner*, NJW 1996, 88 (91).

[9] Bericht der GVK, BT-Drs. 12/6000, S. 45. Umfassend *J. Dietlein*, in: BK, Art. 118a (2001), Rn. 1ff.; ferner *R. Scholz*, in: Maunz/Dürig, GG, Art. 118a (2015), Rn. 2.

[10] Vgl. auch *K. G. Meyer-Teschendorf*, in: v. Mangoldt/Klein/Starck, GG III, Art. 118a Rn. 3, sowie *W. Erbguth*, in: Sachs, GG, Art. 118a Rn. 3.

terten Voraussetzungen[11]. Entsprechende Vorstöße konnten sich bislang nicht durchsetzen[12]. Daher erachtet der Berliner Senat in seinem Fortschrittsbericht v. 12.1.2016 eine Fusion für »auf absehbare Zeit nicht realistisch«[13], und auch in der Literatur ist von einer »allgemeine[n] Lethargie« die Rede[14]. Eine **Neugliederung gemäß Art. 29 GG** bleibt möglich (→ Rn. 18)[15].

II. Einzelfragen

10 Der **Begriff der Neugliederung** in dem die Länder Berlin und Brandenburg umfassenden Gebiet knüpft an die Wortwahl in Art. 29 GG an (→ Art. 29 Rn. 16). Dabei ist die Art der Neugliederung offen, die Vereinigung beider Länder ist nur eine Möglichkeit[16]. Nicht anwendbar ist Art. 118a GG indessen auf Grenzveränderungen zwischen Brandenburg und seinen deutschen Nachbarländern. Hier gilt nur Art. 29 GG.

11 Das in Art. 118a GG eingeräumte Ermessen (→ Rn. 8) wird durch eine **Vereinbarung beider Länder** ausgeübt, also durch Abschluss eines Staatsvertrags[17]. Darin können beide Länder auch die mit der Fusion verbundenen Folge- und Übergangsfragen klären, soweit nicht die Regelungskompetenz dafür dem Bund zusteht[18]. Anders als in Art. 29 VIII GG bedarf es für die Gültigkeit eines solchen Fusionsvertrages **keiner Zustimmung durch den Bundestag**; diese ist durch den Prüfauftrag an den Verfassung-

---

[11] *Scholz* (Fn. 9), Art. 118a Rn. 11; *T. Würtenberger*, HStR³ VI, § 132 Rn. 46. Vgl. demgegenüber die Gegenstandslosigkeit des Art. 118 GG (→ Art. 118 Rn. 8).

[12] Ein neuer Anlauf war seit Anfang 2000 im Gespräch, vgl. »2. Anlauf für Fusion soll bis 2010 gelingen. Gemeinsame Kabinettsitzung der Landesregierungen von Berlin und Brandenburg«, in: Die Welt v. 9.3.2000; der ursprüngliche Plan (Volksabstimmung 2006, Fusion 2009) wurde jedoch nicht verwirklicht. Eine Neugliederung befürwortend (auch gegenüber dem Vorschlag einer Bundesverantwortung für Berlin): *U. Keunecke*, RuP 39 (2003), 85ff.; *E. Diepgen*, RuP 39 (2003), 131ff. Ablehnend demgegenüber *D. Tripke*, Sind die Länder Berlin und Brandenburg neugliederungsreif nach Art. 118a GG?, Diss. jur. Potsdam 2009, S. 217ff. Nachdem die Voraussetzungen einer finanziellen Unterstützung durch den Bund im Falle »extremer Haushaltsnotlage«, wie sie durch BVerfGE 86, 148 (264f.) angedeutet wurden, im Falle der Klage Berlins aus dem Jahre 2003 durch BVerfGE 116, 327 (377ff., Rn. 171ff.) sehr eng gefasst wurden, stellt sich die Frage gerade für Berlin und Brandenburg besonders nachdrücklich.

[13] Berliner Senat, Fortschrittsbericht über die Zusammenarbeit zwischen den Ländern Brandenburg und Berlin sowie die weitere Zusammenlegung von Behörden und Sonderbehörden, https://www.berlin-brandenburg.de/_assets/9_fortschritsbericht.pdf (10.10.2016), S. 1.

[14] *E. Schmidt-Jortzig*, Neugliederung des Bundesgebietes. Verfassungsreformanstrengungen und die Mitwirkung des Jubilars dabei, in: FS Scholz, 2007, S. 729ff. (738), obwohl eine »verstärkte Notwendigkeit einer Neugliederung« bestehe (ebd., S. 742).

[15] *Dietlein* (Fn. 9), Art. 118a Rn. 8; Jarass/*Pieroth*, GG, Art. 118a Rn. 1.

[16] Restriktiver *Erbguth* (Fn. 10), Art. 118a Rn. 2; wie hier dagegen *Dietlein* (Fn. 9), Art. 118a Rn. 9; *Tripke*, Länder (Fn. 12), S. 62f. m.w.N.

[17] So schon ausdrücklich der Bericht der GVK, BT-Drs. 12/6000, S. 45. S. auch die Begründung der Bundesregierung, BT-Drs. 12/7109, S. 12.

[18] Die Mitregelung der zukünftigen Verfassungsordnung im Staatsvertrag erachtet für zulässig: BbgVerfG LKV 1996, 203 (206); restriktiv demgegenüber *J. Dietlein*, in: BK, Art. 29 (2002), Rn. 85; *ders.* (Fn. 9), Art. 118a Rn. 12ff.; *ders.*, Der Staat 38 (1999), 547 (556ff.); *T. Würtenberger*, HStR³ VI, § 132 Rn. 68. Zur Überwindbarkeit landesverfassungsrechtlicher Bestandsschutzklauseln BbgVerfG LKV 1996, 203 (205f.); *J. Dietlein*, Der Staat 38 (1999), 547 (553ff.). Näher zum Neugliederungsvertrag *U. Keunecke*, Die gescheiterte Neugliederung Berlin-Brandenburg, Diss. jur. Greifswald 2001, S. 89ff., 162ff.

geber sowie durch Art. 118a GG selbst antizipiert worden[19]. Der Bundesgesetzgeber ist auf eine passive Zuschauerrolle beschränkt[20].

Der Passus »abweichend von den Vorschriften des Artikels 29« bedeutet, dass nicht 12
nur die Verfahrensregelungen des Art. 29 GG, sondern die **gesamte Norm** mit ihren spezifischen Kriterien nicht zur Anwendung kommt (→ Art. 29 Rn. 38)[21]. Sie werden in der Norm selbst schon als erfüllt behandelt.

Der **Beteiligungsvorbehalt** zugunsten der Berliner und Brandenburger Wahlberech- 13
tigten lässt – entsprechend der Intention der GVK (→ Rn. 1) und wie bei Art. 118 S. 1 GG (→ Art. 118 Rn. 9) – offen, in welcher Weise diese in das Verfahren einbezogen werden; ein Volksentscheid ist nicht gefordert[22]. Ob diese Beteiligung mittelbar oder unmittelbar, initiatorischer, konsultativer oder letztverbindlich zustimmender Natur sein soll, ist damit der Regelung im Staatsvertrag überlassen[23]. Im Bereich der Möglichkeiten liegt auch die Wahl einer gemeinsamen verfassunggebenden Versammlung für das neue Gesamtland. Da allerdings Art. 97 II der Berliner und Art. 116 der Brandenburgischen Verfassung übereinstimmend eine verbindliche Volksabstimmung verlangen, war der **Volksentscheidsvorbehalt** des Neugliederungsvertrages landesverfassungsrechtlich determiniert.

Die **Beteiligung der Wahlberechtigten** lässt sich wie bei Art. 29 GG als **Ausdruck** 14
direktdemokratischer Elemente im Grundgesetz verstehen (→ Art. 29 Rn. 12 f.; kritisch zur Bezeichnung als »Volksentscheid« und für eine föderale Deutung: → Art. 20 [Demokratie], Rn. 100, 105). Zu Recht hält es das Bundesverfassungsgericht im Rahmen von Art. 118a GG für zulässig, dass die Landesregierungen »als Initiatoren« des Verfahrens für die Vereinigung der Länder werben: Die sonst bestehende »Pflicht zur Wahrung strikter Neutralität im Vorfeld der Volksabstimmungen« stünde hier im Widerspruch zu der besonderen Rolle der Landesregierungen, die mit dem Abschluss des Vertrages über die Vereinigung ihren Willen bereits eindeutig kundgetan haben und in ihrer Entscheidung auf die **Zustimmung der Bevölkerung** angewiesen sind[24].

III. Die gescheiterte Länderfusion

Bereits im Dezember 1991 hatten das Land **Berlin**, dessen nach 1945 eingerichteter 15
Sonderstatus[25] im Rahmen der Wiedererlangung der deutschen Einheit nach Art. 1 II EV beendet wurde und das nunmehr wieder das Territorium des 1920 geschaffenen Groß-Berlin umfasst, und das Land **Brandenburg** mit der Bildung einer gemeinsamen Regierungskommission die Vorbereitung für eine Fusion begonnen. Der von den Länderregierungen ausgehandelte **Neugliederungsvertrag** fand am 22.6.1995 die Zustimmung beider Länderparlamente[26]. Das brandenburgische Verfassungsgericht bestätig-

---

[19] *J. Dietlein*, Der Staat 38 (1999), 547 (551); *Erbguth* (Fn. 10), Art. 118a Rn. 2, 4; *K. G. Meyer-Teschendorf*, DÖV 1993, 889 (891); *ders.* (Fn. 10), Art. 118a Rn. 7; *Scholz* (Fn. 9), Art. 118a Rn. 9.

[20] *K. G. Meyer-Teschendorf*, DÖV 1993, 889 (891); *ders.*, Neugliederung und Bundesverfassung, in: FS Isensee, 2002, S. 341 ff. (354).

[21] BbgVerfG LKV 1996, 203 (204).

[22] S. auch *Meyer-Teschendorf* (Fn. 10), Art. 118a Rn. 6.

[23] *U. Berlit*, JöR 44 (1996), 17 (48).

[24] BVerfG (K), LKV 1996, 333 (333 f.).

[25] Vgl. *M. Stolleis*, HStR³ I, § 7 Rn. 32.

[26] Berl. GVBl. S. 490; Brandenb. GVBl. I S. 150.

te 1996 die Vereinbarkeit des brandenburgischen Zustimmungsgesetzes mit der Landesverfassung[27].

16 Zwischenzeitlich hatte der Bund die mit einer Fusion verbundenen Auswirkungen auf die bundesstaatliche Finanzverfassung geregelt[28]. Nach Art. 3 I des Neugliederungsvertrags[29] war die Annahme in beiden Ländern mit der Mehrheit der abgegebenen Stimmen und einem Quorum von einem Viertel der Stimmberechtigten erforderlich; diese Anforderungen gingen über diejenigen der **Volksabstimmung** im Südwesten 1951 hinaus, wo es nur auf eine Zustimmung im Gesamtgebiet angekommen war (→ Art. 118 Rn. 3)[30]. Die Abstimmung erfolgte nicht nur über das »Ob« der Fusion, sondern auch über den Zeitpunkt (1999 oder 2002).

17 Das **Vertragswerk scheiterte** in den Abstimmungen v. 5.5.1996[31]. Zwar fand es in Berlin mit 53,6% eine Mehrheit, in Brandenburg aber votierten 62,7% der abgegebenen Stimmen dagegen[32]. Seitdem entwickelten beide Länder ihre Zusammenarbeit auf der Basis einer Vielzahl von Staatsverträgen (→ Rn. 2).

D. Verhältnis zu anderen GG-Bestimmungen

18 Art. 118a GG, der eine Neugliederung in dem die Länder Berlin und Brandenburg umfassenden Gebiet unter erleichterten Voraussetzungen als Art. 29 GG zulässt, schließt ein Vorgehen gemäß **Art. 29 GG** und insbesondere gemäß dessen Absatz 8 nicht aus (→ Art. 29 Rn. 38)[33]. Art. 29 GG ist neben Art. 118a GG anwendbar, womit eine Fusion auch durch ein Bundesgesetz nach Art. 29 II GG in die Wege geleitet werden könnte, freilich nicht ohne Volksentscheid[34]. Art. 118 und 118a GG stehen unverbunden nebeneinander.

---

[27] BbgVerfG LKV 1996, 203 (204f.).

[28] Gesetz zur Regelung der finanziellen Voraussetzungen für eine Neugliederung der Länder Berlin und Brandenburg v. 9.8.1994, BGBl. I S. 2066; s. dazu *E. Klein/F. Klimms*, LKV 1995, 341 (343f.).

[29] Zu dessen Einzelheiten *W. Gärtner*, NJW 1996, 88 (89ff.); *ders.*, JR 1995, 319 (320ff.); *G. Rüß*, LKV 1995, 337 (338ff.).

[30] *W. Gärtner*, NJW 1996, 88 (89).

[31] Zur – bejahten – Befugnis der Landesregierungen, für die Zustimmung zu dem Vertragswerk zu werben, s. BVerfG (K), LKV 1996, 333 (333f.).

[32] Die absoluten Zahlen finden sich bei *P. Kunig*, in: v. Münch/Kunig, GG II, Art. 118a Rn. 7. Eingehende Analyse der Volksabstimmung und der möglichen Gründe für ihren Ausgang bei *O. Jung*, ZParl. 28 (1997), 13ff. Vgl. zur gescheiterten Länderfusion auch *Keunecke*, Neugliederung (Fn. 18), und *ders.*, RuP 39 (2003), 85 (87); zur finanzverfassungsrechtlichen Problematik vgl. *P. F. Lutz*, StWStP 7 (1996), 137ff.

[33] Vgl. zur Unabhängigkeit auch BbgVerfG LKV 1996, 203 (204).

[34] *K. G. Meyer-Teschendorf*, DÖV 1993, 889 (891).

Artikel 119 [Flüchtlinge und Vertriebene]

[1]In Angelegenheiten der Flüchtlinge und Vertriebenen, insbesondere zu ihrer Verteilung auf die Länder, kann bis zu einer bundesgesetzlichen Regelung die Bundesregierung mit Zustimmung des Bundesrates Verordnungen mit Gesetzeskraft erlassen. [2]Für besondere Fälle kann dabei die Bundesregierung ermächtigt werden, Einzelweisungen zu erteilen. [3]Die Weisungen sind außer bei Gefahr im Verzuge an die obersten Landesbehörden zu richten.

Literaturauswahl

Finke, Jasper: Funktion und Wirkung der Ausnahme im Recht, in: AöR 140 (2015), S. 514–541.
Kossert, Andreas: Kalte Heimat. Die Geschichte der deutschen Vertriebenen nach 1945, 2008.
v. Perbandt, S[klode]: Die Heimatvertriebenen im Grundgesetz, in: DÖV 1949, S. 285–287.
Schmidt, Adela: Die vergessene Richtlinie 2001/55/EG für den Fall eines Massenzustroms von Vertriebenen als Lösung der aktuellen Flüchtlingskrise, in: ZAR 2015, S. 205–212.

Leitentscheidungen des Bundesverfassungsgerichts

Diese liegen zu Art. 119 GG nicht vor.

Gliederung

Stichwörter

A. Herkunft, Entstehung, Entwicklung

I. Ideen- und verfassungsgeschichtliche Aspekte

1 Art. 119 GG ist in gleich mehrfacher Perspektive eine **Ausnahmevorschrift**. Sie reagiert – akzentuiert durch die Plazierung im XI. Abschnitt – auf eine Ausnahmelage, erweist sich aber auch kompositorisch als singulär, indem sie die Staatsaufgabe der Flüchtlingsverteilung (S. 1; → Rn. 9) mit einer Normsetzungskompetenz eigener Art (S. 1; → Rn. 10f.) sowie einer Verwaltungskompetenz (S. 2 u. 3; → Rn. 12) kombiniert und so eine (freilich kurzlebige) **Notstandsverfassung** en miniature inauguriert[1]. In dieser höchst kontingenten Bündelung kann die Norm nicht auf eine eigene Ideen- oder Verfassungsgeschichte zurückblicken; hingegen trägt jedes ihrer Elemente die Last einer teils jahrtausendealten Problemgeschichte: Die Sorge um **Flüchtlinge** und **Vertriebene** ruft in ihrer charakteristischen Dopplung einerseits die historischen Reaktionen des Rechts auf Flucht und Migration schlechthin (→ Art. 16a Rn. 1ff., 21ff.), andererseits die Sondersituation der millionenfachen Zwangsmigration Deutscher in der Endphase des bzw. im Anschluß an den Zweiten Weltkrieg auf (→ Art. 116 Rn. 4ff.). Die Rechtsfigur der **Verordnung mit Gesetzeskraft** (sonst nur noch: → Art. 127 Rn. 13) steht in der Tradition des selbständigen Verordnungsrechts der Exekutive (→ Art. 80 Rn. 1f.) wie der Weimarer Praxis, die sog. gesetzesvertretende Verordnungen ebenso anerkannte[2] wie Ermächtigungsgesetze, also solche Regelungen, die Rechtsetzungsbefugnisse vorbehaltlos auf die Exekutive übertrugen[3]. Die Möglichkeit der **Einzelweisungen** sowie die Adressatenstellung der **obersten Landesbehörden** wiederum setzen Weimarer Diskussionen um die selbständige bzw. die abhängige Reichsaufsicht sowie ihre jeweilige Reichweite fort (→ Art. 85 Rn. 4).

II. Entstehung und Veränderung der Norm

2 Art. 119 GG geht nicht auf den Herrenchiemseer Konvent zurück, sondern verdankt sich einem **interfraktionellen Antrag**, der erstmals im Januar 1949 **im Hauptausschuß** gestellt wird und im Kern bereits dem abschließenden Text entspricht[4]. Die Antragsteller weisen darauf hin, daß die bislang bestehenden Landesgesetze nicht in der Lage seien, angesichts der schieren Masse an Vertriebenen eine angemessene Verteilung auf das zukünftige Bundesgebiet zu garantieren[5]. Im Vorgriff auf die bereits konsentierte

---

[1] Siehe schon *S. v. Perbandt*, DÖV 1949, 285 (286: »eine Art Notverordnungsrecht«).

[2] *E. Jacobi*, Die Rechtsverordnungen, in: HdbDStR II, § 77, S. 236ff. (240f., 248f.).

[3] Die Fixierung auf »das« Ermächtigungsgesetz v. 24.3.1933 blendet insofern aus, daß das Ermächtigungsgesetz – nicht anders als die Verfassungsdurchbrechung (→ Art. 79 I Rn. 3) – eine anerkannte und keineswegs *per se* diktaturverdächtige Rechtsfigur des Staatsrechts der konstitutionellen Epoche wie der Zwischenkriegszeit war; siehe die zeitgenössischen Darstellungen von *F. Marx*, Die Ermächtigungsgesetze seit 1914, Diss. jur. Köln 1924 und *W. Diersche*, Die Ermächtigungsgesetze. Ihre Entstehung und staatsrechtliche Bedeutung, Diss. jur. Hamburg 1926 sowie *M. Frehse*, Ermächtigungsgesetzgebung im Deutschen Reich 1914–1933, 1985, S. 12ff., 67ff.

[4] Zur Entstehungsgeschichte näher JöR 1 (1951), S. 832ff.; siehe ferner *[H.] Holtkotten*, in: BK, Art. 119 (Erstb. 1964), Anm. I; *J. Kramer*, in: AK-GG, Art. 119 (2002), Rn. 1; *H. Butzer*, in: Maunz/Dürig, GG, Art. 119 (Zweitb. 2011), Rn. 13ff.; *T. Hebeler*, in: Friauf/Höfling, GG, Art. 119 (2016), Rn. 2f.; → *Masing*, Bd. III[2], Art. 119 Rn. 2. Entwurfsfassungen in Parl. Rat VII, S. 282, 386, 436f., 526, 564, 602. – Kurios *D.C. Umbach*, in: Umbach/Clemens, GG II, Art. 119 Rn. 1, der den Antrag den Abg. *Mücke*, *Laforet* und *Hoch* zuschreibt.

[5] Instruktiv zu den Landesnormen *Holtkotten* (Fn. 4), Art. 119 Anm. II.2.c. Vgl. zur Situation ma-

konkurrierende Bundeskompetenz für das Recht der Flüchtlinge und Vertriebenen (jetzt Art. 74 I Nr. 6 GG; → Art. 74 Rn. 34ff.) solle die Bundesregierung deshalb möglichst schnell entsprechende Verteilungsregeln erlassen können – ein Vorhaben, das der Abg. Laforet (CSU) offen als »**Ermächtigungsgesetz**« ausflaggt und zugleich als politisches Signal des Verfassunggebers an die Heimatvertriebenen verstanden wissen will[6]. Im weiteren Verlauf der Beratungen wurden lediglich redaktionelle Änderungen an der einhellig als überragend dringlich eingestuften Bestimmung vorgenommen; daneben scheiterten Vorstöße, sie auf zwei Jahre zu befristen (Abg. Seebohm)[7] oder an eine nachträgliche Genehmigung des Bundestages zu binden (Abg. Renner)[8]. Art. 119 GG ist seit 1949 normtextlich **unverändert** geblieben; Bestrebungen, ihn eingedenk des Fortfalls seines normativen Substrats zur Lösung anderer Problemlagen zu aktivieren, lassen sich nicht verzeichnen und wären – auch angesichts der gegenwärtigen »Flüchtlingskrise« – gelinde gesagt anfechtbar.

B. Internationale, supranationale und rechtsvergleichende Bezüge

I. Internationale und supranationale Bezüge

Der Umgang mit Flüchtlingen wie die Aufnahme von Angehörigen der »eigenen« Staatsnation oder Ethnie unterliegen teils detaillierten **völkerrechtlichen Regeln** (→ Art. 16a Rn. 21ff.; → Art. 116 Rn. 21ff., 34ff.), die für den Verfassunggeber in Ansehung des Art. 119 GG allerdings nicht handlungsleitend waren (oder auch sein mußten oder konnten): Die Norm reagiert auf ein rein *faktisches* Verteilungs- und Versorgungsproblem, das nicht zuletzt auf eine beiderseitige sukzessive Ignoranz (völker-) *rechtlicher* Standards zurückzuführen ist. Sie verarbeitet insofern zwar jenseits der Grenzen verursachte Irritationen, versucht diese aber **rein nationalstaatlich** zu bewältigen. 3

Auch die Regeln des gegenwärtigen unionsrechtlichen Flüchtlingsrechts (→ Art. 16a Rn. 18, 32ff.) liegen meilenweit hinter dem Horizont der Verfassungsberatungen von 1949. Nachgerade beängstigend ist allerdings die **Parallele** in Sachen **Verteilungskrise**; die im Parlamentarischen Rat obwaltende Einsicht, daß partikulare Normen schon kraft der ontologischen Begrenztheit der Froschperspektive nicht zu einer rationalen resp. nachhaltigen Lastenverteilung fähig sind, wird gegenwärtig auf europäischer Ebene auf tragische Weise bestätigt[9]. Dabei weist das Unionsrecht mit Art. 78 III AEUV (Maßnahmen der Kommission, falls ein Mitgliedstaat aufgrund eines plötzlichen Zustroms in eine Notlage gerät) durchaus Art. 119 GG vergleichbare Mechanismen auf, ohne sie derzeit nutzen zu können oder wollen[10]. 4

---

gistral *A. Kossert*, Kalte Heimat. Die Geschichte der deutschen Vertriebenen nach 1945, 2008; s. auch *Butzer* (Fn. 4), Art. 119 Rn. 3ff.; *K.H. Schaefer*, in: v. Münch/Kunig, GG, Art. 119 Rn. 1f. sowie S. 1487f. (statistische Angaben).

[6] JöR 1 (1951), S. 833; Parl. Rat XIV/2, S. 1446.

[7] JöR 1 (1951), S. 833; Parl. Rat XIV/2, S. 1448.

[8] JöR 1 (1951), S. 833; Parl. Rat XIV/2, S. 1447.

[9] Siehe nur *R. Lehner*, ZAR 2015, 365 (366ff.).

[10] Siehe nur *M. Rossi*, in: Calliess/Ruffert, EUV/AEUV, Art. 78 AEUV Rn. 30ff.; zu beachten ist in diesem Zusammenhang auch die auf der Grundlage von Art. 78 II lit. c AEUV erlassene sog. Massenzustrom-Richtlinie (Richtlinie 2001/55/EG v. 20.7.2001, Abl. L 212/12), die bislang allerdings ebenfalls nicht aktiviert worden ist. Zu dieser in der aktuellen Krise »vergessene[n] Richtlinie« *A. Schmidt*, ZAR 2015, 205 (205). → Art. 16a Rn. 34.

II. Rechtsvergleich

1. Internationaler Verfassungsvergleich

5 Normen, die Art. 119 GG eins zu eins entsprechen, sind nicht zu verzeichnen; wollte man den einzelnen Regelungselementen (→ Rn. 9ff.) im Detail nachgehen, ergäbe sich ein Bild, das bis zur Grenze des Diffusen differenziert ausfiele. Gleichwohl finden sich Bestimmungen, die mit Art. 119 GG den thematischen Zuschnitt (Flüchtlinge und Vertriebene) wie den spezifischen Zugriff der Ausnahmevorschrift teilen; nicht zufällig liegt ihnen ein ähnlich katastrophisches Flüchtlingsszenario zugrunde: Nach dem Scheitern der an die Restauration des Byzantinischen Reiches gemahnenden *megáli idéa* muß **Griechenland** einen hunderttausendfachen Flüchtlingsstrom verkraften[11], dem in den Verfassungen der Zwischen- wie Nachkriegszeit mit der Aufrechterhaltung von Sondermaßnahmen der Exekutive begegnet wird[12].

2. Landesverfassungsrecht

6 Die vorgrundgesetzlichen Landesverfassungen kommen in Sachen Flucht und Vertreibung **seltsam teilnahmslos** daher. Vereinzelt schimmern die Verteilungskämpfe der Nachkriegszeit durch, wenn etwa in der Präambel von »einer Zeit größter äußerer und innerer Not« die Rede ist (Württemberg-Baden 1946) oder das Wohnungsgrundrecht Eingriffe zur »Behebung der Wohnungsnot« hinnehmen muß (Art. 6 II Württ.-Bad-Verf.; → Art. 13 Rn. 116). Normen, die spezifisch Flüchtlinge oder Vertriebene ansprechen, finden sich allerdings nur in Ostdeutschland. Hier bestimmen Sachsen-Anhalt (Art. 76 S. 3 Verf. 1947) sowie Mecklenburg (Art. 77 S. 2 Verf. 1947), daß bei der Verteilung von Boden und Heimstätten »**Umsiedler**« gesondert zu berücksichtigen sind[13]; das zynische Etikett findet sich noch in Art. 26 II DDR-Verf. von 1949.

7 Parallelen zu Art. 119 GG weisen ferner solche Landesverfassungsbestimmungen auf, die in fragwürdiger Verlängerung des Art. 48 II, IV WRV der Landesregierung ein **Notverordnungsrecht** einräumen[14], das im – unterschiedlich ausbuchstabierten – Notstandsfall ausdrücklich Verordnungen mit Gesetzeskraft (→ Rn. 10f.) erlaubt und da-

---

[11] Dazu nur *I. Zelepos*, Die Ethnisierung griechischer Identität 1870–1912. Staat und private Akteure vor dem Hintergrund der »Megali idea«, 2002 sowie *E.Y. Bedlek*, Imagined Communities in Greece and Turkey: Trauma and the Population Exchanges under Atatürk, London 2015, S. 49ff.

[12] Konkret Art. 113 der Verf. v. 29.9.1925. Text in: D. Gosewinkel/J. Masing (Hrsg.), Die Verfassungen in Europa 1789–1949, 2006, S. 1080 (1100). Die Bestimmung findet als Art. 119 wortlautgleich Eingang in die revidierte Verfassung v. 22.9.1926 (ebd., S. 1102 [1123]). Die nochmals revidierte Verfassung v. 2.6.1927 enthält in ihrem Art. 119 nur noch eine Sonderregelung, die Enteignungen u.a. zugunsten von Flüchtlingen vom Eigentumsschutz ausnimmt (ebd., S. 1126 [1147]); vgl. die kurze Anmerkung von *H. Gmelin*, JöR 16 (1928), 270 (276). – Diese Regelung geht unverändert in die Nachkriegsverfassung v. 1.1.1952 ein (Art. 104: P.C. Mayer-Tasch/I. Contiades [Hrsg.], Die Verfassungen Europas, 1966, S. 134 [158]). In der geltenden griechischen Verfassung v. 9.6.1975 bestimmt Art. 117 I, daß die auf der Grundlage der zuletzt genannten Bestimmung bis zum Militärputsch v. 21.4.1967 erlassenen Gesetze nicht als verfassungswidrig einzustufen sind.

[13] Verfassungstexte in: *W. Wegener*, Die neuen deutschen Verfassungen, 1947, S. 182 (192: Sachsen-Anhalt) bzw. 195 (205: Mecklenburg). – Beide Bestimmungen gehen auf einen einheitlichen Entwurf der SED für die Landesverfassungen in der sowjetisch besetzten Zone zurück (Art. 81): *G. Braas*, Die Entstehung der Länderverfassungen in der Sowjetischen Besatzungszone Deutschlands 1946/47, 1987, S. 63ff. (Text S. 445).

[14] Bezeichnenderweise ist die Literatur extrem übersichtlich (wohingegen das Notverordnungsrecht der Länder in der Zwischenkriegszeit ein klassisches Dissertationsthema war; siehe statt aller *H. Muhs*, Das Notverordnungsrecht nach Landesstaatsrecht, Diss. jur. Göttingen 1923): Außer den

bei auf die thematische Engführung verzichtet, die Art. 119 GG gerade auszeichnet (→ Rn. 9). Dergleichen Fossilien finden sich noch in Bremen (Art. 101 II Verf.)[15], Hessen (Art. 110 Verf.), Niedersachsen (Art. 44 Verf.), Nordrhein-Westfalen (Art. 60 Verf.)[16] sowie in Rheinland-Pfalz (Art. 111f. Verf.)[17]. Die enger gefaßten (konkret auf Gefahren für den Bestand des Staates beschränkten) Notstandsregeln in Württemberg-Hohenzollern (Art. 50 I Verf.) sowie in Württemberg-Baden (Art. 79 I Verf.) sind mit der Gründung Baden-Württembergs in Wegfall gekommen; die dort anfangs vorgesehene Möglichkeit der Regierung, im Notstand »Maßnahmen mit Gesetzeskraft« zu erlassen (Art. 62 I Verf. a. F.)[18], ist 1975 der Einsetzung eines Landtagsausschusses als **Notparlament** gewichen[19]. Diese Einrichtung ist wiederum im Rahmen der »Patenschaft« nach der Wiedervereinigung nach Sachsen gewandert (dort Art. 113 I Verf.).

C. Erläuterungen

I. Allgemeine Bedeutung

8 Art. 119 GG **gilt** nach nahezu einhelliger Einschätzung **als obsolet** oder gegenstandslos[20]. Das trifft zu, wenn man die Norm im Kern als Ermächtigung zum Erlaß von Verordnungen mit Gesetzeskraft begreift (→ Rn. 10f.) – seit Inkrafttreten des Bundesvertriebenengesetzes am 5. Juni 1953 (→ Rn. 13) kann die Bundesregierung derartige Verordnungen nicht mehr auf Art. 119 GG stützen[21]. Anderes gilt, wenn man in Rechnung stellt, daß die Norm erstens weiterhin als **Geltungsgrund** der auf sie gestützten Bestimmungen (→ Rn. 11) fungiert bzw. zumindest fungierte – diese sind bei Erlaß des Bundesvertriebenengesetzes durchaus nicht aufgehoben worden[22]. Sofern diese Ver-

Kommentaren praktisch nur *W. Schätzel*, Rheinisch-Pfälzisches Verwaltungsblatt 1 (1947), 17f. sowie *E. Marx*, Staatsnotstand und Notverordnungsrecht, Diss. jur. Köln 1953.

[15] Siehe dazu die kontrastierenden Einschätzungen von *T. Spitta*, Kommentar zur Bremischen Verfassung von 1947, 1960, Art. 101 Anm. zu Abs. 2 (S. 193) und von *I. Kramer*, in: A. Fischer-Lescano u. a. (Hrsg.), Verfassung der Freien Hansestadt Bremen, 2016, Art. 101 Rn. 43ff.

[16] Trocken *P.J. Tettinger*, in: W. Löwer/P.J. Tettinger (Hrsg.), Kommentar zur Verfassung des Landes Nordrhein-Westfalen, 2002, Art. 60 Rn. 12: »bislang keinerlei praktische Relevanz«.

[17] Vgl. auch hier den Wandel der Einschätzung von *A. Süsterhenn/H. Schäfer*, Kommentar der Verfassung für Rheinland-Pfalz, 1950, Art. 111 Anm. 2 (Differenzierung zwischen politischem [Art. 111 Verf.] und nichtpolitischem Notstand [Art. 112 Verf.]) sowie *T. Hebeler*, in: L. Brocker/M. Droege/S. Jutzi (Hrsg.), Verfassung für Rheinland-Pfalz, 2014, Art. 111 Rn. 1ff., Art. 112 Rn. 1ff.

[18] Wortlaut des Art. 62 I 1–3 Verf. a. F.: »Die Regierung verkündet bei unmittelbarer Gefahr für den Bestand des Staates den Staatsnotstand. Sie trifft mit Gesetzeskraft die zur Aufrechterhaltung oder Wiederherstellung der öffentlichen Sicherheit und Ordnung erforderlichen Maßnahmen, wenn der Landtag verhindert ist, sich alsbald zu versammeln. Die Anordnungen dürfen dem geltenden Verfassungsrecht nicht widersprechen.«

[19] 10. Änderungsgesetz v. 4.11.1975 (GBl. S. 726); vgl. dazu *P. Feuchte*, Verfassungsgeschichte von Baden-Württemberg, 1983, S. 380f. sowie *dens.*, in: P. Feuchte (Hrsg.), Verfassung des Landes Baden-Württemberg, 1986, Art. 62 Rn. 1ff.

[20] *Holtkotten* (Fn. 4), Art. 119 Anm. II.3.b; *Umbach* (Fn. 4), Art. 119 Rn. 5; *Schaefer* (Fn. 5), Art. 119 Rn. 5; *M. Sachs*, in: ders., GG, Art. 119 Rn. 1; *Jarass*/Pieroth, GG, Art. 119 Rn. 1.

[21] Wie hier *Butzer* (Fn. 4), Art. 119 Rn. 18.

[22] Vgl. das Gesetz über die Angelegenheiten der Vertriebenen und Flüchtlinge (Bundesvertriebenengesetz) v. 19.5.1953, BGBl. I S. 202 und hier insbesondere die Übergangs- und Schlußbestimmungen (§§ 100ff. BVFG); § 103 BVFG ordnet lediglich das Außerkrafttreten einzelner landesrechtlicher Bestimmungen an.

ordnungen Ermächtigungen zu Einzelweisungen enthielten[23], galten bzw. gelten auch diese nach Art. 119 S. 2 GG fort. Wichtiger als diese doch eher theoretische Möglichkeit dürfte sein, daß Art. 119 GG als typische Ausnahmebestimmung[24] weiterhin die grundsätzliche Bedeutung der Regeln unterstreicht, von denen er abweicht, an erster Stelle der Entscheidung des Grundgesetzes für ein abgeleitetes und im Interesse der Demokratie wie des Rechtsstaates streng limitiertes Verordnungsrecht der Exekutive (→ Art. 80 Rn. 14)[25].

II. Regelungsbereich

9 Art. 119 S. 1 GG knüpft implizit an die konkurrierende Gesetzgebungskompetenz des Bundes in Art. 74 I Nr. 6 GG (»**Angelegenheiten der Flüchtlinge und Vertriebenen**«; → Art. 74 Rn. 34ff.) an. Beide Bestimmungen sind identisch auszulegen[26], wobei die redundante Umschreibung (die deutschen oder von dritter Seite als deutsch etikettierten »Vertriebenen« sind bei nüchternem Verständnis eine Teilgruppe der weiter gefaßten »Flüchtlinge«, die vom Verfassunggeber aus Gründen der politischen Symbolik hervorgehoben worden ist[27]) gleichwohl belegt, daß die Normen nicht allein auf die Bewältigung der durch die Vertreibung der Deutschen aus Mittel- und Osteuropa verursachten Krisenlage zielen, sondern darüber hinaus das hunderttausendfache Flüchtlingsschicksal adressieren, das im Chaos Nachkriegseuropas auch Nichtdeutsche ereilt[28]. Diesem weiten Verständnis entspricht, daß eine der auf der Grundlage von Art. 119 GG erlassenen Verordnungen den Grundstein der einfachrechtlichen Umsetzung des **Asylgrundrechts** (→ Art. 16a Rn. 111ff.) legt[29]. Der Zusatz »insbesondere zu ihrer Verteilung auf die Länder« führt zu keiner echten Engführung oder Steuerung der Kompetenz, sondern unterstreicht die Motivlage des Gesetzgebers (→ Rn. 2) und legt der Norm die Funktion eines bundesstaatlichen **Lastenausgleich**s sui generis bei[30].

III. Verordnungsermächtigung

10 Zur Regelung der auf diese Weise weit verstandenen »Angelegenheiten« konnte die Bundesregierung **Verordnungen mit Gesetzeskraft** erlassen. Art. 119 S. 1 GG dispensiert auf diese Weise gleich doppelt von Art. 80 GG: Er durchbricht durch die unmittelbar im Verfassungstext enthaltene Ermächtigung den Grundsatz, daß das (abgeleitete) Verordnungsrecht der Exekutive sich jeweils einem bewußten (und punktuellen) Selbstentäußerungsakt der Legislative verdankt (und noch dazu durch die Formvor-

---

23 Vgl. allein § 4 der Verordnung über die Umsiedlung von Heimatvertriebenen aus den Ländern Bayern, Niedersachsen und Schleswig-Holstein v. 29.11.1949 (BGBl. S. 4).

24 Instruktiv *J. Finke*, AöR 140 (2015), 514 (522f.).

25 So auch *Sachs* (Fn. 20), Art. 119 Rn. 2. → *Masing*, Bd. III², Art. 119 Rn. 8.

26 Einhellige Auffassung: *Holtkotten* (Fn. 4), Art. 119 Anm. II.2.a; *S. Muckel*, in: v. Mangoldt/Klein/Starck, GG III, Art. 119 Rn. 18; *Schaefer* (Fn. 5), Art. 119 Rn. 6; näher *Hebeler* (Fn. 4), Art. 119 Rn. 10ff.

27 Instruktiv Abg. *Seebohm* (DP) in: ParlRat XIV/1, S. 890.

28 Wie hier *Kramer* (Fn. 4), Art. 119 Rn. 2 sowie *Muckel* (Fn. 26), Art. 119 Rn. 19ff.; aufschlußreich zur Situation *K. Lowe*, Der wilde Kontinent. Europa in den Jahren der Anarchie 1943–1950, 2014.

29 Konkret die Verordnung über die Anerkennung von ausländischen Flüchtlingen (Asylverordnung) v. 6.1.1953 (BGBl. I S. 3); vgl. dazu nur *K.F. Zink*, BayVBl. 1964, 358f.

30 Näher *T. Maunz*, in: Maunz/Dürig, GG, Art. 119 (Erstb. 1966), Rn. 11f. sowie *Muckel* (Fn. 26), Art. 119 Rn. 25.

schriften in Art. 80 I 2–3 GG eingehegt wird; → Art. 80 Rn. 14, 32ff., 42ff.)[31]. Ferner weicht Art. 119 S. 1 GG von dem implizit in Art. 80 I GG enthaltenen Verbot gesetzesvertretender Verordnungen ab (→ Art. 80 Rn. 20)[32]; das legt zugleich nahe, daß dieses Verbot ungeachtet seiner Ableitung aus Rechtsstaats- wie Demokratieprinzip nicht von Art. 79 III GG geschützt ist (→ Art. 79 III Rn. 36ff., 49ff.)[33]. Nimmt man die verfassungsunmittelbare Investitur mit Gesetzeskraft beim Wort, so unterliegen die entsprechenden Verordnungen den Regeln der **konkreten Normenkontrolle** nach Art. 100 I 1 GG[34].

Die Ermächtigung nach Art. 119 S. 1 GG richtet sich nach dem klaren Wortlaut an die **Bundesregierung** als Kollegialorgan (→ Art. 62 Rn. 10ff.)[35]. Die notwendige Zustimmung des Bundesrates folgt den allgemeinen Regeln (→ Art. 77 Rn. 50)[36], erfordert also insbesondere die Mehrheit der (gesetzlichen) Stimmen i. S. v. Art. 52 III 1 GG (→ Art. 52 Rn. 19). Inhaltliche Vorgaben für die Flüchtlings- und Vertriebenenpolitik sind Art. 119 GG nicht zu entnehmen; ebenso erweitert die Norm ungeachtet ihres Charakters als Ausnahmevorschrift nicht den Handlungsspielraum der Bundesregierung etwa im Sinne zusätzlicher oder intensiverer Grundrechtseingriffe[37]. Gestützt auf Art. 119 GG hat die Bundesregierung von 1949 bis 1953 insgesamt sechs gesetzesvertretende Verordnungen erlassen[38]. 11

IV. Weisungsrecht

Art. 119 S. 2 u. 3 GG komplettieren die Gleichstellung der Verordnungen nach S. 1 mit dem Gesetzesrecht, indem sie der Bundesregierung die Möglichkeit einräumen, sich eine Weisungsbefugnis gegenüber den Ländern zu verschaffen, die nach der allgemeinen Regel des Art. 84 V GG nur durch (formelles) Gesetz begründet werden könnte (→ Art. 84 Rn. 90ff.)[39]. Die Einschränkung »für besondere Fälle« ist in ihrer Direktionskraft gering (→ Art. 84 Rn. 95) und kann im Grunde nur *ex negativo* dahingehend bestimmt werden, daß sie nicht den gesamten Alltagsvollzug der Verordnung nach 12

---

[31] Siehe nur *Muckel* (Fn. 26), Art. 119 Rn. 7 sowie *Schaefer* (Fn. 5), Art. 119 Rn. 11.

[32] Anders noch *Maunz* (Fn. 30), Art. 119 Rn. 4, der auf Art. 20 III GG abstellt. Differenzierend *Muckel* (Fn. 26), Art. 119 Rn. 8f.

[33] So auch *Maunz* (Fn. 30), Art. 119 Rn. 8 sowie *Sachs* (Fn. 20), Art. 119 Rn. 2; → *Masing*, Bd. III[2], Art. 119 Rn. 8 a. E. – Gegenauffassung wohl bei *Holtkotten* (Fn. 4), Art. 119 Anm. II.1.a: »eindeutig wesensfremde Erscheinung«.

[34] So *Holtkotten* (Fn. 4), Art. 119 Anm. II.1.b; zustimmend *Muckel* (Fn. 26), Art. 119 Rn. 5.

[35] Ganz h. M.; siehe nur *Muckel* (Fn. 26), Art. 119 Rn. 7 sowie *Hebeler* (Fn. 4), Art. 119 Rn. 21.

[36] Näher *Butzer* (Fn. 4), Art. 119 Rn. 49; *Hebeler* (Fn. 4), Art. 119 Rn. 22.

[37] *Butzer* (Fn. 4), Art. 119 Rn. 53.

[38] Außer der Asylverordnung (oben Fn. 29) und der Verordnung über die Umsiedlung von Heimatvertriebenen (oben Fn. 23) sind dies die Verordnung über die Bereitstellung von Lagern und über die Verteilung der in das Bundesgebiet aufgenommenen Deutschen aus den unter fremder Verwaltung stehenden deutschen Gebietsteilen, aus Polen und der Tschechoslowakei auf die Länder des Bundesgebietes, vom 8.2.1951, BAnz. Nr. 29, S. 1; Verordnung über die Bereitstellung von Durchgangslagern und über die Verteilung der in das Bundesgebiet aufgenommenen deutschen Vertriebenen auf die Länder des Bundesgebietes (Verteilungsverordnung), vom 28.3.1952, BGBl. I S. 236; Verordnung über die vorläufige Unterbringung von Flüchtlingen aus der sowjetisch besetzten Zone und aus dem sowjetisch besetzten Sektor von Berlin, vom 12.8.1952, BGBl. I S. 413 sowie die Verordnung zur Umsiedlung von Vertriebenen aus Flüchtlingslagern und Notwohnungen in den Ländern Bayern, Niedersachsen und Schleswig-Holstein, vom 13.2.1953, BGBl. I S. 26; vgl. die instruktive Übersicht bei *Muckel* (Fn. 26), Art. 119 vor Rn. 1 oder bei *Butzer* (Fn. 4), Art. 119 Rn. 16.

[39] Im Detail *Butzer* (Fn. 4), Art. 119 Rn. 55f.

Satz 1 erfassen darf[40]. Art. 119 S. 3 GG schließlich stellt in Übereinstimmung mit Art. 84 V 2 GG fest, daß zur Schonung der Verwaltungshoheit des Landes als **Adressat** generell nur die **oberste Landesbehörde** in Betracht kommt (je nach Ausgestaltung im Landesrecht also regelmäßig das zuständige Ministerium; → Art. 84 Rn. 94). Die Abweichungs- oder besser Durchgriffsmöglichkeit »bei **Gefahr im Verzug**« ist nach dem Wortlaut strikter formuliert als die allgemeine Regel in Art. 84 V 2 GG (hier reicht es aus, daß die Bundesregierung den Fall »für dringlich erachtet«, was einen Einschätzungsspielraum nahelegt: → Art. 84 Rn. 94)[41]. Gefahr im Verzug ist hingegen als **unbestimmter Rechtsbegriff** zu deuten, der wie in Art. 13 II u. a. GG voraussetzt, daß die Durchbrechung der landesinternen Hierarchie nur erfolgen darf, wenn anderweitig der Erfolg der Weisung bzw. der angewiesenen Maßnahme gefährdet wäre (→ Art. 13 Rn. 31).

V. Befristung

13 Die Regelungskompetenz nach Art. 119 S. 1 GG bestand nur »**bis zu einer bundesgesetzlichen Regelung**«. Die auslegungsbedürftige Wendung wird vergleichsweise einhellig auf einer mittleren Ebene dahingehend gedeutet, daß weder jedwede sachlich einschlägige bzw. auf Art. 74 I Nr. 6 GG gestützte gesetzliche Regelung ausreicht[42] noch umgekehrt die bloße Möglichkeit, auch nach Erlaß einer Vollregelung des Vertriebenen- und Flüchtlingsrechts weitere Bestimmungen auf den Kompetenztitel stützen zu können, den Ablauf der Frist verhindert[43] (andernfalls könnte die Bundesregierung etwa auf die gegenwärtige »Flüchtlingskrise« tatsächlich mit Verordnungen nach Art. 119 S. 1 GG reagieren[44]). Dementsprechend war das fristauslösende Ereignis der **Erlaß des Bundesvertriebenengesetzes** am 19. Mai **1953**[45]. Damit hat der Bund seine Kompetenz nach Art. 74 I Nr. 6 GG im Kern erschöpfend geregelt und zugleich die abschließende Antwort auf die Krisenlage gegeben, auf die er vorläufig und flexibel nach Art. 119 GG reagieren können sollte. Hingegen haben einzelne einschlägige Gesetze, die zuvor nur Teilaspekte der Angelegenheiten der Flüchtlinge geregelt hatten, nicht zum Verlust der speziellen Regelungskompetenz nach Art. 119 GG geführt[46]. Umgekehrt würde die Aufhebung des Bundesvertriebenengesetzes nicht zu einem **Aufleben** des speziellen Verordnungsrechts nach Art. 119 GG führen[47].

---

[40] Siehe *Muckel* (Fn. 26), Art. 119 Rn. 32 sowie *Butzer* (Fn. 4), Art. 119 Rn. 58. – Die Verfassungspraxis präsentierte sich durchaus hemdsärmelig; siehe etwa das sehr unspezifische Weisungsrecht in § 4 der Umsiedlungsverordnung (Fn. 23) und dazu kritisch *Holtkotten* (Fn. 4), Art. 119 Anm. II.4.d u. e; vgl. auch *Butzer* (Fn. 4), Art. 119 Rn. 17.

[41] Für einen identischen Regelungsgehalt hingegen *Maunz* (Fn. 30), Art. 119 Rn. 22 sowie *Muckel* (Fn. 26), Art. 119 Rn. 35, der auf einen Redaktionsfehler hinweist (der sich allerdings im Text niedergeschlagen hat); zustimmend gleichwohl *Butzer* (Fn. 4), Art. 119 Rn. 65 sowie *Schaefer* (Fn. 5), Art. 119 Rn. 18.

[42] So *Butzer* (Fn. 4), Art. 119 Rn. 36; vgl. *Schaefer* (Fn. 5), Art. 119 Rn. 15ff. (m. w. N.).

[43] Statt aller eingehend *Butzer* (Fn. 4), Art. 119 Rn. 38ff.; zurückhaltend *Muckel* (Fn. 26), Art. 119 Rn. 2.

[44] Siehe *Muckel* (Fn. 26), Art. 119 Rn. 42.

[45] Vgl. oben Fn. 22. Maßgeblich etwa nach *Kramer* (Fn. 4), Art. 119 Rn. 1; *Sachs* (Fn. 20), Art. 119 Rn. 1; *Jarass*/Pieroth, GG, Art. 119 Rn. 1 oder *Hebeler* (Fn. 4), Art. 119 Rn. 19.

[46] Detailnachweise bei *Butzer* (Fn. 4), Art. 119 Rn. 36. → *Masing*, Bd. III², Art. 119 Rn. 8.

[47] *Butzer* (Fn. 4), Art. 119 Rn. 44; *Muckel* (Fn. 26), Art. 119 Rn. 40f.; *Jarass*/Pieroth, GG, Art. 119 Rn. 1; *Hebeler* (Fn. 4), Art. 119 Rn. 20.

D. Verhältnis zu anderen GG-Bestimmungen

Aufgrund seiner Ausnahme- und Bündelungsfunktion steht Art. 119 GG in einem Korrespondenzverhältnis zu zahlreichen Verfassungsbestimmungen[48]. Begründung wie Reichweite des Verordnungsrechts nach S. 1 weisen die Norm als Ausnahmebestimmung zu **Art. 80 I GG** aus (→ Rn. 10). Gleiches gilt in Ansehung der Ausgestaltung des Weisungsrechts nach S. 2 u. 3 für **Art. 84 V GG** (→ Rn. 12). Art. 119 GG erlaubt eine vereinfachte »Vorabbefriedigung« der Bundeskompetenz nach **Art. 74 I Nr. 6 GG** im Verordnungswege; gemeinsam mit dieser Norm ist er Teil eines ganzen Ensembles von Verfassungsbestimmungen, die die Sorge um das Schicksal der Flüchtlinge und Vertriebenen zum Inhalt haben (→ Art. 116 Rn. 60ff.; → Art. 120a Rn. 4; → Art. 131 Rn. 8, 15). **Grundrechtsrelevanz** weist Art. 119 GG für Art. 16a GG (→ Rn. 9) sowie für die Einschränkung der Freizügigkeit nach Art. 11 II GG auf (→ Art. 11 Rn. 52)[49]. Das Zitiergebot des **Art. 19 I 2 GG** haben die einschlägigen Verordnungen allerdings nicht gewahrt[50]; auch **Art. 117 II GG** konnte sie davon nicht freistellen (→ Art. 117 Rn. 9). **Bundesstaat**lichen Bezug hat der Aspekt der Verteilung unter den Ländern (→ Rn. 9); er überschneidet sich hier mit anderen Normen, die dem Grundsatz der **solidarischen** **Lastentragung** geschuldet sind (→ Art. 109 Rn. 12ff.; → Art. 107 Rn. 23ff.). 14

[48] Zusammenfassend *Muckel* (Fn. 26), Art. 119 Rn. 12ff.; *Butzer* (Fn. 4), Art. 119 Rn. 19ff. sowie *Schaefer* (Fn. 5), Art. 119 Rn. 19.

[49] Eingedenk der Gesetzeskraft (→ Rn. 10f.) genügen Verordnungen nach Art. 119 GG auch dem qualifizierten Vorbehalt nach Art. 11 II GG: *Maunz* (Fn. 30), Art. 119 Rn. 13; *Muckel* (Fn. 26), Art. 119 Rn. 29. A.A. noch *Holtkotten* (Fn. 4), Art. 119 Anm. II.2.b.

[50] → Fn. 36; die Verordnungen sind zwar nominell an die Länder adressiert, sehen aber mit der Verteilung und Zuweisung der Vertriebenen Staatshandeln vor, das nach heutigem Verständnis unzweifelhaft Eingriffe in die Freizügigkeit darstellt (→ Art. 11 Rn. 43; zur Anwendbarkeit von Art. 19 I 2 GG auf Art. 11 GG: → Art. 19 I Rn. 26).

Artikel 120* [Kriegsfolgelasten, Sozialversicherungszuschüsse]

(1) [1]Der Bund trägt die Aufwendungen für Besatzungskosten und die sonstigen inneren und äußeren Kriegsfolgelasten nach näherer Bestimmung von Bundesgesetzen. [2]Soweit diese Kriegsfolgelasten bis zum 1. Oktober 1969 durch Bundesgesetze geregelt worden sind, tragen Bund und Länder im Verhältnis zueinander die Aufwendungen nach Maßgabe dieser Bundesgesetze. [3]Soweit Aufwendungen für Kriegsfolgelasten, die in Bundesgesetzen weder geregelt worden sind noch geregelt werden, bis zum 1. Oktober 1965 von den Ländern, Gemeinden (Gemeindeverbänden) oder sonstigen Aufgabenträgern, die Aufgaben von Ländern oder Gemeinden erfüllen, erbracht worden sind, ist der Bund zur Übernahme von Aufwendungen dieser Art auch nach diesem Zeitpunkt nicht verpflichtet. [4]Der Bund trägt die Zuschüsse zu den Lasten der Sozialversicherung mit Einschluß der Arbeitslosenversicherung und der Arbeitslosenhilfe. [5]Die durch diesen Absatz geregelte Verteilung der Kriegsfolgelasten auf Bund und Länder läßt die gesetzliche Regelung von Entschädigungsansprüchen für Kriegsfolgen unberührt.

(2) Die Einnahmen gehen auf den Bund zu demselben Zeitpunkte über, an dem der Bund die Ausgaben übernimmt.

Literaturauswahl

Bieback, Karl-Jürgen: Die Garantiehaftung für die Sozialversicherung, in: VSSR 1993, S. 1–35.

Diemer, Hans-Wolfgang: Zum Staatszuschuß bei den Sozialversicherungen, in: VSSR 1982, S. 31–66.

Glombik, Manfred: Das Grundgesetz und die Finanzverantwortung für die Rentenversicherung, in: RiA 1993, S. 280–281.

Gössl, Thomas M. J.: Die Finanzverfassung der Sozialversicherung, 1992.

Heckt, Wilhelm: Die Neufassung von Artikel 120 GG, in: DÖV 1966, S. 10–17.

Heun, Werner: Die Sozialversicherung und das System der Finanzverfassung, in: Festschrift für Peter Selmer, 2004, S. 657–671.

Kranz, Nicolai: Die Bundeszuschüsse zur Sozialversicherung, 1998.

Rösener, Hans-Joachim: Zum Fremdrenten-Urteil des Bundesverfassungsgerichts, in: NJW 1962, S. 1995–1998.

Sturm, Friedrich: Die abschließende Regelung der Kriegsfolgelasten, in: DVBl. 1965, S. 719–723.

Weber, Peter: Gemeinden und Landkreise als Garantieträger gesetzlicher Krankenkassen (Artikel 120 GG, § 389 RVO), Diss. jur. Bochum 1970.

Weber, Werner: Die Abbürdung von Kriegsfolgelasten auf die Sozialversicherungsträger, in: DRV 18 (1963), S. 149–153.

Wysk, Peter: Kriegsfolgengesetzgebung in unserer Zeit, in: Festschrift für Michael Kloepfer, 2013, S. 889–924.

Leitentscheidungen des Bundesverfassungsgerichts

BVerfGE 9, 305 (316 ff.) – Kriegsfolgelasten I; 14, 221 (233 ff.) – Fremdrenten; 113, 167 (207 ff., Rn. 105 ff.) – Risikostrukturausgleich.

Gliederung

* Diese Kommentierung aktualisiert die Bearbeitung von *Masing* aus der Vorauflage.

Stichwörter

Ausgabenverantwortung 5ff. – Besatzungskosten 1, 7 – Ertragshoheit 17 – Kriegsfolgelast 1, 7 – Lastenausgleich 7 – Parlamentarischer Rat 1 – Schutzklausel 13 – Sozialversicherungszuschüsse 16 – Stiftung »Erinnerung, Verantwortung und Zukunft« 7 – Wiedergutmachung 7 – Zwangsarbeiter 7.

A. Herkunft, Entstehung, Entwicklung

1 Art. 120 GG gehört zu den Vorschriften mit spezifischer, situationsbezogener Vergangenheitsbewältigungsfunktion, die keine Vorläufer in früheren deutschen Verfassungen haben[1]. Die in Art. 120 GG geregelten Fragen wurden intensiv bereits im **Herrenchiemseer Verfassungskonvent** debattiert und mündeten hier in einen Entwurfsartikel, der unter anderem die »Kosten der Besetzung und die sonstigen äußeren und inneren Kriegsfolgelasten« und die »Lasten der Sozialversicherung mit Einschluß der Arbeitslosenversicherung und die Lasten der Arbeitslosenfürsorge, soweit die Sozialversicherungsträger Mittel des öffentlichen Haushalts in Anspruch nehmen müssen«, dem Bund zuwies (Art. 121 Nr. 2 und 3 HChE). Die nicht unumstrittene Zuweisung der Kriegsfolgelasten zum Bund wurde damit begründet, daß »nur hierdurch eine gleichmäßige Verteilung der Lasten auf die Länder und eine Berücksichtigung des unterschiedlichen Umfangs der Schäden in den einzelnen Gebieten gewährleistet« sei[2]. Die bereits im Verfassungskonvent vorgeschlagene Alternative, den Bund nur einen »Spitzenausgleich« übernehmen zu lassen[3], wurde auch im **Parlamentarischen Rat** weiter verfolgt[4], fand aber auch dort keine Mehrheit. Eine gegenüber der Herrenchiemseer Fassung nach Inhalt und Regelungskontext veränderte Entwurfsfassung des Finanzausschusses war so formuliert, daß sie, nicht explizit, aber nach allgemeinem Verständnis, die Möglichkeit einer Beteiligung der Länder mit einer »Interessenquote« offenließ[5]. Im Hauptausschuß wurde ein Antrag, die Lastenzuweisung an den Bund durch die Klausel »nach Maßgabe eines Bundesgesetzes«[6] zu ergänzen, abgelehnt; später akzeptierte der Hauptausschuß aber eine vom Fünferausschuß vorgeschlagene

---

[1] S. aber für die Feststellung, daß auch bereits die (einfache) Gesetzgebung des Deutschen Reiches Kriegsfolgelasten in der Regel und hauptsächlich dem Reich auferlegt habe, BVerfGE 14, 221 (237); BGHZ 13, 81 (85) mit Verweis auf die in BGHZ 11, 43 (53) nachgewiesenen einfachgesetzlichen Rechtsakte.

[2] Parl. Rat II, S. 272 (Bericht des Unterausschusses II); s. auch S. 116.

[3] Parl. Rat II, S. 269, 567.

[4] Vgl. 7. Sitzung des Finanzausschusses v. 24.9.1948 (Parl. Rat XII, S. 209; JöR 1 [1951], S. 834).

[5] 13. Sitzung v. 6.10.1949 (Parl. Rat XII, S. 400ff.; JöR 1 [1951], S. 835).

[6] So der Vorschlag des Abg. Binder, ergänzt durch den Vorschlag des Abg. Laforet (»das der Zustimmung des Bundesrates bedarf«), vgl. 41. Sitzung v. 15.1.1949 (Parl. Rat XIV/2, S. 1270f.; JöR 1 [1951], S. 836).

Version, nach der die Kriegsfolgen- und Besatzungskostenlast »grundsätzlich« vom Bund zu tragen sei und Näheres durch ein Bundesgesetz geregelt werden sollte, »in welchem die Begriffe Besatzungskosten und Kriegsfolgelasten zu bestimmen sind«[7]. Im Allgemeinen Redaktionsausschuß[8] erhielt der Artikel die Gestalt, in der er ins Grundgesetz aufgenommen wurde[9]. Daß dabei die Formulierung des auf den Vorschlag des Fünferausschusses zurückgehenden Gesetzesvorbehalts aus anderen als rein redaktionellen Gründen geändert worden wäre, ist nicht ersichtlich.

2 Art. 120 GG ist bislang **zweimal geändert** worden. Mit dem Vierzehnten Gesetz zur Änderung des Grundgesetzes vom 30.7.1965[10] wurden in Absatz 1 der zuvor den ganzen Absatz 1 bildende ursprüngliche Satz 1 in die heutigen Sätze 1 (zu den Kriegsfolgelasten) und 4 (zu den Sozialversicherungszuschüssen) aufgespalten, dazwischen die Sätze 2 und 3 – beide damals mit dem Datum »1.10.1965« – eingeschoben und am Ende Satz 5 angefügt[11]. Das Vierundzwanzigste Gesetz zur Änderung des Grundgesetzes vom 28.7.1969[12] ersetzte in Satz 2 den bisherigen Stichtag 1.10.1965 durch den 1.10.1969[13].

B. Internationale, supranationale und rechtsvergleichende Bezüge

3 Zu den in Art. 120 I GG angesprochenen Kriegsfolgelasten gehören auch Lasten, die nach Inhalt und Umfang durch allgemeines Völkerrecht oder Völkervertragsrecht determiniert sind, wie z. B. Reparationen und Besatzungskosten[14]. Da Art. 120 GG insoweit keinerlei materiellrechtliche Regelungen trifft (→ Rn. 5 ff.), wird aber **interna-**

[7] Parl. Rat VII, S. 395 (Vorschlag des Fünferausschusses); vgl. 50. Sitzung v. 10.2.1949 (Parl. Rat XIV/2, S. 1604; JöR 1 [1951], S. 835 f.)

[8] Parl. Rat VII, S. 526; JöR 1 (1951), S. 835 f.

[9] »(1) Der Bund trägt die Aufwendungen für Besatzungskosten und die sonstigen inneren und äußeren Kriegsfolgelasten nach näherer Bestimmung eines Bundesgesetzes und die Zuschüsse zu den Lasten der Sozialversicherung mit Einschluß der Arbeitslosenversicherung und der Arbeitslosenfürsorge.

(2) Die Einnahmen gehen auf den Bund zu demselben Zeitpunkte über, an dem der Bund die Ausgaben übernimmt.«

[10] BGBl. I S. 649.

[11] Zur Vorgeschichte dieser durch die Entscheidung des Bundesverfassungsgerichts vom 16.6.1959 – BVerfGE 9, 305 – veranlaßten Verfassungsänderung näher BT-Drs. IV/2524, S. 6 ff.; *F. Sturm*, DVBl. 1965, 719 (719 ff.); *W. Heckt*, DÖV 1966, 10 ff. → Rn. 11.

[12] BGBl. I S. 985.

[13] Zu Sinn und Zweck dieser Verfassungsänderung s. die Angabe des gewünschten – einzigen – Effekts der Stichtagsverschiebung in der Begründung zum Regierungsentwurf, BT-Drs. V/4104, S. 3: »Die Veränderung des Stichtages in Artikel 120 Abs. 1 Satz 2 GG bewirkt, daß die im Einundzwanzigsten Gesetz zur Änderung des Lastenausgleichsgesetzes vorgesehene Verlängerung des Zeitraums, während dessen die Länder einen Zuschuß in Höhe von 25 vom Hundert ihrer Aufkommen aus der Vermögensteuer an den Ausgleichsfonds weiterleisten, von der Regelung in Artikel 120 Abs. 1 Satz 2 erfaßt wird.«

[14] Zu den deutschen Reparationslasten und ihren völkerrechtlichen Grundlagen s. BVerfGE 41, 126 (149 ff.); 94, 315 (318 ff.; s. auch ebd. S. 330 ff. zu völkerrechtlichen Aspekten individueller Ausgleichsansprüche für kriegsbedingte Zwangsarbeit, m. w. N.); *I. Seidl-Hohenveldern*, Das Ende der Reparationen nach dem Zweiten Weltkrieg, in: FS Stern, 1997, S. 89 ff.; zur Vereinbarkeit des Ausschlusses bestimmter Betroffener von Entschädigungsleistungen für bestimmte Verfolgungsschäden mit allgemeinem Völkerrecht BVerfGE 32, 249 (255). Aus neuerer Zeit *M. Reuß*, Zur Entstehung und Fortgeltung völkerrechtlicher Reparationsansprüche, in: GS Rittstieg, 2015, S. 399 ff.; *T. Habbe*, Lastenausgleich – Die rechtliche Behandlung von Kriegsschäden in Deutschland seit dem 30jährigen Krieg, 2014, S. 201 ff.

tionales oder supranationales Recht durch die Bestimmung **nicht berührt**. Art. 120 GG regelt ausschließlich finanzverfassungsrechtliche Fragen des Verhältnisses von Bund und Ländern, für die weder völkerrechtliche noch unionsrechtliche Vorgaben existieren[15].

C. Erläuterungen

I. Allgemeine Bedeutung

Art. 120 GG ist eine Sondervorschrift, die für zwei Sachbereiche – Kriegsfolgelasten 4
und Sozialversicherungszuschüsse – das **Finanzverfassungsrecht** des X. Abschnitts des Grundgesetzes ergänzt und modifiziert (→ Rn. 5). Obwohl in der Systematik des Grundgesetzes den Übergangs- und Schlußbestimmungen zugeordnet, hat der Artikel **nicht den Charakter einer reinen Übergangsvorschrift**[16]. Nur soweit er die Kriegsfolgelasten betrifft, unterliegt er allmählichem Bedeutungsverlust (→ Rn. 6); hinsichtlich der Sozialversicherungslasten handelt es sich dagegen um Dauerrecht (→ Rn. 16).

II. Kriegsfolge- und Sozialversicherungslasten (Art. 120 I GG)

1. Art. 120 I GG als spezielle Regelung der Zweckausgabenverantwortung

Bei der Zuweisung von Finanzierungslasten im Verhältnis von Bund und Ländern 5
unterscheidet die allgemeine finanzverfassungsrechtliche Regelung des **Art. 104a GG** zwischen Zweckausgaben (Absätze 1–4) und Verwaltungsausgaben (Absatz 5). Hinsichtlich der Zweckausgaben weist sie im Verhältnis zwischen Bund und Ländern die Finanzierungslast im Grundsatz dem Träger der jeweiligen Aufgabe zu, knüpft also die Ausgaben- an die Aufgabenverantwortung (Art. 104a I GG, sog. Konnexitätsprinzip), sieht aber auch Ausnahmen von diesem Grundsatz vor (Art. 104a II–IV GG), und zwar unter anderem in der Weise, daß wechselseitige Verknüpfungen zwischen der Ausgabenverantwortung und dem Verwaltungstyp Auftragsverwaltung hergestellt werden (Art. 104a II und III 2 GG). Im Verhältnis zu diesen die **Verteilung der Zweckausgabenverantwortung** betreffenden Regelungen des Art. 104a GG **stellt Art. 120 I GG eine Spezialvorschrift dar**, die die **Lastenverteilung zwischen Bund und Ländern**[17] hinsichtlich der Finanzierung der Kriegsfolgelasten (Sätze 1, 2, 3 und 5) und der Zuschüsse zu den Lasten der Sozialversicherung (Satz 4) unabhängig von der Aufgabenverantwortung und ohne Herstellung eines Konnexes mit dem Verwaltungstyp eigenständig regelt. Die Verteilung der **Verwaltungszuständigkeiten** im Verhältnis zwischen

[15] Vgl. als Beispiel BVerfGE 14, 221 (237) zur – evidenten – Irrelevanz des völkerrechtlichen Territorialitätsprinzips für die innerstaatliche Lastenverteilung.

[16] Näher dazu auch *T. Maunz*, in: Maunz/Dürig, GG, Art. 120 (1970), Rn. 1.

[17] S. für die Feststellung, daß Art. 120 I GG »ausschließlich die finanzwirtschaftlichen Beziehungen des Bundes und der Länder« (gemeint: die finanzwirtschaftlichen Beziehungen *zwischen* Bund und Ländern) regelt, BVerfGE 14, 221 (235 f.); ähnlich BVerfGE 113, 167 (207, Rn. 105). Die Kommunen werden dabei der Länderebene zugerechnet; Fragen der Lasten- und Deckungsmittelverteilung im Verhältnis zwischen Ländern und Kommunen sind von Art. 120 GG nicht berührt, s. BSGE 34, 177 (179 f.); *K.H. Schaefer*, in: v. Münch/Kunig, GG II, Art. 120 Rn. 22; *Jarass*/Pieroth, GG, Art. 120 Rn. 1; *W. Heckt*, DÖV 1966, 10 (15); VG Düsseldorf v. 19.3.2015, 6 K 7535/13, Rn. 39 ff. (juris).

Bund und Ländern (Art. 30, 83ff. sowie speziell für den Lastenausgleich 120a GG)[18], die allgemeine finanzverfassungsrechtliche Zuweisung der **Verwaltungsausgabenlast** einschließlich der im Zusammenhang damit getroffenen Haftungsregelung (Art. 104a V GG) und die mit der Föderalismusreform 2006 in das Grundgesetz eingefügte Haftungsregelung für Verletzungen von supranationalen und völkerrechtlichen Verpflichtungen (Art. 104a VI GG)[19] werden von Art. 120 GG **nicht berührt**[20].

2. Kriegsfolgelasten (Art. 120 I 1–3, 5 GG)

a) Grundsatz: Ausgabenverantwortung des Bundes für Kriegsfolgelasten (Art. 120 I 1 GG)

6 **Absatz 1 Satz 1** weist die Aufwendungen für innere und äußere Kriegsfolgelasten einschließlich der Besatzungskosten nach näherer Bestimmung von Bundesgesetzen dem Bund als Kostenträger zu. **Kriegsfolgelasten** sind nach der Definition des Bundesverfassungsgerichts »die Lasten solcher Kriegsfolgen, deren entscheidende – und in diesem Sinne alleinige – Ursache der zweite Weltkrieg ist«[21]. Dieser gewichtungsoffenen Definition entspricht es, daß »eine allzu lange Kausalkette zwischen dem zweiten Weltkrieg und der Last« die Einordnung als Kriegsfolgelast ausschließt[22]. Insbesondere für ursprünglich kriegsbedingte Notlagen und die dadurch verursachten Lasten gilt, daß mit zunehmendem zeitlichen Abstand »der zweite Weltkrieg als maßgebende Ursache [...] zurücktreten«, d.h. neben den Gründen, die für das Fortbestehen der Notlage verantwortlich sind, an zurechnungsbestimmendem Gewicht verlieren wird[23]. Mit dem **Zeitablauf schwindet** daher die praktische **Bedeutung** der die Kriegsfolgelasten betreffenden Regelungen des Art. 120 GG[24]. Mit der ausdrücklichen Hervorhebung, daß die Regelung **innere und äußere Kriegsfolgelasten** betrifft, wird klargestellt,

---

[18] Dies hat zur Folge, daß Bundesgesetze betreffend die Kriegsfolgelasten grundsätzlich von den Ländern als eigene Angelegenheit ausgeführt werden, vgl. *T. Hebeler*, in: BK, Art. 120 (2015), Rn. 6, 22.

[19] BGBl. I S. 2034.

[20] *H.-J. Rodenbach*, in: Schmidt-Bleibtreu/Hofmann/Henneke, GG, Art. 120 Rn. 8; *H. Siekmann*, in: Sachs, GG, Art. 120 Rn. 5, 32; *S. Muckel*, in: v. Mangoldt/Klein/Starck, GG III, Art. 120 Rn. 2; *Hebeler* (Fn. 18), Art. 120 Rn. 5f.; für die Verwaltungszuständigkeiten s. auch BSGE 47, 148 (155); 102, 149 (155); für die Verwaltungsausgaben BVerwG Buchholz 11 Art. 120 GG Nr. 5, S. 2f. (dort am Beispiel bestimmter im Zusammenhang mit der Kampfmittelräumung entstandener Kosten auch Näheres zur Abgrenzung zwischen Verwaltungs- und Zweckausgaben); *U. Häde*, Finanzausgleich. Die Verteilung der Aufgaben, Ausgaben und Einnahmen im Recht der Bundesrepublik Deutschland und der Europäischen Union, 1996, S. 97. Im Zusammenhang mit Art. 120 I 4 GG dezidiert a. A. *W. Heun*, Die Sozialversicherung und das System der Finanzverfassung, in: FS Selmer, 2004, S. 657ff. (669f.), der die Anwendung von Art. 104a GG vollständig ausschließen will.

[21] BVerfGE 9, 305 (324). Kritisch zur Begriffsbestimmung der genannten Entscheidung des Bundesverfassungsgerichts *H. Görg*, DVBl. 1960, 432 (432). Etwas weiter BVerwG DÖV 2000, 733 (733): wichtigste und maßgebende Ursache«. Nicht eingeschlossen sind jedenfalls Folgelasten des ersten Weltkrieges, s. *W. Heckt*, DÖV 1966, 10 (14).

[22] BVerfGE 9, 305 (326).

[23] BVerfGE 9, 305 (324).

[24] So auch *Siekmann* (Fn. 20), Art. 120 Rn. 6, 11; *P. Axer*, in: Friauf/Höfling, GG, Art. 120 (2003), Rn. 11; *D.C. Umbach*, in: Umbach/Clemens, GG, Art. 120 Rn. 9; *J. Kramer*, in: AK-GG (2002), Art. 120 Rn. 3. Das Bundesverwaltungsgericht hat bspw. entschieden, daß Aufwendungen für die Bergung von deutscher und britischer Weltkriegsmunition im Küstenbereich keine Kriegsfolgelasten seien. Vielmehr sei die kostenauslösende Maßnahme durch die meeresbodennahe Verwendung von Fischernetzen und das »dadurch bedingte Zutagefördern von Kampfmitteln« bedingt, BVerwG DÖV 2000, 733 (733).

daß Kriegsfolgelasten in einem umfassenden Sinn – unabhängig davon, ob sie nach Radizierung und Inzidenz eher Inlands- oder Auslandsberührung haben – erfaßt sein sollen; darüber hinaus spielt die Unterscheidung zwischen inneren und äußeren Kriegsfolgelasten für die Anwendung der Vorschrift keine Rolle.

Zu den **Aufwendungen für Kriegsfolgelasten** gehören unter anderem[25] die einschlä- 7
gigen Zweckausgaben im Zusammenhang mit den in Art. 73 I Nr. 13 GG und Art. 74 I Nr. 6, 9, 10 GG genannten Regelungsmaterien, vor allem – um nur die wichtigsten zu nennen – Aufwendungen für die Versorgung und Eingliederung von Flüchtlingen und Vertriebenen[26], die Bewältigung von Kriegsschäden[27] und die Wiedergutmachung[28], die Versorgung der Kriegsbeschädigten und Kriegshinterbliebenen[29], die Fürsorge für die ehemaligen Kriegsgefangenen, die Pflege der Kriegsgräber im In- und Ausland[30] und die Beseitigung von Kampfmitteln[31]. In weitem Umfang erfaßt sind insbesondere auch die unter dem Oberbegriff des Lastenausgleichs (→ Art. 120a Rn. 4f.) zusammengefaßten Leistungen[32]. Die als eine Kriegsfolgelast in Satz 1 ausdrücklich genannten **Besatzungskosten** können nach der Beendigung des Besatzungsregimes heute allenfalls noch in Gestalt mittelbarer Spätfolgekosten wie der Kosten für die Sanierung der von zur Zeit des Besatzungsregimes entstandenen Rüstungsaltlasten anfallen[33]. **Keine Kriegsfolgelasten** sind die nicht besatzungsbedingten Kosten der Stationierung auslän-

---

[25] Zu Fragen der »Beutekunst« als Kriegsfolgelasten s. *Schaefer* (Fn. 17), Art. 120 Rn. 10e.

[26] BVerfGE 7, 305 (313); *W. Heckt*, DÖV 1966, 10 (10). Umstritten ist, ob und inwieweit auch die mit der Aufnahme von Aussiedlern (§ 1 II Nr. 3 BVFG) und Spätaussiedlern (§ 4 BVFG) anfallenden Kosten zu den Kriegsfolgelasten gehören. Für im Verhältnis zwischen Bund und Ländern unterschiedliche Auffassungen bezüglich der Aussiedler s. BR-Drs. 154/90 (Beschluß), S. 1; insoweit bejahend *Schaefer* (Fn. 17), Art. 120 Rn. 9. Hinsichtlich der Spätaussiedler mit Differenzierungen bejahend *Siekmann* (Fn. 20), Art. 120 Rn. 13, verneinend *Schaefer* (Fn. 17), Art. 120 Rn. 9a. Vor allem hinsichtlich der Spätaussiedler dürfte die Einstufung irgendwelcher sie betreffender Aufwendungen als Kriegsfolgelasten eindeutig ausscheiden; das einfache Gesetzesrecht zählt sie nicht mehr zur Kategorie der Flüchtlinge und Vertriebenen (→ Art. 116 Rn. 60f.). Vgl. auch, zur sinnvoll wohl nur gleichsinnig beantwortbaren Frage, ob Hilfsmaßnahmen für deutsche Minderheiten in den früheren Ostvertreibungsgebieten zu den Kriegsfolgelasten gehören, verneinend *Schaefer* (Fn. 17), Art. 120 Rn. 9a. Zum Spezialitätsvorrang des Art. 131 GG, soweit dieser Flüchtlinge und Vertriebene betrifft: → Rn. 18.

[27] *P. Kunig*, in: v. Münch/Kunig, GG II, Art. 74 Rn. 32; für die Kosten des Aufbaus zerstörter Gebäude, die den wichtigsten Fall der Kriegsschäden i. S. d. Art. 74 I Nr. 9 GG bilden, *Siekmann* (Fn. 20), Art. 120 Rn. 12.

[28] *Siekmann* (Fn. 20), Art. 120 Rn. 12. Der Begriff der Wiedergutmachung in Art. 74 I Nr. 9 GG umfaßt allerdings den Ausgleich für Schäden durch nationalsozialistisches Verfolgungsunrecht unabhängig von spezifischer Kriegsbedingtheit: → Art. 74 Rn. 43; *Kunig* (Fn. 27), Art. 74 Rn. 37; soweit die auszugleichenden Schäden nicht spezifisch kriegsbedingt sind, handelt es sich bei den Wiedergutmachungslasten *nicht* um Kriegsfolgelasten i. S. d. Art. 120 I GG.

[29] *Siekmann* (Fn. 20), Art. 120 Rn. 12; s. auch BGHZ 30, 162 (164: Aufwendungen für die Kriegsopferversorgung nach Art. 120 GG sind vom Bund zu tragen).

[30] *Kramer* (Fn. 24), Art. 120 Rn. 4.

[31] Hierzu BVerwG NVwZ 2004, 1125f.; BVerwG NVwZ-RR 2007, 75 (76f.); BVerwG NVwZ 2011, 307 (308); BVerwG NVwZ-RR 2012, 787 (788); aus neuerer Zeit dazu Sächs. OVG v. 13.1.2015, 5 A 430/10, Rn. 21f. (juris); VG Düsseldorf v. 19.3.2015, 6 K 7535/13, Rn. 39f., 57 (juris); OVG Berlin-Brandenburg v. 27.2.2015, OVG 1 N 5.13; VG Düsseldorf v. 29.1.2015, 6 K 7040/12, Rn. 74 (juris) sowie nachfolgend OVG NW v. 11.8.2017, 11 A 704/15, Rn. 57ff. (juris); s. auch *F. Schröder*, DVBl. 2008, 93 (93); Einzelheiten sowohl zur Kampfmittelräumung als auch zu Rüstungsaltlasten, die »auf unabsehbare Zeit erhebliche Relevanz behalten«, bei *P. Wysk*, Kriegsfolgengesetzgebung in unserer Zeit, in: FS Kloepfer, 2013, S. 889ff. (916ff.).

[32] Näher dazu *Schaefer* (Fn. 17), Art. 120 Rn. 9.

[33] *Siekmann* (Fn. 20), Art. 120 Rn. 15; zu den gescheiterten Bemühungen um das Zustandekom-

discher Streitkräfte[34]. Zu weit geht die übliche Formulierung[35], nach der die Folgelasten der nationalsozialistischen Gewaltherrschaft nicht zu den Kriegsfolgelasten gehören; richtigerweise kann das nur für die nicht spezifisch kriegsbedingten Folgelasten der nationalsozialistischen Gewaltherrschaft angenommen werden[36]. Richtigerweise dürften daher – entgegen der herrschenden Auffassung – die Entschädigungen für die während des Krieges in Deutschland eingesetzten Zwangsarbeiter wegen des engen Zusammenhangs mit dem Kriegsgeschehen zu den Kriegsfolgelasten zählen, da der Zwangsarbeitereinsatz zum größten Teil an den Bedürfnissen der Kriegswirtschaft ausgerichtet war oder aber von den Kriegsereignissen maßgeblich beeinflußt wurde[37]. Dies gilt auch für die nunmehr gefundene **Stiftungslösung**[38] **für die Entschädigung von Zwangsarbeitern**[39]. Die Beteiligung an der Finanzierung der Stiftung durch die Stiftungsinitiative der deutschen Wirtschaft[40] ist unter Art. 120 GG jedenfalls unproblematisch, da diese außerhalb des finanzwirtschaftlichen Verhältnisses zwischen Bund und Ländern steht, das durch Art. 120 GG allein erfasst wird[41]. Die mit der Wieder-

---

men eines Rüstungsaltlastenfinanzierungsgesetzes *Siekmann*, ebd.; *Häde*, Finanzausgleich (Fn. 20), S. 98.

[34] *Siekmann* (Fn. 20), Art. 120 Rn. 15; *Hebeler* (Fn. 18), Art. 120 Rn. 8; undeutlich insoweit BVerwGE 12, 327 (333 f.).

[35] *Jarass*/Pieroth, GG, Art. 120 Rn. 3; *Schaefer* (Fn. 17), Art. 120 Rn. 9a; *Muckel* (Fn. 20), Art. 120 Rn. 11.

[36] Die Auffassung von *Siekmann* (Fn. 20), Art. 120 Rn. 14, keine Kriegsfolgelasten seien die Folgelasten der nationalsozialistischen Gewaltherrschaft, *da* sie unabhängig von den Kriegsereignissen entstanden seien, verdient Zustimmung, wenn man »da« durch »soweit« ersetzt.

[37] Die Entscheidung für den breit angelegten Zwangsarbeitereinsatz fiel erst nach Kriegsbeginn, der Erfolg der Kriegsvorbereitung und des Kriegs hing dabei vor allem auch von der Behebung des Arbeitskräftemangels ab. Hierbei galt es, den Arbeitskraftausfall der aus der gesamten Bevölkerung zahlreich rekrutierten Soldaten auszugleichen, andernfalls wäre die Wirtschaft und insbesondere die Landwirtschaft schon zu Kriegsbeginn zusammengebrochen. Der Zwangsarbeitereinsatz war daher ein wesentliches und konstitutives Element der Rüstungs- und Kriegswirtschaft. Hierzu insbesondere *U. Herbert*, Arbeit und Vernichtung, in: ders. (Hrsg.), Europa und der »Reichseinsatz«: ausländische Zivilarbeiter, Kriegsgefangene und KZ-Häftlinge in Deutschland 1939–1945, 1999, S. 384 ff. (390) und *ders.*, Zwangsarbeiter im »Dritten Reich« – ein Überblick, in: K. Barwig/G. Saathoff/N. Weyde (Hrsg.), Entschädigung für Zwangsarbeit, 1998, S. 17 ff. (18 ff.). Umfassender *ders.*, Fremdarbeiter: Politik und Praxis des »Ausländer-Einsatzes« in der Kriegswirtschaft des Dritten Reiches, 1999; ähnlich wie hier *Schaefer* (Fn. 17), Art. 120 Rn. 10b. Anders als hier, aber in der Regel ohne eingehende Auseinandersetzung mit den Sachargumenten *Siekmann* (Fn. 20), Art. 120 Rn. 14; *Axer* (Fn. 24), Art. 120 Rn. 13; mit der herrschenden Meinung auch *Muckel* (Fn. 20), Art. 120 Rn. 11, der betont, daß die entscheidende Ursache für den Einsatz der Zwangsarbeiter »nicht im Krieg, sondern in der Art und Weise der nationalsozialistischen Kriegsführung und der Ausbeutung der besetzten Länder« gelegen haben soll. Auch diese Wertung ändert freilich nichts daran, daß der Kriegszusammenhang – wie beschrieben – als solcher gegeben bleibt.

[38] Gesetz zur Errichtung einer Stiftung »Erinnerung, Verantwortung und Zukunft« vom 2.8.2000, BGBl. I S. 1263.

[39] Ähnlich *Schaefer* (Fn. 17), Art. 120 Rn. 10b: »überwiegend« ein Fall des Art. 120 GG. *Siekmann* (Fn. 20), Art. 120 Rn. 13 will die Fondslösung nur so weit als Kriegsfolgelast einstufen, als Kriegsgefangene entschädigt werden.

[40] Das Vermögen der Stiftung in Höhe von 10 Mrd. DM wurde je zur Hälfte aus Mitteln der Stiftungsinitiative und des Bundes zur Verfügung gestellt. Einzelheiten auch über die Einnahmen- und Ausgabenentwicklung in: M. Jansen/G. Saathoff (Hrsg.), Gemeinsame Verantwortung und moralische Pflicht. Abschlußbericht zu den Auszahlungsprogrammen der Stiftung Erinnerung, Verantwortung und Zukunft, 2007.

[41] Ähnlich *Schaefer* (Fn. 17), Art. 120 Rn. 10b. Bedenken äußert *Siekmann* (Fn. 20), Art. 120 Rn. 13 wegen der »eigenartigen Mischfinanzierung«, die darin liegt, daß sich freiwillig auch Gemeinden, kommunale und Landesunternehmen als »Dritte« durch Zuwendungen beteiligen konnten.

vereinigung Deutschlands zusammenhängenden Lasten, einschließlich der Folgelasten wiedergutmachungsbedürftiger Maßnahmen von Organen der ehemaligen DDR und der früheren sowjetischen Besatzungsmacht, gelten als primär nicht durch den Krieg, sondern durch die Nachkriegsentwicklung im Gebiet der ehemaligen DDR bedingt und werden daher ebenfalls nicht zu den Kriegsfolgelasten gezählt[42]. Danach sind auch Leistungen nach dem Entschädigungs- und Ausgleichsleistungsgesetz vom 27.9.1994[43] nicht erfaßt[44].

Sinn der mit Satz 1 vorgenommenen **Lastenzuweisung an den Bund** ist, daß unab- 8
hängig von länderspezifischen Problemkonzentrationen wie z. B. einem besonders hohen Flüchtlingsanteil in einzelnen Ländern die Kriegsfolgen gleichmäßig bewältigt und die Lasten der Bewältigung von der gesamten Bevölkerung gleichmäßig getragen werden[45]. Daß nach Satz 1 der Bund die angesprochenen Aufwendungen trägt, bedeutet **nicht**, daß die einfachgesetzlichen Entschädigungs-, Versorgungs- und sonstigen Leistungsansprüche, um deren Finanzierung es letztlich geht, **von vornherein** als **Ansprüche gegen den Bund** begründet werden müssen. In den Worten des Bundesverfassungsgerichts: »Art. 120 GG ordnet nicht an, daß der Bund unmittelbar zu leisten hat. Der umfassende Ausdruck ›tragen‹ läßt vielmehr erkennen, daß es für Art. 120 I GG lediglich darauf ankommt, daß die Aufwendungen für Kriegsfolgelasten letztlich dem Bund zur Last fallen und von ihm bezahlt werden«[46]. Ohne Verstoß gegen Art. 120 I GG kann daher auch vorgesehen werden, daß Leistungen zunächst von den Ländern zu erbringen sind[47]. Nur so läßt sich für die Verwaltung der Kriegsfolgelasten der Regeltypus des Vollzugs von Bundesgesetzen durch die Länder als eigene Angelegenheit nach Art. 83, 84 GG umsetzen, an dem Art. 120 GG nichts ändert (→ Rn. 5). Umstritten ist, ob bei **Leistungserbringung durch die Länder** diesen ein unmittelbar auf Art. 120 I GG gestützter **Erstattungsanspruch gegen den Bund** zusteht[48]. Dagegen spricht die Zuständigkeit des Gesetzgebers, die Ausgabenverantwortung des Bundes nach Art. 120 I 1 GG näher zu bestimmen. Auch das Bundesverfassungsgericht hat festgestellt, daß Gesetze, mit denen der Bund die Länder zu Leistungen für Kriegsfolgelasten verpflichtet, mit Art. 120 I GG nur vereinbar sind, wenn dabei »zugleich«, d. h. im selben oder in einem zeitgleich erlassenen besonderen Gesetz, bestimmt wird, »daß und in welcher Weise diese Aufwendungen vom Bund getragen werden«[49]. Art. 120 I GG begründet danach auch im Verhältnis zwischen Bund und Ländern **keine verfassungsunmittelbaren Erstattungsansprüche**. Erst recht gilt dasselbe für das

---

[42] *Schaefer* (Fn. 17), Art. 120 Rn. 9; *Siekmann* (Fn. 20), Art. 120 Rn. 14; *Jarass*/Pieroth, GG, Art. 120 Rn. 3.

[43] BGBl. I S. 2624, ber. BGBl. I 1995 S. 110, zul. geändert durch Gesetz v. 22.9.2005, BGBl. I S. 2809.

[44] So ausdrücklich *Schaefer* (Fn. 17), Art. 120 Rn. 9.

[45] → Rn. 1; für bundesweite Lastengleichheit als Zweck auch BSGE 47, 148 (154); *W. Heckt*, DÖV 1966, 10 (10); *Schaefer* (Fn. 17), Art. 120 Rn. 2; zum entstehungsgeschichtlichen Hintergrund näher *P. Weber*, Gemeinden und Landkreise als Garantieträger gesetzlicher Krankenkassen (Artikel 120 GG, § 389 RVO), Diss. jur. Bochum 1970, S. 55 f.

[46] BVerfGE 9, 305 (317); s. auch BGHZ 30, 162 (164).

[47] *Siekmann* (Fn. 20), Art. 120 Rn. 16.

[48] So insbesondere die Rechtsprechung des Bundesverwaltungsgerichts: BVerwG DÖV 2007, 164 (165); BVerwG NVwZ 2011, 307 (308); BVerwG NVwZ-RR 2012, 787 (788); aus der Lit. *Siekmann* (Fn. 20), Art. 120 Rn. 17; *Hebeler* (Fn. 18), Art. 120 Rn. 21.

[49] BVerfGE 9, 305 (318).

Verhältnis anderer öffentlich-rechtlicher Körperschaften zu Bund oder Ländern[50]. Art. 120 I GG regelt auch nicht, ob und in welchem Umfang Aufwendungen für die Bewältigung von Kriegsfolgen überhaupt von der öffentlichen Hand übernommen werden[51], und begründet, wie Satz 5 ausdrücklich bestätigt (→ Rn. 15), insbesondere auch **keine Ansprüche der von Kriegsfolgen unmittelbar Betroffenen**[52].

9 Absatz 1 Satz 1 weist die Aufwendungen für Kriegsfolgelasten dem Bund »**nach näherer Bestimmung von Bundesgesetzen**« zu. In ihrer sachlich gleichbedeutenden ursprünglichen Fassung (»nach näherer Bestimmung eines Bundesgesetzes«)[53] wurde, vor allem im Hinblick auf die Weite und Unbestimmtheit des Begriffs der Kriegsfolgelasten, diese Klausel zunächst dahingehend verstanden, daß sie dem Bund hinsichtlich der Abgrenzung der von ihm zu tragenden Aufwendungen ein weites Gestaltungsermessen einräumte[54]. Dieser angenommene Spielraum ist in der **Gesetzgebung des Bundes zur Regelung von Kriegsfolgelasten** auch genutzt worden[55]. Mit seiner Entscheidung vom 16.6.1959 zum Gesetz über die Tilgung von Ausgleichsforderungen hat aber das Bundesverfassungsgericht die bis dahin herrschende und zumindest entstehungsgeschichtlich (→ Rn. 1) auch gut begründete Auffassung zurückgewiesen[56]. Daß der Bund die Aufwendungen für Kriegsfolgelasten »nach näherer Bestimmung der Gesetze« zu tragen habe, bedeute nur, »daß der Bundesgesetzgeber die Auswirkungen eines schon in der Verfassung enthaltenen Rechtssatzes im einzelnen festlegen, das Verfahren zum Vollzug der Verfassungsnorm ordnen und Zweifelsfragen entscheiden soll«[57]. Dabei sieht das Gericht die Bedeutung des Kriegsfolgelastenbegriffs als »hinreichend bestimmt«, im Grundsatz also gerade nicht zweifelhaft an[58], so daß mit der Befugnis

---

[50] Allg. in diesem Sinne BVerwG DÖV 1962, 107 (107); BVerwGE 22, 314 (317); s. auch für die Kommunen: → Fn. 16; für die Sozialversicherungsträger: → Rn. 16.

[51] BVerfGE 14, 221 (233): »Die Vorschrift bestimmt nur, daß der Bund, nicht die Länder, die Aufwendungen zu tragen hat, *wenn* Ansprüche gegen den Staat gegeben sind« (Hervorhebung nicht i.O.); s. auch BVerfGE 113, 167 (211, Rn. 115 ff.); allg. zur – allerdings u.a. durch das Sozialstaatsprinzip begrenzten – Gestaltungsfreiheit des Gesetzgebers in Bezug auf den Ausgleich kriegsbedingter Lasten BVerfGE 41, 126 (150 ff., 175 ff. m. w. N.). → Rn. 16 mit Fn. 84.

[52] S. am Beispiel der Frage, ob Art. 120 I GG verbietet, Kosten der Munitionsräumung dem Grundstückseigentümer aufzuerlegen, *L. Thilo*, DÖV 1997, 725 (729).

[53] → Fn. 8. Zur inhaltlichen Äquivalenz der heutigen und der ursprünglichen, nach Sinn und Zweck ersichtlich nicht auf eine zahlenmäßige Beschränkung zielenden Fassung der Klausel s. *W. Heckt*, DÖV 1966, 10 (15).

[54] *H. Görg*, DVBl. 1960, 432 (432); *H.-J. Rösener*, NJW 1962, 1995 (1997); *F. Sturm*, DVBl. 1965, 719 (719); *W. Heckt*, DÖV 1966, 10 (10).

[55] Neben einschlägigen Regelungen im Zusammenhang mit materiellem Lastenausgleichs- und sonstigem kriegsfolgenbezogenen Recht (s. z.B. § 6 LAG) wurde eine Reihe von speziell die Lastenverteilung zwischen Bund und Ländern regelnden Gesetzen erlassen, s. Gesetz zur vorläufigen Regelung der Kriegsfolgelasten im Rechnungsjahr 1949 v. 6.8.1949, WiGBl. S. 235; Gesetz zur Regelung von Kriegsfolgelasten im 2. Rechnungshalbjahr 1949 v. 21.3.1950, BGBl. I S. 43; Erstes Gesetz zur Überleitung von Lasten und Deckungsmitteln auf den Bund (Erstes Überleitungsgesetz) v. 28.11.1950, BGBl. I S. 773; Zweites Gesetz zur Überleitung von Lasten und Deckungsmitteln auf den Bund (Zweites Überleitungsgesetz) v. 21.8.1951, BGBl. I S. 774; Gesetz über die Stellung des Landes Berlin im Finanzsystem des Bundes (Drittes Überleitungsgesetz) v. 4.1.1952, BGBl. I S. 1; Gesetz zur Regelung finanzieller Beziehungen zwischen dem Bund und den Ländern (Viertes Überleitungsgesetz) v. 27.4.1955, BGBl. I S. 189; Gesetz zur Überleitung von Lasten und Deckungsmitteln vom Saarland auf den Bund (Fünftes Überleitungsgesetz) v. 30.6.1959, BGBl. I S. 335.

[56] BVerfGE 9, 305.

[57] BVerfGE 9, 305 (325); allgemeine Überlegungen zur Bedeutung grundgesetzlicher Gesetzesvorbehalte aus Anlaß dieser Entscheidung bei *F. Ermacora*, DÖV 1960, 561 ff.

[58] BVerfGE 9, 305 (325).

zur Entscheidung in Zweifelsfragen nur ein eher marginaler Abgrenzungsspielraum konzediert ist[59]. Der Verweis auf die bundesgesetzliche Bestimmung in Art. 120 I 1 GG impliziert danach weder eine Befugnis des Bundesgesetzgebers, die Lastenverteilung prinzipiell abweichend von dem in Satz 1 ausgesprochenen Grundsatz der Zuordnung zum Bund zu regeln, noch eine Befugnis, die Bedeutung dieses Grundsatzes durch bundesgesetzliche Konkretisierung des Kriegsfolgelastenbegriffs nach Ermessen zu gestalten. *Obiter dictum* hat das Gericht allerdings angemerkt, der Bund werde »die Länder im Interesse einer sparsamen Verwaltung bei gewissen Lasten in Form sogenannter »Interessenquoten« an den Aufwendungen beteiligen können«[60].

Die Beschränkung des Regelungsgehalts des Art. 120 GG auf das **Bund-Länder-Verhältnis** (→ Rn. 5) hat das Bundesverfassungsgericht dahingehend verstanden, daß der Bund nicht gehindert sei, die durch Art. 120 I GG in diesem Verhältnis ihm zugewiesenen Lasten seinerseits auf **andere öffentlich-rechtliche Träger** – im entschiedenen Fall: die gewerblichen Berufsgenossenschaften als Sozialversicherungsträger – zu überwälzen[61]. 10

b) Ausnahmeregelungen (Art. 120 I 2 und 3 GG)

Die Sätze 2 und 3 des Art. 120 I GG dienen dazu, die Folgen der Entscheidung des Bundesverfassungsgerichts vom 5.6.1959[62] zu begrenzen. Denn dieser Beschluß anullierte nicht nur das im konkreten Fall angegriffene Tilgungsgesetz, sondern stellte die einschlägige, auf der zuvor herrschenden Auslegung des Art. 120 I GG fußende bisherige Bundesgesetzgebung (→ Rn. 9 m. Fn. 55) auch im übrigen in Frage, soweit die Kriegsfolgelasten darin nicht ausschließlich dem Bund zugewiesen waren. Die **bereits erlassenen bundesgesetzlichen Regelungen** über die Lastentragung dennoch **aufrechtzuerhalten**, war das wesentliche **Ziel** des Vierzehnten Gesetzes zur Änderung des Grundgesetzes, mit dem Art. 120 I GG unter anderem um die Sätze 2 und 3 erweitert wurde (→ Rn. 2)[63]. 11

Satz 2 statuiert zu diesem Zweck eine Ausnahme von dem in Satz 1 niedergelegten Grundsatz, indem er hinsichtlich der Kriegsfolgelasten, die bis zu dem genannten Stichtag[64] durch Bundesgesetze geregelt worden sind, die in diesen Bundesgesetzen vorgesehene Lastenverteilung für maßgeblich erklärt. Die auf diese Weise dem Vorwurf der Unvereinbarkeit mit Satz 1 entzogenen einfachgesetzlichen Lastenvertei- 12

---

[59] Vgl. BVerfGE 9, 305 (330).

[60] BVerfGE 9, 305 (330); dazu näher *W. Patzig*, DVBl. 1961, 389 (394); für die Thematisierung der Möglichkeit von »Interessenquoten« der Länder bereits im Parlamentarischen Rat, allerdings im Zusammenhang mit einer anderslautenden Entwurfsfassung. → Rn. 1.

[61] BVerfGE 14, 221 (237). Zu dieser materiell-objektivrechtlichen Feststellung arbeitet sich das Gericht über die im Rahmen des konkreten Vorlageverfahrens deplazierte eher prozessuale, quasi-subjektivrechtliche Erwägung vor, »daß sich die Sozialversicherungsträger dem Bund gegenüber nicht auf diese Vorschrift berufen können« (S. 235); ebenso BSGE 25, 243 (247). Vgl. dagegen für die Möglichkeit der *Gemeinden*, sich auf Art. 120 GG zu berufen, BVerfGE 1, 167 (183). Der Entscheidung des Bundesverfassungsgerichts hinsichtlich der angenommenen Befugnis zur Lastenverlagerung auf andere Träger zustimmend *Schaefer* (Fn. 17), Art. 120 Rn. 19; *K.-O. Zimmer*, NJW 1963, 189 (190); a. A. *L. Höcker*, BB 1959, 1076 ff.; *H.-J. Rösener*, NJW 1962, 1995 (1997 f.); *W. Weber*, DRV 18 (1963), 149 (150 ff.); *H.-W. Diemer*, VSSR 1982, 31 (38 ff.).

[62] BVerfGE 9, 305 ff.

[63] *W. Heckt*, DÖV 1966, 10 (10); *Häde*, Finanzausgleich (Fn. 20), S. 97 f.

[64] Zunächst 1.10.1965, seit der 1969 vorgenommenen zweiten Änderung des Artikels (→ Rn. 2) der 1.10.1969.

lungsregeln sind damit in Verfassungsrang aufgerückt[65]; daher rührt die Unmöglichkeit bloß einfachgesetzlicher Änderung, die später die zweite Art. 120 I GG betreffende Verfassungsänderung erforderlich machte[66].

13 Die in **Satz 3** getroffene Regelung wird als »**Schutzklausel**« bezeichnet, die den Bund gegen Erstattungsansprüche der Länder und Gemeinden in Bezug auf die angesprochenen Aufwendungen abschirmen soll[67]. Satz 3 verneint eine Verpflichtung des Bundes, die Aufwendungen für gesetzlich nicht geregelte Kriegsfolgelasten zu übernehmen, die bis zum 1.10.1965 von den Ländern, Gemeinden und sonstigen angeführten Aufgabenträgern erbracht worden sind. Als von der Regelung erfaßter bundesgesetzlich nicht geregelter Bereich werden vor allem die Aufwendungen der Länder und Gemeinden für die Beseitigung von Kriegsschäden am eigenen Verwaltungsvermögen genannt[68]. Auch die bundesgesetzlich nicht geregelte Beseitigung von Kampfmitteln fällt unter Art. 120 I 3 GG[69]. Nach ganz herrschender Auffassung sind mit den »gesetzlich nicht geregelten« Kriegsfolgelasten **bundesgesetzlich nicht geregelte** gemeint[70]. Die Rechtswirkungen des Satzes 3 sind danach nicht davon abhängig, daß es auch an einer landesgesetzlichen Regelung fehlt. Nach ebenfalls verbreiteter Auffassung statuiert auch Satz 3 eine **Ausnahme** von dem in Satz 1 aufgestellten Lastenverteilungsgrundsatz[71]. Dies impliziert die keineswegs selbstverständliche Voraussetzung, daß nach der Regel des Satzes 1, zu der das Ausnahmeverhältnis bestehen soll, an sich der Bund die angesprochenen Aufwendungen zu übernehmen gehabt haben würde[72], Satz 3 also nicht den Charakter einer bloßen Klarstellung hat.

14 Eine ausdrückliche Regelung enthält Satz 3 nur in Bezug auf diejenigen von der Bestimmung erfaßten bundesgesetzlich nicht geregelten Kriegsfolgelasten, für die der Bund die Aufwendungen bis zum Stichtag nicht übernommen hatte: zu ihrer Übernahme soll er auch danach nicht verpflichtet sein. Damit ist jedoch noch nicht gesagt, was für die Lasten gilt, für die der **Bund** vor dem Stichtag unabhängig von bundesge-

---

[65] S. BVerwGE 24, 272 (274): »Durch diese Regelung hat die Verteilung der Kriegsfolgelasten auf Bund und Länder, so wie sie bundesgesetzlich geordnet war, ihre verfassungsrechtliche Deckung gefunden, und zwar auch insoweit, als die bis zum 1.10.1965 geltenden Regelungen materiell der früheren Fassung des Art. 120 GG widersprachen«.

[66] → Rn. 2 mit Fn. 12; s. auch *F. Sturm*, DVBl. 1965, 719 (722); *W. Heckt*, DÖV 1966, 10 (16).

[67] *W. Heckt*, DÖV 1966, 10 (16); *F. Sturm*, DVBl. 1965, 719 (723); *Maunz* (Fn. 16), Art. 120 Rn. 21; s. auch *Schaefer* (Fn. 17), Art. 120 Rn. 15 ff. (Überschrift).

[68] *W. Heckt*, DÖV 1966, 10 (17).

[69] BVerwG NVwZ-RR 2012, 787 (788); VG Düsseldorf v. 29.1.2015, 6 K 7040/12, Rn. 92 ff. (juris); *Wysk*, Kriegsfolgengesetzgebung (Fn. 31), S. 918, 920.

[70] S. statt vieler *W. Heckt*, DÖV 1966, 10 (16); *Schaefer* (Fn. 17), Art. 120 Rn. 15; *Maunz* (Fn. 16), Art. 120 Rn. 21.

[71] *Jarass*/Pieroth, GG, Art. 120 Rn. 5; *Siekmann* (Fn. 20), Art. 120 Rn. 23; ebenso in der Sache *W. Heckt*, DÖV 1966, 10 (16).

[72] So ausdrücklich *W. Heckt*, DÖV 1966, 10 (16). Dieselbe Implikation steckt genaugenommen auch schon in der Annahme, Satz 3 solle den Bund vor Erstattungsansprüchen der Länder und Gemeinden schützen (→ Rn. 12 f. m. Fn. 67); es wird dabei vorausgesetzt, daß ohne die in Satz 3 getroffene Regelung solche Ansprüche existierten. S. aber für die Unergiebigkeit des Art. 120 I 1 GG als Quelle von Ansprüchen: → Rn. 8. Vgl. einerseits BVerwG KStZ 1959, 207 (209): Art. 120 I GG »verpflichtet den Bund gegenüber den Ländern zur Bestreitung der Besatzungskosten und Kriegsfolgekosten nur nach Maßgabe eines Bundesgesetzes«; andererseits BVerwG Buchholz 11 Art. 120 GG Nr. 5, S. 2: existiere kein Bundesgesetz, so »bleibt es bei der von der Verfassung vorgesehenen Lastenverteilung«. Hinsichtlich der bundesgesetzlich nicht geregelten Lasten besteht nach der zuletzt genannten Entscheidung eine Übernahmepflicht des Bundes, nach der zuerst genannten dagegen nicht. Die Diskrepanz scheint nicht aufgefallen zu sein.

setzlicher Regelung Aufwendungen ganz oder teilweise selbst **übernommen** hatte[73]. Folgt man der herrschenden Auffassung, nach der es sich bei Satz 3 um eine konstitutive Ausnahme von der Regel des Satzes 1 handelt, nach Satz 1 also der Bund an sich zur Übernahme auch von nur landesgesetzlich oder überhaupt nicht gesetzlich geregelten Kriegsfolgelasten verpflichtet ist (→ Rn. 13), ergibt sich, daß der Bund insoweit nach Satz 1 zur Lastentragung im bisher übernommenen Umfang verpflichtet bleibt, da Satz 3 ihn von dieser Verpflichtung nur befreit, »soweit« bis zum Stichtag die Aufwendungen nicht von ihm erbracht wurden[74]. Der Bund ist nicht gehindert, nach dem Stichtag für bis dahin bundesgesetzlich nicht geregelte Kriegsfolgelasten Regelungen zu treffen, unterliegt insoweit dann aber hinsichtlich der Lastenverteilung wieder der Grundregel des Satzes 1[75].

c) Klarstellung zu materiellen Ansprüchen (Art. 120 I 5 GG)

Satz 5 stellt klar, daß Art. 120 I GG nur die Verteilung der Kriegsfolgelasten im **Verhältnis zwischen Bund und Ländern** regelt, die materiellrechtlichen Voraussetzungen für die Entstehung solcher Lasten dagegen nicht berührt und insbesondere keinerlei Ansprüche auf staatliche Entschädigungs-, Restitutions- oder ähnliche Leistungen begründet[76]. 15

3. Sozialversicherungszuschüsse (Art. 120 I 4 GG)

Art. 120 I 4 GG betrifft die Lasten der Sozialversicherung unabhängig davon, ob diese Lasten kriegsbedingt sind oder nicht[77]. Es handelt sich um **Dauerrecht**[78]. Der systematische Standort bei den Übergangs- und Schlußbestimmungen des Grundgesetzes und inmitten von Regelungen, die die Verteilung von Kriegsfolgelasten zum Gegenstand haben, ist insofern irreführend und mißlungen. Mit den **Zuschüssen** zu den Lasten der Sozialversicherung, die nach Satz 4 der Bund zu tragen hat, sind staatliche Zuweisungen als Teilfinanzierung[79] gemeint, die die Träger der Sozialversicherung 16

[73] *F. Sturm*, DVBl. 1965, 719 (723 m. Fn. 37) nennt als Beispiel Zuschüsse des Bundes zum Wohnungsbau für Sowjetzonenflüchtlinge.

[74] So denn auch im Ergebnis die überwiegende Auffassung, s. *W. Heckt*, DÖV 1966, 10 (17); *F. Sturm*, DVBl. 1965, 719 (723); *Siekmann* (Fn. 20), Art. 120 Rn. 22; VG Düsseldorf v. 29.1.2015, 6 K 7040/12, Rn. 92 f. (juris); a. A. *Schaefer* (Fn. 17), Art. 120 Rn. 16.

[75] So bereits die Begründung zum Gesetzentwurf der Bundesregierung, BT-Drs. IV/2524, S. 9; s. auch *F. Sturm*, DVBl. 1965, 719 (723); *W. Heckt*, DÖV 1966, 10 (16); *Siekmann* (Fn. 20), Art. 120 Rn. 23.

[76] *Rodenbach* (Fn. 20), Art. 120 Rn. 19; *Jarass*/Pieroth, GG, Art. 120 Rn. 6; *W. Heckt*, DÖV 1966, 10 (16 f.); ebenso bereits zur ursprünglichen, den Satz 5 noch nicht enthaltenden Fassung des Art. 120 GG BVerfGE 14, 221 (233).

[77] BVerfGE 14, 221 (235); 113, 167 (208 ff., Rn. 109 ff.) mit umfassenden Hinweisen auf die Entstehungsgeschichte; BSG ZfS 1973, 322 (323); *Schaefer* (Fn. 17), Art. 120 Rn. 17; *Jarass*/Pieroth, GG, Art. 120 Rn. 7; *Axer* (Fn. 24), Art. 120 Rn. 26; *Hebeler* (Fn. 18), Art. 120 Rn. 48; eingehend *Muckel* (Fn. 20), Art. 120 Rn. 25 ff.; *K.-J. Bieback*, VSSR 1993, 1 (16); *Weber*, Gemeinden (Fn. 45), S. 46 ff.; a. A. *H.-W. Diemer*, VSSR 1982, 31 (56 f.); *N. Kranz*, Die Bundeszuschüsse zur Sozialversicherung, 1998, S. 132 (Beschränkung auf Kriegsfolgelasten); *G. Trapp*, Das Veranlasserprinzip in der Finanzverfassung der Bundesrepublik Deutschland, 1997, S. 47. Vgl. hiergegen *Siekmann* (Fn. 20), Art. 120 Rn. 25 m. Fn. 97, der *Trapp* Begründungsmängel nachweist.

[78] BSGE 47, 148 (157); *Schaefer* (Fn. 17), Art. 120 Rn. 17; *Siekmann* (Fn. 20), Art. 120 Rn. 24; *Umbach* (Fn. 24), Art. 120 Rn. 8; *Kramer* (Fn. 24), Art. 120 Rn. 6; *Heun*, Sozialversicherung (Fn. 20), S. 662 f.

[79] *Hebeler* (Fn. 18), Art. 120 Rn. 50.

zur – primär ja beitragsfinanzierten – Erfüllung ihrer gesetzlichen Leistungspflichten erhalten[80]. Die Vorschrift erfaßt die Lasten der **Sozialversicherung** ohne Beschränkung auf bestimmte – etwa die herkömmlichen – Versicherungszweige oder -leistungen[81]. Ebenso wie die übrigen Regelungen des Art. 120 I GG zielt auch Satz 4 ausschließlich auf die **Lastenverteilung im Verhältnis zwischen Bund und Ländern** (→ Rn. 5); er besagt daher nur, daß die Zuschüsse zur Sozialversicherung nicht von den Ländern, sondern vom Bund getragen werden[82], regelt aber nicht die Frage, ob und in welchem Umfang solche Zuschüsse überhaupt zu zahlen sind[83], und begründet daher auch **keine Leistungsansprüche** der Sozialversicherungsträger gegen den Bund[84]. Insbesondere sind Art. 120 I 4 GG auch keine Aussagen über die verfassungsrechtliche Zulässigkeit gesetzlicher Ausgleichsregelungen im Binnenbereich eines Zweigs der Sozialversicherung zu entnehmen[85].

---

[80] *Hebeler* (Fn. 18), Art. 120 Rn. 27; *F. Kirchhof*, NZS 1999, 161 (162); näher *M. Kilian*, Finanzströme zwischen öffentlichen Haushalten im Sozialrecht, in: Sozialfinanzverfassung, 5. Sozialrechtslehrertagung 6. bis 8. März 1991 in Göttingen, 1992, S. 87 ff. (122 ff.); für die Feststellung, daß es auf die sozialversicherungsrechtliche Einordnung als Zuschuß oder Erstattung nicht ankommt, sondern allein auf den Charakter als staatliche Zuweisung, s. *T. Gössl*, Die Finanzverfassung der Sozialversicherung, 1992, S. 216 f.

[81] Ausführlich dazu *Hebeler* (Fn. 18), Art. 120 Rn. 28 ff.; anders wohl *Maunz* (Fn. 16), Art. 120 Rn. 25.

[82] BVerfGE 14, 221 (233, Zitat: → Fn. 51); 113, 167 (211, Rn. 117 f.); für ein *Verbot* der Bezuschussung seitens der Länder dementsprechend *Siekmann* (Fn. 20), Art. 120 Rn. 27; *F. Kirchhof*, HStR³ V, § 125 Rn. 37; a. A. *H.-W. Diemer*, VSSR 1982, 31 (38); *Gössl*, Finanzverfassung (Fn. 81), S. 217; *H.-J. Papier*, Verfassungsrechtliche Probleme bei der Organisation der Sozialversicherungsträger, in: FS Knöpfle, 1996, S. 273 ff. (286); weitere Nachw. dazu bei *L. Hummel*, Verfassungsrechtsfragen der Verwendung staatlicher Einnahmen, 2008, S. 181 f.

[83] BVerfGE 14, 221 (235): »besagt aber nichts darüber, in welchem Umfang und für welche Leistungen die Sozialversicherungsträger Zuschüsse verlangen können. Solche Ansprüche können nicht aus Art. 120 Abs. 1 GG, sondern nur aus den Gesetzen über die Sozialversicherung hergeleitet werden«; bestätigt durch BVerfGE 113, 167 (211, Rn. 117); *Hebeler* (Fn. 18), Art. 120 Rn. 61; *J. Isensee*, Finanzverfassung des Grundgesetzes und Sozialrecht, in: Sozialfinanzverfassung (Fn. 81), S. 7 ff. (38); a. A. für den Fall drohender Funktionsunfähigkeit der Kassen BSGE 47, 148 (157); *Axer* (Fn. 24), Art. 120 Rn. 30; *F. Kirchhof*, HStR³ V, § 125 Rn. 41; *M. Glombik*, RiA 1993, 280 (280); *K.-J. Bieback*, VSSR 1993, 1 (26 und passim); der Entscheidung des BSG zustimmend auch *H. Reiter*, Soziallast als Steuerlast, in: FS Klein, 1994, S. 1101 ff. (1106); *Umbach* (Fn. 24), Art. 120 Rn. 10; ablehnend *Siekmann* (Fn. 20), Art. 120 Rn. 31; *Muckel* (Fn. 20), Art. 120 Rn. 40; für Zuschußpflicht unabhängig von drohender Funktionsunfähigkeit *C. Starck*, Sgb. 1979, 337 (338). Für die Annahme einer – nicht aus Art. 120 I 4 GG abgeleiteten – verfassungsrechtlichen Notwendigkeit, die den Sozialversicherungsträgern aufgebürdeten versicherungsfremden Leistungspflichten über Zuschüsse abzudecken, *F. Schnapp*, JZ 1999, 621 (622); a. A. BSGE 81, 276 ff.

[84] BVerfGE 14, 221 (233, vgl. Zitat in Fn. 51); 113, 167 (211, Rn. 116; 213, Rn. 123): »Art. 120 Abs. 1 GG ist keine Anspruchsnorm« und später »Art. 120 Abs. 1 S. 4 GG ist eine reine Zuständigkeitsvorschrift ohne Anspruchscharakter«; BSG ZfS 1973, 322 (323); BSGE 47, 148 (154): »Der Bund trägt die Finanzverantwortung im Verhältnis zu den Ländern, eine unmittelbare Verpflichtung Dritten gegenüber wird nicht begründet«; s. aber für eine nach Auffassung des Bundessozialgerichts bei drohender Funktionsunfähigkeit der Kassen eintretende Zuschußverpflichtung, von der allerdings unklar bleibt, ob sie nur objektiv oder auch in einem anspruchsbegründenden Sinne den Kassen gegenüber bestehen soll: → Fn. 84; Ansprüche der Sozialversicherungsträger verneinend auch *Schaefer* (Fn. 17), Art. 120 Rn. 20; *Siekmann* (Fn. 20), Art. 120 Rn. 28; *Muckel* (Fn. 20), Art. 120 Rn. 40; *M. Glombik*, RiA 1993, 280 (280); *Gössl*, Finanzverfassung (Fn. 81), S. 217; a. A. *Weber*, Gemeinden (Fn. 45), S. 74.

[85] Dies ist die Kernaussage in BVerfGE 113, 167 (207, Rn. 105) zum Risikostrukturausgleich in der gesetzlichen Krankenversicherung.

III. Ertragshoheit (Art. 120 II GG)

Art. 120 II GG hat **keine aktuelle Bedeutung** mehr. Er sollte als Übergangsvorschrift der Tatsache Rechnung tragen, daß unter den Verhältnissen des Jahres 1949 dem Bund eine sofortige Übernahme aller ihm durch Art. 120 I GG zugewiesenen Ausgaben nicht möglich war[86]. Indem die Vorschrift bestimmt, daß »die Einnahmen«, d. h. die dem Bund nach Art. 106 GG a. F. zustehenden Steuereinnahmen[87], zu dem Zeitpunkt auf den Bund übergehen, an dem er die ihm zugewiesenen Ausgaben übernimmt, impliziert sie, daß auch die Ausgabenzuweisungen des Absatzes 1 nicht unmittelbar mit dem Inkrafttreten des Grundgesetzes wirksam werden, sondern dem Bund für die Übernahme der Ausgaben ein gewisser zeitlicher Spielraum gegeben sein sollte[88]. Die Übernahme des größten Teils der Aufwendungen erfolgte zum 1.4.1950 durch das Erste Überleitungsgesetz[89]. 17

D. Verhältnis zu anderen GG-Bestimmungen

Art. 120 I GG steht in einem Verhältnis der Spezialität zu Teilen des **Art. 104a GG** (→ Rn. 5). Gegenüber Art. 120 GG ist wiederum **Art. 131 GG** spezieller[90]. Als eine Bestimmung, die in spezifischer Weise die Bewältigung von Nachkriegsproblemen zum Gegenstand hat, steht Art. 120 GG in einer Reihe mit zahlreichen anderen Bestimmungen insbesondere des XI. Abschnitts des Grundgesetzes. Abgesehen vom erwähnten **Art. 131 GG** bestehen hier aber keine Überschneidungen in den Regelungsbereichen. 18

86 *Maunz* (Fn. 16), Art. 120 Rn. 26; *Schaefer* (Fn. 17), Art. 120 Rn. 24; für die Feststellung, daß die Vorschrift nur »den Kriegsfolgenbereich« (genauer wohl: den von Art. 120 I GG erfaßten Sachbereich) betreffe, s. *Schaefer*, ebd.

87 BVerfGE 14, 221 (234); *Maunz* (Fn. 16), Art. 120 Rn. 27; *Schaefer* (Fn. 17), Art. 120 Rn. 24.

88 *Maunz* (Fn. 16), Art. 120 Rn. 26; *Schaefer* (Fn. 17), Art. 120 Rn. 24.

89 → Fn. 55; zum Übernahmezeitpunkt § 18 I des Gesetzes; dort i. V. m. § 3 auch zum gleichzeitigen Einnahmenübergang; vgl. auch BVerfGE 14, 221 (234).

90 BVerfGE 7, 305 (313 f.); der Bund ist danach bei der Regelung der Rechtsverhältnisse der von Art. 131 GG erfaßten Angehörigen des öffentlichen Dienstes, auch soweit es dabei um Flüchtlinge und Vertriebene und um die Aufbringung der erforderlichen Mittel, und d. h. um Kriegsfolgelasten, geht, nicht an Art. 120 GG gebunden.

Artikel 120a* [Lastenausgleich]

(1) [1]Die Gesetze, die der Durchführung des Lastenausgleichs dienen, können mit Zustimmung des Bundesrates bestimmen, daß sie auf dem Gebiete der Ausgleichsleistungen teils durch den Bund, teils im Auftrage des Bundes durch die Länder ausgeführt werden und daß die der Bundesregierung und den zuständigen obersten Bundesbehörden auf Grund des Artikels 85 insoweit zustehenden Befugnisse ganz oder teilweise dem Bundesausgleichsamt übertragen werden. [2]Das Bundesausgleichsamt bedarf bei Ausübung dieser Befugnisse nicht der Zustimmung des Bundesrates; seine Weisungen sind, abgesehen von den Fällen der Dringlichkeit, an die obersten Landesbehörden (Landesausgleichsämter) zu richten.

(2) Artikel 87 Abs. 3 Satz 2 bleibt unberührt.

Literaturauswahl

Gallenkamp, Günter: Der Lastenausgleich, in: NJW 1999, S. 2486–2488.

Schaefer, Karl Heinz: Funktion und besondere Struktur der Lastenausgleichsverwaltung, in: Die Verwaltung 3 (1970), S. 43–71.

Schaefer, Karl Heinz: Lastenausgleich – eine Bewährungsprobe des sozialen Rechtsstaates, in: Otto Bachof/Ludwig Heigl/Konrad Redeker (Hrsg.), Festgabe aus Anlaß des 25jährigen Bestehens des Bundesverwaltungsgerichts, 1978, S. 551–568.

Schulze, Werner: Grundfragen des Lastenausgleichsrechts, in: DÖV 1957, S. 385–394.

Wenzel, Rüdiger: Die große Verschiebung? Das Ringen um den Lastenausgleich im Nachkriegsdeutschland von den ersten Vorarbeiten bis zur Verabschiedung des Gesetzes 1952, 2008.

Wiegand, Lutz: Der Lastenausgleich in der Bundesrepublik Deutschland 1949 bis 1985, 1992.

Leitentscheidungen des Bundesverfassungsgerichts

BVerfGE 8, 155 (163 ff.) – Lastenausgleich; 106, 201 (206 ff., Rn. 13 ff.) – LAG/Zinszuschlag.

Gliederung

Stichwörter

---

* Diese Kommentierung aktualisiert die Bearbeitung von *Masing* aus der Vorauflage.

A. Herkunft, Entstehung, Entwicklung

Für den nach Kriegsende erforderlichen Ausgleich kriegsbedingter Lasten (zum Begriff des Lastenausgleichs: → Rn. 4f.) gab es **besatzungsrechtliche Vorgaben**, die die Aufbringung der erforderlichen Mittel über einen Ausgleichsfonds vorsahen[1]. Ein gesetzlich geregelter Lastenausgleich auf der Grundlage dieser besatzungsrechtlichen Vorgaben begann 1949 mit dem Soforthilfegesetz[2]. Der Begriff des Lastenausgleichs spielte als weit verstandener – Entschädigungs- und Fürsorgeleistungen einschließender – Oberbegriff für den Ausgleich kriegsbedingter Lasten auch in den Beratungen des Herrenchiemseer Verfassungskonvents und des Parlamentarischen Rates zur grundgesetzlichen Finanzverfassung eine Rolle[3], fand aber zunächst keinen Eingang in das Grundgesetz. Art. 120a GG wurde erst **1952 in das Grundgesetz eingefügt**[4], um für die einschlägigen organisatorischen Regelungen des zeitgleich verkündeten Lastenausgleichsgesetzes[5] die erforderliche verfassungsrechtliche Grundlage zu schaffen[6], und ist **seitdem nicht geändert** worden. 1

[1] Das von den drei westlichen Besatzungsmächten erlassene Dritte Gesetz zur Neuordnung des Geldwesens (Umstellungsgesetz) vom 20.6.1948, WiGBl. Beil. Nr. 5, S. 13, sah in § 29 vor, daß die »zur Durchführung des Lastenausgleichs erforderlichen Mittel [...] durch besondere Vermögensabgaben aufzubringen« seien, »deren Erträge zu diesem Zweck einem außeretatmäßigen Ausgleichsfonds zuzuführen sind. Das Nähere regeln die nach der Präambel zum Währungsgesetz bis zum 31.12.1948 zu erlassenden deutschen Gesetze über den Lastenausgleich«. Die Präambel zum Währungsgesetz (Erstes Gesetz zur Neuordnung des Geldwesens vom 20.6.1948, WiGBl. Beil. Nr. 5, S. 1) hatte folgenden Schlußsatz: »Den deutschen gesetzgebenden Stellen wird die Regelung des Lastenausgleichs als vordringliche, bis zum 31.12.1948 zu lösende Aufgabe übertragen«.

[2] Gesetz zur Milderung dringender sozialer Notstände (Soforthilfegesetz – SHG) vom 8.8.1949, WiGBl. 1949, S. 205; aufgehoben durch das Gesetz zur Änderung und Bereinigung des Lastenausgleichsrechts (LARÄnduBerG) vom 21.6.2006, BGBl. I S. 1323; Überblick über die wesentlichen Inhalte des Soforthilfegesetzes bei *W. Schulze*, DÖV 1957, 385 (385). Der Sache nach Lastenausgleichsfunktion hatte auch das Gesetz zur Förderung der Eingliederung von Heimatvertriebenen in die Landwirtschaft (Flüchtlingssiedlungsgesetz) vom 10.8.1949, WiGBl. S. 231; dieses Gesetz sah aber nicht die Aufbringung der zu seiner Durchführung erforderlichen Mittel über einen Ausgleichsfonds vor.

[3] S. für den Herrenchiemseer Verfassungskonvent insbesondere *Verfassungsausschuß der Ministerpräsidentenkonferenz der westlichen Besatzungszonen*, Bericht über den Verfassungskonvent auf Herrenchiemsee, Parl. Rat II, S. 504 ff. (567 f.).

[4] Gesetz zur Einfügung eines Artikels 120a in das Grundgesetz vom 14.8.1952, BGBl. I S. 445; s. dazu BT-Drs. I/3334 (Entwurf); BR-Drs. 213/52 (Beschluß); BT-Drs. I/3550 (Bericht des Vermittlungsauschusses), sowie zum Zweck der Grundgesetzänderung Sten. Ber. I, S. 9315.

[5] Gesetz über den Lastenausgleich (Lastenausgleichsgesetz – LAG) vom 14.8.1952, BGBl. I S. 446; für die heute geltende Fassung: → Fn. 10.

[6] S. Sten. Ber. I, S. 9315; *K.H. Schaefer*, in: v. Münch/Kunig, GG II, Art. 120a Rn. 1; *H. Butzer*, in: Maunz/Dürig, GG, Art. 120a (2016), Rn. 6, 25 ff.; *H. Siekmann*, in: Sachs, GG, Art. 120a Rn. 2. Zur Gesetzgebungsgeschichte näher Bundesminister des Innern (Hrsg.), Die Lastenausgleichsgesetze. Dokumente zur Entwicklung des Gedankens, der Gesetzgebung und der Durchführung, Band I/3, 1991, S. 36 f.; dort auch zum Soforthilfegesetz (→ Fn. 2), das als Vorläuferregelung zum Lastenausgleichsgesetz bereits früher Bestimmungen enthielt, für die eine entsprechende verfassungsrechtliche Grundlage fehlte.

B. Internationale, supranationale und rechtsvergleichende Bezüge

2 Fragen des Lastenausgleichs sind Gegenstand einzelner völkerrechtlicher Verträge[7]. Von Art. 120a GG selbst werden aber materiellrechtliche Fragen des Lastenausgleichs und damit auch **völkerrechtliche Fragen** des Ausgleichs kriegsbedingter Lasten **nicht berührt**. Zu einer Bestimmung, die, wie Art. 120a GG, eine bereichsbezogen spezifizierte Sonderregelung zu den Bestimmungen des Grundgesetzes über die föderale Kompetenzverteilung hinsichtlich des Vollzugs von Bundesgesetzen enthält, existieren naturgemäß auch **keine Parallelvorschriften** in anderen Verfassungen.

C. Erläuterungen

I. Allgemeine Bedeutung

3 Art. 120a GG trifft eine **von** den föderalen Kompetenzverteilungsregeln der **Art. 83ff. GG abweichende Sonderregelung** für die Durchführung des Lastenausgleichsrechts (zum materiellen Lastenausgleichsrecht und den im Rahmen des Lastenausgleichs erbrachten Leistungen: → Rn. 6f., 8). Insbesondere ermöglicht sie für diesen Verwaltungszweig die Einführung einer **Mischverwaltung** (→ Rn. 9). Da es sich beim Lastenausgleich um eine allmählich auslaufende Aufgabe handelt (→ Rn. 7), ist auch das Ende der praktischen Relevanz des Art. 120a GG absehbar.

II. Begriff des Lastenausgleichs

4 Mit dem Lastenausgleich ist der **Ausgleich kriegsbedingter Lasten** gemeint, der in den Nachkriegsjahren vor allem mit dem Ziel der Wiedereingliederung von Flüchtlingen, Vertriebenen und Evakuierten in der Bundesrepublik Deutschland[8] auf der politischen Agenda stand und sich als Rechtsmaterie – teilweise zeitgleich mit Art. 120a GG – im einfachgesetzlichen Lastenausgleichsrecht konstituierte[9]. Insbesondere dem in engem zeitlichen Zusammenhang mit Art. 120a GG erlassenen einfachgesetzlichen Lastenausgleichsrecht kommt daher Bedeutung für die Abgrenzung der Materie zu. § 1 des zeitgleich mit Art. 120a GG verkündeten Lastenausgleichgesetzes (LAG) definierte als **Ziel des Lastenausgleichs** die »Abgeltung von Schäden und Verlusten, die sich infolge der Vertreibungen und Zerstörungen der Kriegs- und Nachkriegszeit ergeben haben, sowie die Milderung von Härten, die infolge der Neuordnung des Geldwesens im Geltungsbereich des GG einschließlich Berlin (West) eingetreten sind«[10]. Dies ist in der Literatur zugleich als Definition des Lastenausgleichsbegriffs selbst angesehen worden[11]. Mit der in § 1 LAG angesprochenen Abgeltung von Schäden und Verlusten

---

[7] Abgedruckt bei *W. Kühne/B. Wolff*, Die Gesetzgebung über den Lastenausgleich, Ausgabe B, Ausgleichsleistungen, Bd. I (Loseblatt), unter »Internationale Verträge«.

[8] Zu »Linderung sozialer Schäden« und »sozialer Wiedereingliederung« als Zweck des Lastenausgleichsgesetzes BVerfGE 17, 67 (80).

[9] Vgl. *K.H. Schaefer*, Die Verwaltung 3 (1970), 43 (43f.).

[10] Gesetz über den Lastenausgleich (Lastenausgleichsgesetz – LAG) vom 14.8.1952, BGBl. I S. 446; heute gültige Fassung des Lastenausgleichsgesetzes: Bekanntmachung der Neufassung vom 2.6.1993, BGBl. I S. 845, berichtigt BGBl. 1995 I S. 248, zul. geänd. durch Art. 7 des Gesetzes vom 8.12.2016, BGBl. I S. 2835.

[11] Die Legaldefinition des § 1 LAG bestimme lediglich den Mindestinhalt, sei in verfassungsrechtlicher Hinsicht aber nicht abschließend; s. *Butzer* (Fn. 6), Art. 120a Rn. 66.

ist nicht, wie man dem Wortlaut nach annehmen könnte, ausschließlich eine am Gedanken eines möglichst äquivalenten Ausgleichs orientierte Entschädigung für Vermögensschäden und -verluste gemeint. Die im Lastenausgleichsgesetz vorgesehenen Leistungen orientierten und orientieren sich, ebenso wie schon die Leistungen nach dem Soforthilfegesetz (→ Rn. 1), primär am Ziel der sozialen Eingliederung und sind daher nicht nur durch Entschädigungs-, sondern auch durch Bedarfsgesichtspunkte bestimmt[12]. Den **Anknüpfungspunkt** bilden dabei aber nichtsdestoweniger Schäden oder Verluste, die **Vermögenswerte**, **Wohnung** oder in sonstiger Weise die **Existenzgrundlage** betreffen[13]. Dadurch ist der Lastenausgleich abgegrenzt von kriegsbedingten sozialen Leistungen, die, wie die Kriegsopferversorgung i. S. d. Art. 73 I Nr. 13 GG, an Personenschäden anknüpfen (→ Art. 73 Rn. 83)[14]. Die zitierte Definition enthält im übrigen eine wichtige Einschränkung nicht, die sich aus dem Zweck des Lastenausgleichsrechts ergibt: es geht nicht um den Ausgleich beliebiger, auch z.B. von Nichtdeutschen außerhalb Deutschlands erlittener, kriegsbedingter Schäden, sondern um einen Ausgleich mit Integrationsfunktion für die deutsche Gesellschaft, primär also um innerdeutschen Ausgleich und insbesondere um die (Wieder)Eingliederung Geschädigter in Deutschland bzw. zunächst im Westteil Deutschlands[15]. Dementsprechend sind die Leistungen nach einfachgesetzlichem Lastenausgleichsrecht größtenteils auf Deutsche[16] und im übrigen durch Bezüge auf das (Wieder)Eingliederungsgebiet – Beschränkung auf in diesem Gebiet entstandene Schäden, Erfordernis eines Wohnsitzes in diesem Gebiet zu bestimmten Stichtagen[17] – begrenzt.

Das einfachgesetzliche Lastenausgleichsrecht (→ Rn. 6ff.) bezieht in weitem Umfang auch nur noch sehr mittelbar kriegsbedingte, lange nach Kriegsende entstandene 5
Schäden ein[18]. Dementsprechend wird auch der verfassungsrechtliche **Begriff des Lastenausgleichs extensiv interpretiert**; eine enge, alternative Zurechnungen für praktische Zwecke ausschließende kausale Verknüpfung zwischen Krieg und auszugleichendem Schaden wird, anders als beim in Art. 120 I GG verwendeten Begriff der Kriegsfolgelasten (→ Art. 120 Rn. 6), nicht verlangt[19]. Dies bedeutet, daß zum Lastenausgleich i.S.d. Art. 120a GG auch Leistungen gerechnet werden, deren korrespondierende staatliche Aufwendungen nicht zu den Kriegsfolgelasten i. S. d. Art. 120 GG zählen[20]. Umgekehrt fallen auch nicht alle Kriegsfolgelasten i. S. d. Art. 120 GG in das Gebiet des Lastenausgleichs[21].

---

[12] Aufschlußreich dazu *G. Weisser*, ZLA 1970, 1 (3ff.); s. auch *W. Schulze*, DÖV 1957, 385 (385f.); *K.H. Schaefer*, Lastenausgleich – eine Bewährungsprobe des sozialen Rechtsstaates, in: FG BVerwG, 1978, S. 551ff. (553f.).

[13] S. z.B. für die besonders wichtige Kategorie der Vertreibungsschäden § 12 I LAG.

[14] Für die Abgrenzung zur sogenannten Wiedergutmachung: → Fn. 64.

[15] Vgl. BVerfGE 17, 67 (80).

[16] S. insbesondere für Vertreibungsschäden § 12 I i.V.m. § 11 I LAG, für außerhalb des Geltungsbereichs des Grundgesetzes entstandene Kriegssachschäden § 228 II LAG.

[17] S. insbesondere §§ 228 II, 230, 230a LAG.

[18] S. für in der DDR und Ostberlin entstandene späte Nachkriegsschäden *Schaefer* (Fn. 6), Art. 120a Rn. 28; *S. Muckel*, in: v. Mangoldt/Klein/Starck, GG III, Art. 120a Rn. 9 betont, daß Zahlungen aus dem Ausgleichsfonds »ausschließlich politisch motiviert« gewesen seien, um eine zügige Integration der kriegsgeschädigten Bürger zu fördern.

[19] *T. Hebeler*, in: BK, Art. 120a (2015), Rn. 3; *Schaefer* (Fn. 6), Art. 120a Rn. 9f., 28.

[20] *Schaefer* (Fn. 6), Art. 120a Rn. 28; *Siekmann* (Fn. 6), Art. 120a Rn. 11.

[21] Dies beruht insbesondere darauf, daß der Begriff der Kriegsfolgelasten nicht nur die Aufwendungen für kriegsbedingte Leistungen mit (Wieder-)Eingliederungszweck umfaßt (→ Rn. 4; →

III. Einfachgesetzliche Grundlagen des Lastenausgleichs

6 Die zentrale einfachgesetzliche Regelung des Lastenausgleichs i. S. d. Art. 120a GG bildet das zugleich mit Art. 120a GG verkündete **Lastenausgleichsgesetz** (→ Rn. 4). Es bestimmt die ausgleichsfähigen Schadenstypen[22], regelt die wichtigsten, teils zwingend, teils nach Ermessen zu gewährenden Ausgleichsleistungen[23] und sieht – ebenso wie bereits das Soforthilfegesetz (→ Rn. 1) – die Finanzierung der Ausgleichsleistungen aus einem Ausgleichsfonds vor. Dieser wurde zu einem großen Teil durch Abgaben auf bestehendes Vermögen gespeist. Diese **Vermögensabgabe** traf breite Bevölkerungsschichten, weshalb das Sozialstaatsprinzip bereits zu Anfang der Bundesrepublik einer erheblichen Belastungsprobe ausgesetzt war[24]. Zum Kern des Lastenausgleichsrechts werden daneben drei weitere im Laufe der Jahre 1952 und 1953 erlassene, mittlerweile jedoch wegen Erledigung aufgehobene Gesetze gezählt[25]: das zeitgleich mit Art. 120a GG und dem Lastenausgleichsgesetz verkündete Feststellungsgesetz[26], das Währungsausgleichsgesetz[27] und das Altsparergesetz[28]. Hinzu kamen in größerem zeitlichen Abstand, neben zahlreichen Novellierungen der bereits genannten Gesetze, der inzwischen aufgehobene Teil IV des Allgemeinen Kriegsfolgengesetzes[29], das inzwischen ebenfalls aufgehobene Beweissicherungs- und Feststel-

---

Art. 120 Rn. 6 f.) und auch Aufwendungen für Leistungen einschließt, die nicht der Abgeltung wirtschaftlicher Schäden dienen (→ Rn. 4).

[22] Vertreibungsschäden (§ 12), Kriegssachschäden (§ 13), Ostschäden (§ 14), Sparerschäden (§ 15) und Zonenschäden (§ 15a).

[23] Die wichtigsten Leistungen nach dem LAG sind Hauptentschädigung (§§ 243 ff.) und Kriegsschadenrente (§§ 261 ff.). Zu verfassungsrechtlichen Fragen im Zusammenhang mit der Hauptentschädigung *Schaefer*, Lastenausgleich (Fn. 12), S. 557 f.

[24] Näheres hierzu – wie auch zum Lastenausgleich insgesamt – aus wirtschaftswissenschaftlicher Perspektive und mit umfangreichem Faktenmaterial bei *L. Wiegand*, Der Lastenausgleich in der Bundesrepublik Deutschland 1949 bis 1985, 1992, S. 142 ff.

[25] *Schaefer* (Fn. 6), Art. 120a Rn. 9; *R. Wenzel*, Die große Verschiebung?, 2008, S. 175 ff.

[26] Bekanntmachung der Neufassung des Gesetzes über die Feststellung von Vertreibungsschäden und Kriegssachschäden (Feststellungsgesetz) vom 14.8.1952, BGBl. I S. 534; s. auch Bekanntmachung der Neufassung vom 1.10.1969, BGBl. I S. 1885, zul. geänd. durch Gesetz vom 21.7.2004, BGBl. I S. 1742; aufgehoben durch das LARÄnduBerG (→ Fn. 2) vom 21.6.2006, BGBl. I S. 1323. Das Feststellungsgesetz regelte für drei Schadenstatbestände – Vertreibungsschäden, Kriegsschäden und Ostschäden – eine weitgehend aus dem LAG herausgelöste Schadensfeststellung; krit. dazu *W. Schulze*, DÖV 1957, 385 (386). Die 1952 zugleich mit Art. 120a GG verkündete Fassung ersetzte die ältere Fassung des Feststellungsgesetzes vom 21.4.1952, BGBl. I S. 237.

[27] Bekanntmachung der Neufassung des Gesetzes über einen Währungsausgleich für Sparguthaben Vertriebener (Währungsausgleichsgesetz) vom 14.8.1952, BGBl. I S. 546; später Bekanntmachung der Neufassung vom 1.12.1965, BGBl. I S. 2059, zul. geänd. durch Gesetz vom 24.7.1992, BGBl. I S. 1389 (1395), aufgehoben durch Gesetz vom 12.9.2001, BGBl. I S. 2306. Die 1952 zugleich mit Art. 120a GG verkündete Fassung ersetzte die ältere Fassung vom 27.3.1952, BGBl. I S. 213. Das Gesetz verwies für die Zuständigkeit zur Entscheidung über Ansprüche nach diesem Gesetz auf die nach dem Dritten Teil des Lastenausgleichsgesetzes zuständigen Behörden und wies auch insoweit dem Präsidenten des Bundesausgleichsamtes die Befugnisse nach Art. 85 des Grundgesetzes zu (§ 6 I, II), folgte also auf der Grundlage des Art. 120a GG dem Modell des Lastenausgleichsgesetzes.

[28] Gesetz zur Milderung von Härten der Währungsreform (Altsparergesetz) vom 14.7.1953, BGBl. I S. 495, zul. geänd. durch Gesetz vom 22.5.2005, BGBl. I S. 1373; aufgehoben durch das LARÄnduBerG (→ Fn. 2) vom 21.6.2006, BGBl. I S. 1323. Nach dem Altsparergesetz wurde für bestimmte Gläubigerverluste Entschädigung aus Mitteln des Lastenausgleichsfonds gewährt (§ 1 I). Gegenüber den in die Durchführung des Gesetzes eingeschalteten Geldinstituten (§ 14) sind Weisungsrechte des Präsidenten des Bundesausgleichsamtes vorgesehen (§ 21).

[29] Gesetz zur allgemeinen Regelung durch den Krieg und den Zusammenbruch des Deutschen Reiches entstandener Schäden (Allgemeines Kriegsfolgengesetz) vom 5.11.1957, BGBl. I S. 1747, zul.

lungsgesetz[30], das Flüchtlingshilfegesetz[31] und das nunmehr ebenfalls aufgehobene Reparationsschädengesetz[32]. Die Zuordnung von Leistungen nach dem Bundesvertriebenengesetz[33] (→ Art. 116 Rn. 60 ff.) zum Lastenausgleich ist umstritten[34].

Das Kriegsfolgenbereinigungsgesetz von 1992 hat mit einer Schlußfrist für Anträge nach dem Lastenausgleichsgesetz das **Auslaufen des Lastenausgleichs** eingeleitet[35]. Zwölf Jahre nach Auslaufen der letzten Frist kann davon ausgegangen werden, daß die Abwicklung des Lastenausgleichs letztlich in seine Schlußphase getreten ist[36]. Die 7

---

geänd. durch Art. 3 des Gesetzes vom 31.7.2009, BGBl. I S. 2512. Zum Lastenausgleichsrecht wurde nur Teil IV dieses Gesetzes gezählt, der die Gewährung von Härtebeihilfen regelte; dazu *Schaefer* (Fn. 6), Art. 120a Rn. 9. Teil IV wurde 1986 aufgehoben durch Art. 19 Zweites RechtsbereinigungsG, BGBl. I S. 2441.

[30] Gesetz über die Beweissicherung und Feststellung von Vermögensschäden in der sowjetischen Besatzungszone Deutschlands und im Sowjetsektor von Berlin (Beweissicherungs- und Feststellungsgesetz) vom 22.5.1965, BGBl. I S. 425; Bekanntmachung der Neufassung vom 1.10.1969, BGBl. I S. 1897, zul. geänd. durch Gesetz vom 17.12.1990, BGBl. I S. 2809 (2820); aufgehoben durch Gesetz vom 24.7.1992, BGBl. I S. 1389 (1394).

[31] Gesetz über Hilfsmaßnahmen für Deutsche aus der sowjetischen Besatzungszone Deutschlands und dem sowjetisch besetzten Sektor von Berlin vom 15.7.1965, BGBl. I S. 612, in der Fassung der Bekanntmachung vom 15.5.1971 (Flüchtlingshilfegesetz – FlüHG), BGBl. I S. 681, zul. geänd. durch Gesetz vom 21.7.2004, BGBl. I S. 1742. Das Gesetz sieht Leistungen für die bezeichnete Flüchtlingsgruppe vor (Einrichtungshilfe, Hilfe zum Lebensunterhalt, Aufbaudarlehen u.ä.), und ist nach § 22 von den Ländern als eigene Angelegenheit durchzuführen. Die Mittel trägt nach § 21 der Bund. Hier wurde also nicht die übliche lastenausgleichsrechtliche Finanzierungskonstruktion gewählt, und die mit Art. 120a GG eröffneten Möglichkeiten der Organisation des Vollzuges wurden nicht genutzt. Ein Bezug zum Lastenausgleichsgesetz ist nur durch Analogieverweisung in einer Verordnungsermächtigung (§ 23) hergestellt.

[32] Gesetz zur Abgeltung von Reparations-, Restitutions-, Zerstörungs- und Rückerstattungsschäden (Reparationsschädengesetz – RepG) vom 12.2.1969, BGBl. I S. 105, zul. geänd. durch Gesetz vom 21.7.2004, BGBl. I S. 1742; aufgehoben durch das LARÄnduBerG (→ Fn. 2) vom 21.6.2006, BGBl. I S. 1323. Zum RepG vgl. BVerfGE 41, 193. Das Gesetz wurde nach § 47 entsprechend dem Modell des Lastenausgleichsgesetzes teils vom Bund, teils im Auftrag des Bundes von den Ländern durchgeführt.

[33] Gesetz über die Angelegenheiten der Vertriebenen und Flüchtlinge (Bundesvertriebenengesetz – BVFG) vom 19.5.1953, BGBl. I S. 202, in wesentlichen Punkten geändert durch das Kriegsfolgenbereinigungsgesetz vom 21.12.1992, BGBl. I S. 2094, das auch den Begriff des »Spätaussiedlers« erstmals einführt; hierzu *B. Gaa-Unterpaul*, NJW 1993, 2080 ff. Neugefasst durch Bekanntmachung vom 10.8.2007, BGBl. I S. 1902, und zul. geänd. durch Gesetz vom 20.11.2015, BGBl. I S. 2010.

[34] Dagegen etwa *H.-J. Rodenbach*, in: Schmidt-Bleibtreu/Hofmann/Henneke, GG, Art. 120a Rn. 27; *Schaefer* (Fn. 6), Art. 120a Rn. 9; mit überzeugenden Gründen dafür *Siekmann* (Fn. 6), Art. 120a Rn. 6; *Butzer* (Fn. 6), Art. 120a Rn. 82. Daß das Bundesvertriebenengesetz nicht nach dem in Art. 120a GG ermöglichten (!) Modell administriert wird, ist unschädlich, mindert aber die Relevanz des Problems, weil eine Umstellung für die Zukunft kaum in Betracht kommen dürfte.

[35] Gesetz zur Bereinigung von Kriegsfolgengesetzen (Kriegsfolgenbereinigungsgesetz) vom 21.12.1992, BGBl. I S. 2094. Nach der durch Art. 2 dieses Gesetzes erfolgten Änderung des Lastenausgleichsgesetzes laufen bzw. liefen für alle vor dem 1.1.1993 antragsberechtigt gewordenen Geschädigten die Antragsfristen zum 31.12.1995 ab. Aussiedler, die erst nach dem 31.12.1992 ihren ständigen Aufenthalt im Bundesgebiet genommen haben, können aufgrund der Stichtagsregelung des § 230 II LAG ebenfalls keine Anträge mehr stellen, s. *A. Kapinos*, EALG – VermG – LAG. Praxishandbuch des Entschädigungs- und Lastenausgleichsrechts, Bd. 3 (Loseblatt), Abschn. F I 1 S. 1; zum allmählichen Auslaufen des Lastenausgleichs auch *G. Gallenkamp*, NJW 1999, 2486 (2487); *ders.*, VIZ 1999, 185 ff.

[36] Ende 2005 belief sich die Zahl der Empfänger von Kriegsschadenrente auf 14.500, im Bereich der klassischen Schadensfeststellung sind noch 1.500 Anträge zu bearbeiten, im Darlehensbereich werden noch Kredite über 210 Mio. Euro verwaltet. Letztlich ist – wegen des Rentenlaufs – mit einem Auslaufen des LAG dennoch erst gegen 2030/35 zu rechnen. Vgl. hierzu BT-Drs. 16/916, S. 11.

wiedervereinigungsbedingten Restitutions-, Entschädigungs- und Ausgleichsleistungen nach dem Vermögensgesetz (VermG)[37] und dem Entschädigungs- und Ausgleichsleistungsgesetz (EALG)[38] werden nicht mehr zum Lastenausgleich gerechnet[39]. Im Zusammenhang mit der durch die Wiedervereinigung ermöglichten Restitution von Vermögenswerten im Gebiet der früheren DDR entstehen allerdings nach **§ 349 LAG** für zuvor mit Rücksicht auf den Verlust dieser Werte gewährte Ausgleichsleistungen **Rückforderungsansprüche**, die die Lastenausgleichsverwaltung noch eine gewisse Zeit beschäftigen werden[40]. § 349 LAG ist verfassungsgemäß[41].

8 In materiellrechtlicher Hinsicht hatte der Gesetzgeber bei der Ausgestaltung des Lastenausgleichsrechts **weitgehende Gestaltungsfreiheit**[42]. Die im Rahmen des Lastenausgleichs gewährten Leistungen – bis Ende 2007 insgesamt mehr als 146 Mrd. DM[43] – waren in der Nachkriegszeit eine wesentliche Voraussetzung für die erfolgreiche Integration von Millionen Flüchtlingen[44].

IV. Regelungsmöglichkeiten für die Ausführung des Lastenausgleichsrechts

9 Ohne die in Art. 120a I GG getroffene Sonderregelung wären Bundesgesetze zum Lastenausgleich, was die Gewährung von Ausgleichsleistungen angeht, nach der **allgemeinen Regel des Art. 83 GG** von den Ländern als eigene Angelegenheit auszuführen (→ Art. 83 Rn. 16 ff., 31 ff.). **Art. 120a I 1 GG** eröffnet die Möglichkeit, mit Zustimmung des Bundesrates[45] eine hiervon **abweichende gesetzliche Regelung** zu treffen. Der Gesetzgeber hat mit dem Lastenausgleichsgesetz diese Möglichkeit genutzt[46], war dazu aber nicht verpflichtet[47]. Die eingeräumte Möglichkeit geht dahin, daß eine Ausführung des Lastenausgleichsrechts **teils durch den Bund, teils durch die Länder im Auftrage des Bundes** vorgesehen werden kann. Damit wird der Katalog der Rege-

---

[37] Gesetz zur Regelung offener Vermögensfragen, in der Fassung der Bekanntmachung vom 9.2.2005, BGBl. I S. 205 (Erstfassung in BGBl. 1990 II S. 1159), zul. geänd. durch Gesetz vom 21.11.2016, BGBl. I S. 2591.

[38] Gesetz über die Entschädigung nach dem Gesetz zur Regelung offener Vermögensfragen und über staatliche Ausgleichsleistungen für Enteignungen auf besatzungsrechtlicher oder besatzungshoheitlicher Grundlage (Entschädigungs- und Ausgleichsleistungsgesetz – EALG) vom 27.9.1994, BGBl. I S. 2624, berichtigt BGBl. 1995 I S. 110, zul. geänd. durch Gesetz vom 20.9.2005, BGBl. I S. 2809.

[39] *Schaefer* (Fn. 6), Art. 120a Rn. 6.

[40] *Schaefer* (Fn. 6), Art. 120a Rn. 6; *Siekmann* (Fn. 6), Art. 120a Rn. 4; *Muckel* (Fn. 18), Art. 120a Rn. 30. Von den 520.000 Rückforderungsfällen waren bereits 2006 70% bearbeitet, sie haben bis dahin einen Rücklauf von 1 Mrd. Euro erbracht, vgl. hierzu BT-Drs. 16/916.

[41] BVerfGE 106, 201 (206 ff., Rn. 13 ff.) auf Vorlage des VG Osnabrück VIZ 1996, 529 (531). Für Verfassungsmäßigkeit auch bereits BVerwGE 105, 110 (111 ff.); BVerwG Buchholz 427.3 § 349 LAG Nr. 1; *G. Gallenkamp*, NJW 1999, 2486 (2488); a. A. *F. Rosenberger*, VIZ 1996, 65 (67 ff.). Grundsätzliche Kritik an der Entwicklung des Lastenausgleichs bei *Muckel* (Fn. 18), Art. 120a Rn. 31 ff.

[42] So allgemein für den sozialen Ausgleich der Kriegs- und Kriegsfolgeschäden BVerfGE 41, 193 (202); vgl. auch BVerfGE 27, 253 (284 f.). Zum konstitutiven Charakter des LAG für die dort geregelten Leistungsansprüche BVerfGE 11, 50 (56); 17, 67 (78); *Schaefer*, Lastenausgleich (Fn. 12), S. 555 ff.; *ders.*, Die Verwaltung 3 (1970), 43 (51). Zu weitgehend – für Gestaltungsfreiheit des Gesetzgebers »ohne jede rechtliche Vorbindung« – *Schaefer* (Fn. 6), Art. 120a Rn. 10a.

[43] Diese und weitere Daten zwischen 2000 und 2007 bei *Schaefer* (Fn. 6), Art. 120a (Anhang).

[44] So auch *Muckel* (Fn. 18), Art. 120a Rn. 1, 33; *Schaefer* (Fn. 6), Art. 120a Rn. 29.

[45] Diese Zustimmung ist selbstverständlich auch dann erforderlich, wenn die mit Art. 120a I GG eröffneten Regelungsmöglichkeiten nur zu einem Teil genutzt werden: *Butzer* (Fn. 6), Art. 120a Rn. 112.

[46] §§ 305 ff. LAG.

[47] *Hebeler* (Fn. 19), Art. 120a Rn. 14; *Siekmann* (Fn. 6), Art. 120a Rn. 1.

lungsmaterien, die in bundeseigener Verwaltung (→ Art. 86 Rn. 12ff.), und der Katalog der Regelungsmaterien, die in Bundesauftragsverwaltung (→ Art. 85 Rn. 17ff.) durchzuführen sind bzw. auf der Grundlage entsprechender gesetzlicher Regelung durchgeführt werden können, erweitert und ausdrücklich eine andernfalls unzulässige Form der **Mischverwaltung**[48] – nicht dagegen eine Ausführung in reiner Bundesauftrags- oder reiner bundeseigener Verwaltung[49] – zugelassen. In der Literatur findet sich die Auffassung, daß damit allein die im zeitgleich mit Art. 120a GG verabschiedeten einfachgesetzlichen Lastenausgleichsrecht vorgesehene Form der Mischverwaltung – Ausführung durch die Länder im Auftrage des Bundes[50] auf der Grundlage von Verwaltungsvorschriften und Weisungen des Bundesausgleichsamtes als Behörde der bundeseigenen Verwaltung[51] – zugelassen sei[52]. Die Übertragung der nach Art. 85 GG im Rahmen der Bundesauftragsverwaltung der Bundesregierung und den obersten Bundesbehörden zustehenden Befugnisse auf das Bundesausgleichsamt ist aber im letzten Halbsatz des Satzes 1 als eine selbständige Option neben der im vorausgehenden Halbsatz eröffneten Option der Einführung einer Mischverwaltung aufgeführt und kann daher nicht zugleich schon notwendiges Element der zugelassenen Mischverwaltung sein[53]. Daß der Gesetzgeber in der Ausgestaltung der nach Absatz 1 Satz 1 zugelassenen Mischverwaltung nicht an die einmal im Lastenausgleichsgesetz verankerte Lösung gebunden werden sollte, folgt auch aus Absatz 2 (→ Rn. 13).

Nach dem letzten Halbsatz des Satzes 1 durch Gesetz auf das **Bundesausgleichsamt** **10** übertragbar sind die Regelungs-, Weisungs- und Aufsichtsbefugnisse nach Art. 85 II, III und IV GG[54]. Auch diese Möglichkeit hat das Lastenausgleichsgesetz ausgeschöpft[55]. Die Erwähnung des Bundesausgleichsamtes impliziert weder eine verfassungsrechtliche Bestandsgarantie für diese Behörde (zum nur optionseröffnenden Charakter der gesamten Regelung: → Rn. 9), noch schreibt sie einen bestimmten organisationsrechtlichen Status des Bundesausgleichsamtes fest[56]. Das Lastenausgleichsgesetz hat das Bundesausgleichsamt als selbständige Bundesoberbehörde institutionalisiert, § 307 LAG.

Nach **Art. 120a I 2, 1. Halbsatz GG** bedarf – anders als der Gesetzgeber für die Re- **11** gelungen, die Satz 1 ihm ermöglicht – das Bundesausgleichsamt für die Ausübung der ihm nach Satz 1 übertragenen Befugnisse **nicht** der **Zustimmung des Bundesrates**. Abgewichen wird damit von der für die Auftragsverwaltung sonst geltenden Regelung des Art. 85 II 1 GG, die die Bundesregierung zum Erlaß allgemeiner Verwaltungsvor-

---

48 *K.H. Schaefer*, Die Verwaltung 3 (1970), 43 (54); allg. zur Frage der verfassungsrechtlichen Zulässigkeit von »Mischverwaltung«: → Art. 83 Rn. 47ff.

49 *Butzer* (Fn. 6), Art. 120a Rn. 89; nun auch so zu verstehen *Jarass*/Pieroth, GG, Art. 120a Rn. 2; *Schaefer* (Fn. 6), Art. 120a Rn. 14 unter Verweis auf den entsprechende Wahlmöglichkeiten explizit eröffnenden Art. 87b II GG.

50 § 305 I LAG; BVerwGE 2, 147 (148).

51 §§ 307, 312, 319 LAG; dazu näher BSGE 39, 260 (264).

52 *Schaefer* (Fn. 6), Art. 120a Rn. 14.

53 Im Ergebnis wie hier *Butzer* (Fn. 6), Art. 120a Rn. 92ff.

54 *Butzer* (Fn. 6), Art. 120a Rn. 97ff. Für die Feststellung, daß es sich auch bei der in § 346 LAG dem Präsidenten des Bundesausgleichsamtes zugewiesenen Regelungsbefugnis um eine – verfassungskonform eingeräumte – Befugnis zum Erlaß von Verwaltungsvorschriften, nicht dagegen um den Erlaß von Rechtsverordnungen, handelt, s. BVerfGE 8, 155 (163ff.); *Schaefer* (Fn. 6), Art. 120a Rn. 14.

55 § 319 II 3 LAG; s. auch *Schaefer* (Fn. 6), Art. 120a Rn. 17; *Muckel* (Fn. 18), Art. 120a Rn. 17ff.

56 So auch *Butzer* (Fn. 6), Art. 120a Rn. 99; *Rodenbach* (Fn. 34), Art. 120a Rn. 38; *Schaefer* (Fn. 6), Art. 120a Rn. 16.

schriften nur mit Zustimmung des Bundesrates ermächtigt (→ Art. 85 Rn. 30). Die Regelung des **2. Halbsatzes**, nach der im Falle der durch Satz 1 ermöglichten Befugnisübertragung an das Bundesausgleichsamt dessen Weisungen, von Dringlichkeitsfällen abgesehen, an die als **oberste Landesbehörden** angesprochenen **Landesausgleichsämter** zu richten sind, impliziert keine Abweichung von der im Bereich der Auftragsverwaltung sonst geltenden Adressatenregelung des Art. 85 III 2 GG, sondern bestätigt diese. Ihr eigentlicher Regelungsgehalt liegt nicht in dieser Bestätigung, sondern darin, daß die Landesausgleichsämter als oberste Landesbehörden qualifiziert werden. Die Landesausgleichsämter können danach nicht als Landesoberbehörden, sondern müssen als Dienststelleneinheiten von Landesministerien institutionalisiert werden[57]. Was die Verpflichtungen der Landesausgleichsämter als Adressaten von Weisungen des Bundesausgleichsamtes angeht, gilt Art. 85 III 3 GG unmittelbar[58].

12 Die Bedeutung der Klausel des Absatzes 1 Satz 1, die die eröffneten Möglichkeiten ausdrücklich auf das **Gebiet der Ausgleichsleistungen** beschränkt, kann schwerlich darin gesehen werden, daß die Geltung der Regelung damit auf den Bereich des Lastenausgleichs beschränkt wird[59], denn dies folgt bereits daraus, daß sie sich von vornherein nur auf Gesetze bezieht, die der Durchführung des Lastenausgleichs dienen. Die Klausel hat eine eigenständige beschränkende Funktion. Sie schließt die Anwendbarkeit des Art. 120a GG auf diejenigen Regelungen des Lastenausgleichsrechts aus, die nicht die dem Ausgleich dienenden Leistungen, sondern die Aufbringung der dazu erforderlichen Mittel – konkret: die Erhebung der Lastenausgleichsabgabe (→ Rn. 6) – betreffen[60]. Zum von Art. 120a GG erfaßten Gebiet der Ausgleichsleistungen gehören selbstverständlich auch Regelungen, die eine eventuelle Rückforderung gewährter Leistungen vorsehen[61].

V. Kein Ausschluß des Art. 87 III 2 GG

13 Die Regelung des **Absatzes 2**, nach der Art. 87 III 2 GG unberührt bleibt, stellt klar, daß unter den dort bezeichneten Voraussetzungen auch **bundeseigene Mittel- und Unterbehörden**[62] mit Vollzugsaufgaben im Bereich des Lastenausgleichs errichtet werden dürfen[63]; der besonderen Erwähnung des Bundesausgleichsamtes in Absatz 1 und der Tatsache, daß das zugleich mit Art. 120a GG verabschiedete Lastenausgleichsgesetz nur diese Behörde institutionalisiert, soll also keine insoweit ausschließende Bedeutung zukommen.

---

[57] *Schaefer* (Fn. 6), Art. 120a Rn. 15; *ders.*, Die Verwaltung 3 (1970), 43 (54 f.).

[58] Kein direkter Verweis auf Art. 85 III 3 GG bei *Butzer* (Fn. 6), Art. 120a Rn. 107.

[59] So aber offenbar *Schaefer* (Fn. 6), Art. 120a Rn. 16.

[60] *Butzer* (Fn. 6), Art. 120a Rn. 84; ebenso im Ergebnis, aber nicht im Zusammenhang mit der Interpretation der hier besprochenen Klausel, auch *Schaefer* (Fn. 6), Art. 120a Rn. 11.

[61] *Jarass*/Pieroth, GG, Art. 120a Rn. 1; zum umstrittenen Rückforderungstatbestand des § 349 LAG: → Rn. 7.

[62] Es sind jedoch zu keiner Zeit Mittel- und Unterbehörden geschaffen worden, *Rodenbach* (Fn. 34), Art. 120a Rn. 43.

[63] *Butzer* (Fn. 6), Art. 120a Rn. 113 ff; *Rodenbach* (Fn. 34), Art. 120a Rn. 43; *Schaefer* (Fn. 6), Art. 120a Rn. 3. Der Begriff der »neuen Aufgaben« in Art. 87 III 2 GG darf dabei nicht so eng ausgelegt werden, daß Gegenstandslosigkeit des Art. 120a II GG die Folge wäre; so im Ergebnis, mit Unterschieden im Detail, auch *Schaefer* (Fn. 6), Art. 120a Rn. 27.

D. Verhältnis zu anderen GG-Bestimmungen

Die Gesetzgebungskompetenz des Bundes für das in Art. 120a GG angesprochene Sachgebiet des Lastenausgleichs ergibt sich aus **Art. 74 I Nr. 6 und 9 GG**[64]. Zu den Regelungen der **Art. 83 ff. GG** steht Art. 120a GG in einem Spezialitäts- und inhaltlichen Abweichungsverhältnis (→ Rn. 9 ff.). Eine dem Art. 120a GG vergleichbare, hinsichtlich der einfachgesetzlichen Wahlmöglichkeiten aber noch flexiblere Regelung enthält **Art. 87b II GG.** 14

Art. 106 I Nr. 5 GG nimmt auf das Lastenausgleichsrecht Bezug, indem er das Aufkommen der zur Durchführung des Lastenausgleichs erhobenen Ausgleichsabgaben dem Bund zuweist. Hinsichtlich derjenigen Aufwendungen für den Lastenausgleich, die zugleich Aufwendungen für Kriegsfolgelasten sind (zum begrifflichen Verhältnis: → Rn. 5), ist **Art. 120 GG** einschlägig. 15

64 *Schaefer* (Fn. 6), Art. 120a Rn. 8. Von den in Art. 74 I Nr. 9 GG genannten Materien sind hier die »Kriegsschäden« einschlägig; die sogenannte »Wiedergutmachung« betrifft dagegen, ohne spezifischen Bezug zu Kriegsereignissen, Ausgleichsleistungen für nationalsozialistisches Unrecht (→ Art. 74 Rn. 43).

Artikel 121 [Begriff »Mehrheit der Mitglieder«]

Mehrheit der Mitglieder des Bundestages und der Bundesversammlung im Sinne dieses Grundgesetzes ist die Mehrheit ihrer gesetzlichen Mitgliederzahl.

Literaturauswahl

Breiholdt, Hermann: Die Abstimmung im Reichstag, in: AöR 49 (1926), S. 289–371.
Drath, Martin: Die gesetzliche Mitgliederzahl des Bundestages, in: Festschrift der Juristischen Fakultät der Freien Universität Berlin zum 41. Deutschen Juristentag in Berlin vom 7.–10. September 1955, 1955, S. 79–92.
Heun, Werner: Das Mehrheitsprinzip in der Demokratie, 1983.
Jellinek, Walter: Die gesetzliche Mitgliederzahl des Bundestages, in: Festschrift für Herbert Kraus, 1954, S. 88–94.
Magsaam, Niels: Mehrheit entscheidet. Ausgestaltung und Anwendung des Majoritätsprinzips im Verfassungsrecht des Bundes und der Länder, 2014.
Pestalozza, Christian: Die »gesetzliche Mitgliederzahl«, Art. 121 GG, in: LKV 2008, S. 49–55.
Winkler, Markus: Die gesetzliche Mitgliederzahl des 14. Deutschen Bundestages, in: VR 2000, S. 165–169.

Leitentscheidungen des Bundesverfassungsgerichts

Diese liegen zu Art. 121 GG bislang nicht vor.

Gliederung

Stichwörter

A. Herkunft, Entstehung, Entwicklung

1 Das Mehrheitsprinzip zählt zu den **fundamentalen Prinzipien** der Demokratie[1], welches jedoch der Spezifizierung bedarf, um operationabel zu sein[2]. Die Regelung des Art. 121 GG zählt daher zum Kreis derjenigen Vorschriften, die notwendig sind, um das Mehrheitsprinzip (→ Art. 20 [Demokratie], Rn. 67ff.; → Art. 42 Rn. 31ff.) anwendungsfähig zu machen. Es bedarf der Festlegungen über die Verfahren der Willensbildung, insbesondere auch der Bestimmungen über die Berechnung der Mehrheit[3]. Wäh-

---

[1] BVerfGE 29, 154 (165); 112, 118 (140, Rn. 65).
[2] Zu den vielfältigen Formen der Mehrheitsentscheidung *N. Magsaam*, Mehrheit entscheidet, 2014, S. 522ff., 568ff.
[3] Vgl. die abstrakt dargestellten Variationen bei *W. Heun*, Das Mehrheitsprinzip in der Demokratie, 1983, S. 106ff., 127f.

rend Verfassungen zumeist Normen über die für eine bestimmte Entscheidung notwendigen Quoren[4] enthalten, stellt die Klarstellung des Kreises, aus dem die »Mehrheit der Mitglieder« des Parlaments zu berechnen ist, eine **neue verfassungsrechtliche Errungenschaft** des Grundgesetzes dar. Die **Paulskirchenverfassung** (§ 98) und die **Verfassung des Deutschen Reiches** von 1871 (Art. 28 I 2) regelten demgegenüber nur das »einfache Mehrheitsprinzip«. Die Frage, wer zu den Mitgliedern des Parlaments gehört und damit stimmberechtigt ist, wurde bis dato ausschließlich im Zusammenhang mit der Mandatsprüfung (→ Art. 41 Rn. 22f.) behandelt.

Der **HChE** verwandte an jeder Stelle gesondert die Formulierung »Mehrheit der gesetzlichen Mitgliederzahl« bzw. »Mehrheit der gesetzlichen Stimmenzahl«[5]. Der Vorschlag des Allgemeinen Redaktionsausschusses, den Verfassungstext mit der Aufnahme einer entsprechenden **Legaldefinition** von Wiederholungen zu befreien[6], wurde im Organisationsausschuss und im Hauptausschuss wegen seines selbstverständlichen Inhaltes und seiner Platzierung als Übergangsbestimmung **zunächst abgelehnt**[7]. Den nochmaligen Antrag des Allgemeinen Redaktionsausschusses übernahm der Hauptausschuss modifiziert durch die Ersetzung von »Körperschaft« durch »Volkstag [= Bundestag] und Bundesversammlung«[8] und unter Zurückweisung der Anregung, auch den Bundesrat zu erwähnen[9]. Vor der vierten Lesung drang der Fünferausschuss auf eine Klärung innerhalb der Fraktionen, ob die Bestimmung nicht als evident wegfallen könne[10]. Ohne weitere inhaltliche Erörterung wurde diese Fassung aber (als Art. 122 GG) im Hauptausschuss bestätigt, im Plenum abschließend nummeriert[11] und seither nicht geändert. 2

B. Internationale, supranationale und rechtsvergleichende Bezüge

Ausländische Verfassungen enthalten soweit ersichtlich keine entsprechenden Maßgaben für die Ermittlung der auch dort variantenreich vorkommenden Quoren. Im **Europäischen Parlament** wird für verschiedene Arten von Entscheidungen die Mehrheit der Stimmen der Mitglieder verlangt[12]. Allerdings kennen EUV und AEUV keine Norm, welche diese Anforderung erläutert; Art. 231 I AEUV legt lediglich fest, dass mangels anderer Bestimmung Beschlüsse mit absoluter Mehrheit der abgegebenen Stimmen gefasst werden[13]. Politische Bedeutung kommt gerade im Rahmen des Europäischen Rates freilich den jeweils erforderlichen Abstimmungsquoren zu (sog. »**doppelte Mehrheit**« nach Mitgliedsstaaten und Bevölkerungszahl), über deren Ausgestal- 3

[4] Z.B. für die Verfassungsänderung: → Art. 79 II Rn. 15, 19ff.

[5] So z.B. in den Art. 24 III, 75 I, II, 106 I, 115 I HChE.

[6] Art. 138c: »›Mehrheit der Mitglieder‹ einer Körperschaft im Sinne dieses Grundgesetzes ist die Mehrheit der gesetzlichen Mitgliederzahl dieser Körperschaft«; Grundgesetz (Entwürfe), S. 36, Drs. Nr. 291 v. 18.11.1948, in: Parl. Rat VII, S. 82; vgl. JöR 1 (1951), S. 837.

[7] JöR 1 (1951), S. 837; 27. Sitzung des Organisationsausschusses v. 6.12.1948, Parl. Rat VII, S. 82; Parl. Rat XIII/2, S. 924; 20. Sitzung des Hauptausschusses v. 7.12.1948, Parl. Rat XIV/1, S. 568.

[8] JöR 1 (1951), S. 838; 51. Sitzung des Hauptausschusses v. 10.2.1949, Parl. Rat XIV/2, S. 1201, 1639; Entwurfsfassung (Art. 138c-6): Parl. Rat VII, S. 437.

[9] 51. Sitzung des Hauptausschusses v. 10.2.1949, Parl. Rat XIV/2, S. 1639.

[10] Drs. 675 v. 28.2. 1949, in: Parl. Rat VII, S. 454.

[11] 57. Sitzung des Hauptausschusses v. 5.5.1949 (Parl. Rat VII, S. 564; Parl. Rat XIV/2, S. 1821); 2. Lesung im Plenum, Parl. Rat IX, S. 487; Text: Parl. Rat VII, S. 603.

[12] So z.B. Art. 294, 314 AEUV.

[13] Dazu *W. Kluth*, in: Calliess/Ruffert, EUV/AEUV, Art. 231 Rn. 1ff.

tung sich vor allem die bevölkerungsärmeren Mitgliedsstaaten ein hinreichendes Maß an Einfluss zu sichern suchen. Art. 121 GG vergleichbare Bestimmungen finden sich nur in den **Landesverfassungen** von Baden-Württemberg (Art. 92), von Mecklenburg-Vorpommern (Art. 32 II) und von Niedersachsen (Art. 74) sowie von Schleswig-Holstein (Art. 22 IV). Im Übrigen finden sich Definitionen, Abstimmungsregeln und ähnliche technische Aufbereitungen des Mehrheitsprinzips oft in den Geschäftsordnungen der Parlamente[14].

C. Erläuterungen

I. Zweck und Anwendungsbereich der Norm

4 Die Bestimmung trägt dazu bei, das Mehrheitsprinzip zu einer anwendbaren **Entscheidungsregel** aufzubereiten. Anlass ist die Tatsache, dass es mehrere Möglichkeiten gibt, den Begriff »Mehrheit« zu verstehen und diese zu berechnen. Für die Fälle, für welche das Grundgesetz eine »Mehrheit der Mitglieder des Bundestages und der Bundesversammlung« – abweichend von der Regel des Art. 42 II GG, wonach die Abstimmungsmehrheit genügt (→ Art. 42 Rn. 34ff.) – verlangt, möchte die Norm diejenige arithmetische Größe bestimmen, aus der diese Mehrheit zu errechnen ist. Inhaltlich stiftet die Bestimmung zugleich den Bezug zur **Legitimationsgrundlage** der zur Entscheidung Berufenen: zum durch (gesetzlich geregelte) Wahlen erlangten Abgeordnetenmandat (→ Art. 38 Rn. 135ff.). Die besondere Mehrheit der Mitglieder des Bundestages soll sicherstellen, dass es zu einem bestimmten Zeitpunkt keine andere Mehrheit als die vorher gesetzlich festgesetzte geben kann; im Gegensatz hierzu kann sich bei der einfachen Mehrheit der Abstimmenden ergeben, dass sich unter Berücksichtigung derjenigen Abgeordneten, welche der Abstimmung ferngeblieben sind, andere Mehrheitsverhältnisse einstellen.

5 Die Bestimmung gilt für **Sach- und Personalentscheidungen** des Bundestages gleichermaßen[15]; institutionell beschränkt der Wortlaut den Anwendungsbereich dieser Mehrheitsdefinition auf **Bundestag und Bundesversammlung**[16]. Die Bestimmung gilt jedenfalls ihrem Wortlaut nach nicht für den Bundesrat[17], was für dessen Abstimmungsvorgaben im Blick auf Art. 52 III 2 und 51 II GG keine Bedeutung hat[18] (→ Art. 52 Rn. 19). Nicht erfasst sind auch die Ausschüsse des Bundestags und dessen sonstige Untergliederungen, auch nicht der Vermittlungsausschuss und der Gemeinsame Ausschuss (→ Art. 53a Rn. 13)[19].

6 Die Mehrheit der Mitglieder (→ Art. 42 Rn. 36ff.) für das Zustandekommen einer Entscheidung wird an verschiedenen Stellen des Grundgesetzes verlangt. So ist diese Mehrheit bei der Wahl des Bundeskanzlers notwendig (»**Kanzlermehrheit**«) nach

---

[14] S. z. B. § 128 II BayLT-GO.

[15] *H. Rechenberg*, in: BK, Art. 121 (Zweitb. 1986), Rn. 5.

[16] Zur Verengung des ursprünglichen Körperschaftsbegriffes: → Rn. 2; für die Erweiterung des Anwendungsbereichs durch den Begriff der »Körperschaften« plädieren *L.-A. Versteyl*, in: v. Münch/Kunig, GG III, Art. 121 Rn. 11 und *D. C. Umbach*, in: Umbach/Clemens, GG II, Art. 121 Rn. 4, der die einzige Notwendigkeit von Art. 121 GG in einer Allgemeingeltung sieht.

[17] Gegen eine Geltung für den Bundesrat plädiert *S. Muckel*, in: v. Mangoldt/Klein/Starck, GG III, Art. 121 Rn. 7; dafür jedoch *Versteyl* (Fn. 16), Art. 121 Rn. 5.

[18] Im Ergebnis ebenso *H. H. Klein*, in: Maunz/Dürig, GG, Art. 121 (2005), Rn. 14.

[19] *W. Höfling/C. Burkiczak*, in: Friauf/Höfling, GG, Art. 121 (2005), Rn. 25.

Art. 63 II 1, III, IV 2, 3 GG (→ Art. 63 Rn. 26, 32f.), ebenso komplementär dazu gemäß Art. 67 I 1 GG für das konstruktive Misstrauensvotum (→ Art. 67 Rn. 16) und für die Vertrauensfrage nach Art. 68 I 1 GG (→ Art. 68 Rn. 20) sowie die anschließend mögliche Verhinderung der Auflösung des Bundestages durch Neuwahl eines Kanzlers gemäß Art. 68 I 2 GG (→ Art. 68 Rn. 22). Die Mehrheit der Mitglieder verlangt Art. 29 VII 2 GG für das Ausführungsgesetz bei Länderneugliederungen, Art. 77 IV 1 und 2 GG bei der Zurückweisung des Bundesratseinspruches (→ Art. 77 Rn. 60), Art. 80a III 2 GG zur Aufhebung von Einzelmaßnahmen im Spannungsfall (→ Art. 80a Rn. 12), weiter für die Errichtung bundeseigener Mittel- und Unterbehörden nach Art. 87 III 2 GG (→ Art. 87 Rn. 97). Die Feststellung des Verteidigungsfalles gemäß Art. 115a I 2 GG bedarf einer Mehrheit von zwei Dritteln der abgegebenen Stimmen, mindestens der Mehrheit der Mitglieder des Bundestages (→ Art. 115a Rn. 11). Abkürzend spricht man auch von der **absoluten Mehrheit** oder von der **Abgeordnetenmehrheit**.

Die Bestimmung ist auch maßgeblich für **qualifizierte Mitgliedermehrheiten** (zwei 7
Drittel: Art. 61 I 3 [→ Art. 61 Rn. 13], 79 II GG [→ Art. 79 II Rn. 15]) und **-minderheiten**[20] (ein Zehntel: Art. 42 I 2 GG [→ Art. 42 Rn. 29]; ein Drittel: Art. 39 III 2, 93 I Nr. 2 GG [→ Art. 93 Rn. 64]; ein Viertel: Art. 44 I 1 [→ Art. 44 Rn. 35], 61 I 2 GG [→ Art. 61 Rn. 13]). Art. 121 GG bestimmt somit die Bezugsgröße für alle quantitativen Aussagen über relative Mitgliederanteile.

Bestehen bei anderen Gremien als dem Bundestag und der Bundesversammlung 8
oder bei sonstigen Körperschaften Auslegungsschwierigkeiten hinsichtlich der Berechnung der Mehrheit, so ist wegen der hinter Art. 121 GG stehenden Gründe, die auch in anderen Gremien gelten, eine **gleichsinnige Auslegung** dergestalt geboten, dass alle legitimierten Mitglieder als maßgebliche Bezugsgröße zur Mehrheitsbestimmung herangezogen werden[21].

II. Die gesetzliche Mitgliederzahl

Die **Mehrheit**, deren quantitative Bezugsgröße durch die gesetzliche Mitgliederzahl 9
bestimmt wird, umfasst **eine Stimme mehr als die Hälfte** der gesetzlichen Mitgliederzahl. Die Bezugsgröße der Mehrheitsberechnung ist die gesetzliche Zahl der Mitglieder von Bundestag oder Bundesversammlung. Die Bestimmung verweist auf die (notwendige) Ausgestaltung des Wahlrechts durch das einfache Gesetz (→ Art. 38 Rn. 133f.), der Gesetzgebungsauftrag des Art. 38 III GG wird insofern in Art. 121 GG implizit wiederholt[22]. Darin liegt eine **dynamische Verweisung** auf die Ebene des einfachen Gesetzesrechts[23]. Die hier ansetzende Diskussion um den verfassungsrechtli-

---

[20] *W. Jellinek*, Die gesetzliche Mitgliederzahl des Bundestages, in: FS Kraus, 1954, S. 88ff. (90); *Klein* (Fn. 18), Art. 121 Rn. 12; *H.-P. Schneider*, in: AK-GG, Art. 121 (2002), Rn. 2; *S. Magiera*, in: Sachs, GG, Art. 121 Rn. 2; *Muckel* (Fn. 17), Art. 121 Rn. 5.

[21] Zustimmend *Jarass/Pieroth*, GG, Art. 121 Rn. 1; im Ergebnis unstreitig; meist wird eine analoge Anwendung von Art. 121 GG befürwortet, so – mit der zweifelhaften Begründung aus der übergeordneten Bedeutung der Verfassung – *Versteyl* (Fn. 16), Art. 121 Rn. 6; siehe auch *Höfling/Burkiczak* (Fn. 19), Art. 121 Rn. 26, welche vornehmlich das Demokratieprinzip als Begründung heranziehen. A.A. mit Verweis auf den Wortlaut des Art. 121 GG *Klein* (Fn. 18), Art. 121 Rn. 2; mit der Konstruktionsmöglichkeit einer stillschweigenden Verweisung anderer Gesetze oder Geschäftsordnungen auf Art. 121 GG *Magiera* (Fn. 20), Art. 121 Rn. 2.

[22] *Schneider* (Fn. 20), Art. 121 Rn. 2.

[23] *Klein* (Fn. 18), Art. 121 Rn. 17.

chen – und nicht einfachgesetzlichen – Begriff der gesetzlichen Mitgliederzahl[24] trifft nicht den maßgeblichen Punkt; dieser liegt in der Bestimmung der Zahl der Mitglieder des Bundestages (oder der Bundesversammlung), und diese Frage ist in der Tat nur mit Hilfe des einfachen Gesetzes zu beantworten.

10 Damit liegt die Bedeutung von Art. 121 GG nicht in den – letztlich trivialen – Berechnungsvorgaben, sondern in der **Präzisierung des Begriffs des Mitgliedes**[25] als Basis der anzustellenden Zähl- und Rechenoperationen. Zur Ermittlung der notwendigen Mehrheit muss geklärt werden, wer nach dem Gesetz als Mitglied zu zählen ist. Die Summe der Mitglieder wird durch Anwendung der anderweitig vorgeschriebenen Voraussetzungen (Art. 38 III GG i. V. m. BWahlG)[26] ermittelt und die konkrete Mehrheitszahl dann durch Halbierung plus eins errechnet. Maßgeblich sind hiernach also die Bestimmungen des Wahlrechts (§§ 1, 45ff. BWahlG).

11 Für die Ermittlung der gesetzlichen Mitgliederzahl des Bundestages (oder der Bundesversammlung) ist nicht die abstrakte Betrachtung des Gesetzes maßgeblich, sondern dessen **konkrete Anwendung** auf die je vorliegende Konstellation. Die Bezugsgröße für die Mehrheit besteht also nicht aus den in § 1 I BWahlG derzeit genannten 598 Abgeordneten, sondern ergibt sich erst aus der Anwendung der einschlägigen weiteren Normen[27]. Insofern ist der Vorbehalt zugunsten der sich aus der Anwendung des BWahlG ergebenden Abweichungen zu beachten. Auch diese Normen sind »gesetzlich« im Sinne von Art. 121 GG. Zu Recht spricht das Grundgesetz deswegen nicht von »Sitzen«, sondern von »Mitgliedern«. Maßgebend ist die Einsetzung einer Person in den Abgeordnetenstatus mit allen Rechten und Pflichten.

12 Als Ergebnis der Anwendung der gesetzlichen Bestimmungen auf die unterschiedlichen und sich auch immer wieder ändernden Gegebenheiten besteht die Möglichkeit der **Variabilität des Sollbestandes** der Stimmberechtigten sowohl zu Beginn der Wahlperiode als auch in ihrem Verlauf. Solche **Veränderungen** sind allesamt **zu berücksichtigen**[28], weil andernfalls – bei einer starren Sollzahl als Bezugsgröße für die Mehrheit und andere Quoren – das Erreichen der Mehrheit (oder des sonstigen Quorums) erleichtert (bei Vergrößerung der Abgeordnetenzahl) oder erschwert (bei Verringerung der Zahl der Abgeordneten) würde, wofür das Grundgesetz nichts hergibt und was nicht gewollt sein kann[29]. Die konkrete Betrachtungsweise bei der Zahl der gesetzlichen Mitglieder und damit die Anrechenbarkeit von Veränderungen ist also geboten, um die **relative Höhe** der verschiedenen Quoren **konstant** zu halten.

13 Veränderungen der Zahl der gesetzlichen Mitglieder können zu Beginn der Wahlperiode oder auch während ihres Verlaufs auftreten. Erhöhungen treten nur zu Beginn einer Wahlperiode auf und resultieren aus Überhangmandaten (§ 6 V BWahlG). Nachträglich kommt es nur zur Verkleinerung der Gesamtzahl. Verringerungen entstehen durch erschöpfte Listen der Parteien bei unerwartet großem Wahlerfolg oder durch

---

[24] *Jellinek*, Mitgliederzahl (Fn. 20), S. 92f.; *Klein* (Fn. 18), Art. 121 Rn. 18 m. w. N.

[25] Streicht man im Satz die sich aufhebenden Wörter »Mehrheit«, verkürzt sich der Inhalt auf: »Mitglieder im Sinne dieses Grundgesetzes sind die gesetzlichen Mitglieder«.

[26] Die Auseinandersetzung mit der verfassungsrechtlichen Zulässigkeit wahlgesetzlicher Normierungen ist in Art. 38 GG zu verorten. → Art. 38 Rn. 105ff.

[27] S. zum Problem der tatsächlichen Mitgliederzahl *M. Winkler*, VR 2000, 165ff.

[28] *Klein* (Fn. 18), Art. 121 Rn. 19; *Versteyl* (Fn. 16), Art. 121 Rn. 7ff.; *Magiera* (Fn. 20), Art. 121 Rn. 4f.

[29] A.A. mit Verweis auf die Entstehungsgeschichte der Norm *C. Pestalozza*, LKV 2008, 49 (51), der für die Zahl der gesetzlichen Mitglieder allein auf den Zeitpunkt der Wahl und Konstituierung der Körperschaft abstellen möchte.

vielfaches Ausscheiden von Abgeordneten[30]; weiter bei Mandatsverlusten wegen Parteiverbotes (§ 46 IV BWahlG) oder daraus, dass eigentlich anstehende Wiederholungs- und Ersatzwahlen sechs Monate vor der nächsten Bundestagswahl nicht mehr durchgeführt werden (§§ 44 III 2, 46 IV 2, 48 II 3 BWahlG). Auch **vorübergehende Verringerungen** der Zahl der Mitglieder werden quorumsmindernd in Rechnung gestellt[31]. Sie können eintreten, wenn die Wiederbesetzung freigewordener Mandate sich verzögert oder jedenfalls die gesetzlich vorgesehene Zeit beansprucht[32]. Auch diese Wiederbesetzungsmodalitäten und die dabei zu wahrenden Fristen gehören zu den zu beachtenden Gesetzen, welche die Mitgliederzahl bestimmen[33].

Vorübergehende Verhinderungen von Abgeordneten bleiben unberücksichtigt, also Krankheit, Auslandsreisen, aber auch der disziplinarische Ausschluss aus einer oder mehreren Sitzungen (→ Art. 38 Rn. 164)[34]. Es wird auf die **potentielle Teilnahmemöglichkeit** abgehoben, die immer dann vorliegt, wenn einer konkreten Person die Mitgliedschaft zugesprochen worden ist. Auch sogenannte **Pairing-Vereinbarungen**, also Abreden, wonach ein Mitglied der Opposition an einer Abstimmung nicht teilnimmt, um angesichts einer absehbaren Verhinderung eines Abgeordneten des Regierungslagers die Mehrheitsverhältnisse unangetastet zu lassen[35], werden mangels Rechtswirkung **nicht berücksichtigt**[34]. 14

Die **Folgen** einer **Verletzung**[36] von Art. 121 GG sind differenzierend zu bestimmen[37], jedenfalls ist nicht ohne weiteres die Unwirksamkeit der getroffenen Entscheidung anzunehmen[38]. Voraussetzung für die rechtliche Folgenträchtigkeit einer fehlerhaften Festlegung der erfolgskritischen Stimmenzahl sollte sein, dass sich der Fehler – mindestens potentiell – **ausgewirkt** hat[39]. Ausgangsüberlegung bei der Ermittlung der potentiellen Kausalität einer falschen Festsetzung des Erfolgskriteriums ist die Erkenntnis, dass parlamentarisches Abstimmungsverhalten nicht allein orientiert ist am Entscheidungsergebnis, sondern auch beeinflusst wird von persönlichen und symbolisch-darstellenden Motiven, sich für eine bestimmte Sache einzusetzen. So kommt es immer wieder vor, dass dann, wenn der Abstimmungserfolg eines Vorhabens sicher scheint, ein Teil der eigentlich zu den Anhängern zählenden Mandatsträger ihrer per- 15

[30] Zu denken wäre an den tragischen Unfall eines Fraktionsbusses.

[31] *Jellinek*, Mitgliederzahl (Fn. 20), S. 93; *Magiera* (Fn. 20), Art. 121 Rn. 5; *Umbach* (Fn. 16), Art. 121 Rn. 16; Jarass/*Pieroth*, GG, Art. 121 Rn. 2; *Versteyl* (Fn. 16), Art. 121 Rn. 9; *Klein* (Fn. 18), Art. 121 Rn. 18f.; *Rechenberg* (Fn. 15), Art. 121 Rn. 8. A.A. *H. Breiholdt*, AöR 49 (1926), 289 (358f., Fn. 272); *Höfling/Burkiczak* (Fn. 19), Art. 121 Rn. 34f.; ähnlich *Schneider* (Fn. 20), Art. 121 Rn. 3.

[32] S. etwa für den Fall der Ersatzwahl § 48 II BWahlG.

[33] *Jellinek*, Mitgliederzahl (Fn. 20), S. 93.

[34] *Klein* (Fn. 18), Art. 121 Rn. 21; *Rechenberg* (Fn. 15), Art. 121 Rn. 8; *Schneider* (Fn. 20), Art. 121 Rn. 3; *Magiera* (Fn. 20), Art. 121 Rn. 5; *Jellinek*, Mitgliederzahl (Fn. 20), S. 94.

[35] Dazu *H. Butzer/S. Henken-Ötter*, ZG 19 (1995), 328ff.; *M. Schuldei*, Die Pairing-Vereinbarung, 1997; richtigerweise werden diese Vereinbarungen als informale Praktiken gewertet, denen keine Rechtswirkung beikommt, s. *H. Schulze-Fielitz*, Parlamentsbrauch, Gewohnheitsrecht, Observanz, in: Schneider/Zeh, § 11 Rn. 50, 69. Zu Unrecht nimmt *H.-E. Röttger*, JuS 1977, 7ff. eine rechtliche Bindung an – um sie dann doch für verfassungswidrig zu erklären.

[36] *Magiera* (Fn. 20), Art. 121 Rn. 5; *Rechenberg* (Fn. 15), Art. 121 Rn. 8.

[37] So auch *Klein* (Fn. 18), Art. 121 Rn. 23.

[38] So aber im Ergebnis Jarass/*Pieroth*, GG, Art. 121 Rn. 1, der auf einen Verstoß gegen entsprechende Verfahrensvorschriften abstellt; *Magiera* (Fn. 20), Art. 121 Rn. 1; *Rechenberg* (Fn. 15), Art. 121 Rn. 6.

[39] Zur möglichen Kausalität des Fehlers für die Entscheidung als Fehlerfolgenvoraussetzung *M. Morlok*, Die Folgen von Verfahrensfehlern am Beispiel von kommunalen Satzungen, 1988, S. 185ff. m. w. N. – Zur Rolle der Kausalität im Wahlprüfungsrecht: → Art. 41 Rn. 18.

sönlichen und der parteipolitischen Profilierung den Vorzug geben und ihre Stimme nicht dem eigentlich auch von ihnen gewünschten Antrag geben – in der sicheren Erwartung, dieser werde trotzdem Erfolg haben. Wegen dieser mehreren (möglichen) Determinanten des Abstimmungsverhaltens ist die vorherige Angabe des maßgeblichen Quorums ein entscheidungswichtiger Faktor. Wenn unter Verletzung von Art. 121 GG die für den Abstimmungserfolg maßgebliche Stimmenzahl falsch angesetzt und bekanntgegeben worden war, so kann wegen der möglichen aus einer komplexen **Motivlage** sich ergebenden Auswirkung das rechnerisch ermittelte Ergebnis nicht in jedem Fall lediglich ex post nach dem richtigen Maßstab beurteilt werden und die Entscheidung als so getroffen hingenommen werden. Falls mit einem solchen Einfluss zu rechnen war, muss die Abstimmung oder die Wahl wiederholt werden[40]. Weiter ist bei der Fehlerzumessung beachtlich, ob rein numerisch sich die falsche Festsetzung des Quorums ausgewirkt hat. Hiernach gilt: Bei einer fälschlich zu hoch festgesetzten Erfolgsgrenze ist die Abstimmung – falls möglich – zu wiederholen, wenn in der Folge der falschen Quorumsbestimmung der Antrag zu Unrecht für abgelehnt erachtet worden war. Erreichte der Antrag aber gleichwohl das (überhöht festgesetzte) notwendige Minimum an Stimmen, so bleibt der Fehler ohne weitere Folgen. Erhält der Antrag so wenig Stimmen, dass er auch am rechtlich festgesetzten Erfolgskriterium gescheitert wäre, so ist die Abstimmung dann zu wiederholen, wenn es greifbare Anhaltspunkte dafür gibt, dass die zu hoch angesetzte Erfolgsgrenze potentielle Ja-Stimmen davon abgehalten hat, sich hinter den Antrag zu stellen, weil andere Motive wegen voraussichtlicher Erfolglosigkeit die Oberhand gewinnen konnten. Entsprechendes gilt für die Fälle einer zu niedrig angesetzten Messzahl für den Abstimmungserfolg. Die Abstimmung oder Wahl ist jedenfalls zu wiederholen, wenn sich der Fehler auf die Beurteilung des Ergebnisses ausgewirkt hat, darüber hinaus auch dann, wenn greifbare Anhaltspunkte dafür vorhanden sind, dass die fehlerhafte Darstellung der Erfolgsgrenze sich ausgewirkt hat.

D. Verhältnis zu anderen GG-Bestimmungen

16 Alle Bestimmungen des Grundgesetzes, die Aussagen über ein Quorum der Gesamtheit von Mitgliedern des Bundestages oder der Bundesversammlung enthalten und insofern von der Regel des **Art. 42 II 1 GG** abweichen, nehmen Art. 121 GG in den Blick (→ Rn. 1f.).

---

[40] A.A. *Höfling/Burkiczak* (Fn. 19), Art. 121 Rn. 40.

Artikel 122 [Ablösung der vorkonstitutionellen Gesetzgebung]

(1) Vom Zusammentritt des Bundestages an werden die Gesetze ausschließlich von den in diesem Grundgesetze anerkannten gesetzgebenden Gewalten beschlossen.

(2) Gesetzgebende und bei der Gesetzgebung beratend mitwirkende Körperschaften, deren Zuständigkeit nach Absatz 1 endet, sind mit diesem Zeitpunkt aufgelöst.

Literaturauswahl

Drexelius, Wilhelm: Übergangsbestimmungen im Bonner Grundgesetz, in: MDR 1949, S. 455–457.

Hartmann: Zur Gesetzgebungskompetenz der Länder in der Zeit zwischen dem Inkrafttreten des Grundgesetzes und dem Zusammentritt des ersten Bundestages, in: DVBl. 1955, S. 143–145.

Hubert, Gerald: Die Diskussion um die rechtliche Natur der Bizone in den Jahren 1947–1949, 1996.

Kratzer, Jakob: »Anmerkung« zu BVerfG, Beschl. v. 2.4.1963 – 2 BvL 22/60, in: BayVBl. 1963, S. 315.

Närger, Heribald Armin: Der Wirtschaftsrat des Vereinigten Wirtschaftsgebietes, 1949.

Ophüls, Carl F.: Das deutsche Recht im Übergang, in: NJW 1949, S. 577–578.

Pünder, Tilman: Das bizonale Interregnum. Die Geschichte des Vereinigten Wirtschaftsgebietes 1946–1949, 1966.

Schäfer, Hans: Die Gesetzgebungskompetenzen der Länder in der Übergangszeit, SJZ 1949, Sp. 802–804.

Uffelmann, Uwe: Das »Vereinigte Wirtschaftsgebiet« der Bizone 1947–1949, in: Heinz Pfefferle (Hrsg.), Politischer Regionalismus. Identitätsstiftung und Neugliederung im Südwesten und anderen deutschen Bundesländern, 2009, S. 58–67.

Wessel, [Franz]: Die Gesetzgebungsbefugnisse der Länder bis zum ersten Zusammentritt des Bundestages, in: Deutsche Verwaltung 1949, S. 393–395.

Leitentscheidungen des Bundesverfassungsgerichts

BVerfGE 2, 237 (257f.) – Hypothekensicherungsgesetz; 4, 331 (340f.) – Soforthilfegesetz; 16, 6 (16) – Verkündungszeitpunkt.

Gliederung

Rn.

Stichwörter

A. Herkunft, Entstehung, Entwicklung

I. Ideen- und verfassungsgeschichtliche Aspekte

1 Art. 122 GG adressiert nebeneinander ein **Spezialproblem** der deutschen Nachkriegs- oder präziser Besatzungsgeschichte sowie – eher unmerklich – ein **Grundproblem** der Verfassungsstaatlichkeit. Kontingent ist der Befund, daß sich der in Bildung befindliche Verfassungsstaat mit wenigstens zwei Gesetzgebungsorganen konfrontiert sieht, die zwar unter maßgeblicher Beteiligung deutscher Akteure wichtige Weichenstellungen namentlich für die Wirtschaftspolitik der späteren Bundesrepublik vorgenommen haben, sich aber auf einen Einsetzungsakt des Besatzungsrechts zurückführen lassen und entsprechenden alliierten Ingerenzrechten unterliegen (nicht anders als der Parlamentarische Rat selbst; → Art. 127 Rn. 1; → Art. 133 Rn. 2). Ungeachtet der insoweit unspezifischen Formulierung zielt Art. 122 II GG präzise auf den **Wirtschaftsrat** sowie den **Länderrat** des Vereinigten Wirtschaftsgebietes (auch als »Bizone« bekannt)[1]; daneben stehen dem Verfassunggeber noch das Zentraljustizamt für die Britische Zone[2] sowie am Rande der Länderrat für das amerikanische Besatzungsgebiet vor Augen[3].

2 Von ganz anderer Fallhöhe ist das grundsätzliche **Dilemma**, daß eine Verfassungsurkunde Organe vorsieht, deren Konstituierung aber – vom Ausnahmefall eines organischen Übergangs, der sich nach den Normen einer Vorgängerverfassung geregelt vollzieht[4] – eine Zeitspanne in Anspruch nimmt, die gerade im Fall der demokratischen Legitimation durch Volkswahl erheblich sein kann. Das wirft zwei **Folgeprobleme** auf: Einerseits steht die Frage der Handlungsfähigkeit des gerade konstituierten Gemeinwesens im Raum, andererseits die Möglichkeit, daß bereits bzw. noch bestehende Organe das vorhandene Vakuum ausnutzen und versuchen, durch Vorentschei-

---

[1] Näher dazu zeitgenössisch *H.A. Närger*, Der Wirtschaftsrat des Vereinigten Wirtschaftsgebietes, 1949, S. 20ff.; *[H.] Holtkotten*, in: BK, Art. 122 (1950), Anm. II.2. – Der Länderrat (zuvor Exekutivrat) fungiert als föderales Element; an der Gesetzgebung wirkt er durch ein (lediglich suspensives) Veto mit. Zusammenfassend *M. Stolleis*, HStR³ I, § 7 Rn. 107ff.; siehe ferner *T. Pünder*, Das bizonale Interregnum. Die Geschichte des Vereinigten Wirtschaftsgebietes 1946–1949, 1966, S. 287f.; *G. Hubert*, Die Diskussion um die rechtliche Natur der Bizone in den Jahren 1947–1949, 1996, S. 186f.

[2] Dieses wird personell wie organisatorisch zu einer Keimzelle des Bundesjustizministeriums; siehe zeitgenössisch *[E.] Korn*, DRZ 1947, 107f.; *[W.] Kiesselbach*, ZJBl. 1949, 209ff.; neuere Darstellungen von *J.R. Wenzlau*, Der Wiederaufbau der Justiz in Nordwestdeutschland 1945 bis 1949, 1979, S. 193ff. sowie H. Potthoff/R. Wenzel (Hrsg.), Handbuch politischer Institutionen und Organisationen 1945–1949, 1983, S. 165f. – Allerdings geht man schon in den Beratungen des Parlamentarischen Rates davon aus, daß es praktisch keine Gesetzgebungsbefugnisse mehr hat/ausübt: JöR 1 (1951), S. 839.

[3] Eingehend dazu *J. v. Elmenau*, DRZ 1947, 113ff.; *L. Härtel*, Der Länderrat des amerikanischen Besatzungsgebietes, 1951, S. 87ff.; *R.W. Miller*, The South German Länderrat. The origins of postwar German federalism, Ann Arbor 1960, S. 26ff.

[4] Ein Beispiel ist in Deutschland der Übergang Lübecks vom Kaiserreich in die Weimarer Republik, der sich tatsächlich streng nach den Regeln der Landesverfassung von 1907 vollzieht: vgl. diesen Text, die Änderungsgesetze v. 1917, 1918, 1919 sowie die Bekanntmachung der konsolidierten Fassung vom 23.5.1920 in: F. Wittreck (Hrsg.), Weimarer Landesverfassungen, 2004, S. 309ff., 332ff. u. 340ff.; aus der Literatur *F. Morstein Marx*, JöR 16 (1928), 51 (67ff.).

dungen Fakten zu schaffen – diese Besorgnis ist in bündisch verfaßten Systemen besonders dringlich (→ Rn. 6), beschränkt sich aber keineswegs auf diese. In der deutschen Verfassungsgeschichte haben sich zur Bewältigung dieses Dilemmas **verschiedene Strategien** herausgebildet[5]: Die **Paulskirchenverfassung** enthält selbst keine entsprechenden Vorschriften, regelt die Überleitung der Kompetenzen der Organe des Deutschen Bundes auf die provisorische Zentralgewalt wie auf die noch zu verfassenden Organe aber in einem eigenen Reichsgesetz[6]. Die **Verfassung des Norddeutschen Bundes** sieht 1867 lediglich eine Überleitungsklausel für das Wahlrecht zum Reichstag vor (Art. 20 Verf.), während die **Reichsverfassung** von **1871** an gleicher Stelle die vorübergehende Ergänzung um Abgeordnete der südlichen Staaten anordnet (Art. 20 II Verf.)[7]. Die Weimarer Reichsverfassung behilft sich damit, daß sie die Kompetenz der Nationalversammlung prolongiert und diese für eine Übergangszeit als Notparlament einsetzt (**Art. 180 S. 1 WRV**)[8]; ähnlich verfährt die Mehrheit der Landesverfassungen der Zwischenkriegszeit[9]. Andere wählen einen dritten Weg, nämlich die Vorab-Konstituierung des Landtags durch die revolutionär eingesetzten Gewalten; dieser beschließt sodann – mit oder ohne Volksabstimmung – über die neue Verfassung[10]. Schließlich bestehen Mischformen[11] sowie Bestimmungen, die ein gestaffeltes Inkrafttreten der Verfassung vorsehen[12].

II. Entstehung und Veränderung der Norm

Eine an Art. 180 WRV angelegte Lösung stand offenbar von Anfang an nicht zur Debatte – tatsächlich hat der Parlamentarische Rat neben dem Grundgesetz lediglich das Bundeswahlgesetz verabschiedet[13]. Art. 122 GG verdankt seine Entstehung erst dem **Organisationsausschuß** bzw. präziser einem von diesem eingesetzten Unterausschuß[14]. 3

[5] Näher zum folgenden *T. Giegerich*, in: Maunz/Dürig, GG, Art. 122 (2012), Rn. 1ff.

[6] Reichsgesetz über die Einführung einer provisorischen Zentralgewalt für Deutschland v. 28.6.1848, RGBl. 1848, S. 3; näher *Huber*, Verfassungsgeschichte II, S. 626ff.; *Giegerich* (Fn. 5), Art. 122 Rn. 2. → *Stettner*, Bd. III², Art. 122 Rn. 1.

[7] In der Sache geht es hier allerdings um die Erweiterung eines bereits verfaßten Verbandes mit konstituierten Organen; siehe statt aller zum Zustandekommen *Willoweit*, Verfassungsgeschichte, § 34 Rn. 4, 7, 10.

[8] Entsprechend wird nach Art. 180 S. 2 WRV das Amt des Reichspräsidenten von dem nach Übergangsrecht gewählten Präsidenten geführt. Vgl. dazu aus der zeitgenössischen Literatur nur *Anschütz*, WRV, Art. 180 Anm. 1 (S. 767) sowie knapp *Gusy*, Weimarer Reichsverfassung, S. 116.

[9] Konkret Anhalt (§ 54 Verf.), Hessen (Art. 64 II Verf.), Mecklenburg-Schwerin (Art. 30 EGVerf.), Mecklenburg-Strelitz (§ 47 II Verf.), Oldenburg (§ 98 Verf.: Befugnis der Landesversammlung zur Selbsteinsetzung), Preußen (Art. 85 Verf.), Sachsen (Art. 55 II Verf.), Schaumburg-Lippe (§ 59 I Verf.), Thüringen (§ 72 I Verf.); zusammenfassend *W. Radetzki*, Die verfassunggebenden Landes-Versammlungen der deutschen Länder in den Jahren 1918 bis 1920, 1930, S. 2ff., 132ff.

[10] Diese Handhabung in Bayern (vgl. Vorspruch und Verkündungsvermerk) sowie in Sachsen-Weimar-Eisenach (§ 46 I Verf. v. 19.5.1919).

[11] Bremen regelt den Zusammentritt des ersten Landtags und läßt den Senat sowie von der verfassunggebenden Versammlung in Behörden und Deputationen gewählte Mitglieder bis zur Ablösung fortamtieren (§ 89 Verf.); vgl. dazu jetzt *A. Rehder*, Die Verfassung der Freien Hansestadt Bremen von 1920, 2016, S. 253.

[12] So in Hamburg (Art. 71 Verf.).

[13] *J. Kramer*, in: AK-GG, Art. 122 (2002), Rn. 1; *R. Mußgnug*, HStR³ I, § 8 Rn. 89f.

[14] Siehe JöR 1 (1951), S. 838ff.; vgl. zur Entstehung ferner *Holtkotten* (Fn. 1), Art. 122 Anm. I; *G. Langrock*, in: Umbach/Clemens, GG, Art. 122 Rn. 1; *Giegerich* (Fn. 5), Art. 122 Rn. 5ff. sowie *T. Hebeler*, in: Friauf/Höfling, GG, Art. 122 (2015), Rn. 2f. → *Stettner*, Bd. III², Art. 122 Rn. 3. – Entwurfsfassungen: Parl. Rat VII, S. 82, 128, 194, 283, 387, 437, 491, 564, 603.

Er weist auf die Gesetzgebungsorgane der Bizone hin (Wirtschaftsrat und Länderrat; → Art. 127 Rn. 3) und formuliert zugleich die von diesem Augenblick an konsentierte Maxime, es müsse das **Nebeneinander von zwei Gesetzgebern** vermieden werden[15]. Dem wird entgegengehalten, daß diese Einrichtungen von den Besatzungsmächten geschaffen worden seien (→ Rn. 1; → Art. 133 Rn. 2) und auch nur von ihnen wieder aufgelöst werden könnten. Auf den Hinweis, daß die alliierte Genehmigung des Grundgesetzes denknotwendig diese Zustimmung enthalten werde, formuliert der Ausschuß sodann einen ersten Entwurf (Art. 138a)[16]. Der Allg. Redaktionsausschuß greift diesen auf, gliedert die Regelung aber in zwei Absätze um; im ersten stellt er im Interesse einer genauen Bestimmung des Stichtags nur noch auf das Zusammentreten des Bundestages ab, während der zweite nicht mehr explizit auf die Bizone rekurriert (Art. 138d)[17]. Es folgen nur noch verschiedene redaktionelle Änderungen, während die Vorschrift weder im Hauptausschuß noch im Plenum für nennenswerte Debatten sorgt. Sie ist seit 1949 **unverändert** geblieben und hat auch im Prozeß der Wiedervereinigung keine Rolle gespielt[18].

B. Internationale, supranationale und rechtsvergleichende Bezüge

I. Inter- und supranationale Aspekte

4 Art. 122 GG stellt in Ansehung des Besatzungsrechts einen **Ultra-Vires-Akt** dar[19], denn sämtliche implizit in Bezug genommenen Organe (→ Rn. 1, 3) waren durch Einsetzungsakte der Besatzungsmächte ins Leben gerufen worden (→ Art. 133 Rn. 2), weshalb die entstehende deutsche Staatsgewalt ihnen an sich weder die Gesetzgebungskompetenz nach Abs. 1 entwinden (→ Rn. 9) noch gar ihre Auflösung nach Abs. 2 anordnen konnte (→ Rn. 10)[20]. Da die Westalliierten die Bundesrepublik wie das Grundgesetz gezielt anstrebten, ist die Norm danach zwar keine simple Rechtsfolgenanordnung, aber auch kein Erpressungsakt, sondern in der Sache ein **Angebot zur Überleitung** der Gesetzgebungskompetenzen, das die Besatzungsmächte spätestens durch die fristgerechte Auflösung von Wirtschafts- und Länderrat konkludent angenommen haben[21].

---

[15] Abg. *Katz* (SPD); siehe JöR 1 (1951), S. 838 sowie Parl. Rat XIII/1, S. 645f.

[16] JöR 1 (1951), S. 839 bzw. Parl. Rat XIII/1, S. 704: »Mit dem Zusammentreten des Bundestags und der Länderkammer endet die Zuständigkeit der bizonalen und zonalen Behörden zur Gesetzgebung«.

[17] JöR 1 (1951), S. 839 bzw. Parl. Rat VII, S. 82: »(1) Vom Tage des Zusammentritts des Bundestags an wird die Gesetzgebung ausschließlich durch die in diesem Grundgesetz anerkannten gesetzgebenden Gewalten ausgeübt. (2) Gesetzgebende und bei der Gesetzgebung beratend mitwirkende Körperschaften, deren Zuständigkeit nach Abs. 1 endet, sind mit diesem Zeitpunkt aufgelöst.«

[18] *H.A. Wolff*, in: v. Mangoldt/Klein/Starck, GG, Art. 122 Rn. 5; näher *M. Kirn*, in: v. Münch/Kunig, GG, Art. 122 Rn. 6 sowie *Giegerich* (Fn. 5), Art. 122 Rn. 13. → *Stettner*, Bd. III^2, Art. 122 Rn. 6.

[19] Vgl. *Kirn* (Fn. 18), Art. 122 Rn. 1: »einzige Vorschrift des GG, die in diese Konfliktzone eingreift«; instruktiv auch *Giegerich* (Fn. 5), Art. 122 Rn. 10.

[20] Präzise *Holtkotten* (Fn. 1), Art. 122 Anm. II.3.b. – A.A. offenbar *Wolff* (Fn. 18), Art. 122 Rn. 22f.

[21] Ähnlich *Kirn* (Fn. 18), Art. 122 Rn. 2. → *Stettner*, Bd. III^2, Art. 122 Rn. 4. Vgl. Art. I des Gesetzes Nr. 25/Verordnung Nr. 201 v. 1.9.1949 (Regierungsblatt der Militärregierung Württemberg-Baden 1949, S. 195): »In Übereinstimmung mit der Bestimmung des Art. 122 des Grundgesetzes, nach welcher vom Zusammentritt des Bundestages an (im folgenden ›Tag Nr. 1‹ genannt) die Gesetze ausschließlich von den im Grundgesetz anerkannten gesetzgebenden Gewalten beschlossen werden, verlieren der Wirtschaftsrat und der Länderrat mit dem Tag Nr. 1 das Recht zur Ausübung der ihnen durch die Gesetzgebung der Militärregierung übertragenen Befugnisse und sind aufgelöst.« – Weite-

Das Recht der Europäischen **Union** wird von Art. 122 GG nicht tangiert und wirkt seinerseits nicht nennenswert auf ihn ein[22]. Allerdings hatten die damaligen Gemeinschaften bei der Fusion ihrer Organe 1957 vergleichbare Sachfragen zu bewältigen[23]. 5

II. Verfassungsvergleich

1. Internationaler Verfassungsvergleich

Das Art. 122 GG zugrundeliegende Spezialproblem von besatzungsrechtlich induzierten konkurrierenden Normgebern (→ Rn. 1) stand offenbar keinem anderen Verfassunggeber vor Augen resp. im Wege. Hingegen finden sich auch im internationalen Verfassungsvergleich unterschiedlichste Ansätze zur Überbrückung der möglichen Lücke zwischen dem Inkrafttreten der Verfassung und der Konstituierung ihrer Organe[24]. Das **Instrumentarium** in Europa gleicht dem historischen Befund (→ Rn. 2): Den Weg der übergangsweisen oder dauernden **Einsetzung der konstituierenden Organe** als konstituierte wählen Bulgarien (§§ 1, 2, 6 u. 8 Übergangsbestimmungen zur Verf.), Griechenland (Art. 114 II Verf.), Italien (17. Übergangsbestimmung zur Verf.), die Slowakei (Art. 154 Verf.), Spanien (VII. Übergangsbestimmung zur Verf.) sowie Tschechien (Art. 106 I Verf.). Dänemark läßt umgekehrt das bestehende Parlament nach altem Recht fortamtieren (§ 89 Verf.). Schlichtere **Überleitungsvorschriften** finden sich in Irland (Art. 49 Verf.) und Rumänien (Art. 151 Verf.), während Polen eine komplex gestufte Regelung der Amtszeit der vorgefundenen Organe schafft (Art. 238 Verf.) und Frankreich eine Kommission einberuft, die übergangsweise die Vollmachten des noch einzusetzenden Verfassungsrates ausübt (Art. 91 VIII Verf. a. F.). Art. 122 I GG recht nah verwandt sind Vorschriften, die ausdrücklich die erste **Sitzung des** nach der Verfassung gewählten **Parlaments als Stichtag** für den Kompetenzverlust der verfassunggebenden Organe nennen (→ Rn. 9); sie begegnen in Frankreich (Art. 90 I 2 Verf. a. F.), Litauen (Art. 4 des Verfahrensgesetzes zur Verf.) und Slowenien (Art. 2 Durchführungsgesetz zur Verf.). Zuordnungs- resp. Qualifikationsprobleme eigener Art weisen in Monarchien die Kompetenzen der Krone auf (vgl. § 7 der Übergangsbestimmungen zur Schwedischen Verf.). 6

2. Landesverfassungsrecht

Direkte Entsprechungen zu Art. 122 I o. II GG finden sich auch im deutschen Landesverfassungsrecht nicht[25]. Hingegen reagieren zahlreiche Landesverfassungen auf je eigene Weise auf das der Norm zugrunde liegende **Problem des Interregnums** (→ Rn. 2)[26]. Das Fortamtieren der verfassunggebenden Versammlung als erster Landtag begegnet in Baden-Württemberg (Art. 93 Verf.). Berlin ließ gleich alle Organe bis zur 7

---

re (teils implizite) Auflösungsakte weist *Holtkotten* (Fn. 1), Art. 122 Anm. II.3.b nach; vgl. noch *Giegerich* (Fn. 5), Art. 122 Rn. 28.

[22] Vgl. aber *Giegerich* (Fn. 5), Art. 122 Rn. 25 mit dem Hinweis, die Formulierung »anerkannten« könne sich theoretisch auch auf den Gemeinschafts- bzw. Unionsgesetzgeber beziehen.

[23] Näher m.N. *Giegerich* (Fn. 5), Art. 122 Rn. 14. → *Stettner*, Bd. III², Art. 122 Rn. 5.

[24] Vgl. die Übersicht bei *Giegerich* (Fn. 5), Art. 122.

[25] Zu landesverfassungsrechtlichen Bestimmungen, die in der Sache die Kooperation in der Bizone ermöglicht haben: → Art. 127 Rn. 7.

[26] Im Überblick *G.M. Köhler*, JöR 57 (2009), 359 (361f., 364ff.) sowie – lückenhaft – *Hebeler* (Fn. 14), Art. 122 Rn. 4.

Ersetzung bzw. Übernahme durch die Nachfolger im Amt (Art. 84 Verf. 1950[27]); Hessen verknüpft die Wahl des ersten Landtags mit dem Verfassungsreferendum (Art. 160 III Verf.), läßt aber die Regierung und den Hauptausschuß der Verfassungsberatenden Landesversammlung vorübergehend fortamtieren (Art. 160 II Verf.); ebenso verfährt Rheinland-Pfalz (Art. 142 I, 144 II–IV Verf.[28]). Mecklenburg-Vorpommern entscheidet umgekehrt und läßt die vom Landtag beschlossene Verfassung erst nach Beendigung von dessen Wahlperiode in Kraft treten (Art. 80 Verf.); auch Niedersachsen wählt für den Übergang von der vorläufigen zur geltenden Verfassung eine komplizierte Schachtelkonstruktion (Art. 76 I u. II Verf.[29]). Nordrhein-Westfalen erklärt kurz und bündig den 1950 gewählten Landtag zum ersten Landtag i. S. d. Verfassung (Art. 91 I Verf.) und läßt die bestehenden Organe bis zur Übernahme im Amt (Art. 91 II Verf.)[30]; ähnlich verfahren das Saarland (Art. 131 Verf. a. F.[31]) und Sachsen-Anhalt (Art. 101 III Verf.). In den Landesverfassungen der **sowjetischen Besatzungszone** fehlen vergleichbare Vorkehrungen vollständig[32].

C. Erläuterungen

I. Allgemeine Bedeutung

8 Wie eine Vielzahl von Bestimmungen des XI. Abschnitts **gilt** Art. 122 GG **als obsolet**[33]. Tatsächlich entfaltet die Vorschrift zumindest mittelbar insofern noch Wirksamkeit, als sie der Legitimation desjenigen Rechts dient, das unter der Geltung des Grundgesetzes von den Organen nach Abs. 2 erlassen wurde[34]. Die historische Bedeutung dieser **Legitimationswirkung** darf nicht unterschätzt werden, da die genannten Organe in der Übergangszeit noch intensiv tätig waren[35]. Darüber hinaus hat Art. 122 GG keine weitergehende aktuelle Wirkung, da die Gesetzgebungskompetenzen der »anerkannten Gewalten« (→ Rn. 9) aus den implizit in Bezug genommenen Bestimmungen des Grundgesetzes folgen und keinerlei Abstützung durch Art. 122 GG mehr benötigen oder erfahren[36]. Dabei folgt die Bestimmung dem **Kompositionsprinzip**, daß

---

[27] Die geltende Verfassung von 1995 hat aus angebbaren Gründen die Norm nicht übernommen; vgl. aber Art. 101 III BerlVerf.

[28] Siehe dazu zeitgenössisch *A. Süsterhenn/H. Schäfer*, Kommentar der Verfassung für Rheinland-Pfalz, 1950, Art. 144 Anm. 1.

[29] Vgl. dazu näher *H. Butzer*, in: V. Epping/H. Butzer u. a. (Hrsg.), Hannoverscher Kommentar zur Niedersächsischen Verfassung, 2012, Art. 76 Rn. 1ff. – Vgl. bereits Art. 60 II–IV Vorl. Verf. 1951.

[30] Bündig *W. Kringe*, Machtfragen, 1987, S. 542.

[31] Die Norm lautete: »Der Verfassunggebende Landtag gilt von der Verkündung der Verfassung ab als erster Landtag im Sinne dieser Verfassung, die vorläufige Verwaltungskommission des Saarlandes als Übergangsregierung bis zum Amtsantritt einer verfassungsmäßigen Landesregierung.« Siehe dazu näher *R. Schranil*, Verfassung des Saarlandes, o.J. [1952], Art. 131 Anm. 2 (S. 188f.).

[32] Texte zugänglich in *K. Schultes*, Der Aufbau der Länderverfassungen in der sowjetischen Besatzungszone, 1948, S. 43ff.

[33] *Giegerich* (Fn. 5), Art. 122 Rn. 32; *Hebeler* (Fn. 14), Art. 122 Rn. 1; *C. Schulze*, in: Sachs, GG, Art. 122 Rn. 1; *Jarass*/Pieroth, GG, Art. 122 Rn. 1.

[34] *Wolff* (Fn. 18), Art. 122 Rn. 4; vgl. auch *Kirn* (Fn. 18), Art. 122 Rn. 3 sowie *Giegerich* (Fn. 5), Art. 122 Rn. 20f.

[35] Unterstrichen von *Hebeler* (Fn. 14), Art. 122 Rn. 9; zeitgenössisch *C.F. Ophüls*, NJW 1949, 577 (577f.) sowie *Holtkotten* (Fn. 1), Art. 122 Anm. II.3.c.

[36] Für deklaratorische Wirkung insofern *Wolff* (Fn. 18), Art. 122 Rn. 2 sowie *Giegerich* (Fn. 5), Art. 122 Rn. 18.

Abs. 1 die Aktivierung der Gesetzgebungskompetenz namentlich des Bundestages erstens an den Eintritt einer aufschiebenden Bedingung knüpft und sie zweitens ab diesem Zeitpunkt für exklusiv erklärt; Abs. 2 zieht daraus die Konsequenz und ortet die Auflösung der nunmehr ihrer Kompetenzen beraubten Organe Zug um Zug an.

II. Übergang der Gesetzgebungsgewalt (Art. 122 I GG)

Art. 122 I GG wählt als **Stichtag** für die Überleitung der Gesetzgebungsbefugnisse den 9
ersten **Zusammentritt des Bundestages** gem. Art. 39 II GG (→ Art. 39 Rn. 27f.); dieser ist am 7. September 1949 erfolgt, weshalb dessen Ende maßgeblich ist[37]. Dem liegt die schlüssige Überlegung zugrunde, eine Verfassungsordnung, die das Parlament als »Gravitationszentrum« ausgestaltet und gleichzeitig auf eine unmittelbare Volksbeteiligung an ihrem Zustandekommen verzichtet (→ Art. 144 Rn. 5ff.), effektiv in dem Moment starten zu lassen, in dem dieses Zentrum sich konstituiert hat und tatsächlich entscheidungsfähig ist[38]. **Gesetze** i. S. d. Art. 122 I GG können formelle Gesetze sowie Verordnungen und Satzungen sein[39], der insofern offene Wortlaut erfaßt dabei auch die Gesetz- und Verordnunggebung der **Länder**[40]. Die »in diesem Grundgesetze anerkannten **gesetzgebenden Gewalten**« ist vor diesem Hintergrund durchaus mit Bedacht formuliert[41], denn die »Anerkennung« stellt nur im Falle der Bundesorgane eine konstitutive Übertragung von Kompetenzen dar, während der Bundes-Verfassunggeber die Landesverfassungen zwar einhegen, aber nicht konstituieren kann (→ Art. 28 Rn. 42ff.). In diesem Sinne anerkannte Gewalten sind auf Bundesebene der Bundestag gem. Art. 77 I 1, 79 II GG (→ Art. 77 Rn. 18ff.; → Art. 79 II Rn. 19f.)[42], der Bundesrat gem. Art. 77 IIa, 79 II, 80 II GG (→ Art. 77 Rn. 44ff.; → Art. 79 II Rn. 21; → Art. 80 Rn. 59ff.)[43] sowie die Ermächtigungsadressaten nach Art. 80 I 1 GG (→ Art. 80 Rn. 22ff.)[44]. Im Falle des **Gesetzgebungsnotstands** wird man Bundespräsident, Bundesregierung und Bundesrat gemeinsam als anerkannte Gewalten einstufen müssen (→ Art. 81 Rn. 14, 18, 20f.)[45]. Gleiches gilt für die auf Grundgesetzebene allerdings eher theoretischen Fälle der Volksgesetzgebung (→ Art. 29 Rn. 22ff., 29ff.; → Art. 118 Rn. 9f.)[46]. Eingedenk der Einstufung als Übergangsbestimmung wird trotz »Anerkennung« in der Verfassungsurkunde der **Gemeinsame Ausschuß** nach Art. 53a GG von

[37] Siehe BVerfGE 16, 6 (16); aus der Literatur *Wolff* (Fn. 18), Art. 122 Rn. 6; *Kirn* (Fn. 18), Art. 122 Rn. 3; *C. Seiler*, in: Epping/Hillgruber, GG, Art. 122 Rn. 1; *Hebeler* (Fn. 14), Art. 122 Rn. 6.

[38] Vgl. BVerfGE 4, 331 (340): »als der Tag, an dem die Organe, durch welche das Volk im Bund die Staatsgewalt ausübt, entstanden und wirksam geworden sind und an dem die Gesetzgebungsgewalt der Bundesrepublik [...] begonnen hat«. – Aus der Literatur *Giegerich* (Fn. 5), Art. 122 Rn. 10 sowie *Hebeler* (Fn. 14), Art. 122 Rn. 5.

[39] Wie hier *Langrock* (Fn. 14), Art. 122 Rn. 4; *Hebeler* (Fn. 14), Art. 122 Rn. 7 und *Schulze* (Fn. 33), Art. 122 Rn. 2. → *Stettner*, Bd. III^2, Art. 122 Rn. 7. – A.A. (nur Gesetze im formellen Sinne) *Wolff* (Fn. 18), Art. 122 Rn. 9 (unter Hinweis auf die vorrangig einschlägigen Art. 129, 130 GG).

[40] So noch *Holtkotten* (Fn. 1), Art. 122 Anm. II.4 sowie jetzt *Wolff* (Fn. 18), Art. 122 Rn. 10f.

[41] So auch *Giegerich* (Fn. 5), Art. 122 Rn. 24.

[42] Statt aller *Giegerich* (Fn. 5), Art. 122 Rn. 9.

[43] Zweifelnd noch *Holtkotten* (Fn. 1), Art. 122 Anm. II.4.

[44] A.A. mit beachtlichen Argumenten *Giegerich* (Fn. 5), Art. 122 Rn. 22.

[45] *Giegerich* (Fn. 5), Art. 122 Rn. 23. – Ohne Engführung auf den Art. 81 GG für Einbeziehung der Bundesregierung *Wolff* (Fn. 18), Art. 122 Rn. 12.

[46] Unterstrichen von *Holtkotten* (Fn. 1), Art. 122 Anm. II.4 sowie *Giegerich* (Fn. 5), Art. 122 Rn. 8 u. 23.

Art. 122 I GG nicht erfaßt (→ Art. 53a Rn. 4)[47]. Auch das **Bundesverfassungsgericht** fungiert zwar im Rahmen der Normenkontrollen als negativer Gesetzgeber (§ 31 II 1 BVerfGG) sowie namentlich im Rahmen der §§ 32, 35 BVerfGG auch als aktiv-gestaltender Normgeber[48], liegt aber erkennbar hinter dem Regelungshorizont des Art. 122 I GG. Auf **Landesebene** hingegen standen dem Parlamentarischen Rat die Landtage sowie das Volk nach der näheren Ausgestaltung der Landesverfassungen vor Augen[49].

III. Auflösung konkurrierender Gesetzgebungskörperschaften (Art. 122 II GG)

10 Art. 122 II GG ist auf den ersten Blick überschießend formuliert, weil schon im Parlamentarischen Rat Konsens bestand, daß die betreffenden Organe (namentlich das Zentraljustizamt) nur ihre *Legislativ*befugnisse verlieren sollten (→ Rn. 3)[50]. Die Einschränkung des Auflösungsimperativs folgt allerdings aus dem Tatbestandsmerkmal »**Körperschaften**«, da das Zentraljustizamt nicht körperschaftlich organisiert war[51]. Insofern bleiben als **gesetzgebende** Körperschaften der Wirtschaftsrat der Bizone sowie der Länderrat des amerikanischen Besatzungsgebietes, als **beratend mitwirkende** der Länderrat der Bizone, der Parlamentarische Rat des süddeutschen Länderrates sowie der Zonenbeirat für die britische Zone[52]. Wie dargelegt, erfolgt die eigentliche **Auflösung** – unter ausdrücklichem Hinweis auf Art. 122 GG – durch Besatzungsrecht (→ Rn. 4)[53]. Nicht vom Verdikt des Art. 122 II GG tangiert waren die Gesetzgebungsorgane der Länder – sie zählen zu den »anerkannten« Gewalten (→ Rn. 9).

IV. Art. 122 GG und die Gesetzgebungskompetenzen der Länder

11 Die intensivste Auseinandersetzung zu Art. 122 GG hat sich anhand einer Frage entzündet, die von der Norm gar nicht explizit angesprochen wird[54], nämlich der **Gesetzgebungskompetenz der Länder** in der Zeit zwischen Inkrafttreten des Grundgesetzes und Zusammentritt des Bundestages[55]. Als Maximalpositionen begegnen hier die vor-

---

[47] Gegenauffassung bei *Wolff* (Fn. 18), Art. 122 Rn. 12 sowie *Giegerich* (Fn. 5), Art. 122 Rn. 24, wobei die praktische Relevanz dieser Festlegung unklar bleibt.

[48] Vgl. grundlegend zur Unterscheidung zwischen positivem und negativem Gesetzgeber *H. Kelsen*, Wesen und Entwicklung der Staatsgerichtsbarkeit, VVDStRL 5 (1928), S. 30ff. (53ff., insb. S. 56); instruktiv zum Verhältnis zwischen Gesetzgebung und (rechtsetzender) Rechtsprechung des Bundesverfassungsgerichts ferner *C. Gusy*, Parlamentarischer Gesetzgeber und Bundesverfassungsgericht, 1985, S. 138ff.; kritisch zur hier registrierten positiven Normgebung durch das Bundesverfassungsgericht statt vieler etwa *O. Lepsius*, Die maßstabsetzende Gewalt, in: M. Jestaedt u. a., Das entgrenzte Gericht, 2011, S. 159ff.

[49] *Giegerich* (Fn. 5), Art. 122 Rn. 8.

[50] *Holtkotten* (Fn. 1), Art. 122 Anm. II.3.a; *Wolff* (Fn. 18), Art. 122 Rn. 20; *Giegerich* (Fn. 5), Art. 122 Rn. 9.

[51] *Kramer* (Fn. 13), Art. 122 Rn. 3; Gegenauffassung bei *Wolff* (Fn. 18), Art. 122 Rn. 19.

[52] In der Aufzählung wie hier *Holtkotten* (Fn. 1), Art. 122 Anm. II.2; *Wolff* (Fn. 18), Art. 122 Rn. 23; *Kirn* (Fn. 18), Art. 122 Rn. 1.

[53] Luzide *Giegerich* (Fn. 5), Art. 122 Rn. 31. – Anfechtbar hingegen *Hebeler* (Fn. 14), Art. 122 Rn. 8: »gilt verfassungsunmittelbar«.

[54] Offengelassen in BVerfGE 7, 330 (338f.); vgl. dazu *Wacke*, JZ 1951, 149 (149); *Hartmann*, DVBl. 1955, 143 (144); *Kirn* (Fn. 18), Art. 122 Rn. 4.

[55] Zeitgenössisch etwa *[F.] Wessel*, Deutsche Verwaltung 1949, 393ff. und *Hartmann*, DVBl. 1955, 143ff.

übergehende Suspension der Art. 70ff. GG bis zum Stichtag[56] und die vollständige Bindung der Länder ab Inkrafttreten[57]; daneben sind vermittelnde Positionen formuliert worden[58]. In der Sache spricht viel dafür, die Länder sofort für gebunden zu erklären[59], da Art. 122 GG nicht das gesamte Gesetzgebungsinstrumentarium des Grundgesetzes suspendieren wollte.

D. Verhältnis zu anderen GG-Bestimmungen

Art. 122 GG ist eine bereichsspezifische Ausnahme von **Art. 145 II GG** (→ Art. 145 Rn. 10ff.)[60]. Er steht in einem engen Korrespondenzverhältnis mit Art. 123–125 GG (→ Art. 123 Rn. 21). Nicht anwendbar ist Art. 122 GG auf später eingefügte Übergangsregelungen wie Art. 125a GG (→ Art. 125a Rn. 31)[61]. Auf den **Zusammentritt des Bundestags** (→ Rn. 9) stellen außer Art. 122 I GG noch Art. 39 I 2 GG (→ Art. 39 Rn. 16), Art. 123 I (→ Art. 123 Rn. 21) sowie Art. 136 I GG ab (→ Art. 136 Rn. 4f.). Hingegen hat das Bundesverfassungsgericht früh klargestellt, daß der Stichtag nicht für sein **Normverwerfungsmonopol** namentlich nach Art. 100 I 1 GG maßgeblich ist[62]. 12

---

[56] So *Langrock* (Fn. 14), Art. 122 Rn. 5; *Wolff* (Fn. 18), Art. 122 Rn. 17; *R. Sannwald*, in: Schmidt-Bleibtreu/Hofmann/Henneke, GG, Art. 122 Rn. 6; *Seiler* (Fn. 37), Art. 122 Rn. 2.

[57] So *[F.] Wessel*, Deutsche Verwaltung 1949, 393 (394); *E. Friesenhahn*, NJW 1949, 701 (701); *Wacke*, JZ 1951, 149 (149f.).

[58] So wohl BVerfGE 7, 330 (339). Vgl. etwa *Kramer* (Fn. 13), Art. 122 Rn. 2: Sperrwirkung der Art. 71, 73 GG; ähnlich *Schulze* (Fn. 33), Art. 122 Rn. 5. → *Stettner*, Bd. III², Art. 122 Rn. 10.

[59] Zur Grundrechtsbindung ab Inkrafttreten des Grundgesetzes BVerfGE 2, 237 (257f.). – Vgl. noch E 4, 331 (341): »Auch die übrigen Bestimmungen des Grundgesetzes sind mit seiner Verkündung verbindlich geworden, soweit sie nicht – wie z.B. die Organisationsbestimmungen bis zur Bildung der Bundesorgane – aus besonderen Gründen zunächst noch gegenstandslos waren.«

[60] *Wolff* (Fn. 18), Art. 122 Rn. 3.

[61] *Seiler* (Fn. 37), Art. 122 Rn. 3.

[62] BVerfGE 4, 331 (340). Zustimmend *Kirn* (Fn. 18), Art. 122 Rn. 5.

Artikel 123 [Fortgelten vorkonstitutioneller Rechts]

(1) Recht aus der Zeit vor dem Zusammentritt des Bundestages gilt fort, soweit es dem Grundgesetze nicht widerspricht.

(2) Die vom Deutschen Reich abgeschlossenen Staatsverträge, die sich auf Gegenstände beziehen, für die nach diesem Grundgesetze die Landesgesetzgebung zuständig ist, bleiben, wenn sie nach allgemeinen Rechtsgrundsätzen gültig sind und fortgelten, unter Vorbehalt aller Rechte und Einwendungen der Beteiligten in Kraft, bis neue Staatsverträge durch die nach diesem Grundgesetze zuständigen Stellen abgeschlossen werden oder ihre Beendigung auf Grund der in ihnen enthaltenen Bestimmungen anderweitig erfolgt.

Literaturauswahl

Becker, Hans-Joachim: Die Bedeutung des Artikels 123 Absatz 2 des Grundgesetzes für die Reichsverträge, in: DVBl. 1955, S. 105–110, 145–148.

Becker, Hans-Joachim: Zum Konkordatsurteil des Bundesverfassungsgerichts, in: NJW 1957, S. 694–697.

Brunner, Georg: Fortgeltung des Rechts der bisherigen DDR, in: HStR[1] IX, § 210, S. 425–453.

Drobnig, Ulrich: Das Schicksal der Staatsverträge der DDR nach dem Einigungsvertrag, in: DtZ 1991, S. 76–80.

Grawert, Rolf: Rechtseinheit in Deutschland, in: Der Staat 30 (1991), S. 208–230.

Grziwotz, Herbert: Partielles Bundesrecht und die Verteilung der Gesetzgebungsbefugnisse im Bundesstaat, in: AöR 116 (1991), S. 588–605.

Hamers, Antonius: Die Rezeption des Reichskonkordates in der Bundesrepublik Deutschland, 2010.

Hofmann, Rainer/Laubner, Tilmann: Großes Reinemachen und eine ungewöhnliche Frage: Wer schwingt den Besen? Rechtsbereinigung auf dem Gebiet des fortgeltenden Besatzungsrechts, in: JöR 55 (2007), S. 123–149.

Kaiser, Joseph K.: Die Erfüllung der völkerrechtlichen Verträge des Bundes durch die Länder, in: ZaöRV 18 (1957/58), S. 526–558.

Köhler, Gerd Michael: Übergangs- und Schlussbestimmungen in den Verfassungen der deutschen Bundesländer. Ein Beitrag zur Typologie von Verfassungsnormen, in: JöR 57 (2009), S. 359–405.

Leisner, Anna: Kontinuität als Verfassungsprinzip unter besonderer Berücksichtigung des Steuerrechts, 2002.

Lerche, Peter: Fortgeltung von DDR-Recht und Gesetzesvorbehalt, in: Festschrift für Herbert Helmrich, 1994, S. 57–72.

Nissel, Reinhard: Fortgeltendes DDR-Recht nach dem Einigungsvertrag, in: DtZ 1990, S. 330–333.

Rensmann, Michael: Besatzungsrecht im wiedervereinigten Deutschland, 2002.

Repgen, Konrad: Parerga zum Reichskonkordatsprozeß 1955/57, in: Festschrift für Dieter Albrecht, 1992, S. 443–459.

Schmidt-Salzer, Joachim: Vorkonstitutionelle Gesetze, verfassungskonforme Auslegung und ungeschriebene unbestimmte Rechtsbegriffe, in: DÖV 1969, S. 97–101.

Schröcker, Sebastian: Die Wiederanwendung der Vorkriegsverträge nach dem Grundgesetz, in: DVBl. 1954, S. 486–491, 525–528.

Wengler, Wilhelm: Zur bindenden Wirkung des Konkordatsurteils, in: NJW 1957, S. 1417–1422.

Wittkowski, Ralf: Die Staatensukzession in völkerrechtliche Verträge unter besonderer Berücksichtigung der Herstellung der staatlichen Einheit Deutschlands, 1992.

Wolff, Ernst: Wie weit gilt nach Art. 123 bis 126 des Grundgesetzes bisheriges Recht fort?, in: DRZ 1950, S. 1–6.

Zinn, Georg August: Welche deutschen und besatzungsrechtlichen Rechtsnormen gelten als Bundesrecht weiter?, in: Institut zur Förderung Öffentlicher Angelegenheiten (Hrsg.), Bundesrecht und Bundesgesetzgebung. Bericht über die Weinheimer Tagung des Instituts zur Förderung Öffentlicher Angelegenheiten in Frankfurt am Main am 22. und 23. Oktober 1949, 1950, S. 53–77.

Leitentscheidungen des Bundesverfassungsgerichts

BVerfGE 3, 58 (118f.) – Beamtenverhältnisse; 3, 368 (374f.) – Besatzungsrecht; 6, 309 (330ff.) – Reichskonkordat; 6, 389 (413ff.) – Homosexuelle; 15, 337 (346ff.) – Höfeordnung; 23, 98 (106) – Ausbürgerung I; 34, 293 (303) – Ensslin-Kassiber; 78, 179 (192) – Heilpraktikergesetz.

Gliederung

Stichwörter

A. Herkunft, Entstehung, Entwicklung

I. Ideen- und verfassungsgeschichtliche Aspekte

1 Das Normensemble der **Art. 123–125 GG** wird in der Literatur durchweg als »**historisch singulär**« o. ä. angesprochen[1]. Allerdings steht es nicht allein hinsichtlich seiner Teilelemente in ganz verschiedenen historischen Überlieferungszusammenhängen (→ Rn. 2ff.), sondern auch hinsichtlich seiner Gesamtarchitektur. Denn die dreifache Leistung, vorkonstitutionelles Recht erstens unter dem Vorbehalt der zumindest partiellen Vereinbarkeit mit der neuen Ordnung fortgelten zu lassen, ihm zweitens einen Rang in der Normhierarchie zuzuweisen und es drittens durch die Zuweisung zur Bundes- oder Landesebene föderal auszudifferenzieren, erbringt – den Art. 123–125 GG dabei frappierend ähnlich – erstmals das **österreichische Verfassungsgesetz vom 1. Oktober 1920**, betreffend den Übergang zur bundesstaatlichen Verfassung (»Übergangsgesetz 1920«[2]). Dessen § 1 enthält – entsprechend Art. 123 GG – die konditionierte Fortgeltensanordnung[3]; § 2 erklärt sodann bisheriges Recht, dessen Erlaß nach dem Maßstab der neuen Verfassung Bundessache ist, zu Bundesrecht (→ Vorb. zu Art. 70–74 Rn. 36ff.; → Art. 124 Rn. 9f.)[4]. § 3 enthält in Parallele zu Art. 125 GG eine durchaus komplexe (Fristen-)Regelung der sog. Grundsatzgesetzgebung (Art. 12 B-VG; → Vorb. zu Art. 70–74 Rn. 24; → Art. 124 Rn. 4)[5], wohingegen § 4 die im Parla-

---

[1] Siehe statt aller *T. Giegerich*, in: Maunz/Dürig, GG, Art. 124 (Zweitb. 2012), Rn. 1f., 5.

[2] (Österr.) Bundesgesetzblatt 1920 Nr. 2, S. 20. Näher dazu wie zum Kontext der föderalen Verfassunggebung *A. Merkl*, ZöR 1 (1919/1920), 1 (22ff.); *H. Kelsen*, ZöR 1 (1919/1920), 98ff.; *ders.*, Die Verfassungsgesetze der Republik Deutschösterreich, Bd. I, 1919, S. 6ff.; *J. Ofner*, JBl. 1921, 65ff.; *H. Mokre*, Das Verfassungsrecht der österreichischen Bundesländer, 1929, S. 17ff.; *K. Berchtold*, Verfassungsgeschichte der Republik Österreich, Bd. I, 1998, S. 247ff.; instruktiv auch *I. Seidl-Hohenveldern*, Die Überleitung von Herrschaftsverhältnissen am Beispiel Österreichs, 1982, S. 26ff. sowie *M. P. Schennach*, Zur historischen Entwicklung der Kompetenzverteilung in Österreich; in: A. Gamper u. a. (Hrsg.), Föderale Kompetenzverteilung in Europa, 2016, S. 489ff. (514ff.).

[3] »Alle Gesetze und Vollzugsanweisungen (Verordnungen) des Staates – einschließlich der Reichsgesetze des ehemaligen Staates Österreich, die gemäß § 16 des Beschlusses über die grundlegenden Einrichtungen der Staatsgewalt vom 30. Oktober 1918, St. G. Bl. Nr. 1, für die Republik in Geltung gesetzt wurden – sowie alle Gesetze und Vollzugsanweisungen (Verordnungen) der Länder gelten weiter, insoweit sie nicht mit den Bestimmungen des Gesetzes vom 1. Oktober 1920, St. G. Bl. Nr. 450, womit die Republik Österreich als Bundesstaat eingerichtet wird (Bundes-Verfassungsgesetz), in Widerspruch stehen.«

[4] »In den Angelegenheiten der Artikel 10 und 11 des Bundes-Verfassungsgesetzes werden die Staatsgesetze, einschließlich früherer Reichsgesetze, sowie die Landesgesetze – diese für das Land, in dem sie erlassen worden sind, – Bundesgesetze im Sinne des Bundes-Verfassungsgesetzes.« – Vgl. auch hier die Parallele zum Problem des partikularen Bundesrechts → Art. 124 Rn. 12.

[5] »(1) Die Landesgesetze, die die im Artikel 12 des Bundes-Verfassungsgesetzes aufgezählten Angelegenheiten regeln, bleiben weiter Landesgesetze im Sinne des Bundes-Verfassungsgesetzes. Sobald jedoch in diesen Angelegenheiten Grundsätze durch Bundesgesetz festgestellt werden, sind solche Landesgesetze gemäß Artikel 15, Absatz 2, binnen der bundesgesetzlich festgelegten Frist abzuändern.

(2) Sind aber die in Artikel 12 bezeichneten Angelegenheiten zur Gänze durch Staatsgesetze, einschließlich früherer Reichsgesetze, geregelt, so bleibt ein solches Gesetz als Bundesgesetz noch durch drei Jahre, von dem in § 42, Absatz 1, dieses Gesetzes bezeichneten Zeitpunkt an gerechnet, in Gültigkeit, soweit es nicht schon vorher durch ein die gleiche Angelegenheit im Sinne des Artikels 12 regelndes Bundesgesetz außer Kraft gesetzt wird. Mit Ablauf dieser drei Jahre erlischt die Wirksamkeit derartiger Gesetze; die Landesgesetzgebungen können sodann die Angelegenheit frei regeln, solange nicht der Bund von dem ihm nach Artikel 12 zustehenden Gesetzgebungsrecht Gebrauch macht.«

mentarischen Rat letztlich verworfene (→ Rn. 12) und in Deutschland stets nur implizit mitgedachte Anordnung trifft, daß die übrigen Gesetze Landesrecht werden (→ Art. 124 Rn. 5; → Art. 125 Rn. 9)[6]. Soweit ersichtlich, rekurriert im bundesdeutschen Prozeß der Verfassunggebung niemand ausdrücklich auf dieses mögliche Vorbild; daß es namentlich den am Konvent von Herrenchiemsee beteiligten Staatsrechtslehrern[7] sämtlich unbekannt gewesen sein sollte, wirkt allerdings fernliegend[8]. Der Hinweis auf den im österreichischen Recht sozialisierten Hans **Nawiasky** als *»missing link«* drängt sich auf, läßt sich nach heutigem Stand allerdings nicht mit letzter Sicherheit validieren[9].

Art. 123 GG verknüpft darüber hinaus in ideen- und verfassungsgeschichtlicher Perspektive gleich **mehrere Traditionsstränge**. Sofern Art. 123 I GG die Fortgeltung alten Rechts anordnet (→ Rn. 31ff.), verweist er auf das von Ambiguität geprägte Verhältnis der Verfassung moderner Prägung zum überkommenen Recht (→ Rn. 3ff.). Der gleichzeitig enthaltene Vorbehalt des Nichtwiderspruchs zum Grundgesetz ist hingegen Ausdruck des **Vorrangs der Verfassung** (→ Rn. 28ff.; → Art. 20 [Rechtsstaat], Rn. 92ff.; → Art. 79 II Rn. 3). Art. 123 II GG wiederum wirft zum einen komplexe Sachfragen des Verhältnisses von gliedstaatlichen Gesetzgebungs- und Vertragsschlußkompetenzen der Zentralebene auf (→ Rn. 10, 34ff.). Die konkret im Raum stehende Frage nach der Fortgeltung des **Reichskonkordat**es schließlich (→ Rn. 34) ruft die gesamte Ideen- und Verfassungsgeschichte des Religionsverfassungsrechts auf, die hier nicht rekapituliert werden kann (→ Rn. 11; → Art. 140 Rn. 1ff.). 2

1. Der Funktionswandel von Kontinuitätsgewährleistungen

Die Idee der Verfassung als zentraler Urkunde, die in einem besonderen Verfahren zustandekommt, Vorrang vor dem »einfachen« Recht genießt und erschwert änderbar ist[10], scheint geradezu auf den Kontrast mit dem überkommenen *acquis* einer Rechtsordnung hin angelegt. Zugleich ist sie zumindest vorübergehend auf das Weiterfunktionieren dieses vorkonstitutionellen Regelwerks angewiesen, was als wohl ältester 3

---

[6] »(1) Die Landesgesetze in den Angelegenheiten, die nach Artikel 15, Absatz 1, des Bundes-Verfassungsgesetzes ausschließlich in die Gesetzgebung der Länder fallen, bleiben Landesgesetze im Sinne des Bundes-Verfassungsgesetzes. (2) Soweit solche Angelegenheiten bisher durch Staatsgesetze, einschließlich früherer Reichsgesetze, geregelt sind, gelten diese in jedem Land als Landesgesetze im Sinne des Bundes-Verfassungsgesetzes.«

[7] Zu erwähnen sind Carlo Schmid, Theodor Maunz und Hans Nawiasky; vgl. Parl. Rat II, S. XI ff., LXVI, LXXIII f.

[8] Vgl. etwa die regelmäßigen Berichte über die Verfassungsentwicklung in Österreich im Jahrbuch des öffentlichen Rechts: *H. Kelsen*, JöR 9 (1920), 245ff.; *ders.*, JöR 11 (1922), 232ff.; *ders.*, JöR 12 (1923/24), 126ff.; dort auch auf S. 155ff. ein Abdruck des Übergangsgesetzes. – In umgekehrter Perspektive *T. Baumgartner*, JBl. 1921, 36ff.

[9] Zur Person wie insb. zur Rolle in Herrenchiemsee *Y. Hangartner*, Hans Nawiasky (1880–1961), in: P. Häberle/M. Kilian/H. Wolff (Hrsg.), Staatsrechtslehrer des 20. Jahrhunderts, 2015, S. 187ff. (192). Nawiasky hat sich verschiedentlich mit dem österreichischen Verfassungsrecht auseinandergesetzt, ohne das Übergangsgesetz explizit zu thematisieren: Vgl. *H. Nawiasky*, ZöR 1 (1919/20), 28ff.; *dens.*, Der deutsch-österreichische Staat, in: A. Gallinger (Hrsg.), Deutsch-Oesterreich. Kulturprobleme, 1930, S. 67ff. (70f.). Ohne Befund auch *H. Nawiasky*, Die Grundgedanken des Grundgesetzes für die Bundesrepublik Deutschland, 1950. – In Herrenchiemsee fungiert Nawiasky allerdings als Berichterstatter im Unterausschuß I (Grundrechte), während für die Übergangsbestimmungen der Unterausschuß II verantwortlich zeichnet: Parl. Rat II, S. LXXIV, 278.

[10] Statt aller *H. Dreier*, Art. Verfassung, in: H.J. Sandkühler (Hrsg.), Enzyklopädie Philosophie, 2010, Bd. III, S. 2867ff.

Vorläufer des Art. 123 GG Titel V Art. 8 V der Französischen Revolutionsverfassung vom 3. September 1791 belegt[11]. Dieses **ambivalente Verhältnis der Verfassungsurkunde zum Vorgefundenen** spiegelt sich in Deutschland in einer Urkundengeschichte, deren Tonfall gegenüber dem »alten Recht« durchaus markanten Schwankungen unterworfen ist. Namentlich Art. 123 I GG steht m.a.W. keineswegs in einer ungebrochenen Tradition der Kontinuitätsgewährleistung[12], sondern nimmt einen bewahrenden Zungenschlag auf, der sich einerseits einem distinkten Verfassungsverständnis des Spätkonstitutionalismus verdankt, andererseits der legitimierenden Anknüpfung an den vorrevolutionären Zustand dient (→ Rn. 6f.).

4 Hingegen wäre in den ersten deutschen Verfassungsurkunden der **Rheinbundzeit** eine allgemeine Fortgeltensregel ein schwerer Stil- und Systembruch[13]. Es dominieren Programmsätze, die gerade auf die Veränderung des einfachen Rechts zielen[14] oder sie – etwa durch Einführung des Code Civil[15] – unmittelbar bewirken wollen. Gleiches gilt für diejenigen Urkunden des **Frühkonstitutionalismus**, die sich nicht auf eine Restauration der altständischen Verhältnisse beschränken[16] und neben einer »neuständischen« Volksvertretung insbesondere Freiheitsrechte vorsehen[17], die nach dem Verständnis der Zeit zuallererst Gesetzgebungsaufträge sind, also zumindest dem Grunde nach auf Veränderung des *status quo* zielen[18]. Der denkbare Einwand, daß nach Abzug aller Reformimpulse doch noch ein notwendiger normativer Bodensatz bestehen bleiben müsse, ist theoretisch richtig, geht aber am **Modernisierungsimpetus** der Epo-

---

[11] Zugänglich in D. Gosewinkel/J. Masing (Hrsg.), Die Verfassungen in Europa 1789–1949, 2006, S. 161ff. (192): »Die Beschlüsse der constituirenden Nationalversammlung, die nicht in dem Acte der Constitution begriffen sind, werden als Gesetze ausgeführt; und die vorherigen Gesetze, die sie nicht aufgehoben hat, sollen in gleicher Weise beobachtet werden, so lange das gesetzgebende Corps die einen oder die andern widerrufen oder modificirt haben wird.« – Siehe zum Problem illustrativ *G. Langrock*, in: Umbach/Clemens, GG, Vor Art. 123ff. Rn. 1; *M. Bothe*, in: AK-GG, Art. 123 (2002), Rn. 1 sowie besonders prägnant *M. Kirn*, in: I. v. Münch/P. Kunig (Hrsg.), Grundgesetz, Bd. III, 3. Aufl. 1995, Art. 123 Rn. 1, der von der »Dialektik von Kontinuität und Diskontinuität« spricht.

[12] In diese Richtung aber die Spekulationen über Kontinuität als Verfassungsgrundsatz oder -prinzip bei *M. Kloepfer*, Gesetzgebung im Rechtsstaat, VVDStRL 40 (1982), S. 65ff. (86) bzw. *A. Leisner*, Kontinuität als Verfassungsprinzip unter besonderer Berücksichtigung des Steuerrechts, 2002, S. 164ff. u. passim, die sich als schlicht ahistorisch erweisen.

[13] Zumindest mißverständlich daher in diesem Kontext der Hinweis von *T. Giegerich*, in: Maunz/Dürig, GG, Art. 123 (Zweitb. 2012), Rn. 5 auf § 155 der Kurhessischen Verfassung von 1831 (→ Rn. 9). Im ersten Zugriff *M. Hecker*, Napoleonischer Konstitutionalismus in Deutschland, 2005; *R. Ham/M. Kandil*, Die napoleonischen Modellstaaten, in: P. Brandt/M. Kirsch/A. Schlegelmilch (Hrsg.), Handbuch der europäischen Verfassungsgeschichte im 19. Jahrhundert, Bd. 1, 2006, S. 684ff. sowie die Beiträge in H. Brandt/E. Grothe (Hrsg.), Rheinbündischer Konstitutionalismus, 2007.

[14] Siehe Art. 103 des Edicts über die Landständische Verfassung des Großherzogthums [Hessen] vom 18.3.1820 (Großherzoglich Hessisches Regierungsblatt Nr. 13 v. 24.3.1820, S. 101; vgl. *W. van Calker*, Das Staatsrecht des Großherzogthums Hessen, 1913, S. 5f.), wonach ein Zivil-, Straf- und Prozeßgesetzbuch erlassen werden sollen.

[15] Statt aller Art. 45 der Verfassung für das Königreich Westphalen (Königliches Decret [Nro. I.], wodurch die Publikation der Constitution des Königreichs Westphalen verordnet wird, vom 7.12.1807, Gesetz-Buelletin des Königreichs Westphalen, 1808, Erster Theil, Nr. 1, S. 3); näher dazu *R. Ham*, ZNR 26 (2004), 227ff.

[16] Übersicht bei *F. Wittreck*, in: Morlok/Schliesky/Wiefelspütz, § 2 Rn. 9ff.

[17] Materialreich jetzt *M. Lotzenburger*, Die Grundrechte in den deutschen Verfassungen des 19. Jahrhunderts, 2015.

[18] Näher *U. Scheuner*, Die rechtliche Tragweite der Grundrechte in der deutschen Verfassungsentwicklung des 19. Jahrhunderts, in: FS E.R. Huber, 1973, S. 139ff. (155ff.); *R. Wahl*, Der Staat 18 (1979), 321 (331ff.) sowie jetzt m. w. N. *F. Wittreck*, HGR VIII, § 231 Rn. 25ff.

che vorbei. Vereinzelt finden sich in Ansehung der »Franzosenzeit« allerdings auch gegenläufig Dokumente, die gesetzliche »Neuerungen« gezielt wieder aufheben[19].

Erste Vorläufer des Art. 123 I GG finden sich demgegenüber in einzelnen Verfassun- 5
gen der **Revolutions- und Restaurationszeit**, wobei für die **Paulskirchenverfassung** selbst Fehlanzeige zu vermelden ist – allerdings fand sie auf der Zentralebene auch keinen nennenswerten Rechtsbestand vor, zu dem sie sich zu verhalten hatte[20]. Anderes gilt für das »Gesetz, die Grundrechte des deutschen Volks betreffend«[21] sowie für die Einzelstaaten, wobei die Herangehensweise charakteristische Unterschiede aufweist. Sofern sie Bestimmungen über das Fortgelten alten Rechts enthalten, geht es regelmäßig um das vorübergehende Weitergelten von Normen, die eigentlich der revolutionären Verfassung im Ganzen oder konkreten Gesetzgebungsaufträgen nicht genügen, aber vorerst nicht entbehrt werden können. Es handelt sich im Kern um **Ausnahme- oder Übergangsvorschriften**, die im Grunde mehr Überschneidung mit Art. 117 GG als mit Art. 123 I GG aufweisen. Sie finden sich in Luxemburg (1848)[22], Preußen (1848/1850)[23], Nassau (1849)[24] sowie in Waldeck (1849/1852)[25]. Sonderfor-

---

[19] Markant Art. 3 der Constitutions-Ergänzungs-Acte zu der alten Stadt-Verfassung der freien Stadt Frankfurt. Angenommen durch die Bürgerschaft den 17. u. 18. Juli 1816, publicirt vom Senat den 19. Juli 1816, und wechselseitig vom Senat und der Bürgerschaft beschworen den 18. October 1816 (Ausgabe Frankfurt am Main 1817; dazu *B. Dölemeyer*, Die Verfassung der Freien Stadt Frankfurt am Main 1816–1866, in: B. Heidenreich/K. Böhme [Hrsg.], Hessen. Verfassung und Politik, 1997, S. 151ff.): Die Norm derogiert gezielt einer langen Liste von Reformgesetzen der Dalbergzeit.

[20] Pointiert *Giegerich* (Fn. 13), Art. 123 Rn. 5.

[21] Vom 27.12.1848 (Reichs-Gesetz-Blatt Nr. 8 v. 28.12.1848, S. 49); dazu *E. Eckhardt*, Die Grundrechte vom Wiener Kongreß bis zur Gegenwart, 1913, S. 58ff., 104ff.; aus der modernen Literatur *J.D. Kühne*, Die Reichsverfassung der Paulskirche, 2. Aufl. 1998, S. 48, 162ff. sowie *F. Wittreck*, HGR VIII, § 231 Rn. 34. – Das Gesetz enthält in Art. 1 I Nr. 1–13 eine fein differenzierte Ausgestaltung der vorübergehenden Fortgeltung von Bestimmungen bis zur Durchführung der notwendigen Reformgesetze.

[22] Art. 124 der Verfassung des Großherzogthums Luxemburg vom 9.7.1848 (Verordnungs- und Verwaltungsblatt des Großherzogthums Luxemburg/Mémorial législatif et administratif du Grand-Duché de Luxembourg Nr. 52, S. 389) hält die bestehenden Gesetze in Geltung, bis konkret benannte Gesetzgebungsaufträge erfüllt sind. Siehe zum Kontext *P. Eyschen*, Das Staatsrecht des Großherzogtums Luxemburg, 1910, S. 11ff.

[23] Art. 108 der Verfassungsurkunde für den Preußischen Staat vom 5.12.1848 (Gesetz-Sammlung für die Königlichen Preußischen Staaten 1848, Nr. 3065, S. 375; »oktroyierte Verfassung«). Näher dazu *R.W. Roske*, Die Entwicklung der Grundrechte des deutschen Volkes vom Jahre 1848 und des Titels II. der preußischen Verfassung »von den Rechten der Preußen«, Diss. jur. Greifswald 1910, S. 104ff.; *R. Wahl*, HGR I, § 2 Rn. 39. – Die Norm wird eins zu eins als Art. 109 in die revidierte Verfassung übernommen: Verfassungsurkunde für den Preußischen Staat vom 31.1.1850 (Gesetz-Sammlung für die Königlichen Preußischen Staaten 1850, Nr. 3212, S. 17). Näher dazu *Huber*, Verfassungsgeschichte III, S. 55ff.

[24] § 94 der Verkündigung der Zusammenstellung des nach den bestehenden Gesetzgebungen in dem Herzogthum geltenden Staatsrechts vom 28.12.1849 (Verordnungsblatt des Herzogthums Nassau 1849 Nr. 40 v. 29.12.1849, S. 613); vgl. dazu *M. Wettengel*, Die Revolution von 1848/49 im Herzogtum Nassau, in: K. Böhme/B. Heidenreich (Hrsg.), »Einigkeit und Recht und Freiheit«. Die Revolution von 1848/49 im Bundesland Hessen, 1999, S. 157ff. (192ff.). – Die Norm lautet: »In den Fällen, in welchen nach dem Vorstehenden neue Gesetze in Aussicht gestellt sind, bleiben bis zur Erlassung derselben für die bestehenden Verhältnisse die bisherigen Gesetze in Kraft.«

[25] Siehe § 143 des Staatsgrundgesetzes für die Fürstenthümer Waldeck und Pyrmont v. 23.5.1849 (Fürstlich Waldeckisches Regierungs-Blatt 1849 Nr. 13 v. 29.5.1849, S. 27; vgl. dazu *M. Bürsch*, Kleinstaatliche Verfassung zwischen Vormärz und Reaktion. Studien zur Entstehung der waldeckisch-pyrmontischen Verfassungsurkunden von 1849 und 1852, Diss. jur. Kiel 1970, S. 80ff.); die Norm ordnet in zehn Absätzen das Fortgelten von Bestimmungen bis zu ihrer Ersetzung/Abschaffung an. – Vgl. §§ 99 II, 100 II und 102 der Verfassungs-Urkunde für die Fürstenthümer Waldeck und Pyrmont

men begegnen in Anhalt-Bernburg (1848/1850)[26] sowie in Oldenburg (1849/1852)[27]; sie kommen Art. 123 I GG in Teilbereichen bereits vergleichsweise nahe. Anhalt kombiniert eine lange Liste von Gesetzgebungsaufträgen (Abs. 1) mit einer befristeten Fortgeltungsanordnung (Abs. 2), der Derogation aller übrigen Bestimmungen, die der Verfassung entgegenstehen (Abs. 3), sowie der Bestätigung der Geltung aller nicht berührten Normen (Abs. 4). Oldenburg ordnet die befristete Fortgeltung der von Gesetzgebungsaufträgen erfaßten Normen an, sofern sie nicht im übrigen der Verfassung widersprechen (→ Rn. 28ff.).

6 Es folgt im Reichs- wie Landesstaatsrecht ein längerer **Hiatus**. Das ist naheliegend, wenn man den jeweiligen »Constitutional Moment« (*Ackerman*) berücksichtigt: Die oben genannten Urkunden enthalten Revolutionsfolgenrecht, müssen m.a.W. eine als akut empfundene Spannung bewältigen. Norddeutsche Bundes- und Reichsverfassung von 1867 resp. 1871 sehen sich einer **verfassungsrechtlich saturierten Rechtsordnung** gegenüber, deren Bestand in Ansehung der nicht mehr auf gezielte gesellschaftliche Veränderung gepolten Verfassung nicht gesondert in Schutz genommen werden muß[28]. Sinnfällig dafür ist die Mehrheitsmeinung der Staatsrechtslehre der Zeit, daß die »sogenannten Grundrechte« nunmehr vollständig in einfaches Recht transformiert seien und insofern keinen Reformdruck mehr generierten[29].

7 Der im historischen Abschnitt zu Art. 123 GG regelmäßig angeführte **Art. 178 II 1 WRV**[30] ist vor diesem Hintergrund keineswegs eine historische Selbstverständlichkeit mit langer Tradition, sondern erstens der Einsicht geschuldet, daß sich die Republik dem umfangreichen und ausdifferenzierten Recht eines untergegangenen Reiches gegenübersieht, das bei aller notwendigen Distanzierung erstens rechtsstaatlich weitgehend domestiziert und zweitens gerade in seiner Rechtsetzung von der Mitwirkung eines zunehmend selbstbewußten und nach einem vergleichsweise modernen Modus gewählten Parlaments abhängig war. Es ist bezeichnend, daß (erst) in dieser Situation auch die **Weimarer Landesverfassungen** in großer Mehrzahl vergleichbar formulieren

---

vom 17.8.1852 (Fürstlich Waldeckisches Regierungs-Blatt Nr. 21 v. 17.8.1852, S. 141; dazu *F. Böttcher*, Das Staatsrecht des Fürstenthums Waldeck, in: H. Marquardsen [Hrsg.], Handbuch des Oeffentlichen Rechts der Gegenwart, Bd. III.2.1, 1884, S. 149ff. [152ff.]) sehen deutlich weniger breit das übergangsweise Fortgelten von Vorschriften vor, bis Freiheits-, Straf- und Schulgesetze reformiert sind.

[26] § 97 des Landesverfassungsgesetzes für das Herzogthum Anhalt-Bernburg vom 14.12.1848 (Gesetzessammlung für das Herzogthum Anhalt-Bernburg, Bd. VIII, S. 474; dazu *M. Tullner*, Die Revolution von 1848/49 in Sachsen-Anhalt, 2014, S. 149ff.); die Bestimmung findet als § 101 Aufnahme in die revidierte Verfassung: Landesverfassungsgesetz für das Herzogthum Anhalt-Bernburg vom 28.2.1850 (Gesetzsammlung für das Herzogthum Anhalt-Bernburg, Bd. IX, S. 140).

[27] Art. 235 des Staatsgrundgesetzes für das Herzogthum Oldenburg vom 18.2.1849 (Gesetzblatt für das Herzogthum Oldenburg XII [1849–1851], Stück 9 v. 1.3.1849, Nr. 13, S. 55; dazu *W. Schükking*, Das Staatsrecht des Großherzogtums Oldenburg, 1911, S. 7f.). – Aufgenommen wird die Norm in Art. 220 der revidierten Verfassung: Vgl. das Patent betreffend Verkündigung des revidirten Staatsgrundgesetzes des Großherzogthums Oldenburg vom 22.11.1852 (Gesetzblatt für das Herzogthum Oldenburg XIII [1852], Stück 24 v. 23.11.1852, Nr. 31, S. 139; vgl. *H. Becker*, Das Staatsrecht des Großherzogthums Oldenburg, in: Marquardsen, Handbuch III.2.1 [Fn. 25], S. 73ff. [75ff.]).

[28] Sinnfällig daher § 1 des Gesetzes betreffend die Verfassung des Deutschen Reichs vom 16.4.1871 (Bundes-Gesetzblatt des Deutschen Bundes 1871, S. 63), der lediglich anordnet, daß die Verfassungsurkunde an die Stelle ihrer Vorgängerin bzw. der Beitrittsverträge tritt.

[29] Näher *F. Giese*, Die Grundrechte, 1905, S. 27ff.; *E.R. Huber*, Grundrechte im Bismarckschen Reichssystem, in: FS Scheuner, 1973, S. 163ff. (168f.) sowie *K. Kröger*, Grundrechtsentwicklung in Deutschland, 1998, S. 44f.; zuletzt *F. Wittreck*, HGR VIII, § 231 Rn. 57.

[30] Siehe die Handhabung bei *Giegerich* (Fn. 13), Art. 123 Rn. 7. → *Stettner*, Bd. III², Art. 123 Rn. 1.

(§ 50 I AnhVerf.; § 65 BadVerf.; § 94 BayVerf.; Art. 47f. BraunschwVerf.; Art. 65 II HessVerf.; Art. 29 I Einführungsgesetz Meckl.-Schw. Verf.; § 95 I 2 OldVerf.; Art. 81 II PreußVerf.; Art. 54 I SächsVerf.; § 55 II Schaumb.-Lipp. Verf.; § 81 I WürttVerf.)[31]; es kommen in einer ganzen Reihe von Ländern ferner sog. Übergangsgesetze hinzu. Der Vergleich mit den Normen der Revolutions- und Restaurationszeit belegt, daß sich hier die **Legitimationsvermittlungsrichtung** quasi **umkehrt**: Die Urkunden von 1848–1852 wollen einfaches Recht gegen die Verfassung in Schutz nehmen. 1918/1919 suchen die republikanischen Verfassungen eingedenk des Vorwurfs, sie beruhten auf Hochverrat, Schutz beim überkommenen Recht, das helfen soll, sie als legitim auszuweisen[32].

Art. 123 I GG tritt vor diesem Hintergrund nicht in *eine* Tradition ein, sondern sieht sich erneut einer **Sondersituation** gegenüber, in der eine verfassungsrechtliche Fortgeltensanordnung spezifische Leistungen zu erbringen hat. Auch die entstehende Bundesrepublik sucht eine Legitimitätsbrücke, die einen Weg zur Einordnung in die Überlieferungskette deutscher Staatlichkeit weist. Dem stehen (wenigstens) ein Fundamentalproblem und ein Sachproblem im Wege: Der Nationalsozialismus als letzte Ausformung deutscher Staatsgewalt ist restlos desavouiert und kommt für eine derartige Rückanknüpfung nicht in Frage[33], weshalb eine Fortgeltungsanordnung insofern auch eine **Lustrationsfunktion** erfüllen muß[34]. Zugleich sieht sich das Grundgesetz mit einer an das Alte Reich gemahnenden Rechtsvielfalt konfrontiert: Nebeneinander gelten (prinzipiell unverdächtige) Gesetze aus Kaiserreich und Republik, NS-Rechtsakte, Besatzungsrecht, von den Besatzungsmächten ermächtigtes Recht der Länder (das teils bisheriges Reichsrecht geändert hat → Art. 125 Rn. 20) sowie die Akte interzonaler Einrichtungen (→ Art. 127 Rn. 10f.)[35]. Gemeinsam mit Art. 124 und 125 GG kommt Art. 123 I GG insofern eine **Zuordnungs- und Vereinheitlichungsfunktion** zu, die diese sedimentartige Rechtslage wieder in handhabbare Schemata fügen soll[36]. Anders geht zeitgleich **Art. 144 I 4 DDR-Verf.** vor, der nur implizit vom Weitergelten der Gesetze ausgeht und den Vorrang wie die Neuordnungsfunktion der Verfassung in den Vordergrund rückt (→ Rn. 2)[37]. 8

2. Verfassungsrechtliche Vorrangregeln

Beispiele für die zumindest normtextliche Anerkennung des **Vorrangs der Verfassung** sind im 19. Jahrhundert vergleichsweise selten[38]. Sie begegnen im Kern in drei Varianten. Häufiger ist die – typischerweise an das Ende gestellte – Anordnung, daß alle 9

---

[31] Texte zugänglich in F. Wittreck (Hrsg.), Weimarer Landesverfassungen, 2004. Aus der neueren Literatur hierzu *C. Ruf*, Die Bayerische Verfassung vom 14. August 1919, 2015, S. 656ff. sowie *B. Beckermann*, Verfassungsrechtliche Kontinuitäten im Land Oldenburg, 2016, S. 319f.

[32] Luzide *H. Nawiasky*, Bayerisches Verfassungsrecht, 1923, S. 22.

[33] Statt aller *H. Dreier*, Die deutsche Staatsrechtslehre in der Zeit des Nationalsozialismus, VVDStRL 60 (2001), S. 9ff. (68f.).

[34] Unterstrichen von *A. Hense*, in: BK, Art. 123 (Zweitb. 2015), Rn. 27, 29 u. 31. Hinzuweisen ist darauf, daß insofern bereits das Besatzungsrecht eine erste »Säuberung« vorgenommen hat: Näher m. w. N. *M. Etzel*, Die Aufhebung von nationalsozialistischen Gesetzen durch den Alliierten Kontrollrat (1945–1948), 1992 sowie *Giegerich* (Fn. 13), Art. 123 Rn. 8ff. u. 33.

[35] Im Überblick *M. Stolleis*, HStR³ I § 7 Rn. 11ff.

[36] Gleichsinnig *Hense* (Fn. 34), Art. 123 Rn. 33f.; zur griffigen Wendung von der »kritische[n] Kontinuität« → *Stettner*, Bd. III², Art. 123 Rn. 10.

[37] Unterstrichen von *Giegerich* (Fn. 13), Art. 123 Rn. 17.

[38] Zusammenfassend *R. Wahl*, Der Staat 20 (1981), 485ff.

der Verfassung entgegenstehenden Bestimmungen außer Kraft treten; dies kann global, durch eine konkrete Aufzählung oder in einer Mischform geschehen, indem die Urkunde mit »insbesondere« Regelbeispiele nennt. Der Globalzugriff begegnet in Württemberg (1818)[39], Sachsen (1831)[40], Kurhessen (1831)[41], Braunschweig (1832)[42], Hannover (1840)[43], Luxemburg (1848)[44], Waldeck (1852)[45] oder Reuß ältere Linie (1867)[46], während Schaumburg-Lippe eine Liste verwendet (1868)[47]. Die Mischform nutzt Schwarzburg-Rudolstadt (1854)[48]. Klarer konturiert ist hier das Bild auf der Zentralebene. Die **Paulskirchenverfassung** spricht sich nicht allein einen normtextlich klaren Vorrang vor dem einfachen Reichsrecht zu (§ 194 RVerf.), sondern setzt ihn auch verfassungsprozessual in Gestalt des Normverwerfungsrechts des Reichsgerichts um (§ 126 lit. a bzw. g RVerf.; → Art. 93 Rn. 9f.)[49]. Hingegen fehlen Vorrangregel wie gerichtliche Durchsetzung in der **Reichsverfassung** von 1871 ganz[50]. Auch die Weimarer Reichsverfassung macht ihn nicht explizit und verzichtet wiederum auf eine institutionalisierte richterliche Prüfung von Reichsgesetzen[51]. Demgegenüber stellt

---

[39] § 91 der Verfassungsurkunde für das Königreich Württemberg vom 25.9.1819 (Königlich-Württembergisches Staats- und Regierungsblatt Nr. 65 v. 27.9.1819, S. 633); dazu prägnant *R. v. Mohl*, Das Staatsrecht des Königreichs Württemberg, 1829, S. 81.

[40] § 154 der Verfassungsurkunde für das Königreich Sachsen vom 4.9.1831 (Gesetzsammlung für das Königreich Sachsen 1831 Nr. 40, S. 241); vgl. *F. Bülau*, Verfassung und Verfassungsrecht des Königreichs Sachsen, 1833, S. 30ff.

[41] § 155 der Verfassungsurkunde für das Kurfürstenthum Hessen vom 5.1.1831 (Sammlung von Gesetzen, Verordnungen, Ausschreiben und anderen allgemeinen Verfügungen für Kurhessen, Bd. 6 [1831–1833], Jahrgang 1831, Nr. 1 v. 8.1.1831, S. 1); dazu *R. Bovensiepen*, AöR 34 (1915), 95ff.

[42] § 232 der Neuen Landschaftsordnung für das Herzogthum Braunschweig vom 12.10.1832 (Gesetz- und Verordnungssammlung für die herzoglich-braunschweigischen Lande 1832 Nr. 18 v. 23.10.1832, S. 191); vgl. *A. Otto*, Das Staatsrecht des Herzogthums Braunschweig, in: Marquardsen, Handbuch III.2.1 (Fn. 25), S. 93ff. (96f.)

[43] § 182 des Landesverfassungs-Gesetzes für das Königreich Hannover vom 6.8.1840 (Sammlung der Gesetze, Verordnungen und Ausschreibungen für das Königreich Hannover 1840, I. Abt., Nr. 28 v. 7.8.1840, S. 141); näher *E. v. Meier*, Hannoversche Verfassungs- und Verwaltungsgeschichte 1680–1866, Bd. 1, 1898, S. 360f.

[44] Oben Fn. 22.

[45] § 98 der Verfassungs-Urkunde (Fn. 25).

[46] § 92 S. 2 des Gesetzes, die Verfassung des Fürstenthums Reuß älterer Linie betreffend, vom 28.3.1867 (Gesetzsammlung des Fürstenthum Reuß älterer Linie 1867 Nr. 6 v. 28.3.1867, Nr. 11, S. 29); siehe dazu *O. Liebmann*, Das Staatsrecht des Fürstenthums Reuß älterer Linie, in: H. Marquardsen (Hrsg.), Handbuch des Oeffentlichen Rechts der Gegenwart, Bd. III.2.2, 1884, S. 175ff. (177ff.) sowie *S. Gerber*, Chancen und Grenzen der kleinstaatlichen Monarchie im Kaiserreich. Das Beispiel Reuß älterer Linie 1866 bis 1918, in: W. Greiling/H. Rüster (Hrsg.), Reuß älterer Linie im 19. Jahrhundert. Das widerspenstige Fürstentum?, 2013, S. 133ff.

[47] Art. 80 des Verfassungs-Gesetzes für das Fürstenthum Schaumburg Lippe vom 17.11.1868 (Schaumburg-Lippische Landesverordnungen 1868 Nr. 4 v. 21.11.1868, S. 415); siehe dazu *K. Bömers*, Das Staatsrecht des Fürstenthums Schaumburg-Lippe, in: Marquardsen, Handbuch III.2.1 (Fn. 25), S. 165ff. (168ff.).

[48] § 49 des Grundgesetzes für das Fürstenthum Schwarzburg-Rudolstadt vom 21.3.1854 (Gesetzsammlung für das Fürstenthum Schwarzburg-Rudolstadt 1854 Stück VII Nr. XIX [o.D.], S. 35); dazu *H. Schwartz*, Das Staats- und Verwaltungsrecht des Fürstentums Schwarzburg-Rudolstadt, 1909, S. 7ff.

[49] Statt aller *Kühne*, Reichsverfassung (Fn. 21), S. 197ff. sowie *F. Wittreck*, HGR VIII, § 231 Rn. 35.

[50] Siehe aus der zeitgenössischen Literatur *P. Laband*, Deutsches Reichsstaatsrecht, 5. Aufl. 1909, S. 66f.; zum Vorrang des Reichsrechts vor dem Landesrecht (Art. 2 RVerf.) → Art. 31 Rn. 6.

[51] Näher jetzt *H. Dreier*, Verfassungsgerichtsbarkeit in der Weimarer Republik, in: T. Simon/J. Kalwoda (Hrsg.), Schutz der Verfassung: Normen, Institutionen, Höchst- und Verfassungsgerichte, 2014, S. 317ff. (327ff.).

Art. 144 I DDR-Verf. von 1949 klar, daß die Verfassung unmittelbar geltendes Recht ist (S. 1) und ordnet die Aufhebung entgegenstehender Bestimmungen an (S. 2)[52].

3. Vertragsschluß- und Gesetzgebungskompetenzen

Indem Art. 123 II GG die Sachfrage von Staatsverträgen des Reiches zu Gegenständen aufwirft, die der Gesetzgebungskompetenz der Länder unterfallen (→ Rn. 34ff.), steht er in der Tradition der **Zentralisierung der Außenkompetenzen** im deutschen Bundesstaat (→ Art. 32 Rn. 2). Während Art. 11 III DBA das Bündnisrecht der Bundesglieder nur einem Sicherheitsvorbehalt unterwirft, bündelt die Paulskirchenverfassung die Vertragskompetenz beim Reich (§ 6 II 2 RVerf.) und gestattet den Regierungen der Einzelstaaten nur noch solche Verträge mit nichtdeutschen Regierungen, die sich auf Gegenstände des Privatrechts, des nachbarlichen Verkehrs sowie der Polizei beschränken (§ 8 II RVerf.)[53]. Die Verfassung von 1871 geht hingegen ausweislich ihres Art. 11 III noch davon aus, daß die Länder – mit Zustimmung des Reiches – Verträge zu solchen Gegenständen schließen können, die der Gesetzgebungskompetenz der Zentralebene unterfallen. Unmittelbarer Anknüpfungspunkt von Art. 123 II GG ist dann **Art. 78 II WRV**, der den Ländern erlaubt, im Umfang ihrer Gesetzgebungskompetenz mit Zustimmung des Reiches Verträge mit auswärtigen Staaten zu schließen[54]. Mit dem Gesetz über den Neuaufbau des Reiches vom 30. Januar 1934 geht auch dieses Hoheitsrecht auf das Reich über. 10

4. Genese und Fortgeltung des Reichskonkordates von 1933

Die Regelung der Beziehungen oder die Abgrenzung der jeweiligen Handlungsräume von geistlicher und weltlicher Gewalt durch Verträge hat eine **lange Tradition**[55]. Für das Verständnis von Art. 123 II GG dürfte der Hinweis hinreichend sein, daß nach den fundamentalen Erschütterungen durch die Französische Revolution, die verschiedenen Kulturkämpfe[56] sowie die Umwälzung von 1918/1919 zunächst die Länder **Bayern** (1924), **Preußen** (1929) sowie **Baden** (1932) die Gelegenheit suchen, durch Konkordate mit dem Heiligen Stuhl ihr Verhältnis zur katholischen Kirche wieder in geordnete Bahnen zu lenken[57]. Vergleichbare Bestrebungen auf Reichsebene dienen nicht zuletzt der völkerrechtlichen Aufwertung der Republik, scheitern aber letztlich. Konkreter historischer Fixpunkt des Art. 123 II GG ist sodann das notorische **Reichs-** 11

[52] Dazu nur *S. Mampel*, Die Verfassung der sowjetischen Besatzungszone Deutschlands, 1962, Art. 144 Anm. 1f.

[53] Vgl. ferner die Vorlagepflichten nach §§ 9, 78 RVerf.

[54] Aus der zeitgenössischen Literatur *M. Fleischmann*, Die völkerrechtliche Stellung des Reichs und der Länder, in: HdbDStR I, § 18, S. 209ff. (213ff.).

[55] Statt aller *A. Hollerbach*, Die vertragskirchenrechtlichen Grundlagen des Staatskirchenrechts, in: HdbStKirchR^2 I, § 7, S. 253ff. (254ff.) sowie *J. Listl*, Art. Konkordat, in: S. Haering/H. Schmitz (Hrsg.), Lexikon des Kirchenrechts, 2004, Sp. 590ff. (591ff.).

[56] Instruktiv *C. Clark*, Kulturkampf und europäische Moderne, in: A. Reuter/H.G. Kippenberg (Hrsg.), Religionskonflikte im Verfassungsstaat, 2010, S. 23ff.

[57] Texte zugänglich in J. Listl (Hrsg.), Die Konkordate und Kirchenverträge in der Bundesrepublik Deutschland, 1987, Bd. I, S. 135ff., 287ff., Bd. II, S. 707ff.; näher zeitgenössisch *A. Eichhorn*, Das bayerische Konkordat vom 29. März 1924 (15. Januar 1925) und die Weimarer Verfassung, Diss. jur. Würzburg 1926; *E.R. Huber*, Verträge zwischen Staat und Kirche im Deutschen Reich, 1930, S. 56ff. sowie *D. Golombek*, Die politische Vorgeschichte des Preußenkonkordats (1929), 1970, S. 21ff.; *S. Plück*, Das Badische Konkordat vom 12. Oktober 1932, 1984, S. 24ff. und passim.

konkordat von 1933[58], in dem die nationalsozialistischen Machthaber mit dem Mentalvorbehalt der Nichteinhaltung und in einer Mischung aus innenpolitischem Kalkül wie außenpolitischem Reputationsgewinn kirchliche Positionen gewährleisten. Trotz des klaren Bruchs vieler Bestimmungen steht damit für die Verfassunggeber ein Vertragswerk im Raum, das – den Bedingungen seiner Genese geschuldet – den religionspolitischen Vorstellungen der politischen Parteien nicht in gleicher Weise entspricht[59].

II. Entstehung und Veränderung der Norm

12 Art. 139 I HChE war in der Tradition der Weimarer Reichsverfassung als allgemeine Fortgeltensregel mit Verfassungsvorbehalt formuliert und stieß in der Sache auf Konsens[60]. Die sprachliche Fassung von **Art. 123 I GG** geht danach in zwei Schritten auf den Allg. Redaktionsausschuß zurück[61]; dabei sollte die Verwendung von »Recht« ausdrücklich auch **Gewohnheitsrecht** erfassen[62]. Der Wechsel vom Inkrafttreten des Grundgesetzes zum Zusammentritt des Bundestages dient der Synchronisation mit Art. 122 GG (→ Art. 122 Rn. 9) wie der Verhinderung einer legislativen Sedisvakanz[63]. **Art. 123 II GG** hingegen gelangt erst spät in die Beratungen und verdankt sich einem Vorschlag des Fünferausschusses[64]. In der Sache stellt er den (letztlich erfolgreichen) Versuch dar, den im Rahmen der Regelung des Religionsverfassungsrechts festgefahrenen Streit um die Fortgeltung des **Reichskonkordat**es (→ Art. 140 Rn. 10ff.) dadurch zu entschärfen, daß eine allgemeine – und eingestandenermaßen bewußt offen formulierte – Regel für alle Staatsverträge mit Bezug zur Landesgesetzgebung geschaffen wurde[65]. Eine Entscheidung über das Schicksal des Konkordates wollte der Parlamentarische Rat damit ausdrücklich nicht fällen[66]. Art. 123 GG ist seit 1949 normtextlich **unverändert** geblieben, hat aber als **Blaupause** für die Bewältigung der Wiedereingliederung des Saarlandes wie der Wiedervereinigung gedient (→ Rn. 23, 27). Sein normatives Umfeld haben schließlich Bundes- wie Landesgesetze zur **Rechtsbereinigung** verändert, die in zahlreichen Fällen die von Art. 123 GG angeordnete Fortgeltung bewußt beendet haben[67].

---

[58] Die Literatur ist längst unüberschaubar. Neuere Darstellungen stammen von T. Brechenmacher (Hrsg.), Das Reichskonkordat 1933, 2007; *H. Wolf*, VjHZG 60 (2012), 169ff.; vgl. i.ü. die eingehende Auseinandersetzung bei *Hense* (Fn. 34), Art. 123 Rn. 14ff., 88f.

[59] Statt aller *A. Hamers*, Die Rezeption des Reichskonkordates in der Bundesrepublik Deutschland, 2010, S. 11ff. sowie *M.E. Ruff*, Schweizerische Zeitschrift für Religions- und Kulturgeschichte 106 (2012), 257ff.; bündig noch *Giegerich* (Fn. 13), Art. 123 Rn. 72.

[60] Siehe JöR 1 (1951), S. 841 bzw. Parl. Rat II, S. 612: »Gesetze und Verordnungen aus der Zeit vor Inkrafttreten des Grundgesetzes gelten fort, soweit sie dem Grundgesetz nicht widersprechen«. – Vgl. allgemein zur Entstehung des Art. 123 GG JöR 1 (1951), S. 840ff. sowie jetzt besonders eingehend *Hense* (Fn. 34), Art. 123 Rn. 1ff. Siehe ferner *H. Holtkotten*, in: BK, Art. 123 (Erstb. 1952), Anm. I; *Langrock* (Fn. 11), Art. 123 Rn. 1f.; *Giegerich* (Fn. 13), Art. 123 Rn. 12ff.; *C. Schulze*, in: Sachs, GG, Art. 123 Rn. 1; → *Stettner*, Bd. III[2], Art. 123 Rn. 2. – Entwurfsfassungen in Parl. Rat VII, S. 82, 128f., 194, 284, 335, 387f., 438, 526, 644.

[61] Siehe JöR 1 (1951), S. 841 sowie Parl. Rat VII, S. 194, 284.

[62] So Abg. *Dehler* im Organisationsausschuß; s. JöR 1 (1951), S. 841 bzw. Parl. Rat XIII/2, S. 927f.

[63] Hinweis darauf: Parl. Rat XIII/2, S. 926f., 1072.

[64] Siehe JöR 1 (1951), S. 841 bzw. Parl. Rat VII, S. 317f.

[65] Instruktiv BVerfGE 6, 309 (347ff.); näher *Hense* (Fn. 34), Art. 123 Rn. 10, 13ff.

[66] Vgl. namentlich den Abg. *v. Brentano* im Plenum: JöR 1 (1951), S. 842; Parl. Rat IX, S. 487f.

[67] Siehe etwa das Gesetz über den Abschluß der Sammlung des Bundesrechts v. 28.12.1968 (BGBl. I S. 1451), das wiederum auf das Gesetz über die Sammlung des Bundesrechts v. 10.7.1958 (BGBl. I S. 437) rekurriert. Dazu *K. Kruis*, BayVBl. 1968, 379ff.; *Langrock* (Fn. 11), Vor Art. 123ff. Rn. 5ff.;

B. Internationale, supranationale und rechtsvergleichende Bezüge

I. Inter- und supranationale Aspekte

Art. 123 GG ist in gleich mehrfacher Hinsicht auf das **Völkerrecht** verwiesen. Indem 13
Art. 123 I GG in legitimationsvermittelnder Weise an das Recht des Deutschen Reiches anknüpft, bekräftigt er die **Identität** der entstehenden Bundesrepublik mit dem Reich[68]. Zugleich folgt die Aussparung des genuinen **Besatzungsrechts** (→ Rn. 26) aus der fehlenden Dispositionsbefugnis der Bundesrepublik über diese Rechtsmaterie. **Art. 123 II GG** ist eng verknüpft mit den völkerrechtlichen Regeln über die (Fort-)Geltung von Verträgen[69] sowie über die Staatensukzession (→ Art. 127 Rn. 5)[70]; nur nach diesen beurteilt sich namentlich die Fortgeltung des Reichskonkordates, über die Art. 123 II GG ausdrücklich keine Anordnung treffen kann und will[71]. Für die Frage nach der Weitergeltung von Staatsverträgen der ehemaligen **DDR** sind der Norm keine Anhaltspunkte zu entnehmen; sie hat für die entsprechenden Vertragsbestimmungen auch keine Vorbildwirkung erfüllt[72]. Im **Unionsrecht** schließlich sind regelrechte Parallelen zu Art. 123 GG oder Normen, die mit der Bestimmung in spezifischer Weise kommunizieren, nicht zu verzeichnen. Eine gewisse Überschneidung im Normprogramm weist Art. 351 AEUV auf, der Verträge unberührt läßt, die von den Mitgliedstaaten entweder vor ihrem Beitritt oder vor dem 1. Januar 1958 abgeschlossen worden sind[73].

Giegerich (Fn. 13), Art. 123 Rn. 54; *Schulze* (Fn. 60), Art. 123 Rn. 4 sowie *Hense* (Fn. 34), Art. 123 Rn. 68ff.; instruktive Auflistung der Landesgesetze bei *Bothe* (Fn. 11), Art. 123 Rn. 4 m. Fn. 2; speziell zu Sachsen *D. Wyduckel*, SächsVBl. 1997, 285ff.

[68] Vgl. BVerfGE 36, 1 (15ff.); aus der Literatur *R. Bernhardt*, HStR I, § 8 Rn. 27ff.; *Hense* (Fn. 34), Art. 123 Rn. 35f. sowie *Giegerich* (Fn. 13), Art. 123 Rn. 17. → *Stettner*, Bd. III², Art. 123 Rn. 4.

[69] Bündig *K.-H. Böckstiegel*, JuS 1973, 759ff.; *E. Klein*, Statusverträge im Völkerrecht, 1980, S. 305ff.; *Verdross/Simma*, Universelles Völkerrecht, §§ 532ff., 672ff., 792ff.; *W. Vitzthum*, Begriff, Geschichte und Rechtsquellen des Völkerrechts, in: A. Proelß/W. Vitzthum (Hrsg.), Völkerrecht, 7. Aufl. 2016, Abschnitt I Rn. 113ff.; *A. v. Arnauld*, Völkerrecht, 3. Aufl. 2016, Rn. 107f.

[70] Siehe BVerfGE 6, 309 (338): »Das Deutsche Reich, welches nach dem Zusammenbruch nicht zu existieren aufgehört hatte, bestand auch nach 1945 weiter, wenn auch die durch das Grundgesetz geschaffene Organisation vorläufig in ihrer Geltung auf einen Teil des Reichsgebiets beschränkt ist, so ist doch die Bundesrepublik Deutschland identisch mit dem Deutschen Reich (BVerfGE 3, 319f.). Daraus ergibt sich, daß die Bundesrepublik Deutschland an die vom Deutschen Reich abgeschlossenen Staatsverträge gebunden ist.«

[71] Siehe BVerfGE 6, 309 (341): »Diese Bestimmung trifft keine Entscheidung über den völkerrechtlichen Fortbestand der dort genannten Staatsverträge. Eine solche Entscheidung läge außerhalb des Wirkungsbereiches des Grundgesetzes als einer staatlichen Verfassung.« – Näher dazu statt aller *E. Friesenhahn*, Zur völkerrechtlichen und innerstaatlichen Geltung des Reichskonkordats, in: GedS Conrad, 1979, S. 151ff. (152ff.) sowie *Hense* (Fn. 34), Art. 123 Rn. 77.

[72] Näher *U. Drobnig*, DtZ 1991, 76ff.; *R. Wittkowski*, Die Staatensukzession in völkerrechtliche Verträge unter besonderer Berücksichtigung der Herstellung der staatlichen Einheit Deutschlands, 1992, S. 284ff.; *M. Herdegen*, HStR³ IX, § 214 Rn. 20ff.; *R. Sannwald*, in: Schmidt-Bleibtreu/Hofmann/Henneke, GG, Art. 123 Rn. 38; *Schulze* (Fn. 60), Art. 123 Rn. 27f. → *Stettner*, Bd. III², Art. 123 Rn. 6.

[73] Näher statt aller *K. Schmalenbach*, in: Calliess/Ruffert, EUV/AEUV, Art. 351 AEUV Rn. 2ff. sowie *Giegerich* (Fn. 13), Art. 123 Rn. 82.

II. Verfassungsvergleich

1. Internationaler Verfassungsvergleich

14 Eine spezifische Parallele zu Art. 123 GG findet sich aus naheliegenden Erwägungen in **Österreich**, das 1945 ebenfalls vor den Hinterlassenschaften des NS-Unrechtssystems steht und entscheiden muß, welche seit 1938 erlassenen Normen innerstaatlich fortgelten, wo sie in der Normhierarchie zu verorten und welcher staatlichen Ebene sie zuzuordnen sind (→ Art. 124 Rn. 4). Im Kern entledigt sich die Republik dieser Aufgabe nach dem Muster von 1920 (→ Rn. 1) durch zwei **Überleitungsgesetze** vom 1. Mai 1945. Das Verfassungs-Überleitungsgesetz[74] setzt das Bundes-Verfassungsgesetz i. d. F. von 1929 wieder ein (Art. 1) und hebt alle Verfassungsgesetze auf, die seit dem 5. März 1933 erlassen worden sind (Art. 2)[75]. Art. 3 listet die wichtigsten betroffenen Akte des Austrofaschismus wie der NS-Zeit exemplarisch auf. Für das einfache Recht sieht § 1 I des Rechts-Überleitungsgesetzes[76] das Außerkrafttreten von nicht mehr systemkonformen Bestimmungen vor[77]; gem. § 1 II R-ÜG wird dies prozedural durch Kundmachung der Regierung abgewickelt. In der Sache wird auf dieser Grundlage von der Praxis wenigstens teilweise in Parallele zu Art. 123ff. GG verfahren[78]: Das Verfassungsrecht wird ausgeschieden (→ Rn. 23), die Zuordnung zum Gesetz- oder Verordnungsrang erfolgt nach der **materiellen Methode**, fragt also, wie der Akt nach dem B-VG erlassen werden müßte. Auch die Zuordnung zum Bundes- oder Landesrecht folgt der geltenden Kompetenzverteilung (→ Art. 124 Rn. 4, 9f.).

15 Normbefehle zum Umgang mit dem von der Verfassungsurkunde vorgefundenen Recht sind auch über diese unmittelbare Parallelvorschrift hinaus gängige, aber keineswegs notwendige Bestandteile moderner Staatsverfassungen[79]. Im Verfassungsvergleich lassen sich – ohne Anspruch auf weltweite Vollständigkeit – wenigstens sieben Typen ausmachen. Am engsten mit Art. 123 I GG verwandt sind vereinzelte Bestimmungen, die ausdrücklich Normen aufrechterhalten, die nach den **Verfahrensvorschriften** der geltenden Verfassung nicht mehr erlassen werden könnten (→ Rn. 28)[80]. Es folgen deutlich häufigere Normen, die das grundsätzliche **Fortgelten des bestehenden Rechts** anordnen – regelmäßig vorbehaltlich seiner Vereinbarkeit mit der gerade

---

[74] Vollständig Verfassungsgesetz v. 1.5.1945 über das neuerliche Wirksamwerden des Bundes-Verfassungsgesetzes in der Fassung von 1929 (Verfassungs-Überleitungsgesetz – V-ÜG, StGBl. 1945/4); vgl. dazu *W. Brauneder*, Österreichische Verfassungsgeschichte, 11. Aufl. 2009, S. 255ff.; *K. Berchtold*, Verfassungsentwicklung seit 1945, in: Österreichische Parlamentarische Gesellschaft (Hrsg.), 75 Jahre Bundesverfassung, 1995, S. 139ff. (141ff.).

[75] Die Norm stellt damit auf die am 4.3.1933 ausgebrochene »Geschäftsordnungskrise« des Nationalrates ab, die Dollfuß die Machtergreifung ermöglichte; siehe statt aller die jüngste Darstellung von *E. Tálos*, Das austrofaschistische Herrschaftssystem: Österreich 1933–1938, 2. Aufl. 2013, S. 29ff.

[76] Verfassungsgesetz v. 1.5.1945 über die Wiederherstellung des Rechtslebens in Österreich (Rechts-Überleitungsgesetz – R-ÜG, StGBl. 1945/6). Siehe dazu aus der österr. Literatur näher *H. Mayer/G. Kucsko-Stadlmayer/K. Stöger*, Grundriss des österreichischen Bundesverfassungsrechts, 11. Aufl. 2015, Rn. 70ff.; zeitgenössisch *O. Loeb*, ÖJZ 1947, 133ff.; *K. Fellner*, ÖJZ 1946, 5f.; *E. Kulka*, JBl. 1947, 25ff.

[77] Wortlaut: »Alle nach dem 13. März 1938 erlassenen Gesetze und Verordnungen sowie alle einzelnen Bestimmungen in solchen Rechtsvorschriften, die mit dem Bestand eines freien und unabhängigen Staates Österreich oder mit den Grundsätzen einer echten Demokratie unvereinbar sind, die dem Rechtsempfinden des österreichischen Volkes widersprechen oder typisches Gedankengut des Nationalsozialismus enthalten, werden aufgehoben.«

[78] Näher aus der österr. Literatur *Mayer/Kucsko-Stadlmayer/Stöger*, Grundriss (Fn. 76), Rn. 77f.

[79] Vgl. nur BVerfGE 6, 309 (341f.); instruktiv *Giegerich* (Fn. 13), Art. 123 vor Rn. 1.

[80] Soweit ersichtlich, ist dies nur in § 148 I KV Basel-Landschaft der Fall.

beschlossenen Verfassung. Sie finden sich in Bulgarien (§ 3 I Übergangs- und Schlußvorschriften), Irland (Art. 50 I Verf.), Litauen (Art. 2 Verfahrensgesetz zur Verf.), Portugal (Art. 290 I Verf.), Rumänien (Art. 150 I Verf.), Schweden (Übergangsbestimmung Nr. 6), der Slowakei (Art. 152 I Verf.), Slowenien (Art. 1 I Durchführungsgesetz), Tschechien (Art. 112 III Verf.) und der Schweiz[81]. Häufig flankiert werden sie von der ausdrücklichen **Aufhebung der Vorgängerverfassung** oder anderer zentraler Rechtsakte des *Ancien Régime*; so verfahren Belgien (Art. 137 Verf. 1831), Bulgarien (§ 9 Übergangs- und Schlußvorschriften), Finnland (§ 131 Verf.), Irland (Art. 48 I Verf.), Litauen (Art. 1 Verfahrensgesetz zur Verf.), Luxemburg (Art. 121 I Verf. a. F.), Österreich (Art. 149 II B-VG), Polen (Art. 243 Verf.), Schweden (Übergangsbestimmung Nr. 1), die Slowakei (Art. 155 Verf.), Spanien (Aufhebungsbestimmungen Abs. 1 u. 2), Tschechien (Art. 112 II Verf.) sowie die Schweiz (Ziffer II Bundesbeschluss v. 18.12.1998)[82]. Sie kann ferner erweitert werden auf die ausdrückliche **Aufhebung aller der Verfassung widersprechenden Rechtsakte** (→ Rn. 28 ff.); so die Vorgehensweise in Belgien (Art. 138 Verf. 1831), Griechenland (Art. 111 I Verf.), Luxemburg (Art. 117 Verf.), Spanien (Aufhebungsbestimmungen Abs. 3) und einzelnen Kantonen der Schweiz[83]. Ferner kann die Fortgeltung alten Rechts weiter modifiziert werden, indem **Fristen** oder konkrete **Gesetzgebungspflichten** aufgenommen werden; derartige Bestimmungen finden sich in Bulgarien (§ 3 II, III Übergangs- und Schlußvorschriften), Griechenland (sehr kleinteilig: Art. 111 II–IV, VI, 112, 115–117 Verf.), Italien (Übergangsbestimmungen Nr. 6, 7, 9, 16), Luxemburg (Art. 120 Verf.), den Niederlanden (Zusatz-Art. I–III, V–VIII, X Verf.), Polen (Art. 236 Verf.), Rumänien (Art. 150 II Verf.), der Slowakei (Art. 1 I, II Durchführungsgesetz) sowie der Schweiz[84]. Eher selten ist die **Erstreckung** der Rechtsgeltung auf **behördliche und gerichtliche Entscheidungen**; hier verdienen Frankreich (Art. 91 V Verf. a. F.), Luxemburg (Art. 121 II Verf. a. F.) und erneut die Schweiz[85] Erwähnung. Schließlich finden sich höchst vereinzelt Bestimmungen, die eine **normhierarchische Qualifikation** von vorkonstitutionellen Bestimmungen vornehmen (→ Rn. 32). Sie begegnen in Italien (Übergangsbestimmung Nr. 15 erhebt den Gesetzeserlaß Nr. 151 zum Gesetz).

Parallelen zu **Art. 123 II GG** weisen zuletzt solche Bestimmungen auf, die den neu- **16**
konstituierten Staat auf die **Wahrung** der von seinem Vorgänger eingegangenen **völkerrechtlichen Verträge** verpflichtet. Beispiele sind Polen (Art. 241 I, II Verf.) oder die Slowakei (Art. 153 Verf.). Spezielle Bestimmungen über **Verträge mit** den **Religionsgemeinschaften** sind hingegen nur in Luxemburg (Art. 22, 119 Verf.) und Polen (Art. 25 IV Verf.) zu verzeichnen. Eine direkte Parallele zu Art. 123 II Verf. weist in Italien die Bestimmung des Art. 7 II Verf. auf, der die Fortgeltung der sog. Lateranverträge regelt[86].

---

[81] Siehe Art. 97 I KV Nidwalden, Art. 92 I KV Tessin oder Art. 3 Übergangsbestimmung KV Jura.

[82] Vgl. ferner Art. 131 I KV Bern, Art. 146 S. 2 KV Freiburg/Ue. oder Art. 118 KV St. Gallen.

[83] Vgl. etwa Art. 131 II KV Bern.

[84] Wiederum typischerweise in den Kantonsverfassungen: Vgl. Art. 132 II–IV, 133 KV Bern, Art. 147 KV Freiburg/Ue., Art. 119 KV St. Gallen sowie Art. 104 KV Graubünden.

[85] Siehe Art. 132 I KV Bern, Art. 142 I KV Solothurn oder Art. 103 I KV Graubünden.

[86] Zur Einordnung *A. Hollerbach*, Römische Quartalschrift für christliche Altertumskunde und Kirchengeschichte 75 (1980), 51 ff.

2. Landesverfassungsrecht

17 Bestimmungen, die das vorkonstitutionelle Recht vorbehaltlich seines Nichtverstoßes gegen die Verfassung aufrechterhalten, sind **gängige Bestandteile der deutschen Landesverfassungen**[87]; sie begegnen in Baden-Württemberg (Art. 94 III 1 Verf.), Bayern (Art. 186 II Verf.[88]), Bremen (Art. 155 II Verf.[89]), Rheinland-Pfalz (Art. 137 Verf.), dem Saarland (Art. 132 Verf.), Sachsen (Art. 120 I Verf.), Sachsen-Anhalt (Art. 101 IV Verf.) und Thüringen (Art. 105 S. 2 Verf.). Ferner verfuhren so Baden (Art. 127 S. 1 Verf.), Berlin (Art. 86 Verf. 1950[90]), Hamburg (Art. 27 II Vorl. Verf. 1946) und Niedersachsen (Art. 55 I Vorl. Verf. 1951). Unter den **östlichen Landesverfassungen** haben nur Sachsen-Anhalt (Art. 96 Verf. 1947) und Thüringen (Art. 80 Verf. 1946) eine vergleichbare Regelung. Häufig sind sie mit einer ausdrücklichen **Aufhebung der Vorgängerverfassung**(en) verknüpft, auf die das Grundgesetz gerade verzichtet; so Baden-Württemberg (Art. 94 II 2 Verf.), Bayern (Art. 186 I Verf.), Hamburg (Art. 77 I Verf.), Hessen (Art. 160 I 2 Verf.), Niedersachsen (Art. 78 II Verf.); ebenso zuvor Baden (Art. 129 Verf.), Hamburg (Art. 27 I Vorl. Verf. 1946) sowie Niedersachsen (Art. 60 I Vorl. Verf. 1951). (Fast) einzigartig dürfte die **spezielle Normqualifikation** sein, die in diesem Kontext Baden-Württemberg vornimmt: Art. 88 Verf. erklärt »auch das vor Inkrafttreten dieser Verfassung geltende Recht« im Sinne der verfassungsgerichtlichen Normenkontrolle für nachkonstitutionell (→ Art. 100 Rn. 15f.)[91], was angesichts der demokratischen Vorgängerverfassungen konsequent ist; der Transfer der Vorschrift nach Sachsen (Art. 120 II Verf.) ist hingegen nicht auf Anhieb überzeugend[92].

18 Mit **Art. 123 II GG** korrespondieren in der Sache Bestimmungen der Landesverfassungen, die **Konkordate** und **Kirchenverträge** ausdrücklich aufrechterhalten[93]; sie finden sich in Baden-Württemberg (Art. 8 Verf.), Bayern (Art. 182 Verf.), Nordrhein-Westfalen (Art. 21, 23 Verf.) sowie dem Saarland (Art. 35 I 3 Verf.). Zurückhaltender sehen gerade die neuen Bundesländer lediglich die **Möglichkeit** solcher Verträge vor, so Brandenburg (Art. 37 II Verf.), Mecklenburg-Vorpommern (Art. 9 II Verf.), Sachsen (Art. 109 II 3 Verf.) sowie Sachsen-Anhalt (Art. 32 IV Verf.)[94].

---

[87] Im Überblick *G.M. Köhler*, JöR 57 (2009), 359 (367ff.). → *Stettner*, Bd. III^2, Art. 123 Rn. 8f.

[88] In Art. 186 III BayVerf. noch um die Weitergeltung der Anordnungen der Behörden ergänzt.

[89] Allerdings in umgekehrter Formulierung: Außerkrafttreten aller der Verfassung entgegenstehenden Gesetze.

[90] Hier verbunden mit einer vierjährigen Frist zur Außerkraftsetzung; die geltende Verfassung von 1995 übernimmt die Bestimmung nicht.

[91] Die Regelung ist mit Art. 100 I GG vereinbar laut BVerfGE 1, 178 (186ff.).

[92] Vgl. dazu knapp *K. Müller*, Verfassung des Freistaats Sachsen, Kommentar, 1993, Art. 120, S. 455.

[93] Näher *J. Ennuschat*, in: W. Löwer/P.J. Tettinger (Hrsg.), Kommentar zur Verfassung des Landes Nordrhein-Westfalen, 2002, Art. 23 Rn. 3ff. sowie *W. Brechmann*, in: W. Brechmann/T. Meder (Hrsg.), Die Verfassung des Freistaates Bayern, 5. Aufl. 2014, Art. 182 Rn. 1ff.

[94] Siehe *C. Fuchs*, Das Staatskirchenrecht der neuen Bundesländer, 1999, S. 78ff. sowie eingehend *H.U. Anke*, Die Neubestimmung des Staat-Kirche-Verhältnisses in den neuen Ländern durch Staatskirchenverträge, 2000, S. 24ff.

C. Erläuterungen

I. Allgemeine Bedeutung

Im Zusammenspiel mit Art. 124 und 125 GG regelt Art. 123 GG die Fortgeltung des vom Grundgesetz vorgefundenen Rechts. Dabei trifft Art. 123 GG die **Grundentscheidung**, ob eine Norm an sich fortgilt oder aber wegen Widerspruchs zum Grundgesetz ihre Geltung verliert; die **Folgeentscheidung** der Zuordnung zum Recht des Bundes oder eines Landes treffen Art. 124 und 125 GG (→ Art. 124 Rn. 9ff.; → Art. 125 Rn. 15ff.)[95]. Die ursprüngliche Bedeutung dieses Normensembles kann angesichts der in historischer Perspektive wahrscheinlich einzigartig unübersichtlichen Situation im Augenblick der Verfassunggebung kaum unterschätzt werden[96]. Die gegenwärtige **Bedeutung** ist differenziert zu beurteilen[97]: Fälle, in denen Art. 123 GG tatsächlich noch mit konstitutiver Wirkung ein Geltungsurteil über Recht aus der Zeit vor dem Zusammentritt des Grundgesetzes spricht, sind extrem selten[98]. Allerdings erschöpft sich die Fortgeltungsentscheidung nach Art. 123 GG nicht in einer juristischen Sekunde, sondern wirkt ihrerseits fort und dient damit auch der Rechtssicherheit. Schließlich ist auf die **Modellwirkung** der Normgruppe für weitere Prozesse der Überleitung bzw. Erstreckung deutscher Staatlichkeit hinzuweisen (→ Rn. 27). 19

II. Fortgelten alten Rechts (Art. 123 I GG)

1. Erfaßte Rechtsnormen

Der Begriff »**Recht**« i. S. v. Art. 123 I GG ist eingedenk der Klarstellungs- und Zuordnungsfunktion der Norm (→ Rn. 19) **denkbar weit** zu verstehen[99]. Neben förmlichen Gesetzen sind Rechtsverordnungen[100] und Satzungen[101], aber auch Gewohnheitsrecht[102] umfaßt. Gesetze zur Umsetzung völkerrechtlicher Verträge gelten ebenfalls 20

---

[95] Zusammenfassend *Giegerich* (Fn. 13), Art. 123 Rn. 16ff.; *Schulze* (Fn. 60), Art. 123 Rn. 2 sowie *Hense* (Fn. 34), Art. 123 Rn. 26ff.

[96] Verkürzt daher BVerfGE 6, 309 (342): »Die Anordnung des Fortgeltens bzw. des Inkraftbleibens von altem, unter der Herrschaft einer anderen Verfassungsordnung gesetztem Recht in den Übergangsbestimmungen einer neuen Verfassung kann nur den Sinn haben, Zweifel darüber auszuschließen, ob altes Recht etwa deshalb keinen Bestand mehr haben soll, weil es unter einer anderen, nicht mehr geltenden Verfassungsordnung entstanden ist; solche Zweifel drängten sich nach 1945 in besonderem Maße auf. Darüber hinaus haben die Bestimmungen in Art. 123 Abs. 1 und 123 Abs. 2 keine rechtliche Bedeutung«.

[97] Luzide *Giegerich* (Fn. 13), Art. 123 Rn. 83 sowie *Hense* (Fn. 34), Art. 123 Rn. 73.

[98] Letzte gerichtliche Entscheidung: VG Frankfurt/M. VuR 2012, 239f. m. Anm. v. *H.-P. Schwintowski*, VuR 2012, 240ff.: Keine Weitergeltung von Ziffer I der Bekanntmachung des Reichsaufsichtsamtes für Privatversicherung vom 8.3.1934 (Veröffentlichungen des Reichsaufsichtsamtes für Privatversicherung 1934, S. 99f.) mangels hinreichender Bestimmtheit. Der Hinweis darauf bei *Sannwald* (Fn. 72), Art. 123 Rn. 5.

[99] BVerfGE 28, 119 (133): »Bestimmungen der Art. 123, 124, und 125 GG, in denen ›Recht‹ ohne Zweifel alle Rechtsnormen umfaßt«; aus der Literatur *Langrock* (Fn. 11), Art. 123 Rn. 3; *Sannwald* (Fn. 72), Art. 123 Rn. 2; *H.A. Wolff*, in: v. Mangoldt/Klein/Starck, GG, Art. 123 Rn. 12f.; *Giegerich* (Fn. 13), Art. 123 Rn. 20; *Schulze* (Fn. 60), Art. 123 Rn. 5; *Hense* (Fn. 34), Art. 123 Rn. 38; *Jarass*/Pieroth, GG, Art. 123 Rn. 5.

[100] BVerfGE 28, 119 (132f.); *Wolff* (Fn. 99), Art. 123 Rn. 13; *Jarass*/Pieroth, GG, Art. 123 Rn. 5.

[101] BVerfGE 44, 216 (226); aus der Literatur nur *Giegerich* (Fn. 13), Art. 123 Rn. 20 sowie *Jarass*/Pieroth, GG, Art. 123 Rn. 5.

[102] BVerfGE 34, 293 (303); 41, 251 (263); aus der Literatur *Schulze* (Fn. 60), Art. 123 Rn. 5; *Jarass*/Pieroth, GG, Art. 123 Rn. 5.

nach Art. 123 I GG fort, sofern nicht der Sonderfall nach Abs. 2 einschlägig ist (→ Rn. 34ff.)[103]; dies gilt auch für Staatsverträge unter den Ländern[104]. Hingegen zählen sowohl Verwaltungsvorschriften[105] als auch Einzelfallregelungen nicht hierher[106].

21 In zeitlicher Perspektive wird Recht aus der Zeit vor dem Zusammentritt des Bundestages, also vor dem Ablauf des **7. September 1949** (→ Art. 122 Rn. 9) erfaßt[107]. Diese Einordnung efordert, daß der Prozeß der Normgenese bis zum fraglichen Zeitpunkt vollständig abgeschlossen ist, was insbesondere die ordnungsgemäße **Verkündung** voraussetzt[108], nicht aber notwendigerweise das Inkrafttreten[109]. Ein *terminus post quem* ist Art. 123 I GG hingegen nicht zu entnehmen; insbesondere die Einbeziehung von Gewohnheitsrecht spricht etwa gegen die vereinzelt vorgenommene Engführung auf solches Recht, das seit Zustandekommen des Norddeutschen Bundes 1867 entstanden ist (wenn auch der Löwenanteil der einschlägigen Bestimmungen rein faktisch diesem Zeitraum zuzuordnen sein wird)[110].

22 In territorialer Perspektive setzt Art. 123 I GG die Geltung des Rechts innerhalb des räumlichen **Geltungsbereichs des Grundgesetzes** zum gerade genannten Stichtag voraus[111]. Entgegen der Intention des Art. 23 S. 1 GG a. F. ist damit (Groß-)Berlin nicht erfaßt (→ Art. 127 Rn. 12)[112]. Dementsprechend waren hier wie im Falle eines Beitritts nach Art. 23 GG a. F. parallel zur Inkraftsetzung nach Art. 23 S. 2 GG a. F. Regelungen vorzunehmen, die sich als funktionale Äquivalente zu Art. 123ff. GG darstellen (→ Rn. 23, 27)[113].

23 Art. 123 I GG erfaßt Rechtsnormen **unabhängig von ihrer Qualifikation** als Reichs- oder Landesrecht (→ Art. 124 Rn. 9ff.; → Art. 125 Rn. 15ff.) sowie unabhängig von der hierarchischen Einstufung als Verfassungsrecht oder einfaches Recht[114]. Gleichwohl unterliegt die Fortgeltung von Verfassungsbestimmungen teils ungeschriebenen, teils aus anderen Normen des Grundgesetzes folgenden Sonderregeln. Obwohl die **Weimarer Reichsverfassung** weder vom NS-Regime noch vom Grundgesetz förmlich aufgehoben worden ist, gehen Rechtsprechung[115] und Literatur einhellig davon aus,

---

103 So auch BVerfGE 6, 309 (345); *Wolff* (Fn. 99), Art. 123 Rn. 13; *Kirn* (Fn. 11), Art. 123 Rn. 14; *Hense* (Fn. 34), Art. 123 Rn. 39; *Jarass*/Pieroth, GG, Art. 123 Rn. 5, 11.

104 Näher dazu m. w. N. *Kirn* (Fn. 11), Art. 123 Rn. 16f.

105 Dagegen früh *H. Schäfer*, DRZ 1950, 26 (27); eingehend *R.-G. Müller*, Gemeindehaushalt 1991, 217 (222ff.); ferner *Giegerich* (Fn. 13), Art. 123 Rn. 20; *Schulze* (Fn. 60), Art. 123 Rn. 5; *Jarass*/Pieroth, GG, Art. 123 Rn. 5.

106 *Wolff* (Fn. 99), Art. 123 Rn. 16; *Jarass*/Pieroth, GG, Art. 123 Rn. 5.

107 Wie hier *Giegerich* (Fn. 13), Art. 123 Rn. 34 sowie *Schulze* (Fn. 60), Art. 123 Rn. 6.

108 BVerfGE 7, 330 (337); 16, 6 (16); zustimmend *Sannwald* (Fn. 72), Art. 123 Rn. 3 sowie *Hense* (Fn. 34), Art. 123 Rn. 54.

109 So auch *Hense* (Fn. 34), Art. 123 Rn. 54.

110 Wie hier *C. Seiler*, in: Epping/Hillgruber, GG, Art. 123 Rn. 6; Gegenauffassung bei *Hense* (Fn. 34), Art. 123 Rn. 53; → *Stettner*, Bd. III², Art. 123 Rn. 14. – Ein Indiz mag sein, daß das Gesetz über die Sammlung des Bundesrechts (oben Fn. 67) in § 1 II Nr. 1 ausdrücklich auch die Auswertung des Bundes-Gesetzblattes des Deutschen Bundes anordnet.

111 BGHZ 42, 70 (76); aus der Literatur *Hense* (Fn. 34), Art. 123 Rn. 66; *Jarass*/Pieroth, GG, Art. 123 Rn. 1.

112 Statt aller *Hense* (Fn. 34), Art. 123 Rn. 66.

113 Näher *E.R. Zivier*, Verfassung und Verwaltung von Berlin, 4. Aufl. 2008, S. 40ff.; knapp *Jarass*/Pieroth, GG, Art. 123 Rn. 1.

114 Vgl. BVerfGE 34, 293 (303): »wobei es nicht darauf ankommt, welchen Rang dieses Recht hat (vgl. BVerfGE 9, 63 [70]; 9, 73 [76]; 9, 213 [222]) und aus welcher Quelle es fließt (BVerfGE 6, 389 [418]).« Aus der Literatur *Wolff* (Fn. 99), Art. 123 Rn. 14.

115 Anders OLG Naumburg, Beschl. v. 30.8.2013 – 3 Wx 20/12, juris, Rn. 21: Fortgelten von

daß sie – mit Ausnahme der nach Art. 140 GG rezipierten Normen »[s]pätestens mit dem Inkrafttreten des Grundgesetzes« außer Kraft getreten ist[116]. Differenziert ist die Geltung der Landesverfassungen der Zwischenkriegszeit zu betrachten. Sofern sie nicht ausnahmsweise in der NS-Zeit[117] oder in den Nachfolgeverfassungen aufgehoben worden sind[118], kommen sie nach Art. 123 I GG dem Grunde nach für eine Fortgeltung in Betracht[119]. Auch die vorgrundgesetzlichen **Landesverfassungen** von Bayern, Bremen, Hessen und Rheinland-Pfalz unterfallen grundsätzlich Art. 123 I GG[120], doch ist dabei ihre vom Grundgesetz in Art. 28 I und 142 GG (→ Art. 28 Rn. 42ff.; → Art. 142 Rn. 41ff.) eigens gewürdigte Sonderstellung zu berücksichtigen[121]: Insbesondere unterfallen sie nicht der Kompetenzordnung nach Art. 70ff. GG (→ Vorb. zu Art. 70–74 Rn. 32; → Art. 70 Rn. 9), was im Einzelfall ihre – sinnwidrige – Einstufung als Bundesrecht nach Art. 124 oder 125 GG zur Folge haben könnte. Mangels Zugehörigkeit zum Geltungsbereich des Grundgesetzes am Stichtag (→ Rn. 21) nicht erfaßt wurde hingegen die Verfassung des **Saarlandes**[122].

Voraussetzung einer Einstufung als »Recht« ist ferner, daß die zu prüfende Norm den zum Zeitpunkt ihrer Entstehung geltenden Bedingungen der Normgeneration entsprochen hat, also nach dem jeweils geltenden Recht **ursprünglich formell verfassungskonform** war[123]. Das führt in Ansehung von Recht aus der Kaiserzeit oder Weimarer Republik zu Einbußen in Sachen demokratischer Legitimation wie rechtsstaatlicher Einhegung (man denke an gesetzesvertretende Verordnungen oder Ermächtigungsgesetze: → Art. 119 Rn. 1), in Ansehung der **NS-Zeit** zu handfesten Problemen. Die Rechtsprechung hat dabei – in der Sache auf der Grundlage der Radbruchschen Formel[124] – eine wohlgemerkt *materielle* Grenze in Gestalt der »fundamentalen Prinzipien der Gerechtigkeit« gezogen[125], deren Überschreitung schon die Prüfung der Fort- 24

Art. 109 III 2 WRV (Adelsbezeichnung als bloßer Namensbestandteil) nach Art. 123 I GG; dazu knapp *Hense* (Fn. 34), Art. 123 Rn. 41.

[116] BVerfGE 15, 167 (195); noch offengelassen in BVerfGE 3, 58 (90ff.). Aus der Literatur nur *Wolff* (Fn. 99), Art. 123 Rn. 15; *Kirn* (Fn. 11), Art. 123 Rn. 1; *Giegerich* (Fn. 13), Art. 123 Rn. 51ff. sowie *Jarass*/Pieroth, GG, Art. 123 Rn. 5.

[117] Dies dürfte auf Lübeck zutreffen, das 1937 durch das Groß-Hamburg-Gesetz (v. 26.1.1937, RGBl. I S. 91) Preußen zugeschlagen wurde; näher *G. Krabbenhöft*, Verfassungsgeschichte der Hansestadt Lübeck, 1969, S. 50ff.

[118] Dies geschieht nicht zufällig in den traditionsreichen Verfassungsstaaten Baden (Art. 129 Verf.) und Bayern (Art. 186 I Verf.).

[119] Instruktiv anhand der Oldenburgischen Landesverfassung *Beckermann*, Kontinuitäten (Fn. 31), S. 385ff.

[120] *Giegerich* (Fn. 13), Art. 123 Rn. 42; *Jarass*/Pieroth, GG, Art. 123 Rn. 5. – Gleiches galt bis zu ihrer Aufhebung (vgl. Art. 94 II 2 Bad.-Württ. Verf.) für die Verfassungen von Württemberg-Baden, Baden und Württemberg-Hohenzollern.

[121] Nochmals *Giegerich* (Fn. 13), Art. 123 Rn. 42. → *Stettner*, Bd. III^2, Art. 123 Rn. 14, 16.

[122] Zusammenfassend *W. Thieme*, JöR 9 (1960), 423 (453ff.); die Überleitung erfolgte hier u. a. durch das Gesetz über die Eingliederung des Saarlandes v. 23.12.1956 (BGBl. I S. 1011), die Erste Verordnung zur Einführung von Bundesrecht im Saarland vom 26.8.1957 (BGBl. I S. 1255) sowie das Erste Sammelgesetz zur Einführung von Bundesrecht im Saarland vom 17.7.1958 (ABl. S. 1171).

[123] BVerfGE 8, 72 (75ff.); 10, 354 (360f.); BSGE 16, 227 (232f.); aus der Literatur *Langrock* (Fn. 11), Art. 123 Rn. 4; *Wolff* (Fn. 99), Art. 123 Rn. 21; *Schulze* (Fn. 60), Art. 123 Rn. 7; *Jarass*/Pieroth, GG, Art. 123 Rn. 7. → *Stettner*, Bd. III^2, Art. 123 Rn. 13.

[124] Aus der reichhaltigen Literatur nur *H. Dreier*, Die Radbruchsche Formel – Erkenntnis oder Bekenntnis?, in: FS R. Walter, 1991, S. 117ff.; *ders.*, JZ 1997, 421ff. sowie *F. Wittreck*, Ad Legendum 2008, 128ff., 186ff.

[125] BVerfGE 23, 98 (106: Verstoß bejaht). → Art. 116 Rn. 82f.

geltung nach Art. 123 I GG entbehrlich mache[126]. Das mag intuitiv einleuchten, ist aber erstens unnötig, weil derartige Normen mit hinreichender Sicherheit den Grundrechten des Grundgesetzes flagrant widersprechen (→ Rn. 28ff.), und lenkt zweitens vom viel grundsätzlicheren Problem ab, ob sich für das NS-Regime überhaupt noch nachvollziehbare Maßstabsnormen der Rechtserzeugung benennen lassen[127]. Davon ist dann auszugehen, wenn sich Rechtsakte erkennbar noch vorgeschriebener Formen bedienen[128]; in Anschluß an rechtswissenschaftliche Debatten der NS-Zeit wird die Grenze dort zu ziehen sein, wo die Akteure jegliche Form abstreifen und beispielsweise von der Publikation ihres »Rechts« absehen[129]. In diesem Rahmen ist der bloße Umstand, daß ein Gesetz oder eine Verordnung auf der Grundlage des **Ermächtigungsgesetz**es vom 24. März 1933 erlassen worden ist, für sich genommen kein Grund gegen seine Geltung i. S. v. Art. 123 I GG[130]. Gleiches muß für seine landesrechtlichen Pendants gelten.

25 Neben der ursprünglich formgerechten Genese verlangt Art. 123 I GG weiterhin die **Fortgeltung** bis zum 7. September 1949; die Normen dürfen mithin wiederum nach dem seit ihrem Erlaß geltenden Recht nicht wirksam aufgehoben worden sein[131]. Das wirft bei einem förmlichen Akt der Derogation keine Schwierigkeiten auf; allerdings hat das Bundesverfassungsgericht etwa auch solchem »Recht, das ursprünglich auf die bundesstaatliche Organisation des Deutschen Reiches bezogen war, diesen Charakter aber im nationalsozialistischen Einheitsstaate verloren hatte«[132], eine Fortgeltung i. S. v. Art. 123 I GG versagt und sich damit in der Beurteilung namentlich des vom NS-Recht betroffenen Rechts einigen Spielraum verschafft (→ Art. 131 Rn. 7, 16f.).

26 Nicht von Art. 123 I GG erfaßt war ursprünglich nach einhelliger Auffassung das **Besatzungsrecht**[133]. Das betrifft sowohl die ohne jegliche deutsche Mitwirkung unmittelbar von Besatzungsorganen erlassenen Normen als auch solche Bestimmungen, die *formaliter* von deutschen Organen wie dem Wirtschaftsrat stammen, aber der Umsetzung bindender Weisungen dienten, ohne den deutschen Akteuren Spielraum einzuräumen[134] (die Konstellation gleicht der Rolle deutscher Gesetzgeber bei der Richtli-

---

[126] BVerfGE 3, 58 (119): »Eine solche Auffassung würde übersehen, daß es auch eine ›soziologische‹ Geltung von Rechtsvorschriften gibt, die erst dort bedeutungslos wird, wo solche Vorschriften in so evidentem Widerspruch mit den alles formale Recht beherrschenden Prinzipien der Gerechtigkeit treten, daß der Richter, der sie anwenden oder ihre Rechtsfolgen anerkennen wollte, Unrecht statt Recht spräche.« (im konkreten Fall Widerspruch verneint). Siehe ferner BVerfGE 6, 132 (198; ebenfalls verneint). Zustimmend etwa *Schulze* (Fn. 60), Art. 123 Rn. 8 oder *Hense* (Fn. 34), Art. 123 Rn. 40.

[127] Eingehend zum Problem *D. Kirschenmann*, ›Gesetz‹ im Staatsrecht und in der Staatsrechtslehre des NS, 1970, S. 129ff.; *Dreier*, Staatsrechtslehre (Fn. 33), S. 53ff.

[128] Instruktiv BVerfGE 28, 119 (133).

[129] Zeitgenössisch kritisch *W. Weber*, Die Verkündung von Rechtsvorschriften, 1942, S. 27.

[130] Vgl. BVerfGE 28, 119 (139): »Das allein berührt weder den rechtswirksamen Erlaß noch das Fortgelten dieses Gesetzes (vgl. BVerfGE 6, 389 [413ff.]; 7, 29 [37]; 10, 354 [360f.]; 21, 292 [295]). Es [das Spielbankengesetz, F.W.] enthält keine Regelungen, die in evidentem Widerspruch zu den alles formelle Recht beherrschenden Prinzipien der Gerechtigkeit stehen (vgl. BVerfGE 3, 58 [119]; 6, 132 [198f.]; 23, 98 [106])«.

[131] BVerfGE 4, 115 (138). Zustimmend *Bothe* (Fn. 11), Art. 123 Rn. 8; *Hense* (Fn. 34), Art. 123 Rn. 52, 54 sowie *Schulze* (Fn. 60), Art. 123 Rn. 7.

[132] BVerfGE 4, 115 (139).

[133] BVerfGE 3, 368 (374f.); aus der Literatur *Langrock* (Fn. 11), Vor Art. 123ff. Rn. 3; *Bothe* (Fn. 11), Art. 123 Rn. 7; *Schulze* (Fn. 60), Art. 123 Rn. 6; *Jarass*/Pieroth, GG, Art. 123 Rn. 6. Eingehend *Hense* (Fn. 34), Art. 123 Rn. 43ff.

[134] BVerfGE 2, 181 (202f.); aus der Literatur eingehend *Giegerich* (Fn. 13), Art. 123 Rn. 22ff.;

nienumsetzung: → Art. 23 Rn. 81ff.). Bezüglich der Weitergeltung des Besatzungsrechts ist zu differenzieren: Zunächst wurde sie aus eigenem Recht durch das Besatzungsstatut bestätigt (namentlich Art. VII)[135]; es schließt sich ein Prozeß der sukzessiven Ermächtigung zur Aufhebung oder Überleitung in deutsches Recht an, der seinen Schlußpunkt im **Zwei-plus-Vier-Vertrag** mit Wirkung zum 15. März 1991 findet[136]. Hingegen ist durch diese »Entsperrung« der Aufhebungsbefugnis nicht *per se* das Besatzungsrecht erloschen[137]. Seine weitgehende Aufhebung folgt vielmehr aus dem Gesetz zur Bereinigung des Besatzungsrechts[138]. Sofern im Einzelfall auch danach noch von der Fortgeltung auszugehen ist[139], nimmt die überwiegende Auffassung eine analoge Anwendung von Art. 123 I GG an, um auf diese Weise Widersprüche mit der grundgesetzlichen Ordnung auszuschließen[140]. Die Gegenauffassung verweist nachvollziehbar darauf, daß Art. 123 I GG erstens nur deutsches Recht erfaßt und zweitens eine klare zeitliche Zäsur vorsieht, die andernfalls unterlaufen werde[141].

Ebenfalls vom Anwendungsbereich des Art. 123 GG ausgenommen ist **Recht der** 27
DDR[142]. Es ist zwar vorkonstitutionell, hat aber nicht zum Stichtag (→ Rn. 21) im räumlichen Anwendungsbereich des Grundgesetzes gegolten. Allerdings hat angesichts der erkennbar vergleichbaren Problemlage der verfassungsändernde Vertragsgesetzgeber in **Art. 9 EV** eine an Art. 123 und 124 GG angelehnte Regelung geschaffen (unter Abweichung von Art. 125 GG)[143], bei deren Deutung wiederum Rechtsprechung und Judikatur zu Art. 123 GG herangezogen werden können[144].

2. Kein Widerspruch zum Grundgesetz

Art. 123 I GG sieht im Einklang mit der (jüngeren) deutschen Verfassungstradition 28
wie dem rechtsvergleichenden Befund (→ Rn. 5, 15) vor, daß nur solches Recht fortgilt, das dem Grundgesetz nicht widerspricht; er ist insofern auch Ausprägung des rechtsstaatlichen Grundsatzes des Vorrangs der Verfassung (→ Art. 20 [Rechtsstaat], Rn. 81ff.; → Art. 79 II Rn. 14)[145]. Allerdings folgt schon aus einer kursorischen syste-

siehe ferner *Kirn* (Fn. 11), Art. 123 Rn. 11; *Jarass*/Pieroth, GG, Art. 123 Rn. 6. – Gegenauffassung früh bei *Holtkotten* (Fn. 60), Art. 123 Anm. II.3.

135 Näher zum folgenden *E. Wolff*, DRZ 1950, 1 (6); *Giegerich* (Fn. 13), Art. 123 Rn. 23ff.

136 Konkret Art. 7 I des Vertrags; näher *Kirn* (Fn. 11), Art. 123 Rn. 11; *Sannwald* (Fn. 72), Art. 123 Rn. 18.

137 Wie hier *M. Rensmann*, Besatzungsrecht im wiedervereinigten Deutschland, 2002, S. 117; *Kirn* (Fn. 11), Art. 123 Rn. 11; *Giegerich* (Fn. 13), Art. 123 Rn. 27; *Jarass*/Pieroth, GG, Art. 123 Rn. 6. – A.A. *D. Deiseroth*, in: Umbach/Clemens, GG, Art. 139 Rn. 28.

138 Erlassen als Art. 4 des Zweiten Gesetzes zur Bereinigung des Bundesrechts im Zuständigkeitsbereich des Bundesministeriums der Justiz v. 23.11.2007 (BGBl. I S. 2614); vgl. dazu nur *R. Hofmann/T. Laubner*, JöR 55 (2007), 123ff. sowie *Giegerich* (Fn. 13), Art. 123 Rn. 55.

139 Vgl. § 1 II des Bereinigungsgesetzes (Fn. 138), der ausdrücklich die Fortgeltung des Kontrollratsgesetzes Nr. 35 über Ausgleichs- und Schiedsverfahren in der Arbeitsgerichtsbarkeit anordnet; vgl. dazu aus der arbeitsrechtlichen Literatur nur *M. Lembke*, RdA 2000, 223ff.

140 So *Wolff* (Fn. 99), Art. 123 Rn. 19; *Kirn* (Fn. 11), Art. 123 Rn. 11; *Jarass*/Pieroth, GG, Art. 123 Rn. 6. → *Stettner*, Bd. III², Art. 123 Rn. 19.

141 Pointiert *Giegerich* (Fn. 13), Art. 123 Rn. 33.

142 BVerfGE 97, 117 (124); *Wolff* (Fn. 99), Art. 123 Rn. 11; *Schulze* (Fn. 60), Art. 123 Rn. 9, 17; *Jarass*/Pieroth, GG, Art. 123 Rn. 4f. – Gegenauffassung bei *Kirn* (Fn. 11), Art. 123 Rn. 13.

143 Näher *Bothe* (Fn. 11), Art. 123 Rn. 11a; *Giegerich* (Fn. 13), Art. 123 Rn. 56ff.; *Sannwald* (Fn. 72), Art. 123 Rn. 28ff. sowie *Schulze* (Fn. 60), Art. 123 Rn. 18ff.

144 So auch *Seiler* (Fn. 110), Art. 123 Rn. 3.1; *Schulze* (Fn. 60), Art. 123 Rn. 17; *Jarass*/Pieroth, GG, Art. 123 Rn. 4.

145 Unterstrichen von *Wolff* (Fn. 99), Art. 123 Rn. 2, 6.

matischen Zusammenschau mit weiteren Überleitungsvorschriften – in Sonderheit Art. 129 GG mit seinen Bestimmungen über fortgeltende Verordnungsermächtigungen (→ Art. 129 Rn. 6ff.)[146] – wie der schieren Einsicht, daß das zur Fortgeltungsprüfung anstehende Recht sich Normgebern ganz unterschiedlicher demokratischer Dignität wie rechtsstaatlicher Einhegung verdankt, daß eine Messung des vorkonstitutionellen Rechts am gesamten Normprogramm des Grundgesetzes dysfunktional wäre. Sie nähme zahlreichen Rechtsnormen die Geltung, obwohl sie inhaltlich unproblematisch sind. Art. 123 GG zählt damit zu den Bestimmungen, die – ohne nähere Anleitung im Normtext – ihre Anwender vor die Aufgabe stellen, innerhalb eines Normbestandes eine **Binnendifferenzierung** vorzunehmen und einzelne Normen mit dem Stigma der Relevanz oder Irrelevanz zu kennzeichnen[147]. Üblicherweise wird diese Differenzierung dahingehend vorgenommen, daß allein die **materielle Verfassungswidrigkeit** maßgeblich ist[148], also namentlich der Verstoß gegen Grundrechte oder andere Verfassungsbestimmungen, die inhaltliche Anforderungen an das Handeln von Staatsorganen formulieren[149]. Erfüllt das »Recht« hingegen nicht die formellen Voraussetzungen, die das Grundgesetz für die Normerzeugung formuliert, ist dies grundsätzlich irrelevant; vielmehr gelten die Vorgaben, die im Entstehungszeitraum obwalteten. Schon aus Art. 124 und 125 GG folgt, daß im Rahmen des Art. 123 I GG eine Prüfung der Art. 70ff. GG oder sonstiger Kompetenzvorschriften des Grundgesetzes (→ Vorb. zu Art. 70–74 Rn. 36ff.) sinnwidrig wäre. Anerkannt ist ferner, daß die strengen **Anforderungen**, die **Art. 80 I GG** an Rechtsverordnungen stellt – namentlich Gesetzlichkeit, Bestimmtheit und Begrenztheit (→ Art. 80 Rn. 20ff., 32ff.) – nicht auf fortgeltende Verordnungsermächtigungen wie Verordnungen zurückprojiziert werden dürfen[150]. Eine äußerste Grenze markiert hier allerdings Art. 129 III GG mit seinem expliziten Ausschluß sog. gesetzesvertretender Rechtsverordnungen[151]; die Norm hebt wohlgemerkt die Ermächtigung auf, läßt aber den Fortbestand erlassener Verordnungen unberührt[152]. Weiterhin galten zumindest für eine Übergangszeit für vorkonstitutionelles Recht nicht die strengen Anforderungen an eine parlamentsgesetzliche Ermächtigungsgrundlage für grundrechtseinschränkende Rechtsverordnungen (→

---

[146] Der Hinweis auf Art. 129 GG insbesondere bei *Wolff* (Fn. 99), Art. 123 Rn. 32 sowie *Jarass*/Pieroth, GG, Art. 123 Rn. 9.

[147] Zum Problem *F. Wittreck*, Verfassungsrechtliche (und unionsrechtliche) Rahmenbedingungen privater Justiz, in: Stiftung Gesellschaft für Rechtspolitik/Institut für Rechtspolitik an der Universität Trier (Hrsg.), Bitburger Gespräche. Jahrbuch 2016, 2017, S. 31ff.

[148] BVerfGE 10, 354 (360): »Ob es [das zur Überprüfung anstehende Gesetz, F.W.] formell ordnungsgemäß, insbesondere unter Beachtung der Vorschriften über die Gesetzgebungskompetenz, zustande gekommen ist, beurteilt sich nach den staatsrechtlichen Verhältnissen zur Zeit seiner Entstehung.« – Ebenso aus der Literatur *Sannwald* (Fn. 72), Art. 123 Rn. 5 u. 7; *Giegerich* (Fn. 13), Art. 123 Rn. 40f.; *Schulze* (Fn. 60), Art. 123 Rn. 10; *Jarass*/Pieroth, GG, Art. 123 Rn. 8.

[149] Siehe nochmals BVerfGE 10, 354 (361ff.).

[150] Vgl. nur *Wolff* (Fn. 99), Art. 123 Rn. 32 sowie *Giegerich* (Fn. 13), Art. 123 Rn. 40.

[151] Vgl. BVerfGE 8, 71 (79f.); aus der Literatur pointiert *Wolff* (Fn. 99), Art. 123 Rn. 32.

[152] BVerfGE 52, 1 (17): »Daß die Ermächtigung gemäß Art. 129 Abs. 3 GG mit dem Inkrafttreten des Grundgesetzes erloschen ist, hat die Gültigkeit der Verordnung nicht berührt (BVerfGE 22, 1 [12] m. w. N.).« Vgl. aber BVerfGE 78, 179 (199): »Der Bedeutungswandel des Gesetzes, dem in Rechtsprechung und Verwaltungspraxis seit mehr als 30 Jahren Rechnung getragen wird, läßt einen Rückgriff auf die erloschene Ergänzungsermächtigung allenfalls für solche Verordnungsbestimmungen zu, die auch nach dem heutigen Verständnis des Gesetzes eine sinnvolle Einheit mit ihm bilden. Eingriffe, die dazu in Widerspruch stehen, wie das ausnahmslose Berufsverbot für Ausländer, entbehren daher der erforderlichen gesetzlichen Grundlage.« Dazu *Sannwald* (Fn. 72), Art. 123 Rn. 7.

Art. 80 Rn. 34ff.)[153]. Schließlich hat die Rechtsprechung zunächst die Fortgeltung von grundrechtseinschränkendem **Gewohnheitsrecht** nach Art. 123 I GG grundsätzlich anerkannt, aber einer immer strengeren Prüfung unterworfen, die im Zweifel dazu führte, eine »Übung« zu verneinen[154].

Sofern eine Rechtsnorm nur **in Teilen** mit dem Grundgesetz unvereinbar ist, können die übriggebliebenen Abschnitte fortgelten, sofern sie für sich genommen eine sinnvolle (und ihrerseits verfassungskonforme) Regelung darstellen[155]. Ebenso ist die Möglichkeit der verfassungskonformen Auslegung (→ Art. 1 III Rn. 85) zu prüfen[156]. 29

Rechtsfolge eines solchen Widerspruchs zum Grundgesetz ist das **Außerkrafttreten** der Norm. Maßgeblicher Zeitpunkt ist dabei das Inkrafttreten des Grundgesetzes am **24. Mai 1949** (→ Art. 145 Rn. 10)[157]. Die Gegenauffassung, die im Umkehrschluß aus Abs. 1 auf den 7. September 1949 abstellt (→ Art. 122 Rn. 9)[158], läuft auf eine Privilegierung der Legislative hinaus und überträgt ohne Not eine *ratio legis*, die bei Art. 122 GG mit Händen zu greifen sinnvoll ist, auf den ganz anders gelagerten Art. 123 I GG. 30

3. Fortgeltung

Rechtsfolge des Art. 123 I GG ist die Fortgeltung des seinen Kriterien genügenden Rechts. Diese gilt nach überwiegender Auffassung als **konstitutiv**[159]. Der Gegenauffassung, die auf die Identität von Deutschem Reich und Bundesrepublik abstellt und Art. 123 GG vor diesem Hintergrund als deklaratorisch ansieht[160], dürfte erstens die 1949 dominierende Reinigungsfunktion der Norm (→ Rn. 8) ausblenden und zweitens in Unkenntnis der eingangs geschilderten Funktionsmetamorphose verfassungsrechtlicher Überleitungsvorschriften (→ Rn. 3ff.) von der Alternativlosigkeit der Fortgeltung ausgehen. 31

Fortgeltendes Recht behält – vorbehaltlich der bundesstaatlichen Zuordnungsregeln in Art. 124 und 125 GG – seinen **Rang in der Normenhierarchie**[161]. Diese an sich klare Regel wirft dann schwierige Abgrenzungsfragen auf, wenn der Rang oder bes- 32

[153] BVerfGE 14, 174 (185) läßt die Frage, »ob vorkonstitutionelle Vorschriften, die in Freiheitsrechte eingreifen und den grundgesetzlichen Gesetzesvorbehalten nicht genügen, nach Art. 123 Abs. 1 GG auf die Dauer fortgelten oder ob die ›Versteinerung‹ grundrechtsbeschränkenden Verordnungsrechts aus vorkonstitutioneller Zeit mit dem Charakter des Art. 123 Abs. 1 GG als einer Übergangsvorschrift unvereinbar ist«, noch ausdrücklich offen. Siehe dann BVerfGE 22, 1 (13) sowie aus der Literatur *Wolff* (Fn. 99), Art. 123 Rn. 34 und *Kirn* (Fn. 11), Art. 123 Rn. 7.

[154] BVerfGE 15, 226 (233); 16, 214 (218); 22, 114 (121); 28, 21 (28ff.); vgl. dann aber BVerfGE 34, 293 (303) und 41, 251 (263); in beiden Fällen wird abstrakt die Eignung von Gewohnheitsrecht zur Grundrechtseinschränkung bejaht, aber seine Existenz verneint; unscharf *Schulze* (Fn. 60), Art. 123 Rn. 11. Wie hier *Kirn* (Fn. 11), Art. 123 Rn. 8.

[155] BVerfGE 7, 29 (37; im konkreten Fall bejaht); zustimmend *Wolff* (Fn. 99), Art. 123 Rn. 37; *Giegerich* (Fn. 13), Art. 123 Rn. 41 sowie *Sannwald* (Fn. 72), Art. 123 Rn. 5.

[156] Eingehend *J. Schmidt-Salzer*, DÖV 1969, 97 (98ff.); siehe ferner *Wolff* (Fn. 99), Art. 123 Rn. 30; *Hense* (Fn. 34), Art. 123 Rn. 59 sowie *Seiler* (Fn. 110), Art. 123 Rn.10.

[157] Wie hier BVerwGE 2, 114 (117); *Langrock* (Fn. 11), Art. 123 Rn. 5; *Schulze* (Fn. 60), Art. 123 Rn. 9; *Jarass*/Pieroth, GG, Art. 123 Rn. 10. → *Stettner*, Bd. III², Art. 123 Rn. 22.

[158] So *Wolff* (Fn. 99), Art. 123 Rn. 39; *Giegerich* (Fn. 13), Art. 123 Rn. 49.

[159] So *H. Hofmann*, HStR³ I, § 9 Rn. 2; *Langrock* (Fn. 11), Vor Art. 123ff. Rn. 2; *Kirn* (Fn. 11), Art. 123 Rn. 1; *Schulze* (Fn. 60), Art. 123 Rn. 2; *Jarass*/Pieroth, GG, Art. 123 Rn. 1. → *Stettner*, Bd. III², Art. 123 Rn. 10.

[160] *Wolff* (Fn. 99), Art. 123 Rn. 5; *Seiler* (Fn. 110), Art. 123 Rn. 1.1.

[161] So BVerfGE 22, 1 (12); 28, 119 (139f.); aus der Literatur *Wolff* (Fn. 99), Art. 123 Rn. 38; *Kirn* (Fn. 11), Art. 123 Rn. 4; *Schulze* (Fn. 60), Art. 123 Rn. 12; *Hense* (Fn. 34), Art. 123 Rn. 67; *Jarass*/Pieroth, GG, Art. 123 Rn. 2. → *Stettner*, Bd. III², Art. 123 Rn. 15.

ser der entsprechende Normtyp vom Grundgesetz nicht mehr oder nur noch in Ausnahmesituationen anerkannt wird (→ Art. 119 Rn. 10; → Art. 129 Rn. 14ff.). Das Bundesverfassungsgericht hat auch hier streng auf die »damals geltenden staatsrechtlichen Verhältnisse« abgestellt und daher namentlich **gesetzesvertretende Verordnungen** als Gesetze im formellen Sinne eingestuft (und gleichzeitig der konkreten Normenkontrolle unterworfen)[162]. In gleicher Stoßrichtung hat es auch auf das Ermächtigungsgesetz (→ Rn. 24) gestützte sog. **Regierungsgesetze** als formelle Gesetze fortgelten lassen[163].

33 Kein Fall der Fortgeltung nach Art. 123 I GG liegt (mehr) vor, wenn eine vorkonstitutionelle Vorschrift nach dem 7. September 1949 **geändert** oder vom nachkonstitutionellen Normgeber **in seinen Willen aufgenommen** worden ist (→ Art. 100 Rn. 15f.)[164].

III. Inkraftbleiben von Staatsverträgen (Art. 123 II GG)

34 Die Vorschrift betrifft den Sonderfall von Staatsverträgen, die das Reich – gegen den Rechtsgedanken des Art. 78 II WRV (→ Rn. 10) – zu Gegenständen der (ausschließlichen) Landesgesetzgebung geschlossen hat; das **Reichskonkordat** (→ Rn. 11) ist der mit Abstand prominenteste[165], aber nicht der einzige Anwendungsfall[166]. Art. 123 II GG reagiert damit in der Sache auf eine Kompetenzüberschreitung, die zu dem paradoxen Ergebnis geführt hat, daß der durch einen dem Völkerrecht unterfallenden Vertrag Verpflichtete (das Reich bzw. nunmehr der Bund) seinen Pflichten nicht mehr durch Umsetzung in nationales Recht o. ä. nachkommen kann, während die zur Rechtsetzung befugten Länder ihrerseits nicht völkerrechtlich verpflichtet sind[167]. In dieser Situation ordnet Art. 123 II GG als **Rechtsanwendungsnorm** die Fortgeltung wohlgemerkt lediglich des staatlichen Rechts zur Transformation des völkerrechtlichen Vertrages an, obwohl dieses an sich kompetenzwidrig ist[168], und weist zugleich einen Weg, wie die dilemmatische Situation aufgelöst werden kann (→ Rn. 36).

35 Voraussetzung der Anwendung der Norm ist zunächst ein »**Staatsvertrag**« des Deutschen Reiches[169]. Ungeachtet der unscharfen Terminologie erfaßt der Begriff auch Verträge mit Völkerrechtssubjekten wie dem Heiligen Stuhl[170]. Dieser Vertrag muß

---

162 BVerfGE 52, 1 (16) unter Hinweis auf BVerfGE 22, 1 (12).

163 BVerfGE 6, 309 (331); 6, 389 (414); 10, 354 (360f.); 28, 119 (139f.); zustimmend *Wolff* (Fn. 99), Art. 123 Rn. 38; *Sannwald* (Fn. 72), Art. 123 Rn. 6; *Jarass*/Pieroth, GG, Art. 123 Rn. 2.

164 Wie hier *Wolff* (Fn. 99), Art. 123 Rn. 24ff.; *Sannwald* (Fn. 72), Art. 123 Rn. 19; *Giegerich* (Fn. 13), Art. 123 Rn. 36; *Seiler* (Fn. 110), Art. 123 Rn. 4; *Jarass*/Pieroth, GG, Art. 123 Rn. 3.

165 Der »Konkordatsprozeß« (BVerfGE 6, 309) ist unzweifelhaft eine »*cause célèbre*« der jungen Bundesrepublik (Wendung bei *J. Listl*, Die Fortgeltung und gegenwärtige staatskirchenrechtliche Bedeutung des Reichskonkordats vom 20. Juli 1933, in: FS Carlon, 1989, S. 309ff. [310]); vgl. dazu nur die umfassende Dokumentation von F. Giese/F.A. v.d. Heydte (Hrsg.), Der Konkordatsprozeß, 4 Bde., 1957; knapper *K. Repgen*, Parerga zum Reichskonkordatsprozeß 1955/57, in: FS D. Albrecht, 1992, S. 443ff.; *H. Dreier*, IPE I, § 1 Rn. 36; *Giegerich* (Fn. 13), Art. 123 Rn. 78f. und *Hense* (Fn. 34), Art. 123 Rn. 88ff.

166 Vgl. die Nachweise bei *S. Schröcker*, DVBl. 1954, 486 (486, 490f.); 525 (525); *H.-J. Becker*, DVBl. 1955, 105 (105f.); 145 (145f.).

167 Präzise *J.H. Kaiser*, ZaöRV 18 (1957/58), 526 (529f.); *Giegerich* (Fn. 13), Art. 123 Rn. 71. – BVerfGE 6, 309 (353ff.) verneint auch eine aus der sog. Bundestreue (→ Art. 20 [Bundesstaat], Rn. 45ff.) abgeleitete Pflicht der Länder.

168 BVerfGE 6, 309 (341); vgl. ferner *Langrock* (Fn. 11), Art. 123 Rn. 7; *Wolff* (Fn. 99), Art. 123 Rn. 43, 50f.; *Sannwald* (Fn. 72), Art. 123 Rn. 22; *Schulze* (Fn. 60), Art. 123 Rn. 14.

169 Im Detail *Wolff* (Fn. 99), Art. 123 Rn. 44 sowie *Giegerich* (Fn. 13), Art. 123 Rn. 67.

170 BVerfGE 6, 309 (341); aus der Literatur *Langrock* (Fn. 11), Art. 123 Rn. 11; *F. Germelmann*,

sich ferner auf Gegenstände der **Landesgesetzgebung** beziehen; ob ein solcher betroffen ist, bestimmt sich nach den Art. 70ff. GG (→ Vorb. zu Art. 70–74 Rn. 14; → Art. 70 Rn. 15f.)[171]. Danach muß zur Umsetzung der völkerrechtlichen Verpflichtung ein Landesrechtssatz erforderlich sein, der wohlgemerkt der ausschließlichen Gesetzgebung des Landes unterfällt[172]. Ferner darf das zu seiner Transformation in nationales Recht erlassene Gesetz nicht i. S. v. Art. 123 I GG im **Widerspruch** zum Grundgesetz stehen (→ Rn. 28ff.)[173], wobei wiederum der zugrundeliegende Kardinalfehler der Kompetenzüberschreitung außer Betracht bleibt. Aus der Zusammenschau mit Art. 124 und 125 GG folgt zuletzt, daß die **Qualifikation** des kompetenzwidrig gesetzten fortgeltenden Rechts sich auch im Falle von Art. 123 II GG aus den allgemeinen Regeln ergibt[174]. Im konkreten Fall der Schulbestimmungen des Reichskonkordates folgt daraus ihre Fortgeltung als **Landesrecht**[175]. Das Bundesverfassungsgericht hat danach die Länder bereichsspezifisch von der Bindung an das Konkordat freigestellt und ihnen die Möglichkeit der Änderung der als Landesrecht fortgeltenden Bestimmungen eingeräumt[176].

Obwohl Art. 123 II GG ausdrücklich nicht die völkerrechtliche Fortgeltung der vom Deutschen Reich geschlossenen Verträge regeln kann und will (→ Rn. 12), sondern die Fortgeltung von an sich kompetenzwidrigem Transformationsrecht anordnet, setzt die Bestimmung auch die völkerrechtliche Geltung des betroffenen Vertrags voraus[177]. Das folgt erstens aus dem Rekurs auf die »**allgemeinen Rechtsgrundsätze**«, die in Abgrenzung von Art. 25 S. 1 GG (→ Art. 25 Rn. 25f.) als allgemein anerkannte völkerrechtliche Regeln über das Zustandekommen, die Fortgeltung bzw. das Unwirksamwerden von Verträgen gedeutet werden[178]. Zweitens macht Art. 123 II GG den »**Vorbehalt aller Rechte und Einwendungen der Beteiligten**« und rekurriert damit in durchaus redundanter Weise nochmals auf die verschiedenen Möglichkeiten, sich der Bindungswirkung einer einmal eingegangenen völkervertraglichen Verpflichtung zu entziehen[179]. Drittens und zuletzt stellt er die Möglichkeit der Beendigung eines Staatsvertrages aufgrund einer in ihm selbst enthaltenen Kündigungs- oder sonstigen **Lösungsklausel** in den Raum[180]. Im Anschluß an das Konkordatsurteil ist die große Mehrzahl der Länder einen anderen Weg gegangen und hat in neuen Konkordaten ausdrücklich die Fortgeltung des Reichskonkordates zum Vertragsinhalt gemacht[181]. 36

AVR 47 (2009), 147 (151ff., 169); *Wolff* (Fn. 99), Art. 123 Rn. 45; *Hense* (Fn. 34), Art. 123 Rn. 75; *Jarass*/Pieroth, GG, Art. 123 Rn. 11. → *Stettner*, Bd. III², Art. 123 Rn. 26; → Art. 32 Rn. 21.

171 Näher *Wolff* (Fn. 99), Art. 123 Rn. 46f.; *Giegerich* (Fn. 13), Art. 123 Rn. 69.

172 Bündig und fein differenzierend anhand des Reichskonkordats *Hense* (Fn. 34), Art. 123 Rn. 78f. Danach erfaßt Art. 123 II GG nicht die Bestimmungen über die katholische Militärseelsorge. → Art. 141 WRV Rn. 5ff.

173 BVerfGE 6, 309 (344f.); aus der Literatur *Kirn* (Fn. 11), Art. 123 Rn. 14; *Schulze* (Fn. 60), Art. 123 Rn. 15.

174 BVerfGE 6, 309 (342f.); aus der Literatur *Langrock* (Fn. 11), Art. 123 Rn. 10; *Wolff* (Fn. 99), Art. 123 Rn. 52; *Schulze* (Fn. 60), Art. 123 Rn. 16.

175 BVerfGE 6, 309 (343); siehe statt aller *Hense* (Fn. 34), Art. 123 Rn. 91.

176 BVerfGE 6, 309 (340ff.); vgl. dazu eingehend *J.H. Kaiser*, ZaöRV 18 (1957/58), 526ff. Zustimmend etwa *Bothe* (Fn. 11), Art. 123 Rn. 14 sowie *Sannwald* (Fn. 72), Art. 123 Rn. 23; zeitgenössisch kritisch *H.-J. Becker*, NJW 1957, 694 (695ff.) sowie *W. Wengler*, NJW 1957, 1417 (1421f.).

177 Einhellige Auffassung: BVerfGE 6, 309 (345f.); *Wolff* (Fn. 99), Art. 123 Rn. 55; *Schulze* (Fn. 60), Art. 123 Rn. 15; *Hense* (Fn. 34), Art. 123 Rn. 80f.

178 Siehe *Wolff* (Fn. 99), Art. 123 Rn. 57; *Sannwald* (Fn. 72), Art. 123 Rn. 25.

179 Näher *Giegerich* (Fn. 13), Art. 123 Rn. 74 sowie *Sannwald* (Fn. 72), Art. 123 Rn. 24.

180 Siehe eingehend *Giegerich* (Fn. 13), Art. 123 Rn. 75ff.

181 Näher m.N. *Hense* (Fn. 34), Art. 123 Rn. 93ff.

D. Verhältnis zu anderen GG-Bestimmungen

37 Art. 123 GG ist eng mit **Art. 124 und 125 GG** verknüpft; Art. 123 I GG trifft die grundsätzliche Entscheidung über das Fortgelten einer Norm, Art. 124 und 125 GG sorgen in einem zweiten Schritt für die Zuordnung zum Bundes- oder Landesrecht. Zugleich folgt aus diesem Zusammenspiel, daß die Art. 70ff. GG nicht zum »Prüfprogramm« des Art. 123 I GG gehören können (→ Rn. 28; → Art. 124 Rn. 9ff.; → Art. 125 Rn. 15ff.). Das Ensemble komplettiert **Art. 126 GG** als verfassungsprozessuale Option zur Überprüfung der nach Art. 123ff. GG vorgenommenen Normqualifikation (→ Art. 126 Rn. 3ff.). Art. 129 GG sind Grenzen des Fortgeltens von Verordnungsermächtigungen zu entnehmen; gleichzeitig leitet die Norm im Gegenschluß die Deutung des Art. 123 I GG an (→ Rn. 28; → Art. 129 Rn. 21). Art. 123 GG steht ferner in einem engen Korrespondenzverhältnis mit dem **Rechtsstaatsprinzip**; die Norm setzt einerseits den Vorrang der Verfassung durch (→ Art. 20 [Rechtsstaat], Rn. 81; → Art. 79 II Rn. 14) und dient andererseits der Rechtssicherheit (→ Art. 20 [Rechtsstaat], Rn. 146ff.)[182]. Da Art. 123 II GG eine föderale Grenzverletzung »heilt«, weist er einen engen Bezug zum **Bundesstaatsprinzip** auf (→ Rn. 34; → Art. 20 [Bundesstaat], Rn. 22ff.). Indem die Norm auf die »Landesgesetzgebung« abstellt, verweist sie zugleich auf die Kompetenznormen des Grundgesetzes (→ Rn. 35; → Vorb. zu Art. 70–74 Rn. 36ff.). Als *lex specialis* ist **Art. 140 GG** mit der Anordnung der Fortgeltung von Vorschriften der WRV einzustufen; zugleich belegt die Norm im Umkehrschluß die Derogation der Vorgängerverfassung (→ Rn. 23; → Art. 140 Rn. 28).

---

[182] Statt aller *Seiler* (Fn. 110), Art. 123 Rn. 1.

Artikel 124 [Fortgelten vorkonstitutionellen Rechts im Bereich der ausschließlichen Gesetzgebung des Bundes]

Recht, das Gegenstände der ausschließlichen Gesetzgebung des Bundes betrifft, wird innerhalb seines Geltungsbereiches Bundesrecht.

Literaturauswahl

Bachof, Otto: Das Ende des deutschen Verwaltungsrechts?, in: DÖV 1958, S. 27–29.

Grziwotz, Herbert: Partielles Bundesrecht und die Verteilung der Gesetzgebungsbefugnisse im Bundesstaat, in: AöR 116 (1991), S. 588–605.

Otten, Fritz: Wird vorkonstitutionelles Recht, das Gegenstände der Rahmengesetzgebung des Bundes betrifft, Bundes- oder Landesrecht?, Diss. jur. Münster 1965.

Wolff, Ernst: Wie weit gilt nach Art. 123 bis 126 des Grundgesetzes bisheriges Recht fort?, in: DRZ 1950, S. 1–6.

Zinn, Georg August: Welche deutschen und besatzungsrechtlichen Rechtsnormen gelten als Bundesrecht weiter?, in: Bundesrecht und Bundesgesetzgebung, 1950, S. 53–77.

Leitentscheidungen des Bundesverfassungsgerichts

BVerfGE 3, 368 (374 ff.) – Besatzungsrecht; 33, 206 (216) – Waffengesetz.

Gliederung

Stichwörter

A. Herkunft, Entstehung, Entwicklung

I. Ideen- und verfassungsgeschichtliche Aspekte

1 Wie Art. 123 und 125 GG kann Art. 124 GG als entfernt verwandte Vorläufer auf die §§ 1–4 des österreichischen Verfassungsgesetzes vom 1. Oktober 1920, betreffend den Übergang zur bundesstaatlichen Verfassung zurückblicken (»**Übergangsgesetz 1920**«[1]; → Art. 123 Rn. 1). Diese widmen sich in gleicher Weise nach einer massiven Erschütterung der Staatsordnung und dem Übergang zu einem föderalen Staatswesen der mehrperspektivischen Frage der Fortgeltung des vorkonstitutionellen Rechts an sich, seiner Verortung in der Normhierarchie sowie seiner Zuordnung zum Bundes- oder Landesrecht[2]. Die ausdrückliche Qualifikation fortgeltender Gesetze als **Reichsgesetze** findet sich ferner in § 2 S. 1 des Gesetzes betreffend die Verfassung des Deutschen Reiches vom 16. April 1871[3]. Art. 124 GG reagiert auch im Vergleich mit diesen Vorbildern insofern auf eine hochkomplexe Situation, als der Verfassunggeber nicht nur die nach jedem Systemwechsel anstehende Fundamentalfrage nach der Fortgeltung des vorgefundenen Rechts zu klären hatte (im Falle des NS-Regimes nicht unerheblich zugespitzt durch den teils schlicht verbrecherischen Inhalt dieses Rechts; → Art. 123 Rn. 8, 24), sondern sich infolge der Gleichschaltung der Länder (→ Art. 20 [Bundesstaat], Rn. 6) mit dem Befund konfrontiert sah, daß eine der beiden föderalen Ebenen der Normgenerierung schlicht zwölf Jahre lang stillgelegt worden war[4]. Die Umwandlung allen derart generierten Reichsrechts in Bundesrecht hätte die angestrebte Verteilung der Gesetzgebungskompetenzen allerdings *ad absurdum* geführt. Historisches Anschauungsmaterial für eine Lösung dieses Problems findet sich in Deutschland nicht; allenfalls kommen Bestimmungen in Betracht, in denen in der **Zwischenkriegszeit** einzelne Landesverfassungen eine Normqualifikation anhand hierarchischer Kriterien vornehmen. Dies geschieht, indem sie vorkonstitutionelles Recht zwar grundsätzlich fortgelten lassen (→ Art. 123 Rn. 7), die Normen der ehemaligen Verfassungsurkunden aber dieses Ranges entkleiden; dies begegnet in Bayern (§ 94 S. 2 Verf.), Braunschweig (Art. 48 Verf.) und Württemberg (§ 81 II Verf. Mai 1919 bzw. § 62 II Verf. Sept. 1919)[5].

II. Entstehung und Veränderung der Norm

2 Die Entstehungsgeschichte von Art. 124 GG stellt sich als radikaler **Kürzungsprozeß** dar[6]. Der Verfassungskonvent von Herrenchiemsee hatte in Art. 139 HChE zwei Textvarianten angeboten, die aus seiner Sicht wohlgemerkt sachlich-inhaltlich gleichwertig waren und das gewünschte Ergebnis – eine möglichst klare Zuordnung des vorgefundenen Rechts zu Bund oder Land – nur unterschiedlich zugänglich formulierten.

[1] (Österr.) Bundesgesetzblatt 1920 Nr. 2, S. 20.

[2] Im ersten Zugriff statt aller *H. Mayer/G. Kucsko-Stadlmayer/K. Stöger*, Grundriss des österreichischen Bundesverfassungsrechts, 11. Aufl. 2015, Rn. 61.

[3] RGBl. S. 63. Dazu *T. Giegerich*, in: Maunz/Dürig, GG, Art. 124 (Zweitb. 2012), Rn. 1f., 5.

[4] Unterstrichen von *M. Kirn*, in: v. Münch/Kunig, GG, Art. 124 Rn. 1. → *Stettner*, Bd. III², Art. 124 Rn. 1.

[5] Zum Zweck aufschlußreich *H. Nawiasky*, Bayerisches Verfassungsrecht, 1923, S. 22.

[6] Siehe JöR 1 (1951), S. 842ff.; vgl. ferner *Giegerich* (Fn. 3), Art. 124 Rn. 6ff.; *A. Funke*, in: BK, Art. 124 (Drittb. 2015), Rn. 1ff. → *Stettner*, Bd. III², Art. 124 Rn. 2f. – Entwurfsfassungen in Parl. Rat VII, S. 82, 128, 194, 284, 335, 387, 438, 527, 565, 603, 645.

Variante I mit fünf Absätzen war als übersichtlicher gedacht[7], Variante II als knapper[8]. Im Organisationsausschuß setzte sich zunächst Variante II durch[9]. Der letztlich Gesetz gewordene Vorschlag, den Gehalt der Norm auf zwei (im Grunde in Ansehung des Art. 123 I GG drei; → Art. 123 Rn. 12) einzelne Bestimmungen zu verteilen, geht auf den Allg. Redaktionsausschuß zurück[10]; zugleich setzt er sich mit seinem sachlichen Änderungsvorschlag durch, für den Bereich der ausschließlichen Bundesgesetzgebung auf jegliche Vorbehalte und Voraussetzungen zu verzichten. Hingegen fällt ersatzlos Art. 139 V HChE fort, der im Fall einer gespaltenen Qualifikation die einheitliche Geltung als Landesrecht vorgesehen hatte[11]. Danach sind zu Art. 124 GG nur noch redaktionelle Anpassungen an die Umschreibung der ausschließlichen Bundeskompetenz zu verzeichnen[12]. Die Norm ist seit 1949 **unverändert** geblieben, hat aber als **Vorlage für Art. 9 IV EV** gedient[13].

B. Internationale, supranationale und rechtsvergleichende Bezüge

I. Inter- und supranationale Aspekte

Die spezifische bundesstaatliche Zuordnungsfrage, die Art. 124 (und 125 GG) beantworten, wird weder vom Völkerrecht noch vom Unionsrecht spezifisch angeleitet oder modifiziert; auch sind keine parallelen Problemkonstellationen zu verzeichnen. Denkbar ist allenfalls der erste Hinweis, daß zum maßgeblichen Zeitpunkt (→ Rn. 8) zahlreiche der ausschließlichen Bundeskompetenzen noch besatzungsrechtlich überlagert, 3

[7] Siehe JöR 1 (1951), S. 843 bzw. Parl. Rat II, S. 612: »(1) Gesetze und Verordnungen aus der Zeit vor dem Inkrafttreten des Grundgesetzes gelten fort, soweit sie dem Grundgesetz nicht widersprechen.

(2) Recht im Bereich der Zuständigkeit des Bundes zur Gesetzgebung, das beim Inkrafttreten des Grundgesetzes im ganzen Bundesgebiet oder in mehreren Ländern in Kraft ist, gilt als Bundesrecht fort.

(3) Recht im Bereich der Zuständigkeit des Bundes zur Gesetzgebung, das beim Inkrafttreten des Grundgesetzes nur im Gebiet eines Landes in Kraft ist, gilt als Landesrecht fort. Soweit jedoch Landesgesetze in der Zeit zwischen dem 8. Mai 1945 und dem Inkrafttreten des Grundgesetzes früheres Reichsrecht abgeändert haben, gelten sie als Bundesrecht fort.

(4) Recht, das nicht in den Bereich der Zuständigkeit des Bundes zur Gesetzgebung fällt, gilt als Landesrecht fort, auch wenn es im ganzen Bundesgebiet oder über das Gebiet eines Landes hinaus in Kraft ist. Dasselbe gilt für Recht in den Bereichen der Gesetzgebung, in denen der Bund nur Grundsätze aufstellen kann.

(5) Würde dasselbe Gesetz nach den Abs. 2 bis 4 teils als Bundesrecht, teils als Landesrecht fortgelten, so gilt das ganze Gesetz als Landesrecht fort.«

[8] Siehe JöR 1 (1951), S. 843 bzw. Parl. Rat II, S. 612: »(1) Gesetze und Verordnungen, die Gegenstände des Art. 35 oder 36 des Grundgesetzes betreffen, gelten mit Ausnahme der Bereiche, für die der Bund nur Grundsätze aufstellen kann, als Bundesrecht, sonstiges Recht als Landesrecht fort.

(2) Jedoch gelten Gesetze und Verordnungen, die unter Art. 36 des Grundgesetzes fallen und sich auf ein Land beschränken, als Landesrecht fort, es sei denn, daß es sich um früheres Reichsrecht handelt, das im ganzen Reichsgebiet gegolten hat und nach dem 8. Mai 1945 durch Landesrecht abgeändert worden ist.« – Art. 35 und 36 entsprechen Art. 73 und 74 GG.

[9] JöR 1 (1951), S. 844; vgl. Parl. Rat XIII/2, S. 965.

[10] JöR 1 (1951), S. 844; vgl. Parl. Rat VII, S. 82f.

[11] Darauf rekurriert BVerfGE 33, 206 (216).

[12] Im Detail JöR 1 (1951), S. 844.

[13] Näher *H.A. Wolff*, in: v. Mangoldt/Klein/Starck, GG, Art. 124 Rn. 3ff.; *Kirn* (Fn. 4), Art. 124 Rn. 7; *Giegerich* (Fn. 3), Art. 124 Rn. 18.

suspendiert oder gar gegenstandslos waren[14] – man denke statt aller an die Regelung der Kriegsdienstverweigerung in Art. 4 III 2 GG (→ Art. 4 Rn. 188). Das ändert aber nichts an der innerstaatlichen Zuordnung der Norm nach Art. 124 GG; sie beschränkt sich in ihrer Wirkung allerdings vorerst auf die Feststellung, wer zuständig *wäre*, vorübergehend aber nicht handeln kann. Schließlich ist zweitens darauf hinzuweisen, daß Art. 124 GG hinsichtlich des **Viermächtestatus Berlins** faktische Geltungseinbußen erlitten hat, die durch Spezialgesetze kompensiert werden mußten (→ Art. 127 Rn. 12)[15].

II. Verfassungsvergleich

4 Direkte Entsprechungen zu Art. 124 GG sind weder im internationalen noch im gliedstaatlichen Verfassungsvergleich namhaft zu machen. Zwar stand die Republik **Österreich** vor dem vergleichbaren Problem, daß sie nach 1945 solche Normen, die nach dem notorischen »Anschluß« notwendig als Reichsgesetze oktroyiert worden waren, erstens grundsätzlich auf ihre Fortgeltung prüfen und zweitens dem Bundes- oder Landesgesetzgeber zur weiteren Pflege überantworten mußte. Österreich bedient sich dabei allerdings einer anderen Regelungstechnik[16]: Das gesamte vom Deutschen Reich herrührende Recht wird nach einer ersten »Entnazifizierung« (→ Art. 123 Rn. 14) zunächst einheitlich als »österreichisches« (also Bundes-) Recht qualifiziert[17]; anschließend wird eine Expertenkommission zur Vereinheitlichung und Vereinfachung der österreichischen Rechtsordnung eingesetzt. Die abschließende Handhabung gleicht im Ansatz den Art. 124 u. 125 GG, wird doch im Kern darauf abgestellt, ob nach der geltenden Kompetenzverteilung der Bundes- oder Landesgesetzgeber zuständig ist[18]. Besondere Schwierigkeiten wirft hier die Kategorie der Grundsatzgesetzgebungskompetenz des Bundes auf (vgl. Art. 12 B-VG; → Vorb. zu Art. 70–74 Rn. 23).

C. Erläuterungen

I. Allgemeine Bedeutung

5 Art. 124 GG steht in einem engen **Korrespondenzverhältnis** zu Art. 123 sowie Art. 125 GG. Er setzt zunächst die allein nach Art. 123 GG zu treffende Entscheidung voraus, ob vorkonstitutionelles Recht (→ Rn. 7) nach 1949 fortgilt oder wegen Widerspruchs

---

[14] Siehe knapp *O. Luchterhandt*, HStR^3 I, § 10 Rn. 22; vgl. allgemein zu den Zuständigkeiten und »Vorbehaltsrechten« der alliierten Besatzungsmächte auch *M. Rensmann*, Besatzungsrecht im wiedervereinten Deutschland, 2002, S. 53ff.

[15] Näher *Kirn* (Fn. 4), Art. 124 Rn. 6; *Funke* (Fn. 6), Art. 124 Rn. 15.

[16] Näher dazu aus der österreichischen Literatur *R. Walter*, Österreichisches Bundesverfassungsrecht, 1972, § 13 (S. 31ff.); instruktiv auch *Mayer/Kucsko-Stadlmayer/Stöger*, Grundriss (Fn. 2), Rn. 70ff.

[17] Vgl. § 2 des Verfassungsgesetzes v. 1.5.1945 über die Wiederherstellung des Rechtslebens in Österreich (Rechts-Überleitungsgesetz – R-ÜG, StGBl. 1945/6): »Alle übrigen Gesetze und Verordnungen, die nach dem 13. März 1938 für die Republik Österreich oder ihre Teilbereiche erlassen wurden, werden bis zur Neugestaltung der einzelnen Rechtsgebiete als österreichische Rechtsvorschriften in vorläufige Geltung gesetzt.«

[18] Näher aus der österr. Literatur wiederum *Walter*, Bundesverfassungsrecht (Fn. 16), § 13 (S. 39) sowie einmal mehr *Mayer/Kucsko-Stadlmayer/Stöger*, Grundriss (Fn. 2), Rn. 78.

zum Grundgesetz der Nichtigkeit verfällt (→ Art. 123 Rn. 28ff.)[19]. In Anlehnung an die Kompetenzkataloge der Art. 70ff. GG – die bei dieser ersten Prüfung gerade keine Rolle spielten und spielen durften (→ Art. 123 Rn. 28) – nehmen Art. 124 und 125 GG sodann die **Zuordnung zum Bundes- oder Landesrecht** vor, wobei Art. 124 GG die ausschließliche Gesetzgebung (→ Rn. 9f.) und Art. 125 GG die konkurrierende Gesetzgebung betrifft (→ Art. 125 Rn. 15ff.), wohingegen die Zuordnung zum Landesrecht nach Art. 70 I GG nur implizit erfolgt[20].

6 Das Ensemble verfolgt gleich mehrere **Ziele**[21]. Angesichts einer in ihrer Unübersichtlichkeit historisch einmaligen Rechts- oder präziser Rechtsgeltungslage (→ Art. 123 Rn. 8) steht an erster Stelle die eindeutige Zuordnung des vorgefundenen Normenbestands zum Regelungsbereich des Bundes- oder Landesgesetzgebers; sie dient der Rechtssicherheit wie Rechtsklarheit (→ Art. 20 [Rechtsstaat], Rn. 146ff.). Näher verfolgt die Bestimmung den Zweck, einerseits »gleichartige Gegenstände alten und neuen Rechts demselben Gesetzgeber zur Regelung zuzuweisen«[22] und andererseits möglichst zu verhindern, daß sich Versteinerungsnischen im Recht bilden, indem Normbestände entstehen, auf die weder Bundes- noch Landesgesetzgeber kompetenzgerecht zugreifen können[23]. In Ansehung des vorkonstitutionellen Rechts liegt nach dem Bundesverfassungsgericht »in der Einreihung in das Bundesrecht nach Art. 124, 125 GG in doppelter Hinsicht eine **Disposition über das frühere Recht**: einmal wird damit ausgesprochen, daß das Recht am Grundgesetz zu messen war und nur bei Vereinbarkeit mit diesem weiter gelten konnte, zum anderen wird eben durch die Einreihung in das Bundesrecht das frühere Recht künftig zur Verfügung des (einfachen) Bundesgesetzgebers gestellt«[24].

II. Der Rechtsbegriff des Art. 124 GG

7 Der Begriff »Recht« sucht Anschluß an die Handhabung des Art. 123 I GG und ist vor diesem Hintergrund ebenfalls **weit zu verstehen** (→ Art. 123 Rn. 20)[25]; namentlich sind auch hier Gewohnheitsrecht[26] sowie völkerrechtliche Verträge erfaßt[27]. Im Gegenschluß fällt wiederum das Besatzungsrecht aus dem Anwendungsbereich heraus (zu Differenzierungen → Art. 123 Rn. 26)[28]. Die vorgrundgesetzlichen Landesverfas-

---

[19] Zusammenfassend *Giegerich* (Fn. 3), Art. 124 Rn. 1, 4; *Funke* (Fn. 6), Art. 124 Rn. 5; *C. Schulze*, in: Sachs, GG, Art. 124 Rn. 2. → *Stettner*, Bd. III^2, Art. 124 Rn. 6.

[20] Vgl. BVerfGE 33, 206 (217).

[21] Zusammenfassend *Kirn* (Fn. 4), Art. 124 Rn. 1; *Schulze* (Fn. 19), Art. 124 Rn. 1. Rätselhaft *Wolff* (Fn. 13), Art. 124 Rn. 2.

[22] BVerfGE 33, 206 (216).

[23] Präzise *Giegerich* (Fn. 3), Art. 124 Rn. 11.

[24] BVerfGE 3, 368 (374f.); Hervorhebung nicht i. O., F. W.

[25] Ganz einhellige Auffassung: BVerfGE 28, 119 (133: »alle Rechtsnormen« respektive unter Erstreckung auf Art. 126 GG »Rechtsnormen jeglicher Art«); *Wolff* (Fn. 13), Art. 124 Rn. 7; *Giegerich* (Fn. 3), Art. 124 Rn. 11. Kritisch *Kirn* (Fn. 4), Art. 124 Rn. 4, der die Norm für klarer konturiert hält als Art. 125 GG.

[26] BVerwGE 2, 22 (24); 18, 341 (342); *O. Bachof*, DÖV 1958, 27 (28f.); *Funke* (Fn. 6), Art. 124 Rn. 7 m. Fn. 17; m. w. N. schließlich *F. Otten*, Wird vorkonstitutionelles Recht, das Gegenstände der Rahmengesetzgebung des Bundes betrifft, Bundes- oder Landesrecht?, Diss. jur. Münster 1965, S. 60f. – A.A. noch *D. Haas*, DVBl. 1957, 368 (374) sowie *H.-J. D. Hardt*, DVBl. 1973, 325 (332f.).

[27] Statt aller *Jarass*/Pieroth, GG, Art. 124 Rn. 1.

[28] Siehe *Giegerich* (Fn. 3), Art. 124 Rn. 11; *Kirn* (Fn. 4), Art. 124 Rn. 6; *Funke* (Fn. 6), Art. 124 Rn. 7. → *Stettner*, Bd. III^2, Art. 124 Rn. 8.

sungen werden entweder von den Bestimmungen der Art. 70ff. GG gar nicht erfaßt (→ Vorb. zu Art. 70–74 Rn. 32) oder sind von der Grundregel des Art. 70 I GG gedeckt (→ Art. 70 Rn. 9) und daher auch in Ansehung der Art. 124f. GG Landesrecht. Aus Art. 124 und 125 GG läßt sich deshalb in einem weiteren Umkehrschluß ableiten, daß Recht, das weder die ausschließliche noch die konkurrierende Gesetzgebungskompetenz des Bundes »betrifft«, zu Landesrecht wird[29]. Dies gilt eingedenk der ausdrücklichen Streichung im Prozeß der Verfassunggebung (→ Rn. 2) auch für die diesbezüglich anfangs streitigen Gegenstände der ehemaligen Rahmengesetzgebung (→ Vorb. zu Art. 70–74 Rn. 38)[30].

III. Maßgeblicher Zeitpunkt

8 Der implizite Verweis auf Art. 123 I bzw. Art. 122 GG stellt klar, daß erstens das in Frage kommende Recht mit Ablauf des **7. September 1949** (Zusammentritt des ersten Bundestages) noch gegolten haben muß[31] und sich zweitens die Frage nach dem »Betreffen« (→ Rn. 9) nach den ausschließlichen Gesetzgebungskompetenzen des Bundes zum nämlichen Zeitpunkt gerichtet hat[32]. Stellt sich die Frage der Fortgeltung einer Norm im Einzelfall erst deutlich später[33], so ist gleichwohl auf das Kompetenztableau des Bundes von 1949 abzustellen. Spätere Ergänzungen etwa des Art. 73 (I) GG vernichten dann das fortgeltende Landesrecht kraft ihrer Sperrwirkung (→ Vorb. zu Art. 70–74 Rn. 53), lassen es aber nicht im Wege der nachholenden »Zweitqualifikation« zu Bundesrecht avancieren (und umgekehrt)[34].

IV. Einzelfragen

1. »Betreffen« von Materien der ausschließlichen Bundesgesetzgebung

9 Die etwas untechnische Redeweise »betrifft« ist dahingehend zu präzisieren, daß solche Normen oder Normbestandteile nach Art. 124 GG als Bundesrecht zu qualifizieren sind, die unter der Geltung des Grundgesetzes nur gestützt auf einen **Kompetenztitel der ausschließlichen Bundesgesetzgebung** erlassen werden könnten[35]. Erfaßt sind außer dem Katalog des Art. 73 GG in seiner ursprünglichen Fassung (→ Rn. 8; → Art. 73 Rn. 10ff.) auch Gesetze über Zölle und Finanzmonopole nach Art. 105 I GG (→ Vorb. zu Art. 70–74 Rn. 43; → Art. 105 Rn. 29ff.)[36] sowie sämtliche über das Grundgesetz verstreuten Kompetenzen, die sich hinter Wendungen wie »durch Bundesgesetz« verbergen[37]; **konkret** sind dies die **folgenden noch bestehenden Gegenstände**:

---

[29] Unterstrichen von *Kirn* (Fn. 4), Art. 124 Rn. 1; *Funke* (Fn. 6), Art. 124 Rn. 5.
[30] Ganz h. M.; vgl. aus der frühen Literatur namentlich *Otten*, Gegenstände (Fn. 26), S. 82ff., insbesondere 92ff., der eine dreifach abgestufte Differenzierung je nach Regelungstiefe und -gegenstand des jeweiligen Rahmengesetzes vornimmt.
[31] BVerfGE 11, 23 (28), dort zu Art. 125 GG; *Otten*, Gegenstände (Fn. 26), S. 56ff.; *Kirn* (Fn. 4), Art. 124 Rn. 3.
[32] Wie hier BVerfGE 33, 206 (216); *Wolff* (Fn. 13), Art. 124 Rn. 10; *Funke* (Fn. 6), Art. 124 Rn. 8; *Jarass*/Pieroth, GG, Art. 124 Rn. 2.
[33] Siehe nur OLG Naumburg, Beschl. v. 30.8.2013 – 3 Wx 20/12, juris, Rn. 21.
[34] Gleichsinnig *Giegerich* (Fn. 3), Art. 124 Rn. 12.
[35] Ähnlich *Giegerich* (Fn. 3), Art. 124 Rn. 13.
[36] BVerwGE 10, 82 (85) sowie statt aller *D. Hömig*, in: Hömig/Wolff, GG, Art. 124 Rn. 1.
[37] Wie hier *Giegerich* (Fn. 3), Art. 124 Rn. 12; *Kirn* (Fn. 4), Art. 124 Rn. 5; *Funke* (Fn. 6), Art. 124 Rn. 8; *Schulze* (Fn. 19), Art. 124 Rn. 3.

- Kriegsdienstverweigerung (Art. 4 III 2 GG; → Art. 4 Rn. 188)
- Parteienrecht (Art. 21 III GG; → Art. 21 Rn. 163)
- Übertragung von Hoheitsrechten (Art. 24 I GG; → Art. 24 Rn. 23ff.)
- Kriegswaffenkontrolle (Art. 26 II 2 GG; → Art. 26 Rn. 44)
- Wahlrecht zum Bundestag (Art. 38 III GG; → Art. 38 Rn. 133)
- Wahlprüfung (Art. 41 III GG; → Art. 41 Rn. 25)
- Abgeordnetenrechte (Art. 48 III 3 GG; → Art. 48 Rn. 34)
- Wahl des Bundespräsidenten (Art. 54 VII GG; → Art. 54 Rn. 43)
- Zustimmungsgesetze zu politischen/völkerrechtlichen Verträgen (Art. 59 II GG; → Art. 59 Rn. 27ff.)
- Befugnis für Einzelweisungen (Art. 84 V 1 GG; → Art. 84 Rn. 90ff.)
- Einrichtung und Errichtung von Bundesbehörden (Art. 87 I 2, III 1 GG; → Art. 87 Rn. 31ff., 65ff.)
- (Bundes-)Verwaltungsverfahrens- und Nebengesetze (Gesamtschau der Art. 86ff. GG)[38]
- Bundesbankgesetz (Art. 88 S. 1 GG; → Art. 88 Rn. 18)
- Wasserwegerecht (Art. 89 II 2, 3 GG; → Art. 89 Rn. 23, 28; str.)
- Bundesverfassungsgerichtsgesetz (Art. 93 III GG; → Art. 93 Rn. 101; Art. 94 II 1 GG; → Art. 94 Rn. 20)
- Errichtung von Gerichten des Bundes (Art. 95 I, 96 I; → Art. 95 Rn. 14f.; → Art. 96 Rn. 13f., 19)
- Gemeinsamer Senat (Art. 95 III 2 GG; → Art. 95 Rn. 33)
- Rechtsstellung der Bundesrichter (Art. 98 I GG; → Art. 98 Rn. 22)
- Steuererträge (Art. 106 III 3, 6, IV 2, V 2, Va 3, VI 5 GG; → Art. 106 Rn. 20, 30, 33, 35)
- Steuererträge (Art. 107 I 2 GG; → Art. 107 Rn. 17ff.)
- Finanzverwaltung und -gerichte (Art. 108 I 2, II 2, IV–VI GG; → Art. 108 Rn. 14, 19, 24, 27)
- Haushaltsüberschreitungen (Art. 112 S. 3 GG; → Art. 112 Rn. 16)
- Bundesrechnungshof (Art. 114 II 3 GG; → Art. 114 Rn. 26)
- Neugliederung (Art. 118 S. 2 GG; → Art. 118 Rn. 9; Art. 120 I 1 GG; → Art. 120 Rn. 5)
- Reichsvermögen (Art. 134 IV GG; → Art. 134 Rn. 19)
- Vermögensübergang (Art. 135 IV, V, VI 2 GG; → Art. 135 Rn. 11f.)
- Ablösung von Staatsleistungen (Art. 140 GG i. V. m. Art. 138 I 2 WRV; → Art. 138 WRV Rn. 26).

Erfaßt sind schließlich die **ungeschriebenen Kompetenzen** kraft Natur der Sache, kraft Sachzusammenhangs, die Kompetenz zum Erlaß »akzessorischen Verwaltungsverfahrensrechts«[39] sowie die Annexkompetenz (→ Vorb. zu Art. 70–74 Rn. 45ff.)[40]. Gerade die Kompetenz kraft Sachzusammenhangs wirft allerdings in Abgrenzung von der Figur der nach kompetenzrechtlichen Gegenständen gemischten Norm (→ Rn. 12) nicht unerhebliche Probleme auf. 10

---

[38] Statt aller *J. Oebbecke*, HStR³ VI, § 136 Rn. 129.
[39] Ausdrücklich BVerfGE 9, 185 (190).
[40] Wie hier *Giegerich* (Fn. 3), Art. 124 Rn. 12; *Funke* (Fn. 6), Art. 124 Rn. 9.

2. Form- und Verfahrensfragen

11 Außer Betracht bleibt für die Qualifikation nach Art. 124 (wie 125) GG, ob der Bundesgesetzgeber zur Ausübung seiner Kompetenz die Zustimmung des Bundesrates (→ Art. 77 Rn. 50) benötigte[41]; das ist angesichts der Konzentration der Art. 123ff. GG auf die materielle Vereinbarkeit mit dem Grundgesetz (→ Art. 123 Rn. 28) auch konsequent[42]. Schließlich kommt der Aufnahme einer Vorschrift in die bereinigte **Sammlung des Bundesrechts** (Bundesgesetzblatt III) nach §3 IV des Gesetzes über die Sammlung von Bundesrecht vom 10. Juli 1958[43] keine kompetenzbegründende Bedeutung zu (→ Art. 123 Rn. 12)[44].

3. Gespaltene Qualifikationsergebnisse

12 Die Normqualifikation nach Art. 124 GG kann in mehrfacher Hinsicht zu **gespaltenen Ergebnissen** führen. Zunächst hat die Rechtsprechung festgestellt, daß innerhalb ein und desselben Gesetzes einzelne Bestimmungen als Bundes-, einzelne als Landesrecht zu qualifizieren sein können (**norminterne Spaltung**)[45]. Die dabei (eher kursorisch) vorgenommene Distinktion zwischen »gleichartigen« und »verschiedenartigen« Gegenständen[46] dürfte in klaren Fällen tragfähig sein, führt aber bei komplexen Sachverhalten zu erheblichen Abgrenzungsschwierigkeiten gerade in Ansehung der ungeschriebenen Kompetenzen (→ Rn. 10). Vor diesem Hintergrund geht die Literatur überwiegend von einer faktischen Vermutung der einheitlichen Qualifikation eines gesamten Gesetzes aus[47]. Wie Art. 124 GG mit dem Hinweis auf den »bisherigen Geltungsbereich« ausdrücklich klarstellt, geht mit der Qualifizierung als Bundesrecht weiterhin keine räumliche Geltungserweiterung einher; Art. 124 GG impliziert daher die Existenz von sog. partikularem Bundesrecht (**territoriale Spaltung**)[48]. Schließlich ist noch die Qualifikation ein und derselben Norm als Bundes- oder Landesrecht denkbar, sofern sie auf parallel gelagerte Sachverhalte auf beiden Ebenen Anwendung findet (typischerweise im Öffentlichen Dienstrecht: **gegenständliche Spaltung**)[49].

---

[41] Nochmals BVerfGE 9, 185 (190).

[42] Aus der Literatur *C. Seiler*, in: Epping/Hillgruber, GG, Art. 124 Rn. 2.1; *Jarass*/Pieroth, GG, Art. 124 Rn. 1.

[43] BGBl. I S. 437; aufgehoben durch das Erste Rechtsbereinigungsgesetz im Zuständigkeitsbereich des Bundesministeriums der Justiz vom 19.4.2006, BGBl. I S. 966.

[44] BVerwGE 39, 77 (83); aus der Literatur *Wolff* (Fn. 13), Art. 124 Rn. 16 sowie *Kirn* (Fn. 4), Art. 124 Rn. 1.

[45] BVerfGE 33, 206 (216f.) unter ausdrücklichem Hinweis auf die Streichung von Art. 139 V HChE; kritisch insofern *Funke* (Fn. 6), Art. 124 Rn. 12.

[46] Nochmals BVerfGE 33, 206 (216), aufgegriffen etwa bei *Schulze* (Fn. 19), Art. 124 Rn. 4 und *Jarass*/Pieroth, GG, Art. 124 Rn. 3; vgl. auch *Wolff* (Fn. 13), Art. 124 Rn. 12, der darauf abstellt, ob die einzelnen Gesetzesteile »ein geschlossenes und zusammenhängendes Sachgebiet bilden«.

[47] In diese Richtung *Wolff* (Fn. 13), Art. 124 Rn. 12, der dem genannten Abgrenzungsproblem geradezu nachgibt und konstatiert: »Schutz vor zu großer Zersplitterung bietet insoweit die Bundeskompetenz kraft Sachzusammenhangs«; *Seiler* (Fn. 42), Art. 124 Rn. 3. → *Stettner*, Bd. III², Art. 124 Rn. 11.

[48] Eingehend zum Problem *H. Grziwotz*, AöR 116 (1991), 588ff.; vgl. aus der Kommentarliteratur noch *Giegerich* (Fn. 3), Art. 124 Rn. 16 sowie *Funke* (Fn. 6), Art. 124 Rn. 14 (mit dem berechtigten Hinweis, daß »partikulares« Bundesrecht gegenüber »partiellem« Bundesrecht terminologisch vorzugswürdig sei).

[49] BVerfGE 4, 115 (131f.): »Nur soweit es sich um die Besoldung der Bundesbeamten handelt, ist das alte Reichsbesoldungsrecht zu Bundesrecht geworden, und nur insoweit steht es zur Disposition des Bundesgesetzgebers. Soweit Reichsbesoldungsrecht für Landesbeamte fortgilt, ist es Landesrecht

D. Verhältnis zu anderen GG-Bestimmungen

Art. 124 GG baut – gemeinsam mit Art. 125 GG – auf Art. 123 GG, der die grundsätzliche Entscheidung über die Fortgeltung von vorkonstitutionellem Recht trifft, wohingegen sich Art. 124 u. 125 GG darauf beschränken, die **Qualifikation** des fortgeltenden Rechts als Bundes- oder Landesrecht zu leisten (→ Rn. 5; → Art. 123 Rn. 19). Den eigentlichen Maßstab für diese Zuordnung stellen die im Kern in Art. 70ff. und 105 GG gebündelten **Gesetzgebungskompetenzen** dar (→ Vorb. zu Art. 70–74 Rn. 36ff.). Art. 126 GG rundet das Normensemble als prozessuale Streitbeilegungsklausel ab (→ Art. 126 Rn. 3ff.). Die Qualifikation als Bundesrecht zieht insbesondere die **Brechungswirkung nach Art. 31 GG** nach sich. Dabei ist angesichts des gespaltenen Meinungsbildes in der Literatur[50] zu differenzieren: Vorrangig greift – seit Inkrafttreten des Grundgesetzes – die Sperrwirkung nach Art. 71 GG (→ Art. 71 Rn. 9); dies schließt aber keineswegs aus, daß nach Art. 124 GG als Bundesrecht fortgeltendes Recht in Konflikt mit seinerseits kompetenzgerechten Bestimmungen des Landesrechts gerät (→ Art. 31 Rn. 49ff.)[51]. Die von Art. 124 GG implizierte Möglichkeit lediglich partikularen Bundesrechts begegnet auch in Art. 127 GG (→ Rn. 12; → Art. 127 Rn. 12). **Art. 131 GG** ist gegenüber Art. 124 GG für seinen Anwendungsbereich *lex specialis* (→ Art. 131 Rn. 14, 22)[52]. 13

geworden und unterliegt grundsätzlich der vollen Gesetzgebungskompetenz der Länder«. Vgl. dazu *Kirn* (Fn. 4), Art. 124 Rn. 2; *Giegerich* (Fn. 3), Art. 124 Rn. 14; *Funke* (Fn. 6), Art. 124 Rn. 12.

[50] Übersichtlich *Funke* (Fn. 6), Art. 124 Rn. 11 m. Fn. 29. Luzide *Giegerich* (Fn. 3), Art. 124 Rn. 3, der allerdings erstaunlicherweise auf Art. 72 II GG (?) abstellt.

[51] BVerfGE 8, 229 (235), dort zu Art. 125 GG; aus der Literatur *Wolff* (Fn. 13), Art. 124 Rn. 13; *Jarass*/Pieroth, GG, Art. 124 Rn. 4.

[52] BVerfGE 15, 167 (185): »Die Artikel 124 und 125 GG haben die Aufteilung der normalen Gesetzgebungsbefugnisse zwischen Bund und Ländern in Art. 73 und 74 GG zur Voraussetzung. Sie passen nicht für einen besonders gearteten außergewöhnlichen Gesetzgebungsauftrag, der bewußt nicht in die allgemeine Kompetenzregelung, sondern in die Übergangsbestimmungen eingefügt worden ist. Art. 131 GG hat darum selbst bestimmt, in welcher Weise er mit dem Inkrafttreten des Grundgesetzes auf das vorhandene Landesrecht und auf die Landeskompetenz in dieser Materie einwirkt, und das nach diesem Artikel erlassene Gesetz hat selbst in § 63 Abs. 3 sein Verhältnis zum vorhandenen und künftigen Landesrecht geordnet«. Zustimmend *Giegerich* (Fn. 3), Art. 124 Rn. 12.

Artikel 125 [Fortgelten vorkonstitutionellen Rechts im Bereich der konkurrierenden Gesetzgebung des Bundes]

Recht, das Gegenstände der konkurrierenden Gesetzgebung des Bundes betrifft, wird innerhalb seines Geltungsbereiches Bundesrecht,

1. soweit es innerhalb einer oder mehrerer Besatzungszonen einheitlich gilt,

2. soweit es sich um Recht handelt, durch das nach dem 8. Mai 1945 früheres Reichsrecht abgeändert worden ist.

Literaturauswahl

Bettermann, K[arl] A[ugust]: Zur Auslegung des Art. 125 des Grundgesetzes, dargestellt am Mieterschutzrecht, in: DRZ 1950, S. 529–531.

Fröhler, Ludwig: Reichsrecht und Grundgesetz, in: DVBl. 1950, S. 76–77.

Fröhler, Ludwig: Wie verhält sich Art. 125 zu Art. 72 Abs. 2 Grundgesetz?, in: DVBl. 1950, S. 490–493.

Kern, Ernst: Zur Auslegung von Art. 72 und 125 GG, in: MDR 1950, S. 68–71.

Kloepfer, Michael/Kröger, Heribert: Rechtsangleichung nach Art. 8 und 9 des Einigungsvertrages, in: DVBl. 1991, S. 1031–1040.

Kratzer, Jakob: Zu Art. 72 Abs. 2 und 125 des Grundgesetzes, in: DVBl. 1950, S. 396–398.

von Mangoldt, Hermann: Ist Besatzungsrecht, insbesondere die Kontrollratsgesetze, »Recht« im Sinne des Art. 125 GrG.?, in: Zeitschrift für Miet- und Raumrecht 1952, S. 97–98.

Münch, Christof: Religionsmündigkeit in Bayern, in: BayVBl. 1989, S. 745–749.

Schäfer, [Hans]: Die Problematik des Art. 125 des Grundgesetzes, in: DRZ 1950, S. 26–31.

Wolff, Ernst: Wie weit gilt nach Artikel 123 bis 126 des Grundgesetzes bisheriges Recht fort?, in: DRZ 1950, S. 1–6.

Leitentscheidungen des Bundesverfassungsgerichts

BVerfGE 1, 283 (292ff.) – Ladenschlußgesetze; 4, 74 (83ff.) – Ärztliches Berufsgericht; 4, 115 (131ff.) – Besoldungsgesetz von Nordrhein-Westfalen; 4, 178 (183ff.) – Landesgesetze über die Verwaltungsgerichtsbarkeit; 7, 18 (25ff.) – Bayerisches Ärztegesetz; 9, 185 (190) – Verfahrensbestimmungen im vorkonstitutionellen Recht; 33, 206 (216ff.) – Waffengesetz.

Gliederung

Stichwörter

Abänderung von Reichsrecht 7f., 20ff. – Abweichungsgesetzgebung 13 – Analoge Anwendung von Art. 125a GG 14 – Bagatellvorbehalt 19 – Bedürfnisklausel 17 – Besatzungsrecht 4, 20f. – Besatzungszone 4, 19f. – Betreffen von Kompetenztiteln 15ff. – Derogationswirkung 18, 23 – Einheitliche Wirkung 19 – Enklaven 19 – Fortbestehen des Deutschen Reiches 2 – Fortgelten 1, 6, 9 – Grundsatzgesetzgebung 15 – Hochzonung von Kompetenzen 13f. – Kapitulation 2, 13, 22 – Konkurrierende Gesetzgebung 2, 9f., 15ff. – Landesverfassungen 6ff. – Norddeutscher Bund 20 – Österreich 1, 5 – Parlamentarischer Rat 3 – Qualifikation 5, 9, 23 – Rahmengesetze 3, 16 – Rechtsbegriff 11 – Rechtseinheit 2, 9, 17, 19 – Reichsgesetzgebung 2, 12, 20 – Sperrwirkung 9, 18, 23 – Stichtag 13, 22 – Übergangsgesetz 1 – Unionsrecht 4 – Vermutungswirkung 18 – Völkerrecht 4 – Vorsprung des Bundesgesetzgebers 10 – Wegfall von Kompetenzen 13f. – Wiedervereinigung 3 – Zonen- und Interzonenorgane 2 – Zusammenspiel mit Art. 123f. GG 9, 23.

A. Herkunft, Entstehung, Entwicklung

I. Ideen- und verfassungsgeschichtliche Aspekte

Wie Art. 123 und 124 GG kann Art. 125 GG als entfernt verwandte Vorläufer auf die §§ 1–4 des österreichischen Verfassungsgesetzes vom 1. Oktober 1920, betreffend den Übergang zu bundesstaatlichen Verfassung zurückblicken (»**Übergangsgesetz 1920**«[1] → Art. 123 Rn. 1, 14), die sich in gleicher Weise nach einer massiven Erschütterung der Staatsordnung und dem Übergang zu einem föderalen Staatswesen der mehrperspektivischen Frage der Fortgeltung des vorkonstitutionellen Rechts an sich, seiner Verortung in der Normhierarchie sowie seiner Zuordnung zum Bundes- oder Landesrecht widmen[2]. 1

Mit dem Hinweis auf »früheres Reichsrecht« (→ Rn. 20) steht Art. 125 GG gleichzeitig in der **Tradition der bisherigen Reichsgesetzgebung** (→ Vorb. zu Art. 70–74 Rn. 8f.). Die sich erst in der Zwischenkriegszeit herausmendelnde klare Abgrenzung der von Art. 125 GG in Bezug genommenen konkurrierenden Gesetzgebungskompetenz (→ Art. 72 Rn. 1) macht zugleich deutlich, warum in der Situation der Verfassunggebung 1948/49 die Rückanknüpfung an die in den Vorgängerverfassungen niedergelegten Instrumente der Normgenerierung bzw. Normabgrenzung nicht gangbar ist[3]; das Grundgesetz muß sich in dieser Situation selbst zum Maßstab nehmen (→ Rn. 15ff.). Dies geschieht in einer Konstellation, die in der Bestimmung gleich mehrfach durchklingt: Nach der Kapitulation am 8. Mai 1945 (→ Rn. 22) besteht das Reich zwar nach der Auffassung, die sich im Grundgesetz Bahn gebrochen hat, fort (→ Art. 123 Rn. 31), ist aber nicht handlungsfähig. Neben den Besatzungsmächten selbst werden daher die von diesen inaugurierten Länder sowie zonale und interzonale Organe (→ Art. 127 Rn. 3) legislativ tätig und beseitigen oder verändern dabei auch Reichsrecht, was Art. 125 GG billigend zur Kenntnis nimmt[4], vor allem aber im Interesse der Rechtseinheit einhegen soll[5]. 2

---

[1] (Österr.) Bundesgesetzblatt 1920 Nr. 2, S. 20.

[2] Im ersten Zugriff statt aller *R. Walter/H. Mayer/G. Kucsko-Stadlmayer*, Grundriss des österreichischen Bundesverfassungsrechts, 11. Aufl. 2015, Rn. 61.

[3] Dazu *G.A. Zinn*, Welche deutschen und besatzungsrechtlichen Rechtsnormen gelten als Bundesrecht weiter?, in: Bundesrecht und Bundesgesetzgebung, 1950, S. 53ff. (54f.) sowie *E. Wolff*, DRZ 1950, 1 (1f.).

[4] Siehe BVerfGE 2, 237 (253): »denn Art. 125 Nr. 2 GG setzt rechtswirksame Änderungen früheren Reichsrechts nach dem 8. Mai 1945 durch deutsche Gesetzgeber voraus, und zwar auch in Teilgebieten innerhalb einer Besatzungszone, also notwendig auch in den einzelnen Ländern«.

[5] Vgl. BVerfGE 7, 18 (26): »Art. 125 Nr. 2 GG will mit Rücksicht auf die Veränderungen in der

II. Entstehung und Veränderung der Norm

3 Art. 125 GG teilt seine Entstehungsgeschichte lange mit Art. 124 GG bzw. steht mit diesem »aus einem Bette« auf (→ Art. 124 Rn. 2). Auch hier ist es der Allg. Redaktionsausschuß, der sich auf der Grundlage der beiden Varianten von Art. 139 HChE in der Sache mit einem rabiaten Kürzungsvorschlag durchsetzt[6]. Einmal mehr steht damit im Kern die heutige Fassung, wobei in Art. 125 GG die **Anpassungsleistungen** an die Nomenklatur der Gesetzgebungskompetenzen umfangreicher ausfallen[7]: So muß anfangs noch abgebildet werden, daß die Vorranggesetzgebung sowohl die spätere konkurrierende wie die Rahmengesetzgebung nach Art. 75 GG a. F. umfaßt[8]. Inhaltlich kann sich der Redaktionsausschuß hingegen nicht mit seinem Vorstoß durchsetzen, die Gegenstände dieser Rahmengesetzgebung nach Art. 125 GG ebenfalls dem Bund zuzuordnen[9]. Die Norm ist seit 1949 **unverändert** geblieben, hat aber im Rahmen der deutschen Wiedervereinigung als Vorlage für **Art. 9 IV 2 EV** gedient[10].

B. Internationale, supranationale und rechtsvergleichende Bezüge

I. Inter- und supranationale Aspekte

4 Indem Art. 125 Nr. 1 GG auf die Geltung wenigstens innerhalb einer **Besatzungszone** abstellt, rekurriert er auf das letztlich völkerrechtlich radizierte Besatzungsrecht[11]. Im übrigen wird die Norm weder vom Völker- noch vom Unionsrecht spezifisch angeleitet (→ Art. 124 Rn. 3).

II. Verfassungsvergleich

1. Internationaler Verfassungsvergleich

5 Auch im Hinblick auf Art. 125 GG gilt, daß das spezielle Problem der föderalen Qualifikation von fortgeltenden Normen in dieser Form nach 1945 nur in **Österreich** be-

---

staatlichen Organisation die Kontinuität des Rechts auf solchen Gebieten der Gesetzgebung wahren, die am 8. Mai 1945 reichsrechtlich geregelt waren, und die das Grundgesetz der konkurrierenden Gesetzgebungszuständigkeit des Bundes zugewiesen hat. Die Vorschrift geht davon aus, daß die Länder, nachdem das Reich handlungsunfähig geworden war, in der Zeit vom 8. Mai 1945 bis zur Konstituierung der Gesetzgebungsorgane des Bundes früheres Reichsrecht abändern konnten und auch abgeändert haben. Dadurch ist auf Gebieten der heutigen konkurrierenden Gesetzgebungszuständigkeit des Bundes, auf denen früher durch die Gesetzgebung des Reiches Rechtseinheit bestand, in der Zeit nach 1945 eine gewisse Rechtszersplitterung eingetreten. Art. 125 Nr. 2 GG verfolgt das Ziel, für die Zukunft weitere Rechtszersplitterung zu verhindern.«

[6] Siehe JöR 1 (1951), S. 842ff. (insb. S. 844f.); vgl. ferner zur Entstehungsgeschichte *[H.] Schäfer*, DRZ 1950, 26 (26f.); *T. Giegerich*, in: Maunz/Dürig, GG, Art. 125 (Zweitb. 2012), Rn. 4ff.; *A. Funke*, in: BK, Art. 125 (Drittb. 2015), Rn. 1; → *Stettner*, Bd. III², Art. 125 Rn. 1f. – Entwurfsfassungen in Parl. Rat VII, S. 82f., 129, 194, 284, 438, 527, 565, 603, 645.

[7] Im Detail einmal mehr JöR 1 (1951), S. 844f.

[8] Vgl. die erste Entwurfsfassung in JöR 1 (1951), S. 844f. bzw. in Parl. Rat VII, S. 82f.

[9] Der Vorschlag scheitert im Hauptausschuß: vgl. JöR 1 (1951), S. 845 bzw. Parl. Rat XIV/2, S. 1821.

[10] Näher *M. Kloepfer/H. Kröger*, DVBl. 1991, 1031ff.; *G. Brunner*, HStR IX, § 210 Rn. 14; zusammenfassend *H.A. Wolff*, in: v. Mangoldt/Klein/Starck, GG, Art. 125 Rn. 3f.; *Giegerich* (Fn. 6), Art. 125 Rn. 3.

[11] Unterstrichen von *T. Maunz*, in: Maunz/Dürig, GG, Art. 125 (Erstb. 1964), Rn. 7.

gegnet und dort wiederum in der Tradition der Begründung der ersten Republik gelöst wird (→ Rn. 1; → Art. 123 Rn. 1, 14).

2. Landesverfassungsrecht

Stellt man in Rechnung, daß das Gesamtensemble der Art. 123–125 GG auch die Fortgeltung von Recht als Landesrecht anordnet (anders als die Entwürfe dies aber nicht explizit ausspricht → Rn. 3), so korrespondiert am engsten mit Art. 125 GG eine Vorschrift der Vorl. **Verfassung Niedersachsens** von 1951[12]. 6

Speziell mit Art. 125 Nr. 2 GG (→ Rn. 20ff.) korrelieren ferner solche vorgrundgesetzlichen Landesverfassungsbestimmungen, die ausdrücklich die **Abänderung von Reichsrecht** vorsehen[13], diese aber zugleich an besondere Verfahrensvoraussetzungen knüpfen. Sie finden sich in Bremen (Art. 145 I Verf.: Zweidrittelmehrheit) und Hamburg (Art. 27 III Vorl. Verf.: zwei aufeinanderfolgende Beschlüsse mit Zweidrittelmehrheit). Gegenläufig spricht Hessen eine landesrechtliche **Selbstverpflichtung** aus, die Rechtseinheit möglichst nicht anzutasten (Art. 151 Verf.). 7

Schließlich finden sich in einzelnen vorgrundgesetzlichen Landesverfassungen **Bestimmungen, die** ihrerseits **Reichsrecht abändern**[14]. Prominenz haben hier Art. 174 I 4 BayVerf. (Lohnfortzahlung an Sonn- und Feiertagen)[15] sowie Art. 137 I BayVerf. erlangt, der abweichend vom RKEG (→ Art. 4 Rn. 106) die eigenhändige Abmeldung vom Religionsunterricht erst ab der Vollendung des 18. Lebensjahres erlaubt[16]. 8

C. Erläuterungen

I. Allgemeine Bedeutung

Wie seine »Schwesterbestimmung« Art. 124 GG steht Art. 125 GG in einem engen **Konnex mit Art. 123 GG**: Während dieser Norm die Grundentscheidung zu entnehmen ist, ob und als welcher Normtyp (insb. Verordnung, Gesetz oder Verfassung) vorkonstitutionelles Recht fortgilt, treffen Art. 124 und 125 GG die Folgeentscheidung über die Qualifikation als Bundes- oder Landesrecht. Dem liegt ein konsekutives Prüfprogramm zugrunde; erst wenn feststeht, daß die vorgefundene Norm weder nach Art. 124 noch nach Art. 125 GG als Bundesrecht zu qualifizieren ist, wird sie 9

---

12 Art. 55 II Vorl. Verf. lautet: »Soweit es sich dabei um Recht handelt, das in den Verfassungen der ehemaligen Länder geregelt war und für deren Bereich als Landesrecht weitergilt, bedarf es zur Beschlußfassung über Änderung oder Aufhebung solcher Vorschriften der im Artikel 38 vorgeschriebenen Mehrheit«.

13 Schwer erklärlich die Liste bei *Giegerich* (Fn. 6), Art. 125 Rn. 19: Art. 180 BayVerf. sowie Art. 106 Württ.-BadVerf. und Art. 125 Württ.-HohenzVerf. enthalten keine Normaussage über die Änderung von Reichsrecht, sondern stellen die Mitwirkung an der Zonen- wie Interzonengesetzgebung von den Regeln der *Landes*verfassung frei (→ Art. 127 Rn. 8).

14 Siehe *Giegerich* (Fn. 6), Art. 125 Rn. 19.

15 Die Norm ist lt. BVerfGE 2, 232 (235f.) nach Art. 125 Nr. 2 GG Bundesrecht geworden, was nach hier vertretener Auffassung verfehlt ist (→ Art. 123 Rn. 23). Vgl. aus der gegenwärtigen Kommentarliteratur nur *J.F. Lindner*, in: J.F. Lindner/M. Möstl/H.A. Wolff, Verfassung des Freistaates Bayern, 2009, Art. 174 Rn. 1 sowie – referierend – *Giegerich* (Fn. 6), Art. 125 Rn. 19.

16 Vgl. dazu *A. Blankenagel*, BayVBl. 1989, 298ff.; *C. Münch*, BayVBl. 1989, 745ff. sowie eingehend *M. Benz*, AfkKR 157 (1988), 108ff. – Entsprechende Vorschriften finden/fanden sich in Art. 35 I Rheinl.-Pf. Verf. a.F. (bis 1991) sowie in Art. 29 II 3 SaarlVerf. (implizit auch Art. 115 II Württ.-Hohenz. Verf. sowie Art. 28 III 1 BadVerf., die uneingeschränkt auf den Elternwillen abstellen).

nach der implizit auf Art. 70 I GG verweisenden Logik aller drei Bestimmungen zu **Landesrecht**[17]. Dabei verfolgt die Norm mehrere Zwecke. Ähnlich dem Art. 124 GG zielt sie auf Rechtssicherheit und -klarheit (→ Art. 124 Rn. 6) und unterstreicht durch die in ihr zum Ausdruck kommende Kontinuitätsgewähr die Identität der entstehenden Bundesrepublik mit dem Deutschen Reich wie den legitimitätsstiftenden Anschluß an die deutsche Verfassungstradition (oder zumindest deren freiheitlichen Stränge). In Abgrenzung von Art. 124 GG verfolgt sie speziell das Ziel, einer weiteren **Rechtszersplitterung** entgegenzuwirken[18]. Konkret sollten landesübergreifende Regelungen (im Sinne einer bereits erreichten vorläufigen Vereinheitlichung) im Zweifel fortgelten (Nr. 1: → Rn. 19) sowie auf Gebieten, die bis zur Kapitulation einheitlich geregelt waren, im Interregnum aber unterschiedlichsten Zugriffen ausgesetzt waren, weitere Ausdifferenzierungen verhindert werden (Nr. 2: → Rn. 20ff.)[19]. Liest man Art. 125 GG zusammen mit Art. 72 I GG (→ Rn. 18), so entstand qua Fortgeltung ein ganzes Kaleidoskop an Bundesrecht, das kraft seiner **Sperrwirkung** die Landesgesetzgeber hindern konnte, hier quasi in Vorleistung zu treten[20]. Hingegen dürfte die ebenfalls von Zeitgenossen betonte Intention, dem Bund mit Art. 125 GG Spielraum für gesetzgeberische Maßnahmen zu verschaffen[21], daran gescheitert sein, daß ab dem 24. Mai 1949 Art. 72 II GG zu beachten war (→ Rn. 18).

10 Dabei ist die von Art. 125 GG zu bewältigende Aufgabe gleich zweifach **komplexer als** im Fall von **Art. 124 GG**[22]. Denn dieser steht erstens in einer klar konturierten Tradition der ausschließlichen Reichsgesetzgebung, die noch dazu in ihren Gegenständen vergleichsweise kanonisch ist (→ Vorb. zu Art. 70–74 Rn. 36; → Art. 73 Rn. 1f.). Zweitens führt der Verweis auf Art. 71 GG zu einer eindeutigen Zuordnung, während die Qualifikation als Gegenstand der konkurrierenden Gesetzgebung grundsätzlich ein Nebeneinander von Bund und Land impliziert. Indem Art. 125 GG gleichwohl substantielle Bestände von bislang nicht dem Bund zurechenbaren Normen zu Bundesrecht erklärt, verschafft er dem Bundesgesetzgeber einen nicht zu unterschätzenden »Vorsprung« in diesem Zugriff[23].

II. Der Rechtsbegriff des Art. 125 GG

11 Der übereinstimmende Wortlaut wie die beiderseits enge Verknüpfung mit Art. 123 GG legen nahe, auch in Art. 125 GG den Begriff »Recht« weit zu verstehen[24]. Allerdings hat das Bundesverfassungsgericht sich dem zumindest für die Nr. 1 versagt und

---

[17] Ganz einhellige Auffassung: *C. Schulze*, in: Sachs, GG, Art. 125 Rn. 9; *Jarass*/Pieroth, GG, Art. 125 Rn. 1.

[18] *Wolff* (Fn. 10), Art. 125 Rn. 2; *Giegerich* (Fn. 6), Art. 125 Rn. 2, 17.

[19] Vgl. BVerwGE 89, 69 (72).

[20] Luzide *Funke* (Fn. 6), Art. 125 Rn. 2, der eine »fingierende [...] Zuständigkeitsregelung« annimmt; vgl. auch *M. Bothe*, in: AK-GG, Art. 125 (2002), Rn. 2, der vom »Grundstock des Reichsrechts« spricht. Früh *F. Wessel*, Deutsche Verwaltung 1949, 393 (393).

[21] Siehe *Giegerich* (Fn. 6), Art. 125 Rn. 2.

[22] *Giegerich* (Fn. 6), Art. 125 Rn. 1; → *Stettner*, Bd. III^2, Art. 125 Rn. 9. – Pointiert *M. Kirn*, in: v. Münch/Kunig, GG II, Art. 125 Rn. 9: »unlogisch, unpraktisch und unangemessen«.

[23] So bereits *M. Friedrich*, Empfiehlt es sich, die Systematik der Gesetzgebungszuständigkeiten im Grundgesetz zu ändern?, in: FS Carlo Schmid, 1972, S. 152ff. (157); aufgegriffen von *Funke* (Fn. 6), Art. 125 Rn. 2.

[24] Tatsächlich für Gleichlauf *Schulze* (Fn. 17), Art. 125 Rn. 1 sowie *Funke* (Fn. 6), Art. 125 Rn. 3.

dabei plausiblerweise einmal mehr den Zweck der Norm herausgestrichen[25]: »Der Begriff ›Recht‹ in Art. 125 Nr. 1 GG kann daher nicht jede einzelne Bestimmung meinen, weil dann auf vielen Rechtsgebieten ein unübersichtliches Nebeneinander von bundes- und landesgesetzlichen Vorschriften entstehen, die Rechtszersplitterung also eher noch zunehmen würde. Ebensowenig aber ist ›Recht‹ schlechthin gleichbedeutend mit ›Gesetz‹. Eine dem Zweck des Art. 125 Nr. 1 GG und den praktischen Bedürfnissen Rechnung tragende Auslegung muß vielmehr zu dem Ergebnis führen, daß jeweils nur die **gesamte Regelung eines bestimmten Sachgebietes**, also einer ›begrifflich selbständigen, in sich abgeschlossenen Rechtsmaterie‹ den Rang von Bundesrecht erhalten soll.« Da das Gericht zugleich auf die auch hier gegebene Möglichkeit der Spaltung eines Gesetzes in Bundes- und Landesrecht hinweist (→ Art. 124 Rn. 12)[26], ist das Ergebnis durchaus spannungsvoll[27]. Gleiches gilt für die Anerkennung von Gegenständen, die qua Sachzusammenhang miterfaßt sind[28].

Die **ursprüngliche Einordnung** als Reichs- oder Landesrecht nach den Kategorien der Kompetenzkataloge der Vorgängerverfassungen (→ Rn. 2) ist dabei außer im Fall von Art. 125 Nr. 2 GG (→ Rn. 20ff.) für die Qualifikation **unerheblich**; insbesondere kann ehemaliges Reichsrecht nach Art. 125 GG zu Landesrecht werden, wenn es zum Stichtag etwa nur in einem Teil einer Besatzungszone galt und nicht verändert worden war[29]. 12

III. Maßgeblicher Zeitpunkt

Recht kommt nach Art. 125 GG nur für die Qualifikation in Betracht, wenn mit Ablauf des Stichtags nach Art. 122 I, Art. 123 I GG (**7. Mai 1949** → Art. 122 Rn. 9; → Art. 123 Rn. 21) entweder die Voraussetzungen von Nr. 1 oder Nr. 2 vorliegen[30]. Der Ablauf des 7. Mai 1949 ist auch der maßgebliche Zeitpunkt für die »betroffenen« Gegenstände der konkurrierenden Gesetzgebung (→ Rn. 15ff.). Die Qualifikation als Bundesrecht bestimmt sich dementsprechend nach Art. 74 Nr. 1–23 GG a. F. bzw. nach Art. 105 II GG a. F.[31] **Änderungen** dieser Kompetenztitel haben auf die Qualifikation nach Art. 125 GG als solche keinen Einfluß[32], können aber das weitere Schicksal der als 13

---

[25] BVerfGE 4, 178 (184) unter ausdrücklichem Zitat von *H. Holtkotten*, in: BK, Art. 125 (Erstb. 1950), Anm. II.1; aufgegriffen in E 58, 45 (61); Hervorhebung nicht i.O., F.W. – Aufgenommen bei *Giegerich* (Fn. 6), Art. 125 Rn. 14; *Schulze* (Fn. 17), Art. 125 Rn. 7.

[26] BVerfGE 4, 74 (84); 4, 178 (184). Für die Möglichkeit partikularen Bundesrechts auch *Giegerich* (Fn. 6), Art. 125 Rn. 15 sowie *Schulze* (Fn. 17), Art. 125 Rn. 1.

[27] Dem entspricht die Bewertung in der Literatur: Während *Wolff* (Fn. 10), Art. 125 Rn. 6 hier eine klare Trennlinie zwischen Art. 124 und 125 GG zieht, sehen *Funke* (Fn. 6), Art. 125 Rn. 3 sowie *Jarass*/Pieroth, GG, Art. 125 Rn. 3 im Kern die identischen Parameter am Werk. Kritisch in methodischer Perspektive *Funke* (Fn. 6), Art. 125 Rn. 9.

[28] BVerfGE 4, 74 (84; im konkreten Fall verneint); siehe *Giegerich* (Fn. 6), Art. 125 Rn. 8 sowie *Schulze* (Fn. 17), Art. 125 Rn. 2.

[29] Siehe BVerwGE 89, 69 (72f.): Hamburger Baupolizeiverordnung von 1938. – Aus der Literatur *Schulze* (Fn. 17), Art. 125 Rn. 9; *Jarass*/Pieroth, GG, Art. 125 Rn. 1.

[30] Vgl. BVerfGE 4, 178 (194); 11, 23 (27f.); aus der Literatur *C. Seiler*, in: Epping/Hillgruber, GG, Art. 125 Rn. 6; *R. Sannwald*, in: Schmidt-Bleibtreu/Hofmann/Henneke, GG, Art. 125 Rn. 14; *Jarass*/Pieroth, GG, Art. 125 Rn. 4.

[31] Ganz h. M.: *Giegerich* (Fn. 6), Art. 125 Rn. 8; *Sannwald* (Fn. 30), Art. 125 Rn. 2; *Schulze* (Fn. 17), Art. 125 Rn. 1, 4; *Funke* (Fn. 6), Art. 125 Rn. 4.

[32] Wie hier *Wolff* (Fn. 10), Art. 125 Rn. 8 und *Giegerich* (Fn. 6), Art. 125 Rn. 8. Anfechtbar → *Stettner*, Bd. III², Art. 125 Rn. 6.

Bundesrecht fortgeltenden Normen sowie insbesondere die Möglichkeit des legislativen Zugriffs maßgeblich modifizieren. Die **»Hochzonung«** von konkurrierenden zu ausschließlichen Bundeskompetenzen wie im Fall des Art. 74 Nr. 10 GG a. F. (jetzt Art. 73 I Nr. 13 GG → Art. 73 Rn. 82) läßt fortgeltendes Bundesrecht unberührt und vernichtet nach dem Wortlaut kraft seiner Sperrwirkung (→ Art. 71 Rn. 9) das bis zu diesem Zeitpunkt fortgeltende Landesrecht[33]. Umgekehrt eröffnen sowohl die schlichte **Streichung** einer konkurrierenden Kompetenz (vgl. Art. 74 I Nr. 3 GG a. F. in Ansehung des Versammlungsrechts → Art. 74 Rn. 30) als auch die Schaffung einer expliziten ausschließlichen Landeskompetenz durch die **Aufnahme von Rückausnahmen** (vgl. Art. 74 I Nr. 11 GG → Vorb. zu Art. 70–74 Rn. 40; → Art. 74 Rn. 55) unzweifelhaft den Zugriff des Landesgesetzgebers, führen aber nicht per se zum Wegfall des nach Art. 125 GG fortgeltenden Bundesrechts. Gleiches gilt für die **Verlagerung** einer konkurrierenden Kompetenz in den Katalog der Rahmenkompetenzen (vgl. Art. 74 Nr. 5 GG a. F. → Art. 73 Rn. 40). Die in diesem Kontext vereinzelt angeführte **Abweichungsgesetzgebung** nach Art. 72 III GG (→ Art. 72 Rn. 32ff.)[34] hat bei Lichte betrachtet keinen Überschneidungsbereich mit Art. 125 GG, da keiner der hier in Bezug genommenen Kompetenztitel Teil des einzig maßgeblichen Ursprungskatalogs von Art. 74 GG war. Wenn die heutigen Gegenstände der Abweichungsgesetzgebung aber nicht 1949 dafür verantwortlich zeichnen konnten, daß vorkonstitutionelles Recht nach Art. 125 GG als Bundesrecht fortgalt, dann können sie auch heute kaum oder nur im Falle echter Kompetenzüberschneidungen oder -kollisionen (→ Vorb. zu Art. 70–74 Rn. 56) die Geltung dieses Rechts beeinflussen[35].

14 In der Literatur wird in den beiden kritischen Konstellationen (Hochzonung wie ersatzloser Wegfall der konkurrierenden Kompetenz) die **analoge Anwendung** der Bestimmungen des **Art. 125a GG** erwogen[36]. Dem steht bereits der Wortlaut entgegen, der von »Recht, das als Bundesrecht [resp. Landesrecht] erlassen worden ist« spricht (vgl. Art. 125a I 1, III 1 GG)[37].

IV. Einzelfragen

1. »Betreffen« der Gegenstände der konkurrierenden Gesetzgebung

15 Wie im Rahmen von Art. 124 GG ist ein Gegenstand der konkurrierenden Gesetzgebung i. S. v. Art. 125 GG »betroffen«, wenn ein Gesetz, das ihn regelt, nur unter Rekurs auf den Kompetenzkatalog der konkurrierenden Kompetenzen von Bund und Ländern gestützt werden kann (→ Art. 124 Rn. 9f.). Erfaßt sind lediglich Art. 74 Nr. 1–23 sowie Art. 105 II GG a. F.[38] Offen ist die Charakterisierung des **Grundsatzgesetzes** nach Art. 138 I 2 WRV (→ Vorb. zu Art. 70–74 Rn. 39; → Art. 138 WRV Rn. 25f.); hier sprechen angesichts der ausschließlichen Zuordnung zum Reich wie der speziellen

---

[33] Sofern man nicht Zuflucht zur analogen Anwendung des Art. 125a III 1 GG nehmen will; dazu sogleich.

[34] So namentlich: → *Stettner*, Bd. III², Art. 125 Rn. 6.

[35] Wie hier *Wolff* (Fn. 10), Art. 125 Rn. 9; *Funke* (Fn. 6), Art. 125 Rn. 4; *Schulze* (Fn. 17), Art. 125 Rn. 4 (rätselhaft dann aber die Einlassung zu Art. 74 I Nr. 20–31 GG).

[36] So namentlich *Giegerich* (Fn. 6), Art. 125 Rn. 8 (für Art. 125a I GG); *Funke* (Fn. 6), Art. 125 Rn. 26 (Art. 125a II GG); *Schulze* (Fn. 17), Art. 125 Rn. 9 (für Art. 125a II GG). → *Stettner*, Bd. III², Art. 125 Rn. 15.

[37] Wie hier *Wolff* (Fn. 10), Art. 125 Rn. 9.

[38] Wie hier *Funke* (Fn. 6), Art. 125 Rn. 4 u. 6.

Sperrwirkung wohl die besseren Gründe für die Zuordnung zur ausschließlichen Gesetzgebung[39].

Intensiv erörtert wurde in der jungen Bundesrepublik die Frage, ob Art. 125 GG auch die **Rahmengesetzgebung** nach Art. 75 GG a.F. erfassen sollte (→ Vorb. zu Art. 70–74 Rn. 38)[40]. Dem lag im Kern die Frage zugrunde, ob die Rahmengesetzgebung ein eigener Kompetenztyp[41] oder lediglich ein unselbständiger Unterfall der konkurrierenden Gesetzgebung ist[42]. Das Bundesverfassungsgericht hat die Frage mehrfach offengelassen[43], dabei aber durchblicken lassen, daß der zweigleisige Zugriff der Rahmenkompetenz sich in vorkonstitutionellen Gesetzen erstens kaum finden lassen würde und es zweitens den Gerichten verwehrt sei, die politische Aufgabe der Zuordnung zu »Rahmen« oder »Füllung« vorzunehmen[44]. Die Rechtsprechung weiterer Gerichte wie die Literatur haben daraus den Schluß gezogen, die Rahmengesetzgebung insgesamt aus dem Anwendungsbereich des Art. 125 GG auszuscheiden[45]. 16

Nicht weniger intensiv debattiert wurde die zweite Frage, ob der Verweis auf die konkurrierende Gesetzgebung nur auf Art. 72 I GG rekurriert oder auch **Art. 72 II GG** a.F. erfaßt, die Fortgeltung also an das damalige **»Bedürfnis«** nach einer bundesgesetzlichen Regelung bindet (→ Art. 72 Rn. 2f.)[46]. Die Rechtsprechung hat sich rasch dagegen entschieden[47] und dabei darauf hingewiesen, daß Wortlaut wie Entstehungsgeschichte zwar beide Deutungen zuließen, der **Zweck der Rechtsvereinheitlichung** aber klar gegen die Anwendung der Bedürfnisklausel spreche[48]. Die Literatur folgt dem inzwischen ganz überwiegend[49], weist aber zu recht darauf hin, daß diese Judi- 17

---

[39] Näher *J. Isensee*, Staatsleistungen an die Kirchen und Religionsgemeinschaften, in: HdbStKirchR² I, S. 1009ff. (1039ff.); *S. Muckel*, in: Friauf/Höfling, GG, Art. 140/Art. 138 WRV (2011), Rn. 19.

[40] Detailnachweis des frühen Schrifttums bei *Maunz* (Fn. 11), Art. 125 Rn. 4f. m. Fn. 3 sowie bei *Funke* (Fn. 6), Art. 125 Rn. 6 m. Fn. 22.

[41] So etwa *Zinn*, Rechtsnormen (Fn. 3), S. 62f.

[42] In diese Richtung BVerwGE 3, 335 (339f.) sowie aus der Literatur *R. Ringelmann*, In welchem Rahmen wird sich die künftige Bundesgesetzgebung abspielen?, in: Bundesrecht (Fn. 3), S. 13ff. (23f.).

[43] BVerfGE 4, 115 (133); 4, 219 (238f.); 7, 29 (41f.); 8, 186 (192).

[44] Nochmals BVerfGE 7, 29 (42): »Es geht nicht an, selbst wenn die Anwendbarkeit des Art. 125 auf Art. 75 GG zu bejahen sein sollte, für einzelne Vorschriften aus einer erschöpfenden Gesamtregelung eine Fortgeltung als Bundesrecht anzunehmen mit der Begründung, daß sie auch in einer Rahmengesetzgebung zulässig seien.«

[45] So BayVerfGHE 2, 144 (160); aus der Literatur *Giegerich* (Fn. 6), Art. 125 Rn. 9; *Funke* (Fn. 6), Art. 125 Rn. 6; *Schulze* (Fn. 17), Art. 125 Rn. 4.

[46] Vgl. nur *J. Kratzer*, DVBl. 1950, 396ff. sowie *[H.] Schäfer*, DRZ 1950, 26 (28ff.; für Bindung) sowie *L. Fröhler*, DVBl. 1950, 490 (491ff.; dagegen). Bündig nochmals *Maunz* (Fn. 11), Art. 125 Rn. 3 m. Fn. 1 sowie *Funke* (Fn. 6), Art. 125 Rn. 5 m. Fn. 16.

[47] BVerfGE 1, 283 (293ff.); 7, 18 (25); 23, 113 (122); für den Spezialfall des Art. 105 II GG E 7, 330 (337).

[48] BVerfGE 1, 283 (294f.): »Dann aber kann das rechte Verständnis des Art. 125 GG nur aus einer vernünftigen Sinninterpretation gewonnen werden. Art. 125 GG konnte nur den Zweck haben, einer weiteren Zersplitterung des bisher einheitlichen Rechts durch die Gesetzgebung der Länder vorzubeugen. Sollte dies aber mit dem Anspruch auf leidliche Rechtssicherheit für die Zukunft geschehen, so mußte eine möglichst klare und eindeutige Regelung geschaffen werden. Eine solche Regelung würde aber Art. 125 GG nicht darstellen, wenn man seine Auslegung mit der zweifelhaften und nach Meinung vieler nur begrenzt justiziablen Bedürfnisfrage des Art. 72 Abs. 2 GG belastet hätte.« Das Gericht stützt sich dabei maßgeblich auf *G.A. Zinn*, Diskussionsbemerkung, in: Bundesrecht (Fn. 3), S. 97ff.

[49] *Kirn* (Fn. 22), Art. 125 Rn. 1, 2a; *Funke* (Fn. 6), Art. 125 Rn. 5; *Jarass*/Pieroth, GG, Art. 125 Rn. 2.

katur erstens erkennbar der inzwischen überwundenen Vorstellung geschuldet ist, Art. 72 II GG a. F. sei nicht justiziabel (→ Art. 72 Rn. 3)[50]. Zweitens führt sie zu dem durchaus problematischen Effekt, daß auf diese Weise nominell vollgültiges Bundesrecht generiert wird, das der Bundesgesetzgeber aber mangels Bedürfnis bzw. jetzt Erforderlichkeit i. S. v. Art. 72 II GG n. F. (→ Art. 72 Rn. 18ff.) nicht mehr ändern könne[51]. Dies führt teils zu Überlegungen einer entsprechenden Anwendung von Art. 125a GG (→ Rn. 14; → Art. 125a Rn. 31)[52].

18 Nach Art. 125 GG fortgeltendes Bundesrecht entfaltet gem. **Art. 72 I GG Sperrwirkung** gegenüber dem Landesrecht (→ Art. 72 Rn. 30f.) sowie gem. **Art. 31 GG Derogationswirkung** gegenüber demselben (→ Art. 31 Rn. 49ff.)[53]. Beide kommen im Falle partikularen Bundesrechts (→ Rn. 11) nur gegenüber den Ländern zur Geltung, die davon territorial erfaßt sind. Allerdings ist Art. 125 GG **keine Vermutung** dahingehend zu entnehmen, das fortgeltende Bundesrecht habe den jeweiligen Gegenstand erschöpfend geregelt (→ Art. 72 Rn. 26ff.)[54]. Will der Bundesgesetzgeber auf fortbestehendes Bundesrecht seinerseits zugreifen, muß er – sofern seit 2006 noch einschlägig – **Art. 72 II GG** wahren (→ Art. 72 Rn. 18ff.)[55] und ist auf die Mitwirkung des Bundesrates verwiesen, die für das Fortgelten nach Art. 125 GG an sich unerheblich ist[56].

2. Einheitliche Geltung innerhalb einer oder mehrerer Besatzungszonen

19 Eingedenk des Zwecks des gesamten Art. 125 GG, eine (weitere) Rechtszersplitterung in den Rechtsgebieten zu vermeiden, die nach der neuen Kompetenzordnung dem Bund eine konkurrierende Zuständigkeit einräumen (→ Rn. 2, 9f.), hat die Rechtsprechung zunächst festgestellt, daß das Merkmal der **Einheitlichkeit** nicht die normgebenden Institutionen anspricht[57]; dies hätte namentlich die koordinierte Rechtsetzung in der US-amerikanischen Zone in Bausch und Bogen dem Landesrecht zugewiesen[58]. Auch komme es nicht auf die völlige Übereinstimmung im Wortlaut an[59]. Unschädlich seien ferner Unterschiede, die wie abweichende Behördenorganisation oder Zuständigkeitsregeln auch sonst vom Bund hingenommen würden (vgl. Art. 84 I

---

[50] Eher angedeutet bei *Giegerich* (Fn. 6), Art. 125 Rn. 10. – Anderer Zungenschlag bei *Funke* (Fn. 6), Art. 125 Rn. 5, der unter Hinweis auf *Zinn*, Diskussionsbemerkung (Fn. 48), S. 98f. einen Versuch annimmt, die auf alliierte Intervention aufgenommene Bedürfnisklausel (→ Art. 72 Rn. 2) kurzzuschließen.

[51] Pointiert *Maunz* (Fn. 11), Art. 125 Rn. 4 sowie *Wolff* (Fn. 10), Art. 125 Rn. 9.

[52] So namentlich: → *Stettner*, Bd. III², Art. 125 Rn. 15. – BVerfGE 1, 283 (295) bezeichnet eine solche Freigabe vielsagend als »nobile officium« des Bundesgesetzgebers.

[53] Statt aller *Wolff* (Fn. 10), Art. 125 Rn. 20 sowie *Giegerich* (Fn. 6), Art. 125 Rn. 7.

[54] BVerfGE 1, 283 (296); dazu nochmals *Giegerich* (Fn. 6), Art. 125 Rn. 7 sowie *Sannwald* (Fn. 30), Art. 125 Rn. 21.

[55] *Giegerich* (Fn. 6), Art. 125 Rn. 11; *Funke* (Fn. 6), Art. 125 Rn. 5. – Die Gegenauffassung dominiert in der frühen Bundesrepublik; siehe namentlich *H. v. Mangoldt*, Das Bonner Grundgesetz, 1. Aufl. 1953, Art. 125 Anm. 2 (S. 627).

[56] BVerfGE 9, 185 (190): »Für Art. 125 GG ist allein entscheidend, daß die materiellrechtlichen Vorschriften eines Gesetzes zu den in Art. 74 GG angeführten Gebieten gehören. Daß der Bundesgesetzgeber nach Inkrafttreten des Grundgesetzes bei entsprechenden Gesetzen Verwaltungsverfahrensrecht nur mit Zustimmung des Bundesrates erlassen darf (Art. 84 Abs. 1 GG), ist für Art. 125 GG unbeachtlich.« Zustimmend *Seiler* (Fn. 30), Art. 125 Rn. 21.

[57] BVerfGE 4, 178 (184): »mit Recht dahin ausgelegt, daß es nicht auf die Identität der Rechtsquelle ankomme, sondern inhaltliche Übereinstimmung genüge«. Zustimmend *Wolff* (Fn. 10), Art. 125 Rn. 13 sowie *Funke* (Fn. 6), Art. 125 Rn. 11.

[58] Vgl. den Hinweis bei *Giegerich* (Fn. 6), Art. 125 Rn. 16.

[59] BVerfGE 4, 178 (184).

GG a.F.)[60]. Hingegen hat sich das Gericht einem Bagatellvorbehalt i.S.v. von »unerheblichen« Abweichungen versagt[61]. Das Kriterium der **Besatzungszone** wird gemeinhin als selbsterklärend eingestuft[62]; das ist intuitiv einleuchtend, könnte allerdings – Stichwort **Bremen**[63] – bei einem zwischenzeitlichen Wechsel der Zone durchaus komplexe Probleme aufwerfen.

3. Abänderung von früherem Reichsrecht nach dem 8. Mai 1945

Reichsrecht ist unzweifelhaft das Recht, das von Organen des Kaiserreiches (1871–1918) sowie der Weimarer Republik (1918/1919) erlassen worden ist. Eingedenk der einschlägigen Überleitungsvorschriften (→ Art. 124 Rn. 1) wird man zunächst das Recht des Norddeutschen Bundes hinzuzählen müssen[64]. Ungeachtet der sich reflexhaft einstellenden Zurückhaltung zählt auch das **Recht des NS-Regimes** wie des »Großdeutschen Reiches« hierher, sofern es bis 1949 im Geltungsbereich des späteren Grundgesetzes gegolten und den Widersprechens-Test nach Art. 123 I GG bestanden hat (→ Art. 123 Rn. 28ff.). Miterfaßt sind (ehemaliges) Reichsverfassungsrecht[65] sowie Reichsgewohnheitsrecht[66]. Ferner wird man verlangen müssen, daß die Qualifizierung als »Reichsrecht« die einheitliche Geltung im gesamten Reichs- (und damit auch im westlichen Besatzungs-)Gebiet oder wenigstens in einer Zone voraussetzt[67], da andernfalls das paradoxe Ergebnis droht, daß das lediglich in einem Land geltende Reichsrecht bei seiner Abänderung Bundesrecht geworden wäre, bei schlichter Untätigkeit der Legislativen aber als Landesrecht fortgelten würde[68]. Die Gegenauffassung verweist im Kern auf den Wortlaut bzw. den systematischen Zusammenhang mit Nr. 1[69]. 20

Die **Abänderung** schließt »jeden vom Landesgesetzgeber vorgenommenen Eingriff in den reichsrechtlichen Rechtsbestand« ein[70]. Erfaßt sind danach sowohl Einzeländerungen im Sinne der Aufhebung, Modifikation oder Einfügung einzelner Vorschriften[71] als auch die »Ersetzung einer reichsrechtlichen Gesamtregelung durch eine landesrechtliche Gesamtregelung«[72]. Gleiches gilt für Landesrecht, das seinerseits Lan- 21

---

60 Nochmals BVerfGE 4, 178 (184). Zustimmend oder gleichsinnig BGHZ 11, 104 (106f.); aus der Literatur *Funke* (Fn. 6), Art. 125 Rn. 11; *Schulze* (Fn. 17), Art. 125 Rn. 7.

61 BVerfGE 4, 178 (184). Unscharf daher der Gegenschluß, erst eine »wesentliche« Abweichung sei schädlich: so aber *Schulze* (Fn. 17), Art. 125 Rn. 7 oder *Jarass*/Pieroth, GG, Art. 125 Rn. 5. Im konkreten Fall hatte Hessen in rechtspolitischer Intention die Anfechtungsklage in Einzelfällen abweichend geregelt. Die Terminologie geht letztlich auf *E. Wolff*, DRZ 1950, 1 (2) zurück; schon damals kritisch *K.A. Bettermann*, DRZ 1950, 529 (529f.).

62 So etwa *Maunz* (Fn. 11), Art. 125 Rn. 7; kritisch hingegen *Wolff* (Fn. 10), Art. 125 Rn. 12.

63 Der Wechsel von der britischen zur amerikanischen Zone und die daraus notwendig folgenden Abweichungen sollten nach früher h.M. unschädlich sein: BVerwGE 1, 140 (141); *Maunz* (Fn. 11), Art. 125 Rn. 7; vgl. noch *Giegerich* (Fn. 6), Art. 125 Rn. 16 sowie *Funke* (Fn. 6), Art. 125 Rn. 12.

64 Gegenauffassung bei *Wolff* (Fn. 10), Art. 125 Rn. 16: seit 1871.

65 BVerfGE 2, 237 (253) stellt allerdings fest, daß Art. 153 WRV nur im einfachen Gesetzesrang fortgilt. → Art. 123 Rn. 23.

66 So *Wolff* (Fn. 10), Art. 125 Rn. 16; *Giegerich* (Fn. 6), Art. 125 Rn. 20.

67 So auch *Kirn* (Fn. 22), Art. 125 Rn. 6. → *Stettner*, Bd. III², Art. 125 Rn. 13.

68 Pointiert *Seiler* (Fn. 30), Art. 125 Rn. 7; zustimmend *Jarass*/Pieroth, GG, Art. 125 Rn. 6.

69 *Wolff* (Fn. 10), Art. 125 Rn. 16; *Giegerich* (Fn. 6), Art. 125 Rn. 20 a.E.

70 BVerfGE 7, 18 (27).

71 BVerfGE 7, 18 (26).

72 BVerfGE 7, 18 (26); zustimmend *Giegerich* (Fn. 6), Art. 125 Rn. 21; *Jarass*/Pieroth, GG, Art. 125 Rn. 6.

desrecht ändert, das Reichsrecht geändert oder ersetzt hat[73]. Abgelehnt hat das Gericht hingegen die Anwendung auf landesrechtliche Nachfolgebestimmungen eines Reichsgesetzes, das von den **Besatzungsmächten** aufgehoben worden war[74]; das ist konsequent, wenn man sich vergegenwärtigt, daß das gesamte Normensemble der Art. 123ff. GG das Besatzungsrecht gezielt ausspart (→ Art. 123 Rn. 26; → Art. 124 Rn. 7). In der Literatur ist schließlich erwogen worden, gegen den Wortlaut (»**soweit**«) auch die nichtgeänderten Teile des Reichsrechts als Bundesrecht fortgelten zu lassen[75]; das entspricht der Intention der Norm, dürfte aber den Wortlaut überdehnen[76].

22 Mit dem **8. Mai 1945** als dem Tag der Kapitulation gegenüber den (West-)Alliierten (→ Art. 144 Rn. 16) enthält Art. 125 Nr. 2 GG einen zweiten Stichtag.

D. Verhältnis zu anderen GG-Bestimmungen

23 Art. 125 GG baut – gemeinsam mit Art. 124 GG – auf Art. 123 GG auf, der die grundsätzliche Entscheidung über die Fortgeltung von vorkonstitutionellem Recht trifft, wohingegen sich Art. 124 u. 125 GG darauf beschränken, die **Qualifikation** des fortgeltenden Rechts als Bundes- oder Landesrecht zu leisten (→ Rn. 9; → Art. 123 Rn. 19). Den eigentlichen Maßstab für diese Zuordnung stellen die in Art. 70ff. und 105 GG gebündelten **Gesetzgebungskompetenzen** dar (→ Vorb. zu Art. 70–74 Rn. 36ff.), konkret Art. 72, 74 und Art. 105 I GG. Art. 126 GG rundet das Normensemble als prozessuale Streitbeilegungsklausel ab (→ Art. 126 Rn. 3ff.). Die Qualifikation als Bundesrecht zieht insbesondere die **Brechungswirkung nach Art. 31 GG** nach sich. Vorrangig greift – seit Inkrafttreten des Grundgesetzes – die Sperrwirkung nach Art. 72 I GG (→ Art. 72 Rn. 30f.); dies schließt aber keineswegs aus, daß nach Art. 125 GG als Bundesrecht fortgeltendes Recht in Konflikt mit seinerseits kompetenzgerechten Bestimmungen des Landesrechts gerät (→ Art. 31 Rn. 49ff.). Die von Art. 125 GG implizierte Möglichkeit lediglich partikularen Bundesrechts begegnet auch in Art. 127 GG (→ Rn. 11; → Art. 127 Rn. 12). **Art. 131 GG** ist gegenüber Art. 125 GG für seinen Anwendungsbereich *lex specialis* (→ Art. 131 Rn. 14, 22)[77].

---

[73] BVerfGE 7, 18 (28).

[74] BVerfGE 11, 23 (27f.): Gesetz über Leistungen an Körpergeschädigte. Vgl. noch aus der zeitgen. Literatur *K.A. Bettermann*, DRZ 1950, 529 (529: für Erstreckung des Art. 125 GG auf Besatzungsrecht) sowie *Zinn*, Rechtsnormen (Fn. 3), S. 65ff. (dagegen).

[75] So *K.A. Bettermann*, DRZ 1950, 529 (530f.); *Maunz* (Fn. 11), Art. 125 Rn. 9 sowie *R. Wolfrum*, in: BK, Art. 125 (Zweitb. 1988), Rn. 9. → *Stettner*, Bd. III², Art. 125 Rn. 13.

[76] Wie hier *Wolff* (Fn. 10), Art. 125 Rn. 19; *Giegerich* (Fn. 6), Art. 125 Rn. 23 sowie *Funke* (Fn. 6), Art. 125 Rn. 16.

[77] BVerfGE 15, 167 (185): »Die Artikel 124 und 125 GG haben die Aufteilung der normalen Gesetzgebungsbefugnisse zwischen Bund und Ländern in Art. 73 und 74 GG zur Voraussetzung. Sie passen nicht für einen besonders gearteten außergewöhnlichen Gesetzgebungsauftrag, der bewußt nicht in die allgemeine Kompetenzregelung, sondern in die Übergangsbestimmungen eingefügt worden ist. Art. 131 GG hat darum selbst bestimmt, in welcher Weise er mit dem Inkrafttreten des Grundgesetzes auf das vorhandene Landesrecht und auf die Landeskompetenz in dieser Materie einwirkt, und das nach diesem Artikel erlassene Gesetz hat selbst in § 63 Abs. 3 sein Verhältnis zum vorhandenen und künftigen Landesrecht geordnet«.

Artikel 125a [Fortgelten von Bundesrecht, Ersetzung durch Landesrecht]

(1) [1]Recht, das als Bundesrecht erlassen worden ist, aber wegen der Änderung des Artikels 74 Abs. 1, der Einfügung des Artikels 84 Abs. 1 Satz 7, des Artikels 85 Abs. 1 Satz 2 oder des Artikels 105 Abs. 2a Satz 2 oder wegen der Aufhebung der Artikel 74a, 75 oder 98 Abs. 3 Satz 2 nicht mehr als Bundesrecht erlassen werden könnte, gilt als Bundesrecht fort. [2]Es kann durch Landesrecht ersetzt werden.

(2) [1]Recht, das auf Grund des Artikels 72 Abs. 2 in der bis zum 15. November 1994 geltenden Fassung erlassen worden ist, aber wegen Änderung des Artikels 72 Abs. 2 nicht mehr als Bundesrecht erlassen werden könnte, gilt als Bundesrecht fort. [2]Durch Bundesgesetz kann bestimmt werden, dass es durch Landesrecht ersetzt werden kann.

(3) [1]Recht, das als Landesrecht erlassen worden ist, aber wegen Änderung des Artikels 73 nicht mehr als Landesrecht erlassen werden könnte, gilt als Landesrecht fort. [2]Es kann durch Bundesrecht ersetzt werden.

Literaturauswahl

Degenhart, Christoph: Die Neuordnung der Gesetzgebungskompetenzen durch die Föderalismusreform, in: NVwZ 2006, S. 1209–1216.

Elmenhorst, Lucas: Sinnloser Behördenaufwand oder drängende Notwendigkeit? Der Entwurf zur Neuregelung des Kulturgutschutzrechts, in: ZRP 2016, S. 15–17.

Engelken, Klaas: Konnexitätspflicht der Länder aus Bundesratszustimmung?, in: BayVBl. 2011, S. 713–718.

Fehling, Michael: Gesetzgebungskompetenzen im Verfassungsrecht und im Unionsrecht, in: Jura 2016, S. 498–510.

Gamper, Anna/Bußjäger, Peter/Karlhofer, Ferdinand/Pallaver, Günther/Obwexer, Walter (Hrsg.), Föderale Kompetenzverteilung in Europa, 2016.

Heckmann, Dirk: Geltungskraft und Geltungsverlust von Rechtsnormen, 1997.

Heintzen, Markus/Uhle, Arnd (Hrsg.): Neuere Entwicklungen im Kompetenzrecht. Zur Verteilung der Gesetzgebungszuständigkeiten zwischen Bund und Ländern nach der Föderalismusreform, 2014.

Heitsch, Christian: Die asymmetrische Neuverflechtung der Kompetenzordnung durch die deutsche »Föderalismusreform I«, in: JöR 57 (2009), S. 333–358.

Herbst, Tobias: Gesetzgebungskompetenzen im Bundesstaat. Eine Rekonstruktion der Rechtsprechung des Bundesverfassungsgerichts, 2014.

Jaekel, Natalia Anna: Das Meldewesen im Wandel einer digitalen Informationsgesellschaft. Das neue Bundesmeldegesetz und die landesrechtlichen Ausführungsregelungen, in: VBlBW 2015, S. 461–464.

Kallerhoff, Matthias: Die übergangsrechtliche Fortgeltung von Bundesrecht nach dem Grundgesetz, 2010.

Kallerhoff, Matthias: Art. 125a I 1 GG im Zusammenspiel mit dem kommunalen Durchgriffsverbot, in: DVBl. 2011, S. 6–13.

Kirchhoff, Guido: Art. 125a GG und landesverfassungsrechtliche Regelungspflichten, in: NVwZ 2009, S. 754–756.

Knitter, Janna: Das Verbot der Aufgabenübertragung auf die Kommunen und die Behandlung von Altfällen, in: ZG 24 (2009), S. 18–33.

Lindner, Josef Franz: Zur Änderungs- und Freigabekompetenz des Bundesgesetzgebers nach Art. 125a Abs. 2 GG, in: NJW 2005, S. 399–402.

Lindner, Josef Franz: Darf der Bund das Hochschulrahmengesetz aufheben? Zur Kategorie einer Aufhebungskompetenz kraft zeitlichen Annexes, in: NVwZ 2007, S. 180–182.

Müller, Martha Dagmar: Auswirkungen der Grundgesetzrevision von 1994 auf die Verteilung der Gesetzgebungskompetenzen zwischen Bund und Ländern, 1996.

Poschmann, Thomas: Inanspruchnahme konkurrierender Kompetenzen des Bundes und Neuordnung der bundesstaatlichen Ordnung, in: NVwZ 2004, S. 1318–1322.

Rengeling, Hans-Werner: Gesetzgebungszuständigkeit, in: HStR[3] VI, § 135 (S. 567–742).

Rybak, Hubertus/Hofmann, Hans: Verteilung der Gesetzgebungsrechte zwischen Bund und Ländern nach der Reform des Grundgesetzes, in: NVwZ 1995, S. 230–235.
Sachs, Michael/Jasper, Christian: Versteinerungsgefahr gebannt, in: NVwZ 2015, S. 465–470.
Sannwald, Rüdiger: Die Reform der Gesetzgebungskompetenzen nach den Beschlüssen der Gemeinsamen Verfassungskommission von Bundestag und Bundesrat, in: DÖV 1994, S. 629–637.
Schmahl, Stefanie: Bundesverfassungsgerichtliche Neujustierung des Bund-Länder-Verhältnisses im Bereich der Gesetzgebung, in: Jahrbuch des Föderalismus 2006, S. 220–236.
Schneider, Hans-Peter: Der neue deutsche Bundesstaat. Bericht über die Umsetzung der Föderalismusreform I, 2013.
Schoch, Friedrich: Verfassungswidrigkeit des bundesgesetzlichen Durchgriffs auf Kommunen, in: DVBl. 2007, S. 261–269.
Schwarz, Kyrill-A.: Die Änderungen des Art. 125a GG, in: Christian Starck (Hrsg.), Föderalismusreform, 2007, Rn. 115–127 (S. 57–62).
Seiler, Christian: Die Freigabe von Bundesrecht zur landesrechtlichen Ersetzung, in: Markus Heintzen/Arnd Uhle (Hrsg.), Neuere Entwicklungen im Kompetenzrecht. Zur Verteilung der Gesetzgebungszuständigkeiten zwischen Bund und Ländern nach der Föderalismusreform, 2014, S. 239–255.
v. Stetten, Wolfgang: Ein neues Föderalismusverständnis in der Bundesrepublik durch die Arbeit der Gemeinsamen Verfassungskommission?, in: Festschrift für Herbert Helmrich, 1994, S. 303–312.
Uhle, Arnd: Verfassungsnorm im Aufwind: Art. 125a GG, in: DÖV 2006, S. 370–379.
Wagner, Roland: Die Konkurrenzen der Gesetzgebungskompetenzen von Bund und Ländern, 2011.
Weltecke, Christoph: Gesetzgebung im Bundesstaat, 2011.
Wolff, Heinrich Amadeus: Die Aufhebungskompetenz des Bundes für das BRRG, in: ZBR 2007, S. 145–147.
Wolff, Heinrich A.: Die kompetenzrechtlichen Übergangsbestimmungen, in: Markus Heintzen/Arnd Uhle (Hrsg.), Neuere Entwicklungen im Kompetenzrecht. Zur Verteilung der Gesetzgebungszuständigkeiten zwischen Bund und Ländern nach der Föderalismusreform, 2014, S. 257–275.

Leitentscheidungen des Bundesverfassungsgerichts

BVerfGE 110, 370 (386, Rn. 83) – Klärschlamm; 111, 10 (29ff., Rn. 103ff.) – Ladenschlußgesetz III; 111, 226 (268f., Rn. 137) – Juniorprofessur; 112, 226 (250, Rn. 84) – Studiengebühren.

Gliederung

Stichwörter

Abgrenzbarer Teilbereich 17 – Abweichungskompetenz 3 – Änderung des Grundgesetzes 10 – Änderungskompetenz der Länder 16 – Änderungskompetenz des Bundes 21 – Analoge Anwendung 28ff., 32 – Aufhebung 17, 21, 27, 30 – Bedürfnisklausel 19 – Bundesrat 24 – Bundesrecht 9, 20 – Deregulierung 7, 17 – Derogationswirkung 15, 21 – Dienstrecht 3, 12 – Durchgriffsverbot 3, 6, 13, 29 – Erforderlichkeitsklausel 3, 19, 20 – Erlaß gleich Verkündung 9, 18 – Ermessen 4, 6, 18, 23 – Ersetzung 2, 8, 15, 16ff., 24, 27 – Ersetzungsfähige Bundesgesetze 14 – Faktischer Wegfall der Erforderlichkeit 20, 32 – Föderalismusreform I 3 – Fortfortgeltung 31 – Fortgelten 7, 8, 15, 21, 27 – Fortschreibungskompetenz 27, 29 – Freigabe 2, 16, 19, 22ff. – Freigabebeschluß des Bundesverfassungsgerichts 24, 32 – Gebrauchmachen der Länder 14 – Gemeinsame Verfassungskommission 2 – Grunderwerbsteuersatz 3, 13 – Kompetenzverschiebungen 2f., 5, 10f., 25 – Kompromißcharakter 7 – Konkurrierende Kompetenzen 11 – Konnexitätsprinzip 6, 13 – Kontinuitätsmaxime 7 – Landesverfassungen 6, 15, 18 – Mehrgewährleistungen 6 – Nichtigkeitsverdikt 1, 7 – Obliegenheit zur Freigabe 23 – Österreich 5 – Partikulares Bundesrecht 18 – Rahmenkompetenz 2f., 12, 25 – Rechtlicher Wegfall der Erforderlichkeit 20, 32 – Rechtsbegriff 9, 20 – Rechtssicherheit 19, 22 – Schweiz 5 – Sperrwirkung 15, 21 – Staatsangehörigkeit 6 – Stichtag 9, 20, 29 – Teilersetzung 17 – Translationsmaxime 7 – Übergangsbestimmung 5f. – Unionsrecht 4, 18 – Verfassungsmäßigkeit im übrigen 9, 18, 20 – Verhältnis zu Art. 125b GG 26, 32 – Verkündung 9, 18 – Versteinerung 7, 29 – Vakuum 7, 30 – Völkerrecht 4, 18.

A. Herkunft, Entstehung, Entwicklung

I. Ideen- und verfassungsgeschichtliche Aspekte

Art. 125a GG hat keine faßbare Ideen- oder Verfassungsgeschichte. Verständlich ist die Bestimmung allerdings nur vor dem Hintergrund des **Nichtigkeitsverdikts**, das die deutsche Verfassungstradition über solche Normen verhängt, die entweder inhaltlich gegen höherrangige Normen verstoßen oder denjenigen Normen nicht genügen, die ihr Zustandekommen regeln[1]. Konkret steht hinter Art. 125a GG die – keineswegs selbstverständliche – Vorstellung, daß eine einmal kompetenzgerecht erzeugte Norm dann der Nichtigkeit anheimfällt, wenn die Ermächtigung zu ihrer Erzeugung nachträglich wegfällt[2]. Sie setzt in Ansehung von Gesetzen die Anerkennung des Vorrangs der Verfassung voraus (→ Art. 123 Rn. 9), fällt mit diesem aber nicht in eins. In Deutschland dürfte sie spätestens in der Zwischenkriegszeit herrschend geworden sein[3]. 1

II. Entstehung und Veränderung der Norm

Art. 125a GG ist in zwei Schüben entstanden, die wiederum auf größere Verfassungsreformvorhaben mit durchaus unterschiedlichen Zielvorstellungen zurückzuführen sind[4] – bei den zuvor zu verzeichnenden Eingriffen in die Kataloge der Art. 73f. GG (→ Art. 73 Rn. 3; → Art. 74 Rn. 3) hat man ganz offensichtlich darauf vertraut, daß die 2

[1] Siehe zum sog. Nichtigkeitsdogma etwa *J. Ipsen*, Rechtsfolgen der Verfassungswidrigkeit von Norm und Einzelakt, 1980, S. 55ff., 159ff.; grundlegend und kritisch auch *C. Böckenförde*, Die sogenannte Nichtigkeit verfassungswidriger Gesetze, 1966. – Für Österreich jetzt instruktiv *A. Balthasar*, Absolute Nichtigkeit genereller Normen in der österreichischen Rechtsordnung, 2016.

[2] Eingehend *D. Heckmann*, Geltungskraft und Geltungsverlust von Rechtsnormen, 1997, S. 280ff.; vgl. noch *A. Kunzelmann*, Methode landesrechtlicher Rechtsbereinigung, 1997, S. 167ff.

[3] Instruktiv *A. Hensel*, Die Rangordnung der Rechtsquellen insbesondere das Verhältnis von Reichs- und Landesgesetzgebung, in: HdbDStR II, § 84, S. 313ff. (313f., 316f.).

[4] Zusammenfassend zur Entstehungsgeschichte *A. Uhle*, in: Maunz/Dürig, GG, Art. 125a (2006), Rn. 2ff.; *H.A. Wolff*, in: v. Mangoldt/Klein/Starck, GG III, Art. 125a Rn. 1ff.; *M. Kirn*, in: v. Münch/Kunig, GG II, Art. 125a Rn. 1. → *Stettner*, Bd. III², Art. 125a Rn. 1ff.

allgemeinen Regeln (namentlich über die Sperrwirkung; → Vorb. zu Art. 70–74 Rn. 53) ausreichen, um Klarheit nach Änderungen herzustellen. Die Ursprungsfassung von 1994 verdankt sich dem **Werk** der **Gemeinsamen Verfassungskommission**[5], zählt also zur nachgeholten Grundgesetzrevision aus Anlaß der Wiedervereinigung. Diese hatte mit der klaren Intention, die »Aushöhlung« der Kompetenzen der Länder zu stoppen, einzelne Kompetenztitel in Art. 74 I und 75 I GG gestrichen (→ Art. 74 Rn. 4), die Rahmenkompetenz durch das grundsätzliche Verbot von unmittelbar anwendbaren oder in Einzelheiten gehenden Regelungen beschränkt[6] sowie insbesondere die ursprüngliche Bedürfnisklausel in Art. 72 II GG durch die Erforderlichkeit einer bundesgesetzlichen Regelung ersetzt (→ Art. 72 Rn. 4). Damit wären – wenn auch in durchaus überschaubarem Umfang[7] – bundesrechtliche Regelungen der Nichtigkeit anheimgefallen, was die Einfügung von Art. 125a GG verhindern oder zumindest in geordnete Bahnen lenken sollte. Dabei hatte die GVK eine schlanke Regel vorgeschlagen, die ohne Differenzierung nach Gründen des Geltungsverlusts einheitlich die Fortgeltung als Bundesrecht wie die Möglichkeit der Änderung oder Ergänzung durch Landesrecht vorsah[8]. Im politischen Prozeß setzte sich dann die Position durch, die einerseits – in Perpetuierung der verfehlten Rechtsprechung zu Art. 72 II GG a.F. – die **Freigabe** nicht mehr erforderlicher Gesetze in die Hände des Bundesgesetzgebers legte (→ Rn. 22ff.) und andererseits durch die Engführung auf das »**Ersetzen**« die Länder nur nach dem Motto »ganz oder gar nicht« Zugriff auf fortgeltendes Bundesrecht nehmen lassen wollte (→ Rn. 16f.). In beiden Fällen kam eine rechtsstaatlich verbrämte Perhorreszierung der Rechtsvielfalt zum Tragen[9], die schon zwölf Jahre später einem vielleicht nicht weniger naiven wettbewerbsföderalistischen Optimismus gewichen ist[10]. Am Ende kam Art. 125a GG in folgender Fassung zustande[11]:

»(1) [1]Recht, das als Bundesrecht erlassen worden ist, aber wegen Änderung des Artikels 74 Abs. 1 oder des Artikels 75 Abs. 1 nicht mehr als Bundesrecht erlassen werden könnte, gilt als Bundesrecht fort. [2]Es kann durch Landesrecht ersetzt werden.

(2) [1]Recht, das auf Grund des Artikels 72 Abs. 2 in der bis zum 15. November 1994 geltenden Fassung erlassen worden ist, gilt als Bundesrecht fort. [2]Durch Bundesgesetz kann bestimmt werden, daß es durch Landesrecht ersetzt werden kann. [3]Entsprechendes gilt für Bundesrecht, das vor diesem Zeitpunkt erlassen worden ist und das nach Artikel 75 Abs. 2 nicht mehr erlassen werden könnte.«

---

[5] 42. Gesetz zur Änderung des Grundgesetzes v. 27.10.1994, BGBl. I S. 3146. Vgl. zur GVK und ihren Vorschlägen näher *H.-J. Vogel*, DVBl. 1994, 497 (502); *H. Hofmann*, NVwZ 1995, 134ff.; *H. Rybak/H. Hofmann*, NVwZ 1995, 230ff.; *K.-P. Sommermann*, Jura 1995, 393ff.; *M.D. Müller*, Auswirkungen der Grundgesetzrevision von 1994 auf die Verteilung der Gesetzgebungskompetenzen zwischen Bund und Ländern, 1996, S. 22ff., *H. Meyer*, Die Föderalismusreform 2006, 2008, S. 79ff.

[6] Näher → *Stettner*, Bd. II[2], Art. 75 Rn. 6ff.

[7] Näher *Wolff* (Fn. 4), Art. 125a Rn. 3.

[8] BT-Drs. 12/6000, S. 10: »Recht, das als Bundesrecht erlassen worden ist, aber wegen nachträglicher Änderung dieses Grundgesetzes nicht mehr als Bundesrecht erlassen werden könnte, gilt als Bundesrecht fort. Es kann durch Landesrecht aufgehoben und ergänzt werden«.

[9] Diese wirkt teils in den Kommentierungen nach; statt aller → *Stettner*, Bd. III[2], Art. 125a Rn. 3.

[10] Näher zur Föderalismusreform I *C. Degenhart*, NVwZ 2006, 1209ff.; *H.-W. Rengeling*, DVBl. 2006, 1537 (1545ff.); *K.-A. Schwarz*, Die Änderungen des Art. 125a GG, in: C. Starck (Hrsg.), Föderalismusreform, 2007, Rn. 115ff.; zuletzt *J. Rozek*, Hintergründe, Motive und Ziele der Föderalismusreform von 2006, in: M. Heintzen/A. Uhle (Hrsg.), Neuere Entwicklungen im Kompetenzrecht, 2014, S. 11ff.

[11] Auf diesem Textstand befindet sich namentlich die sehr umfangreiche Kommentierung von *Uhle* (Fn. 4), Art. 125a Rn. 11ff.

Die heutige Fassung von Art. 125a GG geht auf die **Föderalismusreform I** von **2006** zurück (→ Art. 72 Rn. 6)[12]. Sie vereint komplexe Tauschgeschäfte von Bund und Ländern miteinander, die mit dem Oberziel formuliert werden, die Handlungsfähigkeit aller Beteiligten zu stärken[13]. Grundlage der Neufassung von Art. 125a GG sind erstens zugunsten des Bundes hochgezonte Kompetenzen (→ Art. 73 Rn. 3), auf die speziell der neue Absatz 3 reagiert (→ Rn. 25ff.), zweitens Einschränkungen der Bundeskompetenzen durch ein »Auskämmen« des Kompetenzkatalogs des Art. 74 I GG (→ Rn. 11; → Art. 74 Rn. 5f.) sowie die Streichung von Art. 74a, 75 und 98 III 2 GG (→ Rn. 12; → Art. 98 Rn. 26f.), drittens die Durchgriffsverbote nach Art. 84 I 7 bzw. Art. 85 I 2 GG (→ Art. 84 Rn. 71f.; → Art. 85 Rn. 28), viertens die Befugnis der Länder zur Bestimmung des Steuersatzes der Grunderwerbsteuer (Art. 105 IIa 2 GG; → Art. 105 Rn. 42) sowie fünftens die Freistellung der sog. Kernkompetenzen von der Erforderlichkeit nach Art. 72 II GG (→ Art. 72 Rn. 17). Die Punkte zwei bis vier werden ohne substantielle Veränderung in Absatz 1 Satz 1 integriert (ferner fällt mit Art. 75 GG auch Absatz 2 Satz 3 weg[14]), wohingegen Absatz 2 Satz 1 sprachlich präzisiert wird; daß sich sein Anwendungsbereich durch die Einführung der sog. Kernkompetenz substantiell verkleinert, wird im Wortlaut nicht abgebildet. Das Fortleben der Rahmenkompetenzen wie die damit eng verzahnte Abweichungsgesetzgebung verarbeitet hingegen Art. 125b I GG (→ Art. 72 Rn. 32ff.; → Art. 125b Rn. 7ff.). 3

B. Internationale, supranationale und rechtsvergleichende Bezüge

I. Inter- und supranationale Aspekte

Weder im Recht der Europäischen Union noch in den Rahmenordnungen solcher Institutionen, die völkerrechtlich zur Rechtserzeugung berechtigt sind (→ Vorb. zu Art. 70–74 Rn. 16, 18ff.), finden sich direkte Parallelen zu Art. 125a GG. Allerdings können sich völker- und insbesondere unionsrechtliche Pflichten zur Rechtsetzung (→ Vorb. zu Art. 70–74 Rn. 17, 21) auf die verschiedenen **Ersetzungs-** wie die **Freigabebefugnisse** von Bund und Ländern (→ Rn. 16ff., 22ff., 27) auswirken und diese im Einzelfall zu einer **Pflicht** erstarken lassen. 4

II. Verfassungsvergleich

Das Problem der Bewältigung der Folgen von Kompetenzverschiebungen stellt sich dem Grunde nach in jedem föderal verfaßten Staat[15]. Der Rechtsvergleich belegt jedoch, daß die vom Grundgesetz gewählte Lösung der ausdrücklichen Anordnung der Fortgeltung nicht denknotwendig ist[16]. Dabei lassen sich im europäischen Rechtsvergleich zumindest auf Ebene der Verfassungsurkunden **keine direkten Entsprechungen** zu Art. 125a GG verzeichnen. **Österreich** neigt zu Einzelfallregelungen, die den jewei- 5

[12] 52. Gesetz zur Änderung des Grundgesetzes v. 28.8.2006, BGBl. I S. 2034.

[13] Statt aller BT-Drs. 16/813, S. 1; aus der Literatur *C. Degenhart*, NVwZ 2006, 1209 (1209, 1215f.).

[14] Näher dazu *Uhle* (Fn. 4), Art. 125a Rn. 49ff.

[15] Siehe *G. Pallaver*, Kompetenzverteilung in Bewegung, in: A. Gamper u.a. (Hrsg.), Föderale Kompetenzverteilung in Europa, 2016, S. 785ff. Zur möglichen Vorbildfunktion des Art. 125a GG → *Stettner*, Bd. III^2, Art. 125a Rn. 5.

[16] Treffend *H.A. Wolff*, Die kompetenzrechtlichen Übergangsbestimmungen, in: Heintzen/Uhle, Kompetenzrecht (Fn. 10), S. 257ff. (259).

ligen Kompetenztransfer abfedern und dabei teils auf allgemeine Übergangsregeln aus den Zwanziger Jahren zurückgreifen (→ Vorb. zu Art. 70–74 Rn. 23; → Art. 123 Rn. 1, 14)[17]. In der **Schweiz** werden Kompetenzverschiebungen nur punktuell durch Übergangsvorschriften moderiert[18]. Staaten, die erst in jüngerer Vergangenheit zu einer Teilföderalisierung geschritten sind, verzichten dabei ebenfalls meist auf allgemeine Lösungen auf der Verfassungsebene (→ Vorb. zu Art. 70–74 Rn. 25). In **Belgien** ist die konkrete Kompetenzverteilung ohnehin erst organischen Gesetzen zu entnehmen; die Verfassung enthält in Art. 141–143 Bestimmungen über die Beilegung von Kompetenzkonflikten durch einen Schiedshof bzw. das Verfassungsgericht[19]. **Großbritannien** steht angesichts der »Devolution« nicht vor dem Art. 125a GG zugrunde liegenden Sachproblem, weil es echte Doppelkompetenzen schafft[20]. **Italien** hat zwar 2001 substantielle Kompetenzen auf die Regionen übertragen, Übergangsregeln dazu jedoch weder in der Verfassung noch im entsprechenden Änderungsgesetz normiert[21]. Demgegenüber sah die IX. Übergangsbestimmung zur Verfassung von 1947 noch eine Dreijahresfrist zur Anpassung der Gesetze der Republik an die auf die Regionen übertragenen Kompetenzen vor.

6 Bestimmungen, die unmittelbar mit Art. 125a GG korrespondieren, sind im deutschen **Landesverfassungsrecht** nicht zu verzeichnen. Mittelbar besteht ein Bezug insofern, als Art. 125a I 1 GG auf die Einfügung von Art. 84 I 7 und 85 I 2 GG reagiert (→ Rn. 12), die wiederum mit dem landesverfassungsrechtlich etablierten **Konnexitätsprinzip** in Korrelation stehen (→ Art. 28 Rn. 40, 148 ff.)[22]. Sichtet man die vom Bund freigegebenen Materien (→ Rn. 11 ff.), so lassen sich allerdings in einigen noch geltenden Urkunden Staatszielbestimmungen (teils als subjektive Rechte formuliert) benennen, die eine Pflicht des Landes, den nunmehr gewonnenen Spielraum auch zu nutzen,

---

[17] Statt aller Art. 151 XXVII B-VG, der die nachträglich eingefügte Bundeskompetenz für das öffentliche Auftragswesen (Art. 14b B-VG) umsetzt: »Art. 14b, Art. 102 Abs. 2 und Art. 131 Abs. 3 in der Fassung des Bundesgesetzes BGBl. I Nr. 99/2002 treten mit 1. Jänner 2003 in Kraft. § 2, § 4 Abs. 1, § 5 und § 6 Abs. 1 und 2 des Übergangsgesetzes, BGBl. Nr. 368/1925, gelten sinngemäß. Ein gemäß dem zweiten Satz mit 1. Jänner 2003 zu einem Bundesgesetz gewordenes Landesgesetz tritt mit dem In-Kraft-Treten eines auf Grund des Art. 14b Abs. 3 ergehenden Landesgesetzes, spätestens jedoch mit Ablauf des 30. Juni 2003 außer Kraft; gleichzeitig treten die entsprechenden Bestimmungen des Bundesvergabegesetzes 2002, BGBl. I Nr. 99/2002, insoweit in Kraft.« – Vgl. aus der österr. Literatur *P. Pernthaler*, Österreichisches Bundesstaatsrecht, 2004, S. 313 ff.

[18] Eine gewisse Parallele weist etwa die Übergangsbestimmung zu Art. 103 BV (Strukturpolitik) auf, die den Kantonen erlaubt, bestehende Regelungen bis zu zehn Jahre in Kraft zu lassen. Näher dazu *G. Biaggini*, Bundesverfassung der Schweizerischen Eidgenossenschaft, 2007, Art. 103 Rn. 8 sowie Art. 196 Ziffer 7; *M. Veit/J. Lehne*, in: B. Ehrenzeller/B. Schindler/R. Schweizer/K. Vallender (Hrsg.), Die schweizerische Bundesverfassung, Bd. II, 3. Aufl. 2014, Art. 103 Rn. 10.

[19] Näher *M. Woydt*, Dissoziativer Föderalismus (1): Belgo-Föderalismus, in: I. Härtel (Hrsg.), Handbuch Föderalismus, Bd. IV, 2012, § 100 Rn. 13 ff.; *A.-L. Verbeke*, Belgium: A Broken Marriage, in: D. Halberstam/M. Reimann (Hrsg.), Federalism and Legal Unification, 2014, S. 121 ff. (125 ff.) sowie *P. Popelier*, Zuständigkeitsteilung in Belgien, in: Gamper u. a., Kompetenzverteilung (Fn. 15), S. 151 ff. (178 f.).

[20] Eingehend und m. w. N. *M. Hahn-Lorber*, Parallele Gesetzgebungskompetenzen, 2012, S. 95 ff., 260 ff. sowie *C. Himsworth*, Das Vereinigte Königreich: Die Evolution der Devolution, in: Gamper u. a., Kompetenzverteilung (Fn. 15), S. 377 ff. (399 ff.).

[21] Konkret Legge costituzionale 3 v. 18.10.2001, Gazzetta ufficiale Nr. 248, S. 3. Siehe zum Inhalt des 2001 neu eingefügten Titel V Art. 117 und der hierin verfaßten Aufteilung der Gesetzgebungszuständigkeiten zwischen dem Staat, den Regionen sowie den kommunalen Verwaltungen *L. Del Duca/P. Del Duca*, Emergence of the Italian Unitary Constitutional System, Modified by Supranational Norms and Italian Regionalism, in: Halberstam/Reimann, Federalism (Fn. 19), S. 267 ff. (269 ff.).

[22] *G. Macht/A. Scharrer*, DVBl. 2008, 1150 ff.

zumindest nahelegen[23]. In Betracht kommen hier in Bayern die Bestimmungen zur Staatsangehörigkeit (→ Art. 16 Rn. 30), in mehreren Bundesländern die Mehrgewährleistungen zur Versammlungsfreiheit, die im Gegensatz zu § 15 I VersG nur Gefahren für die öffentliche Sicherheit ansprechen (→ Art. 8 Rn. 14; → Art. 31 Rn. 52; → Art. 142 Rn. 47ff.), oder in Ansehung des Heimrechts das »Pflegegrundrecht« in Art. 8 Schl.-Holst. Verf. Eine verfassungsrechtlich verankerte Förderpflicht für die »Siedlungspolitik« besteht in Nordrhein-Westfalen (Art. 29 LVerf.)[24].

C. Erläuterungen

I. Allgemeine Bedeutung

Art. 125a GG ist eine typische Übergangsbestimmung, die den Versuch unternimmt, 7
die Folgen von Kompetenzverschiebungen, die im Rahmen bundesstaatlicher Reformen durchgeführt worden sind, in geordnete Bahnen zu lenken[25]. Dabei ist ihre **dogmatische Prämisse** die **Nichtigkeit** solcher Normen, für die dem Normgeber die Zuständigkeit durch Streichung oder implizite wie explizite Übertragung auf einen anderen Rechtsträger abhandengekommen ist[26]. Sie vereint sich mit der **rechtspolitische**n **Prämisse**, daß zwar die Kompetenzübertragung im föderalen Interesse geboten sein mag, die Vernichtung des bestehenden Rechts aber aus Gründen der Rechtssicherheit untunlich ist (→ Art. 20 [Rechtsstaat], Rn. 146ff.)[27]; insofern sucht die Norm einen **Kompromiß** zwischen dem **Rechtsstaat**s- und dem **Bundesstaat**sprinzip. Sie geht dabei den Weg der grundsätzlichen Fortgeltung des kompetenzwidrigen Rechts im bislang bestehenden Rang als Bundes- oder Landesrecht (**Kontinuitätsmaxime**), verknüpft damit aber wiederum rechtspolitisch gestufte Zugriffsrechte, die einen geordneten Übergang auf den nunmehr zuständigen Kompetenzträger ermöglichen (**Translationsmaxime**). In der Gesamtschau verhindert Art. 125a GG, daß föderale Reformvorhaben zu einem rechtlichen Vakuum (oder allenfalls zu einem im Sinne der Deregulierung politisch gewollten Vakuum) führen[28]. Allerdings nimmt namentlich Art. 125a II 2 GG rechtspolitische Weichenstellungen vor, die zu einer Versteinerung des fortgeltenden Rechts führen können und sogleich bedenkliche Strategeme der Rechtsprechung nach sich gezogen haben, die diesem Manko abhelfen sollen (→ Rn. 29). Insofern muß die rechtspolitische Bewertung der Norm differenziert ausfallen[29].

---

[23] In diese Richtung namentlich *G. Kirchhoff*, NVwZ 2009, 754ff.

[24] Zur Relevanz nach der Föderalismusreform I *C. Günther*, in: A. Heusch/K. Schönenbroicher (Hrsg.), Die Landesverfassung Nordrhein-Westfalen, 2010, Art. 29 Rn. 4.

[25] Betont von *Uhle* (Fn. 4), Art. 125a Rn. 1.

[26] Siehe nur *H. Schneider*, Gesetzgebung, 3. Aufl. 2002, S. 70ff. sowie *Wolff* (Fn. 4), Art. 125a Rn. 21. – Allerdings nimmt die Rechtsprechung Verordnungsermächtigungen davon aus; vgl. BVerfGE 78, 179 (198) sowie 110, 370 (386, Rn. 83): »Handelt es sich bei der vor Änderung des Art. 72 Abs. 2 GG erlassenen bundesgesetzlichen Regelung um eine Verordnungsermächtigung, so bleibt die Reichweite der kompetenzgerecht erteilten Ermächtigung von der später erfolgten Einschränkung der Gesetzgebungskompetenz des Bundes unberührt«. → Art. 80 Rn. 57.

[27] Statt aller *C. Maiwald*, in: Schmidt-Bleibtreu/Hofmann/Henneke, GG, Art. 125a Rn. 1.

[28] Unterstrichen von BVerwGE 131, 20 (29, Rn. 32: Bundesbesoldungsgesetz); aus der Literatur nur *M. Kallerhoff*, Die übergangsrechtliche Fortgeltung von Bundesrecht nach dem Grundgesetz, 2010, S. 23f.; *Jarass*/Pieroth, GG, Art. 125a Rn. 7.

[29] Ähnlich *Schwarz*, Änderungen (Fn. 10), Rn. 116 u. 127; *Wolff*, Übergangsbestimmungen (Fn. 16), S. 275 sowie *C. Degenhart*, in: Sachs, GG, Art. 125a Rn. 13, der Abs. 2 ebenfalls für »verfehlt« hält.

II. Artikel 125a I GG

8 Absatz 1 der Norm reagiert als **Kern des Gesamtensembles** sowohl auf den Wegfall von Gesetzgebungskompetenzen des Bundes durch schlichte Streichung oder ausdrückliche Übertragung auf die Länder sowie auf weitere Begrenzung der Normgebungshoheit durch spezifische Normierungsverbote (→ Rn. 11ff.). Er ordnet die Fortgeltung im Range von Bundesrecht an (→ Rn. 15) und erlaubt den Ländern die Ersetzung, ohne diese an weitere Voraussetzungen zu binden (→ Rn. 16ff.)[30].

1. Anwendungsbereich

9 Art. 125a I 1 GG adressiert **Bundesrecht**. Nach ganz einhelliger Auffassung sind davon förmliche Gesetze wie untergesetzliche Rechtsnormen erfaßt[31]. Sie kommen nur dann für eine Fortgeltung in Betracht, wenn der Wegfall der einschlägigen Bundeskompetenz der einzige Rechtsmangel ist, die Bestimmungen mithin zum Zeitpunkt des Erlasses wie seither im übrigen mit dem Grundgesetz in formeller wie materieller Perspektive vereinbar waren[32]. Etwaige Mängel dieser Art werden durch Art. 125a I 1 GG nicht geheilt[33]. **Erlassen** i.S.d. Art. 125a I 1 GG ist ein Gesetz bereits mit der Verkündung (→ Art. 82 Rn. 16ff.), nicht erst mit seinem Inkrafttreten[34]. Bundesrecht wird nur erfaßt, wenn der so verstandene Erlaß vor den jeweils einschlägigen **Stichtagen** (15. November 1994 für Art. 74 Nr. 18 GG a.F. sowie 1. September 2006 für die übrigen Vorschriften) liegt[35].

10 Diese Rechtsnormen müssen ferner wegen einer **Änderung des Grundgesetzes** nicht mehr als Bundesrecht erlassen werden können[36]. Dabei erfaßt Art. 125a I 1 GG nur die konkret aufgelisteten Eingriffe in den Verfassungstext, weshalb die Aussage, die Norm gelte auch für künftige Änderungen des Grundgesetzes[37], zumindest unscharf ist. Präziser gilt sie nach dem Wortlaut auch für künftige Änderungen des Katalogs nach Art. 74 I GG (die anderen in Bezug genommenen Artikel geben weitere Änderungen kaum her); hingegen würde die Streichung eines Titels des Art. 73 I GG nicht abgedeckt[38]. Konkret listet Art. 125a I 1 GG folgende kompetenzverändernde Eingriffe in die Verfassungsurkunde auf:

11 Die Inbezugnahme von **Art. 74 [I] GG** erfaßt eine Reihe von Eingriffen in diesen Kompetenzkatalog, deren Relevanz stark schwankt – bestes Indiz dafür ist die teils durchaus spürbare Abneigung der Länder, die neuen Refugien auch zu beziehen[39].
– Art. 74 I Nr. 1 GG (Strafvollzug und Untersuchungshaftvollzug; → Art. 74 Rn. 21)

---

[30] Ähnlich *Uhle* (Fn. 4), Art. 125a Rn. 19.

[31] Siehe nur *Uhle* (Fn. 4), Art. 125a Rn. 20; *Wolff* (Fn. 4), Art. 125a Rn. 9; *Jarass*/Pieroth, GG, Art. 125a Rn. 3.

[32] Wie hier *Wolff* (Fn. 4), Art. 125a Rn. 11; *C. Seiler*, in: Epping/Hillgruber, GG, Art. 125a Rn. 2; *Jarass*/Pieroth, GG, Art. 125a Rn. 6.

[33] *H.-W. Rengeling*, HStR³ VI, § 135 Rn. 347; *Uhle* (Fn. 4), Art. 125a Rn. 21; *Degenhart* (Fn. 29), Art. 125a Rn. 3; *Jarass*/Pieroth, GG, Art. 125a Rn. 2.

[34] BVerfGE 110, 370 (386, Rn. 83): »Das In-Kraft-Treten des Gesetzes ist kein Teil des Gesetzgebungsverfahrens mehr (vgl. BVerfGE 42, 263 [283]); ein Gesetz ist daher nicht erst mit seinem In-Kraft-Treten, sondern spätestens mit seiner Verkündung ›erlassen‹ im Sinne des Art. 125a Abs. 1 GG.« – Aus der Literatur *Wolff* (Fn. 4), Art. 125a Rn. 11; *Jarass*/Pieroth, GG, Art. 125a Rn. 3 u. 6.

[35] Präzise *Jarass*/Pieroth, GG, Art. 125a Rn. 6.

[36] *Wolff* (Fn. 4), Art. 125a Rn. 16; *Jarass*/Pieroth, GG, Art. 125a Rn. 6.

[37] So *Jarass*/Pieroth, GG, Art. 125a Rn. 3.

[38] Wie hier *Uhle* (Fn. 4), Art. 125a Rn. 18 oder *Degenhart* (Fn. 29), Art. 125a Rn. 3.

[39] Vergleichbare Auflistungen bei *Wolff* (Fn. 4), Art. 125a Rn. 17f.; *Kirn* (Fn. 4), Art. 125a Rn. 2;

- Art. 74 I Nr. 3 GG (Versammlungsrecht; → Art. 70 Rn. 13; → Art. 74 Rn. 30)
- Art. 74 I Nr. 7 GG (Heimrecht; → Art. 74 Rn. 40)
- Art. 74 Nr. 8 GG (Staatsangehörigkeit in den Ländern; → Art. 74 Rn. 4)[40]
- Art. 74 I Nr. 11 GG (Ladenschluß- und Gaststättenrecht; Recht der Spielhallen, der Schaustellung von Personen, der Messen, der Ausstellungen und Märkte; → Art. 74 Rn. 55)
- Art. 74 I Nr. 17 GG (Recht der Flurbereinigung; → Art. 74 Rn. 77)
- Art. 74 Nr. 18 GG (Recht der Erschließungsbeiträge [§§ 127–135 BauGB]; → Art. 74 Rn. 81 a.E.)
- Art. 74 I Nr. 18 GG (Teilbereiche des Wohnungswesens; landwirtschaftliches Pachtwesen; Siedlungs- und Heimstättenwesen; → Art. 74 Rn. 79, 82)
- Art. 74 I Nr. 24 GG (Schutz vor verhaltensbezogenem Lärm; → Art. 74 Rn. 120)[41].

Die Aufhebung von **Art. 74a GG** (Besoldung und Versorgung der Angehörigen des öffentlichen Dienstes wie der Landesrichter) erlaubt dem Bund nach Art. 74 I Nr. 27 nur noch die ausschnittsweise Regelung der Statusrechte und -pflichten (→ Art. 74 Rn. 133f.). Damit korrespondiert die Anpassung des **Art. 98 III GG** (→ Art. 98 Rn. 26f.). Die Verluste durch Eingriffe in **Art. 75 GG** a.F. sind bestenfalls marginal: 12

- Art. 75 I 1 Nr. 1a GG (allgemeine Grundsätze des Hochschulwesens; vgl. allerdings Art. 74 I Nr. 33 GG – Hochschulzulassung und Hochschulabschlüsse; → Art. 72 Rn. 148; → Art. 74 Rn. 152)
- Art. 75 I 1 Nr. 2 GG (allgemeine Rechtsverhältnisse der Presse und des Films)[42].

Schließlich nennt Art. 125a I 1 noch Art. 84 I 7, 85 I 2 sowie **Art. 105 IIa 2 GG**. Die letztgenannte Vorschrift schreibt den Ländern eher punktuell die Befugnis zur Bestimmung des Steuersatzes der Grunderwerbsteuer zu (ehedem § 11 I GrEStG 3,5%; → Art. 105 Rn. 42)[43]. Deutlich größer ist die Streubreite der beiden Vorschriften aus dem VIII. Abschnitt. **Art. 84 I 7** und **85 I 2 GG** verbieten die Übertragung von Aufgaben an Gemeinden und Gemeindeverbände durch Bundesgesetz (→ Art. 84 Rn. 71f.; → Art. 85 Rn. 28)[44]; sie schließen damit (fast) die Lücke zwischen dem (bundes-)finanzverfassungsrechtlichen Verbot der direkten Mittelzuweisung an Kommunen und dem in den Landesverfassungen inzwischen durchweg kodifizierten **Konnexitätsprinzip** (→ Rn. 6)[45]. Die Zahl der betroffenen Gesetze ist erheblich[46], wobei die Länder bei 13

Seiler (Fn. 32), Art. 125a Rn. 3.1f.; *Maiwald* (Fn. 27), Art. 125a Rn. 6ff.; *Degenhart* (Fn. 29), Art. 125a Rn. 2.

[40] Näher *Pestalozza*, GG VIII, Art. 74 Rn. 396ff.

[41] Die genaue Abgrenzung ist strittig, was allerdings ein materielles Kompetenz- und kein Fortgeltungsproblem darstellt; siehe etwa *W. Försterling*, ZG 22 (2007), 36 (48ff.).

[42] Von beiden Titeln hatte der Bund keinen Gebrauch gemacht: Siehe nur *F. Wittreck*, Presse, in: Ehlers/Fehling/Pünder, Bes. Verwaltungsrecht II, § 60 Rn. 21.

[43] Von dieser Ersetzungskompetenz haben die Länder in erheblichem Umfang Gebrauch gemacht: *H.-P. Schneider*, Der neue deutsche Bundesstaat, 2013, S. 169ff.; *Maiwald* (Fn. 27), Art. 125a Rn. 9; vgl. ferner *E.P. Boruttau*, Grunderwerbsteuergesetz, 18. Aufl. 2016, § 11 Rn. 17.

[44] Aus der jüngeren Literatur dazu *W. Försterling*, ZG 22 (2007), 36 (40ff.); *W. Kahl/M. Schmidtchen*, LKV 2011, 439ff.; *M. Kallerhoff*, DVBl. 2011, 6 (6ff.).

[45] Zu den Grenzen der Lückenschließung VerfGH NW NVwZ 2015, 368 und dazu *K. Engelken*, NVwZ 2015, 342ff. sowie *H.-G. Henneke*, DVBl. 2015, 176ff.

[46] Instruktiv nochmals *Schneider*, Bundesstaat (Fn. 43), S. 139ff.

der Ersetzung ganz offensichtlich zur schlichten Fortschreibung der Rechtslage neigen[47].

14 **Hängend nichtig** oder eben vorbehaltlos durch Landesrecht ersetzungsfähig sind danach – ohne Anspruch auf Vollständigkeit – folgende Vorschriften des Bundesrechts[48]: Das Strafvollzugsgesetz[49], das Versammlungsgesetz[50], das Heimgesetz[51], das Ladenschlußgesetz[52], das Gaststättengesetz[53], §§ 33a, 33i sowie 64–71b der Gewerbeordnung[54]. Die Länder haben in einer Reihe von Bereichen intensiv Gebrauch von den ihnen angewachsenen Kompetenzen gemacht, andere aber vollständig ruhen lassen[55]. Die Lage präsentiert sich dabei als durchaus unübersichtlich; in rechtspolitischer Perspektive wäre der Bund gut beraten, in Ansehung des Art. 125a I GG ähnliche Transparenz bei der Publikation via **juris** walten zu lassen, wie er das sinnvollerweise bei abweichenden Gesetzen der Länder tut (→ Art. 72 Rn. 32 m. Fn. 148).

2. Fortgeltung

15 Nach Art. 125a I 1 GG gilt das erfaßte Recht als **Bundesrecht** weiter[56]. Selbst wenn die ursprünglich einschlägige Gesetzgebungszuständigkeit auf das Land übergegangen ist, mutiert es damit nicht zu Landesrecht[57]; insbesondere unterliegt es nicht der Verwerfungskompetenz der Landesverfassungsgerichte[58]. Es ist auch keinesfalls Bundesrecht minderen Ranges, entfaltet insbesondere die **Derogationswirkung** nach **Art. 31 GG** (→ Art. 31 Rn. 49ff.)[59]. Eingeschränkt ist hingegen seine **Sperrwirkung** namentlich nach Art. 72 I GG (→ Vorb. zu Art. 70–74 Rn. 53; → Art. 72 Rn. 30f.)[60]. Insofern wird zu differenzieren sein: Aus der Ersetzungsbefugnis nach Art. 125a I 2 GG folgt zwin-

---

[47] Eingehend *Schneider*, Bundesstaat (Fn. 43), S. 704ff.

[48] Vgl. auch *Wolff* (Fn. 4), Art. 125a Rn. 19 oder *Maiwald* (Fn. 27), Art. 125a Rn. 6.

[49] Näher *C. Degenhart*, NVwZ 2006, 1209 (1213f.); *Schneider*, Bundesstaat (Fn. 43), S. 224ff.; *K. Jünemann*, Gesetzgebungskompetenz für den Strafvollzug im föderalen System der Bundesrepublik Deutschland, 2012, S. 71ff.

[50] Vgl. zum Stand der Ersetzung *Schneider*, Bundesstaat (Fn. 43), S. 191ff. sowie jetzt *C. Dürig-Friedl/C. Enders*, Versammlungsrecht, 2016, S. 509ff.

[51] Eingehend *Schneider*, Bundesstaat (Fn. 43), S. 555ff.; *K. Dinter*, Die Entwicklung des Heimrechts auf der Ebene des Bundes und der Bundesländer, 2015, S. 131ff.

[52] Siehe *Schneider*, Bundesstaat (Fn. 43), S. 406ff.

[53] Näher *Schneider*, Bundesstaat (Fn. 43), S. 360ff. sowie *J.H. Klement*, Gaststättenrecht, in: R. Schmidt/F. Wollenschläger (Hrsg.), Kompendium Öffentliches Wirtschaftsrecht, 4. Aufl. 2016, § 11, S. 483ff. (487ff.).

[54] Dazu *S. Korte*, Gewerberecht, in: Schmidt/Wollenschläger, Kompendium (Fn. 53), § 9, S. 391ff. (392) sowie (speziell zum Spielhallenrecht) *Schneider*, Bundesstaat (Fn. 43), S. 295ff. – Die hier teils zu verzeichnenden Streitigkeiten – siehe etwa zu § 33i GewO *C. Weidemann/T. Krappel*, NVwZ 2013, 673f. – sind kompetenz-, aber nicht fortgeltungsspezifisch.

[55] Zusammenfassend *Schneider*, Bundesstaat (Fn. 43), S. 184ff., 736ff.

[56] Unterstrichen von *Uhle* (Fn. 4), Art. 125a Rn. 26; *Wolff* (Fn. 4), Art. 125a Rn. 20; *Degenhart* (Fn. 29), Art. 125a Rn. 4; *Jarass*/Pieroth, GG, Art. 125a Rn. 7. – Gegenauffassung bei *Kirn* (Fn. 4), Art. 125a Rn. 3a.

[57] Wie hier *Wolff* (Fn. 4), Art. 125a Rn. 20.

[58] Pointiert *G. Langrock*, in: Umbach/Clemens, GG, Art. 125a Rn. 2.

[59] So auch *Uhle* (Fn. 4), Art. 125a Rn. 26; *Schwarz*, Änderungen (Fn. 10), Rn. 120; *Wolff* (Fn. 4), Art. 125a Rn. 22; *Jarass*/Pieroth, GG, Art. 125a Rn. 7. – Gegenauffassung bei *Langrock* (Fn. 58), Art. 125a Rn. 2, der aber möglicherweise Art. 31 GG fälschlich als Sanktionsnorm der Kompetenzen anspricht (→ Art. 31 Rn. 28).

[60] Verneint von *Uhle* (Fn. 4), Art. 125a Rn. 26; *Schwarz*, Änderungen (Fn. 10), Rn. 120 sowie *Wolff* (Fn. 4), Art. 125a Rn. 24. – Für volle Sperrwirkung *Kallerhoff*, Fortgeltung (Fn. 28), S. 60; *Jarass*/Pieroth, GG, Art. 125a Rn. 7.

gend, daß das fortbestehende Bundesrecht namentlich einer kompletten Neuregelung des Gegenstandes durch den Landesgesetzgeber nicht im Wege stehen kann (hier drängen sich als Beispiele die Versammlungsgesetze einzelner Bundesländer auf[61]). Im übrigen hängt die mögliche Sperrwirkung des fortbestehenden Rechts von den – strittigen – Voraussetzungen ab, die man an eine formgerechte Ersetzung stellt: In dem Ausmaß, in dem Art. 125a I 2 GG die bloße Änderung ausschließt (→ Rn. 16f.), kommt der Norm weiterhin Sperrwirkung zu.

3. Ersetzung durch Landesrecht

Nach Art. 125a I 2 GG kann fortgeltendes Bundesrecht durch **Landesrecht** ersetzt werden, ohne daß es – im Unterschied zu Abs. 2 (→ Rn. 22ff.) – einer vorherigen Freigabeentscheidung durch den Bundesgesetzgeber bedarf[62] – diese hat in der Sache der verfassungsändernde Gesetzgeber getroffen. Die Verwendung von »Landesrecht« impliziert, daß neben förmlichen Gesetzen wiederum insb. Rechtsverordnungen in Betracht kommen[63], die als solche uneingeschränkt verfassungskonform sein müssen[64]. Die genetische Interpretation der Norm legt vergleichsweise eindeutig nahe, daß der verfassungsändernde Gesetzgeber den Ländern **keine Änderungskompetenz** einräumen wollte (→ Rn. 2)[65]. Art. 125a I 2 GG nimmt zwar föderale Rechtsvielfalt in Kauf, indem in manchen Bundesländern das Bundesrecht fortgilt, während andere es durch Eigenkreationen ersetzen. Die Norm will aber nicht zu einem Zustand ihre Hand reichen, in dem in den Bundesländern unterschiedliche Fassungen von Bundesrecht gelten – ein föderaler Gottseibeiuns, der allerdings vom nämlichen Reformgesetzgeber in Gestalt der Abweichungsgesetzgebung nach Art. 72 III GG gerade als bundesstaatliches Stimulantium proklamiert worden ist. 16

Ersetzen ist danach so zu verstehen, »dass der Landesgesetzgeber die Materie, gegebenenfalls auch einen abgrenzbaren Teilbereich, in eigener Verantwortung regelt. Dabei ist er nicht gehindert, ein weitgehend mit dem bisherigen Bundesrecht gleich lautendes Landesrecht zu erlassen.«[66] Unstreitig liegt danach ein »Ersetzen« vor, wenn der Landesgesetzgeber ein völlig neu konzipiertes Gesetz an die Stelle des Bundesrechts setzt[67]. Inzwischen dürfte auch anerkannt sein, daß das Land das Bundesrecht im Sinne einer echten Deregulierung vollständig **aufheben** kann, sofern dem nicht im Einzelfall Gesetzgebungspflichten entgegenstehen (→ Rn. 5, 7)[68]. Die Rechtsprechung hat ferner die kompetenzrechtliche Appropriation durch landesrechtliche 17

---

[61] Siehe nochmals *Dürig-Friedl/Enders*, Versammlungsrecht (Fn. 50). – Zu den Grenzen instruktiv BerlVerfGH NVwZ-RR 2014, 577 (578): Teilersetzung des § 19a VersG.

[62] Unterstrichen von *Uhle* (Fn. 4), Art. 125a Rn. 29; *Degenhart* (Fn. 29), Art. 125a Rn. 5; *Jarass*/Pieroth, GG, Art. 125a Rn. 8.

[63] So auch *Uhle* (Fn. 4), Art. 125a Rn. 30 sowie *Wolff* (Fn. 4), Art. 125a Rn. 26. Gegenauffassung bei *Degenhart* (Fn. 29), Art. 125a Rn. 4. → *Stettner*, Bd. III², Art. 125a Rn. 9.

[64] Allerdings ist dies kein spezifisches Problem von Art. 125a I 2 GG.

[65] Ganz h.M.: *Uhle* (Fn. 4), Art. 125a Rn. 7f.; *Wolff* (Fn. 4), Art. 125a Rn. 25; *Degenhart* (Fn. 29), Art. 125a Rn. 6; *Jarass*/Pieroth, GG, Art. 125a Rn. 8.

[66] BVerfGE 111, 10 (30, Rn. 107); »Ersetzen« als »erkennbar eigenverantwortliche Regelung« definiert BVerwG NVwZ-RR 2010, 243 (243, Rn. 7).

[67] Hier drängt sich das Bayerische Versammlungsgesetz (v. 22.7.2008, GVBl. 2008, S. 421) auf: *Wolff* (Fn. 4), Art. 125a Rn. 26.

[68] Wie hier *Uhle* (Fn. 4), Art. 125a Rn. 30; *Degenhart* (Fn. 29), Art. 125a Rn. 6; *Jarass*/Pieroth, GG, Art. 125a Rn. 8. Kritisch *Seiler* (Fn. 32), Art. 125a Rn. 4.2.

Anordnung der Fortgeltung des Bundesrechts als Landesrecht für möglich gehalten[69]. Abgrenzungsprobleme werfen hingegen die beiden vom Bundesverfassungsgericht in die Diskussion mehr hineingeworfenen **Figuren des »abgrenzbaren Teilbereichs«** wie des »weitgehend gleich lautenden Landesgesetzes« auf, da sie letztlich doch eine Änderungsbefugnis implizieren. Legt der Landesgesetzgeber lediglich wenig Phantasie an den Tag und erläßt ein dem bisherigen Bundesgesetz sehr ähnliches bzw. nur marginal verändertes Landesgesetz, so liegt immerhin die formelle Zäsur vor, die hinreichend klar die Fortgeltung des Bundesrechts nach Art. 125a I 1 GG beendet. Das dürfte vorzugswürdig gegenüber der vom Bundesverwaltungsgericht erwogenen Möglichkeit sein, das verändernde Landesgesetz so zu deuten, als ordne es die Fortgeltung des nicht betroffenen Teils des Bundesgesetzes als Landesrecht an[70]. Im übrigen behelfen sich Lehre wie Judikatur mit der Formel, daß ein abgrenzbarer Teilbereich namentlich dann vorliege, wenn das verbleibende Bundesrecht eine sinnvolle Regelung darstellt[71].

18 Die Ersetzung steht grundsätzlich im **Ermessen** des Landesgesetzgebers[72], sofern er nicht im Einzelfall durch grundrechtliche Schutzpflichten, sonstige Gesetzgebungsaufträge aus Bundes- oder Landesverfassung, Unionsrecht oder völkerrechtliche Verpflichtungen gehalten ist, aktiv zu werden[73]. Die Ersetzung wirkt nach allgemeinen Regeln nur für das Land; Art. 125a I 2 GG nimmt insofern die **Entstehung partikularen Bundesrechts** in Kauf[74]. Maßgeblich ist wiederum der Zeitpunkt der Verkündung nach den Regeln der Landesverfassung (→ Art. 82 Rn. 7), nicht das Inkrafttreten (→ Rn. 9).

III. Artikel 125a II GG

19 Art. 125a II GG reagiert auf den 1994 erfolgten **Übergang von der Bedürfnis- zur Erforderlichkeitsklausel**; es geht mithin nicht um den Wegfall einer Kompetenz des Bundes, sondern um die Anhebung der Zugriffsschwelle auf dieselbe[75]. Art. 125a II 1 GG läßt im Sinne der Rechtssicherheit wiederum das dem Verfassungswortlaut rechtlich nicht mehr genügende Recht als Bundesrecht fortgelten. Im Unterschied zu Abs. 1 ist das Zugriffsrecht der Länder allerdings an die Bedingung eines **Freigabegesetz**es des Bundes gekoppelt (Abs. 2; → Rn. 22ff.).

---

[69] BVerwGE 148, 328 (336, Rn. 24): Ersetzung des BBesG mit Ausnahme einiger konkret bezeichneten Bestimmungen durch das SächsBesG im Jahre 2008; zustimmend *Uhle* (Fn. 4), Art. 125a Rn. 30; *Wolff*, Übergangsbestimmungen (Fn. 16), S. 273f.; *Jarass*/Pieroth, GG, Art. 125a Rn. 8. – Für Nichtigkeit eines entsprechenden Gesetzes wegen formaler Mängel hingegen SächsVerfGH NVwZ 2011, 936 (937f.).

[70] BVerwG NVwZ 2002, 1505 (1505): Überführung der §§ 127–135 BauGB in der am 1.1.1997 geltenden Fassung in bayerisches Landesrecht.

[71] So BSG, EG 4/12 v. 4.9.2013, Rn. 23: § 80 StVollzG als nach Art. 125a I 1 GG ungeachtet eines ersetzenden Landesgesetzes fortgeltende Norm. – Aus der Literatur *Wolff* (Fn. 4), Art. 125a Rn. 28; *Uhle* (Fn. 4), Art. 125a Rn. 30; *Jarass*/Pieroth, GG, Art. 125a Rn. 8.

[72] Ganz h. M.: BVerwGE 148, 328 (335, Rn. 23); *Uhle* (Fn. 4), Art. 125a Rn. 29; *Jarass*/Pieroth, GG, Art. 125a Rn. 8a.

[73] Vgl. zu dem Grundsatz, daß Kompetenznormen eine Befugnis, aber keine Pflicht zum Erlaß eines Gesetzes enthalten, *H.-W. Rengeling*, HStR IV, § 100 Rn. 7; *Uhle* (Fn. 4), Art. 125a Rn. 29.

[74] Unterstrichen von *Uhle* (Fn. 4), Art. 125a Rn. 31; *Schwarz*, Änderungen (Fn. 10), Rn. 119; *Wolff* (Fn. 4), Art. 125a Rn. 24 sowie *Seiler* (Fn. 32), Art. 125a Rn. 5.

[75] Siehe *J.F. Lindner*, NJW 2005, 399 (399); *Uhle* (Fn. 4), Art. 125a Rn. 33.

1. Anwendungsbereich

Wie Abs. 1 spricht Art. 125a II 1 GG von »**Recht**« und meint damit wiederum formelle Gesetze wie untergesetzliches Recht[76]; zugleich müssen diese im übrigen formell wie materiell verfassungskonform sein[77]. Die Textänderung 2006 (→ Rn. 3) hat klargestellt, daß Art. 125a II 1 GG lediglich solches Bundesrecht erfaßt, das zwischen dem 7. September 1949 (→ Art. 122 Rn. 9) und dem 15. November 1994 auf der Grundlage der in Art. 72 II GG a.F. enthaltenen Bedürfnisklausel erlassen worden ist, der seit 1994 geltenden Erforderlichkeitsprüfung aber *rechtlich* nicht standhalten würde[78]. Das macht mehrere Differenzierungen bzw. Abgrenzungen notwendig: Nicht von Art. 125a II GG ist der Fall erfaßt, daß die Erforderlichkeit einer bundesgesetzlichen Regelung nachträglich *faktisch* fortfällt[79]; für diese Konstellation ist vielmehr Art. 72 IV GG einschlägig, der allerdings implizit die gleiche Rechtsfolge setzt: Fortgeltung der Norm, jedoch Möglichkeit der Freigabe durch ein Bundesgesetz (→ Art. 72 Rn. 44ff.). Sodann sind **drei Zeitspannen** zu unterscheiden: Wie dargelegt, ordnet Art. 125a II 1 GG das Fortgelten für Recht aus der Zeitspanne von 1949 bis 1994 an. Bundesrecht aus der Zeit zwischen der GVK-Reform (1994) und der Föderalismusreform I (2006) hingegen muß sämtlichen verfassungsrechtlichen Anforderungen einschließlich des neuen Art. 72 II GG genügen – das gilt auch für Änderungen der fortgeltenden Gesetze, wie das Bundesverfassungsgericht anhand des § 143 StGB zu Recht klargestellt hat[80]. 2006 hat sich die Lage nochmals dahingehend substantiell verschoben, daß für die sog. Kernkompetenzen des Bundes die Erforderlichkeit unwiderleglich vermutet wird (→ Art. 72 Rn. 17). Damit entfaltet auch Art. 125a II GG nur noch für die in Art. 72 II GG aufgezählten Katalogtitel Wirkung[81], die dem Bund offenbar weniger wichtig waren – für die übrigen Kompetenztitel des Art. 74 I GG hat sich das Freigabe- und Ersetzungsfenster hingegen nach zwölf Jahren geschlossen[82]. 20

2. Fortgeltung

Das von Art. 125a II 1 GG erfaßte Recht gilt als **Bundesrecht** fort und entfaltet – vorbehaltlich einer Freigabe – gegenüber dem Landesrecht sowohl **Derogationswirkung** (→ Art. 31 Rn. 49ff.) als auch **Sperrwirkung** gem. Art. 72 I GG (→ Art. 72 Rn. 30f.)[83]. Der Bundesgesetzgeber ist eingedenk seiner nach Art. 74 I GG regelmäßig fortbestehenden Gesetzgebungskompetenz neben der Freigabe auch zur **Änderung** wie zur **Aufhebung** befugt, muß bzw. mußte dabei aber im Einzelfall die Erforderlichkeit des Eingriffs darlegen[84]; aus Art. 125a II GG selbst lassen sich hingegen keinerlei Ände- 21

---

[76] Siehe nur *Wolff* (Fn. 4), Art. 125a Rn. 9.

[77] Statt aller BVerfGE 110, 141 (175, Rn. 116) – Kampfhunde.

[78] So auch *Wolff* (Fn. 4), Art. 125a Rn. 30; zuvor bereits *Uhle* (Fn. 4), Art. 125a Rn. 35.

[79] Einhellige Auffassung: *Uhle* (Fn. 4), Art. 125a Rn. 36; *C. Seiler*, Die Freigabe von Bundesrecht zur landesrechtlichen Ersetzung, in: Heintzen/Uhle, Kompetenzrecht (Fn. 10), S. 239ff. (244f.); *Jarass*/Pieroth, GG, Art. 125a Rn. 9. – Andere Akzentsetzung allerdings bei *Wolff* (Fn. 4), Art. 125a Rn. 32f.

[80] BVerfGE 110, 141 (175ff., Rn. 116ff.).

[81] *Wolff* (Fn. 4), Art. 125a Rn. 31; *Seiler* (Fn. 32), Art. 125a Rn. 6.1; *Degenhart* (Fn. 29), Art. 125a Rn. 8; *Jarass*/Pieroth, GG, Art. 125a Rn. 9.

[82] Pointiert *Seiler* (Fn. 32), Art. 125a Rn. 6.1.

[83] *Uhle* (Fn. 4), Art. 125a Rn. 39; *Wolff* (Fn. 4), Art. 125a Rn. 34; *Jarass*/Pieroth, GG, Art. 125a Rn. 10.

[84] Nochmals BVerfGE 110, 141 (175, Rn. 116). Aus der Literatur *M. Bothe*, in: AK-GG, Art. 125a (2002), Rn. 4. Weitergehend *Uhle* (Fn. 4), Art. 125a Rn. 40ff. sowie *Wolff* (Fn. 4), Art. 125a Rn. 35.

rungs- oder Fortschreibungsbefugnisse ableiten, da die Norm ausschließlich das Fortgelten regelt (→ Rn. 29).

3. Freigabe zur Änderung

22 Der verfassungsändernde Gesetzgeber hat sich aus **Sorge um die Rechtssicherheit** entschieden, den Zugriff des Landesnormgebers auf nach Art. 125a II 1 GG fortgeltendes Bundesrecht von einer förmlichen Freigabeentscheidung der Bundesinstanzen abhängig zu machen (→ Rn. 2). Wie die mit Bedacht gewählte Gegenüberstellung darlegt (»Bundesgesetz« vs. »Landesrecht«), muß die Freigabe durch förmliches Gesetz erfolgen[85], während das Land anschließend frei darin ist, seinen neu gewonnenen Freiraum im Wege des förmlichen Gesetzes oder insb. der Verordnunggebung zu nutzen[86]. Art. 125a II 2 GG räumt dem Bund eine ausschließliche Gesetzgebungskompetenz (→ Vorb. zu Art. 70–74 Rn. 42) zum Erlaß des Freigabegesetzes ein und entfaltet gegenüber den Ländern eine Ausschlußwirkung (→ Art. 72 Rn. 45). Die Zahl der seit 1994 erlassenen Freigabegesetze ist weiterhin gleich Null[87]; der Übergang zur sog. Kernkompetenz 2006 (→ Art. 72 Rn. 6, 17) wird ihre Zahl nicht wachsen lassen[88]. Art. 125a II GG entpuppt sich mithin als eine **Mogelpackung** in vorgetäuschter föderalistischer Absicht.

23 Die Freigabe steht nach ganz überwiegender Ansicht im **Ermessen** der Bundesorgane[89]. Zugleich nimmt die Mehrheitsmeinung die Möglichkeit einer **Ermessensreduzierung auf Null** an[90] und rekurriert dabei mit der Rechtsfigur der Bundestreue auf ein rechtliches Nullum[91]. In der Sache streiten der Reformzweck von 1994 (→ Rn. 2), die systematische Zusammenschau mit Instrumenten wie der Abweichungsgesetzgebung (→ Art. 72 Rn. 32ff., 54) sowie insbesondere die 2006 ebenfalls eingeführte Möglichkeit, das Freigabegesetz durch eine Entscheidung des Bundesverfassungsgerichts nach Art. 93 II 2 GG zu ersetzen (→ Art. 72 Rn. 47; → Art. 93 Rn. 71f.)[92] dafür, daß der Bundesgesetzgeber hier womöglich weniger frei ist als gemeinhin angenommen. Zumindest für die seit 2006 noch verbleibenden Titel sprechen damit die besseren Gründe für eine vom Grundgesetz implizierte **Obliegenheit zur Freigabe**.

---

[85] So *Wolff* (Fn. 4), Art. 125a Rn. 39.

[86] *Uhle* (Fn. 4), Art. 125a Rn. 47; *ders.*, DÖV 2006, 370 (373). – Anderer Auffassung ist *Meyer*, Föderalismusreform (Fn. 5), S. 224, der davon ausgeht, daß man die Gesetzesform verlangen müsse für Landesrecht, das Bundesgesetzesrecht ersetzt, da der Bund die Materie vormals dem parlamentarischen Verfahren unterworfen habe und dies weiterhin zu berücksichtigen sei.

[87] Siehe *C. Degenhart*, NVwZ 2006, 1209 (1211); *Jarass*/Pieroth, GG, Art. 125a Rn. 11.

[88] Wie hier *Meyer*, Föderalismusreform (Fn. 5), S. 220; *Jarass*/Pieroth, GG, Art. 125a Rn. 11.

[89] So *Uhle* (Fn. 4), Art. 125a Rn. 45; *Wolff* (Fn. 4), Art. 125a Rn. 37; *Jarass*/Pieroth, GG, Art. 125a Rn. 11.

[90] So namentlich BVerfGE 111, 10 (31, Rn. 112): »Das in Art. 125a Abs. 2 Satz 2 GG dem Bund eingeräumte Ermessen ist unter Berücksichtigung des Grundsatzes bundes- und länderfreundlichen Verhaltens (vgl. BVerfGE 104, 238 [247f., Rn. 35ff.]; 110, 33 [52, Rn. 100f.]) entsprechend eingeschränkt. Reicht die bloße Modifikation der Regelung auf Grund sachlicher Änderungen nicht mehr aus oder hält der Bund aus politischen Erwägungen eine Neukonzeption für erforderlich, so verengt sich der Entscheidungsspielraum des Gesetzgebers beim Fehlen der Voraussetzungen des Art. 72 Abs. 2 GG dahingehend, dass er die Länder zur Neuregelung zu ermächtigen hat«; zustimmend aus der Literatur *J.F. Lindner*, NJW 2005, 399 (401f.); *Uhle* (Fn. 4), Art. 125a Rn. 45.

[91] *F. Wittreck*, Die Bundestreue, in: I. Härtel (Hrsg.), Handbuch Föderalismus, Bd. I, 2012, § 18 Rn. 54. Gegenauffassung: → Art. 20 (Bundesstaat), Rn. 45ff.

[92] Näher *M. Sachs/C. Jasper*, NVwZ 2015, 465 (469).

24 Die Freigabe erfolgt entweder durch Feststellung des Bundesverfassungsgerichts nach Art. 93 II 2 GG[93] oder durch **förmliches Bundesgesetz**. Die Zustimmung des Bundesrates ist nach verbreiteter Auffassung nicht notwendig[94]. Zwar geht Art. 93 II 3, 2. Alt. GG ganz offensichtlich davon aus, daß über die notwendige Vorlage nach Art. 72 IV bzw. Art. 125a II 2 GG im Bundesrat abgestimmt wird, dürfte dabei aber primär an eine Bundesratsinitiative i. S. v. Art. 76 I GG denken. Selbst wenn die Rechtsprechung bezüglich der Notwendigkeit einer Zustimmung zur Aufhebung ursprünglich zustimmungspflichtiger Gesetze fein differenziert[95], dürfte auch hier gelten, daß die jeweiligen Gesetzesbeschlüsse unterschiedliche Gegenstände betreffen (→ Art. 72 Rn. 47).

IV. Artikel 125a III GG

25 Art. 125a III GG reagiert schließlich auf die **Überführung** einer Reihe von Katalogtiteln der konkurrierenden wie der Rahmengesetzgebung in den Reigen des Art. 73 I GG. Es sind dies konkret[96]:
- Art. 73 I Nr. 3 (Melde- und Ausweiswesen; → Art. 73 Rn. 24f.)[97]
- Art. 73 I Nr. 5a (Schutz deutschen Kulturgutes; → Art. 73 Rn. 41f.)[98]
- Art. 73 I Nr. 12 (Waffen- und Sprengstoffrecht; → Art. 73 Rn. 81)
- Art. 73 I Nr. 13 (Versorgung der Kriegsbeschädigten und Kriegshinterbliebenen und die Fürsorge für die ehemaligen Kriegsgefangenen; → Art. 73 Rn. 83)
- Art. 73 I Nr. 14 (Erzeugung und Nutzung der Kernenergie; → Art. 73 Rn. 85).

26 Die Listung der Titel nach Art. 73 I Nr. 3 (Melde- und Ausweiswesen) sowie Art. 73 I Nr. 5a GG (Schutz deutschen Kulturgutes) ist keineswegs unproblematisch, da sie aus den Rahmenkompetenzen gem. Art. 75 GG a. F. in die ausschließliche Gesetzgebung »eingewandert« sind, weshalb **Art. 125b I GG** für sie möglicherweise **spezieller** ist (→ Art. 125b Rn. 7ff.). Nach dem Wortlaut sind beide Fortgeltensvorschriften zunächst unzweifelhaft anwendbar. Sie ordnen unterschiedliche Rechtsfolgen an (Art. 125a III GG: Fortgelten des Landesrechts plus Ersetzungsbefugnis des Bundesgesetzgebers; Art. 125b I 1 GG: Fortgelten des Bundesrechts), die sich aber nicht ausschließen. Insofern können beide Bestimmungen zur Anwendung kommen.

27 Fortgeltendes bzw. mittlerweile ersetztes Landesrecht ist praktisch nur zu den Titeln nach Art. 73 I Nr. 3 und 5a GG zu erwarten[99]. Da die übrigen Gegenstände zuvor bereits der konkurrierenden Bundesgesetzgebung nach Art. 72, 74 GG unterlagen, sind einschlägige Landesgesetze nicht zu verzeichnen[100] und ist die **Bedeutung** der

---

[93] Dazu *Seiler*, Freigabe (Fn. 79), S. 253.

[94] So *Wolff* (Fn. 4), Art. 125a Rn. 39; *Uhle* (Fn. 4), Art. 125a Rn. 45; *Jarass*/Pieroth, GG, Art. 125a Rn. 11.

[95] Zuletzt BVerfGE 114, 196 (231, Rn. 189).

[96] Vergleichbar in der Auflistung *Wolff* (Fn. 4), Art. 125a Rn. 41; *Jarass*/Pieroth, GG, Art. 125a Rn. 12. → *Stettner*, Bd. III², Art. 125b Rn. 17.

[97] Umgesetzt durch das Gesetz über Personalausweise sowie den elektronischen Identitätsnachweis (Personalausweisgesetz – PAuswG) v. 18.6.2009 (BGBl. I S. 1346) sowie das Bundesmeldegesetz (BMG) v. 3.5.2013 (BGBl. I S. 1084); vgl. *W. Mosbacher*, DVP 2013, 361ff.

[98] Jetzt das Gesetz zur Neuregelung des Kulturgutschutzrechts v. 31.7.2016 (BGBl. I S. 1914). Siehe zur Diskussion im Vorfeld *L. Elmenhorst*, ZRP 2016, 15ff.

[99] Zum Melderecht instruktiv *N.A. Jaekel*, VBlBW 2015, 461ff.; zum Kulturgüterschutz eingehend *C.F. Germelmann*, Kultur und staatliches Handeln, 2013, S. 687ff.

[100] Vgl. auch *A. Uhle*, Die Sachbereiche der ausschließlichen Gesetzgebungskompetenz des Bundes nach der Föderalismusreform, in: Heintzen/Uhle, Kompetenzrecht (Fn. 10), S. 189ff. (192ff.).

Norm damit insgesamt bestenfalls **marginal**[101]. »Landesrecht« erfaßt einmal mehr förmliche Gesetze wie untergesetzliche Rechtsakte[102]. Die **Fortgeltung** entspricht der nach Abs. 1 und 2 und schließt angesichts des sonst möglichen Übergriffs in die ausschließliche Gesetzgebung des Bundes jegliche Fortschreibungskompetenzen kategorisch aus (→ Rn. 29)[103]. Auch die **Ersetzung** durch den Bund folgt den Regeln der Abs. 1 und 2 (→ Rn. 16ff.) und schließt insb. die schlichte Aufhebung von fortbestehendem Landesrecht ein[104]. Es unterstreicht den der systematischen Vollständigkeit wie der Liebhaberei geschuldeten Charakter der Vorschrift, daß in der Kommentarliteratur betroffenes Landesrecht nicht zu verzeichnen ist; Art. 125a III GG löst womöglich ein theoretisches Problem[105].

V. Entsprechende Anwendung des Art. 125a GG?

28 In Rechtsprechung und Literatur haben sich wenigstens drei Möglichkeiten der entsprechenden Anwendung von Art. 125a GG bzw. einzelner Absätze desselben herausgebildet, die sich allesamt als anfechtbar erweisen.

1. Art. 125a GG als Kompetenzgrundlage für die Fortschreibung fortgeltenden Rechts

29 Das Bundesverfassungsgericht hat – unter überwiegender Zustimmung der Literatur sowie Erstreckung auf Art. 125a I und III GG[106] – angenommen, der Bundesgesetzgeber sei nach Art. 125a II 1 GG ermächtigt, auf fortgeltendes Bundesrecht weiterhin zuzugreifen[107], sofern er sich auf die »Beibehaltung der wesentlichen Elemente der in dem fortgeltenden Bundesgesetz enthaltenen Regelung« beschränke. »Diese darf vom Bundesgesetzgeber modifiziert werden. Zu einer grundlegenden Neukonzeption wären dagegen nur die Länder befugt, allerdings erst nach einer Freigabe durch Bundesgesetz.«[108] Diese letztlich allein auf Praktikabilitätserwägungen beruhende Judikatur[109] kann nicht überzeugen[110]. Sie verdreht die Intention des verfassungsän-

---

[101] Wie hier *Maiwald* (Fn. 27), Art. 125a Rn. 20.

[102] *Wolff* (Fn. 4), Art. 125a Rn. 9; *Jarass*/Pieroth, GG, Art. 125a Rn. 12.

[103] A.A. freilich *Wolff* (Fn. 4), Art. 125a Rn. 42 sowie *Jarass*/Pieroth, GG, Art. 125a Rn. 13.

[104] Wie hier *Maiwald* (Fn. 27), Art. 125a Rn. 21.

[105] Schwer nachvollziehbar *Schwarz*, Änderungen (Fn. 10), Rn. 117, der »einen klaren Anwendungsbereich und eine inhaltlich unmissverständliche Aussage« diagnostiziert.

[106] So *J.F. Lindner*, NJW 2005, 399 (400f.); *Wolff* (Fn. 4), Art. 125a Rn. 23; *Uhle* (Fn. 4), Art. 125a Rn. 27f.; *Seiler* (Fn. 32), Art. 125a Rn. 4; *Maiwald* (Fn. 27), Art. 125a Rn. 13; *Jarass*/Pieroth, GG, Art. 125a Rn. 7a. → *Stettner*, Bd. III², Art. 125a Rn. 14.

[107] BVerfGE 111, 10 (29ff., Rn. 103ff.) Ladenschlußgesetz III; 111, 226 (268f., Rn. 137) – Juniorprofessuren; 112, 226 (250, Rn. 84) – Studiengebühren. Siehe ferner OVG Schleswig NVwZ 2006, 847 (848).

[108] BVerfGE 111, 10 (31, Rn. 111).

[109] Lies BVerfGE 111, 10 (30, Rn. 109): »Gilt Bundesrecht nach Art. 125a Abs. 2 Satz 1 GG fort, finden darauf mit Ausnahme von Art. 72 Abs. 2 GG alle für Bundesrecht maßgebenden verfassungsrechtlichen Normen Anwendung. Dazu gehören die Vorschriften über die Gesetzgebung und damit auch über die Änderung bestehenden Rechts. Es gibt keine Anhaltspunkte dafür, dass der verfassungsändernde Gesetzgeber durch Art. 125a Abs. 2 GG einen Stillstand im Bereich der konkurrierenden Gesetzgebung und damit eine Versteinerung einer einmal geschaffenen Rechtslage in Kauf genommen hat oder hat verursachen wollen«.

[110] Kritisch wie hier *T. Poschmann*, NVwZ 2004, 1318 (1320ff.); *Meyer*, Föderalismusreform (Fn. 5), S. 216; *Degenhart* (Fn. 29), Art. 125a Rn. 7 sowie jetzt eingehend *M. Sachs*/*C. Jasper*, NVwZ 2015, 465 (468ff.).

dernden Gesetzgebers, der dem Bund bewußt engere Grenzen setzen wollte, in ihr Gegenteil (und nimmt interessanterweise die historisch belegbare Erwägung einzelner Mitglieder des Parlamentarischen Rates zu Art. 125 GG auf, wonach diese Norm nicht nur die Fortgeltung anordne, sondern dem Bund den Zugriff erlaube, und zwar unabhängig von Art. 72 II GG: → Art. 125 Rn. 3). Ferner beschwört sie ohne Not gleich zwei **Folgediskussionen** herauf: Die erste dreht sich um die Frage der **zeitlichen Grenze** der Fortschreibungskompetenz; sie wird teils am ersten Ersetzungsgesetz (→ Rn. 16ff.) eines Landes festgemacht[111], wobei wiederum teils die Geltung nur für das aktiv gewordene Land[112], teils für das gesamte Bundesgebiet angenommen wird. Nach richtiger Auffassung folgt die zeitliche Grenze aus den Stichtagen der beiden Grundgesetzänderungen, die das Kompetenztableau verändert haben (→ Rn. 2f.). Noch bizarrer ist die zweite Folgedebatte, die um die Frage kreist, ob der Bund entgegen dem Aufgabenübertragungs- bzw. Durchgriffsverbot nach Art. 84 I 7 bzw. 85 I 2 GG in fortgeltenden Bundesgesetzen enthaltene **Aufgabenübertragungen ändern** kann. Erneut kommen Verfechter dieser Auffassung zu der textfernen, aber praktikablen Lösung, daß zwar keine neuen Aufgaben geschaffen, aber bestehende begrenzt erweitert werden können[113]. Richtigerweise wird man auch hier ein klares Verbot als das deuten müssen, was es ist: ein Verbot[114].

2. Art. 125a GG als Ermächtigung zur Aufhebung von Bundesrecht

Ferner ist in Sonderheit Art. 125a I GG herangezogen worden, um dem Bund die förmliche **Aufhebung** ehemaliger Rahmengesetze zu ermöglichen[115]. Auch hier dürfte die praktische Nützlichkeit über die dogmatische Stringenz siegen. Art. 125a I GG ordnet die Fortgeltung von solchem Recht an, das der Bund nicht mehr erlassen könnte (Satz 1) und gibt den Ländern die Möglichkeit, ohne Freigabe durch den Bund zur Ersetzung zu schreiten (Satz 2). Das soll gerade ein Vakuum verhindern (→ Rn. 7). Wieso die Norm dann den Bund ermächtigen soll, ohne geschriebene Kompetenz doch noch zuzugreifen und genau dieses Vakuum zu schaffen (das zugleich die Länder – ebenfalls gegen die Intention der Norm – geradezu zwingt, von ihrer Ersetzungskompetenz Gebrauch zu machen), leuchtet nicht recht ein. 30

---

111 So *Uhle* (Fn. 4), Art. 125a Rn. 43f.; *H.-W. Rengeling*, HStR³ VI, § 135 Rn. 357; *Jarass*/Pieroth, GG, Art. 125a Rn. 7a.

112 So *Uhle* (Fn. 4), Art. 125a Rn. 28.

113 So *C. Maiwald*, Einführung, in: ders. (Hrsg.), Grundgesetz. Text. Föderalismusreform mit Begleitgesetz und Einführung, 2006, S. VII ff. (XXI); *M. Kallerhoff*, DVBl. 2011, 6 (8ff.) sowie *Jarass*/Pieroth, GG, Art. 125a Rn. 7. – *A. Dittmann*, in: Sachs, GG, Art. 84 Rn. 13 sieht das Aufgabenübertragungsverbot zumindest dann auch als Aufgabenerweiterungsverbot an, wenn die materiell-rechtliche Ausweitung bereits existierender Aufgaben diesen eine nicht unwesentliche andere Bedeutung oder Tragweite verleiht; *M. Burgi*, DVBl. 2007, 70 (77) hält die Veränderung bestehender bundesgesetzlicher Regelungen für zulässig, sofern diese nicht die Zuständigkeiten der Kommunen, sondern lediglich die Modalitäten der Aufgabenwahrnehmung einschließlich der anwendbaren materiellrechtlichen Standards betreffen. – Vgl. zusammenfassend *Seiler*, Freigabe (Fn. 79), S. 252f.

114 Gegen jede Erweiterung wie hier *F. Schoch*, DVBl. 2007, 261 (263ff.); *J. Knitter*, ZG 24 (2009), 18 (20f.); *F. Kirchhof*, in: Maunz/Dürig, GG, Art. 84 (2011), Rn. 166.

115 Diese These bei *H.-A. Wolff*, ZBR 2007, 145 (146f.: BRRG) bzw. bei *J.F. Lindner*, NVwZ 2007, 180 (181f.: HRG). Zustimmend etwa *Seiler* (Fn. 32), Art. 125a Rn. 4; *Jarass*/Pieroth, GG, Art. 125a Rn. 7a.

3. Art. 125a GG als Hebel zur Fort-Fortgeltung nach Art. 125 GG

31 Schließlich werden Art. 125a I u. II GG herangezogen, um die (nochmalige) **Fortgeltung von Bundesrecht** zu begründen, das zum Stichtag (Ablauf des 7. September 1949; → Art. 122 Rn. 9) **nach** der Qualifikationsregel des **Art. 125 GG** als Bundesrecht eingestuft worden ist, dem durch nachfolgende Grundgesetz-Änderungen aber die kompetenzrechtliche »Deckung« abhandengekommen ist[116]. Das ist gleich doppelt anfechtbar. Was Art. 125a II GG anbelangt, so ist unbestritten, daß es zum Stichtag auf ein Bedürfnis nach einer bundesgesetzlichen Regelung i. S. v. Art. 72 II GG a. F. nicht ankam (→ Art. 125 Rn. 17). Dann können aber auch spätere Änderungen an dieser nicht anwendbaren zusätzlichen Schranke die Fortgeltung des betroffenen Bundesrechts nicht beeinträchtigen. Und in Ansehung des Art. 125a I GG wäre schlicht darzutun, wie die Wortlautgrenze des »Erlassens« zu überwinden ist, zumal es naheliegt, Art. 125 GG unmittelbar anzuwenden (→ Art. 125 Rn. 14).

D. Verhältnis zu anderen GG-Bestimmungen

32 Mit **Art. 123–125 GG** ist Art. 125a GG weniger sachlich-inhaltlich als durch die Assoziation des »Fortgeltens« verknüpft; in der Sache folgen die Bestimmungen unterschiedlichen Leitbildern bzw. Konzepten[117]. Die Annahme, die Bestimmung oder Teile davon könnten gegen ihren Wortlaut entsprechend auf fortgeltendes Bundesrecht insb. nach Art. 125 GG angewandt werden, ist verfehlt (→ Rn. 31; → Art. 125 Rn. 14). Art. 125a I GG korrespondiert mit den explizit in Bezug genommenen Vorschriften (→ Art. 74 Rn. 40, 55, 81 f., 120, 137; → Art. 84 Rn. 71 f. → Art. 85 Rn. 28; → Art. 98 Rn. 26 f. → Art. 105 Rn. 42). Gleiches gilt für Art. 125a II GG in Beziehung auf Art. 72 II GG (→ Art. 72 Rn. 18 ff.) sowie für Art. 125a III GG in Ansehung des Art. 73 I GG (→ Art. 73 Rn. 24 f., 41 f., 81, 83, 85). Mit Art. 72 IV GG steht Art. 125a II 2 GG in einem Verhältnis der gegenständlichen Ausschließlichkeit; Art. 125a II 2 GG regelt die Freigabe rechtlich, Art. 72 IV GG diejenige sachlich nicht mehr erforderlicher Gesetze (→ Rn. 20; → Art. 72 Rn. 45 ff.). Eng ist die Beziehung zur 2006 mit eingeführten prozessualen Vorschrift des **Art. 93 II GG** (→ Art. 93 Rn. 71 f.). Diese ermöglicht es den Ländern, den Bund durch Feststellung des Bundesverfassungsgerichts zur Freigabe nach Art. 125a II 2 GG zu zwingen, sofern zuvor ein Antrag nach Art. 72 IV oder Art. 125a II 2 GG entweder im Bundestag oder im Bundesrat abgelehnt oder verschleppt worden ist. Daß noch kein Verfahren nach Art. 93 II GG eingeleitet worden ist[118], belegt einmal mehr, daß Art. 125a GG insgesamt den Ländern möglicherweise mehr gibt, als sie haben wollen. Art. 125b GG ist dem Grunde nach neben Art. 125a III GG anwendbar (→ Rn. 26). Im übrigen richtet sich die Abgrenzung nach der Interpretation der einzelnen Katalogtitel[119].

---

[116] So aber → *Stettner*, Bd. III², Art. 125a Rn. 18.

[117] Pointiert *Wolff*, Übergangsbestimmungen (Fn. 16), S. 262.

[118] Vgl. *C. v. Coelln*, in: Maunz/Schmidt-Bleibtreu/Klein/Bethge, BVerfGG, § 13 (2012), Rn. 16; kritisch zum faktischen Druckpotential der gerichtlichen Normsurrogation *ders.*, ebd., § 96 (2012), Rn. 98 f.; *C. Burkiczak*, in: Burkiczak/Dollinger/Schorkopf, BVerfGG, § 13 Rn. 29. Siehe weiterhin aus der Literatur *C. Hillgruber/C. Goos*, Verfassungsprozessrecht, 3. Aufl. 2011, Rn. 564h.

[119] Näher *Wolff* (Fn. 4), Art. 125a Rn. 13 f.; instruktiv auch *Seiler* (Fn. 32), Art. 125a Rn. 3.2.

Artikel 125b [Fortgelten von Rahmengesetzen, Abweichungsbefugnis der Länder]

(1) [1]Recht, das auf Grund des Artikels 75 in der bis zum 1. September 2006 geltenden Fassung erlassen worden ist und das auch nach diesem Zeitpunkt als Bundesrecht erlassen werden könnte, gilt als Bundesrecht fort. [2]Befugnisse und Verpflichtungen der Länder zur Gesetzgebung bleiben insoweit bestehen. [3]Auf den in Artikel 72 Abs. 3 Satz 1 genannten Gebieten können die Länder von diesem Recht abweichende Regelungen treffen, auf den Gebieten des Artikels 72 Abs. 3 Satz 1 Nr. 2, 5 und 6 jedoch erst, wenn und soweit der Bund ab dem 1. September von seiner Gesetzgebungszuständigkeit Gebrauch gemacht hat, in den Fällen der Nummern 2 und 5 spätestens ab dem 1. Januar 2010, im Fall der Nummer 6 spätestens ab dem 1. August 2008.

(2) Von bundesgesetzlichen Regelungen, die auf Grund des Artikels 84 Abs. 1 in der vor dem 1. September 2006 geltenden Fassung erlassen worden sind, können die Länder abweichende Regelungen treffen, von Regelungen des Verwaltungsverfahrens bis zum 31. Dezember 2008 aber nur dann, wenn ab dem 1. September in dem jeweiligen Bundesgesetz Regelungen des Verwaltungsverfahrens geändert worden sind.

Literaturauswahl

Degenhart, Christoph: Die Neuordnung der Gesetzgebungskompetenzen durch die Föderalismusreform, in: NVwZ 2006, S. 1209–1216.

Gieseke, Ludwig: Nachruf auf das Hochschulrahmengesetz, in: Wissenschaftsrecht 45 (2012), S. 3–12.

Heintzen, Markus/Uhle, Arnd (Hrsg.): Neuere Entwicklungen im Kompetenzrecht. Zur Verteilung der Gesetzgebungszuständigkeiten zwischen Bund und Ländern nach der Föderalismusreform, 2014.

Heitsch, Christian: Die asymmetrische Neuverflechtung der Kompetenzordnung durch die deutsche »Föderalismusreform I«, in: JöR 57 (2009), S. 333–358.

Herbst, Tobias: Gesetzgebungskompetenzen im Bundesstaat. Eine Rekonstruktion der Rechtsprechung des Bundesverfassungsgerichts, 2014.

Kallerhoff, Matthias: Die übergangsrechtliche Fortgeltung von Bundesrecht nach dem Grundgesetz, 2010.

Knitter, Janna: Das Verbot der Aufgabenübertragung auf die Kommunen und die Behandlung von Altfällen, in: ZG 24 (2009), S. 18–33.

Lindner, Josef Franz: Darf der Bund das Hochschulrahmengesetz aufheben? Zur Kategorie einer Aufhebungskompetenz kraft zeitlichen Annexes, in: NVwZ 2007, S. 180–182.

Rengeling, Hans-Werner: Gesetzgebungszuständigkeit, in: HStR[3] VI, § 135 (S. 567–742).

Schneider, Hans-Peter: Der neue deutsche Bundesstaat. Bericht über die Umsetzung der Föderalismusreform I, 2013.

Schwarz, Kyrill-A.: Der neue Art. 125b GG, in: Christian Starck (Hrsg.), Föderalismusreform, 2007, Rn. 128–135 (S. 63–66).

Wagner, Roland: Die Konkurrenzen der Gesetzgebungskompetenzen von Bund und Ländern, 2011.

Wolff, Heinrich Amadeus: Die Aufhebungskompetenz des Bundes für das BRRG, in: ZBR 2007, S. 145–147.

Wolff, Heinrich A.: Die kompetenzrechtlichen Übergangsbestimmungen, in: Markus Heintzen/Arnd Uhle (Hrsg.), Neuere Entwicklungen im Kompetenzrecht. Zur Verteilung der Gesetzgebungszuständigkeiten zwischen Bund und Ländern nach der Föderalismusreform, 2014, S. 257–275.

Leitentscheidung des Bundesverfassungsgerichts

BVerfGE 111, 226 (246 ff., Rn. 78 ff.) – Juniorprofessur.

Gliederung

Stichwörter

A. Herkunft, Entstehung, Entwicklung

I. Ideen- und verfassungsgeschichtliche Aspekte

1 Art. 125b GG steht wie Art. 125a GG im Banne des Dogmas von der Nichtigkeit verfassungswidriger Normen (→ Rn. 6). Näherhin steht er in der **Tradition zweier Institutionen** (oder Problemlagen) der bundesrepublikanischen Verfassungsgeschichte, nämlich der **Rahmengesetzgebung** nach Art. 75 GG a. F. (→ Vorb. zu Art. 70–74 Rn. 38) wie der sachlich unbegrenzten und nur durch den Vorbehalt der Zustimmung des Bundesrates gezügelten Möglichkeit des Bundes, nach Art. 84 I GG a. F. zum Zwecke des Vollzugs des Bundesrechts auf die **Einrichtung der Behörden** der Länder die das **Verwaltungsverfahren** Zugriff zu nehmen (→ Art. 84 Rn. 7f.). Beide Möglichkeiten wurden 2006 im Rahmen der Föderalismusreform I weitgehend abgeschafft (→ Rn. 2); Art. 125b GG regelt als Übergangsbestimmung ihre Abwicklung bzw. läßt sie in Spurenelementen fortgelten.

II. Entstehung und Veränderung der Norm

2 Art. 125b GG wurde mit Wirkung zum 1. September 2006 durch die Föderalismusreform I in das Grundgesetz eingefügt (→ Vorb. zu Art. 70–74 Rn. 15)[1]. Dem lag einer-

[1] 52. Gesetz zur Änderung des Grundgesetzes v. 28.8.2006, BGBl. I S. 2034; vgl. dazu noch die

seits die Überzeugung des verfassungsändernden Gesetzgebers zugrunde, daß die Figur der **Rahmenkompetenz** nach Art. 75 GG a. F. in der Verfassungspraxis **gescheitert** war[2]. Zugleich sollte mit Art. 84 I GG a. F. die **Quasi-Generalklausel** für die Begründung der Zustimmungspflichtigkeit von Bundesgesetzen durch den Bundesrat nach Art. 77 IIa GG **getilgt** werden, um im Sinne einer »Politikentflechtung« sowohl die Zahl der Zustimmungsgesetze zu senken als auch den Rechtsraum der Länder klarer gegen den Bundeszugriff abzuschirmen[3].

B. Internationale, supranationale und rechtsvergleichende Bezüge

I. Inter- und supranationale Aspekte

3 Direkte Parallelen zu Art. 125b GG lassen sich weder hinsichtlich inter- oder supranationaler Normsetzung noch hinsichtlich der Verwaltungsorganisation der einschlägigen Institutionen verzeichnen. Möglich ist hingegen – in Parallele zu Art. 125a GG – daß aus dem Völker- oder eher dem Unionsrecht **Vorgaben** folgen, wie Bundes- und Landesgesetzgeber ihre in Art. 125b GG niedergelegten Kompetenzen zu nutzen haben (→ Art. 125a Rn. 4).

II. Verfassungsvergleich

4 Zwar lassen sich im Rechtsvergleich durchaus Kompetenzordnungen benennen, die Ähnlichkeiten mit der **Rahmengesetzgebung** aufweisen (→ Vorb. zu Art. 70–74 Rn. 25 f.; → Art. 72 Rn. 10). Die Frage einer Parallele zu Art. 125b GG würde sich aber erst stellen, wenn eine solche Rechtsordnung hinginge und gleich dem verfassungsändernden Gesetzgeber von 2006 diese kooperative Handlungsform abschaffte; dafür sind keine Beispiele ersichtlich. Lediglich die in Art. 125b GG geregelte Abweichungsgesetzgebung findet einen entfernten Vetter in Österreich (→ Art. 72 Rn. 12). Die spezifische Doppelrolle des **Art. 84 I GG** a. F. (→ Rn. 19 ff.) wie die Notwendigkeit einer Übergangsregelung nach ihrer Abschaffung dürften wiederum einzigartig sein.

5 Im deutschen Landesverfassungsrecht finden sich keine Bestimmungen, die unmittelbar mit Art. 125b GG korrelieren. Nicht anders als bei Art. 125a GG gilt jedoch, daß die **Landesverfassungen** potentiell geeignet sind, das Land hinsichtlich der Ausfüllung der fortbestehenden Rahmengesetze (→ Rn. 12) wie hinsichtlich der Abweichungsmöglichkeiten nach Abs. 1 u. 2 (→ Rn. 16 ff., 20 f.) sowohl bezüglich des »**Ob**« als auch bezüglich des »**Wie**« in die Pflicht zu nehmen (→ Art. 125a Rn. 6). In Betracht kommen namentlich explizite Garantien zugunsten der Selbstverwaltung oder des Bestandes

---

Darstellungen von *C. Degenhart*, NVwZ 2006, 1209 ff.; C. Starck (Hrsg.), Föderalismusreform, 2007; *C. Heitsch*, JöR 57 (2009), 333 ff.; *H.-P. Schneider*, Der neue deutsche Bundesstaat, 2013; speziell zur Entstehung von Art. 125b GG *K.-A. Schwarz*, Der neue Art. 125b GG, in: C. Starck (Hrsg.), Föderalismusreform, 2007, Rn. 128 ff.; *H.A. Wolff*, in: v. Mangoldt/Klein/Starck, GG III, Art. 125b Rn. 1. → *Stettner*, Bd. III², Art. 125b Rn. 1.

[2] So ausdrücklich die Gesetzesbegründung (BT-Drs. 16/813, S. 8); siehe aus der Literatur zur Föderalismusreform nur *C. Degenhart*, NVwZ 2006, 1209 (1209).

[3] Nochmals *C. Degenhart*, NVwZ 2006, 1209 (1209); *B. Pieroth*, Das Defizit des Grundgesetzes: der Blockadeföderalismus, in: F. Wittreck (Hrsg.), 60 Jahre Grundgesetz – Verfassung mit Zukunft!?, 2010, S. 33 ff. (37 ff.); *H. Trute*, Verwaltungskompetenzen und Art. 33 Abs. 5, in: Starck, Föderalismusreform (Fn. 1), Rn. 147 ff. (149 ff.).

der Hochschulen[4], aber auch partikulare Gewährleistungen wie das bayerische Grundrecht auf Naturgenuß (Art. 141 III 1 BayVerf.)[5].

C. Erläuterungen

I. Allgemeine Bedeutung

6 Art. 125b GG gleicht Art. 125a GG auch darin, daß er als Übergangsbestimmung versucht, eine **Kompromißlinie** zwischen dem rechtsstaatlichen Gebot der Rechtssicherheit und dem Bundesstaatsprinzip zu ziehen[6]. Im Interesse ersterer ordnet er die Fortgeltung von Bestimmungen an, deren spezielle Kompetenzgrundlage als *Rahmenrecht* im Interesse der Gesetzgebungshoheit der Länder weggefallen ist; zugleich prolongiert er punktuell das spezifische **Rahmenregime** des Art. 75 GG a. F. (Abs. 1 S. 1 u. 2)[7]. Parallel zur in vieler Hinsicht als Nachfolgemodell der Rahmengesetzgebung einzustufenden **Abweichungsgesetzgebung** nach Art. 72 III GG (→ Art. 72 Rn. 32ff.) erlaubt er zur Klarstellung die Abweichung von diesem fortgeltenden Recht, bindet sie aber im Interesse einer zeitlichen »Vorhand« des Bundesgesetzgebers an Fristen (Abs. 1 S. 3). Absatz 2 als drittes Element der Norm regelt – mit Absatz 1 durch die Möglichkeit der Abweichung thematisch verknüpft – die Option der Länder, von bundesrechtlichen **Organisations- und Verfahrensvorschriften** nach Art. 84 I GG a. F. abzuweichen, und bindet diese wiederum an Fristen. In der Sache ordnet er damit im Umkehrschluß ihre Fortgeltung an (→ Rn. 19). Systematische Klammer der Norm ist die Auffassung, daß die Abweichungsrechte nach Art. 72 III u. 84 I GG nur auf solche Bundesregelungen anwendbar sind, die nach dem 1. September 2006 erlassen werden[8].

II. Fortgeltung von Rahmenrecht (Art. 125b I GG)

7 Art. 125b I GG ist – neben Art. 125a I GG (→ Art. 125a Rn. 12) – das zweite Element, das der Bewältigung der Folgen der Abschaffung der Rahmenkompetenz (Art. 75 GG a. F.; → Vorb. zu Art. 70–74 Rn. 38) dient. Während Art. 125a I GG auf die schlichte **Streichung** reagiert, soll Art. 125b I GG die Konsequenzen der »**Hochzonung**« ehemaliger Rahmenkompetenzen zu Gegenständen der ausschließlichen oder konkurrierenden Gesetzgebung moderieren. Zugleich enthält er eine detailverliebte Sonderregelung für den Fall, daß diese Hochzonung die Abweichungsgesetzgebung nach Art. 72 III GG betrifft, die sich auch hier einmal mehr als ein **Wiedergänger** der Rahmengesetzgebung entpuppt (→ Rn. 16ff.; → Art. 72 Rn. 32ff.).

---

[4] Sie finden sich etwa in Art. 138 II BayVerf. (Selbstverwaltungsrecht der Hochschulen); Art. 85 Bad.-WürttVerf. (Bestandsgarantie für Universitäten und Hochschulen). → Art. 5 III [Wissenschaft], Rn. 10.

[5] Art. 26 I 2 Bayer. Naturschutzgesetz weicht unter ausdrücklichem Hinweis auf die Norm vom BNatSchG ab; näher *J. Müller*, in: T. Meder/W. Brechmann (Hrsg.), Die Verfassung des Freistaates Bayern, 5. Aufl. 2014, Art. 141 Rn. 23ff.

[6] Zusammenfassend zum folgenden *Wolff* (Fn. 1), Art. 125b Rn. 2ff.; *C. Degenhart*, in: Sachs, GG, Art. 125b Rn. 1; *Jarass*/Pieroth, GG, Art. 125b Rn. 1 u. 7; instruktiv auch *H.A. Wolff*, Die kompetenzrechtlichen Übergangsbestimmungen, in: M. Heintzen/A. Uhle (Hrsg.), Neuere Entwicklungen im Kompetenzrecht, 2014, S. 257ff. (258ff.).

[7] Präzise *M. Kallerhoff*, Die übergangsrechtliche Fortgeltung von Bundesrecht nach dem Grundgesetz, 2010, S. 99.

[8] Pointiert *D. Heck*, in: v. Münch/Kunig, GG II, Art. 125b Rn. 2 sowie *H.-G. Henneke*, in: Schmidt-Bleibtreu/Hofmann/Henneke, GG, Art. 125b Rn. 1.

1. Betroffene Gegenstände (Satz 1)

»**Recht**« i. S. v. Art. 125b I 1 GG sind nach einhelliger Auffassung förmliche Gesetze wie untergesetzliches Recht (namentlich Verordnungen)[9]. Satz 1 knüpft ihre Fortgeltung zunächst an zwei **geschriebene Voraussetzungen**, nämlich den Erlaß aufgrund Art. 75 GG a. F. sowie die ungeachtet des Wegfalls dieser Norm fortbestehende Möglichkeit zum Erlaß als Bundesrecht[10]. Sie setzt damit implizit den Transfer eines ehemaligen Gegenstandes der Rahmenkompetenz in einen der verbleibenden Kompetenztitel voraus und wirft zugleich die Frage auf, ob und in welchem Umfang sie konstitutiv oder bloß deklaratorisch wirkt. Sie dürfte dahingehend zu beantworten sein, daß die von Art. 125b I 1 GG intendierte Fortgeltung gerade als Bundes-Rahmenrecht (→ Rn. 11) ohne die Norm entfallen wäre. »**Erlassen**« sind Gesetze mit ihrer Verkündung, nicht mit ihrem Inkrafttreten (→ Art. 82 Rn. 24; → Art. 125a Rn. 9). Der **Stichtag** (1. September 2006) folgt unmittelbar aus dem Gesetz. 8

Erfaßt sind danach **Gesetze**, die **aufgrund der folgenden Kompetenztitel** erlassen worden sind[11]: 9

- Art. 73 I Nr. 3 GG (Melde- und Ausweiswesen; → Art. 73 Rn. 24f.)[12]
- Art. 73 I Nr. 5a GG (Schutz deutschen Kulturgutes; → Art. 73 Rn. 41f.)[13]
- Art. 74 I Nr. 27 GG (Statusrechte und -pflichten der Beamten und Richter; → Art. 74 Rn. 133ff.)[14]
- Art. 74 I Nr. 28 GG (Jagdwesen; → Art. 72 Rn. 35; → Art. 74 Rn. 139)[15]
- Art. 74 I Nr. 29 GG (Naturschutz und Landschaftspflege; → Art. 72 Rn. 36; → Art. 74 Rn. 142)[16]
- Art. 74 I Nr. 30 GG (Bodenverteilung; → Art. 72 Rn. 54; → Art. 74 Rn. 144)[17]
- Art. 74 I Nr. 31 GG (Raumordnung; → Art. 72 Rn. 54; → Art. 74 Rn. 147)[18]
- Art. 74 I Nr. 32 GG (Wasserhaushalt; → Art. 72 Rn. 37; → Art. 74 Rn. 150)[19]
- Art. 74 I Nr. 33 GG (Hochschulzulassung und Hochschulabschlüsse; → Art. 72 Rn. 54; → Art. 74 Rn. 153)[20].

Ungeschriebene Voraussetzung der Fortgeltung ist ferner, daß das betroffene Bundesrecht sowohl Art. 75 GG a. F. als auch das sonstige formelle und materielle Verfas- 10

---

[9] Statt aller *Jarass*/Pieroth, GG, Art. 125b Rn. 1.

[10] Siehe *Wolff* (Fn. 1), Art. 125b Rn. 5; *Heck* (Fn. 8), Art. 125b Rn. 3.

[11] Vergleichbar *Heck* (Fn. 8), Art. 125b Rn. 3; *C. Seiler*, in: Epping/Hillgruber, GG, Art. 125b Rn. 1.1; *Henneke* (Fn. 8), Art. 125b Rn. 2; *Jarass*/Pieroth, GG, Art. 125b Rn. 1.

[12] Ehemals Art. 75 Nr. 5 GG.

[13] Die Norm hat eine bewegte Geschichte hinter sich (→ Art. 73 Rn. 40). Durch das unlängst erlassene Gesetz zum Schutz von Kulturgut (Kulturgutschutzgesetz – KGSG; v. 31.7.2016, BGBl. I S. 1914) hat die Fortgeltung nach Satz 1 ein Ende gefunden (→ Rn. 11; vgl. für Restbestände allerdings § 90 KGSG).

[14] Ehemals Art. 75 Nr. 1 GG.

[15] Ursprünglich Art. 75 Nr. 3 GG.

[16] Ehedem Art. 75 Nr. 3 GG.

[17] Weiland Art. 75 Nr. 4 GG. Zugleich dürfte Art. 125b I 1 GG hier ohne Anwendungsfall sein, weil der Bund von seiner Rahmenkompetenz keinen Gebrauch gemacht hat (und von seiner Kernkompetenz nach menschlichem Ermessen keinen Gebrauch machen wird: → Art. 74 Rn. 144f.).

[18] Anfangs Art. 75 Nr. 4 GG.

[19] Olim Art. 75 I Nr. 1a GG.

[20] Zu Philisterzeiten ebenfalls Art. 75 Nr. 4 GG.

sungsrecht wahrt bzw. gewahrt hat[21]. Verstöße – etwa durch Überschreiten der vom Bundesverfassungsgericht zunehmend enger gefaßten Grenzen von »Rahmen«-Vorschriften (→ Rn. 13ff.) – wurden durch die Überführung in höherrangige Kompetenztitel nicht geheilt[22]. Allerdings ist der Bund nunmehr befugt, unter Ausnutzung seiner weiterreichenden Kompetenzen eine Neuregelung vorzunehmen und hat dies ganz überwiegend auch getan[23].

11 Rechtsfolge der Erfüllung ist die **Fortgeltung**, und zwar in der doppelten Qualifikation als *Bundes*recht wie *Rahmen*recht[24]. Das vor dem Stichtag auf der Grundlage von Art. 75 GG a. F. erlassene Bundesrecht gilt fort, obwohl seine ursprüngliche Ermächtigungsgrundlage wie auch der in ihr näher ausbuchstabierte Normtyp fortgefallen sind. Das Rahmenrecht berechtigt und verpflichtet die Länder weiter zur Ausfüllung[25]. Die Fortgeltung des Rahmenrechts nach Art. 125b I 1 GG endet in dem Augenblick, in dem der Bund von seinen neuen ausschließlichen oder konkurrierenden Kompetenzen Gebrauch macht[26]. Dabei reicht eine einzelne oder punktuelle Regelung nicht aus; vielmehr muß der Bund – ohne wiederum i. S. v. Art. 72 I GG »erschöpfend« zu normieren (→ Art. 72 Rn. 25ff.) – eine gesetzgeberische Einheit im Sinne einer kohärenten Lösung eines Gesetzgebungsauftrags vorlegen[27]. Das ist für die folgenden Titel inzwischen geschehen[28]:

- Art. 73 I Nr. 3 GG (Melde- und Ausweiswesen): Gesetz über Personalausweise sowie den elektronischen Identitätsnachweis (Personalausweisgesetz – PAuswG) v. 18.6.2009 (BGBl. I S. 1346) sowie das Bundesmeldegesetz (BMG) v. 3.5.2013 (BGBl. I S. 1084)
- Art. 73 I Nr. 5a GG (Schutz deutschen Kulturgutes): Gesetz zur Neuregelung des Kulturgutschutzrechts v. 31.7.2016 (BGBl. I S. 1914)
- Art. 74 I Nr. 27 GG (Statusrechte und -pflichten der Beamten und Richter): Gesetz zur Regelung des Statusrechts der Beamtinnen und Beamten in den Ländern (Beamtenstatusgesetz) v. 17.6.2008 (BGBl. I S. 1010)[29]
- Art. 74 I Nr. 29 GG (Naturschutz und Landschaftspflege): Gesetz über Naturschutz und Landschaftspflege (Bundesnaturschutzgesetz) v. 29.7.2009 (BGBl. I S. 2542)
- Art. 74 I Nr. 31 GG (Raumordnung): Raumordnungsgesetz v. 22.12.2008 (BGBl. I S. 2986)

---

[21] *Wolff* (Fn. 1), Art. 125b Rn. 7; *Degenhart* (Fn. 6), Art. 125b Rn. 4; *Jarass*/Pieroth, GG, Art. 125b Rn. 2. → *Stettner*, Bd. III², Art. 125b Rn. 3.

[22] Wie hier *Kallerhoff*, Fortgeltung (Fn. 7), S. 128; *Jarass*/Pieroth, GG, Art. 125b Rn. 2; Gegenauffassung bei *Degenhart* (Fn. 6), Art. 125b Rn. 5.

[23] Eingehend *Schneider*, Bundesstaat (Fn. 1), S. 93ff., 103f., 107ff., 122ff., 125ff.; vgl. ferner *S. Oeter*, Die von der Föderalismusreform tangierten Sachbereiche der konkurrierenden Gesetzgebungskompetenz im Einzelnen, in: Heintzen/Uhle, Kompetenzrecht (Fn. 6), S. 159ff. (165ff.) sowie *A. Uhle*, Die Sachbereiche der ausschließlichen Gesetzgebungskompetenz des Bundes nach der Föderalismusreform, ebd., S. 189ff. (198ff.).

[24] *Wolff* (Fn. 1), Art. 125b Rn. 9f.; *Heck* (Fn. 8), Art. 125b Rn. 4; *Degenhart* (Fn. 6), Art. 125b Rn. 3; *Jarass*/Pieroth, GG, Art. 125b Rn. 3.

[25] Näher *Heck* (Fn. 8), Art. 125b Rn. 4; *Jarass*/Pieroth, GG, Art. 125b Rn. 3. Aus der Rechtsprechung VerfGH NRW OVGE 53, 240: Konnexitätsprinzip bei Aufgabenveränderung durch Bundesrecht.

[26] So auch *Seiler* (Fn. 11), Art. 125b Rn. 1.

[27] Ähnlich *Jarass*/Pieroth, GG, Art. 125b Rn. 3.

[28] Vgl. auch *Heck* (Fn. 8), Art. 125b Rn. 7.

[29] Nachweise zur korrespondierenden Landesgesetzgebung bei *Schneider*, Bundesstaat (Fn. 1), S. 446ff.

– Art. 74 I Nr. 32 GG (Wasserhaushalt): Gesetz zur Ordnung des Wasserhaushalts (Wasserhaushaltsgesetz) v. 31.7.2009 (BGBl. I S. 2585).

Die Fortgeltung als Rahmenrecht i. S. v. Art. 125b I 1 GG beschränkt sich mithin auf das Bundesjagdgesetz[30] sowie Reste von Beamtenrechtsrahmengesetz[31] und Hochschulrahmengesetz[32], wohingegen in Sachen Bodenverteilung mangels Masse auch keine Kompetenzen zu verteilen sind[33]. **Änderungen** an diesen Gesetzen kann der Bundesgesetzgeber kraft seiner konkurrierenden Kompetenz (→ Rn. 8) vornehmen, so daß sich bei Art. 125b I GG das Problem einer angeblichen »Fortschreibungskompetenz« nicht stellt (→ Art. 125a Rn. 29)[34]. Gleiches gilt für die Frage der dereinst anstehenden **Aufhebung** der fortgeltenden Normen[35]. 12

2. Rest-Rahmenrecht (Satz 2)

Die wohl wichtigste Konsequenz von Art. 125b I GG dürfte sein, daß die Norm nicht allein das Fortgelten von Bundesrecht bewirkt, sondern bereichsspezifisch einen Verfassungsrechtsstatus perpetuiert, indem Satz 2 die Fortgeltung der »Befugnisse und Verpflichtungen der Länder« anordnet[36]. Die Bestimmung konserviert damit die **normative Ruine** des **Art. 75 GG a. F.** – mitsamt der nicht unerheblichen Auslegungs- und Umsetzungsprobleme, die letztlich 2006 zur (eben nicht ersatzlosen) Streichung der Norm geführt haben[37]. 13

In der Sache **nimmt** Art. 125b I 2 GG **auf folgendes Textcorpus Bezug**[38]: 14

»(1) [1]Der Bund hat das Recht, unter den Voraussetzungen des Artikels 72 Rahmenvorschriften für die Gesetzgebung der Länder zu erlassen über:

1. die Rechtsverhältnisse der im öffentlichen Dienste der Länder, Gemeinden und anderen Körperschaften des öffentlichen Rechtes stehenden Personen, soweit Artikel 74a nichts anderes bestimmt;

1a. die allgemeinen Grundsätze des Hochschulwesens;

2. die allgemeinen Rechtsverhältnisse der Presse;

3. das Jagdwesen, den Naturschutz und die Landschaftspflege;

4. die Bodenverteilung, die Raumordnung und den Wasserhaushalt;

5. das Melde- und Ausweiswesen;

6. den Schutz deutschen Kulturgutes gegen Abwanderung ins Ausland. [2]Artikel 72 Abs. 3 gilt entsprechend.

(2) Rahmenvorschriften dürfen nur in Ausnahmefällen in Einzelheiten gehende oder unmittelbar geltende Regelungen enthalten.

(3) Erläßt der Bund Rahmenvorschriften, so sind die Länder verpflichtet, innerhalb einer durch das Gesetz bestimmten angemessenen Frist die erforderlichen Landesgesetze zu erlassen.«

---

[30] Näher *Schneider*, Bundesstaat (Fn. 1), S. 600ff.

[31] Rahmengesetz zur Vereinheitlichung des Beamtenrechts (Beamtenrechtsrahmengesetz) i. d. F. der Bek. v. 31.3.1999 (BGBl. I S. 654); näher zur Fortgeltung *M. Wichmann/K.-U. Langer*, Öffentliches Dienstrecht, 7. Aufl. 2014, Rn. 41.

[32] Hochschulrahmengesetz i. d. F. der Bek. v. 19.1.1999 (BGBl. I S. 18); vgl. dazu *A. Reich*, Hochschulrahmengesetz mit Wissenschaftszeitvertragsgesetz, 11. Aufl. 2012, § 72 Rn. 1; *Schneider*, Bundesstaat (Fn. 1), S. 486ff. sowie den »Nachruf« von *L. Gieseke*, WissR 45 (2012), 3ff.

[33] Siehe *Henneke* (Fn. 8), Art. 125b Rn. 5.

[34] *Kallerhoff*, Fortgeltung (Fn. 7), S. 103f.; *Heck* (Fn. 8), Art. 125b Rn. 4. – Gegenauffassung bei *Wolff* (Fn. 1), Art. 125b Rn. 8.

[35] Anders *J.F. Lindner*, NVwZ 2007, 180 (181f.); *Kallerhoff*, Fortgeltung (Fn. 7), S. 104f. sowie *Degenhart* (Fn. 6), Art. 125b Rn. 3.

[36] Wie hier *Heck* (Fn. 8), Art. 125b Rn. 10.

[37] Von »Eigenheiten« spricht fein *Seiler* (Fn. 11), Art. 125b Rn. 2.

[38] Näher zur Auslegung der Rahmengesetzgebung vor 2006 *Pestalozza*, GG VIII, Art. 75 Rn. 53ff. u. passim; *Degenhart* (Fn. 6), Art. 125b Rn. 5. → *Stettner*, Bd. II², Art. 75 Rn. 6ff.

15 Wenn Art. 125b I 2 GG auf »**Befugnisse und Verpflichtungen**« verweist, spricht er im Kern zwei Normkomplexe an. Die Verpflichtung rekurriert auf Art. 75 III GG a. F.[39], der 1994 im Rahmen der nachgeholten Grundgesetzreform nach der Wiedervereinigung eingeführt worden ist und den zuvor geführten Streit beenden sollte, ob eine entsprechende Pflicht besteht[40]. Die Länder sind danach weiterhin zum Ausfüllen des bundesrechtlichen Rahmens verpflichtet[41]. Wichtiger ist der zeitgleich eingefügte Art. 75 II GG, der den – letztlich gescheiterten – Versuch des verfassungsändernden Gesetzgebers darstellte, den Bund in Sachen »Rahmen« beim Wort zu nehmen[42]. Interessanterweise zeichnet er normativ gar nicht allein verantwortlich für die energische Deutung der Rahmenkompetenz durch das Bundesverfassungsgericht, die wiederum der Grund dafür sein dürfte, daß der Bund den Art. 75 GG a. F. als unhaltbare Position letztlich geräumt hat. Denn die Entscheidung zu den Studienbeiträgen kommt ganz ohne Nennung des Art. 75 GG aus, sondern stützt sich auf die verfehlte Rechtsprechung zur Fortschreibungskompetenz aus Art. 125a II GG (→ Art. 125a Rn. 29)[43]. In der Entscheidung zur Juniorprofessur hat das Gericht hingegen zu Art. 75 II GG ausgeführt[44]: »Vorbehaltlich der in Art. 75 Abs. 2 GG festgelegten Ausnahmen sollen Rahmenvorschriften nur noch an die Gesetzgebung der Länder adressiert werden und nicht mehr detailliertes oder unmittelbar bindendes Recht setzen. Mit diesem Ziel des verfassungsändernden Gesetzgebers ist es nicht vereinbar, wenn eine nach Art. 75 Abs. 2 GG in Einzelheiten gehende oder unmittelbar geltende Regelung nur die Grenze desjenigen wahrt, was vor der Grundgesetzänderung 1994 nach Art. 75 GG a. F. verfassungsrechtlich gestattet war. Vielmehr muss eine ausnahmsweise unumgängliche Vollregelung deutlicher als bisher in der Reichweite begrenzt sein, wenn der Rahmencharakter des Bundesgesetzes gewahrt bleiben soll.« Im übrigen verweist Art. 75 I 1 GG a. F. auf Art. 72 II GG (**Erforderlichkeit**; → Art. 72 Rn. 18ff.[45]) sowie Art. 75 I 2 GG a. F. auf den heutigen Art. 72 IV GG (**Freigabe**; → Art. 72 Rn. 45ff.).

3. Abweichungsbefugnis (Satz 3)

16 Art. 125b I 3 GG erlaubt den Ländern, vom fortgeltenden Bundesrecht abzuweichen; die Bestimmung soll das als wertungswidersprüchlich aufgefaßte Ergebnis vermeiden, daß die Länder zwar von neuem Recht unter den Voraussetzungen des Art. 72 III GG abweichen können, an fortgeltendes Rahmenrecht aber starr gebunden sein sollen[46]. Diese **abgeleitete Abweichungsbefugnis** nach Art. 125b I 3 GG betrifft jedoch allein

---

[39] Wie hier *Heck* (Fn. 8), Art. 125b Rn. 4.

[40] Im Detail *Pestalozza*, GG VIII, Art. 75 Rn. 741ff.; vgl. zur Debatte 1994 näher *Pestalozza*, GG VIII, Art. 75 Rn. 41ff.

[41] Unterstrichen von *Seiler* (Fn. 11), Art. 125b Rn. 2.1; vgl. auch *Wolff* (Fn. 1), Art. 125b Rn. 7, 9.

[42] Statt aller BVerfGE 111, 226 (250, Rn. 90): »Hierdurch sollten die bisherige allzu großzügige Verfassungspraxis eingedämmt und der kooperative Charakter der Rahmengesetzgebungskompetenz wieder stärker betont werden (vgl. BT-Drucks 12/7109, S. 10; BT-Drucks 12/6633, S. 9). Der Grundgedanke der Rahmengesetzgebung als Verfahren der kooperativen Rechtssetzung wurde als in der Vergangenheit nicht vollständig gewahrt angesehen. In der Grundgesetzänderung ist die klare Anweisung des verfassungsändernden Gesetzgebers an das Bundesverfassungsgericht zu sehen, seine bisherige, als korrekturbedürftig bewertete Rechtsprechung zu ändern.«

[43] BVerfGE 112, 226 (242ff., Rn. 62ff.).

[44] BVerfGE 111, 226 (251, Rn. 91).

[45] Dazu eingehend BVerfGE 112, 226 (243ff., Rn. 67ff.).

[46] So auch *Henneke* (Fn. 8), Art. 125b Rn. 1.

nach Satz 1 fortgeltendes Rahmenrecht (→ Rn. 11f.)[47]; sofern der Bund von seinen konkurrierenden Kompetenzen nach Art. 74 I GG Gebrauch gemacht hat (→ Rn. 8), greift die originäre Abweichungskompetenz nach Art. 72 III GG (→ Art. 72 Rn. 32ff.)[48]. So oder so richtet sich das Gebrauchmachen von dieser Zuständigkeit nach den Regeln des Art. 72 III 2 u. 3 GG (→ Art. 72 Rn. 38ff.)[49]. Auch hier ist aus Gründen der Rechtssicherheit die **Namhaftmachung der bundesrechtlichen Rahmenregelungen** zu fordern, von denen abgewichen wird[50].

17 Wie bei Art. 72 III GG sowie bei Abs. 2 (→ Rn. 21) ist **Abweichung** denkbar weit zu verstehen[51]; sie unterliegt keiner Bindung an eine Grundkonzeption o. ä. des Bundesgesetzgebers und umfaßt insbesondere die Befugnis zur Negativgesetzgebung (→ Art. 72 Rn. 41ff.). In Abgrenzung zum »Ausfüllen« nach Art. 75 III GG a. F. (→ Rn. 11) muß ein Übersteigen des Rahmens vorliegen[52].

18 Art. 125b I 3 2. Hs. GG stellte das Abweichungsrecht der Länder unter einen **befristeten Vorbehalt**. Dieser bezweckte, dem Bundesgesetzgeber namentlich im Umweltbereich einen zeitlichen **Vorsprung** einzuräumen und ihn gleichzeitig unter **Zeitdruck** zu setzen[53]. Erneut verlangt das »Gebrauchmachen durch Gesetz« (→ Art. 72 Rn. 25ff.) keine Erschöpfung der Materie, aber mehr als eine punktuelle Einzelregelung[54]; maßgeblich ist auch hier die Verkündung (→ Art. 82 Rn. 24; → Art. 125a Rn. 9)[55]. Danach konnte der Landesgesetzgeber von seiner Abweichungskompetenz in den Fällen von Art. 72 III 1 Nr. 2 (Naturschutz und Landschaftspflege; → Art. 72 Rn. 36), Nr. 5 (Wasserhaushalt; → Art. 72 Rn. 37) sowie Nr. 6 (Hochschulzulassung u. a.; → Art. 72 Rn. 54) erst nach Erlaß der bundesgesetzlichen Regeln Gebrauch machen[56]. Dieser Vorbehalt war für die umweltrechtlichen Titel befristet bis zum 1. Januar 2010, für das Hochschulrecht bis zum 1. August 2008. Die Norm ist teils durch **Zeitablauf**, teils durch »Erfüllung« **obsolet** geworden (→ Rn. 11)[57].

III. Befugnis zur Abweichung von Organisations- und Verfahrensrecht (Art. 125b II GG)

19 Art. 125b II GG erfaßt bundesrechtliche Regelungen der Organisation der Behörden und des Verfahrens in den Ländern, die auf der Grundlage von Art. 84 I GG a. F. vor dem 1. September 2006 erlassen worden sind[58]. In Betracht kommen gegen den ersten

[47] *Wolff* (Fn. 1), Art. 125b Rn. 16; *Heck* (Fn. 8), Art. 125b Rn. 5.
[48] *Heck* (Fn. 8), Art. 125b Rn. 6.
[49] Wie hier *Wolff* (Fn. 1), Art. 125b Rn. 18; *Jarass*/Pieroth, GG, Art. 125b Rn. 6.
[50] Zutreffend *Jarass*/Pieroth, GG, Art. 125b Rn. 4. – A.A. *Wolff* (Fn. 1), Art. 125b Rn. 17.
[51] So auch *Wolff* (Fn. 1), Art. 125b Rn. 17 sowie *Kallerhoff*, Fortgeltung (Fn. 7), S. 106ff., 115ff.
[52] *Seiler* (Fn. 11), Art. 125b Rn. 2.1; vgl. OVG Greifswald, AUR 2010, 95: Ein Bejagungsverbot bei Nichterbringung eines Schießnachweises im Verordnungswege hält sich nicht im Rahmen der Verordnungsermächtigung, da § 19 BJagdG nur zum Erlaß sachlicher Verbote ermächtigt.
[53] Vgl. BT-Drs. 16/813, S. 15 u. 21; aus der Literatur *Wolff* (Fn. 1), Art. 125b Rn. 13; *Henneke* (Fn. 8), Art. 125b Rn. 4 sowie *Jarass*/Pieroth, GG, Art. 125b Rn. 5.
[54] Gleichsinnig *Wolff* (Fn. 1), Art. 125b Rn. 14.
[55] Nochmals *Wolff* (Fn. 1), Art. 125b Rn. 14.
[56] Im Detail *Henneke* (Fn. 8), Art. 125b Rn. 5. Kritisch *Seiler* (Fn. 11), Art. 125b Rn. 3.1 mit dem zutreffenden Hinweis, daß diese Befristung die Pointe von Art. 125b I GG verfehlt, weil die Länder vom neuen Recht ohnehin nach Art. 72 III GG abweichen durften.
[57] Wie hier *Heck* (Fn. 8), Art. 125b Rn. 6 sowie *Henneke* (Fn. 8), Art. 125b Rn. 1.
[58] *Heck* (Fn. 8), Art. 125b Rn. 8; vgl. übersichtlich *Seiler* (Fn. 11), Art. 125b Rn. 4 sowie *Degenhart* (Fn. 6), Art. 125b Rn. 6.

Anschein des Wortlauts Regelungen durch förmliches Gesetz oder untergesetzliche Norm[59]. Sie müssen im übrigen vollumfänglich rechtmäßig gewesen sein[60]. Für den Stichtag kommt es auf die Verkündung und nicht auf das Inkrafttreten an (→ Art. 82 Rn. 24). Sofern die bundesrechtlichen Regelungen diese Kriterien erfüllen, ordnet Art. 125b II GG implizit ihre **Fortgeltung** an, obwohl sie nach dem seit dem Stichtag geltenden Recht nur unter den eingeschränkten Bedingungen des Art. 84 I 5 u. 6 GG (→ Art. 84 Rn. 61ff.) erlassen werden könnten[61]. Für die Fortgeltung von Bestimmungen, die bei der Regelung von Organisation und Verfahren auf die kommunale Ebene durchgreifen, ist allerdings ausweislich des expliziten Verweises auf Art. 84 I 7 GG der Art. 125a I 1 GG speziell (→ Art. 125a Rn. 13)[62].

20 Da Art. 84 I 1 GG die Organisation der Behörden und das Verfahren bei der Ausführung der Bundesgesetze in die Hände der Länder legt und Art. 84 I 2–4 GG ihnen die Möglichkeit einräumt, von ausnahmsweise ergehenden bundesrechtlichen Vorgaben abzuweichen (→ Art. 84 Rn. 48ff.), mußte zum Ausgleich der Fortgeltung des alten Organisations- und Verfahrensrechts die Möglichkeit geschaffen werden, auch von diesem abzuweichen[63]; insofern normiert auch Art. 125b II GG eine **abgeleitete Abweichungsbefugnis**. Diese ist gestaffelt befristet: Von fortgeltenden bundesgesetzlichen Regelungen der Organisation der Behörden konnten die Länder sofort abweichen, von solchen zum Verfahren erst mit Ablauf des 31. Dezember 2008, sofern nicht zuvor der Bund Änderungen an den einschlägigen Vorschriften vorgenommen hatte. Dem liegt die Logik zugrunde, für eine auch zur Prüfung des Normbestandes dienende Übergangszeit Rechtssicherheit zu gewähren; sofern der Bund selbst zum Ausdruck bringt, daß er Änderungsbedarf sieht, kann er den Ländern aber das gleiche Manöver nicht versagen[64].

21 Wie bei Art. 72 III GG sowie bei Abs. 1 S. 3 ist die **Abweichung** denkbar weit zu verstehen[65]; sie unterliegt keiner Bindung an eine Grundkonzeption o. ä. des Bundesgesetzgebers und umfaßt auch die inhaltsgleiche Wiederholung des Bundesrechts (→ Art. 72 Rn. 41ff.). Die damit grundsätzlich eingeräumte Möglichkeit der Negativgesetzgebung dürfte allerdings zumindest in puncto Zuständigkeit – abhängig von der konkreten Ausgestaltung des Landesorganisationsrechts – an Grenzen stoßen. Auf die Durchführung der Abweichung sind die Bestimmungen des Art. 84 I GG entsprechend anwendbar[66]; allerdings dürfte der »Durchgriff« nach Art. 84 I 5 u. 6 GG nur auf der Grundlage neuen Rechts erfolgen, nicht aufgrund der Interpretation des fortgeltenden.

D. Verhältnis zu anderen GG-Bestimmungen

22 In Abgrenzung von **Art. 125a I GG** regelt Art. 125b I GG die Folgen einer Kompetenzverschiebung, nicht eines Kompetenzfortfalls; die Normen schließen sich folglich in

---

[59] So auch *Wolff* (Fn. 1), Art. 125b Rn. 19; *Jarass*/Pieroth, GG, Art. 125b Rn. 7.

[60] Nochmals *Jarass*/Pieroth, GG, Art. 125b Rn. 7.

[61] Unterstrichen von *Wolff* (Fn. 1), Art. 125b Rn. 20 sowie *Kallerhoff*, Fortgeltung (Fn. 7), S. 103.

[62] *Wolff* (Fn. 1), Art. 125b Rn. 20; *Heck* (Fn. 8), Art. 125b Rn. 8; *Jarass*/Pieroth, GG, Art. 125b Rn. 7.

[63] Gleichsinnig *Heck* (Fn. 8), Art. 125b Rn. 2.

[64] Ähnlich *Heck* (Fn. 8), Art. 125b Rn. 9; *Henneke* (Fn. 8), Art. 125b Rn. 7; vgl. auch BT-Drs. 16/813, S. 21.

[65] So auch *Wolff* (Fn. 1), Art. 125b Rn. 21f.; *Henneke* (Fn. 8), Art. 125b Rn. 8.

[66] Einhellige Auffassung: *Wolff* (Fn. 1), Art. 125b Rn. 22; *Jarass*/Pieroth, GG, Art. 125b Rn. 9.

Ansehung von Bundesrecht gegenseitig aus[67]. Art. 125b I 1 u. 3 GG korrespondieren direkt mit den explizit bzw. implizit angesprochenen Normen (Art. 73 I Nr. 3 bzw. 5a GG; Art. 74 I Nr. 27–33 GG bzw. Art. 72 III 1 Nr. 1–6 GG; → Art. 73 Rn. 24f., 41f.; → Art. 74 Rn. 130ff.; → Art. 72 Rn. 32ff.). Art. 125b I 2 GG erhält ein Minimalnormprogramm des aufgehobenen **Art. 75 GG a. F.** aufrecht (→ Rn. 13ff.; → Vorb. zu Art. 70–74 Rn. 38). Art. 125b II GG korrespondiert direkt mit **Art. 84 I GG** n. F. und erstreckt seine Wirkungen auf das fortgeltende Altrecht (→ Rn. 19ff.; → Art. 84 Rn. 45ff.).

---

[67] *Wolff* (Fn. 1), Art. 125b Rn. 2; *Seiler* (Fn. 11), Art. 125b Rn. 1.1 mit dem kritischen Hinweis auf BVerwG NVwZ-RR 2008, 268 (268), wo bezüglich der Fortgeltung der rahmenrechtlichen Vorschrift des § 123a III BRRG auf Art. 125a GG und nicht auf Art. 125b GG abgestellt wird.

Artikel 125c [Fortgeltung von Recht aus dem Bereich der Gemeinschaftsaufgaben]

(1) Recht, das auf Grund des Artikels 91a Abs. 2 in Verbindung mit Abs. 1 Nr. 1 in der bis zum 1. September 2006 geltenden Fassung erlassen worden ist, gilt bis zum 31. Dezember 2006 fort.

(2) [1]Die nach Artikel 104a Abs. 4 in der bis zum 1. September 2006 geltenden Fassung in den Bereichen der Gemeindeverkehrsfinanzierung und der sozialen Wohnraumförderung geschaffenen Regelungen gelten bis zum 31. Dezember 2006 fort. [2]Die im Bereich der Gemeindeverkehrsfinanzierung für die besonderen Programme nach § 6 Abs. 1 des Gemeindeverkehrsfinanzierungsgesetzes sowie die mit dem Gesetz über Finanzhilfen des Bundes nach Artikel 104a Absatz 4 des Grundgesetzes an die Länder Bremen, Hamburg, Mecklenburg-Vorpommern, Niedersachsen sowie Schleswig-Holstein für Seehäfen vom 20. Dezember 2001 nach Artikel 104a Absatz 4 in der bis zum 1. September 2006 geltenden Fassung geschaffenen Regelungen gelten bis zu ihrer Aufhebung fort. [3]Eine Änderung des Gemeindeverkehrsfinanzierungsgesetzes durch Bundesgesetz ist ab dem 1. Januar 2025 zulässig. [4]Die sonstigen nach Artikel 104a Absatz 4 in der bis zum 1. September 2006 geltenden Fassung geschaffenen Regelungen gelten bis zum 31. Dezember 2019 fort, soweit nicht ein früherer Zeitpunkt für das Außerkrafttreten bestimmt ist oder wird.

Literaturauswahl

Dreier, Horst: Verfassungsänderung, leicht gemacht, in: ZSE 6 (2008), S. 399–407.
Häde, Ulrich: Zur Föderalismusreform in Deutschland, in: JZ 2006, S. 930–940.
Kallerhoff, Matthias: Die übergangsrechtliche Fortgeltung nach dem Grundgesetz, 2010.
Schwarz, Kyrill-Alexander: Der neue Art. 125c GG, in: Christian Starck (Hrsg.), Föderalismusreform, 2007, Rn. 136–146 (S. 67–71).

Leitentscheidungen des Bundesverfassungsgerichts

Diese liegen zu Art. 125c GG bislang nicht vor.

Gliederung

Stichwörter

A. Herkunft, Entstehung, Entwicklung

1 Die Vorschrift ist im Rahmen der **Föderalismusreform 2006** neu in das Grundgesetz eingefügt worden[1]. Da sie in ihrer ursprünglichen Fassung lediglich Übergangs- und Folgeregelungen der Streichung der bisherigen Gemeinschaftsaufgabe Hochschulbau des Art. 91a I Nr. 1 GG a. F. und der Einschränkung der Finanzhilfen des Bundes durch Art. 104b GG im Vergleich zur bisherigen Regelung des Art. 104a IV GG enthält, lassen sich über die unmittelbare Entstehung hinaus **keine historischen Wurzeln** feststellen. Ihre Einführung steht aber in einem engen Zusammenhang zu Art. 143c GG, der weitere finanzielle Übergangsregelungen enthält[2].

2 Im Rahmen der **Neuordnung der Finanzbeziehungen im Jahr 2017** ist Art. 125c GG partiell modifiziert und ergänzt worden[3]. Absatz 2 wurde neu gefasst und umfasst nunmehr nur noch die besonderen Programme nach § 6 I GVFG sowie die Regelungen für Finanzhilfen für Seehäfen, die jeweils unbefristet »bis zu ihrer Aufhebung« (und nicht mehr nur bis maximal 31.12.2019) fortgelten. Eine reine Übergangsregelung enthält der neue Art. 125c GG insoweit nicht mehr. Nach dem neuen Satz 3 ist eine Änderung des GVFG durch Bundesgesetz zudem erst ab dem 1.1.2025 zulässig. Der zweite Teil des bisherigen Satz 2, der die sonstigen nach Art. 104a IV GG in der bis zum 1.9.2006 geltenden Fassung geschaffenen Regelungen für bis zum 31.12.2019 fortgeltend erklärt, sofern kein früherer Zeitpunkt für das Außerkrafttreten bestimmt ist oder wird, wird zum neuen Satz 4.

B. Internationale, supranationale und rechtsvergleichende Bezüge

3 Die Übergangsregelungen und Fortgeltungsanordnungen selbst werden **durch Unionsrecht nicht berührt**, zumal es sich um Bereiche handelt, deren substantieller Regelungsgegenstand schon kaum vom Unionsrecht beeinflußt wurde. Rechtsvergleichende Bezüge sind ebensowenig festzustellen.

C. Erläuterungen

I. Allgemeine Bedeutung und aktueller Befund

4 Die Vorschrift war und ist ein eklatantes **Beispiel verfehlter verfassungsrechtlicher Normierung** tagespolitischer Verhandlungskompromisse und schlechter Normierungstechnik[4]. Es ist schon beinahe absurd, daß die Verfassung mit Fortgeltungsanordnungen für sage und schreibe vier Monate belastet wird (vgl. Art. 125c I und II 1 GG), anstatt das Inkrafttreten der damaligen Verfassungsreform auf den 1.1.2007 festzulegen. Auch der Verweis auf einzelne gesetzliche Regelungen eines Finanzierungsgesetzes ist ein Armutszeugnis für den verfassungsändernden Gesetzgeber, wurde nun aber mit der Aufnahme der Regelungen über Finanzhilfen für Seehäfen noch einmal

---

[1] 52. Gesetz zur Änderung des Grundgesetzes v. 28.8.2006 (BGBl. I S. 2034).

[2] *G.-H. Henneke*, in: Schmidt-Bleibtreu/Hofmann/Henneke, GG, Art. 125c Rn. 1; *U. Mager*, in: v. Münch/Kunig, GG II, Art. 125c Rn. 1.

[3] 62. Gesetz zur Änderung des Grundgesetzes v. 13.7.2017 (BGBl. I S. 2347).

[4] Siehe auch *H. Dreier*, ZSE 6 (2008), 399 (404).

erweitert[5]. Die Neuregelung des Jahres 2017 schließt insofern nahtlos an diese eher unrühmliche Historie der Norm an.

5 Sachlich sind die Übergangs- und Folgeregelungen eine **Konsequenz der Abschaffung der Gemeinschaftsaufgaben Hochschulbau** durch die Reform des Art. 91a GG sowie der **Einschränkung der Finanzhilfen** durch die Art. 104a IV GG a. F. ersetzende Regelung des Art. 104b GG, der diese in der bestehenden Form aufgrund der fehlenden befristeten und degressiven Ausgestaltung nicht mehr zuließ[6]. Sie werden ergänzt durch die finanziellen Kompensationsregelungen des Art. 143c GG, welche die finanziellen Nachteile der Reduzierung der Bundeszahlungen ausgleichen sollen. Schon die Übergangsvorschriften bis zum 31.12.2019, die nach der ursprünglichen Fassung des Art. 125c GG für fast alle Bundesfinanzhilfen galten, schoben die an sich beabsichtigte Entflechtung von Bund und Ländern unangemessen lange hinaus. Das hat sich durch die Neufassung noch einmal verschärft, da die Regelungen des Art. 125c II 2 GG nunmehr sogar unbefristet gelten und eine Änderung des GVFG nach Art. 125c II 3 GG frühestens ab dem 1.1.2025 möglich ist. Die Auswirkungen der Reformen treffen daher letztlich erst die nächste Politikergeneration, sofern es bis dahin nicht zu einer erneuten Ausdehnung kommen sollte[7].

II. Recht der Gemeinschaftsaufgabe »Hochschulbau« gem. Art. 125c I GG

6 Durch die Föderalismusreform 2006 wurde das Hochschulwesen fast vollständig der **Gesetzgebungskompetenz der Länder** überantwortet. Zugleich wurde die bisherige Gemeinschaftsaufgabe »Ausbau und Neubau von Hochschulen einschließlich der Hochschulkliniken« abgeschafft[8], um die Kompetenzbereiche von Bund und Ländern zu entflechten, was freilich durch die neue Gemeinschaftsaufgabe der Förderung von Forschungsbauten an Hochschulen in Art. 91b GG partiell gleich wieder zurückgenommen wird. Aus praktischen Gründen wurde das bisher in diesem Bereich geltende Recht allerdings erst zur Jahreswende 2006/2007 außer Kraft gesetzt, was regelungstechnisch auch geschickter hätte erreicht werden können.

7 Von dieser kurzfristigen Anpassungsregelung werden einige wenige Rechtsvorschriften erfaßt, nämlich das »Gesetz über die Gemeinschaftsaufgaben Ausbau und Neubau von Hochschulen«, also das sog. **Hochschulbauförderungsgesetz**[9], der von Bund und Ländern auf der Grundlage des Hochschulbauförderungsgesetzes erlassene **Rahmenplan für den Hochschulbau**[10] sowie die ergänzend geschlossenen **Durchführungsvereinbarungen zwischen Bund und Ländern**[11]. Rechtliche Regelungen im Bereich der ebenfalls entfallenen Gemeinschaftsaufgabe Bildungsplanung fallen nicht unter die Vorschrift[12], so daß sie unmittelbar ihre Geltung verloren haben.

[5] Deutlich auch *H.-G. Henneke*, DVBl. 2017, 214 (218): »Eine verfassungsrechtlich absolut periphere Norm wie § 6 GVFG hat in der Tat im Textkörper des Grundgesetzes nichts zu suchen.«

[6] *Mager* (Fn. 2), Art. 125c Rn. 1; bereits zur Neuregelung *H.-G. Henneke*, DVBl. 2017, 214 (218).

[7] Kritisch auch *K.-A. Schwarz*, Der neue Art. 125c GG, in: C. Starck (Hrsg.), Föderalismusreform, 2007, Rn. 136 ff. (146); *M. Kallerhoff*, Die übergangsrechtliche Fortgeltung nach dem Grundgesetz, 2010, S. 138 ff.

[8] Vgl. auch *Henneke* (Fn. 2), Art. 125c Rn. 2.

[9] Gesetz v. 9.9.1969 (BGBl. I S. 1556), zuletzt geändert durch Gesetz v. 9.2.2005 (BGBl. I S. 230).

[10] 35. Rahmenplan für den Hochschulbau 2006–2009, beschlossen mit Wirkung vom 7.4.2006; die Vorbereitungen für den 36. Rahmenplan wurden durch Beschluß des Planungsausschusses v. 28.11.2005 ausgesetzt.

[11] BT-Drs. 16/813, S. 21; siehe auch *Mager* (Fn. 2), Art. 125c Rn. 5.

[12] *H. Siekmann*, in: Sachs, GG, Art. 125c Rn. 5.

III. Recht der Finanzhilfen gem. Art. 125c II GG

Art. 125c II 1 GG sieht ganz parallel zu Art. 125c I GG eine **Fortgeltung der** aufgrund des Art. 104a IV GG a. F. ergangenen **Regelungen im Bereich der Gemeindeverkehrsfinanzierung**[13] und der **sozialen Wohnraumförderung** nur bis Ende 2006 vor, da insoweit auch Gesetzgebungskompetenzen des Bundes für die soziale Wohnraumförderung durch Art. 74 I Nr. 18 GG n. F. entfallen[14] sind oder für den kommunalen Straßenbau und den Personennahverkehr gar nicht bestanden. Die finanziellen Auswirkungen auf die Länder auf Grund des kurzen Übergangszeitraums werden allerdings durch die in Art. 143c I GG vorgesehene Weiterzahlung von Bundesmitteln begrenzt[15]. Die nicht auf Art. 104a IV GG a. F. beruhenden Bestimmungen des Gemeindeverkehrsfinanzierungsgesetzes gelten aber unabhängig davon weiter fort, da sie nicht von Art. 125c II 1 GG erfaßt werden[16]. 8

Neben der kurzfristigen Fortgeltung der Vorschriften nach Art. 125c II 1 GG ordnet **Art. 125c II 2 GG** nunmehr jedoch sogar eine **prinzipiell unbefristete Fortgeltung** bestimmter Regelungen in ihrer bis zum 1.9.2006 geltenden Fassung an. Das betrifft zum einen die von Satz 1 insofern explizit ausgenommenen Regelungen für die besonderen Programme nach § 6 I GVFG im Bereich der Gemeindefinanzierung sowie zum anderen Regelungen, die mit dem Gesetz über Finanzhilfen des Bundes nach Art. 104a IV GG an die Länder Bremen, Hamburg, Mecklenburg-Vorpommern, Niedersachsen sowie Schleswig-Holstein für Seehäfen vom 20. Dezember 2001 geschaffen wurden. Diese Regelungen gelten nunmehr »bis zu ihrer Aufhebung« und damit theoretisch unbegrenzt und über das bisher maßgebliche Datum des 31.12.2019 hinaus fort; insoweit handelt es sich bei Art. 125c GG damit auch nicht mehr um eine reine Übergangsregelung. Finanzhilfen des Bundes in diesen Bereichen wären nach der Regelung des heutigen Art. 104b GG in ihrer bestehenden Form andernfalls ausgeschlossen – für den Bereich der Seehäfen mangels Gesetzgebungskompetenz des Bundes, für die GVFG-Programme aufgrund der von Art. 104b II 2 und 3 GG geforderten, insoweit aber fehlenden degressiven und befristeten Ausgestaltung (eine Gesetzgebungsbefugnis des Bundes bestünde nach Art. 74 I Nr. 23 GG). Eine **Aufhebung** dieser Regelungen ist theoretisch allerdings **jederzeit möglich**, Art. 125c II GG enthält insoweit allerdings keine näheren Bestimmungen. Für die Regelung bzgl. der Seehäfen erfolgt eine solche Aufhebung daher durch ein unmittelbar auf Art. 125c II 2 GG gestütztes zustimmungspflichtiges Bundesgesetz, mit dem das in Satz 2 genannte Bundesgesetz vollständig aufgehoben wird; zulässig ist dabei nur die Aufhebung nicht jedoch die Änderung des in Satz 2 genannten Gesetzes, da eine entsprechende Bundeskompetenz im übrigen nicht mehr besteht. Die für die besonderen Programme nach § 6 I GVFG bestehenden Regelungen, womit letztlich die konkreten mit den Ländern vereinbarten Programme gemeint sein dürften, können durch den Bund selbst im Benehmen mit den Ländern aufgehoben werden, der sie auch im Benehmen mit den Ländern aufgestellt hat. Allerdings bestimmt Satz 3, daß das GVFG selbst erst ab dem 1.1.2025 durch 9

[13] Das Gemeindeverkehrsfinanzierungsgesetz i. d. F. v. 28.1.1988 (BGBl. I S. 101) sieht Finanzierungshilfen für Investitionen zur Verbesserung der Verkehrsverhältnisse in den Gemeinden vor.

[14] §§ 38–43 Gesetz über die soziale Wohnraumförderung v. 13.9.2001 (BGBl. I S. 2376) sind durch Gesetz v. 5.9.2006 (BGBl. I S. 2098) mit Wirkung v. 1.1.2007 aufgehoben worden; siehe auch *Henneke* (Fn. 2), Art. 125c Rn. 4.

[15] *Siekmann* (Fn. 12), Art. 125c Rn. 6.

[16] Insbes. § 10 II 1, 3 und § 11 GVFG; BT-Drs. 16/813, S. 21; *Siekmann* (Fn. 12), Art. 125c Rn. 7; *Schwarz*, Art. 125c GG (Fn. 7), Rn. 142.

Bundesgesetz geändert werden darf. Damit bleibt die Pflicht des Bundes entsprechende Programme im Benehmen mit den Ländern aufzustellen, mindestens bis zu diesem Zeitpunkt bestehen. Eine ersatzlose Aufhebung der bestehenden Programme kommt zuvor daher nicht in Betracht; ob deren Anpassung nach § 6 V GVFG möglich ist (was sicher sinnvoll wäre), ist nicht eindeutig, da Satz 2 nur von Aufhebung spricht.

10 Eine weiterhin bis zum 31.12.2019 **befristete Fortgeltungsanordnung** besteht für die sonstigen nach Art. 104a GG in der bis zum 1.9.2006 geltenden Fassung geschaffenen Regelungen. Diese Fortgeltung greift jedoch nur soweit nicht ein früherer Zeitpunkt für das Außerkrafttreten bestimmt ist oder wird; dazu dürfte in Anlehnung an den ehemaligen Art. 104a IV 2 GG ein zustimmungspflichtiges Bundesgesetz oder eine Vereinbarung von Bund und Ländern erforderlich sein[17].

11 Unklar war und ist die **Reichweite der Fortgeltungsanordnung** in den umstrittenen Fällen, in denen die Investitionsprogramme als nicht von Art. 104a IV GG a. F. gedeckt angesehen worden sind. Das betrifft insbesondere die Bund-Länder-Vereinbarung zum Ganztagsschul-Investitionsprogramm[18]. Einerseits sollte gerade explizit durch die Neufassung des Art. 104b GG eine Neuauflage dieses Programms verhindert werden[19], andererseits wurde die Fortgeltungsanordnung in Kenntnis dieses Streits erlassen. Nach der Begründung sollte dieses Programm daher nach Art. 125c II 2 GG offenbar weiter gelten[20]. Deswegen wird die Regelung als »nachträgliche Billigung« des verfassungsändernden Gesetzgebers mit der Konsequenz interpretiert, daß die Anordnung sich auch auf alle zweifelhaften Programme erstreckte[21]. Dem ist allerdings entgegen zu halten, daß eine »Fortgeltung« nur angeordnet werden kann für Regelungen, die gelten. Verfassungswidrige Regelungen sind aber nichtig, die Fortgeltung kann hingegen nur wirksame Regelungen erfassen.

D. Verhältnis zu anderen GG-Bestimmungen

12 Art. 125c GG ist eine **Folgeregelung** der Neufassung der **Art. 91a GG** sowie **Art. 104b GG**. Sie steht **in engem Zusammenhang** mit der finanziellen Kompensationsregelung des **Art. 143c GG**. Soweit Art. 125c GG nur eine kurze Übergangsfrist für die Finanzhilfen des Bundes vorsieht, werden die finanziellen Verluste für die Länder großzügig durch Art. 143c I GG ausgeglichen. Die Höhe ist auch schon unmittelbar anschließend durch § 3 Entflechtungsgesetz[22] genau festgelegt worden. Die Kompensation war praktisch Voraussetzung der Entflechtung, was auch ein bezeichnendes Licht auf den Reformwillen der Länder wirft. Die Neuregelung im Jahr 2017 hat diesen Eindruck bestätigt.

[17] *Mager* (Fn. 2), Art. 125c Rn. 9.

[18] Verwaltungsvereinbarung Investitionsprogramm »Zukunft, Bildung und Betreuung 2003–2007« vom 29.4.2003; das Volumen der Finanzhilfen beträgt 4 Mrd. € bis zum Jahr 2007; das Programm halten für verfassungswidrig: *Siekmann* (Fn. 12), Art. 125c Rn. 9; *R. Stettner*, ZG 18 (2003), 315 ff.; *C. Winterhoff*, JZ 2005, 59 (61 ff.); *F. Hufen*, RdJB 2005, 323 (330); *U. Häde*, JZ 2006, 930 (936); a. A. *R. W. Maier*, DÖV 2003, 796 (800).

[19] BT-Drs. 16/813, S. 19.

[20] So explizit BT-Drs. 16/813, S. 19.

[21] *Siekmann* (Fn. 12), Art. 125c Rn. 7, 9.

[22] Art. 13 des Föderalismusreform-Begleitgesetzes v. 5.9.2006 (BGBl. I S. 2098, 2102).

Artikel 126 [Streit über das Fortgelten von Recht als Bundesrecht]

Meinungsverschiedenheiten über das Fortgelten von Recht als Bundesrecht entscheidet das Bundesverfassungsgericht.

Literaturauswahl

Detterbeck, Steffen: Streitgegenstand und Entscheidungswirkungen im öffentlichen Recht: Grundlagen des Verfahrens vor den allgemeinen Verwaltungsgerichten und vor dem Bundesverfassungsgericht, 1995.
Rühmann, Jürgen: Verfassungsgerichtliche Normenqualifikation, 1982.

Siehe auch die Angaben zu Art. 93 und 100 GG.

Leitentscheidungen des Bundesverfassungsgerichts

BVerfGE 4, 358 (367 ff.) – Reichsgesetz über den Finanzausgleich; 28, 119 (132 ff.) – Spielbank.

Gliederung

Stichwörter

A. Herkunft, Entstehung, Entwicklung

Bei Inkrafttreten des Grundgesetzes stellte sich die Frage, ob Recht aus der Zeit vor dem Zusammentritt des Bundestages, das dem Grundgesetz nicht widersprach (→ Art. 123 Rn. 28), als Bundes- oder Landesrecht fortgelten sollte (→ Art. 124 Rn. 5; → Art. 125 Rn. 9). Es war zu erwarten, dass in der **Staatspraxis** Streit über die **Anwendung der Artikel 123 bis 125 GG** entstehen würde. Über solche Streitfälle sollte nach **Art. 140 HChE** der Bundesjustizminister im Einvernehmen mit einem Landesminister bindend entscheiden. Während die Mehrheit des Konvents bei Nichteinigung an eine Einschaltung des Bundesverfassungsgerichts dachte, wollte eine Minderheit von vornherein den Bundesrat über die Art des Fortgeltens von altem Recht entscheiden lassen[1]. Nachdem der Organisationsausschuss des Parlamentarischen Rates zunächst den Vorschlag des Herrenchiemseer Konvents dahin modifiziert hatte, dass der Bundesjustizminister im Einvernehmen mit der betroffenen Landesregierung bindend entscheiden sollte[2], folgte er später[3] einem Vorschlag des Allgemeinen Redaktionsausschusses, 1

---

[1] Parl. Rat II, S. 576.
[2] 16. Sitzung des Organisationsausschusses vom 20.10.1948 (JöR 1 [1951], S. 846; Parl. Rat XIII/1, S. 626 ff.).
[3] 27. Sitzung des Organisationsausschusses vom 6.12.1948 (JöR 1 [1951], S. 846 f.; Parl. Rat XIII/2, S. 932 f.).

die Entscheidung dem Bundesverfassungsgericht zuzuweisen[4]; sie sollte im Bundesgesetzblatt veröffentlicht werden[5]. Der Hauptausschuss übernahm den Vorschlag des Organisationsausschusses in erster Lesung[6], verzichtete aber in seiner zweiten Lesung auf das Veröffentlichungsgebot[7]. Auf Vorschlag des Allgemeinen Redaktionsausschusses[8] erhielt die Vorschrift in der vierten Lesung des Hauptausschusses[9] ihre endgültige sprachliche Fassung.

B. Internationale, supranationale und rechtsvergleichende Bezüge

2 Eine Parallele zu den materiellen Vorschriften der Art. 124, 125 GG, deren prozessualer Umsetzung Art. 126 GG dient (→ Rn. 9; → Art. 124 Rn. 13), besteht auf internationaler Ebene wegen der **besonderen Situation Deutschlands** bei Inkrafttreten des Grundgesetzes (→ Art. 123 Rn. 1, 14 → Art. 124 Rn. 4; → Art. 125 Rn. 1, 5) nur in Österreich. Dementsprechend gibt es auch nur dort ein vergleichbares Normenqualifizierungsverfahren, das dem Zweck des Art. 126 GG[10] entspricht (→ Art. 123 Rn. 1 und 14, Art. 124 Rn. 4, Art. 125 Rn. 1 und 5). In den **Länderverfassungen** bestehen Regelungen, die eine Entsprechung zu Art. 123 GG bilden (→ Art. 123 Rn. 17 f.); eine verfahrensrechtliche Umsetzung auf Länderebene gibt es allerdings nicht[11].

C. Erläuterungen

3 Art. 126 GG steht in unmittelbarem Zusammenhang mit Art. 124 und 125 GG[12] und **dient der verbindlichen Qualifizierung** von dem Grundgesetz nicht widersprechendem Recht aus der Zeit vor dem Zusammentritt des Bundestages (→ Art. 123 Rn. 20 ff.) **als Bundesrecht**. Dementsprechend handelt es sich nicht um ein Normenkontrollverfahren, sondern um ein **Normenqualifizierungsverfahren**[13]. Das Verfahren hat in den Jahren nach Inkrafttreten des Grundgesetzes einige Bedeutung gewonnen[14], die es aber im Gefolge der Bereinigung des Bundesrechts[15] wieder verloren hat, weil nicht in die bereinigte Sammlung des Bundesrechts aufgenommene Normen des Bundesrechts am 31. Dezember 1968 außer Kraft getreten sind[16]. Art. 126 GG ist zum letzten Mal 1972

---

[4] Drs. 291 vom 18.11.1948 (JöR 1 [1951], S. 846; Parl. Rat VII, S. 83); dieser Vorschlag ging auf eine Stellungnahme des Direktors des Rechnungshofs des Deutschen Reiches für die britische Zone in Hamburg, Dr. Fuchs, zurück; s. Drs. 292 (JöR 1 [1951], S. 847; Parl. Rat XIII/2, S. 891).

[5] Drs. 389 Anl. 3 (JöR 1 [1951], S. 847; Parl. Rat XIII/2, S. 932 f.).

[6] 20. Sitzung des Hauptausschusses vom 7.12.1948 (JöR 1 [1951], S. 847; Parl. Rat XIV/1, S. 570).

[7] 39. Sitzung des Hauptausschusses vom 14.1.1949 (JöR 1 [1951], S. 847; Parl. Rat XIV/2, S. 1204).

[8] Drs. 751 (JöR 1 [1951], S. 847; Parl. Rat VII, S. 527).

[9] 57. Sitzung des Hauptausschusses vom 5.5.1949 (JöR 1 [1951], S. 847; Parl. Rat XIV/2, S. 1821); Drs. 850 (JöR 1 [1951], S. 847; Parl. Rat VII, S. 565).

[10] Hierzu *J. Rühmann*, Verfassungsgerichtliche Normenqualifikation, 1982, S. 101 ff., 161 im Vergleich zum Verfahren in Frankreich nach Art. 37 II 2 frz. Verf.

[11] Zur Fortgeltung des Rechts der DDR als Bundesrecht: → Rn. 4.

[12] BVerfGE 3, 368 (373).

[13] BVerfGE 28, 119 (132 ff.); Jarass/*Pieroth*, GG, Art. 126 Rn. 1; *C. Hillgruber*, in: Maunz/Dürig, GG, Art. 126 (2013), Rn. 1 f.; *Schlaich/Korioth*, Bundesverfassungsgericht, Rn. 190; *W. Löwer*, HStR³ III, § 70 Rn. 136; *C. Schulze*, in: Sachs, GG, Art. 126 Rn. 2.

[14] Siehe etwa BVerfGE 2, 341; 3, 354; 3, 357; 3, 368; 4, 214; 4, 358; 11, 89; 16, 82; 16, 329; 28, 119.

[15] Gesetz über die Sammlung des Bundesrechts vom 20.7.1958, BGBl. I S. 437.

[16] Gesetz vom 28.12.1968, BGBl. I S. 1451; näher *M. Kirn*, in: v. Münch/Kunig, GG II, Art. 126 Rn. 1 und *ders.*, ebd., Art. 123 Rn. 3.

zur Anwendung gekommen[17], als das Bundesverfassungsgericht festgestellt hat, dass eine Strafvorschrift des Waffengesetzes von 1938 nicht als Bundesrecht fortgalt[18].

4 In der Literatur wird die Auffassung vertreten, Art. 126 GG könne auch auf **Recht der Deutschen Demokratischen Republik** angewandt werden, dessen Fortgelten als Bundesrecht gemäß Art. 9 IV EV streitig werde[19]. Dem steht jedoch die systematische Stellung der Vorschrift entgegen, die sich ausschließlich auf Art. 124 und 125 GG bezieht[20]. Es war auch kaum zu erwarten, dass insoweit Streitigkeiten entstehen, weil Art. 9 II EV das Fortgelten auf das in Anlage II zum Einigungsvertrag detailliert aufgeführte Recht der Deutschen Demokratischen Republik beschränkt, das nicht nur beschränkten Umfang hat und deshalb relativ leicht überschaubar ist, sondern dessen Zuordnung zu Bundes- oder Landesrecht auch wenig Schwierigkeiten bereitet. Insoweit unterscheidet sich die Rechtslage nach der Wiedervereinigung Deutschlands wesentlich von der bei Inkrafttreten des Grundgesetzes, als Art. 123 I GG generalklauselartig das Fortgelten allen Rechts anordnete, das dem Grundgesetz nicht widersprach (→ Art. 123 Rn. 28). Hätten sich wider Erwarten dennoch Streitfälle über das Fortgelten von Recht der DDR ergeben, hätte es dem Bundesgesetzgeber freigestanden, deren Entscheidung gemäß **Art. 93 III GG** dem Bundesverfassungsgericht zuzuweisen (→ Art. 93 Rn. 101). Anlass für eine erweiternde Auslegung des Art. 126 GG besteht nicht. Ein Bedürfnis für ein Tätigwerden des mit anderen Verfahren bereits überlasteten Bundesverfassungsgerichts ist auch in den Jahren seit 1990 nicht zu erkennen gewesen und für die Zukunft nicht mehr zu erwarten, so dass sich diese Kontroverse durch Zeitablauf erledigt haben dürfte.

5 Art. 126 GG überlässt die Regelung des Verfahrens praktisch vollständig dem Bundesgesetzgeber, der seiner Aufgabe in §§ 86 ff. BVerfGG nachgekommen ist. Als **Verfahrensgegenstand** nennt die Vorschrift Recht, über dessen Fortgelten als Bundesrecht das Bundesverfassungsgericht zu entscheiden hat. Unter »Recht« sind **Rechtsnormen jeglicher Art** zu verstehen[21]; dementsprechend können auch **Rechtsverordnungen** Gegenstand des Normenqualifizierungsverfahrens sein[22].

6 Nach der Rechtsprechung des Bundesverfassungsgerichts kommt ein Verfahren nach Art. 126 GG nicht in Betracht, wenn die Frage nach dem Fortgelten eines vorkonstitutionellen Gesetzes schlechthin zu beantworten ist; Verfahrensgegenstand ist vielmehr der **Charakter des Gesetzes als Bundesrecht**[23]. Andererseits hält sich das Bundesverfassungsgericht nicht nur für berechtigt, sondern für verpflichtet, als Vorfrage zu prüfen, ob die Norm, deren Qualität als Bundesrecht streitig ist, noch gilt[24]. In diesem

---

[17] *A. Hopfauf*, in: Schmidt-Bleibtreu/Hofmann/Henneke, GG, Art. 126 Rn. 13.

[18] BVerfGE 33, 206.

[19] *J. Rühmann*, in: Umbach/Clemens/Dollinger, BVerfGG, § 86 Rn. 11 ff.; ebenso *Kirn* (Fn. 16), Art. 126 Rn. 1a; *Schulze* (Fn. 13), Art. 126 Rn. 5.

[20] *Hopfauf* (Fn. 17), Art. 126 Rn. 2; Jarass/*Pieroth*, GG, Art. 126 Rn. 1; *H. A. Wolff*, in: v. Mangoldt/Klein/Starck, GG III, Art. 126 Rn. 12.

[21] BVerfGE 28, 119 (133, Ls. 1).

[22] BVerfGE 28, 119 (134, Ls. 2); *Leibholz/Rinck*, GG, Art. 126 (1993), Rn. 21; näher: *Rühmann* (Fn. 19), § 86 Rn. 24; *Maunz* (Fn. 13), Art. 126 Rn. 3; *Hopfauf* (Fn. 17), Art. 126 Rn. 5.

[23] BVerfGE 2, 341 (346); 16, 329 (331); *Rühmann* (Fn. 19), § 86 Rn. 9 f.; *H. Holtkotten*, in: BK, Art. 126 (Erstb. 1950), Anm. II.1.–3.; ausführlich *S. Detterbeck*, Streitgegenstand und Entscheidungswirkungen im Öffentlichen Recht, 1995, S. 472 ff.; anders der Regierungsentwurf zu § 83 BVerfGG, BT-Drs. I/788, S. 20; zustimmend *Pestalozza*, Verfassungsprozessrecht, § 16 Rn. 1 m. Fn. 7.

[24] BVerfGE 1, 162 (165 f.); 2, 341 (345 f.); 8, 186 (190); 16, 82 (89); 28, 119 (139); zustimmend *Detterbeck*, Streitgegenstand (Fn. 23), S. 474, 476; *Leibholz/Rinck*, GG, Art. 126 (1993), Rn. 23;

Zusammenhang hat das Gericht u.a. darüber entschieden, ob ein aufgrund des Ermächtigungsgesetzes vom 24. März 1933 erlassenes Gesetz »in evidentem Widerspruch zu den alles formelle Recht beherrschenden Prinzipien der Gerechtigkeit« stehe[25], es hat also einen Widerspruch zum Grundgesetz zum Inhalt seines Beschlusses gemacht. Umstritten ist, ob den Ausführungen des Bundesverfassungsgerichts zur Gültigkeit der Rechtsnorm ebenfalls Rechtskraft, Bindungswirkung und Gesetzeskraft zukommt. Dagegen spricht jedoch, dass sich der **Verfahrensgegenstand auf die Normqualifikation** – also auf die Klärung der Rang-, nicht der Geltungsfrage – **beschränkt**[26].

7 Der Begriff der »Meinungsverschiedenheiten« über das Fortgelten ist ebenso zu verstehen wie in Art. 93 I Nr. 2 GG[27]. § 86 BVerfGG unterscheidet bei der Konkretisierung der Vorgaben des Art. 126 GG zwischen einem **Antragsverfahren** (Abs. 1) und einem **Vorlageverfahren** (Abs. 2)[28]. § 86 I BVerfGG erklärt **Bundestag**, **Bundesrat**, **Bundesregierung** und **Landesregierungen** ohne weitere Voraussetzungen für antragsberechtigt; wie bei Art. 93 I Nr. 2 GG ist auch hier davon auszugehen, dass bereits der Kreis der Antragsberechtigten hinreichende Gewähr dafür bietet, dass kein Missbrauch getrieben wird. Ausreichend für die Einleitung des Verfahrens sind etwa ernst zu nehmende in der wissenschaftlichen Literatur geäußerte Zweifel[29]. Darüber hinaus verlangt § 87 I BVerfGG bei einem Antrag von Bundesrat, Bundesregierung oder einer Landesregierung, dass von der erstrebten Entscheidung des Bundesverfassungsgerichts die Zulässigkeit einer bereits vollzogenen oder unmittelbar bevorstehenden Maßnahme eines Bundesorgans, einer Bundesbehörde oder des Organs oder der Behörde eines Landes abhängt, dass also **Entscheidungserheblichkeit** gegeben ist[30]. Das Bundesverfassungsgericht hatte nur über einen zulässigen Antrag nach Art. 126 GG, § 86 ff. BVerfGG zu entscheiden, den die Bayerische Staatsregierung bezüglich der Fortgeltung des Beschussgesetzes als Bundesrecht gestellt hatte[31].

8 Für ein **Vorlageverfahren** zur Umsetzung von Art. 126 GG, das an das Verfahren der konkreten Normenkontrolle nach Art. 100 I GG angelehnt ist (→ Art. 100 Rn. 11 ff.), setzt § 86 II BVerfGG **Streitigkeit und Erheblichkeit des Fortgeltens als Bundesrecht** voraus. Dabei kommt es nicht auf einen Streit der Parteien über die Rechtsfrage an. Vielmehr ist das Fortgelten von Recht als Bundesrecht streitig, wenn das erkennende Gericht ernstliche Zweifel hat[32], wenn es von einer beachtlichen in der Literatur vertretenen Auffassung, von der Entscheidung eines Landesverfassungsgerichts[33] oder

---

Maunz (Fn. 13), Art. 126 Rn. 13 ff.; *M. Bothe*, in: AK-GG, Art. 126 (2002), Rn. 1; *H. Lechner/R. Zuck*, Bundesverfassungsgerichtsgesetz, 7. Aufl. 2015, Vor § 86 Rn. 2.

[25] BVerfGE 28, 119 (139).

[26] Dazu ausführlich *Detterbeck*, Streitgegenstand (Fn. 23), S. 476 ff.

[27] → Art. 93 Rn. 67; ebenso *Benda/Klein*, Verfassungsprozessrecht, Rn. 897; *Rühmann* (Fn. 19), § 86 Rn. 27 ff.; *Holtkotten* (Fn. 23), Art. 126 Anm. II.3.a).

[28] Zu dieser Unterscheidung *Pestalozza*, Verfassungsprozessrecht, § 16 Rn. 2 ff., 5 ff.

[29] → Art. 93 Rn. 67; *Benda/Klein*, Verfassungsprozessrecht, Rn. 687.

[30] Dazu näher *J. Rühmann*, in: Umbach/Clemens/Dollinger, BVerfGG, § 87 Rn. 7 ff.; dort auch zu der umstrittenen Frage, ob es sich bei der Nichterwähnung des Bundestages um ein Redaktionsversehen handelt; verneinend *C. v. Coelln*, in: Maunz/Schmidt-Bleibtreu/Klein/Bethge, BVerfGG, § 87 (2010), Rn. 3 ff.

[31] BVerfGE 8, 143 (147 ff.).

[32] BVerfGE 4, 358 (369 f.); siehe auch *Hopfauf* (Fn. 17), Art. 126 Rn. 20; *Wolff* (Fn. 20), Art. 126 Rn. 14.

[33] BVerfGE 7, 18 (23 f.).

eines obersten Bundesgerichts[34] oder von der Ansicht eines Verfassungsorgans abweichen will[35]. Die Entscheidungserheblichkeit ist ebenso zu verstehen wie in Art. 100 I bis III GG[36].

D. Verhältnis zu anderen GG-Bestimmungen

Art. 126 GG regelt die **prozessuale Absicherung** der materiellen Verfassungsbestimmungen über das Fortgelten von Recht aus der Zeit vor Zusammentritt des Bundestages **(Art. 123 bis 125 GG)**. Er steht in einer Reihe mit Art. 93 GG (insb. Art. 93 I Nr. 2 GG), Art. 94 GG und Art. 100 GG (insb. Art. 100 I GG), die Verfahren und Verfassung des Bundesverfassungsgerichts regeln. 9

[34] BVerfGE 8, 186 (191 f.); 17, 287 (291).
[35] BVerfGE 13, 367 (371); 28, 119 (137); 33, 206 (214); zur Kritik: *Rühmann*, Normenqualifikation (Fn. 10), S. 118 f.
[36] → Art. 100 Rn. 26 ff., 32, 42, 49; *Rühmann* (Fn. 19), § 86 Rn. 36 ff.

Artikel 127 [Recht der Verwaltung des Vereinigten Wirtschaftsgebietes]

Die Bundesregierung kann mit Zustimmung der Regierungen der beteiligten Länder Recht der Verwaltung des Vereinigten Wirtschaftsgebietes, soweit es nach Artikel 124 oder 125 als Bundesrecht fortgilt, innerhalb eines Jahres nach Verkündung dieses Grundgesetzes in den Ländern Baden, Groß-Berlin, Rheinland-Pfalz und Württemberg-Hohenzollern in Kraft setzen.

Literaturauswahl

Drath, Martin: Berlin oder Bonn. Die Rechtsstellung Berlins in der Bundesrepublik, in: JR 1951, S. 385–390.

Ehard, Hans: Staatsrechtliche Probleme des bizonalen Aufbaus, in: SJZ 1947, Sp. 585–593.

Hubert, Gerald: Die Diskussion um die rechtliche Natur der Bizone in den Jahren 1947–1949, 1996.

Närger, Heribert Arnim: Der Wirtschaftsrat, 1949.

Pünder, Tilman: Das bizonale Interregnum. Die Geschichte des Vereinigten Wirtschaftsgebiets 1946–1949, 1966.

Uffelmann, Uwe: Das »Vereinigte Wirtschaftsgebiet« der Bizone 1947–1949, in: Heinz Pfefferle (Hrsg.), Politischer Regionalismus. Identitätsstiftung und Neugliederung im Südwesten und anderen deutschen Bundesländern, 2009, S. 58–67.

Leitentscheidungen des Bundesverfassungsgerichts

Diese liegen zu Art. 127 GG nicht vor.

Gliederung

Stichwörter

A. Herkunft, Entstehung, Entwicklung

I. Ideen- und verfassungsgeschichtliche Aspekte

1 Art. 127 GG reagiert auf eine scheinbar **historisch singuläre Situation**: Die Norm erlaubt der Bundesregierung, im Verordnungswege Recht des Vereinigten Wirtschaftsgebietes (»Bizone«) in der französischen Besatzungszone und in Groß-Berlin in Kraft zu setzen. Sie knüpft damit an Legislativakte eines Zwitterwesens aus Besatzungsrecht und deutscher Selbstentfaltung an, das angesichts der sich abzeichnenden Teilung Deutschlands wenigstens in den Westzonen ein Mindestmaß an Einheit sichern soll. Regelrechte Vorläufer dieses Vorgangs sind nicht zu verzeichnen, doch sieht sich auch Art. 127 GG in Überlieferungen eingesponnen. Indem die Norm auf **Rechtseinheit** zielt[1], stellt sie sich in die Tradition einer regulativen Idee, die Rechtsvielfalt oder gar -zersplitterung als *malum per se* einstuft[2]. Die Überzeugung, daß Rechtseinheit innerhalb einer politischen Entität erstens gemeinwohlförderlich und zweitens gleichheitsgeboten ist, setzt sich nach einzelnen Vorläufern in Antike und Mittelalter[3] namentlich in den großen Kodifikationen des 18. und 19. Jahrhunderts durch[4]. Zugleich entwickelt sich ein reicher rechtlicher Formenschatz des Umgangs mit partieller Rechtspluralität wie der Herbeiführung von Rechtseinheit etwa bei der Übernahme neuer oder der Vereinheitlichung vorgefundener Territorien. Art. 127 GG hat in dieser Perspektive Vorläufer in zahlreichen deutschen Verfassungsurkunden namentlich der Rheinbundzeit wie des Vormärz, die entsprechende Geltungsverfügungen enthalten[5]. Der im Parlamentarischen Rat allen Ernstes bemühte Hinweis auf entsprechende Erstreckungsanordnungen nach der Annektion Österreichs wie des »Sudetenlandes« ist heute hingegen nicht mehr intuitiv überzeugend[6].

2 Mit der implizit vorausgesetzten Rechtsfigur der **Verordnung mit Gesetzeskraft** (→ Rn. 13) sucht Art. 127 GG – ähnlich wie Art. 119 GG – schließlich Anschluß an ältere Diskussionen im Konstitutionalismus wie in der Zwischenkriegszeit (→ Art. 119 Rn. 1).

3 Den unmittelbaren Entstehungskontext der Norm bildet das meist als »**Bizone**« verknappte »Vereinigte Wirtschaftsgebiet« aus amerikanischer und britischer Besatzungszone[7]. Diesem Gebilde liegt die Überzeugung namentlich der USA zugrunde,

---

[1] Statt aller *T. Maunz/H.H. Klein*, in: Maunz/Dürig, GG, Art. 127 (Zweitb. 2007), Rn. 1.

[2] Anders die offensichtlich im Aufwind befindliche Schule des sog. Rechtspluralismus; vgl. nur die neueren Monographien von *R. Seinecke*, Das Recht des Rechtspluralismus, 2015 sowie *P. Gailhofer*, Rechtspluralismus und Rechtsgeltung, 2016.

[3] Statt aller *H.J. Berman*, Recht und Revolution, 1983, S. 327ff., 627ff.; *P.E. Pieler*, Die justinianische Kodifikation in der juristischen Praxis des 6. Jahrhunderts, in: S. Puliatti/A. Sanguinetti (Hrsg.), Legislazione, cultura giuridica, prassi dell'impero d'Oriente in età giustinianea tra passato e futuro, Mailand 2000, S. 211ff.

[4] Instruktiv *P. Oestmann*, Rechtsvielfalt, in: N. Jansen/P. Oestmann (Hrsg.), Gewohnheit – Gebot – Gesetz, 2011, S. 99ff.

[5] Erwähnt seien hier nur das Edict wegen Einführung des Französischen Gesetzbuchs vom 2.1.1811 (Sammlung der in dem Herzogthume Anhalt-Cöthen ergangenen Gesetze, Verordnungen und Verfügungen, Bd. IV, Nr. 167, S. 153) oder Titel VIII § 7 der Verfassungs-Urkunde des Königreichs Baiern v. 26.5.1818 (Gesetzblatt für das Königreich Baiern 1818 Nr. VII v. 6.6.1818, Sp. 101).

[6] So tatsächlich der Abg. *Strauß* (CDU); vgl. JöR 1 (1951), S. 848 bzw. Parl. Rat XIII/1, S. 653. – Er spielt damit namentlich auf die Verordnung über das Inkrafttreten von Rechtsvorschriften des Reiches im Lande Österreich vom 22.3.1938 (RGBl. I S. 287) an.

[7] Näher *W. Weber*, Der gegenwärtige Verwaltungsaufbau Deutschlands, 1948, S. 17ff.; *H.A. Närger*, Der Wirtschaftsrat, 1949, S. 65ff.; *M. Virally*, Die internationale Verwaltung Deutschlands, 1948, S. 160ff.; *T. Maunz*, in: Maunz/Dürig, GG, Art. 133 (1976), Rn. 1ff.; *Stern*, Staatsrecht V, S. 1169ff.;

daß angesichts des sich abzeichnenden Ost-West-Konflikts die Westzonen auf eine verstärkte ökonomische Integration angewiesen sind; zugleich wird damit die Herausbildung eines westdeutschen Teilstaates zumindest billigend in Kauf genommen[8]. Rechtlich präsentiert sich die von Art. 127 GG in Bezug genommene Verwaltung dieses Vereinigten Wirtschaftsgebietes als komplexe Gemengelage[9]: Sie beruht einerseits auf Akten des Besatzungsrechts[10]; als »dem Volke verantwortliche deutsche Stellen«[11] fungieren andererseits zuletzt der von den Landtagen gewählte Wirtschaftsrat (104 Mitglieder), der Länderrat (zwei Mitglieder je Land) sowie der vom Wirtschaftsrat gewählte Verwaltungsrat. Namentlich der Wirtschaftsrat entfaltet im Zusammenwirken mit dem Länderrat eine umfangreiche Legislativtätigkeit, die in vieler Hinsicht weichenstellend für die Wirtschafts- und Sozialpolitik der späteren Bundesrepublik wirkt[12].

II. Entstehung und Veränderung der Norm

4 Art. 127 GG verdankt seine Entstehung erst dem **Organisationsausschuß**[13]. Nach einem frühen Hinweis auf das Sachproblem liegt diesem ein Entwurf des Allgemeinen Redaktionsausschusses vor[14], der bereits alle wesentlichen Elemente enthält. Die Befristung wird zunächst als unpraktikabel gestrichen, wobei dem Ausschuß vor Augen steht, daß er der Bundesregierung eine Kompetenz zusprechen will, die ähnlich wie Art. 119 GG mit Grundentscheidungen des Verfassunggebers wie Art. 80 I GG in erheblicher Spannung steht (→ Art. 119 Rn. 10)[15]. Der Hauptausschuß nimmt sodann – erneut auf Anregung des Redaktionsausschusses – die Frist wieder auf, verlängert sie aber auf ein Jahr[16]. Zuletzt gelangt im gleichen Zusammenspiel die Möglichkeit der

M. Stolleis, HStR³ I, § 7 Rn. 107ff.; *U. Uffelmann*, Das »Vereinigte Wirtschaftsgebiet« der Bizone 1947–1949, in: H. Pfefferle (Hrsg.), Politischer Regionalismus, 2009, S. 58ff.; zum Kontext *F.R. Pfetsch*, Ursprünge der zweiten Republik, 1990, S. 159ff., 184ff.

[8] Eingehend *W. Benz*, Die Gründung der Bundesrepublik. Von der Bizone zum souveränen Staat, 4. Aufl. 1994, S. 52ff.

[9] Instruktiv die zeitgenössische Einordnung von R. Nebinger (Hrsg.), Kommentar zur Verfassung für Württemberg-Baden, 1948, Art. 106 Anm. 5 (S. 285): »als deutsche Organe aufzufassen«; kritischer *H. Ehard*, SJZ 1947, 585ff., der im Kern mehr Einfluß der Länder anmahnt. Zusammenfassend m.w.N. *G. Hubert*, Die Diskussion um die rechtliche Natur der Bizone in den Jahren 1947–1949, 1996.

[10] Konkret einem Abkommen beider Besatzungsmächte vom 2.12.1946 (I. v. Münch [Hrsg.], Dokumente des geteilten Deutschland, 1976, S. 65), die Proklamation Nr. 5/Verordnung Nr. 88 v. 10.6.1947 (Gesetz- und Verordnungsblatt des Wirtschaftsrates des Vereinigten Wirtschaftsgebietes 1947 Beilage 1 S. 1) sowie die Proklamation Nr. 7/Verordnung Nr. 126 v. 9.2.1948 (Gesetz- und Verordnungsblatt des Wirtschaftsrates des Vereinigten Wirtschaftsgebietes 1948 Beilage 2 S. 1).

[11] Proklamation Nr. 5 (Fn. 10), Präambel.

[12] Prononciert *M. Kirn*, in: v. Münch/Kunig, GG, Art. 127 Rn. 1. Näher *H. Ehard*, SJZ 1947, 585 (586f.); *T. Pünder*, Das bizonale Interregnum, 1966, S. 195ff.; *Stern*, Staatsrecht V, S. 1190f.

[13] Siehe JöR 1 (1951), S. 848f.; vgl. ferner *[H.] Holtkotten*, in: BK, Art. 127 (1952), Anm. I; *G. Langrock*, in: Umbach/Clemens, GG II, Art. 127 Rn. 1 sowie *T. Hebeler*, in: Friauf/Höfling, GG, Art. 127 (2016), Rn. 5f. – Entwurfsfassungen in Parl. Rat VII, S. 565, 604, 645.

[14] JöR 1 (1951), S. 848 bzw. Parl. Rat VII, S. 83: »Die Bundesregierung kann mit Zustimmung der beteiligten Landesregierungen Recht der Verwaltung des Vereinigten Wirtschaftsgebietes, soweit es nach Art. 139a oder b als Bundesrecht fortgilt, binnen 6 Monaten nach Verkündung dieses Grundgesetzes in den Ländern Rheinland-Pfalz, Baden und Württemberg-Hohenzollern in Kraft setzen« (Art. 139a und b entsprechen Art. 124 und 125 GG).

[15] Mahnend Abg. *Dehler* (FDP): JöR 1 (1951), S. 848; Parl. Rat XIII/1, S. 673f.

[16] JöR 1 (1951), S. 848f.; Parl. Rat XIV/2, S. 1204.

Erstreckung auf Groß-Berlin in den Text[17]. Diese wurde mittelbar durch das Memorandum der Alliierten vom 3. März 1949 wie das Genehmigungsschreiben vom 12. Mai 1949 suspendiert[18]. Art. 127 GG ist weder **geändert** noch zur Grundlage einer erweiternden Neuauslegung gemacht worden[19].

B. Internationale, supranationale und rechtsvergleichende Bezüge

I. Inter- und supranationale Aspekte

5 Art. 127 GG wirft völkerrechtliche Fragen der Staatennachfolge bzw. der Erstreckung von Recht auf bislang davon nicht erfaßte Territorien auf[20]. Problematisch ist allerdings der Versuch der Norm, ungeachtet des besatzungsrechtlichen Sonderstatus der Stadt bzw. des Landes auch **Groß-Berlin** zu erfassen (→ Rn. 12)[21]. Zugleich ist Art. 127 GG damit in Ansehung Berlins einer der Fälle, in denen das Grundgesetz – gegen die Intention des Art. 79 I GG (→ Art. 79 I Rn. 21) – infolge besatzungsrechtlicher Überlagerung Geltungseinbußen hinnehmen muß, die sich nicht aus seinem Wortlaut ergeben[22].

6 In Ansehung des **Unionsrecht**s ist Art. 127 GG indifferent. Es bleiben die Hinweise, daß erstens das im Rahmen der »Bizone« verfolgte Konzept einer primär wirtschaftlich induzierten Vereinigung Parallelen zum *modus operandi* der Union aufweist und diese sich zweitens namentlich im Rahmen von Erweiterungsprozessen vor das identische Sachproblem einer sachgerechten und möglichst einfachen Erstreckung des bestehenden gemeinsamen Rechtszustandes gestellt sieht[23].

II. Verfassungsvergleich

7 Soweit ersichtlich, sind im internationalen Verfassungsvergleich direkte **Entsprechungen** zu Art. 127 GG **nicht zu verzeichnen**; angesichts der gänzlich singulären Situation eines gleich zweifach in sich gespaltenen Kondominiums mehrerer Besatzungsmächte ist dies auch nicht ernsthaft zu erwarten. Auch **Österreich** kennt ungeachtet wenigstens teilweise vergleichbarer Erfahrungen kein Pendant[24].

---

[17] JöR 1 (1951), S. 849; Parl. Rat XIV/2, S. 1640.

[18] JöR 1 (1951), S. 849; vgl. Parl. Rat VIII, S. 273ff. In der Sache richtet sich die Suspension gegen Art. 23 GG a. F.

[19] Zu Erwägungen einer Streichung der Norm *T. Gnatzy*, in: Schmidt-Bleibtreu/Hofmann/Henneke, GG, Art. 127 Anm. Zumindest gewagt OVG Rh.-Pf. NJW 1990, 1130, das u. a. auf Art. 127 GG die Befugnis des damaligen Bundesgrenzschutzes stützt, den Reiseverkehr nach Westberlin zu kontrollieren.

[20] Dazu statt aller *Verdross/Simma*, Universelles Völkerrecht, §§ 972ff. sowie *M. Kau*, Der Staat und der Einzelne als Völkerrechtssubjekte, in: W. Vitzthum/A. Proelß (Hrsg.), Völkerrecht, 7. Aufl. 2016, Abschnitt III Rn. 188ff.

[21] Siehe dazu *F. Haas*, Vorläufige Verfassung von Groß-Berlin, 4. Aufl. 1947, Erl. zu Art. 36 (S. 96ff.); *E. Menzel*, Die vier Grundauffassungen über die gegenwärtige völker- und staatsrechtliche Stellung Berlins, in: Ostverträge, Berlin-Status, Münchener Abkommen, Beziehungen zwischen der BRD und der DDR, 1971, S. 207ff.; *W. Breunig*, Verfassunggebung in Berlin 1945–1950, 1990, S. 48ff., 174ff.

[22] Unterstrichen von *Kirn* (Fn. 12), Art. 127 Rn. 1.

[23] Näher *H.-J. Cremer*, in: Calliess/Ruffert, EUV/AEUV, Art. 49 EUV Rn. 8ff. sowie *Streinz*, Europarecht, Rn. 98ff.

[24] Siehe zur Entwicklung *H. Mayer/G. Kucsko-Stadlmayer/K. Stöger*, Grundriss des österreichi-

8 Hingegen finden sich in den vorgrundgesetzlichen **Landesverfassungen** – mit charakteristischen Abweichungen zwischen den Besatzungszonen – teils Bestimmungen, die mit Art. 127 GG zumindest insofern korrespondieren, als sie **Öffnungsklauseln** für die **Tätigkeit interzonaler Organisationen** enthalten. Nominell noch in Geltung sind Art. 180 BayVerf. (Ermächtigung der Staatsregierung, Zuständigkeiten auf »deutsche Gemeinschaftseinrichtungen mehrerer Staaten oder Zonen« abzutreten)[25], Art. 151 BremVerf. (praktisch gleichlautend) sowie Art. 152 HessVerf. (»einheitliche Gesetzgebung [...] für bestimmte Teile des Rechts«)[26]. Eine vergleichbare Bestimmung in Württemberg-Baden ist mit dem Land entfallen[27]. In der französischen Zone fehlen derartige Bestimmungen bezeichnenderweise, in der britischen kommen vor dem Grundgesetz keine Landesverfassungen zustande.

C. Erläuterungen

I. Allgemeine Bedeutung

9 Seit Ablauf der Jahresfrist (→ Rn. 14) ist Art. 127 GG nach allgemeiner Auffassung ohne Anwendungsbereich und insofern obsolet[28]. Allerdings erfüllt die Bestimmung nach wie vor eine geltungserhaltende **Legitimationsfunktion**, indem sie sicherstellt, daß das von der Bundesregierung in Kraft gesetzte Recht der Organe der Bizone erstens überhaupt und zweitens mit Gesetzesrang fortgilt[29]. Zugleich ist darauf zu verweisen, daß die historische Bedeutung der Norm nicht zu unterschätzen ist; das betrifft sowohl den schieren Umfang der übernommenen Regelwerke[30] als auch deren Relevanz für den ökonomischen Wiederaufbau der Westzonen bzw. der jungen Bundesrepublik[31].

---

schen Bundesverfassungsrechts, 11. Aufl. 2015, Rn. 79ff. Instruktiv *M. Pape*, Ungleiche Brüder. Deutschland und Österreich 1945–1965, 2000, S. 229ff., 283ff.

[25] Siehe dazu zeitgenössisch *H. Nawiasky/C. Leusser*, Die Verfassung des Freistaates Bayern, 1. Aufl. 1948, Art. 180 Erl. (S. 261).

[26] Art. 152 II 2 HessVerf. verlangt zugleich ein Mindestmaß an demokratischer Legitimation dieser Gesetzgebung; näher *W. v. Brünneck*, in: G.A. Zinn/E. Stein (Hrsg.), Die Verfassung des Landes Hessen, 1. Aufl. 1954, Bd. II, Art. 152 Anm.

[27] Art. 106 I Württ.-BadVerf. lautete: »Werden für eine Übergangszeit interzonale Organisationen geschaffen mit der Berechtigung, Gesetze und Verordnungen für mehrere Zonen, insbesondere auf den Gebieten der auswärtigen Beziehungen, der Wirtschaft, der Ernährung, des Finanzwesens und des Verkehrs, zu erlassen, so steht die Verfassung der gesetzgeberischen Zuständigkeit dieser Organisationen nicht im Wege.« Nebinger, Kommentar (Fn. 9), Art. 106 Anm. 1 (S. 283f.) will die Norm allerdings nicht auf die Verwaltung des Vereinigten Wirtschaftsgebietes angewendet sehen.

[28] *Maunz/Klein* (Fn. 1), Art. 127 Rn. 20; *J. Suerbaum*, in: Epping/Hillgruber, GG, Art. 127 Rn. 1; *C. Schulze*, in: Sachs, GG, Art. 127 Rn. 3; Jarass/*Pieroth*, GG, Art. 127 Rn. 1; *Hebeler* (Fn. 13), Art. 127 Rn. 1. → *Stettner*, Bd. III², Art. 127 Rn. 4.

[29] Zutreffend *Holtkotten* (Fn. 13), Art. 127 Anm. II.1.

[30] »Abschließende Gesamtübersicht über die Erstreckung von Recht der Verwaltung des Vereinigten Wirtschaftsgebietes auf Bundesgebiet gemäß Artikel 127 des Grundgesetzes« in BGBl. 1950 I S. 332.

[31] Unterstrichen etwa von *H.A. Wolff*, in: v. Mangoldt/Klein/Starck, GG III, Art. 127 Rn. 2 u. 4. → *Stettner*, Bd. III², Art. 127 Rn. 1.

II. Recht der Verwaltung des Vereinigten Wirtschaftsgebietes

Art. 127 GG erfaßt keineswegs das gesamte Recht, das zwischen 1945 und 1949 unter Einfluß der Besatzungsmächte entstanden ist. Die Einschaltung »der Verwaltung« stellt klar, daß lediglich solche Gesetze und Verordnungen in Kraft gesetzt werden können, die von den deutschen **Organen des Vereinigten Wirtschaftsgebietes** herrühren, konkret zuletzt Wirtschafts- und Verwaltungsrat (→ Rn. 3)[32]. Nicht erfaßt sind hingegen – im Gegensatz zu Art. 133 GG – Rechtsakte des Länderrates der amerikanischen Zone (oder vergleichbarer Institutionen) sowie genuin besatzungsrechtliche Bestimmungen[33]. 10

III. Fortgelten nach Art. 124 oder 125 GG

Weitere Voraussetzung einer Inkraftsetzung ist, daß das Recht der Verwaltung des Vereinigten Wirtschaftsgebietes entweder nach Art. 124 GG Gegenstände der **ausschließlichen Gesetzgebung** des Bundes (→ Vorb. zu Art. 70–74 Rn. 36; → Art. 124 Rn. 9f.) oder nach Art. 125 GG Gegenstände der **konkurrierenden Gesetzgebung** betrifft und zusätzlich den Anforderungen nach Art. 125 Nr. 1 oder 2 GG entspricht (→ Vorb. zu Art. 70–74 Rn. 37; → Art. 125 Rn. 15ff.)[34]. Ob diese Voraussetzungen gegeben sind, ist im Normverifikationsverfahren nach Art. 126 GG zu klären, wohingegen dieses auf Erstreckungsakte nach Art. 127 GG nicht anwendbar ist (→ Art. 126 Rn. 3)[35]. 11

IV. Betroffene Länder

Der vergleichsweise klare Wortlaut des Art. 127 GG täuscht in zweifacher Hinsicht. Entgegen der Intention des Verfassunggebers war infolge alliierter Intervention der Verweis auf **Groß-Berlin** suspendiert (→ Rn. 4)[36]. Die (weitgehende) Rechtsangleichung erfolgte für (West-)Berlin erst durch das 3. Überleitungsgesetz[37]. Die vom Verfassunggeber erkennbar intendierte Möglichkeit der Erstreckung auf die (gesamte) französische Besatzungszone hat umgekehrt dazu geführt, gegen den Wortlaut auch den bayerischen **Kreis Lindau** als erfaßt anzusehen[38]. Zugleich war infolge der Einzelaufzählung die Bundesregierung auch ermächtigt, das Bizonenrecht nur in einzelnen Ländern in Kraft zu setzen (und hat von dieser Partialerstreckung auch Gebrauch gemacht)[39]. Für die spätere Erstreckung von Bundesrecht auf das Saarland sowie die 12

---

[32] Unterstrichen von *Maunz/Klein* (Fn. 1), Art. 127 Rn. 7; *Wolff* (Fn. 31), Art. 127 Rn. 3.

[33] *Maunz/Klein* (Fn. 1), Art. 127 Rn. 7; speziell zur Legislativtätigkeit des Länderrats *L. Härtel*, Der Länderrat in der amerikanischen Besatzungszone, 1951, S. 87ff.

[34] Näher *Holtkotten* (Fn. 13), Art. 127 Anm. II.2; *Maunz/Klein* (Fn. 1), Art. 127 Rn. 8.

[35] So *Maunz/Klein* (Fn. 1), Art. 127 Rn. 2.

[36] Näher *M. Drath*, JR 1951, 385ff. sowie *R. Scholz*, HStR I, § 9 Rn. 51ff.

[37] Gesetz über die Stellung des Landes Berlin im Finanzsystem des Bundes (Drittes Überleitungsgesetz) v. 4.1.1952 (BGBl. I S. 1); vgl. dazu *D. Böhm*, Berliner Verfassung, Grundgesetz und Besatzungsmacht, Diss. jur. Köln 1966, S. 176ff. sowie *Breunig*, Verfassunggebung (Fn. 21), S. 379ff.

[38] Zu dessen Sondersituation (ohne direkten Bezug zu Art. 127 GG) BVerfGE 1, 117 (142) sowie E 15, 268 (269); aus der Literatur *Holtkotten* (Fn. 13), Art. 127 Anm. II.3.b; *Maunz/Klein* (Fn. 1), Art. 127 Rn. 16; *Wolff* (Fn. 31), Art. 127 Rn. 9; Jarass/*Pieroth*, GG, Art. 127 Rn. 1. → *Stettner*, Bd. III², Art. 127 Rn. 1, 4.

[39] Dafür *Holtkotten* (Fn. 13), Art. 127 Anm. II.3.c; *Maunz/Klein* (Fn. 1), Art. 127 Rn. 18. Vgl. nochmals die »Abschließende Gesamtübersicht« (Fn. 30).

neuen Bundesländer spielte Art. 127 GG hingegen weder als Vehikel noch als Vorbild eine Rolle[40].

V. Inkraftsetzen durch Verordnung

13 Obwohl Art. 127 GG dies nicht explizit ausspricht, räumt die Norm der Bundesregierung erstens verfassungsunmittelbar die Befugnis ein, das Inkrafttreten des Rechts des Vereinigten Wirtschaftsgebietes im Verordnungswege anzuordnen und verleiht den auf diese Weise erstreckten Normen zweitens den Status von Gesetzen im formellen Sinne, sofern sie diesen in der Bizone innehatten[41]. Wie Art. 119 S. 1 GG erlaubt die Norm damit der Exekutive den Erlaß von **Rechtsverordnungen mit Gesetzeskraft** und weicht markant und gleich zweifach von der historischen Grundentscheidung in Art. 80 I GG ab (→ Art. 80 Rn. 14, 20; → Art. 119 Rn. 10)[42]. Hingegen räumt Art. 127 GG der Bundesregierung nicht die Kompetenz ein, den Normrang des Bizonenrechts zu verändern, also Rechtsverordnungen oder Satzungen mit Gesetzesrang zu umkleiden[43]. Umgekehrt schließt die Verordnungsermächtigung nicht aus, die Erstreckung in einem **Gesetz** anzuordnen[44].

VI. Form und Frist

14 Unstreitig setzt die Erstreckung eine Entscheidung durch die **Bundesregierung** als Kollegialorgan voraus (→ Art. 62 Rn. 13)[45]. Dem korrespondiert auf der »Nehmerseite« die (vorherige) Zustimmung der beteiligten **Landesregierungen**, was wiederum impliziert, daß auch für das Land ein Kollegialorgan aktiv wird[46]. Allerdings ist eingedenk der Verfassungsautonomie der Länder die Bestimmung des Begriffs »Landesregierung« den Landesverfassungen vorbehalten (→ Art. 28 Rn. 58)[47]. Zugleich ist zu unterstreichen, daß Art. 127 GG damit eine gleich doppelte Durchbrechung des Gewaltenteilungsgrundsatzes (→ Art. 20 [Rechtsstaat], Rn. 67ff.) enthält, indem ein materieller Gesetzgebungsprozeß auf beiden Seiten Akteuren der Exekutive überantwortet wird[48]. Die **Jahresfrist** hat mit der Verkündung des Grundgesetzes am 23. Mai 1949 (→ Art. 145 Rn. 10) zu laufen begonnen und ist am 23. Mai 1950 abgelaufen[49].

---

[40] Näher: → *Stettner*, Bd. III², Art. 127 Rn. 3.

[41] Bündig *Maunz/Klein* (Fn. 1), Art. 127 Rn. 3; Jarass/*Pieroth*, GG, Art. 127 Rn. 1.

[42] *Maunz/Klein* (Fn. 1), Art. 127 Rn. 3f.; *Wolff* (Fn. 31), Art. 127 Rn. 5; kritisch *M. Bothe*, in: AK-GG, Art. 127 (2002), Rn. 1: »Fremdkörper«.

[43] *Maunz/Klein* (Fn. 1), Art. 127 Rn. 3; *Wolff* (Fn. 31), Art. 127 Rn. 6. → *Stettner*, Bd. III², Art. 127 Rn. 5.

[44] Statt aller *Kirn* (Fn. 12), Art. 127 Rn. 1.

[45] *Holtkotten* (Fn. 13), Art. 127 Anm. II.3.a.

[46] So ausdrücklich *Wolff* (Fn. 31), Art. 127 Rn. 7.

[47] *Maunz/Klein* (Fn. 1), Art. 127 Rn. 11.

[48] Die Landesverfassungsbestimmungen zur Übertragung von Kompetenzen auf interzonale Organe (→ Rn. 8) sahen stets die Mitwirkung des Landtags vor. Gegen eine solche Durchbrechung prononciert: → *Stettner*, Bd. III², Art. 127 Rn. 4.

[49] *Maunz/Klein* (Fn. 1), Art. 127 Rn. 20; *Wolff* (Fn. 31), Art. 127 Rn. 8; *Schulze* (Fn. 28), Art. 127 Rn. 3; Jarass/*Pieroth*, GG, Art. 127 Rn. 1; *Hebeler* (Fn. 13), Art. 127 Rn. 3.

D. Verhältnis zu anderen GG-Bestimmungen

Art. 127 GG korrespondiert als Folgeregelung zunächst mit **Art. 123–125 GG** (→ Rn. 11). Als verfassungsunmittelbare Verordnungsermächtigung weist er Parallelen zu Art. 119 GG auf; wie dieser steht er in einem Spannungsverhältnis zu Art. 80 I GG (→ Rn. 13). Der zunächst gescheiterte Versuch einer Geltungserstreckung auf **Berlin** korrespondiert mit Art. 23 GG a. F. wie mit Art. 144 II und 145 I GG (→ Art. 23 Rn. 2; → Art. 144 Rn. 22 ff.; → Art. 145 Rn. 6); gemeinsam unterstreichen die Bestimmungen den Anspruch der entstehenden Bundesrepublik auf Berlin[50]. Als Regelung zur »Abwicklung« der Bizone (→ Rn. 3) steht Art. 127 GG neben **Art. 133 GG**. Das einzigartige Zusammenwirken von Bundes- und Landesregierung im Bereich der Normsetzung steht in einem Spannungsverhältnis zum Rechtsstaatsprinzip (→ Rn. 13), stellt aber zugleich ein Instrument zur Wahrung des bundesstaatlichen Prinzips dar (→ Art. 20 [Bundesstaat], Rn. 22 ff.)[51]. 15

---

[50] Vgl. BVerfGE 7, 1.

[51] *Kirn* (Fn. 12), Art. 127 Rn. 2; *Schulze* (Fn. 28), Art. 127 Rn. 2. → *Stettner*, Bd. III^2, Art. 127 Rn. 5.

Artikel 128* [Fortbestehen von Weisungsrechten]

Soweit fortgeltendes Recht Weisungsrechte im Sinne des Artikels 84 Absatz 5 vorsieht, bleiben sie bis zu einer anderweitigen gesetzlichen Regelung bestehen.

Literaturauswahl

Brune, Erwin: Auswirkungen der Generalklausel und des Bonner Grundgesetzes im bergrechtlichen Rechtsmittelverfahren, in: DVBl. 1951, S. 752–754.
Schäfer, Hans: Bundesaufsicht und Bundeszwang, in: AöR 78 (1953), S. 1–49.

Leitentscheidungen des Bundesverfassungsgerichts

Diese liegen zu Art. 128 GG bislang nicht vor.

Gliederung

Rn.

Stichwörter

A. Herkunft, Entstehung, Entwicklung

1 Der Entwurf des **Herrenchiemseer Verfassungskonvents** enthielt keine auf Art. 128 GG hinführende Vorschrift. Im **Parlamentarischen Rat** wurde auf die Notwendigkeit einer Übergangsvorschrift mit dem Inhalt des jetzigen Art. 128 GG zuerst vom **Allgemeinen Redaktionsausschuß** hingewiesen[1]. Er schlug in einer Stellungnahme zur ersten Lesung des Hauptausschusses vom 16.12.1948 die Einfügung eines Art. 114 vor, der ein **Weisungsrecht der Bundesregierung** bei der Ausführung von Bundesgesetzen (im Sinne des heutigen Art. 84 V GG) zum Gegenstand hatte. In einer Anmerkung dazu war ausgeführt, daß in die **Übergangsvorschriften** ein Artikel etwa folgenden Inhalts aufgenommen werden sollte: »Bundesgesetzen im Sinne des Artikel 114 Absatz 1 steht das seitherige Recht gleich, soweit es nach diesem Grundgesetz als Bundesrecht fortgilt.« In der zweiten Lesung von Art. 112/2 (dem heutigen Art. 84 GG) im Hauptausschuß erklärte der Abgeordnete von Brentano (CDU), es bestehe Einigkeit darüber, daß insoweit, als zur Zeit ein zentrales Lenkungs- und Weisungsrecht bestehe und nötig sei, dieses zunächst im Rahmen der bisherigen Gesetzgebung, ins-

---

* Diese Kommentierung aktualisiert die Bearbeitung von *Stettner* aus der Vorauflage.
[1] *H. Holtkotten*, in: BK, Art. 128 (Erstb. 1952), Anm. I.

besondere der Bizone, erhalten bleiben solle. Eine entsprechende Vorschrift sei zweckmäßigerweise in die Übergangsbestimmungen aufzunehmen[2].

In der 30. Sitzung des **Organisationsausschusses** vom 13.1.1949 wurde folgende Vorschrift als Art. 139e angenommen und vom **Hauptausschuß** am 14.1.1949 in zweiter Lesung unverändert übernommen: »Soweit nach fortgeltendem Recht Weisungsrechte im Sinne des Art. 112/2 Abs. 4 bestehen, bleiben sie in Kraft, bis eine anderweitige gesetzliche Regelung erfolgt.« 2

Nach einigem Hin und Her im **Parlamentarischen Rat** über die Anfügung eines Abs. 2 an Art. 139e, wodurch bei neuen Gesetzen über Maßnahmen gegen gemeingefährliche übertragbare Krankheiten bei Menschen und Tieren für die Ermächtigung der Bundesregierung zur Erteilung von Einzelweisungen in besonderen Fällen keine Zweidrittelmehrheit im Bundesrat notwendig sein sollte (die in der ursprünglichen Fassung der Vorgängernorm zu Art. 84 V GG, Art. 114, vorgesehen war, aber dort entfiel), verzichtete der Hauptausschuß in dritter Lesung am 10.2.1949 auf einen Abs. 2 zu Art. 139e und gab der Bestimmung ihre **endgültige Fassung**[3]. Die vierte Lesung im Hauptausschuß am 5.5.1949 und die Lesungen des Plenums führten zu **keinen Änderungen**. 3

B. Internationale, supranationale und rechtsvergleichende Bezüge

In einem mittelbaren völker- und unionsrechtlichen Kontext steht Art. 128 GG in den Fällen, in denen sich der innerstaatliche **Vollzug völkerrechtlicher Verträge** oder **von Unionsrecht** nach Art. 83, 84 GG richtet (→ Art. 83 Rn. 5 ff.; → Art. 84 Rn. 10 ff.). In diesen Fällen gehört das Weisungsrecht nach Art. 84 V GG nämlich zu den Instrumenten, mit deren Hilfe der Bund seinen völker- und unionsrechtlichen Vollzugsverpflichtungen auch dann nachkommen kann, wenn nach der föderalen Verwaltungskompetenzverteilung des Grundgesetzes die Länder zuständig sind. Da es sich bei Art. 128 GG um eine Überleitungsvorschrift im spezifisch deutschen Kontext des Verwaltungstyps der Ausführung von Bundesgesetzen durch die Länder als eigene Angelegenheit nach Art. 83, 84 GG handelt, erweist sich der Verfassungsvergleich hier als unergiebig. 4

C. Erläuterungen

Die von Art. 128 GG geregelte Problematik ist Teil des **Gesamtkomplexes der Fortgeltung des vorkonstitutionellen Rechts** und insofern verquickt mit dem Fragenkreis, ob die Bundesrepublik Deutschland mit dem Deutschen Reich identisch ist, also nur eine **Verfassungssukzession** stattgefunden hat, oder ob mit der Gründung der Bundesrepublik Deutschland ein **neuer Staat** entstanden ist (→ Art. 123 Rn. 13). Aber auch bei Annahme der Identität der Bundesrepublik Deutschland mit dem Deutschen Reich war die durch Art. 123 GG angeordnete grundsätzliche **Fortgeltung des vorkonstitutionellen Rechts** nicht zwingend, sondern eine zwar von der Praktikabilität her gebotene, aber gleichwohl **konstitutive Entscheidung** des Parlamentarischen Rates (→ 5

---

[2] Parl. Rat XIV, S. 1085 f.; zur näheren Entstehungsgeschichte dieses Vorschlags s. JöR 1 (1951), S. 849 Fn. 5.

[3] Parl. Rat XIV, S. 1640 f.

Art. 123 Rn. 31). Daß Art. 128 GG eigens auf die Fortgeltung von Weisungsrechten im Sinn von Art. 84 V GG eingeht, war aber eigentlich nicht geboten, denn mit der Entscheidung für die Fortgeltung des vorkonstitutionellen Rechts war auch über das Fortwirken der in diesem enthaltenen Weisungsrechte entschieden. Die Regelung des Art. 128 GG ist vielmehr vor dem Hintergrund der prinzipiellen **Ablehnung einer Mischverwaltung** zu sehen. Eine der ursprünglich seltenen Ausnahmen vom Verbot der Mischverwaltung ist in Art. 84 V GG hinsichtlich der Möglichkeit normiert, der Bundesregierung durch zustimmungsbedürftiges Bundesgesetz die Befugnis zu verleihen, zur Ausführung von Bundesgesetzen in besonderen Fällen Einzelweisungen zu erteilen, die nur in dringlichen Fällen nicht an die obersten Landesbehörden gerichtet zu werden brauchen. Zu der außerordentlich zurückhaltenden Attitüde, die das Grundgesetz dabei einnimmt (→ Art. 84 Rn. 90 ff.), fügt sich, daß es für nötig betrachtet wurde, die Aufrechterhaltung von Weisungsbefugnissen des vorkonstitutionellen Rechts durch eine eigene Übergangsvorschrift nochmals zu bestätigen. Insbesondere sollte Art. 128 GG verhindern, daß fortgeltende Weisungsrechte für unwirksam erklärt würden, weil es an der Zustimmung des Bundesrates fehlte[4].

6 Nach Art. 84 V 1 GG kann, wenn die Länder Bundesgesetze als eigene Angelegenheit ausführen, der Bundesregierung die Befugnis verliehen werden, für besondere Fälle Einzelweisungen zu erteilen. Unter **Weisungen** sind interne Handlungsvorgaben ohne rechtliche Außenwirkung zu verstehen, die für definierte Sachverhalte erteilt werden (→ Art. 84 Rn. 91 f.)[5]. Von der Vorschrift erfaßt sind auch Anordnungen auf Vorlage von Berichten und Akten[6]. Fraglich ist dagegen, ob auch Zustimmungs-, Einvernehmens- und Anhörungserfordernisse[7] erfaßt werden[8]. Es kommt also nicht auf Form oder Rechtsnatur der Maßnahme an, sondern darauf, daß ein Einzelfall betroffen ist[9]. Wie sich der Formulierung von Art. 84 V GG entnehmen läßt, sind Einzelweisungen **Ausnahmen und rechtfertigungsbedürftig**; der normale Gesetzesvollzug muß ohne sie auskommen.

7 Art. 128 GG übernimmt aus dem fortgeltenden Recht bis zu einer anderen gesetzlichen Regelung jene **Weisungsrechte**, die sich **Art. 84 V GG** zuordnen lassen[10]. Die Vorschrift macht damit deutlich, daß die Ausnahmeregelung des Art. 84 V GG für den Bereich des landeseigenen Vollzugs von Bundesgesetzen auch vorkonstitutionell begründete Weisungsrechte einbezieht, aber nur dann, wenn diese nach Ziel und Zweck der **Normintention von Art. 84 V GG** entsprechen. Art. 128 GG wollte gar nicht eine Gefahr aufkommen lassen, die darin bestanden hätte, daß die Bundesregierung bis zur Schaffung entsprechender Bundesgesetze als weisungsunfähig gegenüber den Ländern hätte angesehen werden können[11].

---

[4] *H. A. Wolff*, in: v. Mangoldt/Klein/Starck, GG III, Art. 128 Rn. 2.

[5] So auch BVerfGE 49, 24 (49); BVerwGE 42, 279 (284); *T. Maunz/H. H. Klein*, in: Maunz/Dürig, GG, Art. 128 (2017), Rn. 4; Jarass/*Pieroth*, GG, Art. 84 Rn. 16.

[6] → Art. 84 Rn. 91; zweifelnd *J. Oebbecke*, HStR³ VI, § 136 Rn. 43.

[7] BVerwGE 42, 279 (284); 67, 173 (175 f.); ebenso *Maunz/Klein* (Fn. 5), Art. 128 Rn. 6.

[8] Bejahend: *Stettner* → Bd. III², Art. 128 Rn. 5; Jarass/*Pieroth*, GG, Art. 84 Rn. 16; *A. Dittmann*, in: Sachs, GG, Art. 84 Rn. 34; *C. Schulze*, in: Sachs, GG, Art. 128 Rn. 4; dagegen: → Art. 84 Rn. 92; *W. Blümel*, HStR IV, § 101 Rn. 35; *J. Oebbecke*, HStR³ VI, § 136 Rn. 42.

[9] *Wolff* (Fn. 4), Art. 128 Rn. 9; *Maunz/Klein* (Fn. 5), Art. 128 Rn. 4 weisen darauf hin, daß gesetzliche Ermächtigungen zum Erlaß genereller Weisungen nach Art. 128 GG keinen Bestand haben.

[10] So auch *Wolff* (Fn. 4), Art. 128 Rn. 1 und 8; *Schulze* (Fn. 8), Art. 128 Rn. 3.

[11] *Holtkotten* (Fn. 1), Art. 128 Anm. I.; s. auch *R. Wehowsky*, in: Umbach/Clemens, GG, Art. 128 Rn. 1.

Einschlägige Weisungsbefugnisse können in Rechtsvorschriften aus der Zeit **nach dem Zusammenbruch des »Dritten Reichs«** bis zum Zusammentritt des Bundestags (7.9.1949) enthalten sein, aber auch in Rechtsnormen aus der **Zeit vor der Gleichschaltung der Länder** durch den Nationalsozialismus (30.1.1934; → Art. 124 Rn. 1). Auch Rechtsverordnungen sind einschlägig[12]. Dies gilt allerdings für den Rechtsbestand aus der Zeit vor der Gleichschaltung der Länder durch den Nationalsozialismus nur insoweit, als die Vorschriften vom Dritten Reich **nicht formell außer Kraft gesetzt wurden**, also als weiterbestehendes Reichsrecht über Art. 123 GG Eingang in die Rechtsordnung der Bundesrepublik Deutschland finden konnten. Das ab 30.1.1934 bestehende **allgemeine Aufsichts- und Weisungsrecht** der Reichsregierung, das zuvor bestehende einzelne Weisungsrechte überdeckte und die gesetzlichen Restriktionen für diese praktisch außer Kraft setzte, hatte **keine solche Derogationswirkung**, weil es nur mit der verwaltungsmäßigen Organisation des Dritten Reiches verbunden war und mit diesem unterging. Soweit allerdings Weisungsrechte auf andere Weise untergegangen sind, kann Art. 128 GG sie nicht reanimieren, denn er spricht von »**fortgeltendem Recht**«, das Weisungsrechte enthält, setzt also die Normgeltung von vor-nationalsozialistischem Recht über die Zeitspanne von 1934–1945 hinweg voraus, erteilt aber selbst keinen (reaktivierenden) Normbefehl. Ob eine Vorschrift, die Weisungsrechte im Sinn von Art. 84 V GG einschließt, unter der Verfassungsordnung des Grundgesetzes weitergilt, bestimmt nicht Art. 128 GG, sondern Art. 123 GG[13], der aber selbst wiederum am Stichtag (7.9.1949) geltendes Recht voraussetzt (→ Art. 123 Rn. 21, 25). 8

In Ausnahmefällen sind auch förmliche Weisungsrechte aus der **Zeit des Nationalsozialismus**, insbesondere wenn sie in seiner Frühzeit auf rechtsförmigem Weg begründet wurden, unter Art. 128 GG einzuordnen. Dies gilt aber nur dann, wenn sie ausreichend differenziert sind, um ein einschlägiges **gesamtstaatliches Interesse** zur Geltung zu bringen[14]. Nicht notwendig dürfte es sein, daß solche fortgeltenden Weisungsrechte einer spezifisch bundesstaatlichen Funktion dienen[15]; es ist aber notwendig, daß sich diese Weisungsbefugnisse vom **allgemeinen Aufsichtsrecht** der vorgesetzten Behörde bzw. der Reichsregierung durch das oben genannte Merkmal des gesamtstaatlichen Interesses unterscheiden. Dabei sind von Art. 128 GG nicht nur volle Weisungen im Sinne von explizit formulierten Anordnungen erfaßt; auch das **Zustimmungserfordernis** ist als Weisungsbefugnis in abgeschwächter Form Art. 128 GG zuzuordnen[16]. 9

Art. 128 GG legt in seiner Bezugnahme auf Art. 84 V GG zwar fest, daß das Recht, dem die Weisungsbefugnis angehört, als Bundesrecht fortgeltendes vorkonstitutionelles Recht sein muß, das von den Ländern als eigene Angelegenheit vollzogen wird (**landeseigener Vollzug von Bundesgesetzen**). Deswegen müssen die Weisungsrechte selbst aber nicht auf den Vollzug der Rechtsaufsicht gegenüber der Landesverwaltung beschränkt bleiben; die **Weisung** kann auch **fachlich gestaltet** sein[17]. 10

---

[12] BVerwGE 67, 173 (176); Jarass/*Pieroth*, GG, Art. 128 Rn. 1; *Maunz/Klein* (Fn. 5), Art. 128 Rn. 16; *T. Gnatzy*, in: Schmidt-Bleibtreu/Hofmann/Henneke, GG, Art. 128 Rn. 1; a. A. *Wolff* (Fn. 4), Art. 128 Rn. 6.

[13] A. A. aber *M. Kirn*, in: v. Münch/Kunig, GG II, Art. 128 Rn. 1; vgl. auch *Schulze* (Fn. 8), Art. 128 Rn. 2.

[14] BVerwGE 67, 173 (176); *Kirn* (Fn. 13), Art. 128 Rn. 2; *Schulze* (Fn. 8), Art. 128 Rn. 2.

[15] Diese Auffassung vertreten *T. Maunz*, in: Maunz/Dürig, GG, Art. 128 (1966), Rn. 6; *Wolff* (Fn. 4), Art. 128 Rn. 10; vgl. dagegen jetzt *Maunz/Klein* (Fn. 5), Art. 128 Rn. 11.

[16] Ausführlich BVerwGE 67, 173 (175); dazu *H. Rittstieg*, InfAuslR 1989, 307 (308 ff.).

[17] So auch *Kirn* (Fn. 13), Art. 128 Rn. 2; a. A. *Schulze* (Fn. 8), Art. 128 Rn. 5.

11 Da Art. 128 GG fortgeltende Weisungsrechte im Sinn von Art. 84 V GG fordert, ist der Rahmen der letztgenannten Grundgesetznorm für die **Ausübung der Weisungsbefugnis** bindend. Die Erteilung von Einzelweisungen muß durch die **Bundesregierung** (ob als Kollegialorgan oder durch einzelne Bundesminister, ist durch Auslegung der fortgeltenden Norm zu entscheiden: → Art. 62 Rn. 10ff.) erfolgen[18]. Auch die Restriktion auf »**besondere Fälle**«, also die Eingrenzung fortgeltender Weisungsbefugnisse auf den Ausnahmefall, ist zu beachten[19]. Vorausgesetzt wird allerdings, daß das Weisungsrecht den Vollzug einer bundesgesetzlichen Norm ermöglichen soll, also nicht frei von einem speziellen Bezug zu einem Rechtssatz existiert[20]. Wird das fortgeltende Recht durch ein neues Gesetz ersetzt, muß dieses Art. 84 V 1 GG entsprechen[21]. Die heutige Relevanz der Vorschrift ist im übrigen fraglich[22].

D. Verhältnis zu anderen GG-Bestimmungen

12 Art. 128 GG bezieht sich im Hinblick auf sein Tatbestandsmerkmal »fortgeltendes Recht« auf **Art. 123 GG.** Dabei ist weitere Bedingung die Fortgeltung als Bundesrecht (**Art. 124, 125 GG**)[23], ob als Recht der ausschließlichen Gesetzgebung des Bundes oder als solches des konkurrierenden Typus, ist für Art. 128 GG gleichgültig. Allerdings betrifft Art. 128 GG nur die Ausführung der Bundesgesetze durch die Länder als eigene Angelegenheit, also die Vorschriften der **Art. 83 und 84 GG**. Mit der letztgenannten Norm ist Art. 128 GG durch einen ausdrücklichen Rückverweis besonders intensiv verbunden.

---

18 S. hierzu *E. Brune*, DVBl. 1951, 752 (754); *Schulze* (Fn. 8), Art. 128 Rn. 5; *Kirn* (Fn. 13), Art. 128 Rn. 2; *Maunz/Klein* (Fn. 5), Art. 128 Rn. 13; Jarass/*Pieroth*, GG, Art. 128 Rn. 1.

19 Gegen eine Beschränkung der Weisungen auf »besondere Fälle« *H. Schäfer*, AöR 78 (1953), 1 (29); a. A. aber *E. Brune*, DVBl. 1951, 752 (754).

20 *Maunz/Klein* (Fn. 5), Art. 128 Rn. 9.

21 *Wolff* (Fn. 4), Art. 128 Rn. 20.

22 *Wolff* (Fn. 4), Art. 128 Rn. 1.

23 *Wolff* (Fn. 4), Art. 128 Rn. 5; *Maunz/Klein* (Fn. 5), Art. 128 Rn. 9; *Schulze* (Fn. 8), Art. 128 Rn. 2; *Gnatzy* (Fn. 12), Art. 128 Rn. 1.

Artikel 129 [Fortgeltende und erloschene Ermächtigungen]

(1) [1]Soweit in Rechtsvorschriften, die als Bundesrecht fortgelten, eine Ermächtigung zum Erlasse von Rechtsverordnungen oder allgemeinen Verwaltungsvorschriften sowie zur Vornahme von Verwaltungsakten enthalten ist, geht sie auf die nunmehr sachlich zuständigen Stellen über. [2]In Zweifelsfällen entscheidet die Bundesregierung im Einvernehmen mit dem Bundesrate; die Entscheidung ist zu veröffentlichen.

(2) Soweit in Rechtsvorschriften, die als Landesrecht fortgelten, eine solche Ermächtigung enthalten ist, wird sie von den nach Landesrecht zuständigen Stellen ausgeübt.

(3) Soweit Rechtsvorschriften im Sinne der Absätze 1 und 2 zu ihrer Änderung oder Ergänzung oder zum Erlaß von Rechtsvorschriften anstelle von Gesetzen ermächtigen, sind diese Ermächtigungen erloschen.

(4) Die Vorschriften der Absätze 1 und 2 gelten entsprechend, soweit in Rechtsvorschriften auf nicht mehr geltende Vorschriften oder nicht mehr bestehende Einrichtungen verwiesen ist.

Literaturauswahl

Benkendorff, Gerhard: Fortgeltung der gesetzlichen Ermächtigungen i.S. des Art. 129 Abs. 3 GG nach dem Zusammenbruch bis zum Inkrafttreten des GG, in: DÖV 1952, S. 451–453.

Friehe, Heinz-Josef: Wem stehen die Kompetenzen des alten Bundesrates zu, ausführende Bestimmungen zu gesetzlichen Vorschriften zu erlassen?, in: AöR 109 (1984), S. 76–87.

Jansen, G.J.: Die nunmehr sachlich zuständige Stelle im Sinne des Artikel 129 Grundgesetz, in: JR 1954, S. 406–408.

Kienzle, Werner: Zur Frage des Übergangs vorkonstitutioneller Ermächtigungen nach Art. 129 Abs. 1 GG, in: NJW 1961, S. 298–300.

Kleinrahm, Kurt: Der Kompetenzübergang nach Artikel 129 Abs. 1 des Grundgesetzes, in: DÖV 1952, S. 104–107.

Koch, Thorsten: Berufsausübungsregelung durch Verwaltungsvorschrift?, in: NdsVBl. 1996, S. 82–87.

Lerche, Peter: Fortgeltung von DDR-Recht und Gesetzesvorbehalt, in: Festschrift für Herbert Helmrich, 1994, S. 57–72.

Mann, Thomas: Fortgeltende Rechtsverordnungen der DDR und der Gesetzesvorbehalt, in: DÖV 1999, S. 228–235.

Schmidt, Karl: Zur Frage der Weitergeltung »vorkonstitutioneller« Ermächtigungen, in: NJW 1952, S. 1239–1241.

Schmidt, Karl: Die Weitergeltung vorkonstitutioneller Rechtsetzungsermächtigungen, in: NJW 1954, S. 249–252.

Wolff, Bernhard: Die Ermächtigung zum Erlaß von Rechtsverordnungen nach dem Grundgesetz, in: AöR 78 (1952/1953), S. 194–227.

Leitentscheidungen des Bundesverfassungsgerichts

BVerfGE 2, 307 (326ff.) – Gerichtsbezirke; 15, 268 (271ff.) – Tierzuchtgesetz I; 28, 119 (143f.) – Spielbank; 78, 179 (197ff.) – Heilpraktikergesetz.

Gliederung

Stichwörter

A. Herkunft, Entstehung, Entwicklung

1 Art. 129 GG enthält neben der Anordnung des Erlöschens von Rechtsvorschriften mehrere Regelungen über die Folgen fortgeltenden Rechts (→ Rn. 5), für die sich in der Verfassung der **Weimarer Republik** (1919) teilweise Vorläufer finden. So bestimmte Art. 179 I WRV u.a. für den normativen Verweis auf Einrichtungen, die durch die Verfassung aufgehoben sind, dass an deren Stelle die entsprechenden Einrichtungen der WRV treten, und Art. 179 II WRV regelte den Übergang bestimmter Verordnungsbefugnisse.

2 In der **Entstehungsgeschichte** des Grundgesetzes dienten diese Normen bereits dem Verfassungskonvent auf Herrenchiemsee als Vorbild für Regelungen über die Nachfolge für weggefallene Organe bzw. Stellen: Art. 141 HChE versuchte klarzustellen, welche Stellen zur Verordnungsgebung und zum Erlass von Verwaltungsakten zuständig sind, wenn in fortgeltenden Gesetzen aus früherer Zeit Stellen für zuständig erklärt sind, die nicht mehr bestehen; Art. 142 HChE traf eine entsprechende Regelung für reichsrechtliche Einrichtungen oder Vorschriften, die durch das Grundgesetz aufgehoben sind oder aus sonstigen Gründen nicht mehr bestehen[1]. Der Entwurf bildete die Arbeitsgrundlage für den Parlamentarischen Rat, der nach mehrfachen inhaltlichen und redaktionellen Änderungen die vorliegende Fassung beschloss; aus den Beratungen des Parlamentarischen Rates hervorzuheben sind insb. die Einfügung des – hinsichtlich der Bundesratsbeteiligung damals umstrittenen – Art. 129 I 2 GG und des Art. 129 III GG[2].

3 In der weiteren **Verfassungsentwicklung** blieb der Text von Art. 129 GG unverändert. Nicht unwesentlich geändert hat sich allerdings das normative Umfeld, weil die Vorbemerkungen zu Anlage II zum EV die entsprechende Anwendung von Art. 129 GG auf als Bundesrecht fortgeltende Rechtsvorschriften der DDR anordnen, soweit diese eine Ermächtigung zum Erlass von Rechtsverordnungen, Anordnungen oder allgemeinen Verwaltungsvorschriften enthalten (→ Rn. 20).

---

[1] Texte in Parl. Rat, Bd. 2, S. 579ff. (613) m. Erläuterung im Darstellenden Teil, a.a.O., S. 576f.

[2] Zur Entstehungsgeschichte s. JöR 1 (1951), S. 851ff.; *H. Holtkotten*, in: BK, Art. 129 (Erstb. 1950), Anm. I.; *H.H. Klein*, in: Maunz/Dürig, GG, Art. 129 (2007), Rn. 1f.

B. Internationale, supranationale und rechtsvergleichende Bezüge

Als spezifisch staatsrechtliche Übergangsvorschrift ist Art. 129 GG im **Völkerrecht** und im **supranationalen Recht** ohne unmittelbar vergleichbare Entsprechung; Regelungen über die Nachfolge bezüglich der Ausübung von Befugnissen und Zuständigkeiten weggefallener Organe finden sich allerdings auch dort[3]. Aus **rechtsvergleichender Sicht** sind – obschon keineswegs durchgängig – ähnliche Regelungen auch in anderen Verfassungen anzutreffen[4]. 4

C. Erläuterungen

In Ergänzung namentlich zu Art. 123 bis 125 GG enthält Art. 129 GG im wesentlichen **vier Regelungsgegenstände**, nämlich erstens den Übergang von Ermächtigungen in Rechtsvorschriften, die als Bundesrecht fortgelten (Art. 129 I GG), zweitens den Übergang von Ermächtigungen in Rechtsvorschriften, die als Landesrecht fortgelten (Art. 129 II GG), drittens das Erlöschen solcher Rechtsvorschriften (Art. 129 III GG) und viertens die Behandlung von Verweisungen auf nicht mehr geltende Vorschriften oder nicht mehr bestehende Einrichtungen (Art. 129 IV GG)[5]. In der Gesamtanlage handelt es sich um eine »**summarische Übergangsregelung**«, da es 1948/49 nicht möglich war, kurzfristig sämtliche Ermächtigungsnormen auf die neue Rechtslage umzustellen[6]; außerdem enthält die Norm bundesstaatliche Feinabstimmungen und verfolgt namentlich mit Art. 129 III GG Anliegen der Gewaltenteilung und der Demokratie. Als Übergangsvorschriften haben die Regelungen in Art. 129 GG durch die zwischenzeitliche Gesetzgebung zwar an Bedeutung eingebüßt, sind aber nach wie vor aktuell für die an grundgesetzliche Vorgaben anzupassende bzw. angepasste vorkonstitutionelle Zuständigkeitsordnung[7]; unerwartete **Aktualität** hat Art. 129 GG durch die Vorbemerkungen zu Anlage II zum EV erlangt (→ Rn. 3, 20). 5

I. Ermächtigungsübergang bei als Bundesrecht fortgeltenden Rechtsvorschriften (Art. 129 I GG)

Bei den **Rechtsvorschriften**, an die Art. 129 I GG anknüpft, handelt es sich um »Recht« im Sinne von Art. 123 GG[8]; dazu gehören Normen jeden Ranges (→ Art. 123 Rn. 20ff.). Art. 129 I GG liefert keine Anhaltspunkte für die Zuordnung der (fortgeltenden) Rechtsvorschriften zum **Bundesrecht**, die sich nach Art. 124, 125 GG bestimmt[9]. 6

Auch über die **Fortgeltung** dieser Rechtsvorschriften trifft Art. 129 I GG selbst keine Aussage, sondern setzt sie voraus; Grundlage für die Fortgeltung früheren Rechts 7

---

[3] S. etwa Art. 1, 9 und 22 des Fusionsvertrages von 1965 (Vertrag zur Einsetzung eines gemeinsamen Rates und einer gemeinsamen Kommission der Europäischen Gemeinschaften vom 8.4.1965 [BGBl. II S. 1454]).

[4] S. etwa Art. 94 III 2 Bad.-WürttVerf.; Art. 138 Rheinl.-PfälzVerf.; vgl. auch Art. 65 II BerlVerf.

[5] Ebenso *Klein* (Fn. 2), Art. 129 Rn. 4; teilweise abweichend *M. Kirn*, in: v. Münch/Kunig, GG III, Art. 129 Rn. 1; *M. Bothe*, in: AK-GG, Art. 129 (2002), Rn. 1.

[6] *Klein* (Fn. 2), Art. 129 Rn. 3f.; vgl. auch BVerfGE 78, 179 (199).

[7] *Kirn* (Fn. 5), Art. 129 Rn. 1; *H.A. Wolff*, in: v. Mangoldt/Klein/Starck, GG III, Art. 129 Rn. 3.

[8] *M. Sachs*, in: Sachs, GG, Art. 129 Rn. 3; *A. Uhle*, in: Epping/Hillgruber, GG, Art. 129 Rn. 1.

[9] *Klein* (Fn. 2), Art. 129 Rn. 4; *Kirn* (Fn. 5), Art. 129 Rn. 1; *Jarass*/Pieroth, GG, Art. 129 Rn. 1. → Art. 123 Rn. 19; → Art. 124 Rn. 5f.; → Art. 125 Rn. 9f.

ist vielmehr zuallererst Art. 123 I GG[10]. Doch ist Art. 129 GG für die Fortgeltung früherer Rechtsvorschriften zumindest mittelbar bedeutsam. Aus **Art. 129 III GG**, der in »missglückter Formulierung«[11] vor allem Ermächtigungen zu sog. (echten) gesetzesvertretenden Rechtsverordnungen (→ Rn. 15f.) für erloschen erklärt, folgert man nämlich teilweise im Umkehrschluss, dass – vorbehaltlich vergleichbarer Rechtsstaatswidrigkeit etwa aus Gründen der Gewaltenteilung – die übrigen früheren Ermächtigungsnormen fortgelten[12]. Nach Ansicht des Bundesverfassungsgerichts hat das Grundgesetz »die Frage des Weitergeltens früherer Ermächtigungen in der Sondervorschrift des Art. 129 GG behandelt« und »unter grundsätzlicher Aufrechterhaltung früherer Delegationen nur das Erlöschen der in Art. 129 III GG bezeichneten Ermächtigungen angeordnet«[13]; das Erlöschen der früheren Ermächtigungen beurteile »sich ausschließlich nach Art. 129 III GG«, der auf gesetzesvertretende Rechtsverordnungen fokussiert sei[14]. Indes ist die Tragfähigkeit eines solchen Umkehrschlusses zweifelhaft[15], weil Art. 129 III GG tatbestandlich an die von Art. 129 I (und II) GG als fortgeltend vorausgesetzten Rechtsvorschriften anschließt und die Fortgeltung von Recht aus der Zeit vor dem Zusammentritt des Bundestages in Art. 123 I GG geregelt ist. Aus systematischen Gründen erscheint es daher überzeugender, Art. 129 III GG bei der Interpretation von Art. 123 I GG zu berücksichtigen und daraus mittelbar Folgerungen für die Fortgeltung von Ermächtigungsvorschriften nach Art. 123 I GG zu ziehen[16]. Auf diese Weise ließe sich auch dem erkennbaren Anliegen der bundesverfassungsgerichtlichen Spruchpraxis, frühere Ermächtigungsvorschriften nicht an den detaillierten Einzelanforderungen namentlich von Art. 80 I 2 GG zu messen[17] (→ Rn. 8), Rechnung tragen.

8 **Stichtag** für die zeitliche Eingrenzung der früheren Rechtsvorschriften ist nach Art. 123 I GG der Zusammentritt des ersten Bundestages[18] am 7.9.1949 (→ Art. 136 Rn. 4). Für die fortgeltenden früheren Ermächtigungsnormen scheidet **Art. 80 I GG** als Prüfungsmaßstab aus, weil diese Norm auf früheres Recht **nicht anwendbar** ist (→ Art. 80 Rn. 18)[19]. Anders verhält es sich jedoch, wenn das alte Recht später wesentlich geändert wurde; wird es durch neue Rechtsetzung zu **nachkonstitutionellem Recht**,

---

[10] *Bothe* (Fn. 5), Art. 129 Rn. 3; *Jarass*/Pieroth, GG, Art. 129 Rn. 1; *Sachs* (Fn. 8), Art. 129 Rn. 3; *Uhle* (Fn. 8), Art. 129 Rn. 2.

[11] *Jarass*/Pieroth, GG, Art. 129 Rn. 2.

[12] *Kirn* (Fn. 5), Art. 129 Rn. 2.

[13] BVerfGE 2, 307 (326ff., Zitate: 327, 328); ähnlich z. B. *T. Koch*, NdsVBl. 1996, 82 (84): Art. 129 III GG als »gesonderte und von den Grundsätzen des Art. 123 I GG teilweise abweichende Regelung«.

[14] BVerfGE 2, 307 (Ls. 5 und 6); ähnlich BVerfGE 15, 268 (271f.); 28, 119 (143f.); zu der erstgenannten Leitentscheidung s. *K. Schmidt*, NJW 1954, 249ff.; vgl. auch *D. Heckmann*, Geltungskraft und Geltungsverlust von Rechtsnormen, 1997, S. 378 m. Fn. 149.

[15] *Sachs* (Fn. 8), Art. 129 Rn. 3f.; ablehnend auch *Jarass*/Pieroth, GG, Art. 129 Rn. 1; vermittelnd *Klein* (Fn. 2), Art. 129 Rn. 9, der zwischen der Ansicht des BVerfG und der hier vertretenen Auffassung keinen Widerspruch erkennt.

[16] *Sachs* (Fn. 8), Art. 129 Rn. 3f.

[17] Vgl. BVerfGE 2, 307 (326ff.); 28, 119 (144) zur Nichtanwendbarkeit von Art. 80 I 2 GG; BVerfGE 15, 268 (271f.) zur Nichtanwendbarkeit von Art. 80 I 1 und 2 GG; frühzeitig ähnliche Überlegungen wie beim Bundesverfassungsgericht in der Literatur insb. bei *B. Wolff*, AöR 78 (1952/1953), 194 (209ff.); vgl. ferner BVerwGE 38, 322 (323) und *K. Schmidt*, NJW 1952, 1239ff.

[18] BVerfGE 2, 307 (326, 328); 15, 268 (271f.); *Klein* (Fn. 2), Art. 129 Rn. 10.

[19] → Fn. 17; *D. Hömig*, in: Hömig/Wolff, GG, Art. 129 Rn. 2; *Uhle* (Fn. 8), Art. 129 Rn. 6; anders aus der älteren Literatur etwa *K.A. Bettermann*, MDR 1952, 1 (4); speziell zu der Kontroverse über die Bedeutung von Art. 80, 129 III GG für die Generalermächtigung zum Erlass von Polizeiverord-

kann es nämlich nur Bestand haben, wenn es den Anforderungen des Grundgesetzes und insb. des Art. 80 I GG genügt[20]. Zu weiteren Voraussetzungen und Rechtsfolgen von Art. 129 III GG → Rn. 15ff.

Regelungsgegenstand von Art. 129 I GG sind die nach den obigen Erläuterungen (→ 9
Rn. 6ff.) zu bestimmenden Rechtsvorschriften, soweit sie **Ermächtigungen** zum Erlass von Rechtsverordnungen, Verwaltungsvorschriften oder Verwaltungsakten enthalten; dazu zählen auch Ermächtigungen zur Zustimmung zu Verwaltungsakten und Weisungsrechte[21].

Rechtsfolge von Art. 129 I 1 GG ist der **Ermächtigungsübergang** auf die »nunmehr 10
sachlich zuständigen Stellen«. **Sachlich zuständige Stelle** ist nicht notwendig »der allgemeine staatsrechtliche Nachfolger der früher zuständigen Stelle, sondern die Stelle, die nach dem Grundgesetz zuständig wäre«[22]. Das kann eine Stelle der Bundes- oder der Landesverwaltung sein[23]. Maßgebliche Anhaltspunkte für die Bestimmung der nunmehr sachlich zuständigen Stelle im Sinne der **Funktionsnachfolge**[24] liefern vor allem Art. 30, 83ff. GG sowie die Grundsätze über die Verwaltungszuständigkeiten des Bundes kraft Natur der Sache und kraft Sachzusammenhangs[25]; in den Fällen des Art. 80 II GG kann beim Übergang vorkonstitutioneller Ermächtigungen die Zustimmung des Bundesrats verlangt sein[26]. Bei als Bundesrecht fortgeltenden Verordnungsermächtigungen können neue Ermächtigungsinhaber nicht nur die in Art. 80 I 1 GG genannten **Erstdelegatare** (→ Art. 80 Rn. 22ff.), sondern auch andere Stellen sein, weil die Anforderungen von Art. 80 I 1 GG nicht auf die früheren Verhältnisse übertragbar sind[27]. Beispiel für einen Ermächtigungsübergang nach Art. 129 I 1 GG ist der Übergang von polizei- bzw. gewerberechtlichen Befugnissen vom Reichswirtschafts- bzw. Reichsarbeitsminister auf Stellen der Landesverwaltung[28]. Die durch Art. 129 I 1 GG begründete Zuständigkeit ist bindend, jedoch einer späteren grundgesetzkonformen gesetzlichen Neuregelung zugänglich[29].

---

nungen s. einerseits *R. Titzck*, DÖV 1955, 453ff. (für Verfassungswidrigkeit) und andererseits *G. Wacke*, DÖV 1955, 456ff. (für Verfassungsmäßigkeit).

[20] BVerfGE 9, 39 (46f.); 15, 153 (160); 22, 180 (214f.); 78, 179 (197f.); BVerwGE 38, 322 (323); *Hömig* (Fn. 19), Art. 129 Rn. 2, 6; *Klein* (Fn. 2), Art. 129 Rn. 10; *Sachs* (Fn. 8), Art. 129 Rn. 9, 13. → Art. 80 Rn. 18.

[21] BVerwGE 67, 173 (176f.); *Jarass*/Pieroth, GG, Art. 129 Rn. 4; *Wolff* (Fn. 7), Art. 129 Rn. 6; *Klein* (Fn. 2), Art. 129 Rn. 11; *Uhle* (Fn. 8), Art. 129 Rn. 4; vgl. auch *Sachs* (Fn. 8), Art. 129 Rn. 14 zu nach früherem Recht vorgeschriebenen Zustimmungen zum Erlass von Rechtsverordnungen und Verwaltungsvorschriften.

[22] BVerfGE 4, 193 (Ls. 2, 203); BVerwGE 15, 240 (247); *H.-J. Friehe*, AöR 109 (1984), 76 (83ff.).

[23] Vgl. *Jarass*/Pieroth, GG, Art. 129 Rn. 4; *Hömig* (Fn. 19), Art. 129 Rn. 3; ferner aus der älteren Literatur *K. Kleinrahm*, DÖV 1952, 104ff.; *G.J. Jansen*, JR 1954, 406ff. m. Beispielen für zeitgenössische Zuordnungsprobleme.

[24] *Wolff* (Fn. 7), Art. 129 Rn. 2; *Uhle* (Fn. 8), Art. 129 Rn. 5.

[25] Vgl. BVerfGE 11, 6 (15ff.); BVerwGE 10, 49 (50); *Hömig* (Fn. 19), Art. 129 Rn. 3; *Uhle* (Fn. 8), Art. 129 Rn. 5; *Wolff* (Fn. 7), Art. 129 Rn. 12. → Art. 83 Rn. 16ff.

[26] Vgl. BVerfGE 4, 193 (203).

[27] So *Sachs* (Fn. 8), Art. 129 Rn. 16 im Anschluss an *W. Kienzle*, NJW 1961, 298ff.; ebenso *Klein* (Fn. 2), Art. 129 Rn. 13; teilweise unentschieden BVerfGE 15, 268 (272f.); anders *Kirn* (Fn. 5), Art. 129 Rn. 8 m.w.N., der bei einer Adressierung an nachgeordnete Landesbehörden von einem Erlöschen der Ermächtigung ausgeht; vgl. auch *Wolff* (Fn. 7), Art. 129 Rn. 24.

[28] BVerfGE 11, 6 (15ff.). Zu weiteren Beispielen für Ermächtigungsübergänge vgl. etwa *Bothe* (Fn. 5), Art. 129 Rn. 6 m.w.N.; *Kirn* (Fn. 5), Art. 129 Rn. 8; ferner BVerfGE 28, 119 (138, 151) zur rechtlichen Qualifizierung des Spielbankenrechts.

[29] *Kirn* (Fn. 5), Art. 129 Rn. 8; *Hömig* (Fn. 19), Art. 129 Rn. 3; *Sachs* (Fn. 8), Art. 129 Rn. 15; *Uhle* (Fn. 8), Art. 129 Rn. 5; *Klein* (Fn. 2), Art. 129 Rn. 14; BayVerfGH DÖV 1986, 390.

11 Zur **Entscheidung von Zweifelsfällen** über die nunmehr zuständige Stelle beruft **Art. 129 I 2 GG** die Bundesregierung[30] im Einvernehmen mit dem Bundesrat[31]. Nicht von dieser Entscheidungsbefugnis erfasst ist die Frage, ob die jeweilige Ermächtigung als Bundesrecht fortgilt[32]. Die im Einvernehmen mit dem Bundesrat getroffene Entscheidung ist zu veröffentlichen (Art. 129 I 2, 2. Hs. GG).

12 Eine **bundesverfassungsgerichtliche Überprüfung der Entscheidung** ist dadurch nicht ausgeschlossen. Die Spruchpraxis lässt eine Anrufung des Bundesverfassungsgerichts auch dann zu, wenn eine Entscheidung der Bundesregierung nicht ergangen ist[33]. Praktisch geworden ist letzteres in einem Bund-Länder-Streit; denkbar wäre allerdings auch ein Organstreitverfahren, mit dem sich etwa der Bundesrat gegen eine ohne sein Einvernehmen getroffene Entscheidung wehrt[34]. Im übrigen haben sich **Fachgerichte** uneingeschränkt für befugt gehalten, inzident über die Zuständigkeit für die nach Art. 129 GG fortgeltenden Ermächtigungen zu befinden[35].

II. Ermächtigungsübergang bei als Landesrecht fortgeltenden Rechtsvorschriften (Art. 129 II GG)

13 Für die als Landesrecht fortgeltenden Rechtsvorschriften kann weitgehend auf die entsprechenden Ausführungen zu Art. 129 I 1 GG (→ Rn. 6ff.) verwiesen werden. Besonderheiten bestehen namentlich für die zur Ausübung der Ermächtigung »**zuständigen Stellen**«, die **nach** dem am Stichtag geltenden jeweiligen **Landesrecht** (Landesverfassungs- und einfaches Landesorganisationsrecht) zu bestimmen sind[36]. Abweichende spätere Zuständigkeitszuordnungen durch den Landesgesetzgeber sind allerdings möglich[37].

III. Erloschene Ermächtigungen (Art. 129 III GG)

14 Nach der prekären bundesverfassungsgerichtlichen Lesart (→ Rn. 7) behandelt Art. 129 III GG als Sondervorschrift das Erlöschen von Ermächtigungen[38]. Die Norm **bezweckt** den Schutz der **Gewaltenteilung**, weist die »Ermächtigungsgepflogenheiten vergangener Zeiten« (→ Art. 80 Rn. 2ff.) zurück[39] und erfasst nur Ermächtigungen aus der Zeit vor dem 7.9.1949[40] (→ Rn. 8).

15 **Tatbestandsvoraussetzung** von Art. 129 III GG ist, dass einer der beiden dort genannten **Ermächtigungstypen** vorliegt[41]. Das sind zum einen Ermächtigungen »zum

[30] BVerfGE 138, 102 (113f., Rn. 39) stellt – etwas überraschend – Art. 129 I GG zusammen mit zahlreichen weiteren grundgesetzlichen Regelungen über Rechte und Pflichten der Bundesregierung in einen Normenbestand ein, aus dem sich ein »politischer Leitungsauftrag der Bundesregierung« ergeben soll.

[31] Dazu *Sachs* (Fn. 8), Art. 129 Rn. 17.

[32] *Hömig* (Fn. 19), Art. 129 Rn. 4; *Klein* (Fn. 2), Art. 129 Rn. 16.

[33] BVerfGE 11, 6 (13).

[34] *Sachs* (Fn. 8), Art. 129 Rn. 18; *Klein* (Fn. 2), Art. 129 Rn. 17; *Uhle* (Fn. 8), Art. 129 Rn. 7.

[35] *Kirn* (Fn. 5), Art. 129 Rn. 9; *Klein* (Fn. 2), Art. 129 Rn. 17.

[36] *Sachs* (Fn. 8), Art. 129 Rn. 19.

[37] BayVerfGH DÖV 1986, 390; *Jarass*/Pieroth, GG, Art. 129 Rn. 5.

[38] BVerfGE 2, 307 (327f.).

[39] BVerfGE 2, 307 (329); *R. Wehowsky*, in: Umbach/Clemens, GG, Art. 129 Rn. 4.

[40] BVerfGE 2, 307 (326, 328); 7, 282 (291); 8, 274 (306); 15, 153 (160); 15, 268 (271f.).

[41] Gegenstand von Art. 129 III GG sind nur Ermächtigungen zur Rechtsetzung, die nicht notwendig auf Verordnungsermächtigungen beschränkt sind. Dazu Näheres bei *Sachs* (Fn. 8), Art. 129

Erlaß von Rechtsvorschriften anstelle von Gesetzen«, die insb. an den Begriff der »**gesetzesvertretenden Rechtsverordnung**«[42] anknüpfen[43]; damit sind Rechtsverordnungen mit Gesetzeskraft gemeint, also solche Rechtsverordnungen, die im Rang formellen Gesetzen gleichstehen und diese aufheben oder ergänzen und die nicht nur in der Zeit des Nationalsozialismus, sondern bereits vorher in der Verfassungspraxis nachweisbar sind[44] (→ Art. 80 Rn. 2 f.). Zum anderen betrifft Art. 129 III GG Ermächtigungen zur **Änderung oder Ergänzung der ermächtigenden Rechtsvorschriften**, gleich welcher Rangstufe, die dem Ermächtigten die Möglichkeit eröffnen, die eigenen Rechtsetzungsbefugnisse zu erweitern[45]. Nicht von Art. 129 III GG erfasst sind hingegen die missverständlich als »gesetzesändernd« bezeichneten Rechtsverordnungen, die dem Ermächtigungsadressaten die Befugnis zu Regelungen einräumen, die von den Vorgaben des ermächtigenden Gesetzes abweichen[46] (→ Art. 80 Rn. 20).

Die in Art. 129 III GG angeordnete **Rechtsfolge** ist das **Erlöschen der Ermächtigung** 16
am Tag des ersten Zusammentretens des Bundestages, d. h. das Außerkrafttreten der Ermächtigung am 7.9.1949[47]. Die Ermächtigung kann auch nur **teilweise erlöschen**, wenn sie nur teilweise die Voraussetzungen von Art. 129 III GG erfüllt[48]. **Beispiele** für als erloschen bewertete Ermächtigungen sind u. a. die damaligen Verordnungsermächtigungen zur Festlegung von Gerichtsbezirken[49] und zur Ergänzung der Reichsärzteordnung[50].

Nach Art. 129 III GG erloschene Ermächtigungen (→ Rn. 16) lassen die **Gültigkeit** 17
von früher – d. h. vor dem Stichtag (7.9.1949) – **erlassenen Staatsakten unberührt**, weil der Fortfall der Ermächtigung ohne Einfluss auf den Bestand der auf Grund der seinerzeit gültigen Ermächtigung gestützten Rechtsakte ist[51] und sich die Fortgeltung der ermächtigten Staatsakte nach den allgemeinen Regeln richtet[52]. Das gilt für Rechtsverordnungen[53] ebenso wie für Satzungen[54] und für Verwaltungsakte[55].

Rn. 11, der deshalb Ermächtigungen zum Erlass von Verwaltungsvorschriften und Verwaltungsakten als Regelungsgegenstand von Art. 129 III GG ausscheidet; zustimmend *Klein* (Fn. 2), Art. 129 Rn. 21; anders *T. Koch*, NdsVBl. 1996, 82 (85), der eine »gesetzesvertretende Verwaltungsvorschrift« für möglich hält.

[42] *E. Jacobi*, Die Rechtsverordnungen, in: HdbDStR II, § 77, S. 236 ff. (248 f.). → Art. 80 Rn. 20.

[43] BVerfGE 2, 307 (Ls. 6, 330 f.) im Anschluss u. a. an *Holtkotten* (Fn. 2), Art. 129 Anm. II.D.2.d), und *H.P. Ipsen*, DVBl. 1950, 385 (389); BVerfGE 22, 1 (12).

[44] Daher wäre es verfehlt anzunehmen, Art. 129 III GG habe insoweit ausschließlich oder in der Hauptsache den Sonderzweck, das weit ausgedehnte Ermächtigungswesen aus der Zeit nach 1933 zu bereinigen; dazu *Holtkotten* (Fn. 2), Art. 129 Anm. II.D.1.; BVerfGE 2, 307 (330).

[45] *Sachs* (Fn. 8), Art. 129 Rn. 10 m. w. N.; Fallgruppenbildung bei *Holtkotten* (Fn. 2), Art. 129 Anm. II.D.2.

[46] Vgl. dazu *Klein* (Fn. 2), Art. 129 Rn. 22.

[47] BVerfGE 2, 307 (326); demgegenüber plädiert *Sachs* (Fn. 8), Art. 129 Rn. 12, für ein Erlöschen schon mit Inkrafttreten des Grundgesetzes. → Art. 145 Rn. 10.

[48] BVerwGE 38, 322 (323) unter Hinweis auf BVerfGE 25, 216 (225 f.).

[49] BVerfGE 2, 307 (326 ff.).

[50] BVerwGE 38, 322 (323).

[51] Vgl. BVerfGE 28, 119 (143); *G. Benkendorff*, DÖV 1952, 451 (453); a. A. *N. Rütz*, Jura 2005, 821 (823 f.).

[52] Für Rechtsvorschriften also nach Art. 123 I GG; vgl. *Sachs* (Fn. 8), Art. 129 Rn. 13.

[53] BVerfGE 9, 3 (12); 12, 341 (346 f.); 28, 119 (143) m. w. N.; 52, 1 (17); im Ausgangspunkt bestätigend auch BVerfGE 78, 179 (198).

[54] BVerfGE 44, 216 (226).

[55] *Hamann/Lenz*, GG, Art. 129 Anm. B 12.

18 Knapp vier Jahrzehnte nach Inkrafttreten des Grundgesetzes hat das Bundesverfassungsgericht allerdings bezweifelt, ob auf nach Art. 129 III GG erloschene Ermächtigungen gestützte frühere Rechtsvorschriften **weitreichende Grundrechtseingriffe** noch hinreichend legitimieren können. Zur Begründung weist das Gericht darauf hin, dass »der in den Übergangsbestimmungen [...] enthaltene Verzicht auf heutigen Anforderungen entsprechende Eingriffsermächtigungen auch von der Erwägung getragen war, regellose Zustände zu vermeiden«, und der Gesetzgeber seither genügend Zeit hatte, rechtsstaatlichen Erfordernissen Rechnung zu tragen[56]. Daran anknüpfend verneinte das Bundesverwaltungsgericht die Anwendbarkeit von § 1 I der Fünften Verordnung zur Ausführung des Rechtsberatungsgesetzes (5. AVORBerG) vom 29.3.1938, weil er sich auf eine seit 54 Jahren außer Kraft getretene Ermächtigungsgrundlage stützte, was angesichts der erheblichen Grundrechtseinschränkungen mit rechtsstaatlichen Grundsätzen nicht mehr zu vereinbaren sei[57]. Der durch das Bundesverfassungsgericht angedeutete und vom Bundesverwaltungsgericht schließlich vollzogene **Wandel der Spruchpraxis**[58] überzeugt jedoch nicht[59]. Denn zum einen entsteht dadurch die Gefahr von Rechtsunsicherheit; und zum anderen hat der Verfassunggeber mit der in die »Übergangs- und Schlußbestimmungen« eingestellten Norm keine vorläufige Regelung »auf Zeit« getroffen, sondern altes Recht als dauerhaften Bestandteil in die neue Rechtsordnung übergeleitet[60].

IV. Verweisungen (Art. 129 IV GG)

19 Art. 129 IV GG enthält eine **subsidiäre Generalklausel**[61] für die Konstellationen, in denen in Rechtsvorschriften auf nicht mehr geltende Vorschriften oder nicht mehr bestehende Einrichtungen verwiesen ist. Die Auffangregelung bestimmt in entsprechender Anwendung von Art. 129 I und II GG als **neue Verweisungsobjekte** diejenigen Regelungen und Institutionen, die an die Stelle der früheren, nicht mehr existierenden Vorschriften und Einrichtungen getreten sind[62]. Über die eigenständige Bedeutung und praktische Tragweite von Art. 129 IV GG gehen die Einschätzungen in der Literatur auseinander[63].

---

[56] BVerfGE 78, 179 (199); Überlegungen in diese Richtung auch bei *P. Lerche*, Fortgeltung von DDR-Recht und Gesetzesvorbehalt, in: FS Helmrich, 1994, S. 57ff. (insb. 65f.), zu übernommenem DDR-Recht.

[57] BVerwGE 118, 319 (323f.).

[58] In früheren Entscheidungen war das Bundesverwaltungsgericht noch von der Anwendbarkeit der Vorschrift ausgegangen, s. BVerwG DVBl. 1960, 774; nach BVerwGE 118, 319 (324) ist früher auch das Bundesverfassungsgericht in einem nicht veröffentlichten Kammerbeschluss von der Anwendbarkeit der Norm ausgegangen. Vgl. ferner BVerfGE 9, 3 (12); 22, 1 (12).

[59] Kritisch *B. Hirtz*, EWiR 2004, 131 (132); *Sachs* (Fn. 8), Art. 129 Rn. 13; *Klein* (Fn. 2), Art. 129 Rn. 15; der Entscheidung zustimmend hingegen *P. Hamacher*, AnwBl. 2003, 589; *Jarass*/Pieroth, GG, Art. 129 Rn. 3; *Wolff* (Fn. 7), Art. 129 Rn. 35; *Kirn* (Fn. 5), Art. 129 Rn. 2; sowie *J. Kahrmann*, NordÖR 2012, 269 (270), der diese Spruchpraxis auf eine hamburgische Baumschutzverordnung überträgt.

[60] Näheres bei *M. Sachs*, in: Stern, Staatsrecht III/2, S. 438f.; *Uhle* (Fn. 8), Art. 129 Rn. 12.

[61] So *Jarass*/Pieroth, GG, Art. 129 Rn. 6.

[62] *Hömig* (Fn. 19), Art. 129 Rn. 10; *T. Gnatzy*, in: Schmidt-Bleibtreu/Klein/Hofmann/Henneke, GG, Art. 129 Rn. 9.

[63] Vgl. nur *Kirn* (Fn. 5), Art. 129 Rn. 10 (»konturloser Versuch einer Auffangregelung«, »redundant«); *Gnatzy* (Fn. 62), Art. 129 Rn. 9 (»kaum zu praktischer Auswirkung gelangt«); *Sachs* (Fn. 8), Art. 129 Rn. 20 (im »Einzelnen ist vieles unklar«); ohne konkrete Exemplifizierung bereits *Holtkot-*

V. Entsprechende Anwendung auf als Bundesrecht fortgeltende Rechtsvorschriften der DDR

Nach den **Vorbemerkungen zu Anlage II zum EV** findet Art. 129 GG entsprechende Anwendung für Ermächtigungen zum Erlass von Rechtsverordnungen, Anordnungen oder allgemeinen Verwaltungsvorschriften in Rechtsvorschriften der DDR, die als Bundesrecht fortgelten[64]. **Gegenstände der analogen Rechtsgeltung** sind insb. die Zuständigkeit einschließlich der Entscheidungsbefugnis der Bundesregierung im Einvernehmen mit dem Bundesrat (Art. 129 I GG) und das ausnahmsweise Erlöschen von Ermächtigungen (Art. 129 III GG). Ermächtigungen zum Erlass von »**Verwaltungsakten**« sind in den Vorbemerkungen zwar nicht ausdrücklich angesprochen. Doch wird auch für sie eine Analogie zu Art. 129 I GG empfohlen. Gleiches gilt für die ebenfalls nicht ausdrücklich erwähnten Ermächtigungen in Vorschriften des DDR-Rechts, die als **Landesrecht** fortgelten.[65] Dagegen ist für **Verweisungen auf nicht fortgeltende Vorschriften** in als Bundesrecht fortgeltenden Rechtsvorschriften der DDR in den Vorbemerkungen eine besondere, Art. 129 IV GG vergleichbare Regelung getroffen. 20

D. Verhältnis zu anderen GG-Bestimmungen

Art. 129 GG ist zwar in die Übergangs- und Schlussbestimmungen des Grundgesetzes eingestellt, jedoch von fortwährender Bedeutung, ganz abgesehen davon, dass die Norm durch die Wiedervereinigung unerwartete Aktualität erlangt hat (→ Rn. 20). Die Vorschrift ergänzt **Art. 123 ff. GG** (→ Rn. 5 ff.), enthält für Rechtsverordnungen Regelungen, die von **Art. 80 GG** abweichen, und weist **Bezüge** zum **bundesstaatlichen**, zum **rechtsstaatlichen** sowie zum **demokratischen Prinzip** des Grundgesetzes auf (→ Rn. 5). 21

---

ten (Fn. 2), Art. 129 Anm. II.E.; s. aber auch *H. v. Mangoldt*, Das Bonner Grundgesetz, 1. Aufl. 1953, Art. 129 Anm. 4 (S. 638).

[64] Dazu *Kirn* (Fn. 5), Art. 129 Rn. 11; *Sachs* (Fn. 8), Art. 129 Rn. 21; *Gnatzy* (Fn. 62), Art. 129 Rn. 4, 8; *Jarass*/Pieroth, GG, Art. 129 Rn. 7; *Klein* (Fn. 2), Art. 129 Rn. 26 ff.; allgemein kritisch zur Übernahme von DDR-Recht *Lerche*, Fortgeltung (Fn. 56), S. 57 ff.; allgemein zu fortgeltenden Rechtsverordnungen der DDR *T. Mann*, DÖV 1999, 228 ff.

[65] *Uhle* (Fn. 8), Art. 129 Rn. 15; *Jarass*/Pieroth, GG, Art. 129 Rn. 7; *A. Haratsch*, in: Sodan, GG, Art. 129 Rn. 7; *Klein* (Fn. 2), Art. 129 Rn. 27; s. zur analogen Anwendung auch *Wolff* (Fn. 7), Art. 129 Rn. 4.

Artikel 130 [Körperschaften des öffentlichen Rechts]

(1) [1]Verwaltungsorgane und sonstige der öffentlichen Verwaltung oder Rechtspflege dienende Einrichtungen, die nicht auf Landesrecht oder Staatsverträgen zwischen Ländern beruhen, sowie die Betriebsvereinigung der südwestdeutschen Eisenbahnen und der Verwaltungsrat für das Post- und Fernmeldewesen für das französische Besatzungsgebiet unterstehen der Bundesregierung. [2]Diese regelt mit Zustimmung des Bundesrates die Überführung, Auflösung oder Abwicklung.

(2) Oberster Disziplinarvorgesetzter der Angehörigen dieser Verwaltungen und Einrichtungen ist der zuständige Bundesminister.

(3) Nicht landesunmittelbare und nicht auf Staatsverträgen zwischen den Ländern beruhende Körperschaften und Anstalten des öffentlichen Rechtes unterstehen der Aufsicht der zuständigen obersten Bundesbehörde.

Literaturauswahl

Köttgen, Arnold: Der Einfluß des Bundes auf die deutsche Verwaltung und die Organisation der bundeseigenen Verwaltung, in: JöR 3 (1954), S. 67–147.

Leitentscheidung des Bundesverfassungsgerichts

BVerfGE 84, 133 (150) – Warteschleife.

Gliederung

Stichwörter

A. Herkunft, Entstehung, Entwicklung

1 Die in Art. 130 GG behandelte Frage nach dem Schicksal vorhandener Einrichtungen der Verwaltung und der Rechtsprechung in dem neu zu ordnenden föderalen Gemein-

wesen war im **Entwurf von Herrenchiemsee** noch bewußt offen gelassen worden[1]. In den Beratungen des Organisationsausschusses[2] wurde dann aber die Notwendigkeit einer Vorschrift, durch welche insbesondere die bestehenden zonalen und bizonalen Einrichtungen auf den Bund übergeleitet werden konnten und der Bundesregierung die Kompetenz zur Auflösung dieser Einrichtungen erteilt wurde, offensichtlich[3]. Die zunächst geäußerten Zweifel, ob eine Auflösung der durch die Besatzungsmächte geschaffenen Verwaltungsstellen überhaupt durch das Grundgesetz geschehen könne[4], wurden in den weiteren Beratungen nicht aufgegriffen.

In den **Beratungen des Hauptausschusses** wurden den genannten Verwaltungsein- 2
richtungen die Betriebsvereinigung der südwestdeutschen Eisenbahnen, die auf einem Staatsvertrag beruhte[5], sowie der Verwaltungsrat für das Post- und Fernmeldewesen für das französische Besatzungsgebiet, dessen Einrichtung allerdings nicht verwirklicht wurde (→ Rn. 11), hinzugefügt[6]. Außerdem wurde die Regelung des Art. 130 II GG dergestalt umformuliert, daß der Bundesminister nunmehr »oberster Disziplinarvorgesetzter« war und nicht generell die Dienststrafgewalt über die Angehörigen der genannten Verwaltungszweige ausübte, da dies die Ausschaltung der bereits bestehenden Dienststrafgerichte zur Folge gehabt und eine Ausübung der Dienststrafbefugnisse durch die unteren Disziplinarvorgesetzten unmöglich gemacht hätte[7]. Art. 130 GG ist seit Inkrafttreten des Grundgesetzes unverändert geblieben.

B. Internationale, supranationale und rechtsvergleichende Bezüge

Da Art. 130 GG auf die spezifische Situation der Bundesrepublik Deutschland im 3
Übergang von der Besatzungszeit zur Ordnung vorhandener Einrichtungen der Verwaltung und Rechtsprechung nach Maßgabe der neuen bundesstaatlichen Ordnung zugeschnitten ist, sind internationale, supranationale und rechtsvergleichende Bezüge nicht von Interesse. Eine zu dem Regelungsgegenstand von Art. 130 GG **parallele Problematik** stellte sich mit dem **Beitritt der DDR** auf der Grundlage des Art. 23 a. F. GG. Für den Übergang der Einrichtungen im Beitrittsgebiet treffen die Art. 13 f. EV Regelungen, denen Art. 130 GG teilweise als Vorbild diente[8].

---

[1] Vgl. den Bericht über den Verfassungskonvent auf Herrenchiemsee, Parl. Rat II, S. 504 ff. (577).

[2] Vgl. zu den Beratungen ausführlich *H. Holtkotten*, in: BK, Art. 130 (1955), Anm. I.ff.

[3] Vgl. die Äußerungen des Abg. Katz in der 16. Sitzung des Organisationsausschusses, Parl. Rat XIII/1, S. 625.

[4] So der Abg. Strauß in der 17. Sitzung des Organisationsausschusses, Parl. Rat XIII/1, S. 650.

[5] Zur Betriebsvereinigung der südwestdeutschen Eisenbahnen vgl. *E. Schmidt-Aßmann/G. Fromm*, Aufgaben und Organisation der deutschen Bundesbahn in verfassungsrechtlicher Sicht, 1986, S. 20.

[6] Parl. Rat XIV/2, S. 1641.

[7] Parl. Rat XIV/2, S. 1641; zum zugrundeliegenden Vorschlag des Redaktionsausschusses s. Parl. Rat VII, S. 286 f.

[8] Ausführlich dazu *M. Sachs*, in: Sachs, GG, Art. 130 Rn. 14 ff.

C. Erläuterungen

I. Funktion, Bedeutung und systematische Stellung

4 Die Vorschrift des Art. 130 GG, der seit dem Abschluß der **Überleitungsphase**[9] keine erkennbare Bedeutung mehr zukommt[10], hatte bei Inkrafttreten des Grundgesetzes die wichtige Funktion, die Zuordnung der am 24.5.1949 vorhandenen Einrichtungen der Verwaltung und Rechtspflege zum Bund oder zu den Ländern zu regeln[11]. Sie war erforderlich, um die schon vor Inkrafttreten des Grundgesetzes vorhandene Vielzahl an Behörden des Reiches, der Länder, der einzelnen Besatzungszonen und Zonenzusammenschlüsse in die neue bundesstaatliche Ordnung der Verwaltungs- und Rechtsprechungsorgane einzuordnen[12]. Durch die Betrauung der Bundesregierung mit dieser Aufgabe sollte eine im Vergleich zum Gesetzgebungsverfahren schnellere Entscheidung über die Weiterführung oder Abwicklung des vorhandenen Behördenbestandes ermöglicht werden[13].

5 Im Unterschied zu Art. 122 II GG, der die Auflösung vorgefundener Gesetzgebungsorgane schon kraft verfassungsrechtlicher Regelung anordnet (→ Art. 122 Rn. 10), wird in Art. 130 I GG eine **Kompetenz des Bundes** begründet, die die Grundlage für Entscheidungen über den weiteren Umgang mit Einrichtungen der Verwaltung und der Rechtspflege darstellt[14]. Nach Art. 130 I 2 GG müssen solche Entscheidungen für Einrichtungen der unmittelbaren Staatsverwaltung und der Rechtspflege in jedem Fall getroffen werden, während sie nach Art. 130 III GG zumindest dann entbehrlich sind, wenn eine Einheit der mittelbaren Staatsverwaltung dauerhaft beim Bund verbleiben soll. Für diesen Fall erfolgt die Zuordnung durch die Verfassung selbst.

6 Art. 130 GG läßt die im Grundgesetz festgelegte Verteilung der Kompetenzen sowohl zwischen Bund und Ländern als auch zwischen den einzelnen Bundesorganen unberührt[15]. Eine **Spezialregelung** stellt Art. 130 GG nur gegenüber den in Art. 87ff., 92ff. GG enthaltenen **formellen Anforderungen** an die Wahrnehmung von Aufgaben der Verwaltung und der Rechtspflege durch den Bund dar[16]. Dies hat vor allem zur Folge, daß die Übernahme einer Verwaltungseinrichtung durch den Bund nach Art. 130 I oder III GG keines Gesetzes bedarf[17], auch wenn die von ihr wahrgenommene Aufgabe nicht bereits an anderer Stelle des Grundgesetzes dem Bund ausdrücklich zugewiesen ist und deshalb nach der allgemeinen Regel des Art. 87 III 1 GG der Zugriff des Bundes auf eine in diesem Sinne »neue« Verwaltungsaufgabe unter Gesetzesvorbehalt steht (→ Art. 87 Rn. 69ff., 75).

---

[9] Zum Verlauf der Überleitung vgl. *A. Köttgen*, JöR 3 (1954), 67 (118f.).

[10] Dies gilt vorbehaltlich des Umstandes, daß ein Teil der Bundesverwaltung auf Art. 130 GG beruht; so auch *U. Mager*, in: v. Münch/Kunig, GG II, Art. 130 Rn. 1; *Sachs* (Fn. 8), Art. 130 Rn. 2, spricht von praktisch nur geringer Bedeutung.

[11] Zur vorangegangenen Auflösung spezifisch nationalsozialistischer Organisationen durch den Kontrollrat vgl. *A. Köttgen*, JöR 3 (1954), 67 (118).

[12] *H.H. Klein*, in: Maunz/Dürig, GG, Art. 130 (2017), Rn. 1.

[13] *T. Maunz*, in: Maunz/Dürig, GG, Art. 130 (1962), Rn. 24.

[14] *Sachs* (Fn. 8), Art. 130 Rn. 2.

[15] *Holtkotten* (Fn. 2), Art. 130 Anm. II.2.a); *Jarass*/Pieroth, GG, Art. 130 Rn. 2; *Mager* (Fn. 10), Art. 130 Rn. 6.

[16] *Mager* (Fn. 10), Art. 130 Rn. 7; *Jarass*/Pieroth, GG, Art. 130 Rn. 2; a.A. *Holtkotten* (Fn. 2), Art. 130 Anm. II.2.b)ß).

[17] Eine gesetzliche Regelung ist freilich auch nicht ausgeschlossen; vgl. nur *Mager* (Fn. 10), Art. 130 Rn. 7.

II. Die Überleitung von Einrichtungen der unmittelbaren Verwaltung und der Rechtspflege (Art. 130 I und II GG)

1. Erfaßte Einrichtungen

Art. 130 I 1 GG enthält in seinem ersten Halbsatz eine Generalklausel, die grundsätzlich alle »Verwaltungsorgane und sonstige der öffentlichen Verwaltung oder Rechtspflege dienende Einrichtungen« erfaßt. Der Begriff »**Einrichtung**« ist weiter als der Begriff »Behörde«, weil er neben Gerichten auch organisatorisch abgrenzbare Funktionseinheiten (»Untereinheiten«) der Verwaltung erfaßt[18]. 7

»Öffentliche Verwaltung« i.S.d. Art. 130 I 1 GG ist umfassend zu verstehen und erfaßt neben der Eingriffs- und der Leistungsverwaltung auch sonstige vollziehende oder gesetzesfreie Verwaltungstätigkeiten[19]. Daraus, daß Art. 130 III GG für die mittelbare Verwaltung eine Sonderregelung enthält (→ Rn. 17ff.), ergibt sich jedoch, daß Art. 130 I und II GG nur Regelungen für die **unmittelbare Verwaltung** enthalten[20]. Die Verwendung der Begriffe »Verwaltungsorgane« einerseits und »der öffentlichen Verwaltung dienende Einrichtungen« andererseits ist im Vergleich zum VIII. Abschnitt singulär und stimmt mit der dort üblichen Terminologie, insbesondere der des Art. 86 GG, nicht überein. Zurückzuführen ist diese Abweichung wohl darauf, daß über die Zuordnung der genannten Stellen zur Bundesverwaltung nach den Regeln des Art. 130 GG erst entschieden werden sollte und vor dieser Entscheidung insbesondere noch nicht von »bundeseigener Verwaltung« die Rede sein konnte[21]. 8

Der »Rechtspflege dienende Einrichtungen« sind die **Gerichte**[22] (→ Art. 92 Rn. 57ff.). Die Frage, ob auch andere Einrichtungen der Rechtspflege wie die Justizverwaltungsbehörden erfaßt werden[23], ist nur von theoretischer Bedeutung. Die Justizverwaltung gehört nämlich jedenfalls zu den der öffentlichen Verwaltung dienenden Einrichtungen, so daß sie unzweifelhaft in den Anwendungsbereich von Art. 130 I 1 GG fällt[24]. 9

Der Bundeskompetenz nach Art. 130 I und II GG entzogen sind Einrichtungen, die auf **Landesrecht** oder auf Staatsverträgen zwischen den Ländern beruhen. Diese sind durch die Verfassung selbst, also ohne zwischengeschalteten Überleitungsakt, den Ländern zugewiesen[25]. Der Zugriff des Bundes ist also nur auf Einrichtungen erlaubt, deren Rechtsgrundlage als Bundesrecht weitergilt oder die auf Besatzungsrecht beruhen[26]. Für die deshalb maßgebliche Zuordnung der jeweiligen rechtlichen Grundlage zum Bundes- oder Landesrecht kommt es auf die Überleitungsvorschriften der 10

---

[18] BVerfGE 84, 133 (151) mit dem Hinweis, daß die genaue Bestimmung des Begriffs im Einzelfall »Schwierigkeiten« bereiten könnte.

[19] Die Vermögensverwaltung wird von Art. 130 GG allerdings ebensowenig wie von den Art. 86ff. GG (→ Art. 86 Rn. 38ff.) erfaßt, sondern folgt den bundesstaatlichen Regeln über die Verteilung des Finanzvermögens; a. A. *Mager* (Fn. 10), Art. 130 Rn. 2.

[20] *Mager* (Fn. 10), Art. 130 Rn. 2; *Klein* (Fn. 12), Art. 130 Rn. 7; *Jarass*/Pieroth, GG, Art. 130 Rn. 1; a. A. *Holtkotten* (Fn. 2), Art. 130 Anm. II.1.b), der auch die mittelbare Verwaltung einbeziehen will.

[21] Vgl. zu den verwendeten Begriffen *Klein* (Fn. 12), Art. 130 Rn. 7.

[22] Gedacht war bei den überzuleitenden Einrichtungen der Rechtspflege vor allem an das Deutsche Obergericht für das Vereinigte Wirtschaftsgebiet und das Oberste Gericht der Britischen Zone; vgl. *Holtkotten* (Fn. 2), Art. 130 Anm. II.1.b); *Mager* (Fn. 10), Art. 130 Rn. 2.

[23] Vgl. *Klein* (Fn. 12), Art. 130 Rn. 8; ausführlich *Holtkotten* (Fn. 2), Art. 130 Anm. II.2.c).

[24] So zutreffend *Klein* (Fn. 12), Art. 130 Rn. 8.

[25] *Klein* (Fn. 12), Art. 130 Rn. 10.

[26] *Klein* (Fn. 12), Art. 130 Rn. 16; *Mager* (Fn. 10), Art. 130 Rn. 2; vgl. BGHZ 190, 314 (328, Rn. 43) zur Zusatzversorgungsanstalt des Reichs und der Länder, die auf preußischem Landesrecht beruhte und damit nicht von Art. 130 GG erfasst war; dazu *Sachs* (Fn. 8), Art. 130 Rn. 3.

Art. 123 ff. GG an[27]. Von einer Zuweisung an die Länder ist auch bei solchen Behörden auszugehen, die nicht auf Gesetzen und Rechtsverordnungen, sondern auf sonstigen landesrechtlichen Organisationsakten, etwa Verwaltungsvorschriften, beruhen[28]. Auf **Staatsverträgen zwischen den Ländern** beruhen auch solche Einrichtungen, denen ein Verwaltungsabkommen zugrunde liegt[29]. Für eine Beschränkung auf nach dem 8.5. 1945 geschlossene Vereinbarungen zwischen den Ländern[30] gibt es keinen Anhaltspunkt in Wortlaut und Funktion der Vorschrift[31]. Die Erwähnung von Einrichtungen, die auf Staatsverträgen zwischen den Ländern beruhen, kann als mittelbare verfassungsrechtliche Anerkennung von Formen des kooperativen Föderalismus gewertet werden[32] (→ Art. 87 Rn. 59).

11 Neben den generalklauselartig umschriebenen Einrichtungen erfaßt Art. 130 I 1 GG ausdrücklich die Betriebsvereinigung der südwestdeutschen Eisenbahnen und den Verwaltungsrat für das Post- und Fernmeldewesen für das französische Besatzungsgebiet (→ Rn. 2), weil diese beiden Behörden durch Staatsverträge zwischen den Ländern geschaffen werden sollten und damit nicht von der Generalklausel erfaßt worden wären[33]. Die **Betriebsvereinigung** der südwestdeutschen Eisenbahnen ist auf der Grundlage von Art. 130 I GG in der damaligen Deutschen Bundesbahn aufgegangen[34]. Der **Verwaltungsrat** für das Post- und Fernmeldewesen für das französische Besatzungsgebiet ist wegen der unterbliebenen Unterzeichnung des dafür vorbereiteten Staatsvertrages erst gar nicht entstanden[35]. Damit ist die ausdrückliche Nennung dieser beiden Einrichtungen obsolet geworden[36].

2. Die Zuordnung zum Organisationsbereich des Bundes (Art. 130 I 1 und II GG)

12 Die von **Art. 130 I 1 GG** erfaßten Einrichtungen »unterstehen« der Bundesregierung. Darunter ist aber lediglich eine organisatorische Zuordnung zum Bereich des Bundes zu verstehen[37]. Der Bundesregierung werden **keine Weisungsrechte** eingeräumt. Das folgt schon daraus, daß die von Art. 130 I 1 GG ebenfalls erfaßten Gerichte wegen Art. 97 GG keinen Weisungen unterworfen sein können[38]. Durch die Bezugnahme in

---

[27] *Klein* (Fn. 12), Art. 130 Rn. 11; *Mager* (Fn. 10), Art. 130 Rn. 2; *A. Köttgen*, JöR 3 (1954), 67 (118) weist darauf hin, daß die Dispositionsbefugnis des Bundes damit sehr weit ausgefallen ist, da ein erheblicher Anteil der Landesverwaltung nicht auf Landesrecht beruht.

[28] *Mager* (Fn. 10), Art. 130 Rn. 2; *Klein* (Fn. 12), Art. 130 Rn. 11.

[29] *Mager* (Fn. 10), Art. 130 Rn. 2.

[30] *Holtkotten* (Fn. 2), Art. 130 Anm. II.1.a).

[31] So auch *Klein* (Fn. 12), Art. 130 Rn. 12; *Mager* (Fn. 10), Art. 130 Rn. 2.

[32] Vgl. OVG Münster NVwZ-RR 2011, 408 (410); OVG Saarlouis, Urt. v. 18.6.2012, 2 A 448/11, Rn. 36, juris; ablehnend *J. Dietlein*, in: v. Mangoldt/Klein/Starck, GG III, Art. 130 Rn. 4.

[33] *Holtkotten* (Fn. 2), Art. 130 Anm. II.1.d); *Mager* (Fn. 10), Art. 130 Rn. 3.

[34] *Klein* (Fn. 12), Art. 130 Rn. 6.

[35] *Klein* (Fn. 12), Art. 130 Rn. 6; *Mager* (Fn. 10), Art. 130 Rn. 3.

[36] Beschränkt auf den Verwaltungsrat für das Post- und Fernmeldewesen für das französische Besatzungsgebiet: *Mager* (Fn. 10), Art. 130 Rn. 3.

[37] *Klein* (Fn. 12), Art. 130 Rn. 17; *Mager* (Fn. 10), Art. 130 Rn. 4; *T. Hebeler*, in: Friauf/Höfling, GG, Art. 130 (2016), Rn. 15; vgl. auch *J. Suerbaum*, in: Epping/Hillgruber, GG (online, Stand: 15.8.2017), Art. 130 Rn. 8; *Dietlein* (Fn. 32), Art. 130 Rn. 9; *Jarass*/Pieroth, GG, Art. 130 Rn. 3 mit unzutreffendem Verweis auf *Sachs* (Fn. 8), Art. 130 Rn. 5; nach *Sachs* (Fn. 8), Art. 130 Rn. 5 wird nur die Rechtsfolge in Art. 130 I 2 GG »angekündigt«; *Holtkotten* (Fn. 2), Art. 130 Anm. II.1.e) bezeichnet die Regelung in Satz 1 als »lex incompleta«, weil sich die Befugnisse erst aus Art. 130 I 2, II GG ergeben.

[38] So überzeugend *Klein* (Fn. 12), Art. 130 Rn. 17.

Art. 130 I 2 GG auf die in Satz 1 genannte Bundesregierung wird deren Zuständigkeit als Kollegialorgan[39] (→ Art. 62 Rn. 10) für die Entscheidung über Überführung oder Auflösung (→ Rn. 14) festgelegt.

In **Art. 130 II GG** wird dem nach der Geschäftsverteilung gem. Art. 65 GG zuständigen Minister die Funktion des Disziplinarvorgesetzten zugewiesen. Die Funktion dieser Vorschrift beschränkt sich wegen des eindeutigen Wortlauts auf die **dienstrechtliche Unterstellung** und gewährt keine Weisungsbefugnisse[40]. Da die Regelung nur den Zeitraum zwischen dem Inkrafttreten des Grundgesetzes am 24.5.1949 (→ Art. 145 Rn. 10) und der nach Art. 130 I 2 GG zu treffenden Entscheidung über die endgültige Zuordnung der Einrichtung betrifft[41], ist Art. 130 II GG gegenstandslos[42]. 13

3. Die Überführung, Auflösung oder Abwicklung (Art. 130 I 2 GG)

Dem Wortlaut nach gibt Art. 130 I 2 GG der Bundesregierung drei Möglichkeiten, wie sie mit den von Art. 130 I 1 GG erfaßten Einrichtungen verfahren kann: die Überführung, die Auflösung und die Abwicklung. Tatsächlich besteht aber nur die Alternative zwischen der **Überführung** einerseits und der **Auflösung mit anschließender Abwicklung** andererseits[43]. Die Abwicklung ist keine eigenständige Möglichkeit. Sie kommt nur nach vorangegangener Auflösung in Betracht, weil sie lediglich die Folge der Auflösung ist[44]. Das entspricht auch dem rechtlichen Sprachgebrauch, wie er z. B. im Gesellschaftsrecht verwandt wird[45]. Die umstrittene Frage, ob die Fortführung der Einrichtung durch die Länder eine Überführung[46] oder eine Auflösung[47] durch den Bund voraussetzt, hat keinerlei praktische Bedeutung mehr. Aus grundsätzlichen Erwägungen ist jedoch darauf hinzuweisen, daß der Bund die mit konkreten Verwaltungseinrichtungen verbundenen Lasten nicht gegen deren Willen auf die Länder abwälzen kann, so daß auch hier immer ein Übernahmeakt des jeweiligen Landes erforderlich ist[48]. 14

Art. 130 GG stellt von der Einhaltung der formellen Anforderungen frei, die sich aus den Art. 87 ff. GG für die Einrichtung von Bundesbehörden oder für die Wahrnehmung von Aufgaben durch den Bund ergeben (→ Rn. 6). Damit soll der Zweck einer beschleunigten Beendigung der provisorischen Existenz der von Art. 130 I 1 GG erfaßten Einrichtungen gefördert werden[49]. Entscheidendes Kriterium für die erforderliche **Form der Überleitungsentscheidung** ist der Errichtungsakt für die jeweilige Ein- 15

[39] *Sachs* (Fn. 8), Art. 130 Rn. 5, 7; *Klein* (Fn. 12), Art. 130 Rn. 17.

[40] *Klein* (Fn. 12), Art. 130 Rn. 23; *Mager* (Fn. 10), Art. 130 Rn. 8.

[41] *Holtkotten* (Fn. 2), Art. 130 Anm. II.3.; *Klein* (Fn. 12), Art. 130 Rn. 23; *Sachs* (Fn. 8), Art. 130 Rn. 10.

[42] So zutreffend und deutlich *Sachs* (Fn. 8), Art. 130 Rn. 10.

[43] Allgemeine Meinung; vgl. BVerfGE 84, 133 (150); *Klein* (Fn. 12), Art. 130 Rn. 22; *Mager* (Fn. 10), Art. 130 Rn. 5; *Holtkotten* (Fn. 2), Art. 130 Anm. II.2.a).

[44] BVerfGE 84, 133 (150); *Klein* (Fn. 12), Art. 130 Rn. 22.

[45] BVerfGE 84, 133 (150).

[46] So BVerfGE 84, 133 (150): »Hinreichend bestimmt ist auch, was unter der Auflösung einer Einrichtung zu verstehen ist. Sie führt jedenfalls dazu, daß die Einrichtung als organisatorische Einheit nicht mehr fortbesteht. So kann etwa eine Überleitung auf einen anderen Hoheitsträger nicht als Auflösung verstanden werden, wenn die Einrichtung tatsächlich erhalten bleibt.«; ebenso *Mager* (Fn. 10), Art. 130 Rn. 5.

[47] So *Maunz* (Fn. 13), Art. 130 Rn. 26.

[48] So zutreffend *Klein* (Fn. 12), Art. 130 Rn. 22.

[49] *Mager* (Fn. 10), Art. 130 Rn. 7.

richtung. Sofern die Einrichtung durch einen Rechtssatz geschaffen wurde, muß wegen dessen Fortgeltung nach Art. 123 ff. GG die Überleitungsentscheidung der Bundesregierung in der Form der Rechtsverordnung erfolgen[50]. Sofern die Einrichtung nur durch Verwaltungsvorschrift errichtet wurde, ist diese Form auch für die Überleitung ausreichend[51].

16 Art. 130 I GG bewirkt jedoch keine Ausnahme von den materiellen Bindungen der Art. 87 ff., 92 ff. GG (→ Rn. 6). Die Fortführung einer Einrichtung im Bereich des Bundes ist nur zulässig, sofern diese mit den allgemeinen Bestimmungen zu den **Verwaltungs- und Rechtsprechungskompetenzen des Bundes** vereinbar ist[52]. Insofern war die Bundesregierung bei der Entscheidung darüber, ob eine Einrichtung überführt oder aufgelöst werden soll, an die materiellen Schranken der Art. 87 ff., 92 ff. GG gebunden[53]. Einrichtungen, für die danach eine Bundeskompetenz nicht bestand, waren aufzulösen und abzuwickeln. Grund für diese materielle Bindung ist der Zweck des Art. 130 GG, der sich darauf beschränkt, die Überführung der vorgefundenen Einrichtungen in die bundesstaatliche Ordnung des Grundgesetzes zu bewirken[54]. Die pauschale Möglichkeit der Überführung von Behörden oder Gerichten des Reiches in den Bereich des Bundes wäre ein mit der bundesstaatlichen Grundkonzeption der Verfassung kaum in Einklang zu bringender Eingriff in die Hoheit der Länder[55].

III. Einrichtungen der mittelbaren Staatsverwaltung (Art. 130 III GG)

17 Art. 130 III GG enthält eine eigene Regelung für die bestehenden Einrichtungen der mittelbaren Staatsverwaltung. Die Vorschrift bezieht sich ihrem Wortlaut nach auf **Körperschaften und Anstalten des öffentlichen Rechts**. Ebenso wie in Art. 86 GG (→ Art. 86 Rn. 32) wird mit dieser Bezeichnung jedoch auf die juristischen Personen des öffentlichen Rechts insgesamt Bezug genommen. Erfaßt sind deshalb auch öffentlich-rechtliche Stiftungen oder juristische Personen unklaren Typs[56].

18 Anzuwenden ist die Vorschrift auf **nicht landesunmittelbare juristische Personen** des öffentlichen Rechts. Da es hier also nur um rechtsfähige Verwaltungseinrichtungen geht, kann der Begriff der Landesunmittelbarkeit nicht auf die Unterscheidung zwischen mittelbarer und unmittelbarer Verwaltung[57] zielen, für die es auf die Rechtsfähigkeit der jeweiligen Verwaltungsorganisationsform ankommt. Landesunmittelbar

---

[50] So auch *Klein* (Fn. 12), Art. 130 Rn. 21; *Mager* (Fn. 10), Art. 130 Rn. 7. Die erforderliche Verordnungsermächtigung stellt Art. 130 I 2 GG selbst dar.

[51] *Klein* (Fn. 12), Art. 130 Rn. 21; *Mager* (Fn. 10), Art. 130 Rn. 7; a. A. *Holtkotten* (Fn. 2), Art. 130 Anm. II.2.f), demzufolge die entsprechenden Überleitungen ohnehin alle als Rechtsvorschriften ergangen sind, so daß der Streit rein theoretische Bedeutung hat; gegen die Verwaltungsvorschrift als geeignete Form explizit *Dietlein* (Fn. 32), Art. 130 Rn. 11.

[52] *Sachs* (Fn. 8), Art. 130 Rn. 9; *Suerbaum* (Fn. 37), Art. 130 Rn. 14.

[53] BVerwGE 32, 21 (23) für den Fall der Übernahme eines Bundesgerichts; *Klein* (Fn. 12), Art. 130 Rn. 15; *Holtkotten* (Fn. 2), Art. 130 Anm. II.2.b); *Mager* (Fn. 10), Art. 130 Rn. 6.

[54] *Mager* (Fn. 10), Art. 130 Rn. 6.

[55] BVerwGE 32, 21 (23).

[56] *Mager* (Fn. 10), Art. 130 Rn. 9; *Jarass*/Pieroth, GG, Art. 130 Rn. 4; *Klein* (Fn. 12), Art. 130 Rn. 24; *Sachs* (Fn. 8), Art. 130 Rn. 11; OVG Münster, Urt. v. 4.6.2008, 1 A 4629/06, Rn. 66 ff., juris; OVG Münster NVwZ-RR 2011, 408 (410); OVG Saarland, Urt. v. 18.6.2012, 2 A 448/11, Rn. 36, juris; a. A. *Holtkotten* (Fn. 2), Art. 130 Anm. II.4.

[57] Zum Gehalt der Begriffe »mittelbare/unmittelbare Bundesverwaltung« im Unterschied zum Begriff der »bundesunmittelbaren Verwaltung«: → Art. 86 Rn. 25, 31; zur Bedeutung der Begriffe »bundesunmittelbar/landesunmittelbar« in Art. 87 II GG: → Art. 87 Rn. 59 ff.

i. S. d. Art. 130 III GG sind vielmehr solche juristischen Personen, die unter der Aufsicht einer Landesbehörde standen. Unklar ist allerdings, auf welchen **Zeitpunkt** dabei abzustellen ist. Die Auffassung, es komme auf den Zeitpunkt des Inkrafttretens des Grundgesetzes an[58], dürfte kaum der Funktion des Art. 130 III GG als Überleitungsrecht gerecht werden, weil es 1949 keine handlungsfähige Reichs- oder Bundesaufsicht geben konnte. Abzustellen ist deshalb zunächst auf die »Entstehungsgeschichte«, die die Einrichtung als landesunmittelbare ausweisen muß[59]. Erweist sich eine Einrichtung in ihrem Ursprung als der Aufsicht des Reichs unterstehend, bedarf es eines formellen Übergabe- und Übernahmeaktes. Nicht ausreichend für die Landesunmittelbarkeit ist es, wenn die Aufsicht im Auftrag von Reichsbehörden durch oberste Landesbehörden durchgeführt wurde[60].

Im Unterschied zu Art. 130 I GG (→ Rn. 10) kommt es hier für die Bestimmung der 19
Landesunmittelbarkeit nicht darauf an, ob die gesetzliche Grundlage, auf der die jeweilige Verwaltungseinrichtung beruht, zum Bundes- oder zum Landesrecht gehört. Art. 130 III GG ist auch dann nicht anwendbar, wenn die in Frage stehende juristische Person des öffentlichen Rechts aufgrund von nach Art. 123 ff. GG als Bundesrecht fortgeltendem Recht errichtet wurde[61], solange sie unter **Landesaufsicht** stand. Außerdem sind auch Einrichtungen der mittelbaren Verwaltung ausgeschlossen, die auf **Staatsverträgen** zwischen den Ländern beruhen. Insoweit kann auf die Erläuterungen zu Art. 130 I 1 GG verwiesen werden (→ Rn. 10)[62].

Der derart weder landesunmittelbare noch auf Staatsverträgen zwischen den Län- 20
dern beruhende Anteil der mittelbaren Bundesverwaltung wird gemäß Art. 130 III GG der Aufsicht der obersten Bundesbehörde (→ Art. 86 Rn. 24) unterstellt[63]. Dabei gehen diejenigen Aufsichtsbefugnisse über, die bei Inkrafttreten des Grundgesetzes in dem der Verwaltungseinrichtung zugrundeliegenden Organisationsakt vorgesehen waren[64]. Eine besondere Regelung für die Überführung, Auflösung oder Abwicklung dieser juristischen Personen des öffentlichen Rechts wie in Art. 130 I 2 GG enthält Art. 130 III GG nicht. Dies ist wohl dahingehend zu deuten, daß die Zuordnung zum Bund nach Art. 130 III GG schon durch die Verfassung selbst vorgenommen wird, ohne daß weitere Zuordnungsakte erforderlich wären. **Änderungen** im Bestand der vorkonstitutionellen mittelbaren Verwaltungseinrichtungen erfolgen **nach den allgemeinen Regeln** (→ Art. 86 Rn. 57 ff.)[65]. Die nach Art. 130 III GG jedenfalls als zulässig

---

[58] *Klein* (Fn. 12), Art. 130 Rn. 25; *Mager* (Fn. 10), Art. 130 Rn. 9; *Dietlein* (Fn. 32), Art. 130 Rn. 15; *Suerbaum* (Fn. 37), Art. 130 Rn. 19.

[59] BVerwG NJW 1988, 354 (355); *H. Meyer*, Der Rechtsstatus des Deutschen Archäologischen Instituts, in: Archäologischer Anzeiger, 2. Halbband 2004, S. 155 ff. (192 f.).

[60] BVerwG NJW 1988, 354 (355).

[61] *Sachs* (Fn. 8), Art. 130 Rn. 12; *Klein* (Fn. 12), Art. 130 Rn. 25; *Mager* (Fn. 10), Art. 130 Rn. 9; dies gilt z. B. für die auf Grundlage der Handwerksordnung geschaffenen Handwerkskammern.

[62] Daß in Art. 130 III GG von Staatsverträgen »zwischen den Ländern« die Rede ist, während Art. 130 I 1 GG Staatsverträge »zwischen Ländern« nennt, ändert nichts an der gleichen Bedeutung dieses Merkmals; vgl. dazu *Klein* (Fn. 12), Art. 130 Rn. 26 mit Fn. 2.

[63] Die Tatsache, daß in Abs. 2 vom Bundesminister, in Abs. 3 jedoch von der obersten Bundesbehörde die Rede ist, hat keine praktische oder rechtliche Bedeutung; vgl. *Klein* (Fn. 12), Art. 130 Rn. 27; *Mager* (Fn. 10), Art. 130 Rn. 9.

[64] *Klein* (Fn. 12), Art. 130 Rn. 27; *Holtkotten* (Fn. 2), Art. 130 Anm. II.4.; *Mager* (Fn. 10), Art. 130 Rn. 9.

[65] *Klein* (Fn. 12), Art. 130 Rn. 28; *Mager* (Fn. 10), Art. 130 Rn. 9; für *Dietlein* (Fn. 32), Art. 130 Rn. 14 soll, gestützt auf den organisationsrechtlichen Gesetzesvorbehalt (→ Art. 86 Rn. 62), eine Auflösung der betreffenden juristischen Person nur durch Parlamentsgesetz möglich sein.

vorausgesetzte Fortführung von Mehrländereinrichtungen läßt sich als Beispiel dafür ansehen, daß das föderale Konzept des Grundgesetzes auch Kooperationen zwischen den Ländern, die sogenannte »Dritte Ebene« im Bundesstaat, nicht ausschließt[66].

D. Verhältnis zu anderen GG-Bestimmungen

21 Als Überleitungsvorschrift für Einrichtungen der Verwaltung und Rechtspflege ergänzt Art. 130 GG andere Überleitungsvorschriften, insbesondere **Art. 122 II GG**, der die Auflösung der vorgefundenen Gesetzgebungsorgane regelt. Für den Anwendungsbereich des Art. 130 GG von Bedeutung sind die **Art. 123 ff. GG**, die Aussagen über die Fortgeltung von vorkonstitutionellem Recht als Bundesrecht treffen (→ Rn. 10). Die in Art. 130 GG enthaltenen Regelungsbefugnisse werden durch die Kompetenzverteilungsvorschriften im Bereich von Verwaltung und Rechtsprechung, insbesondere die **Art. 86 ff.** und **92 ff. GG**, maßgeblich beeinflußt und beschränkt. Im Verhältnis zur bundeseigenen Verwaltung nach **Art. 86 S. 1 GG** beschreibt Art. 130 I 1 GG eine noch nicht zugeordnete Vorstufe unmittelbarer Staatsverwaltung; Art. 130 III GG nimmt auf den in **Art. 86 S. 2 GG** enthaltenen Begriff der mittelbaren Staatsverwaltung Bezug. Für die Übernahme neuer Verwaltungsaufgaben durch den Bund enthält Art. 130 GG eine Spezialregelung gegenüber **Art. 87 III GG** (→ Rn. 6).

---

[66] *T. Tabbara*, ZUM 1996, 378 (383); vgl. auch *Mager* (Fn. 10), Art. 130 Rn. 1; ablehnend *Dietlein* (Fn. 32), Art. 130 Rn. 4; zum kooperativen Föderalismus auch: → Art. 87 Rn. 59.

Artikel 131 [Rechtsverhältnisse des öffentlichen Dienstes]

[1]Die Rechtsverhältnisse von Personen einschließlich der Flüchtlinge und Vertriebenen, die am 8. Mai 1945 im öffentlichen Dienste standen, aus anderen als beamten- oder tarifrechtlichen Gründen ausgeschieden sind und bisher nicht oder nicht ihrer früheren Stellung entsprechend verwendet werden, sind durch Bundesgesetz zu regeln. [2]Entsprechendes gilt für Personen einschließlich der Flüchtlinge und Vertriebenen, die am 8. Mai 1945 versorgungsberechtigt waren und aus anderen als beamten- oder tarifrechtlichen Gründen keine oder keine entsprechende Versorgung mehr erhalten. [3]Bis zum Inkrafttreten des Bundesgesetzes können vorbehaltlich anderweitiger landesrechtlicher Regelung Rechtsansprüche nicht geltend gemacht werden.

Literaturauswahl

Anders, Georg: Gesetz zur Regelung der Rechtsverhältnisse der unter Artikel 131 des Grundgesetzes fallenden Personen, 4. Aufl. 1959.

Dreier, Horst: Verfassungsstaatliche Vergangenheitsbewältigung, in: FS 50 Jahre BVerfG, Bd. I, S. 159–208.

Kirn, Michael: Verfassungsumsturz oder Rechtskontinuität? Die Stellung der Jurisprudenz nach 1945 zum Dritten Reich, insbesondere die Konflikte um die Kontinuität der Beamtenrechte und Art. 131 Grundgesetz, 1972.

Krüger, Herbert: Zur Auslegung des Artikels 131 des Bonner Grundgesetzes, in: NJW 1950, S. 161–164.

Kühn, Walter/Gerth, Erich: Die Gesetzgebung nach Artikel 131 des Grundgesetzes, 1951.

Langhorst, Wolfgang: Beamtentum und Artikel 131 des Grundgesetzes. Eine Untersuchung über Bedeutung und Auswirkung der Gesetzgebung zum Artikel 131 des Grundgesetzes unter Einbeziehung der Position der SPD zum Berufsbeamtentum, 1994.

Merten, Detlef: Grundfragen des Einigungsvertrages unter Berücksichtigung beamtenrechtlicher Probleme. Zur Verfassungsmäßigkeit des Art. 6 EinigungsV, 1991.

Naumann, Richard: Die Berufsbeamten und die Staatskrisen, VVDStRL 13 (1955), S. 88–116.

Perels, Joachim: Die Übernahme der Beamtenschaft des Hitler-Regimes. Benachteiligung der Entlassenen und Privilegierung der Amtsinhaber der Diktatur, in: KritJ 37 (2004), S. 186–193.

Poelmann, Fritz: Die Rechtsstellung der Arbeitnehmer nach dem Bundesgesetz zu Art. 131 Grundgesetz, in: RdA 1950, S. 81–85.

Wenzel, Max: Rechtsstellung der entnazifizierten Beamten. Kritische Rechtsbetrachtungen, 1949.

Wenzel, Max: Die gegenwärtige Rechtslage der entfernten und heimatvertriebenen Beamten, 1950.

Leitentscheidungen des Bundesverfassungsgerichts

BVerfGE 1, 167 (173 ff.) – Offenbach; 3, 58 (76 ff.) – Beamtenverhältnisse; 3, 162 (173 ff.) – Angestelltenverhältnisse; 3, 187 (197 ff.) – Unterbringungsanspruch; 3, 288 (299 ff.) – Berufssoldatenverhältnisse; 6, 132 (134 ff.) – Gestapo; 7, 305 (311 ff.) – Rechtsverhältnisse der Flüchtlinge; 15, 167 (183 ff.) – Beamtenversorgung I; 16, 94 (104 ff.) – Wehrmachtspensionäre.

Gliederung

Stichwörter

Andere als beamten- oder tarifrechtliche Gründe 3, 12, 18 – Angestellte 3, 10 – Arbeiter 10 – Ausscheiden aus dem Dienst 11 – Beamte 1ff., 10 – Beamtenrechtliche Versorgung 16, 18f. – Berufssoldaten 3, 8, 10 – Bundesgesetz 1ff., 8, 14ff. – DDR 9 – Dienstherr 3, 10 – Dienstverhältnis 8, 10ff. – Dienstverhältnisse in der DDR 9 – Einigungsvertrag 9 – Entnazifizierung 5 – Erlöschen der Dienstverhältnisse 8 – Ermessen 15 – Flüchtlinge 5, 12, 18 – Fortbestand der Dienstverhältnisse 8, 9, 11 – G 131 7, 15, 16f., 19 – Gemeinden 3, 15 – Gesetzgebungskompetenz 14, 19, 21 – Gesetzgebungspflicht 14, 19 – Gestapo 10, 16f. – Hinterbliebene 18 – Konstitutive Neuordnung der Rechtsverhältnisse 8, 15 – Kriegsgefangene 3, 5, 10, 12 – Länder 1, 6, 9, 14 – Landesrechtliche Regelung 3, 20 – Nachversicherung 3, 16, 19 – Öffentlicher Dienst 10ff., 18 – Rechtsstaatsprinzip 9, 10 – Rechtsverhält-nisse 1ff., 14ff., 19 – Sonderkompetenz 14 – Sperrklausel 3, 20f. – Stichtag 10f., 18 – Übergangsbestimmung 7 – Verdrängte Beamte 1ff., 16 – Verfassungsmäßigkeit des Art. 131 GG 7 – Verfassungsmäßigkeit des G 131 17 – Vermögensrechtliche Ansprüche 1, 3, 19 – Versorgungsberechtigte Personen 18f. – Vertriebene 2ff., 12, 18 – Vorbehalt anderweitiger landesrechtlicher Regelung 3, 20f. – Waffen-SS 3, 16 – Wiedereinstellungsanspruch 1, 3 – Wiederverwendung 8, 15f., 19, 20 – Willkürherrschaft 10, 17.

A. Herkunft, Entstehung, Entwicklung

1 Art. 131 GG hat als Sonderbestimmung über die Regelung der Rechtsverhältnisse von am 8.5.1945 im öffentlichen Dienst stehenden oder versorgungsberechtigten Personen keine Vorgänger in früheren deutschen Verfassungen. Im **Parlamentarischen Rat** geht Art. 131 GG zurück auf den **Allgemeinen Redaktionsausschuß**, der am **16.12.1948** als Art. 143c-1 vorschlug: »Wer sich am 8. Mai 1945 im öffentlichen Dienst in einem Beamten- oder Angestelltenverhältnis befunden hat, kann daraus kein Recht auf Wiedereinstellung herleiten. Die vermögensrechtlichen Ansprüche aus solchen Dienst- und Arbeitsverhältnissen, die am 8. Mai 1945 bestanden haben oder vorher beendet waren, sind durch Bundesgesetz zu regeln.«[1] Diesen Vorschlag lehnte die Gewerkschaft Deutscher Beamtenbund in der Sitzung des **Ausschusses für die Organisation des Bundes** am **13.1.1949** ab, weil die »Aberkennung des Rechts auf ›Wiedereinstellung‹« namentlich verdrängte Beamten benachteilige[2]. Der Abgeordnete Katz befürwortete Art. 143c-1 in der vom Redaktionsausschuß vorgeschlagenen Fassung, weil die Wiedereinstellung von Flüchtlingsbeamten ausscheide und die mit ihnen verbundene finanzielle Versorgungslast die Länder erdrücke[3]. Der Abgeordnete Mücke widersprach, von einer »Wiedereinstellung« könne nicht gesprochen werden, weil der Bund als Rechtsnachfolger des Reichs die Reichsbeamten ebenso wie das Reichsvermögen übernehme[4]. Außerdem greife Art. 143c-1 in die Rechte der Länder und Kommunen ein, wenn er auch für deren Beamte gelte[5]. Er schlug daher vor, ganz allgemein festzulegen, »daß die Rechtsverhältnisse derer, die sich am 8. Mai 1945 im öffentlichen Dienst befunden und ihre Tätigkeit verloren haben, durch ein Bundesgesetz geregelt werden.«[6] Nach längerer Debatte über das Bestehen eines Wiedereinstellungsan-

---

[1] Parl. Rat VII, S. 196.

[2] Parl. Rat XIII/2, S. 1081. Die Infragestellung der im Parlamentarischen Rat vertretenen Position, dass entlassenen Beamten kein Wiedereinstellungsanspruch zustehe, bezeichnet *J. Perels*, KritJ 37 (2004), 186 (188) als »Geburtsstunde des Artikels 131 GG«.

[3] Parl. Rat XIII/2, S. 1083.

[4] Parl. Rat XIII/2, S. 1084. Zur Debatte im Parlamentarischen Rat über das Fortbestehen der öffentlichen Dienstverhältnisse über den 8.5.1945 hinaus eingehend BVerfGE 3, 58 (76ff.).

[5] Parl. Rat XIII/2, S. 1083f.

[6] Parl. Rat XIII/2, S. 1084.

spruchs früherer Beamter[7] und den in Art. 143c-1 einzubeziehenden Personenkreis[8] verständigte man sich darauf, einen Unterausschuß einzusetzen[9].

Der **Unterausschuß** schlug am **14.1.1949** als Art. 143c-1 vor[10]: »Die Rechtsverhältnisse von Personen einschließlich der Vertriebenen, die am 8. Mai 1945 im öffentlichen Dienste standen, aus anderen als beamtenrechtlichen Gründen ausgeschieden sind und bisher nicht oder nicht ihrer früheren Stellung entsprechend verwendet werden, sind durch Bundesgesetz zu regeln. Entsprechendes gilt für Personen einschließlich der Vertriebenen, die am 8. Mai 1945 versorgungsberechtigt waren und aus anderen als beamtenrechtlichen Gründen keine oder keine entsprechende Versorgung mehr erhalten.«[11] Der Sachverständige Ringelmann erläuterte, dass Art. 143c-1 Satz 1 für alle Personen gelte, »die am 8. Mai 1945 im öffentlichen Dienst standen, aber dann ausgeschieden sind«[12]. Ein »Ausscheiden [...] aus anderen als beamtenrechtlichen Gründen« liege nicht bei Beamten vor, die ihre Entlassung genommen hätten oder durch ein Disziplinarverfahren aus dem Dienst entfernt worden seien[13]. Das zu erlassende Bundesgesetz solle »nähere Bestimmungen über Wiedereinstellung, über Versetzung in den Ruhestand, über Gewährung von Versorgungsbezügen, über Erhaltung der Anwartschaft auf Versorgungsbezüge usw. bringen«. Art. 143c-1 Satz 2 erfasse Personen, die am 8.5.1945 bereits versorgungsberechtigt waren und aus anderen als beamtenrechtlichen Gründen »jetzt keine (Versorgung) mehr oder nur einen kleinen Bruchteil erhalten«[14]. Im Ergebnis nahm der Organisationsausschuß den Vorschlag des Unterausschusses einstimmig an[15]. 2

In der Sitzung des **Hauptausschusses** am **14.1.1949** erklärte Ringelmann zu dem vom Organisationsausschuß beschlossenen Art. 143c-1, dass unter die Bestimmung »in erster Linie Beamte (fallen), die infolge Untergangs ihrer Dienststelle im früheren Reichsgebiet ihren Dienstherrn verloren haben«[16]. Die Vorschrift gelte zudem für »verdrängte Beamte, also heimatvertriebene Beamte«, sowie für Beamte, »die durch Maßnahmen der Besatzungsmacht ihr Amt verloren haben, insbesondere soweit sie parteipolitisch belastet waren, inzwischen denazifiziert worden sind und nicht zu der Gruppe der Belasteten oder der Hauptschuldigen gehören, die kraft Gesetzes ihr Amt verloren haben«[17]. Schließlich unterfielen Art. 143c-1 Beamte, »die aus Kriegsgefangenschaft zurückkommen und ihre Stelle besetzt finden oder für die kein Dienstherr mehr vorhanden ist.«[18] Art. 143c-1 Satz 2 erfasse Personen, die am 8.5.1945 versorgungsberechtigt waren, aber ihre Versorgung verloren haben wie Wartestandsbeamte, Ruhestandsbeamte und Beamtenhinterbliebene[19]. Nicht in einer seiner früheren Stellung entsprechenden Weise würden Beamte verwendet, die »in untergeordneter 3

[7] Hierzu näher *W. Langhorst*, Beamtentum und Artikel 131 des Grundgesetzes, 1994, S. 76ff.
[8] Parl. Rat XIII/2, S. 1084ff.
[9] Parl. Rat XIII/2, S. 1090.
[10] Parl. Rat XIII/1, S. LXXXI.
[11] Parl. Rat XIII/2, S. 1101f. Fn. 6.
[12] Parl. Rat XIII/2, S. 1103.
[13] Parl. Rat XIII/2, S. 1103.
[14] Parl. Rat XIII/2, S. 1103.
[15] Parl. Rat XIII/2, S. 1104.
[16] Parl. Rat XIV/2, S. 1208.
[17] Parl. Rat XIV/2, S. 1208.
[18] Parl. Rat XIV/2, S. 1208.
[19] Parl. Rat XIV/2, S. 1209.

Arbeit tätig sein« müssen[20]. Der Abgeordnete Zinn beanstandete, die Formulierung »aus anderen als beamtenrechtlichen Gründen« schließe die Einbeziehung von Angestellten aus, was Beamte privilegiere[21]. Der Abgeordnete Schmid widersprach, dass Art. 143c-1 alle Personen erfasse, die im öffentlichen Dienst standen[22]. Auf Nachfrage des Abgeordneten Renner erklärte Ringelmann, dass der Bundesgesetzgeber sämtliche vermögensrechtlichen Ansprüche, also Gehalts-, Versorgungs- und Nachversicherungsansprüche, nicht aber Schadensersatzansprüche der betroffenen Personen regeln müsse[23]. Auf weitere Nachfrage von Renner antwortete Zinn, Art. 143c-1 beziehe sich nicht nur auf Beamte der Zivilverwaltung, sondern auch auf Berufssoldaten und Militärbeamte einschließlich der Waffen-SS[24]. Neben »Beamten des Staates« seien auch Beamte »des Landes und der Gemeinden« einbezogen[25]. Zinn sprach sich dafür aus, Art. 143c-1 so zu ändern, dass die Verwaltung davor geschützt werde, »den alten Apparat« wieder beschäftigen zu müssen, weswegen geregelt werden müsse, »daß keiner einen Anspruch auf Wiedereinstellung hat«[26]. Auf den Einwand von Schmid, die Formulierung »Die Rechtsverhältnisse von Personen« erfasse auch »ein eventuelles Recht auf das Amt«[27], stellte der Abgeordnete Höpker Aschoff klar, dass Art. 143c-1 »unter keinen Umständen einen [...] Wiedereinstellungsanspruch« gewährleiste, sondern die Frage, inwieweit den betroffenen »Personen ein Wiedereinstellungsanspruch zusteht, durch das kommende Gesetz geregelt werden soll«[28]. Um auszuschließen, dass bis zum Erlass dieses Gesetzes »in der Zwischenzeit auf Grund der heute völlig ungeklärten Verhältnisse Wiedereinstellungsansprüche geltend gemacht und bei Gericht durchgesetzt werden«, regte er an, Art. 143c-1 die Sperrklausel hinzuzufügen, »daß bis zum Erlaß dieses Gesetzes Rechtsansprüche nicht geltend gemacht werden können.«[29] Zur Klarstellung, dass Art. 143c-1 auch für Angestellte gilt, schlug Ringelmann vor, die Formulierung »aus anderen als beamtenrechtlichen Gründen« durch »aus anderen als beamten- oder tarifrechtlichen Gründen« zu ersetzen[30]. Zinn erklärte sich mit dem Sperrklauselvorschlag von Höpker Aschoff unter den Bedingungen einverstanden, dass bis zum Erlass des Bundesgesetzes landesgesetzliche Regelungen in Kraft blieben und Ansprüche gegen den Staat und die Gemeinden aufgrund des Angestelltenversicherungsgesetzes ausgeschlossen seien[31]. Mücke forderte, die Sperrklausel nur für politisch belastete Beamte, nicht auch für unbelastete Beamte wie z. B. verdrängte Beamte vorzusehen[32] Der Abgeordnete Lehr schlug schließlich als Art. 143c-1 Satz 3 vor: »Bis zum Inkrafttreten des Bundesgesetzes kann ein Anspruch auf Wiedereinstellung oder auf Nachentrichtung von Sozialversicherungsbeiträgen nicht geltend gemacht werden, vorbehaltlich anderweitiger

20 Parl. Rat XIV/2, S. 1209.
21 Parl. Rat XIV/2, S. 1209f.
22 Parl. Rat XIV/2, S. 1210 und 1211.
23 Parl. Rat XIV/2, S. 1212f.
24 Parl. Rat XIV/2, S. 1213.
25 Parl. Rat XIV/2, S. 1213.
26 Parl. Rat XIV/2, S. 1215.
27 Parl. Rat XIV/2, S. 1215f.
28 Parl. Rat XIV/2, S. 1218.
29 Parl. Rat XIV/2, S. 1218f.
30 Parl. Rat XIV/2, S. 1219.
31 Parl. Rat XIV/2, S. 1221.
32 Parl. Rat XIV/2, S. 1221.

gesetzlicher Regelung durch die Landesgesetzgebung.«[33] Der Abgeordnete Seebohm schloss sich Mücke mit der Bemerkung an, dass für politisch nicht belastete Vertriebene Ausnahmen möglich sein müssten, die die Landesgesetzgebung regeln könne[34]. Höpker Aschoff schlug als Art. 143c-1 Satz 3 vor: »Bis zum Inkrafttreten des Bundesgesetzes können Rechtsansprüche nicht geltend gemacht werden.«[35] Hiermit erklärte sich Lehr einverstanden, sofern ergänzt würde »vorbehaltlich anderweitiger landesrechtlicher Regelung«[36]. In der abschließenden Abstimmung nahm der Hauptausschuß sowohl die Formulierung »aus anderen als beamten- oder tarifrechtlichen Gründen« (Art. 143c-1 Satz 1 und 2) als auch als Art. 143c-1 Satz 3 »Bis zum Inkrafttreten des Bundesgesetzes können vorbehaltlich anderweitiger landesrechtlicher Regelung Rechtsansprüche nicht geltend gemacht werden« an[37].

Der **Allgemeine Redaktionsausschuß** sah hingegen am **25.1.1949** als Art. 143c-1 vor: 4
»(1) Ansprüche auf Wiedereinstellung, die aus einem vor dem 8. Mai 1945 begründeten öffentlich-rechtlichen Dienstverhältnis hergeleitet werden, gelten mit diesem Zeitpunkt als erloschen. Auf amtlich anerkannte Verfolgte des Nationalsozialismus findet die Vorschrift keine Anwendung. (2) Sonstige Ansprüche aus einer Beschäftigung im öffentlichen Dienst, die am 8. Mai 1945 bestanden, sind durch Bundesgesetz neu zu regeln. Sie können bis zur Neuregelung nur auf Grund eines deutschen Gesetzes, das nach dem 8. Mai 1945 ergangen ist, geltend gemacht werden. (3) Soweit nach den Vorschriften der Reichsversicherung, des Angestelltenversicherungsgesetzes oder des Reichsknappschaftsgesetzes für Personen, die nach Abs. 1 aus dem öffentlichen Dienst als ausgeschieden gelten, eine Pflicht zur Nachentrichtung von Beiträgen besteht, gelten die noch zu entrichtenden Beiträge bis zu der in Abs. 2 vorgesehenen Neuregelung als gestundet.«[38]

Der **Hauptausschuß** beschloss Art. 143c-1 am **10.2.1949** in der Fassung des heutigen 5
Art. 131 GG mit dem Unterschied, dass das Wort »Flüchtlinge« nur in Satz 1, nicht auch in Satz 2 ergänzt wurde[39]. Der **Fünferausschuß** schlug sodann unter dem **28.2.1949** Art. 143c-2 I mit der Formulierung des heutigen Art. 131 GG vor[40]. Er riet allerdings, für Satz 3 der Vorschrift eine (andere) Fassung zu finden, »die verhindert, daß auch Verdrängte und Kriegsgefangene [...] keine Rechtsansprüche geltend machen können.«[41] Am **2.–5.5.1949** befürwortete auch der **Allgemeine Redaktionsausschuß** Art. 143c-1 in der vom Fünferausschuß vorgeschlagenen Fassung[42]. Diese Fassung wurde vom **Hauptausschuß** am **5.5.1949** als Art. 132[43] und vom **Plenum** am **6.5.1949** als Art. 131[44] beschlossen. Ein in der Plenumssitzung von dem Abgeordneten Seebohm gestellter Antrag, Satz 3 des Art. 132 zu streichen, weil dadurch bis zum Inkrafttreten eines Bundesgesetzes nicht nur Rechtsansprüche von unter die Entnazifizierungsgesetze fallenden Personen, sondern auch von vertriebenen Beamten und

33 Parl. Rat XIV/2, S. 1224.
34 Parl. Rat XIV/2, S. 1225.
35 Parl. Rat XIV/2, S. 1225.
36 Parl. Rat XIV/2, S. 1225f.
37 Parl. Rat XIV/2, S. 1226.
38 Parl. Rat VII, S. 287f.
39 Parl. Rat VII, S. 440.
40 Parl. Rat VII, S. 454.
41 Parl. Rat VII, S. 454.
42 Parl. Rat VII, S. 527.
43 Parl. Rat VII, S. 566.
44 Parl. Rat VII, S. 605.

Kriegsgefangenen ausgeschlossen würden, blieb ohne Erfolg[45]. Art. 131 GG ist seit Inkrafttreten des Grundgesetzes[46] unverändert geblieben.

B. Internationale, supranationale und rechtsvergleichende Bezüge

6 Art. 131 GG hatte insofern völkerrechtliche Bezüge, als diskutiert wurde, ob sich aufgrund der Identitätslehre die vor dem Zusammenbruch des Deutschen Reichs begründeten Beamtenrechtsverhältnisse in der Bundesrepublik Deutschland fortsetzten[47]. Im Übrigen war die Regelung der Rechtsverhältnisse der in Art. 131 GG genannten Personen weder Gegenstand **völker- oder europarechtlicher Regelungen** noch von Bestimmungen der **Verfassungen anderer Mitgliedstaaten** oder der **Bundesländer**.

C. Erläuterungen

I. Allgemeine Bedeutung

7 Art. 131 GG ist Teil der **Übergangs- und Schlussbestimmungen** des Grundgesetzes[48]. Sein Gesetzgebungsauftrag (Satz 1 und 2) (→ Rn. 14ff., 19) wurde durch das Gesetz zur Regelung der Rechtsverhältnisse der unter Artikel 131 des Grundgesetzes fallenden Personen (G 131)[49] (→ Rn. 16f.) erfüllt, sodass sich sein Regelungszweck erledigt hat[50]. **Gegen** die **Verfassungsmäßigkeit** des Art. 131 GG **erhobene Bedenken**[51] hat das Bundesverfassungsgericht **zurückgewiesen**[52].

8 Art. 131 GG liegt das **Normziel** zugrunde, die Wiederverwendung oder Versorgung der am 8.5.1945 im öffentlichen Dienst Beschäftigten oder Versorgungsberechtigten, die wegen des Zusammenbruchs des NS-Staats aus dem Dienst ausgeschieden sind, der Regelung durch den Bundesgesetzgeber zu überantworten. Auf der Grundlage der Rechtsprechung des Bundesverfassungsgerichts, wonach mit der Kapitulation Deutschlands am 8.5.1945 sämtliche Beamten-, Angestellten-, Richter- und Berufssoldatenverhältnisse[53] sowie die entsprechenden Versorgungsansprüche (→ Rn. 18) erloschen

---

[45] Parl. Rat IX, S. 488.

[46] Parl. Rat VII, S. 646.

[47] Näher BVerfGE 3, 58 (121); 3, 288 (301ff.); *R. Naumann*, Die Berufsbeamten und die Staatskrisen, VVDStRL 13 (1955), S. 88ff. (98ff.); *E. Kern*, DVBl. 1954, 211 (213ff.). → *Masing*, Bd. III², Art. 131 Rn. 3.

[48] Kritisch zur Platzierung des Art. 131 GG im XI. Kapitel des Grundgesetzes *G. Neeße*, ZBR 1978, 391 (394).

[49] BGBl. 1951 I S. 307.

[50] → *Masing*, Bd. III², Art. 131 Rn. 5; vgl. auch *H. Krüger*, NJW 1950, 161 (163); *G. Müller*, RdA 1982, 86 (86, 87); *J. Dietlein*, in: v. Mangoldt/Klein/Starck, GG III, Art. 131 Rn. 4; s. auch BT-Drs. 12/5919, S. 22. Für eine Aufhebung des Art. 131 GG *P. Austermann*, DÖV 2012, 227 (230).

[51] Zu diesen Bedenken *P. Grosskreutz*, Normwidersprüche im Verfassungsrecht, 1966, S. 73f.; *H. Krüger*, NJW 1950, 161 (163); *F. Poelmann*, RdA 1950, 81 (84f.); *O. Bachof*, DRZ 1949, 553 (555ff.); *H. Holtkotten*, in: BK, Art. 131 (1991), S. 29f.

[52] BVerfGE 1, 167 (177); ebenso BGHZ 1, 274 (275ff.).

[53] S. nur BVerfGE 3, 58 (76ff.); 3, 162 (173ff.); 3, 288 (299ff.); 6, 132 (134ff.); 15, 105 (112); zu der unterschiedlichen Begründung des Erlöschens der Beamten-, Angestellten- und Richterverhältnisse einerseits und der Berufssoldatenverhältnisse andererseits in der Judikatur des BVerfG *H. Dreier*, Verfassungsstaatliche Vergangenheitsbewältigung, in: FS 50 Jahre BVerfG, Bd. I, S. 159ff. (169 mit Fn. 49). Die herrschende Staatsrechtslehre geht hingegen von einer Fortgeltung der vor 1945 begründeten Verwaltungsdienstverhältnisse aus (sog. Prinzip der Funktionsnachfolge) – hierzu sowie zur

sind, standen den am 8.5.1945 im öffentlichen Dienst Beschäftigten aus diesem Dienstverhältnis keine Rechte gegen den Bund, ein Land, eine Kommune oder einen anderen Dienstherrn zu[54]. Der Regelungsauftrag des Art. 131 GG ist daher Ausdruck sozialer Fürsorge des Staates[55]. Art. 131 GG ermächtigt den Bundesgesetzgeber, die Rechtsverhältnisse der in Art. 131 GG genannten Personen konstitutiv zu ordnen[56], sodass die durch das Bundesgesetz begründeten Rechte »neue Rechte« und nicht solche aus den früheren Dienstverhältnissen sind[57]. Der zum Teil vertretenen Ansicht, Art. 131 GG gehe von einem Fortbestand der Dienstverhältnisse der am 8.5.1945 im öffentlichen Dienst stehenden Personen aus[58], hat das Bundesverfassungsgericht eine Absage erteilt[59] (zur Debatte im Parlamentarischen Rat → Rn. 1ff.). Der vom Bundesverfassungsgericht »dekretierte normative Bruch der Dienstverhältnisse kontrastierte indes scharf mit der personellen Kontinuität der staatlichen Funktionsträger im bundesrepublikanischen Nachkriegsdeutschland.«[60]

Nicht minder scharf ist der Kontrast zwischen dem Erlöschen der Dienstverhältnisse 9
der am 8.5.1945 im öffentlichen Dienst stehenden Personen und dem Fortbestand der in der **DDR** bestehenden Dienstverhältnisse nach deren Beitritt zur Bundesrepublik[61], soweit die betreffenden Einrichtungen auf den Bund überführt wurden[62] (Art. 20 i. V. m. Anlage I Kap. XIX Einigungsvertrag). Bund und Länder sind in die in der DDR bestehenden Arbeitsverträge eingetreten[63], wobei ihnen bei Verstößen gegen die Grundsätze der Menschlichkeit oder Rechtsstaatlichkeit oder bei einer Tätigkeit für das Ministerium für Staatssicherheit ein außerordentliches Kündigungsrecht zustand[64].

Kritik an der Judikatur des Bundesverfassungsgerichts eingehend *Dreier*, Vergangenheitsbewältigung, ebd., S. 168ff.; s. auch *D. Merten*, Grundfragen des Einigungsvertrages unter Berücksichtigung beamtenrechtlicher Probleme, 1991, S. 17ff.; *R. Grawert*, Der Zusammenbruch des Staates und das Schicksal seiner Beamtenschaft im Spiegel der Nachkriegsjudikatur, in: F. G. Schwegmann (Hrsg.), Die Wiederherstellung des Berufsbeamtentums nach 1945. Geburtsfehler oder Stützpfeiler der Demokratiegründung in Westdeutschland?, 1986, S. 25ff. (27ff.); *M. Kirn*, Verfassungsumsturz oder Rechtskontinuität?, Die Stellung der Jurisprudenz nach 1945 zum Dritten Reich, insbesondere die Konflikte um die Kontinuität der Beamtenrechte und Art. 131 Grundgesetz, 1972, S. 127ff.; *Naumann*, Berufsbeamten (Fn. 47), S. 97ff.

54 *P. Badura*, in: Maunz/Dürig, GG, Art. 131 (2012), Rn. 13.

55 BVerfGE 3, 58 (133ff.); 15, 105 (120); dementsprechend hat das BVerfG das G 131 »als soziale Tat« gewertet, BVerfGE 3, 58 (134).

56 BVerfGE 1, 167 (177); 3, 58 (133); a. A. etwa *W. Kühn/E. Gerth*, Die Gesetzgebung nach Artikel 131 des Grundgesetzes, 1951, S. 15f.

57 *Badura* (Fn. 54), Art. 131 Rn. 13.

58 So *M. Wenzel*, Die gegenwärtige Rechtslage der entfernten und heimatvertriebenen Beamten, 1950, S. 32.

59 BVerfGE 3, 58 (76ff.); 3, 162 (173); zustimmend → *Masing*, Bd. III², Art. 131 Rn. 10; *Badura* (Fn. 54), Art. 131 Rn. 10.

60 *Dreier*, Vergangenheitsbewältigung (Fn. 53), S. 170.

61 Näher BVerfGE 84, 133 (147); 92, 140 (154ff.). Zu dem ursprünglichen Vorhaben, die Dienstverhältnisse im Staatsdienst der DDR nach deren Beitritt zu beenden, *Dreier*, Vergangenheitsbewältigung (Fn. 53), S. 170.

62 Zu dem in der Folge eintretenden befristeten Ruhen der Arbeitsverhältnisse (sog. »Warteschleife«) *Dreier*, Vergangenheitsbewältigung (Fn. 53), S. 171.

63 Anlage I Kap. XIX Sachgebiet A Abschnitt III Nr. 1 Abs. 1–3 Einigungsvertrag; s. auch BVerfGE 84, 133 (147).

64 Anlage I Kap. XIX Sachgebiet A Abschnitt III Nr. 1 Abs. 5 Einigungsvertrag; zur Auslegung und Verfassungsmäßigkeit der Sonderkündigungstatbestände BVerfGE 92, 140 (150ff.); 96, 152 (163ff.); 96, 171 (182ff.); 96, 189 (196ff.); eingehend zu den Sonderkündigungstatbeständen des Einigungsvertrags *Dreier*, Vergangenheitsbewältigung (Fn. 53), S. 171ff.

Art. 131 GG wurde in den neuen Bundesländern nach der Wiedervereinigung gem. Art. 6 Einigungsvertrag »vorerst«[65] nicht in Kraft gesetzt[66].

II. Am 8. Mai 1945 im öffentlichen Dienst stehende Personen (Art. 131 S. 1 GG)

1. Voraussetzungen

10 **Im öffentlichen Dienst befanden sich am 8.5.1945 Personen**, die an diesem Stichtag[67] in einem rechtswirksamen Dienstverhältnis zum Deutschen Reich, einem Land, einer Kommune oder einem anderen öffentlich-rechtlichen Dienstherrn standen[68] (→ Art. 137 Rn. 23). Hierzu gehörten Beamte[69], Angestellte[70], Richter, Arbeiter[71], Berufssoldaten[72] und Minister[73], nicht hingegen Bedienstete der Kirchen, da sie kein Dienstverhältnis zum Staat hatten[74]. Ob das Dienstverhältnis am Stichtag des 8.5.1945 tatsächlich ausgeübt wurde oder der Bedienstete hieran z. B. wegen Kriegsgefangenschaft, Vertreibung oder Evakuierung gehindert war, ist für die Anwendung des Art. 131 GG unerheblich[75]. Wegen des systematischen Zusammenhangs des Art. 131 GG mit dem verfassungsrechtlichen Rechtsstaatsprinzip gilt Art. 131 GG allerdings nicht für am 8.5.1945 im öffentlichen Dienst stehende Personen, »deren Tätigkeit im ganzen gesehen vor allem der Aufrechterhaltung des Unrechts und Willkürsystems des Nationalsozialismus gedient hat.«[76] Hierzu zählten namentlich die Bediensteten der **Gestapo**[77].

11 Aus dem öffentlichen Dienst **ausgeschieden ist**, **wer** gegen oder ohne seinen Willen seinen **Arbeitsplatz verloren** hat[78]. Umstritten ist, ob »Ausscheiden« die rechtswirksame Beendigung des Dienstverhältnisses erfordert[79] oder auch den tatsächlichen Ver-

---

[65] Zu Inhalt und Bedeutung des Adverbs »vorerst« *Merten*, Grundfragen (Fn. 53), S. 68.

[66] Die Verfassungswidrigkeit einer unbefristetem Nicht-Inkraftsetzung des Art. 131 GG für die neuen Bundesländer moniert *Merten*, Grundfragen (Fn. 53), S. 27 ff., insb. 66 ff.; für Verfassungskonformität mit Blick auf den im Beitrittsgebiet nicht mehr zu verwirklichenden Zweck des Art. 131 GG *Badura* (Fn. 54), Art. 131 Rn. 21; zum Meinungsstand näher *N. Bernsdorff*, in: Umbach/Clemens, GG, Anhang zu Art. 131 Rn. 1 ff.

[67] Zu den Gründen für diesen Stichtag *E. Gerth*, DÖV 1951, 99 (99 f.); *Kühn/Gerth*, Gesetzgebung (Fn. 56), S. 8 f.

[68] Vgl. *Kühn/Gerth*, Gesetzgebung (Fn. 56), S. 9; *Holtkotten* (Fn. 51), Art. 131 S. 16; *Badura* (Fn. 54), Art. 131 Rn. 6. Zum Begriff des öffentlichen Diensts i. S. d. Art. 131 S. 1 GG eingehend *J. Depenbrock*, DVBl. 1961, 765 (765 ff.).

[69] Statt aller *M. Erras*, Die Regelung des Versorgungsanspruchs kommunaler NS-Wahlbeamter in der Nachkriegszeit, 2010, S. 139; *F. Poelmann*, RdA 1950, 81 (81).

[70] Statt aller *F. Poelmann*, RdA 1950, 81 (81).

[71] *F. Poelmann*, RdA 1950, 81 (81).

[72] *Badura* (Fn. 54), Art. 131 Rn. 15; *Holtkotten* (Fn. 51), Art. 131 S. 16.

[73] BGH VerwRspr 1955, 670 (671).

[74] Im Ergebnis ebenso BGHZ 18, 373 (375); *O. Bachof*, DRZ 1949, 553 (553); *F. Poelmann*, RdA 1950, 81 (81); *P. Kunig*, in: v. Münch/Kunig, GG II, Art. 131 Rn. 4; *D. C. Umbach*, in: Umbach/Clemens, GG, Art. 131 Rn. 8.

[75] Im Ergebnis ebenso *Kühn/Gerth*, Gesetzgebung (Fn. 56), S. 11; *O. Bachof*, DRZ 1949, 553 (553); *Holtkotten* (Fn. 51), Art. 131 S. 18; *E. Gerth*, DÖV 1951, 99 (99); *F. Poelmann*, RdA 1950, 81 (81).

[76] BVerfGE 6, 132 (217 ff.); 12, 264 (271); 22, 387 (409).

[77] BVerfGE 6, 132 (217 ff.).

[78] BVerfGE 3, 213 (219); BGHZ 1, 274 (286); → *Masing*, Bd. III^2, Art. 131 Rn. 9; a. A. *Umbach* (Fn. 74), Art. 131 Rn. 9, der auch die freiwillige Aufgabe des Arbeitsplatzes einbezieht.

[79] So *E. Jeß*, DÖV 1950, 269 (269 ff.) m. w. N. für seine Ansicht.

lust des Arbeitsplatzes bei rechtlichem Fortbestand des Dienstverhältnisses umfasst[80]. Ebenfalls unterschiedlich wird beurteilt, ob der Zeitpunkt des Ausscheidens vor dem in Art. 131 S. 1 GG genannten Stichtag des 8.5.1945[81] oder danach liegen muss[82]. Auf der Grundlage der Rechtsprechung des Bundesverfassungsgerichts, nach der sämtliche Beamten-, Angestellten-, Richter- und Berufssoldatenverhältnisse am 8.5.1945 erloschen sind (→ Rn. 8), ist der Tatbestand des Ausscheidens i. S. d. Art. 131 S. 1 GG am 8.5.1945 erfüllt (rechtswirksame Beendigung des Dienstverhältnisses). Da Art. 131 S. 1 GG ein rechtswirksames Dienstverhältnis am 8.5.1945 voraussetzt (→ Rn. 10), scheidet die rechtliche Beendigung des Dienstverhältnisses vor dem 8.5.1945 als Ausscheiden i. S. d. Vorschrift aus. Hierfür spricht auch die Entstehungsgeschichte der Norm, wonach Art. 131 GG für Personen gelten sollte, »die am 8. Mai 1945 im öffentlichen Dienst standen, aber dann ausgeschieden sind« (→ Rn. 2). Ob die Person ihr Dienstverhältnis am 8.5.1945 tatsächlich ausgeübt hat oder hieran gehindert war, ist unerheblich (→ Rn. 10). Ob nach dem 8.5.1945 ein neues Dienstverhältnis begründet und wiederum beendet wurde, ist für den Tatbestand des Ausscheidens gem. Art. 131 S. 1 GG irrelevant, da dieser nach der Judikatur des Bundesverfassungsgerichts bereits durch das Erlöschen des früheren Dienstverhältnisses am 8.5.1945 erfüllt ist. Die Begründung eines neuen Dienstverhältnisses nach diesem Stichtag ist aber für das weitere Merkmal des Art. 131 S. 1 GG von Bedeutung, dass »bisher«, d. h. zwischen dem 8.5.1945 und dem Erlass des Bundesgesetzes, keine oder keine der früheren Stellung entsprechende Verwendung erfolgen darf (→ Rn. 13).

Aus anderen als beamten- oder tarifrechtlichen Gründen ist ausgeschieden, wessen 12 Dienstverhältnis aus mit dem Ende des Kriegs im Zusammenhang stehenden Gründen und nicht aufgrund rechtmäßiger Anwendung beamten- oder arbeitsrechtlicher Vorschriften beendet wurde[83]. Ein Ausscheiden aus beamten- oder tarifrechtlichen Gründen lag ausweislich der Entstehungsgeschichte z. B. vor, wenn Beschäftigte freiwillig ihr Dienstverhältnis beendet haben[84] oder durch ein Disziplinarverfahren aus dem Dienst entfernt wurden (→ Rn. 2). Zu diesen aus anderen als beamten- oder tarifrechtlichen Gründen ausgeschiedenen Personen konnten nach Art. 131 S. 1 GG insbesondere Flüchtlinge und Vertriebene gehören[85], nach der Vorstellung des Parlamentarischen Rats zudem Beschäftigte, deren Dienststelle untergegangen war, Beschäftigte, die durch die Besatzungsmächte ihres Amts enthoben wurden, sowie aus Kriegsgefangenschaft zurückgekehrte Beschäftigte, deren Stelle zwischenzeitlich besetzt wurde (→ Rn. 3). Diese Umschreibung des Art. 131 GG unterfallenden Personenkreises ist allerdings durch die Rechtsprechung des Bundesverfassungsgerichts obsolet geworden, nach der mit dem Zusammenbruch des NS-Staats sämtliche Beamten-, Angestellten-, Richter- und Berufssoldatenverhältnisse am 8.5.1945 erloschen sind (→ Rn. 8).

Bisher nicht oder nicht ihrer früheren Stellung entsprechend verwendet wurden die 13 am 8.5.1945 im Dienst stehenden und an diesem Stichtag ausgeschiedenen Personen,

---

[80] So BVerfGE 3, 213 (219); BGHZ 1, 274 (286); *H. Krüger*, NJW 1950, 161 (161ff.); *F. Poelmann*, RdA 1950, 81 (81ff.); *O. Bachof*, DRZ 1949, 553 (554); *Holtkotten* (Fn. 51), Art. 131 S. 19ff.

[81] → *Masing*, Bd. III^2, Art. 131 Rn. 9.

[82] *Holtkotten* (Fn. 51), Art. 131 S. 23: vor dem 8.5.1945, am 8.5.1945 oder danach.

[83] Vgl. *Holtkotten* (Fn. 51), Art. 131 S. 19, 24; *O. Bachof*, DRZ 1949, 553 (553f.); → *Masing*, Bd. III^2, Art. 131 Rn. 9; zum Erfordernis des kriegsbedingten Ausscheidens auch *H. J. Becker*, RiA 1971, 67 (68).

[84] A. A. *Umbach* (Fn. 74), Art. 131 Rn. 9.

[85] Zum deklaratorischen Gehalt der Nennung der Flüchtlinge und Vertriebenen *Kühn/Gerth*, Gesetzgebung (Fn. 56), S. 8.

wenn sie nach dem 8.5.1945 nicht wieder im öffentlichen Dienst beschäftigt waren oder zwar wieder in ein öffentlich-rechtliches Dienstverhältnis eingetreten sind, die nunmehr ausgeübte Tätigkeit aber verglichen mit der früheren Tätigkeit unterwertig ist (s. auch Parlamentarischer Rat: »in untergeordneter Arbeit tätig« → Rn. 3)[86]. Der Wortlaut des Art. 131 S. 1 GG (»bisher«), der auf den gesamten Zeitraum zwischen dem 8.5.1945 und dem Erlass des Bundesgesetzes abhebt[87], legt es nahe, für Personen, die nach dem 8.5.1945 ein neues Dienstverhältnis begründet und eine ihrer früheren Tätigkeit entsprechende Tätigkeit ausgeübt haben, die Anwendbarkeit des Art. 131 S. 1 GG auch dann zu verneinen, wenn dieses Dienstverhältnis vor dem Erlass des Bundesgesetzes beendet wurde. Nach dem Sinn und Zweck der Norm (→ Rn. 8) sind dagegen solche Fallkonstellationen von Art. 131 S. 1 GG erfasst, wenn die Person aus dem neuen Dienstverhältnis aus anderen als beamten- oder tarifrechtlichen Gründen ausgeschieden ist.

2. Bundesgesetzliche Regelung der Rechtsverhältnisse

14 Art. 131 S. 1 GG begründet eine Gesetzgebungskompetenz[88] und Verpflichtung[89] des Bundes, die **Rechtsverhältnisse** der in Art. 131 S. 1 GG genannten Personen **durch Bundesgesetz zu regeln**. Das Bundesverfassungsgericht entnimmt Art. 131 S. 1 GG eine nicht in die Zuständigkeitsvorschriften der Art. 70ff. GG passende »selbstständige Sonderkompetenz«, eine »Gesetzgebungsbefugnis des Bundes eigener Art«[90], die den Bund ermächtige, frei zu entscheiden, ob die bisherigen Landesregelungen weiter gelten sollten und »ob und welcher Raum den Ländern zu künftiger Gesetzgebung verbleiben sollte«[91]. Bei Lichte betrachtet lässt sich die Kompetenzregelung des Art. 131 S. 1 GG indes problemlos als ausschließliche Gesetzgebungsbefugnis qualifizieren[92], die den Bund ebenso wie Art. 71 GG befugt festzulegen, ob und inwieweit die Länder Gesetzgebungsrechte haben sollen (→ Art. 71 Rn. 11ff.), wobei Art. 71 und Art. 73 GG durch die Sonderzuweisung des Art. 131 S. 1 GG verdrängt werden. Eine Delegation der Rechtssetzungsbefugnis des Bundesgesetzgebers auf den Verordnungsgeber hielt das Bundesverfassungsgericht im Rahmen des Art. 80 I GG für zulässig[93].

15 Mit den zu regelnden Rechtsverhältnissen meint Art. 131 S. 1 GG die Gesamtheit der rechtlichen Ansprüche der am 8.5.1945 im öffentlichen Dienst stehenden Personen gegen den Bund, die Länder oder die Kommunen wegen des Erlöschens ihres

---

[86] Beispiele bei *Kühn/Gerth*, Gesetzgebung (Fn. 56), S. 11: Entfernung aus dem Dienst durch Urteil des Dienststrafgerichts; *Holtkotten* (Fn. 51), Art. 131 S. 27: Wiederverwendung als Widerrufsbeamter statt als Lebenszeitbeamter, als Arbeiter statt als Angestellter oder mit geringerem Dienstgrad.

[87] Ebenso *Holtkotten* (Fn. 51), Art. 131 S. 26.

[88] BVerfGE 3, 187 (197).

[89] BVerfGE 3, 187 (197); *Merten*, Grundfragen (Fn. 53), S. 16; *Holtkotten* (Fn. 51), Art. 131 S. 33. → *Masing*, Bd. III², Art. 131 Rn. 4.

[90] BVerfGE 1, 167 (176f.); 7, 305 (313); 15, 167 (184ff.); ebenso *Badura* (Fn. 54), Art. 131 Rn. 6; *Dietlein* (Fn. 50), Art. 131 Rn. 2; *S. U. Pieper*, in: Schmidt-Bleibtreu/Hofmann/Henneke, GG, Art. 131 Rn. 8.

[91] BVerfGE 15, 167 (187).

[92] Im Ergebnis ebenso *G. Anders*, DÖV 1957, 692 (701); a. A. *Holtkotten* (Fn. 51), Art. 131 S. 32ff., der Art. 131 GG teils eine ausschließliche und teils eine konkurrierende Gesetzgebungskompetenz entnimmt; eingehend zum Problem *W. Rudolf*, AöR 88 (1963), 159 (166ff.).

[93] BVerfGE 3, 187 (197); ebenso *Kühn/Gerth*, Gesetzgebung (Fn. 56), S. 13; *U. Fischer*, Rechtliche Qualifikationen von Verfassungsaufträgen, 2000, S. 133.

früheren Dienstverhältnisses[94]. Bei der Erfüllung des Regelungsauftrags kam dem Bundesgesetzgeber weitreichendes **Ermessen** zu[95]. Da mit der Kapitulation Deutschlands am 8.5.1945 sämtliche Beamten-, Angestellten-, Richter- und Berufssoldatenverhältnisse erloschen sind (→ Rn. 8), ist der Regelungsauftrag des Art. 131 S. 1 GG Ausdruck sozialstaatlicher Fürsorge (→ Rn. 8) und ermächtigt den Bundesgesetzgeber, die Rechtsverhältnisse der in Art. 131 GG genannten Personen konstitutiv zu ordnen, sodass die durch das G 131 begründeten Rechte »neue Rechte« und nicht solche aus den früheren Dienstverhältnissen sind (→ Rn. 8). Innerhalb des Ermessensspielraums des Gesetzgebers lag sowohl die Wiederverwendung der in Art. 131 S. 1 GG genannten Personen als auch ihre Versorgung, wobei Art. 131 S. 1 GG den Bundesgesetzgeber ermächtigt, auch die Länder und Gemeinden zur Wiederverwendung der Personen zu verpflichten und insofern den Gesetzesvorbehalt des Art. 28 II GG auszufüllen[96]. Ermessensbegrenzend wirkte insbesondere der Gleichheitsgrundsatz des Art. 3 I GG, der »bei der Neugestaltung der Rechtsverhältnisse der einzelnen betroffenen Gruppen im Verhältnis zu einander zu beachten« war[97]. Eine Bindung des Gesetzgebers an die Eigentumsgarantie des Art. 14 I GG lehnte das Bundesverfassungsgericht bei der Neuordnung der am 8.5.1945 erloschenen Dienstverhältnisse dagegen ebenso ab[98] wie eine »streng(e)« Bindung an die Grundsätze des Art. 33 V GG[99]. Art. 33 V GG nahm den Gesetzgeber nach Ansicht des Bundesverfassungsgerichts nur insoweit in die Pflicht, als er sich bei der Regelung der Rechtsverhältnisse der in Art. 131 S. 1 GG genannten Personen »nicht in besonders weitgehender grundsätzlicher Weise von den hergebrachten Regelungen des Berufsbeamtentums« entfernen durfte[100].

Der Bundesgesetzgeber hat den Regelungsauftrag des Art. 131 S. 1 GG durch das zum 1.4.1951 in Kraft getretene **G 131** (→ Rn. 7) erfüllt, das in der Folgezeit mehrfach novelliert sowie durch Rechtsverordnungen und Anordnungen ergänzt wurde[101]. Das G 131 sah für verdrängte Angehörige des öffentlichen Diensts und Angehörige aufgelöster Dienststellen (Kap. I) sowie für sonstige Angehörige des öffentlichen Diensts, zu denen insbesondere wegen politischer Belastung durch die Besatzungsmächte entlassene oder degradierte Personen gehörten (Kap. II)[102], grundsätzlich die Wiederver- **16**

---

[94] Vgl. *Kühn/Gerth*, Gesetzgebung (Fn. 56), S. 8.

[95] BVerfGE 1, 167 (177); 3, 58 (134); 12, 264 (273); 25, 198 (206); *G. Neeße*, ZBR 1978, 391 (395).

[96] BVerfGE 1, 167 (177).

[97] S. etwa BVerfGE 3, 58 (146); 7, 305 (315).

[98] BVerfGE 3, 288 (324).

[99] BVerfGE 3, 288 (335); a. A. *Kühn/Gerth*, Gesetzgebung (Fn. 56), S. 13f.

[100] BVerfGE 3, 58 (138); 3, 288 (335); 11, 299 (304).

[101] Zum Inhalt des G 131 eingehend *Kühn/Gerth*, Gesetzgebung (Fn. 56), S. 17ff.; zur Genese des G 131 *U. Wengst*, Beamtentum zwischen Reform und Tradition, 1988, S. 152ff.; *Wenzel*, Rechtslage (Fn. 58), S. 32ff.; *E. Drögemeyer*, Der Sozialversicherungs-Beamte und -Angestellte 1960, 131 (131ff.); zu den Novellen zum G 131 *G. Neeße*, ZBR 1978, 391 (395f.); *W. Brosche*, RiA 1965, 141 (141ff.); *G. Anders*, DÖV 1965, 721 (721ff.); *G. Anders*, DÖV 1961, 765 (765ff.); *E. Drögemeyer*, Der Sozialversicherungs-Beamte und -Angestellte 1961, 158 (158ff.); zu den das G 131 ergänzenden Verordnungen näher *G. Anders*, Gesetz zur Regelung der Rechtsverhältnisse der unter Artikel 131 des Grundgesetzes fallenden Personen, 4. Aufl. 1959, S. 8ff.; *F. B. Schoen*, SozVers 1959, 321 (321ff.); *E. Plog*, RiA 1955, 212 (212ff.). Zu dem bis zum Erlass des G 131 geltenden Gesetz über Sofortmaßnahmen zur Sicherung der Unterbringung der unter Artikel 131 des Grundgesetzes fallenden Personen vom 14.3.1951, BGBl. I S. 186, *F. B. Schoen*, SozVers 1959, 321 (321); *Badura* (Fn. 54), Art. 131 Rn. 19.

[102] → *Masing*, Bd. III², Art. 131 Rn. 6. Zu dem dem G 131 unterfallenden Personenkreis näher *Anders*, Gesetz (Fn. 101), S. 18ff.; *J. Depenbrock*, DVBl. 1961, 765 (767ff.); *F. Poelmann*, RdA 1951, 165 (166ff.); *H. J. Becker*, RiA 1971, 67ff.

wendung entsprechend ihrer früheren Rechtsstellung vor[103]. War eine Wiederverwendung nicht möglich, begründete das G 131 Ansprüche auf beamtenrechtliche Versorgung oder auf Nachversicherung in der gesetzlichen Rentenversicherung[104]. Ausgeschlossen waren insbesondere am 8.5.1945 im Dienst der Gestapo stehende Personen (§ 3 Nr. 4 G 131)[105]. Allerdings waren gem. § 67 G 131 Beamte und Berufssoldaten, die von Amts wegen zur Gestapo oder Waffen-SS versetzt waren und dort bis zum 8.5.1945 verblieben oder in den Ruhestand getreten sind, so zu behandeln, als seien sie noch in ihrer früheren Stellung. Diese Bediensteten der Gestapo und Waffen-SS waren daher in die Ansprüche nach dem G 131 einbezogen[106].

17 **Bedenken gegen** die **Verfassungsmäßigkeit** des G 131 hat das Bundesverfassungsgericht **zurückgewiesen**[107]. Als verfassungskonform gebilligt hat das Bundesverfassungsgericht insbesondere den **Ausschluss von Ansprüchen** für Beschäftigte wie die der Gestapo[108], deren Tätigkeit der Aufrechterhaltung des Unrechts und Willkürsystems des Nationalsozialismus diente[109]. Verfassungsgemäß war auch der Anspruchsausschluss für Bedienstete von Einrichtungen, denen erst der NS-Staat Körperschaftsrechte verliehen hatte[110]. Verfassungsrechtlich geboten war die Einbeziehung der Bediensteten von Körperschaften in das G 131, die zwar formal erst vom NS-Staat geschaffen wurden, aber Aufgaben wahrnahmen, die sowohl vor 1933 als auch nach 1945 überwiegend von juristischen Personen des öffentlichen Rechts erfüllt wurden[111]. Aufgehoben wurde das G 131 durch das Dienstrechtliche Kriegsfolgen-Abschlußgesetz vom 20.9.1994[112].

III. Am 8. Mai 1945 versorgungsberechtigte Personen (Art. 131 S. 2 GG)

18 Art. 131 S. 2 GG ordnet die entsprechende Regelung der Rechtsverhältnisse (»Entsprechendes gilt«) für Personen einschließlich der Flüchtlinge und Vertriebenen an, die am 8.5.1945 versorgungsberechtigt waren und aus anderen als beamten- oder tarifrechtlichen Gründen keine oder keine entsprechende Versorgung mehr erhalten. **Am 8.5.1945 versorgungsberechtigt** waren Personen, die an diesem Stichtag (→ Rn. 10) wegen einer Tätigkeit im öffentlichen Dienst (→ Rn. 10) Versorgungsansprüche hatten,

---

[103] So zusammenfassend BT-Drs. 12/5919, S. 22; näher *Anders*, Gesetz (Fn. 101), S. 4ff. Zu der durch das G 131 bewirkten weitreichenden Wiederverwendung der ehemaligen Funktionselite des NS-Staates *Dreier*, Vergangenheitsbewältigung (Fn. 53), S. 168; *J. Perels*, KritJ 37 (2004), 186 (192).

[104] BT-Drs. 12/5919, S. 22; näher *Anders*, Gesetz (Fn. 101), S. 6f. Zu den Ansprüchen auf sozialversicherungsrechtliche Nachversicherung nach dem G 131 *A. Scheulen*, Ausgrenzung der Opfer – Eingrenzung der Täter, 2002, S. 33f.; *K. Brackmann*, WzS 1951, 365 (365ff.); *E. Drögemeyer*, Der Sozialversicherungs-Beamte und -Angestellte 1961, 76 (77ff.).

[105] Zu den Ausschlusstatbeständen des § 3 G 131 näher *H. J. Becker*, RiA 1971, 67 (68f.).

[106] Näher *J. Perels*, KritJ 37 (2004), 186 (189); *N. Frei*, Vergangenheitspolitik. Die Anfänge der Bundesrepublik Deutschland und die NS-Vergangenheit, 2. Aufl. 1997, S. 19, 79f.

[107] Für die Verfassungswidrigkeit des G 131 etwa *Holtkotten* (Fn. 51), Art. 131 S. 9ff. u. a. wegen Verstoßes gegen Art. 33 V GG; eingehend zum Problem *K. J. Grigoleit*, Bundesverfassungsgericht und deutsche Frage. Eine dogmatische und historische Untersuchung zum judikativen Anteil an der Staatsleitung, 2004, S. 187ff.; *E. Kern*, DVBl. 1954, 211ff.; *Anders*, Gesetz (Fn. 101), S. 15ff.; *Merten*, Grundfragen (Fn. 53), S. 21f.

[108] BVerfGE 6, 132 (217ff.).

[109] BVerfGE 6, 132 (217ff.); 12, 264 (271); 22, 387 (409).

[110] BVerfGE 3, 162 (185).

[111] BVerfGE 6, 246 (251ff.) bezogen auf die Reichsapotheker- und Reichsärztekammer.

[112] BGBl. I S. 2452.

sowie entsprechend versorgungsberechtigte Hinterbliebene[113]. Diese Versorgungsansprüche sind nach der Rechtsprechung des Bundesverfassungsgerichts »jedenfalls in den Fällen, in denen das zugrunde liegende Beamtenverhältnis erst unter der nationalsozialistischen Herrschaft begründet worden war«, mit dem Zusammenbruch des nationalsozialistischen Staates am 8.5.1945 erloschen[114]. Der Tatbestand des Erlöschens der (entsprechenden) Versorgung aus anderen als beamten- oder tarifrechtlichen Gründen (Zusammenbruch des Deutschen Reichs) ist daher erfüllt. Soweit die betreffenden Personen nach dem 8.5.1945 in ein neues Dienstverhältnis eingetreten sind, das vor dem Erlass des Bundesgesetzes (→ Rn. 16) beendet wurde, ist der Tatbestand des Wegfalls einer (entsprechenden) Versorgung nach Art. 131 S. 2 GG erfüllt, wenn das Dienstverhältnis aus anderen als beamten- oder tarifrechtlichen Gründen beendet wurde (→ Rn. 12)[115].

Art. 131 S. 2 GG verpflichtet den Bundesgesetzgeber zur **Regelung der Rechtsverhältnisse** der am 8.5.1945 versorgungsberechtigten Personen, die ihre Versorgung verloren haben, »entsprechend« wie für den Personenkreis des Art. 131 S. 1 GG. Art. 131 S. 2 GG enthält damit ebenso wie Art. 131 S. 1 GG eine Gesetzgebungskompetenz und -verpflichtung des Bundes, bei deren Erfüllung ihm Ermessen zusteht (s. insgesamt → Rn. 15). Die zu regelnden Rechtsverhältnisse erstrecken sich nach Art. 131 S. 2 GG anders als bei Art. 131 S. 1 GG (→ Rn. 15) nur auf die vermögensrechtlichen Versorgungs- und Versicherungsansprüche, nicht hingegen auf die Wiederverwendung der betreffenden Personen, weil diese regelmäßig vor dem 8.5.1945 aus dem öffentlichen Dienst ausgeschieden waren. Mit dem **G 131** hat der Bundesgesetzgeber diesen Regelungsauftrag erfüllt, indem er die Versorgung bzw. rentenversicherungsrechtliche Nachversicherung der betreffenden Personen geregelt hat[116] (→ Rn. 16). 19

IV. Sperrklausel (Art. 131 S. 3 GG)

Gem. Art. 131 S. 3 GG konnten bis zum Inkrafttreten des Bundesgesetzes vorbehaltlich anderweitiger landesrechtlicher Regelung Rechtsansprüche nicht geltend gemacht werden. Diese sog. **Sperrklausel** (→ Rn. 3)[117] **bewirkte** einen zeitlich bis zum Erlass des Bundesgesetzes nach Art. 131 S. 1 und 2 GG befristeten[118] **Ausschluss von Klagen**[119] auf Wiederverwendung oder Versorgung und damit eine verfassungsrechtliche Aus- 20

[113] Vgl. *Umbach* (Fn. 74), Art. 131 Rn. 11.

[114] BVerfGE 16, 254 (274); offengelassen dagegen noch von BVerfGE 3, 58 (152f.). Für die früheren Wehrmachtsangehörigen sollen nach der Rechtsprechung des BVerfG zwar die vor dem Zusammenbruch des NS-Staats rechtswirksam entstandenen Versorgungsansprüche über diesen Zeitpunkt hinaus fortbestanden haben; da die Versorgungsverhältnisse jedoch in ihrem rechtlichen Bestand zweifelhaft geworden seien, unterfielen sie ebenfalls Art. 131 GG, s. BVerfGE 3, 288 (341ff.); 16, 94 (105f.), wonach jedoch die vollständige Entziehung der vor dem Kriegsende rechtswirksam entstandenen Versorgungsansprüche von Berufssoldaten durch das G 131 gegen Art. 14 I GG verstieß (104ff.).

[115] Unklar BVerfGE 16, 254 (269), wonach der Regelungsauftrag des Art. 131 S. 2 GG sich auf alle Versorgungsberechtigten beziehe, »die in irgendeinem Zeitraum zwischen dem 8. Mai 1945 und dem Inkrafttreten des Regelungsgesetzes (1. April 1951) aus anderen als beamtenrechtlichen Gründen keine oder keine volle Versorgung erhalten haben.«

[116] Näher *Anders*, Gesetz (Fn. 101), S. 6f.

[117] *Anders*, Gesetz (Fn. 101), S. 2 spricht von »Klagesperre«.

[118] *Holtkotten* (Fn. 51), Art. 131 S. 46.

[119] Zum Umfang des Klageausschlusses *F. Poelmann*, RdA 1950, 81 (83f.).

nahme von der Rechtsweggarantie des Art. 19 IV GG[120]. Die Sperrklausel sollte dem Bundesgesetzgeber vorgreifende, präjudizierende Gerichtsentscheidungen verhindern[121]. Gegen die Verfassungskonformität des Art. 131 S. 3 GG erhobene Bedenken mochten die Gerichte nicht teilen[122].

21 Mit dem **Vorbehalt »anderweitiger landesrechtlicher Regelung«** erhält Art. 131 S. 3 GG die landesrechtliche Kompetenz zur vorläufigen Ordnung der Materie aufrecht[123]. Nach Ansicht des Bundesverfassungsgerichts kommt diesem Vorbehalt nicht nur prozessuale Bedeutung zu, sodass der Landesgesetzgeber bis zum Inkrafttreten des Bundesgesetzes den Rechtsweg für die Geltendmachung von Rechtsansprüchen der Art. 131 GG unterfallenden Personen eröffnen durfte[124]. Die Vorschrift setze vielmehr auch materiell-rechtlich voraus, dass durch Landesrecht für unter Art. 131 GG fallende Personen Rechtsansprüche anerkannt oder geschaffen werden konnten, wobei gleichgültig sei, ob das Landesrecht vor oder nach dem 8.5.1945 ergangen ist[125].

D. Verhältnis zu anderen GG-Bestimmungen

22 Art. 131 S. 1 und 2 GG beinhalten eine Sonderzuweisung einer ausschließlichen Gesetzgebungskompetenz des Bundes, die die allgemeinen Gesetzgebungsbestimmungen der **Art. 70ff. GG**, insbesondere Art. 71 und Art. 73 GG, verdrängt (→ Rn. 14). Da Art. 131 GG für am bzw. nach dem 8.5.1945 aus dem öffentlichen Dienst ausgeschiedene bzw. nicht mehr versorgungsberechtigte Personen gilt, während **Art. 132 GG** ein wirksames Dienstverhältnis bei Inkrafttreten des Grundgesetzes voraussetzt (→ Art. 132 Rn. 10f., 15), sind beide Vorschriften nebeneinander anwendbar[126]. Das Gleiche gilt für das Verhältnis zwischen Art. 131 GG und **Art. 139 GG**, weil zwischen beiden Bestimmungen keine Berührungspunkte bestehen[127]. Das dem Bundesgesetzgeber durch Art. 131 GG eingeräumte Regelungsermessen wird durch den Gleichheitssatz des **Art. 3 I GG** beschränkt (→ Rn. 15), nicht hingegen durch die Eigentumsgarantie des **Art. 14 I GG** (→ Rn. 15) und nur eingeschränkt durch die Garantie hergebrachter Grundsätze des Berufsbeamtentums nach **Art. 33 V GG** (→ Rn. 15). Art. 131 GG ermächtigt den Bundesgesetzgeber zur Einschränkung des Selbstverwaltungsrechts der Kommunen gem. **Art. 28 II GG** (→ Rn. 15).

---

120 Vgl. *Grosskreutz*, Normwidersprüche (Fn. 51), S. 27f.

121 *Dietlein* (Fn. 50), Art. 131 Rn. 1; → *Masing*, Bd. III², Art. 131 Rn. 14; näher *Anders*, Gesetz (Fn. 101), S. 2.

122 BGHZ 1, 274 (277ff.); näher zum Problem *Kühn/Gerth*, Gesetzgebung (Fn. 56), S. 6ff.; *M. Wenzel*, Rechtsstellung der entnazifizierten Beamten, 1949, S. 88f.; *Holtkotten* (Fn. 51), Art. 131 S. 45f.; *H. Krüger*, NJW 1950, 161 (163f.); *O. Bachof*, DRZ 1949, 553 (557).

123 BVerfGE 15, 167 (186).

124 BVerfGE 15, 167 (186).

125 BVerfGE 15, 167 (186). Zu dem Streit im Schrifttum, ob dem Landesrechtsvorbehalt des Art. 131 S. 3 GG lediglich prozessuale oder auch materielle Bedeutung zukommt und ob das Landesrecht nach dem 8.5.1945 ergehen musste oder auch vorher erlassen sein konnte, *F. Poelmann*, RdA 1950, 81 (83); *Holtkotten* (Fn. 51), Art. 131 S. 42ff.

126 Vgl. BVerfGE 3, 58 (145), wonach Art. 131 und Art. 132 GG »unvergleichbare« Tatbestände enthalten.

127 BVerfGE 3, 58 (151).

Artikel 132 [Angehörige des öffentlichen Dienstes]

(1) [1]Beamte und Richter, die im Zeitpunkte des Inkrafttretens dieses Grundgesetzes auf Lebenszeit angestellt sind, können binnen sechs Monaten nach dem ersten Zusammentritt des Bundestages in den Ruhestand oder Wartestand oder in ein Amt mit niedrigerem Diensteinkommen versetzt werden, wenn ihnen die persönliche oder fachliche Eignung für ihr Amt fehlt. [2]Auf Angestellte, die in einem unkündbaren Dienstverhältnis stehen, findet diese Vorschrift entsprechende Anwendung. [3]Bei Angestellten, deren Dienstverhältnis kündbar ist, können über die tarifmäßige Regelung hinausgehende Kündigungsfristen innerhalb der gleichen Frist aufgehoben werden.

(2) Diese Bestimmung findet keine Anwendung auf Angehörige des öffentlichen Dienstes, die von den Vorschriften über die »Befreiung von Nationalsozialismus und Militarismus« nicht betroffen oder die anerkannte Verfolgte des Nationalsozialismus sind, sofern nicht ein wichtiger Grund in ihrer Person vorliegt.

(3) Den Betroffenen steht der Rechtsweg gemäß Artikel 19 Absatz 4 offen.

(4) Das Nähere bestimmt eine Verordnung der Bundesregierung, die der Zustimmung des Bundesrates bedarf.

Literaturauswahl

Dreier, Horst: Verfassungsstaatliche Vergangenheitsbewältigung, in: FS 50 Jahre BVerfG, Bd. I, S. 159–208.

Grosskreutz, Peter: Normwidersprüche im Verfassungsrecht, 1966.

Grotkopp, Jörg: Beamtentum und Staatsformwechsel. Die Auswirkungen der Staatsformwechsel von 1918, 1933 und 1945 auf das Beamtenrecht und die personelle Zusammensetzung der deutschen Beamtenschaft, 1992.

Krüger, Hildegard: Maßnahmen gegen Beamte mit Minderleistungen, in: DÖV 1951, S. 485–489.

Langhorst, Wolfgang: Beamtentum und Artikel 131 des Grundgesetzes. Eine Untersuchung über Bedeutung und Auswirkung der Gesetzgebung zum Artikel 131 des Grundgesetzes unter Einbeziehung der Position der SPD zum Berufsbeamtentum, 1994.

Wenzel, Max: Rechtsstellung der entnazifizierten Beamten. Kritische Rechtsbetrachtungen, 1949.

Leitentscheidungen des Bundesverfassungsgerichts

BVerfGE 3, 58 (76ff.) – Beamtenverhältnisse; 4, 294 (296ff.) – Versetzung in den Ruhestand nach Art. 132 GG.

Gliederung

Stichwörter

Allgemeine Bereinigungsvorschrift 2, 8 – Amt mit niedrigerem Diensteinkommen 9, 14 – Anerkannte Verfolgte des Nationalsozialismus 4, 12 – Angehörige des öffentlichen Diensts 9ff., 12 – Angestellte 10f., 12 – Auf Lebenszeit angestellte Beamte 9, 12, 15 – Auf Lebenszeit angestellte Richter 9, 12 – Beamte 9, 12, 15 – Befreiung von Nationalsozialismus und Militarismus 2, 8, 12, 14, 15 – Bereinigungsvorschrift 2, 8 – Besatzungsbehörden 2, 8 – Bizonale Behörden 1ff. – DDR 6 – Eignung 2ff., 9, 12 – Einigungsvertrag 6 – Entlassung 9, 15 – Entnazifizierung 2, 8, 12, 14, 15 – Erlöschen der Beamten- und Angestelltenverhältnisse 9 – Erster Zusammentritt des Bundestags 9 – Fachliche Eignung 2ff., 9, 12 – Inkrafttreten des Grundgesetzes 9 – Kündbares Dienstverhältnis 11 – Kündigung 10f. – Kündigungsfrist 11 – Lebenszeitprinzip 9, 15 – Leistungsprinzip 7, 15 – Militärregierung 2, 8 – Normziel 7 – Öffentlicher Dienst in der DDR 6 – Persönliche Eignung 2ff., 9, 12 – Politische Untragbarkeit 3, 9 – Rechtsverordnung 12, 14 – Rechtsweg 13 – Richter 6, 9 – Ruhestand 9, 14 – Säuberungsbestimmung 8 – Sonderregelung 1f., 6, 15 – Übergangsvorschrift 6, 14 – Unabhängigkeit der Richter 15 – Unkündbares Dienstverhältnis 10 – Verfolgte des Nationalsozialismus 4, 12 – Verordnung der Bundesregierung 12, 14 – Verordnung über Maßnahmen gegen dienstlich ungeeignete Beamte und Angestellte 12, 14 – Versetzung in den Ruhestand 9, 14 – Versetzung in den Wartestand 9, 14 – Versetzung in ein Amt mit niedrigerem Diensteinkommen 9, 14 – Vorschriften über die Befreiung von Nationalsozialismus und Militarismus 8, 12, 14, 15 – Wartestand 9, 14 – Wichtiger Grund 12 – Zonale Behörden 1ff. – Zustimmung des Bundesrats 14.

A. Herkunft, Entstehung, Entwicklung

1 Art. 132 GG hat als Sonderregelung zum Neuaufbau der Verwaltung und Rechtsprechung nach dem Zusammenbruch des Deutschen Reichs keine Vorgänger in älteren deutschen Verfassungen[1]. Im **Parlamentarischen Rat** geht Art. 132 GG zurück auf eine Diskussion über eine **Sonderregelung zur Überleitung der (bi-)zonalen Ämter** auf die Bundesregierung, die der Abgeordnete Katz im Kombinierten Ausschuß für die Organisation des Bundes und für Verfassungsgerichtshof und Rechtspflege am 15.10.1948 anstieß. Entsprechend einem Vorschlag von Katz[2] sowie eines Unterausschusses[3] und trotz Kritik u. a. der Abgeordneten Strauß[4] und Dehler[5] formulierte der Ausschuß für die Organisation des Bundes am 27.10.1948 in Art. 143c eine Ermächtigung der Bundesregierung, bei der Abwicklung der (bi-)zonalen Behörden zeitlich begrenzt auf sechs Monate nach Inkrafttreten des Grundgesetzes vom Beamtenrecht abzuweichen[6]. Der Allgemeine Redaktionsausschuß empfahl am 18.11.1948, die Angehörigen (bi-)zonaler Behörden in Art. 143c wie Beamte auf Widerruf zu stellen[7]. Im Ausschuß für die Organisation des Bundes am 6.12.1948 sowie im Hauptausschuß am 7.12.1948 lehnte der Abgeordnete Lehr für die CDU-Fraktion Art. 143c sowohl i. d. F. des Organisationsausschusses als auch i. d. F. des Redaktionsausschusses wegen der »Entrechtungen« der Beamten und der ausreichenden Möglichkeiten des geltenden Rechts ab[8]. Die SPD-Fraktion hielt im Interesse einer »Leistungsauslese« und »größte(r) Freiheit«

---

[1] → *Masing*, Bd. III², Art. 132 Rn. 1.

[2] Vorschlag von Katz in der Sitzung des Kombinierten Ausschusses am 20.10.1948, Parl. Rat XIII/1, S. 625.

[3] Parl. Rat XIII/1, S. 647.

[4] Parl. Rat XIII/1, S. 650ff.

[5] Dehler beanstandete den Vorschlag des Unterausschusses als »tiefe(n) Eingriff« in die Beamtenrechte und »Rechtsbruch durch unsere Verfassung«, Parl. Rat XIII/1, S. 673.

[6] Parl. Rat XIII/1, S. 705.

[7] Parl. Rat VII, S. 85.

[8] Parl. Rat XIII/1, S. LXXXVIII, Parl. Rat XIV/1, S. 573, 577 und Parl. Rat XIII/2, S. 934ff., insb. 949, 966.

des Bundes »in der Auswahl seiner Beamten« an Art. 143c i. d. F. des Organisationsausschusses fest[9].

Am 16.12.1948 schlug der Allgemeine Redaktionsausschuß vor, die Sonderbestimmung für (bi-)zonale Behörden (fortan Art. 143c-2 II bis IV[10]) um eine **allgemeine Bereinigungsvorschrift für den öffentlichen Dienst** in Art. 143c-2 I zu ergänzen, nach der auf Lebenszeit angestellte Beamte und Richter sowie in einem unkündbaren Arbeitsverhältnis stehende Angestellte bis zum 1.1.1950 auch vor Erreichung einer gesetzlich vorgeschriebenen Altersgrenze in den Ruhestand versetzt werden können[11]. Dieser Vorschlag fand trotz kritischer Gutachten und Stellungnahmen[12] in der Sitzung des Ausschusses für die Organisation des Bundes am 13.1.1949 fraktionsübergreifend Zustimmung[13]. In der Sitzung bemerkte Katz, dass Beschäftigte nach einem Entnazifizierungsverfahren nicht »herausgesetzt«, sondern nur vorzeitig in den Ruhestand versetzt werden sollten[14], und dass sich Art. 143c-2 I auch auf die Länder beziehe[15]. Es sollten nur Beamte pensioniert werden können, »die durch Fehler der Besatzungsbehörden zu Unrecht wieder in Beamtenstellungen gekommen sind«[16]. Der Abgeordnete Süsterhenn gab zu bedenken, dass Art. 143c-2 I ermögliche, »völlig unbelastete [...] Beamte [...] aus irgendwelchen anderen Gründen einfach zu pensionieren«[17]. Die Bestimmung müsse daher auf Beamte beschränkt werden, die »wegen ihrer politischen Belastung außer Dienst waren und wieder eingestellt worden sind«[18]. Der Sachverständige Ringelmann schlug vor, Art. 143c-2 auf Beamte und Richter zu beschränken, »die die persönlichen und fachlichen Voraussetzungen ihres Amtes nicht erfüllen«[19]. Als ratio des Art. 143c-2 hielt Katz fest, »diejenigen Beamten, die von den Besatzungsbehörden [...] in der kurzen Zwischenzeit eingestuft worden sind, und die sich jetzt als im großen und ganzen nicht geeignet erweisen [...] wieder aus dem Dienst zu entfernen«[20]. 2

Ein mit der Neuformulierung des Art. 143c-2 beauftragter Unterausschuß[21] empfahl in der Sitzung des Ausschusses für die Organisation des Bundes am 14.1.1949, Art. 143c-2 I i. d. F. des Vorschlags des Allgemeinen Redaktionsausschusses zu beschließen, ihn aber auf bei Inkrafttreten des Grundgesetzes auf Lebenszeit angestellte Beamte und Richter ohne die persönlichen und fachlichen Voraussetzungen für ihr Amt zu beschränken[22]. Unter den persönlichen Voraussetzungen wollte der Unterausschuß »auch die **politische Tragbarkeit**« (Hervorh. nur hier) verstanden wissen[23]. Abschließend beschlossen wurde als Art. 143c-2 I: »Beamte und Richter, die im Zeitpunkt des Inkrafttretens dieses Grundgesetzes auf Lebenszeit angestellt sind und die 3

[9] Parl. Rat XIII/1, S. LXXXVIII, Parl. Rat XIV/1, S. 575, 576 und Parl. Rat XIII/2, S. 934 ff., 966.
[10] Parl. Rat VII, S. 196 f.
[11] Parl. Rat VII, S. 196.
[12] S. insb. die Gutachten der Verwaltung des Vereinigten Wirtschaftsgebiets und des Landesverbands Nordrhein-Westfalen des Deutschen Beamtenbunds, Parl. Rat XIII/1, S. LXXXIX.
[13] Parl. Rat XIII/1, S. LXXXIX sowie Parl. Rat XIII/2, S. 1091 ff.
[14] Parl. Rat XIII/2, S. 1091.
[15] Parl. Rat XIII/2, S. 1092.
[16] Parl. Rat XIII/2, S. 1092.
[17] Parl. Rat XIII/2, S. 1093.
[18] Parl. Rat XIII/2, S. 1093.
[19] Parl. Rat XIII/2, S. 1094.
[20] Parl. Rat XIII/2, S. 1094.
[21] Parl. Rat XIII/2, S. 1094 f.
[22] Parl. Rat XIII/2, S. 1104.
[23] Parl. Rat XIII/2, S. 1104.

persönlichen und fachlichen Voraussetzungen ihres Amtes nicht erfüllen, können bis zum 1. Januar 1950 auch vor Erreichung einer gesetzlich vorgeschriebenen Altersgrenze in den Ruhestand versetzt werden. Auf in einem unkündbaren Arbeitsverhältnis stehende Angestellte findet diese Vorschrift entsprechende Anwendung«[24].

4 In der Sitzung des Hauptausschusses am 14.1.1949 erläuterte Lehr, Art. 143c-2 I solle ermöglichen, »minderwertige und ungeeignete, politisch unzuverlässige Personen herauszubringen«[25]. Auf Antrag des Abgeordneten Renner wurde der Zusatz aufgenommen, dass die Bestimmung keine Anwendung auf anerkannte Opfer des Faschismus findet[26]. Der Allgemeine Redaktionsausschuß schlug am 25.1.1949 vor, in Art. 143c-2 I nicht nur zu einer Versetzung in den Ruhestand, sondern auch zu einer Versetzung in den Wartestand oder in ein anderes Amt, auch geringeren Ranges und mit geringerem Diensteinkommen, zu ermächtigen[27]. Die Sonderbestimmungen über die Verwaltung des Vereinigten Wirtschaftsgebiets (Art. 143c-2 II bis IV) empfahl er zu streichen[28]. Der Fünferausschuß riet unter dem 5.2.1949 bezogen auf Art. 143c-2 I, die Möglichkeit einer Versetzung in den Ruhe- oder Wartestand oder in ein anderes Amt zeitlich auf sechs Monate nach dem ersten Zusammentritt des Bundestags zu begrenzen[29]. Seine **endgültige Fassung** erhielt Art. 132 GG in der dritten Lesung des Plenums am 8.5.1949[30]. Seither blieb er **unverändert**.

B. Internationale, supranationale und rechtsvergleichende Bezüge

5 Die Bereinigung des öffentlichen Diensts nach dem Zusammenbruch des Deutschen Reichs (Art. 132 GG) war weder Gegenstand **völkerrechtlicher Bestimmungen** noch von **Verfassungen anderer Mitgliedstaaten** oder der **Bundesländer**.

C. Erläuterungen

I. Normziel und -standort

6 Art. 132 GG ist eine **Übergangsvorschrift**, die seit Ablauf des 7.3.1950 **gegenstandslos** ist (→ Rn. 9). Art. 132 GG galt daher nicht für die antragsgemäße Versetzung von zwischen dem 1.9.1939 und 9.5.1945 in der Strafrechtspflege tätigen Richtern und Staatsanwälten in den Ruhestand gem. § 116 DRiG i. d. F. vom 8.9.1961[31]. Ebenfalls unanwendbar war Art. 132 GG auf die Überleitung des öffentlichen Dienstes der DDR nach der Wiedervereinigung. Art. 132 GG stand aber Modell für Bestimmungen im

---

24 Parl. Rat XIII/2, S. 1135.
25 Parl. Rat XIV/2, S. 1227.
26 Parl. Rat XIV/2, S. 1227.
27 Parl. Rat VII, S. 288f.
28 Parl. Rat VII, S. 288f.; vgl. auch die Stellungnahme des Allgemeinen Redaktionsausschusses vom 2.–5.5.1949, Parl. Rat VII, S. 528.
29 Parl. Rat VII, S. 336, 390.
30 Parl. Rat VII, S. 611.
31 BGBl. I S. 1665. Zur Genese und Anwendung des § 116 DRiG i. d. F. vom 8.9.1961 *E. Kern*, DRiZ 1963, 246 (246ff.).

Einigungsvertrag[32] zur Kündigung bzw. Entlassung von im öffentlichen Dienst der DDR stehenden Personen wegen mangelnder Eignung[33].

Art. 132 GG liegt das **Normziel** zugrunde, die Leistungs- und Funktionsfähigkeit der nach dem Zusammenbruch des Deutschen Reichs neu aufzubauenden Verwaltung und Rechtsprechung zu sichern. 7

II. Versetzung von Beamten, Richtern und Angestellten sowie Kündigungsfristen für Angestellte (Art. 132 I GG)

Art. 132 I GG gilt nach seiner Entstehungsgeschichte und Systematik für Personen, die nach dem Zusammenbruch des Deutschen Reichs trotz politischer Belastung im Dienst blieben oder von den Besatzungsbehörden (wieder) eingestellt wurden (»**Säuberungsbestimmung**«)[34]. Hierzu gehörten insb. die nach einer Entnazifizierung gemäß den Vorschriften zur »Befreiung des deutschen Volkes vom Nationalsozialismus und Militarismus«[35] (s. Art. 139 GG) (wieder) Beschäftigten[36] (→ Art. 139 Rn. 11ff.). 8

Beamte i. S. d. Art. 132 I 1 GG sind die nach Beamtenrecht bestimmten Beamten des Bundes, der Länder (→ Rn. 2) und der Kommunen[37]. Der Begriff des **Richters** i. S. d. Art. 132 I 1 GG entspricht dem der Art. 92, 97 GG (→ Art. 92 Rn. 53ff. und → Art. 97 Rn. 18). Art. 132 I 1 GG erfasst nur Beamte und Richter, die im Zeitpunkt des Inkrafttretens des Grundgesetzes auf Lebenszeit angestellt sind[38]. Auf der Grundlage der Rechtsprechung des Bundesverfassungsgerichts, nach der mit der Kapitulation Deutschlands im Mai 1945 sämtliche Beamten- und Angestelltenverhältnisse erloschen sind[39], galt Art. 132 I 1 GG nur für nach Mai 1945 neu- oder wiederbegründete 9

---

[32] Art. 20 i. V. m. Anlage I Kap. XIX A III Ziff. 1. IV 1 Nr. 1 und Anlage I Kap. XIX B II Ziff. 2. § 7 I 4 Nr. 1 Einigungsvertrag i. d. F. vom 31.8.1990, BGBl. II S. 889; zur Verfassungskonformität dieser Vertragsbestimmungen BVerfGE 92, 140 (150ff.); 96, 189 (196ff.).

[33] *H.-D. Weiß*, PersV 1991, 97 (117); *J. Dietlein*, in: v. Mangoldt/Klein/Starck, GG III, Art. 132 Rn. 9; *U. Battis*, in: Sachs, GG, Art. 132 Rn. 6. Zur grundsätzlichen Fortgeltung der Rechtsverhältnisse der Angehörigen des öffentlichen Diensts der DDR, den Sonderkündigungstatbeständen des Einigungsvertrags sowie ihrem Vollzug eingehend *H. Dreier*, Verfassungsstaatliche Vergangenheitsbewältigung, in: FS 50 Jahre BVerfG, Bd. I, S. 159ff. (171ff.).

[34] *M. Wenzel*, Rechtsstellung der entnazifizierten Beamten, 1949, S. 89: Art. 132 I GG ist »eine typische politische Säuberungsmaßnahme«. Zur Personalpolitik der Besatzungsmächte *W. Langhorst*, Beamtentum und Artikel 131 des Grundgesetzes, 1994, S. 153ff.

[35] S. insb. Gesetz Nr. 104 zur Befreiung von Nationalsozialismus und Militarismus vom 5.3.1946, Württ.-BadRegBl. S. 71. Zur Entnazifizierung nach diesen und anderen Gesetzen zur Befreiung von Nationalsozialismus und Militarismus näher *Dreier*, Vergangenheitsbewältigung (Fn. 33), S. 165ff.; *M. Erras*, Die Regelung des Versorgungsanspruchs kommunaler NS-Wahlbeamter in der Nachkriegszeit, 2010, S. 122ff.; *J. Grotkopp*, Beamtentum und Staatsformwechsel, 1992, S. 168ff.; *Langhorst*, Beamtentum (Fn. 34), S. 15ff.

[36] → *Masing*, Bd. III², Art. 132 Rn. 1; auf die nach einer Entnazifizierung (wieder) eingestellten Personen beschränkt *E. Jess*, DÖV 1950, 269 (270) Art. 132 I GG; kritisch gegenüber einer Einbeziehung Entnazifizierter in Art. 132 I GG wegen Art. 139 GG *Wenzel*, Rechtsstellung (Fn. 34), S. 87ff. Zu den Art. 132 I GG unterfallenden Personen gehören nach *E. Jess*, DÖV 1950, 269 (270) jene, die nach einer Entnazifizierung als Mitläufer oder Entlastete eingestuft wurden (Kategorien IV und V); a.A. *Wenzel*, Rechtsstellung (Fn. 34), S. 89, der Art. 132 I GG auch auf Minderbelastete der Kategorie III anwendet.

[37] Zur Einbeziehung der Beamten der Länder und Kommunen auch *E. Jess*, in: BK, Art. 132 S. 5.

[38] BVerfGE 3, 58 (145): Erforderlich ist ein »voll wirksam(es)« Dienstverhältnis.

[39] S. nur BVerfGE 3, 58 (76ff.); 3, 162 (173ff.); 3, 288 (299ff.); 6, 132 (134ff.); 15, 105 (112). Dagegen geht die herrschende Staatsrechtslehre von einer Fortgeltung der vor 1945 begründeten Verwaltungsdienstverhältnisse aus (sog. Prinzip der Funktionsnachfolge) – hierzu sowie zur Kritik an

Dienstverhältnisse, die bei Inkrafttreten des Grundgesetzes (→ Art. 145 Rn. 10) fortbestanden. Beamte, die nach dem Gesetz zur Regelung der Rechtsverhältnisse der unter Artikel 131 des Grundgesetzes fallenden Personen[40] wiederverwendet wurden, unterfielen Art. 132 GG nicht, weil das Gesetz erst nach dessen Geltungsende (→ Rn. 6) zum 1.4.1951 in Kraft trat (s. § 85; näher zum Gesetz → Art. 131 Rn. 16f.). Die **persönliche oder fachliche Eignung** fehlte, wenn Beamte oder Richter nicht die für ihr konkretes Amt notwendigen Kenntnisse und Fähigkeiten hatten (→ Art. 33 Rn. 89ff.), wobei nach der Entstehungsgeschichte auch die »politische Untragbarkeit« einen Eignungsmangel begründete (→ Rn. 3). Verschulden war nicht erforderlich[41]. Beamte und Richter ohne die erforderliche Eignung konnten innerhalb von sechs Monaten nach dem ersten Zusammentritt des Bundestags am 7.9.1949, d. h. bis zum 7.3.1950, in den Ruhe- oder Wartestand oder ein Amt mit niedrigerem Diensteinkommen versetzt werden. Art. 132 I 1 GG eröffnete dem Dienstherrn Ermessen, wobei die Auswahl zwischen den drei Maßnahmen dem Verhältnismäßigkeitsprinzip unterlag. Eine Entlassung aus dem Dienst gestattete Art. 132 I 1 GG nicht[42].

10 Auf **Angestellte, die in einem unkündbaren Dienstverhältnis stehen**, findet »diese Vorschrift«, d. h. Art. 132 I 1, II bis IV GG, gem. Art. 132 I 2 GG entsprechende Anwendung (Rechtsgrundverweisung). Angestellte sind die in einem Dienstverhältnis zu einem öffentlich-rechtlichen oder staatlicherseits beherrschten privatrechtlichen Dienstherrn stehenden Beschäftigten, die nicht Beamte oder Arbeiter sind (→ Art. 137 Rn. 23).

11 Gem. Art. 132 I 3 GG können bei **Angestellten** (zum Begriff → Rn. 10), **deren Dienstverhältnis kündbar ist**, über die tarifmäßige Regelung hinausgehende Kündigungsfristen innerhalb der gleichen Frist, d. h. bis zum 7.3.1950 (→ Rn. 9), aufgehoben werden, sodass in der Folge nur tarifmäßige Kündigungsfristen gelten.

III. Von den Vorschriften über die »Befreiung von Nationalsozialismus und Militarismus« nicht betroffene Dienstangehörige (Art. 132 II GG)

12 Gem. Art. 132 II GG findet Art. 132 I, III und IV GG (»diese Bestimmung«) keine Anwendung auf Angehörige des öffentlichen Diensts, die von den Vorschriften über die »Befreiung von Nationalsozialismus und Militarismus« nicht betroffen sind, d. h. auf die ohne Entnazifizierung als unbelastet geltenden Personen, insb. auf anerkannte Verfolgte des Nationalsozialismus[43]. Etwas anderes gilt nur, wenn ein wichtiger Grund

---

der Judikatur des Bundesverfassungsgerichts ausführlich *Dreier*, Vergangenheitsbewältigung (Fn. 33), S. 168ff.; s. auch *R. Grawert*, Der Zusammenbruch des Staates und das Schicksal seiner Beamtenschaft im Spiegel der Nachkriegsjudikatur, in: F. G. Schwegmann (Hrsg.), Die Wiederherstellung des Berufsbeamtentums nach 1945. Geburtsfehler oder Stützpfeiler der Demokratiegründung in Westdeutschland?, 1986, S. 25ff. (27ff.); *M. Kirn*, Verfassungsumsturz oder Rechtskontinuität?, Die Stellung der Jurisprudenz nach 1945 zum Dritten Reich, insbesondere die Konflikte um die Kontinuität der Beamtenrechte und Art. 131 Grundgesetz, 1972, S. 167ff.

[40] BGBl. 1951 I S. 307.

[41] BVerfGE 4, 294 (296). S. auch zu §§ 3 und 4 Nr. 4 S. 2 der Durchführungsbestimmungen zur Verordnung über Maßnahmen gegen dienstlich ungeeignete Beamte und Angestellte vom 23.2.1950, BGBl. I S. 38.

[42] *Jess* (Fn. 37), Art. 132 S. 7; *Dietlein* (Fn. 33), Art. 132 Rn. 4.

[43] Nach *P. Grosskreutz*, Normwidersprüche im Verfassungsrecht, 1966, S. 78 galt Art. 132 II GG namentlich für Personen, die von den Besatzungsmächten nicht wegen ihrer Qualifikation, sondern wegen ihrer neutralen oder feindlichen Einstellung zum Nationalsozialismus eingestellt wurden;

in ihrer Person vorliegt. »Angehörige des öffentlichen Dienstes« sind die Beamten, Richter und Angestellten i. S. d. Art. 132 I GG (→ Rn. 9ff.). Ein in der Person liegender **wichtiger Grund** erfordert nach der Normsystematik Umstände, die über das »bloße« Fehlen der Eignung i. S. d. Art. 132 I 1 GG hinausgehen[44], sodass der Unterschied zwischen Art. 132 I und II GG »in dem Maß des Ungeeignetseins begründet« liegt[45]. Nach der gem. Art. 132 IV GG erlassenen Verordnung (→ Rn. 14) lag ein wichtiger Grund vor, wenn dem Bediensteten die persönliche oder fachliche Eignung für sein Amt in solchem Maße fehlte, dass die ordnungsgemäße Erledigung seiner Aufgaben ausgeschlossen und sein Verbleiben im Amt daher selbst unter Berücksichtigung seiner politischen Haltung in der Zeit des Nationalsozialismus nicht tragbar war (§§ 4, 6 I)[46].

IV. Rechtsweg (Art. 132 III GG)

Art. 132 III GG kommt angesichts der **Rechtsweggarantie des Art. 19 IV GG** nur dekla- 13
ratorische Bedeutung zu. Historisch erklärt sich Art. 132 III GG wohl als Gegenpol zu Art. 139 GG[47], der den Rechtsweg für die Betroffenen der in der Norm genannten Rechtsvorschriften ausschloss.

V. Verordnung der Bundesregierung (Art. 132 IV GG)

Art. 132 IV GG ermächtigt und verpflichtet die Bundesregierung zur Bestimmung des 14
Näheren durch Rechtsverordnung mit Zustimmung des Bundesrats, was nach heutigem staatsrechtlichem Verständnis mit Blick auf die Wesentlichkeitstheorie bedenklich erscheint. Die gem. Art. 132 IV GG erlassene **Verordnung über Maßnahmen gegen dienstlich ungeeignete Beamte und Angestellte vom 17.2.1950**[48] trat am 21.2.1950 in Kraft (§ 14 I) und galt nur 15 Tage, weil Art. 132 GG auf den 7.3.1950 befristet war (→ Rn. 6, 9)[49]. Inhaltlich regelte sie neben dem wichtigen Grund i. S. d. Art. 132 II GG (§ 4 → Rn. 12) und den Voraussetzungen für eine Versetzung in den Ruhe- oder Wartestand oder ein Amt mit niedrigerem Diensteinkommen (§ 5) v. a., dass Umstände, die bereits der Beurteilung nach den in Art. 139 GG bezeichneten Rechtsvorschriften unterlagen, bei der Prüfung der persönlichen Eignung außer Betracht blieben (§ 3), was den Vorstellungen des Parlamentarischen Rats zuwiderlief (→ Rn. 2)[50]. Zur Verordnung erlassene Durchführungsbestimmungen vom 23.2.1950[51] verhielten sich zum Fehlen der persönlichen und fachlichen Eignung (Zu §§ 3 und 4 Nr. 4 I und II) sowie zu den von den Vorschriften über die »Befreiung von Nationalsozialismus und Milita-

---

Wenzel, Rechtsstellung (Fn. 34), S. 89 wendet Art. 132 II GG auf alle Art. 132 I GG nicht unterfallenden Beamten an.

[44] → *Masing*, Bd. III², Art. 132 Rn. 5.

[45] Vgl. BVerfGE 4, 294 (297).

[46] Zur Verfassungskonformität des § 4 Verordnung über Maßnahmen gegen dienstlich ungeeignete Beamte und Angestellte BVerfGE 4, 294 (296).

[47] Bezogen auf Verfassungsbeschwerden gegen die in Art. 139 GG genannten Rechtsvorschriften und Einzelfallentscheidungen BVerfGE 1, 5 (7); zum Rechtswegausschluss durch Art. 139 GG näher *Grosskreutz*, Normwidersprüche (Fn. 43), S. 28, 80ff.

[48] BGBl. I S. 34.

[49] Zu den Gründen für den späten Verordnungserlass *Jess* (Fn. 37), Art. 132 S. 9; zur Genese der Verordnung *Grotkopp*, Beamtentum (Fn. 35), S. 246ff.

[50] Zum Inhalt der Verordnung näher *H. Krüger*, DÖV 1951, 485 (487f.).

[51] BGBl. I S. 38.

rismus« Nicht-Betroffenen i. S. d. Art. 132 II GG als Personen, die nicht Mitglied der NSDAP oder ihrer Gliederungen waren und den Nationalsozialismus nicht gefördert haben (Zu §§ 3 und 4 Nr. 4 III). Die Verordnung wurde insgesamt gegenüber 1271 Bediensteten des Bundes und der Länder angewendet[52].

D. Verhältnis zu anderen GG-Bestimmungen

15 Art. 132 GG konkretisiert das Leistungsprinzip des **Art. 33 II und V GG** (→ Art. 33 Rn. 73, 122, 185) und begründet eine verfassungsrechtliche Ausnahme von dem Lebenszeitprinzip für Beamte (→ **Art. 33** Rn. 180 ff.)[53] sowie der Unabhängigkeit der Richter (→ **Art. 97** Rn. 1 ff.)[54]. Da Art. 132 GG ein wirksames Dienstverhältnis bei Inkrafttreten des Grundgesetzes voraussetzt (→Rn. 8 f.), während **Art. 131 GG nach dem 8.5.1945 aus dem öffentlichen Dienst ausgeschiedene Personen** betrifft (→ Art. 131 Rn. 12 f., 22), sind beide Vorschriften nebeneinander anwendbar[55]. Art. 132 GG gilt auch neben **Art. 139 GG**.

---

[52] Eingehend *H. Krüger*, DÖV 1951, 485 (488), auch zur Verteilung der Maßnahmen auf Beamte, Angestellte und Richter, auf Bedienstete des Bundes und der Länder sowie auf weibliche und männliche Bedienstete; *Grotkopp*, Beamtentum (Fn. 35), S. 259 ff.

[53] Vgl. BVerfGE 4, 294 (296 ff.).

[54] Vgl. *T. Maunz/P. Badura*, in: Maunz/Dürig, GG, Art. 132 (2015), Rn. 1; *Jess* (Fn. 37), Art. 132 S. 5.

[55] Vgl. BVerfGE 3, 58 (145), wonach Art. 131 und Art. 132 GG »unvergleichbare« Tatbestände enthalten.

Artikel 133 [Nachfolge in die Verwaltung des Vereinigten Wirtschaftsgebietes]

Der Bund tritt in die Rechte und Pflichten der Verwaltung des Vereinigten Wirtschaftsgebietes ein.

Literaturauswahl

Nord, Tobias: Rechtsnachfolge bei zwischenstaatlichen Organisationen, 2010.

Pünder, Tilman: Das bizonale Interregnum. Die Geschichte des Vereinigten Wirtschaftsgebietes 1946–1949, 1966.

Scheuner, Ulrich: Die Funktionsnachfolge und das Problem der staatsrechtlichen Kontinuität, in: Festschrift für Hans Nawiasky, 1956, S. 9–48.

Ule, Carl Hermann: Die Verwaltung des Vereinigten Wirtschaftsgebietes, in: Gesetz und Recht. Sammlung in Deutschland nach dem 8. Mai erlassener Rechtssätze mit Erläuterungen, Bd. 49 (1948), S. 1185–1224, 1395–1408, 1735–1736.

Leitentscheidungen des Bundesverfassungsgerichts

Diese liegen zu Art. 133 GG nicht vor.

Gliederung

Stichwörter

A. Herkunft, Entstehung, Entwicklung

I. Ideen- und verfassungsgeschichtliche Aspekte

Das Konzept der **Rechtsnachfolge** oder Sukzession zählt seit jeher zu den besonderen 1
Herausforderungen der Jurisprudenz[1], wobei die Rechtsnachfolge im vergleichsweise

[1] So auch *U. Scheuner*, Die Funktionsnachfolge und das Problem der staatsrechtlichen Kontinuität, in: FS Nawiasky, 1956, S. 9ff. (13) sowie *J. Lieder*, Die rechtsgeschäftliche Sukzession, 2015, S. 2. Vgl. dazu ferner *C. v. Schwerin*, Über den Begriff der Rechtsnachfolge im geltenden Civilrecht, 1905; *R.*

jüngeren öffentlichen Recht bis heute besondere Probleme oder zumindest ungeklärte Fragen aufwirft[2]. Gleiches gilt für das Völkerrecht (→ Rn. 4). Zugleich sind ausdrückliche Nachfolgeanordnungen in historischen Verfassungsurkunden selten; vielmehr obwaltet offenbar auch bei Akten der Verfassunggebung die implizit vorausgesetzte Anschauung, daß der soeben neu verfaßte Staat mit dem vorhergegangenen entweder identisch oder zumindest sein Rechtsnachfolger sei. Zu erwarten sind dementsprechend explizite Anordnungen einer Sukzession o.ä. nur nach massiven Erschütterungen bestehender Staaten oder im Zuge der Neubildung von Staaten aus der »Konkursmasse« größerer Einheiten. Tatsächlich finden sich derartige Überleitungsvorschriften, die wiederum implizit von einer Identität ausgehen und sie punktuell näher ausgestalten, in der Weimarer Reichsverfassung (siehe Art. 170 I, 171 I, 178 II 1, 179 WRV)[3] wie in einigen Landesverfassungen der Zwischenkriegszeit[4].

2 Vor diesem Hintergrund reagiert Art. 133 GG – wie die übrigen Vorschriften der Art. 122–135 GG – auf eine beispiellose Erschütterung deutscher Staatlichkeit durch *debellatio*, Besatzung und Teilung, die aus naheliegenden Gründen den Fortbestand des Deutschen Reiches mit Macht in Frage stellen. Der resultierende Grundsatzstreit zwischen Untergangs- und Kontinuitäts- oder Identitätsthese ist hier nur zu verzeichnen[5]. Ganz konkret sieht sich Art. 133 GG mit der Herausforderung konfrontiert, daß in Gestalt der **Vereinigten Wirtschaftsgebiet**es (»Bizone«) ein Gebilde entstanden ist, dessen Organe unstreitig der faktische *nucleus* neuer deutscher Staatlichkeit oberhalb der Landesebene sind, das aber zum einen selbst innerhalb der Westzonen nur Teile der Bevölkerung wie des Gebietes umfaßt (konkret die französische Besatzungszone und [West-]Berlin ausspart), und sich zum anderen letztlich einem *fiat* der Besatzungsmächte verdankt (→ Art. 127 Rn. 3)[6]. Der verbreitete Hinweis auf die intensive deutsche Beteiligung[7] dürfte hier weniger zielführend sein als der vergleichende Blick auf das Zustandekommen des Grundgesetzes (→ Art. 144 Rn. 15ff.): Wer die Organe der Bizone unter Hinweis auf alliierte Ingerenzen aus dem Traditionszusammenhang deutscher Staatlichkeit ausscheiden will[8], durchtrennt zum einen ohne methodisch

---

Bovensiepen, Art. Rechtsnachfolge, in: A. Elster/F. Stier-Somlo (Hrsg.), Handwörterbuch der Rechtswissenschaft, Bd. 4, 1927, S. 711ff.

[2] Grundlegend *J. Dietlein*, Nachfolge im öffentlichen Recht, 1999; vgl. ferner *D. Zacharias*, JA 2001, 720ff.; *P. Schorsch*, Die Einzel- und Gesamtrechtsnachfolge in die gefahrenabwehrrechtliche Zustands- und Verhaltensverantwortlichkeit, 2007; *G. Granner*, Dingliche Wirkung öffentlicher Rechte und Pflichten, 2014 sowie zuletzt *M. Stückemann*, JA 2015, 569ff.

[3] Zeitgenössisch zur Auffassung, daß die Weimarer Republik als Staat identisch mit dem Kaiserreich sei, nur *R. Thoma*, Das Reich als Bundesstaat, in: HdbDStR I, § 15, S. 169ff. (169) sowie *Anschütz*, WRV, Einl. S. 2f.; kritisch hingegen *F. Stier-Somlo*, Deutsches Reichs- und Landesstaatsrecht, Bd. I, 1924, S. 50ff. sowie *Giese*, WRV, Einl. S. 4, der »nur eine staats- und völkerrechtliche Kontinuität im Sinne einer Rechtsnachfolge (›Staatssukzession‹)« annimmt. Näher zur Abgrenzung beider Begriffe *Scheuner*, Funktionsnachfolge (Fn. 1), S. 13ff. (m.w.N.).

[4] Siehe etwa Art. 29 III des Einführungsgesetzes zur Verfassung von Mecklenburg-Schwerin (17.5.1920), § 69 der vorläufigen Verfassung des Landes Thüringen (12.5.1920) oder § 5 des (preußischen) Gesetzes zur vorläufigen Ordnung der Staatsgewalt (20.3.1919). Alle Texte in F. Wittreck (Hrsg.), Weimarer Landesverfassungen, 2004.

[5] Maßgeblich BVerfGE 36, 1 (16); 77, 137 (150). Aus der Literatur statt aller *N. Achterberg*, Deutschland nach 30 Jahren Grundgesetz, VVDStRL 38 (1980), S. 55ff. (69f.).

[6] Vgl. außer den Nachweisen zu Art. 127 GG noch *D.C. Umbach*, in: Umbach/Clemens, GG II, Art. 135 Rn. 4ff. sowie *K.-A. Schwarz*, in: Maunz/Dürig, GG, Art. 133 (2013), Rn. 8f.

[7] Er begegnet bei *T. Maunz*, in: Maunz/Dürig, GG, Art. 133 (1976), Rn. 2. → *Stettner*, Bd. III[2], Art. 133 Rn. 6.

[8] So im Ergebnis *W. Höfling/C. Burkiczak*, in: Friauf/Höfling, GG, Art. 133 (2006), Rn. 3f.; *J. Diet-*

validen Anhalt ein historisches Kontinuum[9] und müßte zum anderen darlegen, wann und aufgrund welcher maßgeblichen Veränderung ein qualitativer »Germanisierungs«-Sprung hin zur Entstehung des Grundgesetzes stattgefunden haben soll (das sich bekanntlich alliiertem Anstoß verdankt, alliierten Einflüssen ausgesetzt sah und alliierter Genehmigung bedurfte[10]). Die Organe der Bizone wie der Parlamentarische Rat betreiben letztlich gleichermaßen oder eben nur graduell unterschieden **Verfassunggebung im Modus des kontrollierten Freigangs.**

II. Entstehung und Veränderung der Norm

Art. 133 GG ist das Resultat des fehlgeschlagenen Versuches, eine Norm genau diesen Inhalts zu verhindern[11]. Im Kontext der Diskussion um den späteren Art. 132 GG (→ Art. 132 Rn. 1ff.) wird erstmals im **Organisationsausschuß** die Frage aufgeworfen, ob der Bund als Rechtsnachfolger der bizonalen bzw. zonalen Einrichtungen gelten könne oder müsse. Insbesondere eingedenk der damit einhergehenden beamtenrechtlichen Verpflichtungen bzw. der korrespondierenden finanziellen Lasten besteht im Ergebnis im Ausschuß Konsens, daß dies untunlich sei; das Gremium faßt diese Auffassung in Gestalt von Art. 143d in Entwurfsform[12]. Der Allgemeine **Redaktionsausschuß** kommt im Anschluß zum gegenteiligen Ergebnis; er sieht den Bund in der Pflicht und erwägt allenfalls, ein Kündigungsrecht für langfristige Verträge vorzusehen[13]. Der Organisationsausschuß bleibt bei seiner Position, wobei offenbar grundsätzliche Erwägungen wie parteipolitische Differenzen eine Rolle spielen: Namentlich die SPD will den Eindruck vermeiden, die Bizone sei mit der Bundesrepublik auch nur teilidentisch[14]. Zwischenzeitlich gelangt als Abs. 2 noch eine Zuständigkeit des Bundesverfassungsgerichts für die Entscheidung von Streitigkeiten ins Spiel[15]. Der **Hauptausschuß** entscheidet schließlich zugunsten der Fassung des Redaktionsausschusses und damit der Rechtsnachfolge, streicht allerdings die in der Tat von der ganzen Fallhöhe her nicht angebrachte Zuständigkeit des Verfassungsgerichts[16]. Es folgen nur noch redaktionelle Eingriffe. Art. 133 GG ist seitdem normtextlich **unverändert** geblieben. Auch Versuche, der Norm neue Bedeutungsgehalte beizulegen, sind nicht zu verzeichnen. 3

lein, in: v. Mangoldt/Klein/Starck, GG III, Art. 133 Rn. 1; *Schwarz* (Fn. 6), Art. 133 Rn. 13 sowie *Jarass*/Pieroth, GG, Art. 133 Rn. 1. Wie hier *J. Kramer*, in: AK-GG, Art. 133 (2002), Rn. 2 sowie *U. Mager*, in: v. Münch/Kunig, GG, Art. 133 Rn. 1.

[9] Betonung der Kontinuität auch bei *M. Sachs*, in: Sachs, GG, Art. 133 Rn. 2f.

[10] Zusammenfassend zur These vom »Geburtsmakel« *H. Dreier*, IPE I, § 1 Rn. 2ff.

[11] Zur Entstehungsgeschichte JöR 1 (1951), S. 875ff.; vgl. ferner *Umbach* (Fn. 6), Art. 133 Rn. 1ff.; *Höfling/Burkiczak* (Fn. 8), Art. 133 Rn. 2; *Schwarz* (Fn. 6), Art. 133 Rn. 1f. → *Stettner*, Bd. III², Art. 133 Rn. 2. – Entwurfsfassungen in Parl. Rat VII, S. 567, 606, 647.

[12] JöR 1 (1951), S. 875; vgl. ferner Parl. Rat VII, S. 85f., 130, 197, 290, 391, 528 sowie Parl. Rat XIII/1, S. 705: »Die Verwaltungen des Bundes sind nicht Rechtsnachfolger von Verwaltungen bisheriger bizonaler und zonaler Verwaltungen«.

[13] JöR 1 (1951), S. 876; vgl. ferner Parl. Rat VII, S. 85f. sowie Parl. Rat XIV/2, S. 1233f.: »Der Bund tritt in die Rechte und nach Maßgabe besonderer gesetzlicher Bestimmungen in die Pflichten der Verwaltung des Vereinigten Wirtschaftsgebietes ein«.

[14] Siehe den Abg. *Katz*, JöR 1 (1951), S. 876 sowie Parl. Rat XIII/2, S. 949ff.

[15] Auf Vorschlag des Abg. *Dehler* (FDP): JöR 1 (1951), S. 876; Parl. Rat VII, S. 130 sowie Parl. Rat XIII/2, S. 951.

[16] JöR 1 (1951), S. 877; näher Parl. Rat XIV/2, S. 1824.

B. Internationale, supranationale und rechtsvergleichende Bezüge

I. Inter- und supranationale Aspekte

4 Die im Parlamentarischen Rat erkennbar umstrittene und in Gestalt von Art. 133 GG letztlich politisch entschiedene Frage, ob der Bund als Nachfolger in die Rechte und Pflichten der Verwaltung des Vereinigten Wirtschaftsgebietes eintritt, dürfte sich auch nach den völkerrechtlichen Regeln über die **Staatennachfolge** bzw. **Sukzession** nicht eindeutig klären lassen[17]. Diese sind in zwei Konventionen nur ausschnittsweise völkervertragsrechtlich fixiert[18] und im übrigen außerordentlich umstritten[19]. Dies gilt erst recht für die nochmals zugespitzte Frage der Rechtsnachfolge im Falle zwischenstaatlicher Organisationen[20].

5 Auch das **Unionsrecht** kennt keine speziellen Rechtsnachfolgeregeln, die auf Art. 133 GG ein- oder zurückwirken. Hingegen verfügt es über eine Regel, welche die Union ausdrücklich als Rechtsnachfolgerin der Europäischen Gemeinschaft ausweist (Art. 1 III 3 EUV)[21].

II. Verfassungsvergleich

6 Regelungen zur Nachfolge in Rechte und Pflichten von Vorgängerstaaten sind **nur vereinzelt** Bestandteile von Verfassungen weltweit. Überwiegend dominiert wie in der deutschen Verfassungsgeschichte (→ Rn. 1) der implizite Zugriff, der eine Rechtsnachfolge entweder nach allgemeinen völkerrechtlichen Regeln, speziellen völkerrechtlichen Verträgen oder Grundsätzen der Allgemeinen Staatslehre annimmt (resp. die Frage an den einfachen Gesetzgeber verweist). Als Ausnahme präsentiert sich Irland (Art. 49 III Verf.)[22].

7 Auch die deutschen **Landesverfassungen** sind in Ansehung des Art. 133 GG unauffällig oder wenig ergiebig[23]. Soweit ersichtlich, sind spezielle Rechtsnachfolgevorschriften kaum zu verzeichnen; dies gilt selbst für diejenigen Übergangs-Dokumente, mittels derer die Besatzungsmächte die Nachkriegsländer zuschneiden[24]. Häufiger finden sich Bestimmungen, daß an die Stelle vorgefundener Institutionen und Organe

---

[17] Dazu statt aller *Verdross/Simma*, Völkerrecht, §§ 972ff.; *A. v. Arnauld*, Völkerrecht, 2. Aufl. 2014, Rn. 100ff.; *M. Kau*, Der Staat und der Einzelne als Völkerrechtssubjekte, in: W. Vitzhtum/A. Proelß (Hrsg.), Völkerrecht, 7. Aufl. 2014, Abschnitt III Rn. 188ff.

[18] Dies sind die Wiener Konvention zur Staatennachfolge in Verträge von 1978 (ILM 17 [1978], 1488) sowie die Wiener Konvention zur Staatennachfolge in Staatsvermögen, Staatsarchive und Staatsschulden von 1983 (ILM 22 [1983], 306).

[19] Vgl. aus der völkerrechtlichen Literatur vor 1990 *M.G. Maloney*, Virginia Journal of International Law 19 (1978–1979), 885 (911ff.; *pro*) sowie *D.P. O'Connell*, ZaöRV 39 (1979), 725 (726); *W. Fiedler*, German Yearbook of International Law 24 (1981), 9 (24f.; *contra*).

[20] Siehe eingehend *T. Nord*, Rechtsnachfolge bei zwischenstaatlichen Organisationen, 2010, S. 177f.

[21] Siehe nur *C. Calliess*, in: Calliess/Ruffert, EUV/AEUV, Art. 1 EUV Rn. 6ff. sowie *Streinz*, Europarecht, Rn. 139.

[22] »Die Regierung ist hinsichtlich allen Eigentums, aller Aktiva, Rechte und Verbindlichkeiten die Nachfolgerin der Regierung des Freistaats Irland«.

[23] Knapp *G.M. Köhler*, JöR 57 (2009), 359 (364ff.).

[24] Statt aller Verordnung Nr. 57 des französischen Oberkommandos in Deutschland bezüglich der Schaffung eines rhein-pfälzischen Landes v. 30.8.1946 (Amtsblatt des französischen Oberkommandos in Deutschland S. 291).

diejenigen der neuen Verfassung treten[25]. Nur einen marginalen Überschneidungsbereich mit Art. 133 GG haben schließlich solche Bestimmungen, die im Sinne von **Traditionsklauseln** dem Land die Pflege der Überlieferung von Vorgängerstaaten aufgeben (so namentlich Art. 72 NdsVerf. und Art. 89 NWVerf.[26]).

C. Erläuterungen

I. Allgemeine Bedeutung

Art. 133 GG hatte in historischer Perspektive wenigstens zwei Bedeutungsebenen. 8
Auf der **Sachebene** steht die Übernahme des Personals der Bizonen-Verwaltung im Vordergrund (→ Rn. 9)[27]. Auf der Ebene der **symbolischen Kommunikation** ist die Norm ein Votum für das Fortbestehen des Deutschen Reiches (→ Rn. 3)[28]: Geht man von der Identität der in Gründung befindlichen Bundesrepublik mit dem Reich aus, so hätte es dem jungen Staatswesen nicht gut zu Gesicht gestanden, die zwischenzeitlich auf der Ebene oberhalb der Länder gebildeten Institutionen und Organe quasi zu verleugnen[29]. Die heute verbleibende Bedeutung der Norm ist in beiden Hinsichten marginal[30]: Daß Art. 133 GG noch den Übergang von Rechten und Pflichten bewerkstelligen sollte, ist schwer vorstellbar (hingegen legitimiert er weiterhin die 1949 bewirkten Verschiebungen). Mit der **Wiedervereinigung** ist auch die symbolische Funktion praktisch entfallen.

II. Verwaltung des Vereinigten Wirtschaftsgebietes

Die »Verwaltung« des Vereinigten Wirtschaftsgebietes umfaßt die Behörden der Bizo- 9
ne mitsamt ihrem Personal und ihrem Vermögen sowie sonstige Rechte und Pflichten dieser Einrichtungen[31]. Für Verwirrung sorgt hier in der Literatur teils der Hinweis auf den **Länderrat**. Dieser bezeichnet einerseits den Länderrat der amerikanischen Zone (auch »süddeutscher Länderrat«)[32]. Zugleich firmiert als »Länderrat« der ehemalige Exekutivausschuß des Vereinigten Wirtschaftsgebietes[33]. Ohne technisch von Art. 133

---

[25] Dies nicht zufällig in neu geschaffenen Staaten, die auf eine bewegte Territorialgeschichte zurückblicken können: So Art. 94 III 2 Bad.-WürttVerf.; Art. 55 III Vorl. NdsVerf. (1951); Art. 138 Rheinl.-Pf. Verf. sowie Art. 96 S. 1 Sachs.-Anh. Verf. (1947). Instruktiv auch das Gutachten von *H. Loening*, DRZ 1946, 129ff. (betr. Rechtsnachfolge Thüringens).

[26] Näher dazu knapp *M. Kamp*, in: A. Heusch/K. Schönenbroicher (Hrsg.), Die Landesverfassung Nordrhein-Westfalen, 2010, Art. 89 Anm. 1.

[27] Betont u.a. bei *Mager* (Fn. 8), Art. 133 Rn. 3 sowie von *Jarass*/Pieroth, GG, Art. 133 Rn. 1.

[28] Unscharf allerdings *T. Gnatzy*, in: Schmidt-Bleibtreu/Hofmann/Henneke, GG, Art. 133 Rn. 1: »als eine Art Vorläufer von Bundesbehörden anerkannt«.

[29] Unterstrichen von *T. Pünder*, Das bizonale Interregnum, 1966, S. 318f., 323. → *Stettner*, Bd. III^2, Art. 133 Rn. 3, 6.

[30] Statt aller *Höfling/Burkiczak* (Fn. 8), Art. 133 Rn. 8; *Schwarz* (Fn. 6), Art. 133 Rn. 1 sowie *Jarass*/Pieroth, GG, Art. 133 Rn. 1.

[31] Siehe *Umbach* (Fn. 6), Art. 133 Rn. 8; *M. Kaltenborn*, in: Epping/Hillgruber, GG, Art. 133 Anm.; *Sachs* (Fn. 9), Art. 133 Rn. 3. – Zeitgenössisch *C.H. Ule*, Gesetz und Recht. Sammlung in Deutschland nach dem 8. Mai erlassener Rechtssätze mit Erläuterungen 49 (1948), 1185ff., 1395ff., 1735f.

[32] Dazu näher *L. Härtel*, Der Länderrat des amerikanischen Besatzungsgebietes, 1951, S. 8ff. sowie *A. Mohr*, Hessen und der Länderrat des amerikanischen Besatzungsgebietes. Möglichkeiten und Grenzen länderübergreifender Kooperation in den Jahren 1945 bis 1949, 1999, S. 45ff.

[33] Siehe Art. IV u. V der Proklamation Nr. 7/Verordnung Nr. 126 v. 9.2.1948 (Gesetz- und Verordnungsblatt des Wirtschaftsrates des Vereinigten Wirtschaftsgebietes 1948 Beilage Nr. 2 S. 1).

GG adressiert zu sein, sind offensichtlich auch Vermögen und Bedienstete des erstgenannten Gremiums auf den Bund übergegangen[34]. Nicht erfaßt sind hingegen Einrichtungen der französischen Besatzungszone[35], Berlins[36] sowie genuine Besatzungsorgane wie der Kontrollrat u. a. m.[37]

III. Rechtsnachfolge

10 Mit Inkrafttreten des Grundgesetzes ist der Bund qua Verfassung in die Rechtsverhältnisse der Verwaltung des Vereinigten Wirtschaftsgebietes eingetreten[38]. Folgt man der Position, die von einer Identität von Bundesrepublik und Deutschem Reich ausgeht, so spricht viel für die Annahme, daß Art. 133 GG insofern lediglich **deklaratorischen Charakter** hat bzw. daß die anfangs im Parlamentarischen Rat begegnende Ablehnung (→ Rn. 3) unhaltbar gewesen wäre[39]. Von der Rechtsnachfolge umfaßt sind alle vertrags- und vermögensrechtlichen Rechte und Pflichten[40], an erster Stelle die arbeits- und dienstrechtlichen Rechte und Pflichten, die aus der Stellung als Dienstherr folgen.

D. Verhältnis zu anderen GG-Bestimmungen

11 Art. 133 GG steht in einem engen Korrespondenzverhältnis mit **Art. 127 GG**, der ebenfalls die Überleitung der Hinterlassenschaften der Bizone betrifft (→ Art. 127 Rn. 9ff.)[41]. Die konkrete Entscheidung zur Überführung, Auflösung oder Abwicklung der Behörden des Vereinigten Wirtschaftsgebietes richtete sich nach **Art. 130 I GG** (→ Art. 130 Rn. 14ff.)[42], während die Ablösung seiner Gesetzgebungsorgane (Wirtschafts- und Länderrat) **Art. 122 II GG** folgte (→ Art. 122 Rn. 10)[43]. Ferner läßt die Norm keine Schlußfolgerungen in Sachen der Übernahme von **Verbindlichkeiten** des Deutschen Reiches zu (→ Art. 134 Rn. 4f.)[44]. Sofern man Art. 133 GG als Entscheidung für **personelle Kontinuität** (wohlgemerkt in bezug auf die Nachkriegsverwaltung) versteht, weist die Norm engen Bezug zu Art. 33 V GG auf (→ Art. 33 Rn. 168ff.). Zugleich steht sie in dieser Perspektive in einem Spannungsverhältnis zu Art. 131 und 132 GG (→ Art. 131 Rn. 10ff.; → Art. 132 Rn. 8ff.).

---

[34] So jedenfalls *Maunz* (Fn. 7), Art. 133 Rn. 4. Dafür spricht, daß der Parlamentarische Rat es ursprünglich ausdrücklich verhindern wollte (→ Rn. 3).

[35] *Maunz* (Fn. 7), Art. 133 Rn. 5. → *Stettner*, Bd. III², Art. 133 Rn. 5.

[36] Nochmals *Maunz* (Fn. 7), Art. 133 Rn. 6; *Umbach* (Fn. 6), Art. 133 Rn. 6.

[37] Anfechtbar *Gnatzy* (Fn. 28), Art. 133 Rn. 2, der die »Beschäftigten der amerikanischen und britischen Besatzungszone« erfaßt sieht.

[38] So *Umbach* (Fn. 6), Art. 133 Rn. 11; *Kaltenborn* (Fn. 31), Art. 133 Anm.; *K. Schnapauff*, in: Hömig/Wolff, GG, Art. 133 Anm.; *Sachs* (Fn. 9), Art. 133 Rn. 4.

[39] Wie hier *Umbach* (Fn. 6), Art. 133 Rn. 12; *Kramer* (Fn. 8), Art. 133 Rn. 2; *Mager* (Fn. 8), Art. 133 Rn. 1.

[40] Näher *Höfling/Burkiczak* (Fn. 8), Art. 133 Rn. 9; *Mager* (Fn. 8), Art. 133 Rn. 3 sowie *Schwarz* (Fn. 6), Art. 133 Rn. 10.

[41] Überkritisch gegenüber der systematischen Anordnung → *Stettner*, Bd. III², Art. 133 Rn. 1.

[42] Dafür *Umbach* (Fn. 6), Art. 133 Rn. 8; *Höfling/Burkiczak* (Fn. 8), Art. 133 Rn. 10; *Dietlein* (Fn. 8), Art. 133 Rn. 1 sowie *Mager* (Fn. 8), Art. 133 Rn. 3.

[43] Siehe nur *Höfling/Burkiczak* (Fn. 8), Art. 133 Rn. 7, 10; *Schwarz* (Fn. 6), Art. 133 Rn. 4 sowie *Sachs* (Fn. 9), Art. 133 Rn. 2.

[44] Ganz h. M.: *Umbach* (Fn. 6), Art. 133 Rn. 10; *Dietlein* (Fn. 8), Art. 133 Rn. 1; *Kaltenborn* (Fn. 31), Art. 133 Anm. 1; *Schnapauff* (Fn. 38), Art. 133 Anm.

Artikel 134 [Übergang des Reichsvermögens]

(1) Das Vermögen des Reiches wird grundsätzlich Bundesvermögen.

(2) [1]Soweit es nach seiner ursprünglichen Zweckbestimmung überwiegend für Verwaltungsaufgaben bestimmt war, die nach diesem Grundgesetze nicht Verwaltungsaufgaben des Bundes sind, ist es unentgeltlich auf die nunmehr zuständigen Aufgabenträger und, soweit es nach seiner gegenwärtigen, nicht nur vorübergehenden Benutzung Verwaltungsaufgaben dient, die nach diesem Grundgesetze nunmehr von den Ländern zu erfüllen sind, auf die Länder zu übertragen. [2]Der Bund kann auch sonstiges Vermögen den Ländern übertragen.

(3) Vermögen, das dem Reich von den Ländern und Gemeinden (Gemeindeverbänden) unentgeltlich zur Verfügung gestellt wurde, wird wiederum Vermögen der Länder und Gemeinden (Gemeindeverbände), soweit es nicht der Bund für eigene Verwaltungsaufgaben benötigt.

(4) Das Nähere regelt ein Bundesgesetz, das der Zustimmung des Bundesrates bedarf.

Literaturauswahl

Bartlsperger, Richard: Der Rückfall stationierungsrechtlich genutzten früheren Reichsvermögens. Zur Ausführung und Anwendung von Art. 134 Grundgesetz, 1994.

Berlit, Uwe: Ländervermögen im Bundesstaat. Die Vermögensverteilung zwischen Bund und ostdeutschen Ländern als föderales Problem, 1994.

Berlit, Uwe: Die Zuordnung verreichlichten Landesvermögens, in: LKV 1996, S. 125–127.

Eckert, Lucia: Öffentliches Vermögen der ehemaligen DDR und Einigungsvertrag – Seine Verteilung gemäß Art. 21, 22 Einigungsvertrag, 1994.

Féaux de la Croix, Ernst: Die rechtliche Neuordnung des Reichsvermögens. Ein Beitrag zur Problematik des Art. 134 Abs. 1 des Grundgesetzes, in: AöR 77 (1951/52), S. 35–46.

Freudling, Fritz: Rechtsfragen zu Art. 134 Abs. 2 und 3 GG (Reichsvermögen), in: NJW 1954, S. 1785–1788.

Hahn, Hugo J.: Das öffentliche Vermögen in der Wiedervereinigung. Art. 21 Einigungsvertrag im Lichte der Art. 134, 135 Grundgesetz, in: Festschrift für Rudolf Bernhardt, 1995, S. 1021–1040.

Höfling, Wolfram: Kommunale Ansprüche auf Rückübertragung ehemaligen Reichsvermögens – Zur Aktualität des Art. 134 III GG, in: DVBl. 1997, S. 1301–1308.

Ipsen, Jörn: Das rechtliche Schicksal des »volkseigenen Vermögens«, in: Festschrift für Walter Remmers, 1995, S. 393–404.

Ipsen, Jörn/Koch, Thorsten: Zuordnung volkseigenen Vermögens und Restitution früheren Eigentums der öffentlichen Hand, in: DVBl. 1993, S. 1–9.

Löwer, Wolfgang: Artikel 21 Einigungsvertrag: Funktionsadäquate Amtsausstattung versus Restitution, in: SächsVBl. 1993, S. 97–107.

Richter, Dagmar: Die Ansprüche der neuen Bundesländer auf aufgabengerechte Vermögensausstattung und Vermögensrestitution, 1998.

Leitentscheidungen des Bundesverfassungsgerichts

BVerfGE 10, 20 (35ff.) – Preußischer Kulturbesitz; 15, 126 (133ff.) – Staatsbankrott; 19, 150 (157ff.) – Allgemeines Kriegsfolgengesetz; 29, 413 (424ff.) – Reichsnährstand; 41, 126 (149ff.) – Reparationsschäden; 95, 250 (261ff.) – Restitution des Länderbestands; 119, 394 (410ff., Rn. 50ff.) – Reichsvermögen-Gesetz.

Gliederung

Stichwörter

A. Herkunft, Entstehung, Entwicklung

I. Ideen- und verfassungsgeschichtliche Aspekte

1 Im patrimonialen Territorialstaat stand den Landesherren das Kammergut als Erbvermögen (Patrimonialvermögen) und den Ständen der Landkasten zu[1]. Aus den Erträgen des Kammerguts mussten die Fürsten den Aufwand ihrer Höfe sowie der Regierung und Verwaltung decken[2]; aus dem Landkasten wurde das Militär unterhalten[3]. Ab dem 16. Jahrhundert drängten die Fürsten die Macht der Stände zurück[4] und das **dualistische Finanzsystem** wich einer alleinigen Vermögensgewalt der Fürsten[5]. Dieser

---

[1] *K. H. Friauf*, HStR IV, § 90 Rn. 7.
[2] *Stern*, Staatsrecht II, S. 1255.
[3] *K. H. Friauf*, HStR IV, § 90 Rn. 10.
[4] *K. H. Friauf*, HStR IV, § 90 Rn. 10.
[5] *K. H. Friauf*, HStR IV, § 90 Rn. 10.

Konzentrationsprozess ging einher mit einer allmählichen[6][7] Unterscheidung zwischen Staat und Landesherren als verschiedenen Rechtspersonen und einer **Trennung des Staatsvermögens** (Kammergut) **von dem Privatvermögen** des Fürsten (Haus- bzw. Schatullgut)[8]. Der moderne Staat und mit ihm das Institut des Staatsvermögens waren geboren.

Dieser Prozess der Umwandlung des Patrimonialvermögens in Staatsvermögen war 2
in den meisten deutschen Bundesstaaten bis zum Beginn des **Deutschen Reichs 1871** abgeschlossen[9]. Das Gesetz über die Rechtsverhältnisse der zum dienstlichen Gebrauche einer Reichsverwaltung bestimmten Gegenstände vom 25.5.1873 wies das Eigentum und die Rechte an allen dem dienstlichen Gebrauch einer aus Reichsmitteln zu finanzierenden Verwaltung gewidmeten Gegenständen, die bislang Bundesstaaten zustanden, dem Reich zu[10]. In der **Weimarer Republik** wurde bislang nicht verreichlichtes Vermögen der Bundesstaaten wie ländereigene Postverwaltungen und Staatseisenbahnen in Reichsvermögen überführt[11]. Nach 1933 wurde das Reichsvermögen für nationalsozialistische Zwecke instrumentalisiert[12].

II. Entstehung und Veränderung der Norm

Im **Parlamentarischen Rat** fand eine erste Debatte über das Reichsvermögen im **Aus-** 3
schuß für Finanzfragen am **24.9.1948** statt, in der Seebohm mahnte, bei einer Aufteilung des Reichsvermögens die Länder zu bedenken[13]. Am **15.12.1948** befasste sich der Ausschuß mit einem Formulierungsvorschlag von Schlör für einen Art. 143e zum Reichsvermögen[14] und einer alternativen Formulierung von Höpker Aschoff[15]. Einen weiteren Vorschlag unterbreitete der **Allgemeine Redaktionsausschuß** am **16.12.1948** zu Art. 143e[16].

Am **14.1.1949** befasste sich der **Ausschuß für die Organisation des Bundes** mit dem 4
Vorschlag seines **Unterausschusses** vom **13.1.1949** zu Art. 143e: »(1) Das Reichsvermögen ist Bundesvermögen. Gesetzliche oder vertragliche Heimfallrechte bleiben unberührt. (2) Vermögen, das dem Reich von den Ländern und Gemeinden (Gemeindeverbänden) unentgeltlich zur Verfügung gestellt wurde, verbleibt den Ländern und

---

[6] *K. H. Friauf*, HStR IV, § 90 Rn. 10.

[7] Der Prozess der Scheidung von Staats- und Privatvermögen währte 200 Jahre, näher *R. Mußgnug/U. Hufeld*, in: BK, Art. 134 (1999), Rn. 10.

[8] *G. Neusser*, Fiskus, in: A. Erler/E. Kaufmann (Hrsg.), Handwörterbuch zur deutschen Rechtsgeschichte, Bd. I, 1971, S. 1135 ff. (1137); → *Heun*, Bd. III^{2}, Art. 134 Rn. 1; *K. H. Friauf*, HStR IV, § 90 Rn. 10 ff., auch zu den Schwierigkeiten, das ehedem ungeteilte landesherrliche Vermögen in ein Staatsvermögen und ein Privatvermögen des Fürsten zu dividieren (Rn. 14); näher zum Begriff »Schatullgut« *J. Isensee*, HStR^{3} V, § 122 Rn. 16.

[9] *K. H. Friauf*, HStR IV, § 90 Rn. 15, auch zu einzelnen Staaten, die sich diesem Prozess widersetzten und wo die Überführung des Patrimonialvermögens in Staatsvermögen erst nach dem Ersten Weltkrieg gelang.

[10] Eingehend zur Vermögensverteilung im Deutschen Reich *U. Berlit*, Ländervermögen im Bundesstaat, 1994, S. 39 ff.

[11] Näher *Berlit*, Ländervermögen (Fn. 10), S. 46 ff.

[12] Eingehend *Berlit*, Ländervermögen (Fn. 10), S. 70 ff.; s. auch *Mußgnug/Hufeld* (Fn. 7), Art. 134 Rn. 27 ff.

[13] Parl. Rat XII, S. 214.

[14] Antrag abgedruckt in Parl. Rat XII, S. 524.

[15] Abgedruckt in Parl. Rat XII, S. 529.

[16] Abgedruckt in Parl. Rat VII, S. 197.

Gemeinden (Gemeindeverbänden), soweit nicht der Bund es für eigene Verwaltungsaufgaben benötigt. (3) Verwaltungsvermögen des Reichs wird unentgeltlich Vermögen der Länder und Gemeinden (Gemeindeverbände), wenn die Verwaltung nach diesem Grundgesetz landeseigene Verwaltung oder nach Maßgabe der Landesgesetze Verwaltung der Gemeinden (Gemeindeverbände) wird. Der Bund kann auch sonstiges Vermögen den Ländern übertragen. Dies gilt insbesondere für Beteiligungen an wirtschaftlichen Unternehmungen, die nicht Aufgaben des Bundes erfüllen. (4) Das Nähere regelt ein Bundesgesetz.«[17] Ringelmann wandte gegen Art. 143e I ein, dass der Vermögensbegriff auch Schulden erfasse, sodass auf den Bund die beträchtlichen Schulden des Reichs übergingen[18]. Kaufmann monierte den Begriff »unentgeltlich«, weil einige Gemeinden Kasernen »zwar nicht unentgeltlich, aber zu außergewöhnlich geringen Preisen an den Fiskus abgegeben« hätten[19]. Becker schlug vor, zu Protokoll festzustellen, dass zur Unentgeltlichkeit »auch das negotium mixtum cum donatione« gehöre[20]. Lehr regte an festzuhalten, dass »unter den Begriff des Unentgeltlichen auch die Fälle fallen, in welchen aus besonderen Gründen Vermögen von Ländern oder Gemeinden dem Reich unter besonderem Entgegenkommen überlassen worden ist«[21]. Letztlich beschloss der Ausschuß für die Organisation des Bundes Art. 143e II bis IV in der vom Unterausschuß vorgeschlagenen Fassung und als Art. 143e I: »Bewegliches und unbewegliches Vermögens des Reichs ist Bundesvermögen; die mit diesem Vermögen in rechtlichem oder wirtschaftlichem Zusammenhang stehenden Forderungen, Verbindlichkeiten und Lasten gehen auf den Bund über. Gesetzliche oder vertragliche Heimfallrechte bleiben unberührt.«[22]

5 Mit dieser Fassung des Art. 143e beschäftigte sich der **Hauptausschuß** am 14.1.1949[23]. Lehr bat erneut festzuhalten, dass »Vermögen, das zwar nicht völlig unentgeltlich, aber doch dem Wesen nach zu geringerem Entgelt überlassen wurde«, als »unentgeltlich« i. S. d. Art. 143e II anzusehen sei[24]. Auf Antrag von Höpker Aschoff wurden u. a. Art. 143e I als »Vermögen des Reiches wird Bundesvermögen« gefasst und in Art. 143e II die Formulierung »verbleibt den Ländern und Gemeinden« ersetzt durch »wird wiederum Vermögen der Länder und Gemeinden«[25]. Am 20.1.1949 beschloss der **Hauptausschuß** Art. 143e mit der Fassung: »(1) Vermögen des Reichs wird Bundesvermögen; die mit diesem Vermögen in rechtlichem oder wirtschaftlichem Zusammenhang stehenden Verbindlichkeiten und Lasten gehen auf den Bund über. (2) Verwaltungsvermögen des Reichs wird unentgeltlich Vermögen der Länder und Gemeinden (Gemeindeverbände), wenn die Verwaltung nach diesem Grundgesetz landeseigene Verwaltung oder nach Maßgabe der Landesgesetze Verwaltung der Gemeinden (Gemeindeverbände) wird. Der Bund kann auch sonstiges Vermögen den Ländern übertragen. (3) Vermögen, das dem Reich von den Ländern und Gemeinden (Gemeindeverbänden) unentgeltlich zur Verfügung gestellt wurde, wird wiederum Vermögen der Länder und Gemeinden (Gemeindeverbände), soweit es nicht der Bund für eigene

---

[17] Parl. Rat XIII/2, S. 1102.
[18] Parl. Rat XIII/2, S. 1116.
[19] Parl. Rat XIII/2, S. 1121f.
[20] Parl. Rat XIII/2, S. 1122.
[21] Parl. Rat XIII/2, S. 1122.
[22] Parl. Rat XIII/2, S. 1136.
[23] Parl. Rat XIV/2, S. 1228ff.
[24] Parl. Rat XIV/2, S. 1232.
[25] Anträge von Höpker Aschoff in Parl. Rat XIV/2, S. 1228f.; Beschlussfassung in Parl. Rat XIV/2, S. 1232f.

Verwaltungsaufgaben benötigt. (4) Das Gleiche gilt entsprechend für das preußische Staatsvermögen. (5) Das Nähere regelt ein Bundesgesetz.«[26]

Der **Allgemeine Redaktionsausschuß** schlug dagegen unter dem 25.1.1949 vor: »(1) Das Vermögen des Reichs ist Bundesvermögen. (2) Soweit es nach seiner ursprünglichen Zweckbestimmung überwiegend für Verwaltungsaufgaben bestimmt war, die nach diesem Grundgesetz nicht Verwaltungsaufgaben des Bundes sind, ist es unentgeltlich auf die nunmehr zuständigen Aufgabenträger und, soweit es nach seiner gegenwärtigen, nicht nur vorübergehenden Benutzung Verwaltungsaufgaben dient, die nach diesem Grundgesetz nunmehr von den Ländern zu erfüllen sind, auf die Länder zu übertragen. Die Artikel 118 und 118a bleiben unberührt. (3) Über Streitigkeiten entscheidet das Bundesverfassungsgericht. (4) Das Nähere regelt ein Bundesgesetz.«[27] Der **Fünferausschuß** befürwortete am 5.2.1949 Art. 143e I und II in der Fassung des Redaktionsausschusses, Art. 143e III in der Fassung des Hauptausschusses und Art. 143e IV in der Fassung von Art. 143e III des Redaktionsausschusses. Als Art. 143e V schlug er vor: »Das Nähere regelt ein Bundesgesetz, das der Zustimmung des Bundesrats bedarf.«[28] 6

Der **Hauptausschuß** nahm am 10.2.1949 Art. 143e wie vom Fünferausschuß vorgeschlagen an[29]. In der Aussprache erklärte der Vorsitzende Schmid, dass das Vermögen »mit allen Aktiven und Passiven« übergehe[30]. Es gelte das Recht der Universalsukzession, was bedeute, »daß alle Forderungen und alle Schulden übergehen«[31]. Unter dem **28.2.1949** schlug der **Fünferausschuß** vor, Art. 143e II um einen neuen S. 2 zu ergänzen: »Der Bund kann auch sonstiges Vermögen den Ländern übertragen.«[32] Der **Allgemeine Redaktionsausschuß** gab Art. 143e unter dem 2. bis 5.5.1949 die Fassung des heutigen Art. 134 GG[33], mit der der **Hauptausschuß** am 5.5.1949 Art. 135[34] und das **Plenum** am 6.5.1949 Art. 134 GG annahm[35]. Seither ist Art. 134 GG unverändert geblieben. 7

B. Internationale, supranationale und rechtsvergleichende Bezüge

Die Verteilung des Reichsvermögens auf Bund, Länder und Gemeinden (Art. 134 GG) ist weder **völker- oder unionsrechtlich** geregelt noch Gegenstand von **Verfassungen anderer Mitgliedstaaten** oder der **Bundesländer**[36]. 8

---

[26] Parl. Rat VII, S. 290f.
[27] Parl. Rat VII, S. 290f.
[28] Parl. Rat VII, S. 337 und 391f.
[29] Abgedruckt in Parl. Rat VII, S. 441 und Parl. Rat XIV/2, S. 1642f.
[30] Parl. Rat XIV/2, S. 1643.
[31] Parl. Rat XIV/2, S. 1643.
[32] Parl. Rat VII, S. 455.
[33] Parl. Rat VII, S. 528.
[34] Parl. Rat VII, S. 567.
[35] Parl. Rat VII, S. 606 und Parl. Rat IX, S. 490.
[36] Zum Institut des Staatsvermögens als Phänomen moderner Staaten → *Heun*, Bd. III^2, Art. 134 Rn. 4.

C. Erläuterungen

I. Allgemeine Bedeutung und Anwendungsbereich des Art. 134 GG

9 Art. 134 GG regelt den Übergang des nach dem Zusammenbruch des Deutschen Reichs 1945 vorhandenen Reichsvermögens auf den Bund (I) sowie die **Weiterübertragung** vom Bund auf die Länder und Gemeinden (II und III), wobei das Nähere ein Bundesgesetz mit Zustimmung des Bundesrates bestimmt (IV). Art. 134 GG wohnen insofern weniger ein Grundsatz (I) und Ausnahmen (II, III)[37] als **einander ergänzende Verteilungsprinzipien** für das Reichsvermögen[38] inne. Nach Wortlaut[39], systematischem Zusammenhang mit Art. 135 II, III und VII GG, der ebenfalls unmittelbare Rechtswirkung hat[40], und Entstehungsgeschichte[41] ist Art. 134 GG nicht Programmsatz[42], sondern **unmittelbar geltendes Recht**[43] (zur Unterscheidung eingehend → Art. 1 III Rn. 2, 32). Die zukunftsgerichtete Formulierung »wird« (statt »ist«) spricht Art. 134 I GG nicht die unmittelbare Rechtswirkung ab, sondern trägt der Übertragung von Reichsvermögen auf die Länder durch die US-Militärregierung Rechnung[44], die vor einem Vermögensübergang auf den Bund erst rückgängig gemacht werden musste[45]. Die Einschränkung in Art. 134 I GG »grundsätzlich« weist keinen Programmsatzcharakter auf, sondern begründet einen Vorbehalt zugunsten der Weiterübertragung des Vermögens auf Länder und Gemeinden gem. Art. 134 II und III GG[46] (→ Rn. 13ff.).

10 Nach der Präambel und Art. 23 GG i. d. F. vom 23.5.1949 gilt Art. 134 GG seit Inkrafttreten des Grundgesetzes in den **alten Bundesländern** (Art. 23 S. 1 GG a. F.) und seit dem Beitritt der DDR zur Bundesrepublik in den neuen Bundesländern (Art. 23 S. 2 GG a. F.; s. auch Art. 3 Einigungsvertrag vom 31.8.1990)[47]. In den alten Bundesländern kam Art. 134 GG nach seinem Vollzug durch das Reichsvermögen-Gesetz vom 16.5.1961 (RVG) zunächst nur noch geringe Bedeutung zu[48]. Nach dem Abzug der alliierten Streitkräfte aus Deutschland aufgrund des Zwei-plus-Vier-Vertrags vom

---

[37] So aber *R. Bartlsperger*, Der Rückfall stationierungsrechtlich genutzten früheren Reichsvermögens, 1994, S. 82; *U. Mager*, in: v. Münch/Kunig, GG II, Art. 134 Rn. 2.

[38] → *Heun*, Bd. III², Art. 134 Rn. 5.

[39] Offengelassen von *E. Féaux de la Croix*, AöR 77 (1951/52), 35 (37ff.).

[40] Näher *E. Féaux de la Croix*, AöR 77 (1951/52), 35 (38).

[41] Eingehend *E. Féaux de la Croix*, AöR 77 (1951/52), 35 (39ff.).

[42] So aber *E. Knöringer*, BB 1951, 459 (459).

[43] Im Ergebnis statt fast aller BVerwGE 25, 299 (301); 111, 188 (192); BGHZ 3, 308 (310ff.); BGH NJW 1958, 380 (381); *E. Féaux de la Croix*, AöR 77 (1951/52), 35 (37ff.); *T. Koch*, in: Sachs, GG, Art. 134 Rn. 3; *Mager* (Fn. 37), Art. 134 Rn. 2.

[44] Übertragung durch Gesetz Nr. 19 vom 20.4.1949, ABl. der Militärregierung Deutschland 1949, Amerikanische Zone, Ausgabe N S. 9.

[45] Näher BVerwGE 99, 283 (289); *E. Féaux de la Croix*, AöR 77 (1951/52), 35 (37ff.). Gesetz Nr. 19 vom 20.4.1949 wurde durch Gesetz Nr. A-16 der Alliierten Hohen Kommission vom 9.5.1951 (ABl. der Alliierten Hohen Kommission S. 881) und durch Gesetz zur vorläufigen Regelung der Rechtsverhältnisse des Reichsvermögens und der preußischen Beteiligungen (Vorschaltgesetz) vom 21.7.1951 (BGBl. I S. 467) aufgehoben.

[46] *J. Dietlein*, in: v. Mangoldt/Klein/Starck, GG III, Art. 134 Abs. 1 Rn. 2.

[47] Ebenso *Bartlsperger*, Rückfall (Fn. 37), S. 185; *H. J. Hahn*, Voraussetzungen und Umfang des Rechtserwerbs nach Art. 21 III Einigungsvertrag und dessen Verhältnis zu den Art. 134 und 135 GG, 1993, S. 13ff.; *L. Eckert*, Öffentliches Vermögen der ehemaligen DDR und Einigungsvertrag, 1994, S. 209ff.; *D. Richter*, Die Ansprüche der neuen Bundesländer auf aufgabengerechte Vermögensausstattung und Vermögensrestitution, 1998, S. 242; *Mußgnug/Hufeld* (Fn. 7), Art. 134 Rn. 101.

[48] *Dietlein* (Fn. 46), Art. 134 Abs. 1 Rn. 1.

12.9.1990[49] hat Art. 134 GG neue Bedeutung für die einst von den Alliierten genutzten, frei gewordenen Liegenschaften gewonnen (→ Rn. 18). In **West-Berlin** galt Art. 134 GG bereits vor dem Beitritt der DDR zur Bundesrepublik[50], wurde aber erst nach dem Wegfall von Vorbehaltsrechten der Alliierten[51] und Inkrafttreten des Reichsvermögen-Gesetzes zum 3.10.1990 vollzogen[52]. In den **neuen Bundesländern** ist Art. 134 GG trotz seiner Geltung im Gebiet der ehemaligen DDR nach überwiegender Ansicht tatbestandlich nicht anwendbar[53]. Die Verteilung des ehemaligen Reichsvermögens im Beitrittsgebiet richte sich nach den abweichenden Vermögensverteilungsregeln des Einigungsvertrags[54]. Art. 134 GG erfasse nur »unverteiltes« Reichsvermögen[55], das im Beitrittsgebiet am 3.10.1990 nicht mehr vorhanden gewesen sei, weil die DDR das Reichsvermögen in Volksvermögen umgewandelt habe[56]. Diese Deutung des Art. 134 GG wird aus seinem Wortlaut und der Entstehungsgeschichte abgeleitet, da der Parlamentarische Rat »wird« in Art. 134 I GG gewählt habe, um der Übertragung von Reichsvermögen auf die Länder durch die US-Militärregierung Rechnung zu tragen (→ Rn. 9). Die Formulierung »wäre überflüssig, würde Reichsvermögen ungeachtet einer wirksamen Übertragung auf ein anderes Rechtssubjekt von Art. 134 GG erfasst.«[57] Zudem sei Art. 134 GG als Sonderregelung begrenzt auf »die 1949 vorgefundene Aufgabe des Neuanfangs«[58]. Auch aus Art. 23 GG a. F.[59], Art. 135 VI[60], Art. 135a II[61] sowie Art. 143 und Art. 146 GG[62] folge die Unanwendbarkeit des Art. 134 GG auf das Beitrittsgebiet. Eine analoge Anwendung des Art. 134 GG auf die neuen

---

[49] BGBl. II S. 1318.

[50] Bezogen auf West-Berlin BVerfGE 119, 394 (415, Rn. 66); *Bartlsperger*, Rückfall (Fn. 37), S. 153 ff.

[51] Durch Gesetz zur Überleitung von Bundesrecht nach Berlin (West) (Sechstes Überleitungsgesetz) vom 25.9.1990, BGBl. I S. 2106.

[52] Näher BVerfGE 119, 394 (410 ff., Rn. 50 ff.); *Bartlsperger*, Rückfall (Fn. 37), S. 156 ff.; *R. Geulen*, LKV 2005, 158 ff.; *B. Brunn*, LKV 2012, 289 ff.

[53] Statt vieler BVerfGE 95, 250 (264 f.); *L. Eckert*, VIZ 1995, 78 (81 ff.); *H. J. Hahn*, Das öffentliche Vermögen in der Wiedervereinigung. Art. 21 Einigungsvertrag im Lichte der Art. 134, 135 Grundgesetz, in: FS Bernhardt, 1995, S. 1021 ff. (1032 ff., insb. 1034); *R. Geulen*, LKV 2005, 158 (158); *H.-J. Rodenbach*, in: Schmidt-Bleibtreu/Hofmann/Henneke, GG, Art. 134 Rn. 28; *D. C. Umbach/T. Clemens*, in: Umbach/Clemens, GG, Art. 134 Rn. 3, 13; → *Heun*, Bd. III², Art. 134 Rn. 21: die Vorschrift »läuft sachlich leer«.

[54] BVerwGE 99, 283 (290 f.); *Hahn*, Vermögen (Fn. 53), S. 1036; *Dietlein* (Fn. 46), Art. 134 Abs. 1 Rn. 15; *K. v. Lewinski*, in: Friauf/Höfling, GG, Art. 134 (2016), Rn. 19; *R. Geulen*, LKV 2005, 158 (158); *R. P. Schenke*, in: Sodan, GG, Art. 134 Rn. 2; s. auch BT-Drs. 12/5553, S. 218. Zu den Abweichungen des Einigungsvertrags von Art. 134 GG *Berlit*, Ländervermögen (Fn. 10), S. 266, 279 ff.; *J. Ipsen*, Das rechtliche Schicksal des »volkseigenen Vermögens«, in: FS Remmers, 1995, S. 393 ff. (396 ff.); *Richter*, Ansprüche (Fn. 47), S. 262.

[55] BVerwGE 99, 283 (289); *Hahn*, Vermögen (Fn. 53), S. 1036; *Eckert*, Vermögen (Fn. 47), S. 205; *M. Zuleeg*, in: AK-GG, Art. 134 (2001), Rn. 4; *Umbach/Clemens* (Fn. 53), Art. 134 Rn. 3.

[56] BVerwGE 99, 283 (290); *L. Eckert*, VIZ 1995, 78 (81 f.); *Hahn*, Vermögen (Fn. 53), S. 1035 f.; *Rodenbach* (Fn. 53), Art. 134 Rn. 28; *Mager* (Fn. 37), Art. 134 Rn. 5; *Umbach/Clemens* (Fn. 53), Art. 134 Rn. 3; → *Heun*, Bd. III², Art. 134 Rn. 21. Eingehend zur Vermögensverteilung nach dem Recht der DDR *Berlit*, Ländervermögen (Fn. 10), S. 187 ff.

[57] BVerwGE 99, 283 (289); vgl. ebenso *Hahn*, Vermögen (Fn. 53), S. 1032 ff., insb. 1034; *Eckert*, Vermögen (Fn. 47), S. 214 ff.

[58] BVerfGE 95, 250 (264); s. auch BVerfG (K), NVwZ 2002, 1366 (1366); *L. Eckert*, VIZ 1995, 78 (82); *Rodenbach* (Fn. 53), Art. 134 Rn. 23.

[59] *v. Lewinski* (Fn. 54), Art. 134 Rn. 7.

[60] BVerfGE 95, 250 (264 f.).

[61] *Dietlein* (Fn. 46), Art. 134 Abs. 1 Rn. 15.

[62] *v. Lewinski* (Fn. 54), Art. 134 Rn. 7.

Bundesländer scheide aus[63], da der Einigungsvertrag die Verteilung des DDR-Vermögens abschließend regele[64]. Nach anderer Ansicht ist Art. 134 GG **auf das ehemalige Reichsvermögen im Beitrittsgebiet anwendbar**[65], sodass von der Verfassungsnorm abweichende Bestimmungen des Einigungsvertrags verfassungswidrig bzw. verfassungskonform auszulegen seien[66]. Zur Begründung wird verwiesen auf die Entstehungsgeschichte der Norm[67]; auf die zeitlich unbegrenzte Geltung des Art. 134 GG[68]; auf die Vergleichbarkeit der Übergangssituationen nach dem Zweiten Weltkrieg und dem Zusammenbruch der DDR[69]; auf das Gebot der Gleichbehandlung der alten und neuen Bundesländer bei der Verteilung des Reichsvermögens[70]; und auf die Gegenstandslosigkeit der Umwandlung des Reichsvermögens in DDR-Volksvermögen nach dem Beitritt der DDR zur Bundesrepublik[71]. Für diese Interpretation spricht bereits der historisch-systematische Zusammenhang des Art. 134 GG mit dem verfassungsrechtlichen Gebot der Wiedervereinigung nach der Präambel und Art. 23 GG i.d.F. vom 23.5.1949 (→ Art. 141 Rn. 29)[72].

II. Reichsvermögen wird Bundesvermögen (Art. 134 I GG)

11 Art. 134 I GG regelt den Übergang des Reichsvermögens auf den Bund. Reichsvermögen ist das gesamte 1945 vorhandene Verwaltungs- und Finanzvermögen des Deutschen Reichs[73]. Vermögen der Bundesstaaten des Reichs ist nicht erfasst (→ Rn. 20)[74]. **Verwaltungsvermögen** sind alle Gegenstände, die der Reichsverwaltung unmittelbar zur Erfüllung ihrer Aufgaben dienten[75]. **Finanzvermögen** sind die mittelbar, aufgrund ihres Werts oder ihrer Erträge staatlicher Aufgabenerfüllung dienenden Gegenstände[76]. Aus der Entstehungsgeschichte des Art. 134 GG (→ Rn. 7)[77] sowie Art. 134 IV

---

[63] BVerfGE 95, 250 (264); BVerwGE 99, 283 (290f.); *Jarass*/Pieroth, GG, Art. 134 Rn. 6; *Rodenbach* (Fn. 53), Art. 134 Rn. 23.

[64] BVerwGE 99, 283 (290f.); *Schenke* (Fn. 54), Art. 134 Rn. 2: keine Regelungslücke. Zu den Bestimmungen des Einigungsvertrags zum DDR-Vermögen eingehend *W. Löwer*, SächsVBl. 1993, 97ff.; *J. Ipsen/T. Koch*, DVBl. 1993, 1ff.; *L. Eckert*, VIZ 1995, 78 (79ff.); *Hahn*, Vermögen (Fn. 53), S. 1022ff.

[65] *Berlit*, Ländervermögen (Fn. 10), S. 268ff.; *T. Früh*, ZOV 1993, 141ff.; *Richter*, Ansprüche (Fn. 47), S. 246ff., 269ff.; *Koch* (Fn. 43), Art. 134 Rn. 18ff.

[66] *Berlit*, Ländervermögen (Fn. 10), S. 290ff., der die Verfassungskonformität des Einigungsvertrags überzeugend teilweise verneint.

[67] *U. Berlit*, LKV 1996, 125 (126); *Koch* (Fn. 43), Art. 134 Rn. 18.

[68] *Mußgnug/Hufeld* (Fn. 7), Art. 134 Rn. 51ff., insb. 53.

[69] Vgl. auch *Koch* (Fn. 43), Art. 134 Rn. 19.

[70] *Berlit*, Ländervermögen (Fn. 10), S. 302ff.; *Koch* (Fn. 43), Art. 134 Rn. 20; *A. Dehnhard*, DtZ 1994, 233 (234).

[71] *Koch* (Fn. 43), Art. 134 Rn. 19.

[72] Ebenso *Berlit*, Ländervermögen (Fn. 10), S. 274f.

[73] Statt fast aller *H.-G. Schultze-Schlutius*, DÖV 1950, 198 (199f.); *Berlit*, Ländervermögen (Fn. 10), S. 107; *Eckert*, Vermögen (Fn. 47), S. 205; *K.H. Friauf*, HStR IV, § 90 Rn. 28; *W. Höfling*, DVBl. 1997, 1301 (1302).

[74] BVerfGE 95, 250 (263); *Rodenbach* (Fn. 53), Art. 134 Rn. 3.

[75] → *Heun*, Bd. III^2, Art. 134 Rn. 8; *Jarass*/Pieroth, GG, Art. 134 Rn. 3; eingehend zum Begriff des Verwaltungsvermögens *Berlit*, Ländervermögen (Fn. 10), S. 22f.; *K. H. Friauf*, HStR IV, § 90 Rn. 20ff. (mit Beispielen) und *Stern*, Staatsrecht II, S. 1260ff.

[76] → *Heun*, Bd. III^2, Art. 134 Rn. 8; *Jarass*/Pieroth, GG, Art. 134 Rn. 3; eingehend zum Begriff des Finanzvermögens *Berlit*, Ländervermögen (Fn. 10), S. 23f.; mit Beispielen *K. H. Friauf*, HStR IV, § 90 Rn. 20ff. und *J. Isensee*, HStR^3 V, § 122 Rn. 28ff.

[77] Ebenso *Rodenbach* (Fn. 53), Art. 134 Rn. 6.

und Art. 135a I Nr. 1 GG, die den Bund zur Regelung der Reichsschulden ermächtigen[78], folgt, dass neben den Aktiven auch die Passiven des Reichs umfasst sind[79].

Art. 134 I GG bewirkt einen **unmittelbaren Übergang des Reichsvermögens** ohne gesetzlichen Übertragungsakt[80]. Das Reichsvermögen ist daher im Gebiet der Bundesrepublik mit Inkrafttreten des GG[81] und im Gebiet der DDR, soweit es sich in ihrem Eigentum befand, mit der Wiedervereinigung Bundesvermögen geworden. Die Unmittelbarkeit des Vermögensübergangs folgt aus dem grammatikalischen Vergleich (»wird«) mit Art. 134 II GG (»ist es ... zu übertragen« bzw. »kann ... übertragen«), wenngleich Art. 134 III GG trotz seiner Formulierung (»wird«) einen Übertragungsakt erfordert (→ Rn. 17)[82]. Ungeachtet dessen regelt das Reichsvermögen-Gesetz den Übergang des Reichsvermögens auf den Bund (s. § 1 I 1). 12

III. Übertragung des Reichsvermögens auf die Länder und Gemeinden (Art. 134 II GG)

Art. 134 II GG regelt die Übertragung des nach Art. 134 I GG auf den Bund übergegangenen Reichsvermögens auf die Länder und Gemeinden, wobei S. 1 zur Übertragung verpflichtet (»ist«) und S. 2 zur Übertragung ermächtigt (»kann«)[83]. Im Gegensatz zu Art. 134 I GG (→ Rn. 12) erfordert Art. 134 II GG bereits nach seinem Wortlaut (»ist es ... zu übertragen« bzw. »kann ... übertragen«) einen Übertragungsakt des Bundes[84]. Bis zur Übertragung ist der Bund Zwischeneigentümer[85]. Art. 134 II 1 Alt. 1 und Alt. 2 GG stehen **gleichrangig** nebeneinander (s. aber § 3 RVG: Vorrang des Art. 134 II 1 Alt. 1 GG). Das Gleiche gilt für Art. 134 II 1 GG und Art. 134 III GG; für einen Vorrang des Art. 134 II 1 GG gegenüber Art. 134 III GG[86] gibt es normsystematisch keine Anhaltspunkte. 13

---

[78] So auch *J. Isensee*, HStR³ V, § 122 Rn. 20.

[79] Statt vieler BVerwGE 96, 231 (233f.); BGHZ 128, 393 (399f.); *H.-G. Schultze-Schlutius*, DÖV 1950, 198 (198f.); *Stern*, Staatsrecht II, S. 1259; *W. Höfling*, DVBl. 1997, 1301 (1302); *Jarass*/Pieroth, GG, Art. 134 Rn. 3; offengelassen von BVerfGE 15, 126 (133ff.); *Dietlein* (Fn. 46), Art. 134 Abs. 1 Rn. 3.

[80] Statt fast aller BVerfGE 119, 394 (396, Rn. 2); BVerwGE 111, 188 (192); BGHZ 3, 308 (310ff.); 8, 197 (200); *H.-G. Schultze-Schlutius*, DÖV 1950, 198 (200); *J. Isensee*, HStR³ V, § 122 Rn. 25; *K.-A. Schwarz*, in: Maunz/Dürig, GG, Art. 134 (2012), Rn. 10; *Koch* (Fn. 43), Art. 134 Rn. 4.

[81] *Bartlsperger*, Rückfall (Fn. 37), S. 83; *Mußgnug/Hufeld* (Fn. 7), Art. 134 Rn. 54.

[82] Eingehend *E. Féaux de la Croix*, AöR 77 (1951/52), 35 (37ff.).

[83] Art. 134 II GG wird teilweise als »Grundsatz der Funktionsnachfolge« (BVerfG [K], NVwZ 2002, 1366 [1366]; *Bartlsperger*, Rückfall [Fn. 37], S. 87; *K.H. Friauf*, HStR IV, § 90 Rn. 22) oder als »Funktionsprinzip« (*Koch* [Fn. 43], Art. 134 Rn. 7f.) bezeichnet; kritisch gegenüber diesen Begriffen *Mußgnug/Hufeld* (Fn. 7), Art. 134 Rn. 59.

[84] Statt aller BVerwGE 111, 188 (192); *W. Höfling*, DVBl. 1997, 1301 (1303); *Bartlsperger*, Rückfall (Fn. 37), S. 83f.

[85] Prägnant *K.H. Friauf*, HStR IV, § 90 Rn. 22: Der Bund wird »Zwischeneigentümer«; *Mußgnug/Hufeld* (Fn. 7), Art. 134 Rn. 79 unterscheiden zwischen mit Anwartschaftsrechten gem. Art. 134 II und III GG belastetem Treuhand-Eigentum und unbelastetem Residual-Eigentum des Bundes.

[86] So aber statt vieler *Eckert*, Vermögen (Fn. 47), S. 207; *W. Höfling*, DVBl. 1997, 1301 (1303); *Berlit*, Ländervermögen (Fn. 10), S. 116; *Koch* (Fn. 43), Art. 134 Rn. 17; s. auch BT-Drs. 3/2357, S. 13. Zur Verfassungskonformität des in § 5 I RVG geregelten Anwendungsvorrangs des Art. 134 II 1 GG gegenüber Art. 134 III GG *Dietlein* (Fn. 46), Art. 134 Abs. 1 Rn. 13.

1. Übertragung auf nunmehr zuständige Aufgabenträger (Art. 134 II 1 Alt. 1 GG)

14 Art. 134 II 1 Alt. 1 GG verpflichtet den Bund, nach Art. 134 I GG auf ihn übergegangenes Reichsvermögen (»es«), das nach seiner ursprünglichen Zweckbestimmung überwiegend für Verwaltungsaufgaben bestimmt war, die nach dem GG nicht Verwaltungsaufgaben des Bundes sind, unentgeltlich auf die nunmehr zuständigen Aufgabenträger zu übertragen (**Änderung der Aufgabenträgerschaft**[87]). Die Voraussetzungen sind erfüllt, wenn Reichsvermögen vom Deutschen Reich hauptsächlich (»überwiegend«) für Verwaltungsaufgaben verwendet wurde, die der Verwaltungskompetenz der Länder (Art. 30, 83 ff. GG) oder Gemeinden (Art. 28 II 1 GG) als »nunmehr zuständigen Aufgabenträgern«[88] unterfallen[89]. In zeitlicher Hinsicht dürften die Zweckbestimmung des Reichsvermögens bei dem Zusammenbruch des Reichs (s. auch § 2 RVG: 8.5.1945)[90] und die Verwaltungskompetenzordnung des GG bei seinem Inkrafttreten (alte Bundesländer) bzw. der Wiedervereinigung (neue Bundesländer) maßgeblich sein (s. aber § 2 i. V. m. § 22 I RVG: am 1.8.1961), sodass spätere Änderungen irrelevant sind. Art. 134 II 1 Alt. 1 GG begründet eine **Pflicht des Bundes zur Übertragung** (»ist«) und einen korrespondierenden **Anspruch des zuständigen Aufgabenträgers**[91]. Eine Zustimmung der Länder bzw. Gemeinden ist nicht erforderlich; sie können die Annahme der Vermögensübertragung nicht verweigern. Die Übertragung hat »unentgeltlich« zu erfolgen. Art. 134 II 1 Alt. 1 GG ist durch § 2 RVG konkretisiert.

2. Übertragung auf die Länder (Art. 134 II 1 Alt. 2 GG)

15 Art. 134 II 1 Alt. 2 GG verpflichtet den Bund, nach Art. 134 I GG auf ihn übergegangenes Reichsvermögen (»es«), das nach seiner gegenwärtigen, nicht nur vorübergehenden Benutzung Verwaltungsaufgaben dient, die nach dem GG nunmehr von den Ländern zu erfüllen sind, auf die Länder zu übertragen (**Zweckänderung**)[92]. Die Voraussetzungen sind erfüllt, wenn Reichsvermögen nach seinem Übergang auf den Bund dauerhaft für Aufgaben verwendet wird, die nach dem GG im Zeitpunkt seines Inkrafttretens (alte Bundesländer) bzw. der Wiedervereinigung (neue Bundesländer) (»nunmehr«) der Verwaltungskompetenz der Länder (Art. 30, 83 ff. GG) oder Gemeinden[93] (Art. 28 II 1 GG) unterfallen[94]. Ob »gegenwärtig« für das Gebiet der alten Bundesländer[95] das Inkrafttreten des Reichsvermögen-Gesetzes am 1.8.1961 (s. § 3 i. V. m. § 22 I RVG) oder des GG[96] bezeichnet, ist umstritten. Ebenso wie Art. 134 II 1 Alt. 1 GG begründet Art. 134 II 1 Alt. 2 GG eine **Übertragungspflicht des Bundes** (»ist«) und

---

[87] → *Heun*, Bd. III², Art. 134 Rn. 11.

[88] Zur Einbeziehung der Gemeinden *F. Freudling*, NJW 1954, 1785 (1785); *Schwarz* (Fn. 80), Art. 134 Rn. 16; *K.-D. Schnapauff*, in: Hömig/Wolff, GG, Art. 134 Rn. 3.

[89] Beispiele bei *F. Freudling*, NJW 1954, 1785 (1786); *Richter*, Ansprüche (Fn. 47), S. 260.

[90] Ebenso *Eckert*, Vermögen (Fn. 47), S. 205.

[91] *W. Höfling*, DVBl. 1997, 1301 (1303); *Jarass*/Pieroth, GG, Art. 134 Rn. 4; *Koch* (Fn. 43), Art. 134 Rn. 7; *M. Kaltenborn*, in: Epping/Hillgruber, GG, Art. 134 Rn. 6.

[92] → *Heun*, Bd. III², Art. 134 Rn. 11; *Mußgnug/Hufeld* (Fn. 7), Art. 134 Rn. 58.

[93] Zur Einbeziehung der Gemeinden → *Heun*, Bd. III², Art. 134 Rn. 11; *Schwarz* (Fn. 80), Art. 134 Rn. 18; *Rodenbach* (Fn. 53), Art. 134 Rn. 14; vgl. auch BT-Drs. 3/2357, S. 12; a.A. *F. Freudling*, NJW 1954, 1785 (1785 f.); *Dietlein* (Fn. 46), Art. 134 Abs. 1 Rn. 7.

[94] Beispiele bei *F. Freudling*, NJW 1954, 1785 (1786).

[95] Für die ehemalige DDR ist nach *Hahn*, Voraussetzungen (Fn. 47), S. 13 auf das Wirksamwerden des Beitritts oder das Inkrafttreten des Einigungsvertrags abzustellen; ebenso *Eckert*, Vermögen (Fn. 47), S. 205 f.

[96] In diese Richtung deutet *Koch* (Fn. 43), Art. 134 Rn. 9.

einen Übertragungs**anspruch der Länder bzw. Gemeinden**[97] und schließt die Verweigerung der Vermögensannahme durch Länder und Gemeinden aus (→ Rn. 14). Da sich die Formulierung in Art. 134 II 1 GG »ist es unentgeltlich … zu übertragen« auf beide Normalternativen bezieht[98], muss der Bund das Vermögen **unentgeltlich** übertragen. Art. 134 II 1 Alt. 2 GG ist durch § 3 RVG konkretisiert.

3. Übertragung sonstigen Vermögens auf die Länder (Art. 134 II 2 GG)

16 »**Sonstiges Vermögen**« i. S. d. Art. 134 II 2 GG ist das auf den Bund übergegangene Finanzvermögen[99] und Verwaltungsvermögen des Reichs[100], das Art. 134 II 1 GG nicht unterfällt. »Länder« sind auch die Gemeinden (→ Rn. 15). Die Vermögensübertragung steht im Ermessen des Bundes (»kann«) und erfordert einen Übertragungsakt (→ Rn. 13). Anders als bei der obligatorischen Vermögensübertragung gem. Art. 134 II 1 GG dürfen die Länder und Gemeinden die Vermögensannahme verweigern[101]. Da die Vermögensübertragung im Ermessen des Bundes steht, darf er sie von der Zahlung eines Entgelts abhängig machen, zumal Art. 134 II 2 GG die Unentgeltlichkeit der Übertragung nicht vorschreibt[102]. Ausführungsbestimmungen zu Art. 134 II 2 GG finden sich in §§ 12 f. RVG.

IV. Rückübertragung (Art. 134 III GG)

17 Nach Art. 134 III GG wird Verwaltungs- und Finanzvermögen (»Vermögen« → Rn. 11) wiederum Vermögen der Länder und Gemeinden oder Gemeindeverbände, wenn sie es dem Reich vor 1945[103] unentgeltlich zur Verfügung gestellt hatten und es nicht der Bund für eigene Verwaltungsaufgaben benötigt (sog. **Rückfall-**[104] **bzw. Heimfallvermögen**[105]). Aus der Entstehungsgeschichte der Norm (→ Rn. 3 ff.) folgt, dass die vertragliche und gesetzliche Vermögensübertragung an das Reich erfasst ist[106]. Irrelevant ist, ob die Länder und Gemeinden ihr Vermögen dem Reich freiwillig und unmittelbar oder mittelbar über Dritte übertragen haben[107]. Eine unentgeltliche Übertragung liegt nach der Normhistorie (→ Rn. 4 f.) vor, wenn das Reich für die Vermögensübertragung

---

97 *W. Höfling*, DVBl. 1997, 1301 (1303).

98 Ebenso *F. Freudling*, NJW 1954, 1785 (1786 f.), der zusätzlich auf die Entstehungsgeschichte des Art. 134 GG verweist; im Ergebnis auch *Schwarz* (Fn. 80), Art. 134 Rn. 17; *Mußgnug/Hufeld* (Fn. 7), Art. 134 Rn. 62.

99 S. nur *Berlit*, Ländervermögen (Fn. 10), S. 116; *Jarass*/Pieroth, GG, Art. 134 Rn. 4; *Mußgnug/Hufeld* (Fn. 7), Art. 134 Rn. 63.

100 *Mußgnug/Hufeld* (Fn. 7), Art. 134 Rn. 63; *Dietlein* (Fn. 46), Art. 134 Abs. 1 Rn. 8.

101 → *Heun*, Bd. III^2, Art. 134 Rn. 12; *K. H. Friauf*, HStR IV, § 90 Rn. 22; *Schwarz* (Fn. 80), Art. 134 Rn. 20.

102 Im Ergebnis ebenso *Schwarz* (Fn. 80), Art. 134 Rn. 20; *Dietlein* (Fn. 46), Art. 134 Abs. 1 Rn. 8; auf die Zulässigkeit einer unentgeltlichen Übertragung weist *Berlit*, Ländervermögen (Fn. 10), S. 116 hin.

103 Gleichsinnig *Jarass*/Pieroth, GG, Art. 134 Rn. 5.

104 Begriff z. B. bei *F. Freudling*, NJW 1954, 1785 (1787); *Rodenbach* (Fn. 53), Art. 134 Rn. 18.

105 Begriff etwa bei *Kaltenborn* (Fn. 91), Art. 134 Rn. 9; *Schwarz* (Fn. 80), Art. 134 Rn. 21. Die Begriffe Rück- bzw. Heimfallvermögen sind unglücklich gewählt, weil Art. 134 III GG einen Übertragungsakt erfordert.

106 *Berlit*, Ländervermögen (Fn. 10), S. 117; *F. Freudling*, NJW 1954, 1785 (1787), auch näher zum Inhalt der Verträge und Verreichlichungsgesetze, durch die Vermögen der Länder und Gemeinden auf das Reich übertragen wurde.

107 *Dietlein* (Fn. 46), Art. 134 Abs. 1 Rn. 9; *Rodenbach* (Fn. 53), Art. 134 Rn. 18.

kein oder ein erheblich unter dem Vermögenswert liegendes Entgelt gezahlt hat[108]. Art. 134 III GG **verpflichtet** den Bund zur Rückübertragung des Vermögens an den Hoheitsträger, der vor der Vermögensübertragung auf das Reich Eigentümer war. Nicht erforderlich ist eine Rechtsidentität zwischen der restitutionsbegünstigten Gebietskörperschaft und der dem Reich das Vermögen übertragenden Gebietskörperschaft[109]. Art. 134 III GG erfordert trotz seines Wortlauts (»wird« → Rn. 12) einen Übertragungsakt des Bundes[110]. Anderenfalls liefe der Eigenbedarfsvorbehalt des Art. 134 III GG zugunsten des Bundes leer. Der Bund muss das Vermögen nach dem Normtext (»wiederum«) **unentgeltlich** übertragen (s. aber § 5 IV RVG: Wertersatzanspruch des Bundes)[111]. Gesetzlich ausgestaltet ist Art. 134 III GG durch § 5 RVG.

18 Eine Übertragungspflicht des Bundes besteht nicht, soweit er das Vermögen zur Erfüllung von Aufgaben benötigt (**Eigenbedarfsvorbehalt**), die gem. Art. 83 ff. GG seiner Verwaltungskompetenz unterfallen[112]. Angesichts des Ausnahmecharakters des Eigenbedarfsvorbehalts (→ Rn. 17) ist ein Bundesbedarf nur gegeben, wenn der Bund das Reichsvermögen unmittelbar zur Erfüllung seiner Verwaltungsaufgaben benötigt; eine lediglich mittelbare Aufgabenerfüllung aus den Vermögenserträgen genügt nicht (s. auch § 5 II 1 RVG: Vermögen muss unmittelbar für Verwaltungsaufgaben benötigt werden)[113]. Aus demselben Grund setzt ein Eigenbedarf des Bundes voraus, dass er das Vermögen für die ursprüngliche und nicht für eine andere Verwaltungsaufgabe benötigt. Umstritten ist, welcher **Zeitpunkt für den Eigenbedarf des Bundes** maßgeblich ist. Der Streit entzündet sich verfassungsrechtlich an der Auslegung des Wortes »soweit«[114] und tatsächlich an der vermögensrechtlichen Zuordnung von Liegenschaften des Deutschen Reichs, die bis zur Wiedervereinigung von alliierten Streitkräften genutzt wurden (→ Rn. 10). Nach teilweiser Ansicht muss der Eigenbedarf nur am **Stichtag** der erstmaligen Geltendmachung eines Rückübertragungsanspruchs der Länder oder Gemeinden bestehen; ein Wegfall oder ein erstmaliger Eintritt des Eigenbedarfs nach dem Stichtag lasse die Vermögenszuordnung unberührt[115]. Art. 134 III GG bezwecke im Interesse der Rechtssicherheit eine endgültige Vermögenszuordnung[116]. Nach anderer Ansicht schließt nur ein **fortdauernder Eigenbedarf** des Bundes seine Rückübertragungspflicht aus[117]. Zur Begründung wird das Konzept des Art. 134 III

---

[108] → *Heun*, Bd. III², Art. 134 Rn. 14: erhebliches Missverhältnis zwischen Entgelthöhe und Vermögenswert; *Berlit*, Ländervermögen (Fn. 10), S. 117: Gegenleistung, die deutlich hinter dem Marktwert zurückgeblieben ist; *W. Höfling*, DVBl. 1997, 1301 (1304): ohne adäquate Gegenleistung. Dazu, welche Vorteile der Länder und Gemeinden als Entgelt zu berücksichtigen sind, HessVGH DVBl. 2000, 357 (358); *Berlit*, Ländervermögen (Fn. 10), S. 117; *W. Höfling*, DVBl. 1997, 1301 (1304).

[109] *Berlit*, Ländervermögen (Fn. 10), S. 118.

[110] BVerwGE 111, 188 (192 ff.); 147, 348 (353 f., Rn. 28 f.); *Bartlsperger*, Rückfall (Fn. 37), S. 83 f.

[111] *Dietlein* (Fn. 46), Art. 134 Abs. 1 Rn. 9; im Ergebnis ebenso *F. Freudling*, NJW 1954, 1785 (1787 f.); *Mager* (Fn. 37), Art. 134 Rn. 13; *Eckert*, Vermögen (Fn. 47), S. 164, auch zur Vereinbarkeit des § 5 IV RVG mit Art. 134 III GG.

[112] Beispiele für eigene Verwaltungsaufgaben des Bundes in BT-Drs. 3/2357, S. 13.

[113] Ebenso *Bartlsperger*, Rückfall (Fn. 37), S. 89; *Dietlein* (Fn. 46), Art. 134 Abs. 1 Rn. 9; a.A. HessVGH DVBl. 2000, 357 (360).

[114] Zu verschiedenen Deutungsmöglichkeiten BT-Drs. 3/2357, S. 13.

[115] BVerwGE 111, 188 (190 ff.); *U. Hufeld*, DVBl. 2000, 361 (361 f.); *Jarass*/Pieroth, GG, Art. 134 Rn. 5.

[116] BVerwGE 111, 188 (193 f.); *Jarass*/Pieroth, GG, Art. 134 Rn. 5.

[117] *Bartlsperger*, Rückfall (Fn. 37), S. 90 ff., insb. 98 ff.; *K.-P. Dolde*, NVwZ 1993, 525 (525 f.); *W. Höfling*, DVBl. 1997, 1301 (1304 ff.); *Schwarz* (Fn. 80), Art. 134 Rn. 24; *Koch* (Fn. 43), Art. 134 Rn. 16. → *Heun*, Bd. III², Art. 134 Rn. 15.

GG als Dauerregelung ohne Stichtag genannt[118]; der Normzweck, eine funktionsadäquate Vermögenszuordnung herbeizuführen[119]; die Entstehungsgeschichte[120]; und der Grundsatz der Bundestreue[121]. Das Erfordernis einer gewissen Dauerhaftigkeit des Eigenbedarfs des Bundes (s. auch § 5 II 1 RVG) folgt bereits aus seinem Ausnahmecharakter[122]. Der Grundsatz der Vermögensrückgabe darf nicht wegen eines vorübergehenden, punktuellen Bedarfs des Bundes durchbrochen werden. Welche Anforderungen an die Fortdauer des Eigenbedarfs zu stellen sind, lässt Art. 134 III GG aber offen und obliegt daher gem. Art. 134 IV GG der Regelung durch den Gesetzgeber. Der Bund muss daher die bis zur Wiedervereinigung **von Alliierten genutzten Reichsliegenschaften** unter den Voraussetzungen des Art. 134 III GG auf die Länder und Gemeinden zurückübertragen, wenn er sie nicht fortdauernd zur Erfüllung eigener Verwaltungsaufgaben wie zur Streitkräftestationierung (s. Art. 87a GG) benötigt[123].

V. Nähere Regelung durch Bundesgesetz (Art. 134 IV GG)

Art. 134 IV GG ermächtigt den Bundesgesetzgeber zur Konkretisierung (»das 19
Nähere«)[124] des Art. 134 I bis III GG. Ein **Bundesgesetz**, das der **Zustimmung des Bundesrats** bedarf, ist für den Vermögensübergang nach Art. 134 I GG deklaratorisch, für die Vermögensübertragung nach Art. 134 II und III GG dagegen konstitutiv[125]. Die Gesetzgebungskompetenz des Bundes erstreckt sich auf die **Passiven des Reichs** (s. auch Art. 135a I Nr. 1 GG)[126]. Dies soll eine gesetzliche Einschränkung des Übergangs der Reichsschulden nach Art. 134 I GG auf den Bund erlauben[127], wofür es jedoch wegen der Beschränkung der Gesetzgebungsermächtigung des Art. 134 IV GG auf die Konkretisierung des Art. 134 I GG des Rekurses auf Art. 135a I Nr. 1 GG be-

---

118 *Bartlsperger*, Rückfall (Fn. 37), S. 98 ff.; *Schwarz* (Fn. 80), Art. 134 Rn. 26; *K.-P. Dolde*, NVwZ 1993, 525 (525).

119 *K.-P. Dolde*, NVwZ 1993, 525 (525); *W. Höfling*, DVBl. 1997, 1301 (1307); *Koch* (Fn. 43), Art. 134 Rn. 16.

120 *W. Höfling*, DVBl. 1997, 1301 (1307).

121 → *Heun*, Bd. III², Art. 134 Rn. 15.

122 Parl. Rat XIV/2, S. 1229; s. auch BT-Drs. 3/2357, S. 13.

123 Im Ergebnis ebenso *Bartlsperger*, Rückfall (Fn. 37), S. 90 ff.; *Kaltenborn* (Fn. 91), Art. 134 Rn. 12; zu den Konsequenzen für die Auslegung der Fristenregelung des § 5 II RVG *Mager* (Fn. 37), Art. 134 Rn. 13; a.A. auf der Grundlage einer Deutung des Art. 134 III GG als Stichtagsregelung BVerwGE 111, 188 (194 f.); *Jarass*/Pieroth, GG, Art. 134 Rn. 5; *Rodenbach* (Fn. 53), Art. 134 Rn. 21. Teilweise wird ein Rückgabeanspruch der Länder bzw. Gemeinden bereits deswegen bejaht, weil die Nutzung von Reichsvermögen durch alliierte Streitkräfte keinen Eigenbedarf des Bundes i. S. d. Art. 134 III GG begründet habe, so HessVGH DVBl. 2000, 357 (360); *U. Hufeld*, DVBl. 2000, 361 (362); dagegen zutreffend *Bartlsperger*, Rückfall (Fn. 37), S. 92; *Koch* (Fn. 43), Art. 134 Rn. 14.

124 *Berlit*, Ländervermögen (Fn. 10), S. 285: Keine Befugnis zur Durchbrechung des Art. 134 I bis III GG; s. ferner BVerfGE 15, 126 (139); *K.-P. Dolde*, NVwZ 1993, 525 (529); *Mußgnug/Hufeld* (Fn. 7), Art. 134 Rn. 68.

125 Zur Gesetzgebungspflicht des Bundes *v. Lewinski* (Fn. 54), Art. 134 Rn. 44.

126 Statt fast aller BVerfGE 15, 126 (133 ff.); 19, 150 (159 ff.); 29, 413 (426); 41, 126 (152); 53, 164 (176 f.); *Jarass*/Pieroth, GG, Art. 134 Rn. 7; *Mußgnug/Hufeld* (Fn. 7), Art. 134 Rn. 67; näher zum Problem *K. Harms*, Verfassungsrecht in Umbruchsituationen, 1999, S. 47 f., 216 f.

127 So BVerfGE 15, 126 (140 ff.): »Der Gesetzgeber hat zu beachten, daß ihm demgemäß die Forderungen gegen das Reich als dem Grunde nach existent zur Berücksichtigung nach Maßgabe des Möglichen überwiesen sind. Nur mit dieser Maßgabe darf er die Befriedigung kürzen oder verweigern.« (143); 29, 413 (425); 41, 126 (152 f.); 53, 164 (176 f.); BVerwGE 45, 250 (254); *Jarass*/Pieroth, GG, Art. 134 Rn. 7 unter Hinweis auf das Wort »grundsätzlich« in Art. 134 I GG (s. aber → Rn. 9).

darf[128]. Auf der Grundlage des Art. 134 IV GG wurden u. a. das Reichsvermögen-Gesetz[129] und Art. 21 f. Einigungsvertrag[130] erlassen[131].

D. Verhältnis zu anderen GG-Bestimmungen

20 Art. 134 II 1 Alt. 1 und Alt. 2 GG sowie Art. 134 II 1 und III GG stehen **gleichrangig** nebeneinander (→ Rn. 13). Art. 89 I GG und Art. 90 I GG gehen Art. 134 I GG als **leges speciales** vor[132]. **Art. 135a GG konkretisiert**[133] **und ergänzt**[134] (→ Rn. 19) Art. 134 IV GG. Art. 135 GG ergänzt Art. 134 GG um Bestimmungen über das Vermögen der Länder sowie anderer Körperschaften und Anstalten des öffentlichen Rechts des Deutschen Reichs[135].

---

[128] Zutreffend *K. H. Friauf*, HStR IV, § 90 Rn. 20.

[129] BGBl. I S. 597.

[130] A. A. auf der Grundlage der tatbestandlichen Unanwendbarkeit des Art. 134 GG auf das Reichsvermögen im Beitrittsgebiet *Hahn*, Voraussetzungen (Fn. 47), S. 32 f.; *Eckert*, Vermögen (Fn. 47), S. 240 f.; a. A., weil Art. 21 f. Einigungsvertrag inhaltlich von Art. 134 GG abweichen, was indes nicht die Unanwendbarkeit des Art. 134 IV GG zur Folge hat, sondern die Frage der Verfassungskonformität der Art. 21 f. Einigungsvertrag aufwirft, *Mager* (Fn. 37), Art. 134 Rn. 16.

[131] Zu diesen und weiteren nach Art. 134 IV GG erlassenen Gesetzen *Berlit*, Ländervermögen (Fn. 10), S. 123 ff.; *K. H. Friauf*, HStR IV, § 90 Rn. 24; *Mußgnug/Hufeld* (Fn. 7), Art. 134 Rn. 81 ff.

[132] *Berlit*, Ländervermögen (Fn. 10), S. 106 f. → *Heun*, Bd. III^2, Art. 134 Rn. 22.

[133] BVerfGE 15, 126 (140); 19, 150 (165); 41, 126 (152).

[134] *Dietlein* (Fn. 46), Art. 134 Abs. 1 Rn. 1; vgl. auch BVerfGE 95, 250 (263 f.).

[135] BVerfGE 10, 20 (42 f.); *Stern*, Staatsrecht II, S. 1259; *Koch* (Fn. 43), Art. 134 Rn. 1; näher *Richter*, Ansprüche (Fn. 47), S. 269.

Artikel 135* [Vermögensübergang bei Änderung des Gebietsstandes oder Auflösung]

(1) Hat sich nach dem 8. Mai 1945 bis zum Inkrafttreten dieses Grundgesetzes die Landeszugehörigkeit eines Gebietes geändert, so steht in diesem Gebiete das Vermögen des Landes, dem das Gebiet angehört hat, dem Lande zu, dem es jetzt angehört.

(2) Das Vermögen nicht mehr bestehender Länder und nicht mehr bestehender anderer Körperschaften und Anstalten des öffentlichen Rechtes geht, soweit es nach seiner ursprünglichen Zweckbestimmung überwiegend für Verwaltungsaufgaben bestimmt war, oder nach seiner gegenwärtigen, nicht nur vorübergehenden Benutzung überwiegend Verwaltungsaufgaben dient, auf das Land oder die Körperschaft oder Anstalt des öffentlichen Rechtes über, die nunmehr diese Aufgaben erfüllen.

(3) Grundvermögen nicht mehr bestehender Länder geht einschließlich des Zubehörs, soweit es nicht bereits zu Vermögen im Sinne des Absatzes 1 gehört, auf das Land über, in dessen Gebiet es belegen ist.

(4) Sofern ein überwiegendes Interesse des Bundes oder das besondere Interesse eines Gebietes es erfordert, kann durch Bundesgesetz eine von den Absätzen 1 bis 3 abweichende Regelung getroffen werden.

(5) Im übrigen wird die Rechtsfolge und die Auseinandersetzung, soweit sie nicht bis zum 1. Januar 1952 durch Vereinbarung zwischen den beteiligten Ländern oder Körperschaften oder Anstalten des öffentlichen Rechtes erfolgt, durch Bundesgesetz geregelt, das der Zustimmung des Bundesrates bedarf.

(6) [1]Beteiligungen des ehemaligen Landes Preußen an Unternehmen des privaten Rechtes gehen auf den Bund über. [2]Das Nähere regelt ein Bundesgesetz, das auch Abweichendes bestimmen kann.

(7) Soweit über Vermögen, das einem Lande oder einer Körperschaft oder Anstalt des öffentlichen Rechtes nach den Absätzen 1 bis 3 zufallen würde, von dem danach Berechtigten durch ein Landesgesetz, auf Grund eines Landesgesetzes oder in anderer Weise bei Inkrafttreten des Grundgesetzes verfügt worden war, gilt der Vermögensübergang als vor der Verfügung erfolgt.

Literaturauswahl

Berlit, Uwe: Ländervermögen im Bundesstaat. Die Vermögensverteilung zwischen Bund und ostdeutschen Ländern als föderales Problem, 1994.

Eckert, Lucia: Öffentliches Vermögen der ehemaligen DDR und Einigungsvertrag: seine Verteilung gemäß Art. 21, 22 Einigungsvertrag, 1994.

Freudling, Fritz: Rechtsfragen zu Art. 135 GG, in: NJW 1956, S. 1577–1580.

Hahn, Hugo J.: Das öffentliche Vermögen in der Wiedervereinigung. Art. 21 Einigungsvertrag im Lichte der Art. 134, 135 Grundgesetz, in: Festschrift für Rudolf Bernhardt, 1995, S. 1021–1040.

Hofmann, Peter: Die Stiftung »Preußischer Kulturbesitz« in Berlin, in: Die Verwaltung 21 (1988), S. 63–90.

Leitentscheidungen des Bundesverfassungsgerichts

BVerfGE 10, 20 (36ff.) – Preußischer Kulturbesitz; 29, 413 (425ff.) – Reichsnährstand; 95, 250 (263f.) – Restitution des Länderbestands.

---

* Bei der vorliegenden Kommentierung handelt es sich um eine Überarbeitung und Aktualisierung der Vorauflage von Ingolf Pernice. Diese wurde geprüft und teils verändert, so dass die volle Verantwortung für die vorliegende Fassung nunmehr allein bei dem neuen Bearbeiter liegt.

Gliederung

Stichwörter

A. Herkunft, Entstehung, Entwicklung

1 Die **aufgrund der besonderen Situation Deutschlands** nach dem zweiten Weltkrieg geschaffene Regelung des Art. 135 GG hat in der deutschen Verfassungsgeschichte **keine Vorläufer**. Auch der HChE sah noch keine Regelung vor. Den Anstoß für die Diskussion gab der von Dehler im Parlamentarischen Rat vorgelegte Vorschlag, für Streitigkeiten über Vermögensfragen beim Wechsel der Landeszugehörigkeit eine Zuständigkeit des Bundesverfassungsgerichts zu schaffen[1]. Die Debatte führte zu einem Vorschlag des Redaktionsausschusses, der eine im Wesentlichen schon dem endgültigen Art. 135 GG entsprechende Sachregelung enthielt und vom Organisationsausschuss aufgegriffen wurde[2]. In Absatz 1 wurde hier die **zeitliche Beschränkung** »bis zum Inkrafttreten des Grundgesetzes« eingeführt, um besonderen vermögensrechtlichen Regelungen im Rahmen von Neugliederungen nach Art. 29 und 118 GG nicht vorzugreifen[3]. Absatz 5 fand Eingang in den Text, nachdem Sonderbestimmungen zum Vermögen Preußens im Entwurf zu Art. 134 GG gestrichen worden waren[4]. Der Regelungsvorbehalt in Absatz 4 sollte ermöglichen, dass die bei der Bildung von Nordrhein-Westfalen und Niedersachsen getroffenen Sonderabreden über das Vermögen der Länder Oldenburg, Braunschweig, Schaumburg-Lippe und Lippe hinsichtlich der gebietlichen Zweckbestimmung auch nach Inkrafttreten des Grundgesetzes noch berücksichtigt werden können: Der Bundesgesetzgeber sollte hier als Schiedsrichter dienen[5].

2 Art. 135 GG blieb seit Inkrafttreten des Grundgesetzes unverändert. Mit dem 1957 eingefügten Art. 135a GG wurde allerdings klargestellt, dass sich Art. 135 V GG auch auf Verbindlichkeiten bezieht[6]. Die im Zusammenhang mit der **Wiedervereinigung**

---

1 Vgl. den Vorschlag des Abg. *Dehler* in der 27. Sitzung des Organisationsausschusses v. 6.12.1948, Parl. Rat XIII/2, S. 952f., dem dann erst am 25.1.1949 der Allg. Redaktionsausschuss mit seinem Textvorschlag folgte, Parl. Rat VII, S. 293, 290.

2 Parl. Rat VII, S. 197f.; Parl. Rat XIII/2, S. 1125ff. S. im Einzelnen auch *H. Holtkotten*, in: BK, Art. 135 (Erstbearbeitung 1950), Anm. I. (S. 2f.).

3 Vgl. Parl. Rat XIII/2, S. 1126. → Rn. 7.

4 Parl. Rat VII, S. 291; Parl. Rat XIV/2, S. 1643ff. → Art. 134 Rn. 5.

5 So in Reaktion auf das Petitum des Abg. *Seebohm* die Begründung des Abg. *Zinn*, Parl. Rat XIV/2, S. 1643ff.; zur Debatte ausführlich *Holtkotten* (Fn. 2), Art. 135 Anm. I. (S. 5ff.).

6 Vgl. BVerfGE 29, 413 (427). → Rn. 12.

Deutschlands neu aufgetretenen vermögensrechtlichen Fragen, unter anderem in bezug auf das im Gebiet der ehemaligen DDR verbliebene Vermögen Preußens sind Gegenstand der Art. 21 und 22 EV[7].

B. Internationale, supranationale und rechtsvergleichende Bezüge

3 Völkerrechtliche Normen oder Grundsätze, etwa aus dem Recht der Staatennachfolge[8], mögen bei der Gestaltung des Art. 135 GG Pate gestanden haben, sind aber schon deswegen irrelevant, weil das Reich 1945 nicht untergegangen ist[9], die Länder bereits 1934 ihre Staatsqualität verloren hatten (→ Rn. 5) und es im Bund-Länder-Verhältnis nicht um einen vom Völkerrecht bestimmten Sachverhalt geht. Auch Bezüge zum Europarecht sind nicht erkennbar. Die historisch bedingte Besonderheit des Art. 135 GG (→ Rn. 4) wird vor allem im Vergleich mit den **Verfassungen anderer Bundesstaaten** deutlich, die wegen der andersartigen historischen Konstellation – soweit ersichtlich – entsprechende Regelungen ebenso wenig enthalten wie die Verfassungen der deutschen Länder.

C. Erläuterungen

I. Allgemeine Bedeutung

4 Als vermögensrechtliche **Übergangsregelung** bei Inkrafttreten des Grundgesetzes tritt Art. 135 GG neben die Bestimmung zum Übergang des Reichsvermögens auf den Bund in Art. 134 GG und ergänzt diese[10]. Er betrifft die mit dem Wechsel der Landeszugehörigkeit verbundene Zuordnung von **Ländervermögen**, soweit im Zeitraum zwischen dem 8.5.1945 und dem Inkrafttreten des Grundgesetzes Gebietsänderungen stattgefunden haben (Absatz 1) bzw. Länder oder andere Körperschaften und Anstalten des öffentlichen Rechts nicht mehr bestehen (Absätze 2 und 3)[11]. Seine praktische Bedeutung war anfangs wegen der vielfältigen Gebietsänderungen im betreffenden Zeitraum – nur das Land Hamburg blieb unberührt[12] – insbesondere wegen der Auf-

---

[7] Krit. zur Verfassungsmäßigkeit dieser Regelungen *U. Berlit*, Ländervermögen im Bundesstaat, 1994, S. 266ff., 279ff., 290; s. auch *A. Dehnhard*, DtZ 1994, 233 (234); *T. Koch*, in: Sachs, GG, Art. 135 Rn. 1, jeweils m.w.N. zum Streitstand; anders VG Berlin DÖV 1993, 1056 (1056f.). → Rn. 4; → Art. 134 Rn. 10.

[8] Vgl. zur Staatennachfolge *Verdross/Simma*, Völkerrecht, §§ 972ff.; *J. Crawford*, Brownlie's Principles of Public International Law, 8. Aufl. 2012, S. 428ff.: »It is generally accepted that succession to the public property of the predecessor state located on the territory in question is a principle of customary international law« (S. 430); vgl. auch die Vienna Convention on the Succession of States in Respect of State Property, Archives and Debts v. 8.4.1983, in: ILM 22 (1983), 306ff., die freilich noch nicht in Kraft ist. BVerfGE 10, 20 (42) spricht von »Rechtsnachfolge in Staatsvermögen«. Zur Anwendung der Regeln der Staatensukzession auf die Frage des Vermögensübergangs nach der Wiedervereinigung (krit.) *L. Eckert*, Öffentliches Vermögen der ehemaligen DDR und Einigungsvertrag, 1994, S. 249f.; vgl. zur Nachfolgesituation der deutschen Wiedervereinigung unter Berücksichtigung der Art. 21 und 22 EV auch *M.N. Shaw*, International Law, 7. Aufl. 2014, S. 718.

[9] Vgl. BVerfGE 10, 20 (38ff.); s. auch *K.H. Friauf*, HStR IV, § 90 Rn. 19 (zu Art. 134 GG); *M. Stolleis*, HStR³ I, § 7 Rn. 37ff.

[10] BVerfGE 10, 20 (42f.); vgl. ferner *Eckert*, Öffentliches Vermögen (Fn. 8), S. 243. → Rn. 15.

[11] Vgl. auch *Berlit*, Ländervermögen (Fn. 7), S. 119.

[12] So hatte sich etwa die Landeszugehörigkeit von Braunschweig, Oldenburg, Lippe und Schaumburg-Lippe sowie der Pfalz geändert, vgl. *Holtkotten* (Fn. 2), Art. 135 Anm. II. 1) b) β) (S. 11f.), der

lösung des Landes Preußen[13] und der Neuzuordnung seiner Gebietsteile erheblich. Nach erfolgter Abwicklung dieser Gebietsänderungen wird die Bedeutung des Art. 135 GG indessen als gering angesehen[14]. Die Möglichkeit seiner Anwendung auf die Vermögensfragen nach der Wiedervereinigung und das Verhältnis zu Art. 21 und 22 EV sind umstritten[15]. Die spezielle Gesetzgebungskompetenz des Bundes nach Art. 135 IV und VI GG bleibt jedenfalls bestehen, dies insbesondere im Blick auf den Regelungsauftrag in Art. 35 V EV betreffend die Stiftung Preußischer Kulturbesitz[16].

5 Allgemeine Bedeutung hat Art. 135 GG insofern, als hier für die Frage der Vermögensnachfolge bei Wechsel der Länderzugehörigkeit die **Grundsätze der Belegenheit** und der **Funktionsnachfolge** aufgestellt werden[17]. Durch die Vorschrift wird ferner deutlich, dass die Länder trotz des 1934 aufgrund des »Neuaufbaugesetzes« eingetretenen Verlustes ihrer Staatlichkeit (→ Art. 20 [Bundesstaat], Rn. 6) doch **Rechtspersönlichkeit** behielten und Inhaber von Vermögen blieben[18]. Art. 135 GG hat dabei **rechtsgestaltende Wirkung**: Der Übergang des ihnen vormals zugeordneten Vermögens auf die neuen Rechtsträger erfolgt unmittelbar, eines eigenen Übertragungsaktes bedarf es nicht[19]. Über seinen eigentlichen Anwendungsbereich hinaus erhellt Art. 135 VI GG, dass das Grundgesetz von der prinzipiellen Zulässigkeit öffentlicher Unternehmen ausgeht[20].

---

als unverändert noch Bremen nennt. Richtig *U. Mager*, in: v. Münch/Kunig, GG II, Art. 135 Rn. 1; *K.-A. Schwarz*, in: Maunz/Dürig, GG, Art. 135 (2012), Rn. 1 mit Fn. 1.

[13] Kontrollratsgesetz Nr. 46 v. 25.2.1947, nach dessen Art. III das 1945 von den vier Mächten beschlagnahmte Vermögen Preußens auf die beteiligten deutschen Länder übertragen wurde.

[14] Vgl. *Schwarz* (Fn. 12), Art. 135 Rn. 5; *Mager* (Fn. 12), Art. 135 Rn. 12. Ähnlich *K. H. Friauf*, HStR IV, § 90 Rn. 27: »Neuordnung … ist heute im wesentlichen abgeschlossen«; *J. Isensee*, HStR³ V, § 122 Rn. 123: »im wesentlichen durch Vollzug erledigt«; *Koch* (Fn. 7), Art. 135 Rn. 1: »mittlerweile ohne praktische Bedeutung«.

[15] Zur Nichtanwendbarkeit als Ausgangspunkt für die Schaffung der Art. 21, 22 EV vgl. BT-Drs. 12/5553, S. 218; ebenso: *H.-J. Rodenbach*, in: Schmidt-Bleibtreu/Hofmann/Henneke, GG, Art. 135 Rn. 2; krit. *Berlit*, Ländervermögen (Fn. 7), S. 268ff. m.w.N. Nach *Mager* (Fn. 12), Art. 135 Rn. 2 m.w.N., sind die Art. 21 und 22 EV jedenfalls als abweichende Regelungen i.S.d. Art. 135 IV GG zulässig; ebenso *Koch* (Fn. 7), Art. 135 Rn. 1. Zur Problematik dieser Lösung vgl. aber *Berlit*, Ländervermögen (Fn. 7), S. 286ff. Dass Art. 135 GG hinsichtlich des in der ehemaligen DDR belegenen ehemaligen Preußenvermögens keine Anwendung mehr findet, da dieses wirksam in Volkseigentum überführt wurde, betont *H. J. Hahn*, Das öffentliche Vermögen in der Wiedervereinigung, in: FS Bernhardt, 1995, S. 1021ff. (1039f.). Entsprechendes folgt aus BVerwG ZOV 2008, 159 (159f.) sowie bereits aus BVerwGE 99, 283 (289): »Regelungsgegenstand des Art. 134 GG ist das in dieser Eigenschaft aktuell vorhandene, ›unverteilte‹ Reichsvermögen«; krit. dazu aber *U. Berlit*, LKV 1996, 125 (126f.). Zum Vorrang der Art. 21, 22 EV gegenüber Art. 134, 135 GG wegen der Inkraftsetzung des GG nach Art. 3, 4 EV, »soweit in diesem Vertrag nichts anderes bestimmt ist«, vgl. *J. Schmidt-Räntsch/M. Hiestand*, ZIP 1993, 1749 (1750).

[16] Zu den Entwicklungen seit der Wiedervereinigung vgl. *W. Knopp*, GRUR 1992, 221 (224ff.).

[17] Vgl. dazu *Berlit*, Ländervermögen (Fn. 7), S. 119; zur Funktionsnachfolge s. insb. *J. Dietlein*, in: v. Mangoldt/Klein/Starck, GG III, Art. 135 Rn. 3; allgemein: *ders.*, Nachfolge im Öffentlichen Recht, 1999, S. 497ff.; s. auch *Rodenbach* (Fn. 15), Art. 135 Rn. 3f.

[18] Vgl. *K. H. Friauf*, HStR IV, § 90 Rn. 26; *Mager* (Fn. 12), Art. 135 Rn. 1. Zur aufrechterhaltenen Rechtspersönlichkeit bereits BVerfGE 3, 267 (268). Zum rechtlichen Schicksal der Länder nach 1934 ausführlich: *Holtkotten* (Fn. 2), Art. 135 Anm. II. 1) a) (S. 8ff.) m.w.N.

[19] Vgl. *Koch* (Fn. 7), Art. 135 Rn. 2: »ipso iure«; *Rodenbach* (Fn. 15), Art. 135 Rn. 4; *Eckert*, Öffentliches Vermögen (Fn. 8), S. 263; s. auch schon *Holtkotten* (Fn. 2), Art. 135 Anm. II. 4) (S. 21), der jedoch Absatz 6 ausnimmt (ebd., Anm. II. 8) a) [S. 30]). Diese Frage ist seit dem auch zur Ausführung von Art. 135 VI GG ergangenen Reichsvermögensgesetz v. 16.5.1961 (BGBl. I S. 597) ohne praktische Bedeutung.

[20] *J. Erdmann*, DVBl. 1998, 13 (14); *R. Stober*, ZHR 145 (1981), 565 (570); *F. Wollenschläger*,

II. Einzelfragen

Im Hinblick auf die Regelung der Vermögensfragen nach der deutschen Wiedervereinigung ist weiterhin die Frage von Bedeutung, ob der in Art. 135 I GG festgelegte zeitliche Rahmen »**bis zum Inkrafttreten des Grundgesetzes**« ausschließlich auf den Ablauf des 23.5.1949 bezogen ist[21] oder dieser Begriff und damit Art. 135 GG insgesamt auch auf den Tag des Beitritts der neuen Bundesländer am 3.10.1990 Anwendung findet[22]. Wortlaut, Systematik, Zweck und auch die Entstehungsgeschichte sprechen für eine **auf** die Regelung der **Verhältnisse zum 24.5.1949 beschränkte Anwendung**. Mit dem Begriff »Inkrafttreten« wird auf Art. 145 II GG verwiesen (→ Art. 145 Rn. 10), für den Beitritt der anderen Teile Deutschlands sah Art. 23 a. F. GG nur vor, dass das Grundgesetz dort »in Kraft zu setzen« sei. Dass Art. 3 EV den Begriff des Inkrafttretens verwendet[23], ist insofern irrelevant, als der Einigungsvertrag gerade auf eine spezielle Regelung aller mit der Wiedervereinigung in Zusammenhang stehenden Fragen gerichtet ist und das Grundgesetz danach für die Beitrittsländer in Kraft gesetzt wird, »soweit in diesem Vertrag nichts anderes bestimmt ist«. Die systematische Stellung des Art. 135 GG im Abschnitt XI des Grundgesetzes als Übergangsbestimmung[24] ist für sich genommen zwar wenig aussagekräftig, da andere in diesem Abschnitt enthaltene Normen Dauerregelungen sind[25], spricht aber nicht dagegen, dass die Vorschrift nur auf die 1949 sich stellenden Vermögensfragen ausgerichtet ist[26]. Nur in dieser Auslegung hat auch die Zeitgrenze in Absatz 5 einen Sinn. Dass die Vorschrift auf die Klärung der Vermögensfragen aufgrund von Gebietsveränderungen zwischen 1945 und 1949 beschränkt sein sollte und der Fall der Wiedervereinigung in diesem Zusammenhang nicht mitbedacht wurde, verdeutlicht schließlich die Entstehungsgeschichte. Das Ergebnis erscheint vor allem deswegen sachgerecht, weil es 1949 schon wegen der Unvorhersehbarkeit der Entwicklungen unmöglich war, für den Fall der Wiedervereinigung eine sinnvolle konkrete Regelung für die sich dann besonders stellende Frage der Vermögensverhältnisse vorzusehen[27]. 6

Obwohl sich die **zeitliche Begrenzung** nur in Absatz 1 findet, **gilt** sie wegen des Zusammenhangs **für** die **gesamte Regelung des Art. 135 GG**[28]. Dies lässt auch Absatz 5 7

Wettbewerbliche Vorgaben für öffentliche Unternehmen, in: G. Kirchhof/S. Korte/S. Magen (Hrsg.), Öffentliches Wettbewerbsrecht, 2014, § 6 Rn. 56ff. – dort auch umfassend zur Thematik. Als gewagt qualifiziert den Schluss von einer Regelung zum Übergang von Beteiligungen Preußens an Unternehmen allgemein auf eine normative Anerkennung gewerblicher Tätigkeit der öffentlichen Hand noch die Vorauflage (→ *Pernice*, Bd. III², Art. 135 Rn. 5 m. Fn. 20).

[21] So die Auffassung der Bundesregierung im Blick auf Art. 21, 22 EV, vgl. BT-Drs. 12/5553, S. 218. Ebenso *J. Isensee*, HStR³ V, § 122 Rn. 124; *Jarass/Pieroth*, GG, Art. 135 Rn. 1, jeweils unter Bezugnahme auf BVerfGE 95, 250 (263f.).

[22] So etwa: *Berlit*, Ländervermögen (Fn. 7), S. 274f.; ebenso zur zeitlichen Geltung von Art. 134 GG *R. Mußgnug/U. Hufeld*, in: BK, Art. 134 (1999), Rn. 46ff.

[23] Hierauf weist insbes. *Berlit*, Ländervermögen (Fn. 7), S. 274f. hin.

[24] Den »Charakter als Übergangsvorschrift« hebt BVerfGE 95, 250 (264) besonders hervor.

[25] So mit Hinweis u. a. auf Art. 116, 137, 140 GG *Berlit*, Ländervermögen (Fn. 7), S. 277; s. auch zu Art. 134 GG: *K.-P. Dolde*, NVwZ 1993, 525 (526); vgl. ferner den Hinweis auf das Außerkraftsetzen des Art. 131 GG durch Art. 6 EV und die Ergänzung des Art. 135a GG bei *Hahn*, Vermögen (Fn. 15), S. 1027. Zu nennen wäre auch Art. 118a GG (→ Art. 118a Rn. 9).

[26] Gegen die »Theorie der obsoleten Norm« zu Art. 134 GG aber nachdrücklich *Mußgnug/Hufeld* (Fn. 22), Art. 134 Rn. 51ff.

[27] Im Ergebnis ebenso BVerfGE 95, 250 (264); ihm folgend *Rodenbach* (Fn. 15), Art. 135 Rn. 2; vgl. auch *Eckert*, Öffentliches Vermögen (Fn. 8), S. 243.

[28] So auch *H. v. Mangoldt*, Das Bonner Grundgesetz, 1. Aufl. 1953, Art. 135 Anm. 2; *Schwarz*

erkennen, der die Schiedsrichterrolle des Bundesgesetzgebers erkennbar erst nach dem Ablauf einer Frist eintreten lassen will, in der die jeweils beteiligten Länder eine einvernehmliche Lösung finden sollten. Nach anderer Auffassung läuft Art. 135 GG für das Beitrittsgebiet leer, nachdem die DDR das Vermögen des früheren preußischen Staates nahezu vollständig verteilt habe und damit ein »Landesvermögen« nicht mehr existierte[29]. Die in Art. 135 GG enthaltenen Begriffe, Grundsätze und Kompetenzzuweisungen können indessen – trotz des Vorbehalts in Art. 3 EV – u. a. für die Auslegung der Art. 21 und 22 EV von Bedeutung sein.

8 Der Begriff des **Vermögens** in Art. 135 GG ist nach allgemeiner Auffassung weit zu verstehen. Er erfasst wie in Art. 134 GG sowohl das Finanzvermögen als auch das Verwaltungsvermögen[30], Aktiva und – wie Art. 135a GG erkennen lässt – Passiva[31]. Während das Finanzvermögen als »werbendes Vermögen« der öffentlichen Verwaltung nur mittelbar durch seinen Kapitalwert bzw. mit seinen Erträgnissen der Finanzierung des Verwaltungsaufwandes dient, ist das Verwaltungsvermögen auch nach der Rechtsprechung des Bundesverfassungsgerichts dadurch gekennzeichnet, dass es »unmittelbar den Zwecken der Verwaltung« dient, »sowohl durch seinen Gebrauch wie durch seine Zweckbestimmung, so wie dies in Art. 135 Abs. 2 GG umschrieben wird«[32]. Ein Vermögen »sui generis«[33] über die zwei genannten Arten hinaus gibt es nicht; die Sammlungen und Gebäude, die in der **Stiftung Preußischer Kulturbesitz**[34] zusammengefasst wurden, gehören ebenso wie Akademien, Forschungsanstalten, Hochschulen, Theater und Museen, die der Staat zur Erfüllung seiner Aufgaben im Bereich der Kultur unterhält, zum Verwaltungsvermögen und werden dem Vermögen i. S. d. Art. 135 II GG zugerechnet[35].

9 Das **Vermögen nicht mehr bestehender Länder** nach Art. 135 II GG betrifft das ehemalige Preußen ebenso wie etwa Braunschweig, Oldenburg, Lippe-Detmold und Schaumburg-Lippe (→ Rn. 4 m. Fn. 12). Der in Art. 135 II GG gebrauchte Begriff der Körperschaften und Anstalten des öffentlichen Rechts umfasst alle juristischen Personen des öffentlichen Rechts, einschließlich der Stiftungen[36]. Der aufgelösten NSDAP wurde der ihr 1933 gesetzlich zugebilligte Körperschaftsstatus bereits durch Führererlass v. 12.12.1942 entzogen[37] und deren Vermögen durch Kontrollratsdirektive Nr. 50 den Ländern übergeben, sie ist also nicht erfasst[38].

10 Insbesondere Art. 135 I GG, aber auch Absatz 3 folgen dem **Grundsatz der Belegenheit**. Demgegenüber enthält Absatz 2 eine Sonderregelung für Verwaltungsvermögen

---

(Fn. 12), Art. 135 Rn. 14; ebenso wohl *Jarass*/Pieroth, Art. 135 Rn. 1; *Mager* (Fn. 12), Art. 135 Rn. 1. Anders wohl *Berlit*, Ländervermögen (Fn. 7), S. 270 f.; *Eckert*, Öffentliches Vermögen (Fn. 8), S. 244.

[29] So insbes. *Eckert*, Öffentliches Vermögen (Fn. 8), S. 263 f.

[30] BVerfGE 10, 20 (36 f.); vgl. auch *Holtkotten* (Fn. 2), Art. 135 Anm. II. 1) c) (S. 12 f.); *Mager* (Fn. 12), Art. 135 Rn. 3; *Jarass*/Pieroth, GG, Art. 134 Rn. 3; *Schwarz* (Fn. 12), Art. 135 Rn. 8 ff.; → Rn. 10; zu den auf *Paul Laband* zurückgehenden Begriffen ausführlich *J. Isensee*, HStR³ V, § 122 Rn. 20 ff. m.w.N.

[31] S. insb. *J. Isensee*, HStR³ V, § 122 Rn. 9, 121. → Art. 134 Rn. 7, 11.

[32] BVerfGE 10, 20 (37) m.w.N.

[33] So *Holtkotten* (Fn. 2), Art. 135 Anm. II. 2) d) γ) (S. 20), im Blick auf den preußischen Kulturbesitz.

[34] Näher dazu *P. Hofmann*, Die Verwaltung 21 (1988), 63 ff. → Rn. 11.

[35] BVerfGE 10, 20 (37 f.). Zur Problematik der Errichtung der Stiftung vgl. etwa *Holtkotten* (Fn. 2), Art. 135 Anm. II. 2) d) (S. 17 ff.).

[36] Vgl. nur *Mager* (Fn. 12), Art. 135 Rn. 4.

[37] RGBl. I S. 733.

[38] Vgl. *Schwarz* (Fn. 12), Art. 135 Rn. 17; *Mager* (Fn. 12), Art. 135 Rn. 4 m.w.N.; näher zur Einordnung der NSDAP: *W. Breithaupt*, DÖV 1959, 817 ff.

gemäß dem **Grundsatz der Funktionsnachfolge**[39], so dass die Regelung des Absatzes 3 zum Übergang des gebietsexternen Grundvermögens nur Gegenstände des Finanzvermögens betrifft[40]. Wiederum eine Sonderregelung trifft Art. 135 VI GG für die Beteiligungen des ehemaligen Landes Preußen an Unternehmen des privaten Rechts; durch sie wird der Streit irrelevant, ob diese Beteiligungen dem Finanz- oder dem Verwaltungsvermögen[41] zuzurechnen sind. Schon dem Wortlaut nach gegenüber Art. 135 I–IV GG subsidiär ist dagegen Absatz 5[42], der die Option einer Vereinbarung zwischen den Beteiligten und, ersatzweise, eine Streitschlichtung durch zustimmungsbedürftiges Bundesgesetz vorsieht.

Art. 135 IV und VI 2 GG geben dem Gesetzgeber eine weitreichende **Sonderkompetenz zu abweichender Gestaltung**, »ohne Form und Art dieser anderweitigen Regelung näher zu umgrenzen«[43]. Der Bundesgesetzgeber hat damit eine praktisch nur durch die Grenze des Missbrauchs bzw. offenbarer Sachwidrigkeit beschränkte Entscheidungsfreiheit[44]. Damit stand es ihm auch frei, durch das Gesetz zur Errichtung einer **Stiftung »Preußischer Kulturbesitz«**[45] ehemaliges Landesvermögen von der Art des preußischen Kulturbesitzes auf eine Stiftung zu übertragen, ohne an die Vorgaben des Art. 87 III 1 GG für die Errichtung einer bundesunmittelbaren Verwaltung (→ Art. 87 Rn. 80ff.) gebunden zu sein[46]. Dem Einwand der Uferlosigkeit dieser Kompetenz zur »Schaffung unbegrenzter Bundeszuständigkeiten« setzte das Bundesverfassungsgericht den Hinweis darauf entgegen, dass es keine auch nur annähernd dem preußischen Kulturbesitz ähnlichen Vermögenskomplexe gebe, für die das Merkmal des »überwiegenden Interesses des Bundes« gegeben sei, also der Anwendungsbereich des Art. 135 IV GG mit der Errichtung der Stiftung Preußischer Kulturbesitz im Wesentlichen erschöpft sei[47]. Demgemäß fehlt es an anderen Anwendungsfällen der Ermächtigung nach Art. 135 IV GG, soweit nicht die Art. 21 und 22 EV als solche bezeichnet werden[48]. 11

Nicht nach Art. 135 I–IV GG geregelte Vermögensfragen, insbesondere die Frage der **Verbindlichkeiten** auch von nicht mehr bestehenden Körperschaften des öffentlichen Rechts[49], hätten nach Art. 135 V GG bis zum 1.1.1952 durch Vereinbarung zwischen den Beteiligten, später durch zustimmungsbedürftiges Gesetz geregelt werden können. Vereinbarungen kamen aber nicht zustande. Das Reichsvermögensgesetz v. 16.5.1961[50] und das Gesetz zur Regelung der Rechtsverhältnisse nicht mehr bestehen- 12

---

[39] Ebenso *Mager* (Fn. 12), Art. 135 Rn. 5; anders *Holtkotten* (Fn. 2), Art. 135 Anm. II. 2) a) (S. 16), der den Gedanken hier für irrelevant hält.

[40] Zum Vorrang des Absatzes 2 vor Absatz 3 schon *F. Freudling*, NJW 1956, 1577 (1577); ihm folgend BVerfGE 10, 20 (39f.); vgl. im Übrigen *Mager* (Fn. 12), Art. 135 Rn. 6; insbesondere zur im Wortlaut angelegten Abgrenzung des Absatzes 3 von Absatz 1 *Schwarz* (Fn. 12), Art. 135 Rn. 21 m.w.N.

[41] Vgl. *Koch* (Fn. 7), Art. 135 Rn. 5.

[42] Vgl. BVerfGE 10, 20 (44); ebenso schon *F. Freudling*, NJW 1956, 1577 (1579).

[43] So BVerfGE 10, 20 (42).

[44] BVerfGE 10, 20 (40).

[45] BGBl. I 1957, S. 841. Dazu *Rodenbach* (Fn. 15), Art. 135 Rn. 16.

[46] BVerfGE 10, 20 (42, 45).

[47] BVerfGE 10, 20 (47).

[48] So etwa *Eckert*, Öffentliches Vermögen (Fn. 8), S. 264ff. → Rn. 13.

[49] BVerfGE 29, 413 (425ff.) zur Vereinbarkeit einer Regelung im Reichsnährstands-Abwicklungsgesetz v. 23.2.1961 (BGBl. I S. 119) mit Art. 14 I GG.

[50] BGBl. I S. 597. Zu den enthaltenen Abweichungen von Art. 135 VI 1 GG s. *K. v. Lewinski*, in: Friauf/Höfling, GG, Art. 135 (2016), Rn. 36.

der öffentlicher Rechtsträger v. 6.9.1965[51] enthalten indessen Vorschriften zu Art. 135 V GG. Der 1957 eingefügte und in bezug auf die Verbindlichkeiten der DDR nach der Wiedervereinigung durch einen Absatz 2 ergänzte **Art. 135a GG** hat nach Auffassung des Bundesverfassungsgerichts im Blick auf die Ermächtigung des Art. 135 V GG die Bedeutung einer Legalinterpretation[52].

13 Ob bei fortdauernder Anwendbarkeit des Art. 135 GG auf Fragen der Vermögensverhältnisse nach der **Wiedervereinigung** auch die Art. 21 und 22 EV als abweichende Regelungen zulässig wären, ist umstritten[53]. Die weite, vorbehaltlose Formulierung des Art. 135 IV GG spricht dafür; insbesondere kann weder aus der »Regelungskonzeption« des Art. 135 GG noch aus einem Ausnahmecharakter der Kompetenz des Bundes[54] eine Beschränkung konstruiert werden. Indessen ist angesichts der bestehenden Rechtsprechung fraglich, ob die Voraussetzungen eines überwiegenden Interesses des Bundes[55] bzw. eines besonderen Interesses eines Landes gegeben wären. Insgesamt dürfte davon auszugehen sein, dass Art. 135 GG überhaupt für die besondere Situation der Wiedervereinigung nicht geschaffen wurde (→ Rn. 6).

14 Art. 135 VII GG enthält eine **gesetzliche Fiktion** zur Vermeidung von Streitigkeiten, die sich daraus ergeben könnten, dass die nach Art. 135 I–III GG Berechtigten über das betreffende Vermögen verfügt hatten, bevor das Grundgesetz in Kraft getreten war und die Berechtigung damit eindeutig feststand[56].

D. Verhältnis zu anderen GG-Bestimmungen

15 Art. 135 GG steht neben und ergänzt **Art. 134 GG**. Beide Bestimmungen zusammen regeln die »Rechtsnachfolge in Staatsvermögen«[57]. Mit der Zeitgrenze »bis zum Inkrafttreten dieses Grundgesetzes« in Art. 135 I GG wird klargestellt, dass die mit der Neugliederung des Bundesgebietes nach **Art. 29 und 118 GG** in Zusammenhang stehenden Vermögensfragen nicht erfasst sind (→ Rn. 1, 6f.). Die Vorschrift enthält eine Sonderkompetenz für die im Bundesinteresse liegende Gestaltung der Rechtsnachfolge in Verwaltungsvermögen nicht mehr bestehender Länder und geht insofern Art. 87 III 1 GG vor (→ Rn. 11)[58]. Die Gesetzgebungskompetenz nach Art. 135 IV–VI GG ist dem Bund ausschließlich zugeordnet und ergänzt insofern den Katalog des Art. 73 GG (→ Art. 71 Rn. 6). Die Kompetenz nach Art. 135 V GG wird hinsichtlich der Verbindlichkeiten durch **Art. 135a GG** ergänzt und konkretisiert (→ Rn. 12).

[51] BGBl. I S. 1065.
[52] BVerfGE 29, 413 (427).
[53] Vgl. zustimmend *Mager* (Fn. 12), Art. 135 Rn. 2 m.w.N.; ablehnend *Berlit*, Ländervermögen (Fn. 7), S. 286ff. → Fn. 7.
[54] So aber *Berlit*, Ländervermögen (Fn. 7), S. 286f.
[55] Vgl. aber *Eckert*, Öffentliches Vermögen (Fn. 8), S. 265f., die ein solches Interesse für gegeben hält; es bestehe darin, »in Art. 21, 22 EinigungsV eine in sich geschlossene Vermögensaufteilungsregelung für die neuen Bundesländer zu statuieren«.
[56] Vgl. auch *Mager* (Fn. 12), Art. 135 Rn. 10 m.w.N.; *Rodenbach* (Fn. 15), Art. 135 Rn. 22.
[57] BVerfGE 10, 20 (42).
[58] BVerfGE 10, 20 (45).

Artikel 135a [Erfüllung von Verbindlichkeiten]

(1) Durch die in Artikel 134 Abs. 4 und Artikel 135 Abs. 5 vorbehaltene Gesetzgebung des Bundes kann auch bestimmt werden, daß nicht oder nicht in voller Höhe zu erfüllen sind

1. Verbindlichkeiten des Reiches sowie Verbindlichkeiten des ehemaligen Landes Preußen und sonstiger nicht mehr bestehender Körperschaften und Anstalten des öffentlichen Rechts,

2. Verbindlichkeiten des Bundes oder anderer Körperschaften und Anstalten des öffentlichen Rechts, welche mit dem Übergang von Vermögenswerten nach Artikel 89, 90, 134 und 135 im Zusammenhang stehen, und Verbindlichkeiten dieser Rechtsträger, die auf Maßnahmen der in Nummer 1 bezeichneten Rechtsträger beruhen,

3. Verbindlichkeiten der Länder und Gemeinden (Gemeindeverbände), die aus Maßnahmen entstanden sind, welche diese Rechtsträger vor dem 1. August 1945 zur Durchführung von Anordnungen der Besatzungsmächte oder zur Beseitigung eines kriegsbedingten Notstandes im Rahmen dem Reich obliegender oder vom Reich übertragener Verwaltungsaufgaben getroffen haben.

(2) Absatz 1 findet entsprechende Anwendung auf Verbindlichkeiten der Deutschen Demokratischen Republik oder ihrer Rechtsträger sowie auf Verbindlichkeiten des Bundes oder anderer Körperschaften und Anstalten des öffentlichen Rechts, die mit dem Übergang von Vermögenswerten der Deutschen Demokratischen Republik auf Bund, Länder und Gemeinden im Zusammenhang stehen, und auf Verbindlichkeiten, die auf Maßnahmen der Deutschen Demokratischen Republik oder ihrer Rechtsträger beruhen.

Literaturauswahl

Bernsdorff, Norbert: Aufhebung oder Kürzung von Verbindlichkeiten der DDR – Art. 135a GG in altem und neuem Zusammenhang, in: NJW 1997, S. 2712–2718.
Féaux de la Croix, Ernst: Das Kriegsfolgenschlußgesetz, in: NJW 1957, S. 1697–1702, 1743–1748.
Haratsch, Andreas: Die Befreiung von Verbindlichkeiten nach Art. 135a Abs. 2 GG, 1998.
Schmidt-Preuß, Matthias: Das Entschädigungs- und Ausgleichsleistungsgesetz, in: NJW 1994, S. 3249–3256.
Zimmermann, Peter/Heller, Robert: Das neue Entschädigungs- und Ausgleichsgesetz, 1995.

Siehe auch die Angaben zu Art. 134 und 135 GG.

Leitentscheidungen des Bundesverfassungsgerichts

BVerfGE 15, 126 (133ff.) – Staatsbankrott; 19, 150 (159ff.) – Allgemeines Kriegsfolgengesetz; 84, 90 (128ff.) – Bodenreform I.

Gliederung

Stichwörter

Auslandsverbindlichkeiten 3 – Entschädigungs- und Ausgleichsleistungsgesetz 14 – Folgelasten der Wiedervereinigung 10ff. – Konfiskationen 12 – Legalinterpretation 4 – Verbindlichkeiten der Länder und Gemeinden 8 – Verbindlichkeiten des Bundes 7 – Vereinbarkeit mit Art. 79 III GG 13.

A. Herkunft, Entstehung, Entwicklung

1 Art. 135a GG wurde in seiner lediglich den heutigen Absatz 1 enthaltenden ursprünglichen Fassung **1957 in das Grundgesetz eingefügt**[1]. Anlaß der Verfassungsänderung war der Streit darüber, ob bereits Art. 134 IV, 135 V GG den Bund ermächtigten, die vom Deutschen Reich, Preußen oder anderen öffentlichen Rechtsträgern hinterlassenen Verbindlichkeiten gesetzlich zu regeln (→ Art. 134 Rn. 18). Letztlich diente die Einfügung des Art. 135a I GG der verfassungsrechtlichen Absicherung des Allgemeinen Kriegsfolgengesetzes vom 5.11.1957[2], das die betreffenden Verbindlichkeiten in erheblichem Umfang kürzte. Das Gesetz war deshalb auch verfassungsrechtlichen Einwänden wegen einer Verletzung der Eigentumsgarantie ausgesetzt, die durch Art. 135a GG a. F. überwunden werden sollten[3].

2 **Art. 135a II GG** ist **durch Art. 4 Nr. 4 EV** in das Grundgesetz eingefügt worden[4]. Auch bei dieser Verfassungsänderung standen die Überwindung eigentumsrechtlicher Bedenken und die Eröffnung eines weiten gesetzgeberischen Gestaltungsspielraums im Vordergrund, um die alten, nicht genau überschaubaren Verbindlichkeiten der ehemaligen DDR und die mit der Klärung der offenen Vermögensfragen verbundenen Entschädigungsfragen ohne Verfassungsverstoß pragmatisch regeln zu können[5].

B. Internationale, supranationale und rechtsvergleichende Bezüge

3 Die Norm des Art. 135a GG wird durch internationales und supranationales Recht nicht modifiziert. Die Entschädigungsregelungen der Bundesrepublik im Gefolge der Wiedervereinigung und die darauf bezogene Rechtsprechung des Bundesverfassungsgerichts sind mit der EMRK vereinbar[6]. Die **Auslandsverbindlichkeiten des Deutschen Reiches** werden von Art. 135a I i. V. m. Art. 134 IV GG nicht erfaßt[7]. Ihre Regelung ist vielmehr durch das Londoner Schuldenabkommen vom 27.2.1953[8] als der erforderli-

[1] 9. Gesetz zur Änderung des Grundgesetzes v. 22.10.1957 (BGBl. I S. 1745); zur Entstehungsgeschichte auch *A. Haratsch*, in: BK, Art. 135a (2005), Rn. 1; *K. v. Lewinski*, in: Friauf/Höfling, GG, Art. 135a (2016), Rn. 7f.

[2] AKG v. 5.11.1957 (BGBl. I S. 1747); dazu *A. Weiler*, NJW 1956, 1577ff.; *E. Féaux de la Croix*, NJW 1957, 1697ff.

[3] *T. Maunz*, in: Maunz/Dürig, GG, Art. 135a (1991), Anm. II.2; *Hamann/Lenz*, GG, Art. 135a Bem. A.

[4] 36. Gesetz zur Änderung des Grundgesetzes v. 23.9.1990 (BGBl. II S. 885) – Einigungsvertragsgesetz; dazu *N. Bernsdorff*, NJW 1997, 2712 (2712).

[5] Vgl. Denkschrift zum Einigungsvertrag, BT-Drs. 11/7760, S. 359; *Maunz* (Fn. 3), Art. 135a Anm. III; *H.-J. Rodenbach*, in: Schmidt-Bleibtreu/Hofmann/Henneke, GG, Art. 135a Rn. 5; *U. Mager*, in: v. Münch/Kunig, GG II, Art. 135a Rn. 2; *Haratsch* (Fn. 1), Art. 135a Rn. 2ff.

[6] EGMR NJW 2005, 2530ff.

[7] *Mager* (Fn. 5), Art. 135a Rn. 1; das gilt entsprechend für Art. 135a II GG: → Rn. 11.

[8] BGBl. II S. 331; dazu *B. Wolff*, NJW 1953, 1409ff.

chen völkerrechtlichen Vereinbarung getroffen worden. Vergleichbare Vorschriften in anderen Verfassungen sind nicht ersichtlich.

C. Erläuterungen

I. Allgemeine Bedeutung und aktueller Befund

Das Bundesverfassungsgericht hat in seinen Entscheidungen die Einfügung des Art. 135a I GG der Sache nach für weitgehend überflüssig gehalten, da sich die Gesetzgebungskompetenz des Bundes zur Regelung der Reichsverbindlichkeiten bereits unmittelbar aus Art. 134 IV GG[9] und die entsprechende Kompetenz für die Verbindlichkeiten nicht mehr bestehender Körperschaften oder Anstalten des öffentlichen Rechts unmittelbar aus Art. 135 V GG[10] ergeben. **Art. 135a I GG** hat danach nur den Charakter einer **deklaratorischen »Legalinterpretation«**[11] dessen, was der Bundesgesetzgeber bereits aufgrund der Art. 134 IV, 135 V GG regeln durfte. Demgegenüber ist **Art. 135a II GG** keine bloße Legalinterpretation, sondern besitzt für die Eröffnung weiter Gestaltungsspielräume in erheblichem Maß **konstitutive Bedeutung**[12]. 4

II. Die Ermächtigung des Art. 135a I GG

Schon die Formulierung des Art. 135a I GG nimmt **Bezug auf** die in **Art. 134 und 135** GG eingeräumten Gesetzgebungsbefugnisse des Bundes, die auch die Kompetenz umfassen sollen zu bestimmen, daß die in Nr. 1–3 genannten Verbindlichkeiten nicht oder nur teilweise zu erfüllen sind. Dies bringt die konkretisierende Funktion der Vorschrift zum Ausdruck. 5

Art. 135a I **Nr. 1** GG erfaßt die **Verbindlichkeiten des Reiches** sowie des ehemaligen **Landes Preußen** und **sonstiger nicht mehr bestehender Körperschaften und Anstalten** des öffentlichen Rechts unter Einschluß der nicht explizit aufgeführten Stiftungen[13]. Davon werden wie in Art. 135 II GG auch nationalsozialistische Organisationen mit öffentlich-rechtlichen Funktionen erfaßt[14]. Im übrigen war bereits vor Erlaß des Grundgesetzes eine Regelung im Umstellungsgesetz vom 20.6.1948 erfolgt, welches die Verbindlichkeiten nach Nr. 1 von der Währungsumstellung ausnahm[15]. 6

Nr. 2 enthält **zwei Fallgruppen von Verbindlichkeiten** des Bundes oder anderer bestehender Körperschaften oder Anstalten des öffentlichen Rechts. Die **eine Gruppe** erfaßt Verbindlichkeiten, die mit dem Übergang von Vermögenswerten oder Verbind- 7

---

[9] BVerfGE 15, 126 (133ff.); 19, 150 (159ff.). → Art. 134 Rn. 19.

[10] BVerfGE 29, 413 (425ff.). → Art. 135 Rn. 12.

[11] BVerfGE 15, 126 (140); 19, 150 (165); 29, 413 (427); 41, 126 (152); so auch *Maunz* (Fn. 3), Art. 135a Anm. II.2; *Jarass*/Pieroth, GG, Art. 135a Rn. 2; *Rodenbach* (Fn. 5), Art. 135a Rn. 4; *Mager* (Fn. 5), Art. 135a Rn. 1; *T. Koch*, in: Sachs, GG, Art. 135a Rn. 1; *Haratsch* (Fn. 1), Art. 135a Rn. 23; *M. Zuleeg*, in: AK-GG, Art. 135a (2001), Rn. 2; *N. Bernsdorff*, NJW 1997, 2712 (2712f.); etwas mißverständlich *J. Dietlein*, in: v. Mangoldt/Klein/Starck, GG III, Art. 135a Rn. 4: »Legaldefinition«; a. A. *Hamann/Lenz*, GG, Art. 134 Bem. B.16; zur Überwindung der Bedenken aus Art. 14 GG: → Rn. 9, 13.

[12] Vgl. auch *Mager* (Fn. 5), Art. 135a Rn. 5: eigenständige Handlungsgrundlage; *Dietlein* (Fn. 11), Art. 135a Rn. 10; *Haratsch* (Fn. 1), Art. 135a Rn. 31; *N. Bernsdorff*, NJW 1997, 2712 (2713f.).

[13] *Mager* (Fn. 5), Art. 135a Rn. 3; s. auch *v. Lewinski* (Fn. 1), Art. 135a Rn. 11ff.

[14] BVerfGE 29, 413 (424ff.). → Art. 135 Rn. 9.

[15] Gesetzblatt der Verwaltung des Vereinigten Wirtschaftsgebietes (WiGBl.), Beil. 5 S. 13; vgl. *Maunz* (Fn. 3), Art. 135a Anm. II.2.

lichkeiten nach Art. 89, 90, 134, 135 GG zusammenhängen, beispielsweise Grundschulden auf entsprechenden Liegenschaften[16]. Die **andere Gruppe** betrifft Verbindlichkeiten, die auf Maßnahmen der in Nr. 1 genannten Rechtsträger beruhen, wie Beseitigungskosten für Verteidigungsanlagen auf Privatgrundstücken[17].

8 **Nr. 3** betrifft **Verbindlichkeiten der Länder und Gemeinden**, welche diesen Rechtsträgern aus Maßnahmen zur Durchführung von Anordnungen der Besatzungsmächte oder zur Beseitigung eines kriegsbedingten Notstandes im Rahmen von Verwaltungsaufgaben entstanden sind, die dem Reich oblagen oder übertragen waren[18]. Die Regelung erfaßt aber nur Verbindlichkeiten, die vor dem 1. August 1945 entstanden sind, weil dieser Stichtag das Ende der Kriegs- und Nachkriegswirren und die Wiederherstellung eines Mindestmaßes an öffentlicher Ordnung bezeichnet[19].

9 Bei der Regelung der Verbindlichkeiten besitzt der Gesetzgeber einen erheblichen **Gestaltungsspielraum**, der ihm aufgrund der Ermächtigung des Art. 134 IV GG und aus der Natur des zu regelnden Gegenstandes, nämlich der Bewältigung des Staatsbankrotts des Reiches, zukommt[20]. Diese Funktion begründet und begrenzt den Gestaltungsspielraum. Der Gesetzgeber darf die Ansprüche kürzen oder verweigern, muß aber die Forderungen gegen das Reich als dem Grunde nach existent nach Maßgabe des Möglichen berücksichtigen[21]. Der Schutz des Art. 14 GG reicht über diese Maßstäbe nicht hinaus[22], auch wenn man eine aus Art. 14 GG abgeleitete Schutzpflicht anerkennt[23]. Das Gesetz ist allerdings an den Gleichheitssatz gebunden, der hier indes der Gesamtregelung ebenfalls nur äußerste Grenzen setzt[24]. Folgerichtig liegt weder ein Verstoß gegen die Wesensgehaltgarantie des Art. 19 II GG (→ Art. 19 II Rn. 7ff.) noch gegen die Garantie des Art. 79 III GG (→ Art. 79 III Rn. 26ff.) vor[25].

III. Die Ermächtigung des Art. 135a II GG

10 Art. 135a II GG ordnet eine entsprechende Anwendung der Regelungen des Art. 135a I GG auf Verbindlichkeiten an, die die Bundesrepublik und ihre Rechtsträger aufgrund der Wiedervereinigung treffen und im wesentlichen auf den Sukzessionsregelungen des Einigungsvertrages beruhen[26]. Die »entsprechende Geltung« ist insofern mißver-

---

16 *Mager* (Fn. 5), Art. 135a Rn. 3; zum Verhältnis zwischen Art. 89 I, 90 I GG und 134 IV GG: → Art. 134 Rn. 22.

17 BVerwGE 45, 250ff.

18 BVerfGE 19, 150 (159ff.) – Allgemeines Kriegsfolgengesetz; BVerfGE 27, 253 (270ff.) – Kriegsfolgeschäden.

19 *E. Féaux de la Croix*, NJW 1957, 1697 (1699 Fn. 10); *Mager* (Fn. 5), Art. 135a Rn. 3.

20 BVerfGE 15, 126 (140); *Maunz* (Fn. 3), Art. 135a Anm. II.2; *Koch* (Fn. 11), Art. 135a Rn. 3; *Mager* (Fn. 5), Art. 135a Rn. 4; *Jarass*/Pieroth, GG, Art. 135a Rn. 2.

21 BVerfGE 15, 126 (143); 19, 150 (163); 23, 153 (166); 24, 203 (214); 41, 126 (152); *Mager* (Fn. 5), Art. 135a Rn. 4; *Dietlein* (Fn. 11), Art. 135a Rn. 5; *Koch* (Fn. 11), Art. 135a Rn. 3; vgl. auch *K. Harms*, Verfassungsrecht in Umbruchsituationen, 1999, S. 216ff.

22 Vgl. BVerfGE 23, 153 (166); 29, 413 (429); *Mager* (Fn. 5), Art. 135a Rn. 4.

23 *P. Badura*, DVBl. 1990, 1256 (1262f.).

24 BVerfGE 15, 126 (140ff.); 17, 67 (78); 19, 150 (153ff.); 23, 153 (166); 24, 203 (214f.); 27, 253 (286ff.); 29, 413 (424ff.); 41, 126 (150); *Koch* (Fn. 11), Art. 135a Rn. 3; *Mager* (Fn. 5), Art. 135a Rn. 4; *Haratsch* (Fn. 1), Art. 135a Rn. 29; *M. Antoni*, in: Hömig/Wolff, GG, Art. 135a Rn. 1.

25 BVerfGE 15, 126 (144); *Maunz* (Fn. 3), Art. 135a Anm. II.4; *Koch* (Fn. 11), Art. 135a Rn. 3; *Mager* (Fn. 5), Art. 135a Rn. 4; *Dietlein* (Fn. 11), Art. 135a Rn. 6; zu Abs. 2: → Rn. 13.

26 Zur umstrittenen Frage der rechtlichen Begründung der Sukzession s. *Dietlein* (Fn. 11), Art. 135a Rn. 10 m. w. N.

ständlich, als dieser Regelung im Gegensatz zu Absatz 1 konstitutive Bedeutung zukommt[27]. Sinn und Zweck der Vorschrift bestehen darin, dem Gesetzgeber bei der Bewältigung der **Folgelasten aus der Wiedervereinigung** prinzipiell dieselben Gestaltungsspielräume wie bei der Bereinigung der Kriegsfolgelasten einzuräumen[28].

Art. 135a II GG betrifft wiederum **drei Fallgruppen. Erstens** werden Verbindlichkeiten der DDR und ihrer Rechtsträger erfaßt, die mit dem Beitritt auf die Bundesrepublik übergegangen sind[29]. Nicht erfaßt werden, wie in Art. 135a I GG, die Auslandsverbindlichkeiten der DDR[30]. Die **zweite Fallgruppe** betrifft Verbindlichkeiten, die in Zusammenhang mit dem Übergang von Vermögenswerten der DDR auf Bund, Länder und Gemeinden stehen. Das sind Verpflichtungen, die mit dem gem. Art. 21, 22 EV verteilten öffentlichen Vermögen verbunden sind[31]. Diese beiden Fallgruppen hat der Gesetzgeber trotz der Ermächtigung bislang nicht geregelt. 11

Die **dritte** und bei weitem wichtigste **Fallgruppe** umfaßt die **Verbindlichkeiten, die auf Maßnahmen der DDR** oder ihrer Rechtsträger **beruhen**. Diese Regelung betrifft die Entschädigungs- und Ausgleichsansprüche, die auf der Umsetzung der durch Art. 41 I EV in den Einigungsvertrag integrierten Gemeinsamen Erklärung der Bundesrepublik Deutschland und der Deutschen Demokratischen Republik zur Regelung offener Vermögensfragen vom 15.6.1990[32] beruhen. Entgegen dem Wortlaut des Art. 135a II GG (Maßnahmen der DDR und ihrer Rechtsträger) umfaßt die Fallgruppe nicht nur konfiskatorische Maßnahmen der DDR, sondern nach dem Willen des Verfassungsgesetzgebers gerade auch die Enteignungen und Konfiskationen, die im Beitrittsgebiet zwischen 1945 und 1949 auf besatzungsrechtlicher bzw. besatzungshoheitlicher Grundlage erfolgt[33] sind und nach Nr. 1 Satz 1 der Erklärung nicht rückgängig gemacht werden sollen[34]. Da Art. 143 III GG den Verzicht auf Rückabwicklung verfassungsrechtlich besonders abgesichert hat und seinerseits nicht gegen Art. 79 III GG verstößt[35], bildet Art. 135a II GG die verfassungsrechtliche Grundlage für die in der Gemeinsamen Erklärung in Nr. 1, Satz 4 vorbehaltene Entschädigungsregelung. 12

Auch Art. 135a II GG **verstößt nicht gegen Art. 79 III GG**[36]. Die Grundsätze, die für den Ausgleich von Kriegsfolgeschäden entwickelt worden sind, lassen sich für die Bewältigung der wirtschaftlichen Bankrottlage der ehemaligen DDR trotz einiger Unterschiede entsprechend anwenden. Die Bundesrepublik hat für Maßnahmen fremder Hoheitsgewalt nicht in gleicher Weise einzustehen wie für eigene[37]. Angesichts der sonstigen Staatsaufgaben und der Notwendigkeit des Wiederaufbaus ist der Gesetzge- 13

[27] Vgl. *Mager* (Fn. 5), Art. 135a Rn. 5. → Rn. 4.
[28] Vgl. BVerfGE 84, 90 (130f.); *Mager* (Fn. 5), Art. 135a Rn. 5; *Koch* (Fn. 11), Art. 135a Rn. 8; *Rodenbach* (Fn. 5), Art. 135a Rn. 5.
[29] Insbes. gem. Art. 23, 25 EV; zu Einzelheiten näher *Haratsch* (Fn. 1), Art. 135a Rn. 33ff., 44ff.
[30] Abwicklung gem. Art. 24 EV; s. *Mager* (Fn. 5), Art. 135a Rn. 6; *A. Haratsch*, Die Befreiung von Verbindlichkeiten nach Art. 135a Abs. 2 GG, 1998, S. 141ff.
[31] *Mager* (Fn. 5), Art. 135a Rn. 7.
[32] Anlage III des Einigungsvertrages; vgl. auch *v. Lewinski* (Fn. 1), Art. 135a Rn. 29.
[33] Zu den Enteignungen/Konfiskationen zwischen 1945 und 1949 sowie zur Zeit der DDR vgl. *P. Zimmermann/R. Heller*, Das neue Entschädigungs- und Ausgleichsbeitragsgesetz (EALG), 1995, S. 1ff.
[34] Denkschrift zum EV, BT-Drs. 11/7760, S. 355ff. (359); BVerfGE 84, 90 (128f.); allg. Auffassung, s. auch *Koch* (Fn. 11), Art. 135a Rn. 7; *Mager* (Fn. 5), Art. 135a Rn. 8.
[35] BVerfGE 84, 90 (120ff.); *Dietlein* (Fn. 11), Art. 135a Rn. 19. → Art. 143 Rn. 25ff.
[36] *N. Bernsdorff*, NJW 1997, 2712 (2715); eingehend *Haratsch*, Befreiung (Fn. 30), S. 217ff.
[37] BVerfGE 84, 90 (125).

ber nur zu einer Wiedergutmachung im Rahmen des Möglichen verpflichtet[38], ist in diesem Fall allerdings an den Gleichheitssatz gebunden[39]. Ein Verstoß gegen Art. 14 GG liegt insoweit ebenfalls nicht vor[40].

14 Der Gesetzgeber hat von der Ermächtigung und dem ihm eingeräumten Gestaltungsspielraum durch einige Einzelgesetze[41] und vor allem durch das **Entschädigungs- und Ausgleichsleistungsgesetz**[42] Gebrauch gemacht. Das Gesetz regelt nicht nur die Ausgleichsansprüche für die Konfiskationen zwischen 1945 und 1949, sondern auch die Entschädigungen für die sonstigen Ausnahmen vom Restitutionsprinzip, das ansonsten für von der DDR entzogenes Eigentum gilt; die wichtigste Ausnahme ist der Ausschluß der Restitution im Fall des Investitionsvorranges. Trotz der erheblichen Differenz zwischen Verkehrswert und Entschädigungsansprüchen sind die Regelungen verfassungsgemäß[43].

D. Verhältnis zu anderen GG-Bestimmungen

15 Art. 135a I 2 GG konkretisiert als Legalinterpretation die Ermächtigung gem. **Art. 134 IV und 135 V GG**[44]. Art. 135a II GG steht im engen Zusammenhang mit **Art. 143 III GG**, der die Ausnahmen vom Restitutionsprinzip im Beitrittsgebiet verfassungsrechtlich absichert[45].

---

38 BVerfGE 84, 90 (130f.); *Dietlein* (Fn. 11), Art. 135a Rn. 18. Die Frage, ob überhaupt eine Verpflichtung besteht, hat das Gericht explizit offengelassen: BVerfGE 84, 90 (126).

39 BVerfGE 84, 90 (128f.); 102, 254 (299, Rn. 241); *Haratsch* (Fn. 1), Art. 135a Rn. 64. → Rn. 9.

40 BVerfGE 84, 90 (126); vgl. ferner *P. Badura*, DVBl. 1990, 1256 (1263); *M. Herdegen*, Die Verfassungsänderungen im Einigungsvertrag, 1991, S. 15; *H.-J. Papier*, NJW 1991, 193 (195f.); *Mager* (Fn. 5), Art. 135a Rn. 8; *R. Scholz*, in: Maunz/Dürig, GG, Art. 143 (1991), Rn. 29; *v. Campenhausen*, GG XIV, Art. 143 Rn. 43ff.; *Dietlein* (Fn. 1), Art. 135a Rn. 2; kritisch *W. Leisner*, NJW 1991, 1569ff.; *H. Maurer*, JZ 1992, 183 (189f.). → Art. 143 Rn. 27f.

41 FinanzbereinigungsG DDR v. 22.4.1993 (BGBl. I S. 463); Berufliches RehabilitierungsG v. 23.6. 1994 (BGBl. I S. 1314); DDR-SchuldbuchbereinigungsG v. 27.9.1994 (BGBl. I S. 2634); s. auch *Haratsch* (Fn. 1), Art. 135a Rn. 56ff.

42 EALG vom 27.9.1994 (BGBl. I S. 2624); dazu *M. Schmidt-Preuß*, NJW 1994, 3249ff.; *Zimmermann/Heller*, EALG (Fn. 33), S. 45ff.; *Haratsch*, Befreiung (Fn. 30), S. 210ff.

43 *M. Ueckritz*, DVBl. 1995, 1159ff.; *R. Motsch*, NJW 1995, 2249ff.; *Koch* (Fn. 11), Art. 135a Rn. 9; kritisch dagegen im Hinblick auf Art. 3 I GG: *W. Leisner*, NJW 1995, 1513ff.; *S. Glantz*, MDR 1994, 421ff.; *M. Kirn*, in: v. Münch/Kunig, GG II, Art. 143 Rn. 22ff. → Art. 143 Rn. 30.

44 BVerfGE 15, 126 (140). → Rn. 4; → Art. 134 Rn. 22.

45 *Mager* (Fn. 5), Art. 135a Rn. 10; *Dietlein* (Fn. 11), Art. 135a Rn. 15. → Rn. 12.

Artikel 136 [Erstmaliges Zusammentreten des Bundesrates, Interimsbefugnisse des Bundesratspräsidenten]

(1) Der Bundesrat tritt erstmalig am Tage des ersten Zusammentrittes des Bundestages zusammen.

(2) [1]Bis zur Wahl des ersten Bundespräsidenten werden dessen Befugnisse von dem Präsidenten des Bundesrates ausgeübt. [2]Das Recht der Auflösung des Bundestages steht ihm nicht zu.

Literaturauswahl

Pitschas, Rainer: Die Vertretung des Bundespräsidenten durch den Präsidenten des Bundesrates, in: Der Staat 12 (1973), S. 183–206.

Leitentscheidungen des Bundesverfassungsgerichts

Diese liegen zu Art. 136 GG nicht vor.

Gliederung

Stichwörter

A. Herkunft, Entstehung, Entwicklung

Als Übergangsregelung für die Zeit zwischen dem Inkrafttreten des Grundgesetzes und dem ersten Zusammentritt des Bundestages sowie der Wahl des ersten Bundespräsidenten hat Art. 136 GG in der Verfassung der **Weimarer Republik** (1919) einen gewissen Vorläufer: Nach Art. 180 Satz 1 WRV galt die Nationalversammlung bis »zum Zusammentritt des ersten Reichstags [...] als Reichstag«, und Art. 180 Satz 2 WRV legte fest, dass bis »zum Amtsantritt des ersten Reichspräsidenten [...] sein Amt von dem auf Grund des Gesetzes über die vorläufige Reichsgewalt gewählten Reichspräsidenten geführt wird«[1]. Doch weichen die konkreten Regelungsgehalte der grundgesetzlichen und der älteren Übergangsvorschrift deutlich voneinander ab, ganz abgesehen davon, dass sich auch die Ausgangslagen wesentlich unterscheiden, weil der Reichspräsident bereits im Vorfeld des Inkrafttretens der WRV installiert war. 1

[1] Zur Neufassung von Art. 180 Satz 2 WRV s. Gesetz zur Änderung des Artikel 180 der Reichsverfassung vom 27.10.1922 (RGBl. I S. 801), wonach der »von der Nationalversammlung gewählte Reichspräsident [...] sein Amt bis zum 30. Juni 1925« führt; zu den Hintergründen der verzögerten Volkswahl vgl. *Huber*, Verfassungsgeschichte, Bd. 6, S. 311f.

2 **Entstehungsgeschichtlich** wurde **Art. 136 I GG** ohne eingehendere Erörterung erst spät in die ursprüngliche Fassung des Grundgesetzes eingefügt[2]; die Norm sollte eine Einflussnahme des Bundesrates auf die staatsrechtliche Gestaltung der Bundesrepublik Deutschland, die dessen systematischer Stellung im Grundgesetz im Vergleich mit der des Bundestages nicht entsprochen hätte, verhindern[3]. Demgegenüber ist **Art. 136 II GG** Ergebnis längerer Debatten im Verfassungskonvent auf Herrenchiemsee[4] und im Parlamentarischen Rat; Anlass für die Kontroversen waren u.a. die prekäre völkerrechtliche Lage Deutschlands und die Beschränkung des neuen Staates auf die westlichen Besatzungszonen, daneben uneinheitliche Vorstellungen über das zur Wahrnehmung der Befugnisse des Bundespräsidenten einzusetzende Organ[5]. Der schließlich verabschiedete Art. 136 GG blieb in der weiteren **Verfassungsentwicklung** unverändert.

B. Internationale, supranationale und rechtsvergleichende Bezüge

3 Art. 136 GG hatte ursprünglich einen (auch) völkerrechtlichen Hintergrund (→ Rn. 2). Im übrigen finden sich **Interimsregelungen** bis zur ordentlichen Konstituierung von Staatsorganen auch in anderen Kontexten[6], die in der konkreten Ausgestaltung jedoch nicht mit dem spezifischen Regelungsgehalt von Art. 136 GG vergleichbar sind.

C. Erläuterungen

4 Als Übergangsvorschrift ist Art. 136 GG inzwischen weitgehend gegenstandslos geworden. Ihre **Hauptbedeutung** hatte die Norm bis zum ersten Zusammentritt des Bundestages am 7.9.1949 und bis zur Wahl des ersten Bundespräsidenten, die am 12.9.1949 erfolgte. Gleichwohl ist die Norm auch heute nicht völlig bedeutungslos[7], weil sich aus ihr Rückschlüsse auf die Befugnisse des Bundesratspräsidenten ziehen lassen (→ Rn. 6) und ihr insoweit nach wie vor **aktueller Regelungsgehalt** zukommt.

5 **Art. 136 I GG** sollte verhindern, dass der Bundesrat, der – anders als der Reichsrat der Weimarer Republik (vgl. Art. 64 WRV) – ein Selbstversammlungsrecht besitzt (→ Art. 52 Rn. 18), vor dem Bundestag zusammentritt (→ Rn. 2); er ordnet deshalb das erstmalige Zusammentreten des Bundesrates für den Tag an, auf den der erste Zusammentritt des Bundestages fällt. Mit dem ersten Zusammentreten der beiden Organe am 7.9.1949 ist die Regelung **bedeutungslos geworden**.

---

[2] JöR 1 (1951), S. 888, 892.

[3] *H. v. Mangoldt*, Das Bonner Grundgesetz, 1. Aufl. 1953, Art. 136 Anm. 2 (S. 655); vgl. auch *H.H. Klein*, in: Maunz/Dürig, GG, Art. 136 (2007), Rn. 3.

[4] S. dazu nur die Alternativvorschläge zu Art. 143 HChE; Text in Parl. Rat II, S. 579ff. (613) m. Erläuterung im Darstellenden Teil, a. a. O., S. 546f.

[5] Zur Entstehungsgeschichte s. JöR 1 (1951), S. 888ff.; *Klein* (Fn. 3), Art. 136 Rn. 4.

[6] Vgl. etwa zu den im Zuge der Wiedervereinigung eingerichteten Landesbevollmächtigten *M. Kilian*, HStR VIII, § 186 Rn. 31 m. w. N.; *ders.*, HStR³ I, § 12 Rn. 71; ferner Art. 151 XI Nr. 5 Bundes-verfassungs-Gesetz der Republik Österreich für die Vertreter Österreichs im EP.

[7] Zumindest missverständlich *W. Höfling/C. Burkiczak*, in: Friauf/Höfling, GG, Art. 136 (2006), Rn. 1 (»obsolet«), und *D. Hömig*, in: Hömig/Wolff, GG, Art. 136 (»gegenstandslos«); ähnlich *Jarass*/ Pieroth, GG, Art. 136 Rn. 1, und *W.G. Leisner*, in: Sodan, GG, Art. 136; wie hier z.B. *A. v. Campenhausen/P. Unruh*, in: v. Mangoldt/Klein/Starck, GG III, Art. 136 Rn. 1, 4; *K.A. Hernekamp*, in: v. Münch/Kunig, GG II, Art. 136 Rn. 2.

Für die kurze Zeit zwischen dem ersten Zusammentreten von Bundestag und Bundesrat (→ Rn. 5) und der Wahl des ersten Bundespräsidenten (→ Rn. 4) bestimmt **Art. 136 II 1 GG**, dass die Befugnisse des Bundespräsidenten vom Bundesratspräsidenten wahrgenommen werden[8], nach **Art. 136 II 2 GG** jedoch mit Ausnahme des Rechts zur Bundestagsauflösung (→ Art. 63 Rn. 45f.; → Art. 68 Rn. 23ff.). Praktische Bedeutung hat Art. 136 II 2 GG nicht erlangt[9]. Die Vorschrift ist jedoch von fortwährend aktuellem Interesse, weil sie im Gegenschluss positivrechtlich bestätigt, dass dem Bundesratspräsidenten als Vertreter nach Art. 57 GG grundsätzlich alle Befugnisse des Bundespräsidenten einschließlich des Rechts zur Bundestagsauflösung zustehen[10]; andernfalls wäre es nämlich nicht nötig gewesen, das Auflösungsrecht für den Sonderfall des Art. 136 II GG ausdrücklich auszuschließen[11]. 6

D. Verhältnis zu anderen GG-Bestimmungen

Im Kern ist Art. 136 GG eine in die **Übergangs- und Schlussbestimmungen** des Grundgesetzes eingestellte Interimsvorschrift. Sie hat heute weitgehend ihre Bedeutung eingebüßt (→ Rn. 4f.), besitzt für die Interpretation von **Art. 57 GG** und damit für die Bestimmung der Befugnisse des Vertreters des Bundespräsidenten aber weiterhin aktuellen Erkenntniswert (→ Rn. 6). Bisweilen dient die Norm außerdem als Anknüpfungspunkt für die Thematisierung des »eigentlichen Gründungstags« bzw. des **Entstehungszeitpunkts der Bundesrepublik Deutschland**[12] (→ Art. 145 Rn. 10). 7

---

[8] Entgegen der Ansicht von *A. v. Campenhausen*, in: v. Mangoldt/Klein/Starck, GG III, 5. Aufl. 2005, Art. 136 Rn. 3, handelt es sich dabei mangels eines bereits amtierenden Bundespräsidenten bzw. einer vorzeitigen Amtserledigung um keinen Fall der Stellvertretung nach Art. 57 GG mit der Folge, dass Art. 136 II 1 GG nur die Bedeutung einer »ausdrücklichen Klarstellung« hätte; wie hier *M. Nierhaus*, in: Sachs, GG, Art. 136 Rn. 2; *Klein* (Fn. 3), Art. 136 Rn. 6; unter Aufgabe der früheren Ansicht nunmehr auch *v. Campenhausen/Unruh* (Fn. 7), Art. 136 Rn. 3.

[9] *Nierhaus* (Fn. 8), Art. 136 Rn. 3; *O. Dörr*, in: Epping/Hillgruber, GG, Art. 136 Rn. 2; vgl. auch *Klein* (Fn. 3), Art. 136 Rn. 6; *v. Campenhausen/Unruh* (Fn. 7), Art. 136 Rn. 3.

[10] *K. Odendahl*, in: Schmidt-Bleibtreu/Hofmann/Henneke, GG, Art. 136 Rn. 2; vgl. allgemein zur Vertretung des Bundespräsidenten durch den Bundesratspräsidenten auch *R. Pitschas*, Der Staat 12 (1973), 183ff.

[11] *Klein* (Fn. 3), Art. 136 Rn. 7; *Hernekamp* (Fn. 7), Art. 136 Rn. 2; *v. Campenhausen/Unruh* (Fn. 7), Art. 136 Rn. 4; *Nierhaus* (Fn. 8), Art. 136 Rn. 3.

[12] Dazu etwa *Hernekamp* (Fn. 7), Art. 136 Rn. 3 m. w. N.; *Model/Müller*, GG, Art. 136.

Artikel 137 [Wählbarkeit von Angehörigen des öffentlichen Dienstes]

(1) Die Wählbarkeit von Beamten, Angestellten des öffentlichen Dienstes, Berufssoldaten, freiwilligen Soldaten auf Zeit und Richtern im Bund, in den Ländern und den Gemeinden kann gesetzlich beschränkt werden.

(2) Für die Wahl des ersten Bundestages, der ersten Bundesversammlung und des ersten Bundespräsidenten der Bundesrepublik gilt das vom Parlamentarischen Rat zu beschließende Wahlgesetz.

(3) Die dem Bundesverfassungsgerichte gemäß Artikel 41 Absatz 2 zustehende Befugnis wird bis zu seiner Errichtung von dem Deutschen Obergericht für das Vereinigte Wirtschaftsgebiet wahrgenommen, das nach Maßgabe seiner Verfahrensordnung entscheidet.

Literaturauswahl

Bernhard, Ralf: Richteramt und Kommunalmandat, 1983.

Engelken, Klaas: Verfassungsmaßstäbe für Unvereinbarkeits- und andere Hinderungsvorschriften bei kommunalen Mandaten, in: DÖV 1996, S. 853–863.

Hausmann, Wolfgang: Die Inkompatibilität im Gemeindeverfassungsrecht der Bundesrepublik Deutschland, 1976.

Linck, Joachim: Gestaltungsrahmen des Gesetzgebers zur Unvereinbarkeit von Amt und Mandat, in: ZG 11 (1996), S. 181–191.

Menzel, Jörg: Unvereinbarkeit von Amt und Mandat in den Ländern nach Art. 137 Abs. 1 GG und Landesverfassungsrecht, in: DÖV 1996, S. 1037–1043.

Schlaich, Klaus: Wählbarkeitsbeschränkungen für Beamte nach Art. 137 Abs. 1 GG und die Verantwortung des Gesetzgebers für die Zusammensetzung der Parlamente, in: AöR 105 (1980), S. 188–243.

Sturm, Gerd: Die Inkompatibilität. Eine Studie zum Problem der Unvereinbarkeiten im geltenden deutschen Staatsrecht, 1967.

Tsatsos, Dimitris T.: Unvereinbarkeiten zwischen Bundestagsmandat und anderen Funktionen, in: Schneider/Zeh, § 23, S. 701–726.

Werres, Stefan: Beamtenstatus und kommunales Mandat, in: ZBR 2004, S. 384–389.

Leitentscheidungen des Bundesverfassungsgerichts

BVerfGE 12, 73 (77 ff.) – Inkompatibilität/Kommunalbeamter; 18, 172 (180 ff.) – Inkompatibilität/Oberstadtdirektor; 38, 326 (336 ff.) – Inkompatibilität/Landtagsmandat; 42, 312 (326 ff.) – Inkompatibilität/Kirchliches Amt; 48, 64 (81 ff.) – Inkompatibilität/Kommunal beherrschtes Unternehmen; 57, 43 (55 ff.) – Inkompatibilität/Ruhestandsbeamter; 58, 177 (190 ff.) – Inkompatibilität/Kreisangestellter; 98, 145 (154 ff., Rn. 33 ff.) – Inkompatibilität/Vorstandstätigkeit.

Gliederung

Stichwörter

A. Herkunft, Entstehung, Entwicklung

I. Ideen- und verfassungsgeschichtliche Aspekte

1 Die früheren deutschen Verfassungen kannten keine Art. 137 I GG entsprechende Regelung, sondern verhielten sich im Gegenteil teils ausdrücklich zur Vereinbarkeit von Amt und Mandat[1]. Die Frankfurter **Paulskirchenverfassung von 1849** untersagte lediglich die gleichzeitige Mitgliedschaft in beiden Häusern (Staats- und Volkshaus) des Reichstags (§ 97)[2] sowie eine Mitgliedschaft von Reichsministern im Staatenhaus (§ 123)[3]. Traten Mitglieder des Volkshauses in ein (Beförderungs-)Amt im Reichs-

[1] *Huber*, Verfassungsgeschichte I, S. 368f.; *G. C. v. Unruh/W. Frotscher*, DVBl. 1969, 821ff.; *K. Schlaich*, AöR 105 (1980), 188 (196); *R. Bernhard*, Richteramt und Kommunalmandat, 1983, S. 178; *R. Stober/H. Lackner*, in: BK, Art. 137 (2004), Rn. 11ff., insb. 26.

[2] Näher *Huber*, Verfassungsgeschichte II, S. 830.

[3] Hingegen konnten Reichsminister Mitglied des Volkshauses sein, *Huber*, Verfassungsgeschichte II, S. 829.

dienst ein, mussten sie sich einer neuen Wahl unterwerfen (§ 124)[4]. Nach der **Verfassung Preußens von 1850**[5] durfte ebenfalls niemand Mitglied in beiden gesetzgebenden Kammern sein (Art. 78 IV)[6]. Wer als Kammermitglied ein besoldetes Staatsamt annahm und im Staatsdienst in ein Amt eintrat, mit welchem ein höherer Rang oder ein höheres Gehalt verbunden war, verlor Sitz und Stimme in der Kammer, konnte sie aber durch Neuwahl wiedererlangen (Art. 78 III)[7]. Der Eintritt von Beamten in die Kammer war dagegen gestattet (vgl. Art. 78 II)[8]. Entsprechend erlaubte die **Reichsverfassung von 1871** Beamten den Eintritt in den Reichstag (vgl. Art. 21 I)[9]. Umgekehrt verlor ein Mitglied des Reichstags mit dem Eintritt in ein besoldetes Reichs- oder Staatsamt Sitz und Stimme im Reichstag (Art. 21 II)[10]. Auch nach der **Weimarer Reichsverfassung** konnten Beamte und Angehörige der Wehrmacht Mitglied des Reichstags oder eines Landtags sein (vgl. Art. 39 I)[11]. Diesen Verfassungslagen entsprechend waren Staats- und Gemeindebeamte im 18., 19. und frühen 20. Jahrhundert in großer Zahl in den Parlamenten vertreten[12].

2 Eine **Art. 137 III GG** entsprechende Regelung enthielt Art. 166 WRV, wonach bis zur Errichtung des Reichsverwaltungsgerichts an seine Stelle für die Bildung des Wahlprüfungsgerichts das Reichsgericht trat.

II. Entstehung und Veränderung der Norm

3 Der Verfassungsentwurf des **Konvents von Herrenchiemsee** enthielt keine **Art. 137 I GG** entsprechende Bestimmung, sondern ermöglichte Angehörigen des öffentlichen Dienstes die Tätigkeit als Abgeordnete (vgl. Art. 62 I). Auch im **Parlamentarischen Rat** war bis einschließlich der **2. Lesung des Plenums am 6.5.1949** keine Bestimmung zur Unvereinbarkeit von Amt und Mandat, sondern waren nur Art. 137 II und III GG ent-

---

[4] Näher *Huber*, Verfassungsgeschichte II, S. 829.

[5] Zur Vereinbarkeit von parlamentarischem Mandat und öffentlichem Dienst im deutschen Landesrecht allgemein *Huber*, Verfassungsgeschichte III, S. 895; zu Verfassungsbestimmungen anderer Bundesstaaten des Deutschen Reichs über die Vereinbarkeit von Amt und Mandat eingehend *G. C. v. Unruh/W. Frotscher*, DVBl. 1969, 821 (822f.); *K. Schlaich*, AöR 105 (1980), 188 (198f.); *W. Hausmann*, Die Inkompatibilität im Gemeindeverfassungsrecht der Bundesrepublik Deutschland, 1976, S. 103ff.; *Stober/Lackner* (Fn. 1), Art. 137 Rn. 15ff. und S. 226f., auch zu den Kommunalordnungen des 18., 19. und frühen 20. Jahrhunderts (Rn. 28ff. und S. 227f.: kein allgemeiner Grundsatz der Inkompatibilität im deutschen Gemeinderecht).

[6] *Huber*, Verfassungsgeschichte III, S. 97: Die Berufung in das Herrenhaus hatte das Ausscheiden aus dem Abgeordnetenhaus ipso iure zur Folge.

[7] Näher *Huber*, Verfassungsgeschichte III, S. 97: »abgeschwächte Unvereinbarkeitsnorm«.

[8] Näher *Huber*, Verfassungsgeschichte III, S. 97.

[9] Zur Kompatibilität von Amt und Mandat nach der Reichsverfassung von 1871 näher *Huber*, Verfassungsgeschichte III, S. 895f. – auch zu dem Versuch Bismarcks, die Unvereinbarkeit von Staatsamt und Parlamentsmandat verfassungsrechtlich zu verankern, was an dem Widerstand des Reichstags scheiterte (S. 661f.), sowie zur Inkompatibilität von Reichskanzlerschaft und Reichstagsmandat gem. Art. 9 S. 2 Reichsverfassung von 1871 (S. 829ff.); *W. Weber*, AöR 58 (1975), 161 (188ff.); *K. Schlaich*, AöR 105 (1980), 188 (197).

[10] Erläuternd *Huber*, Verfassungsgeschichte III, S. 896.

[11] Näher *Huber*, Verfassungsgeschichte VI, S. 368, 369f.; *G. C. v. Unruh/W. Frotscher*, DVBl. 1969, 821 (825); *Bernhard*, Richteramt (Fn. 1), S. 179; *Hausmann*, Inkompatibilität (Fn. 5), S. 102f. Zur Kompatibilität von Bundesrats- und Reichstagsmitgliedschaft nach der Weimarer Reichsverfassung *Huber*, Verfassungsgeschichte VI, S. 369.

[12] Näher *Huber*, Verfassungsgeschichte I, S. 368; *Huber*, Verfassungsgeschichte III, S. 662, 896; *Huber*, Verfassungsgeschichte VI, S. 368.

sprechende Regelungen vorgesehen[13]. Erst in der **3. Lesung des Plenums am 8.5.1949** wurde auf Antrag von Menzel und Strauß als Art. 137 I GG aufgenommen: »Die Wählbarkeit von Beamten, Angestellten des öffentlichen Dienstes und Richtern im Bund, in den Ländern und den Gemeinden kann gesetzlich beschränkt werden«[14]. Mit dieser Fassung wurde Art. 137 GG ohne Aussprache beschlossen[15].

Der Grund für die späte Aufnahme des Art. 137 I in das Grundgesetz war, dass der 4
Parlamentarische Rat eine Regelung zur Unvereinbarkeit von Amt und Mandat bis zuletzt abgelehnt und eine entsprechende **Forderung der alliierten Militärregierungen** zurückgewiesen hatte. Die Militärgouverneure sprachen sich bereits in einem Memorandum vom 22.11.1948 für eine Verfassungsvorschrift aus, nach der »ein öffentlicher Beamter, sollte er in die Bundeslegislative gewählt werden, vor Annahme der Wahl von seinem Amt bei der ihn beschäftigenden Behörde zurücktritt«[16]. Diese Forderung nach einem verfassungsrechtlichen Verbot der Mitgliedschaft von Beamten in der Legislative wiederholten die Alliierten mehrfach, u. a. bei der Übergabe des Memorandums an den Präsidenten des Parlamentarischen Rats Adenauer[17] und in einem weiteren Gespräch mit ihm am 11.2.1949[18]. In anschließenden **Besprechungen zwischen Vertretern der Alliierten und Vertretern des Parlamentarischen Rats** kam man überein, nicht jeden aus dem Bundestag auszuschließen, »der in irgendeiner Weise in den Diensten des Staates steht« (Besprechung vom 10.3.1949)[19]. Ausgeschlossen werden sollten Beamte der Hoheitsverwaltung wie Regierungspräsidenten und Ministerialräte, nicht hingegen Lehrer, Postbeamte und Eisenbahnbeamte, »soweit (sie) nicht selber in hohen Funktionen« stehen[20]. Nach Ansicht des Vertreters der Militärregierungen Chaput de Saintonge sollte vor allem Bundes- und Landesbeamten die Mitgliedschaft im Bundesparlament verwehrt werden[21]. In einem Gespräch am 20.4.1949 bemerkte der Alliiertenvertreter Simons zur Unvereinbarkeit von Amt und Mandat, der entscheidende Gesichtspunkt für die Amerikaner sei, »daß nicht eine Vermischung von Aufsichtsbefugnissen mit legislativen Befugnissen eintrete«[22]. Die Nachfrage des Ratsvertreters Pfeiffer, ob »dann ein Landesbeamter in das Bundesparlament und ein Bundesbeamter in ein Länderparlament gewählt werden« könne, verneinte Simons, weil auch die Bundesgesetze von den Ländern auszuführen seien[23]. Großzügiger sei er »auf andere(m) Gebiete ..., nämlich bei Angehörigen von Verwaltungen, die nicht Hoheitsverwaltungen seien, z. B. Eisenbahn- und Postbeamten, Lehrern, Universitätsprofessoren.«[24]

---

[13] Parl. Rat VII, S. 87, 131, 198, 293f., 337, 393, 442f., 529f., 568, 607.

[14] Parl. Rat IX, S. 595; s. auch Parl. Rat VII, S. 611.

[15] Parl. Rat IX, S. 595.

[16] Parl. Rat VIII, S. 39. Zur Prägung der Alliierten durch die Rechtslage zur Unvereinbarkeit von Amt und Mandat in ihren Heimatländern *D. J. Blum*, Das passive Wahlrecht der Angehörigen des öffentlichen Dienstes in Deutschland nach 1945 im Widerstreit britisch-amerikanischer und deutscher Vorstellungen und Interessen, 1972, S. 8ff.; *D. T. Tsatsos*, Unvereinbarkeiten zwischen Bundestagsmandat und anderen Funktionen, in: Schneider/Zeh, § 23 Rn. 14ff.; *K. Schlaich*, AöR 105 (1980), 188 (202); zur Unvereinbarkeit von Amt und Mandat in ausländischen Rechtsordnungen auch *W. W. Schmidt*, ZParl. 1 (1970), 181 (182ff.).

[17] Parl. Rat VIII, S. 44.

[18] Parl. Rat VIII, S. 113.

[19] Parl. Rat VIII, S. 193.

[20] Parl. Rat VIII, S. 193.

[21] Parl. Rat VIII, S. 193.

[22] Parl. Rat VIII, S. 241f.

[23] Parl. Rat VIII, S. 242.

[24] Parl. Rat VIII, S. 242.

5 In den **Ausschüssen des Parlamentarischen Rats** sprachen sich die Ratsmitglieder währenddessen durchgängig gegen eine verfassungsrechtliche Regelung der Unvereinbarkeit von Amt und Mandat aus, wobei die Debatte hierüber vornehmlich im Zusammenhang mit dem Entwurf des heutigen Art. 48 II GG geführt wurde. So plädierte in der 6. Sitzung des **Kombinierten Ausschusses am 24.9.1948** Wirmer dafür, eine Art. 62 HChE entsprechende Bestimmung in das Grundgesetz aufzunehmen, weil die Militärregierung den öffentlich Bediensteten in Niedersachsen verboten habe, sich politisch zu betätigen[25]. In der 11. Sitzung des Kombinierten Ausschusses am **7.10.1948** äußerte de Chapeaurouge, er sehe in einem Ausschluss der Beamten und Richter vom passiven Wahlrecht »eine ganz schwere Beeinträchtigung der staatspolitischen Rechte der Deutschen, und vor allem … die Gefahr einer Verkümmerung der Parlamentsarbeit.«[26] Die Regierungskontrolle und sachverständige Mitwirkung an der Gesetzgebung und damit die Funktionsfähigkeit der Parlamente würden gefährdet[27]. Katz schloss an, dass »alle Fraktionen und alle Mitglieder der gleichen Meinung (sind): das passive Wahlrecht der Beamten, der Richter usw. muss wiederhergestellt werden«[28]. Dies müsse gegenüber den Besatzungsmächten klar zum Ausdruck gebracht werden[29]. In der 12. Sitzung des Kombinierten Ausschusses am **8.10.1948** sprach sich de Chapeaurouge dafür aus, die Militärregierungen in den drei Westzonen in einer Entschließung zu ersuchen, die Versagung des passiven Wahlrechts für Richter, Beamte und Angestellte des öffentlichen Dienstes aufzugeben[30]. Der **Ausschuß für Wahlrechtsfragen** nahm am **1.2.1949** Stellung, es sei mit der Gleichheit aller Bürger vor dem Gesetz unvereinbar, Beamte vom passiven Wahlrecht auszuschließen[31]. Lediglich der **Siebenerausschuß** schlug am **3./4.3.1949** auf das Memorandum der Militärgouverneure vom 22.11.1948 hin vor, im Grundgesetz zu regeln, dass ein Bundesbeamter der Hoheitsverwaltung, der nach den Weisungen seines Vorgesetzten zu handeln hat, vor der Annahme der Wahl in den Volkstag seine Versetzung in den Wartestand beantragen muss. Behördenangestellte sollten unter den gleichen Voraussetzungen beurlaubt werden[32].

6 Noch am **4.5.1949** verständigten sich die Parteien in **interfraktionellen Verhandlungen**, die Wählbarkeit der Beamten nicht im Grundgesetz, sondern im **Wahlgesetz** zum ersten Bundestag und zur ersten Bundesversammlung der Bundesrepublik Deutschland vom 15.6.1949[33] zu regeln[34]. In § 5 II Wahlgesetz wurde formuliert: »Beamte und Richter des Bundes, sowie Beamte einer bundesunmittelbaren Körperschaft oder Anstalt des öffentlichen Rechtes oder einer der in Artikel 130 des Grundgesetzes aufgeführten Einrichtungen, die Hoheitsbefugnisse ausüben, müssen vor der Annahme der Wahl in den Bundestag ihre Versetzung in den Wartestand beantragen. Die Versetzung der Beamten in den Wartestand ist ohne Anspruch auf Wartegeld, jedoch unter

[25] Parl. Rat XIII/1, S. 193f.
[26] Parl. Rat XIII/1, S. 399.
[27] Parl. Rat XIII/1, S. 400.
[28] Parl. Rat XIII/1, S. 402.
[29] Parl. Rat XIII/1, S. 402.
[30] Parl. Rat XIII/1, S. 468, 497f.; s. auch bereits Parl. Rat XIII/1, S. 402.
[31] Parl. Rat VI, S. 672.
[32] Parl. Rat XI, S. 115; s. auch S. 120.
[33] BGBl. I S. 21; geändert durch Gesetz vom 5.8.1949 zur Ergänzung und Abänderung des Wahlgesetzes zum ersten Bundestag und zur ersten Bundesversammlung der Bundesrepublik Deutschland vom 15.6.1949, BGBl. I S. 25.
[34] Parl. Rat VI, S. 808 Anm. 6.

Aufrechterhaltung ihrer Ansprüche auf Wiedereinstellung für die Dauer ihrer Zugehörigkeit zum Bundestag auszusprechen. Diese Vorschrift gilt sinngemäß auch für Angestellte der vorgenannten Verwaltungen, die Hoheitsbefugnisse ausüben.«[35] In der vorangegangenen 1. Lesung des Wahlgesetzes im **Hauptausschuß am 23.2.1949** bemerkte Strauß, dass die Entscheidung von Beamten im Parlament über ihre eigene Verwaltung nicht mit dem Grundsatz der Gewaltenteilung vereinbar sei[36]. Daher solle »im neuen deutschen Staat kein Beamter Abgeordneter« werden[37]. Ein Bundesbeamter solle nicht in der gesetzgebenden Körperschaft des Bundes einen Sitz haben. Nicht ausgeschlossen sei dagegen die Mitgliedschaft eines Beamten einer Gebietskörperschaft in dem Parlament einer anderen Gebietskörperschaft, also z.B. die Mitgliedschaft eines Landes- oder Gemeindebeamten im Bundestag. Dies sei keine Verletzung des Prinzips der Gewaltenteilung. Man wolle nicht darauf verzichten, »die Sachkunde der Beamten in derjenigen gesetzgebenden Körperschaft vertreten zu sehen, die nicht auf der gleichen Ebene liegt wie ihre eigene Dienststelle.«[38]

Durch Gesetz vom 19.3.1956[39] wurde **Art.137 I GG** im Zuge der Aufstellung der Bundeswehr[40] um die Worte »Berufssoldaten, freiwilligen Soldaten auf Zeit« **ergänzt**. Art.137 II und III GG sind seit Inkrafttreten des Grundgesetzes unverändert geblieben. 7

B. Internationale, supranationale und rechtsvergleichende Bezüge

Die Unvereinbarkeit von Amt und Mandat in der Bundesrepublik ist **völker- und unionsrechtlich** nicht geregelt. Für Verwaltungsbedienstete und Richter der Europäischen Union sieht das Unionsrecht dagegen Unvereinbarkeitsbestimmungen vor[41], die während der Amtszeit u.a. eine Mitgliedschaft im Europäischen Parlament ausschließen[42]. Umgekehrt ist die Mitgliedschaft im Europäischen Parlament nach dem Akt zur Einführung allgemeiner unmittelbarer Wahlen der Abgeordneten des Europäischen Parlaments (Akt EP-Wahl)[43] unvereinbar u.a. mit der Mitgliedschaft in einer Regierung eines Mitgliedstaats und in der EU-Kommission sowie mit der Eigenschaft als Richter, Generalanwalt oder Kanzler des EuGH und als im aktiven Dienst stehender Beamter oder Bediensteter der Institutionen der EU (Art.7 I). Gestützt auf die Ermächtigung des Art.7 III Akt EP-Wahl (bzw. dessen Vorgängernorm Art.6 II Akt EP-Wahl a.F.[44]) 8

[35] Zur Suspension von §5 II Wahlgesetz durch das Militärregierungsgesetz Nr.20 der Alliierten vom 2.6.1949, wonach Angehörige des öffentlichen Dienstes mit der Annahme der Wahl in den Bundestag ohne Weiteres aus dem Dienst ausschieden, *H.H. Klein*, in: Maunz/Dürig, GG, Art.137 (2007), Rn.6; *A. v. Campenhausen/P. Unruh*, in: v. Mangoldt/Klein/Starck, GG III, Art.137 Rn.4.

[36] Parl. Rat XIV/2, S.1704.

[37] Parl. Rat XIV/2, S.1705.

[38] Parl. Rat XIV/2, S.1705.

[39] BGBl. I S.113.

[40] Näher *Stober/Lackner* (Fn.1), Art.137 Rn.65ff.

[41] Art.228 III 3 AEUV für den Bürgerbeauftragten; Art.245 II 1 AEUV für die Mitglieder der Kommission; Art.286 IV 1 AEUV für die Rechnungshofmitglieder; Art.4 II Protokoll (Nr.3) über die Satzung des EuGH für die Richter des EuGH; Art.11.1 II 1 Protokoll (Nr.4) über die Satzung des Europäischen Systems der Zentralbanken und der EZB für die Mitglieder des Direktoriums der EZB.

[42] Vgl. *Klein* (Fn.35), Art.137 Rn.18.

[43] ABl. 1976 L 278 S.5 (berichtigt L 326 S.32); BGBl. 1977 II S.735; zuletzt geändert durch Beschluss des Rates 2002/772/EG, Euratom vom 25.6.2002 und 23.9.2002, ABl. L 283 S.1.

[44] BT-Drs. 8/361, S.18.

hat der Bundesgesetzgeber in § 22 II Europawahlgesetz (EuWG) festgelegt, dass ein Abgeordneter des Europäischen Parlaments sein Mandat u.a. mit der Annahme der Wahl zum Bundespräsidenten, mit der Ernennung zum Richter des Bundesverfassungsgerichts, zum Parlamentarischen Staatssekretär und zum Mitglied einer Landesregierung verliert. Ergänzend gilt gem. § 7 Europaabgeordnetengesetz (EuAbgG), dass die in § 22 II Nr. 7 bis 15 EuWG genannten Ämter, Funktionen und Mandate mit der Mitgliedschaft im Europäischen Parlament unvereinbar sind. Gem. § 8 I, III EuAbgG iVm §§ 5 bis 9 und 36 I, II Abgeordnetengesetz, § 36 II Deutsches Richtergesetz und § 25 Soldatengesetz gelten für die in Deutschland in das Europäische Parlament gewählten Angehörigen des (deutschen) öffentlichen Dienstes die Regelungen über die Rechtsstellung der in den Bundestag gewählten Angehörigen des öffentlichen Dienstes entsprechend[45], sodass auch die Eigenschaft als deutscher Beamter, Angestellter des öffentlichen Dienstes, Richter, Berufssoldat oder Soldat auf Zeit unvereinbar ist mit einem Mandat im Europäischen Parlament.

9 Einzelne **Verfassungen anderer Staaten** enthalten vergleichbar Art. 137 I GG eine Ermächtigung des Gesetzgebers zum Erlass von Unvereinbarkeitsregelungen[46]; andere legen die Unvereinbarkeit aller oder einzelner Ämter in der Verwaltung und der Richterschaft mit einem Mandat in einem nationalen Parlament verfassungsrechtlich fest[47]; wiederum andere bekennen sich zur Vereinbarkeit von Amt und Mandat[48]. Die **Verfassungen der Bundesländer** normieren entweder die Unvereinbarkeit von Amt und Mandat[49] oder ermächtigen den Landesgesetzgeber vergleichbar Art. 137 I GG zum Erlass von Beschränkungen der Wählbarkeit zum Landesparlament oder zu den Kommunalvertretungen[50].

C. Erläuterungen

I. Gesetzliche Beschränkung der Wählbarkeit (Art. 137 I GG)

1. Normzweck und -struktur

10 Art. 137 GG gehört zu den Übergangsbestimmungen des Grundgesetzes, beheimatet aber in I zeitlich unbegrenztes Verfassungsrecht, weshalb sein Standort im XI. Abschnitt kritisiert wird[51]. Anders als allgemein angenommen ist Art. 137 I GG **nicht**

[45] *R. Bieber/M. Haag*, Europaabgeordnetengesetz, 2. Aufl. 2016, § 8 Rn. 2.

[46] Art. 4 II 2 Verf. Ungarn; Art. 25 I Verf. Frankreich (s. aber auch Art. 23 I, 57 S. 1); Art. 65 I, 122 I Verf. Italien (s. aber auch Art. 104 VII); Art. 82 II Verf. Slowenien (s. aber auch Art. 133, 136).

[47] Art. 35 III Verf. Irland; Art. 54 I lit. b), c) Verf. Malta (jedoch vorbehaltlich anderer Regelung); Art. 49–51 Verf. Belgien; §§ 63, 64 Verf. Estland; § 27 II, III Verf. Finnland; Art. 60 I Verf. Litauen; Art. 54 I Verf. Luxemburg (s. aber auch die Erweiterungsmöglichkeit nach Art. 55); Art. 103 I, II Verf. Polen (s. aber auch die Erweiterungsmöglichkeit nach Art. 103 III); Art. 57 II Verf. Niederlande (s. aber auch die Erweiterungsmöglichkeit nach Art. 57 IV); Art. 70 I Verf. Spanien (mit Erweiterungsmöglichkeit); Art. 22 I Verf. Tschechien (mit Erweiterungsmöglichkeit).

[48] § 30 II Verf. Dänemark; Art. 59a Verf. Österreich (s. aber Art. 95 V Verf. Österreich); Art. 28 VII 1 Verf. Irland.

[49] Bezogen auf die Unvereinbarkeit einer Mitgliedschaft im Senat mit einem Bürgerschaftsmandat Art. 39 I Verf. Hamburg und Art. 108 I Verf. Bremen.

[50] Art. 22 V 3 Verf. Brandenburg; Art. 13 II 2 Verf. Hamburg; Art. 71 III Verf. Mecklenburg-Vorpommern; Art. 61 Verf. Niedersachsen; Art. 46 III Verf. Nordrhein-Westfalen; Art. 91 II Verf. Sachsen-Anhalt; Art. 97 I, IV Verf. Bremen.

[51] *Klein* (Fn. 35), Art. 137 Vorb. (»falsch platziert«), nach dessen Ansicht Art. 137 I GG systema-

konstitutiv für gesetzliche Beschränkungen der Vereinbarkeit von Amt und Mandat[52]. Ohne Art. 137 I GG legitimierten das Gewaltenteilungs- und Rechtsstaatsprinzip (→ Rn. 13) Eingriffe des Gesetzgebers in die Allgemeinheit und Gleichheit der Wahl zum Bundestag (Art. 38 I 1 GG: → Art. 38 Rn. 72)[53] sowie zu den Volksvertretungen in den Ländern, Kreisen und Gemeinden (Art. 28 I 2 GG: → Art. 28 Rn. 61)[54] und ermächtigten zu Beschränkungen des Verbots der Behinderung der Übernahme und Ausübung eines Bundestagsmandats (Art. 48 II 1 GG: → Art. 48 Rn. 17)[55]. Art. 38 I 1, Art. 48 II 1 und Art. 28 I 2 GG würden durch die gegenläufigen Verfassungsprinzipien des Gewaltenteilungs- und Rechtsstaatsprinzips immanent begrenzt.

Aus diesem Grund trifft auch die Deutung des Art. 137 I GG als **abschließende Regelung** der Inkompatibilität[56], die Unvereinbarkeitsregelungen abgesehen von dem Gebrauch spezieller Inkompatibilitätsbestimmungen (Art. 55 I, Art. 66, Art. 94 I 3 GG) ausschließe[57], nicht zu[58]. Art. 137 I GG ist tatbestandlich auf Beschränkungen des passiven Wahlrechts (→ Rn. 16) von Beamten, Angestellten des öffentlichen Dienstes, Soldaten und Richtern (→ Rn. 19ff.) zu Volksvertretungen (→ Rn. 17) bezogen und begrenzt. Nur für die Inkompatibilität zwischen öffentlichem Dienst und Volksvertretungen enthält Art. 137 I GG eine abschließende Regelung. Für andere Personengruppen und Gremien (z. B. für Beschäftigte privater Arbeitgeber und Selbstständige sowie für Gremien gesetzlicher Sozialversicherungsträger oder von Universitäten → Rn. 17f.) trifft Art. 137 I GG dagegen keine Aussage, sodass der Gesetzgeber Inkompatibilitätsvorschriften gestützt auf andere Verfassungsbestimmungen wie das Gewaltenteilungs- und Rechtsstaatsprinzip erlassen kann. 11

Welche **Normziele** Art. 137 I GG zugrunde liegen, ist umstritten. Nach allgemeiner Ansicht dient Art. 137 I GG »der Sicherung der organisatorischen Gewaltenteilung gegen Gefahren, die durch eine Personalunion zwischen einem Exekutivamt und ei- 12

---

tisch zu Art. 33, Art. 38, Art. 48 GG gehört; *J. Linck*, ZG 11 (1996), 181 (186); a.A. *Stober/Lackner* (Fn. 1), Art. 137 Rn. 101 wegen der »übergreifenden Bedeutung« der Norm.

[52] So aber *Klein* (Fn. 35), Art. 137 Rn. 32; *Campenhausen/Unruh* (Fn. 35), Art. 137 Rn. 14; *Stober/Lackner* (Fn. 1), Art. 137 Rn. 105ff., insb. 113.

[53] Statt vieler BVerfGE 38, 326 (336); *Tsatsos* (Fn. 16), § 23 Rn. 19.

[54] Statt vieler BVerfGE 48, 64 (82); 57, 43 (57); 98, 145 (160, Rn. 53f.); *Klein* (Fn. 35), Art. 137 Rn. 33.

[55] S. nur BVerfGE 42, 312 (326); *Klein* (Fn. 35), Art. 137 Rn. 33.

[56] Zum Ursprung des Rechtsbegriffs der Inkompatibilität in der kanonischen Rechtslehre *G. Sturm*, Die Inkompatibilität, 1967, S. 1f.; *Bernhard*, Richteramt (Fn. 1), S. 175.

[57] So *H. Butzer*, in: Epping/Hillgruber, GG, Art. 137 Rn. 3: Unzulässigkeit einfachgesetzlicher Inkompatibilitätsregelungen für andere als die in Art. 137 I GG genannten Personengruppen; *C. H. Ule*, VerwArch. 62 (1971), 271 (276ff.); *Stober/Lackner* (Fn. 1), Art. 137 Rn. 84, 284, die aber Art. 137 I GG keine Regelungssperre für die Festlegung der Unvereinbarkeit von Mandat und nachfolgendem Amt entnehmen (Rn. 209); *J. Linck*, ZG 11 (1996), 181 (182, 186, 189); *Campenhausen/Unruh* (Fn. 35), Art. 137 Rn. 14f.; *Klein* (Fn. 35), Art. 137 Rn. 49; bezogen auf gesetzliche Anknüpfungen an ein Dienstverhältnis auch Jarass/*Pieroth*, GG, Art. 137 Rn. 1; *S. Magiera*, in: Sachs, GG, Art. 137 Rn. 5.

[58] Im Ergebnis wie hier → *Masing*, Bd. III², Art. 137 Rn. 7 mit Beispielen in Fn. 34; *P. Rieß*, DRiZ 1959, 273 (275); *D. Schefold*, Kommunalwirtschaftliche Inkompatibilität, 1977, S. 52f.; in die Richtung weist auch BVerfGE 48, 62 (82); unklar dagegen BVerfGE 38, 326 (336); 48, 62 (82): »abschließende Regelung der Materie durch Art. 137 I GG«; 58, 177 (191): abschließende Regelung »in Anknüpfung an ein Dienstverhältnis«; die Frage ausdrücklich offenlassend BVerfGE 57, 43 (58): »Ob Bund oder Länder außerhalb der Ermächtigung des Art. 137 Abs. 1 GG Beschränkungen der Wählbarkeit vornehmen dürfen, ist hier nicht zu entscheiden.«

nem Abgeordnetenmandat entstehen können«[59]. Es solle verhindert werden, dass öffentlich Bedienstete »derjenigen Vertretungskörperschaft angehören, der eine Kontrolle über ihre Behörde obliegt«[60]. Interessen- und Entscheidungskonflikte sowie Verfilzungen sollen ausgeschlossen werden[61]. Das Schrifttum entnimmt Art. 137 I GG teils weitere Ziele[62] wie die Sicherung der **Integrität und Funktionsfähigkeit des öffentlichen Dienstes** im Sinne einer unparteiischen Amtsführung[63], da das Gewaltenteilungsprinzip Beschränkungen der Wählbarkeit innerhalb derselben Staatsgewalt sowie manche ebenenübergreifenden Inkompatibilitätsregelungen nicht zu erklären vermöge[64]. Nach anderer Sicht soll Art. 137 I GG die parteipolitische Neutralität bzw. Entpolitisierung des öffentlichen Dienstes sicherstellen[65] oder eine übermäßige **Verbeamtung der Parlamente verhindern**[66]. Letzteres wird v. a. mit der Entstehungsgeschichte des Art. 137 I GG[67] sowie mit dem Diäten-Urteil des Bundesverfassungsgerichts begründet[68], in dem das Gericht die Frage aufgeworfen hat, »ob das in Bund und Ländern zu beobachtende unverhältnismäßig starke Anwachsen der Zahl der ... Angehörigen des öffentlichen Dienstes unter den Abgeordneten (›Verbeamtung der Parlamente‹) ... noch mit den Anforderungen eines materiell verstandenen Gewaltenteilungsprinzips vereinbar ist.«[69] Schließlich wird vertreten, Art. 137 I GG überlasse es dem Gesetzgeber, die Ziele der Wählbarkeitsbeschränkung zu bestimmen[70].

13 Normziel des Art. 137 I GG ist die **Sicherung der Funktionsfähigkeit der Exekutive, Judikative und Legislative** durch Verhinderung von Interessen- und Entscheidungskonflikten[71]. Die Ermächtigung des Gesetzgebers zur Beschränkung der Wählbarkeit von Beamten, Angestellten, Soldaten und Richtern zu den Volksvertretungen soll Interessenkollisionen verhindern, die durch die gleichzeitige Ausübung von Amt und Mandat entstehen und die funktionsgerechte Amts- und Mandatswahrnehmung beeinträchtigen können. Die Bediensteten des Staates sollen ihre wechselseitige Kontrollfunktion unabhängig und frei von sachfremden Einflussnahmen ausüben, die aus

---

[59] BVerfGE 57, 43 (62); vgl. auch BVerfGE 12, 73 (77); 18, 172 (183); 38, 326 (338f.); 48, 64 (82); aus dem Schrifttum statt vieler *S. Werres*, ZBR 2004, 384 (388); *Sturm*, Inkompatibilität (Fn. 56), S. 147ff.

[60] BVerfGE 57, 43 (62); vgl. auch BVerfGE 12, 73 (77); 18, 172 (183); 38, 326 (338f.); 48, 64 (82).

[61] BVerfGE 98, 145 (160, Rn. 55); vgl. auch BVerfGE 12, 73 (77); 18, 172 (183); 42, 312 (339); 38, 326 (338f.); BVerwGE 117, 11 (16f.); OVG Rh.-Pf. NVwZ-RR 2014, 934. Aus dem Schrifttum zur Sicherung des Gewaltenteilungsprinzips als Normziel des Art. 137 I GG statt fast aller *Magiera* (Fn. 57), Art. 137 Rn. 4; *Campenhausen/Unruh* (Fn. 35), Art. 137 Rn. 6; *S. U. Pieper*, in: Schmidt-Bleibtreu/Hofmann/Henneke, GG, Art. 137 Rn. 1.

[62] Explizit gegen weitere Normziele des Art. 137 I GG *W. G. Leisner*, in: Sodan, GG, Art. 137 Rn. 2.

[63] *Klein* (Fn. 35), Art. 137 Rn. 26f.; ähnlich *H.-P. Schneider*, in: AK-GG, Art. 137 (2002), Rn. 2.

[64] *Klein* (Fn. 35), Art. 137 Rn. 23; dagegen *Campenhausen/Unruh* (Fn. 35), Art. 137 Rn. 7.

[65] *H. Schneider*, ZBR 1958, 78 (79ff.); hiergegen zutreffend *Tsatsos* (Fn. 16), § 23 Rn. 30; *E. Denninger*, RiA 1981, 101 (102).

[66] *K. Schlaich*, AöR 105 (1980), 188 (194ff., 230ff.); *Stober/Lackner* (Fn. 1), Art. 137 Rn. 96ff.; dass Art. 137 I GG eine Überrepräsentation der Beamten in den Parlamenten nicht verhindert habe, bemängeln auch *Butzer* (Fn. 57), Art. 137 Rn. 21 und *Magiera* (Fn. 57), Art. 137 Rn. 4. Gegen die Verhinderung der Verbeamtung der Parlamente als Normziel des Art. 137 I GG *Tsatsos* (Fn. 16), § 23 Rn. 33; *E. Denninger*, RiA 1981, 101 (102).

[67] *Stober/Lackner* (Fn. 1), Art. 137 Rn. 97.

[68] *K. Schlaich*, AöR 105 (1980), 188 (190f.); *Stober/Lackner* (Fn. 1), Art. 137 Rn. 97.

[69] BVerfGE 40, 296 (321). Weitere Normziele des Art. 137 I GG diskutieren *Stober/Lackner* (Fn. 1), Art. 137 Rn. 114ff.

[70] *K. Schlaich*, AöR 105 (1980), 188 (223ff., insb. 227f.).

[71] Ebenso *Tsatsos* (Fn. 16), § 23 Rn. 34ff.; *Hausmann*, Inkompatibilität (Fn. 5), S. 37ff.

einer Personalunion zwischen Amt und Mandat resultieren können. Art. 137 I GG konkretisiert insofern das **Gewaltenteilungsprinzip und das allgemeine Rechtsstaatsprinzip** (Art. 20 II 2, III GG), wobei sich der konkrete verfassungsrechtliche Nährboden danach richtet, für welches Amt und Mandat der Gesetzgeber eine Unvereinbarkeit festlegt. Die Regelung der Unvereinbarkeit eines Exekutivamts mit einem Parlamentsmandat dient der Sicherung des Prinzips organisatorischer Gewaltenteilung (Art. 20 II 2 GG), das der Machtbegrenzung und wechselseitigen Kontrolle der verschiedenen Staatsgewalten dient (→ Art. 20 [Rechtsstaat] Rn. 68). Das Gleiche gilt für die Inkompatibilität von Richteramt und Abgeordnetenmandat, wobei die Unabhängigkeit der Judikative (Art. 97 GG) das Prinzip der organisatorischen Gewaltentrennung stützt und flankiert. Die dem Gewaltenteilungsprinzip angelegene Funktionsfähigkeit der Legislative wird neben Art. 20 II 2 GG zusätzlich durch Art. 38 I 2 GG gesichert. Liegen Amt und Mandat innerhalb derselben Gewalt, etwa weil die Wählbarkeit von Angestellten einer Gemeinde in die Gemeindevertretung beschränkt wird, konkretisiert Art. 137 I GG ebenfalls das Gewaltenteilungsprinzip, wenn man ihm in einem weit verstandenen Sinne innerhalb einer Staatsgewalt Bedeutung beimisst, weil es gewaltenübergreifend und -intern Interessenkollisionen zu verhindern sucht[72]. Steht man einem solchermaßen weit verstandenen Gewaltenteilungsprinzip ablehnend gegenüber, konkretisiert Art. 137 I GG mit der Sicherung der Funktionsfähigkeit von Amt und Mandat derselben Staatsgewalt das allgemeine Rechtsstaatsprinzip des Art. 20 III GG, zu dessen Grundanliegen die Mäßigung und Verhütung des Missbrauchs staatlicher Gewalt zählen[73].

Andere Normzwecke liegen Art. 137 I GG nicht zugrunde. Der Art. 137 I GG zugeschriebene Zweck, eine übermäßige Verbeamtung der Parlamente zu verhindern (→ Rn. 12), vermag nicht zu begründen, dass Art. 137 I GG auch Beschränkungen der Wählbarkeit von Richtern erlaubt. Auch wäre es kaum erklärbar, dass Art. 137 I GG eine Überrepräsentation von Angehörigen des öffentlichen Dienstes in den Parlamenten auszuschließen sucht, entsprechende Regelungen für andere Bevölkerungsgruppen hingegen fehlen. Gegen eine parteipolitische Neutralität des öffentlichen Dienstes als Ziel des Art. 137 I GG (→ Rn. 12) spricht bereits, dass sich eine Entpolitisierung nicht durch Regelungen der Inkompatibilität, sondern nur der Ineligibilität oder gar durch Untersagung jeder politischen Betätigung erreichen ließe, wozu Art. 137 I GG indes nach allgemeiner Ansicht nicht ermächtigt (→ Rn. 16, 29f.). Eine Überantwortung der Bestimmung des Normzwecks an den Gesetzgeber ist Art. 137 I GG ebenso fremd wie anderen verfassungsrechtlichen Schranken der Grundrechte. 14

Aus dem Normziel des Art. 137 I GG ergibt sich, dass er eine Gefährdung der Funktionsfähigkeit des betreffenden Amts oder Mandats durch Interessenkollisionen **tatbestandlich voraussetzt**[74]. Der Gesetzgeber kann die Ermächtigung des Art. 137 I GG dabei »durch generalisierende Tatbestände ausschöpfen, die an die Wahrscheinlich- 15

[72] Vgl. auch BVerfGE 48, 64 (82f.), wonach Art. 137 I GG »allgemein der Sicherung der organisatorischen Gewaltenteilung gegen Gefahren (diene), die durch das Zusammentreffen von Amt und Mandat in einer Vertretungskörperschaft entstehen können«; gleichsinnig BVerfGE 12, 73 (77); 18, 172 (183); 58, 177 (193); *Campenhausen/Unruh* (Fn. 35), Art. 137 Rn. 7.

[73] Vgl. *B. Grzeszick*, in: Maunz/Dürig, GG, Art. 20 (2013), Rn. 16 (Gewaltenteilung).

[74] Im Ergebnis ebenso BVerfGE 18, 172 (184); 98, 145 (161, Rn. 57); Fälle, in denen die Gefahr einer Interessenkollision nicht besteht, nennt *J. Linck*, ZG 11 (1996), 181 (187ff.); ablehnend dagegen *Klein* (Fn. 35), Art. 137 Rn. 48; a.A. auch *Butzer* (Fn. 57), Art. 137 Rn. 17, der das Erfordernis der Gefahr von Interessenkollisionen aus dem Verhältnismäßigkeitsgrundsatz ableitet.

keit einer Konfliktlage anknüpfen«[75]. Bei der Prognose, ob die Tätigkeit des Amtsinhabers bei gleichzeitiger Mitgliedschaft in einer Volksvertretung Interessenkollisionen birgt, steht dem Gesetzgeber ein Einschätzungsspielraum zu[76]. Die Gefahr einer Interessenkollision hat das Bundesverfassungsgericht für die Wahl von Landesbeamten in den Landtag eines anderen Bundeslandes verneint[77]. Liegt die Gefahr einer Interessenkollision tatbestandlich vor, muss die gesetzliche Regelung wegen des Eingriffs in Art. 38 I 1, Art. 28 I 2 bzw. Art. 48 II 1 GG (→ Rn. 10) dem **Grundsatz der Verhältnismäßigkeit** entsprechen (→ Rn. 31 ff.).

2. Wählbarkeit

16 Art. 137 I GG ermächtigt zur Beschränkung der »Wählbarkeit« und damit nach seinem Wortlaut, seiner Entstehungsgeschichte (→ Rn. 3 ff.) und seinem Zweck (→ Rn. 13) nur zur Einschränkung des **passiven Wahlrechts**[78], nicht auch des aktiven Wahlrechts und allgemeinpolitischer Betätigung[79]. Das passive Wahlrecht ist das Recht, »sich um ein Mandat zu bewerben, sich als Kandidat aufstellen zu lassen, gewählt werden zu können und die Wahl anzunehmen« sowie »das Mandat während der Legislaturperiode innezuhaben und auszuüben«[80].

17 Nach seiner Entstehungsgeschichte (→ Rn. 3 ff.), seinem Zweck (→ Rn. 13) und der Normsystematik (→ Rn. 18) gilt Art. 137 I GG für das passive Wahlrecht zu den **Volksvertretungen** des Bundes, der Länder und der Kommunen[81]. Nur durch eine Personalunion zwischen einem Exekutivamt bzw. einer Judikativtätigkeit und einem Abgeordnetenmandat kann typischerweise die Funktionsfähigkeit des Amts oder Mandats infolge von Interessenkollisionen gefährdet sein. Art. 137 I GG sucht zu verhindern, dass öffentlich Bedienstete »derjenigen Vertretungskörperschaft angehören, der eine Kontrolle über ihre Behörde obliegt« (→ Rn. 12 mit Nw.). Nicht von Art. 137 I GG erfasst ist daher die Wählbarkeit zu Gremien von Trägern mittelbarer Staatsverwaltung und funktionaler Selbstverwaltung (Ausnahme: kommunale Vertretungskörperschaften) wie z. B. Sozialversicherungsträgern, Kammern und Univer-

---

[75] BVerfGE 98, 145 (161, Rn. 57); vgl. auch BVerfGE 18, 172 (183 f.); 40, 296 (320 f.); 48, 64 (84 f.); 58, 177 (198).

[76] BVerfGE 98, 145 (161, Rn. 57); OVG Rh.-Pf. NVwZ-RR 2014, 934; *J. Linck*, ZG 11 (1996), 181 (187).

[77] BVerfGE 18, 172 (184); ebenfalls verneint wurde die Gefahr einer Interessenkollision für die Vereinbarkeit des Amts als Landesrichter mit dem Mandat in der Stadtverordnetenversammlung (BremStGH DVBl. 1978, 444 [444 ff.]); für die Mitgliedschaft einer beim Kreis angestellten Ärztin im Kreistag (BbgVerfG NVwZ 1996, 590 [590 ff.]); für die Mitgliedschaft einer Gemeindeangestellten in der Bezirksvertretung der Stadt (OVG NW NVwZ 1998, 768 [768 ff.]); und für die Mitgliedschaft von Beamten oder Beschäftigten einer Gemeinde, die sich in der Freistellungsphase der Altersteilzeit nach dem Blockmodell befinden, im Verbandsgemeinderat (OVG Rh.-Pf. NVwZ-RR 2011, 32 [32 ff.]).

[78] Statt aller BVerfGE 57, 43 (57); 58, 177 (191); *K. Schlaich*, AöR 105 (1980), 188 (204); *Bernhard*, Richteramt (Fn. 1), S. 184 f.; Jarass/*Pieroth*, GG, Art. 137 Rn. 3.

[79] *Magiera* (Fn. 57), Art. 137 Rn. 6; *Campenhausen/Unruh* (Fn. 35), Art. 137 Rn. 30; *Klein* (Fn. 35), Art. 137 Rn. 61.

[80] BVerfGE 38, 326 (337).

[81] Statt aller BVerfGE 18, 172 (183); → *Masing*, Bd. III², Art. 137 Rn. 16; *Stober/Lackner* (Fn. 1), Art. 137 Rn. 236 ff.; bezogen auf kommunale Vertretungskörperschaften auch BVerfGE 12, 73 (77); 48, 64 (82 f.); 57, 43 (58 f., 62); 58, 177 (191); BVerwGE 117, 11 (13); *S. Werres*, ZBR 2004, 384 (386 f.).

sitäten[82]. Art. 137 I GG gilt auch nicht für Doppelmandate in verschiedenen Volksvertretungen[83] oder für die Mitgliedschaft im Bundesrat[84] (s. für Regierungsmitglieder auch Art. 51 I GG). Entgegen seinem Wortlaut findet Art. 137 I GG nach Sinn und Zweck (→ Rn. 13) Anwendung auf die Berufung von Mandatsinhabern in ein nachfolgendes Exekutiv- oder Judikativamt[85].

3. Bund, Länder und Gemeinden

Der Satzteil »im Bund, in den Ländern und den Gemeinden« knüpft nach der Syste- **18**
matik und dem Zweck des Art. 137 I GG an den gesamten vorstehenden Satzteil, also an die »Wählbarkeit von Beamten, Angestellten des öffentlichen Dienstes, Berufssoldaten, freiwilligen Soldaten auf Zeit und Richtern« an[86]. Art. 137 I GG ist zu lesen als: Soweit in Bund, Ländern und Gemeinden Beamte, Angestellte des öffentlichen Dienstes, Soldaten und Richter beschäftigt sind (unmittelbare und mittelbare Staatsverwaltung)[87], kann deren Wahl in Volksvertretungen im Bund, in den Ländern und den Gemeinden beschränkt werden. Hieraus sowie aus der Entstehungsgeschichte des Art. 137 I GG (→ Rn. 4; s. aber bezogen auf das Wahlgesetz → Rn. 6) folgt zum einen, dass die Wählbarkeit der genannten Personen nicht nur in Mandate **derselben Staatsebene** (z. B. von Beamten oder Richtern des Bundes in den Bundestag)[88], sondern auch in Mandate einer **anderen Staatsebene** (z. B. von Beamten oder Richtern des Bundes in die Landtage)[89] beschränkt werden kann. Voraussetzung ist allerdings, dass die Funktionsfähigkeit des jeweiligen Amts oder Mandats durch Interessenkollisionen gefährdet ist (→ Rn. 15). Zum anderen ergibt sich aus dem Tatbestandsmerkmal »im Bund, in den Ländern und den Gemeinden«, dass Art. 137 I GG weder die Wählbarkeit zum EU-Parlament[90] oder in Gremien nichtstaatlicher Einrichtungen wie von Religionsgemeinschaften[91] und grundrechtsfähigen Unternehmen[92] erfasst noch die Wählbarkeit

[82] *Klein* (Fn. 35), Art. 137 Rn. 46; *Campenhausen/Unruh* (Fn. 35), Art. 137 Rn. 30; a.A. wohl *Pieper* (Fn. 61), Art. 137 Rn. 10.

[83] *Klein* (Fn. 35), Art. 137 Rn. 47; *J. Kohl*, in: Umbach/Clemens, GG, Art. 137 Rn. 11.

[84] *Klein* (Fn. 35), Art. 137 Rn. 47.

[85] Ebenso *Tsatsos* (Fn. 16), § 23 Rn. 47f.; a.A. *Stober/Lackner* (Fn. 1), Art. 137 Rn. 241; *Kohl* (Fn. 83), Art. 137 Rn. 11.

[86] Nach a.A. bezieht sich der Satzteil »im Bund, in den Ländern und den Gemeinden« auf die in Art. 137 I GG genannten Personengruppen unabhängig vom jeweiligen Dienstherrn (*Campenhausen/Unruh* [Fn. 35], Art. 137 Rn. 27), auf die Wählbarkeit zu Volksvertretungen (*Klein* [Fn. 35], Art. 137 Rn. 45) oder auf »die Körperschaften als Träger von Volksvertretungen« (*Stober/Lackner* [Fn. 1], Art. 137 Rn. 352ff. mit weiteren Deutungsmöglichkeiten).

[87] Ebenso *W. Leisner*, Unvereinbarkeit von öffentlichem Dienst und Abgeordnetenstellung, 1968, S. 52ff.

[88] BVerfGE 18, 172 (183); 58, 177 (193ff.); *Tsatsos* (Fn. 16), § 23 Rn. 18; *Campenhausen/Unruh* (Fn. 35), Art. 137 Rn. 29; *Magiera* (Fn. 57), Art. 137 Rn. 18. → *Masing*, Bd. III^2, Art. 137 Rn. 16.

[89] BVerfGE 18, 172 (183f.); 58, 177 (193ff.); *Leisner*, Unvereinbarkeit (Fn. 87), S. 55ff.; → *Masing*, Bd. III^2, Art. 137 Rn. 16; *Klein* (Fn. 35), Art. 137 Rn. 48; *Campenhausen/Unruh* (Fn. 35), Art. 137 Rn. 29; *Magiera* (Fn. 57), Art. 137 Rn. 18; *Tsatsos* (Fn. 16), § 23 Rn. 18; Beispiele für Ebenenverschiedenheit bei *Butzer* (Fn. 57), Art. 137 Rn. 17.1.

[90] *Stober/Lackner* (Fn. 1), Art. 137 Rn. 358; *Butzer* (Fn. 57), Art. 137 Rn. 14; in der Tendenz a.A. *Pieper* (Fn. 61), Art. 137 Rn. 10.

[91] *Campenhausen/Unruh* (Fn. 35), Art. 137 Rn. 28.

[92] Ebenso *Klein* (Fn. 35), Art. 137 Rn. 46.

von Beschäftigten anderer Staaten oder der EU[93] sowie nichtstaatlicher Arbeitgeber wie der Kirchen[94] oder grundrechtsfähiger Unternehmen[95] regelt.

4. Beamte, Angestellte des öffentlichen Dienstes, Berufssoldaten, freiwillige Soldaten auf Zeit und Richter

19 Art. 137 I GG legt den Kreis der Personen, deren Wählbarkeit gesetzlich nach dieser Bestimmung beschränkt werden kann, enumerativ fest (zur Möglichkeit von Wählbarkeitsbeschränkungen außerhalb des Anwendungsbereichs des Art. 137 I GG → Rn. 11). Art. 137 I GG knüpft dabei nicht an das Amt im statusrechtlichen Sinne an, sondern ist **im Lichte seines Normziels** (→ Rn. 13) **funktionell auszulegen**. Nur wenn für das jeweilige Amt und Mandat die Funktionsfähigkeit nach dem konkreten Aufgaben- und Verantwortungsbereich infolge von Interessenkollisionen gefährdet ist, gestattet Art. 137 I GG die Einschränkung des passiven Wahlrechts. Geboten ist daher stets eine Betrachtung des konkreten Amts und Mandats[96], wobei dem Gesetzgeber typisierende Regelungen erlaubt sind.

20 Nicht nur mit Blick auf den Wortlaut (»von«)[97], sondern vor allem wegen der Tatbestandsvoraussetzung der Gefahr einer Interessenkollision und wegen der Geltung des Verhältnismäßigkeitsgrundsatzes darf (und muss) der Gesetzgeber **nicht die Wählbarkeit der jeweiligen Personengruppe insgesamt**, sondern nur derjenigen Amts- und Mandatsinhaber einschränken, bei denen die Gefahr einer Interessenkollision besteht.

a) Beamte

21 Beamte i. S. d. Art. 137 I GG sind die nach dem **Beamtenrecht des Bundes[98] und der Länder[99]** unter Berücksichtigung der durch Art. 33 V GG verbürgten hergebrachten Grundsätze des Berufsbeamtentums (→ Art. 33 Rn. 168 ff.) bestimmten Beamten des Bundes, der Länder und der Kommunen einschließlich von (anderen) juristischen Personen des öffentlichen oder privaten Rechts, an denen der Staat mehrheitlich beteiligt ist[100]. Erfasst sind Beamte auf Lebenszeit, auf Zeit[101], auf Probe, auf Widerruf und Wahlbeamte[102]. Art. 137 I GG gilt dagegen nicht für Beamte im Ruhestand, weil sie keine Verwaltungsaufgaben mehr wahrnehmen, sodass Interessenkonflikte durch die gleichzeitige Ausübung eines Mandats ausgeschlossen sind[103]. Unanwendbar ist

---

[93] Ebenso *L.-A. Versteyl*, in: v. Münch/Kunig, GG II, Art. 137 Rn. 26.

[94] *Tsatsos* (Fn. 16), § 23 Rn. 18; *Stober/Lackner* (Fn. 1), Art. 137 Rn. 88 ff.; a. A. BVerfGE 42, 312 (341) bezogen auf Art. 137 I GG: »Was innerhalb der Staatsverfassung die Rücksicht auf das Gewalteilungsprinzip rechtfertigt, erscheint auch gerechtfertigt in Rücksicht auf die Integrität des kirchlichen Amtes, wie sie die Kirche versteht und der Staat hinzunehmen hat«.

[95] BayVerfGHE 58, 113 (126).

[96] In diese Richtung deutet BVerfGE 40, 296 (320), wobei die Frage letztlich offenbleibt; nur bezogen auf die Abgrenzung zwischen Angestellten und Arbeitern im Ergebnis wie hier *Campenhausen/Unruh* (Fn. 35), Art. 137 Rn. 21. A. A. BVerwGE 117, 11 (13); VGH BW DVBl. 2016, 384 (385).

[97] So *J. Linck*, ZG 11 (1996), 181 (184): »von« statt »der«; *Stober/Lackner* (Fn. 1), Art. 137 Rn. 266; vgl. auch BVerfGE 40, 296 (320).

[98] S. insb. §§ 4 ff. BBG.

[99] BVerfGE 18, 172 (180); 48, 64 (83); 57, 43 (59); → *Masing*, Bd. III^2, Art. 137 Rn. 9; *Magiera* (Fn. 57), Art. 137 Rn. 12; a. A. *Stober/Lackner* (Fn. 1), Art. 137 Rn. 76.

[100] BVerfGE 38, 326 (339); 48, 64 (83); 98, 145 (160, Rn. 56); BVerfG (K), NJW 1996, 2497 (2498).

[101] BVerfGE 18, 172 (180).

[102] BVerfGE 18, 172 (181); eingehend *Tsatsos* (Fn. 16), § 23 Rn. 51 ff.

[103] BVerfGE 57, 43 (59 ff.).

Art. 137 I GG nach der Rechtsprechung auch auf Ehrenbeamte[104], was im Schrifttum wegen der Gefahr von Interessenkollisionen kritisiert wird[105]. Mangels Beamtenstatus unterfallen Art. 137 I GG weder der Bundespräsident[106] noch Bundes- und Landesminister[107], parlamentarische Staatssekretäre[108] oder der Wehrbeauftragte[109].

Die **Gefahr einer Interessenkollision** (→ Rn. 15) kann bei Lehrern und Hochschullehrern fehlen[110], weil und soweit sich ihre Aufgaben im Wesentlichen auf die Lehre und Forschung (Hochschullehrer) beschränken und ihre Verwaltungsaufgaben begrenzt sind[111]. Etwas anderes gilt für die Mitglieder der Rechnungshöfe[112], die Beamte (s. § 3 II BRHG: Präsident und Vizepräsident sind Beamte auf Zeit; § 4 BRHG: Prüfungsbeamte) oder Angestellte im öffentlichen Dienst (§ 4 BRHG: weitere Bedienstete) (→ Rn. 23) sind und für die im Übrigen die für Richter geltenden Vorschriften über die Unabhängigkeit zur Anwendung kommen (§ 3 IV 2 BRHG). Bei ihnen kann wegen ihrer Kontrolle der Haushalts- und Wirtschaftsführung des Bundes bzw. der Länder (§ 88 I BHO) und ihrer Beratungsfunktion gegenüber den Parlamenten (§ 88 II BHO) die Gefahr einer Interessenkollision bestehen[113]. Das Gleiche gilt für die Datenschutzbeauftragten von Bund und Ländern, soweit sie Beamte sind[114]. 22

b) Angestellte des öffentliches Dienstes

Angestellte des öffentlichen Dienstes sind zum einen »die in einem Dienstverhältnis zu einem öffentlich-rechtlichen Dienstherrn« stehenden Beschäftigten[115], die nicht Beamte oder Arbeiter sind[116]. Dienstherr können neben dem Bund, den Ländern und den Kommunen auch andere **juristische Personen des öffentlichen und privaten Rechts** 23

---

104 BVerfGE 18, 172 (184f.) mit dem fraglichen Hinweis auf den Wortlaut des Art. 137 I GG, der sich nicht auf das Ehrenamt beziehe; BbgVerfG LVerfGE 9, 111 (120).

105 Kritisch *Tsatsos* (Fn. 16), § 23 Rn. 61; *Bernhard*, Richteramt (Fn. 1), S. 187; *Klein* (Fn. 35), Art. 137 Rn. 51; *Campenhausen/Unruh* (Fn. 35), Art. 137 Rn. 16; *Versteyl* (Fn. 93), Art. 137 Rn. 6.

106 Zum fehlenden Beamtenstatus des Bundespräsidenten *R. Herzog*, in: Maunz/Dürig, GG, Art. 54 (2009), Rn. 60f.

107 HessStGH DÖV 1970, 243 (245f.); *Tsatsos* (Fn. 16), § 23 Rn. 18; *Klein* (Fn. 35), Art. 137 Rn. 52; *Versteyl* (Fn. 93), Art. 137 Rn. 27; *Stober/Lackner* (Fn. 1), Art. 137 Rn. 293.

108 *Tsatsos* (Fn. 16), § 23 Rn. 18; *Klein* (Fn. 35), Art. 137 Rn. 52; *Campenhausen/Unruh* (Fn. 35), Art. 137 Rn. 18; *Stober/Lackner* (Fn. 1), Art. 137 Rn. 294.

109 *Klein* (Fn. 35), Art. 137 Rn. 52; *Campenhausen/Unruh* (Fn. 35), Art. 137 Rn. 18; eingehend *Stober/Lackner* (Fn. 1), Art. 137 Rn. 295.

110 Zur grundsätzlichen Anwendbarkeit des Art. 137 I GG auf Lehrer und Hochschullehrer zutreffend *J. Henkel*, Amt und Mandat, 1977, S. 19; → *Masing*, Bd. III², Art. 137 Rn. 9; bezogen auf Hochschullehrer auch BayVerfGHE 23, 32 (42f.); *H.-U. Evers*, MittHV 1980, 297 (297).

111 Bezogen auf die Mitgliedschaft von Hochschullehrern im Landtag hat BVerfGE 18, 172 (185) die Gefahr einer Interessenkollision verneint; a.A. BayVerfGHE 23, 32 (42f.); *Campenhausen/Unruh* (Fn. 35), Art. 137 Rn. 16; *Versteyl* (Fn. 93), Art. 137 Rn. 8; *Butzer* (Fn. 57), Art. 137 Rn. 9.

112 Ebenso *Stober/Lackner* (Fn. 1), Art. 137 Rn. 296; a.A. bezogen auf den Präsidenten und Vizepräsidenten des BRH *Klein* (Fn. 35), Art. 137 Rn. 52; *Campenhausen/Unruh* (Fn. 35), Art. 137 Rn. 18.

113 Für die Anwendbarkeit des Art. 137 I GG auf die Mitglieder des Bundesrechnungshofs auch *Tsatsos* (Fn. 16), § 23 Rn. 9.

114 Eingehend *Stober/Lackner* (Fn. 1), Art. 137 Rn. 296a ff.; gegen eine Einbeziehung des Bundesdatenschutzbeauftragten in den Anwendungsbereich des Art. 137 I GG *Campenhausen/Unruh* (Fn. 35), Art. 137 Rn. 18; *Klein* (Fn. 35), Art. 137 Rn. 52.

115 BVerfGE 48, 64 (84); 58, 177 (192); BVerwGE 117, 11 (13).

116 Statt vieler → *Masing*, Bd. III², Art. 137 Rn. 10; *Magiera* (Fn. 57), Art. 137 Rn. 13; gleichsinnig VGH BW DVBl. 2016, 384 (385).

sein, an denen der Staat mehrheitlich beteiligt ist[117]. Nach der **Rechtsprechung des Bundesverfassungsgerichts** sind Angestellte, die bei einer staatlich beherrschten juristischen Person des Privatrechts beschäftigt sind, allerdings nur von Art. 137 I GG erfasst, wenn sie »aufgrund der Ausgestaltung ihres Beschäftigungsverhältnisses, der besonderen Zusammensetzung und Organisation der Spitze ihres Unternehmens sowie der Eigenart ihrer Tätigkeit und ihres Aufgabenbereichs in einer solch engen Beziehung zur öffentlichen Hand stehen, daß im Hinblick auf die naheliegende Möglichkeit oder Wahrscheinlichkeit von Interessenkonflikten und Entscheidungskonflikten von Verfassungs wegen ihre Einbeziehung in die Ermächtigung nach Art. 137 Abs. 1 GG unabweislich ist.«[118] Zu den Angestellten des öffentlichen Dienstes i. S. d. Art. 137 I GG sollen daher »jedenfalls die leitenden Angestellten solcher privater Unternehmen« zählen, da sie »aufgrund ihrer herausgehobenen Stellung im Unternehmen wesentlichen Einfluß auf die tragenden Entscheidungen« hätten[119]. Dagegen fehlten die »sich aus dem besonderen dienstrechtlichen Aufgabenbereich ergebenden ›Gefährdungsmomente‹ ... in der Regel bei den Angestellten in nicht herausgehobener Stellung«, deren Position mehr der eines Arbeiters gleiche[120]. Gegen diese generelle **Einengung des Art. 137 I GG auf leitende Angestellte** staatlich beherrschter privatrechtlicher Unternehmen spricht, dass Art. 137 I GG textlich für sämtliche Angestellten des öffentlichen Dienstes gilt, sofern bezogen auf das konkrete Amt und Mandat die Gefahr einer Interessenkollision besteht (→ Rn. 15). Für die Gefahr eines Interessenkonflikts kann die Ausübung einer Leitungsfunktion ein gewichtiger Anhaltspunkt sein; umgekehrt kann die Ausübung einer nicht herausgehobenen Stellung auf das Fehlen eines Interessenkonflikts hinweisen[121]. Daneben müssen aber wegen der gebotenen funktionellen Interpretation des Art. 137 I GG auch der jeweilige Tätigkeitsbereich des konkreten Amts und Mandats, deren Vereinbarkeit beschränkt werden soll, in die Betrachtung einbezogen werden.

24 **Arbeiter** des öffentlichen Dienstes sind tatbestandlich schon nach dem Wortlaut des Art. 137 I GG nicht erfasst[122]. Die Differenzierung zwischen Arbeitern und Angestellten des öffentlichen Dienstes ist mit Blick auf das Normziel des Art. 137 I GG schwer nachvollziehbar, weil je nach konkretem Aufgaben- und Verantwortungsbereich auch bei Arbeitern die Mitgliedschaft in einer Volksvertretung zu Interessenkonflikten füh-

---

[117] BVerfGE 38, 326 (339); 48, 64 (83); 98, 145 (160, Rn. 56); BVerfG (K), NJW 1996, 2497 (2498); a.A. *C.H Ule*, VerwArch. 62 (1971), 271 (281ff.), der nur Angestellte öffentlich-rechtlicher Dienstherrn als erfasst ansieht.

[118] BVerfGE 48, 64 (84); ebenso *J. Hartmann*, DöD 1965, 108 (109ff.).

[119] BVerfGE 48, 64 (85f.); ebenso BVerfGE 38, 326 (339); 98, 145 (162, Rn. 60f.); BVerfG (K), NJW 1996, 2497 (2498); VGH BW DVBl. 2016, 384 (385); BbgVerfG LVerfGE 9, 111 (121); in der Tendenz auch BayVerfGHE 58, 113 (126).

[120] BVerfGE 48, 64 (86); ebenso VGH BW DVBl. 2016, 384 (385); *Pieper* (Fn. 61), Art. 137 Rn. 13; vgl. auch *Tsatsos* (Fn. 16), § 23 Rn. 49, demzufolge »nur bei wichtigen Ämtern ... ernsthaft von der Gefährdung der funktionsgerechten Funktionsausübung des parlamentarischen Mandates oder des öffentlichen Amtes gesprochen werden« könne; kritisch gegenüber der Rechtsprechung des BVerfG hingegen *Campenhausen/Unruh* (Fn. 35), Art. 137 Rn. 22 wegen mangelnder Trennschärfe der Unterscheidung zwischen leitenden und nicht leitenden Angestellten; *D. Schefold*, JuS 1980, 493 (497ff.).

[121] Gegen eine Differenzierung zwischen »einfachen und höherrangigen Staatsbediensteten« im Kontext des Art. 137 I GG auch *Leisner*, Unvereinbarkeit (Fn. 87), S. 49ff., der bei »einfachen Staatsbediensteten« teils sogar eine höhere Wahrscheinlichkeit für Interessenkollisionen sieht.

[122] BVerfGE 48, 64 (85ff.); VGH BW DVBl. 2016, 384 (385); *K. Engelken*, DÖV 1996, 853 (862); *H. Sendler*, NJ 1996, 225 (226); *Campenhausen/Unruh* (Fn. 35), Art. 137 Rn. 20; *Butzer* (Fn. 57), Art. 137 Rn. 12.

ren kann[123]. Dem entspricht es, dass im öffentlichen Dienstrecht die Unterscheidung zwischen Arbeitern und Angestellten weitgehend entfallen ist[124].

c) Berufssoldaten, freiwillige Soldaten auf Zeit und Richter

Berufssoldaten sind Soldaten, die sich freiwillig verpflichten, auf Lebenszeit Wehrdienst zu leisten (s. § 1 I 1 Alt. 2, II 1 SoldG). **Freiwillige Soldaten auf Zeit** sind Soldaten, die sich freiwillig verpflichten, für begrenzte Zeit Wehrdienst zu leisten (s. § 1 I 1 Alt. 2, II 2 SoldG). Soldaten, die aufgrund der Wehrpflicht in einem Wehrdienstverhältnis stehen (s. Art. 12a GG)[125], unterfallen Art. 137 I GG nicht[126]. Der Begriff des **Richters** i. S. d. Art. 137 I GG entspricht dem der Art. 92, 97 GG (→ Art. 92 Rn. 53 ff. und Art. 97 Rn. 18)[127], wobei Art. 137 I GG nach seinem Wortlaut und Zweck für Berufsrichter (auf Lebenszeit, auf Zeit und auf Probe)[128], neben- und ehrenamtliche Richter[129] gilt. Nicht anwendbar ist Art. 137 I GG auf Schiedsrichter privater Schiedsgerichte[130] und auf Mitglieder von Schiedsstellen, da es sich nicht um staatliche Richter handelt[131]. Für Richter des Bundesverfassungsgerichts ist Art. 94 I 3 Var. 1 GG lex specialis (→ Rn. 37). **Ebenso wie bei Beamten** (→ Rn. 21 f.) **und Angestellten des öffentlichen Dienstes** (→ Rn. 23) setzen Wählbarkeitsbeschränkungen gem. Art. 137 I GG auch für Soldaten und Richter tatbestandlich voraus, dass die gleichzeitige Ausübung des konkreten Amts und Mandats (funktionelle Betrachtung) die **Gefahr von Interessenkonflikten** mit sich bringt (→ Rn. 15). 25

5. Ermächtigung zu gesetzlicher Beschränkung

a) »kann«

Art. 137 I GG beschränkt die Wählbarkeit nicht verfassungsunmittelbar, sondern ermächtigt hierzu den Gesetzgeber. Ob und inwieweit der Gesetzgeber Wählbarkeitsbeschränkungen erlässt, steht grundsätzlich in seinem Ermessen (»kann«)[132]. Ausnahmsweise kann er zum Erlass von Gesetzen verpflichtet sein, wenn die Funktionsfähigkeit des konkreten Amts und Mandats wegen Interessenkollisionen gefährdet ist und sich diese Gefahr anders als durch eine Inkompatibilitätsregelung nicht ausschließen lässt (zur Möglichkeit von Befangenheitsregeln → Rn. 33). In diesem Fall ist das **Ermessen des Gesetzgebers** zur Sicherung des Normziels des Art. 137 I GG (→ Rn. 13) teleolo- 26

---

[123] BVerfGE 48, 64 (85, 87).

[124] Näher → *Masing*, Bd. III², Art. 137 Rn. 11.

[125] Zur Aussetzung der Wehrpflicht s. das Wehrrechtsänderungsgesetz vom 28.4.2011, BGBl. I S. 678.

[126] → *Masing*, Bd. III², Art. 137 Rn. 15; *Klein* (Fn. 35), Art. 137 Rn. 50, 54; *Magiera* (Fn. 57), Art. 137 Rn. 14.

[127] Gleichsinnig *Klein* (Fn. 35), Art. 137 Rn. 55.

[128] Eingehend *Stober/Lackner* (Fn. 1), Art. 137 Rn. 346 ff.; *Tsatsos* (Fn. 16), § 23 Rn. 18.

[129] *Tsatsos* (Fn. 16), § 23 Rn. 18, 59; *Bernhard*, Richteramt (Fn. 1), S. 187, auch eingehend zur Unvereinbarkeit von Richteramt und Kommunalmandat (S. 205 ff.); s. auch → *Masing*, Bd. III², Art. 137 Rn. 15; Jarass/*Pieroth*, GG, Art. 137 Rn. 5; a.A. *Schneider* (Fn. 63), Art. 137 Rn. 6.

[130] *Stober/Lackner* (Fn. 1), Art. 137 Rn. 340.

[131] *F. Brosius-Gersdorf*, Dritte Gewalt im Wandel: Veränderte Anforderungen an Effektivität und Legitimität?, VVDStRL 74 (2015), S. 169 ff. (180, 188).

[132] Statt aller BVerfGE 12, 73 (77); 18, 72 (180); 57, 43 (57): Art. 137 I GG überlässt »die konkrete Entscheidung über das ›Ob‹ und ›Wie‹ einer gesetzlichen Wählbarkeitsbeschränkung dem zuständigen Gesetzgeber«; *S. Werres*, ZBR 2004, 384 (388).

gisch **reduziert**[133]. Allenfalls in diesem Sinne lässt sich von einer »Verfassungserwartung« an den Gesetzgeber zum Erlass von Inkompatibilitätsregelungen sprechen[134]. Die ausnahmslose Annahme eines Regelungsermessens des Gesetzgebers[135] wird dem Normziel des Art. 137 I GG dagegen nicht gerecht.

b) Beschränkung durch Gesetz

27 Beschränkungen der Wählbarkeit erfordern ein **formelles Parlamentsgesetz (»gesetzlich«)**[136]. Art. 137 I GG beinhaltet nach seinem Wortlaut und seinem systematischen Zusammenhang mit den Art. 70ff. GG (→ Rn. 28) sowohl eine Ermächtigung zum Erlass von Gesetzen durch den Bund als auch durch die Länder, sodass es einer landesverfassungsrechtlichen Ermächtigung zur Beschränkung der Wählbarkeit durch die Länder nicht bedarf[137]. Dem Landesverfassungsgesetzgeber ist es darüber hinaus untersagt, die bundesverfassungsrechtliche Ermächtigung des Art. 137 I GG für den Landesgesetzgeber einzuschränken und Wählbarkeitsbeschränkungen auszuschließen[138]. Eine solche landesverfassungsrechtliche Einschränkung verstieße gegen Art. 137 I, Art. 31 GG, da bundesverfassungsrechtlich im Einzelfall Inkompatibilitätsregelungen geboten sein können (→ Rn. 26).

28 Die **Gesetzgebungszuständigkeit** ist durch Art. 137 I GG nicht geregelt, sondern ergibt sich aus Art. 70ff. GG und weiteren Gesetzgebungskompetenzen des Grundgesetzes[139]. Die Gesetzgebungskompetenz richtet sich danach, ob die gesetzliche Regelung an dem **Mandat** ansetzt oder das **Amt** beschränkt und ob es sich um ein Amt bzw. Mandat **im Bereich der Staatlichkeit des Bundes oder der Länder** handelt. Für am Mandat ansetzende Beschränkungen der Wählbarkeit zum Bundestag ist gem. Art. 38 III, Art. 48 III 3 GG der Bundesgesetzgeber zuständig, der insoweit auch Beschränkungen der Wählbarkeit von Bediensteten der Länder und Kommunen regeln darf[140]. Mandatsrechtlich ansetzende Beschränkungen der Mitgliedschaft im Landtag oder einer

---

133 Im Ergebnis ebenso *Leisner*, Unvereinbarkeit (Fn. 87), S. 26ff.; *Stober/Lackner* (Fn. 1), Art. 137 Rn. 169ff., insb. 172; *Klein* (Fn. 35), Art. 137 Rn. 38; im Grundgedanken auch → *Masing*, Bd. III², Art. 137 Rn. 23; zurückhaltender *Campenhausen/Unruh* (Fn. 35), Art. 137 Rn. 12; im Ergebnis auch BVerfGE 12, 172 (183), wonach es »mit dem Grundsatz der Gewaltenteilung ... nicht vereinbar (ist), wenn dieselbe Person in einem bestimmten Gemeinwesen ein Amt inne hat und gleichzeitig der Vertretungskörperschaft desselben Gemeinwesens als Mitglied angehört«; a.A. *H. Nilges*, ZBR 1962, 104 (112); *J. Menzel*, DÖV 1996, 1037 (1041).

134 So BVerfGE 98, 145 (159f., Rn. 51); *Butzer* (Fn. 57), Art. 137 Rn. 1.1, 15; *U. Domgörgen*, in: Hömig/Wolff, GG, Art. 137 Rn. 3: »Tendenz zur Verfassungserwartung«. Für eine Pflicht zur Regelung von »Mindestinkompatibilitäten« *Versteyl* (Fn. 93), Art. 137 Rn. 41.

135 So BWStGH ESVGH 20 (1970), 194 (201f.); *Pieper* (Fn. 61), Art. 137 Rn. 13, unklar hingegen Rn. 18; ebenso wohl *J. Oebbecke*, Die Verwaltung 31 (1998), 219 (233).

136 Statt aller *K. Engelken*, DÖV 1996, 853 (862); → *Masing*, Bd. III², Art. 137 Rn. 24; Jarass/*Pieroth*, GG, Art. 137 Rn. 7.

137 Im Ergebnis wie hier VGH BW DVBl. 2016, 384; *J. Linck*, ZG 11 (1996), 181 (183); *Klein* (Fn. 35), Art. 137 Rn. 81; *Campenhausen/Unruh* (Fn. 35), Art. 137 Rn. 39; im Ansatz ebenso BbgVerfG DÖV 1996, 372 (373); a.A. *Stober/Lackner* (Fn. 1), Art. 137 Rn. 175ff.

138 A.A. BbgVerfG DÖV 1996, 372 (373), das zudem aus der Regelung des passiven Wahlrechts zum Landtag und zu kommunalen Vertretungskörperschaften nach Art. 22 I LV Bbg. unzutreffend einen impliziten Ausschluss von Inkompatibilitätsbestimmungen ableitet; *J. Menzel*, DÖV 1996, 1037 (1041); *Campenhausen/Unruh* (Fn. 35), Art. 137 Rn. 39; *Klein* (Fn. 35), Art. 137 Rn. 81; *Butzer* (Fn. 57), Art. 137 Rn. 1.

139 Statt aller *Tsatsos* (Fn. 16), § 23 Rn. 27; *H. Nilges*, ZBR 1962, 104 (113).

140 *K. Schlaich*, AöR 105 (1980), 188 (189); *Klein* (Fn. 35), Art. 137 Rn. 83; *Campenhausen/Unruh* (Fn. 35), Art. 137 Rn. 40.

Kommunalvertretung fallen gem. Art. 70 I, Art. 28 II 1 GG in die Gesetzgebungszuständigkeit der Länder, auch bezogen auf Bedienstete des Bundes[141]. Für dienstrechtlich an dem Exekutiv- oder Judikativamt ansetzende Wählbarkeitsbeschränkungen liegt für die Bundesbediensteten die Zuständigkeit beim Bund (Art. 73 I Nr. 8, Art. 98 I GG) und für die Bediensteten der Länder und Kommunen die Zuständigkeit bei den Ländern (Art. 70 I, Art. 28 II 1, Art. 98 III Halbs. 1 GG). Die konkurrierende Gesetzgebungskompetenz des Bundes gem. Art. 74 I Nr. 27 GG (s. für Landesrichter auch Art. 98 III Halbs. 2 GG) für die Statusrechte und pflichten der Beamten der Länder und Gemeinden sowie der Richter in den Ländern (→ Art. 74 Rn. 130ff.) verleiht dem Bund keine Befugnis, dienstrechtlich ansetzende Beschränkungen der Wählbarkeit von Landes- und Kommunalbeamten sowie Landesrichtern zu regeln[142]. Die Gesetzgebungskompetenz für mandats- und amtsbezogen ansetzende Wählbarkeitsbeschränkungen **innerhalb derselben Ebene der Staatlichkeit** (z. B. von Bundesbeamten in den Bundestag oder von Landesrichtern in den Landtag) liegt damit ausschließlich beim Bund bzw. bei den Ländern. Die Gesetzgebungskompetenz **ebenenübergreifender Wählbarkeitsbeschränkungen** (z. B. von Landesrichtern in den Bundestag bzw. von Bundesbeamten in den Landtag) ist auf den Bund bzw. das Land (am Mandat ansetzende Gesetze) und die Länder bzw. den Bund (am Amt ansetzende Gesetze) verteilt[143]. Bei ebenenübergreifenden Regelungen auftretende Konflikte bei der Ausübung der Gesetzgebungskompetenzen von Bund und Ländern sind nach dem Prinzip bundes- bzw. länderfreundlichen Verhaltens (Art. 20 I GG) zu lösen[144].

Ob Art. 137 I GG nur zum Erlass von Inkompatibilitätsregelungen oder auch von Ineligibilitätsregelungen ermächtigt, ist umstritten. **Inkompatibilitätsregelungen** schränken lediglich die Möglichkeit ein, die Wahl zu einer Volksvertretung ohne dienstrechtliche Konsequenzen für das Amt annehmen und das Mandat ausüben zu können[145]. Der Amtsinhaber kann sich nach der Wahl in die Volksvertretung zwischen einer Ausübung des Amts und des Mandats entscheiden[146]. Demgegenüber setzen **Ineligibilitätsregelungen** zeitlich eher an und schließen bereits die Möglichkeit aus, ohne Aufgabe des Amts für ein Mandat zu kandidieren und gewählt zu werden[147]. Eine Bewerbung um ein Mandat ist danach nur zulässig, wenn das Amt vor der Bewerbung aufgegeben wird[148]. Nach ganz überwiegender Ansicht ermächtigt Art. 137 I GG nur zu Inkompatibilitäts-, nicht zu Ineligibilitätsregelungen, was bereits aus dem Normtext abgeleitet wird, weil »beschränkt werden« begrifflich nur partielle Ein- 29

[141] *K. Schlaich*, AöR 105 (1980), 188 (189); *Campenhausen/Unruh* (Fn. 35), Art. 137 Rn. 40; *Klein* (Fn. 35), Art. 137 Rn. 83.

[142] Vgl. BT-Drs. 16/813, S. 14: Von Art. 74 I Nr. 27 GG nicht erfasst sind »lediglich statusberührende dienstrechtliche Gebiete oder aus dem Beamten- oder Richterdienstverhältnis abgeleitete Rechte.« Im Ergebnis wie hier BVerfGE 98, 145 (157f., Rn. 45ff.); a.A. → *Masing*, Bd. III², Art. 137 Rn. 24; *Campenhausen/Unruh* (Fn. 35), Art. 137 Rn. 41.

[143] Vgl. auch *Tsatsos* (Fn. 16), § 23 Rn. 25.

[144] *Klein* (Fn. 35), Art. 137 Rn. 87.

[145] *K. Schlaich*, AöR 105 (1980), 188 (211). → *Masing*, Bd. III², Art. 137 Rn. 17.

[146] Im Ergebnis ebenso BVerfGE 38, 326 (338); 48, 64 (88); 57, 43 (67); 58, 177 (192f.); 98, 145 (156, Rn. 40); → *Masing*, Bd. III², Art. 137 Rn. 17; *Tsatsos* (Fn. 16), § 23 Rn. 19; *Klein* (Fn. 35), Art. 137 Rn. 64; *K. Schlaich*, AöR 105 (1980), 188 (211).

[147] Statt aller BVerfGE 18, 172 (181); 48, 64 (88); 57, 43 (67); 58, 177 (192); *Tsatsos* (Fn. 16), § 23 Rn. 19; *Bernhard*, Richteramt (Fn. 1), S. 176.

[148] *K. Schlaich*, AöR 105 (1980), 188 (211); *Klein* (Fn. 35), Art. 137 Rn. 63; vgl. auch *H. Scholler/S. Broß*, VR 1978, 77 (79); eingehend zur Unterscheidung von Inkompatibilität und Ineligibilität *Sturm*, Inkompatibilität (Fn. 56), S. 4ff.

schränkungen, nicht einen Ausschluss der Wählbarkeit gestatte[149]. Das folge auch aus der Entstehungsgeschichte, da Art. 137 I GG ein Kompromiss zwischen der Forderung der Alliierten nach einer Ineligibilitätsregelung und dem Wunsch des Parlamentarischen Rats nach unbeschränkter Wählbarkeit sei[150]. Teilweise wird Art. 137 I GG zumindest als Ermächtigung zum Erlass von örtlich, zeitlich oder personell beschränkten Ineligibilitätsregelungen gedeutet, wofür auf den Wortlaut und die Entstehungsgeschichte sowie auf anderslautende Formulierungen in Art. 55, Art. 66 und Art. 94 I 3 GG verwiesen wird[151].

30 Eine Deutung des Art. 137 I GG (»beschränkt werden«) als bloße Inkompatibilitätsregelung verkürzt seinen Gehalt unzutreffend, was textlich bereits daraus folgt, dass dieselbe Formulierung in anderen Verfassungsbestimmungen teilweise und vollständige (Grund-)Rechtsverkürzungen gestattet (s. nur Art. 8 II, Art. 10 II, Art. 13 VII GG). Hierfür spricht auch, dass sich Art. 137 I GG von Art. 55 I und Art. 94 I 3 GG unterscheidet, die mit der Formulierung »darf/dürfen ... weder ... noch ... angehören« sprachlich nur die gleichzeitige Ausübung von Amt und Mandat (Inkompatibilität), nicht auch die Bewerbung um das Mandat (Ineligibilität) untersagen. Der Entstehungsgeschichte des Art. 137 I GG lässt sich eine Beschränkung auf Inkompatibilitätsregelungen ebenfalls nicht entnehmen. Zum einen sind die Einlassungen der Alliierten nicht zwingend als Forderung nach einer Ineligibilitätsregelung zu deuten (→ Rn. 4). Zum anderen ist unklar, welcher Inhalt Art. 137 I GG aus Sicht des Parlamentarischen Rats zukommen sollte, weil Art. 137 I GG ohne Aussprache beschlossen wurde (→ Rn. 3). **Tatbestandlich sind daher von Art. 137 I GG neben Inkompatibilitätsregelungen auch Ineligibilitätsregelungen erfasst**[152]. Ineligibilitätsregelungen genügen jedoch regelmäßig nicht dem Verhältnismäßigkeitsgebot (→ Rn. 31 f.).

c) Geltung des Grundsatzes der Verhältnismäßigkeit

31 Da gesetzliche Beschränkungen der Wählbarkeit in die Allgemeinheit und Gleichheit der Wahl zu den Volksvertretungen eingreifen (Art. 38 I 1, Art. 48 II 1, Art. 28 I 2 GG: → Art. 28 Rn. 61), müssen sie dem **Grundsatz der Verhältnismäßigkeit** genügen (→ Rn. 15)[153]. Mit dem Verhältnismäßigkeitsgrundsatz sind in der Regel nur Inkompatibilitätsregelungen und nicht Ineligibilitätsregelungen (→ Rn. 29 f.) vereinbar, weil sich Gefahren für die Funktionsfähigkeit von Amt und Mandat regelmäßig dadurch ausschließen lassen, dass der Amtsinhaber nach der Wahl vor die Entscheidung zwischen dem Amt und dem Mandat gestellt wird. **Ineligibilitätsregelungen**, die bereits die Be-

---

[149] *Tsatsos* (Fn. 16), § 23 Rn. 21; *C. H. Ule*, VerwArch. 62 (1971), 391 (391 f.); *H. Scholler/S. Broß*, VR 1978, 77 (79 f.); *Hausmann*, Inkompatibilität (Fn. 5), S. 31 ff.; *Butzer* (Fn. 57), Art. 137 Rn. 6, 6.1; *Versteyl* (Fn. 93), Art. 137 Rn. 43; gegenüber dem Wortlaut-Argument zu Recht kritisch *Bernhard*, Richteramt (Fn. 1), S. 190 ff.; *K. Schlaich*, AöR 105 (1980), 188 (216 f.); *Klein* (Fn. 35), Art. 137 Rn. 69. Für einen tatbestandlichen Ausschluss von Ineligibilitätsregelungen auch BVerfGE 12, 73 (77); 18, 172 (181); 38, 326 (338); 48, 64 (88); 57, 43 (67); 58, 177 (192); 98, 145 (156, Rn. 40); BVerwGE 117, 11 (14); *E. Denninger*, RiA 1981, 101 (103); *H. Schneider*, ZBR 1958, 78 (80); *K. Engelken*, DÖV 1996, 853 (860 f.); *Campenhausen/Unruh* (Fn. 35), Art. 137 Rn. 31 f.

[150] *Schneider* (Fn. 63), Art. 137 Rn. 1; *Versteyl* (Fn. 93), Art. 137 Rn. 2; *Butzer* (Fn. 57), Art. 137 Rn. 6.1; *Stober/Lackner* (Fn. 1), Art. 137 Rn. 58.

[151] So *K. Schlaich*, AöR 105 (1980), 188 (218 ff.); *Campenhausen/Unruh* (Fn. 35), Art. 137 Rn. 33 ff.; *Stober/Lackner* (Fn. 1), Art. 137 Rn. 249 ff.

[152] Ebenso *Bernhard*, Richteramt (Fn. 1), S. 188 ff.

[153] Wie hier *J. Linck*, ZG 11 (1996), 181 (186 ff.); *Campenhausen/Unruh* (Fn. 35), Art. 137 Rn. 13; *Stober/Lackner* (Fn. 1), Art. 137 Rn. 118, 216.

werbung um ein Mandat an die Aufgabe des Amts knüpfen, sind regelmäßig **nicht erforderlich**. Wegen der hiermit verbundenen Gefährdung der Existenz des Amtsinhabers, dessen Wahl im Zeitpunkt der Amtsaufgabe ungewiss ist, sind Ineligibilitätsregelungen regelmäßig auch **unzumutbar**.

Das Gleiche gilt für faktische Ineligibilität; auch sie ist regelmäßig mit dem Verhält- 32
nismäßigkeitsgrundsatz unvereinbar[154]. **Faktische Ineligibilität** liegt vor, wenn der Gesetzgeber rechtlich nur die Annahme und Ausübung des Mandats beschränkt, die Regelung aber faktisch einem Ausschluss der Bewerbung um das Mandat gleichkommt[155], weil sich der Amtsinhaber wegen der (zumeist wirtschaftlichen) Folgen außerstande sieht, sich für das Mandat zu entscheiden[156]. Keine faktische Ineligibilität, sondern bloß Inkompatibilität ist gegeben, wenn der Gesetzgeber durch Folgeregelungen »die Nachteile der Unvereinbarkeitsregelung für den Betroffenen auffängt und so dem Amtsträger eine echte Wahlmöglichkeit beläßt«[157], insb. durch eine Entschädigung für das Mandat[158] oder einen Wiederverwendungsanspruch im Amt nach dem Mandatsende[159]. Faktische Ineligibilität ist ebenso wie rechtliche Ineligibilität nur ausnahmsweise zulässig, wenn sich anderenfalls der Gefahr von Interessenkollisionen nicht wirksam begegnen lässt. Dies hat das Bundesverfassungsgericht für die Wahl von Bediensteten der Kommunalverwaltung zum Gemeinderat angenommen[160], weil die »Ausübung des Mandats in der Gemeindevertretung ... Erfüllung einer allgemeinen Bürgerpflicht, nicht Tätigkeit zur Sicherstellung der materiellen Lebensgrundlage«[161] und »für aufwendige Auffangregelungen zur Abwendung des faktischen Ausschlusses von der Wählbarkeit kein Raum« sei[162].

Inkompatibilitätsregelungen sind nicht erforderlich und daher unverhältnismäßig, 33
wenn sich die Funktionsfähigkeit des konkreten Amts und Mandats durch **Mitwirkungsverbote wegen Befangenheit** sichern lässt[163].

---

154 Zur Unzulässigkeit faktischer Ineligibilität gem. Art. 137 I GG BVerfGE 18, 172 (182); 48, 64 (88); 98, 145 (156, Rn. 40); vgl. auch BVerwGE 117, 11 (14).
155 BVerfGE 48, 64 (88).
156 BVerfGE 38, 326 (338); 48, 64 (88); 57, 43 (67); 98, 145 (156, Rn. 40).
157 BVerfGE 48, 64 (88); 98, 145 (156, Rn. 40).
158 BVerfG (K), NJW 1996, 2497 (2499).
159 BVerfGE 98, 145 (156, Rn. 40; 159, Rn. 48).
160 BVerfGE 12, 73 (80); 48, 64 (89f.); 57, 43 (67); 58, 177 (193); s. auch BVerwGE 117, 11 (14f.).
161 BVerfGE 48, 64 (89).
162 BVerfGE 48, 64 (89).
163 BVerfGE 12, 73 (79f.); 57, 43 (64f.); 58, 177 (193); BVerwGE 117, 11 (14f., 18); VGH BW DÖV 2001, 298 (299); BbgVerfG DÖV 1998, 1055 (1057); *Klein* (Fn. 35), Art. 137 Rn. 43; *Campenhausen/Unruh* (Fn. 35), Art. 137 Rn. 13; *Stober/Lackner* (Fn. 1), Art. 137 Rn. 118, 216; zu Mitwirkungsverboten wegen Befangenheit als Mittel zum Ausschluss von Interessenkollisionen näher *H. Scholler/S. Broß*, VR 1978, 77 (80ff.); *S. Werres*, ZBR 2004, 384 (388).

d) Ausführungsgesetze des Bundes und der Länder

34 Der Bund hat **von der Ermächtigung des Art. 137 I GG** u. a. durch Inkompatibilitätsbestimmungen für den Bundestag im Abgeordnetengesetz[164], im Bundesbeamtengesetz[165], im Deutschen Richtergesetz[166] und im Soldatengesetz[167] **Gebrauch gemacht**[168].

II. Wahlgesetz für die Wahl des ersten Bundestags, der ersten Bundesversammlung und des ersten Bundespräsidenten (Art. 137 II GG)

35 Art. 137 II GG beinhaltet eine **Übergangsregelung**, die mit der Wahl des ersten Bundestags gegenstandslos geworden ist, weshalb im Schrifttum gefordert wird, die Vorschrift zu streichen[169]. Auf der Grundlage des Art. 137 II GG wurde das Wahlgesetz vom 15.6.1949 erlassen (→ Rn. 6).

---

[164] S. insb. § 5 I 1 AbgG: Ruhen der Rechte und Pflichten aus dem Dienstverhältnis eines in den Bundestag gewählten Beamten ab Annahme des Mandats für die Dauer der Mitgliedschaft im Bundestag. § 6 AbgG: Anspruch des Beamten auf Wiederverwendung nach Beendigung des Mandats. Gem. § 8 I AbgG gelten §§ 5 bis 7 AbgG für Richter, Soldaten und Angestellte des öffentlichen Dienstes entsprechend. § 9 I AbgG: Für Hochschullehrer findet § 6 mit der Maßgabe Anwendung, dass sie in ihrem bisherigen Amt an der gleichen Hochschule wiederverwendet werden müssen. Gem. § 9 II 1 AbgG können Hochschullehrer eine Tätigkeit in Forschung und Lehre sowie die Betreuung von Doktoranden und Habilitanden während der Mitgliedschaft im Bundestag wahrnehmen. Die Vergütung für diese Tätigkeit ist entsprechend den tatsächlich erbrachten Leistungen zu bemessen, wobei sie 25% der Bezüge, die aus dem Dienstverhältnis als Hochschullehrer zu zahlen wären, nicht übersteigen darf (§ 9 II 2, 3 AbgG).

[165] S. insb. § 40 I 1 BBG: Beamtinnen und Beamte müssen aus ihrem Amt ausscheiden, wenn sie die Wahl zum Deutschen Bundestag annehmen. Für Beamtinnen und Beamte, die in die gesetzgebende Körperschaft eines Landes gewählt worden sind und deren Amt kraft Gesetzes mit dem Mandat unvereinbar ist, gelten die für in den Deutschen Bundestag gewählte Beamtinnen und Beamte maßgebenden Vorschriften der §§ 5 bis 7, 8 II sowie der §§ 9, 23 V, 36 I AbgG entsprechend (§ 40 I 3 BBG).

[166] S. insb. § 4 I DRiG: Ein Richter darf Aufgaben der rechtsprechenden Gewalt und Aufgaben der gesetzgebenden Gewalt nicht zugleich wahrnehmen. § 36 II DRiG: Nimmt ein Richter die Wahl in den Deutschen Bundestag oder in die gesetzgebende Körperschaft eines Landes an, enden das Recht und die Pflicht zur Wahrnehmung des Richteramts ohne gerichtliche Entscheidung nach näherer Bestimmung der Gesetze. § 121 S. 1 DRiG: Für die Rechtsstellung der nach dem 1.6.1978 in die gesetzgebende Körperschaft eines Landes gewählten Richter im Bundesdienst gelten die für in den Deutschen Bundestag gewählte Richter maßgebenden Vorschriften in den §§ 5 bis 7, 23 V, 36 I AbgG entsprechend. Steht dem Richter aufgrund seiner Mitgliedschaft in der gesetzgebenden Körperschaft keine Entschädigung mit Alimentationscharakter zu, werden ihm 50% seiner zuletzt bezogenen Besoldung weitergewährt (§ 121 S. 2 Halbs. 1 DRiG).

[167] S. insb. § 25 II SoldG: Für die Rechtsstellung der nach dem 1.6.1978 in die gesetzgebende Körperschaft eines Landes gewählten Berufssoldaten und Soldaten auf Zeit gelten die für in den Deutschen Bundestag gewählte Berufssoldaten und Soldaten auf Zeit maßgebenden Vorschriften in den §§ 5 bis 7, 8 II, 23 V, 36 I AbgG entsprechend. § 25 III 1 SoldG: Für die Tätigkeit als Mitglied einer kommunalen Vertretung, eines nach Kommunalverfassungsrecht gebildeten Ausschusses oder vergleichbarer Einrichtungen in Gemeindebezirken ist dem Soldaten grundsätzlich der erforderliche Urlaub unter Belassung der Geld- und Sachbezüge zu gewähren (Ausnahmen in § 25 III 3 SoldG).

[168] Überblick über landesgesetzliche Inkompatibilitätsbestimmungen bei *Stober/Lackner* (Fn. 1), Art. 137 S. 232–255.

[169] So *Versteyl* (Fn. 93), Art. 137 Rn. 49.

III. Wahrnehmung der Befugnis durch das Deutsche Obergericht (Art. 137 III GG)

Auch Art. 137 III GG stellt eine Übergangsregelung dar, die mit der Errichtung des Bundesverfassungsgerichts am 7.9.1951[170] **gegenstandslos** geworden ist und deren **Streichung** daher begehrt wird[171]. Bei dem übergangsweise für die gerichtliche Wahlprüfung gemäß Art. 41 II GG zuständigen Deutschen Obergericht für das Vereinigte Wirtschaftsgebiet wurde kein Wahlprüfungsverfahren durchgeführt[172]. 36

D. Verhältnis zu anderen GG-Bestimmungen

Art. 137 I GG konkretisiert das Gewaltenteilungsprinzip und das allgemeine Rechtsstaatsprinzip (Art. 20 II 2, III GG) (→ Rn. 13). Zu Art. 38 I 1, Art. 48 II 1 und Art. 28 I 2 GG begründet er eine verfassungsexplizite Schranke (→ Rn. 10)[173]. Gegenüber Art. 12 I GG ist Art. 137 I GG nicht lex specialis[174], sondern eine Schrankenregelung. Art. 33 V GG findet neben Art. 137 I GG Anwendung[175]. Art. 66 GG enthält keine Regelung der Inkompatibilität von Amt und *Mandat* und ist daher nicht lex specialis zu Art. 137 I GG, sondern findet daneben Anwendung[176]. Das Gleiche gilt für Art. 55 I GG, weil der Bundespräsident nicht Beamter ist[177]. Für Richter des Bundesverfassungsgerichts ist Art. 94 I 3 Var. 1 GG lex specialis zu Art. 137 I GG (→ Rn. 25). **Art. 137 II GG** hat Art. 38 III GG und **Art. 137 III GG** hat Art. 41 II GG zeitlich begrenzt (→ Rn. 35f.) modifiziert[178]. 37

---

170 BVerfGE 1, 14 (28).

171 So *Versteyl* (Fn. 93), Art. 137 Rn. 49.

172 → *Masing*, Bd. III², Art. 137 Rn. 26; *Klein* (Fn. 35), Art. 137 Rn. 94.

173 A.A. *K. Schlaich*, AöR 105 (1980), 188 (204ff.): Gesetzesvorbehalt zu Art. 38 I GG.

174 So aber BVerfGE 98, 145 (163, Rn. 63); *Klein* (Fn. 35), Art. 137 Rn. 35; *Pieper* (Fn. 61), Art. 137 Rn. 2.

175 Ebenso *Klein* (Fn. 35), Art. 137 Rn. 35; a.A. *Pieper* (Fn. 61), Art. 137 Rn. 2: Art. 137 I GG geht Art. 33 V GG vor; *Schneider* (Fn. 63), Art. 137 Rn. 4: Art. 137 I GG modifiziert Art. 33 V GG; *S. Werres*, ZBR 2004, 384 (387): Art. 137 I GG ermächtigt zu Einschränkungen des Art. 33 V GG.

176 Statt vieler *R. Herzog*, in: Maunz/Dürig, GG, Art. 66 (2008), Rn. 33ff.; a.A. *A. Dittmann*, ZRP 1978, 52 (53ff.); *V. Epping*, DÖV 1999, 529 (531ff.).

177 Dagegen für Art. 55 I GG als lex specialis zu Art. 137 I GG *Magiera* (Fn. 57), Art. 137 Rn. 5; *Klein* (Fn. 35), Art. 137 Rn. 47; *Stober/Lackner* (Fn. 1), Art. 137 Rn. 82.

178 → *Masing*, Bd. III², Art. 137 Rn. 27.

Artikel 138 [Süddeutsches Notariat]

Änderungen der Einrichtungen des jetzt bestehenden Notariats in den Ländern Baden, Bayern, Württemberg-Baden und Württemberg-Hohenzollern bedürfen der Zustimmung der Regierungen dieser Länder.

Literaturauswahl

Böhringer, Walter: Die geschichtlichen Wurzeln des Notariats in Deutschland von der Antike bis zur Neuzeit, in: BWNotZ 1989, S. 25–33.

Conrad, Hermann: Die geschichtlichen Grundlagen des modernen Notariats in Deutschland, in: DNotZ 1960, S. 3–33.

Dieterle, Werner: Das Notariat in Baden-Württemberg, in: BWNotZ 2000, S. 110–113.

Gärditz, Klaus F.: Das lateinische Notariat als öffentliches Amt im Binnenmarkt, in: EWS 2012, S. 209–220.

Oberseider, Herbert: Bayerisches Staatsministerium der Justiz und Notariat. »Wiederholter Versuch, die Forterhaltung des bayerischen Notariatsinstituts zu ermöglichen«, in: MittBayNot 2015, S. 445–455.

Pleyer, Marcus C. F.: Föderative Gleichheit, 2005.

Schippel, Helmut: Der Wiederaufbau des Notariats in Bayern nach dem Zweiten Weltkrieg, in: Festschrift 125 Jahre Bayerisches Notariat, 1987, S. 75–94.

Schmoeckel, Mathias/Schubert, Werner (Hrsg.): Handbuch zur Geschichte des deutschen Notariats seit der Reichsnotariatsordnung von 1512, 2012.

Spranger, Tade Matthias: Der verfassungsrechtliche Schutz des süddeutschen Notariats – Bemerkungen zur Problematik des Reservatrechts aus Art. 138 GG, in: RiA 1999, S. 231–236.

Stern, Klaus: Von der Kaiserlichen Notariatsordnung zum Grundgesetz – das Notariat im deutschen Verfassungsrecht, in: MittRhNotK 1999, S. 365–372.

Waldhoff, Christian: Die Staatlichkeit der deutschen Notariatsordnung als Grundlage des Systems vorsorgender Zivilrechtspflege, in: ZZP 127 (2014), S. 3–27.

Wenckstern, Manfred: Das badische Amtsnotariat und das Grundgesetz, in: notar 2000, S. 62–67.

Leitentscheidungen des Bundesverfassungsgerichts

BVerfGE 17, 381 (386ff.) – Bundesnotarordnung; 111, 191 (213ff., Rn. 141ff.) – Notarkassen; BVerfG (K), 1 BvR 2319/07 vom 24.9.2007, Rn. 9ff. – Württembergische Bezirksnotare; BVerfG (K), WM 2009, 1008 (1008f.) – Kostenerhebung durch baden-württembergische Amtsnotare; BVerfG (K), 2 BvR 2524/16 vom 24.2.2017, Rn. 32ff. – Reform des Notariatswesens in Baden-Württemberg.

Gliederung

Stichwörter

A. Herkunft, Entstehung, Entwicklung

1 Art. 138 GG regelt die Zustimmungsbedürftigkeit von Änderungen der bei Inkrafttreten des Grundgesetzes (»jetzt«: → Rn. 24) bestehenden Notariatseinrichtungen (→ Rn. 26) in den Ländern Baden, Bayern, Württemberg-Baden und Württemberg-Hohenzollern (→ Rn. 28f.). Art. 138 GG beinhaltet damit den einzigen **Fall eines Reservatsrechts**[1] im Grundgesetz.

I. Ideen- und verfassungsgeschichtliche Aspekte

2 Notariatsbezogene Reservatsrechte gab es in Deutschland bereits zur Zeit des **Heiligen Römischen Reichs** als ausschließliches Recht des **Kaisers** gegenüber den Kurfürsten zur Ernennung von Notaren[2], die zu jener Zeit private oder behördliche Schreiber waren, neben denen Tabellionen mit Befugnis zur Beurkundung existierten[3]. Der Begriff des Notars für Personen mit Beurkundungsbefugnis setzte sich erst nach dem Zusammenbruch des Römischen Reichs durch[4]. Neben dem Kaiser stand dem Papst ein Recht zur Ernennung von Notaren zu[5].

3 Missstände aufgrund mangelnder Fachkenntnisse der Notare[6] führten zum Erlass der **Reichsnotariatsordnung von 1512**, die erstmals reichseinheitlich Regelungen über die Vorbildung, Zulassung und Stellung der Notare vorsah, denen ein öffentliches Amt zukam und neben der Beurkundung richterliche Aufgaben übertragen werden konn-

---

[1] Zu dem Begriff des Reservatsrechts und seiner geschichtlichen Entwicklung näher *L. Böttcher*, in: BK, Art. 138 (2014), Rn. 4f.; s. auch *T. M. Spranger*, RiA 1999, 231 (232f.); *C. Degenhart*, in: Sachs, GG, Art. 138 Rn. 1; *A. v. Campenhausen/P. Unruh*, in: v. Mangoldt/Klein/Starck, GG III, Art. 138 Rn. 1, 4.

[2] *H. Conrad*, Deutsche Rechtsgeschichte II, 1966, S. 67, 170; *H. H. Klein*, in: Maunz/Dürig, GG, Art. 138 (2007), Rn. 3.

[3] *K. Stern*, MittRhNotK 1999, 365 (365); eingehend zum Berufsstand der Notare und Tabellionen *W. Böhringer*, BWNotZ 1989, 25 (25f.).

[4] *K. Stern*, MittRhNotK 1999, 365 (365).

[5] *Conrad*, Rechtsgeschichte (Fn. 2), S. 170; *W. Böhringer*, BWNotZ 1989, 25 (27f.).

[6] Näher *H. Conrad*, DNotZ 1960, 3 (4ff.), auch zur fehlenden normativen Regelung der Vorbildung und Aufgaben der Notare zu jener Zeit.

ten[7]. Da die Reichsnotariatsordnung von 1512 sich in Rahmenregelungen erschöpfte und den Ländern die Befugnis zu Detailregelungen ließ[8], setzten die Landesherren ab dem 18. Jahrhundert verstärkt Partikularrecht zum Schutz gegen ungeeignete Notare[9].

4 1806 ging die Befugnis zur Regelung des Notariats auf die Bundesstaaten über, die fortan **eigene Notariatsordnungen** mit unterschiedlichen Notariatsverfassungen erließen[10]. Bayern führte durch Notariatsgesetz vom 10.11.1861[11] im linksrheinischen Landesteil das mit der Rechtsanwaltschaft unvereinbare Nur-Notariat ein, in dem Notare öffentliche Beamte mit richterlicher Vorbildung waren[12]. Durch Notariatsgesetz vom 18.6.1899[13] schuf es den verbeamteten Behördennotar sowie die Notariatskasse zur Sicherung der Lasten der Notare[14]. Baden begründete durch Gesetz die Verwaltung der freiwilligen Gerichtsbarkeit und das Notariat betreffend vom 15.3.1879[15] das Amts- bzw. Richternotariat[16], in dem der Notar als Staatsbeamter Urkundsperson und Organ der Freiwilligen Gerichtsbarkeit mit Befähigung zum Richteramt war[17]. Württemberg regelte im Gerichtsnotaredikt vom 29.8.1819 das Bezirksnotariat[18], in dem der Notar eine Doppelzuständigkeit als Urkundsperson und richterlicher Beamter besaß[19] und eine besondere Fachausbildung, aber keine Befähigung zum Richteramt benötigte[20]. Andere Staaten wie Preußen übertrugen das Notariat zunächst beamteten Justizkommissaren, sodass der Notar ein gerichtliches Amt ausübte[21]; später führte Preußen das Anwaltsnotariat ein[22].

5 Eine gewisse Vereinheitlichung erfuhr das Notariatswesen durch die **Reichsnotarordnung vom 13. Februar 1937**[23], nach der die Notare als frei- und hauptberufliche

---

7 *Conrad*, Rechtsgeschichte (Fn. 2), S. 170; *W. Böhringer*, BWNotZ 1989, 25 (28), auch dazu, dass die Reichsnotarordnung von 1512 die Missstände im Notarwesen nicht beseitigte (29).

8 *H. Conrad*, DNotZ 1960, 3 (7); *K. Stern*, MittRhNotK 1999, 365 (366); *W. Böhringer*, BWNotZ 1989, 25 (29); kritisch gegenüber der Bezeichnung der Reichsnotariatsordnung als Rahmenrecht *M. Schmoeckel*, Die Reichsnotariatsordnung von 1512. Entstehung und Würdigung, in: M. Schmoeckel/W. Schubert (Hrsg.), Handbuch zur Geschichte des deutschen Notariats seit der Reichsnotariatsordnung von 1512, 2012, S. 29 ff. (45 f.).

9 *H. Conrad*, DNotZ 1960, 3 (12, 32).

10 *H. Conrad*, DNotZ 1960, 3 (25 f.); *W. Böhringer*, BWNotZ 1989, 25 (30).

11 Gesetz-Blatt für das Königreich Bayern 1861/62, Sp. 129 ff.

12 *H. Oberseider*, MittBayNot 2015, 445 (445 ff.); *W. Böhringer*, BWNotZ 1989, 25 (31); s. auch *H. Schippel*, Der Wiederaufbau des Notariats in Bayern nach dem Zweiten Weltkrieg, in: FS 125 Jahre Bayerisches Notariat, 1987, S. 75 ff. (86).

13 BayGBVl. 1899, S. 137.

14 Näher *H. Oberseider*, MittBayNot 2015, 445 (450 f.). Eingehend zur Geschichte des bayerischen Notariats *H.-G. Hermann*, Zur Geschichte des Notariats im links- und rechtsrheinischen Bayern, in: Schmoeckel/Schubert, Handbuch (Fn. 8), S. 287 ff. (288 ff.).

15 BadRegBl. 1879, S. 131.

16 *W. Böhringer*, BWNotZ 1989, 25 (30).

17 *Böttcher* (Fn. 1), Art. 138 Rn. 7; *W. Dieterle*, BWNotZ 2000, 110 (111). Eingehend zur Geschichte des badischen Notariats *B. Kannowski*, Zur Geschichte des badischen Notariats seit 1512, in: Schmoeckel/Schubert, Handbuch (Fn. 8), S. 257 ff. (258 ff.).

18 Württ.RegBl. 1819, S. 561.

19 *Böttcher* (Fn. 1), Art. 138 Rn. 7; s. auch *W. Böhringer*, BWNotZ 1989, 25 (30).

20 *W. Dieterle*, BWNotZ 2000, 110 (111). Weiterführend zur Geschichte des Notariats in Württemberg *W. Schubert*, Die Entwicklung des Notariats in Württemberg, in: Schmoeckel/Schubert, Handbuch (Fn. 8), S. 613 ff. (614 ff.).

21 Eingehend *H. Conrad*, DNotZ 1960, 3 (13 ff.); s. auch *K. Stern*, MittRhNotK 1999, 365 (366).

22 Näher *K. Stern*, MittRhNotK 1999, 365 (366); *H. Conrad*, DNotZ 1960, 3 (13 ff.).

23 RGBl. I, S. 191.

Nur-Notare zu bestellen waren (§ 7) und die landesrechtlichen Vorschriften zum Notariat grundsätzlich außer Kraft traten (§ 75 S. 2). Ausnahmen galten u. a. für Bayern, Baden und Württemberg aufgrund von »Übergangsbestimmungen« der §§ 84 bis 86. In Bayern blieben namentlich die Möglichkeit der Amtsenthebung eines Notars nach Vollendung seines 68. Lebensjahrs bis zum 31.3.1942 (§ 84 I)[24] sowie die Bayerische Notariatskasse (§ 84 III) erhalten. In Württemberg galt die Reichsnotarordnung nicht für die Bezirksnotare (§ 85 I). In Baden sollte die Reichsnotarordnung »erst später«, aufgrund gesonderter Verordnung in Kraft treten (§ 86), wozu es nicht kam[25].

Dieses Nebeneinander von Reichsnotarordnung und fortgeltendem Partikularrecht prägte das Notarwesen in Deutschland bei Inkrafttreten des Grundgesetzes (»jetzt« → Rn. 24). In Bayern existierte zu jener Zeit das durch hauptberufliche Tätigkeit und Unvereinbarkeit mit der Rechtsanwaltschaft gekennzeichnete[26] **Nur-Notariat**[27] samt Notarkasse[28], Notarausschuss[29] und Notarverein[30]. In Baden (heute: OLG-Bezirk Karlsruhe) gab es neben dem Nur-Notariat[31] das **Amts- bzw. Richternotariat**, in dem der Notar als Landesbeamter bei einer Notariatsbehörde beschäftigt war und die Befähigung zum Richteramt besaß[32]; neben Beurkundungsfunktionen nahm er Aufgaben des Nachlassrichters, Vollstreckungsrichters und Grundbuchbeamten wahr[33]. In Württemberg (heute: OLG-Bezirk Stuttgart) bestanden das Nur-Notariat[34], das an eine Rechtsanwaltszulassung geknüpfte **Anwaltsnotariat**[35] und das **Bezirksnotariat**, in dem der Notar Landesbeamter mit besonderer Ausbildung ohne (notwendige) Befähigung zum Richteramt war[36] und neben Beurkundungsfunktionen Aufgaben der freiwilligen Gerichtsbarkeit erfüllte[37]. 6

Nach der **Bundesnotarordnung vom 24.2.1961**[38] werden Notare als unabhängige Träger eines öffentlichen Amtes (§ 1) grundsätzlich zur hauptberuflichen Amtsausübung auf Lebenszeit (§ 3 I) mit Befähigung zum Richteramt (§ 5 S. 1) bestellt[39]. Ab- 7

---

[24] Zur Geltung der Vorschriften der Reichsnotarordnung über die Amtsenthebung von Notaren ab 1.4.1942, die das Erreichen einer Altersgrenze als Amtsenthebungsgrund nicht vorsahen, eingehend *Schippel*, Wiederaufbau (Fn. 12), S. 81f.

[25] Näher *Böttcher* (Fn. 1), Art. 138 Rn. 8.

[26] *T. M. Spranger*, RiA 1999, 231 (232).

[27] *Schippel*, Wiederaufbau (Fn. 12), S. 86f., der auch beschreibt, dass in Bayern nach dem Ende des Zweiten Weltkriegs vorübergehend bis zum 1.4.1950 Anwaltsnotare zugelassen wurden (86); *J. Kramer*, in: AK-GG, Art. 138 (2002), Rn. 2.

[28] *Schippel*, Wiederaufbau (Fn. 12), S. 86, 89f. Zu den Aufgaben der Notarkasse *Böttcher* (Fn. 1), Art. 138 Rn. 31; *Campenhausen/Unruh* (Fn. 1), Art. 138 Rn. 8.

[29] *Schippel*, Wiederaufbau (Fn. 12), S. 90f., auch zur Auflösung des Notarausschusses im Jahr 1961.

[30] *Schippel*, Wiederaufbau (Fn. 12), S. 92f.

[31] *Kramer* (Fn. 27), Art. 138 Rn. 2.

[32] → *Stettner*, Bd. III^2, Art. 138 Rn. 15; *Klein* (Fn. 2), Art. 138 Rn. 13; *Böttcher* (Fn. 1), Art. 138 Rn. 26.

[33] *M. Wenckstern*, notar 2000, 62 (63); *T. M. Spranger*, RiA 1999, 231 (232); *Campenhausen/Unruh* (Fn. 1), Art. 138 Rn. 10.

[34] *Kramer* (Fn. 27), Art. 138 Rn. 2.

[35] *M. Wenckstern*, notar 2000, 62 (64). Zu den Charakteristika des Anwaltsnotariats näher *T. M. Spranger*, RiA 1999, 231 (232); *Böttcher* (Fn. 1), Art. 138 Rn. 25; *Klein* (Fn. 2), Art. 138 Rn. 12.

[36] *M. Wenckstern*, notar 2000, 62 (64); *Böttcher* (Fn. 1), Art. 138 Rn. 27.

[37] *Campenhausen/Unruh* (Fn. 1), Art. 138 Rn. 10; näher *M. Wenckstern*, notar 2000, 62 (64); *Böttcher* (Fn. 1), Art. 138 Rn. 26.

[38] BGBl. 1961 I, S. 97.

[39] Zur Ausgestaltung des Notaramts durch die BNotO näher *T. M. Spranger*, RiA 1999, 231 (231f.); *K. Stern*, MittRhNotK 1999, 365 (368).

weichend hiervon werden gem. § 3 II in den Gerichtsbezirken, in denen am 1.4.1961 das Amt des Notars nur im Nebenberuf ausgeübt worden ist, weiterhin ausschließlich Rechtsanwälte als Notare zu gleichzeitiger Amtsausübung neben dem Rechtsanwaltsberuf bestellt. Den bei Inkrafttreten des Grundgesetzes bestehenden Besonderheiten des Notariats in Bayern, Baden und Württemberg trägt die Bundesnotarordnung durch **Ausnahmebestimmungen** Rechnung (s. §§ 113, 114, 116 I). Dementsprechend existieren in Deutschland heute vier verschiedene Notariatsformen, die alle Ausprägungen des **lateinischen Notariats** sind[40]. Das Nur-Notariat i. S. d. § 3 I gilt in Bayern, Baden-Württemberg (OLG-Bezirke Karlsruhe und Stuttgart), Hamburg, Rheinland-Pfalz, Saarland, Nordrhein-Westfalen (OLG-Bezirke Köln und Düsseldorf[41]), Brandenburg, Mecklenburg-Vorpommern, Sachsen, Sachsen-Anhalt und Thüringen[42]. Das Anwaltsnotariat i. S. d. § 3 II besteht in Baden-Württemberg (OLG-Bezirk Stuttgart), Berlin[43], Bremen, Hessen, Niedersachsen, Nordrhein-Westfalen (OLG-Bezirk Hamm) und Schleswig-Holstein. In Baden-Württemberg gibt es außerdem das Amts- bzw. Richternotariat (OLG-Bezirk Karlsruhe) sowie das Bezirksnotariat (OLG-Bezirk Stuttgart). Ab 1.1.2018 gilt in Baden-Württemberg nach dem mit seiner Zustimmung beschlossenen[44] Gesetz zur Änderung der Bundesnotarordnung und anderer Gesetze vom 15.7.2009[45] ausschließlich das Nur-Notariat (§ 114 I BNotO i. d. F. vom 1.1.2018)[46].

8 Art. 138 GG hat keinen verfassungsgeschichtlichen Vorläufer. Die **Reichsverfassung von 1871** kannte zwar Reservatsrechte, die nach Art. 78 II »Rechte einzelner Bundesstaaten in deren Verhältniß zur Gesammtheit« waren und neben Bayern, Baden und Württemberg auch anderen Ländern zugute kamen. Diese Reservatsrechte bezogen sich aber auf andere Sachgebiete als das Notariat. Gem. Art. 78 II der Reichsverfassung von 1871 konnten die Reservatsrechte nur mit Zustimmung des berechtigten

---

[40] Dazu eingehend → *Stettner*, Bd. III², Art. 138 Rn. 3; *K. F. Gärditz*, EWS 2012, 209 (209).

[41] Mit Ausnahme des LG-Bezirks Duisburg und des AG-Bezirks Emmerich, s. *M. Wenckstern*, in: Umbach/Clemens, GG, Art. 138 Rn. 21.

[42] In der ehemaligen DDR galt durch Verordnung über die Errichtung und Tätigkeit des staatlichen Notariats vom 15.10.1952 (GBl. 1952 I, S. 1055) und Verordnung über die Übertragung der Freiwilligen Gerichtsbarkeit vom 15.10.1952 (GBl. 1952 I, S. 1057) ein staatliches Notariat. Durch Verordnung über die Tätigkeit von Notaren in eigener Praxis vom 20.6.1990 (GBl. 1990 I, S. 475), geändert durch Verordnung zur Änderung und Ergänzung der Verordnung über die Tätigkeit von Notaren in eigener Praxis vom 22.8.1990 (GBl. I, S. 1332), führte die DDR kurz vor der Wiedervereinigung Deutschlands das freiberufliche Nur-Notariat nach bayerischem Vorbild ein. Der Einigungsvertrag vom 31.8.1990 ließ diese Rechtslage im Wesentlichen unberührt (Nr. 1 und 2 der Anlage II Kap. III A. I., Nr. 2 der Anlage II Kap. III A. III. des Einigungsvertrags vom 31.8.1990); nur für Ost-Berlin wurde das Anwaltsnotariat eingeführt (Nr. 1 b] bis d] der Anlage II Kap. III A. IV. des Einigungsvertrags vom 31.8.1990). Das Dritte Gesetz zur Änderung der Notarordnung und anderer Gesetze vom 31.8.1998 (BGBl. 1998 I, S. 2585) erstreckte die Bundesnotarordnung auf die neuen Bundesländer und setzte die DDR-Verordnung über die Tätigkeit von Notaren in eigener Praxis vom 20.6.1990 außer Kraft.

[43] S. Fn. 42. Eingehend zum Notariat in der DDR *E. Koch*, Das Notariat in der DDR, in: Schmoekkel/Schubert, Handbuch (Fn. 8), S. 191 ff. (192 ff.).

[44] BGBl. 2009 I, S. 1800.

[45] BGBl. 2009 I, S. 1798.

[46] Anwaltsnotare, die am 31.12.2017 in Baden-Württemberg bestellt sind, bleiben im Amt (§ 116 I BNotO i. d. F. vom 1.1.2018). Zu der am 1.1.2018 in Kraft tretenden Notariatsreform näher *R. Stürner*, BWNotZ 2010, 195 (195 ff.); *Böttcher* (Fn. 1), Art. 138 Rn. 28; *Campenhausen/Unruh* (Fn. 1), Art. 138 Rn. 11; zu den Gründen für die Einführung des Nur-Notariats in Baden-Württemberg *M. Wenckstern*, notar 2000, 62 (62); zur Verfassungskonformität der Notariatsreform in Baden-Württemberg BVerfG (K), DNotZ 2017, 706 ff.

Bundesstaats geändert werden. Die **Weimarer Reichsverfassung** hob die Reichsverfassung von 1871 auf (Art. 178 I) und verzichtete auf Reservatsrechte.

II. Entstehung und Veränderung der Norm

Im **Parlamentarischen Rat** verdankt Art. 138 GG seine Existenz dem Widerstand von Vertretern der Länder Baden, Bayern und Württemberg gegen eine (konkurrierende) Vorranggesetzgebung des Bundes für das Notariat (s. Art. 74 I Nr. 1 GG), durch die sie die Besonderheiten des Notariats in den süddeutschen Ländern gefährdet sahen. Art. 138 GG diente der Beseitigung dieses Widerstands. Die Aufnahme des Notariats in den Katalog der Vorranggesetzgebung des Bundes kam erstmals im Ausschuß für Zuständigkeitsabgrenzung am **10.11.1948** zur Sprache, wo dessen Vorsitzender Wagner anregte, die Notarsordnung in die Vorranggesetzgebung des Bundes in Art. 36 aufzunehmen[47]. 9

Entsprechend schlug der **Allgemeine Redaktionsausschuß** am **16.11.1948** vor, die Vorranggesetzgebung des Bundes in Art. 36 Nr. 1 auf »Angelegenheiten des Notariatswesens zu erstrecken«[48]. Im **Ausschuß für Zuständigkeitsabgrenzung** am **17.11.1948** wies der Vorsitzende Strauß darauf hin, dass nicht etwa in Ländern wie Baden, Württemberg, Bayern und dem Rheinland mit Sonderregelungen »die Nurnotare aufhören sollen«[49]. Der Abgeordnete des Bayerischen Landtags Laforet protestierte, »daß die drei Staaten Baden, Württemberg und Bayern gegen die Aufnahme der Notariatsordnung in die Vorranggesetzgebung des Bundes nachdrücklich Verwahrung einlegen, und zwar mit Rücksicht auf die in diesen Ländern gewordene Art der Ausgestaltung des Notariatswesens.«[50] Der Abgeordnete des Badischen Landtags Fecht erläuterte die Besonderheiten des badischen Notariats, auf die »selbst [...] in der Nazizeit« unter Geltung der Reichsnotarordnung vom 13.2.1937 Rücksicht genommen worden sei[51]. Strauß entgegnete, dass an den süddeutschen Notariatsverhältnissen nichts geändert werden solle, und beharrte im Interesse einer künftigen Justizreform sowie einheitlicher Gebührenregelungen auf einer Vorranggesetzgebung des Bundes[52]. Auf den Vorstoß von Strauß, die Vorranggesetzgebung auf die »Notariatsgebühren« zu beschränken, kam man überein: »Lassen wir es weg!«[53] Dementsprechend sah der **Ausschuß für Zuständigkeitsabgrenzung** in Art. 36 Nr. 1 mit Stand vom **18.11.1948** das Notariat nicht vor[54]. 10

Am **23.11.1948** befasste sich der **Hauptausschuß** mit dem Vorschlag des Allgemeinen Redaktionsausschusses zu Art. 36 Nr. 1. Fecht bemerkte, dass es wegen der Besonderheiten des Notariats in Baden und Württemberg »vom süddeutschen Standpunkt aus ganz unmöglich (sei), das Notariatswesen in einem Gesetz einheitlich zu regeln«[55]. Er beantragte die Streichung des Notariatswesens aus Art. 36 Nr. 1[56]. Walter, Abgeordneter des Landtags von Württemberg-Baden, meinte, wenn aufgrund der Vorrang- 11

47 Parl. Rat III, S. 582f.
48 Parl. Rat VII, S. 48.
49 Parl. Rat III, S. 602.
50 Parl. Rat III, S. 602.
51 Parl. Rat III, S. 603f.
52 Parl. Rat III, S. 605.
53 Parl. Rat III, S. 606.
54 Parl. Rat III, S. 642.
55 Parl. Rat XIV/1, S. 209f.
56 Parl. Rat XIV/1, S. 210.

gesetzgebung ein einheitliches Gesetz wie die Reichsnotarordnung geschaffen würde, müsse, »wie in den §§ 85, 86 der Reichsnotarordnung, für die süddeutschen Staaten ein Vorbehalt geschaffen werden.«[57] Er schloss sich daher dem Streichungsantrag Fechts an[58]. Laforet unterstützte die Streichung und bedauerte, dass man »leider in eine Verfassung nicht einen Vorbehalt, ein Reservat für die süddeutschen Länder aufnehmen« könne[59]. Wagner erläuterte, man habe im Zuständigkeitsausschuß an sich »eine einheitliche Notariatsordnung für den ganzen Bund sehr gerne gesehen«, aber wegen der gewichtigen Einwände von Baden und Württemberg von der Aufnahme des Notariatswesens in die Vorranggesetzgebung abgesehen[60]. Am Ende der Debatte beschloss der Hauptausschuss die Streichung der Worte »Angelegenheiten des Notariatswesens« aus Art. 36 Nr. 1[61].

12 Am **6.1.1949** behandelte der **Hauptausschuß** einen Antrag u.a. des Mitglieds der Hamburgischen Bürgerschaft de Chapeaurouge, die Worte »und das Notariat« in Art. 36 Nr. 1 wieder einzufügen, sowie einen interfraktionellen Eventualantrag, zuzusetzen: »Änderungen der Einrichtung des jetzt bestehenden Notariats in den Ländern Baden, Bayern, Württemberg-Baden und Württemberg-Hohenzollern bedürfen der Zustimmung der betreffenden Länderregierungen.«[62] De Chapeaurouge bat darum, Art. 36 Nr. 1 um die Vorranggesetzgebung des Bundes für das Notariat zu ergänzen und die Bestimmung zum süddeutschen Notariat »als Übergangsbestimmung in den Schlußabschnitt des Grundgesetzes« aufzunehmen[63]. In der anschließenden Abstimmung wurden der Antrag, die Bestimmung zum süddeutschen Notariat in die Übergangsvorschriften aufzunehmen, sowie der Antrag, in Art. 36 Nr. 1 die Worte »und das Notariat« einzufügen, einstimmig beschlossen[64].

13 Im **Ausschuß** für die Organisation des Bundes am **14.1.1949** wurde entschieden, die Regelung zum süddeutschen Notariat in Art. 145a aufzunehmen[65]. Am **5.5.1949** beschloss der **Hauptausschuß** als Art. 139: »Änderungen der Einrichtungen des jetzt bestehenden Notariats in den Ländern Baden, Bayern, Württemberg-Baden und Württemberg-Hohenzollern bedürfen der Zustimmung der Regierungen dieser Länder.«[66] Mit dieser endgültigen Fassung[67] beschloss das **Plenum** Art. 138 am **6.5.1949**[68]. Seither ist die Norm **nicht geändert** worden.

B. Internationale, supranationale und rechtsvergleichende Bezüge

14 Das **Unions- und Völkerrecht** kennt keine Art. 138 GG vergleichbaren Reservatsrechte zum Notariat. In Gestalt der Grundfreiheiten und Grundrechte nimmt das Unionsrecht erheblichen Einfluss auf das Notarrecht in Deutschland einschließlich Bayern

[57] Parl. Rat XIV/1, S. 211.
[58] Parl. Rat XIV/1, S. 211.
[59] Parl. Rat XIV/1, S. 212.
[60] Parl. Rat XIV/1, S. 213.
[61] Parl. Rat XIV/1, S. 216.
[62] Parl. Rat XIV/1, S. 882.
[63] Parl. Rat XIV/1, S. 884.
[64] Parl. Rat XIV/1, S. 887.
[65] Parl. Rat XIII/2, S. 1128.
[66] Parl. Rat VII, S. 568.
[67] Parl. Rat VII, S. 648.
[68] Parl. Rat VII, S. 607.

und Baden-Württemberg (→ Rn. 23). Die **Verfassungen anderer EU-Mitgliedstaaten** enthalten vereinzelt Bestimmungen zum Notariat[69], aber ebenso wie die **Verfassungen der Bundesländer** kein Art. 138 GG entsprechendes Reservatsrecht.

C. Erläuterungen

I. Standort des Art. 138 GG im System des Grundgesetzes

1. Verfahrensrechtliche Bedeutung

Art. 138 GG schränkt die konkurrierende Gesetzgebung des Bundes für das Notariat bezogen auf Änderungen der bei Inkrafttreten des Grundgesetzes (→ Rn. 24) bestehenden Notariatseinrichtungen in Bayern und Baden-Württemberg durch einen Zustimmungsvorbehalt zugunsten dieser Länder ein[70] und bewirkt insofern eine **verfassungsexplizite Modifizierung des Art. 74 I Nr. 1 GG** (zur Gesetzgebungskompetenz des Bundes für das Notariat → Art. 74 Rn. 17ff.). 15

Art. 138 GG ermöglicht Bayern und Baden-Württemberg, das »Gebrauchmachen« des Bundes von seiner konkurrierenden Gesetzgebungskompetenz i. S. d. Art. 72 I GG bezogen auf Notariatsänderungen für ihr Territorium zu verhindern. Ob dadurch die **Sperrwirkung des Art. 72 I GG** für Bayern und Baden-Württemberg entfällt und ihnen die Gesetzgebungsbefugnis zur Änderung ihres Notariats erhalten bleibt, hängt davon ab, ob der Bund das Notariat in Bayern und Baden-Württemberg abschließend geregelt oder dessen Änderung den Ländern überlassen hat (s. Art. 72 I GG: »soweit der Bund von seiner Gesetzgebungszuständigkeit nicht durch Gesetz Gebrauch gemacht hat« → Art. 72 Rn. 26ff.)[71]. Art. 138 GG ermächtigt Bayern und Baden-Württemberg zwar, Änderungen ihrer Notariatseinrichtungen durch den Bund zu verhindern, schließt aber nicht aus, dass der Bund die vorgefundenen Notariatseinrichtungen in Bayern und Baden-Württemberg gesetzlich festschreibt und landesgesetzliche Änderungen ausschließt. 16

Art. 138 GG **modifiziert Art. 77 und 78 GG** insofern, als das Zustandekommen vom Bundestag beschlossener Gesetze, die die Notariatseinrichtungen in Bayern und Baden-Württemberg ändern, über die in Art. 77f. GG genannten Voraussetzungen hinaus zusätzlich von der Zustimmung der Regierungen dieser Länder abhängt[72]. 17

Aus Art. 138 GG wird mitunter abgeleitet, dass die Aufhebung oder Änderung dieser Verfassungsbestimmung zum Nachteil von Bayern und Baden-Württemberg nur mit Zustimmung der Regierungen dieser Länder zulässig sei[73]. Zwar sei eine Ände- 18

---

[69] S. etwa Art. 92 IV, V Verf. Griechenland; Art. 10 I Nr. 6 B-VG Österreich; Art. 137 Verf. Slowenien.

[70] Ebenso *W. Löwer*, Das badische Amtsnotariat in der grundgesetzlichen Kompetenzordnung, in: Festgabe 100 Jahre Badischer Notarverein, 2000, S. 258ff. (288), der eine Form kondominialer Gesetzgebung annimmt; *L.-A. Versteyl*, in: v. Münch/Kunig, GG II, Art. 138 Rn. 18.

[71] Nach Ansicht von *Löwer*, Amtsnotariat (Fn. 70), S. 289ff. beinhaltet die Bundesnotarordnung eine abschließende Kodifikation der Notariatsverfassung in Baden-Württemberg.

[72] Gleichsinnig → *Stettner*, Bd. III², Art. 138 Rn. 17.

[73] *R. Sannwald*, in: Schmidt-Bleibtreu/Hofmann/Henneke, GG, Art. 138 Rn. 8; *Kramer* (Fn. 27), Art. 138 Rn. 4; zurückhaltender *Versteyl* (Fn. 70), Art. 138 Rn. 18, der eine Änderung des Art. 138 GG jedenfalls mit Zustimmung der Landesregierungen von Bayern und Baden-Württemberg als zulässig ansieht.

rung des Art. 138 GG nicht gem. Art. 79 III GG unzulässig[74]. Es sei aber »sinnwidrig«, die Änderung des Art. 138 GG nicht an die Zustimmung von Bayern und Baden-Württemberg zu knüpfen, während ein solcher Zustimmungsvorbehalt für Änderungen der Notariatseinrichtungen in den Ländern nach Art. 138 GG gelte[75]. Für die Zulässigkeit einer **Aufhebung des Art. 138 GG ohne Zustimmung der Landesregierungen Bayerns und Baden-Württembergs**[76] spricht jedoch, dass Art. 79 GG einen solchen Zustimmungsvorbehalt weder explizit noch implizit, als unantastbaren Kern des Bundesstaatsprinzips gem. Art. 79 III iVm Art. 20 I GG, vorsieht[77]. Art. 138 GG ist bereits nach seiner Entstehungsgeschichte auf einfachgesetzliche Änderungen durch den Bund beschränkt[78]; ein Schutz gegen Verfassungsänderungen stand entstehungsgeschichtlich nicht zur Debatte (→ Rn. 9ff.). Hierfür spricht auch der Vergleich mit Art. 78 II Reichsverfassung von 1871, der eine Änderung der verfassungsrechtlichen Reservatsrechte an die Zustimmung des berechtigten Bundesstaates knüpfte. Eine solche Regelung fehlt im Grundgesetz[79].

19 Das Gleiche gilt für die Änderung des Art. 138 GG **zum Nachteil von Bayern und Baden-Württemberg**, etwa durch Beschränkung des Reservatsrechts auf bestimmte Notariatseinrichtungen. Eine Änderung des Art. 138 GG durch Erstreckung des Reservatsrechts auf (einzelne) andere Länder ist gem. Art. 79 III GG wegen Verletzung des Prinzips föderativer Gleichheit der Länder (Art. 20 I iVm Art. 3 I GG: → Rn. 20) **unzulässig**.

2. Materiell-rechtliche Bedeutung

20 Art. 138 GG erzeugt eine verfassungsrechtliche Ungleichheit der Länder bei der Gesetzgebung des Bundes[80] und begründet damit eine **Ausnahme von dem Prinzip föderativer Gleichheit der Länder** (Art. 20 I iVm Art. 3 I GG)[81]. Anders als bei einer Aufnahme von Reservatsrechten einzelner Länder in das Grundgesetz nach seinem Inkrafttreten, was gem. Art. 79 III GG wegen Verstoßes gegen Art. 20 I iVm Art. 3 I GG unzulässig wäre (→ Rn. 19), ist das Verfassungsprinzip der Ländergleichheit durch Art. 138 GG von vornherein nur eingeschränkt gewährleistet.

21 Art. 138 GG dispensiert nicht von der **Bindung des Staates an die Grundrechte** des Grundgesetzes gem. Art. 1 III GG[82]. Die bei Inkrafttreten des Grundgesetzes (→

[74] *Kramer* (Fn. 27), Art. 138 Rn. 4; *Versteyl* (Fn. 70), Art. 138 Rn. 18.

[75] *Kramer* (Fn. 27), Art. 138 Rn. 4.

[76] Im Ergebnis ebenso *Stern*, Staatsrecht I, S. 746f. Fn. 630; *T. M. Spranger*, RiA 1999, 231 (235f.); *Jarass*/Pieroth, GG, Art. 138 Rn. 1; *W. Höfling/C. Burkiczak*, in: Friauf/Höfling, GG, Art. 138 (2006), Rn. 11; *Klein* (Fn. 2), Art. 138 Rn. 19; *Degenhart* (Fn. 1), Art. 138 Rn. 5; *M. Kaltenborn*, in: Epping/Hillgruber, GG, Art. 138 Rn. 4. → *Stettner*, Bd. III², Art. 138 Rn. 14.

[77] *T. M. Spranger*, RiA 1999, 231 (236); *Böttcher* (Fn. 1), Art. 138 Rn. 20; *Degenhart* (Fn. 1), Art. 138 Rn. 5.

[78] Ohne Rekurs auf die Entstehungsgeschichte auch → *Stettner*, Bd. III², Art. 138 Rn. 14; *Klein* (Fn. 2), Art. 138 Rn. 19; *Wenckstern* (Fn. 41), Art. 138 Rn. 14.

[79] *Böttcher* (Fn. 1), Art. 138 Rn. 20; *Kaltenborn* (Fn. 76), Art. 138 Rn. 4.

[80] *M. Pleyer*, Föderative Gleichheit, 2005, S. 158f.; *Böttcher* (Fn. 1), Art. 138 Rn. 3.

[81] *J. Isensee*, HStR³ VI, § 126 Rn. 142. Zur Existenz und Reichweite des Verfassungsprinzips der Ländergleichheit grundlegend *Pleyer*, Gleichheit (Fn. 80), S. 124ff.

[82] Gleichsinnig *Klein* (Fn. 2), Art. 138 Rn. 17f.; *Höfling/Burkiczak* (Fn. 76), Art. 138 Rn. 14; *Degenhart* (Fn. 1), Art. 138 Rn. 3f.; *Sannwald* (Fn. 73), Art. 138 Rn. 7. A.A. *Wenckstern* (Fn. 41), Art. 138 Rn. 12, wonach Art. 138 GG die Notariatseinrichtungen in Bayern und Baden-Württemberg »materiell, d.h. im Hinblick auf Grundrechte (insb. Art. 3 I, 12 I und 33 II) und sonstige verfassungsrechtliche Prinzipien [...] jedenfalls in ihrem Kernbestand zu legitimieren und vor verändernden Zugriffen

Rn. 24) in Bayern und Baden-Württemberg bestehenden Notariatseinrichtungen sind durch Art. 138 GG dem Erfordernis der Vereinbarkeit mit Grundrechten ebenso wenig enthoben wie Änderungen dieses Notariats durch den Bundesgesetzgeber. Art. 138 GG beinhaltet grundsätzlich auch **keinen verfassungsrechtlichen Rechtfertigungsgrund für** mit dem Notariat in Bayern und Baden-Württemberg verbundene **Eingriffe in Grundrechte** wie die Berufsfreiheit (Art. 12 I GG) von Notaren. »Art. 138 GG beschränkt sich im Bereich des historisch gewachsenen Notariatsrechts darauf, Rücksicht auf die Besonderheiten der süddeutschen Länder zu nehmen und die Inanspruchnahme der Bundeskompetenz an die Zustimmung der betroffenen Länder zu knüpfen. Inhaltlich ist das Landesrecht dadurch aber vom Verfassunggeber nicht gebilligt worden.«[83] Auch die Anforderungen des verfassungsrechtlichen Parlamentsvorbehalts werden »nicht durch Art. 138 GG aufgehoben oder abgeschwächt«[84].

Eine Ausnahme gilt, soweit Grundrechte wie namentlich das Gleichheitsgebot (Art. 3 I GG) und die Berufsfreiheit (Art. 12 I GG) durch das **Nebeneinander unterschiedlicher Notariatsformen** in Bayern und Baden-Württemberg sowie im Verhältnis zu anderen Bundesländern[85] beeinträchtigt werden. Art. 138 GG legitimiert den Fortbestand der unterschiedlichen Notariatssysteme in Bayern und Baden-Württemberg. Ebenso wie Art. 138 GG dadurch die verfassungsrechtliche Gleichheit der Länder (Art. 20 I iVm Art. 3 I GG) durchbricht (→ Rn. 20), beinhaltet er einen Rechtfertigungsgrund für Ungleichbehandlungen (Art. 3 I GG)[86] und Beeinträchtigungen der Berufsfreiheit (Art. 12 I GG)[87] durch das Nebeneinander unterschiedlicher Notariatssysteme. Für **vereinbar mit den Grundrechten** der Notare bzw. Notarbewerber hält das Bundesverfassungsgericht die Ertragshoheit des Landes Baden-Württemberg für die Notargebühren der Amtsnotare[88]. Als **mit ihren Grundrechten unvereinbar** sieht das Bundesverfassungsgericht die satzungsrechtliche Erhebung von Abgaben bei den Notaren durch Ländernotarkassen an[89]. Im Schrifttum umstritten ist die Verfassungskonformität der Doppelfunktion der baden-württembergischen Notare als Richter der freiwilligen Gerichtsbarkeit und Urkundsperson[90]. 22

---

abzuschirmen« suche; *G. Römer*, Notariatsverfassung und Grundgesetz, 1963, S. 110f. entnimmt Art. 138 GG, dass der Gesetzgeber nicht an Art. 3 I GG gebunden sei.

[83] Vgl. bezogen auf den Parlamentsvorbehalt des Grundgesetzes BVerfGE 111, 191 (223, Rn. 170).

[84] BVerfGE 111, 191 (222, Rn. 170).

[85] Art. 3 I GG beansprucht für unterschiedliche Notariatssysteme in verschiedenen Bundesländern Geltung, soweit diese bundesgesetzlich in der Bundesnotarordnung geregelt sind.

[86] BVerfGE 17, 381 (389): »Wie Art. 138 GG zeigt, geht das Grundgesetz selbst davon aus, daß die Einrichtungen des bestehenden Notariats, also vor allem die Notariatsformen, nicht vereinheitlicht zu werden brauchen.«; ebenso BVerfG (K), 1 BvR 2319/07 vom 24.9.2007, Rn. 13; *K. Stern*, MittRhNotK 1999, 365 (368f.); *Klein* (Fn. 2), Art. 138 Rn. 16; *Böttcher* (Fn. 1), Art. 138 Rn. 15; *Campenhausen/Unruh* (Fn. 1), Art. 138 Rn. 12; *Höfling/Burkiczak* (Fn. 76), Art. 138 Rn. 12; *Degenhart* (Fn. 1), Art. 138 Rn. 3. Einen Verstoß gegen Art. 3 I GG durch »geografisch« unterschiedliche Notariatssysteme bejaht *Versteyl* (Fn. 70), Art. 138 Rn. 5.

[87] *Klein* (Fn. 2), Art. 138 Rn. 16; → *Stettner*, Bd. III[2], Art. 138 Rn. 16f. Nach *Böttcher* (Fn. 1), Art. 138 Rn. 18, 37 beinhaltet Art. 138 GG einen Rechtfertigungsgrund für Eingriffe in Art. 12 I GG, »die unmittelbar auf die historisch gewachsene Heterogenität der Notariatsverfassungen zurückzuführen sind und daher zugleich vor Art. 3 GG Bestand haben.«

[88] BVerfG (K), WM 2009, 1008 (1008f.) – kein Verstoß gegen Art. 3 I GG und Finanzverfassungsrecht wegen Rechtfertigung durch Art. 138 GG.

[89] BVerfGE 111, 191 (213ff., Rn. 142ff.) – Verstoß gegen Art. 12 I GG wegen Unvereinbarkeit der gesetzlichen Ermächtigungsnorm mit dem verfassungsrechtlichen Parlamentsvorbehalt, der nicht durch Art. 138 GG aufgehoben oder abgeschwächt werde.

[90] Dazu m.w.N. *E. Hezel*, Rpfleger 2001, 13 (13ff.); *W. Hochmann*, FamRZ 2000, 1438ff.

23 Art. 138 GG lässt den **Anwendungsvorrang des Unionsrechts** gegenüber nationalem (Verfassungs-)Recht (Art. 23 I 1, 2 GG)[91] für die bei Inkrafttreten des Grundgesetzes (→ Rn. 24) in Bayern und Baden-Württemberg bestehenden Notariatseinrichtungen unberührt[92]. Für **unvereinbar mit dem Unionsrecht** hat der EuGH die Gebührenerhebung durch baden-württembergische Amtsnotare zur Staatskasse[93] und das Erfordernis deutscher Staatsangehörigkeit für die Notarbestellung (§ 5 BNotO a. F.)[94] erklärt, das allerdings kein Spezifikum der süddeutschen Bundesländer darstellt. Im Schrifttum wird diskutiert, ob die öffentliche Amtsträgereigenschaft (s. § 1 BNotO)[95], die Bedürfnisprüfung (s. § 4 BNotO)[96], die Höchstaltersgrenze von 70 Jahren (s. § 48a BNotO)[97], die fachlichen Eignungsvoraussetzungen[98], das Amtsbereichsprinzip (s. § 10f. BNotO)[99], die staatliche Gebührenordnung[100], die Möglichkeit der Beschränkung der Sozietätsgröße (s. § 9 I 2 BNotO)[101], die Urkundsgewährungspflicht (s. § 15 BNotO)[102], die Unabsetzbarkeit (s. §§ 3, 10 I 3 BNotO)[103], der Notarzwang[104] und das Werbeverbot für Notare (s. § 29 I BNotO)[105] mit Unionsrecht vereinbar sind.

---

91 Zum Anwendungsvorrang des Unionsrechts gegenüber deutschem Verfassungsrecht BVerfGE 129, 78 (99f., Rn. 81); BVerfGE 142, 123 (187, Rn. 118).

92 Statt aller *Klein* (Fn. 2), Art. 138 Rn. 20; *Campenhausen/Unruh* (Fn. 1), Art. 138 Rn. 14; vgl. auch BVerfGE 131, 130 (140, Rn. 45f.).

93 EuGH v. 30.6.2005, C-165/03, Rn. 36ff. – *Längst*: Verstoß gegen das Verbot der Steuererhebung gem. Richtlinie 69/335/EWG des Rates vom 17.7.1969.

94 EuGH v. 24.5.2011, C-54/08, Rn. 73ff. – *Kommission/Deutschland*: Verstoß gegen die Niederlassungsfreiheit des Art. 49 AEUV, da notarielle Tätigkeiten keine Ausübung öffentlicher Gewalt i. S. d. Art. 51 I AEUV seien. Der EuGH stellte zugleich fest: »Dass mit den notariellen Tätigkeiten im Allgemeininteresse liegende Ziele verfolgt werden, die insbesondere dazu dienen, die Rechtmäßigkeit und die Rechtssicherheit von Akten zwischen Privatpersonen zu gewährleisten, stellt allerdings einen zwingenden Grund des Allgemeininteresses dar, der etwaige Beschränkungen von Art. 43 EG (Verf.: heute Art. 49 AEUV) rechtfertigen kann, die sich aus den Besonderheiten der notariellen Tätigkeit ergeben, wie etwa den für die Notare aufgrund der Verfahren zu ihrer Bestellung geltenden Vorgaben, der Beschränkung ihrer Zahl und ihrer örtlichen Zuständigkeit oder auch der Regelung ihrer Bezüge, ihrer Unabhängigkeit, der Unvereinbarkeit von Ämtern und ihrer Unabsetzbarkeit, soweit diese Beschränkungen zur Erreichung der genannten Ziele geeignet und erforderlich sind.« (Rn. 98).

95 Dazu *C. Waldhoff*, ZZP 127 (2014), 3 (7ff., 15ff.); *T. Ritter*, EuZW 2011, 707 (709); *K. F. Gärditz*, EWS 2012, 209 (215ff.); *M. Henssler/M. Kilian*, NJW 2012, 481 (485); *Böttcher* (Fn. 1), Art. 138 Rn. 62.

96 Näher *K. F. Gärditz*, EWS 2012, 209 (217ff.); *C. Waldhoff*, ZZP 127 (2014), 3 (18); *A. Spickhoff*, JZ 2012, 333 (338f.); *T. Ritter*, EuZW 2011, 707 (710); *Böttcher* (Fn. 1), Art. 138 Rn. 64.

97 Dazu *Böttcher* (Fn. 1), Art. 138 Rn. 65; *C. Waldhoff*, ZZP 127 (2014), 3 (23f.).

98 S. *M. Henssler/M. Kilian*, NJW 2012, 481 (484); *A. Spickhoff*, JZ 2012, 333 (339f.); *C. Waldhoff*, ZZP 127 (2014), 3 (17f.).

99 Hierzu BGHZ 196, 271 (274ff.); *K. F. Gärditz*, EWS 2012, 209 (214); *C. Waldhoff*, ZZP 127 (2014), 3 (18ff.); *P. Hamacher*, AnwBl 2011, 913 (917); *T. Ritter*, EuZW 2011, 707 (710); *C. U. Schmid/T. Pinkel*, NJW 2011, 2928 (2930); *M.-C. Fuchs*, EuZW 2011, 475 (475f.); *N. Preuß*, ZNotP 2011, 322 (325f.); *Böttcher* (Fn. 1), Art. 138 Rn. 66.

100 Näher *C. Waldhoff*, ZZP 127 (2014), 3 (20f.); *Böttcher* (Fn. 1), Art. 138 Rn. 67.

101 *C. Waldhoff*, ZZP 127 (2014), 3 (22); *Böttcher* (Fn. 1), Art. 138 Rn. 68.

102 S. *C. Waldhoff*, ZZP 127 (2014), 3 (21).

103 Hierzu *C. Waldhoff*, ZZP 127 (2014), 3 (23).

104 Dazu *K. F. Gärditz*, EWS 2012, 209 (219); *C. Waldhoff*, ZZP 127 (2014), 3 (21f.); *C. U. Schmid/T. Pinkel*, NJW 2011, 2928 (2930).

105 M.w.N. Böttcher (Fn. 1), Art. 138 Rn. 69; *C. Waldhoff*, ZZP 127 (2014), 3 (22f.).

II. Voraussetzungen des Art. 138 GG

1. Änderungen der Einrichtungen des jetzt bestehenden Notariats

a) Stichtag: »Jetzt«

24 Art. 138 GG unterwirft Änderungen der »jetzt« bestehenden Notariatseinrichtungen in Bayern und Baden-Württemberg (→ Rn. 28f.) der Zustimmung der Regierung dieser Länder. Welcher **Stichtag** mit »jetzt« bezeichnet ist, lässt sich weder dem Text noch der Entstehungsgeschichte der Norm entnehmen. Gegen den Jahreswechsel 1948/49[106] als Zeitraum der Debatten im Parlamentarischen Rat über die Aufnahme von Art. 138 in das Grundgesetz (→ Rn. 9ff.) und für den Tag des Inkrafttretens des Grundgesetzes[107] (→ Art. 145 Rn. 10) als Stichtag spricht, dass ein früherer Zeitpunkt, wie z.B. in Art. 141 GG, normtextlich hätte benannt werden müssen.

25 Ändert der Bund die Notariatseinrichtungen in den süddeutschen Ländern mit deren Zustimmung, wie in Baden-Württemberg zum 1.1.2018 (→ Rn. 7), ist eine weitere **Änderung der geänderten Notariatseinrichtung** nicht zustimmungsbedürftig[108]. Dies folgt aus dem nach Art. 138 GG allein maßgeblichen Stichtag (»jetzt«) sowie aus dem Telos der Norm und ihrer systematischen Stellung in den Übergangs- und Schlussbestimmungen des Grundgesetzes; stimmen Bayern bzw. Baden-Württemberg Änderungen ihres am Stichtag bestehenden Notariats zu, wird Art. 138 GG als Übergangsbestimmung obsolet.

b) Änderungen der Einrichtungen des bestehenden Notariats

26 »Einrichtungen des bestehenden Notariats« sind die Notariatsstrukturen, die bei Inkrafttreten des Grundgesetzes (»jetzt« → Rn. 24) in Baden, Bayern, Württemberg-Baden und Württemberg-Hohenzollern existierten. Hierzu gehören in **Bayern** das Nur-Notariat samt Notarkasse[109], Notarausschuss und Notarverein (→ Rn. 6); in **Baden** (heute: OLG-Bezirk Karlsruhe) das Nur-Notariat sowie das Amts- bzw. Richternotariat, in dem der Notar bei einer Notariatsbehörde beschäftigter Landesbeamter mit Befähigung zum Richteramt ist und neben Beurkundungsfunktionen Aufgaben des Nachlassrichters, Vollstreckungsrichters und Grundbuchbeamten wahrnimmt (→ Rn. 6); in **Württemberg** (heute: OLG-Bezirk Stuttgart) das Nur-Notariat, das Anwaltsnotariat sowie das Bezirksnotariat, in dem Notare Landesbeamte mit besonderer Fachausbildung sind, die neben Beurkundungsfunktionen Aufgaben der freiwilligen Gerichtsbarkeit erfüllen (→ Rn. 6). Bereits aus dem Wort »Einrichtungen« folgt, das Art. 138 GG nicht jede Einzelheit und entsprechende Detailregelung der am Stichtag bestehenden Notariate der süddeutschen Länder schützt[110], sondern nur die Grund-

---

106 So *Versteyl* (Fn. 70), Art. 138 Rn. 6.

107 Statt vieler *Klein* (Fn. 2), Art. 138 Rn. 9; *Campenhausen/Unruh* (Fn. 1), Art. 138 Rn. 6; *Böttcher* (Fn. 1), Art. 138 Rn. 33.

108 *Campenhausen/Unruh* (Fn. 1), Art. 138 Rn. 6; *Klein* (Fn. 2), Art. 138 Rn. 9; *Böttcher* (Fn. 1), Art. 138 Rn. 33; *Wenckstern* (Fn. 41), Art. 138 Rn. 19; *Jarass*/Pieroth, GG, Art. 138 Rn. 1.

109 Zum Schutz der bayerischen Notarkasse durch Art. 138 GG BVerfGE 111, 191 (222f., Rn. 170).

110 A.A. wohl *Böttcher* (Fn. 1), Art. 138 Rn. 22, der »sämtliche Änderungen der das Notariat betreffenden Verhältnisse in den berechtigten Ländern« als von Art. 138 GG geschützt ansieht, namentlich das gesamte notarielle Amts-, Berufs-, Organisations- und Standesrecht (Rn. 30); ebenso *Campenhausen/Unruh* (Fn. 1), Art. 138 Rn. 6; *Klein* (Fn. 2), Art. 138 Rn. 9; *Wenckstern* (Fn. 41), Art. 138 Rn. 18 nennt zusätzlich die Regelungen über die Berufsausbildung und den Berufszugang.

strukturen wie die Notariatsformen[111], die wesentlichen Institutionen[112] und die grundlegende Organisationsverfassung; außerdem die Zulassungsbedingungen[113] und Aufgaben des Notars einschließlich der in Baden und Württemberg bestehenden Sonderzuständigkeiten für Nachlassrichter-, Vollstreckungsrichter- und Grundbuchsachen[114]. Das Bundesverfssungsgericht hat auch die Ertragshoheit von Baden-Württemberg für die Notargebühren der Amtsnotare als Notariatseinrichtung i. S. d. Art. 138 GG anerkannt[115].

27 »Änderungen« umfasst jede **Aufhebung** oder inhaltliche **Änderung** der am Stichtag in den süddeutschen Ländern bestehenden Notariatseinrichtungen.

2. Erfasste Länder

28 Inhaber des Reservatsrechts sind gem. Art. 138 GG **Bayern** sowie **Baden, Württemberg-Baden und Württemberg-Hohenzollern**, an deren Stelle durch das Zweite Gesetz über die Neugliederung in den Ländern Baden, Württemberg-Baden und Württemberg-Hohenzollern vom 4.5.1951[116] (s. Art. 118 GG) zum 25.4.1952 **Baden-Württemberg** als Rechtsnachfolger getreten ist[117]. Das Reservatsrecht kommt jeweils nur dem Land zugute, dessen am Stichtag bestehende Notariatseinrichtungen der Bund ändert. Da in Baden, Württemberg-Baden und Württemberg-Hohenzollern am Stichtag teilweise unterschiedliche Notariatseinrichtungen bestanden (→ Rn. 6, 26), beschränkt sich das Reservatsrecht Baden-Württembergs auf **Änderungen** des Notariats **in den betreffenden Landesteilen** und entsprechenden OLG-Bezirken. Ändert der Bundesgesetzgeber Notariatsstrukturen in Baden-Württemberg, die bei Inkrafttreten des Grundgesetzes nur in einzelnen Landesteilen bestanden, steht die Wirksamkeit der Änderung auch nur insoweit unter Zustimmungsvorbehalt.

29 **Anderen Bundesländern kommt das Reservatsrecht aus Art. 138 GG nicht zu**[118]. Das gilt auch für Länder, in deren Gebiet bei Inkrafttreten des Grundgesetzes gleiche Notariatseinrichtungen bestanden wie in Süddeutschland. Dies folgt aus dem Wortlaut des Art. 138 GG[119], der als Inhaber des Reservatsrechts nur die süddeutschen Bundesländer nennt, sowie aus der Normgenese, da Art. 138 GG seine Existenz dem Widerstand der Vertreter der süddeutschen Länder im Parlamentarischen Rat gegen eine konkurrierende (Vorrang-)Gesetzgebung des Bundes verdankt[120] (→ Rn. 9). Eine andere Bundesländer miteinbeziehende Norminterpretation[121] lässt sich nicht mit einem

---

[111] BVerfGE 17, 381 (389); *Böttcher* (Fn. 1), Art. 138 Rn. 30.

[112] → *Stettner*, Bd. III², Art. 138 Rn. 15.

[113] → *Stettner*, Bd. III², Art. 138 Rn. 15; *Höfling/Burkiczak* (Fn. 76), Art. 138 Rn. 9; *Degenhart* (Fn. 1), Art. 138 Rn. 2; *Sannwald* (Fn. 73), Art. 138 Rn. 3.

[114] Ebenso *Wenckstern* (Fn. 41), Art. 138 Rn. 18.

[115] BVerfG (K), WM 2009, 1008 (1008 f.).

[116] BGBl. 1951 I, S. 284.

[117] Statt aller *Höfling/Burkiczak* (Fn. 76), Art. 138 Rn. 4.

[118] Statt fast aller *Höfling/Burkiczak* (Fn. 76), Art. 138 Rn. 8; *Klein* (Fn. 2), Art. 138 Rn. 6; *Campenhausen/Unruh* (Fn. 1), Art. 138 Rn. 5; *Degenhart* (Fn. 1), Art. 138 Rn. 2.

[119] Ebenso *Höfling/Burkiczak* (Fn. 76), Art. 138 Rn. 8.

[120] Nur vereinzelt kamen im Parlamentarischen Rat notarielle Sonderregelungen anderer Länder wie des Rheinlands zur Sprache. Für die Einbeziehung der nicht-süddeutschen Bundesländer in Art. 138 GG wegen eines Ersuchens von Rheinland-Pfalz um Berücksichtigung in Art. 138 GG, welches versehentlich übergangen worden sei, *T. M. Spranger*, RiA 1999, 231 (234).

[121] So namentlich *T. M. Spranger*, RiA 1999, 231 (233 ff., insb. 234 ff.), der die textliche Beschränkung des Art. 138 GG auf die süddeutschen Länder als Redaktionsversehen deutet (234).

Schreiben des Bundesjustizministeriums vom 10.1.1950 an die Landesjustizverwaltung begründen[122], das sich für die Einbeziehung aller Länder mit Nur-Notariat am Stichtag in den Gewährleistungsbereich des Art. 138 GG aussprach[123]. Ein solches Schreiben vermag die grammatikalisch und genetisch begründete Beschränkung des Art. 138 GG auf Bayern und Baden-Württemberg ebenso wenig zu entkräften wie dem Bundesjustizministerium zustimmende Antwortschreiben der Länder Bayern, Hamburg, Rheinland-Pfalz und Schleswig-Holstein[124]. Auch greifen Argumente nicht durch, die eine erweiternde Auslegung des Art. 138 GG mit dem Hinweis auf die Einzigartigkeit des Reservatsrechts des Art. 138 GG, dem Fehlen eines sachlichen Grundes für eine Ungleichbehandlung der Länder (zum Gegenargument → Rn. 20), der historischen Verbreitung des Nur-Notariats auch außerhalb Süddeutschlands, umgekehrt mit einer fehlenden Tradition des Nur-Notariats in Bayern oder mit Sonderregelungen der Reichsnotarordnung für die Notariate in Hessen, Saarland, Lippe, Schaumburg-Lippe und Birkenfeld zu begründen suchen[125].

III. Zustimmung der Länder

Als Rechtsfolge ordnet Art. 138 GG an, dass Änderungen der am Stichtag bestehenden Notariatseinrichtungen in Bayern oder Baden-Württemberg der Zustimmung der Regierungen dieser Länder bedürfen. Der **Zustimmungsvorbehalt** besteht nur zugunsten des Landes, dessen Notariat der Bundesgesetzgeber ändert (→ Rn. 28); in Baden-Württemberg ist er territorial beschränkt auf das Gebiet, in dem am Stichtag die geänderten Notariatseinrichtungen bestanden (→ Rn. 28). Art. 138 GG modifiziert die konkurrierende Gesetzgebung des Bundes für das Notariat gem. Art. 74 I Nr. 1 GG (→ Rn. 15) sowie das Gesetzgebungsverfahren gem. Art. 77f. GG (→ Rn. 17) insofern, als die Zustimmung von Bayern bzw. Baden-Württemberg zu Änderungen ihres Notariats **Wirksamkeitsvoraussetzung für das Bundesgesetz** ist[126]. Innerhalb von Bayern und Baden-Württemberg liegt die Organkompetenz bei der Regierung[127]. Die Zustimmung von Bayern und Baden-Württemberg kann durch entsprechende Stimmabgabe im Bundesrat oder außerhalb des Bundesrates erfolgen, nicht aber durch die Stimmen der anderen Länder im Bundesrat ersetzt werden[128]. 30

Erteilen Bayern bzw. Baden-Württemberg ihre Zustimmung nicht, ist das Bundesgesetz grundsätzlich territorial beschränkt auf Bayern bzw. Baden-Württemberg (teil-)nichtig; die **Gesamt-Nichtigkeit des Gesetzes** tritt nur ein, wenn nach Sinn und 31

[122] So *T.M. Spranger*, RiA 1999, 231 (233f.).

[123] Bundesjustizministerium, Registratur 383/1-1842, zitiert nach *Schippel*, Wiederaufbau (Fn. 12), S. 88.

[124] Antwortschreiben zitiert nach *Schippel*, Wiederaufbau (Fn. 12), S. 88 – auch zu den Antwortschreiben der weiteren Länder Baden, Rheinland-Pfalz, Niedersachsen und Nordrhein-Westfalen, S. 88f.

[125] Alle Argumente bei *T.M. Spranger*, RiA 1999, 231 (234f.).

[126] Ebenso *Klein* (Fn. 2), Art. 138 Rn. 7; *Höfling/Burkiczak* (Fn. 76), Art. 138 Rn. 10; *Campenhausen/Unruh* (Fn. 1), Art. 138 Rn. 4; *Böttcher* (Fn. 1), Art. 138 Rn. 36; nicht richtig dagegen Rn. 13: »Vetorecht«, weil dies impliziert, dass die Zustimmung ausdrücklich verweigert werden muss; »Vetorecht« auch bei *Wenckstern* (Fn. 41), Art. 138 Rn. 11. Gem. § 58 II 3 Nr. 3 GGO muss im Fall des Art. 138 GG die Schlussformel des Bundesgesetzes Angaben über die Zustimmung der Landesregierungen enthalten.

[127] Statt aller *Klein* (Fn. 2), Art. 138 Rn. 7; *Höfling/Burkiczak* (Fn. 76), Art. 138 Rn. 4.

[128] In diesem Sinne wohl auch *Pleyer*, Gleichheit (Fn. 80), S. 158f.; *Höfling/Burkiczak* (Fn. 76), Art. 138 Rn. 10; *Klein* (Fn. 2), Art. 138 Rn. 7; *Böttcher* (Fn. 1), Art. 138 Rn. 35.

Zweck des Gesetzes »die übrigen mit der Verfassung zu vereinbarenden Bestimmungen keine selbständige Bedeutung haben« oder »die verfassungswidrigen Vorschriften Teil einer Gesamtregelung sind, die ihren Sinn [...] verlöre, nähme man einen ihrer Bestandteile heraus, wenn also die nichtige Bestimmung mit den übrigen Bestimmungen [...] eine untrennbare Einheit« bildet[129].

D. Verhältnis zu anderen GG-Bestimmungen

32 Art. 138 GG begründet eine verfassungsexplizite Modifizierung des **Art. 74 I Nr. 1 GG** (→ Rn. 15) sowie der **Art. 77 und 78 GG** (→ Rn. 17); zum Verhältnis zu **Art. 72 I GG**: → Rn. 16. **Art. 79 III GG** lässt Art. 138 GG unangetastet (→ Rn. 18). Von dem Prinzip föderativer Gleichheit der Länder gem. **Art. 20 I iVm Art. 3 I GG** begründet Art. 138 GG eine Ausnahme (→ Rn. 20). Art. 138 GG dispensiert weder von der Bindung des Staates an die Grundrechte gem. **Art. 1 III GG** (→ Rn. 21) noch von dem Anwendungsvorrang des Unionsrechts (**Art. 23 I 1, 2 GG**; → Rn. 23). Einen Rechtfertigungsgrund für Grundrechtseingriffe beinhaltet Art. 138 GG nur insoweit, als er das Nebeneinander unterschiedlicher Notariatsformen in Bayern und Baden-Württemberg legitimiert (→ Rn. 22).

---

[129] BVerfGE 8, 274 (301); 57, 295 (334); 65, 325 (358); zur Teil- und Gesamt-Nichtigkeit von Gesetzen weiterführend *Schlaich/Korioth*, Bundesverfassungsgericht, Rn. 384ff.

Artikel 139 [Aufrechterhaltung der Entnazifizierungsbestimmungen]

Die zur »Befreiung des deutschen Volkes vom Nationalsozialismus und Militarismus« erlassenen Rechtsvorschriften werden von den Bestimmungen dieses Grundgesetzes nicht berührt.

Literaturauswahl

Brenner, Michael: Verfassungssystematik und »antifaschistische Klausel«, in: ThürVBl. 2003, S. 241–244.

Dreier, Horst: Verfassungsstaatliche Vergangenheitsbewältigung, in: FS 50 Jahre BVerfG, Bd. 1, S. 159–208.

Fohrbeck, Till: Wunsiedel: Billigung, Verherrlichung, Rechtfertigung. Das Verbot nazistischer Meinungen in Deutschland und den USA, 2015.

Grotkopp, Jörg: Beamtentum und Staatsformwechsel. Die Auswirkungen der Staatsformwechsel von 1918, 1933 und 1945 auf das Beamtenrecht und die personelle Zusammensetzung der deutschen Beamtenschaft, 1992.

Haan, Heiner: Kontinuität und Diskontinuität in der pfälzischen Beamtenschaft im Übergang von der französischen zur bayerischen Herrschaft (1814–1818), in: Jahrbuch für westdeutsche Landesgeschichte 2 (1976), S. 285–309.

Händl, Herbert: Der Artikel 184 Bayerische Verfassung und die Rechtsprechung des Bayerischen Verfassungsgerichtshofes, Diss. jur. München 1952.

Lübbe-Wolff, Gertrude: Zur Bedeutung des Art. 139 GG für die Auseinandersetzung mit neonazistischen Gruppen, in: NJW 1988, S. 1289–1294.

Mikyska, Christoph: Aufarbeitung von Systemunrecht in Europa – Verfassungsstaatliche Vergangenheitsbewältigung im Lichte der europäischen Integration. Eine exemplarische Analyse am Beispiel Deutschlands, Polens, Spaniens und der Unrechtsaufarbeitung durch den Internationalen Strafgerichtshof für das ehemalige Jugoslawien in Den Haag, 2016.

Pawlita, Cornelius/Steinmeier, Frank: Bemerkungen zu Art. 139 GG – Eine antifaschistische Grundsatznorm?, in: DuR 8 (1980), S. 393–416.

Schullze, Erich: Gesetz zur Befreiung von Nationalsozialismus und Militarismus vom 5. März 1946 mit den Ausführungsvorschriften, der Anweisung für die Auswerter der Meldebogen und der Rangliste in mehrfarbiger Wiedergabe, 3. Aufl. 1948.

Leitentscheidungen des Bundesverfassungsgerichts

BVerfGE 1, 5 (6f.) – Spruchkammer; 1, 418 (424) – Ahndungsgesetz; 2, 105 (110f.) – Entlassung wegen NSDAP-Mitgliedschaft; 124, 300 (328ff., Rn. 65ff.) – Wunsiedel.

Gliederung

Rn.

Stichwörter

Antifaschistische Klausel 4, 14 – Art. 131 GG 11, 16 – Ausnahmeklausel 10 – Befreiungsgesetz 3, 5, 8, 11ff. – Besatzungsrecht 3, 5, 8f., 11f. – Entbürgerlichung 9 – Entnazifizierung 1, 3, 5, 10f., 13, 16 – Funktionseliten 1, 9, 12 – Garantiefunktion 12 – Grundrechtsexemtion 10, 12, 14 – Hochverrat 1 – Landesverfassungen 8f. – Leipziger Prozesse 2 – Lustration 1, 7 – Öffnungsklauseln 1 – Parlamentarischer Rat 4, 14 – Restitutionsausschlußfunktion 13 – Saarland 8, 11 – Salvatorische Klausel 1 – Unberührtbleiben 2, 12, 14 – Unionsrecht 6 – USA 1, 7 – verfassungswidriges Verfassungsrecht 15 – Vergangenheitsbewältigung 1, 11, 16 – Versailler Vertrag 2 – Völkerrecht 5 – Wehrhafte Demokratie 10, 16 – Weimarer Republik 1 – Wunsiedel-Rechtsprechung 4.

A. Herkunft, Entstehung, Entwicklung

I. Ideen- und verfassungsgeschichtliche Aspekte

1 Art. 139 GG stellt als »**salvatorische Klausel**«[1] Landesgesetze zur Entnazifizierung vom Anwendungsbereich des Grundgesetzes frei (→ Rn. 3). Die Norm reagiert damit auf eine historisch hochgradig kontingente Situation und schließt dazu unmittelbar an Vorläufer auf Landesebene an (→ Rn. 8), hat aber darüber hinaus weder eine Verfassungs- noch eine Ideengeschichte im engeren Sinne[2]. Hingegen blickt sie auf eine wenigstens doppelte **Problemgeschichte** zurück, adressiert sie doch zum einen die Aufgabe der rechts- oder verfassungsstaatlichen **Vergangenheitsbewältigung**, hier in Sonderheit der adäquaten Sanktionierung gravierenden Fehlverhaltens nach der Überwindung eines Unrechtsregimes (→ Rn. 2)[3]. Zum anderen wirft sie die Frage des Umgangs mit den **Funktionseliten** eines gestürzten Regimes resp. eines eroberten Territoriums auf. Letzterer erscheint in historischer Perspektive zunächst als typische Frage der Herrschaftspragmatik[4]. Genuin rechtlich gewendet wird sie erst unter den Vorzeichen moderner Verfassungsstaatlichkeit. Auf einer Makroebene finden sich hier zunächst Bestimmungen, die den ehemaligen Fürsten und seine Familie entweder verbannen oder gezielten Rechtsminderungen unterziehen (→ Art. 20 [Republik], Rn. 14). Die Erstrekkung auf die Mikroebene in Gestalt von solchen Regelungen, die entweder ausgewählte oder alle Funktionsträger eines überwundenen Herrschaftsapparats der Möglichkeit einer »Säuberung« unterwerfen, erfolgt nochmals später (Gleiches gilt für ihre inzwischen übliche Bezeichnung als »**Lustration**«[5]). Soweit ersichtlich, ist der erste Fall das

---

[1] *R. Herzog*, in: Maunz/Dürig, GG, Art. 139 (Erstb. 1981), Rn. 1.

[2] Unterstrichen von *C. Pawlita/F. Steinmeier*, DuR 8 (1980), 393 (393); *A. v. Campenhausen/P. Unruh*, in: v. Mangoldt/Klein/Starck, GG III, Art. 139 Rn. 1. → *Masing*, Bd. III², Art. 139 Rn. 4.

[3] Im ersten Zugriff nur *B. Pieroth*, Der Rechtsstaat und die Aufarbeitung der vor-rechtsstaatlichen Vergangenheit, VVDStRL 51 (1992), S. 91ff. sowie *H. Dreier*, Verfassungsstaatliche Vergangenheitsbewältigung, in: FS 50 Jahre BVerfG, Bd. I, 2001, S. 159ff.

[4] Die Resultate changieren zwischen der schlichten Übernahme eines Apparats und dem Versuch, ihn auszuschalten oder im schlimmsten Fall auszumerzen. Nach dem Sturz der napoleonischen Ordnung 1815 läßt etwa Bayern in der linksrheinischen Pfalz die Beamten im Amt, während Preußen in der Rheinprovinz zwar die Institutionen unangetastet läßt, das Personal aber unerbittlich austauscht (was Bayern dann 1832 nach dem Hambacher Fest nachholt): *H. Haan*, Jahrbuch für westdeutsche Landesgeschichte 2 (1976), 285 (290ff.); *M. Koltes*, Das Rheinland zwischen Frankreich und Preußen. Studien zu Kontinuität und Wandel am Beginn der preußischen Herrschaft (1814–1822), 1992, S. 153ff. sowie *E. Weis*, Montgelas, Bd. II, 2005, S. 716.

[5] Vgl. nur V. Dvořáková (Hrsg.), Lustration and consolidation of democracy and the rule of law in Central and Eastern Europe, Zagreb 2007 sowie (materialreich) *M. Ulla*, La lustration dans les États postcommunistes européens, Clermond-Ferrand 2014, S. 16ff. – Zum römischen Begriffsursprung

14. Amendment zur Verfassung der USA (1866)[6]; die Regelung steht erkennbar im Kontext der *reconstruction* nach dem Bürgerkrieg und motiviert ihren rigiden Zugriff auf die Amtsträger des Besiegten in der Sache durch den Vorwurf des Hochverrats[7]. Typisch für die deutsche Entwicklung sind eher **Öffnungsklauseln**, die den vorgefundenen Funktionären freistellen, den Dienst zu quittieren, wenn sich mit den neuen Verhältnissen nicht (durch Eidesleistung) arrangieren können oder wollen[8]. Den gleichen Weg wählt die **Weimarer Republik**, obwohl in der Nationalversammlung sehr wohl erwogen wird, Richter- wie Beamtenschaft *sub specie* Treue zur Republik zu durchkämmen[9]. In den in der Zwischenkriegszeit neu entstandenen Staaten in Ost- und Mitteleuropa vermischen sich hier Fragen der Staats- oder Verfassungstreue mit denen der **Volkszugehörigkeit**[10]. Negativvorlage des Art. 139 GG ist schließlich das notorische Gesetz zur Wiederherstellung des Berufsbeamtentums (→ Art. 33 Rn. 6)[11].

Der Versuch einer über schlichte Rache hinausreichenden genuin rechtlichen Sank- 2
tionierung des Fehlverhaltens zumindest ausgewählter Funktionsträger eines überwundenen Regimes wird erstmals mit dem **Versailler Vertrag** unternommen, nachdem zuvor sog. Amnestie- oder Oblivionsklauseln prägend für die Friedensverträge

---

nur *F. Mora*, Art. Lustrum, in: DNP 7 (1999), Sp. 522f.: Der Begriff *lustrum* bezeichnete namentlich die spezielle rituelle Reinigung im Anschluß an den *census*.

[6] Section 3 lautet: »Niemand soll Senator oder Abgeordneter im Kongreß oder Wahlmann für die Wahl des Präsidenten oder Vizepräsidenten sein oder irgendein bürgerliches oder militärisches Amt unter der Hoheit der Vereinigten Staaten oder eines Staates bekleiden, der, nachdem er als Mitglied des Kongresses oder als Amtsträger der Vereinigten Staaten oder als Mitglied der gesetzgebenden Körperschaft eines Staates oder als Amtsträger der vollziehenden oder richterlichen Gewalt eines Staates einen Eid auf die Einhaltung der Verfassung der Vereinigten Staaten geleistet hat, an einem Aufstand oder Aufruhr gegen sie teilgenommen oder ihre Feinde mit Rat oder Tat unterstützt hat.«

[7] Näher *K.T. Lash*, The Fourteenth Amendment and the Privileges and Immunities of American Citizenship, Cambridge 2014, S. 2ff.

[8] Sie finden sich beispielsweise nach den preußischen Annektionen des Jahres 1866 (betr. u.a. Hannover und Kurhessen); vgl. dazu das Patent wegen Besitznahme des vormaligen Königreichs Hannover v. 3.10.1866 (GS 1866, Nr. 6418 S. 691: »Wir werden [...] die Beamten, welche für Uns in Eid und Pflicht zu nehmen sind, bei vorausgesetzter treuer Verwaltung im Genusse ihrer Diensteinkünfte belassen.«). – Ähnlich ist das Vorgehen der deutschen Behörden im »Reichsland« Elsaß-Lothringen, vgl. *S.C. Preibusch*, Verfassungsentwicklungen im Reichsland Elsaß-Lothringen 1871–1918. Integration durch Verfassungsrecht?, 2006, S. 40ff.; instruktiv zu den Folgeproblemen der Übernahme französischer Funktionäre wie französischen Dienstrechts *O. Fischbach*, Das öffentliche Recht des Reichslandes Elsaß-Lothringen, 1914, S. 104ff.

[9] Gesetz, betreffend die Pensionierung von Reichsbeamten infolge der Umgestaltung des Staatswesens vom 12.9.1919 (RGBl. I S. 1654). – Allerdings bezog sich das Gesetz von vorneherein nur auf solche »Reichsbeamte, die mit der Wahrnehmung politischer Angelegenheiten betraut sind« (§ 1); die nähere Regelung, für welche Beamte die Vorschrift gelten sollte, war der Reichsregierung überlassen (§ 2). Als die entsprechende Regelung schließlich nach erheblichen Schwierigkeiten erlassen wurde, fiel sie – vornehmlich aus fiskalischen Erwägungen – vergleichsweise restriktiv aus, so daß zahlreiche Beamte nicht erfaßt waren; näher *J. Grotkopp*, Beamtentum und Staatsformwechsel. Die Auswirkungen der Staatsformwechsel von 1918, 1933 und 1945 auf das Beamtenrecht und die personelle Zusammensetzung der deutschen Beamtenschaft, 1992, S. 29ff. sowie zur Richterschaft (m.w.N.) *F. Wittreck*, Die Verwaltung der Dritten Gewalt, 2006, S. 54ff.

[10] Die Tschechoslowakei etwa ersetzt gezielt und zu Tausenden deutsche Richter und Beamte durch tschechische (nicht notwendig slowakische); zeitgenössisch zur »Deutsche[n] Juristennot in der tschechoslowakischen Republik« *H. Hackl*, JBl. 1921, 26ff.; aus der Rückschau *J.K. Hoensch*, Geschichte der Tschechoslowakei, 3. Aufl. 1992, S. 39.

[11] Vom 7.4.1933 (RGBl. I S. 175). Dazu nur *Grotkopp*, Beamtentum (Fn. 9), S. 105ff. sowie *H. Dreier*, Die deutsche Staatsrechtslehre in der Zeit des Nationalsozialismus, VVDStRL 60 (2001), S. 9ff. (15ff.).

des Westfälischen Zeitalters waren[12]. Die Siegermächte des Ersten Weltkriegs legen hier in Art. 227–230 des Vertrages die Grundlage für eine strafrechtliche Verfolgung des Deutschen Kaisers sowie weiterer Kriegsverbrecher[13]; wie die Entnazifizierung nach 1945 wird diese Strafverfolgung aber letztlich in deutsche Hände gegeben und dort in Gestalt der **Leipziger Prozesse** regelrecht entsorgt[14]. Rein regelungstechnisch besteht hier insofern ein Zusammenhang zu Art. 139 GG, als der Versailler Vertrag nach **Art. 178 II 2 WRV** durch die Bestimmungen der Reichsverfassung »nicht berührt« wurde.

3 Den konkreten historischen Kontext des Art. 139 GG markieren vor diesem Hintergrund die Versuche der alliierten Besatzungsmächte, die **Entnazifizierung** der deutschen Bevölkerung (oder zumindest der deutschen Funktionseliten) sowie die **Bestrafung** der Hauptkriegsverbrecher in eigener Regie vorzunehmen[15]. Bekanntlich scheitert dieses Unterfangen nicht zuletzt an miteinander unvereinbaren Vorstellungen der Alliierten über den Ansatz wie den Zweck der Entnazifizierung[16]. Dieser Dissens dokumentiert sich auch in der Durchsetzung der beiden zentralen **Kontrollratsdirektiven Nr. 24** und **38**[17]. Art. 139 GG rekurriert ersichtlich auf die besonders prominente Umsetzung dieser Richtlinien in der US-amerikanischen Besatzungszone in Gestalt des »**Gesetz**[es] **zur Befreiung von Nationalsozialismus und Militarismus**«[18]. Neben der geläufigen Einteilung in die fünf Verantwortungskategorien von »Hauptschuldiger« (I) bis »Entlasteter« (V; vgl. Art. 4 Befreiungsgesetz) sieht es einschneidende **Sühnemaßnahmen** vor (Art. 14ff. Befreiungsgesetz)[19]. Der Katalog der zu Lasten der

---

[12] Vgl. Art. II IPO (»oblivio et amnestia«) und dazu knapp *K.-H. Ziegler*, Völkerrechtsgeschichte, 1994, S. 135.

[13] Siehe zur Einordnung nur *C. Kreß*, JZ 2006, 981 (981ff.).

[14] Näher *G. Hankel*, Die Leipziger Prozesse, 2003; zeitgen. *W. Hofacker*, ZStW 43 (1922), 649ff.

[15] Neuere Zusammenfassungen aus der längst unüberschaubaren Literatur *P. Biddiscombe*, The Denazification of Germany: A History 1945–1950, Stroud 2007 sowie *F. Taylor*, Exorcising Hitler: The Occupation and Denazification of Germany, New York u.a. 2012; klassisch *O. Bachof*, Die »Entnazifizierung« (1969), in: ders., Wege zum Rechtsstaat, 1979, S. 278ff. sowie *J. Fürstenau*, Entnazifizierung. Ein Kapitel deutscher Nachkriegspolitik, 1969.

[16] Kompakt *Dreier*, Vergangenheitsbewältigung (Fn. 3), S. 165ff.; ausführlich *A. Weinke*, Die Verfolgung von NS-Tätern im geteilten Deutschland. Vergangenheitsbewältigungen 1949–1969 oder: Eine deutsch-deutsche Beziehungsgeschichte im Kalten Krieg, 2002, S. 26ff. → *Masing*, Bd. III², Art. 139 Rn. 6f.

[17] Direktive Nr. 24 v. 12.1.1946 (Entfernung von Nationalsozialisten und Personen, die den Bestrebungen der Alliierten feindlich gegenüberstehen, aus Ämtern und verantwortlichen Stellungen), Amtsblatt des Kontrollrats in Deutschland 1945–1948, Nr. 5, S. 98; Direktive Nr. 38 v. 12.10.1946 (Verhaftung und Bestrafung von Kriegsverbrechern, Nationalsozialisten und Militaristen und Internierung, Kontrolle und Überwachung von möglicherweise gefährlichen Deutschen), Amtsblatt Nr. 11, S. 184. Vgl. dazu aus der zeitgenössischen Literatur *H. Ehard*, SJZ 1946, 7ff.; *Löschhorn*, SJZ 1946, 111ff.; *Welppert*, SJZ 1946, 189f.

[18] Beschluß des Länderrats des amerikanischen Besatzungsgebiets v. 5.3.1946 (Sammlung der Länderratsgesetze S. 95; vgl. etwa auch BayGVBl. 1946, S. 145 oder HessGVBl. 1946, S. 57); zu den Bestimmungen in Bremen näher *T. Spitta*, Kommentar zur Bremischen Verfassung von 1947, 1960, Anm. zu Art. 154 (S. 269); zusammenfassend *M. Herdegen*, in: Maunz/Dürig, GG, Art. 139 (Zweitb. 2011), Rn. 7. – Vgl. aus der zeitgenössischen Kommentarliteratur *H. Burneleit*, Gesetz zur Befreiung von Nationalsozialismus und Militarismus, o.J. [1946]; *E. Schullze*, Gesetz zur Befreiung von Nationalsozialismus und Militarismus (1946), 3. Aufl. 1948; *J. Priese/K. Pokorny*, Kommentar zum Gesetz zur Befreiung von Nationalsozialismus und Militarismus, 3 Bde., 1946; *K. Pokorny*, Kommentar zum Gesetz zur Befreiung von Nationalsozialismus und Militarismus, 2 Bde., 1947; *R. Scheerbarth*, Kommentar zum Gesetz zur Befreiung von Nationalsozialismus und Militarismus, 1947; *[E.] Jess*, in: BK, Art. 139 (Erstb. 1954), Anm. II.2. – In der Rückschau *F. Ostler*, NJW 1996, 821ff.

[19] Siehe dazu zeitgen. *H. Trojan/K. Hintze*, Beschäftigungsverbot, Vermögenssperre und Sühne-

Hauptschuldigen zulässigen Sanktionen (Art. 15 Nr. 1–9 Befreiungsgesetz) reicht vom Aufenthalt im Arbeitslager (Nr. 1) über den Verlust des aktiven wie passiven Wahlrechts (Nr. 3 u. 5) sowie wirtschaftliche Einbußen (Nr. 2, 4 u. 9) bis hin zu Einschränkungen u. a. der Vereinigungs- und Berufsfreiheit sowie der Freizügigkeit (Nr. 6, 7 u. 8); er weist mit Händen zu greifende Grundrechtsrelevanz auf. Gleiches gilt für seine funktionalen Äquivalente in den übrigen (westlichen) Besatzungszonen[20].

II. Entstehung und Veränderung der Norm

Die Entstehungsgeschichte des Art. 139 GG[21] liefert durchaus Hinweise für seine gegenwärtige Deutung (→ Rn. 11ff.). Die erste Fassung der Norm findet sich in Art. 146 HChE[22]; der Entwurf enthält bereits den Kern der späteren Regelung (mitsamt der von Art. 184 BayVerf. entlehnten Wendung »werden [...] nicht berührt«; → Rn. 8, 12), kombiniert diese aber noch mit Elementen aus anderen Landesverfassungen (→ Rn. 8)[23]: Erstens die Option, auf die Ausnahmevorschrift noch den Erlaß weiterer Gesetze zu stützen, und zweitens eine ausdrückliche Fristsetzung für das Außerkrafttreten. Beide entfallen im Verlauf der Beratungen, die vor allem im Organisationsausschuß stattfinden. Schon in der ersten Sitzung fällt der Passus »und noch ergehenden«; hier besteht offenbar Konsens, daß **keine »Blankovollmacht«**[24] geschaffen werden sollte, was aussagekräftig für die bewußt nicht zukunftsgerichtete Stoßrichtung der Norm ist (→ Rn. 11)[25]. Die in der gleichen Sitzung erfolgte Streichung der Frist in Abs. 2 wird ebenfalls damit motiviert, daß sie den Anschein der Möglichkeit erweckt, weitere Bestimmungen zu erlassen[26]. Anschließend erfolgen noch zwei Vorstöße, die Bestimmung ganz zu streichen; beide stoßen auf den Einwand, daß die Entnazifizierungsregeln offensichtlich im Konflikt mit den Grundrechten stünden[27]. Im Hauptausschuß 4

maßnahmen nach dem Gesetz zur Befreiung von Nationalsozialismus und Militarismus vom 5. März 1946: Kommentar für die Praxis, 1947; *R. Metzger*, Der Rechtscharakter der Sühnemaßnahmen des in der amerikanischen Zone erlassenen Gesetzes zur Befreiung von Nationalsozialismus und Militarismus, Diss. jur. Bonn 1951; *E. Schweckendiek*, Die Rechtsnatur der Sühnemaßnahmen nach dem Gesetz zur Befreiung von Nationalsozialismus und Militarismus vom 5. März 1946, 1953.

[20] Näher zur französischen Besatzungszone *R. Möhler*, Entnazifizierung in Rheinland-Pfalz und im Saarland unter französischer Besatzung von 1945 bis 1952, 1992, S. 54ff.; zur britischen *H. Wember*, Umerziehung im Lager. Internierung und Bestrafung von Nationalsozialisten in der britischen Besatzungszone Deutschlands, 3. Aufl. 2007, S. 276ff.

[21] Im ersten Zugriff JöR 1 (1951), S. 897ff.; vgl. ferner *Jess* (Fn. 18), Art. 139 Anm. I; *D. Deiseroth*, in: Umbach/Clemens, GG, Art. 139 Rn. 1ff.; *W. Höfling/C. Burkiczak*, in: Friauf/Höfling, GG, Art. 139 (2007), Rn. 5; *Herdegen* (Fn. 18), Art. 139 Rn. 5f.; *M. Sachs*, in: Sachs, GG, Art. 139 Rn. 2f.; Entwurfsfassungen in Parl. Rat VII, S. 82f., 128f., 194f., 284f., 387f., 438f., 568f., 607f., 648f.

[22] Parl. Rat II, S. 586f.: »(1) Die zur Befreiung des deutschen Volkes von Nationalsozialismus und Militarismus erlassenen und noch ergehenden Rechtsvorschriften werden von den Bestimmungen dieses Grundgesetzes nicht berührt. (2) Dieser Artikel und die durch ihn für zulässig erklärten Rechtsvorschriften treten am … außer Kraft.«

[23] Soweit ersichtlich, orientiert sich Abs. 2 an Art. 154 II BremVerf., während Abs. 1 die meiste Ähnlichkeit mit Art. 158 HessVerf. aufweist.

[24] Abg. *Lehr* (CDU); vgl. JöR 1 (1951), S. 898 bzw. Parl. Rat XIII/1, S. 634.

[25] Allerdings bleibt in einer späteren Sitzung der Hinweis des Abg. *Zinn* (SPD) unwidersprochen, die aus einzelnen Ländern zu verzeichnenden Folge- und Korrekturgesetze zu den Befreiungsgesetzen seien unschädlich, da sie nicht mit dem Grundgesetz kollidierten: JöR 1 (1951), S. 899 sowie Parl. Rat XIV/2, S. 1238.

[26] Parl. Rat XIII/1, S. 684.

[27] Erneut im Organisationsausschuß; vgl. Parl. Rat XIII/2, S. 953f. sowie S. 1128f.

scheitern zuletzt zwei Anträge des Abg. Seebohm, »Befreiung« durch »Beseitigung« zu ersetzen[28]. Hingegen setzt sich im Plenum der Abg. Heuss mit dem Antrag durch, die in Bezug genommenen Bestimmungen zum Zwecke der Klarstellung in Anführungszeichen zu setzen[29]. Art. 139 GG ist seit 1949 **unverändert** geblieben[30], doch lassen sich Versuche verzeichnen, der Bestimmung neue Bedeutungsgehalte zuzuschreiben (→ Rn. 14). Deren Scheitern war ein Motiv für den Versuch, an anderer Stelle der Verfassung eine »antifaschistische Klausel« vorzusehen[31]. Ihre Funktion erfüllt nunmehr in der Sache die **Wunsiedel-Judikatur**[32].

B. Internationale und rechtsvergleichende Bezüge

I. Völker- und unionsrechtliche Bezüge

5 Art. 139 GG weist insofern völkerrechtlichen Bezug auf, als die Norm Landesgesetze schützt, die ihrerseits besatzungsrechtlich induziert sind bzw. an besatzungsrechtliche Vorgaben zur Entnazifizierung anschließen (→ Rn. 3). Ob diese ihrerseits den **völkerrechtlichen Grenzen einer militärischen Besatzung** genügt haben[33], wurde zeitgenössisch intensiv diskutiert[34], dürfte heute aber nur noch von historischem Wert sein. Sofern die Entnazifizierung nicht allein dem Zweck diente, Sympathisanten des Nationalsozialismus/Militarismus aus dem öffentlichen, wirtschaftlichen und kulturellen Leben auszuschließen (vgl. Art. 1 I Befreiungsgesetz), sondern auch die Verhängung von Sanktionen inbegriff (»Sühnemaßnahmen«), steht sie (mit) am Beginn einer Traditionslinie, die das Völkerrecht stärker in die Pflicht nimmt, auf gravierende Rechtsverletzungen auch strafend gegenüber dem verantwortlichen Individuum zu reagieren[35].

6 Art. 139 GG ist in Ansehung des Unionsrechts **indifferent**; weder empfängt die Bestimmung normative Impulse unionsrechtlicher Natur, noch steht sie in Konflikt mit dessen Vorgaben. Sofern die Norm heute noch rechtliche Relevanz entfaltet (→ Rn. 13), könnte sie Entnazifizierungsmaßnahmen allerdings nicht gegen den Vorwurf der Unionsrechtswidrigkeit in Schutz nehmen[36].

---

28 Vgl. JöR 1 (1951), S. 899 sowie Parl. Rat XIV/2, S. 1825.

29 JöR 1 (1951), S. 899 sowie Parl. Rat IX, S. 599ff. Kritisch *K.-H. Ladeur*, in: AK-GG, Art. 139 (2001), Rn. 1, der darin neben der Präzisierung auch eine »politische Distanzierung von der Entnazifizierung« sieht.

30 Für ihre Streichung optiert *P. Austermann*, DÖV 2012, 227 (231).

31 Vgl. den Entwurf eines Gesetzes zur Änderung des Grundgesetzes, BT-Drs. 14/5127; dazu kritisch *M. Brenner*, ThürVBl. 2003, 241ff. → *Masing*, Bd. III², Art. 139 Rn. 8 m. Fn. 35.

32 Wenn auch *protestando facto contraria*: lies BVerfGE 124, 300 (328, Rn. 65; 330, Rn. 67). Eingehende Kritik bei *T. Fohrbeck*, Wunsiedel: Billigung, Verherrlichung, Rechtfertigung, 2015, S. 310ff.

33 Näher dazu nur *E. Benveniśtî*, The international law of occupation, 2. Aufl. Oxford 2012 sowie *M. Bothe*, Friedenssicherung und Kriegsrecht, in: W. Vitzthum/A. Proelß (Hrsg.), Völkerrecht, 7. Aufl. 2016, Abschnitt VIII Rn. 82.

34 Siehe nur *E. Friesenhahn*, Die völkerrechtliche und staatsrechtliche Lage Deutschlands, in: H. Wandersleb (Hrsg.), Recht – Staat – Wirtschaft, Bd. 1, 1949, S. 34ff. (51ff.) sowie *F. Klein*, Neues Deutsches Verfassungsrecht, 1949, S. 26ff.

35 Zu Stand und Perspektiven des Völkerstrafrechts nur *B. Weißer*, GA 159 (2012), 416ff. sowie jetzt *C. Mikyska*, Aufarbeitung von Systemunrecht in Europa, 2016, S. 383ff.

36 Andeutungsweise *Sachs* (Fn. 21), Art. 139 Rn. 13 a. E.

II. Verfassungsvergleich

1. Internationale Ebene

Unmittelbare Entsprechungen zu Art. 139 GG sind im internationalen Verfassungsvergleich nicht zu verzeichnen. Auf den 14. Verfassungszusatz in den USA ist schon hingewiesen worden (→ Rn. 1). Eher marginale Überschneidungen mit Art. 139 GG weisen ferner solche Bestimmungen auf, die zum Schutz des republikanischen Prinzips die Rechte der Angehörigen ehemaliger Herrscherhäuser mindern (→ Art. 20 [Republik], Rn. 14)[37]. Zuletzt finden sich in Staaten, die entweder nach dem Zweiten Weltkrieg oder später faschistische resp. kommunistische Diktaturen überwunden haben, höchst vereinzelt **Regeln**, die **zu Lasten von Anhängern oder Funktionären des Vorgängerregimes** Rechtsminderungen zulassen; das gilt für Italien[38]; Polen verbietet entsprechende Parteien (Art. 13 Verf.; → Art. 21 Rn. 16), während sich Ungarn eher rhetorisch gegen den Kommunismus verwahrt[39]. Gerade in Mittel- und Osteuropa wird das Problem der Lustration aber ganz überwiegend auf der Ebene des einfachen Gesetzes verortet[40]; dessen verfassungsrechtliche Exemtion nach dem Muster von Art. 139 GG findet soweit ersichtlich nirgends statt. 7

2. Deutsche Landesverfassungen

Wie dargelegt, sucht Art. 139 GG auch normtextlich engen Anschluß an Bestimmungen der vorgrundgesetzlichen **Landesverfassungen**, die namentlich in der amerikanischen und französischen Besatzungszone vorsehen, daß die Gesetze zur Entnazifizierung von ihnen nicht erfaßt werden[41]. Dabei lassen sich leichte Abweichungen *in puncto* Regelungstechnik und -gehalt beobachten. Eine Reihe von Ländern sieht zum einen die zeitliche Terminierung der Ausnahmebestimmungen vor, die sich auf Bundesebene gerade nicht durchsetzen kann (→ Rn. 4)[42]. Ferner wird der enge Bezug auf die »Befreiungsgesetze« (→ Rn. 3) aufgebrochen und zumindest die Möglichkeit weiterer verfassungsexemter Gesetze zur Beseitigung der Folgen der NS-Herrschaft postuliert[43]. Vereinzelt begegnet der explizite Ausschluß von Rechtsschutzgarantien[44]; 8

---

[37] Näher m. w. N. *F. Wittreck*, »Republik« als verfassungsunmittelbare Grundrechtsschranke?, in: GedS Blumenwitz, 2008, S. 881ff. (883ff.).

[38] Hier verbietet die XII. Übergangsbestimmung die Neugründung der faschistischen Partei (Abs. 1) und erlaubt für fünf Jahre die Beschränkung des Wahlrechts ihrer ehemaligen Funktionäre (Abs. 2).

[39] Vgl. das der Verf. von 2011 vorangestellte »Nationale Bekenntnis« (Absätze 19 u. 20).

[40] Näher *Ulla*, Lustration (Fn. 5), S. 64ff. sowie nochmals *Mikyska*, Aufarbeitung (Fn. 35), S. 334ff.

[41] Zusammenfassend *Deiseroth* (Fn. 21), Art. 139 Rn. 3 sowie *Höfling/Burkiczak* (Fn. 21), Art. 139 Rn. 4.

[42] So Art. 104 S. 2 Württ.-BadVerf. (1.1.1949); Art. 128 S. 1 BadVerf. (31.12.1948); Art. 124 S. 2 Württ.-HohenzVerf. (31.12.1948); Art. 140 Rheinl.-PfalzVerf. (1.1.1949, verlängert bis 1.1.1950); Art. 154 II BremVerf. (31.12.1948); Art. 158 HessVerf. (1.1.1949).

[43] So Art. 104 S. 1 Württ.-BadVerf.; Art. 128 S. 1 BadVerf.; Art. 124 S. 1 Württ.-HohenzVerf.; Art. 184 BayVerf.; Art. 154 I BremVerf. sowie Art. 158 HessVerf. – Aus der Literatur nur *J. F. Lindner*, in: J.F. Lindner/M. Möstl/H.A. Wolff, Verfassung des Freistaates Bayern, 2009, Art. 184 Rn. 1; vgl. auch BayVerfGHE 2, 14 (Ls. 2).

[44] So Art. 128 S. 2 u. 3 BadVerf.

normtextlich variant formulieren Bremen[45], Hessen[46], Rheinland-Pfalz[47] sowie (bis 1958[48]) das Saarland[49]. Unter den nachgrundgesetzlichen Landesverfassungen übernimmt nur Berlin eine vergleichbare Klausel (Art. 86 Verf. 1950; wiederum in Richtung der »Folgen« erweitert) und erhält sie auch in der geltenden Verfassung von 1995 aufrecht (Art. 98 BerlVerf.)[50]. Hessen erkennt mit wenigstens teilweise dem Art. 139 GG vergleichbarer Stoßrichtung noch den Vorrang des Besatzungsrechts an (Art. 159 HessVerf.; → Rn. 11). Mit Art. 139 GG stehen die genannten Bestimmungen nicht in Konflikt[51]; sofern sie weiter gefaßt sind, könnten sie entsprechende Gesetze zur Aufarbeitung von NS-Unrecht aber nur gegen die Landesverfassung in Schutz nehmen, nicht gegen das Grundgesetz[52].

9 Einen eigenen Zugriff auf das Problem der Entnazifizierung wählen die **ostdeutschen Landesverfassungen**[53]. Sie formulieren das Ziel der Entfernung von NS-Funktionseliten positiv und verknüpfen es mit konkreten Rechtsminderungen[54]. Die entsprechenden Bestimmungen (Art. 8 II BrandenbVerf.; Art. 7 II MecklenbVerf.; Art. 8 III

---

[45] Vgl. Art. 154 I BremVerf.: »Zur Befreiung des deutschen Volkes vom Nationalsozialismus und Militarismus und zur Beseitigung ihrer Folgen werden während einer Übergangszeit durch Gesetz Rechtsvorschriften erlassen, die von den Bestimmungen der Verfassung abweichen«. Näher dazu *C. Maierhöfer*, in: A. Fischer-Lescano u. a. (Hrsg.), Verfassung der freien Hansestadt Bremen. Handkommentar, 2016, Art. 154 Rn. 2ff.

[46] Vgl. Art. 158 HessVerf.: »Die verfassungsmäßigen Freiheiten und Rechte können nicht den Bestimmungen entgegengehalten werden, die ergangen sind oder vor dem 1. Januar 1949 noch ergehen werden, um den Nationalsozialismus und den Militarismus zu überwinden und das von ihm verschuldete Unrecht wiedergutzumachen«.

[47] Vgl. Art. 140 Rheinl.-PfalzVerf.: »Die verfassungsmäßig anerkannten Freiheiten und Rechte können nicht den Bestimmungen entgegengehalten werden, die ergangen sind oder vor dem 1. Januar 1949 noch ergehen werden, um den Nationalsozialismus und den Militarismus zu überwinden und das von ihm verschuldete Unrecht wiedergutzumachen.« – Vgl. dazu wie zur Änderung *A. Süsterhenn/H. Schäfer*, Kommentar der Verfassung für Rheinland-Pfalz, 1950, Art. 140 Anm. 3 (S. 488).

[48] Änderungsgesetz v. 1.7.1958 (ABl. S. 735). In der Literatur taucht mehrfach fälschlich 1979 auf, so bei *v. Campenhausen/Unruh* (Fn. 2), Art. 139 vor Rn. 1 oder *Höfling/Burkiczak* (Fn. 21), Art. 139 Rn. 4 m. Fn. 7.

[49] Art. 130 SaarlVerf. lautete: »Die verfassungsmäßigen Freiheiten und Rechte können nicht Bestimmungen zur Überwindung von Nationalsozialismus und Militarismus zur Wiedergutmachung des von ihnen verschuldeten Unrechts entgegengehalten werden.« Näher dazu *R. Schranil*, Verfassung des Saarlandes mit Kommentar, o.J. [1952], S. 187f.

[50] Für obsolet hält die Bestimmung *H.-J. Driehaus*, in: ders. u.a. (Hrsg.), Verfassung von Berlin, 3. Aufl. 2009, Art. 98 Anm. (S. 505).

[51] Unscharf *C. Vedder/S. Lorenzmeier*, in: v. Münch/Kunig, GG II, Art. 139 Rn. 15.

[52] Ebenfalls unscharf *v. Campenhausen/Unruh* (Fn. 2), Art. 139 Rn. 2, wonach Art. 139 GG Abweichungen von den Landesverfassungen erlauben soll.

[53] Zusammenfassend aus der zeitgen. Binnensicht *K. Schultes*, Der Aufbau der Länderverfassungen in der sowjetischen Besatzungszone, 1948, S. 13, 39f. Näher *G. Braas*, Die Entstehung der Länderverfassungen in der Sowjetischen Besatzungszone Deutschlands 1946/47, 1987, S. 130ff. sowie *J. Frackowiak*, Soziale Demokratie als Ideal, 2005, S. 241ff., der Versuche der bürgerlichen Parteien schildert, die Rechtsminderung nicht *ipso facto* eintreten zu lassen.

[54] Vgl. Art. 8 II BrandenbVerf. 1947: »Personen, die militaristische oder nationalsozialistische Auffassungen verbreiten oder unterstützen, sind aus dem öffentlichen Dienst zu entfernen. Sie dürfen leitende Stellungen im wirtschaftlichen oder kulturellen Leben nicht bekleiden. Das Wahlrecht kann ihnen entzogen werden.« Mit vergleichbarer Stoßrichtung noch Art. 4 I BrandenbVerf. 1947: Vorbehalt der Aberkennung der staatsbürgerlichen Rechte.

SächsVerf.[55]; Art. 8 Nr. 3 Sachs.-AnhVerf.[56]; Art. 5, 6 S. 2–4 ThürVerf.[57]) bewegen sich dem Wortlaut nach noch im Rahmen des (gemeinsamen) Besatzungsrechts, lassen aber nicht zuletzt in ihrer ganzen terminologischen Vagheit das Umschlagen der Entnazifizierung in eine gezielte **Entbürgerlichung** der ostdeutschen Gesellschaft erahnen[58]. Gleiches gilt für die Entsprechung zu Art. 139 GG auf Zentralebene (Art. 144 II DDRVerf. 1949[59]).

C. Erläuterungen

I. Allgemeine Bedeutung

10 Art. 139 GG gilt nach heute fast einhelliger Auffassung als entweder weitgehend oder völlig **obsolet**[60]. Hingegen ist die historische Bedeutung der Norm nicht zu unterschätzen: Mit der anfangs breit angelegten Entnazifizierung stellt sie im Interesse der Überwindung des Nationalsozialismus ein staatliches **Massengeschäft** insbesondere **grundrechtsexemt** und nimmt somit zentrale Freiheitsverheißungen der neuen Verfassung nicht nur punktuell, sondern mit potentieller Breitenwirkung zurück[61]. Zugleich unterstreicht die bewußt eng gefaßte Ausnahmeklausel im Umkehrschluß, daß sich der freiheitliche Verfassungsstaat auch von seinen Feinden beim Wort nehmen läßt, indem er ihnen jenseits des Art. 139 GG (und der Bestimmungen zur »wehrhaften Demokratie«; → Rn. 16) gerade *kein* Sonderrecht auferlegt[62].

II. Anwendungsbereich und verbleibende Relevanz

11 Art. 139 GG erfaßt aus dem Gesamtensemble derjenigen Bestimmungen, die in Reaktion auf die NS-Terrorherrschaft Unrecht entweder ahnden oder wiedergutmachen

---

[55] Vgl. daneben noch die in Art. 66 S. 2 SächsVerf. 1947 enthaltene Ausnahme zum Rückwirkungsverbot: »Das soll jedoch nicht Maßnahmen und die Anwendung von Bestimmungen hindern, die zur Überwindung des Nazismus, des Faschismus und des Militarismus getroffen werden oder die zur Ahndung von Verbrechen gegen die Menschlichkeit notwendig sind.«

[56] Vgl. Art. 16 Nr. 1 Sachs.-AnhVerf. 1947 mit der gleichsinnigen Einschränkung der Vereinigungsfreiheit.

[57] Art. 6 S. 2 ThürVerf. 1946 erfordert zusätzlich noch eine Störung des inneren oder äußeren Friedens.

[58] Instruktiv zu »Kontinuitätslinien der politischen Säuberung in der SBZ/DDR« *M. Boldorf*, HZ 289 (2009), 287ff.

[59] »Die verfassungsmäßigen Freiheiten und Rechte können nicht den Bestimmungen entgegengehalten werden, die ergangen sind und noch ergehen werden, um den Nationalsozialismus und Militarismus zu überwinden und das von ihnen verschuldete Unrecht wiedergutzumachen«.

[60] Völlig obsolet: *Herzog* (Fn. 1), Art. 139 vor Rn. 1; *Höfling/Burkiczak* (Fn. 21), Art. 139 Rn. 1, 7, 12; *Herdegen* (Fn. 18), Art. 139 Rn. 8; *Vedder/Lorenzmeier* (Fn. 51), Art. 139 Rn. 5; »nahezu obsolet«: *R. Sannwald*, in: Schmidt-Bleibtreu/Hofmann/Henneke, GG, Art. 139 Rn. 2. Für Restbestände an Relevanz *U. Battis/K.J. Grigoleit*, NVwZ 2001, 121 (124f.), die insoweit etwa auf das Unterlassen des verfassungsändernden Gesetzgebers, die Norm zu tilgen, verweisen, sowie *Jarass*/Pieroth, GG, Art. 139 Rn. 1.

[61] Zeitbedingt polemisch *Jess* (Fn. 18), Art. 139 Anm. II.1: »Sanktionierung revolutionärer Eingriffe« sowie *H.P. Ipsen*, Enteignung und Sozialisierung, VVDStRL 10 (1952), S. 74ff. (81f.): »[V]erfassungsmäßige[r] ›Entwährung‹ (L. v. Stein) erworbener Rechte«.

[62] Gleichsinnig im Anschluß an BVerfGE 63, 266 (305) – *Sondervotum Simon* etwa *Deiseroth* (Fn. 21), Art. 139 Rn. 27; *Höfling/Burkiczak* (Fn. 21), Art. 139 Rn. 16; *Sachs* (Fn. 21), Art. 139 Rn. 5; den Ausnahmecharakter der Norm betont wiederum BVerfGE 124, 300 (330, Rn. 67).

sowie eine Wiederkehr des Regimes verhindern wollen, lediglich einen **Ausschnitt**. Regelungsgegenstand ist nur das **Entnazifizierungsrecht im engeren Sinne**[63], also solches Recht, das (1.) vor Erlaß des Grundgesetzes[64], (2.) von deutschen Stellen und (3.) mit dem von Kontrollratsdirektiven Nr. 24 und 38 vorgegebenen Ziel erlassen wurde, NS-Sympathisanten aus dem öffentlichen, kulturellen und wirtschaftlichen Leben auszuschließen. Kerngegenstand ist das in der US-Zone erlassene Befreiungsgesetz (→ Rn. 3; dieses mitsamt seiner Änderungs- oder Ausführungsgesetze resp. -verordnungen[65]). Ebenfalls erfaßt sind dessen weniger prominente Gegenstücke in der britischen oder französischen Zone bzw. im Saarland[66]. Hingegen fallen aus dem Anwendungsbereich heraus die deutscher Staatsgewalt entzogenen **Gesetze** und Direktiven **des Alliierten Kontrollrats** selbst[67] (wobei Art. 139 GG durchaus als Indiz dafür gelten kann, daß das Grundgesetz deren »Nichtberührtwerden« stillschweigend voraussetzt) sowie alle übrigen deutschen Rechtsnormen, die sich der Wiedergutmachung oder Ahndung nationalsozialistischen Unrechts widmen. Das hat die Rechtsprechung explizit festgestellt für das Hessische Gesetz zur Ahndung nationalsozialistischer Straftaten[68] sowie das Gesetz zu Art. 131 GG (→ Art. 131 Rn. 7)[69].

12 Die charakteristische Wendung, daß die in Bezug genommenen Normen »von den Bestimmungen dieses Grundgesetzes **nicht berührt** werden«, führt rechtstechnisch dazu, daß das »Befreiungsgesetz« und seine Parallelvorschriften trotz ihrer vom Verfassunggeber angenommenen Unvereinbarkeit mit dem Grundgesetz (in Sonderheit den Beamten- und Grundrechten) fortgelten konnten[70]. Das schloß zunächst nach richtiger Auffassung verfassungsgerichtlichen **Rechtsschutz** gegen die von Art. 139 GG erfaßten Gesetze als solche aus[71]. Ob damit zugleich die *Anwendung* der Gesetze jeglicher Grundrechtsprüfung im Wege der Verfassungsbeschwerde entzogen war[72], dürfte differenziert zu betrachten sein. Denn die Rüge der gleichheitswidrigen oder

---

[63] Wie hier *Deiseroth* (Fn. 21), Art. 139 Rn. 6ff.; *Höfling/Burkiczak* (Fn. 21), Art. 139 Rn. 7; *Herdegen* (Fn. 18), Art. 139 Rn. 7; *Vedder/Lorenzmeier* (Fn. 51), Art. 139 Rn. 3; *Sachs* (Fn. 21), Art. 139 Rn. 7f. → *Masing*, Bd. III^2, Art. 139 Rn. 6.

[64] A.A. in bezug auf die vergleichbare Vorschrift des Art. 184 BayVerf. etwa BayVerfGH GVBl. 1949, 230 (232): »Art. 184 BV hält nicht nur die der Verfassung widersprechenden bereits bestehenden Gesetze aufrecht, sondern deckt auch den Erlaß neuer Gesetze auf diesem Gebiet«, und zwar solange, wie »die politische Lage, für die Art. 184 BV bestimmt ist, noch nicht ihr Ende gefunden hat«; ebenso im Anschluß an die Rechtsprechung des BayVerfGH *H. Händl*, Der Artikel 184 Bayerische Verfassung und die Rechtsprechung des Bayerischen Verfassungsgerichtshofes, Diss. jur. München 1952, S. 2, 13 und 23ff. sowie *W. Brechmann*, in: T. Meder/W. Brechmann (Hrsg.), Die Verfassung des Freistaates Bayern, 5. Aufl. 2014, Art. 184 Rn. 1. Wie hier *Sannwald* (Fn. 60), Art. 139 Rn. 4 sowie *Sachs* (Fn. 21), Art. 139 Rn. 6.

[65] Detaillierte Auflistung bei *Jess* (Fn. 18), Art. 139 Anm. IV.b.

[66] Näher *Schranil* (Fn. 49), Art. 130 Anm. 3 (S. 187f.) sowie *Süsterhenn/Schäfer* (Fn. 47), Art. 140 Anm. 4 (S. 489).

[67] So auch *G. Lübbe-Wolff*, NJW 1988, 1289 (1292f.); *Deiseroth* (Fn. 21), Art. 139 Rn. 6; *Höfling/Burkiczak* (Fn. 21), Art. 139 Rn. 9; *Herdegen* (Fn. 18), Art. 139 Rn. 9; *Vedder/Lorenzmeier* (Fn. 51), Art. 139 Rn. 4; Gegenauffassung bei *Sachs* (Fn. 21), Art. 139 Rn. 6, 9.

[68] BVerfGE 1, 418 (424); BGH (Gutachten), NJW 1954, 225 (228); *Deiseroth* (Fn. 21), Art. 139 Rn. 12.

[69] BVerfGE 3, 58 (151); BGH (Gutachten), NJW 1954, 225 (228); aus der Literatur *Sannwald* (Fn. 60), Art. 139 Rn. 6.

[70] Wie hier nur *Deiseroth* (Fn. 21), Art. 139 Rn. 15; *Herdegen* (Fn. 18), Art. 139 Rn. 10 sowie *Sachs* (Fn. 21), Art. 139 Rn. 11.

[71] Pointiert BVerfGE 1, 5 (7). Zustimmend etwa *Höfling/Burkiczak* (Fn. 21), Art. 139 Rn. 10; *Vedder/Lorenzmeier* (Fn. 51), Art. 139 Rn. 8 sowie *Sachs* (Fn. 21), Art. 139 Rn. 10.

[72] So nochmals BVerfGE 1, 5 (7): »Der Verfassungsrechtsweg ist für Eingriffe auf Grund dieser

gar willkürlichen Anwendung der Entnazifizierungsvorschriften wendet sich nicht gegen das besatzungsrechtlich induzierte Gesetz und seine Wertentscheidung zur »Säuberung« der Funktionseliten, sondern gegen den behördlichen oder gerichtlichen Vollzug, der genauso fehlsam sein kann wie jedes andere Masseverfahren[73]. Hingegen enthielt Art. 139 GG weder eine **Garantie** zugunsten des Fortbestehens der in der Norm konkret in Bezug genommenen Normen (→ Rn. 3)[74] noch eine solche des hinter ihm stehenden Besatzungsrechts (→ Rn. 5). Er stand damit der Abschaffung der »Befreiungsgesetze« ebensowenig entgegen wie der sukzessiven Aufhebung des Besatzungsrechts[75]. Während das letzte Gesetz über den Abschluß der Entnazifizierung von 1953 datiert[76], dauert der Prozeß der Überführung oder Abwicklung des Besatzungsrechts in Einzelfragen noch fort (→ Art. 123 Rn. 26)[77].

Es bleibt allerdings die **Restitutions- und Rehabilitierungsausschlußwirkung** des Art. 139 GG. Maßnahmen der Entnazifizierung konnten und können danach auch nachträglich (etwa von Hinterbliebenen) nicht im Wege der Geltendmachung von Amtshaftungs-, Rückerstattungs- oder Entschädigungsklagen auf ihre Vereinbarkeit mit dem Grundgesetz geprüft werden, sofern sich der Antrag allein auf die Behauptung stützt, die angewandte Bestimmung der »Befreiungsgesetze« habe gegen Grundrechte oder rechtsstaatliche Prinzipien verstoßen. Die Norm spricht insofern eine **rechtliche Negativamnestie** aus (der aus angebbaren Gründen – Stichwort »Persilschein« – allerdings eine faktische Amnestie an Haupt und Gliedern gegenübersteht: → Rn. 3). 13

III. Art. 139 GG als »antifaschistische Grundsatznorm«?

Mehrfach ist der Versuch unternommen worden, Art. 139 GG als Rechtfertigung für Maßnahmen gegen moderne Sympathisanten oder Parteigänger des NS-Regimes zu aktivieren[78]. Einer solchen erweiternden Auslegung ist mit der mittlerweile ganz herr- 14

Gesetze daher ausgeschlossen.« Für den (nicht näher bestimmten) »Regelfall« zustimmend *Sannwald* (Fn. 60), Art. 139 Rn. 5. → *Masing*, Bd. III², Art. 139 Rn. 9.

[73] Siehe nochmals BVerfGE 1, 5 (6f.): Das Gericht verwirft die Beschwerde gegen den Spruch der Spruchkammer als unzulässig, weil er vor Inkrafttreten des BVerfGG erfolgt ist und dieses für Einzelakte – anders als § 93 IV BVerfGG – keine Übergangsregelung vorsieht. Gegen eine generelle Ausschlußwirkung auch die Rechtsprechung zu Art. 184 BayVerf.: BayVerfGHE 4, 51 (Ls. 3). – Vgl. zu den in der Tat häufig erhobenen Vorwürfen, die Entnazifizierung sei intransparent, willkürlich und im schlimmsten Fall aleatorisch verlaufen, statt aller *Dreier*, Vergangenheitsbewältigung (Fn. 3), S. 166f.

[74] So auch *v. Campenhausen/Unruh* (Fn. 2), Art. 139 Rn. 3; *Vedder/Lorenzmeier* (Fn. 51), Art. 139 Rn. 8; *Sachs* (Fn. 21), Art. 139 Rn. 12.

[75] Pointiert OVG Münster NVwZ-RR 1991, 508 (509); *Vedder/Lorenzmeier* (Fn. 51), Art. 139 Rn. 13.

[76] Ohne Nachweis *Herzog* (Fn. 1), Art. 139 Rn. 4; in der Sache handelt es sich um das Bad.-Württ. Gesetz zur einheitlichen Beendigung der politischen Säuberung v. 13.7.1953 (GBl. S. 91).

[77] Instruktiv *Deiseroth* (Fn. 21), Art. 139 Rn. 35ff. sowie *M. Rensmann*, Besatzungsrecht im wiedervereinten Deutschland. Abbauprobleme und Restbestände, 2002; vgl. ferner *H. Hofmann*, HStR³ I, § 9 Rn. 37ff. sowie *Vedder/Lorenzmeier* (Fn. 51), Art. 139 Rn. 9f.

[78] Prominent sind aus der Judikatur VG Frankfurt, Beschl. v. 14.11.1985 – VII/3 G 2531/85 (aufgehoben durch HessVGH NJW 1986, 2660; vgl. dazu *M. Herdegen*, EuGRZ 1986, 441ff.) und NJW 1986, 2661 (aufgehoben durch HessVGH NJW 1986, 2662: jeweils Überlassung kommunaler Räume an rechtsextreme Partei) sowie OVG Münster, NJW 2001, 2114 (2114: Verbot eines Neonazi-Aufmarsches; aufgehoben durch BVerfG [K], NJW 2001, 2076). Aus der Literatur *Hamann/Lenz*, GG, Art. 139 Anm. (S. 730: »Grundsatzaussage« sowie »Legitimation der Ablehnung und Bekämpfung

schenden Meinung jedoch eine Absage zu erteilen[79]. Sie überdehnt den Wortlaut der Norm, ignoriert ihren genetischen Kontext wie ihren Zweck und setzt die Verfassung in einer Weise unter Spannung, die ihrer Limitations- wie Legitimationsfunktion Schaden zufügen muß. Durch den – eigens als Zitat ausgeflaggten – Wortlaut ist Art. 139 GG gezielt darauf beschränkt, ein einzelnes Gesetz verfassungsrechtlich zu »sanieren«. Zugleich hat sich der Parlamentarische Rat in Abgrenzung zu den vorgrundgesetzlichen Landesverfassungen bewußt dagegen entschieden, die Option weiterer Gesetze zur Bereinigung der Folgen der NS-Herrschaft aufzunehmen (→ Rn. 4). Dieser zugespitzte **Ausnahmecharakter spricht** schon nach allgemeinen Kriterien **gegen** jede **erweiternde Auslegung**[80]. Gleiches gilt für die Wirkweise der Vorschrift, die durch ihr lapidares »nicht berührt« die Geltung des Grundgesetzes bereichsspezifisch auf Null reduziert und damit nochmals deutlich über die Grundrechtsverwirkung nach Art. 18 GG (oder die Vorstellungen, die der Verfassunggeber von der Wirkweise der Norm gehabt haben mag: → Art. 18 Rn. 56f.) hinausgeht. Selbst wenn man diese **Vorschlaghammerwirkung** nicht im Sinn hat, trägt der – zutreffende – Hinweis, daß Art. 139 GG zum Ensemble derjenigen Normen gehört, die das Grundgesetz »geradezu als Gegenentwurf zu dem Totalitarismus des nationalsozialistischen Regimes«[81] ausweisen, normativ nichts aus.

IV. Art. 139 GG als verfassungswidriges Verfassungsrecht?

15 In umgekehrter Perspektive ist in der frühen Bundesrepublik die Frage aufgeworfen worden, ob Art. 139 GG – ebenso wie seine landesverfassungsrechtlichen Pendants (→ Rn. 8) – seinerseits **verfassungswidriges Verfassungsrecht** ist[82]. Ohne an dieser Stelle der unlängst vom Bundesverfassungsgericht ganz grundsätzlich zur Disposition gestellten Validität dieser Figur nachspüren zu wollen[83], kann die Frage im konkreten

---

nationalsozialistischer Ideen«); zurückhaltender *U. Battis/K.J. Grigoleit*, NVwZ 2001, 121 (124f.): Art. 139 GG kennzeichne die »historisch determinierte ›Befangenheit‹ des Grundgesetzes gegenüber nazistischem Gedankengut« (Zitat S. 124); Sympathie auch bei *Jarass*/Pieroth, GG, Art. 139 Rn. 1: »grundsätzliche Entscheidung gegen die Vorstellungen des Nationalsozialismus«.

[79] Wie hier BVerfGE 124, 300 (330, Rn. 67): Ein »allgemeines antinationalsozialistisches Grundprinzip« sei dem Grundgesetz unbekannt und ergebe »sich insbesondere weder aus Art. 79 Abs. 3 GG noch aus Art. 139 GG«; zuvor BVerfG (K), NJW 2001, 2076 (2077: »Die Absage an den Nationalsozialismus hat das Grundgesetz in vielen Normen, wie beispielsweise Art. 139 GG, besonders ausgedrückt«); *Herzog* (Fn. 1), Art. 139 Rn. 4; *Ladeur* (Fn. 29), Art. 139 Rn. 1; *Deiseroth* (Fn. 21), Art. 139 Rn. 22; *Höfling/Burkiczak* (Fn. 21), Art. 139 Rn. 13ff.; *v. Campenhausen/Unruh* (Fn. 2), Art. 139 Rn. 4; *Vedder/Lorenzmeier* (Fn. 51), Art. 139 Rn. 11ff.; *M.J. Alter*, AöR 140 (2015), 571 (586); abgewogen *Herdegen* (Fn. 18), Art. 139 Rn. 12ff. – Aus der landesrechtlichen Literatur gleichsinnig *Lindner* (Fn. 43), Art. 184 Rn. 4; anders dagegen unter Berufung auf den Wunsiedel-Beschluß des BVerfG *Brechmann* (Fn. 64), Art. 184 Rn. 2: Zwar erlaube Art. 184 BV »kein allgemeines Verbot der Verbreitung rechtsradikalen oder auch nazistischen Gedankenguts«, doch schränke die Norm als »verfassungsunmittelbare Ausnahme vom Verbot des Sonderrechts für meinungsbezogene Gesetze die Reichweite der Meinungs- und Versammlungsfreiheit gemäß Art. 110 und Art. 113 ein«; in diese Richtung auch *Maierhöfer* (Fn. 45), Art. 154 Rn. 4: Relevanz bei der Abwägung.

[80] Vgl. statt aller *K. Muscheler*, Singularia non sunt extendenda, in: FS H.W. Kruse, 2001, S. 135ff.

[81] BVerfGE 124, 300 (328, Rn. 65).

[82] Pointiert kritisch *Jess* (Fn. 18), Art. 139 Anm. II.3. Zusammenfassend zur Diskussion *Herzog* (Fn. 1), Art. 139 Rn. 1ff.

[83] BVerfGE 142, 25 (66, Rn. 111): »Die Rechtsfigur ist bereits deshalb problematisch, weil auf derselben Normebene keine Hierarchie auszumachen ist, die ein Kriterium dafür liefern könnte, welcher verfassungsrechtlichen Norm Vorrang zukommt.«

Fall verneint werden[84]. Dafür zeichnet auch verantwortlich, daß die Gerichte die einschlägigen Normen in einem frühen Fall der verfassungskonformen Auslegung möglichst eng gedeutet haben[85]. Überlegungen, zumindest einzelne Grundrechte vom Anwendungsbereich auszunehmen, wirken allerdings teils künstlich[86].

D. Verhältnis zu anderen GG-Bestimmungen

Art. 139 GG zählt zum Kreis derjenigen Normen, die das Grundgesetz als unmittelbare Reaktion auf die NS-Schreckensherrschaft ausweisen und es zugleich gegen deren Restauration ertüchtigen wollen. Im engeren Sinne gehört er zu den Bestimmungen, die sich der verfassungsstaatlichen **Vergangenheitsbewältigung** widmen (→ Art. 103 II Rn. 55ff.; → Art. 116 Rn. 81; → Art. 120 Rn. 7). Engen Bezug weist Art. 139 GG auch zum Normensemble der **wehrhaften Demokratie** auf (→ Art. 9 Rn. 55; → Art. 18 Rn. 26f.; → Art. 21 Rn. 144; → Art. 98 Rn. 32)[87]. Die Norm teilt mit diesen Instrumenten die Maxime »keine Freiheit für die Feinde der Freiheit« (→ Art. 18 Rn. 3), ist im Gegensatz zu ihnen aber rückwärtsgewandt, weil sie allein die Entnazifizierung der vorgefundenen Funktionselite gewährleistet und sich nicht (auch) gegen »nachwachsende« Verfassungsfeinde richtet. Art. 139 GG steht in einem durchaus spannungsvollen Komplementärverhältnis zu **Art. 131 GG**, der sich im Ergebnis als Magna Carta der an sich zur Entnazifizierung anstehenden Beamtenschaft entpuppt hat (→ Art. 131 Rn. 15). Hingegen weist die Norm in ihrer Säuberungsintention Überschneidungen mit Art. 132 GG auf, dessen Absatz 2 unmittelbar auf sie rekurriert (→ Art. 132 Rn. 12). Zu den Bestimmungen des Grundgesetzes, die i. S. v. Art. 139 GG die Entnazifizierungsvorschriften »**unberührt**« lassen, zählen in allererster Linie die Grundrechte und grundrechtsgleichen Rechte (mitsamt dem Grundrechtsregime, an erster Stelle Art. 1 III GG), in Sonderheit Art. 19 IV GG (→ Art. 19 IV Rn. 84ff.), sowie die hergebrachten Grundsätze des Berufsbeamtentums (→ Art. 33 Rn. 168ff.)[88]. Völlig überzogen war schließlich der Versuch, Art. 139 GG dem Schutz der Ewigkeitsklausel zu unterstellen (→ Art. 79 III Rn. 26)[89]. 16

[84] Wiederum inzwischen ganz h. M.: statt aller *Deiseroth* (Fn. 21), Art. 139 Rn. 19ff. sowie *Höfling/Burkiczak* (Fn. 21), Art. 139 Rn. 12.

[85] Wirkmächtig BayVerfGHE 3, 28 (Ls. 2): »Artikel 184 BV ist nur als Ausnahme- und Übergangsbestimmung mit vorübergehender Geltungsdauer, die mit Beendigung der Ausnahmelage, zu deren Meisterung sie geschaffen ist, von selbst ihr Ende findet, mit den übrigen Bestimmungen der Bayerischen Verfassung von 1946 zu vereinbaren. Als Ausnahmeregelung ist Art. 184 eng auszulegen. Er erlaubt ein Abgehen von rechtsstaatlichen und verfassungsmäßigen Garantien, die sonst den Rechtskreis der Bürger schützen, nur in dem Maße, wie dies durch das Bedürfnis einer gerechten und sinnvollen Entnazifizierung dringend erfordert wird. Er erlaubt nicht Eingriffe in diejenigen Grundrechte, die unmittelbar Ausdruck der menschlichen Persönlichkeit sind.«

[86] Lt. *Sannwald* (Fn. 60), Art. 139 Rn. 3 soll die Menschenwürde ausgenommen sein.

[87] So auch *v. Campenhausen/Unruh* (Fn. 2), Art. 139 Rn. 4; *Sachs* (Fn. 21), Art. 139 Rn. 5.

[88] Instruktiv *Deiseroth* (Fn. 21), Art. 139 Rn. 18 sowie *Vedder/Lorenzmeier* (Fn. 51), Art. 139 Rn. 6f.

[89] So aber tatsächlich *W. Abendroth*, Das Grundgesetz – sein antifaschistischer und sozialer Auftrag, in: ders. u. a. (Hrsg.), Der antifaschistische Auftrag des Grundgesetzes, 1974, S. 16ff. (18, 53, 63 Anm. 4). Wie hier *Höfling/Burkiczak* (Fn. 21), Art. 139 Rn. 11 sowie *v. Campenhausen/Unruh* (Fn. 2), Art. 139 Rn. 5.

Artikel 140 [Übernahme von Artikeln der Weimarer Reichsverfassung]

Die Bestimmungen der Artikel 136, 137, 138, 139 und 141 der deutschen Verfassung vom 11. August 1919 sind Bestandteil dieses Grundgesetzes.

Literaturauswahl

Anke, Hans Ulrich: Die Neubestimmung des Staat-Kirche-Verhältnisses in den neuen Ländern durch Staatskirchenverträge, 2000.
Borowski, Martin: Die Glaubens- und Gewissensfreiheit des Grundgesetzes, 2006.
Brakelmann, Günter/Friedrich, Norbert/Jähnichen, Traugott (Hrsg.): Auf dem Weg zum Grundgesetz. Beiträge zum Verfassungsverständnis des neuzeitlichen Protestantismus, 1999.
v. Campenhausen, Axel Freiherr: Der heutige Verfassungsstaat und die Religion, in: HdbStKirchR², Bd. I, S. 47–84.
v. Campenhausen, Axel Freiherr/de Wall, Heinrich: Staatskirchenrecht, 4. Aufl. 2006.
Classen, Claus Dieter: Religionsfreiheit und Staatskirchenrecht in der Grundrechtsordnung, 2003.
Classen, Claus Dieter: Religionsrecht, 2. Aufl. 2015.
Fischer, Erwin: Volkskirche ade! Trennung von Staat und Kirche, 4. Aufl. 1993.
Gärditz, Klaus F.: Säkularität und Verfassung, in: Otto Depenheuer/Christoph Grabenwarter (Hrsg.), Verfassungstheorie, 2010, § 5, S. 153–198.
Griebel, Björn: Die Religionsgesellschaft zwischen Staatsrecht und Europarecht, 2014.
Häberle, Peter: »Staatskirchenrecht« als Religionsrecht der verfaßten Gesellschaft (1976), in: ders., Verfassung als öffentlicher Prozeß, 3. Aufl. 1998, S. 329–347.
Heckel, Martin: Die religionsrechtliche Parität, in: HdbStKirchR², Bd. I, S. 589–622.
Heckel, Martin: Vom Religionskonflikt zur Ausgleichsordnung, 2007.
Heinig, Hans Michael/Walter, Christian (Hrsg.): Staatskirchenrecht oder Religionsverfassungsrecht?, 2007.
Heinig, Hans Michael/Walter, Christian (Hrsg.): Religionsverfassungsrechtliche Spannungsfelder, 2015.
Hollerbach, Alexander: Grundlagen des Staatskirchenrechts, in: HStR VI, § 138, S. 471–556.
Hollerbach, Alexander: Die vertragsrechtlichen Grundlagen des Staatskirchenrechts, in: HdbStKirchR¹, Bd. I, S. 253–287.
Holzner, Thomas/Ludyga, Hannes (Hrsg.): Entwicklungstendenzen des Staatskirchen- und Religionsverfassungsrechts, 2013.
Huster, Stefan: Die ethische Neutralität des Staates, 2002.
Kupke, Arne: Die Entwicklung des deutschen »Religionsverfassungsrechts« nach der Wiedervereinigung, insbesondere in den neuen Bundesländern, 2004.
Mikat, Paul: Religionsrechtliche Schriften, 2 Bde., 1974.
Pirson, Dietrich: Die geschichtlichen Wurzeln des deutschen Staatskirchenrechts, in: HdbStKirchR², Bd. I, S. 3–46.
Quaritsch, Helmut/Weber, Hermann (Hrsg.): Staat und Kirchen in der Bundesrepublik. Staatsrechtliche Aufsätze 1950–1967, 1967.
Schlaich, Klaus: Neutralität als verfassungsrechtliches Prinzip vornehmlich im Kulturverfassungs- und Staatskirchenrecht, 1972.
Walter, Christian: Religionsverfassungsrecht in vergleichender und internationaler Perspektive, 2006.

Siehe auch die Angaben zu Art. 136–139 und 141 WRV.

Leitentscheidungen des Bundesverfassungsgerichts

BVerfGE 19, 129 (135ff.) – Umsatzsteuer; 19, 206 (216ff.) – Kirchenbausteuer; 24, 236 (246f.) – (Aktion) Rumpelkammer; 42, 312 (323) – Inkompatibilität/Kirchliches Amt; 53, 366 (400) – Konfessionelle Krankenhäuser; 83, 341 (353ff.) – Bahá'í; 93, 1 – Kruzifix; 99, 100 (119f., Rn. 77ff.) – St. Salvator Kirche; 102, 370 (387, Rn. 70) – Körperschaftsstatus der Zeugen Jehovas I; 105, 279 (293ff., Rn. 50ff.) – Osho; 108, 282 (306f., Rn. 57ff.) – Kopftuch I.

Gliederung

Rn.

Stichwörter

A. Herkunft, Entstehung, Entwicklung

I. Ideen- und verfassungsgeschichtliche Aspekte

Eine rechtliche Regelung des Verhältnisses des Staates zu den Religionsgesellschaften 1
setzt voraus, dass beide Bereiche sich als hinlänglich eigenständig herausgebildet haben, so dass Beziehungen zwischen getrennten Größen als solche in Erscheinung treten können und damit ein Bedarf nach Regelung dieser Beziehungen entsteht. Voraussetzung für ein Recht der Regulierung des Verhältnisses von Staat und Kirche in diesem Sinne ist also eine Ausdifferenzierung von säkularer und religiöser Gewalt[1]; in der Sprache der Tradition: zwischen imperium und sacerdotium. Dieser Ausdifferenzierungsprozess kann auch verstanden werden, als ein Prozess der »Verrechtlichung des Politisch-Religiösen«[2] im Zuge dessen das staatlich gesetzte Recht zunehmend auch das religiös bestimmte Miteinander im Staat regelte. Solange diese Voraussetzungen nicht geschaffen waren, kann man allenfalls von einer **religionsverfassungs-**

---

[1] Mit einem Überblick über den Vorgang der Säkularisierung *K.F. Gärditz*, Säkularität und Verfassung, in: O. Depenheuer/C. Grabenwarter (Hrsg.), Verfassungstheorie, § 5 Rn. 2ff.; T.M. Schmidt/A. Pitschmann (Hrsg.), Religion und Säkularisierung. Ein interdisziplinäres Handbuch, 2014.

[2] Zum Bedeutungszuwachs des Rechts vgl. *A. Reuter*, Religion in der verrechtlichten Gesellschaft, 2014, S. 59ff.

rechtlichen Vorgeschichte sprechen. Diese ist dadurch gekennzeichnet, dass politische Macht und die organisierte Religion aufs Engste miteinander verknüpft waren, nicht selten sogar in Personalunion standen. Dieses für die Antike typische Muster wurde auch für das Christentum übernommen, das von Theodosius I. als neue Staatsreligion eingesetzt wurde (Verbot aller heidnischen Kulte 392). Nach dem Strukturzerfall in der Spätantike kam es beim Wiederaufbau entwickelter institutioneller Herrschaftsstrukturen wiederum zu einer engen Verbindung der Kirche mit der Herrschaft, für die beispielhaft das **ottonische Reichskirchensystem** stehen kann. Hiernach hatte der Kaiser die Schutzherrschaft über die Kirche inne, diese leistete im Gegenzug Abgaben an den König und nahm wichtige Funktionen bei der Verwaltung des Reiches wahr. Otto I. und seine Nachfolger bestimmten über die Person der Bischöfe, oft Verwandte des Königs.

2 In der europäischen Geschichte setzte im Laufe des 11. Jahrhunderts ein Differenzierungsprozess ein, der die kirchlichen Organisationen und diejenigen des Herrschaftssystems (»Staat«) auseinander führte und beide Teile auf Eigenständigkeit drängen ließ. Bildhaften Ausdruck fand diese Auseinandersetzung in den verschiedenen Deutungen der **Lehre von den zwei Schwertern**[3]. Vor dem Auseinandertreten in der Folge dieser Konflikte war die Kirche eng mit der politischen Gewalt verflochten und nicht als eigenständige Organisation gegenüber zur weltlichen Herrschaft erkennbar, vielmehr wurde das corpus christianum einem einheitlichen Regiment von imperium und sacerdotium unterworfen. Vor dem Hintergrund innerkirchlicher Reformbewegungen wurde in der **Gregorianischen Revolution**[4] das Schlagwort von der **Freiheit der Kirche** benutzt, um die Unabhängigkeit der Kirche und ihre eigene Profilierung gegenüber der weltlichen Gewalt zu erreichen. Politischen Ausdruck fand dies im sog. **Investiturstreit**[5]. Dessen Beendigung im (später so bezeichneten) **Wormser Konkordat** von 1122[6] lässt sich als eine frühe Regelung staatskirchenrechtlichen Charakters verstehen. Die weitere geschichtliche Entwicklung brachte eine je eigene Rationalisierung sowohl des kirchlichen Bereichs als auch der politischen Herrschaft, welche beide Seiten weiter gegeneinander profilierte.

3 Einen neuen Schub erhielt diese Verselbständigung mit der **Reformation**. Innerhalb des Reiches bildeten sich zwei Konfessionen heraus, was eigene Regelungen notwendig machte und ebenso eine Neudefinition des Verhältnisses der staatlichen Gewalt zur Religion der Bürger und den religiösen Organisationen verlangte. Hieraus entstanden auch Frühformen der Religionsfreiheit (→ Art. 4 Rn. 3ff.). Wichtig wurde der **Augsburger Religionsfrieden** von 1555[7]. Neben dem individuellen ius emigrandi wur-

---

[3] Biblischer Anknüpfungspunkt ist Lukas 22, 38. Für eine Explikation der Dualität weltlicher und geistlicher Organisation s. Sachsenspiegel I 1, s. auch 3.57.1. Als Urheber der Zwei-Schwerter-Lehre gilt Papst Gelasius I.

[4] Benannt nach Papst Gregor VII. (1073–1085); s. dazu und zur Schilderung der verschiedenen Aspekte dieser Revolution und ihrer Bedeutung für die Rechtsentwicklung *H.J. Berman*, Recht und Revolution, 2. Aufl. 1991, S. 42ff., 85ff.

[5] Vgl. zur zeitlichen Verortung der Trennung von Religion und Politik in diesem Investiturstreit *E.-W. Böckenförde*, Die Entstehung des Staates als Vorgang der Säkularisation, in: FS Forsthoff, 1967, S. 75ff.; wiederabgedruckt in *ders.*, Staat – Gesellschaft – Freiheit, 1976, S. 42ff. (44ff.).

[6] Text abgedruckt in: A. Buschmann (Hrsg.), Kaiser und Reich, Teil 1, 2. Aufl. 1994, S. 63ff. Dazu etwa *P. Classen*, Das Wormser Konkordat in der deutschen Verfassungsgeschichte, in: J. Fleckenstein (Hrsg.), Investiturstreit und Reichsverfassung, 1973, S. 411ff.

[7] Damit werden die §§ 7 bis 30 des Augsburger Reichsabschieds vom 25.9.1555 bezeichnet, Text abgedruckt bei Buschmann, Kaiser (Fn. 6), S. 220ff.

den hier die Gleichberechtigung der Bürger wie der Glaubensrichtungen selbst festgeschrieben. Der Name des Augsburger Religions*friedens* weist auf das Bezugsproblem und die Funktion der religionsverfassungsrechtlichen Regelung hin: Auch in Ansehung der zu diesem Zeitpunkt nicht zu überwindenden religiösen Spaltung sollte der politische innere Friede gesichert werden (s. bes. §§ 9ff.)[8]. Zu diesem Zweck wurde die Behandlung und Entscheidung der Religionsfrage »auf andere gelegene Zeit« vertagt. Das Reich als politische Entität wurde in Religionsangelegenheiten – wenigstens auf Zeit – **neutral**[9]. Das den Reichsständen zuerkannte Recht, über die Religion ihrer Untertanen zu bestimmen (»cuius regio eius religio«[10]), später als »ius reformandi«[11] bezeichnet, entwickelte sich von dieser Grundentscheidung aus zu einem Recht des Landesherren, die Organisation der im eigenen Territorium zugelassenen Kirche zu betreiben[12].

Diese Motive und diese rechtlichen Instrumente wurden nach der Erfahrung des religiösen Bürgerkrieges erneut im **Westfälischen Frieden** 1648 fixiert und weiterentwickelt, und zwar im Friedensinstrument von Osnabrück (Instrumentum Pacis Osnabrugense[13]). Hier findet sich die **Parität** als »vollständige und gegenseitige Gleichheit« beider Bekenntnisse, »und zwar in der Weise, dass das, was für den einen Teil Recht ist, auch für den anderen Teil Recht sein« soll[14]. Diese »exacta mutuaque aequalitas« wurde damit zugleich zur grundlegenden Interpretationsregel des Westfälischen Friedens[15]. Dies wird ergänzt um ein Diskriminierungsverbot wegen des Bekenntnisses (Art. 5 § 35 IPO) und eine paritätische Besetzung des Reichskammergerichts und des Reichshofrates (Art. 5 §§ 53 bis 55 IPO). Komplettiert werden diese Gewährleistungen durch das **Verbot der Stimmenmehrheit in Religionssachen** (Art. 5 § 52 IPO), eine Verfahrensregelung, wonach in Religionsangelegenheiten auf Reichstagen keine Majorisierung einer Konfession stattfinden sollte. Falls kein »gütlicher Vergleich« zustande kam, wurde auf eine Entscheidung verzichtet, um das Entscheidungsorgan des Reichs und die Reichsordnung für alle akzeptabel zu halten. Von seiner Wurzel her lässt sich das Religionsverfassungsrecht also als **Reformationsfolgenrecht** verstehen. 4

Der Staatenbildungsprozess erfolgte in Deutschland vorwiegend in den Territorien[16]. Er folgte dabei zunächst dem absolutistischen Modell. Demgemäß griff die staatliche Herrschaft auch auf die Kirche über. Leitmotiv war dabei die innere **Souveränität** des Staates, die auch gegenüber der Kirche keine Ausnahme kannte. Die Formen des 5

[8] Zur Funktion der Sicherung des weltlichen Friedens *M. Heckel*, Vom Religionskonflikt zur Ausgleichsordnung, 2007, S. 13ff.

[9] So auch *M. Heckel*, Der Augsburger Religionsfriede, in: J. Gaertner/E. Godel (Hrsg.), Religionsfreiheit und Frieden, S. 13ff. (14f.); anders die Entwicklung in den Territorialstaaten, die den Weg der Konfessionalisierung einschlugen: *Gärditz*, Säkularität (Fn. 1), § 5 Rn. 3ff.; jetzt *M. Stolleis*, Konfessionalität versus Säkularität im deutschen Staatsrecht, in: H.M. Heinig/C. Walter (Hrsg.), Religionsverfassungsrechtliche Spannungsfelder, 2015, S. 297ff.

[10] Die Formel findet sich nicht im Text, sondern ist nur implizit in §§ 15ff. enthalten.

[11] Dazu *B.C. Schneider*, Art. Ius reformandi, in: EvStL^4, Sp. 1069ff.

[12] Zu dieser Erweiterung der Rechtsfigur des ius reformandi *Schneider*, Ius (Fn. 11), Sp. 1070ff.; *D. Pirson*, Die geschichtlichen Wurzeln des deutschen Staatskirchenrechts, in: HdbStKirchR^2 I, S. 3ff. (25).

[13] Text in deutscher Übersetzung bei *A. Buschmann*, Kaiser und Reich, Teil 2, 2. Aufl. 1994, S. 15ff.; dazu *F. Brendle*, Das konfessionelle Zeitalter, 2. Aufl. 2015, S. 195ff.

[14] Art. 5 § 1 IPO.

[15] *Heckel*, Religionskonflikt (Fn. 8), S. 25f.

[16] Zum Zusammenhang zwischen Konfessionalisierung und Staatsentwicklung s. *H. Dreier*, JZ 2002, 1 (8ff.).

Staatskirchentums variierten dabei über die Zeit wie zwischen den Konfessionen. In den **protestantischen** Territorien entstand das **landesherrliche Kirchenregiment**, das in der Reformation selbst und mit deren Durchsetzung sich etablierte. Die theoretische Grundlage und Deutung dieser landesherrlichen Rechte in Religionsangelegenheiten werden üblicherweise zu drei Vorstellungskomplexen gebündelt: Nach dem **Episkopalsystem**[17] hatte der Landesherr die Stellung des Bischofs inne und damit das Recht zur Kirchenleitung. Das **Territorialsystem**[18] begründete demgegenüber das landesherrliche Kirchenregiment staatsrechtlich aus der Souveränität. Diese Position war religiös neutral und galt gegenüber nicht religiösen Verbänden grundsätzlich ebenso. Inhaltlich beanspruchte der Monarch eine Allzuständigkeit, die freilich in religiösen Angelegenheiten früh Einschränkungsbemühungen unterlag, welche die juristische Formel des »ius circa sacra«[19] mobilisierten, welche im Gegensatz zum »ius in sacra« eine Beschränkung auf profane Aspekte intendierte. Das **Kollegialsystem**[20] schließlich beanspruchte – auf vernunftrechtlicher Grundlage – die grundsätzliche Selbständigkeit der Kirche als freiwillige Vereinigung (Kollegium), welche ihre interne Organisationsgewalt auf den Landesherrn überträgt. Dessen Kirchengewalt war insofern abgeleitet und damit begrenzt.

6 In den **katholischen Territorien**[21] machte sich gleichfalls die im Zuge des Absolutismus zunehmend starke Stellung des Landesherrn in der Weise bemerkbar, dass diesem wesentliche Rechte gegenüber der Kirche zukamen, freilich immer begrenzt durch die innerkirchliche Hierarchie mit dem »extraterritorialen« Papst an der Spitze, dem das ius in sacra zustand.

7 Die Landesherren beanspruchten auf der geschilderten Grundlage Aufsichtsrechte über die »eigene« Kirche, weitgehende Rechte bei der Besetzung der kirchlichen Ämter, die Befugnis, die Organisation der Kirche zu bestimmen oder zu beeinflussen, und weitreichende Kompetenzen hinsichtlich des kirchlichen Vermögens. Die **Säkularisation kirchlichen Besitzes** war unter dem Vorzeichen der landesherrlichen Kirchenherrschaft nur die Umwidmung eines Gegenstandes öffentlichen Vermögens von einem öffentlichen zu einem anderen öffentlichen Zweck[22]. Hiergegen richtet sich ein **Säkularisationsverbot**, wie es Art. 138 II WRV enthält (→ Art. 138 WRV Rn. 27). Gegenüber diesen landesherrlichen Rechten wurde mit zunehmender Intensität die Selbständigkeit der Kirche, jedenfalls in ihren inneren Angelegenheiten, verlangt: Bestrebungen, die in den Bewegungen der Trennung von Staat und Kirche und in der verfassungsrechtlichen Absicherung der Religionsfreiheit dann Erfolge fanden.

8 Das **Preußische Allgemeine Landrecht** von 1794 stellte die Kirchen als »Religionsgesellschaften« (§ 10 II 11), die als »Kirchengesellschaft« auf Gemeindeebene radi-

---

[17] *A. v. Campenhausen/H. de Wall*, Staatskirchenrecht, 4. Aufl. 2006, S. 15ff.; dazu auch *H. de Wall*, Art. Landesherrliches Kirchenregiment, in: EvStL⁴, Sp. 1383ff.

[18] *K. Schlaich*, ZRG KA 54 (1968), 269ff.; *C. Link*, Herrschaftsordnung und bürgerliche Freiheit, 1979, S. 292ff.; siehe dazu auch *J. Winter*, Art. Landeskirche (J), in: EvStL⁴, Sp. 1386ff. (1386f.).

[19] Die Formulierung knüpft an *H. Grotius*, De imperio summarum potestatum circa sacra, 1648, an. Zum Verständnis und zur Entwicklung dieser Rechtsfigur *Pirson*, Wurzeln (Fn. 12), S. 14ff.; *J. Heckel*, Cura religionis – ius in sacra – ius circa sacra, in: FS Stütz, 1938, S. 224ff. (für die frühere Epoche); *K. Schlaich*, Kollegialtheorie, 1969, S. 225 (für die spätere Epoche); *M. Heckel*, Art. Ius circa sacra, in: EvStL³, Bd. 1, Sp. 1408ff.

[20] Dazu *Schlaich*, Kollegialtheorie (Fn. 19), bes. S. 133ff., 302ff.; *Link*, Herrschaftsordnung (Fn. 18), S. 322ff.; *W. Huber*, Kirche und Öffentlichkeit, 1973, S. 63ff., 632ff.

[21] Dazu *Link*, Herrschaftsordnung (Fn. 18), S. 206ff.

[22] Vgl. *Pirson*, Wurzeln (Fn. 12), S. 37; *F. Hammer*, Art. Säkularisation, in: EvStL⁴, Sp. 2069ff.

ziert waren, den sonstigen Verbänden gleich (→ Art. 137 WRV Rn. 2). Sie standen unter staatlichem Genehmigungsvorbehalt und waren allgemeinen Gesetzen unterworfen. Zugleich lag in der Öffnung für weitere Religionsgesellschaften über die großen und anerkannten hinaus eine Erweiterung der Freiheitsrechte auf ein breiteres Spektrum.

Mit der **amerikanischen und der französischen Revolution** wurden zugleich Momente der Säkularität und der Trennung von Staat und Kirche gestärkt, ebenso wie die Gewährleistung der Religionsfreiheit forciert wurde. In Deutschland wurde zunächst der **Reichsdeputationshauptschluss** von 1803 mit seiner Säkularisation folgenreich (→ Art. 138 WRV Rn. 2). Die **freiheits- und gleichheitsrechtliche Sicherung** der Religionsfreiheit und der Religionsgesellschaften tauchte zunächst in Art. 16 der Bundesakte von 1815 in Form einer Gleichbehandlungsgarantie in den bürgerlichen und politischen Rechten für die christlichen Religionsparteien auf, fand dann aber in der **Verfassungsbewegung** weiteren Niederschlag. Neben die individuelle religiöse Freiheit (→ Art. 4 Rn. 4ff., insb. 8) traten Regelungen über die Religionsgesellschaften[23]. Weiter wurden die politischen Rechte ohne Unterschied der Religion garantiert[24]. Jetzt finden sich auch eigene Kapitel in den Verfassungen über das Verhältnis der Kirchen (im Plural) zum Staat[25], in denen in differenzierter Weise die Aufsichtsrechte des Königs gegenüber der evangelischen Kirche und gegenüber der katholischen Kirche normiert sind, bei welcher besondere Rücksicht auf deren »innere Angelegenheiten« genommen wird[26]. Das kirchliche Vermögen wird geschützt in seinem vollen Genuss der Kirchen-, Schul- und Armenfonds[27] und eine staatliche Unterstützung für die Bestreitung kirchlicher Bedürfnisse der katholischen Seite gewährt[28]. Hervorzuheben bleibt die Erwähnung der »verfassungsmäßigen Autonomie« für die »inneren kirchlichen Angelegenheiten«[29]. In der **Paulskirchenverfassung** findet sich gleichfalls ein eigener Artikel (Abschnitt VI, Art. 5) über das Religionsrecht. Neben der individuellen Religionsfreiheit wird die Unabhängigkeit des Genusses der bürgerlichen und staatsbürgerlichen Rechte vom religiösen Bekenntnis gewährleistet (§ 146) und die Selbstverwaltungsfreiheit für jede Religionsgesellschaft geschützt, die aber »den allgemeinen Staatsgesetzen unterworfen« bleibt[30]. Weiter wird statuiert, dass keine Religionsgesellschaft Vorrechte vor anderen genießt und »fernerhin«, dass keine Staatskirche besteht (§ 147 II). Auch die Neugründungsfreiheit unabhängig von einem staatlichen Akt wird gewährleistet. Damit war das verfassungsrechtliche Instrumentarium, wie 9

[23] So wurde die Freiheit der Religionsgesellschaften in Art. 10 der Konstitution des Königreiches Westfalen von 1807 garantiert.

[24] Beispielsweise § 19 Verfassung Sachsen – Weimar – Eisenach von 1816; §§ 21, 27 Verfassung Württemberg von 1819 mit der uneingeschränkten Gewährleistung nur für Anhänger der drei christlichen Bekenntnisse, für andere nur in »dem Verhältnis«, »als sie durch die Grundsätze ihrer Religionen an der Erfüllung der bürgerlichen Pflichten nicht gehindert werden«.

[25] Z.B. §§ 70ff. Verfassung Württemberg 1819; s. weiter etwa §§ 57ff. Verfassung Hannover 1833.

[26] S. § 60 (für die evangelische Kirche) und §§ 62ff. Verfassung Hannover 1833 (für die katholische Kirche).

[27] S. § 70 Verfassung Württemberg 1819.

[28] § 82 Verfassung Württemberg 1819.

[29] § 71 Verfassung Württemberg 1819; s. auch § 59 Verfassung Hannover 1833.

[30] Insofern ein textlicher Vorläufer von Art. 137 III WRV. Zur Entstehungsgeschichte insbesondere mit ausführlichem Bezug auf die Quellen *H. Zwirner*, ZRG KA 73 (1987), 210ff.; *J.-D. Kühne*, Die Reichsverfassung der Paulskirche, 2. Aufl. 1998, S. 479ff.; H. Scholler (Hrsg.), Die Grundrechtsdiskussion in der Paulskirche, 2. Aufl. 1982, S. 33ff., 69f., 80ff., 157ff.

wir es heute kennen, entwickelt[31]. Ungeachtet dieser Verfassungslage kam es im **Kulturkampf**[32] zu einer forcierten Durchsetzung des staatlichen Rechts gegenüber der katholischen Kirche mit ihrem Anspruch auf Unabhängigkeit in verschiedenen Hinsichten einerseits und der Zentrumspartei andererseits, die vom preußischen Staat und später vom Reich als Herausforderung und Bedrohung empfunden wurde. Das Selbstverwaltungsrecht und die freie Ämterbesetzung aus der Verfassung von 1850 wurden 1875 aufgehoben.

10 Mit der revolutionären Umgestaltung 1918/19 und der **Weimarer Reichsverfassung** wurde das protestantische landesherrliche Kirchenregiment aufgehoben, von Verfassungs wegen ein Verbot der Staatskirche festgeschrieben (Art. 137 I WRV) und damit der geltende Textbestand erreicht. 1933 kam es zum Abschluss des **Reichskonkordats**, das bis heute eine wichtige Grundlage des Vertragsstaatskirchenrechts darstellt[33].

II. Entstehung und Veränderung der Norm

11 Die Entstehungsgeschichte des Art. 140 GG und der durch ihn inkorporierten Normen der WRV lassen sich mit dem Begriff des **doppelten Kompromisses** umschreiben[34]. Bereits der von der Weimarer Nationalversammlung mit der Ausarbeitung einer Verfassung beauftragte Verfassungsausschuss tat sich schwer, eine Einigung über staatskirchenrechtliche Bestimmungen zu erzielen. Der Regierungsentwurf beschränkte sich auf die Gewährung der Religionsfreiheit und wollte die genauere Ausgestaltung der kirchlichen und religionsgesellschaftlichen Rechtsstellung den Ländern überlassen[35]; die Mehrheit der Abgeordneten wollte diesen Komplex jedoch in der Reichsverfassung geregelt wissen. Die Rechtsparteien erstrebten insbesondere, den Körperschaftsstatus für die Kirchen zu erhalten. Den Linksparteien hingegen schwebte eine deutliche Entflechtung von Staat und Kirche und die Einordnung von Kirchen und Religionsgesellschaften in das allgemeine Verbandsrecht vor. Insbesondere unter Einfluss des liberalen Abgeordneten Naumann (DDP)[36] wurde schließlich ein Kompro-

---

[31] Ganz ähnlich waren die Bestimmungen in der Preußischen Verfassung von 1850, s. Art. 12ff. Der Zugang zu den Korporationsrechten war grundsätzlich für weitere Religionsgesellschaften durch Art. 13 eröffnet; ausdrücklich werden auch Mitwirkungsrechte des Staates bei der Besetzung kirchlicher Ämter aufgehoben, Art. 18.

[32] Dazu *Huber*, Verfassungsgeschichte, Bd. II, S. 185ff. für die Zeit vor 1848; ferner Bd. III, S. 116f.; Bd. IV, S. 52ff., 642f. und insb. 672ff. mit Nachweisen auf die umfängliche Literatur; *H.-U. Wehler*, Deutsche Gesellschaftsgeschichte, Bd. III, 2. Aufl. 2006, S. 892ff.; *T. Nipperdey*, Deutsche Geschichte, Bd. II, 1866–1918, 3. Aufl. 1992, S. 364ff.; *R. Morsey*, Der Kulturkampf, in: Essener Gespräche 34 (2000), S. 5ff.; *E. Engelberg*, Bismarck, Das Reich in der Mitte Europas, 1990, S. 104ff. Für weitere Nachweise auf die Literatur *W. Loth*, Das Kaiserreich, 2. Aufl. 1997, S. 210f.

[33] Die grundsätzliche Fortgeltung ergibt sich aus Art. 123 II GG; zur Fortgeltung des Reichskonkordats BVerfGE 6, 309 (330f.); zur Literatur Nachweise bei J. Listl (Hrsg.), Die Konkordate und Kirchenverträge in der Bundesrepublik Deutschland, Bd. 1, 1987, Einleitung, S. 32, 47f.

[34] *A. Hollerbach*, Die Kirchen unter dem Grundgesetz, VVDStRL 26 (1968), S. 57ff. (59), auch *D. Ehlers*, in: Sachs, GG, Art. 140 Rn. 1; *C. Walter*, Religionsverfassungsrecht in vergleichender und internationaler Perspektive, 2006, S. 120ff.

[35] Wiedergegeben bei *F. Giese*, JöR XIII (1925), 249 (251); siehe auch *K.H. Kästner*, in: BK, Art. 140 (Drittb. 2010), Rn. 4f.

[36] *D. Beese*, Staatsbekenntnis und Volkskatechismus – Friedrich Naumann und die Weimarer Verfassungsberatung, in: G. Brakelmann/N. Friedrich/T. Jähnichen (Hrsg.), Auf dem Weg zum Grundgesetz, 1999, S. 55ff.; *F. Wittekind*, Welche Religionsgemeinschaften sollen Körperschaften des öffentlichen Rechts sein?, ebd., S. 77ff.

miss gefunden[37], der einerseits geprägt war von der korporativen Religionsfreiheit (insb. in Form des Selbstverwaltungsrechts und der Trennung von Staat und Kirche), andererseits deutlich von der **Anerkennung religiöser Pluralisierung**.

Die Entstehungsgeschichte des **Art. 140 GG** weist frappierende Parallelen zu der der Weimarer »Kirchenartikel« auf. Wiederum waren zunächst keine entsprechenden Bestimmungen vorgesehen[38]. Im Oktober/November 1948 äußerten die evangelische[39] und die katholische Kirche[40] dahingehende Wünsche, die DP-Fraktion legte den Entwurf dreier Kirchenartikel vor, woraufhin sich der Grundsatzausschuss in der 24. Sitzung erstmals – ablehnend – mit der Frage des »Staatskirchenrechts« befasste. Am 26.11.1948 brachten die Fraktionen von CDU/CSU, Zentrum und DP einen gemeinsamen Antrag ein, der in Anlehnung an die WRV detaillierte Regelungen für Kirchen und Religionsgesellschaften vorsah[41]. Er unterstrich die Bedeutung der Kirchen »für die Wahrung und Festigung der religiösen und sittlichen Grundlage des menschlichen Lebens«, stellte aber auch fest: »Es besteht keine Staatskirche«. Das Selbstbestimmungsrecht wurde als ureigenstes Recht der religiösen Korporationen beschrieben. Der **Körperschaftsstatus** und damit das System der Kirchensteuer sollten aufrechterhalten bleiben, Eigentums- und Vermögensrechte der Religionsgesellschaften wie der steuerrechtliche Gemeinnützigkeitsstatus verfassungsrechtlich konserviert werden und die am 1.1.1945 bestehenden Verträge wie die Staatsleistungen bis zu einer einvernehmlichen Ersetzung fortbestehen. Eine besondere Staatsaufsicht über die korporierten Religionsgesellschaften wurde ausgeschlossen. Die Abgeordneten der SPD wandten sich im Hauptausschuss gegen den skizzierten Vorschlag und verwiesen auf die Anwendbarkeit der Glaubens- und Gewissensfreiheit auch auf juristische Personen. Vor allem aber gab man zu bedenken, dass andere soziale Gruppen (man dachte vor allem an die Gewerkschaften) Anspruch auf ähnliche verfassungsrechtliche Rahmenbedingungen für ihre Tätigkeit geltend machen könnten[42]. Wie schon in Weimar gaben die liberalen Abgeordneten den Ausschlag: Sie betonten einerseits die Zuständigkeit der Länder für derartige Regelungen, anderseits die Kompliziertheit und nicht absehbaren Auswirkungen des Vorschlages von CDU/CSU, Zentrum und DP. Zugleich wurde die endgültige Kompromisslinie skizziert, die Beibehaltung der Weimarer Regelungen[43]. Schließlich wurde der Antrag von CDU/CSU, Zentrum und DP mit 11 gegen 10 Stimmen abgelehnt. Daraufhin schlug der christdemokratische Abgeordnete Süsterhenn vor, »die Bestimmungen der Art. 137, 138 II, 139 und 141 der Deutschen Verfassung vom 11.8.1919« aufrecht zu erhalten und in einem zweiten Absatz 12

[37] *C. Israel*, Geschichte des Reichskirchenrechts, 1922; *G. J. Ebers*, Staat und Kirche im neuen Deutschland, 1930; *E. R. Huber/W. Huber*, Staat und Kirche im 19. und 20. Jh., Bd. IV, 2014, S. 127f.; *Kästner* (Fn. 35), Art. 140 Rn. 39.

[38] Der Herrenchiemseer Verfassungsentwurf wollte die Regelung dieser Frage den Ländern überlassen und beschränkte sich auf eine Bestimmung zur Religionsfreiheit: *A. Hollerbach*, Die verfassungsrechtlichen Grundlagen des Staatskirchenrechts, in: HdbStKirchR[1] I, S. 215ff. (218).

[39] *K.-E. Schlief*, Die Entwicklung des Verhältnisses von Staat und Kirche und seine Ausgestaltung im Bonner Grundgesetz, Diss. jur. Münster 1961, S. 66.

[40] *Hollerbach*, Grundlagen (Fn. 38), S. 219f.

[41] Drs. Nr. 321, Parl. Rat V/2, S. 835ff.; auch dokumentiert in JöR 1 (1951), S. 899; ferner bei *Schlief*, Entwicklung (Fn. 39), S. 73f.; *Hollerbach*, Grundlagen (Fn. 38), S. 222f. und *K. Hesse*, JöR 10 (1961), 3 (12f.).

[42] 22. Sitzung des Hauptausschusses vom 8.12.1948, Parl. Rat XIV/1, S. 644ff., 650f.; JöR 1 (1951), S. 901f.

[43] 22. Sitzung des Hauptausschusses vom 8.12.1948, Parl. Rat XIV/1, S. 643f.; JöR 1 (1951), S. 901; *S. Magen*, in: Umbach/Clemens, GG, Art. 140 Rn. 14f.

die am 8.5.1945 bestehenden Verträge mit den Kirchen in Kraft bleiben zu lassen, »bis sie durch neue, von den Ländern abzuschließende Verträge ersetzt werden«[44]. Während Abs. 2 für weitere Kontroversen sorgte (→ Art. 123 Rn. 2, 25f.), fand sich für die avisierte Inkorporation der Weimarer »Kirchenartikel« eine Mehrheit von 12 zu 9 Stimmen[45].

13 Schließlich erreichte der Allgemeine Redaktionsausschuss, die Bestimmungen der Weimarer Verfassung zu **Bestandteilen des Grundgesetzes** zu erklären, statt sie »aufrecht« zu »erhalten«[46]. Auch wurde die Aufzählung der inkorporierten Artikel noch um Art. 136 WRV erweitert[47]. In dieser Form wurde die Norm schließlich auf Vorschlag des Abgeordneten Zinn (SPD) vom Hauptausschuss in vierter Lesung gebilligt und schließlich vom Parlamentarischen Rat verabschiedet[48].

B. Internationale, supranationale und rechtsvergleichende Bezüge

I. Internationale Menschenrechtspakte

14 **Völkerrechtliche Rechtsnormen**, die mit den durch Art. 140 GG inkorporierten Weimarer Kirchenartikeln korrespondieren, d.h. eine Relevanz für die Beziehungen zwischen Staat und Kirchen, resp. Religionsgesellschaften aufweisen, finden sich insbesondere in den verschiedenen globalen und regionalen **Menschenrechtserklärungen und -pakten**[49], die somit auch ein **internationales Religionsrecht** statuieren. Die **gemeinsame** Religionsausübung[50] wird durch **Art. 18 IPbpR** und **Art. 18 AEMR**[51] garantiert. Auch der **korporative** Aspekt der Freiheit zur Gründung von Religionsgesellschaften und Kirchen wird durch Art. 18 IPbpR gesichert[52]. Art. 18 IPbpR erfährt durch die **UN-Resolution 36/55** über die Beseitigung aller Formen der Intoleranz und Diskriminierung aufgrund der Religion und der Weltanschauung eine zwar rechtlich unverbindliche, aber **interpretationsanleitende Präzisierung und Detaillierung** gerade in **kollektiver und korporativer** Hinsicht[53].

15 Die genaue Bestimmung des **sachlichen Schutzbereichs** völkerrechtlich geschützter Religionsfreiheit gestaltet sich schwierig, da in globaler Perspektive diejenigen sozi-

---

[44] 22. Sitzung des Hauptausschusses vom 8.12.1948, Parl. Rat IV/1, S. 655; JöR 1 (1951), S. 902; *Hollerbach*, Grundlagen (Fn. 38), S. 224.

[45] 22. Sitzung des Hauptausschusses vom 8.12.1948, Parl. Rat IV/1, S. 655ff., 658; JöR 1 (1951), S. 902f.; *Kästner* (Fn. 35), Art. 140 Anm. I. (S. 5).

[46] Drs. Nr. 374, Parl. Rat VII, S. 193; Drs. Nr. 751, Parl. Rat VII, S. 530; JöR 1 (1951), S. 903, 907.

[47] *Schlief*, Entwicklung (Fn. 39), S. 96f.

[48] *Schlief*, Entwicklung (Fn. 39), S. 97.

[49] *O. Kimminich*, Religionsfreiheit als Menschenrecht, 1990; *A. Hollerbach*, Religions- und Kirchenfreiheit im KSZE-Prozeß, in: FS Benda, 1995, S. 115ff.; *H. Weber*, ZevKR 45 (2000), 109 (135ff.); *W. Fiedler*, Staat und Religion, VVDStRL 59 (2000), S. 199ff.

[50] Auch auf internationaler Ebene ist zwischen individueller, kollektiver und korporativer Religionsfreiheit zu unterscheiden (→ Art. 4 Rn. 23ff.).

[51] Art. 18 AEMR kommt mangels Rechtsverbindlichkeit vor allem eine in weltbürgerlicher Hinsicht nicht zu unterschätzende Signal- und Vorbildfunktion auch in Bezug auf religionsfreiheitliche Garantien zu. *F. Matscher*, Gedanken-, Gewissens- und Religionsfreiheit, in: ders. (Hrsg.), Folterverbot sowie Religions- und Gewissensfreiheit, 1990, S. 46f. verweist u.a. auf die Adaption durch die AMRK und die Afrikanische Menschenrechtscharta.

[52] *Kimminich*, Religionsfreiheit (Fn. 49), S. 99f.

[53] Text abgedruckt bei *Kimminich*, Religionsfreiheit (Fn. 49), S. 210ff. Erläuternd dazu ebd., S. 132ff.

alen Phänomene, die als Religion anerkannt werden können, nur unter Zuhilfenahme sozialtypologischer, religionswissenschaftlicher und ethnologischer Kriterien ausgemacht werden können. Das völkerrechtlich durch Art. 18 IPbpR geschützte Tätigkeitsfeld ist restriktiver zu fassen als bei Art. 4 GG und beinhaltet eingedenk der Entstehungsgeschichte und der Zielsetzung des IPbpR nicht jedwede religiös oder weltanschaulich motivierte Handlung oder Unterlassung[54]. Gleichbehandlungsgebote im Hinblick auf die Religion oder Weltanschauung und damit **paritätsrechtliche** Elemente enthalten **Art. 2 AEMR** und **Art. 27 IPbpR.**

Umfangreiche Erwähnung findet die **kollektive und korporative Religionsfreiheit** in den Dokumenten der **KSZE** (seit 1995 OSZE)[55], denen allerdings kein rechtsverbindlicher Charakter zukommt. Als soft law können sie zur Interpretation von Völkerrechtsakten wie auch zur Begründung von Völkergewohnheitsrecht herangezogen werden[56]. 16

Von besonderer regionaler Bedeutung ist die Gewährleistung der kollektiven wie korporativen Religionsfreiheit in **Art. 9 EMRK und die Konkretisierung dieser Gewährleistung durch die Rechtsprechung des EGMR**[57]. Nach anfänglichem Zögern sieht der EGMR – ungeachtet der primär individualbezogenen Gewährleistungen der EMRK – auch die Religionsgesellschaften und Kirchen selbst als Träger des Grundrechts auf Religionsfreiheit[58]. Der sachliche Schutzbereich umfasst nicht nur die Berechtigung der Kirchen und Religionsgesellschaften, »ihre Religion auszuüben, Riten, Gebräuche und Lehre zu pflegen, Gottesdienste zu organisieren und schließlich eine gewisse Einheitlichkeit zu fördern«[59], sondern auch das Recht auf kirchliche Selbstbestimmung. Allerdings gehen die Gewährleistungen nach Art. 9 EMRK diesbezüglich nicht so weit, wie Art. 4 GG/Art. 137 III WRV in Deutschland interpretiert werden (→ Art. 137 WRV Rn. 44ff.)[60]. Art. 9 II EMRK enthält eine Schrankenregelung in Form eines qualifizierten Gesetzesvorbehalts. Der EGMR begrenzt die kirchliche Selbstbestimmung durch die sorgfältige Abwägung mit den entgegenstehenden Rechten der von den Religionsgemeinschaften Beschäftigten[61]. 17

---

[54] *Kimminich*, Religionsfreiheit (Fn. 49), S. 103.

[55] *Hollerbach*, Religions- und Kirchenfreiheit (Fn. 49), S. 120ff.; *ders.*, ZevKR 35 (1990), 250 (252f.); *Kimminich*, Religionsfreiheit (Fn. 49), S. 145ff.; *J.P. Müller*, JöR 45 (1997), 1ff.; *H. Tretter*, EuGRZ 1989, 79ff.

[56] *Kimminich*, Religionsfreiheit (Fn. 49), S. 171 m.w.N.

[57] Zur Rechtsprechung des EGMR siehe *C. Walter*, Nationales, europäisches und internationales Religionsrecht in der Wechselwirkung, in: Heinig/Walter, Spannungsfelder (Fn. 9), S. 189ff.

[58] EKMR DR 16, 68 (70), in der die bisherige Rspr. ausdrücklich aufgegeben wurde; seitdem st. Rspr. Siehe im einzelnen *H.-T. Conring*, Korporative Religionsfreiheit in Europa, 1998, S. 334ff. m.w.N; *C. Walter*, in: Dörr/Grote/Marauhn, EMRK/GG^2, Kap. 17, Rn. 104ff.; *Grabenwarter/Pabel*, EMRK, § 22 Rn. 109.

[59] *Conring*, Religionsfreiheit (Fn. 58), S. 363 unter Verweis auf EKMR DR 72, 256 und EKMR DR 5, 158; *Walter* (Fn. 58), Kap. 17, Rn. 47f.

[60] *N. Blum*, Die Gedanken-, Gewissens- und Religionsfreiheit nach Art. 9 der Europäischen Menschenrechtskonvention, 1990, S. 170ff.; *J.A. Frowein*, Die Bedeutung des die Gedanken-, Gewissens- und Religionsfreiheit garantierenden Artikels 9 der Europäischen Menschenrechtskonvention, in: Essener Gespräche 27 (1993), S. 46ff.; *H. Weber*, ZevKR 45 (2000), 109 (147f.).

[61] *A. Ungern-Sternberg*, Zwischen Sicherheitsnetz und Wertegemeinschaft. Nationale religionsrechtliche Ordnungen unter dem Einfluss der EMRK, in: Heinig/Walter, Spannungsfelder (Fn. 9), S. 171ff. (184f.); *B. Griebel*, Die Religionsgesellschaft zwischen Staatsrecht und Europarecht, 2014, S. 247ff.

II. Unionsrecht

18 Mit der fortschreitenden Integration in der **Europäischen Union** geht ein Bedeutungsgewinn des EU-Rechts für die rechtlichen Beziehungen zwischen Staat und Kirchen bzw. Religionsgesellschaften einher[62]. Bis zum Inkrafttreten des Amsterdamer Vertrages fanden Religion und Religionsgesellschaften in der Unionsgrundordnung zwar keine Erwähnung. Die EU hat entsprechend keine originären religionspolitischen Aufgaben übertragen bekommen und keine diesbezüglichen Kompetenzen zur Setzung von Rechtsakten[63]. Doch lassen sich maßgebliche **Einflüsse mittelbarer Art** auf das deutsche Staatskirchenrecht festmachen[64], da die Tätigkeit der Kirchen in viele, auch wirtschaftliche, Lebensbereiche hineinreicht, für die die EU vertraglich zugesicherte Regelungskompetenzen besitzt[65]. Insbesondere das kirchliche Dienst- und Arbeitsrecht, das Kirchensteuerrecht, aber auch die nationalen rechtlichen Rahmenbedingungen der kirchlichen Wohlfahrtspflege[66] stehen deshalb in einem Spannungsverhältnis zum Unionsrecht[67]. Auch Bildungs- und Ausbildungsaspekte, theologische Fakultäten oder das kirchliche Organisations- und Vereinsrecht können betroffen sein[68].

19 Auf EU-Ebene lässt sich zunehmend die Herausbildung eines **Europäischen Religions(verfassungs)rechts**[69] beobachten, das auch **religiöse Interessen anerkennt** und ihnen Beachtung schenkt[70], so etwa bei der Berücksichtigung religiöser Belange im Tierschutzrecht, im Rundfunkrecht oder in Arbeitszeitbestimmungen (→ Art. 139 WRV Rn. 5). Das Sekundärrecht kennt zunehmend Ausnahmetatbestände, die die Berücksichtigung nationaler religionsverfassungsrechtlicher Spezifika ermöglichen.

20 Eine explizite Anerkennung der bestehenden nationalen Staat-Kirche-Regime erfolgte durch die **Erklärung Nr. 11 der Regierungskonferenz von Amsterdam**. Kirchen und Religionsgesellschaften wurden damit erstmalig ausdrücklich als Akteure auf EU-Ebene anerkannt[71]. Allerdings ging damit **kein rechtlich verbindlicher Schutz** des nationalen Staatskirchenrechts vor mittelbaren Folgewirkungen des Europarechts

---

[62] Zum Einfluss europäischen Primär- und Sekundärrechts auf die Rechtsverhältnisse der Religionsgesellschaften vgl. *H. Weber*, NVwZ 2011, 1485 (1486ff.).

[63] *A. Hollerbach*, ZevKR 35 (1990), 250 (268); *H.M. Heinig*, Öffentlich-rechtliche Religionsgesellschaften, 2003, S. 380.

[64] *Magen* (Fn. 43), Art. 140 Rn. 36.

[65] *H.M. Heinig*, Die Verfassung der Religion, 2014, S. 376; zur Bedeutung der Grundfreiheiten für die wirtschaftliche Betätigung der Religionsgemeinschaften s. *Griebel*, Religionsgesellschaft (Fn. 61), S. 109ff.

[66] *C. Benicke*, EuZW 1996, 165ff.; a. A. *K. Ipsen*, Soziale Dienstleistungen und EG-Recht, 1997 und *B.-O. Kuper*, EuroAS 1998, 22ff.

[67] *Griebel*, Religionsgesellschaft (Fn. 61), S. 177ff., 259ff.; *G. Robbers*, Die Fortentwicklung des Europarechts und seine Auswirkungen auf die Beziehungen zwischen Staat und Kirche in der Bundesrepublik Deutschland, in: Essener Gespräche 27 (1993), S. 88ff.; *R. Streinz*, Auswirkungen des Europarechts auf das deutsche Staatskirchenrecht, in: Essener Gespräche 31 (1997); *v. Campenhausen/de Wall*, Staatskirchenrecht (Fn. 17), S. 360ff.

[68] *Griebel*, Religionsgesellschaft (Fn. 61), S. 363ff.; *C. Link*, ZevKR 42 (1997), 143ff.; Zum Verhältnis von Staat und Kirche im Blick auf die Europäische Union, 1995, hrsgg. vom Kirchenamt der EKD und dem Sekretariat der Deutschen Bischofskonferenz, S. 11ff.

[69] *P. Häberle*, AöR 121 (1996), 677 (678); siehe zur jüngeren Entwicklung auch *S. Rixen*, EU-Recht und deutsches Staatskirchenrecht, in: T. Holzner/H. Ludyga (Hrsg.), Entwicklungstendenzen des Staatskirchen- und Religionsverfassungsrechts, 2013, S. 119ff. (122ff.).

[70] *H.M. Heinig*, ZEE 1999, 294 (307).

[71] »Die Europäische Union achtet den Status, den Kirchen und religiöse Vereinigungen oder Gemeinschaften in den Mitgliedstaaten nach deren Rechtsvorschriften genießen, und beeinträchtigt ihn nicht. Die Europäische Union achtet den Status von weltanschaulichen Gemeinschaften in gleicher

einher[72]. Nach **Art. 17 I, II AEUV** achtet die Europäische Union den Status, den die Religions- und Weltanschauungsgemeinschaften in den mitgliedstaatlichen Rechtsordnungen genießen[73]. Diese Regelung gewährt einen Bestandsschutz für das nationale Religionsverfassungsrecht. Ziel ist, wie bereits bei einer entsprechenden in Art. I-52 des Entwurfs für eine europäische Verfassung vorgesehenen Regelung, die Wahrung der nationalen Identität. Dies entspricht den Vorgaben durch das Bundesverfassungsgericht, welches das Religionsverfassungsrecht als Teil der integrationsfesten Verfassungsidentität der Regelung durch die EU entzogen hat[74]. Die Unionsorgane müssen bei der Wahrnehmung ihrer Kompetenzen somit auch die nationalen Besonderheiten auf dem Gebiet des Religionsverfassungsrechts in ihre Abwägung einbeziehen, nicht jedoch, diese vorrangig zu berücksichtigen[75]. Durch den vorgeschriebenen Dialog der EU Organe mit den Religionsgemeinschaften nach Art. 17 III AEUV steigen deren Einflussmöglichkeiten[76]. Art. 13 EGV sah in der Fassung des Amsterdamer Vertrags (unverändert durch den Vertrag von Nizza) eine »geschriebene religionsrechtliche Annexkompetenz«[77] der Gemeinschaft vor, welche freilich restriktiv zu interpretieren war und insgesamt zu einer nur »dürftigen Ausstattung«[78] der Gemeinschaft mit religionsrechtlichen Befugnissen führte. Diese Regelung wurde in Art. 19 AEUV nahezu wortgleich übernommen. Die Querschnittsklausel in Art. 10 AEUV verpflichtet die Union, innerhalb ihres Kompetenzbereichs auf die Bekämpfung von Diskriminierungen auch aus Gründen der Religion oder Weltanschauung.

Die Europäische Union kennt neben Art. 17 AEUV in ihrer föderativ angelegten 21
Verfasstheit mit dem Grundsatz der begrenzten Einzelermächtigung sowie der Subsidiarität und Verhältnismäßigkeit (Art. 5 I EUV), dem **Schutz der nationalen Identität** (Art. 4 II EUV) und schließlich der Verpflichtung zur Wahrung der nationalen und regionalen kulturellen Vielfalt weitere rechtliche Vorkehrungen, die den Einflüssen des Europarechts auf das deutsche Religionsverfassungsrecht Grenzen setzen. Eine vollständige oder teilweise Bereichsausnahme von den Wirkungen des Europarechts auf das deutsche Staatskirchenrecht lässt sich auf diesem Wege allerdings nicht begründen.

Von besonderer Bedeutung und essentieller Bestandteil des europäischen Religions- 22
verfassungsrechts ist schließlich das **Grundrecht auf Religionsfreiheit**[79]. Dieses ist in **Art. 10 GRCh** nunmehr primärrechtlich verankert. Auch die korporative Religionsfreiheit ist als EU-Grundrecht grundsätzlich anerkannt[80].

Weise.« Siehe *H. Tempel*, Evangelische Kommentare 1997, S. 443; auch *G. Robbers*, Stimmen der Zeit 1998, S. 151ff.

[72] *R. Stotz*, EuZW 1998, 737; *H.M. Heinig*, ZEE 1999, 294 (303f.).

[73] Umfassend zum Gewährleistungsgehalt *P. Schnabel*, Der Dialog nach Art. 17 III AEUV, 2014, S. 179ff.; siehe auch *C. Waldhoff*, in: Calliess/Ruffert, EUV/AEUV, Art. 17 AEUV, Rn. 6.

[74] BVerfGE 123, 267 (359, Rn. 252; 363, Rn. 260).

[75] So auch *H. Weber*, NVwZ 2011, 1485 (1487).

[76] *Schnabel*, Dialog (Fn. 73), S. 289ff.; ebenso *Rixen*, EU-Recht (Fn. 69), S. 123f.

[77] *Heinig*, Öffentlich-rechtliche Religionsgesellschaften (Fn. 63), S. 384ff.

[78] *Heinig*, Öffentlich-rechtliche Religionsgesellschaften (Fn. 63), S. 395.

[79] Ausführlich *M. Borowski*, Die Glaubens- und Gewissensfreiheit des Grundgesetzes, 2006, S. 134ff., 148ff., 156ff.; *R. Streinz*, in: ders., EUV/AEUV, Art. 10 GrCh, Rn. 1ff.

[80] *Robbers*, Fortentwicklung (Fn. 67), S. 87; *Streinz*, Auswirkungen (Fn. 67), S. 82; *J. Müller-Volbehr*, ZevKR 44 (1999), 385 (406ff.).

III. Rechtsvergleichende Hinweise

23 Die rechtliche Ausgestaltung der Staat-Kirchen-Beziehungen weist innerhalb der Staatengemeinschaft weitgehende Divergenzen auf[81]. Üblich ist die klassifizierende Unterscheidung zwischen Staatskirchensystemen, Systemen der Kooperation und laizistischen Systemen[82]. Beispiele für **staats- und volkskirchliche** Regime sind z.B. Dänemark und Griechenland[83]. In Italien dagegen ist die Bindung zwischen Staat und Kirche de jure stärker **kooperativ** strukturiert[84], ebenso in der spanischen Verfassung[85]. Einem kooperativen Modell wären ferner u.a. Österreich oder Belgien zuzuordnen. Prominentester Vertreter eines **Trennungsmodells** sind die Vereinigten Staaten von Amerika[86]. Der erste Zusatzartikel der Verfassung der USA wurde im Laufe der Zeit zunehmend im Sinne einer umfassenden und weitreichenden Trennung von Staat und Kirche verstanden, die freilich auch etliche Durchbrechungen kennt[87]. Insbesondere bildeten sich wie in keinem anderen Land auf dieser Grundlage zivilreligiöse Strukturen im öffentlichen Leben aus[88]. Art. 1 der Verfassung der Republik Frankreich weist dem **Laizismus** Verfassungsrang zu, ausgestaltet durch zahlreiche einfach-rechtliche Regelungen, welche beispielsweise das Schulwesen betreffen[89]. Die **Schweiz** weist alle drei Modelle gleichzeitig auf, da das Staatskirchenrecht dort gem. Art. 72 I nBV in die Kompetenzen der Kantone fällt und diese höchst unterschiedliche Wege beschritten haben[90]. Sie könnte mit ihrer »**religionsrechtlichen Diversifizität**«[91] zugleich als Vorbild für ein religionsrechtliches System der EU dienen. In Europa lässt sich zudem seit einiger Zeit ein Prozess der Konvergenz beobachten[92]. Die skizzierten Modelle haben einen beachtlichen heuristischen Wert. Allerdings sind die historisch sehr unterschiedlich gewachsenen nationalen Strukturen rechtsvergleichend auf funktionelle Äquivalente und rechtliche Gemeinsamkeiten hin zu untersuchen. Ein dergestalt extrahiertes **Gemeineuropäisches Religionsverfassungsrecht**[93] weist deutlich ge-

---

[81] Siehe Länderberichte bei G. Robbers (Hrsg.), Staat und Kirche in der Europäischen Union, 2. Aufl. 2005.

[82] Ausführlich anhand von Beispielen dazu *Walter*, Religionsverfassungsrecht (Fn. 34), S. 128ff.

[83] § 4 der Verfassung des Königreichs Dänemark bestimmt, dass die evangelisch-lutherische Kirche dänische Volkskirche ist und als solche vom Staat unterstützt wird. Art. 3 der Verfassung der Republik Griechenland determiniert die Präponderanz der Orthodoxie verfassungsrechtlich.

[84] Art. 7 der Verfassung betont, dass Staat und (kath.) Kirche, jeder in seinem Bereich, unabhängig und souverän sind.

[85] Art. 16 III 2 verpflichtet die Staatsgewalt auf »kooperative Beziehungen zur katholischen Kirche und den sonstigen Konfessionen«.

[86] Weiterführend *Walter*, Religionsverfassungsrecht (Fn. 34), S. 128ff., 204ff., 231ff., 281ff., 292ff., 300ff., 323f.

[87] *v. Campenhausen/de Wall*, Staatskirchenrecht (Fn. 17), S. 348f.; *W. Heun*, Die Trennung von Kirche und Staat in den Vereinigten Staaten von Amerika, in: FS Heckel, 1999, S. 341ff.

[88] Siehe H. Kleger/A. Müller (Hrsg.), Religion des Bürgers, 1986; *J. v. Soosten*, ZEE 1993, 139ff.; für Deutschland *W. Vögele*, Zivilreligion in der Bundesrepublik Deutschland, 1994; *H.M. Heinig*, Zivilreligiöse Grundierungen europäischer Religionspolitik, in: R. Schieder (Hrsg.), Religionspolitik und Zivilreligion, 2001, S. 100ff.

[89] *A. v. Campenhausen*, Staat und Kirche in Frankreich, 1962, S. 11ff.; *Walter*, Religionsverfassungsrecht (Fn. 34), S. 162ff.; 218ff., 253ff., 280f., 299f.; zur laizistischen Ausgestaltung des frz. Schulwesens s. *V. Wick*, Die Trennung von Staat und Kirche, 2007, S. 69ff., 87ff.

[90] *D. Kraus*, Schweizerisches Staatskirchenrecht, 1993; *Conring*, Religionsfreiheit (Fn. 58), S. 164ff.

[91] *H.M. Heinig*, ZEE 1999, 294 (307).

[92] *G. Robbers*, ZevKR 42 (1997), 122 (127).

[93] Im Sinne von *P. Häberle*, EuGRZ 1991, 261ff.

meinsame Bestände auf. Die Grundsätze der Religionsfreiheit, der partiellen oder umfassenden Förderung von Religion sowie der Anerkennung von Religionsgesellschaften als Faktoren des öffentlichen Lebens sind in Europa in nahezu allen Staaten bekannt[94].

Die **Verfassungen der Länder** weisen ein erheblich divergierendes Regelungsniveau 24
auf. Teilweise sind in ihnen keine spezifischen Normen über das Verhältnis zu Kirchen und Religionsgesellschaften enthalten[95]. Die durch Art. 140 GG inkorporierten Artikel der Weimarer Reichsverfassung werden in einigen Länderverfassungen ebenfalls aufgenommen[96], dann aber durch besondere detaillierte Regelungen flankiert. Diese enthalten insbesondere Ausführungen zur Wohlfahrtspflege, zu Staatsleistungen, zu Kirchenverträgen, theologischen Fakultäten oder zur Seelsorge in öffentlichen Anstalten[97]. Vollständig eigenständige staatskirchenrechtliche Normierungen enthalten die Verfassungen von Bayern, Bremen, Brandenburg, Hessen, Rheinland-Pfalz und dem Saarland[98]. Signifikant ist, dass die neueren westdeutschen Landesverfassungen im Gegensatz zu den älteren kein Religionsverfassungsrecht mehr kennen[99], während in den neuen Bundesländern, wohl auch in Honorierung der Rolle der Kirchen in der DDR, durchweg entsprechende Vorschriften Aufnahme gefunden haben[100]. Problematisch erscheint die Abweichung des Landes- vom Bundesreligionsverfassungsrecht. So beschränkt Art. 142 III BayVerf. etwa die Gewährleistungen auf »anerkannte Religionsgemeinschaften«. Soweit nicht bereits durch Auslegung eine Kollision der Normbereiche vermieden werden kann, findet in solchen Fällen Art. 31 GG Anwendung. Der zunehmende religiöse Pluralisierungsdruck wird rechtlich – vermittelt durch den Paritätsgrundsatz – steigende Homogenitätsanforderungen nach sich ziehen[101].

C. Erläuterungen

I. Allgemeine Bedeutung

Art. 140 GG bildet einen formellen **Hauptpfeiler des Religionsrechts** des Grundgeset- 25
zes – neben den materiellen Garantien der Religionsfreiheit aus Art. 4 I und II GG und den Rechten auf Gleichbehandlung aus Art. 3 III und 33 III GG. Den über Art. 140 GG dem Grundgesetz eingefügten Normen kommt im Hinblick auf den von ihnen erfassten Regelungskomplex die Funktion **»säkularisierten Rahmenrechts«**[102] zu, das nicht

[94] *H.M. Heinig*, ZEE 1999, 294 (307).

[95] So in Hamburg, Niedersachsen, Schleswig-Holstein und Berlin.

[96] So in Art. 5 BWVerf.; Art. 9 I M-VVerf.; Art. 22 NWVerf.; Art. 109 IV SächsVerf.; Art. 32 V S-AVerf. und Art. 40 ThürVerf.

[97] Siehe Art. 4, 6–10 BWVerf.; Art. 9 II, III M-VVerf.; Art. 19–23 NWVerf.; Art. 109–112 SächsVerf.; Art. 32f. S-AVerf. und Art. 39–41 ThürVerf.

[98] Art. 142–150 BayVerf.; Art. 36–38 BrandbVerf. mit der bemerkenswerten Anerkennung des Öffentlichkeitsauftrags in Art. 36 III 1; Art. 59–63 BremVerf.; Art. 48–54 HessVerf.; Art. 41–48 R-PVerf. und Art. 35–42 SaarlVerf.

[99] → Fn. 85.

[100] S. dazu jetzt *A. Kupke*, Die Entwicklung des deutschen »Religionsverfassungsrechts« nach der Wiedervereinigung, insbesondere in den neuen Bundesländern, 2004.

[101] S. allerdings demgegenüber den durch das »Kopftuchurteil« angestoßenen Prozess der religionsrechtlichen Partikularisierung; dazu *F. Hufen*, NJW 2004, 575ff.

[102] *M. Heckel*, ZevKR 44 (1999), 345; *ders.*, ZevKR 45 (2000), 187f.; s. auch *D. Pirson*, Die zeitlose Qualität der Weimarer Kirchenartikel, in: FS Maurer, 2001, S. 409ff. (420).

zuletzt die Abwicklung der früheren Rechtsgemeinschaft von Staat und Kirche und deren Überführung in ein neues Religionsverfassungsverhältnis zum Gegenstand hat[103].

26 »**Religionsrecht**«[104] meint die Gesamtheit desjenigen Rechts, das die Rechte und Pflichten aus Anlass von Handlungen begründet, die unter dem Anspruch religiöser oder weltanschaulicher Sinndeutung stehen unter Einschluss der Regelungen über die religiösen Organisationen. Der Name »Religionsrecht« erscheint angemessener als der herkömmliche Begriff des »Staatskirchenrechts«, da nach Art. 137 I WRV keine Staatskirche besteht, es zudem auch um die Rechtsstellung der Religionsgesellschaften nicht kirchlichen Charakters geht und systematisch richtigerweise auch das religiöse Handeln von Individuen mit in den Blick genommen wird[105]. Gemeint ist hier immer nur das **staatliche** Recht, nicht das Kirchenrecht[106] als das von den Religionsgesellschaften autonom gesetzte Binnenrecht. Das Religionsrecht erfasst die verschiedensten Bereiche[107]. Es verteilt sich auf die Ebenen des Verfassungsrechts (»Religionsverfassungsrecht«[108]), hier getrennt nach Bund und Ländern[109], und des einfachen Rechts.

27 Die über Art. 140 GG rezipierten Weimarer Artikel gelten überwiegend der **organisatorischen Seite** von Religion und religiöser Betätigung. **Organisatorisches Handeln** hat andere Eigenschaften und Dimensionen als das Handeln von Individuen, weshalb eine eigene rechtliche Normierung geboten und gerechtfertigt ist (→ Art. 4 Rn. 90f., 108ff.). Organisationen zeitigen Emergenzphänomene, das heißt, mit ihnen werden Möglichkeiten, Bedürfnisse aber auch Probleme geschaffen, die gegenüber dem Han-

---

[103] *Pirson*, Kirchenartikel (Fn. 102), S. 413.

[104] Zum Begriff s. den programmatisch gemeinten Titel von *P. Mikat*, Religionsrechtliche Schriften, 2 Halbbde., 1974; *P. Häberle*, Eine Theorie des Religionsverfassungsrechts von 1976, in: T. Holzner/H. Ludyga (Hrsg.), Entwicklungstendenzen des Staatskirchen- und Religionsverfassungsrechts, 2011, S. 29ff. (30ff.), s. auch *A. Hollerbach*, HStR VI, § 138 Rn. 1ff.; *ders.*, Staatskirchenrecht oder Religionsrecht?, in: FS Schmitz, 1994, S. 869ff.; *ders.*, KuR 1997, 1ff., 49ff.; *G. Czermak*, NVwZ 1999, 743ff. Zur Geschichte der Begriffsverwendung s. weiter *Pirson*, Wurzeln (Fn. 12), S. 11 mit Fn. 18; insbesondere *A. Hense*, Staatskirchenrecht oder Religionsverfassungsrecht: mehr als ein Streit um Begriffe, in: A. Haratsch u. a. (Hrsg.), Religion und Weltanschauung im säkularen Staat, 2001, S. 9ff.; H.M. Heinig/C. Walter (Hrsg.), Staatskirchenrecht oder Religionsverfassungsrecht?, 2007, passim; *C. Waldhoff*, Staatskirchenrecht – eine Begriffsbestimmung, in: T. Holzner/H. Ludyga (Hrsg.), Entwicklungstendenzen des Staatskirchen- und Religionsverfassungsrechts, 2011, S. 13ff. (22ff.).

[105] Dazu ausführlich *M. Morlok*, Die korporative Religionsfreiheit und das Selbstbestimmungsrecht nach Art. 140 GG/Art. 137 Abs. 3 WRV einschließlich ihrer Schranken, in: Heinig/Walter, Staatskirchenrecht (Fn. 104), S. 185ff.

[106] Dazu *G. Robbers*, Art. Kirchenrecht, in: EvStL^4, Sp. 1196ff.; *K. Schlaich*, ZevKR 28 (1983), 337ff.; *A. Stein*, Evangelisches Kirchenrecht, 3. Aufl. 1992; W. Aymanns/K. Mörsdorf (Hrsg.), Kanonisches Recht, 13. Aufl., Bd. 1 (1991), Bd. 2 (1997); S. Haering/W. Rees/H. Schmitz (Hrsg.), Handbuch des katholischen Kirchenrechts, 3. Aufl. 2015.

[107] *P. Mikat*, Zur rechtlichen Bedeutung religiöser Interessen, in: ders., Schriften (Fn. 104), S. 303ff. (306); *J. Müller-Volbehr*, Das Staatskirchenrecht als Gegenstand der einfachen Gesetzgebung in Bund und Ländern, in: HdbStKirchR^2 I, S. 289ff.; *M. Morlok/J. Krüper*, Art. Religionsrecht, in: EvStL^4, Sp. 2019ff.

[108] Vgl. *Häberle*, »Staatskirchenrecht« als Religionsrecht der verfaßten Gesellschaft, in: ders., Verfassung als öffentlicher Prozeß, 3. Aufl. 1998, S. 329ff. (344ff.).

[109] Für einen Überblick *P. Badura*, Staatskirchenrecht als Gegenstand des Verfassungsrechts, in: HdbStKirchR^2 I, S. 211ff. (245ff.); *v. Campenhausen/de Wall*, Staatskirchenrecht (Fn. 17), S. 39ff.; für die neuen Länder *C. Fuchs*, Das Staatskirchenrecht der neuen Bundesländer, 1999; *E. Burger*, Staatskirchenrecht in Sachsen, 1998, S. 53ff., 63ff. et passim.

deln von Individuen neue Qualitäten haben[110]. Beispielhaft sei hier das **kirchliche Arbeitsrecht** genannt, welches nicht allein nach Maßgabe arbeitsrechtlicher Überlegungen auszugestalten ist, sondern auch dem Umstand Rechnung tragen muss, dass es sich bei Kirchen um sog. Tendenzbetriebe handelt[111]. Aufgrund der individualrechtlichen Ausrichtung des Grundgesetzes, welche auch in der auf den Einzelnen abzielenden Formulierung von Art. 9 I GG deutlich wird, sind jedoch auch die religionsverfassungsrechtlichen Regelungen vom Grundrecht der Religionsfreiheit her zu begreifen.

II. Inkorporation

Durch Art. 140 GG werden die im Text genannten Normen der WRV[112] dem Grundgesetz inkorporiert[113], das heißt zum **Teil des Textbestandes** des Grundgesetzes selbst. Sie sind von gleicher Normqualität wie dessen sonstige Bestimmungen und bilden **vollgültiges Verfassungsrecht**[114]. Aus der räumlich getrennten Stellung im Grundgesetz ist nichts zu folgern[115]. 28

III. Auslegung und systematische Einordnung

Die dem Grundgesetz inkorporierten Bestimmungen sind nicht als solche der WRV, sondern als Element des Grundgesetzes auszulegen[116]; ihr Verständnis ist also nicht gebunden an den Stand der rechtswissenschaftlichen Diskussion zu Geltungszeiten der WRV[117]. Dies führt im Zusammenspiel mit dem neuen normativen Kontext des Grundgesetzes und auch der veränderten Wirklichkeit, welche die Verfassungsnormen regeln sollen, zu einem **Bedeutungswandel** der übernommenen religionsrechtlichen Bestimmungen[118]. Die systematische Auslegung beschränkt sich dabei nicht auf 29

[110] Vgl. *N. Luhmann*, Die Gesellschaft der Gesellschaft, 2. Teilbd., 1997, S. 826ff.; *ders.*, Organisation und Entscheidung, 2000. Siehe auch *U.K. Preuß*, in: AK-GG, Art. 140 (2001), Rn. 17ff.; *Morlok*, Religionsfreiheit (Fn. 105), S. 185ff. (198).

[111] Dazu *G. Thüsing*, Kirchliches Arbeitsrecht, 2006; s. auch *C.D. Classen*, Religionsrecht, 2. Aufl. 2015, Rn. 429ff.

[112] Nicht übernommen wurden Art. 140 (→ Art. 141 WRV Rn. 3) und Art. 10 Nr. 1 WRV, außerdem wurde Art. 4 GG schrankenlos ausgestaltet und insofern wesentlich gegenüber der Vorläuferbestimmung des Art. 135 WRV verändert (→ Art. 4 Rn. 124); zur Diskussion im Parlamentarischen Rat *W. Bock*, AöR 123 (1998), 444 (462ff.).

[113] Zum Begriff der Inkorporation *G. Hoffmann*, Die Inkorporation von Normen in einer Rechtsordnung, in: FS Obermayer, 1986, S. 33ff. → Art. 79 I Rn. 25.

[114] BVerfGE 19, 206 (219); 19, 226 (236); 53, 366 (400); *A. v. Campenhausen/P. Unruh*, in: v. Mangoldt/Klein/Starck, GG III, Art. 140 Rn. 8; *Preuß* (Fn. 110), Art. 140 Rn. 15; *Ehlers* (Fn. 34), Art. 140 Rn. 2, 66; *Kästner* (Fn. 35), Art. 140 Rn. 145; *Magen* (Fn. 43), Art. 140 Rn. 19; *H. Hofmann*, in: Schmidt-Bleibtreu/Hofmann/Henneke, GG, Art. 140 Rn. 4; *Borowski*, Glaubensfreiheit (Fn. 79), S. 341ff.

[115] *A. Hollerbach*, HStR VI, § 138 Rn. 19; *v. Campenhausen/Unruh* (Fn. 114), Art. 140 Rn. 8; s. aber: → Rn. 29ff.

[116] BVerfGE 102, 370 (387, Rn. 70); zur Auslegung s. *Magen* (Fn. 43), Art. 140 Rn. 20.

[117] BVerfGE 19, 226 (236); *Preuß* (Fn. 110), Art. 140 Rn. 15; *S. Korioth*, in: Maunz/Dürig, GG, Art. 140 (2003), Rn. 9ff.; in diesem Sinne aber *C. Hillgruber*, Der öffentlich-rechtliche Körperschaftsstatus nach Art. 137 Abs. 5 WRV, in: Heinig/Walter, Staatskirchenrecht (Fn. 104), S. 213ff. (insbes. 226); s. auch *ders.*, NVwZ 2001, 1347ff.

[118] Klassisch geworden ist die Formulierung von *R. Smend*, ZevKR 1 (1951), 4 (4): »wenn zwei Grundgesetze dasselbe sagen, so ist es nicht dasselbe«. Wiederdruck: *ders.*, Staat und Kirche nach dem Bonner Grundgesetz, in: H. Quaritsch/H. Weber (Hrsg.), Staat und Kirchen in der Bundesrepublik, 1967, S. 34ff. (insbes. 39f.); *K. Hesse*, JöR 10 (1961), 1 (22ff.). Dieser Bedeutungswandel war

die religionsrechtlichen Normen, sondern nimmt auch die sonstigen Normen in den Blick, die das Grundgesetz prägen. Wesentlich dabei ist die sehr viel stärkere Rolle, die den Grundrechten im Grundgesetz gegenüber denen in der WRV zukommt. Dies kommt nicht zuletzt auch in der Aufwertung der Religionsfreiheit zum Ausdruck, die unter dem Grundgesetz keinem Gesetzesvorbehalt mehr unterworfen ist. Auch die wissenschaftlich-dogmatische Aufbereitung trägt zum veränderten Verständnis bei, genannt sei nur die objektiv-rechtliche Bedeutung der Grundrechte. Dies führt zusammengenommen zu einer **grundrechtlichen Aufladung** auch der Normen des Organisationsreligionsrechts aus der Weimarer Reichsverfassung[119]. Nach herrschender Auffassung sind die Weimarer Bestimmungen wegen ihrer Stellung im Grundgesetz außerhalb des ersten Abschnittes des Grundgesetzes **keine Grundrechte**. Demnach könnte ihre Verletzung nicht unmittelbar mit der Verfassungsbeschwerde gerügt werden[120]. Freilich ist sehr zweifelhaft, ob der (zufälligen) Stellung im Grundgesetz so weitreichende Bedeutung gegeben werden kann. Systematisch könnte auch dahingehend argumentiert werden, dass durch die Inkorporation auch die Grundrechtsqualität den Weimarer Bestimmungen zugewachsen ist.

30 Sachlich haben die übernommenen Bestimmungen zum guten Teil **freiheitsrechtlichen Charakter** und sollen offensichtlich auch subjektive Rechte begründen, so dass vieles dafür spricht, den religionsrechtlichen Gewährleistungen auch Grundrechtscharakter beizumessen[121]. Die »**Vergrundrechtlichung**« der religionsverfassungsrechtlichen Regelungen darf hingegen nicht so weit gehen, dass ihr **organisationsrechtlicher Charakter** komplett verloren geht. Die auf die Organisation als Ganzes angelegten Regelungen des Religionsverfassungsrechts müssen vielmehr funktional neben der individualrechtlichen Religionsfreiheit fortbestehen[122]. Praktisch stellt sich das Problem, auf welche Weise eine Verletzung der Bestimmungen gerügt werden kann, deswegen nicht, weil die Rechtsprechung mit dem Bundesverfassungsgericht die Gewährleistungen der Weimarer Bestimmungen als auch von Art. 4 GG erfasst ansieht[123].

31 Das **Verhältnis** von **Art. 4 I und II GG** zu **Art. 140 GG**[124] und den darüber ins Grundgesetz aufgenommenen Gewährleistungen lässt sich wie folgt verstehen: Die **organi-**

Gegenstand einer umfänglichen Diskussion, in der mehrere Aspekte eine Rolle spielen, die heute nicht mehr alle aktuell sind. Für eine Zusammenstellung wesentlicher Beiträge s. Quaritsch/Weber, Staat und Kirchen, a.a.O.; als (kritischer) Überblick *F. G. Schwegmann*, Der Bedeutungswandel als juristisches Argument in der staatskirchenrechtlichen Literatur nach 1949, Diss. jur. Münster 1974.

[119] *Morlok*, Religionsfreiheit (Fn. 105), S. 190ff.; zustimmend auch *C. D. Classen*, Religionsfreiheit und Staatskirchenrecht in der Grundrechtsordnung, 2003, S. 8f.

[120] BVerfGE 19, 129 (135); *A. v. Campenhausen/P. Unruh*, in: v. Mangoldt/Klein/Starck, GG III, Art. 137 WRV Rn. 28; *Preuß* (Fn. 110), Art. 140 Rn. 16; *Jarass*/Pieroth, GG, Art. 140 Rn. 2; *Magen* (Fn. 43), Art. 140 Rn. 21.

[121] So auch *A. Hollerbach*, HStR VI, § 138 Rn. 143ff., bes. Rn. 145 zu Art. 137 III WRV; *Ehlers* (Fn. 34), Art. 140 Rn. 3; *Magen* (Fn. 43), Art. 140 Rn. 22; *Korioth* (Fn. 117), Art. 140 Rn. 14; explizit für eine Einbeziehung in den Kanon der rügbaren Rechte jetzt *H. Maurer*, Der verfassungsgerichtliche Rechtsschutz der Gemeinden, politischen Parteien und Kirchen, in: FS Starck, 2007, S. 335ff. (348f.).

[122] So auch *Waldhoff*, Staatskirchenrecht (Fn. 104), S. 25; zum institutionellen Charakter staatskirchenrechtlicher Bestimmungen *Gärditz*, Säkularität (Fn. 1), § 5 Rn. 33.

[123] BVerfGE 7, 138 (161); 19, 129 (132); 24, 236 (246f.); 42, 312 (323); 53, 366 (386ff.); 83, 341 (353ff.); 99, 100 (118, Rn. 76), st. Rspr.; *K. Hesse*, Das Selbstbestimmungsrecht der Kirchen, in: HdbStKirchR² I, S. 521ff. (523ff.); *G. Neureither*, Subjektivierung des Objektiven, Vergrundrechtlichung des Institutionellen?, in: B. Grzeszick (Hrsg.), Aktuelle Entwicklungen des Kirchen- und Staatskirchenrechts, 2014, S. 47ff.; *ders.*, NVwZ 2011, 1492ff. → Art. 4 Rn. 85ff., insb. 90.

[124] Ausführlich bei *Borowski*, Glaubensfreiheit (Fn. 79), S. 295ff.

satorische Seite der Religions- und Weltanschauungsfreiheit wird in ihren verschiedenen Ausprägungen auch von Art. 4 I, II GG erfasst[125]. Die Besonderheiten einer Organisation und des organisatorischen Handelns rechtfertigen aber eine weitergehende Möglichkeit der Beschränkung der korporativen Religionsfreiheit, als dies bei Individuen der Fall ist (→ Rn. 27). Die Schranken der korporativen Religionsfreiheit sind deswegen den Weimarer Bestimmungen zu entnehmen. Gegenüber Art. 4 I, II GG besteht ein Verhältnis der **Schrankenspezialität** (→ Art. 4 Rn. 110, Art. 137 Rn. 27, 34, 46, Art. 136 Rn. 8, 21). Die Weimarer Vorschriften, zumal Art. 137 III WRV mit seiner Schranke »des für alle geltenden Gesetzes«, aber auch in den anderen Vorschriften, etwa Art. 137 IV WRV mit seinem Verweis auf die allgemeinen Vorschriften des bürgerlichen Rechts, kennen gesetzliche Möglichkeiten der Einschränkung. Art. 137 VIII WRV gewinnt deswegen den Charakter eines **Gesetzesvorbehalts** (→ Art. 137 WRV Rn. 140).

IV. Prinzipien des Religionsverfassungsrechts

Nach verbreiteter Übung werden die disparaten Rechtsgrundlagen, in denen sich auch historische Kontingenzen niedergeschlagen haben, geordnet und zugleich systematisiert in Gestalt von **Prinzipien** des Religionsverfassungsrechts[126]. Sie bereiten den verfassungsrechtlichen Gehalt der Bestimmungen dogmatisch auf und machen ihn verfügbarer. Ihre Validierung liegt aber darin, dass sie auf positive Sätze der Verfassung zurückführbar sind, welche auch die genauen Gehalte dieser Prinzipien bestimmen[127]. Diese Prinzipien dürfen sich nicht vor den Verfassungstext stellen und eine Eigendynamik entwickeln, wie dies bisweilen mit dem Grundsatz der Trennung von Staat und Kirche (eine Begrifflichkeit, derer sich die Verfassung gar nicht bedient) in der Weise geschieht, dass aus diesem die Verfassungswidrigkeit anderer Verfassungsbestimmungen gefolgert wird[128]. Darüber hinausgehend wird beansprucht, dass die ersten drei der folgenden vier genannten Prinzipien des Religionsverfassungsrechts den Status von **Rechtsprinzipien**[129] haben, also nicht bloße begriffliche Konstruktionen darstellen. Die **Freiheit** der religiösen Betätigung, die **staatliche Neutralität** gegenüber Religionen und Weltanschauungen und die **Gleichberechtigung** aller Religionen und Weltanschauungen mitsamt ihren Organisationen und Anhängern sind verfassungsrechtlich so dicht normiert, dass die Verknappung in Gestalt eines Prinzips 32

[125] S. dazu *Classen*, Religionsrecht (Fn. 111), Rn. 291 f.; *S. Korioth*, Vom institutionellen Staatskirchenrecht zum grundrechtlichen Religionsverfassungsrecht?, in: FS Badura, 2004, S. 727 ff.

[126] *Classen*, Religionsrecht (Fn. 111), Rn. 106 ff.; *v. Campenhausen/Unruh* (Fn. 114), Art. 140 Rn. 16 ff.; *A. v. Campenhausen*, Der heutige Verfassungsstaat und die Religion, in: HdbStKirchR² I, S. 57 ff.; *Ehlers* (Fn. 34), Art. 140 Rn. 9; *P. Mikat*, Staat, Kirchen und Religionsgemeinschaften, in: HdbVerfR, § 29 Rn. 6; *A. Hollerbach*, HStR VI, § 138 Rn. 86 ff., bes. 89; *U. Scheuner*, Das System der Beziehungen von Staat und Kirchen im Grundgesetz, in: HdbStKirchR¹ I, S. 5 ff. (50 ff.); *Badura*, Staatskirchenrecht (Fn. 109), S. 221 ff.

[127] *v. Campenhausen*, Verfassungsstaat (Fn. 126), S. 57.

[128] So etwa *E. Fischer*, Volkskirche ade!, 4. Aufl. 1993, S. 159 für Art. 137 VI WRV; *M. Kleine*, Institutionalisierte Verfassungswidrigkeiten im Verhältnis von Staat und Kirchen unter dem Grundgesetz, 1993, S. 197 ff. für Art. 137 V und VI WRV.

[129] Zu diesem Konzept von Prinzipien *R. Alexy*, Rechtstheorie Beiheft 1 (1979), S. 59 ff.; *ders.*, Theorie der Grundrechte, 1985, S. 71 ff.; beachte weiter die Entfaltung von Konsequenzen bei *R. Dreier*, JZ 1985, 353 (355 ff.); *M. Morlok*, Was heißt und zu welchem Ende studiert man Verfassungstheorie?, 1988, S. 110 ff.; zur technischen Darstellung *J.-R. Siekmann*, Regelmodelle und Prinzipienmodelle des Rechtssystems, 1990, bes. S. 141 ff.

selbst als Satz des Verfassungsrechts genommen werden kann. Auch der **Bestandsschutz**, welchen die Weimarer Verfassungsbestimmungen einigen Rechtspositionen der Religionsgesellschaften gewähren, trägt aber nicht über die normierten einzelnen Fälle hinaus und erlaubt nicht die Verallgemeinerung der dort stattfindenden Absicherung früherer Zustände. »Bestandsschutz« als Prinzip des Religionsverfassungsrechts ist also lediglich eine Formel für die Zusammenfassung verschiedener Einzelbestimmungen.

1. Freiheit der religiösen Betätigung

33 Die Gewährleistung der Religionsfreiheit in all ihren Formen, individuell, kollektiv wie organisatorisch (→ Art. 4 Rn. 59ff.), bestimmt wesentlich das deutsche Religionsverfassungsrecht. Die verfassungsrechtliche Grundlage dafür wird zum einen durch Art. 4 GG gelegt, von dessen Schutzbereich alle Aspekte religiösen Verhaltens erfasst werden, und zwar sowohl der Individuen wie der religiösen Organisationen (→ Rn. 31). Damit erhalten auch die Gewährleistungen des Rechts der religiösen Organisationen in den Weimarer Bestimmungen eine **grundrechtliche Fundierung**[130]. Die Freiheit bildet auch in dem Sinne ein Prinzip der Verfassung, als sie als ein Optimierungsgebot zu verstehen ist[131]. Neben diesem Streben nach möglichster Verwirklichung ist es gekennzeichnet durch die Einschränkungsunterworfenheit in Abwägung mit gegenläufigen Prinzipien[132]. Diese grundrechtliche Basis hält immer auch die individualrechtliche Perspektive virulent, auch wenn sie ausweislich der auf Organisationen zielenden Bestimmungen des Weimarer Abschnitts nicht die ausschließliche ist; der Durchgriff auf die Individuen ist eine immer bestehende Möglichkeit[133]. Die Freiheit der religiösen Betätigung schließt auch das öffentliche Wirken, die Sichtbarkeit der Religion, ein[134]. Mit der grundrechtlichen Verankerung des Religionsrechts wird zugleich auch eine **strikte Laizität ausgeschlossen** zugunsten einer Offenheit auch der staatlich organisierten Felder zugunsten der grundrechtlich geschützten religiösen Betätigung[135]. Neben Art. 4 GG hat das Prinzip der religiösen Freiheit weiter prägnanten Ausdruck gefunden in Art. 137 III WRV, aber auch in weiteren Bestimmungen der Weimarer Artikel, so etwa in Art. 137 II WRV als religiöse Vereinigungsfreiheit, in Art. 136 IV WRV als ausdrückliche Gewährleistung negativer Religionsfreiheit, auch

---

[130] BVerfGE 102, 370 (387, Rn. 70); *Scheuner*, System (Fn. 126), S. 28ff., 50ff.; vgl. etwa *Mikat* (Fn. 126), § 29 Rn. 3; *v. Campenhausen*, Verfassungsstaat (Fn. 126), S. 58; *ders.*, HStR VI, § 136 Rn. 2; *A. Hollerbach*, HStR VI, § 138 Rn. 2; *H. Weber*, Grundprobleme des Staatskirchenrechts, 1970, S. 73f.; *Häberle*, »Staatskirchenrecht« (Fn. 108), S. 337ff. unter Betonung auch des leistungsstaatlichen Grundrechtsverständnisses; *Fuchs*, Staatskirchenrecht (Fn. 109), S. 44, 52 zur kollektiven Seite der Religionsfreiheit aus systematischer Sicht; s. auch die ausdrückliche Gewährleistung in Art. 39 II 1 ThürVerf.: »allein oder mit anderen«; *Morlok*, Religionsfreiheit (Fn. 105), S. 190f.

[131] Dazu *Alexy*, Theorie (Fn. 129), S. 75f.; *Korioth* (Fn. 117), Art. 140 Rn. 30.

[132] *Alexy*, Theorie (Fn. 129), S. 76, 78f.

[133] *R. Herzog*, Diskussionsbemerkung, VVDStRL 26 (1968), S. 121ff. (122). In den Fällen, in denen die Verfassung eine ausdrückliche Gewährleistung auch für das Handeln von und in Organisationen gibt, ist der Erhalt der individualrechtlichen Perspektive geboten; für die politischen Parteien: → Art. 21 Rn. 51., 79ff., 132ff.

[134] *H. Munsonius*, Religion – Öffentlichkeit – Recht (2013), in: ders., Öffentliche Religion im säkularen Staat, 2016, S. 37ff.

[135] *K. Hesse*, Freie Kirchen im demokratischen Gemeinwesen, in: Quaritsch/Weber, Staat und Kirchen (Fn. 118), S. 334ff. (349ff.); *Korioth* (Fn. 117), Art. 140 Rn. 30; *v. Campenhausen/Unruh* (Fn. 114), Art. 140 Rn. 16, 19, 22, 25 u. ö.

in Art. 138 WRV als Gewährleistung der Vermögenssubstrate des Handelns der Religionsgesellschaften. Für die Ausübung der Religionsfreiheit in staatlichen Institutionen ist zu verweisen auf Art. 7 II, III, V GG und Art. 141 WRV. In diesem systematischen Zusammenhang liegt es nahe, auch Art. 139 WRV als mit subjektiv-rechtlichen Gehalten ausgestattet anzusehen (→ Art. 139 WRV Rn. 17ff.).

Die grundrechtsfunktionale Lesart der Weimarer Artikel garantiert schließlich auch die Offenheit für neue religiöse und religiös-institutionelle Entwicklungen, nicht zuletzt durch **innerreligiöse Neugruppierungen** (Schismen). 34

2. Staatliche Neutralität gegenüber Religion und Weltanschauung

Komplementär zur subjektiv-rechtlichen Gewährleistung religiöser Freiheit[136] besteht eine **objektiv-rechtliche Pflicht zur staatlichen Neutralität**[137] in Fragen von Religion und Weltanschauung. Diese Neutralität schützt von der Seite des Staates her die religiöse Freiheit[138]. Die Pflicht zur religiös-weltanschaulichen Neutralität des Staates wurzelt im Zusammenwirken der Art. 3 III, 4, 33 III GG und Art. 136 I, II, 137 I WRV, ergibt sich also aus einer Zusammenschau von religionsverfassungsrechtlichen Freiheits- und Gleichheitsrechten. Beide Arten von Rechten begründen objektiv-rechtliche Neutralitätspflichten des Staates. 35

Neben der historisch ursprünglichen Friedensfunktion des neutralen Staates gegenüber konfessionellen Spaltungen[139] hat die Neutralität von Recht und Staat in einer ausdifferenzierten, durch pluralistische Auffächerung gekennzeichneten Gesellschaft noch gesteigerte Bedeutung gewonnen[140]. In dieser Situation liegt die Neutralität durchaus im eigenen Interesse des Staates. Nur ein Staat, welcher der religiös-weltanschaulichen Neutralität verpflichtet ist, kann **»Heimstatt aller Staatsbürger«**[141] sein. In dieser Deutung der Neutralität sind der Staat und die beiden großen Kirchen nicht gleichrangige Verhandlungspartner, sondern der übergeordnete Staat garantiert die Freiheit der religiös-weltanschaulichen Ansichten aller Bürger[142]. Der Staat schont so das Gewissen des Bürgers und vergrößert die Akzeptanz staatlicher Entscheidungen. Die Neutralität des Staats gegenüber religiösen und weltanschaulichen Überzeugungen und die Neutralität der Rechte und Pflichten der Bürger ohne Ansehen ihrer Überzeugung dienen der Ausdifferenzierung einer eigenen staatlichen Sphäre, die damit Unterschiede in den Überzeugungen »neutralisiert« und so über diese gesellschaftlichen Unterschiede hinweg die Rolle des Staatsbürgers konstituiert. Art. 136 I WRV drückt dies idealtypisch aus. Mit zunehmender **religiöser Pluralisierung** – nicht zuletzt 36

---

[136] *Badura*, Staatskirchenrecht (Fn. 109), S. 221; *v. Campenhausen/Unruh* (Fn. 114), Art. 140 Rn. 14; → Art. 4 Rn. 43ff.; *Korioth* (Fn. 117), Art. 140 Rn. 14f.

[137] *S. Huster*, Die ethische Neutralität des Staates, 2002; weiter dazu, nicht nur religionsrechtliche Neutralität behandelnd, *K. Schlaich*, Neutralität als verfassungsrechtliches Prinzip vornehmlich im Kulturverfassungs- und Staatskirchenrecht, 1972.

[138] *Korioth* (Fn. 117), Art. 140 Rn. 31.

[139] Zur Entstehungsgeschichte des Begriffs »Neutralität« in den Religionsangelegenheiten und seiner Fortentwicklung von der interkonfessionellen zur überkonfessionellen hin zur allgemeinen innergesellschaftlichen Neutralität *H. Steiger*, Art. Neutralität, in: Geschichtliche Grundbegriffe, Bd. IV, 1993, S. 315ff. (315f., 337ff., 360ff.).

[140] Dazu *M. Morlok*, Neutralität des Staates und religiöser Radikalismus, in: J. Masing/O. Jouanjan (Hrsg.), Weltanschauliche Neutralität – Meinungsfreiheit – Sicherungsverwahrung, 2013, S. 3ff. (16ff.); *H.M. Heinig*, JZ 2009, 1136ff.; s. auch BVerfGE 41, 29 (50); *Magen* (Fn. 43), Art. 140 Rn. 24.

[141] BVerfGE 19, 206 (216).

[142] *H.M. Heinig*, JZ 2009, 1136 (1137).

ist auch an Bürger muslimischen Glaubens zu denken – gewinnt deswegen die staatliche Neutralität an Bedeutung; dies ist gegenüber Bestrebungen, eine »**Leitkultur**« zu forcieren, zu betonen[143]. In einem säkularen Staat können die Religionsgemeinschaften jedoch zur Erhaltung kultureller Grundlagen insofern beitragen, als diese von den Bürgern in freier Entscheidung angenommen und gepflegt werden[144].

37 Die religiös-weltanschauliche Neutralität umfasst mehrere **Teilgehalte**. Zunächst die **Indifferenz** des staatlichen Rechts gegenüber den Überzeugungen seiner Bürger in dem Sinne, dass das Recht gegenüber allen gleiche Gültigkeit beansprucht. Weiter gebietet die Neutralität die **institutionelle Trennung** von Staat und Religionsgesellschaften nach Art. 137 I WRV, also die Separierung von Organisationen des Staats und solchen der Religionsgesellschaften und ein Verbot, die Aufgaben der einen Seite auch mit Organisationen der anderen wahrzunehmen (→ Art. 137 WRV Rn. 16). Sachlich bedeutet Neutralität zunächst **Säkularität**[145] in dem Sinne, dass das Recht selbst keinen religiösen oder weltanschaulichen Vorstellungen verpflichtet ist und keine solchen Gehalte umfasst[146]. Das Recht verdankt sich Zweckmäßigkeitsüberlegungen, nicht einem religiös vorgegebenen »Gesollten«, weshalb der Staat in dieser Hinsicht Enthaltsamkeit übt[147]. Der der Neutralität verpflichtete Staat unterliegt einem **Identifikationsverbot**[148] (→ **Art. 137 WRV Rn. 20ff.**). Das erfasst auch die staatliche Präsentation religiöser Symbole[149].

38 Der rechtlich jeweils verbindliche Gehalt des Neutralitätsprinzips ist im Einzelfall **bereichsspezifisch** zu konstruieren. Insbesondere bedürfen Konfliktfälle einer eingehenden Prüfung im Hinblick auf spezifische grundrechtliche Fragen[150]. Die Herstellung praktischer Konkordanz im Einzelfall zwingt dabei zu empirischer Anschauung und verbietet das Postulat unbedingter Vorrangrelationen[151]. Anknüpfungspunkte für eine Konkretisierung des Neutralitätsprinzips können dabei die bereits genannten Teilgehalte sein. So wird ein Verstoß gegen das Identifikationsverbot regelmäßig nur dann vorliegen, wenn ein staatlicher Akt der Selbstzurechnung bestimmter materieller Gehalte vorliegt, der nach außen wirksam wird[152].

39 Teilgehalten des Neutralitätsprinzips, insbesondere dem Gebot der institutionellen Trennung, können aber auf Verfassungsebene **gegenläufige Regelungen** entgegenstehen (→ Art. 137 WRV Rn. 24).

---

143 So auch *H.-G. Soeffner*, FAZ v. 11.1.2016.

144 *U. Di Fabio*, Gewissen, Glaube, Religion, 2009, S. 111ff.

145 Historisch *Böckenförde*, Entstehung (Fn. 5), S. 75ff.

146 *Magen* (Fn. 43), Art. 140 Rn. 29ff.

147 In diesem Verbot einer metaphysischen Staatsbegründung berührt sich die Neutralität mit dem Prinzip der Republik: → Art. 20 (Republik), Rn. 12f. mit Nachweisen in Fn. 48. Hierzu auch *Böckenförde*, Entstehung (Fn. 5), S. 60 mit dem bekannten Zitat, wonach der freiheitliche, säkularisierte Staat von Voraussetzungen lebe, die er selbst nicht garantieren könne.

148 Dazu *H. Krüger*, Allgemeine Staatslehre, 2. Aufl. 1966, S. 160ff., 178ff. u. ö.; *Schlaich*, Neutralität (Fn. 137), S. 236ff.; *Magen* (Fn. 43), Art. 140 Rn. 32.

149 Um ein solches Symbolpräsentationsverbot ging es etwa in den Kruzifixfällen und beim Schulgebet, s. BVerfGE 35, 366 (373ff.); 93, 1 (15ff.) und E 52, 223 (236ff.); → Art. 4 Rn. 99f. und 50; s. auch *S. Huster*, Die religiös-weltanschauliche Neutralität des Staates, in: W. Brugger/S. Huster (Hrsg.), Der Streit um das Kreuz in der Schule, 1998, S. 69ff.

150 *J. Krüper*, JöR 53 (2005), 79ff.

151 *M. Morlok/J. Krüper*, NJW 2003, 1020 (1021).

152 *J. Krüper*, JöR 53 (2005), 79 (101f.).

3. Parität zwischen den Religions- und Weltanschauungsgesellschaften und Gleichbehandlung ihrer Mitglieder

Als eigenständiges Prinzip des Religionsverfassungsrechts ist die sog. **Parität**[153] zu werten. Sie steht zwar in enger Beziehung zur Neutralität[154], hat aber eine verfassungsgeschichtlich – ursprünglich auf die Konfession bezogene – eigene Ausprägung als Gleichbehandlungsprinzip zwischen den Religionsgesellschaften gewonnen. Über diesen historischen Kern hinaus hat es sich zu einem allgemeinen **Gleichbehandlungsgebot**[155] gegenüber den Religions- und Weltanschauungsgesellschaften und deren Anhängern entwickelt, was subjektiv-rechtlich[156] **Gleichberechtigung** bedeutet. Diese Ausweitung des Anwendungsbereichs ist auch die Folge der grundrechtlichen Durchdringung des Religionsverfassungsrechts (→ Rn. 29). Aktuelle Bedeutung gewinnt die Parität im Hinblick auf den bestehenden religiös-weltanschaulichen Pluralismus[157]. 40

Die Realität steigender religiöser Pluralisierung der Gesellschaft in Folge der Zuwanderung Angehöriger anderer Religionsgemeinschaften stellt neue Anforderungen an das deutsche Religionsverfassungsrecht, dessen Bezugspunkt historisch die Beziehung zwischen der staatlichen Hoheitsgewalt und den beiden großen Kirchen ist[158]. Das Religionsrecht muss zum **Migrationsfolgenrecht** werden, indem es sich anderen Religionsgemeinschaften öffnet. Bereits Regelungen wie der Sonn- und Feiertagsschutz (→ Art. 139 WRV) verdeutlichen aber die kulturgeschichtliche Vorprägung des bestehenden religionsverfassungsrechtlichen Systems[159]. Nach neuerer Rechtsprechung des Bundesverfassungsgerichts führt zwar die Anknüpfung an christlich geprägte Traditionen im Rahmen des Feiertagsschutzes nicht grundsätzlich zu einer neutralitätswidrigen Privilegierung des Christentums, jedoch muss eine Abwägung mit entgegenstehenden Grundrechten erfolgen[160]. Es entsteht ein Gleichheitsproblem, weil die Kirchen durch das auf sie zugeschnittene Staatkirchenrecht faktisch im Vorteil sind[161]. Das auf Kooperation angelegte Religionsverfassungsrecht findet im Islam keinen den Kirchen vergleichbaren Kooperationspartner, was etwa die Einführung islamischen Religionsunterrichts und islamischer Theologie an Hochschulen erschwert[162]. 41

---

[153] *M. Germann*, Art. Parität, in: EvStL⁴, Sp. 1727 ff.; *M. Heckel*, ZRG KA 80 (1963), 261 ff.; *ders.*, Die religionsrechtliche Parität, in: HdbStKirchR² I, S. 589 ff.; *Schlaich*, Neutralität (Fn. 137), S. 208 ff.; *H. Meyer-Scheu*, Grundgesetz und Parität von Kirchen und Religionsgemeinschaften, 1970; → Art. 4 Rn. 167; a. A.: *Magen* (Fn. 43), Art. 140 Rn. 34 f., der nicht von einem eigenständigen Grundsatz der Parität ausgeht; jetzt zum gesamten Meinungsspektrum *J.-B. Schrooten*, Gleichheitssatz und Religionsgemeinschaften, 2015, S. 28 ff.

[154] *J. Krüper*, NdsVBl. 2005, 249; *Classen*, Religionsrecht (Fn. 111), Rn. 127 f.

[155] Dazu *M. Heckel*, Gleichheit oder Privilegien?, 1993, der die Entwicklungslinien nachzeichnet.

[156] *Heckel*, Parität (Fn. 153), S. 591.

[157] Zur deswegen wachsenden Bedeutung der Gleichheit *S. Huster*, Gleichheit statt Freiheit, in: Heinig/Walter, Spannungsfelder (Fn. 9), S. 203 ff.

[158] *Häberle*, Religionsverfassungsrecht (Fn. 104), S. 66 ff.

[159] Zum Staatskirchenrecht als »religionsgeschichtliches Gedächtnis« *Gärditz*, Säkularität (Fn. 1), § 5 Rn. 33 ff.; allgemein zur Prägung des Rechts durch das Christentum s. *H. Dreier*, Religion und Verfassungsstaat im Kampf der Kulturen, in: H. Dreier/E. Hilgendorf (Hrsg.), Kulturelle Identität als Grund und Grenze des Rechts, 2008, S. 11 ff. (16 ff.).

[160] BVerfGE 143, 161 (192 ff., Rn. 65 ff.).

[161] *Huster*, Gleichheit (Fn. 157), S. 217 f.

[162] Einen Anspruch islamischer Religionsgemeinschaften auf theologische Fakultäten bejahend *A.-K. Lange*, Islamische Theologie an staatlichen Hochschulen, 2014, S. 107 ff.

42 Rechtlich stellt sich die Parität dar als notwendige Konsequenz der Freiheitsgarantien und der Neutralität. Freiheitssichernd wirkt, dass Religion (oder Weltanschauung) keine rechtlich erhebliche Voraussetzung für eine Benachteiligung oder eine Bevorzugung sein darf: Sie wirkt als **Benachteiligungs- oder Bevorzugungsverbot** (→ Art. 4 Rn. 116ff.; → Art. 136 WRV Rn. 11ff.)[163]. Die Gleichbehandlungsgarantie dient der Neutralität dadurch, dass sie Religion als rechtliches Kriterium ausschaltet. Ihr religionsverfassungsrechtlicher Kernbestand besagt also, dass eine staatliche **Ungleichbehandlung aus religionsinternen Gründen** untersagt ist.

43 Die **verfassungsrechtliche Fundierung** der religionsrechtlichen Gleichstellung liegt in Art. 3 I und III, Art. 33 III GG und Art. 136 I und II, Art. 137 V 2, VII WRV. Die dogmatische Aufbereitung der religiösen Gleichberechtigung ist umstritten. Sie richtet sich nach dem primär einschlägigen verfassungsrechtlichen Maßstab. Bei Art. 3 III GG und Art. 136 I, II WRV ist die strenge Handhabung als Anknüpfungsverbot vorzugswürdig, im Hinblick auf die sog. mittelbaren Beeinträchtigungen[164] ist dieses Verständnis zu erweitern auf ein Begründungsverbot[165]. Das jeweils angemessene Verständnis ist maßstabs- und bereichsspezifisch zu entwickeln, Vorbildfunktion hat dabei die europarechtlich geführte Diskussion zu Art. 19, 154 AEUV und den dazu ergangenen Richtlinien[166]. Gemäß diesen Vorgaben können auch Differenzierungen zwischen Religionsgesellschaften zulässig sein[167]. Verfassungsrechtlich ist durch Art. 137 V WRV für öffentlich-rechtlich organisierte Religionsgesellschaften eine Grundlage gegeben (→ Art. 137 WRV Rn. 77ff.). Die Organisationsform der Religionsgemeinschaften ist der Hauptanknüpfungspunkt für formale Ungleichbehandlungen[168]. Einem starren System[169] unterschiedlicher Klassen von Religionsgesellschaften wirkt das grundsätzliche Gleichbehandlungsverbot aber entgegen. Insbesondere bei staatlichen Leistungen an Religionsgesellschaften sind Unterscheidungen oft unvermeidlich[170]. Parität bietet aber **keine** Grundlage für eine **starre Proporzpraxis**[171].

44 **Träger** des Anspruchs auf Gleichbehandlung sind wegen der letztlich grundrechtlichen Radizierung (→ Rn. 29) nicht nur alle Religions- und Weltanschauungsgesellschaften, sondern auch die Individuen[172]. Das Ensemble von Gewährleistungen der religiösen Freiheit und Gleichberechtigung bleibt allerdings nur im Gleichgewicht, wenn alle Beteiligten es akzeptieren, das heißt, wesentlich die religiöse Freiheit und Gleichheit anderer ebenso wie die staatliche Neutralität. Dies muss gegebenenfalls mit den Mitteln des Rechts durchgesetzt werden: als Grenzen der Religionsausübung.

---

[163] Die Parität lebt insoweit aus Gehalten, die auch in eigenen Differenzierungsverboten normiert sind: → Art. 3 Rn. 119; → Art. 136 WRV Rn. 11ff.

[164] S. dazu weiter: → Art. 3 Rn. 123.

[165] Nur für diese Lesart bei Art. 3 III GG: → Art. 3 Rn. 125.

[166] Dazu und m. w. N.: → Art. 3 Rn. 13.

[167] Dazu insbes. *Heckel*, Gleichheit (Fn. 155), S. 47ff., 100ff.; *K. Hesse*, Schematische Parität der Religionsgesellschaften nach dem Bonner Grundgesetz?, in: ders., Ausgewählte Schriften, 1984, S. 475ff.; auch in: ZevKR 3 (1953/54), 188ff.; *v. Campenhausen/Unruh* (Fn. 114), Art. 140 Rn. 34ff.

[168] *Schrooten*, Gleichheitssatz (Fn. 153), S. 145ff.

[169] Zur historischen Stufenparität *Heckel*, Gleichheit (Fn. 155), S. 31f., 35, zur heutigen Diskussion S. 36ff., 57f., 68.

[170] → Art. 4 Rn. 169 m. w. N.; zur »Parität im Leistungsstaat« am Beispiel von Art. 137 V 2 WRV *M. Morlok/H. M. Heinig*, NVwZ 1999, 697ff.; s. auch *Korioth* (Fn. 117), Art. 140 Rn. 32.

[171] *v. Campenhausen/Unruh* (Fn. 114), Art. 140 Rn. 33.

[172] *Heckel*, Gleichheit (Fn. 155), S. 6f., 11ff.; *v. Campenhausen/Unruh* (Fn. 114), Art. 140 Rn. 36.

4. Bestandsschutz

Buchstabe und Praxis des Religionsrechts der Bundesrepublik Deutschland zeigen keine strikte Durchführung des Gebots der Trennung von Staat und Kirche (→ Rn. 35ff.; → Art. 137 WRV Rn. 18, 22, 24f.), vielmehr eine Reihe von institutionellen Verflechtungen und Kooperationen. Beispiele bilden der Religionsunterricht nach Art. 7 III GG, die theologischen Fakultäten an staatlichen Hochschulen (→ Art. 136 WRV Rn. 18; → Art. 137 WRV Rn. 24, 73), die Möglichkeit für Religionsgesellschaften, sich gem. Art. 137 V WRV als öffentlich-rechtliche Körperschaften zu organisieren (einschließlich des Rechts zur Erhebung von Kirchensteuer nach Art. 137 VI WRV), und die Anstaltsseelsorge nach Art. 141 WRV. Dieser Befund hat verschiedene Deutungen und Benennungen gefunden, angefangen mit der Formel von der »hinkenden Trennung«[173], über die »gelockerte Fortsetzung der Verbindung von Staat und Kirche«[174] und die »balancierte Trennung von Staat und Kirche«[175] bis hin zur »Trennung und Kooperation«[176] oder der »prinzipiellen Trennung«[177]. Es ließe sich auch von wechselseitiger Unabhängigkeit sprechen. Hinter diesen Bezeichnungen steckt **kein Systemgedanke**. Diese Bezeichnungen haben vielmehr lediglich deutende oder erläuternde Funktion, sie bringen kein Rechtsprinzip zum Ausdruck, sondern fassen eine Reihe von Entscheidungen des Weimarer Verfassunggebers zugunsten einiger Teilelemente des früheren Staatskirchentums zusammen. Insofern stellen einige der Weimarer Bestimmungen ein **privilegierendes Sonderrecht für Religionsgesellschaften** dar. 45

Dieser **Bestandsschutz** beruht auf einer positiven Verfassungsentscheidung. Zu seiner Begründung braucht nicht, ja darf nicht der allgemeine Vertrauensschutzgedanke als Element des Rechtsstaatsprinzips (→ Art. 20 [Rechtsstaat], Rn. 146ff.) herangezogen werden. Der durch ausdrückliche Verfassungsbestimmungen gewährte Bestandsschutz ist nicht über die geregelten Bereiche hinaus verallgemeinerbar. Er bildet kein Rechtsprinzip im technischen Sinne (→ Rn. 32). Die Tradition bildet für sich genommen also keinen Rechtsgrund[178]. Vielmehr handelt es sich bei diesen Vorschriften um Auseinandersetzungsregelungen zur Abwicklung des einst engen Verhältnisses von Staat und Kirche[179]. 46

V. Rechtsquellen des Religionsrechts

Das **Religionsrecht** besteht neben den einschlägigen Verfassungsbestimmungen des Grundgesetzes und der Länderverfassungen aus verschiedenen **einfachgesetzlichen Regelungen**, wie dem Gesetz über religiöse Kindererziehung von 1921, den Feiertags- 47

---

[173] *U. Stutz*, Die päpstliche Diplomatie unter Leo XIII. nach den Denkwürdigkeiten des Kardinals Domenico Ferrata, Einzelausgabe (aus: Abhandlungen der preußischen Akademie der Wissenschaften, 1925, philosophisch-historische Klasse, Nr. 3/4), 1926, S. 54; *v. Campenhausen/Unruh* (Fn. 114), Art. 140 Rn. 16.

[174] *U. Scheuner*, ZevKR 7 (1959/60), 225 (245).

[175] *E.-W. Böckenförde*, Staat – Gesellschaft – Kirche (1982), in: ders., Schriften zu Staat – Gesellschaft – Kirche, Bd. 3 (Religionsfreiheit), 1990, S. 113ff. (162); *U. Scheuner*, ZevKR 7 (1959/60), 225 (245).

[176] *A. v. Campenhausen*, ZevKR 42 (1997), 169ff.

[177] *D. Ehlers*, in: Sachs, GG, Art. 137 WRV Rn. 2.

[178] BVerfGE 19, 1 (11); 19, 206 (223). Grundsätzlich zum Problem *A. Blankenagel*, Tradition und Verfassung, 1987 sowie *W. Heun*, AöR 116 (1991), 185ff.

[179] *Pirson*, Kirchenartikel (Fn. 102), S. 413f.

gesetzen oder auch einzelnen Bestimmungen sonstiger Gesetze[180]. Besondere Bedeutung hatten und haben schulrechtliche Regelungen, besonders über den Religionsunterricht[181]. Das Bundesverfassungsgericht hat in seinem ersten »Kopftuchurteil« nochmals auch die Landesbefugnis zur Schaffung religionsrechtlicher Vorschriften betont und deren Nutzung gefordert[182].

48 Eine wichtige Rolle spielen **Verträge**[183] zwischen dem Staat und verschiedenen Religionsgesellschaften. Unter dem Grundgesetz liegt die Zuständigkeit hierfür mangels Kompetenz des Bundes bei den Ländern[184]. Dies gilt auch für Verträge mit dem Heiligen Stuhl (**Konkordate**), da der Heilige Stuhl nicht als »auswärtiger Staat« im Sinne von Art. 32 I GG angesehen wird[185], weshalb das Zustimmungserfordernis des Art. 32 III GG nicht greift. Für Verträge mit der evangelischen Kirche hat sich der Begriff **Kirchenvertrag** eingebürgert[186].

49 Für vertragliche Regelungen zwischen Staat und Religionsgesellschaften sprechen mehrere Gründe, die zu **drei Funktionen** gebündelt werden können[187]. Einmal geht es um die **Absicherung** bestehender Zustände und die Gewährleistung von Kontinuität. Die vertragliche Bindung des Staates soll angesichts der einseitigen Änderbarkeit staatlicher Rechtssätze ein höheres Schutzniveau für die Religionsgesellschaften ergeben. Gleichzeitig erweist sich das verbreitete Phänomen vertraglicher Staat/Kirchen-Beziehungen als Erbe des koordinationsrechtlichen Denkens[188]. Im Hinblick hierauf dienen die Verträge der Kooperation[189]. Wo ein Zusammenwirken von Staat und Religionsgesellschaften verfassungsrechtlich legitimiert ist, wie etwa im Religionsunterricht oder in der Anstaltsseelsorge, gibt es einen **Regelungsbedarf**, der von den kargen Normen der Verfassung nicht gedeckt wird. Schließlich dienen die vertraglichen Vereinbarungen auch als Instrument der staatlichen **Förderung** von Religionsgesellschaf-

---

180 S. etwa für die Religionsausübung im Strafvollzug §§ 53ff. StVollzG, für die Möglichkeiten der Seelsorge und Religionsausübung als Soldat § 36 SoldG oder als Zivildienstleistender § 38 ZDG; s. als Überblick *Müller-Volbehr*, Staatskirchenrecht (Fn. 107), S. 289ff.

181 Dazu m.w.N. *C. Link*, Religionsunterricht, in: HdbStKirchR² II, S. 439ff.; *W. Keim*, Schule und Religion, 2. Aufl. 1969; *W. Rees*, Der Religionsunterricht und die katechetische Unterweisung in der kirchlichen und staatlichen Rechtsordnung, 1986; *L. Renck*, DÖV 1994, 27ff. → Art. 7 Rn. 53f., 81, 83f.

182 BVerfGE 108, 282 (306f., Rn. 57ff.).

183 Dazu *A. Hollerbach*, Verträge zwischen Staat und Kirche in der Bundesrepublik Deutschland, 1965; *ders.*, HStR VI, § 138 Rn. 48ff.; *ders.*, Grundlagen (Fn. 38), S. 253ff.; *R. Smend*, JZ 1956, 50ff.; *K.-H. Kästner*, JöR 27 (1978), 239ff.; *H. U. Anke*, Art. Vertragsstaatskirchenrecht, in: EvStL⁴, Sp. 2599ff.; kritisch zur bestehenden Praxis *L. Renck*, ThürVBl. 1995, 31ff.; *ders.*, DÖV 1997, 929ff.; *G. Czermak*, Der Staat 39 (2000), 69ff.; als Textsammlung *Listl*, Konkordate (Fn. 33); *H. U. Anke*, Die Neubestimmung des Staat-Kirche-Verhältnisses in den neuen Ländern durch Staatskirchenverträge, 2000.

184 S. aber für den Bereich der Bundeswehr den Vertrag zwischen der Bundesrepublik Deutschland mit der evangelischen Kirche, den Militärseelsorgevertrag, BGBl. 1957 II S. 702 (→ Art. 141 WRV Rn. 15).

185 BVerfGE 6, 309 (362); *U. Fastenrath*, Kompetenzverteilung im Bereich der auswärtigen Gewalt, 1986, S. 93f. → Art. 32 Rn. 21.

186 Zur Terminologie *Hollerbach*, Verträge (Fn. 183), S. 68ff.

187 In Anlehnung an vier bei *Anke*, Neubestimmung (Fn. 183), S. 39ff., 65ff., 218ff., 316ff. und 353ff. genannte Funktionen.

188 Anders: *Pirson*, Kirchenartikel (Fn. 102), S. 421; zur Koordinationslehre s. *Walter*, Religionsverfassungsrecht (Fn. 34), S. 189ff.

189 *M. Germann*, Die Staatskirchenverträge der Neuen Bundesländer, in: S. Mückl (Hrsg.), Das Recht der Staatskirchenverträge, 2007, S. 91ff. (97, 104f., 108).

ten[190]. Hier stellt sich das Problem der »Parität im Leistungsstaat«, also der Verpflichtung des Staates bei Fördermaßnahmen auf Neutralität und Gleichbehandlung.

Als **Regelungsgegenstände** von Staatskirchenverträgen finden sich mannigfaltige Inhalte: Es gibt Bestimmungen über die Absicherung der Religionsfreiheit, des Selbstverwaltungsrechts der Religionsgesellschaften einschließlich verschiedener Mitwirkungsrechte des Staates[191], über Fragen der kirchlichen Hochschulen und der theologischen Fakultäten, des Religionsunterrichts und der Lehrerausbildung, der Staatsleistungen, der Anstaltsseelsorge und der Zirkumskription der Kirchenprovinzen[192], über die Mitwirkung der Religionsgesellschaften bei den Rundfunkanstalten sowie Klauseln des freundschaftlichen Umgangs der Vertragspartner miteinander. Ein **Anspruch** auf Abschluss eines Staatskirchenvertrages kann aus Art. 140 GG **nicht** hergeleitet werden[193]. 50

Gegen die **Zulässigkeit** vertraglicher Bindungen seitens des Staates bestehen verfassungsrechtliche Bedenken. Diese gründen sich auf die staatliche Souveränität als die Rechtsmacht zur einseitigen Setzung von Recht. Unter der Geltung des Grundgesetzes stellt sich dies dar als Problem des **Demokratieprinzips**, wonach der demokratisch gewählte Gesetzgeber die Möglichkeit zur Änderung haben muss und nicht vertraglich gehindert sein darf, andere Präferenzen als in der Vergangenheit zu setzen oder auf neue Situationen zu reagieren[194]. Im Hinblick auf die Möglichkeit verfassungskonformer Auslegung der Verträge, auf die Freundschaftsklauseln mit einer Pflicht, ggf. erneute Vertragsverhandlungen aufzunehmen, und im Blick auf den Vorrang von Verfassung und Gesetz im Kollisionsfall[195] ist die Handlungsform des Vertrages für die Regelung des Verhältnisses zwischen Staat und Religionsgesellschaft zulässig[196]. Der Staat hat die Rechtsmacht, Gesetze entgegen einer vertraglichen Abmachung zu verändern, auch wenn er damit vertragsbrüchig würde[197]. Anders stellt sich die Rechtslage nur in den Ländern dar, in denen durch Verfassungsrecht im Kollisionsfall der Vorrang des Vertrages angeordnet ist[198]. Diese Bestimmungen sind bundesverfassungswidrig. Sie verletzen das über Art. 28 I GG auch für die Länder verbindliche 51

---

[190] Dazu *Anke*, Neubestimmung (Fn. 183), S. 316ff., auch mit einem Überblick über Vertragsbestimmungen mit Förderfunktion.

[191] Zur Kontroverse um die Bischofsernennung s. *L. Renck*, BayVBl. 1995, 682ff.; *M.H. Müller*, BayVBl. 1996, 644ff.; *D. Pirson*, BayVBl. 1996, 641ff.; *L. Renck*, BayVBl. 1997, 553ff. Zum »Treueid der Bischöfe gegenüber dem Staat« s. die gleichnamige Schrift von *U. Dahl-Keller*, 1994 und dazu die Besprechung von *H.-R. Lipphardt*, DVBl. 1996, 769ff.

[192] Dazu etwa *J. Listl*, Die Bistumsgrenzen in Deutschland, in: ders., Kirche im freiheitlichen Staat, 1996, S. 842ff.

[193] Dazu die Entscheidung des VG Berlin vom 9.8.2006, Az. 27 A 55.06 (juris), zum Anspruch einer islamischen Vereinigung auf Abschluss eines Staatskirchenvertrags.

[194] S. etwa *H. Quaritsch*, Kirchenvertrag und Staatsgesetz, in: FS Schack, 1966, S. 125ff.; *H. Weber*, Grundprobleme (Fn. 130), S. 48ff.; *A. Hollerbach*, HStR VI, § 138 Rn. 66.

[195] Dazu *U. Scheuner*, Kirchenverträge in ihrem Verhältnis zu Staatsgesetz und Staatsverfassung, in: FS Ruppel, 1968, S. 312ff.

[196] *Weber*, Grundprobleme (Fn. 130), S. 48; *A. Hollerbach*, HStR VI, § 138 Rn. 66f.; *Ehlers* (Fn. 34), Art. 140 Rn. 8; *Kästner* (Fn. 35), Art. 140 Rn. 90; *Korioth* (Fn. 117), Art. 140 Rn. 24; *Anke*, Neubestimmung (Fn. 183), S. 24ff.; im Ergebnis auch *Preuß* (Fn. 110), Art. 140 Rn. 35 mit der weitergehenden Auffassung, der Grundsatz »pacta sunt servanda« werde von der clausula rebus sic stantibus derart überlagert, dass nach Vertragsschluss ergangene Gesetze nicht vertragswidrig seien.

[197] BVerfGE 6, 309 (363); *K.H. Kästner*, JöR 27 (1978), 239 (263ff.); *A. Hollerbach*, HStR VI, § 138 Rn. 73f.; für eine ausnahmsweise Bindungswirkung: *Anke*, Neubestimmung (Fn. 183), S. 115ff., freilich nur mit völkerrechtlicher Wirkung.

[198] S. Art. 8 BWVerf. (Vorrang der Verträge vor der Verfassung) oder Art. 23 II NWVerf., wonach

Demokratiegebot im Teilgehalt der zeitlichen Begrenzung der Herrschaftsbefugnisse (→ Art. 28 Rn. 60). Bei der Betrachtung von Staatskirchenverträgen als Instrument der Sicherung der Freiheit religiöser Organisationen erscheint eine verfassungsrechtliche Bindung des Staates an freiheitsbezogene Vertragsregelungen möglich[199]. In dem Maße, in dem die kirchlichen Freiheitsrechte betroffen sind, verengt sich der politische Gestaltungsfreiraum. Verträge zwischen Staat und Religionsgesellschaften bedürfen regelmäßig neben der Unterzeichnung der parlamentarischen Mitwirkung in Form eines Zustimmungsgesetzes[200]. Der Mitwirkung des Parlaments bedarf es nicht bei rein verwaltungsrechtlichen Verträgen, die von der Exekutive allein abgeschlossen werden können.

52 Die **Rechtsnatur** der Verträge zwischen Staat und Kirche wird kontrovers diskutiert[201]. Aus Paritätsgründen vorzugswürdig ist eine Auffassung, welche Konkordate und evangelische Kirchenverträge gleich qualifiziert, womit eine Einstufung als völkerrechtlicher Vertrag ausscheidet[202]. Damit stellen sich die Verträge zwischen Staat und Religionsgesellschaften als solche **sui generis** dar[203]. Für die **Beendigung** einer solchen vertraglichen Bindung gibt es die Möglichkeit eines Auflösungsvertrages[204] oder der Kündigung. Eine solche setzt einen vertraglichen Kündigungsvorbehalt voraus[205] oder aber kann auf die clausula rebus sic stantibus zurückgegriffen werden[206]. Die regelmäßig enthaltenen **Freundschaftsklauseln** gelten nicht nur für die Handhabung und Auslegung des Vertrages, sondern sollen auch die Notwendigkeit der Vertragsanpassung abdecken, dies kommt auch in eigenen Revisionsklauseln zum Ausdruck[207].

53 Besondere Herausforderungen liegen für die koordinationsrechtliche Handlungsform des Staatskirchenvertrages in der Bewältigung eines religiösen und dabei insbesondere eines **institutionellen Pluralismus**, beispielsweise auf Seiten der muslimischen Gemeinschaft, der mangels körperschaftlicher Verfasstheit ein allein zuständiger Ansprechpartner fehlt (→ Rn. 41). Der Staat ist in der Wahl seiner Mittel im Religionsrecht daher verpflichtet, den Grundsatz der Parität nicht durch eine zu strenge Rechtsformanbindung seiner Kooperationspartner zu unterlaufen. Dies bedeutet freilich

---

eine Änderung durch Gesetz nur mit Zustimmung des Vertragspartners möglich ist, oder Art. 67 HessVerf. (Vorrang des Staatsvertrags vor einem Gesetz).

[199] *Germann*, Staatskirchenverträge (Fn. 189), S. 109f.

[200] *Hollerbach*, Verträge (Fn. 183), S. 205f.; *ders.*, HStR VI, § 138 Rn. 76; *v. Campenhausen/Unruh* (Fn. 114), Art. 140 Rn. 78; *Korioth* (Fn. 117), Art. 140 Rn. 24; *Anke*, Neubestimmung (Fn. 183), S. 117f.

[201] Dazu m. w. N. *K. Obermayer*, DÖV 1967, 505ff.; *Hollerbach*, Grundlagen (Fn. 38), S. 272. Für Nachweise s. auch *Ehlers* (Fn. 34), Art. 140 Rn. 8.

[202] So aber eine weit verbreitete Auffassung, s. dazu die Übersicht bei *D. Pirson*, Art. Evangelische Kirchenverträge, in: StL^7, Bd. 2, Sp. 494ff., Sp. 3822ff.; *Hollerbach*, Grundlagen (Fn. 38), S. 272ff. m. w. N.; *Classen*, Religionsrecht (Fn. 111), S. 31f.

[203] So *Hollerbach*, Verträge (Fn. 183), S. 100; *ders.*, Grundlagen (Fn. 38), S. 274f.; *ders.*, HStR VI, § 138 Rn. 69.

[204] *Hollerbach*, Verträge (Fn. 183), S. 275.

[205] *Hollerbach*, Verträge (Fn. 183), S. 275f.; *Classen*, Religionsrecht (Fn. 111), Rn. 75.

[206] *Hollerbach*, Verträge (Fn. 183), S. 277f.; *ders.*, HStR VI, § 138 Rn. 79; *C. H. Ule*, Über die Anwendung der clausula rebus sic stantibus auf Kirchenverträge, in: FS Maunz, 1971, S. 415ff.; *K. Schier*, Die Bestandskraft staatskirchenrechtlicher Verträge, S. 79ff. für Konkordate, S. 97ff. für evangelische Kirchenverträge.

[207] Dazu *Hollerbach*, Grundlagen (Fn. 38), S. 279ff.

andererseits nicht, dass notwendig die Voraussetzungen beispielsweise für die Zuerkennung des Körperschaftsstatus abzusenken wären[208].

Vertragliche Regelungen des Religionsrechts bergen allerdings auch Probleme. Das Eingehen auf die Besonderheiten der jeweiligen Religionsgesellschaft führt zur **Rechtszersplitterung** und benachteiligt tendenziell kleinere Gruppierungen, die nicht vertragsmächtig sind, ebenso wie Schismatiker. **54**

D. Verhältnis zu anderen GG-Bestimmungen

Art. 140 GG und die darüber zu Bestandteilen des Grundgesetzes gewordenen Bestimmungen der Weimarer Verfassung stehen im engen Wirkungszusammenhang mit den anderen religionsverfassungsrechtlichen Bestimmungen des Grundgesetzes, also zu Art. 4, 3 III und 33 III GG. Besonders **Art. 4 GG** wirkt sich wegen seines umfänglichen Schutzbereiches (→ Art. 4 Rn. 34f., 56, 76ff.) auch auf die Weimarer Bestimmungen aus und fundiert sie grundrechtlich (→ Rn. 29). **55**

[208] Differenzierend nach der Bedeutung einer Religionsgemeinschaft auch *K. Hesse*, Der Rechtsschutz durch staatliche Gerichte im kirchlichen Bereich, 1956, S. 78ff.

Artikel 136 WRV [Unabhängigkeit der Rechte und Pflichten von der Religion, Negative Religionsfreiheit]

(1) Die bürgerlichen und staatsbürgerlichen Rechte und Pflichten werden durch die Ausübung der Religionsfreiheit weder bedingt noch beschränkt.

(2) Der Genuß bürgerlicher und staatsbürgerlicher Rechte sowie die Zulassung zu öffentlichen Ämtern sind unabhängig von dem religiösen Bekenntnis.

(3) [1]Niemand ist verpflichtet, seine religiöse Überzeugung zu offenbaren. [2]Die Behörden haben nur soweit das Recht, nach der Zugehörigkeit zu einer Religionsgesellschaft zu fragen, als davon Rechte und Pflichten abhängen oder eine gesetzlich angeordnete statistische Erhebung dies erfordert.

(4) Niemand darf zu einer kirchlichen Handlung oder Feierlichkeit oder zur Teilnahme an religiösen Übungen oder zur Benutzung einer religiösen Eidesform gezwungen werden.

Literaturauswahl

Bock, Wolfgang: Die Religionsfreiheit zwischen Skylla und Charybdis, in: AöR 122 (1997), S. 444–475.

Fischer, Erwin: Volkskirche ade!, 4. Aufl. 1993.

Fischer, Kristian/Groß, Thomas: Die Schrankendogmatik der Religionsfreiheit, in: DÖV 2003, S. 932–939.

Heckel, Martin: Die theologischen Fakultäten im weltlichen Verfassungsstaat, 1986.

Heckel, Martin: Religionsrechtliche Parität, in: HdbStKirchR[1], Bd. I, S. 445–544.

Maurer, Hartmut: Die Schranken der Religionsfreiheit, in: ZevKR 49 (2004), S. 311–332.

Schlaich, Klaus: Neutralität als verfassungsrechtliches Prinzip vornehmlich im Kulturverfassungs- und Staatskirchenrecht, 1972.

Leitentscheidungen des Bundesverfassungsgerichts

BVerfGE 19, 206 (216) – Kirchenbausteuer; 33, 23 (30ff.) – Eidesverweigerung aus Glaubensgründen; 35, 366 (376) – Kreuz im Gerichtssaal; 42, 312 (326ff.) – Inkompatibilität/Kirchliches Amt; 46, 266 (267) – Krankenhausaufnahme; 52, 223 (239) – Schulgebet; 115, 320 (341ff., Rn. 65ff.) – Rasterfahndung II.

Gliederung

Rn.

Stichwörter

A. Herkunft, Entstehung, Entwicklung

I. Ideen- und verfassungsgeschichtliche Aspekte

Die Norm des Art. 136 WRV schützt einzelne Aspekte der individuellen Religionsfreiheit. Sie kennt demgemäß verschiedene Vorläufer (zur Geschichte der Religionsfreiheit insgesamt: → Art. 4 Rn. 1ff.). Greifbar werden einige der Teilgehalte im **ALR** von 1794. So enthalten §§ 1ff. II 11 ALR Bestimmungen zur individuellen Religionsfreiheit. §§ 1 bis 4 schützen die Bürger vor »Verspottung, Beunruhigung, Verfolgung« und »zur Rechenschaft ziehen« durch den Staat aus Gründen des Glaubens; sie weisen damit bereits Elemente des Diskriminierungsverbots gemäß Art. 136 I und II WRV auf. Im Zusammenhang mit dem Recht auf die Hausandacht (§ 8) wird für Haushaltsangehörige statuiert, dass sie nicht entgegen ihrer Überzeugung zur Teilnahme gezwungen werden dürfen, das ALR nimmt an dieser Stelle Elemente des Art. 136 IV WRV vorweg. 1

Die im konfessionsgespaltenen Deutschland wichtige Norm der Gleichberechtigung in der bürgerlichen und staatlichen Rechtsstellung unabhängig von der religiösen Zugehörigkeit wurde als einzige Norm religionsrechtlichen Charakters in die **Deutsche Bundesakte** von 1815 aufgenommen, nämlich als Art. 16. Entsprechende Gewährleistungen finden sich auch in den **frühkonstitutionalistischen Verfassungen**[1]. Als klassische liberale Forderungen[2] finden sich die Teilelemente von Art. 136 WRV in der **Paulskirchenverfassung**[3]. § 144 S. 2 der Paulskirchenverfassung nimmt wörtlich Art. 136 III 1 WRV vorweg, § 146 entspricht weitgehend Art. 136 I und II WRV, knüpft allerdings an das »religiöse Bekenntnis« und nicht an die »Ausübung der Religionsfreiheit« an, worin jedoch keine wesentlichen Unterschiede des rechtlichen Gehaltes liegen, jedenfalls wenn man Art. 136 II WRV hinzunimmt, in dem auf das »religiöse Bekenntnis« abgehoben wird. Art. 136 IV WRV schließt, auch in der Formulierung, eng an § 148 der Paulskirchenverfassung an. Auch textlich greifbaren Bezug zu Art. 136 WRV hat weiter Art. 12 **Preußische Verfassung** von 1850. 2

II. Entstehung und Veränderung der Norm

Die Entstehung des Art. 136 WRV ist das Ergebnis eines längeren Diskussionsprozesses innerhalb der **Nationalversammlung**, in dessen Verlaufe die Vorschriften über individuelle Religionsfreiheit und Religionsgesellschaften sich immer mehr differenzierten. Schon der ursprüngliche Verfassungsentwurf von Hugo Preuß enthielt in § 19 die wesentlichen Elemente der späteren Art. 136 III und IV WRV, vermischte diese jedoch mit Gewährleistungen für die Religionsgesellschaften[4]. Der der Nationalversammlung 3

[1] Etwa § 27 Verf. Württemb. 1819, freilich im Grundsatz nur für die drei christlichen Glaubensbekenntnisse, ebenso § 29 I Verf. Kurhessen 1831 und § 33 Verf. Sachsen 1831. In Ansätzen auch Titel IV, § 9 III Verf. Bayern 1818, Art. 15 Verf. Großherzogtum Hessen 1820, § 9 Verf. Baden 1818. § 10 Verf. Baden 1818 verpflichtet, in einem Teilbereich Art. 136 I, II WRV auch in Bezug auf die staatsbürgerlichen Pflichten vorwegnehmend, alle Bürger ohne Ansehung der Religion gleichermaßen zum Militärdienst.

[2] »Altliberales Gemeingut« sei das meiste, was in diesem Artikel steht, so *Anschütz*, WRV, Art. 136 Anm. 2.

[3] Zu den Beratungen dort *H. Scholler*, Die Grundrechtsdiskussion in der Paulskirche, 2. Aufl. 1982, S. 31ff., 155ff. (Diskussion) und 102ff. (Entwürfe).

[4] Siehe *G.J. Ebers*, Staat und Kirche im neuen Deutschland, 1930, S. 108f.

zur Beratung vorgelegte Art. 30 des Regierungsentwurfs fügte dem die Gehalte des heutigen Art. 136 II WRV hinzu[5]. Die folgenden Kontroversen innerhalb der Nationalversammlung drehten sich hauptsächlich um die Rechte der Religionsgesellschaften und ihr Verhältnis zum Staat[6] (→ Art. 140 Rn. 11), weniger um die Gewährleistung individueller Religionsfreiheit. Als Ergebnis dieses Diskussionsprozesses wurden die zentralen Bestandteile der individuellen Religionsfreiheit dem Art. 30 des Regierungsentwurfs ausgegliedert und als Art. 135 und 136 WRV den Bestimmungen über das Verhältnis von Staat und Religionsgesellschaften vorangestellt.

4 Die Inkorporierung von Art. 136 WRV in das **Grundgesetz**[7] steht in engem Zusammenhang mit der Frage, ob und ggf. in welcher Form eine Regelung des Staatskirchenrechts in der Verfassung zu treffen sei. Zunächst war vorgesehen, innerhalb des Grundrechts auf Religionsfreiheit zwei Absätze aufzunehmen, die dem Wortlaut des Art. 136 III und IV WRV entsprochen hätten. Nachdem sich für die korporativen Belange des Religionsverfassungsrechts die Lösung einer Inkorporierung der entsprechenden Normen der WRV durchgesetzt hatte (→ Art. 140 Rn. 12), schlug der Allgemeine Redaktionsausschuss vor der abschließenden vierten Lesung des Hauptausschusses vor, aus Gründen der Praktikabilität Art. 136 WRV ebenfalls zu inkorporieren und die mit Abs. 3 und 4 korrelierenden, in Art. 4 GG vorgesehenen Absätze zu streichen[8]. Diesem Vorschlag folgte der Hauptausschuss ebenso wie das Plenum des Parlamentarischen Rates.

B. Internationale, supranationale und rechtsvergleichende Bezüge

5 Die von Art. 9 **EMRK** geschützte Religions- und Gewissensfreiheit umfasst den von Art. 136 III und IV WRV erfassten Bereich[9], unterliegt allerdings dem qualifizierten Gesetzesvorbehalt aus Art. 9 II EMRK. Ein besonderes Verbot von Diskriminierungen aus Gründen der Religionszugehörigkeit ist in der EMRK nicht ausdrücklich vorhanden, Art. 14 EMRK schützt aber vor Diskriminierungen hinsichtlich der in der Konvention gewährten Rechte. Eine Rechtsgrundlage für Maßnahmen gegen religiöse Diskriminierungen sieht Art. Art. 19 AEUV vor. Der EuGH hatte das Grundrecht auf individuelle Religionsfreiheit maßgeblich vor dem Hintergrund des Verbots religiöser Diskriminierung anerkannt[10]. Nunmehr sind sowohl die freiheits-, als auch die gleichheitsrechtliche Seite dieser Gewährleistung in Art. 10 I und Art. 21 I der GRCh normiert. Auf organisatorischer Ebene ist die Kompetenz in staatskirchenrechtlichen Fragen gem. Art. 17 I AEUV originär mitgliedsstaatlich. Nach dem Grundsatz der begrenzten Einzelermächtigung, der gem. Art. 6 I UAbs. 2 EUV auch über die Grundrechtecharta nicht eingeschränkt wird, besteht daher allenfalls ein enger unionaler Handlungsrahmen für Religionspolitik. Nichtsdestotrotz haben die religionsrechtlichen Bestimmungen der GRC als quasi-gleichrangige Vertragsbestandteile i. S. d.

---

[5] Vgl. im Überblick *F. Giese*, JöR 13 (1925), 249 (251f.).

[6] Dazu *L. Richter*, Kirche und Schule in den Beratungen der Weimarer Nationalversammlung, 1996, passim, insbes. S. 205ff.

[7] Dazu *H. Maurer*, ZevKR 49 (2004), 311 (316ff.).

[8] Die Frage des Gesetzesvorbehalts innerhalb des Art. 4 GG war zu dieser Zeit bereits abschlägig entschieden. Schon diese Entstehungsgeschichte spricht dagegen, Art. 136 I WRV als Gesetzesvorbehalt zu verstehen; → Rn. 20. Siehe zur Chronologie insgesamt JöR 1 (1951), S. 74ff., 78, 907.

[9] *Frowein*/Peukert, EMRK, Art. 9 Rn. 5ff.

[10] EuGH v. 27.10.1976, 130/75 – *Prais*; s. auch *I. Pernice*, JZ 1977, 777ff.

Art. 6 III EUV bei »spezifisch-unionsrechtlichen« Sachverhalten ein bedeutsames Abwägungs- und Prognosegewicht[11]. In diesem Sinne trägt die Vorschrift des Art. 17 III AEUV über einen offenen Dialog mit den Religionsgemeinschaften dafür Sorge, dass deren Interessen wahrgenommen werden[12].

Entsprechend ihrem Alter und den nationalen Besonderheiten behandeln die Verfassungen der europäischen Staaten die Religionsfreiheit in je unterschiedlicher Detailliertheit. Demgemäß finden sich Elemente von Art. 136 WRV auch in anderen europäischen Verfassungsordnungen. Sofern besondere, die Religion betreffende Gleichbehandlungsgebote fehlen, wird dies durch ein Zusammenspiel der Gewährleistung der individuellen Religionsfreiheit und der allgemeinen Gleichbehandlungsgebote aufgefangen. Das Gleichbehandlungsgebot aus Art. 136 I und II WRV findet in Art. 14 2. Hs. der **Verfassung Spaniens** ein Pendant, Art. 16 II dieser Verfassung kennt darüber hinaus ein Schweigerecht bezüglich der religiösen und weltanschaulichen Überzeugung. Auch in weiteren Verfassungen kennt man ein die individuelle Religionsfreiheit schützendes – Art. 136 I und II WRV ähnliches – Diskriminierungsverbot[13]. Nach Art. 3 I der **Verfassung Griechenlands** ist die östlich-orthodoxe Kirche die vorherrschende Religion in Griechenland. Gleichwohl ist nach Art. 13 I 2 die Ausübung der individuellen und politischen Rechte nicht abhängig von der religiösen Anschauung. Art. 20 der **belgischen Verfassung** kennt eine dem Art. 136 IV WRV entsprechende Vorschrift, die darüber hinaus auch eine Pflicht zur Einhaltung religiöser Ruhetage ausschließt (→ Art. 139 Rn. 6f.). 6

Die **Landesverfassungen** kennen teilweise Parallelnormen zu Art. 3 III GG[14] oder verweisen auf die Grundrechte und staatsbürgerlichen Rechte, die das Grundgesetz gewährt[15]. 7

C. Erläuterungen

I. Allgemeine Bedeutung

Art. 136 WRV hebt einige Teilgehalte der individuellen Religionsfreiheit besonders hervor, die bereits durch Art. 4 I und II, 3 III und 33 III GG Schutz genießen[16]. Während die Schutzbereiche von Art. 136 WRV in denen der genannten Normen aufgehen, enthält Art. 136 III WRV eine gegenüber Art. 4 GG spezielle Schrankenregelung für 8

[11] Zum Vorstehenden *H. Weber*, NVwZ 2011, 1485 (1488ff.). Siehe zum Begriff der »Durchführung des Unionsrechts« i.S.d. Art. 51 II GRC *C. Latzel*, EuZW 2015, 658ff.

[12] *H. Weber*, NVwZ 2011, 1485 (1492).

[13] S. etwa Art. 3 I Verf. Italien; Art. 44 II 3 Verf. Irland – trotz der Religionsbekundung in Art. 44 I; Art. 41 II Verf. Portugal, dort auch in Abs. 3 ein Schweigerecht über die eigenen religiösen Überzeugungen. Art. 53 VI Verf. Polen stellt eine Parallelvorschrift zu Art. 136 IV WRV dar. Die russische Verfassungsordnung kennt mit Art. 19 II lediglich einen besonderen Gleichbehandlungssatz in der Art des Art. 3 III GG. Art. 3 Verf. Tschechien enthält dagegen lediglich einen Verweis, ähnlich wie in der Präambel der Verf. Frankreichs, auf die Erklärung der Menschenrechte. Die Verf. Frankreichs selbst weist in Art. 2 I 2 hingegen einen besonderen, religionsbezogenen Gleichheitssatz auf.

[14] Dies sowohl in den Verfassungen, die vor dem Grundgesetz entstanden sind (etwa Art. 2 II Verf. Bremen; Art. 1 Verf. Hessen), als auch in denen jüngeren Datums (Art. 18 III Verf. Sachsen, Art. 12 II Verf. Brandenburg, Art. 7 III Verf. Sachsen-Anhalt, Art. 2 III Verf. Thüringen).

[15] Art. 4 I Verf. Nordrhein-Westfalen, Art. 5 III Verf. Mecklenburg-Vorpommern.

[16] *A. v. Campenhausen/P. Unruh*, in: v. Mangoldt/Klein/Starck, GG III, Art. 136 WRV Rn. 4; *U.K. Preuß*, in: AK-GG, Art. 140 (2001), Rn. 37; *U. Mager*, in: v. Münch/Kunig, GG II, Art. 140 Rn. 9.

das religiöse Ausforschungsverbot (→ Rn. 21; → Art. 137 Rn. 25, 45). In Abs. 1 und 2 wird die **Gleichbehandlung** in Ansehung der Religion, in Abs. 3 und Abs. 4 die **negative Religionsfreiheit** (→ Art. 4 Rn. 69) ausdrücklich geschützt. In ihren ersten drei Absätzen hat die Norm besondere Bedeutung für die – als solche objektiv-rechtlich gefasste – staatliche **Neutralität** (→ Art. 140 Rn. 35ff.), die durch sie **subjektiv-rechtlich** ausgestaltet und bewehrt wird[17]. Die staatliche Neutralitätsverpflichtung erhält dadurch konkreten Gehalt und wird praktisch.

9 Damit ist auch die Frage der **Verfassungsbeschwerdefähigkeit** beantwortet. Da die sachlichen Gehalte von Art. 136 WRV immer auch von Art. 4 oder 3 III GG erfasst sind, ist die Möglichkeit einer Verfassungsbeschwerde auf jeden Fall gegeben, der erweiternden Auslegung des Begriffs der »Grundrechte« in Art. 93 I Nr. 4a GG bedarf es nicht (→ Art. 140 Rn. 31).

10 Systematisch betrachtet ergänzen sich Abs. 1 und 2. Abs. 1 schützt die **Ausübung religiöser Überzeugung**, Abs. 2 die (ausübungsunabhängige) Zugehörigkeit zu der Religionsgesellschaft. Abs. 2 hat als ausdrücklichen Gehalt darüber hinaus noch den religionsunabhängigen **Zugang zu öffentlichen Ämtern**, der aber bereits durch Art. 33 III GG geschützt ist (→ Art. 33 Rn. 142ff.).

II. Diskriminierungsverbot (Art. 136 I, II WRV)

11 Art. 136 I und II WRV normieren die Unabhängigkeit des Bestandes und des Ausmaßes der Rechte und Pflichten des Einzelnen von seiner Religion[18]. Die Bestimmungen sichern die Eigenrationalität des Rechts und der dahinterstehenden Überlegungen des Gesetzgebers vor religionsbedingten Modifizierungen und tragen damit zur Ausdifferenzierung einer Sphäre staatlich begründeter Rechte und Pflichten bei (→ Art. 140 Rn. 37). Die rechtliche Bedeutung liegt in einem **Differenzierungsverbot**[19] aus Gründen der Religion oder Weltanschauung. Technisch ist dieses zunächst als Anknüpfungsverbot in dem Sinne zu verstehen (→ Art. 140 Rn. 44. Zum Ganzen auch: → Art. 3 Rn. 119ff.), dass religiöse Merkmale nicht als Voraussetzung für Rechtsfolgen dienen dürfen. Darüber hinaus ist wegen der Möglichkeit mittelbarer Beeinträchtigungen (→ Art. 3 Rn. 125) die Norm auch als Begründungsverbot (→ Art. 140 Rn. 44) zu lesen, die Dogmatik kann sich an derjenigen zu Art. 3 III GG und zu den europarechtlichen Diskriminierungsverboten orientieren[20].

12 Art. 136 I und II WRV begründen **subjektive Rechte** auf Gleichbehandlung, deren Träger sowohl einzelne Menschen wie auch Religionsgesellschaften sind. Neben dieser subjektiv-rechtlichen Seite, sei es als Individualrecht, sei es als korporatives Recht, ist

---

[17] Vgl. VG Potsdam v. 19.5.2014, 12 K 1993/13, juris, Rn. 68f., Dokument-Nr. MWRE140001663 zur Verteilung staatlicher Fördergelder an Religionsgesellschaften.

[18] *S. Korioth*, in: Maunz/Dürig, GG, Art. 136 WRV (2015), Rn. 1; *Mager* (Fn. 16), Art. 140 Rn. 10ff.; *Jarass*/Pieroth, GG, Art. 136 WRV Rn. 1f.

[19] *D. Ehlers*, in: Sachs, GG, Art. 136 WRV Rn. 2.; *v. Campenhausen/Unruh* (Fn. 16), Art. 136 WRV Rn. 4; *Jarass*/Pieroth, GG, Art. 136 WRV Rn. 1f.; *H. Maurer*, ZevKR 49 (2004), 311 (323). Zum Diskriminierungsbegriff vgl. *H.M. Heinig*, Art. Diskriminierung, in: M. Honecker u. a. (Hrsg.), Evangelisches Soziallexikon, Neuausgabe 2001, Sp. 283ff. und *R. Steding*, Chancengleichheit und Quoten, 1997, S. 28ff. mit rechtsvergleichenden Ausführungen zum deutschen Recht und zu demjenigen der Vereinigten Staaten.

[20] *A. v. Bogdandy*, in: Grabitz/Hilf/Nettesheim, EUV/AEUV, Art. 18 AEUV Rn. 6ff.; *Korioth* (Fn. 18), Art. 136 WRV Rn. 32.

Art. 136 I, II WRV auch ein normativer Ausdruck der objektiv-rechtlichen Verpflichtung des Staates zu religiöser Neutralität (→ Rn. 24).

Die »**bürgerlichen und staatsbürgerlichen Rechte**« sind weit auszulegen. Sie erfassen alle Rechtspositionen im bürgerlichen (einschließlich der Nebengebiete) wie im öffentlichen Recht, die Zuordnung zu einem Rechtsgebiet ist ohne Bedeutung, weil sämtliche Rechtspositionen des staatlichen Rechts erfasst sind[21]. 13

Die Unbedingtheit und Unbeschränktheit der **bürgerlichen Rechte** dient auch der Integration der Bevölkerung in einen staatlich verfassten Gesellschaftsverband durch ein einheitliches Zivilrecht für alle Bürger – ungeachtet ihrer Religion. Darin liegt eine Absage an einen Rechtspluralismus in Abhängigkeit vom religiösen Pluralismus[22]. Die religionsunabhängige Gewährleistung der Gleichheit der bürgerlichen Rechte in Art. 136 I, II WRV hat **keine unmittelbare Drittwirkung** im privaten Rechtsverkehr, etwa im Arbeitsrecht[23]. Die Bindung an einen besonderen Gleichheitssatz stellte eine empfindliche Einbuße an Freiheit für den Bürger dar. Diese Freiheit kann er auch im Privatrechtsverkehr realisieren[24]. Sein – gegebenenfalls vertraglich abgesichertes – Ausleben religiöser Überzeugungen ist durch Art. 4 I und II GG sowie Art. 2 I GG geschützt. Art. 136 I und II WRV sind nur staatsgerichtet. Einfachgesetzlich ist die Freiheit der Bürger, aus religiösen Gründen Unterschiede in ihren Beziehungen zu anderen Menschen zu machen, allerdings durch das Allgemeine Gleichbehandlungsgesetz eingeschränkt (→ Art. 3 Rn. 72, 99)[25]. 14

Die **staatsbürgerlichen** Rechte und Pflichten umfassen all diejenigen, die in einem Rechtsverhältnis zwischen einem Träger öffentlicher Gewalt und einem Grundrechtsträger gelten. Der Begriff der **öffentlichen Ämter** ist ebenso auszulegen wie in Art. 33 GG (→ Art. 33 Rn. 84). 15

Ein **ausländisches Eheverbot** aus Gründen der Religionsverschiedenheit gilt wegen des religiösen Diskriminierungsverbots im Rahmen der deutschen Rechtsordnung nicht[26]. Die **Kirchensteuerpflichtigkeit** stellt zwar eine staatsbürgerliche Pflicht im Sinne des Art. 136 I WRV dar[27], findet ihre verfassungsrechtliche Rechtfertigung jedoch in Art. 137 VI WRV. In der Sache handelt es sich zudem um einen Mitgliedsbeitrag (mit besonderem Einzugsverfahren). Wenn die Kirchensteuerpflicht an die Religionszugehörigkeit anknüpft, ist dies im Lichte des Art. 136 I und II WRV unschädlich und von Art. 4 GG her sogar geboten (→ Art. 4 Rn. 138). Die Mitwirkungspflicht der Arbeitgeber bei der Erhebung der Kirchensteuer knüpft nicht an die Religionszugehörigkeit des Arbeitgebers an und ist insofern religionsneutral[28]. 16

---

[21] Zum Entstehungskontext des Begriffs der »staatsbürgerlichen Rechte und Pflichten« (mit weiteren Ausführungen zu Art. 33 I GG): → Art. 33 Rn. 29ff.

[22] Zu solchen Möglichkeiten *K. Wähler*, Interreligiöses Kollisionsrecht im Bereich privatrechtlicher Rechtsbeziehungen, 1978.

[23] So aber *Ehlers* (Fn. 19), Art. 136 WRV Rn. 2.

[24] *Heinig*, Diskriminierung (Fn. 19), Sp. 286.

[25] Wobei für Religionsgesellschaften und Weltanschauungsgemeinschaften bei Beschäftigungsverhältnissen wiederum eine Bereichsausnahme in § 9 AGG geregelt ist. Dazu *W. Weiß*, ZevKR 60 (2015), 341 (346ff.).

[26] BGHZ 56, 180 (191f.); OLG Hamm FamRZ 1977, 323 (326); BayObLG NJW 1976, 2017.

[27] Die Kirchensteuer ist eine echte Steuer i. S. d. § 3 I 1 AO: → Art. 137 WRV Rn. 107.

[28] Zur Mitwirkungspflicht des Arbeitgebers BVerfGE 19, 226 (240); vgl. *G. Tröger*, ZevKR 14 (1968), 101 (105ff.). Kritisch *Korioth* (Fn. 18), Art. 136 WRV Rn. 92.

17 Das sog. **konfessionsgebundene Staatsamt** ist nur dann zulässig, wenn eine Verfassungsbestimmung die Ausnahme von Art. 136 I und II WRV trägt[29]. Demgemäß ist jeweils einzeln nach der Rechtfertigung für die Beschränkung auf konfessionsangehörige Bewerber zu fragen. **Religionslehrer** und **Lehrer an Bekenntnisschulen** dürfen konfessionell gebunden werden, da diese Unterrichtsformen in Art. 7 III und V GG verfassungsrechtlich anerkannt werden[30]. Professorenstellen an **theologischen Fakultäten** dürfen konfessionsabhängig besetzt werden, weil Theologie an der Hochschule als bekenntnisgeprägtes Fach von Art. 137 III WRV geschützt[31] und somit vom Recht auf tendenzreine (→ Art. 137 WRV Rn. 65) Ausgestaltung umfasst wird (zu den verfassungsrechtlichen Maßstäben für theologische Fakultäten: → Art. 137 WRV Rn. 23). Gleiches gilt für theologische Lehrstühle an anderen Fakultäten, etwa an erziehungswissenschaftlichen, zur Ausbildung von Religionslehrern. Wenn der Inhaber eines solchen Amtes die geforderte persönliche Qualität nicht mehr besitzt, sind Regelungen nötig, die auch die weiteren involvierten Rechte, so den beamtenrechtlichen Status des Amtsinhabers und die Wissenschaftsfreiheit, berücksichtigen[32]. Auch die Anstaltsseelsorge ist in Ansehung von Art. 137 III und 141 WRV nicht anders zu beurteilen[33]. Für sonstige konfessionell gebundene Professuren, insbesondere auf konkordatsrechtlicher Grundlage, sog. Konkordatslehrstühle[34], ist eine verfassungsrechtliche Rechtfertigung nicht ersichtlich. Die konkordatäre Verpflichtung selbst genügt nicht. Die **Wehrpflichtbefreiung** für **Geistliche** nach § 11 I WehrpflG, das sogenannte Geistlichenprivileg, verstößt gegen die Unabhängigkeit der staatlichen Pflichten von der Religionszugehörigkeit und ist also verfassungswidrig[35]. Das **Zeugnisverweigerungsrecht** der Geistlichen nach § 53 I 1 StPO berührt Art. 136 I und II WRV hingegen nicht, weil dieses Recht nicht an der Religionszugehörigkeit anknüpft, sondern an der Eigenschaft als Inhaber eines Berufes, der zur Verschwiegenheit verpflichtet ist[36].

18 Die **Inkompatibilität** von katholischer Priesterwürde und Bundestagsmandat gemäß Art. 32 Reichskonkordat bildet kein Problem von Art. 136 I und II WRV. Art. 38 II GG wird durch die vertragliche Verpflichtung nicht abbedungen, so dass auch katholi-

---

[29] *Jarass*/Pieroth, GG, Art. 136 WRV Rn. 3; *Preuß* (Fn. 16), Art. 140 Rn. 37 (mit restriktiver Tendenz); im Ansatz auch *v. Campenhausen/Unruh* (Fn. 16), Art. 136 WRV Rn. 16, mit freilich nicht tragender Rechtfertigung aus dem »religiösen Pluralismus«; *T. Maunz*, in: Maunz/Dürig, GG, Art. 136 WRV (1973), Rn. 8. Grundsätzlich kritisch dazu *E. Fischer*, Volkskirche ade!, 4. Aufl. 1993, S. 117ff., 131ff., 137ff., 141ff.

[30] BVerfGE 17, 267 (269f.); 19, 252 (259f.) für Bekenntnisschulen. Zum Religionsunterricht BVerfGE 74, 244 (252f.): »Sein Gegenstand ist vielmehr der Bekenntnisinhalt« – deswegen ist die »Tendenzreinheit« der Lehrer zulässiges Einstellungskriterium.

[31] Dazu *M. Morlok/M.H. Müller*, JZ 1997, 549ff.; *M. Heckel*, Die theologischen Fakultäten im weltlichen Verfassungsstaat, 1986, S. 48; *v. Campenhausen/Unruh* (Fn. 16), Art. 137 WRV Rn. 179ff.; *J. Müller-Volbehr*, ZevKR 24 (1979), 1 (6). Dagegen *Fischer*, Volkskirche (Fn. 29), S. 134f.

[32] Dazu – aus Anlass der Lehrbeanstandung von Professoren der Theologie – *R. Mainusch*, DÖV 1999, 677ff.; *E.-W. Böckenförde*, NJW 1981, 2101ff.; *H. Weber*, Theologische Fakultäten und Professuren, in: H.-R. Reuter (Hrsg.), Theologie in der Universität, 1999, S. 123ff. (143ff.).

[33] *v. Campenhausen/Unruh* (Fn. 16), Art. 141 WRV Rn. 19ff.; *J. Ennuschat*, Militärseelsorge, 1996, S. 75; a. A. *Fischer*, Volkskirche (Fn. 29), S. 142ff.

[34] Dazu *Heckel*, Fakultäten (Fn. 31), S. 68ff.; *Ehlers* (Fn. 19), Art. 136 WRV Rn. 3.

[35] *Preuß* (Fn. 16), Art. 140 Rn. 38; *M. Heckel*, Religionsrechtliche Parität, in: HdbStKirchR[1], Bd. I, S. 445ff. (533ff.); *G. Czermak*, Religions- und Weltanschauungsrecht, 2008, Rn. 434 spricht von einer »mittelalterlich anmutende[n] Exemtion«; a. A. *Maunz* (Fn. 29), Art. 136 WRV Rn. 9; s. jetzt aber *Korioth* (Fn. 18), Art. 136 WRV Rn. 44ff.; *Mager* (Fn. 16), Art. 140 Rn. 12; *Ehlers* (Fn. 19), Art. 136 WRV Rn. 6; *S. Mückl*, HStR[3] VI, § 160 Rn. 24f.

[36] *Preuß* (Fn. 16), Art. 140 Rn. 38; *Heckel*, Parität (Fn. 35), S. 533.

schen Geistlichen das passive Wahlrecht für den Bundestag zukommt. Eine kirchenrechtliche Sanktion gegen einen Geistlichen, der von diesem Recht Gebrauch macht, ist hingegen von Art. 137 III WRV gedeckt und setzt sich auch gegenüber Art. 48 II GG durch[37].

Eine **Ausnahme** von der Unabhängigkeit der Rechte und Pflichten von der Religion 19
ist dann zulässig, wenn es hierfür eine verfassungsrechtliche Rechtfertigung gibt: wenn das Grundgesetz selbst Religion zu einem rechtserheblichen Merkmal erhebt. Dies ist in idealtypischer Klarheit bei Art. 7 III GG für den Religionsunterricht der Fall, der nach dieser Vorschrift in Übereinstimmung mit den Grundsätzen der Religionsgemeinschaften zu erteilen ist. Wenn die Religionsgemeinschaften Religionsunterricht nur durch Mitglieder und nur durch nach ihren Maßstäben besonders qualifizierte Lehrkräfte erteilen lassen wollen, so ist diese religiöse Qualifikation unter Abweichung von Art. 136 I und II WRV maßgeblich. Auch Art. 141 WRV kommt eine ausnahmenstatuierende Kraft gegenüber Art. 136 I und II WRV zu.

Art. 136 I WRV bildet **keinen Gesetzesvorbehalt** für die Rechte aus **Art. 4 I und II** 20
GG[38]. Mit einer derartigen Auslegung wäre diese Norm, die religiöse Freiheit sichert, indem sie Gleichbehandlung garantiert, durch eine »Mutation« zum Eingriffstitel in ihr Gegenteil verkehrt. Neben historischen und sich auf Art. 4 GG berufenden systematischen Überlegungen[39] (→ Art. 4 Rn. 124) spricht dagegen auch eine bei Art. 136 I WRV ansetzende Betrachtung: Der Gedanke eines in dieser Bestimmung enthaltenen Gesetzesvorbehalts stützt sich auf die Unbedingtheit und Unbeschränktheit der Rechtspflichten hinsichtlich der Religionsausübung: Eine Rechtspflicht darf als solche von der Religionsausübung des Einzelnen nicht abhängen. Art. 136 I WRV überprüft also den zu überprüfenden Rechtssatz darauf, ob er an das Merkmal der Religionsausübung anknüpft. Damit ist Art. 136 I WRV ein Differenzierungsverbot[40] und als solches bereits strukturell nicht geeignet, einen Gesetzesvorbehalt zu begründen. Zwar widerspricht die Exemtion von einer Rechtspflicht wegen Inanspruchnahme der Religionsfreiheit Art. 136 I WRV. Die in der Norm enthaltene Gewährleistung der Gleichbehandlung unabhängig von der Religionsausübung bildet damit aber noch keinen Eingriffsgrund gegenüber Art. 4 GG: Führen Rechtspflichten zu einem Eingriff in Art. 4 GG, so kann dieser entweder durch kollidierendes Verfassungsrecht gerechtfertigt werden[41] oder der Eingriff begründet einen Verfassungsverstoß. Art. 136 I WRV

---

[37] BVerfGE 42, 312 (326ff.) zu einer kirchlichen Unvereinbarkeitsvorschrift. → Art. 48 Rn. 17 m. Fn. 69.

[38] So aber BVerwGE 112, 227 (231); *Ehlers* (Fn. 19), Art. 136 WRV Rn. 4; *A. v. Campenhausen*, HStR³ VII, § 157 Rn. 111ff.; *W. Bock*, AöR 122 (1997), 444 (469ff.); *S. Muckel*, Religiöse Freiheit und staatliche Letztentscheidung, 1997, S. 224ff.; *S. Lenz*, VR 2003, 226 (229ff.); *C. Traulsen*, ZevKR 48 (2003), 198 (202f.); *Czermak*, Religionsrecht (Fn. 35), Rn. 129; *F. Schoch*, Die Grundrechtsdogmatik vor den Herausforderungen einer multikonfessionellen Gesellschaft, in: FS Hollerbach, 2001, S. 149ff. (163ff.). Vgl. mit differenzierender Kommentierung zu BVerfGE 104, 337 (Schächten) *N. Arndt/M. Droege*, ZevKR 48 (2003), 188 (194ff.). Siehe *K. Fischer/T. Groß*, DÖV 2003, 932 (933) m. w. N.

[39] *H. Maurer*, ZevKR 49 (2004), 311 (325ff.); zur historischen Rekonstruktion s. *W. Bock*, AöR 122 (1997), 444 (462ff.); *M. Borowski*, Die Glaubens- und Gewissensfreiheit des Grundgesetzes, 2006, S. 489ff. sowie *Korioth* (Fn. 18), Art. 136 WRV Rn. 51ff. → Rn. 4.

[40] So auch *Borowski*, Glaubens- und Gewissensfreiheit (Fn. 39), S. 491.

[41] Art. 4 GG nur durch kollidierende Verfassungsrechtspositionen für einschränkbar zu halten, hat auch den Vorteil, dass dann im Einzelfall eine abwägende Herstellung praktischer Konkordanz versucht werden kann. Nimmt man demgegenüber einen Gesetzesvorbehalt aus Art. 136 I WRV an, so fällt dieser Zwang zur maximalen Schonung beider Rechtsgüter konstruktionsbedingt weg.

stellt aber kein kollidierendes und damit potentiell rechtfertigendes Verfassungsrecht dar, denn eine Kollision des besonderen Gleichheitssatzes in Art. 136 I WRV mit Art. 4 I, II GG kann stets bei Schonung sowohl der Religionsfreiheit wie des religiösen Diskriminierungsverbots durch generellen Verzicht auf die in Art. 4 GG eingreifende Pflicht bzw. durch ihre Minderung ausgeschlossen werden. Art. 136 I WRV ist somit aufgrund seiner Struktur als Gleichheitssatz »kollisionsuntauglich«[42].

III. Schweigerechte (Art. 136 III WRV)

21 Das Schweigerecht des Abs. 3 stellt einen Sonderfall der **negativen Bekenntnisfreiheit** dar[43], der insofern auch von Art. 4 GG erfasst wird, und ist zugleich eine spezielle Ausprägung des Rechts auf informationelle Selbstbestimmung[44] (→ Art. 2 I Rn. 78). Die »Lohengrinklausel«[45] des Art. 136 III 1 WRV steht unter dem Vorbehalt von Satz 2, der als qualifizierter Gesetzesvorbehalt zu lesen ist. Das derart eingeschränkte Fragerecht der Behörden erzeugt eine Pflicht des Befragten zur wahrheitsgemäßen Beantwortung[46]. Dabei ist zu vermeiden, dass der Gesetzgeber Rechte und Pflichten von der Religionszugehörigkeit und der Religionsausübung abhängig macht und damit nicht nur Art. 136 III 1 WRV unterläuft, sondern mittelbar über diese Einschränkung von Art. 136 I, II WRV auch in Art. 4 I, II GG eingreift[47]. Deswegen darf es sich nur um die Frage bezüglich solcher Rechte und Pflichten handeln, die in Gesetzen enthalten sind, welche den Anforderungen von Abs. 1 genügen (→ Rn. 11ff.) oder die durch andere Verfassungsnormen im Sinne der immanenten Schranken gedeckt sind. Satz 2, 2. Alternative enthält eine verfassungsrechtliche Anerkennung statistischer Erhebungen und stellt somit einen verfassungsrechtlichen Rechtfertigungsgrund dar[48]. Zulässig ist die Frage nach der Religionszugehörigkeit auf der Lohnsteuerkarte[49], weil Art. 137 VI WRV im Zuge der Möglichkeit einer Kirchensteuerpflicht auch einen Informationsgewinnungs- und Informationsweiterleitungsanspruch der Religionsgesellschaft gegenüber dem Staat statuiert (→ Art. 137 WRV Rn. 110)[50]. Unzulässig ist die

---

[42] Vgl. *H. Maurer*, ZevKR 49 (2004), 311 (323f.); *H. Munsonius*, DÖV 2013, 93 (98). Dagegen *Ehlers* (Fn. 19), Art. 136 WRV Rn. 4, der unter Berufung auf die Lehre von den immanenten Schranken zu einem Gesetzesvorbehalt für Art. 4 GG kommt, da jede einfachgesetzlich begründete Pflicht im Sinne von Art. 136 I, II WRV diese Normen als kollidierende Verfassungsgüter konkretisiere. *K. Fischer/T. Groß*, DÖV 2003, 932 (937ff.) plädieren bei Ablehnung eines Gesetzesvorbehalts aus Art. 136 I WRV für eine Einengung des Schutzbereichs von Art. 4 I und II GG, um das Bedürfnis nach Eingriffsmöglichkeiten zu mindern.

[43] Es geht um das Recht, »zu verschweigen, daß und was man glaubt oder nicht glaubt« (BVerfGE 12, 1 [4]).

[44] BVerfGE 65, 1 (41ff.).

[45] *Richard Wagner*, Lohengrin, 1. Akt, 3. Szene, Lohengrin zu Elsa von Brabant: »Nie sollst Du mich befragen ...«.

[46] Kritisch zu der Erhebung von freiwillig gemachten Angaben über Religionszugehörigkeit und religiöse Überzeugung von Ausländern *K. Globig*, ZRP 2002, 107ff., insbesondere zum Problem der Freiwilligkeit (108) und zur fortdauernden Bedeutung der »Lohengrinklausel« (108f.).

[47] Zu diesem Problem des mittelbaren Zwanges *Korioth* (Fn. 18), Art. 136 WRV Rn. 79.

[48] Für die Volksbefragung BVerfGE 65, 1 (38f.).

[49] BVerfGE 49, 375 (376f.); vgl. auch EGMR, 17.2.2011, NVwZ 2011, 1503 – *Wasmuth/Deutschland*; siehe ferner *Ehlers* (Fn. 19), Art. 136 WRV Rn. 7; *v. Campenhausen/Unruh* (Fn. 16), Art. 136 WRV Rn. 46. Ablehnend zu einer Weiterleitung der zu Steuerzwecken erhobenen Daten über die Religionszugehörigkeit an den Arbeitgeber *Korioth* (Fn. 18), Art. 136 WRV Rn. 92.

[50] Vgl. EGMR, 17.2.2011, NVwZ 2011, 1503 (1504ff.) – *Wasmuth/Deutschland* zum Eintrag auf der Lohnsteuerkarte, der Inhaber gehöre keiner Konfession an.

Frage des Richters nach der Religionszugehörigkeit eines Sachverständigen, die die Besorgnis der Befangenheit begründen kann[51]. Die Gewinnung von Angaben über die Religionszugehörigkeit im Wege der Rasterfahndung kann einen Verstoß gegen Art. 136 III 1 WRV darstellen[52], falls diese Datengewinnung nicht gem. Satz 2 gerechtfertigt ist. Dies gilt auch dann, wenn auf freiwillig gegenüber Privaten gemachte Angaben zurückgegriffen wird: Daten, die der Staat aus verfassungsrechtlichen Gründen nicht selbst erheben kann, darf er auch nicht durch Rückgriff auf fremde Datensammlungen gewinnen; möglich bleibt allerdings eine Rechtfertigung aufgrund kollidierenden Verfassungsrechts[53].

IV. Kein Zwang zu religiösen Handlungen (Art. 136 IV WRV)

Absatz 4 betrifft ebenfalls die **negative Religionsfreiheit**, hier in der Ausprägung der negativen Religionsausübungsfreiheit. Art. 136 IV WRV ist damit bereits vollständig in Art. 4 I, II GG enthalten[54], insoweit sei auf die Kommentierung zu Art. 4 GG verwiesen (→ Art. 4 Rn. 69ff., bes. Rn. 86ff., 119). Der Schutz vor dem Zwang zur Benutzung religiöser Eidesformeln wirft insoweit ein Sonderproblem auf, als nämlich die Verwendung solcher Formeln im Grundgesetz angeordnet ist (Art. 56, 64 II GG). In diesen Fällen gewährt Art. 136 IV WRV keinen Schutz, da entgegenlautendes, spezielleres Verfassungsrecht besteht[55] (im Einzelnen: → Art. 56 Rn. 10). Für Fälle einfachgesetzlich angeordneter Eidesleistungen (§ 65 StPO, § 484 ZPO) hingegen garantiert Art. 136 IV WRV die Möglichkeit, eine gleichwertige Bekräftigung ohne transzendenten Bezug (»Ich schwöre«) zu leisten[56] (→ Art. 4 Rn. 135). 22

D. Verhältnis zu anderen GG-Bestimmungen

Subjektiv-rechtlich **ergänzen** die Bestimmungen in Art. 136 WRV die **Freiheitsgewährleistungen** aus Art. 4 I und II GG gegen Beeinträchtigungen durch Ungleichbehandlung. Art. 136 III WRV bildet einen speziellen, unter qualifiziertem Gesetzesvorbehalt stehenden (→ Rn. 20) Anwendungsfall des Rechtes auf informationelle Selbstbestimmung aus Art. 2 I i. V. m. Art. 1 I GG. 23

Objektiv-rechtlich ist Art. 136 WRV eine Ausprägung der religiös-weltanschaulich-konfessionellen **Neutralität des Staates**[57], die daneben in Art. 3 III, Art. 4 und in Art. 33 24

---

[51] LG Berlin StV 2014, 331f.

[52] BVerfGE 115, 320 (352f., Rn. 111f.).

[53] *T. Groß*, KritJ 35 (2002), 1 (4ff.). Vgl. auch die Argumentation in BVerfGE 115, 320 (353ff., Rn. 113ff.).

[54] *Ehlers* (Fn. 19), Art. 136 WRV Rn. 8; *Preuß* (Fn. 16), Art. 140 Rn. 40; *Mager* (Fn. 16), Art. 140 Rn. 22; *v. Campenhausen/Unruh* (Fn. 16), Art. 136 WRV Rn. 41. Vgl. auch *Korioth* (Fn. 18), Art. 136 WRV Rn. 128, der die ausdrücklich in Art. 136 IV WRV genannten Bestandteile der negativen Religionsfreiheit als Mindestgarantie versteht, in deren Bereich auch nicht zugunsten widerstreitender Verfassungsgüter eingegriffen werden darf.

[55] Vgl. BVerfGE 33, 23 (31f.). Dazu weiterhin *M. Nierhaus*, in: Sachs, GG, Art. 56 Rn. 5ff.; *U. Fink*, in: v. Mangoldt/Klein/Starck, GG II, Art. 56 Rn. 9ff.

[56] BVerfGE 33, 23 (26ff.); *Ehlers* (Fn. 19), Art. 136 WRV Rn. 9; *v. Campenhausen/Unruh* (Fn. 16), Art. 136 WRV Rn. 42.

[57] Zum Begriff: *K. Schlaich*, Neutralität als verfassungsrechtliches Prinzip vornehmlich im Kulturverfassungs- und Staatskirchenrecht, 1972, S. 154ff.; *A. v. Campenhausen*, AöR 121 (1996), 448 (458); zur normativen Herleitung BVerfGE 19, 206 (216).

III GG ihren normativen Ausdruck erhält. Die Inhalte von Art. 136 WRV werden auch von diesen Normen geschützt. Das Prinzip der Neutralität schließt, wie von Art. 136 I bis III WRV deutlich zum Ausdruck gebracht, die religiöse Einstellung als Kriterium von Rechtsentscheidungen aus, es sei denn, von Verfassungs wegen ist die Heranziehung religiöser Gesichtspunkte zulässig. Dies ist insbesondere der Fall bei Art. 7 III, V GG und Art. 136 III WRV.

25 Obgleich Art. 136 WRV primär die individuelle Glaubensfreiheit schützt, wirkt das in ihm enthaltene Gleichbehandlungsgebot als flankierender Schutz für das **Prinzip der Parität**, das den Religionsgesellschaften zugutekommt. Das Verbot der religiösen Diskriminierung des Einzelnen schützt auch die Religionsgesellschaft, der er angehört. Insofern greifen individuelle und korporative Religionsfreiheit ineinander (→ Rn. 12).

Artikel 137 WRV [Rechte der Religionsgesellschaften]

(1) Es besteht keine Staatskirche.

(2) [1]Die Freiheit der Vereinigung zu Religionsgesellschaften wird gewährleistet. [2]Der Zusammenschluß von Religionsgesellschaften innerhalb des Reichsgebiets unterliegt keinen Beschränkungen.

(3) [1]Jede Religionsgesellschaft ordnet und verwaltet ihre Angelegenheiten selbständig innerhalb der Schranken des für alle geltenden Gesetzes. [2]Sie verleiht ihre Ämter ohne Mitwirkung des Staates oder der bürgerlichen Gemeinde.

(4) Religionsgesellschaften erwerben die Rechtsfähigkeit nach den allgemeinen Vorschriften des bürgerlichen Rechtes.

(5) [1]Die Religionsgesellschaften bleiben Körperschaften des öffentlichen Rechtes, soweit sie solche bisher waren. [2]Anderen Religionsgesellschaften sind auf ihren Antrag gleiche Rechte zu gewähren, wenn sie durch ihre Verfassung und die Zahl ihrer Mitglieder die Gewähr der Dauer bieten. [3]Schließen sich mehrere derartige öffentlich-rechtliche Religionsgesellschaften zu einem Verbande zusammen, so ist auch dieser Verband eine öffentlich-rechtliche Körperschaft.

(6) Die Religionsgesellschaften, welche Körperschaften des öffentlichen Rechtes sind, sind berechtigt, auf Grund der bürgerlichen Steuerlisten nach Maßgabe der landesrechtlichen Bestimmungen Steuern zu erheben.

(7) Den Religionsgesellschaften werden die Vereinigungen gleichgestellt, die sich die gemeinschaftliche Pflege einer Weltanschauung zur Aufgabe machen.

(8) Soweit die Durchführung dieser Bestimmungen eine weitere Regelung erfordert, liegt diese der Landesgesetzgebung ob.

Literaturauswahl

Augsberg, Ino: »Wer glauben will, muss zahlen«?, in: AöR 138 (2013), S. 493–535.
Birk, Dieter/Ehlers, Dirk (Hrsg.): Aktuelle Rechtsfragen der Kirchensteuer, 2012.
Bock, Wolfgang: Das für alle geltende Gesetz und die kirchliche Selbstbestimmung, 1996.
Borowski, Martin: Die Glaubens- und Gewissensfreiheit des Grundgesetzes, 2006.
v. Campenhausen, Axel Freiherr/de Wall, Heinrich: Staatskirchenrecht. Eine systematische Darstellung des Religionsverfassungsrechts in Deutschland und Europa, 4. Aufl. 2006.
Classen, Claus Dieter: Religionsfreiheit und Staatskirchenrecht in der Grundrechtsordnung, 2003.
Classen, Claus Dieter: Religionsrecht, 2. Aufl. 2015.
Goltz, Simone: Weltanschauungsgemeinschaften, 2014.
Griebel, Björn: Die Religionsgesellschaft zwischen Staatsrecht und Europarecht, 2014.
Grzeszick, Bernd (Hrsg.): Aktuelle Entwicklungen des Kirchen- und Staatskirchenrechts, 2014.
Hammer, Felix: Rechtsfragen der Kirchensteuer, 2002.
Heinig, Hans Michael: Öffentlich-rechtliche Religionsgesellschaften, 2003.
Heinig, Hans Michael/Walter, Christian (Hrsg.): Staatskirchenrecht oder Religionsverfassungsrecht?, 2007.
Heinig, Hans Michael/Walter, Christian (Hrsg.): Religionsverfassungsrechtliche Spannungsfelder, 2015.
Hesse, Konrad: Das Selbstbestimmungsrecht der Kirchen und Religionsgemeinschaften, in: HdbStKirchR², Bd. II, S. 521–560.
Huber, Wolfgang: Kirche und Öffentlichkeit, 2. Aufl. 1991.
Huster, Stefan: Körperschaftsstatus unter Loyalitätsvorbehalt?, in: JuS 1998, S. 117–121.
Huxdorff, Nina: Rechtsfragen der Erst- und Zweitverleihung des öffentlich-rechtlichen Körperschaftsstatus an Religionsgemeinschaften, 2013.
Isak, Axel: Das Selbstverständnis der Kirchen und Religionsgemeinschaften, 1994.
Jeand'Heur, Bernd/Korioth, Stefan: Grundzüge des Staatskirchenrechts, 2000.

Kästner, Karl-Hermann: Staatliche Justizhoheit und religiöse Freiheit: über die Frage nach der staatlichen Kompetenz zur Rechtsschutzgewährung im Wirkungsbereich der Kirchen und Religionsgemeinschaften, 1991.
Kämper, Burkard: Kirchensteuer, in: Festschrift für Paul Kirchhof, Bd. II, 2013, § 192 (S. 2103–2115).
Magen, Stefan: Körperschaftsstatus und Religionsfreiheit, 2004.
Mahrenholz, Ernst Gottfried: Die Kirchen in der Gesellschaft der Bundesrepublik, 2. Aufl. 1972.
Mainusch, Rainer: Die öffentlichen Sachen der Religions- und Weltanschauungsgemeinschaften, 1995.
Marré, Heiner: Das kirchliche Besteuerungsrecht, in: HdbStKirchR², Bd. I, S. 1101–1147.
Meyer-Teschendorf, Klaus: Der Körperschaftsstatus der Kirchen. Zur Systemadäquanz des Art. 137 V WRV im pluralistischen Gemeinwesen des Grundgesetzes, in: AöR 103 (1978), S. 289–333.
Morlok, Martin: Selbstverständnis als Rechtskriterium, 1993.
Morlok, Martin/Heinig, Hans Michael: Parität im Leistungsstaat – Körperschaftsstatus nur bei Staatsloyalität?, in: NVwZ 1999, S. 697–706.
Morlok, Martin/Müller, Markus H.: Keine Theologie ohne die Kirche/keine Theologie gegen die Kirche?, in: JZ 1997, S. 549–555.
Muckel, Stefan: Religiöse Freiheit und staatliche Letztentscheidung, 1997.
Muckel, Stefan: Religionsgemeinschaften als Körperschaften des öffentlichen Rechts, in: Der Staat 38 (1999), S. 569–593.
Veelken, Sebastian: Das Verbot von Weltanschauungs- und Religionsgemeinschaften, Diss. jur. Münster 1999.
Walter, Christian: Religionsverfassungsrecht, 2006.
Walter, Christian/von Ungern-Sternberg, Antje/Lorentz, Stephan: Die »Zweitverleihung« des Körperschaftsstatus an Religionsgemeinschaften, 2012.
Weber, Hermann: Die Religionsgemeinschaften als Körperschaften des öffentlichen Rechts im System des Grundgesetzes, 1966.
Weber, Hermann: Bindung der Kirchen an staatliche und innerkirchliche Grundrechte und das Verhältnis der Grundrechtsgewährleistungen zueinander, in: ZevKR 42 (1997), S. 282–318.
Weber, Hermann: Körperschaftsstatus für Religionsgemeinschaften, in: ZevKR 57 (2012), S. 347–389.
Wieland, Joachim: Die Angelegenheiten der Religionsgesellschaften, in: Der Staat 25 (1986), S. 321–350.

Siehe auch die Angaben zu Art. 140 GG.

Leitentscheidungen des Bundesverfassungsgerichts

BVerfGE 18, 385 (386 f.) – Teilung einer Kirchengemeinde; 19, 1 (5 ff.) – Neuapostolische Kirche; 19, 206 (217) – Kirchenbausteuer; 19, 226 (235 ff.) – Kirchenlohnsteuer I; 19, 253 (258 ff.) – Kirchensteuergesetz; 19, 268 (273 ff.) – Kirchenlohnsteuer II; 30, 415 (428) – Mitgliedschaftsrecht; 42, 312 (321) – Inkompatibilität/Kirchliches Amt; 46, 73 (85 ff.) – Stiftungen; 53, 366 (387) – Konfessionelle Krankenhäuser; 55, 207 (230) – Öffentlicher Dienst; 66, 1 (19 f.) – Konkursausfallgeld; 70, 138 (160) – Loyalitätspflicht; 73, 388 (399) – Kirchgeld; 83, 341 (357) – Bahá'í; 93, 1 (15 ff.) – Kruzifix; 102, 370 (384 ff., Rn. 59 ff.) – Körperschaftsstatus der Zeugen Jehovas I; 105, 279 (292 ff., Rn. 48 ff.) – Osho; 108, 282 (291 ff., Rn. 29 ff.) – Kopftuch I; 137, 273 (301 ff., Rn. 81 ff.) – Chefarzt; 138, 296 (326 ff., Rn. 79 ff.) – Kopftuch II; 139, 321 (346 ff., Rn. 81 ff.) – Körperschaftsstatus der Zeugen Jehovas II.

Gliederung

Stichwörter

Abwägung 64, 75, 89, 106 – Ämter 50 – Anwendungsvorrang des einfachen Rechts 90 – Arbeitsrecht 66ff. – Beleihung 84, 88 – Bereichslehre 62f., 74 – Bestandsschutz 79, 115 – Dienstherrenfähigkeit 92ff. – Doppelgrundrecht 28 – »dritter Weg« 69 – eheliche Lebensgemeinschaft 126f. – eigene Angelegenheiten 11, 48ff. – Einrichtungsgarantie 119 – Entzug 114f. – Erst- und Zweitverleihung 106ff. – Europäische Union 10 – Freiheitsrecht 14, 17, 45 – gemeinsame Angelegenheiten 25, 129 – Gleichheitsrecht 14, 17, 102 – Glockenläuten 55, 71 – grundrechtliche Prägung 15, 23, 45, 80 – Grundrechtsbindung 86ff., 122 – Grundrechtsträgerschaft 47 – Heckel'sche Formel 60 – historisches Bezugsfeld 1ff. – Identifikationsverbot 20 – Justizgewähranspruch 75 – Kirchensteuer 77, 117ff. – Kirchgeld 127, 135 – Körperschaftsstatus 77ff., 82 – Korporationsrechte 84, 88, 96 – korporative Religionsfreiheit 45 – Landesrecht 13, 114, 120, 139ff. – lex specialis 15, 27 – Loyalitätspflichten 66f. – Mitgliedschaftsrecht 72, 97, 124f. – Muezzin 71 – Nebenzweckprivileg 40 – Neutralität 16 – Öffentlichkeit 83 – öffentlich-rechtlicher Gesamtstatus 85 – öffentlich-rechtliches Sachenrecht 98ff. – Organisation 14, 31, 34, 95 – Parität 102, 133 – Parochialrecht 97 – Privilegienbündel 100f. – Rechnungshof 55 – Rechtsfähigkeit 11, 37 – Rechtsform 32 – Rechtsform der Verleihung 141ff. – Rechtssetzungsgewalt 50, 96 – Rechtsweg 75, 99, 132 – Religionsgesellschaft 29, 44, 103 – religiöser Verein 29 – Schranke 15, 34ff., 45f., 49, 57ff. – Schranke des für alle geltenden Gesetzes 58, 60, 65 – Schrankenspezialität 27, 34, 46 – Schutzbereichsüberdeckung 46 – Selbstverständnis 50, 64, 80, 86 – Sonderrecht 38, 61 – soziale Nützlichkeit 78 – staatliche Warnungen 55, 71 – staatlicher Rechtsschutz 55, 74 – Staatskirche 11, 16 – Tendenzrecht 50, 66 – theologische Fakultäten 24, 51, 55, 73 – Umfeldorganisationen 53 – Verbot 36 – Verleihungsvoraussetzungen 103f. – Verlust 114ff. – Völkerrecht 9 – Vorbehalt des Gesetzes 140 – Wechselwirkungstheorie 35, 64 – Weltanschauungsgemeinschaft 30, 137 – wirtschaftliche Betätigung 38ff., 55, 70 – Zusammenschluss 113 – Zuschlagsteuer 135 – Zweitverleihung 106ff.

A. Herkunft, Entstehung, Entwicklung

I. Ideen- und verfassungsgeschichtliche Aspekte

1 Art. 137 WRV, die Zentralnorm zur Regelung der verfassungsrechtlichen Stellung der Religionsgesellschaften, ist Produkt und Spiegel einer langen Entwicklung der Ausdifferenzierung von Staat und organisierter Religion (→ Art. 140 Rn. 1). Verbot der Staatskirche und Garantie der Verwaltung eigener Angelegenheiten sind dabei zwei Seiten derselben Medaille dieses gegenseitigen Emanzipationsprozesses. Auch die Erlangung der Rechtsfähigkeit nach den allgemeinen Vorschriften – und nicht mehr nach Sonderrecht – ist unter dieser Perspektive zu sehen. **Historisches Bezugsfeld** des Art. 137 WRV sind insbesondere die unter dem Souveränitätsanspruch des neuzeitlichen-konfessionellen Staates ausgebildeten Formen des Staatskirchentums und der Staatskirchenhoheit[1], vor allem das in den evangelischen Territorien entstandene landesherrliche Kirchenregiment (→ Art. 140 Rn. 5). Im Zuge der zunehmenden Entflechtung von staatlicher und kirchlicher Organisation stellte sich die Frage der Anerkennung von Kirche als selbständiges Rechtssubjekt mit gegenüber dem Staat garantierten eigenen Rechten[2]; im Lichte zunehmender religiöser Toleranz im Anschluss an den

[1] Siehe im Überblick *G. J. Ebers*, Staat und Kirche im neuen Deutschland, 1930, S. 2ff. und 26ff.; *M. Morlok/S. Roßner*, Art. Kirche und Staat, in: EvStL[4], Sp. 1144ff.; *A. v. Campenhausen/H. de Wall*, Staatskirchenrecht, 4. Aufl. 2006, S. 14ff.; *D. Pirson*, Die geschichtlichen Wurzeln des deutschen Staatskirchenrechts, in: HdbStKirchR[2] I, S. 3ff.; zur Unterscheidung von Staatskirche, Kirchenhoheit und Kirchengewalt auch *B. Jeand'Heur*, Der Staat 30 (1991), 442ff. mit Bezug auf Art. 137 I WRV.

[2] *Pirson*, Wurzeln (Fn. 1), S. 13ff.

Westfälischen Frieden (→ Art. 140 Rn. 4) und im Gefolge der Aufklärung kam das Problem der rechtlichen Stellung organisierter Minderheitenreligionen hinzu.

Eine wirkmächtige positiv-rechtliche Begründung unterschiedlicher Rechtsstatus von organisierter Religion findet sich im **preußischen Allgemeinen Landrecht** von 1794. §§ 17–19 II 11 ALR widmeten sich den »vom Staate aufgenommenen Kirchgesellschaften«, kontrastierten diese mit lediglich geduldeten und verliehen ihnen »die Rechte privilegierter Korporationen«, was insbesondere die Befugnis zum öffentlichen Wirken mit sich brachte[3]. Solchen Gesellschaften wurde darüber hinaus, soweit sie fortdauernde gemeinnützige Zwecke verfolgten, die Eigenschaft als »**öffentliche Korporation**« und damit die Rechtsfähigkeit auf dem Gebiet des Privatrechts verliehen (bei Religionsgesellschaften allerdings begrenzt auf die Ebene der Ortsgemeinde). Die in Art. 137 II, IV WRV einerseits und Art. 137 V WRV andererseits zu findende Differenzierung ist hier angelegt. Ungeachtet des landesherrlichen Summepiskopates in der evangelischen Kirche (→ Art. 140 Rn. 5) wurde dabei die römisch-katholische Kirche als gleichberechtigte – privilegierte – Korporation anerkannt, was wiederum den Wandel der Fundierung des Rechtsstatus der Kirchen von einer primär theologischen Begründung zu einer primär sozialen voraussetzte: Nach § 11 II 11 ALR war der Wille der Mitglieder zu gemeinsamer religiöser Praxis konstitutiv für eine Kirchengesellschaft, nicht aber göttliche Einsetzung oder Beauftragung. »Der säkulare Staat bahnte sich an«[4]. Dies bedeutete aber keine Trennung von Staat und Kirche, die staatliche Aufsicht über die Religionsgesellschaften und das spezifische »ius in sacra« blieben noch weitgehend unangetastet (vgl. §§ 32, 47, 118, 161 f. II 11 ALR)[5]. Die Kirchen wurden als staatliche Einrichtungen begriffen. 2

Die Beseitigung jeglicher aufsichtsrechtlicher Eckpfeiler des Staat-Kirche-Systems bezweckte § 147 der nicht in Geltung gelangten **Paulskirchenverfassung von 1848/49**: »Jede Religionsgesellschaft ordnet und verwaltet ihre Angelegenheiten selbständig, bleibt aber den allgemeinen Staatsgesetzen unterworfen. Keine Religionsgesellschaft 3

---

[3] Siehe *E.R. Huber/W. Huber*, Staat und Kirche im 19. und 20. Jahrhundert, Bd. I, 1973, S. 3 ff. Nach § 20 II 11 ALR war den bloß geduldeten Kirchengesellschaften dagegen nur die Veranstaltung von Privatgottesdiensten gestattet; öffentliche Feiern außerhalb der eigenen Versammlungsstätte oder Glockengeläut war dagegen ebenso untersagt wie der Erwerb von Eigentum ohne vorherige Erlaubnis des Staates; zur Bedeutung des ALR für die heutige Ausgestaltung des Art. 137 II, IV, V WRV auch *P. Kirchhof*, Die Kirchen als Körperschaften des öffentlichen Rechts, in: HdbStKirchR^2 I, S. 651 ff. (659 f.); *S. Muckel*, Der Staat 38 (1999), 569 (572 f.). – Zurückzuführen ist die Korporationslehre des ALR wie die gesamte spätere begriffliche Ausbildung der Körperschaft des öffentlichen Rechts auf die corpora-Theorie des rationalen Naturrechtlers Samuel von Pufendorf. Zur umstrittenen Begriffsgeschichte, insb. der Abgrenzung zu den und Bedeutung der Kommunen, auf die *E. Forsthoff*, Die öffentliche Körperschaft im Bundesstaat, 1931, den öffentlich-rechtlichen Körperschaftsbegriff zurückführt, s. *A. Endrös*, Entstehung und Entwicklung des Begriffs »Körperschaft des öffentlichen Rechts«, 1983, S. 12 f., 44, 57 ff. m.w.N. Auch Universitäten wurden schon im ALR als privilegierte Korporationen bezeichnet (§ 67 II 12), im Laufe des 19. Jh. folgten ferner Berufs-, Handwerks- und Handelskammern; staats- und staatskirchenrechtliche Begriffsbedeutung divergierten zunehmend, was bis heute die Schwierigkeit der Erfassung des Rechtsgehaltes von Art. 137 V WRV ausmacht (→ Rn. 81 f.).

[4] *M. Friedrich*, Die Anfänge des neuzeitlichen Staatskirchenrechts, in: G. Brakelmann/N. Friedrich/T. Jähnichen (Hrsg.), Auf dem Weg zum Grundgesetz, 1999, S. 13 ff. (18).

[5] Gleichwohl ist unter dem Einfluss der kollegialistischen Kirchentheorie (→ Art. 140 Rn. 5) eine deutliche Aufwertung der kirchlichen Eigenrechtlichkeit im staatskirchenrechtlichen Gefüge des ALR festgeschrieben worden, was ungeachtet der weiterhin dominanten territorialtheoretischen Ausrichtung die weitere Entwicklung des Staatskirchenrechts vorzeichnete: *B. Jeand'Heur*, Der Staat 30 (1991), 442 (448 ff.).

genießt vor den andern Vorrechte durch den Staat; es besteht fernerhin keine Staatskirche«[6]. Die hier angestrebte Trennung von Staat und Kirche fand gesamtdeutsch zwar erst 1919 ihre endgültige Durchsetzung, sie prägte gleichwohl fortan die rechtliche Stellung der Kirchen: So betonte die **preußische Verfassung von 1850** einerseits noch in Art. 14 die Zugrundelegung der christlichen Religion bei der Ausübung der Staatsgeschäfte, gewährte andererseits in Art. 15 die kirchliche Selbstverwaltung für alle Religionsgesellschaften und Kirchen; eine Norm, die im Kulturkampf 1875 aufgehoben wurde (→ Art. 140 Rn. 9). Bis dahin war insbesondere die katholische Kirche zeitweilig in der Lage, sich auf dieser verfassungsrechtlichen Grundlage in Preußen eine Position der Unabhängigkeit von staatlicher Beeinflussung zu erstreiten, während die evangelische Kirche unter dem Einfluss des Königs als Oberhaupt der Kirche bis 1919 weit mehr in die Staatsverwaltung eingebunden blieb[7]. Art. 13 der preußischen Verfassung 1850 sah die Möglichkeit vor, auch den bisher nicht korporierten Religionsgesellschaften die Korporationsrechte zu verleihen, worunter in Preußen die juristische Persönlichkeit verstanden wurde. Dieser Korporationsbegriff wurde dahingehend weiterentwickelt, dass unter Rekurs auf § 69 II 10 ALR eine Sondergruppe von Korporationen mit vorwiegend öffentlich-rechtlichem Charakter ausgebildet wurde, der festgemacht wurde an der Fähigkeit, mittelbare Staatsbeamte zu haben; diese wurden auch den Kirchen zuerkannt[8]. Dieses norddeutsche Verständnis von »Korporationen« weicht von der staatskirchenrechtlichen Begriffsentwicklung in Süddeutschland im 19. Jh. ab, wo der Begriff nicht die Privatrechtsfähigkeit bezeichnete, sondern die Stellung der Kirchen als »Bestandteil der öffentlichen Ordnung« ausdrückte und dadurch abgegrenzt wurde von nichtöffentlichen Kirchengesellschaften, die dem Privatrecht zugeordnet wurden[9]. An diese landesrechtlichen Divergenzen im Verständnis des Körperschaftsbegriffs knüpfte nach 1871 der Reichsgesetzgeber an, wenn er »öffentliche Körperschaften«, oder in Anknüpfung an die 1865 in Sachsen erstmalig verwendete Terminologie[10], »Körperschaften des öffentlichen Rechts« in Reichsgesetzen erwähnte, ohne diese zu definieren.

4 Die Etablierung eines staatlichen **Kirchensteuersystems** steht in direktem Zusammenhang mit den im späten 18. und frühen 19. Jh. durchgeführten Säkularisationen, insb. des Reichsdeputationshauptschlusses von 1803 (→ Art. 138 WRV Rn. 2). Diese begründeten eine staatliche Verantwortung für eine angemessene Finanzausstattung der Kirchen, wurden diese doch weitgehend als Staatsanstalten begriffen, und führten zur Etablierung zahlreicher Staatsleistungen. Mitte des 19. Jahrhunderts setzte sich dann die Etablierung eines staatlichen Kirchensteuersystems zusehends durch, das eine stetige und durch die staatliche Hoheitsgewalt abgesicherte Einnahmequelle etablieren sollte[11].

---

[6] Zu den verschiedenen Motiven und zum Beratungsgang in der Paulskirche *H. Zwirner*, ZRG KA 73 (1987), 210 ff.; instruktiv auch *J.-D. Kühne*, Die Reichsverfassung der Paulskirche, 2. Aufl. 1998, S. 479 ff.

[7] *N. Friedrich/T. Jähnichen*, Von den Befreiungskriegen bis zur Errichtung des Deutschen Reiches, in: Brakelmann/Friedrich/Jähnichen, Grundgesetz (Fn. 4), S. 30 ff. (42).

[8] *Endrös*, Entstehung (Fn. 3), S. 19; s. auch § 19 II 11 ALR.

[9] *Endrös*, Entstehung (Fn. 3), S. 110 ff. (insb. 114).

[10] *Endrös*, Entstehung (Fn. 3), S. 29; so auch *P. Landau*, Die Entstehung des neueren Staatskirchenrechts in der deutschen Rechtswissenschaft der zweiten Hälfte des 19. Jh., in: W. Schieder (Hrsg.), Religion und Gesellschaft im 19. Jahrhundert, 1993, S. 29 ff. (39).

[11] *Pirson*, Wurzeln (Fn. 1), S. 38 f.; *A. v. Campenhausen/P. Unruh*, in: v. Mangoldt/Klein/Starck, GG III, Art. 137 WRV Rn. 242 ff.

II. Entstehung und Veränderung der Norm

Die **Beratungen der Nationalversammlung** über die zukünftige verfassungsrechtliche Stellung der Kirchen und Religionsgesellschaften waren – wie später dann wieder im Parlamentarischen Rat – von deutlichen Spannungen zwischen dem sozialdemokratischen und dem konservativ-bürgerlichen Lager geprägt (→ Art. 140 Rn. 11). Der schlussendlich erzielte Kompromiss[12] ließ den öffentlichen Rechtsstatus der Kirchen unangetastet und ermöglichte ihnen auf diese Weise insbesondere eine langjährig stabile Finanzierung ihrer Aufgaben durch die Option einer an die Mitgliedschaft anknüpfenden Kirchensteuer. Die Übereinkunft setzte zugleich jedoch allen religionsspezifischen Aufsichtsrechten des Staates ein Ende und hielt den Körperschaftsstatus nunmehr durch rechtsverbindlichen Anspruch für alle Religionsgesellschaften bereit. 5

Im Zuge der Kompromissfindung verzichtete die SPD zudem auf die von den Kirchen und ihnen nahestehenden Parteien vehement bekämpfte »Herabsetzung der christlichen Kirche auf das rein privatrechtliche Niveau«[13] und setzte dafür die **allgemeine – auch für Weltanschauungsgemeinschaften offenstehende – Möglichkeit der Verleihung des Körperschaftsstatus** durch[14]. Schon der Verfassungsausschuss sah sich dabei allerdings nicht in der Lage, die rechtliche Bedeutung des Körperschaftsstatus für Religionsgesellschaften im Kontext der neuen verfassungsrechtlichen Regelungen konkret zu fassen[15]. Auf der symbolischen Ebene sollte den Kirchen die organisationsrechtliche Gleichstellung mit Taubenzüchter- und Kegelvereinen erspart bleiben und ihre öffentliche Bedeutung, insbesondere ihr Beitrag für die soziale Wohlfahrt und das »sittliche Leben« im Staate hervorgehoben werden. Ferner sollte den Kirchen eine solide finanzielle Grundlage auf der Basis des etablierten **Kirchensteuersystems** ermöglicht werden – was nach Ansicht der damaligen Väter des Staatskirchenrechts ohne den Körperschaftsstatus nicht möglich erschien. 6

Die darüber hinausgehenden Konsequenzen blieben unter den Mitgliedern der Nationalversammlung strittig. Für die SPD, die DDP und Teile des Zentrums »erschöpft[e] sich der öffentlich-rechtliche Charakter« hierin. Dagegen sahen Vertreter der DNVP und der DVP im Körperschaftsstatus nicht nur eine allgemeine Anerkennung der Kirchen als moralische und soziale Potenzen im öffentlichen Leben, sondern eine darüber hinausgehende Bedeutung für die Beziehung zwischen Staat und Kirche, die sich insbesondere an der **Staatsaufsicht** festmachen lässt: Während die Mehrheit im Verfassungsausschuss im Zuge der Trennung von Staat und Kirche auch jegliche Formen besonderer staatlicher Kirchenaufsicht ablehnte, betonte der Abgeordnete Kahl 7

[12] Zusammenfassend zu den Positionen der einzelnen Parteien, welche in den Kompromiss einflossen, s. *S. Magen*, Körperschaftsstatus und Religionsfreiheit, 2004, S. 157f.; *F. Wittekind*, Welche Religionsgemeinschaften sollen Körperschaften des öffentlichen Rechts sein?, in: Brakelmann/Friedrich/Jähnichen, Grundgesetz (Fn. 4), S. 77ff. (84f. und passim); zum Einfluss Friedrich Naumanns ebd., S. 85ff.; *D. Beese*, Staatsbekenntnis und Volkskatechismus – Friedrich Naumann und die Weimarer Verfassungsberatungen, in: Brakelmann/Friedrich/Jähnichen, Grundgesetz (Fn. 4), S. 55ff.

[13] *J. Mausbach*, in: E. Heilfron (Hrsg.), Die Deutsche Nationalversammlung im Jahre 1919, 1919/1920, Bd. 6, S. 4005.

[14] *S. Katzenstein*, in: Verhandlungen der verfassunggebenden Deutschen Nationalversammlung, Bd. 336, Anlagen zu den stenographischen Berichten Nr. 391, Bericht und Protokolle des Achten Ausschusses über den Entwurf einer Verfassung des Deutschen Reiches, 1920, S. 201.

[15] Vgl. die pointierte Äußerung F. Naumanns, dass es sich »hier um das schwer definierbare höher stehende Recht« handele, »von dem die Kollegen Mausbach und Kahl mit kirchenrechtlicher Klugheit gesprochen haben und über das kein Mensch in diesem Raum klar zu sein sich rühmen dürfte«, in: Verhandlungen der verfassunggebenden Deutschen Nationalversammlung, Bd. 328, S. 1653.

(DVP), dass die Staatsaufsicht »das notwendige Korrelat« dazu sei, »daß die Kirchengesellschaften öffentliche Korporationsfähigkeit haben«[16]. Durch die gesamten Beratungen zog sich die hier manifestierte Problematik einer genauen Definition des Körperschaftsstatus für Religionsgesellschaften. Mehrheitlich verstand der damalige Verfassunggeber darunter eine rein formale Rechtskategorie, die jedenfalls eine staatliche Hoheitsfunktion, wie sie bis dahin ausgeübt wurde, und die organisatorische Eingliederung von Kirchen in die Staatsverwaltung ausschloss. Positiv gewendet sollte, neben der symbolischen Prämierung mit einem »seltsamen Ehrentitel«[17], die Beleihung mit Hoheitsrechten jedenfalls insoweit erfolgen, als es die in Art. 137 VI WRV in der Verfassung ausdrücklich erwähnte Möglichkeit eines kirchlichen Steuersystems erfordert[18]. Der dazwischenliegende Bereich der juristischen Unbestimmtheit des Korporationsbegriffs war schon dem Weimarer Verfassunggeber bewusst, wurde jedoch im Sinne eines Formelkompromisses in Kauf genommen und zur Konkretisierung der Gesetzgebung und der juristischen Interpretation überlassen. Angesichts dieser Offenheit sind heutige Versuche historischer Auslegung an dieser Stelle von begrenztem juristischen Wert[19].

8 Im **Parlamentarischen Rat** gab es zunächst seitens CDU/CSU, Zentrum und DP Bestrebungen, zwar Art. 137 I, III und V WRV inhaltlich weitgehend entsprechende Passagen zu etablieren, welche aber die die Gleichstellung der Weltanschauungsgesellschaften und die Garantie der Erlangung der Rechtsfähigkeit nach den allgemeinen Vorschriften nicht vorsahen[20]. Nachdem sich das Scheitern dieses Begehrens abzeichnete, einigte man sich in der ersten Lesung des Hauptausschusses auf die Übernahme des Art. 137 WRV in das GG (→ Art. 140 Rn. 12).

B. Internationale, supranationale und rechtsvergleichende Bezüge

I. Internationale Menschenrechtspakte

9 Die **völkerrechtlich garantierte korporative Religionsfreiheit** (→ Art. 140 Rn. 14 f.) stellt kein Verbot der Staatskirche dar[21], sie kommt auch den Religionsgesellschaften zugute, die nach Art. 137 V WRV Körperschaften des öffentlichen Rechts sind. Dies gilt schon deshalb, weil die korporierten Kirchen und Religionsgesellschaften mangels Eingliederung in die staatliche Verwaltung (→ Rn. 82) nicht dem Staat selbst zuzuordnen sind. Die **Gleichstellung** von (korporativer) Religions- und Weltanschauungsfreiheit, welche sich in Art. 137 VII WRV widerspiegelt, findet sich in zahlreichen völkerrechtlichen Vorschriften, z. B. Art. 18 IPbpR oder Art. 9 EMRK.

---

[16] *W. Kahl*, in: Heilfron, Nationalversammlung (Fn. 13), Bd. 6, S. 4012.

[17] *R. Smend*, ZevKR 1 (1951), 1 (9).

[18] Siehe insgesamt für die historischen Aspekte *Wittekind*, Religionsgemeinschaften (Fn. 12), S. 84 ff., der insb. die zentrale Bedeutung der paritätsrechtlichen Leitvorstellungen in den damaligen Beratungen herausarbeitet, die auf eine vitale und plurale Religionskultur abzielten.

[19] Historische Aspekte berücksichtigt hingegen *C. Hillgruber*, Der öffentlich rechtliche Körperschaftsstatuts nach Art. 137 Abs. 5 WRV, in: H. M. Heinig/C. Walter (Hrsg.), Staatskirchenrecht oder Religionsverfassungsrecht?, 2007, S. 213 ff. (225 f.).

[20] JöR 1 (1951), S. 899 f.

[21] *A. v. Arnauld*, Völkerrecht, 2. Aufl. 2014, Rn. 698; so wohl auch *Frowein*/Peukert, EMRK, Art. 9 Rn. 13.

II. Unionsrecht

Der ungeschmälerte Genuss der korporativen Religionsfreiheit kommt den öffentlich-rechtlich organisierten deutschen Religionsgesellschaften auch auf Ebene der EU zu[22]. Bedeutsam auf dieser supranationalen Ebene ist, dass auch das kirchliche Dienst- und Arbeitsrecht der Grundfreiheit der Arbeitnehmerfreizügigkeit unterfällt[23]. Die Exemtion nach **Art. 45 IV AEUV** findet mangels Subsumierbarkeit unter den Begriff der »öffentlichen Verwaltung« i. S. dieser Vorschrift keine Anwendung[24], was die Möglichkeit mittelbarer Einwirkungen auf die rechtliche Stellung der korporierten Religionsgesellschaften in Deutschland im Dienst- und Arbeitsrecht (→ Rn. 66ff.) durch das europäische Primär- und Sekundärrecht eröffnet (→ Art. 140 Rn. 18). **Art. 17 I** und **II AEUV** garantieren die Achtung der mitgliedstaatlichen Rechtsstellung von Religions- und Weltanschauungsgemeinschaften (→ Art. 140 Rn. 20)[25]. Das von Art. 137 V WRV garantierte **Kirchensteuersystem** drohte zwischenzeitlich am europäischen Datenschutzrecht zu scheitern[26], dieses sieht aber nun eine Bereichsausnahme für Religionsgemeinschaften vor. 10

III. Rechtsvergleichende Hinweise

1. International

Der **Rechtsstatus** von Religionsgesellschaften variiert in den einzelnen Nationalstaaten mit den differierenden Systemen (→ Art. 140 Rn. 23). Ein **öffentlich-rechtlicher Status für Religionsgesellschaften** ist dabei in zahlreichen Ländern Europas – bei Abweichungen in den Details – bekannt[27]. Dies gilt zum einen für die Nationen, die ein staatskirchliches System haben, also nordeuropäische Staaten sowie Großbritannien. Ein öffentlich korporierter Status wird jedoch teilweise auch – wie in Deutschland – ohne jegliche Eingliederung der Religionsgesellschaften in die Staatsverwaltung gewährt, so z. B. in Österreich, Luxemburg, Finnland, Italien und kantonal differenziert in der Schweiz[28]. Die **Erlangung der Rechtsfähigkeit** anderer Religionsgesellschaften weicht ebenfalls von Land zu Land ab und erfolgt teilweise wie in Deutschland nach den allgemeinen Vorschriften für Vereine und Verbände, teilweise nach einem eigenen 11

[22] Zur Entwicklung und dem Stand europarechtlicher Aspekte des Staatskirchenrechts vgl. insb. *R. Streinz*, in: Streinz, EUV/AEUV, Art. 17 AEUV Rn. 1 ff.; *H. Weber*, NVwZ 2011, 1485 (1486 ff.); *V. Herbolsheimer*, KuR 2012, 81 (97 ff.).

[23] *M. Franzen*, in: Streinz, EUV/AEUV, Art. 45 AEUV Rn. 39; *W. Brechmann*, in: Calliess/Ruffert, EUV/AEUV, Art. 45 AEUV Rn. 24.

[24] Dazu und zur Anwendbarkeit auf die Beschäftigten der Religionsgemeinschaften in anderen Mitgliedstaaten s. *B. Griebel*, Die Religionsgesellschaft zwischen Staatsrecht und Europarecht, 2014, S. 297 ff.; s. zum unionsrechtsautonomen Begriff der öffentlichen Verwaltung *Brechmann* (Fn. 23), Art. 45 Rn. 107 ff.

[25] *B. Grzeszick*, ZevKR 47 (2002), 284 ff.

[26] *H. Weber*, NVwZ 2011, 1485 (1488); s. zum Datenschutzrecht für Religionsgemeinschaften allgemein auch *T. Preuß*, ZD 2015, 217 (217 ff.).

[27] Zu den verschiedenen Modellen des Religionsgesellschaftsrechts vgl. *Griebel*, Religionsgesellschaft (Fn. 24), S. 46 ff.; *P. Schnabel*, Der Dialog nach Art. 17 III AEUV, 2014, S. 110 ff. sowie *P. Unruh*, Religionsverfassungsrecht, 3. Aufl. 2015, Rn. 573 ff.

[28] Siehe die entsprechenden Länderberichte in: G. Robbers (Hrsg.), Staat und Kirche in der Europäischen Union, 2. Aufl. 2005; zur Schweiz s. *H.-T. Conring*, Korporative Religionsfreiheit in Europa, 1998, S. 193 ff. und *D. Kraus*, Schweizerisches Staatskirchenrecht, 1993, S. 153 und 404.

Konzessions- oder Anerkennungssystem[29]. Die Gleichstellung von Religions- und Weltanschauungsgemeinschaften ist dabei nicht durchgängig vertreten. Ein ausdrückliches **Recht auf Verwaltung der eigenen Angelegenheiten** kennen z.B. Art. 44 II Nr. 5 Verf. Irland, Art. 3 I Verf. Griechenland[30]; Art. 21 Verf. Belgien wird in diesem Sinne interpretiert[31]. Teilweise wird dieses Recht auch einfachgesetzlich oder vertraglich garantiert[32].

12 Die Rechtsvergleichung auf dem Gebiet der **Finanzierung von Religionsgesellschaften** ergibt zwei Grundtypen: die Finanzierung **durch den Staat** (Belgien, Luxemburg, Griechenland) oder **durch die Mitglieder** selbst. Im letzteren Falle kann man reine Spenden- und Kollektensysteme (USA, Frankreich, Portugal, Irland, Niederlande, Großbritannien), das privatrechtliche Beitragssystem Österreichs, Kirchensteuersysteme (Deutschland, Skandinavien, überwiegend in der Schweiz) sowie das Steuersystem Italiens, Spaniens, Ungarns und der Slowakei, welches den Bürgern für eine bestimmte Steuersumme ein Zweckbestimmungsrecht (Religionsgesellschaft, humanitäre Anliegen, Staat) einräumt[33], unterscheiden.

2. National

13 Art. 137 WRV ist – wie die anderen Weimarer »Kirchenartikel« – **Bestandteil einiger Landesverfassungen** (→ Art. 140 Rn. 24) und/oder findet sich nahezu wortgleich in den Verfassungstexten der Länder[34]. Soweit Gewährleistungen auf »anerkannte Religionsgemeinschaften« beschränkt werden (Art. 4 f. B-WVerf.; Art. 142 f. BayVerf.), liegt ein Anwendungsfall für Art. 31 GG vor (→ Art. 140 Rn. 24). Dies gilt auch bei einer Abweichung von Art. 137 V 2 WRV (Art. 143 II 2 BayVerf.).

C. Erläuterungen

14 Art. 137 WRV bildet den Schwerpunkt der verfassungsrechtlichen Bestimmungen über die Religions- und Weltanschauungsgesellschaften. Die Norm gilt der **organisatorischen Seite** der Religionsfreiheit und ergänzt damit Art. 4 GG, dessen Schwerpunkt bei der individuellen Religions- und Gewissensfreiheit liegt. Die einzelnen Gewährleistungen sind meist **freiheitsrechtlichen** Charakters, flankiert werden sie von den **Gleichstellungsregelungen** in Abs. 5 S. 2 und Abs. 7. Abs. 1 ist eine objektiv-rechtliche Norm, deren wichtigste Gehalte andernorts subjektiv-rechtlich ausgestaltet worden sind (Art. 4, 3 III, 33 III GG, Art. 136 WRV). Die Absätze 5 und 6 haben leistungsstaatlichen Einschlag und sind auch als Elemente der Kontinuitätssicherung zu verstehen (→ Art. 140 Rn. 45). Sie stehen damit in einem gewissen Gegensatz zur in Ab-

---

[29] Siehe im einzelnen Robbers, Staat und Kirche (Fn. 28).

[30] *C. Papastathis*, Staat und Kirche in Griechenland, in: Robbers, Staat und Kirche (Fn. 28), S. 125 ff. (133).

[31] *R. Torfs*, Staat und Kirche in Belgien, in: Robbers, Staat und Kirche (Fn. 28), S. 95 ff. (18).

[32] Siehe im Einzelnen die Länderberichte zum Selbstbestimmungsrecht in: G. Robbers (Hrsg.), Church Autonomy, 2001.

[33] Im Überblick *H. Marré*, ZevKR 42 (1997), 338 ff.; *Griebel*, Religionsgesellschaft (Fn. 24), S. 160 ff.; *R. Hey/J. Seer*, L. Annexsteuer, in: Kirchensteuer, in: K. Tipke/J. Lang (Hrsg.), Steuerrecht, 22. Aufl. 2015, § 8 Rn. 950 ff.; *J. Petersen*, KuR 1997, 157 ff.; Länderberichte in: Robbers, Staat und Kirche (Fn. 28).

[34] So z.B. in Art. 142 ff. BayVerf.; Art. 36 ff. BrandbVerf.; Art. 59 ff. BremVerf.; Art. 49 ff. HessVerf.; Art. 41 ff. R-PVerf.; Art. 35 ff. SaarlVerf.

satz 1 verordneten Trennung von Staat und Kirche, zusammengenommen begründen diese Normen das dem Grundgesetz eigene **Mischsystem** der »balancierten Trennung«[35].

15 Die Bestimmungen sind entsprechend ihres freiheitsrechtlichen Einschlags **grundrechtlich unterfüttert**: Die von den Einzelbestimmungen der Norm gewährleisteten Freiheiten der religiösen Organisationen sind auch vom Schutzbereich von **Art. 4 I, II GG** erfasst. Dies gilt besonders für die Vereinigungsfreiheit (Abs. 2 und 4) und die Aktivitäten der Organisation (Abs. 3); aber auch die Organisationsnormen selbst (Abs. 4 und 5) haben grundrechtliche Bedeutung. Abs. 6 ist im Lichte der Grundrechtsförderung zu sehen. Damit haben die Rechte der religiösen Organisationen vermittelt über Art. 4 GG auch Grundrechtscharakter und sind demgemäß mit der **Verfassungsbeschwerde** zu verteidigen (→ Art. 140 Rn. 29 f.). Den Besonderheiten von Organisationen und deren Aktivitäten[36] wird dadurch Rechnung getragen, dass für sie eigene, auch spezifizierende Bestimmungen gegenüber der allgemeinen Religionsfreiheit aus Art. 4 I, II GG gelten und dadurch, dass ihre Rechte anders als die individuelle Religionsfreiheit nicht vorbehaltlos gewährleistet sind, sondern einem **Gesetzesvorbehalt** unterliegen (→ Art. 4 Rn. 110; → Art. 140 Rn. 31). Dieser Gesetzesvorbehalt ist ausdrücklich in Abs. 3 und Abs. 6 enthalten. Soweit eine Vereinigung als solche konstituiert wird, gelten nach Abs. 4, der insofern auch einen Gesetzesvorbehalt darstellt – die allgemeinen Vorschriften des Bürgerlichen Rechts. Insgesamt ist Abs. 8 damit nicht nur als Zuständigkeitserklärung der Länder zu lesen, sondern auch als Statuierung eines Vorbehalt des Gesetzes (→ Rn. 140).

I. Die Trennung von Staat und Kirche (Art. 137 I WRV)

1. Allgemeine Bedeutung

16 Die Abschaffung und danach das **Verbot einer Staatskirche** ist ein wesentliches Element der **Neutralität** des Staates und seiner Rechtsordnung gegenüber Religion und religiösen Organisationen[37]. Sie setzt die Unterscheidung einer geistlichen von einer säkularen Sphäre voraus und zieht daraus institutionelle Konsequenzen. Der Rechtsgehalt erschöpft sich aber nicht darin, sondern verlangt auch die Säkularität des Staates und seines Rechts (→ Art. 140 Rn. 37 ff.).

17 Die Trennung der staatlichen Institutionen von den Organisationen der Religionen ist ein **Komplement zur Freiheit**[38] und zur rechtlichen Gleichbehandlung der Religionsgesellschaften[39]. Das Trennungsgebot ermöglicht es dem Staat als eine »Heimstatt al-

---

[35] *E.-W. Böckenförde*, Staat – Gesellschaft – Kirche (1982), in: ders., Schriften zu Staat – Gesellschaft – Kirche, Bd. 3, Religionsfreiheit, 1990, S. 113 ff. (162); → Art. 140 Rn. 45; kritisch zu dem Verständnis des deutschen Staatskirchenrechts als »hinkende Trennung« und für ein Verständnis der Art. 137 Abs. 2 bis 141 WRV als Trennungsfolgenrecht *D. Pirson*, Die zeitlose Qualität der Weimarer Kirchenartikel, in: FS Maurer, 2001, S. 409 ff. (414); *H.-J. Papier*, Politische Studien 67 (2016), 17 (28).

[36] Dazu *M. Morlok*, Die korporative Religionsfreiheit und das Selbstbestimmungsrecht nach Art. 140 GG/Art. 137 Abs. 3 WRV einschließlich ihrer Schranken, in: Heinig/Walter, Staatskirchenrecht (Fn. 19), S. 185 ff. (198 ff.).

[37] Ablehnend zum Konzept der Neutralität *F. Holzke*, NVwZ 2002, 903 ff.; dazu *H.-J. Papier*, Politische Studien 67 (2016), 17 (18).

[38] Vgl. *A. v. Campenhausen*, Der heutige Verfassungsstaat und die Religion, in: HdbStKirchR² I, S. 47 ff. (72).

[39] BVerfGE 18, 80 (386); 42, 312 (332); *A. v. Campenhausen*, ZevKR 47 (2002), 359 (360).

ler Staatsbürger«[40], den Mitgliedern aller Religionsgesellschaften gleiche religiöse Freiheit zu bieten (→ Art. 140 Rn. 36).

2. Bedeutungsgehalte der Trennung von Staat und Kirche

18 In der Situation der Verfassunggebung von 1919 war Art. 137 I WRV zunächst historisch konkret zu lesen als Abkehr vom (protestantischen) Staatskirchentum, insbesondere in Gestalt des landesherrlichen Kirchenregiments, wonach der Landesherr als »summus episcopus« Vertreter der obersten Kirchengewalt war[41] (→ Rn. 1). Weiter wurden die Landeskirchen als Gebietskörperschaften[42] abgeschafft. Angesichts dessen, dass mit der Einführung der Republik das landesherrliche Kirchenregiment ohnehin subjektlos geworden und auch das Staatskirchentum bereits vor 1918 überwiegend beseitigt worden war[43], drängte sich eine abstraktere Deutung des Verbots einer Staatskirche als **Verbot jeder institutionellen Verbindung** zwischen Staat und Kirche[44] auf. Dieses Verständnis wird heute allgemein geteilt[45]. Die institutionelle Trennung verbietet die Wahrnehmung von Staatsaufgaben durch religiöse Organisationen und von religiösen Aufgaben durch staatliche Organisationen. Dieses Verbot schließt auch gemeinsame Organisationen zur Erfüllung staatlicher wie religionsgesellschaftlicher Zwecke aus, verbietet den Einbau staatlicher Instanzen in die Hierarchie religiöser Organisationen wie umgekehrt. Das Trennungsgebot gewährleistet auf diese Weise beiden Seiten Unabhängigkeit voneinander und die ungehinderte Verfolgung der eigenen Zwecke. Es ist kein Gebot zum staatlichen Laizismus – letztlich um der Religionsfreiheit der Bürger willen[46] (→ Rn. 17). Die Trennung soll vielmehr religiöse Aktivitäten ermöglichen, auch in den staatlichen Raum hinein, sie begründet keine religiöse Impermeabilität des Staates[47].

19 Das Verbot institutioneller Verflechtung schließt jede Form staatlicher **Aufsicht** über die Religionsgesellschaften aus[48], ebenso wie sonstige Eingriffe in den von Art. 137 III WRV eigens geschützten Bereich der religiösen Organisationen. **Amtshilfe** in Sinne von Art. 35 GG zwischen Stellen des Staates und solchen von Religionsgesellschaften

---

[40] BVerfGE 19, 206 (216).

[41] *Anschütz*, WRV, Art. 137 Anm. 1 (S. 631 f.); *U. K. Preuß*, in: AK-GG, Art. 140 (2001), Rn. 41; *v. Campenhausen/Unruh* (Fn. 11), Art. 137 WRV Rn. 2; *Huber*, Verfassungsgeschichte, Bd. 5, S. 874 ff.

[42] Dazu BVerfGE 19, 206 (216 f.); s. auch E 30, 415 (425) zur heutigen Rechtslage.

[43] *Forsthoff*, Körperschaft (Fn. 3), S. 112; *Anschütz (Fn. 41)*, Art. 137 Anm. 1 (S. 630); *Preuß* (Fn. 41), Art. 140 Rn. 7, 41.

[44] *Forsthoff*, Körperschaft (Fn. 3), S. 112; *Anschütz*, WRV, Art. 137 Anm. 1 (S. 631).

[45] Etwa *v. Campenhausen/Unruh* (Fn. 11), Art. 137 WRV Rn. 3; *v. Campenhausen/de Wall*, Staatskirchenrecht (Fn. 1), S. 90; *H. de Wall*, ZevKR 47 (2002), 359 (360); *K. Hesse*, JöR 10 (1961), 3 (24); *A. Hollerbach*, HStR VI, § 138 Rn. 112; vgl. auch *S. Huster*, Der Grundsatz der religiös-weltanschaulichen Neutralität des Staates – Gehalt und Grenzen, 2004.

[46] BVerfGE 41, 29 (46 ff.); 52, 223 (238 ff.); *v. Campenhausen/Unruh* (Fn. 11), Art. 137 WRV Rn. 12 ff.; *v. Campenhausen/de Wall*, Staatskirchenrecht (Fn. 1), S. 101 ff.; *S. Magen*, in: Umbach/Clemens, GG, Art. 140 Rn. 22; *D. Ehlers*, in: Sachs, GG, Art. 140 Rn. 9; *S. Korioth*, in: Maunz/Dürig, GG, Art. 140/137 WRV (2003), Rn. 5; anders *L. Renck*, BayVBl. 1999, 70 (77).

[47] Vgl. auch *A. Isak*, Das Selbstverständnis der Kirchen und Religionsgemeinschaften, 1994, S. 193; *H.M. Heinig*, ZEE 1999, 294 (296); *B. Jeand'Heur/S. Korioth*, Grundzüge des Staatskirchenrechts, 2000, S. 126 ff.

[48] So etwa BVerfGE 18, 385 (386); *v. Campenhausen/Unruh* (Fn. 11), Art. 137 WRV Rn. 7.

ist nicht möglich[49], anderes gilt für die Fälle einer Beleihung[50]. Ebenso folgt hieraus die Eigenständigkeit des kirchlichen gegenüber dem staatlichen Dienstrecht[51].

Das Trennungsgebot hat nicht nur institutionellen, sondern auch ideellen Gehalt: Es begründet ein **Identifikationsverbot** des Staates mit einzelnen Religionen, Weltanschauungen oder deren Glaubensinhalten[52], das sich in seiner Begründung auch auf Art. 4 I und II GG stützt. Davon erfasst ist zudem die Selbstdarstellung des Staates[53], der sich weder mit einer religiösen oder weltanschaulichen Organisation identifizieren, noch sich bestimmte religiöse oder weltanschauliche Inhalte als Staat zu eigen machen oder religiöse Symbole präsentieren darf (→ Art. 4 Rn. 77)[54]. Erst recht ist eine religiöse oder weltanschauliche Fundierung des Staates im Sinne einer Staatsmetaphysik oder einer Staatsreligion oder -weltanschauung[55] ausgeschlossen. Religiöse oder weltanschauliche Kriterien haben per se keine rechtliche Bedeutung, so wie umgekehrt rechtliche Kriterien a priori religionsunabhängig sind (→ Art. 136 WRV Rn. 11 ff.). 20

Das Identifikationsverbot gewinnt aufgrund der religiösen Pluralisierung der Gesellschaft und des Aufeinandertreffens verschiedener Religionen im öffentlichen Raum an Bedeutung. Es gibt Tendenzen zu einer Zurückdrängung religiöser Symbole aus öffentlichen Institutionen, wenn aufgrund des religiös-weltanschaulichen Pluralismus Konflikte drohen[56]. Solche rechtlichen Reaktionen – sei es durch den Gesetzgeber oder durch von den Betroffenen angerufene Gerichte – auf das Vorliegen religiöser Konflikte verdeutlichen die Verlagerung der Konfliktlösung von der sozialen auf die politisch-rechtliche Ebene, von der insbesondere religiöse Minderheiten profitieren können[57]. Die steigende Notwendigkeit der Konfliktvermeidung im öffentlichen Raum 21

---

[49] OVG Lüneburg DÖV 1999, 596 (596); zum Ganzen: *D. Ehlers*, Rechts- und Amtshilfe, in: HdbStKirchR² II, S. 1117 ff. (bes. 1120 ff.); s. auch §§ 2 Abs. 1, 4 VwVfG. – Einschränkend auf den innerkirchlichen Bereich wird dies allerdings interpretiert von *H. Schmitz*, in: P. Stelkens/H.J. Bonk/M. Sachs (Hrsg.), Verwaltungsverfahrensgesetz, 8. Aufl. 2014, § 2 Rn. 38 ff.

[50] *Ehlers*, Rechts- und Amtshilfe (Fn. 49), S. 1123 ff.; vertiefend dazu *H. Feurer*, Amtshaftung und Staatskirchenrecht, 2010, S. 335 ff. (336 ff.).

[51] Dazu mit Nachzeichnung der historischen Entwicklung *W. Bock*, Das für alle geltende Gesetz und die kirchliche Selbstbestimmung, 1996, S. 50 ff., 257 ff., 312 m.w.N.; *Isak*, Selbstverständnis (Fn. 47), S. 195 ff.

[52] Dazu *H. Krüger*, Allgemeine Staatslehre, 2. Aufl. 1966, S. 160 ff., 178 ff.; *K. Schlaich*, Neutralität als verfassungsrechtliches Prinzip vornehmlich im Kulturverfassungs- und Staatskirchenrecht, 1972, S. 236 ff.; *N. Kazele*, VerwArch. 96 (2005), 267 (272); → Art. Rn. 167; *S. Magen*, Staatskirchenrecht als symbolisches Recht?, in: H. Lehmann (Hrsg.), Koexistenz und Konflikt von Religionen im vereinten Europa, 2004, S. 30 ff. (41).

[53] »Nichtidentifikation ist eine Frage staatlicher Selbstdarstellung«, so *S. Muckel*, Religiöse Freiheit und staatliche Letztentscheidung, 1997, S. 76.

[54] Das schließt nicht aus, dass die Bürger in Wahrnehmung ihrer individuellen Religionsfreiheit in den staatlichen Institutionen selbst religiöse Symbole anbringen oder selbst religiöse Praktiken pflegen: → Art. 4 Rn. 138, 150 f. Zum paritätsrechtlichen Aspekt des Kopftuchverbots vgl. die Urteile vom VG Stuttgart NVwZ 2006, 1444, dazu *J. Bader*, NVwZ 2006, 1333 ff.; ebenso auch VG Düsseldorf vom 5.6.2007, Az.: 2 K 6225/06 (juris).

[55] *A. Hollerbach*, HStR VI, § 138 Rn. 113. → Art. 20 (Republik), Rn. 20 m. Fn. 72.

[56] *S. Huster*, Gleichheit statt Freiheit, in: H.M. Heinig/C. Walter (Hrsg.), Religionsverfassungsrechtliche Spannungsfelder, 2015, S. 203 ff. (218 ff.); in eine andere Richtung deutet jüngst BVerfGE 138, 296 (insb. 339 ff., Rn. 110 ff.), wonach das Tragen eines Kopftuches Lehrerinnen an einer öffentlichen Schule nicht ohne Weiteres gegen den Grundsatz religiös-weltanschaulicher Neutralität verstößt. Anders aber das *Sondervotum Schluckebier/Hermanns*, BVerfGE 138, 296 (361 ff., Rn. 6 ff.).

[57] Zur Verrechtlichung religiöser Fragen s. *A. Reuter*, Religion in der verrechtlichten Gesellschaft, 2014, S. 59 ff. (insb. 68).

kann somit eine Annäherung der **offenen Neutralität** an die **laicité** nach sich ziehen[58]. Hierbei handelt es sich um eine rechtspolitische Entscheidung für eine **religiös pluralisierte Gesellschaft**, welche von der Verfassung nicht vorgegeben werden kann[59]. Die Feststellung des Bundesverfassungsgerichts, das Konzept offener Neutralität sei vom Grundgesetz vorgegeben und der Gesetzgeber dürfe keine strengere Neutalität im Sinne eines Verbots religiöser Bekundungen in staatlichen Einrichtungen vorsehen[60], überzeugt nicht[61]. Sie verkennt die regelungspraktischen Schwierigkeiten, auf die einzelnen Situationen differenzierend einzugehen. Dem Gesetzgeber kommt ein **Gestaltungsermessen** zu bei der Zuordnung von Religionsfreiheit und staatlicher Neutralität[62].

22 Das Identifikationsverbot ist nicht dadurch verletzt, dass das Staatskirchenrecht die beiden **christlichen Kirchen** teils **faktisch begünstigt** (→ Art. 140 Rn. 42). Zwar muss die Begründung einer staatskirchenrechtlichen Rechtsnorm religiös-weltanschaulich neutral sein, dies gilt jedoch nicht für ihre Auswirkungen auf die miteinander im Wettbewerb stehenden religiösen Überzeugungen[63]. Die Trennung von Staat und Religionsgesellschaften ist auch nicht in der Weise auf eine frühliberale Trennung von Staat und Gesellschaft zu projizieren, dass damit staatliche Förderung von Religionsgesellschaften ausgeschlossen wäre[64]; gerade die leistungsstaatliche Dimension der Grundrechte[65] weist in die andere Richtung.

3. Grundrechtliche Fundierung der Trennung

23 Das objektiv-rechtlich formulierte Gebot einer Trennung von Staat und Religionsgesellschaften hat wesentliche **grundrechtliche Fundamente**. Die Neutralität und Säkularität des Staates setzt den Raum für die grundrechtlichen Aktivitäten der Bürger als Individuen wie in religiösen Organisationen frei. Auch deswegen ist eine Aufsicht (auch in Form der Rechtsaufsicht)[66] des Staates über Religionsgesellschaften ausgeschlossen. Abzulehnen ist auch die Ableitung, Religionsgesellschaften, die den Körperschaftsstatus nach Art. 137 V WRV anstreben, müssten die Trennung zwischen Staat und Kirche und zwischen einem säkularen und einem religiösen Bereich akzep-

---

[58] *M. Morlok*, Neutralität des Staates und religiöser Radikalismus, in: J. Masing/O. Jouanjan (Hrsg.), Weltanschauliche Neutralität, Meinungsfreiheit, Sicherungsverwahrung, 2013, S. 3 ff. (16 ff.); anders *E.-W. Böckenförde*, Der säkularisierte Staat, seine Rechtfertigung und seine Probleme, in: G. Rusconi (Hrsg.), Der säkularisierte Staat im postsäkularen Zeitalter, 2010, S. 27 ff. (41 f.).

[59] *Morlok*, Neutralität (Fn. 58), S. 16 ff.; *S. Huster*, Die Bedeutung des Neutralitätsgebots für die verfassungstheoretische und verfassungsrechtliche Einordnung des Religionsrechts, in: Heinig/Walter, Staatskirchenrecht (Fn. 19), S. 107 ff. (119 ff.); anders *H. M. Heinig*, »Säkularismus« und »Laizismus« als Anfragen an das säkulare Religionsrecht in Deutschland, in: L. Häberle/J. Hattler (Hrsg.), Islam – Säkularismus – Religionsrecht, 2012, S. 79 ff. (87 ff.).

[60] So BVerfGE 138, 296 (311, Rn. 114).

[61] BVerfGE 138, 296 (339 ff., Rn. 110 ff.); kritisch dazu *C. Franzius*, Der Staat 54 (2015), 435 ff. (444 f., 452).

[62] BVerfGE 138, 296 (361 ff., Rn. 6 ff.) – *Sondervotum Schluckebier/Hermanns.*

[63] *Huster*, Gleichheit (Fn. 56), S. 217; *ders.*, Bedeutung (Fn. 59), S. 114 ff.; *C. Waldhoff*, Neue Religionskonflikte und staatliche Neutralität, Gutachten zum 68. Deutschen Juristentag, 2010, D 51, D 57.

[64] BVerfGE 44, 37 (56 f.); *G. Robbers*, Förderung der Kirchen durch den Staat, in: HdbStKirchR^2 I, S. 868 ff. (873); *D. Ehlers*, in: Sachs, GG, Art. 137 WRV Rn. 2; *ders.*, ebd., Art. 138 WRV Rn. 22.

[65] Dazu *P. Häberle*, Grundrechte im Leistungsstaat, VVDStRL 30 (1972), S. 43 ff.; *N. Kazele*, VerwArch. 96 (2005), 267 (272).

[66] Anders *A. Janssen*, Staatskirchenrecht als Kollisionsrecht, in: FS Hollerbach, 2001, S. 707 ff.

tieren und selbst praktizieren[67]. Die grundrechtliche Basis in Art. 4 GG und Art. 137 III WRV trägt auch nicht trennende Glaubenssysteme. Die Säkularität des Rechts und die Trennung von Staat und Kirche werden nur dann verteidigt, wenn es um konkrete Aktionen einer Religionsgesellschaft geht.

4. Formen zulässiger Kooperation von Staat und Kirche

Das Verbot der institutionellen Verflechtung von Staat und religiösen Organisationen 24
kennt **verfassungsrechtliche Ausnahmen**: Dort, wo die Verfassung selbst institutionalisierte Kooperationsformen vorsieht, gehen diese speziellen Regelungen dem allgemeinen Trennungsgebot vor. Das gilt für den konfessionell gebundenen Religionsunterricht nach Art. 7 III GG[68], für die Möglichkeit, den Status einer Körperschaft des öffentlichen Rechts nach Art. 137 V WRV zu erlangen, für die Erhebung von Kirchensteuern nach Art. 137 VI WRV[69], für die Anstaltsseelsorge nach Art. 141 WRV, aber auch, trotz des Fehlens einer verfassungsrechtlichen Bestandsgarantie[70], für **theologische Fakultäten** (→ Rn. 55, 73) an öffentlichen Hochschulen. Das Bestehen theologischer Fakultäten lässt sich auf die Notwendigkeit der Ausbildung von Religionslehrern, auf die Wissenschaftsfreiheit und auch auf die grundrechtliche Freiheit der Religionsgesellschaften aus Art. 4 GG in Verbindung mit Art. 137 III WRV stützen[71]. Art. 137 I WRV ist also ausnahmefähig, falls eine verfassungsrechtliche Rechtfertigung besteht. Die genannten Fälle sind jedoch nicht lediglich »Beispiele« einer institutionellen Verbindung von Staat und Kirche[72]. Die reine Tradition ist kein hinreichender Rechtfertigungsgrund[73]. Falls Formen der Kooperation zwischen Staat und Religionsgesellschaft zulässig sind, ist das Gebot der Parität zu achten. Dieses kann der Staat jedoch nur wahren, wenn ihm auf Seiten der Religionsgemeinschaften auch geeignete Kooperationspartner gegenüberstehen (→ Art. 140 GG Rn. 42)[74]. Umstritten

---

[67] So *Janssen*, Staatskirchenrecht (Fn. 66), S. 729. Vergleiche zu weiteren Staatstreue- oder Kulturvorbehalten die Diskussionsübersichten bei *Unruh*, Religionsverfassungsrecht (Fn. 27), Rn. 288 und *C. D. Classen*, Religionsrecht, 2. Aufl., 2015, Rn. 311.

[68] Zum Anspruch auf Einrichtung eines entsprechenden Schulfachs BVerwG 123, 49 (Leitsatz 1, 52 ff.).

[69] Dass damit aber keine sachliche Gemeinsamkeit, sondern lediglich ein Zwang zur Kooperation normiert wird, betont *Pirson*, Qualität (Fn. 35), S. 418.

[70] BVerfGE 122, 89 (110, Rn. 55), wonach das Grundgesetz theologische Fakultäten »weder garantiert noch verbietet«. Dies gilt jedoch nur für die Organisationsform als eigenständige Fakultät nicht, als Lehrfach, so auch *H. M. Heinig*, Die Verfassung der Religion, 2014, S. 286 ff.

[71] Zur Zulässigkeit theologischer Fakultäten *M. Heckel*, Die theologischen Fakultäten im weltlichen Verfassungsstaat, 1986; *H. Mussinghoff*, Theologische Fakultäten im Spannungsfeld von Staat und Kirche, 1979; *J. Kriewitz*, Die Errichtung theologischer Hochschuleinrichtungen durch den Staat, 1992; *v. Campenhausen/de Wall*, Staatskirchenrecht (Fn. 1), S. 219 ff.; *H. Weber*, Theologische Fakultäten und Professuren im weltanschaulich-neutralen Staat, in: H.-R. Reuter (Hrsg.), Theologie in der Universität, 1999, S. 123 ff.; *F. Hufen*, Wissenschaftsfreiheit und kirchliches Selbstbestimmungsrecht an theologischen Fakultäten staatlicher Hochschulen, in: FS Schiedermaier, 2001, S. 623 ff. (627 ff.); *K. Grigoleit/J. Kersten*, DÖD 2001, 1 ff. Kritisch *J. Wasmuth*, Verfassungsrechtliche Grenzen der Kooperation von Staat und Religionsgemeinschaften, in: FS Brohm, 2002, S. 607 ff. (624); eine nur bedingte Zulässigkeit annehmend *C. Bäcker*, Der Staat 48 (2009), 327 (338 ff.), hingegen Theologie als Lehrfach an Deutschen Hochschulen als von Art. 7 III GG geboten ansehend *H. M. Heinig*, Der Staat 49 (2009), 615 (620 ff.).

[72] So aber *v. Campenhausen/Unruh* (Fn. 11), Art. 137 WRV Rn. 3.

[73] Vgl. BVerfGE 19, 1 (11 f.); 19, 206 (223 f.).

[74] *H. Munsonius*, DÖV 2013, 93 (99); zu den Anforderungen an einen solchen Kooperationspartner s. *J. Nolte*, DÖV 2008, 129 (133 ff.).

ist, ob ein Anspruch islamischer Glaubensgemeinschaften auf die Einführung islamischer theologischer Fakultäten an deutschen Hochschulen gestützt auf das Paritätsgebot und Art. 7 III GG besteht[75].

25 Für die Bereiche institutioneller Zusammenarbeit von Staat und Religionsgesellschaften – bislang regelmäßig Kirchen – wird der Begriff **gemeinsame Angelegenheiten (res mixtae)** benutzt. Für die Beantwortung der dabei auftauchenden Probleme[76] ist dieser Begriff aber ohne Instruktivität, er ist rein deskriptiver Natur. Die Frage der Zulässigkeit ist wie gezeigt nur positiv zu beantworten, wenn es für die Durchbrechung des Trennungsgebots einen verfassungsrechtlichen Grund gibt[77]. Die Zuordnung staatlicher und kirchlicher Rechtspositionen muss nach dem Muster der Freiheitsrechtsprüfung erfolgen, weil diese Angelegenheiten wegen des weiten Zuschnitts des Schutzbereichs der Freiheit der Religionsgesellschaften (→ Rn. 31 ff.) vom Selbstverwaltungsrecht der Religionsgesellschaften gedeckt werden. Es ist also nach der Berührung des Schutzbereichs, nach Eingriff und nach der Rechtfertigung eines Eingriffs durch die staatlichen Maßnahmen zu fragen[78].

II. Religiöse Vereinigungsfreiheit und Erwerb der Rechtsfähigkeit (Art. 137 II und IV WRV)

1. Allgemeine Bedeutung und systematische Einordnung

26 Die religiöse Vereinigungsfreiheit ist ein wesentliches Element der Religionsfreiheit[79]. Diese rechtliche Einordnung wird der tatsächlichen Lage gerecht: Einer Religion als einem **interpersonell geteilten Sinnsystem** (→ Art. 4 Rn. 72 f.) hängt man nicht alleine an. Wesentliche Ausdrucks- und Betätigungsformen der Religionsausübung geschehen gemeinsam mit anderen Angehörigen des gleichen Glaubens. Auch in einem sozialpsychologischen Sinne gilt: »Wo zwei oder drei versammelt sind in meinem Namen, da bin ich mitten unter ihnen«[80]. Eine Religion wird in religiösen Vereinigungen gepflegt und ausgeübt. Zugleich ist die religiöse Vereinigungsfreiheit damit auch ein Anwendungsfall des Prinzips der freien sozialen Gruppenbildung[81], die dahinterstehenden Gründe tragen auch das Recht der religiösen Organisationen als Teil des Verbandsrechts einer freiheitlichen Gesellschaft (→ Art. 140 Rn. 27).

27 Art. 137 II und IV WRV sind **Spezialvorschriften** gegenüber Art. 9 I und II GG[82]. Damit steht die religiöse Vereinigungsfreiheit – anders als die allgemeine Vereini-

---

75 Bejahend *A.-K. Lange*, Islamische Theologie an staatlichen Hochschulen, 2014, S. 107 ff.

76 *v. Campenhausen/de Wall*, Staatskirchenrecht (Fn. 1), S. 93 ff.; *Jeand'Heur/Korioth*, Grundzüge (Fn. 47), S. 200 ff.

77 So auch *Wasmuth*, Grenzen (Fn. 71), S. 622. Einen anderen – differenzierenden – Ansatz wählt *N. Kazele*, VerwArch. 96 (2005), 267 (271). Für eine strikte Trennung s. *Ehlers* (Fn. 64), Art. 137 WRV Rn. 2.

78 Vgl. *M. Morlok/M. H. Müller*, JZ 1997, 549 (552); *Hufen*, Wissenschaftsfreiheit (Fn. 71), S. 628. Kritisch zur Kategorie der »res mixtae« auch *D. Ehlers*, ZevKR 32 (1987), 158 ff.

79 Siehe bereits *Anschütz*, WRV, Art. 137 Anm. 2 (S. 632 ff.); so auch *Classen*, Religionsrecht (Fn. 67), Rn. 291 ff.

80 Matthäus 18, 20.

81 BVerfGE 38, 281 (303); 50, 290 (353 f.); 80, 244 (252 f.); *Hesse*, Verfassungsrecht, Rn. 410. → Art. 9 Rn. 19.

82 *v. Campenhausen/Unruh* (Fn. 11), Art. 137 WRV Rn. 18; *J. Listl*, Glaubens-, Bekenntnis-, und Kirchenfreiheit, in: HdbStKirchR² I, S. 439 ff. (465); *W. Höfling*, in: Sachs, GG, Art. 9 Rn. 47; *Ehlers* (Fn. 64), Art. 137 WRV Rn. 3. → Art. 9 Rn. 43.

gungsfreiheit – auch Ausländern zu. Nach zutreffender herrschender Auffassung fällt die religiöse Vereinigungsfreiheit auch in den Gewährleistungsbereich von **Art. 4 I und II GG**[83]. Auch diese Teilgewährleistung der korporativen Religionsfreiheit kann deshalb mit der Verfassungsbeschwerde verteidigt werden (→ Art. 140 Rn. 29 f.). Die religiöse Vereinigungsfreiheit fällt also vollständig auch in den Schutzbereich von Art. 4 GG. Spezialität gilt aber für die Schrankenregelungen, die Art. 137 II, IV WRV für die religiöse Vereinigungsfreiheit getroffen hat: **Schrankenspezialität** (→ Art. 4 Rn. 110 ff.; → Art. 140 Rn. 31; → Art. 136. WRV Rn. 8).

2. Schutzbereich

a) Personeller Schutzbereich

Die Freiheit der Vereinigung zu Religionsgesellschaften steht allen Menschen, auch Ausländern, zu (→ Rn. 27)[84]. Darüber hinaus sind – entsprechend der Lehre vom »**Doppelgrundrecht**« (→ Art. 9 Rn. 34 f.) – auch die Religionsgesellschaften selbst Träger der Vereinigungsfreiheit. Dies gilt nach dem Wortlaut von Art. 137 II 2 WRV jedenfalls für Zusammenschlüsse von Religionsgesellschaften zu Verbänden höherer Organisationsstufe, für öffentlich-rechtliche Körperschaften wird dies in Abs. 5 S. 3 bestätigt. Darüber hinaus bedeutet die Rechtsträgerschaft der Organisation, dass auch diese selbst sich auf die Gründungsfreiheit berufen darf, etwa um ihre Organisationsform und ihren Gründungsbetrieb zu verteidigen. 28

Durch die besondere Garantie von Art. 137 II WRV wird nur der Zusammenschluss zu **Religionsgesellschaften** erfasst. Darunter werden Vereinigungen verstanden, die der umfassenden Pflege einer ihren Mitgliedern gemeinsamen Religion (→ Art. 4 Rn. 72, 85, 107 ff.) dienen[85]. Besondere Anforderungen an Homogenität und Konsistenz der Glaubensvorstellungen sind nicht zu stellen, weil anders die aus Paritätsgründen gebotene Offenheit des Begriffs für unterschiedliche religiöse Vorstellungen entfiele[86]. Daher können auch Dachverbände unter den Begriff der Religionsgesellschaft fallen, freilich entspricht ihr Tätigkeitsfeld in der Regel nicht dem Totalitätsgebot. Verfolgt eine Organisation nur Partialzwecke im religiösen Bereich, spricht man von einem **religiösen Verein**[87]. Diese verfolgen spezielle Interessen etwa im karitati- 29

---

[83] BVerfGE 83, 341 (354 f.); *Listl*, Glaubensfreiheit (Fn. 82), S. 463, 465; *v. Campenhausen/Unruh* (Fn. 11), Art. 137 WRV Rn. 18; *Jarass*/Pieroth, GG, Art. 4 Rn. 3; *M. Borowski*, Die Glaubens- und Gewissensfreiheit des Grundgesetzes, 2006, S. 304 f.; anders *Ehlers* (Fn. 64), Art. 137 WRV Rn. 3: lex specialis auch zu Art. 4 GG; *Preuß* (Fn. 41), Art. 140 Rn. 44.

[84] *Jarass*/Pieroth, GG, Art. 137 WRV Rn. 6; *Korioth* (Fn. 46), Art. 140 GG/Art. 137 WRV Rn. 15.

[85] So BVerwGE 123, 49 (58); *S. Muckel*, JZ 2001, 58 (60 f.); *Classen*, Religionsrecht (Fn. 67), Rn. 239 ff.; *Korioth* (Fn. 46), Art. 140 GG/Art. 137 WRV Rn. 14; anders OVG Münster NVwZ-RR 2004, 492 (493); ablehnend auch *B. Lindner*, ZevKR 48 (2003), 178 (182 ff.).

[86] Kritisch sind daher die Kriterien der Homogenität, Zentralität und Konsistenz zu beurteilen, die *R. Poscher*, Der Staat 39 (2000), 49 ff. von Religionsgesellschaften fordert.

[87] *v. Campenhausen/Unruh* (Fn. 11), Art. 137 WRV Rn. 21; *v. Campenhausen/de Wall*, Staatskirchenrecht (Fn. 1), S. 116, 124 ff.; *Ehlers* (Fn. 64), Art. 137 WRV Rn. 3; *K. Obermayer*, in: BK, Art. 140 (Zweitb. 1971), Rn. 36 ff. (bes. 43); *J. Jurina*, Die Religionsgemeinschaften mit privatrechtlichem Rechtsstatus, in: HdbStKirchR^2 I, S. 689 ff. (690 ff.); *S. Muckel*, Kirchliche Vereine in der staatlichen Rechtsordnung, in: HdbStKirchR^2 I, S. 827 ff. (828); *Korioth* (Fn. 46), Art. 140 GG/Art. 137 WRV Rn. 16; BVerwGE 61, 152 (154 f.); s. bereits *Anschütz*, WRV, Art. 137 Anm. 2 (S. 633 f.). Zur historischen Entwicklung der Begrifflichkeit *v. Campenhausen/Unruh* (Fn. 11), Art. 137 WRV Rn. 19 und *Obermayer*, a. a. O., Art. 140 Rn. 37. Für eine schärfere und konsistentere Konturierung *C. D. Classen*,

ven Bereich oder im Bildungswesen, als Träger von Krankenhäusern oder Schulen[88]. Kraft der Vereinigungsfreiheit als Organisationsfreiheit kommen sie auch in den – abgeleiteten – Genuss der kirchlichen Organisationsfreiheit (→ Rn. 22) wie der Selbstverwaltungsgarantie des Art. 137 III WRV, wenn diese Organisationen nach beiderseitigem Verständnis und organisatorischer Verbindung den Religionsgesellschaften zuzurechnen sind[89]. Die Gründungsfreiheit für religiöse Vereine in sonstigen Fällen – unabhängig von einer oder durch eine Religionsgesellschaft – bestimmt sich nach Art. 4 GG (→ Art. 4 Rn. 91).

30 Geschützt von Art. 137 II WRV sind nur Organisationen (→ Art. 4 Rn. 108 ff.), nicht passagere Zusammenkünfte nach Art einer Versammlung. Der rein kollektive Aspekt der Religionsfreiheit erfährt im Gegensatz zum korporativen durch die Weimarer Artikel keine spezielle Ausgestaltung. Insoweit bleibt es bei der Gewährleistung des Art. 4 GG (→ Art. 4 Rn. 88). Nach Art. 137 VII WRV kommen auch **Weltanschauungsgemeinschaften** in den Genuss dieser Vereinigungsfreiheit. Der öffentlich-rechtliche Status einer Religionsgesellschaft mindert die Gewährleistung des Art. 137 II WRV nicht. Dies geht zum einen aus Art. 137 V 3 WRV hervor, entspricht zum anderen der besonderen Natur der Religionsgesellschaften mit öffentlich-rechtlichem Körperschaftsstatus (→ Rn. 55).

b) Sachlicher Schutzbereich

31 Inhaltlich geschützt ist die Möglichkeit, sich zu religiösen (oder weltanschaulichen) Vereinigungen zu organisieren. Auch der Zusammenschluss zu höherstufigen Verbänden ist nach Art. 137 II 2 WRV ausdrücklich garantiert. Gewährleistet ist umfassende **Organisationsfreiheit**, also auch die Ausgliederung von Teileinheiten, die Umorganisation auch im Bereich der religiösen Vereine und sonstigen Nebenorganisationen. Ebenso wie die positive wird auch die **negative Vereinigungsfreiheit** geschützt, also die Freiheit, Vereinigungen fernzubleiben[90]. Die Handlungsfreiheit einer religiösen Organisation mit religiöser Zwecksetzung fällt dagegen in den Schutzbereich von Art. 137 III WRV (→ Rn. 33 ff.). Objektiv-rechtlich ist der religiösen Vereinigungsfreiheit auch ein **Recht** auf eine **angemessene rechtliche Organisationsform** zu entnehmen, so dass sich Religionsgesellschaften entsprechend ihrem Selbstverständnis effektiv organisieren und am Rechtsverkehr teilnehmen können[91]. Art. 137 II WRV verpflichtet den

Religionsfreiheit und Staatskirchenrecht in der Grundrechtsordnung, 2003, S. 87 ff., 96 ff.; Zweifel an der gängigen Auslegung erhebt auch *C. Walter*, Religionsverfassungsrecht, 2006, S. 241.

[88] Siehe im Einzelnen m.w.N. *Muckel*, Vereine (Fn. 87), S. 827 ff.; *W. Loschelder*, Kirchen als Schulträger, in: HdbStKirchR^2 II, S. 511 ff.; *O. Depenheuer*, Finanzierung und Organisation der kirchlichen Krankenhäuser, in: HdbStKirchR^2 II, S. 757 ff.; *J. Schmitz-Elsen*, Die karitativen Werke und Einrichtungen im Bereich der katholischen Kirche, in: HdbStKirchR^2 II, S. 779 ff.; *P. v. Tieling*, Die karitativen Werke und Einrichtungen im Bereich der evangelischen Kirche, in: HdbStKirchR^2 II, S. 809 ff.

[89] BVerfGE 24, 236 (246 f.); 70, 138 (162), st. Rspr.; s. auch E 99, 100 (120, Rn. 81); *Ehlers* (Fn. 64), Art. 137 WRV Rn. 5; BVerwGE 72, 135 (138 ff.); BAGE 58, 92 (99 ff.); grundsätzlich zu dieser Erstreckung der freiheitsrechtlichen Gewährleistung einer Hauptorganisation auf ihre Nebenorganisationen *M. Morlok*, Selbstverständnis als Rechtskriterium, 1993, S. 338 ff.

[90] Angesichts der Staatsgerichtetheit der Religionsfreiheit (→ Art. 4 Rn. 115) hat dieser Aspekt neben der staatlichen Neutralität (→ Art. 140 Rn. 35 ff.) und Art. 137 I WRV nur geringe Bedeutung.

[91] Zu einem solchen Recht s. die Äußerungen in BVerfGE 50, 290 (345 f.) im Allgemeinen und E 83, 341 (355 f.) speziell für religiöse Organisationen. Kritisch zur Leistungsfähigkeit der gesetzlichen Organisationsformen *Classen*, Religionsfreiheit (Fn. 87), Rn. 305 ff.

Staat, ein Angebot tauglicher Rechtsformen für Religionsgesellschaften anzubieten. Allerdings ist weder der Bestand an Rechtsformen unabänderlich, noch gibt es einen voraussetzungsunabhängigen Anspruch auf eine bestimmte Rechtsform.

3. Rechtsformen religiöser Vereinigungen

Art. 137 II WRV schweigt zu den Rechtsformen, welche die religiösen Vereinigungen 32
wählen können; diese Frage nimmt erst **Art. 137 IV WRV** in den Blick. Zwar ist dort ausdrücklich nur vom Erwerb der Rechtsfähigkeit die Rede, in der Sache angesprochen ist aber auch das allgemeinere Problem der möglichen und insbesondere der den Religionsgesellschaften angemessenen **Rechtsform**[92]. Art. 137 IV WRV verweist auf §§ 21 f. BGB und die sonstigen einschlägigen Normen des Handels- und Genossenschaftsrechts. Hiernach haben Religionsgesellschaften grundsätzlich **vier Möglichkeiten** der rechtlichen Organisationsform: Sie können unter den Voraussetzungen von Art. 137 V WRV den Status als Körperschaft des öffentlichen Rechts erlangen (→ Rn. 103 ff.), sie können sich nach Art. 137 IV WRV i. V. m. § 21 BGB als Idealverein konstituieren, sie können über Art. 137 IV WRV i. V. m. § 22 BGB sich der Rechtsformen des Genossenschafts- und des handelsrechtlichen Organisationsrechts bedienen, grundsätzlich auch der Form des wirtschaftlichen Vereins nach § 22 BGB. Sie sind dann allerdings an die Vorgaben der gewählten Rechtsformen gebunden, von denen sie sich nicht unter bloßer Berufung auf die Eigenschaft als Religionsgesellschaft suspendieren können. Schließlich kommt auch noch in Betracht, dass eine Religionsgemeinschaft nicht die Vollrechtsfähigkeit erlangt und den Status eines nicht rechtsfähigen Vereins (§ 54 BGB) hat oder als Gesellschaft bürgerlichen Rechts zu betrachten ist. Die Religionsgesellschaften haben die **Auswahlfreiheit**[93] zwischen den genannten Organisationsformen – im Rahmen der gesetzlichen Bestimmungen.

4. Abwehrcharakter

a) Beeinträchtigungen

Jede rechtliche Behinderung der Möglichkeit, sich zu religiösen Vereinigungen zusam- 33
menzufinden und als solche handlungsfähig zu sein, stellt eine Beeinträchtigung dar und ist damit als Grundrechtseingriff rechtfertigungsbedürftig. Die Abhängigkeit von staatlicher Genehmigung, etwa im Sinne eines Konzessionssystems, ist grundsätzlich unzulässig[94]. Darüber hinaus sind auch die in Bezug genommenen Vorschriften des »bürgerlichen Rechtes« insofern als Beeinträchtigung anzusehen, als sie die Vereinigungsfreiheit einengen, auch wenn diese Normen als **Ausgestaltung** anzusehen sind, durch welche die Vereinigungsfreiheit erst praktisch in Anspruch genommen werden kann[95]. Trotz dieser Notwendigkeit der Ausgestaltung der Vereinigungsfreiheit kön-

---

[92] Vgl. hierzu insb. *Borowski*, Glaubensfreiheit (Fn. 83), S. 655 ff.

[93] Dazu bereits *Anschütz*, WRV, Art. 137 Anm. 3 (S. 634); zur paritätsrechtlichen Dimension vgl. *J. Masing*, Die Formen der Religionsgesellschaften, in: C. D. Classen/H.-M. Harder/J. Ohlemacher/M. Onnasch (Hrsg.), Kirche, Staat und Wirtschaft, 2004, S. 105 ff.

[94] Die Bestimmung richtete sich ursprünglich gegen den Vorbehalt zugunsten landesrechtlicher Vorschriften in Art. 84 EGBGB a. F., wonach Religionsgesellschaften nur durch Gesetz die Rechtsfähigkeit erwerben konnten, und gegen weitere die Religionsgesellschaften diskriminierende Sondervorschriften, die vermittels der §§ 43 III und 61 II BGB wirkten. Dazu *Anschütz*, WRV, Art. 124 Anm. 4 und 5 (S. 634 ff.); *v. Campenhausen/Unruh* (Fn. 11), Art. 137 WRV Rn. 67.

[95] Zu diesem Aspekt BVerfGE 50, 290 (354 f.); *Borowski*, Glaubensfreiheit (Fn. 83), S. 655 ff.

nen diese Vorschriften als Schranken betrachtet werden. Das führt dogmatisch zwanglos zur Rechtfertigungsdiskussion, ohne jedoch Zuflucht zu verfassungsrechtlichen Bindungen und Direktiven für die Ausgestaltung nehmen zu müssen[96]. Die Voraussetzungen für die Konstituierung einer bestimmten Rechtsform und die damit verbundenen rechtlichen Pflichten und Einschränkungen stellen auch Einschränkungen der religiösen Vereinigungsfreiheit dar. Diese organisationsrechtlichen Bestimmungen sind damit an den Voraussetzungen für die Einschränkung der korporativen Religionsfreiheit zu messen.

b) Schranken

34 Im Hinblick auf die zweifache Gewährleistung der religiösen Vereinigungsfreiheit in Art. 4 I und II GG einerseits und Art. 140 GG i.V.m. Art. 137 II, IV WRV andererseits ist die Frage zu beantworten, unter welchen Voraussetzungen diese Freiheit einschränkbar ist. Nach der hier vertretenen Auffassung (→ Rn. 15; → Art. 140 Rn. 31) bemessen sich die Einschränkungsmöglichkeiten gegenüber religiösen Organisationen nach Art. 137 WRV im Sinne einer **Schrankenspezialität**. Der Verweis auf die »allgemeinen Vorschriften des bürgerlichen Rechtes« hat zugleich die Bedeutung eines **Gesetzesvorbehalts**. Die Verfassung rechtfertigt die einfachgesetzlichen Voraussetzungen für die Wahl einer bestimmten Organisationsform und die darin liegenden Einschränkungen der Organisationsfreiheit. Die Vereinigungsfreiheit ist damit in der Beschränkbarkeit den anderen Teilaspekten der korporativen Religionsfreiheit gleichgestellt. Der Verweis auf die Vorschriften des »bürgerlichen Rechtes« ist zu verstehen als Verweis auf den Gesamtbestand des **Zivilrechts**. Möchte eine Religionsgesellschaft den Körperschaftsstatus nach Art. 137 V WRV wählen, so sind die dafür aufgestellten Voraussetzungen kraft Verfassung gerechtfertigt, im Übrigen ist die Wahl dieser Rechtsform freiwillig. Die Erfüllung der damit verbundenen Voraussetzungen kann mit einer zivilrechtlichen Organisationsform vermieden werden.

35 Freilich ist nicht jedwede Einschränkung durch das bürgerliche Organisationsrecht verfassungskonform, wenn dieses auf Religionsgesellschaften angewendet wird. Wie bei anderen Grundrechten auch und wie es insbesondere für Art. 5 II GG herausgearbeitet wurde[97], muss auch bei der korporativen Religionsfreiheit die Einschränkung dem Gewicht des eingeschränkten Rechts Rechnung tragen. Entsprechend der **Wechselwirkungstheorie** (→ Art. 5 I, II Rn. 158ff.) kommt es zu einer Abwägung zwischen der korporativen Religionsfreiheit und dem Rechtsgut, das durch die organisatorischen Regelungen des einfachen Rechts geschützt werden soll. Für die Schrankenklausel des Art. 137 III WRV ist dies anerkannt (→ Rn. 64). Die zivilrechtlichen Normen des Organisationsrechts müssen damit bei ihrer Anwendung auf Religionsgesellschaften einer verfassungskonformen Auslegung unterzogen werden, die nach dem Schutzzweck der gesetzlichen Anforderungen fragt und eine Verhältnismäßigkeitsprüfung der Einschränkung der religiösen Vereinigungsfreiheit im Hinblick auf den damit verfolgten Zweck anstellt. Dies führt im Ergebnis zu einer Individualisierung der Prüfung im Einzelfall, in welcher die Besonderheiten der religiösen Vereinigungen, denen die verfassungsrechtliche Sonderung der religiösen von der sonstigen Vereinigungsfrei-

[96] Zum gleichgelagerten Problem bei der allgemeinen Vereinigungsfreiheit: → Art. 9 Rn. 52f.; *Höfling* (Fn. 82), Art. 9 Rn. 35.

[97] Insb. BVerfGE 7, 198 (209); 85, 1 (16); 94, 1 (8); 99, 185 (196, Rn. 49ff.); st. Rspr.

heit zugute kommt[98], durch **tendenzschonende Auslegung** zur Geltung gebracht werden können[99]. Solche Besonderheiten sind vor allem im Bereich des **internen** Organisationsrechts anzutreffen und haben hier Gewicht[100]. Besonderheiten des Selbstverständnisses können im Binnenbereich stärker Berücksichtigung finden als im Verhältnis nach außen – weil nicht der Schutz der Rechte Dritter hinzutritt und Einschränkungen der religiösen Organisationsfreiheit rechtfertigen kann. Auch wenn die religiöse Vereinigungsfreiheit die Wahl der Organisationsformen nach den Maßstäben des eigenen Selbstverständnisses grundsätzlich umfasst, so tritt die Bedeutung des Selbstverständnisses bei der Schrankenziehung im Interesse der Rechte anderer und der rechtlichen Gleichbehandlung und damit der Neutralität des staatlichen Rechtes zurück[101].

Für die Rechtfertigung eines **Verbots religiöser Organisationen** ist nicht auf Art. 9 II GG zurückzugreifen[102]. Die religiöse ist gegenüber der allgemeinen Vereinigungsfreiheit speziell geregelt, was sich auch auf die Verbotsmöglichkeit auswirkt. Das Verbot einer Religionsgesellschaft ist mangels einer verfassungsrechtlichen Ermächtigung in Art. 137 WRV nur gerechtfertigt, wenn **verfassungsimmanente Schranken**[103] (→ Vorb. Rn. 139ff.) ein Verbot tragen[104]. Da allerdings die Verbotstatbestände in Art. 9 II GG großenteils in Verstößen der verbotenen Vereinigung gegen Güter von Verfassungs- **36**

---

98 BVerfGE 83, 341 (354f.).

99 Beispielhaft BVerfGE 83, 341 (356).

100 Siehe für den konkreten Fall BVerfGE 83, 341 (357ff.) zu den vereinsrechtlich geltenden Bestimmungen in Ausgestaltung der Vereinsautonomie.

101 *Morlok*, Selbstverständnis (Fn. 89), S. 423ff.

102 Anders aber die wohl herrschende Meinung, die entweder unmittelbar auf Art. 9 II GG zurückgreift oder vom Verweis auf die »allgemeinen Vorschriften« auch Art. 9 II GG umfasst sieht, s. etwa BVerfGE 37, 344 (364); 90, 112 (117); BVerwG NJW 1997, 2396 (2397); BVerwG NVwZ 2006, 694f.; BVerwG NVwZ 2014, 1573 (1576f.); *M. Planker*, DÖV 1997, 101ff.; *ders.*, Das Vereinsverbot gemäß Art. 9 II GG/§§ 3ff. VereinsG, 1994, S. 37f.; *Ehlers* (Fn. 64), Art. 137 WRV Rn. 20; *W. Löwer*, in: v. Münch/Kunig, GG I, Art. 9 Rn. 34; *R. Scholz*, in: Maunz/Dürig, GG, Art. 9 (2015), Rn. 113; *v. Campenhausen/de Wall*, Staatskirchenrecht (Fn. 1), S. 120; *T. Stuhlfauth*, DVBl. 2009, 417 (421). – Aus Gründen der Systematik kann dem nicht gefolgt werden; wie hier *T. Würtenberger*, ZevKR 18 (1973), 67 (72f.). Zum Ganzen auch *S. Veelken*, Das Verbot von Weltanschauungs- und Religionsgemeinschaften, Diss. jur. Münster 1999, S. 122ff., der im Ergebnis auch die Heranziehung von Art. 9 II GG verneint (S. 173).

103 Eine solche könnte in dem Schutz der freiheitlich demokratischen Grundordnung zu sehen sein, wie hier BVerwG ZevKR 48 (2003), 230 (231); BVerfG (K), NJW 2004, 47 (48); ebenso *L. Michael*, JZ 2002, 484 (486); im Ergebnis auch *T. Günther/E. Franz*, JuS 2006, 788 (792); vgl. auch die Darstellung bei *K. Groh*, Vereinsgesetz, 2012, § 2 Rn. 14. Außen vor bleiben müssen bei dieser Prüfung die inneren Überzeugungen der Vereinigung, während die Kontrolle des tatsächlichen Verhaltens der Gruppierung auch noch dann möglich sei, wenn es auf religiösem Handeln beruht, vgl. BVerwG NVwZ 2014, 1573 (1577ff.); *H. Dörig*, JM 2016, 203 (206). Die Existenz eines mit der religiösen Vereinigungsfreiheit kollidierenden Verfassungsrechts bezweifelt hingegen *K. Groh*, Selbstschutz der Verfassung gegen Religionsgemeinschaften, 2004, S. 456ff.; *dies.*, KritV 85 (2002), 39ff.; ähnlich *B. Pieroth/T. Kingreen*, NVwZ 2001, 841 (845). Anders BVerwG JZ 2007, 144 (145), das eine direkte Anwendbarkeit von Art. 9 II GG annimmt, mit kritischer Anmerkung *L. Michael*, JZ 2007, 146 (147).

104 Zur Einschränkbarkeit der Art. 9, 11 EMRK vgl. EGMR EuGRZ 2007, 543ff. Nicht zuletzt aufgrund der geringen Kontrolldichte des EGMR steht der Schutz aus Art. 9, 11 EMRK dabei hinter dem aus Art. 4 I, II GG zurück. Sollte etwa die Schranke der »freiheitlich-demokratischen Grundordnung« tatbestandlich vorliegen, was außerhalb einer Plausibilitätskontrolle nur durch die nationalen Gerichte überprüft werden kann (EGMR NJW 2008, 495 [497]), scheitert ein derartiges Vorbringen der Beschwerdeführer bereits am Vorwurf unzulässiger Rechtsausübung, hierzu *H. Weber*, NVwZ 2009, 503 (506); EGMR EuGRZ 2007, 543 (545).

rang bestehen[105], ist der praktische Unterschied auf verfassungsrechtlicher Ebene gering. Unabhängig von der verfassungsrechtlichen Legitimierung eines Eingriffs bedarf dieser jedenfalls einer **gesetzlichen Grundlage** (→ Vorb. Rn. 125 ff.)[106]. Ob eine solche Grundlage nach Streichung des sogenannten Religionsprivilegs aus § 2 II Nr. 3 a. F. VereinsG für inländische Religionsgesellschaften in § 3 I 1 VereinsG und für ausländische Religionsgesellschaften in § 14 I VereinsG besteht, ist angesichts der Kompetenzzuweisung in Art. 137 VIII WRV an die Länder umstritten[107]. Art. 137 VIII WRV verdrängt allerdings nicht die allgemeine Verteilung der Gesetzgebungskompetenzen durch das Grundgesetz (→ Rn. 139); somit kann das bundesrechtliche Vereinsgesetz (s. Art. 74 I Nr. 3 GG) nach hier vertretener Auffassung ein solches Verbot tragen.

37 Auch wenn man von der Unzulässigkeit eines Religionsverbotes nach §§ 3 I 1, 14 I VereinsG ausginge, kann jedenfalls auf Art. 137 IV GG der **Verlust der Rechtsfähigkeit** als »kleine Verbotsmaßnahme« gestützt werden[108]. Der Verweis auf das bürgerliche Recht in Art. 137 IV WRV deckt auch diesen actus contrarius[109]. § 43 II BGB gibt die Möglichkeit, einem Idealverein, der tatsächlich einen wirtschaftlichen Geschäftsbetrieb verfolgt, die Rechtsfähigkeit zu entziehen. Dies hat Folgen, die recht präzise die von einem wirtschaftenden Verein ausgehenden Gefahren treffen: Mit dem Verlust der Rechtsfähigkeit werden die wirtschaftlichen Handlungsmöglichkeiten im Wesentlichen entzogen, das Vermögen wird eingezogen und fällt den in der Satzung bezeichneten Berechtigten oder dem Fiskus an, §§ 45 f. BGB[110]. Die Religionsgesellschaft kann dann als nicht rechtsfähiger Verein fortbestehen.

5. Wirtschaftliche Tätigkeit von Religionsgesellschaften und ihre Rechtsform

38 Besonders virulent wird die Rechtsformfrage für Religionsgesellschaften, die wirtschaftliche Aktivitäten größeren Umfangs entfalten. Hier ist zunächst zu klären, ob es sich tatsächlich um Religionsgesellschaften handelt (→ Art. 4 Rn. , 72 ff.). Wirtschaftliche Betätigung in größerem Maßstab steht grundsätzlich nicht der Anerkennung als

---

[105] Lediglich für die erste Tatbestandsvariante von Art. 9 II GG, die Vereinigungen betrifft, deren Zwecke oder Tätigkeit den Strafgesetzen zuwiderlaufen, ist dies dann nicht der Fall, wenn die fraglichen Strafgesetze ausnahmsweise nicht dem Schutz von verfassungsrechtlichen, typischerweise grundrechtlichen Positionen dienen.

[106] Für die Gewährleistungen von Art. 137 WRV s. *M. Morlok/M. H. Müller*, JZ 1997, 549 (553 f.); *M. Morlok/H. M. Heinig*, NVwZ 1999, 697 (705 f.); zur kompetenzrechtlichen Zulässigkeit eines Religionsverbots durch Bundesgesetz vgl. *G. Schiller*, ZevKR 48 (2003), 257 (276 ff.); a. A. *R. Poscher*, KritV 85 (2002), 298 ff., der im Zuge einer Tatbestandsbegrenzung zwischen absolut geschützten Religionsgemeinschaften und religiösen Vereinen differenziert; kritisch hierzu *H. Radtke*, ZevKR 50 (2005), 95 (106).

[107] Vgl. hier vor allem *L. Michael*, JZ 2002, 484 (488 ff.), der die Streichung des Religionsprivilegs in Anbetracht gleichheitsrechtlicher Probleme und der Abhängigkeit des § 3 I VereinsG von Art. 9 II GG hinterfragt; ähnlich *H. Radtke*, ZevKR 50 (2005), 95 (110 f.). Für die Verfassungsmäßigkeit eines auf das VereinsG gestützten Verbots einer Religionsgemeinschaft BVerwG ZevKR 48 (2003), 230 ff.; sowie nunmehr wie selbstverständlich BVerwG NVwZ 2006, 694 ff.; BayVGH, Beschluss vom 20.9.2006, 4 AS 06.2036 (juris); im Ergebnis auch *Walter*, Religionsverfassungsrecht (Fn. 87), S. 278. Bei Fehlen einer bundesrechtlichen Kompetenz kommt allenfalls in Betracht, die polizeiliche Generalklausel heranzuziehen, so *T. Guber*, Jugendreligionen in der grundgesetzlichen Ordnung, Diss. jur. München 1987, S. 110; ausdrücklich für eine Bundeskompetenz hingegen *Korioth* (Fn. 46), Art. 140 GG/Art. 137 WRV Rn. 104. Zur Problematik s. den Endbericht der Enquête-Kommission »Sogenannte Sekten und Psychogruppen« des Deutschen Bundestages, BT-Drs. 13/1950, S. 132 f., 151.

[108] Ebenso *Korioth* (Fn. 46), Art. 140 GG/Art. 137 WRV Rn. 14.

[109] In dieser Frage ebenso *Ehlers* (Fn. 64), Art. 137 WRV Rn. 19.

[110] Vgl. zu den Rechtsfolgen eines Vereinsverbotes *H. Dörig*, JM 2016, 203 (204).

Religionsgesellschaft entgegen (→ Art. 4 Rn. 75), zur Bekämpfung der regelmäßig mit einer nach außen hervortretenden Wirtschaftstätigkeit verbundenen Gefahren für Dritte dürfen auf solche Aktivitäten aber die Normen des Wirtschaftsrechts angewendet werden (→ Art. 4 Rn. 142). Für die Rechtsform wirtschaftender religiöser Vereinigungen bedeutet dies die grundsätzliche Anwendbarkeit der für wirtschaftliche Organisationen geschaffenen Rechtsformen. Der Gesetzgeber begegnet mit den typifizierten Vorgaben des Organisationsrechts für wirtschaftende Vereinigungen den Dritten typischerweise drohenden Gefahren, wenn sie in wirtschaftlichen Kontakt mit solchen Organisationen kommen[111]. Vom Ansatz her verlangt die religiöse Vereinigungsfreiheit **kein Sonderrecht**[112] für wirtschaftende religiöse Organisationen. Es ist nicht verfassungsgeboten, für wirtschaftende Religionsgesellschaften die Rechtsfigur des eingetragenen Idealvereins als Rechtsform zur Verfügung zu halten[113].

39 Ein rechtlicher Zwang, sich bei Erfüllung der Voraussetzungen der zur Verfügung stehenden Organisationsformen des Wirtschaftsrechts zu bedienen, ist deshalb zulässig. Eine Typifizierung ist dem Gesetzgeber dabei nach allgemeinen Gesichtspunkten erlaubt[114]. Im Einzelfall ist festzustellen, in welchem Umfang wirtschaftliche Aktivitäten einer Religionsgemeinschaft die wirtschaftstypischen Gefahren hervorrufen und also die Voraussetzungen für die Pflicht zu einer wirtschaftsrechtlichen Organisationsform erfüllt sind. Dabei kommt es zu einer **Abgrenzungsproblematik**, weil auch Religionsgesellschaften (wie alle sonstigen Vereinigungen) an wirtschaftlichem Handeln nicht vorbeikommen, was häufig auch eine Teilnahme am Wirtschaftsverkehr einschließt.

40 Um der Tatsache gerecht zu werden, dass auch Idealvereine sich wirtschaftlich betätigen, ohne dass sie in ihrer Gesamttypik zu einer am Wirtschaftsleben wesentlich teilnehmenden Organisation werden, hat sich das sogenannte **Nebenzweckprivileg**[115] herausgebildet. Ein Idealverein nach § 21 BGB behält diesen Status, wenn er zwar wirtschaftlich tätig wird, dies aber lediglich ein dem Hauptzweck untergeordnetes und dessen Förderung dienendes Handeln darstellt[116]. Für Religionsgesellschaften bedeutet dies beispielsweise, dass der Verkauf von Büchern oder die entgeltliche Verpflegung von Besuchern eigener Veranstaltungen nicht den Charakter als Idealverein aufheben und den von § 22 BGB vorgeschriebenen Weg in die Formen unternehmerisch tätiger Organisationen nötig machen.

41 Der Schlüsselbegriff für die Notwendigkeit, eine der rechtlich offenstehenden wirtschaftsrechtlichen Organisationsformen zu wählen, wird in § 22 BGB statuiert: Es kommt darauf an, ob der Zweck der Vereinigung »auf einen **wirtschaftlichen Geschäftsbetrieb** gerichtet ist«[117]. Maßgeblich ist dabei nicht der offizielle, also in den Statuten niedergelegte Zweck, sondern es kommt auf die tatsächliche Handlungsweise

---

[111] Siehe insb. BGHZ 85, 84 (88 f.).

[112] Vgl. etwa *K. Schmidt*, NJW 1998, 1124 (1125 f.); *P. Schaad*, NJW 1998, 2411 (2412); *A. v. Campenhausen*, NJW 1990, 887 f.; *ders.*, NJW 1990, 2670.

[113] Dazu breiter m. w. N. → Bd. III², Art. 137 WRV Rn. 37.

[114] Zum parallelen Problem der wirtschaftlichen Betätigung von politischen Parteien vgl. *A. Schindler*, Die Partei als Unternehmer, 2006.

[115] *D. Reuter*, MüKo-BGB, § 22 Rn. 8, 19 ff.; *K. Schmidt*, Gesellschaftsrecht, 4. Aufl. 2002, S. 674 f.; *V. Beuthien*, NZG 2015, 449 ff.; *F. Kopp*, NJW 1989, 2497 (2502 f.).

[116] BGHZ 85, 84 (93); BVerwGE 105, 313 (316 f.).

[117] Hierzu *B. Reichert*, Handbuch Vereins- und Verbandsrecht, 12. Aufl. 2010, Rn. 141 ff.; *Reuter* (Fn. 115), § 22 Rn. 4 ff.; *W. Hadding*, in: Soergel, BGB, §§ 21, 22 Rn. 28; *K. Schmidt*, AcP 182 (1982), 1 (47 ff.); *A. Diringer*, NVwZ 2004, 1312 (1315 ff.); *U. Segna*, NVwZ 2004, 1446 (1448).

an, § 43 II BGB. Für das Vorlegen eines »wirtschaftlichen Geschäftsbetriebs« ist die Planmäßigkeit, die Dauerhaftigkeit und die Außenorientierung der wirtschaftlichen Aktivitäten entscheidend[118]. Eine solche unternehmerische Tätigkeit liegt vor, wenn die Religionsgesellschaft wie ein Kaufmann am Marktgeschehen teilnimmt[119]. Unternehmerisches Handeln in diesem Sinne liegt grundsätzlich nicht vor bei Leistungen, die eine Vereinigung nur gegenüber ihren Mitgliedern erbringt[120]. Bei wirtschaftlichen Leistungen an Mitglieder sind die typischen Gefahren wirtschaftlicher Markttätigkeit nicht gegeben und es liegt kein Grund vor, die Religionsgesellschaft in die handelsrechtlichen Organisationsformen zu drängen. Probleme der Ausbeutung der Mitglieder, des Ausnützens einer psychischen oder spirituellen Abhängigkeit sind zwar nicht zu leugnen, die Aufgabe eines »religiösen Verbraucherschutzes« obliegt aber nicht den wirtschaftsrechtlichen Organisationsformen. Diese zielen auf die Abwehr von Gefahren, die das Agieren auf einem **externen Markt** mit sich bringen.

42 Das Werben um Mitglieder durch Religions- und Weltanschauungsgemeinschaften darf nicht dadurch zu einer (externen) Marktteilnahme gemacht werden, dass man von einem Markt für religiöse oder weltanschauliche Produkte spricht[121]. Die Leistungen und Produkte von Religionsgesellschaften sind mit religiösen Sinnvorstellungen aufgeladen, es handelt sich um »**Tendenzprodukte**«, die nicht mit denjenigen von anderen Religionsgemeinschaften gleichgestellt werden dürfen. Eine Gegenüberstellung von religiösen Leistungen i. S. e. Marktterminologie ist schon deswegen unzulässig, weil wegen der wesentlichen Sinngeprägtheit religiöser Leistungen diese **nicht wechselseitig substituierbar** sind[122].

43 Verfolgt eine Religionsgesellschaft tatsächlich wirtschaftliche Zwecke nach Art und Umfang eines wirtschaftlichen Geschäftsbetriebs, so kann ihr nach § 43 II BGB die **Rechtsfähigkeit entzogen werden**. Die Besonderheit als Religionsgesellschaft verlangt dabei regelmäßig nicht eine gesonderte Berücksichtigung im Rahmen der Ermessensausübung. Vielmehr gilt im Gegenteil: Liegen die typischen Merkmale einer wirtschaftlichen Tätigkeit vor, so bestehen typischerweise auch die damit gegebenen abstrakten Gefahren, so dass ohne weiteres die vorgesehene Rechtsfolge greifen kann[123].

III. Verwaltung eigener Angelegenheiten (Art. 137 III WRV)

1. Allgemeine Bedeutung und dogmatische Einordnung

44 Die Gewährleistung des Selbstverwaltungsrechts der Religionsgesellschaften nach Art. 137 III WRV stellt eine zentrale Bestimmung der Weimarer religionsrechtlichen Normen dar[124]. Als Komplement zu Art. 137 I WRV (→ Art. 140 Rn. 35) wird die **Frei-**

---

118 BVerwGE 105, 313 (316).

119 BVerwGE 105, 313 (317) unter Verweis auf *Schmidt*, Gesellschaftsrecht (Fn. 115), S. 675.

120 BVerwGE 105, 313 (317); *K. Schmidt*, NJW 1998, 1124 (1125).

121 So zu Recht BVerwGE 105, 313 (319); ebenso VGH Mannheim NVwZ-RR 2004, 904 (906 f.).

122 So auch *H.M. Heinig*, Die Stellung der Kirchen und Religionsgemeinschaften in der Europäischen Union, in: P.-C. Müller-Graff/H. Schneider (Hrsg.), Kirchen und Religionsgemeinschaften in der Europäischen Union, 2003, S. 125 ff. (151).

123 So auch BVerwGE 105, 313 (321 f.). Für diese Lesart hatte sich insb. *K. Schmidt* stark gemacht, s. AcP 182 (1982), 1 (47 ff.); *ders.*, NJW 1998, 1124 (1125); s. weiter auch *Reuter* (Fn. 115), § 22 Rn. 70a. Anders etwa VGH Mannheim NJW 1996, 3358 (3359, 3363). Kritisch zur Effektivität des Entzugs der Rechtsfähigkeit *Walter*, Religionsverfassungsrecht (Fn. 87), S. 292.

124 Martin Heckel hat die Norm – in oft zitierter Weise – als »lex regia« des Staatskirchenrechts bezeichnet, *M. Heckel*, ZevKR 12 (1966/67), 1 (34 f.); auch in: Zur Entwicklung des deutschen Staats-

heit der Religionsgesellschaften vor staatlicher Bevormundung, Aufsicht und Einschränkung gewährleistet. Das Selbstbestimmungsrecht stellt den Gewinn der institutionellen Entflechtung von Staat und Religion sicher und verallgemeinert ihn in der Form eines Freiheitsrechts. Nach der Auflösung staatskirchenrechtlicher Sonderbeziehungen zwischen Staat und Kirchen werden die Religionsgesellschaften durch das Selbstbestimmungsrecht gemäß dem allgemeinen »Verteilungsprinzip«[125] im Verfassungsstaat in die Sphäre grundrechtlich geschützter Freiheit integriert[126]. Die spezialgesetzliche Regelung des Art. 137 III WRV hebt die Religionsgesellschaften aber gegenüber den sonstigen Vereinigungen hervor und ist Grundlage eines eigenständigen Rechts der religiösen Vereinigungen[127].

Die Bestimmung sichert die Freiheit der Organisation und des Handelns der Religi- 45
onsgesellschaften und ist damit die wichtigste Absicherung der **korporativen Dimension der Religionsfreiheit**, eine – zumal in realistischer Sicht – wesentliche Seite der religiösen Freiheit überhaupt. Entsprechend dem mit dem Handeln von Organisationen einhergehenden Regelungsbedarf (→ Rn. 14f.), kennt das Selbstbestimmungsrecht der Religionsgesellschaften aber anders als Art. 4 I und II GG einen **Gesetzesvorbehalt**. Nach vorherrschender Auffassung habe das Selbstbestimmungsrecht der Religionsgesellschaften **keine Grundrechtsqualität** und teile insofern das Schicksal der anderen Weimarer Gewährleistungen (→ Art. 140 Rn. 29)[128]. Materiell hat die Bestimmung aber **freiheitsrechtlichen Charakter**[129] und ist deswegen auch wie ein Freiheitsrecht getrennt nach Schutzbereich und Einschränkbarkeit aufzubereiten.

---

kirchenrechts von der Reformation bis zur Schwelle der Weimarer Verfassung, in: ders., Gesammelte Schriften, Bd. I, 1989, S. 366ff. (397f.); vgl. auch *P. Mikat*, Kirchen und Religionsgemeinschaften, in: Die Grundrechte IV/1, S. 111ff. (171); auch in: Religionsrechtliche Schriften, 1974, S. 29ff. (89): »Kern und Mittelpunkt«; von einem der »Fundamente« der rechtlichen Ordnung des Verhältnisses von Staat, Kirchen und Religionsgemeinschaften spricht *K. Hesse*, Das Selbstbestimmungsrecht der Kirchen und Religionsgemeinschaften, in: HdbStKirchR² I, S. 521ff. (521); ähnlich auch *Magen*, Körperschaftsstatus (Fn. 12), S. 224f.

[125] Im Sinne von *C. Schmitt*, Verfassungslehre, 1928, S. 126ff.

[126] Die religiöse Vereinigungsfreiheit wird damit im Ansatz – trotz der Sondernormierung – der allgemeinen Vereinigungsfreiheit gleichgestellt: → Rn. 26; → Art. 140 Rn. 30.

[127] Zu diesem Sondercharakter *Hesse*, Selbstbestimmungsrecht (Fn. 124), S. 523. Vgl auch *v. Campenhausen/de Wall*, Staatskirchenrecht (Fn. 1) S. 99.

[128] Anders jedoch *G. Neureither*, NVwZ 2011, 1492 (1495ff.), der für ein Verständnis von Art. 137 II WRV als »grundrechtsähnliches« Recht mit der Folge einer analogen Anwendbarkeit von Art. 93 I Nr. 4a GG plädiert.

[129] Dieser Ansatz wird bestritten von *J. Wieland*, Der Staat 25 (1986), 321 (327f. und 347f.), wonach Art. 137 III WRV in strukturellem Gegensatz zu einem Freiheitsrecht eine »Abgrenzung der Regelungsbefugnisse von Staat und Religionsgesellschaften« darstelle. Diese, nicht zuletzt historisch begründete, Deutung geht im Grunde von einer Gleichordnung von Staat und Kirchen aus, oder jedenfalls von einer Gleichrangigkeit in der Weise, dass das Verhältnis zwischen Staat und Religionsgesellschaften ein solches sei, in dem eine »objektiv-rechtliche Grenze zwischen zwei Gewalten« (327) zu ziehen ist und es sich nicht um die Gewährleistung von Freiheit gegenüber dem eingreifenden Staat handelt. Diese Voraussetzungen sind spätestens mit Art. 137 I WRV weggefallen. Vgl. dazu auch *J. Wieland*, Kündigungsschutz und Streikrecht in kirchlichen Einrichtungen, in: FS Schlink, 2014, S. 277ff. (280ff.). Zur Kritik an Wielands Ausgangspunkt s. auch *Muckel*, Freiheit (Fn. 53), S. 187ff. unter Heranziehung der historischen Materialien; *G. Czermak*, Religions- und Weltanschauungsrecht, 2008, S. 103. Die Ähnlichkeit von Art. 137 III WRV zu Art. 2 I GG betont *G. Neureither*, Recht und Freiheit im Staatskirchenrecht, 2002, S. 123f. Vgl. auch die Herleitung des Selbstbestimmungsrechts der Religionsgesellschaften aus der individuellen Religionsfreiheit in EGMR, Urt. v. 26.10.2000, 30985/96 Rn. 60ff. – *Hasan and Chaush vs. Bulgaria* und in EGMR, Urt. v. 13.12.2001, 45701/99, Rn. 101ff. – *Metropolitan Church of Bessarabia and others vs. Moldavia.*

46 Das **Verhältnis von Art. 137 III WRV zu Art. 4 I und II GG** wird unterschiedlich gesehen. Den meisten Deutungen ist gemein, dass für die Bestimmung der verfassungsrechtlichen Freiheitsgewährleistungen der Religionsgesellschaften sowohl die Normen der Weimarer Verfassung als auch das Grundrecht aus dem Bonner Grundgesetz heranzuziehen seien, wobei im näheren die Meinungen auseinandergehen oder unscharf bleiben. Diese Auffassungsunterschiede können insofern dahinstehen, als weitgehend Einigkeit darüber besteht, dass die Schutzgehalte des Art. 137 III WRV über die Heranziehung von Art. 4 I und II GG mit der Verfassungsbeschwerde verteidigt werden können[130]. Vorzugswürdig erscheint eine Deutung, wonach der Schutzbereich von Art. 137 III WRV vollständig umfasst wird von Art. 4 I und II GG im Sinne einer **Schutzbereichsüberdeckung** (→ Art. 4 Rn. 110)[131]. Dies ist die systematische Folge einer Bestimmung der Schutzbereiche der beiden Normen, die sich entsprechend ihrem freiheitsrechtlichen Gehalt am Selbstverständnis der Inhaber des Rechts orientiert[132]. Den Besonderheiten des Handelns von Organisationen wird dadurch Rechnung getragen, dass die **Schranken des Art. 137 III WRV** als **spezielle** herangezogen werden (→ Rn. 15; → Art. 140 Rn. 31)[133].

47 Über die Verbindung von Art. 137 III WRV mit Art. 4 I und II GG kommt den Religionsgesellschaften **unmittelbare Grundrechtsträgerschaft** zu, ohne dass es der Heranziehung von Art. 19 III GG bedürfte (→ Art. 4 Rn. 113).

2. Schutzbereich

a) Sachlicher Schutzbereich

48 Die textliche Fassung des Selbstverwaltungsrechts der Religionsgesellschaften ist ihrer Formierungsepoche[134] (→ Rn. 3) verhaftet und geprägt von der Ablösung des Staatskirchentums. Demgemäß stand die Auflösung der Verflechtung von Staat und (Staats-)Kirche im Vordergrund. Die »eigenen Angelegenheiten« waren definiert in Abgrenzung von den staatlichen Angelegenheiten: Der Begriff hatte einen konstituti-

---

[130] BVerfGE 19, 129 (133, 135); 42, 312 (332); 46, 73 (95); 53, 366 (401); 57, 220 (241); 70, 138 (161 f.); *Jarass*/Pieroth, GG, Art. 4 Rn. 19, 21 ff.; *v. Campenhausen/Unruh* (Fn. 11), Art. 137 WRV Rn. 29; *J. Listl*, Das Grundrecht der Religionsfreiheit in der Rechtsprechung der Gerichte der Bundesrepublik Deutschland, 1971, S. 368 ff. (bes. S. 372 ff.); *Borowski*, Glaubensfreiheit (Fn. 83), S. 307. → Art. 4 Rn. 109. Überblick über die neuere Rechtsprechung des BVerfG: *G. Neureither*, NVwZ 2011, 1492 ff.

[131] *Listl*, Religionsfreiheit (Fn. 130), S. 372 ff. spricht von »Identität des Schutzgegenstandes« der beiden Bestimmungen; vgl. auch *S. Korioth*, Vom institutionellen Staatskirchenrecht zum grundrechtlichen Religionsverfassungsrecht?, in: FS Badura, 2004, S. 727 ff. (738); ebenso *H.M. Heinig*, Öffentlich-rechtliche Religionsgesellschaften, 2003, S. 150 f.; *Walter*, Religionsverfassungsrecht (Fn. 87), S. 540 f.; im Ergebnis – wenngleich mit einer anderen Nuancierung – auch *Borowski*, Glaubensfreiheit (Fn. 83), S. 326 f. Zu einer abweichenden Sicht m. w. N. *Muckel*, Freiheit (Fn. 53), S. 181 ff.; *Korioth* (Fn. 46), Art. 140 GG/Art. 137 WRV Rn. 21.

[132] Dazu *Morlok*, Selbstverständnis (Fn. 89), S. 393 ff.; *ders.*, Religionsfreiheit (Fn. 36), S. 194, 203 f.; s. weiter dazu *W. Höfling*, Offene Grundrechtsinterpretation, 1987, S. 22 ff.; *M.H. Müller*, Rechtsprobleme beim »Kirchenasyl«, 1999, S. 53 ff. (bes. S. 58 f.); *Isak*, Selbstverständnis (Fn. 51), S. 169 ff. – alle m. w. N., auch zur Gegenposition. → Art. 4 Rn. 60, 66.

[133] Zu dieser Schrankenspezialität jetzt ausdrücklich BVerfGE 137, 273 (304, Rn. 85). Der dortige Verweis auf das Gewicht des Selbstbestimmungsrechts und des Selbstverständnisses der Religionsgemeinschaften, welches Art. 4 I, II GG vermitteln, führt zur Anwendung der Abwägungslehre (→ Rn. 64). Für eine subsidiäre Anwendbarkeit der Schranken des Art. 4 GG durch Selbstständigkeit der Art. 4 und Art. 137 III GG hingegen *G. Neureither*, NVwZ 2015, 493 (494).

[134] *H. Zwirner*, ZRG KA 73 (1987), 210 ff.; *Kühne*, Reichsverfassung (Fn. 6), S. 479 ff.

ven Entflechtungsbezug[135]. Diese Stoßrichtung tritt heute deutlich zurück; die Gewährleistung der Selbstverwaltung der Religionsgesellschaften ist zur Spezialgarantie einer verallgemeinerten grundrechtlichen Freiheit geworden. Mit diesem Verblassen des institutionellen Hintergrundes[136] liegt die Bedeutung der **eigenen Angelegenheiten** in der Bezeichnung eines Bereichs, in dem die Religionsgesellschaften frei nach ihren Vorstellungen handeln dürfen.

Damit liegt es entsprechend der allgemeinen Logik der Freiheitsrechte in der Kompetenz der **Inhaber des Freiheitsrechts**, hier der Religionsgesellschaften, ihre Relevanzen selbst zu definieren und damit die Erstreckung des Schutzbereiches zu bestimmen[137]. Nach diesem Ansatz kann die Unterscheidung unterschiedlicher »Bereiche« bei der Erschließung des Schutzbereichs schon deswegen nicht hilfreich sein, weil das, was die verschiedenen Glaubensrichtungen als Angelegenheit ihrer Religion und ihrer Religionsgesellschaft ansehen, differiert. Die »eigenen Angelegenheiten« stehen damit auch nicht mehr in striktem Gegensatz zu den staatlichen Angelegenheiten, es kann durchaus zu **Überschneidungen** kommen. Der Begriff der »gemeinsamen Angelegenheiten« verliert seine rechtliche Instruktivität (→ Rn. 25). Die Zuordnung der Rechte der Religionsgesellschaft und des Staates ist vielmehr über die **Schrankenziehung** zu betreiben: Dort, wo die eigenen Angelegenheiten mit staatlichen Regelungsinteressen, auch zum Schutz von Grundrechten Privater, kollidieren, ist der Schrankendiskurs zu führen, und zwar auch im Bereich der eigenen Angelegenheiten (→ Rn. 62). 49

In den Schutzbereich fällt demnach alles, was eine Religionsgesellschaft für ihren Aufgaben- und Tätigkeitsbereich hält, maßgebend ist insofern also das **Selbstverständnis** der Religionsgesellschaft[138]. Dabei geht es nicht nur um religiöse Handlungen im engeren Sinne, sondern auch um all die Aktivitäten, die für den Erhalt der Organisation notwendig sind, also um sogenannte Bestandserhaltungsaktivitäten[139]. Art. 137 III WRV schützt damit die **Tendenzfreiheit** von Religionsgesellschaften hinsichtlich des religiösen Inhalts, der Organisation und des Personals (**Tendenzreinheit**[140] als Befugnis, die Tätigkeiten der Religionsgesellschaft ausschließlich von pflichttreuen Mitgliedern durchführen zu lassen). Die Norm selbst nennt drei Typen von geschützten Aktivitäten. Mit **Ordnen** der eigenen Angelegenheiten wird herkömmlich die eigene 50

---

[135] Beachte auch §§ 150f. der Paulskirchenverfassung (1848/49) als weitere Entflechtungsregelungen.

[136] Vgl. *A. Hollerbach*, Die Kirchen unter dem Grundgesetz, VVDStRL 26 (1986), S. 57ff. (60) und 128 (Diskussion) gegen *M. Heckel*, Die Kirchen unter dem Grundgesetz, VVDStRL 26 (1986), S. 5ff. (12) und 126f. (Diskussion); wie hier auch *Hesse*, Selbstbestimmungsrecht (Fn. 124), S. 524f.

[137] Weniger weitgehend, aber für eine Berücksichtigung des Selbstverständnisses *Ehlers* (Fn. 64), Art. 137 WRV Rn. 6: im Streitfall entscheide aber das staatliche Gericht. Zur Darstellung des Streitstandes zwischen Bereichsscheidungslehre und Selbstverständnis m.w.N. *Müller*, Rechtsprobleme (Fn. 132), S. 53ff.; *Isak*, Selbstverständnis (Fn. 51), S. 105ff.; *Classen*, Religionsrecht (Fn. 67), Rn. 252ff.; *Korioth* (Fn. 46), Art. 140 GG/Art. 137 WRV Rn. 27ff.

[138] BVerfGE 24, 236 (248); 53, 366 (392, 399); 57, 220 (243); 66, 1 (19); 70, 138 (164); *Morlok*, Selbstverständnis (Fn. 89), S. 437f.; *Isak*, Selbstverständnis (Fn. 51), S. 219ff., 285ff.; *Hesse*, Selbstbestimmungsrecht (Fn. 124), S. 539ff.; *Muckel*, Freiheit (Fn. 53), S. 184ff.; *Neureither*, Recht (Fn. 129), S. 196; *Czermak*, Religions- und Weltanschauungsrecht (Fn. 129), S. 102.

[139] Im Sinne der organisationssoziologischen Unterscheidung zwischen unmittelbar zielbezogenen Handlungen und Aktivitäten, welche den Bestand sichern, welche also einer arbeitsfähigen Organisation gelten, s. dazu *N. Luhmann*, Zweck, Herrschaft, System, in: ders., Politische Planung, 1971, S. 90ff. (bes. 93ff.); *A. Etzioni*, Soziologie der Organisation, 2. Aufl. 1969, S. 33ff.; s. auch *N. Luhmann*, Organisation und Entscheidung, 2000, S. 26ff.

[140] Paralleles Anwendungfeld des Tendenzrechts: → Art. 21 Rn. 61.

Rechtssetzung gemeint[141], die nicht mehr von staatlichen Genehmigungsvorbehalten abhängen solle. **Verwalten** bedeutet zunächst in Fortführung der sich an die staatlichen Funktionen anlehnenden Terminologie die Durchführung der gefassten Beschlüsse der Religionsgesellschaft unter Einschluss einer eigenen Rechtsprechung[142]; darüber hinaus erfasst das »Verwalten« auch den gesamten Bereich der organisatorischen Tätigkeit der Religionsgesellschaften[143] unter Einschluss des Handelns gegenüber Dritten und des Wirkens nach außen hin im Sinne eines Öffentlichkeitsauftrags[144]. Die in Satz 2 eigens genannte freie Besetzung der **Ämter** der Religionsgesellschaften ohne staatliche Mitwirkung ist bereits mit der Gewährleistung des Selbstbestimmungsrechts in Gestalt des Verwaltens erfasst und nur als historisch besonders sensibler Punkt eigens genannt[145]. Damit sind auch wegen dieser Spezialgarantie staatliche Mitwirkungsrechte bei der Besetzung von Bischofspositionen, die bereits wegen Art. 137 I WRV verboten sind (→ Rn. 19f.), unzulässig[146]; anders nur dort, wo verfassungskräftige Interessen auf staatlicher Seite dagegenstehen, so bei sicherheitsrelevanter Mitwirkung in staatlichen Anstalten im Sinne von Art. 141 WRV (→ Art. 141 WRV Rn. 18).

51 Der Bereich der **eigenen Angelegenheiten** kann typisierend genauere Konturen bekommen. Das Selbstverwaltungsrecht der Religionsgesellschaften umfasst jedenfalls Pflege, Weiterentwicklung und Tradierung der Glaubensinhalte in Form der Theologie[147]. Die Regelung von Kultus und Liturgie[148] gehört ebenso zu den traditionellen

---

141 *v. Campenhausen/Unruh* (Fn. 11), Art. 137 WRV Rn. 30f.; *Hesse*, Selbstbestimmungsrecht (Fn. 124), S. 535; *Ehlers* (Fn. 64), Art. 137 WRV Rn. 6; *Classen*, Religionsrecht (Fn. 67), Rn. 265ff.

142 *v. Campenhausen/Unruh* (Fn. 11), Art. 137 WRV Rn. 30f.; *Ehlers* (Fn. 64), Art. 137 WRV Rn. 6; zur eigenständigen Rechtsprechung BVerfGE 18, 385 (386ff.); *H. Weber*, Grundprobleme des Staatskirchenrechts, 1970, S. 42, 59; *v. Campenhausen/de Wall*, Staatskirchenrecht (Fn. 1), S. 108; *Hesse*, Selbstbestimmungsrecht (Fn. 124), S. 537.

143 *Hesse*, Selbstbestimmungsrecht (Fn. 124), S. 537; *v. Campenhausen/Unruh* (Fn. 11), Art. 137 WRV Rn. 30.

144 Der »Öffentlichkeitsauftrag der Kirchen« ist Element des Selbstverständnisses der Kirchen, der als solcher von der Selbstverwaltungsgarantie geschützt ist, selbst aber nicht zur staatlichen Garantie gehört, vgl. *H. Weber*, Die Religionsgemeinschaften als Körperschaften des öffentlichen Rechts im System des Grundgesetzes, 1966, S. 81ff. m. w. N.; *ders.*, Grundprobleme (Fn. 142), S. 42; → Rn. 85; umfassend jetzt *G. Klostermann*, Der Öffentlichkeitsauftrag der Kirchen, 2000; den Zusammenhang zur religiös-weltanschaulichen Neutralität unterstreicht *Heinig*, Religionsgesellschaften (Fn. 131), S. 207. Dazu jetzt m. w. N. *M. Morlok*, Das Recht der Kirchen und anderer Religionsgemeinschaften zum öffentlichen Wirken, in: HdbStKirchR^3, § 34 (i. E.).

145 BVerfGE 18, 385 (386); *v. Campenhausen/de Wall*, Staatskirchenrecht (Fn. 1), S. 101; *Ehlers* (Fn. 64), Art. 137 WRV Rn. 9; eigens zum Ämterbesetzungsrecht *E.-L. Solte*, Die Ämterhoheit der Kirchen, in: HdbStKirchR^2 I, S. 561ff.

146 *L. Renck*, BayVBl. 1995, 682ff.; *E. G. Mahrenholz*, Die Kirchen in der Gesellschaft der Bundesrepublik, 2. Aufl. 1972, S. 110; *Ehlers* (Fn. 64), Art. 137 WRV Rn. 9. – Aus dem Gedanken des »volenti non fit iniuria« können solche Rechte gebilligt werden, falls sie auf vertraglicher Grundlage begründet wurden, da Art. 137 III WRV auch die religionsgesellschaftliche Anlehnung an den Staat schützt. Staatlicherseits ist freilich Art. 137 I WRV zu achten (→ Rn. 16 ff.), s. etwa *A. Hollerbach*, HStR VI, § 139 Rn. 19ff.; *ders.*, Zur Problematik des staatlichen Treueids der Bischöfe, in: FS Obermayer, 1986, S. 193ff.; *D. Pirson*, BayVBl. 1996, 641ff.; *M. H. Müller*, BayVBl. 1996, 644f.; *U. M. Dahl-Keller*, Der Treueid der Bischöfe gegenüber dem Staat, 1994, S. 172.

147 Zur Frage der Einrichtung eines staatlichen Studienganges der Theologie BVerwGE 101, 309ff. mit dem Begriff des »bekenntnisgebundenen Studienganges«, dazu *M. Morlok/M. H. Müller*, JZ 1997, 549 (bes. 550ff.); *Kriewitz*, Errichtung (Fn. 71), S. 62 und passim; *ders.*, NVwZ 1995, 767 (768f.) zu VGH Kassel NVwZ 1995, 505; *S. Muckel*, DVBl. 1997, 873 (875f.). → Rn. 24, 55.

148 BVerfG (Vorprüfungsausschuss), NJW 1980, 1041 (1041) m. Anm. *H. Weber*, NJW 1980, 1042f.; *Hollerbach*, Kirchen (Fn. 136), S. 60f.; *S. Mückl*, HStR^3 VII, § 161 Rn. 1ff.; *v. Campenhausen/*

Materien der eigenen Angelegenheiten wie der gesamte Bereich der eigenen Organisation[149] und des Mitgliedschaftsrechts[150] unter Einschluss des Beitragsrechts[151]. Die Wohlfahrtstätigkeit der Kirchen wird gleichfalls vom Selbstbestimmungsrecht gedeckt[152]. Die Vermögensverwaltung[153] und die Haushaltsführung zählen ebenso dazu wie die Ausgestaltung der Rechtsverhältnisse mit den Mitarbeitern der Religionsgesellschaften[154]. Auch wirtschaftliche Tätigkeit fällt nicht aus dem Schutzbereich des Selbstbestimmungsrechts heraus[155]. Weitere Anwendungsfälle betreffen etwa die Aufstellung von Inkompatibilitätsregeln für Amtsträger[156] oder das eigene Hausrecht[157]. All dies kann aber nur beispielhaften Charakter haben, weil über die »eigenen Angelegenheiten«, für welche der Schutz von Art. 137 III WRV gilt, die Religionsgesellschaften nach ihrem Selbstverständnis zu bestimmen haben. Einzelne Materien

---

Unruh (Fn. 11), Art. 137 WRV Rn. 34; *Ehlers* (Fn. 64), Art. 137 WRV Rn. 8; *Korioth* (Fn. 46), Art. 140 GG/Art. 137 WRV Rn. 30.

[149] BVerfGE 18, 385 (388); *Korioth* (Fn. 46), Art. 140 GG/Art. 137 WRV Rn. 31. Zur Organisationshoheit *S. Mückl*, HStR³ VII, § 160 Rn. 12 ff. → Rn. 28.

[150] BVerfGE 30, 415 (422); *U. Mager*, in: v. Münch/Kunig, GG II, Art. 140 Rn. 34; *v. Campenhausen/Unruh* (Fn. 11), Art. 137 WRV Rn. 37, 49 ff. Zu Fragen des kirchlichen Mitgliedschaftsrechts *W. Bock*, ZevKR 42 (1997), 319 ff.; *A. v. Campenhausen*, Die staatskirchenrechtliche Bedeutung des kirchlichen Mitgliedschaftsrechts, in: HdbStKirchR² I, S. 755 ff.; *Korioth* (Fn. 46), Art. 140 GG/Art. 137 WRV Rn. 34.

[151] BVerfGE 19, 206 (217). Für die Kirchensteuer: → Rn. 129.

[152] Siehe bereits BVerfGE 46, 73 (86 ff.); 53, 366 (393 ff.); 70, 138 (163 ff.); mit Einschränkungen *Korioth* (Fn. 46), Art. 140 GG/Art. 137 WRV Rn. 40. Zu Differenzierungen hier *M. Stolleis*, ZevKR 18 (1973), 376 (390 ff.).

[153] BVerfGE 66, 1 (21 f.); 94, 100 (120); *Isak*, Selbstverständnis (Fn. 51), S. 285, 322; *C. Meyer*, Die Vermögensverwaltung und das Stiftungsrecht im Bereich der evangelischen Kirche, in: HdbStKirchR² I, S. 907 ff. (920); *Korioth* (Fn. 46), Art. 140 GG/Art. 137 WRV Rn. 38; *S. Mückl*, HStR³ VII, § 160 Rn. 66; hier wird auch die Religionsgutsgarantie des Art. 138 II WRV einschlägig.

[154] Zu diesem umstrittenen Komplex BVerfGE 46, 73 (94 ff.) zur Anwendbarkeit des Betriebsverfassungsgesetzes; E 53, 366 (399 ff.) zur Anwendbarkeit von Bestimmungen des Krankenhausgesetzes NW; E 70, 138 (164 ff.) und E 137, 273 (301 ff., Rn. 81 ff.) zum Kündigungsschutz der Mitarbeiter einer Religionsgesellschaft oder einer ihrer Umfeldorganisationen; E 72, 278 (289 ff.) zur Anwendbarkeit des Berufsbildungsgesetzes auf Religionsgesellschaften. – Zu diesen Fragen *Bock*, Gesetz (Fn. 51), passim; *Isak*, Selbstverständnis (Fn. 51), S. 285 ff.; kritisch zur Rechtsprechung des Bundesverfassungsgerichts *J. Wieland*, Der Staat 25 (1986), 121 ff.; s. ferner *v. Campenhausen/de Wall*, Staatskirchenrecht (Fn. 1), S. 177 ff.; *D. Pirson*, Das kircheneigene Dienstrecht der Geistlichen und Kirchenbeamten, in: HdbStKirchR² II, S. 845 ff.; *W. Rüfner*, Das kirchlich rezipierte und adaptierte Dienst- und Arbeitsrecht der übrigen kirchlichen Bediensteten, in: HdbStKirchR² II, S. 877 ff.; *ders.*, Individualrechtliche Aspekte des kirchlichen Dienst- und Arbeitsrechts, in: HdbStKirchR² II, S. 901 ff.; *R. Keßler*, Die Kirchen und das Arbeitsrecht, 1986; *R. Richardi*, Das kollektive kirchliche Dienst- und Arbeitsrecht, in: HdbStKirchR² II, S. 927 ff.; *ders.*, Arbeitsrecht in der Kirche, 7. Aufl. 2015; *ders.*, RdA 1999, 112 ff.; *J. Jurina*, Das Dienst- und Arbeitsrecht im Bereich der Kirchen der Bundesrepublik Deutschland, 1979; – alle m. w. N.; *Morlok*, Religionsfreiheit (Fn. 36), S. 206 ff. → Rn. 66; ferner *G. Thüsing*, Kirchliches Arbeitsrecht, 2006. Aktueller, umfassender Überblick aus zivilrechtlicher Perspektive bei *A. Groeger*, in: W. Boecken u. a. (Hrsg.), Gesamtes Arbeitsrecht. Kommentar, 2016, Art. 140 GG – Besonderheiten des kirchlichen Arbeits- und Sozialrechts.

[155] So bereits BVerfGE 66, 1 (20 ff.); 105, 279 (293, Rn. 51); BVerwGE 90, 112 (116); *Korioth* (Fn. 46), Art. 140 GG/Art. 137 WRV Rn. 38; für einen Überblick über die Rechtsprechung *Isak*, Selbstverständnis (Fn. 51), S. 84 f., 97 ff.; → Art. 4 Rn. 75. BVerfGE 137, 273 (307, Rn. 94) führt diese Linie fort. *G. Neureither*, NVwZ 2015, 493 (495) sieht demgegenüber in der Chefarzt-Entscheidung des BVerfG eine Maßstabsänderung.

[156] Dazu BVerfGE 42, 312 (326 ff.).

[157] BVerfGE 57, 220 (243 f.): kein Zutrittsrecht für Gewerkschaften.

werden zusätzlich durch Spezialgarantien der Abs. 2 und 4 und durch Art. 138 WRV geschützt.

52 Das sogenannte **Kirchenasyl** wird nicht von Art. 137 III WRV umfasst, da es nicht im Selbstverständnis der bei uns vorhandenen Kirchen enthalten ist[158]. Wohl aber können Handlungen, die sich als »Kirchenasyl« darstellen, von der individuellen Glaubensfreiheit gedeckt sein[159]. Wird die Gewährung von Kirchenasyl durch die individuelle oder die kollektive Religionsfreiheit gedeckt, so ist nicht jeder Akt der Gewährung von »Kirchenasyl« ohne weiteres gerechtfertigt, vielmehr ist dann die Erörterung auf die Einschränkbarkeit des in Anspruch genommenen Rechts zu konzentrieren[160].

b) Persönlicher Schutzbereich

53 Träger des Selbstbestimmungsrechts sind alle Religionsgesellschaften (→ Rn. 29) unabhängig davon, ob sie den Körperschaftsstatus besitzen[161]. Dafür spricht schon Art. 137 V WRV. Aus Gründen der Organisationsfreiheit der Religionsgesellschaften (→ Rn. 31) genießen diesen Schutz aber auch rechtlich selbständige Organisationen, die einer Religionsgesellschaft in der Weise zugeordnet sind, dass sie nach dem Selbstverständnis der Religionsgesellschaft dazu beitragen, deren Aufgabe zu erfüllen[162]. Auch aus Art. 138 II WRV geht hervor, dass der verfassungsrechtliche Schutz der Religionsgesellschaften – dort für den Vermögensbereich – nicht auf die Mutterorganisationen selbst beschränkt ist. Auch die Organisationen, die einen begrenzten, aber spezifischen Zweck verfolgen, werden von Art. 137 III WRV geschützt. Allerdings steht den **Umfeldorganisationen**[163] diese Freiheit nicht aus eigenem Recht zu, sondern aus abgeleitetem Recht der Religionsgesellschaften[164].

---

[158] *Müller*, Rechtsprobleme (Fn. 132), S. 60 ff.; *N. Schultz-Süchting*, Kirchenasyl, 2000, S. 203 ff.; a. A. *C. Görisch*, Kirchenasyl und staatliches Recht, 2000, S. 154 ff.; *J. Grefen*, Kirchenasyl im Rechtsstaat, 2001, S. 224 ff.

[159] *Müller*, Rechtsprobleme (Fn. 132), S. 87 ff.; *M.-E. Geis*, JZ 1997, 60 ff.; *Görisch*, Kirchenasyl (Fn. 158), S. 226 ff., zur Gewissensfreiheit als Grundlage eines »Kirchenasyls« ebd., S. 245 ff.; skeptisch dazu *Czermak*, Religions- und Weltanschauungsrecht (Fn. 129), S. 237.

[160] Dazu *Müller*, Rechtsprobleme (Fn. 132), S. 95 ff.; *Görisch*, Kirchenasyl (Fn. 158), S. 188 ff. für die Schranken aus Art. 137 III WRV und S. 233 ff. für die Beschränkung der individuellen Glaubensfreiheit.

[161] BVerfGE 99, 100 (120, Rn. 81); *Jarass*/Pieroth, GG, Art. 4 Rn. 19; *Korioth* (Fn. 46), Art. 140 GG/Art. 137 WRV Rn. 18. → Art. 4 Rn. 105.

[162] BVerfGE 46, 73 (85 ff.); 53, 366 (392); 57, 220 (242 f.); 70, 138 (162 ff.); 72, 278 (289); 137, 273 (306 f., Rn. 91 ff.); weiter *Morlok*, Selbstverständnis (Fn. 89), S. 388 ff.; *ders.*, Religionsfreiheit (Fn. 36), S. 203 ff.; *Isak*, Selbstverständnis (Fn. 51), S. 81 f., 287 ff.; *Muckel*, Freiheit (Fn. 53), S. 192 ff.; a. A. *J. Wieland*, Der Staat 25 (1986), 321 (333, 342 ff.); *M. Kleine*, Institutionalisierte Verfassungswidrigkeiten im Verhältnis von Staat und Kirchen unter dem Grundgesetz, 1993, S. 154 f. unter Anlehnung an *Wieland*; *Czermak*, Religions- und Weltanschauungsrecht (Fn. 129), S. 102.

[163] Zu den kirchlichen Vereinen *Muckel*, Vereine (Fn. 87), S. 833 ff.; für die Orden *J. Listl*, Die Ordensgemeinschaften und ihre Angehörigen in der staatlichen Rechtsordnung, in: HdbStKirchR^2 I, S. 841 ff. (845 f.).

[164] *Muckel*, Freiheit (Fn. 53), S. 194.

3. Abwehrcharakter und Schranken

a) Abwehrcharakter

Entsprechend seiner Natur als Freiheitsrecht richtet sich die Selbstverwaltungsgarantie gegen staatliche Verkürzungen der Freiheit der Religionsgesellschaften. Wegen der Schutzbereichsüberdeckung mit Art. 4 I und II GG (→ Rn. 46) ist das, was im Schutzbereich von Art. 137 III WRV eine **Beeinträchtigung** von Art. 4 I und II GG darstellt (→ Art. 4 Rn. 115 ff.), auch eine Beeinträchtigung der hiesigen Gewährleistung. Alle rechtlichen oder dem Staat zuzurechnenden faktischen Hindernisse für das freie Handeln der geschützten religiösen Organisationen, sei es in ihrem Binnenbereich, sei es gegenüber Dritten, beeinträchtigen das Selbstbestimmungsrecht der Religionsgesellschaften. Beeinträchtigungen sind also zu sehen in Vorschriften des staatlichen Rechts, welche die Organisationsfreiheit oder die Ausgestaltung der Rechtsverhältnisse mit den Mitarbeitern der Religionsgesellschaften oder ihrer in die Gewährleistung miteinbezogenen Nebenorganisationen betreffen[165]. 54

Beeinträchtigungen können auch in einem staatlichen institutionellen Kontext auftreten, wenn es in diesem um in den Schutzbereich fallende Materien geht, so bei der Theologie an staatlichen Universitäten (→ Rn. 24). **Warnungen** staatlicher Stellen vor bestimmten Religionsgesellschaften sind Eingriffe in deren Selbstverwaltungsrecht[166], die als solche immer einer gesetzlichen Grundlage bedürfen[167]. Auch Lärmschutzregelungen, die das **Glockenläuten** reglementieren, sind Eingriffe in das religionsgesellschaftliche Selbstbestimmungsrecht[168]. Die Unterwerfung unter die Kontrolle durch die staatlichen **Rechnungshöfe** über die Verwendung staatlicher Zuwendungen stellt eine Beeinträchtigung des Selbstverwaltungsrechts von Religionsgesellschaften dar, kann freilich je nach Prüfungsgegenstand und Prüfungsintensität gerechtfertigt sein, insbesondere bei Zustimmung zur Kontrolle als Voraussetzung für staatliche Zuwendungen[169]. Überhaupt können die verschiedensten gesetzlichen Regelungen nach dem Selbstverständnis der Religionsgesellschaften und ihrer Trabantenorganisationen deren eigene Angelegenheiten berühren, so die Regelungen des **Wirtschaftsrechts** 55

---

[165] So etwa die Einrichtung eines Betriebsrates nach dem Betriebsverfassungsgesetz in einem der katholischen Kirche zuzuordnenden Krankenhaus, BVerfGE 46, 73 (94 ff.), oder gesetzliche Regelungen des Krankenhauswesens, der Betriebsleitung, des ärztlichen Vorstands, des ärztlichen Dienstes und der Beteiligung der ärztlichen Mitarbeiter an den Einkünften aus Privatliquidation, E 53, 366 (399 ff.).

[166] BVerfGE 105, 279 (298 f., Rn. 64 ff.); dazu *D. Murswiek*, NVwZ 2003, 1 (4 ff.); *J.H. Klement*, DÖV 2005, 507 (511 ff.); BVerwGE 82, 76 (79) m. w. N.; E 90, 112 (118 ff.).

[167] Zu Unrecht begnügt sich das Bundesverwaltungsgericht mit der allgemeinen Befugnis der Bundesregierung zu Information und Aufklärung der Öffentlichkeit: BVerwGE 82, 76 (79 ff.); dagegen zu Recht *F. Schoch*, DVBl. 1991, 667 (670 f.); *R. Wahl/J. Masing*, JZ 1990, 553 ff.; *M. Morlok/M.H. Müller*, JZ 1997, 549 (553 f.). Eine ähnlich bedenkliche Tendenz verfolgt das Osho-Urteil des Bundesverfassungsgerichts BVerfGE 105, 279 (301, Rn. 72 f.; 303 f., Rn. 76 ff.); für Nachweise zur Kritik s. insb. *Ehlers* (Fn. 64), Art. 137 WRV Fn. 72; *D. Murswiek*, NVwZ 2003, 1 (5 f.). → Art. 4 Rn. 130.

[168] → Art. 4 Rn. 132 mit Fn. 337; zum Problem weiter *H.-W. Laubinger*, VerwArch. 83 (1992), 623 ff. m. w. N.; *D. Lorenz*, JuS 1995, 492 ff.

[169] *v. Campenhausen/de Wall*, Staatskirchenrecht (Fn. 1), S. 306 ff.; *W. Leisner*, Staatliche Rechnungsprüfung kirchlicher Einrichtungen unter besonderer Berücksichtigung der karitativen Tätigkeit, 1991; *R. Mainusch*, NVwZ 1994, 736 ff. – Gegenposition hierzu bei *T. Brenner*, NVwZ 1995, 455 f.; *J. Delbrück*, ZevKR 40 (1995), 21 ff.; *N. Stackmann*, DVBl. 1994, 383 ff.; *C. Degenhart*, Kontrolle der Verwaltung durch Rechnungshöfe, VVDStRL 55 (1996), S. 190 ff. (220 ff.); *H. Schulze-Fielitz*, Kontrolle der Verwaltung durch Rechnungshöfe, VVDStRL 55 (1996), S. 231 ff. (251 ff., 257 ff., 262 ff.) mit hilfreichen Differenzierungen.

(→ Rn. 38; → Art. 4 Rn. 75, 141), des Arbeitsrechts (→ Rn. 66ff.) oder des Straßenrechts[170]. Eine Beeinträchtigung liegt auch in der Gewährung **staatlichen Rechtsschutzes** gegen Maßnahmen einer Religionsgesellschaft[171]. Solche Eingriffe können aber durch die Schranken der Selbstverwaltungsgarantie gedeckt sein (→ Rn. 57ff.).

56 In seiner freiheitsrechtlichen Ausgestaltung gibt Art. 137 III WRV keine Ansprüche auf staatliche Leistungen[172]. Wenn kirchliche Einrichtungen in Finanznot sind, dürfen sie vorrangig auf den innerkirchlichen Finanzausgleich verwiesen werden[173]. Auch begründet Art. 137 III WRV **keine originären Teilhabeansprüche** für Religionsgesellschaften, etwa auf Gewährung von Rundfunksendezeiten[174]. Wohl aber begründen verschiedene Einzelgesetze Leistungsansprüche, etwa zugunsten von Trägern der Wohlfahrtspflege oder von Kindergärten. Falls Subventionen an Religionsgesellschaften gegeben werden, ist der Grundsatz der Parität (→ Art. 140 Rn. 41) zu beachten, weil andernfalls eine ungerechtfertigte Ungleichbehandlung ihrerseits gegen Art. 137 III WRV verstieße[175].

b) Schranken

57 Wie bei allen Freiheitsrechten bedarf es auch beim kirchlichen Selbstbestimmungsrecht der Möglichkeiten der Einschränkung zum Schutz gegenläufiger Rechte. Anders als die individuelle Religionsfreiheit des Art. 4 I und II GG kennt Art. 137 III WRV einen **Gesetzesvorbehalt**, was dem besonderen Gefährdungspotential angemessen ist, das Organisationen und ihrem Handeln innewohnt (→ Rn. 15; → Art. 4 Rn. 126f.). Voraussetzung einer den Erfordernissen der Kompatibilisierung der unterschiedlichen Rechtspositionen gerecht werdenden Schrankenziehung ist ein Verständnis von Staat und Religionsgesellschaften unter Einschluss der großen Kirchen, welches die Aufgabe der Gemeinwohlverantwortung beim Staat sieht[176], so dass vom Ansatz her Staat und Kirche nicht als zwei gleichberechtigte »Gewalten« verstanden werden, die in einem koordinationsrechtlichen Verhältnis stehen[177]. Die Unterwerfung aller unter das staatliche Recht – unter Einschluss von dessen Freiheitsgewährleistungen – wird auch unter dem Gesichtspunkt der staatlichen **Souveränität** betont[178].

---

[170] Dazu mit Hinweis auf die Rechtsprechung *R. B. Abel*, NJW 1996, 91 (95); *ders.*, NJW 1997, 426 (431).

[171] *J. Lücke*, EuGRZ 1995, 651 (653); *v. Campenhausen/de Wall*, Staatskirchenrecht (Fn. 1), S. 309ff. (bes. S. 313ff.); umfassend *K.-H. Kästner*, Staatliche Justizhoheit und religiöse Freiheit, 1991, passim (etwa S. 60, 65, 67f., 73ff., 237ff., 252ff.). Zu seiner Rechtfertigung: → Rn. 74.

[172] Siehe dafür die Spezialvorschrift des Art. 138 WRV.

[173] BVerwG NVwZ 1990, 66 (67).

[174] BVerwG NVwZ 1986, 379 (380); *Jarass*/Pieroth, GG, Art. 4 Rn. 43a.

[175] Zum Gleichbehandlungsgebot der Religionsgesellschaften auch BVerfGE 93, 1 (17). Monographisch *J.-B. Schrooten*, Gleichheitssatz und Religionsgemeinschaften, 2015.

[176] *Hesse*, Selbstbestimmungsrecht (Fn. 124), S. 549.

[177] Dazu *Hesse*, Selbstbestimmungsrecht (Fn. 124), S. 529; *ders.*, ZevKR 11 (1964/65), 337ff.; auch in: Freie Kirche im demokratischen Gemeinwesen, in: H. Quaritsch/H. Weber (Hrsg.), Staat und Kirchen in der Bundesrepublik, 1967, S. 334ff. (344ff.).

[178] Siehe insb. *H. Krüger*, ZevKR 6 (1957/58), 72ff.; *H. Quaritsch*, Kirchen und Staat, in: Quaritsch/Weber, Staat und Kirchen (Fn. 177), S. 265ff. (bes. etwa S. 279ff.); *Weber*, Grundprobleme (Fn. 142), S. 22ff. – Die entgegengesetzte sogenannte »Koordinationslehre« entspricht nicht dem Verhältnis von Staat und Religionsgesellschaften unter dem Grundgesetz; für jene insb. *W. Weber*, Die Gegenwartslage des Staatskirchenrechts, VVDStRL 11 (1954), S. 153ff. (173ff.); *H. Peters*, Die Gegenwartslage des Staatskirchenrechts, VVDStRL 11 (1954), S. 181ff. (185ff.); aus der Rechtsprechung etwa BVerfGE 18, 385 (386ff.); BGHZ 12, 321 (323); 34, 372 (373f.).

Die Möglichkeit, die den Religionsgesellschaften verfassungsrechtlich gegebenen Rechte gesetzlich einzuschränken, ist nicht auf Art. 137 III WRV beschränkt, sondern besteht gegenüber allen Gewährleistungen für die religiösen Organisationen nach den Bestimmungen der WRV, die dem Grundgesetz inkorporiert worden sind (→ Art. 140 Rn. 32)[179]. Dem Wortlaut nach bezieht sich die »**Schranke des für alle geltenden Gesetzes**« nur auf Satz 1, nicht aber auf die Ämterfreiheit nach Satz 2. Richtigerweise wird die Beschränkungsmöglichkeit aber auf den gesamten Schutzbereich bezogen, es wird also ähnlich wie bei Art. 12 I GG die Gewährleistung eines einheitlichen Schutzbereiches angenommen, der in seiner Gänze Einschränkungsmöglichkeiten unterliegt. Dies schließt nicht aus, dass die besondere Schutzwürdigkeit der Ämterverleihung in Religionsgesellschaften bei der Abwägung mit den rivalisierenden Rechten zum Tragen kommt. Systematisch stellt die Ämterfreiheit also nur einen Spezialfall der allgemeinen Selbstverwaltungsgarantie dar. 58

Neben den Schranken, die durch die »für alle geltenden Gesetze« gesetzt werden, kann die kirchliche Selbstbestimmung ferner durch **verfassungsimmanente Schranken** eingeschränkt werden (→ Vorb. Rn. 88 ff.). Auch in diesen Fällen bedarf es in förmlicher Hinsicht eines Gesetzes als Grundlage der Einschränkungen. Die Balancierung der widersprechenden Rechte darf nicht an die vollziehende oder die rechtsprechende Gewalt delegiert werden[180]. 59

Das richtige Verständnis der Formel »**Schranken des für alle geltenden Gesetzes**« wird seit langem lebhaft diskutiert[181]. Die in der Weimarer Zeit vorherrschende Auffassung ging dahin, gemeint seien die für jedermann geltenden Gesetze[182]. Gegen dieses formale Verständnis, das zur Anwendbarkeit überkommener, Aufsichtsrechte begründender Gesetze führen konnte, wurde eine materiale Deutung der Schrankenklausel vorgeschlagen. Es handele sich bei den »Schranken des für alle geltenden Gesetzes« nur um solche Gesetze, die vom Standpunkt der Gesamtnation aus als sachlich notwendige Schranken der kirchlichen Freiheit anerkannt werden müssten, m.a.W. »jedes für die Gesamtnation als politische Kultur- und Rechtsgemeinschaft unentbehrliche Gesetz«, aber auch nur ein solches Gesetz[183]. Diese sog. **Heckel'sche Formel** begegnet verschiedenen Einwänden[184]: Sie ist wenig präzise und damit praktisch kaum handhabbar, hat keinen systematischen Ort, an dem die spezifischen Interessen der Religionsgesellschaften in differenzierter Weise beachtet werden könnten, und die gegenläufigen Positionen bleiben wenig greifbar; vor allem werden die verfassungsrechtlich begründeten, mit dem Selbstverwaltungsrecht der Religionsgesellschaften ggf. konkurrierenden Rechtspositionen nicht systematisch berücksichtigt. Die Heranziehung der Heckel'schen Formel bedeutete, dass die Grenzziehung in einer rational 60

---

[179] Vgl. im Ergebnis auch *Ehlers* (Fn. 64), Art. 137 WRV Rn. 11.

[180] *Hesse*, Selbstbestimmungsrecht (Fn. 124), S. 554. Zur Bedeutung von Art. 137 VII WRV unter diesem Aspekt *M. Morlok/H.M. Heinig*, NVwZ 1999, 697 (705 f.); für Art. 137 III WRV *M. Morlok/M.H. Müller*, JZ 1997, 549 (553).

[181] Einen Überblick darüber gibt *Borowski*, Glaubensfreiheit (Fn. 83), S. 599 ff.

[182] *Anschütz*, WRV, Art. 137 Anm. 5 (S. 636): »›Für alle‹ ist also gleichbedeutend mit ›für jedermann‹«. Damit wurde allerdings nicht ausgeschlossen, dass es daneben auch besondere Gesetze für Religionsgesellschaften geben könne, so jedenfalls *Anschütz* a. a. O. zur Begründung von Aufsichtsrechten; dazu *Bock*, Gesetz (Fn. 51), S. 47 ff.; *v. Campenhausen/de Wall*, Staatskirchenrecht (Fn. 1), S. 107 f.; *Hesse*, Selbstbestimmungsrecht (Fn. 124), S. 544 f.

[183] *J. Heckel*, VerwArch. 37 (1932), 280 (282).

[184] Vgl. nur *Hesse*, Selbstbestimmungsrecht (Fn. 124), S. 549 ff.; *Bock*, Gesetz (Fn. 51), S. 207 f.; *v. Campenhausen/de Wall*, Staatskirchenrecht (Fn. 1), S. 109 f.

kaum zu kontrollierenden freien Abwägung erfolgte und nicht in einem rechtlich strukturierten und rational argumentierenden Prozess der Herstellung praktischer Konkordanz zwischen rivalisierenden Rechtsgütern. Angesichts des Durchgreifens dieser Einwände wird die Heckel'sche Formel nicht mehr vertreten[185].

61 Die gegenwärtige Diskussion ist dadurch gekennzeichnet, dass sie die formale Komponente der Allgemeinheit der einschränkenden Gesetze festhält, dann aber durch ein zweites material wirkendes Element ergänzt. Die formale Gewährleistung bewirkt ein **Verbot von Sonderrecht gegen die Religionsgesellschaften**[186]. Insofern ist eine Anlehnung an die zu Art. 5 II GG entwickelte Dogmatik möglich, auch im Hinblick auf die Notwendigkeit eines weiteren, inhaltliche Aspekte aufnehmenden Kriteriums (→ Art. 5 I, II Rn. 136 ff.)[187].

62 Ein rein formales Verständnis des Garantiegehalts der Schrankenformel in Art. 137 III WRV reicht nicht hin, um dem Rang der verfassungsrechtlich besonders hervorgehobenen Selbstverwaltungsgarantie der Religionsgesellschaften gerecht zu werden. Bei bloß formaler Betrachtung könnte ein Gesetz, das sich nicht gegen die Selbstverwaltung der Religionsgesellschaft als solche und auch nicht gegen eine bestimmte Religion richtet, das religiöse Selbstbestimmungsrecht zum Schutz beliebiger rivalisierender Güter einschränken. Dies zu verhindern ist die Aufgabe einer **materialen Anreicherung der Schrankenformel**. Diese begegnet in zwei Varianten: in Gestalt der sogenannten Bereichslehre und als Abwägungsprogramm. Die **Bereichslehre** unterscheidet im Schutzbereich einen inneren Bereich der Angelegenheiten der Religionsgesellschaften von einem weiteren Bereich, in dem die Aktivitäten der Religionsgesellschaften auch nach außen wirken, also auch die Sphäre des Rechts und damit der Rechte anderer berühren. Während in diesem Außenbereich das für alle geltende Gesetz Einschränkungen setzen könne, sei der Binnenbereich einschränkungsfest[188]. Diese Bereichslehre hat in der Rechtsprechung erhebliche Gefolgschaft gefunden[189].

63 Die Unterscheidung eines rein internen von einem ins Externe hineinwirkenden Bereich hat eine prima facie-Plausibilität sowie den weiteren Vorteil, eindeutige Rechtsfolgen vorzugeben: Der interne Bereich bleibt frei von jeder staatlichen Einwirkung. Dies ist für die Gerichte attraktiv, die sich damit a limine für unzuständig erklären. Die Bereichslehre erspart auch Abwägungen mit all ihren Schwierigkeiten und der Unvorhersehbarkeit des jeweiligen Ergebnisses. Obschon die Bereichsscheidungslehre sich auf den Schutzbereich bezieht, bedeutet sie **funktionell** die inhaltliche Präformierung einer **Abwägungsentscheidung**. Die dem Innenbereich zugeordneten Aktivitäten werden für frei von jeder staatlichen Einwirkung und damit gegenüber den mit diesen rivalisierenden Rechtsgütern für vorzugswürdig erklärt. In der Sache ist

---

[185] Siehe als frühere Aktivierungen etwa BGHZ 22, 383 (387 f.); 34, 372 (374). Für weitere Nachweise *Weber*, Religionsgemeinschaften (Fn. 144), S. 39.

[186] *Preuß* (Fn. 41), Art. 140 Rn. 28; *v. Campenhausen* (Fn. 11), Art. 137 WRV Rn. 131; *Korioth* (Fn. 46), Art. 140 GG/Art. 137 WRV Rn. 48; *Hesse*, Selbstbestimmungsrecht (Fn. 124), S. 552; *Mukkel*, Freiheit (Fn. 53), S. 276; *Bock*, Gesetz (Fn. 51), S. 277 ff. mit Präzisierungen und w.N.

[187] So auch *Classen*, Religionsfreiheit (Fn. 87), Rn. 277 ff.; im Ergebnis auch *Borowski*, Glaubensfreiheit (Fn. 83), S. 606.

[188] *Heckel*, Kirchen (Fn. 136), S. 23 ff., 40 ff.; *Quaritsch*, Kirchen (Fn. 178), S. 288 f.; *Weber*, Grundprobleme (Fn. 142), S. 44 ff., 62 ff.; *ders.*, Grundrechtsbindung der Kirchen und Religionsgemeinschaften, in: HdbStKirchR^2 I, S. 573 ff. (575 f.).

[189] Siehe etwa BVerfGE 18, 385 (387 f.); 42, 312 (334); 66, 1 (20); 72, 278 (289) – unter Vermengung mit dem Abwägungsmodell; BVerwGE 25, 226 (230 f.); 28, 345 (349); 66, 241 (243 f.); 68, 62 (63); 95, 379 (380); BVerwG DVBl. 1994, 1081 (1082); BAG NJW 1990, 2082 (2083).

diese Vorrangentscheidung aus zwei Gründen oft gerechtfertigt: Zum einen, weil interne Aktivitäten meist tatsächlich nicht oder nur wenig intensiv mit anderen Rechtsgütern konfligieren, zum anderen, weil solche Interna häufig für die Religionsgesellschaften besonders hochrangig sind und von ihnen entsprechend hoch gewichtet werden, man denke an Fragen des Lehrinhalts, aber auch die Vergabe geistlicher Ämter. Damit ist zugleich aber auch ein zentraler **Einwand** formuliert: Die Bereichslehre stellt eine **verkappte Abwägungslehre** dar, die ihre Präferenzen definitorisch festlegt, statt sie offen und argumentativ zu begründen. Sie verzichtet weiter darauf, die in Konflikt stehenden Rechtspositionen im konkreten Einzelfall mit den jeweils gegebenen Besonderheiten und den Möglichkeiten einer Kompatibilisierung zu betrachten und zieht sich auf eine generelle Entscheidungslinie zurück, die in vielen Fällen unangemessen sein kann und die Chancen, beiden Rechtsgütern zur optimalen Verwirklichung zu verhelfen, zum guten Teil unausgenützt lässt. Weitere Kritik[190] gilt der Tatsache, dass die Bereichslehre im Normtext[191] keinen Anhaltspunkt hat[192], sowie der Unklarheit oder gar Willkürlichkeit der Abgrenzung[193]. Dies bedeutet praktisch, dass es maßgeblich darauf ankommt, wer diese Grenzziehung treffen darf[194]. Hebt man hier auf das Selbstverständnis der Religionsgesellschaft ab[195], so kann sie sich damit der Grenzziehung entziehen. In einem Rechtskonflikt einem der Konfliktpartner das Letztentscheidungsrecht zuzuerkennen, verfehlt schon im Ansatz die Aufgabe der Schrankenziehung: die Gegenposition kommt systematisch aus dem Blick[196]. Schließlich ist richtigerweise das relative Gewicht eines Rechtsgutes immer zu bestimmen aus der Konkurrenzsituation mit einem rivalisierenden Recht – in der jeweiligen Situation. Der Rang und damit die Schutzwürdigkeit eines Rechtsgutes ist nur erfüllungs- und konkurrenzrelativ zu bestimmen. Vorrangentscheidungen zwischen konfligierenden Rechtsgütern sind nach dem Muster konditionierter Präferenz zu treffen[197].

Als inhaltliche Komponente, welche die formale beim Verständnis der Schranken- **64**
formel des für alle geltenden Gesetzes ergänzt, drängt sich damit das Erfordernis einer offen getroffenen Abwägungsentscheidung auf: Die »Schranken des für alle geltenden Gesetzes« sind insofern als **Abwägungsprogramm** zu verstehen[198]. Die Rechtfertigung

---

[190] Vgl. *Hesse*, Selbstbestimmungsrecht (Fn. 124), S. 546 ff.; *v. Campenhausen/de Wall*, Staatskirchenrecht (Fn. 1), S. 111 f.; *Bock*, Gesetz (Fn. 51), S. 181 ff., s. auch 115 f., 143 ff., 254 ff.; *Borowski*, Glaubensfreiheit (Fn. 83), S. 602; *Kästner*, Justizhoheit (Fn. 171), S. 85 ff., 237 ff. mit zahlreichen Nachweisen aus der Spruchpraxis.

[191] *Ehlers* (Fn. 64), Art. 137 WRV Rn. 12.

[192] Ausnahme ist die in Art. 137 III 2 WRV gesondert benannte freie Ämtervergabe, hierauf hebt für seine (anders geartete) Bereichslehre ab *J. Lücke*, EuGRZ 1995, 651 (654 f.).

[193] *K.-H. Kästner*, JuS 1977, 715 (717); *D. Ehlers*, ZevKR 32 (1987), 158 (170).

[194] *Quaritsch*, Kirchen (Fn. 178), S. 289 ff.

[195] So BVerfGE 42, 312 (334): Betroffenheit nicht wie jedermann, sondern nach ihrem Selbstverständnis in ihrer Besonderheit härter getroffen.

[196] *Morlok*, Selbstverständnis (Fn. 89), S. 434; *Müller*, Rechtsprobleme (Fn. 132), S. 78 f.

[197] Vgl. zum hier zugrundegelegten Verständnis *R. Alexy*, Theorie der Grundrechte, 1985, S. 143 ff. Am Beispiel von Art. 19 II GG hat dies frühzeitig herausgearbeitet *P. Häberle*, Die Wesensgehaltgarantie des Art. 19 Abs. 2 Grundgesetz (1962), 3. Aufl. 1983, zusammenfassend S. 234 ff., 325 ff.

[198] So *Morlok*, Selbstverständnis (Fn. 89), S. 437 f.; *ders.*, Religionsfreiheit (Fn. 36), S. 204 ff. Einem Abwägungsmodell hängen weiter an etwa *Hollerbach*, Kirchen (Fn. 136), S. 62; *Heckel*, Kirchen (Fn. 136), S. 43 f.; *P. Badura*, Der Schutz von Religion und Weltanschauung durch das Grundgesetz, 1989, S. 76 ff.; *v. Campenhausen/de Wall*, Staatskirchenrecht (Fn. 1), S. 109 ff.; *D. Ehlers*, ZevKR 32 (1987), 158 (170); *ders.* (Fn. 64), Art. 137 WRV Rn. 12; *Kriewitz*, Errichtung (Fn. 71), S. 33; *Müller*, Rechtsprobleme (Fn. 132), S. 80 ff.; *Isak*, Selbstverständnis (Fn. 51), S. 245 ff., 320 f.; *Neureither*, Recht (Fn. 129), S. 254 f., 262 f., 271 f.; *Borowski*, Glaubensfreiheit (Fn. 83), S. 604 ff.; *Classen*, Religi-

eines Eingriffs in den Schutzbereich des Selbstbestimmungsrechts bemisst sich materiell anhand einer Abwägung zwischen dem konkret betroffenen Element des Selbstbestimmungsrechts und dem Rechtsgut, dessen Schutz das einschränkende Gesetz dient. Diese Aufgabe der »Zuordnung«[199] erfordert die Herausarbeitung des relativen Gewichts des betroffenen Aspektes des Selbstbestimmungsrechts; dabei haben Typifizierungen, wie sie die Bereichslehre darstellt und in differenzierterer Form initiiert hat[200], ihre Berechtigung. Im praktischen Ergebnis führt die so verstandene Schrankenklausel des Art. 137 III WRV also zu einer **Wechselwirkung** zwischen geschütztem Selbstbestimmungsrecht und dem hinter einem Einschränkungsgesetz stehenden konkurrierenden Rechtsgut[201]. Auch das Selbstverständnis der Religionsgesellschaften ist für die Durchführung der Abwägungen heranzuziehen. Es gibt Aufschluss darüber, wie wichtig der betroffene Aspekt auf der eigenen Präferenzskala[202] ist und kann damit der Aufgabe eines nach beiden Seiten hin schonendsten Ausgleichs gerecht werden. Diese Information über die Wertschätzung des einschlägigen Rechts ist nicht nur bei der betroffenen Religionsgesellschaft einzuholen, sondern ggf. auch auf der Seite des damit konkurrierenden Rechtsgutes. Diese **Selbstgewichtungen** sind für die staatliche Entscheidungsfindung nicht bindend, sondern bilden lediglich Rohmaterial bei der Erarbeitung einer für beide Seiten verbindlichen Entscheidung. Insofern hat die staatliche Instanz das Recht und die Pflicht zur Letztentscheidung in (möglichst) objektiver Betrachtung[203].

4. Einzelfragen

65 Die verschiedensten Gesetze können mit einschränkender Wirkung das Handeln der Religionsgesellschaften betreffen. Die Tatsache, dass es Religionsgesellschaften sind, auf welche diese Gesetze angewendet werden sollen, begründet für sich genommen nicht die Unanwendbarkeit von religionsneutralen Gesetzen. So gilt beispielsweise das einschlägige Wirtschaftsrecht auch für religiös motiviertes Handeln, das von Art. 4 I, II GG und Art. 137 III WRV geschützt wird (→ Rn. 38; → Art. 4 Rn. 46, 114). Im Einzelfall muss sich das jeweilige Gesetz als ein »**für alle geltendes Gesetz**« recht-

---

onsrecht (Fn. 67), Rn. 277 f. Der Sache nach auch *Bock*, Gesetz (Fn. 51), S. 181 ff., 282 f. unter Anlehnung an die Wechselwirkungslehre zu Art. 5 II GG. Ebenso *Korioth* (Fn. 46), Art. 140 GG/Art. 137 WRV Rn. 49; *Muckel*, Freiheit (Fn. 53), S. 277 ff. mit dem Versuch, die Situativität der Abwägung abstrakt typologisch zu mildern; ähnlich auch *B. Grzeszick*, AöR 129 (2004), 168 (210 ff.).

199 *Hesse*, Selbstbestimmungsrecht (Fn. 124), S. 549 ff.

200 Siehe z. B. BVerfGE 18, 385 (388); 42, 312 (334 ff.); *Weber*, Grundprobleme (Fn. 142), S. 43 ff. Siehe weiter die Aufzählung von Fällen, die von der Rechtsprechung (nicht ohne Fragwürdigkeit) dem rein kircheninternen Bereich zugeordnet wurden, bei *Kästner*, Justizhoheit (Fn. 171), S. 200 ff. mit der zutreffenden Kritik, dass solche Zuordnungen zu Unrecht als wechselseitig exklusiv verstanden werden. Insb. das kirchliche Amtsrecht wurde in der Rechtsprechung als rein innerkirchlich betrachtet, dazu kritisch *Kästner*, ebd. S. 208 ff. und ausführlich zu diesem Komplex *Bock*, Gesetz (Fn. 51), S. 252 ff.

201 Während *B. Grzeszick*, AöR 129 (2004), 168 (210 ff.) annimmt, nur ausdrücklich normiertes Verfassungsrecht könne als konkurrierendes Rechtsgut fungieren, kommen richtigerweise alle Rechtsgüter des Allgemeinwohls in Betracht. So auch *Classen*, Religionsrecht (Fn. 67), Rn. 260; *Unruh*, Religionsverfassungsrecht (Fn. 27), Rn. 174.

202 Diesem Modus der Heranziehung des Selbstverständnisses folgt auch das Bundesverfassungsgericht: BVerfGE 53, 366 (401); 66, 1 (22); 70, 138 (164 ff.); 72, 278 (289); 137, 273 (304, Rn. 85; 312 ff., Rn. 105 ff.)

203 So *Morlok*, Selbstverständnis (Fn. 89), S. 438; zu diesem Aspekt insgesamt *Muckel*, Freiheit (Fn. 53), passim.

fertigen lassen, es muss also aufweisbar sein, zum Schutz welchen Rechtsgutes es dient, und dass dieser Schutz nur mit einer verhältnismäßigen Einschränkung des Selbstbestimmungsrechts erreichbar ist.

Das **Arbeitsrecht** bildet einen Hauptschauplatz der verfassungsrechtlichen Streitfragen im Rahmen des Art. 137 III WRV. In der Grundstruktur wird auf der einen Seite von Art. 137 III WRV[204] eine besondere Prägung der Rechtsverhältnisse der Religionsgesellschaften mit ihren Mitarbeitern gedeckt. Das Selbstbestimmungsrecht der Religionsgesellschaften erlaubt es ihnen, die Mitarbeiter **besonderen Loyalitätspflichten** zu unterwerfen und somit dem Arbeitsverhältnis (unter Einschluss der Beamtenverhältnisse) eine **Tendenzprägung** zu geben. Eben diese Tendenzprägung ist wesentlicher Teil des von der Selbstverwaltungsgarantie der Religionsgesellschaften gesicherten Rechtes[205]. Kraft dieser Tendenzprägung darf bei den Kirchen die Mitarbeit als »Dienstgemeinschaft«[206] verstanden werden. Die religiöse Einstellung der Arbeitnehmer und die religiösen Maßstäbe, an denen deren Handeln gemessen wird, darf zur rechtlichen Beachtlichkeit erhoben werden. Als vom Ansatz her **gleichrangig** sind die **Rechte der Arbeitnehmer** anzusehen[207]. Die Vorschriften des Arbeitsrechts (insbesondere solche des KSchG, JArbSchG, MuSchG) sind allgemeine Gesetze zum Schutz dieser Rechte, die unter den oben genannten Voraussetzungen (→ Rn. 64) die kirchliche Selbstbestimmungsmacht einschränken, so dass beide Rechtspositionen zur weitestmöglichen Entfaltung kommen können). Zulässig ist daher ebenso die neue individualschützende Mindestlohnpflicht (§ 1 I MiLoG) für kirchliche Arbeitgeber[208]. Zahlreiche arbeitsrechtliche Bestimmungen haben dabei auch eine objektiv-rechtliche Aufladung in der Weise, dass sie auch einer staatlichen **Schutzpflicht**[209] zugunsten der strukturell bedrohten Arbeitnehmerrechte gegenüber dem Arbeitgeber entsprechen. Auch die Sozialstaatlichkeit ist als Rechtsposition von Verfassungsrang hinter den einschlägigen Gesetzen zu nennen (→ Art. 20 [Sozialstaat], Rn. 39 ff.). 66

Die Freiwilligkeit der Begründung des Arbeitsverhältnisses reicht, wie im Arbeitsrecht überhaupt, nicht hin, um besondere staatliche Schutzbestimmungen für nicht anwendbar zu erklären. Fälle wie die **Kündigung** wegen Kirchenaustritts[210] oder wegen Wiederverheiratung[211] werfen dann die Zuordnungsfrage des kirchlichen Selbstverständnisses zu den Arbeitnehmerrechten und dem staatlichen Schutzauftrag für diese auf. Die Rechtsprechung des Bundesverfassungsgerichts vernachlässigt hier tendenziell die Mitarbeiterrechte, weil nur dem Selbstverständnis der betroffenen Kirche 67

---

204 Für Nachweise vgl. Fn. 154. Zu aktuellen Entwicklungen des kirchlichen Individualarbeitsrechts vgl. *P. Melot de Beauregard/M. Baur*, NZA-RR 2014, 625 ff.

205 BVerfGE 70, 138 (165); 137, 273 (307 ff., Rn. 95 ff.); BAGE 45, 250 (254).

206 BVerfGE 53, 366 (403 f.); 70, 138 (165); 137, 273 (311 f., Rn. 105). Zur arbeitsrechtlichen Bedeutung der »Dienstgemeinschaft« *R. Richardi*, ZfA 1984, 109 ff.; *ders.*, Arbeitsrecht in der Kirche, 2015, S. 49 ff.; *J. Jurina*, ZevKR 29 (1984), 171 ff.; zum Anker des Begriffs im Grundgesetz *M. Morlok*, epd-Dokumentation 17/2013, 9 ff.

207 *Morlok*, Religionsfreiheit (Fn. 36), S. 307 f.

208 Vgl. *T. Barczak*, NZA 2014, 290 (298). Problematisch durch den mittelbaren Einfluss des MiLoG auf das Kollektivarbeitsrecht scheint, dass Kirchen nicht in der Mindestlohnkommission nach § 4 I MiLoG vertreten sind. Stellt man auf den überwiegend individualschützenden Aspekt der §§ 1, 20 MiLoG ab, kann man im Stellungnahmerecht nach § 11 II MiloG eine ausreichende Kompensation kirchlicher Belange erblicken. Vgl. zum aktuellen Streitstand über tarifvertragliche Einflüsse des MiLoG und ihre Zulässigkeit bspw. *P. Zeising/D.-R. Weigert*, NZA 2015, 15 ff.

209 → Vorb. Rn. 62 ff. m. w. N.

210 BAGE 45, 250 (253).

211 BAGE 34, 195 (202 ff.); zuletzt wieder Thema der Entscheidung BVerfGE 137, 273.

ein besonderes Gewicht beigemessen wurde[212]. So ist nach neuester Rechtsprechung des BVerfG insbesondere eine Kontrolle kirchlicher Loyalitätsvorstellungen durch die Arbeitsgerichte ausgeschlossen, sofern sie sich nicht auf ihre Existenz oder Vereinbarkeit mit grundlegenden Verfassungswerten beschränkt[213]. Das schränkt die arbeitsvertragliche Inhaltskontrolle wie auch die eigentlich kündigungsspezifische Ausübungskontrolle ein[214]. Nur die auf diese Weise ermittelten Überzeugungen der Kirche können in die Herstellung praktischer Konkordanz mit den Rechten der Arbeitnehmer eingebracht werden[215]. Die gegeneinander abzuwägenden Rechtspositionen werden nach diesem Modell zunächst unabhängig voneinander bestimmt.

68 Der beiden Seiten gerecht werdender Ausgleich zwischen Selbstbestimmungsrecht der Religionsgesellschaft und Arbeitnehmerrechten erfolgt in einer offenen Gesamtabwägung. Dies kann zu einer **Abstufung der Tendenztreuepflichten** nach den bekleideten Positionen und der diesen anhaftenden Tendenznähe führen[216]. Ein gefundenes Ergebnis mag dem religionsgesellschaftlichen Selbstverständnis widersprechen, aber die grundrechtlichen Positionen der Arbeitnehmer können dies – je nach den konkreten Umständen – rechtfertigen: »Das staatliche Kirchenrecht läßt absolute Kündigungsgründe nicht zu.«[217] Als Differenzierungskriterium ist auch der Organisationstypus relevant, dessen sich eine Religionsgesellschaft bedient. Typischerweise auf die Verfolgung primär nichtreligiöser Zwecke ausgerichtete Organisationen dürfen hiernach ihren Mitarbeitern nur weniger strenge Loyalitätspflichten auferlegen als solche, die sich unmittelbar religiösen Zwecken verpflichtet sehen[218]. Aus Gründen der Rechtssicherheit ist es nicht nur wünschenswert, die Tendenztreuepflichten im Voraus zu fixieren[219], für das BVerfG stellt die Bestimmbarkeit kirchlicher Loyalitätsobliegenheit ein wesentliches Kriterium für kündigungsrelevante Verstöße dar[220]. Für Geistliche ist die **Unvereinbarkeit** ihres kirchlich-rechtlichen Status mit der Wahrneh-

---

[212] Siehe BVerfGE 70, 138 (165 ff., insb. 167); → Rn. 50; BVerfG (K), NZA 2001, 717 (718); BVerfG (K), NZA 2002, 609 (609). Siehe auch *H. Weber*, NJW 1986, 370 f.; *B. Rüthers*, NJW 1986, 356 ff.; *R. Richardi*, NZA 1986, Beilage 1, 3 ff.; *W. Dütz*, NZA 1986, Beilage 1, 11 ff.; *ders.*, NZA 2006, 65 (69 ff.); *G. Thüsing*, Das kirchliche Arbeitsrecht und die Grundrechte der Arbeitnehmer, in: FS Rüfner, 2003, S. 901 ff. (909); zur Kritik *J. Wieland*, Der Staat 25 (1986), 321 (339 ff.); *ders.*, DB 1987, 1633 ff.; *Classen*, Religionsrecht (Fn. 67), Rn. 435 ff. Zur Loyalitätsfrage weiter *J. Isensee*, Kirchliche Loyalität im Rahmen des staatlichen Arbeitsrechts, in: FS Obermayer, 1986, S. 203 ff.

[213] BVerfGE 137, 273 (335, Rn. 163); *M. Sachs*, JuS 2015, 665 (667). Zur Rechtsprechung des EGMR und deren Auswirkungen auf die deutsche Rechtslage s. *M. Plum*, NZA 2011, 1194 ff.; siehe zu diesem Aspekt bereits *M. Morlok*, epd-Dokumentation 17/2013, 9 (13 ff.).

[214] Vgl. BVerfGE 137, 374 (337 f., Rn. 167 ff.). In Reaktion auf die der Kündigungsschutzklage stattgebende Entscheidung BAG NZA 2012, 44 ff.

[215] BVerfGE 137, 273 (339 ff., Rn. 172 ff.); *M. Sachs*, JuS 2015, 665 (667).

[216] In dieser Richtung BAGE 34, 195 (204 ff.); 45, 250 (256); 47, 144 (153 ff.); 47, 292 (300 ff.); anders aber BVerfGE 70, 138 (168): Es sei nur Sache der Kirche, ob eine Abstufung der Loyalitätspflichten gelten solle; ebenso BAG NZA 2001, 1136 (1138). Für eine Differenzierung etwa *W. Dütz*, NJW 1990, 2025 (2028); *Classen*, Religionsfreiheit (Fn. 87), S. 139 f.; *ders.*, Religionsrecht (Fn. 71), S. 182 f. Zu den Auswirkungen des AGG vgl. *C. Link*, ZevKR 50 (2005), 403 (411); *R. Richardi*, ZevKR 52 (2007), 182 (185 ff.).

[217] BVerfGE 137, 283 (319, Rn. 125).

[218] *Morlok*, Religionsfreiheit (Fn. 36), S. 208.

[219] *v. Campenhausen/de Wall*, Staatskirchenrecht (Fn. 1), S. 181. Das Selbstverständnis der katholischen Kirche ist in dieser Hinsicht in der Grundordnung des kirchlichen Dienstes im Rahmen kirchlicher Arbeitsverträge fixiert worden, dazu *W. Dütz*, NJW 1994, 1369 ff.

[220] BVerfGE 137, 273 (319, Rn. 123; 332 f., Rn. 154 ff.); so auch BAG NZA 2014, 1407 (1413).

mung eines Bundestagsmandates zulässig[221]. Staatliche Akte müssen auf die Besonderheiten des **kirchlichen Ordensrechts** Rücksicht nehmen und dürfen nicht eine Ausweitung des Unterhalts für Ordensangehörige verlangen[222].

Im **kollektiven Arbeitsrecht** geht es um die mit den selbstbestimmten Eigenarten der jeweiligen Religionsgesellschaft verträglichen Formen der Wahrung der Arbeitnehmerrechte und ihrer Repräsentation. Zum Schutz der Eigenprägung der Dienstverhältnisse mit Religionsgesellschaften sieht die Rechtsprechung die unmodifizierte Anwendung von Vorschriften des kollektiven Arbeitsrechts für unzulässig an, so für die Beteiligungsrechte der Mitarbeiter in Krankenhäusern[223] und für die Besetzung von Ausschüssen in der Berufsbildung[224]. Auch im Zutrittsrecht betriebsfremder Gewerkschaftsvertreter zu kirchlichen Einrichtungen wurde eine Verletzung des Selbstbestimmungsrechts der Kirchen gesehen[225]. Der sogenannte »**dritte Weg**«, also die Regelung von Fragen des kollektiven Arbeitsrechts durch Kommissionen, die mit Vertretern der religiösen Arbeitgeber und der Arbeitnehmer paritätisch besetzt sind die die nach dem Leitbild der Dienstgemeinschaft einen Interessenausgleich suchen und nicht nach dem Muster des Gegensatzes von Arbeitgebern und Arbeitnehmern arbeiten, soll auch in Ansehung von Art. 9 III GG zulässig sein[226]. Zutreffend ist daran, dass arbeitsrechtliche Fragen und der Bereiche der eigenen Angelegenheiten einer Religionsgesellschaft sich überschneiden können[227]. Das Selbstbestimmungsrecht der Kirchen endet also nicht, sobald diese arbeitsrechtliche Beziehungen anknüpfen, sondern kann sich auf diese Beziehungen auswirken, und zwar auch im Bereich des kollektiven Arbeitsrechts. Dies ist etwa dann der Fall, wenn – wie bei dem von evangelischer wie katholischer Seite in Grundzügen geteilten Konzept der kirchlichen Dienstgemeinschaft[228]– korporativ-religiöse Vorstellungen eine bestimmte Form des kollektiven Zusammenwirkens in der Kirche verlangen. In einer solchen Konstellation kann es zu einem **Konflikt** zwischen dem **Selbstbestimmungsrecht der Religionsgesellschaft** und 69

---

[221] BVerfGE 42, 312 (326ff.); *H. Goerlich*, Der Staat 18 (1979), 102 (118ff.). → Art. 48 Rn. 17; → Art. 136 WRV Rn. 17.

[222] BVerwG NJW 1987, 206 (207).

[223] BVerfGE 53, 366 (405); ArbG Hamburg AuR 2007, 137 (138), mit Anmerkungen von *J. Kühling*, AuR 2007, 138f. Kritisch dazu *Classen*, Religionsfreiheit (Fn. 87), S. 92ff., 161ff.

[224] BVerfGE 72, 278 (292f.).

[225] BVerfGE 57, 220 (241f.).

[226] BAGE 143, 354ff. Siehe auch *v. Campenhausen/Unruh* (Fn. 11), Art. 137 WRV Rn. 91ff. m.w.N.; *K. Schlaich*, JZ 1980, 209ff.; *A. Pahlke*, Kirche und Koalitionsrecht, 1983; *W. Bock*, Der kirchliche Dienst und das staatliche Recht, in: G. Rau/H.-R. Reuter/K. Schlaich (Hrsg.), Das Recht der Kirche, Bd. III, 1994, S. 531ff. (569ff.), freilich mit Zweifeln an der Notwendigkeit verglichen mit dem zweiten Weg des Tarifvertragssystems; *K.-G. Loritz*, Mitbestimmungsordnung in Gemeinschaftsbetrieben kirchlicher Träger, in: GedS Heinze, 2005, S. 541ff. (547ff.); speziell zum Streikrecht *R. Richardi*, NZA 2002, 929 (932ff.); *C. Waldhoff*, Kirche und Streikrecht – Streikrecht in der Kirche?, in: GedS Heinze, 2005, S. 995ff.; dagegen *J. Kühling*, AuR 2001, 241 (245); dieser h. M. folgt auch *M. Hilje*, Streikrecht in kirchlichen Einrichtungen?, 2015, S. 191ff., 250.

[227] Eingehend dazu BAGE 143, 354 (388ff.). Beistimmend *B. Grzeszick*, NZA 2013, 1377ff.; *M. Morlok*, epd-Dokumentation 17/2013, 9 (14); kritisch hingegen *C. Arleth*, Das Recht kirchlicher Arbeitnehmer auf Streik, 2016, S. 83ff., 154ff., der stark von der herrschenden Lehre abweicht, indem er Art. 137 III WRV nicht auf kirchliche Umfeldorganisationen anwendet und auch kirchlichen Arbeitnehmern ein Streikrecht aus Art. 9 III GG zubilligt; vgl. ferner *J. Wieland*, Der Staat 25 (1986), 321 (342ff.), der seine Kritik auf ein Verständnis des Begriffs der Religionsgesellschaft stützt, das gegenüber demjenigen des BVerfG enger ist. Weiterhin *H. Wolter/J. Schubert*, AuR 2013, 285 (286f.); *E. Kocher/L. Krüger/C. Sudhof*, NZA 2014, 880 (881ff.).

[228] Zu Inhalt und Herkunft des Begriffes s. *Arleth*, Streik (Fn. 227), S. 45ff. m. w. N.

der gleichfalls verfassungsrechtlich in Art. 9 III GG gesicherten **Koalitionsfreiheit** kommen. Besondere Bedeutung erhält dieser Konflikt dann, wenn korporativ-religiöse Vorstellungen aus dem Bereich des Selbstbestimmungsrechts das durch die Koalitionsfreiheit garantierte Streikrecht[229] auszuschließen suchen. Aufzulösen ist ein Konflikt zwischen Selbstbestimmungsrecht und Koalitionsfreiheit richtigerweise im Wege der praktischen Konkordanz[230]. Das Bundesarbeitsgericht hat für die beiden großen christlichen Kirchen in Deutschland dabei ein Ergebnis gefunden, nach dem Gewerkschaften nicht zum Streik aufrufen dürfen, soweit sich die Kirchen am Ideal der Dienstgemeinschaft orientieren. Im Gegenzug müssen die Arbeitsbedingungen jedoch in verbindlicher Weise von einer paritätisch besetzten Kommission ausgehandelt werden, wobei im Streitfall die Entscheidung eines neutralen Schlichters gelten soll. Die Gewerkschaften seien dabei organisatorisch einzubinden[231]. An der vom **Bundesarbeitsgericht** ausgearbeiteten **Lösung überzeugt** die weitgehende Überformung der Koalitionsfreiheit durch die von den Kirchen vertretene Vorstellung einer kirchlichen Dienstgemeinschaft nicht, die in einem gänzlichen Ausschluss des für das kollektive Arbeitsrecht zentralen Rechts der Arbeitnehmer auf Streik gipfelt. Das Problem liegt dabei nicht in einem »usurpatorischen« Verständnis von der Weite des religionsgesellschaftlichen, hier kirchlichen, Selbstverständnisses[232], sondern vielmehr in einer Abwägung, die den kirchlichen, hier also arbeitgeberseitigen Vorstellungen zu großes Gewicht beimisst. Ein vollständiger Ausschluss des Streikrechts misst dieser grundrechtlichen Position ein zu geringes Gewicht bei (→ Art. 9 Rn. 84). Das passive Wahlrecht zu kirchlichen Mitarbeitervertretungen soll auf Kirchenangehörige beschränkt werden dürfen[233]. Dem ist zu widersprechen: Wenn es mit dem kirchlichen Selbstverständnis vereinbar ist, kirchenfremde Mitarbeiter zu beschäftigen, muss sich die Kirche an dieser Entscheidung festhalten lassen und darf nicht auf der Ebene der Rechte der Mitarbeiter religiös motivierte Differenzierungen einführen, die zur Schaffung einer Gruppe von Mitarbeitern zweiter Klasse führt.

70 Das **Wirtschaftsrecht** (einschließlich des Organisationsrechts) gilt im Ansatz auch gegenüber Aktivitäten religiöser Organisationen (→ Rn. 38). Die Anzeigepflicht für gewerbliche Tätigkeiten ist nicht zu beanstanden[234]. Die Steuerpflichtigkeit wurde für unproblematisch angesehen, insofern als sie an eine religionsneutrale Geschäftstätigkeit anknüpft[235]. Die Buchführungspflicht auch für kirchliche Krankenhäuser dient dem Schutz des Wirtschaftsverkehrs und ist gerechtfertigt[236]. Bei der Prüfung durch staatliche Rechnungsprüfungsämter und **Rechnungshöfe**, ob staatliche Finanzzuweisungen ordnungsgemäß verwendet worden sind, ist zu differenzieren (→ Rn. 55).

71 Staatliche **Warnungen** vor Religionsgesellschaften bedürfen jedenfalls einer gesetzlichen Grundlage[237]. Die **Beobachtung** einer Religionsgesellschaft **durch den Verfas**

[229] BVerfGE 88, 103 (114); 92, 365 (394). → Art. 9 Rn. 84.

[230] BAGE 143, 354 (395). Die teilweise vor allem in der älteren Rspr. und Literatur vertretene Lehre der Bereichsscheidung überzeugt dagegen nicht. → Rn. 62 f.

[231] BAGE 143, 354. Entscheidung eingehend besprochen von *C. Schubert*, JbArbR 50 (2013), 101 ff.; dem Ergebnis zustimmend *R. Richardi*, RdA 2014, 42 ff. Beistimmend auch *B. Grzeszick*, NZA 2013, 1377 ff. Ablehnend *Arleth*, Streik (Fn. 227), S. 154 ff.

[232] *H. Wolter/J. Schubert*, AuR 2013, 285 (286); *B. Schlink*, JZ 2013, 209 (212).

[233] BAG NJW 1986, 2591 (2592 f.).

[234] BVerwG NVwZ 1995, 473 (475).

[235] BVerfGE 19, 129 (133).

[236] BVerfG (Vorprüfungsausschuss), NJW 1984, 970.

[237] Bedenklich insofern BVerfGE 105, 279 (301 ff., Rn. 72 ff.); kritisch hierzu insb. *D. Murswiek*,

sungsschutz ist möglich, insofern die gesetzlichen Voraussetzungen hierfür erfüllt sind[238]. Grundsätzlich können Religionsgesellschaften durch das staatliche **Datenschutzrecht**[239] gebunden werden[240]. Diese Verpflichtung dient der Wahrung der Persönlichkeitsrechte. Kircheneigene äquivalente Datenschutzbestimmungen können aber staatliche Sicherungsmaßnahmen überflüssig machen[241]. Das **Glockenläuten** und der **Ruf des Muezzin** müssen sich zum Schutz von Rechten anderer Grundrechtsträger (insbesondere Art. 2 II GG) in den Grenzen der einschlägigen Gesetze, insbesondere § 22 BImSchG (i. V. m. §§ 3 I, 48 BImSchG[242]) und §§ 1004, 906 BGB halten; diese stellen für alle geltende Gesetze dar[243].

Das **Mitgliedschaftsrecht** zählt zum Kernbereich der Selbstverwaltungsgarantie[244] 72
und wird durch eigene Normen der Religionsgesellschaften geregelt, so im Kirchenrecht. Einschränkungen sind zum Schutz der Grundrechte der Mitglieder zulässig. So kann kirchenrechtlich ein **Austritt** nicht möglich sein, das staatliche Recht muss aber dann die Möglichkeit eröffnen, aus der nach staatlichem Recht verfassten »Religionsgesellschaft« auszutreten und sich der damit verbundenen Pflichten zu entledigen. Das gilt insbesondere für die Kirchensteuerpflicht (→ Rn. 122ff.). Die staatlichen Regelungen über den Kirchenaustritt sind für alle geltende Gesetze im Sinne von Art. 137 III WRV; sie dürfen nur Regelungen für die Betrachtung nach staatlichem Recht enthalten. Eine Formalisierung ist im Hinblick auf die für den staatlichen Bereich gebotene Rechtssicherheit zulässig[245]. Eine gesetzliche Überlegungsfrist, aufgrund der ein Kirchenaustritt erst einen Monat nach Eingang der Austrittserklärung bei der Behörde wirksam wird, ist grundgesetzwidrig[246].

Ein Verbot für Religionsgesellschaften, Trauungen vor der standesamtlichen Ehe- 73
schließung vorzunehmen, ist verfassungswidrig (→ Art. 4 Rn. 139). **Theologische Fakultäten** an staatlichen Hochschulen werfen vor allen Dingen Fragen der gebotenen Trennung von Staat und Kirche auf (→ Rn. 24), aber auch der staatlichen Einwirkung auf die Organisation und damit mittelbar auf den Bestand des religiösen Wissens (→ Rn. 51).

NVwZ 2003, 1 (5 ff.). Für die staatliche Förderung von Vereinen, die ihrerseits warnen, s. BVerwGE 90, 112 (119 f.).

[238] Dazu *H. Albert*, DÖV 1997, 810 ff.; zur Parallelproblematik bei politischen Parteien und der dazu ergangenen Rechtsprechung *L. O. Michaelis*, Politische Parteien unter Beobachtung des Verfassungsschutzes, 2000.

[239] Dazu *v. Campenhausen/de Wall*, Staatskirchenrecht (Fn. 1), S. 293 ff.; *D. Lorenz*, Personenstandswesen, Meldewesen, Datenschutz, in: HdbStKirchR² I, S. 717 ff. (719 f., 734 m. w. N.).

[240] A. A. *T. Hoeren*, NVwZ 1991, 650 (652); *B. Kämper*, Kindergärten in kirchlicher Trägerschaft, 1991, S. 154 f.; *D. Lorenz*, ZevKR 37 (1992), 27 (36 ff.).

[241] Vgl. § 15 IV BDSG.

[242] Vgl. zur umstrittenen Frage einer Privilegierung religiösen Lärms *T. Troidl*, DVBl. 2012, 925 ff.; eine solche ist durch traditionelle Prägung jedenfalls für historische Kirchen anzunehmen, weiter indes VG Würzburg NVwZ 1999, 799 (800).

[243] *H.-W. Laubinger*, VerwArch. 83 (1992), 623 (651); *Czermak*, Religions- und Weltanschauungsrecht (Fn. 129), S. 233 f.; → Rn. 99. Zum Ruf des Muezzins *B. Guntau*, ZevKR 43 (1998), 369 ff. → Art. 4 Rn. 132 m. Fn. 337. Ein Unterlassungsanspruch oder Anspruch auf immissionsschutzrechtliches Einschreiten kann sich durch das Gebot religiöser Parität allerdings nicht aus der negativen Religionsfreiheit ergeben, VGH BW DÖV 2012, 740.

[244] Vgl. hierzu ausführlich *Classen*, Religionsrecht (Fn. 67), Rn. 337 ff.

[245] *U. Häußler*, DÖV 1995, 1985 (1987 ff.); *Korioth* (Fn. 46), Art. 140 GG/Art. 137 WRV Rn. 35.

[246] BVerfGE 44, 37 (49 ff.). Zu den Folgen im Kirchensteuerrecht: → Rn. 122 ff.

74 Der **Rechtsschutz gegen Akte von Religionsgesellschaften**[247] ist ebenso umstritten wie praktisch bedeutsam, vor allen Dingen im Verhältnis zu den Kirchen und ihren verschiedenen Einrichtungen mitsamt ihren zahlreichen Mitarbeitern. Die bei der Frage der Einschränkbarkeit der Selbstverwaltungsgarantie der Religionsgesellschaften vertretenen Positionen führen hier zu praktischen Konsequenzen. Für die Bereichslehre ist jeder staatliche Eingriff in diejenigen Materien, welche sie als innere Angelegenheit einstuft, verfassungsrechtlich untersagt, also auch jeder Richterspruch, der einschränkende Gesetze in einem Streitfall zum Nachteil der Religionsgesellschaft anwendet. Sich daran orientierend hat die Rechtsprechung früher Rechtsschutz gegen Akte von Religionsgesellschaften häufig unter Hinweis auf deren Selbstbestimmungsrecht mit der Begründung verweigert[248], Akte der Rechtsprechung stellten einen unzulässigen Eingriff in den unantastbaren Binnenbereich dar[249]. Zur Abgrenzung von Materien, in denen Rechtsschutz zu gewähren sei, von denjenigen, in denen der Staat und also auch ein Gericht nicht intervenieren dürfe, wurden in **prozessualer Verlängerung der Bereichslehre** eine Reihe von Kategorien entwickelt, so etwa »Statusklagen« und »verkappte Statusklagen«[250] für Klagen aus kirchlichen Amts- und Dienstverhältnissen und solchen mit Vorfragen dieser Qualität[251]. Diese Vorenthaltung staatlichen Rechtsschutzes ist zu weiten Teilen verfassungswidrig[252]. Sie verabsolutiert zu Unrecht das kirchliche Selbstbestimmungsrecht.

75 Verfassungsrechtlich geboten ist neben dem Schutz der Religionsgesellschaften auch umfassender Rechtsschutz für den Bürger, der einen Anspruch auf Rechtsschutzmöglichkeiten hat, der sogenannte **Justizgewähranspruch**[253]. Dem Staat obliegt objektiv-rechtlich eine **Rechtsschutzpflicht**. Diese subjektiv-rechtliche wie objektiv-rechtliche Position leitet sich ab aus dem Rechtsstaatsprinzip (→ Art. 20 [Rechtsstaat], Rn. 211 f.) wie dem Rechtsprechungsmonopol des Staates (→ Art. 92 Rn. 51 f.). Die Rechtsschutzverpflichtung ist ein notwendiges Korrelat zum Gewaltmonopol des Staates[254]. Sie gilt nicht nur gegenüber der öffentlichen Gewalt und ist damit nicht an

---

247 Dazu ausführlich *Kästner*, Justizhoheit (Fn. 171). Siehe weiter *v. Campenhausen/de Wall*, Staatskirchenrecht (Fn. 1), S. 309 ff.; *H. Maurer*, Kirchenrechtliche Streitigkeiten vor den allgemeinen Verwaltungsgerichten, in: FS Menger, 1985, S. 285 ff.; *M. Heckel*, Die staatliche Gerichtsbarkeit in Sachen Religionsgesellschaften, in: FS Lerche, 1993, S. 213 ff.; *W. Rüfner*, Zuständigkeit staatlicher Gerichte in kirchlichen Angelegenheiten, in: HdbStKirchR² II, S. 1081 ff.; *N. Kazele*, VerwArch. 96 (2005), 557 (564 ff.) – Zur umgekehrten Perspektive des (unproblematischen) Rechtsschutzes, den Kirchen genießen, *H. Weber*, Rechtsschutz der Kirchen durch staatliche Gerichte, in: HdbStKirchR² II, S. 1047 ff.; *D. Ehlers*, ZevKR 49 (2004), 496 (508 ff.). → Art. 19 IV Rn. 58.

248 Bekannt geworden VG Kassel ZevKR 1 (1951), 353 ff.; s. weiter etwa BVerfGE 18, 385 (387 f.); 72, 278 (289); st. Rspr., zuletzt BVerfG (K), NJW 1999, 350; BVerwGE 66, 241 (242 f.); 95, 379 (391). Hiergegen (und gegen ähnliche Entscheidungen) erhobene Verfassungsbeschwerden wurden abgewiesen: BVerfG (K), NVwZ 1999, 758; dazu *C. Kirchberg*, NVwZ 1999, 734 f.

249 Teilweise hatte, vor allen Dingen in den früheren Jahren, auch die »koordinationsrechtliche« Vorstellung eine Rolle gespielt, die Kirche und der Staat stünden als gleichberechtigte Gewalten nebeneinander, dazu *Kästner*, Justizhoheit (Fn. 171), S. 76 ff. m. w. N.

250 Etwa BVerwGE 95, 379 (381).

251 Dazu mit zahlreichen Nachweisen aus der Rechtsprechung *Kästner*, Justizhoheit (Fn. 171), S. 238 ff.

252 So die ganz überwiegende Auffassung in der Literatur: → Fn. 252; weiter etwa *Bock*, Gesetz (Fn. 51), S. 310 ff.

253 BVerfGE 85, 337 (345 f.); *K. Sobota*, Das Prinzip Rechtsstaat, 1997, S. 188 ff.; *W. Dütz*, Rechtsstaatlicher Gerichtsschutz im Privatrecht, 1970; *Kästner*, Justizhoheit (Fn. 171), S. 97 ff. und passim; *Classen*, Religionsrecht (Fn. 67), Rn. 588.

254 *D. Merten*, Rechtsstaat und Gewaltmonopol, 1975.

Art. 19 IV GG gebunden. In Fragen des Rechtsschutzes gegenüber den öffentlich-rechtlich organisierten Kirchen wurde die Aufmerksamkeit zu Unrecht auf Art. 19 IV GG fokussiert, weil die Verneinung der Einordnung kirchlicher Gewalt als »öffentliche Gewalt« im Sinne von Art. 19 IV GG nicht mit dem Entfallen von Rechtsschutzansprüchen seitens des Bürgers oder einer Rechtsschutzverpflichtung durch den Staat zusammenfällt[255]. In Ansehung der staatlichen Rechtsgewährpflicht und des Rechtsschutzanspruches des Bürgers ist auch in Rechtsstreitigkeiten mit Religionsgesellschaften der **Rechtsweg grundsätzlich eröffnet**, sofern eine Verletzung staatlichen Rechts gerügt wird[256]. Die staatlichen Gerichte haben die Kompetenz, in Angelegenheiten der Religionsgesellschaften zu entscheiden, und zwar auch in deren »eigenen Angelegenheiten«. Dem Selbstbestimmungsrecht der Religionsgesellschaften ist mittels einer **Abwägung** Rechnung zu tragen, insbesondere durch **Abstufungen in der Kontrollintensität** der staatlichen Gerichte und durch differenzierenden Einsatz der prozessualen Instrumente, so etwa der Klagebefugnis oder des Rechtsschutzbedürfnisses in Fällen einer offensichtlich unbegründeten Klage im Rahmen der Zulässigkeitsprüfung[257]. Soweit das staatliche Recht reicht, soweit ist auch Rechtsschutz vor staatlichen Gerichten zu gewähren; soweit es Materien im Schutzbereich von Art. 137 III WRV regelt, so intensiv ist auch die gerichtliche Kontrolle. Bestehen eigene Gerichte der Religionsgesellschaften von hinreichender Rechtsschutzeffektivität, so darf ein Kläger vorgängig an diese verwiesen werden[258]. Anschließender Rechtsschutz gegen innerkirchliche Akte (bspw. dienstrechtliche Maßnahmen) kommt nach neuerer Rechtsprechung des BVerwG dann in Betracht, wenn im vorigen kirchlichen Verfahren gegen fundamentale Verfassungsprinzipien verstoßen wird[259]. Betreffen Handlungen von Religionsgesellschaften Außenstehende, so ist ohnehin Rechtsschutz nach allgemeinen Maßstäben zu gewähren. Hierbei wird bei den öffentlich-rechtlich organisierten Korporationen die Rechtswegfrage virulent[260]. Üben Religionsgesellschaften kraft staatlicher Verleihung Hoheitsbefugnisse aus (→ Art. 4 Rn. 105), kommt

---

[255] *Classen*, Religionsfreiheit (Fn. 87), S. 125; *Kästner*, Justizhoheit (Fn. 171), S. 103 ff. mit zahlreichen Nachweisen dafür, dass aus Nichteinschlägigkeit von Art. 19 IV GG das Fehlen von Rechtsschutzmöglichkeiten überhaupt gefolgert wurde, etwa BVerfG (Vorprüfungsausschuss), NJW 1983, 2569 (2569); BVerfG (Vorprüfungsausschuss), DÖV 1984, 974 (975); BVerwGE 25, 226 (230 f.).

[256] Zutreffend BVerfGE 111, 1 (7, Rn. 23; 8 f., Rn. 28 ff.) – *Sondervotum Lübbe-Wolff*; BGH NJW 2000, 1555 (1556 f.); BGHZ 154, 306 (311 f.); BVerwGE 116, 86 (89 f.); Hess. VGH NJW 2007, 457 (458); anders jedoch BVerfGE 111, 1 (5, Rn. 16 ff.); BVerwG NJW 2003, 2112 (2113); VG Hannover ZevKR 51 (2006), 602 (603 f.). Die »Tendenzwende« begrüßend *K.-H. Kästner*, NVwZ 2000, 889 (891); *ders.*, ZevKR 48 (2003), 301 (323 f.); *H. Weber*, ZevKR 49 (2004), 385 (395); *ders.*, NJW 2003, 2067 (2069 f.); *A. Nolte*, NJW 2000, 1844 (1845); *P. J. Tettinger*, Anmerkungen zu aktuellen Akzentuierungen staatlichen Rechtsschutzes in kirchlichen Angelegenheiten, in: FS Rüfner, 2003, S. 887 ff.; *Czermak*, Religions- und Weltanschauungsrecht (Fn. 129), S. 119; ebenso *H. Goerlich*, JZ 2004, 793 (794), der den allgemeinen Justizgewährleistungsanspruch mit der Schrankenregelung des für alle geltenden Gesetzes in Zusammenhang setzt; ebenso *A. v. Campenhausen*, ZevKR 45 (2000), 622 (625); *H. Maurer*, JZ 2000, 1113 (1114 f.). Zum Verhältnis zwischen staatlichem und kirchlichem Gesetz vgl. *W. Heun*, ZevKR 49 (2004), 443 (456 ff.); *S. Magen*, NVwZ 2002, 897 (898 ff.); einschränkend *C. Hillgruber*, Das Selbstbestimmungsrecht der Kirchen und die Jurisdiktionsgewalt des Staates, in: FS Rüfner, 2003, S. 297 ff. (307, 310 f.).

[257] So auch *Classen*, Religionsfreiheit (Fn. 87), S. 127; *Walter*, Religionsverfassungsrecht (Fn. 87), S. 544; *Korioth* (Fn. 46), Art. 140 GG/Art. 137 WRV Rn. 57 f.

[258] BGHZ 22, 383 ff.; *Kästner*, Justizhoheit (Fn. 171), S. 160 ff.; BVerfG (K), NJW 1999, 349 (350); *Hillgruber*, Selbstbestimmungsrecht (Fn. 256), S. 310 f.

[259] BVerwGE 149, 139 (146 ff.); hierzu *C. Kirchberg*, NJW 2014, 2763 ff.

[260] Dazu *v. Campenhausen* (Fn. 11), Art. 137 WRV Rn. 241 f. → Rn. 99.

Art. 19 IV GG zur Anwendung und ist nach § 40 VwGO der Verwaltungsrechtsweg eröffnet[261].

IV. Erwerb der Rechtsfähigkeit (Art. 137 IV WRV)

76 Die Kommentierung zu Art. 137 IV WRV findet sich im Zusammenhang mit der Erläuterung der religiösen Vereinigungsfreiheit bei Abs. 2 (→ Rn. 26ff.).

V. Körperschaftsstatus (Art. 137 V WRV)

1. Zwecke des Körperschaftsstatus

77 Kirchen und Religionsgesellschaften steht nach Art. 137 V WRV die Rechtsform der Körperschaft des öffentlichen Rechts zur Verfügung. Hinsichtlich der rechtlichen Konsequenzen knüpft die Verfassung dabei ausdrücklich nur das **Recht zum Kirchensteuereinzug** nach Art. 137 VI WRV an den Körperschaftsstatus (→ Rn. 117ff.). Gleichwohl ist dem Begriff ein materielles Verständnis zugrunde zu legen, weshalb bereits verfassungsunmittelbar eine ganze Reihe von Rechten damit einhergehen (→ Rn. 91 ff., 106 ff.), die durch einfach-rechtliche Privilegien ergänzt werden (→ Rn. 100 f.). In diesem Sinne kommt Art. 137 V WRV daher die Funktion eines »Mantelbegriffs« zu[262], dessen rechtliche Bedeutung zu bestimmen ist durch eine Erfassung der mehrseitigen Zwecke des Körperschaftsstatus für Religionsgesellschaften, der systematischen Einordnung der Norm in den Kontext des sonstigen Religionsverfassungsrechts und des übrigen Grundgesetzes sowie durch die Berücksichtigung der starken historischen Prägung gerade dieser Organisationsform; diese findet freilich stets im gegenwärtigen verfassungsrechtlichen Rahmen ein Korrektiv.

78 Mit dem Korporationsstatus für Religionsgesellschaften verfolgt die Verfassung im wesentlichen drei Ziele. Ausgangspunkt ist jeweils, dass die Rechtsform einer Körperschaft des öffentlichen Rechts einen **vorteilhaften Rechtsstatus** bietet. Die damit einhergehenden Rechte bieten gegenüber einer zivilrechtlichen Organisationsform materielle, institutionelle und ideelle Vorteile[263]. Der **Staat** erhofft sich von der Einräumung eines gegenüber zivilrechtlich organisierten Vereinigungen privilegierten Organisationsstatus einen **eigenen Mehrwert**[264]. Religion wie Religionsgesellschaften erfüllen unmittelbar und mittelbar Gemeinwohlerfordernisse. Die Hintergrundannahme des Körperschaftsstatus ist aus dieser Perspektive die **soziale Nützlichkeit** von organisierter Religion[265]. Sie verspricht einen Gewinn an sozialer und moralischer Stabilität. Die Gemeinwohlrelevanz religiösen Wirkens ist insb. anerkannt im Bereich der kirchli-

---

[261] *Rüfner*, Zuständigkeit (Fn. 247), S. 1084; zur Frage nach dem Rechtsweg gegen Äußerungen kirchlicher Sektenbeauftragter BGHZ 148, 307 (309 ff.); im Ergebnis zustimmend *R. Tillmans*, DVBl. 2002, 336 (338 f.); *S. Muckel*, JZ 2002, 192 (194 f.).

[262] Zu diesem Verständnis und dem insofern durchaus missverständlichen Begriff: BVerfGE 139, 321 (350, Rn. 92); 102, 370 (388, Rn. 72); 83, 341 (357); *Walter*, Religionsverfassungsrecht (Fn. 87) S. 554 ff.

[263] Umfassend zu den damit aufgeworfenen gleichheitsrechtlichen Fragen *Schrooten*, Gleichheitssatz (Fn. 175), insb. S. 156 ff.

[264] Den Zusammenhang zum Böckenförde-Diktum stellt *Heinig*, Religionsgesellschaften (Fn. 131), S. 39 ff. eindrücklich heraus.

[265] Siehe z. B. BVerwGE 105, 117 (120, 125): die Verfassung setze stillschweigend die »die Förderung rechtfertigende Gemeinwohldienlichkeit« voraus. So auch *Kirchhof*, Kirchen (Fn. 3), S. 658; *A. Uhle*, Die Integration des Islam in das Staatskirchenrecht der Gegenwart, in: Heinig/Walter, Staats-

chen Wohlfahrtspflege, d. h. im gesamten Spektrum der karitativen Aktivitäten, diese werden jedoch ganz überwiegend nicht körperschaftlich organisiert ausgeübt, sondern bedienen sich des gesamten rechtlichen Spektrums der Organisationsformen. Deshalb ist von Verfassungs wegen neben der »Sorge um den Nächsten« von weiteren Hintergrundannahmen staatlicherseits auszugehen. Hierbei lässt sich das gesamte von der Religionssoziologie beschriebene Leistungsvermögen (organisierter) Religion heranziehen: Religionsgesellschaften wirken sozialstabilisierend über den Aufbau von Solidarnetzen, über die Bereitstellung von Mustern der Bewältigung der Ungewissheiten menschlichen Lebens (Kontingenz) sowie über die Befriedigung religiöser Bedürfnisse (anthropologischer Faktor)[266]. Traditionell kam kirchlich vermittelter und gesteuerter Religion darüber hinaus ein herrschaftssichernder Charakter mittels besonderer Legitimationsfiguren von Staatlichkeit (Gottesgnadentum etc.) zu[267], der für sich in einem religiös-weltanschaulich neutralen Staat freilich keinen zulässigen Förderungsgrund bildet[268].

Ferner ist mit der Bleibensklausel des Art. 137 V 1 WRV eine staatliche Anerkennung und der Schutz historisch gewachsener **institutioneller kirchlich-christlicher Interessen** verbunden. Art. 137 V 1 WRV lässt sich dem staatskirchenrechtlichen Prinzip des (begrenzten) **Bestandsschutzes** zuordnen (→ Art. 140 Rn. 45 f.). Die christlichen Kirchen als »geborene Körperschaften« wurden zumindest nach der Vorstellung eines Teils der Nationalversammlung und auch des Parlamentarischen Rates um ihrer selbst willen gefördert. Diese Säule der Korporationszwecke ist in einem religiös sich zunehmend pluralisierenden Gemeinwesen und angesichts schwindender »kultureller Prägekraft«[269] des kirchlichen Christentums verfassungspolitisch brüchig. Sie de lege lata zu ignorieren hieße jedoch, die Zwecke des Art. 137 V WRV nur unzureichend zu erfassen[270]. 79

Hinzutritt eine **elementare grundrechtliche Prägung** als Kernstück staatlicher Religionspflege[271]. Der Körperschaftsstatus bezweckt in mehrfacher Hinsicht die Schaf- 80

kirchenrecht (Fn. 19), S. 299 ff. (320); kritisch *Heinig*, Religionsgesellschaften (Fn. 131), S. 262 ff.; *Magen*, Körperschaftsstatus (Fn. 124), S, 153 ff., 189; *S. Mückl*, HStR³ VII, § 159 Rn. 97.

[266] Siehe für einen Überblick *V. Krech*, Religionssoziologie, 1999. Aus systemtheoretischer Sicht zudem *N. Luhmann*, Die Religion der Gesellschaft, 2000, S. 115 ff.

[267] Zur Legitimationsfunktion im weiteren Sinne insb. *T. Parsons*, Gesellschaften, 1975, S. 23; hierzu insg. *S. Brandt*, Religiöses Handeln in der Welt, 1993.

[268] Darüber hinaus gilt es zu beachten, dass Religion ebenso eine – in einem freiheitlich-demokratisch verfassten Gemeinwesen durchaus erwünschte – herrschaftskritische Dimension zu eigen ist, wie sich z. B. an der »politischen Theologie« (etwa der Theologie der Befreiung) oder der Bekennenden Kirche und Karl Barths Konzept der »Königsherrschaft Jesu Christi« zeigen lässt. Siehe hierzu z. B. *W. Huber*, Kirche und Öffentlichkeit, 2. Aufl. 1991, S. 453 ff., 550 ff. m. w. N.

[269] So die Diktion kirchenamtlicher Verlautbarungen; s. z. B. »Gestaltung und Kritik – Zum Verhältnis von Protestantismus und Kultur im neuen Jahrhundert« Impulspapier des Rates der EKD und des Präsidiums der VEF, 1999.

[270] So auch *Heinig*, Religionsgesellschaften (Fn. 131), S. 261.

[271] BVerfGE 102, 370 (387, Rn. 75; 390, Rn. 84; 392, Rn. 91); 139, 321 (349 f., Rn. 90 f.); *M. Morlok/H. M. Heinig*, NVwZ 1999, 697 (700 ff.) m. w. N.; *Heinig*, Religionsgesellschaften (Fn. 131), S. 265 ff.; *H. Wilms*, NJW 2003, 1083 (1085 ff.); *Borowski*, Glaubensfreiheit (Fn. 83), S. 310 ff.; *H. Weber*, Der öffentlich-rechtliche Körperschaftsstatus nach Art. 137 Abs. 5 WRV, in: Heinig/Walter, Staatskirchenrecht (Fn. 19), S. 229 ff.; *ders.*, ZevKR 57 (2012), 347 (353 ff.); dagegen *C. Hillgruber*, NVwZ 2001, 1347 (1348); *ders.*, Der öffentlich-rechtliche Körperschaftsstatus nach Art. 137 Abs. 5 WRV, in: Heinig/Walter, Staatskirchenrecht (Fn. 19), S. 213 ff. und *S. Mückl*, HStR³ VII, § 159 Rn. 96. Eine differenzierende Ansicht vertritt *Korioth*, Staatskirchenrecht (Fn. 131), S. 738 ff.; ebenso *S. Muckel*, Jura 2001, 456 (458 f.).

fung und Effektivierung der organisationsrechtlichen Bedingungen zur Aktualisierung von Grundrechtschancen[272] und stellt als spezifische staatliche Subventionierung der Religionsgesellschaften ein Mittel zur Entfaltung der positiven Religionsfreiheit (Art. 4 GG) dar[273]. Gerade der Körperschaftsstatus dient auch der religiösen Selbstverwirklichung der Bürger[274], indem er einen zahlreichen Religionsgesellschaften adäquaten Organisationsrahmen bereitstellt[275], der dem Selbstverständnis der Religionsgesellschaften Raum lässt zur Gestaltung eigener organisatorischer Strukturen – unabhängig von zivilrechtlichen Vorgaben oder anderen staatlichen Einflüssen[276]. Damit erweist sich ein Zugang zum Körperschaftsstatus allein über die Perspektive des Gemeinwohls und sozialer Nützlichkeit von Religion als »halbierter«[277]. Die grundgesetzlichen Freiheitsrechte wie die sie flankierenden Leistungs- und Organisationsrechte werden unter Anerkennung der Bedingungen moderner – und das heißt: ausdifferenzierter – Gesellschaften immer auch um ihrer Freiheitlichkeit selbst willen gewährt.

2. Die rechtliche Bedeutung des Körperschaftsstatus

a) Begriff der Körperschaft i.S.d. Art. 137 V WRV

81 Vom **personalen Gewährleistungsbereich** des Art. 137 V WRV sind zunächst nur die als **Körperschaften** organisierten Religionsgesellschaften erfasst, d.h. solche juristische Personen, die verbandsmäßig organisiert sind und damit wesentlich auf der Mitgliedschaft der ihnen zugehörenden Personen aufbauen, vom Wechsel der Mitglieder aber unabhängig bestehen. Die mit dem Körperschaftsstatus verbundene Organisationsgewalt (→ Rn. 95) führt dazu, dass die korporierten Religionsgesellschaften **weitere Gliederungen mit öffentlich-rechtlichem Status** bilden können und die bisherigen Institutionen mit öffentlich-rechtlichem Status (etwa Anstalten und Stiftungen) an der Bestandsgarantie des Art. 137 V WRV ebenfalls teilhaben[278].

82 Art. 137 V WRV begründet in seiner **sachlichen Dimension** einen **Körperschaftsstatus sui generis**[279]. Kirchen und sonstige korporierte Religionsgesellschaften sind

---

[272] *P. Häberle*, DÖV 1976, 73ff.; auch in: Verfassung als öffentlicher Prozeß, 3. Aufl. 1998, S. 329ff.; *K. Meyer-Teschendorf*, AöR 103 (1978), 289 (301); *ders.*, Staat und Kirche im pluralistischen Gemeinwesen, 1979, passim; *S. Korioth*, Loyalität im Staatskirchenrecht?, in: GedS Jeand'Heur, 1999, S. 221ff. (231); *M. Morlok/H.M. Heinig*, NVwZ 1999, 697 (700); *Magen*, Körperschaftsstatus (Fn. 124), S. 218f.; *ders.*, NVwZ 2001, 888 (888); den die religiösen Freiheitsrechte optimierenden Charakter des Körperschaftsstatus betont auch *A. Hollerbach*, HStR VI, § 138 Rn. 130.

[273] BVerfGE 102, 370 (387, Rn. 70); 139, 321 (349f., Rn. 91); *Heckel*, Kirchen (Fn. 136), S. 38; *Heinig*, Religionsgesellschaften (Fn. 131), S. 365ff.

[274] *Schlaich*, Neutralität (Fn. 52), S. 243; *M. Morlok/H.M. Heinig*, NVwZ 1999, 697 (700). Dies verkennt das BVerwG in seiner Entscheidung zum Verleihungsbegehren der Zeugen Jehovas, wenn es Art. 4 GG bei der Interpretation des Art. 137 V WRV unberücksichtigt lässt, BVerwGE 105, 117 (127).

[275] BVerfGE 83, 341 (357); *v. Campenhausen/de Wall*, Staatskirchenrecht (Fn. 1), S. 130; *Hollerbach*, Kirchen (Fn. 136), S. 87.

[276] *Magen*, Körperschaftsstatus (Fn. 124), S. 261; *v. Campenhausen/de Wall*, Staatskirchenrecht (Fn. 1), S. 127.

[277] So auch *S. Huster*, JuS 1998, 117 (118f.).

[278] Traditionellerweise sind die katholischen Kirchengemeinden als Anstalten und nicht als Körperschaften organisiert. Deren organisationsrechtlicher Status bleibt aber ebenso unangetastet wie der der kirchlichen Körperschaften.

[279] *Jeand'Heur/Korioth*, Grundzüge (Fn. 47), S. 160; *S. Muckel*, Der Staat 38 (1999), 569 (579); *H. Zilles/B. Kämper*, NVwZ 1994, 109 (110); *S. Mückl*, HStR³ VII, § 159 Rn. 93; *Kirchhof*, Kirchen (Fn. 3), S. 657 (»eigene[r] staatskirchenrechtliche[r] Begriff«).

nicht mit anderen öffentlich-rechtlichen Körperschaften zu vergleichen[280]. Sie sind nicht wie diese in den Staat organisatorisch eingegliedert und nehmen in der Regel keine öffentlichen Aufgaben unter staatlicher Aufsicht wahr, sondern autonom eigene Aufgaben und nur teilweise kraft abgeleiteter Hoheitsbefugnisse[281]. Sie sind ungeachtet der öffentlich-rechtlichen Organisationsform grundrechtsberechtigt (→ Art. 4 Rn. 104 ff.) und können damit das Recht auf Selbstbestimmung der eigenen Angelegenheiten aus Art. 137 III WRV in Anspruch nehmen (→ Rn. 53). Mit dem Körperschaftsstatus korreliert deshalb von Verfassungs wegen auch keine staatliche Aufsicht[282].

b) Öffentlichkeitscharakter des Körperschaftsstatus

Der Status sowie die damit einhergehenden Korporationsrechte stellen ein **Angebot des Staates** dar[283], das überhaupt oder teilweise wahrzunehmen im freien Belieben der Religionsgesellschaften steht[284]. Aus der öffentlich-rechtlichen Organisationsform kann nicht ohne weiteres auf eine verfassungsrechtliche Statuierung des sog. Öffentlichkeitsauftrags oder Wächteramts der Kirchen geschlossen werden[285]. Auch garantiert das staatliche Angebot einer öffentlich-rechtlichen Rechtsform nicht die Gleichrangigkeit im Umgang zwischen Staat und Religionsgesellschaft[286]. Allerdings korreliert die dem kirchlichen Selbstverständnis entstammende Deutung ihres verfassungsrechtlichen Status als Öffentlichkeitsauftrag mit einer verfassungsrechtlichen Beschreibung ihrer Stellung als **Status der Öffentlichkeit**, der neben den Status der Freiheit (→ Art. 140 Rn. 33 f.) und Gleichheit der korporierten Religionsgesellschaften (→ Art. 140 Rn. 40 ff.) tritt[287]. Der Körperschaftsstatus für Kirchen und Religionsgesellschaften indiziert das verfassungsrechtliche Leitbild einer Präsenz von (organisierter) Religion im öffentlichen Raum; er statuiert eine normative Anerkennung ihrer sozialen öffentlichen Wirkmächtigkeit. Die unterschiedlichen Erscheinungsformen des Glaubens sind nicht auf den Bereich der privaten Innerlichkeit zu- 83

---

[280] BVerfGE 18, 385 (386 f.); 42, 312 (321); 53, 366 (387); 139, 321 (349 f., Rn. 91); BVerfG (K), NJW 2009, 1195 (1195 f.); *Kirchhof*, Kirchen (Fn. 3), S. 657.

[281] BVerfGE 19, 1 (5).

[282] BVerfGE 18, 385 (386 f.); 30, 415 (428); 42, 312 (321 f., 332); 53, 366 (387); 55, 207 (230); 66, 1 (19 f.); 102, 370 (388, Rn. 78); 139, 321 (349 f., Rn. 91); *Weber*, Religionsgemeinschaften (Fn. 144), S. 139 ff. m.N. zur gegenteiligen Ansicht in der Weimarer Republik. Heute ganz h.M., s. nur *v. Campenhausen/de Wall*, Staatskirchenrecht (Fn. 1), S. 130; *Jeand'Heur/Korioth*, Grundzüge (Fn. 47), S. 158; *Preuß* (Fn. 41), Art. 140 Rn. 53; a. A. *G. Schmidt-Eichstaedt*, Kirchen als Körperschaften des öffentlichen Rechts?, 1975, S. 41 f., 54 ff., 107 ff., 128 ff.

[283] *Kirchhof*, Kirchen (Fn. 3), S. 649 ff.; *Weber*, Religionsgemeinschaften (Fn. 144), S. 95 f.

[284] *M. Morlok/H. M. Heinig*, NVwZ 1999, 697 (702); so auch BVerfG (K), NVwZ 2016, 135 (136).

[285] *Jeand'Heur/Korioth*, Grundzüge (Fn. 47), S. 157; umfassend dazu *Morlok*, Recht der Kirchen (Fn. 144), § 34, insb. I. 2. d), IV. 6. Ferner *Huber*, Kirche (Fn. 268), insb. S. 628 ff.

[286] Wie dies in den 50er und 60er Jahren von der sog. Koordinationslehre vertreten wurde; s. *Kleine*, Verfassungswidrigkeiten (Fn. 162), S. 59 ff.

[287] Hierzu *Bock*, Gesetz (Fn. 51), S. 74 ff.; *Heinig*, Religionsgesellschaften (Fn. 131), S. 203 ff.; *Magen*, Körperschaftsstatus (Fn. 124), S. 190 f.; zur Status-Trias bezogen auf Parteien *Hesse*, Verfassungsrecht, Rn. 172 ff.; → Art. 21 Rn. 46 ff. In Bezug auf Religionsgesellschaften spricht *Hesse* vom speziellen »Status der Freiheit und Unabhängigkeit« (Verfassungsrecht, Rn. 474), bzw. »der Selbständigkeit und Öffentlichkeit« (*K. Hesse*, ZevKR 5 [1956], 62 [73]), an letzterer Stelle freilich noch im Sinne der Koordinationslehre. Zum Status der Freiheit der Kirchen im demokratischen Gemeinwesen dagegen richtigerweise *ders.*, ZevKR 11 (1964/65), 337 (346 ff.); auch in: Freie Kirche (Fn. 177), S. 349 ff.

rückgedrängt[288]; Kirchen und Religionsgesellschaften erfahren durch den Körperschaftsstatus symbolisch eine Anerkennung als Akteure des öffentlichen Lebens[289]. Ein öffentlich-rechtlicher Organisationsstatus verstößt dabei nicht gegen die weltanschaulich-religiöse Neutralität des Staates, soweit er grundsätzlich allen Religionsgesellschaften, wie in Art. 137 V 2 WRV vorgesehen, offensteht. Auch das Verbot der Staatskirche ist insofern nicht tangiert, als es sowohl an einer staatlichen Identifikation als auch einer organisatorischen Verschränkung kraft des Körperschaftsstatus mangelt (→ Rn. 18ff.)[290].

84 Mit dem Körperschaftsstatus geht ausdrücklich lediglich die Möglichkeit zur Kirchensteuererhebung nach Art. 137 VI WRV einher. Darüber hinaus sind jedoch verfassungsunmittelbar, teils kraft besonderer gesetzlicher Regelungen weitere Rechte verbunden. Diese wurden den Religionsgesellschaften mit dem Status als öffentlich-rechtliche Körperschaft staatlicherseits verliehen. Es handelt sich hierbei **nicht** um Erscheinungen einer **allgemeinen öffentlichen Gewalt** der korporierten Religionsgesellschaften[291]. Vielmehr sind die korporierten Religionsgesellschaften Inhaber dieser Rechte durch einen Akt **staatlicher Beleihung**. Öffentliche Gewalt im Rechtssinne ist unter dem Grundgesetz stets staatlich-hoheitlich vermittelt[292]. Die **Korporationsrechte** sind **kein Ausfluss** orginärer, durch Art. 137 V WRV lediglich staatlich anerkannter **kirchlicher Gewalt**. Die Vorstellung einer gleichberechtigten Teilhabe von Staat und korporierten Religionsgesellschaften an einer öffentlichen Gesamtgewalt entspringt einer mit dem Grundgesetz unvereinbaren Koordinationslehre bzw. einer Nichtberücksichtigung der Überwindung des landesherrlichen Kirchenregiments (→ Art. 140 Rn. 5)[293]. Mit der Entlassung der Kirchen in die Selbstverwaltung gingen diese auch der Insignien eigener – im Sinne unabgeleiteter – Hoheitsgewalt im staatlichen Bereich verlustig.

85 Im Einzelfall bestehen angesichts der Amalgamierung von freiheitlichem Selbstbestimmungsrecht und Gebrauch der öffentlich-rechtlichen Handlungsmöglichkeiten in der Praxis gleichwohl erhebliche Probleme der Einordnung von Handlungen und Rechtsakten korporierter Religionsgesellschaften in den Bereich des öffentlichen oder privaten Rechts, so etwa bei der Bestimmung der zuständigen Gerichtsbarkeit. Dabei lassen sich verschiedene Problembereiche abschichten: Mit der Organisationsform als Körperschaft des öffentlichen Rechts geht **kein öffentlich-rechtlicher Gesamtstatus** in dem Sinne einher, dass kirchliches Handeln per se als öffentlich-rechtlich zu bewerten wäre[294]. Dies ist schon insoweit ersichtlich, als auch dem Staat selbst fiskalische und

---

[288] *Ehlers* (Fn. 64), Art. 137 WRV Rn. 21; *Jeand'Heur/Korioth*, Grundzüge (Fn. 47), S. 160.

[289] *A. Hollerbach*, Kirchen als Körperschaften des öffentlichen Rechts, in: Essener Gespräche 1 (1969), S. 46 ff. (59); *S. Mückl*, HStR³ VII, § 159 Rn. 95.

[290] A. A. *Schmidt-Eichstaedt*, Kirchen (Fn. 282), der Art. 137 V WRV aufgrund einer Hypostasierung des Trennungsprinzips als verfassungswidriges Verfassungsrecht bezeichnet.

[291] So aber *G. Robbers*, Sinn und Zweck des Körperschaftsstatus im Staatskirchenrecht, in: FS Heckel, 1999, S. 411 ff. (415 ff.); *K. Hesse*, Grundrechtsbindung der Kirchen?, in: P. Mikat (Hrsg.), Kirche und Staat in der neueren Entwicklung, 1980, S. 287 ff. (300); auch in: FS Weber, 1974, S. 447 ff.; wohl auch *v. Campenhausen/de Wall*, Staatskirchenrecht (Fn. 1), S. 130 (»öffentlicher Gewalt sui generis«).

[292] So im Ergebnis auch *S. Muckel*, DÖV 1995, 311 (313).

[293] Dazu *C. Stäblein*, ZevKR 60 (2015), 131 (135 ff.).

[294] *Ehlers* (Fn. 64), Art. 137 WRV Rn. 22; *Jeand'Heur/Korioth*, Grundzüge (Fn. 47), S. 159; *v. Campenhausen/de Wall*, Staatskirchenrecht (Fn. 1), S. 251 f. m.w.N; *R. Tillmanns*, DVBl. 2001, 336 (339); *Magen*, Körperschaftsstatus (Fn. 124), S. 190; *S. Mückl*, HStR³ VII, § 159 Rn. 109. – A. A. wohl

damit privatrechtliche Handlungsformen zur Verfügung stehen. Nichts anderes kann dann für die korporierten Religionsgesellschaften gelten. Darüber hinaus ist zu beachten, dass die korporierten Religionsgesellschaften durch ihre Grundrechtsberechtigung der Sphäre der Zivilgesellschaft verhaftet bleiben. Der Körperschaftsstatus ist primär eine in die Religionsgesellschaft hinein wirkende Rechtsform[295]. Dies legt es nahe, ihr gesamtes rechtliches Handeln außerhalb der durch Art. 137 V WRV und einfachgesetzlich gewährleisteten besonderen Korporationsrechte grundsätzlich als privatrechtlich zu betrachten[296]. Im Rahmen der mit Art. 137 V WRV verbundenen Rechte gilt es schließlich, im Einzelfall genauer zu spezifizieren, ob das öffentliche Recht oder das Privatrecht als Maßstab rechtlicher Bewertung einschlägig ist (→ Rn. 99)[297].

c) Grundrechtsbindung korporierter Religionsgesellschaften

In bezug auf die **Grundrechtsbindung** von öffentlich rechtlich korporierten Religionsgesellschaften gilt es, mehrere Unterscheidungen zu beachten[298]. Ob Religionsgesellschaften **intern**, also kirchenrechtlich, Grundrechte oder ähnliche Grundverbürgungen von Freiheits-, Verfahrens- und Teilhaberechten gewährleisten, ist alleine dem **Selbstverständnis** der Religionsgesellschaft anheimgegeben, diese Gestaltungsfreiheit genießt im Kontext der Selbstverwaltungsgarantie des Art. 137 III WRV staatliche Beachtung und Schutz[299]. 86

Davon abzugrenzen ist die Frage der externen Bindung an staatliche Grundrechte. Grundsätzlich gilt, dass Kirchen und Religionsgesellschaften – unabhängig von ihrer Organisationsform – nach der Verfassung dem nichtstaatlichen Bereich zuzuordnen sind (→ Rn. 82). Der Grundrechtsschutz zwischen Privaten entfaltet sich bei Religionsgesellschaften wie sonst auch mittels der **Drittwirkung der Grundrechte**, also ihrer 87

BVerwGE 68, 62 (64 f.); *D. Reupke*, KuR 1997, 91 (104): »öffentlich-rechtlich geprägter Gesamtstatus«.

[295] Vgl. hierzu *Magen*, Körperschaftsstatus (Fn. 124), S. 270 ff.; *ders.*, NVwZ 2001, 888 (889).

[296] Anders aber BGHZ 154, 54, der alle Tätigkeiten korporierter Religionsgesellschaften als »Ausübung eines öffentlichen Amtes« dem Amtshaftungsanspruch zuweist; zustimmend *H. Wilms*, NJW 2003, 2070 (2071, 2073). Kritisch dazu *S. Muckel*, JZ 2002, 192 (193 f.); *H. Wißmann*, NJW 2003, 3455 (3457); *D. Ehlers*, JZ 2004, 196 (198 f.); *L. Renck*, NVwZ 2005, 1372 (1374 f.); *Walter*, Religionsverfassungsrecht (Fn. 87), S. 584 ff.; *H. Weber*, ZevKR 57 (2012), 347; s. auch *Morlok*, Recht der Kirchen (Fn. 144), § 34 IV. 6. Wie hier OLG Düsseldorf NVwZ 2001, 1449 ff.

[297] Zu den einzelnen Korporationsprivilegien vgl. *Magen*, Körperschaftsstatus (Fn. 124), S. 77 ff., 90 ff.

[298] Siehe insg. *H. Weber*, ZevKR 42 (1997), 282 ff.; *ders.*, Grundrechtsbindung (Fn. 188), S. 573 ff.; ferner *W. Rüfner*, Die Geltung von Grundrechten im kirchlichen Bereich, in: Mikat, Kirche und Staat (Fn. 291), S. 174 ff.; auch in: Essener Gespräche 7 (1972), S. 9 ff.; *Hesse*, Grundrechtsbindung (Fn. 291); *K.-H. Kästner*, Die Geltung von Grundrechten in kirchlichen Angelegenheiten, in: Mikat, Kirche und Staat, (Fn. 291), S. 474 ff.; auch in: JuS 1977, 715 ff.; *H. Säcker*, DVBl. 1969, 5 ff.; *Heinig*, Religionsgesellschaften (Fn. 131), S. 278 ff.

[299] Siehe hierzu *D. Pirson*, ZevKR 17 (1972), 358 ff.; *W. Stolz*, ZevKR 34 (1989), 238 ff.; *H. Ehnes*, Grundrechte in der Kirche, in: G. Rau/H.-R. Reuter/K. Schlaich (Hrsg.), Das Recht der Kirche, Bd. I, 1997, S. 545 ff. aus evangelischer Sicht; für die kath. Kirche *R. Ahlers*, Die rechtliche Grundstellung der Christgläubigen, in: J. Listl/H. Schmitz (Hrsg.), Handbuch des katholischen Kirchenrechts, 2. Aufl. 1999, S. 200 ff. (223 ff.) m. w. N.; *H. F. Zacher*, Grundrechte und Katholische Kirche, in: FS Obermayer, 1986, S. 325 ff.; *W. Aymanns*, Archiv für Katholisches Kirchenrecht 149 (1980), 389 ff.; zu beiden Kirchen *W. Huber*, Gerechtigkeit und Recht, 1996, S. 432 ff.; *ders.*, Grundrechte in der Kirche, in: Rau/Reuter/Schlaich, Recht, a. a. O., S. 518 ff.; *H. Weber*, ZevKR 42 (1997), 282 (294 ff.).

Berücksichtigung bei der Auslegung des einfachen Rechts (→ Vorb. Rn. 96ff.)[300]. Gegen eine umfassende kirchliche Bindung an staatliche Grundrechte streitet die bestehende Grundrechtsberechtigung und damit auch die Selbstverwaltungsgarantie des Art. 137 III WRV.

88 Unstreitig hingegen wird bei allen (korporierten wie privatrechtlich organisierten) religiösen Organisationen eine **Grundrechtsbindung** bejaht, wenn ein Fall der Beleihung mit staatlicher **Hoheitsgewalt außerhalb der Korporationsrechte** vorliegt[301]. Dies kommt üblicherweise im Privatschul- und im Friedhofswesen vor (→ Art. 1 III Rn. 76; → Art. 4 Rn. 140). Konsequenterweise kann für die Ausübung der **einzelnen Korporationsrechte**, soweit sie eine **echte Beleihung** mit staatlicher Hoheitsgewalt darstellen (→ Rn. 40ff.), nichts anderes gelten[302].

89 Soweit Religionsgesellschaften als Beliehene staatliche Hoheitsgewalt ausüben, führt Art. 137 III WRV zu einer spezifischen Modifikation der verfassungsrechtlich gebotenen Grundrechtsbindung nach Art. 1 III GG. Die **Selbstverwaltungsgarantie** überlagert in diesen Fällen die erforderliche Achtung der Grundrechte in unterschiedlichem Ausmaß, welches mittels **Abwägung** zwischen den grundrechtlichen Positionen des Mitgliedes oder des Dienstnehmers mit der Gewährleistung der Verwaltung eigener Angelegenheiten zu bestimmen ist (→ Rn. 64ff.). Bei der Anwendung der Grundrechte ist stets ein schonender Ausgleich mit der verfassungsrechtlichen Garantie religionsgesellschaftlicher Eigenständigkeit zu suchen[303]. Je stärker der Innenbereich einer Religionsgesellschaft betroffen ist, desto höher ist der Grad an Dispension von Grundrechtsbindungen. Dies geht bis zu einem vollständigen Zurücktreten der unmittelbaren Beachtlichkeit im »Kernbereich« der religionsgesellschaftlichen Selbstverwaltung.

90 Dabei ist zu beachten, dass zwischen den Korporationsrechten und sonstigen Formen der Beleihung Privater zahlreiche Unterschiede bestehen[304], die sich auf die Bindungsintensität an Grundrechte auswirken. Ferner gilt es, wie im gesamten Bereich des Rückgriffs auf Grundrechte im öffentlichen Recht, den Grundsatz des **Anwendungsvorrangs des einfachen Rechts** zu beachten. Soweit einfaches Recht eine zulässige Konkretisierung der verfassungsrechtlichen Vorgaben darstellt, ist für einen weiteren Rückgriff auf Verfassungsrecht bei der Prüfung der Rechtmäßigkeit einer Maß-

---

[300] BVerfGE 102, 370 (392ff., Rn. 91ff.), diese Grundrechtsbindung wird jedoch durch die Selbstverwaltungsgarantie modifiziert. *Heinig*, Religionsgesellschaften (Fn. 131), S. 278; *Walter*, Religionsverfassungsrecht (Fn. 87), S. 587. Ähnlich *H. Weber*, ZevKR 42 (1997), 282 (289ff.); *Magen*, Körperschaftsstatus (Fn. 124), S. 112; so im Ergebnis auch *Classen*, Religionsrecht (Fn. 67), Rn. 320f. Im rein privatrechtlichen Rechtsverkehr sind Religionsgesellschaften deshalb auch nicht an Grundrechte als »für alle geltende Gesetze« i. S. d. Schranke des Art. 137 III WRV gebunden: *Hesse*, Grundrechtsbindung (Fn. 291), S. 294ff.; so aber *H. Säcker*, DVBl. 1969, 5 (6).

[301] *Weber*, Grundrechtsbindung (Fn. 188), S. 574; *ders.*, ZevKR 42 (1997), 282 (288). → Art. 1 III Rn. 74ff.

[302] *Weber*, Religionsgemeinschaften (Fn. 144), S. 149; *ders.*, Grundrechtsbindung (Fn. 188), S. 585; *Heinig*, Religionsgesellschaften (Fn. 131), S. 278ff. Dagegen *Hesse*, Grundrechtsbindung (Fn. 291), S. 300ff. und *Kästner*, Geltung (Fn. 298), S. 486ff., die in den Korporationsrechten die Anerkennung kirchlicher öffentlicher Gewalt sehen, keine delegierte staatliche Hoheitsgewalt (zur Problematik: → Rn. 83 ff.) und deshalb jede Grundrechtsbindung auch im Rahmen der Korporationsrechte ablehnen; ebenso *Walter*, Religionsverfassungsrecht (Fn. 87), S. 589.

[303] *Kirchhof*, Kirchen (Fn. 3), S. 677. So auch *H. Weber*, ZevKR 42 (1997), 282 (288, 293f.) mit modifizierter »Bereichslehre« (→ Rn. 62).

[304] *M. Morlok/H. M. Heinig*, NVwZ 1999, 697 (702).

nahme kein Raum mehr[305]. Dies führt z. B. im Rahmen des kirchlichen Dienst- und Disziplinarrechts dazu, dass bei Einhaltung der verfassungsrechtlich gebotenen **sozialen Mindeststandards** die diesbezüglichen, mit öffentlich-rechtlicher Qualität versehenen kirchenrechtlichen Regelungen den abschließenden rechtlichen Prüfungsmaßstab darstellen[306].

3. Die einzelnen Korporationsrechte

Soweit einzelne Korporationsrechte nicht auf eine besondere gesetzliche Übertragung 91 zurückzuführen sind (→ Rn. 100), ist ihre Grundlage im Körperschaftsstatus selbst zu suchen[307]. Art. 137 V 1 WRV enthält eine **dezidierte Kontinuitätskomponente**, die es auch in der Interpretation des Status zu berücksichtigen gilt. Ein rein formales Verständnis des Art. 137 V WRV, welches dessen Bedeutung auf den »rätselhaften Ehrentitel«[308] und die Anknüpfung an Art. 137 VI WRV begrenzt, widerspricht dem im Wortlaut des Art. 137 V 1 WRV angelegten Bestandsschutz (→ Art. 140 Rn. 45 f.). Deshalb ist von einer verfassungsunmittelbaren Gewährleistung der **traditionalen Korporationsrechte** der Religionsgesellschaften auszugehen[309].

a) Dienstherrenfähigkeit

Mit dem Körperschaftsstatus ist die Dienstherrenfähigkeit verbunden, d. h. die Befug- 92 nis, Beamte zu haben (Legaldefinition § 2 BeamtStG) und Dienstverhältnisse öffentlich-rechtlicher Natur zu begründen, die nicht dem Arbeitsrecht und dem Sozialversicherungsrecht unterliegen. Davon kategorial zu unterscheiden ist die im Selbstbestimmungsrecht garantierte Befugnis zur Einrichtung, Verleihung und Entziehung kirchlicher Ämter (→ Rn. 50)[310]. Den korporierten Religionsgesellschaften steht jenseits jener Ämterfreiheit kraft Art. 137 V WRV die Möglichkeit zur Verfügung, **echte öffentlich-rechtliche Dienstverhältnisse**, d. h. mit Wirkung auch für das staatliche Recht, zu begründen. Wie entsprechende staatliche Dienstverhältnisse bilden sie ein Dienst- und Treueverhältnis, das nicht durch Vertrag, sondern durch mitwirkungsbedürftigen Verwaltungsakt begründet wird. Die Fähigkeit, Beamte zu haben, impliziert

---

305 Siehe hierzu für den Bereich des Baurechts als Ursprungsgebiet dieser dogmatischen Figur BVerwGE 84, 322 (334); 89, 69 (78); *W. Brohm*, Öffentliches Baurecht, 2002, S. 277 ff.; für das Parteienrecht OVG Münster NVwZ 2000, 336 (337); allg. *H. Sodan*, in: H. Sodan/J. Ziekow (Hrsg.), Verwaltungsgerichtsordnung, 4. Aufl. 2014, § 42 Rn. 392 m. w. N.; *Heinig*, Religionsgesellschaften (Fn. 131), S. 280 f.

306 Zum grundrechtlichen Gebot sozialer Mindeststandards auch *Rüfner*, Geltung (Fn. 298), S. 23 f.; zur Gesamtproblematik *H. Weber*, ZevKR 42 (1997), 282 (292), der die Figur des Anwendungsvorrangs des einfachen Rechts auch auf die Problematik der Grundrechtsbindung der Kirchen außerhalb der Korporationsrechte im Privatrechtsverkehr anwenden will (290 f.).

307 Einen Überblick aus der gleichheitsrechtlichen Perspektive bietet: *Schrooten*, Gleichheitssatz (Fn. 175), S. 173 ff.

308 *R. Smend*, ZevKR 1 (1951), 4 (9).

309 *J. E. Christoph*, ZevKR 32 (1987), 83 (84); *A. Endrös*, ZevKR 33 (1988), 285 ff.; *Heinig*, Religionsgesellschaften (Fn. 131), S. 280 ff.; *S. Mückl*, HStR³ VII, § 159 Rn. 107.; a. A. *B. Schlink*, NVwZ 1997, 633 ff., der in den Korporationsrechten lediglich Gewohnheitsrecht ohne verfassungsrechtlichen Bestandsschutz sieht, ähnlich wohl BVerwGE 105, 117 (119 f.) mit der Formulierung »aus dem Herkommen«.

310 *Jeand'Heur/Korioth*, Grundzüge (Fn. 47), S. 172; allgemein zur Dienstherrenfähigkeit vgl. *Heinig*, Religionsgesellschaften (Fn. 131), S. 291 f. Diese Trennung im Bereich der Rechtskonstitution verkennt *Kästner*, Justizhoheit (Fn. 171), S. 120 ff.

auch eine Disziplinargewalt, d.h. die Befugnis, über den durch Art. 137 III WRV garantierten Bereich der innerkirchlichen »geistlichen Zuchtmaßnahmen« hinaus einseitig disziplinarische Maßnahmen mit öffentlich-rechtlicher Wirkung zu verhängen[311]. Jenseits der Sanktionsmöglichkeiten des zivilrechtlichen Arbeitsrechts besteht bei öffentlich-rechtlichen Dienstverhältnissen in den Kirchen die Option zu Gehaltskürzungen, Strafversetzungen und Geldbußen etc.

93 Streitig ist, ob es sich bei solchen kirchlichen Dienstverhältnissen um »öffentlichen Dienst« im Sinne staatlichen Rechts handelt und ob infolge dessen bei der Ausgestaltung des kirchlichen öffentlichen Dienstes ein »Typenzwang« besteht[312]. Hierbei ist von je zu je zu unterscheiden, um welche staatliche Norm es sich handelt, die Rechtsfolgen an das Vorliegen von »öffentlichem Dienst« knüpft[313]. Schon eingedenk der Personalautonomie und der Legitimität religionsspezifischer Auswahlkriterien von Religionsgesellschaften (Art. 137 III WRV) kann **Art. 33 GG keine pauschale Anwendung** auf kirchliche Dienstverhältnisse finden[314]. Unabhängig davon wird man aber wohl davon ausgehen müssen, dass die Grundsätze des Berufsbeamtentums (→ Art. 33 Rn. 178ff.) als soziale Mindeststandards gebotene Typen des Interessenausgleichs darstellen, die auch für kirchliche Dienstverhältnisse öffentlich-rechtlicher Natur ungeachtet der durch das religiöse Selbstbestimmungsrecht bestehenden Modifikationsmöglichkeiten grundsätzlich Geltung beanspruchen[315]. Dabei steht es den korporierten Religionsgesellschaften frei, die beamtenrechtlichen Grundlagen eng an entsprechende staatliche Vorschriften anzulehnen (vgl. § 135 S. 2 BRRG i. V. m. § 63 III BeamtStG) oder ein gänzlich eigenes Regelungswerk zu erstellen[316].

94 Rechtsgrundlage der Dienstherrenfähigkeit ist nicht Art. 137 III WRV[317], sondern Art. 137 V WRV. Die grundrechtlichen Freiheitsgewährleistungen des Art. 4 GG/Art. 137 III WRV rechtfertigen es nicht, diese Normen so extensiv zu interpretieren, dass darunter auch ein Zugriffsrecht von Religionsgesellschaften auf Handlungsformen des Staates zu fassen ist. Die **Grundlage für öffentlich-rechtliche Dienstverhältnisse** der korporierten Religionsgesellschaften ist **ausschließlich Art. 137 V WRV**[318]. Grundrechtlich besteht kein Anspruch auf öffentlich-rechtliche Handlungsformen. Richtigerweise ist deshalb die Dienstherrenfähigkeit **rechtskonstitutiv** als echte staat-

---

311 *v. Campenhausen/de Wall*, Staatskirchenrecht (Fn. 1), S. 256 f.; *Jeand'Heur/Korioth*, Grundzüge (Fn. 47), S. 172; zum Rechtsschutz gegen solche Maßnahmen vor den staatlichen Gerichten s. BVerwGE 149, 139 (143 ff.)

312 *v. Campenhausen/de Wall*, Staatskirchenrecht (Fn. 1), S. 254 f.; *R. Mainusch*, ZevKR 47 (2002), 1 (27 ff.); *H. de Wall*, ZevKR 49 (2004), 369 (372 ff., 383 f.). Ferner zum Typenzwang wie hier *H. Weber*, ZevKR 42 (1997), 282 (293) m. w. N.; *v. Campenhausen* (Fn. 11), Art. 137 WRV Rn. 241; a. A. BVerwGE 66, 241 (250); BVerwG NJW 1983, 2582 (2583) – beide bestätigt durch BVerfG (Vorprüfungsausschuss), NJW 1983, 2569 f.

313 *v. Campenhausen/de Wall*, Staatskirchenrecht (Fn. 1), S. 253 f., insb. zum Einfluss von Vertragsrecht.

314 BVerwGE 149, 139 (151).

315 Siehe insb. die Diskussion, ob im Rahmen öffentlich-rechtlich kirchlicher Dienstverhältnisse eine Eingliederung in das staatliche Sozialversicherungssystem möglich ist; dazu *v. Campenhausen* (Fn. 11), Art. 137 WRV Rn. 234 ff. (insb. Rn. 241 mit Fn. 89); *Ehlers* (Fn. 64), Art. 137 WRV Rn. 22.

316 Für den Bereich der sozialen Sicherung s. BVerwGE 149, 139 (151 ff.).

317 So *Bock*, Gesetz (Fn. 51), S. 265: die Übernahme oder annähernde Parallelisierung zum staatlichen Beamtenrecht sei eine Spielart der von Art. 137 III WRV ermöglichten Etablierung eines gänzlich eigenständigen kirchlichen Dienst- und Arbeitsrechts. Konsequenterweise wird dann gefolgert, dass die Dienstherrenfähigkeit als Recht, Beamtenverhältnisse zu begründen, auch nichtkorporierten Religionsgesellschaften zustehe.

318 Anders *Magen*, Körperschaftsstatus (Fn. 124), S. 278 ff.

liche Beleihung zu verstehen, die für die juristische Sekunde der Übertragung mit sämtlichen für das staatliche Beamtenrecht geltenden Pflichten des Staates und Rechten des Beamten auf die korporierten Religionsgesellschaften übergeht, sich dann aber amalgamiert mit der Selbstverwaltungsgarantie und Ämterautonomie, welche Art. 4 GG/Art. 137 III WRV garantiert und von daher die verliehenen Rechte modifiziert.

b) Organisationsgewalt

Die mit dem öffentlich-rechtlichen Korporationsstatus einhergehende Organisations- 95
gewalt stellt eine **Kompetenz zur Bildung, Errichtung, Einrichtung, Änderung und Aufhebung öffentlich-rechtlicher Untergliederungen** dar[319]. Art. 137 V 1 WRV garantiert zunächst nur den Bestand des Status-quo an korporierten Organisationen. Es würde dem Zweck des Körperschaftsstatus jedoch zuwider laufen, wenn korporierte Religionsgesellschaften gar keine oder nur klassische Untergliederungen in öffentlich-rechtlicher Form neu begründen oder ändern dürften[320]. In diesem Sinne ist Art. 137 V WRV so zu verstehen, dass er den Religionsgesellschaften auch Anpassungsraum für neue organisatorische Erfordernisse schafft[321].

c) Rechtssetzungsgewalt

Eng mit der Dienstherrenfähigkeit und der Organisationsgewalt, aber auch mit dem 96
Recht auf Steuereinzug (→ Rn. 117ff.) verbunden ist die Befugnis zu abstrakten und einzelfallbezogenen **Regelungen mit öffentlich-rechtlicher Wirkung**[322]. Über die durch Art. 4 GG/Art. 137 III WRV geschützte Möglichkeit der normativen Strukturierung des religionsgesellschaftlichen Binnenbereichs (Kirchenrecht) hinaus gewährleistet Art. 137 V WRV den religiösen Körperschaften, die einzelnen **Korporationsrechte** dem jeweiligen religiösen Selbstverständnis entsprechend normativ mit öffentlich-rechtlicher Wirkung **autonom auszugestalten**. Es wäre auch mit Art. 4 GG/Art. 137 III WRV sowie Art. 137 I WRV schwer vereinbar, wenn die Verfassung den korporierten Religionsgesellschaften zwar die Möglichkeit der Besteuerung und der Dienstherrenfähigkeit bereit hielte, die rechtliche Ausgestaltung jeglicher Details auf diesen Feldern jedoch staatlichen Gesetzen überließe. Dies eröffnete die Möglichkeit einer **Staatsaufsicht** durch die Hintertür, wären die korporierten Religionsgesellschaften doch dem staatlichen Gesetzgeber ausgeliefert. Zudem ist zu bedenken, dass sich auch privatrechtlich organisierte Vereine einer gewissen Rechtssetzungsmöglichkeit im Rahmen der Privatautonomie erfreuen. Demgegenüber können die öffentlich-rechtlichen Religionsgesellschaften nicht schlechter gestellt sein[323].

---

[319] *Kirchhof*, Kirchen (Fn. 3), S. 670; *R. Mainusch*, ZevKR 49 (2004), 258ff.; *Magen*, Körperschaftsstatus (Fn. 124), S. 270ff.; *Heinig*, Religionsgesellschaften (Fn. 131), S. 294.

[320] Zu den Anforderungen an die Eingliederung örtlicher Vereine in eine als Körperschaft verfasste Religionsgemeinschaft s. BGHZ 197, 61 (71ff.).

[321] BVerwG NVwZ 2009, 390f.; *v. Campenhausen/de Wall*, Staatskirchenrecht (Fn. 1), S. 257ff.; *Magen*, Körperschaftsstatus (Fn. 124), S. 273; *H. Weber*, ZevKR 57 (2012), 347 (362f.).

[322] Allgemein dazu *Heinig*, Religionsgesellschaften (Fn. 131), S. 294.

[323] Nicht von der Rechtssetzungsbefugnis erfasst ist die Möglichkeit der Körperschaft, bei der Teilnahme am allgemeinen Rechtsverkehr zulasten der Vertragspartner einseitig hoheitlich Pflichten, etwa zur Zahlung einer Gebühr, zu begründen. Zur Erhebung von Verwaltungsgebühren für eine kirchenaufsichtliche Genehmigung bei Grundstückskäufen BVerwG NVwZ 2008, 1357 (1358f.); anders noch ThürOVG ZevKR 53 (2008), 71 (71ff.); krit. zur Begründung des BVerwG, was die Gebührenerhebung grundsätzlich betrifft, *H. Schäfer*, NVwZ 2008, 1319 (1320f.); *G. Wurzel/J. Hentschel*, BayVBl. 2008, 687 (688ff.).

d) Parochialrecht

97 Ferner steht den korporierten Religionsgesellschaften das Recht zu, alle Angehörigen der jeweiligen Konfession in einem Gebiet ipso iure als **Mitglieder** in Anspruch zu nehmen (Parochialrecht – »qui est in parochia, est de parochia«[324])[325]. Im Falle eines Zuzugs ist also kein Beitritt zur Gemeinde des jeweiligen Bekenntnisses vonnöten, sondern die Zugehörigkeit ergibt sich kraft Kirchenrechts auch mit Wirkung für den weltlichen Rechtskreis. Dies hat insbesondere Folgewirkungen für die Heranziehung zur Kirchensteuer (→ Rn. 122ff.).

e) Öffentliches Sachenrecht

98 Mit dem Körperschaftsstatus verfassungsunmittelbar einher geht ferner die **Befugnis** von Religionsgesellschaften, **Vermögensgegenstände zu öffentlichen Sachen widmen** zu können[326]. Dadurch erfahren sie eine besondere Absicherung des bezweckten religionsdienenden Gebrauchs gegenüber jedermann. Historische Wurzel dieses Rechtes bilden alte gemein- und partikularrechtliche Regelungen, die die Möglichkeit eines besonderen rechtlichen Schutzes von Kultgegenständen durch Widmung vorsahen (**sog. res sacrae**) und aus Gründen des Paritätsgebotes in dieser Form keinen Bestand mehr haben[327]. Daneben bestand vor Inkrafttreten der WRV Einvernehmen, dass die Kirchen als Körperschaften des öffentlichen Rechts Gottesdienste als öffentliche Angelegenheiten veranstalteten und deshalb auch die dabei benötigten Gegenstände zu öffentlichen Sachen widmen konnten[328]. Im Rahmen der Kontinuitätsgewährleistungen des Art. 137 V WRV sollte dieser besondere Schutz erhalten bleiben (Bestandsschutz; → Art. 140 Rn. 45f.). Dabei ist das veränderte normative Umfeld des Grundgesetzes freilich heute in Rechnung zu stellen. Das Recht auf ein öffentliches Sachenrecht der Kirchen und korporierten Religionsgesellschaften ist – wie die anderen einzelnen Körperschaftsrechte – in Zusammenhang mit den religionsfreiheitlichen Garantien des Grundgesetzes zu sehen. Die Einbeziehung von kirchlichen Vermögensgegenständen in das öffentliche Sachenrecht **schützt** – über die staatsgerichtete Gewährleistung des Art. 138 II WRV hinaus (→ Art. 138 WRV Rn. 29) – **das materielle Substrat religiöser Freiheiten** gegenüber jedermann. Dabei ist zu unterscheiden zwischen einem in Art. 4 GG begründeten Mindeststandard rechtlichen Schutzes für der religiösen Praxis gewidmete Gegenstände als sog. res sacrae, dem Zweckbestimmungsschutz des Art. 138 II WRV und der durch Art. 137 V WRV gewährten Möglich-

---

[324] *O. Friedrich*, Einführung in das Kirchenrecht, 1961, S. 281.

[325] *Weber*, Religionsgemeinschaften (Fn. 144), S. 110ff.; *v. Campenhausen/de Wall*, Staatskirchenrecht (Fn. 1), S. 266; *Heinig*, Religionsgesellschaften (Fn. 131), S. 295; *Magen*, Körperschaftsstatus (Fn. 124), S. 274.

[326] Str., zur Darstellung des Streitstandes vgl. *Korioth* (Fn. 46), Art. 140 GG/Art. 137 WRV Rn. 88ff.; wie hier z.B. *Weber*, Religionsgemeinschaften (Fn. 144), S. 92f., *D. Schütz*, Res sacrae, in: $HdbStKirchR^2$ II, S. 3ff. (6); *R. Mainusch*, Die öffentlichen Sachen der Religions- und Weltanschauungsgemeinschaften, 1995, S. 67ff. m.w.N.; z.T. wird lediglich von einer gewohnheitsrechtlichen Möglichkeit ausgegangen, etwa *B. Schlink*, NVwZ 1987, 633 (638); *Heinig*, Religionsgesellschaften (Fn. 131), S. 296; *Magen*, Körperschaftsstatus (Fn. 124), S. 95; so auch *A. Hense*, Glockenläuten und Uhrenschlag, 1998, S. 286ff., der die gewohnheitsrechtliche Gewährleistung des öffentlich-rechtlichen Sonderstatus als »anderes Recht« durch Art. 138 II WRV verfassungsrechtlich abgesichert sehen will (S. 293f.); s. hiergegen: → Art. 138 WRV Rn. 29. Kritisch zur Rechtsfigur insgesamt *L. Renck*, DÖV 1990, 333ff.; *ders.*, BayVBl. 1996, 264ff.; *ders.*, LKV 2002, 58ff.

[327] *R. Mainusch*, ZevKR 38 (1993), 26 (31ff.); *ders.*, Sachen (Fn. 326), S. 8ff.

[328] *R. Mainusch*, ZevKR 38 (1993), 26 (36) m.w.N.

keit der Begründung eines öffentlich-rechtlichen Sachstatus[329]. Letzterer zeichnet sich dadurch aus, dass durch Widmungsakt einer korporierten Religionsgesellschaft eine Sache mit einer **öffentlich-rechtlichen Dienstbarkeit** belegt wird. Wie im sonstigen öffentlichen Sachenrecht[330] werden die privatrechtlichen Rechtsverhältnisse nicht aufgehoben, sondern lediglich öffentlich-rechtlich überlagert[331]. Entgegen der Rechtslage bis zum Inkrafttreten der WRV können nicht nur die unmittelbar dem Kultus dienenden Gegenstände einem öffentlichen sachenrechtlichen Regime unterstellt werden, sondern über das gesamte nach dem Selbstverständnis der korporierten Religionsgesellschaft für das religiöse Wirken besonders bedeutsame materielle Substrat hinaus auch rein dem Administrativgebrauch dienende Gegenstände[332]. Dies ergibt sich aus dem Zweck des Korporationsrechts als Förderung der organisatorischen Bedingungen von Religionsfreiheit (→ Rn. 80). **Konstitutivum** für das öffentliche Sachenrechtsregiment ist die **Widmung**[333]. Diese muss hinreichend bestimmt durch die korporierte Religionsgesellschaft erfolgen. Sie ist – ähnlich wie das kirchliche Dienst- und Amtsrecht – von doppeltem Charakter: innerkirchlich und mit der Wirkung bestimmter Rechtsfolgen im weltlichen Bereich gegen jedermann. Eine Entwidmung kann nicht staatlicherseits, sondern nur durch die betroffene Religionsgesellschaft erfolgen. Auf eine Entwidmung können staatlicherseits jedoch aus verschiedenen Rechtsgründen Ansprüche bestehen.

Von besonderer Brisanz sind im Zusammenhang mit dem kirchlichen Recht der öffentlichen Sachen Fragen der **Rechtsnatur ihres Gebrauchs** und damit zusammenhängend **Fragen des Rechtsweges** bei Klagen gegen die Art und Weise ihres Gebrauchs[334]. Nach überwiegender Ansicht bestimmt die Rechtsnatur des in bezug auf die Sache bestehenden Benutzungsverhältnisses auch den Rechtsweg. Dabei gilt es zu beachten, dass das Benutzungsverhältnis nicht auf die Rechtsbeziehung zwischen der Sache und der Religionsgesellschaft verkürzt wird. Die für die Frage der Einordnung einer Streitigkeit als öffentlich- oder privatrechtliche entscheidende Rechtsrelation ist die zwischen dem Anspruchsgegner und dem Anspruchsinhaber in Hinsicht auf den streitbefangenen Gegenstand. In bezug auf einen dem öffentlichen Sachenrecht unterstehenden kirchlichen Gegenstand ist das Rechtsverhältnis zwischen zwei Personen nur dann als öffentlich-rechtlich zu bewerten, wenn um die Frage des Wie der widmungsentsprechenden Benutzung gestritten wird. Nur so weit reicht die öffentlich-rechtliche Überlagerung des Privatrechts bei Sachen korporierter Religionsgesellschaften. Ein öffentlich-rechtlicher Gesamtstatus von korporierten Religionsgesellschaften ist unter dem Grundgesetz abzulehnen (→ Rn. 85). Dies gilt auch in Hinsicht auf ihr materielles Substrat. Nur Streitigkeiten in bezug auf den widmunsgemäßen Gebrauch öffentlicher Sachen korporierter Religionsgesellschaften sind somit als 99

329 BVerwGE 87, 115 (127); *v. Campenhausen* (Fn. 11), Art. 137 WRV Rn. 248.

330 Siehe *T. v. Danwitz*, Straßen- und Wegerecht, in: Schoch, Bes. Verwaltungsrecht, S. 740 ff. (748 ff.) m. w. N.

331 *Mainusch*, Sachen (Fn. 326), S. 122 f.

332 So auch *R. Mainusch*, ZevKR 38 (1993), 26 (51 f.); *ders.*, Sachen (Fn. 326), S. 19 ff. – zur historischen Beschränkung auf dem öffentlichen Gottesdienst dienende Sachen S. 13 ff.

333 Umfassend *Mainusch*, Sachen (Fn. 326), S. 197 ff.; s. auch *Schütz*, Res sacrae (Fn. 326), S. 13 ff.

334 Zum Glockenschlagen BVerwGE 68, 62; 90, 163; *D. Lorenz*, JuS 1995, 492 ff.; *H.-W. Laubinger*, VerwArch. 83 (1992), 623 ff.; *J. Isensee*, Rechtsschutz gegen Kirchenglocken, in: GedS Contantinesco, 1983, S. 301 ff.; *Kleine*, Verfassungswidrigkeiten (Fn. 162), S. 114 ff.; *Hense*, Glockenläuten (Fn. 326), S. 298 ff. m. w. N. zur Rspr. und Lit.; allg. zur Thematik Rechtsnatur und Rechtsschutzweg differenzierend *Mainusch*, Sachen (Fn. 326), S. 175, 211, 288 ff., 327 f.

öffentlich-rechtlich zu bewerten, nicht widmungsgemäßer Gebrauch ist demgegenüber privatrechtlich.

f) Privilegienbündel

100 Öffentlich-rechtlich organisierte Religionsgesellschaften besitzen darüber hinaus eine Fülle weiterer Rechte auf Berücksichtigung, Beteiligung und Befreiung. Diese werden zusammenfassend auch als »**Privilegienbündel**« bezeichnet[335]. Dabei handelt es sich teilweise um Rechtsvergünstigungen, welche die korporierten Religionsgesellschaften mit anderen Körperschaften des Verwaltungsrechts teilen[336], die eher auf traditionale Gründe zurückzuführen sind und nur mittelbar der Religionspflege dienen, teilweise aber um Rechte mit spezifischem Religionsbezug, die Ausfluss der staatlichen Grundrechtsachtung im Bereich der Religionsfreiheit sind. Zu nennen wären auf dem Gebiet des Abgabenrechts u. a. § 54 I AO, § 13 I Nr. 16 ErbStG, § 3 I Nr. 4 und § 4 Nr. 1 GrStG, § 4a I UStG als **Steuerbefreiungen**[337]. Die Berücksichtigung der Kirchensteuer als Sonderausgabe stellt indirekt mittelbar ebenfalls einen steuerrechtlichen Vorteil der korporierten Religionsgesellschaften dar[338]. Daneben bestehen zahlreiche landesrechtliche Begünstigungen im **Kosten- und Gebührenrecht**, die sich insbesondere auf die Befreiung von Gerichtsgebühren sowie den Erlass von Gebühren der Verwaltung für Amtshandlungen erstrecken[339]. Einen besonderen Schutz auch von korporierten Religionsgesellschaften sehen § 132a III StGB, § 882a III ZPO, § 17 VwVG und – ehemals – § 61 I Nr. 3 KO vor. Die Berücksichtigung besonderer Interessen garantieren § 1 VI Nr. 6 BauGB und § 7 SchBerG. Vorbehalte staatlicher Aktivitäten zugunsten der Kirchen sieht § 10 BSHG vor. § 9 GjS und die Landesrundfunkgesetze ermöglichen die Mitwirkung in staatlichen und öffentlichen Gremien[340].

101 Die Einräumung solcher einfachgesetzlicher Rechte durch den Staat steht weitgehend zur freien Disposition des Gesetzgebers. Die einfachgesetzlichen Rechte von Religionsgesellschaften sind überwiegend nicht notwendigerweise mit dem Körperschaftsstatus verbunden und könnten zumindest teilweise auch auf anders organisierte Religionsgesellschaften erweitert werden[341]. Die ausschließliche Anknüpfung an

---

[335] Siehe *Weber*, Religionsgemeinschaften (Fn. 144), S. 125 ff.; *Classen*, Religionsrecht (Fn. 67), Rn. 336; *Magen*, Körperschaftsstatus (Fn. 124); so auch BVerfGE 102, 370 (371, Rn. 6); als mittelbare Folgerechte versteht das Privilegienbündel *Heinig*, Religionsgesellschaften (Fn. 131), S. 299; krit. zu dem Begriff *Unruh*, Religionsverfassungsrecht (Fn. 27), Rn. 313 ff. (»begrifflich unscharf«).

[336] *v. Campenhausen/de Wall*, Staatskirchenrecht (Fn. 1), S. 267. Zur besonderen Problematik der Anerkennung von amtlichen Beglaubigungen der öffentlich-rechtlichen Religionsgemeinschaften im weltlichen Recht s. *A. v. Campenhausen/J. E. Christoph*, DVBl. 1987, 984 ff.

[337] *Ehlers* (Fn. 61), Art. 137 WRV Rn. 17; ausführlich *G. Hammer*, Steuer- und Gebührenbefreiungen der Kirchen, in: HdbStKirchR² I, S. 1065 ff. (1067 ff.); *P. Weides*, Die Religionsgemeinschaften im Steuerrecht, in: FS Rechtswissenschaftliche Fakultät Köln, 1988, S. 885 ff.; *Weber*, Religionsgemeinschaften (Fn. 144), S. 126.

[338] *D. Radtke*, NdsVBl. 1999, 32 (35).

[339] Im einzelnen *Hammer*, Steuer- und Gebührenbefreiungen (Fn. 337), S. 1086.

[340] Dazu *Morlok*, Recht der Kirchen (Fn. 144), § 34 IV. 1. c), 4; *C. Link*, Der Anspruch auf Präsenz in den öffentlich-rechtlichen und privatrechtlichen Massenmedien des Rundfunks und des Fernsehens, in: HdbStKirchR² II, S. 251 ff. (273); *ders.*, Die gesetzlichen Regelungen der Mitwirkung der Kirchen in den Einrichtungen des Rundfunks und Fernsehens, ebd., S. 285 ff. In diesem Zusammenhang sind auch die Drittsenderechte der Religionsgemeinschaften von Bedeutung, dazu *D. B. Trapp*, Religiöse Neutralität und Rundfunkfreiheit – Drittsendungsrechte für Religionsgemeinschaften, 2013.

[341] Dazu *H. Weber*, ZevKR 57 (2012), 347 (364 ff.) m. w. N.

die Rechtsform von Religionsgesellschaften bei der Einräumung religionsschützender und -fördernder Rechte kann im Einzelfall sogar unter dem Gesichtspunkt des Paritätsgebotes eine bedenkliche Ungleichbehandlung darstellen. Allerdings steht der Körperschaftsstatus gemäß Art. 137 V 2 WRV allen Religionsgesellschaften offen, so dass sie sich durch Antrag und bei Vorliegen der Verleihungsvoraussetzungen selbst in den Genuss der Vergünstigungen bringen können[342]. Art. 137 V 2 WRV stellt damit in der Regel die **paritätsrechtliche Zulässigkeit** besonderer Rechte für Religionsgesellschaften des öffentlichen Rechts sicher.

g) Gleichheitsrechtliche Dimension der einzelnen Korporationsrechte

Eine eigene Problematik liegt darin, ob von Verfassungs wegen innerhalb der einzelrechtlichen Gewährleistungen des Art. 137 V WRV noch Raum ist für weitere Differenzierungen zwischen einzelnen korporierten Religionsgesellschaften[343]. Hierbei ist zu unterscheiden: Bezüglich der verfassungsunmittelbar gewährleisteten Korporationsrechte ordnet Art. 137 V 2 WRV (»gleiche Rechte«) eine »**schematische Parität**«[344] an. Dagegen ist bei den durch besondere Vorschriften gewährten Rechten durchaus Raum für Differenzierungen[345]. Aus Gründen der weltanschaulichen Neutralität und Parität (→ Art. 140 Rn. 35 ff., 40 ff.) ist hierbei jedoch zu beachten, dass nur »externe Zwecke« mit solchen Unterscheidungen verfolgt werden dürfen, d. h. dass die Gründe für die Ungleichbehandlung nicht im angewandten Maßstab selbst liegen können (etwa: höherwertige Religion), sondern außerhalb (etwa: gesellschaftspolitische Erwägungen)[346] (→ Rn. 111). Eine gezielte Religionspolitik, die religiös-weltanschaulich genehmere Vereinigungen bevorzugt, ist dem Staat dagegen verwehrt[347]. Eine Differenzierung ist nur dann zulässig, wenn sie sich auch als verhältnismäßig darstellt. 102

4. Neuerwerb des Körperschaftsstatus

a) Materiell-rechtliche Voraussetzungen nach Art. 137 V 2 WRV

Der Status einer Körperschaft des öffentlichen Rechts steht grundsätzlich **allen** Religionsgesellschaften und weltanschaulichen Vereinigungen (→ Rn. 137 f.) offen. Die Voraussetzungen der Verleihung werden in Art. 137 V 2 WRV genannt[348]. Danach muss es sich bei der den Status anstrebenden Vereinigung um eine **Religionsgesellschaft** (→ Rn. 26 ff.) oder **Weltanschauungsgemeinschaft** handeln[349], die »durch ihre Verfassung und die Zahl ihrer Mitglieder **die Gewähr der Dauer** bieten«. Nach ganz überwiegen- 103

---

[342] BVerfGE 19, 129 (134); BVerwG DVBl. 2003, 1221 (1221).

[343] In Bezug auf das kirchliche öffentliche Sachenrecht *R. Mainusch*, ZevKR 38 (1993), 26 (56 ff.).

[344] Begriffsprägend *K. Hesse*, ZevKR 3 (1953/54), 188 ff.

[345] Einen Überblick hinsichtlich verschiedener Differenzierungskritierien bietet: *Schrooten*, Gleichheitssatz (Fn. 175), S. 176 ff.

[346] Siehe zum generellen dogmatischen Ansatz *S. Huster*, Rechte und Ziele, 1993, S. 165 ff.; *ders.*, JZ 1994, 541 ff.; → Art. 3 Rn. 24 f.; speziell im Religionsverfassungsrecht *M. Morlok/H. M. Heinig*, NVwZ 1999, 697 (703 f.); *Heinig*, Religionsgesellschaften (Fn. 131), S. 372 ff.

[347] Das gilt auch für das Unionsrecht, s. *H. Weber*, NVwZ 2011, 1485 (1487 f.).

[348] Ausführlich zu den einzelnen Voraussetzungen *N. Huxdorff*, Rechtsfragen der Erst- und Zweitverleihung des öffentlich-rechtlichen Körperschaftsstatus an Religionsgemeinschaften, 2013, S. 103 ff. m. w. N.; *R. Tillmanns*, DÖV 1999, 441 ff.; *H. Weber*, ZevKR 34 (1989), 337 ff.; mit Blick auf die Gesetzgebung in NRW *K. Hartung*, ZevKR 60 (2015), 165 (167 ff.); *D. B. Trapp*, KuR 2014, 158 (164 ff.); zur historischen Entstehung der Norm *A. Hollerbach*, JZ 2014, 1147 ff.

[349] Dazu etwa *H. M. Heinig*, Gesetzliche Gestaltungsoptionen zur Verleihung und zum Verlust des

der Auffassung ist unter dem Merkmal der »**Verfassung**« nicht nur das Organisationsstatut zu verstehen, sondern der Gesamtzustand der Vereinigung[350]. Dies ist auf den ersten Blick nicht ohne weiteres einsichtig, würde doch eine so verstandene Bedeutung der »Verfassung« die zusätzliche Erwähnung der »**Zahl der Mitglieder**« überflüssig machen[351]. Allerdings ist die Satzung einer Organisation im Vergleich zu konkreten lebensweltlichen Merkmalen kein aussagekräftiges Kriterium für die Dauerhaftigkeit eines Zusammenschlusses mehrerer Personen[352]. Aus systematischen wie teleologischen Gesichtspunkten scheint es deshalb angezeigt, einer extensiven Interpretation des Merkmals »Verfassung« zu folgen. Erforderlich ist demnach zunächst eine hinreichende rechtliche Organisation. Daneben ist eine ausreichende Finanzausstattung zu verlangen[353]. Ebenso muss bereits ein gewisser zeitlicher Bestand der Gemeinschaft vorliegen. Der Grund für das Erfordernis der »**Gewähr der Dauer**« ist darin zu sehen, dass der Staat die Übertragung von Hoheitsrechten nicht an Ephemeriden beabsichtigt, also insbesondere spontanen religiösen Erweckungsbewegungen, die häufig von der charismatischen Gewalt ihres Gründers leben. Deshalb ist der Bestand über den ersten Generationswechsel (ca. 30 Jahre) hinaus zu fordern[354]. Insbesondere im Lichte der Rechtsprechung des EGMR[355] ist jedoch zunehmend eine flexible Handhabung des Kriteriums sowie eine generelle Absenkung der Anforderungen an die Dauer des Bestehens zu beobachten[356].

104 Schließlich dürfen der Verleihung des Körperschaftsstatus an eine Religionsgesellschaft **keine Rechtsgüter Dritter entgegenstehen**. Dieses Erfordernis wird ganz überwiegend als ungeschriebenes Tatbestandsmerkmal der »**Rechtstreue**«[357] gedeutet. Als Ausfluss dessen oder gar additiv wird ferner ein Mindestmaß an »Staatsloyalität« als Verleihungsvoraussetzung genannt[358]. Dieser Ansatz sieht sich durchgreifenden ver-

---

Körperschaftsstatus für Religions- und Weltanschauungsgesellschaften, in: ders., Verfassung (Fn. 70), S. 232 ff. (236 ff.) m. w. N.

350 BVerfGE 102, 370 (384 f., Rn. 62 f.); s. auch *Heinig*, Gesetzgeberische Gestaltungsoptionen (Fn. 349), S. 240; *E. D. Bohl*, Der öffentlich-rechtliche Körperschaftsstatus der Religionsgemeinschaften, 2001, S. 27 ff. m. w. N.

351 *E. Bopp*, ZevKR 3 (1953/54), 184 (185). Zur Bedeutung der Mitgliederzahl etwa: BVerwG NVwZ 2013, 943 (943 f.); OVG Berlin NVwZ-RR 2000, 604 ff.; ausführlich *Huxdorff*, Erst- und Zweitverleihung (Fn. 348), S. 127 ff. m. w. N.

352 *H. Weber*, ZevKR 34 (1989), 337 (350); *ders.*, Die »Anerkennung« von Religionsgemeinschaften durch Verleihung von Körperschaftsrechten in Deutschland, in: FS Rüfner, 2003, S. 959 ff. (966 f.); *Heinig*, Religionsgesellschaften (Fn. 131), S. 326.

353 *Heinig*, Gesetzgeberische Gestaltungsoptionen (Fn. 349), S. 240; *Huxdorff*, Erst- und Zweitverleihung (Fn. 348), S. 118 ff. m. w. N. Dies gilt – verbunden mit einer entsprechenden Pflicht zur sorgfältigen Prüfung des Kriteriums – insb. vor dem Hintergrund der unmittelbar aus Art. 137 III, V, VI WRV abgeleiteten Konkursunfähigkeit, s. BVerfGE 66, 1 (18 ff., 24).

354 Dazu etwa *K. Hartung*, ZevKR 60 (2015), 165 (168); *S. Muckel*, in: Friauf/Höfling, GG, Art. 140/Art. 137 WRV (2011), Rn. 87; *H. Weber*, ZevKR 34 (1989), 337 (352) m. w. N.

355 EGMR NVwZ 2009, 509 ff.; dazu kritisch hinsichtlich der deutschen Verleihungspraxis *H. Weber*, NVwZ 2009, 503 (505 f.); *Ehlers* (Fn. 64), Art. 137 WRV Rn. 27.

356 Siehe etwa BVerwGE 123, 49 (70 f.), wonach eine zehnjährige Bestandszeit ausreichen kann. Sich generell für eine flexible, einzelfallbezogene Mindestbestandsdauer aussprechend etwa *Huxdorff*, Erst- und Zweitverleihung (Fn. 348), S. 120 f.

357 BVerfGE 139, 321 (351 f., Rn. 94 f.); 102, 370 (390 ff., Rn. 77 ff.).

358 So BVerwGE 105, 117 (125 f.); *J. Lang*, Staatsloyalität kirchensteuerberechtigter Religionsgemeinschaften, in: FS Rüfner, 2003, S. 497 ff. (507 ff.); *S. Muckel*, Jura 2001, 456 (460 f.); *H. Goerlich*, NVwZ 2001, 1369 (1371). Gänzlich inakzeptabel ist die Annahme eines »abendländischen Kulturvorbehaltes« dergestalt, dass die Verleihung der Korporationsrechte nur erfolgen könne, wenn die Religionsgemeinschaft einen spezifischen Bezug zu den kulturellen Wurzeln der Verfassungsordnung

fassungsdogmatischen Bedenken ausgesetzt[359]. Deshalb findet – ungeachtet der leistungs- und gleichheitsrechtlichen Dimension des Art. 137 V 2 WRV – die allgemeine Gewährleistungsdogmatik Anwendung, die zwischen Schutzbereich, Eingriffsqualität und verfassungsrechtlicher Rechtfertigung unterscheidet[360]. Dabei kann die **Versagung des Korporationsstatus** mangels Gesetzesvorbehalts **nur auf kollidierendes Verfassungsrecht gestützt** werden. Grundrechte Dritter und das Rechtsstaatsprinzip stehen einer Verleihung des Körperschaftsstatus an eine Religionsgesellschaft entgegen, wenn die (grund)rechtskonforme Ausübung der damit verbundenen Hoheitsgewalt in Frage gestellt ist[361]. Im Falle fundamentalistischer Gruppen kann der Verleihung des Körperschafsstatus die religiös-weltanschauliche Neutralität des Staates (→ Art. 140 Rn. 35 ff.) bei einer gegen dieses Prinzip gerichteten »aktiv-kämpferischen Haltung« seitens der antragstellenden Gruppierung entgegenstehen[362]. Für den Bereich außerhalb der Religionsgesellschaften kann schließlich auch das Demokratieprinzip einschlägig sein[363]. In jedem Fall ist eine methodisch angeleitete Abwägung unter Berücksichtigung der konkreten Umstände erforderlich[364]. Die Präzisierung solcher Anforderungen in einem Gesetz ist rechtsstaatlich zwingend geboten (→ Rn. 140). **Liegen die Voraussetzungen** vor, so steht der antragstellenden Gesellschaft ein bundesverfas-

---

aufweise und kraft einer solchen Dignität auch anerkennungswürdig sei, so *A. Albrecht*, KuR 1995, 25 (27 ff.); wohl auch *Kirchhof*, Kirchen (Fn. 3), S. 668 f. Hier wird nicht nur die paritätsrechtliche Zielsetzung des Art. 137 V 2 WRV in unzulässiger Weise unterlaufen, sondern auch eine der offenen Verfassungsstaatlichkeit des Grundgesetzes zuwiderlaufende hermetische religionskulturelle Konzeption verfolgt. Einen davon zu unterscheidenden funktionalen Aspekt »kultureller Identität« verfolgt *J. Isensee*, Tabu im freiheitlichen Staat, 2003, S. 80 f. Anstelle der Staatsloyalität fordert *C. Hillgruber*, NVwZ 2001, 1347 (1352 ff.) einen über die bloße Rechtstreue hinausgehenden »*status cooperationis*«; *ders.*, Über den Sinn und Zweck des staatskirchenrechtlichen Körperschaftsstatus, in: C. Grabenwarter/N. Lüdecke (Hrsg.), Standpunkte im Kirchen- und Staatskirchenrecht, 2002, S. 79 ff. (93 ff.); hiergegen *Magen*, Körperschaftsstatus (Fn. 124), S. 152; *H. Weber*, Der öffentlich-rechtliche Körperschaftsstatus, in: Heinig/Walter, Staatskirchenrecht (Fn. 137), S. 229 ff. (233); vorsichtig auch *Pirson*, Qualität (Fn. 35), S. 417.

359 BVerfGE 102, 370 (395, Rn. 92 ff.); *M. Morlok/M. Heinig*, NVwZ 1999, 697 (699 ff.); auch *S. Huster*, JuS 1998, 117 (120); *A. v. Campenhausen*, ZevKR 46 (2001), 165 (175 ff.); *Magen*, Körperschaftsstatus (Fn. 124), S. 147; *Walter*, Religionsverfassungsrecht (Fn. 87), S. 560; *Borowski*, Glaubensfreiheit (Fn. 83), S. 665 f.; *Korioth* (Fn. 46), Art. 140 GG/Art. 137 WRV Rn. 79; *Czermak*, Religions- und Weltanschauungsrecht (Fn. 129), S. 110.

360 So auch *Heinig*, Religionsgesellschaften (Fn. 131), S. 338 ff.

361 BVerfGE 102, 370 (392, Rn. 83 f.); so im Ergebnis auch *H. Wilms*, NJW 2003, 1083 (1089 f.); *A. v. Campenhausen*, ZevKR 46 (2001), 165 (175 ff.); *F. Fechner*, Jura 1999, 515 (520); *Magen*, Körperschaftsstatus (Fn. 124), S. 142 ff.; *Borowski*, Glaubensfreiheit (Fn. 83), S. 667 f.; *Bohl*, Körperschaftsstatus (Fn. 350), S. 151 ff. Auch *Korioth*, Loyalität (Fn. 272), S. 236 und *G. Thüsing*, DÖV 1999, 25 (26) führen das Kriterium der Rechtstreue auf Grundrechte Dritter als kollidierendes Verfassungsrecht zurück. Beispiele für mögliche kollidierende Rechte Dritter bei *C. Link*, ZevKR 43 (1998), 1 (23 ff.) und *H. Weber*, ZevKR 41 (1996), 172 (204 ff.). Zu den Fragestellungen bezüglich eines Körperschaftsstatus für Muslime *C. Hillgruber*, KuR 2011, 225 ff.; *W. Hennig*, Muslimische Gemeinschaften im Religionsverfassungsrecht, 2010, S. 87 ff.; *W. Heun*, Integration des Islam, in: Heinig/Walter, Staatskirchenrecht (Fn. 19), S. 339 ff.; *Uhle*, Integration (Fn. 265), S. 317 ff.; *B. Lindner*, ZevKR 48 (2003), 178 (182 ff.).

362 *S. Muckel*, Der Staat 38 (1999), 569 (593); *ders.*, DÖV 1995, 311 (316). Die bloße Absicht der Beseitigung genügt allerdings nicht. → Rn. 23.

363 Hierzu mit weiteren Bsp. *M. Morlok/H. M. Heinig*, NVwZ 1999, 697 (704 f.).

364 *M. Morlok/H. M. Heinig*, NVwZ 1999, 697 (704 f.); ebenso *Bohl*, Körperschaftsstatus (Fn. 350), S. 248 ff.; zustimmend auch *Walter*, Religionsverfassungsrecht (Fn. 87), S. 565 f.; ähnlich in Bezug auf das Erfordernis einer Abwägung *J. Müller-Volbehr*, NJW 1997, 3358 (3359); für eine »verfassungsgeleitete Interessenabwägung« auch *D. Reupke*, KuR 1997, 91 (101).

sungsunmittelbarer **Anspruch auf Verleihung** des Körperschaftsstatus zu, es handelt sich insofern um eine **gebundene Entscheidung** ohne insbesondere politische Ermessensspielräume[365].

b) Verfahren der Statuserlangung

105 Zur Erlangung des Körperschaftsstatus muss die jeweilige Religionsgesellschaft bei der zuständigen Landesbehörde einen **Antrag** auf Verleihung stellen. Es ist dabei dem Selbstverständnis der Religionsgesellschaften anheimgestellt, in welcher Rechtsform sie im weltlichen Bereich wirken wollen[366], eine Pflicht zur Initiierung der Statusverleihung bei Vorliegen der Voraussetzungen besteht nicht. Ein staatlicherseits erfolgendes Aufdrängen des Körperschatsstatus ist ebenfalls unzulässig. Der Antrag muss von einem vertretungsberechtigten Organ der Religionsgesellschaft gestellt werden, eine vorhergehende Existenz als rechtsfähige juristische Person ist allerdings nicht erforderlich[367].

aa) Erst- und Zweitverleihung

106 In der bisherigen bundesrepublikanischen Rechtspraxis wird im Verleihungsverfahren zwischen der sog. **Erst- und Zweitverleihung** des Körperschaftsstatus unterschieden[368]. Diese Praxis wurde entwickelt auf Grundlage von Empfehlungen der Kultusministerkonferenz von 1954 mit Erläuterungen von 1962[369]. Verfassungsrechtlich ergeben sich hierbei gleich mehrere Problemfelder: Zunächst lässt sich bezweifeln, ob die in Art. 137 V 2 WRV nicht vorgesehene Unterscheidung zwischen Erst- und Zweitverleihung überhaupt zulässig ist (→ Rn. 108ff.). Darüber hinaus ist umstritten, welche Rechtswirkung der (Erst-)Verleihung zukommt; einerseits bezogen auf die Frage, welche Statusrechte mit ihr unmittelbare Anwendung finden, andererseits auch auf die Frage, inwieweit den einzelnen Ländern hinsichtlich einer etwaigen Zweitverleihung ein umfassendes Prüfungsrecht bzgl. der Verleihungsvoraussetzungen zusteht[370].

107 Nach bisher wohl überwiegend vertretener und praktizierten Auffassung kann eine Religionsgesellschaft, nach entsprechender Prüfung der materiell-rechtlichen Verleihungsvoraussetzungen (→ Rn. 103f.), mit der Erstverleihung sämtliche Rechte einer Körperschaft nur in dem den Status verleihenden Land ausüben[371]. Den Status als solchen erhält sie gleichwohl bundesweit[372]. Möchte die Religionsgesellschaft in einem

---

[365] BVerfGE 139, 321 (348f., Rn. 88; 356, Rn. 110); *Heinig*, Gesetzgeberische Gestaltungsoptionen (Fn. 349), S. 246; *Bohl*, Körperschaftsstatus (Fn. 350), S. 41 m.w.N.; *Ehlers* (Fn. 64), Art. 137 WRV Rn. 29; *v. Campenhausen/Unruh* (Fn. 11), Art. 137 WRV Rn. 204.

[366] Siehe etwa *Heinig*, Gesetzgeberische Gestaltungsoptionen (Fn. 349), S. 235f.; *H. Weber*, ZevKR 34 (1989), 337 (349).

[367] *Magen* (Fn. 46), Art. 140 GG/Art. 137 WRV Rn. 107; *Heinig*, Religionsgesellschaften (Fn. 131), S. 320f.

[368] Umfassend zum bisherigen Rechtsstand m. w. N. *Huxdorff*, Erst- und Zweitverleihung (Fn. 348), passim; *C. Walter/A. v. Ungern-Sternberg/S. Lorentz*, Die »Zweitverleihung« des Körperschaftsstatus an Religionsgemeinschaften, 2012, passim.

[369] Abgedruckt als Anlage 2 und 3 bei *H. Weber*, ZevKR 34 (1989), 337 (377ff.).

[370] Einen Überblick über das vertretene Meinungsspektrum bieten etwa *Huxdorff*, Erst- und Zweitverleihung (Fn. 348), S. 299ff.; *D. Zacharias*, NVwZ 2007, 1257 (1258ff.).

[371] Siehe etwa *Unruh*, Religionsverfassungsrecht (Fn. 27), Rn. 284; *S. Mückl*, HStR³ VII, § 159 Rn. 102; *Kirchhof*, Kirchen (Fn. 3), S. 687 m.w.N.; *H. Weber*, ZevKR 34 (1989), 337 (362).

[372] BVerwG NVwZ 2013, 943 (945); *S. Muckel*, NVwZ 2015, 1426 (1430); *S. Mückl*, HStR³ VII, § 159 Rn. 102; *Kirchhof*, Kirchen (Fn. 3), S. 687 m.w.N.; *H. Weber*, ZevKR 34 (1989), 337 (361f.);

weiteren Land diese Rechte wahrnehmen, bedarf es konstitutiv einer Zweitverleihung, in deren Rahmen erneut eine umfassende Prüfung der Verleihungsvoraussetzungen vorgenommen wird[373]. Mit Beschluss vom 30. Juni 2015 hat das Bundesverfassungsgericht diese Verleihungspraxis – mit erheblichem Dissenz innerhalb des Senats[374] – mit wenig überzeugender Begründung in weiten Teilen bestätigt und eine entsprechende **Zweitverleihung** für **konstitutiv** zur Rechtswahrnehmung in den einzelnen Ländern erachtet, jedoch in Abweichung zur bisherigen Rechtspraxis herausgestellt, dass Statusrechte, die kraft einfachen Bundesrechts begründet werden, bereits nach der Erstverleihung bundesweit Wirkung entfalten[375]. Dem tritt ein beachtliches Sondervotum der Richter *Voßkuhle*, *Hermanns* und *Müller* entgegen, wonach die Forderung eines konstitutiven Zweitverleihungsverfahrens für die Wahrnehmung der Statusrechte in den einzelnen Ländern mit der Verfassung nicht in Einklang stehe, vielmehr bereits durch die erstmalige Verleihung des Körperschaftsstatus in einem Land neben der Rechtspersönlichkeit auch die kraft Bundesverfassungsrecht und einfachem Bundesrecht bestehende Rechte Anwendung fänden[376]. Darüber hinaus bleibe es den Ländern freigestellt, weitere Privilegien landesrechtlich vorzusehen[377].

108 Gegen die bisherige Verleihungspraxis spricht, dass sie die **Natur eines Statusrechts** verkennt: »Status« umschreibt die Gesamtheit der Rechte und Pflichten des Inhabers, beide sind somit unmittelbar miteinander verbunden[378]. Einen rechtsentleerten bundesweiten Status, der für die Übertragung der jeweiligen Rechte einen weiteren Verleihungsakt des jeweiligen Landes voraussetzt, vermag es insofern bereits nicht zu geben[379].

109 Das **Institut der Zweitverleihung** entbehrt der **verfassungsrechtlichen Grundlage**. Dies wird deutlich, wenn man dessen Bedeutung hinsichtlich der verschiedenen Kate-

---

U. Doose, Die rechtliche Stellung der evangelischen Freikirchen in Deutschland, 1963, S. 180; *P. Starski*, Der interföderale Verwaltungsakt, 2014, S. 218 ff. m. krit. Würdigung der dogmatischen Erklärungsansätze.

373 VG Mainz NVwZ-RR 2012, 417 (418); VG München ZevKR 29 (1984), 628 (630); *S. Muckel*, NVwZ 2015, 1426 (1426, 1430); *Unruh*, Religionsverfassungsrecht (Fn. 27), Rn. 284; *Starski*, Verwaltungsakt (Fn. 372), S. 227 ff. m. w. N.; *Korioth* (Fn. 46), Art. 140/137 WRV Rn. 72; differenzierend je nach Quelle der Rechte: *Ehlers* (Fn. 64), Art. 137 WRV Rn. 29; *Huxdorff*, Erst- und Zweitverleihung (Fn. 348), S. 299 ff.; *E. Friesenhahn*, Die Kirchen und Religionsgemeinschaften als Körperschaften des öffentlichen Rechts, in: HdbStKirchR¹ I, S. 545 ff. (576); *Doose*, Freikirchen (Fn. 372), S. 181 f.; ebenso wohl *K. Hartung*, ZevKR 60 (2015), 165 (169); eine Bindungswirkung der Erst- für die Zweitverleihung annehmend: *Unruh*, Religionsverfassungsrecht (Fn. 27), Rn. 284; *Huxdorff*, Erst- und Zweitverleihung (Fn. 348), S. 322 ff., insb. 364 ff., 380; *H. Weber*, ZevKR 57 (2012), 347 (382 ff., 385); *U. Mager* (Fn. 150), Art. 140 Rn. 59; *v. Campenhausen/Unruh* (Fn. 11), Art. 137 WRV Rn. 207; *D. Zacharias*, NVwZ 2007, 1257 (1261 f.); *Bohl*, Körperschaftsstatus (Fn. 350), S. 96; *Friesenhahn* (Fn. 373), S. 545 ff. (572); das Institut der Zweitverleihung für überflüssig haltend: *Walter/Ungern-Sternberg/Lorentz*, »Zweitverleihung« (Fn. 368), S. 47 ff.

374 Siehe BVerfGE 139, 321 (371 ff., Rn. 1 ff.) – *Sondervotum Voßkuhle/Hermanns/Müller.*

375 BVerfGE 139, 321 (352 ff., Rn. 96 ff.; 357, Rn. 112).

376 BVerfGE 139, 321 (371 ff., Rn. 1, 6 f.) – *Sondervotum Voßkuhle/Hermanns/Müller.*

377 BVerfGE 139, 321 (375 f., Rn. 8 f.) – *Sondervotum Voßkuhle/Hermanns/Müller.*

378 So bereits im Verfahren die Stellungnahme des 6. Senats des Bundesverwaltungsgerichts, s. BVerfGE 139, 321 (342, Rn. 70).

379 So auch BVerfGE 139, 321 (374, Rn. 6) – *Sondervotum Voßkuhle/Hermanns/Müller.* Auch nach Ansicht der Senatsmehrheit »geht der Begriff der öffentlich-rechtlichen Körperschaft in seiner Funktion als ›Mantelbegriff‹ […] über den Status einer leeren Form hinaus«, insbesondere »werden mit dem Körperschaftsstatus hoheitliche Befugnisse übertragen […]« – freilich ohne die gebotenen Konsequenzen zu ziehen, s. BVerfGE 139, 321 (350, Rn. 92), so auch bereits E 102, 370 (388, Rn. 72); vgl. ferner *D. Zacharias*, NVwZ 2007, 1257 (1259 ff.).

gorien von zu gewährenden Rechten untersucht. Unmittelbar mit dem Status als Körperschaft verbunden sind etwa Widmungsbefugnis, Dienstherreneigenschaft, Organisations- und Rechtssetzungsgewalt sowie das Parochial- und Besteuerungsrecht (→ Rn. 91 ff.). Solche sich **unmittelbar aus der Bundesverfassung** ergebenden Körperschaftsrechte bilden einen »verfassungsrechtlichen Kernbestand«[380], der bei Vorliegen der Voraussetzungen mit länderübergreifender Wirkung an die antragstellende Religionsgemeinschaft übertragen wird[381]. Mit der Verleihung vollziehen die Länder Bundesrecht i. S. d. Art. 30, 83 GG, die insofern bundesweite Gültigkeit hat[382]. Gleichzeitig sind die verfassungsunmittelbar übertragenen Hoheitsrechte solche des Bundes. Eine Beeinträchtigung von Hoheitsrechten der Länder, in der Form, dass Hoheitsrechte des einen Landes durch ein anderes verliehen werden, ist folglich ausgeschlossen[383]. Dies wird insbesondere durch die prozedurale Berücksichtigung der Belange der übrigen Länder im Rahmen des (Erst-)Verleihungsverfahren sichergestellt[384]. Auch die Kompetenz des Landesgesetzgebers nach Art. 137 VIII WRV zur näheren Ausgestaltung des Verleihungsverfahrens ändert hieran nichts[385]. Zwar erfolgt die Verleihung durch die jeweilige Landesbehörde auf Grundlage der durch Länder zu erlassenden Verfahrensvorschriften, der materielle Verleihungsanspruch sowie die Verleihungsvoraussetzungen ergeben sich jedoch abschließend unmittelbar aus der Bundesverfassung[386]. Die Kompetenz der Länder ist damit parallel zu Art. 83, 84 GG zu betrachten. Sie läuft auch nicht leer, sondern beschränkt sich auf die Ausgestaltung des (Erst-) Verleihungsverfahrens[387].

110 Nichts anderes ergibt sich – auch nach Ansicht der Senatsmehrheit – aufgrund des für alle Länder umfassenden Geltunganspruchs bundesrechtlicher Regelungen für die

---

[380] BVerfGE 139, 321 (375, Rn. 7) – *Sondervotum Voßkuhle/Hermanns/Müller.*

[381] BVerfGE 139, 321 (375 f., Rn. 7 ff.) – *Sondervotum Voßkuhle/Hermanns/Müller*; ebenso die Stellungnahme des 6. Senats des Bundesverwaltungsgerichts im Verfahren, s. E 139, 321 (342 f., Rn. 70); *M. Sachs/C. Jasper*, NWVBl. 2016, 1 (5); *Ehlers* (Fn. 64), Art. 137 WRV Rn. 29; *Walter/Ungern-Sternberg/Lorentz*, »Zweitverleihung« (Fn. 368), S. 44; *D. Zacharias*, NVwZ 2007, 1257 (1260 f.); *Bohl*, Körperschaftsstatus (Fn. 350), S. 96; *Friesenhahn* (Fn. 373), S. 545 ff. (576); *Doose*, Freikirchen (Fn. 372), S. 181 f.; wohl auch *K. Hartung*, ZevKR 60 (2015), 165 (169); a. A. Senatsmehrheit BVerfGE 139, 321 (357, Rn. 113); insb. hinsichtlich des Besteuerungsrechts *S. Muckel*, NVwZ 2015, 1426 (1429); *ders.* (Fn. 354), Art. 140/Art. 137 WRV Rn. 91.

[382] BVerfGE 139, 321 (372 ff., Rn. 2 ff.; 375 f., Rn. 7 f.) – *Sondervotum Voßkuhle/Hermanns/Müller*; sowie die Stellungnahme des 6. Senats des Bundesverwaltungsgerichts im Verfahren, s. E 139, 321 (343, Rn. 70); BVerwG NVwZ 2013, 943 (944 f.); *C. Möllers*, JZ 2015, 1103 (1105); *M. Sachs*, JuS 2015, 1048 (1049); *M. Sachs/C. Jasper*, NWVBl. 2016, 1 (5); *Walter/Ungern-Sternberg/Lorentz*, »Zweitverleihung« (Fn. 368), S. 30 ff., 44; dementgegen jedoch die Senatsmehrheit, s. BVerfGE 139, 321 (354, Rn. 103); *B. Beckermann*, DÖV 2016, 112 (114); *S. Muckel*, NVwZ 2015, 1426 (1428); *Huxdorff*, Erst- und Zweitverleihung (Fn. 348), S. 291 ff.

[383] BVerfGE 139, 321 (374 ff., Rn. 7 ff.) – *Sondervotum Voßkuhle/Hermanns/Müller*; *C. Möllers*, JZ 2015, 1103 (1105); *Walter/Ungern-Sternberg/Lorentz*, »Zweitverleihung« (Fn. 368), S. 37 ff., 44; a. A. *Huxdorff*, Erst- und Zweitverleihung (Fn. 348), S. 309 ff.; ebenso wohl *K. Hartung*, ZevKR 60 (2015), 165 (169).

[384] BVerfGE 139, 321 (377, Rn. 11) – *Sondervotum Voßkuhle/Hermanns/Müller*; *M. Sachs/C. Jasper*, NWVBl. 2016, 1 (5); *D. Zacharias*, NVwZ 2007, 1257 (1261); krit. *C. Möllers*, JZ 2015, 1103 (1106); a. A. Senatsmehrheit BVerfGE 139, 321 (359 ff., Rn. 118 ff.); *S. Muckel*, NVwZ 2015, 1426 (1428).

[385] *Walter/Ungern-Sternberg/Lorentz*, »Zweitverleihung« (Fn. 368), S. 44; a. A. *B. Beckermann*, DÖV 2016, 112 (114).

[386] BVerfGE 139, 321 (372, Rn. 2) – *Sondervotum Voßkuhle/Hermanns/Müller*; dies erkennt auch die Senatsmehrheit E 139, 321 (366 ff., Rn. 137 ff.).

[387] So auch BVerfGE 139, 321 (374, Rn. 5) – *Sondervotum Voßkuhle/Hermanns/Müller.*

kraft einfachen Bundesrechts vermittelten Statusrechte[388]. Auch diese entfalten mit der Verleihung des Körperschaftsstatus durch ein Land bundesweit Geltung. Es zeigt sich aber die Inkonsistenz ihrer Argumentation, wenn die Senatsmehrheit und Vertreter der Literatur zwar die einheitliche Wirkung von einfach-bundesrechtlichen Privilegien anerkennen, aber bezüglich der verfassungsunmittelbaren Statusrechte ablehnen[389]. Hinsichtlich **sämtlicher kraft Bundesrecht ergebender Statusrechte** kommt der Zweitverleihung damit keine rechtliche Relevanz zu[390].

Eine Zweitverleihung mit erneuter Prüfung der Verleihungsvoraussetzungen ist **111**
auch hinsichtlich **landesrechtlich gewährleisteter Privilegien** im Grundsatz verfassungsrechtlich abzulehnen[391]: Es steht den Ländern grundsätzlich frei, weitere Privilegien kraft einfachen Landesrechts tatbestandlich an den Körperschaftsstatus anzuknüpfen[392]. Wird eine solche Anknüpfung vorgenommen, steht das jeweilige Privileg aufgrund des bundesverfassungsrechtlichen Anspruchs jedoch allen Statusinhabern offen. Eine Differenzierung hinsichtlich des Kreises der Begünstigten ist insofern an Art. 3 I GG (→ Rn. 102) zu messen[393]. Wird die Zuerkennung landesrechtlicher Vorteile **voraussetzungslos** lediglich auf die Körperschaften beschränkt, die im jeweiligen Land ein Verleihungsverfahren durchlaufen haben und insofern erneut der Überprüfung der Verleihungsvoraussetzungen unterzogen wurden, stellt dies eine willkürliche Ungleichbehandlung und damit einen Verstoß gegen Art. 3 I GG dar[394]. Eine weitergehende Differenzierung ist folglich nur – soweit sachlich gerechtfertigt – aufgrund anderer als der bundesverfassungsrechtlichen Anerkennungsvoraussetzungen möglich; die so zu gewährleistenden Privilegien stehen damit jedoch tatbestandlich nicht mehr im Zusammenhang mit dem Körperschaftsstatus, weshalb eine Zweitverleihung entbehrlich ist.

In der Gesamtschau stellt sich die praktizierte Unterscheidung zwischen Erst- und **112**
Zweitverleihung damit als unnötig heraus[395], die nicht zuletzt mit Blick auf die Effek-

---

[388] BVerfGE 139, 321 (357, Rn. 112); ebenso *Ehlers* (Fn. 64), Art. 137 WRV Rn. 29; *Huxdorff*, Erst- und Zweitverleihung (Fn. 348), S. 311 ff.; *Bohl*, Körperschaftsstatus (Fn. 350), S. 96; *Friesenhahn* (Fn. 373), S. 545 ff. (576); *Doose*, Freikirchen (Fn. 372), S. 181 f.; so wohl auch *K. Hartung*, ZevKR 60 (2015), 165 (169); *Starski*, Verwaltungsakt (Fn. 372), S. 236 f.; a. A. *S. Muckel*, NVwZ 2015, 1426 (1430), der eine Zweitverleihung unabhängig von der Rechtsquelle stets für konstitutiv erachtet.

[389] Siehe BVerfGE 139, 321 (357, Rn. 112 f.); *Huxdorff*, Erst- und Zweitverleihung (Fn. 348), S. 309 ff.; *Bohl*, Körperschaftsstatus (Fn. 350), S. 96; *Doose*, Freikirchen (Fn. 372), S. 181.

[390] BVerfGE 139, 321 (371, Rn. 1; 374 ff., Rn. 7 f.) – *Sondervotum Voßkuhle/Hermanns/Müller*; *Walter/Ungern-Sternberg/Lorentz*, »Zweitverleihung« (Fn. 368), S. 44; so wohl auch *C. Möllers*, JZ 2015, 1103 (1105 f.).

[391] So auch BVerfGE 139, 321 (374 ff., Rn. 7 ff.) – *Sondervotum Voßkuhle/Hermanns/Müller*; *Walter/Ungern-Sternberg/Lorentz*, »Zweitverleihung« (Fn. 368), S. 44 ff., insb. S. 48; a. A. Senatsmehrheit BVerfGE 139, 321 (357, Rn. 113); *K. Hartung*, ZevKR 60 (2015), 165 (169); *Ehlers* (Fn. 64), Art. 137 WRV Rn. 29; *Huxdorff*, Erst- und Zweitverleihung (Fn. 348), S. 317 f.; *Doose*, Freikirchen (Fn. 372), S. 182.

[392] BVerfGE 139, 321 (374 ff., Rn. 7 f.) – *Sondervotum Voßkuhle/Hermanns/Müller*; dies ablehnend *S. Muckel*, NVwZ 2015, 1426 (1428).

[393] Ebenso die Stellungnahme des 6. Senats des BVerwG im Verfahren v. 29.4.2014, S. 3 f., insoweit nicht im Beschluss des BVerfG (E 139, 321 [342 f., Rn. 70]) abgedruckt.

[394] So auch *D. Zacharias*, NVwZ 2007, 1257 (1261). Zweifel in Bezug auf die Unterscheidung von Körperschaften des öffentlichen Rechts und anderen Religionsgesellschaften auch bei *M. Brenner*, Staat und Religion, VVDStRL 59 (2000), S. 264 ff. (285 f.); *W. Weiß*, KritV 83 (2000), 104 ff.; *C. Möllers*, in: 68. Verh.DJT 2010, Bd. II/1, S. O 39 (O 47 f.); im Hinblick auf die Rspr. des EGMR: *H. Weber*, NVwZ 2009, 503 (506 f.).

[395] Deutlich BVerfGE 139, 321 (374, Rn. 6) – *Sondervotum Voßkuhle/Hermanns/Müller*; zustim-

tivität der Grundrechtsverwirklichung[396] vor dem Hintergrund des bestehenden Verleihungsanspruchs nach Art. 137 V 2 WRV als **verfassungswidrig** zu bewerten ist.

bb) Zusammenschluss öffentlich-rechtlicher Religionsgesellschaften nach Art. 137 V 3 WRV

113 Eine weitere Form der Statuserlangung sind **Zusammenschlüsse** mehrerer öffentlich-rechtlicher Religionsgesellschaften zu einem Verband. Nach Art. 137 V 3 WRV entsteht die neue Korporation kraft Verfassung ohne jegliche staatliche Mitwirkung einzig durch religionsgesellschaftliche Organisationsakte. Aus Gründen der Rechtssicherheit ist das **staatliche Erfordernis** einer Mitteilung an das Sitzland und einer klarstellenden Bestätigung und Publikation in einem staatlichen Verkündigungsblatt in Fällen des Zusammenschlusses als Voraussetzung für das Entstehen der Korporationsqualität des Verbundes keine unzulässige Einschränkung[397]. In zahlreichen Vereinbarungen zwischen Staat und Kirchen wurden derartige staatliche Mitwirkungsakte im Falle des Art. 137 V 3 WRV vertraglich festgelegt[398].

5. Verlust des Körperschaftsstatus

114 Der **Verlust** des Körperschaftsstatus kann unter Berücksichtigung des Selbstbestimmungsrechts aus Art. 137 III WRV sowohl **freiwillig** durch **Verzicht** bzw. **Selbstauflösung** eintreten[399] als auch **unfreiwillig** staatlicherseits gegen den Willen der betroffenen Körperschaft durch den **Entzug** des Status[400]. Letzterer kann seine Begründung etwa in einem Verbot einer verfassungsfeindlichen Körperschaft, der Feststellung der Rechtswidrigkeit des ursprünglichen Verleihungsaktes oder im nachträglichen Wegfall der Verleihungsvoraussetzungen finden[401]. Aus Gründen der Rechtssicherheit und -klarheit ist für jede Art des Verlusts des Körperschaftsstatus ein **staatlicher Mit-**

---

mend *M. Sachs*, JuS 2015, 1048 (1049); *M. Germann*, in: Epping/Hillgruber, GG, Art. 140 Rn. 71 (beck-online, Stand: 1.12.2016); zuvor bereits *Walter/Ungern-Sternberg/Lorentz*, »Zweitverleihung« (Fn. 368), S. 44 ff., insb. S. 48; a. A. wohl *C. Möllers*, JZ 2015, 1103 (1106). → Rn. 107 ff.

[396] Als insofern negatives Beispiel der Folgen der aktuellen Verleihungspraxis kann das inzwischen seit 26 Jahren andauernde Bestreben der Zeugen Jehovas zur bundesweiten Erlangung des Körperschaftsstatus angeführt werden, vgl. BVerfGE 139, 321 (324 ff., Rn. 6 ff.); dieses Verfahren kritisch am Maßstab der EMRK prüfend: *Walter/Ungern-Sternberg/Lorentz*, »Zweitverleihung« (Fn. 368), S. 51 ff.

[397] Eine zwingende staatliche Mitwirkung in Form einer Anerkennung setzen etwa *Ehlers* (Fn. 64), Art. 137 WRV Rn. 29 und *Magen* (Fn. 46), Art. 140 GG/Art. 137 WRV Rn. 113 voraus. So etwa § 1 IV HmbKörpRG, §§ 24 II, 24a KiStG BW, Art. 2 III BayKirchStG.

[398] *v. Campenhausen*, in: H. v. Mangoldt/F. Klein/C. Starck (Hrsg.), GG, Bd. III, 5. Aufl. 2005, Art. 137 WRV Rn. 234 Fn. 61 m. w. N.

[399] Siehe etwa *K.-H. Kästner*, in: BK, Art. 140 (2010), Rn. 491, 495; *K. S. Stein*, Die Beendigung des Körperschaftsstatus bei Religionsgemeinschaften, 2007, S. 101 ff., 120 ff.; *Walter*, Religionsverfassungsrecht (Fn. 87), S. 567 f.; *Bohl*, Körperschaftsstatus (Fn. 350), S. 97 ff.

[400] *Ehlers* (Fn. 64), Art. 137 WRV Rn. 30; *Kästner* (Fn. 399), Art. 140 Rn. 490, 492 f. m. w. N.; *Walter*, Religionsverfassungsrecht (Fn. 87), S. 570 ff.; *Heinig*, Religionsgesellschaften (Fn. 131), S. 363 ff.; *Bohl*, Körperschaftsstatus (Fn. 350), S. 102 ff.; zum Entzug bei Untergliederungen von Religionsgesellschaften *K. Engelbrecht*, ZevKR 55 (2010), 227 ff.; einen Überblick bezogen auf beide Konstellationen bietet etwa *Heinig*, Gesetzgeberische Gestaltungsoptionen (Fn. 349), S. 250 ff.

[401] *Ehlers* (Fn. 64), Art. 137 WRV Rn. 30; *Kästner* (Fn. 399), Art. 140 Rn. 492 f. m. w. N.; *Walter*, Religionsverfassungsrecht (Fn. 87), S. 570 ff.; *Heinig*, Gesetzgeberische Gestaltungsoptionen (Fn. 349), S. 256 ff.; *ders.*, Religionsgesellschaften (Fn. 131), S. 363 ff.

wirkungsakt[402] zu fordern[403]. Gründe und Verfahren insbesondere des Entzugs des Körperschaftsstatus bedürfen aufgrund des in Art. 137 V 2 WRV verbürgten verfassungsunmittelbaren Anspruchs sowie der mit dem Körperschaftsstatus verbundenen Privilegien (→ Rn. 91 ff.) einer parlamentsgesetzlichen Grundlage[404]. Die Regelungskompetenz obliegt hierbei nach Art. 137 VIII WRV den Landesgesetzgebern (→ Rn. 139 ff.).

Insbesondere der Entzug kann nur in Abwägung mit entgegenstehendem Verfassungsrecht gerechtfertigt werden. Anders als die »gekorenen« Körperschaften, genießen die »geborenen« Körperschaften gemäß Art. 137 V 1 WRV im Rahmen einer solchen Abwägung eine **besondere Form des Bestandsschutzes** (→ Art. 140 Rn. 45 f.). Dieser muss im Einzelfall angemessene Berücksichtigung erfahren[405], schließt einen Entzug des Status auch einer altkorporierten Körperschaft jedoch nicht generell aus[406]. Mit Ausnahme dieser durch die verfassungsunmittelbare Regelung des Art. 137 V 1 WRV gerechtfertigten Unterscheidung, besteht hinsichtlich des Verlusts des Körperschaftsstatus ein verfassungsrechtliches Gebot der Gleichbehandlung zwischen alt- und neukorporierten Körperschaften[407]. 115

Räumlich entfaltet der Verlust des Körperschaftstatus als Konsequenz der Ablehnung einer mehrstufigen Verleihungpraxis (→ Rn. 106 ff.) sowie der hinsichtlich der das gesamte Bundesgebiet in den Blick nehmenden Prüfung der Voraussetzungen länderübergreifende Wirkung[408]. 116

---

[402] Nicht notwendig ist dabei ein *actus contrarius* im Hinblick auf die Rechtsform der ursprünglichen Verleihung, s. *M. Sachs/C. Jasper*, NWVBl. 2016, 1 (11); *Walter*, Religionsverfassungsrecht (Fn. 87), S. 574; ausdifferenzierend nach der jeweiligen Rechtsform der ursprünglichen Verleihung *Heinig*, Gesetzgeberische Gestaltungsoptionen (Fn. 349), S. 265 ff.

[403] BVerwG NVwZ 2009, 390; *v. Campenhausen/Unruh* (Fn. 11), Art. 137 WRV Rn. 216 f.; *S. Korioth*, HGR IV, § 97 Rn. 50; *M. Quaas*, NVwZ 2009, 1400 (1404); *Stein*, Beendigung (Fn. 399), S. 106 f., 159, 187 ff.; *Heinig*, Religionsgesellschaften (Fn. 131), S. 359 ff., 363 ff.; ebenso *K. Hartung*, ZevKR 60 (2015), 165 (172 f.) in Ansehung von §§ 3 III, 4 II KörpStG NRW, die dies wie Art. 1 III–V BayKirchStG, § 2a VI BremKiStG ausdrücklich vorsehen.

[404] *Muckel* (Fn. 354), Art. 140 GG/137 WRV Rn. 93; *Mager* (Fn. 150), Art. 140 Rn. 59; *M. Quaas*, NVwZ 2009, 1400 (1403); *Stein*, Beendigung (Fn. 399), S. 112 ff.; 187; *Walter*, Religionsverfassungsrecht (Fn. 87), S. 570; *R. Röger*, Die Aberkennung des Körperschaftsstatus von Religionsgemeinschaften, in: FS Rüfner, 2003, S. 749 ff. (775 ff.); *Heinig*, Gesetzgeberische Gestaltungsoptionen (Fn. 349), S. 263 ff.; *ders.*, Religionsgesellschaften (Fn. 131), S. 363 ff.

[405] *Stein*, Beendigung (Fn. 399), S. 185 ff.; *Walter*, Religionsverfassungsrecht (Fn. 87), S. 573 f.

[406] *H. Weber*, ZevKR 57 (2012), 347 (376); *Stein*, Beendigung (Fn. 399), S. 92, 186; *B. Lindner*, Entstehung und Untergang von Körperschaften des öffentlichen Rechts, 2002, S. 106; *Walter*, Religionsverfassungsrecht (Fn. 87), S. 573 f.; *Heinig*, Gesetzgeberische Gestaltungsoptionen (Fn. 349), S. 252 ff.; *ders.*, Religionsgesellschaften (Fn. 131), S. 363 ff.; a. A. *S. Korioth*, HGR IV, § 97 Rn. 50; *Kästner* (Fn. 399), Art. 140 Rn. 490 Fn. 1589 m. w. N.; insofern abweichend § 4 III KörpStG NRW, Art. 1 III 3 BayKirchStG, § 2a IV BremKiStG.

[407] *H. Weber*, ZevKR 57 (2012), 347 (376); *Stein*, Beendigung (Fn. 399), S. 89 ff., 112, 185 ff.; *Walter*, Religionsverfassungsrecht (Fn. 87), S. 568, 573 f.; *Lindner*, Entstehung (Fn. 406), S. 106; *Bohl*, Körperschaftsstatus (Fn. 350), S. 98 f.

[408] So auch BVerfGE 139, 321 (377 f., Rn. 12 f.) – *Sondervotum Voßkuhle/Hermanns/Müller*; krit. *S. Muckel*, NVwZ 2015, 1426 (1428).

VI. Kirchensteuer (Art. 137 VI WRV)

1. Begriff und Zweck

117 Religionsgesellschaften, die Körperschaften des öffentlichen Rechts sind, haben nach Art. 137 VI WRV die Berechtigung, »auf Grund der bürgerlichen Steuerlisten« Steuern zu erheben. Die Norm statuiert als einzige auf Verfassungsebene eine rechtliche **Konsequenz des Korporationsstatus**[409]. Bis heute **wirkmächtige historische Intention**[410] des Kirchensteuerwesens war die Schaffung einer **soliden dauerhaften Finanzierungsgrundlage** für die Kirchen (→ Rn. 5)[411]. Wie der Körperschaftsstatus insgesamt ist die Norm im Lichte der Religionsfreiheit zu sehen; der Kirchensteuereinzug stellt eine besondere **Form der Religionsförderung**, genauer der Instandsetzung und Förderung der effektiven Ausübung von Religionsfreiheit der Korporationen und der in ihr vereinten Mitglieder dar[412].

118 Kirchensteuern sind **echte Steuern** i. S. d. § 3 I AO, also eine unabhängig von einer konkreten Gegenleistung zu erbringende, notfalls im Wege des Verwaltungszwangs beitreibbare Abgabe[413]. Das Besteuerungsrecht ist eine hoheitliche Befugnis des Staates, die dieser den korporierten Religionsgesellschaften durch Art. 137 VI WRV verleiht[414]. Die Kirchensteuer ist damit rechtstypologisch zu unterscheiden von kirchlichen Beiträgen, die ihre rechtliche Grundlage ausschließlich in Art. 137 III WRV finden. Während die Befugnis zur Erhebung von Kirchensteuern zum einen den Körperschaftsstatus voraussetzt, zum anderen einer ausgestaltenden staatlichen Rechtsgrundlage bedarf (→ Rn. 131), sind sämtliche Religionsgesellschaften im Rahmen des für alle geltenden Rechts zur Erhebung eines autonomen Finanzierungssystems und der Auferlegung entsprechender Beiträge für ihre Angehörigen frei[415]. Letztere kann allerdings nur auf dem Zivilrechtsweg (oder in Form von »Kirchenstrafen«) durchgesetzt werden. In der Sache freilich handelt es sich beim Kirchensteuerwesen um ein **modifiziertes Beitragsverfahren**, da nur Mitglieder der Religionsgesellschaft kirchensteuerpflichtig sind (→ Rn. 122 ff.).

2. Rechtliche Gehalte

119 Art. 137 VI WRV statuiert die verfassungsrechtliche Zulässigkeit der Finanzierungsform »Kirchensteuer« in Hinblick auf das Verbot der Staatskirche und das Gebot der religiös-weltanschaulichen Neutralität des Staates (→ Art. 140 Rn. 35 ff.). Andererseits entzieht Art. 137 VI WRV die Frage des Ob von Kirchensteuern dem Zugriff des Gesetzgebers; insoweit handelt es sich bei Art. 137 VI WRV um eine **Einrichtungsgaran-**

---

409 Umfassend zu den Rechtsproblemen der Kirchensteuer vgl. *F. Hammer*, Rechtsfragen der Kirchensteuer, 2002; *B. Kämper*, Kirchensteuer, in: FS Kirchof, Bd. II, 2013, § 192.

410 Zu den historischen Grundlagen vgl. *Hammer*, Rechtsfragen (Fn. 409), S. 3 ff.

411 *S. Müller-Franken*, BayVBl. 2007, 33 ff.; *S. Mückl*, HStR³ VII, § 160 Rn. 56.

412 Siehe speziell zur Kirchensteuer insb. *H. Marré*, KuR 1995, 33 ff.; *ders.*, Das kirchliche Besteuerungsrecht, in: HdbStKirchR² I, S. 1101 ff. (1102) m. w. N.; kritisch zum Aspekt der Förderung *H. Weber*, NVwZ 2002, 1443 ff.; ähnlich *R. Tillmanns*, Kirchensteuer kein Mittel zur Entfaltung grundrechtlicher Religionsfreiheit, in: FS Rüfner, 2003, S. 919 ff. (923 f.).

413 *Korioth* (Fn. 46), Art. 140 GG/Art. 137 WRV Rn. 97; *Marré*, Besteuerungsrecht (Fn. 412), S. 1108; *S. Mückl*, HStR³ VII, § 160 Rn. 56.

414 *Hemmrich* (Fn. 150), Art. 140 Rn. 26.

415 BVerfGE 19, 206 (217); 73, 388 (398 f.).

tie[416]. Dem Staat ist es durch Art. 137 VI WRV verwehrt, das Kirchensteuerrecht abzuschaffen oder auszuhöhlen[417].

Art. 137 VI WRV selbst bildet keine hinreichende rechtliche Grundlage für die Erhebung von Kirchensteuern, sondern bedarf der **landesgesetzlichen Ausgestaltung**. Hierzu ist der Staat von Verfassungs wegen verpflichtet[418]. Art. 137 VI WRV regelt alleine die Steuergesetzgebungshoheit und (konkretisierungsbedürftig) die Steuerertragshoheit[419]. Steuerberechnung und damit die Bestimmung der Steuerhöhe sowie Steuerschuldnerschaft sind einfach-rechtlich zu bestimmen. Die ausgestaltenden Normen konkretisieren hinsichtlich des Inhalts und Umfangs das den korporierten Religionsgesellschaften verfassungsrechtlich verliehene Hoheitsrecht der Besteuerung[420]. Dabei steht es dem Gesetzgeber grundsätzlich offen, die Kirchensteuer selbst detailliert gesetzlich zu regeln[421]. Der Landesgesetzgeber kann sich jedoch auch auf eine allgemeine Ermächtigung zur Erhebung von Kirchensteuern und die Verabschiedung von Rahmenbestimmungen beschränken. Den korporierten Religionsgesellschaften steht allerdings kein Recht auf eine bestimmte Gesetzesregelung zu, solange sich der Gesetzgeber im Rahmen der verfassungsrechtlichen Vorgaben für die Ausgestaltung hält[422]. 120

Teil der Gewährleistung des Art. 137 VI WRV ist ferner die Erstellung **bürgerlicher Steuerlisten** als Grundlage der kirchlichen Steuererhebung. Unter bürgerlichen Steuerlisten i. S. d. Vorschrift verstand man amtliche Zusammenstellungen der Ergebnisse der Veranlagung zu den Bundes-, Landes- und Gemeindesteuern[423]. Derartige Listen werden seit geraumer Zeit nicht mehr erstellt. Dies verstößt nicht gegen Art. 137 VI WRV, solange der Staat äquivalent geeignete Leistungen zur Realisierung des Besteuerungsrechts erbringt, da nur ein effektives Kirchensteuerwesen, nicht die Existenz von spezifischen Steuerlisten Zweck der Norm ist. Die verfassungsrechtliche Verpflichtung zielt insofern auf die **Zurverfügungstellung erforderlicher Informationen**[424]. Diesem Leistungsanspruch genügt etwa die Bereitstellung der zur Realisierung des Besteuerungsrechts geeigneten Unterlagen in Form von Meldedaten[425]. 121

---

[416] Zum Begriff und seiner Bedeutung: → Art. 139 WRV Rn. 16 ff. m. w. N.

[417] BVerfGE 19, 206 (218).

[418] Nach BVerfGE 19, 206 (217) schließt das in Art. 137 VI WRV verliehene Besteuerungsrecht die Verpflichtung des Staates ein, »die Voraussetzungen für die Steuererhebung durch den Erlaß von Landesgesetzen zu schaffen und dabei die Möglichkeit einer zwangsweisen Beitreibung vorzusehen.« Kritisch zur Steuereintreibung mittels hoheitlichen Zwanges *J. Wasmuth/G. Schiller*, NVwZ 2001, 852.

[419] *Gusy*, Reichsverfassung, S. 327.

[420] BVerfGE 19, 206 (218); 19, 248 (251 f.).

[421] Zu den Grenzen aber: → Rn. 129.

[422] BVerfGE 73, 388 (401 f.).

[423] *v. Campenhausen* (Fn. 11), Art. 137 WRV Rn. 268.

[424] *Ehlers* (Fn. 64), Art. 137 WRV Rn. 29; *K. G. Meyer-Teschendorf*, Die Weitergabe von Meldedaten an die Kirchen, in: Essener Gespräche 15 (1981), S. 9 ff. (22 ff.); *J. Wasmuth*, Verfassungsrechtliche Problematik des Kirchensteuereinzugs, in: D. Birk/D. Ehlers (Hrsg.), Aktuelle Rechtsfragen der Kirchensteuer, 2011, S. 91 ff. (98).

[425] *Marré*, Besteuerungsrecht (Fn. 412), S. 1112 f.

3. Verfassungsrechtliche Vorgaben für die Ausgestaltung

a) Konnexität von Kirchensteuerpflicht und Mitgliedschaft

122 Die auf der Grundlage des Art. 137 VI WRV erlassenen landesgesetzlichen Bestimmungen müssen sich in die verfassungsmäßige Ordnung einfügen, insb. gilt es, die Grundrechte Dritter zu achten[426]. Dem Staat ist es versagt, durch Übertragung hoheitlicher Befugnisse an der Vollziehung der aus der Kirchenmitgliedschaft erwachsenden Pflichten mitzuwirken, soweit ihm selbst eine solche Einflussnahme durch das Grundgesetz verboten ist[427]. Auch hat er innerhalb der Ausgestaltung des Kirchensteuerrechts das Selbstbestimmungsrecht der Religionsgesellschaften zu achten[428]. Da die Befugnis zur Erhebung von Kirchensteuern ein vom Staat abgeleitetes und in den weltlichen Bereich hineinwirkendes Hoheitsrecht darstellt[429], kann es von den korporierten Religionsgesellschaften nur im Einklang mit dem Verfassungsrecht, vor allem den Grundrechten, ausgeübt werden (**Grundrechtsbindung der Kirchen**; → Rn. 86ff.)[430].

123 Dies hat insbesondere Konsequenzen für den Kreis der möglichen Steuerschuldner. Aus der Pflicht zur religiös-weltanschaulichen Neutralität des Staates folgt, dass einer Religionsgesellschaft keine Hoheitsbefugnisse über Personen verliehen werden dürfen, die ihr nicht angehören[431]. Kirchensteuern können deshalb nur Angehörigen der steuerberechtigten Religionsgesellschaft auferlegt werden[432]. Nichtmitgliedern steht aus Art. 4 GG die Freiheit zu, keine Glaubensgemeinschaft unterstützen zu müssen: **negative Finanzierungsfreiheit** (→ Art. 4 Rn. 138). Deshalb ist auch eine kirchliche Besteuerung juristischer Personen unzulässig[433].

124 Die **Bestimmung der Mitgliedschaft** ist Angelegenheit der Religionsgesellschaft (→ Rn. 72)[434]. Jedoch verbietet Art. 4 I, II GG, dass Personen ohne oder gegen ihren Willen mit Wirkung für den weltlichen Bereich als Angehörige einer Religionsgesellschaft gelten. Deren Mitgliedschaftsregelungen können deshalb staatlicherseits nur anerkannt werden, wenn für die Mitgliedschaft nach den Normen der Religionsgesellschaft eine freie Willensentscheidung konstitutiv ist[435]. Wenn auch keine förmliche, zivilrechtliche Willenserklärung erforderlich sein mag, ist doch ein hinreichendes, dem Erfordernis der Rechtsklarheit genügendes Begründungsmerkmal gefordert[436]. Die Anknüpfung an Taufe, Bekenntnis und Wohnsitz für die Begründung einer Mitglied-

---

[426] BVerfGE 19, 226 (236f.).

[427] BVerfGE 30, 415 (422f.).

[428] Auch im Rahmen der öffentlich-rechtlichen Korporationsrechte gilt die Gewährleistung des Art. 4 GG/Art. 137 III WRV (→ Rn. 86 ff.).

[429] BVerfGE 18, 392 (396); 19, 206 (218); 19, 248 (251f.).

[430] BVerfGE 30, 415 (422); ausführlich auch *Hammer*, Rechtsfragen (Fn. 409), S. 289ff.

[431] BVerfGE 19, 206 (216); 19, 226 (237); 19, 242 (247); 19, 268 (274).

[432] BVerfGE 19, 226 (237); 19, 242 (247); 30, 415 (421f.); *Marré*, Besteuerungsrecht (Fn. 412), S. 1118ff.; s. zur Begründung und Beendigung der Mitgliedschaft und ihrer Konnexität zur Kirchensteuerpflichtigkeit auch *A. v. Campenhausen*, DÖV 1970, 801ff.; ferner *W. Bock*, ZevKR 42 (1997), 319 (325ff.).

[433] BVerfGE 19, 206 (216); *Ehlers* (Fn. 64), Art. 137 WRV Rn. 30.

[434] A.A. *Hammer*, Rechtsfragen (Fn. 409), S. 271, der auch das Mitgliedschaftsrecht zu den res mixtae zieht; *ders.*, Kirchenmitgliedschaft und Kirchensteuerpflicht, in: R. Seer/B. Kämper (Hrsg.), Bochumer Kirchensteuertag, 2004, S. 77ff. (82).

[435] BVerfGE 19, 206 (217); 30, 415 (423ff.); *Ehlers* (Fn. 64), Art. 137 WRV Rn. 30; *S. Mückl*, HStR^3 VII, § 160 Rn. 56.

[436] Dazu und zum Problem des Mitgliedschaftserwerbs von Kindern *I. Augsberg*, AöR 138 (2013), 493 (498ff.).

schaft genügt diesen Anforderungen im Falle des Zuzugs aus dem Ausland nur, wenn mit der ausländischen Kirche eine entsprechende Vereinbarung getroffen wurde[437].

Die von Art. 4 GG geschützte Austrittsfreiheit garantiert eine **Beendbarkeit der Mitgliedschaft** für die Wirkungen des staatlichen Rechts einschließlich der Kirchensteuerpflichtigkeit[438]. Das staatliche Recht kann sich dabei nur auf die Mitgliedschaft in einer Religionsgesellschaft in der Rechtsform beziehen, welche diese im staatlichen Recht innehat (→ Art. 4 Rn. 89)[439]. Aus Gründen der Rechtssicherheit darf für den Austritt ein formalisiertes Verfahren vorgesehen werden[440]. Über die Wirkungen eines solchen Austritts nach Selbstverständnis und internem Recht der Religionsgesellschaft ist staatlicherseits nicht zu befinden. Während im Steuerrecht generell Typisierungen und Pauschalierungen in Hinsicht auf Art. 3 I GG zulässig sind, sehen sich derartige pragmatische Handhabungen im Bereich der Kirchensteuern wegen Art. 4 I, II GG insbesondere für den Fall der Beendigung der Mitgliedschaft durchgreifenden verfassungsrechtlichen Bedenken ausgesetzt[441]. Überlegungsfristen von einem Monat und Nachbesteuerungsfristen sind grundgesetzwidrig[442]. Die Erwartung der Kirchen und Religionsgesellschaften in Hinsicht stabiler Finanzeinnahmen stellt kein kollidierendes Verfassungsrecht dar. Von Verfassungs wegen ist **jede Form der Nachbesteuerung** nach dem Austritt **untersagt**[443]. Die hoheitlich auferlegte und beitreibbare Kirchensteuer unterscheidet sich insoweit insbesondere durch die unmittelbare Grundrechtsbindung von der durch die Privatautonomie geschützten Vereinbarung von Kündigungsfristen. 125

Besondere Probleme wirft die Frage der **Kirchenbesteuerung innerhalb von ehelichen Lebensgemeinschaften** auf. Die Rechtsprechung des BVerfG unterscheidet zwischen sog. glaubensverschiedenen und konfessionsverschiedenen Ehen. Bei Ehen, in 126

---

[437] *Ehlers* (Fn. 64), Art. 137 WRV Rn. 30. Dies ist innerhalb der mondial organisierten katholischen Kirche unproblematisch, s. in diesem Zusammenhang aber FG München DStRE 2016, 883 (883ff.) zur Feststellungslast der Kirche bei bloßer Selbstauskunft des Zugezogenen; innerhalb des Protestantismus soll die sog. Leuenberger Konkordie (1973) die Kirchenmitgliedschaft innerhalb der beteiligten europäischen Kirchen vermitteln; s. *v. Campenhausen*, Mitgliedschaftsrecht (Fn. 150), S. 774f.

[438] BVerfGE 44, 37 (49); BVerwGE 144, 171ff.; BFH NVwZ 1999, 1149; s. zum Kirchenaustritt näher *A. v. Campenhausen*, Der Austritt aus den Kirchen und Religionsgemeinschaften, in: HdbStKirchR² I, S. 777ff.; *ders./de Wall*, Staatskirchenrecht (Fn. 1), S. 160ff.; *Jeand'Heur/Korioth*, Grundzüge (Fn. 47), S. 179ff.; *I. Augsberg*, AöR 138 (2013), 493ff.; *B. Schmal*, Der staatliche Kirchenaustritt in seiner historischen Entwicklung, 2013. Zur Motivation zum Kirchenaustritt durch die finanziellen Belastungen durch die Kirchensteuer auf der Grundlage eines rational-choice-Modells *K. Birkelbach*, ZfS 28 (1999), 136ff.; a.A. *L. Renck*, BayVBl. 2004, 132 (135ff.), der von der Verfassungswidrigkeit des zur Beendigung der Steuerpflicht erforderlichen Kirchenaustritts ausgeht und stattdessen eine Abstandserklärung genügen lässt; ebenso *Czermak*, Religions- und Weltanschauungsrecht (Fn. 129), S. 125; *ders.*, KritJ 39 (2006), 418 (425f.).

[439] So auch VG Freiburg KirchE 54, 32 (32ff.); *M. Löhnig/M. Preisner*, AöR 137 (2012), 118 (123f.); *dies.*, NVwZ 2013, 39 (39ff.); a.A. BVerwG 144, 171 (173ff.); VGH BW DÖV 2010, 948ff.; *S. Muckel*, KuR 2010, 26 (29); *ders.*, NvWZ 2013, 260ff.; s. dazu auch *M. Gehm*, StBW 2013, 82ff.; OVG Rheinland-Pfalz v. 01.02.2016 – 6 A 10941/15 Rn. 7 (juris); BayVGH NVwZ-RR 2014, 618ff.; umfassend zu dem Problem und m.w.N. *I. Augsberg*, AöR 138 (2013), 493 (504ff.).

[440] BVerwGE 144, 171 (180ff., Rn. 32ff.).

[441] Zur Problematik auch *Marré*, Besteuerungsrecht (Fn. 412), S. 2238f. m.w.N.; zur besonderen Problematik der Kirchensteuererhebung in Fällen der Lohnsteuerpauschalierung *C. Meyer*, Die Rechtsprechung zur Kirchensteuererhebung in Fällen der Lohnsteuerpauschalierung, in: FS Listl, 1999, S. 699ff.; *J. Lang*, Kirchgeld bei glaubensverschiedenen Ehen und Lohnsteuerpauschalierung, in: Birk/Ehlers, Kirchensteuer (Fn. 424), S. 169ff. (176ff.).

[442] BVerfGE 44, 37 (53f.).

[443] Großzügiger BVerfGE 44, 37 (50); 44, 59 (67).

denen ein Ehegatte keiner steuerpflichtigen Religionsgesellschaft angehört, darf dieser Ehegatte nicht zur Zahlung von Kirchensteuern für den anderen Ehegatten verpflichtet werden[444]. Dieser Grundsatz wird dahingehend verstanden, dass auch die Anwendung des sog. Halbteilungsgrundsatzes in solchen Ehen für die Ermittlung der Kirchensteuer des Mitgliedes unzulässig sei[445]. Für Ehen, in denen die Ehegatten verschiedenen steuerberechtigten Religionsgesellschaften angehören, wird die Heranziehung der Hälfte des gemeinsamen Einkommens zur Berechnung der Kirchensteuer dann für zulässig gehalten, wenn die Möglichkeit der Wahl getrennter Veranlagung zur Einkommensteuer besteht[446]. Diese Rechtsprechung differenziert nicht ausreichend zwischen der Steuerpflichtigkeit und der Bemessungsgrundlage. Die Haftung des einen Ehegatten für die Kirchensteuerschuld des anderen vermag diese Überlegung freilich nicht zu stützen; sie ist verfassungswidrig[447]. Dies gilt auch für konfessionsverschiedene Ehen[448]. Die Tatsache, dass ein Ehegatte generell der Kirchensteuerpflicht unterliegt, überspielt nicht die grundrechtlich geschützte Finanzierungsfreiheit in bezug auf konkrete Religionsgesellschaften. Deshalb kann nur in gleichkonfessionellen Ehen das Kirchensteuerrecht einer Religionsgesellschaft eine Gesamthaftung der Eheleute für die geschuldete Kirchensteuer begründen.

127 Art. 137 VI WRV ist im Lichte der anderen Grundgesetzartikel zu interpretieren, also auch des Art. 6 GG. Das dadurch gebotene Verständnis der Ehe als Einkommens-, Aufwands- und Leistungsfähigkeitsgemeinschaft[449] lässt den Halbteilungsgrundsatz auch im Kirchensteuerrecht insoweit zulässig erscheinen, als an die Hälfte der gemeinsamen Einkünfte anknüpfend eine originäre Kirchensteuerpflicht des Mitgliedes begründet werden kann. Die Erhebung eines **besonderen Kirchgelds**, das nur mittelbar an das Einkommen des nicht kirchensteuerpflichtigen Ehegatten als Indiz für den tatsächlichen Lebensführungsaufwand des kirchensteuerpflichtigen Partners anknüpft, ist demgemäß zulässig, um die vom BVerfG selbst erkannte Unbill der Nichtanwendbarkeit des Halbteilungsgrundsatzes[450] auszugleichen[451].

128 Auch die Frage der verfassungsrechtlichen Zulässigkeit der sog. **Zwölftelungsmethode**[452] ist eine Frage der Bemessungsgrundlage und nicht der Steuerpflichtigkeit. Im Falle der Kirchensteuer als Zuschlagsteuer ist es verfassungsrechtlich nicht geboten, bei einem Kirchenaustritt zur Berechnung der geschuldeten Kirchensteuer nur an das Einkommen anzuknüpfen, das während der Kirchenmitgliedschaft erzielt wurde. Die

---

[444] BVerfGE 19, 226 (235 f.); *Magen* (Fn. 46), Art. 140 GG/Art. 137 WRV Rn. 58.

[445] BVerfGE 19, 268 (273 ff.); 19, 282 (288).

[446] BVerfGE 20, 40; *Hemmrich* (Fn. 150), Art. 140 Rn. 35.

[447] BVerfGE 19, 226 (239); 19, 242 (247); 19, 268 (274).

[448] A. A. BVerfGE 20, 40 (44); *Marré*, Besteuerungsrecht (Fn. 412), S. 1126 ff.; *v. Campenhausen* (Fn. 11), Art. 137 WRV Rn. 287. Vom dogmatischen Ansatz verfehlt ist es, einzig auf die beiden großen christlichen Kirchen abzustellen. Der Körperschaftsstatus und damit auch das Besteuerungsrecht steht grundsätzlich allen Religionsgesellschaften offen (→ Rn. 103 ff.); die paritätische Grundentscheidung der Verfassung gilt es auch bei der dogmatischen Bewältigung von Detailproblemen zu beachten.

[449] *P. Kirchhof*, Ehe und Familie im staatlichen und kirchlichen Steuerrecht, in: Essener Gespräche 21 (1986), S. 117 ff. (143); *Marré*, Besteuerungsrecht (Fn. 412), S. 1126.

[450] BVerfGE 19, 268 (282).

[451] BVerfG (K), NJW 2011, 365; dazu *F. Hammer*, KuR 2011, 108 (109 ff.); BFHE 211, 90 (92, 96 ff.); allgemein zum besonderen Kirchgeld vgl. *H.-U. Anke*, ZevKR 46 (2001), 191 ff.; *M. Kapischke*, LKV 2003, 411 ff.; kritisch hierzu aber *Czermak*, Religions- und Weltanschauungsrecht (Fn. 129), S. 132.

[452] Siehe BVerwGE 79, 62 (64 f.); *Marré*, Besteuerungsrecht (Fn. 412), S. 1140 f.

Kirchensteuer kann von Verfassungs wegen als Zuschlagsteuer ausgestaltet werden, was Konsequenzen zeitigt, wenn die Bezugsteuer, etwa für Lohn und sonstige Einkommen, auf der Grundlage des Jahresertrages berechnet wird. Art. 137 VI WRV gewährleistet auch im Falle des Kirchenaustritts eine steuersystemgerechte finanzielle Abwicklung der mitgliedschaftlichen Abgabenpflicht. Die Zwölftelung ist die einzig systemkohärente Lösung bei einer Jahresertragsteuer als Bezugsgröße der Kirchensteuer[453].

b) Verfassungsrechtlich gebotener Einfluss der Religionsgesellschaften auf die Ausgestaltung und seine Grenzen

Dem **Landesgesetzgeber** ist wegen Art. 4 GG/Art. 137 III WRV verwehrt, das Kirchensteuersystem umfassend in allen Einzelheiten festzulegen. Der Ausgestaltungsauftrag würde sonst zu einer Eingriffsermächtigung in innere Angelegenheiten umfunktioniert werden. So ist insbesondere die Höhe der Steuer von der steuerberechtigten Religionsgesellschaft selbst festzulegen[454]. Das generalisierte Steuerungsmedium Geld soll gegenüber den Religionsgesellschaften der Politik durch Art. 137 VI (und Art. 138) WRV gerade weitgehend entzogen werden, ähnlich wie das Steuerungsmedium Recht durch Art. 4 GG/Art. 137 III WRV. Die Norm stellt insoweit ein Korrelat zum **Selbstverwaltungsrecht** von Religionsgesellschaften dar[455]. Man spricht deshalb auch vom Kirchensteuerwesen als **gemeinsamer Angelegenheit** (res mixtae; → Rn. 25)[456]. 129

Verfassungsrechtlich zulässig ist sowohl die Ermöglichung eines gänzlich **eigenen kirchlichen Steuersystems** mit selbständigen Tarifen als auch die Möglichkeit einer **Anlehnung an die staatlichen Steuertatbestände**, soweit eine Öffnungsklausel für eine eigene Steuer (etwa in Form des Kirchgeldes) enthalten ist. Letzteren Weg haben inzwischen alle Länder gewählt. 130

Das Rechtsstaatsprinzip (→ Art. 20 [Rechtsstaat], Rn. 66 ff.) gebietet für jede Besteuerung eine **gesetzliche Grundlage**. Deshalb bedürfen die erforderlichen kirchlichen Steuerregelungen einer ausreichenden landesrechtlichen Bestimmung. Staatliche Behörden dürfen kirchliche Steuergesetze, die einer landesgesetzlichen Grundlage entbehren, nicht anwenden[457]. Die für die Kirchensteuer erheblichen innerkirchlichen Rechtsakte haben zwar mittels der Beleihung staatlichen Rechtscharakter, sind jedoch keine Rechtsverordnungen der staatlichen Exekutive. Die Religionsgesellschaften des öffentlichen Rechts werden nicht in die Staatsverwaltung integriert (→ Rn. 82). Art. 80 I 2 GG findet deshalb keine Anwendung[458]. Ferner müssen auch die kirchlichen Steuernormen den **Mindestanforderungen rechtsstaatlicher Steuererhebung** genügen[459]. 131

---

[453] Ebenso *Hammer*, Rechtsfragen (Fn. 409), S. 371 ff., 441 ff. m. w. N.

[454] Ein bewusst hoher Kirchensteuersatz würde sonst ein probates Mittel einer kirchenfeindlichen Politik darstellen; zur Möglichkeit der Kirchen zur Kappung der Kirchensteuer s. *R. Rausch*, Zur Höhe der Kirchensteuer: Mindestbesteuerung, Kappungsgrenzen, in: Birk/Ehlers, Kirchensteuer (Fn. 424), S. 179 ff. (181 ff.).

[455] *v. Campenhausen* (Fn. 11), Art. 137 WRV Rn. 189.

[456] BVerfGE 19, 206 (217); 44, 37 (57), 73, 388 (399); *Marré*, Besteuerungsrecht (Fn. 412), S. 1110 f.; *S. Mückl*, HStR³ VII, § 160 Rn. 56; *M. Droege*, Die delegierte Steuerhoheit – Das System der Kirchensteuer im offenen Steuerstaat, in: Birk/Ehlers, Kirchensteuer (Fn. 424), S. 23 ff. (26 ff.).

[457] BVerfGE 19, 248 (251 ff.); *Leibholz/Rinck*, GG, Art. 140 (1993), Rn. 316.

[458] BVerfGE 19, 253 (266 f.); 73, 388 (400); *Marré*, Besteuerungsrecht (Fn. 412), S. 1117 (Fn. 37 unten).

[459] BVerfGE 19, 248 (251).

Hierzu zählt insbesondere die Bestimmbarkeit der Steuerschuld, Festlegung der Höhe der Bemessung, die Voraussehbarkeit, also die Tatbestandsmäßigkeit[460]. Diese Vorgaben sichert der Staat durch das Erfordernis einer Genehmigung oder Anerkennung der entsprechenden kirchlichen Rechtsakte (Kirchensteuerordnungen und -beschlüsse)[461].

132 Gegen Kirchensteuerentscheidungen ist wie gegen andere Maßnahmen der öffentlichen Gewalt der **Rechtsweg** nach Art. 19 IV GG garantiert (→ Art. 19 IV Rn. 59)[462]. Je nach landesrechtlicher Ausgestaltung divergiert der einschlägige Rechtsweg zwischen der Finanz- und Verwaltungsgerichtsbarkeit[463]. Die Prüfung durch die staatlichen Gerichte erstreckt sich dabei sowohl auf die Frage der Verfassungskonformität der Kirchensteuerordnungen und -beschlüsse wie der Einhaltung der kircheneigenen steuerrechtlichen Vorgaben[464].

133 Die **Kirchensteuerverwaltung durch staatliche Finanzämter** ist nicht durch Art. 137 VI WRV geboten, aber verfassungsrechtlich zulässig[465]. Sie steht mangels typischer Gefährdungslage einer institutionellen Verknüpfung (keine ineinander verschränkten Dienstwege und Weisungsketten, getrennte Verwaltungsapparate, keine Identifikation, da inhaltsneutraler Administrativakt) im Einklang mit Art. 137 I WRV. Dies gilt um so mehr, als die Kontinuitätsgewährleistung des Art. 137 VI WRV auch in bezug auf die kirchensteuerrechtlichen Ausgestaltungsmöglichkeiten einen gewissen Bestandsschutz gewährt. Die Verwaltung der Kirchensteuer durch staatliche Steuerbehörden korreliert mit der nach Art. 137 VI WRV zulässigen Abhängigkeit der Kirchensteuer von der staatlichen Einkommensteuer[466] wie mit der institutionellen Berührung durch die Zurverfügungstellung staatlichen Verwaltungszwangs für die hoheitliche Beitreibung der Kirchensteuer. An der mit dem staatlichen Einzug verbundenen Förderung öffentlich-rechtlicher Körperschaften ist der »weltanschaulich neutrale Kultur- und Sozialstaat« deshalb verfassungsrechtlich nicht gehindert[467]. Allerdings ist er **paritätsrechtlich** gehalten, diese Begünstigung allen Religionsgesellschaften i. S. d. Art. 137 V WRV zu gewähren. Im Zeitalter elektronischer Datenverarbeitung kann eine besondere Mindestgröße für die Teilnahme am staatlichen Kirchensteuereinzug – wie sie etwa § 15 II KiStG NW vorsieht – nicht mit dem ansonsten unverhältnismäßigen Aufwand gerechtfertigt werden. Die Anforderungen in Art. 137 V 2 WRV sind bezüglich aller mit dem Korporationsstatus verbundener Rechte abschließend (→ Rn. 103f.)[468].

---

[460] BVerwG DÖV 1965, 769f.; *v. Campenhausen* (Fn. 11), Art. 137 WRV Rn. 277f.

[461] *Marré*, Besteuerungsrecht (Fn. 412), S. 1116, insb. Fn. 37.

[462] BVerfGE 19, 206 (218); 30, 415 (420).

[463] *v. Campenhausen* (Fn. 11), Art. 137 WRV Rn. 296; für eine vereinheitlichte Zuständigkeit der Finanzgerichtsbarkeit plädiert *H. Reim*, Rechtsschutzfragen, in: Birk/Ehlers, Kirchensteuer (Fn. 424), S. 137ff. (141ff.).

[464] Zur sonstigen Prüfungsdichte im Rahmen des Selbstbestimmungsrechts: → Rn. 75.

[465] A. A. *Kleine*, Verfassungswidrigkeiten (Fn. 162), S. 211f., der allerdings Art. 137 VI WRV insgesamt für verfassungswidriges Verfassungsrecht hält; ebenfalls ablehnend *G. Czermak*, KritJ 39 (2006), 418 (422); *Wasmuth*, Grenzen (Fn. 71), S. 625f.; *ders.*, Problematik des Kirchensteuereinzugs (Fn. 424), S. 96ff.; dagegen aber *H.M. Heinig*, Grundlegende Rechtsfragen des gegenwärtigen Kirchensteuereinzugs, in: Birk/Ehlers, Kirchensteuer (Fn. 424), S. 113ff. mit Verweis auf EGMR NVwZ 2011, 1503ff.

[466] BVerfGE 44, 103 (103f.) unter Verweis auf E 20, 40 (43).

[467] BVerfGE 44, 103 (104).

[468] Siehe auch *H.M. Heinig*, ZEE 43 (1999), 294 (297).

4. Einfachgesetzliche Ausgestaltung

Die Ausgestaltung des Kirchensteuerwesens erfolgt durch die **Kirchensteuergesetze** (KiStG) und die entsprechenden Durchführungsverordnungen. Die ausschließliche **Kompetenz** zum Erlass solcher Rechtsvorschriften weist Art. 137 VI WRV ausdrücklich den Ländern zu[469]. 134

Die in allen Ländern gemäß der verfassungsrechtlichen Verpflichtung (→ Rn. 120) ergangenen Kirchensteuergesetze ermächtigen die kirchensteuerberechtigten Religionsgesellschaften zum Erlass eigener Steuerordnungen als Grundlagen der Steuererhebung. Die dabei zulässigen Steuerformen werden in den Gesetzen abschließend normiert. Vorgesehen sind sowohl **Zuschlagsteuern** zu erhobenen staatlichen Steuern als auch ein sog. **Kirchgeld**. Von Bedeutung ist dabei insbesondere die Lohn- und Einkommensteuer als Maßstabsteuer. Die Steuerschuld bei Zuschlagsteuern wird mittels eines von den Kirchen festzulegenden Hebesatzes berechnet[470]. 135

Die Kirchensteuergesetze überlassen es den Körperschaften, selbst zu bestimmen, welche Gliederungsebene **Gläubiger der Kirchensteuer** sein soll[471]. Für die Evangelische und die Katholische Kirche besteht in der Regel ein Wahlrecht zwischen einer Begünstigung der lokalen Ebene (Ortskirchensteuer), der Diözese bzw. Landeskirche oder einer Kombination[472]. Auf andere Religionsgesellschaften findet diese Unterscheidung entsprechende Anwendung. 136

VII. Gleichstellung von Weltanschauungsgemeinschaften (Art. 137 VII WRV)

Art. 137 VII WRV stellt den Religionsgesellschaften weltanschauliche Vereinigungen gleich. Die Norm bildet damit eine Wiederholung und Explizierung der gleichen Berechtigung von Religions- und Weltanschauungsfreiheit in individueller, kollektiver und korporativer Dimension aus Art. 4 I GG[473]. Die begriffliche Abgrenzbarkeit von Religion und Weltanschauung stellt sich durchaus als problematisch dar, kann aber in Zweifelsfällen wegen der Gleichstellungsklausel des Art. 137 VII WRV offen bleiben (→ Art. 4 Rn. 72 ff.). Die Gleichstellung bezieht sich zum einen auf die den Religionsgesellschaften in Art. 137 WRV zugesprochenen Rechte einschließlich des Rechts auf Verleihung des Status einer Körperschaft des öffentlichen Rechts (→ Rn. 103 ff.). Eingedenk des grundrechtlichen Gebotes der Gewährung gleicher Freiheit in religiös-weltanschaulicher Hinsicht (Art. 3 III[474], 4 I, II und 33 III 2 GG) entfaltet die Anordnung der Gleichstellung zum anderen aber Rechtswirkung für **alle Grundgesetznormen**. Dies ist die normative Folge des Gebotes der »Parität im Leistungsstaat«. Davon berührt sind alle durch Art. 140 GG inkorporierten Normen[475]. Auch Weltanschauungsgemeinschaften genießen also den speziellen Widmungsschutz des Art. 138 II 137

[469] Str., s. zum Streitstand *v. Campenhausen* (Fn. 11), Art. 137 WRV Rn. 276 m. w. N.

[470] Siehe umfassend *v. Campenhausen* (Fn. 11), Art. 137 WRV Rn. 280 und 288 f. sowie *Marré*, Besteuerungsrecht (Fn. 412), S. 1113 ff. jeweils m. w. N.

[471] *Marré*, Besteuerungsrecht (Fn. 412), S. 1117; *S. Mückl*, HStR³ VII, § 160 Rn. 59.

[472] *Marré*, Kirchensteuer (Fn. 33), § 10 Rn. 6.

[473] *Ehlers* (Fn. 64), Art. 137 WRV Rn. 25.

[474] Der Begriff des Glaubens und der religiösen Anschauung in Art. 3 III GG ist weit zu verstehen und umfasst auch die Weltanschauung (→ Art. 3 Rn. 133).

[475] *v. Campenhausen* (Fn. 11), Art. 137 WRV Rn. 300 ff.; *Korioth* (Fn. 46), Art. 140 GG/Art. 137 WRV Rn. 103; *C. Mertesdorf*, Weltanschauungsgemeinschaften, 2007, S. 500 f.; a. A. *Muckel*, Freiheit

WRV (→ Art. 138 WRV Rn. 36) oder die Möglichkeit der Zulassung zur Anstaltsseelsorge nach Art. 141 WRV[476] (→ Art. 141 WRV Rn. 8). Aber auch auf Art. 7 III GG findet Art. 137 VII WRV Anwendung[477]; der Begriff der Religionsgemeinschaft im Grundgesetz entspricht dem der Religionsgesellschaft in der Weimarer Reichsverfassung.

138 Darüber hinaus gilt das Gleichstellungsgebot zum dritten auch für die die Verfassungskonformität sichernde Auslegung von **Religions- oder Religionsgesellschaftsklauseln** in einfachen Gesetzen[478].

VIII. Landesgesetzliche Ausgestaltung (Art. 137 VIII WRV)

139 Art. 137 VIII WRV schreibt den Ländern eine Gesetzgebungskompetenz zur konkretisierenden Ausgestaltung der Verbürgungen des Art. 137 WRV zu. Die Norm stellt jedoch **keine umfassende ausschließliche Gesetzgebungskompetenz** der Länder für alle Felder des Religionsverfassungsrechts dar, sondern beschränkt diese ausdrücklich auf das zur Durchführung der Bestimmungen des Art. 137 WRV Erforderliche[479]. Art. 137 VIII WRV tritt damit in weiten Teilen hinter das ohnehin bestehende Kompetenzgefüge des Grundgesetzes nach Art. 70 ff. GG zurück, nach dem – je nach Verbürgung des Art. 137 WRV – auch der Bund Regelungen treffen kann, die die Rechtsstellung der Religionsgesellschaften tangieren[480]. Dies ist etwa in zahlreichen Berücksichtigungsklauseln geschehen, dort insbesondere in Form von Geboten der Rücksichtnahme auf die Besonderheiten von Religionsgesellschaften in eigentlich religionsindifferenten Gesetzen[481]. Eine darüber hinausreichende eigenständige Gesetzgebungskompetenz für die Länder begründet Art. 137 VIII WRV damit letztlich nur, falls dies notwendig ist, um eine Regelungslücke im Bereich der ausschließlichen Gesetzgebungskompetenz des Bundes zu schließen. In der Gesamtschau fällt nach der übrigen Verteilungsordnung des Grundgesetzes den Ländern in Angelegenheiten des Staatskirchenrechts gleichwohl zumeist die Gesetzgebungskompetenz zu[482], was insoweit deklaratorisch durch Art. 137 VIII WRV bekräftigt wird.

140 Neben der Zuweisung der Gesetzgebungskompetenz entfaltet Art. 137 VIII WRV seine besondere Bedeutung hinsichtlich des **Vorbehaltes des Gesetzes**[483]. Den Gewährleistungen des Art. 137 WRV für Religionsgesellschaften kommt über Art. 4 GG gleichermaßen grundrechtliche Relevanz zu (→ Rn. 80), für religiöse Organisationen

---

(Fn. 53), S. 135 f.; *Hemmrich* (Fn. 150), Art. 140 Rn. 36; *Magen* (Fn. 46), Art. 140 GG/Art. 137 WRV Rn. 61.

476 So auch *S. Eick-Wildgans*, Anstaltsseelsorge. Möglichkeiten und Grenzen des Zusammenwirkens von Staat und Kirche im Strafvollzug, 1993, S. 109.

477 Ebenso *C. Link*, Religionsunterricht, in: HdbStKirchR² II, S. 439 ff. (500); *M. Thiel*, in: Sachs, GG, Art. 7 Rn. 41; *S. Goltz*, Weltanschauungsgemeinschaften, 2014, S. 180 ff.

478 Siehe z. B. BFHE 190, 278 zu § 10b I 1 EStG, dazu *P. Fischer*, FR 2000, 569 f.

479 *v. Campenhausen/Unruh* (Fn. 11), Art. 137 WRV Rn. 281; *Kästner* (Fn. 399), Art. 140 Rn. 566.

480 *v. Campenhausen/Unruh* (Fn. 11), Art. 137 WRV Rn. 281; *J. Müller-Volbehr*, Das Staatskirchenrecht als Gegenstand der einfachen Gesetzgebung in Bund und Ländern, in: HdbStKirchR² I, S. 289 ff. (303 ff.) jeweils mit Beispielen.

481 *Jeand'Heur/Korioth*, Grundzüge (Fn. 47), S. 64.

482 *Ehlers* (Fn. 64), Art. 137 WRV Rn. 38; *v. Campenhausen/Unruh* (Fn. 11), Art. 137 WRV Rn. 281.

483 Siehe zum folgenden *M. Morlok/H. M. Müller*, JZ 1997, 549 (553) und *M. Morlok/H. M. Heinig*, NVwZ 1999, 697 (705 f.); eine in Grenzen a. A. vertritt jedoch *Korioth* (Fn. 46), Art. 140 GG/Art. 137 WRV Rn. 104.

bestehen zugleich aber spezielle Schranken (→ Rn. 15). Soweit in die Gewährleistungen für Religionsgesellschaften aus Art. 137 WRV eingegriffen wird, kann dies durch Verfassungsrecht gerechtfertigt sein. Ein solcher Eingriff bedarf jedoch zwingend einer gesetzlichen Grundlage. Hierfür legt Art. 137 VIII WRV in Einbettung in das bestehende Kompetenzgefüge des Grundgesetzes die formale Verbandskompetenz fest, in deren Rahmen der Gesetzgeber die Gewichtung kollidierender grundgesetzlich geschützter Interessen vorzunehmen hat. Das Verbot einer Religionsgesellschaft (→ Rn. 36) bedarf damit ebenso einer Rechtsgrundlage wie die Ausgestaltung des Verfahrens zur Verleihung und Verlust des Körperschaftsstatus (→ Rn. 103 ff.). Für Ersteres steht in Anknüpfung in die privatrechtliche Organisationsform der Religionsgesellschaften in Anwendung bestehender Bundeskompetenz mit dem Vereinsgesetz eine entsprechende Rechtsgrundlage zur Verfügung und es bedarf mangels Erforderlichkeit keiner landesgesetzlichen Regelung. Hinsichtlich der Verleihung und des Verlusts des Körperschaftsstatus fehlt es hingegen in weiten Teilen an solchen (erforderlichen) Regelungen[484], weshalb die bestehende Rechtspraxis als verfassungswidrig zu werten ist[485]. Auch funktionell ist die notwendige Spezifizierung der verfassungsrechtlichen Vorgaben im rechtlich wie politisch sensiblen Bereich der Religion dem Gesetzgeber vorbehalten, weshalb Art. 137 VIII WRV nicht nur eine Kompetenznorm, sondern auch einen **Auftrag zur Gesetzgebung** darstellt[486].

Eine Einschränkung erfährt der Ausgestaltungsspielraum der Landesgesetzgeber dabei insbesondere hinsichtlich der **Rechtsform der Verleihung** (und des Verlusts) **des Körperschaftsstatus** (→ Rn. 105 ff.)[487]. Aus dem bundesverfassungsunmittelbare Anspruch aus Art. 137 V 2 WRV auf Verleihung des Status bei Vorliegen der Voraussetzungen (→ Rn. 103 f.) folgt die **Verfassungswidrigkeit der Verleihung durch formelles Gesetz**[488]. Bei der Verleihung des Körperschaftsstatus handelt es sich »um den Erlass einer gebundenen Entscheidung im Wege des Verfassungsvollzugs«[489]. **141**

Die dabei verlangte bloße Subsumtionsleistung stellt den parlamentarischen Gesetzgeber vor unauflösbare Folgeprobleme: Das formelle Gesetz zielt als abstrakt-generelle Regelung in größtmöglicher Allgemeinwohlorientierung darauf ab, eine unbestimmte Vielzahl von Fällen zu regeln. Das Gesetzgebungsverfahren soll deshalb eine **142**

---

[484] Entsprechende Regelungen hinsichtlich des Körperschaftsstatus sehen soweit ersichtlich aktuell nur Baden-Württemberg (§ 24 KiStG), Bayern (Art. 1 II-V KirchStG), Bremen (§ 2a KiStG), Hamburg (§ 1, 3 KörpRG) und Nordrhein-Westfalen (KörpStG) vor.

[485] So auch *Ehlers* (Fn. 64), Art. 137 WRV Rn. 29; *Heinig*, Religionsgesellschaften (Fn. 131), S. 349 f., 370 f.; ebenso wohl *Huxdorff*, Erst- und Zweitverleihung (Fn. 348), S. 210 ff.; *Walter*, Religionsverfassungsrecht (Fn. 87), S. 566, 570; *Röger*, Aberkennung (Fn. 404), S. 775 ff.; *Mager* (Fn. 150), Art. 140 Rn. 59.

[486] Weitere, über die Kompetenzzuweisung hinausreichende Funktionen des Art. 137 VIII WRV letztlich ablehnend: *v. Campenhausen/Unruh* (Fn. 11), Art. 137 WRV Rn. 281; *Kästner* (Fn. 399), Art. 140 Rn. 567; *Korioth* (Fn. 46), Art. 140 GG/Art. 137 WRV Rn. 104.

[487] Die Verleihung erfolgt in Hamburg (§ 3 II KörpRG) und seit Ende 2014 in Nordrhein-Westfalen (§ 2 I KörpStG) durch Rechtsverordnung (NRW vormals durch Gesetz) sowie in den übrigen Ländern durch Verwaltungsakt der jeweiligen Landesregierung (Bremen vormals durch Gesetz).

[488] BVerfGE 139, 321 (361 ff., Rn. 123 ff.); zustimmend *B. Beckermann*, DÖV 2016, 112 ff.; so auch bereits *Huxdorff*, Erst- und Zweitverleihung (Fn. 348), S. 218 ff. m. w. N.; *H. Weber*, ZevKR 57 (2012), 347 (378 ff.); *Bohl*, Körperschaftsstatus (Fn. 350), S. 87; eine Verleihung durch Parlamentsgesetz bisher für möglich haltend etwa *Heinig*, Gesetzgeberische Gestaltungsoptionen (Fn. 349), S. 248 ff.; *Ehlers* (Fn. 64), Art. 137 WRV Rn. 29; *v. Campenhausen/Unruh* (Fn. 11), Art. 137 WRV Rn. 206; einen Überblick hierzu bietend *M. Sachs/C. Jasper*, NWVBl. 2016, 1 (5 m. Fn. 58 f.).

[489] BVerfGE 139, 321 (366, Rn. 137).

größtmögliche Zahl von Präferenzen in mehrheitsfähiger Ausgestaltung abbilden[490]. Die parlamentarische Sachentscheidung ist damit stets eine Abstimmung für oder gegen einen bestimmten Entscheidungsvorschlag. Wird eine Entscheidungsvariante abgelehnt, so muss eine neue, mehrheitsfähige erarbeitet werden. Alternativ besteht auch die Möglichkeit, eine Entscheidung über ein bestimmtes Thema nicht zu treffen. Die **Verleihung des Körperschaftsstatus** nach Art. 137 V 2 WRV stellt sich vor diesem Hintergrund als qualifizierte Form der Einzelfallgesetzgebung i. S. v. Art. 19 I 1 GG dar[491]. Anders als bei durch grundrechtliche Schutzpflichten bedingtem Normerlaß, bei dem der Gesetzgeber verpflichtet ist, eine Regelung zu treffen, ihm hinsichtlich der konkreten Ausgestaltung jedoch Entscheidungsalternativen offen stehen, verpflichtet und beschränkt die Entscheidung über die Verleihung des Körperschaftsstatus in doppelter Weise: Liegen die Verleihungsvoraussetzungen (→ Rn. 103 f.) vor, ist das Parlament nicht nur verpflichtet, die Entscheidung überhaupt zu treffen, sondern ist auch alternativlos beschränkt auf einen konkreten Inhalt[492]. Zwar mag man das Parlament als Verfassungsorgan hierzu verpflichten können. Zur effektiven Grundrechtsgewährleistung müssten damit jedoch auch die einzelnen Abgeordneten pflichtig hinsichtlich nur einer möglichen Entscheidungsalternative mit »Ja« stimmen. Diese Konstellation ist dem Wesen und der Zielsetzung des politisch-parlamentarischen Gesetzgebungsverfahrens fremd und im Besonderen mit dem freien Mandat der Abgeordneten (→ Art. 38 Rn. 149 ff.) unvereinbar. Die Durchsetzung der Verleihung als bundesverfassungsunmittelbarer Anspruch entzieht sich damit »der Rationalität demokratischer Mehrheitsentscheidungen«[493] und ist stattdessen eine **originäre Aufgabe der Exekutive**[494]. Die Verleihung durch formelles Parlamentsgesetz lässt sich unter Berücksichtigung dieser Aspekte als Verstoß gegen den **Grundsatz der Gewaltenteilung** aus Art. 20 II 2 GG (→ Art. 20 [Rechtsstaat] Rn. 67 ff.) sowie in dessen spezifischer Absicherung gegen das **Verbot der Einzelfallgesetzgebung** nach Art. 19 I 1 GG (→ Art. 19 I Rn. 9 ff.) verstehen[495].

143 Darüber hinaus verkürzt die Verleihung durch Gesetz – gerade hinsichtlich eines verfassungsunmittelbaren Anspruchs – in erheblichem Umfang die **Garantie des effek-**

---

[490] Grundlegend *M. Morlok*, Volksvertretung als Grundaufgabe, in: Morlok/Schliesky/Wiefelspütz, § 3 Rn. 75 ff., 80 m. w. N.

[491] In diesem Sinne auch BVerfGE 139, 321 (363 ff., Rn. 127 ff., 131 f.), das von »Einzelpersonengesetz« spricht; krit. *C. Möllers*, JZ 2015, 1103 (1104); *Huxdorff*, Erst- und Zweitverleihung (Fn. 348), S. 219 f.

[492] BVerfGE 139, 321 (367, Rn. 140).

[493] BVerfGE 139, 321 (368, Rn. 142); die Verleihung durch formelles Gesetz lässt sich damit als Handlungsformenmißbrauch begreifen, der eine rechtliche gebundene Entscheidung unzulässigerweise zu einer politischen macht; dazu am Beispiel des Bauplanungsrechts *H. Goerlich*, »Formenmißbrauch« und Kompetenzverständnis, 1987. Dies verkennt etwa *K. Hartung*, ZevKR 60 (2015), 165 (171).

[494] BVerfGE 139, 321 (361 ff., Rn. 123 ff.); so bereits *Doose*, Freikirchen (Fn. 372), S. 176; krit. *M. Sachs/C. Jasper*, NWVBl. 2016, 1 (6 ff.).

[495] So ausdrücklich BVerfGE 139, 321 (361 ff., Rn. 123 ff.); zustimmend *B. Beckermann*, DÖV 2016, 112 ff.; kritisch hinsichtlich der Fruchtbarmachung der Gewaltenteilung sowie Art. 19 I 1 GG *C. Möllers*, JZ 2015, 1103 (1103 ff.); ebenso *Huxdorff*, Erst- und Zweitverleihung (Fn. 348), S. 219 f. Durch den in § 2 I 2 KörpStG NRW vorgesehenen jederzeitigen Zustimmungsvorbehalt des Parlaments ist so auch die erst 2014 neugefasste Regelungspraxis in NRW weiterhin verfassungswidrig bzw. bedarf jedenfalls einer verfassungskonformen Anwendung, die eine solche Zustimmung des Parlaments ausschließt, s. auch *B. Beckermann*, DÖV 2016, 112 (117 f.); *M. Sachs/C. Jasper*, NWVBl. 2016, 1 (10); a. A. *K. Hartung*, ZevKR 60 (2015), 165 (171).

tiven Rechtsschutzes (→ Art. 19 IV Rn. 50)[496]. Gegen das Unterlassen einer Verleihung durch den parlamentarischen Gesetzgeber steht der antragstellenden Religionsgesellschaft lediglich der außerordentliche Rechtsbehelf der Verfassungsbeschwerde zur Verfügung, der als nur einstufiges Verfahren, vom Prüfungsumfang begrenzt auf die Verletzung spezifischen Verfassungsrechts, und hinsichtlich der Rechtswirkung der Entscheidung im Verhältnis zu einer erfolgreichen, spruchreifen Verpflichtungsklage lediglich auf eine Feststellung der Rechtsverletzung beschränkt ist[497]. Dieses Maß an Rechtsschutz schränkt die zur ausreichenden Gewährleistung des Anspruchs aus Art. 137 V 2 WRV erforderliche wirksame gerichtliche Kontrolle zu weitreichend ein, zumal im Gesetzgebungsverfahren, anders als im Verwaltungsverfahren, Verfahrensrechte der Betroffenen nur in sehr begrenztem Umfang bestehen[498].

Ähnliche Einwände lassen sich auch gegen die Verleihung durch materielles Gesetz in Gestalt einer **Rechtsverordnung** erheben: Zwar wird hierbei eine Entscheidung durch die Exekutive getroffen, die Befugnis hierzu wird jedoch vom Parlament übertragen (und überwacht) und die Rechtsverordnung zielt ebenso wie das formelle Gesetz auf eine abstrakt-generelle Regelung[499]. Auch ist diese Rechtsform mangels einer ausdrücklichen Regelung der Normerlassklage in der VwGO und einer dogmatisch nicht unumstrittenen Herleitung hinsichtlich deren Existenz, Ausgestaltung und Rechtswirkung bezogen auf die Effektivität des Rechtsschutzes und das einzuhaltende Verfahren mit nicht unerheblichen Unsicherheiten behaftet[500], weshalb die **Verleihung durch Rechtsverordnung** mit Blick auf den Anspruchscharakter der Verleihungsentscheidung **abzulehnen** ist[501]. Verfassungsrechtlich zulässig und den effektiven Rechtsschutz gewährleistend ist die **Verleihung durch Verwaltungsakt**[502]. **144**

---

[496] Im Ergebnis so auch BVerfGE 139, 321 (364 f., Rn. 128 ff.) ohne Bezugnahme auf Art. 19 IV GG; kritisch hierzu *M. Sachs/C. Jasper*, NWVBl. 2016, 1 (8); *C. Möllers*, JZ 2015, 1103 (1104); ebenso bereits *H. Weber*, ZevKR 57 (2012), 347 (378 ff.); *Doose*, Freikirchen (Fn. 372), S. 177.

[497] BVerfGE 139, 321 (364 f., Rn. 128 ff.) m. w. N.

[498] BVerfGE 139, 321 (365, Rn. 130).

[499] Grundlegend dazu *F. Ossenbühl*, HStR³ V, § 103 Rn. 41; auch diese Konstellation lässt sich insofern als Handlungsformenmißbrauch begreifen, s. *B. Beckermann*, DÖV 2016, 112 (116 ff.).

[500] Die verwaltungsgerichtliche Normerlassklage etwa gänzlich ablehnend: *W.-R. Schenke*, Verwaltungsprozessrecht, 2014, Rn. 1083; für die Anwendung der Feststellungsklage: BVerwG NVwZ 2002, 1505 (1506); *Sodan* (Fn. 305), § 42 Rn. 46 ff. m. w. N.; für die Anwendung der allg. Leistungsklage: *F. Hufen*, Verwaltungsprozessrecht, 2016, § 20 Rn. 8 m. w. N.; § 5 II KörpStG NRW versucht diese Unsicherheiten durch eine sehr allgemein gehaltene Rechtswegzuweisung (»Gegen Entscheidungen und zur Herbeiführung von Entscheidungen nach diesem Gesetz ist der Rechtsweg vor die Verwaltungsgerichte gegeben.«) auszuräumen. Ob hierdurch wie von *Hartung*, ZevKR 60 (2015), 165 (173) vorgetragen »entgegen der sonst regelmäßig unzulässigen klageweisen Erzwingung von Rechtsnormen das Land zum Erlass einer entsprechenden Rechtsverordnung bzw. zur Aufhebung einer solchen durch die Verwaltungsgerichte verurteilt werden kann.«, ist insb. hinsichtlich der so ggf. bzgl. § 2 I 2, 3 KörpStG NRW notwendigen Verpflichtung des Parlaments zur Zustimmung zu bezweifeln, s. etwa *M. Sachs/C. Jasper*, NWVBl. 2016, 1 (10). Dies im Ergebnis verkennend *B. Beckermann*, DÖV 2016, 112 (119), der jedoch zutreffend aufzeigt (118), dass der Landesgesetzgeber durch § 5 II KörpStG NRW mangels Gesetzgebungskompetenz keine Normerlassklage in Anwendung von § 47 I Nr. 2 VwGO regeln konnte.

[501] Ebenso *Bohl*, Körperschaftsstatus (Fn. 350), S. 86; so wohl auch *B. Beckermann*, DÖV 2016, 112 (119); a. A. *M. Sachs/C. Jasper*, NWVBl. 2016, 1 (10); *Heinig*, Gesetzgeberische Gestaltungsoptionen (Fn. 349), insb. S. 273 ff.; *Huxdorff*, Erst- und Zweitverleihung (Fn. 348), S. 225 ff.; einen Überblick zu den vertretenen Ansichten im Gesetzgebungsverfahren des KörpStG NRW bietet *D. B. Trapp*, KuR 2014, 158 (162 ff., 169 f.).

[502] Ebenso etwa *B. Beckermann*, DÖV 2016, 112 (119); *Huxdorff*, Erst- und Zweitverleihung (Fn. 348), S. 227 f.

D. Verhältnis zu anderen GG-Bestimmungen

145 Die verschiedenen Bestimmungen in Art. 137 WRV haben zu einer Reihe von Normen des Grundgesetzes inhaltliche Beziehungen, die bei der Kommentierung des jeweiligen Absatzes namhaft gemacht worden sind. Im Überblick geht es bei **Abs. 1** um die Verpflichtung des Staats zur Neutralität, die Norm wirkt funktionell zusammen mit Art. 4 I und II GG, aber auch mit Art. 3 III und 33 III GG, sowie mit Art. 136 I, II WRV. Verfassungsrechtlich legitimierte Ausnahmen vom Trennungsgebot finden sich in Art. 7 III GG und Art. 141 WRV. **Abs. 2** ist eine Spezialvorschrift gegenüber der allgemeinen Vereinigungsfreiheit aus Art. 9 GG und in seinem Gehalt auch von Art. 4 I und II GG mit umfasst. Die Selbstverwaltungsgarantie in **Abs. 3** wiederholt für Organisationen den bereits in Art. 4 I, II GG enthaltenen Schutz und enthält einen speziellen Gesetzesvorbehalt (→ Rn. 44ff.). Der Autonomieschutz für religiöse Organisationen ist eine Spezialgarantie, die bei sonstigen Vereinigungen von Art. 9 I GG umfasst wird. Der Körperschaftsstatus, den **Abs. 5** ermöglicht, lässt sich nicht nur als Bestandsschutz verstehen, sondern auch als eine Maßnahme der Förderung des Grundrechts der Religionsfreiheit (→ Rn. 80). Gleiches gilt für das Institut der Kirchensteuern nach **Abs. 6**. **Abs. 7** hat wiederum paritäts- und neutralitätsrechtlichen Gehalt und ist im Zusammenhang mit Art. 3 III, 4 I und II, 33 III GG und Art. 136 I, II WRV zu sehen. **Abs. 8** stellt eine Kompetenznorm zugunsten der Länder dar, die neben der Kompetenzordnung nach Art. 70ff. GG zu beachten ist.

Artikel 138 WRV [Garantie der Staatsleistungen und des Religionsgutes]

(1) [1]Die auf Gesetz, Vertrag oder auf besonderen Rechtstiteln beruhenden Staatsleistungen an die Religionsgesellschaften werden durch die Landesgesetzgebung abgelöst. [2]Die Grundsätze hierfür stellt das Reich auf.

(2) Das Eigentum und andere Rechte der Religionsgesellschaften und religiösen Vereine an ihren für Kultus-, Unterrichts- und Wohltätigkeitszwecke bestimmten Anstalten, Stiftungen und sonstigen Vermögen werden gewährleistet.

Literaturauswahl

Borowski, Martin: Die Glaubens- und Gewissensfreiheit des Grundgesetzes, 2006.
Brauns, Hans-Jochen: Staatsleistungen an die Kirchen und ihre Ablösung, 1970.
Classen, Claus Dieter: Religionsrecht, 2. Aufl. 2015.
Czermak, Gerhard: Die Ablösung historischer Staatsleistungen an die Kirchen, in: DÖV 2004, S. 110–116.
Droege, Michael: Staatsleistungen an Religionsgemeinschaften im säkularen Kultur- und Sozialstaat, 2004.
Droege, Michael: Verlust der Rechtseinheit durch Wiedervereinigung. Kommunale Baulasten in der jüngsten Rechtsprechung des Bundesverwaltungsgerichts, in: ZevKR 54 (2009), S. 488–497.
Droege, Michael: Die Gewährleistung des Kirchenguts und die Diskontinuität der staatlichen Rechtsordnung – Aktuelle Probleme des kirchlichen Vermögensrechts, in: ZevKR 55 (2010), S. 339–359.
Filmer, Fridtjof/Görisch, Christoph: Die Reichweite des grundgesetzlichen Kirchengutsschutzes, in: ZevKR 45 (2000), S. 453–472.
Heckel, Johannes: Kirchengut und Staatsgewalt, in: Festschrift für Rudolf Smend, 1952, S. 103–143.
Isensee, Josef: Staatsleistungen an die Kirchen und Religionsgemeinschaften, in: HdbStKirchR^2, Bd. I, S. 1009–1063.
Kästner, Karl-Hermann: Die Verfassungsgarantie des kirchlichen Vermögens, in: HdbStKirchR^2, Bd. I, S. 891–906.
Lücke, Jörg: Die Weimarer Kirchengutsgarantie als Bestandteil des Grundgesetzes, in: JZ 1998, S. 534–545.
Pirson, Dietrich: Kirchengut – Religionsfreiheit – Selbstbestimmung, in: Festschrift für Joseph Listl, 1999, S. 611–622.
Unruh, Peter: Religionsverfassungsrecht, 3. Auflage 2015.
Wehdeking, Thomas Pieter: Die Kirchengutsgarantien und die Bestimmungen über die Leistungen der öffentlichen Hand an die Religionsgesellschaften im Verfassungsrecht des Bundes und der Länder, 1971.

Leitentscheidungen des Bundesverfassungsgerichts

BVerfGE 18, 392 (397f.) – Beurkundungsbefugnis; 19, 1 (13f.) – Neuapostolische Kirche; BVerfG (K), NJW 1992, 2812 (2813ff.) – Verklärungskirche Baden-Baden; BVerfGE 99, 100 (119ff., Rn. 77ff.) – St. Salvator Kirche.

Gliederung

Stichwörter

A. Herkunft, Entstehung, Entwicklung

I. Ideen- und verfassungsgeschichtliche Aspekte

1 Rechtliche Regelungen über das Kirchenvermögen haben eine **lange Tradition**. Frühere kirchenrechtliche Sonderstellungen des Kirchengutes haben für die heutige Rechtslage keine Bedeutung mehr und können hier ausgeklammert bleiben[1]. Im Zuge der Konfessionsspaltung wurden die Besitztümer der beiden Religionsparteien getrennt, gegen eine Vereinnahmung durch die andere Seite gesichert und so ein status quo als friedensdienlich festgeschrieben[2]. Den Kirchen wurde damit einmal die materielle Grundlage ihrer Tätigkeit, etwa für Pfarrergehälter, gesichert; in einer zweiten, später virulent werdenden Stoßrichtung ging es um den Schutz einer bestimmten Verwendung von Vermögen gegen den Zugriff des Landesherrn, der unter staatskirchenrechtlichen Verhältnissen das Kirchenvermögen als eine Art von öffentlichem Vermögen einer anderen Zweckbestimmung zuführen konnte.

2 **Absatz 1** stellt eine in der deutschen Verfassungsgeschichte **neue Regelung** dar[3]. Sie setzt eine fortgeschrittene Trennung von Staat und Kirche in der Art voraus, so dass von zwei selbständigen Subjekten die Rede sein konnte. Historischer Anlass für die Gewährleistung von Staatsleistungen an die Kirchen war die Säkularisation von Kirchenvermögen, aus welchem die Kirche zuvor ihren materiellen Bedarf gedeckt hat-

---

[1] S. *J. Heckel*, Kirchengut und Staatsgewalt, in: FS Smend, 1952, S. 103ff. (110ff., hier bes. 112); einen Überblick über die Entwicklung und den status quo der staatlichen Förderung der Religionsgesellschaften gibt *C. Sailer*, ZRP 2001, 80ff.; zur spezifischen kulturverfassungsrechtlichen Dimension s. *M. Droege*, Staatsleistungen an Religionsgemeinschaften im säkularen Kultur- und Sozialstaat, 2004.

[2] Vgl. §§ 16, 19, 21 Augsburger Religionsfrieden; Art. 5 § 31, §§ 45ff. IPO (→ Art. 140 Rn. 3).

[3] *A. v. Campenhausen/H. de Wall*, Staatskirchenrecht, 4. Aufl. 2006, S. 281; *P. Unruh*, Religionsverfassungsrecht, 3. Aufl. 2015, Rn. 508.

te[4]. Diese Säkularisation hatte unter dem Vorzeichen des landesherrlichen Kirchenregiments (→ Art. 140 Rn. 5) nicht den Charakter eines externen Zugriffs, sondern konnte als Umwidmung vom einen zum anderen öffentlichen Zweck verstanden werden. Zur Erfüllung des alten Zwecks sollten dann Staatsleistungen einen Ersatz bieten. Mit Abstand am wichtigsten geworden sind die Veränderungen, die in der Folge des Friedens von Lunéville (1801) eintraten. Zufolge dieses Vertrages zwischen dem Deutschen Reich und Frankreich fielen die Gebiete auf dem linken Rheinufer an Frankreich. Im **Reichsdeputationshauptschluss** (RDH) von 1803 wurden die weltlichen Landesherren für ihren Gebietsverlust dadurch entschädigt, dass die geistlichen Fürstentümer aufgehoben (säkularisiert) und an sie verteilt wurden[5]. Hinzu trat eine **Säkularisation des kirchlichen Vermögens**, die anders als jene Aufhebung der Staatlichkeit die Einziehung des kirchlichen Vermögens zu Gunsten der Landesherren, und zwar sämtlicher Landesherren, bedeutete. Dies geschah nicht mehr als Entschädigung für die verlorenen linksrheinischen Besitztümer, sondern zur Deckung des »Aufwandes für Gottesdienst, Unterrichts- und andere gemeinnützige Anstalten« als auch »zur Erleichterung ihrer Finanzen«, § 35 RDH. Die Vermögensmassen der aufgehobenen Klöster und Stiftungen sollten also in die staatliche Vermögensregie zu staatlichen Zwecken überführt werden. Mit dem Vermögen gingen gemäß § 35 RDH auch die auf diesem liegenden Verpflichtungen zur Ausstattung von Kirchen und Pensionen für die Geistlichkeit auf den Staat über. Daraus entstand die Pflicht zu »**Staatsleistungen an die Kirchen**«[6]. Das **Ablösungsgebot**, welchem die Bestandsgarantie für die Staatsleistungen unterworfen ist, drückt seinerseits den lang laufenden Prozess der Auseinanderentwicklung von Staat und Kirche (→ Art. 140 Rn. 1ff.) aus und entspricht systematisch der Aufhebung der Staatskirche in Art. 137 I WRV.

3 Die traditionell **Kirchengutsgarantie** genannte Bestimmung **des Abs. 2, heute besser als »Religionsgutsgarantie« bezeichnet,** kann in ihrer äußeren Form auf eine lange Tradition zurückblicken. So sprach bereits § 19 des Augsburger Religionsfriedens (→ Art. 140 Rn. 3) von eingezogenen Gütern, die »zu Kirchen, Schulen, Milten und andern Sachen angewendet« werden sollten. Im Kontext der konfessionellen Konflikte diente diese Gewährleistung der Auseinandersetzung und Absicherung im Verhältnis der Konfessionen untereinander. Spätere Gewährleistungen ähnlichen Wortlauts hatten eine andere Schutzrichtung: Sie zielten auf den Landesherrn, der Religionsgut zu anderen öffentlichen Zwecken umwidmen wollte. Dies ist die Wurzel der heutigen Garantie[7]. Die einschlägigen Gewährleistungen in den **frühen Verfassungen** verwenden eine Trias von Kultus-, Unterrichts- und Wohltätigkeitszwecken[8]. Die Paulskir-

---

[4] Dazu *E.-R. Huber*, Die Garantie der kirchlichen Vermögensrechte in der Weimarer Verfassung, 1927, S. 1ff.; *U. Scheuner*, Der Bestand staatlicher und kommunaler Leistungspflichten an die Kirchen, in: FS Flatten, 1973, S. 381ff. (383); *J. Isensee*, Staatsleistungen an die Kirchen und Religionsgemeinschaften, in: HdbStKirchR², Bd. I, S. 1009ff.; *H.-J. Brauns*, Staatsleistungen an die Kirchen und ihre Ablösung, 1970, S. 15ff.; *C. D. Classen*, Religionsrecht, 2. Aufl. 2015, Rn. 605.

[5] Dazu *Huber*, Verfassungsgeschichte, Bd. 1, S. 42ff.; *Willoweit*, Verfassungsgeschichte, § 27 Rn. 8ff.; Text des Reichsdeputationshauptschlusses: *Huber*, Dokumente, Bd. 1, S. 1ff.

[6] *Huber*, Garantie (Fn. 4), S. 43ff.

[7] Prägend für diese Sicht *Heckel*, Kirchengut (Fn. 1), S. 103ff.

[8] S. Titel IV § 9 BayVerf. 1818; § 70 WürttembVerf. 1819 oder § 68 Grundgesetz Hannover 1833, bei jeweils unterschiedlichen Formulierungen. Letztere Bestimmung ist insofern besonders instruktiv, als einerseits das Verbot einer Übertragung der kirchlichen Vermögen zum Staatsvermögen ausgesprochen wird und andererseits das Verbot einer Verwendung dieser Mittel zu anderen Zwecken; obendrein wird noch einmal ausdrücklich auf § 35 RDH Bezug genommen.

chenverfassung kannte keine entsprechende Sicherung dieses kirchlichen Zwecken gewidmeten Vermögens, wohl aber die **Preußische Verfassung** von 1850 in Art. 15.

II. Entstehung und Veränderung der Norm

4 Sowohl im Verfassungsausschuss der Weimarer Nationalversammlung wie im Parlamentarischen Rat war die **Ablösung von Staatsleistungen** ein zentraler Streitgegenstand der Beratungen. Während das Zentrum eine Gewähr für alle »auf Gesetz, Vertrag oder besonderen Rechtstiteln beruhenden Staatsleistungen« anstrebte, und die Ablösung auf Fälle einvernehmlicher Vereinbarung oder bestehender gesetzlicher Vorbehalte beschränken wollte[9], bestanden die Sozialdemokraten auf einer auch in finanzieller Hinsicht wirksamen Entzerrung von Kirche und Staat[10]. Die von Naumann (DDP) und Meerfeld (SPD) gegen den Widerstand des Zentrums angestrebte Kompromisslinie sah schließlich statt der fakultativen die zwangsweise Ablösung vor[11]. Leitlinie dafür sollten aber vom Reich aufgestellte Grundsätze bilden. Letzteres führte in der zweiten Lesung im Verfassungsausschuss zu der Frage, ob bereits vor Erlass der Grundsätze eine landesrechtliche Ablösung möglich sei[12]. Die Rechtsparteien versuchten, eine ausdrückliche Sperrvorschrift aufzunehmen, nach der eine Ablösung durch die Landesgesetzgebung erst zulässig sein sollte, wenn das Reichsgesetz erlassen sei. Nach anfänglichem Scheitern eines Antrags der DVP, wonach bis zum Erlass eines Reichsgesetzes »die bisherigen Staatsleistungen an die Religionsgemeinschaften« aufrechterhalten werden sollten[13], wurde in der zweiten Lesung der Nationalversammlung eine solche Bestimmung, die später Art. 173 WRV wurde, mit knapper Mehrheit angenommen[14].

5 Anders als die Regelung der Staatsleistungen erwies sich die Aufnahme einer **besonderen Eigentumsgarantie** für Religionsgemeinschaften als wenig umstritten. In der ersten Lesung des Verfassungsausschusses wurde beschlossen, dass die Ablösung der Staatsleistungen das Eigentum der Religionsgemeinschaften nicht tangieren solle[15]. In der zweiten Lesung wurde dann eine Formulierung gewählt, die, ohne auf den die Ablösung der Staatsleistungen betreffenden Abs. 1 Bezug zu nehmen, das Eigentum und erweitert »andere Rechte [...] gewährleistet«[16].

---

[9] Verhandlungen der verfassungsgebenden Deutschen Nationalversammlung, Bd. 336, Anlagen zu den Stenographischen Berichten Nr. 391, Bericht und Protokolle des Achten Ausschusses über den Entwurf einer Verfassung des Deutschen Reiches, 1920, S. 175.

[10] *L. Richter*, Kirche und Schule in den Beratungen der Weimarer Nationalversammlung, 1996, S. 346.

[11] Bericht und Protokolle (Fn. 9), S. 199; *Richter*, Kirche (Fn. 10), S. 346.

[12] Genauer *Richter*, Kirche (Fn. 10), S. 447ff.

[13] Bericht und Protokolle (Fn. 9), S. 514.

[14] *Richter*, Kirche (Fn. 10), S. 542.

[15] Der ursprüngliche Antrag des Zentrums lautete: »Die Religionsgesellschaften bleiben in Besitz und Genuß der für ihre Kultus-, Unterrichts- und Wohltätigkeitszwecke bestimmten Anstalten, Stiftungen und Fonds.« S. Bericht und Protokolle (Fn. 9), S. 175. Im Laufe der ersten Lesung des Verfassungsausschusses wurde daraus: »Das Eigentum der Religionsgemeinschaften und religiösen Vereine an ihren für Kultus-, Unterrichts- und Wohltätigkeitszwecke bestimmten Anstalten, Stiftungen und sonstigen Vermögen bleibt hierdurch unberührt.« S. die Zusammenstellung bei *F. Giese*, JöR XIII (1925), 249 (254).

[16] *F. Giese*, JöR XIII (1925), 249 (254).

6 Im **Parlamentarischen Rat** waren CDU/CSU, Zentrum und DP bestrebt, das Ablösungsgebot der WRV auf Fälle freiwilliger Vereinbarungen zu beschränken[17]. Nachdem sich dies als nicht mehrheitsfähig erwies und sich die Weitergeltung der Weimarer Kirchenartikel als Kompromiss abzeichnete[18], wandte sich insbesondere die CDU gegen die Übernahme von Art. 138 I WRV. Dagegen bestand die SPD auf einer Fortgeltung auch des Art. 138 I WRV, da die Kirchenbestimmungen ein geschlossenes Ganzes bildeten[19]. Diese Auffassung konnte sich auf Vorschlag des sog. Fünferausschusses in der dritten Lesung des Hauptausschusses durchsetzen[20]. Die Aufnahme bzw. Übernahme eines besonderen Eigentums- und Vermögensschutzes der Kirchen und Religionsgesellschaften in das Grundgesetz war dagegen im Parlamentarischen Rat wie bei den Beratungen der Weimarer Nationalversammlung, nachdem man sich für die Aufnahme verfassungsrechtlicher Bestimmungen bezüglich der Religionsgesellschaften entschieden hatte, unstreitig und wurde nicht weiter thematisiert.

B. Internationale, supranationale und rechtsvergleichende Bezüge

I. Internationale Menschenrechtspakte

7 Sind sowohl Vereinbarungen zur korporativen Religionsfreiheit wie – wegen der Systemgegensätze nach dem 2. Weltkrieg – zum Eigentums- und Vermögensschutz in den **internationalen Menschenrechtspakten** nur äußerst rudimentär anzutreffen, fehlt es an der thematischen Kombination beider Bereiche auf dieser Ebene nahezu völlig. Eine Ausnahme bildet lediglich das (rechtlich unverbindliche) Abschlussdokument des Wiener KSZE-Folgetreffens, das insbesondere in Prinzip 16.9 das Recht von Glaubensgemeinschaften vorsieht, »der Ausübung einer Religion oder Überzeugung dienende Gegenstände und Materialien zu erwerben, zu besitzen und zu verwenden«[21].

II. Europäisches Unionsrecht

8 Auch das **Europäische Unionsrecht** kennt keine eigentums- und vermögensspezifischen Regelungen für Religionsgemeinschaften. Art. 17 AEUV anerkennt die Rechtsposition der religiösen und weltanschaulichen Gemeinschaften, die diese im Recht der Mitgliedstaaten innehaben. Auch kennt die ChGrEU in Art. 17 das Grundrecht auf Eigentum. Dadurch ist jedoch nicht ausgeschlossen, dass mittelbare Auswirkungen des Unionsrechts sich auch auf die Vermögenssituation von Religionsgemeinschaften auswirken können (→ Art. 140 Rn. 18). Besonders problematisch erscheinen Staatsleistungen unter der Perspektive des Europäischen Wettbewerbsrechts in den Tätigkeitsfeldern von Religionsgemeinschaften, in denen sie in Konkurrenz zu privatwirtschaft-

---

[17] Drs. 321 vom 29.11.1948 (→ Art. 140 Rn. 12), in: Parl. Rat V/2, S. 835f.; der Antrag der drei Fraktionen ist auch (allerdings mit irriger Datumsangabe 29.1.1948) abgedruckt in JöR 1 (1951), S. 899f.

[18] Zum Kompromisscharakter der Normen auch *H.A. Wolff*, ZRP 2003, 12ff.

[19] Siehe dazu im Detail die 39. Sitzung des Hauptausschusses v. 14.1.1949, JöR 1 (1951), S. 904f.; Parl. Rat XIV, S. 1182ff. (1199).

[20] Siehe (als Art. 148/1) Drs. 591 v. 5.2.1949, in: Parl. Rat VII, S. 339ff. (394); ebenfalls in JöR 1 (1951), S. 907.

[21] Dazu *O. Kimminich*, Religionsfreiheit als Menschenrecht, 1990, S. 179ff. (mit Textdokumentation).

lichen Anbietern stehen, wie etwa in manchen Sektoren der Wohlfahrtspflege. Hier ist nicht ausgeschlossen, dass es sich um europarechtswidrige Beihilfen handelt. Bei der Auslegung und Anwendung des Unionsrechts ist freilich Art. 17 AEUV zu berücksichtigen.

III. Rechtsvergleichende Hinweise

9 Die in Art. 138 WRV gefassten vermögensbezogenen Bestimmungen sind wesentlich aus der konkreten historischen Entwicklung heraus zu sehen (→ Rn. 1ff.). Eingedenk des sehr unterschiedlichen Gangs der Dinge in den Staat-Kirche-Beziehungen in den **einzelnen europäischen Nationalstaaten** nimmt es nicht wunder, dass auch die Verfassungstexte diese Bereiche sehr unterschiedlich reflektieren. Staatsleistungen sind dabei in zahlreichen Ländern nicht unbekannt, insb. Kirchenbaulasten und besondere Steuerbefreiungen sind weit verbreitet[22]. Doch nicht überall stellen sie ein Surrogat für Enteignungen dar; die dominanten Kirchen sind z. B. in Schweden oder Großbritannien bis heute namhafte Großgrundbesitzer[23]. Ein Ablösegebot für Staatsleistungen sieht keine andere europäische Verfassung vor; deren Verbot aber kennt etwa Irlands Verfassung (Art. 44 II Uabs. 2). Andere Länder haben entsprechende einfach-gesetzliche Regelungen[24]. Besondere Vorschriften für die Enteignung von Kirchengut auf grundgesetzlicher Ebene sind dagegen häufiger anzutreffen. Art. 15 des österreichischen StGG von 1867 garantiert i. V. m. Art. 149 I Nr. 1 Österr. Verf. den Besitz und Genuss kirchlichen Zweckvermögens. Die Griechische Verfassung kennt in Art. 18 VIII und 105 II Halbs. 2 Enteignungsverbote für genauer umschriebene Kirchengüter (namentlich die autonomen Athosklöster). Irlands Verfassung sieht in Art. 44 II Uabs. 6 besondere Restriktionen vor.

10 Die **Verfassungen der deutschen Länder** sehen fast ausnahmslos Regelungen über Staatsleistungen und das Eigentum und Vermögen der Religionsgemeinschaften vor. Gegen Art. 31 GG verstoßen diejenigen Bestimmungen der Landesverfassungen, die die Aufrechterhaltung von Staatsleistungen entgegen dem grundgesetzlichen Ablösungsgebot (→ Rn. 20) garantieren (so Art. 145 I BayVerf., Art. 45 RhPfVerf., Art. 39 SaarlVerf. oder Art. 112 I SächsVerf.) oder die Ablösung von einer Vereinbarung abhängig machen (etwa Art. 37 II BrandenbVerf. oder Art. 21 NWVerf.). Art. 145 II BayVerf. setzt entgegen dem Verbot der Neubegründung von Staatsleistungen durch Art. 138 I WRV die Einrichtung neuer freiwilliger Staatsleistungen voraus. Art. 52 HessVerf. koppelt die Ablösung von Staatsleistungen an ein Gesetz; dies setzt allerdings vom Bund verabschiedete Grundsätze gem. Art. 140 GG/Art. 138 I WRV voraus. Andere Landesverfassungen inkorporieren Art. 140 GG/Art. 138 WRV (→ Art. 140 Rn. 24) und damit dessen Regelungen bezüglich der Staatsleistungen und des Eigentums der Kirchen und Religionsgemeinschaften. Besondere Eigentumsgewährleistungen enthalten Art. 146 BayVerf., Art. 37 I BrandenbVerf., Art. 44 RhPfVerf. und Art. 38 SaarlVerf. Daneben bestätigt Art. 112 II SächsVerf. indirekt das Eigentum der Kirchen an ihren Baudenkmälern, ergänzt um eine gesetzlich ausgestaltete Unter-

---

[22] S. Länderberichte in: G. Robbers (Hrsg.), Staat und Kirche in der Europäischen Union, 1995, insb. jeweils IX. Kirchenfinanzierung.

[23] S. *D. McClean*, Staat und Kirche im Vereinigten Königreich, in: Robbers, Staat (Fn. 22), S. 333ff. und *R. Schött*, Staat und Kirche in Schweden, ebd., S. 319ff.

[24] Etwa Art. 2 des französischen Religionsgesetzes von 1905.

haltspflicht des Landes. Einige Landesverfassungen nehmen kommunale Staatsleistungen in die Gewährleistung ausdrücklich auf[25].

C. Erläuterungen

I. Allgemeine Bedeutung

Die beiden Absätze des Art. 138 WRV beziehen sich auf den **Schutz des Vermögens** der Religionsgesellschaften als des materiellen Substrats ihrer Tätigkeit. Sie ergänzen insofern im materiellen Bereich die Freiheitsgewährleistungen der Art. 4 GG und Art. 137 III WRV und sind im Zusammenhang mit diesen zu interpretieren[26]. Beide Absätze enthalten eine den Schutzbereich des **Art. 14 GG** konkretisierende und **ergänzende Garantie**. Für Abs. 1 ist dies insoweit der Fall, als dort Surrogate für früheres Eigentum der Religionsgesellschaften gewährleistet werden: Die – bis zum Erlass eines Ablösungsgesetzes – sich faktisch als Bestandsgarantie auswirkende Norm lässt sich damit aus dem **Rechtsfortwirkungsgedanken** begreifen. Darüber hinaus soll das Ablösungsgebot in Abs. 1 die von Art. 137 I WRV eingeführte grundsätzliche institutionelle **Trennung von Staat und Religionsgesellschaften** (→ Art. 137 WRV Rn. 16ff.) auf finanziellem Gebiet herbeiführen[27] – unter Wahrung eines Bestandsschutzes für die erfassten Staatsleistungen an die Religionsgesellschaften. 11

Art. 138 I WRV kann insofern als gegenüber Art. 138 II WRV **speziell** angesehen werden, als Staatsleistungen vom weitergehenden Schutz des Vermögens der Religionsgesellschaften ausgenommen werden. Funktional betrachtet stellt Abs. 2 die umfassende Garantie des Vermögens der Religionsgesellschaften dar, Abs. 1 ist die Ausformulierung einer speziellen Konsequenz[28]. 12

II. Staatsleistungen an Religionsgesellschaften und ihre Ablösung (Art. 138 I WRV)

1. Zwecke

Die Bestimmung des Art. 138 I WRV enthält im tatsächlichen Ergebnis **zwei – widersprüchliche – Zwecke**. Zum einen wird ein Gebot der **Entflechtung von Staat und Kirche**[29] im Vermögensbereich aufgestellt, welches einen Teilgehalt des Gebots der insti- 13

[25] So z.B. Art. 145 I BayVerf.; Art. 37 II BrandenbVerf.; Art. 21 NWVerf.

[26] *K. Hesse*, ZevKR 5 (1956), 62 (70ff.); BVerfGE 66, 1 (22ff.); 99, 100 (119, Rn. 80ff.) m.w.N.; BVerwGE 87, 115 (121f.); → Art. 140 Rn. 25ff.; *M. Borowski*, Die Glaubens- und Gewissensfreiheit des Grundgesetzes, 2006, S. 314; anders aber *D. Pirson*, Kirchengut – Religionsfreiheit – Selbstbestimmung, in: FS Listl, 1999, S. 611ff., der – bezogen auf die Kirchengutsgarantie des Abs. 2 – die strukturelle Verschiedenartigkeit eines Freiheitsrechts von einer gegenstandsbezogenen Garantie betonen möchte.

[27] *U.K. Preuß*, in: AK-GG, Art. 140 (2001), Rn. 60; dezidiert *Brauns*, Staatsleistungen (Fn. 4), S. 82, 91ff.; für die historische Motivation ähnlich *Isensee*, Staatsleistungen (Fn. 4), S. 1009ff. (1016f.), freilich ausdrücklich ohne dogmatische Bezugnahme auf Art. 137 I WRV, S. 1044f. Ebenso *v. Campenhausen/de Wall*, Staatskirchenrecht (Fn. 3), S. 281; *M. Droege*, Art. Staatsleistungen, in: EvStL^4, Sp. 2321ff. (2324).

[28] *Heckel*, Kirchengut (Fn. 1), S. 104f.; *S. Magen*, in: Umbach/Clemens, GG, Art. 140 Rn. 130.

[29] Dazu *T.P. Wehdeking*, Die Kirchengutsgarantien und die Bestimmungen über Leistungen der öffentlichen Hand an die Religionsgesellschaften im Verfassungsrecht des Bundes und der Länder, 1971, S. 112 m.w.N.; *H.A. Wolff*, ZRP 2003, 12ff.

tutionellen Trennung des Art. 137 I WRV (→ Art. 137 WRV Rn. 16ff.) darstellt. Anschaulich spricht man von »Institutsliquidation«[30]. Die Vorschrift dient auch der Rechtsbereinigung überkommener Leistungspflichten. Das Ablösungsgebot für Staatsleistungen bildet einen Teil des **Trennungsfolgerechts**, welches mit dem Verbot der Staatskirche in Art. 137 I WRV nötig wurde und welches das Auseinandertreten von Staat und Kirche verwirklicht. Freilich ist damit kein generelles Verbot von staatlichen Leistungen jedweder Art an Religionsgemeinschaften gemeint (→ Rn. 22). Zugleich hat die Norm auch die Wirkung einer **finanziellen Bestandsgarantie** für die Empfänger der Staatsleistungen. Diese kennt zwei Erscheinungsformen: Durch das Verbot einer entschädigungslosen Beseitigung der Leistungspflichten (→ Rn. 20ff.) wird auf Dauer der auf Staatsleistungen beruhende status quo gewährleistet. Wenn abgelöst wird, so tritt die Entschädigung an die Stelle der bisherigen Leistungen. Bis zu einer Aufhebung der Staatsleistungen gegen Entschädigung verhindert die Norm eine einseitige Einstellung der Staatsleistungen[31]. Wegen der Bindung an eine gesetzliche Entschädigungsregelung hat das Ablösungsgebot eine paradoxe Wirkung[32].

14 Anders als Abs. 2 stellt Abs. 1 einen reinen **Vermögensschutz** dar. Bis zu einer Ablösung sind in ihrem Bestand Leistungen in verschiedenster Rechtsform und zu unterschiedlichsten Zwecken geschützt[33].

2. Anwendungsbereich

a) Staatsleistungen i. S. d. Art. 138 I WRV

15 Von den Rechtswirkungen des Art. 138 I WRV erfasst werden alle Zuwendungen eines vermögenswerten Vorteils[34], die auf den in der Verfassung genannten besonderen Rechtsgründen beruhen, die zeitlich vor Inkrafttreten der Verfassungsgarantie und aus einer historischen Entschädigungsmotivation heraus begründet worden sind[35]. Angesichts des zukunftsgerichteten Charakters sowohl der Ablösungsverpflichtung wie auch der impliziten Bestandsgarantie sind **nur wiederkehrende Leistungspflichten**

---

[30] *Brauns*, Staatsleistungen (Fn. 4), S. 88ff.; s. auch *Droege*, Art. Staatsleistungen (Fn. 27), Sp. 2321ff. (2327).

[31] *Isensee*, Staatsleistungen (Fn. 4), S. 1009ff. (1017); *A. v. Campenhausen/P. Unruh*, in: v. Mangoldt/Klein/Starck, GG III, Art. 138 WRV Rn. 11; *G. Robbers*, Förderung der Kirchen durch den Staat, in: HdbStKirchR², Bd. I, S. 867ff. (874); *W. Clement*, Die politische Praxis staatlicher Kirchenförderung, in: Essener Gespräche 28 (1994), S. 41ff. (46).

[32] *C. Schmitt*, Verfassungslehre, 1928 (Nachdruck 1970), S. 33f., nennt die Bestimmung als typisches Beispiel eines dilatorischen Formelkompromisses.

[33] Für Strukturierungen s. *Isensee*, Staatsleistungen (Fn. 4), S. 1009ff. (1022ff.). Zum Bestand s. *Scheuner*, Bestand (Fn. 4), S. 381ff.; *Wehdeking*, Kirchengutsgarantien (Fn. 29), S. 112ff. Der Umfang der Staatsleistungen hält sich in vergleichsweise bescheidenen Grenzen, für Nordrhein-Westfalen s. die Angaben bei *Clement*, Praxis (Fn. 31), S. 46ff.; s. auch *C. Frerk*, Violettbuch Kirchenfinanzen. Wie der Staat die Kirchen finanziert, 2010, S. 59ff., 77ff. zur Lage der Staatsleistungen in ganz Deutschland. Zu den Schwierigkeiten der Ermittlung *Isensee*, Staatsleistungen (Fn. 4), S. 1009ff. (1010, Fn. 2).

[34] Diese Begriffsbestimmung vermeidet die leider übliche tautologische Definition als Leistungen des Staates, die auf den genannten besonderen Rechtstiteln beruhen, so etwa *D. Ehlers*, in: Sachs, GG, Art. 138 WRV Rn. 2 oder *v. Campenhausen/Unruh* (Fn. 31), Art. 138 WRV Rn. 4; s. auch *L. Renck*, NVwZ 2007, 1383 (1384); *V. Knöppel*, ZevKR 58 (2013), 188ff.

[35] In der Sache allgemeine Auffassung, s. *Wehdeking*, Kirchengutsgarantien (Fn. 29), S. 112ff.; *Preuß* (Fn. 27), Art. 140 Rn. 60; *Ehlers* (Fn. 34), Art. 138 WRV Rn. 2f.; *Isensee*, Staatsleistungen (Fn. 4), S. 1009ff. (1018ff.); *S. Korioth*, in: Maunz/Dürig, GG, Art. 141 WRV (2003), Rn. 4; *Classen*, Religionsrecht (Fn. 4), Rn. 605ff.; *Magen* (Fn. 28), Art. 140 Rn. 125.

von Art. 138 I WRV umfasst[36]. Wesentlich ist der besondere **historische Bezug** der erfassten Staatsleistungen[37]. Damit scheiden alle Leistungspflichten aus fiskalischer Staatstätigkeit aus[38]. Umfasst werden nicht nur Pflichten zur Geldleistung, sondern zu allen vermögenswerten Leistungen, also auch zu Bedarfsleistungen wie Kirchenbaulasten und Naturalleistungen[39].

Die vom Ablösungsgebot erfassten Verpflichtungen müssen auf den namhaft genannten **besonderen Rechtsgrundlagen** beruhen. »Gesetz« meint dabei jedes Gesetz im materiellen Sinne[40], also jeden Rechtssatz des staatlichen Rechts, nicht des kirchlichen Rechts[41]; die Einstellung in den Haushalt genügt nicht[42]. Auch gewohnheitsrechtliche Verpflichtungen erfüllen diesen Begriff[43]. Zu den »Verträgen« zählen neben Konkordaten und Kirchenverträgen auch die verschiedensten sonstigen Vereinbarungen, die andauernde Leistungspflichten für den Staat begründen[44]. Die neben den Verträgen auch genannten weiteren »besonderen Rechtstitel« können verschiedenster Natur sein[45], allerdings muss der Verpflichtungscharakter feststehen, schlichtes »Herkommen« genügt nicht. Ein entsprechender Antrag auf Aufnahme von »Herkommen« in den Verfassungstext wurde in den Beratungen zur Weimarer Reichsverfassung abgelehnt[46]. Alle diese Rechtsgrundlagen müssen vor dem Inkrafttreten der WRV begründet worden sein[47]. 16

Zu den Staatsleistungen i. S. v. Art. 138 I WRV zählen auch die sog. **negativen Staatsleistungen**, also Steuer- und Gebührenbefreiungen, wenn diese den gleichen Zweck wie positive Staatsleistungen erfüllen, also historisch der Alimentationszweck hinter 17

---

[36] *Huber*, Garantie (Fn. 4), S. 59, 83f., 103; *W. Weber*, Die Ablösung der Staatsleistungen an die Religionsgesellschaften, 1948, S. 50ff.; *Ehlers* (Fn. 34), Art. 138 WRV Rn. 3; *S. Korioth*, in: Maunz/Dürig, GG, Art. 138 WRV (2003), Rn. 5; *Magen* (Fn. 28), Art. 140 Rn. 125.

[37] Insbesondere *Weber*, Ablösung (Fn. 36), S. 47; *v. Campenhausen/de Wall*, Staatskirchenrecht (Fn. 3), S. 281f.; *Isensee*, Staatsleistungen (Fn. 4), S. 1009ff. (1018); RGZ 111, 134 (137f.); BVerfGE 19, 1 (13f.), wo – unter Anknüpfung an das Reichsgericht – die historisch motivierte Unterstützung des Staats für die Kirche zur Bestreitung ihrer Bedürfnisse betont wird.

[38] *v. Campenhausen/Unruh* (Fn. 31), Art. 138 WRV Rn. 4.

[39] *Anschütz*, WRV, Art. 138 Anm. 2 (S. 651); *Ehlers* (Fn. 34), Art. 138 WRV Rn. 3; *v. Campenhausen/Unruh* (Fn. 31), Art. 138 WRV Rn. 12; *Magen* (Fn. 28), Art. 140 Rn. 125; *H. Hofmann*, in: Schmidt-Bleibtreu/Hofmann/Henneke, GG, Art. 140 Rn. 47.

[40] *Isensee*, Staatsleistungen (Fn. 4), S. 1009ff. (1027); *v. Campenhausen/Unruh* (Fn. 31), Art. 138 WRV Rn. 7; so bereits *Weber*, Ablösung (Fn. 36), S. 68; RGZ 113, 349 (351f.).

[41] *Isensee*, Staatsleistungen (Fn. 4), S. 1009ff. (1027); RGZ 113, 349 (351).

[42] *Preuß* (Fn. 27), Art. 140 Rn. 60; *Isensee*, Staatsleistungen (Fn. 4), S. 1009ff. (1028); *Hofmann* (Fn. 39), Art. 140 Rn. 47.

[43] *Isensee*, Staatsleistungen (Fn. 4), S. 1009ff. (1027, 1028) unter Einschluss der Observanz: *v. Campenhausen/Unruh* (Fn. 31), Art. 138 WRV Rn. 7; *Ehlers* (Fn. 34), Art. 138 WRV Rn. 3.

[44] *Isensee*, Staatsleistungen (Fn. 4), S. 1009ff. (1029); *Weber*, Ablösung (Fn. 36), S. 74ff. mit Beispielen; *v. Campenhausen/Unruh* (Fn. 31), Art. 138 WRV Rn. 6.

[45] Dazu *Wehdeking*, Kirchengutsgarantien (Fn. 29), S. 117ff.

[46] *Anschütz*, WRV, Art. 138 Anm. 1 (S. 651) m.N.; dazu *Weber*, Ablösung (Fn. 36), S. 47f.; *Preuß* (Fn. 27), Art. 140 Rn. 60; *Isensee*, Staatsleistungen (Fn. 4), S. 1009ff. (1029). → Rn. 4.

[47] Die WRV trat am 14.8.1919 in Kraft. Spätere Begründungen von Staatsleistungen und Religionsgesellschaften hätten gegen das Neubegründungsverbot (→ Rn. 22) verstoßen und wären nichtig, s. *Wehdeking*, Kirchengutsgarantien (Fn. 29), S. 117. Die denkbare Möglichkeit, dass Rechtstitel bis zum Inkrafttreten des Grundgesetzes von Art. 140 GG i. V. m. Art. 138 I WRV erfasst sind – die heute geltende Norm!, s. BVerfG (K), NJW 1992, 2812 (2814) – kann deshalb außer Betracht bleiben, jedenfalls für die Zeit, für welche die WRV in Geltung war. Zur Rechtslage nach Verlust des Verfassungscharakters der WRV in der Zeit des Nationalsozialismus s. BVerfG (K), NJW 1992, 2812 (2814f.).

der Abgabenbefreiung stand[48]. Abgabenprivilegierungen, welche ohne diese Zweckrichtung am Körperschaftsstatus nach Art. 137 V WRV anknüpfen, genießen nicht den Schutz des Art. 138 I WRV[49]. Die **Befreiung** der korporierten Religionsgesellschaften **von Gerichtsgebühren** ist demnach keine Staatsleistung i. S. v. Art. 138 I WRV und nicht verfassungskräftig gewährleistet[50]. Die steuerliche **Abzugsfähigkeit von Spenden** an Religionsgesellschaften erfüllt als nur mittelbare Begünstigung der Religionsgesellschaften die Voraussetzung einer geschützten negativen Staatsleistung ebenfalls nicht[51].

b) Träger und Empfänger der erfassten Staatsleistungen

18 Träger der Staatsleistungen[52] i. S. v. Art. 138 I WRV sind in der Regel die Länder. An sie richtet sich demgemäß auch das Ablösungsgebot. Bei den sog. negativen Staatsleistungen kommt auch der Bund als zuständiger Gesetzgeber in Betracht[53]. **Kommunale Leistungen** waren im Verständnishorizont der WRV nicht erfasst, da die Gemeinden nicht als Träger von Staatsgewalt galten und zwischen Staat und Gemeinden klar unterschieden wurde[54]. Als Norm des Grundgesetzes (→ Art. 140 Rn. 28) ist in dieser Frage aber das heutige Verständnis der kommunalen Selbstverwaltung zugrunde zu legen. Die kommunale Ebene ist demnach der Staatlichkeit zuzurechnen (→ Art. 28 Rn. 76), kommunale Leistungen sind insofern in die Gewährleistungen und die Verpflichtungen des Art. 138 I WRV mit einzubeziehen[55]. Die beiden Zwecke der Norm, Bestandsschutz und Entflechtung (→ Rn. 11), sprechen für diese Lösung. Das Landes-

---

[48] Dazu *Brauns*, Staatsleistungen (Fn. 4), S. 41ff.; so *Isensee*, Staatsleistungen (Fn. 4), S. 1009ff. (1024ff.) m. w. N.; *Anschütz*, WRV, Art. 138 Anm. 2 (S. 651); *A. Hollerbach*, JZ 1965, 612 (614); *Preuß* (Fn. 27), Art. 140 Rn. 60; *Ehlers* (Fn. 34), Art. 138 WRV Rn. 3; *Unruh*, Religionsverfassungsrecht (Fn. 3), Rn. 519; inzwischen so auch *v. Campenhausen/Unruh* (Fn. 31), Art. 138 WRV Rn. 6; BVerfGE 19, 1 (13f.) m. w. N. aus der Rechtsprechung des RG. Ohne diese einschränkende Voraussetzung *Hofmann* (Fn. 39), Art. 140 Rn. 47.

[49] *Isensee*, Staatsleistungen (Fn. 4), S. 1009ff. (1025).

[50] BVerfGE 19, 1 (13ff.); a. A. *Magen* (Fn. 28), Art. 140 Rn. 125; kritisch *A. Hollerbach*, JZ 1965, 612 (614f.); ablehnend für Verwaltungsgebühren auch BVerwG NVwZ 1996, 786f.; BVerwG KirchE 16, 114 (141f.) sowie *H. Weber*, JuS 1997, 113 (117). Zu den verschiedenen Steuer- und Gebührenbefreiungen *G. Hammer*, Steuer- und Gebührenbefreiungen, in: HdbStKirchR², Bd. II, S. 1065ff. m.N. Die Gebührenbefreiung ist auch verschiedentlich vertraglich geregelt, Nachweise ebd., S. 1097f.

[51] Ebenso *Ehlers* (Fn. 34), Art. 138 WRV Rn. 3; *Magen* (Fn. 28), Art. 140 Rn. 125; inzwischen so auch *v. Campenhausen/Unruh* (Fn. 31), Art. 138 WRV Rn. 14; anders wohl *Isensee*, Staatsleistungen (Fn. 4), S. 1009ff. (1026).

[52] S. allgemein zum Träger und Empfänger der erfassten Staatsleistung auch *Droege*, Staatsleistungen (Fn. 1), S. 180ff.; *Ehlers* (Fn. 34), Art. 138 WRV Rn. 3; *S. Muckel*, in: Friauf/Höfling, GG, Art. 138 WRV (2011), Rn. 11ff.; *Unruh*, Religionsverfassungsrecht (Fn. 3), Rn. 524f.

[53] Dazu m. w. N. *Isensee*, Staatsleistungen (Fn. 4), S. 1009ff. (1030f.).

[54] S. hierzu RGZ 111, 134 (144, 146) und die Nachweise bei *Wehdeking*, Kirchengutsgarantien (Fn. 29), S. 112 und bei *Isensee*, Staatsleistungen (Fn. 4), S. 1009ff. (1031, Fn. 89).

[55] So auch die überwiegende Meinung: *v. Campenhausen/Unruh* (Fn. 31), Art. 138 WRV Rn. 10; *Isensee*, Staatsleistungen (Fn. 4), S. 1009ff. (1031ff.); *Muckel* (Fn. 52), Art. 138 WRV Rn. 14; *H.-R. Lipphardt*, DVBl. 1975, 410 (414f.) für negative Staatsleistungen; *A. Hollerbach*, Rechtsbeziehungen zwischen kirchlicher und politischer Gemeinde, in: FS Plöchl, 1977, S. 511ff. (528f.); *Korioth* (Fn. 36), Art. 138 WRV Rn. 7; gegen die Einbeziehung der Leistungen der Kommunen BVerwGE 28, 179 (183); wohl auch E 38, 76 (79); *A. Hollerbach*, HStR VI, § 139 Rn. 61; *Ehlers* (Fn. 34), Art. 138 WRV Rn. 3; *Scheuner*, Bestand (Fn. 4), S. 387; *Magen* (Fn. 28), Art. 140 Rn. 126; *Droege*, Staatsleistungen (Fn. 1), S. 187; *L. Renck*, NVwZ 2007, 1383 (1384).

verfassungsrecht nimmt in einigen Ländern die kommunalen Leistungsträger ausdrücklich in die Art. 138 I WRV entsprechenden Garantien auf[56].

Als **Empfänger** der erfassten Staatsleistungen kommen alle Religionsgesellschaften selbst einschließlich all ihrer Organisationsstufen bis hin zum Inhaber eines bestimmten Amtes in Betracht, aber auch deren verselbständigte Ausgliederungen[57]. Diese Erstreckung des personellen Schutzbereichs entspricht derjenigen in Art. 137 III WRV (→ Art. 137 WRV Rn. 53) und findet in Art. 138 II WRV mit der Einbeziehung der »religiösen Vereine« eine zusätzliche textliche Stütze. Tatsächlich kommen die altbegründeten Staatsleistungen den beiden Großkirchen und einigen weiteren Gesellschaften zugute[58]. Ein Paritätsproblem ist darin im Hinblick auf nicht begünstigte Religionsgemeinschaften aufgrund der historischen Bedingtheit der Leistungen nicht zu sehen. 19

3. Ablösungsgebot

Die überkommenen Staatsleistungen sollen kraft Verfassungsauftrag abgelöst werden, um damit im finanziellen Bereich dem Entflechtungsgebot gerecht zu werden[59]. **Ablösung** meint »Aufhebung gegen Entschädigung«[60], also die Befreiung von bestehenden Leistungspflichten durch einseitigen Akt gegen Schadlosstellung. 20

Weder in der Weimarer Zeit noch unter dem Grundgesetz ist diesem Auftrag entsprochen worden[61]; insbesondere in den Gemeinden gibt es stattdessen einvernehmliche Regelungen über die Beendigung traditioneller Leistungspflichten[62]. Trotz der langjährigen Nichterfüllung des Verfassungsauftrags ist dieser **nicht obsolet** geworden[63]. Einige Bestimmungen des Landesverfassungsrechts stehen etwa im Widerspruch zum Ablösungsgebot insofern, als sie das Fortbestehen der Leistungen garantieren[64] oder die Ablösung von einer Einigung mit einer Religionsgesellschaft abhängig machen[65] (→ Rn. 10). Auch Art. 18 I **Reichskonkordat** verlangt eine einvernehmliche Regelung mit dem Heiligen Stuhl[66]. Das Verfassungsgebot zur Ablösung 21

---

[56] So z.B. Art. 145 I BayVerf.; Art. 37 II BrandenbVerf.; Art. 21 NWVerf. Überblick zum Landesverfassungsrecht bei *Wehdeking*, Kirchengutsgarantien (Fn. 29), S. 137ff.

[57] *v. Campenhausen/Unruh* (Fn. 31), Art. 138 WRV Rn. 9; s. *auch F. Filmer/C. Görisch*, ZevKR 45 (2000), 453 (455); *Isensee*, Staatsleistungen (Fn. 4), S. 1009ff. (1033f.). Zu einzelnen Amtsinhabern als Destinataren *Weber*, Ablösung (Fn. 36), S. 49ff.; RGZ 111, 134 (145f.); 129, 72 (77f.).

[58] S. die Aufzählung bei *v. Campenhausen/Unruh* (Fn. 31), Art. 138 WRV Rn. 9.

[59] Kritisch zur bislang unterbliebenen konsequenten Ablösung *G. Czermak*, DÖV 2004, 110ff., vor allem S. 115; zur »Konsequenz« mahnt *H.A. Wolff*, ZRP 2003, 12 (14); s. auch OVG Brandenburg LKV 2006, 39ff. zum Anspruch jüdischer Gemeinden auf Staatsleistungen.

[60] *Anschütz*, WRV, Art. 138 Anm. 3 (S. 651f.); *Korioth* (Fn. 36), Art. 138 WRV Rn. 11; *Classen*, Religionsrecht (Fn. 4), Rn. 607; *v. Campenhausen/Unruh* (Fn. 31), Art. 138 WRV Rn. 11; zum Ablösungsgebot im Detail *V. Knöppel*, ZevKR 58 (2013), 188 (193ff.).

[61] *v. Campenhausen/Unruh* (Fn. 31), Art. 138 WRV Rn. 15; *v. Campenhausen/de Wall*, Staatskirchenrecht (Fn. 3), S. 330f.

[62] Zur Zulässigkeit und zu möglichen Formen sowie für Beispiele vertraglicher Ablösungen *Wehdeking*, Kirchengutsgarantien (Fn. 29), S. 122ff.; *Isensee*, Staatsleistungen (Fn. 4), S. 1009ff. (1059f.).

[63] *Brauns*, Staatsleistungen (Fn. 4), S. 137; *Scheuner*, Bestand (Fn. 4), S. 388f.; *Isensee*, Staatsleistungen (Fn. 4), S. 1009ff. (1043).

[64] So etwa Art. 145 I BayVerf., Art. 112 I SächsVerf.

[65] So Art. 37 II BrandenbVerf. oder Art. 21 NWVerf.

[66] Dazu m. w. N., auch auf entsprechende Bestimmungen in Kirchenverträgen, *v. Campenhausen/Unruh* (Fn. 31), Art. 138 WRV Rn. 14. Aus Paritätsgründen erstreckt *W. Hofmann*, Art. Staatsleistungen, in: EvStL^3, Bd. II, Sp. 3434ff. (3435), diese Regelung auch auf die Leistungen an die evangelische Kirche.

der altbegründeten Leistungspflichten hat angesichts deren Beschränkung auf die Großkirchen und einige wenige andere Religionsgemeinschaften heute auch einen paritätsrechtlichen Gehalt[67].

22 Das Ablösungsgebot enthält auch ein **Neubegründungsverbot** für Staatsleistungen, allerdings nur für solche im Sinne des Art. 138 WRV[68]. Dies ist Folge des Verfassungsauftrags der Institutsliquidation (→ Rn. 13). Anders könnte das Ziel der Entflechtung nicht erreicht werden. Nicht untersagt ist allerdings die Bündelung und Bereinigung existierender Leistungspflichten[69]. Ein Neubegründungsverbot gilt allerdings nur für Staatsleistungspflichten der gleichen Rechtsqualität. Das bedeutet praktisch, dass keine neuen Staatsleistungen begründet werden können, die in den Bestandsschutz des Art. 138 I WRV hineinwachsen. Keineswegs ausgeschlossen ist die Neubegründung anderer Staatsleistungen an Religionsgesellschaften. Dies gilt für aufgabenbezogene Subventionierungen[70], aber auch für kulturstaatliche und grundrechtsfördernde[71] Staatsleistungen. Subventionen können Religionsgemeinschaften in gleicher Weise wie anderen Empfängern gewährt werden, auch die Begründung von Leistungspflichten ist möglich. Jeweils ist dem Grundsatz der Parität (→ Art. 140 Rn. 40) Rechnung zu tragen[72]. Solche neubegründeten Staatsleistungen können, jedenfalls durch Gesetz und ohne Behinderung durch den Bestandsschutz des Art. 138 I WRV, aufgehoben werden, ggf. unter Beachtung eines schützenswerten Vertrauens.

23 Insbesondere das Verbot der Neubegründung durch Vertrag gewinnt unter dem Druck zunehmender **religiöser Pluralisierung** besondere Bedeutung: Die staatliche Neutralitätsverpflichtung lässt Einzelvereinbarungen von Staatsleistungen zunehmend fragwürdig erscheinen[73].

24 Hinsichtlich der **Höhe der Entschädigung** wird streitig diskutiert, ob voller Wertersatz zu leisten ist[74] oder ob nur eine angemessene Entschädigung geschuldet ist[75]. Dieser Streit mag der plakativen Positionsbestimmung dienen, die sachlichen Probleme erfasst er nicht[76]. Diese liegen darin, wie der Wert einer grundsätzlich unbefristeten Leistungspflicht in einem begrenzten Zeitraum und (damit) auch in begrenzter

---

[67] *Korioth* (Fn. 36), Art. 138 WRV Rn. 10.

[68] Dazu *Brauns*, Staatsleistungen (Fn. 4), S. 82ff., 91ff., s. weiter *Preuß* (Fn. 27), Art. 140 Rn. 63; anders die h.M., s. bereits *Anschütz*, WRV, Art. 138 Anm. 3 (S. 651f.); *Scheuner*, Bestand (Fn. 4), S. 384f.; *Isensee*, Staatsleistungen (Fn. 4), S. 1009ff. (1057ff.); *v. Campenhausen/Unruh* (Fn. 31), Art. 138 WRV Rn. 18ff.; s. dazu auch *G. Czermak*, DÖV 2004, 110 (113f.); *Muckel* (Fn. 52), Art. 138 WRV Rn. 29ff. m.w.N.; s. für einen guten Überblick über die hierzu vertretenen Ansichten *Unruh*, Religionsverfassungsrecht (Fn. 3), Rn. 537ff.

[69] Art. 16 Loccumer Vertrag ist nur insofern unproblematisch, als es um die Bündelung existierender Leistungspflichten hinausgeht.

[70] So *Brauns*, Staatsleistungen (Fn. 4), S. 101ff.; *Preuß* (Fn. 27), Art. 140 Rn. 63; s. auch *Unruh*, Religionsverfassungsrecht (Fn. 3), Rn. 538.

[71] Dazu *P. Häberle*, Grundrechte im Leistungsstaat, VVDStRL 30 (1972), S. 43ff. (bes. 112ff.); zum weiteren Zusammenhang auch *ders.*, »Leistungsrecht« im sozialen Rechtsstaat, in: FS Küchenhoff, 1972, S. 453ff., ausführlich dazu auch *Borowski*, Glaubensfreiheit (Fn. 26), S. 639ff.

[72] *Unruh*, Religionsverfassungsrecht (Fn. 3), Rn. 537f. Zum Paritätsaspekt s. besonders *G. Czermak*, DÖV 2004, 110ff.

[73] S. zur vertragskirchenrechtlichen Dimension *M. Morlok/J. Krüper*, Art. Religionsrecht, in: EvStL[4], Sp. 2019ff. (2024).

[74] So *Isensee*, Staatsleistungen (Fn. 4), S. 1009ff. (1035f.): »volles Leistungs-Äquivalent«; *Huber*, Garantie (Fn. 4), S. 59f.; *Weber*, Ablösung (Fn. 36), S. 38f.; *V. Knöppel*, ZevKR 58 (2013), 188 (197).

[75] *Preuß* (Fn. 27), Art. 140 Rn. 61; *Ehlers* (Fn. 34), Art. 138 WRV Rn. 4; *A. Hollerbach*, HStR VI, § 139 Rn. 59.

[76] So nun auch ausdrücklich *Korioth* (Fn. 36), Art. 138 WRV Rn. 11.

Höhe veranschlagt werden kann. Hier können marktübliche Berechnungsmethoden unter Berücksichtigung eines Abschlags für das Risiko der künftigen Nichtrealisierbarkeit des Anspruchs herangezogen werden. Die Schwierigkeit der Umrechnung einer sub specie aeternitatis begründeten Leistungspflicht in eine zeitliche und damit begrenzte wird in der Weise erfolgen können, dass ein Kapitalstock (ggf. in Raten) zur Verfügung gestellt wird, aus welchem künftig die Leistungen von den bisherigen Destinataren selbst erbracht werden können. Nicht mit dem Ablösungsverbot vereinbar ist die Gewährung einer Dauerrente: Die Verfassung zielt auf die Beendigung der Leistungspflichten[77].

4. Ablösungsgesetzgebung

Die Ablösung ist dem Landesgesetzgeber vorbehalten und auferlegt[78]. Der Landesgesetzgeber darf allerdings erst handeln, wenn der Bundesgesetzgeber[79] nach Art. 138 I 2 WRV hierfür Grundsätze aufgestellt hat[80]. Dies begründet eine **Sperrwirkung**. Das Ablösungsgebot verkehrt sich damit faktisch ins Gegenteil: in eine Garantie des vermögensrechtlichen status quo[81]. Damit wird Art. 138 I WRV im Ergebnis zu einer Leistungsgarantie, die auch subjektiv-rechtlichen Charakter hat und durchsetzbar ist[82]. Ablösungsaktivitäten der Länder sind aufschiebend bedingt durch das Handeln des Bundes. 25

Das bundesgesetzliche Aufstellen von **Grundsätzen** ist bei den Typen der Bundesgesetzgebung ursprünglich nicht vorgesehen[83]. Art. 138 I 2 WRV enthält eine Befugnis und einen Auftrag zur entsprechenden Gesetzgebung. Diese Kompetenz[84] ist eine solche eigener Art[85], von der bislang kein Gebrauch gemacht wurde. In der 17. Wahlperiode des Deutschen Bundestages brachten Abgeordnete der Fraktion »DIE LINKE« und diese selbst einen Gesetzesentwurf zur Ablösung der Staatsleistungen an die Kirchen ein und lösten damit eine Bundestagsdebatte aus[86]. 26

---

77 *A. Hollerbach*, HStR VI, § 139 Rn. 59; *Preuß* (Fn. 27), Art. 140 Rn. 62; *Korioth* (Fn. 36), Art. 138 WRV Rn. 11; *Brauns*, Staatsleistungen (Fn. 4), S. 66ff.; *Classen*, Religionsrecht (Fn. 4), Rn. 607; *Magen* (Fn. 28), Art. 140 Rn. 127; so inzwischen auch *v. Campenhausen/Unruh* (Fn. 31), Art. 138 WRV Rn. 13; a. A. *Isensee*, Staatsleistungen (Fn. 4), S. 1009ff. (1036f.); *Weber*, Ablösung (Fn. 36), S. 41ff.; *P. Häberle*, AöR 97 (1972), 325ff.

78 Der Vorbehalt zu Gunsten einer vertraglichen Ablösung in Art. 21 NWVerf. ist damit nach Art. 31 GG unwirksam. Zu Kollisionen des Landesverfassungsrechts mit dem Grundgesetz: → Art. 31 Rn. 50ff.

79 Für die Überantwortung dieser Regelungsaufgabe an den Bund (bzw. vorher das Reich) sprach das weitgehende Fehlen eines finanziellen Eigeninteresses, weil leistungspflichtig in aller Regel die Länder sind. Auch kann so die Gewähr für die Einheitlichkeit der Ablösung gegeben werden.

80 Art. 173 WRV statuierte dies ausdrücklich (→ Rn. 4); dessen Nichtübernahme brachte keine sachliche Änderung mit sich.

81 *Huber*, Verfassungsgeschichte, Bd. 6, S. 893; *Preuß* (Fn. 27), Art. 140 Rn. 65.

82 *Isensee*, Staatsleistungen (Fn. 4), S. 1009ff. (1048f.); *Muckel* (Fn. 52), Art. 138 WRV Rn. 20ff.; a. A. *Classen*, Religionsrecht (Fn. 4), Rn. 608.

83 S. aber seit 1969 Art. 109 III GG für die Grundsätze des Haushaltsrechts. → Art. 109 Rn. 4, 30ff.

84 Dazu auch *H.-W. Rengeling*, HStR IV, § 100 Rn. 297ff.; *Unruh*, Religionsverfassungsrecht (Fn. 3), Rn. 529ff.

85 So *Preuß* (Fn. 27), Art. 140 Rn. 65; wie hier *Magen* (Fn. 28), Art. 140 Rn. 128; *Unruh*, Religionsverfassungsrecht (Fn. 3), Rn. 530. Dazu mit überzeugenden Gründen *Isensee*, Staatsleistungen (Fn. 4), S. 1009ff. (1040f.).

86 Vgl. BT-Drs. 17/8791 v. 29.2.2012 und das Plenarprotokoll 17/225 der 225. Sitzung der 17. Wahlperiode v. 28.2.2013 (TOP 7).

III. Religionsgutsgarantie (Art. 138 II WRV)

1. Zweck und dogmatische Einordnung

27 In langer Tradition wird die Bestimmung als **Säkularisationsverbot** verstanden[87]. Ihre Stoßrichtung zielt nicht auf den Schutz des Eigentums der Religionsgemeinschaften als Vermögenswert, sondern auf die spezifisch **religionsbestimmte Verwendung** der Vermögensgegenstände der Religionsgesellschaften. Diese Schutzrichtung hebt sich von derjenigen unter der Geltung der Weimarer Reichsverfassung ab[88], da der reine Eigentumsschutz und die darin liegende Vermögenssicherung durch das Verbot einer entschädigungslosen Enteignung in Art. 14 III GG, insofern im Gegensatz zu Art. 153 II 2 WRV, andernorts in der Verfassung gewährleistet sind. Art. 138 II WRV gewinnt damit eine gegenüber Art. 14 GG selbständige Bedeutung.

28 Der Zweck der Norm im Geltungszusammenhang des Grundgesetzes liegt vielmehr in der begleitenden **freiheitsrechtlichen Gewährleistung** der korporativen Religionsfreiheit. Die Religionsfreiheit, die grundsätzlich in Art. 4 GG angesiedelt ist (→ Art. 4 Rn. 55ff.), erfährt für ihre organisierte Wahrnehmung in Art. 137 III WRV und in sonstigen Weimarer religionsrechtlichen Bestimmungen eine Sonderregelung (→ Art. 4 Rn. 109ff.; → Art. 140 Rn. 25ff.). Zu diesen zählt auch Art. 138 II WRV. Hier werden die sachlichen Grundlagen und Voraussetzungen der religiösen Handlungsfreiheit für Organisationen gewährleistet. Schutzzweck ist also die **Sicherung der Vermögensbestände** der Religionsgesellschaften zu **religiösem Gebrauch**. Die Norm vermittelt **Funktionsschutz**[89] für die Güter der Religionsgesellschaften. Die Bedeutung der Gewährleistung wird von der alten Formel von »Besitz und ungestörtem Genuß«[90] gut getroffen. Diese kann gelesen werden als Gewährleistung des Besitzes zu selbstbestimmtem religiösen Genuss.

2. Sachlicher Schutzbereich

29 Zum Schutzbereich zählen jedenfalls alle Rechtspositionen, die dem Schutz von **Eigentum i.S.v. Art. 14 I GG** unterfallen (→ Art. 14 Rn. 48ff.), und zwar ungeachtet des engeren Eigentumsbegriffs der Weimarer Zeit[91]. Über das Sacheigentum hinaus zählen dazu also auch alle privaten vermögenswerten Rechte (→ Art. 14 Rn. 57ff.) und

---

[87] *S. Grundmann*, Art. Säkularisation, in: EvStL³, Bd. II, Sp. 3032ff. (3034ff.); *Heckel*, Kirchengut (Fn. 1), S. 127f.; *Preuß* (Fn. 27), Art. 140 Rn. 66, 68; *K.-H. Kästner*, Die Verfassungsgarantie des kirchlichen Vermögens, in: HdbStKirchR², Bd. II, S. 891ff. (892); s. bereits *Huber*, Garantie (Fn. 4), S. 26ff.; *Ehlers* (Fn. 34), Art. 138 WRV Rn. 6; *Korioth* (Fn. 36), Art. 138 WRV Rn. 13; *Classen*, Religionsrecht (Fn. 4), Rn. 284, 289.

[88] Seinerzeit wurde der Sinn von Art. 138 II WRV darin gesehen, »die Religionsgesellschaft und religiösen Vereine vor entschädigungsloser Wegnahme ihres Gutes, also vor jeder Art von Säkularisation und entschädigungsloser Enteignung, wie sie andern Eigentümern gegenüber [...] zugelassen werden kann«, zu schützen: *Anschütz*, WRV, Art. 138 Anm. 7 (S. 654).

[89] S. nur *Kästner*, Verfassungsgarantie (Fn. 87), S. 892; *Classen*, Religionsrecht (Fn. 4), Rn. 284; wirkmächtig *Heckel*, Kirchengut (Fn. 1), S. 130 und passim – unter besonderer Betonung der öffentlichen Funktion des kirchlichen Handelns.

[90] Vgl. die Formulierung in Art. 12 der revidierten PreußVerf. 1850, die ihrerseits § 63 RDH aufnimmt, wonach »jeder Religion der Besitz und ungestörte Genuß ihres eigentümlichen Kirchenguts« ungestört verbleiben solle.

[91] *Classen*, Religionsrecht (Fn. 4), Rn. 285; *Ehlers* (Fn. 34), Art. 138 WRV Rn. 7 mit Fn. 22; *Borowski*, Glaubensfreiheit (Fn. 26), S. 314ff.; interpretatorisch maßgeblich ist der Sinnzusammenhang des Grundgesetzes (→ Art. 140 Rn. 29).

diejenigen öffentlich-rechtlichen Positionen, die wesentlich auf eigene Leistung zurückgehen (→ Art. 14 Rn. 73 ff.)[92]. Der Kreis der geschützten Rechte wird aber über Art. 14 GG hinaus erweitert um »**andere Rechte**«[93]. Damit sind alle vermögenswerten Rechte gemeint, einschließlich derjenigen, die öffentlich-rechtlichen Ursprungs sind, auch ohne Eigenleistung[94]. Nutzungsrechte, ungeachtet des Eigentums, Rechte auf Leistungen, insbesondere von der öffentlichen Hand, zählen hierzu.

Praktisch besondere Bedeutung haben **Kirchenbaulasten**[95]. Diese werden teils Art. 138 II WRV[96], teils Art. 138 I WRV[97] unterstellt. Die besseren Gründe sprechen für Art. 138 I WRV, jedenfalls dann, wenn man wie hier kommunale Leistungen nicht aus dem Anwendungsbereich dieser Bestimmung ausschließt (→ Rn. 18). Angesichts der vielfältigen Begründungsmotive und -formen dieser Leistungspflichten, die oft nur schwer aus dem Dunkel der Geschichte gehoben werden können, empfiehlt sich für sie in besonderer Weise eine Ablösung. Zwei Entscheidungen des Bundesverwaltungsgerichts erregten Aufsehen, weil sie für die Kirchengemeinden in den neuen Bundesländern anders ausfielen als für die alten Bundesländer. In einem Fall geht es um Fragen der Rechtsnachfolge nach dem Beitritt der DDR zur Bundesrepublik. Zwar sei die Kirchenbaulast nach Auflösung der Gemeinden auf die DDR übergegangen, nicht jedoch auf die im Jahre 1990 durch die Kommunalverfassung der DDR neu errichteten Gemeinden. Aus verfassungsrechtlicher Sicht erörterungsbedürftig war jedenfalls das Problem, dass ein öffentlich-rechtlicher Schuldner beseitigt wird, ohne dass eine Rechtsnachfolge geschaffen wird.[98] Als weniger problematisch im Hinblick auf die bundesverwaltungsgerichtliche Judikatur kann die unterschiedliche Regelung für die Kirchengemeinden in den alten und neuen Bundesländer angesehen werden, da sich die Kirchengemeinden in den alten Bundesländern nicht als Vergleichsmaßstab für die Beurteilung der Situation in den neuen Ländern eignen. Diese waren – wie zutreffend judiziert – nicht von einer »Umbruchssituation«[99], in der sich die Frage nach einer Rechtsnachfolge stellt, betroffen. 30

Die von Abs. 2 erfassten Rechte werden aber nur in ihrem tatsächlichen **Bestand** geschützt, sie erfahren durch die Bestimmung keine Erweiterung[100]. Nicht erfasst wer- 31

[92] S. dazu auch *Borowski*, Glaubensfreiheit (Fn. 26), S. 317.

[93] *A. Endrös*, ZevKR 33 (1988), 285 (290); *v. Campenhausen/Unruh* (Fn. 31), Art. 138 WRV Rn. 26.

[94] *Kästner*, Verfassungsgarantie (Fn. 87), S. 898; *Preuß* (Fn. 27), Art. 140 Rn. 67; *Classen*, Religionsrecht (Fn. 4), Rn. 285.

[95] Dazu BVerwGE 28, 179 (183); 38, 76 (81 ff.); VerfGH NW NVwZ 1982, 431 (432); *H. Böttcher*, Baulast an Kirchengebäuden, in: HdbStKirchR², Bd. II, S. 19 ff. m. w. N.; vgl. zu Kirchenbaulasten auch *L. Renck*, NVwZ 2007, 1383 ff.; *M. Droege*, ZevKR 54 (2009), 488 ff.; *ders.*, ZevKR 55 (2010), 339 ff.

[96] BVerwGE 28, 179 (183); 38, 76 (79); BVerwG NVwZ-RR 2009, 590 (591); BVerwGE 132, 358 (368, Rn. 37 ff.); *Ehlers* (Fn. 34), Art. 138 WRV Rn. 7 m. w. N.; *L. Renck*, DÖV 2001, 103 (105); *M. Droege*, ZevKR 54 (2009), 488 (493) m. w. N.

[97] Zur Einbeziehung kommunaler Leistungen in Abs. 1 allgemein *v. Campenhausen/Unruh* (Fn. 31), Art. 138 WRV Rn. 10 m. w. N.; *Isensee*, Staatsleistungen (Fn. 4), S. 1009 ff. (1023 f., 1031 ff.).

[98] *C. Traulsen*, NVwZ 2009, 1019 (1019, 1021); s. auch *M. Droege*, ZevKR 54 (2009), 488 (494 ff.); *ders.*, ZevKR 55 (2010), 339 (347 ff.); *Ehlers* (Fn. 34), Art. 138 WRV Rn. 7.

[99] BVerwGE 132, 358 (371, Rn. 47).

[100] BVerfGE 99, 100 (121 f., Rn. 85); BVerwGE 28, 179 (183); 38, 76 (81); *Kästner*, Verfassungsgarantie (Fn. 87), S. 902 spricht anschaulich vom »Verweisungscharakter« der Garantie. Ferner BayVGH BayVBl. 1987, 720 (725); hierzu die Anmerkungen von *H. Goerlich*, BayVBl. 1988, 182 ff. und *L. Renck*, BayVBl. 1988, 601 f.; *E. Niebler*, St. Salvator und das Bundesverfassungsgericht, in: FS Listl, 1999, S. 665 ff. (672).

den Subventionen und andere einfache Staatsleistungen, die nicht zum Vermögensbestand gehören[99].

32 Der Schutz der Religionsgutsgarantie steht unter der weiteren Voraussetzung, dass die Rechtspositionen einem **religiösen Zweck** zu dienen bestimmt sind. Der Wortlaut des Textes »für Kultus-, Unterrichts- und Wohltätigkeitszwecke« folgt einer überkommenen Formel[101], die nur beispielhaft zu verstehen ist. Geschützt ist das gesamte zu religiösen Zwecken bestimmte Vermögen[102]. Der Kreis der Zwecke, die das auf sie hin ausgerichtete Vermögen der Kirche dem Schutz von Art. 138 II WRV unterstellen, ist jedenfalls nicht eng zu verstehen. Unter Heranziehung des religiösen Selbstbestimmungsrechts der Religionsgesellschaften aus Art. 137 III WRV (→ Art. 137 WRV Rn. 44ff.) ist vielmehr ein numerus apertus von geschützten religiösen Zwecken und ihnen zugedachten Gegenständen anzunehmen. Es ist Sache jeder Religionsgesellschaft, entsprechend ihrem Selbstverständnis über die von ihr zu verfolgenden Ziele zu befinden. Die Religionsgesellschaften haben insoweit die Definitionshoheit über diese Ziele[103]. Im Streitfall tragen die Religionsgesellschaften die **Darlegungslast** dafür, dass ein bestimmtes Recht einem religiös verstandenen Zweck bestimmt ist (→ Art. 4 Rn. 92), die reine Behauptung genügt nicht[104].

33 Eine Unterscheidung nach **unmittelbarer** oder nur **mittelbarer** Indienststellung für einen religiösen Zweck[105] ist praktisch kaum durchführbar[106]: Wozu zählt etwa das Auto, ohne welches der Pfarrer, der mehrere Gemeinden zu betreuen hat, nicht an einem Sonntagmorgen mehrere Gottesdienste abhalten könnte? Die Einbeziehung auch nur mittelbar verfolgter religiöser Zwecke lässt sich dem Normtext selbst entnehmen[107]: Die »Unterrichts- und Wohltätigkeitszwecke« und das diesem gewidmete Vermögen haben oft nur einen mittelbaren religiösen Bezug, das Unterrichtsmaterial und die sonstige Ausstattung der kirchlichen Schule fallen aber sicher in den Schutzbereich

---

[101] S. *Heckel*, Kirchengut (Fn. 1), S. 120ff., wo Titel IV § 9 BayVerf. 1818 zitiert wird, wonach »allen Religionstheilen [...] das Eigentum der Stiftungen und der Genuß ihrer Renten nach den ursprünglichen Stiftungs-Urkunden und dem rechtmäßigen Besitze, sie seyen für den Cultus, den Unterricht oder die Wohlthätigkeit bestimmt, vollständig gesichert« sein sollten; s. weiter etwa § 70 WürttembVerf. 1819: »Kirchen-, Schul- und Armenfonds«.

[102] BVerfGE 99, 100 (120, Rn. 82); vgl. auch E 66, 1 (21); *Pirson*, Kirchengut (Fn. 26), S. 615f.

[103] *Korioth* (Fn. 36), Art. 138 WRV Rn. 17; *Classen*, Religionsrecht (Fn. 4), Rn. 286; vgl. zudem *Kästner*, Verfassungsgarantie (Fn. 87), S. 889: »Der Sache nach haben ausschließlich die betreffenden Religionsgemeinschaften nach Maßgabe ihres religiösen Selbstbestimmungsrechts darüber zu befinden, ob bzw. inwieweit sie Vermögensgegenstände für ihr religiöses Wirken einsetzen«. → Art. 137 WRV Rn. 44ff. Zur Maßgeblichkeit des Selbstverständnisses für die Bestimmung des Inhalts des Freiheitsrechts bei der Religions- und Gewissensfreiheit: → Art. 4 Rn. 59; allgemein für die Grundrechte *M. Morlok*, Selbstverständnis als Rechtskriterium, 1993, S. 393ff.; für die Religionsgemeinschaften weiter *A. Isak*, Das Selbstverständnis der Kirchen und Religionsgemeinschaften und seine Bedeutung für die Auslegung staatlichen Rechts, 1994, S. 296ff., für die Gegenposition m. w. N. ebd., S. 124ff.

[104] Zum Problem auch *Kästner*, Verfassungsgarantie (Fn. 87), S. 905f.

[105] Für die Beschränkung des Schutzes auf Vermögensrechte, die unmittelbar für einen religiösen Zweck bestimmt sind, aber *Ehlers* (Fn. 34), Art. 138 WRV Rn. 8; *Preuß* (Fn. 27), Art. 140 Rn. 67; *Jarass*/Pieroth, GG, Art. 138 WRV Rn. 5; *Korioth* (Fn. 36), Art. 138 WRV Rn. 16; wie hier für eine Einbeziehung auch mittelbar einem religiösen Zweck gewidmeten Vermögens *v. Campenhausen/de Wall*, Staatskirchenrecht (Fn. 3), S. 273; *J. Lücke*, JZ 1998, 534 (540); *Classen*, Religionsrecht (Fn. 4), Rn. 286.

[106] *J. Lücke*, JZ 1998, 534 (540).

[107] S. das Argument bei *J. Lücke*, JZ 1998, 534 (540).

der Religionsgutsgarantie. Reines **Finanzvermögen** genießt hingegen nicht den Schutz von Art. 138 II WRV, hier greift lediglich Art. 14 GG[108].

Versuche, unterschiedlichen Vermögensarten einen in der **Intensität abgestuften** 34 **Rechtsschutz** zukommen zu lassen[109], haben ein berechtigtes Anliegen, setzen aber zu Unrecht bei Differenzierungen im Schutzbereich an. Der richtige Ort für solche Differenzierungen ist die Schrankendiskussion (→ Vorb. Rn. 79)[110]. Gleiches gilt auch für die Unterscheidung eines Kernbereichs, der von Art. 4 GG geschützt werde und damit nur den verfassungsimmanenten Schranken unterliege, von einem Randbereich der Religionsgutsgarantie, der den Schranken des für alle geltenden Gesetzes unterliege[111]. Auch sollten Qualifikationen des Schutzbereichs nicht anknüpfen an den unter dem Begriff der **res sacrae** bekannten Schutz[112], den religiösen Zwecken gewidmete Sachen in Gestalt eines eigenen Rechtsstatus genießen. Dies ist schon deswegen geraten, weil »res sacrae« inkonsistent benutzt wird[113]. Behält man diese Rechtsfigur den Religionsgesellschaften in der Rechtsform einer öffentlich-rechtlichen Körperschaft vor (→ Art. 137 WRV Rn. 103), so ist die Anknüpfung im Rahmen von Art. 138 II WRV ausgeschlossen, weil dies zu einer paritätswidrigen Privilegierung der korporierten Religionsgesellschaften führte. Die Frage der »Härte« einer rechtlichen Garantie erweist sich erst im Konflikt mit gegenläufigen Rechtspositionen. Alles, was eine Religionsgesellschaft in (plausibel darstellbaren) Zusammenhang mit ihren spezifischen religiösen Zielen einstellt, genießt den Schutz der Religionsgutsgarantie.

Kein Schutz besteht jedenfalls vor **wirtschaftlichem Misserfolg** und vor solchen 35 staatlichen Maßnahmen, die religionsunspezifisch eine Vielzahl von Adressaten gleichermaßen treffen, beispielsweise durch krankenhausrechtliche Regelungen. Rechtlich verstärkt werden kann der Vermögensschutz dann, wenn Leistungen aufgrund **Vertrag** gewährt werden: Zwar ist dem Staat in diesen Fällen von Rechts wegen ein Rückgriff auf gesetzliche Regelungen nicht prinzipiell untersagt, die Übernahme koordinationsrechtlicher Strukturen in den Bereich der Staatsleistungen verlangt aber – beispielsweise bei Nachverhandlungen –, dass zunächst konsensuale Modelle anzustreben sind (→ Rn. 23).

3. Personeller Schutzbereich

Träger des Rechts aus Art. 138 II WRV sind zunächst **alle Religionsgesellschaften**, 36 wegen Art. 137 VII WRV auch alle **Weltanschauungsgemeinschaften**[114], gleichviel wel-

---

[108] *Preuß* (Fn. 27), Art. 140 Rn. 67; *Ehlers* (Fn. 34), Art. 138 WRV Rn. 8; *Classen*, Religionsrecht (Fn. 4), Rn. 287. Im Ergebnis auch *Korioth* (Fn. 36), Art. 138 WRV Rn. 16. Für die Einbeziehung auch des Anlagevermögens in die Kirchengutsgarantie *Pirson*, Kirchengut (Fn. 26), S. 619 und inzwischen auch *v. Campenhausen/Unruh* (Fn. 31), Art. 138 WRV Rn. 26.

[109] *v. Campenhausen/Unruh* (Fn. 31), Art. 138 WRV Rn. 28ff.; *v. Campenhausen/de Wall*, Staatskirchenrecht (Fn. 3), S. 316f.; *Grundmann*, Säkularisation (Fn. 87), Sp. 335. Gegen diese Unterscheidung *J. Lücke*, JZ 1998, 534 (542).

[110] Zustimmend *Borowski*, Glaubensfreiheit (Fn. 26), S. 316.

[111] So *J. Lücke*, JZ 1998, 534 (542).

[112] So etwa *v. Campenhausen/de Wall*, Staatskirchenrecht (Fn. 3), S. 317; *Kästner*, Verfassungsgarantie (Fn. 87), S. 900; bei der Behandlung der Vorfrage wohl auch BVerwGE 87, 115 (131).

[113] Zur Diskussion *v. Campenhausen/de Wall*, Staatskirchenrecht (Fn. 3), S. 260ff.

[114] *v. Campenhausen/Unruh* (Fn. 31), Art. 138 WRV Rn. 25; *Ehlers* (Fn. 34), Art. 138 WRV Rn. 8; *Kästner*, Verfassungsgarantie (Fn. 87), S. 897.

cher Organisationsform (→ Art. 137 WRV Rn. 28ff.)[115]. Geboten ist eine paritätskonforme Auslegung[116]. Darüber hinaus bezieht der Verfassungstext auch die »religiösen Vereine« in den Garantiebereich ein, also auch solche religiösen Organisationen, die nur Teilaspekte des religiösen Lebens verfolgen. Aus Gründen der Organisationsfreiheit der Religionsgesellschaften ist die Gewährleistung auf alle **Umfeldorganisationen** einer Religionsgemeinschaft zu erstrecken, die nach beiderseitigem Selbstverständnis Aufgaben der Religionsgemeinschaft erfüllen[117]. Die Religionsgutsgarantie kommt allen religiösen Organisationen kraft ihrer Verortung in Art. 4 GG zu Gute (→ Art. 4 Rn. 112), also auch **ausländischen** Religionsgesellschaften und religiösen Vereinen.

4. Abwehrcharakter

37 Die Religionsgutsgarantie bildet ein Abwehrrecht gegen staatliche **Beeinträchtigungen**[118] in »Besitz und Genuss« der Elemente des religiösen Zwecken bestimmten Vermögens. Abgewehrt werden können alle Maßnahmen, die die bestimmungsgemäße Verwendung stören, die völlige Wegnahme oder die Nutzungsbeschränkung. Von ihrer Schutzrichtung her bietet die Norm keinen Schutz gegen die Enteignung als solche: als bloßen Austausch des Inhabers der Eigentumsrechte. In solchen Fällen ist ausschließlich Art. 14 GG einschlägig. Jede rechtliche oder sonstige staatliche Behinderung mit Eingriffscharakter, die die zweckgemäße Verwendung eines Vermögensrechts beeinträchtigt, stellt eine Beeinträchtigung dar und löst einen Abwehranspruch aus, falls der Eingriff nicht durch Schranken gedeckt ist.

38 Art. 138 II WRV enthält keine ausdrückliche **Schrankenregelung**. Gleichwohl ist anerkannt, dass auch Besitz und Genuss der geschützten Vermögensrechte Einschränkungen zugänglich sind, paradigmatisch dafür ist die Zulässigkeit polizeirechtlicher Maßnahmen der Gefahrenabwehr, etwa die Schließung einer Kirche wegen Baufälligkeit oder eines Friedhofs wegen Seuchengefahr[119]. Nicht nur bei ihren sonstigen Aktivitäten, sondern auch in ihrer Vermögensnutzung sind die Religionsgesellschaften den **Schranken des für alle geltenden Gesetzes** unterworfen, die Schranke des Art. 137 III WRV findet also Anwendung[120]. Dies ist systematisch angemessen, weil kein Grund ersichtlich ist, dass der Vermögensgebrauch geringeren Einschränkungsmöglichkeiten unterworfen sein soll als die sonstige Freiheit der religiösen Organisationen nach

---

[115] *J. Lücke*, JZ 1998, 534 (538f.); *Kästner*, Verfassungsgarantie (Fn. 87), S. 896f.; *J. Müller-Volbehr*, ZevKR 33 (1998), 153 (173f.); BVerfGE 99, 100 (120, Rn. 81); BVerwGE 87, 115 (122f., 131).

[116] *P. Häberle*, ZevKR 20 (1975), 430 (435f.); auch das Landesverfassungsrecht bestätigt diesen Befund, s. etwa Art. 146 BayVerf. Unhaltbar ist die historisch argumentierende Beschränkung auf die christlichen Kirchen bei *Wehdeking*, Kirchengutsgarantien (Fn. 29), S. 61ff. im Anschluss an *Heckel*, Kirchengut (Fn. 1), S. 132ff.

[117] → Art. 137 WRV Rn. 28ff.; *Morlok*, Selbstverständnis (Fn. 103), S. 388ff.; s. auch BVerfGE 46, 73 (85ff.); 53, 366 (392ff.); 57, 220 (242f.); 70, 138 (162f.); 99, 100 (125, Rn. 100).

[118] *Kästner*, Verfassungsgarantie (Fn. 87), S. 895, will auch die Abwehr privater Eingriffe erfasst wissen.

[119] BVerwGE 87, 115 (124f.) m. w. N.; *K. Hesse*, ZevKR 5 (1956), 62 (76); anders aber *Pirson*, Kirchengut (Fn. 26), S. 621, der auf strikter Vorbehaltslosigkeit besteht, freilich in der Sache zu keinem anderen Ergebnis kommt, weil er die Kirchengutsgarantie nur für Gegenstände für einschlägig erachtet, die für die religiöse Verwendung auch tatsächlich geeignet sind, womit eine baufällige Kirche ausscheide. Gegenüber solchen Immanenzlösungen erscheint die klare Schrankenbegründung vorzugswürdig.

[120] Vorherrschende Auffassung: BVerwGE 87, 115 (125f.); 99, 110 (121ff.); *Kästner*, Verfassungsgarantie (Fn. 87), S. 903; *M. Heckel*, Staat – Kirche – Kunst, 1968, S. 245ff.

Art. 137 III WRV. Diese Lösung entspricht der hier durchgängig vertretenen These, wonach die Freiheit des Handelns der religiösen Organisationen bereits in Art. 4 I und II GG gewährleistet ist, diese Freiheiten in den Bestimmungen der Weimarer Artikel eine einzelne Aspekte ausformulierende Wiederholung finden, die für die Frage der Schranken lex-specialis-Charakter haben: **Schrankenspezialität** (→ Art. 4 Rn. 108ff.; → Art. 140 Rn. 31).

39 Mit der Heranziehung der Schrankenformel des Art. 137 III WRV sind zugleich auch Möglichkeit und Notwendigkeit eines **differenzierenden Schutzes** für unterschiedliche Vermögenspositionen der Religionsgesellschaften gegeben. Art. 137 III WRV stellt in seiner Schrankenregelung ein Abwägungsprogramm dar[121]. Dieser Ansatz erlaubt eine Abstufung des rechtlichen Schutzes nach der Schutzwürdigkeit der religiösen Zwecken gewidmeten Vermögensgegenstände einerseits, zugleich aber auch nach der Dringlichkeit des Schutzes der eine Einschränkung tragenden Gegenrechte. Insofern ist ein Abwägungsmodell allen Unterscheidungen von Bereichen unterschiedlicher Schutzwürdigkeit[122] überlegen, weil diese Bereichslösungen keinen Raum für das relative Gewicht der Eingriffsgründe haben. Richtigerweise werden nicht absolut und nur relativ geschützte Bereiche fixiert, sondern es werden für den jeweiligen Fall bedingte Vorrangrelationen herausgearbeitet[123]. Damit sind zugleich auch **Grenzen der Einschränkbarkeit** gesetzt: Ein von Art. 138 II WRV erfasstes Recht darf nur soweit eingeschränkt werden, wie es seinem – unter Heranziehung des Selbstverständnisses der Religionsgesellschaft zu bestimmenden – Gewicht einerseits und dem Gewicht der konkurrierenden Rechtsgründe andererseits entspricht, es gibt also eine Wechselwirkung zwischen Schutzzweck und Schrankenzweck[124].

5. Objektiv-rechtliche Gehalte

40 Den Gehalten von Art. 4 I und II GG, die in Art. 138 II WRV aufgenommen worden sind, kommt auch die übliche **Ausstrahlungswirkung der Grundrechte** (→ Vorb. Rn. 96) und die **objektiv-rechtliche Verpflichtung** für die staatliche Gewalt zu. Ausdruck dessen ist etwa die besondere Berücksichtigung religiöser Belange im Denkmalschutzrecht[125]. Als Erfüllung einer staatlichen Schutzpflicht für Religionsgut gegen Beeinträchtigungen durch Private sind § 243 I 2 Nr. 4 sowie § 304 StGB in seinen einschlägigen Passagen zu verstehen. Auch die Konkursunfähigkeit der Kirchen mit der Folge

---

[121] *Morlok*, Selbstverständnis (Fn. 103), S. 431ff. (bes. 437f.); *W. Bock*, Das für alle geltende Gesetz und die kirchliche Selbstbestimmung, 1996, S. 270ff., zur Darstellung der Rechtsprechung des Bundesverfassungsgerichts dort auch S. 133ff. → Art. 137 WRV Rn. 64.

[122] Dazu oben: → Rn. 33; auch der anspruchsvolle Versuch von *J. Lücke*, JZ 1998, 534 (541ff.), der für den Kernbereich der Religionsgutsgarantie auf die Einschränkungsmöglichkeiten von Art. 4 I und II GG und für den Randbereich auf diejenigen von Art. 137 III WRV rekurriert, leidet an dieser Schwäche.

[123] Vgl. *R. Alexy*, Theorie der Grundrechte, 1985, S. 80ff. zum Abwägungsdenken allgemein.

[124] Zu dieser Wechselwirkung vgl. *Kästner*, Verfassungsgarantie (Fn. 87), S. 903; *Ehlers* (Fn. 34), Art. 138 WRV Rn. 10; *Classen*, Religionsrecht (Fn. 4), Rn. 288ff.

[125] Dazu *B.M. Krämer*, Denkmalschutz und Denkmalpflege im Bereich der Kirchen, in: HdbStKirchR², Bd. II, S. 77ff. (bes. S. 91ff.) mit Nachweisen auf die Ausnahme- und Rücksichtsnahmeklauseln in den Denkmalschutzgesetzen der Länder, s. etwa § 38 Denkmalschutzgesetz NW (Pflicht zur Zusammenarbeit mit den Religionsgemeinschaften und Pflicht zur Beachtung der von den Religionsgemeinschaften festgestellten Belange der Religionsausübung); *H. Maurer*, Denkmalschutz im kirchlichen Bereich, in: Symposion A. Füllkrug, 1979, S. 82ff., mit der Forderung nach einem separaten Denkmalschutz der Kirchen, S. 102.

der Befreiung von der Pflicht zur Zahlung der Umlage für das Konkursausfallgeld, die das Bundesverfassungsgericht herausgearbeitet hat[126], ist als Rücksichtnahme auf die kirchlichen Vermögensinteressen zu deuten[127]. Schließlich ist auch die Einräumung von Rechtsschutzmöglichkeiten zugunsten des kirchlichen Vermögens eine objektivrechtliche Konsequenz aus dessen verfassungsrechtlichem Schutz[128].

D. Verhältnis zu anderen GG-Bestimmungen

41 Die beiden Absätze von Art. 138 WRV wiederholen Teilgehalte von **Art. 4 I und II GG**, ihre Verletzung kann deswegen über Art. 4 GG auch mit der Verfassungsbeschwerde gerügt werden (→ **Art. 140** Rn. 29 f.)[129]. Zugleich sind sie auch Sonderausprägungen des **Selbstbestimmungsrechts** der Religionsgesellschaften nach Art. 137 III WRV. Die Gewährleistung der Staatsleistungen stellt eine neben **Art. 14 GG** tretende spezielle Gewährleistung dar, die mit der Ablösung einen besonderen Aufhebungsgrund kennt. Auf Art. 14 GG ist dann zurückzugreifen, wenn es um die Zulässigkeit der Verteidigung mittels einer Verfassungsbeschwerde geht. Sofern es um die Abwehr spezifisch religionsfeindlicher Eingriffe in Eigentumsrechtspositionen der Rechtsträger geht, bildet Art. 14 I GG zusammen mit Art. 4 I GG ebenfalls einen strikten Schutz[130]. Das Ablösungsgebot aus Absatz 1 ist eine Konsequenz des **Trennungsgebots** nach **Art. 137 I WRV**. Die Religionsgutsgarantie nach Art. 138 II WRV hat eine andere Schutzrichtung als Art. 14 GG und tritt neben jene Gewährleistung[131].

---

[126] BVerfGE 66, 1 (18ff.).

[127] S. BVerfGE 66, 1 (21ff.).

[128] *Kästner*, Verfassungsgarantie (Fn. 87), S. 895, 904f.

[129] S. für das Verhältnis zwischen der Kirchengutsgarantie und der Religionsfreiheit *Pirson*, Kirchengut (Fn. 27), S. 615ff., der insbesondere auf die Frage eingeht, ob die Kirchengutsgarantie eine Konkretisierung der Religionsfreiheit darstellt.

[130] *Borowski*, Glaubensfreiheit (Fn. 26), S. 317.

[131] Insoweit anders *Borowski*, Glaubensfreiheit (Fn. 26), S. 318, der die Religionsgutsgarantien des Art. 138 WRV umfänglich bereits grundrechtlich gewährleistet sieht.

Artikel 139 WRV [Sonn- und Feiertagsschutz]

Der Sonntag und die staatlich anerkannten Feiertage bleiben als Tage der Arbeitsruhe und der seelischen Erhebung gesetzlich geschützt.

Literaturauswahl

Arndt, Nina/Droege, Michael: Versammlungsfreiheit versus Sonn- und Feiertagsschutz?, in: NVwZ 2003, S. 906–913.

Broscheit, Jannis/Schulz, Nils: Feiertags(-schutz)kritik an Feiertagen – Ein zu heißer Tanz?, in: DÖV 2016, S. 511 521.

Classen, Claus Dieter: Religionsrecht, 2. Aufl. 2015.

Couzinet, Daniel/Weiss, Andreas: Das Verhältnis von Art. 4 GG zu Art. 140 GG i. V. m. Art. 139 WRV. Aktuelle Probleme und dogmatische Standortbestimmung, in: ZevKR 54 (2009), S. 34–61.

de Wall, Heinrich: Zum subjektiven Recht der Kirchen auf den Sonntagsschutz, in: NVwZ 2000, S. 857–862.

Häberle, Peter: Feiertagsgarantien als kulturelle Identitätsmerkmale des Verfassungsstaates, 1987.

Häberle, Peter: Der Sonntag als Verfassungsprinzip, 2. Aufl. 2006.

Hufen, Christian: Der Ausgleich verfassungsrechtlich geschützter Interessen bei der Ausgestaltung des Sonn- und Feiertagsschutzes, 2015.

Kästner, Karl-Hermann: Sonn- und Feiertage zwischen Kultus, Kultur und Kommerz, in: DÖV 1994, S. 464–472.

Kästner, Karl-Hermann: Der Sonntag und die kirchlichen Feiertage, in: HdbStKirchR², Bd. II, S. 337–368.

Kunig, Philip: Der Schutz des Sonntags im verfassungsrechtlichen Wandel, 1989.

Marr, Heiner/Stüting, Johannes (Hrsg.): Essener Gespräche zum Thema Staat und Kirche 24, 1990.

Mattner, Andreas: Sonn- und Feiertagsrecht, 2. Aufl. 1991.

Morlok, Martin/Heinig, Hans Michael: Feiertag! Freier Tag? Die Garantie des Sonn- und Feiertagsschutzes als subjektives Recht im Lichte des Art. 139 WRV, in: NVwZ 2001, S. 846–851.

Mosbacher, Wolfgang: Sonntagsschutz und Ladenschluß, 2007.

Mosbacher, Wolfgang: Das neue Sonntagsgrundrecht – am Beispiel des Ladenschlusses, in: NVwZ 2010, S. 537–541.

Rüfner, Wolfgang: Die institutionelle Garantie der Sonn- und Feiertage, in: Festschrift für Martin Heckel, 1999, S. 447–461.

Stollmann, Frank: Zum subjektivrechtlichen Gehalt des Art. 140 GG/139 WRV, in: VerwArch. 96 (2005), S. 348–368.

Unruh, Peter: Religionsverfassungsrecht, 3. Aufl. 2015.

Leitentscheidungen des Bundesverfassungsgerichts

BVerfGE 87, 363 (393f.) – Sonntagsbackverbot; BVerfG (K), NJW 1995, 3378 (3379) – Buß- und Bettag; BVerfGE 111, 10 (27ff., Rn. 97ff.) – Ladenschlußgesetz III; 125, 39 (73ff., Rn. 117ff.) – Adventssonntage Berlin; 143, 161 (199, Rn. 81f.) – Schutz stiller Feiertage.

Gliederung

Stichwörter

A. Herkunft, Entstehung, Entwicklung

1 Rechtliche Regelungen für den Schutz von **Feiertagen** sind, wie die Existenz von Festtagen selbst, eine sozio-historische Konstante[1]. Die Zeiteinteilung fand u.a. über die jüdische Diaspora, die den Sabbat als siebten Tag der Woche als Ruhetag beging, auch im Römischen Reich Verbreitung[2]. Der christliche **Sonntag** ist dabei in seiner historisch ursprünglichen Bedeutung vom jüdischen Sabbat zu unterscheiden. Der Sonntag, erster Tag der damaligen Wochentagszählung, wurde und wird nach christlichem Selbstverständnis als *dies domini*, als Tag des Herrn in Erinnerung an die Auferstehung Jesu Christi durch Gottesdienst und Feiern eines Abendmahls begangen[3]. Eine Verbindung zum Gebot der Feiertagsheiligung des Dekalogs wurde in den ersten Jahrhunderten nicht hergestellt, sondern erfolgte im Zuge späterer kultureller Transformationen und Adaptionen – auch in Auseinandersetzung mit und Abgrenzung zu den jüdisch-christlichen Wurzeln. Bis ins vierte Jahrhundert war die Sonntagsarbeit, lediglich unterbrochen durch die Zeit des Gottesdienstes, deshalb der Normalfall[4]. Die ersten rechtlich verbindlichen Gebote zu einer umfassenderen **Sonntagsruhe** als Schutz der Sonntagsfeier gehen auf **Konstantin den Großen** zurück, der 321 ein Verbot der Ausübung handwerklicher und gerichtlicher Tätigkeiten am Sonntag (*dies solis*) aussprach[5]. Dem folgten bis ins sechste Jahrhundert weitere Arbeitsverbote und

---

[1] Zur anthropologischen Bedeutung des Festes *J. Splett*, Fest – Feier – Sonntäglichkeit, in: Essener Gespräche 24 (1990), S. 4ff.; *P. Häberle*, Der Sonntag als Verfassungsprinzip, 2. Aufl. 2006, S. 47ff.; *ders.*, Feiertagsgarantien als kulturelle Identitätsmerkmale des Verfassungsstaates, 1987; *ders.*, Verfassungslehre als Kulturwissenschaft, 2. Aufl. 1998, S. 966ff.; *H. M. Heinig*, Art. Sonn- und Feiertage, in: EvStL[4], Sp. 2167ff.

[2] *E. Meyer*, Art. Chronologie II. Außerchristliche Zeitrechnung, in: RGG[3], Bd. 1, Sp. 1807ff.

[3] *W. Rordorf*, Der Sonntag – Geschichte des Ruhe- und Gottesdiensttages im ältesten Christentum, 1962, S. 11ff.; *E. Hertzsch*, Art. Sonntag, in: RGG[3], Bd. 6, Sp. 140ff.; *T. L. Schnitzler*, Art. Sonntag IV. Liturgisch, in: Lexikon für Theologie und Kirche, 3. Aufl., Bd. 9, 2000, Sp. 729f.

[4] *Rordorf*, Der Sonntag (Fn. 3), S. 291; *J. Heubach*, Art. Sonn- und Feiertage I. Theologisch, in: EvStL[3], Bd. 2, Sp. 3147f. (3147).

[5] Aufgegangen in Codex Iustinianus 3.12.2; vgl. *W.-D. Hausschild*, Lehrbuch der Kirchen- und Dogmengeschichte I – Alte Kirche und Mittelalter, 1995, S. 140f.; *R. Richardi*, Sonn- und Feiertags-

Schutzvorschriften. Bereits diese frühen Regelungen kannten gleichwohl immer auch durch ökonomische Interessen motivierte Durchbrechungen, wie sie später im Laufe der Industrialisierung zunehmend zu beobachten sind.

Schließlich wurde die grundsätzliche Frage der Sonntagsarbeit angesichts der ge- 2
stiegenen Wochenarbeitszeit im 19. Jahrhundert wieder virulent. Es koinzidierten die sozialpolitische Forderung der **Arbeiterbewegung** nach einem Tag der Arbeitsruhe mit der religionspolitischen Forderung der Kirchen nach einer Stärkung des Schutzes der Sonntagsfeier[6]. Schließlich bewirkte das **Arbeiterschutzgesetz** vom 1.6.1891 entsprechende sonntagsschützende Änderungen der **Gewerbeordnung**, die in den Grundzügen bis zur Verabschiedung des Arbeitszeitgesetzes 1994 fortbestanden.

Die **motivische Allianz** aus sozialen Interessen an einem einheitlichen arbeitsfreien 3
Tag in der Woche und der Sicherung der traditionellen religiösen Bedeutung der christlichen Feiertage und des Sonntags im öffentlichen Leben spiegelt sich schließlich auch im **Wortlaut des Art. 139 WRV** wider und ist Grund für die Aufnahme der Sonn- und Feiertagsruhe in die Verfassung. Die Entwürfe sahen ursprünglich keine entsprechende Regelung vor. Die Anregung des Deutschen Evangelischen Kirchenausschusses zu einer entsprechenden Vorschrift wurde aufgrund der »politisch geglückten Verknüpfung der religiösen und sozialen Aspekte des Sonn- und Feiertagsschutzes«[7] in die Verfassung aufgenommen und in der ansonsten sehr kontroversen Debatte um die Vorschriften zu den Religionsgemeinschaften nur am Rande behandelt[8]. Diese unspektakuläre Entstehung der Regelung wiederholte sich im Parlamentarischen Rat, der die Sonn- und Feiertagsruhe nicht weiter thematisierte. Der Wortlaut des Art. 139 WRV blieb seit 1919 unverändert.

B. Internationale, supranationale und rechtsvergleichende Bezüge

I. Internationale Menschenrechtspakte

In internationalen Menschenrechtsdokumenten findet der Feiertagsschutz Erwähnung 4
in Zusammenhang mit sozialen und arbeitsbezogenen Rechten: **Art. 7 lit. d) IPwskR** gewährleistet u. a. die »Vergütung gesetzlicher Feiertage«. Nach **Art. 2 Ziff. 2 der Europäischen Sozialcharta** verpflichten sich die Vertragsparteien, »bezahlte öffentliche Feiertage« vorzusehen. Der Sonntag ist dagegen – was sich schon aus den unterschiedlichen (religions-)kulturellen Traditionen ergibt – nicht explizit geschützt. Wohl aber findet sich z. B. in Art. 2 Ziff. 5 der Sozialcharta die Zielvorstellung eines einheitlichen wöchentlichen Ruhetages. Ferner spricht Art. 31 II ChGrEU Arbeitnehmern das Recht auf tägliche und wöchentliche Ruhezeiten zu.

---

schutz im Arbeitsleben, in: Essener Gespräche 24 (1990), S. 117ff. (121); *T. Hoeren/A. Mattner*, Feiertagsgesetze der Bundesländer, 1989, Einführung Rn. 2.

[6] *Richardi*, Sonn- und Feiertagsschutz (Fn. 5), S. 123f. Insbesondere Otto von Bismarck kämpfte gegen sonntagsbezogene Arbeitszeitvorschriften mit Verweis auf die seines Erachtens daraus resultierenden Gefahren für die Wettbewerbsfähigkeit der deutschen Industrie im Ausland und damit für die Erhaltung der Arbeitsplätze: *O. v. Bismarck*, Die gesammelten Werke, 2. Aufl. 1980, Bd. 13, S. 51ff.

[7] *A. Pahlke*, Sonn- und Feiertagsschutz als Verfassungsgut, in: Essener Gespräche 24 (1990), S. 53ff. (56).

[8] *G. Kaiserberg*, Feiertagsschutz, in: H. C. Nipperdey (Hrsg.), Die Grundrechte und Grundpflichten der Reichsverfassung, Bd. 2, 1930, S. 428ff.; *A. v. Campenhausen/P. Unruh*, in: v. Mangoldt/Klein/Starck, GG, Art. 139 WRV Rn. 3.

II. Europäisches Unionsrecht

5 Bestimmungen des Sonn- und Feiertagsschutzes fallen grundsätzlich in die **Kompetenz der Mitgliedstaaten** der EU. Die wesentlich religiös-kulturell geprägte Festlegung eines einheitlichen gesellschaftlichen Ruhetages ist der EU u. a. aus Gründen der Subsidiarität verwehrt. Der EuGH hat deshalb einen Passus in Art. 5 II der sog. Arbeitszeitrichtlinie[9] für nichtig erklärt, der den Sonntag europaweit verpflichtend zum Regelruhetag erklären wollte[10]. **Verkaufsbeschränkende Vorschriften** des Sonn- und Feiertagsschutzes sind **europarechtskonform**, verstoßen insbesondere nicht gegen die Grundfreiheit auf freien Warenverkehr[11]. Dies gilt jedenfalls, wenn man mit der Rechtsprechung des EuGH zwischen produkt- und vertriebsbezogenen Regelungen unterscheidet[12]. Dann findet Art. 34 AEUV keine Anwendung auf nationale Ladenschlussregelungen, die für alle im Inland tätigen Wirtschaftsteilnehmer gelten und den Absatz der inländischen Erzeugnisse und der Erzeugnisse aus anderen Mitgliedstaaten rechtlich wie tatsächlich in gleicher Weise berühren[13].

III. Rechtsvergleichende Hinweise

6 Der Sonn- und Feiertagsschutz hat **in** den anderen Mitgliedstaaten der **EU keinen Verfassungsrang**. Art. 20 der Verfassung Belgiens schützt sogar ausdrücklich vor der Pflicht, in irgendeiner Weise an Handlungen und Feierlichkeiten eines Kultes teilzunehmen oder dessen religiöse Ruhetage einzuhalten. Dagegen kennen einzelne Kantonalverfassungen in der Schweiz ebenso wie zahlreiche Verfassungen in Übersee Verfassungsbestimmungen zum Sonn- und Feiertagsschutz[14].

7 In **Deutschland** enthalten die Verfassungen Hamburgs, Niedersachsens und Schleswig-Holsteins keine Sonn- und Feiertagsregelungen[15]. Art. 9 I MVVerf., Art. 109 IV SächsVerf. und Art. 40 ThürVerf. inkorporieren Art. 139 WRV direkt oder über die Aufnahme des Art. 140 GG in das Landesverfassungsrecht in die Landesverfassungen, ebenso wie Art. 5 BWVerf. und Art. 22 NWVerf., die in Art. 3 BWVerf. und Art. 25 NWVerf. durch länderspezifische Sonn- und Feiertagsvorschriften flankiert werden. Auch Bayern (Art. 147 BayVerf.) übernimmt Art. 139 WRV nahezu wortgleich. Art. 35 BerlVerf., Art. 14 I BrandVerf. und Art. 55 I, III BremVerf. begrenzen die Zweckbestimmung von Sonn- und gesetzlich anerkannten Feiertagen hingegen auf

---

[9] RL 93/104/EG des Rates vom 23.11.1993 über bestimmte Aspekte der Arbeitszeitgestaltung.

[10] EuGH v. 12.11.1996, C-84/94, Rn. 36f. – *Vereinigtes Königreich/Rat*; s. auch *H.M. Heinig*, ZEE 1999, 294 (307).

[11] EuGH v. 23.11.1989, C-145/88, Rn. 10ff. – *Torfaen Borough Counsil/B&Q plc.*; dort noch begründet mit den »kulturellen Besonderheiten« der Materie.

[12] EuGH v. 24.11.1993, C-267/91, C-268/91, Rn. 14ff. – *Keck und Mithouard.*

[13] EuGH v. 2.6.1994, C-69/93, C-258/93, Rn. 10ff. – *Punto Casa*; EuGH v. 20.6.1996, C-418/93, C-419/93, C-420/93, C-421/93, C-460/93, C-461/93, C-462/93, C-464/93, C-9/94, C-10/94, C-11/94, C-14/94, C-15/94, C-23/94, C-24/94 und C-332/94, Rn. 24f. – *Semeraro Casa*; EuGH v. 16.12.1992, C-169/91, Rn. 8ff. – *B&Q plc.*; BVerwG GewArch. 1999, 24f.; siehe auch *P.M. Huber*, Das Staatskirchenrecht – Übergangsordnung oder Zukunftskonzept? in: E. Eichenhofer (Hrsg.), 80 Jahre Weimarer Reichsverfassung – was ist geblieben?, 1999, S. 117ff. (142, 145).

[14] Siehe *Häberle*, Feiertagsgarantien (Fn. 1), S. 24.

[15] Die Landesverfassung Schleswig-Holsteins setzt die Existenz von Sonn- und Feiertagen allerdings voraus, indem dort in Art. 4 II ausdrücklich bestimmt ist, dass »Wahlen und Abstimmungen [...] an einem Sonntag oder öffentlichen Ruhetag« stattfinden; ebenso die Landesverfassung Hamburgs, s. Art. 6 III; vgl. *K.-H. Kästner*, DÖV 1994, 464 (467).

den Aspekt der Arbeitsruhe, geraten dadurch mit Art. 139 WRV in Konflikt (→ Art. 140 Rn. 24) und werden deshalb als nichtig nach **Art. 31 GG** angesehen[16]. Das geht wohl zu weit, da durch eine enger gefasste Regelung die weiterreichende bundesverfassungsrechtliche Gewährleistung nicht eingeschränkt wird. Gegenüber Art. 139 WRV etwas **ausführlichere Vorschriften** enthalten Art. 25 I NWVerf. (»Tage der Gottesverehrung, der seelischen Erhebung, der körperlichen Erholung und der Arbeitsruhe«), Art. 41 SaarlVerf. und Art. 47 RhPfVerf. Dies ist insoweit verfassungsrechtlich unbedenklich, als das Telos von Art. 139 WRV lediglich durch die Zusätze konkretisiert wird. Teilweise beschreiben die Landesverfassungen den Sonn- und Feiertagsschutz sowohl in den Kapiteln, die der Wirtschafts- und Arbeitsordnung, als auch in denen, die der Beziehung des Staates zu den Religionsgemeinschaften gewidmet sind (Art. 31 und 53 HessVerf.; Art. 47 und 57 I 2 RhPfVerf.), bzw. in Nordrhein-Westfalen nur in ersterem, aber mit religiöser Komponente (Art. 25 NWVerf.). Seine gesetzliche Anerkennung als Feiertag erfährt der **Erste Mai** in einigen Bundesländern schon durch die Verfassung selbst[17].

C. Erläuterungen

I. Zwecke der Norm

8 Art. 139 WRV hebt bestimmte periodisch wiederkehrende Tage, Sonntage für den Wochen- und gesetzlich anerkannte Feiertage für den Jahreszyklus, in ihrer Bedeutung für die Personalität des Einzelnen und dadurch für die kulturelle Identität der verfassten Gesellschaft hervor[18]. Die rechtlichen Rahmenbedingungen müssen von Verfassungs wegen so gestaltet sein, dass sie »Arbeitsruhe« und »seelische Erhebung« an diesen Tagen ermöglichen. Die verfassungsrechtliche Garantie des Sonn- und Feiertagsschutzes statuiert ein **Regel-Ausnahme-Verhältnis von Ruhe und Arbeit** (→ Rn. 23, 30f.).

9 Art. 139 WRV garantiert **Kontinuität** in der Existenz von Sonn- und Feiertagen überhaupt sowie im Bestand an Bestimmungen über rechtliche Verhaltensge- und -verbote an diesen Tagen: Der Sonntag und die staatlich anerkannten Feiertage »bleiben« gesetzlich hervorgehoben. Er ist damit auch Ausdruck des religionsverfassungsrechtlichen Prinzips des Bestandsschutzes (→ Art. 140 Rn. 45). Der Verfassunggeber knüpft damit an die 1918/19 bzw. 1948/49 vorgefundenen lebensweltlichen und rechtlichen Gegebenheiten an[19]. Gleichzeitig betont die Vorschrift die staatliche Verantwortung für die Erfahrbarkeit des Sinns solcher Tage ebenso, wie sie die Verpflichtung zur Vorhaltung besonderer rechtlicher Regelungen für Sonn- und Feiertage unterstreicht. Zugleich aber wird auch die damals schon bekannte Existenz von Ausnahmen und Durchbrechungen des Sonn- und Feiertagsschutzes in die Kontinuitätsgewährleistung einbezogen.

10 Die Garantie des Sonn- und Feiertagsschutzes dient – wie der Normtext selbst ausweist – **sozialen wie religiösen Zwecken** und zielt dabei primär auf die personale Inte-

[16] *A. Mattner*, Sonn- und Feiertagsrecht, 2. Aufl. 1991, S. 179f.; *K.-H. Kästner*, DÖV 1994, 464 (467).
[17] So z. B. in Art. 25 II NWVerf., Art. 55 I BremVerf. und Art. 32 HessVerf.
[18] *M. Morlok/H. M. Heinig*, NVwZ 2001, 846 (847).
[19] Siehe im Detail *Hoeren/Mattner*, Feiertagsgesetze (Fn. 5), Einführung Rn. 3; *Mattner*, Sonn- und Feiertagsrecht (Fn. 16), S. 16ff.

grität jedes Einzelnen[20]. Art. 139 WRV wächst damit wesentlich die Funktion der **Grundrechtsrealisierung** zu: Die mit einem Tag der »Arbeitsruhe und der seelischen Erhebung« einhergehende physische und psychische Regeneration dient der körperlichen Unversehrtheit (**Art. 2 II GG**)[21]. Ferner befähigt die durch den Wochenrhythmus erfolgende **synchrone Taktung** des sozialen Lebens zu familiären und sonstigen gesellschaftlichen Aktivitäten. Die allgemein verbindliche Festlegung eines einheitlichen Ruhetages fördert die Ausprägung der traditionellen familienspezifischen Sozialformen. Der Staat kommt dadurch zugleich seinem Schutzauftrag aus **Art. 6 I GG** nach[22]. Auch andere Formen sozialer Geselligkeit, insbesondere Aktivitäten in gesellschaftlichen Verbänden, werden zumindest durch einheitliche gesellschaftliche Ruhetage gefördert, wenn nicht gar erst ermöglicht (**Art. 8 und 9 GG**)[23]. Die Befähigung des Einzelnen zur Religionsausübung in Gemeinschaft (**Art. 4 I, II GG**) an den Hauptkultustagen der Mehrheit der Bevölkerung ist ganz wesentlicher Zweck des Art. 139 WRV[24]. Auch lassen sich eingedenk der Selbstzweckhaftigkeit von freier Zeit Bezüge zur **Würde des Menschen** (Art. 1 I GG) herstellen[25]. Auf dieser Grundlage entfaltet die in Art. 139 WRV getroffene Regelung einen spezifischen Schutz der **Kulturstaatlichkeit**, nämlich die Bedeutung der Sonn- und Feiertage als »kulturelle Identitätsmerkmale des Verfassungsstaates«[26]. Die Verfassung knüpft bewusst an die bestehende christliche Tradition an, ohne diese paritätswidrig zu exklusivieren[27] (→ Rn. 14).

II. Schutzbereich

11 Der durch Art. 139 WRV vorgegebene Rahmen umfasst zunächst die Existenz von Sonn- und gesetzlich anerkannten Feiertagen als Institutionen an sich. Durch diese **institutionelle Garantie** (→ Rn. 16) ist eine gewisse **zeitliche Synchronisierung** des sozialen Lebens in Verfassungsrang erhoben. Der Sonn- und Feiertagsschutz wird inhaltlich durch die Zweckbestimmung der »Arbeitsruhe« und der Möglichkeit der »seelischen Erhebung« verfassungsrechtlich determiniert. Dies führt zu einem grundsätzlichen verfassungsrechtlichen Verbot von Tätigkeiten mit werktäglichem Gepräge an Sonn- und Feiertagen[28]. Die verfassungsrechtliche Gewährleistung zielt zwar nicht

---

[20] *M. Morlok/H. M. Heinig*, NVwZ 2001, 846 (850); *P. Unruh*, Religionsverfassungsrecht, 3. Auflage 2015, Rn. 545.

[21] Zum Bezug zu Art. 2 II GG *Hufen*, Ausgleich (Fn. 22), S. 159ff., 195ff.

[22] *Heinig*, Art. Sonn- und Feiertage (Fn. 1), Sp. 2168; s. zum Bezug zu Art. 6 I GG auch *C. Hufen*, Der Ausgleich verfassungsrechtlich geschützter Interessen bei der Ausgestaltung des Sonn- und Feiertagsschutzes, 2014, S. 159ff., 187ff.

[23] *K.-H. Kästner*, DÖV 1994, 464 (468); s. zum Bezug zu Art. 8, 9 GG auch *Hufen*, Ausgleich (Fn. 22), S. 159ff., 190ff. Ganz plastisch: Für ein reguläres Fußballspiel bedarf es 22 Spieler und dreier Schiedsrichter (Assistenten), die zugleich hierfür Zeit haben müssen.

[24] Zum Bezug zu Art. 4 I, II GG *Hufen*, Ausgleich (Fn. 22), S. 159ff., 175ff.; zum Verhältnis von Art. 4 I, II GG und Art. 139 WRV s. *D. Couzinet/A. Weiss*, ZevKR 54 (2009), 34ff.

[25] *Richardi*, Sonn- und Feiertagsschutz (Fn. 5), S. 149; *Häberle*, Sonntag (Fn. 1), S. 65f.; *K.-H. Kästner*, DÖV 1994, 464 (469); *S. Kirste*, NJW 2001, 790 (791); s. zum Verhältnis zu Art. 1 I GG auch *Hufen*, Ausgleich (Fn. 22), S. 159ff., 197f.

[26] S. allgemein dazu *Häberle*, Feiertagsgarantien (Fn. 1); *ders.*, Sonntag (Fn. 1).

[27] *C. D. Classen*, Religionsrecht, 2. Auflage 2015, Rn. 133. Zur Verweigerung islamischer Feiertage durch die Landesgesetzgeber s. *F. Stollmann*, NVwZ 2005, 1394 (1396). Zur Beurlaubung von Schülern aufgrund islamischer Feiertage *N. Coumont*, ZAR 2009, 9 (16); s. auch *M. Demel*, KuR 2013, 93ff.

[28] *Classen*, Religionsrecht (Fn. 27), Rn. 616; *v. Campenhausen/Unruh* (Fn. 8), Art. 139 WRV

auf eine allgemeine Ruhe oder gar auf den Schutz eines bestimmten religiösen oder weltanschaulichen Sinngehaltes dieser Tage[29], was der weltanschaulichen Neutralität der Rechtsordnung (→ Art. 140 Rn. 35) zuwiderliefe[30]. An diesen Tagen soll aber grundsätzlich die »werktägliche Geschäftigkeit« ruhen, damit der Einzelne sie allein oder in Gemeinschaft ungehindert von werktäglichen Verpflichtungen und Beanspruchungen begehen kann[31]. Jede nach außen erkennbare Tätigkeit, die üblicherweise an Werktagen erfolgt, beeinträchtigt an Sonn- und Feiertagen das als schützenswert anerkannte Gefühl des Einzelnen, dass es sich um einen verbindlichen Ruhetag handelt[32]. Eine **Ausnahme** kommt grundsätzlich nur bei solchen Tätigkeiten in Betracht, die gerade der Befriedigung sonn- und feiertäglicher Bedürfnisse dienen oder zur Wahrung gleichwertiger Rechtsgüter besonders zugelassen sind[33] (→ Rn. 25 ff.).

1. Sonntage

Schon nach dem Wortlaut bedarf der **Sonntag** als durch den Gregorianischen Kalender vorgegebener siebter Tag der Woche keiner weiteren Anerkennung[34]. »Es besteht eine Status-quo-Garantie der 7-Tage-Woche mit dem grundsätzlich der Ruhe gewidmetem Sonntag«[35]. Welche Tage als Sonntage im Sinne des Art. 139 WRV zu verstehen sind, ist der Regelungsbefugnis des Gesetzgebers entzogen. »Der Sonntag ist der geborene Feiertag, die anderen Feiertage sind nur erkoren«[36]. Deshalb steht es auch nicht in der Verfügungsmacht des Gesetzgebers, an die Stelle des Sonntags einen beliebigen anderen oder gar einen variablen Wochentag für die Arbeitsruhe und die seelische Erhebung freizustellen. Von Verfassungs wegen ist hierfür gerade der Sonntag im Sinne des (nach heutiger Zählung) siebten Tages der Woche vorgesehen. Eine Abweichung hiervon kann nur mittels einer Verfassungsänderung erzielt werden[37]. 12

2. Feiertage

Feiertage hingegen bedürfen der **gesetzlichen Anerkennung**, um in den Genuss der Schutzwirkung des Art. 139 WRV zu kommen. Dabei steht es dem Gesetzgeber grundsätzlich offen, Feiertagen die bisher bestehende staatliche Anerkennung zu entziehen oder eine solche neu einzuführen[38]. Es ist diesbezüglich von einem legislatorischen Spielraum auszugehen. Das verfassungsrechtliche Kontinuitätsgebot des Art. 139 13

Rn. 27; *N. Arndt/M. Droege*, NVwZ 2003, 906 (908); s. auch *J. Broscheit/N. Schulz*, DÖV 2016, 511 ff. für Versammlungsverbote an Feiertagen.

[29] BVerfGE 125, 39 (85, Rn. 154).

[30] BVerwGE 90, 337 (343).

[31] BVerwGE 90, 337 (343); BVerfGE 125, 39 (85 f., Rn. 154).

[32] BVerwGE 79, 118 ff.

[33] BVerwGE 90, 337 (344).

[34] *D. Ehlers*, in: Sachs, GG, Art. 139 WRV Rn. 5; *S. Korioth*, in: Maunz/Dürig, GG, Art. 139 WRV (2003), Rn. 45.

[35] *Pahlke*, Sonn- und Feiertagsschutz (Fn. 7), S. 57; *Unruh*, Religionsverfassungsrecht (Fn. 20), Rn. 557.

[36] *Richardi*, Sonn- und Feiertagsschutz (Fn. 5), S. 118.

[37] So auch *H. Maurer*, Diskussionsbeitrag, in: Essener Gespräche 24 (1990), S. 113; *Unruh*, Religionsverfassungsrecht (Fn. 20), Rn. 557 m. w. N.

[38] *S. Muckel*, in: Friauf/Höfling, GG, Art. 139 WRV (2011), Rn. 10; *Ehlers* (Fn. 34), Art. 139 WRV Rn. 6; *v. Campenhausen/Unruh* (Fn. 8), Art. 139 WRV Rn. 21; *H. Hofmann*, in: Schmidt-Bleibtreu/Hofmann/Henneke, GG, Art. 140 Rn. 50; *Korioth* (Fn. 34), Art. 139 WRV, Rn. 41; s. auch *F. Stollmann*, DÖV 2004, 471 (473 ff.); *N. Arndt/M. Droege*, NVwZ 2003, 906 (908).

WRV beinhaltet, anders als beim Sonntag, **keine Garantie der fortwährenden staatlichen Anerkennung** bestimmter Tage oder einer bestimmten Anzahl von Tagen[39]. Auch besteht bei der Abschaffung der gesetzlichen Anerkennung von religiösen Feiertagen ein sich aus dem staatlichen Ausgestaltungs- und Schutzauftrag des Art. 139 WRV i. V. m. dem allgemeinen Gleichheitssatz ergebendes Willkürverbot. Dem Gesetzgeber obliegt in diesen Fällen daher eine gewisse Begründungslast[40].

3. Paritätsrechtliche Aspekte

14 Der Gesetzgeber ist nicht gehalten, die religiöse Bedeutung von bestimmten **Wochentagen** bei der Festlegung eines einheitlichen gesellschaftlichen Ruhetages in der Woche in der Weise zu berücksichtigen, dass neben den Sonntag weitere wöchentliche religiöse Festtage als Ruhetage zu treten haben. Soweit es beispielsweise um den verfassungsrechtlichen Schutz des islamischen Freitags oder des jüdischen Sabbats geht, ist bezüglich der staatlichen Schutzpflicht wie des Eingriffsabwehrrechts auf Art. 4 GG zu verweisen[41]. Entsprechend können **Feiertagsgesetze der Länder** Schutzvorschriften für Feiertage kleinerer Religionsgemeinschaften vorsehen[42]. Die Freie und Hansestadt **Hamburg** hat **2012** einen **Vertrag** mit drei islamischen Verbänden und einen Vertrag mit der Alevitischen Gemeinde Deutschland e.V. geschlossen[43]. In diesen werden jeweils die höchsten islamischen und alevitischen Feiertage aufgelistet und als kirchliche Feiertage im Sinne des § 3 des hamburgischen Feiertagsgesetzes deklariert. Dies hat unmittelbar zur Folge, dass zum einen Beamten und Arbeitnehmern islamischen bzw. alevitischen Glaubens Gelegenheit zum Gottesdienst gegeben und zum anderen Schülern auf Wunsch Unterrichtsbefreiung gewährt werden soll. Zudem wurde anlässlich der Verträge ein neuer § 3a in das Feiertagsgesetz eingefügt, in dem die drei islamischen und die drei alevitischen Feiertage aus den Verträgen genannt und den kirchlichen Feiertagen gleichgestellt werden[44]. Auch kann es im Falle der Sieben-Tages-Adventisten angezeigt sein, dass Mitglieder von ihrer Schulpflicht am Samstag aus religiösen Gründen entbunden werden[45].

15 Art. 139 WRV begründet nach ganz überwiegender Ansicht aber **keinen Anspruch einer einzelnen Religionsgemeinschaft**, dass bestimmte ihrer spezifischen **Feiertage** gesetzlich anerkannt werden oder mit dem Status der gesetzlichen Anerkennung erhalten bleiben. Gleichwohl ist der **Gesetzgeber nicht völlig ungebunden** bei der Auswahl der von ihm anerkannten Feiertage[46]. Zum einen ist er durch den Wortlaut des

---

[39] BVerfG (K), NJW 1995, 3378 (3379) zur Abschaffung des Buß- und Bettages. Gleichwohl war diese verfassungsrechtlich umstritten; vgl. *K.-H. Kästner*, ZevKR 41 (1996), 272 (302ff.) und *B. Pieroth/R. Störmer*, Die Feiertagsregelung des Pflegeversicherungsgesetzes, 1996.

[40] So im Ergebnis auch *K.-H. Kästner*, NVwZ 1993, 148 (150f.); s. auch *A. v. Campenhausen/H. de Wall*, Staatskirchenrecht, 4. Aufl. 2006, S. 329ff.

[41] Vgl. etwa BVerwGE 42, 128ff.; s. weiter *F. Stollmann*, NVwZ 2005, 1394ff.; s. für die Berücksichtigung nichtchristlicher Feiertage allgemein *Hufen*, Ausgleich (Fn. 22), S. 144f., 355ff.; *A. M. Huber*, Feiertagsschutz für Minderheiten, 2007; auch *Ehlers* (Fn. 34), Art. 139 WRV Rn. 7.

[42] Z. B. § 9 FeiertagsG NW oder § 6a FeiertagsG Saarl. für jüdische Feiertage.

[43] Vertragstexte in der Drs. 20/5830 der Bürgerschaft der Freien und Hansestadt Hamburg. Dazu *M. Demel*, KuR 2013, 93ff.

[44] Für islamische Feiertage s. § 3a I und für alevitische Feiertage s. § 3a II.

[45] BVerwGE 42, 128 (129ff.).

[46] So auch *K.-H. Kästner*, NVwZ 1993, 148 (150f.); *ders.*, Der Sonntag und die kirchlichen Feiertage, in: HdbStKirchR², Bd. II, S. 337ff. (347ff.); *Huber*, Feiertagsschutz (Fn. 41), S. 140f.; s. auch *J. Broscheit/N. Schulz*, DÖV 2016, 511 (516).

Art. 139 WRV auf das Zweckprogramm der Arbeitsruhe und seelischen Erhebung verpflichtet. Zum anderen sind die den Art. 139 WRV einrahmenden Grundrechte zu beachten. Schließlich ist eine gewisse **religiöse Repräsentativität** der Bevölkerung in der Anerkennung von Feiertagen verfassungsrechtlich geboten.

4. Objektiv-rechtliche Gehalte

Der Sonn- und Feiertagsschutz wird nach bisherigem Verständnis als »objektiv-recht- 16
liche Institutsgarantie« gewährleistet[47]. Der Staat ist an die Vorgaben und die im Normtext markierten Zwecksetzungen des Art. 139 WRV gebunden. Ihm wird eine **Ausgestaltungs- und Schutzpflicht** für Sonn- und Feiertage auferlegt[48], der nachzukommen er verfassungsrechtlich verpflichtet ist. Bei der Ausgestaltung des Sonn- und Feiertagsschutzes kommt dem Gesetzgeber ein weitgehender Gestaltungsspielraum zu. Nach diesem Ansatz vermittelt Art. 139 WRV unmittelbar weder bestimmte Verhaltenspflichten noch subjektive Rechte[49]. Konkrete Abwehr- oder Leistungsansprüche lassen sich deshalb nach h. M. aus Art. 139 WRV nicht ableiten[50].

5. Subjektiv-rechtliche Korrelate

Diesem überkommenen Ansatz ist insoweit zuzustimmen, als durch Art. 139 WRV 17
weder ein spezifischer status quo an gesetzlich anerkannten Feiertagen noch ein bestimmtes rechtliches Ensemble an einfachgesetzlichen Schutzvorschriften festgeschrieben werden sollte. Allerdings gehen mit der bisherigen dogmatischen Engführung Folgeprobleme einher, welche die Gewährleistung eines effektiven Sonn- und Feiertagsschutzes in Frage stellen. Dies zeigt sich insbesondere in den Fällen, in denen unter Rückgriff auf Ausnahmeklauseln die allgemeinen **Ladenschlusszeiten** gerade durch die staatlichen Stellen aufgelockert werden, die zum Schutz der Feiertagsgarantie aufgerufen sind. Diese Infragestellung der Erfüllung staatlicher Gewährleistungs- und Schutzpflichten war Anlass, über eine dogmatische Neujustierung des Sonn- und Feiertagsschutzes in Form einer verfassungsrechtlichen Einräumung von subjektiven Rechtspositionen nachzudenken[51].

Das heutige Verständnis von Einrichtungsgarantien – unabhängig von Art. 139 18
WRV – spricht diesen durchaus subjektiv-rechtliche Gehalte zu. Diese Gehalte werden aus ihrer Grundrechtsnähe[52] gefolgert. Die subjektiv-rechtliche Interpretation des Art. 139 WRV wird bestärkt durch die **grundrechtsermöglichende und -effektivieren-**

---

[47] *Ehlers* (Fn. 34), Art. 139 WRV Rn. 1 Fn. 8 m. w. N.; BVerfGE 125, 39 (77ff., Rn. 131ff.); A.A. u. a. *Korioth* (Fn. 34), Art. 139 WRV Rn. 20 Fn. 4 m. w. N.; *Unruh*, Religionsverfassungsrecht (Fn. 20), Rn. 551f.; ein Überblick bei *Muckel* (Fn. 38), Art. 139 WRV Rn. 2ff.

[48] BVerfGE 125, 39 (84, Rn. 149); s. auch *Unruh*, Religionsverfassungsrecht (Fn. 20), Rn. 553.

[49] So zu Art. 147 BayVerf. BayVerfGHE 35, 10 (15) und zu Art. 22 I BerlVerf. BerlVerfGH NJW 1995, 3379f. – Eine subjektiv-rechtliche Verpflichtung zum Schutz des Sonntags und kirchlicher Feiertage kann jedoch zumindest aus in Landesgesetze transformierten vertraglichen Vereinbarungen des Staates mit Religionsgesellschaften folgen, so OVG Greifswald, NVwZ 2000, 948ff.; hierzu *H. M. Heinig/M. Morlok*, KuR 2001, 13 (35ff.).

[50] BVerfGE 87, 363 (393); BVerfG (K), NJW 1995, 3378 (3379); OVG Münster NJW 1987, 2603f.; *Kästner*, Sonntag (Fn. 46), S. 341 m. w. N.; *F. Stollmann*, VerwArch. 96 (2005), 348ff.

[51] Siehe näher *M. Morlok/H. M. Heinig*, NVwZ 2001, 846 (849); *Heinig*, Sonn- und Feiertage (Fn. 1), Sp. 2167ff.

[52] *C. Steinbeiß-Winkelmann*, Grundrechtliche Freiheit und staatliche Freiheitsordnung, 1986, S. 119; s. auch *W. Mosbacher*, Sonntagsschutz und Ladenschluß, 2007, S. 297f., 314ff.; BVerfGE 125, 39 (80ff., Rn. 139ff.); *Unruh*, Religionsverfassungsrecht (Fn. 20), Rn. 551f.; s. auch *Muckel* (Fn. 38),

de Funktion der Bestimmung, wobei nicht jeder irgendwie geartete Grundrechtsbezug, sondern eine umfassende Auslegung – insbesondere anhand teleologischer Gesichtspunkte – den subjektiv-rechtlichen Gehalt einer Norm erschließt. Art. 139 WRV weist eine dezidiert grundrechtliche Teleologie auf (Art. 4, 2 II, 6, 8, 9, 1 I GG; → Rn. 10). In Zusammenschau mit dem Zweckprogramm des Art. 139 WRV ergibt sich, dass die Norm die **personale Integrität des Einzelnen** in den Blick nimmt. Sonn- und feiertägliche »Arbeitsruhe und seelische Erhebung« zielen sowohl von ihrem grundrechtlichen Umfeld als auch in der Sache selbst gerade nicht auf »die Allgemeinheit«, sondern beziehen sich auf natürliche Personen *in concreto*. Stets stehen nicht Belange des Gemeinwohls, sondern die Personalität des Individuums im Vordergrund (→ Rn. 10). Eine solche Radizierung von Rechten beim Individuum entspricht auch der Systematik des Grundgesetzes, insbesondere in Bezug auf die durch Art. 140 GG inkorporierten Normen (→ Art. 4 Rn. 41, 92ff.; → Art. 140 Rn. 33ff.). Kann Art. 139 WRV auch nicht ausschließlich einem einzelnen Grundrecht zugeordnet werden, so ist doch eine für das Verständnis als subjektives Recht des Einzelnen hinreichende teleologische Abgrenzbarkeit von einer ausschließlich allgemeinwohlgeprägten Zweckbestimmung auszumachen[53].

19 Insbesondere die Nähe zum Grundrecht aus Art. 4 I, II GG betont und nimmt das Bundesverfassungsgericht in seiner Entscheidung über die Verfassungsmäßigkeit des Berliner Ladenöffnungsgesetzes zum Anlass, die Verfassungsbeschwerde von zwei öffentlich-rechtlichen Religionsgemeinschaften auf Art. 4 I, II iVm Art. 140 GG, Art. 139 WRV zu stützen[54]. Art. 4 I, II GG wird in der Bedeutung als **Schutzpflicht**, welche durch Art. 139 WRV **konkretisiert** werde, herangezogen[55]. Dies führt dazu, dass der Sonn- und Feiertagsschutz neben seinem Dasein als institutionelle Garantie **eingeklagt** werden kann, sowohl von natürlichen Personen als auch von juristischen Personen[56]. Davon wird seit der Entscheidung zunehmend Gebrauch gemacht. Dies mag auch wesentlich daran liegen, dass das Bundesverfassungsgericht die sich aus Art. 139 WRV ergebende Konkretisierung der Schutzpflicht nicht nur dem Art. 4 I, II GG, sondern all den Grundrechten, »die in besonderem Maße auf Tage der Arbeitsruhe und der seelischen Erhebung angewiesen sind«[57], entnimmt. Im Ergebnis ist die Annahme eines subjektiven Rechts des Sonn- und Feiertagsschutzes begrüßenswert, auch wenn das Gericht nicht den Weg unmittelbar über Art. 139 WRV wählt.

Art. 139 WRV Rn. 2ff.; kritisch zur Bejahung des subjektiv-rechtlichen Charakters aus der Grundrechtsnähe des Art. 139 WRV *Hufen* (Fn. 22), S. 122f.

[53] Siehe näher *M. Morlok/H. M. Heinig*, NVwZ 2001, 846 (850).

[54] BVerfGE 125, 39 (80f., Rn. 139); vgl. bes. für das Verhältnis von Art. 4 I, II GG und Art. 139 WRV *D. Couzinet/A. Weiss*, ZevKR 54 (2009), 34 (40ff. m. w. N.).

[55] BVerfGE 125, 39 (78f., Rn. 134ff.); zur Unterscheidung zwischen Abwehrrecht und Schutzpflicht bei Art. 139 WRV s. *Hufen*, Ausgleich (Fn. 22), S. 131ff.; *D. Couzinet/A. Weiss*, ZevKR 54 (2009), 34 (45ff.).

[56] Die Entscheidung wird begrüßt von *W. Mosbacher*, NVwZ 2010, 537ff.; *A. v. Campenhausen*, ZevKR 56 (2011), 225ff. m. w. N.; kritisch *H. Wißmann/D. Heuer*, JA 2011, 214 (219ff.); *J. v. Lucius*, KritV 2 (2010), 190 (207f.); s. auch *C. D. Classen*, JZ 2010, 144 (145f.); *W. Leisner*, NVwZ 2014, 921 (924 f).; *F.-F. Seifert*, LKV 2011, 67ff.; *F. Kühn*, NJW 2010, 2094ff. S. auch BVerwGE 150, 327ff., wo die Vorgaben des Bundesverfassungsgerichts aufgenommen und die durch die Hessische Bedarfsgewerbeverordnung vorgesehenen Ausnahmen vom Sonn- und Feiertagsschutz stark beschränkt werden. Dazu *B. Wiebauer*, NVwZ 2015, 543ff. und *W. Neumann*, jurisPR-BVerwG 6/2015, Anm. 4.

[57] BVerfGE 125, 39 (84, Rn. 149); s. zu dem Aspekt auch *F. Kühn*, NJW 2010, 2094 (2096). Im Gegensatz zum BVerfG entnimmt *Hufen*, Ausgleich (Fn. 22), S. 128ff., 131 das subjektive Recht zu Recht direkt aus Art. 139 WRV. Dazu auch *W. Mosbacher*, NVwZ 2010, 537 (538f.).

Träger des Rechts aus Art. 139 WRV sind zumindest **alle natürlichen Personen**. Eine solche Bestimmung des Kreises der Begünstigten korreliert auch mit der weitergehenden Interpretation von »Arbeitsruhe« als Verbot aller gewerblichen Tätigkeiten mit werktäglichem Gepräge. Eine Engführung auf Arbeitnehmer ist deshalb abzulehnen. Für die Bestimmung einer Rechtsträgerschaft von **juristischen Personen** ist der Rechtsgedanke des Art. 19 III GG heranzuziehen (→ Art. 19 III Rn. 31ff.). Kandidaten für eine solche Rechtsstellung sind insbesondere Religionsgemeinschaften, Gewerkschaften, aber auch sonstige Vereine, die ihre Aktivitäten typischerweise sonn- und feiertags entfalten. Eingedenk der primären Zielrichtung des Art. 139 WRV auf die individuelle Personalität erweist sich die wesensmäßige Anwendung auf juristische Personen jedoch als problematisch. Auch die korrelierenden Grundrechte beziehen sich primär auf die psychisch-physische Existenz natürlicher Personen. Zugleich aber ist die Anknüpfung an allgemein arbeitsfreie Tage durch gesellschaftliche Organisationen zur Durchführung von Veranstaltungen von Art. 139 WRV intendiert. Dies gilt insbesondere für religiöse Feiertage und kirchliche Veranstaltungen oder den Ersten Mai als traditionellen Veranstaltungstag der Gewerkschaften. Bei den Religionsgesellschaften gilt es zu beachten, dass sie von den einfachgesetzlichen Sonn- und Feiertagsvorschriften begünstigt werden, die der Einrichtungsgarantie zuzuordnen sind. Dies unterscheidet sie von anderen sozialen Organisationen einschließlich der Gewerkschaften[58]. Deshalb kommt zumindest für **Religionsgemeinschaften** eine wesensmäßige Anwendbarkeit von Art. 139 WRV in Betracht. Die durch die Parität der Religionsgesellschaften nahegelegte Ausweitung der Rechtsträgerschaft wird wegen ihrer Folgeprobleme restriktiv zu handhaben sein, vor allem auch in Ansehung dessen, dass es um eine generelle Statuierung von arbeitsfreien Tagen geht. 20

Neben der Grundrechtsnähe kann der subjektiv-rechtliche Charakter ferner auch aus dem Inhalt der garantierten Einrichtung selbst gefolgert werden[59]. Beide Begründungen für ein subjektiv-rechtliches Verständnis lassen sich kumulativ für Art. 139 WRV heranziehen[60]. Mit der Kontinuitätsgewährung des Sonn- und Feiertagsschutzes knüpfte der Verfassungsgeber an schon damals bestehende einfachgesetzliche Regelungen an, die subjektive Rechte vermitteln. Im Zentrum stehen dabei heute etwa die Ladenschlussgesetze, das ArbZG oder § 55e I GewO, aber auch die Feiertagsgesetze der Bundesländer oder das Immissionsschutzrecht[61]. Wenn wesentliche Bereiche des einfachgesetzlichen Sonn- und Feiertagsschutzes subjektiv-rechtlicher Natur sind, lässt sich Art. 139 WRV so verstehen, dass dieser subjektiv-rechtliche Charakter auch an der Konservierungsfunktion der Einrichtungsgarantie teilnimmt. Ein gewisses Maß an unterverfassungsrechtlichen Regelungen mit subjektiv-rechtlichem Gehalt ist als dem Kernbereich des Art. 139 WRV zugehörig identifizierbar[62]. Dann ist es dogmatisch konsequent, die verfassungsrechtliche Dignifizierung der sonn- und 21

[58] S. zur Unterscheidung bei der Rechtsträgerschaft *D. Couzinet/A. Weiss*, ZevKR 54 (2009), 34 (37ff., 51ff.); *M. Morlok/H.M. Heinig*, NVwZ 2001, 846 (851); s. zu Verfahren auf Antrag einer Gewerkschaft BVerwGE 150, 327ff.; OVG Münster, BeckRS 2016, 47583ff.

[59] Kritisch *H. de Wall*, Der Staat 38 (1999), 377 (387); *ders.*, NVwZ 2000, 857 (859f.).

[60] → Fn. 63; A.A. *F. Stollmann*, VerwArch. 96 (2005), 348 (366); *H. de Wall*, NVwZ 2000, 857 (860). → Fn. 49, 50.

[61] § 7 der 32. BImSchV; zum Drittschutz dieser Vorschrift *H.D. Jarass*, BImSchG, 7. Aufl. 2007, § 37 Rn. 16 a.E.; zum zivilrechtlichen Drittschutz *H. Glaser*, ZMR 1983, 361ff.

[62] Siehe im generellen Ansatz *H. de Wall*, Der Staat 38 (1999), 377 (387) m.w.N.

feiertäglichen Gesetzesbestimmungen durch **Art. 139 WRV subjektiv-rechtlich zu interpretieren**[63].

22 Die subjektiv-rechtliche Qualität von Art. 139 WRV ist wichtig gegenüber den Gesetzgebern des Ladenschlussrechts und der Verwaltung, bei denen eine gewisse Neigung festzustellen war, einen **effektiven Feiertagsschutz** zu unterlaufen. Im Lichte des Art. 139 WRV sind die Behörden auf eine ermessenfehlerfreie Entscheidung verpflichtet. Dass diese Entscheidung die Anforderungen eines geänderten und auch konsumfreundlicheren Freizeitverhaltens als Argument einer »Arbeit für den Sonntag« berücksichtigen muss, bleibt davon unberührt[64].

23 Das subjektiv-rechtliche Verständnis des Art. 139 WRV wirkt sich auf die sachliche Gewährleistung nicht aus. Allerdings sind sowohl die Achtung der Vorgaben in Hinsicht auf den Kernbereich wie den Ausgestaltungs- und Schutzbereich nach der hier vorgeschlagenen Lesart subjektiv-rechtlich bewehrt und damit gerichtlich überprüfbar[65]. Adressat der grundgesetzlichen Verpflichtung ist der Staat. Ihm ist einerseits verwehrt, in den sog. Kernbereich der Einrichtung einzugreifen, etwa durch Gesetz alle Feiertage oder die Sieben-Tage-Woche abzuschaffen oder das Regel-Ausnahme-Verhältnis von Arbeitsruhe und Arbeit an diesen Tagen umzukehren (→ Rn. 8). Art. 139 WRV statuiert – subjektiv-rechtlich verstanden – einen **Anspruch auf Abwehr staatlicher Eingriffe in den veränderungsfesten »Kern«** der Institution[66]. Zugleich ist der Gesetzgeber zur sachgemäßen, effektiven gesetzlichen Ausgestaltung verpflichtet; sein Spielraum dabei ist durch das Zweckprogramm des Art. 139 WRV begrenzt. In dieser Dimension gewährt Art. 139 WRV einen **Anspruch auf staatliche Ausgestaltung und Schutz** der Einrichtung des Sonn- und Feiertages. Der Staat ist hierbei insbesondere verfassungsrechtlich verpflichtet, gegen Sonn- und Feiertagsrecht gefährdendes Handeln Dritter Maßnahmen zu ergreifen. Eine Einschränkung des Sonn- und Feiertagsschutzes bedarf der verfassungsrechtlichen Rechtfertigung, wobei nicht jede Ausnahme von der »Arbeitsruhe« bereits einen solchen Verstoß darstellt. Insbesondere ist dem wandelvollen Verständnis dessen, was die Rekreationsfunktion eines Sonn- und Feiertages ausmacht, in der Rechtsanwendung Rechnung zu tragen.

24 Für die Entwicklung eines Maßstabes der Bindung legislativer Tätigkeiten könnte man sich an die Ermessensfehlerlehre[67] anlehnen. Ab einer gewissen Dichte und Intensität der durch den Gesetzgeber zugelassenen Sonntagsarbeit gilt es dann zu prüfen, ob ein **Schutz- und Ausgestaltungsnichtgebrauch oder -fehlgebrauch** vorliegt, d. h. ob der Gesetzgeber die Relevanz von Art. 139 WRV für ein beabsichtigtes Gesetzesvorhaben erkannt und das Zweckprogramm der Norm sacheigen (i. S. v. ohne sachfremde und zweckwidrige Erwägungen) berücksichtigt hat[68]. Dieses Modell lässt sich auch auf ein Unterlassen des Gesetzgebers trotz aus Art. 139 WRV resultierender Handlungspflicht übertragen. Der Kernbereich der Einrichtungsgarantie ist stets »unantastbar«; auch kollidierendes Verfassungsrecht lässt einen Eingriff in diesen nicht

---

[63] So auch *Mosbacher*, Sonntagsschutz (Fn. 52), S. 294ff., 322 m. w. N.; *Hufen*, Ausgleich (Fn. 22), S. 133ff.; *Unruh*, Religionsverfassungsrecht (Fn. 20), Rn. 551f.; *ders.*, ZevKR 52 (2007), 1 (16) m. w. N.; *M. Morlok/H. M. Heinig*, NVwZ 2001, 846 (850f.); A.A. *Hofmann* (Fn. 38), Art. 140 Rn. 50; *Korioth* (Fn. 34), Art. 139 WRV Rn. 21ff.; *Ehlers* (Fn. 34), Art. 139 Rn. 1; *H. de Wall*, NVwZ 2000, 857 (860).

[64] BVerfGE 111, 10 (53, Rn. 187ff.).

[65] Zum folgenden auch *M. Morlok/H. M. Heinig*, NVwZ 2001, 846 (851).

[66] Zu den Mindestanforderungen BVerfGE 125, 39 (84ff., Rn. 150ff.).

[67] Dazu statt aller *Maurer*, Allg. Verwaltungsrecht, 18. Auflage 2011, § 7 Rn. 19ff. m. w. N.

[68] Dazu BVerfGE 111, 10 (52ff., Rn. 183ff.).

zulässig werden. Schließlich wirkt Art. 139 WRV für die Verwaltung als Maßstab der Gesetzesbindung und damit auslegungsanleitend und administrative Ermessensentscheidungen determinierend.

III. Sonn- und Feiertagsschutz unter sich wandelnden sozialen Bedingungen

1. Grundsätzliches

Durch den Wandel von Anschauungen und der Praxis religiöser Lebensweisen und ethisch-moralischer Einstellungen stellt sich im Religionsverfassungsrecht die Frage nach dem Bedeutungsverlust, zumindest dem Bedeutungswandel von Normen[69]. Eingedenk der ökonomischen Interessen, die mit der Diskussion um das Ob und Wie von sonn- und feiertagsschützenden Normen untrennbar verbunden sind, aber auch dem Wandel des Freizeitverhaltens, wundert es nicht, dass gerade auf dem Gebiet des Sonn- und Feiertagsschutzes Bemühungen in Richtung einer **Banalisierung von Verfassungsrecht** unternommen wurden und werden[70]: Angesichts der ökonomischen Zwänge, der »Säkularisierung« und des wachsenden Freizeitbedürfnisses schwinde die Akzeptanz der bestehenden verfassungsrechtlichen Bestimmung in der Bevölkerung und verbunden mit den schon bisher extensiv praktizierten Ausnahmeregelungen stelle sich die **Frage nach der Möglichkeit derogierenden Verfassungsgewohnheitsrechts**[71]. Hiergegen spricht zum einen, dass eine hinreichende, vom Gebot des Art. 139 WRV abweichende soziale und staatliche Praxis nicht nachgewiesen ist. Zum anderen ist es methodisch fragwürdig, den Gehalt einer Verfassungsnorm durch den Hinweis auf eine anderslautende Praxis zu konterkarieren[72]. Allzu schnell wird auf diese Weise die immer auch auf **Kontrafaktizität angelegte Verfassung** ausgehöhlt[73]. Freilich eröffnet die dogmatische Konstruktion des Art. 139 WRV als Einrichtungsgarantie mit ihrer Verwiesenheit auf das einfache Recht auch damit verbundene Wertungsspielräumen. So erstarkt der Feiertagsschutz von Verfassungs wegen zwar zu einem auslegungsleitenden Belang, jedoch nicht zu einem auslegungsdeterminierenden. Insbesondere beansprucht neben der fraglos religionsfreundlichen Dimension der Sonn- und Feiertagsgarantie auch ihre sozialpolitische Dimension der Rekreationsermöglichung Bedeutung. Diese öffnet sich aber unzweifelhaft dem geänderten und in diesem Sinne säkularisierten Freizeitverhalten der Bevölkerung, welches die Inanspruchnahme von Dienstleistungen auch an Sonn- und Feiertagen zunehmend voraussetzt[74]. 25

Art. 139 WRV gebietet daher nicht, dass die Arbeit an Sonn- und Feiertagen umfassend zu ruhen habe. Schon aus Gründen der weltanschaulichen Neutralität des Staates (→ Art. 140 Rn. 35 ff.) kann es keine rechtlichen Gebote über den spirituellen Gehalt 26

[69] Allgemein kritisch hierzu *M. Morlok/H.M. Heinig*, NVwZ 1999, 697 (698).

[70] So wurde versucht, durch eine extensive Praxis von Ausnahmeregelungen die Anwendung des in § 3 LSchlG (a. F.) normierten grundsätzlichen Verkaufsverbots an Sonntagen zu umgehen. Hierzu *J. Rozek*, NJW 1999, 2921 ff.; *ders.*, SächsVBl. 1999, 149 ff.; OVG Magdeburg NJW 1999, 2538 ff., 2982 ff., 2985 ff.; OVG Bautzen NJW 1999, 2539 ff., 2986 ff.; VG Berlin NJW 1999, 2988 ff.; *M. Morlok/H.M. Heinig*, NVwZ 2001, 846 ff. → Rn. 17.

[71] *P. Kunig*, Der Schutz des Sonntags im verfassungsrechtlichen Wandel, 1989, S. 28 ff. im Anschluss an *B.-O. Bryde*, Verfassungsentwicklung, 1982, S. 454 f.

[72] Speziell zum Sonntagsschutz *K.-H. Kästner*, NVwZ 1993, 148 (149); *ders.*, Sonntag (Fn. 46), S. 338; allgemein auch *Hesse*, Verfassungsrecht, Rn. 47.

[73] *K. Hesse*, Die normative Kraft der Verfassung, 1959.

[74] BVerfGE 111, 10 (53, Rn. 186 ff.); 125, 39 (86 f., Rn. 156).

der Tätigkeiten an Sonn- und Feiertagen geben. Allerdings ist dem Gesetzgeber von Verfassungs wegen aufgegeben, die Verwirklichung spezifischer religiöser und sozialer Bedürfnisse an diesen Tagen zu ermöglichen und zu sichern. Um diesem Verfassungsauftrag gerecht zu werden, ist es jedenfalls erforderlich, den religiösen Gehalt des Sonn- und Feiertagsschutz auf die **Abwehr potentieller Beeinträchtigungen** zuzuschneiden[75]. Die bestehenden **Ausnahmen** vom grundsätzlichen Verbot von Tätigkeiten mit werktäglichem Gepräge an Sonn- und Feiertagen sind in dieser Hinsicht also eher **restriktiv** zu interpretieren[76]. Der Einschätzungsspielraum von Legislative und Exekutive im Hinblick auf die Ermöglichung spezifischer Freizeitaktivitäten ist demgegenüber weitaus weniger strikt von der Verfassung determiniert.

27 Auch ist der Gesetzgeber gehalten, die **Erforderlichkeit** entsprechender Durchbrechungen des Grundsatzes der Arbeitsruhe regelmäßig, etwa unter dem Aspekt der Änderung von technischen Produktionsbedingungen, zu überprüfen und gegebenenfalls zu revidieren.

2. Arbeit für den Sonn- und Feiertag

28 Für die Bestimmung verfassungsrechtlicher Grenzen von Sonntagsarbeit lässt sich zwischen Arbeit **für** den Sonn- und Feiertag und Arbeit **trotz** des Sonn- und Feiertages unterscheiden[77]. Grundsätzlich kann die Arbeit an Sonn- und Feiertagen zulässig sein, soweit sie sich in das Zweckprogramm des Art. 139 WRV einfügt, d.h. der seelischen Erhebung und der Arbeitsruhe in spezifischer Weise dient. Dabei gilt es zu beachten, dass jeder Einsatz von Arbeitnehmern eine Durchbrechung der sonn- und feiertäglichen Arbeitsruhe ist. Ein umfassendes Grundrecht auf jede erdenkliche freizeitliche Lebensgestaltung besteht dabei allerdings ebenso wenig[78] wie ein bestimmtes materielles verfassungsfestes Bild seelischer Erhebung und Rekreation.

29 Deshalb ist auch im Falle der »Arbeit für den Sonntag« eine Abwägung zwischen dem Freizeitbedürfnis der Bevölkerung und der Belastung der Arbeitnehmer durch Sonntagsarbeit erforderlich[79]. In der Regel ist Arbeit für Freizeitaktivitäten dann unzulässig, wenn die Freizeitbedürfnisse **werktäglichen Charakter** haben. Die Abwägung der unterschiedlichen Belange dürfte im Einzelfall zwar schwerfallen, ist aber zur Sicherung des verfassungsrechtlich gebotenen effektiven Sonn- und Feiertagsschutzes unverzichtbar. Maßgeblich ist dabei eine sozialadäquate Typisierung[80]. Deshalb hat das Bundesverwaltungsgericht zu Recht Gebrauchtwagenmärkte untersagt[81], den Betrieb von Bräunungsstudios dagegen zugelassen[82].

30 Art. 139 WRV begründet ein deutliches Regel-Ausnahme-Verhältnis in Bezug auf die Sonn- und Feiertagsarbeit. Hier ist der Gesetzgeber aufgerufen, durch die »**Her-**

---

[75] *Pahlke*, Sonn- und Feiertagsschutz (Fn. 7), S. 82f.; *Richardi*, Sonn- und Feiertagsschutz (Fn. 5), S. 133; *K.-H. Kästner*, DÖV 1994, 464 (470).

[76] BVerfGE 125, 39 (87f., Rn. 157f.); OVG Magdeburg NJW 1999, 2982 (2983).

[77] So auch BVerfGE 125, 39 (87, Rn. 156).

[78] In diesem Sinne auch *A. Pahlke*, WiVerw. 1988, 69 (77); *ders.*, Sonn- und Feiertagsschutz (Fn. 7), S. 81f.; *Kästner*, Sonntag (Fn. 46), S. 355.

[79] *W. Rüfner*, Die institutionelle Garantie der Sonn- und Feiertage, in: FS Heckel, 1999, S. 447ff. (459).

[80] BVerwGE 90, 337 (346). Entscheidend ist, ob die Betätigung nach ihrem Zweck, ihrer Ausgestaltung und ihrem Erscheinungsbild im öffentlichen Leben einen typisch werktäglichen Lebensvorgang darstellt oder nicht.

[81] BVerwGE 79, 118 (126f.).

[82] BVerwGE 90, 337 (348).

stellung praktischer Konkordanz« dem Sonn- und Feiertagsschutz zu seinem verfassungsmäßigen Recht zu verhelfen. Verschiedene einfachgesetzliche Regelungen in diesem Bereich weisen dabei eine bedenkliche Schieflage wider die Intention des Art. 139 WRV auf[83].

3. Arbeit trotz des Sonn- und Feiertages

Sonn- und Feiertagsarbeit kann auch ohne Bezug zum Zweckprogramm des Art. 139 WRV zulässig sein. Die zum Schutz der Sonn- und Feiertage erlassenen gesetzlichen Regelungen haben unter dem Gesichtspunkt der »Einheit der Verfassung« Rechtsgüter mit Verfassungsrang zu berücksichtigen und dürfen nicht unverhältnismäßig sein[84]. Das Recht auf körperliche Unversehrtheit rechtfertigt ohne weiteres Durchbrechungen des Arbeitsverbotes an Sonn- und Feiertagen, insbesondere im medizinischen Bereich. Für den Bereich der industriellen Sonntagsarbeit gilt es festzuhalten, dass das Grundrecht auf Berufsfreiheit und Art. 139 WRV wechselseitig nicht in einem Verhältnis höherer Dignität stehen. Vielmehr stellt das Verbot der Sonntagsarbeit eine **Regelung der Berufsausübung** dar, die in der Regel in Art. 139 WRV ihre Rechtfertigung findet[85]. Allerdings ist es dem Gesetzgeber nicht verwehrt, mit Verfassungsrang ausgestattete Gemeinwohlbelange, worunter auch das gesamtwirtschaftliche Gleichgewicht nach Art. 109 II, IV GG zu zählen ist, bei der Ausgestaltung des Sonn- und Feiertagsschutzes zu berücksichtigen. Dabei darf er das Regel-Ausnahme-Verhältnis aber auch hier nicht verkehren. 31

IV. Einfachgesetzliche Konkretisierungen

Der Sonn- und Feiertagsschutz bedarf inhaltlicher Ausgestaltung durch den Gesetzgeber[86]. Es ist vorrangig seine Sache, über Inhalt und Reichweite der Sonn- und Feiertagsruhe zu entscheiden und dabei einen Ausgleich mit anderen Rechtsgütern mit Verfassungsrang zu suchen. Die **Gesetzgebungskompetenz** ist dabei zwischen Bund und Ländern verteilt. Zu bestimmen, welche Feiertage es geben soll, liegt grundsätzlich in der Kompetenz der Länder. Auf Seiten der Länder sind daher vor allem die **Feiertagsgesetze** einschlägig[87]. Allerdings soll der Nationalfeiertag »kraft Natur der Sache« durch den Bund gesetzlich festgelegt werden können[88]. Sonn- und feiertagswesentlich ist dabei auch die durch die Föderalismusreform nun bei den Ländern liegen- 32

[83] Dies gilt insbesondere für die aufgrund von § 13 II ArbZG erlassenen Bedürfnisgewerbeverordnungen bzw. Bedarfsgewerbeverordnungen: Bayern v. 29.7.1997, GVBl. 395; Berlin v. 3.4.1997, GVBl. 270; Nordrhein-Westfalen v. 5.5.1998, GVBl. 381. Kritisch auch *Rüfner*, Sonn- und Feiertage (Fn. 79), S. 458ff.; ferner *R. Richardi/G. Annuß*, Sonn- und Feiertagsarbeit unter der Geltung des ArbZG, 1999; s. auch BVerwGE 150, 327ff., wo die Vorgaben aus BVerfGE 125, 39ff. beachtet und die durch die Hessische Bedarfsgewerbeverordnung vorgesehenen Ausnahmen vom Sonn- und Feiertagsschutz stark beschränkt werden; dazu *B. Wiebauer*, NVwZ 2015, 543ff. und *W. Neumann*, jurisPR-BVerwG 6/2015, Anm. 4.

[84] BVerwGE 79, 118 (123); 79, 236 (238); 90, 337 (341).

[85] BVerfGE 87, 363 (393f.); 111, 10 (50, Rn. 177); BVerwGE 79, 118; *Korioth* (Fn. 34), Art. 139 WRV Rn. 34.

[86] OVG Magdeburg NJW 1999, 2982 (2983); vgl. *Muckel* (Fn. 38), Art. 139 WRV Rn. 24.

[87] Aufgeführt in: *Hoeren/Mattner*, Feiertagsgesetze (Fn. 5); ergänzend *Kästner*, Sonntag (Fn. 46), S. 359. Acht Feiertage sind in allen Bundesländern einheitlich geregelt.

[88] Jarass/*Pieroth*, GG, Art. 70 Rn. 14 m. w. N.; *Unruh*, Religionsverfassungsrecht (Fn. 20), Rn. 550; a. A. *R. Gröschner*, KritV 76 (1993), 360ff. zu Art. 2 Abs. 2 Einigungsvertrag.

de Gesetzgebungskompetenz für den **Ladenschluss** (Art. 74 I Nr. 11 GG). Des Weiteren finden sich auch in anderen Gesetzen einzelne sonn- und feiertagswesentliche Bestimmungen, z. B. im ArbZG. Bei der feiertagsrechtlichen Einschränkung öffentlich wahrnehmbarer Aktivitäten (»stiller Feiertag«) sind jedenfalls Ausnahmen vorzusehen, falls die Feiertagsregelungen in andere Grundrechte eingreifen[89].

D. Verhältnis zu anderen GG-Bestimmungen

33 Ausweislich des im Wortlaut festgelegten Normzweckes weist Art. 139 WRV eine hohe Affinität zum **Sozialstaatsprinzip** (Art. 20 I, 28 I 1 GG) wie auch zur **Religionsfreiheit** (Art. 4 I, II GG) auf. Die Norm dient durch die Festlegung eines einheitlichen wöchentlichen Ruhetages dem Schutz der **Familie** (Art. 6 GG), durch die Ermöglichung der physischen und psychischen Regeneration der **körperlichen Unversehrtheit** (Art. 2 II 1 GG) und durch die Ermöglichung von Aktivitäten in gesellschaftlichen Vereinigungen dem Schutz der **Versammlungs- und Vereinigungsfreiheit** (Art. 8 und 9 GG). Auch lassen sich Bezüge zur **Würde des Menschen** (Art. 1 I GG) herstellen (→ Rn. 10).

---

[89] BVerfGE 143, 161 (199, Rn. 81 f.).

Artikel 141 WRV [Anstaltsseelsorge]

Soweit das Bedürfnis nach Gottesdienst und Seelsorge im Heer, in Krankenhäusern, Strafanstalten oder sonstigen öffentlichen Anstalten besteht, sind die Religionsgesellschaften zur Vornahme religiöser Handlungen zuzulassen, wobei jeder Zwang fernzuhalten ist.

Literaturauswahl

Classen, Claus Dieter: Religionsrecht, 2. Aufl. 2015.

Eick-Wildgans, Susanne: Anstaltsseelsorge – Möglichkeiten und Grenzen im Zusammenwirken von Staat und Kirche im Strafvollzug, 1993.

Eick-Wildgans, Susanne: Anstaltsseelsorge, in: HdbStKirchR², Bd. II, S. 995–1016.

Ennuschat, Jörg: Militärseelsorge – Verfassungs- und beamtenrechtliche Fragen der Kooperation von Staat und Kirche, 1996.

Ennuschat, Jörg: Sollen Militärgeistliche Staats- oder Kirchenbeamte sein? – Verfassungs-, völker- und beamtenrechtliche Aspekte, in: ZevKR 41 (1996), S. 419–435.

Giese, Friedrich: Seelsorge in städtischen Krankenhäusern, in: VerwArch. 35 (1930), S. 205–214.

Heintzen, Markus: Polizeiseelsorge, in: HdbStKirchR², Bd. II, S. 985–994.

Lemmen, Thomas/Miehl, Melanie (Hrsg.): Islamisches Alltagsleben in Deutschland, 2001.

Mehrle, Gebhard: Trennung vom Staat – Mitarbeit in staatlichen Institutionen, 1998.

Pirson, Dietrich: Die Seelsorge in staatlichen Einrichtungen als Gegenstand des Staatskirchenrechts, in: Essener Gespräche 23 (1989), S. 4–30.

Schulten, Markus: Anstaltsseelsorge für Muslime, in: KuR 2014, S. 50–66.

Seiler, Rudolf: Seelsorge in Bundeswehr und Bundesgrenzschutz, in: HdbStKirchR², Bd. II, S. 961–984.

Tabbara, Tarik: Rechtsfragen der Einführung einer muslimischen Krankenhausseelsorge, in: ZAR 2009, S. 254–259.

Ucar, Bülent/Blasberg-Kuhnke, Martina (Hrsg.): Islamische Seelsorge zwischen Herkunft und Zukunft, 2013.

Wenz, Georg/Kamran, Talat (Hrsg.): Seelsorge und Islam in Deutschland, 2012.

Werkner, Ines-Jacqueline: Soldatenseelsorge versus Militärseelsorge, 2001.

Unruh, Peter: Religionsverfassungsrecht, 3. Aufl. 2015.

Leitentscheidung des Bundesverfassungsgerichts

BVerfGE 46, 266 (267f.) – Krankenhausaufnahme.

Gliederung

Stichwörter

Religionsgemeinschaften/-gesellschaften 6, 8ff. – Schranken 12 – Sonderstatus 5 – sonstige Anstalt 7 – Strafanstalt 7 – Strafvollzug 20 – totale Institutionen 5 – Weltanschauungsgesellschaften 8 – Zutrittsrecht 8f.

A. Herkunft, Entstehung, Entwicklung

I. Ideen- und verfassungsgeschichtliche Aspekte

1 Die (Anstalts-)Seelsorge hat im christlichen Kulturraum eine **lange Tradition**, in der mehrere Beweggründe sich vermengen[1]. Von religiöser Seite aus stand bei der Seelsorge die Betreuung von Menschen in Not und Bedrängnis im Vordergrund[2]. Diese Seelsorge setzte jeweils Zugang zu den betreffenden Einrichtungen voraus, der in Abhängigkeit von deren Organisationsform die verschiedensten Ausgestaltungen fand[3]. Staatliche Interessen kamen vor allen Dingen in der seelsorgerischen Betreuung der Streitkräfte zum Ausdruck. Militärseelsorge in diesem Sinne reicht bis in die Anfänge des Christentums im römischen Heer zurück[4]. Institutionelle Verfestigung fand die Militärseelsorge in der Neuzeit dann nach der Aufstellung stehender Heere[5]. In Preußen etwa gab es ein entwickeltes System von Predigern mit einer eigenen Dienstordnung; die Militärseelsorge wurde in Wahrnehmung des landesherrlichen Kirchenregiments (→ Art. 140 Rn. 5ff.) ausgeübt[6] und führte zur Etablierung einer Kirche für die dem Militär Zugehörigen nebst deren Angehörigen[7]. In der Gefangenenseelsorge kamen staatliche Interessen in dem Moment ins Spiel, als die Seele des straffällig Gewordenen Gegenstand organisierter Einwirkungsbemühungen auf die Gefangenen wurde[8]. Die Gefängnisseelsorge wurde eingestellt in ein Gesamtsystem der Erziehung und **»Besserung« der Gefangenen**, die in eine totale Institution eingeordnet wurden[9].

---

[1] S. *J. Ennuschat*, Art. Anstaltsseelsorge (J), in: EvStL[4], Sp. 62ff. sowie *ders.*, Art. Militärseelsorge (J), ebd., Sp. 1534ff.; *K. Onnasch*, Seelsorge im Christentum, in: G. Wenz/T. Kamran (Hrsg.), Seelsorge und Islam in Deutschland, 2012, S. 22ff.

[2] Biblischer Anknüpfungspunkt für die Krankenseelsorge ist Matthäus 25, 36: »Ich bin krank gewesen, und ihr habt mich besucht«, für die Gefangenenseelsorge ebd.: »Ich bin gefangen gewesen, und ihr seid zu mir gekommen«.

[3] Zur Gefangenenseelsorge *E. Alertz*, Die Strafanstaltsseelsorge in der Bundesrepublik Deutschland unter besonderer Berücksichtigung des Landes Nordrhein-Westfalen, 1961, S. 22; *P. Brandt*, Die evangelische Strafgefangenenseelsorge, 1985, S. 17ff.

[4] S. etwa *V. Kruk*, NZWehrR 1997, 1 (20) m.w.N.; *I.-J. Werkner*, Soldatenseelsorge versus Militärseelsorge, 2001, S. 20f.

[5] Dazu *P.H. Blaschke*, Art. Militärseelsorge (Th), in: EvStL[4], Sp. 1537ff.; *V. Kruk*, NZWehrR 1997, 1 (1f.); *A. v. Mutius*, Art. Militärseelsorge, in: RGG[3], Bd. 4, Sp. 946ff.; *J. Bleese*, Die Militärseelsorge und die Trennung von Staat und Kirche, 1969, S. 111ff.; *H. Pohl*, Die katholische Militärseelsorge Preußens 1797–1888, 1926 (Nachdruck 1962).

[6] *W. Huber*, Kirche und Öffentlichkeit, 1973, S. 230f.

[7] Zum Militärkirchenwesen im 19. Jahrhundert *E.R. Huber/W. Huber*, Staat und Kirche im 19. und 20. Jahrhundert, Bd. I, 1973, S. 586ff.; Bd. II, 1976, S. 108ff.

[8] Allgemein *M. Foucault*, Überwachen und Strafen, 1976; zu diesem Wandel des Zugriffsobjekts des Staats vom Körper auf die Seele ebd., S. 22ff.; s. etwa das Reglement für das Jugendgefängnis von Paris 1838, abgedruckt ebd., S. 12, wonach das Gebet und die religiöse Unterweisung zum offiziellen Gefängnisprogramm gehörte.

[9] *Foucault*, Überwachen (Fn. 8), S. 295ff.

II. Entstehung und Veränderung der Norm

Nach dem Umbruch mit der Abschaffung der Monarchie und den daraus resultierenden Änderungen im Staatskirchenwesen wurde mit Art. 141 WRV in kontinuitätswahrender Weise an die bestehende Einrichtung der Anstaltsseelsorge angeknüpft[10]. Erst im Laufe der Beratungen wurde die »**Seelsorge im Heer**« in die Bestimmung über die Anstaltsseelsorge aufgenommen, und zwar auf Intervention der Vertreter des Militärs, aber auch des Protestantismus und des Zentrums[11]. Der Widerstand gegen die Aufnahme der Militärseelsorge in die Verfassung stützte sich auf Bedenken gegen die Fortführung der überlieferten Form der Zusammenarbeit von Staat und Kirche auf dem Gebiet der Militärseelsorge und den Hinweis auf das Trennungsgebot, das in Art. 137 I WRV Niederschlag fand[12]. Diesem Argument wurde, letztlich mit Erfolg, der Hinweis auf die Situation in Frankreich und den Vereinigten Staaten entgegengestellt, da dort trotz der klaren Trennung von Staat und Kirche eine besondere Militärseelsorge existierte[13]. 2

Bei den Beratungen über das **Grundgesetz** spielte die Anstaltsseelsorge keine Rolle. Weder enthielt der Herrenchiemseer Entwurf eine entsprechende Bestimmung noch wurde in den Beratungen des Verfassungskonvents diese Frage angesprochen[14]. Auch im parlamentarischen Rat wurde die Anstaltsseelsorge nicht erörtert, vielmehr Art. 141 WRV ohne weitere Diskussion mit in Art. 140 GG aufgenommen. Ausgenommen wurde freilich Art. 140 WRV, der den Angehörigen der Wehrmacht die nötige freie Zeit zur Erfüllung ihrer religiösen Pflichten garantierte[15]. Die geringe Beachtung der Anstaltsseelsorge, an der vor allem die Militärseelsorge problematisch gewesen war, mag damit zusammenhängen, dass die Bundesrepublik bei der Ausarbeitung des Grundgesetzes keine Streitkräfte unterhielt. 3

B. Internationale, supranationale und rechtsvergleichende Bezüge

Internationale Regelungen der Anstaltsseelsorge kennt vor allem das Kriegsvölkerrecht und zwar schon seit dem 17. Jahrhundert[16]. Besonders hervorzuheben sind dabei die vier Genfer Konventionen vom 12.8.1949 samt Zusatzprotokollen vom 8.6.1977, durch die einerseits Militärgeistliche einen besonderen völkerrechtlichen Schutz erfahren[17], andererseits Seelsorge und Religionsausübung, vor allem die Gottesdienst- 4

---

[10] *Huber*, Verfassungsgeschichte, Bd. 6, S. 887f.; *J. Ennuschat*, Militärseelsorge, 1996, S. 140f.

[11] Dazu *Huber*, Verfassungsgeschichte, Bd. 6, S. 887f.; *Ennuschat*, Militärseelsorge (Fn. 10), S. 132ff.

[12] Vgl. *Huber*, Kirche (Fn. 6), S. 238f.

[13] S. *Ennuschat*, Militärseelsorge (Fn. 10), S. 136, bes. Fn. 139 m.w.N.; *Huber*, Verfassungsgeschichte, Bd. 6, S. 888. Zur heutigen Verwendung dieses Arguments s. etwa *A. v. Campenhausen/ P. Unruh*, in: v. Mangoldt/Klein/Starck, GG III, Art. 141 WRV Rn. 1.

[14] BerichtHCh, S. 20ff.; *v. Campenhausen/Unruh* (Fn. 13), Art. 141 WRV Rn. 2; *Ennuschat*, Militärseelsorge (Fn. 10), S. 124ff.

[15] Dazu und zur Bedeutung dieser Nichtübernahme *Ennuschat*, Militärseelsorge (Fn. 10), S. 128ff.

[16] Näher *K.-J. Schollmeyer*, NZWehrR 1966, 59ff.; *K. Ipsen*, Kombattanten und Nichtkombattanten, in: D. Fleck (Hrsg.), Handbuch des humanitären Völkerrechts in bewaffneten Konflikten, 1994, S. 56ff. (75ff.); *W.W. Rausch*, Seelsorge im humanitären Völkerrecht, in: Deutsches Rotes Kreuz e.V. (Hrsg.), Humanitäres Völkerrecht – Informationsschriften, 1992, S. 111ff.; *Ennuschat*, Militärseelsorge (Fn. 10), S. 344ff.

[17] Siehe die Skizze bei *Ennuschat*, Militärseelsorge (Fn. 10), S. 345, sowie ausführlich *O. Kimminich*, Religionsfreiheit als Menschenrecht, 1990, S. 121ff.

feier, für Kriegsgefangene und andere Internierte völkerrechtlich gesichert werden sollen[18]. Die **Garantie der Seelsorge in öffentlichen Einrichtungen**, insbesondere Krankenhäusern, Gefängnissen und dem Militär ist **europäisches Religionsgemeinrecht**[19]. Dies gilt auch für Staaten mit einem strikten Verständnis der Trennung von Staat und Kirche wie etwa Frankreich[20]. Der Zugang von Religionsgemeinschaften zu öffentlichen Einrichtungen zu diesem Zweck ist, soweit absehbar, nur in Deutschland verfassungsrechtlich verbürgt, findet in den anderen EU-Ländern dagegen entweder in Konkordaten und Kirchenverträgen, Gesetzen oder Dekreten seine Rechtsgrundlage. Weit verbreitet ist dabei eine staatliche Finanzierung der Geistlichen, im Falle der Militärseelsorge ist deren Integration in die militärische Hierarchie der Streitkräfte nicht unüblich[21]. Die Finanzierung und auch die Reichweite der Gewährleistung divergieren in einigen Ländern zwischen der dominierenden Religion und den Minderheitenreligionen[22]. Die **Verfassungen der Länder** verweisen zum Teil auf Art. 141 WRV, kennen aber auch vom Wortlaut des Art. 141 WRV abweichende Vorschriften zur Anstaltsseelsorge, die allesamt gem. Art. 142, 31 GG Bestand haben[23]. Eine ausdrückliche staatliche Förderpflicht zur Anstaltsseelsorge kennt etwa Art. 48 Rh.-Pf.Verf.; die aktive Rolle des Staates betonen auch Art. 38 BrandenbVerf. und Art. 42 SaarlVerf. Die Formulierungen in den anderen Landesverfassungen variieren in der Betonung des Zutrittsrechts der Religionsgemeinschaften (Art. 20 NWVerf.)[24] oder – wie Art. 141 WRV – der Zulassungspflicht des Staates (etwa Art. 148 BayVerf., Art. 62 BremVerf., Art. 54 HessVerf.).

C. Erläuterungen

I. Allgemeine Bedeutung

5 Die Anstaltsseelsorge dient der **Grundrechtssicherung und Grundrechtseffektivierung** unter – staatlich geschaffenen oder jedenfalls staatlich organisierten – institutionellen Umständen, welche die Wahrnehmung der Religionsfreiheit strukturell be-

[18] Etwa Art. 34 und 37 der III. Genfer Konvention über die Behandlung von Kriegsgefangenen, die die Teilnahme an Gottesdiensten, die Stellung von Gottesdiensträumen und die »seelsorgerliche Notversorgung« regeln. Detaillierte Regelungen zur Seelsorge in Internierungslagern trifft Art. 93 des IV. Genfer Abkommens zum Schutz von Zivilpersonen. Näher *Kimminich*, Religionsfreiheit (Fn. 17), S. 121 ff. und 191 ff. (Textdokumentation).

[19] Weitergehend kann man auch von einem weltweiten Gemeinrechtsbestand im »Ob« der Zulassung von Anstaltsseelsorge sprechen; siehe die 47 Staaten umfassende Untersuchung zur Militärseelsorge von *M. Bock*, Religion im Militär, 1994, S. 14 ff.

[20] Zur Begründung der besonderen Rolle der Seelsorge in öffentlichen Einrichtungen wird auf die Bedeutung der Grundrechte der (rechtlichen oder tatsächlichen) Zwangsinsassen verwiesen. Etwa *J. Casey*, Staat und Kirche in Irland, in: G. Robbers (Hrsg.), Staat und Kirche in der Europäischen Union, 2. Aufl. 2005, S. 205 ff. (223) oder *S.C. van Bijsterveld*, Staat und Kirche in den Niederlanden, ebd., S. 399 ff. (420).

[21] So etwa in Dänemark, Italien, Österreich, z. T. in Frankreich und Spanien. Siehe im Ergebnis die Länderberichte in: Robbers, Staat und Kirche (Fn. 20).

[22] In Spanien und Italien ist zwar der Zugang zum Zwecke der Seelsorge für alle Religionsgemeinschaften gesichert, die staatliche Finanzierung der Anstaltsseelsorge aber auf die katholische Kirche beschränkt. Siehe die Länderberichte in: Robbers, Staat und Kirche (Fn. 20).

[23] Siehe auch *Ennuschat*, Militärseelsorge (Fn. 10), S. 149 ff.; zur Technik der Inkorporation der Weimarer Artikel – und damit auch des Art. 141 WRV – in einige Landesverfassungen: → Art. 140 Rn. 24.

[24] Hierzu *M. Winkelmann*, DVBl. 1991, 791 (795).

einträchtigen oder gefährden. Zumeist handelt es sich dabei um die klassischen Sonderstatusverhältnisse, die sich durch eine besonders enge Anbindung des Individuums an den Staat und seine Zwecke auszeichnen. Die Gewährleistung der Anstaltsseelsorge möchte die Wahrnehmung der grundrechtlichen Religionsfreiheit auch unter den restriktiven Bedingungen staatlicher Institutionen sicherstellen[25]. Einer solchen gesonderten Gewährleistung bedarf es in Anstalten, die entweder durch starke rechtliche Einschränkungen der Freiheit des einzelnen gekennzeichnet sind (paradigmatisch: Militär und Strafvollzugsanstalt) oder durch eine faktische Einschränkung der Handlungsmöglichkeiten der Anstaltsbenutzer (Krankenhaus). Die verfassungsrechtliche Gewährleistung der Anstaltsseelsorge wirkt insofern **kompensatorisch**[26]. Der Staat ist zum Ausgleich für die von ihm geschaffenen Erschwernisse bei der Ausübung der Religionsfreiheit verpflichtet; bei Anstalten vom Typ Krankenhaus oder Pflegeheim ist die Sorge um die Wahrnehmbarkeit des Grundrechts auf Religionsfreiheit durch die Patienten und Bewohner auch ohne vorgängiges staatliches Tun als Ausdruck der objektiv-rechtlichen Wirkung von Art. 4 GG zu verstehen. Art. 141 WRV stellt eine bereichsspezifische Konkretisierung der Schutzpflichtendimension von Art. 4 I und II GG dar[27]. In soziologisch inspirierter Sinndeutung stellen sich die erfassten Anstalten als »**totale Institutionen**«[28] dar, also Organisationen, deren Angehörige annähernd total in den Anstaltsbetrieb integriert sind und auf die Erreichung der Anstaltszwecke hin kontrolliert werden. Die Zutrittsberechtigung für Religionsgesellschaften gewährleistet eine Exzeption von dieser totalen Vereinnahmung. Personell wie inhaltlich wird der Rahmen der totalen Institution gesprengt[29]. Rechtlich kommt diese besondere Unterworfenheit der Insassen in den Figuren des »besonderen Gewaltverhältnisses« oder des »Sonderstatus« zum Ausdruck, der auf diese Einrichtungen herkömmlicherweise angewendet wird (→ Vorb. Rn. 134; → Art. 1 III Rn. 65; → Art. 4 Rn. 145ff.).

Sachlicher Bezugspunkt der Gewährleistung der Anstaltsseelsorge ist das Grundrecht auf Religionsfreiheit der natürlichen Personen: der Begünstigten. Rechtstechnisch wird dem Rechnung getragen durch Einräumung eines **Rechtes der Religionsgesellschaften**[30], das unter Heranziehung von Art. 4 I und II GG auch mit der Verfassungsbeschwerde durchgesetzt werden kann[31]. Die Anstaltsbenutzer haben ein komplementäres Recht ebenfalls aus Art. 4 I und II GG. Die Kennzeichnung als »institutionelle Gewährleistung«[32] hat keine weiterreichende Bedeutung, als darauf aufmerksam zu machen, dass die Gewährleistung ausgestaltungsbedürftig ist. Auch die **6**

[25] *A. v. Campenhausen/H. de Wall*, Staatskirchenrecht, 4. Aufl. 2006, S. 197; *B. Jeand'Heur/S. Korioth*, Grundzüge des Staatskirchenrechts, 2000, S. 201.

[26] So *v. Campenhausen/de Wall*, Staatskirchenrecht (Fn. 25), S. 197f.; *S. Muckel*, in: Friauf/Höfling, GG, Art. 141 WRV (2011), Rn. 3; *C. D. Classen*, Religionsrecht, 2. Auflage 2015, Rn. 557; *P. Unruh*, Religionsverfassungsrecht, 3. Auflage 2015, Rn. 379 m. w. N.; *S. Mückl*, HStR³ VII, § 161 Rn. 55.

[27] *Unruh*, Religionsverfassungsrecht (Fn. 26), Rn. 379 m. w. N.; *v. Campenhausen/Unruh* (Fn. 13), Art. 141 WRV Rn. 3ff., 10.

[28] Im Sinne von *E. Goffman*, Asyle – Über die soziale Situation psychiatrischer Patienten und anderer Insassen, 1974; im Hinblick auf das Militär *Bock*, Religion (Fn. 19), S. 101ff. m. w. N.

[29] Der Zusatz »ohne Zwang« reflektiert nochmals den totalen Charakter dieser Institutionen.

[30] *D. Ehlers*, in: Sachs, GG, Art. 141 WRV Rn. 1; *D. Pirson*, Diskussionsbeitrag, in: Essener Gespräche 23 (1989), S. 43ff. (45).

[31] So auch *Ehlers* (Fn. 30), Art. 141 WRV Rn. 1; *S. Eick-Wildgans*, Anstaltsseelsorge, in: HdbStKirchR², Bd. II, S. 995ff. (1005f.); *S. Korioth*, in: Maunz/Dürig, GG, Art. 141 WRV (2015), Rn. 2.

[32] BVerfGE 46, 266 (267).

Einordnung in die »gemeinsamen Angelegenheiten«[33] entbehrt der rechtlichen Instruktivität.

II. Anwendungsbereich und Zulassungsvoraussetzungen

7 Die **Anstalten**, in denen die Möglichkeit zu Gottesdienst und Seelsorge einzuräumen ist, sind solche, in welchen typischerweise Eigeninitiative und Organisationsmöglichkeiten der Insassen nicht ausreichen, um die Befriedigung ihrer religiösen Bedürfnisse sicherzustellen. Mit der Bezeichnung **Heer** sind unter dem Grundgesetz alle Teilstreitkräfte der Bundeswehr gemeint. Die neben den **Strafanstalten**[34], wozu auch die Vollzugseinrichtungen für Jugendliche gehören, genannten **Krankenhäuser** sind all diejenigen, die Einrichtungen eines Trägers öffentlicher Gewalt sind, wie aus der Auffangklausel der »sonstigen öffentlichen Anstalt« hervorgeht. Die Pflicht, Vertreter von Religionsgesellschaften zuzulassen, besteht unabhängig von der Rechtsform, in welcher die Krankenhäuser (oder sonstigen Anstalten) betrieben werden[35]. Dies folgt aus der rechtsformunabhängigen Grundrechtsbindung bei der Erfüllung öffentlicher Aufgaben – und ist hier Folge der grundrechtssichernden Funktion der Anstaltsseelsorge. Bei gemeinsamer Trägerschaft mit Privaten haben die staatlichen Gesellschafter ihren Einfluss zur Ermöglichung der Anstaltsseelsorge geltend zu machen[36]. Bei der **Privatisierung** staatlicher Krankenhäuser ist dafür Sorge zu tragen, dass die Anstaltsseelsorge weiterhin gewährleistet ist, jedenfalls bei monopolähnlicher Stellung bislang staatlicher Krankenhäuser[37]. Die **sonstigen Anstalten** müssen dadurch qualifiziert sein, dass in ihnen typischerweise die Möglichkeiten der Insassen zur Religionsausübung beschränkt sind. Dies ist der Fall bei kaserniertem Bundesgrenzschutz und kasernierter Polizei[38]. In staatlichen Einrichtungen, in denen diese Ratio nicht mehr trägt, ist unter dem Gesichtspunkt der Grundrechtsermöglichung gleichfalls die Zulassung von Religionsgesellschaften rechtlich nicht zu beanstanden, solange die (negative) Religionsfreiheit der Insassen gewahrt (»ohne Zwang«) und die staatliche Pflicht zur Neutralität (→ Art. 140 Rn. 35ff.) beachtet wird, die religiösen Handlungen also nicht als eigene Veranstaltungen des staatlichen Anstaltsträgers erscheinen. Wegen des Benutzungszwanges sind auch kommunale **Friedhöfe** zu diesen Anstalten zu zählen[39].

---

[33] *Ehlers* (Fn. 30), Art. 141 WRV Rn. 1; *D. Pirson*, Die Seelsorge in staatlichen Einrichtungen als Gegenstand des Staatskirchenrechts, in: Essener Gespräche 23 (1989), S. 4ff. (6); *v. Campenhausen/Unruh* (Fn. 13), Art. 141 WRV Rn. 6; *Unruh*, Religionsverfassungsrecht (Fn. 26), Rn. 381. Zum Begriff der gemeinsamen Angelegenheiten: → Art. 137 WRV Rn. 25.

[34] *Pirson*, Seelsorge (Fn. 33), S. 23ff. Zur Ausgestaltung s. §§ 53ff. StVollzG; dazu näher *Eick-Wildgans*, Anstaltsseelsorge (Fn. 31), S. 1010ff.; *dies.*, Anstaltsseelsorge, 1993, jeweils m. w. N.

[35] *Korioth* (Fn. 31), Art. 141 WRV Rn. 5; *Ehlers* (Fn. 30), Art. 141 WRV Rn. 4; *Unruh*, Religionsverfassungsrecht (Fn. 26), Rn. 382; *Muckel* (Fn. 26), Art. 141 WRV Rn. 7. Es gelten die allgemeinen Grundsätze, wonach die Rechtsformfreiheit für den Staat nicht zu einer Reduzierung seiner öffentlich-rechtlichen Pflichten führen darf: → Art. 1 III Rn. 69 m. w. N.

[36] *Ehlers* (Fn. 30), Art. 141 WRV Rn. 4; *Unruh*, Religionsverfassungsrecht (Fn. 26), Rn. 382. → Art. 1 III Rn. 71ff.

[37] Zur Privatisierung *Classen*, Religionsrecht (Fn. 26), Rn. 575.

[38] *S. Goltz*, Weltanschauungsgemeinschaften, 2015, S. 188. Zum Grenzschutz *R. Seiler*, Seelsorge in Bundeswehr und Bundesgrenzschutz, in: HdbStKirchR^2, Bd. II, S. 961ff. (981ff.); zur Polizeiseelsorge *M. Heintzen*, Polizeiseelsorge, ebd., S. 985ff. Zu sonstigen Anstalten m. w. N. *M. Schulten*, KuR 2014, 50 (53).

[39] *v. Campenhausen/Unruh* (Fn. 13), Art. 141 WRV Rn. 39; *Ehlers* (Fn. 30), Art. 141 WRV Rn. 4.

Zutrittsberechtigte sind die Religionsgesellschaften, die dieses Recht durch ihre – selbst bestimmten – Repräsentanten ausüben. Wegen des Paritätsgebotes (→ Art. 140 Rn. 40ff.) und auch im Hinblick auf das Gleichstellungsgebot des Art. 137 VII WRV (→ Art. 137 WRV Rn. 137) sind auch **Weltanschauungsgesellschaften** gleichermaßen berechtigt[40]. 8

Dieses Zutrittsrecht darf nicht durch übersteigerte Anforderungen an den Grad der institutionellen Verfestigung der jeweiligen nicht-kirchlichen Glaubensgemeinschaften ausgehöhlt werden. Namentlich kann es bspw. **nicht auf die Innehabung des Körperschaftsstatus** ankommen[41]. Die Anstaltsseelsorge als Institut der Flankierung individueller Religionsfreiheit verlangt nach einer weitgehenden Berücksichtigung der religiösen Interessen der Anstaltszugehörigen. Auf eine förmliche staatliche »Anerkennung« einer religiösen Gemeinschaft kommt es daher nicht an. Dem steht nicht entgegen, dass eine gewisse institutionelle Verfestigung für die Einstufung als Religionsgemeinschaft im Einzelfall zu fordern sein kann, welche bei muslimischen Vereinigungen fraglich ist. Der Anspruch auf muslimische Anstaltsseelsorge ist wegen der fehlenden institutionellen Verfestigung[42] bislang zu verneinen[43]. Ermöglicht der Staat muslimischen Vereinigungen die Abhaltung von Anstaltsseelsorge, so stützt sich dies nicht auf den institutionellen Aspekt des Art. 141 WRV, sondern auf die individuelle Religionsfreiheit der Anstaltsnutzer[44]. Insofern korrespondiert mit der institutionellen Privilegierung von Religionsgemeinschaften auch eine **Begründungslast**, eine solche zu sein. Hinreichend glaubhaft ist dies jedenfalls für alle sog. »Weltreligionen«[45]. 9

Ein **Bedürfnis** der Insassen der Anstalt nach Gottesdienst und Seelsorge ist Voraussetzung für das Entstehen des Zulassungsanspruchs. Abzuheben ist also nicht auf die 10

[40] *Goltz*, Weltanschauungsgemeinschaften (Fn. 38), S. 189ff., 192 m. w. N.; *v. Campenhausen/Unruh* (Fn. 13), Art. 141 WRV Rn. 15; *Ehlers* (Fn. 30), Art. 141 WRV Rn. 4; *Eick-Wildgans*, Anstaltsseelsorge (Fn. 31), S. 1001; a. A. *Anschütz*, WRV, Art. 141 Anm. 1 (S. 656) mit der Begründung, die Gleichstellung aus Art. 137 VII WRV beziehe sich nur auf die in dieser Bestimmung genannten Anwendungsfälle, *ders.*, ebd., Art. 137 Anm. 12 (S. 650); *G. J. Ebers*, Staat und Kirche im neuen Deutschland, 1930, S. 280; *K. Obermayer*, in: BK, Art. 140 (Zweitb. 1971), Rn. 36; differenzierend *U. Mager*, in: v. Münch/Kunig, GG II, Art. 140 Rn. 95.

[41] BVerfGE 102, 370 (396, Rn. 95); *Unruh*, Religionsverfassungsrecht (Fn. 26), Rn. 389; *M. Schulten*, KuR 2014, 50 (59) m. w. N. Nach der Novellierung des nordrhein-westfälischen Bestattungsgesetzes 2013 dürfen auch gemeinnützige Religionsgemeinschaften und religiöse Vereine, die keine Körperschaft des Öffentlichen Rechts sind, Friedhöfe errichten, sofern sie den dauerhaften Betrieb sicherstellen können, s. § 1 V des Gesetzes.

[42] Zum Problem der fehlenden Institutionalisierung *T. Tabbara*, ZAR 2009, 254 (258); *M. Schulten*, KuR 2014, 50 (55ff.).

[43] Zur Qualifizierung eines Dachverbandes als Religionsgemeinschaft VG Augsburg NVwZ-RR 2013, 81f. in Anlehnung an BVerwGE 123, 49 (57ff.), wonach ein islamischer Dachverband eine Religionsgesellschaft im Sinne des Art. 141 WRV bzw. Art. 148 BayVerf sein kann, wenn seine Tätigkeit in der Weise auf die Gläubigen in den örtlichen Vereinen bezogen ist, dass sie sich als Teil eines gemeinsam alle diese Gläubigen umfassenden Glaubensvollzugs darstellt.

[44] *M. Schulten*, KuR 2014, 50 (60).

[45] Zu Seelsorgeaspekten bei Muslimen s. *T. Lemmen*, Seelsorge an Muslimen in öffentlichen Institutionen, in: T. Lemmen/M. Miehl (Hrsg.), Muslimisches Alltagsleben in Deutschland, 2001, S. 48ff.; *A. Seyyar*, Die theoretischen Konzepte der Seelsorge aus islamischer Sicht, in: B. Ucar/M. Blasberg-Kuhnke (Hrsg.), Islamische Seelsorge zwischen Herkunft und Zukunft, 2013, S. 85ff.; *E. Aslan/M. Modler-El Abdaoui/D. Charkasi*, Islamische Seelsorge, 2015; s. für die Frage, ob es einer muslimischen Anstaltsseelsorge bedarf, *T. Tabbara*, ZAR 2009, 254 (257ff.); *M. Schulten*, KuR 2014, 50 (55ff.). Zu Seelsorgeaspekten bei Juden s. *P. Waldmann*, Der Zaddik. Die Seelsorge in der jüdischen Tradition, in: Wenz/Kamran, Seelsorge (Fn. 1), S. 17ff.

Zutrittsberechtigten, sondern auf die Benutzer der Anstalt[46]. Ein Bedürfnis liegt vor, wenn die Insassen ein solches geäußert haben, wofür ihnen Gelegenheit gegeben werden muss, es ist aber auch schon dann widerleglich zu vermuten, wenn Angehörige einer Religionsgemeinschaft sich in der Anstalt befinden[47]. Lehnen diese ausdrücklich eine seelsorgerische Betreuung ab, so fällt das Zutrittsrecht weg. Das Zutrittsrecht ist immer von einem konkret festgestellten oder jedenfalls vermuteten Bedürfnis der Insassen abhängig, es ist **kein originäres Recht der Religionsgesellschaften**.

11 Zur Ermöglichung der Anstaltsseelsorge kann die Anstalt ihre **Nutzer** nach ihrer Religionszugehörigkeit **befragen**, wenn auf die Freiwilligkeit der Antwort hingewiesen wird; der Anstalt kommt kein Recht nach Art. 136 III 2 WRV zu (→ Art. 136 WRV Rn. 22)[48].

III. Ausgestaltung der Zulassung

12 Liegen die Voraussetzungen des Art. 141 WRV vor, so haben die betreffenden Religionsgesellschaften ein Recht auf Zulassung zu den jeweiligen Einrichtungen, welches sie ausüben können, aber nicht müssen[49]. Dieses Recht, das auch die »Vornahme religiöser Handlungen« umfasst, ist **ausgestaltungsbedürftig**. Es muss abgestimmt werden mit den sachlichen Besonderheiten der jeweiligen Anstaltstypen und mit den allgemeinen religionsrechtlichen Direktiven, insbesondere der staatlichen Neutralität (→ Art. 140 Rn. 35ff.) und der Parität (→ Art. 140 Rn. 40ff.). Dabei werden dem Zutrittsrecht auch **Schranken** gesetzt; mangels ausdrücklicher Schrankenvorbehalte können Einschränkungen jedoch nur auf die verfassungsimmanenten Schranken gestützt werden (→ Vorb. Rn. 139ff.). Einschränkungen sind gerechtfertigt, um die Arbeitsfähigkeit von Anstalten sicherzustellen, die einem Rechtsgut von Verfassungsrang zu dienen bestimmt oder selbst unmittelbar in der Verfassung anerkannt sind. Das ist für die Bundeswehr[50], den Strafvollzug[51] und den Krankenhausbetrieb[52] anerkannt[53]. Im Ergebnis ist damit die Ausgestaltungsbefugnis des Zutrittsrechts auch mit einschränkender Tendenz ebenso verfassungsrechtlich begründet wie Grundrechtseinschrän-

---

[46] Für einen Überblick über den Streitstand *Unruh*, Religionsverfassungsrecht (Fn. 26), Rn. 386 m. w. N.; so auch *Muckel* (Fn. 26), Art. 141 WRV Rn. 11; *v. Campenhausen/Unruh* (Fn. 13), Art. 141 WRV Rn. 10; a. A. *Pirson*, Seelsorge (Fn. 33), S. 12; *F.-G. v. Busse*, Gemeinsame Angelegenheiten von Staat und Kirche, 1978, S. 252f.

[47] *v. Campenhausen/Unruh* (Fn. 13), Art. 141 WRV Rn. 11; *Ehlers* (Fn. 30), Art. 141 WRV Rn. 2; *Eick-Wildgans*, Anstaltsseelsorge (Fn. 31), S. 1002; *Ebers*, Staat (Fn. 40), S. 280; *Unruh*, Religionsverfassungsrecht (Fn. 26), Rn. 387; *T. Tabbara*, ZAR 2009, 254 (257f.); a. A. *F. Giese*, VerwArch. 35 (1930), 205 (213f.).

[48] Hierzu BVerfGE 46, 266 (267f.); *F. Giese*, VerwArch. 35 (1930), 205ff.

[49] *Korioth* (Fn. 31), Art. 141 WRV Rn. 3: »Angebot«.

[50] BVerfGE 28, 243 (261); 69, 1 (21) – mit Sondervotum *Mahrenholz* und *Böckenförde*, E 69, 1 (57ff.) kritisch zur Herleitung aus dem Kompetenzkatalog.

[51] BVerfGE 33, 1 (12f.) mit einer Argumentation aus Art. 2 II 1 i. V. m. Art. 104 I und II GG. Vgl. zur Einschränkbarkeit im Strafvollzug unter dem Gesichtspunkt der »verfassungsimmanenten Schranken«, wodurch die Heranziehung der eigenen dogmatischen Figur des Sonderstatusverhältnisses unnötig wird, *M. Morlok*, Strafvollzug und Grundrechte, in: G. Bemmann/I. Manoledakis (Hrsg.), Probleme der staatlichen Strafen unter besonderer Berücksichtigung des Strafvollzugs, 1989, S. 45ff. (insb. 48ff.); das Sonderstatusverhältnis lässt sich als eine Erscheinungsform der verfassungsimmanenten Schranken deuten.

[52] Dazu BVerfGE 57, 70 (99) unter Rückgriff auf Art. 2 II 1 GG i. V. m. dem Sozialstaatsprinzip.

[53] S. zur Konstruktion dieser Verfassungsrechtsgüter: → Vorb. Rn. 139 m. w. N.

kungen in diesen Anstalten, soweit sie – in herkömmlicher Terminologie ausgedrückt – Sonderstatusverhältnisse darstellen.

Die staatlichen Träger der Anstalten und die Anstalten selbst haben ihrer Verpflich- 13
tung auf die Neutralität und die Parität zufolge keine Durchführungsverantwortung und **kein Selbstbesorgungsrecht** für die religiösen Handlungen[54]. Die Norm selbst gibt nur ein Zugangsrecht für Religionsgesellschaften, begründet **keine öffentliche Aufgabe der Militär- oder sonstigen Anstaltsseelsorge.**

Inhaltlich umfasst das Recht der Religionsgesellschaften neben dem reinen Zugang 14
zu den Einrichtungen der betroffenen Anstalt auch die rechtliche und tatsächliche Ermöglichung **religiöser Handlungen** der Insassen unter Beteiligung von Vertretern der jeweiligen Religionsgesellschaft. Welche Handlungen dazu zählen, bemisst sich nach dem Selbstverständnis der jeweiligen Religion (→ Art. 4 Rn. 60; → Art. 137 WRV Rn. 50). Der Begriff der »religiösen Handlung« ist als Oberbegriff zu nehmen, der durch »**Gottesdienst**« und »**Seelsorge**« näher umschrieben, aber nicht auf die überkommenen Formen der Seelsorge und des Anstaltsgottesdienstes beschränkt wird[55]. Erforderlichenfalls kann dem Begehren nach neuen Formen religiöser Handlungen im Konflikt mit dem Anstaltszweck oder dessen organisatorischen Erfordernissen Grenzen gesetzt werden.

Einige Typen von Anstalten haben eine besondere **gesetzliche und vertragliche** 15
Ausgestaltung der Religionsausübungen in ihrem Rahmen und damit auch der Zutrittsrechte gefunden, so der Bereich des Militärs oder des Strafvollzuges[56]. Die **Militärseelsorge**[57] ist einerseits im Militärseelsorgevertrag zwischen der Bundesrepublik Deutschland und der evangelischen Kirche Deutschlands geregelt, andererseits im Reichskonkordat[58]. Kontrovers diskutiert wird der **Status der Militärgeistlichen**[59]. Derzeit sind sie Beamte, die teilweise in den Dienstbetrieb eingegliedert sind und aus Mitteln des Bundesministeriums der Verteidigung bezahlt werden[60]. Die Berufung in

---

[54] So auch *Korioth* (Fn. 31), Art. 141 WRV Rn. 3 m. w. N. in Fn. 2; zur Darstellung der vertretenen Ansichten auch *Ehlers* (Fn. 30), Art. 141 WRV Rn. 6 m. w. N.; a. A. bereits *Anschütz*, WRV, Art. 141 Anm. 2 (S. 657): »Recht des Staates bzw. der Anstaltsleitungen, die religiöse Versorgung der in Betracht kommenden Personenkreise – Soldaten, Anstaltsangehörige – selbst in die Hand zu nehmen, indem sie Geistliche der betreffenden Religionsgesellschaften [...] nicht nur [...] ›zulassen‹, sondern amtlich berufen und anstellen«;.

[55] *v. Campenhausen/Unruh* (Fn. 13), Art. 141 WRV Rn. 17. So auch *A. Stein*, ZevKR 33 (1988), 446 ff.; *Goltz*, Weltanschauungsgemeinschaften (Fn. 38), S. 191 f.; *Muckel* (Fn. 26), Art. 141 WRV Rn. 12. Zur Seelsorge im Detail *G. Etzelmüller*, KuR 2011, 248 ff.; *N. Mette*, Seelsorge im christlichen Verständnis, in: Ucar/Blasberg-Kuhnke (Fn. 45), S. 61 ff.

[56] S. §§ 53 ff. StVollzG; hierzu *P. Rassow/K. H. Schäfer*, in: H.-D. Schwind/A. Böhm/J.-M. Jehle/K. Laubenthal (Hrsg.), StVollzG-Kommentar, 5. Aufl. 2013, Vor § 53 ff. m. w. N.

[57] Die Einrichtung einer bislang fehlenden muslimischen Militärseelsorge forderten einzelne Abgeordnete sowie die Bundestagsfraktion »BÜNDNIS 90/DIE GRÜNEN« mit Antrag v. 17.4.2013 (BT-Drs. 17/13095).

[58] S. die Verträge der Bundesrepublik Deutschland mit evangelischen Kirchen Deutschlands zur Regelung der evangelischen Seelsorge vom 22.2.1957 (BGBl. II S. 702) und Art. 27 Reichskonkordat. Texte bei *J. Listl*, Die Konkordate und Kirchenverträge der Bundesrepublik Deutschland, Bd. I, 1987, S. 34 ff. (49 ff.) und 96 ff. – S. weiter das Gesetz über die Militärseelsorge vom 26.7.1957 (BGBl. II S. 701).

[59] Für die Frage des beamtenrechtlichen Status katholischer Militärseelsorger wird nach Art. 2 des Gesetzes über die Militärseelsorge zudem der ev. Militärseelsorgevertrag entsprechend angewendet: *Jeand'Heur/Korioth*, Grundzüge (Fn. 25), S. 203; s. auch *U. Anke*, Die Neubestimmung des Staat-Kirche-Verhältnisses in den neuen Ländern durch Staatskirchenverträge, 1999, S. 5.

[60] *v. Campenhausen/Unruh* (Fn. 13), Art. 141 WRV Rn. 26; *J. Ennuschat*, ZevKR 41 (1996), 419

das Amt der Militärbischöfe ist nur im Einvernehmen zwischen Staat und Religionsgesellschaft möglich, gleiches gilt mit Einschränkung für Militärgeistliche[61].

16 Diese **Ausformung** ist **verfassungsrechtlich unzulässig**, da von den Militärgeistlichen als staatlichen Beamten religiöse Handlungen vorgenommen werden und sie zugleich auch als Vertreter von Religionsgesellschaften auftreten. Dies verstößt gegen das Trennungsgebot des Art. 137 I WRV, und zwar sowohl gegen das Verbot der institutionellen Verflechtung als auch gegen das Verbot der Identifizierung mit einer Religionsgesellschaft im Sinne der öffentlichen Selbstdarstellung von Inhalten einer Religionsgesellschaft[62]. Der allein zum Zwecke der Religionsausübung verliehene Beamtenstatus stellt einen dem Staat zurechenbaren Identifikationsakt dar, der gegen den Grundsatz der Neutralität verstößt[63]. Im Unterschied zum Religionsunterricht, der nach Art. 7 III 1 GG von Verfassungs wegen als Modul in den staatlichen Schulunterricht integriert ist, macht Art. 141 WRV die Militärseelsorge nicht zu einer staatlichen Aufgabe, so dass es an einer verfassungsrechtlichen Rechtfertigung für eine Ausnahme von Art. 137 I WRV mangelt.

17 Auch ist die institutionelle Einbeziehung der Vertreter der Religionsgesellschaften in das Bundeswehrpersonal dem **Zweck der Norm** (→ Rn. 5f.) eher abträglich, weil aus Sicht der Soldaten die Zugehörigkeit der Geistlichen zur Bundeswehr deren Unabhängigkeit gefährdet erscheinen lassen könnte und das »Fenster«, das in der totalen Institution nach außen führt, von einem Mitglied der Anstalt besetzt wird. Auch sind Loyalitätskonflikte zwischen Seelsorge und Aufgabenerfüllung der Anstalt nicht ausgeschlossen. Damit erscheint das Modell, das derzeit in den neuen Ländern aufgrund einer Protokollnotiz zum Militärseelsorgevertrag gepflegt wird, vorzugswürdig: Danach kann bei der Organisation der Militärseelsorge in den neuen Bundesländern den verbreiteten Zweifeln an einer uneingeschränkten Übertragung der bisherigen Strukturen der Militärseelsorge dadurch Rechnung getragen werden, dass abweichende Modelle zugelassen werden[64]; die evangelische Kirche nimmt die Militärseelsorge dort durch kirchliche Amtsträger wahr.

18 Bei der Militär- wie bei der Gefangenenseelsorge sind **Sicherheitsaspekte** besonders zu berücksichtigen; im Hinblick hierauf ist das Erfordernis des Einvernehmens zwi-

---

(420ff.); s. insg. *W. Bock*, Der Beamtenstatus in der Militärseelsorge, in: Kirchenamt der EKD (Hrsg.), Militärseelsorge, 1993, Dok. 9.

[61] Vor der Ernennung durch die kirchlich zuständige Stelle hat die Versicherung beim Staat zu erfolgen, dass »vom staatlichen Standpunkt aus gegen den für das Amt des Militärbischofs vorgesehenen Geistlichen keine schwerwiegenden Einwendungen erhoben werden«, Art. 11 I Militärseelsorgevertrag. S. ähnlich Art. 27 II Reichskonkordat. Für die Ernennung der Militärgeistlichen Art. 27 III Reichskonkordat, Art. 23 Militärseelsorgevertrag. – Siehe insg. *v. Campenhausen/Unruh* (Fn. 13), Art. 141 WRV Rn. 23; *J. Ennuschat*, ZevKR 41 (1996), 419 (425f.); *S. Mückl*, HStR^3 VII, § 161 Rn. 62.

[62] *Jarass*/Pieroth, GG, Art. 141 WRV Rn. 1; *Ehlers* (Fn. 30), Art. 141 WRV Rn. 7; *U.K. Preuß*, in: AK-GG, Art. 140 (2001), Rn. 71; *Jeand'Heur/Korioth*, Grundzüge (Fn. 25), S. 207f. Zu beiden Gehalten → Art. 137 WRV Rn. 18, 20; *Korioth* (Fn. 31), Art. 141 Rn. 13, der wegen der Weisungsabhängigkeit der Beamten auch einen Konflikt mit Art. 137 III WRV sieht, Rn. 14. A.A. *S. Mückl*, HStR^3 VII, § 161 Rn. 63; *Muckel* (Fn. 26), Art. 141 WRV Rn. 22f.

[63] *J. Krüper*, JöR 53 (2005), 79 (101); *Classen*, Religionsrecht (Fn. 26), Rn. 567 m.w.N.; *S. Korioth*, HGR IV, § 97 Rn. 75.

[64] S. dazu Protokollnotiz zur Auslegung des Militärseelsorgevertrages (v. 22.2.1957) v. 13.6.2002, LKV 2004, 22ff. Zur Entstehung der Sonderregelung in den neuen Bundesländern *H. Johnsen*, ZevKR 43 (1998), 182ff.; *C. Fuchs*, Das Staatskirchenrecht der neuen Bundesländer, 1999, S. 275ff.; *Ennuschat*, Militärseelsorge (Fn. 10), S. 47ff.; *v. Campenhausen/de Wall*, Staatskirchenrecht (Fn. 25), S. 203; *Classen*, Religionsrecht (Fn. 26), Rn. 564.

schen Staat und Religionsgesellschaft über die Personen der Anstaltsgeistlichen wohl gerechtfertigt.

Gegen Art. 137 I WRV und das Gebot der religiös-weltanschaulichen Neutralität verstieß auch die frühere Praxis des **Lebenskundlichen Unterrichts**. Er stellte eine Unterrichtung auf der Grundlage des christlichen Glaubens dar, welche konfessionell getrennt von den Militärgeistlichen durchgeführt wurde[65]. Der Unterricht war kein Teil der Militärseelsorge, war vielmehr staatlicher Unterricht und damit mangels verfassungsrechtlicher Rechtfertigung als verfassungswidrig einzustufen[66]. Nach der **Neuordnung** des Lebenskundlichen Unterrichts durch eine Zentrale Dienstvorschrift **2011**[67] wendet sich der Lebenskundliche Unterricht an alle Soldaten, »unabhängig davon, ob sie einer bestimmen Glaubensgemeinschaft angehören oder nicht«[68]. Er stellt eine »berufsethische Qualifizierungsmaßnahme« dar, welche von Militärseelsorgern und bei Bedarf von anderen berufsethisch besonders qualifizierten Lehrkräften erteilt wird[69]. Die bis dahin bestehenden verfassungsrechtlichen Bedenken sind damit weitgehend ausgeräumt[70], die regelmäßige Erteilung durch Militärgeistliche verletzt aber die staatliche Neutralitätspflicht[71]. 19

Im Bereich des **Strafvollzuges** sind insbesondere die Sicherheitserfordernisse zu beachten, die eine stärkere Einbindung der Gefängnisgeistlichen in den allgemeinen Dienstbetrieb fordern und rechtfertigen. Ein unkontrolliertes Zugangsrecht externer Seelsorger ist rechtlich nicht gefordert. Die Verhängung einer **Kontaktsperre** nach §§ 31ff. EGGVG bringt auch Einschränkungen für die Gefängnisseelsorge mit sich. Diese sind aus den Gründen, die die Kontaktsperre überhaupt tragen[72], ggf. ebenfalls gerechtfertigt. 20

Die Teilnahme an den religiösen Veranstaltungen der Religionsgesellschaft muss rechtlich und tatsächlich den Anstaltsinsassen freigestellt sein: **»ohne Zwang«**. Sie haben auch das Recht, keinen Missionierungsbemühungen ausgesetzt zu sein. Wegen des besonderen Charakters dieser Anstalten und der eingeschränkten Handlungsmöglichkeiten ihrer Insassen obliegt dem Staat eine Schutzpflicht zugunsten der negativen Religionsfreiheit. Die Information über die Durchführung von Veranstaltungen der Religionsgesellschaften darf aber in der Anstalt gegeben werden, solchen Informationen müssen sich Anstaltsbenutzer aussetzen. 21

---

[65] ZDv 66/2 v. 5.11.1959. Die Teilnahme war grundsätzlich freiwillig, wobei eine einmalige Teilnahme vorgeschrieben war. Erst danach bestand die Möglichkeit der Nichtteilnahme, was unter dem Aspekt der negativen Religionsfreiheit aus Art. 4 I und II GG problematisch erschien. Siehe auch *Jeand'Heur/Korioth*, Grundzüge (Fn. 25), S. 207f.; *Ennuschat*, Militärseelsorge (Fn. 10), S. 89ff.

[66] So auch *G. Mehrle*, Trennung vom Staat – Mitarbeit in staatlichen Institutionen, 1998, S. 62; *M. Kleine*, Institutionalisierte Verfassungswidrigkeiten im Verhältnis von Staat und Kirchen unter dem Grundgesetz, 1993, S. 172ff.; *Classen*, Religionsrecht (Fn. 26), Rn. 570; *S. Korioth*, HGR IV, § 97 Rn. 75; s. auch *Unruh*, Religionsverfassungsrecht (Fn. 26), Rn. 407; a. A. *Ennuschat*, Militärseelsorge (Fn. 10), S. 202ff., 270ff. m. w. N.

[67] ZDv 10/4 v. 27.6.2011. Diese tritt an die Stelle der ZDv 10/4 v. 20.1.2009, welche zunächst probeweise für drei Jahre in Kraft getreten war und die ältere Regelung von 1959 ersetzte. → Fn. 65.

[68] ZDv 10/4 v. 27.6.2011 Rn. 105.

[69] ZDv 10/4 v. 27.6.2011 Rn. 104.

[70] So auch *Unruh*, Religionsverfassungsrecht (Fn. 26), Rn. 407; *Muckel* (Fn. 26), Art. 141 WRV Rn. 24f.

[71] *Classen*, Religionsrecht (Fn. 26), Rn. 570.

[72] BVerfGE 49, 24 (56ff.). Etwa *v. Campenhausen/Unruh* (Fn. 13), Art. 141 WRV Rn. 20.

D. Verhältnis zu anderen GG-Bestimmungen

22 Art. 141 WRV dient der **Religionsfreiheit** (Art. 4 I und II GG) der unter besonders schwierigen Umständen lebenden Insassen der genannten Anstalten. Die inhaltliche Ausgestaltung der Seelsorge in den Anstalten fällt in den Schutzbereich von Art. 137 III WRV. Die Einfügung der Aktivitäten der Religionsgesellschaften in den Arbeitszusammenhang der staatlichen Anstalten hat Art. 137 I WRV ebenso zu beachten wie die negative Religionsfreiheit der Insassen.

Artikel 141 [Bremer Klausel]

Artikel 7 Abs. 3 Satz 1 findet keine Anwendung in einem Lande, in dem am 1. Januar 1949 eine andere landesrechtliche Regelung bestand.

Literaturauswahl

Frisch, Michael: Die Bremer Klausel und die neuen Bundesländer, in: DtZ 1992, S. 144–145.

Fritz, Gernot: Religionsunterricht: Berliner Sonderweg nicht mehr gerechtfertigt!, in: BayVBl. 2002, S. 135–138.

Germann, Michael: Beweist die Entstehungsgeschichte der »Bremer Klausel« die Exemtion des Landes Brandenburg von der Garantie des Religionsunterrichts? – zugleich eine Besprechung von Bernhard Schlink/Ralf Poscher: Der Verfassungskompromiß zum Religionsunterricht –, in: ZevKR 45 (2000), S. 631–646.

Heckel, Martin: Religionskunde im Lichte der Religionsfreiheit. Zur Verfassungsmäßigkeit des LER-Unterrichts in Brandenburg, in: ZevKR 44 (1999), S. 147–225.

Janz, Norbert: Neuere Entwicklungen der schulischen Wertevermittlung in Brandenburg. Eine glückliche ménage à trois?, in: ZevKR 53 (2008), S. 41–56.

Korioth, Stefan/Augsberg, Ino: Ethik- oder Religionsunterricht? Eine Bestandsaufnahme aus verfassungsrechtlicher Sicht, in: ZG 24 (2009), S. 222–236.

Kremser, Holger: Das Verhältnis von Art. 7 Abs. 3 Satz 1 GG und Art. 141 GG im Gebiet der neuen Bundesländer, in: JZ 1995, S. 928–934.

Link, Christoph: Religionsunterricht, in: HdbStKirchR² II, § 54, S. 439–509.

Link, Christoph: »LER«, Religionsunterricht und das deutsche Staatskirchenrecht, in: Festschrift für Alexander Hollerbach zum 70. Geburtstag, 2001, S. 747–769.

Muckel, Stefan/Tillmanns, Reiner: »Lebensgestaltung-Ethik-Religionskunde« statt Religionsunterricht?, in: RdJB 44 (1996), S. 360–367.

Mückl, Stefan: Staatskirchenrechtliche Regelungen zum Religionsunterricht, in: AöR 122 (1997), S. 513–556.

Pieroth, Bodo/Kingreen, Thorsten: Die Einschlägigkeit des Art. 141 GG für das Land Brandenburg, in: Gedächtnisschrift für Bernd Jeand'Heur, 1999, S. 265–279.

Poscher, Ralf: Religions- oder Religionskundeunterricht? Eine Fallstudie zu einer verfassungsrechtlichen Dichotomie am Beispiel des Bremer Unterrichts in Biblischer Geschichte, in: RdJB 54 (2006), S. 460–473.

Renck, Ludwig: Religionsunterricht in Brandenburg?, in: LKV 1997, S. 81–85.

Schlink, Bernhard: Religionsunterricht in den neuen Ländern, in: NJW 1992, S. 1008–1013.

Schlink, Bernhard/Poscher, Ralf: Der Verfassungskompromiß zum Religionsunterricht. Art. 7 Abs. 3 und Art. 141 GG im Kampf des Parlamentarischen Rates um die »Lebensordnungen«, 2000.

Tangermann, Christoph: Die Bremer Klausel (Art. 141 GG) angesichts neuer Fragestellungen. Zugleich ein Beitrag zur Zukunft des Religionsunterrichts in der multireligiösen Gesellschaft, in: ZevKR 50 (2005), S. 184–206.

Uhle, Arnd: Die Verfassungsgarantie des Religionsunterrichts und ihre territoriale Reichweite – Ein Beitrag zum Verhältnis von Art. 7 Abs. 3 S. 1 GG zu Art. 141 GG –, in: DÖV 1997, S. 409–417.

de Wall, Heinrich: Zum Verfassungsstreit um den Religionsunterricht in Brandenburg, in: ZevKR 42 (1997), S. 353–371.

Winter, Jörg: Zur Anwendung des Art. 7 III GG in den neuen Ländern der Bundesrepublik Deutschland, in: NVwZ 1991, S. 753–755.

Wißmann, Hinnerk: Art. 141 GG als »Brandenburger Klausel«? Die Regelung von Religionsunterricht und »Lebensgestaltung-Ethik-Religionskunde« im neuen brandenburgischen Schulgesetz, in: RdJB 44 (1996), S. 368–374.

Leitentscheidungen des Bundesverfassungsgerichts

BVerfGE 6, 309 (356ff.) – Reichskonkordat; 104, 305 (306ff., Rn. 1ff.) – LER-Schlichtungsvorschlag.

Gliederung

Rn.

Stichwörter

A. Herkunft, Entstehung, Entwicklung

I. Ideen- und verfassungsgeschichtliche Aspekte

Art. 141 GG verdankt seine Bezeichnung als »Bremer Klausel« seiner Entstehung im Parlamentarischen Rat, wo er auf Anregung u. a. des Abgeordneten der Bremer Bürgerschaft Ehlers aufgenommen wurde (→ Rn. 4). Die Norm hat **keinen** verfassungsgeschichtlichen **Vorläufer**[1]. 1

II. Entstehung und Veränderung der Norm

Im **Parlamentarischen Rat** kam eine erste **Diskussion** über die »Vereinbarkeit« einer grundgesetzlichen Regelung zum Religionsunterricht als ordentliches Lehrfach in öffentlichen Schulen im Ausschuß für Grundsatzfragen am **23.11.1948** auf. Der Abgeordnete des württemberg-badischen Landtages Heuss wandte sich gegen eine solche Regelung, da man die Folgen für die Länder durchdenken müsse, »die schon ihre Gesetze auf diesem Gebiet haben.«[2] Im Ausschuß für Grundsatzfragen am **4.12.1948** ergänzte Heuss, dass der Religionsunterricht »überall in den Verfassungen der Länder« bereits geregelt sei[3], und sprach sich gegen eine »Wegnahme der materialen Gesetzgebung der Länder« aus[4]. 2

In der Diskussion im **Ausschuß** für Grundsatzfragen am **11.1.1949** über den vom **Hauptausschuß** am **10.12.1948** beschlossenen Art. 7b II 1 (»ist der Religionsunterricht schulplanmäßiges Lehrfach in allen Schulen«)[5] wandte der württemberg-badische Landtagsabgeordnete Eberhard gegen einen Antrag von Heuss auf Einbeziehung der Berufsschulen in Art. 7b II[6] ein, dass **Religionsunterricht an den Berufsschulen** keineswegs in ganz Deutschland üblich sei[7]. Der hessische Landtagsabgeordnete Bergsträsser ergänzte, dass Religionsunterricht in der Mehrzahl der Länder nicht ordentliches Lehrfach sei[8]. Mit einer grundgesetzlichen Regelung zum Religionsunterricht als ordentliches Lehrfach an öffentlichen Berufsschulen sei »ein Eingriff in die althergebrachte Zuständigkeit der Länder« verbunden[9]. 3

Im **Hauptausschuß** am **18.1.1949** forderte das Mitglied der Hamburger Bürgerschaft Schönfelder aus Sorge vor einer Störung der »seit 80 und noch mehr Jahren in Hamburg bestehende(n) Simultanschule« sowie des Religionsfriedens die Streichung des Art. 7b II[10]. Er mahnte, dass »solche Schulbestimmungen die kulturelle Autonomie der Länder aufheben«. »Wenn die Verhältnisse in unseren deutschen Landen nun einmal verschieden liegen, so soll man sie gerade auf diesem Gebiet auch verschieden ordnen.«[11] Dem schloss sich der Abgeordnete der Bremer Bürgerschaft Ehlers an. Er verwies darauf, dass Art. 7b »in Widerspruch zu einigen Länderverfassungen« stehe, und zitierte die **Verfassung Bremens**, wonach die allgemeinbildenden öffentlichen 4

---

[1] → *Gröschner*, Bd. III², Art. 141 Rn. 3.
[2] Parl. Rat V/2, S. 646.
[3] Parl. Rat V/2, S. 810.
[4] Parl. Rat V/2, S. 810.
[5] Parl. Rat VII, S. 93 f.
[6] Parl. Rat V/2, S. 936.
[7] Parl. Rat V/2, S. 937.
[8] Parl. Rat V/2, S. 937.
[9] Parl. Rat V/2, S. 937.
[10] Parl. Rat XIV/2, S. 1348 f.
[11] Parl. Rat XIV/2, S. 1348 f.

Schulen Gemeinschaftsschulen mit bekenntnismäßig nicht gebundenem Unterricht in biblischer Geschichte auf allgemein christlicher Grundlage seien. Diese 1947 in die Verfassung Bremens aufgenommene Regelung schreibe den seit 1799 in Bremen geltenden Zustand fest[12]. Art. 7b II würde daher in einem Land wie Bremen einen Zustand abändern, der seit 150 Jahren mit Erfolg andauere[13]. Ehlers fügte hinzu: »Wir haben gar nichts dagegen einzuwenden, daß Bayern es so macht, wie es der bayerischen Tradition entspricht, und Hessen meinetwegen auch. Aber Hamburg und Bremen, sowie großen Teilen von Norddeutschland nicht das gleiche Recht zuzugestehen [...] das ist nicht sehr tolerant. Wir sind der Meinung, daß das wirklich eine Angelegenheit ist, die völlig in der Zuständigkeit der Länder verbleiben sollte.«[14] Mit Blick darauf, dass ähnlich wie in Bremen und Hamburg »die Dinge auch in anderen Teilen Norddeutschlands und [...] in Berlin« lägen und Art. 7b daher »zu unüberwindlichen Schwierigkeiten in den einzelnen Ländern führen« würde, bat Ehlers im Auftrag des Senats der Freien Hansestadt Bremen um Streichung des Art. 7b II[15].

5 In derselben Hauptausschußsitzung wandte sich Bergsträsser gegen den Antrag von Heuss zur Nennung der **Berufsschulen** in Art. 7b II, da es »in einer ganzen Reihe von Ländern [...], in ganz Norddeutschland, auch in einem Teil von Süddeutschland keinen Religionsunterricht in der Berufsschule gibt.«[16] Der niedersächsische Landtagsabgeordnete Greve sekundierte, dass der Antrag von Heuss »eine Vergewaltigung des größten Teils der deutschen Länder« bedeute. Denn: »In ganz Norddeutschland, auch in Hessen, [...] ist der Religionsunterricht in den Berufsschulen nie ordentliches Lehrfach gewesen.«[17] Der nordrhein-westfälische Landtagsabgeordnete Heiland ergänzte, dass dies auch für Nordrhein-Westfalen gelte[18]. Greve fuhr fort, dass durch Art. 7b II »entweder sämtliche Länder Norddeutschlands und Westdeutschlands sowie Mitteldeutschlands« gezwungen würden, »den Religionsunterricht als ordentliches Lehrfach für die Berufsschule einzuführen,« oder man diese Länder nötige, »vom ersten Tag an verfassungsuntreu zu werden«[19]. Gleichwohl wurde der Antrag von Heuss angenommen[20].

6 Unter dem Datum des **31.1.1949** schlug der **Fünferausschuß** hinter Art. 149 die Einfügung eines Art. a vor: »Soweit am 1. Januar 1949 in einem Lande eine von der Vorschrift des Art. 7b Abs. 2 abweichende landesgesetzliche Regelung in Kraft war, kann es bei dieser Regelung verbleiben.«[21] Am **2.2.1949** stellte der Fünferausschuß fest, dass Art. a durch die beabsichtigte Einbeziehung der Stadt Berlin in das Grundgesetz eine andere Bedeutung erhalte. Während Art. a ursprünglich »lediglich der besonderen Rechtslage im Gebiet der freien Stadt Bremen Rechnung tragen« sollte, würde »nunmehr sein Geltungsbereich darüber hinaus erstreckt«[22]. Hierdurch würde Art. 7b II »in einer unerträglichen Weise« beschränkt[23].

---

[12] Parl. Rat XIV/2, S. 1351f.
[13] Parl. Rat XIV/2, S. 1352.
[14] Parl. Rat XIV/2, S. 1352.
[15] Parl. Rat XIV/2, S. 1352f.
[16] Parl. Rat XIV/2, S. 1356f.
[17] Parl. Rat XIV/2, S. 1376.
[18] Parl. Rat XIV/2, S. 1376.
[19] Parl. Rat XIV/2, S. 1376.
[20] Parl. Rat VII, S. 210 und XIV/2, S. 1378.
[21] Parl. Rat VII, S. 304.
[22] Parl. Rat XI, S. 92.
[23] Parl. Rat XI, S. 93.

Die territoriale Reichweite des vom Fünferausschuß vorgeschlagenen Art. a wurde in **interfraktionellen Besprechungen** am **10. und 11.2.1949** erörtert[24]. In einer Besprechung am 10.2.1949 hielt Adenauer fest, »es handle sich um eine Clausula Bremen«[25], da Ausgangspunkt für Art. a die Schulverhältnisse in Bremen gewesen seien[26]. Der hessische Justizminister Zinn erklärte, seine Fraktion der SPD stimme gegen den Artikel, da Berlin offensichtlich übersehen worden sei. Er wies darauf hin, dass sich die **Länder der Ostzone** nicht bedingungslos anschließen würden[27]. Adenauer erwiderte: »Ostländer draußen halten. Es handelt sich nur noch um Berlin.«[28] Der Vertreter Berlins, Kaiser, meinte: »Die ganze Sache zurücktragen auf Bremen.«[29] In einer Besprechung am 11.2.1949 bemerkte Adenauer, dass gegen die Bremer Klausel bei der CSU Bedenken bestünden, »damit konservieren wir die Schulzustände in der Ostzone«. Der Artikel solle sich »nur beziehen auf die Länder, die mit in der Präambel stehen.«[30] 7

Im **Hauptausschuß** am **10.2.1949** bemerkte der Minister für Justiz, Erziehung und Kultus des Landes Rheinland-Pfalz, Süsterhenn, durch Art. a solle »dort, wo am 1. Januar 1949 eine andere landesgesetzliche Regelung in Kraft war, die Vorschrift des Art. 7b Abs. 2 [...] nicht zur Durchführung gelangen.«[31] Auf die Bitte von Kaiser, klarzustellen, dass sich Art. a nur auf Bremen und kein anderes Land beziehe[32], entgegnete der Vertreter Berlins, Suhr, dass Art. a nach seiner »Formulierung nicht nur für Bremen gelte«, »sondern sinngemäß für alle Länder, die davon betroffen werden.«[33] Kaiser widersprach, »daß dieser Artikel lediglich unter Hinweis auf einen außergewöhnlichen verfassungsrechtlichen Zustand in Bremen zustandegekommen« sei[34]. Heuss erläuterte, dass man durch Art. a mit Blick auf Bremen und Hamburg »den föderativen Anspruch der Gestaltung des Schulwesens in seiner geschichtlichen Entwicklung akzeptieren« wolle[35]. Mit Art. a könne »in Bezug auf die Hansestädte« und mit den »Bestimmungen betreffend die Berufsschulen« auch in Bezug auf Niedersachsen Entgegenkommen gezeigt werden[36]. Der Landtagsabgeordnete Nordrhein-Westfalens Menzel entgegnete auf Kaiser, dass man zwar im Fünferausschuß, deren Mitglied er war, »zunächst den Fall Bremen behandelt« habe, aber auf Intervention von Abgeordneten aus Hamburg und Hessen den Art. a über Bremen hinaus erstrecken wollte[37]. »Es ist nicht so, daß mit dieser Bestimmung nur der **Fall Bremen** erledigt werden sollte.«[38] Ohne dass eine Einigung über die territoriale Reichweite des Art. a erzielt wurde, beschloss der Hauptausschuß den Artikel (nunmehr als **Art. 148 d**) in der vom Fünferausschuß vorgeschlagenen Fassung[39]. Nach der Abstimmung setzte Kaiser noch einmal nach und forderte Suhr auf, sich »über die Bedeutung der Angelegenheit für 8

[24] Parl. Rat XI, S. XXIX.
[25] Parl. Rat XI, S. 95.
[26] Parl. Rat XI, S. 96.
[27] Parl. Rat XI, S. 96.
[28] Parl. Rat XI, S. 96.
[29] Parl. Rat XI, S. 96.
[30] Parl. Rat XI, S. 97.
[31] Parl. Rat XIV/2, S. 1649.
[32] Parl. Rat XIV/2, S. 1650.
[33] Parl. Rat XIV/2, S. 1650.
[34] Parl. Rat XIV/2, S. 1651.
[35] Parl. Rat XIV/2, S. 1651.
[36] Parl. Rat XIV/2, S. 1651.
[37] Parl. Rat XIV/2, S. 1651.
[38] Parl. Rat XIV/2, S. 1651.
[39] Parl. Rat XIV/2, S. 1652; s. auch Parl. Rat VII, S. 444.

die Stadt **Berlin** und über die Besorgnis, die wir um die **Ostzone** haben, klar« zu werden[40]. Suhr erwiderte, dass er sich darüber klar sei, sich jedoch auch Kaiser »über die Stellung Berlins zum Grundgesetz, die eventuell hiervon abhängt, klar sein« sollte[41].

9 Der **Fünferausschuß** schlug am **28.2.1949** folgende Formulierung des Art. 148d vor: »Soweit am 1. Januar 1949 in einem Lande der Bundesrepublik eine von der Vorschrift des Artikels 7b Absatz 3 abweichende landesgesetzliche Regelung in Kraft war, kann es bei dieser Regelung verbleiben.«[42] In einer **interfraktionellen Besprechung** am **28.4.1949** regte Schönfelder an, das Wort »landesgesetzlich« durch »landesrechtlich« zu ersetzen[43]. Dem stimmte u. a. Greve unter der Bedingung zu, dass »landesrechtlich nicht nur landesgesetzliche, sondern auch gewohnheitsrechtliche Regelung(en) umfasse.«[44] Der **Allgemeine Redaktionsausschuß** schlug unter dem **2. bis 5.5.1949** als **Art. 148/2** vor: »Artikel 7b Abs. 3 Satz 1 findet keine Anwendung in einem Lande, in dem am 1. Januar 1949 eine andere landesrechtliche Regelung bestand.«[45] In einem **interfraktionellen Unterausschuß** am **4.5.1949** kam man überein, Art. 148/2 die Fassung zu geben: »Art. 7b Abs. 3 Satz 1 findet keine Anwendung in einem Lande der Bundesrepublik, in dem am 1. Januar 1949 eine andere landesrechtliche Regelung bestand.«[46] Der zuständige Berichterstatter bekam für den Bericht im Plenum drei Erklärungen mit auf den Weg[47] (→ Rn. 10). Der **Hauptausschuß** beschloss als Art. 148/2: »Artikel 7b Abs. 3 Satz 1 findet keine Anwendung in einem Lande, in dem am 1. Januar 1949 eine andere landesrechtliche Regelung bestand.«[48] Anschließend verschob der Hauptausschuß die Bestimmung in **Art. 142**[49].

10 Im **Plenum** am **6.5.1949** erklärte der Berichterstatter für den Abschnitt der Grundrechte v. Mangoldt zu Art. 7 III: »Mit Rücksicht auf die grundsätzliche Zuständigkeit der Länder in der Schulgesetzgebung ist es Sache der Länder, die Erteilung des Religionsunterrichts zu regeln.«[50] Der Berichterstatter zu Art. 142, der Abgeordnete des Hessischen Landtages v. Brentano, erklärte zur Bremer Klausel: »Unter einer landesrechtlichen Regelung in einem Land im Sinne dieses Artikels ist nicht nur eine einheitliche Regelung zu verstehen, sondern es kann sich auch um eine differenzierte Regelung handeln. Im Wege der Landesregelung kann nach diesem Artikel der Religionsunterricht auch dort, wo er am 1. Januar 1949 nicht ordentliches Lehrfach war, zum ordentlichen Lehrfach erklärt werden. Diese so getroffene Regelung kann im Wege der Landesgesetzgebung wieder geändert werden.«[51] Daraufhin beantragte der niedersächsische Abgeordnete Seebohm erneut die Streichung des Art. 142[52], da dadurch Religionsunterricht »in einem großen Teil des Bundesgebietes« nicht mehr durchgeführt werde[53]. Der Landtagsabgeordnete Nordrhein-Westfalens Brockmann schloss

[40] Parl. Rat XIV/2, S. 1652.
[41] Parl. Rat XIV/2, S. 1652.
[42] Parl. Rat VII, S. 456.
[43] Parl. Rat XI, S. 219.
[44] Parl. Rat XI, S. 219f.
[45] Parl. Rat VII, S. 530.
[46] Parl. Rat XI, S. 268.
[47] Parl. Rat XI, S. 268.
[48] Parl. Rat XIV/2, S. 1819 und Parl. Rat VII, S. 530.
[49] Parl. Rat VII, S. 569.
[50] Parl. Rat IX, S. 451.
[51] Parl. Rat IX, S. 493.
[52] Parl. Rat IX, S. 493.
[53] Parl. Rat IX, S. 493.

an, dass Art. 142 den Religionsunterricht »als ordentliches Lehrfach in allen Schulen aller deutschen Länder, auf die dieses Grundgesetz Bezug nimmt [...] vollständig zunichte« mache[54]. Art. 7 III habe praktisch nur für die Länder Sinn, in denen Religionsunterricht wie in Nordrhein-Westfalen und in den Nachfolgeländern Preußens nicht ordentliches Lehrfach sei[55]. Gleichwohl beschloss das Plenum als Art. 141: »Artikel 7 Absatz 3 Satz 1 findet keine Anwendung in einem Lande, in dem am 1. Januar 1949 eine andere landesrechtliche Regelung bestand«[56]. Am **8.5.1949** sagte Finck, Mitglied der CDU Rheinland-Pfalz, im **Plenum**, man werde »nicht ruhen, bis in einer verbesserten Verfassung diese Bremer Klausel, die leider über Bremen hinaus ihre Wirkung zu tun in der Lage sein wird, wieder beseitigt wird.«[57] Nichtsdestotrotz trat Art. 141 GG unverändert in Kraft[58] und wurde seither auch **nicht geändert**.

B. Internationale, supranationale und rechtsvergleichende Bezüge

Das **Unions- und Völkerrecht** sowie die **Verfassungen anderer Mitgliedstaaten** kennen keine Art. 141 GG vergleichbare Bestimmung. Das Gleiche gilt für die **Verfassungen bzw. Schulgesetze der Bundesländer**. 11

Zum **Religionsunterricht** galten am 1.1.1949 in den Bundesländern unterschiedliche Regelungen. Gem. Art. 32 **Verfassung der Freien Hansestadt Bremen** vom 21.10.1947, der bis heute fortgilt, waren die allgemeinbildenden öffentlichen Schulen Gemeinschaftsschulen mit bekenntnismäßig nicht gebundenem Unterricht in Biblischer Geschichte auf allgemein christlicher Grundlage (I)[59]. Kirchen, Religions- und Weltanschauungsgemeinschaften hatten das Recht, außerhalb der Schulzeit in ihrem Bekenntnis oder in ihrer Weltanschauung diejenigen Kinder zu unterweisen, deren Erziehungsberechtigte dies wünschten (III). In den weiteren **alten Bundesländern** war der Religionsunterricht am 1.1.1949 ordentliches Lehrfach in den allgemeinbildenden öffentlichen Schulen[60]. Für berufsbildende öffentliche Schulen galt unterschiedliches Landesrecht[61]. 12

Die vorläufige **Verfassung für Groß-Berlin** vom 13.8.1946 (ebenso wie die geltende Verfassung von Berlin i. d. F. vom 23.11.1995) enthielt keine Regelung zum Religionsunterricht. Das am 1.1.1949 für Ost- und West-Berlin geltende[62] Schulgesetz für Groß-Berlin vom 26.6.1948 sah vor, dass »Religionsunterricht Sache der Kirchen, Religions- 13

[54] Parl. Rat IX, S. 494 f.
[55] Parl. Rat IX, S. 495.
[56] Parl. Rat VII, S. 607.
[57] Parl. Rat IX, S. 574.
[58] Parl. Rat VII, S. 649.
[59] Zu den landesrechtlichen Regelungen in Bremen am 1.1.1949 über Religionsunterricht in den berufsbildenden öffentlichen Schulen *S. Stuth*, in: Umbach/Clemens, GG, Art. 141 Rn. 42.
[60] *P. Westhoff*, AfkKR 126 (1954), 113 (119 ff.).
[61] Zu am 1.1.1949 von Art. 7 III 1 GG abweichenden landesrechtlichen Regelungen für Berufsschulen in Hamburg, Hessen, Niedersachsen, Schleswig-Holstein und Teilen Nordrhein-Westfalens *M.-E. Geis/C. Tangermann*, in: Friauf/Höfling, GG, Art. 141 (2014), Rn. 33; zur Rechtslage in Hamburg, anderen Teilen Norddeutschlands, Hessen und Berlin *B. Reimer*, Die Begründung der »Bremer Klausel« (Art. 141 GG), 1956, S. 195 ff.; zur Rechtslage in Hamburg auch *C. Link*, ZevKR 46 (2001), 257 (262); *Stuth* (Fn. 59), Art. 141 Rn. 21; *M. Thiel*, in: Sachs, GG, Art. 141 Rn. 8 Fn. 19; zur Rechtslage in Bayern, Hessen, Baden und Württemberg-Hohenzollern *S. Boysen*, in: v. Münch/Kunig, GG II, Art. 141 Rn. 2.
[62] S. BVerwGE 110, 326 (332); *P. Badura*, in: Maunz/Dürig, GG, Art. 141 (2006), Rn. 4.

und Weltanschauungsgemeinschaften« ist (§ 13 S. 1) und die Schule für die Erteilung des Religionsunterrichtes Stunden im Stundenplan freihält sowie unentgeltlich Unterrichtsräume zur Verfügung stellt (§ 15 S. 1). Inhaltlich ähnlich bestimmt das Schulgesetz für das Land Berlin vom 26.1.2004, dass der Religions- und Weltanschauungsunterricht Sache der Religions- und Weltanschauungsgemeinschaften ist (§ 13 I 1) und die Schule hierfür wöchentlich zwei Unterrichtsstunden freizuhalten und unentgeltlich Unterrichtsräume zur Verfügung zu stellen hat (§ 13 V 1, VII).

14 Die am 1.1.1949 in Kraft befindliche **Verfassung für die Mark Brandenburg** vom 6.2.1947 gewährleistete in Art. 66 I das Recht der Religionsgemeinschaften auf Erteilung von Religionsunterricht in den Räumen der Schule (S. 1). Die Verfassung des Landes Brandenburg vom 20.8.1992 enthält keine Regelung zum Religionsunterricht in der Schule. Zum Religionsunterricht nach dem Schulgesetz Brandenburgs (→ Rn. 32). Art. 93 **Verfassung des Landes Mecklenburg** vom 16.1.1947 garantierte das Recht der Religionsgemeinschaften auf Erteilung des Religionsunterrichtes und seine Durchführung. Art. 5 III Verfassung des Landes Mecklenburg-Vorpommern i. d. F. vom 23.5.1993 iVm Art. 7 III 1 GG gewährleistet hingegen den Religionsunterricht als ordentliches Lehrfach in den öffentlichen Schulen. Entsprechend ist gem. § 7 I Schulgesetz für das Land Mecklenburg-Vorpommern vom 10.9.2010 der Religionsunterricht an den öffentlichen Schulen ordentliches Unterrichtsfach (S. 1). Art. 93 **Verfassung des Landes Sachsen** vom 28.2.1947 bestimmte, dass die religiöse Unterweisung Angelegenheit der Religionsgesellschaften ist (S. 1). Die Religionsgesellschaften konnten dafür Schulräume in Anspruch nehmen (S. 3). Gem. Art. 105 I 1 Verfassung des Freistaates Sachsen vom 27.5.1992 sind dagegen Ethikunterricht und Religionsunterricht an den Schulen mit Ausnahme der bekenntnisgebundenen und bekenntnisfreien Schulen ordentliche Lehrfächer (Art. 105 II 1 Verfassung des Freistaates Sachsen). Nach Art. 93 I **Verfassung der Provinz Sachsen-Anhalt** vom 10.1.1947 war die religiöse Unterweisung Angelegenheit der Religionsgesellschaften (S. 1). Sie konnten dafür Schulräume in Anspruch nehmen (S. 2). Gem. Art. 27 III 1 Verfassung des Landes Sachsen-Anhalt vom 16.7.1992 sind hingegen Ethikunterricht und Religionsunterricht an den Schulen mit Ausnahme der bekenntnisgebundenen und bekenntnisfreien Schulen ordentliche Lehrfächer. Die **Verfassung des Landes Thüringen** vom 20.12.1946 gewährleistete das Recht der Religionsgemeinschaften auf Erteilung des Religionsunterrichtes und seine Durchführung (Art. 72 III). Gem. Art. 25 I Verfassung des Freistaates Thüringen vom 25.10.1993 sind dagegen Religions- und Ethikunterricht in den öffentlichen Schulen ordentliche Lehrfächer.

C. Erläuterungen

I. Standort des Art. 141 GG im System des Grundgesetzes

15 Art. 141 GG begründet eine Einschränkung des territorialen Geltungsbereichs[63] und insofern eine **verfassungsexplizite Ausnahme von Art. 7 III 1 GG** (→ Art. 7 Rn. 96), dessen Regel (Religionsunterricht als ordentliches Lehrfach in den nicht bekenntnisfreien öffentlichen Schulen) in Ländern außer Kraft gesetzt ist, in denen am 1.1.1949 eine andere Regelung bestand. Art. 141 GG begründet **keine Ausnahme von Art. 123**

[63] Vgl. BVerfGE 6, 309 (355); *A. v. Campenhausen/P. Unruh*, in: v. Mangoldt/Klein/Starck, GG III, Art. 141 Rn. 2; *Badura* (Fn. 62), Art. 141 Rn. 2. → *Gröschner*, Bd. III², Art. 141 Rn. 11.

I GG[64], sondern verhindert mit der Unanwendbarkeit des Art. 7 III 1 GG, dass es zu einem Widerspruch zwischen dem Grundgesetz und vor dem Zusammentritt des Bundestages in Kraft gesetztem Landesrecht kommt. Art. 141 GG dispensiert auch nicht von **Art. 31 GG**, sondern unterbindet eine von Art. 31 GG vorausgesetzte Normkollision (→ Art. 31 Rn. 19). Das Konkordat zwischen dem Heiligen Stuhl und dem Deutschen Reich vom 20. Juli 1933 (**Reichskonkordat**)[65], das katholischen Religionsunterricht als ordentliches Lehrfach in öffentlichen Schulen vorsieht (Art. 21 S. 1) und als völkerrechtlicher Vertrag gem. Art. 123 II GG fortgilt[66], schränkt Art. 141 GG nicht ein[67]. Als im Landesrechtsrang stehend[68] vermag das Reichskonkordat entgegenstehendes Verfassungsrecht (Art. 141 GG) nicht zu relativieren[69]. Vielmehr begründet umgekehrt Art. 141 GG eine Ausnahme von Art. 21 Reichskonkordat[70].

II. Voraussetzungen des Art. 141 GG

1. Stichtag: 1.1.1949

16 Art. 141 GG nennt als Stichtag für das Bestehen einer anderen, von Art. 7 III 1 GG abweichenden landesrechtlichen Regelung den 1.1.1949[71]. Die **Rechtslage vor dem 1.1.1949** ist ebenso **unbeachtlich** wie Rechtsentwicklungen in den Ländern danach[72]. Art. 141 GG setzt bereits nach seinem Wortlaut keine längerwährende Rechtslage oder Tradition eines Bundeslandes mit von Art. 7 III 1 GG abweichendem Religionsunterricht voraus[73], wenn auch die Tradition der Länder in Fragen des Religionsunterrichts die Diskussion im Parlamentarischen Rat über die Aufnahme der Bremer Klausel beeinflusst hat (→ Rn. 2 ff.).

2. Geltung einer anderen landesrechtlichen Regelung

a) Andere »landesrechtliche Regelung«

17 Eine landesrechtliche Regelung iSd Art. 141 GG ist jedes (am 1.1.1949 gültige) **Landesgesetz im formellen oder materiellen Sinne**[74], was landesverfassungsrechtliche Bestimmungen, Landtagsgesetze und Rechtsverordnungen umfasst[75]. Nicht ausreichend sein sollen Verwaltungsvorschriften[76] sowie eine gewohnheitsrechtlich anerkannte

---

64 So aber *Boysen* (Fn. 61), Art. 141 Rn. 1, 8.
65 RGBl. II S. 679.
66 BVerfGE 6, 309 (330 ff.).
67 Ebenso *v. Campenhausen/Unruh* (Fn. 63), Art. 141 Rn. 3.
68 BVerfGE 6, 309 (343).
69 Zur Geltung völkerrechtlicher Verträge nur im Rahmen des Systems des Grundgesetzes BVerfGE 74, 358 (370); 83, 119 (128); 111, 307 (317 f., Rn. 32, 34).
70 Im Ergebnis ebenso BVerfGE 6, 309 (353 ff., insb. 359).
71 Erklärungen dafür, dass Art. 141 GG nicht wie z. B. Art. 132 I 1 und Art. 135 I, VII GG den Tag des Inkrafttretens des Grundgesetzes als Stichtag nennt, bei *Geis/Tangermann* (Fn. 61), Art. 141 Rn. 26.
72 *Thiel* (Fn. 61), Art. 141 Rn. 3.
73 Im Ergebnis ebenso *Boysen* (Fn. 61), Art. 141 Rn. 4; a.A. *C. Link*, Religionsunterricht, in: HdbStKirchR² II, S. 439 ff. (443 f.), demzufolge Art. 141 GG die Bewahrung von Rechtstraditionen zum Ziel hat.
74 → *Gröschner*, Bd. III², Art. 141 Rn. 11.
75 Statt aller *v. Campenhausen/Unruh* (Fn. 63), Art. 141 Rn. 4; *Geis/Tangermann* (Fn. 61), Art. 141 Rn. 16; *Boysen* (Fn. 61), Art. 141 Rn. 6; *H. Holtkotten*, in: BK, Art. 141 Anm. 2. b).
76 *P. Westhoff*, AfkKR 126 (1954), 113 (116); *P. Unruh*, Religionsverfassungsrecht, 3. Aufl. 2015,

Praxis[77]. Für das Erfordernis einer rechtssatzförmigen Regelung spricht, dass der Parlamentarische Rat mit Art. 141 GG Rücksicht nahm auf die Gesetzgebungskompetenz der Länder (→ Rn. 2). Dafür, dass eine gewohnheitsrechtliche Abweichung eines Landes von Art. 7 III 1 GG genügt, lässt sich die Entstehungsgeschichte anführen, da in der vom Fünferausschuß am 31.1.1949 vorgeschlagenen Fassung des Art. a (→ Rn. 6) das Wort »landesgesetzliche« auf Anregung von Schönfelder durch »landesrechtliche« ersetzt wurde. Greve stimmte dieser Ersetzung nur zu, wenn mit dem Wort »landesrechtlich« auch gewohnheitsrechtliche Regelungen umfasst seien. Abschließend geklärt wurde diese Frage im Parlamentarischen Rat nicht (→ Rn. 9).

b) »Andere« landesrechtliche Regelung

18 In einem Land galt am 1.1.1949 eine »andere« Regelung, wenn Landesrecht abweichend von Art. 7 III 1 GG **Religionsunterricht nicht als ordentliches Lehrfach** in den öffentlichen Schulen vorsah. Dies war der Fall, wenn ein Land auf religiös geprägten Unterricht in öffentlichen Schulen verzichtete[78], religiös geprägter Unterricht kein Religionsunterricht iSd Art. 7 III 1 GG war[79] (→ Art. 7 Rn. 84) oder Religionsunterricht nicht als ordentliches Lehrfach iSd Art. 7 III 1 GG angeboten wurde[80] (→ Art. 7 Rn. 94).

19 Eine von Art. 7 III 1 GG abweichende landesrechtliche Regelung musste sich nicht auf alle öffentlichen Schulen des ganzen Landes beziehen, sondern es genügte eine örtlich oder sachlich differenzierte Regelung[81], aufgrund derer Religionsunterricht in den öffentlichen Schulen eines **Landesteils**[82] oder bezogen auf einzelne **Schularten**[83] oder **Jahrgangsstufen**[84] nicht ordentliches Lehrfach war. Art. 141 GG ist zu lesen als: »Artikel 7 Abs. 3 Satz 1 findet keine Anwendung in einem Lande, **soweit** in ihm am 1. Januar 1949 eine andere landesrechtliche Regelung bestand.« Dies ergibt sich aus dem weit gefassten Text sowie der Entstehungsgeschichte des Art. 141 GG, den der Parlamentarische Rat in dem Bewusstsein schuf, dass Religionsunterricht mancherorts nur in einzelnen Landesteilen oder bezogen auf bestimmte Schularten wie die Berufsschulen nicht ordentliches Lehrfach war (→ Rn. 2 ff.)[85]. Entsprechend erklärte der für

---

Rn. 442; *Thiel* (Fn. 61), Art. 141 Rn. 4; *v. Campenhausen/Unruh* (Fn. 63), Art. 141 Rn. 4; *Boysen* (Fn. 61), Art. 141 Rn. 6; *Geis/Tangermann* (Fn. 61), Art. 141 Rn. 16.

[77] Statt fast aller *Holtkotten* (Fn. 75), Art. 141 Anm. 2. b); a.A. *P. Westhoff*, AfkKR 126 (1954), 113 (116, 117).

[78] *M. Germann*, in: Epping/Hillgruber, GG, Art. 141 Rn. 1; *Boysen* (Fn. 61), Art. 141 Rn. 4.

[79] *v. Campenhausen/Unruh* (Fn. 63), Art. 141 Rn. 4: z. B. weltanschaulich-neutraler Religionskundeunterricht; *I. Richter*, in: AK-GG, Art. 141 (2001), Rn. 4: z. B. Ethikunterricht oder Bibelunterricht; *Geis/Tangermann* (Fn. 61), Art. 141 Rn. 17: z. B. ökumenischer bzw. konfessionsübergreifender Unterricht (s. aber → Art. 7 Rn. 84).

[80] *Geis/Tangermann* (Fn. 61), Art. 141 Rn. 17: z. B. Ausgestaltung als Wahlfach oder Arbeitsgemeinschaft; *v. Campenhausen/Unruh* (Fn. 63), Art. 141 Rn. 4: z. B. organisatorisch ausschließlich von den Religionsgemeinschaften angebotener Religionsunterricht.

[81] *Stuth* (Fn. 59), Art. 141 Rn. 41.

[82] *Holtkotten* (Fn. 75), Art. 141 Anm. 2. c); *Thiel* (Fn. 61), Art. 141 Rn. 5; *S. Schmahl*, in: Sodan, GG, Art. 141 Rn. 2.

[83] Statt vieler *Jarass*/Pieroth, GG, Art. 141 Rn. 1; *Thiel* (Fn. 61), Art. 141 Rn. 6; *H. A. Wolff*, in: Hömig/Wolff, GG, Art. 141 Rn. 1; *Germann* (Fn. 78), Art. 141 Rn. 1; a.A. *Richter* (Fn. 79), Art. 141 Rn. 4.

[84] *Germann* (Fn. 78), Art. 141 Rn. 1.

[85] Vgl. den entsprechenden Vorschlag des Fünferausschusses vom 31.1.1949 zu Art. a: »Soweit am 1. Januar 1949 in einem Lande eine von der Vorschrift des Art. 7b Abs. 2 abweichende landesgesetzliche Regelung in Kraft war, kann es bei dieser Regelung verbleiben« (→ Rn. 6.).

Art. 141 GG (damals Art. 142) zuständige Berichterstatter v. Brentano in der Plenumssitzung am 6.5.1949, dass unter einer landesrechtlichen Regelung »nicht nur eine einheitliche Regelung zu verstehen« sei, sondern auch eine differenzierte Regelung (→ Rn. 10).

3. In einem Lande

Zu den umstrittensten Aspekten des Art. 141 GG gehört die Auslegung des Merkmals »in einem Lande«. Konkret ist **streitig, ob** »Land« iSd Art. 141 GG **nur die alten Bundesländer** oder auch die neuen Bundesländer sind. Eine gewisse Sonderstellung in der Diskussion nimmt Berlin ein. 20

a) Meinungsstand im Schrifttum

aa) Theorie staatsrechtlicher Identität

Nach **überwiegender Ansicht** findet Art. 141 GG nur Anwendung auf Bundesländer der Bundesrepublik Deutschland, die als staatsrechtliches Subjekt vom 1.1.1949 bis zum Inkrafttreten des Grundgesetzes auf ihrem Territorium (für die neuen Bundesländer: 3.10.1990) ununterbrochen identisch existierten (**Theorie staatsrechtlicher Identität**)[86]. Das Bundesland, das sich auf Art. 141 GG beruft, müsse rechtsidentisch sein mit dem Land, in dem am 1.1.1949 eine »andere« landesrechtliche Regelung galt[87]. Abweichend hiervon wird vereinzelt im Sinne einer »Gründungsländerthese«[88] vertreten, dass Art. 141 GG nur Anwendung finde auf Länder, die bei Inkrafttreten des Art. 141 GG zum Geltungsbereich des Grundgesetzes gehörten[89]. Nach wiederum anderer Ansicht soll für die Anwendbarkeit des Art. 141 GG »die Rechtskontinuität zwischen der Abweichung von Art. 7 Abs. 3 heute und der am 1.1.1949 geltenden anderen landesrechtlichen Regelung« maßgeblich sein[90]. 21

Die **Voraussetzung** kontinuierlicher staatsrechtlicher Identität vom 1.1.1949 bis zum Inkrafttreten des Grundgesetzes auf ihrem Territorium **erfüllten die alten Bundesländer** (→ Rn. 31), nicht aber die neuen Bundesländer (→ Rn. 32), weil sie erst durch das Ländereinführungsgesetz vom 22.7.1990 neu gegründet worden seien. Die auf dem Gebiet der neuen Bundesländer am 1.1.1949 bestehenden Länder Brandenburg, Mecklenburg, Sachsen, Sachsen-Anhalt und Thüringen, die von 1945 bis zur Gründung der DDR als staatliche Verwaltungseinheiten der Sowjetischen Besatzungszone (SBZ) zugeordnet waren, seien von der DDR durch das Gesetz über die weitere Demokratisierung des Aufbaus und der Arbeitsweise der staatlichen Organe in den Ländern der DDR vom 23. Juli 1952[91], spätestens aber mit Inkrafttreten der Verfassung der DDR 22

---

[86] Statt vieler *v. Campenhausen/Unruh* (Fn. 63), Art. 141 Rn. 8; *M. Frisch*, DtZ 1992, 144 (145); *Link*, Religionsunterricht (Fn. 73), S. 443; *Boysen* (Fn. 61), Art. 141 Rn. 7; *Unruh*, Religionsverfassungsrecht (Fn. 76), Rn. 444; → *Gröschner*, Bd. III², Art. 141 Rn. 16; *C. Starck*, Religionsunterricht in Brandenburg, in: FS Listl, 1999, S. 391 ff. (394 ff.); *S. Mückl*, AöR 122 (1997), 513 (542); *S. Muckel/R. Tillmanns*, RdJB 44 (1996), 360 (362); *H. de Wall*, ZevKR 42 (1997), 353 (369 f.); *H. Kremser*, JZ 1995, 928 ff.; *D. C. Umbach*, in: Umbach/Clemens, GG, Art. 141 Rn. 55; *G. Fritz*, BayVBl. 2002, 135 (138).

[87] *A. Uhle*, DÖV 1997, 409 (410).

[88] Zum Begriff *B. Schlink/R. Poscher*, Der Verfassungskompromiß zum Religionsunterricht, 2000, S. 13.

[89] *Wolff* (Fn. 83), Art. 141 Rn. 2.

[90] *Germann* (Fn. 78), Art. 141 Rn. 2.

[91] *M. Frisch*, DtZ 1992, 144 (145); *A. Uhle*, DÖV 1997, 409 (411).

am 9.4.1968[92] bzw. mit Inkrafttreten des Ländereinführungsgesetzes vom 22.7.1990[93] untergegangen. Sie seien daher weder mit den 1990 gegründeten neuen Bundesländern identisch[94] noch deren Rechtsvorgänger[95]. Soweit auf die »Rechtskontinuität zwischen der Abweichung von Art. 7 Abs. 3 heute und der am 1.1.1949 geltenden anderen landesrechtlichen Regelung« abgestellt wird (→ Rn. 21), wird argumentiert, dass die am 1.1.1949 von Art. 7 III 1 GG abweichenden landesrechtlichen Regelungen im Zeitpunkt der Gründung der neuen Länder 1990 nicht mehr gegolten hätten[96].

23 Begründet wird das Erfordernis staatsrechtlicher Identität mit dem **Wortlaut** des Art. 141 GG. »Land« bezeichne »kein nach lediglich geographischen Kriterien darstellbares Gebiet, [...] sondern ein staatsrechtliches Subjekt, das qua Rechtsträgerschaft über die Kompetenz verfügt, als Gebietskörperschaft eine ›landesrechtliche Regelung‹ i. S. d. Art. 141 GG« am 1.1.1949 zu erlassen[97]. Gestützt werde dies durch die **Entstehungsgeschichte** des Art. 141 GG, der auf die verfassungsrechtliche Besonderheit Bremens zurückgehe[98] und allenfalls noch Geltung für Hamburg[99], Berlin[100] sowie andere westliche Gründungsländer[101] erlangen sollte. Eine Erstreckung des Art. 141 GG auf die Länder der SBZ[102] bzw. auf die 1990 gegründeten neuen Bundesländer[103] sei nicht beabsichtigt gewesen. **Systematisch** spreche gegen die Erstreckung des Art. 141 GG auf die neuen Bundesländer seine Konzeption als eng auszulegende **Ausnahme** von Art. 7 III 1 GG[104] sowie seine Platzierung in den **Übergangs- und Schlussbestimmungen** des Grundgesetzes[105]. Eine Geltung des Art. 141 GG für die neuen Bundesländer hätte zudem eine (Sonder-)Regelung im **Einigungsvertrag** vom

---

92 *S. Muckel/R. Tillmanns*, RdJB 44 (1996), 360 (362f.).

93 *H. de Wall*, ZevKR 42 (1997), 353 (369); *H. Kremser*, JZ 1995, 928 (929f.).

94 *S. Mückl*, AöR 122 (1997), 513 (542); *A. Uhle*, DÖV 1997, 409 (411); *M. Frisch*, DtZ 1992, 144 (145); *Starck*, Religionsunterricht (Fn. 86), S. 395; *S. Muckel/R. Tillmanns*, RdJB 44 (1996), 360 (362); *H. de Wall*, ZevKR 42 (1997), 353 (369); *H. Kremser*, JZ 1995, 928 (929f.). → *Gröschner*, Bd. III², Art. 141 Rn. 16.

95 *M. Frisch*, DtZ 1992, 144 (145).

96 *Wolff* (Fn. 83), Art. 141 Rn. 2.

97 → *Gröschner*, Bd. III², Art. 141 Rn. 16; im Ergebnis ebenso *M. Frisch*, DtZ 1992, 144 (145); *Unruh*, Religionsverfassungsrecht (Fn. 76), Rn. 444; *v. Campenhausen/Unruh* (Fn. 63), Art. 141 Rn. 8; *S. Muckel/R. Tillmanns*, RdJB 44 (1996), 360 (362); *A. Uhle*, DÖV 1997, 409 (410); *S. Mückl*, AöR 122 (1997), 513 (542); *Umbach* (Fn. 86), Art. 141 Rn. 55. Nach *Germann* (Fn. 78), Art. 141 Rn. 6.4 bezieht sich der Wortlaut des Art. 141 GG »auf eine ›in einem Lande‹ der sich konstituierenden Bundesrepublik bestehende ›landesrechtliche Regelung‹, nicht auf die in einem extrakonstitutionellen Gebiet wirkenden Maßnahmen der sowjetischen Religionspolitik«.

98 *J. Winter*, NVwZ 1991, 753 (754); *A. Uhle*, DÖV 1997, 409 (414f.); *M. Heckel*, ZevKR 44 (1999), 147 (208); *Starck*, Religionsunterricht (Fn. 86), S. 396.

99 *A. Uhle*, DÖV 1997, 409 (414f.).

100 *A. Uhle*, DÖV 1997, 409 (414f.); *M. Heckel*, ZevKR 44 (1999), 147 (213).

101 *v. Campenhausen/Unruh* (Fn. 63), Art. 141 Rn. 8; *M. Heckel*, ZevKR 44 (1999), 147 (208, 213); *Starck*, Religionsunterricht (Fn. 86), S. 398.

102 *M. Germann*, ZevKR 45 (2000), 631 (636ff., insb. 645f.); *M. Heckel*, ZevKR 44 (1999), 147 (209ff.); *Geis/Tangermann* (Fn. 61), Art. 141 Rn. 22; *v. Campenhausen/Unruh* (Fn. 63), Art. 141 Rn. 8; *A. Uhle*, DÖV 1997, 409 (415); *C. Link*, »LER«, Religionsunterricht und das deutsche Staatskirchenrecht, in: FS Hollerbach, 2001, S. 747ff. (751f.); *Starck*, Religionsunterricht (Fn. 86), S. 396ff.; *S. Muckel/R. Tillmanns*, RdJB 44 (1996), 360 (361).

103 *Umbach* (Fn. 86), Art. 141 Rn. 56.

104 *S. Mückl*, AöR 122 (1997), 513 (543); *Link*, »LER« (Fn. 102), S. 755; *v. Campenhausen/Unruh* (Fn. 63), Art. 141 Rn. 8; *A. Uhle*, DÖV 1997, 409 (411ff.); *Boysen* (Fn. 61), Art. 141 Rn. 8; *M. Frisch*, DtZ 1992, 144 (145); *S. Muckel/R. Tillmanns*, RdJB 44 (1996), 360 (361); *Link*, Religionsunterricht (Fn. 73), S. 444; *Umbach* (Fn. 86), Art. 141 Rn. 57.

105 *Germann* (Fn. 78), Art. 141 Rn. 6.6; *Boysen* (Fn. 61), Art. 141 Rn. 8.

31.8.1990 erfordert, die (bewusst) fehle[106]. Ferner folge die Auslegung des Begriffs »Land« als staatsrechtliches Subjekt aus dem Vergleich des Art. 141 GG mit Art. 23 a. F., Art. 28, Art. 30, Art. 70, Art. 83, Art. 92 und Art. 104a GG, die mit »Land« bzw. »Länder« ebenfalls staatsrechtliche Rechtssubjekte meinten[107]. Schließlich solle Art. 141 GG nach seinem entstehungsgeschichtlich belegten **Telos** Traditionen der Länder Rechnung tragen[108], die sich »in einem demokratischen Konsens manifestierte(n)«[109]; die Bewahrung des »Erbe(s) einer undemokratisch durchgesetzten Verdrängung religiöser Freiheitsinteressen« sei nicht bezweckt[110]. Die »auf dem Gebiet der sowjetisch besetzten Zone geschaffene Verfassungslage stellte gerade nicht die Anerkennung einer geschichtlich gewachsenen Situation, sondern den bewußten Bruch mit der Vergangenheit dar«[111] und sei Ausdruck »der antireligiösen SED-Politik«[112].

bb) Theorie der Gebietsbezogenheit

Nach der **Gegenansicht** ist Art. 141 GG **auf sämtliche Bundesländer anwendbar**, in deren Gebiet am 1.1.1949 eine von Art. 7 III 1 GG abweichende landesrechtliche Regelung bestand (Theorie der Gebietsbezogenheit)[113]. Ob die Bundesländer der Bundesrepublik mit den am 1.1.1949 auf ihrem Gebiet bestehenden Ländern staatsrechtlich identisch sind, sei unerheblich[114]. Auf der Grundlage dieser Interpretation unterfallen Art. 141 GG nicht nur die alten Bundesländer (→ Rn. 31), sondern auch die neuen Bundesländer (→ Rn. 32)[115]. 24

Für diese Auslegung wird ebenfalls auf den **Normtext** des Art. 141 GG verwiesen, der eine Eingrenzung auf Bundesländer der Bundesrepublik, die staatsrechtlich identisch am 1.1.1949 bestanden, nicht erkennen lasse und vielmehr mit der Formulierung »in einem Lande, *in* dem am 1. Januar 1949« die gebietsbezogene Interpretation der 25

---

[106] *J. Winter*, NVwZ 1991, 753 (754); *Germann* (Fn. 78), Art. 141 Rn. 6.6; *Geis/Tangermann* (Fn. 61), Art. 141 Rn. 23; *v. Campenhausen/Unruh* (Fn. 63), Art. 141 Rn. 8; *A. Uhle*, DÖV 1997, 409 (415); *M. Heckel*, ZevKR 44 (1999), 147 (215); *Link*, »LER« (Fn. 102), S. 756f.; *H. de Wall*, ZevKR 42 (1997), 353 (370f.); *Umbach* (Fn. 86), Art. 141 Rn. 56; *H. Kremser*, JZ 1995, 928 (931).

[107] *Starck*, Religionsunterricht (Fn. 86), S. 394f.

[108] *M. Germann*, ZevKR 45 (2000), 631 (636ff., insb. 645); *M. Heckel*, ZevKR 44 (1999), 147 (211ff.); *Starck*, Religionsunterricht (Fn. 86), S. 400ff.; *Link*, »LER« (Fn. 102), S. 753ff.; *v. Campenhausen/Unruh* (Fn. 63), Art. 141 Rn. 8; → *Gröschner*, Bd. III², Art. 141 Rn. 18; *S. Mückl*, AöR 122 (1997), 513 (543f.); *H. Kremser*, JZ 1995, 928 (931f.); *Link*, Religionsunterricht (Fn. 73), S. 443f.; *Unruh*, Religionsverfassungsrecht (Fn. 76), Rn. 444.

[109] *Germann* (Fn. 78), Art. 141 Rn. 6.5.

[110] *Germann* (Fn. 78), Art. 141 Rn. 6.5.

[111] → *Gröschner*, Bd. III², Art. 141 Rn. 18; *v. Campenhausen/Unruh* (Fn. 63), Art. 141 Rn. 8; gleichsinnig *Link*, Religionsunterricht (Fn. 73), S. 444; *G. Robbers*, Bemerkungen zum Religionsunterricht in Berlin, in: FS Krause, 2006, S. 411ff. (423); *M. Heckel*, ZevKR 44 (1999), 147 (213ff.).

[112] → *Gröschner*, Bd. III², Art. 141 Rn. 18; gleichsinnig *M. Heckel*, ZevKR 44 (1999), 147 (213ff.).

[113] *H. Wißmann*, RdJB 44 (1996), 368 (370ff.); *B. Pieroth/T. Kingreen*, Die Einschlägigkeit des Art. 141 GG für das Land Brandenburg, in: Gedächtnisschrift Jeand'Heur, 1999, S. 265ff. (271ff.); *Schlink/Poscher*, Verfassungskompromiß (Fn. 88), S. 86ff., insb. 91; *Thiel* (Fn. 61), Art. 141 Rn. 13; *Stuth* (Fn. 59), Art. 141 Rn. 47; *L. Renck*, LKV 1997, 81 (82ff.); *S. Leistikow/H.-J. Krzyweck*, RdJB 39 (1991), 308ff.

[114] *Thiel* (Fn. 61), Art. 141 Rn. 13; *Stuth* (Fn. 59), Art. 141 Rn. 47.

[115] *Stuth* (Fn. 59), Art. 141 Rn. 47; *Thiel* (Fn. 61), Art. 141 Rn. 13. Vereinzelt wird vertreten, dass Art. 7 III 1 GG selbst dann nicht auf die neuen Bundesländer anwendbar sei, wenn sie Art. 141 GG nicht unterfielen, da Art. 7 III 1 GG aufgrund eines Verfassungswandels in den ostdeutschen Bundesländern nicht gelte, so *L. Renck*, LKV 1997, 81 (84); dagegen *H. Kremser*, JZ 1995, 928 (933); *S. Mückl*, AöR 122 (1997), 513 (544ff.); *Starck*, Religionsunterricht (Fn. 86), S. 404ff.

Norm stütze[116]. Auch aus der **Entstehungsgeschichte** folge, dass Art. 141 GG nicht auf die Gründungsländer der Bundesrepublik beschränkt sei. Die Verfassungssituation in Bremen sei zwar Anlass für die Aufnahme des Art. 141 GG in das Grundgesetz gewesen, der Parlamentarische Rat habe aber klargestellt, dass die Norm über Bremen hinaus gelte[117]. Die Gebietsbezogenheit des Art. 141 GG ergebe sich zudem aus dem **normsystematischen Umstand**, dass eine von Art. 7 III 1 GG abweichende landesrechtliche Regelung auf einzelne Landesteile beschränkt sein könne[118]. Schließlich spreche für die Einbeziehung der neuen Bundesländer in Art. 141 GG der Auftrag des Grundgesetzes zur Erreichung der **Einheit Deutschlands**[119].

b) Stellungnahme

26 Die klassischen Auslegungsmethoden stützen die **gebietsbezogene Interpretation** des Art. 141 GG. »Land« iSd Art. 141 GG ist jedes Bundesland der Bundesrepublik Deutschland, in dessen Gebiet am 1.1.1949 eine von Art. 7 III 1 GG abweichende Regelung bestand und für das das Grundgesetz gem. Art. 23 GG i. d. F. vom 23.5.1949 seit seinem Inkrafttreten oder seit dem Beitritt des Landes zur Bundesrepublik gilt. Art. 141 GG findet daher sowohl auf die **alten Bundesländer** Anwendung, für die das Grundgesetz (bis auf das Saarland)[120] seit seinem Inkrafttreten gilt (→ Rn. 29), als auch auf die **neuen Bundesländer**, für die das Grundgesetz mit dem Beitritt der DDR zur Bundesrepublik Deutschland am 3.10.1990 in Kraft gesetzt wurde[121] (→ Rn. 30), wenn und soweit auf ihrem Gebiet am 1.1.1949 eine von Art. 7 III 1 GG abweichende Regelung galt.

27 Der **Normtext** des Art. 141 GG lässt keinen eindeutigen Schluss zu, ob »in einem Lande« gebietsbezogen oder im Sinne der Theorie staatsrechtlicher Identität zu deuten ist. Dass mit »Lande« »kein nach lediglich geographischen Kriterien darstellbares Gebiet, [...] sondern ein staatsrechtliches Subjekt« gemeint ist (→ Rn. 23), ist selbstverständlich, hilft aber bei der Norminterpretation nicht weiter. »Land« ist ersichtlich als Bundesland der Bundesrepublik Deutschland zu verstehen, da nur ein solches Land dem Geltungsbereich des Grundgesetzes unterworfen ist und daher in den Genuss des Art. 141 GG kommen kann. Ob das Bundesland rechtsidentisch mit dem Land sein muss, in dem am 1.1.1949 eine von Art. 7 III 1 GG abweichende Regelung galt, lässt sich dem Begriff »Lande« indes nicht entnehmen. Das Gleiche gilt für die Präposition »in« und ihre Verbindung mit dem Relativpronomen »dem«; aus dieser Formulierung erhellt zwar, dass auch eine auf einzelne Landesteile beschränkte »andere« landesrechtliche Regelung genügt. Sie gibt aber keinen Aufschluss darüber, ob diese Regelung von demselben Rechtsträger erlassen worden sein muss, der sich auf Art. 141 GG beruft, oder ob der Erlass einer Regelung »in dem« Gebiet des Bundeslandes genügt, das Art. 141 GG für sich in Anspruch nimmt.

28 Die **genetische Deutung** lässt den Schluss zu, dass Art. 141 GG auf alle Bundesländer der Bunderepublik Anwendung findet, in deren Gebiet am 1.1.1949 eine »andere lan-

---

116 *Pieroth/Kingreen*, Einschlägigkeit (Fn. 113), S. 273f.; *L. Renck*, LKV 1997, 81 (82).

117 *B. Schlink*, NJW 1992, 1008 (1010).

118 *Pieroth/Kingreen*, Einschlägigkeit (Fn. 113), S. 276; *B. Schlink*, NJW 1992, 1008 (1011); *Thiel* (Fn. 61), Art. 141 Rn. 13.

119 *Pieroth/Kingreen*, Einschlägigkeit (Fn. 113), S. 272.

120 Für das Saarland wurde das Grundgesetz mit seinem Beitritt zur Bundesrepublik am 1.1.1957 in Kraft gesetzt.

121 S. Art. 1 I, Art. 3 Einigungsvertrag vom 31.8.1990.

desrechtliche Regelung« bestand. So bezog sich die Debatte im Parlamentarischen Rat über die Vereinbarkeit einer Regelung zum Religionsunterricht als ordentliches Lehrfach in öffentlichen Schulen (**Art. 7 III 1 GG**) mit der Gesetzgebungskompetenz der Länder auf sämtliche damals bestehenden Länder. Es wurde nicht zwischen den Ländern der Westzonen und den Ländern der SBZ differenziert (→ Rn. 2 ff.). Das Gleiche gilt für die Diskussion über die Nennung der **Berufsschulen** in Art. 7 III 1 GG; auch sie erstreckte sich unterschiedslos auf sämtliche ehemaligen Länder (→ Rn. 3 ff.). Etwas getrübt wird dieser Interpretationsbefund dadurch, dass in den Debatten über die Aufnahme des Art. 7 III 1 GG und dessen Geltung für Berufsschulen als hiervon konkret betroffene Länder explizit nur Bremen, Hamburg, Berlin, Bayern, Hessen, Nordrhein-Westfalen sowie (andere) Teile Norddeutschlands und Süddeutschlands genannt wurden (→ Rn. 2 ff.). Für die gebietsbezogene Deutung des Art. 141 GG entscheidend ist die Debatte im Parlamentarischen Rat über die **Aufnahme des Art. 141** in das Grundgesetz. Zwar ging der Anstoß für eine Ausnahmeregelung zu Art. 7 III 1 GG von Schönfelder und Ehlers mit Blick auf die Verfassungssituation in Bremen und Hamburg aus. Auch wurde die sich anschließende Kontroverse über die territoriale Geltung der Norm über Bremen hinaus nicht explizit in dem einen oder anderen Sinne entschieden. Art. 141 GG wurde aber letztlich beschlossen, nachdem Menzel als Mitglied des Fünferausschusses erklärt hatte, dass der Fünferausschuß Art. 141 GG (damals: Art. a) zwar zunächst bezogen auf Bremen konzipiert habe, ihn aber letztlich über Bremen hinaus erstrecken wollte (→ Rn. 8). Auch andere Abgeordnete hatten klar erkannt, dass Art. 141 GG überall dort gelte, »wo am 1. Januar 1949 eine andere landesgesetzliche Regelung in Kraft war« (→ Rn. 8), bzw. für »alle deutschen Länder, auf die dieses Grundgesetz Bezug nimmt« (→ Rn. 10) und in allen »Nachfolgeländern Preußens« (→ Rn. 10), zu denen auch die ostdeutschen Länder zählten, gelten sollte. Gerade weil Art. 141 GG seine Wirkung »leider über Bremen hinaus […] zu tun in der Lage sein« würde, wurde nach Verabschiedung des Art. 141 GG angekündigt, dass man »nicht ruhen (werde), bis in einer verbesserten Verfassung diese Bremer Klausel […] wieder beseitigt wird« (→ Rn. 10).

Historisch-systematische Gesichtspunkte bekräftigen die Norminterpretation. Eine **29**
Ausklammerung der neuen Bundesländer aus Art. 141 GG verstieße gegen das **verfassungsrechtliche Gebot der Wiedervereinigung**, das in der Präambel sowie in Art. 23 GG i. d. F. vom 23.5.1949 Ausdruck fand. Nach der Präambel hatte das Deutsche Volk in den Ländern Baden, Bayern, Bremen, Hamburg, Hessen, Niedersachsen, Nordrhein-Westfalen, Rheinland-Pfalz, Schleswig-Holstein, Württemberg-Baden und Württemberg-Hohenzollern mit dem Beschluss des Grundgesetzes der Bundesrepublik Deutschland »auch für jene Deutschen gehandelt, denen mitzuwirken versagt war« (S. 1 und 2). »Das gesamte Deutsche Volk (blieb) aufgefordert, in freier Selbstbestimmung die Einheit und Freiheit Deutschlands zu vollenden.« (S. 3). Dementsprechend galt das Grundgesetz gem. Art. 23 GG zunächst im Gebiet der Länder Baden, Bayern, Bremen, Groß-Berlin, Hamburg, Hessen, Niedersachsen, Nordrhein-Westfalen, Rheinland-Pfalz, Schleswig-Holstein, Württemberg-Baden und Württemberg-Hohenzollern (S. 1). In anderen Teilen Deutschlands war es nach deren Beitritt in Kraft zu setzen (S. 2). Aus diesen Bestimmungen folgte das verbindliche verfassungsrechtliche Gebot der Wiedervereinigung, das »mit allen erlaubten Mitteln anzustreben« war[122]. Die Verfassungsorgane der Bundesrepublik waren verpflichtet, auf die

---

[122] BVerfGE 36, 1 (17 ff.); 82, 316 (320); 84, 90 (118).

Wiederherstellung der Einheit Deutschlands hinzuwirken[123]. Dies beinhaltete die Verpflichtung, sämtliche Maßnahmen zu unterlassen, die die Wiedervereinigung rechtlich hindern oder faktisch vereiteln würden[124]. Das Grundgesetz untersagte der Bundesrepublik, einen Rechtstitel aus dem Grundgesetz preiszugeben, mittels dessen sie die Wiedervereinigung fördern konnte, sowie ein mit dem Grundgesetz unvereinbares Rechtsinstrument zu schaffen, das dem Bemühen um Wiedervereinigung entgegenstehen konnte[125]. Entsprechend verboten Art. 23 und die Präambel des Grundgesetzes eine Auslegung der übrigen Verfassungsvorschriften, welche der Wiedervereinigung abträglich sein konnte. **Gegen dieses** verfassungsrechtliche **Gebot** der Wiedervereinigung **verstößt eine Auslegung** des Art. 141 GG, **die die neuen Bundesländer ausschließt**, weil sie staatsrechtlich nicht identisch sind mit den am 1.1.1949 bestehenden Ländern. Das Erfordernis staatsrechtlicher Identität bewirkte die Geltung des Art. 7 III 1 GG für die neuen Bundesländer und errichtete damit faktisch Hürden für ihren Beitritt zur Bundesrepublik. Es gäbe eine verfassungsrechtliche Rechtsposition preis, die als Argument zur Förderung der Wiedervereinigung wirken konnte. (Nur) Die gebietsbezogene Interpretation des Art. 141 GG (→ Rn. 24f.) erleichterte den Beitritt der »anderen Teile Deutschlands« (s. Art. 23 S. 2 GG i. d. F. vom 23.5.1949) zur Bundesrepublik und wird daher dem Wiedervereinigungsgebot des Grundgesetzes i. d. F. vom 23.5.1949 gerecht. Dass die »anderen Teile Deutschlands« zwischenzeitlich in der DDR ihre Staatlichkeit gefunden hatten[126], ließ die »Verfassungspflicht, ihnen den Beitritt offenzuhalten«, unangetastet[127]. Die Verpflichtung der Bundesrepublik, die Voraussetzungen für den Beitritt der ehemaligen DDR zu schaffen[128], schloss die Gründung neuer Bundesländer auf dem Gebiet der Länder der SBZ ein. Gerade weil das Schicksal der Länder der SBZ aufgrund der Teilung Deutschlands zur Zeit des Inkrafttretens des Grundgesetzes ungewiss war, stellte Art. 23 GG i. d. F. vom 23.5.1949 nicht auf diese Länder als staatsrechtliche Subjekte, sondern auf die »anderen Teile Deutschlands« ab[129], mit denen ersichtlich die unter der Verwaltung der SBZ stehenden Ost-Länder gemeint waren. Zu diesem Beitritt kam es 1990 durch den Beitritt der DDR zur Bundesrepublik und die Neugründung der Bundesländer Brandenburg, Mecklenburg-Vorpommern, Sachsen, Sachsen-Anhalt und Thüringen.

30 Dass Art. 141 GG eine **Ausnahme** von Art. 7 III 1 GG begründet und insofern restriktiv auszulegen sein mag, kann die gebietsbezogene Interpretation nicht erschüttern. Die Frage nach dem territorialen Anwendungsbereich des Art. 141 GG ist seiner restriktiven Interpretation vorgelagert; die Norm ist nur insoweit eng auszulegen, als ihr ein Anwendungsbereich zukommt. Ebenso wenig gibt die Platzierung des Art. 141 GG in den Übergangs- und Schlussbestimmungen des Grundgesetzes Aufschluss über seine territoriale Reichweite. Dass die Geltung des Art. 141 GG für die neuen Bundesländer keine Erwähnung im **Einigungsvertrag** vom 31.8.1990 gefunden ist, ist so selbstverständlich wie unerheblich. Gem. Art. 1 I iVm Art. 3 Einigungsvertrag ist das

---

[123] BVerfGE 36, 1 (17f.); 77, 137 (149); 82, 316 (320); 84, 90 (118).
[124] BVerfGE 36, 1 (17).
[125] BVerfGE 36, 1 (18, 24).
[126] BVerfGE 36, 1 (29).
[127] BVerfGE 36, 1 (29).
[128] BVerfGE 84, 133 (148).
[129] Vgl. *Schlink/Poscher*, Verfassungskompromiß (Fn. 88), S. 90, die aus dem Umstand, dass die Entwicklung der Länder zur Zeit des Parlamentarischen Rates noch im Fluss war, folgern, der Parlamentarische Rat sei nicht von einer unverändert fortbestehenden Identität der Länder ausgegangen.

Grundgesetz mit dem Wirksamwerden des Beitritts der DDR zur Bundesrepublik Deutschland am 3.10.1990 in den Ländern Brandenburg, Mecklenburg-Vorpommern, Sachsen, Sachsen-Anhalt und Thüringen sowie in dem Teil des Landes Berlin, in dem es bisher nicht galt, in Kraft getreten, soweit der Einigungsvertrag nichts anderes bestimmt. Eine von Art. 141 GG abweichende Bestimmung sieht der Einigungsvertrag nicht vor. Dass Art. 141 GG der **Wahrung landesrechtlicher Traditionen** dienen solle, widerlegt schließlich die Stichtagsregelung der Norm (→ Rn. 16).

4. Konsequenzen für die einzelnen Bundesländer

a) Bremen und weitere alte Bundesländer

Die **Voraussetzungen** des Art. 141 GG **erfüllt unstreitig** (sowohl nach der gebietsbezogenen Interpretation [→ Rn. 24f.] als auch nach der Theorie staatsrechtlicher Identität [→ Rn. 21ff.]) **Bremen**[130]. Nach der dort am 1.1.1949 geltenden Verfassung der Freien Hansestadt Bremen vom 21.10.1947 fand in den allgemeinbildenden öffentlichen Schulen bekenntnismäßig nicht gebundener Unterricht in Biblischer Geschichte auf allgemein christlicher Grundlage statt (→ Rn. 4, 12), der kein Religionsunterricht iSd Art. 7 III 1 GG war[131]. Art. 32 Verfassung der Freien Hansestadt Bremen stellt daher eine von Art. 7 III 1 GG abweichende »andere landesrechtliche Regelung« iSd Art. 141 GG dar. Auf die **anderen alten Bundesländer** findet Art. 141 GG ebenfalls unstreitig Anwendung, soweit in ihnen am 1.1.1949 eine von Art. 7 III 1 GG abweichende landesrechtliche Regelung galt. Dies war in einzelnen Ländern bezogen auf bestimmte Schularten wie öffentliche Berufsschulen der Fall[132]. 31

b) Neue Bundesländer

Auf der Grundlage der **gebietsbezogenen Interpretation** des Art. 141 GG (→ Rn. 24f.) erfüllen sämtliche **neuen Bundesländer** die Voraussetzungen des Art. 141 GG[133]. Auf ihrem Gebiet galten am 1.1.1949 verfassungsrechtliche Regelungen (→ Rn. 14), die Religionsunterricht abweichend von Art. 7 III 1 GG nicht als ordentliches Lehrfach in den öffentlichen Schulen gewährleisteten[134]. Dementsprechend stand die Einführung des Unterrichtsfachs **Lebensgestaltung–Ethik–Religionskunde (LER) in Brandenburg**, 32

---

130 Statt aller *Jarass*/Pieroth, GG, Art. 141 Rn. 1; *B. Schlink*, NJW 1992, 1008 (1010); *Thiel* (Fn. 61), Art. 141 Rn. 13; *Germann* (Fn. 78), Art. 141 Rn. 3; *v. Campenhausen/Unruh* (Fn. 63), Art. 141 Rn. 6; *Link*, Religionsunterricht (Fn. 73), S. 442.

131 Eingehend *R. Poscher*, RdJB 54 (2006), 460 (462ff.); *C. Tangermann*, ZevKR 50 (2005), 184 (191ff.); *Unruh*, Religionsverfassungsrecht (Fn. 76), Rn. 443.

132 Nachweise: → Fn. 61.

133 Im Ergebnis ebenso *Pieroth/Kingreen*, Einschlägigkeit (Fn. 113), S. 266ff.; *B. Schlink*, NJW 1992, 1008 (1010ff.); *Stuth* (Fn. 59), Art. 141 Rn. 47; *L. Renck*, LKV 1997, 81 (82ff.); *Thiel* (Fn. 61), Art. 141 Rn. 9ff. A.A. (auf der Grundlage der Theorie staatsrechtlicher Identität: → Rn. 21ff.) *v. Campenhausen/Unruh* (Fn. 63), Art. 141 Rn. 8; *Badura* (Fn. 62), Art. 141 Rn. 5; *H. Kremser*, JZ 1995, 928ff.; *S. Mückl*, AöR 122 (1997), 513 (541ff.); *M. Frisch*, DtZ 1992, 144 (144f.); *Link*, Religionsunterricht (Fn. 73), S. 443f.; *Link*, »LER« (Fn. 102), S. 751ff.; *A. Uhle*, DÖV 1997, 409 (410ff.); *Wolff* (Fn. 83), Art. 141 Rn. 2.; *S. Muckel/R. Tillmanns*, RdJB 44 (1996), 360 (361ff.); *Richter* (Fn. 79), Art. 141 Rn. 6; *J. Winter*, NVwZ 1991, 753 (754); *M. Heckel*, ZevKR 44 (1999), 147 (207ff.); *H. Hofmann*, in: Schmidt-Bleibtreu/Hofmann/Henneke, GG, Art. 141 Rn. 7; *Umbach* (Fn. 86), Art. 141 Rn. 55ff.; *Boysen* (Fn. 61), Art. 141 Rn. 7ff.; *Starck*, Religionsunterricht (Fn. 86), S. 394ff.; *H. de Wall*, ZevKR 42 (1997), 353 (368ff.); im Ergebnis auch *A. Goeschen*, AfkKR 170 (2001), 129 (135).

134 Statt aller *Link*, »LER« (Fn. 102), S. 751; *S. Muckel/R. Tillmanns*, RdJB 44 (1996), 360 (361).

das keinen Religionsunterricht iSd Art. 7 III 1 GG darstellt[135], mit dem Grundgesetz in Einklang. Durch das Brandenburgische Schulgesetz vom 12.4.1996 sollte das bekenntnisfreie, religiös und weltanschaulich neutrale Unterrichtsfach LER als ordentliches Unterrichtsfach in den öffentlichen Schulen eingeführt werden (§§ 11, 141). Religionsunterricht sollte nicht ordentliches Lehrfach sein[136], sondern auf Wunsch von den Kirchen und Religionsgemeinschaften in unentgeltlich zur Verfügung gestellten Räumen der Schule unter ihrer Verantwortung durchgeführt werden (§ 9)[137]. Die hiergegen vor dem BVerfG angestrengten Verfahren endeten nach einem Vorschlag des Gerichts durch Vergleich[138]. Auf der Grundlage dieses Vergleiches ist seither neben LER (s. § 11 II Brandenburgisches Schulgesetz vom 2.8.2002) auch Religionsunterricht Unterrichtsfach in den öffentlichen Schulen, wobei Schüler/innen, die am Religionsunterricht teilnehmen, auf Verlangen von der Verpflichtung zur Teilnahme an LER befreit sind (s. § 9 II bis VII, § 11 III 4 Brandenburgisches Schulgesetz vom 2.8.2002). Der Religionsunterricht wird damit den ordentlichen Lehrfächern im Wesentlichen gleichgestellt, ohne dass ihm dieser Status formal zukommt[139]. Sowohl die ursprüngliche Abschaffung des Religionsunterrichts als ordentliches Lehrfach durch das Brandenburgische Schulgesetz vom 12.4.1996 als auch die jetzige Regelung zum Religionsunterricht im Brandenburgischen Schulgesetz vom 2.8.2002 stehen mit dem Grundgesetz in Einklang[140]. Da Art. 7 III 1 GG in Brandenburg gem. Art. 141 GG nicht gilt, steht es im Ermessen Brandenburgs, ob es Religionsunterricht als ordentliches Lehrfach in den öffentlichen Schulen vorsieht (→ Rn. 36 ff.).

c) Berlin

33 **Art. 141 GG findet** auf Berlin nach der gebietsbezogenen Interpretation (→ Rn. 24 f.) **Anwendung**. Nach dem am 1.1.1949 für Ost- und West-Berlin geltenden Schulgesetz für Groß-Berlin vom 26.6.1948 (→ Rn. 13) war Religionsunterricht nicht ordentliches Lehrfach in den öffentlichen Schulen[141]. Auf dem Gebiet des heutigen **Berlin** bestand mithin am 1.1.1949 eine von Art. 7 III 1 GG abweichende landesrechtliche Regelung

---

[135] Näher *S. Mückl*, AöR 122 (1997), 513 (541); *Link*, »LER« (Fn. 102), S. 751; *Richter* (Fn. 79), Art. 141 Rn. 7; *Umbach* (Fn. 86), Art. 141 Rn. 48.

[136] *A. Uhle*, DÖV 1997, 409 (416).

[137] Zur Einführung von LER in Brandenburg eingehend *Schlink/Poscher*, Verfassungskompromiß (Fn. 88), S. 8 ff.; *S. Mückl*, AöR 122 (1997), 513 (537 ff.); *M. Heckel*, ZevKR 44 (1999), 147 (148 ff.); *Starck*, Religionsunterricht (Fn. 86), S. 391 ff.; *N. Janz*, ZevKR 53 (2008), 41 (43 ff.); *G. Püttner/D. Kretschmer*, Ethik-Unterricht – aber wie?, in: FS Heckel, 1999, S. 901 ff. (901 ff., 906 ff.).

[138] Vergleichsvorschlag in BVerfGE 104, 305 (306 ff., Rn. 2 ff.); Beendigung der Verfahren durch BVerfGE 106, 210 (211 ff., Rn. 1 ff.).

[139] Näher *N. Janz*, NJ 2003, 241 (243); *Germann* (Fn. 78), Art. 141 Rn. 6.1.

[140] Für die Verfassungsmäßigkeit der Einführung von LER anstelle von Religionsunterricht als ordentlichem Lehrfach auch *Pieroth/Kingreen*, Einschlägigkeit (Fn. 113), S. 279; *Schlink/Poscher*, Verfassungskompromiß (Fn. 88), S. 91; *H. Wißmann*, RdJB 44 (1996), 368 (373 f.); *L. Renck*, LKV 1997, 81 (82 ff.). Ausgehend von der Annahme, Art. 141 GG gelte für Brandenburg nicht, sehen dagegen in der Einführung von LER anstelle von Religionsunterricht als ordentlichem Lehrfach einen Verstoß gegen Art. 7 III 1 GG *S. Mückl*, AöR 122 (1997), 513 (540 ff., insb. 547); *H. Kremser*, JZ 1995, 928 (934); *v. Campenhausen/Unruh* (Fn. 63), Art. 141 Rn. 7; *Badura* (Fn. 62), Art. 141 Rn. 5; *Umbach* (Fn. 86), Art. 141 Rn. 58; *A. Uhle*, DÖV 1997, 409 (416 f.); *M. Heckel*, ZevKR 44 (1999), 147 (150 f., 187 ff., 207 ff.); *H. de Wall*, ZevKR 42 (1997), 353 (371); *Richter* (Fn. 79), Art. 141 Rn. 7; *Link*, »LER« (Fn. 102), S. 758 ff.

[141] BVerwGE 110, 326 (333).

iSd Art. 141 GG[142], sodass Art. 141 GG auf Berlin Anwendung findet[143]. Gegen § 13 Schulgesetz für das Land Berlin vom 26.1.2004, der Religions- und Weltanschauungsunterricht nicht als ordentliches Lehrfach[144], sondern als »Sache der Religions- und Weltanschauungsgemeinschaften« unter ihrer Verantwortung ausgestaltet, ist daher verfassungsrechtlich nichts einzuwenden. Die Einführung von Ethik als ordentliches Lehrfach in den Jahrgangsstufen 7 bis 10 für alle Schüler/innen (§ 12 VI Schulgesetz für das Land Berlin vom 26.1.2004) stünde mit dem Grundgesetz selbst bei einer Geltung des Art. 7 III 1 GG in Berlin in Einklang (→ Art. 7 Rn. 49 f.).

d) Fusion von Bundesländern

Bei einer Neugliederung des Bundesgebietes oder einer Fusion von Bundesländern 34
findet Art. 141 GG auf der Grundlage der **gebietsbezogenen Interpretation** (→ Rn. 24 f.) auf den Teil des neu gebildeten Bundeslandes Anwendung, in dessen Gebiet am 1.1.1949 Religionsunterricht nicht ordentliches Lehrfach in den öffentlichen Schulen war. Bei einer Länderfusion von **Berlin und Brandenburg** gälte Art. 141 GG für das gesamte neue Bundesland, weil sowohl in dem Gebiet von Berlin (→ Rn. 13, 33) als auch dem von Brandenburg (→ Rn. 14, 32) am 1.1.1949 eine von Art. 7 III 1 GG abwei-

---

142 Vgl. BVerwGE 110, 326 (337).

143 Im Ergebnis wie hier für die Geltung des Art. 141 GG für das gesamte Bundesland Berlin BVerwGE 110, 326 (331 ff., insb. 337), allerdings mit dogmatisch zweifelhafter Begründung ohne Entscheidung zwischen der Theorie staatsrechtlicher Identität und der gebietsbezogenen Interpretation des Art. 141 GG. Nach Ansicht des BVerwG gilt Art. 141 GG in Berlin selbst unter Zugrundelegung der Theorie staatsrechtlicher Identität, da zwar Groß-Berlin nicht bis zur Wiedervereinigung am 3.10.1990 fortbestanden habe, aber West-Berlin als größerer Teil von Groß-Berlin, in dem am 1.1.1949 eine »andere landesrechtliche Regelung« bestand, von Anfang an ein Land der Bundesrepublik Deutschland gewesen sei und in dem am 3.10.1990 wiedervereinigten Land Berlin fortgelebt habe; Ost-Berlin sei in dem wiedervereinigten Land Berlin durch den Beitritt der DDR gem. Art. 23 GG a. F. aufgegangen. Bezogen auf den nach Art. 141 GG maßgeblichen Stichtag 1.1.1949 und den Tag des Inkrafttretens des Grundgesetzes in dem Bundesland Berlin (3.10.1990) sei daher in Bezug »auf die Rechtssubjektivität von einer unveränderten (Teil-)Identität auszugehen« (335). Diese Argumentation des BVerwG beruht letztlich auf einer Schwerpunktbetrachtung; da der »überwiegende« Teil Berlins, das frühere West-Berlin, Art. 141 GG unterfalle, sei die Anwendbarkeit des Art. 141 GG auch für den kleineren Teil Berlins begründet, der dem Gebiet des früheren Ost-Berlins entspricht. (Nur) Argumentationserhärtend bemüht das BVerwG (zutreffend) das verfassungsrechtliche Gebot der Wiedervereinigung, das »ganz wesentlich Rechtseinheit« bedeute (336). Im Ergebnis wie hier *Pieroth/Kingreen*, Einschlägigkeit (Fn. 113), S. 270 f.; *Jarass*/Pieroth, GG, Art. 141 Rn. 1; *N. Janz*, ZevKR 53 (2008), 41 (47); *L. Renck*, NJ 2009, 156 (156). Auf der Grundlage der Theorie staatsrechtlicher Identität für die Geltung des Art. 141 GG für das gesamte Bundesland Berlin *Badura* (Fn. 62), Art. 141 Rn. 7 mit dem Argument, dass die Nichteinbeziehung des Ostteils Berlins in den Anwendungsbereich des Art. 141 GG dem verfassungsrechtlichen Gedanken der Rechtseinheit widerspreche; *Germann* (Fn. 78), Art. 141 Rn. 5 mit der Begründung, dass sich mit der Wiedervereinigung Berlins der Geltungsbereich der im Westteil Berlins bestehenden »anderen landesrechtlichen Regelung« in den Ostteil der Stadt hinein erweitert habe; *Geis/Tangermann* (Fn. 61), Art. 141 Rn. 31 f. unter Hinweis darauf, dass Ost-Berlin an dem im Westteil Berlins geltenden Rechtszustand partizipiere. Die Anwendbarkeit des Art. 141 GG auf Berlin offenlassend BVerfGK 10, 423 (428). Auf der Grundlage der Theorie staatsrechtlicher Identität für die Unanwendbarkeit des Art. 141 GG auf das gesamte Bundesland Berlin *Unruh*, Religionsverfassungsrecht (Fn. 76), Rn. 445; *v. Campenhausen/Unruh* (Fn. 63), Art. 141 Rn. 9; *Hofmann* (Fn. 133), Art. 141 Rn. 2; *G. Fritz*, BayVBl. 2002, 135 (136 ff.). Auf den heutigen Westteil Berlins beschränkt die Geltung des Art. 141 GG wohl *H. Kremser*, JZ 1995, 928 (932 f., 934).

144 Näher *S. Korioth/I. Augsberg*, ZG 24 (2009), 222 (222, 228); *N. Janz*, ZevKR 53 (2008), 41 (46 f.).

chende Landesregelung galt[145]. Nach der **Bildung eines Nordstaats** durch Zusammenlegung von Bremen, Hamburg, Mecklenburg-Vorpommern, Niedersachsen und Schleswig-Holstein könnten sich nur die Teile des Nordstaats auf Art. 141 GG berufen, in deren Gebiet am 1.1.1949 Religionsunterricht nicht ordentliches Lehrfach war, also bezogen auf allgemeinbildende Schulen die Teile, die Bremen (→ Rn. 12, 31) und Mecklenburg-Vorpommern (→ Rn. 14, 32) entsprächen.

III. Rechtsfolge: keine Anwendung von Art. 7 III 1 GG

35 Art. 141 GG sieht als Rechtsfolge vor, dass die **Länder**, in denen am 1.1.1949 eine von Art. 7 III 1 GG abweichende Regelung bestand, **nicht** gem. Art. 1 III GG **an Art. 7 III 1 GG gebunden** sind.

1. Ermessen des Landes bei der Regelung des Religionsunterrichtes als ordentliches Lehrfach in den öffentlichen Schulen

36 Art. 141 GG eröffnet den ihm unterfallenden **Ländern** damit Ermessen (Art. 30, 70 I GG), ob sie Religionsunterricht als ordentliches Lehrfach in den öffentlichen Schulen vorsehen[146]. Sie sind zur Veranstaltung von Religionsunterricht als ordentlichem Schullehrfach **berechtigt, aber nicht verpflichtet**[147]. Die Länder können auch **zeitweise** mal Religionsunterricht als ordentliches Lehrfach veranstalten und mal hierauf verzichten[148]. Die gegenteilige Auffassung, dass ein Land nach der Einführung von Religionsunterricht als ordentliches Lehrfach nicht befugt sei, es unter Rückkehr zur Rechtslage am 1.1.1949 wieder abzuschaffen[149], überzeugt nicht. Das Argument, dass mit der Einführung von Religionsunterricht als ordentlichem Lehrfach die »andere landesrechtliche Regelung« ende, um derentwillen Art. 141 GG eine Ausnahme von Art. 7 III 1 GG statuiere, und Art. 141 GG obsolet werde, sodass Art. 7 III 1 GG zur Anwendung komme[150], verkennt die **zeitlich unbeschränkte Geltung** des Art. 141 GG. Art. 141 GG ist weder »zeitlich begrenzt noch bedingt«[151]. Die Auffassung erweist sich zudem als ahistorisch, weil sie die Entstehungsgeschichte des Art. 141 GG außer Acht lässt. Der für Art. 141 GG (damals Art. 142) zuständige Berichterstatter v. Brentano erklärte in der Plenumssitzung am 6.5.1949, dass »im Wege der Landesregelung [...] der Religionsunterricht auch dort, wo er am 1. Januar 1949 nicht ordentliches Lehrfach war, zum ordentlichen Lehrfach erklärt werden (kann). Diese so getroffene Regelung kann im Wege der Landesgesetzgebung wieder geändert werden.« (→ Rn. 10)

---

[145] A.A. auf der Grundlage der Theorie staatsrechtlicher Identität *Geis/Tangermann* (Fn. 61), Art. 141 Rn. 36f., die Art. 141 GG nach einer Länderfusion nur auf das heutige Gebiet Berlins anwenden.

[146] Gleichsinnig *v. Campenhausen/Unruh* (Fn. 63), Art. 141 Rn. 5; *Thiel* (Fn. 61), Art. 141 Rn. 3.

[147] Statt vieler *R. Poscher*, RdJB 54 (2006), 460 (471); *Robbers*, Bemerkungen (Fn. 111), S. 424; *M. Frisch*, DtZ 1992, 144 (144); *H. Maurer*, Die verfassungsrechtliche Grundlage des Religionsunterrichts, in: FS Zacher, 1998, S. 577ff. (588f.); *Unruh*, Religionsverfassungsrecht (Fn. 76), Rn. 442; *Germann* (Fn. 78), Art. 141 Rn. 9.

[148] Ebenso *B. Schlink*, NJW 1992, 1008 (1012); *Jarass*/Pieroth, GG, Art. 141 Rn. 2; *v. Campenhausen/Unruh* (Fn. 63), Art. 141 Rn. 5; *Geis/Tangermann* (Fn. 61), Art. 141 Rn. 19; *Thiel* (Fn. 61), Art. 141 Rn. 3.

[149] So namentlich *Germann* (Fn. 78), Art. 141 Rn. 9.

[150] *Germann* (Fn. 78), Art. 141 Rn. 9.

[151] *v. Campenhausen/Unruh* (Fn. 63), Art. 141 Rn. 5; *B. Schlink*, NJW 1992, 1008 (1012).

37 Teilweise wird abweichend hiervon vertreten, dass es Ländern, in denen Art. 7 III 1 GG gem. Art. 141 GG keine Anwendung findet, untersagt sei, Religionsunterricht als ordentliches Lehrfach in den öffentlichen Schulen vorzusehen[152]. Die Veranstaltung von Religionsunterricht als ordentliches Lehrfach bedürfe wegen der Beeinträchtigung des verfassungsrechtlichen Gebots weltanschaulich-religiöser Neutralität des Staates einer ausdrücklichen verfassungsrechtlichen Zulassung, die fehle, wenn Art. 7 III 1 GG gem. Art. 141 GG keine Anwendung finde[153]. Bereits die Prämisse, dass die Veranstaltung von Religionsunterricht als ordentliches Lehrfach in öffentlichen Schulen mit dem **Gebot weltanschaulich-religiöser Neutralität des Staates** (Art. 4 I, Art. 3 III 1, Art. 33 III GG sowie Art. 140 GG iVm Art. 136 I, IV und Art. 137 I WRV) (→ Art. 7 Rn. 79ff.) in Konflikt gerät, trifft nicht zu. Die dem Staat auferlegte Neutralität ist keine »distanzierende im Sinne einer strikten Trennung von Staat und Kirche«, sondern der Staat darf sich nur nicht mit »einer bestimmten politischen, ideologischen oder weltanschaulichen Richtung [...] identifizieren«[154]. »Der Staat hat auf eine am Gleichheitssatz orientierte Behandlung der verschiedenen Religions- und Weltanschauungsgemeinschaften zu achten«[155]. Art. 7 III 1 GG ist daher keine Ausnahme von dem Gebot religiös-weltanschaulicher Neutralität des Staates[156], sondern eine spezielle Ausprägung des Neutralitätsgebotes[157]. Der Staat wird zwar durch Art. 7 III 1 GG formal verpflichtet, Religionsunterricht als staatliches Lehrfach anzubieten und muss gem. Art. 7 III 2 GG die Aufsicht über den Religionsunterricht führen. Er hat sich aber bei der Einrichtung des Religionsunterrichts gegenüber den Religionsgemeinschaften neutral zu verhalten und darf nicht einzelne Bekenntnisse privilegieren. Materiell-inhaltlich wird der Religionsunterricht nach den Grundsätzen der Religionsgemeinschaften erteilt (Art. 7 III 2 GG)[158]. Dies schließt eine Identifizierung des Staates mit einzelnen Religionsgemeinschaften oder Glaubenssätzen aus[159] (→ Art. 7 Rn. 88).

2. »Andere« landesrechtliche Regelung für alle öffentlichen Schulen des Landes: Uneingeschränktes Regelungsermessen des Landes

38 Soweit in einem Land am 1.1.1949 eine von Art. 7 III 1 GG abweichende Regelung für sämtliche öffentlichen Schulen bestand, **entfällt** gem. Art. 141 GG **die Bindung des Landes** an Art. 7 III 1 GG **uneingeschränkt**. Dem Land steht daher gem. Art. 30, 70 I GG Ermessen zu, ob und inwieweit es Religionsunterricht als ordentliches Lehrfach in öffentlichen Schulen vorsieht. Neben dem Verzicht und alternativ der Gewährleistung von Religionsunterricht als ordentliches Lehrfach an allen öffentlichen Schulen ist das Land auch berechtigt, sachlich und örtlich differenzierte landesrechtliche Regelungen bezogen auf einzelne Schularten, Jahrgangsstufen und Landesteile zu erlassen.

---

[152] So namentlich *L. Renck*, LKV 1997, 81 (83f.).
[153] So namentlich *L. Renck*, LKV 1997, 81 (84).
[154] S. nur BVerfGE 93, 1 (6f.); 108, 282 (300, Rn. 42).
[155] BVerfGE 108, 282 (299, Rn. 42); vgl. auch BVerfGE 30, 415 (422); 93, 1 (17).
[156] So aber BVerwGE 42, 346 (347f.); dazu *Stern*, Staatsrecht IV/2, S. 494.
[157] *S. Korioth/I. Augsberg*, ZG 24 (2009), 222 (225); *G. Robbers*, in: v. Mangoldt/Klein/Starck, GG I, Art. 7 Abs. 3 Rn. 115.
[158] Vgl. BVerfGE 74, 244 (251).
[159] Ebenso *A. Uhle*, in: Epping/Hillgruber, GG, Art. 7 Rn. 43.2ff.

3. Sachlich und/oder örtlich begrenzte »andere« landesrechtliche Regelung: Eingeschränktes Regelungsermessen des Landes

39 Soweit in einem Land am 1.1.1949 eine von Art. 7 III 1 GG abweichende Regelung beschränkt auf einzelne Schularten, Jahrgangsstufen oder Landesteile bestand (zu dieser Möglichkeit: → Rn. 19), **entfällt** gem. Art. 141 GG **die Bindung des Landes** an Art. 7 III 1 GG **nur bezogen auf diese Schularten, Jahrgangsstufen oder Landesteile**. Nur soweit am 1.1.1949 die landesrechtliche Regelung reichte, kommt Art. 7 III 1 GG gem. Art. 141 GG nicht zur Anwendung und steht es dem Land nach dem 1.1.1949 frei, Religionsunterricht nicht als ordentliches Lehrfach vorzusehen[160]. Soweit am 1.1.1949 Religionsunterricht ordentliches Lehrfach war, bleibt Art. 7 III 1 GG anwendbar und muss das Land Religionsunterricht auch weiterhin als ordentliches Lehrfach vorsehen. Ebenso wie die Voraussetzung des Art. 141 GG, das Bestehen einer von Art. 7 III 1 GG abweichenden landesrechtlichen Regelung, sachlich und örtlich differenziert erfüllt sein kann, kommt die Rechtsfolge des Art. 141 GG entsprechend differenziert zum Tragen. Art. 141 GG ist daher im Ergebnis zu lesen als: »Artikel 7 Abs. 3 Satz 1 findet keine Anwendung in einem Lande, **soweit** in ihm am 1. Januar 1949 eine andere landesrechtliche Regelung bestand.«

4. Weitere (Folge-)Rechtsfolgen

40 Wenn und soweit ein Land mit am 1.1.1949 geltender anderer landesrechtlicher Regelung Religionsunterricht nach dem 1.1.1949 nicht als ordentliches Lehrfach in öffentlichen Schulen vorsieht, **finden** neben Art. 7 III 1 GG auch die akzessorisch auf den Religionsunterricht als ordentliches Schullehrfach bezogenen Bestimmungen des **Art. 7 II sowie III 2 und 3 GG keine Anwendung**[161]. Art. 141 GG beinhaltet eine verfassungsimplizite Ausnahme von diesen Bestimmungen. Das Gleiche gilt, wenn und soweit das Land Religionsunterricht nach dem 1.1.1949 als ordentliches Lehrfach anbietet; auch in diesem Fall gelangen Art. 7 II, III 2 und 3 GG mangels Anwendbarkeit des Art. 7 III 1 GG nicht zur Anwendung[162]. Art. 7 III 1 GG bleibt gem. Art. 141 GG auch dann unanwendbar, wenn ein Land trotz anderer landesrechtlicher Regelung iSd Art. 141 GG Religionsunterricht als ordentliches Lehrfach vorsieht. Die Rechtsfolgenregelung des Art. 141 GG ist nicht zeitlich begrenzt auf oder bedingt durch den Verzicht auf Religionsunterricht als ordentliches Lehrfach.

5. Rechtsfolgen für Länder, die Art. 141 GG nicht unterfallen

41 Länder, die die Voraussetzungen des Art. 141 GG nicht erfüllen, sind an Art. 7 III 1 GG gebunden und müssen daher Religionsunterricht als ordentliches Lehrfach in nicht bekenntnisfreien öffentlichen Schulen vorsehen. Nach überwiegender Ansicht dürfen die Länder **bekenntnisfreie Schulen nicht zur Regelschule** machen[163] mit der Folge,

---

[160] Im Ergebnis auch *Holtkotten* (Fn. 75), Art. 141 Anm. 2. a) und c); *Germann* (Fn. 78), Art. 141 Rn. 7.

[161] BVerwGE 110, 326 (338); *C. Tangermann*, ZevKR 50 (2005), 184 (190); *Geis/Tangermann* (Fn. 61), Art. 141 Rn. 9.

[162] A.A. *Jarass*/Pieroth, GG, Art. 141 Rn. 2; *R. Poscher*, RdJB 54 (2006), 460 (471) bezogen auf Art. 7 III 2 GG.

[163] Statt vieler BVerwGE 89, 368 (377); 110, 326 (330 f.); *M. Heckel*, ZevKR 44 (1999), 147 (217 ff.); *B. Schlink*, NJW 1992, 1008 (1009 f.); *S. Mückl*, AöR 122 (1997), 513 (526); *v. Campenhausen/Unruh* (Fn. 63), Art. 141 Rn. 5; *Geis/Tangermann* (Fn. 61), Art. 141 Rn. 11.

dass die Verpflichtung zur Gewährleistung von Religionsunterricht als ordentliches Lehrfach gem. Art. 7 III 1 GG entfiele. Dies ist allerdings aus denselben Gründen zweifelhaft, die gegen eine institutionelle Garantie des Religionsunterrichts in Art. 7 III 1 GG sprechen (→ Art. 7 Rn. 87, 93).

D. Verhältnis zu anderen GG-Bestimmungen

Art. 141 GG begründet eine verfassungsexplizite Ausnahme von **Art. 7 III 1 GG** (→ Rn. 15) und eine verfassungsimplizite Ausnahme von **Art. 7 II, III 2 und 3 GG** (→ Rn. 40). **Art. 123 I GG** und Art. 141 GG stehen nebeneinander (→ Rn. 15). Das Gleiche gilt für das Verhältnis zwischen **Art. 31 GG** und Art. 141 (→ Rn. 15). 42

Artikel 142 [Grundrechte in den Landesverfassungen]

Ungeachtet der Vorschrift des Artikels 31 bleiben Bestimmungen der Landesverfassungen auch insoweit in Kraft, als sie in Übereinstimmung mit den Artikeln 1 bis 18 dieses Grundgesetzes Grundrechte gewährleisten.

Literaturauswahl

Badura, Peter: Stellenwert von Länderverfassungen und Verfassungskonflikten am bayerischen Beispiel, in: BayVBl. 2007, S. 193–198.

Böckenförde, Ernst-Wolfgang/Grawert, Rolf: Kollisionsfälle und Geltungsprobleme im Verhältnis von Bundesrecht und Landesverfassung, in: DÖV 1971, S. 119–127.

Boldt, Hans: Landesverfassung im Bundesstaat, in: Kontinuität und Wandel. 40 Jahre Landesverfassung Nordrhein-Westfalen, 1990, S. 63–87.

Dietlein, Johannes: Die Kontrollbefugnis des Landesverfassungsgerichts, in: Jura 2000, S. 19–25.

Discher, Thomas: Die Landesverfassungsgerichte in der bundesstaatlichen Rechtsprechungskompetenzordnung des Grundgesetzes. Zugleich ein Beitrag zur bundesstaatlichen Stufung des Rechts, Diss. jur. Berlin 1997.

Domcke, Hans: Zur Fortgeltung der Grundrechte der Bayerischen Verfassung, in: Festschrift 25 Jahre Bayerischer Verfassungsgerichtshof, 1972, S. 311–328.

Finkelnburg, Klaus: Doppelspuriger Rechtsschutz bei der Verfassungsbeschwerde – Möglichkeiten und Begrenzung, in: Peter Macke (Hrsg.), Verfassung und Verfassungsgerichtsbarkeit auf Landesebene. Beiträge zur Verfassungsstaatlichkeit auf Landesebene, 1998, S. 181–190.

Friesenhahn, Ernst: Zur Zuständigkeitsabgrenzung zwischen Bundesverfassungsgerichtsbarkeit und Landesverfassungsgerichtsbarkeit, in: Festgabe BVerfG I, 1976, S. 748–799.

Gallwas, Hans-Ulrich: Konkurrenz von Bundes- und Landesgrundrechten, in: JA 1981, S. 536–541.

Grawert, Rolf: Wechselwirkungen zwischen Bundes- und Landesgrundrechten, in: HGR III, § 81 (S. 1033–1095).

Ipsen, Jörn: Grundfragen der Landesverfassungsbeschwerde, in: Festschrift für Eberhard Stilz, 2014, S. 321–327.

Iwers, Steffen Johann: Entstehung, Bindungen und Ziele der materiellen Bestimmungen der Landesverfassung Brandenburg, 2 Bde., 1998.

Jutzi, Siegfried: Landesverfassungsrecht und Bundesrecht. Kollisionslagen und Geltungsprobleme, exemplifiziert an sozialen und wirtschaftlichen Bestimmungen des Landesverfassungsrechts, 1982.

Kratzer, Jakob: Artikel 142 des Grundgesetzes und die Grundrechte der Bayerischen Verfassung, in: Festschrift für Wilhelm Laforet, 1952, S. 107–140.

Lange, Klaus: Grundrechtliche Besonderheiten in den Landesverfassungen, in: HGR III, § 83 (S. 1147–1183).

Leisner, Walter: Die bayerischen Grundrechte, 1968.

Lindner, Josef Franz: Grundrechtsschutz in Europa – System einer Kollisionsdogmatik, in: EuR 42 (2007), S. 160–193.

Lotz, Klaus Werner: Bayerische Verfassungsbeschwerde und Bundesrechtsordnung, in: Festschrift 50 Jahre Bayerischer Verfassungsgerichtshof, 1997, S. 115–135.

Löwer, Wolfgang: Bundesverfassungstextliche Ergänzungen der Landesverfassungen zur Gewinnung landesverfassungsrechtlicher Prüfungsmaßstäbe, in: NdsVBl. 2010, S. 138–144.

Maurer, Hartmut: Landesgrundrechte im Bundesstaat, in: HGR III, § 82 (S. 1097–1145).

Menzel, Jörg: Landesverfassungsrecht. Verfassungshoheit und Homogenität im grundgesetzlichen Bundesstaat, 2002.

Merten, Detlef: Allgemeine Lehren der Landesgrundrechte, in: HGR VIII, § 232 (S. 113–244).

Pestalozza, Christian: Art. 142 GG. Landesverfassungsbeschwerde nach Karlsruher Regie?, in: Peter Macke (Hrsg.), Verfassung und Verfassungsgerichtsbarkeit auf Landesebene. Beiträge zur Verfassungsstaatlichkeit auf Landesebene, 1998, S. 245–272.

Poscher, Ralf: Landesgrundrechte und Bundesrecht, in: NJ 1996, S. 351–356.

Rippberger, Tanja: Zur Frage der Kompetenz der Landesverfassungsgerichte zur Überprüfung formellen und materiellen Bundesrechts, 2005.

Sommer, Florian: Die Landesgrundrechte als Prüfungsmaßstab bei den Landesverfassungsbeschwerdeverfahren, insbesondere bei Akten, die auf Bundesrecht beruhen, 2003.

Starck, Christian/Stern, Klaus (Hrsg.): Landesverfassungsgerichtsbarkeit, 3 Bde., 1983.
Steinberg, Rudolf: Landesverfassungsgerichtsbarkeit und Bundesrecht, in: Hans Eichel (Hrsg.), 50 Jahre Verfassung des Landes Hessen, 1997, S. 356–382.
Stern, Klaus: Der Aufschwung der Landesverfassungsbeschwerde im wiedervereinigten Deutschland, in: Festschrift 50 Jahre Bayerischer Verfassungsgerichtshof, 1997, S. 241–258.
Stiens, Andrea: Chancen und Grenzen der Landesverfassungen im deutschen Bundesstaat der Gegenwart, 1997.
Tjarks, Eric: Zur Bedeutung der Landesgrundrechte: Materielle und prozessuale Probleme der Grundrechte in den deutschen Landesverfassungen – zugleich ein Beitrag zur Frage der Bedeutung von Landesgrundrechten in Landesverfassungen ohne Individualverfassungsbeschwerde, 1999.
Vaulont, Nikolaus: Grundrechte und bundesstaatliches Homogenitätsprinzip. Eine Untersuchung zu Artikel 142 des Grundgesetzes, Diss. jur. Bonn 1968.
Wiederin, Ewald: Bundesrecht und Landesrecht, 1995.
Wittreck, Fabian: Zur Bedeutung einzelstaatlicher Grundrechte für die deutsche Grundrechtsentwicklung – Vom Frühkonstitutionalismus bis zur Gründung der Bundesrepublik Deutschland, in: HGR VIII, § 231 (S. 3–112).
Zierlein, Karl-Georg: Prüfungs- und Entscheidungskompetenzen der Landesverfassungsgerichte bei Verfassungsbeschwerden gegen landesrechtliche Hoheitsakte, die auf Bundesrecht beruhen oder in einem bundesrechtlich geregelten Verfahren ergangen sind, in: AöR 120 (1995), S. 205–247.

Siehe auch die Angaben zu Art. 31 GG.

Leitentscheidungen des Bundesverfassungsgerichts

BVerfGE 1, 208 (232 f.) – 7,5 %-Sperrklausel; 1, 264 (280 f.) – Bezirksschornsteinfeger; 22, 267 (271 f.) – Einheitliches Grundrecht; 36, 342 (357 ff.) – Niedersächsisches Landesbesoldungsgesetz; 96, 345 (363 ff.) – Landesverfassungsgerichte I; 97, 298 (314 f.) – extra-radio; BVerfG (K), NVwZ-RR 2016, 521 – Landesverfassungsgerichte II.

Gliederung

Stichwörter

A. Herkunft, Entstehung, Entwicklung

I. Ideen- und verfassungsgeschichtliche Aspekte

Jedes föderale Gemeinwesen muß eine Antwort auf die Frage finden, wie sich die **Rechtsgewährungen der gliedstaatlichen** bzw. territorialen **Ebene** in die normative Ordnung des Bundesstaates bzw. Reiches einfügen. Art. 142 GG kann insofern die für Bund und Länder verbindliche Idee subjektiver Grundrechte zugrundelegen, welche dem Alten Reich noch fremd war (→ Rn. 2), während es im Deutschen Bund an der für beide Ebenen gleichermaßen verpflichtenden Grundrechtsbindung moderner Prägung fehlte (→ Rn. 3). Erst mit der Paulskirchenverfassung ergeben sich aktuell anmutende Konstellationen (→ Rn. 4). 1

Das strukturelle Problem, wie das Recht der kleineren territorialen Einheit gegen- 2
über der höheren Ebene des Bundes Selbständigkeit bewahren und namentlich lokale oder korporative Freiheitsverbürgungen gesichert werden können, läßt sich allerdings weit in die deutsche Verfassungsgeschichte zurückverfolgen. Das **Alte Reich** kannte eine überwältigende Fülle und bunte Vielfalt an derartigen Instituten und Instrumenten. An prominenter Stelle, den kaiserlichen Wahlkapitulationen, wurde regelmäßig Schutz für »Gerechtigkeiten, Gebräuche und gute Gewohnheiten« in den Territorien versprochen[1]; hinzu traten in dieser ständisch-feudalen Welt mannigfaltige wohlerworbene Rechte, Privilegien, Reservatklauseln u.v.a.m.[2]. Freilich handelte es sich bei alledem gerade nicht um universelle Individualgarantien, also Rechte für alle, sondern um Privilegien, also »Vorrechte« für bestimmte Personen, Gruppen oder Korporationen (→ Vorb. Rn. 6).

Als im **19. Jahrhundert** die Idee der Bürgerrechte auch in zahlreichen deutschen 3
Territorien Platz griff[3], fehlte es, insofern im Unterschied zur Lage unter dem Grundgesetz, an einer homologen Struktur, die den **Deutschen Bund** und dessen Glieder in gleicher Weise auf die konstitutive Idee subjektiver Grundrechtsgewährleistungen verpflichtete. Im Konfliktfall setzte sich ungeachtet des umstrittenen Art. 13 DBA der Vorrang des Rechts des Deutschen Bundes (→ Art. 31 Rn. 6) gegen die Landesgrundrechte durch, wie dies insbesondere anhand der **Pressezensur** deutlich wurde[4]. »**Verfassungsbeschwerden**« in einzelnen Landesverfassungen (wie Bayern, Baden oder Sachsen), etwa in Gestalt der ständischen Beschwerde oder der Staatsbürgerbeschwerde, waren damit freilich nicht ausgeschlossen (→ Art. 93 Rn. 5 ff.)[5].

---

[1] Art. I des Projekts einer beständigen Wahlkapitulation vom 8. Juli 1711, in: A. Buschmann (Hrsg.), Kaiser und Reich, Teil II, 2. Aufl. 1994, S. 273 ff. (275); dazu *H.-J. Becker*, Art. Wahlkapitulationen, in: HRG V, Sp. 1086 ff.

[2] *W. Sellert*, Art. Salvatorische Klausel, in: HRG IV, Sp. 1280 ff.; *D. Pirson*, Art. Jura quaesita, in: HRG II, Sp. 472 ff.; allgemein *Willoweit*, Verfassungsgeschichte, § 17 Rn. 9 ff., § 23 Rn. 17 ff. Dazu, daß die »iura quaesita« noch bis in das 19. Jahrhundert ausstrahlten, vgl. *G. Lübbe-Wolff*, ZRG GA 103 (1986), 104 ff.

[3] → Vorb. Rn. 13; Übersicht über die Staaten, die in ihren Verfassungen Grundrechte garantierten, bei *Huber*, Verfassungsgeschichte, Bd. 1, S. 350 ff.; *F. Wittreck*, HGR VIII, § 231 Rn. 3 ff., 13 ff.; s. auch *H. Maurer*, HGR III, § 82 Rn. 10 ff.

[4] Vgl. zu den Bundesmaßregeln in Reaktion auf den Mord an Kotzebue (1819) sowie das Hambacher Fest (1832), die sich insbesondere gegen die in den Landesverfassungen gewährleistete Pressefreiheit richteten: *Huber*, Verfassungsgeschichte, Bd. 1, S. 358, 742 ff.; *ders.*, ebd., Bd. 2, S. 152 ff., 162 f. Zur Reichweite der landesverfassungsrechtlichen Regelungen *D. Westerkamp*, Pressefreiheit und Zensur im Sachsen des Vormärz, 1999, S. 33 ff.; *F. Wittreck*, HGR VIII, § 231 Rn. 28.

[5] *Ständische Beschwerde*: Titel X § 5 BayVerf. 1818; § 140 SächsVerf. 1831; § 67 I Badische Verf.

4 Mit der **Paulskirchenverfassung** (→ Vorb. Rn. 14) kehrten sich die Verhältnisse nahezu um, weil nun das Reich in puncto Grundrechtsgewähr fortschrittlicher war als die Länder. Wohlweislich hatte man die Reichsgrundrechte als »Norm« für die Einzelstaaten konzipiert (§§ 130 Satz 2, 194) und mit Vorrang vor deren Verfassungen ausgestattet (→ Art. 28 Rn. 3); sie sollten als »Unitarisierungshebel« dienen[6] und zogen in diesem Punkt den Widerspruch einiger Länder auf sich[7]. Das machtpolitische Scheitern der Frankfurter Paulskirche, wie es sich amtlich im Bundesbeschluß über die Aufhebung der Grundrechte des deutschen Volkes dokumentierte[8], entzog weiteren Behandlungen dieses Problems die reale Grundlage.

5 In der »grundrechtslosen« **Reichsverfassung 1871** (→ Vorb. Rn. 15) galten die einzelstaatlichen Grundrechtskataloge – neben der Installierung einschlägiger rechtsstaatlicher Garantien in den Reichsjustizgesetzen – als Argument für die Entbehrlichkeit eines Grundrechtskataloges auf Reichsebene[9]. Bei Fehlen einer einschlägigen Kollisionsnorm erfaßte der allgemeine Vorrang des Reichsrechts (→ Art. 31 Rn. 6) nach einhelliger Auffassung auch die Verfassungen der Einzelstaaten[10]. Ansatzweise parallele Problemlagen ergaben sich daraus, daß man die aus der Reichsbürgerschaft

---

1818. *Staatsbürgerbeschwerde*: Titel VII § 21 BayVerf. 1818; § 67 II Badische Verf. 1818; Art. 81 HessVerf. 1820; dazu im Überblick *Huber*, Verfassungsgeschichte, Bd. 1, S. 349, 622 f.; *E. Schumann*, Verfassungsbeschwerde (Grundrechtsklage) zu den Landesverfassungsgerichten, in: C. Starck/K. Stern (Hrsg.), Landesverfassungsgerichtsbarkeit, 1983, Bd. 2, S. 149 ff. (162 ff.); speziell zu Bayern zeitgenössisch *M. v. Seydel*, Bayerisches Staatsrecht, Bd. 1, 2. Aufl. 1896, S. 363 ff.; vgl. auch *K. Streicher*, Die Entwicklung der Staatsgerichtsbarkeit in Bayern, in: FS 25 Jahre BayVerfGH, 1972, S. 195 ff. (203 f.); *F. Wittreck*, HGR VIII, § 231 Rn. 24, 72.

[6] So die zusammenfassende Einschätzung von *J.-D. Kühne*, Die Reichsverfassung der Paulskirche, 2. Aufl. 1998, S. 181 f.; kritische Darstellung bei *Huber*, Verfassungsgeschichte, Bd. 2, S. 774 ff., 782 f.

[7] Bayern betrachtete die Reichsgrundrechte nur als Grundlage für die Neufassung des eigenen Katalogs; vgl. *Huber*, Verfassungsgeschichte, Bd. 2, S. 783; *U. Scheuner*, Die rechtliche Tragweite der Grundrechte in der deutschen Verfassungsentwicklung des 19. Jahrhunderts (1973), in: ders., Staatstheorie und Staatsrecht, 1978, S. 633 ff. (647 f.). In der Regel waren die Landesgrundrechtskataloge enger als der sehr weit gefaßte Grundrechtsteil der Paulskirchenverfassung formuliert: *Kühne*, Reichsverfassung (Fn. 6), S. 159 ff., 171.

[8] Bundesbeschluß v. 13.8.1851, abgedruckt bei *Huber*, Dokumente, Bd. 2, S. 2; dazu *Stern*, Staatsrecht III/2, S. 1415 f. Dem fiel unter anderem die Absicht des Oldenburgischen Staatsgrundgesetzes von 1849 zum Opfer, die Grundrechte der Landesverfassung ausdrücklich nur dort aufrechtzuerhalten, »wo sie dem Volk mehr Rechte geben«; dazu *Kühne*, Reichsverfassung (Fn. 6), S. 78. Gleichwohl waren die Fortwirkungen stark und nicht nur ideeller Natur: *F. Wittreck*, HGR VIII, § 231 Rn. 42 f., 45 (42, 45): »Die einsetzende Restauration macht zwar *formaliter* das [gescheiterte] Verfassungswerk der Paulskirche zur Makulatur und führt in einzelnen Bundesstaaten tatsächlich zum mehr oder minder vollständigen verfassungsstaatlichen Rückbau. […]. Ungeachtet aller ›Rückbauten‹ sind Kataloge grundrechtlicher Gewährleistungen nach der Revolution praktisch nicht mehr wegzudenken bzw. fehlen nur in solchen Staaten, die entweder der finstersten Reaktion oder der ephemeren Staatlichkeit zuzuordnen sind.«

[9] *Huber*, Verfassungsgeschichte, Bd. 3, S. 665 f., 758; *Stern*, Staatsrecht III/2, S. 1417; vgl. auch die Diskussion über einen Grundrechtskatalog in der Verfassung des Norddeutschen Bundes in: F. v. Holtzendorff/E. Bezold (Hrsg.), Materialien der Deutschen Reichs-Verfassung, Bd. 1, 1872, S. 404 ff. Auf den bemerkenswerten Versuch einiger Abgeordneter, ausdrücklich **Mehrgewährleistungen** in den Verfassungen der Einzelstaaten aufrechtzuerhalten, weist hin *N. Vaulont*, Grundrechte und bundesstaatliches Homogenitätsprinzip, Diss. jur. Bonn 1968, S. 88 f. m.N. – Ausführlich zu den Grundrechten in den Verfassungsurkunden seit der Reichsgründung *F. Wittreck*, HGR VIII, § 231 Rn. 48 ff.

[10] Ausdrücklicher Vorrang des Reichsrechts gegenüber den Landesgrundrechtsgewährleistungen: *F. Giese*, Die Grundrechte, 1905, S. 83; Vorrang gegenüber Landesverfassungen allgemein: *P. Laband*, Das Staatsrecht des Deutschen Reiches, 5. Aufl., Bd. 2, 1911, S. 115. Dazu statt aller *F. Wittreck*, HGR VIII, § 231 Rn. 50.

und der (Länder-)Staatsbürgerschaft folgenden subjektiven Rechte als selbständig nebeneinander stehend auffaßte. Die komplexe Rechtslage wurde unter dem Stichwort **Staatsbürgerrecht** erörtert und mit dem gemeinsamen Indigenat verknüpft (→ Art. 11 Rn. 5; → Art. 33 Rn. 3)[11]. Die **Beschwerde zum Bundesrat** wegen Justizverweigerung (Art. 77 RV) konnte ausdrücklich auch auf die Verletzung der Landesverfassung gestützt werden. Die damit bewirkte Monopolisierung des (embryonal entwickelten) verfassungsrechtlichen Individualrechtsschutzes beim Gesamtstaat schloß gleichzeitig Divergenzen bei der Durchsetzung der Rechtsschutzgarantien aus; sie war freilich mit den Reichsjustizgesetzen in den 1870er Jahren überholt[12]. In **Bayern** schließlich wandten sich Personen mittels der Verfassungsbeschwerde gem. Titel VII § 21 BayVerf. 1818 (→ Rn. 3) an das Parlament, um die Verletzung ihrer konstitutionellen Rechte infolge der Anwendung von Reichsgesetzen zu rügen[13].

In der **Weimarer Reichsverfassung** findet sich keine Parallel- oder Vorgängervorschrift zu Art. 142 GG. Große Bedeutung hatte jedoch die von Anschütz mit der »sperrenden« Kraft des Reichsgesetzes begründete[14] und ganz herrschende Auffassung, daß auch **inhaltsgleiches Landesrecht** durch Art. 13 WRV **gebrochen** werde (→ Art. 31 Rn. 7). Entsprechend wurde die Bedeutung der wenigen Landesgrundrechtskataloge (der Verfassungen Bayerns, Badens, Braunschweigs, Mecklenburg-Schwerins und Oldenburgs[15]) in der Literatur überwiegend als gering eingeschätzt[16]. 6

Schon in Weimar herrschte Streit über die Möglichkeit der **Verfassungsbeschwerde zum Bayerischen Staatsgerichtshof** (§ 93 I BayVerf. 1919)[17]. Während der bayerische 7

[11] Die Ausgestaltung des Wahlrechts galt – vor dem Hintergrund des preußischen Dreiklassenwahlrechts nicht verwunderlich – als prototypischer Anwendungsfall gliedstaatlicher Autonomie; vgl. *H. Schulze*, Lehrbuch des Deutschen Staatsrechts, Bd. 1, 1881, S. 348 f.; *Giese*, Grundrechte (Fn. 10), S. 83; *Laband*, Staatsrecht (Fn. 10), S. 150 ff., 158 ff. *Giese* spricht ferner (ebd., S. 81 ff.) ausdrücklich von **einem Grundrecht**, das sich nur nach landes- oder reichsrechtlicher Gewährleistung unterscheide. → Rn. 43.

[12] Dazu *Huber*, Verfassungsgeschichte, Bd. 3, S. 1071 ff.; *Schumann*, Verfassungsbeschwerde (Fn. 5), S. 173 f. – Zeitgenössisch: *Schulze*, Staatsrecht (Fn. 11), Bd. 2, 1886, S. 63 f.; *Laband*, Staatsrecht (Fn. 10), Bd. 1, 1911, S. 268 f. Diese bundesrechtliche Effektuierung gliedstaatlicher Verfassungsgewährleistungen findet sich noch heute in Österreich und der Schweiz. → Rn. 20 f.

[13] Diese Beschwerden scheiterten regelmäßig in der Kammer der Reichsräte; vgl. den materialreichen Bericht bei *v. Seydel*, Staatsrecht (Fn. 5), S. 386 ff., besonders 393 f. (Beschwerde gegen Ortsverweis aufgrund des Jesuitengesetzes), 395 ff. (Beschwerde gegen militärische Einquartierungen).

[14] *Anschütz*, WRV, Art. 13 Anm. 3 (S. 103 f.). Dazu *H. Maurer*, HGR III, § 82 Rn. 48, 50; *F. Wittreck*, HGR VIII, § 231 Rn. 71 ff.

[15] Nachweise bei *M. Wenzel*, Die reichsrechtlichen Grundlagen des Landesverfassungsrechts, in: HdbDStR I, S. 604 ff. (617 Fn. 54); *Stern*, Staatsrecht III/2, S. 1419; Texte bei F. Wittreck (Hrsg.), Weimarer Landesverfassungen, 2004, S. 79 ff., 106 ff., 153 ff., 387 ff., 444 ff.; erläuternd *ders.*, Zur Einleitung: Verfassungsentwicklung zwischen Novemberrevolution und Gleichschaltung, ebd., S. 1 ff. (4 f., 8 ff., 37 f.). Zu den Grundrechtskatalogen der Einzelstaaten jetzt eingehend *R. Gräbener*, Verfassungsinterdependenzen in der Republik Baden, 2014, S. 94 ff.; *C. Ruf*, Die Bayerische Verfassung vom 14. August 1919, 2015, S. 492 ff. sowie *B. Beckermann*, Verfassungsrechtliche Kontinuitäten im Land Oldenburg, 2016, S. 231 ff., 284 ff.

[16] Vgl. *Wenzel*, Grundlagen (Fn. 15), S. 617, für den bloße »Wiederholungen von Bestimmungen der Reichsverfassung« kein Landesverfassungsrecht zu schaffen vermochten; anders aber *J. Hatschek*, Außerpreußisches Landesstaatsrecht, 1926, S. 112: er schafft Raum für die Geltung der Landesgrundrechte durch Berufung auf den zahlreichen Reichsgrundrechten beigelegten Charakter bloßer Programmsätze (→ Vorb. Rn. 16; → Art. 1 III Rn. 2) und zieht in dem so geschaffenen Freiraum die Gesetzgebungskompetenzen zur Abgrenzung heran. Eingehend zur Unterkomplexität der Einschätzung der Bedeutungslosigkeit von Landesgrundrechten *F. Wittreck*, HGR VIII, § 231 Rn. 72 ff.

[17] Näher dazu *T. Bock*, Das Grundrechtsverständnis des Bayerischen Staatsgerichtshofs nach der

Gerichtshof auch Beschwerden annahm, die auf bayerische Landesgrundrechte, welche mit Bestimmungen der WRV übereinstimmten, gestützt wurden[18], hielt die wohl überwiegende Ansicht die durch die Norm geschützten *bayerischen* Grundrechte für (entweder überwiegend oder in vollem Umfang) nichtig nach Art. 13 I WRV und erklärte dementsprechend die Verfassungsbeschwerde in der Regel für unzulässig[19] oder aber als »Garantierung« der Grundrechte der *Reichsverfassung* mangels des ausdrücklichen Verbots einer solchen Rechtsschutzmöglichkeit in der WRV für zulässig[20]. In Weimar wurde zudem der Grundstein für die lange Zeit vom Bayerischen Verfassungsgerichtshof vertretene Position gelegt, der Vorrang des Bundesrechts schließe die Überprüfung von Gerichtsentscheidungen in bundesrechtlich geregelten Verfahren weitgehend aus (→ Rn. 77 ff.; → Art. 31 Rn. 53 f.)[21].

II. Entstehung und Veränderung der Norm

8 Der **Verfassungskonvent auf Herrenchiemsee** sah keine dem Art. 142 GG entsprechende Norm vor; doch bestand Konsens darüber, daß es den Ländern möglich sein sollte, eigene und auch über die Bundesgrundrechte hinausgehende Landesgrundrechte zu statuieren. Ausdrücklich hieß es: »Es ist den Ländern unbenommen, weitere Grundrechte aufzustellen und ihre Gewährleistung dem Bundesrecht gegenüber zu verstärken, insbesondere auf dem Gebiet der Gemeinschaftsordnungen.«[22]

9 Art. 142 GG ist primär der **Fixierung des Parlamentarischen Rates auf die Weimarer Staatsrechtslehre** (→ Rn. 6; → Art. 31 Rn. 7) und der daraus resultierenden Überzeugung geschuldet, Bundesrecht breche auch inhaltsgleiches Landesrecht[23]. Stärkstes Motiv für die Formulierung des Art. 142 GG war das Bestreben, ungeachtet dieser herrschenden Ansicht die Grundrechte der zu dieser Zeit schon in Kraft getretenen Landesverfassungen in Geltung zu lassen und damit als Prüfungsmaßstab der Landesverfassungsgerichte (namentlich von Hessen und Bayern) zu erhalten[24].

Verfassungsurkunde des Freistaates Bayern vom 14. August 1919 und das zeitgenössische Schrifttum, 2001, S. 11 ff.; s. auch *F. Wittreck*, HGR VIII, § 231 Rn. 83 ff.

[18] BayStGH BayVBl. 1927, 423 (423 f.); bereits zuvor *H. Nawiasky*, Bayerisches Verfassungsrecht, 1923, S. 250 ff., 460. Vgl. zur bayerischen Verfassungsbeschwerde noch *Streicher*, Entwicklung (Fn. 5), S. 204; *Huber*, Verfassungsgeschichte, Bd. 6, S. 559 f.; *R. Hoke*, Verfassungsgerichtsbarkeit in den deutschen Ländern in der Tradition der deutschen Staatsgerichtsbarkeit, in: Starck/Stern, Landesverfassungsgerichtsbarkeit (Fn. 5), Bd. 1, S. 25 ff. (101 f.); *Schumann*, Verfassungsbeschwerde (Fn. 5), S. 174 ff. sowie jetzt *Ruf*, Verfassung (Fn. 15), S. 394 ff.

[19] *J. Kratzer*, Die Verfassungsurkunde des Freistaates Bayern, 1925, § 5 Anm. 2a (S. 51), § 93 Anm. 8 (S. 231).

[20] So *Wenzel*, Grundlagen (Fn. 15), S. 617 Fn. 55. Die umgekehrte Verschränkung findet sich heute in der Schweiz, eingeschränkt auch in Österreich: → Rn. 20 f.

[21] *Kratzer*, Verfassungsurkunde (Fn. 19), § 93 Anm. 11b (S. 232).

[22] Bericht über den Verfassungskonvent, Parl. Rat II, S. 504 ff. (524).

[23] So auch ausdrücklich *Stern*, Staatsrecht III/2, S. 1462 f. – Übersicht zur Entstehungsgeschichte in JöR 1 (1951), S. 910 ff.; vgl. ferner *W. Mallmann*, JZ 1951, 254 (255); *E. Wiederin*, Bundesrecht und Landesrecht, 1995, S. 372 ff.; *U. Sacksofsky*, in: BK, Art. 142 (2004), Rn. 1; *E. Denninger*, in: AK-GG, Art. 142 (2001), Rn. 2; *H. Maurer*, HGR III, § 82 Rn. 48.

[24] Den Konnex der Landesgrundrechte mit der Prüfungskompetenz der Landesverfassungsgerichte formuliert *W. Laforet* in der 6. und der 48. Sitzung des Hauptausschusses v. 19.11.1948 bzw. 9.2.1949 (JöR 1 [1951], S. 910 f.; Parl. Rat XIV/1, S. 186 f. bzw. Parl. Rat XIV/2, S. 1519). Siehe noch *H. v. Mangoldt*, Das Bonner Grundgesetz, 1. Aufl. 1953, Art. 142 Anm. 2 (S. 665); *E.-W. Böckenförde/R. Grawert*, DÖV 1971, 119 (120); *J. Pietzcker*, HStR³ VI, § 134 Rn. 54; *H. Maurer*, HGR III, § 82 Rn. 48.

Insgesamt geben die Verhandlungen wenig Aufschluß über die zentralen Interpretationsprobleme[25]. Der **Gedanke des** durch die Länder überbietbaren **grundrechtlichen Mindeststandards** wurde zwar aufgegriffen, blieb aber ohne Ausdruck im Normtext[26] und sollte **nicht** umstandslos als die **ratio constitutionis** schlechthin aufgefaßt und zum Ausgangspunkt extensiver Interpretation genommen werden[27]. Laforet als treibende Kraft einer Sicherung von Landesgrundrechten verstand offenbar unter gleichlautendem Landesrecht sowohl inhaltsgleiche als auch weitergehende Gewährleistungen. Mindergewährleistungen sind nach seiner Ansicht hingegen nichtig; freilich handelt es sich bei der letztgenannten Festlegung lediglich um einen isolierten Hinweis, der in den Beratungen ohne Resonanz blieb[28]. **10**

Die **erste Formulierung** des seinerzeitigen Art. 148a GG lautete: »Die Artikel 1 bis 20b stehen Bestimmungen gleichen Inhaltes in den Länderverfassungen nicht entgegen«[29]. Die endgültige Formulierung stammt von Zinn (SPD), der damit nach den Worten Laforets »eine mißverständliche Auslegung vermeiden« wollte, aber keine eigene Erläuterung beisteuerte[30]. **11**

Angesichts der **zügigen Verabschiedung** des heutigen Art. 142 GG und dem Fehlen eingehender Diskussionen ist Skepsis gegenüber einer akribisch bis in einzelne Satzbestandteile gehenden Interpretation mit weitreichenden Konsequenzen für das Normverständnis angebracht[31]. Zudem zeigen manche Stellungnahmen im Parlamentarischen Rat ebenso wie ein phasenweise erwogener Art. 148a GG[32], daß man noch recht unklare Vorstellungen über die Wirkungsweise der Art. 28 I, 31 GG hegte[33]. **12**

---

[25] *H. v. Olshausen*, Landesverfassungsbeschwerde und Bundesrecht, 1980, S. 117 hält den Rückgriff auf die Entstehungsgeschichte daher insgesamt für »unergiebig«.

[26] Er erscheint bei *C. Schmid* in der 6. Sitzung des Hauptausschusses v. 19.11.1948 (JöR 1 [1951], S. 911; Parl. Rat XIV/1, S. 187); vgl. noch *Laforet* in derselben Sitzung sowie in der 20. Sitzung v. 7.12.1948 (Parl. Rat XIV/1, S. 186 f., 589). *H. Quaritsch*, HStR V, § 120 Rn. 8 meint, der Parlamentarische Rat habe nur »andere« Grundrechte (also aliud-Gewährleistungen; → Rn. 46) privilegieren wollen, was aber kaum eine Stütze in den Beratungen findet.

[27] Diese Tendenz etwa bei *J. Dietlein*, Jura 1994, 57 (59). Kritisch gegenüber der Festlegung auf den Mindeststandard aufgrund der Entstehungsgeschichte auch *W. Graf Vitzthum*, Die Bedeutung gliedstaatlichen Verfassungsrechts in der Gegenwart, VVDStRL 46 (1988), S. 7 ff. (32 Fn. 91).

[28] *Laforet* in der 48. und der 57. Sitzung des Hauptausschusses v. 9.2.1949 bzw. v. 5.5.1949 (JöR 1 [1951], S. 911 f.; Parl. Rat XIV/2, S. 1519 bzw. S. 1826).

[29] Ergebnis der dritten Lesung im Hauptausschuß v. 10.2.1949 (JöR 1 [1951], S. 912; Parl. Rat XIV/2, S. 1627 f.). Entwurfsfassung in: Parl. Rat VII, S. 443.

[30] *Zinn* in der 57. Sitzung des Hauptausschusses v. 5.5.1949 (JöR 1 [1951], S. 912; Parl. Rat VII, S. 569; Parl. Rat XIV/2, S. 1826). Zuvor hatte der vereinfachte Entwurf der SPD vom April 1949 noch die Streichung des Art. 148a GG vorgesehen; vgl. Parl. Rat VII, S. 466, 495 f.

[31] Das betrifft etwa *C. Pestalozza*, Art. 142 GG. Landesverfassungsbeschwerde nach Karlsruher Regie?, in: P. Macke (Hrsg.), Verfassung und Verfassungsgerichtsbarkeit auf Landesebene, 1998, S. 245 ff. (248 ff.).

[32] Satz 1 lautete: »Die Verfassung eines Landes kann binnen 2 Jahren nach Inkrafttreten dieses Grundgesetzes zur Angleichung an das Grundgesetz durch einfaches Landesgesetz geändert werden«. Die Vorschrift stammt aus der Feder des Organisationsausschusses; sie wurde im Hauptausschuß dreimal beraten. Nach der ersten umfangreichen Diskussion erfolgte die Zurückverweisung an den Organisationsausschuß, vgl. 20. Sitzung des Hauptausschusses v. 7.12.1948 (Parl. Rat XIV/1, S. 587 ff.); in zweiter Lesung wurde sie angenommen, vgl. 40. Sitzung des Hauptausschusses v. 14.1.1949 (Parl. Rat XIV/2, S. 1238 f.) und nach Intervention des Redaktionsausschusses in dritter Lesung, 51. Sitzung des Hauptausschusses v. 10.2.1949, ersatzlos gestrichen (Parl. Rat XIV/2, S. 1647).

[33] Wie hier *H. Maurer*, HGR III, § 82 Rn. 49. Vgl. etwa die Beratungen in der 6. und der 48. Sitzung des Hauptausschusses vom 19.11.1948 bzw. 9.2.1949 (JöR 1 [1951], S. 298 ff.; Parl. Rat XIV/1, S. 186 ff.; Parl. Rat XIV/2, S. 1519 f.).

13 Art. 142 GG hat zwar keine normtextliche Änderung, wohl aber einen tiefgreifenden **Bedeutungswandel** erfahren, der sich der veränderten Interpretation des Art. 31 GG verdankt, wonach gemäß nunmehr nahezu einhelliger Ansicht inhaltsgleiches Landes(verfassungs)recht in Geltung bleibt (→ Rn. 41 ff.; → Art. 31 Rn. 40 f.). Mittelbar berührt wurde Art. 142 GG schließlich infolge von Reformüberlegungen zur **Entlastung des Bundesverfassungsgerichts** durch Verlagerung von Kompetenzen auf die Landesverfassungsgerichte (→ Rn. 44)[34].

B. Internationale, supranationale und rechtsvergleichende Bezüge

I. Internationales Recht

14 Das Völkerrecht kennt als Zurechnungsobjekt nur den jeweiligen (zentralistisch oder föderalistisch organisierten) Gesamtstaat, so daß die nähere intraföderale Ausgestaltung der Grundrechtsgewährleistungen nicht unmittelbarer Regelungsgegenstand sein kann. Da die **internationalen Menschenrechtspakte** ferner durchweg als Garantien eines bloßen Mindeststandards ausgestaltet sind, also Schutz- und Meistbegünstigungsklauseln enthalten, nach denen weitergehende nationale Gewährleistungen nicht unter Berufung auf schwächere oder fehlende internationale Gewährleistungen außer Kraft gesetzt oder eingeschränkt werden dürfen (vgl. Art. 5 II IPbpR; Art. 5 II IPwskR; Art. 53 EMRK)[35], steht einer insofern »überschießenden« Grundrechtsgewährleistung auf Gesamtstaatsebene aus völkerrechtlicher Sicht ebensowenig entgegen wie auf der Ebene eines Gliedstaates.

15 In umgekehrter Perspektive läßt sich aus Art. 142 i. V. m. Art. 32 GG möglicherweise eine Pflicht des Bundes folgern, bei völkerrechtlichen Vereinbarungen Rücksicht auf **fortbestehende Landesgrundrechte** zu nehmen und u. U. eine Beteiligung des betroffenen Landes vorzusehen, da auch dessen Verfassung zu den »besonderen Verhältnissen« gehört (→ Art. 32 Rn. 34 ff.). Und weil Art. 142 GG die Kompetenz der Länder zur Regelung der Grundrechtsmaterie unterstreicht (→ Rn. 29 f.), mag auch die begrenzte völkerrechtliche Vertragskompetenz der Länder (→ Art. 32 Rn. 28 f., 38 ff.) hier einen weiteren Rückhalt finden.

16 Die **EMRK** setzt sich im Konfliktfall als einfaches Bundesrecht gegenüber Landesrecht durch (→ Art. 31 Rn. 12). Ferner gewinnen die Gewährleistungen der EMRK mittelbare Bedeutung, da auch die Grundrechte des Grundgesetzes mit Rücksicht auf die Konvention auszulegen sein können (→ Vorb. Rn. 30), die ihrerseits wieder mit Landesgrundrechten in Wechselwirkung treten. Sinnvollerweise ist Art. 53 EMRK so zu verstehen, daß Mehrgewährleistungen der Landesverfassung in der Regel nicht in

---

[34] Bundesminister der Justiz (Hrsg.), Entlastung des Bundesverfassungsgerichts, 1998, S. 85 ff.; vgl. zu diesen und ähnlichen Überlegungen *H.-P. Schneider*, NJW 1996, 1517 f.; *J. Wieland*, KritV 81 (1998), 171 (186 f.); *H.-H. Klein*, Überlegungen zu einer Entlastung des Bundesverfassungsgerichts, in: FS Graßhof, 1998, S. 367 ff. (367 ff., 387 ff.); in größerem Kontext *R. Wahl*, Die Reformfrage, in: FS 50 Jahre BVerfG, Bd. 2, S. 461 ff. (475 ff.).

[35] Zu Art. 5 II IPbpR vgl. *M. Nowak*, CCPR-Commentary, 2. Aufl. 2005, Art. 5 Rn. 2, 11 ff.; *K. Ipsen*, in: ders., Völkerrecht, § 36 Rn. 41; zur EMRK-Regelung knapp *P. v. Dijk/F. v. Hoof/A. v. Rijn/L. Zwaak*, Theory and Practice of the European Convention on Human Rights, 4. Aufl., Antwerpen u. a. 2006, S. 10: »Article 60 embodies what has become a general rule of international human rights law«; ferner *C. Grabenwarter/K. Pabel*, Europäische Menschenrechtskonvention, 6. Aufl. 2016, § 2 Rn. 14 f.

Konflikt mit der Konvention geraten und nur gebrochen werden, wenn sie im Einzelfall Konventionsrechte Dritter beschränken (→ Rn. 47, 80)[36].

II. Europäisches Unionsrecht

Der **Vorrang** des europäischen Unionsrechts (→ Art. 1 III Rn. 16, 21 ff.; → Art. 23 Rn. 30; → Art. 31 Rn. 13) sieht bislang keine prinzipiellen Ausnahmen zugunsten mitgliedstaatlicher Grundrechtsgewährleistungen vor und gilt **auch gegenüber Landesverfassungsrecht**[37]. Allerdings bestätigt **Art. 53 der Charta** der Grundrechte der Europäischen Union[38] – quasi als Parallelnorm zu Art. 142 GG[39] – die Fortgeltung u. a. der Grundrechtsordnungen der Mitgliedstaaten; dies soll jedenfalls im Falle von Mehrgewährleistungen (→ Rn. 46) und auch für die grundrechtlichen Gewährleistungen der Bundesländer gelten[40]. Mangels expliziter Derogationsklausel bleibt Landesrecht jedoch auch im Falle von Mindergewährleistungen (→ Rn. 44) in Kraft[41]. Sofern deutsches Verfassungsrecht gegenüber jenem, auch von Art. 53 ChGrEU nicht prinzipiell in Frage gestellten, europarechtlichen Vorrang unübersteigbare Schranken errichtet (→ Art. 79 III Rn. 11), sind dies solche des Gesamtstaates Bundesrepublik Deutschland. Nicht zu Unrecht hat man »strukturparallele Identitätsvorbehalte im Verhältnis der Länder zur Bundesrepublik Deutschland und dieser zur Europäischen Gemeinschaft und Union« konstatiert[42]. 17

Skeptisch wird man gegenüber den Möglichkeiten und Erträgen einer **landesverfassungskonformen Auslegung** des Europarechts sein müssen[43]. Auch die Idee, zur Kon- 18

---

[36] *J. F. Lindner*, EuR 42 (2007), 160 (166 f.); *ders.*, Jura 2008, 401 (403). Vgl. auch EGMR NJW 2004, 2647 (2648 ff.) bzgl. der Beschneidung von Konventionsrechten Dritter (Persönlichkeitsschutz Caroline v. Monacos) wegen Mehrgewährleistung des Grundgesetzes (Pressefreiheit).

[37] *P. Szczekalla*, Das Verhältnis zwischen dem Grundrechtsschutz in der EU und in den Mitgliedstaaten, in: HdbEuGR, § 2 II Rn. 1, 22 f.; *M. Borowski*, in: Meyer, Charta, Art. 53 Rn. 7, 10.

[38] Zur Verbindlichkeit der ChGrEU und einer verstärkten Wechselwirkung zwischen nationalem und europäischem Grundrechtsschutz statt vieler *K. Stern*, Die Charta der Grundrechte der Europäischen Union vor und nach Lissabon, in: FS Klein, 2013, S. 670 ff. (678 ff., 683 ff.); außerdem *J. F. Lindner*, Jura 2008, 401 ff.; *J. Ziller*, Die Konstitutionalisierung der Grundrechte-Charta und die gemeinsamen Verfassungsüberlieferungen der Mitgliedstaaten, in: FS Stern, 2012, S. 1015 ff. Ferner *Borowski* (Fn. 37), Art. 53 Rn. 14; aus der Sicht Österreichs *T. Öhlinger*, Die europäische Grundrechtsordnung nach dem Vertrag von Lissabon und ihre Auswirkungen auf den Grundrechtsschutz in Österreich, in: FS Berka, 2013, S. 142 ff. (144 ff., 148 ff.). → Vorb. Rn. 40 f., 45 ff.

[39] Man kann Art. 53 ChGrEU, Art. 53 EMRK und Art. 142 GG als »Geltungserhaltungssystem« zur Bewältigung von Kollisionen im grundrechtlichen Mehrebenensystem begreifen: vgl. *J. F. Lindner*, Jura 2008, 401 (403 f., 407); *ders.*, in: J. F. Lindner/M. Möstl/H. A. Wolff (Hrsg.), Verfassung des Freistaates Bayern, 2009, Vorb. (2. Hauptteil), Rn. 109 ff.

[40] Hierzu und auch zu weiteren Lesarten der Vorschrift *J. F. Lindner*, EuR 2007, 160 (168 ff.); *H. D. Jarass*, EU-Grundrechte, 2005, Rn. 11 f.; *T. v. Danwitz*, in: Tettinger/Stern, GRCh, Art. 53 Rn. 8 ff.; Komprimiert zum Charakter internationaler Schutzinstrumente als Garanten eines Mindeststandards *E. Klein*, Die Grundrechtsgesamtlage, in: FS Stern, 2012, S. 389 ff. (395 ff., zu prozessualen Konsequenzen 399 ff.). Der Preis besteht in einem bemerkenswerten Anstieg der Komplexität mit entsprechenden Transparenzverlusten (vgl. *Borowski* [Fn. 37], Art. 53 Rn. 21 f.), wenn nicht gar in einer »Grundrechtshypertrophie« (*Stern*, Charta [Fn. 38], S. 682; ähnlich *P. M. Huber*, NdsVBl. 2011, 233 [237]).

[41] *J. F. Lindner*, EuR 42 (2007), 160 (169 f.). So wohl auch *Jarass*, EU-Grundrechte (Fn. 40), Rn. 15, wenn er im Falle von Überschneidungen EU-Grundrecht und nationales Grundrecht kumulativ zum Einsatz kommen lassen will.

[42] *R. Grawert*, HGR III, § 81 Rn. 52.

[43] So aber die Begründung zu Art. 1 IV des für Bündnis 90/Die Grünen erstellten Entwurfs zur

kretisierung der »gemeinsamen Verfassungsüberlieferungen der Mitgliedstaaten« (Art. 6 III EUV) stärker die Landesverfassungen einschließlich ihrer Landesgrundrechte heranzuziehen[44], dürfte daran scheitern, daß sich dort entweder findet, was auch schon auf der Gesamtstaatsebene garantiert ist, oder, was sich gerade durch seine Besonderheit (und damit mangelnde Verallgemeinerungsfähigkeit) auszeichnet.

19 Auf europäischer Ebene enthält **Art. 52 ChGrEU** eine dem Art. 142 GG vergleichbare Regelung, die das Verhältnis zur EMRK (→ Vorb. Rn. 50ff.) regelt: nach Art. 52 III 1 ChGrEU erhalten im Falle von Überschneidungen zwischen beiden Katalogen die Gewährleistungen der Grundrechte-Charta die gleiche Bedeutung und Tragweite wie die EMRK-Garantien[45]. Der Fortbestand von Mehrgewährleistungen der Charta der Grundrechte der Europäischen Union im Vergleich zur EMRK wird gleichwohl über Art. 52 III 2 ChGrEU sichergestellt.

III. Rechtsvergleichende Hinweise

1. Ausländische Staaten

20 Die Bedeutung gliedstaatlicher Verfassungen einschließlich grundrechtlicher Gewährleistungen zeigt sich von jeher besonders deutlich in der **Schweiz**[46]. Dort wird der Vorrang des Bundesrechts vor kantonalem Recht (Art. 49 I BV; → Art. 31 Rn. 16) in bezug auf Grundrechte der Kantonsverfassungen in mehrfacher Hinsicht modifiziert. Zunächst hat nach der Rechtsprechung die Gewährleistung der Kantonsverfassung durch den Bund per Bundesbeschluß (Art. 51 II BV; → Art. 28 Rn. 32) die Einschränkung der Kompetenz des Bundesgerichts zu ihrer Kontrolle zur Folge[47]. Die Gewährleistung durch die Bundesversammlung dient auch als Argument dafür, daß kantonale Freiheitsrechte trotz grundsätzlich gegebener Kompetenzkollision fortbestehen können. Inhaltsgleiche Grundrechte gelten nach mittlerweile überwiegender Auffassung nicht als vernichtet, sondern lediglich als überlagert[48]. Sofern für den Schutz von

---

Reform der hessischen Verfassung (vgl. *P. Tiedemann*, DÖV 1999, 200 [200 Fn. *]): »Satz 2 verpflichtet die Behörden und Gerichte des Landes darüberhinaus zu einer (landes-)verfassungskonformen Anwendung des Bundes- und Europarechts«; zur landesverfassungskonformen Auslegung an sich: → Rn. 53.

[44] So *Vitzthum*, Bedeutung (Fn. 27), S. 50f.; *E. Klein*, DVBl. 1993, 1329 (1332f.); *R. Grawert*, HGR III, § 81 Rn. 42: die landesverfassungsrechtlichen Grundrechtsgewährleistungen könnten »anregend wirken«.

[45] *D. Kraus*, in: Dörr/Grote/Marauhn, EMRK/GG^2, Kap. 3 Rn. 15, 55, 71ff., 122; *J.F. Lindner*, Jura 2008, 401 (405f.); *P. Szczekalla*, Das Verhältnis zwischen dem Grundrechtsschutz in der EU und nach der EMRK, in: HdbEuGR, § 2 III Rn. 24f. prognostiziert, Art. 52, 53 ChGrEU würden in der Praxis zu einem relativen Vorrang der EMRK gegenüber der ChGrEU führen.

[46] *M. Hottelier*, HGR VII/2, § 207 Rn. 10f. Die starke kantonale Autonomie hebt *D. Hanschel*, Konfliktlösung im Bundesstaat, 2012, S. 478ff. hervor; *R.J. Schweizer*, Homogenität und Vielfalt im schweizerischen Staatsrecht, in: Thürer/Aubert/Müller, Verfassungsrecht, § 10 Rn. 1ff. spricht von einem »lebendigen Föderalismus als Grundlage der schweizerischen Staatsordnung« und bezieht das u.a. auch auf den Grundrechtsbereich (ebd., Rn. 4).

[47] *R. Rhinow/M. Schefer*, Schweizerisches Verfassungsrecht, 2. Aufl. 2009, § 10 Rn. 923ff.; *U. Häfelin/W. Haller/H. Keller/D. Thurnherr*, Schweizerisches Bundesstaatsrecht, 9. Aufl. 2016, Rn. 1028, 1959.

[48] BGE 112 Ia 124 (126 E. 3a); 119 Ia 53 (55 E. 2); 121 I 196 (200 E. 2d) – *Ren, Noth*; dazu *P. Saladin*, in: J.-F. Aubert u.a. (Hrsg.), Kommentar zur Bundesverfassung der Schweizerischen Eidgenossenschaft, Art. 2 UeB (1986), Rn. 25f., 48; *R. Kägi-Diener*, Grundrechtsschutz durch die Kantone, in: Thürer/Aubert/Müller, Verfassungsrecht, § 53 Rn. 19; *B. Waldmann*, in: B. Waldmann/E.M. Belser/A. Epiney (Hrsg.), Basler Kommentar zur Bundesverfassung, 2015, Art. 49 Rn. 13, 29 m.w.N.

Mehrgewährleistungen auf kantonaler Ebene keine eigene Verfassungsgerichtsbarkeit bereitsteht, werden kantonale Grundrechte als »verfassungsmäßige Rechte« mittels der **Einheitsbeschwerde in öffentlich-rechtlichen Angelegenheiten** (Art. 189 I Buchst. d BV i. V. m. Art. 95 Buchst. c Bundesgerichtsgesetz) sowie – zur Schließung von Rechtsschutzlücken – der **subsidiären Verfassungsbeschwerde** (Art. 113 BGG) **zum Bundesgericht** geschützt; beide Verfahren sind durch die Bundesjustizreform geschaffen worden und ersetzen seit 2007 die staatsrechtliche Beschwerde[49]. Insgesamt dominiert in der Schweiz ein Trend zur stärkeren Betonung kantonaler Eigenständigkeit und zur **Innovation durch kantonale Grundrechte**[50], wovon auch Tendenzen zur Einführung einer regelrechten kantonalen Verfassungsgerichtsbarkeit zeugen. Zuletzt läßt sich dieser Wandel – wenn auch in unterschiedlicher Ausprägung – in den neuen Verfassungen der **Kantone Genf** (partielle Übernahme der Grundrechtstexte der BV und daneben Gewährleistung weiterer Rechte[51], eigener Verfassungsgerichtshof gem. Art. 124 KV), **Zürich** (zunächst pauschale Verweisung auf die Grundrechte der BV und der internationalen Abkommen [Art. 10 KV], sodann in den Art. 11 ff. eigene Kantonsgrundrechte, die gegenüber der BV Mehrgewährleistungen enthalten[52]), **Freiburg** (umfassender, auch über die Gewährleistungen der BV hinausgehender Grundrechtskatalog [Art. 8 ff. KV][53]) und **Basel-Stadt** (ausdrückliche Aufzählung der inkorporierten nationalen und internationalen Grundrechte [§§ 11 I, 12 KV]; darüber hinaus Mehrgewährleistungen [§ 11 II KV][54]) ablesen. Andere Kantone belassen es indes trotz umfassender Revision bei einer knappen Verweisung auf die BV[55]. Mangels einer von den Kantonsverfassungen (mit einer Ausnahme) vorgesehenen eigenen Verfassungsbeschwerde fehlt es derzeit freilich noch an einer der deutschen Problematik (→ Rn. 72 ff.; → Art. 31 Rn. 53 f.) vergleichbaren Kollisionslage[56].

---

[49] *R. J. Schweizer*, HGR VII/2, § 229 Rn. 64 f., 73 ff., 91 ff.; *A. Vatter*, Das politische System der Schweiz, 2. Aufl. 2016, 11.5 (S. 512 ff.); *H.-J. Mosimann*, Öffentliches Recht, Zürich u. a. 2009, § 17, S. 225 ff.

[50] Allgemeine Würdigung bei *P. Häberle*, JöR 34 (1985), 305 (413), der den Schweizer Kantonen sogar »eine *Führungsposition* in Sachen ›Verfassungsreform‹« attestierte; ähnlich *ders.*, JöR 56 (2008), 279 (285 ff.). – Mittlerweile gewährleistet die Bundesverfassung umfassenden Grundrechtsschutz, so daß die Kantone daher nur noch im Verfahrensrecht und den sozialen Grundrechten eigenen Entwicklungsspielraum haben: *Kägi-Diener* (Fn. 48), § 53 Rn. 25. Vgl. auch *D. Thürer*, HGR VII/2, § 203 Rn. 28, 30 a. E.

[51] So enthält Art. 16 KV »Rechte der Behinderten«, Art. 19 das »Recht auf eine gesunde Umwelt«.

[52] Art. 13 KV gewährleistet die freie Wahl der Form des partnerschaftlichen Zusammenlebens, Art. 11 II KV kennt spezielle Diskriminierungsverbote wie »genetische Merkmale« und »sexuelle Orientierung«.

[53] Zu nennen wären beispielsweise spezielle Gleichheitsrechte in Art. 9 II KV. Eine umfassende Untersuchung, insbesondere der kantonalen Mehrgewährleistungen, findet sich bei *T. Göksu/A. Petrig*, FZR Sondernummer 2005, 123 ff. – Auch die Kantonsverfassungen von Aargau (§§ 7 ff. KV), Bern (Art. 9 ff. KV), Glarus (Art. 2 ff. KV), Neuenburg (Art. 7 ff. KV), Nidwalden (Art. 1 ff. KV), Schaffhausen (Art. 10 ff. KV), Waadt (Art. 9 ff. KV) und Zürich (Art. 9 ff. KV) beschränken sich auf eigene Grundrechtskataloge ohne bundesrechtlichen Bezug.

[54] Ebenso verfährt der Kanton St. Gallen (Art. 2 bzw. Art. 3 KV).

[55] Graubünden (Art. 7 KV) unter Einbeziehung der internationalen Abkommen, ebenso Schwyz (Art. 10 KV); ferner Luzern: in § 10 II KV Verweisung auf die in der BV gewährleisteten Grundrechte. Hier scheint die Verfassungskommission dem Umstand Rechnung getragen zu haben, daß eventuell aufgenommene gleichlautende Kantonsgrundrechte aufgrund umfangreicher Gewährleistungen in der BV keine selbständige Bedeutung erlangt hätten: vgl. *P. Richli*, SchwJZ 2007, 453 (454 f.).

[56] Zu kantonalen Verfassungsgerichten allgemein *K. Eichenberger*, Die Verfassungsgerichtsbarkeit in den Gliedstaaten der Schweiz, in: Starck/Stern, Landesverfassungsgerichtsbarkeit (Fn. 5), Bd. 1, S. 435 ff. (445 ff., 449 f. Fn. 36). Eigene Verfassungsgerichte haben mittlerweile Nidwalden (Art. 69

21 Nach wie vor als vergleichsweise schwach präsentieren sich die Grundrechte der Landesverfassungen in der Republik **Österreich**, deren Verbürgung in Parallele zum einfachen Recht über die Kompetenzordnung reguliert wird (→ Art. 31 Rn. 15). Lange Zeit war umstritten, ob den Ländern der Normtypus »Grundrecht« überhaupt eröffnet ist[57]; mittlerweile wird ganz überwiegend und auch von Seiten des Verfassungsgerichtshofs anerkannt, daß die Bundesländer Freiheitsgewährleistungen in ihre Verfassungen aufnehmen können und dürfen, solange sie das Berührungsverbot des Art. 99 I B-VG (→ Art. 31 Rn. 15) beachten und sich im Rahmen der ihnen offenstehenden einfachgesetzlichen Kompetenzen halten[58]. Mangels eigener Verfassungsgerichtsbarkeit kommt ein Schutz landesverfassungsrechtlich gewährleisteter Rechte insbesondere durch die **Beschwerde zum Verfassungsgerichtshof** nach Art. 144 B-VG in Betracht. Landesverfassungsgrundrechte werden von Rechtsprechung und Literatur als »verfassungsgesetzlich gewährleistete Rechte« im Sinne dieser Vorschrift angesehen, ohne daß sie bislang vom Verfassungsgerichtshof akut herangezogen worden wären[59]. Soweit die österreichischen Landesverfassungen Grundrechte statuieren[60], wiederholen sie überwiegend die in der Bundesverfassung und vor allem dem Staatsgrundgesetz von 1867[61] verbürgten Garantien; prominente **Mehrgewährleistungen** (→ Rn. 46 ff.) finden sich etwa in den Verfassungen von Vorarlberg (Art. 11 II) und Tirol (Art. 11 III), die einen Entschädigungsanspruch für landesrechtlich angeordnete Enteignungen festlegen[62] und damit über den Schutz durch Art. 5 StGG hinausgehen.

KV), Basel-Stadt (§ 116 I Buchst. a KV), Jura (Art. 103 I Buchst. a, 104 KV) und Genf (Art. 124 KV), allerdings sehen alle vier keine der Verfassungsbeschwerde entsprechende Rechtsschutzmöglichkeit des Einzelnen vor. Eine solche kennt bislang lediglich Basel-Landschaft (§ 86 II Buchst. a KV), eingeschränkt auf politische Rechte auch Waadt (Art. 136 S. 2 Buchst. b KV). Vgl. *P. Häberle*, JöR 56 (2008), 279 (301 f.).

[57] Gerade der Verfassungsgerichtshof hatte dies in älteren Judikaten (VfSlg 2527/1953; 3314/1958) unter Berufung auf Art. 10 I Nr. 1 B-VG verneint: Grundrechte fielen unter den Kompetenztitel »Bundesverfassung«, der allein dem Bund zugeordnet sei.

[58] Der Verfassungsgerichtshof erkennt etwa in VfSlG 14043/1995, 175 (179) das Eigentumsrecht des Art. 11 Vorarlberger Landesverfassung an, welches im Verhältnis zur B-VG Mehrgewährleistungen enthält; zur Grenze des Art. 99 I B-VG s. VfSlG 16593/2002, 16 (18 f.). Aus der Literatur *H. Schreiner*, ZöR 54 (1999), 89 ff.; *R. Novak*, Das Verhältnis der Bundesverfassung zu den Landesverfassungen im Hinblick auf die Grundrechte, in: R. Novak/B. Sutter/G. D. Hasiba (Hrsg.), Der Föderalismus und die Zukunft der Grundrechte, 1982, S. 63 ff. (72 f., 74); *F. Koja*, Das Verfassungsrecht der österreichischen Bundesländer, 2. Aufl. 1988, S. 74 ff.; kompakt *Berka*, Grundrechte, Rn. 1034 f. – Trotz umfassender Reformbestrebungen für die Bundesverfassung insbesondere im Rahmen des Österreich-Konvents scheinen diese – unabhängig vom Scheitern des ehrgeizigen Reformvorhabens – für die hier interessierende Problematik keine Neuerungen zu bringen. Ferner wurden Forderungen der Länder auf Änderungen des B-VG zur Ausweitung der Fortentwicklungsmöglichkeiten der Landesverfassungen kaum umgesetzt; vgl. *H. Mayer/G. Kucsko-Stadlmayer/K. Stöger*, Grundriss des österreichischen Bundesverfassungsrechts, 11. Aufl. 2015, Rn. 99, 110.

[59] VfGH VfSlg 11.990/1989; 12.397/1990; *Mayer/Kucsko-Stadlmayer/Stöger*, Grundriss (Fn. 58), Rn. 1209, 1317 f.; zum Ganzen *H. Schreiner*, ZöR 54 (1999), 89 (91).

[60] Die wiederum von den vielfältigen landesverfassungsrechtlichen Staatszielbestimmungen abzugrenzen sind, vgl. *Berka*, Grundrechte, Rn. 1048; *H. Schäffer*, HGR VII/1, § 199 Rn. 13.

[61] Das StGG vom 21.12.1867 (RGBl. 142/1867) gilt mangels Erzielung eines Kompromisses bei der Beratung der Verfassung gemäß Art. 149 I B-VG fort; dementsprechend finden sich nur wenige Grundrechtsgewährleistungen direkt im B-VG. Eine »dritte Grundrechtsschicht« ist zumeist in einfachen Bundesgesetzen vorhanden: *E. Wiederin*, IPE I, § 7 Rn. 122 (Zitat).

[62] Dazu *Koja*, Verfassungsrecht (Fn. 58), S. 74, 80 f.; *S. Morscher*, in: H. Schäffer (Hrsg.), Das Verfassungsrecht der österreichischen Bundesländer, Bd. 7: Tirol, 1991, S. 48; *H. Schreiber*, ZöR 54 (1999), 89 (94). Die kompetenzrechtliche Lösung hat zur Folge, daß derartigen Mehrgewährleistungen kein weiteres Konfliktpotential innewohnt; vgl. *Koja*, ebd., S. 72; *H. Kienberger*, Grundrechtsver-

In den **USA**, wo die (Bundes)Verfassung erst nachträglich im Jahre 1791 um eine »Bill of Rights« ergänzt wurde, ist Grundrechtsschutz seit jeher in besonders hohem Maße durch das Föderalismusverständnis geprägt[63]. Hier existiert eine starke Tradition einzelstaatlicher Grundrechtskataloge, deren Bedeutung nicht zuletzt daraus resultiert, daß den Gliedstaaten im Vergleich zur Bundesrepublik Deutschland sehr viel weitergehende Gesetzgebungskompetenzen zustehen[64]. Der **Bundes-Grundrechtskatalog stellt lediglich ein Minimum** dar, welches die Einzelstaaten im Rahmen des Vorrangs des Bundesrechts (Art. 6 Verf. USA; → Art. 31 Rn. 16) überbieten können[65]. Entsprechend haben die einzelstaatlichen obersten Gerichtshöfe eine Phase restriktiverer Auslegung der Bundesgrundrechte durch den Supreme Court in den siebziger und achtziger Jahren genutzt, um mittels der Grundrechte der Staatsverfassungen weiterreichenden Rechtsschutz zu gewähren (»**New Judicial Federalism**«)[66]. Vieldiskutierte Beispiele einzelstaatlicher Mehrgewährleistungen sind etwa die Ausdehnung des Rechts der freien Rede auf private Einkaufszentren[67], vielschichtige Bestimmungen zur Verbesserung der Lebensqualität[68] oder (bis 2015) die Gleichstellung Homosexueller[69]. Über Generalklauseln in Zusatzartikeln der Bundesverfassung, insbeson- 22

bürgungen in den österreichischen Landesverfassungen, in: R. Mahacek/W.P. Pahr/G. Stadler (Hrsg.), 40 Jahre EMRK. Grund- und Menschenrechte in Österreich, Bd. 2, 1992, S. 27ff. (32f.). Umfassende Untersuchung auch bei *K. Korinek*, Grundrechte und Verfassungsgerichtsbarkeit, 2000, S. 157ff., der allerdings bereits aus Art. 5 StGG eine (ungeschriebene) Entschädigungspflicht herleitet (S. 181ff.).

[63] Eine frühe Reflexion über die Frage der Garantie von Freiheitsrechten auf verschiedenen Verfassungsebenen findet sich im Rahmen der Diskussion um die amerikanische Bundesverfassung 1787 in den **Federalist Papers**: *A. Hamilton*, in: A. Hamilton/J. Madison/J. Jay (Hrsg.), The Federalist Papers, Nr. 84, deutsch in: A. Adams/W.P. Adams (Hrsg.), Hamilton/Madison/Jay, Die Federalist-Artikel, 1994, S. 519ff. Dazu knapp *Vaulont*, Grundrechte (Fn. 9), S. 4f.; *F. V. Lange*, Grundrechtsbindung des Gesetzgebers, 2010, S. 43f. m. Fn. 5, 421f.

[64] *J. Pietzcker*, HStR³ VI, § 134 Rn. 75; *W. Brugger*, Einführung in das öffentliche Recht der USA, 2. Aufl. 2001, S. 62f.

[65] *W.J. Brennan*, NYULRev. 61 (1986), 535 (548); dazu näher und unter Einbeziehung des Konkurrenzverhältnisses zwischen US Supreme Court und State Supreme Courts *R.M. Howard/S.E. Graves/J. Flowers*, Law & Society Review 40 (2006), 845 (847ff.). → Fn. 71.

[66] Zu dieser Entwicklung *W.J. Brennan*, NYULRev. 61 (1986), 535 (546ff.); umfangreich *R.F. Williams*, The Law of American State Constitutions, Oxford 2009, S. 113ff.; bündig *M. Versteeg/E. Zackin*, The University of Chicago Law Review 81 (2014), 1641 (1650); *G.A. Tarr*, Understanding State Constitutions, Princeton 1998, S. 161ff., 177ff. Eine »Wiederbelebung des einzelstaatlichen Verfassungsrechts« konstatiert auch *D.P. Kommers*, Die Verfassungsgerichtsbarkeit in den Gliedstaaten der Vereinigten Staaten von Amerika, in: Starck/Stern, Landesverfassungsgerichtsbarkeit (Fn. 5), Bd. 1, S. 461ff. (494).

[67] Vgl. *Hudgens v. NLRB*, 424 U.S. 507 (1976) mit *Pruneyard v. Robins*, 447 U.S. 74 (1980); dazu *W.J. Brennan*, NYULRev. 61 (1986), 535 (547 m. Fn. 72, 548 m. Fn. 78f.); *W. Brugger*, Grundrechte und Verfassungsgerichtsbarkeit in den Vereinigten Staaten von Amerika, 1987, S. 263; *S. Mosk*, The Emerging Agenda in State Constitutional Rights Law, in: J. Kincaid (Hrsg.), State Constitutions in a Federal System, Newbury Park 1988, S. 54ff. (62f.); *Tarr*, State Constitutions (Fn. 66), S. 13 m. Fn. 32.

[68] Eine Aufzählung solcher Beispiele findet sich bei *J. Kincaid*, State Constitutions in the Federal system, in: The Annals of the American Academy of Political and Social Science 496 (1988), 12ff. (17).

[69] Seit 2015 gilt umfassende Gleichstellung in puncto Eheschließung kraft für alle Staaten verbindlichen Bundesrechts. – Nachdem zunächst in mehreren Bundesstaaten die Strafbarkeit homosexueller Handlungen gestützt auf die jeweilige einzelstaatliche Verfassung als »unconstitutional« gerügt wurde und sich der Supreme Court dem 2003 in der Entscheidung *Lawrence v. Texas*, 539 U.S. angeschlossen hatte, verwarf als erster der Gerichtshof des Bundesstaates Massachusetts in der Entscheidung *Goodridge v. Dept. of Public Health*, 440 Mass. 309 das Verbot der gleichgeschlechtlichen Ehe und erstreckte die Privilegien der »klassischen« Ehe auch auf homosexuelle Partnerschaften. Ähn-

dere die »due process«-Klausel, werden Grundrechtsgarantien jedoch durch selektive Inkorporation im Rahmen von Entscheidungen des Supreme Court auch für die das Grundrecht nicht oder zumindest weniger gewährleistenden Hoheitsträger verbindlich[70]. Die **Korrekturkompetenz des Supreme Court** gegenüber Grundrechtsentscheidungen der Obersten Gerichte der Einzelstaaten richtet sich nach der die Überprüfbarkeit beschränkenden »adequate and independent state grounds doctrine«[71].

2. Deutsche Landesverfassungen

23 Dem Art. 142 GG spiegelbildlich entsprechende Normen fehlen in den **deutschen Landesverfassungen**[72]; es finden sich lediglich Bestimmungen, die den Nachrang des Landesrechts unterstreichen (→ Art. 31 Rn. 17). Versuche, das Maß der Bindung des Landes(verfassungs)rechts kraft solch allgemeiner Unterwerfungsklauseln im Wege der »**geltungserhaltenden Reduktion**« zu steuern, sind **abzulehnen**[73], können sie doch nicht die grundgesetzlich angeordnete Folge zwingender Nichtigkeit nach Art. 31 GG verhindern (→ Rn. 51 f., 55).

24 **Eigene Grundrechtskataloge** enthalten die Verfassungen von Bayern (Art. 98 ff.), Berlin (Art. 6 ff.), Brandenburg (Art. 5 ff.), Bremen (Art. 1 ff.), Hessen (Art. 1 ff.), Rheinland-Pfalz (Art. 1 ff.), Saarland (Art. 1 ff.), Sachsen (Art. 14 ff.), Sachsen-Anhalt (Art. 4 ff.) und Thüringen (Art. 1 ff.)[74]. Auf eine **Übernahme der Grundrechte des**

---

lich entschieden in der Folge die Obergerichte weiterer Staaten (insb. 2008 in Kalifornien und Connecticut, 2009 in Iowa; zu Entwicklung und Beweggründen der Judikatur *N. Devins*, Stanford Law Review 62 (2010), 1629 [1674 ff.]), bis im Jahre 2015 der US Supreme Court in *Obergefell v. Hodges* (135 S. Ct. 2584, 2608) die Verpflichtung aller Einzelstaaten aussprach, gleichgeschlechtliche Eheschließungen anzuerkennen und zu gewährleisten. Zu diesem mit knappster Richtermehrheit ergangenen Grundsatzurteil *A. Kulick*, JZ 2016, 67 ff. und kurz *B. Rentsch*, NZFam 2015, 995 ff.

[70] Neben Amendment V spielt insbesondere Amendment XIV (»nor shall any State deprive any person of life, liberty, or property, without due process of law«) eine zentrale Rolle; vgl. *P. Hay*, US-Amerikanisches Recht, 3. Aufl. 2005, Rn. 69; *Brugger*, Einführung (Fn. 64), S. 94 f., 103 ff.; *Hanschel*, Konfliktlösung (Fn. 46), S. 375 f., 379 f.

[71] Siehe zur diesbezüglichen Debatte mit Parallelen zur deutschen Situation zunächst die zentrale Entscheidung: *Michigan v. Long*, 463 U.S. 1032 (1983). Zusammenfassung m. w. N. bei *Williams*, State Constitutions (Fn. 66), S. 122 ff.; *B. Latzer*, State Constitutions and Criminal Justice, New York 1991, S. 11 ff.; *J. E. Nowak/R. D. Rotunda*, Constitutional Law, 8. Aufl. 2010, § 2.13 (S. 111 ff.). – Hinsichtlich der Parallelen zur deutschen Situation spielt die Differenzierung nach materiellem und Verfahrensrecht (»procedural« oder »substantive state grounds«; → Rn. 77) ebenso eine Rolle (seit *Henry v. Mississippi*, 379 U.S. 443 [1965]; dazu *Latzer*, ebd., S. 20 f., 29 m. Fn. 41 m. w. N.) wie die Behandlung von inhaltlich übereinstimmenden Gewährleistungen (→ Rn. 41 ff.). In der Sache geht es freilich weniger um *Norm*gleichheit als um eine interpretatorische Angleichung der Landesverfassung an das Bundesrecht. Zur Verfassungslage in Kanada: → Bd. III², Art. 142 Rn. 24.

[72] Besonders zu den vorgrundgesetzlichen Landesverfassungen *F. Wittreck*, HGR VIII, § 231 Rn. 88 ff. mit Hinweis auf die Weimarer Reichsverfassung als Erstreferenz für die jeweiligen verfassunggebenden Versammlungen.

[73] Zur älteren Literatur: → Bd. III², Art. 142 Rn. 25 mit Fn. 79. Nähere Darstellung und Kritik bei *F. Wittreck*, DVBl. 2000, 1492 ff. sowie *J. Pietzcker*, HStR³ VI, § 134 Rn. 52, der als Befürworter der »flexibleren« Suspensionslösung solche Nachrangklauseln für rein deklaratorisch hält. Zum Konzept einer landesverfassungskonformen Auslegung des Bundesrechts: →Rn. 53.

[74] Periodisierende Übersicht mit umfangreichen Nachweisen bei *Stern*, Staatsrecht III/2, S. 1420 ff., 1445 ff.; *E. Tjarks*, Zur Bedeutung der Landesgrundrechte, 1999, S. 145 ff.; knapp *H. Dreier*, Grundrechtsschutz durch Landesverfassungsgerichte, 2000, S. 11 f.; zu den einzelnen Ländern jetzt die Berichte in HGR VIII. – Ausführliche Bestandsaufnahme: *C. v. Coelln*, Anwendung von Bundesrecht nach Maßgabe der Landesgrundrechte?, 2001, S. 59 ff., 63; speziell zur bayerischen Verfassung *J. F.*

Grundgesetzes (ergänzt durch punktuelle eigene Gewährleistungen)[75] beschränken sich Baden-Württemberg (Art. 2 I), Mecklenburg-Vorpommern (Art. 5 III, 6 ff.), Niedersachsen (Art. 3 II), Nordrhein-Westfalen (Art. 4 I)[76] und seit dem 18.3.2008 auch Schleswig-Holstein[77]. Über ein bloßes **Organisationsstatut**, ergänzt um einzelne Staatszielbestimmungen, verfügt Hamburg. Namentlich in den neuen Bundesländern hat also sowohl der Gedanke eigenständiger Landesgrundrechte wie auch die prozessuale Einräumung einer Landesverfassungsbeschwerde einen deutlichen Aufschwung genommen. Ganz unabhängig von rechtlichen Bindungen (→ Rn. 74 f., 83 ff.) läßt sich freilich auch eine **weitreichende faktische Anpassung** der Landesverfassungsgerichte an die Grundrechtsjudikatur des Bundesverfassungsgerichts beobachten[78].

25 Ob die Landesgrundrechte **eigenständiges Profil** gewinnen können, hängt entscheidend davon ab, ob die Landesverfassung die **Möglichkeit der Individualverfassungsbeschwerde** oder funktionale Äquivalente kennt (→ Rn. 25, 71 ff.)[79]. Von den Landesverfassungen mit eigenem Grundrechtskatalog versagte bisher allein **Bremen** seinen Bürgern eine Verfassungsbeschwerdemöglichkeit[80]. In **Schleswig-Holstein verzichtete** man im Rahmen des Beschlusses zur Errichtung eines Verfassungsgerichts und der Verabschiedung des entsprechenden Verfassungsgerichtsgesetzes[81] zunächst auf die Landesverfassungsbeschwerde – dies geschah jedoch allein in Ermangelung eigener Landesgrundrechte zum Zeitpunkt der Beschlußfassung, da die Rezeption der Bundesgrundrechte erst zu einem späteren Zeitpunkt erfolgte (→ Rn. 24)[82]. Eine im Jahr

---

Lindner, BayVBl. 2004, 641 ff. sowie *ders.*, BayVBl. 2006, 1 (12 f.) mit Vorschlägen zu Abänderungsmöglichkeiten im Bereich der bayerischen Grundrechte.

[75] Zum Problem landesverfassungsrechtlicher Rezeption bzw. Inkorporation der Bundesgrundrechte: → Rn. 41.

[76] Dazu mit umfangreichen historischen Nachweisen *Stern*, Staatsrecht III/2, S. 1433 ff.; *D. Martina*, Die Grundrechte der nordrhein-westfälischen Landesverfassung im Verhältnis zu den Grundrechten des Grundgesetzes, 1999, S. 29 ff.

[77] Art. 3 Verf. Schleswig-Holstein 2014 (GVOBl. S. 344) lautet: »Die im Grundgesetz der Bundesrepublik Deutschland festgelegten Grundrechte und staatsbürgerlichen Rechte sind Bestandteil dieser Verfassung und unmittelbar geltendes Recht«. Dazu *J. Caspar*, NordÖR 2008, 193 (197 ff.); *C. Nordmann*, NordÖR 2009, 97 ff.; *Y. Blackstein*, Das Landesverfassungsgericht von Schleswig-Holstein. Geschichte, Organisation und Verfahrensarten, 2014, S. 50 ff.; *F. Becker*, HGR VIII, § 259 Rn. 4 ff., 11 ff., 14 ff., 31 ff.

[78] So bereits *O. Bachof/D. Jesch*, JöR 6 (1957), 47 (56); s. auch *Vitzthum*, Bedeutung (Fn. 27), S. 35 ff. und aus jüngerer Zeit *W. Kluth*, NdsVBl. 2010, 130 (130); *R. Grawert*, HGR III, § 81 Rn. 30; *K. Lange*, HGR III, § 83 Rn. 26 ff., 33 ff., 40 f.; ebenfalls differenziert *C. Pestalozza*, HGR III, § 86 Rn. 84. Ältere Literatur: → Bd. III², Art. 142 Rn. 27 Fn. 84. → Rn. 43.

[79] So die übereinstimmenden Einschätzungen von *Vitzthum*, Bedeutung (Fn. 27), S. 36; *K. Stern*, Der Aufschwung der Landesverfassungsbeschwerde im wiedervereinigten Deutschland, in: FS 50 Jahre BayVerfGH, 1997, S. 241 ff. (246); *Dreier*, Landesverfassungsgerichte (Fn. 74), S. 10, 13 ff.

[80] Vgl. Art. 140 BremVerf. i. V. m. §§ 20 ff. Gesetz über den Staatsgerichtshof vom 18.6.1996; dazu *A. Rinken*, Staatsgerichtshof, in: V. Kröning u. a. (Hrsg.), Handbuch der Bremischen Verfassung, 1991, S. 484 ff. (487 ff., 543, 545); *Dreier*, Landesverfassungsgerichte (Fn. 74), S. 14 m. Fn. 20; jeweils m.N. zur historischen Genese dieser Lücke. Einen (nicht tagesaktuellen) Überblick über die Individualverfassungsbeschwerde in den Landesverfassungen bieten *H.-P. Schneider*, NdsVBl. 2005, Sonderheft, 26 (27 f.) sowie *H. Sodan*, HGR III, § 84 Rn. 50 ff.; jünger *J. Ipsen*, Grundfragen der Landesverfassungsbeschwerde, in: FS Stilz, 2014, S. 321 ff.

[81] LVerfGG Schleswig-Holstein v. 10.1.2008, GVOBl. 2008, 25.

[82] Art. 3 Nr. 4 LVerfGG gewährt lediglich Gemeinden und Gemeindeverbänden die Möglichkeit der Einlegung einer kommunalen Verfassungsbeschwerde. Im übrigen hat das »Schleswig-Holsteinische Verfassungsgericht« mit Sitz in Schleswig (§ 1 LVerfGG) seine Arbeit am 1.5.2008 aufgenommen (§ 57 LVerfGG) und die bisherige Zuständigkeit des Bundesverfassungsgerichts nach Art. 99 GG

2014 wiederum im fraktionsübergreifenden Konsens[83] erfolgte Verfassungsreform erweiterte die Kompetenzen des Landesverfassungsgerichts nur geringfügig um eine Nichtanerkennungsbeschwerde[84]; eine Individualverfassungsbeschwerde sucht man weiterhin vergebens[85]. In Nordrhein-Westfalen befaßte sich von 2013 bis 2016 eine Verfassungskommission unter anderem mit der Frage einer Einführung der Individualverfassungsbeschwerde auf Landesebene[86] – allerdings ohne nennenswerte Erträge[87]. **Umfassenden** und nicht durch Alternativitäts- oder Subsidiaritätsregelungen eingeschränkten **verfassungsgerichtlichen Grundrechtsschutz** durch Verfassungsbeschwerde oder deren funktionale Äquivalente gewähren lediglich die Verfassungen von Bayern (Art. 66, 98 S. 4, 120), Rheinland-Pfalz (Art. 130a, 135 I Nr. 4), dem Saarland (Art. 97 Nr. 4 LVerf.; § 55 III VerfGHG – bis zum Jahr 2000 galt hier auch noch Subsidiarität), Sachsen (Art. 81 Nr. 4) und Thüringen (Art. 80 I Nr. 1). In Brandenburg (Art. 6 II, 113 Nr. 4 LVerf.; § 45 I VerfGG), Berlin (Art. 84 II Nr. 5 LVerf.; § 49 I VerfGHG), Hessen (Art. 131 I, II LVerf.; § 43 I 2 StGHG) und jüngst auch Baden-Württemberg[88] (Art. 68 I Nr. 4 LVerf., § 55 I VerfGHG) kann die Verfassungsbeschwerde hingegen nur **alternativ** beim Bundes- oder Landesverfassungsgericht eingelegt werden, wobei in Hessen dieses Alternativitätsverhältnis nicht im Falle landesgrundrechtlicher Mehrgewährleistungen gilt (§ 43 I 3 VerfGHG)[89]. In Mecklenburg-Vorpommern ist die Landesbeschwerde **subsidiär** gegenüber der Beschwerde zum Bundesverfassungsgericht[90], wobei ferner die Berufung nur auf die eigenständigen Gewährleistungen der Landesverfassung unter Ausschluß der rezipierten Grundrechte des Grundgesetzes (Art. 5 III LVerf.) beschränkt ist (Art. 53 Nr. 7 LVerf.), freilich mit der Gegenausnahme bezüglich beider Kriterien für Landes*gesetze* (Art. 53 Nr. 6 LVerf.)[91].

---

i. V. m. Art. 59c Verf. Schleswig-Holstein a. F. beendet. Detailliert *Blackstein*, Landesverfassungsgericht (Fn. 77), S. 57 ff., 91 ff.

[83] Siehe hierzu den Antrag aller Landtagsfraktionen vom 26.4.2013 zur Einsetzung eines Sonderausschusses »Verfassungsreform«, LT-Drs. 18/715 sowie das Änderungsgesetz v. 12.11.2014, GVBl. 2014, 328 ff.

[84] Vgl. Art. 51 II Nr. 5 Verf. Schleswig-Holstein zur Beschwerde bei Nichtanerkennung als Partei zur Landtagswahl.

[85] Hierzu *Blackstein*, Landesverfassungsgericht (Fn. 77), S. 220.

[86] *J. Dietlein*, HGR VIII, § 254 Rn. 70 f. m. w. N.

[87] Kritische Bilanz: *B. Pieroth*, NWVBl. 2016, 485 (489).

[88] Die Verfassungsbeschwerde wurde mit Wirkung zum 1.4.2013 auf einfachgesetzlicher Ebene – bisher nicht durch Verankerung in der Landesverfassung – eingeführt durch Gesetz v. 13.11.2012, GVBl. S. 569. Mit Verfassungsänderung vom 1.12.2015 (GVBl. 2015, 1030) nennt sich der Staatsgerichtshof seiner neuen Rolle entsprechend nunmehr »Verfassungsgerichtshof«. Dazu näher *T. Krappel*, VBlBW 2015, 137 ff. u. a. mit einer ersten Verfahrensstatistik (ebd., S. 139).

[89] Zur Rechtmäßigkeit der Alternativitätsklausel *C. Pestalozza*, DVBl. 1993, 1063 (1068): Nichtigkeit des § 45 I BbgVerfGG mangels verfassungsrechtlicher Ermächtigung, hingegen Rechtmäßigkeit des § 49 I BerlVerfGHG; vgl. *A. Stiens*, Chancen und Grenzen der Landesverfassungen im deutschen Bundesstaat der Gegenwart, 1997, S. 191 f.; *C. Starck*, HStR³ VI, § 130 Rn. 60. – Vgl. BerlVerfGH LKV 2000, 159. Kritisch zu den verschiedenen Ausgestaltungen des Verhältnisses zwischen Bundes- und Landesverfassungsgericht in den Ländern *H.-J. Papier*, Die Bedeutung der Landesverfassungsgerichtsbarkeit im Verhältnis zur Bundesverfassungsgerichtsbarkeit, in: H. Sodan (Hrsg.), Zehn Jahre Berliner Verfassungsgerichtsbarkeit, 2002, S. 19 ff. (31 f.).

[90] *C. D. Classen*, in: C. D. Classen/R. Litten/M. Wallerath (Hrsg.), Verfassung des Landes Mecklenburg-Vorpommern, 2. Aufl. 2015, Art. 53 Rn. 40 f.

[91] Zu diesen Begrenzungen *H. P. Bull*, NordÖR 2008, 49 (52); zur Gesetzesverfassungsbeschwerde Meckl.-Vorp.VerfG DÖV 1999, 643 (643 f.); beide Verfahren gegenüberstellend *Classen* (Fn. 90), Art. 53 Rn. 30, 38; zur Konsequenz für Urteilsverfassungsbeschwerden *C. Starck*, HStR³ VI, § 130 Rn. 59.

Die Verfassung von Sachsen-Anhalt (Art. 75 Nr. 6) schließlich eröffnet eine Landesverfassungsbeschwerde generell **nur gegen Landesgesetze**. Seit der Verfassungsreform von 1993 ist in der nicht mehr nur »vorläufigen« niedersächsischen Verfassung zwar die kommunale Verfassungsbeschwerde implementiert (Art. 54 Nr. 5 LVerf., §§ 8 Nr. 10 , 36 NStGHG), über eine Gesetzesvorlage der FDP-Fraktion zur Einführung einer Landesverfassungsbeschwerde muß aber noch entschieden werden[92].

Implizit nimmt auf Art. 142 GG und seine gefestigte Auslegung ferner **§ 44 II Rh.-Pf. VerfGHG** Bezug, der eine Verfassungsbeschwerde gegen die Anwendung von Bundesrecht lediglich unter Berufung auf eine **Mehrgewährleistung** der Landesverfassung (→ Rn. 46 ff.) sowie – seit einer Anpassung der Norm an die Entscheidung des Bundesverfassungsgerichts vom 15.10.1997[93] – »für die Durchführung des gerichtlichen Verfahrens«[94] zuläßt[95]. Ersteres galt für die ältere Rechtsprechung der Verfassungsgerichte Bayerns und Hessens, die **Verfassungsbeschwerden** unter Berufung auf von Bundesgerichten nicht zu berücksichtigende Landesgrundrechte auch **vor Erschöpfung des Rechtsweges** zuließen; in der Sache beschränkte sich diese Ausnahme auf Mehrgewährleistungen[96]. 26

C. Erläuterungen

I. Verhältnis zu Art. 31 GG und verbleibende Bedeutung (»Ungeachtet der Vorschrift des Artikels 31«)

Neben der Entstehungsgeschichte (→ Rn. 9 ff.) weisen auch die Plazierung des Art. 142 GG in den Übergangsvorschriften sowie sein Wortlaut darauf hin, daß es sich um eine **Ausnahmevorschrift** handelt. Selbst wenn die Bedeutung der Konjunktion »ungeachtet« nicht ganz zweifelsfrei sein mag[97], ist doch hinlänglich deutlich zum Ausdruck gebracht, daß die bei Verabschiedung des Grundgesetzes vermutete **Rechtsfolge des Art. 31 GG**, wonach (auch) mit Bundesrecht gleichlautendes Landesverfassungsrecht gebrochen würde (→ Art. 31 Rn. 7 ff.), für den mit Art. 142 GG umschriebenen Kreis 27

---

[92] Zum Gesetzesentwurf vgl. LT-Drs. 17/1111; differenzierte Beurteilung durch *K. Lange*, NdsVBl. 2016, 321 (insb. 324 f.).

[93] BVerfGE 96, 345. Seitdem findet sich vielfach der Begriff der »gelockerten Bundesrechtsklausel« des § 44 II 2 Rh.-Pf.VerfGHG; vgl. Rh.-Pf.VerfGH DÖV 2001, 209 (209); *P. M. Huber*, in: Sachs, GG, Art. 142 Rn. 17.

[94] Eben diese Worte wurden in § 44 II 2 Rh.-Pf.VerfGHG ergänzt, vgl. GVBl. 2000 S. 208 f.

[95] Für eine verfassungskonforme Reduktion plädiert *Huber* (Fn. 93), Art. 142 Rn. 17; vgl. zu § 44 II Rh.-Pf.VerfGHG a. F. noch *J. Held*, NVwZ 1995, 534 (537 f.); *C. Gusy/A. Müller*, JöR 45 (1997), 509 (529 ff.); *R. Bernhardt/U. Sacksofsky*, in: BK, Art. 31 (Drittb. 1998), Art. 31 Rn. 76. Tatsächlich blieb für die Vorschrift in a. F. nur Raum, wenn man die insoweit widersprüchlichen Passagen zum Schicksal von Mehrgewährleistungen in BVerfGE 96, 345 (366 f.) zur Inhaltsgleichheit einschränkend interpretierte; dazu *F. Wittreck*, DÖV 1999, 634 (642). Die jüngere Rechtsprechung des Rh.-Pf.VerfGH lehnt sich offenbar bewußt an die Grundrechte des Grundgesetzes in ihrer Interpretation durch das Bundesverfassungsgericht an: *S. Jutzi*, LKRZ 2011, 286 (287 f.).

[96] Nachweise: → Bd. III², Art. 142 Rn. 29 Fn. 94. Für diese Rechtsprechung dürfte nach BVerfGE 96, 345 (371 f.) kein Raum mehr sein; das Gericht hat hier die Erschöpfung des nach Bundesrecht vorgeschriebenen Rechtsweges als Zulässigkeitsvoraussetzung der Landesverfassungsbeschwerde eingeschärft und dabei eine enge Auslegung von Unzumutbarkeitsklauseln angemahnt.

[97] Zur Mehrdeutigkeit *E.-W. Böckenförde/R. Grawert*, DÖV 1971, 119 (124); *G. Ott*, Landesgrundrechte in der bundesstaatlichen Ordnung, 2001, S. 58 ff.; auch *P. Kunig*, in: v. Münch/Kunig, GG II, Art. 142 Rn. 4; sehr weitreichende Auslegung von »ungeachtet« bei *Pestalozza*, Art. 142 (Fn. 31), S. 251 f. → Rn. 51.

von Landesgrundrechten zumindest gegenüber den Bundesgrundrechten **nicht gelten** sollte (→ Rn. 9)[98].

28 Nun hat sich allerdings in der Zwischenzeit das herrschende Verständnis des Art. 31 GG dahingehend geändert, daß jedenfalls inhaltsgleiches Landesverfassungsrecht nicht gebrochen wird (→ Art. 31 Rn. 40)[99]. Daher stellt sich Art. 142 GG mittlerweile **nicht mehr** als **Ausnahme** zu Art. 31 GG dar, sondern als dessen Bestätigung. Die Norm ist »nicht mehr Ausnahme von der Regel, **sondern Ausdruck der Regel**«[100]. Wenngleich demzufolge aus heutiger Sicht Art. 142 GG daher als weitgehend funktionslos, überflüssig oder redundant erscheint[101], so bleibt doch gegenüber allzu weitgehenden Formulierungen von seinem angeblich »obsoleten« Charakter festzuhalten, daß aus der (zwischenzeitlich veränderten!) Interpretation *einer* Norm (Art. 31 GG) gewiß nicht der Geltungsverlust einer gleichrangigen *anderen* (Art. 142 GG) folgt. Art. 142 GG verliert also seine normative Verbindlichkeit nicht[102], zumal sich Interpretationen auch wieder ändern können. Im übrigen könnte die Übertragung von Gesetzgebungskompetenzen für grundrechtsrelevante Bereiche auf die Länder zukünftig auch Art. 142 GG zu größerer Bedeutung verhelfen[103].

29 Unabhängig von alledem ist Art. 142 GG nach wie vor als **Bekräftigung des Rechts der Länder zur Verfassunggebung im Grundrechtsbereich** und damit ihrer Verfassungsautonomie (→ Art. 28 Rn. 42 ff.) zu begreifen[104]. Die Norm bildet insofern eine **lex specialis** für den – von Art. 31 GG nach neuerem Verständnis ohnehin gleichsinnig geregelten – Grundrechtsbereich[105]. Auf diese Weise ergänzt sie auch die Auffassung,

---

[98] *Stern*, Staatsrecht III/2, S. 1455 f.; *Kunig* (Fn. 97), Art. 142 Rn. 2, 17; *Pestalozza*, Art. 142 (Fn. 31), S. 253. *H. Maurer*, HGR III, § 82 Rn. 49 bezeichnet Art. 142 GG aufgrund »seines vorsorglichen Charakters […] in entstehungsgeschichtlicher Sicht [als] keine echte, sondern nur eine potentielle Ausnahmevorschrift von Art. 31 GG«.

[99] BVerfGE 36, 342 (365 ff.); dem hat sich die ganz h. M. angeschlossen (*Stern*, Staatsrecht I, S. 722 f.; *v. Münch/Mager*, Staatsrecht I, Rn. 698; *S. Korioth*, in: Maunz/Dürig, GG, Art. 31 [2007], Rn. 14; *Bernhardt/Sacksofsky* [Fn. 95], Art. 31 Rn. 64 ff.); kritisch *H. Maurer*, HGR III, § 82 Rn. 50 ff.; *P. M. Huber*, NdsVBl. 2011, 233 (235). Ältere Literatur: → Bd. III², Art. 142 Rn. 31 mit Fn. 97.

[100] So treffend *W. März*, Bundesrecht bricht Landesrecht, 1989, S. 195 (Hervorhebung hinzugefügt, H. D.); ausdrücklich zustimmend *H. Dreier*, Einheit und Vielfalt der Verfassungsordnungen im Bundesstaat, in: K. Schmidt (Hrsg.), Vielfalt des Rechts – Einheit der Rechtsordnung?, 1994, S. 113 ff. (128); *v. Münch/Mager*, Staatsrecht I, Rn. 700. – Abzulehnen ist der Gedanke, gerade aus Art. 142 GG folge im Wege des Umkehrschlusses, daß Art. 31 GG inhaltsgleiches Landesrecht breche (→ Art. 31 Rn. 40 m. w. N., auch zu vereinzelten Gegenstimmen); wie hier *H. Maurer*, HGR III, § 82 Rn. 49 a. E.).

[101] Nachweise etlicher diesbezüglicher Einschätzungen: → Bd. III², Art. 142 Rn. 31 m. Fn. 105. Aus jüngerer Zeit statt vieler *R. Grawert*, HGR III, § 81 Rn. 74, 81: »zur Klarstellung«, »Rolle einer partiellen, deklaratorischen Bestätigung«; *P. M. Huber*, NdsVBl. 2011, 233 (235 f.).

[102] Treffender Hinweis bei *Stern*, Staatsrecht III/2, S. 1464. Ähnlich auch *Ott*, Landesgrundrechte (Fn. 97), S. 57: »Geltung der Norm in unzulässiger Weise geleugnet«.

[103] Dahingehend auch die Prognose von *P. M. Huber*, NdsVBl. 2011, 233 (236 f.).

[104] Wie hier *H. Maurer*, HGR III, § 82 Rn. 2, 54 ff. Ebenso *R. Bartlsperger*, HStR³ VI, § 128 Rn. 50 sowie *J. Pietzcker*, HStR³ VI, § 134 Rn. 57; *R. Wendt*, NdsVBl. 2010, 150 (150); *H. Bethge*, in: Maunz/Schmidt-Bleibtreu/Klein/Bethge, BVerfGG, Vorb. (2016), Rn. 230 ff. Selbstverständlich ergibt sich daraus keine Pflicht der Länder zur Aufstellung eines Grundrechtskatalogs (vgl. nur *Sacksofsky* [Fn. 23], Art. 142 Rn. 54; *Dreier*, Landesverfassungsgerichte [Fn. 74], S. 9), zumal eine solche Pflicht ja auch für die Verabschiedung einer formellen Verfassung nicht besteht (→ Art. 28 Rn. 43 f.; *H. Dreier*, BayVBl. 1999, 513 [514]; *P. M. Huber*, NdsVBl. 2011, 233 [233 f.]). Die Lehre von den sog. Bestandteilsnormen wiederum steht im Widerspruch zur These von den getrennten Verfassungsräumen: *F. Wittreck*, ZPol. 27 (2017), III. 6. (i. E.). → Art. 28 Rn. 45.

[105] So ausdrücklich *H. J. Boehl*, Verfassunggebung im Bundesstaat, 1997, S. 190; *J. Dietlein*, Jura 1994, 57 (58); *Kunig* (Fn. 97), Art. 142 Rn. 4; ähnlich *Stern*, Staatsrecht III/2, S. 1457 f.: »Art. 142 GG ist also für seinen Anwendungsbereich Spezialregelung zur generellen Rangaussage des Art. 31 GG«.

daß die Kompetenzordnung des Grundgesetzes für die Landesverfassunggebung nicht präjudizierend wirkt (→ Art. 31 Rn. 29), indem sie den speziellen Bereich der Gewährleistung von Grundrechten durch die Länder gleichfalls von der Zuständigkeitsabgrenzung gem. Art. 70ff. GG ausklammert[106]. Auch für ein richtiges Verständnis des **Art. 100 III GG** (→ Rn. 75, 84, 90; → Art. 100 Rn. 43, 46, 48, 50) kann Art. 142 GG Hinweise geben[107].

Zuweilen wird die konstitutive Wirkung von Art. 142 GG darin gesehen, daß die Landesgrundrechte ansonsten den **Art. 123ff. GG** unterworfen worden wären[108]. Hiergegen spricht bereits, daß Art. 123 GG die Einschlägigkeit der Kompetenzordnung voraussetzt, während Grundrechte generell quer zu dieser stehen und ihr Geltungsanspruch gerade nicht von Kompetenzzuweisungen abhängt (→ Art. 31 Rn. 29f.; → Art. 123 Rn. 23)[109]. Nicht zu überzeugen vermag schließlich der Versuch, die **Landesgrundrechte** vermittels des Art. 142 GG »**bundesgesetzesfest**« zu machen (→ Rn. 51). 30

II. Zeitlicher und sachlicher Einzugsbereich

Auf welche Landesgrundrechte welcher Landesverfassungen sich Art. 142 GG erstreckt, wird durch ein zeitliches und ein sachliches Tatbestandsmerkmal in scheinbar recht enger Weise bestimmt. Doch herrscht weitgehende Einigkeit darüber, daß der Einzugsbereich in beiderlei Hinsicht **weiter** reicht, **als** es **der Normtext** nahelegt (→ Rn. 32ff.). 31

1. zeitlich: »bleiben« in Kraft

Die Wendung, wonach Bestimmungen der Landesverfassungen in Kraft »bleiben«, könnte die Deutung nahelegen, daß sich der Einzugsbereich des Art. 142 GG auf solche Landesverfassungen beschränkt, die zum Zeitpunkt des Inkrafttretens des Grundgesetzes (→ Art. 145 Rn. 10) bereits existierten[110]. Für eine derartige Limitierung vo- 32

Ebenfalls als »lex specialis« bezeichnet die Norm *Huber* (Fn. 93), Art. 142 Rn. 3ff., der er allerdings aufgrund seines Gesamtansatzes konstitutive Bedeutung zumißt.

[106] Ergebnisäquivalent die Ansicht von *H. Quaritsch*, HStR V, § 120 Rn. 10 m. Fn. 23, der zufolge Art. 142 GG (anders als nach hiesiger Auffassung: → Rn. 28) sogar »konstitutive Bedeutung« als Kollisionsnorm zukommt, weil im Verhältnis der Bundes- zu den Landesgrundrechten weder Art. 72 I GG noch Art. 31 GG gölten. Differenziert *P. M. Huber*, NdsVBl. 2011, 233 (234f.). 1f.

[107] Vgl. *H. Bethge*, in: Maunz/Schmidt-Bleibtreu/Klein/Bethge, BVerfGG, § 85 (2015), Rn. 22f., der eine eher »restriktive Auslegung« (Rn. 22) der Vorlagepflicht gem. § 100 III BVerfGG auf die dem Art. 142 GG zukommende Funktion einer »Entlastung des Bundesverfassungsgerichts« (Rn. 23) stützt.

[108] So *J. Kratzer*, Artikel 142 des Grundgesetzes und die Grundrechte in der Bayerischen Verfassung, in: FS Laforet, 1952, S. 107ff. (113f.); *E.-W. Böckenförde/R. Grawert*, DÖV 1971, 119 (122); aufgegriffen von *Pestalozza*, Art. 142 (Fn. 31), S. 251f. m.w.N. – Hierzu noch *R. Grawert*, HGR III, § 81 Rn. 71.

[109] Für einige Sätze des Landesverfassungsrechts mag anderes gelten; so hat BVerfGE 2, 232 (235f.) angenommen, Art. 174 BayVerf. (Lohnausfall an Feiertagen) werde von Art. 125 GG erfaßt (zustimmend *Stern*, Staatsrecht III/2, S. 1479f.). Das zeigt aber nur, daß nicht jede beliebige Bestimmung der förmlichen Landesverfassung dem Kompetenzregime des Grundgesetzes automatisch und unabhängig von ihrem Konkretisierungsgrad entzogen ist (→ Art. 31 Rn. 29).

[110] Das wären von den heute noch bestehenden Verfassungen mit eigenem Grundrechtsteil (→ Rn. 24) lediglich Hessen (1.12.1946), Bayern (2.12.1946), Rheinland-Pfalz (18.5.1947) und Bremen (21.10.1947); die Behandlung des Saarlandes (15.12.1947) stellte sich als problematisch dar (→

tierte insbesondere die ältere Literatur[111]. Doch weder Wortlaut noch systematische Stellung des Art. 142 GG in den Übergangsvorschriften erzwingen eine solche Deutung, gegen die vor allem der objektive Sinn und Zweck der Norm spricht, den Ländern, auch den zukünftigen, im Grundrechtsbereich eigene Gestaltungsmöglichkeiten zu belassen. Von daher nimmt die heute ganz h. M. zu Recht an, daß Art. 142 GG **auch auf nachkonstitutionelle Landesverfassungen anwendbar** ist[112]. Bedeutung hat das vor allem nach der Wiedervereinigung für die Verfassungen der fünf neuen Bundesländer. Aber auch nachträgliche Veränderungen in vorkonstitutionellen Landesverfassungen lassen den Schutz des Art. 142 GG nicht entfallen[113].

2. sachlich: »Artikel 1 bis 18«

33 Der sachliche Einzugsbereich scheint eng geschnitten, weil ausdrücklich von einer Übereinstimmung mit den »Artikeln 1 bis 18 dieses Grundgesetzes« die Rede ist. Doch nimmt man hier zu Recht an, daß Art. 142 GG auch jene Landesgrundrechte umschließt, die mit den grundrechtsgleichen Rechten (→ Vorb. Rn. 64 f.) **außerhalb des ersten GG-Abschnittes** (vor allem also Art. 101 ff. GG) übereinstimmen[114]. Praktisch läßt sich zur Konkretisierung des Einzugsbereiches die Aufzählung in **Art. 93 I Nr. 4a GG** heranziehen[115].

34 Das bestätigt einmal mehr, daß der Wortlaut einer Norm eben nicht immer die definitive Grenze der Auslegung markiert[116], weil unabweisbare systematische wie teleologische Gründe für eine extensivere Interpretation streiten können. Im Falle des

---

Art. 145 Rn. 11). Über Grundrechtskataloge verfügten bei Inkrafttreten des Grundgesetzes ferner die damaligen Verfassungen von Baden (19.5.1947), Württemberg-Baden (24.11.1946) und Württemberg-Hohenzollern (20.5.1947). Vgl. *v. Campenhausen*, GG XIV, Art. 142 Rn. 5; *Kunig* (Fn. 97), Art. 142 Rn. 1.

[111] → Bd. III², Art. 142 Rn. 36 m. Fn. 110. Hinweis darauf, daß die vorgrundgesetzlichen Verfassungen bereits nach Art. 123 I GG fortbestanden haben könnten und Art. 142 GG bei enger Auslegung daher teilweise überflüssig sei, bei *Pestalozza*, Art. 142 (Fn. 31), S. 251.

[112] BVerfGE 96, 345 (364 f.); StGH BW DÖV-BWVBl. 1956, 153 (153); *Kratzer*, Artikel 142 (Fn. 108), S. 113; *C. v. Hammerstein*, Das Verhältnis von Bundes- und Landesverfassungsgerichtsbarkeit, 1960, S. 40 f.; *Vaulont*, Grundrechte (Fn. 9), S. 59 ff.; *W. Geiger*, DRiZ 1969, 137 (137); *J. Dietlein*, Die Grundrechte in den Verfassungen der neuen Bundesländer, 1993, S. 25 f.; *R. Poscher*, NJ 1996, 351 (352); *J. Menzel*, Landesverfassungsrecht, 2002, S. 190 f.; *Kunig* (Fn. 97), Art. 142 Rn. 5; *Huber* (Fn. 93), Art. 142 Rn. 8 f.; *Sacksofsky* (Fn. 23), Art. 142 Rn. 33; *Hans Hofmann*, in: Schmidt-Bleibtreu/Hofmann/Henneke, GG, Art. 142 Rn. 10; *J. Pietzcker*, HStR³ VI, § 134 Rn. 54; *H. Maurer*, HGR III, § 82 Rn. 61.

[113] Richtig *H. Domcke*, Zur Fortgeltung der Grundrechte der Bayerischen Verfassung, in: FS 25 BayVerfGH, S. 311 ff. (313 Fn. 11); *Denninger* (Fn. 23), Art. 142 Rn. 9; *R. Ley*, Staats- und Verfassungsrecht, in: R. Ley/H. P. Prümm (Hrsg.), Staats- und Verwaltungsrecht in Rheinland-Pfalz, 2. Aufl. 1990, S. 19 ff., Rn. 32; a. A. *Hamann/Lenz*, GG, Art. 142 Anm. 2, die annehmen, der verfassungsändernde Landesgesetzgeber könne neue inhaltsgleiche Grundrechte »nicht wirksam schaffen«.

[114] **Das ist mittlerweile praktisch unbestritten. Judikatur:** BVerfGE 22, 267 (271); 96, 345 (364); HessStGH ESVGH 21, 1 (3). Literatur: *W. Geiger*, DRiZ 1969, 137 (137); *Denninger* (Fn. 23), Art. 142 Rn. 4; *Ley*, Verfassungsrecht (Fn. 113), Rn. 32; *Stern*, Staatsrecht III/2, S. 1460 f.; *v. Coelln*, Anwendung (Fn. 74), S. 197; *Menzel*, Landesverfassungsrecht (Fn. 112), S. 190 f.; *Huber* (Fn. 93), Art. 142 Rn. 8; *J. Pietzcker*, HStR³ VI, § 134 Rn. 54; *H. Maurer*, HGR III, § 82 Rn. 61. Zu teilweise abweichenden älteren Stimmen: → Bd. III², Art. 142 Rn. 37 mit Fn. 113.

[115] *Kunig* (Fn. 97), Art. 142 Rn. 10; *v. Campenhausen*, GG XIV, Art. 142 Rn. 13; *Dreier*, Einheit (Fn. 100), S. 128 f.; *Stern*, Staatsrecht III/2, S. 1461.

[116] Kritisch zur »Wortlautgrenze« insbes. *B.-O. Bryde*, Verfassungsentwicklung, 1982, S. 267 ff.; *O. Depenheuer*, Der Wortlaut als Grenze, 1988, S. 17 ff.; *F. Müller/R. Christensen*, Juristische Methodik, Bd. 1, 11. Aufl. 2013, Rn. 113 ff., 304 ff., 526 ff.; s. auch *Rüthers/Fischer/Birk*, Rechtstheorie,

Art. 142 GG vermögen die Befürworter einer wortlautnahen engen Auslegung nicht darzulegen, warum seinem Normbestandsschutz mit Art. 19 IV, 101 ff. GG inhaltsgleiche Landesprozeßgrundrechte nicht unterfallen sollten[117]. Das stärkste Argument für ein **extensives Verständnis** folgt aber aus Sinn und Zweck der Norm vor dem Hintergrund ihrer Historie: verfassungs- wie ideengeschichtlich und auch unter Berücksichtigung des zeitgeschichtlichen Bezuges, wonach die damals bestehenden Landesverfassungen geschont werden sollten (→ Rn. 9, 32), wäre eine Engführung auf den Katalog der Art. 1–18 GG damit nur schwerlich zu vereinbaren.

35 Das weite Normverständnis ändert natürlich nichts am Bezug des Art. 142 GG nur auf **Grundrechte**. Das zu betonen besteht Anlaß, weil die Regelungen der Art. 1–18 GG nicht nur Grundrechtsbestimmungen umfassen (→ Art. 1 III Rn. 29). Erfaßt sind also im Ergebnis diejenigen subjektiv-öffentlichrechtlichen Grundrechtsgewährleistungen, die Art. 93 I Nr. 4a GG benennt. Auch deren objektiv-rechtliche Gehalte werden geschützt, desgleichen Mitwirkungs-, Teilhabe- und Leistungskomponenten[118]. Für die Einordnung spielt die landesverfassungsrechtliche Selbsttitulierung keine Rolle, maßgeblich ist vielmehr ein »materielles Grundrechtsverständnis«[119]. Das ist wichtig vor allem für die zuweilen in subjektiv-rechtliche Formeln gekleideten Staatszielbestimmungen, für die nicht Art. 142 GG, sondern Art. 28 I GG die richtige Referenznorm darstellt (→ Art. 28 Rn. 59; → Art. 31 Rn. 29 f.). **Soziale Grundrechte** (→ Vorb. Rn. 81) fallen nur dann in den Anwendungsbereich des Art. 142 GG, wenn sie konkrete, einklagbare, subjektive Ansprüche begründen; in der Regel werden bloße Staatsziele vorliegen[120].

36 Bei der Frage, ob und inwiefern auch **Grundpflichten** von Art. 142 GG erfaßt werden, ist zwischen selbständigen (originären) Grundpflichten und bloßen Grundrechtsschranken zu unterscheiden[121]. Letzterenfalls führen sie zu Mindergewährleistungen und folgen den dort geltenden Regeln (→ Rn. 44 f.). Echte Grundpflichten hingegen fallen aus dem Regelungskreis von Art. 142 GG heraus[122]. Umgekehrt ist es nicht mög-

---

Rn. 734 ff. Für die Möglichkeit einer Auslegung nach Sinn und Zweck auch gegen einen unzweideutigen Wortlaut etwa GmS-OGB, BVerwGE 37, 369 (371 f.).

117 Vgl. *Kratzer*, Artikel 142 (Fn. 108), S. 108 f.; *G. Körner*, DÖV 1962, 295 (296); *G.A. Zinn*, in: G.A. Zinn/E. Stein (Hrsg.), Verfassung des Landes Hessen, 2. Aufl. 1963, Einführung, S. 44 f.; *Hamann/Lenz*, GG, Art. 142 Anm. 5; *H. Maurer*, HGR III, § 82 Rn. 61.

118 Vgl. *J. Pietzcker*, HStR³ VI, § 134 Rn. 54; Jarass/*Pieroth*, GG, Art. 142 Rn. 2; *Huber* (Fn. 93), Art. 142 Rn. 10; *H. Maurer*, HGR III, § 82 Rn. 61.

119 *E.-W. Böckenförde/R. Grawert*, DÖV 1971, 119 (121).

120 So für das Recht auf Wohnung und auf Arbeit (Art. 106 I, 166 II BayVerf.) die gefestigte Rechtsprechung des BayVerfGH (E 58, 95 [104] resp. 63, 133 [143 f.]). Desgleichen für das »Recht auf Arbeit« (Art. 45 S. 2 SaarlVerf.) SaarlVerfGH LVerfGE 3, 233 (235 ff.); für das »Recht auf eine angemessene Wohnung« (Art. 47 I BbgVerf.) VerfG Brandenburg LVerfGE 2, 105 (111 f.). Demgegenüber wird man hinreichend spezifischen landesverfassungsrechtlichen Bestimmungen über die Unentgeltlichkeit von Unterricht oder Lernmitteln an öffentlichen Schulen (z.B. Art. 14 II 1 Verf. BW, 24 III 1 ThürVerf., 102 IV 1 SächsVerf.) durchaus subjektiv-rechtliche Qualität zusprechen können: *F. Shirvani*, HGR VIII, § 242 Rn. 56 f. (zu Typologie und Terminologie der landesrechtlichen sozialen »Grundrechte« ebd., Rn. 24 ff., 37 ff.). – Systematisierend *K. Lange*, HGR III, § 83 Rn. 59 ff. Umfangreiche Untersuchung aller Länderverfassungen bei *A. Brenne*, Soziale Grundrechte in den Landesverfassungen, 2002.

121 Grundlegend dazu *Hasso Hofmann*, Grundpflichten als verfassungsrechtliche Dimension, VVDStRL 41 (1983), S. 42 ff. (76 f.); *ders.*, HStR³ IX, § 195 Rn. 53 ff.; ferner *A. Hencke*, Die Grundpflichten in den Landesverfassungen unter dem Grundgesetz, Diss. jur. Würzburg 1989, S. 3 ff. → Vorb. Rn. 135.

122 *D. Merten*, BayVBl. 1978, 554 (559); *Hencke*, Grundpflichten (Fn. 121), S. 64 ff.; *v. Campen-*

lich, unter Berufung auf diese Norm durch Ausweitung landesverfassungsrechtlicher Grundrechtsgarantien bundes(verfassungs)rechtliche Grundpflichten zu unterlaufen[123].

III. Fortbestand von Landesgrundrechten (»in Übereinstimmung mit« dem Grundgesetz »Grundrechte gewährleisten«)

1. Zur Bedeutung von »Übereinstimmung«

37 Dreh- und Angelpunkt der Interpretation des Art. 142 GG ist die über den Fortbestand der Landesgrundrechte entscheidende Frage, welche Landesgrundrechte sich »in Übereinstimmung« mit den Grundrechten und grundrechtsgleichen Grundrechten (→ Rn. 33 ff.) des Grundgesetzes befinden. Der vermeintliche *locus classicus* ist die Begriffsbestimmung von **Laforet** im Parlamentarischen Rat, wonach es sich um eine Regelung »**in gleichem Sinne, mit gleichem Inhalt und in gleichem Umfang**« handeln müsse[124]. Die Berufung auf diese Formel ist ubiquitär[125], wobei allerdings oft unerwähnt bleibt, daß sie sich auf Art. 31 GG bezog (→ Rn. 10) und von daher nicht ohne weiteres für Art. 142 GG als maßgeblich erachtet werden kann. Dies ergibt sich erst aus der weiteren, im Kern freilich richtigen Annahme, daß zwischen »Übereinstimmung« i. S. v. Art. 142 GG und dem Erfordernis eines »Nichtwiderspruches« i. S. v. Art. 31 GG (→ Art. 31 Rn. 36 ff.) keine Differenz besteht[126].

38 Bei der Frage nach der Übereinstimmung müssen **drei Elemente** unterschieden werden[127]: erstens die Grundrechtsträgerschaft (personeller Geltungsbereich), zweitens der Schutzbereich (sachlicher Geltungsbereich) und drittens die gesetzlichen oder sonstigen verfassungsrechtlichen Beschränkungsmöglichkeiten (Grenzen). Identität und damit »Übereinstimmung« liegt zweifelsohne vor bei vollständiger normtextlicher Übereinstimmung zwischen Bundesgrundrecht und Landesgrundrecht: das sind die »identischen« oder »parallelen« Landesgrundrechte (→ Rn. 41 ff.).

39 Jede **Abweichung** in einem dieser Punkte führt zwangsläufig zu anderen Normtexten, woraus aber **nicht zwingend ein Mangel an Übereinstimmung** i. S. d. Art. 142 GG gefolgert werden kann. Denn einig ist sich die Literatur darin, daß es nicht um Textgleichheit, sondern um Inhaltsgleichheit der Schutzwirkung geht[128]. Doch ergeben

---

hausen, GG XIV, Art. 142 Rn. 16; *ders./P. Unruh*, in: v. Mangoldt/Klein/Starck, GG III, Art. 142 Rn. 16; *Stern*, Staatsrecht III/2, S. 1461; *Kunig* (Fn. 97), Art. 142 Rn. 13.

[123] Treffend *Hasso Hofmann*, HStR³ IX, § 195 Rn. 34; ausführlich *T. I. Schmidt*, Grundpflichten, 1999, S. 163 ff.

[124] *W. Laforet*, 6. Sitzung des Hauptausschusses v. 19.11.1948 (JöR 1 [1951], S. 910; Parl. Rat XIV/1, S. 186 f.), vgl. noch 48. Sitzung des Hauptausschusses v. 9.2.1949 (JöR 1 [1951], S. 911; Parl. Rat XIV/2, S. 1519). Im Sinne dieser Deckungsgleichheit auch *Ott*, Landesgrundrechte (Fn. 97), S. 63.

[125] Vgl. nur BVerfGE 96, 345 (365); dort findet sich auch die Formel, wonach Übereinstimmung vorliege, wenn »der Gewährleistungsbereich der jeweiligen Grundrechte und ihre Schranken einander nicht widersprechen«; *E.-W. Böckenförde/R. Grawert*, DÖV 1971, 119 (121); *J. Dietlein*, Jura 1994, 57 (59); *Stern*, Staatsrecht III/2, S. 1458; *v. Campenhausen* (Fn. 122), Art. 142 Rn. 6.

[126] *M. Winkelmann*, DVBl. 1991, 791 (793); Jarass/*Pieroth*, GG, Art. 142 Rn. 3; *J. Pietzcker*, HStR³ VI, § 134 Rn. 58. Offengelassen von *M. Sachs*, DÖV 1985, 469 (470 f.). Differenzierung in dieser Hinsicht bei *J. Dietlein*, Jura 1994, 57 (59, 60); uneinheitlich *Stern*, Staatsrecht III/2, S. 1458, 1464.

[127] Dazu etwa *Stern*, Staatsrecht III/2, S. 1458 f.; *Kunig* (Fn. 97), Art. 142 Rn. 6; *Dreier*, Einheit (Fn. 100), S. 129 ff.; *Huber* (Fn. 93), Art. 142 Rn. 11; *v. Campenhausen/Unruh* (Fn. 122), Art. 142 Rn. 9 ff.; *R. Grawert*, HGR III, § 81 Rn. 95 ff.

[128] Vgl. Nachweise bei *Dreier*, Einheit (Fn. 100), S. 130 f.; *Stern*, Staatsrecht III/2, S. 1458 (nicht Wortgleichheit, sondern »Inhaltsgleichheit«, »Übereinstimmung im Rechtsgehalt«). Als Anhalts-

sich, da die Kombination der drei Elemente sofort ein breites Spektrum an Konstellationen eröffnet (engerer Schutzbereich, aber strengere Bindungen für einschränkenden Gesetzgeber; Ausweitung der Grundrechtsträgerschaft bei gleichzeitiger Verengung des sachlichen Schutzbereiches oder Suspension im Notstandsfall[129]; einfacher Gesetzesvorbehalt statt vorbehaltlosem Grundrecht, aber Extension der Grundrechtsträgerschaft etc.), große und letztlich **abstrakt kaum lösbare Probleme** bei der Frage, wann Übereinstimmung im Sinne sachlicher Identität trotz nichtidentischen Wortlauts angenommen werden kann[130]. Diese Probleme steigern sich noch dadurch, daß möglicherweise zusätzlich zwischen potentieller Einschränkbarkeit und aktueller Einschränkung unterschieden werden muß[131], die Begrenzung namentlich schrankenloser Grundrechte durch Staatsziele und andere substantielle Verfassungsgüter in Rechnung zu stellen ist[132] und für die Fixierung des Gewährleistungsniveaus womöglich auch die **prozessuale Dimension** Beachtung finden müßte, also insbesondere Zugangsschranken zu den Verfassungsgerichten sowie die unterschiedliche verfassungsgerichtliche Prüfungsintensität[133] in Rechnung zu stellen wären (→ Rn. 48). Es verwundert daher nicht, daß sich in der Literatur bisher kaum handhabbare und allgemein konsentierte Kriterien dafür gefunden haben, in welchen Fällen bei fehlender Textgleichheit Übereinstimmung im Sinne gleichen Schutzgehaltes bzw. gleichen Gewährleistungsniveaus bejaht werden kann[134]. Freilich kommt es auf das Gelingen dieser schwierigen Operation nicht entscheidend an, sofern (auch) fehlende Übereinstimmung im Ergebnis keine Derogation zur Folge hat, wie es sich insbesondere bei grundrechtlichen Mindergewährleistungen der Landesverfassungen nach nunmehr überwiegender Auffassung verhält (→ Rn. 44). Einer differenzierten Antwort bedarf entgegen der (noch?) herrschenden Meinung allerdings die Frage nach den Mehrgewährleistun-

---

punkt kann hier auch die ursprüngliche Formulierung im Parlamentarischen Rat (»Bestimmungen gleichen Inhaltes«) dienen: → Rn. 11.

[129] Für *Stern*, Staatsrecht III/2, S. 1459f. resultieren aus Notstandsvorbehalten generell Mindergewährleistungen. Speziell zu Art. 48 I BayVerf. *Domcke*, Fortgeltung (Fn. 113), S. 320 (Überlagerung durch die Notstandsgesetzgebung); *Kratzer*, Artikel 142 (Fn. 108), S. 119 (Verdrängung durch Art. 19 II GG).

[130] Einer der wenigen Fälle, in denen die Normelemente von Bundes- und Landesverfassung getrennt gegenübergestellt wurden, ist HessStGH NJW 1982, 1381 (1382f.); der Staatsgerichtshof gelangt hier zu dem Ergebnis, daß Art. 55 S. 1 HessVerf. gegenüber Art. 6 II GG eine (zulässige) Mehrgewährleistung darstellt (vgl. BVerfGE 53, 185 [195]); dazu *I. Richter*, JuS 1982, 900ff.; *E. Denninger*, Zum Verhältnis von Landesverfassung und Bundesrecht, in: FS 50 Jahre Verfassung des Landes Hessen, 1997, S. 343ff. (347f.). → Rn. 63. – Geläufig ist das Beispiel des unterschiedlichen Gewährleistungsgehalts der Eigentumsgaratie nach Art. 14 I GG und nach Art. 103 BV, weil sich gemäß der Judikatur des Bayerischen Verfassungsgerichtshofes auch Gemeinden im Rahmen ihrer Vermögensverwaltung auf die Grundrechtsgarantie berufen können: → Art. 14 Rn. 85f.; → Art. 19 III Rn. 26, 64, 68; → Art. 28 Rn. 79.

[131] Schon die *potentielle* Einschränkbarkeit führt nach h.M. zur Mindergewährleistung: *E.-W. Böckenförde/R. Grawert*, DÖV 1971, 119 (121); *J. Pietzcker*, HStR³ VI, § 134 Rn. 57; wohl auch *v. Campenhausen*, GG XIV, Art. 142 Rn. 10; ferner *Huber* (Fn. 93), Art. 142 Rn. 11.

[132] Beispiel: Seit der 1998 erfolgten Einfügung des Art. 141 I 2 BayVerf. (Tierschutz) stellte sich die Wissenschaftsfreiheit (Art. 108) in Bayern als Mindergewährleistung gegenüber Art. 5 III 1 GG dar, bis auch im Grundgesetz durch das 50. ÄndG mit Wirkung zum 1.8.2002 der Tierschutz ausdrücklich als Staatsziel in Art. 20a GG aufgenommen wurde.

[133] Thematisiert bei *F. Wittreck*, DÖV 1999, 634 (638f.).

[134] Die dargestellten Probleme mögen ein Grund für die Neigung der Landesverfassungsgerichte sein, ihre Landesgrundrechte etwa beim Schrankenregime der Judikatur des Bundesverfassungsgerichts nachzubilden (→ Rn. 25). Die »Übereinstimmung« wird hier durch Anpassung hergestellt.

gen (→ Rn. 46ff.). Unproblematisch liegt Übereinstimmung schließlich bei der Fallgruppe der identischen oder parallelen Landesgrundrechte vor (→ Rn. 41ff.).

2. Fortbestand der Landesgrundrechte

40 Ob und inwieweit von Landesgrundrechten gesagt werden kann, daß sie »in Übereinstimmung« mit dem Grundgesetz stehen, ist für die **drei Typen** von Landesgrundrechten getrennt zu untersuchen. Man unterscheidet gemeinhin identische (parallele) Landesgrundrechte (→ Rn. 41ff.), sodann die Fälle der Mindergewährleistungen (→ Rn. 44f.) und schließlich die der Mehrgewährleistungen, zu denen auch sog. aliud-Grundrechte zählen (→ Rn. 46ff.).

a) Identische (parallele) Landesgrundrechte

41 Identische (parallele) Landesgrundrechte umfassen zum einen Fälle der **Rezeption der Bundesgrundrechte** durch Verweisung, wie dies etwa in den Verfassungen Baden-Württembergs, Mecklenburg-Vorpommerns, Niedersachsens, Nordrhein-Westfalens und Schleswig-Holsteins geschehen ist (→ Rn. 24)[135]. Ob es sich dabei um statische oder dynamische Verweisungen handelt, ist eine schwierige und nur selten ausführlich behandelte Frage[136]. Demokratietheoretische Überlegungen, die auch für die Ausübung der verfassunggebenden Gewalt durch das Landesvolk gelten, sprechen unabhängig von der Formulierung für die Annahme einer statischen Verweisung (→ Art. 20 [Demokratie], Rn. 118).

42 Die zweite Fallgruppe unzweifelhaft identischer Landesgrundrechte umfaßt die **wortwörtliche Wiederholung** des parallelen Bundesgrundrechts bzw. die Vorwegnahme eines Grundrechts oder grundrechtsgleichen Rechts des Grundgesetzes durch die Landesverfassung[137]. Daneben gehören hierhin Fälle, in denen die Landesverfassung solche Bundesgrundrechte übernimmt, deren textliche Grundlage der Judikatur des Bundesverfassungsgerichts entstammt[138].

43 In beiden Konstellationen liegen **eigenständige Landesgrundrechte** und **nicht** lediglich zwei separate normtextliche Sicherungen eines identischen Grundrechts (sog. **Identitätstheorie**) vor[139]. Die letztgenannte Vorstellung speist sich aus zwei gleichermaßen problematischen Quellen: einerseits beruht sie auf einer simplifizierten Natur-

---

[135] *Stern*, Staatsrecht III/2, S. 1459; *Dreier*, Landesverfassungsgerichte (Fn. 74), S. 11f., 19. Differenzierend *Martina*, Grundrechte (Fn. 76), S. 29ff., 72ff.

[136] Siehe etwa *Stern*, Staatsrecht III/2, S. 1442f. Aus der jüngeren Literatur: *H. Maurer*, HGR III, § 82 Rn. 75ff. (letztlich unentschieden); *R. Grawert*, HGR III, § 81 Rn. 30 (dito); die Möglichkeit dynamischer Rezeption einräumend, aber die autonome Entscheidung des Landesverfassunggebers betonend *Bethge* (Fn. 104), Vorb. Rn. 237. → Rn. 84 m. Fn. 274. Zum älteren Meinungsspektrum: → Bd. III², Art. 142 Rn. 45 mit Fn. 137.

[137] Als einschlägige Beispiele sind insofern für eine Vorwegnahme Art. 91 I BayVerf. (rechtliches Gehör, vgl. Art. 103 I GG) und Art. 20 I 1 HessVerf. (gesetzlicher Richter, vgl. Art. 102 I 2 GG), für eine Wiederholung Art. 3 III NdsVerf. (vgl. Art. 3 III GG) und Art. 14 I, 15 I, 16 I SächsVerf. (vgl. Art. 1 I, 2 I, 2 II GG) zu nennen.

[138] Beispiel: das Recht auf Schutz der personenbezogenen Daten (»informationelle Selbstbestimmung«), wie es etwa in den Verfassungen Brandenburgs (Art. 11), Bremens (Art. 12 III-V), Mecklenburg-Vorpommerns (Art. 6), Sachsens (Art. 33) und einiger anderer Bundesländer zu finden ist; mit speziellem Bezug auf Art. 33 S. 1 BerlVerf. (Recht auf informationelle Selbstbestimmung) *K. Lange*, HGR III, § 83 Rn. 26ff.

[139] So aber noch BVerfGE 22, 267 (271f.); StGH BW JZ 1969, 514 (516); BerlVerfGH NJW 1993, 513 (514). Diese Theorie wird heute kaum noch vertreten (→ Fn. 143); gegen sie ausdrücklich *Stern*,

rechtsvorstellung, nach der der Verfassunggeber die von Natur aus geltenden Menschenrechte nur noch deklaratorisch wiedergeben könne[140]; andererseits verweist der unitarische Zug der Identitätslehre auf ihr erstes Auftauchen in der Staatsrechtslehre des Kaiserreiches[141]. Angesichts der zahlreichen grundrechtlichen Verschränkungen völker- und unionsrechtlicher Art (→ Vorb. Rn. 24ff.) dürfte das Theorem darüber hinaus heute zu absurden Ergebnissen führen. Mit dem Bundesgesetzgeber (vgl. § 90 III BVerfGG)[142] und der überwiegenden Literaturmeinung ist daher von zwei selbständigen Grundrechten und damit korrespondierend von einem eigenständigen Maßstab für die Landesverfassungsgerichtsbarkeit auszugehen[143]. Allerdings ist nicht auszuschließen, daß die Lehre vom einheitlichen Grundrecht die vom Bundesverfassungsgericht 1997 vorgenommene **Interpretation der Vorlagepflicht nach Art. 100 III GG** (→ Rn. 75, 84, 90; → Art. 31 Rn. 54; → Art. 100 Rn. 43f.) mitbewirkt hat[144].

b) Mindergewährleistungen

Mindergewährleistungen (auch: »zurückbleibende« oder »hinkende« Landesgrundrechte) sind nicht im zuvor dargestellten Sinne identisch mit den Bundesgrundrechten. Lange Zeit wurde überwiegend angenommen, daß sie durch Art. 31 GG (→ Rn. 55) derogiert würden[145]. Mit Blick auf Art. 142 GG impliziert diese Ansicht, daß Minder- **44**

Staatsrecht III/2, S. 1504 m. w. N. Zur älteren und teilweise kontroversen Literatur und Judikatur: → Bd. III², Art. 142 Rn. 47 mit Fn. 139, 143.

[140] Deutlich *Giese/Schunck*, GG, vor Art. 1 Vorb. II (S. 11f.): »Handelt es sich bei diesen Grundrechten doch grundlegend um ›Menschenrechte‹, die im natürlichen Recht wurzeln, vom positiven Recht nicht (wie Grundrechte bisherigen Stils und weiterhin schlichte Grundrechte) geschaffen werden, sondern dem positiven Recht vorgegeben sind, daher auch für den V[erfassung]geber einer konstitutiven Begründung weder bedürftig noch überhaupt fähig sind, vielmehr von ihm höchstens deklaratorisch zu bestätigen [. . .] sind«. Zustimmend *A. Süsterhenn/H. Schäfer*, Kommentar zur Verfassung für Rheinland-Pfalz, 1950, Vorb. vor Art. 1 (S. 70); ähnlich auch BayVerfGHE 11, 11 (17). Vgl. noch *W. Geiger*, DRiZ 1969, 137 (137); ähnlich bereits *ders.*, Die Bundesverfassungsgerichtsbarkeit in ihrem Verhältnis zur Landesverfassungsgerichtsbarkeit und ihre Einwirkung auf die Verfassungsordnung der Länder, in: FS Laforet, 1952, S. 251ff. (259). Zu diesem naturrechtlichen Hintergrund *Domcke*, Fortgeltung (Fn. 113), S. 317; *Dreier*, Einheit (Fn. 100), S. 129.

[141] Hier ist besonders Gieses einflußreiche Monographie zu nennen: *Giese*, Die Grundrechte (Fn. 10), S. 81ff. → Rn. 5; → Art. 20 (Bundesstaat), Rn. 2f.

[142] Vgl. den Bericht in: Deutscher Bundestag, 1. Wahlperiode, Sten. Prot., S. 4227.

[143] Rh.-Pf.VerfGH AS 3, 1 (5); *Sacksofsky* (Fn. 23), Art. 142 Rn. 38, 119ff.; *W. Rüfner*, DÖV 1967, 668 (668f.); *Domcke*, Fortgeltung (Fn. 113), S. 315ff., 322f.; *E. Friesenhahn*, Zur Zuständigkeitsabgrenzung zwischen Bundesverfassungsgerichtsbarkeit und Landesverfassungsgerichtsbarkeit, in: Festgabe BVerfG I, S. 748ff. (763ff.); *v. Olshausen*, Landesverfassungsbeschwerde (Fn. 25), S. 120f.; *Vitzthum*, Bedeutung (Fn. 27), S. 37; *März*, Bundesrecht (Fn. 100), S. 196f.; *Dreier*, Einheit (Fn. 100), S. 129; *Stern*, Staatsrecht III/2, S. 1441, 1504; *W. Kluth*, NdsVBl. 2010, 130 (131).

[144] BVerfGE 96, 345 (368) erwähnt zwar E 22, 267 (271), läßt aber die Frage, ob es sich um zwei Grundrechte oder nur zwei Gewährleistungen eines Grundrechts handelt, letztlich offen. Ausdrückliche Begründung einer Vorlagepflicht unter Berufung auf das einheitliche Grundrecht bei *G. C. Burmeister*, NdsVBl. 1998, 53 (56f.). Kritisch zu diesem Aspekt der Entscheidung *F. Wittreck*, DÖV 1999, 634 (641f.).

[145] → Art. 31 Rn. 51 Fn. 170; *Kratzer*, Artikel 142 (Fn. 108), S. 116; *O. Schlichter*, Die Zuständigkeit der Landesverfassungsgerichte bei gleichzeitiger Verletzung von sog. inhaltsgleichen Bundesgrundrechten und Landesgrundrechten, Diss. jur. Münster 1957, S. 12f.; *Hamann/Lenz*, GG, Art. 142 Anm. 4; *Ley*, Verfassungsrecht (Fn. 113), Rn. 32; *v. Campenhausen*, GG XIV, Art. 142 Rn. 9; *ders.* (Fn. 122), Art. 142 Rn. 8, der auf die entsprechende Auffassung im Parlamentarischen Rat verweist und ferner »große Schwierigkeiten« bei der Abgrenzung zwischen den Fallgruppen »Nichtübereinstimmung, Widerspruch und Zurückbleiben« befürchtet; *H. Quaritsch*, HStR V, § 120 Rn. 4; *W. Kanther*, Die neuen Landesverfassungen im Lichte der Bundesverfassung, Diss jur. Köln 1993, S. 137ff.;

gewährleistungen nicht als »in Übereinstimmung« mit den Grundrechten des Grundgesetzes stehend angesehen werden[146]. Hiergegen spricht allerdings, daß solche Garantien im Hinblick auf ihren Schutzgehalt – so weit er eben jeweils reicht – tatsächlich **keinen Mangel an Übereinstimmung** mit dem korrespondierenden Bundesgrundrecht aufweisen[147]. Diese auf die Widerspruchsfreiheit abstellende Auffassung hat sich mittlerweile durchgesetzt, so daß gerade auch **keine Derogation** gem. Art. 31 GG vorliegt[148]. Für sie sprechen insgesamt die besseren Gründe. Denn erstens fehlt es an einem Kollisionsfall, da miteinander unvereinbare Normbefehle (→ Art. 31 Rn. 39, 51) nicht vorliegen: wegen Art. 1 III GG gelangen die weitergehenden Bundesgrundrechte unmittelbar zur Anwendung, und die engeren Landesverfassungsgrundrechte enthalten zumeist nicht die Anordnung, diese Bindung zu ignorieren[149]. Ein Grundrechtsdefizit kann insofern also nicht auftreten. Zudem vermeidet diese Lesart Unsicherheiten über die ansonsten höchst diffizile und folgenschwere Frage der Fortgeltung von teils weiterreichenden, teils restriktiver gefaßten Landesgrundrechten (→ Rn. 39). Drittens ist hierdurch ein weiterer Rechtsweg erhalten, der sich angesichts chronischer Überlastung des Bundesverfassungsgerichts und der hier bestehenden Zugangsbarrieren als der rechtsschutzintensivere erweisen kann; außerdem kann das engere Landesgrundrecht von heute infolge von Veränderungen auf der Grundgesetz-Ebene zum weiteren von morgen werden (→ Rn. 59). Schließlich schont diese Auslegung die Verfassungsautonomie der Länder (→ Art. 28 Rn. 41 ff.) und bewahrt deren Grundrechtskonzeption vor punktueller Durchlöcherung.

45 Zur Aufrechterhaltung landesverfassungsrechtlicher Mindergewährleistungen bedarf es insbesondere **nicht** der sog. **Ergänzungslehre**, der zufolge diese nach verbreiteter Darstellung von den Bundesgrundrechten gewissermaßen aufgefüllt oder angehoben würden; einem ähnlichen Verdikt verfallen Ansätze, die qua Art. 142 GG eine »Modifikation« weniger weitreichender Landesgrundrechte vornehmen wollen[150]. Indes erscheint fraglich, ob überhaupt und inwieweit diese in seltener Eintracht miß-

---

Stern, Staatsrecht III/2, S. 1476: »grundgesetzwidrige[s] Homogenitätsdefizit«; *J. Dietlein*, Jura 1994, 57 (59 f.); *Kunig* (Fn. 97), Art. 142 Rn. 9; *Pestalozza*, Art. 142 (Fn. 31), S. 248 f. Differenzierend *R. Stettner*, in: H. Nawiasky/C. Leusser (Hrsg.), Die Verfassung des Freistaates Bayern, Art. 110 (2007), Rn. 33, der grundsätzlich die Derogation von Mindergewährleistungen befürwortet, aber einen enger gezogenen Kreis der Grundrechtsträger davon ausnimmt. Ferner *S. Storr*, ThürVBl. 2007, 232 (233 f.).

[146] Dahin *E.-W. Böckenförde/R. Grawert*, DÖV 1971, 119 (121); im Überblick *J. Pietzcker*, HStR[3] VI, § 134 Rn. 70 m. Fn. 176.

[147] Das Bundesverfassungsgericht nimmt Nichtübereinstimmung nur an, wenn das Landesgrundrecht einen Anwendungsausschluß bezüglich des Bundesgrundrechts normiert, ansonsten liege Übereinstimmung (i. S. v. »Widerspruchsfreiheit«) vor (BVerfGE 96, 345 [365]); vgl. später BVerfGK 8, 169 (145) sowie zuvor bereits BVerfG (K), NJW 1996, 1464 (1464). Siehe ferner *J. F. Lindner*, Jura 2008, 401 (403); *F. Sommer*, Die Landesgrundrechte als Prüfungsmaßstab bei den Landesverfassungsbeschwerdeverfahren, insbesondere bei Akten, die auf Bundesrecht beruhen, 2003, S. 79.

[148] → Rn. 39. Ebenso *W. Leisner*, Die bayerischen Grundrechte, 1968, S. 20 ff.; *H.-U. Gallwas*, JA 1981, 536 (540 f.); *H. Maurer*, Verfassungsrecht, in: H. Maurer/R. Hendler (Hrsg.), Baden-Württembergisches Staats- und Verwaltungsrecht, 1990, S. 27 ff. (32); *K. W. Lotz*, Bayerische Verfassungsbeschwerde und Bundesrechtsordnung, in: FS 50 Jahre BayVerfGH, 1997, S. 115 ff. (123); *Dreier*, Landesverfassungsgerichte (Fn. 74), S. 20 f.; *T. Clemens*, in: Umbach/Clemens, Art. 142 Rn. 20 ff.; *J. F. Lindner*, Jura 2008, 401 (403); *J. Pietzcker*, HStR[3] VI, § 134 Rn. 71 f.; *H. Maurer*, HGR III, § 82 Rn. 62 f.; Jarass/*Pieroth*, GG, Art. 142 Rn. 3; eher kritisch *J. Dietlein*, Jura 2000, 19 (24).

[149] So jedenfalls grundsätzlich *J. Pietzcker*, HStR[3] VI, § 134 Rn. 58.

[150] Dagegen etwa *O. Bachof*, DÖV 1951, 588 (588); *Leisner*, Grundrechte (Fn. 148), S. 20; *E.-W. Böckenförde/R. Grawert*, DÖV 1971, 119 (122); *H.-U. Gallwas*, JA 1981, 536 (541); *v. Olshausen*, Landesverfassungsbeschwerde (Fn. 25), S. 122; *M. Sachs*, DÖV 1985, 469 (473 f.) m. w. N.; *v. Cam-*

billigten Thesen so tatsächlich vertreten worden sind[151] – oder ob wir es insofern mit einem dogmatischen **Artefakt** zu tun haben[152]. Bei näherer Betrachtung stellt sich heraus, daß den üblicherweise als maßgeblich betrachteten Vertretern der bekämpften Position statt einer Ergänzung eine Form von **Teilnichtigkeit** vorschwebte[153]. Die damit intendierte **grundgesetzkonforme Auslegung der Einschränkungsmöglichkeiten** sonst inhaltsgleicher Landesgrundrechte ist durchaus konsensfähig – auch unter ausdrücklichen Gegnern der »Ergänzungslehre«[154]. Sie drängt sich besonders dann auf, wenn die landesverfassungsrechtliche Schranke als eigenständige Norm wegen Verstoßes gegen Bundesgrundrechte oder sonstige Verfassungsnormen nichtig wäre (→ Rn. 63 m. Fn. 206). In diese Richtung – allerdings bezogen auf den Schutzbereich – geht auch der BayVerfGH, wenn er Gewährleistungen eines Landesgrundrechts trotz eindeutigen Widerspruchs erweiternd im Sinne des entsprechenden Schutzbereichs des Bundesgrundrechts »interpretiert«[155]; ihm geht es dabei anscheinend allein um die Vermeidung der vorzugswürdigen Lösung des Konflikts über Art. 1 III GG.

c) Mehrgewährleistungen (einschließlich aliud-Grundrechte)

Mehrgewährleistungen (auch: »überschießende Landesgrundrechte«), d.h. Landesgrundrechte, die im Verhältnis zum entsprechenden Bundesgrundrecht einen weiteren sachlichen bzw. personellen Schutzbereich eröffnen oder geringere Einschränkungsmöglichkeiten bieten, stimmen insoweit nicht mit dem Bundesgrundrecht überein. In diese Kategorie fallen auch die aliud-Gewährleistungen, also Landesgrundrechte ohne 46

---

penhausen, GG XIV, Art. 142 Rn. 9; *Dreier*, Einheit (Fn. 100), S. 133 f.; *Stern*, Staatsrecht III/2, S. 1474 f.; *Kunig* (Fn. 97), Art. 142 Rn. 9.

[151] Von einer »Ergänzung« der Landesgrundrechte spricht allein ein sonst nur als Mietrechtler in Erscheinung getretener Autor: *F. Kiefersauer*, JR 1952, 81 (87). → Bd. III², Art. 142 Rn. 49 m. Fn. 149 ff.

[152] Skeptisch bereits *M. Sachs*, DÖV 1985, 469 (473 Fn. 48).

[153] So formuliert *H. Holtkotten, in: BK*, Art. 142 (Erstb. 1950), Anm. II.2.a), (S. 2 f.): »Als dem Grundgesetz ›widersprechend‹ verlieren ihre Rechtswirksamkeit also nur diejenigen landesverfassungsrechtlichen Vorschriften, die das Grundrecht dem entsprechenden Bundesgrundrecht gegenüber ›abschwächen‹«; er denkt also primär an den Wegfall von Gesetzesvorbehalten und anderen Einschränkungsmöglichkeiten. Anders *Sacksofsky* (Fn. 23), Art. 142 Rn. 43 ff. – *B. Dennewitz*, DÖV 1949, 341 (342) als zweiter vielzitierter Vertreter der sog. Ergänzungslehre spricht nur höchst unspezifisch davon, daß Mindergewährleistungen »modifiziert« werden.

[154] Zu einer solchen Verdrängung von Beschränkungsmöglichkeiten kommt im Einzelfall auch *T. Maunz, in: Maunz/Dürig, GG*, Art. 142 (1976), Rn. 17 f., der freilich im Endergebnis ein Außerkrafttreten nach Art. 31 GG einer Modifizierung vorzieht (ebd., Rn. 18); vorsichtige Zustimmung zu einer solchen einschränkenden Interpretation auch bei *Domcke*, Fortgeltung (Fn. 113), S. 318 ff., 323; ähnlich ferner *Leisner*, Grundrechte (Fn. 148), S. 22 f. Besonders illustrativ *v. Campenhausen*, GG XIV, Art. 142 Rn. 9 f. m. Fn. 24: er bezeichnet *Holtkotten* als Vertreter der (abzulehnenden) Ergänzungslehre, führt dann aber aus, daß eine weitergehende Einschränkungsmöglichkeit eines Landesgrundrechts als unzulässig außer Kraft tritt – das aber ist exakt *Holtkottens* Ansicht (vgl. Fn. 153).

[155] BayVerfGHE 56, 1 (5) »interpretiert« die an sich bestehende Mindergewährleistung der Rundfunkfreiheit für Privatanbieter auf bayerischer Ebene (Art. 111a BayVerf.) gegenüber Art. 5 I 2 GG im Rahmen der »Auslegung und Anwendung des Art. 111a BV« auf den entsprechenden Grundgesetzstandard um und trägt so der Vorgabe von BVerfGE 97, 298 (315, Rn. 69 f.) Rechnung. Diese »Auslegung« wird bestätigt in BayVerfGH NVwZ 2006, 82 (83) und ist inzwischen gefestigte Rspr. auch der Instanzgerichte (vgl. BayVGH DVBl. 2014, 313 [316]). Kritisch zu diesem Ansatz *F. J. Lindner*, BayVBl. 2004, 641 (645 f.: Kaschierung des klaren Widerspruchs zu Art. 5 I GG). Ähnlich zur Entscheidung des BayVerfGH verhält sich die grundgesetzkonforme Auslegung des § 45 HV (Eigentumsgarantie) durch das Hessische Landessozialgericht, Urt. v. 1.11.2006, L 6/7 KA 66/04, Rn. 70, 72 (juris).

grundgesetzliches Pendant[156]. Nach wie vor wird überwiegend die Auffassung von der grundsätzlichen Zulässigkeit solcher Garantien vertreten[157]. Wesentliche Basis dieser zumeist wie selbstverständlich präsentierten Position ist die **Annahme**, das **Grundgesetz** gewähre lediglich einen bestimmten **Mindeststandard** (→ Rn. 10), so daß es den Ländern unbenommen sei, diesen durch weiterreichende Landesgrundrechte gewissermaßen zu überbieten. Neben diesem entstehungsgeschichtlichen Argument greift man zuweilen auf das Wörtchen »auch« aus dem Normtext zurück[158]. Ein »Mehr« an Freiheit zu bieten, soll den Ländern danach nicht verwehrt sein.

47 Diese **h.M.**, die sich ganz auf die individuell-abwehrrechtliche Konstellation konzentriert, **übersieht** indes, daß individuelle Freiheit nicht beliebig maximierbar ist, ohne Rechtsgüter der Allgemeinheit (hinter denen oft genug wieder grundrechtsgeschützte Individualinteressen stehen) oder unmittelbar die Rechtssphäre anderer Grundrechtsträger zu berühren. Nimmt man die bundesverfassungsrechtlich gesicherten **Grundrechtspositionen Dritter** in den Blick, so ergeben sich zahlreiche Möglichkeiten von deren Verkürzung infolge einer Erweiterung von Landesgrundrechten[159]. Schon früh wurde zutreffend darauf hingewiesen, daß der bundesrechtliche **Mindeststandard zugleich** den zulässigen **Maximalstandard** bezeichnen kann, wenn ihm Abwägungsentscheidungen zwischen verschiedenen Grundrechtsträgern zugrunde liegen[160]. Angesichts der heute weitgehend anerkannten und differenziert entfalteten objektiv-rechtlichen Grundrechtsdimensionen (→ Vorb. Rn. 94 ff.) sowie der hohen Normierungsdichte erweist sich der landesverfassungsrechtliche Spielraum zur Einräumung neuer oder effektiv stärkerer Grundrechtspositionen letztlich als gering. Selbst scheinbar rein abwehrrechtliche Konstellationen, die den Landesverfassungen noch am ehesten offenstehen[161], können sich bei näherem Hinsehen rasch als »multipolare« und daher ausgleichungsbedürftige Grundrechtslagen darstellen[162].

---

[156] Problematisch ist naturgemäß die dogmatische Einordnung solcher aliud-Gewährleistungen, die sich als konkretisierende Positivierung eines unbenannten Bundesgrundrechts (→ Art. 2 I Rn. 31 ff.) darstellen. Dazu *E.-W. Böckenförde/R. Grawert*, DÖV 1971, 119 (121); *F. Wittreck*, DÖV 1999, 634 (638 f.).

[157] → Art. 31 Rn. 51; ferner BVerfGE 96, 345 (365); *Sacksofsky* (Fn. 23), Art. 142 Rn. 40; *Denninger* (Fn. 23), Art. 142 Rn. 6; *v. Campenhausen*, GG XIV, Art. 142 Rn. 7; *Dietlein*, Grundrechte (Fn. 112), S. 49 ff.; *Clemens* (Fn. 148), Art. 142 Rn. 20 ff.; *Kunig* (Fn. 97), Art. 142 Rn. 7; *J. Pietzcker*, HStR³ VI, § 134 Rn. 58; *F. J. Lindner*, BayVBl. 2004, 641 (646), speziell auf die bayerische (Grund-) Rechtslage bezogen; vgl. auch *D. Krausnick*, in: T. Meder/W. Brechmann (Hrsg.), Die Verfassung des Freistaates Bayern, 5. Aufl. 2014, Art. 98 S. 1–3 Rn. 58. Vorsichtig hingegen *H. Quaritsch*, HStR V, § 120 Rn. 10, der überschießende Gehalte an den Art. 31 und 72 I GG messen will.

[158] *Holtkotten* (Fn. 153), Art. 142 Anm. II.4., (S. 7); *Domcke*, Fortgeltung (Fn. 113), S. 312 f.; *v. Olshausen*, Landesverfassungsbeschwerde (Fn. 25), S. 117; *H.-U. Gallwas*, JA 1981, 536 (541); *H.-P. Schneider*, Verfassungsrecht, in: H. Faber/H.-P. Schneider (Hrsg.), Niedersächsisches Staats- und Verwaltungsrecht, 1985, S. 44 ff. (67); *Stern*, Staatsrecht III/2, S. 1472. **Dagegen:** *v. Campenhausen*, GG XIV, Art. 142 Rn. 4: »Das Wort ›auch‹, wonach die genannten Bestimmungen ›auch insoweit in Kraft‹ bleiben, ist irreführend, jedenfalls ohne eigenen Sinngehalt«; ähnlich *Kunig* (Fn. 97), Art. 142 Rn. 5.

[159] *Dreier*, Einheit (Fn. 100), S. 139 ff.; *Huber* (Fn. 93), Art. 142 Rn. 13a; *Ott*, Landesgrundrechte (Fn. 97), S. 107 f.; Jarass/*Pieroth*, GG, Art. 142 Rn. 4; *S. Korioth*, in: Maunz/Dürig, GG, Art. 142 (2008), Rn. 14; Beispiele bei *J. Pietzcker*, HStR³ VI, § 134 Rn. 75.

[160] *E.-W. Böckenförde/R. Grawert*, DÖV 1971, 119 (121).

[161] Beispiel wäre die in Art. 9 III BbgVerf. und Art. 19 II 1 HessVerf. gegenüber Art. 104 II 3 GG verkürzte Gewahrsamsfrist; dazu *Dreier*, Einheit (Fn. 100), S. 140 f.; *J. Pietzcker*, HStR³ VI, § 134 Rn. 68; zur entsprechenden Regelung des Art. 5 II 1 a. F. Rh.-Pf.Verf. *S. Jutzi*, DÖV 1983, 836 (837 f.).

[162] Dazu zusammenfassend *Dreier*, Einheit (Fn. 100), S. 139 ff.; *ders.*, Landesverfassungsgerichte (Fn. 74), S. 22; vgl. ferner *Kanther*, Landesverfassungen (Fn. 145), S. 132 f.; Jarass/*Pieroth*, GG, Art. 142 Rn. 4; *Huber* (Fn. 93), Art. 142 Rn. 13a. Kritisch *Stern*, Staatsrecht III/2, S. 1473, der für

Dies alles bedeutet nun nicht, daß Mehrgewährleistungen stets an die Grenze der Bundesgrundrechte in ihren verschiedenen subjektiv- wie objektiv-rechtlichen Dimensionen stießen. Doch ist die oft behauptete **generelle Zulässigkeit landesverfassungsrechtlicher Mehrgewährleistungen schwerlich haltbar**. Hinzu tritt, daß auch mit Bundesgrundrechten vereinbare weiterreichende Landesgrundrechte in einen **Konflikt mit einfachem Bundesrecht** geraten können. Vergleichsweise unproblematisch sind Mehrgewährleistungen dann, wenn sie Lebensbereiche betreffen, die der Gesetzgebungskompetenz des Landes unterfallen: das betrifft namentlich das Kultur- oder Polizeirecht, seit der Föderalismusreform 2006 aber beispielsweise auch den Strafvollzug oder das Versammlungswesen (→ Rn. 51)[163]. Schwieriger gestaltet sich die Lage, wenn Landesverfassungen zur Hochstufung von Rechtspositionen greifen, die auf Bundesebene einfachgesetzlich geregelt sind[164], was wegen verfassungsprozessualer Konsequenzen (Prüfung der Verletzung spezifischen Verfassungsrechts durch Landesverfassungsgerichte, nicht aber durch das Bundesverfassungsgericht) durchaus folgenträchtig sein kann[165]. Im übrigen wird im Falle eines klaren Widerspruchs das weitergehende Landesgrundrecht auch durch einfaches Bundesrecht nach Art. 31 GG gebrochen (→ Rn. 51 f., 55; → Art. 31 Rn. 52). Diese Folge tritt wiederum nicht ein, wenn das Bundesrecht **Spielräume** bei der Interpretation und Anwendung läßt, die sich auch unter Rückgriff auf Landesgrundrechte füllen lassen[166]. Abzulehnen ist allerdings die umstandslose Annahme eines solchen Spielraums für die Berücksichtigung von weitergehenden Landesgrundrechten bei Ermessensentscheidungen, Beurteilungsspielräumen und unbestimmten Rechtsbegriffen[167]. Denn dem Bundesrecht sind in der Regel auch ermessens- bzw. beurteilungsleitende Gesichtspunkte zu entnehmen, denen Abwägungsentscheidungen des Gesetzgebers zwischen den Positionen verschie- 48

---

solche Konstellationen in der Regel eine Brechung durch einfaches Bundesrecht annimmt; einen möglichen Konflikt mit Grundprinzipien der (Bundes)Verfassung spricht an *T. Rippberger*, Zur Frage der Kompetenz der Landesverfassungsgerichte zur Überprüfung formellen und materiellen Bundesrechts, 2005, S. 124 f. → Rn. 55.

[163] Daher konnte der HessStGH ohne Besorgnis einer Normenkollision feststellen, daß das elterliche Erziehungsrecht in Art. 55 S. 1 HessVerf. weiterreicht als Art. 6 II GG: HessStGH NJW 1982, 1381 (1382 f.); dazu *I. Richter*, JuS 1982, 900 (906); ferner *Stern*, Staatsrecht III/2, S. 1497 ff. Vgl. noch zum Hochschulrecht *J.-D. Kühne*, DÖV 1997, 1 ff.

[164] Beispiele einer solchen Positivierung von Rechtspositionen des einfachen Rechts oder der Rechtsprechung sind Datenschutzgrundrechte (etwa Art. 4 II NWVerf.; Art. 11 BbgVerf.; dazu *Stiens*, Chancen [Fn. 89], S. 242 ff.), der Anspruch auf Zuziehung eines Verteidigers (vgl. Art. 53 IV BbgVerf. mit § 137 I 1 StPO) oder auf Zuziehung der Öffentlichkeit (vgl. Art. 52 IV 2 BbgVerf. sowie Art. 90 BayVerf. mit §§ 169 ff. GVG); vgl. allgemein *Stern*, Staatsrecht III/2, S. 1478 f.

[165] *F. Wittreck*, DÖV 1999, 634 (638 f.) – zu Art. 25 III BbgVerf.; vgl. auch *K. Kruis*, Vitalisierung der Landesverfassung am Beispiel des Sozialisierungsgebots, in: Macke, Verfassung (Fn. 31), S. 67 ff. (74) – zu Art. 54 I BbgVerf.

[166] BVerfGE 96, 345 (366); BbgVerfG LVerfGE 2, 105 (111). Aus der Literatur: *v. Olshausen*, Landesverfassungsbeschwerde (Fn. 25), S. 145 ff.; *U. Sacksofsky*, NVwZ 1993, 235 (237 f.); *D. Wilke*, NJW 1993, 887 (889); *D. Franke*, Verfassungsgerichtsbarkeit der Länder – Grenzen und Möglichkeiten, in: FS Mahrenholz, 1994, S. 923 ff. (937); *S. Endter*, EuGRZ 1995, 227 (229 f.); *M. Jachmann*, BayVBl. 1997, 321 (322 f.); *J. F. Lindner*, Jura 2008, 401 (406 f.); *Bernhardt/Sacksofsky* (Fn. 95), Art. 31 Rn. 81 f.; *M. Sachs*, Die Relevanz landesverfassungsrechtlicher Regelungen, in: K. Grupp/S. Weth (Hrsg.), Arbeitnehmerinteressen und Verfassung, 1998, S. 33 ff. (48); *Huber* (Fn. 93), Art. 142 Rn. 17; *P. Tiedemann*, DÖV 1999, 200 (201); *Dreier*, Landesverfassungsgerichte (Fn. 74), S. 30 ff.

[167] Ausdrücklich für Landesgrundrechte als Ermessenskriterien aber *S. Endter*, EuGRZ 1995, 227 (230); *R. Göbel-Zimmermann*, NVwZ 1995, 763 (765 f.); *K.-E. Hain*, JZ 1998, 620 (621 f.); *J. Menzel*, NVwZ 1999, 1314 (1316). Abwägend *E. Klein*, DVBl. 1993, 1329 (1332); kritisch *F. Wittreck*, DÖV 1999, 634 (637).

dener Rechtsträger zugrunde liegen; die Problematik der Bundesgrundrechte Dritter (→ Rn. 47) kehrt hier auf einfachgesetzlicher Ebene wieder.

3. Rechtsfolge

a) bei Übereinstimmung: »bleiben in Kraft«

49 Bei »Übereinstimmung« mit dem Grundgesetz (→ Rn. 37ff.) bleiben die Landesgrundrechte gemäß Art. 142 GG in Kraft. Das bedeutet: die **Landesstaatsgewalt** ist an sie gebunden, für die **Landesverfassungsgerichte** sind sie Prüfungsmaßstab, und die Bürger des Landes können sich – sofern vorgesehen – im Verfahren der Landesverfassungsbeschwerde auf sie berufen[168].

50 Freilich ist die **Formulierung** »bleiben in Kraft« insofern **mißverständlich**, als mit der Feststellung einer Übereinstimmung i. S. d. Art. 142 GG noch keine abschließende Aussage über die Vereinbarkeit mit einfachem – in der Regel weitaus präziser formulierten – Bundesrecht getroffen ist. Eine Bestandsgarantie diesem gegenüber kann und will Art. 142 GG nicht abgeben[169].

51 Die gegenläufige These, Art. 142 GG mache die **Landesgrundrechte** entgegen Art. 31 GG »**bundesgesetzesfest**«, sichere sie also gegen diesen Vorrang des einfachen Bundesrechts ab[170], sieht sich nicht nur der ganz überwältigenden h. M. gegenüber, wonach im Konfliktfall einfaches Bundesrecht jeder Stufe Landesrecht jeder Stufe bricht[171]. Sie **überdehnt** auch **den Wortlaut** des Art. 142 GG, indem sie allein auf die Formulierung »ungeachtet der Vorschrift des Artikels 31« abstellt und dabei ausblendet, daß Art. 142 GG nur die – aufgrund der Fixierung auf die Weimarer Lehre (→ Rn. 6) befürchtete – Verdrängung der Landesgrundrechte unmittelbar durch inhaltsgleiche oder -ähnliche Bundesgrundrechte verhindern sollte.

52 Art. 142 GG modifiziert den aus Art. 31 GG folgenden Geltungsvorrang des Bundesrechts ferner **nicht** dergestalt, daß er im Konfliktfall **lediglich** die **Suspension** der bundesrechtswidrigen Landesgrundrechte forderte[172]. Das Postulat eines bloßen An-

---

168 Zu den unterschiedlichen Möglichkeiten in den einzelnen Bundesländern vgl. im Überblick *Dreier*, Landesverfassungsgerichte (Fn. 74), S. 13ff., 38f.; → Rn. 24, 28. Zu Einschränkungen: → Rn. 77.

169 Treffend *Kunig* (Fn. 97), Art. 142 Rn. 8; s. auch *Korioth* (Fn. 159), Art. 142 Rn. 15f.

170 *Pestalozza*, Art. 142 (Fn. 31), S. 252 (Zitat), 253ff. So bereits BAG NJW 1989, 186 (190) – zu Art. 29 V HessVerf. (→ Rn. 63); *G. Dürig*, in: Maunz/Dürig, GG, Art. 104 (1958), Rn. 42: »gegenüber dem gesamten Bundesrecht garantiert«; *E. Milleker*, DVBl. 1969, 129 (133): ausdrücklicher Vorrang der nach Art. 142 GG in Kraft bleibenden Landesgrundrechte vor einfachem Bundesrecht; *H.-P. Schneider*, DÖV 1987, 749 (752) – mit Heranziehung von Art. 28 I GG. Im Ergebnis ähnlich (keine Brechung von nach Art. 142 GG übereinstimmenden Landesgrundrechten durch einfaches Bundesrecht), aber mit anderer Begründung *Tjarks*, Bedeutung (Fn. 74), S. 73ff. Wiederum anders *J. Pietzcker*, HStR³ VI, § 134 Rn. 66, der überhaupt keinen Kollisionsfall sieht, da der landesgrundrechtliche Vorbehalt auch auf Bundesrecht anzuwenden sei, obwohl durch Landesgrundrechte nur die Landesstaatsgewalt und nicht der Bundesgesetzgeber gebunden sei (ebd., Rn. 68).

171 → Art. 31 Rn. 32, 35. S. ferner BVerfGE 1, 264 (280f.); 96, 345 (364ff.); *Kratzer*, Artikel 142 (Fn. 108), S. 116; *Domcke*, Fortgeltung (Fn. 113), S. 323; *Denninger* (Fn. 23), Art. 142 Rn. 3; *Ley*, Verfassungsrecht (Fn. 113), Rn. 32; *v. Campenhausen*, GG XIV, Art. 142 Rn. 3, 8; *H. Quaritsch*, HStR V, § 120 Rn. 11; *Kanther*, Landesverfassungen (Fn. 145), S. 133; *Stern*, Staatsrecht III/2, S. 1473f.; *P. Kunig*, NJW 1994, 687 (687); *ders.* (Fn. 97), Art. 142 Rn. 4; unklar *Huber* (Fn. 93), Art. 142 Rn. 15a (keine Derogation, aber Verdrängung »aus ihrer Maßstabsfunktion für die Landesorgane« wegen Höherrangigkeit des einfachen Bundesrechts); ähnlich *J. F. Lindner*, Jura 2008, 401 (403).

172 So aber *J. Pietzcker*, HStR³ VI, § 134 Rn. 52; *H. Maurer*, HGR III, § 82 Rn. 69.; *v. Coelln*, Anwendung (Fn. 74), S. 193ff. sowie *Huber* (Fn. 93), Art. 142 Rn. 15a.

wendungsvorrangs des Bundesrechts gegenüber dem Landesverfassungsrecht (→ Art. 31 Rn. 42 f.)[173] ist auch bezüglich der Landesgrundrechte abzuweisen; geraten sie in einen nicht mehr durch bundesrechtskonforme Auslegung auflösbaren Normenkonflikt mit dem Bundesrecht, ist **Derogation** die Folge[174] (→ Rn. 55).

53 Ebenfalls nicht zu überzeugen vermögen schließlich Bestrebungen, die im Sinne des Art. 142 GG in Kraft gebliebenen Landesgrundrechte zum Maßstab einer **landesverfassungskonformen Auslegung des Bundesrechts** (oder des Europarechts: → Rn. 18) zu machen. Diese Benennung ist schon insofern unglücklich, als eine »konforme« Auslegung sich meistens an der Derogationswirkung der Normenhierarchie ausrichtet[175]; gemeint ist in der Regel eine Berücksichtigung der Landesgrundrechte bei der Anwendung des Bundesrechts, wenn dieses dafür Spielräume läßt (→ Rn. 48).

54 Hingegen läßt sich Art. 142 GG als Argument für eine **landesgrundrechtsfreundliche Auslegung** sowohl des Art. 31 GG als auch des einfachen Bundesrechts heranziehen[176]. Auch unterstreicht die Vorschrift, daß eine von Wortlaut und erkennbarem Sinn der Norm noch gedeckte **bundesrechtskonforme Interpretation der Landesgrundrechte** der Annahme ihrer Derogation vorzuziehen ist[177].

b) bei Nichtübereinstimmung: Derogation

55 Stimmt das Landesgrundrecht nicht mit dem Grundgesetz i. S. d. Art. 142 GG überein (→ Rn. 37 ff.), so ergibt sich im Kollisionsfall die **Rechtsfolge aus Art. 31 GG**: das Landesgrundrecht wird also »gebrochen« (→ Art. 31 Rn. 42 f.). Diese Derogation folgt **nicht aus Art. 142 GG** selbst, dem die »selbständige Vernichtungsfunktion« fehlt[178].

---

173 Von *R. Poscher*, NJ 1996, 351 (352) wird dieser Ansatz fälschlich in BVerfGE 36, 342 (366) verankert (an der zitierten Stelle [genauer: S. 365 f.] führt das Gericht mit Blick auf inhaltsgleiches Landesverfassungsrecht zwar aus, daß »Brechen« je nach Zusammenhang etwas unterschiedliches bedeuten könne, löst das Problem letztlich aber schon auf der Kollisionsebene; dazu präzise *T. Discher*, Die Landesverfassungsgerichte in der bundesstaatlichen Rechtsprechungskompetenzordnung des Grundgesetzes, Diss. jur. Berlin 1997, S. 36 f.). Nicht zutreffend ist ferner die von *S. Endter*, EuGRZ 1995, 227 (230 f.) gezogene Parallele zum Vorrang des Gemeinschaftsrechts (→ Rn. 17; → Art. 31 Rn. 13 f.).

174 → Art. 31 Rn. 42 Fn. 154. Zum Grundsatz der Normenhierarchie als Konfliktlösungsmechanismus *Hanschel*, Konfliktlösung (Fn. 46), S. 72 ff.; *Kanther*, Landesverfassungen (Fn. 145), S. 113 f.; *Stern*, Staatsrecht III/2, S. 1466 f.; *Sacksofsky* (Fn. 23), Art. 142 Rn. 41.

175 Ausdrücklich von »landesverfassungskonformer Auslegung« spricht etwa *F. v. Zezschwitz*, NJW 1999, 17 (18, 20). Mit guten Gründen gegen die Verwendung dieser Figur *H. Tilch*, Inhaltsgleiches Bundes- oder Landesverfassungsrecht als Prüfungsmaßstab, in: Starck/Stern, Landesverfassungsgerichtsbarkeit (Fn. 5), Bd. 2, S. 551 ff. (565); *Vitzthum*, Bedeutung (Fn. 27), S. 34; *P. Kunig*, NJW 1994, 687 (688).

176 So *Stern*, Staatsrecht III/2, S. 1467 ff. Ähnlich fragen *E.-W. Böckenförde*/*R. Grawert*, DÖV 1971, 119 (124 f.), ob das Bundesrecht Landesrecht tatsächlich brechen »will«.

177 Zur bundesrechtskonformen Interpretation als Regelfall *W. Rüfner*, DÖV 1967, 668 (670 Fn. 25); *S. Jutzi*, Landesverfassungsrecht und Bundesrecht, 1982, S. 29; treffend auch *Stern*, Staatsrecht III/2, S. 1468 f., 1480. Diese Grenzen einer zulässigen bundesrechtskonformen Auslegung überschreitet die mit den Nachrangklauseln einzelner Landesverfassungen verknüpfte Figur einer normativen Selbstbeschränkung der Landesverfassung, die eine Kollision mit Bundesrecht unabhängig von Wortlaut und Sinn der Einzelnorm ausschließen soll; dazu *F. Wittreck*, DVBl. 2000, 1492 (1496 ff.). → Rn. 23, 85.

178 *M. Sachs*, DÖV 1985, 469 (478). Wie hier ferner *H.-U. Gallwas*, JA 1981, 536 (538); *Ott*, Landesgrundrechte (Fn. 97), S. 58, 104 f.; *Clemens* (Fn. 148), Art. 142 Rn. 25. A. A. *Ley*, Verfassungsrecht (Fn. 113), Rn. 14. – Freilich hat es keine greifbaren Konsequenzen, wenn man die Derogation unmittelbar aus Art. 142 GG entnimmt. Umfangreiche Untersuchung der Rechtsfolge des Art. 31 GG bei *Sommer*, Landesgrundrechte (Fn. 147), S. 79 ff.

Allerdings lassen sich unter Zugrundelegung der hier vertretenen Ansicht bis dato keine Beispielsfälle für Landesgrundrechte nennen, die **allein wegen Nichtübereinstimmung mit Bundesgrundrechten** als gebrochen anzusehen wären. Dieser Befund erklärt sich zum einen aus der – gebotenen und praktizierten – bundesrechtskonformen Auslegung der Landesverfassung (→ Rn. 54), zum anderen aus der verbreiteten Praxis der Landesverfassungsgerichte, sich namentlich im Bereich der Schrankensystematik am Vorbild der Judikatur des Bundesverfassungsgerichts zu orientieren (→ Rn. 25)[179].

4. Fallgruppen und Einzelfälle

56 Bislang hat, soweit ersichtlich, das Bundesverfassungsgericht noch in keinem einzigen Fall ein Landesgrundrecht, auch nicht wegen Verstoßes gegen einfaches Bundesrecht, für nichtig erklärt. Sofern den Fachgerichten und Landesverfassungsgerichten eine eingeschränkte Verwerfungskompetenz im Bereich vorkonstitutionellen Verfassungsrechts zukommt (→ Rn. 86; → Art. 100 Rn. 12)[180], machen diese davon ebenfalls nur vereinzelt Gebrauch[181]. Daher bewegen sich die fraglichen Fallgestaltungen in diesem Bereich weitgehend auf der Ebene akademischer Erörterungen.

57 Mögliche **Anwendungsfälle** für eine Nichtübereinstimmung von Grundgesetz und Landesgrundrechten mit der Folge ihrer »Brechung« gem. Art. 31 GG (→ Rn. 55) konzentrieren sich ganz auf die **Mehrgewährleistungen** (→ Rn. 46 ff.), können sich aber auch bei (ehemals) identischen bzw. parallelen Grundrechten (→ Rn. 41 ff.) ergeben. Da Mindergewährleistungen niemals eine Kollision bewirken können (→ Rn. 44 f.), scheiden sie insofern aus.

58 **Kollisionsträchtige Lagen** ergeben sich zumeist in einer der drei folgenden Konstellationen: (1) vorkonstitutionelle Landesverfassungen wie diejenigen Bayerns oder Hessens, die sich noch nicht am Grundgesetz orientieren konnten, enthalten Mehrgewährleistungen, auch und gerade in Gestalt von aliud-Regelungen[182]; (2) Landesverfassungen, vornehmlich nachkonstitutioneller Art, enthalten identische (parallele) Grundrechte, die infolge von Veränderungen auf Grundgesetz-Ebene eine Diskrepanz zum Bundesgrundrecht aufweisen[183]; (3) nachkonstitutionelle Landesverfassungen,

---

[179] Offenkundig ist das bei der Berufsfreiheit (*F. Shirvani*, HGR VIII, § 239 Rn. 56), aber etwa auch bei der Religionsfreiheit (*S. Korioth*, HGR VIII, § 236 Rn. 7 f.); zum gleichfalls »unitarisierenden Effekt« der Bundesgrundrechte im Bereich der Meinungsfreiheit *M. Jestaedt*, HGR IV, § 102 Rn. 106. – Umgekehrt verhält es sich wiederum bzgl. des Rechts auf Freizügigkeit, wo sich das Bundesverfassungsgericht an landesverfassungsrechtlicher Judikatur orientiert (vgl. BVerfGE 134, 242 [324 f., Rn. 254 ff.]; *W. Durner*, HGR VIII, § 234 Rn. 25).

[180] Ein Beispiel aus dem Staatsorganisationsrecht: hätte der Bayerische Verfassungsgerichtshof bestimmte Regelungen der Bayerischen Verfassung über verfassungsändernde Volksentscheide als Verstoß gegen Art. 28 I GG angesehen, wäre er zu deren Verwerfung befugt gewesen. Vgl. *J. Isensee*, Verfassungsreferendum mit einfacher Mehrheit, 1999, S. 47; BayVerfGH BayVBl. 1999, 719 (725).

[181] Ohne Verletzung einer aus Art. 100 I GG folgenden Vorlagepflicht konnten von der Nichtigkeit hessischer Landesgrundrechte etwa ausgehen: VGH Kassel NVwZ 1989, 387 (387) – Art. 59 II HessVerf.; BAG NJW 1989, 186 (190) – Art. 29 V HessVerf.; VG Darmstadt NVwZ-Beilage 3/1993, 22 (33) – Art. 7 HessVerf.

[182] Häufig genanntes Beispiel für eine aliud-Gewährleistung ist das Grundrecht auf Naturgenuß und Aneignung von Waldfrüchten (Art. 141 III BayVerf.); Mehrgewährleistungen enthalten Art. 3 HessVerf. (Unantastbarkeit des Lebens); Art. 55 S. 1 HessVerf. (Elterliches Erziehungsrecht) und Art. 59 II HessVerf. (freier Zugang zu Hochschulen). → Rn. 60, 62 f.

[183] Diesbezügliche Diskrepanzen sind namentlich durch die Änderungen des Grundrechts auf Asyl und auf Unverletzlichkeit der Wohnung aufgetreten: → Rn. 59.

insbesondere einige der neuen Bundesländer, wollen gezielt und bewußt über die Bundesgrundrechte hinausgehen und hier mehr und anderes bieten[184]. Freilich sind denkbare Widersprüche nicht auf diese drei Konstellationen beschränkt. Denn natürlich können auch in vorkonstitutionelle Landesverfassungen kraft Änderung dieselben Normen Einzug halten, die zu den Bundesgrundrechten in ein Spannungsverhältnis geraten; und Grundrechte, die auf Bundesebene geändert werden, waren möglicherweise bis dahin auch in vorkonstitutionellen Landesverfassungen identisch geregelt. Die folgenden Erläuterungen greifen daher aus darstellungspraktischen Gründen in einem ersten Abschnitt (→ Rn. 59 ff.) einige typische, an Grundgesetznormen orientierte länderübergreifende Problemkonstellationen heraus, bevor in einem zweiten Abschnitt (→ Rn. 62 ff.) in Orientierung an den einzelnen Bundesländern ohne Anspruch auf Vollständigkeit kollisionsträchtige Landesgrundrechte behandelt werden.

a) Länderübergreifende Problemkonstellationen

Aus der Perspektive des Grundgesetzes ist angesichts der detaillierten Protokollierung der **Verfassungskompromisse zu Art. 13** (→ Art. 13 Rn. 4 f., 11) und **16a GG** das weitere Schicksal der entsprechenden Landesverfassungsnormen fraglich. Als bundesrechtlich prekär stellen sich insbesondere die weiterreichenden **Asylgewährleistungen** in einzelnen Landesverfassungen dar[185], da Art. 16a II 1 GG eine Berufung auf das Asylrecht bei Einreise aus einem sicheren Drittstaat ausdrücklich ausschließt (→ Art. 16a Rn. 77, 94 ff.). Doch läßt sich ein Pauschalurteil über die Brechung der einzelnen Landesgrundrechte durch Art. 16a GG bzw. die Normen des Asylverfahrensgesetzes nicht fällen; die Feststellung widersprechender Normbefehle verlangt auch hier eine genaue Analyse von Bundes- wie Landesnorm[186]. Zahlreiche Bundesländer gestalten die ebenfalls ausländerpolitisch sensiblen Grundrechte der **Versammlungs- und Vereinigungsfreiheit** als Jedermannrechte aus und gehen damit in Anlehnung an § 1 I VersG bzw. § 1 I VereinsG über Art. 8 I, 9 I GG hinaus[187]. Hier muß eine nähere Untersuchung der einzelnen Vorschriften ergeben, ob sie tatsächlich Normbefehle ent- 59

---

[184] Beispiele aus der Verfassung Brandenburgs: Minderheitenrechte (Art. 25); Schutz auch nichtehelicher Lebensgemeinschaften (Art. 26 II); Schutz vor Zwangsräumung (Art. 47 II); Recht auf Zuziehung eines Verteidigers (Art. 53 IV); Recht auf Resozialisierung (Art. 54). → Rn. 65.

[185] Ein nach dem Normtext uneingeschränktes Recht auf politisches Asyl gewähren Bayern (Art. 105), Hessen (Art. 7 S. 2), Rheinland-Pfalz (Art. 16 II), das Saarland (Art. 11 S. 2) und Brandenburg (Art. 18). **Für Derogation** *A. Zimmermann*, Das neue Grundrecht auf Asyl, 1994, S. 358 ff.; *J. Lücke*, in: C. Grimm/P. Caesar (Hrsg.), Verfassung für Rheinland-Pfalz, 2001, Art. 16 Rn. 16 f. – zu Art. 16 II Rh.-Pf.Verf. (»Der Klarheit halber sollte er [Art. 16 II Rh.-Pf.Verf., H. D.] gestrichen werden«), ebd., Rn. 17 a. E.); für »Überlagerung« *K. Nießen*, Kollektiver und landesverfassungsrechtlicher Abschiebungsschutz von Ausländern, 2004, S. 151 ff., insbes. 154 ff., die aber jedenfalls eine differenzierende Betrachtung zwischen den Absätzen in Art. 16a GG verlangt; **gegen Derogation** *R. Göbel-Zimmermann*, NVwZ 1995, 763 (764 ff.) – zu Art. 7 HessVerf. → Art. 16a Rn. 43, 46.

[186] So wäre beispielsweise in Bayern die allgemeine Schrankenklausel des Art. 98 S. 2 BayVerf. mit in die Betrachtung einzubeziehen. Gewissenhafte Untersuchung für Brandenburg bei *S. J. Iwers*, Entstehung, Bindungen und Ziele der materiellen Bestimmungen der Landesverfassung Brandenburg, 1998, S. 285 ff.; *ders.*, in: H. Lieber/S. J. Iwers/M. Ernst (Hrsg.), Verfassung des Landes Brandenburg, 2012, Art. 18, S. 170: keine Aufhebung durch Art. 16a i. V. m. 31 GG, allerdings vollständige Verdrängung durch das Asylverfahrensgesetz; ähnlich wohl *Nießen*, Abschiebungsschutz (Fn. 185), S. 158 ff. aufgrund abschließender Regelungen des AsylVfG.

[187] Art. 113, 114 I BayVerf.; Art. 26, 27 BerlVerf.; Art. 20, 23 BbgVerf.; Art. 16, 17 BremVerf.; Art. 13 (nur Vereinigungsfreiheit) Rh.-Pf.Verf.; Art. 23, 24 SächsVerf.; Art. 12 (nur Versammlungsfreiheit) Sachs.-AnhVerf.; Art. 10, 13 ThürVerf. → Art. 9 Rn. 18.

halten, die den Sondervorschriften über »Ausländervereine« (§ 14 VereinsG) und politische Betätigungsverbote (§ 47 AufenthG) widersprechen[188]; in der Regel wird eine bundesrechtskonforme Auslegung geboten und möglich sein (→ Art. 8 Rn. 23; → Art. 9 Rn. 18, 30 f., 98)[189]. Ähnliches gilt für die landesrechtlichen Gewährleistungen der **Unverletzlichkeit der Wohnung.** Sie sind meist so offen formuliert, daß eine Kollision mit den Vorschriften zum Lauschangriff vermeidbar erscheint[190]; ferner wird ein möglicher Konflikt weitgehend dadurch entschärft, daß Art. 13 GG die Länder nicht zur Umsetzung in ihre Polizeigesetze zwingt[191]. Identische Probleme entstehen in den Bundesländern mit **Rezeptionsklauseln**, falls man wie hier von einer statischen Verweisung ausgeht (→ Rn. 24, 41)[192].

60 Insgesamt uneinheitlich fallen die landesverfassungsrechtlichen Garantien im Geltungsbereich der **Ausbildungs- und Berufsfreiheit** gem. Art. 12 GG aus[193]. Einige Bundesländer gewähren sie unter Verengung (so Art. 128 I BayVerf.) oder Erweiterung (so Art. 59 II HessVerf., Art. 33 III 1 SaarlVerf.) des persönlichen Schutzbereichs gegenüber der Bundesebene (sog. Deutschengrundrecht → Art. 12 Rn. 56 ff.). Das führt namentlich bei Fragen des Hochschulzugangs immer wieder zu Problemen[194].

---

[188] Für Derogation solcher Erweiterungen etwa *H. Quaritsch*, HStR V, § 120 Rn. 6 ff. (wegen mangelnder Übereinstimmung gem. Art. 142 GG); *Dietlein*, Grundrechte (Fn. 112), S. 82 ff.; *Kanther*, Landesverfassungen (Fn. 145), S. 193 f., 195 f. (beide wegen Brechung durch einfaches Bundesrecht gem. Art. 31 GG); dagegen *Iwers*, Entstehung (Fn. 186), S. 408 ff., 443 ff. (für Brandenburg).

[189] Die Problematik wird sich jedenfalls bzgl. des Versammlungswesens entschärfen, da hier das (Bundes)VersG gemäß Art. 125a I 1 GG nur noch so lange in dem jeweiligen Bundesland fortgilt, bis es nach S. 2 durch Landesrecht ersetzt wird. Dieses wiederum ist aber selbst an den Landesgrundrechten zu messen.

[190] Mittlerweile weiterreichende Gewährleistungen enthalten die Landesverfassungen von Berlin (Art. 28 II; ausführliche Besprechung der Norm bei *N. Eschen*, LKV 2001, 114 ff.), Bremen (Art. 14 II, III), Hessen (Art. 8 i. V. m. 19 I), Rheinland-Pfalz (Art. 7; für eine »grundgesetzkonforme restriktive Auslegung« der Norm *J. Dennhardt*, in: Grimm/Caesar, Verfassung [Fn. 185], Art. 7 Rn. 16); den alten Wortlaut des Art. 13 GG konservieren Brandenburg (Art. 15; zur Fortgeltung BbgVerfG LKV 1999, 450 [459 f.] sowie *S. J. Iwers, in: Lieber/Iwers/Ernst*, Verfassung Brandenburg [Fn. 186], Art. 15, S. 160 f.), Sachsen (Art. 30) und Thüringen (Art. 8). In Bayern (Art. 106 III, 98 S. 2) und dem Saarland (Art. 16) unterliegt die Unverletzlichkeit der Wohnung einem einfachen Gesetzesvorbehalt. Ausdrücklich erörtert den Lauschangriff die Verfassung von Sachsen-Anhalt (Art. 17 IV), die ihn allerdings einem eigenständigen Schrankenregime unterwirft.

[191] Entsprechend hätte eine Landesverfassungsbeschwerde gegen eine strafprozessuale Überwachungsmaßnahme (vgl. Art. 13 III GG) unter Berufung auf eine weiterreichende Landesnorm keine Aussicht auf Erfolg; das Landesgrundrecht müßte bundesrechtskonform ausgelegt werden; so im Ergebnis auch *Discher*, Landesverfassungsgerichte (Fn. 173), S. 70 f. Hingegen könnte ein Landesverfassungsgericht ein nach Maßgabe von Art. 13 III–VI GG geformtes Landespolizeigesetz an der Mehrgewährleistung der Landesverfassung messen; vgl. für die Zeit vor der Änderung einerseits SächsVerfGH LVerfGE 4, 303 (382 ff.), andererseits BayVerfGHE 47, 241 (262 ff.).

[192] Zum Problem ausführlich und mit eigenem Lösungsansatz *Martina*, Grundrechte (Fn. 76), S. 66 ff. (anhand Art. 16a GG).

[193] *F. Shirvani*, HGR VIII, § 239 Rn. 37 ff., 40 ff.

[194] Ein »Landeskinderprivileg« wie in Art. 128 I BayVerf. erklärt BVerfGE 33, 303 (355) bei der Hochschulzulassung für unvereinbar mit Art. 12 I GG, ohne Art. 128 I BayVerf. ausdrücklich zu erwähnen (→ Art. 3 Rn. 49); BayVerfGHE 28, 143 (162) sieht die Norm nicht als nichtig, sondern lediglich als »modifiziert« an. Soweit Art. 59 II HessVerf. in zulassungsbeschränkten Studiengängen die Privilegierung deutscher Bewerber gem. Art. 12 I GG unterläuft, wird von seiner Derogation auszugehen sein: VGH Kassel NVwZ 1988, 855 (885 f.); NVwZ 1989, 387 (387 f.); *März*, Bundesrecht (Fn. 100), S. 199; *Dreier*, Einheit (Fn. 100), S. 142 ff. Gleiches dürfte entgegen SaarlVerfGH NVwZ 1983, 604 (606) für Art. 33 III 1 SaarlVerf. gelten.

61 Nicht vollständig geklärt ist ferner die Frage der Einbeziehung des **Art. 18 GG** in den Anwendungsbereich von Art. 142 GG. Daß Art. 18 gerade kein Grundrecht enthält (→ Art. 18 Rn. 32), spricht stark dafür, ihn trotz des eigentlich klaren Wortlauts von Art. 142 von dessen Anwendungsbereich auszunehmen (→ Rn. 35)[195]. Aus Art. 18 S. 2 GG wird überwiegend ein Entscheidungsmonopol des Bundesverfassungsgerichts hergeleitet, dessen Verwirkungsurteil dementsprechend auch die Landesgrundrechte erfassen soll[196].

b) Weitere kollisionsträchtige Landesgrundrechte

62 Schon eine kursorische Sichtung der Grundrechtskataloge der einzelnen Bundesländer[197] ergibt eine ganze Reihe möglicher Anwendungsfälle des Art. 142 GG. Als **problematische Mehrgewährleistungen** erweisen sich in **Bayern**[198] etwa die Drittwirkung der Meinungsfreiheit in Dienstverhältnissen (Art. 110 I 2 BayVerf.) gegenüber Art. 12, 14 GG[199] und die Einschränkung des Eigentumsrechts Dritter durch den in Art. 141 III 3 BayVerf. eröffneten freien Zugang zu Bergen, Seen und Flüssen; eine solche landesrechtliche Konkretisierung der Sozialbindung des Eigentums ist nicht unproblematisch[200].

63 In **Hessen**[201] konzentriert sich das Interesse auf die Einschränkung der bundesrechtlichen Koalitionsfreiheit der Arbeitgeber durch das Verbot der Aussperrung in Art. 29 V HessVerf.[202] sowie den gleichberechtigten Zugang von Ausländern zu Bildungseinrichtungen (→ Rn. 60). Während sich die Stärkung des Elternrechts in Art. 55 S. 1 HessVerf. gegenüber Art. 6 II GG als unproblematisch erweist[203], erfährt der grundge-

---

[195] So *v. Campenhausen/Unruh* (Fn. 122), Art. 142 Rn. 8. Die Erwähnung des Art. 18 GG verteidigt *Stern*, Staatsrecht III/2, S. 1462, der allerdings erwägt, er sei »ohne klare Erkenntnis seines Bedeutungsgehalts« aufgenommen worden.

[196] *H. Schäfer*, JZ 1951, 199 (199 f.); *Geiger*, Bundesverfassungsgerichtsbarkeit (Fn. 140), S. 260; dem liegt freilich die verfehlte Annahme eines einheitlichen Grundrechts zugrunde (→ Rn. 43). Folgerichtige Kritik an der h. M. → Art. 18 Rn. 25 (»getrennte Verwirkungsräume«).

[197] Vgl. auch den Überblick bei *Stiens*, Chancen (Fn. 89), S. 231 ff.

[198] Vollständige Untersuchungen des bayerischen Grundrechtskatalogs haben vorgelegt *Kratzer*, Artikel 142 (Fn. 108), S. 118 ff.; *H. Nawiasky/C. Leusser*, Die Verfassung des Freistaats Bayern, Ergänzungsband, 1953, S. 109 ff.; *Leisner*, Grundrechte (Fn. 148), S. 34 ff. Allgemeiner *J. F. Lindner*, BayVBl. 2004, 641 (643 ff.).

[199] Von der Bundesrechtskonformität der Norm gehen aus: BayVerfGHE 18, 59 (73 f.); *Kratzer*, Artikel 142 (Fn. 108), S. 123 f.; näher zur dogmatischen Handhabe *D. Krausnick*, in: Meder/Brechmann (Fn. 157), Verfassung Bayern, Art. 110 Rn. 15 f.; zur entsprechenden Regelung in Bremen: → Fn. 208.

[200] Für die Zulässigkeit einer solchen Konkretisierung *Leisner*, Grundrechte (Fn. 148), S. 87 f.; *Domcke*, Fortgeltung (Fn. 113), S. 319 m. Fn. 30b. Kritisch *Stiens*, Chancen (Fn. 89), S. 301 f. sowie *P. Badura*, BayVBl. 2007, 193 (195), der auf den Vorrang des einfachen Bundes(naturschutz)rechts verweist; differenziert *K. Engelbrecht*, Die Kollisionsregel im föderalen Ordnungsverbund, 2010, S. 178 f.

[201] Umfangreich *K. Lange/A. T. Jobs*, Brauchen wir eine Verfassungsreform?, in: FS 50 Jahre Verfassung des Landes Hessen, 1997, S. 445 ff. (460 ff.).

[202] Nach BAG NJW 1989, 186 (190) ist die Norm nichtig; so wohl auch *Sachs*, Relevanz (Fn. 166), S. 4; ferner *Huber* (Fn. 93), Art. 142 Rn. 13a sowie *P. Badura*, BayVBl. 2007, 193 (194). Für eine einschränkende Auslegung, nach der wenigstens die auflösende Aussperrung verboten bleibt: *Lange/Jobs*, Verfassungsreform (Fn. 201), S. 461 f.; *K. R. Hinkel*, Verfassung des Landes Hessen, 1999, S. 115. → Art. 9 Rn. 18, 84, 98.

[203] Nach HessStGH NJW 1982, 1381 (1382 f.) erstreckt sich das Elternrecht über die Wahl der Schulform hinaus auch auf den Inhalt der Schulausbildung: → Fn. 130, 163.

setzlich garantierte freie Zugang zu öffentlichen Ämtern (Art. 33 II i. V. m. Art. 3 III GG; → Art. 33 Rn. 95 ff.) in Art. 101 III HessVerf. (Verbot einer Mitgliedschaft der Angehörigen ehemals regierender Häuser in der Landesregierung) eine wohl nicht mehr zu rechtfertigende Verkürzung[204]. Vielschichtige Probleme wirft ferner **Art. 3 HessVerf.** auf, der u. a. das Leben für »unantastbar« erklärt. Damit enthält die hessische Verfassung gegenüber Art. 2 II 1, 3 GG eine weitergehende Garantie, die zwar die landesrechtliche Regelung des Schußwaffengebrauchs durch die Polizei beeinflussen kann, im Lichte der Notwehrregelung des § 32 StGB freilich bundesrechtskonform ausgelegt werden muß[205]. Das Bestreben, diese Mehrgewährleistung in Geltung zu erhalten, erklärt auch die umstrittene Klausel zugunsten der 1946 reichs- und besatzungsrechtlich noch vorgesehenen Todesstrafe in Art. 21 I 2 HessVerf. (vgl. auch Art. 109 I 3 HessVerf.; → Art. 102 Rn. 37)[206]. Für die ebenfalls vieldiskutierten **Sozialisierungsvorschriften** (Art. 39 ff. HessVerf.; → Rn. 35; → Art. 15 Rn. 15, 27) schließlich ist Art. 142 GG nicht unmittelbar einschlägig.

64 In **Rheinland-Pfalz** war es erklärtes Ziel der Verfassungsrevision von 1991, bundesrechtswidrige Normen aus der Verfassung auszuscheiden[207]; neue Problemkonstellationen sind daher erst durch spätere Änderungen des Grundgesetzes entstanden (→ Rn. 59). Ähnliches gilt für **Bremen**[208], wo 1997 u. a. das als defizitär empfundene Differenzierungsverbot des Art. 2 II LV an Art. 3 III GG angepaßt wurde[209]. Als Mehrgewährleistung, die Bundesgrundrechte Dritter (namentlich Art. 12 I, 14 I GG) tangieren könnte (→ Rn. 47), erweist sich die in Art. 15 I 2 BremVerf. angeordnete partielle Drittwirkung der Meinungsfreiheit in Dienstverhältnissen aller Art[210].

---

[204] Für Aufhebung *Lange/Jobs*, Verfassungsreform (Fn. 201), S. 463; *Hinkel*, Verfassung (Fn. 202), S. 189 f., die beide allein auf einen Verstoß gegen Art. 3 III GG abstellen. Nach *R. Groß*, in: Zinn/Stein (Fn. 117), Art. 101 (1990), Anm. 9 soll die Norm hingegen als Schutz gegen monarchische Bestrebungen vom Republikprinzip gedeckt sein (Art. 65 HessVerf.). → Art. 20 (Republik), Rn. 15; → Art. 28 Rn. 54.

[205] Anders *Hinkel*, Verfassung (Fn. 99), S. 78, nach dem der Gesetzesvorbehalt des Art. 2 II 3 GG auf Art. 3 HessVerf. übertragbar sein soll.

[206] Eingehend zur Grundgesetzkonformität der Bestimmungen *F. Wittreck*, JöR 49 (2001), 157 (158 ff., 178 ff., 207 ff.). – Das Beispiel illustriert, daß die noch verbreitet angenommene Brechung von Mindergewährleistungen (→ Rn. 44) zu paradoxen Ergebnissen führen kann. Hält man entgegen der hier vertretenen Ansicht (→ Art. 102 Rn. 37) Art. 21 I 2 HessVerf. für eine gegen Art. 102 GG verstoßende ausdrückliche Anordnung der Todesstrafe, so stellt Art. 3 HessVerf. bei globaler Betrachtung hinsichtlich des Lebensschutzes eine Mindergewährleistung dar. Folgert man daraus seine Brechung, so fallen freilich gleichzeitig seine überschießenden Gehalte weg. In diesem Fall erschiene die von der »Ergänzungslehre« propagierte separate Derogation der Schrankenklausel des Art. 21 I 2 HessVerf. als vorzugswürdig: → Rn. 45.

[207] Eine Übersicht über die vormals prekären Vorschriften gibt *Ley*, Verfassungsrecht (Fn. 113), Rn. 14; vgl. ferner *Jutzi*, Landesverfassungsrecht (Fn. 177), S. 63 ff. Zum Reformvorhaben von 1991 *C. Gusy/A. Müller*, DÖV 1995, 257 (258); *dies.*, JöR 45 (1997), 509 (513 f., 517); zur neuerlichen Reform im Mai 2000 *S. Jutzi*, NJW 2000, 1295 (1297).

[208] Genaue Einzeluntersuchung bei *E.-W. Böckenförde/R. Grawert*, Rechtsgutachten zu der Frage, inwieweit Bestimmungen der Bremischen Landesverfassung durch das Grundgesetz oder Bundesrecht außer Kraft getreten sind, 1970; knapp *K.-H. Ladeur*, Staatszielbestimmungen, Grundrechte und Grundpflichten, in: Kröning, Handbuch (Fn. 80), S. 158 ff. (164 ff.); vgl. noch *G. Pottschmidt*, Gedanken über eine Reform der Landesverfassung, ebd., S. 594 ff. (601).

[209] Für die Nichtigkeit der Norm *Pottschmidt*, Gedanken (Fn. 208), S. 601; a. A. *T. Spitta*, Kommentar zur Bremischen Verfassung von 1947, 1960, S. 36; *Ladeur*, Staatszielbestimmungen (Fn. 208), S. 164 Fn. 17.

[210] *Ladeur*, Staatszielbestimmungen (Fn. 208), S. 165, sieht die Norm in Übereinstimmung mit der Auslegung des Art. 5 I GG durch das Bundesverfassungsgericht. → Art. 5 I, II Rn. 303.

Die **Verfassungen der neuen Bundesländer** haben mit ihren um Innovation bemühten Grundrechtskatalogen zahlreiche neue Konfliktkonstellationen geschaffen[211], wobei im Mittelpunkt des Interesses regelmäßig die Verfassung **Brandenburgs** steht[212]. Über die vieldiskutierten Normen zum Schutz nichtehelicher Lebensgemeinschaften (Art. 26 II LV)[213], zum Mieterschutz (Art. 47 II LV)[214] und zum Zeugnisverweigerungsrecht (Art. 19 V LV)[215] hinaus ließen sich das Verbot der Diskriminierung wegen der sexuellen Identität (Art. 12 II LV)[216], das Recht auf Sozialhilfe (Art. 45 II LV)[217] oder die bedingte Drittwirkung der Landesgrundrechte nach Art. 5 I LV[218] nennen. Als prozessual möglicherweise bedeutsame bundesrechtskonforme Mehrgewährleistung erweist sich die Sicherung der Minderheitenrechte der Sorben (Art. 25 LV)[219]. In der Verfassung von **Berlin** finden sich schließlich einzelne Übernahmen umstrittener Brandenburger Neuregelungen[220]. 65

IV. Verfassungsprozessuale Konsequenzen

Eine mittlerweile recht stattliche Anzahl von Bundesländern sieht die Möglichkeit der **Landesverfassungsbeschwerde** vor (→ Rn. 25). In der den Landesverfassungsgerichten 66

---

[211] Dem entspricht eine umfangreiche Literatur; an Monographien seien erwähnt *Dietlein*, Grundrechte (Fn. 112), S. 68 ff.; *Kanther*, Landesverfassungen (Fn. 145), S. 155 ff.; *H. Riepe*, Soziale Grundrechte in den Verfassungen der Länder Brandenburg, Mecklenburg-Vorpommern, Sachsen, Sachsen-Anhalt und Thüringen, Diss. jur. Hamburg 1996, S. 170 ff.; *J.-J. Riegler*, Konflikte zwischen Grundgesetz und Länderverfassungen, Diss. jur. Würzburg 1996, S. 178 ff.

[212] Dazu erschöpfend, freilich mit sehr weitreichendem Ansatz einer bundesrechtskonformen Auslegung, *Iwers*, Entstehung (Fn. 186), S. 285 ff. m. w. N. Siehe dort auch zu den folgenden Beispielen.

[213] Für Derogation *J. Dietlein*, DtZ 1993, 136 (139 ff.); *Riegler*, Konflikte (Fn. 211), S. 187 ff.; dagegen *S. J. Iwers*, in: Lieber/Iwers/Ernst, Verfassung Brandenburg (Fn. 186), Art. 26, S. 231 ff.; *U. Sacksofsky*, NVwZ 1993, 235 (237); *Iwers*, Entstehung (Fn. 186), S. 462 ff. – Umfangreich *G. Kleffmann*, Ehe und andere Lebensgemeinschaften nach Landes- und Bundesverfassungsrecht, 2000, S. 23 ff., 265 ff. (für Normwiderspruch).

[214] Einschränkend ausgelegt von BbgVerfG LVerfGE 2, 105 (110 ff.); *H. Lieber*, in: Lieber/Iwers/Ernst, Verfassung Brandenburg (Fn. 186), Art. 47, S. 319 sieht aufgrund des bundesrechtlichen Spielraums keine Kollisionslage. Vgl. ferner *U. Berlit*, Eigentum, Wirtschaft, Arbeit und soziale Sicherung, in: H. Simon/D. Franke/M. Sachs (Hrsg.), Handbuch der Verfassung des Landes Brandenburg, 1994, § 9 Rn. 33.

[215] Für Derogation *K. Vogelsang*, DÖV 1991, 1045 (1049); *Kanther*, Landesverfassungen (Fn. 145), S. 178 f.; *Dietlein*, Grundrechte (Fn. 112), S. 76 f.; *Stern*, Staatsrecht III/2, S. 1449, 1469; *Riegler*, Konflikte (Fn. 211), S. 203 f.; *F. Wittreck*, DVBl. 2000, 1492 (1493 f.). A. A. *Iwers*, Entstehung (Fn. 186), S. 402 ff.

[216] Zum Konflikt mit § 175 StGB a. F. (bis 1994) *R. Poscher*, NJ 1996, 351 (353, 356), der allerdings von einem bloßen Anwendungsvorrang des Bundesrechts ausgeht (→ Rn. 52).

[217] Für das Fehlen einer Kollisionslage und dem Bestehen einer Reservefunktion *H. Lieber*, in: *Lieber/Iwers/Ernst*, Verfassung Brandenburg (Fn. 186), Art. 45, S. 314 f.

[218] Wegen der in der Spätphase der Beratung eingefügten Klausel »soweit die Verfassung das bestimmt« dürfte freilich keine generelle Drittwirkung intendiert sein, weswegen die Norm durchaus bundesrechtskonform auslegbar ist; vgl. nur *Dietlein*, Grundrechte (Fn. 112), S. 87 f. m. Fn. 144; *Iwers*, Entstehung (Fn. 186), S. 158 ff., 312 f. mit umfangreichen Nachw. zur Genese der Norm.

[219] Dazu *F. Wittreck*, DÖV 1999, 634 (638) m. w. N. *M. Ernst*, in: Lieber/Iwers/Ernst, Verfassung Brandenburg (Fn. 186), Art. 25, S. 217, halten die Norm lediglich für eine »Staatszielbestimmung […] von herausgehobenem Stellenwert«.

[220] Das betrifft außer der Erweiterung der Rechte von Ausländern (Fn. 187) das Verbot der Differenzierung nach der sexuellen Identität (Art. 10 II BerlVerf.) oder den Schutz nichtehelicher Lebensgemeinschaften (Art. 12 II BerlVerf.); knapper Überblick über den Katalog bei *C. Pestalozza*, LKV 1998, 374 (374); vgl. auch *R. Uerpmann*, LKV 1996, 225 (228 f.).

damit eingeräumten Kompetenz zur Überprüfung von Akten der Landesstaatsgewalt (zur Bundesstaatsgewalt: → Rn. 78 f.) am Maßstab der Landesgrundrechte liegt Pointe und **ratio** des Art. 142 GG[221]. Für diesen prozessualen Akzent der Norm spricht schon ihre Entstehungsgeschichte (→ Rn. 9).

67 Angesichts des umfassenden Geltungsanspruchs der Bundesgrundrechte (→ Art. 1 III Rn. 37) und der stark ausgebauten Verfassungsgerichtsbarkeit des Bundes können dadurch neuerliche, nunmehr **prozessuale Konkurrenz- oder Kollisionslagen** auftreten, die auch durch Subsidiaritäts- und Alternativitätsklauseln bezüglich des Verhältnisses von Bundes- und Landesverfassungsbeschwerde (→ Rn. 72 ff.) nicht völlig ausgeschlossen werden.

1. Doppelspurige Verfassungsgerichtsbarkeit

68 Im Bundesstaat des Grundgesetzes sind die »Verfassungsräume« von Bund und Ländern prinzipiell getrennt (→ Art. 28 Rn. 42). Daraus folgt die **Trennung der verfassungsgerichtlichen Prüfungsmaßstäbe**: das Bundesverfassungsgericht prüft am Maßstab des Grundgesetzes (und in bestimmten Fällen anhand von Bundesrecht), die Landesverfassungsgerichte am Maßstab der jeweiligen Landesverfassung (→ Art. 28 Rn. 48)[222].

69 Dieser Grundsatz erfährt allerdings eine Reihe von Einschränkungen, die aus den vielfältigen **Verflechtungen und Überschneidungen** der eben nur im Prinzip getrennten Verfassungsräume resultieren (→ Art. 28 Rn. 44 f.). Verbleibt danach eine Parallelzuständigkeit von Bundes- und Landesverfassungsgericht, stellen sich Konkurrenz- und Kohärenzprobleme, die Art. 100 III GG nur unvollständig löst (→ Rn. 75, 84, 90; → Art. 100 Rn. 46 ff.)[223].

---

[221] *R. Wahl*, AöR 112 (1987), 26 (28). Ferner *Leisner*, Landesverfassungsgerichtsbarkeit (Fn. 148), S. 191; die »wesentliche praktische Bedeutung« der »›prozeßrechtlichen‹ Seite« des Art. 142 GG betont *Stern*, Staatsrecht III/2, S. 1456; zur Fortgeltung der Landesgrundrechte als »Geschäftsgrundlage« der Landesverfassungsgerichte *ders.*, ebd., S. 1503; zusammenfassend *Dreier*, Landesverfassungsgerichte (Fn. 74), S. 8 ff.

[222] Das steht als Grundsatz außer Streit: BVerfGE 22, 267 (270); 36, 342 (357); 41, 88 (118 f.); 60, 175 (208 f.); 64, 301 (317 f.); 69, 112 (116 f.); 96, 231 (242); BVerfG (K), NVwZ 1994, 59 (60); BayVerfGHE 18, 51 (55); 20, 87 (91); 27, 35 (45 f.). Ferner *Korioth* (Fn. 159), Art. 142 Rn. 20; *W. Löwer*, HStR^3 III, § 70 Rn. 143; *Tilch*, Prüfungsmaßstab (Fn. 175), S. 552; *Schumann*, Verfassungsbeschwerde (Fn. 5), S. 199 f.; *J. Rozek*, Das Grundgesetz als Prüfungs- und Entscheidungsmaßstab der Landesverfassungsgerichte, 1993, S. 53 ff.; *Stern*, Staatsrecht III/2, S. 1505; *Bethge* (Fn. 104), Vorb. Rn. 242; *ders.* (Fn. 107), § 85 Rn. 14; *E. Klein*, in: Umbach/Clemens/Dollinger, BVerfGG, vor §§ 80 ff. Rn. 20; *H. Lechner/R. Zuck*, BVerfGG, 7. Aufl. 2015, § 80 Rn. 46; *F. Wittreck*, ZPol. 27 (2017), III. 5. (i. E.). Freilich kommt den Landesverfassungsgerichten eine Vorfragenkompetenz insoweit zu, als in Art. 100 I bzw. III GG eine inzidente Prüfung der Vereinbarkeit der als Prüfungsmaßstab dienenden Norm des Landes(verfassungs)rechts mit dem Grundgesetz vorausgesetzt wird, vgl. *K.-G. Zierlein*, AöR 120 (1995), 205 (235 f.); *A. Voßkuhle*, JöR 59 (2011), 215 (226). Grundlegend anders der Ansatz von *J. Burmeister*, Vorlagen an das Bundesverfassungsgericht nach Art. 100 Abs. 3 GG, in: Starck/Stern, Landesverfassungsgerichtsbarkeit (Fn. 5), Bd. 2, S. 399 ff. (435 ff.), der die Landesverfassungsgerichte in weitem Umfang zur Kontrolle der Landesstaatsgewalt auch anhand des Grundgesetzes berufen sieht; sehr weitgehend auch *W. Löwer*, NdsVBl. 2010, 138 ff. Zur Frage einer landesverfassungsgerichtlichen Hinweispflicht auf die drohende Unzulässigkeit der Verfassungsbeschwerde bei Rüge von *Bundes*grundrechten *R. Wendt*, NdsVBl. 2010, 150 (152 f.).

[223] Deutlich betont bei *Geiger*, Bundesverfassungsgerichtsbarkeit (Fn. 140), S. 256 (mit Übersicht S. 256 ff.). *J. F. Lindner*, BayVBl. 2004, 641 (648 ff.), spielt einige Konstellationen von Verflechtungen und Überschneidungen durch. *Sommer*, Landesgrundrechte (Fn. 147), S. 110 f. hält dies allenfalls unter dem Aspekt der Prozeßökonomie für problematisch.

Art. 142 GG unterstreicht, daß bei Inkraftbleiben der Landesgrundrechte und der Einräumung einer Landesverfassungsbeschwerde dem Bürger grundsätzlich die Möglichkeit gegeben ist, sich gegen einen Akt der Landesstaatsgewalt **sowohl** vor dem **Landesverfassungsgericht als auch** vor dem **Bundesverfassungsgericht** zur Wehr zu setzen[224]. Damit ist zunächst weder etwas über Alternativitäts- oder Subsidiaritätsregeln (→ Rn. 25, 72 f.) noch über die Erfüllung von Zulässigkeitsvoraussetzungen im einzelnen gesagt. Entscheidend ist die Möglichkeit doppelten oder »doppelspurigen« Grundrechtsschutzes[225]. 70

2. Verfassungsbeschwerdeverfahren

a) Allgemeines

Aus Art. 142 GG folgt **keine Pflicht** der Länder, Grundrechte in ihre Verfassungen aufzunehmen (→ Rn. 29). Auch wenn Grundrechte in den Landesverfassungen verankert sind, nötigen wiederum weder Art. 142 GG noch § 90 III BVerfGG die Länder, das prozessuale Instrument der **Landesverfassungsbeschwerde vorzusehen**[226]. Vielmehr besteht insoweit eine breite Entschließungs- und Ausgestaltungsfreiheit[227]. Richten die Länder freilich Landesverfassungsgerichte ein, nehmen Grundrechte in ihre Verfassungen auf und sehen die Möglichkeit der Landesverfassungsbeschwerde vor, so werden diese Landesgrundrechte zum Prüfungsmaßstab für die Landesverfassungsgerichte, sofern sie gemäß Art. 142, 31 GG fortbestehen (→ Rn. 49 ff.)[228]. 71

Im Verfassungsbeschwerdeverfahren stellt sich dann die **Frage des Verhältnisses von bundes- und landesverfassungsrechtlicher Überprüfung ein und desselben staatlichen Aktes**. Hier gilt: abgesehen von möglichen engeren verfassungsprozessualen Vorgaben auf Landesebene (→ Rn. 25) stehen die Verfahren der Bundes- und Landesverfassungsbeschwerde jedenfalls aus bundesrechtlicher Sicht grundsätzlich selbständig nebeneinander, wie dies auch § 90 III BVerfGG zum Ausdruck bringt[229]. Denn Bundes- und Landesverfassungsbeschwerde betreffen, auch wenn es um denselben Akt der (Landes-)Staatsgewalt geht, angesichts der eigenständigen Referenznormen unterschiedliche Streitgegenstände: entschieden wird nicht über eine abstrakte Ver- 72

[224] *Domcke*, Fortgeltung (Fn. 113), S. 324; *Denninger* (Fn. 23), Art. 142 Rn. 10 ff.; *v. Campenhausen*, GG XIV, Art. 142 Rn. 15; *Kunig* (Fn. 97), Art. 142 Rn. 12. Vgl. zur praktischen Bedeutung der Landesverfassungsbeschwerde, auch im Vergleich zur Verfassungsbeschwerde vor dem BVerfG, *H.-P. Schneider*, NdsVBl. 2005, Sonderheft, 26 (28 ff.); *R. Grawert*, HGR III, § 81 Rn. 78, 111.

[225] *Bethge* (Fn. 104), Vorb. Rn. 233. Wegen der Weite der Grundrechtsgarantien des Grundgesetzes, namentlich des Auffanggrundrechts der allgemeinen Handlungsfreiheit (→ Art. 2 I Rn. 30), sind nur wenige Konstellationen (etwa im Bereich von Leistungsgrundrechten) denkbar, in denen eine Betroffenheit in einem Landesgrundrecht nicht auch eine solche in einem Bundesgrundrecht bewirkt.

[226] Tatsächlich kennen nicht alle Länder eine derartige Möglichkeit: → Rn. 25.

[227] Rh.-Pf.VerfGH AS 7, 214 (216 ff.); *Friesenhahn*, Zuständigkeitsabgrenzung (Fn. 143), S. 790; *Schumann*, Verfassungsbeschwerde (Fn. 5), S. 193 f. → Art. 28 Rn. 47, 57.

[228] Daß ohne Art. 142 GG (zu ergänzen wäre: Art. 31 GG) die prozessuale Vorschrift des § 90 III BVerfGG »ohne lebendigen Gehalt« wäre, unterstreicht richtig *Schumann*, Verfassungsbeschwerde (Fn. 5), S. 192; umgekehrte Perspektive bei *Vitzthum*, Bedeutung (Fn. 27), S. 36: »ohne Landesverfassungsbeschwerde keine kreative Landesgrundrechtsprechung«.

[229] *H. Bethge*, in: Maunz/Schmidt-Bleibtreu/Klein/Bethge, BVerfGG, § 90 (2013), Rn. 426; *Lechner/Zuck*, BVerfGG (Fn. 222), § 90 Rn. 187. Übersicht bei *K. Finkelnburg*, Doppelspuriger Rechtsschutz bei der Verfassungsbeschwerde – Möglichkeiten und Begrenzung, in: Macke, Verfassung (Fn. 31), S. 181 ff. (184 ff.). Die Kompetenz der Länder zur Errichtung eigener Verfassungsgerichte folgt schlicht aus ihrer Verfassungsautonomie: → Art. 28 Rn. 47.

fassungswidrigkeit an sich, sondern über den Verstoß gegen eine konkrete Grundrechtsnorm, wie sie in der Verfassungsurkunde von Bund oder Land jeweils autonom niedergelegt ist. Jedenfalls **nach Bundesrecht hat der Bürger die Wahl**: es steht ihm frei, Verfassungsbeschwerde zum Bundesverfassungsgericht, zum Landesverfassungsgericht oder (gleichzeitig oder sukzessive) zu beiden zu erheben[230]. Auch mit prozeßökonomischen Erwägungen läßt sich angesichts dieses gleichberechtigten Nebeneinanders beider Beschwerden kein Vorrang des einen oder anderen Gerichtes begründen[231].

73 Bundesrechtlich besteht **kein generelles Subsidiaritätsverhältnis** in der einen oder anderen Richtung[232]. Auch zählt die Beschwerde zum Landesverfassungsgericht nicht zu dem nach § 90 II BVerfGG zu erschöpfenden **Rechtsweg**[233]. Weder die **Rechtshängigkeit** einer Beschwerde noch die **Rechtskraft** der einmal ergangenen Entscheidung schließen das andere Beschwerdeverfahren von vornherein aus; möglich ist hingegen, daß nach einer für den Bürger vollumfänglich erfolgreichen Entscheidung des einen Gerichts das **Rechtsschutzbedürfnis** im anderen Verfahren entfällt[234]. Ferner ist bei voriger Entscheidung des Bundesverfassungsgerichts in Form der Aufhebung einer obergerichtlichen Entscheidung denkbar, daß damit das landesverfassungsgerichtliche Verfahren mangels Erschöpfung des Rechtswegs unzulässig wird[235].

74 Richtiger Ansicht zufolge besteht auch **keine Bindungswirkung gemäß § 31 I 1 BVerfGG** an die bundesverfassungsgerichtliche Interpretation derjenigen Bundesgrundrechte, mit denen Landesgrundrechte identisch sind (→ Rn. 41 ff.). Da es sich bei

---

[230] Freilich wird der Beschwerdeführer oft zur gleichzeitigen Einlegung bei beiden Gerichten angehalten sein, da die Einlegung bspw. bei dem Landesverfassungsgericht nicht die Frist zur Einlegung beim Bundesverfassungsgericht hemmt. Vgl. BVerfGE 22, 267 (270); BVerfG (K), NJW 1996, 1464 (1464); BayVerfGHE 11, 11 (15 ff.); 18, 140 (150); *G. Körner*, DÖV 1962, 295 (297); *Geiger*, Bundesverfassungsgerichtsbarkeit (Fn. 140), S. 259, 263 f.; *Domcke*, Fortgeltung (Fn. 113), S. 324; *Stern*, Staatsrecht III/2, S. 1508, 1512; *Discher*, Landesverfassungsgerichte (Fn. 173), S. 190 f.; *B.-O. Bryde*, NdsVBl. 2005, Sonderheft, 5 (6 f.). A. A. *E. Milleker*, DVBl. 1969, 129 (130 ff.), der ein einheitliches Grundrecht und daher auch einen identischen Streitgegenstand von Bundes- und Landesverfassungsbeschwerde annimmt. So auch *C. Enders*, JuS 2001, 462 (466 f.), der für eine teleologische Reduktion des § 90 III BVerfGG mit der Folge der Subsidiarität der Bundesverfassungsbeschwerde plädiert.

[231] Solche Erwägungen etwa bei *E. Schumann*, Einwirkungen des Bundesrechts auf die Bayerische Verfassungsgerichtsbarkeit, in: FS 25 Jahre BayVerfGH, 1972, S. 281 ff. (300 ff.); *ders.*, Verfassungsbeschwerde (Fn. 5), S. 198 f., der ungeachtet der von ihm anerkannten Zweispurigkeit (ebd., S. 195 f.) bei gleichzeitiger Einlegung von Beschwerden einen Vorrang des Bayerischen Verfassungsgerichtshofes annimmt und das Bundesverfassungsgericht zur Aussetzung verpflichten will (ebd., S. 302 f.); ähnlich mit freilich umgekehrtem Ergebnis HessStGH NJW 1999, 49 (50); → Rn. 25. Ein praktisch orientiertes Verfahren zur Vermeidung prozessualen Aufwands propagiert *Tilch*, Prüfungsmaßstab (Fn. 175), S. 563 f. Wie hier *W. Kluth*, NdsVBl. 2010, 130 (133).

[232] Zu landesrechtlichen Subsidiaritätsklauseln: → Rn. 25 f.

[233] So BVerfGK 8, 169 (171); BVerfG (K), NJW 1996, 1464 (1464); *Kratzer*, Artikel 142 (Fn. 108), S. 139; *W. Geiger*, DRiZ 1969, 137 (141); *Korioth* (Fn. 159), Art. 142 Rn. 19; *Friesenhahn*, Zuständigkeitsabgrenzung (Fn. 143), S. 791; *Schumann*, Verfassungsbeschwerde (Fn. 5), S. 196; *Bethge* (Fn. 229), § 90 Rn. 428.

[234] BVerfGE 22, 267 (272); BayVerfGHE 11, 11 (15); *G. Körner*, DÖV 1962, 295 (298); *W. Geiger*, DRiZ 1969, 137 (141); *Domcke*, Fortgeltung (Fn. 113), S. 324 f.; *Schumann*, Verfassungsbeschwerde (Fn. 5), S. 195 f.; *Tilch*, Prüfungsmaßstab (Fn. 175), S. 563 ff.; *Discher*, Landesverfassungsgerichte (Fn. 173), S. 192 f.; *Sommer*, Landesgrundrechte (Fn. 147), S. 111; *Bethge* (Fn. 229), § 90 Rn. 432, 443. **Ablehnend** *Kratzer*, Artikel 142 (Fn. 108), S. 139 f., der ein Alternativitätsverhältnis beider Verfahren befürwortet: Rechtshängigkeit wie Rechtskraft schließen nach ihm eine zweite Beschwerde aus.

[235] Vgl. *S. Storr*, ThürVBl. 2007, 232 (233) bzgl. der Voraussetzung der Rechtswegerschöpfung in § 31 III ThürVerfGHG. Diese Auffassung teilte ThürVerfGH NVwZ 2007, 950 ff. offenbar nicht: → Fn. 236.

den Landesgrundrechten, auch den rezipierten, um eigene Normen des Landes(verfassungs)rechts handelt, kommt der Auslegung der parallelen Grundrechtsnormen auf Bundesebene durch das Bundesverfassungsgericht keine verbindliche Wirkung zu. Freilich hat das Bundesverfassungsgericht im speziellen Problemsegment der Kontrolle der Anwendung von Bundesverfahrensrecht anhand inhaltsgleicher Landesgrundrechte jedenfalls eine mittelbare Bindung befürwortet (→ Rn. 77). Unabhängig von diesem Sonderproblem gilt aber, daß das Landesverfassungsgericht **weder im Einzelfall** durch eine abschlägige Entscheidung des Bundesverfassungsgerichts verpflichtet wäre, auch die Landesverfassungsbeschwerde negativ zu bescheiden[236], **noch abstrakt** an die Karlsruher Auslegung inhaltsgleicher Bundesgrundrechte gebunden ist[237]. Auf gar keinen Fall besteht eine Bindung an **Kammerentscheidungen** (§§ 93b, 93c BVerfGG)[238].

Demgemäß besteht auch **keine Vorlagepflicht** der Landesverfassungsgerichte gemäß Art. 100 III GG bei **inhaltsgleichen Landesgrundrechten** (→ Art. 31 Rn. 47; → Art. 100 Rn. 46 f.)[239], denn bei Inhaltsgleichheit steht eine divergente Auslegung des Grundgesetzes gegenüber der Judikatur des Bundesverfassungsgerichts gerade nicht im 75

---

[236] Die genau umgekehrte Situation findet sich bei BVerfG (K), NVwZ 2007, 691 ff. (Stattgabe einer Verfassungsbeschwerde des bei der Besetzung des Postens des Präsidenten des LAG Thüringen nicht berücksichtigten Bewerbers im Hinblick auf Art. 33 II GG) und ThürVerfGH NVwZ 2007, 950 ff. (Zurückweisung derselben aufgrund bloßer Willkürkontrolle anhand von Art. 2 I ThürVerf.). Nach *Sommer*, Landesgrundrechte (Fn. 147), S. 111, setze sich stets »nach allgemeinen prozessualen Grundsätzen« das Urteil durch, das den angefochtenen Akt aufhebt. S. ferner *G. Körner*, DÖV 1962, 295 (297 f.); *Domcke*, Fortgeltung (Fn. 113), S. 325; *Schumann*, Verfassungsbeschwerde (Fn. 5), S. 198; *Tilch*, Prüfungsmaßstab (Fn. 175), S. 562 f.; *H. Maurer*, HGR III, § 82 Rn. 85, 87; a. A. *E. Milleker*, DVBl. 1969, 129 (132 Fn. 61); einschränkend für den Fall der negativen Entscheidung auch *W. Geiger*, DRiZ 1969, 137 (141). Eine Bindung des Landesverfassungsgerichts selbst an eine Karlsruher Vereinbarkeitsentscheidung nimmt unter Berufung auf Art. 100 III GG *Friesenhahn*, Zuständigkeitsabgrenzung (Fn. 143), S. 792 Fn. 165, an. Nicht ganz klar ist in diesem Zusammenhang, wie das Bundesverfassungsgericht (E 36, 342 [368 f.]) verstanden (und verfassungsprozessual umgesetzt) sein will, wenn es grundsätzlich das »letzte Wort« für sich reklamiert; dazu kritisch etwa *Schumann*, Verfassungsbeschwerde (Fn. 5), S. 198; *Stern*, Staatsrecht III/2, S. 1512. Zustimmend *Denninger* (Fn. 23), Art. 142 Rn. 11 im Hinblick auf die Überprüfungsmöglichkeit einer landesverfassungsgerichtlichen Entscheidung durch das Bundesverfassungsgericht. → Rn. 80.

[237] Nach BVerfGE 96, 345 (374) führt die unterschiedliche Auslegung jedoch dazu, daß die Grundrechtsgewährleistungen nicht inhaltsgleich sind; s. ferner *W. Löwer*, HStR³ III, § 70 Rn. 143; *Domcke*, Fortgeltung (Fn. 113), S. 327; *Tilch*, Prüfungsmaßstab (Fn. 175), S. 561 f.; *Dreier*, Landesverfassungsgerichte (Fn. 74), S. 23; *Bethge* (Fn. 104), Vorb. Rn. 273a; a. A. aber *W. Geiger*, DRiZ 1969, 137 (138); *K. F. Gärditz*, AöR 129 (2004), 584 (598 f.). Noch allgemeiner für eine generelle Bindungswirkung bei der Auslegung paralleler Kontrollmaßstäbe *K.A. Bettermann*, Die konkrete Normenkontrolle und sonstige Gerichtsvorlagen, in: Festgabe BVerfG I, S. 323 ff. (349 f.). Auch bei rezipierten Grundrechten (→ Rn. 24) besteht keine solche Pflicht: → Rn. 83 f.

[238] Interessant insofern die wenige Tage nacheinander ergangenen, konträren Entscheidungen von BVerfG und ThürVerfGH: → Fn. 236. Eine solche Divergenz hielt vor den Entscheidungen wegen der Vorlagepflicht und der Inhaltsgleichheit für ausgeschlossen *K.F. Gärditz*, AöR 129 (2004), 584 (598 f.). S. ferner *Domcke*, Fortgeltung (Fn. 113), S. 324 f.; *C. Tietje*, AöR 124 (1999), 282 (305 m. Fn. 125); zu einer solchen Bindung als möglicher Folge der von BVerfGE 96, 345 (373 ff.) in den Blick genommenen Ergebnisgleichheit im Einzelfall aber *F. Wittreck*, DÖV 1999, 634 (639 f. mit Fn. 70) m. w. N.

[239] *Sacksofsky* (Fn. 23), Art. 142 Rn. 184; *Domcke*, Fortgeltung (Fn. 113), S. 326 ff.; *Bettermann*, Normenkontrolle (Fn. 237), S. 350; *Dietlein*, Grundrechte (Fn. 112), S. 22 f.; *K.-E. Hain*, JZ 1998, 620 (623); *Dreier*, Landesverfassungsgerichte (Fn. 74), S. 23 f.; *J. Pietzcker*, HStR³ VI, § 134 Rn. 74; *H. Maurer*, HGR III, § 82 Rn. 86 f.; *Bethge* (Fn. 107), § 85 Rn. 20 ff.; *Lechner/Zuck*, BVerfGG (Fn. 222), § 85 Rn. 3; *H.-G. Dederer*, in: Maunz/Dürig, GG, Art. 100 (2013), Rn. 350.

Raum[240]. Die gegenteilige Auffassung, die von einer Vorlagepflicht ausgeht[241], erliegt der irrigen Lehre vom einheitlichen Grundrecht (→ Rn. 43) und verkennt deren untragbare prozessuale Konsequenzen[242].

b) Insbesondere: Überprüfung der Anwendung von Bundes(verfahrens)recht durch Landes(verfassungs)gerichte

76 Der **unproblematische Normalfall** landesverfassungsgerichtlicher Kontrolle besteht in der Überprüfung von Akten der Landesstaatsgewalt auf die landesgrundrechtskonforme **Anwendung von Landesrecht**[243]. Weiterhin ist unstreitig, daß auch Art. 142 GG nicht den Weg zu einer Überprüfung von **Bundesrecht** an Grundrechten der Landesverfassung eröffnet[244].

77 Probleme ergeben sich, wenn es um die **Überprüfung der Anwendung von Bundesrecht** geht[245]. Einer der am heftigsten umstrittenen Problemkomplexe der jüngeren

---

240 Im Rahmen der landesverfassungsgerichtlichen Klärung der Inhaltsgleichheit statuiert BVerfGE 96, 345 (372ff.) eine mittelbare Vorlagepflicht insoweit, als die Inhaltsgleichheit davon abhängt, wie der Fall nach Bundesgrundrechten zu beurteilen ist. Dazu kritisch *F. Wittreck*, DÖV 1999, 634 (641f.); zustimmend hingegen *C. Tietje*, AöR 124 (1999), 282 (288). → Rn. 77; → Art. 100 Rn. 46f.

241 Befürwortet haben eine Vorlagepflicht bisher: BerlVerfGH NJW 1993, 513 (514); *Kratzer*, Artikel 142 (Fn. 108), S. 138f.; *W. Geiger*, DRiZ 1969, 137 (138); *Friesenhahn*, Zuständigkeitsabgrenzung (Fn. 143), S. 798; *O. Groschupf*, Richtervorlagen zu den Landesverfassungen, in: Starck/Stern, Landesverfassungsgerichtsbarkeit (Fn. 5), Bd. 2, S. 85ff. (98f.); *Burmeister*, Vorlagen (Fn. 222), S. 430f.; *Denninger* (Fn. 23), Art. 142 Rn. 10; *J. Rühmann*, in: Umbach/Clemens/Dollinger, BVerfGG, § 85 Rn. 34ff.; *K.-A. Schwarz*, in: C. Burkiczak/F.-W. Dollinger/F. Schorkopf (Hrsg.), Bundesverfassungsgerichtsgesetz, 2015, § 85 Rn. 11; *Kanther*, Landesverfassungen (Fn. 145), S. 129f.; *K.-G. Zierlein*, AöR 120 (1995), 205 (239f.); *Schlaich/Korioth*, Bundesverfassungsgericht, Rn. 354; *S. Jutzi*, NJ 1997, 643 (643); *G.C. Burmeister*, NdsVBl. 1998, 53 (56f.); *Finkelnburg*, Rechtsschutz (Fn. 229), S. 182f.; *T. Clemens*, in: Umbach/Clemens, GG, Art. 100 Rn. 214f.; *Huber* (Fn. 93), Art. 142 Rn. 18; *H.-P. Schneider*, NdsVBl. 2005, Sonderheft, 26 (31); *W. Kluth*, NdsVBl. 2010, 130 (134); *T. Krappel*, NWVBl. 2015, 137 (141f.).

242 Diese prozessuale Konsequenz der Identitätslehre übersehen *Maunz* (Fn. 154), Art. 142 Rn. 11 und *v. Campenhausen*, GG XIV, Art. 142 Rn. 14; insofern konsequent *Denninger* (Fn. 23), Art. 142 Rn. 10. Richtig hingegen *Domcke*, Fortgeltung (Fn. 113), S. 322f. Deutlich etwa der Konnex bei *Kratzer*, Artikel 142 (Fn. 108), S. 138f.: »Es liegt nahe einzuwenden, daß diese Bestimmung [scil. Art. 100 III GG] für unseren Fragenkreis gar nicht praktisch werde, weil der Bayer. Verfassungsgerichtshof sich ja nur mit der Auslegung bayer. Verfassungsrechts befaßt. Allein dieser Einwand dürfte bei einem inhaltsgleichen Grundrecht eben wegen der schon öfter hervorgehobenen inneren Wesenseinheit wohl nicht durchschlagen«.

243 *W. Geiger*, DRiZ 1969, 137 (139).

244 Teilweise anders noch für Fälle der Art. 124ff. GG BayVerfGHE 3, 90 (92); 9, 27 (29ff.); dazu *Schumann*, Einwirkungen (Fn. 231), S. 281f. Fn. 2.

245 **Für** die Möglichkeit einer solchen Differenzierung zwischen dem höherrangigen Bundesrecht und seiner Anwendung *v. Olshausen*, Landesverfassungsbeschwerde (Fn. 25), S. 119f., 139ff.; *W. Berg*, Kassation gerichtlicher Urteile, die in bundesrechtlich geordneten Verfahren ergangen sind, in: Starck/Stern, Landesverfassungsgerichtsbarkeit (Fn. 5), Bd. 2, S. 529ff. (546f.); *C. Pestalozza*, NVwZ 1993, 340 (343f.); *P. Kunig*, NJW 1994, 687 (689f.); *K. Sobota*, DVBl. 1994, 793 (797); *Franke*, Verfassungsgerichtsbarkeit (Fn. 166), S. 934ff.; *K.-G. Zierlein*, AöR 120 (1995), 205 (229ff.); *Kunig* (Fn. 97), Art. 142 Rn. 14ff.; *Lotz*, Verfassungsbeschwerde (Fn. 148), S. 124; *K.-E. Hain*, JZ 1998, 620 (621f.); abwägend *Bernhardt/Sacksofsky* (Fn. 95), Art. 31 Rn. 81f.; *P.M. Huber*, in: Sachs, GG, Art. 31 Rn. 7ff. **Ablehnend**: *Tilch*, Prüfungsmaßstab (Fn. 175), S. 565f.; *J. Gehb*, DÖV 1993, 470 (473); *C. Starck*, JZ 1993, 231 (232); *J. Berkemann*, NVwZ 1993, 409 (415); *J. Rozek*, AöR 119 (1994), 451 (464ff.); *Stern*, Staatsrecht III/2, S. 1510f.; *M. Jachmann*, BayVBl. 1997, 321 (323); *R. Steinberg*, Landesverfassungsgerichtsbarkeit und Bundesrecht, in: FS 50 Jahre Verfassung des Landes Hessen, 1997, S. 356ff. (378). Differenzierung nach der Anwendung materiellen oder Verfahrensrechts bei *W. Geiger*, DRiZ 1969, 137 (139f.); *Friesenhahn*, Zuständigkeitsabgrenzung (Fn. 143), S. 767.

Vergangenheit war insbesondere, ob die Landesverfassungsgerichte befugt sind, Urteile von Landesgerichten, die unter Anwendung von Bundesverfahrensrecht ergangen sind, am Maßstab der Landesgrundrechte zu überprüfen und gegebenenfalls zu kassieren[246]. Vor dem Hintergrund der Art. 142, 31 GG geht es dabei um Konstellationen, die insofern von den besagten »Normalfällen« (→ Rn. 76) – speziell dem Fall der unzulässigen Überprüfung von Bundes(verfahrens)recht an einer Landesverfassung – abweichen, als für die erkennenden Landesgerichte ein »selbständiger – von der Normenkontrolle unabhängiger – Anlaß zur Beachtung von Grundrechten« vorliegt, wie es sich (in foro) *beispielsweise* bezüglich der Gewährung rechtlichen Gehörs oder des Gebots willkürfreier Rechtsanwendung verhält[247]. Die Gerichtshöfe Bayerns und Hessens beschränkten sich jahrzehntelang im wesentlichen auf eine **Willkürkontrolle** und (so der BayVerfGH) die Überprüfung der Einhaltung landesverfassungsrechtlicher **Prozeßgrundrechte**[248]. Hingegen bejahte die aus vielen Gründen aufsehenerregende **Honecker-Entscheidung des Berliner Verfassungsgerichtshofes**[249] eine landesverfassungsgerichtliche Kontrollkompetenz der landesgerichtlichen Anwendung von Bundesverfahrensrecht (hier der StPO) ohne Einschränkungen auf bestimmte Gewährleistungsgehalte (wie etwa das Willkürverbot). Dem ist das **Bundesverfassungsgericht** in seiner **Grundsatzentscheidung vom 15.10.1997**[250] gefolgt, wobei es die Lan-

---

[246] Befürwortend unter Hinweis auf das ansonsten geringe Anwendungsfeld der Landesverfassungsgerichtsbarkeit aufgrund der umfassenden bundesrechtlichen Verfahrensordnungen *Kunig* (Fn. 97), Art. 142 Rn. 14; *H. Sodan*, NdsVBl. 2009, 159 (162 f.). Zum Streitstand im Überblick *v. Olshausen*, Landesverfassungsbeschwerde (Fn. 25), S. 39 ff.; *Berg*, Kassation (Fn. 245), S. 529 ff.; *S. Jutzi*, DÖV 1983, 836 ff.; *K.-G. Zierlein*, AöR 120 (1995), 205 (206 ff.); *M. Jachmann*, BayVBl. 1997, 321 ff.; *Steinberg*, Landesverfassungsgerichtsbarkeit (Fn. 245), S. 376 ff.; *Lotz*, Verfassungsbeschwerde (Fn. 148), S. 117 ff.; *Pestalozza*, Art. 142 (Fn. 31), S. 245 ff.; *K. Schneider*, ZZP 115 (2002), 247 ff.

[247] BVerfGE 96, 345 (367) m. w. N.; siehe nur *C. Pestalozza*, NVwZ 1993, 470 ff.; knapp *W. Durner*, HGR VIII, § 234 Rn. 5. Zum ganzen ausführlich → Bd. III², Art. 142 Rn. 81 ff.

[248] Beide gingen davon aus, daß der Geltungsvorrang des Bundesrechts nach Art. 31 GG einer Überprüfung seiner Anwendung durch die Landesverfassungsgerichte entgegenstehe, formulierten freilich Ausnahmen. Zunächst sollte eine Überprüfung anhand des landesverfassungsrechtlichen Willkürverbotes mit dem Argument möglich sein, das Instanzgericht habe seiner Entscheidung in einem solchen Fall gar kein Recht, also auch kein Bundesrecht zugrundegelegt: BayVerfGHE 26, 127 (132); 40, 69 (74); 44, 18 (20); Nachweise zur hessischen Willkürrechtsprechung bei *J. Gehb*, Verfassung, Zuständigkeiten und Verfahren des Hessischen Staatsgerichtshofs, 1987, S. 227 f. m. Fn. 74. Einen umfassenden Überblick über die Kritik in der Literatur zur Willkürkontrolle bietet *Rippberger*, Frage (Fn. 162), S. 129 ff. Das hessische Landesverfassungsgericht überprüfte ferner die Anwendung materiellen Landesrechts in bundesrechtlich geordneten Verfahren (ESVGH 40, 1 [3]), das bayerische die Einhaltung inhaltsgleich auch im Grundgesetz gewährleisteter bayerischer *Verfahrens*grundrechte (BayVerfGHE 43, 12 [17 f.]; 47, 47 [51]), vgl. *R. Müller-Terpitz*, HGR VIII, § 246 Rn. 26; zum ganzen unter Einbeziehung auch der Rspr. des SaarlVerfGH *J. Rozek*, HGR III, § 85 Rn. 13 ff. Einen umfassenden Überblick über die Judikatur und insbesondere die eigene Prüfungskompetenz der Verfassungsgerichte der Länder bieten *Sommer*, Landesgrundrechte (Fn. 147), S. 16 ff. sowie *v. Coelln*, Anwendung (Fn. 74), S. 77 ff.

[249] BerlVerfGH NJW 1993, 515 = LVerfGE 1, 56. Der BerlVerfGH hat in mehreren Folgeentscheidungen an seiner Rechtsprechung festgehalten: LVerfGE 9, 45 (48 f.); 11, 80 (86 ff.); 13, 42 (50 ff.). Zu hiervon abzugrenzenden Fallkonstellationen im Bereich Strafprozeß und -vollzug *H. Sodan*, HGR VIII, § 247 Rn. 31.

[250] BVerfGE 96, 345; *K. Lange*, NJW 1998, 1278 ff.; *K.-E. Hain*, JZ 1998, 620 ff.; *Klein*, Überlegungen (Fn. 34), S. 387 ff.; *Pestalozza*, Art. 142 (Fn. 31), S. 258 ff.; *M. Winkler*, JA 1998, 841 ff.; *C. Tietje*, AöR 124 (1999), 282 (285 ff.); *F. Wittreck*, DÖV 1999, 634 ff.; *J. Menzel*, NVwZ 1999, 1314 ff.; *J. Dietlein*, Jura 2000, 19 ff.; *Dreier*, Landesverfassungsgerichte (Fn. 74), S. 25 ff.; *v. Coelln*, Anwendung (Fn. 74), S. 150 ff.; *F.-W. Dollinger*, in: Burkiczak/Dollinger/Schorkopf, Bundesverfassungsgerichtsgesetz (Fn. 241), § 80 Rn. 21. → Art. 31 Rn. 53 f.

desverfassungsgerichte in der Ausübung dieser Kontrolltätigkeit gegenüber der Landesstaatsgewalt einer gestuften Bindung unterworfen hat (→ Art. 31 Rn. 53), die wiederum **Anlaß zu Mißverständnissen** geben kann[251]. Ob solch eine Überprüfungsmöglichkeit durch die Landesverfassungsgerichte darüber hinaus auch mit Blick auf Auslegung und Anwendung *materiellen* Bundesrechts besteht, hat es ausdrücklich offen gelassen[252]. Mittlerweile nehmen fast alle dafür infrage kommenden Landesverfassungsgerichte die ihnen von Karlsruhe bescheinigte Kontrollkompetenz für sich in Anspruch[253].

c) Insbesondere: Überprüfung von Akten der Bundesorgane

78 Ob Landesverfassungsgerichte auch **Akte von Bundesbehörden** überprüfen können, ist strittig, im Ergebnis aber abzulehnen[254]. Dieses Ergebnis folgt allerdings weniger aus einer abstrakten Überordnung der Bundesgewalt[255] als dem Umstand, daß die Bundesexekutive **keine** der Prüfungskompetenz der Landesverfassungsgerichte unterliegende **Landesstaatsgewalt** ausübt[256]. Dementsprechend läßt sich eine Überprüfungskompetenz auch nicht aus der (richtigen) Feststellung herleiten, eine Bundesbehörde könne an fortgeltende Landesgrundrechte genauso gebunden sein wie an das Straßen- oder Ordnungsrecht des Landes[257].

---

[251] Zu den diesbezüglichen Mißverständnissen und Widersprüchlichkeiten *F. Wittreck*, DÖV 1999, 634 (637f.); *Dreier*, Landesverfassungsgerichte (Fn. 74), S. 25ff., 32. Näher: → Bd. III², Art. 142 Rn 82ff.

[252] BVerfGE 96, 345 (362). Gegen eine solche Differenzierung *Sacksofsky* (Fn. 23), Art. 142 Rn. 117; *J. Pietzcker*, HStR³ VI, § 134 Rn. 85. S. auch *K.-E. Hain*, JZ 1998, 620 (623); *Dreier*, Landesverfassungsgerichte (Fn. 74), S. 29 m. Fn. 65. Zum Problem *J. Rozek*, AöR 119 (1994), 451 (474ff.).

[253] Mit Ausnahme des Bayerischen Verfassungsgerichtshofs (siehe z. B. BayVerfGHE 66, 94 [96ff.]; 64, 61 [66f.]; *K. Huber*, BayVBl. 2010, 389 [391f.]; *M. Möstl*, BayVBl. 2017, 659 [662]); der HessStGH (NJW 1999, 49) hat seine bisherige Rechtsprechung aufgegeben, aber gleichzeitig durch Aussetzung einen »ersten Zugriff« des Bundesverfassungsgerichts begründet. An der unmittelbaren Folgeentscheidung des SächsVerfGH (NJW 1998, 3266) fällt auf, daß sie auf die Abarbeitung des gestuften Prüfungsschemas verzichtet. Ähnlich verfährt der Rh.-Pf.VerfGH in einer Entscheidung zur Anwendung materiellen Landesrechts (NJW 1999, 2264); der ThürVerfGH (NVwZ 2004, 609) indes übernimmt zumindest abstrakt die Prüfungsvorgaben. Überblick bei *Dreier*, Landesverfassungsgerichte (Fn. 74), S. 28, 36f. und *J. Rozek*, HGR III, § 85 Rn. 39ff.

[254] SächsVerfGH NJW 1999, 51 (51); *K. Lange*, Das Bundesverfassungsgericht und die Landesverfassungsgerichte, in: FS 50 Jahre BVerfG I, S. 289ff. (293); *Friesenhahn*, Zuständigkeitsabgrenzung (Fn. 143), S. 753, 764; *Tilch*, Prüfungsmaßstab (Fn. 175), S. 564; *Müller* (Fn. 96), Art. 120 Rn. 11; *R. Poscher*, NJ 1996, 351 (355); *M. Jachmann*, BayVBl. 1997, 321 (326); *Steinberg*, Landesverfassungsgerichtsbarkeit (Fn. 245), S. 373f. **A. A.** *Holtkotten* (Fn. 153), Art. 142 Anm. II.3.d), (S. 6); *v. Olshausen*, Landesverfassungsbeschwerde (Fn. 25), S. 80ff.; *K. Sobota*, DVBl. 1994, 793 (800f.); *K.-G. Zierlein*, AöR 120 (1995), 205 (228f., 244). Differenzierend *J. Pietzcker*, HStR³ VI, § 134 Rn. 68ff.

[255] So etwa *Vaulont*, Grundrechte (Fn. 9), S. 40f.; *Tilch*, Prüfungsmaßstab (Fn. 175), S. 564; dazu kritisch *Tjarks*, Bedeutung (Fn. 74), S. 83ff. m. w. N.

[256] Vgl. *K. Huber*, BayVBl. 2010, 389 (391). Entsprechend beschränken die Verfahrensgesetze der Landesverfassungsgerichte in aller Regel die Kompetenz der Gerichte: § 49 I BerlVerfGHG; § 45 I BbgVerfGG; § 44 I Rh.-Pf.VerfGHG; § 55 I SaarlVerfGHG; § 27 SächsVerfGHG; § 31 ThürVerfGHG; zur Rechtsprechung in den verbleibenden Ländern mit Verfassungsbeschwerde *K. Sobota*, DVBl. 1994, 793 (799f.). Aus ähnlich gelagerten Erwägungen lehnen die Landesverfassungsgerichte die Überprüfung der Hoheitsakte der anderen Bundesländer ab: vgl. nur HessStGH ESVGH 31, 174 (175).

[257] Dies die Argumentation von *Stern*, Staatsrecht III/2, S. 1471f.; ähnlich *S. Jutzi*, DÖV 1983, 836 (840f.); *Denninger* (Fn. 23), Art. 142 Rn. 13; *Tjarks*, Bedeutung (Fn. 74), S. 86f.; *Sachs*, Relevanz (Fn. 166), S. 46f.; kritisch dazu *Steinberg*, Landesverfassungsgerichtsbarkeit (Fn. 245), S. 373f., der die Bundesstaatsgewalt von jeder Bindung an die Landesverfassungen freistellt.

79 Eine Überprüfung der **Urteile von Bundesgerichten** wird einhellig und zutreffend abgelehnt, da ebenfalls keine Akte der Landesstaatsgewalt vorliegen[258]. Differenziert stellt sich wiederum die Betrachtung bei Beschwerden gegen landesgerichtliche Entscheidungen dar, die von Bundesgerichten bestätigt worden sind. Hier geht die Praxis von einer Unzulässigkeit nur bei sachlicher Bestätigung der Landesentscheidung durch das Bundesgericht aus[259].

d) Insbesondere: Bundesverfassungsgerichtliche Kontrolle von Entscheidungen der Landesverfassungsgerichte

80 Entscheidungen der Landesverfassungsgerichte sind Akte der gem. Art. 1 III, 20 III GG grundrechtsverpflichteten Landesstaatsgewalt und als solche einer Kontrolle durch das Bundesverfassungsgericht nicht prinzipiell entzogen[260]. Doch ist die bundesverfassungsgerichtliche Kontrolle landesverfassungsgerichtlicher Entscheidungen **nur begrenzt möglich**. Voraussetzung ist die Geltendmachung einer Verletzung von Bundesgrundrechten, wobei in erster Linie **Art. 101 I 2 GG** (Recht auf den gesetzlichen Richter; → Art. 101 Rn. 18 ff.) wegen der willkürlichen Unterlassung einer nach **Art. 100 I bzw. 100 III GG** gebotenen Vorlage (→ Rn. 75, 84 f., 88; → Art. 100 Rn. 25, 50) in Betracht kommt[261]. **Materielle Bundesgrundrechte** werden maßgeblich, wenn der Gegenstand einer Landesverfassungsbeschwerde in den Schutzbereich von Bundesgrundrechten fällt und sich das Landesverfassungsgericht bei der Auslegung und Anwendung der Landesverfassung (möglicherweise) zu ihnen in Widerspruch gesetzt hat[262]. Soweit es hingegen um die Überprüfung der Einhaltung nur von Landesverfas-

---

[258] BVerfGE 96, 345 (371); BayVerfGHE 22, 124 (125 f.); *W. Geiger*, DRiZ 1969, 137 (140); *L. Schäfer*, Die Kassation gerichtlicher Entscheidungen durch den Bayerischen Verfassungsgerichtshof, in: FS 25 Jahre BayVerfGH, 1972, S. 259 ff. (276 f.); *Schumann*, Verfassungsbeschwerde (Fn. 5), S. 203; *Berg*, Kassation (Fn. 245), S. 536; *Stern*, Staatsrecht III/2, S. 1471 f.; *K. Huber*, BayVBl. 2010, 389 (391). Zu den älteren landesverfassungsgerichtlichen Strategien, die einer solchen Überprüfung durch Bundesgerichte zuvorzukommen: → Rn. 26.

[259] BayVerfGHE 25, 143 (145); 37, 85 (88); 37, 89 (92 f.); HessStGH ESVGH 20, 5 (7 f.); *Schumann*, Verfassungsbeschwerde (Fn. 5), S. 203 ff.; *K. Huber*, BayVBl. 2010, 389 (391). Gleiches hat für den Fall zu gelten, daß statt einer sachlichen Bestätigung eine Änderung der Entscheidung erfolgt: *H. Sodan*, NdsVBl. 2005, Sonderheft, 32 (33). – Mangels Bindung des Bundesgerichts an Landesgrundrechte hält *Huber* (Fn. 93), Art. 142 Rn. 16 die Berufung auf Landesgrundrechte generell für unzulässig. Vgl. ferner *C. Starck*, HStR[3] VI, § 130 Rn. 62.

[260] Zur grundsätzlichen Zulässigkeit der Verfassungsbeschwerde gegen Entscheidungen der Landesverfassungsgerichte BVerfGE 6, 445 (447); 13, 132 (140); 24, 289 (294 ff.); 30, 112 (119 ff.); 34, 81 (96); 42, 312 (323); 60, 175 (207 ff.); 69, 112 (116 ff.); 85, 148 (157); 90, 277 (283 f.); 97, 298 (314 f.); einschränkend E 96, 231 (243 f.); diese Beschränkung wurde bestätigt in BVerfGK 8, 169 (171): »Dementsprechend muss der Bereich der Verfassungsgerichtsbarkeit der Länder vom Bundesverfassungsgericht möglichst unangetastet bleiben«; zuletzt BVerfG (K), NVwZ-RR 2016, 521 (522, Rn. 40 ff.). Ferner *A. Voßkuhle*, JöR 59 (2011), 215 (239 f. mit Fn. 119); *Hofmann* (Fn. 112), Art. 142 Rn. 8; *W. Rüfner*, DÖV 1967, 668 (671); *W. Geiger*, DRiZ 1969, 137 (140); *Schumann*, Einwirkungen (Fn. 231), S. 305 ff.; *W. Schmidt*, Verfassungsrecht, in: H. Meyer/M. Stolleis (Hrsg.), Staats- und Verwaltungsrecht für Hessen, 5. Aufl. 2000, S. 35 ff. (67); *B.-O. Bryde/H.-J. Jentsch*, EuGRZ 2006, 617 (628). Umfangreich *E. Schumann*, Verfassungsbeschwerden zum Bundesverfassungsgericht gegen Entscheidungen des Bayerischen Verfassungsgerichtshofs, in: FS 50 Jahre BayVerfGH, 1997, S. 201 ff.

[261] BVerfGK 8, 169 (172 f.); BVerfG (K), NVwZ 1994, 59 (60); BVerfG (K), NJW 1999, 1020 (1021); *Schumann*, Einwirkungen (Fn. 231), S. 306; *Bethge* (Fn. 107), § 85 Rn. 37, 65; Jarass/*Pieroth*, GG, Art. 100 Rn. 21; *C. Tietje*, AöR 124 (1999), 282 (296 f.); kritisch *K. Finkelnburg*, LKV 2004, 17 (17 f.).

[262] So etwa in BVerfGE 97, 298 (314 f.); siehe *Bethge* (Fn. 229), § 90 Rn. 434. Indes gilt (auch) diese Form bundesverfassungsgerichtlicher Kontrolle nicht uneingeschränkt: Seit BVerfGE 99, 1 (8 ff., Rn. 45 ff.) lehnt das Bundesverfassungsgericht unter Aufgabe seiner früheren Rspr. die Überprüfung

sungsrecht geht, ist das Bundesverfassungsgericht (vorbehaltlich spezieller Regelungen, etwa aufgrund Art. 99 GG) unzuständig[263]; insbesondere kann eine dahingehende Verfassungsbeschwerde nicht »über die Elfes-Brücke« damit begründet werden, daß mit einer Landesverfassung unvereinbares Landesrecht nicht zur verfassungsmäßigen Ordnung gem. **Art. 2 I GG** gehöre[264].

3. Normenkontrollverfahren

a) Allgemeines

81 Die Handhabung von Landesgrundrechten als Prüfungsmaßstab für Entscheidungen der Landesverfassungsgerichte ist nicht auf die Landesverfassungsbeschwerde begrenzt, sondern kann sich auch im Verfahren der (abstrakten oder konkreten) Normenkontrolle entfalten, obwohl die **tatsächliche Bedeutung** für die Grundrechtsjudikatur eher **gering** ist[265].

82 Ungeachtet dessen stellen sich auch hier prozessuale Probleme. Übereinstimmende Grundrechte im Sinne des Art. 142 GG sind in der Regel der Grund dafür, daß ein Landesgesetz gleichzeitig Bundes- und Landesverfassung verletzt und damit eine **Vorlagenkonkurrenz** in Betracht kommt[266]. Zwar sind auch doppelspurige abstrakte Normenkontrollen denkbar[267], doch wird das Problem in aller Regel im Rahmen der konkreten Normenkontrolle auftauchen. Nach dem hierfür einschlägigen Art. 100 I 1 GG bestimmen Prüfungsgegenstand und -maßstab über den Adressaten der Richtervorlage: Bundes- und Landesverfassungsgerichte sind jeweils für die Überprüfung des Gesetzes anhand »ihrer« Referenznormen zuständig[268]. Wie bei der Verfassungsbeschwerde besteht **weder** ein **Vorrang- oder Alternativverhältnis**[269] noch **eine Präjudizwirkung**. Hat das Bundesverfassungsgericht festgestellt, daß ein Landesgesetz mit

---

von landesrechtlichen Regelungen (und entsprechenden landesverfassungsgerichtlichen Judikaten) zu Wahlen der Volksvertretungen in den Ländern anhand **Art. 3 I GG** ab; vgl. *Schlaich/Korioth*, Bundesverfassungsgericht, Rn. 357. → Art. 28 Rn. 64; → Art. 38 Rn. 64.

[263] BVerfG (K), NVwZ 1994, 59 (60); BVerfG (K), NJW 1999, 1020 (1021).

[264] *Bethge* (Fn. 229), § 90 Rn. 117 f. m. w. N. (zit. Rn. 117); vgl. BVerfGE 41, 88 (118 f.).

[265] Hinweis auf die Bedeutung der Normenkontrollverfahren bei *Stern*, Staatsrecht III/2, S. 1503; dort auch Statistik zu den Landesverfassungen; ferner *Tjarks*, Bedeutung (Fn. 74), S. 121 ff.; *Dreier*, Landesverfassungsgerichte (Fn. 74), S. 14. Speziell zur Rechtsprechung der in Grundrechtsfragen allein auf die Normenkontrollverfahren verwiesenen Verfassungsgerichte (→ Rn. 25) vgl. *A. Rinken*, JöR 42 (1994), 325 (393 f.) für Bremen; *D. Grimm*, Verfassungsrecht, in: D. Grimm/H.-J. Papier (Hrsg.), Nordrhein-westfälisches Staats- und Verwaltungsrecht, 1986, S. 1 ff. (53 f.) für Nordrhein-Westfalen.

[266] Näher *R. Müller-Terpitz*, in: Maunz/Schmidt-Bleibtreu/Klein/Bethge, BVerfGG, § 80 (2015), Rn. 202.

[267] *J. Rozek*, in: Maunz/Schmidt-Bleibtreu/Klein/Bethge, BVerfGG, § 76 (2012), Rn. 100.

[268] *Müller-Terpitz* (Fn. 266), § 80 Rn. 200; *Dollinger* (Fn. 250), § 80 Rn. 20. Vgl. bereits BVerfGE 6, 376 (381 f.); 41, 88 (118 f.).

[269] BVerfGE 2, 380 (388 f.); 7, 77 (82 f.) – gem. Art. 99 GG; 17, 172 (179 f.); 23, 353 (364 f.); 55, 207 (224 f.); 69, 174 (182 f.); Beispiel für eine Sukzessivvorlage: BVerfGE 34, 52 (54, 56) und HessStGH ESVGH 19, 140 (141). Zustimmend *Tilch*, Prüfungsmaßstab (Fn. 175), S. 567; *Grimm*, Verfassungsrecht (Fn. 265), S. 53; *Pestalozza*, Verfassungsprozeßrecht, § 21 Rn. 7; *Sacksofsky* (Fn. 23), Art. 142 Rn. 181 f. – **A. A.** *Kratzer*, Artikel 142 (Fn. 108), S. 138; *Schumann*, Einwirkungen (Fn. 231), S. 294 ff. – sie treten für einen Vorrang des BayVerfGH bei zwei gleich*zeitigen* Vorlagen zur Überprüfung von Landesgesetzen ein; für ausschließliche Zuständigkeit des BVerfG hingegen bei gleich*lautenden* Verfassungsbestimmungen OVG Münster JZ 1952, 435 (435 f.); für ein letztes und abschließendes Wort des BVerfG *Groschupf*, Richtervorlagen (Fn. 241), S. 98 f. Vgl. ferner umfangreich m. w. N. zum älteren Meinungsstand *Maunz* (Fn. 154), Art. 142 Rn. 23.

dem Grundgesetz vereinbar ist, ist damit noch keine Aussage über die Vereinbarkeit mit der Landesverfassung getroffen – und umgekehrt[270]. Lediglich eine Aufhebungsentscheidung eines der beiden Gerichte führt zur **Unzulässigkeit** des Antrags zum jeweils anderen Gericht[271].

b) Insbesondere: Normenkontrolle anhand rezipierter Grundrechte

Die Frage nach einer möglichen Bindung an die bundesverfassungsgerichtliche Auslegung rezipierter Grundrechte stellt sich lediglich im Normenkontrollverfahren, sofern die betreffende Landesverfassung keine Verfassungsbeschwerde vorsieht (→ Rn. 24 f.) Sie ist freilich in der Sache nicht anders als für dieses Verfahren zu beantworten (→ Rn. 74 f.): auch bei der Normenkontrolle besteht **keine rechtliche Bindung** des Landesverfassungsgerichts an die Auslegung rezipierter Grundrechte durch das Bundesverfassungsgericht **gem. § 31 I BVerfGG**[272]. Allerdings wirkt hier die auch sonst zu beobachtende Sogwirkung der Karlsruher Rechtsprechung (→ Rn. 25) noch intensiver[273]. 83

c) Insbesondere: Vorlagepflichten der Verfassungsgerichte

Eine Vorlagepflicht gem. **Art. 100 III GG** bei abweichender Auslegung eines durch **Rezeption** aufgenommenen Grundrechts (→ Rn. 41) trifft die Landesverfassungsgerichte genausowenig wie bei der Interpretation inhaltsgleicher Grundrechte (→ Rn. 75)[274]. 84

Eine solche Pflicht besteht jedoch nach **Art. 100 I GG** auch für die **Landesverfassungsgerichte** dann, wenn sie zu dem Ergebnis kommen, daß eine entscheidungserhebliche Norm – auch des Landesverfassungsrechts – mit dem Grundgesetz oder einfa- 85

---

[270] → Art. 100 Rn. 34; BVerfGE 69, 112 (116 f.); *K. Stern*, BayVBl. 1976, 547 (550); *Tilch*, Prüfungsmaßstab (Fn. 175), S. 568. Ausdrücklich a. A. *Kratzer*, Artikel 142 (Fn. 108), S. 137 f., der offenbar davon ausgeht, daß eine Nichtigerklärung durch das Landesverfassungsgericht von einer Vereinbarkeitserklärung des Bundesverfassungsgerichts nach Art. 31 GG [!] gebrochen würde.

[271] *Müller-Terpitz* (Fn. 266), § 80 Rn. 202; *Tilch*, Prüfungsmaßstab (Fn. 175), S. 567 f.; *Pestalozza*, Verfassungsprozeßrecht, § 21 Rn. 7; *Sacksofsky* (Fn. 23), Art. 142 Rn. 182.

[272] So aber OVG NW JZ 1952, 435 (435); StGH BW ESVGH 19, 133 (Ls. 3); wohl auch *Grimm*, Verfassungsrecht (Fn. 265), S. 50 f.; *H. Boldt*, Landesverfassung im Bundesstaat, in: FS 40 Jahre Landesverfassung Nordrhein-Westfalen, 1990, S. 63 ff. (84); wie hier *Maurer*, Verfassungsrecht (Fn. 104), S. 54; *J. Dietlein*, AöR 120 (1995), 1 (20 ff., 28), der freilich aufgrund seiner Auslegung des Art. 31 GG wiederum zu einer eng formulierten *faktischen* Bindung gelangt (ebd., S. 24).

[273] Darauf weist treffend hin *H. Maurer*, Verfassungsrecht, in: H. Maurer/R. Hendler (Hrsg.), Baden-Württembergisches Staats- und Verwaltungsrecht, 1990, S. 27 ff. (54).

[274] Anders die wohl überwiegende Meinung in der Literatur: *Stern*, Staatsrecht III/2, S. 1507 f.; *J. Pietzcker*, HStR³ VI, § 134 Rn. 74; nur im Ergebnis *Burmeister*, Vorlagen (Fn. 222), S. 430 f.; *W. Löwer*, HStR II, § 56 Rn. 126: »Dann aber muß in diesen Fällen nach Art. 100 Abs. 3 GG gegebenenfalls auch vorgelegt werden«; mittlerweile anders *ders.*, HStR³ III, § 70 Rn. 144: »In der Auslegung des Landesgrundrechts (…) bleibt das Landesverfassungsgericht frei um den Preis, trotz Wortlautgleichheit Inhaltsverschiedenheit anzunehmen«. – Ferner wie hier *Pestalozza*, Verfassungsprozeßrecht, § 15 Rn. 1 mit Fn. 2; *Dietlein*, Grundrechte (Fn. 112), S. 23; *ders.*, AöR 120 (1995), 1 (21); *Dreier*, Landesverfassungsgerichte (Fn. 74), S. 23; *Sacksofsky* (Fn. 23), Art. 142 Rn. 184; deutlich *Bethge* (Fn. 104), Vorb. Rn. 236 m. w. N.: »Bundesgrundrecht kraft autonomer Entscheidung des Landesverfassungsgebers ein autochthones Landesgrundrecht«, auch mit Verweis auf den »restriktiven Kurs« des Bundesverfassungsgerichts; *ders.* (Fn. 107), § 85 Rn. 20 ff. (insb. Rn. 21): Das »inhaltsgleiche Landes(grund)recht ist autochthones Landesverfassungsrecht, das geradezu darauf angelegt, zumindest aber dafür geschaffen ist, von einem Landesverfassungsgericht autonom und damit auch anders als die inhaltsgleiche Norm des GG durch das Bundesverfassungsgericht ausgelegt zu werden.«.

chem Bundesrecht unvereinbar ist[275]. Landesverfassungsrechtliche Nachrangklauseln nach Art des Art. 2 V BbgVerf. (→ Rn. 23; → Art. 31 Rn. 17) erweitern insoweit nicht die Prüfungskompetenz[276].

86 Ein Sonderfall ergibt sich **bei vorkonstitutionellen Landesverfassungsbestimmungen**, etwa solchen Bayerns oder Hessens: hier **entfällt** die **Vorlagepflicht**, da Art. 100 I GG mit »Gesetz« nach ganz h. M. nur nachkonstitutionelles Recht meint (→ Art. 100 Rn. 12, 20, 33)[277].

87 In umgekehrter Perspektive wird mit Recht vertreten, auch das **Bundesverfassungsgericht** sei **zur Vorlage** an ein Landesverfassungsgericht **verpflichtet**, falls es ein Gesetz allein für landesverfassungswidrig hält; dies ist gerade im Fall von Mehrgewährleistungen (→ Rn. 46 ff.) von Interesse und mit Blick auf den Wortlaut des Art. 100 I 1, 1. Alt. GG konsequent[278].

88 Schwierige und noch nicht befriedigend gelöste Abgrenzungsprobleme wirft schließlich das **Verhältnis** der landesverfassungsgerichtlichen **Vorlage nach Art. 100 I GG** zur **Divergenzvorlage** nach Art. 100 III GG auf (→ Art. 100 Rn. 43)[279].

D. Verhältnis zu anderen GG-Bestimmungen

89 Art. 142 GG bildet die lex specialis zu **Art. 31 GG** für den Bereich der Landesgrundrechte (→ Rn. 29). Die Norm unterstreicht im Verbund mit **Art. 28 I GG** (→ Art. 28 Rn. 47, 59; → Art. 31 Rn. 50 ff.), daß die Länder auf den Regelungstyp »Grundrechte« zugreifen können[280], ohne selbst (spezielle) Regelung der Zuständigkeit zu sein; **Art. 70 ff. GG** sind auf Landesgrundrechte ebensowenig anwendbar wie die an die Kompetenznormen angelehnten **Art. 123 ff. GG** (→ Rn. 30). Die unmittelbare Grundrechtsbindung der Länder (→ **Art. 1 III** Rn. 37) ist ein wichtiges Hilfsmittel zum Verständnis des Art. 142 GG (→ Rn. 47); das dogmatische Verhältnis der Normen zuein-

---

[275] BVerfGE 36, 342 (356); 69, 112 (117 f.); BVerfG (K), NVwZ-RR 2016, 521 (523 f., Rn. 54 f.); BayVerfGHE 14, 31 (40); *Schumann*, Einwirkungen (Fn. 231), S. 303 f.; *Müller-Terpitz* (Fn. 266), § 80 Rn. 55; *Schmidt*, Verfassungsrecht (Fn. 260), S. 66; *Stern*, Staatsrecht III/2, S. 1506; *Lechner/Zuck*, BVerfGG (Fn. 222), § 80 Rn. 5; Jarass/*Pieroth*, GG, Art. 100 Rn. 5 f.; *Discher*, Landesverfassungsgerichte (Fn. 173), S. 183. Differenzierend *Friesenhahn*, Zuständigkeitsabgrenzung (Fn. 143), S. 756 f. Ablehnend *Burmeister*, Vorlagen (Fn. 222), S. 460 ff., der Landesverfassungsgerichte nicht als Gerichte im Sinne des Art. 100 I GG ansieht; für sie kommt aufgrund seines Gesamtansatzes nur Art. 100 III GG in Betracht (→ Rn. 75, 84, 88).

[276] *F. Wittreck*, DVBl. 2000, 1492 (1496 ff.) m. w. N.

[277] Statt aller *Schlaich/Korioth*, Bundesverfassungsgericht, Rn. 141. Für Vorlagepflicht noch *H. Holtkotten*, in: BK, Art. 100 (Erstb. 1950), Anm. II.3. (S. 156 f.). Wie hier *H. Schäfer*, NJW 1954, 1 (4); *Müller-Terpitz* (Fn. 266), § 80 Rn. 93; *Stern*, Staatsrecht III/2, S. 1506.

[278] *H. Domcke*, Die bayerische Popularklage, in: Starck/Stern, Landesverfassungsgerichtsbarkeit (Fn. 5), Bd. 2, S. 231 ff. (241); *Müller-Terpitz* (Fn. 266), § 80 Rn. 56; a. A. *Discher*, Landesverfassungsgerichte (Fn. 173), S. 167. (Fiktives) Beispiel wäre ein dem Bundesverfassungsgericht vorgelegtes bayerisches Gesetz zum Reiten im Walde; vgl. BVerfGE 80, 137 mit BayVerfGHE 28, 107; 30, 152; zuletzt allerdings einschränkend BayVerfGH BayVBl. 1999, 13 sowie ders. BayVBl. 2003, 269 (270 ff.).

[279] BVerfGE 36, 342 (356) – für Wahlrecht der Landesverfassungsgerichte; bestätigt in BVerfG (K), NVwZ-RR 2016, 521 (523 f., Rn. 54 f.); für »Ausschließlichkeit« des Art. 100 III GG BayVerfGHE 6, 131 (135). Differenzierte Analyse: *M. Möstl*, BayVBl. 2017, 659 (663 f.); Wie das Bundesverfassungsgericht; *Tilch*, Prüfungsmaßstab (Fn. 175), S. 561; *Bethge* (Fn. 107), § 85 Rn. 12; *Müller-Terpitz* (Fn. 266), § 80 Rn. 55; Jarass/*Pieroth*, GG, Art. 100 Rn. 21. Kritisch *Friesenhahn*, Zuständigkeitsabgrenzung (Fn. 143), S. 798 Fn. 195. Für ausgeschlossen hält eine Konkurrenz beider Verfahren aufgrund seines Gesamtansatzes *Burmeister*, Vorlagen (Fn. 222), S. 460.

[280] Wie hier *R. Grawert*, HGR III, § 81 Rn. 84; *H. Maurer*, HGR III, § 82 Rn. 54.

ander[281] wirft ebenso wie das zu grundrechtsrelevanten Sondervorschriften (Art. 3 III, 102 GG; → Rn. 63) weiterhin Probleme auf.

Ohne Art. 142 GG wäre die in Art. 99, 100 I und 100 III GG vorausgesetzte **Landesverfassungsgerichtsbarkeit** weitgehend sinnentleert (→ Rn. 66). Die Interpretation dieser Vorschriften wird von Art. 142 GG maßgeblich beeinflußt: Verfassungsbeschwerde und konkrete Normenkontrolle sind als parallele Verfahren vor Bundes- und Landesverfassungsgericht möglich (→ Rn. 71 ff., 81 ff.); aus **Art. 100 III** i. V. m. Art. 142 GG folgt, daß das Verfahren der Divergenzvorlage keinen Instanzenzug zwischen den Verfassungsgerichten von Bund und Ländern in Grundrechtsfragen aufrichten darf (→ Rn. 29, 75, 84). Indem er die Eigenständigkeit der Länder und ihrer Verfassungsgerichte in Grundrechtsfragen unterstreicht und sichert, erweist sich Art. 142 GG schließlich als wichtiger **Ausdruck des bundesstaatlichen Prinzips**. 90

281 Zum Regelungszusammenhang der Art. 1 III, 28 I, 31 und 142 GG sowie der Kompetenzordnung auch *R. Grawert*, HGR III, § 81 Rn. 84 ff.; *H. Maurer*, HGR III, § 82 Rn. 45 ff., 50 ff.

Artikel 143 [Beitrittsbedingte Übergangsregelungen]

(1) [1]Recht in dem in Artikel 3 des Einigungsvertrags genannten Gebiet kann längstens bis zum 31. Dezember 1992 von Bestimmungen dieses Grundgesetzes abweichen, soweit und solange infolge der unterschiedlichen Verhältnisse die völlige Anpassung an die grundgesetzliche Ordnung noch nicht erreicht werden kann. [2]Abweichungen dürfen nicht gegen Artikel 19 Abs. 2 verstoßen und müssen mit den in Artikel 79 Abs. 3 genannten Grundsätzen vereinbar sein.

(2) Abweichungen von den Abschnitten II, VIII, VIIIa, IX, X und XI sind längstens bis zum 31. Dezember 1995 zulässig.

(3) Unabhängig von Absatz 1 und 2 haben Artikel 41 des Einigungsvertrags und Regelungen zu seiner Durchführung auch insoweit Bestand, als sie vorsehen, daß Eingriffe in das Eigentum auf dem in Artikel 3 dieses Vertrags genannten Gebiet nicht mehr rückgängig gemacht werden.

Literaturauswahl

Badura, Peter: Eigentum, in: HdbVerfR, § 10, S. 327–391.

Berzl, Susanne: Völkerrechtliche Beurteilung der Bodenkonfiskationen in der Sowjetischen Besatzungszone Deutschlands (1945 bis 1949) und die Berücksichtigung dieser Rechtslage in der Bundesrepublik Deutschland, 2001.

Bräunig, Anja: Die Gestaltungsfreiheit des Gesetzgebers in der Rechtsprechung des Bundesverfassungsgerichts zur deutschen Wiedervereinigung, 2007.

Hartmann, Bernd J.: Die abgesenkte Besoldung in den neuen Ländern und das Alimentationsprinzip, in: NJ 2001, S. 455–458.

Kempen, Bernhard (Hrsg.): Die rechtsstaatliche Bewältigung der demokratischen Bodenreform, 2005.

v. Komorowski, Alexis: Rückübertragungsansprüche bei zweckverfehlten DDR-Enteignungen, in: AöR 126 (2001), S. 507–562.

Kühne, Jörg-Detlef: Eine vergessene Argumentationslinie im Bodenreformurteil (BVerfGE 84, 90) oder wider das Übergehen verfassungsstaatlicher Grundlagen, in: Festschrift für Helmut Pieper, 1998, S. 287–304.

Ossenbühl, Fritz: Eigentumsfragen, in: HStR IX, § 212, S. 521–587.

Papier, Hans-Jürgen: Vergangenheitsbewältigung: Abwicklung, Ahndung, Entschädigung, in: HStR IX, § 213, S. 587–629.

Röper, Erich: Die Bodenreformen in allen vier Besatzungszonen, in: NJ 2005, S. 296–301.

Schweisfurth, Theodor: Die verfassungsgerichtlich eingetrübte Völkerrechtsfreundlichkeit des Grundgesetzes, in: NVwZ 2005, S. 1261–1266.

Leitentscheidungen des Bundesverfassungsgerichts

BVerfGE 4, 157 (168ff.) – Saarstatut; 23, 98 (106f.) – Ausbürgerung I; 27, 253 (271ff.) – Kriegsfolgeschäden; 30, 1 (24ff.) – Abhörurteil; 41, 126 (150ff.) – Reparationsschäden; 82, 316 (318, 320ff.) – Beitrittsbedingte Grundgesetzänderungen; 83, 162 (172ff.) – Einigungsvertrag; 84, 90 (96ff., 100ff., 118ff.) – Bodenreform I; 84, 133 (145) – Warteschleife; 85, 360 (371) – Akademie-Auflösung; 86, 390 (398) – Schwangeren- und Familienhilfegesetz I; 88, 83 (86) – Schwangeren- und Familienhilfegesetz II; 88, 203 (208f.) – Schwangerschaftsabbruch II; 94, 12 (33ff., Rn. 76ff.) – Bodenreform II; 102, 254 (310ff., Rn. 270ff.) – EALG; 107, 218 (235f., Rn. 62ff.) – Beamtenbesoldung Ost I; 112, 1 (23, Rn. 85; 39, Rn. 133) – Bodenreform III.

Gliederung

Stichwörter

A. Herkunft, Entstehung, Entwicklung

I. Ideen- und verfassungsgeschichtliche Aspekte

Die Aufnahme von **Übergangsvorschriften** in den Verfassungstext entspricht deutscher **Verfassungstradition**. Sofern sie – wie Art. 143 GG – für einen gewissen Zeitraum die Staatsgewalt in ihrem Handeln von der Beachtung bestimmter Verfassungsvorschriften dispensieren, stärken sie letztlich den Vorrang der Verfassung[1]. Da die Rechtslage aus praktischen Gründen nicht mit dem Tag des Inkrafttretens einer Verfassung deren Vorgaben angepasst werden kann, wären ohne Übergangsvorschriften Verfassungsverstöße unvermeidlich. Solche Verstöße direkt nach Inkrafttreten einer Verfassung beeinträchtigen deren Geltungskraft. Deshalb enthält etwa schon die **Preußische Verfassungsurkunde von 1850**[2] in Art. 112 und Art. 114 Übergangsregelungen, die bis zur Anpassung der Rechtslage durch ein besonderes Gesetz über das ganze Unterrichtswesen bzw. eine Gemeindeordnung vorkonstitutionelle Bestimmungen ohne Rücksicht auf ihre Vereinbarkeit mit der Verfassung in Kraft lassen. 1

Ganz vergleichbar ermächtigte Art. 169 I WRV die Reichsregierung, den Zeitpunkt des Inkrafttretens des Art. 83 I WRV festzusetzen, demzufolge Reichsbehörden die Zölle und Verbrauchsteuern verwalteten; gemäß Art. 169 II WRV konnte die Erhebung und Verwaltung der Zölle und Verbrauchsteuern den Ländern auf ihren Wunsch »für eine angemessene Übergangszeit« belassen werden, obwohl an sich eine Zustän- 2

---

[1] *R. Wahl*, Der Staat 20 (1981), 485ff. → Art. 1 III Rn. 1, 54; → Art. 20 (Rechtsstaat), Rn. 50, 81ff.
[2] Abgedr. in Huber, Dokumente, Bd. 1, S. 501ff. (514); GS, S. 17.

digkeit der Reichsverwaltung bestand. Art. 173 WRV garantierte sogar bis zum Erlass eines Reichsgesetzes über die Grundsätze der Ablösung der Staatsleistungen an die Religionsgesellschaften gemäß Art. 138 I WRV das Fortbestehen der bisherigen Leistungen. Ähnliche **Dispense von Verfassungsbestimmungen** enthielten Art. 174 und Art. 175 WRV, letzterer sogar ohne jegliche zeitliche Begrenzung. Schon seit Inkrafttreten des Grundgesetzes findet gemäß Art. 141 GG die Bestimmung des Art. 7 III 1 GG über den Religionsunterricht als ordentliches Lehrfach dauerhaft keine Anwendung in einem Lande, in dem am 1. Januar 1949 eine andere landesrechtliche Regelung bestand (»Bremer Klausel«)[3].

3 Einen engen Bezug zur Verfassungsgeschichte weist Art. 143 III GG auf, der mit seinem Verweis auf Art. 41 EV gewährleistet, dass Enteignungen auf besatzungsrechtlicher und besatzungshoheitlicher Grundlage in der sowjetischen Zone zwischen 1945 und 1949 nicht von Verfassungs wegen rückgängig gemacht werden müssen. Diese **Bodenreform** hat den sozialstaatlichen Umbau der Bodenordnung in der Weimarer Republik fortgeführt, dessen **Ursprünge** in die erste Hälfte des 19. Jahrhunderts zurückreichen[4]. Während in Frankreich von 1789 an die feudale Bodenordnung durch entschädigungslose Bodenbefreiung mit teilweiser Gütereinziehung und Neuvergabe durch den Staat erfolgt war, wählte man in Preußen den Weg der sogenannten Regulierung, dessen Hauptmerkmal die Landentschädigungspflicht der bisherigen Untereigentümer zugunsten der Großgrundbesitzer und zu Lasten der bäuerlichen Mittel- und Unterschichten war, die in der Folge völlig verarmten[5]. Das Ablösungsmodell der **Paulskirchenverfassung**[6] beruhte auf einer klaren Unterscheidung zwischen der bürgerlichen Eigentumsgarantie samt entschädigungspflichtiger Enteignung[7] und dem Abbau feudaler Restbestände gegen eine Billigkeitsentschädigung im Rahmen der von Lorenz von Stein so bezeichneten sozialen **Entwährung**[8]. Eine Billigkeitsentschädigung wurde in der Paulskirche für angemessen gehalten, weil Großgrundbesitz entsprechend der mittelalterlichen Unterscheidung zwischen Lehen und Allod seinen Ursprung sowohl in Feudalrechten wie auch in bürgerlichem Eigentum fand[9].

4 In der Konsequenz gab es 1895 in Preußen 513 landwirtschaftliche Betriebe mit mehr als 1000 Hektar, von denen nur acht in den Westprovinzen lagen; die Güter der Großgrundbesitzer im Osten Preußens waren im Durchschnitt mehr als fünfmal so groß wie die im Westteil des Staates[10]. Lehnsgüter und Fideikommisse, die schon die Paulskirche aufheben wollte, bestanden bis 1918 bzw. Ende 1938 weiter. Noch 1945

---

[3] → Art. 141 Rn. 15ff.; *M. Thiel*, in: Sachs, GG, Art. 141 Rn. 1ff.

[4] Dazu und zum Folgenden *J.-D. Kühne*, Eine vergessene Argumentationslinie im Bodenreformurteil (BVerfGE 84, 90) oder wider das Übergehen verfassungsstaatlicher Grundlagen, in: FS Pieper, 1998, S. 287ff. (291ff.).

[5] Näher dazu *J. W. Hedemann*, Die Fortschritte des Zivilrechts im XIX. Jahrhundert, 2. Teil, 1. Halbbd., 1930, S. 1ff.

[6] §§ 166ff. Reichsverfassung vom 28. März 1849, abgedr. in: Huber, Dokumente, Bd. 1, S. 375ff. (393).

[7] §§ 164f. Reichsverfassung vom 28. März 1849, abgedr. in: Huber, Dokumente, Bd. 1, S. 375ff. (393).

[8] *L. v. Stein*, Verwaltungslehre, 7. Teil: Die Entwährung, 1868 (Nachdruck 1975), S. 17ff.

[9] Typisch dafür *W. A. Lette*, in: F. Wigard (Hrsg.), Stenographischer Bericht über die Verhandlungen der deutschen konstituierenden Nationalversammlung zu Frankfurt am Main, Bd. 4, 1848, S. 2425 (90. Sitzung am 3. Oktober 1848); zu den Beratungen der Paulskirchenverfassung grundlegend *J.-D. Kühne*, Die Reichsverfassung der Paulskirche, 2. Aufl. 1998, S. 228ff. und 263ff.; *R. Koselleck*, Preußen zwischen Reform und Revolution, 2. Aufl. 1975 (Nachdruck 1981), S. 487ff.

[10] *K. Hess*, Junker und bürgerliche Großgrundbesitzer im Kaiserreich, 1990, S. 39ff.

waren in Brandenburg über 50%, in Vorpommern und Mecklenburg um 60% der landwirtschaftlichen Grundstücke Großgrundbesitz von mindestens 100 Hektar; ungefähr 40% dieser Flächen waren vormaliges Fideikommissland. Zwei Drittel der Fläche des Landes, das von der **Bodenreform in der sowjetischen Besatzungszone** betroffen war, gehörte adeligen Familien, obgleich der Bevölkerungsanteil des Adels traditionell bei ungefähr 1% lag und liegt[11]. Von den Enteignungen in der sowjetisch besetzten Zone war dementsprechend vornehmlich ostelbischer **Großgrundbesitz** betroffen, der aufgrund der geschilderten Entwicklung der vorangehenden 150 Jahre zu erheblichen Teilen noch nicht als **bürgerliches Eigentum** gelten konnte[12].

II. Entstehung und Veränderung der Norm

Die jetzige Regelung stellt bereits die dritte Fassung des Art. 143 GG dar. Ursprünglich enthielt Art. 143 GG eine **Strafvorschrift für Hochverrat**, die gemäß Art. 143 VI GG a.F. bis zu einer anderweitigen Regelung durch Bundesgesetz galt[13]. Nachdem diese Regelung durch Art. 1 des Strafrechtsänderungsgesetzes vom 30. August 1951[14] in §§ 80ff. StGB erfolgt war, trat die ursprüngliche Fassung des Art. 143 GG außer Kraft (Art. 7 des Strafrechtsänderungsgesetzes[15]). 5

Ihre Stelle nahm 1956 bei der Ergänzung des Grundgesetzes um die **Wehrverfassung**[16] die Vorgabe ein, dass der Einsatz der Streitkräfte im Falle eines inneren Notstandes nur durch ein Gesetz geregelt werden konnte, das die Erfordernisse des Art. 79 GG erfüllte[17]. Diese Fassung des Art. 143 GG hob § 1 Nr. 17 des Siebzehnten Gesetzes zur Änderung des Grundgesetzes vom 24. Juni 1968[18], die sogenannte Notstandsverfassung, auf. 6

Die **jetzige Fassung** des Art. 143 GG ist **durch Art. 4 Nr. 5 EV** in das Grundgesetz **eingefügt** worden[19]. Im Protokoll zum Einigungsvertrag wird darauf hingewiesen, dass Art. 143 I und II GG nur zeitliche Bedeutung hätten und deshalb keine Vorgabe für die künftige Gesetzgebung seien[20]. In der Denkschrift zum Einigungsvertrag wurde betont, dass zwar auch in dem beigetretenen Teil Deutschlands in möglichst kurzer Zeit ein voll verfassungsrechtlicher Zustand anzustreben sei, dass aber ein **modifiziertes Anwenden des Grundgesetzes** den notwendigen gesetzgeberischen Spielraum eröffnen solle, um das Recht in Ostdeutschland schrittweise in die vom Grundgesetz geforderte Rechtsordnung überzuleiten. Die unterschiedliche Nachkriegsentwicklung der ehemaligen zwei deutschen Staaten lasse es nicht erreichbar erscheinen, schon 7

---

11 Zu diesen Zahlen *Kühne*, Bodenreformurteil (Fn. 4), S. 297; siehe auch *E. Röper*, NJ 2005, 296 (298).

12 So zutreffend *Kühne*, Bodenreformurteil (Fn. 4), S. 290.

13 Wortlaut und Entstehung dokumentiert in JöR 1 (1951), S. 912ff. Zu den folgenden Textvarianten s. den Abdruck in: H. Dreier/F. Wittreck (Hrsg.), GG-Textausgabe, 10. Aufl. 2015, S. 136.

14 BGBl. I S. 739.

15 BGBl. I S. 747.

16 Gesetz zur Änderung des Grundgesetzes vom 19. März 1956, BGBl. I S. 111 (113).

17 Zur Entstehungsgeschichte *R. Meixner*, in: BK, Art. 143 (2004), Rn. 1–27 m. w. N.

18 BGBl. I S. 709 (714).

19 BGBl. 1990 II S. 889 (891); zu Bedenken gegen eine Ergänzung des Grundgesetzes durch den Einigungsvertrag *A. Bräunig*, Die Gestaltungsfreiheit des Gesetzgebers in der Rechtsprechung des Bundesverfassungsgerichts zur deutschen Wiedervereinigung 2007, S. 157 mit Fn. 4; → Art. 79 I Rn. 15; vgl. aber auch BVerfGE 84, 90 (119).

20 Protokoll zum EV Abschnitt I Nr. 4, BGBl. 1990 II S. 905.

zugleich mit dem Beitritt eine auf Dauer angelegte vollständige rechtliche Neuordnung auf Grundlage des Grundgesetzes an die Stelle der Rechtsordnung der ehemaligen Deutschen Demokratischen Republik zu setzen, die der grundgesetzlichen Ordnung diametral entgegengesetzt sei. Ihre **Grenze** fänden die Übergangsregelungen in dem Verbot prinzipieller Preisgabe der in Art. 79 III GG geschützten **elementaren Verfassungsgrundsätze** (→ Art. 79 III Rn. 21ff.) sowie in der Unantastbarkeit des **Wesensgehalts eines Grundrechts** gemäß Art. 19 II GG (→ Art. 19 II Rn. 7ff.). Zu Art. 143 III GG wird in der Denkschrift nur kurz bemerkt, die Vorschrift sichere »den verfassungsmäßigen Bestand der in und aufgrund Artikel 41 des Vertrages getroffenen Regelung«[21].

8 Gemäß Art. 41 I EV ist die von der Regierung der Bundesrepublik Deutschland und der Regierung der Deutschen Demokratischen Republik abgegebene **Gemeinsame Erklärung** vom 15. Juni 1990 zur Regelung offener Vermögensfragen[22] Bestandteil des Einigungsvertrags. In Art. 41 III EV hat sich die Bundesrepublik Deutschland verpflichtet, keine Rechtsvorschriften zu erlassen, die der Gemeinsamen Erklärung widersprechen. In der Gemeinsamen Erklärung haben sich die Regierungen der beiden deutschen Staaten darauf verständigt, dass bei der Lösung der zahlreichen vermögensrechtlichen Probleme, die sich aus der Teilung Deutschlands ergeben, ein »sozial verträglicher Ausgleich unterschiedlicher Interessen« zu schaffen sei, dabei müssten die Grundsätze der Rechtssicherheit und Rechtseindeutigkeit sowie das Recht auf Eigentum zur Sicherung des Rechtsfriedens leitend sein. In diesem Sinne haben sich die beiden Regierungen in der Gemeinsamen Erklärung zum einen darauf geeinigt, dass enteignetes Grundvermögen grundsätzlich den ehemaligen Eigentümern oder ihren Erben zurückgegeben wird, dass aber »**die Enteignungen auf besatzungsrechtlicher bzw. besatzungshoheitlicher Grundlage (1945–1949)** [...] **nicht mehr rückgängig zu machen**« sind. Die Regierungen der Sowjetunion und der Deutschen Demokratischen Republik sähen keine Möglichkeit, die damals getroffenen Maßnahmen zu revidieren. Die Regierung der Bundesrepublik Deutschland hat dies im Hinblick auf die historische Entwicklung zur Kenntnis genommen. »Sie ist der Auffassung, dass einem künftigen gesamtdeutschen Parlament eine abschließende Entscheidung über etwaige staatliche Ausgleichsleistungen vorbehalten bleiben muss«[23].

9 Die Regelung des Art. 143 GG steht in unmittelbarem **Zusammenhang mit Art. 23 GG a.F.** Nach dessen S. 2 war das Grundgesetz »in anderen Teilen Deutschlands«, d.h. außerhalb der Länder, die bei Inkrafttreten der Verfassung im Jahre 1949 zur Bundesrepublik Deutschland gehörten, »nach deren Beitritt in Kraft zu setzen.«

B. Internationale, supranationale und rechtsvergleichende Bezüge

I. Internationales Recht

10 Bezüge auf internationales Recht weist Art. 143 III GG i.V.m. Art. 41 EV und der Gemeinsamen Erklärung auf. Die nicht mehr rückgängig zu machenden Enteignungen auf besatzungsrechtlicher bzw. besatzungshoheitlicher Grundlage von 1945–1949

---

[21] Denkschrift zum Einigungsvertrag, B. Besonderer Teil, zu Kap. II, zu Art. 4, B., zu Nummer 5, BT-Drs. 11/7760, S. 359; vgl. auch das Protokoll zum EV, BGBl. 1990 II S. 905.

[22] Anlage III EV, BGBl. 1990 II S. 1237; BT-Drs. 11/7760, S. 353.

[23] Gemeinsame Erklärung (Fn. 22), Nr. 1.

(→ Rn. 8) sind **entschädigungslose Enteignungen** im Bereich der Industrie zugunsten der Länder der ehemaligen sowjetisch besetzten Zone und im Rahmen sowjetischer Reparationsmaßnahmen; hinzu kommen Enteignungen im Bereich der Landwirtschaft im Rahmen der sogenannten **demokratischen Bodenreform**[24]. Die sowjetische Militäradministration in Deutschland bewirkte nach 1945 entschädigungslose Enteignungen im Bereich der Wirtschaft mit Befehlen oder Anordnungen, die sich auf handels-, industrie-, landwirtschaftliche und andere Unternehmen von wirtschaftlicher Zweckbestimmung mit ihrer gesamten Ausrüstung und ihrem toten und lebenden Inventar erstreckten, die bis dahin im Eigentum des deutschen Staates oder der NSDAP gestanden hatten[25]. Die Bodenreform in der sowjetisch besetzten Zone erfolgte auf der Grundlage von Vorschriften der von der sowjetischen Besatzungsmacht eingesetzten Landes- und Provinzialverwaltungen aus dem September 1945[26]. Entschädigungslos enteignet wurde der Grundbesitz der Kriegsverbrecher und führenden und aktiven Nationalsozialisten sowie der gesamte private Großgrundbesitz von mehr als 100 Hektar Größe nebst allem darauf befindlichen landwirtschaftlichen Vermögen[27]. Etwa ein Drittel der gesamten land- und forstwirtschaftlichen Nutzfläche der sowjetischen Besatzungszone von rund 9,5 Mio. Hektar wurde so auf einen staatlichen Bodenfonds übertragen[28]. Zum Teil wird die Auffassung vertreten, dass in den Enteignungen ein Verstoß der Sowjetunion gegen die **Haager Landkriegsordnung** zu sehen sei[29]. Es ist allerdings fraglich, ob die Haager Landkriegsordnung die Sowjetunion in der Zeit zwischen 1945 und 1949 gebunden hat[30].

Das Bundesverfassungsgericht betont im Übrigen zu Recht, dass die Bundesrepublik Deutschland seit der Wiedervereinigung in eigener Souveränität über das Fortbestehen der von einer Besatzungsmacht vorgenommenen Enteignungen entscheiden konnte und nicht zur Restitution verpflichtet war. Das **Völkergewohnheitsrecht** sieht zwar eine Pflicht zum **Schadensersatz** vor, wenn eine Partei eines kriegerischen Konflikts Bestimmungen der Haager Landkriegsordnung verletzt hat. Der Schadensersatzanspruch besteht jedoch nur in dem Völkerrechtsverhältnis zwischen den betroffenen Staaten und unterliegt ihrer Disposition. Nach der überzeugenden Auffassung des Bundesverfassungsgerichts hat Deutschland in den Zwei-Plus-Vier-Verhandlungen **stillschweigend darauf verzichtet**, Schadensersatzansprüche gegen die Sowjetunion geltend zu machen. Schließlich war Deutschland auch nicht nach zwingenden Normen des allgemeinen Völkerrechts verpflichtet, die von der Besatzungsmacht vorgenommenen Enteignungen für nichtig zu erklären[31]. **11**

Völkerrechtliche Bezüge weist Art. 143 III GG schließlich dadurch auf, dass der Bundesminister des Auswärtigen der Bundesrepublik Deutschland Genscher und der Minister für Auswärtige Angelegenheiten der DDR de Maizière im Zusammenhang **12**

---

[24] Siehe die Erläuterungen der Bundesregierung zum Gesetz zur Regelung offener Vermögensfragen, BT-Drs. 11/7831, S. 1ff. und BVerfGE 112, 1 (8f., Rn. 37f.).

[25] Näher dazu BVerfGE 84, 90 (100ff.).

[26] Eine Zusammenstellung der Vorschriften findet sich in: Gesamtdeutsches Institut (Hrsg.), Bestimmungen der DDR zu Eigentumsfragen und Enteignungen, 1971, S. 101ff.

[27] Kritisch in Bezug auf Letzteres *F. Wilhelms*, ZOV 20 (2010), 206ff.

[28] Vgl. dazu BVerfGE 84, 90 (96ff.).

[29] Art. 46 Haager Landkriegsordnung, RGBl. 1910 S. 107, lautet: »[…] das Privateigentum [soll] geachtet werden. Das Privateigentum darf nicht eingezogen werden.«

[30] Vgl. dazu BGH LM Art. 53 HLKO Nr. 4; BVerfGE 94, 12 (47, Rn. 110); EKMR NJW 1996, 2291ff.; *R. Scholz*, in: Maunz/Dürig, GG, Art. 143 (2012), Rn. 21.

[31] Näher BVerfGE 112, 1 (28ff., Rn. 99ff.).

mit der Unterzeichnung des **Zwei-plus-Vier-Vertrages** am 12. September 1990 in Moskau an die vier Siegermächte einen **Gemeinsamen Brief** gerichtet haben, der auf Art. 41 EV Bezug nimmt[32]. Als völkerrechtliches Instrument könnte der Brief völkerrechtliche Rechte und Pflichten zwischen den Parteien des Zwei-plus-Vier-Vertrages begründet haben und die ursprünglich nur zwischen den beiden deutschen Staaten geltenden Regelungen des Einigungsvertrages und der Gemeinsamen Erklärung in den Rang einer allgemeinen **völkerrechtlichen Rechtsgrundlage** erhoben haben[33].

II. Unionsrecht

13 Übergangsregelungen als Folge der Wiedervereinigung erwiesen sich auch im Unionsrecht als notwendig. Mit dem Beitritt der ostdeutschen Länder zur Bundesrepublik nach Art. 23 GG a.F. findet seit dem 3. Oktober 1990 das Unionsrecht auch auf sie Anwendung[34]. Auf Vorschlag der Kommission beschlossen Parlament und Rat zwischen Februar und Dezember 1990 zehn Verordnungen und elf Richtlinien sowie Entscheidungen und Beschlüsse, welche die notwendigen Übergangsregelungen in praktisch allen Bereichen des Unionsrechts enthalten[35]. Da das Unionsrecht gemäß Art. 345 AEUV die Eigentumsordnungen in den Mitgliedstaaten unberührt lässt und die Mitgliedstaaten bei eigentumspolitischen Maßnahmen nur an das **Gebot der Rücksichtnahme gemäß Art. 4 III EUV** bindet[36], kann Deutschland Regelungen in Bezug auf die in Art. 143 III GG angesprochenen Enteignungen in der sowjetischen Besatzungszone auf besatzungsrechtlicher und besatzungshoheitlicher Grundlage autonom treffen.

III. Rechtsvergleichende Hinweise

14 In intertemporaler Rechtsvergleichung weist die geltende Fassung von Art. 143 GG strukturelle Ähnlichkeiten mit Art. 139 GG (→ Art. 139 Rn. 8) sowie Art. 184 BayVerf., Art. 158 HessVerf., Art. 154 BremVerf. und Art. 140 Rh.-Pf.Verf. auf, die nach dem Zweiten Weltkrieg geschaffen worden sind, um **Gesetze**, die **gegen Nationalsozialismus und Militarismus** gerichtet sind oder deren Folgen beseitigen wollen, von der Bindung an die jeweilige Verfassung freizustellen[37]. In beiden Fällen geht es darum, den Fortbestand eines Rechtszustandes verfassungsrechtlich abzusichern, der vor Inkrafttreten eines neuen Verfassungszustandes geschaffen worden ist.

---

[32] Text des Briefes abgedruckt in: Bulletin Nr. 109 vom 14. September 1990, S. 1156f.

[33] Näher dazu *D. Blumenwitz*, BayVBl. 1993, 705 (708ff.) sowie *ders.*, DtZ 1993, 258ff. sowie *P. v. Hugo*, Die Vorgaben des Eckwertes Nr. 1 der Gemeinsamen Erklärung der beiden deutschen Regierungen vom 15.6.1990 für die Enteignungen in den Jahren 1945–1949, 1997, S. 185ff.; *J. Wasmuth*, VIZ 1992, 81 (84); vgl. aber auch *ders.*, NJW 1993, 2476 (2480f.).

[34] Näher dazu *I. Pernice*, HStR VIII, § 191 Rn. 8ff.

[35] Zusammenfassend veröffentlicht in ABl. 1990 L 353; siehe auch die EG-Recht-Überleitungsverordnung vom 28.9.1990, BGBl. I S. 2117.

[36] Dazu etwa *W. Kahl*, in: Calliess/Ruffert, EUV/AEUV, Art. 4 Rn. 116.

[37] *M. Kirn*, in: v. Münch/Kunig, GG II, Art. 143 Rn. 1b.

C. Erläuterungen

I. Allgemeine Bedeutung

1. Schutzgut

Art. 143 GG hat kraft Verfassungsrecht den **Prozess der schrittweisen Angleichung des Rechts** der ostdeutschen Länder an die Verfassungsordnung des Grundgesetzes geschützt[38]. Nach dem Beitritt der Deutschen Demokratischen Republik zur Bundesrepublik Deutschland war gemäß Art. 23 S. 2 GG a. F. das Grundgesetz in den ostdeutschen Ländern in Kraft zu setzen. Art. 3 EV bestimmte als Zeitpunkt des Inkrafttretens des Grundgesetzes das Wirksamwerden des Beitritts am 3. Oktober 1990 mit der Maßgabe, dass in Art. 4 EV aufgeführte beitrittsbedingte Änderungen der Verfassung gleichzeitig wirksam wurden. Außerdem ist Art. 131 GG gemäß Art. 6 EV im Beitrittsgebiet »vorerst« nicht in Kraft gesetzt worden[39]. Daneben enthielt der Einigungsvertrag zahlreiche weitere Regelungen – etwa zur Finanzverfassung in Art. 7, zur Entsendung von Abgeordneten in den Bundestag gemäß Art. 42 und zur Teilnahme der Landesbevollmächtigten an den Sitzungen des Bundesrates in Art. 43 –, die für eine Übergangszeit von den Vorgaben des Grundgesetzes abwichen. Diese übergangsbedingten Abweichungen hatten vertragsrechtlich ihre Grundlage in **Art. 3 letzter Halbsatz EV**. Auf verfassungsrechtlicher Ebene fand die begrenzte vertragliche Suspendierung des Vorrangs der Verfassung ihre Entsprechung in Art. 143 GG, der seine Existenz selbst dem Einigungsvertrag verdankt. Im Ergebnis hat Art. 143 GG **formell** den **Geltungsanspruch der Verfassung** und **materiell** die schrittweise Schaffung einer einheitlichen Rechtsordnung in Deutschland geschützt. 15

2. Aktueller Befund

Art. 143 I und II GG haben mit Ablauf der Übergangsfristen am 31. Dezember 1992 bzw. am 31. Dezember 1995 ihr Anwendungsfeld verloren und sind **obsolet geworden**. Die schrittweise Anpassung des Rechts der ostdeutschen Länder an die Rechtsordnung des Grundgesetzes ist abgeschlossen. 16

Art. 143 III GG dagegen war noch lange umstritten. Das beruhte nicht nur darauf, dass er **dauerhaft Geltung** beansprucht, sondern lag vor allem daran, dass die von den Enteignungen in der sowjetisch besetzten Zone zwischen 1945 und 1949 Betroffenen sowie ihre Erben publizistisch und juristisch um Veränderungen der Rechtslage zu ihren Gunsten mit großem Einsatz und Aufwand gekämpft haben. Mehrere Entscheidungen des Bundesverfassungsgerichts[40] sowie des Europäischen Gerichtshofes für Menschenrechte[41] haben mit ihren eindeutigen Aussagen die Rechtslage geklärt. 17

---

[38] Vgl. *U. Berlit*, in: AK-GG, Art. 143 (2002), Rn. 1; *K.-A. Schwarz*, in: v. Mangoldt/Klein/Starck, GG III, Art. 143 Rn. 2.

[39] *H. Dreier*, Verfassungsstaatliche Vergangenheitsbewältigung, in: FS 50 Jahre BVerfG, Bd. I, S. 159ff. (165ff., insb. 171).

[40] Vor allem BVerfGE 84, 90; s. aber auch BVerfGE 94, 12; 102, 254; 112, 1.

[41] Vom 2.3.2005, NJW 2005, 2530ff.

II. Verfassungsrechtliche Bewertung der Vorschrift insgesamt

18 Vor der Wiedervereinigung war der einzige Anwendungsfall des Art. 23 S. 2 GG a. F. die **Rückgliederung des Saarlandes**, das seit dem 1. Januar 1957 ein Land der Bundesrepublik ist. Durch das Gesetz über die Eingliederung des Saarlandes[42] wurde eine zweijährige Übergangszeit rechtlich gestaltet. Damals war umstritten, ob **Durchbrechungen** des Grundgesetzes durch ein **einfaches Gesetz** angeordnet werden konnten, wie es die Bundesregierung unter Berufung auf das Urteil des Bundesverfassungsgerichts zum **Saarstatut**[43] für zulässig hielt[44]. In der Literatur war seinerzeit zum Teil ein **verfassungsänderndes Gesetz** für notwendig erachtet worden[45]. Da die verfassungsrechtliche Frage bis 1990 nicht geklärt worden war, entschied man sich bei der Wiedervereinigung für den sicheren Weg eines verfassungsändernden Gesetzes[46]. Letztlich beruht Art. 143 GG also auf den Erfahrungen und Diskussionen bei der Rückgliederung des Saarlandes. Art. 79 III GG und Art. 19 II GG als Grenzen für Abweichungen vom Grundgesetz sind schon vom Bundesverfassungsgericht im Urteil zum Saarstatut genannt worden[47]. Das Urteil des Bundesverfassungsgerichts hat in gewisser Weise als »Denkmodell« für einen behutsamen Übergang von der Rechtsordnung der ehemaligen Deutschen Demokratischen Republik zu derjenigen der Bundesrepublik Deutschland gedient[48].

19 Da Art. 143 GG im Wege der Verfassungsänderung in das Grundgesetz aufgenommen worden ist, muss er den dafür geltenden Vorgaben genügen. Mehrere Bundestagsabgeordnete hatten im September 1990 geltend gemacht, das Grundgesetz könne nicht im Rahmen einer bloßen **Zustimmung zu einem Staatsvertrag**, sondern nur durch ein »**eigenständiges**« **Gesetz** geändert werden, über das in einem besonderen verfassungsändernden Gesetzgebungsverfahren zu befinden sei, das ihnen die Stellung von Änderungsanträgen ermögliche. Ihre **Mitwirkungsrechte** seien verletzt, weil nach § 82 II GOBT Änderungsanträge zu Verträgen nach Art. 59 II GG unzulässig seien[49]. Beide Senate des Bundesverfassungsgerichts haben in kurzem zeitlichem Abstand die Änderung des Grundgesetzes im Wege des Einigungsvertrags gebilligt[50]. Die Rechtsgrundlage für die einigungsvertragliche Grundgesetzänderung hat das Gericht zutreffend in Art. 23 S. 2 GG a. F. gesehen, weil der Einigungsvertrag die Voraussetzungen des Beitritts geregelt und damit unmittelbar der Herstellung der deutschen Einheit gedient hat. Den Verfassungsorganen kam bei der Umsetzung der verfassungsrechtlichen Pflicht, auf die Wiederherstellung der staatlichen Einheit Deutschlands hinzuwirken, ein weiter Gestaltungsspielraum zu, der ihnen insbesondere auch die Möglichkeit eröffnet hat, »**beitrittsbezogene**« **Verfassungsänderungen**, die sich nach ihrer Einschätzung als notwendig erwiesen haben, zum Gegenstand eines Einigungsvertrags zu ma-

---

[42] Vom 23.12.1956, BGBl. I S. 1011; zum Vergleich mit der verfassungsrechtlichen Bewältigung der Wiedereingliederung des Saarlandes auch *Bräunig*, Gestaltungsfreiheit (Fn. 19), S. 160f.

[43] BVerfGE 4, 157 (168ff.); vgl. auch *R. Scholz*, in: Maunz/Dürig, GG, Art. 23 a. F. (1996), Rn. 70.

[44] Vgl. BT-Drs. II/2902, S. 8; *H. Schäfer*, DÖV 1957, 1 (3f.); *W. Widhofer*, Die Eingliederung des Saarlandes in die Bundesrepublik Deutschland, 1960, S. 95.

[45] *W. Gross*, DVBl. 1957, 88 (90); *W. Thieme*, JR 1957, 401 (402); vgl. auch *W. Henn*, Die verfassungsrechtliche Lage des Saarlandes während der Übergangszeit, 1959, S. 62.

[46] *C. Feddersen*, DVBl. 1995, 502 (503).

[47] BVerfGE 4, 157 (169f.).

[48] *W. Hoppe/M. Schulte*, DVBl. 1991, 1041 (1045f.); *J. Isensee*, Staatseinheit und Verfassungskontinuität, VVDStRL 49 (1990), S. 39ff. (59 m. Fn. 50).

[49] BVerfGE 82, 316 (318).

[50] BVerfGE 82, 316 (320f.); 84, 90 (118f.).

chen[51]. Die durch Art. 143 I und III GG erlaubten **materiellen Verfassungsdurchbrechungen**[52] sind auch im Hinblick auf Art. 79 I 1 GG unproblematisch, da diese Vorschrift nur **formelle Verfassungsdurchbrechungen**[53] ausschließt und Art. 143 GG als Spezialregelung der allgemeinen Norm des Art. 79 I 1 GG vorgeht[54].

III. Die generelle Übergangsregelung des Art. 143 I GG

20 Art. 143 I GG erlaubte bis zum 31. Dezember 1992 generell ein Abweichen des Rechts im Beitrittsgebiet von den Vorgaben des Grundgesetzes. Voraussetzung war eine **Kausalität** der Abweichungen in dem Sinne, dass die **unterschiedlichen Verhältnisse** in beiden Teilen Deutschlands eine **völlige Anpassung** an die grundgesetzliche Ordnung **noch nicht ermöglichten**. Voraussetzung war damit, dass die Abweichungen beitrittsbedingt waren. Das setzte voraus, dass sie sich zwangsläufig und unmittelbar aus den vorübergehend nicht zu überwindenden unterschiedlichen Verhältnissen in beiden Teilen Deutschlands ergaben[55].

21 Ihre Grenze fanden die Abweichungsmöglichkeiten in **Art. 19 II GG** und den Grundsätzen des **Art. 79 III GG** (Art. 143 I 2 GG). Damit beschritt der verfassungsändernde Gesetzgeber den Weg, den das Bundesverfassungsgericht in seinem Urteil zum Saarstatut[56] für schrittweise Annäherungen an die vom Grundgesetz geforderte Rechtslage gewiesen hatte (→ Rn. 18). Aufgrund dieser Regelung konnte für gut zwei Jahre nach der Wiedervereinigung in nicht geringem Umfang Recht der ehemaligen DDR fortgelten, wie es im Einigungsvertrag und in seinen Anlagen vorgesehen wurde[57]. Unter **Recht im Sinne der Vorschrift** sind gemäß der Denkschrift der Bundesregierung zum Einigungsvertrag Rechtsnormen jeder Art zu verstehen[58]. Ohne Bedeutung ist, ob es sich um fortgeltendes Recht der ehemaligen Deutschen Demokratischen Republik oder um übergeleitetes Bundesrecht handelte. Soweit in Anlage II zum Einigungsvertrag Anordnungen und Ministerratsbeschlüsse der ehemaligen DDR aufgenommen sind, galten sie nicht als »Recht«, sondern mit ihrer bisherigen Rechtsnatur fort[59]. Entscheidungen von Verwaltung und Justiz fallen nicht unter Art. 143 GG[60]. Räumlich ist die Fortgeltung auf Rechtsnormen beschränkt, die Geltung nur für das Gebiet der ehemaligen DDR beanspruchen; über das Gebiet hinausreichende mittelbare oder faktische Rückwirkungen bleiben insoweit außer Betracht[61]. Art. 143 I GG erfasst nicht nur von der DDR erlassenes Recht, sondern bot bis Ende 1992 auch für die Rechtset-

---

[51] Ebenso *R. Wendt*, in: Sachs, GG, Art. 143 Rn. 5f.; zur Kritik: → Art. 79 I Rn. 15.

[52] Zum Begriff: → Art. 79 I Rn. 18.

[53] Zum Begriff: → Art. 79 I Rn. 19.

[54] *B. Pieroth*, Der Rechtsstaat und die Aufarbeitung der vor-rechtsstaatlichen Vergangenheit, VVDStRL 51 (1992), S. 91ff. (94); *Schwarz* (Fn. 38), Art. 143 Rn. 11; *Wendt* (Fn. 51), Art. 143 Rn. 7; BVerfGE 84, 90 (119).

[55] BVerfGE 100, 1 (53, Rn. 184).

[56] BVerfGE 4, 157 (169f.).

[57] Siehe dazu Art. 9 II und III EV.

[58] Denkschrift (Fn. 21), B. Besonderer Teil, zu Kapitel II, zu Art. 4, B. zu Nr. 5; siehe auch *Berlit* (Fn. 38), Art. 143 Rn. 17; *S. Speckmaier*, in: Umbach/Clemens, GG, Art. 143 Rn. 6.

[59] Denkschrift (Fn. 21), B. Besonderer Teil, zu Kapitel III, zu Art. 9.

[60] *M. Sachs*, Vom Grundgesetz abweichendes Recht nach der Wiedervereinigung Deutschlands – Art. 143 Abs. 1 und 2 GG, in: FS Heymanns-Verlag, 1995, S. 193ff. (200); vgl. aber auch *P. M. Huber*, Kompensationsansprüche bei der Regelung offener Vermögensfragen, in: FS OLG Jena, 1994, S. 271ff. (290).

[61] *R. Eckertz*, DÖV 1993, 281 (285).

zung im wiedervereinigten Deutschland die Möglichkeit, von den Vorgaben des Grundgesetzes abzuweichen[62].

22 Abweichungen von den Vorgaben des Grundgesetzes waren allerdings nur zulässig, »soweit und solange« die unterschiedlichen Verhältnisse in West- und Ostdeutschland eine völlige Anpassung an die verfassungsrechtlichen Vorgaben ausschlossen. **Voraussetzung für Abweichungen** war also nicht nur ihre Verursachung durch die teilungsbedingten Verhältnisse. Vielmehr erlaubte Art. 143 I GG ggf. auch nur ein partielles oder zeitlich knapper als bis zum 31. Dezember 1992 befristetes Abweichen eines Regelungskomplexes[63]. Angesichts der mit der Wiedervereinigung verbundenen Schwierigkeiten stand dem Gesetzgeber insoweit ein weiter Gestaltungsspielraum zu[64].

23 Die rechtliche Diskussion konzentrierte sich vor allem auf die **Abtreibungsproblematik**[65]. Der Einigungsvertrag hatte das DDR-Gesetz über die Unterbrechung der Schwangerschaft[66] in Kraft gelassen[67] und dem gesamtdeutschen Gesetzgeber aufgegeben, spätestens bis zum 31. Dezember 1992 – also der in Art. 143 I GG genannten Frist – eine einheitliche, verfassungskonforme Regelung zu treffen[68]. In der Literatur wurde bezweifelt, ob Art. 79 III i. V. m. Art. 1 I und III GG es erlaube, die Fristenregelung auch nur in einer Übergangszeit fortgelten zu lassen[69]. Das Bundesverfassungsgericht hat offengelassen, ob Art. 143 I GG mit Art. 79 III GG vereinbar ist[70]. Im Januar 1993 hat das Bundesverfassungsgericht im Wege der einstweiligen Anordnung die Fristenregelung in den ostdeutschen Ländern entsprechend Art. 31 IV 4 EV weiter für anwendbar erklärt[71]. Durch sein Urteil vom 28. Mai 1993[72] hat es angeordnet, dass vom 16. Juni 1993 an in ganz Deutschland die nicht für verfassungswidrig erklärten Bestimmungen des Schwangeren- und Familienhilfegesetzes[73] sowie ergänzend die vom Gericht getroffenen Anordnungen zum Schwangerschaftsabbruch gelten sollten.

IV. Die eingeschränkte Übergangsregelung des Art. 143 II GG

24 Für die Zeit bis zum 31. Dezember 1995 ließ Art. 143 II GG noch Abweichungen von Abschnitt II (Bund und Länder), VIII (Ausführung der Bundesgesetze und Bundesverwaltung), VIIIa (Gemeinschaftsaufgaben), IX (Rechtsprechung), X (Finanzwesen) und XI (Übergangs- und Schlußbestimmungen) zu. In diesem Zeitraum waren damit Grundrechtsverstöße nicht mehr durch die Übergangsregelung gedeckt. Inhaltlich erlaubte der Dispens einen geordneten Aufbau der Verwaltung und der Gerichtsbarkeit in den ostdeutschen Ländern unter den **Voraussetzungen und in den Grenzen des**

---

[62] *Sachs*, Abweichendes Recht (Fn. 60), S. 202f.
[63] *C. Feddersen*, DVBl. 1995, 502 (504ff.).
[64] So zutreffend *Kirn* (Fn. 37), Art. 143 Rn. 7 unter Bezug auf BVerfGE 82, 316 (321).
[65] Dazu ausführlich *Schwarz* (Fn. 38), Art. 143 Rn. 15ff.; *Wendt* (Fn. 51), Art. 143 Rn. 10ff.
[66] Vom 9.3.1972, GBl. I Nr. 5 S. 89 nebst den entsprechenden Durchführungsbestimmungen gleichen Datums, GBl. II Nr. 12 S. 149.
[67] Art. 9 II EV i. V. m. Anl. II Kap. III Sachgebiet C Abschnitt I Nr. 4 und 5.
[68] Art. 31 IV 1 EV.
[69] *Meixner* (Fn. 17), Art. 143 Rn. 47; *M. Herdegen*, Die Verfassungsänderungen im Einigungsvertrag, 1991, S. 23f.; *H. Reis*, NJW 1991, 662ff.
[70] BVerfGE 84, 133 (145); 85, 360 (371).
[71] BVerfGE 88, 83 (86); vgl. zuvor schon E 86, 390.
[72] BVerfGE 88, 203 (208f.); vgl. BGBl. 1993 I S. 820; ferner BGBl. 1992 I S. 1398.
[73] Neuregelung vom 21.8.1995, BGBl. I S. 1050.

Art. 143 I GG, den er nur in **zeitlicher Hinsicht** für die genannten Abschnitte des Grundgesetzes erweiterte[74].

Vor allem die Verschiebung der Geltung wesentlicher Regelungen der **Finanzverfassung** für die ostdeutschen Länder auf die Zeit nach 1994 in Art. 7 EV bedurfte zu ihrer Gültigkeit des Art. 143 II GG. Erst aufgrund des Gesetzes zur Umsetzung des Föderalen Konsolidierungsprogramms[75] wurde die bundesstaatliche Finanzverteilung einheitlich für ganz Deutschland geregelt[76]. 25

Art. 143 I und II GG enthielten aber nicht etwa einen speziellen Gleichheitssatz, der die **Zulässigkeit differenzierender rechtlicher Regelungen** der besonderen Verhältnisse in Ostdeutschland abschließend regelte. Vielmehr war der Gesetzgeber nicht gehindert, besondere Regelungen z.B. für Beamte zu treffen, die in den neuen Ländern verwendet werden. Voraussetzung war allerdings, dass diese Regelungen nicht gegen die Verfassung im Übrigen verstießen. War diese Voraussetzung erfüllt, stand Art. 143 I und II GG einer unterschiedlichen Regelung vergleichbarer Sachverhalte in Ost- und Westdeutschland nicht entgegen[77]. 26

V. Art. 143 III GG als verfassungsrechtliche Absicherung des Art. 41 EV

Während Art. 143 I und II GG zeitlich befristete Übergangsregelungen enthalten, sichert Art. 143 III GG **dauerhaft** die in Art. 41 EV und in der Gemeinsamen Erklärung (→ Rn. 8) getroffene Vereinbarung der beiden deutschen Staaten ab[78], dass die Enteignungen auf besatzungsrechtlicher bzw. besatzungshoheitlicher Grundlage (1945–1949) nicht mehr rückgängig zu machen sind[79]. Diese Regelung ist vor allem im Kreis der Betroffenen auf erbitterten Widerstand gestoßen. In der Literatur ist zu Recht darauf hingewiesen worden, dass die verfassungsrechtliche Diskussion oft sehr einseitig geführt worden ist, »weil nicht alle Unrechtsopfer unter den an der Diskussion Beteiligten über eine gleichstarke Lobby verfügen wie die Bodenreformopfer«[80]. Angesichts der **beschränkten Mittel**, die in Deutschland insgesamt für eine Wiedergutmachung in der DDR erlittenen Unrechts zur Verfügung stehen, war aber mit Nachdruck die Frage zu stellen, ob nicht **vorrangig Entschädigungen für Freiheitseingriffe** und andere staatliche Unrechtsakte gewährt werden sollten, die das Leben der Betroffenen weit stärker beeinträchtigt haben als die Bodenreform die Erben früherer Großgrundbesitzer. Das Bundesverfassungsgericht hat in zwei Entscheidungen folgerichtig gegen Art. 143 III GG erhobene verfassungsrechtliche Bedenken zurückgewiesen[81]. 27

Als verfassungsändernde Vorschrift muss sich Art. 143 III GG im Rahmen des **Art. 79 III GG** halten (→ Art. 79 III Rn. 14ff.). Danach dürfen die in Art. 1 und 20 GG niedergelegten Grundsätze durch eine Verfassungsänderung nicht berührt werden. 28

---

[74] *Schwarz* (Fn. 38), Art. 143 Rn. 20ff.; *Wendt* (Fn. 51), Art. 143 Rn. 16.

[75] Vom 23.6.1993, BGBl. I S. 944.

[76] Siehe dazu *H. Bauer*, HStR IX, § 206 Rn. 8ff., 15ff.; *U. Häde*, Finanzausgleich, 1996, S. 125, 219, 279ff.; *H.-J. Rodenbach*, in: Schmidt-Bleibtreu/Hofmann/Henneke, GG, Art. 143 Rn. 20.

[77] BVerfGE 107, 218 (235f., Rn. 62ff.); dazu *B. J. Hartmann*, NJ 2001, 455ff.; *Wendt* (Fn. 51), Art. 143 Rn. 17.

[78] Zur rechtlichen Verbindlichkeit der Gemeinsamen Erklärung vgl. *P. Badura*, Eigentum, in: HdbVerfR, § 10 Rn. 48; vgl. auch *Jarass*/Pieroth, GG, Art. 143 Rn. 5.

[79] Vgl. dazu schon *E. Forsthoff*, Ist die Bodenreform in der Deutschen Demokratischen Republik im Falle der Wiedervereinigung als rechtswirksam anzuerkennen?, 1954.

[80] *F. Ossenbühl*, HStR IX, § 212 Rn. 53.

[81] BVerfGE 84, 90; 94, 12; vgl. auch E 112, 1 (23, Rn. 85).

Neben der Menschenwürde gehört dazu das Bekenntnis zu unverletzlichen und unveräußerlichen Menschenrechten in Art. 1 II GG (→ Art. 1 II Rn. 13ff.). Dementsprechend ist der verfassungsändernde Gesetzgeber verpflichtet, **grundlegende Gerechtigkeitspostulate** wie den Grundsatz der Rechtsgleichheit und das Willkürverbot sowie grundlegende Elemente des **Rechts- und Sozialstaatsprinzips** nicht außer Acht zu lassen. Art. 79 III GG erlaubt ihm allerdings durchaus, die positivrechtliche Ausprägung dieser Grundsätze aus sachgerechten Gründen zu modifizieren[82]. Die Grenzen, die Art. 79 III GG dem verfassungsändernden Gesetzgeber setzt, sind also keineswegs eng gezogen; vielmehr vertraut die Verfassung darauf, dass Identität und Kontinuität des Grundgesetzes durch die in Art. 79 II GG vorgesehenen Zweidrittelmehrheiten gesichert werden[83].

29 Das Bundesverfassungsgericht hat die in Art. 143 III GG abgesicherte Regelung in Nr. 1 Satz 1 der Gemeinsamen Erklärung zutreffend dahin gedeutet, dass sie es verbietet, die Enteignungen als nichtig zu behandeln, und es darüber hinaus ausschließt, ihre Folgen durch eine Rückgabe der enteigneten Objekte umfassend zu bereinigen[84]. Dagegen wird ein vermögenswerter Ausgleich der erlittenen Beeinträchtigungen – dessen Höhe allerdings nicht festgelegt ist – nicht nur nicht verboten, sondern in Nr. 1 Satz 4 der Gemeinsamen Erklärung dem Gesetzgeber ausdrücklich vorbehalten[85]. Diese Regelung ist mit Art. 79 III GG vereinbar, weil 1990 keine Rechtsposition der von der Enteignung Betroffenen mehr bestand, in die der Gesetzgeber mit der beanstandeten Regelung hätte eingreifen können. Die von der sowjetischen Besatzungsmacht und von den eingeschalteten deutschen Stellen in der sowjetisch besetzten Zone vollzogenen Enteignungen waren nach der Rechtsordnung der Deutschen Demokratischen Republik bestandskräftig, selbst wenn sie auf einer exzessiven, nach rechtsstaatlichen Maßstäben willkürlichen Auslegung – etwa zu Lasten politisch Unbelasteter – beruhten. Die **Enteignungsmaßnahmen** konnten nicht gegen das **Grundgesetz** verstoßen, weil die Bundesrepublik Deutschland infolge der **Begrenzung ihrer Staatsgewalt** auf ihr Staatsgebiet für Maßnahmen in der sowjetisch besetzten Zone nicht verantwortlich ist; außerdem waren die Enteignungen bei Inkrafttreten des Grundgesetzes fast vollständig durchgeführt worden[86]. Mögliche **völkerrechtliche Ansprüche** der einzelnen Betroffenen können schon deshalb außer Betracht bleiben, weil sie zum Zeitpunkt der Wiedervereinigung nicht durchsetzbar und damit praktisch wertlos waren[87].

30 Was den nachträglichen Ausgleich früheren Unrechts[88] im wiedervereinigten Deutschland angeht, so ist der verfassungsändernde Gesetzgeber durch Art. 79 III GG auch insoweit **nicht zu einer Rückgabe der Grundstücke verpflichtet**[89]. Das Bundesver-

---

[82] BVerfGE 30, 1 (24); 84, 90 (121).

[83] → Art. 79 II Rn. 13ff.; siehe auch *F. Ossenbühl*, HStR IX, § 212 Rn. 56.

[84] BVerfGE 83, 162 (173f.); 84, 90 (121ff.).

[85] BVerfGE 83, 162 (172f.); 84, 90 (121); die heftige Kritik von *F. Wilhelms*, ZOV 20 (2010), 206ff. vermag nicht zu überzeugen.

[86] BVerfGE 84, 90 (121ff.), dort auch zum Nichtbestehen einer vermögenswerten, durchsetzbaren Rechtsposition nach dem internationalen Enteignungsrecht der Bundesrepublik Deutschland m. w. N.; dazu *Meixner* (Fn. 17), Art. 143 Rn. 59; *H.-J. Papier*, HStR IX, § 213 Rn. 38; *K.-A. Schwarz*, DÖV 2000, 721ff.

[87] BVerfGE 84, 90 (124f.); vgl. auch EKMR NJW 1996, 2291ff.; kritisch *R. Wendt*, Diskussionsbemerkung, in: K. Stern (Hrsg.), Deutsche Wiedervereinigung, Bd. II/1, 1992, S. 32f.

[88] BVerfGE 23, 98 (106f.) zum Ausgleich nationalsozialistischen Unrechts.

[89] Dazu *A. v. Komorowski*, AöR 126 (2001), 507 (554ff.).

fassungsgericht weist in diesem Zusammenhang mit Recht darauf hin, dass ein innerstaatlicher Lastenausgleich zwar gemäß dem Sozialstaatsprinzip auch für Kriegsfolgeschäden dem Grunde nach geboten ist[90]. Weil die Staatsorgane der Bundesrepublik Deutschland diese Schäden jedoch ebenso wenig verursacht haben, wie sie für die Bodenreform verantwortlich sind, räumt ihnen die Verfassung einen weiten Gestaltungsraum ein und erlaubt es insbesondere, »die Ausgleichsleistungen nach Maßgabe dessen [zu] bestimmen, was unter Berücksichtigung der übrigen Lasten und der finanziellen Bedürfnisse für bevorstehende Aufgaben möglich ist«[91]. Entscheidend ist insoweit, dass die Rechtsgrundlage von **Wiedergutmachungsleistungen** im Rechts- und Sozialstaatsprinzip zu finden ist, an die Art. 79 III GG den verfassungsändernden Gesetzgeber nur in **Grundelementen** bindet. Dagegen ist die Wiedergutmachung nicht Ausfluss einzelner Grundrechte, insbesondere auch nicht des Eigentumsgrundrechts[92].

Mittlerweile hat sich der Schwerpunkt der Diskussion auf **Gleichheitsfragen** verlagert. 31 Das Bundesverfassungsgericht hatte 1991 verfassungsrechtliche Bedenken gegen den Ausschluss der Restitution verneint, obwohl bei den entschädigungslosen Enteignungen, die nicht unter Art. 41 EV und die Gemeinsame Erklärung fallen, grundsätzlich die Rückgabe der enteigneten Objekte vorgesehen ist. Es hat zutreffend die durch Art. 79 III GG allein gesicherten »Grundelemente des Gleichheitssatzes« für nicht verletzt angesehen. Zur **Rechtfertigung der Ungleichbehandlung** reiche es aus, »dass die Deutsche Demokratische Republik und die Sowjetunion auf der Einführung dieser Regelung bestanden hatten und die Bundesregierung nach ihrer pflichtgemäßen Einschätzung auf diese Bedingung eingehen musste, um die Einheit Deutschlands zu erreichen«[93]. Diese tatsächliche Feststellung des Bundesverfassungsgerichts ist in der Folgezeit heftig angegriffen worden, weil die Annahmen, auf denen sie beruhe, sich nach Auffassung der Urteilskritiker nicht mehr aufrechterhalten ließen[94]. Auch wurde vorgebracht, den Betroffenen werde ein **Sonderopfer** auferlegt, das keinen Bestand vor dem Prinzip der Lastengleichheit haben könne[95]. Das Bundesverfassungsgericht hat jedoch 1996 mit Recht bekräftigt, dass die angegriffenen Regelungen die in Art. 79 III GG unantastbar gestellten Grundelemente des Gleichheitssatzes nicht verletzen[96]. Die von der Bundesregierung vorgenommene und aufrechterhaltene Einschätzung, dass sowohl die Deutsche Demokratische Republik als auch die Sowjetunion ihre Zustimmung zur deutschen Wiedervereinigung von der Unumkehrbarkeit der besatzungsrechtlichen und besatzungshoheitlichen Enteignungen abhängig gemacht hätten, kann nach Auffassung des Bundesverfassungsgerichts weiterhin nicht als pflichtwidrig angesehen werden[97]. Verfassungsrechtliche Bedenken ergeben sich nach Auffassung des Gerichts schließlich auch nicht aus dem Eigentumsschutz, soweit er von Art. 79 III GG umfasst wird[98].

---

[90] BVerfGE 84, 90 (125).
[91] BVerfGE 84, 90 (125) in Anknüpfung an E 27, 253 (270, 283ff.) und E 41, 126 (150ff.).
[92] BVerfGE 84, 90 (126f.); ebenso *F. Ossenbühl*, HStR IX, § 212 Rn. 62ff.; vgl. aber auch *Meixner* (Fn. 17), Art. 143 Rn. 79ff.
[93] BVerfGE 84, 90 (127).
[94] Näher dazu BVerfGE 94, 12 (15ff., Rn. 5ff.); kritisch *K. Waechter*, DÖV 2016, 411 (415) sowie früher schon *J. Wasmuth*, NJW 1993, 2476 (2477ff.).
[95] *Scholz* (Fn. 30), Art. 143 Rn. 29.
[96] BVerfGE 94, 12 (34ff., Rn. 78ff.).
[97] BVerfGE 94, 12 (35ff., Rn. 81ff.); vgl. auch BVerfG (K), DtZ 1993, 275; ferner BVerwG DtZ 1993, 352; BVerwGE 96, 8.
[98] BVerfGE 94, 12 (46ff., Rn. 109ff.).

32 Für die Frage, ob der Restitutionsausschluss mit den durch Art. 79 III GG unantastbar gestellten Grundelementen des Gleichheitssatzes zu vereinbaren ist, muss im Übrigen berücksichtigt werden, dass Gegenstand der Enteignungen auf besatzungsrechtlicher und besatzungshoheitlicher Grundlage in der sowjetischen Zone zwischen 1945 und 1949 zu einem erheblichen Teil Flächen waren, die noch nicht als **bürgerliches Eigentum** gelten konnten; die Rechtspositionen an diesen Flächen beruhten vielmehr auf einer in Ostdeutschland **bis 1945** unterlassenen vollständigen Ablösung der **feudalen Ordnung**, die in anderen Teilen Deutschlands schon im 19. Jahrhundert erfolgt war (→ Rn. 3f.). Schon dieser Umstand rechtfertigt die im Restitutionsausschluss liegende Ungleichbehandlung gegenüber den anderen in Ostdeutschland von Enteignungsmaßnahmen betroffenen Grundstücken, die in voll gültigem bürgerlichem Eigentum standen[99]. Dieser Gesichtspunkt wird von den Kritikern des Art. 143 III GG übersehen[100].

33 Der **Zweite Senat des Bundesverfassungsgerichts** hat 2004 den Restitutionsausschluss vor allem mit einer völkerrechtlichen Argumentation mit Blick auf Art. 25 GG für verfassungsgemäß erklärt[101]. Dieser Prüfung hat die Richterin Lübbe-Wolff in einem Sondervotum widersprochen und darauf hingewiesen, dass Prüfungsmaßstab nur Art. 79 III GG sein könne[102].

34 Der **Europäische Gerichtshof für Menschenrechte** hat 2005 ebenfalls den Ausschluss einer Entschädigung für zulässig erklärt, weil die Beschwerdeführer bei der Wiedervereinigung 1990 keine Eigentumsposition innegehabt hätten[103]. Der Gerichtshof hat die durch das sogenannte Modrow-Gesetz der DDR vom 6. März 1990 begründeten Rechte an Grundstücken aus Bodenreformland zwar als Eigentum qualifiziert, wegen der kurzen Zeit bis zum Inkrafttreten einer Verpflichtung der Eigentümer zur Auflassung ihrer Grundstücke an den Landesfiskus jedoch trotz Fehlen einer Entschädigungsregelung für diese Enteignung nicht beanstandet[104].

---

[99] So zutreffend *Kühne*, Bodenreformurteil (Fn. 4), S. 291ff.

[100] Siehe aus der umfangreichen Literatur der damaligen Zeit etwa *G. Felix*, NJW 1995, 2697 (2698); *M. Herdegen*, Jura 1992, 21 (25); *W. Leisner*, NJW 1991, 1569ff.; *ders.*, NJW 1995, 1513 (1516ff.); *H. Maurer*, JZ 1992, 183 (190ff.); *A. v. Schlieffen*, NJW 1998, 1688 (1689); *J. Wasmuth*, DÖV 1994, 986 (991ff.); *ders.*, DtZ 1994, 142 (143); *ders.*, VIZ 1994, 108 (109ff.); *ders.*, VIZ 1995, 489 (493ff.); *ders.*, VIZ 1996, 361 (363ff.); *R. Wassermann*, NJW 1997, 438f.; siehe aber auch *R. Motsch*, VIZ 1994, 279 (280ff.); *ders.*, DtZ 1994, 19f.; *F. Ossenbühl*, Verfassungsrechtliche Vorgaben für Entschädigungs- und Ausgleichsleistungen in der früheren SBZ/DDR, in: FS Heymanns-Verlag, 1995, S. 129ff. (135ff.); *H.-J. Papier*, Die Restitution konfiszierten Eigentums in der Bundesrepublik Deutschland, in: C. Tomuschat (Hrsg.), Eigentum im Umbruch. Restitution, Privatisierung und Nutzungskonflikte im Europa der Gegenwart, 1996, S. 45ff. (55ff.); *ders.*, NJW 1997, 2841 (2845ff.); *H. Sendler*, DÖV 1994, 401ff.; *M. Uechtritz*, DVBl. 1996, 1218 (1219ff.), alle m. w. N.

[101] BVerfGE 112, 1 (24ff., Rn. 86ff.); kritisch zu dem Beschluss aus völkerrechtlicher Sicht *T. Schweisfurth*, NVwZ 2005, 1261ff.; vgl. zu den völkerrechtlichen Fragen ferner *S. Berzl*, Verfassungsrechtliche Beurteilung der Bodenkonfiskationen in der Sowjetischen Besatzungszone Deutschlands (1945 bis 1949) und die Berücksichtigung dieser Rechtslage in der Bundesrepublik Deutschland, 2001; *E. Klein*, Der Eigentumsschutz in der Rechtsprechung des Europäischen Gerichtshofs für Menschenrechte, in: B. Kempen (Hrsg.), Die rechtsstaatliche Bewältigung der demokratischen Bodenreform, 2005, S. 67ff.

[102] BVerfGE 112, 1 (44ff., Rn. 151ff.).

[103] EGMR, Große Kammer, Entscheidung v. 2.3.2005, NJW 2005, 2530 (2532ff.).

[104] EGMR, Große Kammer, Urt. v. 30.6.2005, NJW 2005, 2907ff.; ebenso zuvor schon EGMR, III. Sektion, Urt. v. 22.1.2004, NJW 2004, 923ff.

35 Vor diesem verfassungsrechtlichen Hintergrund sind auch die Entschädigungs- und Ausgleichsregelungen nach dem **Entschädigungs- und Ausgleichsleistungsgesetz**[105] verfassungsrechtlich nicht zu beanstanden, welche die Ausgabe von Schuldverschreibungen vorsehen, die ab 2004 mit 6% zu verzinsen sind. Die damit verbundene gestufte Kürzung der Entschädigungen um bis zu 95%, soweit eine Entschädigung den Betrag von 3 Mio. DM übersteigt, hält sich ebenfalls innerhalb des weiten verfassungsrechtlichen Rahmens[106].

D. Verhältnis zu anderen GG-Bestimmungen

36 Art. 143 GG weist als Übergangsregelung enge Bezüge zu **Art. 19 II GG und Art. 79 III GG** auf, die Grenzen für vorübergehende einigungsbedingte Abweichungen vom Grundgesetz ziehen (→ Rn. 18, 20). Über Art. 79 III GG werden auch die in **Art. 1 und 20 GG** niedergelegten Grundsätze in Bezug genommen (→ Rn. 28). Art. 143 II GG ermöglichte ein Abweichen von den **Art. 104a ff. GG** (→ Rn. 24f.). Art. 143 III GG ist in Verbindung mit der Eigentumsgarantie des **Art. 14 GG** und dem Gleichheitssatz des **Art. 3 GG** zu sehen, soweit deren Grundelemente über Art. 79 III GG auch für den verfassungsändernden Gesetzgeber bindend sind (→ Rn. 30f.). Auf gleichem Wege kann auch ein Bezug zu den in **Art. 20 GG** garantierten **Prinzipien des sozialen Rechtsstaats** hergestellt werden (→ Rn. 28, 30). Als Übergangsregelung steht Art. 143 GG insgesamt in der Nachbarschaft von **Art. 135a II GG** (→ Art. 135a Rn. 12, 15).

---

[105] EALG vom 27.9.1994, BGBl. I S. 2624; hierzu *W. Strobel*, BB 1994, 2083ff.; kritisch *Schwarz* (Fn. 38), Art. 143 Rn. 62ff.

[106] BVerfGE 102, 254 (310ff., Rn. 270ff.); zum Ganzen *K.-A. Schwarz*, JZ 2001, 319ff.; *Wendt* (Fn. 51), Art. 143 Rn. 38ff.; wie hier *R. Motsch*, NJW 1995, 2249 (2252ff.); *M. Schmidt-Preuß*, NJW 1994, 3249 (3255f.); kritisch *S. Glantz*, MDR 1994, 421 (425); *Kirn* (Fn. 37), Art. 143 Rn. 23; *W. Leisner*, NJW 1993, 353 (355); *W. Graf Vitzthum*, DZWiR 1994, 1ff.

Artikel 143a [Übergangsrecht für Eisenbahnen]

(1) [1]Der Bund hat die ausschließliche Gesetzgebung über alle Angelegenheiten, die sich aus der Umwandlung der in bundeseigener Verwaltung geführten Bundeseisenbahnen in Wirtschaftsunternehmen ergeben. [2]Artikel 87e Abs. 5 findet entsprechende Anwendung. [3]Beamte der Bundeseisenbahnen können durch Gesetz unter Wahrung ihrer Rechtsstellung und der Verantwortung des Dienstherrn einer privat-rechtlich organisierten Eisenbahn des Bundes zur Dienstleistung zugewiesen werden.

(2) Gesetze nach Absatz 1 führt der Bund aus.

(3) [1]Die Erfüllung der Aufgaben im Bereich des Schienenpersonennahverkehrs der bisherigen Bundeseisenbahnen ist bis zum 31. Dezember 1995 Sache des Bundes. [2]Dies gilt auch für die entsprechenden Aufgaben der Eisenbahnverkehrsverwaltung. [3]Das Nähere wird durch Bundesgesetz geregelt, das der Zustimmung des Bundesrates bedarf.

Literaturauswahl

Böhm, Monika/Schneider, Hans-Peter: Beamtenprivatisierung bei der Deutschen Bahn, 2002.
Böhm, Monika/Schneider, Hans-Peter: Statusgarantie als Hindernis für flexiblen Personaleinsatz?, in: ZBR 2004, S. 73–80.
Wolff, Heinrich Amadeus: Die Wahrung der Rechtsstellung von Beamten, die bei den privatisierten Unternehmen von Bahn und Post beschäftigt sind, in: AöR 127 (2002), S. 72–96.

Siehe auch die Angaben zu Art. 87e GG.

Leitentscheidung des Bundesverfassungsgerichts

BVerfGE 9, 268 (286f.) – Bremer Personalvertretung.

Gliederung

Stichwörter

A. Herkunft, Entstehung, Entwicklung

I. Ideen- und verfassungsgeschichtliche Aspekte

Art. 143a GG steht als **Übergangsvorschrift** in der Tradition verfassungsrechtlicher Bestimmungen, wie sie in der Entwicklung hin zu einem **Staatseisenbahnsystem** in Deutschland schon in **Art. 89 und 94 WRV** getroffen worden sind. Auch die Weimarer Reichsverfassung wies dem Zentralstaat die Zuständigkeit für die Gestaltung des Übergangs zu[1]. 1

II. Entstehung der Norm

Art. 143a GG ist ebenso wie Art. 87e GG am 23.12.1993 in Kraft getreten[2]. Der verfassungsändernde Gesetzgeber wollte für die **Umwandlung** der in bundeseigener Verwaltung geführten Bundeseisenbahnen **in Wirtschaftsunternehmen** sowohl im Bereich der Gesetzgebung als auch der Verwaltung eine **umfassende Bundeskompetenz** begründen. Zugleich sollte die **Verwendung von Beamten der Bundeseisenbahnen** in einer privat-rechtlich organisierten Eisenbahn des Bundes geregelt werden. Schließlich wollte der verfassungsändernde Gesetzgeber den Übergang der Verantwortung im Bereich des **Schienenpersonennahverkehrs** auf die Länder innerhalb der ins Auge gefassten kurzen Zeit verfassungsrechtlich absichern[3]. Der Bundesrat legte Wert auf die Verankerung der **Zustimmungsbedürftigkeit** einschlägiger Gesetze in der Verfassung, weil der nunmehr in seine Verantwortung fallende Schienenpersonennahverkehr in vielfältiger Hinsicht mit dem vom Bund zu regelnden Fernverkehr verwoben ist[4]. 2

B. Internationale, supranationale und rechtsvergleichende Bezüge

Die Begründung einer **zentralstaatlichen Kompetenz** für die Umwandlung der Staatseisenbahn in ein privatwirtschaftliches Unternehmen **entspricht** nicht nur den **völkerrechtlichen Verpflichtungen** des Bundes und den **unionsrechtlichen Vorgaben**, sondern auch der **Rechtslage in anderen Staaten** (→ Art. 87e Rn. 3ff.). 3

C. Erläuterungen

I. Allgemeine Bedeutung

1. Schutzgut

Art. 143a GG **sichert die Bahnreform** (→ Art. 87e Rn. 2) **verfassungsrechtlich** ab. Er weist dem **Bund** eine **umfassende Gesetzgebungs- und Verwaltungskompetenz** für die Umwandlung der Bundeseisenbahnen in Wirtschaftsunternehmen zu. Durch Zustim- 4

[1] Näher zur geschichtlichen Entwicklung: → Art. 87e Rn. 1f.

[2] Art. 1 Nr. 7 des Gesetzes zur Änderung des Grundgesetzes vom 20.12.1993, BGBl. I S. 2089 enthielt den Text von Art. 143a GG; Art. 2 des Gesetzes bestimmte den Tag nach der Verkündung am 22.12.1993 als Zeitpunkt des Inkrafttretens; Gesetzentwürfe in BT-Drs. 12/4610 und 12/5015.

[3] BT-Drs. 12/5015, S. 8.

[4] Siehe die Stellungnahme des Bundesrates zum Gesetzentwurf der Bundesregierung in BT-Drs. 12/5015, S. 12f. und die Gegenäußerung der Bundesregierung in BT-Drs. 12/5015, S. 17f.

mungsvorbehalte zugunsten des Bundesrates wird den **Ländern** ein **umfassendes Mitwirkungsrecht** bei der gesetzlichen Ausführung des Privatisierungsauftrags des Art. 87e GG (→ Rn. 6; → Art. 87e Rn. 8, 24) gesichert. **Art. 143a I 3 GG** schafft eine verfassungsrechtliche Grundlage für die Verwendung von **Beamten der Bundeseisenbahnen** bei den privat-rechtlich organisierten Bahnunternehmen auch gegen den Willen der Betroffenen, die mit Blick auf **Art. 33 IV und V GG** in ihrer Vereinbarkeit mit dem Grundgesetz zumindest zweifelhaft gewesen wäre, wenn der Weg einer einfachgesetzlichen Beleihung beschritten worden wäre[5]. Schließlich hat **Art. 143a III GG** den reibungslosen Übergang der Verantwortung für den **Schienenpersonennahverkehr** vom Bund auf die Länder verfassungsrechtlich dadurch sichergestellt, dass er dem Bund bis zum Ende des Jahres 1995 die Aufgaben sowohl der Leistungserbringung als auch der Eisenbahnverkehrsverwaltung zugewiesen und damit den Ländern eine ausreichende Vorbereitung der Aufgabenübernahme mit Beginn des Jahres 1996 ermöglicht hat[6].

2. Aktueller Befund

5 Nach Erlass und Vollzug des **Eisenbahnneuordnungsgesetzes**[7] 1993 und nach der Verantwortungsübernahme der Länder für den Schienenpersonennahverkehr auf der Grundlage des Regionalisierungsgesetzes 1996 hat nur die verfassungsrechtliche Absicherung der **Zuweisung von Beamten der Bundeseisenbahnen** an die privat-rechtlich organisierten Eisenbahnunternehmen des Bundes durch Art. 143a I 3 GG noch rechtliche Bedeutung.

II. Umwandlungszuständigkeit des Bundes (Art. 143a I 1, 2 und II GG)

6 Art. 143a I 1 GG begründete eine umfassende ausschließliche Gesetzgebungskompetenz des Bundes über alle Angelegenheiten der Privatisierung der Bundesbahn und einen umfassenden Zustimmungsvorbehalt des Bundesrates[8]. Der **Vollzug der Umwandlungsgesetze** ist nach Absatz 2 Gegenstand **bundeseigener Verwaltung**. Die sich aus dem Umwandlungsrecht im Sinne von Absatz 1 ergebenden Verwaltungsaufgaben des Bundes hat § 3 II des **Gesetzes zur Zusammenführung und Neugliederung der Bundeseisenbahnen**[9] dem **Bundeseisenbahnvermögen** zugewiesen.

III. Zuweisung von Bahnbeamten (Art. 143a I 3 GG)

7 Mit der Privatisierung der Deutschen Bundesbahn war untrennbar die Frage nach dem künftigen **Status der Bundesbahnbeamten** verknüpft[10]. In der Praxis waren vergleichbare Probleme, die sich regelmäßig aus Privatisierungsvorhaben ergeben, zuvor durch sogenannte **Dienstleistungsüberlassungen** geregelt worden. Nach Auffassung des **Bun-**

---

[5] Hierzu *H. Gersdorf*, in: v. Mangoldt/Klein/Starck, GG III, Art. 143a Rn. 6; *T. Vesting*, in: AK-GG, Art. 143a (2001), Rn. 8f.

[6] Hierzu *A. Kienemund*, in: Schmidt-Bleibtreu/Hofmann/Henneke, GG, Art. 143a Rn. 6.

[7] ENeuOG vom 27.12.1993, BGBl. I S. 2378; näher dazu BT-Drs. 12/4609 [neu].

[8] *U. Battis*, in: Sachs, GG, Art. 143a Rn. 6; *C. Heinze*, BayVBl. 1994, 266 (267); *R. Uerpmann-Wittzack*, in: v. Münch/Kunig, GG II, Art. 143a Rn. 2.

[9] Art. 1 ENeuOG.

[10] Hierzu *M. Böhm/H.-P. Schneider*, Beamtenprivatisierung bei der Deutschen Bahn, 2002; *dies.*, ZBR 2004, 73ff.; *H.A. Wolff*, AöR 127 (2002), 72ff.

desverwaltungsgerichts ist eine Zuweisung von Beamten zur Dienstleistung an Privatrechtssubjekte, die es als »Ausleihe« bezeichnet, **unzulässig**, weil die Summe der Rechte, welche die sogenannte Dienstherrengewalt ausmachen, unteilbar ist[11]. Diese verfassungsrechtliche Hürde hat Art. 143a I 3 GG beseitigt[12]. Das Bundesverwaltungsgericht hat sich dieser Auffassung angeschlossen, allerdings betont, dass die Zuweisung an ein privatrechtlich organisiertes Bahnunternehmen den Status des betroffenen Beamten unverändert lässt. Der Bund ist vielmehr nach wie vor Dienstherr der Beamten und als Dienstherr alleiniger Träger der Rechte und Pflichten, die durch das Beamtenverhältnis begründet werden[13].

Art. 143a I 3 GG erlaubt die **Zuweisung** allerdings nur zu einer privat-rechtlich or- 8
ganisierten **Eisenbahn des Bundes**, d.h. zu einem im **Mehrheitsbesitz des Bundes** stehenden Unternehmen[14]. Das ergibt sich nicht nur aus dem **Wortlaut** der Vorschrift (»Eisenbahn des Bundes«), sondern auch aus der **Entstehungsgeschichte**. In der Begründung des Gesetzentwurfs der Bundesregierung zur Bahnreform heißt es ausdrücklich, es sei vorgesehen, »Beamte, die sich nicht auf eigenen Antrag zu einer privat-rechtlich organisierten Eisenbahn des Bundes beurlauben lassen, kraft Gesetzes unbefristet einer privat-rechtlich organisierten Eisenbahn des Bundes zuzuweisen. Um diese Regelung verfassungsrechtlich abzusichern, wird das Personal-Überleitungsinstrument der gesetzlichen Zuweisung im Grundgesetz verankert. Dies dient auch der Rechtssicherheit«[15]. Die Gegenauffassung, unter Eisenbahnen des Bundes seien auch Unternehmen zu verstehen, die etwa nach einem Börsengang nicht mehr im Mehrheitseigentum des Bundes seien[16], lässt sich nicht mit der Begründung rechtfertigen, es habe »nicht im Blickwinkel der verfassungsrechtlichen Diskussion gestanden«, ob die Mehrheit an einer materiell privatisierten Bahn mehrheitlich in den Händen des Bundes liege[17]. Wie bedeutsam die Frage nach der Mehrheit des Bundes an einer privatisierten Bahn für den verfassungsändernden Gesetzgeber war, ergibt sich schon aus dem Text von Art. 87e III 2 und 3 GG (→ Art. 87e Rn. 17), der für das Schienennetzunternehmen ausdrücklich die Mehrheit des Bundes festschreibt. Eine Aktiengesellschaft, an der der Bund nur mit einer Minderheit der Aktien oder überhaupt nicht beteiligt ist, ist keine Eisenbahn des Bundes im Sinne der Verfassung. Mit der Aufgabe einer Mehrheitsbeteiligung endet folglich auch die verfassungsrechtlich eröffnete Zuweisungsmöglichkeit[18].

IV. Schienenpersonennahverkehr (Art. 143a III GG)

Art. 143a III GG hat die **Aufgaben des Bundes** im Bereich des **Schienenpersonennah-** 9
verkehrs zeitlich bis zum 31.12.1995 **begrenzt**. Seit dem 1.1.1996 sind diese Aufgaben

---

[11] BVerwGE 69, 303 (306).
[12] *Battis* (Fn. 8), Art. 143a Rn. 9.
[13] Näher dazu BVerwGE 108, 274 (276ff.); 123, 107 (109ff.); *A. Schlegelmilch*, ZBR 2002, 79ff.; *Battis* (Fn. 8), Art. 143a Rn. 9; vgl. aber auch § 1 DBAGZustV, BGBl. 1994 I S. 53; hierzu *Uerpmann-Wittzack* (Fn. 8), Art. 143a Rn. 5.
[14] Der Bund hat von der Zuweisungsmöglichkeit mittlerweile Gebrauch gemacht, vgl. § 12 DBGrG, veröffentlicht als Art. 2 ENeuOG.
[15] BT-Drs. 12/5015, S. 8.
[16] *Gersdorf* (Fn. 5), Art. 143a Rn. 5; *Battis* (Fn. 8), Art. 143a Rn. 9.
[17] So aber *Gersdorf* (Fn. 5), Art. 143a Rn. 5.
[18] Ebenso *D.C. Umbach/T. Clemens*, in: Umbach/Clemens, GG, Art. 143a Rn. 8; *Uerpmann-Wittzack* (Fn. 8), Art. 143a Rn. 4.

auf die Länder übergegangen, die **Aufgabenfinanzierung** ergibt sich aus Art. 106a GG (→ Art. 106a Rn. 3ff.). Einzelheiten sind im **Gesetz zur Regionalisierung des öffentlichen Personennahverkehrs** geregelt[19].

D. Verhältnis zu anderen GG-Bestimmungen

10 Art. 143a GG ergänzt als Übergangsregelung **Art. 87e GG** (→ Art. 87e Rn. 26) und steht in engem Zusammenhang mit der Finanzierungsregelung in **Art. 106a GG** (→ Art. 106a Rn. 3ff.). Im Hinblick auf die Zuweisung von Beamten der Bundeseisenbahnen gem. **Art. 143a I 3 GG** ist **Art. 33 V GG** zu berücksichtigen (→ Rn. 4, 7; → Art. 33 Rn. 168ff.).

[19] Art. 4 ENeuOG; vgl. auch die Übergangsregelung in § 30 AEG (Art. 5 ENeuOG).

Artikel 143b [Übergangsrecht für Postwesen und Telekommunikation]

(1) [1]Das Sondervermögen Deutsche Bundespost wird nach Maßgabe eines Bundesgesetzes in Unternehmen privater Rechtsform umgewandelt. [2]Der Bund hat die ausschließliche Gesetzgebung über alle sich hieraus ergebenden Angelegenheiten.

(2) [1]Die vor der Umwandlung bestehenden ausschließlichen Rechte des Bundes können durch Bundesgesetz für eine Übergangszeit den aus der Deutschen Bundespost POSTDIENST und der Deutschen Bundespost TELEKOM hervorgegangenen Unternehmen verliehen werden. [2]Die Kapitalmehrheit am Nachfolgeunternehmen der Deutschen Bundespost POSTDIENST darf der Bund frühestens fünf Jahre nach Inkrafttreten des Gesetzes aufgeben. [3]Dazu bedarf es eines Bundesgesetzes mit Zustimmung des Bundesrates.

(3) [1]Die bei der Deutschen Bundespost tätigen Bundesbeamten werden unter Wahrung ihrer Rechtsstellung und der Verantwortung des Dienstherrn bei den privaten Unternehmen beschäftigt. [2]Die Unternehmen üben Dienstherrenbefugnisse aus. [3]Das Nähere bestimmt ein Bundesgesetz.

Literaturauswahl

Böhm, Monika/Schneider, Hans-Peter: Statusgarantie als Hindernis für flexiblen Personaleinsatz?, in: ZBR 2004, S. 73–80.

v. Danwitz, Thomas: Verfassungsfragen der gesetzlichen Exklusivlizenz der Deutschen Post AG, 2002.

Gersdorf, Hubertus: Verlängerung des Briefmonopols: Der Staat als Hüter oder Antagonist des Gemeinwohls?, in: DÖV 2001, S. 661–670.

Huber, Peter Michael: Die Verlängerung des Postmonopols im Lichte seiner verfassungs- und unionsrechtlichen Rahmenbedingungen, in: Festschrift für Walter Schmitt Glaeser, 2003, S. 509–525.

Kämmerer, Jörn Axel: Die Verlängerung der Exklusivlizenz der Deutschen Post AG, in: DVBl. 2001, S. 1705–1714.

Ronellenfitsch, Michael/Dorn, Rebecca: Die transitorische Zuordnung von Beamten der Deutschen Telekom AG zu »Vivento«, in: VerwArch. 97 (2006), S. 520–540.

Wolff, Heinrich Amadeus: Die Wahrung der Rechtsstellung von Beamten, die bei den privatisierten Unternehmen von Bahn und Post beschäftigt sind, in: AöR 127 (2002), S. 72–96.

Siehe auch die Angaben zu Art. 87f GG.

Leitentscheidungen des Bundesverfassungsgerichts

BVerfGE 9, 268 (286f.) – Bremer Personalvertretung; 28, 66 (87) – Postgebühren; 108, 370 (388ff., Rn. 74ff.) – Exklusivlizenz; 130, 52 (68ff., Rn. 62ff.) – Personalrecht Deutsche Bundespost.

Gliederung

Stichwörter

Aktiengesellschaft 5f, 11f. – Beamte 4, 11f. – Deutsche Bundespost 1, 4ff., 11 – Deutsche Post AG 4 – Dienstherr 11 – Exklusivlizenz 8 – Monopol 4, 8 – Postreform II 2 – Privatisierung 4f., 10ff. – Umwandlungsverantwortung 1, 3, 6.

A. Herkunft, Entstehung, Entwicklung

I. Ideen- und verfassungsgeschichtliche Aspekte

1 Art. 143b GG hat in §§ 43f. Paulskirchenverfassung, Art. 48ff. RV 1871 und Art. 170 WRV Vorläufer, die allesamt den schrittweisen Übergang der Verantwortung für das Postwesen auf das Reich geregelt haben[1]. Erst **die Weimarer Reichsverfassung** vollendete mit der Eingliederung der Post- und Telegraphenverwaltungen Bayerns und Württembergs in Form einer Übergangsregelung die Zentralisierung des Post- und Telegraphenwesens[2]. **Art. 143b GG** weist nunmehr dem Bund als Zentralgewalt die Umwandlungsverantwortung für das Sondervermögen Deutsche Bundespost zu.

II. Entstehung der Norm

2 Art. 143b GG wurde gemeinsam mit **Art. 87f GG** 1994 als Teil der sogenannten »**Postreform II**« auf der Grundlage eines Gesetzentwurfs der Bundesregierung[3], der im Rechtsausschuss des Bundesrates ergänzt wurde[4], in das Grundgesetz eingefügt[5].

B. Internationale, supranationale und rechtsvergleichende Bezüge

3 Da die **völkerrechtlichen Verpflichtungen**, die Deutschland in Bezug auf die Gestaltung des Post- und Telekommunikationswesens eingegangen ist (→ Art. 87f Rn. 4), den Bund treffen, ist es sachgerecht, dass er die Umwandlungsverantwortung trägt und in Wahrnehmung dieser Verantwortung auch die Einhaltung der einschlägigen völkerrechtlichen Verträge durchsetzen kann. Das Gleiche gilt in Bezug auf die **Richtlinien des Unionsrechts**, die sich gemäß Art. 288 AEUV an den Mitgliedstaat richten[6]. Auch in den **Vereinigten Staaten von Amerika** hat der Zentralstaat die Umwandlungsverantwortung übernommen[7].

---

[1] Huber, Dokumente, Bd. 1, S. 380; Bd. 2, S. 384ff. (394ff.).
[2] Näher zu dieser Entwicklung: → Art. 87f Rn. 1.
[3] BT-Drs. 12/7269, S. 3.
[4] BT-Drs. 12/8108, S. 4 u. 6f.
[5] Art. 1 Nr. 5 Gesetz zur Änderung des Grundgesetzes vom 30.8.1994, BGBl. I S. 2245; näher dazu: → Art. 87f Rn. 2f. sowie *P. Badura*, in: BK, Art. 143b (2004), Rn. 1ff.
[6] Vgl. etwa EuGH v. 18.12.2007, C-220/06 – *Liberalisierung der Postdienste*.
[7] Dazu *B. Haar*, Marktöffnung in der Telekommunikation: Zum Verhältnis zwischen Wirtschaftsaufsicht und Normen gegen Wettbewerbsbeschränkungen im US-amerikanischen Recht, im europäischen Gemeinschaftsrecht und im deutschen Recht, 1995, S. 29ff.

C. Erläuterungen

I. Allgemeine Bedeutung

1. Schutzgut

Art. 143b GG war die **verfassungsrechtliche Grundlage für** die **Umwandlung** des Sondervermögens Deutsche Bundespost **in privatrechtlich organisierte Wirtschaftsunternehmen.** Neben der **ausschließlichen Gesetzgebungskompetenz des Bundes** für die Umwandlung wurde für eine Übergangsfrist von fünf Jahren der Erhalt der Kapitalmehrheit des Bundes an der Deutschen Post AG verfassungsrechtlich vorgegeben und wurde übergangsweise die Verleihung von Monopolrechten auch an die neu entstandenen Wirtschaftsunternehmen gesichert. Als letztes dieser Monopolrechte ist das Briefmonopol der Deutschen Post AG am 31. Dezember 2007 ausgelaufen[8]. Schließlich wird ebenso wie im Bereich der Bundeseisenbahnen (→ Art. 143a Rn. 7) die zukünftige Verwendung der Bundesbeamten in den Wirtschaftsunternehmen legitimiert. Art. 143b GG hat damit die verfassungsrechtlichen Voraussetzungen für die **Privatisierung der Deutschen Bundespost geschaffen.** 4

2. Aktueller Befund

Während die **Organisationsprivatisierung** des ehemaligen Sondervermögens Deutsche Bundespost in unmittelbarem zeitlichem Zusammenhang mit der Verfassungsänderung durch das Gesetz zur Umwandlung der Unternehmen der Deutschen Bundespost in die Rechtsform der Aktiengesellschaft[9] vollzogen wurde, hat sich die **materielle Privatisierung** länger hingezogen. Inzwischen hält die Öffentliche Hand direkt oder über die KfW indirekt insgesamt nur noch knapp 21 Prozent der Aktien der Deutschen Post AG und 32 Prozent der Anteile an der Deutschen Telekom AG[10]. 5

II. Umwandlung (Art. 143b I GG)

Art. 143b I GG knüpft an **Art. 87f II 1 GG** an, der von den aus dem Sondervermögen Deutsche Bundespost hervorgegangenen Unternehmen spricht, die als private Anbieter durch privatwirtschaftliche Tätigkeiten Dienstleistungen im Bereich des Postwesens und der Telekommunikation erbringen (→ Art. 87f Rn. 20f.). Art. 143b I GG hat noch einmal ausdrücklich das **Gebot der Umwandlung des Sondervermögens Deutsche Bundespost** in Unternehmen privater Rechtsform statuiert, das implizit bereits in Art. 87f II 1 GG enthalten war. Wesentlicher Gehalt des Satzes 1 von Art. 143b I GG ist damit die **Zuweisung der Umwandlungsverantwortung** an den Bundesgesetzgeber durch die Worte »nach Maßgabe eines Bundesgesetzes«. Dieses Bundesgesetz war das 6

---

[8] Erstes ÄndGPostG vom 2.9.2001, BGBl. I S. 2271; s. dazu BVerfGE 108, 370 (388ff., Rn. 74ff.); *T. v. Danwitz*, Verfassungsfragen der gesetzlichen Exklusivlizenz der Deutschen Post AG, 2002, S. 65ff.; *H. Gersdorf*, DÖV 2001, 661ff.; *P.M. Huber*, Die Verlängerung des Postmonopols im Lichte seiner verfassungs- und unionsrechtlichen Rahmenbedingungen, in: FS Schmitt Glaeser, 2003, S. 509ff.; *J.A. Kämmerer*, DVBl. 2001, 1705ff.

[9] Gesetz zur Umwandlung der Unternehmen der Deutschen Bundespost in die Rechtsform der Aktiengesellschaft (Postumwandlungsgesetz – PostUmwG) vom 14.9.1994, BGBl. 1994 I S. 2339ff.

[10] http://www.dpdhl.com/de/investoren/aktie/aktionaersstruktur.html und http://www.telekom.com/aktionaersstruktur (5.10.2016).

Gesetz zur Neuordnung des Postwesens und der Telekommunikation[11], insbesondere dessen Art. 3, das **Postumwandlungsgesetz**. Der Gesetzgeber hat sich seinerzeit in Anlehnung an ausländische Beispiele für die Aktiengesellschaft als privatrechtliche Unternehmensform entschieden[12]. Die Umwandlung selbst wird von Verfassungs wegen nicht konkretisiert, sondern ist im Postumwandlungsgesetz detailliert geregelt[13].

7 Die ausschließliche **Gesetzgebungszuständigkeit des Bundes** für die Umwandlung ist ebenso wie in der Parallelvorschrift Art. 143a I 1 GG (→ Art. 143a Rn. 6) mit den Worten »über alle sich hieraus ergebenden Angelegenheiten« **umfassend ausgestaltet**. Die Zuweisung der Gesetzgebungskompetenz an den Bund entspricht der allgemeinen Gesetzgebungszuständigkeit des Bundes für das Postwesen und die Telekommunikation, die sich nunmehr aus **Art. 87f GG** ergibt (→ Art. 87f Rn. 19). Da Gegenstand der Umwandlung ein Sondervermögen des Bundes war, konnte auch nur dieser die Umwandlung gesetzlich vollziehen. Art. 143b I 2 GG steht damit gleichberechtigt neben **Art. 73 I Nr. 7 GG**[14].

III. Fortbestand von Monopolrechten (Art. 143b II 1 GG)

8 Die in Art. 143b II 1 GG enthaltene Ermächtigung, den neu gegründeten Wirtschaftsunternehmen für eine Übergangszeit **Monopolrechte des Bundes** zu verleihen, beruht auf der Befürchtung des Bundesrates, dass eine derartige Verleihung ohne verfassungsrechtliche Absicherung auf Rechtsbedenken stoßen könnte, weil Art. 87f II 1 GG eine Erbringung der Dienstleistungen im Bereich des Postwesens und der Telekommunikation unter **Wettbewerbsbedingungen** fordere[15]. Bei den ausschließlichen Rechten des Bundes handelte es sich um das Monopol für die **Briefbeförderung** nach § 2 PostG a. F.[16] sowie um das **Netz-, Funkanlagen- und Telefondienstmonopol** nach § 1 II und IV Fernmeldeanlagengesetz a. F.[17]. Der Gesetzgeber hat von der Ermächtigung durch eine bis zum 31.12.1997 befristete Verleihung im Gesetz zur Änderung des Gesetzes über Fernmeldeanlagen[18] und im Gesetz zur Änderung des Gesetzes über das Postwesen[19] Gebrauch gemacht[20]. Die letzte gesetzliche **Exklusivlizenz** der Deutschen Post AG für bestimmte Briefsendungen ist am 31.12.2007 gemäß § 51 PostG ausgelaufen (→ Rn. 4; → Art. 87f Rn. 9).

---

[11] Gesetz zur Neuordnung des Postwesens und der Telekommunikation (Postneuordnungsgesetz – PTNeuOG) vom 14.9.1994, BGBl. 1994 I S. 2325ff.

[12] Dazu *Badura* (Fn. 5), Art. 143b Rn. 14; *D. C. Umbach*, in: Umbach/Clemens, GG, Art. 143b Rn. 7f.

[13] Dazu *M. Möstl*, in: Maunz/Dürig, GG, Art. 143b (2014), Rn. 6; *T. Vesting*, in: AK-GG (2001), Art. 143b Rn. 4.

[14] → Art. 73 Rn. 53ff.; vgl. aber auch *R. Uerpmann-Wittzack*, in: v. Münch/Kunig, GG II, Art. 143b Rn. 2; *Möstl* (Fn. 13), Art. 143b Rn. 1ff.; anders *Badura* (Fn. 5), Art. 143b Rn. 13; *H. Gersdorf*, in: v. Mangoldt/Klein/Starck, GG III, Art. 143b Rn. 7.

[15] BT-Drs. 12/7269, S. 9.

[16] Vgl. *Badura* (Fn. 5), Art. 143b Rn. 16; *v. Danwitz*, Verfassungsfragen (Fn. 8), S. 65.

[17] Dazu *Uerpmann-Wittzack* (Fn. 14), Art. 143b Rn. 3; näher zu diesen Monopolrechten *W. Hoffmann-Riem*, Öffentliches Wirtschaftsrecht der Kommunikation und der Medien, in: R. Schmidt (Hrsg.), Öffentliches Wirtschaftsrecht, Besonderer Teil 1, 1995, § 6, S. 563ff. (617f.).

[18] Art. 5 PTNeuOG: Änderung des Gesetzes über Fernmeldeanlagen.

[19] Art. 6 PTNeuOG: Änderung des Gesetzes über das Postwesen.

[20] Dazu *Vesting* (Fn. 13), Art. 143b Rn. 7f.

Zur **Dauer der Übergangszeit** enthält der Verfassungstext keine Aussage, sie wurde letztlich ganz wesentlich vom **Unionsrecht** bestimmt[21]. Da die Verleihung ausschließlicher Rechte des Bundes an private Wirtschaftsunternehmen im Hinblick auf **Art. 12 GG** im Verhältnis zu Wettbewerbern rechtfertigungsbedürftig war (→ Art. 12 Rn. 64f.)[22], war auch aus diesem Grund die ausdrückliche verfassungsrechtliche Absicherung sinnvoll[23]. 9

IV. Kapitalmehrheit des Bundes (Art. 143b II 2 und 3 GG)

Die Vorgabe einer **Sperrfrist** für die **materielle Privatisierung der Deutschen Post AG** hat durch Zeitablauf mit dem 31.12.1999 ihre **Bedeutung verloren**[24]. Der in Art. 143b II 3 GG normierte **Vorbehalt eines zustimmungsbedürftigen Bundesgesetzes für die Aufgabe der Kapitalmehrheit** des Bundes war durch das Erste Gesetz zur Änderung des Postumwandlungsgesetzes vom 18.1.2002[25] ausgefüllt worden, der § 3 IIa in das Postumwandlungsgesetz eingefügt hatte. Diese Vorschrift ermächtigte den Bund, die Kapitalmehrheit an der Deutschen Post AG aufzugeben. Von der Ermächtigung hat der Bund Gebrauch gemacht (→ Rn. 4). 10

V. Beschäftigung von Postbeamten (Art. 143b III GG)

Bei der Privatisierung des Sondervermögens Deutsche Bundespost stellte sich ebenso wie bei der Bahnprivatisierung (→ Art. 143a Rn. 7) die Frage nach dem **künftigen Status der** dort bislang tätigen **Bundesbeamten**[26]. Die Regelung in Art. 143b III GG entspricht der in Art. 143a I 3 GG[27]. In beiden Vorschriften wurde die Wahrung der Rechtsstellung der Beamten ebenso abgesichert wie die Verantwortung des Dienstherrn[28]. Die **nähere Regelung** ist im **Gesetz zum Personalrecht der Beschäftigten der früheren Deutschen Bundespost**[29] erfolgt. In diesem Gesetz werden dem Vorstand der jeweiligen Aktiengesellschaft Befugnisse der obersten Dienstbehörde zugewiesen[30], das zuständige Bundesministerium wird auf eine bloße Rechtsaufsicht beschränkt[31]. Die in Art. 143b III GG gewählte **Beleihungslösung**[32] wirft vielfältige Pro- 11

---

[21] Dazu *Uerpmann-Wittzack* (Fn. 14), Art. 143b Rn. 3; vgl. auch BT-Drs. 12/8108, S. 7.

[22] Zu den Rechtfertigungsansätzen vgl. *Huber*, Verlängerung (Fn. 8), S. 510ff.; *K. Windthorst*, in: Sachs, GG, Art. 87f Rn. 31; BVerfGE 28, 66 (87): Verpflichtung, infrastrukturell bedeutsame unwirtschaftliche Dienste anzubieten; ferner *Möstl* (Fn. 13), Art. 143b Rn. 8.

[23] Vgl. BVerfGE 108, 370 (388f., Rn. 74ff.); sowie *Möstl* (Fn. 13), Art. 143b Rn. 10.

[24] Die Frist hatte mit dem Inkrafttreten des PTNeuOG am 1.1.1995 (Art. 15 I) zu laufen begonnen, dazu *Uerpmann-Wittzack* (Fn. 14), Art. 143b Rn. 4; *Vesting* (Fn. 13), Art. 143b Rn. 11.

[25] BGBl. 2002 I S. 416.

[26] Dazu etwa *P. Badura*, DÖV 2006, 753ff.; *ders.*, DÖV 2010, 533 (535ff.); *M. Böhm/H.-P. Schneider*, ZBR 2004, 73ff.; *H.A. Wolff*, AöR 127 (2002), 72ff.

[27] → Art. 143a Rn. 7; vgl. aber *Uerpmann-Wittzack* (Fn. 14), Art. 143b Rn. 7; *H.A. Wolff*, AöR 127 (2002), 72 (80ff.).

[28] Vgl. BVerwGE 132, 299 (306ff.); *Gersdorf* (Fn. 14), Art. 143b Rn. 19f.; *Umbach* (Fn. 12), Art. 143b Rn. 13.

[29] Art. 4 PTNeuOG: Gesetz zum Personalrecht der Beschäftigten der früheren Deutschen Bundespost (Postpersonalrechtsgesetz – PostPersRG).

[30] § 1 II Postpersonalrechtsgesetz.

[31] Kritisch *Uerpmann-Wittzack* (Fn. 14), Art. 143b Rn. 10.

[32] Hierzu BT-Drs. 12/7269, S. 5; zum Verhältnis zu Art. 33 IV, V GG vgl. BVerfGE 9, 268 (286f.); BVerwGE 69, 303 (305f.); 108, 274 (276ff.); ferner *Badura* (Fn. 5), Art. 143b Rn. 26ff.; *Battis*, in: Sachs, GG, Art. 143b Rn. 7. → Art. 143a Rn. 4.

bleme auf[33], sie ist aber als Übergangsregelung hinzunehmen, zumal der verfassungsändernde Gesetzgeber in seiner Regelungsbefugnis durch Art. 79 III GG kaum begrenzt ist (→ Art. 79 III Rn. 21ff.)[34]. Das hat mittlerweile auch das Bundesverfassungsgericht bestätigt[35].

12 Ein **Folgeproblem** der Beleihungslösung zeigt sich über 20 Jahre nach der Privatisierung bei der **Versorgung der Beamten**: Die Postnachfolgeunternehmen leisten zur Finanzierung der Altersversorgung der bei ihr tätigen Beamten Beiträge an die Postbeamtenversorgungskasse in Höhe von 33 v. H. der Bruttobezüge der Beamten, § 16 I 1 Postpersonalrechtsgesetz (PostPersRG). Die Leistungspflicht der Unternehmen gegenüber der Postbeamtenversorgungskasse kann gemäß § 16 II PostPersRG auf Antrag »bis zu einer marktüblichen Belastung eines vergleichbaren Unternehmens vermindert werden, wenn das Unternehmen nachweist, dass die Zahlung unter Berücksichtigung seiner Wettbewerbsfähigkeit eine unzumutbare Belastung bedeuten würde«. Die Telekom hat beantragt, die Beiträge für die Kalenderjahre 2007 bis 2013 von 33 v. H. auf die marktübliche Belastung von gut 11 Prozent zu vermindern. Das Bundesfinanzministerium hat diesen Antrag 2013 abgelehnt. Auf die Klage der Telekom hin hat das VG Berlin im Oktober 2015 entschieden, dass die Beitragspflicht nicht unzumutbar sei, solange keine konkreten Anhaltspunkte für die Befürchtung bestünden, dass die Telekom von Konkurrenten aus dem Markt gedrängt und zum Aufgeben gezwungen würde[36]. Es bleibt abzuwarten, ob diese Entscheidung von den Rechtsmittelgerichten bestätigt wird. Die **Privatisierung** sollte nach der Entscheidung des verfassungsändernden Gesetzgebers zu chancengleichem Wettbewerb auf dem Post- und Telekommunikationsmarkt führen. Die dürfte mehr als zwei Jahrzehnte nach der Privatisierung voraussetzen, dass der Staat die Postnachfolgeunternehmen nicht mit weitaus höheren Beiträgen belastet als sie deren Wettbewerber zu tragen haben.

13 Ein weiteres Folgeproblem der Beleihung ist die Zuordnung von Beamten an eine **Personal- und Serviceagentur der Deutschen Telekom AG**[37], zuletzt die Telekom Placement Services[38]. Es handelt sich um Beamte, deren Aufgaben innerhalb der Telekom AG aufgrund von Rationalisierung oder Umorganisation weggefallen sind[39]. Am Anfang wurden die Beamten mit der Zuordnung an die Agentur von ihrer Dienstleistungspflicht freigestellt unter der Bedingung, sich für eine Verwendung und Weiterqualifizierungsmaßnahmen bereitzuhalten[40]. Falls eine dauerhafte Vermittlung nicht möglich war, wurden sie vorübergehend vermittelt[41]. Das warf Fragen der Verfassungskonformität im Hinblick auf Art. 33 V GG auf, die unter dem Einfluss von Art. 143b III GG beantwortet werden müssen. Hierbei handelt es sich nämlich um einen zu rechtfertigenden Eingriff in den Anspruch der Beamten auf kontinuierliche

---

33 Näher dazu *Badura* (Fn. 5), Art. 143b Rn. 28; *Möstl* (Fn. 13), Art. 143b Rn. 17ff.; *Vesting* (Fn. 13), Art. 143b Rn. 14ff.

34 Ebenso *Uerpmann-Wittzack* (Fn. 14), Art. 143b Rn. 12.

35 BVerfGE 130, 52 (68ff., Rn. 62ff.).

36 VG Berlin, Urteil v. 2.10.2015, 4 K 86.13.

37 *M. Ronellenfitsch/R. Dorn*, VerwArch. 97 (2006), 520 (524).

38 Grundlage war § 5 der Anordnung zur Übertragung beamtenrechtlicher Befugnisse und Zuständigkeiten im Bereich der Deutschen Telekom AG (DTAGÜbertrAnO) und § 1 Nr. 1 lit. b der Anordnung zur Übertragung dienstrechtlicher Befugnisse im Bereich der Deutschen Telekom AG (DTAG-BefugAnO); beide Vorschriften traten mit Ablauf des 31.12.2015 außer Kraft.

39 *M. Ronellenfitsch/R. Dorn*, VerwArch. 97 (2006), 520 (524).

40 *M. Ronellenfitsch/R. Dorn*, VerwArch. 97 (2006), 520 (524).

41 *M. Ronellenfitsch/R. Dorn*, VerwArch. 97 (2006), 520 (524).

amtsangemessene Beschäftigung als hergebrachten Grundsatz des Berufsbeamtentums. Das BVerwG hielt die Praxis für verfassungswidrig[42]. Soweit die Zuordnung allerdings erfolgt, um gerade eine amtsangemessene Beschäftigung zu erreichen und Beschäftigungslosigkeit zu verhindern, hält sie auch der jüngsten Rechtsprechung stand[43].

D. Verhältnis zu anderen GG-Bestimmungen

Art. 143b GG tritt als Übergangsregelung neben **Art. 87f GG** (→ Art. 87f Rn. 24). **14**

[42] BVerwGE 132, 40 (45).
[43] VG Kassel, Beschluss v. 25.8.2016, 1 L 1330/16.KS, Rn. 13; BayVGH, Beschluss v. 10.8.2016, 6 CS 16.1371, Rn. 7f.

Artikel 143c [Kompensationsbeträge für den Wegfall der Gemeinschaftsaufgaben]

(1) [1]Den Ländern stehen ab dem 1. Januar 2007 bis zum 31. Dezember 2019 für den durch die Abschaffung der Gemeinschaftsaufgaben Ausbau und Neubau von Hochschulen einschließlich Hochschulkliniken und Bildungsplanung sowie für den durch die Abschaffung der Finanzhilfen zur Verbesserung der Verkehrsverhältnisse der Gemeinden und zur sozialen Wohnraumförderung bedingten Wegfall der Finanzierungsanteile des Bundes jährlich Beträge aus dem Haushalt des Bundes zu. [2]Bis zum 31. Dezember 2013 werden diese Beträge aus dem Durchschnitt der Finanzierungsanteile des Bundes im Referenzzeitraum 2000 bis 2008 ermittelt.

(2) Die Beträge nach Absatz 1 werden auf die Länder bis zum 31. Dezember 2013 wie folgt verteilt:

1. als jährliche Festbeträge, deren Höhe sich nach dem Durchschnittsanteil eines jeden Landes im Zeitraum 2000 bis 2003 errechnet;

2. jeweils zweckgebunden an den Aufgabenbereich der bisherigen Mischfinanzierungen.

(3) [1]Bund und Länder überprüfen bis Ende 2013, in welcher Höhe die den Ländern nach Absatz 1 zugewiesenen Finanzierungsmittel zur Aufgabenerfüllung der Länder noch angemessen und erforderlich sind. [2]Ab dem 1. Januar 2014 entfällt die nach Absatz 2 Nr. 2 vorgesehene Zweckbindung der nach Absatz 1 zugewiesenen Finanzierungsmittel; die investive Zweckbindung des Mittelvolumens bleibt bestehen. [3]Die Vereinbarungen aus dem Solidarpakt II bleiben unberührt.

(4) Das Nähere regelt ein Bundesgesetz, das der Zustimmung des Bundesrates bedarf.

Literaturauswahl

Kesper, Irene: Reform des Föderalismus in der Bundesrepublik Deutschland, in: NdsVBl. 2006, S. 145–158.

Kluth, Winfried (Hrsg.): Föderalismusreformgesetz. Einführung und Kommentierung, 2007.

Schwarz, Kyrill-A.: Finanzielle Übergangs- und Folgeregelungen – Art. 143c GG, in: Christian Starck (Hrsg.), Föderalismusreform, 2007, Rn. 413–423 (S. 186–190).

Leitentscheidungen des Bundesverfassungsgerichts

Diese liegen zu Art. 143c GG bislang nicht vor.

Gliederung

Stichwörter

Absicherung des Besitzstands der Länder 3 – Finanzhilfen des Bundes 5 – Finanzhilfe für Seehäfen 11 – Finanzierungsanteile des Bundes an Gemeinschaftsaufgaben 5 – Föderalismusreform 1, 13 – Hafenlasten 11 – »Korb II« Leistungen des Bundes 11 – Regelungsvorbehalt 12 – Revisionsklausel 8f. – Solidarpakt II 10 – Verteilung 6 – Zweckbindung 7, 9.

A. Herkunft, Entstehung, Entwicklung

Die Vorschrift wurde durch die **Föderalismusreform 2006**[1] in das Grundgesetz eingefügt. Die Regelung wurde erst nach längerer Diskussion im Anschluß an die Ministerpräsidentenkonferenz vom 24.9.2004 in der ersten Föderalismuskommission gefunden[2]. Sie dient der finanziellen Abfederung der Abschaffung der Gemeinschaftsaufgaben Ausbau und Neubau von Hochschulen einschließlich Hochschulkliniken gem. Art. 91a I Nr. 1 GG a. F. und Bildungsplanung gem. Art. 91b Satz 1 GG a. F. sowie der Abmilderung des durch die Neufassung des Art. 104a IV GG a. F. in Art. 104b GG bedingten Auslaufens der Finanzierungshilfen im Bereich der Gemeindeverkehrsfinanzierung sowie der sozialen Wohnraumförderung, die nach Art. 125c II GG bereits Ende 2006 beendet wurden. Als Folgeregelung ist die Vorschrift ein bloßer Annex ohne tiefere historische Wurzeln. 1

B. Internationale, supranationale und rechtsvergleichende Bezüge

Die finanziellen Kompensationsvorschriften im intrastaatlichen Bereich werden **durch internationales oder supranationales Recht nicht beeinflußt**. Für derartige rein finanzielle Kompensationsregelungen finden sich auch keine Vorbilder in anderen Ländern. 2

C. Erläuterungen

I. Allgemeine Bedeutung und aktueller Befund

Die **Normierung eines finanziellen Ausgleichs** für die Länder als Ersatz der bisher ihnen zugeflossenen Bundesmittel aus durch die Föderalismusreform entfallenen Gemeinschaftsaufgaben und Finanzhilfen ist eine **bloße Übergangs- und Folgeregelung**, die systemwidrig die Finanzzuweisungen bis 2019 aus dem allgemeinen Finanzausgleichssystem und insbesondere dem Anpassungsmechanismus des Art. 106 III, IV GG herauslöst[3]. Die Befristung bis zum Jahr 2019 beruht darauf, daß zu diesem Zeitpunkt wegen des Auslaufens des Solidarpakts II[4] eine Neuregelung des bundesstaatli- 3

[1] 52. Gesetz zur Änderung des Grundgesetzes v. 28.8.2006 (BGBl. I S. 2034).

[2] Dokumentation der Kommission von Bundestag und Bundesrat zur Modernisierung der bundesstaatlichen Ordnung, Zur Sache 1/2005, S. 768f.

[3] Vgl. *H. Butzer*, in: W. Kluth (Hrsg.), Föderalismusreformgesetz, 2007, Art. 104b Rn. 31f.; *A. Kienemund*, in: Hömig/Wolff, GG, Art. 143c Rn. 3; *H.-G. Henneke*, in: Schmidt-Bleibtreu/Hofmann/Henneke, GG, Art. 143c Rn. 4.

[4] Solidarpaktfortführungsgesetz v. 20.12.2001 (BGBl. I S. 3955), das in wesentlichen Teilen erst am 1.1.2005 in Kraft getreten ist; s. auch den zugrundeliegenden Entwurf mit Begründung in BT-Drs. 14/7063.

chen Finanzausgleichs erforderlich ist[5]. Im Grunde stellt die Vorschrift die Länder finanziell so, als ob die verfassungsrechtliche Abschaffung der Gemeinschaftsaufgaben und Reduzierung der Finanzhilfen gar nicht stattgefunden hätte. In der Begründung wird minutiös nachgerechnet, welche Finanzmittel kassenmäßig den Ländern 2000–2008 zugeflossen sind bzw. zufließen sollten, und diese Summe wird dann – abzüglich verbleibender Zuweisungen für Gemeinschaftsaufgaben – den Finanzmittelzuweisungen des Art. 143c GG zugrundegelegt, wie sich aus Art. 143c I 2 ergibt[6]. Eine Kompetenzentflechtung ist also lediglich bei **absoluter Bewahrung des finanziellen status quo** politisch durchzusetzen. Die **Normierung** dieser detaillierten Kompensationszahlungen in der Verfassung ist aus der Perspektive einer rationalen Verfassunggebung **überflüssig** und nicht zu rechtfertigen, da diese im Rahmen des Finanzausgleichs einfachgesetzlich regelbar sind. Die Hochzonung in die Verfassung erklärt sich daher auch nur aus dem **Bedürfnis** der Länder nach **verfassungsrechtlicher Absicherung ihres Besitzstands**, das den Normtext des Grundgesetzes immer weiter und unsinniger aufbläht[7].

II. Der Kompensationsanspruch der Länder gem. Art. 143c I GG

4 Die Regelung der Gewährung von Finanzzuweisungen des Bundes an die Länder als Kompensation für die Finanzierungsanteile, die der Bund im Rahmen der bisherigen aber nunmehr entfallenen Gemeinschaftsaufgaben geleistet hat, sowie für die Abschaffung von Finanzhilfen ist zum einen die notwendige **Rechtsgrundlage für die Zahlungen** des Bundes[8], da sie jedenfalls in dieser Form der Finanzzuweisungen andernfalls im Widerspruch zur Kompetenzverteilungsregelung des Art. 104a I GG stehen würden[9]. Die Norm begründet aber **zugleich** eine **Rechtspflicht des Bundes**, der ein korrespondierender Anspruch der Länder gegenüber steht, der in seiner genauen Höhe für das einzelne Land durch Art. 143c II GG bestimmt wird[10]. Die **Höhe der** vom Bund **zu leistenden Zahlungen** wird für den Zeitraum bis 2013 auf den Durchschnitt der Finanzierungsanteile des Bundes in den Jahren 2000–2008 festgelegt, wobei für die Jahre 2000–2003 die Ist-Ergebnisse und für die Jahre 2004–2008 die Ansätze im Finanzplan des Bundes maßgebend sein sollen[11]. Für die Folgezeit bis 2019 steht die Höhe der Zahlungen unter dem Vorbehalt der Revision gem. Art. 143c III GG.

5 Nach den Berechnungen der Begründung zu Art. 143c GG stehen den Ländern danach 70% der Finanzierungsanteile an der Gemeinschaftsaufgabe Hochschulbau (695,3 Mio. €), 50% der Finanzierungsanteile an der Gemeinschaftsaufgabe Bildungsplanung (19,9 Mio. €), 1.335,5 Mio. € für die Finanzhilfen zur Verbesserung der Verkehrsverhältnisse der Gemeinden sowie 518,2 Mio. € für die Finanzhilfe zur Förderung des Wohnungsbaus gem. Art. 143c I GG zu[12]. Über die unmittelbaren Kompensationszahlungen nach Art. 143c I GG hinaus hat sich der Bund nach der Begründung

[5] BT-Drs. 16/813, S. 22.

[6] S. ferner BT-Drs. 16/813, S. 22; das Gesamtvolumen wird mit 2,6 Mrd. € /Jahr angegeben, ebd. S. 23.

[7] Zur Kritik vgl. auch *K.-A. Schwarz*, in: Maunz/Dürig, GG, Art. 143c (2014), Rn. 3f. m. w. N.

[8] BT-Drs. 16/813, S. 22.

[9] So auch *H. Siekmann*, in: Sachs, GG, Art. 143c Rn. 4; vgl. auch *Schwarz* (Fn. 7), Art. 143c Rn. 7. → Art. 104a Rn. 19.

[10] *Siekmann* (Fn. 9), Art. 143c Rn. 4f.

[11] BT-Drs. 16/813, S. 22.

[12] BT-Drs. 16/813, S. 22, 23.

verpflichtet, die zusätzlichen 30% der Finanzierungsanteile für die alte Gemeinschaftsaufgabe Hochschulbau für Fördermaßnahmen im Hochschulbereich (298 Mio. €) sowie 50% der Finanzierungsanteile für die frühere Gemeinschaftsaufgabe Bildungsplanung für die neue Gemeinschaftsaufgabe Evaluation des Bildungswesens (19,9 Mio. €) einzusetzen[13]. Diese Vereinbarung zwischen Bund und Ländern haben §§ 2, 3 EntflechtungsG ohne Einschränkung umgesetzt. Erst durch diese **Kombination direkter und indirekter Zahlungen** wird das von Art. 143c I 1 GG angestrebte Kompensationsvolumen erreicht. Die Berechnungen der Begründung nehmen zwar nicht am Verfassungsrang teil[14], gleichwohl wird der einfache Gesetzgeber weder faktisch noch rechtlich wesentlich davon abweichen können. Die in der »Vereinbarung« der Begründung und in § 2 EntflechtungsG vorgesehene Verwendung bestimmter bisheriger Finanzierungsanteile des Bundes für die neu geregelten Gemeinschaftsaufgaben nach Art. 91b I GG steht allerdings eigentlich in Widerspruch zur Zweckbindung nach Art. 143c II GG[15]. Im Hinblick auf den eindeutigen Willen des verfassungsändernden Gesetzgebers wird man dies aber hinnehmen können, da er offenbar nur nicht in der Lage war, seinen Willen exakt verfassungsrechtlich umzusetzen und die Gesamtregelung nichts anderes als die Umsetzung einer zwischen Bund und Ländern getroffenen Vereinbarung ist.

III. Verteilung und Zweckbindung der Mittel bis Ende 2013 gem. Art. 143c II GG

1. Verteilung

Die Zahlungen des Bundes werden bis Ende des Jahres 2013 als **jährliche Festbeträge** auf die einzelnen Länder verteilt. Die Höhe des jeweiligen Festbetrages richtet sich nach dem Durchschnittsanteil, den jedes Land im Zeitraum 2000–2003 an den Leistungen des Bundes erhalten hat, wobei § 4 EntflechtungsG die Prozentzahlen für jedes Land für die entfallenen Gemeinschaftsaufgaben und Finanzhilfen getrennt und deshalb mit erheblicher Variationsbreite festlegt. 6

2. Zweckbindung

Art. 143c II Nr. 2 GG schreibt eine **zweckgebundene Verwendung** vor und entzieht die Mittel damit der freien Verfügung der Empfängerländer. Die Länder müssen sie jeweils für den Aufgabenbereich verwenden, für den die Länder die Finanzzuweisungen des Bundes erhalten haben und der jetzt als Gemeinschaftsaufgabe bzw. zulässiger Finanzhilfezweck weggefallen ist. Die spezifische investive Zweckbindung legt § 5 EntflechtungsG fest[16]. Bei Verstoß gegen die Zweckbindung können die **zweckwidrig verwendeten Mittel** dem Land entzogen und nach dem jeweiligen Verteilungsschlüssel auf die anderen Länder verteilt werden. Die Aufgabenbereiche, für die die Kompensationszahlungen zweckgebunden zu verwenden sind, entsprechen den bisherigen entfallenen Gemeinschaftsaufgaben und Verwendungszwecken der weggefallenen Finanzhilfen nach Art. 104a IV GG a. F. Maßgebend ist das Verständnis des Inhalts und 7

13 BT-Drs. 16/813, S. 23; vgl. auch *Schwarz* (Fn. 7), Art. 143c Rn. 8ff.
14 So aber *Siekmann* (Fn. 9), Art. 143c Rn. 8.
15 Unklar *Siekmann* (Fn. 9), Art. 143c Rn. 10.
16 So die Änderung vom 20.10.2015 (BGBl. I 1722), die § 5 grundlegend vereinfacht und sich auf die investiven Ausgaben konzentriert hat.

Umfangs der Gemeinschaftsaufgaben und Finanzierungszwecke zum Zeitpunkt der Föderalismusreform. Die Gemeinschaftsaufgabe Hochschulbau bezog sich auf alle Hochschulen und Hochschulkliniken, auch solche in privater Trägerschaft, erfaßte aber lediglich den Aus- und Neubau, nicht Betrieb und Unterhaltung[17]. Der Begriff der Bildungsplanung ist weit zu verstehen, hatte sämtliche Stufen und Arten der Planung und das gesamte Bildungswesen zum Gegenstand, umfaßte jedoch gerade nicht alle weiteren Formen der Entscheidung und des Vollzugs[18]. Im Bereich der Gemeindeverkehrsfinanzierung dürfen die Kompensationsmittel nur für Investitionen zur Verbesserung der Verkehrsverhältnisse verwendet werden, für die der Bund Finanzhilfe nach Art. 104a IV GG gewährt hat. Die Mittel dürfen daher vor allem nicht für Zwekke verwendet werden, die nicht von Art. 125c GG erfaßt werden und infolge ihrer Fortgeltung nicht entfallen sind[19]. Entsprechendes gilt für die soziale Wohnraumförderung.

IV. Revision der Zahlungen und Reduzierung der Zweckbindung gem. Art. 143c III 1, 2 GG

8 Art. 143c III 1 GG verpflichtet Bund und Länder bis Ende 2013 dazu, gemeinsam zu überprüfen, in welcher Höhe die Kompensationsmittel zur Aufgabenerfüllung der Länder noch angemessen und erforderlich sind. Demnach ist eine Reduzierung der Zahlungen des Bundes für den Zeitraum 2014 bis 2019 möglich, aber nicht zwingend vorgeschrieben. Daß die Überprüfung tatsächlich zu einer Reduzierung führen wird, ist nicht ernsthaft anzunehmen, da die Länder kaum auf Mittel verzichten werden[20]. Ohnehin ist nur eine **Reduzierung des Gesamtbetrages**, keine nach Ländern differenzierende Veränderung zulässig, wobei aber nach Sachbereichen, also den entfallenen Aufgaben, unterschieden werden kann[21]. Die **Revisionsklausel** ist auch so offen formuliert, daß die Begriffe »angemessen« und »erforderlich« keine wirkliche Steuerungskraft für die Reduzierung entfalten können, zumal sie nicht weiter konkretisiert worden sind.

9 Gem. Art. 143c III 2 GG **entfällt** ab 2014 auch die **Zweckbindung an die Aufgabenbereiche**. Allerdings müssen die Mittel weiterhin für investive Zwecke verwendet werden, was freilich angesichts der Substitutionsmöglichkeiten keine reale Einschränkung der Verwendungsmöglichkeiten darstellt. Schon die bis 2013 geltende Zweckbindung kann nicht gewährleisten, daß die Mittel im bisherigen Umfang für die Aufgabenbereiche der weggefallenen Gemeinschaftsaufgaben und Finanzierungszwecke der Bundesfinanzhilfen verwendet werden. Die Aussichten für den Hochschulbau sind folglich düster.

---

[17] Vgl. dazu im einzelnen: → Bd. III², Art. 91a Rn. 12ff. m. w. N.

[18] Vgl. im einzelnen: → Bd. III², Art. 91b Rn. 10 m. w. N.

[19] *Siekmann* (Fn. 9), Art. 143c Rn. 17. → Art. 125c Rn. 7.

[20] Deshalb wird man in der Regelung kaum einen wichtigen Schritt zu einer eigenfinanzierten Aufgabenwahrnehmung sehen können; so aber im Anschluß an den BRH *Siekmann* (Fn. 9), Art. 143c Rn. 20.

[21] *Siekmann* (Fn. 9), Art. 143c Rn. 19; s. auch *Schwarz* (Fn. 7), Art. 143c Rn. 17f.

V. Verhältnis zu Solidarpakt II gem. Art. 143c III 3 GG

Die **Vereinbarungen aus dem Solidarpakt II**[22] **sollen** nach der Besitzstandswahrungsklausel[23] **unberührt bleiben**. Etwas unklar ist der Bezugspunkt dieser Klausel. Die systematische Stellung im dritten Absatz spricht dafür, daß die Regelung nur für den Zeitraum ab 2014 gelten soll, die allgemeine Formulierung und die Begründung des Entwurfs deuten auf eine Geltung für den gesamten Zeitraum[24], ohne daß dieser Unklarheit große praktische Bedeutung zukommt. 10

Die von der Klausel erfaßten Vereinbarungen betreffen vor allem die überproportionalen »**Korb II**« **Leistungen** des Bundes für die Länder Berlin, Brandenburg, Mecklenburg-Vorpommern, Sachsen, Sachsen-Anhalt und Thüringen, die der Bund auch weiterhin für die Laufzeit des Solidarpakts II in einer Höhe von 51 Mrd. € – unter anderem über die Gemeinschaftsaufgaben und Finanzhilfen, EU-Strukturfondsmittel, Investitionszulagen sowie die Kompensationsleistungen des Bundes nach Art. 143c GG – erbringen wird, wobei Eigeninvestitionen des Bundes nicht einbezogen werden[25]. Die Begründung rechnet auch die **Finanzhilfen für Seehäfen** zu den Vereinbarungen, die unberührt bleiben sollen. Sie gehören auch zum bundesstaatlichen Finanzausgleich und sind nur – wegen ihrer Fragwürdigkeit[26] – aus dem Finanzausgleich herausgelöst worden und werden seit 2005 als Finanzhilfen nach Art. 104a IV GG a. F., jetzt 104b GG gezahlt. Kategorisch stellt die Begründung abschließend fest: »Die **Finanzhilfen für Hafenlasten** werden nicht in Frage gestellt«[27]. Das wird durch die Fortgeltungsanordnung des Art. 125c II 2 GG gesichert, die auch für das betreffende Finanzhilfegesetz gilt[28]. 11

VI. Gesetzlicher Regelungsvorbehalt gem. Art. 143c IV GG

Art. 143c IV GG normiert einen **Regelungsvorbehalt**, wobei die Ausgestaltung und Konkretisierung des Abbaus der Gemeinschaftsaufgaben und Finanzhilfen durch ein zustimmungspflichtiges Bundesgesetz erfolgen muß. Die Regelung ist auch bereits durch das Enflechtungsgesetz vom 5.9.2006 erfolgt[29]. 12

D. Verhältnis zu anderen GG-Bestimmungen

Die Vorschrift ist eine **Folgeregelung** der Abschaffung und Modifizierung der Gemeinschaftsaufgaben Hochschulbau (**Art. 91a I Nr. 1 GG a. F.**) und Bildungsplanung (**Art. 91b Satz 1 GG a. F.**) sowie der Einschränkung der Finanzhilfen durch die Neufassung des Art. 104b GG. Während **Art. 125c GG** die Fortgeltungsanordnung für das 13

---

[22] Nachweise: → Fn. 2.

[23] *K.-A. Schwarz*, Finanzielle Übergangs- und Folgeregelungen – Art. 143c GG, in: C. Starck (Hrsg.), Föderalismusreform, 2007, Rn. 413ff. (421).

[24] Offen auch *H. Siekmann*, in: M. Sachs (Hrsg.), Grundgesetz Kommentar, 4. Aufl. 2007, Art. 143c Rn. 28.

[25] BT-Drs. 16/813, S. 22.

[26] Zu diesen problematischen Zahlungen: → Art. 107 Rn. 31.

[27] BT-Drs. 16/813, S. 23.

[28] Gesetz über Finanzhilfen des Bundes nach Art. 104a Abs. 4 des Grundgesetzes an die Länder Bremen, Hamburg, Mecklenburg-Vorpommern, Niedersachsen sowie Schleswig-Holstein für Seehäfen (Art. 9 SFG). → Fn. 2.

[29] Art. 13 des Föderalismusreform-Begleitgesetzes v. 5.9.2006 (BGBl. I S. 2098, 2102).

Recht der entfallenen Gemeinschaftsaufgaben und Finanzhilfen erhält, sieht Art. 143c GG die finanzielle Kompensation für den Fortfall der Bundesmittel vor. In ihrem Zusammenspiel **verlegen** die beiden Normen **die eigentliche Wirksamkeit der Föderalismusreform** in dieser Hinsicht **auf die Zeit ab 2020**[30].

---

[30] Vgl. auch die kritischen Bemerkungen von *I. Kesper*, NdsVBl. 2006, 145 (153).

Artikel 143d [Übergangsrecht für die Schuldenbremse, Konsolidierungs- und Sanierungshilfen]

(1) [1]Artikel 109 und 115 in der bis zum 31. Juli 2009 geltenden Fassung sind letztmals auf das Haushaltsjahr 2010 anzuwenden. [2]Artikel 109 und 115 in der ab dem 1. August 2009 geltenden Fassung sind erstmals für das Haushaltsjahr 2011 anzuwenden; am 31. Dezember 2010 bestehende Kreditermächtigungen für bereits eingerichtete Sondervermögen bleiben unberührt. [3]Die Länder dürfen im Zeitraum vom 1. Januar 2011 bis zum 31. Dezember 2019 nach Maßgabe der geltenden landesrechtlichen Regelungen von den Vorgaben des Artikels 109 Absatz 3 abweichen. [4]Die Haushalte der Länder sind so aufzustellen, dass im Haushaltsjahr 2020 die Vorgabe aus Artikel 109 Absatz 3 Satz 5 erfüllt wird. [5]Der Bund kann im Zeitraum vom 1. Januar 2011 bis zum 31. Dezember 2015 von der Vorgabe des Artikels 115 Absatz 2 Satz 2 abweichen. [6]Mit dem Abbau des bestehenden Defizits soll im Haushaltsjahr 2011 begonnen werden. [7]Die jährlichen Haushalte sind so aufzustellen, dass im Haushaltsjahr 2016 die Vorgabe aus Artikel 115 Absatz 2 Satz 2 erfüllt wird; das Nähere regelt ein Bundesgesetz.

(2) [1]Als Hilfe zur Einhaltung der Vorgaben des Artikels 109 Absatz 3 ab dem 1. Januar 2020 können den Ländern Berlin, Bremen, Saarland, Sachsen-Anhalt und Schleswig-Holstein für den Zeitraum 2011 bis 2019 Konsolidierungshilfen aus dem Haushalt des Bundes in Höhe von insgesamt 800 Millionen Euro jährlich gewährt werden. [2]Davon entfallen auf Bremen 300 Millionen Euro, auf das Saarland 260 Millionen Euro und auf Berlin, Sachsen-Anhalt und Schleswig-Holstein jeweils 80 Millionen Euro. [3]Die Hilfen werden auf der Grundlage einer Verwaltungsvereinbarung nach Maßgabe eines Bundesgesetzes mit Zustimmung des Bundesrates geleistet. [4]Die Gewährung der Hilfen setzt einen vollständigen Abbau der Finanzierungsdefizite bis zum Jahresende 2020 voraus. [5]Das Nähere, insbesondere die jährlichen Abbauschritte der Finanzierungsdefizite, die Überwachung des Abbaus der Finanzierungsdefizite durch den Stabilitätsrat sowie die Konsequenzen im Falle der Nichteinhaltung der Abbauschritte, wird durch Bundesgesetz mit Zustimmung des Bundesrates und durch Verwaltungsvereinbarung geregelt. [6]Die gleichzeitige Gewährung der Konsolidierungshilfen und Sanierungshilfen auf Grund einer extremen Haushaltsnotlage ist ausgeschlossen.

(3) [1]Die sich aus der Gewährung der Konsolidierungshilfen ergebende Finanzierungslast wird hälftig von Bund und Ländern, von letzteren aus ihrem Umsatzsteueranteil, getragen. [2]Das Nähere wird durch Bundesgesetz mit Zustimmung des Bundesrates geregelt.

(4) [1]Als Hilfe zur künftig eigenständigen Einhaltung der Vorgaben des Artikels 109 Absatz 3 können den Ländern Bremen und Saarland ab dem 1. Januar 2020 Sanierungshilfen in Höhe von jährlich insgesamt 800 Millionen Euro aus dem Haushalt des Bundes gewährt werden. [2]Die Länder ergreifen hierzu Maßnahmen zum Abbau der übermäßigen Verschuldung sowie zur Stärkung der Wirtschafts- und Finanzkraft. [3]Das Nähere regelt ein Bundesgesetz, das der Zustimmung des Bundesrates bedarf. [4]Die gleichzeitige Gewährung der Sanierungshilfen und Sanierungshilfen auf Grund einer extremen Haushaltsnotlage ist ausgeschlossen.

Literaturauswahl

Deubel, Ingolf: Die Föderalismusreform II: eine sinnvolle Weiterentwicklung der Verschuldungsgrenzen, in: ZSE 7 (2009), S. 231–249.
Henneke, Hans-Günter: Was sind »notwendige« Ausgaben? – Logik und Folgeprobleme der Regelungen zu Schuldenbremse und Konsolidierungshilfen, in: ZG 25 (2010), S. 52–65.
Henneke, Hans-Günter: Schuldenbegrenzungsregelungen als Räderwerk im Bundesstaat, in: NdsVBl. 2011, S. 329–340.
Korioth, Stefan: Das neue Staatsschuldenrecht – zur zweiten Stufe der Föderalismusreform, in: JZ 2009, S. 729–737.
Thye, Marius: Die neue »Schuldenbremse« im Grundgesetz, 2010.
Waldhoff, Christian/Roßbach, Matthias: Eine Schuldenbremse für Nordrhein-Westfalen. Grundgesetzliche Vorgaben und Gestaltungsmöglichkeiten in der Landesverfassung, 2015.

Leitentscheidungen des Bundesverfassungsgerichts

Diese liegen zu Art. 143d GG bislang nicht vor.

Gliederung

Rn.

Stichwörter

A. Herkunft, Entstehung, Entwicklung

1 Die Norm des Art. 143d GG war zunächst eine Übergangsvorschrift zu den Neuregelungen der Staatsverschuldung in Art. 109 III, 115 II GG, die im Rahmen der **Föderalismusreform II 2009** gemeinsam in das Grundgesetz eingefügt wurden[1]. Die Verfassungsänderung beruhte auf einem erst vier Monate alten unveränderten Entwurf[2], der seinerseits schon auf die Beratungen der zweiten Föderalismuskommission zurückging[3]. Die Regelungen über die Konsolidierungshilfen in Art. 143d II und III GG waren

[1] 57. Gesetz zur Änderung des Grundgesetzes v. 20.7.2009 (BGBl. I S. 2248).
[2] BT-Drs. 16/12410; s. auch BR-Drs. 262/09.
[3] Kommissions-Drs. 174; Einsetzung der Kommission durch BT-Drs. 16/3885. → Vorb. zu Art. 104a–115 Rn. 11; zur Entstehungsgeschichte auch *H.-G. Henneke*, in: Schmidt-Bleibtreu/Hofmann/Henneke, GG, Art. 143d Rn. 1ff.

dabei jedoch nicht lediglich Übergangsvorschriften, sondern in ihrer Substanz gleich doppelt veranlaßt. Zum einen waren sie eine Konsequenz der Rechtsprechung des Bundesverfassungsgerichts zu den Haushaltsnotlagen, die eine zunächst stärker betonte, dann abgeschwächte Pflicht zur Solidarhilfe des Bundes und der anderen Länder für die in eine Haushaltsnotlage geratenen Länder verfassungsrechtlich begründete[4]. Zum anderen war die Bereitstellung der Konsolidierungshilfen aber auch der Preis für die Zustimmung der finanzschwachen, von einer Haushaltsnotlage erfaßten oder bedrohten Bundesländer[5], die auch namentlich in der Vorschrift erwähnt werden, und deren Zustimmung nach Art. 79 II GG für die Einführung der Schuldenbremse nach Art. 109 III GG erforderlich war.

Im Rahmen der am **20.7.2017 in Kraft getretenen Änderungen des Grundgesetzes**[6] ist der **neue Absatz 4** eingefügt worden. Darin wird dem Bund die Möglichkeit eröffnet, den Ländern Bremen und Saarland ab dem 1.1.2020 **Sanierungshilfen** in Höhe von jährlich insgesamt bis zu 800 Mio. € aus dem Bundeshaushalt zu gewähren. Diese treten damit für diese Länder an die Stelle der bisherigen bis 2019 befristeten Konsolidierungshilfen nach Absätzen 2 und 3. Ihre Gewährung ist dabei allerdings nicht ausdrücklich befristet, so daß Art. 143d GG formal **keine reine Übergangsvorschrift** mehr darstellt. Materiell ist die Gewährung entsprechender Hilfen allerdings an eine schwierige Haushaltslage und damit einen entsprechenden **Sanierungsbedarf** in den betreffenden Ländern geknüpft (→ Rn. 27). 2

B. Internationale, supranationale und rechtsvergleichende Bezüge

Während die Regelungen über die Schuldenbremse durch das Unionsrecht stark beeinflußt sind (→ Art. 109 Rn. 7; → Art. 115 Rn. 6), ist die Übergangsvorschrift des **Art. 143d GG von internationalem und supranationalem Recht unbeeinflußt**; das gilt auch für den neuen Abs. 4. Darüber hinaus kennen andere Bundesstaaten keine verfassungsrechtliche Pflicht zur solidarischen Finanzhilfe für Gliedstaaten, um sie aus eventuellen Haushaltsnotlagen zu befreien. Faktisch finden sich derartige finanzielle Unterstützungen (meist in der Form von Krediten und nicht als reine Finanzhilfen) allerdings selbst in den USA, etwa im Fall von New York (→ Art. 115 Rn. 6). 3

In der **Europäischen Union** findet sich mit dem häufig als »no-bail-out-Klausel« bezeichneten Art. 125 AEUV zwar ein Haftungs- und Einstandsverbot für Verbindlichkeiten anderer Mitgliedstaaten. Freiwilligen finanziellen Hilfsleistungen etwa in Form von Krediten steht dieses richtigerweise jedoch nicht entgegen[7]. Entsprechende Kredite sind von den Mitgliedstaaten im Zusammenhang mit der Eurokrise[8] denn auch an krisengeschüttelte Mitgliedstaaten (allen voran Griechenland) vergeben worden. Ob es für den Fortbestand der Währungsunion im Besonderen und der Europäischen Union im Allgemeinen künftig erweiterter finanzieller Ausgleichsmechanismen bedarf (»**Transferunion**«), ist im übrigen gegenwärtig Gegenstand einer breiten Debatte. 4

---

[4] BVerfGE 86, 148 (258ff.); 116, 327 (377ff., Rn. 171ff.).
[5] *E. Reimer*, in: Epping/Hillgruber, GG, Art. 143d Rn. 17.
[6] Gesetz zur Änderung des Grundgesetzes v. 13.7.2017 (BGBl. I S. 2347).
[7] Das war und ist freilich umstritten; s. zum Streitstand nur *W. Heun/A. Thiele*, JZ 2012, 973 (978ff.) sowie *M. Selmayr*, ZöR 68 (2013), 259 (269ff.).
[8] Zu dessen Ursachen knapp *A. Thiele*, Das Mandat der EZB und die Krise des Euro, 2013, S. 1ff.

C. Erläuterungen

I. Allgemeine Bedeutung

5 Art. 143d I GG sieht einen zwischen dem finanzstärkeren Bund einerseits und den insgesamt finanzschwächeren Ländern andererseits **abgestuften Anwendungsbeginn der** in Art. 109 III, 115 II GG verankerten **Schuldenbremse** vor. Vor allem die besonders finanzschwachen Länder sollten durch die in Art. 143d II, III GG normierten Konsolidierungshilfen überhaupt erst in die Lage versetzt werden, sich einem Verschuldungsverbot unterwerfen zu können[9]. Insgesamt dient die Verschiebung des Anwendungsbeginns dem Ziel, den verschiedenen Gebietskörperschaften den Abbau der bestehenden strukturellen Defizite als Voraussetzung eines weitgehenden Kreditaufnahmeverbots zu ermöglichen[10]. Außerdem eröffnet die Norm übergangsweise gewisse Schlupflöcher für zusätzliche Verschuldung, die langfristig geschlossen werden sollen. Das betrifft namentlich die **Sondervermögen**. Schließlich garantierte die **lange Übergangsfrist** der Absätze 1 und 2 auch, daß erst die nachfolgende Politikergeneration mit voller Härte von dem Verschuldungsverbot getroffen wird, was die Verabschiedung der Schuldenbremse deutlich erleichtert haben dürfte. Anders als zunächst (auch aufgrund der Auswirkungen der Finanz- und Eurokrise) vermutet werden konnte, dürfte ein Großteil der Länder nicht zuletzt wegen dieser Konsolidierungshilfen im Jahr 2020 auch tatsächlich in der Lage sein, die Schuldenbremse einzuhalten. Eine insoweit angespannte Haushaltslage zeigt sich allerdings in Bremen und im Saarland. Die im Jahr 2017 in Absatz 4 eingeführte Möglichkeit, diesen Ländern ab 2020 Sanierungshilfen zukommen zu lassen, soll mithin dazu beitragen, die »eigenständige Einhaltung« der Schuldenbremse auch in diesen Ländern sicherzustellen.

II. Abgestufte Übergangsregelung für Bund und Länder gem. Art. 143d I GG

6 Art. 143d I GG enthält in sieben Sätzen eine **unübersichtliche Mischung** aus differenzierten Übergangsvorschriften und technischen Regeln über die Berechnung von Finanzierungssalden. Insgesamt ergeben sich daraus **drei verschiedene Übergangszeiträume**, bis die Schuldenbremse gem. Art. 109 III, 115 II GG endgültig in vollem Umfang ab dem 1.1.2020 anwendbar ist. Die Übergangszeiten betreffen ausschließlich die materiellen Regelungen der Art. 109, 115 GG, nicht dagegen Institution und Funktionen des Stabilitätsrates gem. Art. 109a GG.

1. Erste Übergangszeit bis 2010 gem. Art. 143d I 1, 2 GG

7 Art. 143d I 2, 1. Hs. GG erklärt die Vorschriften der **Art. 109, 115 GG erstmals im Haushaltsjahr 2011 für anwendbar**. Das betrifft im wesentlichen die Kreditbegrenzungsregeln der Art. 109 III und 115 II GG. Die Verschiebung des Anwendungsbeginns um etwas mehr als ein Jahr nach Verabschiedung der Föderalismusreform 2009 war schon aus technischen Gründen erforderlich, weil der Haushaltszyklus für das Jahr 2010 schon deutlich vor dem Inkrafttreten der Verschuldungsregeln begonnen

---

[9] *M. Heintzen*, in: v. Münch/Kunig, GG II, Art. 143d Rn. 1.

[10] Vgl. BT-Drs. 16/12410, S. 13f. Zu kritisch insoweit *M. Thye*, Die neue »Schuldenbremse« im Grundgesetz, 2010, S. 46f. Zwar ist es richtig, daß auch Art. 109 III 2 GG Ausnahmen zugelassen hätte. Diese wären aber für die Länder letztlich kaum ausreichend gewesen. Von einer »Schwächung« der Verfassung zu sprechen überzeugt insoweit nicht.

hatte. Bis dahin galten die früheren Regelungen über die Kreditaufnahme in Art. 115 GG wie in den Landesverfassungen uneingeschränkt weiter, was Art. 143d I 1 GG ziemlich überflüssig noch einmal explizit bestätigt. Im Jahr 2010 war daher die Kreditaufnahme des Bundes (und auch durchweg der Länder) einerseits an der Summe der Investitionsausgaben sowie andererseits an den in der Finanzkrise anwendbaren Sonderregeln des Art. 115 I 2 GG sowie des Art. 109 II GG a. F., die hier zusammenwirken, zu messen. Obwohl im Grunde nur Art. 109 III GG die Übergangsfrist veranlaßt, verschiebt Art. 143d I 1, 2 GG die Anwendung des gesamten Art. 109 GG und 115 GG auf das Haushaltsjahr 2011.

Die wesentlich gravierendere Übergangsregelung ist Art. 143d I 2, 2. Hs. GG, der 8
»am 31. Dezember 2010 bestehende **Kreditermächtigungen für bereits eingerichtete Sondervermögen**« dauerhaft für »**unberührt**« erklärt[11]. Daraus folgte erstens, daß bis Ende 2010 auch unbegrenzt und ohne jegliche Restriktionen neue Kreditermächtigungen für Sondervermögen begründet werden konnten. Das war die Grundlage der wegen des politischen Gegenwinds letztlich gescheiterten Idee der damaligen konservativ-liberalen Koalition, in Höhe von 60 Mrd. € eine derartige Kreditermächtigung zur Finanzierung von Steuersenkungen vorzusehen. Zweitens bedeutet dies, daß die Kreditermächtigungen auch in Zukunft voll ausgeschöpft werden dürfen, was im Hinblick auf einzelne Fonds dem Bund letztlich erhebliche Kreditspielräume verschafft[12].

Eine kleine Unklarheit liegt in der Formulierung, daß am 31.12.2010 bestehende 9
Kreditermächtigungen »für bereits eingerichtete Sondervermögen« unberührt bleiben. »**Bereits eingerichtet**« kann grammatikalisch auf den Zeitpunkt des Inkrafttretens der Verfassungsänderung selbst, also am 1.8.2009[13], oder auf den unmittelbar vorausgehenden **Stichtag des 31.12.2010 bezogen** werden. Aus systematischen Gründen spricht freilich alles für das letztere Datum[14], da bis zum 31.12.2010 auch ansonsten die alten Fassungen der Art. 109 und 115 GG fortgelten, so daß bis zu diesem Zeitpunkt nach Art. 115 II GG a. F. Sondervermögen gegründet werden konnten, die von der Kreditbegrenzungsregel des Art. 115 I 2 GG a. F. sowie des künftig geltenden Art. 115 II GG ausgenommen bleiben[15]. Im übrigen ist der erwähnte und letztlich gescheiterte Vorschlag aus den Koalitionsverhandlungen ebenfalls von diesem Verständnis ausgegangen.

2. Übergangsphase für die Länder gem. Art. 143d I 3, 4 GG

Art. 143d I 3 GG sieht als **Übergangszeit für die Länder** den Zeitraum über die Haus- 10
haltsjahre **2011 bis 2019** vor. Diese Phase endet daher gleichzeitig mit dem Auslaufen des Solidarpakts II. In dieser Übergangsphase dürfen die Länder noch von den Vorgaben des Art. 109 III GG abweichen, mit anderen Worten weiterhin Nettokredite aufnehmen[16]. Die »Maßgabe«, daß die Abweichungen der Nettokreditaufnahme von Art. 109 III GG in diesen Jahren im Rahmen der geltenden landesrechtlichen Regelun-

---

[11] S. auch *H. Kube*, in: Maunz/Dürig, GG, Art. 143d (2010), Rn. 12.

[12] Kritisch auch *H. Tappe*, DÖV 2009, 881 (888f.) sowie *H. Siekmann*, in: Sachs, GG, Art. 143d Rn. 6; *Henneke* (Fn. 3), Art. 143d Rn. 14.

[13] Art. 2 des Gesetzes zur Änderung des Grundgesetzes bestimmt den Tag nach der Verkündung als Zeitpunkt des Inkrafttretens, die Verkündung erfolgte durch das Bundesgesetzblatt vom 31.7.2009.

[14] So auch *Reimer* (Fn. 5), Art. 143d Rn. 5, der dieses Ergebnis aber vornehmlich aus teleologischer Interpretation gewinnen will; *Heintzen* (Fn. 9), Art. 143d Rn. 5.

[15] So auch BT-Drs. 16/12410, S. 13.

[16] *Henneke* (Fn. 3), Art. 143d Rn. 17.

gen[17] erfolgen dürfen, ist lediglich der Verweis darauf, daß die Übergangsvorschrift nicht von den Landesverfassungen dispensieren will und kann. Der Vorbehalt begründet keinen Gesetzgebungsauftrag[18], der sich vielmehr aus Art. 109 III 5 GG ergibt. Auch ein Verschlechterungsverbot wird man kaum aus dieser Klausel ableiten können[19], sondern allenfalls aus dem folgenden Satz 4 des Art. 143d I GG.

11 Nach **Art. 143d I 4 GG** müssen die Länder ihre Haushalte so aufstellen, daß im Haushaltsjahr 2020, in dem die Neuregelungen in vollem Umfang wirksam sind, die Vorgaben des Art. 109 III 5 GG auch tatsächlich eingehalten werden können. Das Ziel der Übergangsvorschrift, daß die Länder ihre Haushalte 2020 ohne strukturelle Verschuldung[20] aufstellen können, wird den Ländern eingeschärft. Es bleibt allerdings im wesentlichen bei dieser **abstrakten Verpflichtung**, die sich ähnlich der verpflichtenden Wirkungen unionsrechtlicher Richtlinien[21] zunehmend verdichtet. Trotz ihres verbindlichen Charakters dürfte die Regelung praktisch kaum gerichtlich durchsetzbar sein, da die Norm auch keine konkreten Rechtsfolgen vorsieht und dem jeweiligen Landesgesetzgeber weite Gestaltungsspielräume zukommen, wie er das Ziel erreichen will[22]. Faktisch, nicht aber rechtlich, hat die Regelung daher wohl nur mahnenden Charakter[23]. Selbst ein Ansteigen der Nettoneuverschuldung in einzelnen Haushaltsjahren während dieses Zeitraums ist nicht ausgeschlossen oder verboten[24]. Soweit die Länder allerdings Konsolidierungshilfen erhalten, gelten die strengen Vorschriften des Art. 143d II 5 GG. Im Grunde formuliert Art. 143d I 4 GG daher nur etwas Selbstverständliches, was schon aus dem Zusammenhang der Neuregelung zu erschließen ist. Der Satz ist also überflüssig wie so vieles in der Föderalismusreform II.

12 Die endgültige **strikte Geltung des Nettoneuverschuldungsverbots** setzt daher **für die Länder erst 2020** ein[25]. Bis zu diesem Zeitpunkt greift allein das Verbot der Ausnahmen für neue Sondervermögen, das uneingeschränkt bereits ab 2011 anwendbar ist, unbeschadet der weiterhin bestehenden Sondervermögen und ihrer Kreditermächtigungen. Mit dem 31. Dezember des Jahres 2019 enden die Abweichungsmöglichkeiten, so daß das Neuverschuldungsverbot unabhängig auch von der Umsetzung durch den Landes(verfassungs)gesetzgeber zwingend gilt. Indirekt folgt daraus auch, daß der Landesgesetzgeber bis zu diesem Zeitpunkt (nicht aber zuvor[26]) den Gesetzgebungsauftrag des Art. 109 III 5 GG erfüllt und neue materielle und verfahrensrechtliche Regelungen über die Einhaltung des Neuverschuldungsverbots erlassen haben muß[27], damit sie am 1.1.2020 definitiv in Kraft treten können.

---

[17] Vgl. dazu umfassend *K. Knop*, Verschuldung im Mehrebenensystem, 2008, S. 106ff.
[18] *Reimer* (Fn. 5), Art. 143d Rn. 11.
[19] So aber *Reimer* (Fn. 5), Art. 143d Rn. 11 sowie *A. Mayer*, Die sogenannte Schuldenbremse im Grundgesetz. Verfassungsmäßigkeit der Begrenzung der Kreditaufnahme der Länder und Umsetzung der Schuldenbegrenzungsregeln in den Ländern, 2014, S. 160ff.
[20] *Siekmann* (Fn. 12), Art. 143d Rn. 9.
[21] Vgl. dazu nur EuGH, Urt. v. 18.12.1997, C-129/96 – *Inter-Environnement Wallonie*; s. ferner *K.H. Prokopf*, Das gemeinschaftsrechtliche Rechtsinstrument der Richtlinie, 2007, S. 118f.; *W. Schroeder*, in: Streinz, EUV/AEUV, Art. 288 AEUV Rn. 83.
[22] *Heintzen* (Fn. 9), Art. 143d Rn. 9; *Siekmann* (Fn. 12), Art. 143d Rn. 10.
[23] *Reimer* (Fn. 5), Art. 143d Rn. 9; s. auch *C. Waldhoff/M. Roßbach*, Eine Schuldenbremse für Nordrhein-Westfalen, 2015, S. 22f.
[24] *H.-G. Henneke*, NdsVBl. 2011, 329 (332).
[25] *Siekmann* (Fn. 12), Art. 143d Rn. 9.
[26] *Waldhoff/Roßbach*, Schuldenbremse (Fn. 23), S. 21.
[27] Vgl. auch *Reimer* (Fn. 5), Art. 143d Rn. 10. S. zur Umsetzung in den einzelnen Ländern *A. May-*

Gewisse Spannungen können sich aufgrund dieser verspäteten vollen Geltung für die Länder im Hinblick auf die Einhaltung der **Vorgaben des Vertrags über Stabilität, Koordinierung und Steuerung in der Wirtschafts- und Währungsunion** (sog. **Fiskalpakt**) ergeben. So sind die Länder zwar bis 2019 von der Einhaltung der deutschen Schuldenbremse befreit, können sich mithin nach den jeweiligen Landesregelungen verschulden. Sofern Deutschland jedoch auch aufgrund dieser Landesverschuldung die Vorgaben des Fiskalpaktes nicht einhalten sollte, sind Sanktionen denkbar, die nach der allgemeinen Regelung des § 1 SZAG innerstaatlich jeweils von Bund und Ländern entsprechend ihren Anteilen zu tragen wären. Damit aber wäre zumindest faktisch die Befreiung von der Regelung des Art. 109 III GG bis 2019 hinfällig. Im Zusammenhang mit der Umsetzung des Fiskalpaktes in nationales Recht ist daher in § 2 I 4 SZAG vorgesehen worden, daß vor dem 1.1.2020 anfallende Sanktionen allein vom Bund getragen werden[28]. 13

3. Übergangsphase für den Bund gem. Art. 143d I 5–7 GG

Die **Übergangszeit für den Bund** ist mit den Jahren 2011 bis 2015 wesentlich **knapper bemessen** als für die Länder und beträgt nur etwas mehr als die Hälfte. Gem. **Art. 143d I 5 GG** darf der Bund von den Vorgaben des Art. 115 II 2 GG, was dem hier nicht erwähnten Art. 109 III 4 GG entspricht, abweichen. Die Ermächtigung zur Abweichung wird in den beiden nachfolgenden Sätzen des Art. 143d I 6, 7 GG nicht sonderlich effektiv, sondern durch weiche Vorgaben eingeschränkt. 14

Art. 143d I 6 GG bestimmt, daß im Haushaltsjahr 2011, mit dem die Übergangsphase einsetzt, mit dem Abbau des bestehenden Defizits begonnen werden »soll«. Als bloße **Sollvorschrift** begründete dies zwar eine grundsätzliche Rechtspflicht, die **aber begründete Ausnahmen** zuließ. Insbesondere allgemeine wirtschaftliche Entwicklungen, die der Haushaltsgesetzgeber nicht beherrscht – unabhängig von ihrer Vorhersehbarkeit[29] –, erlaubten insoweit begründete Durchbrechungen des Neuverschuldungsverbots, suspendierten die Rechtspflicht jedoch nicht[30]. In **Art. 143d I 7 GG** wird der Bund – völlig parallel zu den Ländern in Satz 4 – verpflichtet, die Haushalte in den Jahren 2011 bis 2015 so aufzustellen, daß 2016 die Schuldenbremse eingehalten werden kann[31]. Auch dieser Satz begründete lediglich eine abstrakte Verpflichtung, die infolge des weiten Gestaltungsspielraums faktisch den Charakter einer Ermahnung hatte, bei der ein Verstoß ohne konkrete Rechtsfolgen oder gar Sanktionen geblieben wäre[32]. Die Nettokreditaufnahme hätte in diesen Jahren ebenfalls sogar über das bisherige Niveau ansteigen können[33], was gerade im Gefolge der Finanzkrise und der damit verbundenen Explosion der Staatsverschuldung auch nicht ausgeschlossen war, letztlich jedoch nicht eingetreten ist. In seinem zweiten Halbsatz enthält Art. 143d I 7 GG zudem noch einen **Gesetzgebungsauftrag**, dessen Sinn und Zweck allerdings unklar bleibt. Die Haushalte der Jahre 2011 bis 2015 mußten in jedem Fall durch (Haushalts-)Gesetz verabschiedet werden. In welchem Maß und auf welche Weise das Kon- 15

er, Schuldenbremse (Fn. 19), S. 153 ff. sowie *H.-G. Henneke*, ZG 29 (2014), 201 ff. Speziell zu Sachsen *C. Gröpl*, Die »Schuldenbremse« im Freistaat Sachsen, 2014, S. 26 ff.

[28] S. auch *Henneke* (Fn. 3), Art. 143d Rn. 47 ff.

[29] Anders *Reimer* (Fn. 5), Art. 143d Rn. 13 und wohl auch *Heintzen* (Fn. 9), Art. 143d Rn. 4.

[30] So aber *Reimer* (Fn. 5), Art. 143d Rn. 13.

[31] Als sprachlich mißlungen bezeichnet *Siekmann* (Fn. 12), Art. 143d Rn. 7 diese Formulierung.

[32] S. auch *Henneke* (Fn. 3), Art. 143d Rn. 44.

[33] A. A. *Heintzen* (Fn. 9), Art. 143d Rn. 4.

solidierungsziel angestrebt und realisiert wird, bedarf keiner zusätzlichen gesonderten gesetzlichen Regelung, sondern muß im Rahmen der Finanzplanung umgesetzt werden. Das **Begleitgesetz** zur Föderalismusreform enthält auch kein diesbezügliches weiteres Ausführungsgesetz zu Art. 143d I GG neben dem Konsolidierungshilfengesetz zu Art. 143d II, III GG. Allenfalls konnte § 9 II G 115 im Sinne einer Konkretisierung des Art. 143d I GG verstanden werden, da es für den Zeitraum 2011 bis 2015 vorsah, das strukturelle Defizit »in gleichmäßigen Schritten« zurückzuführen. Im Zweifel wäre diese Regelung aber aufgrund des lex-posterior-Grundsatzes durch die jeweiligen späteren Haushaltsgesetze derogiert worden. Eine besondere Bindungswirkung gegenüber dem Bundesgesetzgeber konnte dem Gesetz nach Art. 143d I 7 GG auch gar nicht zukommen, da es ein schlichtes Einspruchsgesetz gem. Art. 77 III GG darstellt.

III. Konsolidierungshilfen für einzelne Länder gem. Art. 143d II, III GG

16 Einige Bundesländer wären ohne Finanzhilfen weder in die Lage gekommen, ein Nettoneuverschuldungsverbot zu erfüllen, noch bereit gewesen, der Verfassungsänderung ihre Zustimmung zu geben[34]. Deshalb ermächtigt Art. 143d II, III GG den Bundeshaushaltsgesetzgeber, **fünf** namentlich genannten **Bundesländern** in dem Zeitraum 2011 bis 2019 sog. **Konsolidierungshilfen zu gewähren**, um die Einhaltung der Vorgaben des Art. 109 III GG ab 2020 zu ermöglichen[35]. Die Konsolidierungshilfen sind auf 800 Mio. € jährlich plafoniert.

17 **Art. 143d II 1 GG** soll »die verfassungsrechtliche Grundlage für die Konsolidierungshilfen« schaffen[36]. Die Vorschrift enthält eine Ermächtigung, aber **keine zwingende rechtliche Verpflichtung**[37], wie sich aus ihrem Wortlaut »können« ergibt. Allerdings ist den folgenden Regelungen über die Aufteilung der Summe, die Konkretisierung durch Gesetz und Verwaltungsvereinbarung sowie den Maßgaben für den Abbau der Defizite zu entnehmen, daß eine grundsätzliche Verpflichtung begründet werden soll, die freilich von verschiedenen Kautelen abhängt und deshalb nicht unbedingt gewährt werden sollte. Auch die **Begründung des Verfassungsgesetzgebers** geht ganz offensichtlich von der prinzipiellen Pflicht zur Gewährung aus[38]. Andernfalls hätten auch die betroffenen Bundesländer kaum der Verfassungsänderung zugestimmt. Die Schaffung einer »verfassungsrechtlichen Grundlage« war dagegen nicht zwingend erforderlich, um den Bundesländern Hilfen zukommen zu lassen. Wie sich schon aus der Rechtsprechung ergibt, war auch bisher die Gewährung entsprechender Finanzhilfen vor allem mit dem Instrument der Bundesergänzungszuweisungen gem. Art. 107 II 3 GG (→ Art. 107 Rn. 59 f.) verfassungsrechtlich möglich oder sogar geboten[39]. Art. 143d II, III GG erklären sich deshalb **zum einen** daraus, daß eine hälftige Aufteilung zwischen Bund und Ländern, wie nach Art. 143d III GG vorgesehen, jedenfalls formal nicht möglich und substantiell nur unter Schwierigkeiten umsetzbar gewesen wäre.

---

[34] *Heintzen* (Fn. 9), Art. 143d Rn. 12; *Henneke* (Fn. 3), Art. 143d Rn. 51.
[35] *Siekmann* (Fn. 12), Art. 143d Rn. 12.
[36] BT-Drs. 16/12410, S. 14.
[37] S. *Kube* (Fn. 11), Art. 143d Rn. 28; vgl. auch *Reimer* (Fn. 5), Art. 143d Rn. 18 und *Heintzen* (Fn. 9) Art. 143d Rn. 14, die die Verpflichtung indes zu strikt ablehnen. Wie diese auch *Siekmann* (Fn. 12), Art. 143d Rn. 18.
[38] BT-Drs. 16/12410, S. 14.
[39] *S. Korioth*, JZ 2009, 729 (734) hätte diesen Weg vorgezogen.

Zum anderen war nur durch die verfassungsrechtliche Verankerung überhaupt die Schuldenbremse wie auch die Festlegung der Beträge langfristig im Voraus gewährleistet und damit trotz aller Vorbehalte den Bundesländern eine gewisse Sicherheit gegeben. Außerdem umgeht eine verfassungsrechtliche Regelung im Gleichheitsprinzip begründete Einwände gegen die Bevorzugung der genannten Länder gegenüber anderen, die in ihren Konsolidierungsanstrengungen aus eigener Kraft erfolgreich waren[40]. Während Satz 1 die einzelnen Empfängerländer Berlin, Bremen, Saarland, Sachsen-Anhalt und Schleswig-Holstein und die jährliche Gesamtsumme von 800 Mio. € nennt, sieht Satz 2 des Art. 143d II GG eine Aufteilung auf die einzelnen Bundesländer vor: Davon entfallen 300 Mio. € auf Bremen, 260 Mio. € auf das Saarland und auf die übrigen drei jeweils 80 Mio. €. Diese Summen sind für die Konsolidierungshilfen verbindlich; ein Inflationsausgleich ist nicht vorgesehen[41]. Sie dürfen jedenfalls nicht überschritten[42], nach Maßgabe der Ausführungsbestimmungen und Kautelen aber unterschritten werden. Das gilt nicht nur für die Gesamtsumme, sondern auch für die landesspezifischen Beträge. Sie begrenzen eventuelle Ansprüche der Länder, auch eine Übertragung nicht ausgeschöpfter Anteile eines Landes auf ein anderes kommt nicht in Betracht[43]. Allerdings schließen sie nicht aus, daß im Rahmen des Länderfinanzausgleichs und der Bundesergänzungszuweisungen den Ländern auch noch andere Beiträge zufließen, die funktional ebenfalls dem Schuldenabbau dienen. Art. 143d II S. 6 GG und § 1 IV KonsHilfG schließen allerdings die gleichzeitige Gewährung von Sanierungshilfen aufgrund einer extremen Haushaltsnotlage aus. Ansonsten ist auch die zeitliche Aufteilung in Jahresbeträge insoweit verbindlich, was die in § 1 II 2 KonsHilfG vorgesehene nachgelagerte Auszahlung eines Teilbetrags nicht hindert[44].

Art. 143d II 3 GG sieht vor, daß die Gewährung der Finanzhilfen **durch Bundesgesetz mit Zustimmung des Bundesrates** und durch **Verwaltungsvereinbarung** erfolgt[45]. 18
Art. 143d II 5 GG enthält dann eine nur sprachlich leicht variierte weitere Ermächtigung zur Regelung der einzelnen Bedingungen der Hilfegewährung wiederum durch Bundesgesetz mit Zustimmung des Bundesrates und Verwaltungsvereinbarung. Einen dritten Konkretisierungsauftrag erneut durch Bundesgesetz mit Zustimmung des Bundesrates normiert **Art. 143d III 2 GG.** Diese dreifache Wiederholung eines gesetzlichen Konkretisierungsauftrages bezüglich derselben Materie der Konsolidierungshilfen in einer Verfassungsvorschrift ist unnötig und ein zusätzlicher Ausdruck der desolaten Gesetzgebungstechnik. Von den drei verschiedenen Ermächtigungen wird auch in einem einheitlichen Konsolidierungshilfengesetz Gebrauch gemacht, das als Teil des Föderalismusreformbegleitgesetzes verabschiedet worden ist[46]. Im Hinblick auf

[40] Vgl. *S. Korioth*, JZ 2009, 729 (734); ausführlich *Thye*, Schuldenbremse (Fn. 10), S. 67 ff., der freilich wenig überzeugend davon ausgeht, daß die Konsolidierungshilfen »wegen einer unzureichend begründeten Ungleichbehandlung von Ländern gegen den aus dem Rechtsstaatsprinzip abzuleitenden föderativen Gleichheitssatz verstoßen«. Dieses Prinzip dem änderungsfesten Kern des Art. 79 III GG zuzuordnen, erscheint kaum nachvollziehbar und verkennt nicht zuletzt die politische Dimension entsprechender Kompromisse, fügt sich allerdings in eine bedenkliche allgemeine Tendenz, das Grundgesetz zunehmend materiell aufzuladen.

[41] *Siekmann* (Fn. 12), Art. 143d Rn. 19.

[42] Vgl. auch *Reimer* (Fn. 5), Art. 143d Rn. 20.

[43] *Siekmann* (Fn. 12), Art. 143d Rn. 19; *Henneke* (Fn. 3), Art. 143d Rn. 52.

[44] So auch *Reimer* (Fn. 5), Art. 143d Rn. 20.

[45] Kritisch zu dieser Formulierung *Siekmann* (Fn. 12), Art. 143d Rn. 13.

[46] Art. 3 des Begleitgesetzes zur zweiten Föderalismusreform vom 10.8.2009 (BGBl. I S. 2702): Gesetz zur Gewährung von Konsolidierungshilfen (KonsHilfG).

die Höhe und Aufteilung der Konsolidierungshilfen wiederholt das Gesetz in § 1 I, II indes lediglich den Text des Art. 143d II 1, 2 GG. Die Gewährung der Konsolidierungshilfen aufgrund des Konsolidierungshilfengesetzes und die jeweiligen Kautelen sollen des weiteren durch Verwaltungsvereinbarung geregelt werden, die damit das »zentrale rechtliche Steuerungsinstrument«[47] bildet. Der Abschluß der Vereinbarung zwischen dem Bund und den jeweiligen Ländern ist »Voraussetzung für die Auszahlung der Hilfen«[48]. Da erhebliche Kontroversen über die Einzelheiten der Kautelen der Finanzhilfen, insbesondere über die jährlichen Abbauschritte, die Überwachung und die Sanktionen im Fall der Nichteinhaltung denkbar sind, kann der Abschluß einer solchen Vereinbarung auch durchaus scheitern. Ein »Kontrahierungszwang« besteht nicht[49], weder auf Seiten des Bundes oder der Länder, wohl aber sind die Beteiligten aufgrund des Prinzips der Bundestreue zu konstruktiven Verhandlungen verpflichtet.

19 Die Vereinbarung wird in der Verfassung als **Verwaltungsvereinbarung** qualifiziert. Sie ist daher **kein Staatsvertrag**[50] und bedarf folglich auch mangels anderweitiger Bestimmungen keiner Zustimmung durch Bundestag oder Bundesrat, sondern wird auf Seiten des Bundes voraussichtlich kraft Delegation vom zuständigen Bundesminister der Finanzen und auf Seiten des Landes vom jeweiligen Finanzminister abgeschlossen. Denkbar ist angesichts der Bedeutung der Verträge auch, daß die Verwaltungsvereinbarung von den jeweiligen Regierungschefs selbst abgeschlossen wird.

20 Die Gewährung der Konsolidierungshilfen setzt nach **Art. 143d II 4 GG** »einen vollständigen **Abbau der Finanzierungsdefizite bis zum Jahresende 2020** voraus«. Die Formulierung ist sprachlich mißglückt[51], weil natürlich der Abbau im Jahr 2020 technisch gar nicht »Voraussetzung« der Konsolidierungshilfen in vorherigen Jahren sein kann. Die Regelung gibt vielmehr das Ziel vor, das mithilfe der Konsolidierungshilfen erreicht werden soll. Die Länder müssen sich deshalb in der Verwaltungsvereinbarung zu diesem vollständigen Abbau verpflichten[52] und den Weg zu diesem Abbau (den Konsolidierungspfad[53]) wohl auch näher konkretisieren. Die tatsächliche Zielerreichung ist mit der rechtlichen Verpflichtung freilich noch nicht garantiert. Der »vollständige Abbau des Finanzierungsdefizits« kann im systematischen Zusammenhang der Regelung des Art. 109 III GG allein das sog. strukturelle Defizit meinen, da über 2020 hinaus sowohl die Konjunkturkomponente als auch die Notsituationen eine gewisse Neuverschuldung im Einzelfall erlauben können[54]. Nach der Intention des Gesetzgebers sind bei der Berechnung des strukturellen Finanzierungsdefizits die Konsolidierungshilfen gem. § 2 I 6 KonsHilfG herauszurechnen[55].

21 **Art. 143d II 5 GG** ermächtigt nicht nur zur näheren Ausgestaltung der Konsolidierungshilfen durch Gesetz und Verwaltungsvereinbarung, sondern »enthält weitere

---

[47] *Heintzen* (Fn. 9), Art. 143d Rn. 14.

[48] BT-Drs. 16/12400, S. 21.

[49] *Reimer* (Fn. 5), Art. 143d Rn. 21.

[50] Zu dieser Qualifizierung *W. Rudolf*, HStR[3] VI, § 141 Rn. 58 m. w. N.; mißverständlich daher *Reimer* (Fn. 5), Art. 143d Rn. 22: »ihrem Wesen nach Staatsvertrag«; ähnlich *Kube* (Fn. 11), Art. 143d Rn. 33 sowie *Henneke* (Fn. 3), Art. 143d Rn. 53 (»bilateraler Staatsvertrag«).

[51] S. auch *Siekmann* (Fn. 12), Art. 143d Rn. 15.

[52] BT-Drs. 16/12410, S. 14: so hätte Art. 143d II 4 GG besser gleich formuliert werden können.

[53] *Heintzen* (Fn. 9), Art. 143d Rn. 15.

[54] BT-Drs. 16/12400, S. 21; im Ergebnis auch *Reimer* (Fn. 5), Art. 143d Rn. 24 sowie *Heintzen* (Fn. 9), Art. 143d Rn. 15; *Kube* (Fn. 11), Art. 143d Rn. 35.

[55] BT-Drs. 16/12400, S. 21.

Vorgaben«[56]. Danach müssen vor allem **jährliche Abbauschritte** der Finanzierungsdefizite, **deren Überwachung** durch den Stabilitätsrat und **Konsequenzen im Fall der Nichteinhaltung** der Abbauschritte geregelt werden. § 2 KonsHilfG setzt die Vorgaben um. Er schreibt letztlich ziemlich simpel vor, daß das Finanzierungsdefizit des Jahres 2010 jährlich um ein Zehntel verringert wird, während Länder, die bereits 2010 einen ausgeglichenen Finanzierungssaldo aufweisen, dies auch in dem gesamten Übergangszeitraum tun müssen. Der Stabilitätsrat hat die Einhaltung der jeweiligen Obergrenze zu überprüfen und ggfs. eine Überschreitung festzustellen[57]. Gemäß § 2 II 2 KonsHilfG kann der Stabilitätsrat in begründeten Ausnahmefällen die Überschreitung für unbeachtlich erklären. Dies bezieht sich auf die Notsituationen im Sinne des Art. 109 III 2 GG[58]. Als Sanktionen bei einer – nicht für unbeachtlich erklärten – Feststellung der Überschreitung verwarnt der Stabilitätsrat das betreffende Land und – weit gravierender – der Anspruch des Landes auf Konsolidierungshilfe entfällt. Die nachgelagerte Zahlung gem. § 1 III 2 KonsHilfG erfolgt dann nicht, die bereits geleisteten Beiträge sind gem. § 1 III 3 KonsHilfG zurückzuzahlen.

Gem. **Art. 143d III GG** wird die **Finanzierungslast** der Konsolidierungshilfen **je zur Hälfte von Bund und Ländergesamtheit** getragen. Die von den Ländern zu tragende Hälfte in Höhe von jährlich 400 Mio. € wird aus dem Umsatzsteueranteil der Länder finanziert, weshalb letztlich auch die begünstigten Länder wirtschaftlich einen Teil der Lasten tragen[59]. Der Betrag wird dementsprechend – ähnlich den bis 2020 möglichen Ergänzungsanteilen (→ Art. 107 Rn. 59 f.) – vorab abgezogen. Als Konsequenz sind alle Länder einschließlich der Empfänger der Konsolidierungshilfen entsprechend ihren Anteilen am Umsatzsteueraufkommen nach dem Einwohnerschlüssel (→ Art. 107 Rn. 26) an der Finanzierungslast beteiligt. Die Gewährung und Auszahlung der Konsolidierungshilfen erfolgt allerdings allein durch den Bund gem. Art. 143d II 1 GG. Die Regelung war erforderlich, da andernfalls allein der Bund nach den allgemeinen Regeln der Finanzverfassung die Last für derartige Finanzierungshilfen hätte tragen müssen. 22

Auch **Art. 143d III 2 GG** ermächtigt noch einmal zur weiteren **Konkretisierung der Aufteilung der Finanzierungslast** durch Bundesgesetz mit Zustimmung des Bundesrats. Im Rahmen des Begleitgesetzes zur Föderalismusreform II hat der Gesetzgeber auf dieser Grundlage zwei Regelungen erlassen. § 3 KonsHilfG wiederholt zunächst das Gebot der hälftigen Aufteilung zwischen Bund und Ländern und sieht eine spezialgesetzliche hälftige Anrechnung auf die Anteile von Bund und Ländern vor, wenn wegen der Überschreitung der Obergrenzen des Finanzierungssaldos der Anspruch eines oder mehrerer Länder auf Konsolidierungshilfe entfällt. Außerdem wird die technische Umsetzung der Anrechnung auf die Umsatzsteueranteile durch eine Ergänzung des in dieser Form noch bis zum 31.12.2019 geltenden § 1 FAG[60] bewirkt, die den Länderanteil von jährlich 400 Mio. € entsprechend den Zahlungsmodalitäten der Konsolidierungshilfen technisch umsetzt. Da im laufenden Jahr zunächst nur zwei Drittel des Gesamtbetrages und erst im folgenden Jahr der Restbetrag bei Erfüllung der Bedingungen ausgezahlt wird, sieht die Regelung folgerichtig vor, daß 2011 ein 23

[56] BT-Drs. 16/12410, S. 14.
[57] Dazu auch *Henneke* (Fn. 3), Art. 143d Rn. 62.
[58] BT-Drs. 16/12400, S. 21.
[59] *Siekmann* (Fn. 12), Art. 143d Rn. 20.
[60] Art. 7 des Begleitgesetzes zur zweiten Föderalismusreform v. 10.8.2009 (BGBl. I S. 2702), Einfügung nach Satz 15.

Betrag von 266.666.666 € und ab 2012 ein Betrag von 400 Mio. € von dem Umsatzsteueranteil der Länder abgezogen wird. Im übrigen verweist § 1 S. 17 FAG in der bis zum 31.12.2019 geltenden Fassung auf die Regelung des § 3 KonsHilfG, falls der Anspruch eines oder mehrerer Länder entfällt. Die Summe von knapp 267 Mio. € für 2011 erklärt sich also daraus, daß in diesem Jahr nach § 1 III KonsHilfG nur zwei Drittel fällig werden. Der Abzug von dem Umsatzsteueranteil der Ländergesamtheit bedeutet, daß die Last des einzelnen Landes sich nach dem Anteil des betreffenden Landes am Umsatzsteueranteil aufgrund seiner Einwohnerzahl (§ 2 FAG in der bis zum 31.12.2019 geltenden Fassung) richtet.

IV. Sanierungshilfen für Bremen und Saarland gem. Art. 143d IV GG

24 Gemäß dem neuen **Art. 143d IV GG** kann der Bund den Ländern Bremen und Saarland ab dem 1.1.2020 als Hilfe zur künftig eigenständigen Einhaltung der Vorgaben des Art. 109 III GG **Sanierungshilfen** in Höhe von jährlich insgesamt **800 Mio. €** gewähren. Diese Sanierungshilfen treten damit für die genannten Länder an die Stelle der bisherigen Konsolidierungshilfen nach den Absätzen 2 und 3, die für die anderen Länder nach Absatz 2 ansonsten kompensationslos auslaufen. Die Finanzierung der Sanierungshilfen obliegt allein dem Bund, eine Beteiligung der Länder ist – anders als bei den Konsolidierungshilfen – nicht vorgesehen und damit auch nicht möglich. Eine Verpflichtung entsprechende Sanierungshilfen zu gewähren enthält Abs. 4 nicht, wie auch bei den Konsolidierungshilfen ist aber zumindest von einer politischen Verpflichtung auszugehen. Dafür spricht auch die gleichzeitig verabschiedete und auf Art. 143d IV 3 GG beruhende einfach-rechtliche Konkretisierung im Sanierungsgesetz (SanG)[61], das in § 1 entsprechende Hilfen bereits vorsieht. Eine verfassungsrechtliche Fundierung für entsprechende Hilfen wäre erneut nicht zwingend gewesen, da sie auch auf anderem Wege erfolgen könnten. Zwar ist, wie auch im Rahmen der Konsolidierungshilfen, die gleichzeitige Gewährung von Sanierungshilfen nach Art. 143d IV GG und Sanierungshilfen auf Grund einer extremen Haushaltsnotlage ausgeschlossen. Der neue 107 II 5 GG erlaubt aber weiterhin Ergänzungszuweisungen des Bundes an leistungsschwache Länder. Gleichwohl erweist sich die Aufnahme in die Verfassung aufgrund der Privilegierung einzelner Länder als sinnvoll, um im Gleichheitsprinzip begründeten Einwänden zu entgehen (→ Rn. 17).

25 Die **Höhe der jährlichen Sanierungshilfen** ist auf maximal **800 Mio. €** begrenzt. Art. 143d IV GG enthält – anders als Abs. 2 – jedoch keine weiteren Vorgaben bzgl. der Verteilung dieser Summe auf die beiden Länder. Insofern ist weder zwingend, daß beide Länder den gleichen Betrag erhalten, noch daß die Gesamtsumme von 800 Mio. € in jedem Jahr ausgeschöpft wird; lediglich überschritten werden darf diese nicht. § 1 I SanG sieht gegenwärtig Sanierungshilfen in Höhe der vollen 800 Mio. € vor, die nach § 1 II SanG jeweils hälftig an die beiden Länder vergeben werden. Im Vergleich zu den vorherigen Konsolidierungshilfen steigt die finanzielle Hilfe für beide Länder damit beträchtlich an – nach 143d II GG entfallen auf Bremen bisher maximal 300 und auf das Saarland 260 Mio. €. Auch das deutet allerdings darauf hin, daß sich die Haushaltssituation dieser Länder seit Einführung der Schuldenbremse kaum gebessert hat; ob dies überhaupt jemals der Fall sein wird, bleibt angesichts ihrer Größe fraglich. Zusätzliche Ergänzungszuweisungen des Bundes nach Art. 107 II 5 GG sind nicht

---

[61] Art. 5 des Gesetzes v. 14.8.2017 (BGBl. I S. 3122, 3126 f.).

ausgeschlossen. Bei der Ermittlung des Finanzbedarfs sind die Sanierungshilfen aber zu berücksichtigen.

Die **Auszahlung der Sanierungshilfen** erfolgt durch das Bundesministerium der Finanzen jeweils zum 1.7. des laufenden Jahres und damit erstmals am 1.7.2020 (§ 1 III StabG) auf Grundlage einer **Verwaltungsvereinbarung** (§ 4 SanG). 26

Sanierungshilfen nach Art. 143d I 1 GG sind nach dem Wortlaut der Norm **unbefristet möglich**, können gleichwohl nur unter **bestimmten Voraussetzungen** gewährt werden. Das ergibt sich erstens daraus, daß sie als »Hilfe zur künftig eigenständigen Einhaltung der Vorgaben des Art. 109 III GG« gedacht sind und zweitens Satz 2 diese Hilfen an bestimmte Maßnahmen zum Abbau der übermäßigen Verschuldung sowie zur Stärkung der Wirtschafts- und Finanzkraft anknüpft. Daraus läßt sich schließen, daß Sanierungshilfen einen entsprechenden **Sanierungsbedarf** auf Seiten des betreffenden Landes voraussetzen, wofür drittens auch der Begriff *Sanierungs*hilfen selbst und viertens das prinzipielle Erfordernis der Gleichbehandlung der Bundesländer spricht. Ein solcher Sanierungsbedarf besteht jedenfalls solange und soweit das jeweilige Land zur Einhaltung der Vorgaben der Schuldenbremse ohne entsprechende Sanierungshilfen nach Durchführung des Länderfinanzausgleichs nicht in der Lage ist. Dieser Sanierungsbedarf bestimmt damit im übrigen auch die prinzipiell zulässige Höhe der gewährten Sanierungshilfen. 27

Nach Satz 2 sind die Länder, denen Sanierungshilfen gewährt werden, verpflichtet, Maßnahmen zum **Abbau der übermäßigen Verschuldung** sowie zur **Stärkung der Wirtschafts- und Finanzkraft** zu ergreifen. Art und Umfang solcher Maßnahmen werden nicht aufgeführt, entsprechende Regelungen sind insofern dem zustimmungspflichtigen Bundesgesetz nach Satz 3 vorbehalten. Die Verknüpfung der Sanierungshilfen mit entsprechenden Maßnahmen wirkt dabei nicht zuletzt einem möglichen moral hazard-Verhalten der betroffenen Länder entgegen; sie haben dadurch ein eigenes Interesse daran, den Sanierungsbedarf möglichst rasch zu beseitigen, um ihre vollständige finanzielle Autonomie wiederzuerlangen. Nähere Regelungen dazu finden sich in § 2 SanG, der insoweit von **Sanierungsverpflichtungen** spricht. Nach § 2 I 1 SanG verpflichten sich die Länder zunächst mit den Sanierungshilfen die Vorgaben des Art. 109 III GG einzuhalten – auch dieser Bestimmung dürfte (wie Art. 143d I 4 GG) zumindest faktisch nur mahnender Charakter zukommen (→ Rn. 11). Als bedeutender erweist sich insoweit die in § 2 II SanG geregelte Verpflichtung zum Abbau der Verschuldung. Danach sind **jährlich haushaltsmäßige Tilgungen** von mindestens einem Achtel der gewährten Sanierungshilfe (gegenwärtig also 50 Mio. €) zu leisten (§ 2 II 2 SanG). In einem Zeitraum von fünf Jahren sind insgesamt haushaltsmäßige Tilgungen in Höhe von einem Fünftel der gewährten Sanierungshilfen zu leisten (§ 2 II 3 SanG). Darüber hinaus streben die Länder an, im Zeitraum der Gewährung der Hilfen steigende positive Finanzierungsüberschüsse zu erzielen. In § 2 III und IV SanG sind Prüfpflichten des Bundesministeriums der Finanzen normiert, mit deren Hilfe festgestellt wird, ob bzw. inwieweit diesen Tilgungspflichten durch das jeweilige Land nachgekommen worden ist. Dort finden sich allerdings auch Regelungen auf Grund derer sich geringere Tilgungsleistungen im Einzelfall rechtfertigen lassen. Sofern das jeweilige Land den Tilgungspflichten nach § 2 II 2 SanG nicht nachgekommen sein sollte, wird in Höhe des Differenzbetrags zwischen erforderlicher Tilgung und tatsächlich geleisteter Tilgung die Sanierungshilfe einbehalten und auf ein Verwahrkonto des Bundes einbezahlt, bis die Tilgung nachgeholt wurde (§ 2 III 5 und 6 SanG). Ein Verstoß gegen die Tilgungspflichten nach § 2 II 3 SanG führt zur Erhöhung der Tilgungsverpflichtung nach § 2 II 28

2 SanG und damit letztlich wiederum zu einer erhöhten Einbehaltung durch den Bund (§ 2 IV 4 SanG).

D. Verhältnis zu anderen GG-Bestimmungen

29 Art. 143d GG ist in seinen ersten drei Absätzen eine reine Übergangsvorschrift für **Art. 109** und **Art. 115 GG**. Beide Vorschriften wurden danach verzögert erst ab dem Haushaltsjahr 2011 in Anwendung gesetzt. Die Art. 143d I, II GG modifizierten **Art. 115 II GG** bis zum 31.12.2015. Für die **Länder** gilt **Art. 109 III GG** (Schuldenbremse) erst ab dem 1.1.2020[62]. Insoweit ist die Regelung integraler Bestandteil der Einführung der Schuldenbremse, verliert aber mit dem 1.1.2020 ihre modifizierende Bedeutung. Der neue Art. 143d IV greift demgegenüber erst ab dem 1.1.2020 und gilt prinzipiell zeitlich unbegrenzt. **Art. 143f GG** sieht allerdings vor, daß der gesamte Art. 143d GG außer Kraft tritt, wenn nach dem 31.12.2030 die Bundesregierung, der Bundestag oder gemeinsam mindestens drei Länder Verhandlungen über eine Neuordnung der bundesstaatlichen Finanzbeziehungen verlangt haben und mit Ablauf von fünf Jahren nach Notifikation des Verhandlungsverlangens beim Bundespräsidenten keine gesetzliche Neuordnung der bundestaatlichen Finanzbeziehungen in Kraft getreten ist. Eine solche an Art. 50 EUV erinnernde »**sunset-clause**« war dem Grundgesetz bisher unbekannt, es wird insoweit also in der Tat »absolutes Neuland« betreten[63].

---

[62] Vgl. auch *Kube* (Fn. 11), Art. 143d Rn. 2, 4.
[63] *H.-G. Henneke*, DVBl. 2017, 214 (219).

Artikel 143e [Umwandlung der Auftragsverwaltung bei Bundesautobahnen]

(1) [1]Die Bundesautobahnen werden abweichend von Artikel 90 Absatz 2 längstens bis zum 31. Dezember 2020 in Auftragsverwaltung durch die Länder oder die nach Landesrecht zuständigen Selbstverwaltungskörperschaften geführt. [2]Der Bund regelt die Umwandlung der Auftragsverwaltung in Bundesverwaltung nach Artikel 90 Absatz 2 und 4 durch Bundesgesetz mit Zustimmung des Bundesrates.

(2) Auf Antrag eines Landes, der bis zum 31. Dezember 2018 zu stellen ist, übernimmt der Bund abweichend von Artikel 90 Absatz 4 die sonstigen Bundesstraßen des Fernverkehrs, soweit sie im Gebiet dieses Landes liegen, mit Wirkung zum 1. Januar 2021 in Bundesverwaltung.

Literaturauswahl

Wulfhorst, Reinhard: Die neue Bundesautobahnverwaltung: Strukturen – Aufgaben – Finanzierung – Umsetzung, in: Straße und Autobahn 2017, S. 636–643.

Siehe auch die Angaben zu Art. 90 GG.

Leitentscheidungen des Bundesverfassungsgerichts

Diese liegen zu Art. 143e GG bislang nicht vor.

Gliederung

Stichwörter

A. Herkunft, Entstehung, Entwicklung

Die Vorschrift wurde durch das **Gesetz zur Änderung des Grundgesetzes vom 13.7. 2017**[1] eingefügt, das neben einer Neuregelung der bundesstaatlichen Finanzbeziehungen (→ Art. 104b Rn. 3, 23; → Art. 104c Rn. 1ff., 5ff.; → Art. 107 Rn. 6ff.) auch die »Voraussetzungen für eine Verbesserung der Erledigung der staatlichen Aufgaben in 1

[1] BGBl. I S. 2347.

der föderalen Ordnung«[2] schaffen soll. In diesem Zuge wurde durch eine Neufassung von Art. 90 GG die bis dahin vorgeschriebene Verwaltung der **Bundesautobahnen** durch die Länder im Auftrag des Bundes aufgehoben und durch **Bundesverwaltung** ersetzt (→ Art. 90 Rn. 5ff., 39ff.).

2 Die verfassungsrechtlich relevanten **Eckpunkte dieser Reform** waren zwischen den Regierungschefinnen und Regierungschefs von Bund und Ländern am **14.10.2016** beschlossen worden[3] (→ Art. 90 Rn. 6). Darüber hinaus verständigten sich die »Bundeskanzlerin und die Regierungschefinnen und Regierungschefs der Länder« am **8.12.2016** auf **»Leitlinien«** bei »der einfachgesetzlichen Reform der Bundesfernstraßenverwaltung«[4], die insbesondere die Probleme des »besonders sensiblen Transformationsprozesses« beim Übergang von der bisherigen Verwaltung der Autobahnen durch die Länder auf die neue Bundesverwaltung betreffen. Betont wurde in diesen Leitlinien, daß »gemeinsame Lösungen von Bund und Ländern unerlässlich« seien und es insbesondere beim Aufbau der neuen »Bundesstrukturen« auf »flexible und konsensuale Abreden zwischen Bund und Ländern« ankomme. Deshalb werde für die Ausgestaltung des Transformationsprozesses »eine verbindliche Beteiligung der Länder durchgehend verankert« mit der Konsequenz, daß einfachgesetzliche »Regelungen, nachfolgende Rechtsverordnungen sowie Allgemeine Verwaltungsvorschriften des Bundes« die **Zustimmung des Bundesrates** erfordern. »Dies wird in Art. 143e Abs. 1 und 2 GG sowie in entsprechenden Ermächtigungen im Begleitgesetz festgelegt«.

3 Der auf diesen Leitlinien basierende **Entwurf der Bundesregierung**[5] entspricht weitestgehend der letztlich beschlossenen Fassung[6]. Durch die Beschlußempfehlung des federführenden Haushaltsauschusses[7] wurde lediglich der Zeitpunkt, bis zu dem die Autobahnen weiter durch die Länder in Auftragsverwaltung »geführt« werden (31.12.2020), mit dem **Zusatz »längstens«** versehen. Auf diese Weise sollte »klargestellt werden, dass ein Übergang der Verwaltungsaufgaben von den Ländern auf den Bund auch vor dem Stichtag möglich bleibt«[8].

B. Internationale, supranationale und rechtsvergleichende Bezüge

4 Die föderale Änderung der Verwaltungszuständigkeit, die Art. 143e GG moderiert, wird **durch internationales oder Unionsrecht nicht beeinflußt**. Das für den nationalen normativen Rahmen und für die Verwaltung der Bundesfernstraßen verbindliche Unionsrecht (→ Art. 90 Rn. 10f.) verändert sich in seiner Wirkungsweise und seiner Ver-

---

[2] So die Begründung der Bundesregierung in BT-Drs. 18/11131, S. 1.

[3] Der Wortlaut ist veröffentlicht vom Presse- und Informationsamt der Bundesregierung, Pressemitteilung 369 vom 14.10.2016.

[4] Presse- und Informationsamt der Bundesregierung, Pressemitteilung 444 vom 9.12.2016: »Beschluss ›Infrastrukturgesellschaft Verkehr/Bundesautobahngesellschaft‹ vom 8. Dezember 2016« (dort auch der nachfolgend zitierte Wortlaut des Beschlusses; Hervorhebungen nicht im Orig.).

[5] BR-Drs. 769/16 vom 15.12.2016. Daß für die Umsetzung des Beschlusses vom 8.12.2016 (→ Fn. 4) in Gesetzentwürfe der Bundesregierung bis zum Kabinettsbeschluß nur wenige Tage zu Verfügung standen, ist Ausdruck des auch das weitere Verfahren prägenden extremen Zeitdrucks (drohendes Ende der Legislaturperiode), der auch verfassungsrechtlich nicht unbedenklich ist. S. zum Ablauf des Gesetzgebungsverfahrens *R. Wulfhorst*, Straße und Autobahn 2017, 636 (638f.). → Art. 90 Rn. 9.

[6] Zusammenfassend zu den Regelungsgehalten von Art. 143e GG s. die Entwurfsbegründung der Bundesregierung in BR-Drs. 769/16, S. 16.

[7] BT-Drs. 18/12588, S. 10.

[8] BT-Drs. 18/12588, S. 34.

bindlichkeit durch die Umwandlung der Auftragsverwaltung in Bundesverwaltung nicht. Spezifische Anforderungen des Unionsrechts an den Umwandlungsprozeß sind nicht ersichtlich.

C. Erläuterungen

I. Funktion, Bedeutung und systematische Stellung

5 In allen seinen drei Elementen enthält Art. 143e GG **Übergangsregelungen zu Art. 90 GG** in der am 20.7.2017 in Kraft getretenen Fassung (→ Art. 90 Rn. 9). Ergänzend zu oder abweichend von Art. 90 II und IV GG regelt Art. 143e GG die **Umwandlung** der nach der alten Fassung von Art. 90 GG vorgeschriebenen **Auftragsverwaltung** aller Bundesfernstraßen durch die Länder in obligatorische (Autobahnen) bzw. fakultative (sonstige Bundesfernstraßen) **Bundesverwaltung**. Dabei bestimmt – erstens – Art. 143e I 1 GG abweichend von Art. 90 II GG den **Zeitpunkt**, zu dem die obligatorische Bundesverwaltung der Bundesautobahnen spätestens realisiert werden muß und zu dem folglich die Auftragsverwaltung der Autobahnen durch die Länder spätestens endet (→ Rn. 6 ff.). Zweitens ergänzt Art. 143e I 2 GG (→ Rn. 9 ff.) die Gesetzgebungskompetenzen des Bundes aus Art. 70 ff. GG, indem eine **Bundesgesetzgebungskompetenz für das Umwandlungsrecht** begründet wird. Soweit sich dieses Umwandlungsrecht auf die bereits bestehende Gesetzgebungskompetenz des Bundes (Art. 74 I Nr. 22 GG) stützen kann, modifiziert Art. 143e I 2 GG darüber hinaus partiell die Vorschrift des Art. 90 II 6 GG, indem speziell für das **Umwandlungsrecht** die Erforderlichkeit der **Zustimmung des Bundesrates** normiert wird. Schließlich enthält – drittens – Art. 143e II GG (→ Rn. 13) eine von Art. 90 IV GG abweichende Regelung zur Entscheidungsfreiheit des Bundes bei Übernahme sonstiger Bundesfernstraßen (→ Art. 90 Rn. 14). Während Art. 90 IV GG insoweit keine Pflicht kennt (→ Art. 90 Rn. 58), normiert Art. 143e II eine **Pflicht des Bundes zur Übernahme** der sonstigen Bundesfernstraßen und bestimmt zugleich den Zeitpunkt, zu dem die Übernahme wirksam wird, auf den 1.1.2021.

II. Übergang der Autobahnverwaltung (Art. 143e I GG)

1. Überführungsfrist (Art. 143e I 1 GG)

6 Nach **Art. 90 II GG** verwaltet der Bund die Bundesautobahnen; ohne eine Übergangsregelung hätte diese **Anordnung von Bundesverwaltung** bereits ab dem Inkrafttreten der Verfassungsänderung am 20.7.2017[9] gegolten. Da die Autobahnen bis zu diesem Zeitpunkt der Verfassungsänderung und darüber hinaus aber noch von den Ländern im Auftrag des Bundes mit eigenem Personal und eigenen Sachmitteln (Straßenbauverwaltungen, Autobahnmeistereien der Länder) verwaltet wurden und dem **Bund eine entsprechende Verwaltungsstruktur fehlte**, war die Notwendigkeit einer **Überführungsfrist** offensichtlich. Der erforderliche Aufbau einer Bundesverwaltung und die entsprechende Vorbereitung der Transformationsprozesse auf Seiten der Länder soll Art. 143e I 1 GG dadurch ermöglichen, daß abweichend von Art. 90 II GG **bis**

[9] Das Gesetz zur Änderung des Grundgesetzes (Fn. 1) ist nach seinem Art. 2 am Tag nach der Verkündung in Kraft getreten.

zum 31.12.2020 die Auftragsverwaltung der Autobahnen durch die Länder fortgeführt wird.

7 Der Umstand, daß dieser Zeitpunkt des Übergangs der Verwaltungszuständigkeit von den Ländern auf den Bund mit dem Wort »**längstens**« relativiert wurde (→ Rn. 3), erklärt sich durch die im Begleitgesetz[10] vorgesehene Möglichkeit, daß Länder mit dem Bund für bestimmte Aufgaben einen früheren Übergang der Zuständigkeit vereinbaren[11]. Vor diesem Hintergrund und angesichts des Umstandes, daß die Überführungsfrist vor allem für die von den Ländern zu bewältigenden Transformationsaufgaben ohnehin sehr knapp bemessen ist[12], muß Art. 143e I 1 GG so ausgelegt werden, daß eine Vorverlegung des Überführungsdatums nur im Einvernehmen mit dem betroffenen Land bestimmt werden kann.

8 Vorbehaltlich solcher abweichenden Vereinbarungen mit einem betroffenen Land besteht die unmittelbar aufgrund Verfassungsrechts eintretende **Rechtsfolge** von Art. 143e I 1 GG darin, daß mit Ablauf des 31.12.2020 für alle Autobahnen die **Zuständigkeit der Länder endet** und die obligatorische **Verwaltungszuständigkeit des Bundes** (→ Art. 90 Rn. 40) **beginnt**.

2. Umwandlung durch zustimmungsbedürftiges Bundesgesetz (Art. 143e I 2 GG)

9 Die **Umwandlung** der Auftragsverwaltung in Bundesverwaltung ist gem. Art. 143e I 2 GG durch zustimmungsbedürftiges Bundesgesetz (→ Art. 77 Rn. 44 ff.) zu regeln. Wie der ausdrückliche Verweis auf Art. 90 II und IV GG belegt, **betrifft** dies die Umwandlung der Auftragsverwaltung sowohl in Bezug auf die **Bundesautobahnen** als auch bezüglich der **sonstigen Bundesstraßen des Fernverkehrs**, soweit diese auf Antrag des jeweiligen Bundeslandes in Bundesverwaltung überführt werden (→ Art. 90 Rn. 57 ff.). Die Regelung der Umwandlung umfasst insbesondere »die Entflechtung der Verwaltungsaufgaben und den **Übergang der Personal- und Sachmittel** durch Übergangsvorschriften«[13]. Daneben geht es aber auch um das Schicksal der unter altem Recht eingeleiteten Verwaltungsverfahren oder um die Überführung der von den Ländern im Rahmen ihrer Verwaltungstätigkeit (vertraglich) begründeten Rechte und Pflichten[14].

10 Diese Regelungsgegenstände der Umwandlung der Auftragsverwaltung für Bundesfernstraßen in Bundesverwaltung liegen zumindest teilweise außerhalb der Gesetzgebungskompetenz des Bundes aus Art. 74 I Nr. 22 GG. Dies folgt schon daraus, daß dem Bund keine Gesetzgebungshoheit über das von den Ländern im Rahmen der Auftrags-

---

[10] Gesetz zur Neuregelung des bundesstaatlichen Finanzausgleichssystems ab dem Jahr 2020 und zur Änderung haushaltsrechtlicher Vorschriften vom 14.8.2017, BGBl. I S. 3122.

[11] S. Artikel 15 des Begleitgesetzes (Fn. 10): Gesetz zu Überleitungsregelungen zum Infrastrukturgesellschaftserrichtungsgesetz und zum Fernstraßen-Bundesamt-Errichtungsgesetz sowie steuerliche Vorschriften (Fernstraßen-Überleitungsgesetz – FernstrÜG), dessen § 13 vorsieht, daß die neue Infrastrukturgesellschaft des Bundes i. S. d. Art. 90 II 2 GG bereits »ab dem 1. Januar 2020 im Einvernehmen mit dem jeweiligen Land vor dem 1. Januar 2021 die Planung und den Bau von Bundesautobahnen wahrnimmt« und für diesen Fall anordnet, daß »für die mit der Aufgabe betrauten Beamtinnen und Beamten, Arbeitnehmerinnen und Arbeitnehmer sowie Auszubildenden ein Übergang im Sinne dieses Gesetzes« erfolgt. S. dazu auch *R. Wulfhorst*, Straße und Autobahn 2017, 636 (639).

[12] Erhebliche Zweifel daran, daß der Art. 143e I 1 GG zugrundeliegende Zeitplan eingehalten werden kann, äußert und begründet die Stellungnahme des Bundesrechnungshofs vom 23.3.2017 in der Sachverständigenanhörung des Haushaltsausschusses vom 27.3.2017, Ausschußdrucksache 18(8)4233, S. 5 und Anhang S. 18 ff.

[13] BR-Drs. 769/16, S. 16 (Hervorhebung nicht im Orig.).

[14] S. *B. Remmert*, in: Epping/Hillgruber, GG (online, Stand: 15.8.2017), Art. 143e Rn. 3.

verwaltung eingesetzte Personal zukommt (→ Art. 85 Rn. 31 ff.). Deshalb weist Art. 143e I 2 GG dem Bund die erforderliche Gesetzgebungskompetenz zum Erlaß des Umwandlungs- oder Überleitungsrechts zu. Ob es sich bei dieser allerdings um eine **ausschließliche Gesetzgebungskompetenz** handelt[15], **erscheint fraglich**. Ein Vergleich mit Art. 143a I 1, III 3 GG und Art. 143b I 2 GG zeigt, daß die Verfassung in Überleitungsvorschriften eine Gesetzgebungskompetenz des Bundes selbst dort explizit als ausschließliche kennzeichnet, wo ergänzende landesrechtliche Regelungen nicht nahe liegen. Auch der entstehungsgeschichtlich kaum vernachlässigbare Konsensfindungsprozeß zwischen Bund und Ländern (→ Rn. 2), der allerdings schon wegen des Zeitdrucks offensichtlich keinen Eingang mehr in die Begründung des Regierungsentwurfs finden konnte (→ Rn. 3), spricht zumindest nicht für eine ausschließliche Bundesgesetzgebungskompetenz. Schließlich erscheint es auch in der Sache durchaus nicht fernliegend, daß der Bund bei seiner Regelung des komplexen Transformationsprozesses Lücken läßt, die einer ausfüllenden Normierung durch Landesrecht fähig und bedürftig sind.

Bundesgesetze, die die Umwandlung der Auftragsverwaltung in Bundesverwaltung zum Gegenstand haben (Rn. 9), bedürfen der **Zustimmung des Bundesrates**. 11

3. Befugnisse des Bundes beim Vollzug des Umwandlungsrechts

Im Unterschied etwa zur Überleitungsregelung in Art. 143a II GG enthält Art. 143e I GG **keine Sonderregeln für den Vollzug des Umwandlungsrechts**. Soweit sich sein Vollzug nicht ausnahmsweise bereits als (neue) »Bundesverwaltung« der Bundesautobahnen darstellt, stellt sich die **Frage, ob** die **Regeln der Auftragsverwaltung** (Art. 85 GG) **oder** die **allgemeinen Regeln** des Art. 84 GG für den Vollzug von Bundesrecht durch die Länder als eigene Angelegenheit gelten[16]. Die Frage ist bedeutsam für die – in Art. 84 und 85 GG unterschiedlich ausgestalteten – Steuerungsbefugnisse des Bundes gegenüber den Ländern, wenn es im Verlauf des Transformationsprozesses zu Meinungsverschiedenheiten kommen sollte. Wenn auch der gesamte Umstrukturierungsprozeß letztlich der (besseren) Verwaltung der Bundesfernstraßen dienen soll, so sprechen doch Funktion (Schaffung einer neuen Bundesverwaltung und Ablösung der Landesverwaltung) und Adressaten (Personal) des Überleitungsrechts dagegen, seinen Vollzug als Auftragsverwaltung der Autobahnen zu qualifizieren[17]. Der großzügige Umgang des Fernstraßen-Überleitungsgesetzes mit der Steuerung des Umwandlungsprozesses durch bundesministerielle Erlasse gegenüber den Ländern[18], der durch Art. 84 GG nicht gedeckt ist, dürfte sich deshalb als verfassungswidrig erweisen. 12

III. Übernahme der sonstigen Bundesfernstraßen durch den Bund (Art. 143e II GG)

Die Übernahme der sonstigen Bundesstraßen des Fernverkehrs durch den Bund auf Antrag eines Bundeslandes ist in Art. 90 IV GG geregelt (→ Art. 90 Rn. 57 ff.). Während nach dieser Norm die Übernahme durch den Bund im politischen Ermessen der 13

[15] So die Begründung der Bundesregierung in BR-Drs. 769/16, S. 16; *Remmert* (Fn. 14), Art. 143e Rn. 3 spricht von einer »alleinigen« Gesetzgebungskompetenz des Bundes.
[16] Für Letzteres *R. Wulfhorst*, Straße und Autobahn 2017, 636 (642 f.).
[17] So *R. Wulfhorst*, Straße und Autobahn 2017, 636 (642 f.).
[18] S. § 1 I 2 und § 2 des Fernstraßen-Überleitungsgesetzes.

zuständigen Bundesorgane steht, enthält Art. 143e II GG davon abweichend eine **Verpflichtung des Bundes zur Übernahme**[19], **wenn** das jeweilige **Land** den **Antrag** bis zum 31.12.2018 **stellt**. Abgesehen von dieser Verpflichtung enthält Art. 143e II GG keine Modifikationen der in Art. 90 IV GG enthaltenen Regelung, so daß die dort geltenden Regeln (→ Art. 90 Rn. 57ff.) auch für den Antrag und die Übernahme durch den Bund nach Art. 143e II GG gelten. Allerdings dürfte eine Entscheidung des Bundes durch Gesetz (→ Art. 90 Rn. 58) nicht erforderlich sein, weil die Übernahmepflicht bereits verfassungsrechtlich entschieden ist.

D. Verhältnis zu anderen GG-Bestimmungen

14 Die Überleitungsregelung des Art. 143e GG modifiziert und ergänzt **Art. 90 GG**. Sie wird ihrerseits ergänzt durch die Regeln über den Vollzug von Bundesgesetzen in **Art. 84 GG** (→ Rn. 12), weil insoweit Art. 143e I GG keine eigenständige – im Sinne des Art. 83 GG »anderes« bestimmende oder zulassende – Regelung enthält.

[19] BR-Drs. 769/16, S. 16.

Artikel 143f [Außerkrafttreten bestimmter Normen betreffend die bundesstaatlichen Finanzbeziehungen]

[1]Artikel 143d, das Gesetz über den Finanzausgleich zwischen Bund und Ländern sowie sonstige auf der Grundlage von Artikel 107 Absatz 2 in seiner ab dem 1. Januar 2020 geltenden Fassung erlassene Gesetze treten außer Kraft, wenn nach dem 31. Dezember 2030 die Bundesregierung, der Bundestag oder gemeinsam mindestens drei Länder Verhandlungen über eine Neuordnung der bundesstaatlichen Finanzbeziehungen verlangt haben und mit Ablauf von fünf Jahren nach Notifikation des Verhandlungsverlangens der Bundesregierung, des Bundestages oder der Länder beim Bundespräsidenten keine gesetzliche Neuordnung der bundesstaatlichen Finanzbeziehungen in Kraft getreten ist. [2]Der Tag des Außerkrafttretens ist im Bundesgesetzblatt bekannt zu geben.

Literaturauswahl

Henneke, Hans-Günter: »Die wilden 13«: Orientiert sich der übergreifende informationstechnische Zugang zu Verwaltungsleistungen nach Notifikation beim Bundespräsidenten bis zu seiner Aufhebung an gesamtstaatlich bedeutsamen Investitionen finanzschwacher Gemeinden im Bereich der kommunalen Bildungsinfrastruktur?, in: DVBl. 2017, S. 214–222.

Hummel, Lars: »Dieses Gesetz tritt mit Ablauf des 31. Dezember 2019 außer Kraft.« – § 20 FAG, der programmierte Paradigmenwechsel?, in: Martin Junkernheinrich/Stefan Korioth/Thomas Lenk/Henrik Scheller/Matthias Woisin (Hrsg.), Jahrbuch für öffentliche Finanzen 2015, 2015, S. 313–318.

Hummel, Lars: Verfassungsvertrags-Mathematik – Kündbare Verfassungsgebung nach Maßgabe von Zahlenreihen und Kommastellen, in: Martin Junkernheinrich/Stefan Korioth/Thomas Lenk/Henrik Scheller/Matthias Woisin (Hrsg.), Verhandlungen zum Finanzausgleich, 2016, S. 181–188.

Reimer, Ekkehart: Die künftige Ausgestaltung der bundesstaatlichen Finanzordnung, VVDStRL 73 (2014), S. 153–180.

Leitentscheidungen des Bundesverfassungsgerichts

Diese liegen zu Art. 143f GG bislang nicht vor.

Gliederung

Stichwörter

A. Herkunft, Entstehung, Entwicklung

1 Art. 143f GG wurde im Zusammenhang mit der am **20.7.2017** in Kraft getretenen Reform der bundesstaatlichen Finanzbeziehungen in das Grundgesetz aufgenommen[1]. Der Beschluß der Ministerpräsidentenkonferenz vom 3.12.2015[2] hatte insoweit noch vorgesehen, daß die Neuordnung der bundesstaatlichen Finanzordnung unbefristet gilt, zugleich jedoch die Möglichkeit der Kündigung für eine Länderminderheit von mindestens drei Ländern ab 2030 eröffnet. Allerdings hätte das bis zur Kündigung geltende Recht weitergegolten, bis es durch eine neue Regelung ersetzt worden wäre. Der Sinn der Kündigung erschloß sich insofern nicht, nicht einmal ein Verhandlungszwang für die anderen Beteiligten wäre dadurch wohl begründet worden. Dementsprechend wurde diese Bestimmung in dieser Form im Rahmen der Einigung des Bundes und der Länder im Oktober 2016 auch nicht übernommen. Im **Gesetzentwurf der Bundesregierung von Anfang 2017** findet sich bereits im wesentlichen die letztlich auch verabschiedete Version, durch eine kleine Korrektur des Haushaltsausschusses des Bundestages wurde lediglich der Bundestag noch in den Normtext aufgenommen, der damit ebenfalls berechtigt ist, ein Verhandlungsverlangen zu artikulieren[3].

2 Die Norm regelt das **Außerkrafttreten** zahlreicher verfassungs- und einfach-rechtlicher **Bestandteile dieser Reform**, das danach allerdings nicht zu einem bereits feststehenden und in der Norm genannten Zeitpunkt, sondern erst fünf Jahre nach einem möglichen Verhandlungsverlangen der Bundesregierung, des Bundestages oder dreier Länder eintritt, sofern nicht zuvor eine gesetzliche Neuordnung der bundesstaatlichen Finanzbeziehungen in Kraft treten sollte.

3 Auch wenn der Begriff der Kündigung anders als im Beschluß der Ministerpräsidentenkonferenz nicht mehr ausdrücklich erscheint, begründet Art. 143f GG der Sache nach das **Recht der Bundesregierung, des Bundestages und der Länder,** die am 20.7.2017 in Kraft getretene **Reform der Finanzbeziehungen** in wesentlichen Teilen **aufzukündigen** und führt damit ein vertragsähnliches Element in das bestehende System ein[4]. Anders als im Vorschlag der Ministerpräsidenten hat eine solche Kündigung indes auch Konsequenzen für das bestehende Regelungsregime, das ohne rechtzeitige Neuregelung in wesentlichen Teilen außer Kraft tritt.

4 Um die Möglichkeit einer allzu frühen Aufkündigung des 2017 erzielten Kompromisses zu verhindern, erlaubt Art. 143f GG ein entsprechendes Verhandlungsverlangen **erst nach dem 31.12.2030**. Ein Außerkrafttreten der genannten Bestimmungen kommt daher frühestens zum 1.1.2036 in Betracht. Eine vorherige Änderung des Art. 143f GG einschließlich der dort genannten Fristen bleibt allerdings nach allgemeinen Regeln jederzeit möglich.

---

[1] BGBl. I S. 2347.

[2] Abgedruckt in M. Junkernheinrich u.a. (Hrsg.), Verhandlungen zum Finanzausgleich, 2016, S. 325 ff.

[3] Vgl. BT-Drs. 18/12588, S. 11, 34. Die Ergänzung erfolgte danach zur Stärkung der Stellung des Bundestages. Ob sich eine solche Befugnis des Bundestages im Bereich der bundesstaatlichen Finanzbeziehungen tatsächlich als sinnvoll geschweige denn als Stärkung erweist, sei dahingestellt.

[4] Allgemein für die Einführung solcher Elemente bereits *E. Reimer,* Die künftige Ausgestaltung der bundesstaatlichen Finanzordnung, VVDStRL 73 (2014), S. 153 ff. (169 f., 177 f.).

B. Internationale, supranationale und rechtsvergleichende Bezüge

Art. 143f GG ermöglicht es nicht nur der Bundesregierung, dem Bundestag oder mindestens drei Ländern einseitig Neuverhandlungen über eine Neuordnung der bundesstaatlichen Finanzbeziehungen herbeizuführen, sondern erzwingt letztlich auch eine Einigung der beteiligten Parteien innerhalb von fünf Jahren, wenn ein Außerkrafttreten zentraler Bestimmungen verhindert werden soll (→ Rn. 8, 15). Diese Konstruktion ähnelt insoweit der »**sunset-clause**« **des Art. 50 EUV**, die im Zusammenhang mit der Entscheidung der britischen Bevölkerung für den Brexit[5] einer breiteren Öffentlichkeit bekannt geworden ist und möglicherweise auch der Regelung des Art. 143f GG in gewisser Weise Pate gestanden haben könnte – wenngleich sich der knappen Begründung des Gesetzentwurfs diesbezüglich nichts entnehmen läßt. Vergleichbar mit der Regelung des Art. 143f GG wird das unionale Austrittsverfahren dabei durch einseitige Erklärung des austrittswilligen Mitgliedstaats eröffnet, an das sich eine zweijährige Verhandlungsphase anschließt. Kommt es in diesem Zeitraum zu keiner Einigung, finden die Verträge automatisch auf den dann ausgetretenen Mitgliedstaat keine Anwendung mehr. Anders als Art. 143f GG erlaubt Art. 50 EUV jedoch eine Verlängerung dieser Frist durch einstimmigen Beschluß des Europäischen Rates im Einvernehmen mit dem betroffenen Mitgliedstaat. Für Art. 143f GG kommt insoweit (zumindest theoretisch) eine auch sehr kurzfristig mögliche Verlängerung der Frist durch einfache Verfassungsänderung in Betracht. Auch im Rahmen des Art. 50 EUV soll mit der sunset-clause der politische Druck auf die Parteien, sich zu einigen, erhöht werden. Wie die Brexit-Verhandlungen zeigen, ist der Druck insoweit aber – anders als im Rahmen des Art. 143f GG – sehr ungleich verteilt und lastet vor allem auf dem austretenden Mitgliedstaat. 5

Sonstige **internationale und rechtsvergleichende Bezüge** sind **nicht erkennbar**. 6

C. Erläuterungen

I. Allgemeine Bedeutung, Regelungsziel

Regelungen über die bundesstaatlichen Finanzbeziehungen sind nie von Dauer, bedürfen vielmehr in regelmäßigen Abständen der Neuverhandlung und Anpassung an veränderte ökonomische Umstände und sonstige (auch unvorhergesehene) Entwicklungen. Gleichwohl kann es hier aufgrund der bisweilen stark divergierenden Interessen der Beteiligten zu erheblichen **Verzögerungen** kommen, auch ein Scheitern notwendiger Neuverhandlungen ist keineswegs ausgeschlossen. Insofern setzen rechtzeitige Neuregelungen zwar nicht zwingend das automatische Außerkrafttreten der vorherigen Regelungen zu einem bestimmten zukünftigen Zeitpunkt voraus. Durch entsprechende Bestimmungen kann aber der **politische Druck auf die Beteiligten** signifikant erhöht werden, sich rechtzeitig auf eine Neugestaltung zu einigen, da der ersatzlose Wegfall der vorherigen Bestimmungen in der Regel die sehr viel bedrohlichere Alternative darstellt (→ Rn. 18)[6]. 7

[5] Dazu nur *A. Thiele*, EuR 51 (2016), 281 ff.

[6] Die von *Theresa May* in Bezug auf den Brexit ausgegebene Maxime (»no deal is better than a bad deal«) gilt insoweit sicher nicht.

8 Eine solche **Befristung galt** denn auch für die im Rahmen des Solidarpakts II[7] vereinbarten **bisherigen Regelungen**[8], betraf dabei allerdings nicht die verfassungsrechtliche, sondern die **einfach-rechtliche Ebene** und wurde auch allein auf dieser angeordnet. Symptomatisch dafür steht die (keineswegs unproblematische[9]) Regelung des § 20 FAG, der bestimmt, daß das gesamte Finanzausgleichsgesetz »mit Ablauf des 31. Dezember 2019 außer Kraft« tritt. Die Beschränkung der Befristung auf die einfach-rechtliche Ebene erweist sich dabei als ausreichend, da jedenfalls die wesentlichen verfassungsrechtlichen Regelungen zu den Finanzbeziehungen des Bundes und der Länder ohne entsprechende einfach-rechtliche Konkretisierungen praktisch nicht vollziehbar sind, was auch das Bundesverfassungsgericht bereits festgestellt hat[10]. Das gilt namentlich für die Vorgaben des Art. 107 GG – und zwar sowohl in seiner neuen als auch in der bis zum 31.12.2019 geltenden Fassung. Eine umfassende und rechtzeitige Neuregelung ist im Falle eines automatischen Außerkrafttretens dieser einfach-rechtlichen Konkretisierungen mithin verfassungsrechtlich zwingend, muß allerdings nicht zugleich die verfassungsrechtlichen Rahmenbedingungen betreffen[11], was insbesondere aufgrund der unterschiedlichen Mehrheitserfordernisse durchaus von Relevanz sein kann.

9 Auch **Art. 143f GG** regelt insofern zwar **vordergründig das Außerkrafttreten** der dort genannten Bestimmungen, etabliert aber vor allem ein **besonderes Verfahren**, um entsprechende Neuverhandlungen über die bundesstaatlichen Finanzbeziehungen durch eine Minderheit herbeizuführen. Das mögliche Außerkrafttreten dient demgegenüber wie bisher vor allem der Erhöhung des politischen Drucks innerhalb der Frist von fünf Jahren auch tatsächlich eine solche Einigung zu erzielen. Trotz dieses insofern bekannten Zwecks, **betritt** Art. 143f GG gleichwohl in **mehrfacher Sicht (verfassungsrechtliches) Neuland**, worüber sich der Gesetzgeber ausweislich der Begründung des Gesetzentwurfs jedoch möglicherweise nicht im klaren war. So wird durch diesen **erstens** bereits auf verfassungsrechtlicher Ebene das Außerkrafttreten bestimmter einfach-rechtlicher Bestimmungen angeordnet, das freilich von weiteren Voraussetzungen abhängt. Einer einfach-rechtlichen Regelung wie derjenigen des § 20 FAG bedarf es damit zwangsläufig nicht mehr; sie wird denn auch in der ab dem 1.1.2020 geltenden Fassung des FAG ersatzlos gestrichen[12]. **Zweitens** regelt Art. 143d GG auch das unter den gleichen Bedingungen eintretende Außerkrafttreten des Art. 143d GG und damit einer anderen Verfassungsbestimmung. **Drittens** bestimmt Art. 143f GG kein automatisches Außerkrafttreten, knüpft dieses vielmehr an eine Art Kündigungsrecht, welches durch Notifikation eines Verhandlungsverlangens beim Bundespräsidenten ausgeübt wird. Das genaue Datum eines möglichen Außerkrafttretens der ge-

---

[7] Vgl. auch *J. Hidien*, Finanzausgleichsgesetz, 2015, Einleitung Rn. 22.

[8] Siehe zu den konkreten Motiven für die Befristung auch *H. Scheller*, Zur Geltungsdauer des neuen Finanzausgleichs zwischen Bund und Ländern – »Beständigkeitsklausel mit einprogrammierter Verfallsterminierung«?, in: Junkernheinrich, Finanzausgleich (Fn. 2), S. 189 ff. (190); kritisch *C. Schneider*, Verhandlungen zur Neuordnung der Bund-Länder-Finanzbeziehungen – Politische Wegmarken, in: Junkernheinrich, Finanzausgleich (Fn. 2), S. 95 ff. (98): »Diese Befristung war ein Fehler.«

[9] Siehe *L. Hummel*, »Dieses Gesetz tritt mit Ablauf des 31. Dezember 2019 außer Kraft.« – § 20 FAG, der programmierte Paradigmenwechsel?, in: M. Junkernheinrich u. a. (Hrsg.), Jahrbuch für öffentliche Finanzen 2015, 2015, S. 313 ff. (314 ff.).

[10] BVerfGE 101, 158 (215, Rn. 272 ff.).

[11] Der einfachste Weg wäre insoweit schlicht die gesetzliche Aufhebung der Befristung, etwa des § 20 FAG, vgl. auch *Hummel*, Paradigmenwechsel (Fn. 9), S. 317.

[12] Siehe Art. 2 des Gesetzes v. 14.8.2017, BGBl. I S. 3122, 3126.

nannten Bestimmungen läßt sich dem Grundgesetz selbst folglich nicht entnehmen, ist aber zumindest im Bundesgesetzblatt bekannt zu geben (Satz 2). Schließlich und **viertens** kann ein Außerkrafttreten abgewandt werden, sofern innerhalb von fünf Jahren nach Notifikation eine gesetzliche Neuordnung der bundesstaatlichen Finanzbeziehungen in Kraft getreten ist.

Gegenüber der bisherigen Lösung auf einfach-rechtlicher Ebene bringt diese Rege- 10
lung im Ergebnis **keine** erkennbaren **Vorteile**, wirft **aber** gewisse **verfassungsdogmatische Bedenken** auf.

Zwar erscheint die **Etablierung eines Kündigungsrechts** und damit vertraglicher Ele- 11
mente in das bundesstaatliche Finanzordnungssystem **keineswegs** von vornherein als **systemfremd**. Tatsächlich weist das komplexe auf unterschiedlichen Ebenen (Verfassung, Gesetz, Verwaltungsvereinbarung) angesiedelte Regelungsgeflecht der bundesstaatlichen Finanzordnung seiner Struktur nach durchaus eine gewisse Vergleichbarkeit zu einem umfassenden Staatsvertrag zwischen Bund und Ländern auf. Das zeigt auch der umfassende und im Konsens aller Beteiligten erfolgende Entscheidungsprozeß. Entsprechende Vorschläge, dieses System um vertragliche Elemente zu ergänzen, hat es denn auch durchaus bereits gegeben[13]. Diese betrafen allerdings zu recht lediglich die einfach-rechtliche Ebene, während die verfassungsrechtlichen Vorgaben von solchen vertraglichen Elementen verschont geblieben wären. Indem Art. 143f GG diese Unterscheidung aufhebt und mit Art. 143d GG zusätzlich auch eine Verfassungsbestimmung unter einen Kündigungsvorbehalt stellt, entstehen jedoch zunächst gewisse Bedenken im Hinblick auf die Regelung des **Art. 79 I 1 GG**, der seiner Intention nach gerade darauf abzielt, »Klarheit über Inhalt und Reichweite des geltenden Verfassungsrechts zu sichern«[14] und Änderungen des Grundgesetzes daher nur durch Gesetz erlaubt, welches den Wortlaut des Grundgesetzes ausdrücklich ändert oder ergänzt. Mit Art. 143f GG tritt eine solche Änderung des Grundgesetzes jedoch unmittelbar nicht durch Gesetz, sondern durch ein entsprechendes Verhandlungsverlangen und die anschließende Bekanntgabe des Außerkrafttretens im Bundesgesetzblatt, mithin durch Realhandeln ein. Im Ergebnis wird man indes wohl sagen können, daß dieses besondere Verfahren des Außerkrafttretens ausdrücklich im Grundgesetz vorgesehen und somit vom verfassungsändernden Gesetzgeber selbst eingeführt worden ist, so daß ein Verstoß gegen Art. 79 I 1 GG letztlich nicht vorliegt. Als **problematisch** erweist sich aber nicht zuletzt, daß Art. 143f GG die Frage nach der **Geltung einer Verfassungsnorm in das politische Alltagsgeschäft überführt**. So kann letztlich eine Minderheit von gerade einmal drei Ländern den ersten Schritt zu einem möglichen Außerkrafttreten einer grundgesetzlichen Bestimmung setzen, sofern diese mit der bestehenden bundesstaatlichen Finanzordnung nicht (mehr) einverstanden sein sollte. Ob sich das als sinnvoll erweist, muß doch sehr bezweifelt werden. Denn damit wird partiell schlicht die Funktion einer Verfassung verkannt, deren Aufgabe es ist, den Rahmen für den politischen Prozess zu setzen, von diesem aber ansonsten ausreichend Distanz wahren sollte und lediglich durch breite Mehrheiten modifiziert werden darf[15].

Diese verfassungsdogmatischen Bedenken stehen dabei **keinem erkennbaren Vorteil** 12
gegenüber, der mit der Unterwerfung des Art. 143d GG unter den Kündigungsvorbe-

[13] Siehe bereits *Reimer*, Ausgestaltung (Fn. 4), S. 169 f., 177.

[14] *M. Sachs*, in: Sachs, GG, Art. 79 Rn. 17. → Art. 79 I Rn. 17 ff., 21.

[15] *L. Hummel*, Verfassungsvertrags-Mathematik – Kündbare Verfassungsgebung nach Maßgabe von Zahlenreihen und Kommastellen, in: Junkernheinrich, Finanzausgleich (Fn. 2), S. 181 ff. (186).

halt erkennbar wäre. Welches konkrete Regelungsziel der Verfassungsgesetzgeber damit verfolgt hat, bleibt unklar. Die Begründung des Gesetzentwurfs enthält dazu keine weiteren Ausführungen. Art. 143d GG wird dadurch jedenfalls nicht zwingend Gegenstand der Neuverhandlungen, da eine Neuordnung im Sinne des Art. 143f GG diesen keineswegs umfassen muß (→ Rn. 17). Insofern sollte offenkundig allein sichergestellt werden, daß im unwahrscheinlichen Fall eines Außerkrafttretens auch die Sanierungshilfen für Bremen und das Saarland keine grundgesetzliche Grundlage mehr haben, diese also nicht mehr ausgezahlt werden können. Der politische Druck auf Bremen und das Saarland, sich auf eine Neuregelung einzulassen, dürfte damit aber praktisch unverändert bleiben und jedenfalls nicht steigen, da diese Sanierungshilfen in Höhe von jährlich maximal 800 Millionen Euro im Vergleich zu den übrigen Einnahmen, um die es geht (letztlich ist die gesamte Verteilung der Umsatzsteuereinnahmen betroffen) ohnehin nicht sonderlich ins Gewicht fallen, von Bundesseite nicht gewährt werden müssen und darüber hinaus auch nicht (mehr) gewährt werden dürfen, sofern keine Sanierungslage mehr besteht (→ Art. 143d Rn. 27). Ob die Sanierungshilfen im Jahr 2036 also überhaupt noch eine Rolle spielen ist unklar. Daß Bremen und das Saarland wegen der möglicherweise fortbestehenden Sanierungshilfen ein Scheitern der Neuverhandlungen riskieren würden, erweist sich jedenfalls als abwegig, zumal diese beiden Länder allein eine Neuordnung ohnehin nicht verhindern könnten.

13 Insgesamt bestehen daher zwar **keine** durchgreifenden **Bedenken** hinsichtlich der **Verfassungsmäßigkeit** der Neuregelung. Mangels erkennbarer Vorteile gegenüber den bisherigen Regelungen hätte auf diese gleichwohl zugunsten entsprechender einfachrechtlicher Regelungen schlicht verzichtet werden sollen.

II. Verhandlungsverlangen, Notifikation

14 Ein mögliches Außerkrafttreten der in Art. 143f S. 1 GG genannten Bestimmungen setzt zunächst ein **Verhandlungsverlangen** der Bundesregierung, des Bundestages oder mindestens dreier gemeinsam agierender Länder voraus. Ein entsprechendes Verlangen wird von der Bundesregierung durch Mehrheitsbeschluß, durch den Bundestag durch schlichten Parlamentsbeschluß artikuliert. Die jeweiligen Länder müssen sich auf anderem (nicht notwendig förmlichem) Wege einigen. Verhandlungen dürfen dabei erst **nach dem 31.12.2030** und damit frühestens am 1.1.2031 verlangt werden. Auch wenn der Wortlaut insoweit nicht eindeutig ist, wird man dieses Datum allein auf die Notifikation beim Bundespräsidenten beziehen müssen. Dafür spricht auch der Umstand, daß die beteiligten Länder – anders als die Bundesregierung und der Bundestag – in der Regel keinen förmlichen vorherigen Beschluß treffen werden. Bundesregierung und Bundestag können ihren Beschluß, Verhandlungen zu verlangen, damit auch vor diesem Datum treffen, die jeweiligen Länder dürfen sich vor diesem Datum auf ein entsprechendes Vorgehen einigen. In beiden Fällen darf die Notifikation selbst aber erst nach dem 31.12.2030 beim Bundespräsidenten eingehen.

15 Das Verhandlungsverlangen ist beim **Bundespräsidenten** zu notifizieren. Mit dieser **Notifikation** beginnt die Fünf-Jahres-Frist für eine gesetzliche Neuordnung der bundesstaatlichen Finanzbeziehungen. Formvorgaben für die Notifikation enthält Art. 143f GG nicht, sie muß aber schon zur Gewährleistung der notwendigen Rechtssicherheit **schriftlich ergehen**. Für die Bundesregierung wird die Notifikation vom Bundeskanzler, für den Bundestag vom Bundestagspräsidenten und für die beteiligten Länder jeweils vom Ministerpräsidenten bzw. Bürgermeister unterzeichnet. Der Bun-

despräsident wird als Adressat dabei in seiner **Funktion als Staatsnotar** tätig[16]. Er ist daher auch dafür zuständig, die formelle Ordnungsmäßigkeit des Verhandlungsverlangens zu überprüfen. Zu diesen formellen Vorgaben gehören neben der Beachtung des in Art. 143f GG genannten frühestmöglichen Zeitpunkts der Notifikation das Vorliegen des jeweiligen Mehrheitsbeschlusses bei Bundesregierung und Bundestag bzw. das Erreichen der geforderten Mindestzahl an beteiligten Ländern. Sollten diese formellen Vorgaben nach Auffassung des Bundespräsidenten nicht gewahrt sein, ist er verpflichtet, dies der notifizierenden Partei mitzuteilen, die anschließend ein weiteres und formal ordnungsgemäßes Verhandlungsverlangen notifizieren kann; die Fünf-Jahres-Frist beginnt erst mit dieser weiteren formal ordnungsgemäßen Notifikation zu laufen. Eine Bekanntgabe des Tages des Außerkrafttretens darf anschließend jedoch noch nicht erfolgen, da eine solche durch eine rechtzeitige Neuordnung der bundesstaatlichen Finanzbeziehungen noch abgewendet werden könnte. Diese Bekanntgabe erfolgt vielmehr frühestens unmittelbar vor Ablauf der Fünf-Jahres-Frist.

III. Neuordnung der bundesstaatlichen Finanzbeziehungen

Mit der Notifikation beginnt eine **fünfjährige Frist** für eine **Neuordnung** der bundes- 16
staatlichen Finanzbeziehungen. Kommt es in dieser Zeitspanne zu keiner Einigung fallen zentrale und notwendige Elemente der zu dem Zeitpunkt bestehenden bundesstaatlichen Finanzbeziehungen ersatzlos weg. Aus dem Prinzip der Bundestreue wird man daher eine Pflicht des Bundes und der Länder ableiten können, gemeinsam innerhalb dieser fünf Jahre über eine solche Neuordnung zu verhandeln (**Verhandlungspflicht**). Beide Seiten müssen sich dabei um eine für alle annehmbare Neuordnung ernsthaft bemühen. Das ohne Verhandlungen eintretende ersatzlose Außerkrafttreten der genannten Bestimmungen wäre jedenfalls für alle Beteiligten mit gravierenden und letztlich untragbaren Konsequenzen verknüpft (→ Rn. 18); daß sich in der Praxis eine der Ebenen entsprechenden umfassenden Verhandlungen gänzlich verweigert, erweist sich daher ohnehin als ausgeschlossen.

Art. 143f GG läßt sich nicht entnehmen, welche **Anforderungen an eine** das Außer- 17
krafttreten verhindernde **Neuordnung** der bundesstaatlichen Finanzbeziehungen zu stellen sind. Der Begriff »Neuordnung« spricht auf den ersten Blick dafür, darunter nur eine grundlegende Neugestaltung zu verstehen, die zugleich mit substantiellen (materiellen) Änderungen des bestehenden Systems einhergeht. Eine entsprechende Interpretation würde die Rechtsunsicherheiten jedoch noch einmal erheblich verschärfen, da bei geringfügigen Modifizierungen unklar bliebe, ob es letztlich zu einem Außerkrafttreten kommen soll oder nicht. Das spricht dafür, letztlich nicht auf materielle, sondern auf **formelle Kriterien** abzustellen. Eine Neuordnung liegt also bereits dann vor, wenn aufgrund des Verhandlungsverlangens eine noch so geringfügige Neuregelung einer Bestimmung in Kraft tritt, die andernfalls aufgrund des Art. 143f GG außer Kraft getreten wäre. Ausreichend ist es mithin, wenn sich Bund und Länder etwa auf ein neues Finanzausgleichsgesetz verständigen, während alle anderen Regelungen unverändert bleiben. Letztlich wird man eine Neuordnung im Sinne des Art. 143f GG wohl sogar annehmen müssen, wenn Bund und Länder lediglich die bestehenden Regelungen bestätigen (etwa durch die Neuverkündung des Finanzausgleichsgesetzes), materiell also überhaupt keine Änderungen vornehmen. Das ist ins-

[16] Zur Funktion des Bundespräsidenten als Staatsnotar: → Art. 54 Rn. 21.

besondere dort denkbar, wo das Verhandlungsverlangen lediglich von drei Ländern gestellt wurde und diese anschließend im Rahmen der Verhandlungen vom Bund und den anderen Ländern überstimmt werden.

18 Eine **Neuordnung** der bundesstaatlichen Finanzbeziehungen im Sinne des Art. 143f GG setzt damit **nicht zwingend** eine **Änderung der Verfassung** voraus. Sie wäre allerdings sinnvoll zumindest im Hinblick auf die Regelung des Art. 143f GG selbst. Denn zum einen können mögliche Rechtsunsicherheiten bzgl. der zukünftigen Geltung des Art. 143d GG und der anderen genannten Bestimmungen letztlich nur durch eine förmliche Änderung des Art. 143f GG beseitigt werden; andernfalls bliebe letztlich unklar, ob es ggf. in den nächsten Wochen zu einem Außerkrafttreten kommt oder nicht. Zum anderen bestünde ohne eine Anpassung des Art. 143f GG die Möglichkeit, die gefundene Neuordnung umgehend durch ein erneutes Verhandlungsverlangen in Frage zu stellen, was offenkundig kaum zweckmäßig wäre. Eine solche Änderung sollte daher entweder eine neue Sperrfrist für ein Verhandlungsverlangen vorsehen oder aber die Regelung des Art. 143f GG zugunsten einfach-rechtlicher Lösungen schlicht streichen.

IV. Außerkrafttreten, Bekanntgabe

19 Sollte es innerhalb der fünf Jahre zu keiner Neuordnung der bundesstaatlichen Finanzbeziehungen kommen, treten Art. 143d GG, das Finanzausgleichsgesetz sowie sonstige auf der Grundlage von Art. 107 II 2 GG erlassene Gesetze automatisch **fünf Jahre nach der Notifikation** des Verhandlungsverlangens beim Bundespräsidenten außer Kraft. Die vom Bundespräsidenten zu verfügende Bekanntgabe des Tages des Außerkrafttretens hat insoweit lediglich deklaratorische Bedeutung. Der **Bundespräsident** darf den **Bekanntgabebefehl** jedenfalls erst dann aussprechen, wenn er sicher davon ausgehen kann, daß es zu keiner das Außerkrafttreten verhindernden Neuordnung der bundesstaatlichen Finanzbeziehungen kommen wird. Der früheste Zeitpunkt dürfte daher wenige Wochen oder sogar Tage vor Ablauf der Fünf-Jahres Frist liegen. Im Zweifel muß der Bundespräsident in Kontakt mit der Bundesregierung treten und anfragen, ob noch mit einer rechtzeitigen Neuordnung zu rechnen ist. In Satz 2 ist die Zuständigkeit des Bundespräsidenten für die Erteilung des Bekanntgabebefehls zwar nicht explizit aufgeführt. Sie dürfte sich aber erneut aus seiner Funktion als **Staatsnotar** ergeben.

20 Sollte es tatsächlich zu einem Außerkrafttreten kommen, läßt sich allerdings schon die Aufteilung der Einnahmen aus den in **Art. 107 I GG** genannten Steuern zwischen Bund und Ländern **nicht mehr durchführen**, da dieser einfach-rechtlich festgelegt ist. Art. 107 I GG spricht insoweit lediglich von »Länderanteil« und bedarf daher zwingend einer solchen Konkretisierung, was auch das Bundesverfassungsgericht immer wieder betont hat[17]. Auch Bundesergänzungszuweisungen sind dann nicht mehr möglich, da diese nach Art. 107 II 5 GG ebenfalls einer einfach-rechtlichen Fundierung bedürfen (siehe § 11 FAG).

21 Angesichts der insoweit bestehenden verfassungsrechtlichen Pflicht des Gesetzgebers, die notwendigen einfach-rechtlichen Konkretisierungen zu erlassen und zu jedem Zeitpunkt die geforderte und für die Funktionsfähigkeit der beiden Ebenen notwendige bundesstaatliche Finanzverteilung zu ermöglichen, erweisen sich daher

[17] BVerfGE 101, 158 (215, Rn. 272 ff.).

schon die bisher bestehenden **einfach-rechtlichen Befristungen** – etwa in § 20 FAG – als verfassungsrechtlich **hochproblematisch**. Im Ernstfall, also im Falle eines Scheiterns einer rechtzeitigen Neuordnung, würden diese daher letztlich keine Wirkung entfalten können, da ansonsten durch einfach-rechtliche Bestimmungen ein verfassungswidriger Zustand herbeigeführt würde[18]. In der Konsequenz wäre das FAG also trotz § 20 FAG wohl weiterhin anzuwenden[19]. Da das Außerkrafttreten dieser Regelungen einschließlich des Art. 143d GG durch Art. 143f GG nunmehr jedoch auf der Verfassungsebene angeordnet wird, wird man diesen Schluß nicht mehr ziehen können. Die Konkretisierungsbedürftigkeit des Art. 107 GG und die Anordnung des Außerkrafttretens nach Art. 143f GG stehen vielmehr in einem verfassungsrechtlichen Spannungsverhältnis, das im Wege der **praktischen Konkordanz** aufzulösen ist.

Um die Funktionsfähigkeit des Bundes und der Länder zumindest vorläufig aufrecht 22
zu erhalten[20], wird man daher bzgl. der in Art. 107 I GG genannten Steuern auch eine **vorläufige Zuweisung eines Länderanteils** zulassen müssen, dessen Höhe sich an den bisherigen Regelungen FAG orientiert. Die Verteilung auf die einzelnen Länder erfolgt dann wie in Art. 107 I GG vorgesehen, auch bzgl. der Abgrenzung und Zerlegung wird man sich zwangsläufig an den bestehenden Regelungen orientieren müssen. Zuschläge zu und Abschläge von der jeweiligen Finanzkraft bei der Verteilung des Aufkommens der Umsatzsteuer zum angemessenen Ausgleich der Finanzkraft der Länder dürften ohne nähere Konkretisierung hingegen (wohl) ausgeschlossen sein. Auch Sanierungshilfen an Bremen und das Saarland nach Art. 143d IV GG dürfen nicht mehr gezahlt werden.

In der Praxis dürfte ein **Außerkrafttreten** in diesem Sinne mehr oder weniger **aus-** 23
geschlossen sein. Wie bisher ist davon auszugehen, daß sich Bund und Länder zuvor auf eine Neuordnung verständigen, was letztlich auch von der Regelung des Art. 143f GG intendiert ist (→ Rn. 8).

D. Verhältnis zu anderen GG-Bestimmungen

Art. 143f GG regelt zunächst das Außerkrafttreten des **Art. 143d GG**. **Art. 107 II GG** 24
wird zwar erwähnt, betroffen sind aber von Art. 143f GG lediglich die Ausführungsbestimmungen, die auf diesen gestützt wurden; Art. 107 II GG bleibt im übrigen unberührt. Art. 143f GG berührt auch nicht das Recht, die dort genannten Bestimmungen ohne ein Verhandlungsverlangen jederzeit nach den allgemeinen Vorschriften (**Art. 76 ff. GG**) zu ändern. Er schließt also weder eine losgelöste Verfassungsänderung (sowohl des Art. 143d GG als auch des Art. 143f GG) noch eine Modifikation des Finanzausgleichsgesetzes und der weiteren auf Art. 107 II GG gestützten einfach-rechtlichen Regelungen aus. Auch eine grundlegende Neuordnung der bundesstaatlichen Finanzbeziehungen kann jederzeit und unabhängig von Art. 143f GG erfolgen. Erhalten bleibt auch das Recht auf Einleitung einer abstrakten Normenkontrolle gem. **Art. 93 I Nr. 2 GG** zur Überprüfung der Verfassungsmäßigkeit der in Art. 143f GG genannten Bestimmungen; es besteht insofern nicht die Pflicht, vorrangig ein Verhandlungsverlangen nach Art. 143f GG zu notifizieren.

---

[18] Vgl. auch *A. Benz*, ZSE 15 (2017), 395 (402).
[19] So auch *Hummel*, Paradigmenwechsel (Fn. 9), S. 317.
[20] Vgl. auch *Hummel*, Paradigmenwechsel (Fn. 9), S. 314 f.

Artikel 143g [Übergangsbestimmung zu Art. 107 GG]

Für die Regelung der Steuerertragsverteilung, des Länderfinanzausgleichs und der Bundesergänzungszuweisungen bis zum 31. Dezember 2019 ist Artikel 107 in seiner bis zum Inkrafttreten des Gesetzes zur Änderung des Grundgesetzes vom 13. Juli 2017 geltenden Fassung weiter anzuwenden.

Literaturauswahl

Einschlägige Literatur ist bisher nicht vorhanden.

Leitentscheidungen des Bundesverfassungsgerichts

Diese liegen zu Art. 143g GG bislang nicht vor.

Gliederung

Stichwörter

Finanzausgleichsgesetz 2, 7 – Inkrafttreten 6 ff. – Maßstäbegesetz 2, 7 – Solidarpakt II 2 – Suspendierung 9 – Übergangsbestimmung 1, 4, 10 – Übergangszeitraum 8.

A. Herkunft, Entstehung, Entwicklung

1 Die Regelung des Art. 143g GG wurde im Zusammenhang mit der am 20.7.2017 in Kraft getretenen Reform der bundesstaatlichen Finanzbeziehungen[1] in das Grundgesetz aufgenommen. Sie enthält eine **Übergangsbestimmung für** die Anwendung des in diesem Zusammenhang ebenfalls in wesentlichen Teilen geänderten **Art. 107 GG** und legt fest, daß dessen neue Fassung erst ab dem 1.1.2020 Anwendung findet; bis dahin ist Art. 107 GG in seiner bis zum 20.7.2017 geltenden Fassung heranzuziehen (→ Art. 107 Rn. 50 ff.).

2 Bis zum 31.12.2019 greifen hinsichtlich der bundesstaatlichen Finanzbeziehungen generell die **Regelungen des Solidarpaktes II**, so daß auch zahlreiche einfachrechtliche Neuregelungen erst ab dem 1.1.2020 anzuwenden sind. Das betrifft insbesondere die Neufassungen des Maßstäbegesetzes und des Finanzausgleichsgesetzes[2], die die Vorgaben des neuen Art. 107 GG näher konkretisieren (→ Art. 107 Rn. 7, 13, 17, 31).

3 Art. 143g GG war in dieser Form bereits **im ursprünglichen Entwurf** der Bundesregierung **enthalten**, politisch und sprachlich nicht umstritten und wurde daher auch im zuständigen Haushaltsausschuß und im Bundesrat nicht näher thematisiert.

---

[1] Gesetz zur Änderung des Grundgesetzes v. 13.7.2017 (BGBl. I S. 2347).

[2] Siehe zu beiden Art. 1, 2 und 25 III des Gesetzes zur Neuregelung des bundesstaatlichen Finanzausgleichssystems ab dem Jahr 2020 und zur Änderung haushaltsrechtlicher Vorschriften v. 14.8.2017 (BGBl. I S. 3123, 3154).

B. Internationale, supranationale und rechtsvergleichende Bezüge

Es handelt sich um eine Norm, die unionsrechtlich in keiner Weise determiniert ist. Besondere internationale, supranationale und rechtsvergleichende Bezüge sind daher auch **nicht ersichtlich**, wenn man davon absieht, daß Übergangsbestimmungen in ähnlicher Form zwangsläufig in praktisch allen Rechtsordnungen weltweit vorhanden sind. 4

C. Erläuterungen

I. Allgemeine Bedeutung

5 Neuregelungen zu den bundesstaatlichen Finanzbeziehungen sind in der Regel das Ergebnis langjähriger und komplexer Verhandlungen zwischen Bund und Ländern, die schon aufgrund der notwendigen **langfristigen Finanzplanung** von Bund und Ländern rechtzeitig abgeschlossen und verbindlich niedergelegt werden müssen, bevor das zu ersetzende alte Regelungsregime ausläuft. Auch die Haushaltsverfahren von Bund und Ländern setzen voraus, daß realitätsnahe Voraussagen über die zu erwartenden Einnahmen der jeweiligen Ebene vorhanden sind.

6 Aus diesem Grund kommt ein **unmittelbares Inkrafttreten** entsprechender Neuregelungen **nicht in Betracht**. Um den ausgehandelten politischen Kompromiß gleichwohl verbindlich niederzulegen und zugleich einen reibungslosen Übergang vom alten zum neuen Regelungsregime zu gewährleisten, bieten sich dabei gesetzgebungstechnisch **zwei Wege** an.

7 So kann **erstens** das **Inkrafttreten** der Neuregelungen bis zum Auslaufen der vorherigen Regelungen **gesetzlich hinausgezögert** werden. Der politische Kompromiß ist dann bereits rechtssicher niedergelegt, da auch der Termin des Inkrafttretens verbindlicher Teil des ändernden Gesetzes ist. In dieser Weise ist im Rahmen der Reform des Jahres 2017 denn auch mit den wichtigsten einfachgesetzlichen Regelungen verfahren worden (Maßstäbegesetz, Finanzausgleichsgesetz), deren Inkrafttreten in Art. 25 III des Gesetzes zur Neuregelung des bundesstaatlichen Finanzausgleichssystems ab dem Jahr 2020 und zur Änderung haushaltsrechtlicher Vorschriften[3] auf den 1.1.2020 verschoben wurde. Dieser Weg erweist sich dabei auch aus rechtsstaatlicher Perspektive als sinnvoll, da sich dadurch stets nur ein Regelungsregime in Geltung befindet und die Rechtsanwender das bestehende Recht durch einen Blick in das jeweilige Gesetz unmittelbar ermitteln können.

8 Im Hinblick auf **Art. 107 GG** hat der verfassungsändernde Gesetzgeber hingegen den **zweiten** Weg gewählt und die **Neuregelung unmittelbar in Kraft** treten lassen, ihre **Anwendung** jedoch durch Art. 143g GG bis zum 1.1.2020 zugunsten der vorherigen Regelung **suspendiert** (→ Art. 107 Rn. 50 ff.). Dieser Weg erweist sich dabei aus zumindest zwei Gründen als weniger überzeugend. Zum einen enthält das Grundgesetz damit den noch bis zum 31.12.2019 anzuwendenden Art. 107 GG a. F. formal nicht mehr, und auch in Art. 143g GG wird der Wortlaut dieser Norm explizit nicht mehr aufgeführt; vielmehr wird lediglich auf die alte Fassung verwiesen. Der Rechtsanwender muß daher bis zum 1.1.2020 diese alte Fassung auf anderem Wege ermitteln[4], der

---

[3] BGBl. 2017 I S. 3122, 3154.

[4] Auch die Kommentierung des Art. 107 GG muß bis zum 1.1.2020 daher doppelt erfolgen:

Blick ins Gesetz genügt nicht mehr, was angesichts eines **Übergangszeitraums von rund zweieinhalb Jahren** äußerst mißlich erscheint. Zum anderen wirft diese Regelung auch komplexe verfassungsdogmatische und rechtstheoretische Fragen hinsichtlich der Geltung von Rechtsnormen auf, die an dieser Stelle freilich nicht vertieft, aber zumindest erwähnt werden sollen: Art. 107 GG n. F. gilt formal zwar bereits, wird aber noch nicht angewendet; Art. 107 GG a. F. wird angewendet, gilt aber formal nicht mehr. Warum der Gesetzgeber hinsichtlich des Art. 107 GG letztlich anders als bei den einfachrechtlichen Regelungen verfahren ist, läßt sich der Begründung des Gesetzentwurfs nicht entnehmen, die insoweit lediglich festhält, daß Art. 143g GG eine Übergangsregelung enthält, »mit der die Anwendbarkeit von Artikel 107 GG in der bisher geltenden Fassung […] sichergestellt wird.«[5] Das wäre auf dem ersten Weg indes ebenfalls möglich gewesen. Offensichtlich wollte der Gesetzgeber, daß sämtliche Grundgesetzänderungen zum gleichen Zeitpunkt in Kraft treten, womit ein Gewinn an Rechtssicherheit allerdings nicht verbunden ist. Die **unterschiedliche Regelungstechnik** scheint im Rahmen des Gesetzgebungsverfahrens insoweit nicht problematisiert worden zu sein. Ein gewisses Vorbild findet sich zwar in der Übergangsregelung zur Schuldenbremse in Art. 143d GG. Dort allerdings wäre der erste Weg aufgrund der unterschiedlichen Zeitpunkte des Inkrafttretens für Bund und Länder jedenfalls sehr viel schwieriger zu realisieren gewesen. Hinsichtlich der Neuregelung des Art. 107 GG wäre die schlichte Verschiebung des Inkrafttretens bis zum 1.1.2020 in jedem Falle vorzugswürdig gewesen.

II. Konkrete Regelung

9 Art. 143g GG suspendiert die Anwendung des Art. 107 in der seit dem 20.7.2017 geltenden Fassung bis zum 1.1.2020. Bis dahin ist Art. 107 GG in seiner bis zum 20.7.2017 geltenden Fassung anzuwenden. Die **Suspendierung** betrifft mit der Steuerertragsverteilung (Art. 107 I 1–4 GG), dem Länderfinanzausgleich (Art. 107 II 1–4 GG) und den Bundesergänzungszuweisungen (Art. 107 II 5–6 GG) den gesamten Art. 107 GG. Den Inhalt des Art. 107 GG in Art. 143g GG einzeln aufzulisten, wäre insoweit nicht nötig gewesen; darauf hätte – auch um Mißverständnissen vorzubeugen – verzichtet werden sollen.

D. Verhältnis zu anderen GG-Bestimmungen

10 Art. 143g GG steht in enger Beziehung zu **Art. 107 GG**, dessen Anwendung er bis zum 1.1.2020 suspendiert. Weitere grundgesetzliche Bestimmungen werden durch Art. 143g GG nicht berührt. Im Zusammenhang mit der Reform des Jahres 2017 ist **Art. 125c GG** – eine weitere Übergangsbestimmung – modifiziert worden. In **Art. 143f GG** findet sich zudem eine besondere Regelung zum (möglichen) Außerkrafttreten des **Art. 143d GG**, der mit den Sanierungshilfen für Bremen und das Saarland in Absatz 4 ein weiteres Element der Reform betrifft.

Art. 107 GG a. F. muß kommentiert werden, da dieser bis dahin Anwendung findet, Art. 107 GG n. F. muß bereits kommentiert werden, da er auch zuvor schon geltendes Verfassungsrecht darstellt. Daher müssen auch beide Fassungen des Art. 107 GG nacheinander abgedruckt werden.

[5] BT-Drs. 18/11131, S. 21.

Artikel 144 [Annahme in den Ländern, Berlin-Klausel]

(1) Dieses Grundgesetz bedarf der Annahme durch die Volksvertretungen in zwei Dritteln der deutschen Länder, in denen es zunächst gelten soll.

(2) Soweit die Anwendung dieses Grundgesetzes in einem der in Artikel 23 aufgeführten Länder oder in einem Teile eines dieser Länder Beschränkungen unterliegt, hat das Land oder der Teil des Landes das Recht, gemäß Artikel 38 Vertreter in den Bundestag und gemäß Artikel 50 Vertreter in den Bundesrat zu entsenden.

Literaturauswahl

Benz, Wolfgang: Die Gründung der Bundesrepublik. Von der Bizone zum souveränen Staat, 5. Aufl. 1999.

Benz, Wolfgang: Die Neugestaltung Deutschlands zwischen Weststaat und Provisorium, in: Hans-Peter Schneider (Hrsg.), Das Grundgesetz in interdisziplinärer Betrachtung, 2001, S. 9–20.

Dreier, Horst: Grundlagen und Grundzüge staatlichen Verfassungsrechts: Deutschland, in: IPE I, § 1, S. 3–85.

Feldkamp, Michael F.: Der Parlamentarische Rat 1948–1949. Die Entstehung des Grundgesetzes, 1998.

Feldkamp, Michael F.: Die Entstehung des Grundgesetzes für die Bundesrepublik Deutschland 1949. Eine Dokumentation, 1999.

Frowein, Jochen Abr.: Die Rechtslage Deutschlands und der Status Berlins, in: Ernst Benda/Werner Maihofer/Hans-Jochen Vogel (Hrsg.), Handbuch des Verfassungsrechts der Bundesrepublik Deutschland, 1. Aufl. 1983, S. 29–58.

Hufen, Friedhelm/Ziegler, Andreas: Vor 60 Jahren: Der Beitrag der Koblenzer Rittersturzkonferenz zum Entstehen des Grundgesetzes, in: LKRZ 2009, S. 41–47.

Jung, Otmar: Grundgesetz und Volksentscheid. Gründe und Reichweite der Entscheidungen des Parlamentarischen Rats gegen Formen direkter Demokratie, 1994.

Kahl, Wolfgang: Die Entstehung des Grundgesetzes, in: JuS 1997, S. 1083–1087.

Kiefer, Günther: Das Grundgesetz und die Zustimmungsfrage in den deutschen Landtagen im Mai 1949 – ein parlamentarisches Lehrstück, in: LKRZ 2015, S. 406–411.

Luchterhandt, Otto: Die staatliche Teilung Deutschlands, in: HStR[3] I, § 10, S. 423–529.

Mußgnug, Reinhard: Zustandekommen des Grundgesetzes und Entstehen der Bundesrepublik Deutschland, in: HStR[3] I, § 8, S. 315–354.

Pfetsch, Frank R.: Ursprünge der Zweiten Republik. Prozesse der Verfassungsgebung in den Westzonen und in der Bundesrepublik, 1990.

Sörgel, Werner: Konsensus und Interessen. Eine Studie zur Entstehung des Grundgesetzes, 1969.

Wilms, Heinrich: Ausländische Einwirkungen auf die Entstehung des Grundgesetzes, 1999.

Leitentscheidungen des Bundesverfassungsgerichts

BVerfGE 1, 70 (71ff.) – Grundrechtsgeltung in Berlin; 4, 157 (175f.) – Saarstatut; 7, 1 (7) – Berlin-Vorbehalt I; 19, 377 (384f.) – Berlin-Vorbehalt II; 20, 257 (266) – Bundesrecht in Berlin; 36, 1 (17, 32f.) – Grundlagenvertrag; 37, 57 (60ff.) – Haftbefehl in Berlin.

Gliederung

Stichwörter

A. Herkunft, Entstehung, Entwicklung

I. Ideen- und verfassungsgeschichtliche Aspekte

1 Die **Verfassunggebung** auf der Basis der Idee der verfassunggebenden Gewalt des Volkes (→ Pmbl. Rn. 71ff.) kennt **zwei Grundformen**[1]: zum einen die Wahl einer verfassunggebenden Versammlung, die über die Verfassung berät und diese dann auch ohne die Beteiligung weiterer Organe oder des Volkes verbindlich beschließt (Nationalversammlungsmodell), wie dies in Deutschland etwa bei der Paulskirchenversammlung von 1848/49 und der Weimarer Nationalversammlung von 1919 der Fall war; zum anderen die von einem Konvent ausgeführte Erarbeitung eines Verfassungsvorschlages, der dem Volk zur Abstimmung vorgelegt wird (Referendumsmodell), wie man dies etwa in Frankreich[2] praktiziert hat. In föderalen Staaten stellt sich zusätzlich das Problem der Beteiligung der Länder und ihrer (Teil-)Völker[3].

2 Illustres **Anschauungsmaterial** für die Verfassunggebung **bieten die deutschen Länder** nach dem Zweiten Weltkrieg, insbesondere die der amerikanischen Besatzungszone. In Bayern, Hessen und Württemberg-Baden erfolgte zunächst die Wahl verfassunggebender Landesversammlungen am 30.6.1946[4]. Vorentwürfe der Landesverfas-

---

[1] Dazu und zu weiteren Differenzierungen *C. Schmitt*, Verfassungslehre, 1928, S. 84ff.; *E.-W. Böckenförde*, Die verfassunggebende Gewalt des Volkes. Ein Grenzbegriff des Verfassungsrechts, 1986, S. 20ff.; *E. G. Mahrenholz*, Die Verfassung und das Volk, 1992, S. 15ff.; *C. Waldhoff*, Entstehung des Verfassungsgesetzes, in: O. Depenheuer/C. Grabenwarter (Hrsg.), Verfassungstheorie, 2010, § 8 Rn. 6ff., 22ff., 46ff.

[2] Verfassungen von 1793, 1852, 1946 (IV. Republik) und 1958 (V. Republik), wobei das Referendum vom 5.5.1946 spektakulär scheiterte und das Referendum vom 13.10.1946 bei geringer Beteiligung und zahlreichen leeren Stimmzetteln nur knapp Erfolg hatte; vgl. *J. Godechot*, Les constitutions de la France depuis 1789, 1970, S. 75, 79, 281, 362f., 413; *F. R. Pfetsch*, Verfassungspolitik der Nachkriegszeit. Theorie und Praxis des bundesdeutschen Konstitutionalismus, 1985, S. 146; knapp *O. Jouanjan*, IPE I, § 2 Rn. 7.

[3] Z. B. in der Schweiz (→ Rn. 13), in den USA (→ Rn. 3, 12) und eben auch in Deutschland.

[4] *F. R. Pfetsch*, Ursprünge der Zweiten Republik, 1990, S. 36f.; ausführlich zu Hessen: *H. Berding*, Einleitung, in: ders. (Hrsg.), Die Entstehung der Hessischen Verfassung von 1946, 1996, S. IXff. (XXIIIff.).

sungen wurden dabei in Verfassungsausschüssen bzw. Regierungskommissionen erarbeitet[5]. Nach Abschluß der Beratungen in den verfassunggebenden Landesversammlungen und nach Genehmigung durch die Militärregierung[6] wurden die Landesverfassungen einem Volksentscheid unterworfen, der in **Bayern** und **Hessen** rund 70 %, in Württemberg-Baden sogar 86 % Zustimmung erbrachte[7]. In **Bremen** als amerikanischer Enklave wurde erst durch Proklamation der US-Militärregierung vom 21.1.1947 der Landesstatus rückwirkend zum 1.1.1947 wiederhergestellt. Hier übernahm die Bürgerschaft die Aufgabe der verfassunggebenden Versammlung, doch fand abschließend ein Referendum anläßlich der Bürgerschaftsneuwahl am 12.10.1947 statt[8]. In der britischen Zone nahmen hingegen die Landtage und in der französischen Zone indirekt gewählte Gremien die Aufgabe der Verfassunggebung wahr[9]. In **Rheinland-Pfalz** bedurfte es ebenfalls der Bestätigung der von einem Ausschuß erarbeiteten Verfassung durch einen am 18.5.1947 durchgeführten Volksentscheid, wenn auch mit deutlich geringerer Zustimmung von rund 53 %[10]. Nach gleichem Muster verlief die nachkonstitutionelle Verfassunggebung in **Nordrhein-Westfalen**[11], während in **Niedersachsen** zunächst auf eine Volksabstimmung verzichtet und lediglich eine Vorläufige Verfassung in Kraft gesetzt wurde[12]. Auch die **neuen Bundesländer** zeigen insofern ein gespaltenes Bild[13]: während in Brandenburg, Mecklenburg-Vorpommern und Thüringen die Verfassungen in Volksentscheiden mit Zustimmungen zwischen 60 % und 94 % bestätigt wurden[14], hatten in Sachsen und Sachsen-Anhalt allein die Landtage

---

[5] Vornehmlich für Bayern: *H. Nawiasky*, in: H. Nawiasky/K. Schweiger/F. Knöpfle (Hrsg.), Die Verfassung des Freistaates Bayern, 2. Aufl. 2008, Systematischer Überblick Anm. 1.3. (S. 3); *J.F. Lindner*, in: J.F. Lindner/M. Möstl/H.A. Wolff (Hrsg.), Verfassung des Freistaates Bayern, 2009, Vorb. A Rn. 10ff.; *W. Brechmann*, in: W. Brechmann/*T. Meder (Hrsg.)*, Die Verfassung des Freistaates Bayern, 5. Aufl. 2014, Einl. Rn. 3; *T. Holzner*, Verfassung des Freistaates Bayern, 2014, Einl. Rn. 27ff. – Für Hessen: *Berding*, Einleitung (Fn. 4), S. XVII ff., XXV ff.

[6] *Pfetsch*, Ursprünge (Fn. 4), S. 42; für Hessen *Berding*, Einleitung (Fn. 4), S. XXX ff.

[7] Vgl. insgesamt *Pfetsch*, Ursprünge (Fn. 4), S. 59f.; speziell für Bayern *Lindner* (Fn. 5), Vorb. A Rn. 14; *Brechmann* (Fn. 5), Einl. Rn. 4; *Holzner* (Fn. 5), Einl. Rn. 29; speziell für Hessen *Berding*, Einleitung (Fn. 4), S. XXXIII; *K.R. Hinkel*, Verfassung des Landes Hessen, Kommentar, 1999, S. 26.

[8] Vgl. Art. 155 BremVerf. sowie *H. Wrobel*, in: A. Fischer-Lescano u.a. (Hrsg.), Verfassung der Freien Hansestadt Bremen, 2016, E 2 Rn. 1ff., 31 sowie *C. Maierhöfer*, ebd., Art. 155 Rn. 1.

[9] *Pfetsch*, Verfassungspolitik (Fn. 2), S. 125.

[10] *W. Rudolf*, in: C. Grimm/P. Caesar (Hrsg.), Verfassung für Rheinland-Pfalz, 2001, Einl. B Rn. 21 (zum näheren Ablauf ebd., Rn. 9ff.).

[11] Vgl. *J. Menzel*, in: W. Löwer/P.J. Tettinger (Hrsg.), Kommentar zur Verfassung des Landes Nordrhein-Westfalen, 2002, Einführung Rn. 17, 21, 23 (Zustimmung im Volksentscheid: 62 %, Inkrafttreten der Verfassung: 10.7.1950).

[12] Übersichtlich *T. Mann*, Niedersächsisches Verfassungsrecht, in: T. Mann/B. Hartmann/V. Mehde (Hrsg.), Landesrecht Niedersachsen, 2015, § 1 Rn. 3ff.; *H. Butzer*, Entstehung des Landes und Entwicklung des Verfassungsrechts seit 1946, in: V. Epping/H. Butzer u.a. (Hrsg.), Hannoverscher Kommentar zur Niedersächsischen Verfassung, 2012, Rn. 17, 20. Inkrafttreten: 13.4.1951. Nach der Wiedervereinigung wurde die Verfassung grundlegend revidiert, aber erneut keinem Volksentscheid unterworfen (eingehend *U. Berlit*, NVwZ 1994, 11ff.; *Butzer*, a.a.O., Rn. 21ff.).

[13] Überblicke: *C. Feddersen*, DÖV 1992, 989ff.; *C. Starck*, Die Verfassungen der neuen deutschen Länder, 1994.

[14] Für Brandenburg vgl. *H. Lieber*, Einführung, in: H. Lieber/S.J. Iwers/M. Ernst (Hrsg.), Verfassung des Landes Brandenburg, 2012, S. 21ff. (insb. S. 30 zur Volksabstimmung am 14.6.1992); für Mecklenburg-Vorpommern: *J. Kronisch*, Entstehungsgeschichte, in: C.D. Classen/R. Litten/M. Wallerath (Hrsg.), Verfassung des Landes Mecklenburg-Vorpommern, 2. Aufl. 2015, Rn. 26; für Thüringen: *J. Hopfe*, Entstehung der Thüringer Verfassung 1990 bis 1994, in: J. Linck u.a. (Hrsg.), Verfassung des Freistaats Thüringen, 2013, Rn. 15.

als verfassunggebende Landesversammlungen mit der Mehrheit von zwei Dritteln ihrer Mitglieder die Landesverfassungen beschlossen[15].

3 Die Genese des Grundgesetzes entspricht keiner der beiden oben (→ Rn. 1) angeführten Grundformen[16]. Der **Parlamentarische Rat war** keine volksgewählte Nationalversammlung, sondern **ein außergewöhnliches Gremium**, dessen Rekrutierung und Zusammensetzung den besonderen Umständen des besetzten Nachkriegsdeutschlands vor dem Hintergrund der sich abzeichnenden Teilung Deutschlands geschuldet war[17]. Besonderheiten weist auch das sich an die Beratungen im Parlamentarischen Rat anschließende Ratifizierungsverfahren auf (→ Rn. 15ff.). Denn naheliegend wäre es gewesen, das Inkrafttreten des Grundgesetzes in Analogie zur Zusammensetzung des Parlamentarischen Rates aus Vertretern, die von den jeweiligen Landtagen gewählt worden waren, an eine Volksabstimmung in den Ländern zu binden oder – dem amerikanischen Vorbild von 1787/1788 folgend – der Annahme durch besondere Ratifikationskonvente (→ Rn. 4) zu unterwerfen. Konsequenterweise war in den Frankfurter Dokumenten eine derartige **Annahme in Gestalt von Referenden** in den Ländern denn auch zwingend **vorgesehen**[18]. Schon in der Londoner Konferenz von 1948 hatten die Siegermächte beschlossen, daß die Länder zur »Zustimmung« (»approval«) berufen sein sollten – und zwar im Wege einer Volksabstimmung (»ratification by the people«)[19]. Letztendlich kam es aber aus bestimmten Gründen und Motiven anders (→ Rn. 5ff.).

4 In der deutschen **Verfassungsgeschichte** gibt es **kein Vorbild** für das in Art. 144 GG gewählte Verfahren zur Ratifikation des Grundgesetzes[20]. Da der Parlamentarische

---

[15] Für Sachsen: *B. Kunzmann*, in: H. Baumann-Hasske/B. Kunzmann (Hrsg.), Die Verfassung des Freistaates Sachsen, 2011, Einleitung Rn. 61f.; *S. Heitmann*, Zur Entstehung der Sächsischen Verfassung vom 27. Mail 1992, in: A. Uhle (Hrsg.), 20 Jahre Sächsische Verfassung, 2013, S. 15ff. (31); für Sachsen-Anhalt vgl. *A. Reich*, Verfassung des Landes Sachsen-Anhalt, 1994, Präambel Rn. 2.

[16] *H.H. Klein*, in: Maunz/Dürig, GG, Art. 144 (2017), Rn. 22; vgl. *A. Frhr. v. Campenhausen/P. Unruh*, in: v. Mangoldt/Klein/Starck, GG III, Art. 144 Rn. 20.

[17] *P. Kunig*, in: v. Münch/Kunig, GG II, Art. 144 Rn. 2 (»ungewöhnliches Verfahren«); *Stern*, Staatsrecht I, S. 145 (»verfassunggebendes Gremium besonderer Art«). → Pmbl. Rn. 74ff.

[18] Dokumente zur künftigen politischen Entwicklung Deutschlands (»Frankfurter Dokumente«), Dokument Nr. I, Frankfurt, 1.7.1948, in: Parl. Rat I, S. 30ff. (32): »Wenn die Verfassung [...] mit diesen allgemeinen Grundsätzen nicht in Widerspruch steht, werden die Militärgouverneure ihre Vorlage zur Ratifizierung genehmigen. Die Verfassunggebende Versammlung wird daraufhin aufgelöst. Die Ratifizierung in jedem beteiligten Land erfolgt durch ein Referendum, das eine einfache Mehrheit der Abstimmenden in jedem Land erfordert, nach von jedem Land jeweils anzunehmenden Regeln und Verfahren. Sobald die Verfassung von zwei Dritteln der Länder ratifiziert ist, tritt sie in Kraft und ist für alle Länder bindend.« Wie wenig davon tatsächlich umgesetzt wurde, zeigt sich auch im anschließenden Satz: »Jede Abänderung der Verfassung muß künftig von einer gleichen Mehrheit der Länder ratifiziert werden.« (→ Art. 79 II Rn. 5; → Fn. 29 m. w. N.). Vgl. insoweit zur Genese auch *B. Dennewitz*, in: BK, Art. 144 (Erstb.: unveränderter Nachdruck 2014), Anm. I. (S. 2).

[19] Schlußkommuniqué der Londoner Sechs-Mächte-Konferenz über Deutschland, Berlin, 7. Juni 1948, abgedruckt in: Parl. Rat I, S. 1ff. (4): »At that meeting the Ministers-President [of the Western Zones in Germany] will be authorized to convene a Constituent Assembly in order to prepare a constitution for the approval of the participating states.« Sowie ebd., S. 5: »If the constitution as prepared by the Constituent Assembly does not conflict with these general principles the Military Governors will authorize its submission for ratification by the people in the respective states.« Zur Bedeutung *Stern*, Staatsrecht V, S. 1214. Zum hinhaltenden Widerstand der Franzosen gegen die Gründung eines neuen westdeutschen Staates zusammenfassend *M.F. Feldkamp*, Der Parlamentarische Rat 1948–1949, 1998, S. 17f.

[20] Wie hier *Klein* (Fn. 16), Art. 144 Rn. 22; ähnlich *W. Kahl*, JuS 1997, 1083 (1086).

Rat keine Nationalversammlung wie die der Paulskirche oder Weimars war (→ Rn. 3)[21], kommt als Vergleichsmaßstab praktisch nur noch die Bismarck-Verfassung von 1871 in Betracht[22], die aber ihrerseits wegen der Verquickung von völkerrechtlichen Verträgen und unterschiedlich gelagerten Zustimmungsverfahren in den einzelnen Staaten, die dem schon existenten Norddeutschen Bund beitraten, ein Unikat darstellt[23]. Ähnlich gestaltete sich das Verfahren in den **USA**, da dort ebenfalls die Gliedstaaten als konstitutive und letztentscheidende Instanzen betrachtet wurden[24]. Freilich waren es dort nicht die Landesparlamente, die »legislatures«, sondern speziell zu diesem Zweck gewählte repräsentative Versammlungen, die »conventions« (Ratifikationskonvente), welche über Annahme oder Ablehnung entschieden[25].

II. Entstehung und Veränderung der Norm

1. Annahmeverfahren (Art. 144 I GG)

Im **Herrenchiemseer Verfassungskonvent** orientierte man sich an den Vorgaben der Londoner Sechs-Mächte-Konferenz und den Frankfurter Dokumenten[26]. Demgemäß sah **Art. 148 II a) HChE** vor, das Grundgesetz »durch Volksbeschluß in den Ländern« anzunehmen; doch war schon hier als Alternative ein übereinstimmender Beschluß der Volksvertretungen der Länder formuliert[27]. Der **Parlamentarische Rat** übernahm 5

[21] Die Nationalversammlung zur WRV kam durch Direktwahl zustande, der Parlamentarische Rat wurde hingegen durch Wahl in den Landesparlamenten besetzt; vgl. Artikel II § 4 des Modellgesetzes über die Errichtung des Parlamentarischen Rates, verabschiedet vom Verfassungsausschuß (eingesetzt von den Ministerpräsidenten): »§ 4. Die Abgeordneten werden vom [...] Landtag gewählt.« Textabdruck in: Parl. Rat I, S. 286ff. (287). Der Verzicht auf ein Referendum – die WRV wurde am 31.7.1919 von den Abgeordneten der Nationalversammlung angenommen und am 11.8.1919 vom Reichspräsidenten ausgefertigt und verkündet; ein Verfassungsreferendum fand nicht statt – bedeutet bei der Weimarer Reichsverfassung deshalb etwas anderes als beim Grundgesetz. Vgl. Art. 181 WRV: »Das deutsche Volk hat durch seine Nationalversammlung diese Verfassung beschlossen und verabschiedet. Sie tritt mit dem Tage ihrer Verkündung in Kraft.«

[22] Annahme und Kaiserwahl erfolgten durch die Nationalversammlung, Ausfertigung und Verkündung durch ihren Präsidenten; vgl. *Huber*, Dokumente, Bd. 1, S. 375.

[23] Zu dem komplexen Prozeß eingehend und übersichtlich *H. Maurer*, Entstehung und Grundlagen der Reichsverfassung von 1871, in: FS Stern, 1997, S. 29ff.

[24] Art. VII U.S.Verf.: »The Ratification of the Conventions of nine States, shall be sufficient for the Establishment of this Constitution between the States so ratifying the Same.« Allerdings hatten die Anti-Federalists in Rhode Island statt dessen zunächst ein (Verhinderungs-)Referendum in Town-Meetings abhalten lassen und lenkten erst 1790 unter dem Druck eines Boykottgesetzes mit knapper Mehrheit in einem Ratifizierungskonvent ein; vgl. zu der damit verbundenen Auseinandersetzung *J. Heideking*, Die Verfassung vor dem Richterstuhl. Vorgeschichte und Ratifizierung der amerikanischen Verfassung 1787–1791, 1988, S. 156ff., 556ff., 701ff.

[25] Diese Differenz wird nicht beachtet, wenn man die Regelung des Art. 144 GG als Anlehnung an die US-Verfassung deutet (so *R. Weber-Fas*, Das Grundgesetz, 1983, S. 20: »Ratifizierung [...] nach dem Muster der nordamerikanischen Verfassung von 1787«).

[26] Vgl. Textauszug: → Rn. 3 m. Fn. 18.

[27] Artikel 148 HChE (siehe JöR 1 [1951], S. 917; Parl. Rat II, S. 614): »(1) Die auf Grund des von den Ministerpräsidenten vorgeschlagenen gemeindeutschen Gesetzes über den Parlamentarischen Rat von den Abgeordneten der Landtage der Länder Baden, Bayern, Bremen, Hamburg, Hessen, Niedersachsen, Nordrhein-Westfalen, Rheinland-Pfalz, Schleswig-Holstein, Württemberg-Baden und Württemberg-Hohenzollern erwählte Versammlung hat dieses Grundgesetz beschlossen. (2) Das deutsche Volk hat dieses Grundgesetz a) durch Volksbeschluß in den Ländern, b) durch übereinstimmenden Beschluß der Volksvertretungen als gemeindeutsches Recht angenommen. Es ist mit dem [...] als rechtsverbindliches Gesetz im Sinne der Landesverfassungen in Kraft getreten.«

in der ersten Lesung des Hauptausschusses die Referendumsfassung und schlug folgende Variante vor: »Dieses Gesetz bedarf der Annahme durch Volksentscheid in mindestens zwei Dritteln der beteiligten Länder. In jedem Lande entscheidet die einfache Mehrheit der Abstimmenden. Im übrigen wird das Verfahren durch die einzelnen Länder geregelt.«[28] Nachdem die Neufassung der Art. 148c bis 148e im Organisationsausschuß noch nicht abschließend beraten worden war[29], wurde sie in der zweiten Lesung im Hauptausschuß zunächst zurückgestellt[30]. Später einigte sich der **Fünfer-Ausschuß** auf die Streichung des Referendums[31], sprach sich aber in der Empfehlung für die (öffentlichen) Beratungen des Parlamentarischen Rates für weitere[32] interfraktionelle Beratungen zu der Frage aus[33], die in der dritten Lesung noch nicht stattgefunden hätten, so daß »diese Frage in das Plenum verlegt« wurde[34]. Vorgeschlagen durch den **Redaktionsausschuß** als Art. 148e I[35], wurde der endgültige Wortlaut dann in vierter Lesung des Hauptausschusses ohne Diskussion als neuer Art. 145 I übernommen[36]. Damit wich der Parlamentarische Rat von den Vorgaben der Siegermächte ab.

6 Der Abg. Dr. von Brentano (CDU) stellte mehrfach den **Antrag**, die Annahme durch **Volksentscheid wieder aufzunehmen**. Diesen begründete er damit, daß nur »die Gesamtheit des Volkes« die Verfassung mit dem notwendigen Vertrauen ausstatten und zu lebendiger Wirksamkeit bringen könne[37]. Der Antrag **scheiterte** sowohl in der vierten Lesung des Hauptausschusses[38] als auch in einer »Kampfabstimmung«[39] im Plenum[40]. Dabei entwickelte sich in der abschließenden Plenumsdebatte offenbar eine

---

[28] Fassung des Art. 148e der 1. Lesung des Hauptausschusses; vgl. 20. Sitzung v. 7.12.1948, Parl. Rat XIV/1, S. 594 (Textabdruck auch in: Parl. Rat VII, S. 132). Der Redaktionsausschuß folge dem (Parl. Rat VII, S. 201). Hierzu und zum folgenden ausführlich *O. Jung*, Grundgesetz und Volksentscheid, 1994, S. 252ff.

[29] 16. Sitzung v. 20.10.1948, Parl. Rat XIII/1, S. 634f., und 17. Sitzung v. 22.10.1948, ebd., S. 647f. Zur vorangegangenen Grundsatzdiskussion im Organisationsausschuß über die Frage, ob Dokument Nr. I (Fn. 18) Referenden in Verfassungsfragen zwingend vorschreibe, die letztlich darauf hinauslief, einen Konflikt mit den Alliierten riskieren zu wollen, s. Parl. Rat XIII/1, S. 535, 540ff. (13. Sitzung v. 13.10.1948).

[30] Vgl. 40. Sitzung v. 14.1.1949 (JöR 1 [1951], S. 919; Parl. Rat XIV/2, S. 1241).

[31] Vorschlag des Fünfer-Ausschusses, Sonderdrucksache S 12 v. 5.2.1949, abgedruckt in: Parl. Rat VII, S. 319ff. (327); zu den Hintergründen der nicht diskutierten Veränderung siehe *Jung*, Grundgesetz (Fn. 28), S. 278 m.w.N.

[32] Zu einer ersten interfraktionellen Beratung über die Frage des Referendums, bei der die CDU dafür, die SPD dagegen argumentierte (2. und 4.11.1948), siehe *Jung*, Grundgesetz (Fn. 28), S. 275 m.w.N.

[33] Vorschlag des Fünfer-Ausschusses v. 5.2.1949, Parl. Rat VII, S. 395.

[34] Vgl. 51. Sitzung des Hauptausschusses v. 10.2.1949, Parl. Rat XIV/2, S. 1647.

[35] Parl. Rat VII, S. 530.

[36] Vgl. 57. Sitzung v. 5.5.1949, Parl. Rat XIV/2, S. 1825; zum Text siehe Parl. Rat VII, S. 530, 570.

[37] *H. v. Brentano* in der 9. Sitzung des Plenums v. 6.5.1949, Parl. Rat IX, S. 496.

[38] Antrag zu Art. 148e; abgelehnt mit 11 gegen 7 Stimmen ohne Aussprache: 57. Sitzung v. 5.5.1949, Parl. Rat XIV/2, S. 1826. In zweiter Lesung wurde Art. 148e nicht beraten; vgl. 40. Sitzung des Hauptausschusses (Fn. 30).

[39] So *R. Morsey*, DÖV 1989, 471 (481).

[40] *H. v. Brentano*, 9. Sitzung v. 6.5.1949 (Parl. Rat IX, S. 496): »Indem wir anerkannt haben, daß die Staatsgewalt vom Volke ausgeht, haben wir ein *unverzichtbares*, aber auch *unabdingbares Recht* des *Volkes* anerkannt, über sein politisches Schicksal selbst zu entscheiden. Ich bin der Meinung, wenn wir für das deutsche Volk, in dessen Auftrag wir zu handeln glauben und zu handeln hoffen, eine Verfassung ausgearbeitet haben, dann haben wir auch die Verpflichtung, das Volk zu befragen, ob es in dieser Verfassung und unter dieser Verfassung leben will. Ich glaube, wenn wir diesen demokratischen Weg nicht gehen würden, dann würden wir gegen ein Grundgesetz der Demokratie ver-

gewisse Eigendynamik. Zunächst schloß sich der Abg. Dr. Becker (FDP) dem Antrag an, verbunden mit der Hoffnung, daß sich »in allen Ländern« der nötige »Schwung für eine solche Abstimmung« einstellen werde[41]. Dann ergriff der Abg. Renner (KPD) das Wort, wies darauf hin, daß er schon früher einen entsprechenden Antrag gestellt habe, verwickelte sich in ein Wortgefecht mit dem Präsidenten Dr. Adenauer (CDU), in dessen Zusammenhang unter anderem deutlich wurde, daß der Antrag auch in der Presse bereits als ein KPD-Antrag bekannt geworden war[42]. Schließlich ließ Adenauer zunächst über den weitergehenden Renner-Antrag und danach über denjenigen von v. Brentano/Becker abstimmen[43]. Beide Anträge wurden ohne weitere Aussprache abgelehnt, der Vorschlag des Hauptausschusses angenommen[44]. In der dritten Lesung im Plenum am 8.5.1949 wurde der Antrag nochmals erfolglos von v. Brentano und Dehler (FDP) wiederholt, wobei letzterer zusätzlich darauf hinwies, daß Bayern ohnehin angekündigt habe, von der nach bayerischer Verfassung gegebenen Möglichkeit, das Volk anzurufen, Gebrauch zu machen (→ Rn. 21)[45].

Die angesichts der Eindeutigkeit der alliierten Vorgaben erstaunliche **Abkehr vom Volksentscheid** vollzog sich insgesamt »bemerkenswert intransparent«[46]. Zu den außerhalb des Parlamentarischen Rates diskutierten politischen **Gründen** für den **Verzicht auf Volksabstimmungen** gehörten[47]: die schwache Ausbildung von Presseorganen, der Zeitdruck[48], der Zweifel an genügendem Mobilisierungspotential[49], das Interesse daran, das Grundgesetz als dezidiert vorläufige Regelung zu präsentieren (Provisoriumsargument)[50] und – vor allem – die Furcht vor wirksamer Agitation der KPD gegen eine Staatsgründung (Agitationsargument)[51]. Diese war nicht unbegründet. Immerhin war der Kalte Krieg mit dem Auszug der Sowjetunion aus der Kommandantur für Berlin (16.6.1948), der Durchführung der Währungsreform in der 7

stoßen und unter Umständen die politische Entwicklung mit einer schweren Hypothek belasten, von der wir nicht wissen, ob wir sie jemals abtragen können. […] Ich glaube aber, daß eine vielleicht geringe Zeitversäumnis in keinem Verhältnis steht zu dem *politischen Versäumnis*, das wir begehen würden, wenn wir das Volk nicht fragen würden, ob es in diesem neuen Staat und mit diesem neuen Staat leben will.« (Hervorhebungen i.O., H.D.).

[41] 9. Sitzung v. 6.5.1949, Parl. Rat IX, S. 497.

[42] 9. Sitzung v. 6.5.1949, Parl. Rat IX, S. 498.

[43] Dem Antrag Renners gemäß hätte sich in allen abstimmenden Ländern zusammengerechnet mehr als die Hälfte der Abstimmungsberechtigten für das Grundgesetz aussprechen müssen, s. Parl. Rat IX, S. 498.

[44] 9. Sitzung v. 6.5.1949, Parl. Rat IX, S. 498.

[45] 10. Sitzung v. 8.5.1949 (JöR 1 [1951], S. 921; Parl. Rat IX, S. 596ff.).

[46] So *Jung*, Grundgesetz (Fn. 28), S. 254.

[47] Zur Analyse der verschiedenen Gründe: *Jung*, Grundgesetz (Fn. 28), S. 252ff.; vgl. auch *Stern*, Staatsrecht V, S. 1230ff.

[48] *R. Morsey*, DÖV 1989, 471 (479): »Inzwischen besaß die rasche Annahme des Grundgesetzes als Voraussetzung für eine Weststaatsgründung Priorität im Sicherheitskonzept der angelsächsischen Mächte […]«; *Kunig* (Fn. 17), Art. 144 Rn. 3. Vgl. das Argument bei *v. Brentano* (Fn. 40).

[49] Vgl. *Kunig* (Fn. 17), Art. 144 Rn. 3. Vgl. dazu die Becker-Argumentation: → Rn. 6.

[50] Argument bei *Feldkamp*, Rat (Fn. 19), S. 23; *H. Wilms*, Ausländische Einwirkungen auf die Entstehung des Grundgesetzes, 1999, S. 77; *D. Murswiek*, in: BK, Überschrift (Drittb. 2012), Rn. 2f., 8; *Kunig* (Fn. 17), Art. 144 Rn. 3; *P.M. Huber*, in: Sachs, GG, Art. 144 Rn. 7; *Klein* (Fn. 16), Art. 144 Rn. 10 – jeweils unter Hinweis auf die »Koblenzer Beschlüsse« (abgedruckt in: Parl. Rat I, S. 143ff.). → Fn. 56.

[51] Vgl. die Renner-Kontroverse (→ Rn. 6) sowie die Aussage des Abg. Renner bei seiner Ablehnung des Grundgesetzes, er weigere sich, die Spaltung Deutschlands zu beschließen: → Art. 145 Rn. 5 m. Fn. 17. Vgl. auch den offenbar auf Verhinderung angelegten Vorschlag Renners, eine Mehrheit der Abstimmungsberechtigten zur Voraussetzung zu machen: → Rn. 6 m. Fn. 43.

Westzone (20.6.1948) und der Berlin-Blockade (24.6.1948) bereits in vollem Gang[52]. Die KPD bereitete schon seit Mitte Oktober 1948 – in Kontinuität zur Vorbereitung eines Volksbegehren »für die Einheit Deutschlands« – ihre Propaganda gegen eine Weststaatsgründung vor und machte dabei unter anderem die taktische Forderung nach einer Volksabstimmung geltend[53]. Die Befürworter des Grundgesetzes befürchteten, daß Kommunisten und Nationalisten mit ihrem »Separatismusvorwurf« eine breite Front von Grundgesetzgegnern mobilisieren und unter Umständen die Staatsgründung verhindern könnten[54]. Auch eine ablehnende Haltung der katholischen Kirche wegen der Frage des Elternrechts wurde befürchtet[55].

8 Die **Ministerpräsidenten** bezogen zunächst in den Koblenzer Beschlüssen mit dem Provisoriumsargument gegen die Frankfurter Dokumente Stellung[56]. Auch im sog. Niederwalder Aidé-Mémoire vom 22. Juli 1948 unterbreiteten sie förmlich den Vorschlag, die Ratifikation durch die Landtage vornehmen zu lassen[57]. Unter den nur mündlich vorgetragenen Gründen hierfür findet sich die Aussage, daß es bei der Referendumslösung »bereits durch eine Minorität in einem Drittel der kleinsten Länder« zur Ablehnung des Grundgesetzes und zu einer politischen und wirtschaftlichen Katastrophe kommen könne, während bei einer Ratifikation durch die Landtage mit einer überwältigenden Mehrheit zu rechnen sei[58]. Dieser Wechsel in der Argumentation ging auf den neugewählten Oberbürgermeister von Berlin, Ernst Reuter, zurück, der im Rahmen der Konferenz geltend machte, man müsse den Alliierten entgegenkommen, indem man das Provisoriumsargument durch das Agitationsargument austausche[59]. Die neue Argumentation fand auch in der Schlußkonferenz der Militärgouverneure mit den Ministerpräsidenten der westdeutschen Besatzungszonen Ausdruck[60].

---

[52] Vgl. *J.A. Frowein*, Die Rechtslage Deutschlands und der Status Berlins, in: E. Benda/W. Maihofer/H.-J. Vogel (Hrsg.), Handbuch des Verfassungsrechts der Bundesrepublik Deutschland, 1. Aufl. 1983, S. 29ff. (55); *R. Mußgnug*, HStR³ I, § 8 Rn. 18ff.; *Stern*, Staatsrecht V, S. 950f., 1138f., 1164ff.; der Auszug stand im Zusammenhang mit den Londoner Deutschland-Besprechungen der Westmächte; vgl. Dokumente zur Berlin-Frage 1944–1966, hrsgg. v. W. Heidelmeyer/G. Hindrichs, 4. Aufl. 1987, Nr. 40ff. (S. 60ff.).

[53] *Jung*, Grundgesetz (Fn. 28), S. 173ff., 257f. m.w.N.

[54] *Jung*, Grundgesetz (Fn. 28), S. 256, 260 m.w.N.

[55] Dazu ebenfalls *Jung*, Grundgesetz (Fn. 28), S. 268 m.w.N.

[56] Antwortnote der Ministerpräsidenten der westdeutschen Besatzungszonen an die Militärgouverneure mit Stellungnahme zu den Frankfurter Dokumenten, Koblenz, 10. Juli 1948, in: Parl. Rat I, S. 143ff. (144): »Für den Vorschlag der Ministerpräsidenten, von einem Volksentscheid Abstand zu nehmen, waren die gleichen Erwägungen maßgeblich. Ein Volksentscheid würde dem Grundgesetz ein Gewicht verleihen, das nur einer endgültigen Verfassung zukommen sollte.« Ausführlich zu den Koblenzer Beschlüssen und der Reaktion der Alliierten darauf *W. Sörgel*, Konsensus und Interessen, 1969, S. 39ff.; *W. Benz*, Die Neugestaltung Deutschlands zwischen Weststaat und Provisorium, in: H.-P. Schneider (Hrsg.), Das Grundgesetz in interdisziplinärer Betrachtung, 2001, S. 9ff. (14ff.); *R. Mußgnug*, HStR³ I, § 8 Rn. 28ff.; *F. Hufen/A. Ziegler*, LKRZ 2009, 41 (44ff.).

[57] Aidé-Mémoire der Ministerpräsidenten zu den Erklärungen der Militärgouverneure, Jagdschloß Niederwald, 22. Juli 1948, abgedruckt in: Parl. Rat I, S. 270ff. (272).

[58] Parl. Rat I, S. 270ff. (272 m. Fn. 6); s. auch den Bericht von Ministerpräsident Arnold, in: Parl. Rat I, S. 172ff. (214f.).

[59] *Sörgel*, Konsensus (Fn. 56), S. 48; für die Einzelheiten s. Parl. Rat I, S. 172ff. (193 [Stadtrat *Reuter*, Berlin], 195 [Ministerpräsident *Arnold*, Nordrhein-Westfalen], 205 [Ministerpräsident *Lüdemann*, Schleswig-Holstein], 210 [a.A. Ministerpräsident *Stock*, Hessen: »nicht zu fürchten«]); vgl. zum ausschlaggebenden Einfluß Reuters auch *R. Mußgnug*, HStR³ I, § 8 Rn. 30; *Stern*, Staatsrecht V, S. 1228; *Wilms*, Einwirkungen (Fn. 50), S. 76f.; *F. Hufen/A. Ziegler*, LKRZ 2009, 41 (45).

[60] Ministerpräsident Arnold und Bürgermeister Brauer, Frankfurt, 26. Juli 1948, in: Parl. Rat I, S. 273ff. (274, 277).

Die **Position der Militärregierungen** war zunächst durch harsche Ablehnung der Koblenzer Beschlüsse seitens der Amerikaner gekennzeichnet; die Ministerpräsidenten hätten damit »eine goldene Chance verpaßt«[61]. Die Reaktion der Briten und Franzosen war weniger drastisch[62]. Dennoch kam es in dieser Frage zu einer »schwere[n] Krise der deutsch-alliierten Beziehung«[63]. Mit der Konferenz vom 26.7.1948 kann die Entscheidung dann wieder als offen angesehen werden[64]. Die Militärgouverneure erteilten ihre Zustimmung dazu, Schritte in Richtung auf den Parlamentarischen Rat schon vor einer Antwort der Alliierten zu unternehmen[65]. Dabei wurde die Stellungnahme der Ministerpräsidenten als grundsätzliche Annahme der Londoner Beschlüsse (auch hinsichtlich der Referendumslösung), verbunden mit dem »Wunsch« nach einer Änderung, angesehen[66]. Es begann – trotz gelegentlicher Nachfragen[67] – eine sechsmonatige Periode der Ungewißheit über das Ratifikationsverfahren[68]. Die Frage des Referendums war zwar nicht Gegenstand der Interventionen durch die Alliierten[69], doch blieb bis zum **Genehmigungsschreiben der Militärgouverneure** vom 12.5.1949[70] eine letzte Unsicherheit über die Durchsetzbarkeit der Ratifizierung durch die Landtage[71]. Dabei waren Franzosen und Briten bereits im Juli 1948 ohne Vorbehalte bereit, der deutschen Forderung nach bloßer Landtagsratifizierung zuzustimmen, während die amerikanische Militärregierung die weitere Entwicklung in Deutschland abwarten wollte, bevor sie sich zu einer Abweichung von der ursprünglichen Position bereit erklärte[72]. Bereits im August 1948 hatten auch die Amerikaner gegenüber den Ministerpräsidenten ein mögliches Einlenken angedeutet[73]. Doch eine förmliche Einverständniserklärung fehlte bis zuletzt: noch im März 1949, als Großbritannien die USA und Frankreich zu einem Abkommen bewegen wollte, die Ratifizierung durch die 9

[61] Aufzeichnung einer Besprechung der Ministerpräsidenten der amerikanischen Besatzungszone mit General Clay, Frankfurt, 14. Juli 1948, in: Parl. Rat I, S. 151ff. (151). Dazu auch *W. Benz*, Die Gründung der Bundesrepublik, 5. Aufl. 1999, S. 112f.; *Feldkamp*, Rat (Fn. 19), S. 23f.; *Sörgel*, Konsensus (Fn. 56), S. 43f.; *Stern*, Staatsrecht V, S. 1226f.; *F. Hufen/A. Ziegler*, LKRZ 2009, 41 (45): »historisch verbürgte[r] Wutausbruch«.

[62] *Benz*, Gründung (Fn. 61), S. 114; *Feldkamp*, Rat (Fn. 19), S. 24.

[63] *Feldkamp*, Rat (Fn. 19), S. 24; ähnlich *Stern*, Staatsrecht V, S. 1227.

[64] Schlußkonferenz der Militärgouverneure mit den Ministerpräsidenten der westdeutschen Besatzungszonen Frankfurt, 26. Juli 1948, in: Parl. Rat I, S. 273ff. (280): »Wenn Sie die Ratifizierung durch die Landtage vornehmen wollen, werden wir gezwungen sein, unsere Regierungen zu benachrichtigen. Das ist keine Ablehnung; aber wir haben uns verpflichtet und müssen uns an unsere Regierungen zurückwenden.« (General Koenig). Ausführlich zur Entwicklung *Benz*, Gründung (Fn. 61), S. 107ff.; *Feldkamp*, Rat (Fn. 19), S. 24ff.

[65] Schlußkonferenz (Fn. 64), S. 280f. (281): »Wir unterwerfen uns in der Frage des Referendums der Entscheidung Ihrer Regierungen.« (Ministerpräsident Stock).

[66] Schlußkonferenz (Fn. 64), S. 280.

[67] Vgl. etwa die Nachfrage Adenauers am 16. Dezember 1948 (Besprechung von Vertretern des Parlamentarischen Rates mit den Militärgouverneuren in Frankfurt/Main), in: Parl. Rat VIII, S. 61ff. (63).

[68] *Jung*, Grundgesetz (Fn. 28), S. 268.

[69] Zu diesen *R. Mußgnug*, HStR³ I, § 8 Rn. 76ff.; *Wilms*, Einwirkungen (Fn. 50), S. 198ff.

[70] Textauszug: → Rn. 17 m. Fn. 112.

[71] So die Analyse bei *Jung*, Grundgesetz (Fn. 28), S. 269.

[72] Vgl. Parl. Rat I, S. 185f. m. Anm. 34f. sowie S. 321 m. Anm. 10.

[73] Litchfield in der Besprechung einer Delegation der Ministerpräsidenten mit alliierten Verbindungsoffizieren, Frankfurt, 12. August 1948, in: Parl. Rat I, S. 319ff. (321). Vgl. auch die Äußerung Clays vom April 1949 – zit. bei *Jung*, Grundgesetz (Fn. 28), S. 269 m. Fn. 93: »We have already told Germans ratification by referendum not necessarily mandatory.«

Landtage festzulegen, reagierten die Amerikaner hinhaltend[74]. Letztlich **akzeptierten die Alliierten die** von deutscher Seite entschieden geforderte **Ratifizierung durch die Landtage**.

10 Die **Annahmeregelung** in Art. 144 I GG ist durch Erfüllung der vorgesehenen Anforderungen (→ Rn. 15ff.) längst **obsolet geworden** und konnte daher auch keiner Änderung unterworfen werden[75].

2. Berlin-Klausel (Art. 144 II GG)

11 Die Berlin-Klausel des Art. 144 II GG war ursprünglich in **Art. 27 II HChE** enthalten[76] und ohne inhaltliche Änderung als vorläufige Formulierung der Fachausschüsse übernommen worden[77]. In der ersten Lesung des Hauptausschusses wurde die Beratung über die Vertreter Groß-Berlins in den gesetzgebenden Körperschaften dann zunächst ausgesetzt, weil die diskutierte Streichung nicht ohne Anhörung des Vertreters Berlins im Redaktionsausschuß vollzogen werden sollte[78]. In der zweiten Lesung nahm man die Bestimmung in einer Formulierung des Grundsatzausschusses gegen die Stimme des Abg. Renner (KPD) wieder auf[79]. Auf Vorschlag des Fünfer-Ausschusses erklärte der Hauptausschuß die Berlin-Klausel in dritter Lesung für entbehrlich, weil Groß-Berlin inzwischen als zwölftes Land zur Liste des Art. 22 GG gehörte[80]. Diese **erweiterte Länderliste** ist bewußt[81] entgegen der Suspensionsanordnung der Alliierten (→ Rn. 18) und trotz eines Streichungsantrags des Abg. Renner erhalten geblieben – ab der vierten Lesung des Hauptausschusses in endgültiger Formulierung als Art. 23 a. F. GG[82]. Anfang Mai 1949 hatte der Redaktionsausschuß zwei Varianten vorgeschlagen, bei der nur noch die zweite Variante die Verwendung des Begriffs »Groß-Berlin« vorsah[83]; die erste Variante entsprach der endgültigen Fassung, wie sie dann vom **Hauptausschuß** als Art. 145 II GG eingefügt wurde[84]. Sie erwähnte zwar »Groß-Berlin« nicht mehr, bildete aber gleichwohl eine Berlin-Klausel (→ Rn. 23)[85]. Die im Vergleich zur ursprünglichen Berlin-Klausel des Art. 27 II HChE vorgenommene Erweiterung

---

[74] *Jung*, Grundgesetz (Fn. 28), S. 268f. m. w. N.

[75] *C. Starck*, in: v. Mangoldt/Klein/Starck, GG I, Verkündungsformel Rn. 8; *Klein* (Fn. 16), Art. 144 Rn. 3.

[76] Art. 27 II HChE lautete: »Groß-Berlin hat das Recht, Vertreter in den Bundestag und in den Bundesrat (Senat) zu entsenden.«

[77] Parl. Rat VII, S. 7 (dort allerdings noch als Art. 23 Vorl. Formulierung).

[78] 4. Sitzung v. 17.11.1948, Parl. Rat XIV/1, S. 132f., 672; vgl. auch Parl. Rat VII, S. 97.

[79] 27. Sitzung v. 15.12.1948, Parl. Rat XIV/1, S. 803f.; vgl. auch Parl. Rat VII, S. 222.

[80] 48. Sitzung v. 9.2.1949, Parl. Rat XIV/2, S. 1507. Der Abg. Dr. Schmid wies schon bei dieser Gelegenheit darauf hin, daß die Berlin-Klausel »unter Umständen in den Übergangsbestimmungen [...] aufgenommen werden könnte«. Vgl. auch Parl. Rat VII, S. 347f., 403.

[81] Vgl. die einleitenden Bemerkungen des Berichterstatters Dr. Schmid zu Beginn der zweiten Lesung des Plenums, 9. Sitzung v. 6.5.1949, Parl. Rat IX, S. 438, sowie die Druckfehlerbereinigung der Präambel mit dem Hinweis »Berlin kommt an anderer Stelle«, ebd., S. 444. Dies hatte Konsequenzen für die verfassungsgerichtliche Anerkennung des Landesstatus Berlins: BVerfGE 7, 1 (9). → Rn. 18.

[82] Text: → Rn. 18 m. Fn. 118. Der Antrag auf Streichung von »Groß-Berlin« blieb erfolglos; 57. Sitzung v. 5.5.1949, Parl. Rat XIV/2, S. 1794; vgl. auch Parl. Rat VII, S. 537, 618.

[83] Parl. Rat VII, S. 531: »Auch wenn dieses Grundgesetz in Groß-Berlin keine Anwendung findet, hat Groß-Berlin das Recht, gemäß Art. 45 Vertreter in den Volkstag und gemäß Art. 65 Vertreter in den Bundesrat zu entsenden.«

[84] Vgl. Parl. Rat VII, S. 570; s. auch 57. Sitzung v. 5.5.1949, Parl. Rat XIV/2, S. 1825.

[85] Zur Formulierung der zweiten Variante: → Rn. 5 m. Fn. 35.

der Formulierung um den **Zusatz »oder der Teil eines Landes«** wurde zwar nicht näher begründet, war aber wohl der zunehmenden Konfrontation mit der sowjetischen Besatzungsmacht im Ostsektor der Stadt geschuldet[86], die das Drängen des Parlamentarischen Rates auf Einbeziehung dieses Sektors zunehmend unrealistisch erscheinen ließ[87]. Die Neuformulierung wurde als Art. 144 II GG vom Plenum verabschiedet[88]. Eine Streichung der Berlin-Klausel ist bislang nicht erfolgt, obwohl sie im Rahmen der Wiedervereinigung geboten gewesen wäre (→ Rn. 22, 26).

B. Internationale, supranationale und rechtsvergleichende Bezüge

Während weder internationales noch supranationales Recht Vorgaben für die **Annahme** nationalstaatlicher Verfassungen enthalten[89], erweisen sich bei verfassungsvergleichender Betrachtung **andere föderale Staaten** als interessant. In den **USA** erfolgte die Ratifikation durch besondere, direkt vom Volk gewählte Verfassungskonvente. Für die Wirksamkeit der Bundesverfassung war die Zustimmung von insgesamt neun Staaten erforderlich[90]. Eine Bindungswirkung für andere als die zustimmenden Gliedstaaten war dabei – im Gegensatz zur Schweiz (→ Rn. 13) und zur Bundesrepublik Deutschland (→ Rn. 20f.) – ausdrücklich nicht vorgesehen[91]. 12

In der **Schweiz**, wo der bis zur Verabschiedung der Bundesverfassung von 1848 geltende Bundesvertrag keine Bestimmung zum Verfahren der Totalrevision enthielt, überließ Art. 1 der Übergangsbestimmungen die Art und Form der Kantonsbeteiligung den Kantonen, die dann entweder eine Volksabstimmung (16 Kantone) oder eine Entscheidung der Landgemeinde (6) bzw. des Kantonsparlaments (Freiburg) herbeiführten[92]. Dabei befürworteten 15 1/2 Kantone die Verfassung, während 6 1/2 sie 13

[86] Vgl. zu den Ereignissen im September 1948: Parl. Rat IX, S. 46 m. Anm. 50, S. 150ff. (152 m. Anm. 7), sowie das Insistieren des Abg. Renner (KPD) auf separater Behandlung des Ostsektors der Stadt (ebd., S. 424), ebenso energisch vorgetragen von der sowjetischen Besatzungsmacht: vgl. Erklärung des Informationsbüros der sowjetischen Militärverwaltung in Deutschland vom 10.2.1949, in: Heidelmeyer/Hindrichs, Dokumente (Fn. 52), Nr. 83 (S. 112); zu deren stufenweisem Ausstieg aus den Gremien der Alliierten sowie zur Währungsreform: → Rn. 7.

[87] Vgl. die Stellungnahme des Berliner Vertreters, Abg. Reuter, zum Geltungsanspruch für »Groß-Berlin«, 6. Sitzung des Plenums v. 20.10.1948, Parl. Rat IX, S. 212ff.

[88] 57. Sitzung v. 5.5.1949, s. Parl. Rat XIV/2, S. 1825; vgl. noch Parl. Rat VII, S. 650; Parl. Rat IX, S. 498.

[89] Anderes wird mittlerweile für die Ausübung der verfassunggebenden Gewalt angenommen: vgl. *C. Winterhoff*, Verfassung – Verfassunggebung – Verfassungsänderung, 2007, S. 151, 158f.

[90] Vgl. *Heideking*, Verfassung (Fn. 24), S. 122; *W. P. Adams*, Die USA vor 1900, 2010, S. 50. → Rn. 4 m. Fn. 24.

[91] Art. VII U.S.Verf.: »[...] Establishment of this Constitution between the States so ratifying the Same.« Vgl. dazu *C.A. Beard*, Eine ökonomische Interpretation der amerikanischen Verfassung, 1974, S. 274; *Klein* (Fn. 16), Art. 144 Rn. 21; *K. Loewenstein*, Verfassungsrecht und Verfassungspraxis der Vereinigten Staaten, 1959, S. 10; *A. Hanebeck*, Der demokratische Bundesstaat des Grundgesetzes, 2004, S. 177; *J.E. Nowak/R.D. Rotunda*, Constitutional Law, 8. Aufl. 2010, S. 1675. Die fehlende Bindungswirkung hatte Konsequenzen: zum Inkraftsetzungstag, dem 4.3.1789 (→ Art. 145 Rn. 3), waren North Carolina und Rhode Island noch nicht Teil der Union. Rhode Island ratifizierte erst am 29.5.1790 nach massiven Boykottdrohungen, die der US-Senat am 18.5.1790 als ›Prohibitory Act‹ beschlossen hatte; vgl. *Heideking*, Verfassung (Fn. 24), S. 695ff., 702f.

[92] *J.-F. Aubert*, Geschichtliche Einführung (April 1986), in: ders. u.a. (Hrsg.), Kommentar zur Bundesverfassung der Schweizerischen Eidgenossenschaft vom 29. Mai 1874, Rn. 96ff. Ausführlich zur Annahme der Verfassung *A. Kölz*, Neuere Schweizerische Verfassungsgeschichte, Band 1: Ihre Grundlinien vom Ende der Alten Eidgenossenschaft bis 1848, 1992, S. 605ff.; übersichtlich *G. Biag-*

ablehnten; unter letzteren erklärten allerdings 3 1/2 Kantone einen Mehrheitsbeschluß für bindend[93]. Die Rechtswirkung der Kantonsbeteiligung (Bindungswirkung für *alle* Kantone) wurde erst *nach* deren Abstimmung von der zuständigen Delegiertenkommission (der sog. »Tagsatzung«) erwogen und am 12.9.1848 festgestellt[94]. In Art. 2 der Übergangsbestimmungen war lediglich festgehalten, daß die Ergebnisse der Tagsatzung mitzuteilen seien, die dann über die Annahme der neuen Bundesverfassung entscheidet[95]. Die **Tagsatzung hat sich** dadurch – zusammen mit den Kantonen – **selbst zum Verfassunggeber eingesetzt**, weil eine Revision des Bundesvertrags wegen der völkervertragsrechtlichen Natur des Staatenbundes für eine uneingeschränkte Bindung einen einstimmigen Beschluß erfordert hätte[96]. Insofern handelte es sich um einen eigenmächtigen, vom positiven Staatsrecht nicht gedeckten und deshalb revolutionären Staatsakt[97] – nicht anders als in Philadelphia 1787[98] und in Paris 1789 (→ Pmbl. Rn. 77).

14 Da die **Europäische Union** auf völkerrechtlicher Grundlage beruht, gelten für die Annahme und das Inkrafttreten die üblichen Voraussetzungen, nämlich der Ratifikation durch die Vertragsparteien »gemäß ihren verfassungsrechtlichen Vorschriften« (Art. 357 I AEUV, Art. 54 I EUV). Das Inkrafttreten des jeweiligen Vertrages sowie seine spätere Änderung setzt **Einstimmigkeit** der vertragschließenden Parteien voraus. Eine Bindungswirkung für andere als die ratifizierenden Staaten kommt nicht in Betracht. Im Falle von Beitrittsverträgen ist eine Klausel üblich, wonach das Scheitern der Ratifikation in einem Beitrittsland das Beitrittsverfahren für die anderen Beitrittsländer nicht beeinträchtigt[99].

C. Erläuterungen

I. Annahmeverfahren (Art. 144 I GG)

15 Art. 144 I GG benennt in unvollständiger Weise (→ Rn. 16f.) die Anforderungen, welche das Grundgesetz an seine Annahme stellte. Anders als nach der Londoner Konferenz und dem Frankfurter Dokument Nr. 1 vorgesehen und von einer Minderheit des

---

gini, IPE I, § 10 Rn. 4f.; *ders.*, Die Bundesverfassung, in: G. Biaggini/T. Gächter/R. Kiener (Hrsg.), Staatsrecht, 2. Aufl. 2015, § 8 Rn. 3f.

[93] *U. Häfelin/W. Haller/H. Keller*, Schweizerisches Bundesstaatsrecht, 8. Aufl. 2012, Rn. 48; *Kölz*, Verfassungsgeschichte (Fn. 92), S. 608ff. Zur Erläuterung der Zahlen: die Schweiz kennt Halbkantone.

[94] *Aubert*, Einführung (Fn. 92), Rn. 101; *G. Biaggini*, IPE I, § 10 Rn. 5.

[95] *Kölz*, Verfassungsgeschichte (Fn. 92), S. 605.

[96] *Häfelin/Haller/Keller*, Bundesstaatsrecht (Fn. 93), Rn. 49. So auch die damalige Rechtsauffassung des Kantons Schwyz; vgl. *Kölz*, Verfassungsgeschichte (Fn. 92), S. 611.

[97] *Kölz*, Verfassungsgeschichte (Fn. 92), S. 611; so auch *G. Biaggini*, IPE I, § 10 Rn. 5.

[98] Vgl. *Beard*, Interpretation (Fn. 91), S. 274f. (»Der revolutionäre Charakter des Werks des Konvents von Philadelphia [...]«), sowie S. 281; *Loewenstein*, Verfassungsrecht (Fn. 91), S. 9: »Die Versammlung hatte keinen rechtsgültigen Auftrag zur Ausarbeitung einer neuen Verfassung; sie sollte nur eine Revision der *Articles of Confederation* vornehmen. Auch beruhte die Legitimation der Teilnehmer keineswegs auf einem vollgültigen Mandat, sie waren an sich nur Delegierte der Staatslegislaturen. Trotzdem wurde alsbald zur Abfassung einer neuen Verfassung geschritten, die am 17. September von 51 der 55 Teilnehmer unterzeichnet und den Staatslegislaturen zur Ratifikation vorgelegt wurde.« Weitere Nachweise bei *H. Dreier*, ZöR 69 (2014), 805 (833).

[99] *J. Kokott*, in: Streinz, EUV/AEUV, Art. 357 AEUV Rn. 2; *L. Jaeckel*, in: Grabitz/Hilf/Nettesheim, EUV/AEUV, Art. 357 AEUV Rn. 2 m. w. N.

Parlamentarischen Rates gefordert (→ Rn. 6), erfolgte **keine unmittelbare Annahme durch das Volk** (→ Rn. 5ff.)[100]. Gleichwohl handelt es sich um einen Gründungsakt durch das deutsche Volk, nicht etwa um einen solchen der Länder (→ Pmbl. Rn. 66)[101]. In dem Verzicht auf die Volksabstimmung liegt kein dauerhaftes, die Legitimität des Grundgesetzes in Frage stellendes Defizit (→ Pmbl. Rn. 75ff.)[102]. Denn die zunächst als Provisorium gedachte Verfassung hat, insbesondere durch die ersten Wahlen zum Bundestag und die überwältigende Zustimmung von politischen Parteien und Wahlbevölkerung, dauerhafte und nachhaltige Annahme erfahren (→ Pmbl. Rn. 81). Auch von einem Oktroi der Besatzungsmächte kann letztlich keine Rede sein[103] (→ Pmbl. Rn. 64): gerade der Umstand, daß die für den Kreationsakt maßgeblichen Art. 144 und 145 GG von deutschen Stellen gegen den ursprünglichen Plan der Alliierten durchgesetzt wurden, belegt in diesem Punkt das Gegenteil und zeigt, daß der Einfluß der Alliierten seine Grenzen hatte[104].

Im Normtext selbst ist nur von der Annahme durch die Länder die Rede. Doch bildet 16
die **Beschlußfassung im Parlamentarischen Rat** über den Grundgesetzentwurf ein der Annahme durch die Länder gem. Art. 144 I GG zeitlich und logisch vorgehendes Erfordernis des Verfassunggebungsprozesses[105]. Diese Annahme erfolgte während der 10. Sitzung des Plenums am späten Abend des **8. Mai 1949.** Der Tag war symbolträchtig und mit Bedacht gewählt[106]. Man kann mit Fug und Recht behaupten, daß die

---

[100] *Dennewitz* (Fn. 18), Art. 144 Anm. II.1. (S. 3); *Kloepfer*, Verfassungsrecht I, § 2 Rn. 96.

[101] *Klein* (Fn. 16), Art. 144 Rn. 18, 20; *v. Campenhausen/Unruh* (Fn. 16), Art. 144 Rn. 16; zustimmend *Kunig* (Fn. 17), Art. 144 Rn. 8; s. auch *Huber* (Fn. 50), Art. 144 Rn. 1; *A. Hopfauf*, in: Schmidt-Bleibtreu/Hofmann/Henneke, GG, Art. 144 Rn. 10; *D. C. Umbach*, in: Umbach/Clemens, GG, Art. 144 Rn. 12; *S. Schmahl*, in: Sodan, GG, Art. 144 Rn. 3; andere Akzentsetzung bei *M. Stolleis*, HStR³ I, § 7 Rn. 116.

[102] Vgl. etwa *R. Mußgnug*, HStR³ I, § 8 Rn. 100ff.; *H. Dreier*, IPE I, § 1 Rn. 5; *Morlok/Michael*, Staatsorganisationsrecht, § 4 Rn. 10; *W. Frotscher/B. Pieroth*, Verfassungsgeschichte, 14. Aufl. 2015, Rn. 801; *W. Heun*, Die Verfassungsordnung der Bundesrepublik Deutschland, 2012, S. 13ff., insb. S. 14: »Diese Zweifel [infolge der fehlenden Volksabstimmung über das GG, H. D.] waren jedoch nie überzeugend und haben die Akzeptanz der Verfassung zu keinem Zeitpunkt untergraben«; *Kloepfer*, Verfassungsrecht I, § 2 Rn. 97: »ungeachtet des ›Geburtsfehlers‹«.

[103] Kritisch *O. Massing*, Von der oktroyierten zur revidierten Verfassung. Verfassungsgeschichte als Gesellschaftsgeschichte, in: H.-P. Schneider (Hrsg.), Das Grundgesetz in interdisziplinärer Betrachtung, 2001, S. 71ff.

[104] Vgl. *M. Kloepfer*, ZRP 1983, 57 (59); *Pfetsch*, Ursprünge (Fn. 4), S. 155ff.; *U. K. Preuß*, AöR 121 (1996), 280 (281); *Wilms*, Einwirkungen (Fn. 50), S. 77, 284ff., 293ff.; *H. Dreier*, IPE I, § 1 Rn. 2, 31, 39. Zu den Vorgängen um die Drohung der SPD mit einem »eindeutigen Nein« zum Grundgesetz vgl. *M. F. Feldkamp*, Die Entstehung des Grundgesetzes für die Bundesrepublik Deutschland 1949, 1999, S. 37f.; zu dem dadurch möglichen Prestigeverlust für die Alliierten *Pfetsch*, Ursprünge (Fn. 4), S. 155; zu Unterschieden gegenüber oktroyierten Verfassungen *ders.*, Verfassungspolitik (Fn. 2), S. 145ff. – Zahlreiche Dokumente der Auseinandersetzungen zwischen Parlamentarischem Rat und den Militärregierungen finden sich in: Parl. Rat VIII (etwa S. 61ff., 68ff., 131ff., 150ff., 187ff., 206ff., 211ff., 244, 248ff.).

[105] Vgl. *Klein* (Fn. 16), Art. 144 Rn. 13; *Kunig* (Fn. 17), Art. 144 Rn. 6.

[106] Der 8. Mai 1945 gilt als der Tag der vollständigen und bedingungslosen Kapitulation der deutschen Streitkräfte. Tatsächlich erfolgte die erste Erklärung dieser Art am 7. Mai 1945 u. a. durch Generaloberst Jodl im Hauptquartier der Westalliierten in Reims (mit Wirkung zum 8. Mai, 23.01 Uhr). Die Unterzeichnung der deutschen Kapitulation gegenüber der Roten Armee der Sowjetunion unter Marschall Schukow in Berlin-Karlshorst erfolgte unter dem Datum des 8. Mai; tatsächlich wurden die entsprechenden Dokumente aber erst nach Mitternacht, also am 9. Mai unterzeichnet. Textabdruck bei *D. Rauschning*, Rechtsstellung Deutschlands: Völkerrechtliche Verträge und andere rechtsgestaltende Akte, 2. Aufl. 1989, Nr. 2 (S. 4f.). Vgl. ergänzend *M. Stolleis*, HStR³ I, § 7 Rn. 23f.; *Stern*, Staatsrecht V, S. 891. Der Wunsch, daß der Beschluß des Parlamentarischen Rates »das Datum

»symbolpolitische Dimension der Verabschiedung des Grundgesetzes in den letzten Minuten des 8. Mai 1949 kaum weiträumig genug veranschlagt« werden kann[107]. In der Schlußabstimmung standen 53 Ja-Stimmen zwölf Nein-Stimmen gegenüber[108]. Von den 13 bayerischen Abgeordneten im Parlamentarischen Rat hatten dabei zwar nur sieben für die Annahme votiert[109]. Die übrigen, allesamt zur CSU gehörend, verbanden ihr Nein freilich mit der Erklärung, sich trotz ihrer »Einwendungen gegen das Grundgesetz dem neuen Staat und Gesamtdeutschland aus tiefstem Empfinden verpflichtet« zu fühlen[110]. Ihre Bedenken gründeten vor allem auf Befürchtungen, daß das Grundgesetz die Hoheitsbefugnisse der Länder zu sehr beschränke und sich nicht deutlich genug »zu den Gedanken unserer christlichen Staatsauffassung« bekenne[111].

17 Ein weiteres im Grundgesetz nicht ausdrücklich erwähntes Erfordernis des Verfassunggebungsverfahrens bestand in der **Genehmigung durch die Militärgouverneure**, die mit Schreiben vom **12.5.1949** erteilt wurde[112]. Die darin erklärten **Vorbehalte** führten jedoch nicht zu einer Änderung des Textes des Grundgesetzes[113]. Das am gleichen Tag verkündete Besatzungsstatut[114] sah aber u. a. vor, daß jede Verfassungsänderung der Zustimmung der Besatzungsmächte bedurfte und auch Bundesgesetze erst in Kraft treten konnten, wenn sie nicht innerhalb von 21 Tagen von den Besatzungsbehörden abgelehnt worden waren[115].

18 Erforderlich war die **Annahme durch zwei Drittel der deutschen Länder, in denen es zunächst gelten sollte**. Die Gesamtzahl, auf die sich dieser Bruchteil bezog, betrug elf (Baden, Bayern, Bremen, Hamburg, Hessen, Niedersachsen, Nordrhein-Westfalen, Rheinland-Pfalz, Schleswig-Holstein, Württemberg-Baden, Württemberg-Hohenzollern). **Berlin**, das auch in der Präambel a.F. nicht aufgeführt worden war (→ Pmbl.

---

des 8. Mai tragen möge« (so *Adenauer*, in: Parl. Rat IX, S. 612) führte dazu, daß einige Erklärungen zur Schlußabstimmung *nach* der Schlußabstimmung abgegeben wurden, damit diese selbst noch ziemlich genau fünf Minuten vor zwölf stattfinden konnte; die Sitzung selbst endete am 9. Mai um 0 Uhr 38 Minuten (vgl. Parl. Rat IX, S. 614, 617 m. Fn. 222, 630).

[107] *P. Sloterdijk*, Was geschah im 20. Jahrhundert?, 2016, S. 293.

[108] Parl. Rat IX, S. 617 (Schlußabstimmung), 703ff. (Mitgliederliste). Die zwölf Nein-Stimmen entfielen auf die CSU (6), das Zentrum (2), die Deutsche Partei (2) und die KPD (2).

[109] Vgl. Parl. Rat IX, S. 617 (Schlußabstimmung), 703ff. (Mitgliederliste). Von den acht CSU-Abgeordneten stimmten nur zwei für das Grundgesetz.

[110] Zitat: Parl. Rat IX, S. 616; vgl. *R. Mußgnug*, HStR³ I, § 8 Rn. 84: »ein verkapptes ›Ja‹«.

[111] Parl. Rat IX, S. 615f. (Zitat: S. 616); vgl. *W. Kahl*, JuS 1997, 1083 (1086).

[112] Die Genehmigungsklausel und der Berlin-Vorbehalt (→ Rn. 24) finden sich in Nr. 2 und 4 des Schreibens vom 12.5.1949: »Sehr geehrter Herr Dr. Adenauer! 1. Das am 8. Mai vom Parlamentarischen Rat angenommene Grundgesetz hat unsere sorgfältige und interessierte Aufmerksamkeit gefunden. […] 2. Indem wir die Verfassung genehmigen, damit sie gemäß Artikel 144 (1) dem deutschen Volke zur Ratifizierung unterbreitet werde, nehmen wir an, daß Sie verstehen werden, daß wir verschiedene Vorbehalte machen müssen. […] 4. Ein dritter Vorbehalt betrifft die Beteiligung Groß-Berlins am Bund. Wir interpretieren den Inhalt der Art. 23 und 144 (2) des Grundgesetzes dahin, daß er die Annahme unseres früheren Ersuchens darstellt, demzufolge Berlin keine abstimmungsberechtigte Mitgliedschaft im Bundestag oder Bundesrat erhalten und auch nicht durch den Bund regiert werden wird, daß es jedoch eine beschränkte Anzahl Vertreter zur Teilnahme an den Sitzungen dieser gesetzgebenden Körperschaften benennen darf.« Die amtliche Übersetzung, publiziert im Amtsblatt der britischen Militärregierung, ist vollständig abgedruckt bei *Rauschning*, Rechtsstellung (Fn. 106), Nr. 8a (S. 37ff.) und in Parl. Rat VIII, S. 273f.

[113] *K. Kröger*, NJW 1989, 1318 (1324); *R. Mußgnug*, HStR³ I, § 8 Rn. 85.

[114] Abdruck bei *W. Benz*, Die Gründung der Bundesrepublik. Von der Bizone zum souveränen Staat, 5. Aufl. 1999, S. 167ff.

[115] *H. Hofmann*, HStR³ I, § 9 Rn. 37.

Rn. 10f.), **zählte nicht mit**[116]. Doch ergab sich diese Rechtsfolge nicht bereits aus dem durch Art. 144 I GG in bezug genommenen Art. 23 a. F. GG[117]; denn dort war Groß-Berlin ausdrücklich als eines von zwölf Ländern im Geltungsbereich des Grundgesetzes aufgeführt[118]. Vielmehr folgt der Ausschluß erst aus dem Umstand, daß Berlin von den Alliierten nie als eigenständiges Land der Bundesrepublik Deutschland anerkannt wurde[119]. Dies wird freilich im Genehmigungsschreiben der Militärgouverneure vom 12.5.1949 nicht nochmals ausdrücklich betont[120], sondern findet sich in der **Suspensionsanordnung des Memorandums vom 2.3.1949**[121] sowie in der am 22.4.1949 an den Parlamentarischen Rat gerichteten Botschaft der Außenminister[122]. Die fehlende Anerkennung des Landesstatus Berlins bildete damit ein Beispiel für die Überlagerung des Grundgesetzes durch Besatzungsrecht[123]. Das Bundesverfassungsgericht hat entgegen der Rechtsauffassung der Alliierten schon früh den Landesstatus Berlins unter dem Grundgesetz bejaht[124]. Obwohl nach alledem eine Beteiligung Berlins bei der Annahme des Grundgesetzes entbehrlich war, bekannte sich die Stadtverordnetenversammlung zu dessen Prinzipien und Zielen (→ Art. 145 Rn. 6).

Art. 144 I GG forderte lediglich die Annahme des Grundgesetzes in zwei Dritteln **19**
der insgesamt elf Länder, wobei jedem Land das gleiche Gewicht zukam; eine Differenzierung nach der Zahl der Einwohner oder der Wahlberechtigten wurde nicht vor-

---

[116] BVerfGE 7, 1 (12); *K. Kröger*, NJW 1989, 1318 (1320); *Huber* (Fn. 50), Art. 144 Rn. 1.

[117] So aber *Huber* (Fn. 50), Art. 144 Rn. 1.

[118] Art. 23 a. F. GG lautete: »Dieses Grundgesetz gilt zunächst im Gebiete der Länder Baden, Bayern, Bremen, Groß-Berlin, Hamburg, Hessen, Niedersachsen, Nordrhein-Westfahlen, Rheinland-Pfalz, Schleswig-Holstein, Württemberg-Baden und Württemberg-Hohenzollern. In anderen Teilen Deutschlands ist es nach deren Beitritt in Kraft zu setzen.« Mit Groß-Berlin war dabei die Stadt in den Grenzen des preußischen Gesetzes vom 27.4.1920 gemeint: *M. Stolleis*, HStR³ I, § 7 Rn. 32 m. w. N.

[119] BVerfGE 7, 1 (13).

[120] Vgl. den Textauszug: → Rn. 17 m. Fn. 112. Für eine konkludente Anerkennung allerdings *Frowein*, Rechtslage (Fn. 52), S. 57; *O. Luchterhandt*, HStR³ I, § 10 Rn. 45.

[121] Denkschrift der Drei Westlichen Militärgouverneure an den Parlamentarischen Rat: »[...] 10. Schließlich möchten meine Kollegen und ich Sie wissen lassen, daß wir die sorgende Teilnahme verstehen, die der Parlamentarische Rat für Berlin gezeigt hat. Jedoch muß mit Rücksicht auf die gegenwärtige Lage der Teil des Art. 22, der sich auf Berlin bezieht, suspendiert werden. Nichtsdestoweniger würden keine Bedenken dagegen bestehen, daß die verantwortlichen Behörden in Berlin eine kleine Zahl von Vertretern dazu bestimmen, den Sitzungen des Parlaments beizuwohnen.« Textabdruck bei *Rauschning*, Rechtsstellung (Fn. 106), Nr. 8b (S. 40ff.); Parl. Rat VIII, S. 131ff. (135).

Der Art. 22 des Entwurfs, auf den sich die Suspensionsanordnung bezieht, ist der spätere Art. 23 a. F. GG (oben Fn. 118). Die Suspensionsanordnung wurde durch die Alliierten in der Folge mehrfach bestätigt und bekräftigt: Anordnung vom 30.6.1949, Schreiben vom 16.10.1952, Einspruch vom 20.10.1952 gegen die Übernahme des Bundesverfassungsgerichtsgesetzes; vgl. Heidelmeyer/Hindrichs, Dokumente (Fn. 52), Nr. 91 (S. 122), Nr. 96 (S. 126), Nr. 97 (S. 127).

[122] »Die Militärgouverneure übermitteln hiermit im Auftrage ihrer Regierungen die Auffassungen der Außenminister ihrer Länder zum Grundgesetz. [...] A. Die Außenminister können gegenwärtig nicht zustimmen, daß Berlin als ein Land in die Anfangsorganisation der deutschen Bundesrepublik einbezogen wird.« Textabdruck bei *Rauschning*, Rechtsstellung (Fn. 106), Nr. 8c (S. 44); Heidelmeyer/Hindrichs, Dokumente (Fn. 52), Nr. 85 (S. 113); Parl. Rat VIII, S. 244; ähnliche Übersetzung bei *Feldkamp*, Entstehung (Fn. 104), Nr. 49 (S. 174f.). Zur verwickelten Verwendungsgeschichte der Botschaft und ihren parteipolitischen Wirkungen siehe *Feldkamp*, ebd., S. 36ff.

[123] Vgl. *O. Luchterhandt*, HStR³ I, § 10 Rn. 42: »geschichtlich wohl einmalige komplizierte Gemengelage einerseits aus völkerrechtlichen bzw. besatzungsrechtlichen Bestimmungen, andererseits staatsrechtlichen Normen«, weiterhin ebd., Rn. 43ff.

[124] BVerfGE 7, 1 (7ff.); zuvor bereits angedeutet in E 1, 70 (71f.).

genommen[125]. Die **Annahme** durch die Länder **erfolgte durch** deren **Landtage**, die bei der Abstimmung über das Grundgesetz »ad hoc ihre Qualität« änderten[126]. Von den elf Ländern stimmten zehn dem Grundgesetz zu, womit das **Zweidrittelerfordernis erfüllt** war. Für die einzelnen Annahmebeschlüsse der Landtage waren qualifizierte Mehrheiten zwar nicht erforderlich, doch wurde die Zustimmung in den zehn Ländern mit teils überwältigender, regelmäßig aber sehr großer Mehrheit erteilt[127]. Die Ausnahme bildete Bayern (→ Rn. 21).

II. Bindungswirkung

20 Durch die Annahme in zwei Dritteln der Länder trat nach Art. 144 I GG in Verbindung mit Art. 23 a. F. GG eine **Bindungswirkung** (→ Rn. 12) des Grundgesetzes **für alle Länder** ein. Diese Erstreckung der Geltung auch auf solche Länder, die die Annahme verweigerten, wurde allein für Bayern praktisch relevant.

21 Im **Bayerischen Landtag** wurde das Grundgesetz »nach einer 17stündigen, bewegten Sitzung«[128] am 20.5.1949 mit 101 gegen 63 Stimmen bei neun Enthaltungen **abgelehnt**[129]. Der bayerische Ablehnungsbeschluß wurde freilich noch in derselben Sitzung am 20.5.1949 durch einen weiteren Antrag der Staatsregierung zur **Anerkennung der Rechtsverbindlichkeit** relativiert[130]. Diesem Antrag stimmten 96 CSU-Abgeordnete und ein Fraktionsloser zu, während sich SPD und FDP der Stimme enthielten[131]. Damit hatte sich die Parole »Nein zum Grundgesetz, Ja zu Deutschland« gegen die Neigung einiger CSU-Abgeordneter zu einem zweifachen Nein, nämlich zu Grundgesetz und Rechtsverbindlichkeit, behauptet[132]. Dem Beschluß kam wegen der Bindungswir-

---

[125] Die gleiche Stimmengewichtung wurde bewußt gewählt, um so das föderale Element zu stärken (vgl. *Hanebeck*, Bundesstaat [Fn. 91], S. 177).

[126] *H. Quaritsch*, Der Staat 1 (1962), 175 (179). Zu diesem Aspekt auch *M. Zuleeg*, in: AK-GG, Art. 144 (2001), Rn. 2.

[127] Baden: 49 Jastimmen/2 Neinstimmen (KP), Bremen: 77/9 (KP, DP), Hamburg: 97/3 (KPD), Hessen: 73/8 (KPD), Niedersachsen: 98/37 (DP, KPD, Zentrum), Nordrhein-Westfalen: 154/38 (Zentrum, KP), Rheinland-Pfalz: 91/8 (KP), Schleswig-Holstein: 59/6 (SSW), Württemberg-Baden: 80/8 (KP), Württemberg-Hohenzollern: 34/16 (CDU, KPD). Einzelne Abstimmungsdaten abgedruckt in: Parl. Rat IX, S. 695ff. (696, Fn. 16f.); *Feldkamp*, Entstehung (Fn. 104), S. 193ff.; *Kunig* (Fn. 17), Art. 144 Rn. 14 a. E. Ausführlich zu den Vorberatungen und Zustimmungsverfahren in den einzelnen Landtagen *G. Kiefer*, LKRZ 2015, 406 (407ff.) m. w. N.

[128] *R. Mußgnug*, HStR³ I, § 8 Rn. 86. Andere sprechen von einer 15stündigen Marathonsitzung: *P. J. Kock*, Bayerns Weg in die Bundesrepublik, 1983, S. 324f.; *G. Kiefer*, LKRZ 2015, 406 (408).

[129] 2 Ja- und 90-Neinstimmen zählte man in der CSU-Fraktion, während SPD und FDP einmütig mit jeweils 51 bzw. 8 Stimmen für das Grundgesetz votierten. Zahlen bei *Feldkamp*, Entstehung (Fn. 104), S. 193. Vgl. das Schreiben von Ministerpräsident Ehard an den Präsidenten des Parlamentarischen Rates Adenauer vom 20.5.1949: Parl. Rat IX, S. 696, Fn. 17.

[130] Die Beschlußformel, mitgeteilt im Schreiben von Ministerpräsident Ehard an den Präsidenten des Parlamentarischen Rates Adenauer vom 20.5.1949, abgedruckt in: Parl. Rat IX, S. 696, Fn. 17, lautete: »Bei Annahme des Grundgesetzes in zwei Dritteln der deutschen Länder, in denen es zunächst gelten soll, wird die Rechtsverbindlichkeit dieses Grundgesetzes auch für Bayern anerkannt, wie es Art. 144 Abs. 1 des Grundgesetzes vorsieht.« Das zeigt, daß auch das »bayerische Nein zum Grundgesetz eigentlich ein Ja bedeuten sollte« (*T. Stammen/G. Maier*, Der Prozeß der Verfassunggebung, in: J. Becker/T. Stammen/P. Waldmann [Hrsg.], Vorgeschichte der Bundesrepublik Deutschland, 2. Aufl. 1987, S. 391ff. [424]).

[131] Zahlen im einzelnen bei *Feldkamp*, Entstehung (Fn. 104), S. 194.

[132] *Kock*, Weg (Fn. 128), S. 324f.; jüngst auch *G. Kiefer*, LKRZ 2015, 406 (410 m. w. N.): »Die Beschlussfassung [...] lässt sich bildhaft mit der Formel umschreiben, dass das ›laute Nein zum GG das ebenso bedeutsame ›leise oder geflüsterte Ja‹ zu seiner Geltung umfasst.‹«

kung des Art. 144 I GG nur deklaratorische Bedeutung zu[133]; rechtlich war er ebenso folgenlos wie die dagegen gerichtete **Klage vor dem Bayerischen Verfassungsgerichtshof**[134] und die vom Bayerischen Landtag einstimmig beschlossene, von der US-Militärregierung am 16.6.1949 **abgelehnte** Forderung nach der **Durchführung eines Referendums** in Bayern[135].

III. Berlin-Klausel (Art. 144 II GG)

22 Art. 144 II GG spricht in allgemeiner Weise von »Beschränkungen«, denen das Grundgesetz in einem der »**in Art. 23 GG aufgeführten Länder**« unterliege. Dieser – in der nunmehr aktuellen Fassung des Grundgesetzes nicht mehr erkennbare und in den meisten Textausgaben auch nicht deutlich gemachte – Bezug meint natürlich **Art. 23 a.F. GG**, also in seiner bis zur Streichung im Zuge der deutschen Wiedervereinigung (→ Pmbl. Rn. 84) geltenden Fassung[136]. Die **Beschränkungen** sind diejenigen des dritten Genehmigungsvorbehalts der Alliierten[137].

23 Den **einzigen Anwendungsfall** des Art. 144 II GG **bildete Berlin**[138], wobei »Groß-Berlin« gem. Art. 23 a.F. GG entgegen der Suspensionsanordnung der Alliierten (→ Rn. 11, 18) ausdrücklich in den Geltungsbereich einbezogen war, dieser Geltungsanspruch aber bis zur Wiedervereinigung nur im Westteil der Stadt tatsächlich wirksam wurde[139]. Der Formulierungszusatz »oder in einem Teile eines dieser Länder« ist wohl auf die Westsektoren Berlins gemünzt (→ Rn. 11).

24 Die **staatsrechtliche Stellung Berlins** war bis zur Wiedervereinigung durch den alliierten **Berlin-Vorbehalt** bestimmt, nach dem die Stadt »nicht durch den Bund regiert« werden durfte[140]. Der Vorbehalt von 1949 fand Bekräftigung im Viermächte-Abkom-

---

[133] Wie hier *Klein* (Fn. 16), Art. 144 Rn. 15, der zu Recht auf die politische Bedeutung des Beschlusses hinweist; prägnant auch *P. M. Huber*, BayVBl. 2012, 257 (257): »Auf Bayern kam es m.a.W. nicht an, aber man hatte zumindest das Gesicht gewahrt.« – S. auch *J. F. Lindner*, in: Lindner/Möstl/Wolff, Verfassung des Freistaates Bayern (Fn. 5), Art. 178 Rn. 3 (m. Fn. 14); *Brechmann* (Fn. 5), Einl. Rn. 12 sowie ebd., Art. 178 Rn. 1 (m. Fn. 7).

[134] Am 30.5.1949 erhob der im Landtag mit Nein stimmende Abgeordnete Joseph Baumgartner (ehemaliger bayerischer Landwirtschaftsminister und bis 1948 CSU-Mitglied) gemeinsam mit drei bayerischen Monarchisten und gestützt auf Art. 75, 178 BayVerf. vor dem Bayerischen Verfassungsgerichtshof eine Nichtigkeitsfeststellungsklage gegen den Beschluß sowie gegen die Unterzeichnung des Grundgesetzes durch den Ministerpräsidenten und den Landtagspräsidenten Bayerns (→ Art. 145 Rn. 9). Die Klage war als Propaganda im Bundestagswahlkampf gedacht, wie die Ankündigung der Rücknahme im Jahre 1951 und die schließliche Einstellung wegen Gegenstandslosigkeit im Jahre 1953 zeigen. Vgl. *Kock*, Weg (Fn. 128), S. 328; zum »verfassungsgerichtliche[n] ›Nachspiel‹« auch *G. Kiefer*, LKRZ 2015, 406 (410).

[135] Der einstimmige Beschluß zur Beauftragung der Staatsregierung, bei der Militärregierung eine Volksbefragung über das Grundgesetz zu erwirken, wurde im Anschluß an die Grundgesetz-Debatte am 20.5.1949 gefaßt, obwohl die Ablehnung durch die US-Militärregierung (→ Art. 145 Rn. 9) zu diesem Zeitpunkt bereits feststand; *Kock*, Weg (Fn. 128), S. 326; *G. Kiefer*, LKRZ 2015, 406 (410). Der Plan einer Volksabstimmung in Bayern war dem Parlamentarischen Rat bekannt: → Rn. 6.

[136] Text: → Fn. 118; zur erweiterten Länderliste: → Rn. 11.

[137] BVerfGE 7, 1 (8); Textauszug: → Rn. 17 m. Fn. 112.

[138] Vgl. die Formulierung der Textvariante: → Fn. 35 sowie BVerfGE 4, 157 (175f.); *v. Campenhausen/Unruh* (Fn. 16), Art. 144 Rn. 6, 21 (»lex Berlin«); *Huber* (Fn. 50), Art. 144 Rn. 11; *Klein* (Fn. 16), Art. 144 Rn. 28; *Kunig* (Fn. 17), Art. 144 Rn. 14.

[139] Vgl. BVerfGE 1, 70 (70ff.); 7, 1 (7ff.); 19, 377 (384f.); 37, 57 (62). Zur Differenzierung zwischen »deutschem Land« und »Land der Bundesrepublik« noch: *A. Frhr. v. Campenhausen*, in: H. v. Mangoldt/F. Klein/C. Starck (Hrsg.), GG-Kommentar, Bd. III, 5. Aufl. 2005, Art. 144 Rn. 10.

[140] Genehmigungsschreiben der Militärgouverneure vom 12.5.1949; Textauszug: → Rn. 17 m.

men über Berlin vom 3.9.1971[141]. Den Staatsorganen der Bundesrepublik Deutschland war die unmittelbare Einwirkung auf Berlin versagt[142], so daß beispielsweise Bundesgesetze für ihre Geltung in Westberlin entsprechende Beschlüsse des Gesetzgebers von Berlin voraussetzten[143]. Im Bundestag hatten die Berliner Abgeordneten kein Stimmrecht bei konstitutiven Entscheidungen[144]. Voll stimmberechtigt waren sie hingegen bei sog. inneren Angelegenheiten[145] und in den Ausschüssen des Bundestages. Für den Bundesrat galten ähnliche Beschränkungen[146], wobei sich jedoch das Stimmrecht der Berliner Abgeordneten nicht auf Fragen der Geschäftsordnung und nicht auf Abstimmungen in den Ausschüssen erstreckte[147]. Die Bundestagsabgeordneten wurden nicht unmittelbar (→ Art. 38 Rn. 79ff.), sondern durch das Berliner Abgeordnetenhaus gewählt[148]. Nach dem Interpretationsschreiben der drei westlichen Botschafter vom 3.9.1971 waren außerdem Plenarsitzungen in Berlin unzulässig[149]. Doch tagten

Fn. 112. Ähnlich bereits das Memorandum vom 2.3.1949; Textauszug: → Fn. 121. Kritik zur Unbestimmtheit des Vorbehalts bei *H. Schiedermair*, Der völkerrechtliche Status Berlins nach dem Viermächte-Abkommen vom 3. September 1971, 1975, S. 99f.; knapp auch *Klein* (Fn. 16), Art. 144 Rn. 33ff.

141 Abdruck der relevanten Nr. II.B bei *W. A. Kewenig/S. G. Sassenroth*, Die besondere Stellung des Abgeordnetenhauses von Berlin, in: Schneider/Zeh, § 66 Rn. 21: »Die Regierungen der Französischen Republik, des Vereinigten Königreiches und der Vereinigten Staaten von Amerika erklären, daß die Bindungen zwischen den Westsektoren Berlins und der Bundesrepublik Deutschland aufrechterhalten und entwickelt werden, wobei sie berücksichtigen, daß diese Sektoren so wie bisher kein Bestandteil (konstitutiver Teil) der Bundesrepublik Deutschland sind und auch weiterhin nicht von ihr regiert werden.« Abdruck des englischen Originaltextes und der Interpretation des Abkommens bei *Schiedermair*, Status (Fn. 140), S. 89ff. (Zitat: S. 89 Fn. 225).

142 BVerfGE 19, 377 (384f.); 20, 257 (266); 36, 1 (17); *Kewenig/Sassenroth* (Fn. 141), § 66 Rn. 22. Ausführlich zu den praktischen Konsequenzen *O. Luchterhandt*, HStR³ I, § 10 Rn. 43ff., 47. Die Bundesorgane sind ausdrücklich erwähnt in der Anlage II Nr. 2 des Viermächte-Abkommens; vgl. *Schiedermair*, Status (Fn. 140), S. 99.

143 BVerfGE 7, 1 (13); *Klein* (Fn. 16), Art. 144 Rn. 35. Zur Übernahmepflicht aus Bundestreue bzw. gemäß Überleitungsgesetz siehe *Kewenig/Sassenroth* (Fn. 141), § 66 Rn. 23ff.; *R. Scholz*, DÖV 1987, 358 (362f.). Zur damaligen Praxis *E. R. Zivier*, Der Rechtsstatus des Landes Berlin, 4. Aufl. 1987, S. 104ff.

144 Dazu zählten insbesondere die Wahl des Bundeskanzlers sowie Abstimmungen über Vertrauensfragen und Gesetzentwürfe in zweiter und dritter Beratung; vgl. *H.-J. Schreiner*, Geschäftsordnungsrechtliche Befugnisse des Abgeordneten, in: Schneider/Zeh, § 18 Rn. 50; *O. Luchterhandt*, HStR³ I, § 10 Rn. 48; *ders.*, DÖV 1987, 358 (364); *Klein* (Fn. 16), Art. 144 Rn. 30. In der Bundesversammlung wurden die Berliner Stimmen erstmals 1959 mitgezählt: so *Hopfauf* (Fn. 101), Art. 144 Rn. 24.

145 Dazu zählten insb. Entscheidungen über die Organisation des Hauses, Wahl der Mitglieder des Präsidiums und Fragen der Geschäftsordnung: *Klein* (Fn. 16), Art. 144 Rn. 30; *Hopfauf* (Fn. 101), Art. 144 Rn. 23.

146 Vgl. *v. Campenhausen/Unruh* (Fn. 16), Art. 144 Rn. 21; *Schiedermair*, Status (Fn. 140), S. 109ff.; *O. Luchterhandt*, HStR³ I, § 10 Rn. 48.

147 *Klein* (Fn. 16), Art. 144 Rn. 31.

148 Anordnung der Alliierten Kommandantur der Stadt Berlin vom 30.6.1949, Textabdruck in: Heidelmeyer/Hindrichs, Dokumente (Fn. 52), Nr. 91 (S. 122). Vgl. § 53 Nr. 2 BWahlG i. d. F. v. 29.12.1988: »Dazu treten 22 Abgeordnete des Landes Berlin [...] Das Abgeordnetenhaus von Berlin wählt die Abgeordneten sowie eine ausreichende Anzahl von Ersatzpersonen auf der Grundlage der Zusammensetzung des Abgeordnetenhauses zum Zeitpunkt der Wahl zum Deutschen Bundestag. [...] Für die Wählbarkeit und den Verlust der Mitgliedschaft im Deutschen Bundestag gelten im übrigen die Bestimmungen dieses Gesetzes entsprechend. [...] Die Feststellung, wer als Ersatzperson nachrückt, trifft der Präsident des Abgeordnetenhauses von Berlin.«

149 *Schiedermair*, Status (Fn. 140), S. 103f.; *R. Scholz*, DÖV 1987, 358 (363); *Hopfauf* (Fn. 101), Art. 144 Rn. 23. Abdruck des Schreibens bei *Rauschning*, Rechtsstellung (Fn. 106), Nr. 16g (S. 94ff.).

des öfteren Ausschüsse des Bundestages in Berlin, was regelmäßig zu Protesten der DDR führte.

25 Auf andere Teile der Bundesrepublik als Berlin ist Art. 144 II GG **vor** der deutschen **Wiedervereinigung** nicht bezogen worden[150]. **Danach** war eine analoge oder gar direkte Anwendung angesichts des umfassenden Regelungswerks des Einigungsvertrages weder möglich noch sinnvoll[151]. Insbesondere der Berlin-Vorbehalt (→ Rn. 24) verlor mit der Erklärung der Vier Mächte über die Aussetzung ihrer Vorbehaltsrechte über Berlin und Deutschland als Ganzes vom 1.10.1990 endgültig seine Bedeutung[152]. Mit der Wiedervereinigung ist Art. 144 II GG also **gegenstandslos** geworden[153].

D. Verhältnis zu anderen GG-Bestimmungen

26 Die Annahme nach Art. 144 GG steht in unmittelbarem Kontext mit Ausfertigung und Verkündung des Grundgesetzes (→ **Art. 145** Rn. 5ff.). Beide Normen wiederum müssen im Zusammenhang mit der **Präambel a. F.** (→ Pmbl. Rn. 10f.) sowie **Art. 23 a. F. GG**[154] gesehen werden[155]. Die **Verweisung auf Art. 23 GG** geht seit der Streichung des Art. 23 a. F. (und seiner bald darauf folgenden Ausgestaltung als »Europaartikel«) ins Leere bzw. **führt in die Irre** (→ Rn. 22), was einmal mehr den bemerkenswert nachlässigen Umgang des verfassungsändernden Gesetzgebers mit dem Grundgesetz offenbart.

Vgl. die Auseinandersetzung um eine Sitzung im April 1965: Heidelmeyer/Hindrichs, Dokumente (Fn. 52), Nr. 381ff. (S. 559ff.).

[150] *Klein* (Fn. 16), Art. 144 Rn. 28; *Kunig* (Fn. 17), Art. 144 Rn. 10, 13. Insbesondere war Art. 144 II GG nicht auf das Saargebiet anzuwenden; vgl. BVerfGE 4, 157 (175f.).

[151] *Kunig* (Fn. 17), Art. 144 Rn. 13; *Jarass*/Pieroth, GG, Art. 144 Rn. 3.

[152] Vertrag über die abschließende Regelung in bezug auf Deutschland, BGBl. II S. 1318; vgl. zur Aufhebung des Berlin-Vorbehalts bereits das vorausgegangene Schreiben der drei Westmächte vom 8.6.1990: BGBl. I S. 1068.

[153] *Kunig* (Fn. 17), Art. 144 Rn. 1, 14; *Umbach* (Fn. 101), Art. 144 Rn. 16; *Huber* (Fn. 50), Art. 144 Rn. 12; *C. Hillgruber*, in: Epping/Hillgruber, GG, Art. 144 Rn. 4; *H.A. Wolff*, in: Hömig/Wolff, GG, Art. 144 Rn. 2f.

[154] Text: → Fn. 118.

[155] *Kunig* (Fn. 17), Art. 144 Rn. 5.

Artikel 145 [Verkündung, Inkrafttreten und Veröffentlichung]

(1) Der Parlamentarische Rat stellt in öffentlicher Sitzung unter Mitwirkung der Abgeordneten Groß-Berlins die Annahme dieses Grundgesetzes fest, fertigt es aus und verkündet es.

(2) Dieses Grundgesetz tritt mit Ablauf des Tages der Verkündung in Kraft.

(3) Es ist im Bundesgesetzblatte zu veröffentlichen.

Literaturauswahl

Danco, Armin: Die Entstehung der Bundesrepublik Deutschland und das Inkrafttreten des Grundgesetzes, 1961.

Jauernig, Othmar: Wann ist das Grundgesetz in Kraft getreten?, in: JZ 1989, S. 615–617.

Kiefer, Günther: Das Grundgesetz und die Zustimmungsfrage in den deutschen Landtagen im Mai 1949 – ein parlamentarisches Lehrstück, in: LKRZ 2015, S. 406–411.

Siehe auch die Angaben zu Art. 144 GG.

Leitentscheidungen des Bundesverfassungsgerichts

BVerfGE 2, 237 (258) – Hypothekensicherungsgesetz; 4, 331 (341) – Soforthilfegesetz; 11, 126 (129) – Nachkonstitutioneller Bestätigungswille.

Gliederung

Stichwörter

A. Herkunft, Entstehung, Entwicklung

I. Ideen- und verfassungsgeschichtliche Aspekte

1 Die **Ausfertigung** eines Staatsgrundgesetzes durch die Abgeordnetenversammlung selbst hat ihr Vorbild in der Eingangsformel der Verfassung von 1849[1], obgleich der

[1] Verfassung des Deutschen Reichs vom 28. März 1849, RGBl. S. 101 (»Die deutsche verfassunggebende Nationalversammlung hat beschlossen, und verkündigt als Reichsverfassung: […]«); vgl. Huber, Dokumente, Bd. 1, S. 375. Den Vorbildcharakter der Verfassung von 1849 betont auch der Allgemeine Redaktionsausschuß in seiner Stellungnahme zur Fassung des Organisationsausschusses; s.

Parlamentarische Rat keine verfassunggebende Nationalversammlung, sondern ein Gremium eigener Art war (→ Art. 144 Rn. 3). Art. 181 WRV sah nur Beschluß und Verabschiedung der Weimarer Reichsverfassung durch die Nationalversammlung vor, während die Ausfertigung am 11. August 1919 durch den Reichspräsidenten an dessen zufälligem Aufenthaltsort in Schwarzburg, also sogar außerhalb Weimars, erfolgte[2]. Die **öffentliche Verkündung** war nach Ansicht des Parlamentarischen Rates »nach deutscher Auffassung« nötig[3], wohl weil sie dem im deutschen Rechtskreis seit langem herausgebildeten Verfahren der Gesetzgebung entsprach[4]. Das Auseinanderfallen von Verkündung und **Veröffentlichung** (→ Rn. 12) ist ohne Vorbild.

II. Entstehung und Veränderung der Norm

Den Beratungen zu Art. 145 GG lag **Art. 148 HChE** zugrunde[5]. Darin waren Annahme, Ausfertigung und Verkündung durch den Parlamentarischen Rat noch nicht ausdrücklich vorgesehen. Vielmehr stellte die Regelung auf die Annahme in den Ländern ab (durch Referendum oder Landtagsbeschluß); das Grundgesetz sollte dann »als rechtsverbindliches Gesetz im Sinne der Landesverfassungen« in Kraft treten. In den Sitzungen des Organisationsausschusses vom 22. und 27.10.1948 ging man noch von einer Verkündung durch die elf Ministerpräsidenten und von einer Veröffentlichung in den Gesetzblättern der Länder aus[6]. Mit Ausnahme des Berlin-Zusatzes beruht die endgültige Fassung auf dem **Vorschlag des Allgemeinen Redaktionsausschusses** für einen Art. 148f[7], den der Hauptausschuß übernahm[8]. In der dritten Lesung im Hauptausschuß wurden die Worte »unter Mitwirkung von Abgeordneten Groß-Berlins« nachträglich eingefügt[9], weil sie nach Ansicht des Redaktionsausschusses in der Präambel, wo sie ursprünglich standen, fehlplaziert waren[10]. Art. 145 GG ist kraft Durchführung des vorgesehenen Verfahrens **obsolet** geworden[11]. 2

Anm. 23 zu Art. 148f i. d. F. der Formulierungen der Fachausschüsse (JöR 1 [1951], S. 918; Parl. Rat VII, S. 90).

[2] Dazu *Anschütz*, WRV, Art. 181 mit Fn. 1 (S. 768).

[3] Allgemeiner Redaktionsausschuß (Parl. Rat VII, S. 90): »Sodann muß nach deutscher Auffassung eine öffentliche Verkündung vorgenommen werden«; referierend auch JöR 1 (1951), S. 918.

[4] Vgl. *H. H. Klein*, in: Maunz/Dürig, GG, Art. 145 (2017), Rn. 9f.

[5] Text: → Art. 144 Rn. 5 m. Fn. 27.

[6] 17. und 18. Sitzung, s. JöR 1 (1951), S. 917f.; ausführlich Parl. Rat XIII/1, S. 647f., 685f. Vgl. *W. Höfling/C. Burkiczak*, in: Friauf/Höfling, GG, Art. 145 (2006), Rn. 3.

[7] Sitzungen v. 18. und 24.11.1948, s. JöR 1 (1951), S. 918. In den Beratungen hieß es (Parl. Rat VII, S. 90): »Die bisherige Formulierung des Art. 148a in der Fassung des Organisationsausschusses ist unzulänglich, da nach Abs. 1 die Verkündung nach Inkrafttreten vorgenommen werden soll, nach Abs. 2 das Inkrafttreten jedoch von der Verkündung abhängen soll. Nach Ansicht des Redaktionsausschusses muß zunächst in Art. 148e eine Regelung über die Annahme (durch Volksabstimmung bzw. durch die Landtage) getroffen werden, deren näherer Inhalt von der noch ausstehenden Vereinbarung der Militärbefehlshaber abhängt. Sodann muß nach deutscher Auffassung eine öffentliche Verkündung vorgenommen werden, die zur Hervorhebung der Bedeutung dieses Aktes durch den Parlamentarischen Rat als die in diesem Zeitpunkt alleinige Vertretung des Volkes vorzunehmen ist. Die Ausfertigung durch die Abgeordneten selbst hat ihr Vorbild in der Verfassung von 1849; die Verkündung kann in öffentlicher Sitzung erfolgen. Die nachfolgende Veröffentlichung im Bundesgesetzblatt hat dann nur deklaratorische Bedeutung.«

[8] 20. Sitzung v. 7.12.1948, vgl. JöR 1 (1951), S. 918; Parl. Rat. XIV/1, S. 594.

[9] 51. Sitzung v. 10.2.1949, vgl. JöR 1 (1951), S. 920; Parl. Rat. XIV/2, S. 1648.

[10] Siehe die »Bemerkung zur Präambel«, in: Parl. Rat VII, S. 134, 201.

[11] Nach *Klein* (Fn. 4), Art. 145 Rn. 15 behält die Norm Bedeutung für die Beurteilung von vor- und

B. Internationale, supranationale und rechtsvergleichende Bezüge

3 Für Verfahren und Form der Verfassunggebung enthält das internationale und supranationale Recht weder Vorgaben noch zeigt es Parallelen. Die Verfassunggebung der **Schweiz** weist hinsichtlich der Feststellung der Annahme insoweit eine Ähnlichkeit auf, als auch dort erst nach Abschluß der kantonalen Annahmeverfahren durch gesonderten Beschluß der »Tagsatzung« die Rechtswirksamkeit der neuen Verfassung festgestellt wurde (→ Art. 144 Rn. 13). Allerdings war dieser Beschluß konstitutiv, während die Feststellung der Annahme nach Art. 145 I GG als deklaratorisch angesehen werden muß (→ Rn. 7). Auch in den **USA** ist die Verfassung nicht automatisch mit der nach Art. VII eigentlich dafür genügenden Ratifikation durch neun Staaten am 21.6.1788 in Kraft getreten, sondern erst am 4.3.1789[12], einem zur Umstellung auf die neue Staatsform vom Kongreß der Konföderation durch gesonderten Beschluß vom 6.8.1788 festgesetzten Zeitpunkt[13]. Dem Art. 145 GG vergleichbare Regelungen enthalten die Verfassungen der **deutschen Bundesländer** insofern, als die Verkündung im jeweiligen Gesetzblatt sowie das Inkrafttreten mit ihrer Verkündung, am selben Tag oder am Tag danach vorgesehen ist[14].

---

nachkonstitutionellen Gesetzen im Rahmen eines konkreten Normenkontrollverfahrens nach Art. 100 I GG. Für die Feststellung des entsprechenden Zeitpunktes bedarf es aber nicht unbedingt einer Verfassungsnorm.

[12] Der Zeitpunkt ist derjenige, an dem der erste Kongreß der Vereinigten Staaten von Amerika in New York City erstmalig zusammentrat. Kurze Zeit später erfolgte die Wahl (6.4.1789) und Inauguration (30.4.1789) George Washingtons zum ersten Präsidenten.

[13] Zu diesem Zeitpunkt hatten zwar Virginia und New York, noch nicht aber North Carolina und Rhode Island die Verfassung angenommen; vgl. *J.E. Nowak/R.D. Rotunda*, Constitutional Law, 8. Aufl. 2010, S. 1675; *J. Heideking*, Die Verfassung vor dem Richterstuhl. Vorgeschichte und Ratifizierung der amerikanischen Verfassung 1787–1791, 1988, S. 126ff., 656ff., 686ff.; übersichtlich *W. Frotscher/B. Pieroth*, Verfassungsgeschichte, 14. Aufl. 2015, Rn. 32ff., 40. Am 21.6.1788 ratifizierte New Hampshire als 9. Staat die Verfassung, Virginia folgte am 26.6.1788, New York am 26.7.1788, North Carolina am 21.11.1789 und Rhode Island am 29.5.1790. Vermont war als 14. Bundesstaat der erste, der einen Beitritt gem. Art. IV US-Verf. vollzog: durch Ratifikation am 10.1.1791, gefolgt von einem Kongreßbeschluß am 4.3.1791. Der Ablauf zur Inkraftsetzung der Verfassung war also folgender: Ratifikation gem. Art. VII (21.6.1788), politischer Kampf bis zur Ratifikation in New York (26.7.1788), Beschluß über den Inkraftsetzungszeitpunkt (6.8.1788), Inkraftsetzung durch die erste Sitzung des ersten Kongresses der USA in New York (4.3.1789), nachträgliche Inkraftsetzung in Staaten mit »verspäteter« Ratifikation, zuletzt Rhode Island (29.5.1790), Beitritt weiterer Staaten nach Art. IV (seit 10.1.1791). Vgl. auch *K. Loewenstein*, Verfassungsrecht und Verfassungspraxis der Vereinigten Staaten, 1959, S. 10 (Ratifikation entspricht trotz Art. VII nicht der Inkraftsetzung), sowie S. 617. Zur Erzwingung der Ratifikation in Rhode Island: → Art. 144 Rn. 12 m. Fn. 90.

[14] Z.B. Art. 94 I, II Bad.-Württ.Verf. (»im Gesetzblatt des Landes zu verkünden« [Abs. 1]; »am Tage ihrer Verkündung in Kraft« [Abs. 2]); Art. 155 Brem.Verf. (»im Bremischen Gesetzblatt zu verkünden und tritt mit dem auf ihre Verkündung folgenden Tage in Kraft«); Art. 80 Meckl.-Vorp.Verf. (»tritt mit Beendigung der ersten Wahlperiode des Landtages in Kraft«; in der Praxis hieß das: sie ist vorläufig am 12.6., endgültig am 15.11.1994 in Kraft getreten); Art. 78 I Nds.Verf. (»tritt am 1. Juni 1993 in Kraft«); Art. 144 Rh.-Pf.Verf. (»tritt mit ihrer Annahme durch das Volk in Kraft«); und besonders detailliert Art. 106 I–III Thür.Verf. (»ist nach ihrer Annahme durch den Landtag [...] auszufertigen und im Gesetz- und Verordnungsblatt zu verkünden« [Abs. 1]; »tritt am Tag nach der Verkündung vorläufig in Kraft« [Abs. 2]. »Am Tag der ersten Landtagswahl nach der Verkündung dieser Verfassung ist ein Volksentscheid über diese Verfassung durchzuführen. Stimmt ihr dabei die Mehrheit der Abstimmenden zu, ist sie endgültig in Kraft getreten. Dies ist vom Präsidenten des Landtags im Gesetz- und Verordnungsblatt bekanntzumachen.« [Abs. 3]); eine Auflistung aller landesverfassungsrechtlichen Vergleichsnormen findet sich bei *Höfling/Burkiczak* (Fn. 6), Art. 145 Rn. 4 (m. Fn. 6). Einzig die Verfassung des Freistaates Bayern enthält keine entsprechende Regelung; hier gibt es nur

C. Erläuterungen

I. Feststellung der Annahme, Ausfertigung und Verkündung (Art. 145 I GG)

Die für die Feststellungs-, Ausfertigungs- und Verkündungsakte nach Art. 145 I GG geforderte **öffentliche Sitzung** bestand formal nur in der zwölften und letzten Plenarsitzung des Parlamentarischen Rates, war aber tatsächlich eine festliche, von beinahe allen Rundfunksendern übertragene Versammlung in dem mehr als 500 Sitz- und Tribünenplätze fassenden Plenarsaal der Pädagogischen Akademie in Bonn. Sie fand am 23.5.1949 statt, also einem Datum, das wie schon der 8. Mai (→ Art. 144 Rn. 16) als geschichtsträchtiges bewußt gewählt war[15]. Zu der feierlichen Versammlung erschienen außer den Abgeordneten des Parlamentarischen Rates auch je zehn Vertreter der drei Besatzungsmächte, die Ministerpräsidenten und Landtagspräsidenten der elf westlichen Länder, Repräsentanten des Zweizonen-Wirtschaftsrates und der Wirtschaftsverwaltung sowie Würdenträger aus Kirche, Gewerkschaften, Universität und Stadt[16]. 4

Die in Art. 145 I GG vorgesehene **Ausfertigung** erfolgte durch Unterzeichnung der Originalurkunde des Grundgesetzes seitens aller Mitglieder des Parlamentarischen Rates mit Ausnahme der Abgeordneten Renner und Reimann (beide KPD)[17]. Mit den Unterschriften sollte laut den einleitenden, aber irrigen Worten des Präsidenten Dr. Adenauer gleichzeitig bestätigt werden, »daß das Grundgesetz in der öffentlichen Sitzung des Parlamentarischen Rates vom 8. Mai dieses Jahres mit einer Mehrheit von 53 gegen 12 Stimmen angenommen worden ist.«[18] Denn diese Beschlußfassung in der zehnten Plenarsitzung des Parlamentarischen Rates[19] war nicht die in Art. 145 I GG gemeinte »Annahme« (→ Rn. 7)[20]. Verfassungsrechtlich sind die Unterschriften darum allein für die Ausfertigung relevant. 5

Die **Mitwirkung der Abgeordneten Groß-Berlins** liegt zunächst in deren Teilnahme an der Unterzeichnung des Grundgesetzes (→ Rn. 5). Darüber hinaus bezeugten die Abgeordneten Dr. Suhr und Prof. Reuter in ihren Funktionen als Stadtverordneten- 6

---

eine Feststellung des Ministerrats vom 4.12.1946, nach der die BV mit ihrer Veröffentlichung im BayGVBl. am 8.12.1946 in Kraft trat; vgl. Stellungnahme des Kabinetts zur Landtagswahl, 55. Sitzung des Ministerrats, abgedruckt in: Historische Kommission bei der Bayerischen Akademie der Wissenschaften und der Generaldirektion der Staatlichen Archive Bayerns (Hrsg.), Die Protokolle des Bayerischen Ministerrats 1945–1954. Das Kabinett Hoegner I, 28. September 1945 bis 21. Dezember 1946, Bd. 2, München 1997, S. 1008f.

[15] Am 23.5.1945 erfolgte »unter demütigenden Umständen« (so *H. Kraus*, Karl Dönitz und das Ende des ›Dritten Reiches‹, in: H.-E. Volkmann [Hrsg.], Ende des Dritten Reiches – Ende des Zweiten Weltkriegs, 1995, S. 1ff. [16]) die Gefangennahme der Mitglieder der Reichsregierung von Großadmiral Dönitz in Flensburg-Mürwik (vgl. eingehend *M. G. Steinert*, MGM 40 [1986], 85 [93]; *J. Hillmann*, Die letzte »Reichsregierung« in Flensburg-Mürwik, in: E. Opitz [Hrsg.], Aufstieg, Herrschaft und Folgen des Nationalsozialismus im Herzogtum Lauenburg und in den Nachbarregionen, 2002, S. 137ff. [162ff.]; eher populärwissenschaftlich *G. Paul*, »Finale in Flensburg« – Das absurde Theater der »Regierung Dönitz« und das definitive Ende des »Dritten Reiches« am 23. Mai 1945, in: K. Hesse [Hrsg.], Das »Dritte Reich« nach Hitler. 23 Tage im Mai 1945. Eine Chronik, 2016, S. 329ff. [338f.]).

[16] Parl. Rat IX, S. 692ff.

[17] Vgl. Parl. Rat IX, S. 695: »*Renner* (KPD): Ich unterschreibe nicht die Spaltung Deutschlands. […] *Reimann* (KPD): Ich unterschreibe nicht.«

[18] Parl. Rat IX, S. 694.

[19] Parl. Rat IX, S. 617. → Art. 144 Rn. 16.

[20] Das wird nicht deutlich bei *J. Kramer*, in: AK-GG, Art. 145 (2002), Rn. 2; *Höfling/Burkiczak* (Fn. 6), Art. 145 Rn. 5.

Vorsteher (Suhr) und Oberbürgermeister von Groß-Berlin (Reuter) durch eine weitere Unterschrift, daß die Stadtverordnetenversammlung sich am 19.5.1949 durch einstimmigen Beschluß »zu den Prinzipien und Zielen des vom Parlamentarischen Rat in Bonn am 8. Mai 1949 beschlossenen Grundgesetzes« bekannt hatte[21]. Diese von Art. 145 GG nicht geforderte Beteuerung ist freilich verfassungsrechtlich ebenso irrelevant wie die zusätzlichen **Unterschriften der Ministerpräsidenten und Landtagspräsidenten**, mit denen diese gemeinsam die Ratifizierung durch die Landtage bestätigten[22].

7 Die nach Art. 145 I GG erforderliche **Feststellung der Annahme** bezieht sich auf die Annahme durch die Länder gem. Art. 144 I GG (→ Art. 144 Rn. 15ff.). Diese Feststellung erfolgte indes nicht durch die Unterschriftsleistung der Abgeordneten (→ Rn. 5), sondern nur durch Erklärung des Präsidenten Dr. Adenauer, bestätigt durch die verfassungsrechtlich irrelevanten (→ Rn. 6) Unterschriften der Ministerpräsidenten und Präsidenten der Landtage[23]. Als **Kuriosum** der Vorgänge kann somit festgehalten werden, daß Adenauer die falsche Erklärung (Annahme durch den Parlamentarischen Rat) von den richtigen Personen (den Abgeordneten) bestätigen ließ, die richtige Erklärung (Annahme durch die Länder) aber von den falschen Personen (Ministerpräsidenten, Landtagspräsidenten)[24]. Verfassungsrechtliche Konsequenzen hat dieses Vorgehen freilich nicht, da Art. 145 I GG keine besonderen Formvorschriften an die Feststellung knüpft, so daß die einfache Erklärung durch den Präsidenten des Parlamentarischen Rates genügte. Ohnehin ist zu erwägen, ob der Feststellung nicht angesichts der Formulierung des Art. 144 I GG bloß noch deklaratorische Bedeutung zukam[25].

8 Die **Verkündung** durch den Parlamentarischen Rat erfolgte ebenfalls in der Sitzung am 23.5.1949 **durch** eine Erklärung des Präsidenten Dr. **Adenauer**, die sich ganz am Wortlaut des Art. 145 GG orientierte: »Meine Damen und Herren! Gemäß Artikel 145 verkünde ich im Namen und im Auftrage des Parlamentarischen Rates unter Mitwirkung der Abgeordneten Groß-Berlins das Grundgesetz. Es tritt mit Ablauf des heutigen Tages in Kraft. Es wird in Nummer 1 des Bundesgesetzblattes von heute veröffentlicht.«[26]

9 Trotz der **besonderen Haltung Bayerns** zum Grundgesetz (→ Art. 144 Rn. 21) haben der Ministerpräsident und der Landtagspräsident Bayerns das Grundgesetz bei der Ausfertigung unterschrieben[27]. Dieses Verhalten war nur scheinbar widersprüchlich.

---

[21] Parl. Rat IX, S. 698. Vgl. *Höfling/Burkiczak* (Fn. 6), Art. 145 Rn. 7; *G. Kiefer*, LKRZ 2015, 406 (411).

[22] So auch *B. Dennewitz*, in: BK, Art. 145 (Erstb.: unveränderter Nachdruck 2014), Anm. II. (S. 3): *D.C. Umbach*, in: Umbach/Clemens, GG, Art. 145 Rn. 19; *I. v. Münch*, in: I. v. Münch/P. Kunig (Hrsg.), GG-Kommentar, Bd. 3, 2. Aufl. 1983, Art. 145 Rn. 2. Zum Verfahren siehe Parl. Rat IX, S. 695ff.

[23] Parl. Rat IX, S. 696f.

[24] Hinweis auf die insoweit »missverständlich[e]« Formulierung Dr. Adenauers auch bei *Klein* (Fn. 4), Art. 145 Rn. 4 Fn. 5; wie hier auch *A. Hopfauf*, in: Schmidt-Bleibtreu/Hofmann/Henneke, GG, Art. 145 Rn. 11.

[25] Dafür *A. Frhr. v. Campenhausen/P. Unruh*, in: v. Mangoldt/Klein/Starck, GG III, Art. 145 Rn. 5; *P.M. Huber*, in: Sachs, GG, Art. 145 Rn. 2; *P. Kunig*, in: v. Münch/Kunig, GG II, Art. 145 Rn. 3; *Kramer* (Fn. 20), Art. 145 Rn. 2; *Hopfauf* (Fn. 24), Art. 145 Rn. 11; dagegen *A. Danco*, Die Entstehung der Bundesrepublik Deutschland und das Inkrafttreten des Grundgesetzes, 1961, S. 40 (»rechtsbegründende Handlung«).

[26] Parl. Rat IX, S. 700. Zum Unterschied zwischen Verkündung und Veröffentlichung: → Rn. 12.

[27] Zu der dagegen gerichteten Klage vor dem Bayerischen Verfassungsgerichtshof: → Art. 144 Rn. 21.

Der Bayerische Landtag hatte nämlich im unmittelbaren Anschluß an die Ablehnung vom 20.5.1949 mit den Stimmen der CSU beschlossen, daß die **Rechtsverbindlichkeit** des Grundgesetzes **auch für Bayern** anerkannt werden würde, sofern es in zwei Dritteln der Länder angenommen worden sein sollte (→ Art. 144 Rn. 20). Bayern hatte insoweit allerdings wegen der besatzungsrechtlichen Vorgaben[28] und der daraus resultierenden Zweidrittelregelung in Art. 144 I GG keine wirkliche Wahl; die Rechtsfolge der Grundrechtsgeltung für das Territorium des Freistaats Bayern ergibt sich abschließend aus der Länderaufzählung in der Präambel und Art. 23 a. F. GG[29] i. V. m. Art. 145 II GG[30]. Konsequenterweise hat die US-Militärregierung mit dem Hinweis, daß es wegen dieser Normen für Bayern rechtlich nichts mehr zu entscheiden gebe, am 16.6.1949 das Begehren des Bayerischen Landtags zur Durchführung eines Referendums abgelehnt[31].

II. Inkrafttreten (Art. 145 II GG)

Das Grundgesetz ist gemäß Absatz 2 mit Ablauf des Verkündungstages in Kraft getre- **10**
ten, also am **23.5.1949 um 24 Uhr**[32]. Zu Recht ist darauf hingewiesen worden, daß der häufig angegebene Zeitpunkt am 24.5.1949 um 0 Uhr[33] zwar mit dem Ablauf des 23.5. zusammenfällt, rechtlich aber die verschiedene Tageszuordnung relevant werden kann[34]. Außerdem hat sich der Parlamentarische Rat auf Antrag des Abg. Dr. Katz[35] bewußt für diesen »ganz ungewöhnlichen Zeitpunkt des Inkrafttretens«[36] entschieden. Bedeutsam ist der Zeitpunkt für die unmittelbare Bindung der Staatsorgane in den Ländern (→ Art. 1 III Rn. 29 ff.; → Art. 20 [Rechtsstaat], Rn. 37, 67, 81 ff.; → Art. 28 Rn. 41 ff., 53 ff.)[37]. Zwar bestanden am 23.5.1949 die Bundesorgane noch nicht[38], doch

---

[28] Vgl. Frankfurter Dokument Nr. 1. → Art. 144 Rn. 3 m. Fn. 18.

[29] Text: → Art. 144 Rn. 18 m. Fn. 116.

[30] Für eine bloß deklaratorische Bedeutung des zweiten Beschlusses vom 20.5.1949 auch BayVerfGH BayVBl. 1991, 561 (561 f.); *P. M. Huber*, in: Sachs, GG, Art. 144 Rn. 2; *ders.*, BayVBl. 2012, 257 (257).

[31] Dazu *P. J. Kock*, Bayerns Weg in die Bundesrepublik, 1983, S. 326; *G. Kiefer*, LKRZ 2015, 406 (410). → Art. 144 Rn. 21 m. Fn. 135.

[32] So auch BVerfGE 2, 237 (258); 4, 331 (331, 341); *O. Jauernig*, JZ 1989, 615 (616); *W. Kahl*, JuS 1997, 1083 (1086); *Huber* (Fn. 25), Art. 145 Rn. 5; *Jarass*/Pieroth, GG, Art. 145 Rn. 2; *Kramer* (Fn. 20), Art. 145 Rn. 4; *Stern*, Staatsrecht V, S. 1329; *Klein* (Fn. 4), Art. 145 Rn. 11; *Höfling/Burkiczak* (Fn. 6), Art. 145 Rn. 9; *Hopfauf* (Fn. 24), Art. 145 Rn. 19; *S. Schmahl*, in: Sodan, GG, Art. 145 Rn. 3; unentschieden *v. Campenhausen/Unruh* (Fn. 25), Art. 145 Rn. 8.

[33] So etwa *Badura*, Staatsrecht, Rn. A 23; *Battis/Gusy*, Staatsrecht, Rn. 9; *C. Hillgruber*, in: Epping/Hillgruber, GG, Art. 145 Rn. 2; *Danco*, Entstehung (Fn. 25), S. 45, 74, 97; *K. Kröger*, NJW 1989, 1318 (1324); *Kunig* (Fn. 25), Art. 145 Rn. 5; *H.A. Wolff*, in: Hömig/Wolff, GG, Art. 145 Rn. 1; *I. v. Münch*, NJW 2000, 1 (3); *C. Starck*, in: v. Mangoldt/Klein/Starck, GG I, Verkündungsformel Rn. 13; *Stein/Frank*, Staatsrecht, § 2 IV (S. 11); *Stern*, Staatsrecht II, S. 991: »nach« dem 23.5.1949; vgl. auch BVerfGE 2, 124 (135); 4, 331 (339); 11, 126 (129); ähnlich *Dennewitz* (Fn. 22), Art. 145 Anm. II. (S. 3): »24. Mai 1949 0 Uhr 1«.

[34] *O. Jauernig*, JZ 1989, 615 (615 f.); bei Art. 145 II GG führt der rechtliche Unterschied indes nicht zu greifbaren Konsequenzen.

[35] 18. Sitzung v. 27.10.1948; vgl. JöR 1 (1951), S. 918; Parl. Rat XIII/1, S. 686: »Wichtig wäre nur, daß das Gesetz mit dem Tage der Verkündung in Kraft tritt und nicht 14 Tage später.« Siehe auch *Kramer* (Fn. 20), Art. 145 Rn. 4.

[36] *O. Jauernig*, JZ 1989, 615 (616 f.).

[37] Vgl. auch *Danco*, Entstehung (Fn. 25), S. 81 ff.

[38] Ausführlich zum Beginn der rechtlichen Existenz der Bundesrepublik Deutschland *Danco*, Entstehung (Fn. 25), S. 45 ff.; *Stern*, Staatsrecht V, S. 1341 ff.

hatten beispielsweise Grundrechtsbindung und Homogenitätsgebot schon von diesem Moment an Gewicht, da sie auch oder gerade die Staatsgewalt in den Ländern betrafen (→ Art. 1 III Rn. 37; → Art. 28 Rn. 41ff., 53ff.)[39].

11 Durch **Beitritt** ist das Grundgesetz zum 1.1.1957 auch im Saarland in Kraft getreten[40]; im übrigen sind wirksame Beitritte ausgeblieben (→ Art. 29 Rn. 6). Durch den **Einigungsvertrag** (→ Pmbl. Rn. 58ff.; → Art. 20 [Rechtsstaat], Rn. 55ff.) ist der Geltungsbereich des Grundgesetzes seit dem 3.10.1990 außerdem auf die neuen Bundesländer einschließlich Ostberlins ausgedehnt worden[41]. Allerdings erfolgte die Inkraftsetzung des Grundgesetzes im Rahmen der Wiedervereinigung mit zum Teil weitreichenden Übergangsregelungen[42].

III. Veröffentlichung (Art. 145 III GG)

12 Art. 145 III GG unterscheidet für den besonderen Fall des Grundgesetzes ausdrücklich zwischen dessen Verkündung und seiner Veröffentlichung[43]. Die auf seine Verkündung noch am selben Tage erfolgende **Veröffentlichung im Bundesgesetzblatt** bildet beim Grundgesetz – im Gegensatz zum Verfahren bei einfachen Gesetzen[44] – gemäß Wortlaut und Systematik des Art. 145 GG für das Inkrafttreten keine Wirksamkeitsvoraussetzung[45]. Sie ist gleichwohl in Art. 145 III GG verfassungskräftig angeordnet und erfolgte durch Publikation in der Erstausgabe des Bundesgesetzblattes vom 23. Mai 1949[46].

D. Verhältnis zu anderen GG-Bestimmungen

13 Zur **Präambel** besteht eine entstehungsgeschichtliche Beziehung, soweit die Beteiligung der Abgeordneten Groß-Berlins übernommen wurde (→ Rn. 2). Zu **Art. 144 GG** steht die Norm in einem zeitlichen Stufenverhältnis (→ Rn. 7).

---

[39] Zur Grundrechtsgeltung mit Ablauf des 23.5.1949: BVerfGE 2, 237 (258); 4, 331 (331, 341).

[40] Vgl. BGBl. I 1956, S. 1011.

[41] Vgl. BGBl. II S. 885, 889. Dazu, daß die Rede vom »Beitritt« der neuen Bundesländer unpräzise ist, vgl. *H. Dreier*, IPE I, § 1 Rn. 58 m. w. N.

[42] Vgl. nur *P. Lerche*, HStR VIII, § 194 Rn. 55ff., 59; *Maurer*, Staatsrecht, § 3 Rn. 65ff.

[43] So auch *Kunig* (Fn. 25), Art. 145 Rn. 3, 6; *Hillgruber* (Fn. 33), Art. 145 Rn. 3; *Hopfauf* (Fn. 24), Art. 145 Rn. 14. Gleichsetzung von Verkündung und Veröffentlichung hingegen bei *Starck* (Fn. 33), Verkündungsformel Rn. 13; nicht ganz eindeutig auch *Klein* (Fn. 4), Art. 145 Rn. 6.

[44] Art. 82 I 1 GG: »[...] im Bundesgesetzblatte verkündet.« → Art. 82 Rn. 16ff.

[45] Vgl. *v. Campenhausen/Unruh* (Fn. 25), Art. 145 Rn. 11; *Danco*, Entstehung (Fn. 25), S. 40f.; *Huber* (Fn. 22), Art. 145 Rn. 4; *Jarass*/Pieroth, GG, Art. 145 Rn. 2; *Kunig* (Fn. 25), Art. 145 Rn. 6; *Kramer* (Fn. 20), Art. 145 Rn. 5; *Hillgruber* (Fn. 33), Art. 145 Rn. 3; *Wolff* (Fn. 33), Art. 145 Rn. 1; *Höfling/Burkiczak* (Fn. 6), Art. 145 Rn. 12; *Schmahl* (Fn. 32), Art. 145 Rn. 2; zustimmend *Klein* (Fn. 4), Art. 145 Rn. 10; ebenso bereits der Abg. Zinn zu Art. 148f in der 40. Sitzung des Hauptausschusses v. 14.1.1949 (→ Rn. 2), JöR 1 (1951), S. 919; Parl. Rat. XIV/2, S. 1242; a. A. nur *Umbach* (Fn. 22), Art. 145 Rn. 20.

[46] BGBl. I S. 1. Vgl. dazu die Erklärung zur Verkündung: → Rn. 8.

Artikel 146 [Geltungsdauer]

Dieses Grundgesetz, das nach Vollendung der Einheit und Freiheit Deutschlands für das gesamte deutsche Volk gilt, verliert seine Gültigkeit an dem Tage, an dem eine Verfassung in Kraft tritt, die von dem deutschen Volke in freier Entscheidung beschlossen worden ist.

Literaturauswahl

Baldus, Manfred: Eine vom deutschen Volk in freier Entscheidung beschlossene Verfassung – Zum Schicksal des Art. 146 GG nach Vorlage des Abschlußberichts der Gemeinsamen Verfassungskommission, in: KritV 76 (1993), S. 429–441.

Bartlsperger, Richard: Verfassung und verfassunggebende Gewalt im vereinten Deutschland, in: DVBl. 1990, S. 1285–1301.

Blasche, Sebastian: Die grundsätzliche Mitwirkung der Länder bei der Gesetzgebung. Eine verfassungsdogmatische Untersuchung zu Art. 79 Abs. 3, 2. Var. GG vor dem Hintergrund einer möglichen Einführung von Volksgesetzgebung in das Grundgesetz, 2006.

Cramer, Philipp: Artikel 146 Grundgesetz zwischen offener Staatlichkeit und Identitätsbewahrung. Perspektiven des Schlussartikels des Grundgesetzes für die zukünftige europäische Integration, 2014.

Dreier, Horst: Gilt das Grundgesetz ewig? Fünf Kapitel zum modernen Verfassungsstaat, 2009.

Dreier, Horst: Das Grundgesetz unter Ablösungsvorbehalt? Zur Deutung und Bedeutung des Art. 146 GG, in: ders. (Hrsg.), Macht und Ohnmacht des Grundgesetzes. Sechs Würzburger Vorträge zu 60 Jahren Verfassung, 2009, S. 159–189.

Franz, Thorsten: Die Zukunft der deutschen Bundesstaatlichkeit: Verfassungsrechtliche Vorgaben für einen Systemwandel, in: ZParl. 35 (2004), S. 409–427.

Haack, Stefan: Verlust der Staatlichkeit, 2007.

Haug, Volker M.: Über Partizipation zu einer postgrundgesetzlichen Verfassung. Zum Potential des Art. 146 GG im Licht der europäischen Integration, in: AöR 138 (2013), S. 435–463.

Heckel, Martin: Die Legitimation des Grundgesetzes durch das deutsche Volk, in: HStR VIII, § 197, S. 489–555.

Herbst, Tobias: Legitimation durch Verfassunggebung. Ein Prinzipienmodell der Legitimität staatlicher und supranationaler Hoheitsgewalt, 2003.

Hofmann, Hasso: Zur Verfassungsentwicklung in der Bundesrepublik Deutschland, in: StWStP 6 (1995), S. 155–181.

Ingold, Albert: Die verfassungsrechtliche Identität der Bundesrepublik Deutschland. Karriere – Konzept – Kritik, in: AöR 140 (2015), S. 1–30.

Isensee, Josef: Braucht Deutschland eine neue Verfassung? Überlegungen zur neuen Schlußbestimmung des Grundgesetzes, Art. 146, 1992.

Isensee, Josef: Schlußbestimmung des Grundgesetzes: Artikel 146, in: HStR³ XII, § 258, S. 131–186.

Mahrenholz, Ernst Gottfried: Die Verfassung und das Volk, 1992.

Merkel, Karlheinz: Die verfassungsgebende Gewalt des Volkes. Grundlagen und Dogmatik des Artikels 146 GG, 1996.

Meyer, Hans: Artikel 146 GG. Ein unerfüllter Verfassungsauftrag?, in: Hans Herbert von Arnim (Hrsg.), Direkte Demokratie, 2000, S. 67–82.

Moelle, Henning: Der Verfassungsbeschluß nach Artikel 146 Grundgesetz, 1996.

Möller, Hauke: Die verfassungsgebende Gewalt des Volkes und die Schranken der Verfassungsrevision. Eine Untersuchung zu Art. 79 Abs. 3 GG und zur verfassungsgebenden Gewalt nach dem Grundgesetz, 2004.

Nettesheim, Martin: Wo »endet« das Grundgesetz? – Verfassungsgebung als grenzüberschreitender Prozeß, in: Der Staat 51 (2012), S. 313–355.

Scheuner, Ulrich: Art. 146 GG und das Problem der verfassunggebenden Gewalt (1953), in: Hanns Kurz (Hrsg.), Volkssouveränität und Staatssouveränität, 1970, S. 288–300.

Schilling, Theodor: Eine neue Verfassung für Deutschland. Art. 146 GG und die Rolle des Bundesverfassungsgerichts, in: Der Staat 53 (2014), S. 95–119.

Schlink, Bernhard: Deutsch-deutsche Verfassungsentwicklungen im Jahre 1990, in: Der Staat 30 (1991), S. 163–180.

Stückrath, Birgitta: Art. 146 GG: Verfassungsablösung zwischen Legalität und Legitimität, 1997.
Wahl, Rainer: Die Verfassungsfrage nach dem Beitritt, in: StWStP 1 (1990), S. 468–484.
Weis, Hubert: Verfassungsrechtliche Fragen im Zusammenhang mit der Herstellung der staatlichen Einheit Deutschlands, in: AöR 116 (1991), S. 1–31.
Wiederin, Ewald: Die Verfassunggebung im wiedervereinigten Deutschland. Versuch einer dogmatischen Zwischenbilanz zu Art. 146 GG n. F., in: AöR 117 (1992), S. 410–448.
Winterhoff, Christian: Verfassung – Verfassunggebung – Verfassungsänderung. Zur Theorie der Verfassung und der Verfassungsrechtserzeugung, 2007.
Wischmeyer, Thomas: Nationale Identität und Verfassungsidentität, in: AöR 140 (2015), S. 415–460.
Würtenberger, Thomas: Art. 146 GG n. F.: Kontinuität oder Diskontinuität im Verfassungsrecht?, in: Klaus Stern (Hrsg.), Deutsche Wiedervereinigung. Die Rechtseinheit, Bd. 1: Eigentum – Neue Verfassung – Finanzverfassung, 1991, S. 95–109.

Leitentscheidungen des Bundesverfassungsgerichts

BVerfGE 1, 14 (61) – Südweststaat; 5, 85 (131 f.) – KPD-Verbot; 82, 322 (342) – Gesamtdeutsche Wahl; 83, 37 (51) – Ausländerwahlrecht I; 123, 267 (328 ff., Rn. 167 ff.; 339 ff., Rn. 208 ff.) – Lissabon.

Gliederung

Stichwörter

Ausschließlichkeitsthese 27ff., 31f. – Beitritt 7, 9, 11f., 29, 31 – Besatzungsmächte 3, 25f., 31, 48 – Beschränkungen des Art. 79 III GG 33f., 50 – Bulgarische Verfassung 17 – deklaratorische Bedeutung 23, 29, 36 – Denkschrift der Bundesregierung 42 – deutsches Unikat 3 – Doppelfunktion 25ff., 30ff. – »Draufsatteltheorie« 12, 29 – Einigungsvertrag 11ff., 31, 42f. – Europäische Union 15f. – EUV 15 – Ewigkeitsgarantie 3, 9, 16, 22, 33, 35, 38ff., 50, 58 – faktische Sperrwirkung 45, 54 – ganzes (gesamtes) deutsches Volk 3, 5ff., 11, 21, 31, 52 – gesamtdeutsche Nationalversammlung 5, 10, 26, 29, 52 – Herrenchiemseer Verfassungskonvent 4 – Identitätswechsel der Bundesrepublik Deutschland 16 – in freier Entscheidung 3ff., 14, 31, 48ff. – Landesverfassungen 18ff. – »normative Brücke« 21, 36, 55, 58 – normativer Geltungsverlust 28ff., 37ff. – Novation 29, 33f., 37ff. – Obsoletwerden des Art. 146 GG 9, 12, 27ff. – Österreichische Bundesverfassung 17 – »Paketlösung« 12, 41 – Parlamentarischer Rat 5ff. – Perpetuierung des Ablösungsvorbehalts 37ff. – plébiscite de tous les jours 45 – pouvoir constituant 2, 14f., 21ff., 34, 36f., 45, 50, 53ff. – pouvoir constitué 16, 23, 34, 38 – Präambel 3, 5, 21, 39, 57 – Provisorium 3, 36 – prozedurale Schritte 53ff. – Revision 29ff., 33 – Schweizerische Bundesverfassung 17 – Selbstbestimmung des deutschen Volkes 3f., 14 – Selbstbestimmungsrecht 14 – Spanische Verfassung 17 – Verfassung 4ff., 25, 27ff., 31f., 44ff., 57 – verfassunggebende Gewalt 2, 14f., 21ff., 34, 36, 45, 50, 53ff. – verfassungsändernder Gesetzgeber 16, 22, 34, 38 – Verfassungsfrage 25, 27, 31 – Verfassungsneuschöpfung 2, 7, 17, 19, 21f., 25, 27ff., 37ff. – verfassungswidriges Verfassungsrecht 29, 34 – Verwirkung wegen Zeitablaufs 35 – Volksabstimmung 12, 33, 52 – »Vorwirkung« 26 – Widerstandsrecht 55 – Wiedervereinigung 9, 12, 25ff., 29ff., 57 – Wiedervereinigungsfrage 25f., 31 – zeitliche Limitierung des GG 1ff., 4ff., 18, 31, 36, 38 – Zwei-plus-Vier-Vertrag 31.

A. Herkunft, Entstehung, Entwicklung

I. Ideen- und verfassungsgeschichtliche Aspekte

Verfassungen pflegen sich in aller Regel keine zeitlichen **Limitierungen für** ihre **Geltungsdauer** aufzuerlegen. Sofern sie keine materiellen Schranken der Verfassungsrevision kennen und schon durch das Verfahren der Verfassungsänderung grundlegende Umgestaltungen vorgenommen werden können[1] (→ Art. 79 III Rn. 1f., 12ff.), erscheint eine solche Vorkehrung ohnehin entbehrlich. Nur mit großen Einschränkungen lassen sich als **historische Vorbilder** für die in Art. 146 GG getroffene Übergangsregelung das »ewige Interim« des Westfälischen Friedens[2], die Revisionsklausel der Preußischen Verfassung von 1848[3] oder das komplexe Normengeflecht beim Übergang von der Verfassung des Norddeutschen Bundes zu der des Kaiserreiches von 1871[4] ansehen[5]. Denn auch wenn man wegen der zeitlichen Limitierung gewisse Parallelen ziehen mag, fehlt es doch am zentralen Substrat des Art. 146 GG: einer vom Volke in freier Entscheidung beschlossenen Verfassung. 1

---

[1] Gleichwohl bleibt die genaue Abgrenzung zwischen Verfassunggebung und Verfassungsänderung oft schwierig; dazu in monographischer Länge und mit subtilen Erörterungen *C. Winterhoff*, Verfassung – Verfassunggebung – Verfassungsänderung, 2007, insb. S. 166ff., 183ff., 303ff., 340ff.

[2] Andeutungsweise *K. Repgen*, Der historische Ort des Grundgesetzes: 1648 – 1789 – 1949, in: R. Morsey/K. Repgen (Hrsg.), Christen und Grundgesetz, 1989, S. 11ff. (22f.).

[3] Art. 112 der oktroyierten Preußischen Verfassung vom 5.12.1848 ermöglichte die Revision der Verfassungsurkunde, die noch auf Entwürfen der am gleichen Tage aufgelösten preußischen Nationalversammlung beruhte (vgl. *Huber*, Verfassungsgeschichte, Bd. 2, S. 763f.; *Willoweit*, Verfassungsgeschichte, § 32 Rn. 8ff.).

[4] Eingehend *H. Maurer*, Entstehung und Grundlagen der Reichsverfassung von 1871, in: FS Stern, 1997, S. 30ff. (41ff.).

[5] Zu weiteren Beispielen für Beitrittsofferten *R. Wahl*, Der Staat 30 (1991), 181 (185ff.).

2 Mit dem Erfordernis einer vom Volke in freier Entscheidung beschlossenen Verfassung rekurriert Art. 146 GG der Sache nach auf die **verfassunggebende Gewalt des Volkes**, auch wenn der Terminus hier im Unterschied zur Präambel (→ Pmbl. Rn. 58 ff.) keine explizite Verwendung findet. Diese in den jungen Staaten Nordamerikas seit der Unabhängigkeitserklärung 1776 praktisch realisierte, in Frankreich durch Abbé Sieyes systematisch ausgearbeitete und zur Legitimation der revolutionären Nationalversammlung dienende staatstheoretische Figur (→ Pmbl. Rn 71 ff.)[6] hat explizit auch in vielen Verfassungen der Vereinigten Staaten von Amerika und der französischen Revolutionsverfassung von 1791 Aufnahme gefunden. Doch wird dort dem Volk in lediglich deklaratorischer Weise das »natürliche« Recht zugesprochen, sich (jederzeit) eine neue Verfassung zu geben[7]. Es fehlte Anlaß und Notwendigkeit, in einer der besonderen Situation Nachkriegsdeutschlands vergleichbaren Weise in der aktuellen Verfassungsurkunde einen Weg vorzuzeichnen, wann und unter welchen Voraussetzungen diese durch eine andere abzulösen sei. Mehr als eine bloße Bekräftigung des als unveräußerlich beim Volk liegend postulierten Rechts zur Verfassunggebung im Wege einer juristisch revolutionären Neuschöpfung war in den **USA** und in **Frankreich** weder nötig noch im Grunde möglich, weil man die jeweils beschlossene Verfassung ja gerade als Produkt freier Ausübung der verfassunggebenden Gewalt des Volkes begriff[8]. Insoweit sucht man eine Vorgängernorm für Art. 146 GG vergebens[9].

3 Die Schlußbestimmung des Grundgesetzes, die eine an das Erfordernis neuerlicher Verfassunggebung geknüpfte **Aussage über** ihr eigenes **Außerkrafttreten** trifft, stellt daher eine eher **ungewöhnliche Verfassungsregelung** dar[10]. Sie verdankt sich in ihrer Ursprungsfassung der besonderen verfassungs- und besatzungsrechtlichen Lage zum Zeitpunkt der Verabschiedung des Grundgesetzes. Denn dieses war zum einen nicht Produkt völlig freier Selbstbestimmung des deutschen Volkes, sondern stand letztlich unter Genehmigungsvorbehalt der westlichen Besatzungsmächte (→ Pmbl. Rn. 64; → Art. 144 Rn. 9); die Worte »in freier Entscheidung« hatten 1949 eine klare Stoßrich-

---

[6] Grundlegend *E. Zweig*, Die Lehre vom Pouvoir Constituant, 1909; zur historischen Entwicklung *H. J. Boehl*, Verfassunggebung im Bundesstaat, 1997, S. 15 ff., 25 ff., 62 ff.; zum innovativen Charakter näher *H. Dreier*, Gilt das Grundgesetz ewig?, 2009, S. 15 ff., 21 ff.

[7] Siehe nur Art. 28 der Erklärung der Menschen- und Bürgerrechte, die der französischen Verfassung von 1793 vorangestellt ist. Des weiteren Art. VII der Verfassung von Massachusetts (1779/80), Section 2 der »Virginia Bill of Rights« und die ersten Passagen der amerikanischen Unabhängigkeitserklärung (beide 1776). Zu weiteren Verfassungen der amerikanischen Bundesstaaten vgl. Texte bei *B. Schwartz*, The Bill of Rights: A Documentary History, Bd. I, New York 1971, S. 231 ff., 255 ff.

[8] Daher wurde hier (in Nordamerika von Jefferson, in Frankreich von Condorcet) problematisiert, inwiefern eigentlich eine Generation eine andere qua Verfassunggebung binden durfte; dazu näher *Dreier*, Gilt das Grundgesetz ewig (Fn. 6), S. 28 ff.

[9] Auch Art. 90 der französischen Verfassung vom 27.10.1946 kann nicht als Vorgängernorm angesehen werden. Zwar wurde dieser 1958 im Rahmen des Übergangs von der IV. zur V. Republik als Vehikel eines Verfassungswechsels genutzt; jedoch sah Art. 90 der Verfassung ursprünglich gerade nur die Möglichkeit einer Verfassungs*änderung* vor, so daß die Legitimität des Verfassungswechsels bis heute umstritten ist; zum Ablauf des Übergangs vgl. *O. Jouanjan*, IPE I, § 2 Rn. 17 ff., der zugleich allgemein in Frankreich die Grenzen zwischen Verfassunggebung und Verfassungsänderung verschwimmen sieht (Rn. 47); zur verfassungsrechtlichen Einordnung noch *C. Wittekindt*, Materiellrechtliche Schranken von Verfassungsänderungen im deutschen und französischen Verfassungsrecht, 2000, S. 41 ff., 97.

[10] *M. Zuleeg*, in: AK-GG, Art. 146 (2001), Rn. 2; *H. Moelle*, Der Verfassungsbeschluß nach Artikel 146 Grundgesetz, 1996, S. 70 f.; *S. Speckmaier*, in: Umbach/Clemens, GG, Art. 146 Rn. 2; *A. v. Campenhausen/P. Unruh*, in: v. Mangoldt/Klein/Starck, GG III, Art. 146 Rn. 1; *V. M. Haug*, AöR 138 (2013), 435 (438); *T. Schilling*, Der Staat 53 (2014), 95 (101); *J. F. Lindner*, BayVBl. 2014, 645 (647).

tung gegen die Alliierten und deren – nicht zu unter-, aber auch nicht zu überschätzenden – Einfluß auf Inhalt und Gestalt des Grundgesetzes (→ Art. 144 Rn. 9, 17)[11]. Zum zweiten war das Grundgesetz nicht Produkt der verfassunggebenden Gewalt des ganzen deutschen Volkes, sondern lediglich der Deutschen und ihrer Repräsentanten in Westdeutschland, während man für die Ost- und Mitteldeutschen nach dem Wortlaut der Präambel a. F. in einem Akt der Mündelrepräsentation mitgehandelt zu haben in Anspruch nahm (→ Pmbl. Rn. 9f., 68ff.). Doch dieser Anspruch umfaßte nicht die weitergehende Aussage, das Grundgesetz von 1949 beruhe insgesamt auf einer freien Entscheidung des gesamten deutschen Volkes. Vielmehr sollte mit Art. 146 GG gerade die **Notwendigkeit der Nachholung** einer Verfassunggebung durch das gesamte deutsche Volk betont werden. So erklärt sich die besondere Konstellation, die zur Aufnahme des Art. 146 GG führte und diesen als **deutsches Unikat** erscheinen läßt: man gab sich für eine »Übergangszeit« (so der Text der Präambel a. F.) eine Verfassung, die aber nur in zeitlicher (Art. 146 GG) und räumlicher (Art. 23 GG a. F.) Hinsicht, nicht aber von ihrem materiellrechtlichen Regelungsprogramm her ein Provisorium war, sich insbesondere nicht auf ein reines Organisationsstatut beschränkte (→ Pmbl. Rn. 89f.). Mit der Ewigkeitsgarantie des Art. 79 III GG sorgte man für diese Übergangszeit sogar für eine besonders intensive Bestandssicherung des Grundgesetzes (→ Art. 79 III Rn. 14ff., 21ff.). Gerade ihretwegen war dann aber Art. 146 GG wiederum nötig: als einzige Möglichkeit, auf normativ legale Weise (→ Art. 79 III Rn. 17) das Gehäuse des Grundgesetzes zu verlassen und die verfassunggebende Gewalt des – nunmehr gesamtdeutschen – Volkes zu aktivieren.

II. Entstehung und Veränderung der Norm

In der Entstehungsgeschichte[12] tritt diese **doppelte Motivation**, unter veränderten po- 4
litischen Rahmenbedingungen den verfassunggebenden Akt ohne den Einfluß der Besatzungsmächte und durch das gesamte deutsche Volk nachzuholen (→ Rn. 3), deutlich zutage. Zwar bestand im **Herrenchiemseer Verfassungskonvent** Uneinigkeit über die Absicht, das Grundgesetz »außer Kraft treten zu lassen, sobald eine vom deutschen Volk in freier Selbstbestimmung beschlossene Verfassung in Kraft trete«[13]. Dem wurde entgegengehalten, »daß die künftige freie Entscheidung über eine Bestätigung oder Abänderung des Grundgesetzes sich auf jeden Fall nach den vom Grundgesetz selbst für die seine Abänderung gegebenen Bestimmungen vollziehen müsse«[14]. Der Mehrheitsvorschlag des HChE sah aber bereits folgende Formulierung für den Schlußartikel des Grundgesetzes vor: »Dieses Grundgesetz verliert seine Geltung an dem Tage, an dem eine von dem deutschen Volke in freier Selbstbestimmung beschlossene Verfassung in Kraft tritt.«[15]

---

[11] Dies gilt ebenso für die sachlich gleichen Worte »in freier Selbstbestimmung« in der Präambel a. F.: vgl. *H. Quaritsch*, HStR³ XI, § 229 Rn. 35, 38.

[12] Zu ihr ausführlich *E. Wiederin*, AöR 117 (1992), 410 (421ff.); *H. Möller*, Die verfassunggebende Gewalt des Volkes und die Schranken der Verfassungsrevision, 2004, S. 88ff.; *S. Blasche*, Die grundsätzliche Mitwirkung der Länder bei der Gesetzgebung, 2006, S. 45ff.; *H. J. Boehl/S. Hobe*, in: BK, Art. 146 (2016), Rn. 7ff.

[13] Bericht über den Verfassungskonvent auf Herrenchiemsee, Darstellender Teil, abgedruckt in: Parl. Rat II, S. 577; siehe auch den Bericht des Unterausschusses (ebd., S. 190f.) und dessen Präsentation im Plenum (ebd., S. 351).

[14] Parl. Rat II, S. 577.

[15] Parl. Rat II, S. 614.

5 Im **Organisationsausschuß des Parlamentarischen Rates** wurde zunächst diskutiert, ob man mit der Norm nicht lediglich etwas ganz Selbstverständliches zum Ausdruck bringe; andererseits wurde vorgeschlagen, von dem »ganzen« deutschen Volke zu sprechen[16]. Auch der **Redaktionsausschuß** äußerte Bedenken gegen den Schlußartikel und erwog, dessen Gedanken stattdessen stärker in der Präambel zum Ausdruck zu bringen; zugleich erkannte man aber ausdrücklich an, daß der Artikel »auch einen bedeutsamen Rechtsinhalt [hat], nämlich die Aufhebung der Erschwernisse einer Verfassungsänderung für den hier vorgesehenen Fall, daß durch eine gesamtdeutsche Nationalversammlung die endgültige Verfassung beschlossen wird«[17]. So entschied man sich **zunächst** für **folgende Fassung**: »Dieses Grundgesetz verliert seine Gültigkeit an dem Tage, an dem eine Verfassung in Kraft tritt, die von einer frei gewählten und frei entscheidenden gesamtdeutschen Nationalversammlung beschlossen worden ist.«[18]

6 Nachdem neuerliche Bedenken gegen die Opportunität einer derartigen Regelung im Organisationsausschuß nicht durchdrangen, nahm der **Hauptausschuß** den Vorschlag des Redaktionsausschusses (→ Rn. 5) in seiner ersten Lesung am 7.12.1948 an[19]. Im weiteren Verlauf der Beratungen wurde der **letzte Halbsatz** dahingehend **geändert**, daß nun von einer Verfassung die Rede war, »die von dem gesamten deutschen Volk in freier Entscheidung beschlossen worden ist«[20]. Später schlug der Fünfer-Ausschuß ohne Begründung vor, das Adjektiv »gesamten« fortzulassen[21], was der Hauptausschuß ohne Diskussion aufgriff[22]. Damit hatte der Schlußartikel des Grundgesetzes seine endgültige Fassung gefunden, wenn man von einer kleinen sprachlichen Änderung (»Volke« statt »Volk«) absieht. In seiner **ursprünglichen Fassung** lautete Art. 146 GG also: »Dieses Grundgesetz verliert seine Gültigkeit an dem Tage, an dem eine Verfassung in Kraft tritt, die von dem deutschen Volke in freier Entscheidung beschlossen worden ist.« Es gibt im übrigen keinen Hinweis darauf, daß mit der Streichung des Wortes »gesamten« einer Option Vorschub geleistet werden sollte, den Akt einer neuen Verfassunggebung durch eine bloße Teileinheit, etwa die der westdeutschen Länder, vornehmen zu können[23].

7 Bei den Beratungen im Ausschuß für Grundsatzfragen hatte **Carlo Schmid** (SPD) frühzeitig die Bedeutung des Schlußartikels mit den Worten charakterisiert: »die endgültige Verfassung der Republik Deutschland wird nicht als Abänderung dieses

---

[16] Abg. Katz und Dehler, vgl. knapp JöR 1 (1951), S. 924. Ausführlich: 16. Sitzung des Kombinierten Ausschusses v. 20.10.1948, Parl. Rat XIII/1, S. 635; 18. Sitzung des Organisationsausschusses v. 27.10.1948, Parl. Rat XIII/1, S. 686 ff., sowie 27. Sitzung des Organisationsausschusses v. 6.12.1948, Parl. Rat XIII/2, S. 963 (hier wurde ein Streichungsantrag von Dehler mit sechs zu sechs Stimmen abgelehnt). S. noch *Moelle*, Verfassungsbeschluß (Fn. 10), S. 50 f.

[17] Abdruck der Stellungnahme des Allgemeinen Redaktionsausschusses in: Parl. Rat VII, S. 90.

[18] Parl. Rat VII, S. 90 (Art. 149).

[19] 20. Sitzung v. 7.12.1948, Parl. Rat XIV/1, S. 594 f. (Entwurfsfassung: Parl. Rat VII, S. 132). Zum folgenden auch *K. Merkel*, Die verfassungsgebende Gewalt des Volkes, 1996, S. 44 ff.; *B. Stückrath*, Art. 146 GG: Verfassungsablösung zwischen Legalität und Legitimität, 1997, S. 78 ff.

[20] Stellungnahme des Allgemeinen Redaktionsausschusses v. 16.12.1948 (Parl. Rat VII, S. 201); 2. Lesung im Hauptausschuß, 40. Sitzung v. 14.1.1949, Parl. Rat XIV/2, S. 1242 (Entwurfsfassung: Parl. Rat VII, S. 296).

[21] Parl. Rat VII, S. 395.

[22] 3. Lesung im Hauptausschuß, 51. Sitzung v. 10.2.1949, Parl. Rat XIV/2, S. 1649 (Entwurfsfassung: Parl. Rat VII, S. 444).

[23] So etwa *B. Dennewitz*, in: BK, Art. 146 (Erstb. 1990), S. 3; dagegen zu Recht *A. v. Campenhausen*, in: v. Mangoldt/Klein/Starck, GG III, 5. Aufl. 2005, Art. 146 Rn. 3 m. Fn. 2; *Merkel*, Gewalt (Fn. 19), S. 48 ff.; *Moelle*, Verfassungsbeschluß (Fn. 10), S. 54 f. m. w. N.

Grundgesetzes gemacht werden, sondern wird als originärer Gesamtakt des deutschen Volkes ins Leben treten«[24]. Bei den Schlußberatungen im Plenum trug Schmid als Berichterstatter zunächst zum Verhältnis von Schlußartikel und Art. 23 GG a. F.[25] den allgemein vertretenen Standpunkt vor: »Das *Anwendungsgebiet* des Grundgesetzes ist nicht ›geschlossen‹. Jeder Teil Deutschlands kann ihm beitreten. Aber auch der Beitritt aller deutschen Gebiete wird dieses Grundgesetz nicht zu einer gesamtdeutschen Verfassung machen können. Diese wird es erst dann geben, wenn das deutsche Volk die Inhalte und Formen seines politischen Lebens in freier Entschließung bestimmt haben wird.«[26] Und zum Schlußartikel selbst führte er aus: »Die letzte Bestimmung des Grundgesetzes ist ein Artikel, in dem gesagt ist, daß das Grundgesetz automatisch an dem Tage außer Kraft tritt, an dem eine *Verfassung* wirksam wird, die vom deutschen Volk in *freier Entscheidung* beschlossen worden ist. Die neue, die echte Verfassung unseres Volkes wird also nicht im Wege der Abänderung dieses Grundgesetzes geschaffen werden, sie wird *originär* entstehen, und nichts in diesem Grundgesetz wird die Freiheit des Gestaltungswillens unseres Volkes beschränken, wenn es sich an diese Verfassung machen wird.«[27]

Der Abgeordnete **v. Brentano** (CDU) brachte in der 10. Sitzung des Plenums am 8.5.1949 seine insofern übereinstimmende Position mit den Worten zum Ausdruck: 8
»Wir alle sind uns klar – und das kommt im letzten Artikel unseres Verfassungsentwurfs zum Ausdruck –, daß das, was wir hier beschließen, zeitlich begrenzt sein soll und muß. Und wir hoffen und wünschen, daß der Tag bald kommen möge, an dem unsere ganze Arbeit sich als überholt erweisen wird, der Tag, an dem das deutsche Volk, das *ganze deutsche Volk* in wahrhaft freier Willensentfaltung seine eigene Staatsform und sein eigenes Staatsgrundgesetz frei und unabhängig wird beschließen können.«[28]

Zwei **wesentliche Befunde** ergeben sich aus den Beratungen im Parlamentarischen 9
Rat. **Erstens** verneinte man ausdrücklich den Gedanken, daß durch eine Herstellung der deutschen Wiedervereinigung im Wege des Beitrittes aller anderen deutschen Länder Art. 146 GG überflüssig werden könnte (→ Rn. 29 ff.). **Zweitens** war evident, daß die neue, »in freier Entscheidung« beschlossene Verfassung nicht den Bindungen des Art. 79 III GG unterliegen sollte (→ Rn. 33, 39 ff.).

In Konsequenz dessen hat die Bundesregierung noch im Jahre 1952 dem Bundestag 10
den »**Entwurf eines Gesetzes über die Grundsätze für die Freie Wahl einer Verfassunggebenden Deutschen Nationalversammlung**« zugeleitet, bei dem es sich praktisch um eine Reaktion auf den Vorschlag der DDR-Volkskammer zur Bildung eines »Gesamt-

---

[24] 8. Sitzung des Ausschusses für Grundsatzfragen v. 7.10.1948 (Parl. Rat V/1, S. 178).

[25] Text: → Art. 144 Rn. 18 m. Fn. 118.

[26] 9. Sitzung des Plenums v. 6.5.1949 (Parl. Rat IX, S. 438). Zutreffender Hinweis auf diese Passage bei *H. Meyer*, Diskussionsbemerkung, VVDStRL 49 (1990), S. 161 ff. (163) – mit offenkundigem Druckfehler bei der Angabe des Datums (statt »6. Mai 1948« muß es natürlich »6. Mai 1949« heißen). S. auch *H.-P. Schneider*, HStR³ XII, § 255 Rn. 42 m. Fn. 54. Eingehend *Moelle*, Verfassungsbeschluß (Fn. 10), S. 161 ff.

[27] 9. Sitzung des Plenums v. 6.5.1949, Parl. Rat IX, S. 443 f. – Es hat immer wieder (untaugliche) Versuche zur Relativierung der Bedeutung dieser Stellungnahme gegeben: s. zuletzt *Boehl/Hobe* (Fn. 12), Art. 146 Rn. 9 f. m. w. N. Verkannt wird dabei, daß natürlich auch C. Schmid nicht in Abrede stellte, daß das Grundgesetz inhaltlich, also seinem materiellen Gehalt nach, eine Vollverfassung (und kein unvollständiges, bruchstückhaftes Provisorium) darstellte. Aber in räumlicher Hinsicht (Art. 23 GG a. F.) und in der zeitlichen Perspektive (Art. 146 GG) begriff es sich als vorläufig.

[28] Parl. Rat IX, S. 601.

deutschen konstituierenden Rates« vom Januar 1951 handelte, die wiederum im Zusammenhang mit Stalins Deutschlandnote vom März 1952 zu sehen ist. Der Beschluß des Bundestages trug freilich ausgeprägt symbolische Züge, erschöpfte er sich doch darin, den Entwurf den Besatzungsmächten sowie der UN-Kommission für gesamtdeutsche Wahlen vorzulegen[29].

11 Nach dem Mauerfall und den bald darauf einsetzenden Vertragsverhandlungen mit der DDR über die Wiedervereinigung Deutschlands wurde die **Schlußbestimmung** wie manche andere Bestimmungen des Grundgesetzes auch (→ Pmbl. Rn. 12f.; → Art. 23 Rn. 2; → Art. 51 Rn. 7; → Art. 135a Rn. 2) **durch** das Zustimmungsgesetz zum **Einigungsvertrag** im Jahre 1990 **geändert**[30]. Die in Art. 4 Ziff. 6 EV fixierte Änderung bestand letztlich freilich allein in der Einfügung des Relativsatzes »das nach Vollendung der Einheit und Freiheit Deutschlands für das gesamte deutsche Volk gilt«, der an die beiden Eingangsworte »Dieses Grundgesetz« angeschlossen wurde. Ansonsten blieb Art. 146 GG unverändert. Es ist bemerkenswert und zu Recht hervorgehoben worden, daß an diesen vergleichsweise geringfügigen Eingriff in den ursprünglichen Wortlaut des Art. 146 GG nicht nur schwerwiegende, sondern auch konträre Interpretationen anknüpften[31].

12 Dieser Änderung waren heftige **innenpolitische Kontroversen** vorausgegangen, die insbesondere die umstrittene Frage betrafen, ob Art. 146 GG a. F. durch die Wiedervereinigung obsolet geworden bzw. konsumiert worden oder auf andere Weise seines normativen Geltungsanspruchs verlustig gegangen war (→ Rn. 29ff.). Die SPD hatte offensichtlich ihre Zustimmung zum Einigungsvertrag, der wegen der impliziten Verfassungsänderungen in Bundestag und Bundesrat einer Zweidrittelmehrheit bedurfte (→ Art. 79 II Rn. 19ff.), davon abhängig gemacht, daß Art. 146 GG a. F. nicht gestrichen, sondern um den besagten Relativsatz ergänzt wird[32]. Das wiederum erklärt sich daraus, daß politisch starke Kräfte in der SPD zunächst eine Wiedervereinigung auf dem Wege des Art. 146 GG a. F. favorisierten, zumindest aber eine Volksabstimmung für unentbehrlich gehalten hatten, während die damalige Regierungskoalition aus CDU/CSU und FDP den Weg über Art. 23 GG a. F. bevorzugte und Art. 146 GG in der Konsequenz fürderhin für überflüssig hielt, also dessen Streichung befürwortete[33]. Am Ende stand ein Kompromiß: die SPD akzeptierte die Herbeiführung der Einigung gemäß dem Beitrittsmodell, die Regierung verzichtete auf die Streichung des Art. 146

[29] Vgl. die Diskussion im Bundestag: Dt. Bundestag, 1. Wahlperiode, 189. Sitzung v. 6.2.1952, BT-PlenProt. 1/189, S. 8032ff., insb. S. 8036ff., 8054; s. auch BT-Drs. 1/3063, 1/3067; dazu *W. Henke*, Die verfassunggebende Gewalt des deutschen Volkes, 1957, S. 148ff.; *H.-P. Schneider*, NJW 1999, 1479 (1479f.); zum Hintergrund *Willoweit*, Verfassungsgeschichte, § 43 Rn. 1ff., § 46 Rn. 1ff., 5ff.

[30] BGBl. 1990 II, S. 885, 889. Zu den verfassungsrechtlichen Problemen dieses Vorgehens: → Art. 79 I Rn. 15.

[31] *H. Meyer*, KritV 76 (1993), 399 (427) unterstreicht, daß »die Einfügung des Relativsatzes kurioserweise einerseits als Bestätigung seiner Geltung, andererseits als Bestätigung seiner Nichtgeltung herangezogen« werde. Zu den Interpretationsvarianten: → Rn. 28ff.

[32] Siehe *E. Bülow*, Zur Entstehungsgeschichte des Art. 146 GG n. F., in: K. Stern (Hrsg.), Deutsche Wiedervereinigung, Bd. 1, 1991, S. 49ff. (53); *J. Isensee*, Das Grundgesetz zwischen Endgültigkeitsanspruch und Ablösungsklausel, ebd., S. 63ff. (84); *M. Heckel*, HStR VIII, § 197 Rn. 32, 87; *Moelle*, Verfassungsbeschluß (Fn. 10), S. 126ff.; vgl. noch *Stückrath*, Art. 146 GG (Fn. 19), S. 97ff.

[33] Die Fülle denkbarer Gestaltungs- und Lösungsmöglichkeiten bei der deutschen Wiedervereinigung demonstrierten die Referate und Diskussionen auf der Sondertagung der Staatsrechtslehrer vom 27.4.1990 (VVDStRL 40 [1990]). Knappes Referat der unterschiedlichen Positionen bei *M. Stolleis*, Geschichte des öffentlichen Rechts in Deutschland, Bd. IV, 2012, S. 641ff.

GG[34]. Diese »**Paketlösung**«, zuweilen polemisch als »Draufsatteltheorie« apostrophiert (→ Rn. 29), ermöglichte es, die – drängende und keinen Aufschub duldende – Wiedervereinigung über den letztlich vertraglich vereinbarten Beitritt der DDR herbeizuführen, ohne Art. 146 GG ein für alle Mal für erledigt zu erklären[35].

Dem in **Art. 5** (vierter Spiegelstrich) **EV** niedergelegten und an die gesetzgebenden Körperschaften gerichteten Auftrag, sich bei Überlegungen zu Änderungen des Grundgesetzes auch mit der Frage der Anwendung des Art. 146 GG zu befassen, ist die **GVK** »eher lustlos«[36] und ohne konkrete Empfehlung nachgekommen[37]. Seit 1990 ist die Norm daher nicht noch einmal geändert worden. Bemühungen zu ihrer Novellierung sind seither nicht ersichtlich. 13

B. Internationale, supranationale und rechtsvergleichende Bezüge

I. Völkerrechtliches Selbstbestimmungsrecht

Sofern Art. 146 GG mit dem Hinweis auf die »**freie Entscheidung**« des deutschen Volkes nationalstaatliche Selbstbestimmung proklamiert, nimmt das Grundgesetz damit für Deutschland und die Deutschen das im Völkerrecht anerkannte und garantierte Selbstbestimmungsrecht (vgl. nur Art. 1 I IPbpR und Art. 1 I IPwskR) in Anspruch[38]. Gerade mit Blick auf die historische Ausgangslage 1949 und die Rolle der Siegermächte (→ Pmbl. Rn. 64 f.; → Rn. 3) sollten bei einer neuen gesamtdeutschen Verfassung **Einflußnahmen Dritter ausgeschlossen** werden. Der Zusammenhang von deutscher Frage und dem Selbstbestimmungsrecht der Völker ist Gegenstand eingehender Darstellungen gewesen[39] und im Rahmen der deutschen Wiedervereinigung diskutiert worden[40]. Zunehmendes Gewicht kommt heute der Frage völkerrechtlicher Bindungen des pouvoir constituant zu[41]. 14

---

[34] Zum Hergang der Beratungen und den Motiven der Beteiligten außer den vorigen Fußnoten noch *E. G. Mahrenholz*, Die Verfassung und das Volk, 1992, S. 33 ff. – *A. Alvarez*, Die verfassunggebende Gewalt des Volkes unter besonderer Berücksichtigung des deutschen und chilenischen Grundgesetzes, 1995, S. 194 hebt in diesem Zusammenhang die »sonderbare Situation« hervor, daß Art. 146 nicht nur durch einen völkerrechtlichen Vertrag geändert wurde, sondern zugleich Folge eines *innen*politischen Kompromisses war.

[35] Statt vieler *Moelle*, Verfassungsbeschluß (Fn. 10), S. 128.

[36] *P. M. Huber*, in: Sachs, GG, Art. 146 Rn. 6. Kritisch auch *M. Baldus*, KritV 76 (1993), 429 (440): »wenig Bewußtsein und Sensibilität«.

[37] Vgl. den 1993 vorgelegten Bericht der Gemeinsamen Verfassungskommission, BT-Drs. 12/6000, S. 111 f.; dazu *C. Starck*, Der neue Art. 146 GG und die Gemeinsame Verfassungskommission, in: FS Helmrich, 1994, S. 289 ff.; *Stückrath*, Art. 146 GG (Fn. 19), S. 37 ff.; detailliert zum Hergang und dem Ausbleiben von Ergebnissen *Boehl/Hobe* (Fn. 12), Art. 146 Rn. 44 ff.

[38] *H. Quaritsch*, HStR³ XI, § 229 Rn. 25, 38; *M. Herdegen*, in: Maunz/Dürig, GG, Art. 146 (2012), Rn. 4. – Allgemein zum Selbstbestimmungsrecht *Verdross/Simma*, Völkerrecht, §§ 509 ff.; *Stein/v. Buttlar*, Völkerrecht, Rn. 664 ff.; *H.-J. Heintze*, in: K. Ipsen, Völkerrecht, § 8; *U. Vosgerau*, Staatliche Gemeinschaft und Staatengemeinschaft, 2016, S. 91 ff.

[39] D. Blumenwitz/B. Meissner (Hrsg.), Das Selbstbestimmungsrecht der Völker und die deutsche Frage, 1984; *E. Klein*, Das Selbstbestimmungsrecht der Völker und die deutsche Frage, 1990; *R. Müller*, Der »2+4-Vertrag« und das Selbstbestimmungsrecht der Völker, 1997; rückblickend *H. Quaritsch*, HStR³ XI, § 229 Rn. 34 ff., 75 ff.

[40] Siehe insb. *J. A. Frowein*, Die Verfassungslage Deutschlands im Rahmen des Völkerrechts, VVDStRL 49 (1990), S. 7 ff. (14 ff.)

[41] Vgl. *Moelle*, Verfassungsbeschluß (Fn. 10), S. 65 ff.; *J. Isensee*, Das Volk als Grund der Verfassung, 1995, S. 15; *Heintze* (Fn. 38), § 8 Rn. 59 ff.; *Winterhoff*, Verfassung (Fn. 1), S. 151, 158 f., 252 ff.;

II. Supranationale Aspekte

15 In bezug auf Bindungen an das Unionsrecht und die Einwirkungen desselben auf das Grundgesetz ergibt sich ein doppelter Befund. **Zum einen** ist festzuhalten, daß es bei der Ausübung der verfassunggebenden Gewalt des Volkes begriffsnotwendig normative Bindungen nicht geben kann. Mit pouvoir constituant meint die Staatstheorie gerade eine normativ ungebundene, nicht determinierte, in voller Verfügungsgewalt handelnde Größe (→ Pmbl. Rn. 71 ff.). **Andererseits** bindet **Art. 2 EUV** alle Mitgliedstaaten an die gemeinsamen Werte der Achtung der Menschenwürde, der Freiheit, der Demokratie, der Gleichheit, der Rechtsstaatlichkeit und der Wahrung der Menschenrechte einschließlich des Minderheitenschutzes und sieht bei deren Verletzung ein mehrstufiges Sanktionsverfahren vor. Die Verabschiedung einer neuen deutschen Verfassung ohne Respektierung dieser Grundsätze würde also höherrangiges EU-Recht verletzen. Folgt man der vom EuGH vertretenen, in der Wissenschaft allerdings stark umstrittenen und in der verfassungsgerichtlichen Judikatur der Mitgliedstaaten ganz überwiegend nur eingeschränkt akzeptierten These eines vorbehaltlosen Vorrangs des Unionsrechts auch gegenüber nationalem Verfassungsrecht (→ Art. 23 Rn. 12 ff.; → Art. 31 Rn. 13 f.), so ergeben sich noch weitergehende supranationale Restriktionen des (originären) nationalen Verfassunggebers[42], auch wenn diese Frage in absehbarer Zeit wohl kaum praktisch werden wird.

16 Durchaus praktische Relevanz entfaltet die Schlußbestimmung des Grundgesetzes aber in einer anderen Konstellation – nämlich bei der Frage, ob (und wenn ja, unter welchen Bedingungen) die Bundesrepublik Deutschland unter Aufgabe ihres Status als souveräner, völkerrechtsunmittelbarer Nationalstaat **Mitglied in einem europäischen Bundesstaat** werden dürfte[43]. Während insofern von einigen Autoren (zumindest früher) die Auffassung vertreten wurde, das Aufgehen Deutschlands in einem europäischen Bundesstaat könne die Gestalt inkrementaler, sukzessiver Schritte annehmen und sich in einem gleitenden Übergang vollziehen[44], wäre eine solche Entwicklung nach ganz überwiegender Auffassung durch das Grundgesetz nicht gedeckt, weil die Souveränität Deutschlands eine »unverrückbare verfassungsrechtliche Essentiale« darstelle[45]. So zustimmungswürdig die Position ist, wonach sich Deutschland nicht *de constitutione lata* in einen europäischen Bundesstaat einfügen darf, so angreifbar ist die Begründung, sofern man sich auf die Ewigkeitsklausel des Art. 79 III GG stützt[46]. Denn hier wird übersehen, daß diese Ewigkeitsgarantie dem verfassungs-

---

M. Herdegen, Grenzen der Verfassungsgebung, in: O. Depenheuer/C. Grabenwarter (Hrsg.), Verfassungstheorie, 2010, § 9 Rn. 35 ff.; *V. M. Haug*, AöR 138 (2013), 435 (450 f.); *C. Waldhoff*, Der positive und der negative Verfassungsvorbehalt, 2016, S. 80 ff. → Rn. 17.

[42] Angedeutet bei *I. Pernice*, Diskussionsbemerkung, VVDStRL 49 (1990), S. 185 f. (186); s. auch *D. Thürer*, Der Verfassungsstaat als Glied einer europäischen Gemeinschaft, VVDStRL 50 (1991), S. 97 ff. (110 ff.); *ferner Herdegen*, Verfassungsgebung (Fn. 41), § 9 Rn. 35 ff.

[43] Siehe zum folgenden ausführlicher *H. Dreier*, Die Europäische Union auf dem Weg zu den Vereinigten Staaten von Europa?, in: A. B. Atkinson u. a. (Hrsg.), Nationalstaat und Europäische Union. Eine Bestandsaufnahme, 2016, S. 79 ff. (85 ff.).

[44] Hinweise bei *Dreier*, Europäische Union (Fn. 43), S. 86 f. → *Pernice*, Bd. II², Art. 23 Rn. 17.

[45] So *C. Hillgruber*, HStR³ II, § 32 Rn. 41. Weitere Nachweise: *Dreier*, Europäische Union (Fn. 43), S. 87 f.; ausführliche Darstellung der entsprechenden Positionen bei *P. Cramer*, Artikel 146 Grundgesetz zwischen offener Staatlichkeit und Identitätsbewahrung, 2014, S. 147 ff.

[46] So insb. *P. Kirchhof*, HStR VII, § 183 Rn. 57 ff.; *ders.*, HStR³ X, § 214 Rn. 51 ff. – Entsprechende Anklänge auch in BVerfGE 123, 267 (331 f., Rn. 178 ff.; 347 f., Rn. 226 ff.; 349, Rn. 232 f.) und speziell dagegen die Kritik von *M. Jestaedt*, Der Staat 48 (2009), 497 (505 ff.).

ändernden Gesetzgeber Grenzen zieht, sich aber insgesamt auf das 1949 gebildete und im Zuge der Wiedervereinigung territorial erweiterte souveräne Staatsgebilde und nicht auf ein aliud wie den Teilstaat einer supranationalen Föderation bezieht, so daß insofern der thematische Einzugsbereich der Ewigkeitsgarantie überschritten wird (→ Art. 79 III Rn. 55 ff.). Ausschlaggebend ist vielmehr der Gesichtspunkt, daß die Rückstufung Deutschlands zu einem Mitgliedstaat der »Vereinigten Staaten von Europa« zu einer qualitativen Statusänderung und somit einem **Identitätswechsel der Bundesrepublik Deutschland**[47] führen würde, für die nicht die Ewigkeitsgarantie den Maßstab bildet. Für die Grundentscheidung eines solchen Identitätswechsels wäre hingegen ein neuer Akt der **Verfassunggebung** durch das deutsche Volk notwendige **Voraussetzung**[48], für den nach geltendem Verfassungsrecht allein Art. 146 GG eine tragfähige normative Grundlage bietet[49]. So sieht es mittlerweile auch das Bundesverfassungsgericht[50], das mit seiner darauf aufbauenden Judikatur die Vorstellung der – in der Literatur häufig sehr kritisch beäugten[51] – Verfassungsidentität zu einer zuweilen durchaus schillernden »Identitätskontrolle« namentlich mit Blick auf möglicherweise zu weitgehende Integrationsakte der Europäischen Union ausgebaut hat, wobei es wiederum zentral auf Art. 79 III GG rekurriert[52]. Das erscheint im Grundsatz durchaus konsequent: wenn der Identitätswechsel nur durch einen neuen Akt der Verfassunggebung herbeigeführt werden kann, müssen Integrationsschritte verhindert werden,

---

[47] So schon: → Bd. III[1], Art. 146 Rn. 16. Ähnlich *Herdegen* (Fn. 38), Art. 146 Rn. 56 ff. (»Verfassungsmutation«).

[48] Ähnlich *M. Kirn*, in: v. Münch/Kunig, GG II, Art. 146 Rn. 9 ff., 19; *Huber* (Fn. 36), Art. 146 Rn. 18 ff.; *Moelle*, Verfassungsbeschluß (Fn. 10), S. 231 m. w. N.; die Bedeutung des Art. 146 GG für einen etwaigen Eintritt in einen europäischen Bundesstaat erkennend auch *Möller*, Gewalt (Fn. 12), S. 223; *L. Michael*, in: BK, Art. 146 (Zweitb. 2013), Rn. 756; zur konkreten Umsetzung *V. M. Haug*, AöR 138 (2013), 435 (451 ff.); *v. Campenhausen/Unruh* (Fn. 10), Art. 146 Rn. 16 m. w. N.; *M. Kau*, Artikel 146 GG als Instrument des Verfassungsübergangs?, in: FS Hailbronner, 2013, S. 767 ff. (785 f.); *D. Grimm*, Der Staat 48 (2009), 475 (490) ist der Ansicht, daß es zwar eines Volksentscheids bedürfe, dessen (derzeit im Grundgesetz nicht vorhandene) Voraussetzungen durch Verfassungsänderung geschaffen werden könnten; eine Verfassungsneuschöpfung sei hingegen nicht erforderlich.

[49] Vertiefend *Dreier*, Gilt das Grundgesetz ewig (Fn. 6), S. 95 ff.; so auch *V. M. Haug*, AöR 138 (2013), 435 (453): »einziger tragender Lösungsansatz«. Zu den diesbezüglichen Auswirkungen des Vertrags von Lissabon vgl. *Huber* (Fn. 36), Art. 146 Rn. 19; *Hans Hofmann*, in: Schmidt-Bleibtreu/Hofmann/Henneke, GG, Art. 146 Rn. 11 ff. → Art. 79 III Rn. 58. – A. A. *K. F. Gärditz/C. Hillgruber*, JZ 2009, 872 (875 f.), wonach die Herabstufung zu einem Gliedstaat einer übergeordneten europäischen Einheit zwar einer Entscheidung der verfassunggebenden Gewalt bedürfe, dieser Schritt aber nicht auf Art. 146 GG gestützt werden könne und somit aus Sicht des Grundgesetzes verfassungswidrig wäre; *S. Haack*, Verlust der Staatlichkeit, 2007, S. 462 ff., für den Art. 146 GG beim Akt neuerlicher Verfassunggebung keine Relevanz aufweist.

[50] BVerfGE 123, 267 (331, Rn. 179 ff.): »Die Wahlberechtigten besitzen nach dem Grundgesetz das Recht, über den Identitätswechsel der Bundesrepublik Deutschland, wie er durch Umbildung zu einem Gliedstaat eines europäischen Bundesstaates bewirkt werden würde, und die damit einhergehende Ablösung des Grundgesetzes ›in freier Entscheidung‹ zu befinden. […] Art. 146 GG bestätigt das vorverfassungsrechtliche Recht, sich eine Verfassung zu geben, aus der die verfasste Gewalt hervorgeht und an die sie gebunden ist. […] Es ist allein die verfassungsgebende Gewalt, die berechtigt ist, den durch das Grundgesetz verfassten Staat freizugeben, nicht aber die verfasste Gewalt.« Dazu ausführlich *Cramer*, Art. 146 Grundgesetz (Fn. 45), S. 225 ff.

[51] *C. Schönberger*, JöR 63 (2015), 41 ff.; *O. Lepsius*, JöR 63 (2015), 63 (65 f.); *A. Ingold*, AöR 140 (2015), 1 (10 ff., 21 ff.), alle m. w. N. – Einen Ansatz zur Fruchtbarmachung des Identitätsbegriffs im Prozeß der europäischen Integration entwickelt *T. Wischmeyer*, AöR 140 (2015), 415 (426 ff.).

[52] Siehe etwa BVerfGE 140, 317 (334 ff., Rn. 36 ff.) und besonders eingehend BVerfGE 142, 123 (173 ff., Rn. 80 ff.; 186 ff., Rn. 115 ff.; 203 ff., Rn. 154 ff.) mit Nachweisen aus der vorangegangenen Judikatur.

die diesen Wechsel auf dem Wege der (gegebenenfalls verfassungsändernden) Gesetzgebung oder durch unionale Rechtsakte bewirken würden. Doch ganz ungeachtet der Überzeugungskraft der bundesverfassungsgerichtlichen Judikatur im einzelnen bleibt zusammenfassend festzuhalten: Eine Wesensveränderung der Staatlichkeit der durch das Grundgesetz verfaßten Bundesrepublik, wie sie durch den Beitritt zu einem europäischen Bundesstaat erfolgen würde, sprengt zwar den Rahmen bloßer Verfassungsänderungen, scheitert aber nicht auf ewig an Art. 79 III GG, weil Art. 146 GG hier einen gangbaren Weg aufzeigt.

III. Rechtsvergleichende Hinweise

17 In der geltenden Verfassung enthaltene Regeln für einen Akt der Verfassungsneuschöpfung finden sich prominent insbesondere in der **Schweizerischen Bundesverfassung** mit ihrer Möglichkeit der Totalrevision (Art. 193 nBV [119 f. BV a. F.]). Sie teilt mit Art. 146 GG die Intention, den Erlaß einer formell und materiell neuen Verfassung aus der Sicht der alten für zulässig zu erklären, geht aber insofern über die deutsche Regelung hinaus, als verfahrensrechtliche wie inhaltliche Vorgaben getroffen werden[53]. Prozedurale Kautelen kennt auch die »Gesamtänderung« gemäß Art. 44 III der **Österreichischen Bundesverfassung**; gleiches gilt in verstärkter Weise für die Gesamtrevision gemäß Art. 168 der **Spanischen Verfassung**[54]. Weitere Beispiele für die Möglichkeit einer Verfassungsablösung finden sich in den Verfassungen **Bulgariens** (Art. 158 f.)[55] sowie der **Russischen Föderation**[56]. Insgesamt demonstrieren die genannten Regelungen, daß die Verfassungsablösung auf eine schillernde und letztlich nicht ganz eindeutig rubrizierbare Weise zwischen (bloßer) Verfassungsrevision und (originärer) Verfassungneugebung oszilliert und mit beiden gewisse Eigenschaften teilt[57].

18 Einige deutsche **Landesverfassungen** kennen Normen, die mit Art. 146 GG in mehreren Teilaspekten korrespondieren. Eine zeitliche Geltungsbeschränkung für die Verfassungsurkunde enthielten **Art. 53 II Landessatzung S-H** (bis 1990: Außerkrafttreten bei Neugliederung nach Art. 29 GG) und **Art. 61 II NdsVerf. a. F.** (bis 1993). Die letztgenannte Norm knüpfte auch inhaltlich unmittelbar an Art. 146 GG an, indem sie

---

[53] Vgl. etwa *U. Häfelin/W. Haller/H. Keller/D. Thurnherr*, Schweizerisches Bundesstaatsrecht, 9. Aufl. 2016, Rn. 1769 ff.; *T. Gächter*, Rechtsetzung, in: G. Biaggini/T. Gächter/R. Kiener (Hrsg.), Staatsrecht, 2. Aufl. 2015, § 23 Rn. 64 ff., 109 ff.; *A. Epiney/S. Diezig*, in: B. Waldmann/E. M. Belser/A. Epiney (Hrsg.), Bundesverfassung, 2013, Art. 193 Rn. 3 ff. Speziell zur 1999 neu eingeführten Bindung an »zwingende Bestimmungen des Völkerrechts« gemäß Art. 193 IV nBV *P. Tschannen*, Staatsrecht der Schweizerischen Eidgenossenschaft, 2004, S. 531 ff.

[54] Zu Österreich und Spanien siehe exemplarisch *Alvarez*, Verfassunggebende Gewalt (Fn. 34), S. 120 ff. und *Michael* (Fn. 48), Art. 146 Rn. 176 f., 178 ff. – Zu Art. 44 III B-VG *E. Wiederin*, IPE I, § 7 Rn. 27 ff., 35 ff., zu Art. 168 der Spanischen Verfassung *M. M. Guerrero*, IPE I, § 11 Rn. 40, 42.

[55] Siehe *S. Stalev*, Verfassungssysteme im Umbruch, 1999, S. 121 ff.

[56] Dazu *Herdegen* (Fn. 38), Art. 146 Rn. 10 f.; *Michael* (Fn. 48), Art. 146 Rn. 172 ff.

[57] Siehe dazu die subtilen Darlegungen von *Winterhoff*, Verfassung (Fn. 1) einerseits zur Einordnung des Art. 146 GG a. F. (S. 304 ff., 329 f.), andererseits zur schweizerischen Regelung (S. 313 ff., 330 ff.); *Winterhoff* spricht von einer »spezifischen Melange« (S. 315) von Verfassungsänderung und Verfassunggebung, unterscheidet aber dennoch und durchaus erhellend zwischen *pouvoir constituant*- und *pouvoirs constitués*-bezogenen Ablösungsvorbehalten (S. 303 ff., 309 ff.). Vgl. für die österreichische und schweizerische Regelung noch *Alvarez*, Verfassunggebende Gewalt (Fn. 34), S. 123 f.

das Außerkrafttreten ein Jahr nach Ablauf des Tages anordnete, »an dem das Deutsche Volk in freier Entscheidung eine Verfassung beschließt«[58].

Ausdrücklich geregelt wird die Möglichkeit neuer Verfassunggebung in **Art. 115 BbgVerf.**, wo eigens die Einberufung einer verfassunggebenden Versammlung auf Volksinitiative (Abs. 2) oder ein Beschluß des Landtags (Abs. 4) vorgesehen ist[59]. Erfordernisse wie die Zweidrittelmehrheit gemäß Art. 115 I BbgVerf. nähern die Prozedur allerdings wieder der Verfassungsänderung an. Als echte Erleichterung einer als abschließend und dauerhaft gedachten Verfassungsschöpfung gegenüber der »normalen« Verfassungsänderung war hingegen **Art. 107 Württ.-Bad.Verf.** zu begreifen, der für Verfassungsänderungen aus Anlaß der Vereinigung zum Südweststaat (→ Art. 118 Rn. 3) das Zweidrittelerfordernis aufhob[60]. 19

In **umgekehrter Perspektive** findet die historische Problemkonstellation des Art. 146 GG (→ Rn. 3) ihren Widerhall in den Vorschriften der vorgrundgesetzlichen Landesverfassungen, die auf eine Einordnung der Länder in einen noch zu schaffenden Zentralstaat zielen (Art. 150 II, 152 BremVerf.; Art. 105 Württ.-Bad.Verf.; Art. 101 MecklVerf. 1947; Art. 1 II BbgVerf. 1947; Art. 95 II SächsVerf. 1947; Art. 141 Rh.-Pf.Verf.)[61]. Besonders prägnant formuliert Art. 153 I HessVerf.: »Die Zuständigkeiten zwischen der Deutschen Republik und Hessen sind von einer deutschen Nationalversammlung, die vom ganzen deutschen Volk zu wählen ist, verfassungsmäßig abzugrenzen«. Soweit ersichtlich, sah man diese **gesamtdeutschen Verfassungsvorbehalte** ungeachtet des Wortlauts bereits durch das Grundgesetz als erfüllt an[62]. 20

[58] Die niedersächsische Verfassungsrevision von 1993 kam freilich als Verfassungsänderung durch die verfaßte Gewalt zustande und stellte nach h. M. keine Verfassungneugebung dar: *U. Berlit*, NVwZ 1994, 11 (12f.); *J. Ipsen*, Verfassungsrecht des Landes Niedersachsen, in: E. Brandt/M.-C. Schinkel (Hrsg.), Staats- und Verwaltungsrecht für Niedersachsen, 2002, S. 65ff. (70f.); *H. Butzer*, in: V. Epping/H. Butzer u. a. (Hrsg.), Hannoverscher Kommentar zur Niedersächsischen Verfassung, 2012, Art. 78 Rn. 2ff. sowie *ders.*, ebd., Entstehung des Landes und Entwicklung des Verfassungsrechts seit 1946, Rn. 21ff., 34. – *Winterhoff*, Verfassung (Fn. 1), S. 411ff. nimmt an, daß die neue Verfassung »nur *scheinbar verfassungsmäßig*« (S. 413) zustande kam, da der insoweit nur zur Verfassungsänderung befugte Gesetzgeber als Verfassunggeber aufgetreten sei.

[59] Dazu *H. Lieber*, in: H. Lieber/S. J. Iwers/M. Ernst, Verfassung des Landes Brandenburg, 2012, Art. 115, S. 714f.; *Michael* (Fn. 48), Art. 146 Rn. 160ff.

[60] Dazu R. Nebinger (Hrsg.), Kommentar zur Verfassung von Württemberg-Baden, 1948, Art. 107 Anm. 2f. (S. 287f.).

[61] Zeitgenössisch zur Einordnung in den künftigen Zentralstaat *W. Jellinek*, DRZ 1947, 4 (7f.); *H. Maier*, JR 1948, 11 (17f.); *F. Klein*, Neues Deutsches Verfassungsrecht, 1949, S. 204f. → Art. 31 Rn. 17.

[62] Die (westdeutschen) Normen gelten seit 1949 als »gegenstandslos« (so für Art. 153 II HessVerf. HessStGH NJW 1999, 49 [50; st. Rspr.]; zustimmend *E. Stein*, in: G. A. Zinn/E. Stein [Hrsg.], Verfassung des Landes Hessen, 2. Aufl. 1963, Art. 153 Anm. 1; *K. R. Hinkel*, Verfassung des Landes Hessen, 1999, S. 242) oder lediglich als landesverfassungsrechtliches »Spiegelbild« von Art. 31, 123 I GG (so für Art. 152 BremVerf. *C. Maierhöfer*, in: A. Fischer-Lescano u. a. [Hrsg.], Verfassung der Freien Hansestadt Bremen, 2016, Art. 152 Rn. 3).

C. Erläuterungen

I. Allgemeine Bedeutung

1. Normierung der Verfassungsablösung und Anerkennung der verfassunggebenden Gewalt des Volkes (pouvoir constituant)

21 Mit Art. 146 sieht das Grundgesetz seine eigene Ablösung vor und stellt sich damit gewissermaßen unter einen Ablösungsvorbehalt[63]. Auf diese Weise demonstriert die Norm, daß eine Verfassung selbst die Voraussetzungen ihres eigenen Untergangs, ihrer **Ablösung durch eine neue Verfassung** thematisieren und ihren eigenen Geltungsanspruch zur Disposition stellen kann; sie stellt sich gewissermaßen unter einen Ablösungsvorbehalt[64]. **Sinn und Zweck** der Regelung liegen vorrangig darin, daß es in diesem Fall für die neue Verfassung eines Legalitätsbruches im Verhältnis zur alten und damit einer (juristischen) Revolution[65] nicht bedarf; der Schlußartikel gewährleistet den normativ geordneten Übergang zu einem neuen Akt grundlegender Verfassunggebung durch das gesamte deutsche Volk[66]. Insofern baut Art. 146 GG eine **normative Brücke** zwischen altem Grundgesetz und neuer Verfassung[67], stellt also eine »Überleitungsnorm« dar[68]. Die Aktivierung des pouvoir constituant, in der Verfassungsgeschichte zumeist revolutionär betätigt (Amerikanische und Französische Revolution, Nationalversammlung in Weimar), erscheint nun aus der Warte des Grundgesetzes als verfassungskonform. Die neue Verfassung steht insofern in einer »Legalitätskontinuität zur Herrschaftsordnung des Grundgesetzes«[69], als das »Abreißen der Legitimitätskette« (Hasso Hofmann) vermieden wird. Die Kontinuität ist aber nicht inhaltlicher Natur, sondern besteht allein darin, daß von der Warte des Grundgesetzes aus dem neuen und aus einer originären Betätigung der verfassunggebenden Gewalt entspringenden Staatsgrundgesetz seine Legitimität nicht abgesprochen wird, wenn es einer »freien Entscheidung« des deutschen Volkes entspringt (→ Rn. 48 ff.)[70]. Anders gesagt: Das Grundgesetz weist mit seinem Schlußartikel über sich selbst hinaus.

---

[63] Eingehend *H. Dreier*, Das Grundgesetz unter Ablösungsvorbehalt? Zu Deutung und Bedeutung des Art. 146 GG, in: ders. (Hrsg.), Macht und Ohnmacht des Grundgesetzes. Sechs Würzburger Vorträge zu 60 Jahren Verfassung, 2009, S. 159 ff.

[64] »Verfassungsablösung«, »Ablösung des Grundgesetzes« oder »Ablösungsvorbehalt« sind die gebräuchlichen Termini: siehe nur *Stückrath*, Art. 146 GG (Fn. 19); *Dreier*, Ablösungsvorbehalt (Fn. 63), S. 166 m. w. N.; *ders.*, Gilt das Grundgesetz ewig (Fn. 6), S. 78 ff.; *J. Isensee*, HStR³ XII, § 258 Rn. 1 ff., 24 ff.; *Michael* (Fn. 48), Art. 146 Rn. 546 ff., 627 ff., 671 ff. u. ö.; *T. Schilling*, Der Staat 53 (2014), 95 (101 ff.); ferner *v. Campenhausen/Unruh* (Fn. 10), Art. 146 Rn. 3, 5, 7 ff., 23 ff. u. ö.; *Herdegen* (Fn. 38), Art. 146 Rn. 1 ff., 43 ff., 56 ff.; *V. M. Haug*, AöR 138 (2013), 435 (444); *C. Hillgruber*, in: Epping/Hillgruber, GG, Art. 146 Rn. 1, 7; *S. Schmahl*, in: Sodan, GG, Art. 146 Rn. 2; *Boehl/Hobe* (Fn. 12), Art. 146 Rn. 3, 5, 19, 50, 56 ff. u. ö.

[65] Zum juristischen Revolutionsbegriff *H. Dreier*, ZöR 69 (2014), 805 (822 ff.).

[66] Wie hier *T. Schilling*, Der Staat 53 (2014), 95 (99); ähnlich *Herdegen* (Fn. 38), Art. 146 Rn. 23 ff.

[67] Ausführlich *Dreier*, Gilt das Grundgesetz ewig (Fn. 6), S. 92 ff.; zustimmend *v. Campenhausen/Unruh* (Fn. 10), Art. 146 Rn. 8, 15; *V. M. Haug*, AöR 138 (2013), 435 (448, 454, 462); *J. F. Lindner*, BayVBl. 2014, 645 (648). Siehe auch *Herdegen* (Fn. 38), Art. 146 Rn. 23 ff. Als »offener Übergangsprozeß« ist das thematisiert bei *M. Nettesheim*, Der Staat 51 (2012), 313 (347 ff.).

[68] BVerfGE 5, 85 (131).

[69] BVerfGE 123, 267 (343, Rn. 217).

[70] In diesem Sinne ist für *Michael* (Fn. 48), Art. 146 Rn. 549 der Schlußartikel »der legale Schlüssel, um die Tür zwischen dem Grundgesetz und einer ablösenden Verfassung zu öffnen, ohne sie revolutionär aufbrechen zu müssen«; ähnlich *ders.*, ebd. Rn. 635: »Option zur Verfassungsablösung ohne Revolutionsrisiko«.

Ohne die Vorkehrung des Art. 146 GG müßte eine neue Verfassung unausweichlich als Verletzung des alten Grundgesetzes angesehen werden. Mit der Vorkehrung der Schlußbestimmung wird die neue Verfassung nicht in den Bereich der »konstitutionellen Illegalität«[71] abgedrängt, sondern von der alten, dem Grundgesetz, ausdrücklich zugelassen. Art. 146 GG will – in alter wie neuer Fassung – also gerade vermeiden, daß sich die verfassunggebende Gewalt des Volkes »nur im Umsturz«[72] artikulieren kann. Den **Bedarf** für eine derartige ausdrückliche Regelung **schafft** die **Ewigkeitsklausel** des Art. 79 III GG, die eine legale Revolution unmöglich macht (→ Art. 79 III Rn. 15). Weil mit den dort fixierten Grenzen der Revisionsgewalt auch für den verfassungsändernden Gesetzgeber die Möglichkeit verbaut ist, auf dem Wege schlichter Verfassungsänderung eine fundamental neue staatsrechtliche Ordnung zu schaffen, muß gleichsam ein anderer Weg gebahnt werden. Eine neue Verfassung wäre ohne eine Vorkehrung wie Art. 146 GG unausweichlich eine Verletzung des Art. 79 III GG und damit eine Revolution im Rechtssinne[73]. **Art. 146 GG erlaubt, was Art. 79 III GG verbietet.** Zwischen beiden Normen besteht insofern ein Verweisungszusammenhang. 22

Daß die auf der Grenze zwischen Staatsrecht und Staatstheorie angesiedelte Figur der verfassunggebenden Gewalt des Volkes (**pouvoir constituant**)[74] in der Präambel explizit und – in harmonischer Symmetrie – in der Schlußbestimmung implizit in Bezug genommen wird (→ Rn. 2)[75], ist in zweierlei Hinsicht **folgenreich**. Zum einen verbietet es sich, die Lehre vom pouvoir constituant als ein bloßes Sprachbild zu marginalisieren[76] oder als »Ideologie«[77] zu beargwöhnen[78]. Dies gilt umso mehr, als sich in der Geschichte des demokratischen Verfassungsstaates bestimmte anerkannte Formen der Ausübung der verfassunggebenden Gewalt, bei der sich das Volk »notwendigerweise besonderer Repräsentanten«[79] bedient, herausgebildet haben (→ Pmbl. Rn. 73). Zum anderen erfolgt durch diese verfassungsrechtliche Inbezugnahme keine Konstitutionalisierung derart, daß aus dem pouvoir constituant ein pouvoir constituant constitué wird[80]. Das Bundesverfassungsgericht hat zu Recht festgestellt, daß es sich bei der Beschlußfassung über die Verfassung gemäß Art. 146 GG um einen Akt 23

---

[71] *Winterhoff*, Verfassung (Fn. 1), S. 302; s. auch *E. Wiederin*, AöR 117 (1992), 410 (416).

[72] So *Di Fabio*, Der Staat 32 (1993), 191 (213). Wie hier hingegen *M. Sachs*, JuS 1991, 985 (987); *M. Nettesheim*, Der Staat 51 (2012), 313 (349 f.). – Treffend spricht *V. M. Haug*, AöR 138 (2013), 435 (462) von einer »evolutionär-legalen Verfassungsablösung«.

[73] Vertiefend zum juristischen Revolutionsbegriff *H. Dreier*, ZöR 60 (2014), 805 (822 ff.).

[74] Vgl. *E.-W. Böckenförde*, Die verfassunggebende Gewalt des Volkes – Ein Grenzbegriff des Verfassungsrechts, 1986.

[75] *Boehl/Hobe* (Fn. 12), Art. 146 Rn. 68 ff. nehmen hingegen an, der Schlußartikel regele gerade nicht den pouvoir constituant: dieser könne als »begriffsnotwendig vor- und überverfassungsmäßige Befugnis« (Rn. 68) nicht in der Verfassung geregelt sein. Doch Präambel und Art. 146 GG belegen das Gegenteil. Ganz eigengeartete Deutung des Art. 146 GG n. F. als Grundlage einer im Grundsatz der Volkssouveränität fundierten Verfassungsrevisionstheorie neben Art. 79 II GG bei *Michael* (Fn. 48), Art. 146 Rn. 364 ff., 542 ff., 584 ff. u. ö.

[76] So *J. Isensee*, HStR³ XII, § 258 Rn. 48; desgleichen *P. Kirchhof*, HStR³ X, § 214 Rn. 127.

[77] So *G. Roellecke*, JZ 1992, 929 ff.

[78] Zutreffend und eindringlich für die notwendige Beibehaltung der staatstheoretischen Figur *Boehl*, Verfassunggebung (Fn. 6), S. 14, 127 ff.

[79] *H. J. Boehl*, Der Staat 30 (1991), 572 (578); zum Repräsentationszwang näher *Hasso Hofmann*, Zur Idee des Staatsgrundgesetzes, in: ders., Recht – Politik – Verfassung, 1986, S. 261 ff. (289, 292).

[80] So aber *H.-P. Schneider*, HStR³ XII, § 255 Rn. 40 (zur Präambel); dagegen und wie hier *H. Maurer*, Verfassungsänderungen im Parteienstaat, in: FS Heckel, 1999, S. 821 ff. (832 m. Fn. 33); *v. Campenhausen/Unruh* (Fn. 10), Art. 146 Rn. 8. Uneindeutig in diesem Punkt *Herdegen* (Fn. 38), Art. 146 Rn. 25.

des »pouvoir constituant des ganzen deutschen Volkes« handelt[81]. Art. 146 GG enthält schließlich nicht bloß einen deklaratorischen Hinweis auf eine demokratietheoretische bzw. verfassungstheoretische Selbstverständlichkeit (→ Rn. 36).

24 Wenn die im Grunde klare, im Parlamentarischen Rat (→ Rn. 4 ff.) ebenfalls eindeutig begründete Schlußbestimmung in den letzten Jahrzehnten zu einer der umstrittensten Normen des Grundgesetzes mit einer **Fülle kontroverser Interpretationsangebote**[82] und leidenschaftlichem Meinungsstreit in der Literatur geworden ist, hat das neben der bereits erwähnten besonderen Figur der verfassunggebenden Gewalt (→ Rn. 21) vor allem **zwei Gründe**. Erstens wurde nach der Wiedervereinigung von weiten Kreisen der Staatsrechtslehre die Auffassung geteilt, damit habe sich die Norm erledigt, so daß sie gestrichen werden könnte oder sollte (→ Rn. 29), was freilich die Doppelfunktion der Norm (→ Rn. 25 ff.) verkannte. Nachdem der verfassungsändernde Gesetzgeber Art. 146 GG dann aber nicht tilgte, sondern lediglich ergänzte (→ Rn. 11 f.), richteten sich die Interpretationsbemühungen im wesentlichen darauf, die regulative Kraft des Art. 146 GG nach Kräften zu beschneiden, was zu einer Reihe unterschiedlicher Positionen und Argumente führte, die allesamt nicht zu überzeugen vermögen (→ Rn. 33 ff.). Denn nach richtiger und in jüngerer Zeit stark vertretener Auffassung gilt die Regelungsoption des Art. 146 GG für einen neuen Akt der Verfassunggebung auch nach seiner Änderung unverändert fort (→ Rn. 37 ff.).

2. Doppelfunktion des Art. 146 GG a. F.

25 Art. 146 GG a. F. kamen nach richtiger, freilich umstrittener Auffassung seit jeher **zwei** unterschiedliche **Funktionen** zu, die weder austauschbar waren noch sich wechselseitig ausschlossen[83]. Die Bestimmung war zum einen gedacht als möglicher Weg zur Herstellung der deutschen Wiedervereinigung qua Verfassunggebung (→ Rn. 26, 29 ff.) und enthielt insofern eine Antwort auf die **Wiedervereinigungsfrage**; zum anderen sah der Schlußartikel die Ablösung des Grundgesetzes nach der auf anderem Wege erfolgten deutschen Wiedervereinigung durch eine neue gesamtdeutsche Verfassung vor, enthielt insofern also eine Antwort auf die **Verfassungsfrage** (→ Rn. 27, 39 ff.). Im einen wie im anderen Fall hatte die Verfassunggebung auf einer freien – also vor allem von den Besatzungsmächten unbeeinflußten – Entscheidung des ganzen Volkes zu beruhen, d. h. auch desjenigen Teiles, dem 1949 »mitzuwirken versagt war« (→ Pmbl. Rn. 9 f., 69; → Rn. 56).

a) Art. 146 GG a. F. als Weg zur Wiedervereinigung

26 Von Beginn an deutete man Art. 146 GG in der rechtswissenschaftlichen Literatur als einen (neben Art. 23 GG a. F. bestehenden, also »zweiten«) möglichen Weg zur Erfül-

---

[81] BVerfGE 5, 85 (131).

[82] Für einen ersten Überblick: *M. Heckel*, HStR VIII, § 197 Rn. 86 ff.; *J. Isensee*, HStR³ IX, § 258 Rn. 57 ff. – *Herdegen* (Fn. 38), Art. 146 Rn. 3 bezeichnet den Schlußartikel als die »rätselhafteste Bestimmung des ganzen Grundgesetzes« und konstatiert einen »beachtlichen exegetischen Aufwand« (Rn. 22).

[83] Zu dieser Doppelfunktion schon früh *U. Scheuner*, Art. 146 GG und das Problem der verfassunggebenden Gewalt (1953), in: H. Kurz (Hrsg.), Volkssouveränität und Staatssouveränität, 1970, S. 288 ff.; *H. Krauss*, DÖV 1954, 579 (581); aus der Wiedervereinigungsdebatte *R. Wahl*, StWStP 1 (1990), 468 (476 f.); *U. Storost*, Der Staat 30 (1991), 537 (542); *M. Sachs*, JuS 1991, 985 (989 f.); *M. Baldus*, KritV 76 (1993), 429 (433).

lung des Wiedervereinigungsgebotes[84]. Man hätte sich dies wohl so vorzustellen gehabt, daß sich die Besatzungsmächte in Ost und West gänzlich zurückziehen und dann – wie weiland bei der Paulskirchenverfassung – die politisch noch getrennten Deutschen eine gemeinsame Nationalversammlung mit dem Auftrag zur Verfassunggebung für das künftige Gesamtdeutschland wählen[85]. **Uno actu** wären die **staatliche Wiedervereinigung** herbeigeführt **und** eine **neue Verfassung** durch das gesamte deutsche Volk beschlossen worden. Diesen Weg hat man 1990 aus politisch zwingenden Gründen bekanntlich nicht beschritten. Normative Relevanz im Sinne einer gewissen »Vorwirkung« entfaltete Art. 146 GG a. F. bis zur Wiedervereinigung allerdings dadurch, daß wegen dieser Norm Bestrebungen und Aktivitäten zur Herbeiführung der Wiedervereinigung, die ansonsten gegen das Grundgesetz und seine besatzungsrechtlichen Einschränkungen verstoßen hätten, rechtliche Zulässigkeit bescheinigt werden konnte[86]. So wurde Art. 146 GG auch vom Bundesverfassungsgericht verstanden[87].

b) Art. 146 GG a. F. als Weg zu einer neuen gesamtdeutschen Verfassung

Unabhängig von der Frage, auf welchem Wege (Art. 23 GG a. F. oder Art. 146 GG) sich die deutsche Wiedervereinigung vollziehen würde, statuierte der Schlußartikel des Grundgesetzes nach **richtiger Auffassung** die Option zur Verfassunggebung durch das (gesamte) deutsche Volk in freier Entscheidung, also »unter der doppelten Voraussetzung einer politischen Entscheidung des ganzen deutschen Volkes, und zwar im Zustande der Freiheit von allen besatzungsrechtlichen Bindungen«[88]. Diese **zweite Funktion**, die der Verabschiedung einer neuen gesamtdeutschen Verfassung, **bleibt** danach **erhalten**, auch wenn sich die Wiedervereinigung auf anderem Wege als über Art. 146 GG vollzogen hat (ausführlicher: → Rn. 29 ff.). Die Erledigung der Wiedervereinigungsfrage bedeutet nicht zugleich die Erledigung der Verfassungsfrage. **Anders** sah es freilich die in den **1990er Jahren überwiegende Meinung**, derzufolge die Option des Art. 146 GG mit der Herbeiführung der Wiedervereinigung im Wege des (vertraglich vereinbarten) Beitritts dahin war. Man setzte Art. 146 GG a. F. in ein wechselseitiges Ausschließungsverhältnis zu Art. 23 GG a. F., wonach die Herbeiführung der deutschen Wiedervereinigung auf diesem Wege den Schlußartikel zwangsläufig obsolet werden ließ (→ Rn. 29). Nur als Weg zur Herstellung der deutschen Einheit hätte Art. 146 GG a. F. »seinen Sitz im Leben«[89] gehabt. Die Regelung wurde als reiner Wiedervereinigungsartikel gelesen, seine beiden Funktionen zu einer einzigen ver- 27

[84] *W. Weber*, Die Frage der gesamtdeutschen Verfassung, 1950, S. 6; *Scheuner*, Art. 146 GG (Fn. 83), S. 289; *M. Kirn*, in: I. v. Münch (Hrsg.), GG-Kommentar, Bd. 3, 2. Aufl. 1983, Art. 146 Rn. 4; w.N. zur älteren Literatur bei *H. Quaritsch*, HStR³ XI, § 229 Rn. 38 m. Fn. 96; sehr ausführlich *Boehl/Hobe* (Fn. 12), Art. 146 Rn. 7 ff., 14 ff.

[85] BVerfGE 5, 85 (132) spricht von der gesetzgeberischen »Vorbereitung gesamtdeutscher Wahlen als Vorbereitungsakt zur Schaffung einer gesamtdeutschen Verfassung«.

[86] Vgl. den Hinweis von *G. Roellecke*, NJW 1991, 657 (660) auf den Plan der Westmächte zur Lösung der deutschen Frage durch freie gesamtdeutsche Wahlen und Einberufung einer deutschen Nationalversammlung aus dem Jahre 1954, der die Unterstützung der Bundesregierung fand. Näher zu den Vorschlägen des britischen Außenministers Robert Anthony Eden (»Eden-Pläne«): Presse- und Informationsamt der Bundesregierung (Hrsg.), Die Viererkonferenz in Berlin 1954, 1954, S. 52 ff.; Die Kabinettsprotokolle der Bundesregierung, Bd. 7 (1954), bearb. v. *U. Hüllbüsch/T. Trumpp*, 1993, S. 390 ff. → Rn. 10.

[87] BVerfGE 5, 85 (131 f.).

[88] *Hasso Hofmann*, StWStP 6 (1995), 155 (159).

[89] *v. Campenhausen*, GG XIV, Art. 146 Rn. 21.

kürzt. Eine Verfassungsablösung hätte es danach nur für den Fall der Herbeiführung der Wiedervereinigung über einen gesamtdeutschen Akt der Verfassunggebung geben dürfen[90]. Dieser Auffassung zufolge hätte die Norm »eigentlich« gestrichen werden müssen[91].

3. Art. 146 GG n. F.: Fortgeltung der Möglichkeit einer Verfassungsablösung

28 Eine solche Streichung des Schlußartikels wurde freilich nicht vollzogen, sondern **Art. 146 GG a. F.** lediglich um einen Relativsatz **ergänzt** (→ Rn. 11 f., 56). Andererseits ist die deutsche Wiedervereinigung nicht uno actu mit der Verabschiedung einer neuen gesamtdeutschen Verfassung, sondern durch vertraglich vereinbarten Beitritt der neuen Bundesländer erfolgt. Die durch diese beiden Umstände charakterisierte verfassungsrechtliche Lage wirft die **zentralen** und unverändert aktuellen **Interpretationsfragen** auf, ob Art. 146 GG eine komplette normative Geltungseinbuße erlitten hat (→ Rn. 29) oder jedenfalls in seiner neuen Fassung eines eigenen, über Art. 79 II, III GG hinausgehenden Regelungsgehaltes verlustig gegangen ist (→ Rn. 33 ff.). Beide Fragen sind im Ergebnis negativ zu beantworten. Der hier vertretenen Position zufolge steht mit Art. 146 GG n. F. nach wie vor der Weg zu einer neuen, vom gesamten deutschen Volk in freier Entscheidung zu verabschiedenden Verfassung offen (→ Rn. 37 ff.).

II. Kein normativer Geltungsverlust des Art. 146 GG

1. Kein Obsoletwerden des Art. 146 GG a. F. durch »Beitritt« der DDR gemäß Art. 23 GG a. F.

29 Als im Zuge der stürmischen politischen Entwicklung nach dem Fall der Mauer die deutsche Wiedervereinigung näherrückte, wurden zunächst zwei Alternativen diskutiert: Beitritt der DDR (bzw. der wiederzugründenden Länder) gemäß Art. 23 GG a. F. oder Wiedervereinigung über die Einberufung einer verfassunggebenden Nationalversammlung gemäß Art. 146 GG a. F.[92]. Schon bald zeichnete sich die (letztlich im Wege des Vertragsschlusses bewerkstelligte) Beitrittslösung als einzige unter den politischen Gesamtumständen probate Möglichkeit ab. In dieser Situation wurde in der deutschen **Staatsrechtslehre** rasch zur **herrschenden Meinung**, daß **mit dem Beitritt** der ehemaligen DDR bzw. der neuen Länder **Art. 146 GG a. F. obsolet** geworden sei und keine Anwendung mehr finden könne[93]. Hauptargument für diese These war, daß das

[90] Statt vieler: *Isensee*, Braucht Deutschland eine neue Verfassung?, 1992, S. 32 f.; *Huber* (Fn. 36), Art. 146 Rn. 5. Diesbezüglich spricht *Stückrath*, Art. 146 GG (Fn. 19), S. 79 zutreffend von einer »überraschende(n) Theorie«.

[91] Neben vielen anderen *J. Isensee*, Deutschlands aktuelle Verfassungslage, VVDStRL 49 (1990), S. 39 ff. (53); *ders.*, Braucht Deutschland (Fn. 90), S. 31 ff.; *C. Starck*, JZ 1990, 349 (354); *R. Bartlsperger*, DVBl. 1990, 1285 (1297); *F. Ossenbühl*, DVBl. 1992, 468 (469); *P. Lerche*, HStR VIII, § 194 Rn. 60; *Speckmaier* (Fn. 10), Art. 146 Rn. 12; *Maurer*, Staatsrecht, § 22 Rn. 23. Hingegen spricht *Huber* (Fn. 36), Art. 146 Rn. 6 vorsichtiger von »gestrichen werden *können*« (Kursivierung nicht i.O., H. D.); so auch *v. Campenhausen/Unruh* (Fn. 10), Art. 146 Rn. 15.

[92] Zusammenfassend *Moelle*, Verfassungsbeschluß (Fn. 10), S. 126 ff.; *Stückrath*, Art. 146 GG (Fn. 19), S. 27 ff.; Gesamtüberblick bei *H. Schulze-Fielitz*, Die deutsche Wiedervereinigung und das Grundgesetz, in: J. J. Hesse u. a. (Hrsg.), Verfassungsrecht und Verfassungspolitik in Umbruchsituationen, 1999, S. 65 ff.; sehr eingehend zur Debatte mit ihrer Fülle an kontroversen Stellungnahmen *Boehl/Hobe* (Fn. 12), Art. 146 Rn. 28 ff., 35 ff.

[93] Maßgeblichen Anteil an der Entwicklung dieser These hatte Josef Isensee, der sie in einer Vielzahl von Publikationen vertrat; vgl. im wesentlichen *Isensee*, Verfassungslage (Fn. 91), S. 53 ff.; *ders.*,

Grundgesetz mit Art. 23 GG a. F. und Art. 146 GG a. F. zwei alternative, sich zugleich aber wechselseitig ausschließende Möglichkeiten zur Herbeiführung der deutschen Einheit vorgesehen habe. Mit der Entscheidung für die Beitrittslösung gilt dieser Auffassung zufolge Art. 146 GG a. F. als erledigt oder obsolet; er wird gleichsam durch die Anwendung von Art. 23 GG a. F. als konsumiert angesehen[94]. Das Festhalten an der Option für eine neue gesamtdeutsche Verfassung auch nach der Wiedervereinigung diskreditierte man demgegenüber polemisch als »**Draufsatteln**«[95]. Der Schlußartikel hätte nach dieser Meinung eigentlich gestrichen werden müssen (→ Rn. 27). Da dies ausblieb, verleiht man Art. 146 GG n. F. den Status einer völlig neuen, durch den verfassungsändernden Gesetzgeber eingeführten Norm (»**Novation**«)[96], die den Beschränkungen insbesondere von Art. 79 GG unterliege, weil es sich bei Art. 146 GG n. F. lediglich um eine Norm zur Verfassungserneuerung handele[97]. Man behandelt die Schlußbestimmung nun also als marginale Variante zu Art. 79 GG (→ Rn. 33), wenn man sie nicht gleich als »verfassungswidriges Verfassungsrecht« deklariert (→ Rn. 34) oder als bloß deklaratorische Norm einordnet (→ Rn. 36). In jedem Fall sucht man die Bestimmung zur Wirkungslosigkeit zu verurteilen.

Doch sieht sich die diesen Interpretationsvarianten zugrundeliegende Ausgangsposition **durchgreifenden Gegenargumenten ausgesetzt**. Da zwischen Art. 23 GG a. F. und Art. 146 GG a. F. ein Verhältnis wechselseitiger Ausschließlichkeit niemals bestanden hat (→ Rn. 31 f.), ist Art. 146 GG a. F. durch die Wiedervereinigung nicht obsolet geworden. Er hätte zudem nicht nur nicht gestrichen werden müssen, sondern er durfte nicht gestrichen werden; denn von seinen zwei Funktionen (→ Rn. 25 ff.) harrte noch eine der Erfüllung. Diese Erkenntnis leitet die hier vertretene Interpretation der Neufassung, wonach Art. 146 GG a. F. nur bestätigt und in seiner Fortgeltung bekräftigt, nicht aber durch eine neue Norm ersetzt worden ist (→ Rn. 37 ff.)[98]. 30

Braucht Deutschland (Fn. 90), S. 31 ff.; *ders.*, HStR³ XII, § 258 Rn. 30 ff., 50 f. – Siehe aus der Menge der gleichlautenden Stimmen ferner *R. Bartlsperger*, DVBl. 1990, 1285 (1292 ff., 1298 ff.); *P. Kirchhof*, Brauchen wir ein erneuertes Grundgesetz?, 1992, S. 14 ff.; *F. Ossenbühl*, DVBl. 1992, 468 (469 ff.); *Hillgruber* (Fn. 64), Art. 146 Rn. 2.

[94] Deswegen auch die Bezeichnung als »Konsumtionsthese« (*v. Campenhausen/Unruh* [Fn. 10], Art. 146 Rn. 6) oder »Verbrauchstheorie« (*V. M. Haug*, AöR 138 [2013], 435 [442 ff.]).

[95] Wiederum *Isensee*, Braucht Deutschland (Fn. 90), S. 33 ff.; *ders.*, HStR³ XII, § 258 Rn. 53: »Draufsatteltheorie«; aufgegriffen u. a. von *H. H. Klein*, HStR VIII, § 198 Rn. 52; *Huber* (Fn. 36), Art. 146 Rn. 5; *Speckmaier* (Fn. 10), Art. 146 Rn. 9; *v. Campenhausen/Unruh* (Fn. 10), Art. 146 Rn. 10.

[96] Erneut maßgeblich *Isensee*, Braucht Deutschland (Fn. 90), S. 41 ff.; zusammenfassend und fortführend *ders.*, HStR³ XII, § 258 Rn. 57 ff., 72; ebenso *M. Heckel*, HStR VIII, § 197 Rn. 98, 101; *Huber* (Fn. 36), Art. 146 Rn. 7 (»wenn nicht einen neuen, so doch einen über die Wiedervereinigung hinausgehenden Regelungsgehalt«); *Speckmaier* (Fn. 10), Art. 146 Rn. 15, 19; *Herdegen* (Fn. 38), Art. 146 Rn. 22, 35; *Hillgruber* (Fn. 64), Art. 146 Rn. 6; als »konsequent« bezeichnet das *M. Nettesheim*, Der Staat 51 (2012), 313 (339). – Hingegen nahm *K.-D. Seifert*, in: K.-D. Seifert/D. Hömig, Grundgesetz, 4. Aufl. 1991, Art. 146 Rn. 1 a. E. noch an, daß durch die Neufassung des Art. 146 GG die These, der Beitritt habe den Schlußartikel konsumiert, »expressis verbis« zurückgewiesen sei. Anders nunmehr *H. A. Wolff*, in: Hömig/Wolff, GG, Art. 146 Rn. 1, der dem Relativsatz nur die Feststellung entnimmt, »dass das GG als gesamtdeutsche Verfassung nicht mehr nur übergangsweise gelten soll.«

[97] So etwa *Kirchhof*, Brauchen wir (Fn. 93), S. 14 ff. Ähnlich auch *Haack*, Verlust (Fn. 49), S. 447 ff. (zur n. F.) und S. 457 ff. (zur a. F.), der dennoch eine verfassungstheoretische Kontinuität der beiden Fassungen konstruiert (S. 459 f.).

[98] Daher auch »Kontinuitätsthese« (*v. Campenhausen/Unruh* [Fn. 10], Art. 146 Rn. 6) oder »Perpetuierungstheorie« (Diktion nach *J. Isensee*, HStR³ XII, § 258 Rn. 62 ff.).

31 Das maßgeblich ins Feld geführte Argument wechselseitiger Ausschließlichkeit zwischen Art. 23 GG a. F. und Art. 146 GG a. F. erweist sich letztlich als verfassungspolitisch motivierte Behauptung, der Wortlaut, Geschichte, Systematik und Sinn und Zweck entgegenstehen[99]. Schon der **Wortlaut** des Art. 146 GG a. F. (→ Rn. 6) war weder in seiner endgültigen Gestalt noch in den vorher diskutierten Versionen (→ Rn. 4 f.) so gefaßt, daß für eine Art Konsumtion durch Erreichung der Wiedervereinigung auf anderem Wege, konkret durch Art. 23 GG a. F., irgendein Anhaltspunkt bestanden hätte[100]. Der Normtext äußert sich weder zu den näheren Umständen der von ihm ins Auge gefaßten neuen Verfassung noch nennt er weitere Voraussetzungen als jene einer freien Entscheidung des – ganzen – deutschen Volkes. Ob dieses Volk sich seine Verfassung uno actu mit der Wiedervereinigung gibt (→ Rn. 26) oder auf anderem Wege, läßt der Artikel vollständig offen[101]. Keinerlei Anzeichen bietet der Text schließlich dafür, daß die Option einer neuen gesamtdeutschen Verfassung mit der Herbeiführung der Wiedervereinigung durch Beitritt erlöschen würde. Im Gegenteil: Darüber, daß dem nicht so sein sollte, war man sich im Parlamentarischen Rat einig. Carlo Schmid hatte ausdrücklich und unwidersprochen festgestellt, daß selbst der Beitritt aller Länder Art. 146 GG nicht überflüssig machen würde (→ Rn. 7). Der **historische Verfassunggeber** selbst ging mithin davon aus, daß die Möglichkeit der Verabschiedung einer neuen Verfassung durch das gesamte deutsche Volk in freier Entscheidung durch Erfüllung des Wiedervereinigungsgebotes unberührt blieb, ihr also durchaus nachfolgen konnte und nicht uno actu mit der Wiedervereinigung zu geschehen hatte[102]. Die Ausschließlichkeitsthese ignoriert weiterhin die **Systematik der Normen**. Denn ganz offensichtlich handelt die eine »vom räumlichen Geltungsbereich des Grundgesetzes, die andere regelt die zeitliche Ablösung dieses ›Grundgesetzes‹ durch eine ›Verfassung‹«[103]. Dagegen, daß Art. 23 GG a. F. eine Aussage zur Geltungsdauer des Grundgesetzes treffen wollte, spricht auch die Plazierung im zweiten Abschnitt des Grundgesetzes[104]. Schließlich sind **Sinn und Zweck** beider Bestimmungen mit der Ausschließlichkeitsthese verkannt. Art. 23 GG a. F. wollte den ursprünglich nicht zur Bundesrepublik Deutschland gehörenden Ländern die Option zum Beitritt zum Grundgesetz bieten, das 1948/49 unter den obwaltenden besatzungsrechtlichen Verhältnissen und ohne Mitwirkung der Deutschen in der damaligen SBZ und den Ostgebieten zustandegekommen war. An dessen Stelle eine vom ganzen deutschen Volk in freier Entscheidung – also ohne besatzungsrechtliche Vorgaben oder Einmischungen – zu verabschiedende Verfassung setzen zu können, war sinntragende Zielsetzung des

[99] Zum folgenden vgl. *B. Jeand'Heur*, DÖV 1990, 873 ff.; *U. Storost*, Der Staat 29 (1990), 321 ff.; *ders.*, Der Staat 30 (1991), 537 ff.; *B. Schlink*, Der Staat 30 (1991), 163 (172 ff.); *M. Sachs*, JuS 1991, 985 ff.; *E. Wiederin*, AöR 117 (1992), 410 (414 ff.); *M. Baldus*, KritV 76 (1993), 429 (432 ff.); *Stückrath*, Art. 146 GG (Fn. 19), S. 79 ff., 106 f.; wie hier ferner *v. Campenhausen/Unruh* (Fn. 10), Art. 146 Rn. 11 ff.; *V. M. Haug*, AöR 138 (2013), 435 (443 f.); *Cramer*, Art. 146 Grundgesetz (Fn. 45), S. 210 ff.

[100] Zustimmend *Möller*, Gewalt (Fn. 12), S. 80 f.; *Blasche*, Mitwirkung (Fn. 12), S. 44.

[101] *Moelle*, Verfassungsbeschluß (Fn. 10), S. 150 ff. m. w. N.

[102] Nicht überzeugend der einen Gegensatz zwischen Schmid und Heuss konstruierende Interpretationsversuch von *Isensee*, Braucht Deutschland (Fn. 90), S. 37; *ders.*, HStR^3 XII, § 258 Rn. 38 f. (kritisch dazu *M. Baldus*, KritV 76 [1993], 429 [433]; *Merkel*, Gewalt [Fn. 19], S. 47; *Blasche*, Mitwirkung [Fn. 12], S. 46, 49 ff.). Denn die Sache ist hinlänglich klar: gedacht war zwar nicht an ein sachliches, wohl aber an ein zeitliches Provisorium (→ Pmbl. Rn. 89 f.). Wie hier *v. Campenhausen/Unruh* (Fn. 10), Art. 146 Rn. 12; *V. M. Haug*, AöR 138 (2013), 435 (443 f.).

[103] *Hasso Hofmann*, StWStP 6 (1995), 155 (159); s. auch *B. Jeand'Heur*, DÖV 1990, 873 (874 ff.); *M. Baldus*, KritV 76 (1993), 429 (432); *Merkel*, Gewalt (Fn. 19), S. 34.

[104] *Moelle*, Verfassungsbeschluß (Fn. 10), S. 152 f.; ebenso *Blasche*, Mitwirkung (Fn. 12), S. 44 f.

Art. 146 GG. Dafür war die Wiedervereinigung Deutschlands Voraussetzung. Doch nichts spricht dafür, daß die freie Verfassungsentscheidung nur dann realisiert werden sollte, wenn die Wiedervereinigung über Art. 146 GG und damit uno actu mit der Verfassunggebung herbeigeführt würde[105]. Hier ist noch zusätzlich zu bedenken, daß in der konkreten politischen Situation im Jahre 1990 die Freiheit von besatzungsrechtlichen Ingerenzen erst mit denjenigen völkerrechtlichen Vereinbarungen zu erzielen war (insb. Zwei-plus-Vier-Vertrag), die praktisch zeitgleich mit dem EV, partiell sogar erst nach ihm in Kraft traten[106]. Doch auch unabhängig davon sind die Voraussetzungen des Beitritts und die der Verfassungsablösung so unterschiedlich, daß die Vorstellung einer Konsumtion des Art. 146 GG a. F. durch die Realisierung der Beitrittsoption auch unter teleologischen Gesichtspunkten unhaltbar ist: während der Schlußartikel eine freie Entscheidung des ganzen deutschen Volkes, also in Ost und West, verhieß und verlangte, war eben dies keine Voraussetzung für einen Beitritt gemäß Art. 23 GG a. F. Mit einem Wort: **Einheitsfrage** und **Verfassungsfrage** waren zweierlei und blieben es.

32 Im **Ergebnis** bleibt daher festzuhalten, daß die These vom wechselseitigen **Ausschlußverhältnis** zwischen Art. 23 GG a. F. und Art. 146 GG a. F. **abzulehnen** ist[107]. Art. 146 GG war gemäß seiner doppelfunktionalen Zielsetzung (→ Rn. 25 ff.) »nicht nur ein Weg zur deutschen Einheit, sondern auch und vor allem ein Weg zu einer neuen Verfassung im geeinten Deutschland«[108]. An der zweiten Zielbestimmung hat sich durch die Realisierung der Wiedervereinigung auf anderem Wege ebensowenig geändert wie durch die Neufassung des Schlußartikels.

2. Art. 146 GG n. F. keine bloße Revisionsnorm

33 Verbreitet ist die in der Konsequenz der Annahme vom Obsoletwerden des Art. 146 GG a. F. liegende Auffassung, wonach Art. 146 GG n. F. in vollem Umfang den **Beschränkungen des Art. 79 GG** unterfalle[109]. Ein Gesetz zur Volksabstimmung über eine (neue) Verfassung setzte danach sowohl eine Verfassungstextänderung gem.

---

[105] Vgl. *B. Schlink*, Der Staat 30 (1991), 163 (173 f.); *U. Storost*, Der Staat 30 (1991), 537 (541 f.); *E. Wiederin*, AöR 117 (1992), 410 (418 ff.); *Moelle*, Verfassungsbeschluß (Fn. 10), S. 154 ff.; *D. Heckmann*, Geltungskraft und Geltungsverlust von Rechtsnormen, 1997, S. 445 f.; *Blasche*, Mitwirkung (Fn. 12), S. 55.

[106] *Hasso Hofmann*, StWStP 6 (1995), 155 (159). Vgl. *Moelle*, Verfassungsbeschluß (Fn. 10), S. 138 f.; *T. Franz*, ZParl. 35 (2004), 409 (423 f. m. Fn. 76).

[107] So außer den in Fn. 99 Genannten: *P. Häberle*, JZ 1990, 358 (359 f.); *Frowein*, Verfassungslage (Fn. 40), S. 15 f.; *D. Grimm*, KritV 73 (1990), 148 (155 f.); *R. Wahl*, NJW 1990, 2585 (2588); *Moelle*, Verfassungsbeschluß (Fn. 10), S. 150 ff., 193; *Merkel*, Gewalt (Fn. 19), S. 27 ff., 87 ff.; *H. Meyer*, Artikel 146 GG. Ein unerfüllter Verfassungsauftrag?, in: H. H. v. Arnim (Hrsg.), Direkte Demokratie, 2000, S. 67 ff. (76 ff.); *Möller*, Gewalt (Fn. 12), S. 81 f., 87, 99; *Blasche*, Mitwirkung (Fn. 12), S. 55 f.

[108] *M. Sachs*, JuS 1991, 985 (990); ähnlich *Mahrenholz*, Verfassung (Fn. 34), S. 27 (»Wohl gab es zwei Wege zur Einheit, aber nur einen zur Verfassung«); *Moelle*, Verfassungsbeschluß (Fn. 10), S. 155, 163 f. m. w. N.; für Trennung von Wiedervereinigungs- und Verfassungsfrage auch *Cramer*, Art. 146 Grundgesetz (Fn. 45), S. 207 ff.

[109] Vgl. etwa *K. Stern*, DtZ 1990, 289 (293 f.); *K.-D. Schnapauff*, DVBl. 1990, 1249 (1252); *H. Weis*, AöR 116 (1991), 1 (30); *D. Heckmann*, DVBl. 1991, 847 (854 f.); *H.-U. Erichsen*, Jura 1992, 52 (55); *Isensee*, Braucht Deutschland (Fn. 90), S. 54; *ders.*, HStR³ XII, § 258 Rn. 72; *Kirchhof*, Brauchen wir (Fn. 93), S. 15; *C. Starck*, Der neue Artikel 146 GG und die Gemeinsame Verfassungskommission, in: FS Helmrich, 1994, S. 292 f.; *Speckmaier* (Fn. 10), Art. 146 Rn. 19 ff.; *Hans Hofmann* (Fn. 49), Art. 146 Rn. 4, 7 f.

Art. 79 I 1 GG als auch eine Zweidrittelmehrheit gem. Art. 79 II GG voraus[110]; vor allem aber unterfielen die Regelungen in der neuen Verfassung vollständig den Schranken des Art. 79 III GG[111]. Gestützt auf Art. 146 GG n. F. dürfte das Grundgesetz also inhaltlich nicht stärker verändert werden als auf dem jetzt schon möglichen Wege gemäß Art. 79 GG; lediglich die direkte Teilnahme des Volkes wäre ein Novum[112]. Diese Position setzt die bereits diskutierte und abgelehnte Annahme (→ Rn. 29) voraus, daß die Änderung des Art. 146 GG im Jahre 1990 eine echte Novation war, da Art. 146 GG a. F. durch die Wiedervereinigung obsolet geworden sei, wovon keine Rede sein kann (→ Rn. 30 ff.). Art. 146 GG enthebt sowohl in alter wie in neuer Fassung von der Beachtung der Ewigkeitsklausel des Art. 79 III GG sowie den weiteren in Art. 79 I, II GG genannten Erfordernissen[113]. Nur das trägt dem Umstand der kategorialen **Verschiedenheit von Verfassunggebung und Verfassungsänderung** hinlänglich Rechnung[114]. Der Schlußartikel trug seinen Sinn gerade darin, angesichts seiner doppelten Funktion (→ Rn. 25 ff.) von Art. 79 GG zu dispensieren, also den legalen Weg zu einer neuen Verfassung zu öffnen[115]. Daran hat sich auch mit der Neufassung nichts geändert (→ Rn. 37 ff.), zumal sich die Norm weiterhin im Abschnitt »Übergangs- und Schlußvorschriften« (und nicht beim Gesetzgebungsverfahren) findet, selbst nicht von Verfassungsänderung spricht und dafür auch keine operationalisierbaren Vorgaben enthält[116]. Den letztgenannten Punkt räumen implizit auch die Vertreter der Gegenansicht ein, wenn sie eine Erweiterung von Art. 79 GG oder Art. 146 GG um entsprechende Verfahrensregeln verlangen[117]. Hinweise auf die Denkschrift der Bundesregierung und Debattenbeiträge im Bundestag zum Einigungsvertrag ändern hieran nichts (→ Rn. 42).

3. Art. 146 GG n. F. kein »verfassungswidriges Verfassungsrecht«

34 Zuweilen qualifiziert man Art. 146 GG n. F. mit Blick auf Art. 79 III GG auch als »verfassungswidriges Verfassungsrecht«[118]. Das Argument lautet hier im wesentlichen,

[110] Zu diesbezüglich abweichenden Varianten innerhalb dieser Interpretationsrichtung *M. Heckel*, HStR VIII, § 197 Rn. 112 m. w. N.; knapp *Hillgruber* (Fn. 64), Art. 146 Rn. 7.

[111] Anders hingegen *Huber* (Fn. 36), Art. 146 Rn. 8 ff., der zwar eine Bindung an Art. 79 I, II GG annimmt, nicht jedoch an Art. 79 III GG.

[112] So *K. Stern*, DtZ 1990, 289 (293); *E. Klein*, DÖV 1991, 569 (578); *D. Heckmann*, DVBl. 1991, 847 (854 f.); *H.-U. Erichsen*, Jura 1992, 52 (55).

[113] Richtig *C. Pestalozza*, Jura 1994, 561 (566): »Thema des Art. 146 GG ist jedoch nicht die Änderung oder Ergänzung des Grundgesetzes, sondern der Entwurf einer neuen Verfassung.« Das kann als überwiegende Auffassung gelten: siehe *P. Lerche*, HStR VIII, § 194 Rn. 66; *Seifert* (Fn. 96), Art. 146 Rn. 3; *Moelle*, Verfassungsbeschluß (Fn. 10), S. 149; *Merkel*, Gewalt (Fn. 19), S. 109 ff.; *Jarass*/Pieroth, GG, Art. 146 Rn. 2; *V. M. Haug*, AöR 138 (2013), 435 (445 ff.); *J. F. Lindner*, BayVBl. 2014, 645 (648 f.); *Cramer*, Art. 146 Grundgesetz (Fn. 45), S. 202 f., 220 ff. – So auch die einhellige Ansicht der älteren Literatur: vgl. statt aller *Henke*, Gewalt (Fn. 29), S. 142 f. m. N.

[114] *M. Sachs*, JuS 1991, 985 (986); *V. M. Haug*, AöR 138 (2013), 435 (446). Eingehend *Dreier*, Gilt das Grundgesetz ewig (Fn. 6), S. 7 ff., 35 ff.

[115] So noch *J. Isensee*, HStR I, § 13 Rn. 7: Ewigkeitsgarantie steht unter dem Vorbehalt der Wiedervereinigung. Diese Aussage findet sich konsequenterweise später nicht mehr: *J. Isensee*, HStR³ II, § 15 Rn. 37.

[116] Vgl. u. a. *M. Sachs*, JuS 1991, 985 (989); *E. Wiederin*, AöR 117 (1992), 410 (437); *Jarass*/Pieroth, GG, Art. 146 Rn. 2: »legale Verfassungsablösung«; *V. M. Haug*, AöR 138 (2013), 435 (445 ff.).

[117] Statt vieler *J. Isensee*, HStR³ XII, § 258 Rn. 90 ff., 99; *Herdegen* (Fn. 38), Art. 146 Rn. 3, 43 ff.; *Schmahl* (Fn. 64), Art. 146 Rn. 3 f.

[118] So z. B. *R. Bartlsperger*, DVBl. 1990, 1285 (1299 f.); *B. Kempen*, NJW 1991, 964 (966 f.); *H. Huba*, Der Staat 30 (1991), 367 (373 f.); aus jüngerer Zeit *Hillgruber* (Fn. 64), Art. 146 Rn. 8.1. **Dage-**

der verfassungsändernde Gesetzgeber habe im Jahre 1990 dem pouvoir constituant eine Befugnis übertragen, die ihm selbst nicht zustehe. Er habe außerhalb seiner Kompetenzen gehandelt, da über eine Restitution der Ausübung der verfassunggebenden Gewalt nicht der rangniedere verfassungsändernde Gesetzgeber, sondern nur der originäre Verfassunggeber selbst entscheiden könne und dürfe. Hier wird verkannt, daß die Veränderung des Art. 146 GG im Zuge der Wiedervereinigung (→ Rn. 11 f.) neben der Feststellung des Geltungsanspruches des Grundgesetzes für Gesamtdeutschland vor allem in der Klarstellung bestand, daß durch den vertraglich herbeigeführten Beitritt der fünf neuen Bundesländer der Schlußartikel des Grundgesetzes nicht automatisch seines Geltungsgehalts verlustig gegangen sei, sondern die Möglichkeit der Verfassungsablösung fortbesteht. Es handelte sich eben nicht um eine echte »Novation« (→ Rn. 29 ff., 38). Damit hat sich der **verfassungsändernde Gesetzgeber** keine ihm nicht zustehenden Kompetenzen angemaßt, sondern lediglich die **fortbestehende Möglichkeit der Ausübung der verfassunggebenden Gewalt** durch das deutsche Volk **klargestellt** (→ Rn. 37 ff.). Diese Klarstellung war im wesentlichen deshalb nötig, weil in der Staatsrechtslehre die unrichtige Auffassung (→ Rn. 30 ff.) viele Anhänger gewonnen hatte, wonach mit der Wiedervereinigung Art. 146 GG obsolet geworden sei und »eigentlich« gestrichen werden müßte (→ Rn. 27). Es entbehrt zwar nicht einer gewissen Finesse, wenn zunächst aufgrund einer unrichtigen Auffassung vom Verhältnis des Art. 23 GG a. F. zu Art. 146 GG a. F. der verfassungsändernde Gesetzgeber zu einer vermeintlichen Klarstellung gedrängt wird, um diese im Anschluß fälschlich als »Novation« einzuordnen und letztendlich als verfassungswidriges Verfassungsrecht zu geißeln. Aber sachlich überzeugend ist das nicht. Im übrigen behandelt auch das **Bundesverfassungsgericht** Art. 146 GG n. F. als gültiges Verfassungsrecht[119].

4. Art. 146 GG n. F. nicht verwirkt wegen Zeitablaufs

Eine weitere Variante normativer Stummschaltung des Schlußartikels besteht in der Auffassung, Art. 146 GG n. F. suspendiere zwar von den Bindungen des Art. 79 GG, sei aber **zeitlich** auf einen engen Zusammenhang mit dem Beitritt der fünf neuen Bundesländer **begrenzt**; in Anlehnung an Art. 5 EV setzt man dabei einen Zeitraum von ungefähr zwei Jahren an[120]. Auch nach dieser Meinung hat sich die Norm mittlerweile erledigt. Eine zeitliche Frist vorzusehen mag verfassungspolitisch sinnvoll sein, findet aber weder im Wortlaut noch im Telos der Norm eine Grundlage[121]. Art. 146 GG n. F. ist nicht zeitlich limitiert worden. Eine solche Limitierung läßt sich auch nicht durch Interpretation herbeiführen. 35

---

gen zutreffend *E. Klein*, DÖV 1991, 569 (578); *M. Herdegen*, Die Verfassungsänderungen im Einigungsvertrag, 1991, S. 25 ff.; *E. Wiederin*, AöR 117 (1992), 410 (417 ff.); *Mahrenholz*, Verfassung (Fn. 34), S. 32 f.; *M. Heckel*, HStR VIII, § 197 Rn. 98; *Merkel*, Gewalt (Fn. 19), S. 30 ff.; *Stückrath*, Art. 146 GG (Fn. 19), S. 108 ff.; *Heckmann*, Geltungskraft (Fn. 105), S. 449; *Blasche*, Mitwirkung (Fn. 12), S. 57 f.; *V. M. Haug*, AöR 138 (2013), 435 (445); *J. F. Lindner*, BayVBl. 2014, 645 (648).

[119] BVerfGE 83, 37 (51); 89, 155 (180); 123, 267 (332, Rn. 179 f.; 349, Rn. 232); 144, 20 (197 f., Rn. 518).

[120] *Herdegen*, Verfassungsänderungen (Fn. 118), S. 31; *ders.* (Fn. 38), Art. 146 Rn. 35; *M. Sachs*, JuS 1991, 985 (991); *U. Storost*, Der Staat 30 (1991), 537 (545); *H. H. Klein*, HStR VIII, § 198 Rn. 52; *T. Herbst*, ZRP 2012, 33 (35).

[121] Wie hier *E. Wiederin*, AöR 117 (1992), 410 (441 f.); *Moelle*, Verfassungsbeschluß (Fn. 10), S. 195 ff.; *Stückrath*, Art. 146 GG (Fn. 19), S. 182; *Blasche*, Mitwirkung (Fn. 12), S. 59; *v. Campenhausen/Unruh* (Fn. 10), Art. 146 Rn. 20; *V. M. Haug*, AöR 138 (2013), 435 (442 f.); *Cramer*, Art. 146 Grundgesetz (Fn. 45), S. 242 ff.

5. Art. 146 GG n. F. keine rein deklaratorische Aussage

36 Nicht selten wird vertreten, daß Art. 146 GG nach seiner Neufassung im Zuge der deutschen Wiedervereinigung nur noch rein deklaratorische Bedeutung habe. Es werde lediglich auf den selbstverständlichen staatsrechtlichen bzw. verfassungstheoretischen Grundsatz verwiesen, demzufolge der Erlaß einer neuen Verfassung in der freien Entscheidung des Volkes als Inhaber der verfassunggebenden Gewalt liege[122]. Gegen eine solche Deutung spricht schon die allgemeine methodologische Grundregel, daß Normen im allgemeinen, Verfassungsnormen im besonderen sich nicht in funktions- und folgenlosen Hinweisen auf Selbstverständliches erschöpfen, sondern regulativ wirken wollen[123]. Die Deutung scheint auch deswegen fatal, weil die Norm so als impliziter Appell zur Aufhebung des Grundgesetzes, also gleichsam als seine »Totenglocke« erschiene[124]. Vor allem aber **verkennt** ein solches Verständnis die **besondere Intention** des Art. 146 GG, über die Selbstverständlichkeit der Ausübung der verfassunggebenden Gewalt durch das Volk hinauszugehen – und zwar dergestalt, daß angesichts der besonderen historischen Situation Deutschlands (→ Rn. 3) zwischen dem 1949 geschaffenen, als zeitlichem Provisorium gedachten Grundgesetz und der vom ganzen deutschen Volk nach der Wiedervereinigung zu beschließenden Verfassung (→ Rn. 4 ff.) eine **normative Brücke** gebaut werden sollte. Die mehr als deklaratorische Funktion des Art. 146 GG – alter wie neuer Fassung – besteht gerade darin, die staats- und demokratietheoretisch ungebundene verfassunggebende Gewalt in einen geregelten, an bestimmte Voraussetzungen gebundenen Ablösungsvorgang des Grundgesetzes einzubinden[125]. Dieses will mit seinem Schlußartikel also gerade vermeiden, daß mit der Betätigung der verfassunggebenden Gewalt zwingend ein »Bruch [der] Legalordnung «[126] einhergehen muß und sie sich gegenüber der vorhergehenden staatlichen

---

[122] Vgl. etwa *P. Badura*, Das Grundgesetz – Verfassung für Deutschland, in: B. Guggenberger/T. Stein (Hrsg.), Die Verfassungsdiskussion im Jahr der deutschen Einheit, 1991, S. 325 ff. (332 f.); *P. Lerche*, HStR VIII, § 194 Rn. 64; *R. Scholz*, Aufgaben und Grenzen einer Reform des Grundgesetzes, in: FS Lerche, 1993, S. 65 ff. (69); *Wolff* (Fn. 96) Art. 146 Rn. 2 (anders noch *Seifert* [Fn. 96], Art. 146 Rn. 3); ferner *U. Di Fabio*, Der Staat 32 (1993), 191 (212): »demokratietheoretische Selbstverständlichkeit«. W. N. bei *Moelle*, Verfassungsbeschluß (Fn. 10), S. 21 f.; s. noch *Merkel*, Gewalt (Fn. 19), S. 72 ff.

[123] Vgl. *M. Baldus*, KritV 76 (1993), 429 (431); *Moelle*, Verfassungsbeschluß (Fn. 10), S. 148 f.; *Heckmann*, Geltungskraft (Fn. 105), S. 446 f. Gegen bloß deklaratorischen Gehalt auch *v. Campenhausen/Unruh* (Fn. 10), Art. 146 Rn. 19; *Herdegen* (Fn. 38), Art. 146 Rn. 26.

[124] Zitat und Kritik bei *M. Heckel*, HStR VIII, § 197 Rn. 94.

[125] Ansatzweise erkannt bei *R. Zippelius*, NJW 1991, 23 (»der legale Steigbügel« nehme »das Odium des Verfassungsbruches«), dort aber noch im selben Satz gleichwohl für »entbehrlich« erklärt. Siehe auch *G. Roellecke*, NJW 1991, 657 (660): Art. 146 GG bewirke »allenfalls, daß eine Ersetzung des Grundgesetzes durch eine andere Verfassung nicht als Revolution interpretiert werden kann.« Bei *P. Lerche*, HStR VIII, § 194 Rn. 64 bleibt die besondere Brückenfunktion des Art. 146 GG unbeachtet, wenn dort allein von »umstürzender Kraft neuer Verfassunggebung« und deren »revolutionäre(r) Natur« gesprochen wird. Hingegen schließt sich *Blasche*, Mitwirkung (Fn. 12), S. 58 der hier vertretenen Ansicht an; ebenso *T. Herbst*, Legitimation durch Verfassunggebung, 2003, S. 270 ff., der die Anwendung dennoch auf einen sachlichen und zeitlichen Zusammenhang mit der Wiedervereinigung begrenzt sieht – und für die Zeit danach eben doch eine rein deklaratorische Bedeutung annimmt (ebd., S. 273). Klarstellend demgegenüber *Meyer*, Art. 146 GG (Fn. 107), S. 79, der darauf hinweist, daß Art. 146 GG »die originäre Verfassungsgebung durch das deutsche Volk vor dem Verdikt der Revolution schützt«. Denn diejenigen, die auf die scheinbar deklaratorische Bedeutung hinwiesen, »wären die ersten, die den Staat zum Eingriff gegen das aufmüpfige Volk aufriefen«. → Fn. 189.

[126] *Boehl/Hobe* (Fn. 12), Art. 146 Rn. 66.

Ordnung und ihrer Verfassung nur revolutionär, also im Wege des (juristischen) Umsturzes, artikulieren kann.

III. Positiver normativer Regelungsgehalt des Art. 146 GG n. F.

1. Perpetuierung des Ablösungsvorbehaltes

Die Neufassung des Art. 146 GG (→ Rn. 11 f.) hat entgegen der Ausschließlichkeitsthese und ihren Varianten nicht eine vollständig neue Norm hervorgebracht, sondern lediglich die bisher vorgesehene Möglichkeit des legalen Rekurses auf den pouvoir constituant auch nach der Wiedervereinigung bestätigt[127]. Wie in der Präambel auch ist durch den eingefügten Relativsatz der Geltungsanspruch des Grundgesetzes für Gesamtdeutschland hinzugefügt worden. Diese **Klarstellung** war deswegen nötig, weil starke politische Kräfte in den Regierungsparteien und relevante Teile der Staatsrechtslehre Art. 146 GG a. F. als durch die Wiedervereinigung erledigt erachteten und seine Streichung empfahlen (→ Rn. 27, 29). Die Perpetuierung des Ablösungsvorbehaltes ergibt sich des näheren aus folgenden Überlegungen: ganz grundsätzlich war Art. 146 GG a. F. insofern bestandsfest, als es dem verfassungsändernden Gesetzgeber im Jahre 1990 gar nicht frei- und zugestanden hätte, die Verfassungsoption zu streichen (→ Rn. 38); daß dies nicht gewollt war, gelangt im Wortlaut der Norm hinlänglich zum Ausdruck und findet in teleologischen Erwägungen eine zusätzliche Stütze (→ Rn. 39 ff.), während der Denkschrift der Bundesregierung keine relevante Bedeutung für die Interpretation zukommt (→ Rn. 42). Nach wie vor ist also das Grundgesetz nicht die »Verfassung« i. S. d. Art. 146 GG alter wie neuer Fassung (→ Rn. 44). 37

a) Bestandsfestigkeit des Art. 146 GG a. F. gegenüber dem verfassungsändernden Gesetzgeber

Die Neufassung des Art. 146 GG kann schon deshalb nicht als »Novation« mit neuem Inhalt (→ Rn. 27, 29) angesehen werden, weil es dem verfassungsändernden Gesetzgeber gar nicht frei- und zustand, hier eine Veränderung herbeizuführen[128]. Zwar fällt der Schlußartikel nicht unter Art. 79 III GG. Doch jener bildet eine sachliche Schranke nur für den verfassungsändernden Gesetzgeber des Grundgesetzes, während Art. 146 GG die maßgebliche Aussage zur zeitlichen Geltungsdauer eben dieses Grundgesetzes – die Ewigkeitsgarantie eingeschlossen – trifft. Da Art. 146 GG a. F. eine vom ursprünglichen Verfassunggeber gesetzte Norm war, mit der dieser in definitiver und verbindlicher Weise festgelegt hatte, unter welchen Umständen das Grundgesetz von einer neuen, vom gesamten deutschen Volk beschloßenen Verfassung abgelöst werden sollte, **darf** dieser **Ablösungsvorbehalt nicht** einfach durch den verfassungsändernden Gesetzgeber **gestrichen** oder sonst substantiell verändert **werden**[129]. Wie bezüglich der sachlichen Änderungsmöglichkeiten der verfassungsändernde Gesetzgeber durch Art. 79 III GG beschränkt ist, entzieht ihm Art. 146 GG die Befugnis, über die zeitli- 38

[127] *Hasso Hofmann*, StWStP 6 (1995), 155 (159); s. auch *M. Sachs*, JuS 1991, 985 (990); *H. Schulze-Fielitz*, DVBl. 1991, 893 (905); *M. Baldus*, KritV 76 (1993), 429 (434); *Moelle*, Verfassungsbeschluß (Fn. 10), S. 145; *v. Campenhausen/Unruh* (Fn. 10), Art. 146 Rn. 15.

[128] Näher *Moelle*, Verfassungsbeschluß (Fn. 10), S. 73 ff.; *Dreier*, Gilt das Grundgesetz ewig (Fn. 6), S. 88 ff.

[129] A. A. *P. Unruh*, Der Verfassungsbegriff des Grundgesetzes, 2002, S. 388, 392 ff.; *Boehl/Hobe* (Fn. 12), Art. 146 Rn. 61 m. w. N.

che Geltungsdauer zu verfügen. Der **verfassungsändernde Gesetzgeber** kann entgegen der vom ursprünglichen Verfassunggeber fixierten Verheißung einer neuen Verfassung **nicht** einfach »**selbstverewigend**« tätig werden[130]. Das bedeutet: entweder wird die Möglichkeit der Verfassungsneuschöpfung gemäß Art. 146 GG realisiert, oder diese bleibt als Option bestehen. Tertium non datur.

b) Bedeutung von Wortlaut, Systematik, Teleologie und Historie des Art. 146 GG n. F.

39 Auch die lege artis vorgenommene Auslegung des Art. 146 GG n. F. führt zu dem Ergebnis, daß hier lediglich eine Klarstellung über die Weitergeltung des Ablösungsvorbehaltes getroffen wurde. Schon der **Wortlaut** zeigt dies an: die Textgestalt blieb als solche unverändert, neu eingefügt wurde lediglich der Relativsatz »das nach [...] gilt«. In Parallele zur Präambel war damit der Geltungsanspruch des Grundgesetzes auf die alte Bundesrepublik und die fünf neuen Bundesländer beschränkt (→ Pmbl. Rn. 84), wobei dieser Passus entscheidend »außenpolitisch motiviert« war[131]. An der Möglichkeit eines Geltungsverlustes des Grundgesetzes in der Zukunft (»verliert seine Gültigkeit«) aber hat sich nichts geändert[132].

40 Gegen eine Novation und für eine Perpetuierung des Ablösungsvorbehaltes spricht zudem die **gesetzliche Systematik.** Denn die – nach h. M. ja mit völlig neuem Regelungsgehalt versehene – Norm hat nicht nur ihre Textgestalt kaum verändert, sondern auch ihren Platz als Schlußbestimmung des Grundgesetzes behalten. Wäre die Norm als unter Art. 79 III GG fallende Variante des Verfassungsänderungsverfahrens konzipiert gewesen (→ Rn. 33), so hätte sich ihre dortige Plazierung angeboten[133].

41 Vor allem aber sind es **Sinn und Zweck** des neuen Art. 146 GG, die eine Deutung als Perpetuierung des Ablösungsvorbehaltes erzwingen. Nachdem feststand, daß die Wiedervereinigung nicht qua Verfassunggebung, sondern durch vertraglich vereinbarten Beitritt herbeigeführt werden sollte, bedurfte es angesichts des politischen Streites wie der rechtswissenschaftlichen Kontroversen um das weitere Schicksal des Schlußartikels einer Klarstellung. Da für die Streichung des Art. 146 GG ebensowenig eine Mehrheit vorhanden war wie für die sofortige Einberufung einer gesamtdeutschen verfassunggebenden Nationalversammlung, konnte im Sinne der Paketlösung (→ Rn. 12) der Kompromiß nur darin bestehen, die Option auf eine Verfassungsablösung offenzuhalten, ohne sie im Vereinigungsprozeß schon zu realisieren. Man muß sich fragen, durch welche andere Formulierung als die letztendlich gewählte die Absicht der Perpetuierung noch besser und klarer hätte zum Ausdruck gebracht werden können[134]. Auch dem Normzweck des Einigungsvertrages selbst läßt sich nichts ent-

---

[130] *U. Storost*, Der Staat 29 (1990), 321 (326 f.); *R. Wahl*, StWStP 1 (1990), 468 (476); *Mahrenholz*, Verfassung (Fn. 34), S. 32 f.

[131] *Mahrenholz*, Verfassung (Fn. 34), S. 34; ausführlich *Moelle*, Verfassungsbeschluß (Fn. 10), S. 135 ff. → Fn. 34.

[132] *M. G. Fischer*, MDR 1994, 440 (440); *Moelle*, Verfassungsbeschluß (Fn. 10), S. 109. So auch mit weiteren Argumenten *Blasche*, Mitwirkung (Fn. 12), S. 31 f.

[133] Diese beiden systematischen Beobachtungen bei *E. Wiederin*, AöR 117 (1992), 410 (436 f.); *M. G. Fischer*, MDR 1994, 440 (440); *Moelle*, Verfassungsbeschluß (Fn. 10), S. 112 f. m. w. N.; *Cramer*, Art. 146 Grundgesetz (Fn. 45), S. 216; *Blasche*, Mitwirkung (Fn. 12), S. 33 f. mit Bezug auf Präambel, Art. 145 GG und Art. 79 III GG.

[134] Zutreffend *Moelle*, Verfassungsbeschluß (Fn. 10), S. 128; s. noch *Cramer*, Art. 146 Grundgesetz (Fn. 45), S. 219 f., beide m. w. N.

nehmen, was gegen die Fortschreibung der Verfassungsverheißung in Art. 146 GG spräche[135].

Die gern als Gegenargument angeführte **historische Genese** des Art. 146 GG n. F. 42
vermag diesen Befund im Ergebnis nicht zu erschüttern. Hier ist gleichsam vorab in Rechnung zu stellen, daß die durch den völkerrechtlichen Einigungsvertrag herbeigeführte Neufassung des Schlußartikels (Art. 4 Nr. 6 EV) den Vorgaben für die Interpretation völkerrechtlicher Verträge unterliegt. Danach kommt gemäß Art. 32 VRK der historischen Auslegung im Verhältnis zum Wortlaut, zur Systematik und zur Teleologie eine eindeutig nachrangige Bedeutung zu[136]. Entsprechend geringer Stellenwert muß daher von vornherein der Position der **Denkschrift der Bundesregierung** zum Einigungsvertrag[137] zugemessen werden. Dort heißt es: »Der Wortlaut macht deutlich, daß die Arbeiten zur Novellierung von Verfassungsbestimmungen in dem im Grundgesetz verankerten Verfahren erfolgen und den Anforderungen des Art. 79 des Grundgesetzes uneingeschränkt unterliegen mit der Folge, daß Verfassungsänderungen einer Zweidrittelmehrheit in den gesetzgebenden Körperschaften bedürfen.«[138] Doch hat man – ganz unabhängig von der geringen Relevanz der historischen Auslegung bei völkerrechtlichen Verträgen – mit voller Berechtigung gefragt, von welchem ›Wortlaut‹ hier eigentlich die Rede sein soll[139]. Der Wortlaut des Art. 146 GG n. F. weiß von den in der Denkschrift behaupteten Einschränkungen nichts[140]. Außerdem kommt der Denkschrift einer Regierung zu verfassungsändernden Bestimmungen eines völkerrechtlichen Vertrages nicht die Kraft authentischer Interpretation der verfassungsändernden Bestimmungen selbst zu, zumal es sich nicht um eine Urkunde i. S. d. Art. 31 II b VRK handelt[141]. Desgleichen vernachlässigbar sind die politischen Stellungnahmen, die im Zuge der **Beratung und Verabschiedung des Einigungsvertrages im Bundestag** abgegeben worden sind. Zwar läßt sich aus ihnen – wenngleich nicht ohne Mühe – ein gewisses Einverständnis zwischen den Politikern von CDU/CSU und SPD dahingehend ablesen, Art. 146 GG auf eine Art von Revisionsnorm zu reduzieren, die unter der Herrschaft des Art. 79 GG stehen sollte[142]. Doch hat diese Intention im Text der Neufassung keine Spuren hinterlassen[143]. Zudem vermittelt eine nähere Lektüre der parlamentarischen Debatten das Bild dichten verfassungsdogmatischen Nebels und verfassungstheoretischer Unkenntnis: kaum jemand wußte, wovon er (oder sie) sprach, wenn es um Fragen der Verfassungsablösung, der verfassunggeben-

---

[135] Vgl. *Moelle*, Verfassungsbeschluß (Fn. 10), S. 123 ff.

[136] Vgl. *Moelle*, Verfassungsbeschluß (Fn. 10), S. 106 f.; *W. Heintschel v. Heinegg*, in: Ipsen, Völkerrecht, § 12 Rn. 18; *Stein/v. Buttlar/Kotzur*, Völkerrecht, Rn. 81 ff.; *Cramer*, Art. 146 Grundgesetz (Fn. 45), S. 219.

[137] BT-Drs. 11/7760.

[138] BT-Drs. 11/7760, S. 359.

[139] *C. Pestalozza*, Jura 1994, 561 (566 Fn. 41); vgl. auch *M. Sachs*, JuS 1991, 985 (989); *R. Wahl*, StWStP 1 (1990), 468 (470); *Moelle*, Verfassungsbeschluß (Fn. 10), S. 113 f.

[140] So auch fundiert *Blasche*, Mitwirkung (Fn. 12), S. 31 f.; *Cramer*, Art. 146 Grundgesetz (Fn. 45), S. 212 ff.

[141] Vgl. *A. Randelzhofer*, Das Grundgesetz unter Vorbehalt? Zum neuen Art. 146 GG, in: Stern, Wiedervereinigung (Fn. 32), S. 141 ff. (147 f.). Siehe dazu auch *Möller*, Gewalt (Fn. 12), S. 221 m. Fn. 988.

[142] Eingehende Darstellung bei *Moelle*, Verfassungsbeschluß (Fn. 10), S. 126 ff.; s. noch *Merkel*, Gewalt (Fn. 19), S. 113 ff. Ausführlich auch *Blasche*, Mitwirkung (Fn. 12), S. 38 ff.

[143] *Hesse*, Verfassungsrecht, Rn. 100; *Moelle*, Verfassungsbeschluß (Fn. 10), S. 135; *Merkel*, Gewalt (Fn. 19), S. 115 f.

den Gewalt, der Verfassungsrevision oder ihrer Neuschöpfung ging[144]. Entsprechend irrelevant sind jene Äußerungen für die Auslegung der Norm.

43 Soweit man für die Interpretation des Art. 146 GG n. F. schließlich auf die Regelung über »Zukünftige Verfassungsänderungen« in **Art. 5 (vierter Spiegelstrich) EV** (→ Rn. 13) abstellt[145], so bleibt zusätzlich zu beachten, daß dieser Artikel im Unterschied zu Art. 4 EV, der Art. 146 GG neu faßt, selbst keine Verfassungsänderung zum Inhalt hat. Sie kann von daher Art. 146 GG n. F. nicht ergänzen oder inhaltlich fixieren[146]. Zudem zeigt die – freilich extrem unverständliche und verklausulierte[147] – Formulierung keineswegs, daß der Schlußartikel in der Neufassung nur noch eine spezielle Revisionsnorm ist; vielmehr geht sie, richtig verstanden, von der Möglichkeit einer Verfassungsneuschöpfung aus und erklärt die Volksabstimmung dabei zu einem zulässigen Beschlußverfahren[148]. Doch letztlich entscheidend bleibt ohnehin der Wortlaut des Art. 146 GG n. F., der eine Alternative zu Art. 79 GG formuliert und daher nicht seinen Bedingungen unterfällt.

c) Grundgesetz ist nicht »Verfassung« i. S. d. Art. 146 GG n. F.

44 Da nach der Ausschließlichkeitsthese (→ Rn. 29) Art. 146 GG a. F. infolge der Wiedervereinigung obsolet wurde, kann (und darf) es ihr zufolge nicht zu einer neuen originären Verfassunggebung kommen, von der dort die Rede ist. Vielmehr gilt das **Grundgesetz** als **endgültige gesamtdeutsche Verfassung**[149]. Art. 146 GG a. F. hat sich nach dieser Sichtweise mit dem vertraglich herbeigeführten Beitritt der neuen Länder erfüllt, während Art. 146 GG n. F. ihr zufolge nur noch marginale oder gar keine regulative Bedeutung haben, auf keinen Fall aber eine Verfassungsablösung mehr bewirken kann.

45 Auch diese Deutung mag verfassungspolitisch verständlich sein, erweist sich aber als verfassungsrechtlich unhaltbar. Völlig ausgeblendet wird zunächst, daß Art. 146 GG n. F. nach wie vor zwischen dem bestehenden »Grundgesetz« und einer zukünftigen »Verfassung« unterscheidet[150]. Auch handelt es sich unverändert um das Grundgesetz vom 23. Mai 1949, **nicht** etwa um eine »**Gesamtdeutsche Verfassung**« **vom 3. Oktober 1990** (→ Pmbl. Rn. 58 ff., 89 f.). Hier liegt auf der Hand, daß sich weder die einzelnen Schritte der DDR im Einigungsprozeß (insb. Volkskammerwahl und Zu-

---

[144] Näher *Moelle*, Verfassungsbeschluß (Fn. 10), S. 129 ff. – Noch drastischer (und deprimierender) sind die Debatten im Bundestag zur Frage einer Volksabstimmung über Parlaments- und Regierungssitz, die nach den Vorstellungen der SPD auf der Grundlage eines einzufügenden zweiten Absatzes von Art. 146 GG n. F. durchgeführt werden sollte: Deutscher Bundestag, Stenographischer Bericht, 33. Sitzung v. 19. Juni 1991 (Plenarprotokoll 12/33), S. 2575 ff.

[145] Vgl. etwa *T. Würtenberger*, Art. 146 GG n. F.: Kontinuität oder Diskontinuität im Verfassungsrecht?, in: Stern, Wiedervereinigung (Fn. 32), S. 95 ff. (96); *D. Heckmann*, DVBl. 1991, 847 (852 f.) m. w. N.; in jüngerer Zeit wieder *Haack*, Verlust (Fn. 49), S. 455.

[146] Dies stellt auch *Blasche*, Mitwirkung (Fn. 12), S. 40 f. heraus.

[147] Das moniert zu Recht *R. Wahl*, StWStP 1 (1990), 468 (470).

[148] Richtig *Moelle*, Verfassungsbeschluß (Fn. 10), S. 121 f.; s. noch *Stückrath*, Art. 146 GG (Fn. 19), S. 110 ff., 182.

[149] *R. Bartlsperger*, DVBl. 1990, 1285 (1297, 1300 f.); *Isensee*, Braucht Deutschland (Fn. 90), S. 54; *ders.*, HStR³ XII, § 258 Rn. 40 ff., 72; *Kirchhof*, Brauchen wir (Fn. 93), S. 16 und passim; *Herdegen* (Fn. 38), Art. 146 Rn. 41 (»Erstarken des Grundgesetzes zur gesamtdeutschen Verfassung«), 42 (»Geltung des Grundgesetzes als gesamtdeutsche Verfassung«). – Dagegen und wie hier: *v. Campenhausen/Unruh* (Fn. 10), Art. 146 Rn. 22.

[150] Darauf insistiert *Mahrenholz*, Verfassung (Fn. 34), S. 35 f.; ebenso *M. G. Fischer*, MDR 1994, 440 (440); dagegen *Scholz*, Aufgaben (Fn. 122), S. 69; *M. Heckel*, HStR VIII, § 197 Rn. 44 m. Fn. 43.

stimmung der Volkskammer zum Einigungsvertrag) als Akte der Verfassunggebung qualifizieren lassen[151] – zumal zu diesem Zeitpunkt noch gar keine »freie Entscheidung« des deutschen Volkes i. S. d. Art. 146 GG möglich war (→ Rn. 31)[152] – noch die GVK oder der erste gesamtdeutsche Bundestag als verfassunggebende Versammlungen i. S. d. Art. 146 GG fungierten[153]. Zum Scheitern verurteilt sind schließlich auch alle Versuche, aus konkreten Vorgängen wie der friedlichen Revolution in der DDR einerseits, der sukzessiven Legitimationsanreicherung des Grundgesetzes in den vierzig Jahren seiner Geltung in der alten Bundesrepublik andererseits eine Art gemeinsamen Verfassunggebungsakt des gesamtdeutschen Volkes herauszudestillieren[154]. Denn hierfür fehlt es an jedweden klaren normativen Entscheidungen einschließlich des stets notwendigen Vorliegens von Entscheidungsalternativen. Die Ausübung der verfassunggebenden Gewalt zeichnet sich gerade dadurch aus, zwar inhaltlich normativ ungebunden, selbst aber in fundamentaler Weise normsetzend zu sein[155]. Ungebundenheit des Inhalts heißt aber nicht Formlosigkeit der Entscheidung, also des fundamentalen Aktes der Verfassunggebung. Dieser staatsrechtliche Normsetzungsakt kann nicht durch die Diffusität von historischen Ereignissen, tatsächlichen Vorkommnissen und gesamtgesellschaftlichen Einstellungen, denen man einen bestimmten Entscheidungsinhalt einfach kraft Interpretation zuschreibt, substituiert werden (→ Pmbl. Rn. 60). Im Rahmen des Art. 146 GG n. F. beschränkt sich das »**plébiscite de tous les jours**« danach auf eine **rein faktische Sperrwirkung**: solange das Grundgesetz tatsächlich als Verfassung alltäglich akzeptiert und bestätigt wird, bleibt Bestrebungen einer erneuten Verfassunggebung der notwendige historisch-politische Erfolg (→ Rn. 54) versagt. Es ist bezeichnend, daß die wortreiche Betonung der tätigen Annahme des Grundgesetzes durch das deutsche Volk regelmäßig mit der tiefsitzenden Furcht einhergeht, eben jenes Volk könne sich des gleichen Grundgesetzes schon morgen im Wege des Art. 146 GG n. F. entledigen[156]. Der verfassungspolitische Aspekt der Argumentation kommt denn auch in Begrifflichkeiten wie »Zeitbombe im Verfassungsgehäuse«[157] und »Sprengladung unter dem Fundament des Grundgesetzes«[158] in bezug auf Art. 146 GG zum Ausdruck.

Völlig unerklärlich bleibt, wodurch der vertraglich herbeigeführte Beitritt der neuen Bundesländer den in Art. 146 GG angesprochenen Akt einer freien Verfassunggebung realisiert haben soll. Hier hilft nur der Rückgriff auf eine wundersame Wandlung, das »**Mirakel der Transsubstantiation** [...]: über die mittels eines völkerrechtlichen Vertra- 46

---

[151] So aber für die Volkskammerwahlen vom März 1990 etwa *Isensee*, Verfassungslage (Fn. 91), S. 67: »indirektes Verfassungsplebiszit«; sowie *H. Huba*, Der Staat 30 (1991), 367 (367, 376); *Starck*, Art. 146 GG (Fn. 109), S. 291; in die gleiche Richtung *Herdegen* (Fn. 38), Art. 146 Rn. 18. Kritisch *U. Storost*, Der Staat 30 (1991), 537 (540). – Eingehende Sichtung und Gewichtung der einzelnen Entscheidungen bei *Moelle*, Verfassungsbeschluß (Fn. 10), S. 189 ff. m. w. N.

[152] Vgl. dazu auch *T. Franz*, ZParl. 35 (2004), 409 (423 f. m. Fn. 76).

[153] Treffend BVerfGE 82, 322 (342); *v. Campenhausen/Unruh* (Fn. 10), Art. 146 Rn. 22. Zur Charakterisierung der ersten gesamtdeutschen Wahl als »stilles Verfassungsplebiszit« (*Würtenberger*, Art. 146 GG n. F. [Fn. 145], S. 109) kritisch auch *Stückrath*, Art. 146 GG (Fn. 19), S. 177 ff.

[154] Ausführliche und zu Recht kritische Darstellung bei *Moelle*, Verfassungsbeschluß (Fn. 10), S. 171 ff.; ferner *Merkel*, Gewalt (Fn. 19), S. 51 ff.; *Stückrath*, Art. 146 GG (Fn. 19), S. 161 ff. → Pmbl. Rn. 60 ff.

[155] *P. Badura*, Verfassung und Verfassungsgesetz, in: FS Scheuner, 1973, S. 19 ff. (36).

[156] Zu den eigentümlich verkehrten Fronten in der Diskussion um »Staat« und »Verfassung« in diesem Zusammenhang eindringlich *Hasso Hofmann*, Ius Commune XVII (1990), 310 ff.

[157] *J. Isensee*, FAZ Nr. 199 v. 28.8.1990, S. 10.

[158] *M. Kriele*, Die Welt Nr. 190 v. 16.8.1990, S. 5.

ges unter besatzungsrechtlichen Einschränkungen von Stellvertretern bewirkte Ausdehnung des räumlichen Geltungsbereiches des Grundgesetzes verwandelt sich dieses unter Beibehaltung seiner äußeren Gestalt substantiell in eine vom ganzen deutschen Volk in freier Entscheidung beschlossene Verfassung«[159]. Solche **wundersamen Wandlungen** sind **dem Verfassungsrecht fremd**. Daher ist das Grundgesetz nicht die in Art. 146 GG alter wie neuer Fassung angesprochene Verfassung, die sich zu geben das deutsche Volk nach wie vor das Recht hat (→ Rn. 48 ff.).

d) Ergebnis

47 Mit der Neufassung des Art. 146 GG n. F. wird die in der Urfassung enthaltene **Option auf** die **Ablösung** des Grundgesetzes durch eine vom deutschen Volk in freier Entscheidung beschlossene Verfassung **fortgeschrieben**[160]. Art. 146 GG n. F. erlaubt also eine originäre Verfassungsneuschöpfung und stellt nicht lediglich eine Variante des grundgesetzlichen Revisionsverfahrens dar.

2. Verfassunggebung »in freier Entscheidung«

48 In Art. 146 GG ist von einer »in freier Entscheidung« beschlossenen Verfassung die Rede. Damit ist einer vielzitierten Wendung des Bundesverfassungsgerichts zufolge eine Entscheidung »frei von äußerem und innerem Zwang« gemeint[161]. Der **äußere Zwang** bezieht sich dabei ausweislich der Entstehungsgeschichte (→ Rn. 3) unmißverständlich auf heteronome Bindungen besatzungsrechtlicher Art, also auf inhaltliche Vorgaben durch die Alliierten (→ Pmbl. Rn. 64 f.), Genehmigungsvorbehalte (→ Art. 144 Rn. 9, 17) oder vergleichbare Lagen. Hingegen sind hiermit nicht mögliche völkerrechtliche oder supranationale Bindungen (→ Rn. 14 ff.) gemeint, über die der einzelne National- bzw. Mitgliedstaat ohnehin nicht verfügen kann.

49 Freisein von **innerem Zwang** bezieht sich auf die Verfaßtheit des deutschen Volkes selbst und die Bedingungen seiner Entscheidungsfindung. Verlangt wird hier also ein »gewisser Mindeststandard freiheitlich-demokratischer Garantien auch beim Zustandekommen der neuen gesamtdeutschen Verfassung«[162]. Konkret heißt das, daß die Voraussetzungen für eine demokratische Entscheidungsfindung wie **freie politische Willensbildung** und **offene Kommunikation** gegeben sein müssen (→ Art. 20 [Demokratie], Rn. 76 ff.) und die Entscheidung auf dem **Prinzip staatsbürgerlicher Gleichheit** beruht[163]. Dies schließt die Herrschaft einer »führenden« Partei im Prozeß der Verfassunggebung ebenso aus wie die Reduzierung der Rolle des Volkes auf eine plebiszitä-

---

[159] So ironisch *Hasso Hofmann*, StWStP 6 (1995), 155 (160); Hv. nicht i.O., H. D.

[160] *v. Campenhausen/Unruh* (Fn. 10), Art. 146 Rn. 15 ff.; *M. Nettesheim*, Der Staat 51 (2012), 313 (349 f.); *V. M. Haug*, AöR 138 (2013), 435 (461); *J. F. Lindner*, BayVBl. 2014, 645 (649); *Cramer*, Art. 146 Grundgesetz (Fn. 45), S. 206 f., 220 ff.

[161] BVerfGE 5, 85 (131).

[162] BVerfGE 5, 85 (132).

[163] Wie hier *Moelle*, Verfassungsbeschluß (Fn. 10), S. 58 f., der in Anlehnung an Art. 38 I GG Gleichheit, Freiheit und Allgemeinheit der Wahl sowie Meinungsfreiheit und Freiheit der politischen Betätigung erfaßt sieht; *V. M. Haug*, AöR 138 (2013), 435 (449); ähnlich zuvor *Scheuner*, Art. 146 GG (Fn. 83), S. 291; *D. Murswiek*, Die verfassunggebende Gewalt nach dem Grundgesetz für die Bundesrepublik Deutschland, 1978, S. 131. – *M. Heckel*, HStR VIII, § 197 Rn. 79 f., verfolgt den eigenen Ansatz einer Bindung auch der verfassunggebenden Gewalt an »sachlogische Strukturen moderner Staatlichkeit«, zu denen er die Idee einer Verfassung sowie deren Bindungswirkung zählt (ebd., Rn. 81).

re Akklamationsfunktion[164]. Zwingend gefordert sind freier Diskurs, offene Deliberation und die Diskussion von Alternativen. Zudem können politische Parteien mitwirken, die unter der Herrschaft des Grundgesetzes wegen Verstoßes gegen Art. 21 II GG verboten sind[165]. Keine Vorgaben trifft Art. 146 GG bezüglich der Frage, ob die neue Verfassung allein von einer Nationalversammlung oder (auch) per Volksabstimmung zu beschließen ist (→ Rn. 52).

Die Freiheit der Entschließung ist Entscheidungsvoraussetzung, nicht Präformation 50
des Entscheidungsergebnisses. Namentlich besteht **keine förmliche Bindung an Art. 79 III GG**[166]. Das war und ist zwar heftig umstritten[167]. Die besseren Gründe sprechen aber für eine Freistellung von der Ewigkeitsgarantie. Wesentliche Bedeutung kommt dem Umstand zu, daß die in Art. 146 GG aufgenommene Figur des pouvoir constituant sich definitionsgemäß inhaltlichen Fixierungen entzieht. Das »Postulat rechtlicher Bindungslosigkeit kann geradezu als das Kernstück« dieser Lehre bezeichnet werden[168]. Auch über Art. 1 II GG oder andere Hebel (Naturrecht, Völkerrecht) läßt sich diese normative Freiheit nicht zugunsten eines materialen Kerns an vorgegebenen Inhalten schmälern[169]. Freilich bleibt relativierend zweierlei zu bedenken, bevor die normative Freiheit des pouvoir constituant Anlaß für Horrorszenarien bildet. Zum einen kann die in freier Entscheidung mehrheitlich beschlossene Verfassung aufs Haar dem alten Grundgesetz gleichen; entscheidend ist allein der neue, fundamentale Legitimitätsakt. Zum zweiten darf mit guten verfassungstheoretischen und entscheidungstheoretischen Gründen angenommen werden, daß eine in freier demokratischer Entscheidung verabschiedete Verfassung ihrerseits freiheitlichen und demokratischen Charakter tragen wird – einmal ganz abgesehen von völkerrechtlichen und supranationalen Bindungen, die gebrochen würden, wenn bestimmte freiheitliche, demokratische und rechtsstaatliche Merkmale nicht erfüllt wären (→ Rn. 14ff.). Aber aus der

---

[164] *Merkel*, Gewalt (Fn. 19), S. 109; *M. Nettesheim*, Der Staat 51 (2012), 313 (351); *V. M. Haug*, AöR 138 (2013), 435 (455); *Boehl/Hobe* (Fn. 12), Art. 146 Rn. 63.

[165] So ausdrücklich BVerfGE 5, 85 (132); zustimmend *Moelle*, Verfassungsbeschluß (Fn. 10), S. 59.

[166] Näher *Dreier*, Gilt das Grundgesetz (Fn. 6), S. 89ff.; wie hier u. a. *E. Wiederin*, AöR 117 (1992), 410 (431ff.); *Stückrath*, Art. 146 (Fn. 19), S. 242ff.; *Blasche*, Mitwirkung (Fn. 12), S. 58; *v. Campenhausen/Unruh* (Fn. 10), Art. 146 Rn. 21; *Michael* (Fn. 48), Art. 146 Rn. 598ff.; *T. Schilling*, Der Staat 53 (2014), 95 (108f.).

[167] Für Bindung etwa *Isensee*, Braucht Deutschland (Fn. 90), S. 26 m. Fn. 30; *ders.*, HStR³ XII, § 258 Rn. 72 m. Fn. 136; *Kirchhof*, Brauchen wir (Fn. 93), S. 15; *M. Heckel*, HStR VIII, § 197 Rn. 115, 127; *Herdegen* (Fn. 38), Art. 146 Rn. 48ff.; eingehend und mit umfassenden Nachweisen *Boehl/Hobe* (Fn. 12), Art. 146 Rn. 57ff., 67.

[168] Zitat: *C. Tomuschat*, Verfassungsgewohnheitsrecht?, 1972, S. 81; ausführlich *Boehl*, Verfassunggebung (Fn. 6), S. 104ff.; knapp *V. M. Haug*, AöR 138 (2013), 435 (448). – Auch BVerfGE 1, 14 (61) leitet positivrechtliche Schranken der »ihrem Wesen nach unabhängig[en]« verfassunggebenden Gewalt lediglich aus der in der besonderen Konstellation des Südweststaats einschlägigen Normativbestimmung des Art. 28 I GG her; vgl. dazu *Boehl*, Verfassunggebung (Fn. 6), S. 117, 196ff., 226f.

[169] Für eine Bindung an die dem »geschriebenen Recht vorausliegenden überpositiven Rechtsgrundsätze« in der frühen Naturrechtsphase der Bundesrepublik BVerfGE 1, 14 (61); anders wohl BVerfGE 89, 155 (180); offenlassend BVerfGE 123, 267 (343, Rn. 217). – Zur (abzulehnenden) Funktion des Art. 1 II GG als Einfallstor für naturrechtliche Sätze: → Art. 1 II Rn. 13ff.; dort auch zu möglichen Ausnahmen. – Vorsichtige Zustimmung zu einer Bindung an fundamentale Rechtsprinzipien bei *M. Heckel*, HStR VIII, § 197 Rn. 79, 82; *Boehl/Hobe* (Fn. 12), Art. 146 Rn. 69; beschränkt auf das Völkerrecht *V. M. Haug*, AöR 138 (2013), 435 (450f.); zum Völkerrecht noch *Winterhoff*, Verfassung (Fn. 1), S. 252ff. Gegen Bindung an Naturrecht *Herdegen* (Fn. 38), Art. 146 Rn. 54; eingehend zum ganzen *Moelle*, Verfassungsbeschluß (Fn. 10), S. 62ff.

Natur der verfassunggebenden Gewalt lassen sich solche Begrenzungen als normative nicht deduzieren[170].

51 Die freie Entscheidung schließt im übrigen auch ein, daß Art. 146 GG eine **Option** bietet, **nicht** einen zwingenden **Auftrag** erteilt[171]. Folglich lässt sich aus der Norm kein diesbezügliches verfassungsbeschwerdefähiges Individualrecht ableiten[172]. Das bedeutet zugleich, daß bis zur Wahrnehmung dieser Option das Grundgesetz die verbindliche staatliche Grundordnung für Gesamtdeutschland, dessen Gebiet in der Präambel fixiert ist (→ Pmbl. Rn. 84, 94), darstellt.

3. Verfassunggebung durch das »deutsche Volk«

52 Das in Art. 146 GG angesprochene »deutsche Volk« ist das gleiche wie im dritten Satz der Präambel (→ Pmbl. Rn. 85 ff.), schließt also alle Deutschen i. S. d. Art. 116 I GG ein[173]. Aus der Formulierung, daß die neue Verfassung von »dem deutschen Volke [...] beschlossen« ist, hat man gelegentlich den Schluß gezogen, daß die Ausübung der verfassunggebenden Gewalt obligatorisch einer – auf einen Verfassungsentwurf bezogenen – **Volksabstimmung** bedürfe[174]. Richtiger Auffassung zufolge ist diese **nicht zwingend notwendig**, sondern auch ein rein repräsentatives Verfahren nach Art des Nationalversammlungsmodells zulässig[175]. Zwar hat man bei den Beratungen für das Grundgesetz lange Zeit an der Idee eines Verfassungsplebiszits festgehalten, bevor diese fallengelassen wurde (→ Art. 144 Rn. 5 ff.). Doch zu den verfassungsgeschichtlich überlieferten und gerade in Deutschland praktizierten Formen der Ausübung der verfassunggebenden Gewalt, die in der einen oder anderen Form stets besonderer Repräsentanten bedarf, zählt **gleichrangig** das Modell einer verfassunggebenden **Nationalversammlung**, bei der das Volk ein besonderes Gremium von Vertretern mit dem Auftrag wählt, über eine Verfassung zu beraten und diese verbindlich zu beschließen, wie das bei der Paulskirchenverfassung und der Weimarer Reichsverfassung der Fall

---

[170] Wie hier *C. Pestalozza*, Jura 1994, 561 (566: kein »Leben nach dem Tod« für Art. 79 III GG); *Moelle*, Verfassungsbeschluß (Fn. 10), S. 207 ff.; *Stückrath*, Art. 146 GG (Fn. 19), S. 241 ff.

[171] Richtig *P. Lerche*, HStR VIII, § 194 Rn. 67 m. w. N.; *M. Heckel*, HStR VIII, § 197 Rn. 103; *Huber* (Fn. 36), Art. 146 Rn. 14; *Jarass*/Pieroth, GG, Art. 146 Rn. 2; *v. Campenhausen/Unruh* (Fn. 10), Art. 146 Rn. 27; *Hillgruber* (Fn. 64), Art. 146 Rn. 12; *Schmahl* (Fn. 64), Art. 146 Rn. 2.

[172] Lapidar BVerfGE 89, 155 (180) und BVerfG (K), NVwZ-RR 2000, 474; mit Bezug darauf zustimmend *Hillgruber* (Fn. 64), Art. 146 Rn. 13. Tendenziell anders aber BVerfGE 123, 267 (332, Rn. 179 f.), wo ein Zusammenhang mit dem Teilhaberecht des wahlberechtigten Bürgers gemäß Art. 38 GG hergestellt wird; kritisch dazu *Herdegen* (Fn. 38), Art. 146 Rn. 60. → Art. 20 (Demokratie), Rn. 80 f.

[173] Wie hier *v. Campenhausen/Unruh* (Fn. 10), Art. 146 Rn. 26; *Boehl/Hobe* (Fn. 12), Art. 146 Rn. 63 m. w. N.; letztlich auch *Michael* (Fn. 48), Art. 146 Rn. 647 ff., 659. – Zur auslaufenden Bedeutung der »Statusdeutschen« nach der Neufassung des Staatsangehörigkeitsrechts 1999: → Art. 116 Rn. 54 ff.

[174] So schon früh *Dennewitz* (Fn. 23), Art. 146 S. 3; wie er *J. Wolf*, JZ 1993, 594 (600 f.); jetzt desgleichen *Michael* (Fn. 48), Art. 146 Rn. 567 ff., der aber auch eine »verfassungsablösende Versammlung« kennt (Rn. 708 ff., 728 ff.). Für die »abschließende Annahme« hält eine Volksabstimmung für notwendig noch *V. M. Haug*, AöR 138 (2013), 435 (459 ff., 461), für (politisch) zwingend hält sie *M. Nettesheim*, Der Staat 51 (2012), 313 (316, 352).

[175] *Merkel*, Gewalt (Fn. 19), S. 105 ff., 211 ff.; *Moelle*, Verfassungsbeschluß (Fn. 10), S. 57 f., 197 f.; *Stückrath*, Art. 146 GG (Fn. 19), S. 112 ff., 154 f., 345 f.; *v. Campenhausen/Unruh* (Fn. 10), Art. 146 Rn. 25; *Jarass*/Pieroth, GG, Art. 146 Rn. 3; *N. Magsaam*, Mehrheit entscheidet, 2014, S. 373; allgemein *Boehl*, Verfassunggebung (Fn. 6), S. 114 ff., 120 ff.; zustimmend zur hier vertretenen Ansicht *Hillgruber* (Fn. 64), Art. 146 Rn. 5; für Vielfalt möglicher Varianten auch *Herdegen* (Fn. 38), Art. 146 Rn. 38.

war (→ Pmbl. Rn. 73, 75 ff.)[176]. Andererseits ist es unrichtig, wegen Art. 146 GG allein das Modell einer verfassunggebenden Nationalversammlung für geboten zu halten[177]. Es bleibt eine gleichwertige Möglichkeit, lediglich einen **Verfassungskonvent** einzusetzen **und** über dessen Entwurf eine **Volksabstimmung** herbeizuführen[178].

4. Prozedurale Schritte zur Aktivierung des pouvoir constituant

Art. 146 GG schweigt sich auch in der Neufassung über die Einleitung des von ihm konzipierten Verfahrens der Verfassunggebung aus; die Norm enthält weder einen »Fahrplan« noch ein »allgemeingültiges Schnittmuster« für die Ausübung der verfassunggebenden Gewalt[179]. Hier wird man in Parallele zu den normativ gleichrangigen Entscheidungsverfahren (→ Rn. 52) eine Aktivierung der verfassunggebenden Gewalt entweder durch das Volk selbst im Wege einer Art **Verfassungsinitiative** oder durch seine parlamentarischen Repräsentanten durch entsprechenden **Beschluß von Bundestag oder Bundesrat** ebenso in Betracht ziehen müssen wie Initiativen des Bundespräsidenten[180]. Detailliertere Vorgaben über die Initiierung des Verfassunggebungsprozesses lassen sich der Norm kaum entnehmen; diesbezügliche **Vorschläge** sind in der Regel den verfassungspolitischen Präferenzen bzw. Idiosynkrasien ihrer Urheber geschuldet[181]. Insbesondere ergeben sich aus Art. 146 GG n. F. oder allgemeinen demokratietheoretischen Erwägungen **keine spezifischen Vorgaben** für qualifizierte Mehrheiten für die Einleitung und die Durchführung des Prozesses der Verfassunggebung[182]. 53

[176] In einigen Entwürfen des Parlamentarischen Rates war eine solche Nationalversammlung explizit vorgesehen (→ Rn. 7), ohne daß dies Eingang in die endgültige Textversion gefunden hätte.

[177] So noch *T. Maunz*, in: Maunz/Dürig, GG, Art. 146 (1976), Rn. 9 f. – BVerfGE 1, 14 (61) stellt lapidar fest, daß die Einberufung einer verfassunggebenden Versammlung »der demokratischen Entstehung eines Staates entspricht«.

[178] Siehe nur *Magsaam*, Mehrheit (Fn. 175), S. 372 ff. m. w. N.

[179] Diese treffenden Begriffsprägungen von *R. Wahl*, StWStP 1 (1990), 468 (478 f.). *M. Heckel*, HStR VIII, § 197 Rn. 125 hält den Art. 146 GG n. F. deshalb für »einstweilen unvollziehbar«; vgl. zum Ganzen noch *dens.*, ebd., Rn. 92; ausführlich zu den Verfahrensanforderungen *V. M. Haug*, AöR 138 (2013), 435 (454 ff.).

[180] Zu diesen und weiteren Optionen sowie eventuellen Mischformen *Moelle*, Verfassungsbeschluß (Fn. 10), S. 197 f., 200 ff.; *Stückrath*, Art. 146 GG (Fn. 19), S. 112 ff.; *Magsaam*, Mehrheit (Fn. 175), S. 369 ff.; *V. M. Haug*, AöR 138 (2013), 435 (454 ff.); *T. Schilling*, Der Staat 53 (2014), 95 (106 ff.). – Als erster Anhalt mag insoweit Art. 115 BbgVerf. dienen (→ Rn. 19), den etwa *M. Heckel*, HStR VIII, § 197 Rn. 114 m. Fn. 112 als Beispiel für die von ihm konzipierte »verfassungsablösende Totalrevision« anführt.

[181] Dies gilt etwa für den beachtlichen Ergänzungsversuch eines mehrgliedrigen demokratischen Verfahrens von *M. Heckel*, HStR VIII, § 197 Rn. 116 ff., wie besonders deutlich seine Ausführungen zur Notwendigkeit hoher Quoren zeigen (ebd., Rn. 117 f.), aber nicht minder für *Michael* (Fn. 48), Art. 146 Rn. 567 ff., 671 ff. – Weitere prozedurale Vorschläge zu einer Aktivierung des pouvoir constituant bei *Moelle*, Verfassungsbeschluß (Fn. 10), S. 200 ff.; *Stückrath*, Art. 146 GG (Fn. 19), S. 112 ff.; *Huber* (Fn. 36), Art. 146 Rn. 15 ff.; *Herdegen* (Fn. 38), Art. 146 Rn. 39 ff.

[182] Wie hier *Moelle*, Verfassungsbeschluß (Fn. 10), S. 210 ff. (m. w. N. zum Meinungsstand); *Speckmaier* (Fn. 10), Art. 146 Rn. 28; *v. Campenhausen/Unruh* (Fn. 10), Art. 146 Rn. 23; *Magsaam*, Mehrheit (Fn. 175), S. 374 f.; ferner *Stückrath*, Art. 146 GG (Fn. 19), S. 240, die allerdings aus verfassungs*politischen* Gründen eine andere Gestaltung für erwägenswert hält; *Möller*, Gewalt (Fn. 12), S. 224 sieht eine qualifizierte Mehrheit als »empfehlenswert« an. Allgemein zur Geltung der einfachen Mehrheit im Prozeß der Verfassunggebung *Boehl*, Verfassunggebung (Fn. 6), S. 124 ff. – Hingegen halten im einzelnen unterschiedlich hohe Quoren für notwendig *Würtenberger*, Art. 146 GG n. F. (Fn. 145), S. 104 f.; *Isensee*, Braucht Deutschland (Fn. 90), S. 57; *Mahrenholz*, Verfassung (Fn. 34), S. 39 f.; *M. Heckel*, HStR VIII, § 197 Rn. 117 f.; *Huber* (Fn. 36), Art. 146 Rn. 16a; *Herdegen* (Fn. 38), Art. 146 Rn. 42.

Auch bedarf es keiner vorherigen Änderung des Grundgesetzes[183]. Zu erinnern ist in diesem Zusammenhang daran, daß Verfassungsablösung und Verfassungsänderung zwei gänzlich unterschiedliche, nicht etwa auf einer gleitenden Skala anzusiedelnde Verfahren sind.

54 Als **entscheidendes Kriterium** für die Beurteilung von Vorstößen zu einer Aktivierung des pouvoir constituant erweist sich danach ihr **historisch-politischer Erfolg**: gelingt es einer Initiative aus dem Volk oder dem Parlament weder, eine auf Art. 146 GG n. F. zielende Verfassungsdiskussion in Gang zu bringen, noch eine Mehrheit für einen Beschluß über einen neuen Entwurf hinter sich zu scharen, so ist bereits die Einleitung des Verfassunggebungsverfahrens gescheitert[184]; hier äußert sich die faktische Sperrwirkung der tatsächlichen Annahme des Grundgesetzes durch das deutsche Volk (→ Rn. 45). Eine erfolgreiche Aktivierung des Art. 146 GG n. F. dürfte nur bei der **Bewältigung** massiver Umbruchsituationen und **fundamentaler Wandlungsprozesse** in Betracht kommen, wie sie exemplarisch der denkbare Beitritt zu einem europäischen Bundesstaat darstellt[185].

55 Wichtigste **praktische Konsequenz** der hier vertretenen Ansicht ist, daß Bestrebungen, die auf eine Ablösung des Grundgesetzes nach dem beschriebenen Muster gerichtet sind oder ihr vorarbeiten, **keine Angriffe auf die freiheitliche demokratische Grundordnung** (→ Art. 9 Rn. 57; → Art. 18 Rn. 44 ff.; → Art. 21 Rn. 148)[186] darstellen; insofern kommt die Funktion des **Art. 146 GG als Legitimitätsbrücke** (→ Rn. 36) zum Tragen[187]. Der Schlußartikel erlaubt es »den auf die Wahrung des GG verpflichteten Staatsorganen [...], unter Beachtung der Vorgaben von Art. 146 GG über eine Ablösung des GG nachzudenken und daran mitzuwirken«[188]. Anderes dürfte allenfalls gelten, wenn die Verfassungsbestrebungen ersichtlich auf eine »unfreie« Entscheidung im Sinne der geschilderten Mindestvoraussetzungen (→ Rn. 49) zielen. Größten Bedenken begegnet dementsprechend schließlich eine **Aktivierung des Widerstandsrechts** (→ Art. 20 IV Rn. 17 ff.) gegen Bestrebungen einer Verfassunggebung im Sinne des Art. 146 GG n. F.[189].

---

183 Zutreffend *Moelle*, Verfassungsbeschluß (Fn. 10), S. 214 ff.; *M. Baldus*, KritV 76 (1993), 429 (436); *V. M. Haug*, AöR 138 (2013), 435 (457). Für die Gegenauffassung mit umfänglichen Nachweisen (pro und contra) *Boehl/Hobe* (Fn. 12), Art. 146 Rn. 62.

184 *Moelle*, Verfassungsbeschluß (Fn. 10), S. 202 mit treffendem Hinweis auf das Schicksal des Entwurfs des VE-Kuratorium.

185 Insofern im Ergebnis übereinstimmend die (insgesamt engere) Konzeption von *M. Heckel*, HStR VIII, § 197 Rn. 114. – Zum europäischen Bundesstaat: → Rn. 16.

186 Umfassend zum Konzept nunmehr BVerfGE 144, 20 (202 ff., Rn. 528 ff.).

187 Hierauf zielt auch *Meyer*, Art. 146 GG (Fn. 107), S. 79. Desgleichen *Michael* (Fn. 48), Art. 146 Rn. 637.

188 *V. M. Haug*, AöR 138 (2013), 435 (454). Desgleichen noch *v. Campenhausen/Unruh* (Fn. 10), Art. 146 Rn. 23; *T. Schilling*, Der Staat 53 (2014), 95 (104 f., 107). Deutlich insofern auch *Boehl/Hobe* (Fn. 12), Art. 146 Rn. 62 (m. w. N.): »Initiative, Unterstützung und Schaffung eines Verfahrens zur legalen Ablösung des Grundgesetzes von Art. 146 GG n. F. ist den Verfassungsorganen [...] durch Art. 146 GG gestattet.«

189 Sehr problematisch daher *M. Heckel*, HStR VIII, § 197 Rn. 106, der bereits für den Fall eines vom verfassungsändernden Gesetzgeber angeordneten Verfassungsplebiszits einen Appell an das »Ohr [...] jedes Standortkommandanten« richtet (!); ablehnend dazu auch *Boehl/Hobe* (Fn. 12), Art. 146 Rn. 633 f.; *Michael* (Fn. 48), Art. 146 Rn. 633. Vollständig verkehrt wird das Verhältnis beider Normen bei *Haack*, Verlust (Fn. 48), S. 455.

IV. Geltung für das gesamte Deutsche Volk

Mit der im Zuge der Grundgesetzänderung von 1990 (→ Rn. 11) erfolgten Einfügung des **Relativsatzes** »das nach Vollendung der Einheit und Freiheit Deutschlands für das gesamte deutsche Volk gilt« wird – wie schon in der Präambel (→ Pmbl. Rn. 82) – festgehalten, daß mit der deutschen Wiedervereinigung das entsprechende Gebot der Präambel a.F. (→ Pmbl. Rn. 11f.) erfüllt ist und Deutschland keine weiteren Gebietsansprüche erhebt[190]. 56

D. Verhältnis zu anderen GG-Bestimmungen

Mit ihrer expliziten Anerkennung der verfassunggebenden Gewalt des Volkes greift die Schlußbestimmung des Grundgesetzes eine Aussage der **Präambel** auf (→ Rn. 21; → Pmbl. Rn. 58ff., 71ff.) und stellt gleichzeitig einen Konnex zur Volkssouveränität als Fundamentalaussage des Demokratieprinzips her (→ Rn. 23; → Art. 20 [Demokratie], Rn. 82ff.). Die von Art. 146 GG unterstrichene Vorläufigkeit des Grundgesetzes in geographischer Hinsicht (→ Rn. 3) korrespondierte bis 1990 ebenfalls mit der **Präambel a.F.** (→ Pmbl. Rn. 9f., 68ff., 89f.) sowie mit **Art. 23 GG a.F.** (→ Rn. 30ff.). Mit der letztgenannten Norm stand Art. 146 GG nach richtiger Ansicht nur insoweit in einem Alternativverhältnis, als er eine Antwort auf die **Wiedervereinigungsfrage** gab (→ Rn. 26); sein weiterreichender Beitrag zur Beantwortung der **Verfassungsfrage** ist daher mit der Wiedervereinigung nicht in Fortfall gekommen (→ Rn. 27, 29ff.). 57

Wechselseitig aufeinander verwiesen sind Art. 146 GG und **Art. 79 III GG**. Die rigide Bestandssicherung des als Provisorium konzipierten Grundgesetzes durch Art. 79 III GG verlangte nach einer normativen Brücke, über die ein legaler Weg zu der vom Parlamentarischen Rat ins Auge gefaßten Verfassunggebung durch das gesamte deutsche Volk führt (→ Rn. 3, 21f.; → Art. 79 III Rn. 17). Konsequent dispensiert Art. 146 GG für das von ihm konzipierte Verfahren der Verfassunggebung von den inhaltlichen (Art. 79 III GG) wie formalen (Art. 79 I 1, II GG) Anforderungen der Verfassungsänderung (→ Rn. 33). Soweit sich Art. 146 GG an das gesamte deutsche Volk wendet, verweist er schließlich auf **Art. 116 I GG** (→ Rn. 52). 58

[190] *J. Isensee*, HStR^3 IX, § 258 Rn. 30; *Herdegen* (Fn. 38), Art. 146 Rn. 19; *Cramer*, Art. 146 Grundgesetz (Fn. 45), S. 215f.; *Boehl/Hobe* (Fn. 12), Art. 146 Rn. 51.

Fundstellenkonkordanz ausgewählter Entscheidungen des Bundesverfassungsgerichts

BVerfGE	NJW	JZ	BVerfGE	NJW	JZ
1, 5	–	1952, 30	5, 25	1956, 1025	1956, 486
1, 14	1951, 877	1951, 728	5, 34	1956, 1105	1956, 531
1, 70	1952, 59	1952, 77	5, 85	1956, 1393	1956, 596
1, 97	1952, 297	1952, 140	6, 32	1957, 297	1957, 167
1, 117	1952, 457	–	6, 55	1957, 417	1957, 268
1, 144	1952, 537	–	6, 84	1957, 377	–
1, 167	1952, 577	–	6, 104	1957, 379	–
1, 184	1952, 497	–	6, 132	1957, 579	1957, 250
1, 208	–	1952, 364	6, 257	1957, 584	1957, 267
1, 264	1952, 865	–	6, 309	1957, 705	1957, 307
1, 283	1952, 737	–	6, 386	1957, 1065	1957, 623
1, 299	1952, 737	1952, 419	6, 389	1957, 865	1957, 484
1, 351	1952, 969	1952, 557	7, 1	1957, 1273	1957, 574
1, 372	1952, 970	1952, 557	7, 18	1956, 1145	1957, 577
1, 396	1952, 1209	1952, 653	7, 29	1957, 1355	–
1, 418	1953, 177	–	7, 63	1957, 1313	–
2, 1	1952, 1407	1952, 684	7, 89	1957, 1395	–
2, 79	1953, 17	1953, 35	7, 99	1957, 1513	1957, 622
2, 121	1953, 497	–	7, 129	1957, 1757	1958, 19
2, 124	1953, 497	1953, 224	7, 171	–	–
2, 143	1953, 537	1953, 344	7, 198	1958, 257	1958, 119
2, 237	1953, 1017	1953, 502	7, 282	1958, 540	1958, 291
2, 266	1953, 1057	1953, 459	7, 305	1958, 585	1958, 411
2, 307	1953, 1177	1953, 567	7, 377	1958, 1035	1958, 472
2, 347	1953, 1177	1953, 569	8, 1	1958, 1228	1958, 479
2, 380	1953, 1137	1953, 473	8, 28	1958, 1227	–
3, 12	1953, 1297	–	8, 51	1958, 1131	–
3, 19	1953, 1341	–	8, 71	1958, 1388	–
3, 58	1954, 21	1954, 76	8, 104	1958, 1339	1958, 535
3, 162	1954, 27	1954, 88	8, 122	1958, 1341	1958, 538
3, 225	1954, 65	1954, 32	8, 143	1959, 29	–
3, 248	1954, 69	1954, 204	8, 155	1959, 235	–
3, 288	1954, 465	1954, 188	8, 174	1958, 2011	1959, 90
3, 377	1954, 833	1954, 452	8, 197	1958, 1963	1959, 22
3, 407	1954, 1474	1954, 612	8, 210	1958, 2059	1959, 88
4, 7	1954, 1235	1954, 758	8, 260	1959, 331	–
4, 27	1955, 17	1955, 46	8, 274	1959, 475	1959, 355
4, 31	1954, 1601	1954, 707	9, 20	1959, 283	–
4, 60	1954, 1762	1955, 19	9, 89	1959, 427	1959, 207
4, 96	1954, 1881	1955, 203	9, 124	1959, 715	1959, 313
4, 115	1955, 57	1955, 115	9, 137	1959, 931	–
4, 157	1955, 865	1955, 417	9, 174	1959, 763	1959, 283
4, 178	1955, 945	1955, 420	9, 185	1959, 764	–
4, 219	1955, 1268	1955, 541	9, 237	1959, 979	–
4, 294	1955, 1674	–	9, 268	1959, 1171	1960, 19
4, 299	1955, 1673	1955, 670	9, 305	1959, 1533	–
4, 331	1956, 137	1956, 163	9, 338	1959, 1579	–
4, 358	1956, 97	–	10, 4	1959, 1723	1959, 572
4, 370	1956, 100	–	10, 20	1959, 1531	1959, 610
4, 412	1956, 545	1956, 407	10, 59	1959, 1483	1959, 528
5, 13	1956, 986	1956, 406	10, 89	1959, 1675	1959, 672

BVerfGE	NJW	JZ	BVerfGE	NJW	JZ
10, 118	1960, 29	1960, 362	17, 108	1963, 2368	1963, 751
10, 200	1960, 187	1959, 253	17, 172	1964, 491	1964, 288
10, 234	1960, 235	1960, 404	17, 210	1964, 587	1964, 321
10, 264	1960, 331	1960, 172	17, 224	–	–
10, 285	1960, 763	1960, 285	17, 269	1964, 1175	–
10, 302	1960, 811	1960, 488	17, 294	1964, 1020	–
11, 6	1960, 907	–	17, 306	1964, 1219	–
11, 30	1960, 715	1960, 279	17, 381	1964, 1515	–
11, 89	–	1960, 569	18, 18	1964, 1267	1965, 103
11, 105	1960, 1099	–	18, 85	1964, 1715	–
11, 126	1960, 1563	1960, 602	18, 112	1964, 1783	–
11, 168	1960, 1515	–	18, 112	1964, 1783	1964, 651
11, 203	1960, 1445	1960, 602	18, 121	1964, 1848	–
11, 266	1960, 1755	–	18, 241	1965, 343	–
12, 6	–	1961, 84	18, 257	1965, 195	1965, 210
12, 45	1961, 491	1961, 355	18, 315	1965, 435	–
12, 73	1961, 771	–	18, 385	1965, 961	1965, 358
12, 113	1961, 819	1961, 535	18, 392	–	–
12, 151	1961, 595	–	18, 407	1965, 1371	–
12, 205	1961, 547	1961, 217	18, 429	1965, 1267	–
12, 296	1961, 723	1961, 321	19, 1	1965, 1427	–
12, 341	1961, 1395	–	19, 38	1965, 1323	–
12, 354	1961, 1107	–	19, 52	1965, 2291	–
13, 54	1961, 1453	1961, 754	19, 88	1965, 1707	–
13, 97	1961, 2011	1961, 701	19, 101	1965, 1581	–
13, 181	1961, 2299	–	19, 119	1965, 2247	1965, 677
13, 225	1962, 100	1962, 175	19, 129	1966, 103	1966, 269
13, 237	1962, 99	1962, 176	19, 135	1965, 2195	1965, 716
13, 261	1962, 291	1962, 536	19, 150	1966, 196	–
13, 290	1962, 437	–	19, 206	1966, 147	–
13, 318	1962, 442	–	19, 226	1966, 103	–
13, 331	1962, 435	–	19, 253	1966, 150	–
14, 19	1962, 579	–	19, 268	1966, 101	–
14, 56	1962, 1611	–	19, 303	1966, 491	1966, 401
14, 105	–	–	19, 330	1966, 291	1966, 136
14, 121	–	1962, 1493	19, 342	1966, 243	1966, 146
14, 156	1962, 1495	–	19, 377	1966, 723	1966, 354
14, 174	1962, 1339	–	20, 18	1966, 875	1966, 316
14, 197	1962, 1670	1963, 215	20, 26	1966, 924	1966, 704
14, 221	1962, 2003	1962, 94	20, 45	1966, 1259	1966, 486
14, 263	–	1962, 1667	20, 56	1966, 1499	1966, 517
15, 1	1962, 2243	1963, 218	20, 144	1966, 1703	1966, 613
15, 126	1963, 32	1963, 218	20, 150	1966, 1651	1966, 609
15, 167	1963, 1196	–	20, 162	1966, 1603	1966, 567
15, 223	1963, 147	–	20, 238	1967, 435	–
15, 235	1963, 195	1963, 283	20, 257	1967, 334	1967, 126
15, 256	1963, 899	–	20, 312	1966, 2305	–
15, 268	–	–	20, 323	1967, 195	1967, 171
15, 337	1963, 947	–	20, 351	1967, 548	1967, 127
16, 6	1963, 1443	1963, 676	21, 12	1967, 147	1967, 212
16, 64	1963, 1867	–	21, 52	1967, 244	–
16, 147	1963, 1243	–	21, 73	1967, 619	1967, 251
16, 194	1963, 1597	1963, 750	21, 150	1967, 1175	1967, 357
16, 214	1963, 1771	1963, 594	21, 200	1967, 924	–
16, 246	1963, 1772	1963, 593	21, 245	1967, 971	1967, 309
17, 1	1963, 1723	1963, 634	21, 261	1967, 974	1967, 312
17, 38	1963, 1727	1963, 639	21, 271	1967, 976	1967, 314

BVerfGE	NJW	JZ	BVerfGE	NJW	JZ
21, 312	1967, 1956	–	28, 191	1970, 1498	1970, 683
21, 362	1967, 1411	1967, 599	28, 243	1970, 1729	–
21, 378	1967, 1651	1967, 666	28, 282	1970, 1837	–
22, 49	1967, 1219	1967, 490	28, 295	1970, 1635	1970, 636
22, 93	1967, 1507	1967, 489	28, 324	1970, 1675	–
22, 106	1967, 2005	–	29, 11	1970, 1592	–
22, 134	1967, 1707	–	29, 183	–	1971, 368
22, 175	1967, 1604	–	29, 402	1971, 319	–
22, 180	1967, 1795	1967, 568	29, 413	–	–
22, 254	1967, 2151	–	30, 1	1971, 275	1971, 171
22, 267	1967, 1955	–	30, 47	1971, 419	–
22, 293	1968, 348	1968, 99	30, 54	1971, 419	–
22, 311	1968, 243	1968, 20	30, 112	–	1971, 748
22, 380	1968, 347	–	30, 173	1971, 1645	1971, 544
23, 98	1968, 1036	1968, 422	30, 227	1971, 1123	–
23, 127	1968, 979	1968, 521	30, 250	1971, 1603	1971, 686
23, 191	1968, 982	1968, 523	30, 292	1971, 1255	–
23, 353	1968, 1619	–	30, 336	1971, 1555	–
24, 33	1968, 1467	1969, 141	30, 367	1971, 309	–
24, 119	1968, 2233	–	30, 392	1971, 1211	–
24, 174	1968, 2187	–	30, 415	1971, 931	1971, 373
24, 184	1969, 33	–	31, 1	1971, 1307	–
24, 236	1969, 31	–	31, 58	1971, 1509	–
24, 278	1969, 227	1969, 187	31, 113	1971, 1559	–
24, 289	1969, 267	–	31, 145	1971, 2122	–
24, 300	1969, 179	1969, 557	31, 229	1971, 2163	1971, 773
24, 367	1969, 309	1969, 228	31, 248	1971, 2165	1971, 776
25, 142	1969, 835	–	31, 275	1972, 145	–
25, 158	1969, 1103	1969, 384	31, 314	1971, 1739	1971, 582
25, 167	1969, 597	1969, 294	32, 54	1971, 2299	–
25, 256	1969, 1161	1969, 466	32, 98	1972, 327	1972, 83
25, 269	1969, 1059	1969, 505	32, 145	–	–
25, 296	1969, 1019	1969, 332	32, 157	1972, 285	1972, 49
25, 352	1969, 1895	1969, 736	32, 199	1972, 25	–
25, 371	1969, 1203	1969, 426	32, 273	1972, 572	1972, 243
26, 41	1969, 1759	1969, 800	32, 296	1972, 571	–
26, 116	1969, 1806	–	32, 311	1972, 573	–
26, 141	1969, 1803	–	32, 319	1972, 859	–
26, 186	1969, 2192	–	32, 333	1972, 757	–
26, 228	1969, 1843	–	32, 346	1972, 860	–
26, 265	1969, 1617	–	32, 373	1972, 1123	–
26, 302	1969, 1953	–	33, 1	1972, 811	1972, 357
26, 327	1969, 1659	–	33, 23	1972, 1183	1972, 515
26, 338	1970, 29	1970, 176	33, 52	1972, 1934	1972, 585
27, 1	1969, 1707	–	33, 125	1972, 1504	–
27, 18	1969, 1619	–	33, 206	–	–
27, 71	1970, 235	1970, 100	33, 303	1972, 1561	1972, 686
27, 88	1970, 238	1970, 103	33, 367	1972, 2214	1973, 780
27, 195	1970, 275	–	34, 9	1972, 1943	–
27, 253	1970, 799	–	34, 52	1973, 451	–
27, 344	1970, 555	1970, 250	34, 71	1972, 2261	–
28, 1	1970, 651	–	34, 81	1973, 33	–
28, 21	1970, 851	1970, 320	34, 139	1973, 505	–
28, 36	1970, 1268	–	34, 165	1973, 133	–
28, 66	1970, 892	–	34, 216	1973, 609	1973, 361
28, 119	1970, 1363	1970, 412	34, 238	1973, 891	1973, 504
28, 175	–	–	34, 269	1973, 1221	1973, 662

BVerfGE	NJW	JZ
35, 35	1973, 1643	–
35, 65	1973, 1683	–
35, 79	1973, 1176	1973, 456
35, 171	1973, 1267	–
35, 185	1973, 1363	–
35, 202	1973, 1226	–
35, 366	1973, 2196	–
35, 382	1974, 227	1974, 259
36, 1	1973, 1539	1973, 588
36, 92	1974, 133	1974, 289
36, 139	1974, 311	–
36, 146	1974, 545	1974, 325
36, 193	1974, 356	–
36, 237	1974, 739	–
36, 342	1974, 1181	–
37, 57	1974, 893	–
37, 104	1974, 1127	–
37, 132	1974, 1499	–
37, 150	1974, 1079	–
37, 217	1974, 1609	–
37, 271	1974, 1697	1975, 479
37, 363	1974, 1751	1974, 641
38, 1	1974, 1940	–
38, 61	1975, 31	–
38, 105	1975, 103	1975, 59
38, 175	1975, 37	–
38, 281	1975, 1265	–
38, 326	1975, 633	–
38, 348	1975, 727	–
38, 386	1975, 968	1975, 321
38, 398	1975, 1067	–
39, 1	1975, 573	1975, 205
39, 96	1975, 819	1975, 369
39, 169	1975, 919	1975, 279
39, 258	1975, 1504	–
39, 302	–	1975, 601
39, 334	1975, 1641	1975, 561
40, 11	1975, 1551	–
40, 56	1976, 101	–
40, 65	1976, 31	–
40, 88	1975, 1355	–
40, 121	1975, 1691	–
40, 141	1975, 2287	1976, 169
40, 196	1976, 179	–
40, 237	1976, 34	–
40, 268	–	–
40, 296	1975, 2331	–
40, 356	1976, 283	–
40, 371	1976, 559	–
41, 29	1976, 947	–
41, 65	1976, 950	–
41, 88	1976, 952	–
41, 126	1976, 1491	–
41, 205	1976, 667	1976, 637
41, 246	1976, 413	1976, 766
41, 251	1976, 1309	1976, 363
41, 291	1976, 1443	–

BVerfGE	NJW	JZ
41, 360	1976, 2119	–
41, 378	1976, 1349	–
42, 1	1976, 1736	–
42, 20	1976, 1835	–
42, 64	1976, 1391	1976, 678
42, 103	1976, 1084	–
42, 133	1976, 1627	–
42, 143	1976, 1677	1976, 589
42, 212	1976, 1735	1976, 532
42, 237	1976, 2128	–
42, 263	1976, 1783	–
42, 312	1976, 2123	–
43, 34	1976, 2339	1977, 128
43, 108	1977, 241	1977, 92
43, 130	1977, 799	–
43, 154	1977, 1189	–
43, 291	1977, 569	–
44, 1	1977, 1677	–
44, 125	1977, 1054	1977, 390
44, 197	1977, 2205	1977, 508
44, 249	1977, 1869	1977, 597
44, 308	1977, 1767	–
44, 322	1977, 2255	–
45, 1	1977, 1387	1977, 676
45, 63	1977, 1960	–
45, 187	1977, 1525	–
45, 376	1978, 207	1977, 751
45, 400	1977, 1723	–
45, 434	1978, 414	–
46, 73	1978, 581	–
46, 97	1978, 533	–
46, 120	1978, 313	–
46, 160	1978, 2255	1977, 750
46, 266	1978, 583	–
46, 325	1978, 368	–
47, 46	1978, 807	1978, 304
47, 109	1978, 933	–
47, 146	1978, 1151	1978, 269
47, 198	1978, 1043	–
47, 253	1978, 1967	–
47, 327	1978, 1621	–
48, 64	1978, 2385	–
48, 127	1978, 1245	1978, 58
48, 210	1978, 2143	–
48, 300	1978, 1795	1978, 468
48, 327	1978, 2289	1978, 563
48, 376	1978, 2337	1978, 516
49, 24	1978, 2235	1978, 601
49, 70	1979, 261	–
49, 89	1979, 359	1979, 179
49, 220	1979, 534	–
49, 244	1979, 31	–
49, 280	1979, 32	–
49, 286	1979, 595	1979, 65
49, 343	1979, 859	–
50, 50	1979, 413	–
50, 142	1979, 1445	1979, 259

BVerfGE	NJW	JZ
50, 195	1979, 1347	–
50, 234	1979, 1400	1970, 437
50, 290	1979, 699	–
51, 77	1979, 1875	–
51, 97	1979, 1539	1979, 637
51, 193	1980, 383	–
51, 222	1979, 2463	–
51, 324	1979, 2349	–
51, 386	1980, 514	1979, 803
52, 1	1980, 985	–
52, 63	1979, 1815	1979, 564
52, 131	1979, 1925	1979, 596
52, 187	1980, 519	–
52, 203	1980, 580	–
52, 214	1979, 2607	–
52, 223	1980, 575	–
52, 283	1980, 1093	1980, 185
52, 357	1980, 824	1980, 188
52, 369	1980, 823	–
52, 380	1980, 1153	1980, 140
53, 1	1980, 929	1980, 138
53, 30	1980, 759	1980, 307
53, 135	1980, 1511	–
53, 224	1980, 689	1980, 226
53, 257	1980, 692	1980, 267
53, 352	1980, 1617	–
53, 366	1980, 1895	1980, 397
54, 53	–	–
54, 117	1980, 1737	–
54, 129	1980, 2069	1980, 724
54, 143	1980, 2572	–
54, 148	1980, 2070	1980, 719
54, 208	1980, 2072	1980, 721
54, 341	1980, 2641	1980, 804
55, 1	1980, 2698	–
55, 7	1981, 215	1981, 23
55, 37	1981, 741	–
55, 72	1981, 271	–
55, 134	1981, 108	1981, 90
55, 144	1981, 1087	–
55, 159	1981, 673	1981, 92
55, 274	1981, 329	–
55, 349	1981, 1499	–
55, 372	–	1981, 133
56, 1	1981, 1311	–
56, 54	1981, 1655	–
56, 216	1981, 1436	1981, 339
56, 247	1981, 971	–
56, 249	1981, 1257	1981, 271
56, 298	1981, 1659	–
56, 396	1981, 1831	–
57, 1	1981, 1359	–
57, 9	1981, 1154	–
57, 43	1981, 2047	1981, 476
57, 139	1981, 2107	1981, 438
57, 220	1981, 1829	1981, 531
57, 250	1981, 1719	1981, 741
57, 295	1981, 1774	1981, 581
57, 346	1981, 2111	–
57, 361	1981, 1771	1981, 528
58, 1	1982, 507	1982, 145
58, 137	1982, 633	–
58, 177	1982, 161	–
58, 208	1982, 691	1982, 64
58, 233	1982, 815	–
58, 257	1982, 921	1982, 755
58, 300	1982, 745	–
59, 36	1982, 1273	–
59, 63	1982, 512	–
59, 98	1982, 324	–
59, 128	–	–
59, 216	1982, 367	–
59, 231	1982, 1447	1982, 366
59, 360	1982, 1375	1982, 325
60, 53	1982, 1451	–
60, 175	1982, 1579	1982, 716
60, 234	1982, 2655	1982, 675
60, 253	1982, 2425	1982, 596
60, 348	–	–
61, 1	1983, 1415	1983, 100
61, 82	1982, 2173	1984, 31
61, 149	1983, 25	1983, 137
62, 1	1983, 735	1983, 245
62, 169	–	–
62, 230	1983, 1181	1983, 341
62, 256	1983, 617	–
63, 1	1983, 537	–
63, 88	1983, 1417	–
63, 131	1983, 1179	1983, 492
63, 343	1983, 2757	–
64, 1	1983, 2766	–
64, 72	1983, 2869	–
64, 261	1984, 33	–
65, 1	1984, 419	1983, 388
65, 76	1983, 2929	–
65, 104	1984, 603	1984, 135
65, 182	1984, 475	–
65, 196	1984, 476	–
65, 325	1984, 785	–
65, 377	1984, 604	1984, 374
66, 1	–	1984, 471
66, 39	1984, 601	1984, 617
66, 84	1984, 1523	1984, 536
66, 116	1984, 1741	–
66, 155	1984, 571	–
66, 248	1984, 1872	–
67, 43	1984, 2028	1984, 735
67, 100	1984, 2271	1985, 129
67, 149	1984, 2201	–
67, 157	1985, 121	1985, 32
67, 213	1985, 477	–
67, 256	1985, 37	1985, 82
67, 299	1985, 371	–
68, 1	1985, 603	–

BVerfGE	NJW	JZ
68, 193	1985, 1385	–
68, 319	1985, 2185	–
68, 361	1985, 2633	1985, 528
68, 384	1985, 1282	–
69, 1	1985, 1519	–
69, 174	1985, 2522	–
69, 257	1985, 2521	–
69, 315	1985, 2395	–
70, 1	–	1986, 772
70, 138	1986, 367	1986, 131
70, 297	1986, 767	1986, 383
70, 324	1986, 907	–
71, 108	1986, 1671	1986, 153
71, 158	1987, 1397	–
71, 305	1986, 1483	–
72, 1	1986, 1742	–
72, 9	1986, 1159	–
72, 200	1987, 1749	–
72, 296	1987, 431	–
72, 299	1986, 1979	–
72, 330	1986, 2629	–
73, 1	1986, 2492	–
73, 40	1986, 2487	–
73, 118	1987, 239	1987, 293
73, 206	1987, 43	1987, 138
73, 261	1987, 827	–
73, 330	1987, 430	–
73, 339	1987, 577	1987, 236
73, 388	1987, 943	–
74, 9	1987, 2001	1987, 405
74, 51	1987, 1141	1987, 191
74, 102	1987, 2399	–
74, 163	1987, 1541	1987, 407
74, 182	1987, 1617	–
74, 264	1987, 1251	1987, 614
74, 297	1987, 2987	1987, 919
74, 358	1987, 2427	–
75, 1	1987, 2155	–
75, 34	–	–
75, 40	1987, 2359	–
75, 78	–	–
75, 108	1987, 3115	–
75, 166	1987, 2919	–
75, 183	1987, 2003	1987, 719
75, 192	–	–
75, 201	1988, 125	–
75, 223	–	1988, 191
75, 246	1988, 545	–
75, 284	1988, 543	–
75, 302	1987, 2733	1988, 90
75, 318	1987, 2500	–
75, 329	1987, 3175	–
75, 348	1988, 757	–
75, 361	1988, 1136	–
75, 369	1987, 2661	1987, 1075
75, 382	1988, 403	–
76, 1	1988, 626	–

BVerfGE	NJW	JZ
76, 83	1988, 2499	1988, 834
76, 143	1988, 817	–
76, 171	1988, 191	1988, 242
76, 211	1988, 693	1988, 38
76, 363	1988, 897	–
77, 1	1988, 890	–
77, 65	1988, 329	–
77, 137	1988, 1313	1988, 144
77, 170	1988, 1651	–
77, 240	1988, 325	1988, 240
77, 308	1988, 1899	–
77, 346	1988, 1833	–
78, 38	1988, 1577	–
78, 101	1988, 207	–
78, 104	1988, 2231	–
78, 179	1988, 2290	–
78, 249	1988, 2529	1989, 387
78, 364	1988, 3010	1988, 1016
79, 51	1989, 519	–
79, 69	1989, 827	1989, 292
79, 127	1989, 1790	–
79, 169	1989, 1348	–
79, 174	1989, 1271	–
79, 256	1989, 891	1989, 335
79, 292	1989, 970	1989, 534
79, 311	1989, 2457	–
80, 1	1989, 2317	–
80, 81	1989, 2195	1989, 587
80, 124	1989, 2877	1989, 840
80, 137	1989, 2525	–
80, 188	1990, 373	1989, 1055
80, 244	1990, 37	–
80, 315	1990, 974	–
80, 354	1989, 3008	–
80, 367	1990, 563	1990, 431
81, 1	1990, 175	–
81, 29	1990, 309	1990, 234
81, 142	1990, 3073	–
81, 156	1990, 1230	1990, 536
81, 242	1990, 1469	1990, 691
81, 278	1990, 1982	1990, 635
81, 298	1990, 1985	1990, 638
81, 310	1990, 3007	–
82, 1	1990, 2541	–
82, 60	1990, 2869	–
82, 126	1990, 2246	–
82, 159	1991, 830	–
82, 236	1991, 91	–
82, 286	–	–
82, 322	1990, 3001	–
83, 24	1991, 1283	–
83, 37	1991, 162	–
83, 60	1991, 159	–
83, 89	1991, 743	–
83, 130	1991, 1471	1991, 465
83, 162	1991, 349	–
83, 182	1991, 1878	–

BVerfGE	NJW	JZ
83, 201	–	1991, 774
83, 238	1991, 899	1991, 346
83, 341	1991, 2623	1992, 248
83, 363	–	–
84, 1	–	–
84, 9	1991, 1602	1991, 769
84, 25	–	1992, 307
84, 34	1991, 2005	1991, 1077
84, 59	1991, 2008	1991, 1081
84, 90	1991, 1597	1992, 200
84, 133	1991, 1667	–
84, 168	1991, 1944	–
84, 192	1991, 2411	–
84, 203	1991, 2694	–
84, 212	1991, 2549	1992, 48
84, 239	1991, 2129	1991, 1133
84, 290	1991, 2472	–
84, 304	1991, 2474	–
84, 372	1992, 549	–
85, 1	1992, 1439	–
85, 69	1992, 890	–
85, 191	1992, 964	1992, 913
85, 264	1992, 2545	1992, 794
85, 360	1992, 1373	–
85, 386	1992, 1875	1992, 1015
86, 1	1992, 2073	1992, 974
86, 90	1993, 1319	–
86, 133	1992, 2877	–
87, 282	–	1993, 381
86, 148	1992, 2279	1992, 962
86, 288	1992, 2947	1992, 1176
86, 390	1992, 243	–
87, 1	1992, 2213	–
87, 152	1992, 3153	–
87, 153	–	1993, 306
87, 181	1992, 3285	1993, 255
87, 209	1993, 1457	–
87, 234	1993, 643	1993, 144
87, 282	1993, 381	–
87, 399	1993, 581	–
88, 5	1993, 2093	–
88, 40	1993, 2599	1993, 784
88, 83	–	–
88, 87	1993, 1517	–
88, 103	1993, 1379	–
88, 129	1993, 2599	–
88, 203	1993, 1751	1993, Anhang
89, 1	1994, 2035	–
89, 38	1993, 2038	–
89, 129	1993, 2599	–
89, 155	1993, 3047	1993, 1100
89, 214	1994, 36	1994, 408
89, 243	1994, 922	–
89, 276	1994, 647	–
89, 291	1994, 927	–
89, 315	1994, 1401	–
89, 381	1994, 1053	–

BVerfGE	NJW	JZ
90, 1	1994, 1781	–
90, 27	1994, 1147	1995, 152
90, 60	1994, 1942	1994, 515
90, 107	1994, 2820	–
90, 145	1994, 1577	1994, 852
90, 241	1994, 1779	1994, 400
90, 255	1995, 1015	–
90, 263	1994, 2475	–
90, 286	1994, 2207	1994, 1062
91, 1	1995, 1077	–
91, 93	1994, 2817	–
91, 125	1995, 184	1995, 295
91, 148	1995, 1537	–
91, 186	1995, 381	–
91, 228	–	1995, 565
91, 335	1995, 649	1995, 716
92, 1	1995, 1141	1995, 778
92, 26	1995, 2339	1995, 507
92, 91	1995, 1733	–
92, 126	1995, 1665	–
92, 138	1995, 1277	–
92, 140	–	1995, 897
92, 158	1995, 2155	1995, 1109
92, 191	1995, 3110	–
92, 203	–	1995, 669
92, 277	1995, 1811	1995, 885
92, 365	1996, 185	1995, 1169
93, 1	1995, 2247	1995, 942
93, 121	1995, 2615	1996, 31
93, 181	1996, 114	–
93, 213	1996, 709	1996, 674
93, 266	1995, 3303	1996, 360
93, 319	1996, 2296	–
93, 352	1996, 1201	1996, 627
93, 362	1996, 1882	–
93, 373	1996, 2149	–
94, 1	1996, 1529	–
94, 12	1996, 1666	–
94, 49	1996, 1665	–
94, 115	1996, 1665	–
94, 166	1996, 1666	–
94, 241	1996, 2293	–
94, 268	1997, 513	–
94, 297	1996, 2497	–
94, 315	1996, 2717	–
94, 334	1996, 3333	–
94, 351	1996, 2720	–
94, 372	1996, 3067	–
95, 1	1997, 383	1997, 300
95, 28	1997, 386	–
95, 39	1997, 1359	–
95, 48	1997, 447	1997, 406
95, 96	1997, 929	1997, 142
95, 163	1997, 1147	–
95, 189	1997, 1500	–
95, 220	1997, 1841	1998, 300
95, 250	1998, 219	–

BVerfGE	NJW	JZ
95, 322	1997, 1497	–
95, 335	1997, 1553	1997, 669
95, 408	1997, 1568	–
96, 10	1998, 524	–
96, 27	1997, 2163	1997, 1059
96, 44	1997, 2165	–
96, 56	1997, 1769	1997, 777
96, 68	1998, 50	–
96, 100	1997, 3013	1998, 565
96, 120	1997, 2443	–
96, 133	1998, 589	–
96, 152	1997, 2312	–
96, 171	1997, 2307	–
96, 189	1997, 2305	–
96, 205	1997, 2310	–
96, 231	1998, 293	–
96, 245	1998, 443	–
96, 251	1997, 3430	–
96, 260	–	–
96, 264	1998, 3037	–
96, 288	1998, 131	–
96, 315	1998, 1851	–
96, 330	1998, 973	–
96, 345	1998, 1297	1998, 615
96, 375	1998, 519	1998, 352
96, 409	1998, 523	1998, 356
97, 1	1998, 743	–
97, 12	1998, 3481	–
97, 35	1998, 1215	–
97, 49	1998, 2349	–
97, 67	1998, 1547	–
97, 89	1998, 1697	–
97, 103	1998, 2431	–
97, 117	1998, 1699	–
97, 125	1998, 1381	–
97, 157	1998, 1385	–
97, 169	1998, 1475	1998, 848
97, 186	1998, 1478	1998, 851
97, 198	–	–
97, 228	1998, 1627	1998, 510
97, 271	1998, 3109	1998, 674
97, 298	1998, 2659	–
97, 332	1998, 2128	–
97, 317	1998, 2892	–
97, 350	1998, 1934	–
97, 378	1998, 2731	–
97, 391	1998, 2889	1998, 1114
97, 408	1998, 3040	–
98, 1	1998, 3560	–
98, 17	1998, 3033	–
98, 49	1998, 2269	1998, 1062
98, 70	–	–
98, 83	1998, 2346	–
98, 106	1998, 2341	1999, 34
98, 134	1999, 413	–
98, 139	1998, 3041	–
98, 145	1999, 1095	–
98, 163	1999, 133	–
98, 169	1998, 3337	–
98, 218	1998, 2515	–
98, 265	1999, 841	–
98, 365	1999, 1243	–
99, 1	1999, 43	–
99, 19	1998, 3042	–
99, 46	1999, 203	–
99, 49	–	–
99, 51	1999, 132	–
99, 57	–	–
99, 69	1999, 3112	–
99, 84	1999, 2658	–
99, 88	1998, 3769	–
99, 100	1999, 2430	–
99, 129	1999, 1460	–
99, 145	1999, 631	1999, 459
99, 165	1999, 2030	–
99, 185	1999, 1322	–
99, 202	1999, 935	–
99, 216	1999, 557	1999, 723
99, 246	1999, 561	1999, 721
99, 268	1999, 565	–
99, 273	1999, 564	–
99, 280	1999, 1457	–
99, 300	1999, 1013	–
99, 332	–	–
99, 338	1999, 778	–
99, 341	1999, 1853	–
99, 361	–	–
99, 367	1999, 1535	–
100, 1	1999, 2493	–
100, 59	1999, 2501	–
100, 104	1999, 2512	–
100, 138	1999, 2505	–
100, 195	1999, 2357	–
100, 209	1999, 2106	–
100, 214	1999, 2657	–
100, 226	1999, 2877	1999, 895
100, 249	1999, 3621	1999, 991
100, 263	1999, 2173	–
100, 266	1999, 2030	–
100, 271	1999, 3033	2000, 42
100, 289	1999, 3769	1999, 942
100, 313	2000, 55	–
101, 1	1999, 3253	–
101, 54	2000, 1471	–
101, 106	2000, 1175	–
101, 132	2000, 859	–
101, 141	–	–
101, 151	2000, 860	–
101, 158	2000, 1097	–
101, 239	2000, 413	–
101, 275	2000, 418	–
101, 297	2000, 572	–
101, 312	2000, 347	–
101, 331	2000, 1744	–

BVerfGE	NJW	JZ
101, 361	2000, 1021	–
101, 397	2000, 1709	2000, 783
102, 1	2000, 2573	2001, 37
102, 26	2000, 857	–
102, 41	2000, 1855	–
102, 68	2000, 2730	2001, 141
102, 99	–	–
102, 122	2000, 2808	–
102, 127	2000, 2264	2000, 998
102, 147	2000, 3124	2000, 1155
102, 167	–	2001, 91
102, 176	–	–
102, 192	2000, 2808	–
102, 197	–	–
102, 224	2000, 3771	–
102, 245	–	–
102, 254	–	–
102, 347	2001, 591	2001, 299
102, 370	2001, 429	–
103, 1	2001, 353	–
103, 21	2001, 879	–
103, 41	2001, 1407	–
103, 44	2001, 1633	2001, 704
103, 81	–	–
103, 89	2001, 957	–
103, 111	2001, 1048	2001, 870
103, 142	2001, 1121	2001, 1029
103, 164	–	–
103, 172	2001, 1779	–
103, 195	2001, 2009	–
103, 197	2001, 1709	–
103, 225	2001, 1716	–
103, 242	2001, 1712	2001, 817
103, 271	2001, 1707	–
103, 293	–	–
103, 310	–	–
103, 332	–	–
103, 392	2001, 2786	–
104, 1	–	–
104, 14	–	–
104, 23	2001, 3253	–
104, 42	2001, 2957	–
104, 51	2001, 2457	–
104, 63	–	–
104, 65	2002, 741	–
104, 74	–	–
104, 92	2002, 1031	–
104, 126	2002, 429	–
104, 151	2002, 1559	–
104, 214	2002, 885	–
104, 220	2002, 2456	–
104, 238	–	–
104, 249	–	2002, 1154
104, 287	2002, 845	–
104, 305	–	–
104, 310	2002, 1111	2003, 145
104, 337	2002, 663	2002, 500

BVerfGE	NJW	JZ
104, 357	2002, 666	–
104, 370	2002, 1187	–
104, 373	2002, 1256	–
105, 1	2002, 1185	2002, 658
105, 17	2002, 3009	–
105, 48	2002, 3162	–
105, 61	2002, 1707	–
105, 73	2002, 1103	2002, 765
105, 135	2002, 1709	2002, 552
105, 185	2002, 2020	2002, 888
105, 197	2002, 1936	–
105, 235	–	–
105, 239	2002, 3161	–
105, 252	2002, 2621	2003, 307
105, 279	2002, 2626	2003, 310
105, 313	2002, 2543	–
105, 365	2002, 2458	–
106, 1	–	–
106, 28	2002, 3619	2003, 1104
106, 51	–	–
106, 62	2003, 41	–
106, 166	–	–
106, 181	2003, 879	–
106, 201	–	–
106, 210	–	–
106, 216	2002, 3765	2003, 252
106, 225	–	–
106, 244	–	–
106, 253	–	–
106, 275	2003, 1232	–
106, 310	2003, 339	–
106, 351	–	–
106, 359	–	–
106, 369	–	–
107, 1	–	–
107, 27	2003, 2079	–
107, 59	–	2003, 1057
107, 104	2003, 2004	–
107, 133	2003, 737	–
107, 150	2003, 955	–
107, 186	2003, 1027	–
107, 205	2003, 1381	–
107, 218	–	–
107, 257	2003, 3335	–
107, 275	2003, 1303	2003, 622
107, 286	–	–
107, 299	2003, 1787	–
107, 339	2003, 1577	–
107, 395	2003, 1924	2003, 791
108, 1	–	–
108, 34	2003, 2373	2003, 897
108, 45	2003, 2737	–
108, 52	2003, 2733	–
108, 82	2003, 2151	–
108, 122	2003, 3404	–
108, 129	–	2004, 141
108, 150	2003, 2520	–

BVerfGE	NJW	JZ
108, 169	2004, 354	–
108, 186	–	–
108, 238	2003, 2598	2003, 956
108, 251	2003, 3401	–
108, 279	2004, 209	–
108, 282	2003, 3111	2003, 1164
108, 341	2003, 3687	–
108, 351	2003, 3466	–
108, 370	–	–
109, 1	–	–
109, 13	2004, 141	–
109, 38	–	2004, 410
109, 64	2004, 146	2004, 354
109, 96	–	–
109, 128	–	–
109, 130	–	–
109, 133	2004, 739	–
109, 190	2004, 750	–
109, 256	2004, 1155	–
109, 275	–	–
109, 279	2004, 999	–
110, 1	2004, 2073	–
110, 33	2004, 2213	–
110, 77	2004, 2510	–
110, 94	2004, 1022	–
110, 141	–	–
110, 177	–	–
110, 199	–	–
110, 226	2004, 1305	2004, 670
110, 274	–	–
110, 304	2004, 1935	–
110, 339	2004, 2887	–
110, 353	–	–
110, 370	–	–
110, 403	–	–
110, 407	–	–
110, 412	2004, 1657	–
111, 1	2004, 3099	2004, 791
111, 10	2004, 2363	–
111, 54	2005, 126	–
111, 115	–	–
111, 147	2004, 2814	–
111, 160	–	–
111, 176	–	–
111, 191	2005, 45	–
111, 226	2004, 2803	–
111, 286	–	–
111, 289	–	–
111, 307	2004, 3407	2004, 1171
111, 333	–	–
111, 366	2004, 3765	–
111, 382	–	–
112, 1	–	–
112, 50	2005, 1413	–
112, 74	–	–
112, 90	2005, 2060	–
112, 93	2005, 879	–

BVerfGE	NJW	JZ
112, 118	2005, 203	–
112, 164	2005, 1923	–
112, 185	2005, 1999	–
112, 216	–	–
112, 226	2005, 493	2005, 616
112, 255	2005, 1483	–
112, 268	2005, 2448	–
112, 284	2005, 1179	–
112, 304	2005, 1338	–
112, 321	–	–
112, 332	2005, 1561	2005, 1001
112, 363	2005, 2059	–
112, 368	2005, 2213	–
113, 1	2005, 2443	–
113, 29	2005, 1917	–
113, 63	2005, 2912	–
113, 88	2005, 1927	2006, 313
113, 113	2005, 2537	–
113, 128	–	–
113, 154	2005, 3483	–
113, 167	–	–
113, 273	2005, 2289	2005, 838
113, 348	2005, 2603	–
114, 1	2005, 2363	–
114, 73	2005, 2376	–
114, 105	–	–
114, 107	2005, 2682	–
114, 121	2005, 2669	2005, 1049
114, 196	–	–
114, 258	–	–
114, 303	–	–
114, 316	2005, 3556	2006, 253
114, 339	2006, 207	–
114, 357	–	–
114, 371	–	–
114, 396	–	–
115, 1	–	2006, 513
115, 25	2006, 891	2006, 463
115, 51	–	2006, 968
115, 81	–	2006, 1021
115, 97	2006, 1191	–
115, 118	2006, 751	2006, 408
115, 166	2006, 976	–
115, 205	–	–
115, 259	2006, 1721	–
115, 276	2006, 1261	2006, 783
115, 320	2006, 1939	2006, 906
115, 381	2006, 2246	–
115, 394	–	–
116, 1	2006, 2613	–
116, 24	–	–
116, 69	2006, 2093	–
116, 96	–	–
116, 135	2006, 3701	–
116, 164	2006, 2757	–
116, 202	2007, 51	–
116, 229	–	2007, 836

BVerfGE	NJW	JZ
116, 243	2007, 900	2007, 409
116, 271	–	2007, 248
116, 327	–	–
117, 1	2007, 573	–
117, 71	2007, 1933	–
117, 126	–	–
117, 141	2007, 2605	–
117, 163	2007, 979	2007, 680
117, 202	2007, 753	2007, 629
117, 244	2007, 1117	–
117, 272	2007, 1577	–
117, 302	–	–
117, 316	2007, 1343	–
117, 330	–	–
117, 357	2007, 2610	–
117, 359	–	–
117, 372	–	–
118, 1	2007, 2098	–
118, 45	2007, 1735	2008, 37
118, 79	–	–
118, 124	2007, 2610	–
118, 168	2007, 2464	–
118, 212	2007, 2977	–
118, 244	–	2008, 88
118, 277	–	–
119, 1	2008, 39	2008, 571
119, 59	–	–
119, 96	–	2008, 192
119, 181	2008, 838	–
119, 247	2007, 3707	–
119, 309	2008, 977	–
119, 331	2008, 1212	–
119, 394	–	–
120, 1	2008, 3121	2008, 993
120, 56	–	–
120, 82	–	–
120, 125	2008, 1868	–
120, 180	2008, 1793	2008, 627
120, 224	2008, 1137	–
120, 274	2008, 822	–
120, 351	2008, 2099	–
120, 378	2008, 1505	–
121, 1	–	–
121, 30	2008, 2907	–
121, 69	2008, 1287	2008, 944
121, 108	2008, 2978	–
121, 135	2008, 2018	–
121, 175	2008, 3117	2009, 45
121, 205	–	–
121, 241	2008, 3121	2008, 1107
121, 266	2008, 2700	–
121, 317	2008, 2409	–
122, 1	–	–
122, 39	2009, 209	–
122, 89	2009, 2190	2009, 511
122, 151	2009, 499	–
122, 190	2009, 829	–
122, 210	2009, 48	2009, 255
122, 248	2009, 1469	2009, 675
122, 304	–	–
122, 316	–	2009, 685
122, 342	2009, 1481	–
123, 1	–	–
123, 39	2009, 2195	2009, 566
123, 90	2009, 1657	–
123, 111	2009, 3151	2010, 88
123, 132	–	–
123, 148	–	–
123, 186	2009, 2033	–
123, 267	2009, 2267	2009, 890
124, 25	–	–
124, 43	2009, 2431	–
124, 78	–	–
124, 161	2009, 3016	–
124, 199	2010, 1439	2010, 37
124, 300	2010, 47	2010, 298
125, 39	–	2010, 137
125, 104	–	–
125, 175	2010, 505	2010, 515
125, 260	2010, 833	2010, 611
126, 1	2010, 3291	2010, 948
126, 55	–	–
126, 158	2010, 2418	–
126, 170	2010, 3209	–
126, 268	–	–
126, 286	2010, 2643	–
126, 400	2010, 2783	–
127, 1	2010, 3629	–
127, 31	2010, 3629	–
127, 61	2010, 3634	–
127, 87	–	2011, 308
127, 132	2010, 3008	2010, 1004
127, 165	–	–
127, 293	–	–
128, 1	2011, 441	–
128, 109	2011, 909	2011, 363
128, 157	2011, 1427	–
128, 193	2011, 836	–
128, 226	2011, 1201	2011, 568
128, 282	2011, 2113	–
128, 326	2011, 1931	2011, 845
129, 1	–	–
129, 49	–	–
129, 78	2011, 3428	2011, 1112
129, 108	–	–
129, 124	2011, 2946	2011, 1004
129, 208	2012, 833	–
129, 269	2011, 3571	–
129, 300	–	2012, 90
130, 1	2012, 907	–
130, 76	2012, 1563	2012, 676
130, 131	–	–
130, 151	2012, 1419	–
130, 212	–	–

BVerfGE	NJW	JZ	BVerfGE	NJW	JZ
130, 240	2012, 1711	–	137, 108	–	2014, 1153
130, 263	–	2012, 457	137, 185	–	2015, 84
130, 318	2012, 1419	–	138, 1	–	–
131, 130	2012, 2639	–	138, 102	–	2015, 408
131, 152	–	–	138, 136	2015, 303	–
131, 230	–	2013, 285	138, 261	2015, 2869	–
131, 239	2012, 279	2013, 758	138, 296	2015, 1359	2015, 666
131, 268	2012, 3357	–	138, 377	2015, 1506	2015, 620
131, 316	2012, 2869	–	138, 397	–	–
132, 1	–	2012, 1119	139, 1	–	–
132, 39	–	–	139, 19	–	–
132, 72	–	–	139, 64	2015, 1935	–
132, 99	2012, 3081	2012, 1065	139, 148	–	–
132, 134	2012, 3020	–	139, 194	–	–
132, 179	2012, 2719	–	139, 239	–	–
132, 195	2012, 3145	–	139, 245	2015, 2787	–
132, 302	2013, 145	–	139, 285	2015, 3221	–
132, 334	–	–	139, 321	–	2015, 1093
132, 372	2013, 1797	–	139, 378	2016, 708	–
133, 1	2013, 1418	–	140, 1	–	–
133, 34	–	–	140, 42	2016, 229	–
133, 40	–	–	140, 65	2015, 2399	–
133, 59	2013, 847	2013, 460	140, 99	–	–
133, 100	–	–	140, 115	–	2016, 88
133, 112	2013, 2337	–	140, 160	–	2016, 37
133, 143	–	–	140, 211	2015, 3294	–
133, 163	2013, 1587	–	140, 225	–	–
133, 168	2013, 1058	2013, 676	140, 229	2016, 1505	2016, 461
133, 241	–	–	140, 240	–	–
133, 277	2013, 1499	2013, 621	140, 316	2016, 2313	–
133, 377	2013, 2257	2013, 833	140, 317	2016, 1149	2016, 410
134, 1	2013, 2498	–	141, 1	2016, 1295	2016, 625
134, 25	–	–	141, 56	–	–
134, 33	2013, 3151	2013, 1097	141, 82	2016, 700	–
134, 106	2013, 3506	–	141, 121	2016, 930	–
134, 124	–	–	141, 143	–	–
134, 141	–	2014, 84	141, 186	2016, 1939	–
134, 204	2014, 46	–	141, 220	2016, 1781	–
134, 242	–	–	142, 25	–	2016, 1161
134, 366	2014, 907	2014, 341	142, 74	–	–
135, 1	–	2014, 510	142, 123	2016, 2473	2016, 1055
135, 48	2014, 1364	–	142, 234	–	–
135, 90	2014, 613	–	142, 268	–	–
135, 126	–	–	142, 313	2017, 53	–
135, 155	–	2014, 396	142, 353	2016, 3774	–
135, 238	–	–	143, 1	–	–
135, 248	2014, 1127	–	143, 22	2016, 3425	–
135, 259	2014, 619	–	143, 38	2016, 3648	–
135, 317	2014, 1505	–	143, 65	2016, 3583	–
136, 9	–	2014, 560	143, 101	–	2017, 302
136, 69	–	–	143, 161	2017, 1164	2017, 145
136, 127	–	–	143, 216	–	–
136, 194	–	–	143, 246	2017, 217	–
136, 277	2014, 2489	–	144, 1	–	–
136, 323	2014, 2563	–	144, 20	2017, 611	–
136, 382	2014, 2853	–	144, 369	–	–

Schlagwortartige Bezeichnungen der Leitentscheidungen des Bundesverfassungsgerichts

BVerfGE	Schlagwort
1, 5	Spruchkammer
1, 14	Südweststaat
1, 70	Grundrechtsgeltung in Berlin
1, 76	Steuerverwaltung
1, 97	Hinterbliebenenrente I
1, 117	Finanzausgleichsgesetz
1, 144	Geschäftsordnungsautonomie
1, 167	Offenbach
1, 184	Normenkontrolle I
1, 208	7,5 %-Sperrklausel
1, 264	Bezirksschornsteinfeger
1, 283	Ladenschlußgesetze
1, 299	Wohnungsbauförderung
1, 322	Czastka
1, 351	Petersberger Abkommen
1, 372	Deutsch-Französisches Wirtschaftsabkommen
1, 396	Deutschlandvertrag
1, 418	Ahndungsgesetz
2, 1	SRP-Verbot
2, 79	Plenargutachten Heuß
2, 98	Rubesch
2, 124	Normenkontrolle II
2, 143	EVG-Vertrag
2, 213	Straffreiheitsgesetz
2, 225	Petitionsbescheid
2, 232	Lohnzahlung an Feiertagen
2, 237	Hypothekensicherungsgesetz
2, 266	Notaufnahme
2, 307	Gerichtsbezirke
2, 347	Kehler Hafen
2, 380	Haftentschädigung
3, 12	Bundesbankgesetz
3, 19	Unterschriftenquorum
3, 52	Weihnachtsgeld
3, 58	Beamtenverhältnisse
3, 162	Angestelltenverhältnisse
3, 187	Unterbringungsanspruch
3, 225	Gleichberechtigung
3, 248	Mehrfachbestrafung
3, 288	Berufssoldatenverhältnisse
3, 368	Besatzungsrecht
3, 383	Gesamtdeutscher Block
3, 407	Baugutachten
4, 7	Investitionshilfe
4, 27	Klagebefugnis politischer Parteien
4, 31	5%-Sperrklausel
4, 60	Intendanturweinauflagen
4, 74	ärztliches Berufsgericht
4, 96	Hutfabrikant
4, 115	Besoldungsgesetz von Nordrhein-Westfalen
4, 144	Abgeordneten-Entschädigung
4, 157	Saarstatut
4, 178	Landesgesetze über die Verwaltungsgerichtsbarkeit
4, 219	Junktimklausel
4, 294	Versetzung in den Ruhestand nach Art. 132 GG
4, 331	Soforthilfegesetz
4, 358	Reichsgesetz über den Finanzausgleich
4, 370	Mandatsrelevanz
4, 412	Gesetzlicher Richter
5, 25	Apothekenerrichtung
5, 34	Baden-Abstimmung
5, 85	KPD-Verbot
6, 32	Elfes
6, 55	Steuersplitting
6, 84	Sperrklausel
6, 104	Kommunalwahl-Sperrklausel I
6, 132	Gestapo
6, 290	Washingtoner Abkommen
6, 309	Reichskonkordat
6, 386	Haushaltsbesteuerung
6, 389	Homosexuelle
7, 1	Berlin-Vorbehalt I
7, 18	Bayerisches Ärztegesetz
7, 29	Pressedelikte
7, 63	Listenwahl
7, 77	Platzerhalt-Mandat
7, 99	Sendezeit I
7, 120	Personalvertretung
7, 129	lex Schörner
7, 171	Dieselsubventionierung
7, 198	Lüth
7, 282	lex Salamander
7, 305	Rechtsverhältnisse der Flüchtlinge
7, 342	Hamburgisches Urlaubsgesetz
7, 367	Volksbefragung
7, 377	Apotheken-Urteil
8, 1	Teuerungszulage
8, 28	Besoldungsrecht
8, 51	1. Parteispenden-Urteil
8, 71	Bestimmtheit einer Rechtsverordnung
8, 81	Wohnsitz im Sinne des Art. 116 II 2 GG
8, 104	Volksbefragung
8, 122	Volksbefragung Hessen
8, 143	Beschußgesetz
8, 155	Lastenausgleich
8, 174	Zuständigkeit des BVerwG

BVerfGE	Schlagwort
8, 183	Volksbefragungsverbot
8, 197	Bußgeldverfahren
8, 210	Vaterschaft
8, 260	Helgoland-Gesetz
8, 274	Preisgesetz
9, 20	Arbeitslosenhilfe
9, 89	Gehör bei Haftbefehl
9, 124	Armenrecht
9, 137	Einfuhrgenehmigung
9, 174	Politisch Verfolgter
9, 185	Verfahrensbestimmungen im vorkonstitutionellen Recht
9, 237	Ehegatten-Mitwirkungsverträge
9, 268	Bremer Personalvertretung
9, 291	Feuerwehrabgabe
9, 305	Kriegsfolgelasten I
9, 338	Hebammenaltersgrenze
10, 4	Redezeit
10, 20	Preußischer Kulturbesitz
10, 59	Elterliche Gewalt
10, 89	(Großer) Erftverband
10, 118	Berufsverbot I
10, 136	Durchlieferung
10, 234	Platow-Amnestie
10, 285	Bundesgerichte
10, 302	Vormundschaft
11, 6	Dampfkessel
11, 30	Kassenarzt-Urteil
11, 77	Ermächtigungsadressaten
11, 89	Bremisches Urlaubsgesetz
11, 105	Familienlastenausgleich I
11, 126	Nachkonstitutioneller Bestätigungswille
11, 168	Taxi-Beschluß
11, 192	Beurkundungswesen
11, 203	Beförderungsschnitt
11, 234	Jugendgefährdende Schriften
11, 266	Wählervereinigung
11, 282	Zweiter Vorsitzender der SRP
12, 6	Société Anonyme
12, 45	Kriegsdienstverweigerung I
12, 73	Inkompatibilität/Kommunalbeamter
12, 81	Hergebrachte Grundsätze des richterlichen Amtsrechts
12, 113	Schmid-Spiegel
12, 151	Ehegattenfreibetrag
12, 205	1. Rundfunkentscheidung
12, 296	Parteienprivileg
12, 341	Spinnweber-Zusatzsteuer
12, 354	Volkswagenprivatisierung
13, 54	Neugliederung Hessen
13, 97	Handwerksordnung
13, 204	Sendezeit II
13, 225	Bahnhofsapotheke Frankfurt
13, 230	Ladenschlußgesetz I
13, 237	Ladenschlußgesetz II
13, 318	Ehegatten-Arbeitsverhältnisse
13, 331	Personenbezogene Kapitalgesellschaften
14, 56	Gemeindegerichte
14, 105	Branntweinmonopol
14, 121	FDP-Sendezeit
14, 156	Assessorenstrafkammern
14, 174	Gesetzesgebundenheit im Strafrecht
14, 197	Kreditwesen
14, 221	Fremdrenten
14, 263	Feldmühle-Urteil
15, 1	Seewasserstraßen
15, 25	Jugoslawische Militärmission
15, 126	Staatsbankrott
15, 165	Vorauswahl
15, 167	Beamtenversorgung I
15, 223	Zeugnisverweigerungsrecht
15, 235	Zwangsmitgliedschaft
15, 256	Universitäre Selbstverwaltung
15, 268	Tierzuchtgesetz I
15, 337	Höfeordnung
16, 6	Verkündungszeitpunkt
16, 27	Iranische Botschaft
16, 64	Einwohnersteuer
16, 94	Wehrmachtspensionäre
16, 194	Liquorentnahme
16, 214	Rechtsanwaltsausschluß
16, 246	Verkehrssünderkartei
17, 1	Waisenrente I
17, 38	Witwerrente
17, 108	Hirnkammerluftfüllung
17, 122	Wiedergutmachung
17, 172	Freiburger Polizei
17, 210	Wohnungsbauprämie
17, 224	Vertriebenenbegriff
17, 294	Geschäftsverteilungsplan
17, 306	Mitfahrzentrale
17, 381	Bundesnotarordnung
18, 18	Hausgehilfinnenverband
18, 52	Verkehrsfinanzgesetz
18, 85	Spezifisches Verfassungsrecht
18, 112	Auslieferung I
18, 121	Fiskusprivileg
18, 172	Inkompatibilität/Oberstadtdirektor
18, 241	Ärztekammern
18, 257	Sozialversicherung
18, 315	Marktordnung
18, 385	Teilung einer Kirchengemeinde
18, 389	Neubekanntmachung
18, 392	Beurkundungsbefugnis
18, 407	Verordnung als Landesrecht
18, 429	Verschollenheitsrente
18, 441	AG in Zürich
19, 1	Neuapostolische Kirche
19, 38	S-Urteil des Bundesfinanzhofes
19, 52	Überbesetzung

BVerfGE	Schlagwort
19, 88	Ausschuß
19, 101	Zweigstellensteuer
19, 119	Couponsteuer
19, 129	Umsatzsteuer
19, 135	Ersatzdienstverweigerer
19, 150	Allgemeines Kriegsfolgengesetz
19, 206	Kirchenbausteuer
19, 226	Kirchenlohnsteuer I
19, 253	Kirchensteuergesetz
19, 268	Kirchenlohnsteuer II
19, 303	Dortmunder Hauptbahnhof
19, 330	Sachkundenachweis
19, 342	Wencker
19, 377	Berlin-Vorbehalt II
20, 18	Beitritt im Organstreitverfahren
20, 26	Selbstablehnung
20, 45	Kommando 1005
20, 56	Parteienfinanzierung I
20, 144	Untersuchungshaft
20, 150	Sammlungsgesetz
20, 162	Spiegel
20, 238	VwGO-Ausführungsgesetz I
20, 257	Bundesrecht in Berlin
20, 312	Tariffähigkeit von Innungen
20, 351	Tollwut
21, 12	Allphasenumsatzsteuer
21, 52	Deutsche Friedensunion
21, 73	Grundstücksverkehrsgesetz
21, 150	Weinwirtschaftsgesetz
21, 200	Briefwahl I
21, 207	Flächentransistor
21, 245	Führungskräfte der Wirtschaft
21, 261	Arbeitsvermittlungsmonopol
21, 271	Südkurier
21, 312	Wasser- und Schiffahrtsverwaltung
21, 362	Sozialversicherungsträger
21, 378	Wehrdisziplin
22, 49	Verwaltungsstrafverfahren
22, 93	Unterhalt I
22, 106	Steuerausschüsse
22, 134	EWG-Recht
22, 175	Normenkontrolle III
22, 180	Jugendhilfe
22, 267	Einheitliches Grundrecht
22, 293	EWG-Verordnungen
22, 380	Dienstleistungspflichten von Kreditinstituten
23, 50	Nachtbackverbot I
23, 62	Erfindervergütung
23, 98	Ausbürgerung I
23, 113	Blankettstrafrecht
23, 127	Zeugen Jehovas
23, 191	Dienstflucht
23, 288	Kriegsfolgelasten II
23, 353	Breitenborn-Gelnhausen
24, 33	AKU-Beschluß
24, 119	Adoption I
24, 155	gemeinsame Amtsgerichte
24, 174	Gesellschaftsteuer
24, 184	Zustimmungsgesetz
24, 236	(Aktion) Rumpelkammer
24, 278	GEMA
24, 289	Hessisches Schulgebet
24, 300	Wahlkampfkostenpauschale
24, 367	Hamburgisches Deichordnungsgesetz
25, 88	Berufsverbot II
25, 167	Nichtehelichkeit
25, 256	Blinkfüer
25, 269	Verfolgungsverjährung
25, 296	Geib/Stern
25, 308	Bundeshaushaltsplan I
25, 352	Gnadengesuch
25, 371	lex Rheinstahl
26, 41	Grober Unfug
26, 116	Besoldungsgesetz
26, 141	Richterbesoldung I
26, 186	Ehrengerichte
26, 228	Sorsum
26, 246	Ingenieur
26, 265	Unterhalt II
26, 281	Gebührenpflicht von Bundesbahn und Bundespost
26, 327	Bilanzbündeltheorie
26, 338	Eisenbahnkreuzungsgesetz
27, 1	Mikrozensus
27, 18	Ordnungswidrigkeiten
27, 44	Parlamentarisches Regierungssystem
27, 71	Leipziger Volkszeitung
27, 88	Der Demokrat
27, 195	Hessische Privatschulen
27, 253	Kriegsfolgeschäden
27, 344	Ehescheidungsakten
28, 1	Augstein
28, 21	Robenstreit
28, 36	Zitiergebot
28, 51	Flugblätter
28, 55	Leserbrief
28, 66	Postgebühren
28, 119	Spielbank
28, 175	Porst-Fall
28, 191	Pätsch-Fall
28, 243	Dienstpflichtverweigerung
28, 295	Mitgliederwerbung I
28, 324	Heiratswegfallklausel
29, 11	Landesbauordnung Baden-Württemberg
29, 83	Steinkohle-Anpassungsgesetz
29, 166	Ferntrauung
29, 183	Rücklieferung
29, 221	Jahresarbeitsverdienstgrenze
29, 348	Deutsch-Niederländischer Finanzvertrag

BVerfGE	Schlagwort
29, 402	Konjunkturzuschlag
29, 413	Reichsnährstand
30, 1	Abhörurteil
30, 47	§ 26 BSHG
30, 108	Gnadenwiderruf
30, 112	Unterricht in Biblischer Geschichte
30, 173	Mephisto
30, 227	Vereinsname
30, 250	Absicherungsgesetz
30, 292	Erdölbevorratung
30, 367	Bundesentschädigungsgesetz
30, 415	Mitgliedschaftsrecht
31, 58	Spanier-Beschluß
31, 113	Jugendgefährdende Schriften
31, 145	Milchpulver
31, 229	Schulbuchprivileg
31, 248	Bibliotheksgroschen
31, 275	Bearbeiter-Urheberrechte
31, 314	2. Rundfunkentscheidung
32, 54	Betriebsbetretungsrecht
32, 98	Gesundbeter
32, 145	Beförderungsteuer
32, 157	Stichtagsregelung
32, 199	Richterbesoldung II
32, 273	Mutterschutz I
32, 296	Kranzgeld
32, 311	Steinmetz
32, 333	Ergänzungsabgabe
32, 346	Strafbestimmungen in Gemeindesatzungen
32, 373	ärztliche Schweigepflicht
33, 1	Strafgefangene
33, 23	Eidesverweigerung aus Glaubensgründen
33, 42	Deutscher Osten
33, 52	Zensur
33, 125	Facharzt
33, 206	Waffengesetz
33, 303	numerus clausus I
33, 367	Zeugnisverweigerungsrecht für Sozialarbeiter
34, 9	Besoldungsvereinheitlichung
34, 52	Hessisches Richtergesetz
34, 81	Wahlgleichheit
34, 139	Fahrbahndecke
34, 165	Förderstufe
34, 216	Coburg
34, 238	Tonband
34, 269	Soraya
34, 293	Ensslin-Kassiber
35, 35	Untersuchungsgefangene
35, 65	VwGO-Ausführungsgesetz II
35, 79	Hochschul-Urteil
35, 185	Haftgrund Wiederholungsgefahr
35, 202	Lebach
35, 366	Kreuz im Gerichtssaal
35, 382	Ausländerausweisung

BVerfGE	Schlagwort
36, 1	Grundlagenvertrag
36, 92	Versagung rechtlichen Gehörs
36, 139	Wahlrecht Auslandsdeutscher
36, 146	Eheverbot der Geschlechtsgemeinschaft
36, 193	Journalisten
36, 314	Hamburgisches Pressegesetz
36, 321	Schallplatten
36, 342	Niedersächsisches Landesbesoldungsgesetz
37, 1	Weinwirtschaftsabgabe
37, 57	Haftbefehl in Berlin
37, 104	Bonus-Malus-Regelung I
37, 121	Mutterschaftsgeld
37, 132	Vergleichsmiete I
37, 217	Staatsangehörigkeit von Abkömmlingen
37, 271	Solange I
37, 363	Bundesrat
38, 1	Richteramtsbezeichnungen
38, 23	Herausgeber der Deutschen National-Zeitung
38, 61	Leberpfennig
38, 105	Rechtsbeistand
38, 175	Rückenteignung
38, 241	Ehelichkeitsanfechtung
38, 281	Arbeitnehmerkammern
38, 326	Inkompatibilität/Landtagsmandat
38, 348	Zweckentfremdung von Wohnraum
38, 386	Aussperrung von Betriebsratsmitgliedern
38, 398	Auslieferung II
39, 1	Schwangerschaftsabbruch I
39, 96	Städtebauförderungsgesetz
39, 196	Beamtenpension
39, 258	Kapazitätsausnutzung
39, 302	AOK
39, 334	Extremistenbeschluß
40, 11	Wahlprüfung
40, 56	Vergnügungsteuer I
40, 65	Krankenversicherung
40, 88	Führerschein
40, 121	Waisenrente II
40, 141	Ostverträge
40, 237	Justizverwaltungsakt
40, 268	Vorbefaßter Richter
40, 287	Verfassungsschutzbericht
40, 296	Abgeordnetendiäten
40, 356	Besetzung der Richterbank
40, 371	Werbefahrten
41, 29	Simultanschule
41, 65	Gemeinsame Schule
41, 88	Gemeinschaftsschule
41, 126	Reparationsschäden
41, 205	Gebäudeversicherungsmonopol
41, 246	Baader-Meinhof

BVerfGE	Schlagwort
41, 291	Strukturförderung
41, 360	Nachtbackverbot II
42, 1	Sicherungsverwahrung I
42, 20	Öffentliches Wegeeigentum
42, 64	Zwangsversteigerung I
42, 103	Bonus-Malus-Regelung II
42, 133	Wahlwerbung
42, 143	Deutschland-Magazin
42, 212	Quick/Durchsuchungsbefehl
42, 263	Contergan
42, 312	Inkompatibilität/Kirchliches Amt
42, 345	Bad Pyrmont
43, 34	Quereinstieg
43, 47	Parkstudium
43, 108	Kinderfreibeträge
43, 130	Flugblatt
43, 291	numerus clausus II
44, 1	Nichtehelichen-Erbrecht
44, 125	Öffentlichkeitsarbeit
44, 197	Solidaritätsadresse
44, 249	Alimentationsprinzip
44, 308	Beschlußfähigkeit
44, 322	Allgemeinverbindlicherklärung I
45, 1	Haushaltsüberschreitung
45, 63	Stadtwerke Hameln
45, 187	Lebenslange Freiheitsstrafe
45, 297	Öffentliche Last
45, 376	Unfallversicherung
45, 400	Oberstufenreform
45, 434	RAF
46, 73	Stiftungen
46, 97	Witwengeld
46, 120	Direktruf
46, 160	Schleyer
46, 266	Krankenhausaufnahme
46, 268	Bodenreformentschädigung
46, 325	Zwangsversteigerung II
46, 342	Philippinische Botschaft
47, 1	Hausgehilfin
47, 46	Sexualkundeunterricht
47, 109	Bestimmtheitsgebot
47, 146	Schneller Brüter
47, 198	Wahlwerbesendungen
47, 253	Gemeindeparlamente
47, 327	Hessisches Universitätsgesetz
48, 64	Inkompatibilität/Kommunal beherrschtes Unternehmen
48, 127	Wehrpflichtnovelle
48, 227	Lohnfortzahlung
48, 300	Ehrengerichte
48, 327	Ehenamen I
48, 367	Hessisches Pressegesetz
48, 376	Tierversuche
49, 15	Volksentscheid Oldenburg
49, 24	Kontaktsperre-Gesetz
49, 70	Untersuchungsgegenstand
49, 89	Kalkar I
49, 220	Zwangsversteigerung III
49, 244	Vergleichsmiete II
49, 280	Zeugenentschädigung
49, 286	Transsexuelle I
49, 343	Abgaben wegen Änderung der Gemeindeverhältnisse
50, 50	Laatzen
50, 142	Unterhaltspflichtverletzung
50, 166	Ausweisung I
50, 195	Rheda-Wiedenbrück
50, 290	Mitbestimmung
51, 43	Bayerisches Personalvertretungsgesetz
51, 77	Personalrat
51, 97	Zwangsvollstreckung I
51, 193	Schloßberg
51, 222	5%-Klausel
51, 324	Verhandlungsfähigkeit des Angeklagten
51, 369	Auflösungsgesetz
51, 386	Ausweisung II
52, 1	Kleingarten
52, 63	2. Parteispenden-Urteil
52, 95	Schleswig-Holsteinische Ämter
52, 131	Arzthaftungsprozeß
52, 187	»Vielleicht«-Beschluß
52, 203	Fristgebundener Schriftsatz
52, 223	Schulgebet
52, 283	Tendenzbetrieb
52, 357	Mutterschutz II
52, 369	Hausarbeitstag
52, 380	Schweigender Prüfling
53, 1	Schulbücher
53, 30	Mülheim-Kärlich
53, 109	Wiedereinsetzung I
53, 135	Schokoladenosterhase
53, 224	Ehescheidung
53, 257	Versorgungsausgleich I
53, 352	Vergleichsmiete III
53, 366	Konfessionelle Krankenhäuser
54, 53	Ausbürgerung II
54, 129	Kunstkritik
54, 143	Taubenfütterungsverbot
54, 148	Eppler
54, 208	Böll
54, 301	Buchführungsprivileg der Steuerberater
54, 341	Wirtschaftsasyl
55, 1	Flughafen München
55, 7	Allgemeinverbindlicherklärung II
55, 37	Bremer Modell
55, 72	Präklusion I
55, 134	Härteklausel
55, 159	Falknerjagdschein
55, 207	Öffentlicher Dienst
55, 274	Berufsausbildungsabgabe
55, 349	Hess-Entscheidung

BVerfGE	Schlagwort
55, 372	Richterbesoldung III
56, 22	Kriminelle Vereinigung
56, 54	Fluglärm
56, 216	Rechtsschutz im Asylverfahren
56, 249	Gondelbahn
56, 298	Flugplatz Memmingen
56, 396	Agent
57, 1	NPD
57, 9	Einlieferungsersuchen
57, 43	Inkompatibilität/Ruhestandsbeamter
57, 139	Schwerbehindertenabgabe
57, 220	Bethel
57, 250	V-Mann
57, 295	3. Rundfunkentscheidung
57, 346	Zwangsvollstreckung II
57, 361	Erstes Eherechtsreformgesetz
58, 1	Eurocontrol I
58, 45	Wasserbeschaffungsverbände
58, 137	Pflichtexemplar
58, 177	Inkompatibilität/Kreisangestellter
58, 208	Baden-Württembergisches Unterbringungsgesetz
58, 233	Deutscher Arbeitnehmerverband
58, 257	Schulentlassung
58, 300	Naßauskiesung
59, 63	Eurocontrol II
59, 119	Briefwahl II
59, 128	Bekenntnis zum deutschen Volkstum
59, 216	Söhlde
59, 231	Freie Mitarbeiter
59, 275	Schutzhelm
59, 360	Schülerberater
60, 53	Rundfunkrat
60, 175	Startbahn West
60, 234	Kredithaie
60, 253	Anwaltsverschulden
60, 348	Auslieferung III
60, 374	Redefreiheit und Ordnungsrecht
61, 1	Wahlkampf/»CSU: NPD Europas«
61, 82	Sasbach
61, 149	Amtshaftung
61, 319	Ehegattensplitting
61, 358	Sorgerecht geschiedener Ehegatten
62, 1	Bundestagsauflösung I
62, 169	Devisenbewirtschaftung
62, 230	Boykottaufruf
62, 256	Arbeiter/Angestellte
62, 354	Heilfürsorgeansprüche der Soldaten
63, 1	Schornsteinfegerversorgung
63, 88	Versorgungsausgleich II
63, 131	Gegendarstellung
63, 343	Rechtshilfevertrag
64, 1	National Iranian Oil Company
64, 72	Prüfingenieure

BVerfGE	Schlagwort
64, 261	Hafturlaub
65, 1	Volkszählung
65, 76	Offensichtlichkeitsentscheidungen
65, 104	Mutterschaftsgeld I
65, 182	Sozialplan
65, 325	Zweitwohnungsteuer I
65, 377	Strafbefehl
66, 1	Konkursausfallgeld
66, 26	Bundeshaushaltsplan II e.A.
66, 39	Nachrüstung
66, 84	Unterhalt III
66, 116	Springer/Wallraff
66, 155	Hochschule Hannover
66, 270	Schleswig-Holsteinisches Hochschulgesetz
67, 43	Offensichtlich unbegründeter Asylantrag
67, 100	Flick-Untersuchungsausschuß
67, 149	Wahlwerbung/WDR
67, 157	G 10
67, 213	Anachronistischer Zug
67, 256	Investitionshilfegesetz
67, 299	Laternengarage
68, 1	Atomwaffenstationierung
68, 193	Zahntechniker-Innungen
68, 319	Bundesärzteordnung
68, 361	Eigenbedarf I
69, 1	Kriegsdienstverweigerung II
69, 174	Getränkesteuer
69, 209	Steuerberaterprüfung
69, 257	Politische Parteien
69, 272	Krankenversicherungs- Kostendämpfungsgesetz
69, 315	Brokdorf
70, 1	Orthopädietechniker-Innungen
70, 138	Loyalitätspflicht
70, 251	Schulleiter
70, 297	Fortdauer der Unterbringung
70, 324	Haushaltskontrolle der Nachrichtendienste
71, 108	Anti-Atomkraftplakette
71, 158	Legende vom toten Soldaten
72, 1	Altersgrenze
72, 175	Wohnungsfürsorge
72, 200	Einkommensteuerrecht
72, 296	Teststrecke
72, 299	Wackersdorf
72, 330	Finanzausgleich I
73, 1	Politische Stiftungen
73, 40	3. Parteispenden-Urteil
73, 118	4. Rundfunkentscheidung
73, 206	Sitzblockaden I
73, 261	Sozialplan
73, 301	Vermessungsingenieur
73, 339	Solange II
73, 388	Kirchgeld
74, 9	Arbeitsförderungsgesetz 1979

BVerfGE	Schlagwort
74, 51	Nachfluchttatbestände
74, 102	Erziehungsmaßregeln
74, 182	Einheitswerte I
74, 264	Boxberg
74, 297	5. Rundfunkentscheidung
74, 358	Unschuldsvermutung
75, 1	Völkerrecht
75, 40	Privatschulfinanzierung I
75, 108	Künstlersozialversicherungsgesetz
75, 166	Selbstbedienung bei Arzneimitteln
75, 192	Sparkassen
75, 223	Kloppenburg-Beschluß
75, 302	Präklusion II
75, 318	Sachverständiger
75, 329	Verwaltungsakzessorietät im Umweltstrafrecht
75, 369	Strauß-Karikatur
76, 1	Familiennachzug
76, 83	Zwangsvollstreckung III
76, 99	Arbeitsförderungsgesetz 1986
76, 107	Landes-Raumordnungsprogramm Niedersachsen
76, 143	Ahmadiyya-Glaubensgemeinschaft
76, 171	Standesrichtlinien
76, 211	General Bastian
76, 220	§ 242 b Arbeitsförderungsgesetz
76, 256	Beamtenversorgung II
76, 363	Lappas
77, 1	Neue Heimat
77, 65	Beschlagnahme von Filmmaterial
77, 84	Arbeitnehmerüberlassung
77, 137	Teso
77, 170	Lagerung chemischer Waffen
77, 240	Herrnburger Bericht
77, 308	Arbeitnehmerweiterbildung
77, 345	Landesmediengesetz Baden-Württemberg
77, 346	Presse-Grosso
78, 38	Gemeinsamer Familienname
78, 101	Eigentumsrecht von Rundfunkanstalten
78, 179	Heilpraktikergesetz
78, 249	Fehlbelegungsabgabe
78, 331	Nordhorn
78, 350	§ 10b EStG
78, 364	Wehrdienstanrechnung
78, 391	Totalverweigerung I
79, 51	Sorgerechtsprozeß
79, 69	Eidespflicht
79, 127	Rastede
79, 169	Überhangmandate I
79, 174	Straßenverkehrslärm
79, 255	Hessisches Personalvertretungsgesetz
79, 256	Kenntnis der eigenen Abstammung
79, 292	Eigenbedarf II
79, 311	Staatsverschuldung I
80, 81	Volljährigenadoption I
80, 124	Postzeitungsdienst
80, 137	Reiten im Walde
80, 188	Wüppesahl
80, 244	Vereinsverbot
80, 315	Tamilen
80, 354	Totalverweigerung II
80, 367	Tagebuch
81, 1	Schlüsselgewalt
81, 29	Ferienwohnungen
81, 156	Arbeitsförderungsgesetz 1981
81, 242	Handelsvertreter
81, 278	Bundesflagge
81, 298	Nationalhymne
81, 310	Kalkar II
81, 363	Beamtenbaby
82, 1	Hitler-T-Shirt
82, 60	Steuerfreies Existenzminimum I
82, 126	Kündigungsfristen für Arbeiter
82, 159	Absatzfonds
82, 236	Schubart
82, 286	Amtszeit eines Verfassungsrichters
82, 316	Beitrittsbedingte Grundgesetzänderungen
82, 322	Gesamtdeutsche Wahl
83, 24	Polizeigewahrsam
83, 37	Ausländerwahlrecht I
83, 60	Ausländerwahlrecht II
83, 89	100%-Grenze
83, 130	Josefine Mutzenbacher
83, 162	Einigungsvertrag
83, 182	Pensionistenprivileg
83, 216	Jeziden
83, 238	6. Rundfunkentscheidung
83, 341	Bahá'í
83, 363	Krankenhausumlage
84, 1	Kindergeld für Besserverdienende
84, 9	Ehenamen II
84, 25	Schacht Konrad
84, 34	Gerichtliche Prüfungskontrolle
84, 59	Multiple-Choice-Verfahren
84, 90	Bodenreform I
84, 133	Warteschleife
84, 168	Sorgerecht für nichteheliche Kinder
84, 192	Offenbarung der Entmündigung
84, 203	Republikaner
84, 212	Aussperrung
84, 239	Kapitalertragsteuer
84, 290	Treuhandanstalt I
84, 304	PDS/Linke Liste
84, 372	Lohnsteuerhilfeverein
85, 1	Bayer-Aktionäre
85, 69	Eilversammlungen
85, 94	Kreuz im Klassenzimmer
85, 97	Werbung für Lohnsteuerhilfevereine

BVerfGE	Schlagwort
85, 148	Wahlprüfungsumfang
85, 191	Nachtarbeitsverbot
85, 264	Parteienfinanzierung II
85, 360	Akademie-Auflösung
85, 386	Fangschaltungen
86, 1	TITANIC/»geb. Mörder«
86, 90	Papenburg
86, 133	Untersuchungshaft
86, 148	Finanzausgleich II
86, 288	Strafaussetzung bei lebenslanger Freiheitsstrafe
86, 390	Schwangeren- und Familienhilfegesetz I
87, 1	Trümmerfrauen
87, 48	Rechtsmittelausschluß im Asylverfahren
87, 152	Wirtschaftskraft
87, 153	Grundfreibetrag
87, 181	7. Rundfunkentscheidung
87, 209	Tanz der Teufel
87, 234	Einkommensanrechnung
87, 282	Vorlagepflicht
87, 363	Sonntagsbackverbot
87, 399	Versammlungsauflösung
88, 5	Gewerkschaftliche Beratungshilfe
88, 40	Private Grundschule
88, 83	Schwangeren- und Familienhilfegesetz II
88, 87	Transsexuelle II
88, 103	Streikeinsatz von Beamten
88, 129	Promotionsberechtigung
88, 203	Schwangerschaftsabbruch II
88, 366	Tierzuchtgesetz II
89, 1	Besitzrecht des Mieters
89, 38	Somalia
89, 144	Konkurs von Rundfunkanstalten
89, 155	Maastricht
89, 214	Bürgschaftsverträge
89, 243	Kandidatenaufstellung
89, 276	§ 611a BGB
89, 291	Wahlprüfungsverfahren
89, 315	Trennscheibe
89, 327	Atomgesetz
89, 359	Herzog
89, 381	Volljährigenadoption II
90, 1	Jugendgefährdende Schriften
90, 22	Annahmegründe
90, 27	Parabolantenne I
90, 60	8. Rundfunkentscheidung
90, 107	Waldorfschule/Bayern
90, 145	Cannabis
90, 241	Auschwitzlüge
90, 255	Briefüberwachung
90, 263	Ehelichkeitsanfechtung
90, 286	Out-of-area-Einsätze
91, 1	Entziehungsanstalt
91, 70	Isserstedt
91, 93	Kindergeld
91, 125	Fernsehaufnahmen im Gerichtssaal I
91, 148	Umlaufverfahren
91, 186	Kohlepfennig
91, 228	Gleichstellungsbeauftragte
91, 262	Parteienbegriff I
91, 276	Parteienbegriff II
91, 335	Punitive Damages
92, 1	Sitzblockaden II
92, 26	Zweitregister
92, 91	Feuerwehrabgabe
92, 126	Parabolantenne II
92, 138	Limbach
92, 140	Sonderkündigung
92, 158	Adoption II
92, 191	Personalienangabe
92, 203	EG-Fernsehrichtlinie
92, 245	Asylfolgeverfahren
92, 277	DDR-Spione
92, 365	Kurzarbeitergeld
93, 1	Kruzifix
93, 37	Mitbestimmungsgesetz Schleswig-Holstein
93, 85	Universitätsgesetz NRW
93, 121	Einheitswerte II
93, 181	Rasterfahndung I
93, 213	DDR-Rechtsanwälte
93, 248	Sudanesen
93, 266	»Soldaten sind Mörder«
93, 319	Wasserpfennig
93, 352	Mitgliederwerbung II
93, 362	Postulationsfähigkeit
93, 373	Gemeinderat
93, 386	Auslandszuschlag
94, 1	DGHS
94, 12	Bodenreform II
94, 49	Sichere Drittstaaten
94, 115	Sichere Herkunftsstaaten
94, 166	Flughafenverfahren
94, 241	Kindererziehungszeiten
94, 268	Wissenschaftliches Personal
94, 297	Treuhandanstalt II
94, 315	Zwangsarbeit
94, 351	Abgeordnetenprüfung
94, 372	Apothekenwerbung
95, 1	Südumfahrung Stendal
95, 28	Werkszeitungen
95, 39	NATO-Betriebsvertretungen
95, 48	Restitution und Vertragsanfechtung
95, 64	Mietpreisbindung
95, 96	Mauerschützen
95, 143	Eingliederungsprinzip
95, 163	DSF
95, 173	Warnhinweise für Tabakerzeugnisse

BVerfGE	Schlagwort
95, 189	Steiner
95, 193	DDR-Hochschullehrer
95, 220	Aufzeichnungspflicht
95, 243	Restitution bei öffentlicher Trägerschaft
95, 250	Restitution des Länderbestands
95, 267	Altschulden der LPG
95, 322	Spruchgruppen
95, 335	Überhangmandate II
95, 408	Grundmandatsklausel
96, 1	Weihnachtsfreibetrag
96, 10	Räumliche Aufenthaltsbeschränkung
96, 27	Durchsuchungsanordnung I
96, 44	Durchsuchungsanordnung II
96, 56	Vaterschaftsauskunft
96, 68	DDR-Botschafter
96, 100	Überstellung auf Wunsch
96, 120	Bayerisches Schwangerenhilfegesetz e.A.
96, 139	Volksbegehren Franken
96, 152	Parteilehrer
96, 171	Stasi-Fragen
96, 189	Fink
96, 205	Hochschullehrer II
96, 231	Müllkonzept
96, 245	Besonders schwerer Nachteil
96, 260	Normwiederholung
96, 264	Fraktions- und Gruppenstatus
96, 288	Integrative Beschulung
96, 315	Wohngeld bei Begleitstudium
96, 330	BAföG-Volldarlehen
96, 345	Landesverfassungsgerichte I
96, 375	Kind als Schaden
96, 409	Plenarvorlagen
97, 12	Patentgebühren-Überwachung
97, 35	Hamburger Ruhegeldgesetz
97, 49	Beförderungsverbot
97, 67	Schiffbauverträge
97, 89	Rückübereignungsanspruch
97, 103	Kindererziehungszeiten
97, 117	Fortgeltung von DDR-Strafrecht
97, 125	Caroline von Monaco I
97, 157	Saarländisches Pressegesetz
97, 169	Kleinbetriebsklausel I
97, 186	Kleinbetriebsklausel II
97, 198	Bundesgrenzschutz
97, 228	Kurzberichterstattung
97, 271	Hinterbliebenenrente II
97, 298	extra-radio
97, 317	Überhang-Nachrücker
97, 332	Kindergartenbeiträge
97, 350	Euro
97, 378	Krankengeld
97, 391	Mißbrauchsbezichtigung
97, 408	Gysi I
98, 1	Beamtinnenrente
98, 17	Sachenrechtsmoratorium
98, 49	Sozietätsverbot
98, 70	Erziehungsgeld
98, 83	Landesrechtliche Abfallabgabe
98, 106	Kommunale Verpackungsteuer
98, 139	Gysi II
98, 145	Inkompatibilität/Vorstandstätigkeit
98, 169	Arbeitspflicht
98, 218	Rechtschreibreform
98, 265	Bayerisches Schwangerenhilfeergänzungsgesetz
98, 365	Versorgungsanwartschaften
99, 1	Bayerische Kommunalwahlen
99, 19	Gysi III
99, 57	Liegenschaftsmodell Schleswig-Holstein
99, 69	Kommunale Wählervereinigungen
99, 88	Verlustabzug
99, 100	St. Salvator Kirche
99, 129	DDR-Erbbaurecht
99, 145	Gegenläufige Kindesrückführungsanträge
99, 165	Elternunabhängige Ausbildungsförderung
99, 185	Scientology
99, 216	Familienlastenausgleich II
99, 246	Kinderexistenzminimum I
99, 268	Kinderexistenzminimum II
99, 273	Kinderexistenzminimum III
99, 280	Aufwandsentschädigung Ost
99, 300	Beamtenkinder
99, 332	MfS/AfNS-Verzögerungsschaden
99, 341	Testierausschluß Taubstummer
99, 361	Bundesgelderveruntreuung
99, 367	Montan-Mitbestimmung
100, 1	Rentenüberleitung I
100, 59	Rentenüberleitung II
100, 104	Rentenüberleitung III
100, 138	Rentenüberleitung IV
100, 195	Einheitswert
100, 214	Gewerkschaftsausschluß
100, 226	Denkmalschutz
100, 249	Allgemeine Verwaltungsvorschriften
100, 266	Kosovo
100, 271	Lohnabstandsklausel
100, 313	Telekommunikationsüberwachung I
101, 1	Hennenhaltungsverordnung
101, 54	Schuldrechtsanpassungsgesetz
101, 106	Akteneinsichtsrecht
101, 132	Heileurythmisten
101, 141	Ausgleichsfonds
101, 151	Umsatzsteuerbefreiung
101, 158	Finanzausgleich III
101, 239	Stichtagsregelung

BVerfGE	Schlagwort
101, 275	Fahnenflucht
101, 297	Häusliches Arbeitszimmer
101, 312	Versäumnisurteil
101, 331	Berufsbetreuer
101, 361	Caroline von Monaco II
101, 397	Kontrolle des Rechtspflegers
102, 1	Altlasten
102, 26	Frischzellen
102, 41	Kriegsbeschädigtengrundrente
102, 68	Krankenversicherung der Rentner
102, 99	Landesabfallgesetz Nordrhein-Westfalen
102, 127	Lohnersatzleistungen
102, 147	Bananenmarktordnung
102, 167	Bundesstraße B 75
102, 176	Schule in Freiheit
102, 197	Spielbankengesetz Baden-Württemberg
102, 224	Funktionszulagen
102, 254	EALG
102, 347	Schockwerbung I
102, 370	Körperschaftsstatus der Zeugen Jehovas I
103, 1	Singularzulassung zum OLG
103, 21	Genetischer Fingerabdruck I
103, 44	Fernsehaufnahmen im Gerichtssaal II
103, 81	Pofalla I
103, 89	Unterhaltsverzichtsvertrag
103, 111	Wahlprüfung Hessen
103, 142	Wohnungsdurchsuchung
103, 164	ÖDP
103, 172	Altersgrenze für Kassenärzte
103, 197	Pflegeversicherung I
103, 225	Pflegeversicherung II
103, 242	Pflegeversicherung III
103, 271	Pflegeversicherung IV
103, 293	Urlaubsanrechnung
103, 310	DDR-Dienstzeiten
103, 332	Naturschutzgesetz Schleswig-Holstein
103, 392	Freiwillig versicherte Selbständige
104, 1	Baulandumlegung
104, 14	Wahlkreiseinteilung Krefeld
104, 51	Lebenspartnerschaften
104, 65	Schuldnerspiegel
104, 74	Kalte Enteignung
104, 92	Sitzblockaden III
104, 126	Dienstbeschädigtenteilrente
104, 151	NATO-Konzept
104, 220	Rehabilitierung bei Abschiebungshaft
104, 238	Moratorium Gorleben
104, 249	Biblis A
104, 287	Ehrenamtliche Parteileistungen
104, 305	LER-Schlichtungsvorschlag
104, 310	Pofalla II

BVerfGE	Schlagwort
104, 337	Schächten
104, 357	Apothekenöffnungszeiten
104, 373	Ausschluß von Doppelnamen
105, 1	Familienarbeit
105, 17	Sozialpfandbriefe
105, 48	Entscheidungserheblichkeit
105, 61	Wehrpflicht I
105, 73	Pensionsbesteuerung
105, 135	Vermögensstrafe
105, 185	UMTS-Erlöse
105, 197	Parteispendenuntersuchungsausschuß
105, 239	Richtervorbehalt
105, 252	Glykol
105, 279	Osho
105, 313	Lebenspartnerschaftsgesetz
105, 365	Beschlagnahme bei Berufsgeheimnisträgern
106, 1	Oberfinanzdirektionen
106, 28	Mithörvorrichtung
106, 51	Aktenvorlage I
106, 62	Altenpflegegesetz
106, 166	Zählkindervorteil
106, 181	Facharztbezeichnungen
106, 201	LAG/Zinszuschlag
106, 216	Singularzulassung zum BGH
106, 225	Beihilfefähigkeit von Wahlleistungen I
106, 244	Beihilfefähigkeit von Wahlleistungen II
106, 253	Zählverfahren
106, 275	Arzneimittelfestbeträge
106, 310	Zuwanderungsgesetz
107, 1	Verwaltungsgemeinschaften
107, 27	Doppelte Haushaltsführung
107, 59	Lippeverband
107, 104	Anwesenheit im JGG-Verfahren
107, 133	Rechtsanwaltsgebühren Ost
107, 150	Sorgeerklärungen
107, 186	Impfstoffversand
107, 205	Familienversicherung
107, 218	Beamtenbesoldung Ost I
107, 257	Beamtenbesoldung Ost II
107, 275	Schockwerbung II
107, 286	Kommunalwahl-Sperrklausel II
107, 299	Telekommunikationsüberwachung II
107, 339	NPD-Verbotsverfahren I
107, 395	Rechtsschutz gegen den Richter I
108, 1	Rückmeldegebühr I
108, 34	Bewaffnete Bundeswehreinsätze
108, 52	Kindesunterhalt
108, 82	Biologischer Vater
108, 129	Auslieferung IV
108, 150	Sozietätswechsel
108, 169	Telekommunikationsgesetz I

BVerfGE	Schlagwort
108, 186	Informationspflichten bei Sonderabgaben
108, 238	Napster
108, 251	Abgeordnetenbüro
108, 282	Kopftuch I
108, 341	Rechtsschutz gegen den Richter II
108, 370	Exklusivlizenz
109, 13	Lockspitzel I
109, 38	Lockspitzel II
109, 64	Mutterschaftsgeld II
109, 96	Alterssicherung für Landwirte
109, 133	Sicherungsverwahrung II
109, 190	Sicherungsverwahrung III
109, 256	(Vor)Ehename
109, 275	Hamburger Wahlkampf
109, 279	Großer Lauschangriff
110, 1	Erweiterter Verfall
110, 33	Zollkriminalamt
110, 77	Rechtsschutzinteresse
110, 94	Spekulationsteuer
110, 141	Kampfhunde
110, 177	Freizügigkeit von Spätaussiedlern
110, 199	Aktenvorlage II
110, 226	Geldwäsche
110, 274	Ökosteuer
110, 304	Anwaltsnotariat I
110, 339	Wiedereinsetzung II
110, 353	Grundgehaltsstufen
110, 370	Klärschlamm
110, 412	Teilkindergeld
111, 10	Ladenschlußgesetz III
111, 54	Rechenschaftsbericht
111, 115	Rentenüberleitung V
111, 147	Synagoge Bochum
111, 160	Kindergeld an Ausländer
111, 176	Erziehungsgeld an Ausländer
111, 191	Notarkassen
111, 226	Juniorprofessur
111, 289	Aufsichtsratswahl
111, 307	Görgülü
111, 333	Brandenburgisches Hochschulgesetz I
111, 366	Steuerberaterwerbung
111, 382	Drei-Länder-Quorum
112, 1	Bodenreform III
112, 50	Opferentschädigungsgesetz
112, 74	Privatschulfinanzierung II
112, 93	Stiftung »Erinnerung«
112, 118	Vermittlungsausschuß I
112, 226	Studiengebühren
112, 255	Anwaltsnotariat II
112, 268	Kinderbetreuungskosten
112, 284	Kontostammdaten
112, 304	Global Positioning System
112, 332	Pflichtteil
112, 368	Rentenüberleitung VI

BVerfGE	Schlagwort
113, 1	Kindererziehungszeiten in der Anwaltsversorgung
113, 29	Anwaltsdaten
113, 63	Junge Freiheit
113, 88	Elternunterhalt
113, 113	Visa-Untersuchungsausschuß
113, 128	Solidarfonds Abfallrückführung
113, 154	Auslieferung V
113, 167	Risikostrukturausgleich
113, 273	Europäischer Haftbefehl I
113, 348	Vorbeugende Telekommunikationsüberwachung
114, 1	Übertragung von Lebensversicherungsverträgen
114, 73	Lebensversicherung mit Überschußbeteiligung
114, 107	Bundestagsauflösung II
114, 121	Bundestagsauflösung III
114, 196	Beitragssatzsicherungsgesetz
114, 258	Versorgungsänderungsgesetz
114, 303	Landesbeihilfenverordnung
114, 316	Zweitwohnungsteuer II
114, 339	»IM Sekretär« Stolpe
114, 357	Aufenthaltserlaubnis
114, 371	Landesmediengesetz Bayern
115, 1	Transsexuelle III
115, 25	Gesetzliche Krankenversicherung I
115, 51	Analoge Anwendung des § 79 Abs. 2 Satz 3 BVerfGG
115, 81	Rechtsschutz gegen Verordnungen
115, 97	Halbteilungsgrundsatz
115, 118	Luftsicherheitsgesetz I
115, 166	Kommunikationsverbindungsdaten
115, 205	Betriebs- und Geschäftsgeheimnis
115, 259	Arbeitslosengeld und Mutterschutz
115, 276	Sportwetten
115, 320	Rasterfahndung II
115, 381	Dauerpflegschaften
116, 1	Insolvenzverwalter I
116, 24	Einbürgerung
116, 69	Jugendstrafvollzug
116, 96	Fremdrentengesetz
116, 135	Gleichheit im Vergaberecht
116, 164	Tarifbegrenzung gewerblicher Einkünfte
116, 202	Tariftreueerklärung
116, 229	Asylbewerberleistungsgesetz I
116, 243	Transsexuelle IV
116, 271	Anlastung von EU-Agrarsubventionen
116, 327	Berliner Haushalt
117, 1	Erbschaftsteuer I
117, 71	Strafrestaussetzung
117, 141	Diplomatische Immunität
117, 163	Anwaltliche Erfolgshonorare
117, 202	Vaterschaftsfeststellung I
117, 244	CICERO

BVerfGE	Schlagwort
117, 272	Beschäftigungsförderungsgesetz
117, 302	Art. 19 Einigungsvertrag
117, 316	Künstliche Befruchtung für Verheiratete
117, 330	Ballungsraumzulage
117, 372	Dreijahresfrist für Versorgungsbezüge
118, 1	Begrenzung der Rechtsanwaltsvergütung
118, 45	Betreuungsunterhalt
118, 79	Treibhausgas-Emissionsberechtigungen
118, 124	Völkerrechtliche Notstandseinrede
118, 168	Kontostammdaten
118, 212	Revisionsgrenzen bei Rechtsfolgenzumessung
118, 244	Afghanistan-Einsatz
118, 277	Nebeneinkünfte der Abgeordneten
119, 1	Esra
119, 59	Hufbeschlaggesetz
119, 96	Staatsverschuldung II
119, 181	Rundfunkfinanzierungsstaatsvertrag
119, 247	Obligatorische Teilzeitbeschäftigung von Beamten
119, 309	Fernsehaufnahmen im Sitzungssaal
119, 331	Hartz IV-Arbeitsgemeinschaften
119, 394	Reichsvermögen-Gesetz
120, 1	Abfärberegelung
120, 56	Vermittlungsausschuß II
120, 82	Kommunalwahl Sperrklausel III
120, 125	Steuerfreies Existenzminimum II
120, 180	Caroline von Monaco III
120, 224	Inzestverbot
120, 274	Online-Durchsuchungen
120, 351	Steuerbehördliche Datensammlung
120, 378	Automatisierte Kennzeichenerfassung
121, 1	Vorratsdatenspeicherung
121, 30	Parteibeteiligung an Rundfunkunternehmen
121, 69	Elterliche Erziehungspflicht
121, 108	Zuwendungen an kommunale Wählervereinigungen
121, 135	AWACS-Einsatz Türkei
121, 175	Transsexuelle V
121, 205	Ämterübertragung im Beamtenverhältnis auf Zeit
121, 241	Beamtenrechtlicher Versorgungsabschlag
121, 266	Negatives Stimmgewicht
121, 317	Rauchverbot in Gaststätten
122, 1	Betriebsprämiendurchführungsgesetz
122, 39	Beratungshilfegesetz
122, 89	Wissenschaftsfreiheit in der Theologie
122, 151	Altersrente
122, 190	Gegenvorstellung und Frist der Verfassungsbeschwerde
122, 210	Pendlerpauschale
122, 248	Rügeverkümmerung
122, 304	Wahlprüfungsbeschwerde nach Bundestagsauflösung
122, 316	Sonderabgabe Absatzfonds
122, 342	Bayerisches Versammlungsgesetz
123, 1	Spielgerätesteuer
123, 39	Wahlcomputer
123, 90	Mehrfachnamen
123, 111	Jubiläumsrückstellungen
123, 132	Holzabsatzförderung
123, 148	Staatliche Förderung von Religionsgesellschaften
123, 186	Versicherungszwang
123, 267	Lissabon
124, 25	Versicherungszwang II
124, 43	Beschlagnahme von E-Mails
124, 78	BND-Untersuchungsausschuß
124, 161	Überwachung von Bundestagsabgeordneten
124, 199	Hinterbliebenenrente für Lebens-partner
124, 267	Bundeswehreinsatz Kosovo
124, 300	Wunsiedel
125, 39	Adventssonntage Berlin
125, 104	Vermittlungsausschuß III
125, 141	Kommunales Hebesatzrecht
125, 175	Hartz IV
125, 260	Vorratsdatenspeicherung
126, 1	Fachhochschullehrer
126, 55	G8-Gipfel Heiligendamm
126, 77	Privatpilot
126, 112	Rettungsdienst Sachsen
126, 158	Euro Rettungsschirm
126, 170	Präzisierungsgebot Untreuetatbestand
126, 268	Häusliches Arbeitszimmer
126, 286	Honeywell
126, 400	Steuerliche Diskriminierung eingetragener Lebenspartnerschaften
127, 1	Spekulationsfrist
127, 31	Entgangene Einnahmen
127, 61	Beteiligungsquote
127, 87	Hamburgisches Hochschulgesetz
127, 132	Sorgerecht nichtehelicher Väter
127, 165	Finanzhilfen des Bundes
127, 293	Legehennenhaltung
128, 1	Gentechnikgesetz
128, 109	Transsexuelle VI
128, 157	Universitätsklinikum Gießen und Marburg
128, 193	Dreiteilungsmethode
128, 226	Fraport

BVerfGE	Schlagwort
128, 282	Zwangsbehandlung im Maßregelvollzug I
128, 326	Sicherungsverwahrung IV
129, 1	Investitionszulage
129, 49	Mediziner-BAföG
129, 78	Le Corbusier
129, 108	Legislativstreit Schuldenbremse
129, 124	EFS
129, 186	Investitionszulagengesetz
129, 208	Telekommunikationsüberwachung III
129, 269	Zwangsbehandlung im Maßregelvollzug II
129, 300	Fünf-Prozent-Sperrklausel EuWG
129, 356	Bahnimmobilien
130, 1	Verwertungsverbot Wohnraumüberwachung
130, 52	Personalrecht Deutsche Bundespost
130, 76	Privatisierung des Maßregelvollzugs
130, 131	Hamburgisches Passivraucherschutzgesetz
130, 151	Zuordnung dynamischer IP-Adressen
130, 212	Minderjährigenanteil in Wahlkreisen
130, 240	Bayerisches Landeserziehungsgeldgesetz
130, 263	Professorenbesoldung
130, 318	Stabilisierungsmechanismusgesetz
131, 130	Weisungsrecht gegenüber Notaren
131, 152	Unterrichtungspflicht der Bundesregierung
131, 230	Bundesverfassungsrichterwahl
131, 239	Lebenspartnerschaft von Beamten
131, 268	Sicherungsverwahrung V
131, 316	Überhangmandate III
132, 1	Luftsicherheitsgesetz II
132, 39	Wahlberechtigung der Auslandsdeutschen
131, 47	Call-by-Call
132, 72	Bundeserziehungs- und Bundeselterngeld
132, 99	Delisting
132, 134	Existenzminimum Asylbewerber
132, 179	Grunderwerbsteuer bei eingetragenen Lebenspartnern
132, 195	ESM- und Fiskalvertrag e.A.
132, 302	Unechte Rückwirkung im Steuerrecht
132, 334	Rückmeldegebühr II
132, 372	Selbsttitulierungsrecht öffentlich-rechtlicher Kreditanstalten
133, 1	Kartellgeldbuße
133, 34	Wahlwerbung FDP
133, 40	Sicherungsverwahrung IV
133, 59	Sukzessivadoption
133, 100	Verfassungskonformitätsantrag NPD
133, 112	Medizinische Zwangsbehandlung
133, 143	Belastungsvorhersehbarkeit
133, 163	Richterliche Vorbefassung
133, 168	Deal im Strafprozeß
133, 241	Luftsicherheitsgesetz III
133, 277	Antiterrordatei
133, 377	Ehegattensplitting II
134, 1	Landeskinderklausel
134, 25	Briefwahl Europawahlgesetz
134, 33	Therapieunterbringungsgesetz
134, 106	Anhörungsrüge
134, 124	Beteiligungsanzeige
134, 141	Überwachung von Bundestagsabgeordneten II
134, 204	Gerichtliche Angemessenheitskontrolle
134, 242	Garzweiler II
134, 366	OMT-Beschluß
135, 1	Echte Rückwirkung im Steuerrecht
135, 48	Behördliche Vaterschaftsanfechtung
135, 90	Anwalts-GmbH
135, 126	Degressive kommunale Zweitwohnungsteuer
135, 155	Filmförderungsanstalt
135, 238	Vergnügungsteuer II
135, 248	Ausschluß vom Richteramt
135, 259	Drei-Prozent-Sperrklausel EuWG
135, 317	ESM- und Fiskalvertrag
136, 9	ZDF-Staatsvertrag
136, 69	KfZ-Überlänge-Verordnung
136, 127	Körperschaftsteuergesetz
136, 194	Deutscher Weinfonds
136, 277	Bundesversammlung
136, 323	NPD-Äußerung
137, 29	Äußerungsbefugnis der Bundesregierung e.A.
137, 108	Optionskommunen
137, 185	Informationsrechte Bundestag
137, 273	Katholischer Chefarzt
138, 1	Schulträgerschaft
138, 102	Äußerungsbefugnis der Bundesregierung
138, 136	Erbschaftsteuer II
138, 261	Ladenschlußgesetz IV
138, 296	Kopftuch II
138, 377	Auskunftsanspruch des Scheinvaters
139, 1	Grunderwerbsteuerpflicht Baulandumlegung
139, 19	Einstellungshöchstaltersgrenze öffentlicher Dienst
139, 64	Richterbesoldung IV
139, 148	Hochschulfusion

BVerfGE	Schlagwort
139, 194	Informationsrechte Bundestag II
139, 245	Durchsuchungsanordnung III
139, 285	Ersatzbemessungsgrundlage im Grunderwerbsteuerrecht
139, 321	Körperschaftsstatus der Zeugen Jehovas II
140, 1	Finanzmittelzuweisung im Bundestag
140, 42	»Dritter Weg«
140, 65	Betreuungsgeld
140, 99	Zensus 2011
140, 115	Vermittlungsausschuß IV
140, 160	Bundeswehreinsatz Libyen
140, 211	Tarifeinheitsgesetz
140, 225	Äußerungsbefugnis Bundesminister
140, 229	Gesetzliche Krankenversicherung II
140, 240	»A-Besoldung« von Beamten
140, 317	Europäischer Haftbefehl II
141, 1	Treaty Override
141, 56	Dienstpostenbündelung
141, 82	Sozietätsverbot
141, 121	Insolvenzverwalter II
141, 143	Akkreditierung von Studiengängen
141, 186	Vaterschaftsfeststellung II
141, 220	BKA-Gesetz
142, 25	Minderheiten- und Oppositionsrechte
142, 74	Sampling
142, 123	OMT-Programm
142, 234	Computerkriminalität
142, 268	Wohnraumvermittlung
142, 313	Ärztliche Zwangsbehandlung
142, 353	Bedarfsgemeinschaft
143, 1	G10-Kommission
143, 22	Bundesrichterwahl 2015
143, 38	Blankett-Strafnorm
143, 65	Freihandelsabkommen CETA e.A. I
143, 101	NSA-Selektorenlisten
143, 161	Schutz stiller Feiertage
143, 216	Telekommunikationsgesetz II
143, 246	Beschleunigung des Atomausstiegs
144, 1	Freihandelsabkommen CETA e.A. II
144, 20	NPD-Verbotsverfahren II
144, 369	Brandenburgisches Hochschulgesetz II

Sachregister

Das Register umfaßt den dritten Band der 3. Auflage des Kommentars (Art. 83–146). Die Verweise beziehen sich auf die kommentierten Artikel (Fettdruck) und die dazugehörigen Randnummern (Normaldruck). Bei einzelnen Artikeln werden Abkürzungen verwendet, insbesondere durch Nennung des separat kommentierten Absatzes (etwa bei Art. 103) sowie durch Verweis auf Vorbemerkungen zur Finanzverfassung (**vor 104a**) und zur Wehrverfassung (**vor 115a**). Die durch Artikel 140 GG inkorporierten Normen der Weimarer Reichsverfassung sind zusätzlich in Klammern angegeben, z.B.: **140 (136 WRV)**.